Ⅰ 政治・経済・社会篇

『現代物故者事典』総索引
（昭和元年〜平成23年）

日外アソシエーツ

WHO was WHO in JAPAN
General Index (1926.12.25~2011)

I Politics, Economics, and Society

Compiled by

Nichigai Associates, Inc.

©2012 by Nichigai Associates, Inc.

Printed in Japan

本書はディジタルデータでご利用いただくことができます。詳細はお問い合わせください。

●編集担当● 尾崎 稔／森岡 浩

刊行にあたって

　小社では、1983年4月に「現代物故者事典 1980～1982」を、続いて7月に「昭和物故人名録（昭和元年～54年）」（＊日本人のみ収録、プロフィールは生没年月日と肩書のみ記載）を刊行した。そして、これらの人物データを中核の一つとして、人物情報データベース「WHO」の構築を本格化した。「WHO」は内外の歴史上の人物から現在活躍中の人物までを収録対象として日々データ収集を続け、その成果の一つとして1988年3月に「ジャパン WHOwasWHO─物故者事典 1983～1987」（＊日本人のみ収録）を刊行。その後も「WHO」は人物情報の新規登録と更新を現在に至るまで継続し、物故者事典も1993年9月の「現代物故者事典 1988～1990」からは現在と同様のスタイルになり、以降3年ずつの累積刊行を続けてきた。

　本書は上記のように継続刊行してきた物故者事典既刊11冊の日本人総索引であり、あまりに大部なため「Ⅰ 政治・経済・社会篇」「Ⅱ 学術・文芸・芸術篇」に分冊して、昭和元年（1926）から平成23年（2011）までに亡くなった118,000人を収録している。内容としては、ある人物がどの年度「物故者事典」に収録されているかを示すだけでなく、生没年月日や代表的な肩書を記載して、事実上"近現代日本の著名人の一覧"として機能するようにもなっている。

　延々と収集・更新を続けている人物情報データベース「WHO」の構築に比べると、「現代物故者事典」は3年毎の時点で直近の物故者をまとめているため、どうしても"速報"的な面が残ってしまう。例えば刊行後のデータ更新により、新たな情報が付加されたり、不正確な情報が修正されたりもする。本書で記載した人名表記・人名読み・生没年月日・肩書等は、原則最新の「WHO」人物情報に基づいており、人名表記・人名読みに関して本書で採用したものと「現代物故者事典」原本記載と

で差異がある場合、それを本文中に明示して、原本検索の際に混乱しないよう対処した。

　著名人の訃報は、亡くなった時には大きく報道されるが、時間の経過とともに記憶も薄れ、インターネット上の訃報記事も閲覧できなくなっていくことが多い。また年鑑類や人物事典に掲載される人物はごく一部に限られており、過去の人物の生没情報は意外に確認が難しい。従来没年がわからないと調べにくかった「現代物故者事典」全11冊を引くための検索ツールとして、また簡単な生没確認程度ならば本書だけでも対応可能な物故者情報確認ツールとして、本書が幅広く利用されることを期待したい。

　2012年8月

　　　　　　　　　　　　　　　　　　　　日外アソシエーツ

凡　例

1. 本書の内容

1) 本書は、小社刊「現代物故者事典」シリーズの総索引である。対象事典には「昭和物故人名録」も含まれる。
2) 索引対象にした事典の詳細は、「7. 物故者事典の略号一覧」を参照されたい。

2. 収録対象

1) 「現代物故者事典」シリーズおよび「昭和物故人名録」に掲載された日本人を収録した。
2) ただし日本に在住して活躍した外国籍の人物も一部含んでいる。
3) 上記により、昭和元年12月25日以降平成23年までに没した著名人118,000人が対象となった。
4) 本書には総索引第1分冊として「政治」「経済」「社会」分野の63,214人を収録した。

3. 見出し

1) 人名表記・人名読みを見出しとした。
2) 見出しには、原則データベース「WHO」における最新の採用人名を記載した。
3) 採用人名は、本名、別名（筆名・俳号・雅号等）を問わず、一般に最も多く使用されているものである。
4) 人名表記の使用漢字は、原則常用漢字・新字体としたが、慣用として一部旧字体を許容した人物もある。

5) 人名読みは、現代仮名遣いとし、ぢ→じ、づ→ずに各々統一した。
6) 在日韓国・朝鮮人系の人名読みは、原則民族読みに統一した。なお姓の音読みから適宜参照見出しを立てた。

　　　例）　金　キン　⇒キム

7) 原本における見出しとの差異が生じた場合は、収録事典の略号の後に記載した（後述）。

4. 見出しの排列

1) 見出し人名は、まず姓の五十音順に排列した。姓の排列が同じ場合は、次に名の五十音順とした。
2) 敬称や略号、姓と名に分かちがたい人名は、全体を姓と見なして排列した。
3) 長音符（音引き）は排列上無視した。
4) 読みが同じ場合は同表記のものを集め、表記まで同姓同名の場合は、没年月日順に排列した。

5. 人物説明

1) 生没年月日を補記した。
2) 年表示は原則元号表示とした。例外として、一部の外国人で西暦表示を行った。
3) その人物の代表的な職業・肩書を補記した。
4) 上記の補記内容は、データベース「WHO」での最新の情報を記載している。

6. 収録事典

1) 人物が収録されている物故者事典の年度を「→」の後に略記した。
2) 本書の見出しと物故者事典の見出しとに差異がある場合、物故者事典における人名表記・人名読みを（　）内に補記した。

7. 物故者事典の略号一覧

昭和 …… 「昭和物故人名録(昭和元年～54年)」
80/82 …… 「現代物故者事典 1980～1982」
83/87 …… 「ジャパン WHOwasWHO―物故者事典 1983～1987」
88/90 …… 「現代物故者事典 1988～1990」
91/93 …… 「現代物故者事典 1991～1993」
94/96 …… 「現代物故者事典 1994～1996」
97/99 …… 「現代物故者事典 1997～1999」本文
97/99s …… 「現代物故者事典 1997～1999」補遺 (1994～1996)
00/02 …… 「現代物故者事典 2000～2002」本文
00/02s …… 「現代物故者事典 2000～2002」補遺 (1997～1999)
03/05 …… 「現代物故者事典 2003～2005」本文
03/05s …… 「現代物故者事典 2003～2005」補遺 (2000～2002)
06/08 …… 「現代物故者事典 2006～2008」本文
06/08s …… 「現代物故者事典 2006～2008」補遺 (2003～2005)
09/11 …… 「現代物故者事典 2009～2011」本文
09/11s …… 「現代物故者事典 2009～2011」補遺 (2006～2008)

【あ】

阿井 金太郎　あい・きんたろう　明治44年1月15日～平成3年1月12日　プレス工業常務,尾道プレス工業社長　→91/93

相磯 幸男　あいいそ・さちお　昭和3年1月16日～平成2年3月15日　千代田紙業専務　→88/90

相浦 浩　あいうら・おおい　明治32年6月18日～昭和59年5月26日　帝人製機社長,帝人常務　→83/87

相江 茂文　あいえ・しげふみ　大正10年10月14日～平成16年1月12日　アイエ書店社長　→03/05

相生 高秀　あいおい・たかひで　明治45年1月4日～平成5年3月6日　海将　日本飛行機副社長,海上自衛隊自衛艦隊司令官　→91/93

相生 卓男　あいおい・たくお　昭和14年5月12日～平成20年9月12日　科研製薬常務　→06/08

相生 由太郎　あいおい・よしたろう　慶応3年4月28日～昭和5年1月3日　実業家　大連商工会議所会頭　→昭和

相賀 忠男　あいが・ただお　明治33年4月13日～平成2年2月22日　大倉商事常務　→88/90

相川 うめ　あいかわ・うめ　明治44年8月17日～平成20年10月26日　まるは食堂創業者　→06/08

相川 和仁　あいかわ・かずひと　昭和2年2月27日～平成6年8月25日　朝日生命保険副社長　→94/96

相川 勝六　あいかわ・かつろく　明治24年12月6日～昭和48年10月3日　政治家　厚相,衆院議員(自民党)　→昭和

藍川 清成　あいかわ・きよなり　明治5年4月～昭和23年9月7日　名古屋鉄道社長,衆院議員(立憲民政党)　→昭和

藍川 清英　あいかわ・きよひで　明治38年10月21日～昭和58年11月23日　名鉄百貨店社長,名古屋鉄道副社長　→83/87

相川 興三郎　あいかわ・こうざぶろう　大正9年7月12日～平成1年8月1日　川口金属工業専務　→88/90

愛川 惟泰　あいかわ・これやす　大正6年1月8日～昭和62年12月5日　日本電池常務　→83/87

相川 貞義　あいかわ・さだよし　～平成4年11月11日　相川印刷会長　→91/93

相川 繁吉　あいかわ・しげきち　明治30年7月20日～平成4年7月2日　相川鉄工名誉会長　→91/93

相川 脩治　あいかわ・しゅうじ　大正15年10月13日～平成22年3月28日　アンリツ常務　→09/11

相川 省吾　あいかわ・しょうご　明治38年9月6日～平成11年9月23日　東北放送施設社長,東北放送専務　→97/99

相川 新一　あいかわ・しんいち　～昭和48年1月18日　平凡出版取締役　→昭和

相川 善一郎　あいかわ・ぜんいちろう　～平成7年5月16日　群馬県議,富岡市公平委員長　→94/96

相川 曹司　あいかわ・そうじ　大正5年1月21日～平成18年1月23日　浦和市長　→06/08

相川 泰吉　あいかわ・たいきち　大正1年10月2日～昭和57年11月28日　三菱瓦斯化学社長　→80/82

相川 孝　あいかわ・たかし　大正14年5月1日～平成20年11月15日　警察庁中部管区警察局長　→06/08

相川 太郎　あいかわ・たろう　～昭和57年8月11日　日本機器鋼業会長,日本運搬管理協会副会長　→80/82

相河 信夫　あいかわ・のぶお　～昭和59年10月24日　富士チタン工業取締役　→83/87

相川 八五郎　あいかわ・はちごろう　～昭和37年8月1日　金門製作所専務　→昭和

相川 文五郎　あいかわ・ぶんごろう　明治39年6月26日～昭和62年3月26日　全国神社総代会副会長　→83/87

相川 正夫　あいかわ・まさお　～平成1年2月16日　まるは社長,南知多町(愛知県)豊浜鮮魚仲買人協同組合長　→88/90

相川 正行　あいかわ・まさゆき　～昭和62年4月14日　相川織物会長　→83/87

相川 松雄　あいかわ・まつお　昭和3年9月3日～平成7年2月11日　エスイーシー常務　→94/96

相川 道之助　あいかわ・みちのすけ　明治33年7月21日～平成6年6月28日　東プレ会長　→94/96

相川 光一　あいかわ・みつかず　～昭和55年9月30日　サッポロビール常務　→80/82

相川 元男　あいかわ・もとお　昭和3年3月14日～平成6年3月7日　金門製作所常務　→94/96

相木 茂男　あいき・しげお　昭和3年11月13日～平成19年6月21日　アイシン精機社長　→06/08

相京 昌信　あいきょう・まさのぶ　大正5年4月17日～平成3年12月28日　住友倉庫取締役相談役　→91/93

相京 光雄　あいきょう・みつお　明治41年1月3日～昭和59年4月29日　三菱金属社長　→83/87

相口 孝生　あいぐち・たかお　明治43年4月28日～平成8年12月24日　神鋼電機常務　→94/96

相子 良平　あいこ・りょうへい　大正15年9月19日～平成3年2月25日　(株)太陽機械製作所社長　→91/93

愛甲 兼達　あいこう・かねさと　文久2年11月～昭和3年10月17日　実業家　十五銀行頭取　→昭和

愛甲 昇　あいこう・のぼる　大正10年3月6日～平成11年5月13日　東陶機器専務　→97/99

愛甲 文雄　あいこう・ふみお　明治34年4月25日～平成3年11月14日　海軍大佐　浅海面魚雷の発明者　→91/93

相坂 則雄　あいさか・のりお　～昭和63年12月26日　相坂鉄工所取締役会長　→88/90

相沢 昭男　あいざわ・あきお　昭和3年8月23日～平成5年4月21日　第一相互銀行会長　→91/93

相沢 薫　あいざわ・かおる　～昭和58年11月4日　国鉄経営計画室計画主幹　→83/87

逢 寛　あいさわ・かん　明治21年5月15日～昭和57年10月25日　衆院議員(自民党)　→80/82

合沢 栄　あいさわ・さかえ　大正12年5月22日～昭和61年12月25日　大分県農協中央会長,大分県畜産公社社長,衆院議員(民社党)　→83/87

相沢 三郎　あいさわ・さぶろう　明治22年9月6日～昭和11年7月3日　陸軍中佐　→昭和

相沢 重明　あいさわ・しげあき　明治43年3月15日～昭和56年6月28日　参院議員(社会党)　→80/82

相沢 茂　あいさわ・しげる　～昭和49年8月16日　東洋紡不動産常務　→昭和

相沢 重次郎　あいさわ・じゅうじろう　～昭和57年2月1日　日本フイルコン相談役・元社長　→80/82

愛沢 慎一　あいさわ・しんいち　昭和19年1月26日～平成15年5月26日　日本電信電話取締役　→03/05

相沢 新五　あいさわ・しんご　明治42年5月5日～平成11年2月4日　高等海難審判庁長官　→97/99

相沢 新太郎　あいさわ・しんたろう　～昭和60年8月1日　古川市議　→83/87

会沢 孝雄　あいざわ・たかお　昭和11年2月15日～平成2年3月10日　大正製薬取締役　→88/90

相沢 高蔵　あいざわ・たかぞう　昭和2年2月6日～平成2年5月27日　日本化学工業監査役　→88/90

相沢 武夫　あいざわ・たけお　～昭和62年8月30日　(社)新聞販売従業員共済会理事長,朝日新聞下館専売所長　→83/87

相沢 恒男　あいざわ・つねお　昭和12年4月1日～平成8年7月30日　アマダ専務　→94/96

合沢 哲夫　あいざわ・てつお　大正5年7月18日～平成8年9月8日　鐘紡取締役,カネボウ物流社長　→94/96

愛沢 尚太郎　あいざわ・なおたろう　大正8年11月20日～平成17年10月19日　フジテレビ常務　→03/05

相沢 長成　あいざわ・ながしげ　～平成8年6月9日　全日本食品会長　→94/96

相沢 信行　あいざわ・のぶゆき　明治39年10月11日～昭和62年10月26日　俳人　丸八倉庫専務　→83/87

会沢 春男　あいざわ・はるお　～平成11年1月3日　日本メジフィジックス顧問・元常務　→97/99

相沢 秀夫　あいざわ・ひでお　昭和58年6月18日　最高検事務局長　→83/87

相沢 秀雄　あいざわ・ひでお　～昭和63年6月3日　北海道労働金庫常任監事,道炭労委員長　→88/90

相沢 良　あいざわ・まこと　～昭和61年2月27日　相沢商会代表取締役会長　→83/87

相沢 正重　あいざわ・まさしげ　大正3年3月17日～平成4年9月2日　福岡高裁長官　→91/93

愛沢 寧堅　あいざわ・やすかた　嘉永2年7月15日～昭和4年3月4日　政治家　衆院議員(無所属)　→昭和(あいざわ・ねいけん)

藍沢 弥八　あいざわ・やはち　明治13年3月22日～昭和44年1月29日　藍沢証券創業者,東京証券取引所理事長　→昭和

藍沢 吉雄　あいざわ・よしお　明治44年6月12日～昭和56年9月18日　藍沢証券会長　→80/82

相沢 良　あいざわ・りょう　明治43年5月15日～昭和11年1月28日　社会運動家　→昭和

相島 和夫　あいしま・かずお　昭和3年9月4日～平成4年7月23日　昭和海運常務　→91/93

相島 一之　あいしま・かずゆき　明治36年9月17日～平成1年8月30日　名古屋高裁長官　→昭和

相島 勘次郎　あいじま・かんじろう　慶応3年12月19日～昭和10年4月4日　政治家,俳人　衆院議員(立憲国民党)　→昭和

愛新覚羅 慧生　あいしんかくら・えいせい　昭和13年2月26日～昭和32年12月10日　満州国皇帝・溥儀の姪で,恋人と天城山で心中した　→昭和

愛新覚羅 浩　あいしんかくら・ひろ　1914年3月16日～1987年6月20日　旧満洲国皇帝の弟に嫁いだ "流転の王妃"　→83/87

会津 藤作　あいず・とうさく　大正15年3月6日～平成15年10月23日　東奥日報専務　→03/05

会津 幸雄　あいず・ゆきお　大正2年3月11日～昭和61年2月5日　日立造船副社長　→83/87

相磯 晃　あいそ・あきら　～平成17年5月21日　電気化学工業常務　→03/05

相磯 造　あいそ・いたる　～昭和4年8月18日　宮中顧問官　→昭和(あいそ・ぞう)

相磯 昭三久　あいそ・しょうさく　昭和3年12月23日～平成14年11月14日　日本ピグメント専務　→00/02

間 晃　あいだ・あきら　～昭和58年4月8日　秀巧社印刷副社長,プランニング秀巧社代表取締役　→83/87

相田 岩夫　あいだ・いわお　～昭和56年6月20日　トヨタ財団事務局長　→80/82

相田 岩夫　あいだ・いわお　明治27年6月14日～昭和57年10月6日　日本出版販売社長　→80/82

相田 一男　あいだ・かずお　大正12年9月8日～平成20年8月18日　国鉄労働組合新潟地方本部委員長,加茂市議,加茂暁星学園理事長　→06/08

会田 好二　あいた・こうじ　大正9年7月12日～昭和63年8月7日　岩瀬村(福島県)村長　→88/90

相田 長平　あいだ・ちょうへい　明治31年2月22日～昭和58年8月8日　富士電機製造社長　→83/87

会田 晴宣　あいだ・はれのぶ　大正3年1月25日～平成6年10月22日　エヌビー通信社会長　→94/96

間 秀郎　あいだ・ひでお　昭和3年8月21日～平成14年6月24日　秀巧社印刷社長,プランニング秀巧社社長　→00/02

会田 浩　あいだ・ひろし　明治44年8月21日～平成4年4月

10日 ときわ相互銀行（のち東日本銀行）社長 →91/93

間 ふさえ あいだ・ふさえ ～昭和60年2月8日
秀巧社印刷監査役 →83/87

間 端夫 あいだ・まさお 明治42年11月24日～平成6年5月29日 愛知製鋼社長，大同特殊鋼取締役 →94/96

相田 安雄 あいだ・やすお ～昭和60年8月31日
霊友会理事 →83/87

相田 良雄 あいだ・よしお 大正15年～平成21年10月6日 みすず書房取締役営業部長 →09/11

愛知 揆一 あいち・きいち 明治40年10月10日～昭和48年11月23日 衆院議員（自民党），蔵相，外相 →昭和

愛知 富 あいち・とみ 大正6年～平成20年2月25日
愛知揆一元蔵相の妻 →06/08

愛知 良一 あいち・りょういち 大正4年10月28日～平成20年9月30日 大協石油副社長 →06/08

相茶 正一 あいちゃ・しょういち 大正10年6月17日～平成17年5月8日 札幌トヨタ自動車名誉会長 →03/05

合坪 正三 あいつぼ・しょうぞう 大正3年1月18日～平成6年7月13日 北海道議（社会党） →94/96

相徳 文哉 あいとく・ふみや ～昭和55年8月23日
JIMA電通会社取締役相談役 →80/82

愛野 興一郎 あいの・こういちろう 昭和3年4月18日～平成10年3月20日 衆院議員（民政党），経済企画庁長官 →97/99

愛野 時一郎 あいの・ときいちろう 明治33年2月～昭和27年12月31日 衆院議員（改進党） →昭和

相葉 佳風 あいば・かふう ～平成2年8月19日
福岡県木材協同組合連合会長 →88/90

愛波 剛介 あいば・ごうすけ 明治32年2月21日～昭和62年1月8日 筒中プラスチック工業社長，住友ベークライト常務 →83/87

相羽 重信 あいば・しげのぶ 昭和23年11月28日～平成8年3月1日 東郷製作所常務 →94/96

相場 正佐 あいば・しょうすけ ～昭和43年4月25日
繊維貿易公団理事 →昭和

相場 真一 あいば・しんいち ～平成10年3月6日
南米銀行準創立者，ブラジル日本文化協会会長 →97/99

相羽 義朗 あいば・よしお 昭和3年8月27日～平成10年11月18日 東郷産業代表取締役 →97/99

相原 一郎 あいはら・いちろう 明治41年9月18日～平成6年4月18日 徳島石油化学副社長 →94/96

粟飯原 健三 あいばら・けんぞう ～昭和60年4月14日
蝶理監査役 →83/87

相原 正一郎 あいはら・しょういちろう 明治43年10月25日～平成6年6月7日 平和不動産社長 →94/96

相原 照彦 あいはら・てるひこ 平成2年2月20日～平成16年10月24日 信越化学工業常務 →03/05

相原 徳治 あいはら・とくじ ～平成4年12月16日
全国社会福祉協議会副会長 →91/93

相原 利夫 あいはら・としお 明治41年11月29日～平成10年8月31日 保土谷化学工業常務 →97/99

相原 英雄 あいはら・ひでお 昭和3年8月21日～平成3年6月30日 オルガノ取締役，東京オルガノ商事社長 →91/93

相原 雅路 あいはら・まさみち 明治41年3月5日～昭和62年4月20日 江島神社宮司 →83/87

相原 満寿美 あいはら・ますみ 明治44年9月28日～平成12年1月8日 新日本製鉄副社長 →00/02

相原 益功 あいはら・ますよし ～昭和5年6月5日
海軍主計総監 →昭和

相原 理作 あいはら・りさく ～昭和29年1月18日
明治屋常務 →昭和

相部 博徳 あいべ・ひろのり 昭和6年1月13日～平成5年4月29日 トーア・スチール監査役 →91/93

相宮 和三郎 あいみや・わさぶろう ～平成5年2月19日 相宮金属商店会長 →91/93

相武 三郎 あいむ・さぶろう ～平成8年9月17日
伊奈製陶（のちINAX）常務 →94/96

相山 政次郎 あいやま・まさじろう ～昭和60年11月27日 富山合同興業（株）取締役 →83/87

青 昌男 あお・まさお 昭和2年3月1日～平成11年7月22日 ノリタケカンパニーリミテド専務 →97/99

青井 計佳 あおい・かずよし 大正11年2月10日～平成1年2月18日 中央興発社長，尾張中央ロータリークラブ会長 →88/90

青井 舒一 あおい・じょいち 大正15年3月30日～平成8年12月28日 経団連副会長，東芝社長 →94/96

青井 忠治 あおい・ちゅうじ 明治37年3月30日～昭和50年8月18日 実業家 丸井創業者 →昭和

青井 英隆 あおい・ひでたか ～平成2年6月18日
産経新聞社広告局長，日本工業新聞社取締役，渡辺企画専務取締役 →88/90

青井 政美 あおい・まさみ 明治40年12月22日～平成3年1月29日 愛媛県経済農協連名誉会長，参院議員（自民党） →91/93

青井 勝 あおい・まさる 昭和9年1月24日～平成5年3月11日 児玉化学工業常務 →91/93

青井 義臣 あおい・よしおみ ～平成4年12月31日
セントラル警備保障専務，住友ビル管理社長 →91/93

青池 等 あおいけ・ひとし ～平成7年12月24日
ホッコク専務，味の花社長 →94/96

青池 芳三 あおいけ・よしぞう ～平成6年1月24日
ホッコク監査役 →94/96

青池 了一 あおいけ・りょういち 大正13年11月3日～平成19年9月12日 室蘭ガス社長，北海道銀行常務 →06/08

粟生 敏三 あおお・としぞう ～平成3年7月18日
昭和鉄工副社長 →91/93

あおかき　　　　　　　　　　　　　　　　　　　　　　　Ⅰ　政治・経済・社会篇

青柿 善一郎　あおがき・ぜんいちろう　明治20年2月9日〜昭和50年11月14日　労働運動家　→昭和

青影 弥十郎　あおかげ・やじゅうろう　明治34年11月17日〜昭和62年4月9日　ユニチカ専務　→83/87

青木 啓　あおき・あきら　〜昭和55年3月10日　ラジオ関西社長　→80/82

青木 彰　あおき・あきら　大正15年7月4日〜平成15年12月16日　産経新聞取締役編集局長,筑波大学名誉教授　→03/05

青木 昭　あおき・あきら　昭和3年12月10日〜平成2年6月28日　ブリヂストン常務　→88/90

青木 章　あおき・あきら　〜昭和63年4月20日　アオキ・スーパー会長　→88/90

青木 亮　あおき・あきら　明治39年3月15日〜平成5年6月5日　郵政省監察局長,日本住宅公団理事　→91/93

青木 郁朗　あおき・いくろう　大正3年6月20日〜平成8年9月3日　鐘紡会長,三井銀行(のちさくら銀行)副社長　→94/96

青木 勇　あおき・いさむ　〜昭和59年1月22日　精興社会長　→83/87

青木 勇　あおき・いさむ　〜昭和59年5月2日　モントリオール五輪ボート総監督,日本建設業団体連合会専務理事　→83/87

青木 市五郎　あおき・いちごろう　明治33年12月11日〜昭和60年11月10日　農業　砂川基地拡張反対同盟第一行動隊長,立川市議　→83/87

青木 伊那夫　あおき・いなお　〜平成5年6月19日　新和海運監査役　→91/93

青木 伊平　あおき・いへい　昭和5年12月9日〜平成1年4月26日　竹下登衆院議員秘書　→88/90

青木 運之助　あおき・うんのすけ　明治29年10月3日〜昭和47年10月23日　日本ロール製造社長　→昭和

青木 栄吉　あおき・えいきち　〜昭和56年9月1日　道計量協会長　→80/82

青木 英五郎　あおき・えいごろう　明治42年12月9日〜昭和56年1月3日　弁護士　→80/82

青木 営治　あおき・えいじ　〜平成8年3月20日　山階鳥類研究所理事,朝日新聞東京本社通信部長　→94/96

青木 英範　あおき・えいはん　〜昭和55年3月14日　高野山真言宗大僧正,真言宗久米田寺山主　→80/82

青木 栄文　あおき・えいぶん　〜平成3年6月2日　日本電設工業取締役　→91/93

青木 栄豊　あおき・えいほう　〜昭和11年10月8日　新義真言宗管長　→昭和

青木 理　あおき・おさむ　〜昭和42年1月25日　三重県知事　→昭和

青木 乙哉　あおき・おとや　〜昭和58年4月7日　大洋漁業常務　→83/87

青木 馨　あおき・かおる　〜平成5年5月4日　北海道ボウリング場協会会長　→91/93

青木 恪三郎　あおき・かくさぶろう　明治39年12月3日〜平成13年6月24日　香川県議　→00/02

青木 一男　あおき・かずお　明治22年11月28日〜昭和57年6月25日　参院議員(自民党),蔵相　→80/82

青木 和雄　あおき・かずお　昭和14年5月15日〜平成20年5月16日　ダイワ精工常務　→06/08

青木 和彦　あおき・かずひこ　大正8年1月25日〜平成19年3月7日　曙ブレーキ工業副社長　→06/08

青木 一参　あおき・かずみ　昭和6年5月4日〜平成12年9月3日　東レ・ダウコーニング・シリコーン副社長　→00/02

青木 固　あおき・かたし　大正2年3月26日〜昭和63年10月2日　日精樹脂工業会長　→88/90

青木 かつ　あおき・かつ　〜平成13年1月11日　紅花名誉会長　→00/02

青木 勝雄　あおき・かつお　大正3年4月27日〜平成4年1月29日　日本電装副社長　→91/93

青木 勝治　あおき・かつじ　明治35年9月17日〜平成1年3月14日　全国行政相談委員連合協議会副会長,鹿島建設顧問　→88/90

青木 勝彦　あおき・かつひこ　昭和19年5月4日〜平成22年4月25日　日本電線工業社長　→09/11

青木 克之　あおき・かつゆき　昭和11年2月14日〜平成15年4月29日　日本経済新聞監査役　→03/05

青木 鎌太郎　あおき・かまたろう　明治7年10月17日〜昭和27年1月5日　名古屋商工会議所会頭　→昭和

青木 亀寿　あおき・かめじゅ　明治38年3月31日〜昭和60年10月12日　八王子信用金庫理事長,八王子市議　→83/87

青木 貫一　あおき・かんいち　大正4年4月24日〜昭和63年2月16日　青木製作所会長　→88/90

青木 菊雄　あおき・きくお　〜昭和24年12月22日　三菱本社常務　→昭和

青木 清　あおき・きよし　明治35年1月9日〜昭和53年5月6日　東邦瓦斯会長　→昭和

青木 清　あおき・きよし　大正2年4月26日〜平成6年5月16日　チノー名誉会長　→94/96

青木 清相　あおき・きよみ　大正11年1月26日〜平成7年11月26日　弁護士　佐野女子短期大学学長,日本大学名誉教授・元理事　→94/96

青木 均一　あおき・きんいち　明治31年2月14日〜昭和51年8月27日　実業家　東京電力社長　→昭和

青木 熊吉　あおき・くま　明治35年8月21日〜昭和61年5月7日　大阪窯業耐火煉瓦社長　→83/87

青木 薫平　あおき・くんぺい　昭和2年6月3日　海軍少将　→昭和

青木 敬　あおき・けい　大正14年4月5日〜平成10年9月21日　名古屋テレビ放送常務　→97/99

4　「現代物故者事典」総索引(昭和元年〜平成23年)

I　政治・経済・社会篇　　　　　　　　　　　　　　　　　　　　　　　　　　あおき

青木 恵一郎　あおき・けいいちろう　明治38年5月17日～昭和63年2月10日　農民運動家　日本農民組合長野県連副会長　→88/90

青木 恵哉　あおき・けいさい　明治26年4月8日～昭和44年3月6日　救癩運動家　→昭和(あおき・けいや)

青木 経済　あおき・けいさい　大正10年10月30日～平成13年10月1日　キョーリキ会長　→00/02

青木 健一　あおき・けんいち　～昭和57年12月22日　朝日販売開発社長　→80/82

青木 健治　あおき・けんじ　明治37年4月21日～平成6年9月11日　弁護士　山口県弁護士会長, 山口県議, 山口県教育委員長　→94/96

青木 憲治　あおき・けんじ　大正6年4月2日～平成17年2月8日　クラボウ専務　→03/05

青木 謙三　あおき・けんぞう　大正14年1月12日～平成15年11月14日　九州電力専務　→03/05

青木 賢三　あおき・けんぞう　大正5年9月15日～平成4年1月31日　愛知時計電機社長　→91/93

青木 晃　あおき・こう　昭和5年11月30日～平成16年3月3日　大協石油常務, アブダビ石油社長　→03/05

青木 厚一　あおき・こういち　大正8年2月15日～平成22年12月6日　米沢信用金庫理事長　→09/11

青木 幸治　あおき・こうじ　～昭和60年12月3日　日本放送出版協会取締役, NHK熊本放送局長　→83/87

青城 幸七　あおき・こうしち　～昭和63年10月17日　富山スガキ取締役　→88/90

青木 幸太郎　あおき・こうたろう　～昭和61年11月17日　東京都議　→83/87

青木 釭之助　あおき・こうのすけ　大正3年2月3日～平成4年10月20日　名糖産業専務, 中央信託銀行取締役　→91/93

青木 栄　あおき・さかえ　大正1年8月7日～昭和58年3月25日　三井鉱山専務　→83/87

青木 昌　あおき・さかえ　～平成2年1月30日　古河マグネシウム社長, 日本製箔専務　→88/90

青木 作雄　あおき・さくお　明治21年2月～昭和60年8月6日　衆院議員(興亜議員同盟)　→83/87

青木 貞雄　あおき・さだお　明治31年4月15日～昭和51年1月30日　弁護士　日弁連副会長　→昭和

青木 貞雄　あおき・さだお　大正8年8月13日～平成元年1月11日　京都市議(自民党)　→88/90

青木 貞尚　あおき・さだなお　～平成14年12月8日　協和コンサルタンツ常務　→00/02

青木 三良　あおき・さぶろう　大正4年3月14日～平成5年5月20日　三井石油開発会長　→91/93

青木 三郎　あおき・さぶろう　明治39年11月7日～昭和62年3月6日　五日市カンツリー倶楽部社長, 新電工業社長　→83/87

青木 繁雄　あおき・しげお　昭和4年8月26日～平成10年1月12日　大丸工業社長　→97/99

青木 茂雄　あおき・しげお　～昭和61年2月21日　トリコロール副社長　→83/87

青木 重和　あおき・しげかず　昭和4年11月17日～平成16年5月31日　大和証券副社長, 東京証券信用組合理事長　→03/05

青木 重治　あおき・しげはる　大正9年1月2日～平成19年12月24日　七尾市長　→06/08

青木 重春　あおき・しげはる　昭和3年7月7日～昭和58年12月28日　日興リサーチセンター取締役　→83/87

青木 茂康　あおき・しげやす　明治36年9月25日～昭和60年9月11日　公認会計士, 弁理士　国士舘大学教授　→83/87

青木 繁良　あおき・しげよし　昭和12年6月15日～平成11年12月18日　太陽石油社長　→97/99

青木 蔚　あおき・しげる　～昭和63年2月7日　子爵　日本銀行渉外部調査役　→88/90

青木 秀　あおき・しげる　大正11年5月17日～平成23年9月12日　西日本新聞社長　→09/11

青木 繁　あおき・しげる　～平成10年1月28日　明和産業常務　→97/99

青木 茂　あおき・しげる　昭和5年12月6日～平成10年12月23日　東日印刷常務　→97/99

青木 茂　あおき・しげる　明治43年～平成15年2月22日　豊橋市長　→03/05

青木 周吉　あおき・しゅうきち　明治44年10月14日～昭和56年7月1日　東洋曹達工業会長　→80/82

青木 淳一　あおき・じゅんいち　～平成10年11月15日　空将　防衛庁技術研究本部技術開発官　→97/99

青木 定策　あおき・じょうさく　～昭和60年10月21日　呉羽鉱泉代表, 元椚山村(富山県)村議　→83/87

青木 正二　あおき・しょうじ　～昭和57年10月15日　三越外商本部OA機器営業部長　→80/82

青木 正三　あおき・しょうぞう　～平成10年3月20日　青木金属興業副社長　→97/99

青木 正三　あおき・しょうぞう　大正7年3月5日～平成10年4月12日　日東電機製作所会長　→97/99

青木 志郎　あおき・しろう　大正2年1月12日～昭和58年6月19日　大阪府議会議長, 柏原市長　→83/87

青木 次郎　あおき・じろう　～平成4年2月25日　関東天然瓦斯開発常務, 三井化学工業(のち三井東圧化学)取締役　→91/93

青木 信一　あおき・しんいち　大正13年3月18日～平成11年6月28日　明星工業会長, 大同生命保険取締役　→97/99

青木 新九郎　あおき・しんくろう　～昭和60年5月11日　相模鉄道取締役　→83/87

青木 信二　あおき・しんじ　昭和5年8月21日～平成12年7月1日　神奈川県議(自民党)　→00/02

青木 真次　あおき・しんじ　～昭和56年11月11日

オーシャンチャータリング社長, 関東学生馬術協会理事　→80/82

青木 親治　あおき・しんじ　～平成10年9月15日
富士火災海上保険社長　→97/99

青木 進々　あおき・しんしん　昭和9年～平成14年7月31日　アウシュヴィッツ平和博物館館長　→00/02

青木 慎三　あおき・しんぞう　大正11年4月23日～平成10年12月10日　経済企画事務次官　→97/99

青木 仁蔵　あおき・じんぞう　～昭和54年6月13日
神官　日光東照宮名誉宮司　→昭和（あおき・にんぞう）

青木 清左エ門　あおき・せいざえもん　明治32年1月～昭和56年1月21日　衆院議員　→80/82

青木 成治　あおき・せいじ　～昭和63年10月1日
青樹印刷（株）社長　→88/90

青木 精太郎　あおき・せいたろう　明治39年2月27日～平成3年7月13日　京阪電気鉄道社長　→91/93

青木 節一　あおき・せついち　～平成3年12月1日
ヤナセ常務　→91/93

青木 大吉　あおき・だいきち　～平成6年1月12日
（監）トーマツ相談役　→94/96

青木 大吾　あおき・だいご　～昭和55年10月2日
日本消防協会理事長　→80/82

青木 喬　あおき・たかし　～平成3年4月10日
陸軍少将　第六航空軍参謀副長　→91/93

青木 孝　あおき・たかし　大正4年8月28日～昭和63年5月29日　四国建機社長, 高知県機械工業会理事長　→88/90

青木 俊　あおき・たかし　昭和12年8月20日～平成15年3月18日　東京電力常務　→03/05

青木 隆　あおき・たかし　昭和7年3月11日
日銀国庫局長　→昭和

青木 隆　あおき・たかし　昭和5年4月3日～平成12年1月10日　世界長社長　→00/02

青木 隆　あおき・たかし　大正8年11月10日～平成23年3月3日　土肥町（静岡県）町長　→09/11

青木 孝義　あおき・たかよし　明治30年1月～昭和37年1月14日　政治家　物価庁長官, 経済安定本部総務長官, 衆院議員（自民党）　→昭和

青木 卓次　あおき・たくじ　大正6年9月27日～平成12年5月25日　読売広告代理取締役　→00/02

青木 彪　あおき・たけし　大正15年4月～平成3年5月2日
アトック社長　→91/93

青木 武　あおき・たけし　明治37年4月12日～昭和63年8月10日　北海道議　→88/90

青木 武　あおき・たけし　昭和3年8月9日～平成20年10月18日　藤田観光常務　→06/08

青木 猛二　あおき・たけじ　～昭和58年5月15日
南部縦貫鉄道管財人　→83/87

青木 武三　あおき・たけぞう　～昭和57年8月6日
陸軍中将　→80/82

青木 武彦　あおき・たけひこ　～平成9年10月3日
啓明書房社長　→97/99

青木 正　あおき・ただし　明治31年12月～昭和41年4月12日　自治庁長官, 衆院議員（自民党）　→昭和

青木 轟　あおき・ただし　昭和13年1月28日～平成20年12月12日　東邦亜鉛社長　→06/08

青木 達雄　あおき・たつお　～平成13年10月25日
ハスの実の家理事長　→00/02

青木 辰造　あおき・たつぞう　～昭和4年8月14日
陸軍航空兵曹長　→昭和

青木 力　あおき・ちから　～平成10年1月14日
北海道議　→97/99

青木 忠一　あおき・ちゅういち　～昭和60年10月9日
東北通信印刷取締役, 電電公社岩手電気通信部長, 電気通信共済会東北支部長　→83/87

青木 忠三　あおき・ちゅうぞう　明治44年11月9日～平成9年1月30日　北関東綜合警備保障会長, 宇都宮警視長, 北石産業社長　→97/99

青木 紹実　あおき・つぐさね　～昭和55年7月24日
弁護士　名古屋弁護士会長　→80/82

青木 辻松　あおき・つじまつ　明治43年5月13日～昭和58年5月19日　桐生機械取締役相談役, 奥羽自動車部品工業社長　→83/87

青木 勉　あおき・つとむ　大正5年8月13日～平成4年3月11日　防衛庁技術研究本部副本部長　→91/93

青木 恒哉　あおき・つねや　大正15年2月26日～平成1年10月31日　日本エヤーブレーキ会長　→88/90

青木 貞治　あおき・ていじ　明治36年5月1日～平成12年3月25日　本州製紙常務　→00/02

青木 哲　あおき・てつ　～昭和55年10月13日
大昭会会長　→80/82

青木 哲也　あおき・てつや　昭和3年11月23日～平成9年12月27日　古河機械金属取締役　→97/99

青木 照夫　あおき・てるお　大正9年11月27日～昭和57年3月20日　報知新聞社常務編集局長, 読売新聞東京本社編集局次長　→80/82

青木 輝人　あおき・てると　大正3年～平成12年10月2日　朝鮮料理・食道園創業者　盛岡冷麺の祖　→00/02

青木 道一　あおき・どういち　～平成3年10月12日
日本自動車工業会常務理事　→91/93

青木 徳雄　あおき・とくお　～平成10年2月14日
日東ベスト専務　→97/99

青木 寅雄　あおき・とらお　明治35年9月27日～平成12年1月31日　ホテルオークラ特別顧問名誉会長　→00/02

青木 寅吉　あおき・とらきち　～平成6年5月15日
はちまき店主　→94/96

青木 長茂　あおき・ながしげ　～昭和61年8月28日
元・富山市議　→83/87

I 政治・経済・社会篇

あおき

青木 信 あおき・のぶ 昭和10年6月27日～平成17年11月13日 東亜道路工業常務 →03/05

青木 信光 あおき・のぶみつ 明治2年9月20日～昭和24年12月28日 政治家 貴院議員(子爵) →昭和

青木 一 あおき・はじめ 大正12年4月5日～昭和63年9月16日 青樹印刷(株)会長, 関東カーボン印刷同業会会長, 東印工組監事 →88/90

青木 一 あおき・はじめ 昭和23年10月9日～平成20年10月9日 中野市長 →06/08

青木 波磨顕 あおき・はまあき ～昭和63年9月24日 開発電気顧問, 電源開発関東支社長 →88/90

青木 春男 あおき・はるお ～平成18年4月28日 青木書店創業者 →06/08

青木 尚雄 あおき・ひさお 大正11年11月12日～昭和55年4月17日 厚生省人口問題研究所人口政策部長 →80/82

青木 久子 あおき・ひさこ ～平成8年2月25日 太陽石油社長 →94/96

青木 久 あおき・ひさし 大正11年8月18日～平成23年12月14日 郡山市長 →09/11

青木 秀夫 あおき・ひでお ～平成13年1月27日 新潟県知事 →00/02

青木 秀夫 あおき・ひでお 大正6年10月11日～平成21年4月11日 日本通運専務, 運輸省自動車局長 →09/11

青木 秀太郎 あおき・ひでたろう ～昭和60年1月23日 鈴与専務 →83/87

青木 浩 あおき・ひろし 昭和16年5月3日～平成18年11月30日 三愛石油常務 →06/08

青木 宏之 あおき・ひろゆき 昭和20年1月20日～平成21年9月20日 衆院議員(保守党) →09/11

青木 誠 あおき・まこと ～昭和59年4月15日 青木機械社長 →83/87

青木 政一 あおき・まさいち ～平成3年4月23日 福助常務 →91/93

青木 正一 あおき・まさいち ～昭和62年8月26日 金沢市議 →83/87

青木 正一 あおき・まさいち ～平成3年7月5日 大和ハウス工業取締役, 大和工商リース取締役 →91/93

青木 昌夫 あおき・まさお 大正14年12月15日～平成1年10月8日 神戸市議・元市会議長 →88/90

青木 正国 あおき・まさくに 大正2年9月29日～昭和62年1月6日 紙の博物館館長, 本州製紙副社長 →83/87

青木 正邦 あおき・まさくに ～平成9年11月28日 ハートクラブ会長 →97/99

青木 昌子 あおき・まさこ ～平成2年10月3日 東京家裁参与員, 婦人国際平和自由連盟日本支部監事 →88/90

青木 政尚 あおき・まさなお ～昭和62年3月10日 陸軍少将 →83/87

青木 正信 あおき・まさのぶ 明治40年9月17日～平成9年9月27日 日産車体社長, 日産自動車常務 →97/99

青木 雅彦 あおき・まさひこ 昭和30年～平成20年3月19日 平和運動家 →09/11s

青木 正久 あおき・まさひさ 大正12年1月22日～平成13年8月6日 衆院議員(自民党), 環境庁長官 →00/02

青木 政最 あおき・まさも 明治33年10月2日～平成2年3月2日 墨田区会議長 →88/90

青木 勝 あおき・まさる ～昭和32年10月3日 三井船舶代表取締役 →昭和

青木 勝 あおき・まさる 明治38年6月11日～平成3年11月18日 日本カーリット常務 →91/93

青木 益次 あおき・ますじ 明治37年12月11日～昭和56年12月21日 海軍主計中佐 青木建設創業者 →80/82

青木 希振 あおき・まれのぶ 昭和9年3月27日～平成1年1月15日 青木建設常勤監査・元副社長 →88/90

青木 幹夫 あおき・みきお 昭和5年6月3日 日本生産性本部常務理事 →91/93

青木 幹三 あおき・みきぞう 明治42年6月19日～平成5年10月12日 富士通機電社長 →91/93

青木 巳三 あおき・みぞう 大正6年2月18日～平成9年10月7日 日立電線副社長 →97/99

青木 道雄 あおき・みちお 明治43年11月11日～平成5年10月30日 日幸工業社長 →91/93

青木 貢 あおき・みつぎ ～昭和61年8月16日 尼僧 超願寺坊守 →83/87

青木 実 あおき・みのる ～昭和56年2月26日 文化放送常務, フジテレビ常務 →80/82

青木 元五郎 あおき・もとごろう 安政2年9月9日～昭和7年10月7日 土木技師 →昭和

青木 盛夫 あおき・もりお 明治43年3月8日～昭和52年6月29日 駐アルゼンチン大使 →昭和

青木 康夫 あおき・やすお 大正5年5月25日～昭和63年12月7日 建設省四国地方建設局長, 東亜道路工業副社長 →88/90

青木 寧 あおき・やすし ～昭和57年2月9日 東映九州支社宣伝課長 →80/82

青木 泰三 あおき・やすぞう 大正9年6月23日～平成16年1月18日 全国強制抑留者協会理事長, 滋賀県議 →03/05

青木 祐之 あおき・ゆうじ 昭和7年3月26日～平成2年11月15日 東急百貨店取締役・人事部長 →88/90

青木 雄次 あおき・ゆうじ 大正6年11月17日～平成11年6月1日 日本冷蔵常務 →97/99

青木 良昭 あおき・よしあき 昭和5年11月23日～平成14年5月9日 日興証券専務 →00/02

青木 義男 あおき・よしお 大正5年3月20日～平成6年12月20日 下田市長 →94/96

あおき　　　　　　　　　　　　　　　　　　　　　　　　　　　Ⅰ　政治・経済・社会篇

青木 義雄　あおき・よしお　明治37年3月29日〜平成2年6月28日　芦森工業常務　→88/90

青木 義人　あおき・よしと　大正1年9月24日〜平成9年4月21日　東京高等裁判所長官　→97/99

青木 好磨　あおき・よしま　明治41年3月22日〜平成2年11月19日　東京製鋼社長　→88/90

青木 慶巳　あおき・よしみ　〜昭和59年12月27日　大阪ベアリング製造専務　→83/87

青木 好之　あおき・よしゆき　〜昭和39年10月7日　トヨタ自動車販売副社長　→昭和

青木 頼次　あおき・よりつぐ　明治37年2月11日〜昭和62年5月3日　東京ガス顧問・元副社長　→83/87

青木 良一郎　あおき・りょういちろう　〜平成6年1月3日　ポーラ化成工業会長・相談役　→94/96

青木 亮貫　あおき・りょうかん　明治8年7月〜昭和16年8月4日　衆院議員（衆議院議員倶楽部）　→昭和

青木 良作　あおき・りょうさく　〜昭和40年9月21日　太陽石油社長　→昭和

青木 良輔　あおき・りょうすけ　大正7年1月4日〜平成4年11月8日　埼玉銀行（のちあさひ銀行）常務　→91/93

青木 良祐　あおき・りょうすけ　大正7年3月14日〜平成13年1月18日　サニックス会長　→00/02

青木 良祐　あおき・りょうすけ　〜平成20年2月13日　青木染工場社長、岐阜県商工会連合会会長　→06/08

青崎 庄蔵　あおさき・しょうぞう　明治41年10月30日〜昭和62年4月20日　平戸市長　→83/87

青笹 慶三郎　あおささ・けいさぶろう　明治41年5月8日〜平成6年6月13日　前田建設工業副会長　→94/96

青沢 金治郎　あおさわ・きんじろう　〜昭和62年9月3日　大青工業社長　→83/87

青鹿 明司　あおしか・めいし　大正9年11月12日〜平成20年5月28日　常陽銀行頭取、内閣官房内閣審議室長　→06/08

青田 喜代宏　あおた・きよひろ　〜平成9年2月8日　日経SP企画常務　→97/99

青田 源太郎　あおた・げんたろう　明治34年8月〜平成8年8月1日　参院議員（自民党）　→94/96

青田 忠　あおた・ただし　明治42年2月2日〜平成11年8月3日　青木建設常務　→97/99

青田 寅吉　あおた・とらきち　大正4年5月28日〜平成1年4月14日　大洋印刷（株）相談役・元社長　→88/90

青砥 芬　あおと・かおる　大正3年1月17日〜平成7年9月18日　税理士、日本税理士会連合会副会長、中国税理士会会長　→94/96

青砥 喜三郎　あおと・きさぶろう　明治27年5月5日〜昭和61年8月13日　山陰放送監査役、米子信用金庫会長　→83/87

青戸 精一　あおと・せいいち　明治35年〜昭和19年9月17日　文部省科学局調査課長　→昭和

青砥 昇　あおと・のぼる　大正10年6月28日〜平成61年5月月4日　山陰放送社長　→83/87

青戸 陸子　あおと・むつこ　〜平成22年9月5日　読書人取締役　→09/11

青戸 泰賢　あおと・やすかた　大正3年2月23日〜平成1年5月28日　流通問題研究会副会長、日本チェーンストア協会副会長　→88/90

青沼 寂諶　あおぬま・じゃくじん　明治33年10月9日〜平成3年12月25日　僧侶　東叡山輪王寺門跡、寛永寺住職　→91/93

青沼 博二　あおぬま・ひろじ　大正10年11月28日〜平成23年11月3日　九州松下電器社長　→09/11

青野 一郎　あおの・いちろう　〜昭和63年12月20日　氷見米穀専務取締役　→88/90

青野 聡　あおの・さとし　大正3年2月13日〜平成8年9月3日　芝浦製作所専務　→94/96

青野 真治　あおの・しんじ　大正2年11月8日〜平成15年7月28日　弁護士　青野法律事務所長、東京高検検事　→03/05

青野 登喜子　あおの・ときこ　昭和18年2月27日〜平成18年12月23日　宮城県議（共産党）　→06/08

青野 英夫　あおの・ひでお　〜昭和57年1月31日　東洋紡績常務　→80/82

青野 武一　あおの・ぶいち　明治32年9月〜昭和34年12月9日　衆院議員（社会党）　→昭和（あおの・たけいち）

青野 正　あおの・まさし　大正12年11月6日〜平成2年2月22日　昭和高分子専務　→88/90

青葉 貞雄　あおば・さだお　大正5年10月31日〜平成11年6月26日　遠州鉄道社長　→97/99

青葉 翰於　あおば・ふみお　明治38年〜平成9年7月18日　富士銀行取締役　→97/99

青村 常次郎　あおむら・つねじろう　〜昭和15年9月25日　陸軍少将　→昭和

青盛 忠雄　あおもり・ただお　〜昭和53年6月10日　運輸審議会長　→昭和

青盛 太郎　あおもり・たろう　大正4年4月15日〜平成18年9月14日　岡山県議　→06/08

青屋 盛孝　あおや・もりたか　大正6年9月3日〜平成14年7月1日　世紀東急工業常務　→00/02

青柳 明良　あおやぎ・あきよし　〜平成20年4月23日　関東特殊製鋼社長、住友金属工業取締役　→06/08

青柳 郁次郎　あおやぎ・いくじろう　明治10年3月〜昭和5年8月18日　衆院議員（立憲政友会）　→昭和

青柳 勲　あおやぎ・いさお　大正6年2月1日〜平成2年5月22日　極洋取締役　→88/90

青柳 一郎　あおやぎ・いちろう　明治33年7月29日〜昭和58年8月2日　衆院議員（自民党）　→83/87

青柳 克己　あおやぎ・かつみ　〜平成3年1月8日　行政管理庁九州管区行政監察局長　→91/93

青柳 競　あおやぎ・きそお　明治44年2月15日〜昭和62年11月16日　上高地温泉ホテル社長、上高地観光旅館組

I 政治・経済・社会篇　　　　　　　　　　　　　　　　　　　　　　　　　　　　　　　　　あおやま

合長　→83/87
青柳 繁太郎　あおやぎ・しげたろう　～昭和63年1月27日　(有)青柳印刷所社長　→88/90
青柳 俊司　あおやぎ・しゅんじ　～平成1年10月25日　京セラ取締役　→88/90
青柳 照運　あおやぎ・しょううん　～平成12年3月18日　僧侶　成田山大阪別院明王院主監　→00/02
青柳 史郎　あおやぎ・しろう　～昭和58年1月28日　碧南市長　→83/87
青柳 保　あおやぎ・たもつ　明治39年1月13日～平成8年3月28日　松下電工副社長　→94/96
青柳 禎一　あおやぎ・ていいち　～昭和61年2月27日　キング常務　→83/87
青柳 虎之助　あおやぎ・とらのすけ　明治35年4月4日～昭和60年8月11日　弁護士　中日よろず相談所法律担当相談員、元名古屋弁護士会長、元日本弁護士連合会副会長　→83/87
青柳 秀夫　あおやぎ・ひでお　明治30年7月12日～昭和61年5月31日　愛知県知事、参院議員(自民党)　→83/87
青柳 文雄　あおやぎ・ふみお　明治44年2月7日～昭和年12月28日　弁護士　上智大学法学部長、東京高裁判事　→83/87
青柳 平八郎　あおやぎ・へいはちろう　～平成6年1月4日　丸善石油(のちコスモ石油)取締役　→94/96
青柳 道克　あおやぎ・みちかつ　～昭和62年4月3日　明治神宮外苑総務部長、元野球場長　→83/87
青柳 盛雄　あおやぎ・もりお　明治41年11月11日～平成5年1月22日　弁護士　衆議院議員(共産党)　→91/93
青柳 喜男　あおやぎ・よしお　～平成13年12月16日　綜合化工研究所(のち綜研化学)常務　→00/02
青柳 輪　あおやぎ・りん　明治11年～平成3年5月14日　長寿全国2位、長崎県最高齢者　→91/93
青山 明　あおやま・あきら　昭和18年2月19日～平成23年8月15日　グリーンクロス創業者　→09/11
青山 跡治郎　あおやま・あとじろう　～昭和60年9月18日　保土ヶ谷化学工業専務　→83/87
青山 公　あおやま・いさお　大正8年7月28日～平成3年7月17日　渋沢倉庫副社長　→91/93
青山 了　あおやま・おわり　明治43年1月13日～昭和49年2月24日　飯塚市長　→昭和(あおやま・りょう)
青山 薫　あおやま・かおる　昭和3年12月15日～昭和61年10月30日　札幌市職員共済組合事務局長　→83/87
青山 和彦　あおやま・かずひこ　大正12年9月2日～平成17年8月12日　名古屋テレビ放送副社長　→03/05
青山 一三　あおやま・かずみ　～昭和62年10月9日　(株)家具の青山会長、名古屋家具商業組合理事長　→83/87
青山 固　あおやま・かたし　～昭和60年9月13日　日本製粉監査役　→83/87

青山 潔　あおやま・きよし　～昭和55年5月28日　名古屋パレス観光開発株式会社取締役社長　→80/82
青山 清嗣　あおやま・きよつぐ　明治44年2月5日～昭和57年10月8日　中部電話印刷会長、名古屋ライオンズクラブ会長　→80/82
青山 金治　あおやま・きんじ　明治45年5月14日～平成14年3月29日　徳島県議(社会党)　→00/02
青山 憲三　あおやま・けんぞう　明治12年9月～昭和28年1月27日　衆院議員(無所属倶楽部)　→昭和
青山 孝太郎　あおやま・こうたろう　大正7年3月8日～平成2年1月20日　日本整毛工業協同組合理事長、カネマットップ相談役　→88/90
青山 五郎　あおやま・ごろう　昭和5年3月4日～平成20年1月15日　青山商事創業者　→06/08
青山 三郎　あおやま・さぶろう　明治39年3月25日～平成2年7月22日　大阪商船三井船舶専務　→88/90
青山 茂重　あおやま・しげえ　～平成5年2月16日　京三製作所取締役　→91/93
青山 繁　あおやま・しげる　～昭和42年8月29日　福井新聞常務取締役　→昭和
青山 茂　あおやま・しげる　大正10年3月17日～平成23年10月19日　神奈川中央交通社長　→09/11
青山 俊三　あおやま・しゅんぞう　明治32年1月4日～平成1年3月23日　尾道市長、青山病院長　→88/90
青山 鉦一　あおやま・しょういち　大正2年1月15日～平成6年1月29日　東海銀行常務、東京トヨペット副社長　→94/96
青山 正一　あおやま・しょういち　明治38年2月～昭和47年6月6日　参院議員(自民党)　→昭和
青山 正吾　あおやま・しょうご　大正5年1月22日～平成17年3月25日　岐阜県議(自民党)　→03/05
青山 四郎　あおやま・しろう　明治40年1月7日～平成12年3月25日　牧師　福音ルーテル教会牧師、グロリヤ出版顧問　→00/02
青山 清二　あおやま・せいじ　明治42年2月10日～昭和63年6月2日　青山組代表取締役　→88/90
青山 善平　あおやま・ぜんぺい　大正13年3月26日～平成16年2月15日　島根県議(自民党)　→03/05
青山 泰治　あおやま・たいじ　～昭和55年6月8日　芝浦製作所取締役　→80/82
青山 俊　あおやま・たかし　大正7年3月26日～平成4年9月7日　大蔵省銀行局長　→91/93
青山 忠精　あおやま・ただあき　明治42年11月～昭和2年9月24日　子爵　→昭和(あおやま・ただきよ)
青山 忠東　あおやま・ただはる　昭和8年3月24日～平成6年1月6日　中央信託銀行取締役　→94/96
青山 完　あおやま・たもつ　昭和12年3月3日～平成15年8月25日　小糸製作所専務　→03/05
青山 千代造　あおやま・ちよぞう　～昭和56年4月11日　東京都中央区監査委員、元同区議会議長　→80/82

あおやま　　　　　　　　　　　　　　　　　　　　Ⅰ　政治・経済・社会篇

青山　藤吉郎　あおやま・とうきちろう　明治40年1月9日〜昭和58年2月27日　町田市長　→83/87

青山　利光　あおやま・としみつ　明治45年3月31日〜平成2年3月23日　青山製作所会長,中日本航空社長　→88/90

青山　敏郎　あおやま・としろう　〜昭和61年4月5日　青山商店社長　→83/87

青山　虎之助　あおやま・とらのすけ　大正3年3月12日〜平成1年2月3日　雑誌編集者　新生社創業者　→88/90

青山　直一　あおやま・なおいち　大正10年5月31日〜平成14年11月19日　竹中工務店常務　→00/02

青山　春雄　あおやま・はるお　大正14年4月28日〜平成6年4月7日　広島県議(無所属),府中市長　→94/96

青山　英郎　あおやま・ひでお　大正15年4月30日〜昭和62年2月10日　日本製粉監査役　→83/87

青山　房三　あおやま・ふさぞう　明治35年11月15日〜平成6年2月2日　青雲クラウン会長,名古屋文具事務用品協同組合理事長　→94/96

青山　正男　あおやま・まさお　大正14年6月23日〜平成11年9月27日　北海道議(自民党)　→97/99

青山　正男　あおやま・まさお　昭和2年6月19日〜平成16年4月22日　森尾電機社長　→03/05

青山　政次　あおやま・まさじ　明治35年8月31日〜平成11年10月20日　京都セラミック社長,青山財団理事長　→97/99

青山　正敏　あおやま・まさとし　昭和6年12月18日〜平成12年4月24日　フジコピアン常務　→00/02

青山　正春　あおやま・まさはる　〜昭和61年12月8日　墨田区(東京都)区議　→83/87

青山　雅彦　あおやま・まさひこ　明治28年12月2日〜昭和61年10月20日　名古屋市議　→83/87

青山　松之　あおやま・まつゆき　昭和6年11月23日〜平成20年11月20日　愛知銀行常務　→06/08

青山　稔　あおやま・みのる　昭和7年10月26日〜平成14年11月20日　岡谷鋼機常務　→00/02

青山　基三　あおやま・もとぞう　〜平成15年9月18日　陸将　陸上自衛隊愛知地方連絡部長　→03/05

青山　保夫　あおやま・やすお　大正14年1月21日〜平成18年6月11日　日本冶金工業専務　→06/08

青山　幸雄　あおやま・ゆきお　大正10年5月27日〜平成7年2月19日　三菱電線工業会長　→94/96

青山　行雄　あおやま・ゆきお　大正10年8月1日〜平成14年6月12日　読売テレビ放送社長　→00/02

青山　幸宜　あおやま・ゆきよし　嘉永7年11月20日〜昭和5年2月6日　子爵　貴族議員　→昭和

青山　豊　あおやま・ゆたか　明治45年2月10日〜平成2年1月9日　藤倉電線常務　→88/90

青山　義夫　あおやま・よしお　昭和12年10月31日〜平成10年12月26日　島田理化工業専務　→97/99

青山　義武　あおやま・よしたけ　明治43年4月25日〜平成11年9月30日　弁護士　東京高裁判事　→97/99

青山　良道　あおやま・よしみち　大正3年3月31日〜昭和61年4月23日　中野区(東京都)区長　→83/87

青山　利一　あおやま・りいち　〜平成1年9月19日　静岡県議　→88/90

青山　禄郎　あおやま・ろくろう　〜昭和15年1月6日　弘電社社長　→昭和

阿河　準一　あが・じゅんいち　明治41年2月25日〜平成10年8月19日　弁護士　日弁連副会長　→97/99

阿賀　正美　あが・まさみ　明治36年3月16日〜昭和61年4月9日　福島県知事,東京労働基準局長　→83/87

赤井　醇　あかい・あつし　大正5年11月9日〜平成7年3月23日　シン技術コンサル相談役,札幌市助役　→94/96

赤井　佳寿男　あかい・かずお　大正4年5月13日〜昭和61年7月1日　紀陽銀行常務　→83/87

赤井　喜代次　あかい・きよじ　明治34年12月11日〜平成4年6月19日　白青社社長　→91/93

赤井　三郎　あかい・さぶろう　大正5年2月8日〜昭和48年12月24日　赤井電機社長　→昭和

赤井　舛吉　あかい・せんきち　〜昭和40年2月24日　赤井電機会長　→昭和

赤石　淳　あかいし・あつし　大正10年11月13日〜昭和61年12月23日　千代田区麹町交通安全協会(東京都)副会長,日本建設常務取締役　→83/87

赤石　清悦　あかいし・せいえつ　大正5年1月24日〜平成15年6月9日　文部省体育局長　→03/05

赤石　昌彦　あかいし・まさひこ　昭和7年1月1日〜昭和62年12月9日　太洋社取締役　→83/87

赤石　義明　あかいし・よしあき　明治20年10月28日〜昭和63年7月5日　牧師　金城学院名誉理事,日本基督教団名古屋教会牧師　→88/90

赤岩　重雄　あかいわ・しげお　大正3年3月9日〜平成23年6月7日　秩父セメント専務　→09/11

赤岩　平治　あかいわ・へいじ　明治32年11月1日〜平成5年6月28日　伊野尹取締役　→91/93

赤浦　修　あかうら・おさむ　大正4年4月23日〜平成15年12月11日　日本不動産銀行常務　→03/05

赤尾　邦男　あかお・くにお　大正13年2月14日〜昭和59年2月10日　長野県出納長　→83/87

赤尾　四郎　あかお・しろう　大正8年11月12日〜平成8年11月25日　アカオアルミ会長　→94/96

赤尾　武男　あかお・たけお　大正5年5月1日〜平成9年4月24日　太陽銀行(のちさくら銀行)専務　→97/99

赤尾　藤吉郎　あかお・とうきちろう　明治4年7月〜昭和13年10月3日　弁護士　衆院議員(政友会)　→昭和

赤尾　彦作　あかお・ひこさく　慶応3年4月〜昭和28年11月26日　弁護士　衆院議員(政友会)　→昭和

赤尾　敏　あかお・びん　明治32年1月15日〜平成2年2月6日　右翼活動家　大日本愛国党総裁　→88/90

赤尾　学　あかお・まなぶ　昭和9年8月11日〜平成19年4月24日　東宝不動産常務　→06/08

10　「現代物故者事典」総索引(昭和元年〜平成23年)

Ⅰ　政治・経済・社会篇　　　　　　　　　　　　　　　　　　　　　　　　　　　　　あかさか

赤尾 稔　あかお・みのる　明治37年9月13日～昭和63年5月2日　東京出版販売社長　→88/90

赤尾 豊　あかお・ゆたか　大正2年7月15日～平成6年5月22日　日新印刷社長, 旺文社監査役　→94/96

赤尾 好夫　あかお・よしお　明治40年5月5日～昭和60年9月11日　旺文社創業者, テレビ朝日社長, 文化放送社長　→83/87

赤尾 芳慶　あかお・よしのぶ　明治41年8月5日～昭和61年10月24日　富山技研興業(株)社長　→83/87

赤壁 陸夫　あかかべ・むつお　～平成2年9月19日　植田製油取締役, ベル食品工業専務　→88/90

赤川 晃　あかがわ・あきら　昭和2年10月16日～平成7年11月7日　鈴木金属工業社長　→94/96

赤川 邦雄　あかがわ・くにお　昭和10年3月24日～昭和63年12月27日　(財)素形材センター専務理事　→88/90

赤川 哲也　あかがわ・てつや　大正8年4月14日～平成15年7月12日　東京リース社長　→03/05

赤川 穣　あかがわ・みのる　～平成9年2月27日　東急百貨店常務, 東京急行電鉄取締役　→97/99

赤城 浦四郎　あかぎ・うらしろう　～昭和61年9月22日　松島建材社長　→83/87

赤城 海助　あかぎ・かいすけ　大正3年1月16日～平成14年1月7日　興亜火災海上保険会長, 日本通運副社長　→00/02

赤木 海三　あかぎ・かいぞう　～昭和56年11月28日　中国新聞トラベルサービス社長, 元中国新聞社取締役　→80/82

赤木 栄　あかぎ・さかえ　明治33年6月21日～昭和61年6月27日　日本製粉社長　→83/87

赤木 栄　あかぎ・さかえ　大正13年10月25日～平成15年8月16日　カネボウ常務　→03/05

赤木 暁　あかぎ・さとる　明治30年8月1日～昭和40年10月13日　弁護士　法政大学教授　→昭和(あかぎ・あきら)

赤木 孜一　あかぎ・しいち　明治42年9月20日～平成6年4月6日　新見市長　→94/96

赤木 泰二　あかぎ・たいじ　～平成11年10月11日　千葉県警本部長, 宮崎県警本部長, 警察庁警備局参事官　→97/99

赤木 隆資　あかぎ・たかし　～昭和62年6月22日　中国化薬監査役　→83/87

赤木 健男　あかぎ・たけお　～昭和60年9月4日　日本触媒化学工業取締役　→83/87

赤城 正　あかぎ・ただし　大正11年12月28日～平成19年3月23日　日本コンクリート工業常務　→06/08

赤木 親之　あかぎ・ちかゆき　明治30年5月15日～昭和16年6月17日　内務官僚　上海市工部局警視副総監　→昭和

赤城 鉄郎　あかぎ・てつろう　～昭和60年6月12日　東洋食品機械社長　→83/87

赤木 朝治　あかぎ・ともはる　明治16年2月16日～昭和38年6月28日　著作権審議会会長, 内務次官　→昭和(あかぎ・ともじ)

赤木 寅一　あかぎ・とらいち　明治35年8月25日～昭和60年4月18日　ウトロ漁協組合長　→83/87

赤木 広八　あかぎ・ひろはち　明治26年1月14日～昭和49年4月25日　コーリン鉛筆会長　→昭和

赤木 博　あかぎ・ひろむ　昭和13年11月10日～平成10年6月26日　宮崎県議(社民党)　→97/99

赤木 正雄　あかぎ・まさお　明治20年3月24日～昭和47年9月24日　政治家, 森林砂防学者　参院議員(緑風会)　→昭和

赤木 正樹　あかぎ・まさき　昭和2年11月28日～平成13年8月18日　大阪府経営合理化協会常任理事　→00/02

赤木 正典　あかぎ・まさのり　～昭和55年11月5日　東通会長, 元東京放送技術局長　→80/82

赤城 宗徳　あかぎ・むねのり　明治37年12月2日～平成5年11月11日　政治家　衆院議員(自民党), 農相　→91/93

赤木 渉　あかぎ・わたる　明治44年1月5日～昭和63年3月1日　芸南観光開発社長　→88/90

赤桐 操　あかぎり・みさお　大正9年6月5日～平成22年6月21日　参院議員(社民党)　→09/11

赤坂 岩夫　あかさか・いわお　昭和29年12月2日　片倉肥料参与　→昭和

赤坂 勝美　あかさか・かつみ　～昭和60年8月20日　軍人　ラオス愛国戦線ゲリラ隊長　→83/87

赤坂 健一郎　あかさか・けんいちろう　～昭和56年6月7日　食料品販売業　小樽市議　→80/82

赤坂 甚太郎　あかさか・じんたろう　～昭和62年1月7日　宮城県議　→83/87

赤坂 武　あかさか・たけし　明治33年1月28日～昭和46年6月6日　日本鋼管社長, 日本造船工業会会長　→昭和

赤坂 侃男　あかさか・ただお　昭和12年6月5日～平成21年8月17日　日経新聞大阪本社製作局次長　→09/11

赤坂 常雄　あかさか・つねお　～昭和60年1月18日　福岡国税局徴収部長　→83/87

赤坂 俊哉　あかさか・としや　昭和33年10月20日～平成22年7月31日　弁護士　→09/11

赤坂 典昭　あかさか・のりあき　明治3年11月2日～平成5年1月25日　神戸市住宅供給公社理事長, 神戸市助役　→91/93

赤坂 仁　あかさか・ひとし　昭和5年7月15日～昭和63年11月30日　東京部品工業常務　→88/90

赤坂 正男　あかさか・まさお　～平成5年5月8日　弁護士　日本弁護士連合会常務理事, 東京弁護士会副会長　→91/93

赤坂 実　あかさか・みのる　大正3年12月20日～平成5年4月16日　奈良県選挙管理委員長　→91/93

赤坂 義郎　あかさか・よしお　明治42年1月1日～平成4年2月7日　三重交通専務, 三重いすゞ自動車社長　→91/93

あかさか　　　　　　　　　　　　　　　　　　Ⅰ　政治・経済・社会篇

赤坂 頼磨　あかさか・らいま　～昭和40年3月25日
南都銀行頭取　→昭和

赤阪 和重郎　あかさか・わじゅうろう　～平成4年2月23日　大和建設会長　→91/93

赤崎 純三　あかざき・じゅんぞう　昭和4年8月29日～昭和61年7月9日　ダイドーエンジニアリング社長、京都フォト・デザイン社長、大同マルタ染工取締役　→83/87

赤崎 寅蔵　あかざき・とらぞう　明治21年2月8日～昭和48年11月23日　労働運動家　→昭和

赤崎 盛信　あかさき・もりのぶ　大正2年3月8日～平成12年1月7日　大日本製薬常務　→00/02

赤沢 克彦　あかざわ・かつひこ　昭和6年11月10日～昭和63年2月2日　大和銀行専務　→88/90

赤沢 璋一　あかざわ・しょういち　大正8年11月25日～平成14年9月29日　日本貿易振興会理事長、富士通副社長　→00/02

赤沢 申也　あかざわ・しんや　昭和22年6月30日～平成21年12月22日　さぬき市長　→09/11

赤沢 俊一　あかざわ・としかず　～平成3年5月27日　鈴木自動車工業(のちスズキ)取締役　→91/93

赤沢 日雄　あかざわ・にちゆう　大正13年3月31日　本門法華宗管長　→昭和

赤沢 正寛　あかざわ・まさひろ　明治25年12月2日～昭和60年9月17日　帝国製薬会長　→83/87

赤沢 正道　あかざわ・まさみち　明治40年7月26日～昭和57年1月20日　政治家　衆院議員(自民党)、自治相、米子ガス会長　→80/82

赤沢 美喜子　あかざわ・みきこ　大正3年4月14日～平成13年10月16日　医療ソーシャルワーカー　岩手県医療社会事業協会会長　→00/02

赤沢 素三　あかざわ・もとぞう　～昭和55年4月15日　神鋼電機常務、神鋼計算機社長　→80/82

明石 恵達　あかし・えたつ　明治26年3月1日～昭和45年1月21日　僧侶、仏教学者　龍谷大名誉教授、善林寺(浄土真宗本願寺派)住職　→昭和

明石 景明　あかし・かげあき　大正2年3月11日～平成4年6月26日　商工組合中央金庫理事　→91/93

明石 和彦　あかし・かずひこ　大正9年8月15日～平成1年12月19日　明石製作所社長、明石ビームテクノロジー会長、日本試験機工業会会長　→88/90

明石 克寛　あかし・かつひろ　大正15年～昭和58年2月19日　三菱電機和歌山製作所長　→83/87

明石 紀一　あかし・きいち　大正15年2月11日～平成6年2月24日　王子不動産社長　→94/96

明石 清彦　あかし・きよひこ　昭和40年11月16日～平成4年2月1日　北九州市会議員　→91/93

明石 五郎　あかし・ごろう　昭和5年1月27日～平成2年7月15日　富士写真フイルム常務　→88/90

明石 順三　あかし・じゅんぞう　明治22年7月1日～昭和40年11月14日　宗教家、キリスト者　灯台社(ワッチタワー日本支部)創立者　→昭和

赤司 二郎　あかし・じろう　明治45年4月1日～平成5年10月22日　ブリヂストン副社長　→91/93

赤司 新作　あかし・しんさく　大正12年11月9日～平成7年9月23日　矢野特殊自動車社長　→94/96

赤司 鷹一郎　あかし・たかいちろう　明治9年5月10日～昭和8年11月7日　文部次官　→昭和

明石 孝　あかし・たかし　大正3年7月26日～平成9年5月29日　近畿日本ツーリスト社長　→97/99

明石 琢磨　あかし・たくま　昭和11年5月1日～平成16年8月24日　宇徳運輸常務　→03/05

明石 為次　あかし・ためじ　大正13年1月8日～平成23年9月28日　明石石油監査役　→09/11

明石 照男　あかし・てるお　明治14年3月31日～昭和31年9月29日　帝国銀行会長　→昭和

明石 亨　あかし・とおる　大正14年12月1日～平成4年10月24日　丸紅建材リース副社長　→91/93

赤司 俊雄　あかし・としお　大正4年8月24日～平成4年12月26日　三和銀行頭取　→91/93

赤路 友蔵　あかじ・ともぞう　明治37年12月1日～昭和62年9月16日　衆院議員(社会党)　→83/87

赤司 繁太郎　あかし・はんたろう　明治6年9月17日～昭和40年1月9日　キリスト教伝道者　→昭和

赤司 彦一　あかし・ひこいち　明治32年9月7日～平成2年10月16日　第一復建会長　→88/90

明石 英男　あかし・ひでお　昭和8年1月18日～平成22年7月5日　コーセル専務　→09/11

明石 正敏　あかし・まさとし　～昭和57年11月18日　日新製糖副社長　→80/82

明石 守　あかし・まもる　昭和6年5月18日～昭和60年8月12日　明石エンジニヤリング社長　→83/87

明石 元長　あかし・もとなが　明治39年9月～昭和24年7月2日　貴族議員(男爵)　→昭和

明石 好光　あかし・よしみつ　～平成6年11月10日　高分子計器会長　→94/96

赤鹿 勇　あかしか・いさむ　明治37年6月21日～昭和48年10月5日　弁護士　日弁連常務理事、立命館大学理事　→昭和

赤鹿 達也　あかしか・たつや　大正10年6月19日～昭和61年10月25日　盟和産業監査役・元常務　→83/87

赤柴 八重蔵　あかしば・やえぞう　明治25年6月18日～昭和52年1月9日　陸軍中将　→昭和

赤城 猪太郎　あかしろ・いたろう　明治42年9月10日～平成3年5月14日　富士化学紙工業社長　→91/93

赤城 太郎　あかしろ・たろう　明治13年6月10日～平成13年11月5日　フジコピアン社長　→昭和

赤須 通明　あかす・みちあき　～平成2年11月4日　日本経済新聞社社友、日経インターナショナル社長、日経メディア社長　→88/90

赤瀬 多四郎　あかせ・たしろう　明治35年9月3日～昭和

I　政治・経済・社会篇　　　　　　　　　　　　　　　　　　　　　　　　　　　　　　あかはね

59年9月11日　日本郵船常務, 八馬汽船社長, 奈良県教育委員長　→83/87

県 金市　あがた・きんいち　〜昭和57年5月3日
北海道老人クラブ連合会会長　→80/82（縣 金市）

県 茂　あがた・しげる　大正14年12月14日〜平成2年9月23日　日興国際投資顧問会長　→88/90

県 忍　あがた・しのぶ　明治14年6月20日〜昭和17年1月6日　大阪府知事, 名古屋市長　→昭和

県 二郎　あがた・じろう　明治35年3月8日〜平成7年8月24日　北海道拓殖銀行取締役, 北海道東北開発公庫理事　→94/96

安形 惣司　あがた・そうじ　昭和5年1月2日〜平成9年1月18日　東京都議（社会党）　→97/99

赤田 哲　あかだ・てつ　〜昭和58年2月19日
育良精機製作所常務　→83/87

赤田 日崇　あがだ・にっそう　大正13年11月15日〜平成12年9月21日　僧侶　本能寺（法華宗本門流大本山）貫主, 本成寺住職　→00/02

県 宏　あがた・ひろし　〜昭和61年11月10日
名古屋高裁部総括判事　→83/87

赤谷 源一　あかたに・げんいち　大正6年9月29日〜昭和62年9月1日　国連事務次長, 駐チリ大使　→83/87

赤津 敏　あかつ・さとし　大正13年9月25日〜平成20年12月12日　赤津機械社長　→06/08

赤津 治作　あかつ・じさく　昭和3年7月5日〜平成12年4月14日　小松ゼノア社長, 小松製作所専務　→00/02

赤津 庄兵衛　あかつ・しょうべい　〜昭和56年9月20日
勿来市長　→80/82

赤津 益造　あかつ・ますぞう　明治35年3月17日〜平成1年11月13日　社会運動家　日中友好協会副会長　→88/90

赤塚 和俊　あかつか・かずとし　昭和25年〜平成21年1月16日　公認会計士　全国市民オンブズマン連絡会議代表幹事, 会計税務専門家ネットワーク理事長　→09/11

赤塚 勝次　あかつか・かつじ　〜昭和56年2月24日
富士紡績取締役　→80/82

赤塚 亘三郎　あかつか・こうざぶろう　明治39年2月8日〜昭和61年4月9日　（株）東北経営計算センター会長　→83/87

赤塚 五郎　あかつか・ごろう　明治19年3月〜昭和10年3月2日　衆院議員（民政党）　→昭和

赤塚 正助　あかつか・しょうすけ　明治5年9月6日〜昭和17年5月6日　衆院議員（政友会）, 駐オーストリア公使　→昭和

赤塚 新三郎　あかつか・しんざぶろう　〜平成8年8月27日　郵政省中国電波監理局長　→94/96

赤塚 孝　あかつか・たかし　〜平成7年3月30日
法務省札幌矯正管区長　→94/96

赤塚 留蔵　あかつか・とめぞう　〜昭和59年2月10日
（福）愛全会理事長　→83/87

赤塚 長雄　あかつか・ながお　昭和5年7月〜昭和61年2月4日　セントラルシステムズ取締役　→83/87

赤塚 実　あかつか・みのる　大正5年5月15日〜昭和58年3月21日　湯浅電池取締役　→83/87

我妻 京子　あがつま・きょうこ　〜昭和62年4月11日
日本社会党宮城県本部婦人局長　→83/87

赤沼 智善　あかぬま・ちぜん　明治18年8月25日〜昭和12年11月30日　僧侶　大谷大学教授　→昭和（あかぬま・ともよし）

赤沼 利彦　あかぬま・としひこ　大正10年12月4日〜平成8年5月8日　昭和鉄工社長　→94/96

茜ケ久保 重光　あかねがくぼ・しげみつ　明治38年8月31日〜平成5年3月5日　衆院議員, 参院議員（社会党）　→91/93

茜谷 隆一　あかねや・りゅういち　大正3年3月23日〜平成1年2月12日　秋田商工信用組合理事長, 全国信用組合中央協会理事　→88/90

赤野 豊　あかの・ゆたか　大正5年3月2日〜昭和51年6月9日　大林組副社長　→昭和

赤羽 銀次郎　あかば・ぎんじろう　〜昭和12年10月9日
海軍機関大佐　→昭和

赤羽 源一　あかば・げんいち　大正2年4月11日〜平成6年10月26日　旭松食品会長　→94/96

赤羽 乙哉　あかばね・おとや　明治41年4月1日〜昭和59年8月29日　日本郵船取締役, 大洋商船副社長　→83/87

赤羽 桂　あかばね・かつら　大正11年1月22日〜昭和47年11月3日　大蔵省関税局長　→昭和（あかば・けい）

赤羽 幾一　あかば・きいち　〜昭和46年3月30日
松本市長　→昭和（あかば・きいち）

赤羽 善治　あかばね・ぜんじ　明治35年〜昭和48年12月4日　九州電力会長, 福岡商工会議所会頭　→昭和（あかば・よしはる）

赤羽 高　あかばね・たかし　明治44年10月22日〜昭和51年3月16日　山一証券投資信託販売社長　→昭和（あかば・こう）

赤羽 長一郎　あかばね・ちょういちろう　〜昭和62年8月10日　全国クリーニング環境衛生同業組合連合会会長　→83/87

赤羽 貞亮　あかばね・ていりょう　大正8年1月15日〜平成4年5月6日　東北ダイキャスト工業所社長　→91/93

赤羽 信久　あかばね・のぶひさ　昭和3年6月1日〜平成20年5月12日　科学技術庁科学審議官, 新技術事業団理事長　→06/08

赤羽 憲和　あかばね・のりかず　昭和6年9月26日〜平成1年11月20日　最高検公判事務課長　→88/90

赤羽 広治　あかばね・ひろじ　〜平成1年6月4日
西洋環境開発常務　→88/90

赤羽 穣　あかばね・みのる　明治32年3月6日〜昭和27年4月21日　後楽園専務, 内閣情報局次長　→昭和（あかば・みのる）

赤羽 礼子　あかばね・れいこ　昭和5年〜平成17年10月16日　薩摩おごじょ経営　→03/05

赤星 司　あかほし・つかさ　大正5年2月17日～昭和63年3月28日　熊本鋼機社長　→88/90

赤星 典太　あかほし・てんた　明治41年9月7日～昭和33年6月13日　長野県知事　→昭和（あかほし・のりた）

赤星 平馬　あかほし・へいま　明治39年11月8日～平成5年5月23日　小岩井農牧社長,(財)静嘉堂常務理事　→91/93

赤堀 猪太郎　あかほり・いたろう　明治34年4月16日～平成3年11月24日　小笠町(静岡県)町長,静岡県議　→91/93

赤堀 和郎　あかほり・かずゆき　昭和10年1月11日～平成22年1月31日　電通常務　→09/11

赤堀 景堂　あかほり・けいどう　明治32年12月2日～昭和63年10月15日　高知県議,高知放送取締役　→88/90

赤堀 次郎　あかほり・じろう　～平成21年12月28日　海将　海上自衛隊呉地方総監　→09/11

赤堀 吉弥　あかほり・よしや　大正8年6月10日～平成18年5月29日　赤武エンジニアリング創業者　→06/08

赤間 幸司　あかま・こうじ　大正3年11月4日～平成9年11月6日　王子製紙専務　→97/99

赤間 徳寿　あかま・とくじゅ　明治16年9月～昭和33年8月19日　滑川市長,衆院議員(日本進歩党)　→昭和（あかま・のりかず）

赤間 春夫　あかま・はるお　昭和8年4月16日～平成20年6月12日　HOYA常務　→06/08

赤間 文三　あかま・ぶんぞう　明治32年5月～昭和48年5月2日　政治家　参院議員(自民党),法相,大阪府知事　→昭和

赤間 義洋　あかま・よしひろ　大正5年12月2日～平成12年5月27日　三菱信託銀行社長　→00/02

赤松 彬　あかまつ・あきら　～昭和63年11月24日　安宅産業専務　→88/90

赤松 五百麿　あかまつ・いおまろ　～昭和9年1月2日　左翼労働運動者　→昭和（あかまつ・ごひゃくまろ）

赤松 勇　あかまつ・いさむ　明治43年1月25日～昭和57年8月30日　衆院議員,社会党副委員長　→80/82

赤松 円麒　あかまつ・えんき　～昭和12年5月21日　天台宗青蓮院門跡　→昭和（あかまつ・えんりん）

赤松 克麿　あかまつ・かつまろ　明治27年12月4日～昭和30年12月13日　社会運動家,衆院議員,社会民衆党書記長　→昭和

赤松 小寅　あかまつ・ことら　明治23年4月3日～平成19年4月25日　福岡県知事,京都府知事　→昭和

赤松 貞雄　あかまつ・さだお　明治33年5月21日～昭和57年8月16日　首相秘書官　→80/82

赤松 重明　あかまつ・しげあき　大正5年4月30日～平成13年2月25日　三和酒類会長,大分県議　→00/02

赤松 茂　あかまつ・しげる　～昭和58年6月22日　岩井産業取締役　→83/87

赤松 純二　あかまつ・じゅんじ　大正5年12月16日～平成7年4月22日　帝国石油社長　→94/96

赤松 澄夫　あかまつ・すみお　大正8年3月10日～平成18年1月3日　帝国臓器製薬専務　→06/08

赤松 清亮　あかまつ・せいりょう　～昭和55年11月13日　弁護士　神戸地裁判事　→80/82

赤松 常子　あかまつ・つねこ　明治30年8月11日～昭和40年7月21日　労働運動家,政治家　参院議員(社会党),総同盟婦人部長　→昭和

赤松 照彦　あかまつ・てるひこ　明治40年11月22日～平成6年12月21日　磐田市長　→94/96

赤松 範之　あかまつ・のりゆき　大正10年5月12日～平成7年7月18日　日立造船常務　→94/96

赤松 文治　あかまつ・ぶんじ　大正4年5月4日～平成6年4月21日　東芝機械専務　→94/96

赤松 幹夫　あかまつ・みきお　大正15年10月17日～平成19年9月2日　東急百貨店副社長　→06/08

赤松 泰則　あかまつ・やすのり　大正15年5月13日～平成20年4月10日　鐘紡専務　→06/08

赤松 泰宏　あかまつ・やすひろ　大正14年11月24日～平成23年12月15日　赤松土建社長　→09/11

赤松 勇二　あかまつ・ゆうじ　～平成16年1月9日　海軍中尉　真珠湾攻撃に参加した旧日本海軍パイロット　→03/05

赤松 芳雄　あかまつ・よしお　明治45年5月3日～平成11年9月9日　日本ヒューム管取締役,中小企業経営者福祉事業団副理事長　→97/99

赤松 義治　あかまつ・よしはる　大正7年4月17日　明治乳業専務　→94/96

赤見 昌一　あかみ・しょういち　明治29年11月10日～平成6年2月19日　赤見製作所会長　→94/96

赤見 長　あかみ・ひさし　明治35年3月23日～平成2年11月9日　広告新社社長　→88/90

赤水 保雄　あかみず・やすお　昭和14年9月26日～平成20年11月29日　赤水社長,大村商工会議所会頭　→06/08

赤嶺 昭雄　あかみね・あきお　～平成5年10月26日　NSG能力開発センター会長　→91/93

赤嶺 千寿　あかみね・ちず　大正12年12月8日～平成23年5月15日　沖縄県婦人連合会会長　→09/11

赤嶺 義信　あかみね・よしのぶ　大正10年12月5日～平成4年8月20日　沖縄県公安委員長,琉球政府副主席　→91/93

赤嶺 義臣　あかみね・よしみ　～平成2年10月11日　学生援護会取締役　→88/90

赤本 良造　あかもと・りょうぞう　～昭和55年10月10日　朝日折込広告株式会社取締役会長,元朝日新聞狛江専売所所長　→80/82

赤森 伸治　あかもり・しんじ　大正9年6月9日～平成20年7月20日　陸将　陸上自衛隊第一師団長　→06/08

赤山 得誓　あかやま・とくせい　明治41年12月～平成8年10月19日　僧侶　浄土真宗本願寺派勧学寮頭,高野山

大学文学部教授 →94/96

明里 長太郎 あかり・ちょうたろう ～昭和60年10月5日 国税庁金沢国税局長 →83/87

阿川 勲 あがわ・いさお 大正3年3月6日～平成12年11月26日 自動車ねぢ工業専務 →00/02

阿川 貫達 あがわ・かんたつ 明治23年10月14日～昭和48年1月7日 僧侶,仏教学者 大正大学教授,極楽寺(浄土宗)住職 →昭和

阿川 秀一郎 あがわ・しゅういちろう ～平成7年11月5日 電波タイムス社副社長 →94/96

阿川 幸寿 あがわ・ゆきひさ ～昭和43年8月26日 阿川機工社長 →昭和

安芸 盛 あき・さかん 明治29年10月2日～昭和19年5月30日 労働運動家 →昭和

安芸 哲郎 あき・てつろう 昭和7年1月4日～平成19年1月17日 東急不動産社長 →06/08

安岐 登志一 あき・としかず ～平成13年2月8日 廃棄物対策豊島住民会議代表議長 →00/02

安芸 保寿 あき・やすとし 大正13年8月3日～平成17年6月30日 福岡高裁宮崎支部長 →03/05

秋岡 保治 あきおか・やすじ 明治19年6月1日～昭和46年3月7日 神官 神社本庁事務総長 →昭和

秋川 堯夫 あきかわ・たかお 大正8年8月12日～平成12年10月27日 日本油脂専務 →00/02

秋草 勲 あきくさ・いさお 明治37年8月21日～平成9年5月28日 フジタ専務 →97/99

秋草 篤二 あきくさ・とくじ 明治42年7月7日～平成13年11月22日 電電公社総裁 →00/02

秋草 裕 あきくさ・ゆたか 大正10年8月26日～平成14年6月13日 小田急電鉄常務 →00/02

秋口 京太郎 あきぐち・きょうたろう ～昭和29年9月17日 東洋棉花取締役 →昭和

秋笹 政之輔 あきささ・まさのすけ 明治36年1月16日～昭和18年7月15日 社会運動家 →昭和

秋里 巌 あきさと・いわお 明治40年10月28日～平成2年4月21日 ミノルタカメラ常務 →88/90

秋里 隆男 あきさと・たかお 昭和2年8月8日～平成14年5月12日 三菱樹脂専務 →00/02

秋沢 穣二 あきざわ・じょうじ 昭和13年1月25日～平成14年3月2日 伊藤忠商事常務 →00/02

秋沢 延高 あきざわ・のぶたか 昭和4年6月19日～平成3年6月30日 日立マクセル常務 →91/93

秋沢 三夫 あきざわ・みつお 昭和3年7月14日～平成19年1月17日 大丸専務 →06/08

秋重 実恵 あきしげ・じつえ 昭和63年9月7日 海軍少将 →88/90

秋重 正 あきしげ・ただし 大正7年7月2日～平成19年10月5日 長瀬産業専務 →06/08

秋月 桂 あきずき・かつら 大正6年4月1日～平成19年2月9日 山陽国策パルプ常務 →06/08

秋月 義高 あきずき・よしたか 大正10年～昭和61年11月26日 栗本鉄工所取締役 →83/87

秋月 龍珉 あきずき・りょうみん 大正10年10月1日～平成11年9月13日 禅僧 埼玉医科大学名誉教授 →97/99 (あきづき・りょうみん)

秋田 育郎 あきた・いくろう ～平成2年12月13日 東奥日報社取締役広告局長 →88/90

秋田 鋭吉 あきた・えいきち 明治45年1月10日～平成7年5月6日 大坂商船三井船舶常務,国際コンテナ輸送社長 →94/96

秋田 一雄 あきた・かずお 大正5年8月12日～平成5年3月25日 武田薬品工業常務 →91/93

秋田 一雄 あきた・かずお 大正13年11月9日～平成19年1月12日 まるたや洋菓子店創業者 →06/08

秋田 克彦 あきた・かつひこ 大正13年4月7日～昭和63年4月25日 日興リサーチセンター理事,東京証券顧問 →88/90

秋田 清 あきた・きよし 明治14年8月29日～昭和19年12月3日 政治家,弁護士 衆院議員,厚相,拓務相 →昭和

秋田 金一 あきた・きんいち 明治45年4月1日～昭和52年10月28日 大東京火災海上会長 →昭和

秋田 兼三 あきた・けんぞう 大正7年7月26日～平成23年1月18日 日本長期信用銀行副頭取 →09/11

秋田 貞男 あきた・さだお ～昭和62年4月26日 タワー観光社長,全国旅行業協会副会長 →83/87

秋田 定夫 あきた・さだお 昭和6年9月27日～平成19年5月20日 協和醗酵工業専務 →06/08

秋田 早苗 あきた・さなえ 昭和9年6月18日～平成17年12月7日 静岡新聞専務,静岡放送専務 →03/05

秋田 三一 あきた・さんいち 明治28年3月22日～昭和62年9月18日 秋田商会社長,貴院議員 →83/87

秋田 重季 あきた・しげすえ 明治19年10月～昭和33年2月13日 子爵 貴院議員 →昭和

秋田 茂 あきた・しげる 明治36年3月3日～昭和55年4月28日 大日本印刷専務 →80/82

秋田 昌次郎 あきた・しょうじろう 大正11年1月15日～平成2年1月31日 昭和飛行機工業監査役 →88/90

秋田 新三 あきた・しんぞう ～昭和47年10月8日 不二サッシ販売副社長 →昭和

秋田 信太郎 あきた・しんたろう ～昭和15年10月24日 神戸弁護士会の長老 →昭和

秋田 大助 あきた・だいすけ 明治39年1月14日～昭和63年11月29日 衆院副議長(自民党) →88/90

秋田 隆敏 あきた・たかとし 昭和12年～平成14年10月18日 税理士 秋田税理士法人代表社員 →00/02

秋田 貞一 あきた・ていいち ～昭和55年5月22日 公明党世田谷区議 →80/82

秋田 貞夫 あきた・ていお 明治42年6月24日～平成8年9月10日 秋田書店会長 →94/96

秋田 徹 あきた・とおる 昭和6年3月21日～平成22年3

あきた　　　　　　　　　　　　　　　　　　　　Ⅰ　政治・経済・社会篇

月31日　川鉄商事専務　→09/11

秋田 寅之介　あきた・とらのすけ　明治8年4月～昭和28年9月11日　神戸近汽船社長、衆院議員(立憲政友会)　→昭和

秋田 春蔵　あきた・はるぞう　昭和2年3月1日～平成23年1月15日　北海道ウタリ協会理事長　→09/11

秋田 久実　あきた・ひさみ　～昭和63年8月10日　三協クリエイティブ社長　→88/90

秋田 泰　あきた・ひろし　～平成22年1月7日　三菱金属常務　→09/11

秋田 博正　あきた・ひろまさ　大正8年9月7日～平成23年1月18日　正興産業社長、神戸商工会議所副会頭　→09/11

秋田 政一　あきた・まさかず　～昭和29年2月9日　日立重機会長　→昭和

秋田 正弥　あきた・まさや　大正6年3月29日～平成13年8月7日　大同特殊鋼社長　→00/02

秋田 政幸　あきた・まさゆき　昭和16年10月10日～平成23年2月12日　愛知県議(自民党)　→09/11

秋田 正義　あきた・まさよし　昭和4年5月1日～平成8年12月9日　新光商事会長　→94/96

秋田 美津子　あきた・みつこ　昭和10年～平成7年6月20日　ワシントンホテル取締役　→94/96

秋田 好雄　あきた・よしお　～平成7年11月7日　日本海事協会副会長、日本造船学会長　→94/96

秋武 鵬村　あきたけ・おうそん　～昭和47年10月18日　日本新聞調査局長　→昭和

秋竹 守一　あきたけ・もりいち　明治41年1月19日～昭和62年1月15日　品川白煉瓦社長　→83/87

秋津 敏夫　あきつ・としお　大正3年12月2日～平成18年6月12日　東京電気社長　→06/08

秋津 裕哉　あきつ・ゆうさい　昭和8年4月14日～平成8年5月24日　大手町建物社長　→94/96

明塚 明　あきつか・あきら　大正12年8月4日～平成3年6月10日　愛知電機常務　→91/93

秋友 素身　あきとも・もとみ　明治41年7月17日～平成10年10月14日　三菱化工機会長、三菱重工業常務　→97/99

秋永 月三　あきなが・つきぞう　明治26年12月21日～昭和24年4月23日　陸軍中将　→昭和

秋永 四三一　あきなが・よういち　明治43年1月25日～平成6年1月12日　間組(のちハザマ)副社長　→94/96

秋永 良一　あきなが・りょういち　明治41年～平成9年3月5日　西日本通信建設(のち西日本システム建設)社長　→97/99

秋庭 環　あきにわ・たまき　～昭和61年11月27日　松下電器産業労組合長　→83/87

秋野 孝道　あきの・こうどう　安政5年4月18日～昭和9年2月20日　僧侶　曹洞宗管長　→昭和

秋野 やす　あきの・やす　明治18年3月1日～平成11年2月12日　日本最高齢(113歳)　→97/99

秋葉 中　あきば・あたる　大正6年～平成11年9月5日　公認会計士、税理士　千葉県能率協会会長、千葉情報経理専門学校校長　→97/99

秋葉 要　あきば・かなめ　～平成3年8月9日　アサヒ取締役相談役・元社長　→91/93

秋葉 啓市　あきば・けいいち　明治31年2月28日～昭和60年7月22日　鹿児島相互信用金庫会長　→83/87

秋馬 敬三　あきば・けいぞう　明治38年5月6日～平成12年12月19日　新神戸電機副社長　→00/02

秋葉 光二　あきば・こうじ　～昭和55年4月7日　日本新聞インキ常務・大阪支店長　→80/82

秋葉 五郎兵衛　あきば・ごろうべえ　大正6年2月10日～平成6年7月8日　茨城県会副議長　→94/96

秋葉 武定　あきば・たけさだ　明治32年5月8日～平成3年2月21日　東化学工業社長　→91/93

秋庭 徹男　あきば・てつお　～昭和60年8月9日　日本電気ホームエレクトロニクス常務　→83/87

秋葉 信行　あきば・のぶゆき　～平成16年8月16日　自民党東京都連事務局長　→03/05

秋葉 喜美　あきば・よしみ　～昭和61年6月13日　日軽印事務局長　→83/87

穐原 惣太郎　あきはら・そうたろう　明治25年4月8日～昭和60年1月27日　日和産業会長　→83/87

秋藤 義治　あきふじ・よしはる　大正12年12月8日～平成15年1月5日　佐藤工業副社長　→03/05

秋保 盛正　あきほ・もりまさ　～昭和45年3月8日　東邦産業社長　→昭和(あきやす・もりまさ)

秋間 美雄　あきま・よしお　～昭和55年12月16日　伊藤忠飼料会長　→80/82

秋丸 次朗　あきまる・じろう　明治31年～平成4年8月23日　陸軍大佐　陸軍省戦争経済研究班(秋丸機関)責任者　→91/93

穐丸 禎三郎　あきまる・ていざぶろう　明治7年1月20日～昭和23年12月20日　農民運動家　→昭和

秋丸 祐一郎　あきまる・ゆういちろう　明治41年9月23日～平成12年10月11日　明月堂会長　→00/02

穐村 昌一　あきむら・しょういち　大正4年9月14日～平成6年6月8日　神鋼商事副社長、神戸製鋼所専務　→94/96

秋元 章好　あきもと・あきよし　明治35年4月16日～昭和58年8月8日　東洋酸素相談役、三菱セメント常務　→83/87

秋元 一良　あきもと・いちろう　大正6年4月28日～平成17年8月14日　東急コミュニティー社長、東急不動産常務　→03/05

秋元 一郎　あきもと・いちろう　大正13年1月23日～平成13年1月11日　トナミ運輸専務　→00/02

秋元 和貴　あきもと・かずたか　～昭和57年6月13日　大日本図書専務　→80/82

秋本 勝彦　あきもと・かつひこ　昭和5年12月6日～平成

I 政治・経済・社会篇　　　　　　　　　　　　　　　　　　　　　　　あきやま

12年7月8日　会計検査院事務総長　→00/02

秋元 君元　あきもと・きみもと　昭和3年1月17日～平成15年10月4日　大正製薬常務　→03/05

秋元 喜代一　あきもと・きよいち　大正10年1月16日～平成9年9月28日　上組常務　→97/99

秋元 健蔵　あきもと・けんぞう　大正9年12月1日～平成18年3月13日　青森県農協中央会会長　→06/08

秋本 孝三　あきもと・こうぞう　昭和7年2月26日～平成4年9月18日　学習研究社取締役　→91/93

秋本 哲史　あきもと・さとし　大正5年1月16日～平成2年12月22日　日産生命保険専務　→88/90

秋本 三郎　あきもと・さぶろう　～昭和55年8月25日　郵政省監察局長、福島テレビ専務　→80/82

秋本 茂　あきもと・しげる　～昭和48年8月26日　日音社長　→昭和

秋元 重蔵　あきもと・じゅうぞう　大正5年7月8日～昭和60年3月2日　京急開発常務　→83/87

秋元 伸一　あきもと・しんいち　大正9年4月15日～平成10年6月29日　北檜山町(北海道)町長　→97/99

秋元 真次郎　あきもと・しんじろう　～昭和55年3月14日　大日本農会会長　→80/82

秋元 末吉　あきもと・すえきち　～昭和56年12月24日　宮内庁管理部技術補佐員(非常勤)　→80/82

秋元 正三　あきもと・せいぞう　大正3年5月4日～平成5年4月27日　山陽パルプ(のち日本製紙)常務　→91/93

秋本 善次郎　あきもと・ぜんじろう　明治38年12月12日～昭和55年8月7日　夕刊フクニチ社長、西日本新聞社社友　→80/82

秋元 勉　あきもと・つとむ　昭和2年10月24日～昭和63年5月21日　宮城県重症心身障害児者を守る会会長、宮城県土地家屋調査士会名誉会長　→88/90

秋本 豊之進　あきもと・とよのしん　明治6年11月～昭和9年11月27日　朝鮮京南鉄道副社長、衆院議員　→昭和

秋元 直　あきもと・なおき　明治19年7月30日～昭和49年8月31日　花王石鹸顧問　→昭和(あきもと・ただし)

秋元 順朝　あきもと・なおとも　昭和42年9月18日　埼玉銀行頭取　→昭和

秋本 昇　あきもと・のぼる　～平成12年10月10日　埼玉県出納長　→00/02

秋元 春朝　あきもと・はるとも　明治14年9月～昭和23年5月13日　貴院議員(子爵)　→昭和

秋元 尚　あきもと・ひさし　～昭和62年2月24日　湯島ハイタウン管理組合理事長, KAY合唱団委員長　→83/87

秋元 英雄　あきもと・ひでお　昭和10年10月12日～平成14年11月11日　佐藤商事会長　→00/02

秋本 英男　あきもと・ひでお　～昭和61年10月24日　弁護士　台湾人元日本兵戦死傷補償訴訟弁護団長　→83/87

秋元 文吉　あきもと・ぶんきち　～昭和62年6月19日　秋元銅器製作所代表　→83/87

秋元 正雄　あきもと・まさお　明治44年11月7日～平成8年9月24日　佐藤商事社長　→94/96

秋元 正夫　あきもと・まさお　大正2年9月6日～平成7年6月15日　新日本製鉄副社長　→94/96

秋元 武蔵　あきもと・むさし　～昭和43年6月7日　中野区議(自民)　→昭和

秋本 之雄　あきもと・ゆきお　～平成7年7月2日　三嘉社長　→94/96

秋本 豊　あきもと・ゆたか　昭和4年11月1日～昭和62年8月23日　博報堂取締役　→83/87

秋本 芳信　あきもと・よしのぶ　大正5年2月～平成16年1月19日　鳥取県警本部長　→03/05

秋本 善幸　あきもと・よしゆき　大正7年2月24日～平成15年3月31日　秋本食品会長　→03/05

秋元 良作　あきもと・りょうさく　～昭和56年11月16日　東京・府中市議会議長　→80/82

秋本 龍二　あきもと・りょうじ　昭和3年9月7日～平成19年12月28日　鳴門塩業社長、鳴門商工会議所会頭　→06/08

秋谷 伊織　あきや・いおり　明治41年2月24日～平成1年2月12日　住友セメント常務, 住友金属工業取締役　→88/90

秋谷 寿三　あきや・じゅうぞう　～平成1年12月19日　大和ステンレス社長　→88/90

秋谷 敏郎　あきや・としろう　大正5年10月20日～平成5年2月25日　福島中央テレビ常務, 日本教育テレビ営業局次長　→91/93

穐山 篤　あきやま・あつし　昭和2年1月16日～平成16年4月18日　参院議員(社会党)　→03/05

秋山 岩雄　あきやま・いわお　大正5年12月20日～昭和62年10月1日　グローリー工業副社長　→83/87

秋山 英司　あきやま・えいじ　～平成7年8月2日　オフセット砥石安全協会会長　→94/96

秋山 英二　あきやま・えいじ　明治29年～昭和61年9月21日　日本タングステン専務　→83/87

秋山 勝一　あきやま・かついち　大正9年3月9日～昭和63年1月5日　品川ファーネス社長　→88/90

秋山 勝彦　あきやま・かつひこ　昭和2年3月24日～平成11年10月9日　日鉱商事社長　→97/99

秋山 要　あきやま・かなめ　～昭和46年4月21日　東京高検検事長　→昭和

秋山 久三　あきやま・きゅうぞう　～昭和57年8月2日　陸軍少将　タカラベルモント専務　→80/82

秋山 喜代　あきやま・きよ　大正6年1月11日～平成8年2月10日　秋山愛生館会長　→94/96

秋山 清　あきやま・きよし　～昭和46年2月24日　甲府市長　→昭和

秋山 健一　あきやま・けんいち　大正9年11月22日～昭和63年11月7日　積水樹脂常務, 積水化学工業取締役　→88/90

秋山 賢蔵　あきやま・けんぞう　～昭和51年7月11日　弁護士　第一東京弁護士会長　→昭和

秋山 幸一　あきやま・こういち　大正13年3月31日～平成18年4月29日　韮崎市長　→06/08

秋山 皐二郎　あきやま・こうじろう　明治43年2月22日～平成19年9月28日　八戸市長　→06/08

秋山 康之進(3代目)　あきやま・こうのしん　明治42年11月28日～昭和58年4月8日　北海道公安委員長, 秋山愛生舘会長　→83/87 (秋山 康之進)

秋山 孝之輔　あきやま・こうのすけ　明治17年～昭和45年10月23日　日本専売公社初代総裁　→昭和

秋山 栄　あきやま・さかえ　明治35年8月15日～平成7年2月13日　芦森工業副社長　→94/96

秋山 定吉　あきやま・さだきち　～昭和60年8月9日　東京都議　→83/87

秋山 重友　あきやま・しげとも　昭和6年4月24日～平成7年6月24日　大月市長　→94/96

秋山 茂　あきやま・しげる　昭和4年2月18日～平成1年8月7日　国際マイクロフォト研究所会長,「マイクログラフィックス」編集長　→88/90

秋山 修　あきやま・しゅう　昭和22年2月24日～平成22年9月17日　ニチレイ取締役常務執行役員　→09/11

秋山 脩太郎　あきやま・しゅうたろう　明治31年12月3日～昭和63年2月4日　合同インキ会長　→88/90

秋山 修道　あきやま・しゅうどう　～昭和50年1月30日　修道社社長　→昭和

秋山 俊一郎　あきやま・しゅんいちろう　明治25年10月～昭和47年12月3日　参院議員(自民党)　→昭和

秋山 正八　あきやま・しょうはち　明治42年2月23日　日本粉末合金取締役, 元満州車両社長　→昭和

秋山 昌平　あきやま・しょうへい　明治45年6月8日～平成7年12月25日　弁護士　会計検査院第一局長　→94/96

秋山 四郎　あきやま・しろう　～平成10年3月30日　日本冷凍空調工業会専務理事　→97/99

秋山 次郎　あきやま・じろう　明治43年5月29日～平成9年4月24日　神奈川県警本部長　→97/99

秋山 進　あきやま・すすむ　大正10年3月2日～平成18年4月30日　総理府総務副長官　→06/08

秋山 太一郎　あきやま・たいちろう　大正4年8月16日～平成18年1月5日　高研社長, 荘内日報社長　→06/08

秋山 孝男　あきやま・たかお　大正2年4月14日～平成12年2月26日　東京創元社社長　→00/02

秋山 隆雄　あきやま・たかお　大正13年1月30日～平成17年12月7日　片倉工業専務　→03/05

秋山 隆雄　あきやま・たかお　昭和3年12月27日～平成20年10月6日　大島町(長崎県)町長　→06/08

秋山 高三郎　あきやま・たかさぶろう　～昭和11年11月9日　弁護士, 往年の名検事　→昭和

秋山 敬　あきやま・たかし　大正10年11月4日～平成6年11月23日　日本コムシス常務　→94/96

秋山 高治　あきやま・たかじ　明治45年6月9日～平成5年7月28日　朝日生命保険常務, 朝日不動産社長　→91/93

秋山 高麿　あきやま・たかまろ　明治32年1月9日～昭和59年9月13日　西部瓦斯常務　→83/87

秋山 公誉　あきやま・たかよし　～平成4年5月20日　日本フェルト常務　→91/93

秋山 武夫　あきやま・たけお　明治42年10月19日～平成7年3月29日　通商産業省軽工業局長, 小規模企業共済事業団理事長　→94/96

秋山 武三郎　あきやま・たけさぶろう　～昭和13年3月6日　日本電気取締役会長　→昭和

秋山 辰馬　あきやま・たつま　大正5年2月25日～昭和63年5月9日　安藤建設専務　→88/90

秋山 炭六　あきやま・たんろく　～昭和57年8月18日　満鉄参事, 東京外大ロシア語講師　→80/82

秋山 長造　あきやま・ちょうぞう　大正6年3月21日～平成22年6月2日　参院議員(社会党)　→09/11

秋山 愨　あきやま・つとむ　明治36年6月4日～昭和63年3月27日　日本信号相談役　→88/90

秋山 恒雄　あきやま・つねお　大正13年11月1日～平成8年4月24日　東急百貨店取締役相談役　→94/96

秋山 光路　あきやま・てるじ　大正10年6月19日～平成17年3月5日　駐オランダ大使　→03/05

秋山 藤吉　あきやま・とうきち　文久3年11月～昭和6年12月5日　海軍主計中将　→昭和

秋山 龍　あきやま・とおる　明治38年2月28日～平成12年1月3日　日本空港ビルデング社長, 運輸事務次官　→00/02

秋山 敏明　あきやま・としあき　大正14年1月29日～平成17年3月27日　山梨県議(自民党)　→03/05

秋山 利恭　あきやま・としちか　明治34年6月12日～昭和56年3月30日　衆院議員(自民党)　→80/82

秋山 敏彦　あきやま・としひこ　昭和18年3月27日～平成22年5月28日　凸版印刷専務　→09/11

秋山 俊之　あきやま・としゆき　大正14年～平成12年7月8日　三井東圧化学(のち三井化学)常務　→00/02

秋山 利郎　あきやま・としろう　大正15年5月13日～平成15年2月13日　東洋精糖社長　→03/05

秋山 富哉　あきやま・とみや　～昭和63年3月24日　創価学会総合国際部長　→88/90

秋山 富義　あきやま・とみよし　～昭和29年5月21日　日本フェルト重役　→昭和

秋山 直吉　あきやま・なおきち　明治37年7月24日～昭和26年2月24日　社会運動家　→昭和

秋山 直文　あきやま・なおふみ　大正14年10月14日～昭和55年11月9日　中部電力静岡支店長代理　→80/82

秋山 延郎　あきやま・のぶろう　大正7年3月30日～平成

I　政治・経済・社会篇

15年11月28日　東急百貨店常務　→03/05

秋山 久　あきやま・ひさし　～平成1年3月16日
武蔵野市教育長　→88/90

秋山 英夫　あきやま・ひでお　大正10年1月2日～昭和63年8月20日　横浜銀行相談役, 横浜新都市交通社長　→88/90

秋山 秀夫　あきやま・ひでお　～平成5年12月21日
双美商会会長, 東京都賞杯事業協同組合理事長　→91/93

秋山 秀夫　あきやま・ひでお　大正14年10月5日～平成16年10月21日　読売新聞役員待遇制作本部長・編集局総務　→03/05

秋山 拡　あきやま・ひろし　明治37年10月22日～平成11年9月7日　北海道放送社長　→97/99

秋山 博　あきやま・ひろし　明治41年3月8日～平成1年5月10日　弁護士　警視庁刑事部長　→88/90

秋山 広太　あきやま・ひろた　慶応2年12月27日～昭和10年6月26日　実業家　大阪合同紡績社長　→昭和（あきやま・こうた）

秋山 広光　あきやま・ひろみつ　～平成1年1月22日
ヒロシマ・コープ社長, 広島県果実農協連合会会長代行　→88/90

秋山 博之　あきやま・ひろゆき　昭和9年10月11日～平成12年4月21日　JSP会長　→00/02

秋山 鳳見　あきやま・ほうけん　明治35年3月9日～平成13年7月31日　弁理士　弁理士会副会長　→00/02

秋山 正雄　あきやま・まさお　明治35年1月6日～平成1年8月31日　丸運常務　→88/90

秋山 政勝　あきやま・まさかつ　昭和17年10月4日～平成9年1月30日　神奈川県議（自民党）　→97/99

秋山 正親　あきやま・まさちか　大正5年2月29日～昭和60年1月6日　北条市長　→83/87

秋山 雅之介　あきやま・まさのすけ　慶応2年1月23日～昭和12年4月11日　官僚, 法学者　法政大学学長　→昭和

秋山 正治　あきやま・まさはる　～昭和60年7月23日
農水省兵庫種畜牧場長　→83/87

秋山 政彦　あきやま・まさひこ　大正11年12月15日～平成17年1月28日　倉敷化工名誉会長　→03/05

秋山 正文　あきやま・まさふみ　大正10年7月16日～平成16年4月5日　全国酪農協会会長　→03/05

秋山 昌躬　あきやま・まさみ　明治41年1月13日～昭和59年3月10日　同和火災海上保険常務　→83/87

秋山 正之　あきやま・まさゆき　大正13年10月1日～平成12年8月10日　海将　海上自衛隊護衛艦隊司令官　→00/02

秋山 弥美　あきやま・ますみ　昭和4年2月28日～平成15年8月5日　静岡県議（民社党）　→03/05

穐山 通太郎　あきやま・みちたろう　大正5年9月12日～平成13年5月23日　日本原子力発電常務　→00/02

秋山 満　あきやま・みつる　平成10年1月27日没
15年2月13日　第百生命保険社長　→03/05

秋山 充　あきやま・みつる　大正6年1月8日～平成11年12月27日　三和倉庫社長　→00/02s

秋山 紋次郎　あきやま・もんじろう　～平成4年6月4日
航空自衛隊幕僚副長, 元幹部学校校長　→91/93

秋山 祐一　あきやま・ゆういち　～昭和63年8月26日
郵政省京都地方簡易保険局長　→88/90

秋山 祐雅　あきやま・ゆうが　明治28年9月5日～平成1年9月23日　僧侶　金剛寺（高幡山不動明王院）住職, 真言宗智山派管長　→88/90

秋山 幸雄　あきやま・ゆきお　昭和13年10月11日～平成19年3月21日　京都市議（公明党）　→06/08

秋山 義辰　あきやま・よしとき　大正7年8月4日～平成9年1月31日　三菱自動車販売（のち三菱自動車工業）常務　→97/99

秋山 好古　あきやま・よしふる　安政6年1月7日～昭和5年11月4日　陸軍大将　→昭和

秋山 嘉正　あきやま・よしまさ　大正8年6月9日～平成16年1月15日　久光製薬常務　→03/05

秋山 慶幸　あきやま・よしゆき　明治38年6月8日～平成2年6月10日　日刊スポーツ新聞社社長, 東京運動記者クラブ会友　→88/90

秋山 利太郎　あきやま・りたろう　～昭和38年3月11日
東洋精糖会長　→昭和

秋山 良三　あきやま・りょうぞう　明治40年10月2日～平成3年3月22日　住江織物会長　→91/93

秋吉 致　あきよし・いたす　～昭和57年8月24日
東陶機器元副社長, 窯業協会元会長　→80/82

秋吉 貞　あきよし・ただし　～昭和55年1月27日
甘木市総務課長, 甘木市議　→80/82

穐吉 経治　あきよし・つねはる　～昭和63年10月31日
僧侶　日蓮宗妙音教会住職, 太宰府天満宮顕彰会理事, 白水学園理事　→88/90

秋吉 鉄腸　あきよし・てっちょう　～昭和61年5月11日
秋吉京染店代表, 富山市染友会会長　→83/87

秋吉 元　あきよし・はじめ　昭和7年1月1日～平成23年9月13日　ダイキン工業専務　→09/11

明楽 光三郎　あきら・みつさぶろう　明治36年10月4日～昭和59年2月21日　海南市長　→83/87

秋和 松五郎　あきわ・まつごろう　明治28年10月16日～昭和44年12月1日　労働運動家　→昭和

阿久沢 仁　あくさわ・まさし　～平成2年3月11日
八王子ガス社長　→88/90

阿久沢 光　あくざわ・みつ　大正15年3月13日～昭和63年1月21日　布恋人会長, ニチイ取締役　→88/90

阿久沢 雄次　あくざわ・ゆうじ　昭和16年9月1日～平成18年1月6日　フジテレビ常務　→06/08

芥 潔　あくた・きよし　～昭和55年12月18日
弁護士　大津地・家裁所長　→80/82

芥川 治　あくたがわ・おさむ　明治37年2月8日～平成11

あ

芥川 将　あくたがわ・すすむ　～平成4年4月24日
毎日新聞社常務　ミャンマーの村に水道パイプを贈る　→91/93

芥川 唯直　あくたがわ・ただなお　～昭和57年11月3日
砂川市議　→80/82

芥川 鉄男　あくたがわ・てつお　昭和11年3月20日～平成6年12月16日　国鉄監査局長　→94/96

芥川 輝孝　あくたがわ・てるたか　大正2年2月8日～平成8年10月30日　日本船舶振興会理事長、運輸省船舶局長　→94/96

阿久津 三郎　あくつ・さぶろう　昭和12年3月13日～平成7年7月19日　アートネイチャー会長　→94/96

安久津 昭二　あくつ・しょうじ　～平成8年8月12日
東京キャレーヂ社長　→94/96

安久津 英男　あくつ・ひでお　～昭和57年10月11日
原子力技術社長、元動力炉・核燃料開発事業団東海事業所再処理工場長　→80/82

圷 質　あくつ・まこと　大正13年1月4日～平成1年4月7日　日本建設機械化協会専務理事、建設省建設機械課長　→88/90

阿久津 豊　あくつ・ゆたか　～昭和60年4月19日
全国民営職業紹介事業協議会理事長　→83/87

阿久根 吉司　あくね・きちし　明治33年7月15日～平成1年3月20日　五洋建設常務　→88/90

阿具根 登　あぐね・のぼる　明治45年3月13日～平成16年1月16日　参院議員(社会党)　→03/05

上井 哲夫　あげい・てつお　大正14年2月24日～平成12年8月21日　倉吉商工会議所名誉会頭、倉吉信用金庫理事長　→00/02

明上 甲子雄　あけがみ・きねお　大正13年9月18日～平成16年1月18日　奥尻町(北海道)町長　→03/05

暁烏 敏　あけがらす・はや　明治10年7月12日～昭和29年8月27日　僧侶、仏教学者、歌人　明達寺(浄土真宗大谷派)住職　→昭和

明田 謙吾　あけた・けんご　昭和5年1月1日～平成2年4月4日　川鉄建材工業取締役　→88/90

上田 鹿次郎　あげた・しかじろう　明治38年7月10日～平成2年4月21日　四国電力常務　→88/90

明田 末一郎　あけた・すえいちろう　～昭和55年7月13日　海上保安庁第六管区海上保安本部長　→80/82

明田 辰義　あけた・たつよし　大正15年7月10日～平成9年2月3日　北海道議(自民党)　→97/99

上田 良治郎　あげた・りょうじろう　昭和2年2月23日～平成5年3月8日　淀川製鋼所取締役　→91/93

明智 義雄　あけち・よしお　～昭和60年10月14日
日本光学工業常務　→83/87

揚妻 文夫　あげつま・ふみお　昭和5年1月16日～平成17年4月29日　関東自動車工業社長　→03/05

明野 八郎　あけの・はちろう　昭和3年9月5日～昭和

年12月13日　富山県議、社会党富山県本部副委員長　→80/82

揚原 新十郎　あげはら・しんじゅうろう　大正1年12月1日～平成3年1月26日　揚原織物工業会長、福井県議・元県会議長　→91/93

明比 甫　あけび・はじめ　～昭和41年1月27日
京都日日新聞社長　→昭和

明間 輝行　あけま・てるゆき　大正14年5月26日～平成17年9月3日　東北電力社長、東北経済連合会名誉会長　→03/05

明海 進　あけみ・すすむ　～平成4年7月5日
明海製造技術研究所所長　→91/93

吾郷 喜重　あごう・きじゅう　大正4年5月26日～平成18年3月3日　東京計器専務　→06/08

阿子島 俊治　あこしま・しゅんじ　明治35年6月～昭和29年4月30日　政治家　衆院議員(日本進歩党)　→昭和

浅井 功　あさい・いさお　昭和10年1月22日～平成5年5月17日　横河電機取締役　→91/93

浅井 一三郎　あさい・いちさぶろう　～平成1年3月15日
渋谷区議会議員　→88/90

浅井 一郎　あさい・いちろう　明治16年1月～昭和43年6月20日　政治家　参院議員(民主党)　→昭和

浅井 岩五郎　あさい・いわごろう　～昭和56年1月23日
日高管内えりも町議会議長、同町政労者　→80/82

麻井 宇介　あさい・うすけ　昭和5年7月16日～平成14年6月1日　酒造技術コンサルタント　メルシャン勝沼ワイナリー工場長　→00/02

浅井 鋭次　あさい・えいじ　明治40年6月2日～平成4年3月9日　大昭和製紙副社長　→91/93

浅井 乙一　あさい・おといち　～平成12年6月18日
音松荘主人　→00/02

浅井 和夫　あさい・かずお　昭和2年～平成13年9月26日
東邦理化工業社長　→00/02

浅井 義一　あさい・ぎいち　明治37年4月28日～平成5年3月1日　大昭和製紙専務　→91/93

浅井 清　あさい・きよし　明治28年10月24日～昭和54年8月14日　人事院初代総裁、慶応義塾大学教授　→昭和

浅井 清信　あさい・きよのぶ　明治35年10月8日～平成4年4月7日　弁護士　立命館大学名誉教授　→91/93

浅井 邦彦　あさい・くにひこ　～昭和57年12月21日
鬼長社長、三州鬼瓦製造組合長　→80/82

浅井 慶治　あさい・けいじ　昭和12年2月6日～昭和60年12月30日　竹中工務店取締役　→83/87

浅井 啓三　あさい・けいぞう　明治44年1月1日～平成6年5月4日　日本生命保険専務　→94/96

浅井 堅教　あさい・けんきょう　～昭和56年7月30日
真言宗豊山派宗機顧問、大正大学常任理事　→80/82

浅井 健司　あさい・けんじ　昭和26年8月24日～平成18年7月12日　フューチャーシステムコンサルティング常務　→06/08

I 政治・経済・社会篇

浅井 賢道　あさい・けんどう　～平成9年9月29日
松坂屋常務　→97/99

浅井 孝二　あさい・こうじ　明治35年8月3日～平成4年2月20日　住友銀行相談役　→91/93

浅井 坂良　あさい・さかよし　～昭和44年3月25日
名桜産業監査役　→昭和

浅井 三郎　あさい・さぶろう　昭和7年12月18日～平成19年10月13日　福岡県人事委員長　→06/08

浅井 茂猪　あさい・しげい　明治22年1月4日～昭和31年5月22日　土陽新聞社長，衆院議員（翼賛議員同盟）　→昭和（あさい・しげい）

浅井 重光　あさい・しげみつ　大正9年1月8日～平成18年8月22日　豊田工機社長　→06/08

浅井 善応　あさい・ぜんおう　～昭和60年6月11日
大龍寺住職，黄檗宗宗務総長　→83/87

浅井 荘平　あさい・そうへい　～昭和63年1月1日
公認会計士　太田昭和(監)代表社員・理事，公認会計士試験委員　→88/90

浅井 太一　あさい・たいち　大正3年10月15日～平成1年12月15日　日本特殊陶業副社長　→88/90

浅井 種紹　あさい・たねつぐ　明治38年3月27日～昭和61年9月30日　豊橋紡績会長　→昭和

浅井 忠治　あさい・ちゅうじ　大正6年4月18日～平成7年2月28日　日本精鉱社長，日商岩井取締役　→94/96

浅井 長一郎　あさい・ちょういちろう　大正9年4月18日～平成7年8月28日　日本絹人繊織物工業組合連合会理事長，浅井織物社長　→94/96

浅井 亨　あさい・とおる　明治35年9月25日～昭和61年4月16日　参院議員（公明党）　→83/87

浅井 俊雄　あさい・としお　明治44年2月10日～昭和58年9月13日　浅井土地社長　→83/87

浅井 富次郎　あさい・とみじろう　明治32年3月28日～昭和52年1月1日　社会運動家　→昭和

浅井 留吉　あさい・とめきち　～昭和45年8月9日
ブラザー工業常務　→昭和

浅井 虎之助　あさい・とらのすけ　～昭和17年7月23日
日本郵船常務　→昭和

浅井 成海　あさい・なるみ　昭和10年5月28日～平成22年6月6日　僧侶　龍谷大学名誉教授　→09/11

浅井 信通　あさい・のぶみち　～昭和58年6月20日
三井化学工業常務　→83/87

浅井 隼人　あさい・はやと　昭和8年6月23日～平成6年4月1日　鹿屋市長　→94/96

浅井 秀雄　あさい・ひでお　大正14年8月29日～平成3年8月24日　出雲殿社長　→91/93

浅井 博　あさい・ひろし　明治40年9月13日～平成20年4月3日　ヒガシマル醤油社長，日本醤油協会会長，龍野市議　→06/08

浅井 文雄　あさい・ふみお　大正13年8月22日～平成14年12月9日　日本硝子専務，旭可鍛鉄社長　→00/02

浅井 正雄　あさい・まさお　大正2年4月3日～平成1年3月28日　大日通運常務　→88/90

浅井 政彦　あさい・まさひこ　～昭和59年9月4日
日本碍子取締役　→83/87

浅井 政良　あさい・まさよし　昭和6年10月17日～平成2年11月13日　エヌジーケイ・アドレック社長，日本ガイシ常務　→88/90

浅井 将　あさい・まさる　～昭和50年2月1日
三菱商事常務　→昭和

浅井 松治郎　あさい・まつじろう　～平成9年10月9日
ミヤツ工業社長　→97/99

浅井 万平　あさい・まんぺい　明治39年4月15日～昭和61年3月8日　鶉牧場牛乳処理社長，大阪府畜産会会長　→83/87

浅井 道郎　あさい・みちろう　昭和2年7月24日～平成18年4月22日　東邦瓦斯取締役　→06/08

浅井 睦也　あさい・むつや　昭和5年4月3日～平成1年12月17日　浅井産業会長・元社長　→88/90

浅井 弥七郎　あさい・やひちろう　明治42年7月30日～平成23年5月13日　ヒガシマル醤油社長　→09/11

浅井 裕　あさい・ゆたか　～昭和61年8月19日
大阪工業会総務部長　→83/87

浅井 要麟　あさい・ようりん　明治16年2月19日～昭和17年12月30日　僧侶，仏教学者　立正大教授　→昭和

浅井 義輝　あさい・よしてる　大正7年9月18日～平成3年9月18日　CHOYA社長　→91/93

浅井 義典　あさい・よしのり　大正10年3月8日～平成5年2月18日　実務教育出版会長，実務教育研究所会長，日本創芸教育会長　→91/93

浅井 美幸　あさい・よしゆき　昭和2年8月25日～平成21年10月4日　衆院議員（公明党）　→09/11

浅井 理一郎　あさい・りいちろう　大正5年8月25日～平成5年8月13日　北海道勤労者信用基金協会理事長，北海道公営企業管理者　→91/93

浅井 力三　あさい・りきぞう　～平成23年11月26日
名古屋市東山動物園飼育係　→00/02

浅井 良平　あさい・りょうへい　昭和4年7月9日～平成23年12月31日　ヒガシマル醤油社長，龍野商工会議所会頭　→09/11

浅井 湧文　あさい・わきふみ　大正9年8月19日～平成2年1月27日　クミアイ化学工業専務　→88/90

浅井 恵八　あさいし・えはち　元治1年2月～昭和16年2月5日　衆院議員（立憲政友会）　→昭和（あさいし・けいはち）

浅石 大和　あさいし・やまと　明治32年1月24日～10年10月23日　弁護士　デーリー東北新聞社社長，東北弁護士連合会会長　→97/99

朝稲 又次　あさいな・またじ　明治43年7月7日～平成10年6月2日　宮崎県議　→97/99

麻植 敏秀　あさうえ・としひで　大正8年1月4日～平成

17年1月23日　大分県議（自民党）　→03/05

朝内 忠正　あさうち・ただまさ　～昭和62年8月19日　光自動車工業所代表　→83/87

朝内 平安　あさうち・ひらやす　～昭和60年10月31日　朝内燃料店代表,富山市燃料組合副会長　→83/87

朝枝 実彬　あさえだ・じつひん　明治41年3月18日～昭和61年11月21日　僧侶 浄土真宗本願寺派宗会議員・元総務　→83/87

朝枝 俊輔　あさえだ・しゅんすけ　大正2年6月7日～平成3年10月29日　岩国市長　→91/93

朝枝 善照　あさえだ・ぜんしょう　昭和19年3月8日～平成19年1月3日　僧侶 龍谷大学文学部教授,市木浄泉寺（浄土真宗）住職　→06/08

浅尾 格　あさお・いたる　明治45年6月24日～平成18年8月17日　四国電力副社長　→06/08

浅尾 公彦　あさお・きみひこ　昭和13年6月20日～平成18年11月22日　協栄産業常務　→06/08

浅尾 浩二　あさお・こうじ　昭和5年8月6日～平成4年7月26日　ロイヤルホテル常務　→91/93

浅尾 新一郎　あさお・しんいちろう　昭和3年1月1日～平成22年11月17日　駐イタリア大使,国際交流基金理事長　→09/11

浅尾 新甫　あさお・しんすけ　明治27年3月1日～昭和47年2月22日　日本郵船社長,日本船主協会会長　→昭和

浅尾 敏靖　あさお・としやす　大正10年3月16日～平成7年8月2日　大和証券副社長　→94/96

浅尾 直次　あさお・なおじ　～昭和60年12月8日　元湊電報電話局長　→83/87

朝尾 直也　あさお・なおや　明治34年2月3日～平成3年11月2日　アサヒビール名誉顧問,エビオス薬品工業専務　→91/93

浅尾 宏　あさお・ひろし　大正13年3月28日～平成12年2月18日　郵政事務次官　→00/02

浅尾 泰　あさお・ゆたか　明治43年12月6日～昭和60年5月10日　日本マリン社長　→83/87

浅尾 吉昭　あさお・よしあき　～平成7年4月2日　三井物産ビエンチャン事務所長　→94/96

浅岡 一雄　あさおか・かずお　明治37年8月19日～平成8年11月4日　極洋捕鯨（のち極洋）専務　→94/96

旭岡 元吉　あさおか・げんきち　～昭和47年5月14日　明治製糖取締役　→昭和

浅岡 善一　あさおか・ぜんいち　大正10年3月31日～平成1年9月21日　品川白煉瓦社長　→88/90

朝岡 智幸　あさおか・ともゆき　昭和8年7月16日～平成21年2月25日　大阪高裁部総判事　→09/11

浅岡 満俊　あさおか・みつとし　～昭和11年8月26日　海軍造船総監　→昭和（浅田 満俊 あさだ・みつとし）

浅香 亮　あさか・あきら　明治40年6月29日～平成6年3月9日　浅香工業社長　→94/96

浅賀 栄　あさか・さかえ　明治43年1月10日～平成10年10月24日　金沢地裁所長　→97/99

朝香 三郎　あさか・さぶろう　明治40年7月8日～昭和62年1月24日　大栄化学工業会長　→83/87

朝香 孚彦　あさか・たかひこ　大正1年10月8日～平成6年5月5日　皇族 朝香家当主　→94/96

浅賀 隆義　あさか・たかよし　～昭和62年6月16日　北区議会議員待遇者会（東京都）会長　→83/87

朝賀 武　あさか・たけし　昭和3年9月19日～平成4年10月5日　帝国繊維取締役　→91/93

浅香 忠雄　あさか・ただお　明治41年1月12日～昭和60年5月28日　衆院議員（自民党）　→83/87

朝香 千賀子　あさか・ちかこ　大正10年5月～昭和27年12月6日　元皇族朝香宮孚彦王妃　→昭和

浅香 敏則　あさか・としのり　大正3年11月5日～平成16年2月5日　安田火災海上保険専務　→03/05

浅香 久春　あさか・ひさはる　大正11年1月25日　建設省筑波研究学園都市営繕建設本部長　→97/99

朝香 鳩彦　あさか・やすひこ　明治20年10月2日～昭和56年4月12日　皇族,陸軍大将　→80/82

安積 義朗　あさか・よしוあ　大正15年7月14日～平成1年9月4日　東北電力理事　→88/90

朝海 浩一郎　あさかい・こういちろう　明治39年3月15日～平成7年9月9日　外交官 駐米大使　→94/96

浅海 ハナ　あさがい・はな　明治7年9月1日～昭和58年12月31日　全国3番目の長寿者　→83/87

阿座上 新吾　あざがみ・しんご　大正12年3月12日～平成9年9月25日　日産建設専務,建設省砂防部長,共生機構会長　→97/99

安座上 真　あざかみ・まこと　明治21年1月5日～昭和32年8月11日　実業家 日本通運相談役　→昭和

麻上 正信　あざがみ・まさのぶ　大正14年9月28日～平成16年10月14日　那覇家裁所長　→03/05

浅川 清　あさかわ・きよし　昭和2年12月10日～平成14年1月31日　奈良県議（自民党）　→00/02

浅川 娃之助　あさかわ・けいのすけ　～平成1年5月9日　浅川工務店会長,東京都中小建築業協会常任顧問　→88/90

浅川 浩　あさかわ・こう　明治2年1月～昭和24年2月10日　衆院議員（立憲民政党）　→昭和（浅川 治 あさかわ・おさむ）

浅川 広市郎　あさかわ・こういちろう　明治36年1月14日～平成2年3月2日　ニッタン専務　→88/90

浅川 定次　あさかわ・さだじ　～平成14年5月11日　三菱江戸川化学（のち三菱ガス化学）常務　→00/02

朝川 澄夫　あさかわ・すみお　明治41年11月4日～平成15年8月7日　安藤建設副社長　→03/05

浅川 純直　あさかわ・すみなお　明治42年11月29日～平成3年3月9日　角田市長　→91/93

浅川 靖市郎　あさかわ・せいいちろう　明治44年2月15日～昭和63年1月25日　アサカワ印刷会長　→88/90

浅川 静平　あさかわ・せいへい　大正14年3月18日～平

Ⅰ　政治・経済・社会篇

浅川 公　あさかわ・ただし　〜平成3年2月27日
　弁護士　→91/93

浅川 辰巳　あさかわ・たつみ　昭和4年2月22日〜平成11年4月10日　滋賀県議(県民連合)　→97/99

浅川 敏靖　あさかわ・としやす　万延1年4月18日〜昭和8年6月29日　陸軍中将　→昭和

朝川 虎二　あさかわ・とらじ　明治34年4月26日〜昭和60年4月25日　東芝タンガロイ社長・会長、東芝専務　→83/87

朝河 春雄　あさかわ・はるお　〜昭和62年12月28日　愛知県信用農業協同組合連合会会長　→83/87

浅川 治康　あさかわ・はるやす　大正2年〜平成1年5月31日　浅川産業会長、霊友会会長補佐　→88/90

浅川 秀雄　あさかわ・ひでお　明治42年1月15日〜平成11年3月24日　川崎製鉄常務、川鉄エンジニアリング社長　→97/99

浅川 博　あさかわ・ひろし　〜平成2年5月23日
　ザ・プールアンドスパー社長　→88/90

浅川 広三　あさかわ・ひろぞう　昭和17年5月12日〜平成11年9月21日　松下冷機常務　→97/99

浅川 正敏　あさかわ・まさとし　大正6年3月14日〜平成2年2月28日　浅川興業会長、北海道議　→88/90

浅川 正治　あさかわ・まさはる　大正4年6月11日〜平成5年11月13日　第一勧業銀行専務　→91/93

浅川 正義　あさかわ・まさよし　大正2年4月1日〜平成1年7月5日　新日本観光開発会長　→88/90

浅川 安喜　あさかわ・やすよし　大正9年4月11日〜平成5年12月2日　日本金属取締役　→91/93

浅川 幸夫　あさかわ・ゆきお　昭和15年1月18日〜平成9年9月25日　キリンビール常務　→97/99

浅川 亮吉　あさかわ・りょうきち　大正7年3月25日〜平成3年9月11日　太平工業取締役　→91/93

朝木 明代　あさき・あきよ　昭和19年9月4日〜平成7年9月2日　東村山市議　→94/96

浅木 武雄　あさき・たけお　〜平成7年6月3日
　トーモク常務　→94/96

浅木 春雄　あさぎ・はるお　大正11年4月28日〜平成7年5月21日　愛媛県議(自民党)　→94/96

浅木 博　あさき・ひろし　〜平成8年5月27日
　日本シルバーボランティアズ理事、東邦レーヨン常務　→94/96

朝来 正雄　あさき・まさお　大正3年8月15日〜昭和57年2月25日　日本ハードボード工業常務　→80/82

麻喜 正道　あさき・まさみち　昭和6年3月13日〜平成2年5月7日　東日本ビルディング社長、七十七銀行取締役　→88/90

浅木森 利昭　あさきもり・としあき　昭和5年3月22日〜平成8年5月25日　国立教育研究所教育情報資料センター長　→94/96

朝桐 尉一　あさぎり・いいち　〜昭和40年4月19日
　山一証券副社長　→昭和

朝倉 薫　あさくら・かおる　大正13年6月4日〜平成18年5月16日　大阪府議(自民党)　→06/08

朝倉 和夫　あさくら・かずお　明治36年6月15日〜昭和61年7月16日　公認会計士　札幌学院大教授、札幌啓北商高校長　→83/87

朝倉 暁瑞　あさくら・ぎょうずい　〜昭和43年3月28日　浄土真宗本願寺派総長　→昭和

朝倉 清見　あさくら・きよみ　明治39年7月27日〜昭和59年2月4日　北海製ног常務　→83/87

朝倉 謙一　あさくら・けんいち　大正2年12月23日〜平成14年8月3日　萱場工業常務　→00/02

朝倉 鉱造　あさくら・こうぞう　明治41年7月21日〜平成6年1月17日　朝倉書店会長　→94/96

朝倉 吏司　あさくら・さとし　大正13年6月15日〜平成12年12月14日　八洲熱学社長　→00/02

浅倉 重雄　あさくら・しげお　昭和56年9月20日　全国養護施設協議会副会長、日本児童育成園理事長　→80/82

朝倉 斯道　あさくら・しどう　明治26年7月24日〜昭和54年6月3日　社会事業家　神戸新聞社長　→昭和

朝倉 重吉　あさくら・じゅうきち　明治29年3月1日〜昭和42年5月15日　部落解放運動家　部落解放全国委員会長野県連合会委員長　→昭和

朝倉 俊二　あさくら・しゅんじ　大正5年1月29日〜平成13年2月14日　明治生命保険常務、立教学院理事長　→00/02

朝倉 二郎　あさくら・じろう　明治42年9月20日〜平成1年11月3日　光洋精工常務　→88/90

朝倉 正　あさくら・ただし　〜昭和55年8月10日
　厚木自動車部品常務　→80/82

朝倉 毎人　あさくら・つねと　明治15年5月21日〜昭和46年8月10日　衆院議員、日本自動車配給会社社長　→昭和(あさくら・まいじん)

淺倉 博　あさくら・ひろし　大正13年1月17日〜平成9年8月10日　全日本空輸副社長　→97/99

朝倉 弘　あさくら・ひろし　大正11年8月11日〜平成4年3月25日　大正製薬専務、東京新聞政治部長　→91/93

浅古 迪　あさこ・すすむ　大正4年6月1日〜平成5年4月12日　行政管理庁行政監察局局長　→91/93

浅越 貫一　あさごえ・かんいち　〜昭和48年5月10日
　ミノルタカメラ顧問　→昭和

浅沢 直人　あさざわ・なおと　明治32年9月7日〜昭和58年5月1日　弁護士　日弁連理事、横浜弁護士会会長　→83/87

浅地 静枝　あさじ・しずえ　〜昭和62年7月16日
　富山県婦人会副会長、富山市連合婦人会会長　→83/87

浅地 庄太郎　あさじ・しょうたろう　明治38年3月16日〜昭和58年8月8日　日本ビルサービス代表取締役会長

→83/87

浅地 央　あさじ・なかば　明治44年12月1日～平成4年1月22日　富山県議,金岡忠商事取締役　→91/93

浅田 厚　あさだ・あつし　大正4年5月15日～昭和61年2月28日　住友重機械工業専務　→83/87

浅田 勇　あさだ・いさむ　大正3年11月21日～平成3年3月10日　大協石油(のちコスモ石油)取締役　→91/93

浅田 和男　あさだ・かずお　昭和14年10月26日～平成15年3月28日　関西経済同友会代表幹事,西日本電信電話社長　→03/05

浅田 一繁　あさだ・かずしげ　明治42年10月16日～平成16年9月25日　石原産業常務　→03/05

浅田 勝二　あさだ・かつじ　明治36年3月3日～昭和61年10月28日　石川県議会議長,北陸鉄工協同組合理事長　→83/87

浅田 邦八　あさだ・くにはち　大正10年11月18日～平成12年2月5日　雪印乳業専務,雪印食品社長　→00/02

浅田 慶一郎　あさだ・けいいちろう　大正5年8月25日～昭和57年10月22日　中村屋取締役相談役　→80/82

浅田 源一　あさだ・げんいち　～昭和39年2月3日　正喜社社長　→昭和

浅田 源三郎　あさだ・げんざぶろう　大正3年11月26日～平成17年8月11日　京都府議(共産党)　→03/05

浅田 健太郎　あさだ・けんたろう　昭和6年1月19日～平成21年12月3日　明治製菓副会長　→09/11

浅田 広治　あさだ・こうじ　大正14年11月23日～平成22年4月10日　名古屋市議(社会党)　→09/11

朝田 静夫　あさだ・しずお　明治44年10月13日～平成8年11月8日　運輸事務次官,日本航空社長　→94/96

浅田 俊二　あさだ・しゅんじ　大正8年1月8日～昭和57年5月30日　浅田製粉社長,古河電気工業理事　→80/82

浅田 四郎　あさだ・しろう　大正9年4月12日～平成14年5月29日　山陽空調工業社長,豪州カウラ会会長　→00/02

朝田 善之助　あさだ・ぜんのすけ　明治35年5月25日～昭和58年4月29日　部落解放運動家　部落解放同盟中央本部委員長　→83/87

浅田 隆子　あさだ・たかこ　明治45年5月19日～平成5年10月24日　清浄園園長　→91/93

浅田 孝　あさだ・たかし　大正12年11月12日～昭和63年11月5日　日本精工常務,千歳産業社長　→88/90

浅田 孝　あさだ・たかし　大正10年3月19日～平成2年12月4日　都市計画家　環境開発センター社長　→88/90

浅田 隆　あさだ・たかし　昭和12年8月24日～平成10年8月15日　住友化学工業常務,田岡染料製造社長　→97/99

朝田 孝　あさだ・たかし　大正6年5月21日～平成5年3月7日　弁護士　大阪高裁判事　→91/93

浅田 武澄　あさだ・たけすみ　大正13年2月8日～平成5年12月28日　大丸専務　→91/93

浅田 忠一　あさだ・ちゅういち　大正4年6月29日～平成5年11月15日　日本原子力発電常務　→91/93

浅田 長平　あさだ・ちょうへい　明治20年4月15日～昭和45年10月21日　神戸製鋼所社長　→昭和

麻田 哲雄　あさだ・てつお　明治23年3月1日～昭和33年2月18日　農民運動家　→昭和

浅田 徳則　あさだ・とくのり　嘉永1年10月26日～昭和8年3月30日　外交官,実業家　通信総務長官,神奈川県知事,貴院議員(勅選)　→昭和

浅田 敏章　あさだ・としあき　明治35年1月8日～昭和51年11月19日　大阪スタヂアム社長　→昭和

浅田 信興　あさだ・のぶおき　嘉永4年10月12日～昭和4年4月27日　陸軍大将,男爵　→昭和

浅田 肇　あさだ・はじめ　～平成16年3月8日　浅田農産会長　→03/05

浅田 八良　あさだ・はちろう　～昭和47年6月14日　日立金属取締役　→昭和

浅田 治正　あさだ・はるまさ　～昭和55年5月23日　びわ湖バレイ常務取締役　→80/82

浅田 秀雄　あさだ・ひでお　～昭和51年3月30日　酒田共同火力社長　→昭和

浅田 日出夫　あさだ・ひでお　大正8年5月29日～平成8年9月18日　アタカ工業常務　→94/96

浅田 博　あさだ・ひろし　大正10年3月1日～平成2年2月11日　税理士　近畿税理士会会長,日本税理士連合会副会長　→88/90

浅田 熙　あさだ・ひろし　大正3年8月3日～平成14年5月1日　立業社社長　→00/02

浅田 光彦　あさだ・みつひこ　明治39年1月20日～平成2年9月19日　十条製紙取締役　→88/90

浅田 義雄　あさだ・よしお　大正9年8月17日～昭和63年4月24日　松下電器産業専務　→88/90

朝田 善三　あさだ・よしみ　昭和28年6月19日～平成20年3月3日　近建ビル管理社長,京都ビルメンテンス協会会長　→06/08

浅田 頼重　あさだ・よりしげ　～平成6年5月27日　日産農林工業(のち兼松日産農林)常務　→94/96

浅田 量治　あさだ・りょうじ　～昭和62年7月11日　珠洲市文化財保護審議委員,珠洲市宝立小学校長　→83/87

浅田 良太　あさだ・りょうた　大正8年8月1日～平成3年9月12日　九州電力常務,九州電気建設工事社長　→91/93

浅谷 清　あさたに・きよし　昭和2年8月21日～平成13年10月31日　センコー常務　→00/02

安里 嗣幸　あさと・しこう　～平成22年2月6日　オキナワ日本ボリビア協会会長　→09/11

朝戸 順　あさと・じゅん　明治24年5月13日～昭和39年6月18日　双和金属社長　→昭和

安里 清信　あさと・せいしん　大正2年9月20日～昭和57年10月22日　住民運動家　金武湾を守る会代表世話人　→80/82

安里 積千代　あさと・つみちよ　明治36年8月22日～昭

I 政治・経済・社会篇　　　　　　　　　　　　　　　　　　　　あさの

和61年9月30日　政治家,弁護士　衆院議員(民社党),沖縄社会大衆党委員長　→83/87

安里 政芳　あさと・まさよし　昭和9年11月23日～平成21年8月22日　沖縄県議　→09/11

浅名 源重　あさな・げんじゅう　大正10年12月17日～平成10年5月15日　山田村(富山県)村長　→97/99

浅沼 彰夫　あさぬま・あきお　昭和4年3月20日～平成15年4月27日　浅沼組副社長　→03/05

浅沼 稲次郎　あさぬま・いねじろう　明治31年12月27日～昭和35年10月12日　政治家　日本社会党委員長,衆院議員　→昭和

浅沼 猪之吉　あさぬま・いのきち　明治26年4月25日～昭和55年12月21日　浅沼組会長　→80/82

浅沼 栄治郎　あさぬま・えいじろう　～昭和63年7月19日　河北新報社社友　→88/90

浅沼 享子　あさぬま・きょうこ　明治37年2月1日～昭和56年3月10日　衆議院議員(社会党)　→80/82

浅沼 源三郎　あさぬま・げんざぶろう　大正9年5月25日～平成3年7月11日　埼玉新聞事業社専務・元広告局長　→91/93

浅沼 茂夫　あさぬま・しげお　大正8年2月22日～平成1年10月20日　浅沼組社長　→88/90

浅沼 澄次　あさぬま・すみじ　～昭和52年10月10日　弁護士　第一東京弁護士会会長　→昭和

浅沼 清太郎　あさぬま・せいたろう　大正9年12月2日～平成23年11月30日　警察庁長官　→09/11

浅沼 隆男　あさぬま・たかお　昭和34年8月28日～平成4年2月14日　明治乳業社長　→91/93

浅沼 武　あさぬま・たけし　～昭和56年1月16日　東京都地方労働委員会会長　→80/82

浅沼 藤吉　あさぬま・とうきち　嘉永5年10月29日～昭和4年10月13日　写真材料商　→昭和

浅沼 誠夫　あさぬま・のぶお　大正15年3月2日～平成21年12月16日　浅沼組副社長　→09/11

浅沼 治一　あさぬま・はるかず　明治42年2月10日～平成6年7月7日　浅沼商会社長　→94/96

浅沼 秀章　あさぬま・ひであき　明治44年9月8日～平成1年10月13日　弘電工事社長　→88/90

浅沼 弘　あさぬま・ひろし　明治43年7月22日～昭和60年9月17日　日本鋼管取締役鶴見造船部長,日本鋼管工事社長　→83/87

浅沼 博　あさぬま・ひろし　明治44年2月7日～昭和55年6月28日　日本放送出版協会会長,NHK専務理事　→80/82

浅沼 幸夫　あさぬま・ゆきお　大正6年2月8日～昭和58年6月20日　浅沼組相談役　→83/87

浅沼 禎夫　あさぬま・よしお　大正12年9月3日～平成14年1月1日　浅沼組社長　→00/02

浅沼 吉三　あさぬま・よしぞう　明治43年10月9日～昭和59年4月11日　(株)浅沼商会会長,日本写真流通商社連合会会長　→83/87

浅沼 義人　あさぬま・よしと　～昭和59年2月3日　全国農業協同組合連合会理事　→83/87

浅野 章　あさの・あきら　～昭和58年2月13日　サンシャイン文化センター常務　→83/87

浅野 勇　あさの・いさむ　～昭和56年1月26日　日本オーディオ協会理事長　→80/82

浅野 勇　あさの・いさむ　大正8年2月6日～平成13年9月16日　松下電器産業常務　→00/02

浅野 勇　あさの・いさむ　大正15年3月1日～平成19年1月23日　岐阜市長　→06/08

浅野 市蔵　あさの・いちぞう　～昭和6年1月17日　浅野組社長　→昭和

浅野 市郎　あさの・いちろう　大正2年4月20日～昭和62年2月7日　睦繊維社長,愛知県会議長　→83/87

浅野 磐　あさの・いわお　昭和12年10月12日～平成16年3月10日　前田建設工業副社長　→03/05

浅野 開作　あさの・かいさく　大正15年4月15日～平成13年10月30日　カヤバ工業専務　→00/02

浅野 嘉一　あさの・かいち　～昭和12年11月23日　陸軍中将　→昭和

浅野 和郎　あさの・かずろう　昭和16年5月14日～平成15年3月15日　イオンクレジットサービス会長　→03/05

浅野 且任　あさの・かつとう　明治42年12月22日～平成12年10月29日　社会運動家　→昭和

浅野 克彦　あさの・かつひこ　昭和14年8月20日～平成23年6月21日　東芝タンガロイ常務　→09/11

浅野 勘一　あさの・かんいち　～昭和55年12月8日　愛知県議　→80/82

浅野 義三郎　あさの・ぎさぶろう　～昭和61年2月25日　浅野寝具株式会社社長,花保町会(東京・足立区)会長　→83/87

浅野 恭右　あさの・きょうすけ　昭和12年7月20日～平成8年5月13日　(財)流通システム開発センター常務理事　→94/96

浅野 清　あさの・きよし　～昭和56年10月9日　アサヒビール園取締役顧問　→80/82

浅野 研真　あさの・けんしん　明治31年7月25日～昭和14年7月7日　教育運動家,仏教者　→昭和

浅野 幸一　あさの・こういち　～昭和61年5月30日　(有)浅野モータース代表取締役社長　→83/87

浅野 鋼一　あさの・こういち　昭和3年11月25日～平成6年1月20日　山陽特殊製鋼専務　→94/96

浅野 康介　あさの・こうすけ　大正12年10月11日～昭和62年3月4日　日本軽金属社長,東洋アルミニウム取締役　→83/87

浅野 五郎　あさの・ごろう　大正14年7月4日～平成19年1月25日　浅野総業社長　→06/08

浅野 定快　あさの・さだよし　～平成10年12月19日　川村理研社長,大日本インキ化学工業顧問　→97/99

浅野 重則　あさの・しげのり　昭和7年12月7日～平成15

年7月20日　日産車体会長　→03/05

浅野 修一　あさの・しゅういち　～昭和25年5月4日
富士写真フイルム社長　→昭和

浅野 修一　あさの・しゅういち　大正10年10月19日～
平成15年5月8日　日立造船副社長, ニチゾウテック社長
→03/05

浅野 修一　あさの・しゅういち　昭和3年11月29日～平
成18年7月12日　山九副社長　→06/08

浅野 秀一　あさの・しゅういち　～昭和57年7月1日
軽金属協会専務理事　→80/82

浅野 秀慶　あさの・しゅうきょう　大正11年11月11日～
平成3年12月15日　僧侶　等正寺住職, 浄土真宗本願寺派
総務　→91/93

浅野 俊一　あさの・しゅんいち　昭和8年4月20日～平成
18年8月1日　北海道議(公明党)　→06/08

浅野 順一　あさの・じゅんいち　明治32年12月12日～昭
和56年6月10日　牧師, 神学者　日本基督教団砧教会・同
新泉教会牧師, 青山学院大学教授　→80/82

浅野 庄一　あさの・しょういち　大正5年1月2日～平成
4年5月1日　太平工業常務　→91/93

浅野 二郎　あさの・じろう　大正3年10月10日～平成15
年1月24日　大阪製鋼常務　→03/05

朝野 信治　あさの・しんじ　～昭和62年2月24日
朝野工業(株)会長, 富山県木材組合連合会顧問　→83/87

浅野 績　あさの・せき　～昭和50年2月9日
キャタピラー三菱社長　→昭和

浅野 総一郎　あさの・そういちろう　嘉永1年3月10日～
昭和5年11月9日　実業家　浅野財閥創始者　→昭和

浅野 総一郎　あさの・そういちろう　～昭和22年11月29
日　前浅野セメント社長　→昭和

浅野 総太郎　あさの・そうたろう　～平成4年5月15日
(学)浅野学園理事　フルブライト留学1期生　→91/93

浅野 武夫　あさの・たけお　明治41年2月28日～昭和57
年6月14日　日刊工業新聞社監査役兼論説委員会委員長
→80/82

浅野 忠允　あさの・ただのぶ　～昭和60年12月11日
(社)新情報センター名誉会長, 元時事通信社監査役　→
83/87

浅野 忠義　あさの・ただよし　昭和8年3月12日～昭和63
年4月3日　デュプロ製造社長　→88/90

浅野 達男　あさの・たつお　昭和4年6月28日～平成11年
3月15日　名古屋高裁総括判事　→97/99

朝野 恒次郎　あさの・つねじろう　明治44年12月21日～
平成9年8月26日　阪急百貨店専務　→97/99

浅野 悌次　あさの・ていじ　明治39年9月26日～平成8年
2月19日　三井造船会長, 昭和飛行機工業社長　→94/96

浅野 徹治　あさの・てつじ　昭和3年4月12日～平成4年
4月13日　日軽アーバンビルド社長, 新日軽常務　→91/93

浅野 哲禅　あさの・てつぜん　～昭和55年4月26日
曹洞宗大本山総持寺顧問　→80/82

浅野 徳治郎　あさの・とくじろう　～昭和42年12月7日
国産スレート社長　→昭和

浅野 富男　あさの・とみお　大正9年3月16日～平成15年
3月20日　岡山県議　→03/05

浅野 友美　あさの・ともよし　～平成8年12月10日
大東水害訴訟原告団長　→94/96

浅野 直三　あさの・なおぞう　～昭和32年2月28日
旭可鍛鉄社長　→昭和

浅野 長勲　あさの・ながこと　天保13年7月23日～昭和
12年2月1日　侯爵　元老院議官, 安芸広島藩主, 貴院議員
→昭和

浅野 寛雄　あさの・のぶお　昭和4年3月28日～平成8年
12月15日　富士銀行常務　→94/96

浅野 信之　あさの・のぶゆき　～平成5年2月6日
全国相互銀行協会(のち第二地方銀行協会)常務理事　→
91/93

浅野 昇　あさの・のぼる　大正13年8月7日～昭和61年1
月6日　石油資源開発常務　→83/87

浅野 春義　あさの・はるよし　大正15年3月20日～平成4
年2月2日　愛知県議(自民党)　→91/93

浅野 久男　あさの・ひさお　昭和7年7月17日～平成7年3
月16日　高岳製作所常務　→94/96

浅野 弘　あさの・ひろし　大正14年11月17日～平成15年
12月22日　日立製作所副社長　→03/05

浅野 浩　あさの・ひろし　～昭和57年4月5日
日立印刷代表取締役　→80/82

浅野 拡　あさの・ひろむ　昭和2年1月2日～昭和56年5月
15日　参院議員(自民党)　→80/82

浅野 博也　あさの・ひろや　昭和6年4月1日～平成19年7
月22日　神鋼商事常務　→06/08

浅野 文雄　あさの・ふみお　～昭和44年2月11日
東京信用金庫理事長　→昭和

浅野 文彰　あさの・ぶんしょう　大正10年1月30日～平
成3年11月28日　信行寺(浄土真宗)住職, 東京信用金庫
会長　→91/93

浅野 政雄　あさの・まさお　～昭和55年3月15日
愛知県自動車整備振興会副会長　→80/82

浅野 政雄　あさの・まさお　明治44年11月5日～平成10
年10月17日　高石市長　→97/99

浅野 正敏　あさの・まさとし　大正2年1月1日～平成15
年5月28日　宇部興産専務, 富士車輌社長　→03/05

浅野 奈夫　あさの・まつお　昭和61年6月18日
浅野鉄工所社長　→83/87

浅野 三義　あさの・みつよし　～昭和63年5月3日
上野動物園長　→88/90

浅野 穣　あさの・みのる　～昭和60年2月15日
日本合成化学工業副社長, 大成化薬社長　→83/87

浅野 幸夫　あさの・ゆきお　～平成7年6月1日
弘済美装会会長, 国鉄青函船舶鉄道管理局長　→94/96

Ⅰ 政治・経済・社会篇　　あさみ

浅野 良一　あさの・よしかず　大正6年3月9日～昭和58年2月20日　日本鋳造監査役、浅野学園理事長　→83/87

浅野 賢澄　あさの・よしずみ　大正5年4月19日～平成9年7月31日　フジテレビ社長　→97/99

浅野 義孝　あさの・よしたか　～昭和61年8月5日　婦中食糧販売(有)代表　→83/87

浅野 嘉之　あさの・よしゆき　昭和15年12月6日～平成11年12月12日　三菱重工業取締役　→97/99

浅野 良三　あさの・りょうぞう　明治22年8月28日～昭和40年2月9日　日本鋼管社長　→昭和

浅野 六郎　あさの・ろくろう　明治41年4月15日～平成6年2月12日　中野組(のちナカノコーポレーション)常務　→94/96

浅海 武雄　あさのうみ・たけお　大正10年4月22日～平成16年9月30日　松竹常務　→03/05

浅羽 和彦　あさば・かずひこ　～昭和61年4月17日　うなぎ割ぽう店経営　連凧の王者　→83/87

浅羽 三郎　あさば・さぶろう　明治39年9月16日～平成5年1月25日　前田建設工業常務　→91/93

浅葉 松蔵　あさば・まつぞう　～昭和61年1月19日　朝日生命保険取締役　→83/87

浅原 巌人　あさはら・いわと　大正14年7月12日～平成21年6月21日　日本電子電話公社東京電気通信局長、BHNテレコム支援協議会会長　→09/11

浅原 金平　あさはら・きんぺい　明治38年5月1日～平成7年5月15日　秩父セメント(のち秩父小野田)常務　→94/96

浅原 源七　あさはら・げんしち　明治24年9月1日～昭和45年8月23日　日産自動車社長　→昭和

浅原 健三　あさはら・けんぞう　明治30年4月28日～昭和42年7月19日　労働運動家、政治家　衆院議員(第一控室)　→昭和

浅原 重継　あさはら・しげつぐ　～昭和62年12月6日　電通常任監査役　→83/87

浅原 準平　あさはら・じゅんぺい　昭和4年9月26日～平成17年5月26日　東洋通信機常務　→00/02

浅原 豊充　あさはら・とよみつ　～昭和61年9月13日　弁護士　鹿児島県弁護士会会長　→83/87

浅原 英夫　あさはら・ひでお　大正5年6月29日～平成18年12月18日　ニチレイ社長　→06/08

朝日 章　あさひ・あきら　～平成1年6月20日　朝日精機製作所社長　→88/90

朝日 勇　あさひ・いさむ　～昭和61年8月12日　富山市議会議長　→83/87

朝日 岳乗　あさひ・がくじょう　大正9年4月19日～平成17年10月18日　丸岡町(福井県)町長、北陸学園理事長　→03/05

朝日 源吾　あさひ・げんご　明治42年9月29日～平成8年3月18日　税理士　日本税理士会連合会副会長　→94/96

朝日 茂　あさひ・しげる　大正2年7月18日～昭和39年2月14日　社会運動家　日本患者同盟中央委員　→昭和

朝日 初巳雄　あさひ・しょしお　大正6年1月3日～平成8年4月20日　住友商事常務　→94/96

旭 豊鷹　あさひ・とよたか　～平成7年10月1日　福岡県議　→94/96

朝日 英樹　あさひ・ひでき　昭和12年11月25日～平成13年6月19日　駐ガボン大使　→00/02

朝日 広司　あさひ・ひろじ　～平成8年3月2日　第一教研常務　→94/96

朝日 光治　あさひ・みつじ　大正8年1月7日～平成18年11月14日　北陸銀行常務　→06/08

旭 佳明　あさひ・よしあき　明治25年9月16日～平成2年11月1日　北海道議、松前漁業協同組合長　→88/90

朝比奈 孝治　あさひな・こうじ　昭和11年～昭和62年9月6日　日本合同ファイナンス取締役　→83/87

朝比奈 仙三　あさひな・せんぞう　大正9年4月～平成10年3月25日　滋賀県警本部長　→97/99

朝比奈 宗源　あさひな・そうげん　明治24年1月9日～昭和54年8月25日　僧侶　円覚寺(臨済宗)管長　→昭和

麻布 照海　あざぶ・しょうかい　～昭和57年7月12日　全日本仏教会評議員　→80/82

麻布 超海　あざぶ・ちょうかい　昭和16年9月23日　西本願寺連枝　→昭和

麻布 義太賀　あざぶ・よしたが　～昭和39年1月17日　福岡トヨタディーゼル会長　→昭和

朝吹 京　あさぶき・きょう　大正9年7月9日～平成11年9月25日　ストーンウェル社長　→97/99

朝吹 常吉　あさぶき・つねきち　明治11年5月～昭和30年3月10日　実業家　三越社長、帝国生命保険社長　→昭和

朝藤 琢弥　あさふじ・たくや　～平成4年11月13日　海上保安大学校長　→91/93

安座間 喜徳　あざま・きとく　大正2年7月29日～平成11年5月16日　沖縄県警本部長　→97/99

浅間 善次郎　あさま　ぜんじろう　明治15年3月29日～平成2年11月4日　八千代田産業社長　→88/90

浅間 竜蔵　あさま・たつぞう　～昭和40年12月25日　鉱工品貿易公団総裁　→昭和

浅貴 貴一　あさみ・きいち　～昭和27年11月16日　麒麟麦酒重役　→昭和

朝美 清道　あさみ・きよみち　～平成20年2月14日　愛知同盟会長　→06/08

浅見 重夫　あさみ・しげお　～昭和48年2月27日　大成建設取締役　→昭和

浅見 重人　あさみ・しげと　大正8年12月16日～平成15年8月16日　日本ステンレス(のち住友金属工業)常務　→03/05

浅見 審三　あさみ・しんぞう　～昭和59年6月24日　上田短資副社長　→83/87

莇 仁蔵　あざみ・じんぞう　大正5年12月10日～昭和57年9月30日　毎日新聞東京本社編集局長、東亜国内航空専務　→80/82

浅見 仙作　あざみ・せんさく　慶応4年4月8日～昭和27年10月3日　無教会主義キリスト者　→昭和

朝見 孝　あざみ・たかし　昭和19年2月23日～平成13年10月10日　イーグル工業常務　→00/02

阿左美 信義　あざみ・のぶよし　昭和10年2月27日～平成12年5月26日　弁護士　日本弁護士連合会副会長、広島弁護士会会長　→00/02

阿佐美 広治　あさみ・ひろじ　明治21年2月～昭和44年4月29日　秩父商工会議所会頭、衆院議員（自民党）　→和（あさみ・こうじ）

浅海 正雄　あさみ・まさお　大正1年8月13日～平成10年1月20日　浅海電気会長　→97/99

莇 益太郎　あざみ・ますたろう　大正2年1月1日～平成19年1月6日　日本高周波鋼業社長　→06/08

浅見 雄平　あざみ・ゆうへい　大正11年11月18日～昭和61年1月11日　宮城石油販売社長　→83/87

浅海 吉典　あさみ・よしのり　昭和3年10月24日～平成21年7月24日　三菱鉱業セメント常務　→09/11

浅海 録三郎　あさみ・ろくさぶろう　明治37年3月19日～昭和58年2月7日　徳山曹達監査役　→83/87

浅水 鉄男　あさみず・てつお　～昭和9年9月7日　高雄乗組海軍大尉　→昭和

浅村 廉　あさむら・きよし　明治42年11月6日～平成6年7月6日　住宅金融公庫総裁、日本道路公団副総裁、経済企画庁総合開発局長　→94/96

浅村 峻三　あさむら・しゅんぞう　明治34年2月5日～昭和62年9月23日　八幡製鉄（のち新日本製鉄）常務　→83/87

浅本 数正　あさもと・かずまさ　大正10年4月1日～平成5年10月5日　新ダイワ工業会長　→91/93

浅本 敏美　あさもと・としみ　大正6年5月24日～昭和62年3月22日　新ダイワ工業取締役名誉会長　→83/87

浅本 八郎　あさもと・はちろう　大正10年11月10日～平成5年5月23日　長崎県議（自民党）、長崎県商工会連合会長　→91/93

浅谷 資衛　あさや・すけえ　～昭和63年8月9日　高砂鉄工常務　→88/90

浅山 五生　あさやま・いつお　大正15年2月11日～平成7年10月9日　三菱建設社長　→94/96

浅山 浩三　あさやま・こうぞう　大正6年3月10日～平成20年10月18日　テレビ西日本社長　→06/08

朝山 繁　あさやま・しげじ　大正3年1月7日～昭和62年10月11日　高岡金網代表取締役会長　→83/87

朝山 二郎　あさやま・じろう　明治30年～昭和56年3月6日　弁護士　大阪高裁判事　→80/82

浅山 富之助　あさやま・とみのすけ　～昭和12年4月11日　京都市長　→昭和

浅利 義市　あさり・ぎいち　～昭和56年12月31日　白老町長（北海道）、白老町名誉町民　→80/82

浅利 三朗　あさり・さぶろう　明治15年11月～昭和41年11月3日　衆院議員（自由党）　→昭和

浅利 順四郎　あさり・じゅんしろう　～昭和10年7月9日　国際労働局東京支局長　→昭和

麻里 悌三　あさり・ていぞう　明治35年4月24日～昭和63年1月17日　北海道指導漁連会長、北海道議　→88/90

浅利 徹　あさり・とおる　大正11年9月10日～平成5年11月5日　コマツ常務　→91/93

浅輪 三郎　あさわ・さぶろう　明治27年5月16日～昭和59年7月21日　川崎製鉄常務　→83/87

浅輪 真太郎　あさわ・しんたろう　明治44年1月10日～昭和59年1月8日　バーニング出版専務、東芝EMI（株）専務取締役　→83/87

味岡 義一　あじおか・ぎいち　大正9年7月11日～平成6年2月27日　陸将　陸上自衛隊第一師団長　→94/96

味岡 健二　あじおか・けんじ　大正13年2月～平成19年6月13日　東京消防庁消防総監　→06/08

味岡 良戒　あじおか・りょうかい　明治36年3月5日～昭和63年3月29日　僧侶　大覚寺第55世門跡、真言宗大覚寺派管長、大僧正　→88/90

足鹿 覚　あしか・かく　明治37年12月28日～昭和63年5月16日　政治家　衆院議員（社会党）、全日本農民組合連合会長　→88/90

味香 啓道　あじか・けいどう　大正7年3月19日～平成19年9月21日　三菱自動車工業取締役　→06/08

足利 演正　あしかが・えんしょう　～昭和59年10月22日　真宗大谷派式務部長、カリフォルニア大学名誉教授　→83/87

足利 晃市郎　あしかが・こういちろう　大正7年10月15日～平成11年5月13日　宮崎県経済農協連会長　→97/99

足利 繁男　あしかが・しげお　明治44年9月15日～平成6年4月5日　三井物産副社長　→94/96

足利 紫山　あしかが・しざん　安政6年4月11日～昭和34年12月30日　僧侶　臨済宗奥山方広寺派管長、臨済宗十三派合同初代管長　→昭和

足利 瑞義　あしかが・ずいぎ　明治4年～昭和19年8月20日　僧侶　西本願寺宗務顧問・勧学、龍谷大学学長　→昭和

足利 峻　あしかが・たかし　大正5年9月17日～平成6年4月22日　山陽コカコーラボトリング社長　→94/96

芦刈 三郎　あしがり・さぶろう　大正14年4月17日～昭和58年3月13日　愛知県医療信用組合理事長　→83/87

芦苅 直巳　あしかり・なおみ　明治42年10月25日～平成2年9月23日　弁護士　東京地裁判事、司法大臣秘書官　→88/90

芦刈 蘭一　あしかり・らんいち　明治36年3月20日～昭和56年4月15日　大分県議　→80/82

芦川 邦男　あしかわ・くにお　大正15年8月26日～平成20年2月24日　東亜道路工業常務　→06/08

足木 正吾　あしき・しょうご　～平成9年2月22日

I　政治・経済・社会篇

日本税理士会連合会相談役・元副会長　→97/99

安食 得郎　あじき・とくろう　〜平成5年7月3日
東京都歩け歩け協会会長　→91/93

芦沢 一吉　あしざわ・かずよし　明治38年12月19日〜平成4年5月11日　大東運輸社長,千葉商工会議所名誉議員　→91/93

芦沢 勝春　あしざわ・かつはる　大正6年6月10日〜平成5年10月10日　ニッタ社長　→91/93

芦沢 勝三　あしざわ・かつみ　〜平成17年11月13日
山梨県出納長　→03/05

芦沢 新二　あしざわ・しんじ　大正13年2月22日〜平成1年1月21日　三和テッキ社長　→88/90

葦沢 大義　あしざわ・たいぎ　〜昭和54年11月8日
大同特殊製鋼社長　→昭和

芦沢 利嗣　あしざわ・としつぐ　明治43年11月3日〜昭和58年12月26日　山梨中央銀行常務　→83/87

葦沢 倬　あしざわ・ひろし　大正2年6月23日〜平成12年10月8日　竹中工務店常務　→00/02

芦沢 昌道　あしざわ・まさみち　明治44年11月14日〜平成14年2月20日　高岳製作所副社長　→00/02

葦沢 明義　あしざわ・めいぎ　大正12年3月26日〜昭和63年12月5日　僧侶　小布施町(長野県)町長,玄照寺住職　→88/90

葦津 嘉之　あしず・よしゆき　昭和7年8月23日〜昭和61年11月8日　宗像大社宮司　→83/87

芦田 勇　あしだ・いさむ　〜昭和63年9月23日
北海道地労委事務局長　→88/90

芦田 克士　あしだ・かつし　大正7年9月5日〜平成10年2月6日　神戸市会議長　→97/99

芦田 杏三　あしだ・きょうぞう　大正2年3月13日〜平成11年11月2日　住金物産専務　→97/99

芦田 源三　あしだ・げんぞう　〜昭和43年2月1日
日綿実業重役　→昭和

芦田 浩次　あしだ・こうじ　昭和2年7月6日〜昭和60年11月19日　京都経済同友会常任幹事・事務局長,京都府企業局長　→83/87

芦田 重左衛門　あしだ・じゅうざえもん　明治40年2月2日〜平成4年2月18日　京都府議　→91/93

芦田 士郎　あしだ・しろう　〜昭和55年5月28日
工進精工所取締役　→80/82

芦田 甚之助　あしだ・じんのすけ　昭和9年1月13日〜平成23年11月10日　労働運動家　連合会長,ゼンセン同盟会長　→09/11

芦田 泰三　あしだ・たいぞう　明治36年7月10日〜昭和54年10月18日　住友生命社長　→昭和

芦田 卓三　あしだ・たくぞう　明治43年2月11日〜平成13年1月7日　岡山県会議長,美学学園理事長　→00/02

蘆田 敏之　あしだ・としゆき　大正11年8月12日〜平成3年9月15日　協立機電工業会長,八紘興業会長,日立製作所特約店会長　→91/93

芦田 均　あしだ・ひとし　明治20年11月15日〜昭和34年6月20日　政治家　首相,日本民主党総裁　→昭和

芦田 正雄　あしだ・まさお　〜昭和55年2月25日
ゼネラル会長　→80/82

蘆立 精一　あしだて・せいいち　明治37年2月11日〜平成3年3月15日　大丸興業会長,大丸常務　→91/93

芦立 道夫　あしだて・みちお　昭和8年11月27日〜平成12年11月14日　中部鋼鈑社長　→00/02

安次富 盛信　あしとみ・せいしん　昭和5年12月13日〜平成23年4月13日　宜野湾市長　→09/11

芦名 直道　あしな・なおみち　大正9年6月14日〜平成12年1月7日　牧師　日本キリスト教団福島教会牧師　→00/02

芦沼 寛一　あしぬま・かんいち　〜昭和57年12月23日
日本電子専務　→80/82

芦野 弘　あしの・ひろし　明治26年12月10日〜昭和60年2月10日　弁護士　在シカゴ総領事,公正取引委員会委員　→83/87

足羽 維清　あしば・これきよ　昭和8年1月15日〜平成18年6月1日　東京都議(公明)　→06/08

足羽 則之　あしば・のりゆき　〜昭和41年2月2日
小田急百貨店副社長　→昭和

葦原 悦朗　あしはら・えつろう　昭和4年1月11日〜平成3年12月28日　東芝専務　→91/93

芦原 長生　あしはら・たけお　大正8年5月3日〜平成21年11月29日　佐賀銀行副頭取　→09/11

芦原 健　あしはら・たけし　大正14年7月13日〜平成7年1月26日　新阪急ホテル常務　→94/96

芦原 友信　あしはら・とものぶ　〜昭和43年5月28日
日航ホテル常務　→昭和

芦原 義重　あしはら・よししげ　明治34年3月4日〜平成15年7月12日　関西電力名誉会長,関経連名誉会長　→03/05

芦部 啓太郎　あしべ・けいたろう　明治29年11月9日〜昭和61年2月25日　駒ケ根商工会議所会頭,赤穂信用金庫会長,駒ケ根市長　→83/87

芦辺 鎌禅　あしべ・けんぜん　大正3年〜平成10年11月21日　曹洞宗大教師,耕雲寺住職　→97/99

芦部 次郎　あしべ・じろう　昭和5年3月12日〜平成15年9月26日　天竜精機会長,駒ケ根商工会議所会頭　→03/05

安島 重三郎　あじま・じゅうざぶろう　明治3年5月〜昭和25年2月14日　衆院議員(憲政本党)　→昭和(やすじま・しげさぶろう)

安嶋 友義　あじま・ともよし　大正11年2月7日〜平成11年6月9日　衆院議員(社会党)　→97/99

芦森 茂夫　あしもり・しげお　大正8年8月11日〜平成20年5月18日　芦森工業社長　→06/08

蘆森 武兵衛　あしもり・ぶへえ　〜昭和4年12月15日
蘆森製網所　→昭和

網代 智海　あじろ・ちかい　明治24年10月7日〜昭和44

あすか

年3月17日　僧侶　真言宗室生寺派管長　→昭和

飛鳥 音久　あすか・おとひさ　明治43年10月30日～平成6年12月31日　北興化学工業専務　→94/96

明日香 栄文　あすか・ひでふみ　昭和8年2月15日～平成11年1月19日　中央毛織社長、日商岩井常務　→97/99

飛鳥井 孝太郎　あすかい・こうたろう　慶応3年～昭和2年7月29日　実業家　日本陶器創立者　→昭和

飛鳥井 慈孝　あすかい・じこう　～平成6年1月27日　尼僧　曇華院(臨済宗)住職　→94/96

飛鳥田 一雄　あすかた・いちお　大正4年4月2日～平成2年10月11日　政治家、弁護士　日本社会党委員長、横浜市長、衆院議員　→88/90

飛鳥田 喜一　あすかた・きいち　～昭和48年5月10日　弁護士　名古屋高検検事長　→昭和

明壁 末吉　あすかべ・すえきち　大正6年9月9日～平成11年12月19日　大正海上火災保険常務　→00/02ส

預 弘　あずかり・ひろむ　～平成1年5月16日　東洋製作所常務　→88/90

足助 明郎　あすけ・あきお　昭和17年11月3日～平成23年8月8日　三井住友銀行副頭取、ゴールドマンサックス証券会長　→09/11

東 栄進　あずま・えいしん　～昭和61年10月27日　明治製菓監査役　→83/87

東 嘉一郎　あずま・かいちろう　～昭和60年10月28日　東京読売会相談役、読売インフォメーションサービス専務　→83/87

東 嘉重郎　あずま・かじゅうろう　～昭和57年4月20日　奈良県議　→80/82

東 一雄　あずま・かずお　大正10年4月24日～平成3年5月7日　旭シルク印刷(株)社長、大阪スクリーン印刷協同組合理事長　→91/93

東 和男　あずま・かずお　昭和4年11月12日～平成2年4月6日　京都市収入役　→88/90

東 清弘　あずま・きよひろ　昭和7年4月6日～平成8年3月6日　香川県議(自民党)　→94/96

東 国徳　あずま・くにのり　大正2年4月6日～平成2年9月8日　松下電池工業社長　→昭和

東 憲一　あずま・けんいち　大正11年9月8日～平成5年8月23日　サンシャインシティ副社長　→91/93

東 兼三　あずま・けんぞう　昭和7年2月23日～平成9年3月1日　レナウン常務　→97/99

吾妻 耕一　あずま・こういち　～昭和8年5月1日　大阪通信局長　→昭和

東 孝太郎　あずま・こうたろう　明治38年2月27日～平成5年4月4日　北海道拓殖銀行監査役、楢崎産業会長　→91/93

東 譲治　あずま・じょうじ　大正14年11月21日～平成3年3月26日　トーメン取締役　→91/93

東 史郎　あずま・しろう　明治45年4月27日～平成18年1月3日　南京大虐殺の体験を証言した元日本兵　→06/08

東 季彦　あずま・すえひこ　明治19年1月17日～昭和54年7月18日　弁護士　日本大学名誉教授、北海道新聞初代社長　→昭和

東 善作　あずま・ぜんさく　明治26年9月25日～昭和42年10月11日　飛行家　ウラン鉱業創業者　→昭和

東 隆　あずま・たかし　明治35年3月8日～昭和39年7月18日　衆院議員、参院議員(民社党)　→昭和

東 孝行　あずま・たかゆき　大正12年9月24日～平成1年8月8日　三菱重工業顧問、元取締役　→88/90

東 武雄　あずま・たけお　大正8年8月5日～平成3年3月25日　佐伯建設工業取締役　→91/93

東 武　あずま・たける　大正9年8月1日～平成18年11月6日　河内長野市長　→06/08

東 忠続　あずま・ただつぐ　明治29年6月9日～昭和25年3月24日　労働運動家　→昭和

東 胤徳　あずま・たねのり　～昭和16年3月16日　御歌所参候　→昭和

東 徹　あずま・てつ　大正1年12月2日～平成13年1月23日　弁護士　東京高裁部総括判事　→00/02

東 典俊　あずま・のりとし　大正4年11月13日～平成5年5月25日　北海道議(自民党)　→91/93

東 敏　あずま・びん　～昭和48年6月14日　三井鉱山取締役　→昭和

東 道生　あずま・みちお　明治35年2月10日～平成2年6月7日　日本鋼管常務、東芝製鋼社長、日本鋳造副社長　→88/90

東 米雄　あずま・よねお　大正6年7月30日～昭和59年11月25日　日本カーリット社長　→83/87

東 龍太郎　あずま・りょうたろう　明治26年1月16日～昭和58年5月26日　東京都知事、国際オリンピック(IOC)委員　→83/87

安住 伊三郎　あずみ・いさぶろう　慶応3年～昭和24年8月31日　実業家　→昭和

阿曇 磯興　あずみ・いそおき　～昭和61年6月29日　志賀海神社宮司、福岡市議　→83/87

阿曇 磯和　あずみ・いそかず　～平成21年11月1日　神官　志賀海神社宮司　→09/11

安住 重彦　あずみ・しげひこ　大正15年6月24日～平成23年12月2日　牡鹿町(宮城県)町長　→09/11

安住 仁太郎　あずみ・じんたろう　大正11年7月22日～平成13年7月2日　宮城県議(自民党)　→00/02

安曇 利雄　あずみ・としお　大正6年3月25日～平成3年1月24日　仙台卸商センター会長、仙台商工会議所副会頭　→91/93

畔上 英治　あぜがみ・えいじ　明治44年3月14日～平成10年7月26日　弁護士　東京高裁部総括判事　→97/99

畔上 賢造　あぜがみ・けんぞう　明治17年10月25日～昭和13年6月25日　無教会キリスト者　日本聖書雑誌主筆　→昭和

畔上 輝井　あぜがみ・てるい　明治29年11月10日～平成

I 政治・経済・社会篇

1年1月19日　般若苑社長　→88/90

畦地 清春　あぜち・きよはる　～昭和56年9月29日
陸将補　陸上自衛隊少年工科学校長　→80/82

阿蘇 惟孝　あそ・これたか　元治1年2月24日～昭和11年2月28日　神官，男爵　阿蘇神社宮司　→昭和

阿蘇 惟友　あそ・これとも　大正12年1月14日～昭和61年10月27日　熊本県護国神社宮司，阿蘇神社宮司　→83/87

阿曽 佐輔　あそ・さすけ　大正3年7月21日～昭和59年9月12日　大立運輸取締役社長，北海道警北見方面本部長　→83/87

阿曽 彦次郎　あそ・ひこじろう　昭和6年9月14日～昭和62年11月4日　灘神戸生活協同組合専務理事　→83/87

麻生 恵光　あそう・えこう　～平成3年5月7日
僧侶　高野山真言宗準別格本山太融寺住職，大増正，高野山真言宗宗機顧問　→91/93

麻生 和衛　あそう・かずえ　大正7年10月9日～平成5年10月13日　日本農産工業常務　→91/93

麻生 和子　あそう・かずこ　大正4年5月13日～平成8年3月15日　麻生セメント会長　→94/96

麻生 勝実　あそう・かつみ　明治44年11月25日～昭和58年12月20日　リッカー専務　→83/87

麻生 勝郎　あそう・かつろう　明治42年3月1日～平成2年1月23日　北海道新聞社室蘭支社長　→88/90

麻生 源吉　あそう・げんきち　大正15年2月25日～昭和62年11月12日　日本地下石油備蓄取締役経理部長，日本小型船舶検査機構監事　→83/87

麻生 健吾　あそう・けんご　～昭和39年3月1日
理研電線社長　→昭和

麻生 繁　あそう・しげる　～昭和57年1月5日
東京税理士会相談役，元日本公認会計士協会理事　→80/82

麻生 茂　あそう・しげる　大正3年10月8日～平成1年3月2日　防衛庁防衛研修所長　→88/90

麻生 純三　あそう・じゅんぞう　昭和6年2月21日～平成13年10月12日　オタライト会長，福岡青年会議所理事長　→00/02

麻生 二郎　あそう・じろう　～昭和14年12月3日
日本銀行理事　→昭和

麻生 仙次郎　あそう・せんじろう　明治43年1月9日～平成4年6月1日　三菱レイヨン監査役　→91/93

麻生 孝雄　あそう・たかお　明治38年12月14日～平成15年6月25日　海将　防衛庁海上幕僚監部横須賀地方総監　→03/05

麻生 太賀吉　あそう・たかきち　明治44年9月29日～昭和55年12月2日　実業家，政治家　麻生セメント会長，衆院議員(自由党)　→80/82

麻生 太吉　あそう・たきち　安政4年7月7日～昭和8年12月8日　九州水力電気社長，麻生商店社長　石炭王　→昭和

麻生 卓哉　あそう・たくや　大正12年7月30日～平成17年6月15日　宮城県出納長，宮城県信用保証協会会長　→03/05

麻生 忠　あそう・ただし　昭和14年6月12日～平成15年10月12日　名古屋鉄道事務　→03/05

麻生 典太　あそう・てんた　大正4年11月11日～平成4年12月26日　筑豊製作所会長　→91/93

麻生 徳次　あそう・とくじ　明治35年7月2日～昭和63年10月16日　石川テレビ社長　銘石コレクター　→88/90

麻生 虎逸　あそう・とらいつ　～平成1年8月17日
今治市議会議長　→88/90

麻生 久　あそう・ひさし　明治24年5月24日～昭和15年9月6日　労働運動家，政治家　衆院議員，社会大衆党書記長　→昭和

麻生 博海　あそう・ひろみ　昭和16年6月12日～平成21年6月25日　昭和化学工業常務　→09/11

麻生 寛道　あそう・ひろみち　～平成51年9月27日
白石市長　→昭和

麻生 誠之　あそう・まさゆき　明治11年6月1日～昭和10年　実業家　三越百貨店専務　→昭和

麻生 豊　あそう・ゆたか　大正15年8月30日～平成22年4月10日　日立化成工業常務　→09/11

遊津 孟　あそず・たけし　明治43年3月29日～昭和61年2月21日　松下電器産業取締役，日本野球近畿連盟副会長　→83/87

阿曽沼 均　あそぬま・ひとし　～昭和44年7月15日
南海電鉄取締役　→昭和(阿曾沼 均)

阿曽沼 紀　あそぬま・もとい　～平成3年6月23日
シーメンス旭メディテック取締役　→91/93

阿多 亨　あた・とおる　明治40年3月30日～平成3年7月18日　大協石油(のちコスモ石油)取締役，富士石油常務　→91/93

安宅 英一　あたか・えいいち　明治34年1月1日～平成6年5月7日　安宅産業会長　→94/96

安宅 孝三郎　あたか・こうざぶろう　昭和45年5月1日
日本香料工業会相談役　→昭和

安宅 弥吉　あたか・やきち　明治6年4月25日～昭和24年2月5日　実業家　安宅産業創業者，大阪商工会議所会頭，貴院議員(勅選)　，昭和

阿竹 斉次郎　あたけ・さいじろう　明治25年2月～昭和60年12月30日　参院議員(緑風会)　→83/87

足立 愛蔵　あだち・あいぞう　文久3年5月～昭和7年2月23日　陸軍中将　→昭和

足立 彰男　あだち・あきお　大正6年7月6日～昭和63年8月20日　広島銀行取締役　→88/90

足立 斌　あだち・あきら　明治42年1月13日～平成5年12月23日　九州朝日放送副社長　→91/93

足立 明　あだち・あきら　～昭和55年8月14日
デューティ・フリー・ショッパーズ社長　→80/82

安達 一雄　あだち・いちお　～平成2年8月21日
安達ビル社長，安達専務　→88/90

安達 市太郎　あだち・いちたろう　明治31年11月1日～平成4年11月11日　津島毛織工業協同組合理事長，佐織町

教育長, 安達毛織社長　→91/93

足立 一郎　あだち・いちろう　～昭和55年8月6日
三菱商事常務　→80/82

足立 梅市　あだち・うめいち　明治34年2月9日～昭和63年2月2日　弁護士　衆院議員(社会党)　→88/90

足立 一馬　あだち・かずま　～昭和55年7月2日
大金製作所社長　→80/82

安達 喜一　あだち・きいち　大正2年3月7日～昭和59年4月7日　東光証券副社長, 大和証券専務　→83/87

足立 清　あだち・きよし　大正10年2月10日～平成5年5月9日　市光工業常務　→91/93

安達 邦彦　あだち・くにひこ　大正15年2月7日～平成7年5月3日　サンスター専務　→94/96

安達 倉三　あだち・くらぞう　大正9年6月21日～平成2年10月4日　安達社長, 長崎商工会議所副会頭　→88/90

足立 慶次郎　あだち・けいじろう　大正8年8月5日～平成21年7月15日　田辺製薬社長　→09/11

阿達 憲　あだち・けん　～平成4年3月8日
日本電気無線事業グループ技師長　→91/93

足立 健一　あだち・けんいち　～昭和55年6月24日
日本プラスチック検査協会顧問・前理事長　→80/82

安達 健吾　あだち・けんご　～昭和63年8月15日
中谷建設監査役　→88/90

安達 健二　あだち・けんじ　大正7年12月22日～昭和63年3月12日　文化庁長官, 東京国立近代美術館長　→88/90

足立 建次　あだち・けんじ　明治30年4月3日～平成5年10月7日　日本ベニヤ会長　→91/93

足立 元二郎　あだち・げんじろう　～昭和40年3月10日
北支製鉄副社長　→昭和

安達 堅造　あだち・けんぞう　～昭和17年1月22日
飛行機工業貢献者　→昭和

安達 謙蔵　あだち・けんぞう　元治1年10月23日～昭和23年8月2日　政治家　内相, 通信相, 衆院議員　→昭和

安達 憲忠　あだち・けんちゅう　安政4年8月4日～昭和5年12月2日　社会事業家　→昭和

安達 建之助　あだち・けんのすけ　昭和9年2月16日～平成12年2月11日　東京デザイナー学院理事長, 安達事業グループ代表　→00/02

足立 幸次郎　あだち・こうじろう　明治36年11月1日～昭和63年9月5日　福知山市会議長　→88/90

足立 左京　あだち・さきょう　～昭和63年1月30日
海軍技術中佐　風船爆弾の育ての親　→88/90

足立 貞彦　あだち・さだひこ　大正13年1月18日～平成2年1月31日　鹿島建設取締役　→88/90

安達 智　あだち・さとし　～平成15年6月11日
弁護士　日本弁理士会副会長　→03/05

足立 重晴　あだち・しげはる　明治39年3月8日～平成1年6月9日　第三共栄証券(のち名古屋共栄証券)社長　→88/90

足立 静雄　あだち・しずお　～昭和61年2月5日
産報通信社監査役　→83/87

足立 修三　あだち・しゅうぞう　～昭和59年1月22日
日本化学繊維協会専務理事　→83/87

安達 駿三郎　あだち・しゅんざぶろう　～昭和13年3月3日　札幌控訴院長　→昭和

足立 荘　あだち・しょう　～昭和22年11月15日
大和生命社長　→昭和

安達 次郎　あだち・じろう　大正8年3月24日～平成5年7月3日　機械電子検査検定協会長, 九州電力常務, 通産省公益事業局長　→91/93

安達 晋一郎　あだち・しんいちろう　大正3年5月10日～平成5年2月14日　アメリカンファミリー生命保険会社日本社長　→91/93

足立 進三郎　あだち・しんざぶろう　～昭和23年12月19日　弁護士　大阪弁護士会長　→昭和(あだち・しんさぶろう)

足立 真重　あだち・しんじゅう　明治40年10月16日～昭和63年1月2日　日本経営者団体連盟理事, 松江相互銀行代表取締役会長, 山陰中央テレビジョン放送監査役　→88/90

安達 慎三　あだち・しんぞう　大正11年2月20日～平成13年5月2日　安達建設社長, 京都ゴルフ倶楽部理事長　→00/02

足立 仁三　あだち・じんぞう　大正7年8月6日～平成10年12月7日　コープケミカル会長, 日東化学工業専務　→97/99

足立 甚蔵　あだち・じんぞう　～昭和55年3月23日
ライオン株式会社相談役, 元ライオン歯磨専務　→80/82

足立 誠一　あだち・せいいち　大正6年3月29日～平成13年8月31日　浜北市長　→00/02

安達 宣治　あだち・せんじ　大正8年2月28日～平成6年12月21日　西武百貨店専務, 第一勧業銀行常務　→94/96

安達 隆雄　あだち・たかお　～平成2年8月23日
武蔵野銀行常務　→88/90

足立 丈夫　あだち・たけお　～昭和27年10月11日
松本製紙取締　→昭和

足立 正　あだち・ただし　明治16年2月28日～昭和48年3月29日　実業家　日本商工会議所会頭, 王子製紙社長　→昭和

足立 達夫　あだち・たつお　大正4年2月25日～平成3年4月16日　瑞浪市長　→91/93

足立 龍雄　あだち・たつお　大正5年1月12日～平成12年3月15日　中村屋社長　→00/02

足立 千古　あだち・ちふる　～平成2年12月23日
同和火災海上保険取締役　→88/90

足立 力　あだち・つとむ　大正6年10月11日～平成15年12月22日　大林組副社長　→03/05

安達 綱之　あだち・つなゆき　安政6年11月15日～昭和13年12月2日　貴院議員(勅選), 警視総監　→昭和

I 政治・経済・社会篇

安達 常興　あだち・つねおき　～昭和55年6月8日
クラウン音楽芸能取締役　→80/82

安達 鶴太郎　あだち・つるたろう　明治39年10月13日～平成1年10月29日　時事通信取締役編集局長　→88/90

足立 哲夫　あだち・てつお　明治29年6月3日～平成1年8月4日　住友石炭鉱業副社長　→88/90

安達 鉄二　あだち・てつじ　明治39年9月8日～平成6年10月30日　タキヒヨー専務、東海銀行監査役、ユニー監査役　→94/96

安達 徹也　あだち・てつや　～昭和56年2月27日
道教委空知教育局長　→80/82

足立 輝吉　あだち・てるきち　明治44年5月9日～平成8年4月19日　日本無機社長、日立化成工業取締役　→94/96

足立 典陽　あだち・てんよう　昭和7年8月31日～平成2年4月9日　大王製紙専務　→88/90

足立 徹　あだち・とおる　明治45年6月24日～平成9年4月8日　三菱商事専務、トステム会長　→97/99

足立 篤郎　あだち・とくろう　明治43年7月22日～昭和63年8月14日　衆院議員(自民党)、農相　→88/90

安達 敏夫　あだち・としお　昭和5年1月30日～平成16年11月11日　利尻富士町(北海道)町長　→03/05

足立 敏夫　あだち・としお　昭和2年7月20日～平成17年11月26日　大同特殊鋼常務　→03/05

安達 敏一　あだち・としかず　明治34年6月20日～昭和60年7月30日　関東バス副社長　→83/87

安達 豊治　あだち・とよじ　明治44年10月30日～平成14年10月21日　プリマハム社長、伊藤忠商事専務　→00/02

足立 虎雄　あだち・とらお　～昭和62年7月21日
畑屋工機社長、畑屋製作所社長　→83/87

足立 宣弘　あだち・のぶひろ　昭和9年7月30日～平成9年6月10日　駒井鉄工常務　→97/99

安達 信幸　あだち・のぶゆき　～昭和58年8月31日
北海道曹達顧問　→83/87

安達 則良　あだち・のりよし　明治31年11月12日～平成4年12月8日　酒井重工業副社長、日本信託銀行取締役　→91/93

足達 春彦　あだち・はるひこ　大正14年2月3日～平成2年11月26日　清水不動産専務、安田信託銀行取締役　→88/90

足立 治正　あだち・はるまさ　～昭和62年7月31日
大分銀行常務　→83/87

足立 浩　あだち・ひろし　大正14年1月26日～平成7年2月12日　日興証券常務　→94/96

足立 弘　あだち・ひろむ　大正13年4月17日～平成14年10月1日　鐘紡常務　→00/02

安達 平八郎　あだち・へいはちろう　明治38年12月27日～平成15年12月28日　東亜国内航空副社長、東急コミュニティー社長　→03/05

安達 誠　あだち・まこと　～昭和56年3月23日
グンゼ元常務　→80/82

足立 誠　あだち・まこと　明治41年12月23日～昭和60年3月11日　蝶理常務　→83/87

足立 孫六　あだち・まごろく　大正5年1月2日～平成4年4月13日　天野回漕店会長　→91/93

足立 正夫　あだち・まさお　大正15年1月25日～平成12年2月6日　高砂市長　→00/02

安達 昌彦　あだち・まさひこ　大正12年6月25日～平成9年1月18日　弁護士　大阪高裁部総括判事　→97/99

安達 昌彦　あだち・まさひこ　～昭和55年5月1日
弁護士　大阪弁護士会会長　→80/82

安達 勝　あだち・まさる　大正13年2月11日～昭和63年5月30日　京都府文化財保護基金理事、京都府出納長　→88/90

安達 勝　あだち・まさる　大正10年10月1日～平成14年1月24日　大日本製薬常務　→00/02

足立 護　あだち・まもる　大正1年10月30日～平成5年10月21日　川崎汽船社長　→91/93

足立 みき子　あだち・みきこ　～平成1年4月8日
畑屋工機・畑屋製作所監査役　→88/90

足立 光生　あだち・みつお　昭和12年2月2日～平成22年4月20日　横浜市収入役　→09/11

安達 光伸　あだち・みつのぶ　昭和19年3月1日～平成9年12月16日　特許庁上級主任登録専門官・事務職員協議会会長　→00/02s

足立 光徳　あだち・みつのり　昭和24年6月13日～平成13年2月22日　鳥取県議(社民党)　→00/02

安達 峰一郎　あだち・みねいちろう　明治2年6月9日～昭和9年12月28日　外交官、国際法学者　常設国際司法裁判所所長　→昭和

足立 実　あだち・みのる　昭和4年11月8日～平成3年4月8日　フジエイト専務　→91/93

足立 祐一　あだち・ゆういち　大正14年9月26日～平成9年9月21日　新明和工業専務　→97/99

安達 義雄　あだち・よしお　～平成3年6月10日
オーエスジー販売常務　→91/93

足立 義雄　あだち・よしお　明治39年～昭和63年1月18日　臼杵市長、臼杵高校長　→88/90

足立 義雄　あだち・よしお　明治37年1月1日～平成5年10月12日　旭コンクリート工業名誉会長　→91/93

足立 芳男　あだち・よしお　～昭和62年7月26日
鵜匠　宮内庁式部職職鵜匠　→83/87

安達 良英　あだち・よしひで　昭和11年3月31日～平成17年2月28日　日鉄ドラム社長　→03/05

安達 義幸　あだち・よしゆき　大正13年5月13日～平成1年9月18日　大宅壮一文庫副理事、日本広告審査機構専務理事代行　→88/90

足立 利右ェ門　あだち・りえもん　～昭和62年12月26日　福知山市議・市会議長　→83/87

安達 良助　あだち・りょうすけ　明治41年9月～昭和42年5月11日　参院議員(民主党)　→昭和

安達 良助　あだち・りょうすけ　～昭和57年7月19日
日本製鋼所取締役　→80/82

足立 練兵　あだち・れんぺい　～昭和49年4月4日
日本勧業銀行副頭取　→昭和

安達 六郎　あだち・ろくろう　大正2年11月20日～平成12年9月26日　札幌銀行専務　→00/02

足立原 明文　あだちばら・あきふみ　大正13年11月3日～平成22年5月21日　トビー工業社長　→09/11

足立原 茂徳　あだちばら・しげのり　大正10年2月12日～平成14年3月16日　厚木市長　→00/02

新 順一　あたらし・じゅんいち　～昭和48年3月27日
タイガー計算器会長　→昭和

新 昭一　あたらし・しょういち　昭和3年8月15日～平成2年12月3日　(株)アタラシ社長・タイガー計算器社長　→88/90

新 如峯　あたらし・じょうほう　～昭和55年8月1日
江東区議会議長, 東風(こち)誌友会会長　→80/82

新子 末一　あたらし・すえかず　大正12年4月27日～平成6年8月31日　竹中工務店常務　→94/96

新 太一郎　あたらし・たいちろう　大正2年3月8日～昭和60年12月31日　富士通顧問・元副社長　→83/87

新 八代　あたらし・やしろ　大正8年3月14日～平成3年1月20日　朝日信用金庫監事　→91/93

厚川 寿男　あつかわ・としお　昭和14年4月27日～平成11年1月11日　小田急建設常務　→97/99

阿津坂 金市　あつさか・きんいち　～昭和62年10月11日
三池物産社長　→83/87

厚田 杉雄　あつた・すぎお　明治31年3月19日～昭和59年11月1日　三菱化成工業取締役　→83/87

熱田 隆義　あつた・たかよし　～昭和63年1月11日
ヒルン・ダスキン久留米社長, 福岡県中小企業団体中央会理事　→88/90

熱田 忠義　あつた・ただよし　～昭和55年1月9日
日本電話施設専務　→80/82

熱田 優子　あつた・ゆうこ　明治39年3月30日～昭和58年9月25日　女性解放運動家　→83/87

厚地 政信　あつち・まさのぶ　明治43年12月19日～常成1年4月22日　弁護士　福岡高裁判事　→88/90

厚母 太郎　あつぼ・たろう　～昭和62年5月1日
日立建機営業本部長　→83/87

渥美 育郎　あつみ・いくお　～昭和38年3月26日
鹿島建設相談役, 元東京ロータリー・クラブ会長　→昭和

厚海 栄太郎　あつみ・えいたろう　大正5年8月5日～平成16年1月13日　ホウスイ会長　→03/05

厚見 金広　あつみ・きんごろう　大正8年11月18日～平成15年7月13日　静岡県議　→03/05

厚海 熊太郎　あつみ・くまたろう　大正2年12月16日～平成1年7月10日　鋸南町(千葉県)町長, 千葉県議　→88/90

熱海 景二　あつみ・けいじ　～平成7年4月19日
昭和ゴム専務　→94/96

渥美 節夫　あつみ・さだお　大正10年11月28日～平成21年6月8日　厚生省児童家庭局長　→09/11

渥美 俊一　あつみ・しゅんいち　大正15年8月21日～平成22年7月21日　経営コンサルタント　日本リテイリングセンター代表取締役, 日本チェーンストア協会初代事務局長　→09/11

厚味 荘之助　あつみ・しょうのすけ　～昭和44年2月9日
農林漁業金融公庫理事　→昭和

渥美 信一　あつみ・しんいち　～昭和7年9月6日
海軍少佐　→昭和

渥美 健夫　あつみ・たけお　大正8年7月24日～平成5年10月14日　鹿島建設相談役名誉会長　→91/93

渥美 鉄太郎　あつみ・てつたろう　大正14年8月20日～平成17年9月7日　宮城県議(自民党)　→03/05

厚味 友衛　あつみ・ともえ　昭和57年2月25日
武豊町長　→80/82

熱海 則夫　あつみ・のりお　昭和8年1月15日～平成21年2月9日　国立オリンピック記念青少年総合センター所長　→09/11

渥美 玄　あつみ・ふかし　大正7年2月2日～平成23年2月18日　大興電機製作所専務　→09/11

厚見 昌弘　あつみ・まさひろ　昭和2年～平成19年
タマ生化学会長　→06/08

渥美 正義　あつみ・まさよし　明治42年10月28日～平成4年11月3日　トスコ専務　→91/93

熱海 稔　あつみ・みのる　大正9年3月31日～昭和62年7月24日　熱海建設興業社長, 東北建設業協会連合会会長　→83/87

熱海 泰彦　あつみ・やすひこ　昭和4年1月1日～平成13年5月10日　ナイガイ社長　→00/02

阿藤 周平　あとう・しゅうへい　～平成23年4月28日
冤罪・八海事件の元被告　→09/11

阿藤 伝治　あとう・でんじ　明治33年10月23日～昭和56年12月14日　朝日放送会長　→80/82(阿藤 條治)

後上 昌弘　あとがみ・まさひろ　大正15年10月6日～平成18年4月5日　藤倉化成専務　→06/08

阿閉 広治　あとじ・こうじ　～昭和45年5月1日
ヤンマーディーゼル理事　→昭和

跡田 禎三　あとだ・ていぞう　大正11年5月25日～平成6年7月1日　岐阜乗合自動車会長, 名鉄相談役　→94/96

跡部 進一　あとべ・しんいち　昭和6年6月21日～平成23年6月24日　河北新報開発局長　→09/11

跡辺 武雄　あとべ・たけお　昭和4年7月7日～平成17年4月26日　河北新報取締役　→03/05

後山 繁之　あとやま・しげゆき　～昭和60年4月30日
日本食品社長, 全国食肉事業協組連合会副会長　→83/87

後山 安正　あとやま・やすまさ　昭和22年2月5日～平成4

I　政治・経済・社会篇

穴井　豊記　あない・とよき　～平成10年11月22日
兵庫県中央労働センター館長,兵庫同盟会長　→97/99

穴沢　剛　あなざわ・ごう　大正10年2月9日～平成2年11月6日　片倉チッカリン常務　→88/90

穴沢　尚男　あなざわ・ひさお　～平成4年9月11日
関東特殊製鋼常務　→91/93

穴瀬　真也　あなせ・しんや　～昭和60年4月24日
日本ソーダ工業会常務理事　→83/87

穴田　隆親　あなだ・たかちか　大正12年5月9日～平成19年1月16日　コマツ常務　→06/08

穴吹　夏次　あなぶき・なつじ　明治42年7月29日～平成12年10月24日　穴吹工務店会長　→00/02

穴見　一三　あなみ・かずみ　大正14年2月27日～平成2年5月5日　日本経済新聞社友,ニッポンレンタカーサービス専務　→88/90

阿南　惟幾　あなみ・これちか　明治20年2月21日～昭和20年8月15日　陸軍大将　陸相　→昭和

阿南　忠　あなみ・ただし　～平成2年9月30日
毎日新聞ブックセンター取締役・経理部長　→88/90

阿南　主税　あなみ・ちから　明治28年5月10日～昭和56年7月8日　弁護士　ブルドックソース相談役　→80/82

阿南　正知　あなみ・まさとも　～平成5年11月22日
安田火災海上保険専務　→91/93

穴水　清彦　あなみず・きよひこ　～昭和54年9月29日
横浜会議所会頭　→昭和

穴水　熊雄　あなみず・くまお　明治13年～昭和33年2月18日　実業家　三井精機会長　→昭和

穴水　三郎　あなみず・さぶろう　明治43年3月22日～平成1年5月14日　東部瓦斯会長,日本ガス協会副会長　→88/90

穴水　龍雄　あなみず・たつお　昭和16年9月17日～平成18年2月12日　東部ガス社長　→06/08

穴水　正臣　あなみず・まさおみ　大正12年1月31日～平成1年9月28日　二京企業常務,富国生命保険取締役　→88/90

穴水　要七　あなみず・ようしち　明治8年1月～昭和4年1月3日　実業家　衆院議員(立憲政友会)　→昭和

穴山　肇　あなやま・はじめ　明治44年11月13日～平成5年1月26日　東北肥料(のちコープケミカル)常務　→91/93

阿南　孝士　あなん・たかし　大正12年5月30日～昭和64年1月4日　京都信用金庫理事長　→88/90

阿南　結城　あなん・ゆうき　大正9年7月3日～平成4年7月30日　大分県議(自民党)　→91/93

安仁屋　賢精　あにや・けんせい　大正8年7月21日～平成21年12月9日　福岡高裁判事　→09/11

安仁屋　政彦　あにや・まさひこ　昭和8年8月8日～平成12年4月23日　筑波新都市開発社長,住宅都市整備公団理事　→00/02

姉帯　定信　あねたい・さだのぶ　大正5年5月1日～平成1年5月6日　東北放送専務　→88/90

阿波根　昌鴻　あはごん・しょうこう　明治34年～平成14年3月21日　反戦運動家　ヌチドゥタカラの家主宰　→00/02

阿波根　朝松　あはごん・ちょうしょう　～昭和59年9月10日　沖縄文化協会会長　→83/87

阿原　謙蔵　あはら・けんぞう　～昭和51年1月29日
社会教育連合会理事長　→昭和

阿彦　勇　あひこ・いさみ　～平成8年2月6日
シーエスピー社長　→94/96

安孫子　久太郎　あびこ・きゅうたろう　～昭和11年5月31日　在米邦人元老　→昭和

安孫子　孝次　あびこ・こうじ　明治15年12月～昭和48年3月26日　衆院議員(無所属クラブ),北星学園長　→昭和(あびこ・たかつぐ)

安孫子　清水　あびこ・しみず　明治41年1月9日～平成6年3月26日　東京都議(自民党)　→94/96

安孫子　隆秀　あびこ・たかひで　昭和12年10月3日～平成10年10月22日　京都市議　→97/99

安孫子　藤吉　あびこ・とうきち　明治37年2月22日～平成4年4月6日　参院議員(自民党),自治相,山形県知事　→91/93

安彦　ひさ子　あびこ・ひさこ　大正13年7月2日～平成23年9月23日　全日本手をつなぐ育成会理事長　→09/11

吾孫子　勝　あびこ・まさる　～昭和6年9月11日
大審院検事　→昭和

吾孫子　豊　あびこ・ゆたか　明治41年4月11日～昭和45年12月26日　運輸官僚　国鉄副総裁　→昭和

阿比留　兼吉　あびる・かねきち　明治29年5月8日～昭和61年10月9日　弁護士　第一東京弁護士会会長,日本弁護士連合会副会長　→83/87

鐙　政春　あぶみ・まさはる　大正10年3月5日～昭和62年1月8日　東海建設取締役,住宅都市整備公団管理部長　→83/87

油川　久栄　あぶらかわ・きゅうえい　明治43年10月18日～平成2年6月1日　全日本スキー連盟副会長,大鰐町(青森県)町長　→88/90

油谷　外郷　あぶらたに・がいきょう　大正2年5月4日～昭和56年2月15日　明治大学監事,金沢駅地下ビル社長　→80/82

油谷　遵　あぶらたに・じゅん　昭和17年12月13日～平成18年5月28日　マーケティングコンサルタント　ガウス生活心理研究所社長,油谷アカデミー主宰　→06/08

油小路　隆成　あぶらのこうじ・たかしげ　明治29年11月～昭和12年6月10日　伯爵　殿掌　→昭和(あぶらこうじ・たかなり)

油屋　熊八　あぶらや・くまはち　文久3年7月16日～昭和10年3月27日　実業家　亀の井ホテル社長　→昭和(ゆや・くまはち)

油谷　俊行　あぶらや・としゆき　大正12年12月8日～平成22年1月6日　桜井建設社長　→09/11

油屋 亮太郎　あぶらや・りょうたろう　大正9年7月15日〜平成8年11月9日　平戸市長　→94/96

阿部 明男　あべ・あきお　昭和9年7月30日〜平成12年12月26日　弁護士　阿部明男法律事務所所長,福岡県人事委員会委員長,八幡大学教授　→00/02

阿部 昭子　あべ・あきこ　〜昭和60年11月27日　レクリエーション1級指導者　こだまの会(赤でんわ欄投書の会)世話人　→83/87

阿部 新　あべ・あらた　大正8年8月17日〜平成21年1月8日　鹿角市長　→09/11

阿部 勇夫　あべ・いさお　〜昭和55年5月21日　日本フルハーフ社長,元日本軽金属専務　→80/82

安倍 勲　あべ・いさお　大正3年11月22日〜平成17年6月3日　宮内庁式部官長,駐国連大使　→03/05

阿部 勇　あべ・いさむ　大正14年5月15日〜平成8年6月17日　東和社長　→94/96

阿部 亥十二郎　あべ・いそじろう　大正12年1月28日〜平成5年10月15日　安藤建設常務　→91/93

阿部 一郎　あべ・いちろう　明治26年2月15日〜昭和58年3月10日　西松建設常務　→83/87

阿部 岩夫　あべ・いわお　〜昭和60年1月23日　全国小売市場総連合会会長　→83/87

阿部 うめ　あべ・うめ　大正3年〜平成19年1月22日　十勝の名物料理・豚丼の母　→06/08

阿部 栄一　あべ・えいいち　大正9年1月2日〜昭和60年8月4日　北海道信用漁業協同組合連合会会長,釧路市漁協組合長,NHK経営委員　→83/87

阿部 英一郎　あべ・えいいちろう　明治41年11月11日〜昭和63年6月4日　日本銀行参事,日本証券金融常務　→88/90

阿部 英三郎　あべ・えいざぶろう　大正6年11月3日〜平成11年1月21日　英和名誉会長　→97/99

阿部 英児　あべ・えいじ　〜昭和44年10月25日　大日本製糖常務　→昭和

阿部 栄次郎　あべ・えいじろう　明治38年1月21日〜平成5年7月29日　丸源飲料工業会長,全国清涼飲料協同組合連合会理事長　→91/93

阿部 恵三男　あべ・えさお　〜平成10年11月5日　いかめし阿部商店会長,北海道議　→97/99

阿部 憶靖　あべ・おくやす　大正5年3月30日〜昭和60年1月10日　ジャパンライン取締役,笠戸船渠常務　→83/87

阿部 乙吉　あべ・おときち　明治2年4月24日〜昭和9年8月15日　農民運動家　→昭和

阿屋 温知　あべ・おんち　明治22年1月10日〜昭和13年2月24日　社会運動家,弁護士　→昭和

阿部 一男　あべ・かずお　大正3年3月15日〜平成12年1月17日　日産化学工業専務　→00/02

阿部 一夫　あべ・かずお　大正15年1月13日〜平成16年9月24日　会計検査院第四局長　→03/05

安部 一夫　あべ・かずお　大正6年1月7日〜平成4年2月9日　昭和産業会長,江南商工会議所会頭　→91/93

阿部 一矩　あべ・かずのり　大正12年11月16日〜昭和59年8月12日　東京貿易専務　→83/87

阿部 勝雄　あべ・かつお　明治24年4月18日〜昭和23年5月26日　海軍中将　→昭和

阿部 克太郎　あべ・かつたろう　安政5年10月10日〜昭和12年4月30日　摂陽商船社長　→昭和

阿部 克巳　あべ・かつみ　〜昭和26年5月30日　福島民友新聞社長　→昭和

阿部 克巳　あべ・かつみ　大正14年2月5日〜平成7年8月25日　ヤクルト球団取締役,兵庫ヤクルト販売社長　→94/96

安部 克己　あべ・かつみ　〜昭和14年8月2日　陸軍少将　→昭和

阿部 兼高　あべ・かねたか　明治37年8月25日〜昭和60年9月18日　紅三会長,元日本繊維染色連合会会長　→83/87

阿部 嘉八　あべ・かはち　〜昭和13年5月18日　下村汽船監査役　→昭和

阿部 亀彦　あべ・かめひこ　明治8年9月〜昭和3年7月26日　広島県知事　→昭和

阿部 喜市　あべ・きいち　明治29年9月11日〜昭和62年7月2日　東洋エンジニアリング名誉顧問・元会長　→83/87

安部 義一郎　あべ・ぎいちろう　大正4年3月10日〜昭和57年9月30日　三井建設常務,三井道路社長　→80/82

阿部 菊一　あべ・きくいち　〜昭和4年8月14日　陸軍航空兵中佐　→昭和

阿部 喜久男　あべ・きくお　〜平成3年2月3日　国際ファイナンス取締役　→91/93

阿部 喜元　あべ・きげん　大正12年12月25日〜平成10年4月4日　衆院議員(自民党)　→97/99

阿部 喜七　あべ・きしち　〜昭和27年6月7日　静岡県知事　→昭和

阿部 吉之助　あべ・きちのすけ　大正6年8月24日〜平成7年5月16日　日東電気会長　→94/96

阿部 喜兵衛　あべ・きへえ　〜昭和39年7月12日　摂津酒造社長　→昭和

安部 キミ子　あべ・きみこ　明治40年7月〜平成8年3月8日　参院議員(社会党)　→94/96

阿部 慶昭　あべ・きょうしょう　〜昭和60年11月29日　全日本仏教会理事長,日本宗教連盟理事長,元浄土真宗本願寺派宗会議員　→83/87

阿部 清国　あべ・きよくに　大正2年5月30日〜平成6年11月27日　阿部興業社長　→94/96

阿部 清司　あべ・きよし　昭和3年7月30日〜平成19年7月17日　アベルコ社長　→06/08

阿部 清松　あべ・きよまつ　〜平成1年5月3日

I　政治・経済・社会篇

品川区会議長　→88/90

阿部 金蔵　あべ・きんぞう　明治40年12月14日～昭和56年9月2日　天童市長　→80/82

阿部 邦一　あべ・くにいち　明治32年12月5日～昭和63年3月14日　徳島県知事　→88/90

阿部 国夫　あべ・くにお　大正10年4月10日～平成20年2月18日　宮城県漁連会長　→06/08

阿部 国人　あべ・くにと　大正8年11月4日～平成11年1月30日　長崎県労働組合評議会議長　→97/99

阿部 邦彦　あべ・くにひこ　大正10年6月10日～平成7年12月30日　神官　櫛田神社宮司　→94/96

阿部 九二八　あべ・くにや　～昭和55年3月6日　全国住宅供給公社等連合会相談役　→80/82

阿部 薫隆　あべ・くんりゅう　明治40年1月20日～平成2年12月3日　中国電化工業社長,防府商工会議所会頭　→88/90

阿部 慶一　あべ・けいいち　大正11年9月23日～昭和62年4月13日　シチズン商事社長　→83/87

安部 圭一　あべ・けいいち　昭和4年3月25日～平成5年4月9日　日本経済新聞社編集委員,経済同友会常務理事　→91/93

阿部 桂次郎　あべ・けいじろう　～平成4年3月2日　英和専務　→91/93

安部 敬三　あべ・けいぞう　大正14年5月5日～昭和61年10月2日　テレビ信州常務,朝日新聞東京本社電波報道部長　→83/87

阿部 憲一　あべ・けんいち　明治42年11月30日～平成1年3月28日　参院議員(公明党)　→88/90

安倍 謙一　あべ・けんいち　明治42年7月26日～平成2年8月14日　日本酸素社長,富士銀行取締役　→88/90

安倍 源基　あべ・げんき　明治27年2月14日～平成1年10月6日　内相,警視総監　→88/90

阿部 堅司　あべ・けんじ　大正2年12月12日～平成2年3月27日　殖産相互銀行専務　→00/02

阿部 謙二　あべ・けんじ　～昭和58年4月14日　日本油脂社長,日本鉱業常務　→83/87

阿部 源蔵　あべ・げんぞう　～昭和49年4月22日　福岡市長　→昭和

阿部 現亮　あべ・げんりょう　明治27年5月13日～昭和49年11月30日　僧侶,教育家　光華女子学園長,等観寺(浄土真宗東本願寺派)住職　→昭和

阿部 吾市　あべ・ごいち　明治6年3月15日～昭和8年4月15日　実業家　→昭和

阿部 梧一　あべ・ごいち　～昭和30年1月3日　日本海事振興会理事　→昭和

阿部 功一　あべ・こういち　明治39年2月25日～平成8年3月3日　九州電力副社長,九州電気工事(のち九電工)会長　→94/96

阿部 幸一　あべ・こういち　明治37年8月25日～平成4年8月9日　石田大成社会長　→91/93

安倍 浩二　あべ・こうじ　大正15年～平成3年12月3日　福助専務　→91/93

阿部 孝次郎　あべ・こうじろう　明治30年1月3日～平成2年10月18日　東洋紡績社長　→88/90

安部 剛造　あべ・こうぞう　明治37年3月4日～平成8年3月9日　昭和ゴム社長　→94/96

安部 浩平　あべ・こうへい　大正12年12月8日～平成17年11月8日　中部電力社長　→03/05

安倍 五三郎　あべ・ごさぶろう　明治44年3月21日～平成6年5月17日　太陽投信委託常務　→94/96

阿部 五郎　あべ・ごろう　明治37年3月19日～昭和38年1月23日　衆議院議員(社会党),徳島県知事　→昭和

阿部 五郎　あべ・ごろう　～昭和58年2月9日　フジテレビ営業局スポット営業部長　→83/87

阿部 悟郎　あべ・ごろう　大正6年9月7日～平成11年12月11日　標茶町(北海道)町長　→97/99

阿部 早苗　あべ・さなえ　明治40年2月1日～平成4年11月14日　運輸省関東海運局長　→91/93

阿部 三郎　あべ・さぶろう　明治57年9月28日　北海製罐取締役小樽工場長　→80/82

阿部 三郎　あべ・さぶろう　大正15年7月6日～平成22年9月8日　弁護士　阿部三郎法律事務所所長,日本弁護士連合会会長　→09/11

安部 慈園　あべ・じおん　昭和22年7月30日～平成13年1月24日　僧侶　明治大学文学部教授,黙仙寺住職　→00/02

安部 鹿蔵　あべ・しかぞう　明治44年3月26日～平成6年10月6日　国際放映社長　→94/96

阿部 茂夫　あべ・しげお　明治25年1月～昭和35年8月3日　衆院議員(無所属),盈進学園校長　→昭和

阿部 茂　あべ・しげる　昭和13年2月16日～平成12年5月10日　愛媛県教育長　→00/02

阿部 七郎　あべ・しちろう　明治33年9月25日～平成5年12月19日　道新会連合会最高顧問,阿部新聞店会長,北日本広告社社長　→91/93

阿部 七郎　あべ・しちろう　大正10年6月13日～平成11年7月30日　秋田魁新報専務　→00/02s

阿部 重造　あべ・じゅうぞう　～昭和57年3月29日　警視庁刑事部鑑識課副主幹　→80/82

阿部 寿準　あべ・じゅじゅん　～昭和30年8月4日　食糧営団総裁　→昭和

阿部 睦　あべ・しゅん　～昭和44年6月15日　北海道拓殖銀行副頭取　→昭和(阿部 睦 あべ・むつ)

安部 舜一　あべ・しゅんいち　大正7年1月15日～平成15年10月26日　熊本日日新聞社長　→03/05

阿部 俊吉　あべ・しゅんきち　～昭和62年12月2日　トーメン取締役　→83/87

安部 俊吾　あべ・しゅんご　明治17年11月23日～昭和45年2月3日　衆院議員(自由党),不二貿易社長　→昭和

あへ　　　　　　　　　　　　　　　　　　　　　　Ⅰ　政治・経済・社会篇

安部　俊介　あべ・しゅんすけ　明治34年3月9日～平成4年3月5日　安田火災海上保険常任監査役　→91/93

阿部　純也　あべ・じゅんや　大正11年2月7日～平成18年6月19日　朝日生命保険常務　→06/08

阿部　荘吉　あべ・しょうきち　明治32年6月15日～平成2年3月28日　日本毛織社長　→88/90

阿部　省吾　あべ・しょうご　昭和9年1月28日～平成18年11月22日　余市町(北海道)町長　→06/08

安倍　章次　あべ・しょうじ　昭和12年8月27日～平成6年10月14日　日放社長　→94/96

安倍　正三　あべ・しょうぞう　～昭和58年4月19日　図書印刷会社常務　→83/87

安倍　正三　あべ・しょうぞう　大正3年12月18日～平成1年7月6日　弁護士、俳人　京都家裁所長　→88/90

安倍　昭三　あべ・しょうぞう　～昭和62年3月8日　府中市(東京都)下水道事業本部長　→83/87

阿部　昭八　あべ・しょうはち　～昭和62年11月3日　東都水産取締役、千葉魚類取締役　→83/87

阿部　士郎　あべ・しろう　～平成1年6月1日　弁護士　日本船主協会法律顧問、日本海法会理事　→88/90

安部　四良　あべ・しろう　昭和2年2月9日～平成21年7月5日　白鷹町農協組合長、山形県経済農協連会長　→09/11

阿部　次郎　あべ・じろう　明治42年10月22日～昭和56年10月26日　俳人　全国信用金庫連合会理事、全国国公立幼稚園PTA連絡協議会副会長、熊本市会議長　→80/82

阿部　二郎　あべ・じろう　大正3年10月15日～昭和57年6月10日　菱和ダイヤモンド航空サービス社長、川崎化成工業社長　→80/82

安倍　城雄　あべ・しろお　～昭和63年8月8日　春陽堂薬房取締役　→88/90

阿部　甚吉　あべ・じんきち　明治40年1月25日～昭和56年7月30日　弁護士　日本弁護士連合会会長　→80/82

安部　新吉郎　あべ・しんきちろう　～昭和43年2月2日　三菱銀行相談役　→昭和

阿部　仁助　あべ・じんすけ　大正3年5月1日～昭和56年12月30日　西日本海運会長　→80/82

阿部　仁三　あべ・じんぞう　～昭和58年5月31日　東京書籍常務　→83/87

安倍　晋太郎　あべ・しんたろう　大正13年4月29日～平成3年5月15日　政治家　衆院議員(自民党)、外相　→91/93

阿部　信之助　あべ・しんのすけ　大正4年2月17日～昭和61年9月26日　日本電気硝子専務、NECアメリカ社長　→83/87

阿部　末吉　あべ・すえきち　明治35年12月3日～昭和59年2月24日　丸美屋食品工業創業者　→83/87

阿部　助哉　あべ・すけや　大正3年9月14日～平成7年4月22日　衆院議員(社会党)　→94/96

安倍　成一　あべ・せいいち　大正13年2月18日～平成18年7月26日　アスク社長　→06/08

阿部　誠次　あべ・せいじ　大正8年1月5日～平成23年6月16日　菱電商事社長　→09/11

阿部　誠也　あべ・せいや　大正13年10月23日～平成2年1月16日　宮城県議(自民党)　→88/90

阿部　千一　あべ・せんいち　～昭和47年9月3日　岩手県知事　→昭和

阿部　善次　あべ・ぜんじ　大正5年8月18日～平成19年4月6日　海軍少佐　真珠湾攻撃に参加したパイロット　→06/08

安部　禅梁　あべ・ぜんりょう　～昭和59年1月3日　黄檗宗管長、大本山万福寺住持　→83/87

安倍　総一　あべ・そういち　大正4年7月20日～昭和57年9月7日　電通映画社長　→80/82

阿部　象太郎　あべ・ぞうたろう　～昭和62年1月12日　静岡銀行専務　→83/87

阿部　泰一　あべ・たいいち　明治40年12月13日～昭和57年9月28日　阪急交通社副社長　→80/82

阿部　孝　あべ・たかし　昭和6年7月6日～平成14年3月16日　石田大成社社長　→00/02

安部　隆任　あべ・たかとう　～昭和58年3月4日　三井物産相談役　→83/87

阿部　鐸　あべ・たく　～平成7年1月26日　阿部東社長　→94/96

阿部　拓三　あべ・たくぞう　大正9年8月5日～平成9年2月2日　三菱化成(のち三菱化学)常務、三菱化成テクノエンジニアズ(のち三菱化学エンジニアリング)社長　→97/99

阿部　武夫　あべ・たけお　～平成12年6月11日　ヒノキ新薬社長　→00/02

阿部　武　あべ・たけし　大正14年6月28日～平成7年9月23日　三菱化工機社長　→94/96

阿部　武彦　あべ・たけひこ　～平成15年10月12日　ノモンハン会名誉会長　→03/05

阿部　武房　あべ・たけふさ　明治45年7月2日～昭和64年1月5日　阿部鋼材社長、全国厚板シャーリング工業組合北海道支部長　→88/90

阿部　竹松　あべ・たけまつ　明治45年3月～昭和48年4月13日　労働運動家、政治家　炭労中執委員長、参院議員(社会党)　→昭和

阿部　忠夫　あべ・ただお　昭和10年9月22日～平成4年9月10日　電通常務　→91/93

阿部　正　あべ・ただし　昭和5年～平成21年8月1日　共同酸素常務　→09/11

安部　正　あべ・ただし　大正7年1月26日～平成13年1月18日　神奈川県議(社民党)　→00/02

阿部　達一　あべ・たついち　大正5年3月13日　大蔵省東北財務局長、大生相互銀行(のち東和銀行)社長　→91/93

安倍　辰二　あべ・たつじ　～平成4年1月15日

第一銀行(のち第一勧業銀行)取締役　→91/93

阿部 太郎　あべ・たろう　～昭和6年6月1日
海軍大尉　→昭和

阿部 太郎　あべ・たろう　～昭和59年2月11日
神戸製鋼所監査役　→83/87

阿部 勉　あべ・つとむ　～平成11年10月11日
古書店・閑人舎代表　→97/99

安倍 勉　あべ・つとむ　大正5年11月14日～平成9年5月30日　びわ湖放送社長,滋賀県出納長　→97/99

阿部 常一　あべ・つねいち　明治35年10月5日～平成1年8月22日　大和銀行取締役　→88/90

阿部 常彦　あべ・つねひこ　昭和10年4月15日～平成7年7月17日　奈良ホテル社長,日本旅行常務　→94/96

阿部 健　あべ・つよし　大正12年9月23日～平成10年9月22日　松下電器産業専務　→97/99

阿部 鶴吉　あべ・つるきち　明治40年11月10日～昭和61年2月23日　栃木相互銀行会長　→83/87

阿部 哲麿　あべ・てつま　昭和12年3月31日～平成12年3月12日　朝日新聞出版局次長,朝日カルチャーセンター常務　→00/02

安部 哲也　あべ・てつや　大正15年1月10日～平成17年10月15日　ダイダン副社長　→03/05

阿部 藤造　あべ・とうぞう　明治26年11月21日～昭和60年8月7日　実業家　大阪商工会議所副会頭,大阪中小企業投資育成会社社長,又一社長　→83/87

阿部 敏雄　あべ・としお　～昭和27年9月13日
厚生省医務局長　→昭和

阿部 俊彦　あべ・としひこ　昭和6年2月20日～平成22年5月3日　カシオ計算機常務　→09/11

阿部 敏彦　あべ・としひこ　～昭和61年10月22日
大東印刷経理部長　→83/87

阿部 俊視　あべ・としみ　大正10年10月28日～昭和58年1月22日　函館ドック取締役　→83/87

阿部 敏行　あべ・としゆき　～昭和62年11月14日
講徳館館長,筑紫野署長　→83/87

阿部 ともゑ　あべ・ともえ　昭和4年9月6日～昭和62年10月4日　北陸国際ホテル社長　→83/87

阿部 尚好　あべ・なおよし　大正2年2月19日～平成1年11月28日　三菱瓦斬化学常務　→88/90

安部 日陽　あべ・にちよう　～昭和57年6月11日
日蓮宗権大僧正,仏光寺住職　→80/82

阿部 信男　あべ・のぶお　～昭和46年12月29日
山本重工業相談役　→昭和

阿部 信夫　あべ・のぶお　大正14年6月14日～平成22年10月10日　新潟県議(民社党)　→09/11

阿部 暢太郎　あべ・のぶたろう　～昭和41年12月27日
西日本新聞相談役,元社長　→昭和

阿部 信弘　あべ・のぶひろ　～昭和19年10月19日

陸軍少佐　→昭和

阿部 信行　あべ・のぶゆき　明治8年11月24日～昭和28年9月7日　陸軍大将,政治家　首相,大政翼賛政治会総裁　→昭和

阿部 昇　あべ・のぼる　大正15年1月2日～平成6年6月3日　日販メディア社長,日本出版販売専務　→94/96

阿部 規秀　あべ・のりひで　～昭和14年11月7日
陸軍中将　→昭和

阿部 典視　あべ・のりみ　昭和3年1月21日～平成3年1月15日　東京計器(のちトキメック)取締役　→91/93

安倍 恕　あべ・はかる　明治26年8月24日～昭和57年1月6日　東京高裁長官　→80/82

阿部 幡彦　あべ・はたひこ　昭和9年4月30日～平成23年10月17日　浪岡町(青森県)町長　→09/11

阿部 八男　あべ・はちお　昭和4年4月27日～平成8年3月14日　秋田県出納長　→94/96

安倍 治夫　あべ・はるお　大正9年4月2日～平成11年8月16日　弁護士　→97/99

安倍 春男　あべ・はるお　大正11年3月10日～平成9年6月6日　アタカ工業常務　→97/99

安倍 彦一　あべ・ひこいち　大正14年3月10日～昭和63年10月5日　産商広告会長　→88/90

阿部 彦吉　あべ・ひこきち　元治1年～昭和6年10月9日
電気時計発明家　→昭和

阿部 久一　あべ・ひさいち　～昭和45年9月5日
商工中金理事　→昭和

阿部 久雄　あべ・ひさお　大正15年9月26日～昭和60年4月18日　栃木県出納長　→83/87

阿部 栄夫　あべ・ひでお　大正6年1月1日～平成2年10月28日　富士電機会長　→88/90

阿部 秀男　あべ・ひでお　大正8年8月10日～平成17年3月24日　中国電力常務　→03/05

阿部 秀雄　あべ・ひでお　明治37年12月25日～昭和61年10月9日　阿部蒲鉾店会長,阿部商企業社長　→83/87

阿部 秀雄　あべ・ひでお　明治44年7月20日～平成10年8月29日　レナウン専務,レリアン社長　→97/99

阿部 英臣　あべ・ひでおみ　大正7年11月8日～平成4年5月8日　興亜火災海上保険副社長　→91/93

安部 秀穂　あべ・ひでほ　明治35年7月29日～平成2年1月11日　東急車輛製造専務　→88/90

阿部 仁　あべ・ひとし　大正5年8月8日～昭和62年3月24日　江別市議　→83/87

安部 兵吾　あべ・ひょうご　大正11年1月2日～平成4年1月14日　根室海区漁業調整委員会委員長,羅臼漁協組合長　→91/93

阿部 広三郎　あべ・ひろさぶろう　明治30年10月1日～昭和62年7月1日　東洋プライウッド社長,阿部興産会長　→83/87

阿部 浩　あべ・ひろし　昭和3年3月7日～昭和59年2月21日　東京生命常務　→83/87

阿部 浩　あべ・ひろし　大正4年9月16日～平成17年9月28日　若築建設社長　→03/05

阿部 裕　あべ・ひろし　昭和21年8月5日～平成20年5月8日　ナブテスコ常務　→06/08

阿部 裕正　あべ・ひろまさ　大正13年5月9日～平成10年10月29日　富士紡績社長　→97/99

阿部 博安　あべ・ひろやす　昭和10年4月5日～昭和60年11月10日　同盟宮城地本会長、東北電労宮城支部長→83/87

安部 弘之　あべ・ひろゆき　～平成3年9月1日　東洋鋼鈑常務　→91/93

阿部 房子　あべ・ふさこ　～平成4年8月5日　溶接技術研究所社長　→91/93

阿部 房次郎　あべ・ふさじろう　慶応4年1月18日～昭和12年5月12日　実業家　東洋紡績会長、貴院議員（勅選）→昭和

安部 房光　あべ・ふさみつ　明治37年6月15日～平成1年6月20日　住電商事社長、住友電設専務　→88/90

阿部 文男　あべ・ふみお　大正11年6月23日～平成18年12月6日　衆院議員（自民党）、北海道開発庁長官→06/08

阿部 フミ子　あべ・ふみこ　～昭和60年11月14日　料亭布美代表取締役、元日本酒塩小売販売代表取締役　→83/87

阿部 允　あべ・まこと　昭和11年1月2日～平成22年7月24日　河北新報専務　→09/11

阿部 信　あべ・まこと　明治38年8月22日～平成23年4月10日　神官　上賀茂神社宮司、神社本庁長老　→09/11

安部 正明　あべ・まさあき　大正8年5月25日～平成18年7月10日　海外新聞普及創立者　→06/08

安部 真木　あべ・まさき　～昭和57年4月26日　タカラヤ会長　→80/82

阿部 政太郎　あべ・まさたろう　安政6年12月～昭和9年10月4日　衆院議員（政友会）、青森市長　→昭和（あべ・せいたろう）

阿部 正敏　あべ・まさとし　～昭和62年3月14日　扶桑薬品工業顧問・元取締役　→83/87

阿部 正利　あべ・まさとし　大正10年9月27日～平成2年9月25日　（財）日本肢体不自由児協会常務理事　→88/90

安部 昌博　あべ・まさひろ　昭和14年5月23日　弁護士　宇都宮地検検事正　→00/02

阿部 政行　あべ・まさゆき　～昭和62年7月3日　茶屋旅館会長、金沢市旅館業協同組合理事長　→83/87

阿部 正義　あべ・まさよし　～平成16年5月11日　日本新聞販売協会会長、毎日新聞東京懇話会会長　→03/05

阿部 正善　あべ・まさよし　昭和11年11月3日～平成17年10月8日　西松建設専務　→03/05

安部 政吉　あべ・まさよし　大正11年4月1日～平成12年2月23日　日本ガイシ副社長　→00/02

阿部 三喜男　あべ・みきお　昭和24年4月19日～平成20年6月28日　東邦銀行常務　→06/08

阿部 美紀夫　あべ・みきお　昭和6年2月11日～平成17年3月4日　野村総合研究所常務、東海大学教授　→03/05

阿部 未喜男　あべ・みきお　大正8年12月2日～平成17年12月7日　衆院議員（社会党）　→03/05

阿部 通久　あべ・みちひさ　明治45年5月12日～昭和62年10月13日　アベキ社長　→83/87

阿部 光　あべ・みつ　～平成5年12月4日　扶桑興業（のち扶桑レクセル）常務　→91/93

阿部 充家　あべ・みついえ　文久2年～昭和11年1月2日　国民新聞副社長　→昭和

阿部 光利　あべ・みつとし　～昭和59年12月28日　阿部鉄工所社長　→83/87

阿部 光之助　あべ・みつのすけ　安政5年3月8日～昭和8年1月8日　今治商工会長、今治町初代町長　→昭和（あべ・こうのすけ）

安部 光恭　あべ・みつやす　昭和5年8月23日～平成12年12月13日　僧侶、元・ジャーナリスト　仏光寺住職、読売新聞記者、静岡第一テレビ常務　→00/02

阿部 武智雄　あべ・むちお　文久3年1月～昭和6年2月3日　衆院議員（政友本党）　→昭和（あべ・たけちお）

阿部 村一　あべ・むらいち　～昭和60年11月20日　福岡信用金庫理事長　→83/87

安倍 基雄　あべ・もとお　昭和6年3月31日～平成16年1月23日　衆院議員（保守党）　→03/05

安部 元喜　あべ・もとき　明治34年2月19日～昭和46年3月27日　新聞経営者　日本新聞インキ会長、日本新聞協会初代工務委員長　→昭和

阿部 元治　あべ・もとはる　昭和14年2月19日～平成13年4月6日　栃木県議（民主党）　→00/02

阿部 守忠　あべ・もりただ　明治43年6月5日～平成2年8月20日　クラレ相談役・元会長　→88/90

阿部 寧夫　あべ・やすお　大正3年7月27日～昭和56年11月22日　日魯漁業副社長　→80/82

阿部 康二　あべ・やすじ　明治36年3月27日～平成7年12月5日　山一証券専務　→94/96

阿部 泰治　あべ・やすはる　昭和11年5月28日～平成12年4月27日　そごう副社長　→00/02

安部 靖彦　あべ・やすひこ　大正13年6月15日～平成4年6月23日　信越半導体常務　→91/93

阿部 泰弘　あべ・やすひろ　昭和20年10月18日～平成23年4月27日　日新商事社長　→09/11

阿部 康郎　あべ・やすろう　大正14年2月8日～昭和62年1月30日　大関酒造顧問・元常務　→83/87

阿部 弥之助　あべ・やのすけ　明治42年1月2日～平成15年2月28日　中国電力常務　→03/05

安陪 祐三　あべ・ゆうぞう　昭和2年9月～平成9年4月20日　海将　海上自衛隊横須賀地方総監　→97/99

阿部 佑太郎　あべ・ゆうたろう　大正4年3月31日～昭和56年12月29日　ホクレン副会長　→80/82

I 政治・経済・社会篇

安部 志雄 あべ・ゆきお 明治34年4月13日〜昭和49年6月24日 大和証券会長 →昭和（あべ・しゅう）

阿部 譲 あべ・ゆずる 大正5年1月28日〜平成2年1月14日 日新製鋼会長 →88/90

安倍 洋一 あべ・よういち 〜昭和57年3月8日 日産化学工業元取締役 →80/82

阿部 要吉 あべ・ようきち 〜昭和44年10月9日 協和銀行専務 →昭和

阿部 要介 あべ・ようすけ 昭和3年9月4日〜平成2年4月15日 （医）函館脳神経外科病院理事, 北海道テレビ放送常任監査役 →88/90

阿部 義郎 あべ・よしろう 大正2年10月14日〜昭和59年8月29日 住友商事取締役 →83/87

阿部 好男 あべ・よしお 〜昭和59年10月22日 北海金属工業専務 →83/87

阿部 良夫 あべ・よしお 大正7年7月18日〜平成23年4月20日 三井物産常務 →09/11

安部 義香 あべ・よしか 〜昭和55年11月2日 東京製綱顧問, 元監査役 →80/82

阿部 嘉輔 あべ・よしすけ 〜昭和51年1月20日 海軍中将 →昭和

安倍 嘉孝 あべ・よしたか 〜昭和63年4月6日 中村市会議長, 幡多郡獣医師会長 →88/90

阿部 好春 あべ・よしはる 大正4年7月2日〜昭和58年11月12日 黒崎窯業専務 →83/87

阿部 良春 あべ・よしはる 〜平成13年6月19日 神官 出羽三山神社宮司 →00/02

安倍 義彦 あべ・よしひこ 明治40年2月15日〜昭和63年4月29日 三菱セメント（のち三菱鉱業セメント）常務, 東洋酸素専務 →88/90

阿部 芳ル あべ・よしへい 大正9年5月9日〜平成8年11月3日 三菱製鋼社長 →94/96

阿部 義宗 あべ・よしむね 明治19年12月3日〜昭和55年3月1日 牧師 青山学院院長 →80/82

阿部 竜五郎 あべ・りゅうごろう 明治38年5月28日〜昭和62年11月5日 東芝常務, 東芝タンガロイ社長 →83/87

阿部 竜伝 あべ・りゅうでん 〜昭和43年12月11日 真言宗大僧正 →昭和

安部 龍之介 あべ・りゅうのすけ 〜平成9年11月21日 興人パルプ社長 →97/99

安部 廉 あべ・れん 昭和4年9月13日〜平成14年5月8日 参議院記録部長 →00/02

阿保 浅次郎 あぼ・あさじろう 〜昭和40年7月6日 日本弁護士連合会副会長, 明治大学理事長 →昭和

安保 清種 あぼ・きよかず 明治3年10月15日〜昭和23年6月8日 海軍大将, 男爵 海相 →昭和

安保 清嗣 あぼ・きよつぐ 大正12年11月25日〜昭和59年5月8日 日本航空常務 →83/87

阿保 定吉 あぼ・さだきち 大正7年4月20日〜平成6年8月29日 かねさ味噌社長 →94/96

安保 大蔵 あぼ・だいぞう 大正4年11月15日〜平成11年8月23日 三井鉱山常務 →97/99

安保 隆夫 あぼ・たかお 大正6年8月〜昭和60年11月7日 国立国会図書館専門調査員 →83/87

阿保 有恒 あぼ・ともつね 大正13年4月21日〜平成17年8月14日 シチズン時計常務 →03/05

安保 長春 あぼ・ながはる 昭和46年8月26日 時事通信社取締役 →昭和

安保 隼人 あぼ・はやと 〜平成7年11月30日 ダウンビート経営 →94/96

安保 正敏 あぼ・まさとし 〜昭和46年3月20日 東海テレビ放送社長, 三重交通会長 →昭和

阿保 祐太郎 あぼ・ゆうたろう 明治36年5月31日〜昭和62年7月7日 マルキンキカイ取締役会長 →83/87

安保 行雄 あぼ・ゆきお 〜昭和59年4月8日 長谷川時計舗専務取締役 →83/87

安保 嘉幸 あぼう・よしゆき 〜昭和61年5月2日 安保ビルヂング社長 →83/87

天井 邦夫 あまい・くにお 昭和12年4月26日〜平成21年12月3日 ニッポン放送副社長 →09/11

天井 十三 あまい・じゅうぞう 大正6年4月10日〜平成12年6月17日 東芝機械専務 →00/02

甘泉 豊郎 あまいずみ・とよお 〜昭和37年2月7日 浦賀船渠前社長 →昭和

天岡 直嘉 あまおか・なおよし 明治13年12月17日〜昭和32年1月18日 賞勲局総裁 →昭和

天谷 嘉一郎 あまがい・かいちろう 大正15年2月1日〜平成9年9月6日 大和証券取締役, 大和証券投資信託委託専務 →97/99

雨笠 条三郎 あまかさ・きゅうざぶろう 〜昭和46年1月17日 日新興業専務 →昭和

尼崎 謙一 あまがさき・けんいち 大正2年1月5日〜平成9年12月6日 旧埼玉銀行（のちあさひ銀行）常務 →97/99

尼崎 康定 あまがさき・やすさだ 〜昭和27年1月16日 大阪曽達社長 →昭和

甘粕 二郎 あまかす・じろう 明治28年10月24日〜昭和62年9月13日 三菱信託銀行相談役・元社長 →83/87

天春 文衛 あまはる・ふみえ 弘化4年11月9日〜明治2年8月24日 貴院議員（多額納税）, 衆院議員（政友本党） →昭和（あまはる・ふみえ）

甘粕 正彦 あまかす・まさひこ 明治24年1月26日〜昭和20年8月20日 陸軍憲兵大尉 満州映画協会理事長, 満州国民政部警務司長 →昭和

天城 勲 あまぎ・いさお 大正4年5月12日〜平成23年7月22日 文部事務次官 →09/11

天城 篤治 あまぎ・とくじ 〜昭和59年1月5日 エジプト臨時代理公使 →83/87

天城 康雄　あまぎ・やすお　昭和5年7月1日～平成11年4月4日　呉羽化学工業専務　→97/99

天児 勝彦　あまこ・かつひこ　昭和7年5月16日～平成17年8月22日　台糖社長　→03/05

天坂 昌司　あまさか・まさし　大正10年2月28日～昭和62年5月8日　(社)日本交通協会理事長,国鉄副総裁　→83/87

天瀬 金蔵　あませ・きんぞう　明治41年6月3日～平成3年8月23日　日産自動車専務,日産工機社長　→91/93

天田 勇　あまだ・いさむ　大正2年12月13日～平成9年1月20日　アマダ創業者　→97/99

天田 勝正　あまだ・かつまさ　明治39年3月15日～昭和40年2月27日　政治家,労働運動家　参院議員(民社党)　→昭和

天田 彦正　あまだ・ひこまさ　大正2年6月12日～昭和58年3月30日　白十字社長,日本衛生材料工業連合会会長　→83/87

天田 福之助　あまだ・ふくのすけ　～昭和49年4月13日　白十字相談役　→昭和

天田 力雄　あまだ・りきお　大正7年12月4日～平成15年12月19日　アマダ専務　→03/05

天田 鷲之助　あまだ・わしのすけ　明治44年8月24日～平成15年4月20日　サンデン共同創業者　→03/05

甘竹 信二　あまたけ・しんじ　昭和8年9月7日～昭和61年2月14日　甘竹ブロイラー社長　→83/87

甘竹 久　あまたけ・ひさし　明治42年3月20日～昭和60年11月8日　大船渡商工会議所名誉会頭,甘竹ブロイラー取締役会長　→83/87

天辰 祐之郎　あまたつ・ゆうしろう　大正9年11月29日～平成8年11月8日　大洋漁業(のちマルハ)社長　→94/96

尼寺 久雄　あまでら・ひさお　～昭和48年8月17日　江崎グリコ副社長　→昭和

天沼 達夫　あまぬま・たつお　～昭和57年3月22日　荻原工機取締役,荻原石油取締役　→80/82

天野 昭夫　あまの・あきお　～平成15年4月14日　協和コンサルタンツ副社長　→03/05

天野 明彦　あまの・あきひこ　昭和11年7月30日～平成23年8月1日　保土谷化学工業社長　→09/11

天野 勇　あまの・いさむ　～昭和40年1月8日　藤沢薬品常務　→昭和

天野 一郎　あまの・いちろう　大正5年11月25日～平成3年9月7日　紋別信用金庫会長　→91/93

天野 一夫　あまの・かずお　明治44年1月26日～平成2年8月2日　弁護士　→88/90

天野 千之　あまの・かずゆき　大正14年3月29日～平成5年3月12日　横浜銀行取締役　→91/93

天野 歓三　あまの・かんぞう　大正4年7月25日～平成21年4月11日　朝日新聞常務　→09/11

天野 菊彦　あまの・きくひこ　～平成3年3月25日　中部経営情報化協会相談役　→91/93

天野 公行　あまの・きみゆき　～平成13年3月4日　日本証券業協会常務理事　→00/02

天野 公義　あまの・きみよし　大正10年3月2日～平成2年7月29日　衆院議員(自民党),自治相　→88/90

天野 邦英　あまの・くにひで　～平成3年1月5日　天野屋旅館副社長　→91/93

天野 敬一　あまの・けいいち　～昭和43年3月12日　弁護士　明大理事　→昭和

天野 建　あまの・けん　昭和3年2月24日～平成17年2月17日　山梨県知事　→03/05

天野 源一　あまの・げんいち　明治38年9月10日～昭和63年8月12日　天野製薬グループ相談役　→88/90

天野 憲治　あまの・けんじ　明治42年2月14日～平成6年12月24日　弁護士　第一東京弁護士会会長,日本弁護士連合会副会長　→94/96

天野 源七　あまの・げんしち　～昭和61年6月12日　ヘチマコロン取締役　→83/87

天野 幸一　あまの・こういち　明治43年12月12日～昭和61年12月11日　大田区(東京都)区長　→83/87

天野 耕作　あまの・こうさく　大正5年10月8日～昭和62年3月9日　東京消防少年団連盟会長　→83/87

天野 光二　あまの・こうじ　～昭和62年8月28日　恵庭市議　→83/87

天野 光晴　あまの・こうせい　明治40年3月2日～平成7年3月24日　政治家　衆院議員(自民党)　→94/96

天野 三朗　あまの・さぶろう　昭和13年7月2日～平成5年7月2日　日刊工業新聞西部支社総務部長　→91/93

天野 茂夫　あまの・しげお　大正15年9月13日～昭和63年12月27日　西肥名鉄運輸社長,名鉄運輸専務　→88/90

天野 成勝　あまの・しげかつ　昭和2年1月2日～昭和63年12月5日　天野興業社長　→88/90

天野 重知　あまの・しげのり　明治42年1月1日～平成15年12月30日　農民運動家　忍草国有入会地守る会会長,忍野村(山梨県)村長　→03/05

天野 修一　あまの・しゅういち　～昭和51年12月1日　国産タイムレコーダー発明者　→昭和

天野 春一　あまの・しゅんいち　大正6年3月26日～昭和60年11月23日　日本車輌製造社長　→83/87

天野 庄太郎　あまの・しょうたろう　～昭和61年6月23日　天野漆器取締役社長　→83/87

天野 四郎　あまの・しろう　～昭和42年10月30日　朝日広告社社長,朝日新聞社友　→昭和

天野 真徹　あまの・しんてつ　大正13年8月13日～平成5年6月13日　三陽電機製作所会長　→91/93

天野 末治　あまの・すえじ　明治34年1月21日～昭和51年3月1日　社会運動家,弁護士　→昭和

天野 進　あまの・すすむ　昭和17年3月17日～平成23年7月19日　会計検査院第三局長　→09/11

天野 清一　あまの・せいいち　大正15年11月5日～平成5

I 政治・経済・社会篇　　　　　　　　　　　　　　　　　　　　　　　　　　　　　あまや

年1月8日　埼玉県議（自民党）　→91/93

天野 健雄　あまの・たけお　明治30年8月4日～平成1年12月20日　嵐山カントリークラブ理事長　→88/90

天野 武輔　あまの・たけすけ　明治28年11月22日～昭和11年2月29日　陸軍少佐　2.26事件の犠牲者の一人　→昭和

天野 剛利　あまの・たけとし　～昭和55年8月5日　須坂市長　→80/82

天野 毅彦　あまの・たけひこ　明治37年7月1日～平成7年11月27日　阪急電鉄常務　→94/96

天野 辰夫　あまの・たつお　明治25年2月22日～昭和49年1月20日　国家主義運動家、弁護士　全日本愛国者団体会議顧問　→昭和

天野 辰雄　あまの・たつお　明治37年1月20日～昭和61年12月4日　天野アルミニウム社長、東京都伸銅品商業組合相談役、軽金属商協会相談役　→83/87

天野 辰太郎　あまの・たつたろう　明治18年6月4日～昭和34年1月4日　東京駅長（第5代）　→昭和

天野 達也　あまの・たつや　明治45年1月14日～平成2年5月9日　東亜紡織常務　→88/90

天野 龍郎　あまの・たつろう　昭和4年11月7日～平成21年4月23日　四国電力常務　→09/11

天野 為治　あまの・ためはる　～昭和40年10月19日　福岡高裁判事　→昭和

天野 次雄　あまの・つぎお　～昭和61年10月14日　松下電工常務　→83/87

天野 伝　あまの・つたえ　大正5年6月22日～昭和63年2月22日　第一証券常務　→88/90

天納 伝中　あまの・でんちゅう　大正14年8月14日～平成14年5月3日　僧侶、声明研究家　大原魚山実光院（天台宗）住職、叡山学院名誉教授　→00/02

天野 時三郎　あまの・ときさぶろう　～昭和3年10月30日　大阪市社会部長　→昭和

天野 敏樹　あまの・としき　大正3年4月18日～平成19年10月27日　宗像市長　→06/08

天野 朝夫　あまの・ともお　大正7年12月26日～平成4年6月10日　つばめ自動車社長　→91/93

天野 友二　あまの・ともじ　～昭和58年9月12日　朝日アド・サービス取締役、元朝日新聞広告第一部次長・同社社友　→83/87

天野 二良　あまの・にろう　昭和7年11月1日～平成3年6月19日　京王プラザホテル監査役　→91/93

天野 信彦　あまの・のぶひこ　大正11年3月18日～平成2年2月21日　オリエント時計取締役　→88/90

天野 昇　あまの・のぼる　大正13年3月1日～平成9年1月24日　日本原子力研究所副理事長　→97/99

天納 久和　あまの・ひさかず　～平成14年5月3日　僧侶、声明研究家　大原魚山実光院（天台宗）住職、大原魚山声明研究会代表　→03/05

天野 久　あまの・ひさし　明治25年1月5日～昭和43年2月15日　衆院議員（国民民主党）、山梨県知事　→昭和

天野 久弥　あまの・ひさや　～平成2年10月18日　花咲繊維社長　鎌倉の開発を阻止する市民運動で活躍　→88/90

天野 秀雄　あまの・ひでお　昭和23年～平成20年1月22日　日本肝臓病患者団体協議会常任幹事、東京肝臓友の会事務局長　→06/08

天野 武一　あまの・ぶいち　明治41年9月21日～平成9年12月5日　弁護士　最高裁判事　→97/99

天野 真佐雄　あまの・まさお　大正5年6月10日～平成9年8月9日　住友海上火災保険常務、光和ビルメンテナンス会長　→97/99

天野 雅司　あまの・まさし　明治45年1月2日～平成62年2月1日　新潮社顧問、元取締役　→83/87

天野 宗太郎　あまの・むねたろう　昭和12年6月14日　大審院判事　→昭和

天野 源博　あまの・もとひろ　昭和5年10月13日～平成17年1月20日　天野会長、天野エンザイム会長、中部経済同友会代表幹事　→03/05

天野 勇二郎　あまの・ゆうじろう　～昭和62年1月14日　武蔵野音響社長、武蔵野半導体社長　→83/87

天野 義近　あまの・よしちか　～昭和11年10月28日　山梨県会議員　→昭和

天野 可人　あまの・よしひと　昭和2年4月30日～平成7年4月24日　中央信託銀行専務　→94/96

天野 義幸　あまの・よしゆき　大正12年12月11日～平成10年7月8日　公安審査委員会事務局長　→97/99

天野 尚人　あまの・よしんど　～昭和61年3月1日　（財）日本海技協会理事　→83/87

天野 頼義　あまの・よりよし　～昭和33年3月10日　弁護士　→昭和

天埜 良吉　あまの・りょうきち　明治37年7月～昭和47年1月11日　参院議員（自民党）　→昭和

天野 六郎　あまの・ろくろう　～平成6年7月7日　そごう常務　→94/96

天羽 幹夫　あまは・みきお　～昭和55年6月13日　朝日麦酒取締役・中央研究所長　→80/82

雨宮 喜平治　あまみや・きへいじ　明治44年10月14日～平成5年10月29日　アタゴ会長　→91/93

雨宮 茂　あまみや・しげる　～平成1年8月17日　倉敷市会議員　→88/90

天本 淑朗　あまもと・しゅくろう　～昭和55年7月8日　横浜ゴム顧問　→80/82

雨森 常夫　あまもり・つねお　明治37年7月～昭和45年12月12日　参院議員（自民党）　→昭和

天谷 勇　あまや・いさむ　～平成5年8月14日　全国抑留者補償協議会北海道連合会会長　→91/93

天谷 利雄　あまや・としお　～昭和60年9月11日　北海道勤労者財形住宅協同組合理事長　→83/87

あまや　　　　　　　　　　　　　　　　　　　　　　　　　Ⅰ　政治・経済・社会篇

天谷 広　あまや・ひろし　明治38年12月15日〜平成3年6月26日　日栄工業社長, 三興製作所監査役　→91/93

天谷 平信　あまや・へいしん　明治40年2月10日〜昭和60年9月8日　北海道選挙管理委員長, 北海道議　→83/87

甘利 昂一　あまり・しょういち　明治38年4月1日〜平成6年7月16日　日本舶用工業会顧問, 運輸省船舶局長　→94/96

甘利 省吾　あまり・しょうご　明治40年11月18日〜昭和59年3月7日　沖電気工業常任顧問, (財)日本電波協会会長, 郵政省電波監理局長　→83/87

甘利 正　あまり・ただし　大正5年10月11日〜平成4年10月12日　衆院議員(新自由クラブ)　→91/93

天利 良昌　あまり・よしまさ　〜昭和27年4月9日　日立取締役　→昭和

阿萬 英昭　あまん・ひであき　昭和2年12月6日〜平成10年2月5日　日本新薬会長　→97/99

網岡 雄　あみおか・ゆう　昭和3年3月22日〜平成23年2月23日　衆院議員(民主党)　→09/11

網島 毅　あみしま・つよし　明治38年6月2日〜平成7年4月2日　住友スリーエム社長　→94/96

網田 覚一　あみだ・かくいち　明治35年10月1日〜平成1年10月17日　弁護士　大阪高裁判事　→88/90

網田 新太郎　あみた・しんたろう　明治45年7月15日〜平成2年10月2日　アミタ会長　→88/90

網谷 久平　あみたに・きゅうへい　〜昭和61年1月23日　網谷新生堂店主, 元富山市社会福祉協議会理事　→83/87

網中 喜三郎　あみなか・きさぶろう　明治38年3月19日〜平成2年11月17日　セントラル商事会長　→88/90

網野 栄　あみの・さかえ　明治38年4月30日〜平成3年12月31日　研文社会長, 大阪府印刷工業組合理事長　→91/93

網野 宥俊　あみの・ゆうしゅん　〜昭和58年11月24日　浅草寺大僧正, 金蔵院住職　→83/87

網本 克己　あみもと・かつみ　大正7年1月8日〜平成12年4月11日　東京モノレール社長　→00/02

網本 謙二　あみもと・けんじ　〜昭和62年10月7日　アミモト硝子建材代表取締役社長　→83/87

網盛 孝　あみもり・たかし　明治41年10月23日〜昭和58年7月11日　日立工機相談役　→83/87

網守 恒男　あみもり・つねお　大正15年2月21日〜平成13年10月15日　レナウン副社長　→00/02

網谷 順一　あみや・じゅんいち　〜平成2年11月28日　東京都民生局長, 帝都高速度交通営団理事　→88/90

網谷 英邦　あみや・ひでくに　昭和9年2月2日〜平成7年1月29日　北海道新聞制作局次長　→94/96

雨森 和雄　あめのもり・かずお　大正8年5月4日〜平成5年3月10日　東邦生命保険名誉顧問, 大阪府警本部長　→91/93

雨宮 育造　あめみや・いくぞう　昭和2年4月12日〜昭和58年8月7日　後藤製作所常務　→83/87

雨宮 兼光　あめみや・かねみつ　〜昭和58年8月19日　開運社本店会長　→83/87

雨宮 謙次　あめみや・けんじ　明治39年6月30日　近海郵船会長　→昭和

雨宮 茂雄　あめみや・しげお　昭和4年3月28日〜平成5年6月1日　山梨県会議長(自民党)　→91/93

雨宮 清明　あめみや・せいめい　明治33年5月20日〜昭和61年7月2日　弁護士　中央大学理事　→83/87

雨宮 猛三郎　あめみや・たけさぶろう　明治41年〜昭和22年10月15日　農民運動家　→昭和

雨宮 恒之　あめみや・つねゆき　大正3年6月25日〜平成13年1月7日　東京楽天地社長, 東宝専務　→00/02

雨宮 登三　あめみや・とうぞう　明治44年11月17日〜平成7年10月8日　丸善石油(のちコスモ石油)常務　→94/96

雨宮 とき　あめみや・とき　〜平成2年12月20日　雨宮商事代表取締役　→88/90

雨宮 篤郎　あめみや・とくろう　昭和2年7月6日〜平成17年8月9日　山梨中央銀行常務　→03/05

雨宮 肇　あめみや・はじめ　昭和18年1月26日〜平成17年10月26日　旭硝子副社長　→03/05

雨宮 洋雄　あめみや・ひろお　〜平成6年8月18日　東京アメミヤ販売社長　→94/96

雨宮 賢　あめみや・まさる　〜平成4年2月27日　東洋通信機常務　→91/93

雨宮 稔　あめみや・みのる　昭和3年5月20日〜平成16年10月16日　東京産業常務　→03/05

雨宮 謙　あめみや・ゆずる　昭和3年1月2日〜平成7年7月7日　日本紙業常務　→94/96

雨宮 陽造　あめみや・ようぞう　〜昭和59年7月6日　東京銀行監査役　→83/87

雨宮 護道　あめみや・よりみち　明治31年1月1日〜平成7年6月4日　三菱江戸川化学(のち三菱ガス化学)常務, 菱江化学社長　→94/96

雨宮 礼三　あめみや・れいぞう　大正4年12月17日〜昭和62年7月5日　日中友好協会全国本部副理事長, 大阪府日中友好協会理事長　→83/87

飴村 磐　あめむら・いわお　大正11年1月1日〜平成7年6月23日　大阪製鎖造機常務　→94/96

天羽 英二　あもう・えいじ　明治20年8月19日〜昭和43年7月31日　外交官　外務事務次官, 内閣情報局総裁　→昭和

天羽 一夫　あもう・かずお　大正15年4月15日〜平成2年12月15日　鹿島道路社長　→88/90

綾田 整治　あやだ・せいじ　明治39年3月10日〜平成15年5月10日　百十四銀行頭取　→03/05

綾田 文義　あやた・ふみよし　大正7年11月6日〜平成13年10月26日　警視庁副総監, 三和銀行顧問　→00/02

綾藤 隆夫　あやとう・たかお　〜昭和61年2月12日　アヤト印刷代表取締役社長, 富山県印刷工業組合理事長　→

I　政治・経済・社会篇

83/87

綾小路 護　あやのこうじ・まもる　明治25年10月~昭和48年10月21日　貴院議員(子爵)　→昭和(あやこうじ・まもる)

綾部 橘樹　あやべ・きつじゅ　~昭和55年2月14日　陸軍中将　→80/82

綾部 健太郎　あやべ・けんたろう　明治23年9月6日~昭和47年3月24日　政治家　衆院議長(自民党),運輸相　→昭和

綾部 先　あやべ・すすむ　明治37年9月1日~平成3年4月7日　富士製鉄(のち新日本製鉄)常務,製鉄化学(のち住友精化)副社長　→91/93

綾部 八郎　あやべ・はちろう　昭和3年8月11日~平成17年3月5日　カルソニック常務　→03/05

綾部 文太郎　あやべ・ぶんたろう　~昭和57年5月17日　府中市議会議長　→80/82

綾部 立一　あやべ・りゅういち　大正9年2月6日~平成21年10月26日　安藤建設副社長　→09/11

鮎貝 盛雄　あゆがい・もりお　明治36年2月16日~昭和64年1月3日　ヂーゼル機器取締役,不二機電社長　→88/90

鮎貝 盛益　あゆかい・もります　明治37年2月19日~平成8年3月3日　宮城県会議長　→94/96

鮎川 功　あゆかわ・いさお　大正14年10月28日~平成15年9月25日　朝日新聞取締役　→03/05

鮎川 一哉　あゆかわ・かずちか　昭和4年4月10日~平成17年12月31日　建築技師　フジタ常務　→03/05

鮎川 金次郎　あゆかわ・きんじろう　昭和4年3月12日~昭和51年3月21日　参院議員(自民党)　→昭和

鮎川 浩介　あゆかわ・こうすけ　昭和3年8月15日~平成12年5月10日　電通アクティス社長　→00/02

鮎川 弥一　あゆかわ・やいち　大正12年6月1日~平成3年11月30日　ベンチャーキャピタリスト　テクノベンチャー社長,マサチューセッツ工科大学理事　→91/93

鮎川 幸雄　あゆかわ・ゆきお　大正3年9月10日~昭和60年6月22日　首都圏整備促進協議会参与,元建設省都市局長,元住宅金融公庫理事　→83/87

鮎川 義介　あゆかわ・よしすけ　明治13年11月6日~昭和42年2月13日　実業家,政治家　日産コンツェルン創業者,日本中小企業政治連盟総裁,参議院議員(第十七控室)　→昭和

鮎沢 巌　あゆさわ・いわお　明治27年10月15日~昭和47年11月30日　ILO東京支局長,世界連邦建設同盟理事長　→昭和

鮎田 昇平　あゆた・しょうへい　大正4年12月14日~平成2年4月20日　足利銀行常務　→88/90

荒 孝太郎　あら・こうたろう　大正5年10月29日~昭和61年6月3日　イワキ社長,京浜工業団地協同組合理事長　→83/87

荒 真了　あら・しんりょう　~昭和30年12月30日　寛永寺門跡　→昭和

荒 岱介　あら・たいすけ　昭和20年6月26日~平成23年5月3日　新左翼活動家　戦旗・共産同議長,せんき社代表　→09/11

荒 哲夫　あら・てつお　明治39年3月14日~平成9年11月1日　北海道議(社会党)　→97/99

荒 敏雄　あら・としお　明治44年11月1日~昭和62年10月18日　クレードル興農社長,伊達市農協組合長理事　→83/87

荒 義明　あら・よしあき　昭和9年5月21日~平成16年1月30日　大七証券会長　→03/05

荒 量太郎　あら・りょうたろう　明治28年4月20日~昭和31年5月8日　社会運動家　→昭和

新井 昭夫　あらい・あきお　昭和7年7月1日~平成元年1月30日　日本ヒューム管取締役　→83/87

新井 明　あらい・あきら　大正14年4月1日~平成16年7月28日　日本経済新聞社長　→03/05

新井 旦幸　あらい・あさゆき　昭和5年1月1日~平成15年4月23日　弁護士　新井旦幸法律事務所代表,大蔵省関東財務局法律顧問　→03/05

新井 勲　あらい・いさお　明治44年2月~昭和61年2月17日　陸軍中尉　二・二六事件の生き証人　→83/87

新井 磯次　あらい・いそじ　明治27年9月25日~昭和56年4月21日　部落解放運動家　部落解放同盟兵庫県連委員　→80/82

荒井 栄太郎　あらい・えいたろう　~昭和58年11月15日　霊友会会長補佐　→83/87

荒井 嘉市郎　あらい・かいちろう　~昭和60年8月10日　白子社長,元農林中央金庫検査役　→83/87

荒井 薫　あらい・かおる　~昭和59年4月22日　荒井印刷所取締役　→83/87

荒井 一雄　あらい・かずお　昭和31年~平成19年5月24日　荒井屋社長(4代目)　→06/08

新井 一男　あらい・かずお　大正10年3月3日~平成13年4月9日　東京都議(自民党)　→00/02

新井 和夫　あらい・かずお　昭和23年6月30日~平成22年7月21日　電通常務執行役員　→09/11

新井 市彦　あらい・かずひこ　昭和6年8月20日~平成11年2月12日　東邦石油社長　→97/99

荒井 勝三郎　あらい・かつさぶろう　明治37年10月17日~平成2年7月25日　カトリック司教　カトリック教育横浜教区長　→88/90

荒井 勝和　あらい・かつよし　大正14年4月1日~平成10年1月18日　大都魚類専務　→97/99

新井 金雄　あらい・かねお　大正14年1月1日~平成20年8月17日　弁護士　日中法律家交流協会副会長　→06/08

新井 亀太郎　あらい・かめたろう　明治8年12月~昭和7年11月7日　陸軍中将　→昭和

新井 喜一　あらい・きいち　明治44年3月22日~平成11年12月3日　日本専売公社総裁理事　→00/02s

荒井 久二　あらい・きゅうじ　大正5年3月26日~昭和61年11月28日　アルプス産業相談役　→83/87

新井 堯爾　あらい・ぎょうじ　明治19年5月15日〜昭和41年5月9日　日本交通公社社長　→昭和

新井 京太　あらい・きょうた　明治25年5月〜昭和44年5月19日　衆院議員(自民党)　→昭和

荒井 清　あらい・きよし　明治37年〜昭和49年3月4日　東洋信託銀行初代社長　→昭和

新井 清保　あらい・きよやす　大正5年6月12日〜昭和58年7月6日　日本工営副社長　→83/87

荒井 国重　あらい・くにしげ　〜昭和56年9月28日　関西ペイント参与,元取締役　→80/82

荒井 邦之介　あらい・くにのすけ　明治32年12月16日〜昭和3年11月11日　社会運動家　→昭和

新井 慶三郎　あらい・けいざぶろう　〜昭和11年1月7日　海軍軍医少将　→昭和

新井 啓介　あらい・けいすけ　大正4年2月19日〜平成15年2月7日　日立製作所副社長　→03/05

新井 慧誉　あらい・けいよ　昭和14年12月15日〜平成19年1月9日　僧侶　寿徳寺(真言宗豊山派)住職,二松学舎大学教授　→06/08

荒井 健吉　あらい・けんきち　〜昭和62年6月30日　弁護士　名古屋高検刑事部長　→83/87

荒井 源吉　あらい・げんきち　明治37年7月19日〜昭和58年9月18日　武蔵野市長　→83/87

荒井 賢二　あらい・けんじ　〜平成2年6月19日　ジャパンタイムズ監査役　→88/90

新井 憲治　あらい・けんじ　〜平成10年8月12日　富士化学紙工業(のちフジコピアン)専務　→97/99

新井 源次郎　あらい・げんじろう　明治33年12月20日〜平成3年8月31日　アイヌのエカシ(長老)　→91/93

新井 源水　あらい・げんすい　〜昭和39年9月14日　いすゞ自動車副社長　→昭和

新井 賢太郎　あらい・けんたろう　文久3年10月〜昭和13年1月29日　農商務相,貴院議員(勅選),枢密院副議長　→昭和

荒井 晃　あらい・こう　大正14年6月28日〜平成18年10月19日　佐伯建設工業常務　→06/08

新井 浩一郎　あらい・こういちろう　大正15年1月29日〜平成10年6月23日　巴コーポレーション副社長　→97/99

荒井 孝作　あらい・こうさく　〜昭和55年8月29日　川崎航空機工業取締役,川崎重工業取締役　→80/82

新井 孝太郎　あらい・こうたろう　大正12年6月2日〜昭和63年3月3日　名古屋放送専務　→88/90

荒井 貞夫　あらい・さだお　昭和10年6月20日〜平成16年11月23日　島津製作所専務　→03/05

新井 貞夫　あらい・さだお　昭和10年10月16日〜平成16年10月29日　銭高組専務　→03/05

荒井 三郎　あらい・さぶろう　明治39年3月27日〜昭和63年7月19日　北陸アルミニウム社主,日南アルミニウム会長　→88/90

荒井 佐窈子　あらい・さよこ　〜平成16年12月8日　東京フォーラム代表　→03/05

新井 鹿之助　あらい・しかのすけ　明治34年3月11日〜平成5年9月5日　俳人　日本電信電話公社理事　→91/93

荒井 滋　あらい・しげし　〜昭和63年6月1日　荒井水産会長　→88/90

新井 茂司　あらい・しげじ　〜昭和55年9月9日　初代国家消防庁長官　→80/82

荒井 茂　あらい・しげる　〜平成7年3月6日　横河電機常務　→94/96

新井 茂　あらい・しげる　明治34年4月8日〜平成7年1月28日　自転車振興会会長　→94/96

新居 茂　あらい・しげる　明治30年2月11日〜平成4年3月12日　税理士,計理士　新居計理事務所所長,東京税理士会相談役,全日本計理士会会長　→91/93

新井 俊一　あらい・しゅんいち　大正2年11月15日〜平成18年12月17日　日新製鋼専務　→06/08

新井 俊三　あらい・しゅんぞう　大正3年9月15日〜平成6年10月18日　国際関係基礎研究所社長,三菱信託銀行常務　→94/96

新井 昌一　あらい・しょういち　昭和40年12月19日〜平成14年5月16日　フロンティア・マーシャルアーツ・レスリング社長　→00/02

新井 将敬　あらい・しょうけい　昭和23年1月12日〜平成10年2月19日　衆院議員(自民党)　→97/99

荒井 正司　あらい・しょうじ　大正5年1月26日〜平成13年3月26日　読売新聞大阪本社専務,読売テレビ放送常勤監査役　→00/02

新井 昭二　あらい・しょうじ　昭和2年1月15日〜平成23年3月7日　群馬県議(自民党)　→09/11

新井 章治　あらい・しょうじ　明治14年12月8日〜昭和27年9月1日　実業家　東京電力会長　→昭和

荒井 治郎　あらい・じろう　大正2年3月27日〜平成19年3月29日　NHK理事,NHK学園理事長　→06/08

新井 晋　あらい・しん　昭和6年6月11日〜平成19年10月3日　アグロカネショウ常務　→06/08

荒井 新一郎　あらい・しんいちろう　大正14年8月1日〜平成6年2月20日　国際出版社長　→94/96

新居 信恵　あらい・しんえ　〜昭和59年6月14日　高野山真言宗大僧正,元光明院住職　→83/87

新井 整　あらい・せい　大正3年4月1日〜昭和61年2月19日　大間々町(群馬県)町長,国鉄足尾線存続期成同盟会長　→83/87

新井 清一　あらい・せいいち　大正11年3月6日〜平成21年11月16日　北海道新聞専務　→09/11

荒井 誠一郎　あらい・せいいちろう　明治22年9月3日〜昭和58年7月8日　弁護士　会計検査院長　→83/87

荒井 政治　あらい・せいじ　大正11年2月13日〜平成19年7月28日　三菱油化ビーシーエル社長　→06/08

荒居 清蔵　あらい・せいぞう　〜昭和55年5月2日

東京三洋電機常務　→80/82

新井 清太郎　あらい・せいたろう　大正9年10月26日～平成11年11月19日　新井清太郎商店社長,神奈川県産業貿易振興協会会長　→97/99

荒井 斉勇　あらい・せいゆう　大正5年2月13日～平成12年10月8日　三菱自動車工業常務　→00/02

新井 石禅　あらい・せきぜん　元治1年12月19日～昭和2年12月7日　僧侶　曹洞宗管長,総持寺貫主　→昭和

新井 石竜　あらい・せきりゅう　～昭和59年2月16日　雲洞庵住職,大本山総持寺顧問　→83/87

新居 善太郎　あらい・ぜんたろう　明治29年1月16日～昭和59年1月12日　恩賜財団母子愛育会会長　→83/87

荒井 泰治　あらい・たいじ　文久1年5月16日～昭和2年3月3日　実業家　台湾商工銀行頭取,貴院議員(多額納税)　→昭和

新井 泰介　あらい・たいすけ　昭和5年6月28日～平成20年3月9日　日本高周波鋼業副社長　→06/08

荒井 隆志　あらい・たかし　大正11年2月24日～平成17年10月3日　朝日工業社常務　→03/05

荒井 琢也　あらい・たくや　昭和6年2月24日～平成4年10月23日　桜川ポンプ製作所社長　→91/93

新井 健夫　あらい・たけお　大正12年8月21日～平成16年7月19日　日産自動車常務　→03/05

荒井 武治　あらい・たけはる　明治31年8月30日～平成4年2月5日　北陸電力副社長　→91/93

新井 健之　あらい・たけゆき　大正7年11月9日～平成10年6月5日　タムロン会長　→97/99

荒井 正　あらい・ただし　大正1年8月25日～昭和59年7月23日　横浜ゴム常務　→83/87

あらい 正　あらい・ただし　大正6年10月9日～平成7年9月26日　呉羽化学工業常務　→94/96

新井 辰一　あらい・たついち　明治45年5月4日～平成14年10月13日　新井組社長　→00/02

新井 太郎　あらい・たろう　明治41年6月20日～昭和59年5月22日　三機工業専務　→83/87

荒井 忠作　あらい・ちゅつさく　～昭和46年2月27日　新日本航空整備社長　→昭和

荒井 長治郎　あらい・ちょうじろう　～昭和44年5月5日　チキンソース会長　→昭和

新井 常雄　あらい・つねお　～昭和60年8月5日　元東海銀行神戸支店長代理　→83/87

荒井 藤次　あらい・とうじ　大正7年1月28日～平成12年11月28日　埼玉県議(自民党)　→00/02

新井 時雄　あらい・ときお　～昭和58年12月12日　札幌市交通労組特別執行委員・同元委員長　→83/87

新井 敏夫　あらい・としお　昭和8年1月22日～平成11年1月14日　連合神奈川会長　→97/99

荒井 敏治　あらい・としはる　昭和3年6月23日～平成7年9月27日　法務省名古屋矯正管区長　→94/96

新井 淑也　あらい・としや　昭和14年6月7日～平成20年

7月15日　秋田朝日放送社長,朝日新聞東京本社編集局次長　→06/08

新井 友蔵　あらい・ともぞう　明治37年5月28日～昭和59年2月9日　同和鉱業社長　→83/87

荒井 虎之助　あらい・とらのすけ　明治31年6月22日～昭和63年4月20日　荒岩商事社長　→88/90

新井 二郎　あらい・にろう　大正10年4月1日～平成3年12月9日　オリエンタル写真工業副社長　→91/93

新居 信義　あらい・のぶよし　大正8年12月12日～平成18年1月27日　不二越常務　→06/08

荒井 範雄　あらい・のりお　昭和4年4月14日～平成18年1月20日　セントラルユニ社長　→06/08

新井 則蔵　あらい・のりぞう　～平成5年8月30日　宇徳運輸社長　→91/93

荒井 八郎　あらい・はちろう　明治21年5月10日～昭和25年1月11日　実業家　参院議員(民自党),忍商工会議所会頭　→昭和

荒井 彦宗　あらい・ひこむね　昭和48年6月28日　東海パルプ社長　→昭和

新井 寿彦　あらい・ひさひこ　昭和21年2月19日～平成21年2月1日　住友商事専務　→09/11

洗 英夫　あらい・ひでお　～昭和56年12月28日　ライオン常務　→80/82

新井 秀喜知　あらい・ひできち　～昭和62年6月7日　ビックカメラ会長　→83/87

荒井 秀太郎　あらい・ひでたろう　大正14年4月30日～平成6年1月1日　竜ケ崎信用金庫理事長　→94/96

新井 秀文　あらい・ひでふみ　昭和2年10月12日～平成7年10月9日　東電ソフトウェア相談役・元社長,東京計算サービス社長　→94/96

荒井 秀吉　あらい・ひでよし　昭和16年4月16日～平成9年3月11日　結城市長　→97/99

荒井 宏　あらい・ひろし　大正11年10月14日～平成1年5月21日　日本ラジエーター(のちカルソニック)常務　→88/90

荒井 広　あらい・ひろし　大正9年2月6日～平成20年3月4日　税理士　荒井広税理士事務所所長,徳島倶楽部理事長　→06/08

荒井 浩　あらい・ひろし　～平成4年1月10日　住友不動産取締役　→91/93

新井 浩　あらい・ひろし　明治35年1月10日～昭和63年3月20日　日本石油精製社長,日本石油常務　→88/90

新井 裕　あらい・ひろし　大正3年5月13日～平成20年5月1日　警察庁長官,日本航空専務　→06/08

新井 広武　あらい・ひろたけ　明治38年10月16日～昭和61年6月14日　(株)新井広武社長,日本安全帽工業会理事長　→83/87

新井 福信　あらい・ふくのぶ　～平成7年5月28日　日本金網(のち日本フイルコン)専務　→94/96

荒井 房義　あらい・ふさよし　昭和2年8月25日～平成5

年10月17日　青森県警本部長　→91/93

新井　正明　あらい・まさあき　大正1年12月1日～平成15年11月27日　住友生命保険社長, 松下政経塾理事長　→03/05

荒井　正巳　あらい・まさみ　昭和7年8月10日～平成19年3月31日　神奈川県議（自民党）　→06/08

新井　正保　あらい・まさやす　～昭和56年11月9日　新坂スタジオ社長, ティ・ビー・エス映画社取締役　→80/82

荒井　松司　あらい・まつじ　大正2年4月17日～平成20年9月27日　上尾市長　→06/08

新井　万平　あらい・まんぺい　～昭和42年9月19日　所沢市長　→昭和

荒井　操　あらい・みさお　慶応4年6月～昭和5年5月27日　京地地裁所長　→昭和

荒井　美沙子　あらい・みさこ　昭和25年10月4日～平成17年11月30日　東京都議（生活者ネットワーク）　→03/05

荒井　道三　あらい・みちぞう　明治44年8月19日～平成2年4月2日　弁護士　中部公安調査局長, 荒井法律事務所長　→88/90

荒井　みね　あらい・みね　～平成6年7月17日　霊友会第27支部長　→94/96

荒井　元義　あらい・もとよし　昭和13年12月1日～平成21年5月17日　ビー・エム・エル会長　→09/11

新居　守一　あらい・もりかず　～平成7年10月31日　日本ケミファ専務　→94/96

新井　洋一　あらい・よういち　昭和10年11月20日～平成15年9月17日　東邦チタニウム会長　→03/05

荒井　芳男　あらい・よしお　大正4年3月8日～平成5年1月25日　荒井製作所会長　→91/93

新井　義男　あらい・よしお　昭和7年1月5日～平成15年3月29日　日本ヒューム管常務　→03/05

新井　義雄　あらい・よしお　大正14年10月25日～平成14年6月21日　ワイ・イー・データ社長　→00/02

新井　由夫　あらい・よしお　大正7年9月20日～昭和63年1月2日　住友海上火災保険取締役　→88/90

新井　良夫　あらい・よしお　～昭和58年12月11日　丹青社取締役　→83/87

新井　吉次　あらい・よしつぐ　大正6年1月5日～昭和58年11月13日　石川島汎用機サービス常勤顧問　→83/87

新井　利一　あらい・りいち　昭和3年8月16日～平成3年10月24日　豊田通商副社長, 中部経済同友会筆頭代表幹事　→91/93

荒井　隆三　あらい・りゅうぞう　大正7年10月15日～平成4年12月31日　日本舗道常務　→91/93

新井　領一郎　あらい・りょういちろう　安政2年7月19日～昭和14年4月10日　実業家　→昭和

新井　鐐二　あらい・りょうじ　～平成7年3月4日　新興産業常務　→94/96

新江　幸生　あらえ・ゆきお　昭和25年12月24日～平成21年4月22日　国際放映社長　→09/11

荒尾　進一　あらお・しんいち　大正2年2月21日～昭和62年10月18日　日生生コン輸送協会会長, 東京都トラック協会常任理事　→83/87

荒尾　達雄　あらお・たつお　～平成13年6月19日　共同通信社常務理事　→00/02

荒尾　正浩　あらお・まさひろ　大正14年9月14日～平成15年3月5日　衆議院事務総長, 国立国会図書館長　→03/05

荒岡　庄太郎　あらおか・しょうたろう　明治24年1月27日～昭和47年7月5日　農民運動家　日農中央委員　→昭和

荒岡　憲正　あらおか・のりまさ　昭和3年～平成22年7月20日　浜松こども園理事長, 遠江学園理事長　→09/11

荒賀　勉　あらが・つとむ　明治44年7月1日～平成3年11月18日　日本精糖社長　→91/93

荒賀　嘉也　あらが・よしや　明治38年10月31日～平成1年10月18日　千代田生命保険取締役　→88/90

新垣　茂治　あらかき・しげはる　明治44年10月2日～平成3年9月25日　沖縄県副知事　→91/93

新垣　淑重　あらかき・しゅくじゅう　～昭和55年12月15日　沖縄県議（自民党）, 琉球警察本部長　→80/82

新垣　長次郎　あらがき・ちょうじろう　～昭和56年3月3日　東紡績常務　→80/82

新垣　剛　あらかき・つよし　昭和25年2月8日～平成21年4月19日　弁護士　沖縄弁護士会会長　→09/11

新垣　弓太郎　あらかき・ゆみたろう　明治5年8月5日～昭和39年3月19日　自由民権運動家　→昭和

新垣　淑哲　あらかき・よしてつ　昭和3年11月25日～平成17年6月10日　ラジオ沖縄社長　→03/05

荒勝　厳　あらかつ・いわお　大正9年1月16日～平成8年8月10日　水産庁長官　→97/99

荒金　啓治　あらかね・けいじ　明治30年5月2日～昭和63年11月28日　別府市長, 別府製材社長　→88/90

荒金　天倫　あらかね・てんりん　大正9年3月4日～平成2年1月7日　僧侶　臨済宗大本山方広寺派管長（第9代）, 三生院住職　→88/90

荒川　郁郎　あらかわ・いくろう　明治37年3月23日～平成1年7月21日　関東バス取締役名誉会長・元社長　→88/90

荒川　岩夫　あらかわ・いわお　明治44年1月2日～平成2年3月27日　岡谷鋼機取締役, 東海プレス工業社長, 東海鋼材工業社長　→88/90

荒川　勘五郎　あらかわ・かんごろう　～昭和55年3月26日　荒川長太郎合名会社相談役, 愛知県軟式野球連盟名誉会長　→80/82

荒川　清　あらかわ・きよし　大正5年9月20日～平成21年6月20日　ミツウロコ常務　→09/11

荒川　欽一　あらかわ・きんいち　昭和6年12月21日～平成4年9月2日　ぎょうせい専務　→91/93

荒川　洪一　あらかわ・こういち　～昭和56年6月18日　金沢金属工業社長　→80/82

荒川 五郎　あらかわ・ごろう　慶応1年6月17日〜昭和19年8月3日　衆院議員(立憲民政党)　→昭和

荒川 修三　あらかわ・しゅうぞう　〜昭和55年12月22日　京都銀行協会事務局長　→80/82

荒川 正三郎　あらかわ・しょうざぶろう　大正1年11月7日〜平成17年12月13日　弁護士　名古屋高裁長官　→03/05

荒川 昌二　あらかわ・しょうじ　明治24年12月20日〜昭和54年8月21日　横浜正金銀行頭取　→昭和

荒川 新一郎　あらかわ・しんいちろう　安政3年〜昭和5年　紡織技術者　→昭和

荒川 甚吾　あらかわ・じんご　明治30年8月10日〜昭和28年8月16日　労働運動家　日農石川県連会長　→昭和

荒川 進　あらかわ・すすむ　大正4年10月26日〜平成15年2月8日　旭硝子専務,伊勢化学工業社長　→03/05

荒川 健夫　あらかわ・たけお　大正8年7月24日〜平成14年2月12日　シカゴ・マーカンタイル取引所東京事務所長　→00/02

荒川 武彦　あらかわ・たけひこ　〜平成13年11月16日　トヨタ・チームアラコ総監督,アラコ常務　→00/02

荒川 忠親　あらかわ・ただちか　明治38年4月12日〜昭和63年8月8日　国際交通会長　→88/90

荒川 為義　あらかわ・ためよし　大正4年1月12日〜平成3年1月19日　アラ興産社長　→91/93

荒川 忠造　あらかわ・ちゅうぞう　〜昭和48年7月20日　日本パルプ工業社長　→昭和

荒川 長太郎(2代目)　あらかわ・ちょうたろう　大正5年3月26日〜平成14年10月12日　アラクス会長　→00/02

荒川 恒行　あらかわ・つねゆき　昭和10年9月24日〜平成17年11月9日　日本ジャーナリスト会議事務局長,電通労組委員長　→03/05

荒川 亨　あらかわ・とおる　昭和34年2月1日〜平成21年10月23日　ACCESS創業者　→09/11

荒川 利輝　あらかわ・としてる　昭和5年7月25日〜平成16年9月16日　大林組副社長　→03/05

荒川 直治　あらかわ・なおじ　〜平成4年9月23日　オーエム製作所社長　→91/93

荒川 昌　あらかわ・のぼる　大正2年3月20日〜平成9年2月1日　千代田保安用品(のち千代田テクノル)社長　→97/99

荒川 甫　あらかわ・はじめ　昭和5年10月4日〜平成18年11月5日　東邦ガス副社長　→06/08

荒川 初雄　あらかわ・はつお　明治37年12月10日〜平成10年5月9日　大林組副社長　→昭和

荒川 寿夫　あらかわ・ひさお　昭和3年11月16日〜平成20年9月19日　旭ダイヤモンド工業社長　→06/08

荒川 弘　あらかわ・ひろし　大正11年11月15日〜昭和57年6月5日　三協アルミニウム常務　→80/82

荒川 正男　あらかわ・まさお　大正4年3月〜平成11年10月18日　いすゞ自動車常務　→97/99

荒川 政司　あらかわ・まさし　明治44年4月11日〜平成7年2月7日　日野自動車工業社長　→94/96

荒川 実　あらかわ・みのる　〜昭和39年8月7日　丸善社長　→昭和

荒川 実　あらかわ・みのる　大正15年8月5日〜平成2年5月22日　I&S常勤監査役　→88/90

荒川 洋一　あらかわ・よういち　大正10年1月10日〜平成11年9月10日　帝国石油副社長　→97/99

荒川 義太郎　あらかわ・よしたろう　文久2年9月28日〜昭和2年4月1日　長崎県知事,横浜市長,貴院議員(勅選)　→昭和(あらかわ・ぎたろう)

荒川 吉正　あらかわ・よしまさ　大正11年11月22日〜昭和60年7月20日　荒川化学工業会長　→83/87

荒木 晃久　あらき・あきひさ　昭和9年11月22日〜平成11年1月5日　ミサワ東洋社長　→97/99

荒木 泉　あらき・いずみ　〜昭和63年11月7日　荒木泉商店社長,大牟田市築町商店街振興組合理事長　→88/90

荒木 一郎　あらき・いちろう　大正10年4月6日〜平成11年6月13日　丸紅常務　→97/99

荒木 栄悦　あらき・えいえつ　明治42年5月〜平成16年6月4日　岡山県副知事　→03/05

荒木 栄吉　あらき・えいきち　明治27年4月7日〜平成1年3月25日　日本工業新聞社長,産経新聞社常務　→88/90

新木 栄吉　あらき・えいきち　明治24年4月24日〜昭和34年2月1日　銀行家　日銀総裁,駐米大使　→昭和

荒木 栄太郎　あらき・えいたろう　〜平成6年2月17日　上野市教育委員長,旭ダイヤモンド工業取締役　→94/96

荒木 修　あらき・おさむ　大正9年1月2日〜平成14年12月13日　菊池市長　→00/02

荒木 和夫　あらき・かずお　〜平成8年9月12日　三一書房社長　→94/96

荒木 和成　あらき・かずなり　〜昭和52年5月24日　千葉市長　→昭和

荒木 勝次　あらき・かつじ　〜昭和60年10月29日　大同舗装監査役,元岩田建設専務取締役　→83/87

荒木 克業　あらき・かつなり　〜昭和7年12月3日　陸軍工兵大尉　→昭和

荒木 潔　あらき・きよし　〜平成23年1月23日　甲山学園園長　甲山事件の証言者　→09/11

荒木 欣弥　あらき・きんや　大正9年3月25日〜平成6年8月30日　東海電気工事常務　→94/96

荒木 邦一　あらき・くにいち　昭和12年1月21日〜平成14年9月15日　弁護士　日本弁護士連合会副会長,福岡県弁護士会会長　→00/02

荒木 源　あらき・げん　〜昭和63年5月2日　日刊北海経済新聞社社主　→88/90

荒木 晃　あらき・こう　〜昭和61年2月15日

三菱重工業取締役,関西造船協会長　→83/87

荒木　豪太　あらき・ごうた　明治44年5月12日～平成9年10月17日　東京ガス常務,関電配管(株)社長　→97/99

荒木　幸太郎　あらき・こうたろう　昭和9年11月27日～平成18年7月22日　荒木海苔店社長,全国海苔問屋協同組合連合会副会長　→06/08

荒木　貞夫　あらき・さだお　明治10年5月26日～昭和41年11月2日　陸軍大将,政治家　陸相,文相　→昭和

荒木　三郎　あらき・さぶろう　明治37年3月30日～昭和56年10月16日　呉羽化学工業会長　→80/82

荒木　茂　あらき・しげる　大正11年4月23日～平成18年1月29日　ロイヤル会長　→06/08

荒木　周治　あらき・しゅうじ　大正3年11月24日～平成4年2月6日　キヤノン取締役　→91/93

荒木　正三郎　あらき・しょうざぶろう　明治39年9月17日～昭和44年6月16日　労働組合運動家,教育者　参院議員(社会党),日教組初代委員長　→昭和

荒木　照定　あらき・しょうじょう　明治25年4月28日～昭和40年9月20日　真言宗智山派僧侶,成田山新勝寺貫主　→昭和

荒城　二郎　あらき・じろう　～昭和27年6月3日　海軍中将　→昭和

荒木　新一　あらき・しんいち　明治40年2月3日～平成7年1月20日　弁護士　日本弁護士連合会副会長,福岡県弁護士会会長　→94/96

荒木　慎吉　あらき・しんきち　～昭和50年1月9日　西日本銀行相談役　→昭和

荒木　甚之助　あらき・じんのすけ　明治43年9月11日～平成5年11月10日　日本カーバイド工業常務　→91/93

荒木　季橘　あらき・すえきつ　大正5年7月1日～平成2年3月26日　日本軽金属取締役　→88/90

荒木　末幸　あらき・すえゆき　～平成8年8月16日　熊本県議　→94/96

荒木　朴　あらき・すなお　大正12年1月14日～平成4年2月4日　三井鉱山取締役,肥筑社長　→91/93

荒木　誠四郎　あらき・せいしろう　～昭和8年6月17日　陸軍歩兵少佐　→昭和

荒木　武　あらき・たけし　大正5年3月4日～平成6年6月15日　広島市長　→94/96

荒木　忠勝　あらき・ただかつ　明治42年11月3日～昭和62年2月1日　荒木窯業(株)代表取締役会長　→83/87

荒木　長之助　あらき・ちょうのすけ　～昭和55年3月20日　東京都民銀行取締役　→80/82

荒木　恒一　あらき・つねいち　明治43年12月7日～平成1年12月11日　大東京火災海上保険取締役　→88/90

荒木　外喜士　あらき・ときそう　大正2年1月22日～平成3年10月4日　駐セネガル大使　→91/93

荒木　富太郎　あらき・とみたろう　大正10年2月12日～平成22年12月21日　日本エヤーブレーキ常務　→09/11

荒木　直高　あらき・なおたか　～昭和60年10月1日

基督教保育協会理事長　→83/87

荒木　真光　あらき・なおみつ　昭和11年1月16日～平成3年10月16日　弁護士　福岡県弁護士会副会長　→91/93

荒木　信司　あらき・のぶじ　明治44年4月1日～昭和63年8月2日　トヨタ自動車販売副社長　→88/90

荒木　信正　あらき・のぶまさ　昭和10年10月25日～平成21年11月2日　大分銀行専務　→09/11

荒木　一　あらき・はじめ　～平成20年9月26日　陸将　陸上自衛隊東部方面総監　→06/08

荒木　肇　あらき・はじめ　～平成7年5月23日　大毎広告専務　→94/96

荒木　秀一　あらき・ひでいち　大正9年1月30日～平成13年4月16日　弁護士　東京高裁総括判事,秋田経済法科大学教授　→00/02

荒木　秀雄　あらき・ひでお　～昭和52年3月29日　日本光学社長　→昭和

荒木　秀雄　あらき・ひでお　大正3年4月7日～平成17年1月26日　阪急電鉄専務　→03/05

荒木　宏　あらき・ひろし　昭和3年4月1日～平成7年1月14日　弁護士　衆院議員(共産党)　→94/96

荒木　武行　あらき・ぶこう　明治29年8月～昭和47年6月12日　衆院議員(民主党),中外商業新報論説委員　→昭和(あらき・たけゆき)

新木　文雄　あらき・ふみお　大正11年4月16日～平成4年8月29日　福岡銀行会長　→91/93

荒木　正人　あらき・まさと　大正9年9月23日～平成20年4月4日　長崎原爆遺族会副会長　→06/08

荒木　正紀　あらき・まさのり　大正5年2月11日～昭和60年11月16日　長崎堂会長,愛知県菓子工業組合副理事長　→83/87

荒木　正之　あらき・まさゆき　大正4年4月1日～平成10年4月8日　三井物産常務　→97/99

荒木　万寿夫　あらき・ますお　明治34年7月17日～昭和48年8月24日　政治家　文相,国家公安委員長,衆院議員(自民党)　→昭和

荒木　増吉　あらき・ますきち　明治36年～昭和45年2月7日　四国新聞社監査役　→昭和

荒木　松蔵　あらき・まつぞう　～昭和62年4月15日　(有)二紙器工業所取締役　→83/87

荒木　実　あらき・みのる　明治42年9月19日～昭和59年5月9日　硬化クローム工業名誉会長　→83/87

荒木　実　あらき・みのる　明治41年12月29日～平成20年8月20日　親和銀行専務　→06/08

荒木　稔　あらき・みのる　明治43年12月12日～平成7年12月26日　トーエネック常務　→94/96

荒木　睦彦　あらき・むつひこ　昭和8年3月2日～平成20年12月22日　経営コンサルタント　→09/11s

荒木　茂久二　あらき・もくじ　明治40年7月25日～平成3年6月25日　運輸事務次官　→91/93

荒木　祐次　あらき・ゆうじ　大正12年3月31日～昭和60

年6月12日　林兼コンピューター専務,林兼産業常務　→83/87

荒木 幸男　あらき・ゆきお　～昭和63年12月7日　誠和建設取締役　→88/90

荒木 幸雄　あらき・ゆきお　～昭和62年11月9日　日鉄鉱業常務　→83/87

荒木 義夫　あらき・よしお　明治27年6月17日～昭和59年2月5日　福島県知事　→83/87

荒木 義朗　あらき・よしろう　大正10年7月9日～平成1年6月3日　富士銀行会長　→88/90

荒木田 忠太郎　あらきだ・ちゅうたろう　明治17年12月12日～昭和45年1月26日　社会運動家　岩手県議　→昭和

荒木田 泰圀　あらきだ・やすくに　～昭和17年1月24日　男爵　→昭和

荒木田 利八　あらきだ・りはち　大正11年11月23日～昭和63年4月5日　松下電工専務　→88/90

新崎 盛敬　あらさき・もりたか　昭和7年3月6日～昭和63年4月8日　京セラファイナンス社長　→88/90

荒沢 徳雄　あらさわ・とくお　明治42年10月24日～平成4年9月30日　勝村建設常務　→91/93

嵐 正公　あらし・まさひろ　大正11年10月6日～平成14年9月5日　小松精練社長　→00/02

荒島 勝夫　あらしま・かつお　昭和10年5月23日～平成23年12月12日　連合石川会長　→09/11

荒瀬 郁子　あらせ・いくこ　～昭和60年11月29日　上新川郡連合婦人会長,自民党大沢野支部婦人部長　→83/87

荒瀬 晃二　あらせ・こうじ　大正10年1月26日～昭和61年11月2日　三井ミーハナイト・メタル会長,ジャパン・ミーハナイト・メタル社長,三井造船専務　→83/87

荒瀬 虎夫　あらせ・とらお　～昭和5年10月29日　陸軍歩兵大尉　→昭和

荒田 耕一　あらた・こういち　大正4年10月21日～平成7年4月7日　菱光証券社長,三菱銀行常務　→94/96

荒田 重之　あらた・しげゆき　大正6年9月20日～平成6年8月2日　武蔵村山市長　→94/96

荒田 惣太郎　あらた・そうたろう　～昭和61年4月25日　南洋堂書店(神田)店主　→83/87

荒田 俊雄　あらた・としお　大正12年2月17日～平成21年12月22日　日本精工社長　→09/11

荒田 留次　あらた・とめじ　明治33年5月28日～昭和57年5月29日　弁護士　高知地検検事正　→80/82

荒田 宗翁　あらた・むねお　昭和5年8月17日～平成7年9月28日　三洋電機副社長　→94/96

荒武 太刀夫　あらたけ・たちお　～平成8年6月21日　陸上自衛隊西部方面総監　→94/96

荒谷 実善　あらたに・じつぜん　～平成17年11月30日　僧侶　滝谷不動明王寺長老,真言宗智山派伝灯大阿闍梨　大僧正　→03/05

新谷 勝　あらたに・まさる　大正13年4月1日～平成18年8月3日　平和不動産社長,日本証券業協会会長　→06/08

荒谷 余十勝　あらたに・よそかつ　～平成2年9月26日　北国新聞社参与・元論説委員長　→88/90

畬野 智晴　あらたの・ちせい　～平成14年9月26日　僧侶　高野山桜池院住職,高野山真言宗寺務検校執行法印・大僧正　→00/02

荒玉 義人　あらたま・よしと　大正8年6月6日～平成12年2月19日　特許庁長官,凸版印刷専務　→00/02

荒地 興正　あらち・おきまさ　大正11年3月25日～昭和62年4月6日　九州音楽放送社長,エフエム福岡監査役,博多中ライオンズクラブ会長　→83/87

荒津 利一　あらつ・りいち　～昭和61年5月23日　福岡商工会議所食糧水産部会長,横大路商事相談役　→83/87

荒西 義太郎　あらにし・よしたろう　～昭和62年11月27日　第一銀行(のち第一勧業銀行)取締役　→83/87

荒野 哲　あらの・てつ　明治36年6月24日～平成5年2月25日　愛知時計電機常務　→91/93

新野 明　あらの・あきら　～平成23年2月2日　空将　→09/11

荒野 精　あらの・せい　～平成2年10月30日　八紘電業相談役・元社長,日本航空電子工業取締役　→88/90

荒畑 寒村　あらはた・かんそん　明治20年8月14日～昭和56年3月6日　社会主義運動家,評論家　衆院議員　→80/82

荒畑 幸太郎　あらはた・こうたろう　～平成1年4月3日　荒畑製作所会長　→88/90

荒幡 淑郎　あらはた・よしろう　大正7年12月11日～平成10年8月26日　大気社副社長　→97/99

荒船 清十郎　あらふね・せいじゅうろう　明治40年3月9日～昭和55年11月25日　政治家　衆院議員(自民党),運輸相　→80/82

荒牧 一二　あらまき・いちじ　大正1年12月17日～平成1年10月26日　電気化学工業取締役　→88/90

荒牧 栄吉　あらまき・えいきち　明治44年8月19日～平成2年6月20日　群馬県議(自民党)　→88/90

荒巻 覚　あらまき・さとる　～平成3年11月3日　ケイエスオート社長　→91/93

荒巻 隆　あらまき・たかし　大正5年5月27日～平成11年6月28日　大阪書籍会長　→97/99

新槙 輝治　あらまき・てるじ　～平成3年5月10日　埼玉県議　→91/93

荒牧 寅雄　あらまき・とらお　明治35年11月22日～平成6年8月8日　いすゞ自動車社長　→94/96

荒巻 正修　あらまき・まさなが　～平成3年10月29日　法務省広島管区矯正局長　→91/93

荒巻 衛　あらまき・まもる　大正5年2月7日～平成5年5月2日　神奈川県議(公明党)　→91/93

あらまた　　　　　　　　　　　　　　　　　　　　　　　　　Ⅰ　政治・経済・社会篇

荒俣 佐喜知　あらまた・さきち　明治38年5月8日～平成2年5月8日　奈仁和園会長　→88/90

荒見 勇　あらみ・いさむ　～昭和61年11月22日　パッケージセンターアラミ代表　→83/87

新本 恭弘　あらもと・やすひろ　大正11年6月7日～平成11年7月7日　セルコホーム社長　→97/99

新谷 一男　あらや・いちお　～平成10年4月1日　砂原町(北海道)町長　→97/99

新谷 一広　あらや・かずひろ　大正15年11月4日～昭和61年5月6日　釧路市民生協理事長　→83/87

新家 熊吉　あらや・くまきち　明治22年～昭和39年4月14日　実業家　大同工業初代社長, 加賀市長　→昭和

新家 熊吉　あらや・くまきち　明治38年1月6日～昭和56年8月21日　大同工業会長, 新家工業会長　→80/82

新谷 幸吉　あらや・こうきち　～平成4年2月11日　アイヌ政治連盟道東支部長, アイヌ文化協会副会長　→91/93

新家 章市　あらや・しょういち　昭和17年6月22日～平成14年8月28日　大同工業社長　→00/02

新家 正次　あらや・しょうじ　～昭和41年6月15日　新家工業社長　→昭和

新谷 正　あらや・ただし　大正14年6月2日～平成14年8月28日　三菱信託銀行専務　→00/02

新谷 哲次　あらや・てつじ　明治33年10月13日～昭和53年2月10日　日本製鋼社長　→昭和(しんや・てつじ)

新谷 春吉　あらや・はるきち　明治35年3月6日～昭和56年8月9日　弁護士　東京高裁判事　→80/82

新谷 由太郎　あらや・よしたろう　～平成3年1月31日　小樽典礼社会長　→91/93

荒山 柑　あらやま・かん　昭和2年～昭和61年9月2日　国際科学技術博覧会協会参事　→83/87

荒若 司　あらわか・つかさ　昭和7年4月4日～平成7年9月25日　理研ビタミン取締役　→94/96

有井 重治　ありい・じゅうじ　明治41年5月23日～平成4年12月9日　北洋水産(のちホウスイ)専務　→91/93

有泉 亨　ありいずみ・とおる　明治39年6月10日～平成11年12月20日　弁護士　東京大学名誉教授　→97/99

有泉 亨　ありいずみ・とおる　大正8年12月23日～平成18年3月6日　山梨県議　→06/08

有泉 義人　ありいずみ・よしと　～昭和57年3月13日　小原光学硝子製造所社長　→80/82

有磯 邦男　ありいそ・くにお　昭和5年9月24日～平成20年2月26日　新潟県教育長　→06/08

有海 俊秋　ありうみ・としあき　～平成1年5月15日　中日新聞社中日スポーツ総局長, 東海パック専務取締役　→88/90

有浦 慴綱　ありうら・さだつな　昭和6年9月10日～平成14年3月19日　佐賀県議(自民党)　→00/02

有江 義晴　ありえ・よしはる　大正2年8月1日～昭和62年10月28日　オリエンタルコンサルタンツ顧問, 高速道路公団理事　→83/87

有岡 俊一　ありおか・しゅんいち　～平成15年5月27日　三菱建設(のちピーエス三菱)専務　→03/05

有岡 浜男　ありおか・はまお　明治44年12月4日～平成15年5月26日　筒中プラスチック工業社長　→03/05

有岡 久　ありおか・ひさし　昭和5年7月23日～平成22年4月5日　日本高周波鋼業常務　→09/11

有賀 勝　ありが・かつ　明治39年6月13日～昭和19年11月30日　社会運動家　全協全日本通信労組委員長　→昭和

有賀 慶司　ありが・けいじ　大正14年6月17日～平成5年3月15日　東洋鋼鈑取締役　→91/93

有賀 貞治　ありが・さだはる　～昭和61年1月23日　江戸消防記念会理事長・同記念会第2区総代　→83/87

有賀 正五郎　ありが・しょうごろう　大正5年1月12日～平成21年5月9日　三井物産常務　→09/11

有賀 昭治　ありが・しょうじ　～昭和56年3月18日　地図協会(社団法人)常務理事, フレンド商会社長　→80/82

有賀 隆雄　ありが・たかお　大正3年7月3日～平成8年9月23日　ネンレツ社長　→94/96

有賀 隆　ありが・たかし　昭和12年12月23日～昭和62年6月3日　中日新聞東京本社・東京新聞社会部長　→83/87

有賀 敏彦　ありが・としひこ　大正7年7月25日～平成19年9月1日　日本プレスコンクリート会長, 日韓文化協会会長　→06/08

有賀 美智子　ありが・みちこ　明治40年10月10日～平成11年4月22日　国民生活センター会長, 公正取引委員会委員　→97/99

有賀 要之助　ありが・ようのすけ　大正8年4月12日～平成15年6月12日　大東紡織社長　→03/05

有賀 禄郎　ありが・ろくろう　～昭和43年8月1日　全国問屋協会理事長　→昭和

有方 千里　ありかた・ちさと　大正3年6月16日～平成13年2月9日　全国信用金庫連合会常務理事　→00/02

有川 愛治　ありかわ・あいじ　～昭和55年10月30日　鐘紡元取締役　→80/82

有川 敬次　ありかわ・けいじ　明治38年3月31日～昭和61年2月28日　神戸銀行取締役, 阪神相互銀行常務　→83/87

有川 乾二　ありかわ・けんじ　大正9年1月8日～平成6年7月2日　ナショナル住宅産業専務　→94/96

蟻川 五二郎　ありかわ・ごじろう　明治37年12月21日～平成1年3月22日　福岡ケーブルビジョン理事長, 福岡銀行頭取　→88/90

有川 藤太郎　ありかわ・とうたろう　～昭和57年8月21日　新三菱重工業常務　→80/82

有川 喜次郎　ありかわ・よしじろう　大正14年2月5日～平成4年4月6日　バブコック日立常務　→91/93

有坂 熊次　ありさか・くまじ　～平成4年12月25日

東亜ペイント取締役　→91/93

有坂 純一　ありさか・じゅんいち　大正5年3月22日～平成6年9月2日　住友商事常務、サミット社長　→94/96

有坂 誠之　ありさか・せいし　大正5年7月9日～昭和58年12月15日　住友商事常務　→83/87

有沢 弌保　ありさわ・かずやす　昭和9年7月5日～平成18年6月1日　中国電力常務、テレビ新広島社長　→06/08

有沢 源之介　ありさわ・げんのすけ　大正10年6月10日～昭和63年1月25日　神戸製鋼常務、サン・アルミニウム工業社長　→88/90

有沢 滋　ありさわ・しげる　～昭和58年3月8日　日銀理事　→83/87

有沢 忠一　ありさわ・ただいち　明治38年4月16日～平成2年9月27日　有沢製作所会長、三菱瓦斯化学社長・元会長　→88/90

有沢 長宗　ありさわ・ながむね　～昭和63年8月12日　広貫堂取締役　→88/90

有沢 誠　ありさわ・まこと　大正14年4月9日～昭和62年6月13日　大同生命保険常務、日本保険医学会会長　→83/87

有重 由紀子　ありしげ・ゆきこ　昭和3年2月11日～平成23年8月12日　消費者運動家　西条くらしの会代表　→09/11

有島 利治　ありしま・としはる　昭和15年7月19日～平成14年6月22日　ネツレン常務　→00/02

有末 精三　ありすえ・せいぞう　明治28年5月22日～平成4年2月14日　陸軍中将　日本郷友連盟名誉会長　→91/93

蟻塚 善久　ありずか・よしひさ　～平成7年1月12日　日本カニゼン社長　→94/96

有住 直介　ありずみ・なおすけ　大正7年7月12日～平成19年12月6日　気象庁専官　→06/08

有田 昭穂　ありた・あきほ　大正4年2月2日～平成18年3月11日　北九州コカ・コーラボトリング専務　→06/08

蟻田 栄一　ありた・えいいち　大正7年7月22日～平成13年11月19日　乃村工芸社長　→00/02

有田 円二　ありた・えんじ　明治45年5月14日～平成5年12月22日　日本紡績協会専務理事　→91/93

有田 温三　ありた・おんぞう　慶応1年8月～昭和2年2月27日　衆院議員（公正会）　→昭和

有田 一寿　ありた・かずひさ　大正5年1月1日～平成11年4月1日　日本クラウン会長、久留米工業大学理事長、参院議員（新自由クラブ）　→97/99

有田 勝利　ありた・かつとし　昭和19年5月21日～平成23年7月4日　日立建機副社長　→09/11

有田 喜一　ありた・きいち　明治34年4月30日～昭和61年2月9日　政治家　衆院議員（自民党）、防衛庁長官　→83/87

有田 邦敬　ありた・くによし　～昭和16年12月21日　京阪電鉄社長　→昭和

有田 圭輔　ありた・けいすけ　大正6年7月16日～平成17年11月13日　外務事務次官、国際協力事業団総裁　→03/05

有田 浩三　ありた・こうぞう　昭和9年6月18日～平成18年1月15日　東北電力常務、東北電気保安協会理事長　→06/08

有田 繁雄　ありた・しげお　大正4年4月25日～平成2年9月21日　法務省名古屋矯正管区長　→88/90

有田 重太郎　ありた・じゅうたろう　～昭和56年6月2日　帯広商工会議所副会頭　→80/82

有田 二郎　ありた・じろう　明治37年7月1日～昭和55年10月28日　衆院議員、自由党副幹事長　→80/82

有田 精吾　ありた・せいご　～昭和61年11月20日　三菱商事参与　→83/87

有田 武夫　ありた・たけお　大正9年2月7日～平成2年4月11日　駐マレーシア大使　→88/90

有田 毅　ありた・たけし　大正2年9月5日～平成7年9月21日　海上保安庁次長　→94/96

有田 正　ありた・ただし　大正5年3月11日～平成1年9月10日　片倉工業会長　→88/90

有田 伝蔵　ありた・でんぞう　大正3年10月20日～平成10年3月29日　群栄化学工業社長　→97/99

有田 俊夫　ありた・としお　～昭和60年10月23日　武蔵野市議会事務局長　→83/87

有田 知正　ありた・ともまさ　昭和27年11月3日～平成18年7月27日　弁護士　愛媛弁護士会会長　→06/08

蟻田 尚邦　ありた・なおくに　昭和17年～平成23年3月18日　アンリ・シャルパンティエ創業者　→09/11

有田 八郎　ありた・はちろう　明治17年9月21日～昭和40年3月4日　外交官、政治家　外相、衆院議員（小会派クラブ）　→昭和

有田 春雄　ありた・はるお　明治43年2月5日～平成6年10月29日　ブレス工業専務　→94/96

有田 秀秋　ありた・ひであき　～昭和43年12月17日　都城市長　→昭和

有田 秀雄　ありた・ひでお　昭和5年12月2日～平成20年11月28日　中国新聞専務　→06/08

有田 広昭　ありた・ひろあき　昭和4年7月3日～平成19年7月4日　山九専務　→06/08

有田 裕光　ありた・ひろみつ　昭和10年10月15日～平成20年1月20日　鉄建常務　→06/08

有田 誠　ありた・まこと　昭和6年1月9日～平成4年1月17日　福岡県議、民社党福岡県連書記長　→91/93

有田 正文　ありた・まさふみ　明治45年4月22日～平成9年8月16日　日本農薬社長　→97/99

有田 通元　ありた・みちもと　～昭和45年8月6日　新日本製鉄専務　→昭和

有田 満　ありた・みつる　～昭和58年5月5日　ユニチカ化成専務　→83/87

有田 穣　ありた・みのる　～平成7年3月24日

ありた　　　　　　　　　　　　　　　　　　　　　　　　Ⅰ　政治・経済・社会篇

小野田セメント専務　→94/96

有田　勇次郎　　ありた・ゆうじろう　　明治26年8月8日～昭和58年1月30日　日本鉄塔工業会長　→83/87

在田　祐芳　　ありた・ゆうほう　　～昭和61年12月4日　僧侶　松林寺住職, 泊タクシー代表取締役　→83/87

有田　義雄　　ありた・よしお　　大正12年11月7日～昭和57年6月24日　北洋相互銀行常任監査役　→80/82

有田　義雄　　ありた・よしお　　明治37年12月19日～平成3年8月12日　大津毛織専務　→91/93

有田　義行　　ありた・よしゆき　　大正1年10月30日～昭和60年2月5日　菊の城本舗社長, 元菊池市長　→83/87

有地　一昭　　ありち・かずあき　　昭和2年11月20日～平成19年5月24日　駐ネパール大使　→06/08

有地　藤三郎　　ありち・とうさぶろう　　明治11年6月～昭和39年1月30日　海軍造兵大佐, 男爵　貴院議員　→昭和

有地　亨　　ありち・とおる　　昭和3年8月9日～平成18年7月22日　法学士　九州大学名誉教授, 聖心女子大学名誉教授　→06/08

在塚　宏　　ありつか・ひろし　　大正10年10月23日～平成15年6月5日　大豊建設専務　→03/05

在塚　弥八　　ありつか・やはち　　～平成3年12月9日　三菱重工業取締役　→91/93

有冨　豊　　ありとみ・ゆたか　　～昭和61年2月16日　毎日新聞社終身名誉職員, 元西部本社編集局顧問, テレビ熊本報道制作局長　→83/87

有留　輝次　　ありとめ・てるじ　　～平成4年2月6日　塩野義製薬取締役　→91/93

有長　国臣　　ありなが・くにおみ　　昭和4年7月1日～平成13年6月18日　ニッタ常務　→00/02

有沼　源一郎　　ありぬま・げんいちろう　　～平成8年3月5日　空将　航空自衛隊補給統制処長　→94/96

有沼　敏夫　　ありぬま・としお　　昭和46年10月9日　森永乳業取締役　→昭和

有信　春二　　ありのぶ・はるじ　　明治43年3月24日～平成4年8月9日　日立マクセル社長　→91/93

有原　明三　　ありはら・めいそう　　明治33年2月23日～昭和62年6月6日　竹原市長　→83/87

有馬　郁夫　　ありま・いくお　　大正8年10月12日～平成17年9月9日　長野相互銀行社長　→03/05

有馬　英治　　ありま・えいじ　　明治41年3月27日～平成5年5月18日　衆院議員（自民党）　→昭和

有馬　貞子　　ありま・さだこ　　昭和39年8月16日　北白川宮能久親王第二王女　→昭和

有馬　三己　　ありま・さんじ　　昭和55年7月27日　有馬動熱工業所社長　→80/82

有馬　茂　　ありま・しげる　　～昭和57年7月30日　島原市名誉市民　→80/82

有馬　実成　　ありま・じつじょう　　昭和11年3月7日～平成12年9月18日　僧侶　原江寺（曹洞宗）住職, NGO推進セ

ンター理事長, シャンティ国際ボランティア会専務理事　→00/02

有馬　純　　ありま・じゅん　　～平成9年11月2日　日本ビー・エム・シー・ソフトウェア社長　→97/99

有馬　駿二　　ありま・しゅんじ　　大正8年10月7日～平成3年4月25日　石油資源開発副社長　→91/93

有馬　史朗　　ありま・しろう　　～昭和62年11月3日　NTT博多電話局長　→83/87

有馬　四郎　　ありま・しろう　　大正7年9月26日～平成22年4月8日　溝辺町（鹿児島県）町長　→09/11

有馬　四郎助　　ありま・しろすけ　　文久4年2月2日～昭和9年2月9日　社会事業家　網走監獄初代所長　→昭和

有馬　晋　　ありま・すすむ　　～昭和58年6月16日　徳山曹達取締役　→83/87

有馬　純信　　ありま・すみのぶ　　明治41年3月9日～平成16年12月21日　日新電機社長, 住友電気工業副社長　→03/05

有馬　清雄　　ありま・せいゆう　　大正2年～平成7年2月5日　僧侶　浄土真宗本願寺派宗会議員　→94/96

有馬　孝昌　　ありま・たかまさ　　昭和7年10月9日～平成20年4月30日　松下電工専務　→06/08

有馬　健彦　　ありま・たけひこ　　大正7年5月15日～平成5年2月17日　日本原子力発電取締役　→91/93

有馬　忠三郎　　ありま・ちゅうざぶろう　　明治37年～昭和33年6月2日　弁護士　第一東京弁護士会長, 日本弁護士連合会初代会長　→昭和

有馬　長太郎　　ありま・ちょうたろう　　～昭和29年6月1日　豊年製油監査役　→昭和

有馬　輝武　　ありま・てるたけ　　大正9年6月20日～平成15年1月10日　衆院議員（社会党）　→03/05

有馬　俊夫　　ありま・としお　　大正8年3月25日～昭和58年3月21日　日本アルミニウム工業常務　→83/87

有馬　敏彦　　ありま・としひこ　　明治44年12月9日～平成1年8月6日　横河電機常務　→88/90

有馬　敏郎　　ありま・としろう　　～昭和51年1月1日　三井農林会長　→昭和

有馬　知機　　ありま・ともき　　～昭和45年12月11日　共栄火災海上社長　→昭和

有馬　秀雄　　ありま・ひでお　　明治2年3月～昭和29年12月10日　衆院議員（立憲政友会）　→昭和

有馬　秀子　　ありま・ひでこ　　明治35年5月15日～平成15年9月25日　ギルビーA店主　→03/05

有馬　正浩　　ありま・まさひろ　　～平成9年4月1日　旭洋造船副社長　→97/99

有馬　正文　　ありま・まさぶみ　　明治28年9月25日～19年10月15日　海軍少将　→昭和（ありま・まさふみ）

有馬　通恕　　ありま・みちひろ　　大正11年～平成12年5月1日　双葉電子工業常務　→00/02

有馬　美利　　ありま・みとし　　明治21年11月24日～昭和41年7月4日　宮崎市長, 宮崎商工会議所会頭　→昭和（あり

ま・よしとし）

有馬 元治　ありま・もとはる　大正9年1月1日〜平成18年12月15日　衆院議員（自民党），労働事務次官　→06/08

有馬 泰雄　ありま・やすお　大正9年1月1日〜平成21年10月1日　靴の尚美堂創業者　→09/11

有馬 幸男　ありま・ゆきお　大正14年8月25日〜平成6年11月9日　島根県議（自民党）　→94/96

有馬 義夫　ありま・よしお　明治35年3月20日〜昭和62年1月20日　敦賀商工会議所会頭，敦賀海陸運輸取締役会長　→83/87

有馬 頼万　ありま・よりつむ　元治1年6月15日〜昭和2年3月21日　伯爵　→昭和（ありま・よりかず）

有馬 頼寧　ありま・よりやす　明治17年12月17日〜昭和32年1月10日　政治家，伯爵　衆院議員（立憲政友会），貴院議員，農相　→昭和

有馬 良橘　ありま・りょうきつ　文久1年11月15日〜昭和19年5月1日　海軍大将　枢密顧問官　→昭和

有馬 良平　ありま・りょうへい　昭和19年1月28日〜平成10年7月2日　住友海上火災保険常務　→97/99

有政 孝英　ありまさ・たかひで　明治35年3月15日〜昭和63年6月4日　住友銀行取締役　→88/90

有松 潤一郎　ありまつ・じゅんいちろう　明治26年8月28日〜昭和55年12月27日　大和銀行社長　→80/82

有松 英義　ありまつ・ひでよし　文久3年6月10日〜昭和2年10月24日　官僚，政治家　枢密顧問官，法制局長官，貴院議員（勅選）　→昭和

有松 勇子　ありまつ・ゆうこ　〜昭和2年8月12日　有松英義夫人　→昭和

有光 津郎　ありみつ・いつろう　大正3年2月19日〜平成16年2月21日　有光工業会長　→03/05

有光 重一　ありみつ・しげいち　大正2年3月5日〜昭和63年7月18日　高知県会議員（自民党）　→88/90

有光 茂夫　ありみつ・しげお　明治40年4月15日〜平成6年11月16日　東洋信託銀行社長　→94/96

有光 次郎　ありみつ・じろう　明治36年12月15日〜平成7年2月22日　日本芸術院院長，文部事務次官　→94/96

有光 英夫　ありみつ・ひでお　昭和5年7月29日〜平成10年3月16日　東邦生命保険副社長　→97/99

有光 弘　ありみつ・ひろむ　大正9年12月4日〜平成15年2月5日　住友軽金属工業社長　→03/05

有村 貫一　ありむら・かんいち　〜昭和27年9月15日　インド協会理事　→昭和

有村 喬　ありむら・たかし　昭和3年1月3日〜平成14年3月9日　有村産業社長　→00/02

有村 治峯　ありむら・はるみね　明治33年6月15日〜平成12年11月7日　晴海汽船会長，奄美大島商工会議所会頭　→00/02

有村 ミツゲサ　ありむら・みつげさ　明治8年3月4日〜昭和57年7月9日　九州の女性最高齢者　→80/82

有村 康男　ありむら・やすお　大正5年11月26日〜平成4年4月4日　川鉄化学社長　→91/93

有村 雄二郎　ありむら・ゆうじろう　昭和7年10月15日〜平成14年8月9日　日本産電コバル電子会長　→00/02

有村 良秋　ありむら・よしあき　〜昭和60年4月24日　阪急電鉄常任監査役　→83/87

有本 昭　ありもと・あきら　昭和5年2月8日〜平成14年12月9日　東京タングステン会長，住友電気工業専務　→00/02

有本 至信　ありもと・しのぶ　大正13年1月1日〜昭和63年11月25日　タク・エンタープライズ社長，日本信託銀行専務　→88/90

有本 昌平　ありもと・しょうへい　〜昭和56年12月21日　ザ・パシフィック社長，ライオンズクラブ国際理事　→80/82

有本 仙　ありもと・せん　〜昭和58年12月9日　高砂熱学工業常務　→83/87

有本 時雄　ありもと・ときお　〜昭和63年4月17日　若宮八幡宮奉賛会会長，有本産業代表取締役　→88/90

有本 富三　ありもと・とみぞう　大正9年3月8日〜平成13年8月22日　駐ノルウェー大使　→00/02

有本 寿　ありもと・ひさし　大正8年7月17日〜平成20年9月6日　紀陽銀行常務，きのくに信用金庫理事長　→06/08

有本 英夫　ありもと・ひでお　昭和62年8月10日　住友化学工業常務　→83/87

有本 幹雄　ありもと・みきお　昭和13年7月21日〜平成2年3月20日　宮島町（広島県）町長　→88/90

有森 新吉　ありもり・しんきち　安政7年1月26日〜昭和8年11月18日　衆院議員（庚申倶楽部）　→昭和

有森 英彦　ありもり・ひでひこ　〜昭和39年3月11日　藤倉化成専務　→昭和

有森 博也　ありもり・ひろや　大正12年12月28日〜平成6年1月29日　有楽土地副社長　→94/96

有保 昇　ありやす・のぼる　〜昭和62年5月30日　弁護士　住宅金融公庫理事　→83/87

有山 幸作　ありやま・こうさく　大正2年8月13日〜昭和57年6月11日　丸全昭和運輸副社長　→80/82

有山 崧　ありやま・たかし　明治44年11月8日〜昭和44年3月16日　図書館行政家　日野市長，日本図書館協会事務局長　→昭和

有山 征夫　ありやま・ゆきお　昭和17年7月8日〜平成12年1月27日　イワキ専務　→00/02

有吉 明　ありよし・あきら　明治9年4月15日〜昭和12年6月25日　外交官　駐中国大使　→昭和

有吉 慶三　ありよし・けいぞう　大正14年10月25日〜平成11年3月4日　岐阜銀行頭取　→97/99

有吉 新吾　ありよし・しんご　明治44年12月29日〜平成16年1月20日　三井鉱山社長　→03/05

有吉 新助　ありよし・しんすけ　〜平成1年2月14日　田隈村（福岡県）村長，福岡県議　→88/90

ありよし I　政治・経済・社会篇

有吉 正　ありよし・ただし　大正5年7月26日～平成21年6月14日　大蔵省造幣局長、国民金融公庫副総裁　→09/11

有吉 忠一　ありよし・ちゅういち　明治6年6月2日～昭和22年2月10日　内務官僚　貴院議員(勅選)、横浜市長、朝鮮総督府政務総監　→昭和

有吉 久雄　ありよし・ひさお　大正9年5月7日～平成4年6月3日　ヤクルト顧問、警視庁中国管区警察局長　→91/93

有吉 寿　ありよし・ひさし　～昭和55年11月21日　三井テキサコケミカル社長、三井石油化学工業取締役　→80/82

有吉 煕　ありよし・ひろし　昭和2年11月28日～平成21年6月29日　三菱重工業常務　→09/11

有吉 政続　ありよし・まさお　～昭和59年1月4日　秋田県警本部長　→83/87

有吉 正臣　ありよし・まさおみ　～平成16年12月14日　一番食品会長　→03/05

有吉 真咲　ありよし・まさき　～平成10年9月20日　東急ケーブルテレビジョン常務　→97/99

有吉 実　ありよし・みのる　～昭和43年6月29日　宮崎県知事、尼崎市長　→昭和

有吉 義弥　ありよし・よしや　明治34年11月4日～昭和57年9月7日　実業家　日本郵船社長、ネッスル日本会長　→80/82

有吉 良介　ありよし・りょうすけ　大正14年7月4日～昭和61年1月7日　参院事務局委員部長　→83/87

有吉 林之助　ありよし・りんのすけ　大正8年3月31日～平成20年12月1日　太宰府市長　→06/08

有賀 聖明　あるが・きよあき　大正13年10月25日～平成9年6月2日　新菱冷熱工業社長　→97/99

有賀 長文　あるが・ながふみ　慶応1年7月7日～昭和13年9月11日　三井合名常務理事　→昭和(ありが・ながふみ)

有賀 文雄　あるが・ふみお　～昭和58年7月21日　片倉工業取締役　→83/87

有賀 光豊　あるが・みつとよ　明治6年5月13日～昭和24年5月31日　日本高周波重工業社長、朝鮮殖産銀行頭取、貴院議員(勅選)　→昭和

有賀 光則　あるが・みつのり　～昭和27年12月30日　高周波鋼業社長　→昭和

有路 不二男　あるじ・ふじお　明治42年3月18日～昭和61年3月20日　仙台家裁所長　→83/87

阿波 博康　あわ・ひろやす　大正7年3月3日～平成14年8月20日　日本ピラー工業副社長　→00/02

粟井 岩吉　あわい・いわきち　明治30年5月13日～平成4年2月20日　大阪産業信用金庫会長、大阪市議　→91/93

粟沢 一男　あわざわ・かずお　明治41年8月9日～昭和57年11月8日　日本海事財団会長、運輸事務次官　→80/82

淡島 清　あわしま・きよし　～平成3年1月17日　松村組取締役　→91/93

粟津 久治郎　あわず・きゅうじろう　～昭和7年6月11日　シスター石鹸本舗粟津石鹸製造所長　→昭和

粟津 キヨ　あわず・きよ　大正8年～昭和63年9月6日　盲学校教師　失明を考える会代表　→88/90

粟津 貞雄　あわず・さだお　～昭和58年5月29日　京都商工会議所商工振興部長　→83/87

粟田 彰常　あわた・あきつね　大正9年5月～平成18年9月1日　皇族、侯爵、陸軍大尉　多摩動物公園飼育課　→06/08

粟田 亀三　あわだ・かめぞう　～昭和57年1月22日　名古屋市土木局長　→80/82

粟田 吉雄　あわた・よしお　大正14年3月27日～平成6年1月10日　伏木海陸運送取締役、富山県弁護士会会長　→94/96

粟田口 鉄蔵　あわたぐち・てつぞう　大正5年3月21日～平成7年9月14日　日本ペイント専務　→94/96

淡近 澄　あわちか・きよし　～昭和15年6月22日　宮内省御用掛　→昭和(あわちか・たかし)

粟野 金之助　あわの・きんすけ　明治35年12月3日～昭和31年1月31日　御幸毛織名誉顧問・元社長　→91/93

淡野 哲夫　あわの・てつお　大正13年8月24日～昭和61年7月4日　積水化成品工業顧問・元専務　→83/87

粟屋 薫　あわや・かおる　～昭和55年3月14日　リッカー会社常務　→80/82

粟屋 謙　あわや・けん　明治16年3月21日～昭和13年4月2日　文部次官　→昭和

淡谷 悠蔵　あわや・ゆうぞう　明治30年3月22日～平成7年8月8日　農民運動家、政治家、著述家　衆院議員(社会党)　→94/96

粟屋 良馬　あわや・りょうま　～昭和47年2月8日　日本冷凍協会名誉会長　→昭和

安西 温　あんざい・あつし　大正15年10月15日～平成5年9月1日　最高検検事　→91/93

安斎 清志　あんざい・きよし　明治45年2月15日～平成3年11月27日　福島テレビ取締役、福島県議　→91/93

安斎 幸作　あんざい・こうさく　明治33年12月23日～昭和60年9月21日　札幌市議　→83/87

安西 定　あんざい・さだむ　昭和2年8月16日～平成12年11月15日　エスエス医学研究所代表、東邦大学医学部医科教授、厚生省東北地方医務局長　→00/02

安斎 俊介　あんざい・しゅんすけ　明治40年4月4日～昭和62年5月16日　松島湾観光汽船取締役、第二管区海上保安本部次長　→83/87

安西 武二　あんざい・たけじ　大正8年3月28日～平成8年8月22日　松ँ鉄工所社長　→94/96

安西 昇　あんざい・のぼる　～平成5年1月5日　春日橋製作所社長　→91/93

安斎 秀夫　あんざい・ひでお　～昭和43年5月10日　日本温泉協会専務理事　→昭和

Ⅰ　政治・経済・社会篇

安西　浩　あんざい・ひろし　明治34年10月6日～平成2年4月12日　実業家　東京ガス社長　→88/90

安西　文夫　あんざい・ふみお　大正6年7月8日～平成9年8月26日　保安工業専務　→97/99

安西　政雄　あんざい・まさお　～平成4年1月22日　千葉銀行常務　→91/93

安西　正夫　あんざい・まさお　明治37年11月12日～昭和47年4月24日　実業家　昭和電工社長　→昭和

安西　正道　あんざい・まさみち　明治45年2月3日～平成2年9月10日　全日本空輸社長、海上保安庁長官　→88/90

安西　光雄　あんざい・みつお　～昭和45年10月28日　弁護士　最高検検事　→昭和

安済　満　あんざい・みつる　明治40年7月3日～昭和63年7月24日　石川島播磨重工業監査役　→88/90

安西　三四生　あんざい・みよお　大正6年3月4日～平成1年3月23日　松阪鉄工所会長　→88/90

安西　良信　あんざい・よしのぶ　大正3年4月24日～昭和60年3月28日　三峰電気社長　→83/87

安済　良一　あんざい・りょういち　明治38年5月22日～平成13年4月5日　三井住友銀行常務　→00/02

安崎　操　あんざき・みさお　～平成10年5月22日　陸上自衛隊東北方面総監　→97/99

安沢　英雄　あんざわ・ひでお　昭和16年8月16日～平成14年10月7日　オリジン東秀会長　→00/02

安瀬　全孝　あんぜ・まさたか　昭和25年12月22日～22年12月14日　福島県議（民主党）　→09/11

安宅　常彦　あんたく・つねひこ　大正9年8月31日～平成10年10月18日　衆院議員（社会党）　→97/99

安藤　明久　あんどう・あきひさ　昭和4年5月15日～昭和57年5月24日　三洋経済研究所常務、フジ投信委託常務　→80/82

安東　明　あんどう・あきら　～昭和55年6月11日　世界救世教（宗教法人）相談役　→80/82

安藤　明　あんどう・あきら　明治34年2月15日～昭和37年8月15日　大安組組長　→昭和

安藤　敦　あんどう・あつし　大正13年1月3日～昭和57年4月11日　富士機工専務、富士紡績常務　→80/82

安藤　勲　あんどう・いさお　明治40年4月22日～平成6年9月8日　菱和相談役・元会長　→94/96

安藤　勇　あんどう・いさむ　昭和22年2月3日～平成20年12月4日　中央三井信託銀行専務執行役員　→06/08

安藤　勇　あんどう・いさむ　大正12年8月15日～平成23年11月22日　千葉県議（自民党）　→09/11

安藤　厳水　あんどう・いずみ　元治1年6月12日～昭和10年1月28日　陸軍中将　→昭和

安藤　一三　あんどう・いちぞう　明治38年6月16日～昭和63年3月2日　（社）中部善意銀行理事相談役、愛知県議　→88/90

安藤　岩一　あんどう・いわいち　大正4年4月11日～昭和57年8月29日　三晃金属工業監査役　→80/82

安藤　巌　あんどう・いわお　大正14年1月2日～平成21年11月11日　衆院議員（共産党）　→09/11

安藤　岩雄　あんどう・いわお　大正8年4月25日～平成2年11月10日　大阪電気暖房（のちダイダン）取締役　→88/90

安藤　梅吉　あんどう・うめきち　大正6年3月26日～昭和58年3月5日　愛知県議、愛知県商工会連合会長　→83/87

安藤　英一　あんどう・えいいち　明治43年6月3日～昭和60年3月2日　豊和工業常務　→83/87

安藤　鋭一　あんどう・えいいち　～平成2年11月20日　公文教育研究会取締役・教育主幹　→88/90

安藤　栄太　あんどう・えいた　大正11年3月2日～平成5年7月1日　西松建設常務　→91/93

安藤　馨　あんどう・かおる　大正3年5月11日～平成9年11月20日　富士通常務　→97/99

安藤　覚　あんどう・かく　明治32年6月～昭和42年11月27日　政治家、僧侶　衆院議員（自民党）、安竜寺（曹洞宗）住職　→昭和

安藤　一男　あんどう・かずお　昭和8年3月5日～平成1年5月2日　岐阜日日新聞常務　→88/90

安藤　兼子　あんどう・かねこ　～平成12年4月15日　奈良屋旅館大女将　→00/02

安藤　莞爾　あんどう・かんじ　～平成4年12月27日　カタログハウス専務　→91/93

安藤　喜加久　あんどう・きかく　～昭和56年12月5日　いすゞ自動車取締役、東京いすゞ自動車社長　→80/82

安藤　喜三郎　あんどう・きさぶろう　昭和5年1月3日～平成13年4月22日　ヤマト運輸常務　→00/02

安藤　紀三郎　あんどう・きさぶろう　明治12年2月11日～昭和29年5月10日　陸軍中将、政治家　内相、国務相　→昭和

安藤　吉蔵　あんどう・きちぞう　明治43年9月27日～平成7年1月20日　安藤造園土木（株）会長、日本造園組合連合会理事長　→94/96

安藤　狂四郎　あんどう・きょうしろう　明治26年3月8日～昭和57年2月14日　京都府知事　→80/82

安藤　清　あんどう・きよし　明治43年4月15日～平成9年5月5日　三共生興副社長、春江産業社長　→97/99

安藤　精彦　あんどう・きよひこ　～昭和49年11月21日　九州電力常務　→昭和

安藤　国松　あんどう・くにまつ　明治16年2月11日～昭和14年　労農運動家　→昭和

安藤　袈裟一　あんどう・けさいち　～昭和6年9月29日　朝鮮総督府咸鏡北道知事　→昭和

安藤　賢一　あんどう・けんいち　明治45年7月11日～平成4年2月21日　安藤製薬取締役顧問、群馬県議、高崎市会副議長　→91/93

安藤　顕一郎　あんどう・けんいちろう　大正15年3月25日～平成7年9月28日　東芝タンガロイ社長　→94/96

安藤　顕治　あんどう・けんじ　昭和11年1月10日～平

あんとう　　　　　　　　　　　　　　　　　　　　Ⅰ　政治・経済・社会篇

13年7月27日　クラレ専務　→00/02

安藤 康生　あんどう・こうせい　～平成3年9月9日
建設省研修センター所長, 建設大学校長　→91/93

安藤 孝三　あんどう・こうぞう　明治31年5月～昭和60年2月10日　飛行家　衆院議員(無所属倶楽部)　→83/87

安藤 惟親　あんどう・これちか　明治23年～平成3年10月28日　東北配電常任監査役　→91/93

安藤 貞夫　あんどう・さだお　大正4年4月28日～昭和61年11月25日　東京都菓子卸商業組合理事, 安藤株式会社代表取締役会長　→83/87

安藤 定次　あんどう・さだじ　明治39年4月13日～昭和60年6月3日　日本発条専務, 日発金属工業社長　→83/87

安東 貞美　あんどう・さだみ　嘉永6年8月19日～昭和7年8月29日　陸軍大将, 男爵　→昭和(あんどう・さだよし)

安藤 覚　あんどう・さとる　大正4年11月24日～平成13年9月8日　東京高裁長官代行　→00/02

安藤 三郎　あんどう・さぶろう　～昭和38年8月1日
陸軍中将　→昭和

安藤 茂昭　あんどう・しげあき　昭和7年1月22日～昭和61年11月5日　Ｐ・Ｔ・インドネシア・アサハン・アルミニウム社長　→83/87

安藤 茂実　あんどう・しげみ　昭和4年1月10日～平成18年2月23日　駐ラオス大使　→06/08

安藤 蕃　あんどう・しげる　大正3年7月23日～平成12年11月14日　日本短波放送社長　→00/02

安藤 修一　あんどう・しゅういち　～昭和60年7月17日
愛知タイヤ工業社長　→83/87

安藤 秋蔵　あんどう・しゅうぞう　明治45年2月5日～平成6年4月28日　日本外装床タイル工業組合副理事長　→94/96

安藤 正一　あんどう・しょういち　明治40年3月27日～昭和60年11月5日　住友海上火災保険取締役　→83/87

安藤 条吉　あんどう・じょうきち　昭和14年1月15日～平成13年9月26日　東京リース常務　→00/02

安藤 昭太郎　あんどう・しょうたろう　昭和2年12月5日～平成22年7月19日　鉄建建設専務　→09/11

安藤 四良　あんどう・しろう　明治36年12月30日～昭和61年9月26日　奈良交通社長, 近畿日本鉄道副社長　→83/87

安藤 志朗　あんどう・しろう　大正5年6月1日～平成3年12月31日　(財)日本国際医療団監事, 国民金融公庫監事　→91/93

安藤 真一　あんどう・しんいち　明治26年1月1日～昭和56年12月9日　弁護士　都道府県選挙管理委員会連合会長　→80/82

安藤 仁一　あんどう・じんいち　～昭和63年5月30日
双葉総合開発相談役　→88/90

安藤 信吉　あんどう・しんきち　大正13年2月5日～平成21年4月1日　千葉県議(自民党)　→09/11

安藤 聖寿　あんどう・せいじゅ　～平成3年4月28日

安藤製作所社長　→91/93

安藤 隆雄　あんどう・たかお　～昭和55年10月6日
弁護士　福井地裁武生支部長　→80/82

安東 孝　あんどう・たかし　～平成22年12月16日
ヤナセ常務　→09/11

安藤 孝　あんどう・たかし　明治40年8月29日～昭和63年10月2日　理研ビニル工業監査役, 大河内記念会常務理事　→88/90

安藤 孝俊　あんどう・たかとし　明治27年4月24日～平成2年3月23日　全国漁業協同組合連合会会長　→88/90

安藤 隆敏　あんどう・たかとし　大正2年2月9日～昭和58年1月31日　新井組監査役・元常務　→83/87

安藤 隆敏　あんどう・たかとし　大正14年7月7日～平成15年11月12日　関東自動車工業社長　→03/05

安藤 武　あんどう・たけし　大正13年2月14日～昭和59年2月18日　東京銀行監査役　→83/87

安藤 武四郎　あんどう・たけしろう　大正2年3月28日～昭和62年10月8日　安藤七宝店代表取締役会長　→83/87

安藤 忠恕　あんどう・ただひろ　昭和16年3月9日～平成22年4月30日　宮崎県知事　→09/11

安藤 達雄　あんどう・たつお　大正3年5月19日～昭和62年8月21日　大日本インキ化学工業副社長　→83/87

安藤 辰男　あんどう・たつお　～平成8年10月29日
大倉工業常務　→94/96

安藤 龍男　あんどう・たつお　昭和11年9月3日～平成20年1月19日　NHK理事, 日本放送出版協会社長　→06/08

安藤 辰巳　あんどう・たつみ　明治38年3月8日～平成8年9月3日　中央市場総合食品センター社長　→94/96

安東 玉彦　あんどう・たまひこ　明治33年8月7日～平成2年9月19日　大分市長　→88/90

安藤 保　あんどう・たもつ　明治44年4月13日～平成8年6月30日　相鉄企業社長, 相模鉄道副社長　→94/96

安藤 太郎　あんどう・たろう　明治43年1月3日～平成22年5月9日　住友不動産社長, 住友銀行副頭取　→09/11

安藤 長造　あんどう・ちょうぞう　～昭和61年2月27日
長野県経済連会長　→83/87

安藤 恒夫　あんどう・つねお　～昭和52年6月12日
国産電機社長　→昭和

安藤 彦夫　あんどう・つねお　大正3年5月22日～平成11年7月27日　川崎重工業副社長, 日本産業用ロボット工業会会長　→97/99

安藤 貞一　あんどう・ていいち　明治44年8月11日～平成4年11月11日　大和ハウス工業専務　→91/93

安東 禎次郎　あんどう・ていじろう　大正2年9月15日～平成3年12月5日　唐津鉄工所取締役　→91/93

安藤 哲郎　あんどう・てつお　大正15年3月1日～平成21年7月4日　網走市長　→09/11

安藤 輝三　あんどう・てるぞう　明治38年2月25日～昭和11年7月12日　陸軍大尉　2.26事件の首謀者　→昭和

安藤 照正　あんどう・てるまさ　昭和8年8月20日～平成

19年5月5日　神戸製鋼所副社長　→06/08

安藤 徹　あんどう・とおる　大正9年9月28日～平成2年11月2日　明和産業副社長　→88/90

安東 俊男　あんどう・としお　昭和11年8月7日～平成17年6月9日　田辺製薬専務　→03/05

安藤 敏夫　あんどう・としお　明治37年10月24日～昭和50年11月10日　社会運動家　→昭和

安東 俊昱　あんどう・としたつ　大正5年10月12日～平成19年8月2日　鉄建建設専務　→06/08

安藤 友弥　あんどう・ともや　～平成9年6月4日　宏和運輸倉庫常務　→97/99

安藤 豊禄　あんどう・とよろく　明治30年1月18日～平成2年2月26日　小野田セメント社長　→88/90

安藤 直明　あんどう・なおあき　～昭和63年3月14日　山九常務　→88/90

安藤 直雄　あんどう・なおたけ　明治15年1月5日～昭和2年8月15日　男爵　貴院議員　→昭和（あんどう・ただお）

安藤 楢六　あんどう・ならろく　明治33年9月14日～昭和59年1月11日　実業家　小田急電鉄名誉会長,小田急百貨店会長　→83/87

安藤 成雄　あんどう・なりお　～昭和62年1月6日　航空技術者　陸軍航空技術大佐　→83/87

安藤 信一郎　あんどう・のぶいちろう　～昭和57年6月8日　弁護士　東京地裁鑑定委員　→80/82

安藤 信夫　あんどう・のぶお　大正4年1月13日～平成8年7月6日　昭和電工常務　→94/96

安藤 信次郎　あんどう・のぶじろう　明治33年4月18日～平成1年8月16日　加納鉄鋼副社長　→88/90

安東 信喬　あんどう・のぶたか　大正13年8月22日～平成6年2月5日　塩水港精糖常務　→94/96

安藤 信正　あんどう・のぶまさ　昭和7年5月25日～平成14年9月9日　小田急百貨店副社長　→00/02

安藤 信義　あんどう・のぶよし　明治10年～平成22年2月12日　アンドー・トーシャ経営,ガリ版の灯を守る会事務局長　→09/11

安藤 昇　あんどう・のぼる　～平成4年3月2日　三井不動産監査役　→91/93

安藤 昇　あんどう・のぼる　昭和3年2月1日～平成6年8月2日　ホウトク副社長　→94/96

安藤 憲男　あんどう・のりお　昭和2年12月12日～平成21年1月9日　三重テレビ放送専務　→09/11

安藤 智雄　あんどう・のりお　～平成5年9月14日　大倉酒造(のち月桂冠)副社長　→91/93

安藤 甫　あんどう・はじめ　昭和5年1月2日～平成7年1月27日　フジエイト社長,フジテレビ取締役　→94/96

安藤 春夫　あんどう・はるお　～昭和45年9月27日　中部日本放送副社長　→昭和

安藤 久夫　あんどう・ひさお　明治39年3月15日～平成6年1月6日　名古屋弁護士会会長,日弁連副会長　→94/96

安藤 浩　あんどう・ひろし　～昭和7年2月12日　東京芝紅葉館社長　→昭和

安藤 博　あんどう・ひろし　大正15年～昭和61年7月3日　富士機械製造取締役貿易部長　→83/87

安藤 博　あんどう・ひろし　～平成1年3月1日　倉敷市議,安藤鉄工所社長　→88/90

安藤 博　あんどう・ひろし　～平成19年2月24日　アルゴ21専務　→06/08

安藤 宏寿　あんどう・ひろとし　昭和5年11月24日～平成6年6月26日　日清食品社長　→06/08

安藤 博見　あんどう・ひろみ　～昭和55年2月6日　西松建設常務　→80/82

安藤 平八郎　あんどう・へいはちろう　～昭和62年1月4日　海将　海上自衛隊佐世保地方総監　→83/87

安藤 将夫　あんどう・まさお　昭和11年4月5日　デンカポリマー社長　→97/99

安藤 正男　あんどう・まさお　明治41年2月24日～平成6年1月18日　大日本土木常務　→94/96

安藤 正夫　あんどう・まさお　大正9年10月8日～平成21年2月27日　南足柄市長,明星会竹の子学園理事長　→09/11

安藤 仁子　あんどう・まさこ　大正6年8月16日～平成22年3月17日　日清食品創業者・安藤百福の妻　→09/11

安藤 正　あんどう・まさし　大正13年3月5日～平成21年5月30日　山梨県議（社会党）　→09/11

安藤 正純　あんどう・まさずみ　明治9年9月25日～昭和30年10月14日　政治家,僧侶　文相,国務相,衆院議員（日本民主党）　→昭和

安東 正高　あんどう・まさたか　～昭和31年4月7日　海軍中将　→昭和

安藤 正人　あんどう・まさと　大正7年8月25日～昭和58年5月21日　帝都高速度交通営団理事　→83/87

安藤 政則　あんどう・まさのり　大正8年1月2日～昭和63年3月29日　栄工社相談役　→88/90

安藤 全典　あんどう・まさのり　昭和3年10月6日～平成5年7月31日　ユニチカ取締役　→91/93

安藤 正治　あんどう・まさはる　～平成11年1月27日　富士火災海上保険副社長　→97/99

安藤 正之　あんどう・まさゆき　大正13年1月10日～昭和58年12月26日　北九州市議（民社党）　→83/87

安藤 道夫　あんどう・みちお　明治45年1月4日～平成2年1月24日　三井建設会長　→88/90

安藤 巳代次　あんどう・みよじ　明治36年3月25日～平成5年5月15日　ホウトク会長　→91/93

安藤 杢　あんどう・もく　明治27年4月11日～平成2年2月6日　神鋼電機常務　→88/90

安藤 百福　あんどう・ももふく　明治43年3月5日～平成19年1月5日　実業家　日清食品創業者会長,安藤スポーツ食文化振興財団理事長　→06/08

安東 盛人　あんどう・もりと　大正6年4月29日～平成6

年4月7日　東京銀行常務　→94/96

安東 守敬　あんどう・もりよし　大正2年12月22日～平成1年10月4日　住友金属鉱山監査役　→88/90

安藤 要平　あんどう・ようへい　大正4年3月6日～平成16年10月22日　名古屋銀行副社長　→03/05

安藤 芳男　あんどう・よしお　大正11年9月26日～昭和62年1月12日　全国共済農業協同組合連合会常務理事、中央コンピュータシステム取締役　→83/87

安藤 吉之助　あんどう・よしのすけ　～昭和26年10月26日　昭栄製糸常務　→昭和

安藤 嘉治　あんどう・よしはる　昭和9年10月22日～平成19年6月6日　知多市長　→06/08

安藤 好彦　あんどう・よしひこ　昭和5年8月17日～平成63年6月23日　日本長期信用銀行専務　→88/90

安藤 智彦　あんどう・よしひこ　～平成2年6月10日　弁護士　亀岡簡裁判事、奈良簡裁判事　→88/90

安藤 吉光　あんどう・よしみつ　明治41年5月24日～昭和59年5月14日　駐アラブ連合共和国大使　→83/87

安藤 由安　あんどう・よしやす　大正5年5月6日～平成11年3月31日　横河電機副社長　→97/99

安東 義良　あんどう・よしろう　明治30年5月4日～昭和61年1月20日　衆議院議員（改進党）、拓殖大学総長、ブラジル大使　→83/87

安東 ヨ子　あんどう・よね　～昭和61年8月21日　福岡市議、福岡市婦人問題協議会委員長　→83/87

安藤 米秋　あんどう・よねあき　～昭和62年1月7日　喜多福総本家（守口漬）会長、愛知県漬物協会相談役　→83/87

安藤 りか　あんどう・りか　～平成17年1月30日　利佳店主　→03/05

安藤 利吉　あんどう・りきち　明治17年4月3日～昭和20年4月19日　陸軍大将　台湾総督　→昭和

安藤 龍一　あんどう・りゅういち　大正5年7月26日～平成8年3月13日　駐ギリシャ大使　→94/96

安藤 麟三　あんどう・りんぞう　～昭和14年8月29日　陸軍中将　→昭和

安藤 嶺丸　あんどう・れいがん　明治3年4月10日～昭和18年10月29日　僧侶（浄土真宗大谷派）　→昭和

安藤 六郎　あんどう・ろくろう　明治13年2月18日　陸軍歩兵大佐　火薬界の権威　→昭和

安藤 和平　あんどう・わへい　昭和17年12月20日～平成8年7月9日　弁護士　福島県弁護士会会長　→94/96

安徳 重義　あんとく・しげよし　大正2年10月2日～昭和59年4月3日　全国大規模土地改良事業連合協議会長、香川県議会議員　→83/87

アントニー・高井 万亀夫　あんとにー・たかい・まきお　～昭和41年1月3日　日本正統正教教主管者・首座長司祭　→昭和

安中 忠雄　あんなか・ただお　明治38年12月27日～平成11年8月17日　宮崎県知事　→97/99

安念 精一　あんねん・せいいち　明治20年～昭和47年2月5日　安田銀行社長　→昭和

阿武 清　あんの・きよし　明治19年～昭和10年4月6日　海軍中将　→昭和（あぶ・きよし）

安野 大一　あんの・だいいち　昭和12年1月25日～平成9年5月1日　住金物産専務　→97/99

庵前 拓也　あんのまえ・たくや　大正10年11月23日～平成10年6月26日　湯浅商事専務　→97/99

安部 定　あんべ・さだむ　明治41年5月～平成6年6月12日　参院議員（緑風会）　→94/96

安倍 卓郎　あんべ・たくろう　～平成11年7月23日　毎日新聞販売局次長、海外新聞普及社常務　→97/99

安辺 浩　あんべ・ひろし　明治33年～昭和50年5月1日　陸軍航空学校教官　→昭和（あべ・ひろし）

安養寺 俊親　あんようじ・としちか　大正7年11月30日～昭和49年8月28日　労働運動家　総評副議長、ILO理事　→昭和

安楽 兼道　あんらく・かねみち　嘉永3年12月12日～昭和7年4月12日　貴院議員（勅選）、警視総監　→昭和

安楽 定信　あんらく・さだのぶ　大正8年11月23日～平成8年6月19日　宮内庁侍従次長　→94/96

【い】

李 仁夏　イ・インハ　大正14年6月15日～平成20年6月30日　牧師　青丘社理事長、在日大韓基督教会川崎教会元老牧師　→06/08

李 鐘大　イ・ジョンデ　大正8年12月24日～平成22年4月12日　横浜商銀信用組合理事長　→09/11

李 煕健　イ・ヒゴン　大正6年6月29日～平成23年3月21日　関西興銀会長、新韓銀行会長　→09/11

李 裕天　イ・ユーチョン　～1986年1月29日　在日本大韓民国居留民団（民団）中央本部団長　→83/87（り・ゆうてん）

井伊 各量　いい・かくりょう　明治45年1月20日～平成1年12月6日　僧侶　（社）大谷保育協会理事長、真宗大谷派宗議会副議長　→88/90

飯 清　いい・きよし　大正11年2月9日～平成7年8月10日　日本基督教協議会議長　→94/96

伊井 敬一郎　いい・けいいちろう　大正10年8月12日～平成6年4月30日　不二越専務　→94/96

井伊 謙三　いい・けんぞう　明治42年9月5日～昭和57年1月23日　太洋海運社長　→80/82

井伊 鉦太郎　いい・しょうたろう　～昭和58年2月8日　日本勧業銀行筆頭理事　→83/87

伊井 新太郎　いい・しんたろう　大正5年10月23日～平成9年5月3日　ブラザー工業常務、ブラザー不動産社長　→97/99

I　政治・経済・社会篇　　　　　　　　　　　　　　　　　　　　　　　　　　　　　　　　　いいしま

井伊 誠一　いい・せいいち　明治25年10月5日〜昭和60年1月5日　弁護士　衆院議員(社会党)　→83/87

猪井 善亮　いい・ぜんすけ　大正11年9月24日〜昭和60年3月9日　湖西市長　→83/87

井伊 直方　いい・なおかた　明治6年2月〜昭和11年2月3日　貴院議員(子爵)　→昭和

井伊 直豪　いい・なおひで　〜平成12年8月10日　彦根市文化体育振興事業団常務理事　→00/02

井伊 直安　いい・なおやす　嘉永4年2月11日〜昭和10年8月25日　子爵　貴院議員　→昭和

井伊 直愛　いい・なおよし　明治43年7月29日〜平成5年12月2日　彦根市長　→91/93

伊井 稔　いい・みのる　昭和28年3月31日〜平成22年7月16日　不二精機社長　→09/11

井伊 盛寿　いい・もりじゅ　〜昭和62年5月3日　宮床農業共済組合(宮城県)組合長　→83/87

伊井 弥五郎　いい・やごろう　〜昭和56年9月20日　藤沢市保護司会長　→80/82

伊井 弥四郎　いい・やしろう　明治38年11月14日〜昭和46年12月12日　労働運動家　日本共産党中央委員　→昭和

飯尾 一二　いいお・かずじ　〜昭和15年12月25日　同興紡社長　→昭和

飯尾 精　いいお・くわし　大正9年2月8日〜平成19年4月7日　神官　赤穂大石神社名誉宮司、赤穂義士顕彰会理事長　→06/08

飯尾 冨雄　いいお・とみお　明治44年7月27日〜昭和62年1月14日　ユニチカ常務、オーツタイヤ社長　→83/87

飯岡 章　いいおか・あきら　昭和11年10月24日〜平成7年10月3日　茨城県議(自民党)　→94/96

飯河 四郎　いいかわ・しろう　〜平成2年6月26日　交流の家管理人　→88/90

飯川 益男　いいかわ・ますお　大正7年3月24日〜平成4年11月25日　三井建設常務、三井銀行(のちさくら銀行)取締役　→91/93

飯川 寧　いいかわ・やすし　明治45年1月25日〜昭和63年2月20日　宮城県信用漁業協同組合連合会会長　→88/90

飯国 壮三郎　いぐに・そうざぶろう　明治34年9月8日〜昭和30年10月27日　実業家　衆院議員(自由党)　→昭和(いいくに・そうざぶろう)

飯久保 米明　いいくぼ・よねあき　大正9年9月15日〜平成20年12月14日　山梨県議、巨摩信用組合理事長　→06/08

飯倉 一郎　いいくら・いちろう　昭和6年10月21日〜平成15年12月30日　弁護士　国学院大学名誉教授　→03/05

飯坂 義治　いいざか・よしはる　明治40年4月28日〜平成10年1月3日　共同印刷専務　→97/99

飯沢 菊雄　いいざわ・きくお　明治40年5月22日〜平成3年8月13日　ナカノコーポレーション副社長　→91/93

飯沢 重一　いいざわ・じゅういち　明治35年5月15日〜昭和58年5月24日　弁護士　日本体育協会専務理事　→83/87

飯沢 章治　いいざわ・しょうじ　明治34年2月4日〜平成2年3月22日　日本経済新聞社社友、日本短波放送常務　→88/90

飯沢 武夫　いいざわ・たけお　〜昭和63年10月20日　北陸油送取締役　→88/90

飯沢 忠雄　いいざわ・ただお　昭和6年1月28日〜平成9年1月9日　岩手県議(新進党)、大東貨物自動車社長　→97/99

飯石 豊市　いいし・とよいち　〜昭和14年11月25日　労働運動家　→昭和

飯島 輝　いいじま・あきら　〜昭和56年12月28日　東武鉄道常務　→80/82

飯島 彰　いいじま・あきら　昭和9年7月26日〜平成13年1月28日　トヨタ車体会長　→00/02

飯島 篤　いいじま・あつし　昭和3年3月12日〜平成17年6月6日　運輸省自動車局長　→03/05

飯島 功　いいじま・いさお　大正10年10月18日〜平成13年9月7日　東北製紙社長、十条製紙常務　→00/02

飯島 栄蔵　いいじま・えいぞう　明治41年5月5日〜昭和61年2月1日　東京中央木材市場会長、東京都木材組合連合会会長　→83/87

飯島 貫実　いいじま・かんじつ　大正3年〜平成4年3月　世界平和運動家　→91/93

飯島 喜美　いいじま・きみ　明治44年12月17日〜昭和10年12月18日　労働運動家　→昭和

飯島 清　いいじま・きよし　大正2年9月4日〜平成8年1月5日　日鉄商事常務　→94/96

飯島 庚子郎　いいじま・こうしろう　明治33年〜昭和42年6月4日　中教出版社長　→昭和

飯島 貞雄　いいじま・さだお　〜昭和55年1月20日　旭化成工業相談役・元専務　→80/82

飯島 繁　いいじま・しげる　大正11年8月28日〜平成19年4月16日　日本電工常務　→06/08

飯島 茂　いいじま・しげる　慶応4年7月10日〜昭和28年7月15日　陸軍軍医　陸軍軍医総監　→昭和

飯島 正一　いいじま・しょういち　〜昭和26年2月10日　八十二銀行頭取　→昭和

飯島 将吉　いいじま・しょうきち　〜平成5年8月9日　山崎製パン取締役　→91/93

飯島 正三　いいじま・しょうぞう　大正9年〜平成14年8月8日　新日本宗教団体連合会副理事長、思親会会長　→00/02

飯島 慎　いいじま・しん　〜昭和62年8月12日　三新製作所代表取締役、荒川区民生委員　→83/87

飯島 信明　いいじま・しんめい　安政5年6月〜昭和8年12月21日　衆院議員(政友会)　→昭和(いいじま・のぶあき)

飯島 祐之　いいじま・すけゆき　明治33年10月〜昭和45

年8月29日　衆院議員(民主党)　→昭和

飯島 捨五郎　いいじま・すてごろう　～昭和45年
貸ビル業　→昭和

飯島 岱蔵　いいじま・たいぞう　大正9年1月31日～昭和63年8月8日　飯島綜合経営研究所社長、北埼信用組合理事長、日本税理士会連合会会長　→88/90

飯島 積　いいじま・つもる　大正3年11月3日～平成10年12月26日　オリンパス光学工業専務　→97/99

飯島 藤十郎　いいじま・とうじゅうろう　明治43年11月7日～平成1年12月4日　山崎製パン創業者、日本パン工業会会長　→88/90

飯島 俊雄　いいじま・としお　大正2年6月20日～平成9年2月16日　三共常務　→97/99

飯島 敏夫　いいじま・としお　大正9年3月20日～平成6年2月26日　三井物産副社長　→94/96

飯島 尚　いいじま・ひさし　昭和7年2月13日～平成2年3月16日　フジサンケイアドワーク常務営業本部長　→88/90

飯島 秀浩　いいじま・ひでひろ　～平成10年11月8日　山崎製パン常務、ヤマザキ・ナビスコ社長、スーパーヤマザキ副社長　→97/99

飯島 大弘　いいじま・ひろし　～昭和61年12月10日　サンワ・等松青木監査法人専務代表社員　→83/87

飯島 保作　いいじま・ほさく　文久3年9月21日～昭和6年7月26日　実業家、古川柳研究家　十九銀行頭取　→昭和(飯島 花月　いいじま・かげつ)

飯島 昌夫　いいじま・まさお　昭和16年～平成5年11月25日　ゼリア新薬工業取締役　→91/93

飯島 昌介　いいじま・まさすけ　明治41年8月25日～平成17年10月13日　東洋通信機社長　→03/05

飯島 正典　いいじま・まさのり　昭和3年11月27日～平成14年11月19日　弁護士　パイオニア監査役、関東弁護士会連合会理事長　→00/02

飯島 正光　いいじま・まさみつ　大正4年8月26日～平成10年10月28日　極東貿易常務　→97/99

飯島 真之　いいじま・まゆき　～平成7年7月11日　テクノ菱和常務　→94/96

飯島 稔　いいじま・みのる　明治40年7月3日～昭和55年4月23日　弁護士　厚生省国立公園部長　→80/82

飯島 司康　いいじま・もりやす　大正9年2月29日～昭和62年5月10日　税理士　全国税理士共栄会副会長、東北税理士協同組合理事長、福島県地労委会長代理　→83/87

飯島 祥男　いいじま・よしお　大正13年6月2日～平成16年12月18日　大同メタル工業会長　→03/05

飯島 与志雄　いいじま・よしお　明治44年9月30日～昭和20年8月22日　右翼運動家　→昭和

飯島 雷輔　いいじま・らいすけ　～昭和39年2月21日　古河市長　→昭和

飯島 良　いいじま・りょう　明治44年5月21日～平成4年3月8日　住友商事取締役、サミット社長　→91/93

飯島 連次郎　いいじま・れんじろう　明治38年7月4日～平成4年10月15日　参院議員(緑風会)　→91/93

飯塚 愛之助　いいづか・あいのすけ　明治34年7月21日～昭和37年7月25日　労働運動家　→昭和

飯塚 彰宏　いいづか・あきひろ　昭和6年9月16日～平成6年6月19日　大同メタル工業専務　→94/96

飯塚 家彬　いいづか・いえあき　昭和6年6月16日～平成12年2月7日　東急建設専務　→00/02

飯塚 一陽　いいづか・いちよう　昭和3年～平成6年7月30日　日本銀行考査役、東京クマヒラ会長　→94/96

飯塚 英助　いいづか・えいすけ　～平成2年7月10日　埼玉県副知事、秋田県教育長　→88/90

飯塚 喜八郎　いいづか・きはちろう　大正12年3月19日～平成1年4月24日　古河電気工業顧問、東京電力地中線総建設所長　→88/90

飯塚 国五郎　いいづか・くにごろう　明治17年～昭和13年9月3日　陸軍少将　→昭和

飯塚 邦光　いいづか・くにみつ　昭和11年1月16日～平成10年6月5日　山陰中央新報取締役　→00/02s

飯塚 五郎　いいづか・ごろう　昭和6年11月7日～平成23年2月11日　法務省東京入国管理局長　→09/11

飯塚 定輔　いいづか・さだすけ　明治30年10月～昭和45年11月5日　衆院議員(自民党)　→昭和(いいづか・ていすけ)

飯塚 茂　いいづか・しげる　昭和7年12月1日～平成4年7月15日　サイボー社長　→91/93

飯塚 茂　いいづか・しげる　大正1年12月14日～平成12年8月14日　日通工常務　→00/02

飯塚 章次　いいづか・しょうじ　大正5年5月8日～平成6年9月8日　シンエー会長　→94/96

飯塚 正二　いいづか・しょうじ　大正2年2月24日～平成11年4月27日　藤枝市長　→97/99(いいづか・しょうじ)

飯塚 精一　いいづか・せいいち　～昭和58年7月22日　三菱製紙常務　→83/87

飯塚 清一郎　いいづか・せいいちろう　大正12年12月16日～平成12年2月3日　住金物産常務　→00/02

飯塚 孝司　いいづか・たかし　明治38年2月20日～昭和61年5月5日　サイボー相談役、埼玉県会議長　→83/87

飯塚 嵩　いいづか・たかし　昭和10年9月10日～平成18年2月25日　菱食副社長　→06/08

飯塚 卓　いいづか・たかし　昭和7年7月7日～平成13年1月10日　阪神電気鉄道専務、ハンシン建設会長　→00/02

飯塚 武男　いいづか・たけお　～昭和59年12月24日　飯塚電機工業社長、日立地区企業技術協会理事長　→83/87

飯塚 毅　いいづか・たけし　大正7年7月8日～平成16年11月23日　公認会計士、税理士、計理士、司法書士　TKC会長、TKC全国会会長、監査法人TKA飯塚毅事務所会長　→03/05

飯塚 伝　いいづか・つとむ　～昭和62年6月25日　日刊建設工業新聞社社主　→83/87

飯塚 庸夫　いいづか・つねお　昭和5年2月9日〜平成9年10月11日　群馬銀行副頭取　→97/99（いいづか・つねお）

飯塚 恒吉　いいづか・つねきち　〜平成5年7月28日　明和産業常務　→91/93

飯塚 俊夫　いいづか・としお　大正5年〜平成3年2月14日　京都ダイカスト工業取締役　→91/93

飯塚 敏男　いいづか・としお　昭和11年〜平成15年8月19日　千代田化工建設常務　→03/05

飯塚 敏夫　いいづか・としお　大正15年7月30日〜平成23年6月15日　五洋建設副社長、国土庁水資源局長　→09/11

飯塚 俊英　いいづか・としひで　〜昭和63年3月24日　飯塚製作所社長　→88/90

飯塚 知信　いいづか・とものぶ　明治25年6月29日〜昭和40年3月12日　衆院議員（民政党）　→昭和

飯塚 直次　いいづか・なおじ　明治40年2月15日〜平成18年8月6日　サイボー会長　→06/08

飯塚 春太郎　いいづか・はるたろう　元治2年1月〜昭和13年1月8日　実業家、政治家　衆院議員（民政党）　→昭和

飯塚 英夫　いいづか・ひでお　明治45年6月25日〜平成8年2月24日　日本製箔社長、日本専売公社（のち日本たばこ産業）総務理事　→94/96

飯塚 裕司　いいづか・ひろし　〜平成3年7月6日　西武商事監査役、日本アイスホッケー連盟参与　→91/93

飯塚 雅夫　いいづか・まさお　大正14年9月15日〜昭和62年10月16日　保土谷化学工業取締役　→83/87

飯塚 正治郎　いいづか・まさじろう　大正1年8月25日〜平成4年6月9日　青木会長、日本鞄協会最高顧問　→91/93

飯塚 盈延　いいづか・みつのぶ　明治35年10月4日〜昭和40年9月5日　日本共産党中央委員　→昭和

飯塚 実　いいづか・みのる　昭和9年6月26日〜平成5年11月7日　公安調査庁近畿公安調査局長　→91/93

飯塚 康雄　いいづか・やすお　昭和6年〜昭和60年10月31日　桑野電機専務　→83/87

飯塚 康晴　いいづか・やすはる　昭和10年6月9日〜平成8年11月19日　住友金属工業取締役、住金鉱業社長　→94/96

飯塚 幸宏　いいづか・ゆきひろ　昭和13年11月7日〜平成16年4月18日　中日新聞取締役、東京本社論説主幹　→03/05

飯塚 芳夫　いいづか・よしお　〜昭和62年2月26日　住民運動家、学習塾経営　今治織田が浜を守る会代表　→83/87

飯泉 新吾　いいずみ・しんご　明治38年1月23日〜平成6年3月6日　丸善社長　→94/96

飯泉 甚兵衛　いいずみ・じんべい　明治32年2月14日〜平成1年11月8日　東方工業相談役、中部電力監査役、ニッタイ社長　→88/90

飯泉 文蔵　いいずみ・ぶんぞう　明治42年11月23日〜昭和62年1月14日　住友金属鉱山常務取締役　→83/87

飯泉 政雄　いいずみ・まさお　〜平成3年9月18日　警察庁首席監察官、岡山県警本部長　→91/93

飯泉 安一　いいずみ・やすいち　大正13年3月18日〜平成19年10月8日　横浜市助役　→06/08

飯田 勲　いいだ・いさお　昭和5年5月8日〜昭和63年9月29日　三菱化工機常務　→88/90

飯田 一郎　いいだ・いちろう　明治41年9月10日〜平成13年2月12日　弁護士　仙台高裁長官、東洋大学法学部教授　→00/02

飯田 英二　いいだ・えいじ　昭和5年1月23日〜平成13年3月23日　旭信用金庫理事長　→00/02

飯田 英三　いいだ・えいぞう　明治41年2月5日〜平成4年2月5日　丸紅建材リース社長　→91/93

飯田 一男　いいだ・かずお　昭和59年2月1日　札幌狸小路商店街振興組合専務理事、飯田商店社長　→83/87

飯田 和雄　いいだ・かずお　大正8年〜昭和60年7月18日　日本曹達常務　→83/87

飯田 一三　いいだ・かずみ　〜昭和61年4月17日　飯田（家庭用品卸）専務　→83/87

飯田 勝蔵　いいだ・かつぞう　明治25年8月24日〜平成3年10月16日　ダイキン工業副社長　→91/93

飯田 克己　いいだ・かつみ　昭和5年10月9日〜平成20年9月16日　日本電信電話副社長　→06/08

飯田 神生　いいだ・かんのう　明治42年7月20日〜昭和63年12月28日　北海道日産化学社長、日産化学工業取締役　→88/90

飯田 喜一　いいだ・きいち　昭和5年10月7日〜平成2年2月17日　高島屋工作所社長　→88/90

飯田 喜久夫　いいだ・きくお　大正14年9月11日〜平成18年5月25日　東洋運搬機常務　→06/08

飯田 九州雄　いいだ・くすお　〜昭和33年6月8日　合同貿易社長　→昭和

飯田 慶三　いいだ・けいぞう　明治33年4月13日〜平成5年11月18日　高島屋相談役、高島屋社長、日本百貨店協会会長　→91/93

飯田 健一郎　いいだ・けんいちろう　大正9年11月20日〜平成23年10月21日　日本鮭鱒漁業協同組合組合長、小樽機船漁業協同組合組合長　→09/11

飯田 健児　いいだ・けんじ　明治41年7月18日〜昭和61年4月4日　新潟鉄工所常務　→83/87

飯田 賢輔　いいだ・けんすけ　〜昭和60年11月12日　吉井町商工会（福岡県）副会長、飯田家具店社長　→83/87

飯田 憲造　いいだ・けんぞう　〜昭和57年4月6日　高島屋飯田取締役　→80/82

飯田 光一　いいだ・こういち　昭和27年4月27日〜平成21年12月5日　フジタ常務　→09/11

飯田 孝作　いいだ・こうさく　〜昭和59年5月29日　陸軍少将　→83/87

飯田 浩蔵　いいだ・こうぞう　〜昭和26年12月5日　日本化薬重役　→昭和

飯田 幸平　いいだ・こうへい　大正15年11月14日〜平成21年2月23日　東京都議(共産党)　→09/11

飯田 貞固　いいだ・さだもと　〜昭和52年9月15日　陸軍中将　→昭和

飯田 哲　いいだ・さとし　〜昭和62年12月3日　北海道情報調査会事務局長、北海道金属プレス工業協会専務理事　→83/87

飯田 重和　いいだ・しげかず　〜平成10年10月4日　神官　満足稲荷神社宮司　→97/99

飯田 茂穂　いいだ・しげほ　大正6年10月8日〜平成2年4月23日　石油資源開発副社長　→88/90

飯田 茂　いいだ・しげる　昭和24年2月11日〜平成15年12月20日　塩水港精糖専務　→03/05

飯田 静男　いいだ・しずお　〜平成23年9月5日　函南町(静岡県)町議, 酪農王国社長　→09/11

飯田 実　いいだ・じつ　〜平成4年1月27日　芦森工業常務　→91/93

飯田 淳次　いいだ・じゅんじ　大正10年3月3日〜平成1年3月4日　鶉屋書店店主　→88/90

飯田 昇治　いいだ・しょうじ　〜平成4年5月12日　日本再生資源事業協同組合連合会理事長、読売古紙回取協議会議長　→91/93

飯田 穰治　いいだ・じょうじ　大正10年12月11日〜平成11年7月12日　田村電機製作所常務　→97/99

飯田 祥二郎　いいだ・しょうじろう　明治21年8月8日〜昭和55年1月23日　陸軍中将　→80/82

飯田 新一　いいだ・しんいち　大正2年3月29日〜昭和62年8月12日　高島屋会長、日本百貨店協会会長、女性職業財団理事　→83/87

飯田 新三郎　いいだ・しんざぶろう　〜昭和43年12月8日　高島屋顧問　→昭和

飯田 進三郎　いいだ・しんざぶろう　明治40年1月20日〜平成2年4月12日　アラスカ監査役　→88/90

飯田 新七(4代目)　いいだ・しんしち　安政6年10月28日〜昭和19年2月3日　高島屋創立者　→昭和(飯田新七)

飯田 新太郎　いいだ・しんたろう　明治17年〜昭和26年5月3日　高島屋取締役　→昭和

飯田 助丸　いいだ・すけまる　明治40年11月14日〜昭和62年7月8日　神奈川県議(自民党、横浜市港北)　→83/87

飯田 清三　いいだ・せいぞう　明治27年8月22日〜昭和51年9月24日　野村証券社長　→昭和

飯田 清太　いいだ・せいた　明治22年10月〜昭和50年12月10日　鉄道敷設工事功労者　→昭和

飯田 精太郎　いいだ・せいたろう　明治17年9月〜昭和27年3月7日　貴院議員(男爵), 参院議員(緑風会)　→昭和

飯田 高康　いいだ・たかやす　大正4年1月13日〜平成5年9月2日　東亜紡織常務　→91/93

飯田 丈夫　いいだ・たけお　〜昭和58年5月14日　福助(株)取締役　→83/87

飯田 毅　いいだ・たけし　大正7年11月2日〜平成1年12月6日　鎌ケ谷市長　→88/90

飯田 武次郎　いいだ・たけじろう　〜昭和56年4月21日　学燈社前代表取締役副社長　→80/82

飯田 辰司　いいだ・たつじ　大正5年2月24日〜平成5年1月8日　富士銀行取締役、肥後銀行専務　→91/93

飯田 保　いいだ・たもつ　大正15年7月29日〜平成17年8月19日　テンアライド創業者　→03/05

飯田 功　いいだ・つとむ　〜昭和56年12月17日　高島屋顧問　→80/82

飯田 貞一　いいだ・ていいち　〜昭和59年4月1日　ベンケイ綿会長、函館商工会議所副会頭　→83/87

飯田 鉄太郎　いいだ・てつたろう　大正4年9月5日〜昭和57年3月12日　高島屋取締役　→80/82

飯田 東一　いいだ・とういち　〜昭和43年9月24日　横浜高島屋社長　→昭和

飯田 藤二郎　いいだ・とうじろう　〜昭和19年6月1日　高島屋飯田社長　→昭和

飯田 敏雄　いいだ・としお　大正9年1月6日〜昭和56年10月14日　岡谷鋼機副社長　→80/82

飯田 俊季　いいだ・としすえ　明治39年12月30日〜昭和60年5月12日　丸紅取締役　→83/87

飯田 敏弘　いいだ・としひろ　大正5年5月14日〜平成2年5月15日　飯田産業社長　→88/90

飯田 富雄　いいだ・とみお　明治37年2月26日〜平成4年3月6日　住友信託銀行常任監査役　→91/93

飯田 知雄　いいだ・ともお　昭和7年4月23日〜平成18年1月1日　東武百貨店専務　→06/08

飯田 朝次郎　いいだ・ともじろう　明治43年7月18日〜平成4年10月16日　大金商事会長、池上金属産業会長　→91/93

飯田 直次郎　いいだ・なおじろう　〜昭和27年1月23日　高島屋社長　→昭和

飯田 延郎　いいだ・のぶたろう　明治8年〜昭和13年11月3日　海軍中将　→昭和

飯田 信太郎　いいだ・のぶたろう　昭和2年〜平成12年12月23日　飯田百貨店社長　→88/90

飯田 彦太郎　いいだ・ひこたろう　大正10年6月13日〜昭和63年4月2日　池田町(福井県)町長　→88/90

飯田 秀夫　いいだ・ひでお　昭和9年9月23日　飛行第七連隊附航少佐　→昭和

飯田 秀雄　いいだ・ひでお　大正2年3月3日〜昭和60年1月7日　山下新日本汽船常任監査役　→83/87

飯田 広　いいだ・ひろし　〜昭和55年5月1日

日本LL教育センター常務理事, 元旺文社常務 →80/82

飯田 博 いいだ・ひろし 明治39年3月24日～昭和62年3月10日 全国消防長会会長, 大阪市消防局長 →83/87

飯田 裕久 いいだ・ひろひさ 昭和38年～平成22年7月2日 警視庁刑事部捜査1課警部補 →09/11

飯田 房太 いいだ・ふさた 大正2年2月12日～昭和16年12月8日 海軍中佐 →昭和

飯田 房太郎 いいだ・ふさたろう ～昭和50年5月8日 間組社長 →昭和

飯田 法遠 いいだ・ほうおん ～昭和57年12月27日 安養寺前住職, 名古屋東別院元輪番 →80/82

飯田 正篤 いいだ・まさあつ ～平成2年9月6日 日本ナレッジインダストリ取締役 →88/90

飯田 正一 いいだ・まさいち ～昭和57年10月4日 ガデリウス相談役・元専務神戸支社長 →80/82

飯田 政之助 いいだ・まさのすけ ～昭和13年10月3日 高島屋前社長 →昭和

飯田 正美 いいだ・まさよし 大正2年6月15日～昭和60年9月12日 大阪科学技術センター会長, 関西電力顧問, 動力炉核燃料開発事業団副理事長 →83/87

飯田 道雄 いいだ・みちお 大正2年10月5日～平成9年9月2日 京浜急行電鉄社長 →97/99

飯田 道彦 いいだ・みちひこ ～昭和42年12月19日 日動火災海上社長 →昭和

飯田 実 いいだ・みのる 大正9年6月29日～平成2年3月13日 湯浅商事専務 →88/90

飯田 稔 いいだ・みのる 大正5年11月26日～平成7年2月19日 日本加工製紙常務 →94/96

飯田 弥五郎 いいだ・やごろう ～昭和43年2月1日 住友鉱業社長 →昭和

飯田 安雄 いいだ・やすお ～昭和60年6月27日 どぜう飯田屋社長 →83/87

飯田 泰次郎 いいだ・やすじろう ～昭和15年11月28日 陸軍中将 →昭和

飯田 穣 いいだ・ゆたか ～昭和59年10月16日 京都地検検事 →83/87

飯田 豊 いいだ・ゆたか 昭和8年10月8日～昭和63年11月30日 名古屋中央市場水産物協同組合常務理事, 飯田商店社長 →88/90

飯田 庸太郎 いいだ・ようたろう 大正9年2月25日～平成14年9月9日 三菱重工業社長, 行政改革委員会委員長 →00/02

飯田 四三九 いいだ・よさく 明治43年9月22日～平成13年3月16日 住友林業専務 →00/02

飯田 義茂 いいだ・よししげ 明治15年12月～昭和42年9月20日 衆院議員(改進党) →昭和

飯田 芳郎 いいだ・よしろう 大正3年7月28日～平成11年1月30日 文部省主任視学官, 東京学芸大学教授, 武蔵野音楽大学教授 →97/99

飯田 良一 いいだ・りょういち ～昭和54年2月6日 武蔵野銀行頭取 →昭和

飯田 良伝 いいだ・りょうでん ～昭和29年3月24日 時宗総本山大僧正 →昭和

飯高 忠知 いいたか・ただとも 大正14年6月10日～平成11年4月16日 豊名産業会長, リコーエレメックス社長 →97/99

飯高 秀太郎 いいたか・ひでたろう ～平成8年4月29日 高和電気工業会長 →94/96

飯塚 一雄 いいつか・かずお 大正11年3月23日～平成12年9月16日 日立電鉄社長, 日立商工会議所会頭 →00/02

飯豊 邦夫 いいとよ・くにお 昭和6年10月12日～平成17年4月5日 岩崎電気社長 →03/05

飯沼 勇 いいぬま・いさむ 昭和9年3月31日～平成14年2月11日 セイノー情報サービス社長, 西濃運輸専務 →00/02

飯沼 栄助 いいぬま・えいすけ ～昭和28年3月8日 浦和地検事正 →昭和

飯沼 一省 いいぬま・かずみ 明治25年2月15日～昭和57年11月14日 内務次官 →80/82

飯沼 一慶 いいぬま・かずよし 大正9年11月16日～平成14年3月15日 みちのく銀行常務 →00/02

飯沼 剛一 いいぬま・ごういち 明治10年10月9日～昭和35年1月11日 実業家 大正海上火災保険会長 →昭和

飯沼 貞吉 いいぬま・さだきち 嘉永6年～昭和6年2月12日 通信技師 会津白虎隊唯一の生存者 →昭和

飯沼 健真 いいぬま・たけもと 昭和10年9月28日～平成8年10月31日 読売新聞常務調査研究本部長 →94/96

飯沼 正明 いいぬま・まさあき 大正1年8月2日～昭和16年12月21日 飛行士 →昭和

飯沼 喜重 いいぬま・よししげ 大正8年1月3日～平成3年8月29日 飯沼本家社長, 千葉県酒類販売会長, 日本酒造組合中央副会長 →91/93

飯野 暹 いいの・あきら 昭和7年11月23日～平成20年7月31日 埼玉銀行常務 →06/08

飯野 逸平 いいの・いっぺい 明治17年8月21日～昭和38年12月2日 日本陶器社長 →昭和

飯野 吉三郎 いいの・きちさぶろう 慶応3年～昭和19年2月3日 宗教家, 神道行者 →昭和

飯野 公三 いいの・きみぞう 明治44年11月19日～平成8年5月3日 協栄生命保険常務 →94/96

飯野 賢十 いいの・けんじゅう ～昭和14年3月22日 陸軍少将 →昭和

飯野 公一 いいの・こういち 大正15年1月31日～平成20年6月11日 三菱銀行専務, ダイヤモンドクレジット社長 →06/08

飯野 浩次 いいの・こうじ ～昭和40年3月1日 北スマトラ石油開発社長 →昭和

飯野 豪三 いいの・ごうぞう 明治43年2月9日～昭和48

年12月19日　飯野重工業会長　→昭和

飯野 司一郎　いいの・しいちろう　大正2年12月7日～昭和60年2月18日　東京ラヂエーター製造社長　→83/87

飯野 十造　いいの・じゅうぞう　明治19年～昭和42年4月24日　救癩運動家、牧師　アジア救ライ協会評議員　→昭和

飯野 毅夫　いいの・たけお　明治30年4月30日～昭和57年4月11日　国際通信文化協会会長、運輸通信省航空局長　→80/82

飯野 竹男　いいの・たけお　～昭和60年12月9日　富山地方・家庭裁判所民事・家事調停委員会長　→83/87

飯野 武久　いいの・たけひさ　大正6年12月1日～平成18年11月2日　埼玉県議　→06/08

飯野 忠雄　いいの・ただお　昭和10年5月20日～平成15年11月29日　川田建設専務　→03/05

飯野 匡　いいの・ただし　明治41年2月1日～平成17年12月11日　三井銀行副社長　→03/05

飯野 亨　いいの・とおる　～平成23年2月13日　リコーリース社長　→09/11

飯野 豊治　いいの・とよはる　～昭和57年7月14日　弁護士　宇都宮・三重・静岡・千葉各判所長　→80/82

飯野 寅吉　いいの・とらきち　元治2年2月1日～昭和24年1月31日　実業家　飯野海運創業者　→昭和

飯野 教世　いいの・のりよ　～昭和2年7月10日　毎日新聞社前事業部長　→昭和

飯野 秀夫　いいの・ひでお　～昭和62年6月25日　山崎木材取締役　→83/87

飯野 雄二　いいの・ゆうじ　明治41年5月7日～昭和59年1月18日　飯野海運専務、中国塗料社長　→83/87

飯野 義之助　いいの・よしのすけ　昭和4年11月24日～平成12年6月3日　三菱金属鋼業取締役、三菱アルミニウム副社長　→00/02

飯原 正信　いいはら・まさのぶ　明治36年7月21日～平成3年2月13日　全国レコード卸同業会長、星光常相談役　→91/93

飯淵 茂　いいぶち・しげる　大正9年5月18日～平成6年11月16日　ホーチキ会長　→94/96

飯村 和雄　いいむら・かずお　大正10年1月28日～平成21年10月4日　東芝機械社長　→09/11

飯村 恵一　いいむら・けいいち　昭和4年12月1日～平成14年12月21日　台東区長　→00/02

飯村 穰　いいむら・じょう　～昭和51年2月21日　陸軍中将　→昭和

飯村 丈三郎　いいむら・じょうざぶろう　嘉永6年5月～昭和2年8月13日　衆院議員(東洋自由党)　→昭和(いいむら・たけさぶろう)

飯村 正造　いいむら・しょうぞう　大正1年9月20日～平成14年11月12日　松下電器貿易社長　→00/02

飯村 次男　いいむら・つぎお　昭和3年3月2日～昭和62年8月14日　リズム時計工業社長　→83/87

飯村 嗣郎　いいむら・つぐお　大正7年10月15日～平成12年5月18日　日鉄商事常務　→00/02

飯村 寛　いいむら・ひろし　～昭和55年8月28日　ミツワブレーキ販売会長　→80/82

飯村 普則　いいむら・ひろのり　昭和12年5月24日～昭和63年7月26日　明星食品取締役開発研究部長　→88/90

飯村 広三　いいむら・ひろみ　昭和4年10月20日～平成6年8月18日　朝日産業社長、朝日新聞東京本社工務局次長　→94/96

飯村 光徳　いいむら・みつのり　明治38年5月12日～平成3年11月26日　日本加工製紙副社長　→91/93

飯村 嘉治　いいむら・よしはる　大正5年5月22日～平成15年3月17日　新日本製鉄副社長、九州石油社長　→03/05

飯村 義美　いいむら・よしみ　明治34年4月27日～昭和61年9月6日　弁護士　最高裁判事　→83/87

飯守 重任　いいもり・しげとう　明治39年8月13日～昭和55年11月5日　裁判官　鹿児島地家裁所長　→80/82

飯盛 秀心　いいもり・ひでみ　～平成1年7月2日　万年社取締役、毎日新聞大阪本社広告部長　→88/90

飯森 実　いいもり・みのる　大正4年4月17日～平成9年10月29日　電電公社理事、公共証券社長　→97/99

飯山 勇　いいやま・いさむ　大正13年7月22日～平成12年11月2日　日産ディーゼル工業専務　→00/02

飯山 茂　いいやま・しげる　大正12年10月11日～平成16年11月12日　陸将　陸上自衛隊東部方面総監　→03/05

飯山 太平　いいやま・たへい　明治24年10月5日～平成3年4月11日　水産庁長官　→91/93

飯吉 恒久　いいよし・つねひさ　大正4年～平成2年12月9日　ラサ工業取締役　→88/90

井植 薫　いうえ・かおる　明治44年2月9日～昭和63年8月13日　三洋電機社長　→88/90

井植 歳男　いうえ・としお　明治35年12月28日～昭和44年7月16日　実業家　三洋電機創業者　→昭和

井植 祐郎　いうえ・ゆうろう　明治41年11月24日～昭和60年10月18日　三洋電機社長　→83/87

井内 明俊　いうち・あきとし　～平成4年8月16日　菱和技研工業社長　→91/93

井内 興一　いうち・こういち　明治45年2月23日～平成18年5月8日　有楽土地専務　→06/08

井浦 幸男　いうら・ゆきお　大正13年1月4日～平成1年4月11日　東ソー監査役・元取締役　→88/90

井浦 亮一　いうら・りょういち　～平成21年12月21日　新潟県稲作経営者会議会長　→09/11

伊江 朝助　いえ・ちょうじょ　明治14年10月10日～昭和32年11月26日　沖縄新報社長、沖縄財団理事長、貴院議員(男爵)　→昭和

伊江 朝雄　いえ・ともお　大正10年5月17日～平成19年5月14日　参院議員(自民党)、北海道開発庁長官、沖縄開発庁長官　→06/08

I 政治・経済・社会篇　　　　　　　　　　　　　　　いかた

家入 昭　いえいり・あきら　昭和3年4月15日～平成23年4月21日　ブリヂストン社長　→09/11

家城 保　いえき・たもつ　大正3年5月8日～平成22年1月20日　極東開発工業会長　→09/11

家木 俊雄　いえき・としお　大正7年4月12日～平成11年10月5日　山陽百貨店専務　→97/99

家城 福一　いえき・ふくいち　明治44年1月17日～平成16年10月1日　日阪製作所創業者　→03/05

家坂 孝平　いえさか・こうへい　～昭和52年8月29日　水産庁長官　→昭和

家坂 貞男　いえさか・さだお　昭和59年9月18日　三菱鉱業セメント資源部技師長　→83/87

家坂 哲男　いえさか・てつお　昭和2年～昭和63年5月30日　共学舎代表,全学連書記長　→88/90

家迫 悦雄　いえさこ・えつお　昭和9年2月19日～平成14年2月14日　田村電機製作所副社長　→00/02

家田 光義　いえだ・こうぎ　～昭和60年3月9日　警察大学校教授　→83/87

家田 二郎　いえだ・じろう　大正7年1月20日～平成11年2月7日　中日新聞常務　→97/99

家永 和浩　いえなが・かずひろ　昭和10年5月7日～平成14年3月26日　丸三証券副社長　→00/02

家永 正章　いえなが・まさあき　～平成1年10月28日　興学社社長,日興不動産常務　→88/90

家永 良松　いえなが・よしまつ　昭和5年4月18日～平成10年2月23日　リコー常務,リコー精器社長　→97/99

家野 猛之　いえの・たけし　明治23年2月1日～昭和48年4月9日　西大寺市初代市長　→昭和（いえの・たけゆき）

家原 小文治　いえはら・こぶんじ　～昭和58年7月3日　陸軍軍医少将　→83/87

家原 松夫　いえはら・まつお　昭和30年2月16日～平成19年6月3日　福岡県議（県政クラブ）　→06/08

家本 為一　いえもと・ためいち　明治19年9月5日～昭和47年1月22日　社会運動家,弁護士　岡山弁護士会長　→昭和

家山 勉　いえやま・つとむ　～平成22年1月6日　日本ユースホステル協会理事長　→09/11

伊尾 宏　いお・ひろし　明治42年11月6日～昭和61年12月27日　弁護士　浦和地検検事正　→83/87

井岡 大治　いおか・だいじ　大正3年5月4日～平成5年6月27日　衆院議員（社会党）　→91/93

五百木 茂　いおぎ・しげる　大正13年6月30日～平成9年9月7日　三菱商事副社長　→97/99

五百住 淳三　いおずみ・じゅんぞう　～昭和45年3月10日　新聞写真製版社長　→昭和

菴谷 利夫　いおや・としお　昭和10年8月28日～平成23年2月28日　文部省教育助成局長,松本大学学長　→09/11

五百蔵 登　いおろい・のぼる　昭和9年4月14日～平成2年5月14日　大和ハウス工業専務　→88/90

伊賀 氏広　いが・うじひろ　明治19年9月8日～昭和41年2月25日　男爵　飛行機製作の先駆者　→昭和

伊賀 歌吉　いが・うたきち　～昭和15年10月17日　大阪海上専務　→昭和

伊賀 弘三良　いが・こうざぶろう　昭和3年3月16日～平成10年11月22日　祥伝社社長　→97/99

伊賀 貞雄　いが・さだお　大正8年12月18日～昭和60年12月22日　神東塗料取締役　→83/87

伊賀 定盛　いが・さだもり　大正10年2月28日～平成2年9月1日　衆議院議員（社会党）　→88/90

伊賀 準太郎　いが・じゅんたろう　大正5年4月28日～平成14年3月14日　川崎重工業常務,川崎油工会長　→00/02

伊賀 久幸　いが・ひさゆき　昭和12年～平成13年8月1日　北海道ウタリ協会釧路支部長　→00/02

伊賀 秀雄　いが・ひでお　～昭和57年7月22日　日本地熱調査会（社団法人）顧問,関東配電元取締役　→80/82

伊賀 正治　いが・まさじ　～平成8年3月4日　浜松商工会議所専務理事,静岡エフエム放送常務　→94/96

猪飼 香　いかい・かおる　平成3年3月18日　アスク監査役　→91/93

井貝 一男　いがい・かずお　大正9年3月15日～平成4年3月4日　四国銀行専務　→91/93

猪飼 たね　いかい・たね　明治12年1月18日～平成7年7月12日　長寿日本一　→94/96

猪飼 光義　いかい・みつよし　大正4年8月18日～昭和63年11月17日　ほていや会長,ユニー取締役　→88/90

猪飼 峯隆　いかい・みねたか　昭和3年4月8日～平成15年10月6日　栗東市長　→03/05

五十川 正八　いかがわ・しょうはち　大正8年10月23日～平成5年11月28日　自動車部品工業常務　→91/93

井垣 薫　いがき・かおる　～昭和60年6月17日　俳人　ジューキ副社長,リッカーミシン常務　→83/87

井垣 邦夫　いがき・くにお　大正4年2月22日～平成13年7月25日　旭化成工業常務　→00/02

猪鹿倉 兼雄　いかくら・かねお　大正10年2月5日～平成2年11月6日　科研製薬常勤監査役　→88/90

五十子 宇平　いかご・うへい　～昭和61年3月3日　故大川周明満鉄顧問の秘書　→83/87

伊賀崎 栄子　いがさき・えいこ　～昭和58年11月21日　国際繊維被服皮革労組同盟アジア地域組織書記長　→83/87

五十田 至道　いかだ・しどう　～平成18年8月25日　僧侶　中村山安祥寺住職　→06/08

筏 大一　いかだ・だいいち　大正1年11月29日～昭和63年5月29日　リボン食品会長　→88/90

井形 卓三　いがた・たくぞう　明治37年3月17日～平成3年3月13日　文京区長　→91/93

鋳方 徳蔵　いがた・とくぞう　元治1年9月〜昭和8年12月25日　陸軍中将　→昭和

筏井 俊博　いかだい・としひろ　〜昭和62年2月12日　富山県福野土木事務所主任, 筏井民踊研究所華の会副会長　→83/87

筏井 芳正　いかだい・よしまさ　〜昭和61年2月3日　三協化成常務取締役　→83/87

伊神 光治　いがみ・こうじ　大正12年11月8日〜平成2年6月25日　愛知県議(民社党)　→88/90

伊神 孝雄　いかみ・たかお　大正8年3月27日〜平成7年11月8日　セントラルパーク社長　→94/96

伊喜見 禎吉　いかみ・ていきち　〜昭和44年10月16日　経済論壇社長　→昭和

伊神 照男　いがみ・てるお　〜平成4年1月1日　小ざさ創業者　脱サラ第1号　→91/93

五十嵐 昭夫　いがらし・あきお　明治43年8月5日〜昭和63年3月17日　日経連常任理事　→88/90

五十嵐 勇　いがらし・いさむ　〜昭和57年9月7日　本州製紙専務　→80/82

五十嵐 一治　いがらし・いちじ　〜昭和61年10月27日　札幌市議　→83/87

五十嵐 悦郎　いがらし・えつろう　昭和3年9月30日〜平成12年1月3日　留萌市長　→00/02

五十嵐 一弘　いがらし・かずひろ　昭和4年1月5日〜平成10年10月26日　日本出版販売社長　→97/99

五十嵐 勝弥　いがらし・かつや　明治30年〜昭和50年1月2日　光文社社長　→昭和

五十嵐 吉蔵　いがらし・きちぞう　明治34年10月〜昭和34年6月24日　衆院議員(自民党)　→昭和(いがらし・よしぞう)

五十嵐 久弥　いがらし・きゅうや　明治40年12月7日〜昭和59年8月15日　農民運動家　日本共産党北海道委員会顧問　→83/87

五十嵐 粛　いがらし・きよし　〜昭和57年1月13日　月島機械顧問・元常務　→80/82

五十嵐 清　いがらし・きよし　明治37年12月20日〜昭和55年8月23日　雪印種苗会長　→80/82

五十嵐 清隆　いがらし・きよたか　明治38年5月14日〜昭和58年8月8日　日本冷蔵倉庫協会副会長, 五十嵐冷蔵社長　→83/87

五十嵐 国之助　いがらし・くにのすけ　〜昭和55年3月22日　ホテルオークラ専務　→80/82

五十嵐 恵　いがらし・けい　〜昭和2年8月24日　海軍中佐　蕨駆逐艦長　→昭和

五十嵐 健治　いがらし・けんじ　明治10年3月14日〜昭和47年4月10日　白洋舎創業者　→昭和

五十嵐 恤生　いがらし・じつお　明治38年7月25日〜平成8年1月20日　白洋舎副社長　→94/96

五十嵐 淑郎　いがらし・しゅくろう　大正9年7月13日〜平成3年6月10日　新潟県議(自民党)　→91/93(いがらし・しくろう)

五十嵐 純　いがらし・じゅん　昭和11年8月28日〜平成9年7月8日　さわやか福祉財団理事　→97/99

五十嵐 準良　いがらし・じゅんりょう　〜昭和42年9月16日　大僧正,浄土宗西山禅林寺派管長　→昭和

五十嵐 省吾　いがらし・しょうご　昭和7年1月17日〜平成7年11月19日　東京都議(自民党)　→94/96

五十嵐 信一　いがらし・しんいち　〜昭和63年3月16日　葛飾区会議長　→88/90

五十嵐 節三　いがらし・せつぞう　明治42年6月20日〜平成12年5月21日　富士急行常務　→00/02

五十嵐 泰治　いがらし・たいじ　昭和5年11月12日〜平成13年12月28日　北海道テレビ放送専務,朝日新聞西部本社社会部長　→00/02

五十嵐 太仲　いがらし・たいちゅう　〜昭和51年11月3日　弁護士　日弁連副会長　→昭和

五十嵐 昂　いがらし・たかし　〜昭和61年1月13日　日本碍子専務　→83/87

五十嵐 丈夫　いがらし・たけお　明治36年9月6日〜平成6年12月12日　白洋舎会長　→94/96

五十嵐 竹治　いがらし・たけじ　〜昭和56年6月26日　北海道区画整理組合協議会会長　→80/82

五十嵐 正　いがらし・ただし　明治39年1月23日〜平成3年3月23日　日産自動車副社長　→91/93

五十嵐 董　いがらし・ただす　明治41年1月16日〜平成5年8月22日　東邦アセチレン社長　→91/93

五十嵐 長寿　いがらし・ちょうじゅ　明治41年6月3日〜平成5年10月11日　北海道議　→91/93

五十嵐 集　いがらし・つどい　明治36年11月7日〜平成5年2月10日　帝人副社長　→91/93

五十嵐 力　いがらし・つとむ　昭和4年2月9日〜平成17年9月17日　栗本鉄工所社長　→03/05

五十嵐 恒男　いがらし・つねお　昭和3年11月5日〜平成20年11月13日　山形県労評議長,社会党山形県副委員長　→06/08

五十嵐 哲夫　いがらし・てつお　昭和6年4月6日〜平成20年10月29日　群馬銀行会長　→06/08

五十嵐 敏夫　いがらし・としお　〜昭和59年9月4日　ディップソール社長　→83/87

五十嵐 俊彦　いがらし・としひこ　大正2年8月4日〜昭和61年1月31日　北海道電力取締役　→83/87

五十嵐 虎雄　いがらし・とらお　明治35年3月1日〜平成4年3月12日　日本銀行理事,野村総合研究所会長　→91/93

五十嵐 直三　いがらし・なおぞう　明治10年2月〜昭和12年4月9日　実業家　→昭和

五十嵐 範夫　いがらし・のりお　大正11年6月2日〜平成20年7月3日　サカイオーベックス社長　→06/08

五十嵐 久　いがらし・ひさし　大正13年7月23日〜平成1

年10月3日　古河電気工業専務,古河サーキットフォイル社長　→88/90

五十嵐　秀助　いがらし・ひですけ　安政5年12月22日～昭和8年2月11日　電信電話技術者　→昭和

五十嵐　秀祐　いがらし・ひでゆう　昭和10年1月1日～平成13年4月5日　国際証券副社長　→00/02

五十嵐　斌　いがらし・ひん　昭和15年1月1日～平成17年2月11日　東レ・ファインケミカル会長,東レ副社長　→03/05

五十嵐　勝　いがらし・まさる　昭和13年11月16日～平成9年8月3日　日本金属取締役,日本金属商事社長　→97/99

五十嵐　智　いがらし・まさる　～昭和60年11月10日　(有)五十嵐薬品商会社長　→83/87

五十嵐　明宝　いがらし・みょうほう　昭和10年8月22日～平成13年10月28日　僧侶　大東文化大学文学部教授,浄土真宗本願寺派勧学　→00/02

五十嵐　康郎　いがらし・やすろう　大正9年5月13日～昭和59年3月26日　兵機海運取締役,兵機建設社長　→83/87

五十嵐　雄一　いがらし・ゆういち　昭和2年1月16日～平成23年2月12日　イオン副会長　→09/11

五十嵐　義明　いがらし・よしあき　明治43年9月14日～平成12年7月13日　厚生省環境衛生局長　→00/02

五十嵐　義三　いがらし・よしぞう　昭和8年9月16日～平成12年5月23日　弁護士　→00/02

五十嵐　義昌　いがらし・よしまさ　明治37年11月14日～平成4年10月18日　五十嵐貿易会長　→91/93

五十嵐　六郎　いがらし・ろくろう　～昭和60年6月2日　会計検査院事務総長官房厚生管理官　→83/87

五十嵐　弥　いがらし・わたる　大正10年3月26日～昭和62年8月7日　安藤電気取締役,会計検査院参与官　→83/87

猪狩　和夫　いがり・かずお　昭和8年7月7日～平成21年1月20日　富士電機常務　→09/11

井狩　貞之　いかり・さだゆき　明治41年3月14日～平成5年5月17日　近江八幡市長　→91/93

碇　新一　いかり・しんいち　明治45年4月10日～平成1年10月4日　大蔵省函館税関長　→88/90

猪狩　清次　いがり・せいじ　昭和14年4月29日～平成3年5月30日　東北電熔社長　→91/93

碇　壮次　いかり・そうじ　～昭和55年1月3日　佐賀県佐賀郡東与賀町長,佐賀県町村会副会長　→80/82

五十里　武　いかり・たけし　昭和9年5月15日～平成16年10月20日　鹿嶋市長　→03/05

猪狩　俊郎　いがり・としろう　昭和24年3月18日～平成22年8月27日　弁護士　反社会的勢力対策研究センター代表理事　→09/11

碇　久義　いかり・ひさよし　昭和3年3月3日～平成8年8月28日　協同組合鳥栖商工センター会長,久留米だいしん会長　→94/96

井狩　弥治郎　いかり・やじろう　明治38年3月1日～平

11年7月18日　大丸社長,日本百貨店協会会長　→97/99

井川　伊勢吉　いかわ・いせきち　明治42年11月7日～平成2年7月4日　大王製紙会長　→88/90

井川　伊平　いかわ・いへい　明治28年3月18日～昭和54年11月2日　参院議員(自民党)　→昭和(いがわ・いへい)

井川　克巳　いかわ・かつみ　大正6年6月29日～平成13年9月3日　下関市長,在下関韓国名誉総領事　→00/02

井川　佐平　いかわ・さへい　明治38年5月19日～平成7年9月4日　百十四銀行専務　→94/96

井川　重樹　いかわ・しげき　大正1年10月13日～平成9年5月31日　大王製紙副社長　→97/99

井川　忠雄　いかわ・ただお　明治26年2月15日～昭和22年2月18日　産業組合中央金庫理事,貴院議員(勅選)　→昭和

井川　英彦　いかわ・ひでひこ　大正9年5月22日～平成8年9月9日　オリエンタル酵母工業常務　→94/96

居川　寛　いかわ・ひろし　大正13年10月4日～平成2年12月27日　川島織物監査役　→88/90

井川　正雄　いかわ・まさお　大正7年7月19日～平成4年10月27日　東レ社長　→91/93

猪川　守彦　いがわ・もりひこ　昭和8年8月10日～平成1年9月26日　ひろぎん総合サービス社長　→88/90

井川　和一　いかわ・わいち　大正2年3月27日～平成8年11月9日　伊予三島商工会議所最高顧問,元会頭,カミ商事会長,愛媛製紙会長　→94/96

伊木　香枝　いき・かえ　～昭和55年5月25日　東京都議　→80/82

伊木　常世　いき・つねよ　～平成6年1月18日　トビー工業専務　→94/96

居木　昇　いき・のぼる　大正8年5月8日～平成14年4月24日　富士ゼロックス常務　→00/02

生亀　元　いき・はじめ　大正9年1月1日～平成11年5月13日　陸将　→97/99

壱岐　春記　いき・はるき　明治45年5月～平成23年10月8日　海軍少佐　中攻会代表世話人　→09/11

井城　義正　いき・よしまさ　～昭和63年2月18日　新々薬品(株)監査役　→88/90

居木井　為五郎　いきい・ためごろう　～平成5年6月15日　警視庁刑事部鑑識課調査官　→91/93

生尾　恭一　いくお・きょういち　昭和9年2月25日～平成8年7月11日　オリコ生命保険副社長　→94/96

生沢　英一　いくさわ・えいいち　明治44年5月30日～平成2年9月20日　ゼネラル石油取締役　→88/90

伊串　英治　いぐし・えいじ　明治32年1月8日～昭和43年8月30日　社会運動家　→昭和

伊串　賢二　いぐし・けんじ　明治45年4月14日～平成2年1月1日　中部日本放送会員・元専務,中日新聞広告局次長　→88/90

生島　五三郎　いくしま・ごさぶろう　～昭和48年5月13日　弁護士　福岡地検検事正　→昭和

いくしま　　　　　　　　　　　　　　　　　　　　　　　　　　Ⅰ　政治・経済・社会篇

生島 繁　いくしま・しげる　明治29年～昭和7年4月3日
　社会運動家　→昭和
生島 暢　いくしま・のぼる　～昭和15年4月23日
　三井鉱山取締役　→昭和
生島 実　いくしま・みのる　大正10年6月12日～平成16年12月11日　北海道ガス社長、東京ガス副社長　→03/05
生島 弥三之　いくしま・やさゆき　大正8年4月24日～平成5年1月21日　帝人取締役　→91/93
幾島 良一　いくしま・よしかず　大正7年12月15日～平成15年9月9日　奥村組専務　→03/05
生末 敏夫　いくすえ・としお　大正14年2月12日～平成11年7月1日　津山市長　→97/99
生瀬 隆夫　いくせ・たかお　大正12年5月11日～平成4年5月18日　浅沼組常務　→91/93
幾世 正一　いくせ・まさかず　大正3年5月1日～平成3年12月4日　幾世鉄工所社長　→91/93
生田 篤　いくた・あつし　昭和19年1月7日～平成21年11月4日　東映東京撮影所所長　→09/11
生田 幾也　いくた・いくや　大正34年3月7日～平成7年11月18日　フジキカイ創業者　→94/96
生田 宏一　いくた・こういち　明治38年9月8日～昭和57年9月15日　衆院議員（自民党）　→80/82
生田 孝憲　いくた・こうけん　～平成5年9月29日
　僧侶　天台宗大僧正　→91/93
生田 浩二　いくた・こうじ　昭和8年2月3日～昭和41年3月23日　社会主義運動家　共産同創立者　→昭和
生田 重人　いくた・しげと　明治35年6月30日～昭和62年3月20日　日本建設工業社長　→83/87
生田 滋　いくた・しげる　大正3年12月3日～平成2年12月23日　富士通顧問、元取締役、富士通電装社長　→88/90
生田 正三　いくた・しょうぞう　昭和23年3月16日～平成21年2月10日　木村化工機常務　→09/11
生田 太　いくた・たい　明治42年7月16日～昭和63年1月23日　大崎電気工業常務取締役　→88/90
生田 武夫　いくた・たけお　大正6年6月9日～平成9年7月16日　大末建設専務　→97/99
生田 武士　いくた・たけし　大正10年12月27日～平成8年2月25日　フジキカイ会長　→94/96
生田 時英　いくた・ときえ　～昭和61年1月26日
　柳川市教委社会教育課長　→83/87
生田 順章　いくた・としゆき　昭和7年11月11日～平成4年3月8日　山陽新聞常務　→91/93
生田 尚稔　いくた・なおとし　昭和6年11月1日～昭和56年11月5日　住友商事取締役重化工機本部長　→80/82
生田 乃木次　いくた・のぎじ　～平成14年2月22日
　海軍軍人　旧日本軍で初めて敵機を撃墜　→00/02
生田 幸夫　いくた・ゆきお　大正3年2月12日～平成1年9月18日　富士紡績社長　→88/90
生田 禎嗣　いくた・よしあき　～昭和63年9月12日
　アサヒコーポレーション取締役・九州支店長　→88/90

生田 和平　いくた・わへい　明治10年4月26日～昭和30年9月9日　実業家、政治家　衆院議員（自由党）　→昭和
幾度 永　いくたび・えい　～昭和39年2月27日
　三越常務　→昭和
幾度 矩方　いくたび・のりまさ　～昭和44年12月25日
　協和醸酵常務　→昭和
生玉 まさ子　いくたま・まさこ　～平成20年6月25日
　花園保育園園長、全国保母会会長　→06/08
井口 諫　いぐち・いさむ　明治45年7月25日～平成16年8月6日　弘電社専務　→03/05
井口 岩夫　いぐち・いわお　～昭和60年9月27日
　土岐市青年の家所長、元土岐市消防長　→83/87
井口 清　いぐち・きよし　～平成2年1月8日
　池上シャーリング社長　→88/90
井口 源一郎　いぐち・げんいちろう　～昭和57年9月9日
　仙台高裁判事　→80/82
井口 広二　いぐち・こうじ　大正3年10月18日～昭和61年11月27日　三菱瓦斯化学顧問・元常務　→83/87
井口 浩二　いぐち・こうじ　～昭和49年12月21日
　東京高裁判事　→昭和
井口 孝文　いぐち・こうぶん　大正11年3月6日～平成18年1月23日　警察庁中部管区警察局長　→06/08
井口 貞夫　いぐち・さだお　明治32年10月18日～昭和55年5月27日　外交官　駐米大使、外務次官　→80/82
井口 貞夫　いぐち・さだお　明治38年12月2日～平成11年5月23日　徳島の文化を進める会会長　→00/02s
井口 茂　いぐち・しげる　昭和9年3月31日～平成5年
　弁護士　→91/93
井口 茂　いぐち・しげる　大正12年6月24日～平成13年1月12日　日本ハム常務　→00/02
井口 俊次　いぐち・しゅんじ　～平成7年2月8日
　日本加工製紙常務　→94/96
井口 正治　いぐち・しょうじ　大正14年11月14日～平成2年5月23日　東京証券社長　→88/90
井口 信海　いぐち・しんかい　大正3年11月8日～昭和63年8月4日　日揮常務　→88/90
井口 仙蔵　いぐち・せんぞう　～昭和59年3月31日
　練馬区議会議長　→83/87
井口 隆時　いぐち・たかとき　大正8年11月17日～平成11年9月6日　神奈川県議（自民党）　→97/99
井口 竹次郎　いぐち・たけじろう　～昭和46年3月22日
　大阪瓦斯会長・元社長　→昭和
井口 太郎　いぐち・たろう　明治44年11月1日～昭和62年12月14日　公認会計士、税理士　日本公認会計士協会会長　→83/87
井口 富夫　いぐち・とみお　昭和4年5月2日～平成17年1月30日　オリエントコーポレーション専務　→03/05
井口 信義　いぐち・のぶよし　大正5年12月2日～平成18年9月10日　キッコーマン常務　→06/08

井口 寛一　いぐち・ひろかず　昭和8年1月1日～平成2年4月3日　三好町（徳島県）町長　→88/90

井口 衛　いぐち・まもる　昭和15年1月19日～平成15年2月2日　公証人　金沢地検検事正・名古屋高検金沢支部長　→03/05

井口 道太郎　いぐち・みちたろう　～昭和62年3月22日　ダイハツ工業専務　→83/87

井口 雄二　いぐち・ゆうじ　大正2年7月6日～平成1年3月13日　日本紙パルプ商事常務　→88/90

井口 吉彦　いぐち・よしひこ　～平成14年9月28日　丸文専務　→00/02

井口 良二　いぐち・りょうじ　明治28年10月11日～平成3年12月14日　日東製粉社長、三菱商事常務　→91/93

生野 栄一郎　いくの・えいいちろう　～平成11年6月8日　日鉄ドラム常務　→97/99

生野 英吾　いくの・えいご　大正14年5月21日～平成9年12月31日　警察庁中国管区警察局長　→97/99

生野 庄栄　いくの・しょうえい　大正3年8月3日～昭和60年7月3日　西日本銀行常務　→83/87

生野 宙孝　いくの・ひろたか　昭和16年6月20日～平成20年5月16日　丸々証券社長　→06/08

生間 時夫　いくま・ときお　大正12年2月16日～平成9年1月3日　マダム石鹸社長、大阪府中小企業団体中央会会長　→97/99

生馬 守　いくま・まもる　昭和11年6月21日～平成6年10月20日　CRC総合研究所専務　→94/96

生本 半三郎　いくもと・はんざぶろう　～昭和61年5月29日　生本商事社長　→83/87

生盛 貞彦　いくもり・さだひこ　明治36年5月30日～昭和59年10月4日　味の素専務　→83/87

井倉 和雄　いくら・かずお　昭和32年1月13日　東海銀行頭取　→昭和

井倉 和也　いくら・かずや　大正10年10月11日～平成22年1月30日　滋賀銀行頭取　→09/11

伊倉 清　いくら・きよし　大正10年10月4日～昭和58年2月10日　野村不動産監査役　→83/87

生倉 茂松　いくら・しげまつ　～昭和58年2月8日　全日本プラスチック成型工業連合会会長、セーチョー工業社長　→83/87

以倉 友治　いくら・ゆうじ　昭和7年2月16日～平成3年11月8日　伊藤忠商事審議役　→91/93

井黒 正明　いくろ・まさあき　大正3年10月18日～平成7年9月19日　富山相互銀行副社長　→94/96

池 清　いけ・きよし　～昭和27年10月17日　徳山市長　→昭和

池 孝三　いけ・こうぞう　昭和18年4月2日～昭和60年8月12日　アイクコンピュータ社長　→83/87

池 善一　いけ・ぜんじ　昭和35年10月5日～平成24年　労働運動家　総同盟中央労働組合初代主事　→昭和

池 次雄　いけ・つぎお　大正2年11月30日～昭和63年11月7日　福岡市議，周船寺村（福岡県）村長　→88/90

池 留三　いけ・とめぞう　～平成1年5月31日　弁護士　多摩美術大学監事，ボーイスカウト日本連盟監事　→88/90

伊芸 銀勇　いげい・ぎんゆう　～平成17年8月17日　ペルー沖縄県人会会長　→03/05

伊芸 益道　いげい・やくどう　昭和6年～平成10年1月　僧侶　法হ寺（日蓮正宗）住職　→97/99

池内 昭雄　いけうち・あきお　昭和2年11月10日～平成11年3月2日　丸善石油常務　→97/99

池内 英太郎　いけうち・えいたろう　～昭和57年11月2日　大福信用金庫理事長、元大阪市場局長　→80/82

池内 孝郎　いけうち・たかお　昭和6年7月16日～平成16年5月10日　信濃毎日新聞常務　→03/05

池内 正　いけうち・ただし　～平成6年12月8日　丸ヨ池内社長　→94/96

池内 調造　いけうち・ちょうぞう　明治30年1月9日～昭和63年2月16日　近畿放送社長、京都新聞社友　→88/90

池内 透　いけうち・とおる　昭和2年6月3日～平成10年10月16日　藤和不動産副社長　→97/99

池内 得二　いけうち・とくじ　大正5年3月16日～平成9年8月13日　三和銀行常務　→97/99

池内 豊三　いけうち・とよぞう　明治32年4月17日～平成1年7月10日　茨木屋会長

池内 央　いけうち・ひろし　昭和2年1月8日～平成19年6月12日　南海放送専務　→06/08

池内 広正　いけうち・ひろまさ　明治10年4月1日～昭和4年10月3日　衆院議員（政友会），秋田時事新報社長　→昭和

池内 益三　いけうち・ますぞう　明治37年9月6日～平成8年8月25日　浅川組常務　→94/96

池内 光三　いけうち・みつぞう　大正1年8月17日～平成10年7月6日　ロンシール工業常務　→97/99

池内 義郎　いけうち・よしろう　明治38年4月23日～平成6年4月28日　広島銀行常務、ライフ社長　→94/96

池浦 喜三郎　いけうら・きさぶろう　大正5年4月21日～平成10年11月9日　日本興業銀行頭取　→97/99

池浦 泰雄　いけうら・やすお　大正4年9月17日～昭和59年8月20日　法務省福岡法務局長、東京高検検事　→83/87

池尾 勝巳　いけお・かつみ　大正3年10月2日～平成4年3月17日　弁護士　日本ゼオン専務　→91/93

池尾 新吉　いけお・しんきち　～平成3年1月17日　奈良労働金庫専務　→91/93

池尾 信太郎　いけお・しんたろう　大正8年3月12日～平成9年5月8日　中部日本放送常務　→97/99

池尾 芳蔵　いけお・よしぞう　明治11年3月27日～昭和34年9月19日　実業家　日本発送電総裁　→昭和

池貝 庄太郎（1代目）　いけがい・しょうたろう　明治2年10月10日～昭和9年7月28日　実業家　池貝鉄工所創立者　→昭和（池貝 庄太郎）

池貝 杉二　いけがい・すぎじ　～昭和37年10月5日
池貝機械会長　→昭和

池垣 修二　いけがき・しゅうじ　昭和6年2月2日～平成5年3月26日　日本製鋼所取締役　→91/93

生垣 斉　いけがき・ひとし　大正2年3月31日～昭和63年9月19日　第一銀行(のち第一勧業銀行)監査役　→88/90

生垣 義信　いけがき・よしのぶ　～昭和58年11月2日
日本カーバイド工業常務　→83/87

井家上 専　いけがみ・あつむ　明治41年3月20日～平成6年2月19日　京都府議、民社党京都府連委員長　→94/96

池上 績　いけがみ・いさお　大正10年7月2日～平成16年6月29日　日本電通建設常務　→03/05

池上 巌　いけがみ・いわお　～平成8年10月30日
陸将　→94/96

池上 慧澄　いけがみ・えちょう　安政3年2月29日～昭和3年9月22日　僧侶　臨済宗大学学長、妙心寺(臨済宗妙心寺派)住職　→昭和(いけがみ・けいちょう)

池上 一恵　いけがみ・かずえ　～昭和58年10月25日
小倉屋代表取締役　→83/87

池上 邦衛　いけがみ・くにえ　大正4年10月29日～平成17年5月19日　三井物産常務　→03/05

池上 盛　いけがみ・さかん　昭和57年6月9日
全国自家用自動車共済協同組合連合会会長　→80/82

池上 作二　いけがみ・さくじ　大正13年1月1日～平成18年9月25日　花王常務　→06/08

池上 四郎　いけがみ・しろう　安政4年4月18日～昭和4年4月4日　警察官僚　朝鮮総督府政務総監、大阪市長　→昭和

池上 盛寿　いけがみ・せいじゅ　明治35年10月1日～昭和61年10月6日　日本金型工業会名誉顧問、池上金型工業社長　→83/87

池上 善作　いけがみ・ぜんさく　～昭和40年7月6日
清水市長　→昭和

池上 卓穂　いけがみ・たくほ　大正3年7月31日～昭和60年5月8日　日本パーカライジング監査役・元専務　→83/87

池上 努　いけがみ・ちから　大正11年12月～平成4年10月19日　浦和地検次席　→91/93

池上 登喜一　いけがみ・ときいち　～平成19年10月7日
市民運動家　苫田ダム建設阻止期成同盟会委員長、奥津町議　→06/08

池上 俊郎　いけがみ・としお　大正15年1月5日～平成10年7月9日　三菱自動車工業取締役、三菱オートクレジット・リース副社長　→97/99

池上 治人　いけがみ・はると　大正11年2月8日～平成16年5月28日　テイサン社長　→03/05

池上 尚雄　いけがみ・ひさお　大正12年6月23日～平成7年3月1日　中部電力監査役、愛知金属工業社長　→94/96

池上 博興　いけがみ・ひろおき　～昭和63年4月26日
不動建設参与　→88/90

池上 宏　いけがみ・ひろし　昭和3年8月12日～平成11年2月28日　森永乳業常務　→97/99

池上 正清　いけがみ・まさきよ　大正7年1月8日～昭和63年6月2日　(株)池正商会会長　→88/90

池上 穂　いけがみ・みのる　昭和4年8月29日～平成5年5月10日　共同石油専務　→91/93

池上 泰　いけがみ・ゆたか　明治43年5月10日～平成6年9月7日　大日日本電線(のち三菱電線工業)社長、三菱金属鉱業(のち三菱マテリアル)常務　→94/96

池上 勝彦　いけがみ・かつひこ　大正3年12月13日～平成6年1月23日　丸山商会社長、烏丸駅前通商店街振興組合(東京都)常任相談役　→83/87

池亀 護　いけがめ・まもる　昭和6年1月21日～平成8年2月18日　桑野電機社長、沖電気工業取締役　→94/96

池亀 洋海　いけがめ・ようかい　～平成13年7月18日
散歩亭マスター、屋久町文化協会(鹿児島県)会長　→00/02

池亀 亮　いけがめ・りょう　昭和2年10月3日～平成22年10月14日　東京電力副社長　→09/11

池谷 泉　いけがや・いずみ　昭和3年3月25日～昭和61年6月23日　(株)第一コンピュータリソース代表取締役社長　→83/87

池谷 信一　いけがや・のぶいち　明治32年11月29日～昭和58年2月9日　弁護士　衆議院議員(社会党)　→83/87

池口 楠男　いけぐち・くすお　～昭和61年2月4日
筑後電工社長、筑後市商工会議所顧問　→83/87

池口 尚夫　いけぐち・ひさお　明治32年5月27日～平成3年12月21日　大阪家裁調停委員　→91/93

池口 麗子　いけぐち・れいこ　～平成1年3月19日
日新物産代表取締役　→88/90

池崎 勇　いけざき・いさむ　～昭和51年7月10日
日魯漁業会長　→昭和

池崎 昭三　いけざき・しょうぞう　昭和2年8月10日～　池崎商店主　→昭和

池崎 尚美　いけざき・なおみ　～平成7年4月3日
保護司　アジア刑政財団理事、関東地方更生保護事業協会副会長、東京保護観察協会副会長　→94/96

池崎 政義　いけざき・まさよし　昭和2年10月26日～昭和63年5月30日　鈴平建設社長、能都町建設業会(石川県)会長　→88/90

池沢 章堯　いけざわ・あきたか　～昭和45年12月20日
東洋建設取締役　→昭和

池沢 紀　いけざわ・かなめ　大正5年2月11日～平成13年10月26日　岡三証券副社長　→00/02

生沢 利三郎　いけざわ・りさぶろう　～昭和60年12月16日　東京消防庁人事教養部長　→83/87

池治 一見　いけじ・かずみ　大正4年6月20日～平成1年4月30日　池治織物社長、日本綿スフ織物工業連合会会長　→88/90

池下 治作　いけした・じさく　明治36年12月20日～昭和

58年10月16日　池下工業会長　→83/87

池下 富夫　いけした・とみお　昭和11年1月29日～平成5年6月11日　新日本造機取締役　→91/93

池島 信吉　いけじま・しんきち　大正5年8月5日～昭和63年1月23日　北海道商工連盟相談役,北海道議会副議長(社会党,札幌市白石)　→88/90

池島 俊雄　いけしま・としお　大正4年2月15日～平成17年9月7日　住友金属工業副社長,大阪チタニウム製造社長　→03/05

池尻 繁太郎　いけじり・しげたろう　～昭和61年8月1日　凸版印刷取締役西日本事業部長　→83/87

池尻 正二　いけじり・しょうじ　大正2年2月3日～平成5年3月30日　安田火災海上保険監査役,東京機械製作所専務　→91/93

池尻 浩　いけじり・ひろし　明治43年1月31日～平成5年7月29日　鐘淵化学工業専務　→91/93

池尻 文二　いけじり・ぶんじ　大正10年9月29日～平成12年1月25日　全国漁業協同組合連合会会長　→00/02

生悦住 貞太郎　いけずみ・ていたろう　明治31年12月28日～昭和59年4月25日　衆院議員(改進党),大阪特殊製鋼社長　→83/87

生悦住 求馬　いけずみ・もとめ　明治33年4月26日～平成5年12月13日　千葉県知事,宮城県知事,佐賀県知事→91/93

池添 一馬　いけぞえ・かずま　～昭和60年12月29日　朝日新聞サンフランシスコ通信員,日米時事新聞社会長　→83/87

池添 清人　いけぞえ・きよひと　～昭和61年1月13日　元練馬区(東京都)区議　→83/87

池田 昭　いけだ・あきら　昭和5年3月3日～昭和61年1月29日　ダイエー顧問,デニーズジャパン取締役　→83/87

池田 章　いけだ・あきら　明治39年12月20日～平成3年11月30日　住友生命保険常務,泉証券社長　→91/93

池田 明　いけだ・あきら　～平成11年7月30日　タムロン常務　→97/99

池田 安久治　いけだ・あぐはる　昭和5年8月5日～平成5年8月18日　コスモ証券専務　→91/93

池田 淳　いけだ・あつし　大正7年12月19日～平成1年6月16日　衆院議員(自民党)　→88/90

池田 郁雄　いけだ・いくお　昭和15年6月25日～平成10年10月12日　ベースボール・マガジン社社長　→97/99

池田 勲　いけだ・いさお　明治31年8月30日～平成3年12月28日　京王百貨店社長,京王帝都電鉄副社長　→91/93

池田 一郎　いけだ・いちろう　大正7年4月8日～平成9年1月6日　日本旅行社長　→97/99

池田 一郎　いけだ・いちろう　大正5年4月19日～平成12年4月22日　大和銀行頭取　→00/02

池田 溢夫　いけだ・いつお　大正12年12月5日～平成20年4月24日　東京特殊電線専務　→06/08

池田 巌　いけだ・いわお　～平成7年4月2日

光洋精工社長　→94/96

池田 岩三郎　いけだ・いわさぶろう　明治7年8月～昭和12年2月10日　海軍中将　→昭和

池田 岩松　いけだ・いわまつ　～平成2年10月5日　草加市長　→88/90

池田 宇右衛門　いけだ・うえもん　明治27年5月～昭和35年1月5日　参院議員(自民党)　→昭和

池田 栄一　いけだ・えいいち　明治37年8月16日～昭和62年5月24日　日照電気会長,電気設備学会会長　→83/87

池田 英一　いけだ・えいいち　～昭和56年6月5日　池貝鉄工監査役　→80/82

池田 英一　いけだ・えいいち　明治44年4月6日～昭和57年9月3日　日瀝化学工業創立者,池田二十世紀美術館理事長　→80/82

池田 英一　いけだ・えいいち　昭和17年3月25日～平成14年6月30日　沖電線常務　→00/02

池田 瑩輝　いけだ・えいき　大正12年7月24日～平成16年1月14日　僧侶　真言宗中山寺派管長　→03/05

池田 栄三郎　いけだ・えいざぶろう　大正4年3月25日～平成11年11月15日　桜井市長　→97/99

池田 栄次　いけだ・えいじ　大正9年7月25日～平成13年9月24日　アイカ工業専務　→00/02

池田 悦治　いけだ・えつじ　明治34年1月27日～平成2年7月26日　大日本塗料社長　→88/90

池田 治　いけだ・おさむ　明治39年12月30日～昭和56年10月17日　神栖町(茨城県)町長　→80/82

池田 治　いけだ・おさむ　昭和6年12月15日～平成18年5月25日　弁護士　参議院議員(連合)　→06/08

池田 確二　いけだ・かくじ　～昭和29年7月5日　大審院規事　→昭和

池田 和顕　いけだ・かずあき　昭和5年1月30日～平成11年1月20日　宮城県警本部長,高知県警本部長　→97/99

池田 和男　いけだ・かずお　～平成7年1月4日　日本酒類販売常務　→94/96

池田 和宣　いけだ・かずのぶ　昭和9年11月1日～平成11年5月20日　クラリオン常務　→97/99

池田 一則　いけだ・かずのり　～昭和61年10月24日　日産化学工業富山工場業務課係長,元・国鉄速星駅長　→83/87

池田 和彦　いけだ・かずひこ　昭和61年12月18日　梶谷調査工事顧問,国鉄鉄道技術研究所研究室長　→83/87

池田 克　いけだ・かつ　明治26年5月23日～昭和52年9月4日　裁判官　最高裁判事　→昭和

池田 勝美　いけだ・かつみ　～平成11年9月14日　北海道石炭じん肺訴訟第一陣原告団長　→97/99

池田 香苗　いけだ・かなえ　大正10年11月1日～平成1年6月13日　新和町農協組合長,熊本県農協中央会長　→88/90

池田 兼鳳　いけだ・かねあきら　明治44年4月16日～平

いけた

成9年7月4日　日立造船副社長　→97/99

池田　亀三郎　いけだ・かめさぶろう　明治17年5月21日～昭和52年4月2日　実業家　三菱油化社長、三菱化成社長　→昭和

池田　紀久男　いけだ・きくお　大正4年11月16日～平成17年2月1日　日本工営社長　→03/05

池田　菊夫　いけだ・きくお　昭和14年6月15日～平成20年4月8日　池田書店社長　→06/08

池田　清　いけだ・きよし　明治18年～昭和41年1月13日　大阪府知事、警視総監、衆議院議員　→昭和

池田　清　いけだ・きよし　昭和8年1月9日～昭和62年7月24日　伊藤忠燃料取締役名古屋支店長　→83/87

池田　清志　いけだ・きよし　明治33年9月15日～平成3年7月29日　弁護士　衆院議員（自民党）　→91/93

池田　泉　いけだ・きよし　～平成7年4月10日　池田興業会長　→94/96

池田　欣治　いけだ・きんじ　大正14年10月1日～平成3年3月28日　加藤産業常務　→91/93

池田　邦三　いけだ・くにぞう　大正8年7月15日～平成17年10月26日　奈良県出納長、奈良日日新聞会長　→03/05

池田　国広　いけだ・くにひろ　～昭和60年12月12日　仙台市助役　→83/87

池田　九郎　いけだ・くろう　～昭和57年12月31日　天使園今井城学園（社会福祉法人）理事長　→80/82

池田　敬　いけだ・けい　大正9年1月30日～平成12年6月15日　河南町（宮城県）町長　→00/02

池田　敬三　いけだ・けいぞう　～昭和38年10月28日　古河電工副社長　→昭和

池田　健一　いけだ・けんいち　大正2年8月26日～平成13年7月20日　日本パイプ製造常務　→00/02

池田　健治　いけだ・けんじ　～平成23年8月25日　三井住友カード専務執行役員　→09/11

池田　健二　いけだ・けんじ　昭和14年1月9日～平成21年5月2日　宮崎県議（公明党）　→09/11

池田　健次郎　いけだ・けんじろう　～平成2年11月25日　日昭電気社長、日本電設工事協会理事　→88/90

池田　謙蔵　いけだ・けんぞう　明治26年2月2日～昭和49年7月17日　三菱信託銀行社長　→昭和

池田　健六　いけだ・けんろく　～昭和12年5月17日　ダイヤモンド研磨社長　→昭和

池田　昊　いけだ・こう　昭和20年7月31日～平成8年12月25日　兵庫銀行（のちみどり銀行）常務　→94/96

池田　浩一　いけだ・こういち　昭和14年2月6日～平成21年10月27日　ニチモウ専務　→09/11

池田　孝吉　いけだ・こうきち　大正11年1月7日～平成7年7月15日　リコー常務　→94/96

池田　宏治　いけだ・こうじ　大正12年9月23日～平成16年9月1日　レナウン常務　→03/05

池田　宏二　いけだ・こうじ　昭和2年～昭和61年10月20日　ポッカコーポレーション常務取締役営業本部長　→83/87

池田　浩三　いけだ・こうぞう　明治39年12月5日～平成15年2月20日　弁護士　最高検検事、仙台地検検事正　→03/05

池田　耕造　いけだ・こうぞう　明治38年2月1日～平成7年2月5日　太陽工藤工事（のち住友電設）副社長　→94/96

池田　幸太郎　いけだ・こうたろう　明治37年3月4日～成1年8月14日　名寄市長　→88/90

池田　五郎　いけだ・ごろう　明治40年1月21日～平成3年1月14日　輸送機工業会長　→昭和

池田　作二　いけだ・さくじ　大正2年4月1日～平成11年4月6日　池田木材会長、長野県議（自民党）　→97/99

池田　貞光　いけだ・さだみつ　～昭和57年10月9日　北野町（福岡県）町長、福岡県議　→80/82

池田　定行　いけだ・さだゆき　昭和4年2月14日～平成16年8月11日　熊本県議（自民党）　→03/05

池田　悟　いけだ・さとる　昭和3年7月7日～平成8年6月28日　千趣会副社長　→94/96

池田　佐兵衛　いけだ・さへえ　明治43年6月27日～昭和62年6月10日　小田急建設顧問・元副社長　→83/87

池田　三四郎　いけだ・さんしろう　明治42年5月30日～平成11年12月15日　松本民芸家具会長　→97/99

池田　成彬　いけだ・しげあき　慶応3年7月16日～昭和25年10月9日　実業家，政治家　三井財閥の指導者、日銀総裁、蔵相　→昭和

池田　重善　いけだ・しげよし　大正4年～昭和63年9月11日　陸軍憲兵曹長　暁に祈る事件　→88/90

池田　志津雄　いけだ・しずお　大正14年7月23日～平成10年5月12日　千葉県議（民社党）　→97/99（いけだ・しづお）

池田　七郎　いけだ・しちろう　明治42年12月2日～平成9年2月21日　森本組常務　→97/99

池田　淳　いけだ・じゅん　～平成2年10月9日　弁護士　日弁連監事　→88/90

池田　俊一郎　いけだ・しゅんいちろう　大正3年5月15日～平成10年1月27日　山陽国策パルプ社長　→97/99

池田　純治　いけだ・じゅんじ　大正4年3月10日～昭和60年7月2日　セコム監査役　→83/87

池田　昭一　いけだ・しょういち　昭和6年1月25日～平成19年6月27日　新潟県議（社民党）　→06/08

池田　正二　いけだ・しょうじ　～昭和35年7月14日　神戸製鋼顧問　→昭和

池田　正二　いけだ・しょうじ　～昭和63年7月1日　池田食品取締役副会長　→88/90

池田　二郎　いけだ・じろう　昭和5年8月25日～昭和61年9月26日　日本団体生命保険取締役経理部長　→83/87

井桁　次郎　いけだ・じろう　大正11年～平成12年12月13日　東燃常務　→00/02

池田　信一　いけだ・しんいち　大正10年2月8日～平成1

I　政治・経済・社会篇　　　　　　　　　　　　　　　　　　　　　いけた

年4月4日　岡三証券取締役　→88/90

池田 新一　いけだ・しんいち　明治36年1月31日～平成4年3月16日　立正同親会会長,東京倉庫運輸社長　→91/93

池田 晨二　いけだ・しんじ　昭和12年11月7日～平成8年2月6日　新日軽常務　→94/96

池田 進　いけだ・すすむ　大正15年2月14日～昭和63年11月19日　たくぎん保証会長,拓銀常勤監査役　→88/90

池田 達　いけだ・すすむ　大正12年11月8日～昭和63年4月8日　毎日放送取締役総務局長　→88/90

池田 直　いけだ・すなお　明治34年11月19日～昭和60年7月13日　佐賀県知事　→83/87

池田 澄子　いけだ・すみこ　大正7年7月21日～昭和63年9月2日　池田屋安兵衛商店代表取締役会長　→88/90

池田 純久　いけだ・すみひさ　明治27年12月15日～昭和43年4月29日　陸軍中将　極東軍事裁判弁護人　→昭和

池田 清一　いけだ・せいいち　明治40年～平成11年6月16日　兵庫県商店連合会会長　→97/99

池田 清一　いけだ・せいいち　～平成14年5月22日　サンヨー食品専務　→00/02

池田 清吉　いけだ・せいきち　～昭和55年2月16日　住宅金融普及協会(財団法人)顧問,元住宅金融公庫監事　→80/82

池田 成功　いけだ・せいこう　～昭和46年5月26日　日本園芸社長　→昭和

池田 善一郎　いけだ・ぜんいちろう　～昭和33年3月11日　光洋精工創業者　→昭和

池田 善太郎　いけだ・ぜんたろう　～昭和2年2月24日　岸和田署長　→昭和

池田 宗次　いけだ・そうじ　明治34年12月13日～平成2年9月3日　池田歯車製作所会長,不二特殊鋼社長　→88/90

池田 荘太郎　いけだ・そうたろう　大正14年～平成9年8月13日　松竹宣伝部次長　→97/99

池田 蔵六　いけだ・ぞうろく　～昭和15年4月12日　東洋葉煙草専務　→昭和

池田 泰一　いけだ・たいいち　～昭和59年9月14日　池田食品社長,北海道落花生豆菓子協組理事長　→83/87

池田 泰三　いけだ・たいぞう　～昭和60年9月23日　東洋紡績取締役　→83/87

池田 高一　いけだ・たかいち　大正2年12月10日～平成19年10月12日　日本毛織専務　→06/08

池田 誉雄　いけだ・たかお　大正14年9月15日～平成8年10月5日　日本アジア航空専務　→94/96

池田 孝利　いけだ・たかとし　～昭和60年1月9日　松山地方法務局長　→83/87

池田 孝道　いけだ・たかみち　～昭和61年5月15日　衆院決算委員会調査室長　→83/87

池田 隆美　いけだ・たかよし　昭和6年～昭和60年8月12日　東レ物流常務　→83/87

池田 武一　いけだ・たけかず　大正1年8月29日～平成13

年6月3日　日製産業副社長　→00/02

池田 威　いけだ・たけし　～昭和59年2月15日　神鋼造機副社長　→83/87

池田 猛　いけだ・たけし　大正13年8月5日～平成6年6月8日　三興コロイド化学会長　→94/96

池田 竹二郎　いけだ・たけじろう　大正15年4月5日～平成9年7月24日　秋田県副知事　→97/99

池田 正　いけだ・ただし　大正1年9月2日～平成1年2月28日　合同製鉄社長　→88/90

池田 忠行　いけだ・ただゆき　～昭和31年7月20日　東京海上火災取締役　→昭和

池田 達男　いけだ・たつお　～昭和63年4月24日　池田製作所代表取締役社長　→88/90

池田 龍男　いけだ・たつお　大正2年10月26日～平成9年1月21日　池田製菓(のちイケダパン)社長　→97/99

池田 立基　いけだ・たつもと　昭和39年9月2日　増上寺教官　→昭和

池田 種生　いけだ・たねお　明治30年11月8日～昭和49年12月20日　教育運動家　→昭和

池田 民男　いけだ・たみお　～平成6年3月31日　千葉県酒類販売社長　→94/96

池田 太郎　いけだ・たろう　明治41年11月27日～昭和62年12月14日　しがらき会理事長,信楽青年寮創立者　→83/87

池田 親男　いけだ・ちかお　昭和31年7月31日～平成16年3月12日　山口県議(公明党)　→昭和

池田 肇三　いけだ・ちょうぞう　大正10年10月10日～昭和62年1月18日　芸陽信用金庫理事長　→83/87

池田 宰　いけだ・つかさ　明治40年2月9日～平成1年3月21日　世界貿易センタービルディング取締役,日立物流社長　→88/90

池田 恒一　いけだ・つねいち　～昭和61年1月20日　三重県議,美杉村(三重県)村長　→83/87

池田 恒雄　いけだ・つねお　明治42年4月～昭和60年11月7日　参院議員(労農党)　→83/87

池田 恒雄　いけだ・つねお　明治44年5月3日～平成14年2月9日　ベースボール・マガジン社会長,恒文社会長　→00/02

池田 常二　いけだ・つねじ　～昭和63年8月24日　九州配電(のち九州電力)常務　→88/90

池田 貞二　いけだ・ていじ　～平成8年1月11日　千葉地検検事正,日本公証人連合会会長　→94/96

池田 禎治　いけだ・ていじ　明治43年1月22日～昭和52年2月26日　衆院議員,民社党国対委員長　→昭和

池田 貞三　いけだ・ていぞう　明治44年12月7日～平成2年2月10日　イケテイ会長,全国鞄協会会長　→88/90

池田 輝男　いけだ・てるお　大正6年12月14日～平成18年10月15日　三菱油化専務　→06/08

池田 照雄　いけだ・てるお　～昭和60年9月23日

光紙工社長　→83/87

池田 伝三　いけだ・でんぞう　大正12年9月3日～昭和60年4月3日　池伝代表取締役, 元東京製菓材料協会会長　→83/87

池田 亨　いけだ・とおる　～平成23年5月12日　グライダーパイロット　滝川市教育委員会スカイスポーツ振興課長　→09/11

池田 徳一　いけだ・とくいち　明治36年4月29日～昭和61年2月20日　北日本モーター社長, 富山いすゞ自動車会長, 池田石油会長　→83/87

池田 徳治　いけだ・とくじ　明治24年8月20日～昭和40年3月30日　秋田県知事　→昭和

井ケ田 徳治　いけだ・とくじ　大正13年9月25日～平成18年6月25日　井ケ田製茶社長, 宮城県商店街振興組合連合会理事長　→06/08

池田 徳誠　いけだ・とくせい　～平成5年8月8日　兵庫県議, 尼崎市農業委員会会長, 神崎グループ名誉会長　→91/93

池田 徳太　いけだ・とくた　～平成7年10月31日　海将　海上自衛隊護衛艦隊司令官　→94/96

池田 徳光　いけだ・とくみつ　昭和3年1月13日～平成13年8月19日　富山いすゞ自動車会長　→00/02

池田 俊雄　いけだ・としお　大正9年1月3日～平成6年5月8日　日本シーメンス社長　→94/96

池田 敏雄　いけだ・としお　大正12年8月7日～昭和49年11月14日　コンピューター技術者　富士通専務　→昭和

池田 利春　いけだ・としはる　明治45年4月11日～平成1年4月3日　ロックペイント監査役・元専務　→88/90

池田 俊彦　いけだ・としひこ　大正3年12月24日～平成14年3月1日　陸軍歩兵少尉　2.26事件に参加した青年将校　→00/02

池田 敏郎　いけだ・としろう　大正10年11月25日～平成23年2月17日　日本盲人経営者クラブ会長, 日本視聴覚障害者協会会長　→09/11

池田 利良　いけだ・としろう　明治38年9月3日～平成6年1月7日　農林省東海近畿農業試験場長, 皇学館大学名誉教授　→94/96

池田 富貴　いけだ・とみき　～昭和61年1月23日　三鷹警察署初代署長　→83/87

池田 友治　いけだ・ともはる　大正8年9月7日～平成7年8月28日　毎日新聞取締役　→94/96

池田 寅二郎　いけだ・とらじろう　明治12年11月～昭和14年2月9日　裁判官　大審院長　→昭和

池田 直之　いけだ・なおゆき　～昭和51年11月3日　電通専務　→昭和

池田 仲博　いけだ・なかひろ　明治18年8月～昭和23年1月1日　貴院議員(侯爵)　→昭和

池田 信孝　いけだ・のぶたか　～昭和60年11月5日　池田屋社長, 元北海道議, 元北海道選管委員長　→83/87

池田 延太郎　いけだ・のぶたろう　大正2年3月10日～昭

和60年8月27日　銀座天金社長　→83/87

池田 信彦　いけだ・のぶひこ　大正9年3月14日～平成2年3月24日　神戸銀行(のち太陽神戸三井銀行)取締役　→88/90

池田 宣政　いけだ・のぶまさ　明治37年7月1日～昭和63年1月9日　貴院議員　→88/90

池田 徳真　いけだ・のりざね　明治37年6月16日～平成5年12月6日　侯爵　→91/93

池田 法人　いけだ・のりと　明治40年12月26日～平成1年1月3日　海将　石川製作所専務　→97/99

池田 肇　いけだ・はじめ　大正5年2月5日～昭和63年5月27日　山科精器社長　→88/90

池田 肇　いけだ・はじめ　明治41年10月5日～平成1年5月25日　マツダビルメンテナンス取締役相談役, マツダ取締役　→88/90

池田 肇　いけだ・はじめ　大正14年1月6日～平成19年10月10日　横河工事社長　→06/08

池田 八次郎　いけだ・はちじろう　元治1年～昭和5年　公共事業家　→昭和

池田 初次　いけだ・はつじ　～昭和55年12月20日　日立造船元取締役　→80/82

池田 勇人　いけだ・はやと　明治32年12月3日～昭和40年8月13日　政治家　首相　→昭和

池田 治雄　いけだ・はるお　明治43年4月17日～平成9年4月6日　ヒカリ興業相談役・元会長・社長　→97/99

池田 久男　いけだ・ひさお　～昭和61年8月17日　日本漆器協同組合連合会理事長, 山中漆器連合協同組合理事長　→83/87

池田 久雄　いけだ・ひさお　～昭和61年4月18日　毎日放送取締役, 毎日新聞社営業局参与　→83/87

池田 久克　いけだ・ひさかつ　昭和9年7月28日～平成1年11月10日　防衛施設庁長官　→88/90

池田 久直　いけだ・ひさなお　大正9年2月8日～昭和59年8月15日　中東協力センター常務理事, 通産省四国通産局総務部長　→83/87

池田 英男　いけだ・ひでお　大正14年3月12日～平成2年5月14日　弘電社常務　→88/90

池田 秀雄　いけだ・ひでお　明治13年2月～昭和29年1月20日　衆議院議員(日本進歩党)　→昭和

池田 斉　いけだ・ひとし　明治44年10月17日～平成3年5月25日　全国農業会議所専務理事, 日本農村情報システム協会会長　→91/93

池田 宏　いけだ・ひろし　明治14年～昭和14年1月7日　神奈川県知事　→昭和

池田 弘　いけだ・ひろし　明治45年7月3日～昭和61年7月15日　三井金山常務, 三井不動産建設専務　→83/87

池田 博　いけだ・ひろし　～昭和55年7月20日　専売公社職員部長, 泰東株式会社会長　→80/82

池田 裕　いけだ・ひろし　～昭和62年1月7日　第一食品常務　→83/87

I 政治・経済・社会篇　　　　　　　　　　　　　　　　　　　　　　　　　　　　　　　　　　いけた

池田　浩巳　いけだ・ひろみ　～平成4年6月30日
　12年間私塾を続けた筋ジストロフィーの青年　→91/93

池田　文夫　いけだ・ふみお　明治40年8月15日～昭和62年11月24日　和興紡績相談役　→83/87

池田　文雄　いけだ・ふみお　大正15年1月2日～昭和63年4月4日　滑川漁業協同組合組合長理事,三友商事(有)代表取締役社長　→88/90

池田　文二　いけだ・ぶんじ　大正8年12月11日～昭和63年4月19日　朝日麦酒顧問・元専務　→88/90

池田　文輔　いけだ・ぶんすけ　～平成3年2月26日
　静岡県議　→91/93

池田　平四郎　いけだ・へいしろう　明治36年1月16日～昭和63年2月9日　SMK相談役　→88/90

池田　正男　いけだ・まさお　大正6年2月15日～平成12年5月6日　御木本真珠島会長,御木本製薬取締役　→00/02

池田　正雄　いけだ・まさお　～昭和59年3月24日
　在ブラジル愛知県人会会長　→83/87

池田　政佑　いけだ・まさすけ　明治16年12月1日～昭和1年12月31日　陸軍歩兵少佐,男爵　→昭和

池田　正亮　いけだ・まさすけ　昭和61年7月4日
　弁護士　広島家裁所長　→83/87

池田　正映　いけだ・まさてる　明治39年8月15日～昭和63年12月28日　弁護士　群馬弁護士会長,前橋地検高崎支部長　→88/90

池田　政時　いけだ・まさとき　明治5年8月～昭和15年7月9日　貴族議員(子爵)　→昭和

池田　正利　いけだ・まさとし　～昭和59年1月23日
　増屋(金物店)店主　→83/87

池田　正之輔　いけだ・まさのすけ　明治31年1月28日～昭和61年3月27日　衆院議員(自民党),科学技術庁長官　→83/87

池田　昌弘　いけだ・まさひろ　～昭和43年7月20日
　昭和無線常務　→昭和

池田　正美　いけだ・まさみ　大正1年10月23日～平成12年4月23日　豊年製油常務　→00/02

池田　正巳　いけだ・まさみ　明治45年1月8日～平成6年11月15日　旭化成専務　→94/96

池田　益男　いけだ・ますお　昭和6年5月31日～平成20年5月3日　長野県議(自民党)　→06/08

池田　増雄　いけだ・ますお　～昭和62年1月21日
　池田屋代表取締役　→83/87

池田　松次郎　いけだ・まつじろう　大正4年10月28日～昭和58年7月8日　丸紅社長　→83/87

池田　松次郎　いけだ・まつじろう　明治41年1月14日～平成7年1月17日　福井中央信用金庫理事長　→94/96

池田　汀　いけだ・みぎわ　大正2年1月30日～平成6年12月10日　東京楽天地専務　→94/96

池田　三千秋　いけだ・みちあき　明治35年3月15日～昭和45年3月8日　農民運動家　全農総本部書記　→昭和

池田　満枝　いけだ・みつえ　明治45年1月15日～平成13年1月9日　池田勇人元首相夫人　→00/02

池田　峯雄　いけだ・みねお　明治44年8月～平成10年8月3日　衆議院議員(共産党)　→97/99

池田　実　いけだ・みのる　大正9年4月1日～昭和58年7月1日　伊達商工会議所会頭,池田(株)社長　→83/87

池田　実　いけだ・みのる　大正9年4月20日～平成11年10月17日　フランスベッド創業者　→97/99

池田　三穂司　いけだ・みほじ　大正4年8月28日～平成7年4月2日　大崎電気工業取締役　→94/96

池田　美代子　いけだ・みよこ　昭和12年2月1日～平成3年8月13日　奈良地家裁判事　→91/93

池田　元紀　いけだ・もととし　大正8年2月14日～平成6年8月1日　椿本興業常務　→94/96

池田　百三郎　いけだ・ももさぶろう　～昭和58年6月4日
　東京温泉副社長　→83/87

池田　守生　いけだ・もりお　～平成3年10月5日
　佐賀県議(自民党)　→91/93

池田　泰昭　いけだ・やすあき　昭和8年11月14日～平成11年4月12日　レンゴー副社長　→97/99

池田　康雄　いけだ・やすお　大正4年5月2日～昭和61年9月1日　電熱産業会長　→83/87

池田　康雄　いけだ・やすお　～平成3年4月25日
　沖電気工業取締役,東邦電子社長　→91/93

池田　保彦　いけだ・やすひこ　大正4年1月29日～昭和59年4月12日　三菱化成工業監査役・元副社長　→83/87

池田　保之　いけだ・やすゆき　明治42年6月14日～昭和63年6月23日　弁護士　東京高検検事　→88/90

池田　雄二　いけだ・ゆうじ　明治40年4月26日～平成7年4月23日　大林道路専務　→94/96

池田　勇正　いけだ・ゆうせい　～昭和61年4月29日
　池田電設興業(株)代表取締役会長　→83/87

池田　有蔵　いけだ・ゆうぞう　元治1年10月～昭和5年3月22日　実業家　西陣織物同業組合組長,京都府議　→昭和

池田　幸雄　いけだ・ゆきお　明治42年4月13日～昭和60年7月2日　(財)NHKサービスセンター名誉顧問,NHK理事　→83/87

池田　行彦　いけだ・ゆきひこ　昭和12年5月13日～平成16年1月28日　衆院議員(自民党),外相　→03/05

池田　芳　いけだ・よし　～昭和42年1月3日
　池田物産社長　→昭和

池田　義雄　いけだ・よしお　明治43年9月28日～平成11年3月16日　東洋信託銀行常務　→97/99

池田　吉男　いけだ・よしお　～昭和60年9月6日
　(社)日本鳶工業連合会相談役,横浜市神奈川消防団長　→83/87

池田　芳蔵　いけだ・よしぞう　明治44年5月8日～平成13年8月13日　三井物産社長,NHK会長　→00/02

池田　利三郎　いけだ・りさぶろう　～昭和55年12月11日
　三輪そうめん池利商店会長　→80/82

池田 竜一　いけだ・りゅういち　明治5年10月26日〜昭和4年2月11日　実業家　日清生命保険社長　→昭和

池田 竜潤　いけだ・りゅうじゅん　明治33年8月21日〜昭和61年6月21日　随心院門跡,(福)同和園理事長,大僧正　→83/87

池田 亮次　いけだ・りょうじ　〜昭和47年3月28日　日立製作所顧問　→昭和

池田 良祐　いけだ・りょうすけ　〜昭和52年11月16日　小倉市長　→昭和

池田 林一　いけだ・りんいち　大正5年4月14日〜平成11年3月7日　錦水亭会長　→97/99

池田 渉　いけだ・わたる　大正12年2月23日〜平成19年3月25日　日立造船常務　→06/08

池谷 太郎　いけたに・たろう　大正6年8月8日〜平成18年3月26日　東京製鉄社長　→06/08

池谷 半二郎　いけたに・はんじろう　〜昭和59年3月17日　陸軍少将　→83/87

池谷 政雄　いけたに・まさお　大正2年4月13日〜平成20年6月1日　日本発条社長　→06/08

池永 公比古　いけなが・きみひこ　〜平成20年8月8日　神官　宇佐神宮司,鷹神社宮司　→06/08

池中 小太郎　いけなか・こたろう　明治34年10月18日〜平成7年11月1日　住友建設副社長　→94/96

池永 武文　いけなが・たけふみ　大正13年10月17日〜平成9年5月13日　新興産業常務　→97/99

池野 一寛　いけの・かずひろ　大正3年10月7日〜平成14年5月22日　荏原製作所副社長　→00/02

池野 清躬　いけの・きよみ　〜昭和61年7月29日　陸将　陸上自衛隊東部方面総監　→83/87

池野 俊　いけの・たかし　昭和8年4月1日〜平成1年8月22日　製鉄化学工業取締役　→88/90

池野 良之助　いけの・りょうのすけ　〜平成4年11月8日　神戸営林署農林技官　→91/93

池上 孝雄　いけのうえ・たかお　昭和20年6月25日〜平成15年12月7日　高知県議(市民の声)　→03/05

池ノ上 典　いけのうえ・つかさ　大正2年2月8日〜昭和59年12月25日　黒崎窯業専務　→83/87

池上 雅夫　いけのうえ・まさお　昭和10年1月28日〜平成55年4月5日　大旺建設副社長　→80/82

池ノ谷 友一　いけのたに・ゆういち　〜昭和45年9月27日　大成プレハブ顧問　→昭和

池信 親光　いけのぶ・ちかみつ　〜平成18年8月17日　片倉工業常務　→06/08

池羽 正明　いけば・まさあき　大正1年12月28日〜平成7年7月26日　弁護士　宇都宮地裁判事,茨城県弁護士副会長　→94/96

池端 勘七　いけはた・かんしち　明治37年4月1日〜昭和30年3月28日　農民運動家　日農三重県連副委員長　→昭和

池畠 三二　いけはた・さんじ　大正13年3月20日〜平成22年4月8日　城山ストアー創業者　→09/11

池畑 祐治　いけはた・すけはる　明治43年4月8日〜平成1年11月29日　弁護士　福岡高裁判事　→88/90

池端 清一　いけはた・せいいち　昭和4年8月20日〜平成19年2月28日　衆院議員(民主党),国土庁長官　→06/08

池端 忠好　いけはた・ただよし　昭和18年8月14日〜平成15年1月5日　福井県議(自民党)　→03/05

池端 鉄郎　いけはた・てつろう　明治32年9月22日〜平成2年5月3日　海上保安庁第六管区海上保安本部長　→88/90

池原 英治　いけはら・えいじ　明治20年8月10日〜昭和8年4月21日　鉄道技師　→昭和

池原 鹿之助　いけはら・しかのすけ　明治4年8月13日〜昭和10年1月5日　実業家　大阪市助役,藤田組理事　→昭和

池原 茂光　いけはら・しげみつ　〜平成12年10月29日　河合町(奈良県)町議,部落解放同盟奈良県連書記長　→00/02

池原 資盛　いけはら・としもり　〜昭和63年4月13日　(財)真哉会理事長,全国更生保護会連盟理事　→88/90

池淵 祥次郎　いけぶち・しょうじろう　〜昭和38年3月14日　国際油化社長　→昭和

池部 朝次　いけべ・あさじ　〜平成9年12月8日　オリンパス光学工業常務　→97/99

池辺 稲生　いけべ・いねお　〜昭和51年4月4日　住宅営団理事長　→昭和

池辺 清　いけべ・きよし　大正8年10月29日〜平成13年1月17日　大協石油常務　→00/02

池辺 賢三郎　いけべ・けんざぶろう　大正10年12月16日〜平成2年2月19日　(株)サンコー社長　→88/90

池辺 乾治　いけべ・けんじ　大正4年3月26日〜平成6年12月25日　新大協和石油化学(のち東ソー)社長　→94/96

池辺 伝　いけべ・つたえ　明治24年11月14日〜昭和57年8月5日　東京出版販売社長　→80/82

池辺 正行　いけべ・まさゆき　昭和7年10月1日〜平成15年1月15日　クラリオン専務　→03/05

池辺 穣　いけべ・ゆたか　大正6年10月7日〜平成13年4月13日　石油資源開発専務　→00/02

池松 信行　いけまつ・のぶゆき　大正14年8月19日〜平成19年1月14日　西部ガス副社長　→06/08

池見 茂隆　いけみ・しげたか　〜昭和48年12月19日　衆院議員　→昭和

池見 恒夫　いけみ・つねお　大正13年3月4日〜平成13年11月16日　日本製鋼所常務　→00/02

池村 正義　いけむら・せいぎ　昭和2年10月9日〜平成18年10月2日　沖縄県議　→06/08

池村 久雄　いけむら・ひさお　明治45年1月17日〜平成4年8月13日　三協海運会長,関東海連中小協同組合理事長　→91/93

池村 平太郎　いけむら・へいたろう　明治20年12月〜昭

和29年12月17日　衆院議員(民主党)　→昭和

池本 甚四郎　いけもと・じんしろう　明治23年11月～昭和39年1月30日　衆院議員(自由党)　→昭和

池本 信巳　いけもと・のぶみ　～昭和57年3月21日　陸軍主計少将　東海軍管区経理部長　→80/82

池本 正夫　いけもと・まさお　大正9年9月13日～平成13年5月26日　宇治市長　→00/02

池谷 好夫　いけや・よしお　明治44年4月27日～昭和60年2月12日　第一証券常務　→83/87

池山 一切円　いけやま・さいえん　大正6年1月1日～平成14年9月16日　僧侶　延暦寺金台院住職,叡山学院名誉教授　→00/02

生駒 一郎　いこま・いちろう　明治40年4月7日～昭和62年9月28日　札幌市議　→83/87

生駒 加作　いこま・かさく　大正13年7月10日～平成20年4月13日　飛島建設副社長　→06/08

生駒 和夫　いこま・かずお　大正10年11月9日～平成17年3月1日　丸紅常務　→03/05

生駒 啓三　いこま・けいぞう　大正10年8月11日～平成6年1月3日　田辺市長,和歌山県議(自民党)　→94/96

生駒 晋　いこま・すすむ　大正5年3月28日～平成1年5月25日　第三相互銀行(のち第三銀行)取締役　→88/90

生駒 高常　いこま・たかつね　～昭和30年10月16日　石川県知事　→昭和

生駒 武　いこま・たけし　昭和10年7月27日～平成13年10月6日　ハザマ副社長　→00/02

生駒 長一　いこま・ちょういち　明治38年1月20日～昭和20年9月30日　水平社運動家　→昭和

生駒 篤郎　いこま・とくろう　～昭和56年11月7日　三菱日本重工業常務,三菱ふそう自動車専務　→80/82

生駒 実　いこま・みのる　～昭和36年10月12日　日本郵船副社長　→昭和

生駒 隆介　いこま・りゅうすけ　昭和23年2月9日～平成12年7月17日　北海道議(自民党)　→00/02

伊佐 喜平　いさ・きへい　大正9年9月5日～平成7年7月20日　電気興業副社長　→94/96

伊佐 紘八郎　いさ・こうはちろう　昭和16年4月8日～平成19年8月5日　ヤマウ社長　→06/08

伊佐 真市　いさ・しんいち　～平成20年3月12日　日本共産党沖縄県委員長代理　→06/08

伊佐 進　いさ・すすむ　大正12年11月15日～平成2年2月1日　日立情報ネットワーク社長,日立製作所専務　→88/90

伊佐 卓弥　いさ・たくや　～昭和6年1月31日　海軍大佐　→昭和

井竿 節三　いざお・せつぞう　明治39年11月3日～昭和59年8月9日　肥後相互銀行社長　→83/87

伊佐岡 宣之　いさおか・のぶゆき　大正9年3月18日～平成21年3月23日　東京都民銀行常務　→09/11

伊坂 一夫　いさか・かずお　明治36年11月25日～昭和63年1月5日　伊坂美術印刷社長,全日本印刷工業組合連合会副会長　→88/90

井坂 栄　いさか・さかえ　昭和17年5月7日～平成22年2月7日　イトーヨーカ堂社長　→09/11

伊坂 重昭　いさか・しげあき　昭和1年12月25日～平成12年4月10日　弁護士　平和相互銀行監査役,東京地検特捜部検事　→00/02

井坂 孝　いさか・たかし　明治2年12月8日～昭和24年6月19日　実業家　東京瓦斯社長,横浜興信銀行頭取,横浜商工会議所会頭

伊坂 太刀男　いさか・たちお　大正6年8月5日～平成10年1月28日　大正海上火災保険常務　→97/99

井坂 俊男　いさか・としお　～平成5年6月13日　三幸製作所社長,日立南工業団地協同組合理事長　→91/93

井阪 豊光　いさか・とよみつ　明治14年12月～昭和41年2月26日　衆院議院(日本進歩党)　→昭和

伊坂 秀五郎　いさか・ひでごろう　明治11年12月～昭和15年12月17日　衆院議員(昭和会)　→昭和(いさか・しゅうごろう)

井阪 米造　いさか・よねぞう　大正6年8月1日～平成1年10月10日　弁護士　広島高検岡山支部長　→88/90

砂川 純　いさがわ・じゅん　～昭和57年1月27日　日東石膏社長,日本陶器常務　→80/82

猪崎 久太郎　いざき・きゅうたろう　明治33年2月28日～昭和59年3月31日　安宅産業会長　→83/87

伊佐木 弘　いさき・ひろむ　明治39年9月1日～平成1年1月24日　中国新聞社顧問　→88/90

砂子田 忠孝　いさごだ・ただたか　明治16年1月22日～平成1年10月1日　文部省学術国際局研究助成課長　→88/90

伊佐治 勝利　いさじ・かつとし　明治38年10月25日～平成5年1月15日　日本製鋼所副社長　→91/93

為郷 恒淳　いさと・こうじゅん　大正3年6月12日～平成15年12月3日　読売新聞社副社長　→03/05

為郷 世淳　いさと・せいじゅん　～平成15年6月29日　東本願寺教学部長　→昭和(いごう・せじゅん)

砂野 仁　いさの・まさし　明治32年9月15日～昭和54年6月30日　川崎重工社長　→昭和

諫早 三郎　いさはや・さぶろう　大正3年9月9日～昭和59年7月31日　日本製靴社長　→83/87(諫早 三郎)

諫山 忠幸　いさやま・あつゆき　明治43年4月11日～平成3年3月13日　(財)日本穀物検定協会長,(財)製粉振興会会長　→91/93

諫山 航五郎　いさやま・こうごろう　～昭和62年4月19日　ブリヂストン常務　→83/87

諫山 春樹　いさやま・はるき　明治27年2月11日～平成2年6月12日　陸軍中将　→88/90

諫山 秀夫　いさやま・ひでお　大正15年5月22日～平成16年3月28日　大分県議(自民党)　→03/05

諫山 博　いさやま・ひろし　大正10年12月5日〜平成16年11月27日　弁護士 参院議員(共産党)　→03/05

井沢 一郎　いざわ・いちろう　昭和11年12月10日〜平成11年11月25日　三菱金属鉱業副社長　→97/99

井沢 克己　いざわ・かつみ　明治36年3月15日〜平成4年5月2日　国鉄西部総支配人　→91/93

石禾 兼雅　いざわ・かねまさ　〜昭和56年9月7日　東京電気自動車取締役　→80/82

伊沢 喜久雄　いざわ・きくお　大正11年7月6日〜昭和62年3月17日　明電工社長　→83/87

井沢 喜代磨　いざわ・きよま　〜昭和60年11月17日　千代田生命常務, ツガミ専務　→83/87

石禾 欣　いざわ・きん　昭和6年2月24日〜平成18年1月29日　読売新聞大阪本社取締役・総務局長　→06/08

伊沢 国男　いざわ・くにお　大正13年12月20日〜平成19年3月15日　福岡県議(公明党)　→06/08

井沢 啓二　いざわ・けいじ　〜平成14年1月30日　住友石炭鉱業専務　→00/02

伊沢 憲一　いざわ・けんいち　〜平成19年10月2日　あいおい損害保険常務役員　→06/08

井沢 健二　いざわ・けんじ　大正15年8月8日〜平成12年1月22日　住宅都市整備公団理事, 青木建設専務　→00/02

伊沢 十郎　いざわ・じゅうろう　明治35年3月29日〜昭和59年4月28日　藤沢市長, 花月園観光監査役　→83/87

伊沢 省二　いざわ・しょうじ　大正15年7月7日〜平成4年12月20日　日立電子サービス社長　→91/93

伊沢 新一郎　いざわ・しんいちろう　昭和5年1月27日〜平成10年4月3日　宮田工業専務　→97/99

胆沢 信二　いざわ・しんじ　〜昭和60年10月15日　福島放送仙台支社長　→83/87

伊沢 惣作　いざわ・そうさく　明治29年12月28日〜平成1年7月1日　日本綱管取締役　→88/90

伊沢 多喜男　いざわ・たきお　明治2年11月24日〜昭和24年8月13日　内務官僚, 政治家 枢密顧問官, 貴院議員 (勅選)　→昭和

伊沢 格　いざわ・ただし　〜平成8年5月6日　商船三井興業社長　→94/96

伊沢 辰雄　いざわ・たつお　〜昭和55年5月4日　汽車製造専務, 日本鉄道車両工業会常務理事　→80/82

井沢 千尋　いざわ・ちひろ　昭和11年11月2日〜平成8年5月21日　日本電気システム建設常務　→94/96

伊沢 哲夫　いざわ・てつお　明治45年2月9日〜平成15年3月4日　北海道新聞専務　→03/05

伊沢 信賢　いざわ・のぶかた　明治33年4月25日〜昭和57年4月30日　富士電機製造専務, 日本グラモフォン社長　→80/82

井沢 広夫　いざわ・ひろお　〜平成3年5月3日　杜陵印刷名誉会長　→91/93

伊沢 文治　いざわ・ぶんじ　大正5年10月5日〜平成2年

月23日　知多善会長, 東海酒有連商事社長, 名古屋東税務連絡協議会会長　→88/90

伊沢 平勝　いざわ・へいかつ　明治43年5月20日〜昭和60年8月29日　仙台商工会議所会頭, 七十七銀行相談役　→83/87

伊沢 平馬　いざわ・へいま　明治20年5月〜昭和15年4月1日　貴院議員(多額納税)　→昭和

伊沢 平康　いざわ・へいやす　〜昭和55年12月31日　東北映画制作社長, 東北放送常務　→80/82

伊沢 正生　いざわ・まさお　大正12年1月22日〜平成11年4月9日　永谷園常務　→97/99

伊沢 正徳　いざわ・まさのり　大正9年3月6日〜平成5年9月10日　東京銀行監査役　→91/93

伊沢 正行　いざわ・まさゆき　〜昭和62年2月17日　広貫堂(株)相談役　→83/87

伊沢 美治　いざわ・よしはる　昭和6年2月28日〜平成2年4月20日　京都信用金庫理事　→88/90

伊沢 竜作　いざわ・りゅうさく　明治35年8月30日〜平成8年5月27日　関東特殊製鋼専務　→94/96

伊沢 良立　いざわ・りょうりつ　慶応3年1月23日〜昭和2年1月11日　実業家 大日本製糖常務　→昭和

伊沢 林治　いざわ・りんじ　大正6年8月2日〜平成1年10月10日　最高検事務局長　→88/90

井地 輝雄　いじ・てるお　昭和6年3月7日〜平成17年8月25日　九州電力常務　→03/05

石 利治　いし・としはる　大正15年7月1日〜平成3年6月14日　日熱工業社長, ダイセル化学工業取締役　→91/93

石 平一郎　いし・へいいちろう　明治43年4月23日〜平成6年2月27日　東京製綱社長　→94/96

石合 光雄　いしあい・みつお　大正14年6月3日〜平成19年6月19日　日本精工専務　→06/08

石合 茂四郎　いしあい・もしろう　〜昭和63年1月2日　大阪高裁判事　→88/90

石井 彰比古　いしい・あきひこ　昭和30年3月13日〜平成17年5月30日　東プレ常務　→03/05

石井 昭正　いしい・あきまさ　明治42年9月20日〜昭和60年6月19日　日本食堂相談役, 国鉄常務理事　→83/87

石井 明　いしい・あきら　〜昭和39年12月10日　三菱海運専務　→昭和

石井 あや子　いしい・あやこ　〜平成18年7月13日　新日本婦人の会会長, 原水爆禁止日本協議会顧問　→06/08

石井 勲　いしい・いさお　明治42年10月15日〜平成13年10月17日　西吉野村(奈良県)村長　→00/02

石井 勇　いしい・いさむ　〜平成11年4月6日　中部盲導犬協会会長　→97/99

石井 泉　いしい・いずみ　明治40年3月31日〜昭和57年2月4日　上田市長　→80/82

石射 猪太郎　いしい・いたろう　明治20年2月6日〜昭和29年2月8日　外交官 外務省東亜局長　→昭和

I　政治・経済・社会篇

石井 一郎　いしい・いちろう　～昭和55年6月18日
日産化学工業社長　→80/82

石井 一郎　いしい・いちろう　明治39年2月1日～平成15年2月6日　弁護士　第二東京弁護士会会長　→03/05

石井 転　いしい・うたた　～昭和59年10月24日
月島機械常務　→83/87

石井 英一　いしい・えいいち　明治41年1月12日～平成1年12月10日　東洋電機製造社長　→88/90

石井 栄三　いしい・えいぞう　明治40年2月14日～平成6年1月27日　交通遺児育英会理事長、警察庁長官　→94/96

石井 修　いしい・おさむ　～昭和46年5月20日
日本酸素監査役　→昭和

石井 薫　いしい・かおる　昭和10年8月1日～平成16年1月25日　千葉県議（社会党）　→03/05

石井 一恵　いしい・かずえ　昭和6年1月20日～昭和56年9月10日　中央電子(株)代表取締役社長　→80/82

石井 和男　いしい・かずお　昭和3年6月21日～平成5年4月5日　旭川地検検事正　→91/93

石井 和夫　いしい・かずお　明治34年1月30日～平成1年5月1日　香川県会議長　→88/90

石井 賀寿馬　いしい・かずま　～平成3年11月1日
福助取締役　→91/93

石井 和之　いしい・かずゆき　昭和11年1月30日～平成3年3月4日　三和電気社長　→91/93

石井 葵一　いしい・きいち　明治36年4月10日～昭和64年1月5日　日本海事検定協会副会長　→88/90

石井 毅一　いしい・きいち　大正2年2月18日～昭和63年7月25日　石井食品創業者　→88/90

石井 亀久男　いしい・きくお　～昭和60年12月25日
元福岡県警刑事部参事官・前原署長　→83/87

石井 菊次郎　いしい・きくじろう　慶応2年3月10日～昭和20年5月25日　外交官、子爵　外相、枢密顧問官、貴院議員（勅選）　→昭和

石井 菊太郎　いしい・きくたろう　明治43年1月5日～平成1年5月15日　セントラル硝子常務　→88/90

石井 喜司雄　いしい・きしお　大正4年12月20日～平成13年9月13日　神戸繊化工業社長、日本ケミカルシューズ工業組合理事長　→00/02

石井 喜吉　いしい・きよし　～昭和60年12月25日
中央車輛取締役、富南工業取締役　→83/87

石井 清　いしい・きよし　～昭和10年7月13日
神戸商工会議所副会頭　→昭和

石井 清太郎　いしい・きよたろう　大正10年10月23日～平成2年5月7日　アタカ工業専務　→88/90

石井 銀弥　いしい・ぎんや　昭和8年10月13日～平成18年4月1日　タムラ製作所常務　→06/08

石井 桂　いしい・けい　明治31年8月21日～昭和58年12月3日　衆院議員（自民党）、石井桂建築研究所社長　→83/87

石井 敬一郎　いしい・けいいちろう　大正9年11月～平成15年7月3日　横浜市財政局長、横浜市金沢区長　→03/05

石井 敬造　いしい・けいぞう　大正5年9月18日～平成20年5月28日　大林組副会長　→06/08

石井 賢一　いしい・けんいち　大正5年9月5日～平成5年6月17日　東洋カーボン（のち東海カーボン）常務　→91/93

石井 源一　いしい・げんいち　～平成2年12月3日
大成建設常務　→88/90

石井 健一郎　いしい・けんいちろう　明治36年9月19日～平成13年4月29日　大同特殊鋼会長、日経連副会長　→00/02

石井 健治郎　いしい・けんじろう　～平成20年11月7日
福岡事件の元死刑囚　→06/08

石井 堅蔵　いしい・けんぞう　明治31年3月24日～平成4年2月5日　石井産業相談役、和歌山商工会議所会頭　→91/93

石井 玄妙　いしい・げんみょう　～平成5年11月11日
僧侶　真言宗御室派宗務総長、仁和寺執行長、大善院住職　→91/93

石井 五一郎　いしい・ごいちろう　～昭和55年2月22日
東京都淡水魚養殖漁業協同組合理事長　→80/82

石井 興一　いしい・こういち　昭和18年6月22日～平成23年11月28日　三和倉庫社長、日本曹達常務　→09/11

石井 幸一　いしい・こういち　明治40年7月5日～平成2年5月24日　弁護士　公正取引委員　→88/90

石井 紘基　いしい・こうき　昭和15年11月6日～平成14年10月25日　衆院議員（民主党）　→00/02

石井 甲二　いしい・こうじ　大正13年4月15日～平成16年9月1日　労働省労働基準局長　→03/05

石井 孝三　いしい・こうぞう　～昭和42年1月27日
明治製菓会長　→昭和

石井 小太郎　いしい・こたろう　昭和3年5月18日～平成23年4月2日　大平洋金属専務　→09/11

石井 五郎　いしい・ごろう　～昭和26年2月11日
阪神電鉄副社長　→昭和

石井 三郎　いしい・さぶろう　明治13年2月～昭和23年3月25日　衆院議員（昭和会）　→昭和

石井 三郎　いしい・さぶろう　大正8年2月19日～平成10年10月12日　日本ギア工業常務　→97/99

石井 沢二郎　いしい・さわじろう　～昭和59年9月17日
第一証券取締役　→83/87

石井 三四郎　いしい・さんしろう　～昭和43年5月28日
東京都町村会長　→昭和

石井 重夫　いしい・しげお　～昭和63年6月30日
日本原水爆被害者団体協議会代表理事　→88/90

石井 茂夫　いしい・しげお　～昭和57年4月21日
丸善取締役名古屋支店長　→80/82

石井 成就　いしい・しげなり　大正3年3月30日～平成5年1月26日　下松市長　→91/93

石井 重信　いしい・しげのぶ　大正3年2月11日〜平成14年8月17日　中電工常務　→00/02

石井 繁丸　いしい・しげまる　明治37年1月1日〜昭和58年10月8日　弁護士　前橋市長，衆院議員（社会党）　→83/87

石井 滋　いしい・しげる　明治41年12月28日〜平成16年6月16日　理研ビニル工業社長　→03/05

石井 茂　いしい・しげる　〜昭和55年5月13日　日本税理士連合会副会長　→80/82

石井 茂　いしい・しげる　大正13年1月24日〜昭和59年12月23日　東邦港運社長，東京冷凍社長，東邦トレーラー社長　→83/87

石井 茂　いしい・しげる　〜平成7年8月30日　石井製作所会長　→94/96

石井 秀平　いしい・しゅうへい　大正4年5月12日〜平成1年5月2日　神戸製鋼所専務，日本自転車振興会監事　→88/90

石井 潤一　いしい・じゅんいち　大正9年11月7日〜平成20年9月19日　日本化薬常務　→06/08

石井 昇　いしい・しょう　〜昭和43年12月5日　東京都石油商協組理事長　→昭和

石井 昭一　いしい・しょういち　昭和5年2月15日〜平成6年10月6日　セイコー電子工業常務　→94/96

石井 正一　いしい・しょういち　大正6年1月1日〜平成13年1月10日　シチズン時計常務　→00/02

石井 省一郎　いしい・しょういちろう　天保12年12月28日〜明治45年10月20日　貴院議員　→昭和

石井 省三　いしい・しょうぞう　大正3年11月19日〜平成8年8月31日　ニッパツ常務　→94/96

石井 昭平　いしい・しょうへい　昭和10年3月16日〜平成19年4月9日　上田商工信用組合理事長　→06/08

石井 四郎　いしい・しろう　明治25年6月25日〜昭和34年10月9日　陸軍中将，軍医，医学者　→昭和

石井 真一　いしい・しんいち　明治31年3月5日〜昭和63年6月23日　鹿児島商工会議所特別相談役，九州市議会議長　→88/90

石井 真峯　いしい・しんぽう　〜昭和58年8月16日　浄土宗大本山光明寺第109世法主　→83/87

石井 晋　いしい・すすむ　明治34年1月4日〜平成1年2月2日　日本出版販売副社長　→88/90

石井 進　いしい・すすむ　大正6年8月30日〜昭和58年8月26日　近畿日本ツーリスト副社長　→83/87

石井 進　いしい・すすむ　大正13年1月3日〜平成3年9月3日　稲য়会会長　→91/93

石井 成一　いしい・せいいち　大正12年9月14日〜平成20年9月10日　弁護士　日本弁護士連合会会長　→06/08

石井 清一　いしい・せいいち　〜昭和55年9月21日　公共企業体等労働委員会労働者委員　→80/82

石井 清二　いしい・せいじ　〜昭和55年1月14日　厚生年金基金連合会理事　→80/82

石井 静司　いしい・せいじ　大正3年4月1日〜平成10年10月19日　不二越常務　→97/99

石井 節次　いしい・せつじ　〜昭和60年1月5日　セントラル硝子取締役　→83/87

石井 善三郎　いしい・ぜんざぶろう　昭和13年〜昭和61年5月19日　東陶プラスチック社長　→83/87

石井 善七　いしい・ぜんしち　明治18年1月〜昭和11年1月26日　陸軍少将　→昭和

石井 仙太郎　いしい・せんたろう　〜昭和11年9月18日　明治元年第一回ハワイ移民の唯一の生存者　→昭和

石井 千里　いしい・せんり　大正10年10月27日〜平成7年11月16日　西日本流体技研社長　→94/96

石井 大二郎　いしい・だいじろう　大正14年6月13日〜平成17年9月1日　昭和海運社長　→03/05

石井 太一郎　いしい・たいちろう　〜昭和28年5月5日　小松製作所重役　→昭和

石井 孝夫　いしい・たかお　昭和3年11月19日〜平成2年5月13日　ゼンチク取締役　→88/90

石井 隆彦　いしい・たかひこ　大正15年4月5日〜平成6年3月30日　タカラスタンダード常務　→94/96

石井 太吉　いしい・たきち　明治13年3月21日〜昭和41年2月16日　石井鉄工所創業者　→昭和

石井 琢　いしい・たく　大正12年11月7日〜平成5年8月5日　大正海上火災保険（のち三井海上火災保険）副社長　→91/93

石井 武男　いしい・たけお　〜昭和57年12月6日　日本冷蔵常務　→80/82

石井 武夫　いしい・たけお　〜平成6年6月13日　兵庫県会議長，社町（兵庫県）町長　→94/96

石井 武夫　いしい・たけお　明治44年4月9日〜平成9年4月27日　中日新聞相談役　→97/99

石井 健　いしい・たけし　大正2年2月4日〜平成17年8月23日　富士急行会長　→03/05

石井 武　いしい・たけし　〜平成15年7月8日　三里塚芝山連合空港反対同盟熱田派世話人　→03/05

石井 正　いしい・ただし　〜昭和55年4月25日　コスガ専務　→80/82

石井 忠順　いしい・ただゆき　大正14年3月31日〜平成5年11月3日　日本たばこ産業副社長　→91/93

石井 達太郎　いしい・たつたろう　大正14年2月3日〜昭和59年10月4日　安藤建設監査役　→83/87

石井 完　いしい・たもつ　〜昭和61年10月17日　住友海上火災保険監査役　→83/87

石居 太楼　いしい・たろう　明治29年8月9日〜昭和63年1月8日　日本インドネシア協会参与　→88/90

石井 千明　いしい・ちあき　明治39年〜平成5年8月29日　京浜急行電鉄副社長，フェリス女学院理事長　→91/93

石井 親　いしい・ちかし　大正14年1月30日〜平成15年11月12日　昭和アルミニウム社長　→03/05

Ⅰ 政治・経済・社会篇

石井 力 いしい・ちから ～昭和58年10月3日
ホテル大洗荘取締役会長 →83/87

石井 長治 いしい・ちょうじ 明治33年12月12日～昭和42年4月7日 社会運動家 →昭和

石井 主 いしい・つかさ ～平成18年11月10日
北海道食糧事業協同組合専務理事, 全国樺太連盟副会長 北海道支部連合会会長 →06/08

石井 勗 いしい・つとむ 明治31年2月10日～昭和60年7月22日 弁護士 東京大学事務局長 →83/87

石井 経夫 いしい・つねお 大正15年4月29日～平成22年5月29日 スポーツニッポン新聞東京本社専務 →09/11

石井 恒正 いしい・つねまさ 大正6年3月12日～平成4年4月9日 日本火災海上保険専務 →91/93

石井 ツル いしい・つる ～昭和60年2月18日
全国3番目の長寿者 →83/87

石井 貞二 いしい・ていじ ～昭和43年7月9日
毎日新聞専務 →昭和

石井 輝司 いしい・てるじ 大正4年1月5日～平成8年4月22日 コブルラボラトリー社長, 明薬学園理事長 →94/96

石井 寿男 いしい・としお ～平成13年6月18日
空将 →00/02

石井 寿一 いしい・としかず ～昭和43年2月4日
大阪日日新聞社主 →昭和

石井 富之助 いしい・とみのすけ 明治39年～平成8年4月13日 小田原市立図書館長 →94/96

石井 友成 いしい・ともなり 昭和13年5月5日
豊島家浦自治会長 産業廃棄物反対住民運動リーダー →00/02

石井 豊七郎 いしい・とよしちろう ～昭和19年9月27日 長崎控訴院長 →昭和

石井 直一 いしい・なおいち 大正15年5月28日～昭和62年9月4日 日本カードシステム社長, 大蔵省印刷局長 →83/87

石井 直幸 いしい・なおゆき 大正13年5月15日～平成5年10月15日 京浜精機製作所副社長 →91/93

石井 日晃 いしい・にっこう ～昭和13年5月7日
中山法華教寺住職大僧正 →昭和

石井 信一 いしい・のぶいち 大正3年3月9日～平成9年1月11日 香川県議, 坂出市会副議長 →97/99

石井 信弘 いしい・のぶひろ 大正13年7月4日～昭和62年2月4日 尾西市長, 愛知県市長会理事 →83/87

石井 章董 いしい・のりまさ 大正13年12月1日～平成6年12月27日 内海造船社長 →94/96

石井 一 いしい・はじめ ～平成22年3月31日
川越市公平委員会委員長 →09/11

石井 八郎 いしい・はちろう 明治34年4月4日～平成5年9月30日 日本電気工事(のち日本電気システム建設)会長 →91/93

石井 八郎 いしい・はちろう 大正4年10月7日～平成23年10月26日 長崎県議(無所属クラブ) →09/11

石井 花子 いしい・はなこ 明治44年5月13日～平成12年7月1日 ゾルゲの愛人 →00/02

石井 春水 いしい・はるみ 大正6年2月4日～平成15年10月8日 弁護士 札幌高検検事長 →03/05

石井 久雄 いしい・ひさお 大正14年12月25日～平成13年3月10日 日興リカ名誉会長, 日興ファインプロダクツ名誉会長 →00/02

石井 寿夫 いしい・ひさお ～平成3年7月21日
神官 神社本庁教学顧問 →91/93

石井 寿 いしい・ひさし 昭和5年1月1日～平成11年5月30日 佐賀県議(自民党), 松浦東部農協組合長 →97/99

石井 秀雄 いしい・ひでお 明治37年8月27日～平成1年11月11日 三菱化工機常務, キャタピラー三菱常務 →88/90

石井 英道 いしい・ひでみち 昭和13年8月10日～昭和63年5月30日 牧師 日本基督教団京都教区副議長, 大津教会牧師, 愛光幼稚園長 →88/90

石井 平 いしい・ひとし 大正5年9月21日～昭和63年10月5日 神奈川県議(新自ク), 新自由クラブ神奈川県連代表 →88/90

石井 平雄 いしい・ひらお ～昭和26年1月30日
大審院判事 →昭和

石井 寛 いしい・ひろし 明治41年6月24日～昭和54年1月15日 石井鉄工所社長 →昭和

石井 弘 いしい・ひろし 昭和11年5月12日～平成10年2月5日 国際システム取締役 →97/99

石井 宏政 いしい・ひろまさ 明治45年1月10日～平成2年2月6日 帯広商事取締役会長, 全国庶民金融業協会連合会常務理事 →88/90

石井 裕之 いしい・ひろゆき 大正15年2月6日～昭和60年8月12日 敷島紡績専務 →83/87

石井 冨士 いしい・ふじ 昭和2年11月14日～平成14年6月18日 三井建設専務 →00/02

石井 冨士雄 いしい・ふじお 大正8年11月16日～平成19年9月5日 岩手銀行頭取 →06/08

石井 平八郎 いしい・へいはちろう 大正14年12月27日～平成22年9月4日 富士通常務 →09/11

石井 孚 いしい・まこと 昭和12年12月1日～平成15年4月16日 商船三井副社長 →03/05

石井 政雄 いしい・まさお 明治6年1月29日～平成19年5月9日 陸将 防衛庁統合幕僚会議議長 →06/08

石井 正夫 いしい・まさお 昭和8年11月20日～平成12年8月13日 殖産住宅相互専務 →00/02

石井 正雄 いしい・まさお 明治36年7月4日～昭和60年6月9日 大和市長 →83/87

石井 正雄 いしい・まさお 明治45年5月24日～平成10年6月30日 中小企業家同友会全国協議会長, 東海EC会長 →97/99

石井 麻佐雄 いしい・まさお ～昭和55年11月14日

千葉地裁判事　→80/82

石井 政一　いしい・まさかず　明治31年2月28日～平成9年2月24日　弁護士 福島県知事　→97/99

石井 正己　いしい・まさみ　明治38年2月12日～平成2年5月28日　石井精密工業社長　→88/90

石井 正巳　いしい・まさみ　大正6年2月28日～平成9年9月12日　三井物産会長　→97/99

石井 政之　いしい・まさゆき　大正14年7月6日～平成19年7月13日　知床自然保護協会会長　→06/08

石井 勝　いしい・まさる　昭和2年8月9日～平成21年9月27日　高砂熱学工業社長　→09/11

石井 又雄　いしい・またお　昭和7年1月3日～平成17年5月19日　亀齢酒造会長,西条酒造組合理事長　→03/05

石井 守　いしい・まもる　～昭和60年5月20日　石井表記取締役　→83/87

石井 通夫　いしい・みちお　大正2年2月25日～昭和58年7月17日　北海道中央食糧社長　→83/87

石井 光雄　いしい・みつお　明治14年2月～昭和41年3月17日　日立製作所顧問,日本勧業銀行総裁　→昭和

石井 光次郎　いしい・みつじろう　明治22年8月18日～昭和56年9月20日　政治家 衆院議員　→80/82

石井 津　いしい・みなと　昭和8年12月25日～平成14年11月4日　キッコーマン専務　→00/02

石井 基　いしい・もとい　大正4年3月17日～平成4年1月9日　下田酒販代表,下田市長　→91/93

石井 百代　いしい・ももよ　～昭和57年8月7日　「母の反戦歌」の作者　→80/82

石井 安男　いしい・やすお　大正11年4月24日～平成7年8月23日　電業社機械製作所監査役,ウラン濃縮機器社長,東芝首席技監　→94/96

石井 康夫　いしい・やすお　大正4年6月22日～昭和60年4月10日　本州製紙顧問,元東京銀行監査役　→83/87

石井 康雄　いしい・やすお　～平成1年1月26日　西武ポリマ化成常務　→88/90

石井 康　いしい・やすし　～昭和43年1月30日　外交官　→昭和

石井 泰助　いしい・やすすけ　～昭和6年7月11日　川崎市の素封家　→昭和

石井 泰之助　いしい・やすのすけ　昭和2年5月21日～平成16年4月3日　三井造船社長　→03/05

石井 康彦　いしい・やすひこ　昭和6年7月1日～平成9年7月29日　第一火災海上保険専務　→97/99

石井 大和　いしい・やまと　昭和6年2月1日～平成21年7月21日　国際証券会長　→09/11

石井 祐助　いしい・ゆうすけ　～昭和10年3月21日　松本製糸王　→昭和

石井 雪枝　いしい・ゆきえ　明治42年6月26日～平成1年10月4日　社会運動家,婦人運動家　→88/90

石井 好一　いしい・よしいち　明治35年10月12日～平成3年4月10日　十条製紙専務　→91/93

石井 佳夫　いしい・よしお　昭和9年1月7日～平成18年1月16日　オークネット副社長　→06/08

石井 芳男　いしい・よしお　～平成5年3月8日　豊国産業社長　→91/93

石井 良雄　いしい・よしお　大正2年2月23日～昭和61年8月27日　日清製粉相談役・元社長　→83/87

石井 賀孝　いしい・よしたか　明治45年～平成9年9月9日　林業 石井林業会長　→97/99

石井 嘉太郎　いしい・よしたろう　～昭和42年8月29日　国際観光バス社長　→昭和

石井 義太郎　いしい・よしたろう　～昭和2年2月16日　海軍少将　→昭和

石井 由太郎　いしい・よしたろう　明治43年8月2日～平成5年8月23日　日本電子計算機専務,電源開発理事,通商産業省名古屋通商産業局長　→91/93

石井 義彦　いしい・よしひこ　大正2年7月9日～平成15年3月20日　仙台地裁所長　→03/05

石井 嘉穂　いしい・よしほ　～昭和57年7月4日　陸軍中将　→80/82

石井 義昌　いしい・よしまさ　大正2年2月20日～昭和58年9月15日　桂川精螺製作所社長,日本ねじ工業会会長　→83/87

石井 良　いしい・りょう　～平成17年9月3日　日本傷痍軍人会会長　→03/05

石井 亮一　いしい・りょういち　慶応3年5月25日～昭和12年6月13日　社会事業家　精神薄弱児教育の先駆者　→昭和

石井 良一　いしい・りょういち　～昭和15年7月21日　東洋海上火災取締役会長　→昭和

石居 良造　いしい・りょうぞう　大正9年2月2日～平成14年1月3日　石居繊維産業社長,浜縮緬工業協同組合理事長　→00/02

石井 禄次郎　いしい・ろくじろう　大正3年4月11日～昭和60年4月16日　野崎産業相談役・元副社長,元東京銀行取締役　→83/87

石井 若三郎　いしい・わかさぶろう　明治28年12月25日～昭和61年2月5日　神奈川県議,全国都道府県議会議長会副会長　→83/87

石家 覚治　いしいえ・かくじ　～昭和50年11月10日　合同酒精社長　→昭和

石家 久一郎　いしいえ・きゅういちろう　大正14年7月16日～昭和61年5月12日　砂川商工会議所会頭　→83/87

石井田 康勝　いしいだ・やすまさ　昭和7年6月1日～平成17年2月9日　日本電波塔社長　→03/05

石岡 朝義　いしおか・あさよし　昭和4年4月1日～平成22年11月22日　青森県議(自民党)　→09/11

石岡 清　いしおか・きよし　明治43年2月4日～昭和58年11月27日　安立電気専務　→83/87

石岡 繁太郎　いしおか・しげたろう　～昭和28年2月10

I　政治・経済・社会篇　　　　　　　　　　　　　　　　　　　　　　　　　　いしかわ

日　第一生命重役　→昭和
石岡　実　いしおか・みのる　明治43年1月6日～平成8年11月23日　内閣官房副長官　→94/96
石過　世三　いしか・せいぞう　～昭和62年7月14日　鳥屋砂工業会長　→83/87
石垣　卯一　いしがき・ういち　大正4年4月28日～昭和53年10月12日　新産別労組委員長　→昭和
石垣　をの　いしがき・おの　～昭和61年10月14日　星野印版工業会長　→83/87
石垣　喜興　いしがき・きこう　大正5年4月28日～平成16年8月31日　沖縄県議(無所属)、石垣市長　→03/05
石垣　潔　いしがき・きよし　昭和17年9月14日～平成14年1月29日　山形県議(自民党、飽海郡)　→00/02
石垣　倉治　いしがき・くらじ　明治13年～昭和17年4月7日　長野県知事　→昭和
石垣　健蔵　いしがき・けんぞう　昭和4年3月30日～平成19年1月7日　サンウエーブ工業常務　→06/08
石垣　耕造　いしがき・こうぞう　～昭和63年3月8日　本州製紙監査役　→88/90
石垣　次郎　いしがき・じろう　大正6年3月20日～平成2年2月3日　飛島建設常務　→88/90
石垣　敬義　いしがき・たかよし　大正13年10月23日～平成16年6月26日　石垣食品会長　→03/05
石垣　武三郎　いしがき・たけさぶろう　大正2年11月13日～平成10年10月26日　新神戸電機社長、日立化成工業副社長　→97/99
石垣　忠保　いしがき・ただやす　大正6年8月26日～平成13年12月18日　日立物流副社長　→00/02
石垣　八郎　いしがき・はちろう　明治43年10月3日～平成6年8月8日　ミドリ十字会長　→94/96
石垣　良正　いしがき・よしまさ　大正3年10月26日～平成8年4月1日　日鉄電設(のち日鉄エレックス)社長　→94/96
石垣　兼康　いしがみ・かねやす　大正8年8月18日～平成22年1月27日　南日本新聞専務　→09/11
石神　啓吾　いしがみ・けいご　明治40年8月～平成13年8月21日　衆院議員(社会党)　→00/02
石上　慈敬　いしがみ・じけい　～昭和61年2月7日　梅上山光明寺住職　→83/87
石上　韶　いしがみ・たかし　大正2年～昭和63年1月　通訳　→88/90
石神　勇　いしがみ・たけし　明治39年9月13日～平成17年11月2日　日本アシュラム連盟理事　→06/08s
石神　武蔵　いしがみ・たけぞう　～昭和25年1月9日　大阪高裁判事　→昭和
石上　立夫　いしがみ・たつお　大正2年5月30日～平成6年11月11日　日本国土開発会長　→94/96
石上　忠太郎　いしがみ・ちゅうたろう　明治34年9月1日～平成4年4月18日　京都市会議長　→91/93

石上　長寿　いしがみ・ちょうじゅ　明治35年1月10日～昭和48年1月9日　社会運動家　土浦市議　→昭和
石上　寿夫　いしがみ・としお　明治40年4月13日～昭和62年1月28日　北海道公安委員長、ロバパン社長　→83/87
石神　俊一　いしがみ・としかず　大正13年2月9日～平成9年9月3日　大和工業社長　→97/99
石神　俊文　いしがみ・としふみ　～昭和56年2月5日　日本金属プレス工業協会副会長、松原工業代表取締役　→80/82
石上　実　いしがみ・みのる　大正5年8月5日～平成1年1月14日　十条製紙会長　→88/90
石亀　和政　いしがめ・かずまさ　昭和4年11月1日～昭和60年8月7日　三和シャッター工業取締役、昭和フロント販売社長　→83/87
石川　愛　いしかわ・あい　～平成2年7月7日　陸軍中将　→88/90
石川　章　いしかわ・あきら　大正8年12月28日～平成6年8月1日　日本グリース会長、昭和石油(のち昭和シェル石油)取締役　→94/96
石川　明　いしかわ・あきら　昭和12年8月12日～平成16年3月30日　テキサス・インスツルメンツ副社長　→03/05
石川　明　いしかわ・あきら　明治10年5月19日～平成3年3月30日　台糖取締役　→91/93
石川　伊久　いしかわ・いく　大正8年5月1日～平成8年2月7日　埼玉県会議長(自民党)　→94/96
石川　郁郎　いしかわ・いくろう　～平成4年1月31日　佐賀信用金庫理事長　→91/93
石川　郁郎　いしかわ・いくろう　大正10年6月23日～平成17年5月9日　野村コンピュータシステム社長　→03/05
石川　功　いしかわ・いさお　大正14年12月4日～昭和63年5月11日　共栄タンカー監査役　→88/90
石川　勇　いしかわ・いさむ　明治41年1月25日～平成7年3月24日　日本海運貨物取扱業会相談役、石川組社長　→94/96
石川　一郎　いしかわ・いちろう　明治18年11月5日～昭和45年1月20日　実業家　経団連初代会長、日産化学社長　→昭和
石川　五男　いしかわ・いつお　昭和5年10月27日～平成9年1月2日　石川ガスケット社長　→97/99
石川　一成　いしかわ・いっせい　昭和2年9月11日～平成10年6月3日　繊研新聞会長　→97/99
石川　栄一　いしかわ・えいいち　明治22年5月10日～昭和51年5月30日　参院議員(自由党)、全国老人クラブ連副会長　→昭和
石川　栄一　いしかわ・えいいち　昭和6年8月13日～平成23年11月10日　新東社長　→09/11
石川　英吉　いしかわ・えいきち　～昭和28年4月18日　日立製作所顧問　→昭和
石川　英午　いしかわ・えいご　昭和5年3月21日～平成17年1月19日　時事通信監査役　→03/05

いしかわ　　　　　　　　　　　　　　　　　　　　　　　Ⅰ　政治・経済・社会篇

石川　栄三郎　いしかわ・えいざぶろう　～平成2年1月15日　神奈川県議（社会党）　→88/90

石川　翁助　いしかわ・おうすけ　明治40年9月25日～平成2年7月3日　日本紙業監査役　→88/90

石川　薫　いしかわ・かおる　大正14年1月21日～平成13年1月22日　竹中工務店専務　→00/02

石川　嘉久一　いしかわ・かくいち　～昭和59年12月27日　鹿児島地方法務局長　→83/87

石川　数雄　いしかわ・かずお　明治38年5月12日～昭和57年4月27日　主婦の友社会長　→80/82

石川　勝四郎　いしかわ・かつしろう　明治40年3月9日～平成3年2月9日　石川ガスケット創業者、保隣教育財団理事長　→91/93

石川　克己　いしかわ・かつみ　明治40年4月24日～平成15年6月11日　文化シャッター常務　→03/05

石川　亀彦　いしかわ・かめひこ　～昭和13年3月2日　陸軍少将　→昭和

石川　貫之　いしかわ・かんし　大正6年2月7日～平成6年7月11日　防衛庁航空幕僚長　→94/96

石川　喜美次　いしかわ・きみじ　大正2年11月8日～平成5年7月12日　電通副社長　→91/93

石川　公通　いしかわ・きみみち　大正8年10月4日～平成15年7月23日　日本石油副社長　→03/05

石川　久一　いしかわ・きゅういち　明治43年3月1日～平成7年9月19日　一二三光学機械会長　→94/96

石川　久蔵　いしかわ・きゅうぞう　～昭和55年10月7日　石川紡績取締役会長　→80/82

石川　久兵衛　いしかわ・きゅうべえ　明治2年9月～昭和10年1月13日　衆院議員（民政党）　→昭和

石河　京市　いしかわ・きょういち　明治31年3月16日～昭和45年11月29日　社会運動家　横浜市長　→昭和

石川　京一　いしかわ・きょういち　大正7年5月2日～平成14年2月5日　平塚市長　→00/02

石川　京三郎　いしかわ・きょうざぶろう　大正6年3月22日～平成5年8月9日　日野車体工業常務　→91/93

石川　教張　いしかわ・きょうちょう　昭和16年1月9日～平成14年　僧侶　本仏寺住職　→03/05s

石川　潔　いしかわ・きよし　大正7年4月13日～平成7年4月24日　三菱石油社長　→94/96

石川　清　いしかわ・きよし　～昭和38年5月4日　三菱日本重工横浜造船所長　→昭和

石川　清　いしかわ・きよし　～昭和43年8月1日　成瀬証券会長　→昭和

石川　清　いしかわ・きよし　明治24年9月25日～昭和59年12月25日　日本電気取締役、日本大洋海底電線社長、聖学院理事長　→83/87

石川　金次郎　いしかわ・きんじろう　明治30年1月14日～昭和28年3月24日　社会運動家、弁護士　衆院議員（社会党）　→昭和

石川　勲蔵　いしかわ・くんぞう　明治31年9月2日～昭和63年8月12日　弁護士　→88/90

石川　慶二　いしかわ・けいじ　昭和6年～平成22年7月27日　清水建設副社長　→09/11

石川　敬介　いしかわ・けいすけ　大正2年11月30日～昭和60年10月13日　京福電鉄専務　→83/87

石川　堅一郎　いしかわ・けんいちろう　大正2年4月17日～平成8年5月3日　大和製缶副社長　→94/96

石川　涓吉　いしかわ・けんきち　大正7年1月16日～平成5年12月16日　朝日生命保険専務　→91/93

石川　賢次　いしかわ・けんじ　明治39年11月2日～平成7年11月1日　太平洋海運常務　→94/96

石川　賢治　いしかわ・けんじ　大正7年8月31日～平成9年7月15日　駐ホンジュラス大使　→97/99

石川　鉀　いしかわ・こう　大正3年10月21日～平成1年5月12日　側島製罐代表取締役社長、全国ブリキ缶工業協同組合理事　→88/90

石川　孝一　いしかわ・こういち　～昭和53年8月24日　神鋼商事社長　→昭和

石川　荒一　いしかわ・こういち　明治37年1月9日～昭和62年4月2日　大阪観光会社社長、箕面市観光協会名誉会長　→83/87

石川　浩三郎　いしかわ・こうざぶろう　明治26年～昭和62年1月8日　陸軍中将　→83/87

石川　公三　いしかわ・こうぞう　～昭和58年1月6日　藤井産業常務　→83/87

石川　浩三　いしかわ・こうぞう　大正11年10月10日～平成7年9月1日　ニッポンレンタカーサービス会長　→94/96

石川　孝平　いしかわ・こうへい　～昭和59年9月16日　新光酸商会長　→83/87

石川　吾作　いしかわ・ごさく　～平成8年3月12日　グンゼ常務　→94/96

石川　小三郎　いしかわ・こさぶろう　～平成15年10月7日　住友精化常務　→03/05

石川　佐輔　いしかわ・さすけ　～平成3年7月8日　静岡県議（社会党）　→91/93

石川　さだの　いしかわ・さだの　～平成17年12月21日　治安維持法違反で甲府市から不当解雇と主張　→03/05

石川　定義　いしかわ・さだよし　昭和4年9月5日～昭和61年1月28日　菱電商事常務　→83/87

石川　三郎　いしかわ・さぶろう　明治14年5月～昭和15年12月10日　貴院議員（多額納税）、衆院議員（政友本党）　→昭和

石川　三郎　いしかわ・さぶろう　大正2年4月27日～平成11年11月1日　日本触媒社長　→97/99

石川　三四郎　いしかわ・さんしろう　明治9年5月23日～昭和31年11月28日　社会運動家, アナーキスト、評論家　→昭和

石川　繁一　いしかわ・しげいち　明治35年11月28日～昭和63年7月16日　日本エヌ・シー・アール社長　→88/90

I　政治・経済・社会篇　　　　　　　　　　　　　　　　　　　　　　　いしかわ

石川　重男　いしかわ・しげお　大正15年3月6日～昭和56年2月28日　三井埠頭取締役　→80/82

石川　重之　いしかわ・しげゆき　昭和2年8月30日～平成1年11月15日　商工中金専務理事　→88/90

石川　茂　いしかわ・しげる　大正9年1月1日～平成9年1月10日　吉富製薬専務　→97/99

石川　静宏　いしかわ・しずひろ　大正4年1月25日～平成13年1月27日　林兼産業常務　→00/02

石川　七郎　いしかわ・しちろう　大正15年10月26日～昭和58年4月9日　本州製紙取締役　→83/87

石川　修一　いしかわ・しゅういち　昭和6年11月18日～平成6年3月17日　大成証券社長　→94/96

石川　準吉　いしかわ・じゅんきち　明治41年3月14日～平成1年4月14日　行政管理庁行政管理局長　→88/90

石川　準吉　いしかわ・じゅんきち　明治31年11月24日～平成2年7月12日　参院議員(民主党)　→88/90

石川　舜台　いしかわ・しゅんたい　天保12年10月8日～昭和6年12月31日　僧侶　真宗大谷派(東本願寺)上席参務　→昭和

石川　昇一　いしかわ・しょういち　～昭和53年11月5日　加商会長　→昭和

石川　章一　いしかわ・しょういち　昭和2年2月7日～平成6年3月24日　五洋建設常勤監査役　→94/96

石川　丈太　いしかわ・じょうた　明治42年7月17日～平成1年12月27日　石川金属工業相談役,全国鍍金工業組合連合会会長　→88/90

石川　正平　いしかわ・しょうへい　大正7年10月8日～平成5年2月19日　全国農協連会長　→91/93

石川　史郎　いしかわ・しろう　昭和7年12月29日～平成17年11月30日　竹中工務店副社長　→03/05

石川　四朗　いしかわ・しろう　明治37年1月29日～平成1年9月7日　東京化精会長　→88/90

石川　四郎　いしかわ・しろう　大正10年7月1日～昭和59年12月12日　文化シャッター専務　→83/87

石川　信吾　いしかわ・しんご　明治27年1月1日～昭和39年12月17日　海軍少将　→昭和

石川　介常　いしかわ・すけつね　昭和8年9月26日～平成17年12月23日　中村屋専務　→03/05

石川　清夫　いしかわ・すみお　～平成15年7月3日　矢作建設工業専務　→03/05

石川　清一　いしかわ・せいいち　～昭和51年8月31日　参院議員・無　→昭和

石川　清蔵　いしかわ・せいぞう　～昭和58年5月19日　奈良市長　→83/87

石川　泉助　いしかわ・せんすけ　昭和5年2月15日～平成13年6月9日　山口県議(無所属)　→00/02

石川　宗寂　いしかわ・そうしゅく　嘉永2年～昭和14年　裏千家の茶人,弁護士　→昭和

石川　大樹　いしかわ・たいき　昭和9年～平成4年9月21日　相場師　→91/93

石川　大輔　いしかわ・だいすけ　昭和43年～平成17年1月8日　バリアフリー推進コンサルタント　→03/05

石川　孝　いしかわ・たかし　昭和3年4月28日～平成6年7月12日　高砂鉄工取締役　→94/96

石川　尚　いしかわ・たかし　～平成8年8月12日　千代田グラビヤ印刷社専務　→94/96

石川　隆重　いしかわ・たかしげ　昭和19年4月29日～平成23年9月19日　ニッパン社長　→09/11

石川　卓司　いしかわ・たくじ　昭和9年～昭和63年6月25日　KIK社長,旺文社常務　→88/90

石川　度治　いしかわ・たくじ　明治42年12月20日～平成5年5月8日　トーハン会長　→91/93

石川　毅　いしかわ・たけし　昭和9年8月28日～平成5年11月10日　三井木材工業常務　→91/93

石川　武二　いしかわ・たけじ　明治40年12月14日～平成3年11月14日　日本電電公社理事・技師長　→91/93

石川　武　いしかわ・たける　大正14年6月10日～平成9年4月3日　三井海上火災保険会長　→97/99

石川　忠郎　いしかわ・ただお　大正10年4月14日～平成20年12月23日　三井物産常務　→06/08

石川　正　いしかわ・ただし　～昭和57年4月18日　北海道印刷工業組合名誉理事長,三陽印刷社長　→80/82

石川　忠　いしかわ・ただし　明治45年～昭和19年　弁護士　→昭和

石川　忠　いしかわ・ただし　明治41年7月12日～平成21年8月12日　弁護士　宮内庁京都事務所所長,伝統文化保存協会理事長　→09/11

石川　忠輝　いしかわ・ただてる　大正8年10月14日～平成4年3月8日　コーシン乳業社長　→91/93

石川　忠治　いしかわ・ただはる　～平成10年2月13日　三井生命保険副社長　→97/99

石川　達雄　いしかわ・たつお　～昭和57年8月23日　兼松取締役,兼松羊毛工業社長　→80/82

石川　辰雄　いしかわ・たつお　明治37年1月3日～昭和57年12月16日　日本建鉄会長,日本運搬管理協会会長　→80/82

石川　達二　いしかわ・たつじ　昭和16年6月13日～平成11年8月5日　オリンピック常務　→97/99

石川　達郎　いしかわ・たつろう　大正5年8月30日～平成23年5月12日　会計検査院事務総長　→09/11

石川　玻　いしかわ・たまき　～昭和57年8月10日　萱場工業常務　→80/82

石川　太郎　いしかわ・たろう　大正11年～平成9年1月24日　東洋ラジエーター専務　→97/99

石川　次夫　いしかわ・つぎお　大正4年3月～昭和49年3月28日　労働組合運動家　衆院議員(社会党)　→昭和

石川　次夫　いしかわ・つぎお　大正11年6月1日～平成23年2月21日　名取市長　→09/11

石川　勉　いしかわ・つとむ　昭和3年11月7日～平成16年2月3日　東武鉄道常務　→03/05

石川 恒夫　いしかわ・つねお　大正8年2月16日〜平成23年2月27日　中京テレビ放送社長, 千代田火災海上保険副社長　→09/11

石川 常太郎　いしかわ・つねたろう　大正4年3月3日〜平成1年6月16日　福生市長　→88/90

石川 晃夫　いしかわ・てるお　大正7年10月18日〜平成18年8月10日　郵政省電波監理局長, 日本ハイビジョン社長　→06/08

石川 昭夫　いしかわ・てるお　昭和2年9月22日〜平成10年12月15日　日製産業会長　→97/99

石川 昭成　いしかわ・てるしげ　昭和2年2月28日〜昭和62年6月27日　サッカー監督　ゼブラ専務　→83/87

石川 徳松　いしかわ・とくまつ　〜昭和38年10月31日　ゼブラ社長　日本で最初の鋼ペン製造者　→昭和

石川 智以　いしかわ・としい　昭和56年12月26日　喫茶店「蟻屋」経営者　→80/82

石川 十四夫　いしかわ・としお　大正14年2月3日〜平成17年6月5日　北海道議 (道政クラブ), 夕張商工会議所会頭　→03/05

石川 利夫　いしかわ・としお　〜平成3年1月28日　花園万頭会長　→91/93

石川 利雄　いしかわ・としお　明治33年8月10日〜昭和61年7月9日　鉄興社 (のち東洋曹達工業) 常務　→83/87

石川 利雄　いしかわ・としお　昭和5年5月2日〜昭和62年9月17日　近藤忠商事専務, セルシビジネスサービス社長　→83/87

石川 敏功　いしかわ・としかつ　大正8年2月21日〜平成20年6月1日　日本カーボン社長　→06/08

石川 俊貞　いしかわ・としさだ　〜昭和58年3月11日　日本アルミニウム工業社長　→83/87

石川 俊重　いしかわ・とししげ　明治33年7月17日〜平成10年10月15日　日本RKO代表取締役　→88/90

石川 富治郎　いしかわ・とみじろう　大正3年1月10日〜平成20年8月23日　伊予鉄道社長　→06/08

石川 知治　いしかわ・ともはる　明治42年6月25日〜平成5年7月7日　安田生命専務, 東洋大学理事長　→91/93

石川 智久　いしかわ・ともひさ　昭和14年6月15日〜平成16年9月27日　新東社長　→03/05

石川 豊一　いしかわ・とよかず　〜平成15年10月31日　蛇の目ミシン工業常務・執行役員　→03/05

石川 日教　いしかわ・にっきょう　〜昭和32年3月16日　池上本門寺貫主　→昭和

石川 望　いしかわ・のぞむ　大正12年11月14日〜平成12年5月10日　ソントン食品工業社長　→00/02

石川 信太　いしかわ・のぶた　明治44年11月1日〜平成20年6月5日　小湊鉄道社長　→06/08

石川 信義　いしかわ・のぶよし　大正6年12月12日〜平成14年1月8日　二本松市長　→00/02

石川 昇　いしかわ・のぼる　大正9年9月16日〜平成7年6月4日　石川金属機工社長　→94/96

石川 一　いしかわ・はじめ　明治35年11月3日〜昭和59年2月21日　安田生命保険取締役, 日本ホテル専務　→83/87

石川 八朗　いしかわ・はちろう　昭和5年12月16日〜平成16年5月21日　三菱化成工業常務　→03/05

石川 春吉　いしかわ・はるきち　明治37年2月6日〜昭和63年7月27日　東亜燃料工業常務, ゼネラル石油精製副社長　→88/90

石川 久雄　いしかわ・ひさお　〜平成23年11月2日　静岡市議 (自民党)　→09/11

石川 久　いしかわ・ひさし　大正7年1月10日〜平成2年9月18日　トーメン取締役, 東京ミサワホーム社長　→88/90

石川 栄耀　いしかわ・ひであき　明治26年9月7日〜昭和30年9月25日　都市工学者　日本都市計画学会長, 東京都建設局長　→昭和

石川 秀明　いしかわ・ひであき　大正14年3月27日〜平成10年8月10日　ゼブラ会長, 東京文具工業連盟会長　→97/99

石川 等　いしかわ・ひとし　〜昭和28年5月27日　日本カーボン社長　→昭和

石川 裕郎　いしかわ・ひろお　昭和3年3月8日〜昭和63年7月31日　報徳冷凍冷蔵会長, 栃木県議 (自民党)　→88/90

石川 弘　いしかわ・ひろし　昭和3年10月3日〜平成11年8月2日　参院議員 (自民党)　→97/99

石川 洪　いしかわ・ひろし　昭和6年9月15日〜平成10年11月18日　豊国食品工業会長　→97/99

石川 浩　いしかわ・ひろし　〜昭和56年7月27日　キッコーマン常務　→80/82

石川 浩　いしかわ・ひろし　大正4年9月17日〜平成8年1月5日　日立金属専務　→94/96

石川 浩　いしかわ・ひろし　昭和7年2月21日〜平成8年4月29日　国際埠頭常務　→94/96

石川 博資　いしかわ・ひろすけ　〜昭和40年5月18日　帝産オート社長　京都東山の霊山観音像の建立者　→昭和

石川 博敏　いしかわ・ひろとし　明治45年4月23日〜平成18年11月30日　石川建設社長　→06/08

石川 博道　いしかわ・ひろみち　大正7年7月21日〜昭和57年1月21日　サンケン電気取締役　→80/82

石川 博光　いしかわ・ひろみつ　昭和7年11月5日〜平成11年12月23日　弁護士　石川博光法律事務所長, 埼玉県弁護士会会長　→97/99

石川 弘　いしかわ・ひろむ　明治11年1月〜昭和4年1月3日　衆院議員 (民政党)　→昭和 (いしかわ・ひろし)

石川 弘之　いしかわ・ひろゆき　〜平成4年9月24日　石川工業所社長　→91/93

石川 文雄　いしかわ・ふみお　明治44年5月13日〜平成4年4月30日　明治乳業取締役, 日本工業新聞社常務　→91/93

石川 文吉　いしかわ・ぶんきち　～昭和60年9月16日　全国神社保育団体連合会長, 城山熊野神社宮司　→83/87

石川 平蔵　いしかわ・へいぞう　明治1年～昭和6年5月　発明家　→昭和

石川 真　いしかわ・まこと　昭和7年7月19日～平成23年10月15日　産経新聞常務, 日本工業新聞専務　→09/11

石川 誠　いしかわ・まこと　大正8年11月19日～平成9年11月30日　三井液化ガス常務　→97/99

石川 正夫　いしかわ・まさお　大正8年8月5日～平成12年2月24日　弁護士　岐阜地家裁総括判事　→00/02

石川 正登　いしかわ・まさと　大正8年11月13日～平成6年12月24日　弘電社常務　→94/96

石川 雅信　いしかわ・まさのぶ　～平成5年10月21日　研究社出版社長, 住友銀行調査役　→91/93

石川 正見　いしかわ・まさみ　昭和19年2月1日～平成21年10月9日　東洋製作所常務　→09/11

石川 正義　いしかわ・まさよし　～昭和55年11月28日　弁護士　→80/82

石川 勝　いしかわ・まさる　昭和7年10月8日～平成16年4月3日　岐阜新聞・岐阜放送取締役西濃支社長　→03/05

石川 又八　いしかわ・またはち　明治10年6月～昭和10年9月6日　衆院議員 (立憲政友会)　→昭和

石川 松次郎　いしかわ・まつじろう　明治39年11月5日～平成4年11月28日　愛知県会議長　→91/93

石河 幹武　いしかわ・みきたけ　～昭和48年5月3日　日航副社長　→昭和

石川 操　いしかわ・みさお　大正11年5月2日～平成11年1月6日　常陽銀行頭取　→97/99

石川 光三郎　いしかわ・みつさぶろう　～昭和55年3月1日　中日新聞社社友　→80/82

石川 盈行　いしかわ・みつゆき　昭和6年5月8日～平成3年11月4日　ロックペイント常務　→91/93

石川 茂重　いしかわ・もじゅう　明治38年11月1日～昭和59年5月9日　大成証券会長　→83/87

石川 泰　いしかわ・やすし　昭和8年2月23日～平成9年9月11日　石川電工社長, 助川電気工業監査役　→91/93

石川 幸　いしかわ・ゆき　～昭和58年2月13日　帝産オート会長　→83/87

石川 豊　いしかわ・ゆたか　大正15年12月14日～平成6年9月4日　大和証券投資信託販売 (のちユニバーサル証券) 常務　→94/96

石川 陽山　いしかわ・ようざん　～平成11年11月25日　福島県議　→00/02s

石川 庸三　いしかわ・ようぞう　～平成9年1月8日　石川工機会長　→97/99

石川 義一　いしかわ・よしかず　大正6年4月30日～平成7年4月17日　三菱化成 (のち三菱化学) 取締役, 三菱化成エンジニアリング会長　→94/96

石川 芳次郎　いしかわ・よしじろう　明治14年5月5日～昭和44年1月27日　実業家　京福電鉄社長, 日本真空技術社長　→昭和

石川 嘉孝　いしかわ・よしたか　大正4年9月2日～平成3年3月19日　東洋高砂乾電池社長　→91/93

石川 義信　いしかわ・よしのぶ　昭和10年12月8日～平成4年2月15日　知研専務, 日本工業新聞編集局経済部長　→91/93

石川 尚弘　いしかわ・よしひろ　～昭和60年3月15日　名古屋リース取締役総務部長, 名古屋相互銀行今池支店長　→83/87

石川 由己　いしかわ・よしみ　～平成2年2月4日　日本能率協会参与・元理事　→88/90

石川 利一　いしかわ・りいち　大正15年2月24日～平成6年4月20日　サッポロライオン会長, サッポロビール常務　→94/96

石川 利一　いしかわ・りいち　大正12年5月4日～平成17年2月5日　花園万頭社長　→03/05

石川 利作　いしかわ・りさく　明治35年4月～昭和48年2月17日　社会運動家　→昭和

石川 利助　いしかわ・りすけ　～昭和60年2月27日　図書印刷常務, 学校図書専務　→83/87

石川 良吉　いしかわ・りょうきち　大正9年8月27日～昭和62年2月3日　日製電子社長　→83/87

石川 良平　いしかわ・りょうへい　昭和2年5月17日～平成1年8月4日　北海道新聞出版局次長待遇　→88/90

石川 六郎　いしかわ・ろくろう　大正14年11月5日～平成17年12月14日　鹿島建設社長, 日本商工会議所会頭　→03/05

石川 才顕　いしかわ・わざあき　昭和10年8月10日～平成8年11月28日　弁護士　日本大学法学部法律学科教授　→94/96

石北 正司　いしきた・しょうじ　大正3年～昭和50年3月4日　渋川市長　→昭和

石隈 忠房　いしくま・ただふさ　～平成21年8月22日　丸ノ内ホテル社長　→09/11

石隈 辰彦　いしくま・たつひこ　大正5年2月22日～平成19年3月22日　海将　海上自衛隊横須賀地方総監　→06/08

石倉 和雄　いしくら・かずお　昭和2年4月7日～平成11年1月2日　三栄コーポレーション会長　→97/99

石倉 光昭　いしくら・こうしょう　昭和4年～平成5年7月3日　僧侶　時宗宗務長, 最明寺住職　→91/93

石倉 秀次　いしくら・ひでつぐ　大正5年9月10日～平成4年4月8日　科学技術庁科学審議官　→91/93

石倉 保助　いしくら・ほすけ　明治31年2月18日～昭和61年12月29日　大慧会教団会長, 新日本宗教団体連合会副理事長　→83/87

石倉 政一　いしくら・まさいち　～昭和61年3月2日　世界聖誠会富山県連会長, 元滑川市農協理事　→83/87

石蔵 昌祐　いしくら・まさすけ　～平成8年12月20日

人吉新聞社社長　→94/96

石樽 安之　いしぐれ・やすゆき　大正10年6月7日～平成11年7月1日　セントラルファイナンス会長　→97/99

石黒 功　いしぐろ・いさお　明治45年6月3日～平成4年3月9日　ゼネラル石油常務　→91/93

石黒 英一　いしぐろ・えいいち　～昭和48年12月29日　東邦瓦斯相談役　→昭和

石黒 嘉一　いしぐろ・かいち　～昭和62年1月5日　桜木毛織社長、稲沢市織物業振興会長　→83/87

石黒 一男　いしくろ・かずお　昭和4年12月9日～平成19年12月4日　富山県議（社会党）　→06/08

石黒 捷彦　いしぐろ・かつひこ　～平成4年5月5日　パロマ工業取締役相談役　→91/93

石黒 規一　いしぐろ・きいち　明治43年12月13日～平成5年11月8日　三井物産副社長　→91/93

石黒 九一　いしぐろ・くいち　～昭和55年6月28日　三菱電機常務　→80/82

石黒 袈裟三　いしぐろ・けさぞう　明治45年6月18日～平成15年6月15日　大丸食品創業者　→03/05

石黒 賢　いしぐろ・けん　～平成4年6月29日　興和貿績専務　→91/93

石黒 幸市　いしぐろ・こういち　明治32年6月22日～平成5年1月5日　愛知県議　→91/93

石黒 光一郎　いしぐろ・こういちろう　～平成2年8月5日　北海道警函館方面本部長　→88/90

石黒 行平　いしぐろ・こうへい　文久4年～昭和6年5月7日　弁護士、作ян者　→昭和

石黒 佐喜男　いしぐろ・さきお　大正14年10月10日～平成17年2月20日　秋田スズキ会長　→03/05

石黒 定治　いしぐろ・さだじ　明治40年2月17日～昭和60年2月11日　ニチモウ相談役・元会長、キグナス石油顧問・元会長　→83/87

石黒 昇一　いしぐろ・しょういち　大正9年1月3日～昭和61年3月28日　栃木富士産業常任監査役　→83/87

石黒 正吉　いしぐろ・しょうきち　～平成5年12月29日　大為商店会長　→91/93

石黒 四郎　いしぐろ・しろう　～昭和43年7月24日　メキシコ大使　→昭和

石黒 進　いしぐろ・すすむ　明治42年2月21日～平成1年12月31日　海将　海上自衛隊自衛艦隊司令官　→88/90

石黒 善市　いしぐろ・ぜんいち　大正2年9月27日～平成14年8月14日　ナカノコーポレーション専務　→00/02

石黒 隆栄　いしぐろ・たかえ　～昭和55年4月3日　大亜真空技研元社長　→80/82

石黒 隆　いしぐろ・たかし　大正9年11月5日～平成15年8月30日　五洋建設専務　→03/05

石黒 隆司　いしぐろ・たかし　昭和5年3月1日～平成11年10月10日　日本開発銀行監事、日本経済研究所理事長　→97/99

石黒 拓爾　いしぐろ・たくじ　大正9年～昭和54年4月28日　労働事務次官　→昭和（いしぐろ・たくや）

石黒 武重　いしぐろ・たけしげ　明治30年5月13日～平成7年1月23日　民主党幹事長、衆院議員、日本協同組合貿易社長　→94/96

石黒 忠篤　いしぐろ・ただあつ　明治17年1月9日～昭和35年3月10日　農政家　男爵、参院議員（緑風会）　→昭和

石黒 正　いしぐろ・ただし　大正3年10月15日～平成15年3月10日　日揮専務　→03/05

石黒 忠悳　いしぐろ・ただのり　弘化2年2月11日～昭和16年4月26日　陸軍軍医総監、枢密顧問官　→昭和

石黒 定一　いしぐろ・ていいち　～昭和61年1月23日　日本碍子監査役　→83/87

石黒 俊夫　いしぐろ・としお　明治25年5月1日～昭和39年6月15日　実業家　三菱地所会長　→昭和

石黒 寅亀　いしぐろ・とらき　明治39年12月11日～平成18年12月20日　牧師　原水爆禁止日本国民会議代表委員　→06/08

石黒 治也　いしぐろ・はるや　昭和8年11月16日～平成19年3月17日　大倉工業社長　→06/08

石黒 久晄　いしぐろ・ひさあき　昭和6年5月24日～平成22年5月17日　名古屋地検検事正　→09/11

石黒 英雄　いしぐろ・ひでお　明治26年1月26日～昭和57年7月11日　弁護士　奈良弁護士会長　→80/82

石黒 英一　いしぐろ・ひでかず　大正13年3月22日～平成17年3月1日　産経新聞常務　→03/05

石黒 富士雄　いしぐろ・ふじお　大正11年1月21日～平成17年12月4日　日商岩井理事　→03/05

石黒 賢　いしぐろ・まさる　昭和16年7月30日～平成18年2月16日　クボタ常務　→06/08

石黒 真澄　いしぐろ・ますみ　大正7年11月6日～平成5年3月12日　中部電力取締役　→91/93

石黒 松男　いしぐろ・まつお　～昭和62年2月16日　石黒自動車工業（株）代表取締役　→83/87

石黒 靖尋　いしぐろ・やすひろ　昭和11年9月15日～平成23年1月13日　ホーマック創業者　→09/11

石黒 嘉人　いしぐろ・よしと　大正12年5月3日～平成17年12月13日　日本冶金工業社長　→03/05

石黒 義行　いしぐろ・よしゆき　大正9年10月29日～平成5年2月3日　日本農薬専務　→91/93

石毛 郁治　いしげ・いくじ　明治28年5月18日～昭和56年9月1日　実業家、俳人　三井化学工業社長　→80/82

石毛 公済　いしげ・こうさい　明治33年9月24日～昭和62年12月12日　伊豆急行会長　→83/87

石河 健太　いしこ・けんた　大正6年11月12日～昭和63年4月26日　三菱重工業取締役、キャタピラー三菱工業常務　→88/90

石河 昂式　いしこ・たかつね　大正4年11月11日～平成2年8月12日　安田信託銀行取締役　→88/90

石河 正利　いしこ・まさとし　大正4年5月22日～平成20年

年5月31日　名古屋鉄道常務　→06/08

石河　晃太郎　いしこう・こうたろう　明治38年9月11日～昭和62年9月14日　竹中工務店常務　→83/87

石郷岡　岩男　いしごうおか・いわお　～昭和14年6月19日　大審院検事　→昭和

石坂　五十鈴　いしざか・いすず　～昭和52年3月26日　東京スモン訴訟の第2グループ原告団（判決派）のリーダー、東京スモンの会副会長　→昭和

石坂　一郎　いしざか・いちろう　～昭和61年5月22日　日本勧業銀行常務、日本水素工業社長、日本書庫センター社長　→83/87

石坂　イト　いしざか・いと　～昭和47年10月21日　ひよこ会長　→昭和

石坂　英二　いしざか・えいじ　昭和7年9月12日～平成10年8月25日　ジャムコ社長　→97/99

石坂　音治　いしざか・おとはる　～昭和62年6月21日　名古屋市大名誉教授、救心製薬常任顧問　→83/87

石坂　謙吉　いしざか・けんきち　明治32年11月30日～平成5年12月11日　鐘紡常務　→91/93

石坂　繁　いしざか・しげる　明治26年1月～昭和47年12月31日　衆院議員（自民党）、熊本市長　→昭和

石坂　修一　いしざか・しゅういち　明治28年9月14日～昭和44年11月10日　弁護士　最高裁判事　→昭和

石坂　二朗　いしざか・じろう　昭和2年12月22日～平成18年1月29日　東京銀行常務　→06/08

石坂　新吾　いしざか・しんご　～平成9年8月1日　美濃部亮吉都知事特別秘書、都労連副委員長　→97/99

石坂　泰三　いしざか・たいぞう　明治19年6月3日～昭和50年3月6日　実業家、財界人　経団連名誉会長、東芝社長　→昭和

石坂　卓郎　いしざか・たくろう　～昭和61年11月9日　魚津石灰社長、北電資材課長　→83/87

石坂　豊一　いしざか・とよかず　明治7年5月～昭和45年5月5日　衆院議員、参院議員（自民党）→昭和（いしざか・とよかず）

石坂　直昭　いしざか・なおあき　～昭和63年9月25日　首相官邸事務所専門官　→88/90

石坂　信雄　いしざか・のぶお　昭和8年9月7日～平成9年1月19日　東芝アメリカ社長　→97/99

石坂　範一郎　いしざか・のりいちろう　明治39年9月21日～昭和56年4月23日　東芝EMI音楽出版社社長　→80/82

石坂　博和　いしざか・ひろかず　昭和5年1月12日～平成14年12月27日　ひよ子会長　→03/05s

石坂　公歴　いしざか・まさつぐ　慶応4年1月16日～昭和19年8月　自由民権運動家　→昭和

石坂　善弘　いしざか・よしひろ　～昭和60年12月26日　(有)石坂善商店専務取締役　→83/87

石坂　禄朗　いしざか・ろくろう　明治30年1月7日～平成1年2月19日　日本輸出入銀行理事、東芝機械専務　→

88/90

石崎　昭義　いしざき・あきよし　昭和9年12月9日～平成9年7月17日　日産建設常務　→97/99

石崎　昭　いしざき・あきら　昭和6年3月7日～平成19年8月27日　警察庁中部管区警察局長　→06/08

石崎　喜太郎　いしざき・きたろう　大正15年2月6日～平成7年9月3日　北海道漁連会長、北海道議　→94/96

石崎　五郎　いしざき・ごろう　大正5年2月20日～昭和63年1月30日　石崎本店社長、中国放送取締役　→88/90

石崎　重郎　いしざき・じゅうろう　明治38年2月7日～平成6年4月29日　大協石油（のちコスモ石油）専務　→94/96

石崎　昭哲　いしざき・しょうてつ　昭和3年10月26日～平成19年9月6日　市民運動家　ベトナムに平和を！市民連合福岡事務局長　→06/08

石崎　四郎　いしざき・しろう　大正2年9月18日～平成5年1月7日　東京高裁部総括判事　→91/93

石崎　千松　いしざき・せんまつ　明治30年3月～昭和47年6月12日　衆院議員（国協党）　→昭和

石崎　従矩　いしざき・つぐのり　～平成3年4月4日　西日本相互銀行（のち西日本銀行）常務　→91/93

石崎　哲二　いしざき・てつじ　平成8年6月25日　山口市長　→昭和

石崎　哲也　いしざき・てつや　～平成21年9月16日　中央魚類常務　→09/11

石崎　伝蔵　いしざき・でんぞう　明治19年10月2日～平成11年4月29日　長寿日本一　→97/99

石崎　寿次　いしざき・としつぐ　昭和22年9月24日～平成10年9月8日　ジャストオートリーシング社長　→97/99

石崎　俊彦　いしざき・としひこ　～平成15年11月18日　福光町図書館（富山県）館長　→03/05

石崎　仁十　いしざき・にじゅう　～昭和55年2月13日　中日新聞社社友会常任幹事、信濃ジャーナル名古屋支局長　→80/82

石崎　彦二　いしざき・ひこじ　明治33年9月?日～昭和58年1月16日　北見専門店会長、石崎石油社長　→83/87

石崎　秀夫　いしざき・ひでお　大正10年4月22日～平成6年5月27日　パイロット　ウェザーニューズ社航空気象プロジェクトチーム本部長　→94/96

石崎　英克　いしざき・ひでかつ　昭和17年12月2日～平成12年12月31日　ブリヂストン常務　→00/02

石崎　政男　いしざき・まさお　大正9年10月12日～平成2年11月2日　札幌高裁部総括判事、函館地・家裁所長　→88/90

石崎　幸雄　いしざき・ゆきお　昭和7年2月1日～平成22年6月12日　十八銀行常務　→09/11

石崎　龍三　いしざき・りゅうぞう　明治37年4月18日～昭和63年11月7日　苫小牧港開発副社長　→88/90

石迫　利一　いしさこ・としいち　～平成4年12月13日　日本火災海上保険監査役　→91/93

石沢 一朝　いしざわ・かずとも　昭和4年9月5日～平成19年12月7日　鐘紡社長　→06/08

石沢 四郎　いしざわ・しろう　～昭和32年2月27日　山陽電気鉄道会長　→昭和

石沢 善重郎　いしざわ・ぜんじゅうろう　明治32年4月17日～昭和56年3月26日　東亜燃料工業取締役　→80/82

石沢 忠義　いしざわ・ただよし　～平成10年3月18日　全国食糧（のちゼンチク）常務　→97/99

石沢 夏郎　いしざわ・なつろう　大正7年8月1日～平成15年3月21日　日本酸素会長　→03/05

石沢 文四郎　いしざわ・ぶんしろう　～昭和61年5月10日　日本電波協会東北支部長　→83/87

石沢 正男　いしざわ・まさお　明治36年3月31日～昭和62年5月21日　美術史家　大和文華館館長、東京国立博物館美術課長　→83/87

石沢 豊　いしざわ・ゆたか　明治29年7月20日～昭和40年1月22日　外交官　バタビア総領事　→昭和

石地 与一郎　いしじ・よいちろう　明治43年10月16日～昭和63年3月19日　北国新聞社参与　→88/90

石島 三郎　いしじま・さぶろう　明治37年8月24日～昭和50年8月10日　牧師　→昭和

石島 参郎　いしじま・さぶろう　～昭和55年11月26日　東京都議（自民党）　→80/82

石島 聡一　いしじま・そういち　昭和8年9月18日～平成22年6月11日　東北パイオニア社長、天童商工会議所会頭　→09/11

石島 恒夫　いしじま・つねお　昭和5年8月6日～昭和63年2月12日　石巻芸術協会事務局長、石巻市文化財保護委員　→88/90

石島 友勝　いしじま・ともかつ　～昭和57年12月13日　中央区議（自民党）　→80/82

石島 文雄　いしじま・ふみお　大正7年～平成4年10月4日　日産建設取締役　→91/93

石島 保男　いしじま・やすお　昭和19年3月31日～平成21年9月10日　栃木県議（自民党）　→09/11

石島 泰　いしじま・ゆたか　大正10年12月12日～平成14年8月15日　弁護士　→00/02

石津 栄一　いしづ・えいいち　大正13年4月24日～平成21年1月1日　川之江市長　→09/11

石津 三良　いしづ・さぶろう　大正6年4月1日～昭和62年3月5日　東北三菱自動車部品社長、三菱自動車工業常務　→83/87

石津 重政　いしづ・しげまさ　明治36年1月10日～昭和61年3月27日　北海道拓殖銀行常務　→83/87

石津 武治　いしづ・たけはる　明治41年2月14日～平成5年11月5日　小野田セメント取締役　→91/93

石塚 巌　いしづか・いわお　大正13年8月2日～平成11年9月22日　ミネベア会長　→97/99（いしづか・いわお）

石塚 英蔵　いしづか・えいぞう　慶応2年7月23日～昭和17年7月28日　官僚　枢密顧問官、台湾総督、貴院議員（勅選）　→昭和

石塚 長臣　いしづか・おさおみ　～昭和42年11月14日　ゼネラル物産常務　→昭和

石束 嘉三郎　いしか・かさぶろう　明治30年4月7日～平成1年10月28日　京都ステーションホテル社長　→88/90

石塚 和雄　いしづか・かずお　昭和6年～昭和63年1月20日　千葉興業銀行取締役　→88/90

石塚 久蔵　いしづか・きゅうぞう　明治10年～昭和25年　八百久先々代主人　→昭和

石塚 粂蔵　いしづか・くめぞう　明治19年2月17日～昭和37年7月15日　実業家　日本製鋼所会長　→昭和

石塚 啓助　いしづか・けいすけ　明治40年3月27日～平成12年12月8日　若築建設常務　→00/02

石塚 健　いしづか・けん　～平成11年7月5日　流山市長、千葉県議　→97/99（いしづか・けん）

石塚 好平　いしづか・こうへい　明治44年12月28日～平成6年12月9日　日立造船富岡機械社長　→94/96

石塚 栄　いしづか・さかえ　～平成8年10月17日　海将　海上自衛隊幹部学校長　→94/96

石塚 俊次　いしづか・しゅんじ　～平成2年12月2日　住友商事理事、住友建物社長　→88/90

石塚 四郎　いしづか・しろう　～昭和60年10月29日　コロナ社常務　→83/87

石塚 清幸　いしづか・せいこう　昭和2年1月13日～平成10年4月3日　秋田県出納長　→97/99（いしづか・せいこう）

石塚 善之輔　いしづか・ぜんのすけ　明治37年3月7日～平成4年7月18日　石塚証券社長　→91/93

石塚 健　いしづか・たけし　～昭和59年4月17日　日本機械輸出組合常務理事　→83/87

石塚 長助　いしづか・ちょうすけ　大正3年3月19日～平成1年3月20日　仙台簡易裁判所判事　→88/90

石塚 恒彦　いしづか・つねひこ　大正15年10月28日～平成11年12月30日　ソニー専務　→97/99（いしづか・つねひこ）

石塚 俊雄　いしづか・としお　～平成5年3月15日　大崎電気工業取締役　→91/93

石塚 発三　いしづか・はつぞう　大正9年5月3日～平成13年1月9日　明治生命保険専務　→00/02

石塚 彦一　いしづか・ひこいち　～昭和31年9月3日　国分市長　→昭和

石塚 尚　いしづか・ひさし　～昭和55年2月24日　日本鉱業取締役　→80/82

石塚 秀男　いしづか・ひでお　明治41年2月14日～平成16年5月18日　東京マツダ販売社長、全国軽自動車協会連合会長　→03/05

石塚 秀二　いしづか・ひでじ　～昭和60年10月18日　運輸審議会会長、(財)日本乗合自動車協会理事長　→

83/87

石塚 勉喜　いしずか・べんき　大正14年3月26日〜平成2年7月31日　伸興通産社長　→88/90

石塚 政紀　いしずか・まさき　大正11年2月4日〜平成8年11月26日　栃木県議（自民党）　→94/96

石塚 政寿　いしずか・まさじゅ　〜昭和62年5月2日　東久留米市長　→83/87

石塚 正信　いしずか・まさのぶ　明治33年5月17日〜平成1年2月16日　石塚硝子名誉会長・元社長，日本硝子製品工業会長　→88/90

石塚 譲　いしずか・ゆずる　慶応1年9月〜昭和6年3月19日　弁護士　衆院議員（民政党）　→昭和

石塚 庸三　いしずか・ようぞう　大正4年2月19日〜昭和57年4月24日　実業家　パイオニア社長　→80/82

石塚 喜秀　いしずか・よしひで　〜昭和63年4月2日　川崎重工業参事　→88/90

石塚 吉宏　いしずか・よしひろ　大正7年10月27日〜平成12年4月24日　山県記念財団理事長，興亜火災海上保険常務　→00/02

石塚 緑郎　いしずか・ろくろう　〜平成5年9月18日　東洋汽船（のち昭和海運）常務　→91/93

石積 五月　いしずみ・さつき　大正14年5月13日〜平成11年4月27日　丸紅常務　→97/99（いしづみ・さつき）

石瀬 和正　いしせ・かずまさ　昭和2年2月16日〜平成17年7月30日　極洋社長　→03/05

石関 学　いしぜき・まなぶ　大正10年2月6日〜平成22年11月19日　日本火災海上保険専務　→09/11

石曽根 幹雄　いしそね・みきお　昭和2年7月17日〜平成23年1月26日　読売新聞中部本社代表　→09/11

石田 明　いしだ・あきら　昭和3年5月30日〜平成15年10月27日　全国原爆被爆教職員の会会長，広島県議（社民党）　→03/05

石田 朗　いしだ・あきら　大正9年2月24日〜平成20年2月3日　農林省蚕糸局長，東京穀物商品取引所理事長　→06/08

石田 功　いしだ・いさお　大正3年10月14日〜昭和58年1月6日　空港施設副社長，全日空専務　→83/87

石田 徳　いしだ・いさお　大正12年7月4日〜平成21年6月3日　杵築市長　→09/11

石田 磯次　いしだ・いそじ　大正5年1月25日〜昭和50年1月31日　電線工業経営者連盟常務理事，日経連常務理事　→昭和

石田 一郎　いしだ・いちろう　文久2年11月15日〜昭和9年1月2日　海軍少将　→昭和

石田 一郎　いしだ・いちろう　昭和40年9月23日　郡是製糸社長，元日本製糸協会長　→昭和

石田 市郎　いしだ・いちろう　大正7年9月27日〜平成6年1月20日　弁護士　→94/96

石田 栄一　いしだ・えいいち　〜昭和60年2月5日　（財）報農会常務理事　→83/87

石田 栄一　いしだ・えいいち　昭和15年1月7日〜平成22年11月3日　高砂熱学工業社長　→09/11

石田 栄助　いしだ・えいすけ　大正14年1月11日〜平成9年5月8日　三井建設専務　→97/99

石田 温造　いしだ・おんぞう　明治45年〜平成14年10月31日　光洋精工常務　→00/02

石田 馨　いしだ・かおる　明治18年5月4日〜昭和34年1月26日　警視総監，内務省神社局長　→昭和

石田 一男　いしだ・かずお　昭和4年2月13日〜平成20年6月8日　兵庫県議（自民党）　→06/08

石田 一雄　いしだ・かずお　大正14年4月1日〜昭和60年8月12日　阪神電鉄常務，中央電気工業社長　→83/87

石田 和男　いしだ・かずお　昭和2年7月30日〜平成20年9月10日　牧師　目黒カベナント教会名誉牧師，津山教会名誉牧師　→09/11s

石田 和外　いしだ・かずと　明治36年5月20日〜昭和54年5月9日　最高裁長官　→昭和

石田 和義　いしだ・かずよし　昭和2年1月3日〜平成5年4月8日　丸善石油（のちコスモ石油）取締役　→91/93

石田 貫之助　いしだ・かんのすけ　嘉永2年12月〜昭和9年10月8日　富山県知事，衆院議員（無所属）　→昭和

石田 喜一郎　いしだ・きいちろう　明治44年4月10日〜平成1年6月7日　伊集万取締役　→88/90

石田 季九夫　いしだ・きくお　大正14年3月13日〜平成2年4月27日　大成道路専務　→88/90

石田 吉郎　いしだ・きちろう　明治43年10月26日〜平成9年2月11日　旭計器社長　→97/99

石田 久市　いしだ・きゅういち　明治34年2月6日〜昭和56年3月4日　三菱重工業取締役　→80/82

石田 清　いしだ・きよし　明治33年〜平成3年8月22日　杉乃井ホテル会長　→91/93

石田 美　いしだ・きよし　昭和3年2月〜平成9年5月22日　東京銀行常務　→97/99

石田 清茂　いしだ・きよしげ　大正12年12月29日〜平成6年8月9日　香芝市長　→94/96

石田 金蔵　いしだ・きんぞう　〜昭和13年9月14日　陸軍少将　→昭和

石田 欣也　いしだ・きんや　昭和10年2月23日〜昭和59年5月10日　日本経済新聞電算機管理本部技師　→83/87

石田 邦夫　いしだ・くにお　昭和5年6月18日〜平成3年8月6日　三井物産常務　→91/93

石田 熊治郎　いしだ・くまじろう　明治8年8月15日〜昭和35年2月22日　医学放射線技術者　東北帝国大学技手　→昭和

石田 恵一　いしだ・けいいち　明治35年12月5日〜昭和61年4月7日　弁護士　名古屋高裁判事　→83/87

石田 慧史　いしだ・けいし　大正9年3月10日〜平成15年8月15日　警察庁九州管区警察局長，にしけい社長　→03/05

石田 啓次郎　いしだ・けいじろう　〜昭和40年4月4日

日産建設常務, 陸連理事長 →昭和

石田 健一 いしだ・けんいち ～平成8年5月26日
住友電設専務 →94/96

石田 謙一郎 いしだ・けんいちろう 明治41年3月28日～平成5年10月19日 石田バルブ工業会会長, 日本バルブ工業会会長 →91/93

石田 兼吉 いしだ・けんきち ～平成19年3月16日
中川町議(北海道)町議 →06/08

石田 幸四郎 いしだ・こうしろう 昭和5年8月22日～平成18年9月18日 衆院議員(公明党), 総務庁長官 →06/08

石田 幸成 いしだ・こうせい ～昭和61年2月18日
長野県経済連専務理事 →83/87

石田 栄 いしだ・さかえ ～昭和60年2月20日
陸軍技師 有機合成化学協会事務局長 →83/87

石田 貞雄 いしだ・さだお ～平成9年7月8日
札幌ユニオン新管財社長, 新ユニオン社長, デリーズ会長 →97/99

石田 三良 いしだ・さぶろう ～昭和55年11月11日
中部コウベ電池社長, 全国電装整備組合連合会副会長 →80/82

石田 茂夫 いしだ・しげお 明治45年4月17日～平成10年1月3日 日本エス・ティ・ジョンソン商会会長 →97/99

石田 忍 いしだ・しのぶ ～平成8年8月15日
サビロック会長 →94/96

石田 樹心 いしだ・じゅしん 明治31年1月6日～昭和25年1月28日 農民運動家 全農中央委員 →昭和

石田 俊介 いしだ・しゅんすけ 昭和12年6月11日～平成22年12月5日 秋田テレビ専務 →09/11

石田 順平 いしだ・じゅんぺい 大正4年11月6日～平成4年7月26日 石田コンクリート社長 →91/93

石田 俊良 いしだ・しゅんりょう 昭和13年7月1日～平成22年4月7日 僧侶, 日本画家 護国寺(高野山真言宗)住職 →09/11

石田 庄市 いしだ・しょういち 大正13年12月29日～平成19年11月23日 東レ常務 →06/08

石田 正一 いしだ・しょういち ～昭和61年1月26日
尾崎行雄記念財団常務理事 →83/87

石田 錠太郎 いしだ・じょうたろう ～昭和60年10月23日 愛知県建設業協会相談役, (株)石田組取締役会長 →83/87

石田 二郎 いしだ・じろう 昭和6年1月2日～平成23年11月6日 大同特殊鋼常務, 日本鍛工社長 →09/11

石田 信一 いしだ・しんいち 大正2年1月28日～平成5年10月21日 テレビせとうち副社長, 日本経済新聞社社友 →91/93

石田 真二 いしだ・しんじ 大正12年2月～平成18年8月13日 日航機長 よど号ハイジャック事件 →06/08

石田 進 いしだ・すすむ ～平成2年9月22日

グローリー工業副社長 →88/90

石田 捨雄 いしだ・すてお 大正5年4月22日～平成14年7月20日 海将 海上自衛隊幕僚長 →00/02

石田 朴 いしだ・すなお 大正4年9月26日～平成2年7月24日 デュポンフロロケミカル社長, 三井石油化学工業専務 →88/90

石田 精 いしだ・せい 大正6年1月17日～平成22年3月13日 新潟放送専務 →09/11

石田 清治 いしだ・せいじ 大正3年3月5日～平成9年7月9日 青森県議(自民党) →97/99

石田 靖二 いしだ・せいじ ～昭和62年8月23日
朝日電器(のち朝日ナショナル照明)取締役 →83/87

石田 善一 いしだ・ぜんいち 大正8年8月13日～平成23年1月24日 ユニー会長, さが美創業者 →09/11

石田 善碩 いしだ・ぜんせき ～平成3年7月11日
大阪府議(自民党) →91/93

石田 泰一 いしだ・たいいち 大正13年1月4日～平成16年7月24日 日本ペイント常務 →03/05

石田 退三 いしだ・たいぞう 明治21年11月16日～昭和54年9月18日 実業家 トヨタ自動車工業社長 →昭和

石田 喬 いしだ・たかし 昭和8年4月25日～平成5年4月8日 フジテック副会長 →91/93

石田 孝 いしだ・たかし 大正7年10月15日～昭和62年12月14日 浜頓別町(北海道)町長 →83/87

石田 孝 いしだ・たかし 昭和16年2月28日～平成16年3月30日 山本化成常務 →03/05

石田 貴久 いしだ・たかひさ 大正9年3月2日～平成13年12月29日 マルサンアイ社長 →00/02

石田 健 いしだ・たけし 明治23年1月7日～昭和43年11月12日 実業家 三井石油化学工業社長 →昭和

石田 健 いしだ・たけし 昭和5年3月28日～平成19年7月18日 富士通取締役 →06/08

石田 正 いしだ・ただし 明治43年1月7日～昭和54年3月4日 大蔵事務次官, 日本輸出入銀行総裁 →昭和

石田 正 いしだ・ただし 大正6年3月24日～平成8年1月4日 グンゼ会長 →94/96

石田 忠光 いしだ・ただみつ ～昭和57年6月12日
石田重機社長 →80/82

石田 忠行 いしだ・ただゆき 昭和8年10月15日～平成6年12月11日 畜産興農社社長, ガステックサービス取締役 →94/96

石田 達郎 いしだ・たつろう 大正7年7月18日～平成2年7月19日 ニッポン放送社長, 産経新聞社長 →88/90

石田 民雄 いしだ・たみお 大正15年5月3日～平成2年11月3日 トーホク金属社長 →88/90

石田 千佳夫 いしだ・ちかお ～昭和61年9月29日
(株)イシダ常務取締役 →83/87

石田 次男 いしだ・つぎお 大正14年2月24日～平成4年2月4日 聖教新聞主幹, 参院議員(公明党) →91/93

石田 恒夫 いしだ・つねお 明治45年1月14日～昭和62

I　政治・経済・社会篇　　　　　　　　　　　　　　　　　　　　　　　　　　　　いした

年8月30日　日星産業社長,戦艦大和会会長　→83/87

石田 恒夫　いしだ・つねお　～平成16年12月5日
奈良県議　→03/05

石田 貞二　いしだ・ていじ　～昭和12年2月21日
大同海運専務取締役　→昭和

石田 貞二郎　いしだ・ていじろう　大正7年8月15日～昭和61年2月28日　日本フードサービス協会専務理事　→83/87

石田 哲哉　いしだ・てつや　昭和2年1月1日～昭和63年11月21日　昭和海運常務　→88/90

石田 東四郎　いしだ・とうしろう　～平成21年6月25日　中国から56年ぶりに帰国した日本兵　→09/11

石田 徹　いしだ・とおる　昭和8年8月18日～平成14年1月21日　トピー工業専務　→00/02

石田 徳次郎　いしだ・とくじろう　大正7年12月5日～平成2年3月28日　大日本スクリーン製造会長　→88/90

石田 俊直　いしだ・としなお　昭和43年10月27日
日産農林副社長　→昭和

石田 寿治　いしだ・としはる　大正11年8月11日～昭和62年8月5日　シージーシー・ジャパン相談役,日本スーパーマーケット協会副理事　→83/87

石田 富夫　いしだ・とみお　～平成1年2月14日
白国常務　→88/90

石田 富平　いしだ・とみへい　明治35年9月13日～平成2年7月13日　弁護士　高松高検検事長,広島高検検事長　→88/90

石田 留治　いしだ・とめじ　～昭和61年3月2日
札幌税務署長　→83/87

石田 友治　いしだ・ともじ　明治14年～昭和17年
キリスト教の教化指導者　→昭和

石田 寅雄　いしだ・とらお　明治35年2月15日～平成8年1月14日　弁護士　法律扶助協会会長,東京弁護士会副会長　→94/96

石田 姉　いしだ・のぼる　大正12年2月16日～平成18年9月5日　神鋼電機専務　'06/08

石田 登穂　いしだ・のりお　～昭和55年6月1日
鬼怒川ゴム工業社長,元日産自動車取締役栃木工場長　→80/82

石田 一　いしだ・はじめ　～昭和61年2月2日
石田国際特許事務所長　→83/87

石田 一　いしだ・はじめ　大正10年5月3日～平成14年5月16日　メイク(のちホーマック)社長　→00/02

石田 晴英　いしだ・はるひで　昭和10年～昭和60年3月21日　東急不動産大阪支社副支社長　→83/87

石田 彦吉　いしだ・ひこきち　明治32年12月13日～昭和63年9月23日　川口鍛工所会長,川口新郷工業団地協同組合理事,恩賜財団埼玉県済生会会長　→88/90

石田 彦治　いしだ・ひこじ　昭和8年2月6日～平成2年3月28日　北海道新聞販売局次長　→88/90

石田 英夫　いしだ・ひでお　昭和8年10月3日～平成11年3月7日　トーエネック社長,中部電力常務　→97/99

石田 秀夫　いしだ・ひでお　明治34年11月25日～平成9年4月3日　帝国自動車工業(のち日野車体工業)専務　→97/99

石田 人士　いしだ・ひとし　昭和6年9月12日～平成2年11月14日　東映京都スタジオ副社長,太秦映画村村長,東映取締役　→88/90

石田 兵三郎　いしだ・ひょうざぶろう　大正2年3月16日～平成2年3月3日　近畿コカ・コーラボトリング専務　→88/90

石田 広　いしだ・ひろし　～昭和31年12月9日
名古屋高検検事　→昭和

石田 博　いしだ・ひろし　大正11年3月24日～平成14年12月16日　日本交通公社社長　→00/02

石田 博英　いしだ・ひろひで　大正3年12月12日～平成5年10月14日　政治家　衆院議員(自民党),労相　→91/93

石田 文雄　いしだ・ふみお　～平成5年11月20日
日本学生航空連盟事務局長　→91/93

石田 文敏　いしだ・ふみとし　大正14年3月6日～平成6年12月19日　松井建設専務　→94/96

石田 平吉　いしだ・へいきち　嘉永6年～昭和4年11月18日　実業家　衆院議員(憲政会)　→昭和

石田 平八　いしだ・へいはち　明治38年7月2日～平成1年2月25日　サッポロビール専務　→88/90

石田 外男　いしだ・ほかお　大正2年7月1日～昭和61年6月27日　マミヤ光機社長　→83/87

石田 洵　いしだ・まこと　昭和7年11月1日～平成17年1月19日　東都水産副社長　→03/05

石田 政雄　いしだ・まさお　大正13年2月2日～平成3年11月1日　日清製油専務　→91/93

石田 政雄　いしだ・まさお　大正13年4月24日～平成21年5月29日　北越工業社長　→09/11

石田 正利　いしだ・まさとし　大正3年5月30日～平成7年11月22日　埼玉県教育長　→94/96

石田 正範　いしだ・まさのり　昭和17年6月1日～平成23年11月20日　CKD社長　→09/11

石田 正実　いしだ・まさみ　明治42年6月26日～平成9年4月1日　出光興産社長,経団連副会長　→97/99

石田 正美　いしだ・まさみ　大正15年12月12日～平成20年2月17日　北海道ビジネスオートメーション社長,北海道議会事務局長　→06/08

石田 正之　いしだ・まさゆき　～昭和63年1月22日
第一リース社長　→88/90

石田 勝　いしだ・まさる　～平成22年6月2日
水俣病患者平和会初代会長　→09/11

石田 道夫　いしだ・みちお　昭和2年11月15日～平成10年6月28日　三菱自動車工業取締役　→97/99

石田 三朝　いしだ・みつとも　～昭和40年6月24日
ピー・エス・コンクリート社長,元三菱セメント副社長

→昭和

石田 光成　いしだ・みつなり　～昭和62年7月13日
名古屋簡裁判事, 名古屋高裁事務局次長　→83/87

石田 稔　いしだ・みのる　～昭和42年6月30日
日本金属副社長　→昭和

石田 稔　いしだ・みのる　大正14年8月26日～平成11年4月18日　日本鋳造常務　→97/99

石田 季　いしだ・すえ　昭和11年7月14日～平成15年4月15日　日興証券専務　→03/05

石田 基起　いしだ・もとゆき　～昭和60年5月24日
飛鳥保存財団飛鳥研究場所長, 航空自衛隊幹部候補生学校教育部長　→83/87

石田 保久　いしだ・もりひさ　昭和3年7月25日～平成3年10月13日　日本ピストンリング社長　→91/93

石田 泰夫　いしだ・やすお　昭和15年12月12日～平成17年4月26日　島津製作所常務　→03/05

石田 康彦　いしだ・やすひこ　～昭和61年8月3日
電力労連会長代理, 中国電力労組委員長　→83/87

石田 宥全　いしだ・ゆうぜん　明治34年1月5日～昭和56年11月13日　農民運動家　衆院議員(社会党), 全日農会長　→80/82

石田 吉明　いしだ・よしあき　昭和20年～平成7年4月21日　輸入血液製剤被害者救援グループ代表　大阪HIV訴訟原告代表　→94/96

石田 義雄　いしだ・よしお　～昭和47年2月12日
石油資源開発顧問　→昭和

石田 義雄　いしだ・よしお　昭和3年4月28日～平成16年9月3日　トプコン常務　→03/05

石田 吉男　いしだ・よしお　～昭和55年7月10日
日本専売公社副総裁　→80/82

石田 芳穂　いしだ・よしお　明治39年3月26日～平成2年11月7日　日本原子力発電常務　→88/90

石田 与四郎　いしだ・よしろう　～昭和47年11月14日
石川テレビ取締役　→昭和

石田 磊　いしだ・らい　～昭和62年9月10日
通産省鉱山局長, 大日実業社長　→83/87

石田 良一　いしだ・りょういち　昭和3年4月1日～平成12年11月17日　兵庫県議(公明党)　→00/02

石田 良次　いしだ・りょうじ　明治41年3月21日～昭和61年1月31日　中野組常務　→83/87

石田 礼助　いしだ・れいすけ　明治19年2月20日～昭和53年7月27日　実業家　国鉄総裁, 三井物産代表取締役　→昭和

石田 六次郎　いしだ・ろくじろう　元治1年10月9日～昭和12年7月24日　社会運動家　仙台基督教会育児院理事長　→昭和

石田 弥　いしだ・わたる　～昭和61年12月20日
東北通信建設社長　→83/87

石滝 英男　いしたき・ひでお　～平成1年3月11日

日本触媒化学工業常務　→88/90

石谷 金治郎　いしたに・きんじろう　明治27年11月17日～昭和63年2月2日　日商岩井常務　→88/90

石谷 貞彦　いしたに・さだひこ　明治41年12月23日～平成1年12月15日　石谷林業社長, 日本海テレビ会長　→88/90

石谷 三郎　いしたに・さぶろう　～平成8年6月14日
弁護士　名古屋高裁部総括判事　→94/96

石谷 行　いしたに・すすむ　昭和6年11月30日～平成14年6月20日　法政大学名誉教授, 良心的軍事費拒否の会代表　→00/02

石谷 憲男　いしたに・のりお　明治41年1月～昭和41年9月20日　参院議員(自民党)　→昭和

石谷 来漢　いしたに・らいかん　～昭和56年1月7日
武蔵精機工業会長　→80/82

伊地知 重威　いじち・しげたけ　大正10年8月24日～平成19年3月16日　埼玉銀行頭取　→06/08

伊地知 季珍　いじち・すえよし　安政4年3月26日～昭和10年7月7日　海軍中将　→昭和

伊地知 壮熊　いじち・そうくま　元治1年9月4日～昭和6年6月30日　実業家　小倉鉄道社長　→昭和(いじち・そうゆう)

伊地知 辰夫　いじち・たつお　明治37年10月4日～平成15年11月1日　東京都民銀行副頭取, 大蔵省印刷庁長官　→03/05

伊地知 秀雄　いじち・ひでお　大正15年2月21日～平成13年5月14日　高周波熱錬専務　→00/02

伊地知 正興　いじち・まさおき　～昭和12年3月23日
伯爵　→昭和

伊地知 寧次郎　いじち・やすじろう　明治29年8月8日～昭和42年11月6日　東亜合成化学工業社長, 日本ソーダ工業会会長　→昭和

石出 文彦　いしで・ふみひこ　昭和3年9月26日～昭和63年12月1日　千葉日報常務　→88/90

石戸 正美　いしど・まさみ　大正6年8月14日～平成19年4月7日　東京計器専務　→06/08

石堂 恵俊　いしどう・えしゅん　明治37年1月19日～平成6年12月21日　僧侶　真言宗中山寺派名誉管長, 大僧正　→94/96

石堂 孝一　いしどう・こういち　昭和4年3月14日～平成18年9月25日　大和紡績常務　→06/08

石堂 平也　いしどう・へいや　大正14年4月13日～平成18年3月30日　新潟日報専務　→06/08

石堂 雅美　いしどう・まさみ　昭和2年4月21日～昭和61年9月16日　花水館社長, 飯坂温泉観光協会会長　→83/87

石堂 豊　いしどう・ゆたか　明治45年2月9日～平成8年2月18日　僧侶　広島大学名誉教授　→94/96

石飛 一雄　いしとび・かずお　～平成3年4月18日
東京銀行監査役　→91/93

石野 猪之助　いしの・いのすけ　明治44年3月1日～平

8年6月15日　積水化学工業専務　→94/96

石野 圭一　いしの・けいいち　大正5年1月19日～平成18年1月12日　東急建設常務　→06/08

石野 貞雄　いしの・さだお　明治36年7月20日～平成7年10月1日　神栄石野証券名誉会長　→94/96

石野 自彊　いしの・じきょう　～平成17年3月22日　海将　海上自衛隊大湊地方総監　→03/05

石野 重則　いしの・しげのり　昭和3年12月3日～平成20年12月18日　西脇市長　→06/08

石野 信一　いしの・しんいち　明治45年3月13日～平成8年1月19日　太陽神戸銀行頭取　→94/96

石野 清兵衛　いしの・せいべい　大正8年3月24日～平成3年4月13日　北陸電力常勤監査役　→91/93

石野 二夫　いしの・つぎお　明治40年5月4日～平成16年9月4日　自動車鋳物社長　→03/05

石野 朝季　いしの・ともすえ　昭和2年2月5日～平成19年11月16日　琉球新報取締役　→06/08

石野 成明　いしの・なりあき　大正15年3月～昭和59年6月29日　神栄石野証券社長　→83/87

石野 日観　いしの・にちかん　～昭和57年7月19日　日蓮宗霊跡本山竜口寺第11代貫主　→80/82

石野 昇　いしの・のぼる　～平成14年3月13日　砂川町基地拡張反対同盟宣伝部長、砂川町(東京都)町議　→00/02

石野 久男　いしの・ひさお　明治44年2月16日～平成19年3月19日　衆院議員(社会党)　→06/08

石野 弘　いしの・ひろし　大正12年2月12日～平成8年1月1日　電源開発理事　→94/96

石野 通雄　いしの・みちお　昭和7年5月23日～平成19年7月4日　赤穂化成社長、赤穂商工会議所会頭　→06/08

石野 義顕　いしの・よしあき　大正1年8月30日～平成10年11月29日　久保田鉄工専務　→97/99

石野 喜一　いしの・よしいち　昭和25年～昭和60年8月12日　神栄石野証券社長、神戸青年会議所副理事長　→83/87

石野 良房　いしの・よしふさ　大正8年3月28日～平成18年2月16日　日研化学社長、明治製菓専務　→06/08

石破 二朗　いしば・じろう　明治41年7月29日～昭和56年9月16日　参院議員(自民党)、鳥取県知事　→80/82

石場 秀雄　いしば・ひでお　明治44年1月10日～昭和61年10月18日　菱越電機取締役社長　→83/87

石灰 友一　いしばい・ともいち　～昭和61年3月9日　石灰木材(株)代表取締役社長、富山新港木材協同組合会長　→83/87

石橋 章男　いしばし・あきお　昭和13年9月6日～昭和63年9月28日　日連大牟田会副理事長、明視堂代表取締役　→88/90

石橋 明　いしばし・あきら　大正14年5月11日～平成2年7日　大成火災海上保険会長　→03/05

石橋 皓　いしばし・あきら　昭和2年1月1日～昭和62年3月3日　極東製作所社長　→83/87

石橋 功　いしばし・いさお　～昭和60年9月25日　日東食品(有)社長　→83/87

石橋 梅子　いしばし・うめこ　明治21年～昭和46年　石橋湛山(元首相)夫人　→昭和

石橋 嘉一　いしばし・かいち　大正13年4月18日～昭和63年10月14日　碧南商工会議所副会頭、石橋建設興業代表取締役社長　→88/90

石橋 一弥　いしばし・かずや　大正11年3月19日～平成11年3月5日　衆院議員(自民党)、文相　→97/99

石橋 幹一郎　いしばし・かんいちろう　大正9年3月1日～平成9年6月30日　ブリヂストン会長　→97/99

石橋 邦勝　いしばし・くにかつ　～平成9年10月23日　石橋工業社長　→97/99

石橋 国松　いしばし・くにまつ　明治41年10月11日～昭和60年4月19日　紙業新聞社社長　→83/87

石橋 熊蔵　いしばし・くまぞう　～昭和56年5月31日　石原石油社長、日本バラ会理事　→80/82

石橋 椋二郎　いしばし・くらじろう　～平成7年5月15日　日東製粉専務　→94/96

石橋 敬一　いしばし・けいいち　大正6年9月17日～昭和62年8月3日　協和カーボン(のちエスイーシー)常務　→83/87

石橋 冏俊　いしばし・けいしゅん　～昭和59年1月23日　天台真盛宗宗務総長　→83/87

石橋 健司　いしばし・けんじ　～昭和63年1月28日　九州商運相談役　→88/90

石橋 源四郎　いしばし・げんしろう　明治27年2月15日～昭和39年3月3日　農民運動家　→昭和

石橋 健蔵　いしばし・けんぞう　安政6年6月～昭和2年5月12日　陸軍中将　→昭和

石橋 健蔵　いしばし・けんぞう　～昭和49年9月16日　石橋鉱業社長　→昭和

石橋 宏　いしばし・こう　大正10年10月11日～平成19年12月12日　東武鉄道常務　→06/08

石橋 晃一　いしばし・こういち　大正11年1月27日～昭和62年7月20日　集英社専務　→83/87

石橋 鉱二　いしばし・こうじ　大正15年4月30日～平成13年9月2日　ミサワセラミックス会長、ミサワホーム常務　→00/02

石橋 作治　いしばし・さくじ　明治42年10月5日～平成7年9月20日　千葉市会議長　→94/96

石橋 貞男　いしばし・さだお　昭和4年2月13日～平成5年5月29日　千葉銀行取締役　→91/93

石橋 鎮雄　いしばし・しずお　～昭和59年10月25日　ニチメン専務　→83/87

石橋 周一　いしばし・しゅういち　大正7年1月10日～平成19年8月9日　九州電力副社長、福岡放送社長　→06/08

石橋 叡一　いしばし・しゅんいち　昭和2年5月25日～平

石橋 正二郎　いしばし・しょうじろう　明治22年2月25日～昭和51年9月11日　実業家　ブリヂストン創業者　→昭和

石橋 次郎八　いしばし・じろはち　～昭和46年8月15日　横浜生糸取引所理事長　→昭和

石橋 進一　いしばし・しんいち　明治40年7月19日～平成2年11月3日　アサヒコーポレーション名誉会長　→88/90

石橋 季彦　いしばし・すえひこ　～昭和55年9月27日　全国購買農業協同組合連合会常務理事　→80/82

石橋 助司　いしばし・すけじ　明治30年3月4日～昭和61年1月10日　(財)自転車センター理事長、極東製作所会長　→83/87

石橋 清助　いしばし・せいすけ　～平成23年3月18日　博多祇園山笠振興会会長　→09/11

石橋 隆純　いしばし・たかすみ　大正4年2月28日～平成11年10月21日　石橋工業会長　→97/99

石橋 武雄　いしばし・たけお　明治38年10月3日～平成2年6月1日　(社)日本油脂協会理事、石橋製油会長　→88/90

石橋 健　いしばし・たけし　～昭和59年5月13日　偕行社事務局長　→83/87

石橋 健　いしばし・たけし　大正13年8月27日～平成22年12月25日　石川島播磨重工業常務　→09/11

石橋 正　いしばし・ただし　～平成2年11月10日　マツダ常務、広島東洋カープ監査役　→88/90

石橋 董　いしばし・ただす　大正2年10月29日～平成3年9月19日　新家工業監査役　→91/93

石橋 為之助　いしばし・ためのすけ　明治4年6月2日～昭和2年4月28日　衆院議員(公正会)、神戸市長　→昭和

石橋 太郎　いしばし・たろう　～昭和44年2月6日　外務省国際資料部参事官　→昭和

石橋 太郎　いしばし・たろう　～昭和56年12月21日　ソーダニッカ会社名誉会長　→80/82

石橋 湛山　いしばし・たんざん　明治17年9月25日～昭和48年4月25日　政治家　首相、自民党総裁　→昭和

石橋 鉄男　いしばし・てつお　大正8年11月26日～昭和62年6月19日　製鉄化学工業専務　→83/87

石橋 照道　いしばし・てるみち　明治6年12月24日～平成2年11月14日　長崎鋼業所取締役　→88/90

石橋 洞竜　いしばし・とうりゅう　明治30年12月4日～昭和59年3月8日　曹洞宗正法寺住職、大本山総持寺副貫首　→83/87

石橋 徳次郎(2代目)　いしばし・とくじろう　～昭和33年8月19日　実業家　日本ゴム名誉会長　→昭和(石橋 徳次郎)

石橋 敏弘　いしばし・としひろ　～平成11年10月4日　丸千千代田水産社長　→97/99

石橋 利之　いしばし・としゆき　明治25年8月12日～昭和57年5月29日　弁護士　神戸弁護士会会長　→80/82

石橋 直次　いしばし・なおじ　明治35年4月12日～昭和57年11月25日　四国電力常務　→80/82

石橋 仁兵衛　いしばし・にひょうえ　～平成8年1月1日　福岡銀行取締役、九州勧業専務　→94/96

石橋 信夫　いしばし・のぶお　大正10年9月9日～平成15年2月21日　大和ハウス工業創業者　→03/05

石橋 甫　いしばし・はじめ　文久2年7月2日～昭和17年1月12日　海軍中将　東京商船学校校長　→昭和

石橋 英樹　いしばし・ひでき　明治37年10月13日～昭和63年11月16日　三菱電気取締役、三菱プレシジョン社長　→88/90

石橋 敬男　いしばし・ひろお　昭和9年12月23日～平成17年1月24日　サノヤス・ヒシノ明昌専務　→03/05

石橋 博良　いしばし・ひろよし　昭和22年1月5日～平成22年5月22日　ウェザーニューズ創業者　→09/11

石橋 正一　いしばし・まさかず　昭和2年5月13日～平成22年2月24日　千葉日報専務　→09/11

石橋 政次　いしばし・まさじ　大正11年～平成3年4月4日　三里塚・芝山連合空港反対同盟委員長代行　→91/93

石橋 正三　いしばし・まさぞう　～昭和55年11月15日　海軍少将　→80/82

石橋 松之助　いしばし・まつのすけ　弘化2年～昭和4年12月23日　写真機材製造技術者　→昭和

石橋 護　いしばし・まもる　昭和12年～平成5年12月26日　YKKアーキテクチュラルプロダクツ取締役　→91/93

石橋 獣司　いしばし・みちひこ　昭和4年3月6日～平成10年7月19日　三菱原子力工業常務　→97/99

石橋 穎司　いしばし・やすじ　大正14年7月21日～平成4年11月26日　石原産業常務　→91/93

石橋 保信　いしばし・やすのぶ　～昭和30年2月12日　住友海上火災専務　→昭和

石橋 保則　いしばし・やすのり　昭和18年10月2日～平成21年2月2日　福岡県議(無所属)　→09/11

石橋 雪雄　いしばし・ゆきお　～昭和59年6月2日　セイコー光機代表取締役　→83/87

石橋 幸弘　いしばし・ゆきひろ　昭和7年1月28日～平成20年8月16日　日本瓦斯会長　→06/08

石橋 喜男　いしばし・よしお　～昭和57年9月25日　大和建設副社長　→80/82

石橋 良吉　いしばし・りょうきち　明治34年8月1日～昭和57年8月23日　日本中央地所会長　→80/82

石幡 吉左エ門　いしはた・きちざえもん　明治39年3月12日～平成1年12月21日　福島県養蚕連合副会長、福島県議(自民党)　→88/90

石畠 準一　いしはた・じゅんいち　大正11年5月25日～平成15年6月28日　松屋ニット社長、小矢部市教育委員長　→03/05

石幡 新吾　いしはた・しんご　～昭和56年3月24日

I 政治・経済・社会篇

いしはら

日本ハム・ソーセージ工業協同組合専務理事 →80/82

石畑 太郎 いしはた・たろう 大正11年11月9日〜平成5年7月21日 内外切抜通信社長,毎日新聞東京本社選挙課長 →91/93

石浜 明 いしはま・あきら 〜昭和57年3月17日 日本インターナショナルコンテナサービス社長 →80/82

石浜 典夫 いしはま・ただお 昭和7年1月29日〜平成20年5月13日 愛媛放送社長 →06/08

石浜 秀雄 いしはま・ひでお 〜昭和37年5月29日 八幡エコンスチール会社社長 →昭和

石浜 茂平 いしはま・もへい 大正3年9月12日〜平成9年4月20日 栃木県議 →97/99

石林 友之進 いしばやし・とものしん 明治28年11月30日〜昭和60年4月8日 朝日石錦工業専務,小野田セメント取締役 →83/87

石林 弘之 いしばやし・ひろゆき 〜昭和57年7月6日 石川県警本部刑事部長 →80/82

石原 昭信 いしはら・あきのぶ 昭和10年7月5日〜平成5年8月7日 アイワ・アメリカ社長 →91/93

石原 昭 いしはら・あきら 昭和3年4月23日〜平成14年10月31日 本州製紙(のち王子製紙)常務 →00/02

石原 勇 いしはら・いさむ 昭和6年4月3日〜平成20年7月15日 中立電機会長 →06/08

石原 市三郎 いしはら・いちさぶろう 〜昭和15年8月29日 岡山市長 →昭和

石原 巌 いしはら・いわお 〜昭和57年12月5日 日本停車場会社社長 →80/82

石原 巌 いしはら・いわお 昭和63年10月11日 ティー・エム・ディー取締役 →88/90

石原 円吉 いしはら・えんきち 明治10年12月〜昭和48年2月2日 衆議院議員(自由党) →昭和

石原 円弥 いしはら・えんや 明治40年12月13日〜昭和56年4月16日 東海テレビ専務 →80/82

石原 応恒 いしはら・おうこう 〜昭和11年10月30日 陸軍少将 →昭和(いしはら・まさつね)

石原 治 いしはら・おさむ 大正13年9月24日〜平成8年1月4日 電気興業会長 →94/96

石原 周夫 いしはら・かねお 明治44年11月19日〜昭和58年12月27日 海外経済協力基金総裁,日本開発銀行総裁 →83/87

石原 幹市郎 いしはら・かんしいちろう 明治36年4月1日〜平成1年3月7日 参院議員(自民党),自治相 →88/90

石原 莞爾 いしはら・かんじ 明治22年1月18日〜昭和24年8月15日 陸軍中将 →昭和

石原 潔 いしはら・きよし 〜昭和26年10月15日 山下近海汽船常務 →昭和

石原 健一 いしはら・けんいち 〜昭和55年12月14日 石原薬品監査役 →80/82

石原 見三 いしはら・けんぞう 〜平成19年12月17日 広島県議 →06/08

石原 健三 いしはら・けんぞう 文久4年1月13日〜昭和11年9月4日 宮内次官,神奈川県知事,貴院議員(勅選) →昭和

石原 健三 いしはら・けんぞう 大正12年2月22日〜平成17年2月24日 石原産業社長 →03/05

石原 健造 いしはら・けんぞう 明治38年3月17日〜平成1年2月1日 川崎重工業常務,川崎食品産業社長 →88/90

石原 幸吉 いしはら・こうきち 昭和7年1月24日〜平成19年3月24日 タツタ電線専務 →06/08

石原 五郎 いしはら・ごろう 〜昭和57年3月20日 全国小麦粉卸商組合連合会長 →80/82

石原 権作 いしはら・ごんさく 明治35年10月3日〜平成8年12月15日 山一証券常務,協立証券社長 →94/96

石原 三郎 いしはら・さぶろう 明治45年2月19日〜平成11年3月29日 石原薬品社長 →97/99

石原 重高 いしはら・しげたか 〜昭和13年5月1日 満鉄北支事務局次長 →昭和

石原 重年 いしはら・しげとし 明治44年8月10日〜平成10年4月9日 石原機械工業会長 →97/99

石原 重紀 いしはら・しげのり 〜昭和57年10月20日 新興産業取締役 →80/82

石原 重二郎 いしはら・じゅうじろう 明治41年11月27日〜平成7年6月17日 新和海運常務 →94/96

石原 俊一 いしはら・しゅんいち 〜昭和43年7月8日 品川区議(自民) →昭和

石原 正太郎 いしはら・しょうたろう 明治11年2月〜昭和18年12月19日 衆議院議員(政友会) →昭和

石原 正太郎 いしはら・しょうたろう 大正2年2月10日〜平成12年12月10日 関東特殊製鋼専務 →00/02

石原 昌平 いしはら・しょうへい 〜昭和58年12月25日 鳥羽商工会議所専務理事 →83/87

石原 四郎 いしはら・しろう 〜昭和43年8月12日 石原建設創業者 →昭和

石原 資郎 いしはら・しろう 大正4年12月7日〜平成11年6月26日 旭ダウ専務 →97/99

石原 資郎 いしはら・しろう 大正6年10月28日〜平成16年5月28日 アキレス専務 →03/05

石原 新三郎 いしはら・しんざぶろう 〜昭和46年5月7日 石原産業相談役 →昭和(いしはら・しんさぶろう)

石原 新太郎 いしはら・しんたろう 明治37年11月23日〜平成3年4月24日 日本信託銀行常務 →91/93

石原 専一 いしはら・せんいち 〜昭和62年5月23日 群馬県警察部長 →83/87

石原 善三郎 いしはら・ぜんざぶろう 明治21年7月9日〜平成1年9月6日 尾道市長,衆院議員 →88/90

石原 善太郎 いしはら・ぜんたろう 大正6年5月18日〜平成17年9月10日 三井東圧化学常務,横浜商科大学経営

情報学科教授　→03/05

石原 聡一　いしはら・そういち　昭和7年5月7日～平成20年2月8日　鐘紡社長　→06/08

石原 即昭　いしはら・そくしょう　昭和3年12月11日～平成7年12月13日　弁護士, 僧侶　正福寺 (真宗仏光寺派) 住職　→94/96

石原 泰一　いしはら・たいいち　～昭和61年9月22日　美濃市長　→83/87

石原 俊　いしはら・たかし　明治45年3月3日～平成15年12月31日　日産自動車社長　→03/05

石原 隆　いしはら・たかし　大正7年7月22日～昭和62年10月29日　サンケイ新聞販売局長, サンケイ総合印刷専務　→83/87

石原 武夫　いしはら・たけお　明治42年1月18日～平成5年7月4日　弁護士　大阪高裁判事　→91/93

石原 武夫　いしはら・たけお　明治42年1月20日～平成8年9月13日　東京電力副社長, 通産事務次官　→94/96

石原 龍郎　いしはら・たつろう　大正5年7月27日～平成4年4月20日　日産ディーゼル販売専務　→91/93

石原 保　いしはら・たもつ　大正4年2月21日～平成10年11月30日　大阪銀行頭取　→97/99

石原 千秋　いしはら・ちあき　昭和4年8月25日～平成3年5月18日　名古屋市議 (公明党)　→91/93

石原 忠一　いしはら・ちゅういち　昭和3年4月9日～平成18年5月28日　石原水産創業者　→06/08

石原 恒雄　いしはら・つねお　～平成5年10月30日　東洋オーチス・エレベータ取締役, 日本エレベータ協会会長　→91/93

石原 鉄郎　いしはら・てつろう　～昭和62年11月9日　ナショナル投資顧問監査役　→83/87

石原 俊明　いしはら・としあき　明治21年～昭和48年1月17日　大法輪閣創業者　→昭和

石原 敏夫　いしはら・としお　昭和7年9月21日～平成4年4月28日　パロマ取締役　→91/93

石原 利貞　いしはら・としさだ　～昭和41年10月3日　石原製鋼所社長, 日本競馬会理事　→昭和

石原 寿二　いしはら・としつぐ　大正12年3月22日～平成19年4月27日　三井鉱山常務　→06/08

石原 俊輝　いしはら・としてる　大正2年12月3日～平成5年2月26日　信濃毎日新聞社長, 信越放送会長　→91/93

石原 留吉　いしはら・とめきち　平成15年12月8日　高松市長　→昭和

石原 留吉　いしはら・とめきち　～昭和58年11月15日　富士車輌社長　→83/87

石原 虎好　いしはら・とらよし　～昭和55年5月2日　世界救世教相談役　→80/82

石原 直衛　いしはら・なおえ　～昭和60年6月26日　栗林商会専務　→83/87

石原 直也　いしはら・なおや　～平成8年3月19日

晩成書房社長, 日本演劇教育連盟事務局長　→94/96

石原 直之　いしはら・なおゆき　大正8年6月24日～平成4年12月4日　東芝機械専務　→91/93

石原 鍋治　いしはら・なべじ　明治28年11月9日～平成4年2月1日　三重県会議員, 石原珍海堂会長, パールパレスホテル松濤社長　→91/93

石原 浪吉　いしはら・なみきち　大正12年3月24日～平成4年1月20日　中部飼料取締役　→91/93

石原 仁太郎　いしはら・にたろう　明治38年10月18日～昭和60年5月23日　スエヒロ食品社長　→83/87

石原 登　いしはら・のぼる　大正2年10月～平成23年7月9日　衆院議員 (自由党)　→09/11

石原 肇　いしはら・はじめ　明治44年3月9日～平成10年5月21日　友信会長　→97/99

石原 胖　いしはら・はん　～昭和48年2月18日　青木建設副社長　→昭和

石原 久雄　いしはら・ひさお　大正10年11月7日～昭和61年2月14日　双光産業社長, 双光エシックス会長　→83/87

石原 尚　いしはら・ひさし　大正12年11月9日～平成4年10月23日　相模鉄道取締役　→91/93

石原 英雄　いしはら・ひでお　大正13年12月14日～昭和60年1月31日　朝日新聞取締役・西部本社代表　→83/87

石原 英雄　いしはら・ひでお　大正11年12月12日～平成4年3月3日　日清食品常務　→91/93

石原 秀男　いしはら・ひでお　大正11年5月19日～平成5年5月19日　弁護士　神戸弁護士会会長　→91/93

石原 秀夫　いしはら・ひでお　昭和4年7月30日～平成10年6月26日　ゴールドマン・サックス証券会長　→97/99

石原 秀郎　いしはら・ひでお　昭和15年10月12日～平成9年12月30日　コメ兵社長　→97/99

石原 秀太郎　いしはら・ひでたろう　明治21年6月2日～昭和57年8月13日　関東銀行頭取　→80/82

石原 仁　いしはら・ひとし　昭和10年6月28日～平成21年12月26日　山一証券副社長　→09/11

石原 兵永　いしはら・ひょうえい　明治28年～昭和59年8月17日　無教会キリスト教伝道者　→83/87

石原 広一郎　いしはら・ひろいちろう　明治23年1月26日～昭和45年4月16日　実業家　石原産業創業者　→昭和 (いしはら・こういちろう)

石原 寛　いしはら・ひろし　昭和5年3月24日～平成22年10月26日　弁護士　ルーテル学院理事長　→09/11

石原 汎　いしはら・ひろし　～昭和29年12月1日　三共取締役　→昭和

石原 房子　いしはら・ふさこ　～昭和57年4月17日　宗教法人・世界救世教参事　→80/82

石原 真臣　いしはら・まおみ　大正13年8月10日～平成20年3月8日　カバヤ食品社長　→06/08

石原 政勝　いしはら・まさかつ　明治43年2月21日～平成2年2月6日　東洋通信機常務　→88/90

I 政治・経済・社会篇　　　　　　　　　　　　　　　　　　　　　　　　　　　いしみす

石原 政之助　いしはら・まさのすけ　～昭和63年5月30日　石原泰西堂会長　→88/90

石原 正美　いしはら・まさはる　大正2年11月23日～平成2年9月19日　特殊鉄鋼(のち大同特殊鋼)社長　→88/90

石原 正秀　いしはら・まさひで　～昭和55年10月5日　山口地方同盟会長　→80/82

石原 正博　いしはら・まさひろ　～昭和44年1月9日　本州製紙専務　→昭和

石原 勝　いしはら・まさる　昭和13年11月15日～平成10年9月29日　富士ゼロックスシステムサービス社長, 富士ゼロックス取締役　→97/99

石原 峰槌　いしはら・みねつち　～昭和40年2月14日　大蔵省専売局長, 東亜煙草専務　→昭和

石原 美行　いしはら・みゆき　明治32年11月18日～平成4年7月30日　社会運動家　老後の幸せを守る浦和市民の会副会長, 東京市議　→91/93

石原 美代子　いしはら・みよこ　～平成5年12月14日　スエヒロ食品副社長　→91/93

石原 盛衛　いしはら・もりえ　～平成5年7月17日　全国和牛登録協会専務理事　→91/93

石原 保雄　いしはら・やすお　大正13年2月3日～平成12年9月13日　協栄産業専務　→00/02

石原 保造　いしはら・やすぞう　昭和17年10月17日～平成15年12月16日　カナデン常務　→03/05

石原 康之　いしはら・やすゆき　大正8年8月1日～平成23年10月29日　徳倉建設副社長　→09/11

石原 弥之輔　いしはら・やのすけ　明治30年12月8日～昭和63年2月9日　協和銀行常務　→88/90

石原 幸雄　いしはら・ゆきお　～昭和59年9月13日　世界救世教副総長, 元エム・オー・エー美術・文化財団理事長　→83/87

石原 嘉治　いしはら・よしはる　大正2年6月3日～平成17年11月2日　大阪セメント副社長　→03/05

石原 芳郎　いしはら・よしろう　～昭和60年10月2日　東山自動車学校社長, 大和社長　→83/87

石原 米太郎　いしはら・よねたろう　明治15年9月2日～昭和36年5月6日　実業家　特殊製鋼社長　→昭和(いしわら・よねたろう)

石原 米彦　いしはら・よねひこ　明治43年10月10日～平成10年8月1日　帝都高速度交通営団副総裁　→97/99

石部 功　いしべ・いさお　～昭和47年3月27日　住友金属工業常務　→昭和

井嶋 磐根　いじま・いわね　明治38年2月11日～平成2年9月13日　弁護士　大阪高検検事長　→88/90

井嶋 真一郎　いじま・しんいちろう　～平成19年6月5日　大阪地検公安部長　→06/08

石政 祐三　いしまさ・ゆうぞう　大正12年6月16日～平成6年10月8日　東京ガス専務　→94/96

石松 正鉄　いしまつ・まさかね　明治33年2月14日～昭和62年12月11日　住友石炭鉱業社長　→83/87

石松 美智子　いしまつ・みちこ　～昭和61年12月24日　弁護士　→83/87

石丸 畯文　いしまる・あきふみ　～昭和62年4月9日　元・夜須農協(福岡県)組合長　→83/87

石丸 彰　いしまる・あきら　昭和17年7月31日～平成12年9月27日　富山銀行常務　→00/02

石丸 右京　いしまる・うきょう　明治41年5月5日～平成17年5月16日　ラサ工業専務　→03/05

石丸 兼一　いしまる・かねかず　明治40年1月12日～昭和63年12月11日　全日本労働福祉協会専務理事　→88/90

石丸 敬次　いしまる・けいじ　明治29年10月30日～昭和55年3月27日　富山県知事　→80/82

石丸 孝麿　いしまる・たかまろ　明治37年9月17日～平成2年11月3日　ダイキン工業専務　→88/90

石丸 忠富　いしまる・ただとみ　大正5年2月23日～平成4年10月10日　大阪通商産業局長, 日本輸出入銀行理事　→91/93

石丸 保　いしまる・たもつ　大正3年9月6日～平成9年2月21日　東洋製作所会長・社長, 三菱重工取締役　→97/99

石丸 太郎　いしまる・たろう　大正8年1月15日～平成23年8月9日　イシマル社長, 長崎県考古学会会長　→09/11

石丸 鶴雄　いしまる・つるお　明治44年8月1日～平成16年3月30日　石丸電気創業者　→03/05

石丸 悌司　いしまる・ていじ　昭和18年7月～平成15年9月9日　弁護士　福岡高裁判事　→03/05

石丸 貞次郎　いしまる・ていじろう　大正8年9月4日～平成15年4月28日　郵政省大阪郵政局長, 石川テレビ放送専務　→03/05

石丸 哲美　いしまる・てつみ　大正14年3月31日～平成2年9月29日　西日本新聞エス・ピー・センター社長　→88/90

石丸 敏雄　いしまる・としお　大正12年～平成16年10月6日　ナブコ常務　→03/05

石丸 俊彦　いしまる・としひこ　大正13年6月28日～平成19年4月1日　東京高裁部総括判事　→06/08

石丸 友二郎　いしまる・ともじろう　明治33年3月29日～昭和62年9月11日　弁護士　高松地裁所長　→83/87

石丸 正名　いしまる・まさな　明治40年8月18日～平成2年9月21日　戸田建設会長　→88/90

石丸 雄司　いしまる・ゆうじ　～平成14年11月19日　銀座通連合会事務局長　→00/02

石丸 義篤　いしまる・よしあつ　～昭和57年10月10日　全国労働者共済生活協同組合副理事長　→80/82

石丸 好衛　いしまる・よしえ　明治38年5月25日～昭和57年4月6日　住ïŻä燃料社長　→80/82

石見 純　いしみ・あつし　大正11年1月3日～平成7年8月24日　大洋技研工業会長　→94/96

石水 幸安　いしみず・ゆきやす　大正6年8月12日～昭和60年2月16日　石屋製菓会長　→83/87

石光 真臣　いしみつ・まおみ　明治3年5月～昭和12年12月8日　陸軍中将　→昭和(いしみつ・まつおみ)

石光 真清　いしみつ・まきよ　慶応4年8月31日～昭和17年5月15日　陸軍少佐,諜報活動家　→昭和

石村 一明　いしむら・かずあき　昭和12年1月15日～平成23年5月26日　福岡市議(自民党)　→09/11

石村 幸作　いしむら・こうさく　明治24年4月～昭和52年12月11日　参院議員(自民党)　→昭和

石村 貞雄　いしむら・さだお　明治39年3月4日～昭和63年12月19日　福岡市議会議長,平尾保育園理事長,全国市議会議長会会長　→88/90

石村 英雄　いしむら・ひでお　明治36年9月～昭和38年4月24日　衆院議員(社会党)　→昭和

石村 浩　いしむら・ひろし　昭和8年10月6日～平成9年2月27日　RKB毎日放送専務　→97/99

石村 茂平　いしむら・もへい　明治31年11月15日～昭和32年11月7日　社会運動家　→昭和

石村 義富　いしむら・よしとみ　～昭和61年7月18日　岩田屋調査役,福岡中央警察署長　→83/87

石母田 清郎　いしもだ・せいろう　～平成4年2月18日　日刊経済通信社社長　→91/93

石本 五雄　いしもと・いつお　～昭和15年9月30日　陸軍少将　→昭和

石本 兼行　いしもと・かねゆき　大正12年9月25日～平成4年11月24日　明治屋専務　→91/93

石本 鑑太郎　いしもと・かんたろう　元治1年4月4日～昭和8年12月30日　実業家　衆院議員(憲政会)　→昭和

石本 憲治　いしもと・けんじ　～昭和11年10月6日　満鉄理事　→昭和

石本 権四郎　いしもと・ごんしろう　明治13年9月15日～昭和7年12月11日　大陸浪人　→昭和

石本 茂　いしもと・しげる　大正2年9月6日～平成19年10月10日　参院議員(自民党),環境庁長官,日本看護協会会長　→06/08

石本 芝郎　いしもと・しろう　大正2年11月10日～平成13年9月11日　日魯漁業副社長　→00/02

石本 進　いしもと・すすむ　大正10年～平成9年10月1日　新明和工業常務　→97/99

石本 省吾　いしもと・せいご　明治42年～昭和60年6月24日　石本酒造会長　→83/87

石本 孝郎　いしもと・たかお　昭和2年3月30日～平成14年4月6日　鐘淵化学工業専務　→00/02

石本 他家男　いしもと・たけお　明治42年11月25日～昭和63年5月27日　デサント会長　→88/90

石本 武夫　いしもと・たけお　～昭和61年2月19日　(有)石本商店社長　→83/87

石本 寅三　いしもと・とらぞう　明治23年～昭和16年3月13日　陸軍中将　→昭和

石本 信六　いしもと・のぶお　大正15年7月9日～昭和60年8月19日　保土谷化学工業取締役研究開発部長兼農薬部長　→83/87

石森 敏雄　いしもり・としお　大正9年1月18日～平成8年6月10日　佐伯建設工業常務　→94/96

石山 潔　いしやま・きよし　昭和4年5月20日～平成11年5月1日　トスコ専務　→97/99

石山 国造　いしやま・くにぞう　～昭和47年10月16日　北越銀行頭取　→昭和

石山 権作　いしやま・ごんさく　明治42年5月～昭和43年8月20日　衆院議員(社会党)　→昭和(いしやま・けんさく)

石山 剛　いしやま・たけし　大正10年7月31日～平成22年4月15日　日本配合飼料常務　→09/11

石山 努　いしやま・つとむ　昭和9年1月19日～昭和61年9月16日　自治省官房長　→83/87

石山 寅吉　いしやま・とらきち　明治23年1月25日～昭和12年5月16日　社会運動家　衆院議員　→昭和

石山 直行　いしやま・なおゆき　大正14年12月15日～平成23年12月27日　北海道議(自民党)　→09/11

石山 光秋　いしやま・みつあき　大正15年1月3日～平成4年4月7日　新潟鉄工所専務　→91/93

石山 米男　いしやま・よねお　大正15年12月29日～平成23年6月11日　増田町(秋田県)町長　→09/11

伊集院 晃　いじゅういん・あきら　昭和7年10月6日～平成11年7月16日　旭コンクリート工業常務　→97/99

伊集院 実詔　いじゅういん・さねあき　大正7年2月17日～平成15年7月25日　東宮侍従　→03/05

伊集院 利彦　いじゅういん・としひこ　～平成4年9月9日　内藤証券取締役　→91/93

伊集院 虎一　いじゅういん・とらいち　～昭和50年11月18日　東銀副頭取　→昭和

伊集院 賢　いじゅういん・まさる　～平成4年1月22日　第一セメント監査役　→91/93

井尻 昌一　いじり・しょういち　大正3年10月1日～平成5年7月11日　神戸市助役　→91/93

井尻 芳郎　いじり・よしお　～昭和41年1月20日　日本道路公団副総裁,全国銀行協会長,安田銀行頭取　→昭和

伊代 茂　いしろ・しげる　～昭和62年3月31日　陸将　陸上自衛隊武器補給処長　→83/87

石渡 潔　いしわた・きよし　明治44年9月14日～昭和62年9月30日　速記者　(社)日本速記協会理事長　→83/87

石腸 幸三　いしわた・こうぞう　～昭和62年9月14日　西部硫酸販売非常勤監査役　→83/87

石綿 さたよ　いしわた・さたよ　明治30年1月23日～平成1年4月22日　(福)愛児の家理事長　→88/90

石渡 三郎　いしわた・さぶろう　昭和10年3月13日～平成11年1月29日　日新商事専務　→97/99

石渡 慎五郎　いしわた・しんごろう　明治41年8月26日～昭和60年6月25日　日本開発銀行監事,共同石油常任監査役　→83/87

I 政治・経済・社会篇　　　　　　　　　　　　　　　　　　　　　いすみ

石渡 荘太郎　いしわた・そうたろう　明治24年10月9日～昭和25年11月4日　蔵相,宮内相,貴院議員　→昭和(いしわたり・そうたろう)

石渡 孝　いしわた・たかし　大正6年8月22日～昭和63年12月5日　ライオン副社長　→88/90

石渡 達夫　いしわた・たつお　～平成6年6月24日　会計検査院第四局長　→94/96

石渡 忠四郎　いしわた・ちゅうしろう　明治34年1月31日～平成8年1月26日　国民金融公庫総裁,勧業銀行常務　→94/96

石渡 博　いしわた・ひろし　明治40年2月19日～昭和57年8月24日　海将,俳人　海上自衛隊海上幕僚副長　→80/82

石渡 敏一　いしわた・びんいち　安政6年11月26日～昭和12年11月18日　司法官,政治家　枢密顧問官,貴院議員(勅選)　→昭和(いしわたり・びんいち)

石渡 雅男　いしわた・まさお　明治36年2月2日～平成3年8月17日　大林組副社長　→91/93

石渡 正男　いしわた・まさお　大正11年1月8日～平成21年6月25日　岡村製作所社長　→09/11

石和田 靖章　いしわだ・やすふみ　大正11年10月10日～平成14年1月25日　石油開発公団理事,北極石油常務　→00/02

石渡 金三　いしわたり・きんぞう　～昭和61年8月29日　台東区(東京都)区会議長　→83/87

石渡 健二　いしわたり・けんじ　大正1年10月17日～昭和57年9月22日　丸善石油専務　→80/82

石渡 憲治　いしわたり・けんじ　明治40年10月10日～平成7年8月6日　東洋製作所常務,日本冷凍協会副会長　→94/96

石渡 直次　いしわたり・なおつぐ　～昭和47年12月17日　横須賀市長　→昭和

石渡 春雄　いしわたり・はるお　明治25年4月8日～昭和41年5月31日　社会運動家　→昭和

石渡 吉治　いしわたり・よしはる　～昭和31年7月31日　昭和電工専務　→昭和

石渡 義郎　いしわたり・よしろう　大正9年3月7日～昭和62年11月17日　東洋製酪酩談役,不二製油常務　→83/87

石原 文里　いしわら・ふみさと　昭和2年11月4日～平成4年3月9日　カウンセラー　千葉カウンセリング研究会会長　→91/93

伊豆 真治　いず・しんじ　～平成3年8月12日　テイカ専務　→91/93

伊豆 善次　いず・ぜんじ　～昭和58年4月18日　亀の尾酒造社長　→83/87

伊豆 喆次　いず・てつじ　昭和19年4月26日～平成23年12月25日　積水化学工業専務　→09/11

伊豆 富人　いず・とみと　明治21年9月20日～昭和53年4月13日　衆院議員(日本進歩党),熊本日日新聞社長　→昭和(いず・とみひと)

伊豆 兵衛　いず・ひょうえい　～昭和63年3月17日　石川県共済農協連会長,七尾市会副議長　→88/90

泉井 守一　いずい・もりいち　明治37年12月6日～平成14年7月8日　漁師　大洋漁業取締役　→00/02

伊塚 工　いずか・たくみ　昭和13年12月12日～平成17年10月5日　苅田町(福岡県)町長　→03/05

井杉 延太郎　いすぎ・のぶたろう　～昭和6年6月26日　陸軍騎兵曹長　→昭和

伊豆蔵 禎三　いずくら・ていぞう　大正11年2月18日～平成13年3月22日　いづくら社長,西陣織物館理事長　→00/02

泉田 武　いずた・たけし　大正9年5月31日～平成17年10月25日　三井物産常務　→03/05

井筒 喜平　いずつ・きへい　～昭和60年11月4日　喜久丸漁業会長,日本遠洋底曳網漁業協会長崎支部長　→83/87

井筒 邦雄　いずつ・くにお　昭和3年9月2日～平成21年1月10日　大阪ガス専務,アジア太平洋トレードセンター社長　→09/11

井筒 稔　いずつ・みのる　昭和3年2月12日～平成8年1月23日　紀陽銀行常務　→94/96

伊豆野 一郎　いずの・いちろう　大正14年8月8日～平成13年6月7日　両津市長　→00/02

泉野 利喜蔵　いずの・りきぞう　明治35年4月9日～昭和19年5月3日　水平運動家　堺市議　→昭和

泉林 善雄　いずばやし・よしお　大正3年9月26日～平成22年8月18日　神鋼商事常務　→09/11

出原 信造　いずはら・のぶぞう　明治33年11月11日～平成3年12月27日　大同生命保険社長・会長　→91/93

出原 康　いずはら・やすし　大正11年1月1日～平成14年4月19日　豊田通商副社長　→00/02

出淵 国保　いずぶち・くにやす　明治41年5月1日～昭和63年4月23日　東亜合成化学工業取締役,矢作製鉄社長　→88/90

和泉 一介　いずみ・いちすけ　～昭和56年9月20日　ソルノコース設計者　→80/82

泉 市郎　いずみ・いちろう　明治35年8月5日～平成7年3月5日　近畿日本鉄道副社長,近鉄不動産社長　→94/96

泉 巌夫　いずみ・いわお　昭和9年3月26日～平成15年10月9日　読売テレビ社長　→03/05

泉 薫子　いずみ・かおるこ　大正6年11月28日～平成1年11月1日　泉屋東京店会長　→88/90

泉 嘉十郎　いずみ・かじゅうろう　～昭和62年7月26日　福岡県魚市場相談役　→83/87

泉 一雄　いずみ・かずお　大正10年3月18日～平成21年9月1日　日東製粉社長　→09/11

泉 吉次郎　いずみ・きちじろう　昭和7年7月4日～平成19年8月11日　近畿日本鉄道社長　→06/08

泉 久次　いずみ・きゅうじ　大正9年12月11日～平成5年11月7日　泉放送制作社長　→91/93

泉 清　いずみ・きよし　大正13年10月24日〜昭和62年9月11日　衆院事務次長　→83/87

和泉 清　いずみ・きよし　大正11年3月17日〜平成3年8月12日　日本スピンドル製造取締役　→91/93

泉 潔人　いずみ・きよと　大正4年10月23日〜平成9年1月7日　三井石油化学工業専務　→97/99

泉 清利　いずみ・きよとし　明治42年11月26日〜昭和55年3月14日　テレビ高知社長、高知県議　→80/82

泉 欣二　いずみ・きんじ　昭和2年9月5日〜平成10年5月15日　積水化学工業常務　→97/99

泉 国三郎　いずみ・くにさぶろう　明治29年12月〜昭和38年12月19日　弁護士　衆院議員（日本進歩党）　→昭和

泉 敬太郎　いずみ・けいたろう　明治32年1月8日〜昭和59年12月7日　新居浜市長　→83/87

伊豆見 元一　いずみ・げんいち　大正11年7月13日〜平成13年12月11日　琉球新報社長　→00/02

泉 顕蔵　いずみ・けんぞう　明治23年〜昭和31年　ソ連情報機関に身を売った外務省職員　→昭和

泉 興二　いずみ・こうじ　昭和14年6月27日〜昭和58年12月11日　泉精器製作所社長　→83/87

和泉 覚　いずみ・さとる　明治44年5月〜平成17年5月7日　参院議員（公明党）　→03/05

泉 重千代　いずみ・しげちよ　慶応1年6月29日〜昭和61年2月21日　長寿世界一（120歳）　→83/87

和泉 繁義　いずみ・しげよし　大正12年8月18日〜昭和60年11月27日　百十四銀行取締役　→83/87

泉 至剛　いずみ・しごう　〜昭和28年7月25日　商工中金理事　→昭和

泉 七郎　いずみ・しちろう　〜昭和43年5月17日　自警会事務局長　→昭和

泉 守紀　いずみ・しゅき　〜昭和59年10月21日　全日本交通安全協会顧問・元事務理事　→83/87

和泉 晋一　いずみ・しんいち　大正12年3月10日〜平成2年7月16日　中国電力副社長　→88/90

泉 甚治郎　いずみ・じんじろう　明治28年11月9日〜昭和41年2月24日　農民運動家　→昭和

泉 将　いずみ・すすむ　大正9年2月16日〜平成10年4月28日　陸将　茨城県メディカルセンター名誉所長、陸上自衛隊衛生部長　→97/99

泉 園子　いずみ・そのこ　明治25年6月24日〜昭和49年4月21日　泉屋創業者　→昭和

泉 隆　いずみ・たかし　明治35年8月21日〜昭和43年12月22日　社会運動家　日農京都府連合会書記長　→昭和

泉 毅一　いずみ・たけかず　明治45年3月14日〜平成9年3月18日　テレビ朝日専務　→97/99

泉 武　いずみ・たけし　昭和3年6月15日〜平成15年5月1日　三菱総合研究所専務　→03/05

泉 達尚　いずみ・たつなお　昭和18年6月22日〜平成20年10月23日　新潟県新潟港湾事務所長　→06/08

泉 智等　いずみ・ちとう　嘉永2年1月12日〜昭和3年9月25日　僧侶　高野山真言宗総本山金剛峯寺第388世座主、古義真言宗初代管長　→昭和

泉 忠　いずみ・ちゅう　明治15年9月18日〜昭和18年7月4日　労働運動家　東京市議　→昭和

泉 千代夫　いずみ・ちよお　明治36年1月15日〜平成8年2月10日　東洋ベアリング製造（のちNTN）会長、三和銀行常務　→94/96

泉 悌二郎　いずみ・ていじろう　昭和9年1月2日〜平成6年3月26日　明星工業社長　→94/96

和泉 照雄　いずみ・てるお　大正10年8月20日〜昭和61年4月28日　参院議員（公明党）　→83/87

泉 藤吉　いずみ・とうきち　明治28年1月21日〜昭和56年12月31日　泉自動車工業会長　→80/82

泉 直太郎　いずみ・なおたろう　明治45年4月8日〜昭和61年1月23日　全国中央卸売市場関連事業者団体連合会長、築地東京青果物商業協同組合理事長　→83/87

泉 長人　いずみ・ながと　大正10年1月17日〜平成14年10月19日　日本民間放送連盟専務理事　→00/02

泉 信喬　いずみ・のぶたか　大正7年7月5日〜平成20年8月16日　鹿児島県議（自民党）　→06/08

泉 延寿　いずみ・のぶひさ　昭和9年11月〜平成9年11月30日　鉄道総合技術研究所顧問、国鉄東京西鉄道管理局長　→97/99

泉 秀則　いずみ・ひでのり　大正7年11月7日〜平成2年7月4日　郵政大学校長　→88/90

泉 正雄　いずみ・まさお　明治44年1月12日〜平成9年1月27日　京神倉庫会長　→97/99

和泉 正雄　いずみ・まさお　明治37年1月7日〜平成7年10月24日　名鉄不動産社長　→94/96

泉 政憲　いずみ・まさのり　明治40年3月16日〜平成4年8月19日　弁護士　静岡地検検事正　→91/93

泉 政美　いずみ・まさみ　大正12年11月27日〜平成14年10月15日　国際証券専務、大阪証券取引所常任理事　→00/02

泉 正義　いずみ・まさよし　〜平成23年1月18日　セイバン社長　→09/11

泉 勝　いずみ・まさる　大正7年8月18日〜平成18年7月10日　東京日産自動車販売名誉会長、日本自動車連盟会長　→06/08

泉 美之松　いずみ・みのまつ　大正6年1月2日〜平成2年5月15日　日本専売公社総裁　→88/90

泉 実　いずみ・みのる　大正4年3月11日〜平成7年6月1日　クラボウ常務　→94/96

泉 資一郎　いずみ・もといちろう　昭和3年10月3日〜平成3年7月16日　大都工業専務　→91/93

泉 靖二　いずみ・やすじ　〜昭和47年3月20日　運輸省航空局首席安全監察官　→昭和

泉 靖泰　いずみ・やすはる　昭和7年2月11日〜平成23年3月11日　トクヤマ常務　→09/11

泉 行雄　いずみ・ゆきお　大正11年11月11日〜平成19年1月13日　ダイハツ工業専務　→06/08

I 政治・経済・社会篇　　　　　　　　　　　　　　　　　　　　　　　　　　　　いせき

亥角 善夫　いすみ・よしお　大正13年1月15日～昭和62年8月19日　税理士　星電器製造監査役，亥角会計事務所所長　→83/87

泉 吉治　いずみ・よしじ　明治41年～昭和14年9月27日　社会運動家　→昭和

泉 宜秀　いずみ・よしひで　～平成11年9月3日　手話講師　デフトピア店長　→97/99

泉 隆次郎　いずみ・りゅうじろう　～平成3年12月29日　大阪腎臓バンク専務理事　→91/93

泉 六郎　いずみ・ろくろう　～平成2年7月13日　太宰府園社長　→88/90

泉 亘　いずみ・わたる　大正10年10月17日～平成15年8月16日　東京日産自動車販売常務　→03/05

泉田 賢一　いずみだ・けんいち　大正3年7月10日～平成10年7月18日　世界堂会長　→97/99

泉田 豊　いずみだ・ゆたか　～昭和59年1月6日　フジテレビ報道局報道センター外信担当部長　→83/87

泉谷 忠三　いずみたに・ちゅうぞう　～平成11年6月29日　阪急百貨店常務　→97/99

泉谷 尚信　いずみや・なおのぶ　昭和13年2月10日～平成23年3月27日　日本製鋼所常務　→09/11

泉谷 平次郎　いずみや・へいじろう　～昭和48年9月17日　阪神電鉄専務　→昭和

泉山 岩次郎　いずみやま・いわじろう　明治9年～昭和38年4月9日　磐城セメント相談役　亀ケ岡式土器（是川中居遺跡）の発掘者　→昭和

泉山 三六　いずみやま・さんろく　明治29年3月～昭和56年7月7日　政治家　参院議員，衆院議員　→80/82

泉山 信一　いずみやま・しんいち　大正6年～昭和60年8月1日　三八五貨物自動車運送社長　→83/87

出雲井 正雄　いずもい・まさお　大正2年10月12日～平成11年9月25日　千代田化工建設専務　→97/99

出雲路 暢良　いずもじ・ちょうりょう　大正15年7月7日～平成1年2月3日　僧侶　専光寺（真宗大谷派）住職，金沢大学教育学部教授　→88/90

出雲路 通次郎　いずもじ・みちじろう　明治11年8月8日～昭和14年11月26日　有職古実家　京都下御霊神社社司　→昭和（いずもじ・つうじろう）

泉本 文博　いずもと・ふみひろ　昭和11年10月28日～平成6年1月14日　ブルーチップ副社長　→94/96

岩動 邦雄　いするぎ・くにお　～昭和56年1月19日　ジャパン・エバ取締役　→80/82

石動 重信　いするぎ・しげのぶ　～昭和60年9月2日　(有)いするぎ呉服店社長　→83/87

石動 信一　いするぎ・のぶいち　大正5年12月10日～昭和58年2月28日　清水建設専務　→83/87

岩動 道行　いするぎ・みちゆき　大正2年10月15日～昭和62年1月25日　参院議員（自民党，岩手）　→83/87

伊勢 栄二　いせ・えいじ　明治45年1月1日～昭和59年6月19日　野村証券常務　→83/87

伊瀬 幸太郎　いせ・こうたろう　明治27年12月～平成3年1月23日　衆院議員（社会党）　→91/93

伊勢 孝太郎　いせ・こうたろう　明治30年1月25日～昭和63年8月23日　伊勢産業社長，エフエム仙台社長　→88/90

伊勢 三郎　いせ・さぶろう　～昭和60年5月10日　武蔵野銀行取締役　→83/87

伊勢 重清　いせ・しげきよ　昭和5年6月16日～平成3年9月28日　岡原村（熊本県）村長　→91/93

伊勢 勝蔵　いせ・しょうぞう　～昭和28年12月31日　弁護士　第一東京弁護士会長　→昭和

伊勢 善一　いせ・ぜんいち　大正14年3月12日～平成1年9月16日　山形ワシントンホテル社長　→88/90

伊勢 卓夫　いせ・たくお　昭和7年1月17日～平成14年9月3日　テレビ岩手社長　→00/02

伊勢 辰雄　いせ・たつお　大正14年10月1日～平成18年11月26日　東根市長　→06/08

伊瀬 敏郎　いせ・としお　大正13年1月7日～平成17年11月23日　奈良県議，大和ガス社長，奈良学園理事長　→03/05

伊勢 久信　いせ・ひさのぶ　大正3年5月27日～平成1年6月18日　郷土史家　国東町（大分県）町長　→88/90

伊勢 英男　いせ・ひでお　大正14年9月23日～昭和59年5月14日　岡山放送常務　→83/87

伊勢 正克　いせ・まさかつ　昭和3年6月13日～平成17年12月4日　弁護士　秋田弁護士会会長　→06/08s

伊瀬 芳吉　いせ・よしきち　明治38年10月8日～平成12年12月22日　ダイハツ工業最高顧問　→00/02

伊勢 美登　いせ・よしのり　大正13年12月9日～平成21年5月18日　神官　橿原神宮宮司　→09/11

伊勢 利作　いせ・りさく　～昭和61年9月5日　全国故わら工品協会理事　→83/87

井清 哲夫　いせい・てつお　～昭和55年3月21日　中国電力副社長　→80/82

井関 章　いせき・あきら　大正8年9月16日～平成23年1月7日　フジタ工業副社長　→09/11

井関 一孝　いせき・かずたか　昭和2年11月7日～平成23年5月2日　クボタ副会長　→09/11

井関 一徳　いせき・かずのり　大正7年5月6日～平成16年1月10日　伊藤忠商事取締役，いすゞ自動車専務　→03/05

井関 邦三郎　いせき・くにさぶろう　明治32年7月2日～昭和45年10月11日　井関農機創業者　→昭和（いぜき・くにさぶろう）

井関 堺　いぜき・さかい　明治44年2月13日～昭和61年8月1日　井関木材取締役社長　→83/87

伊関 庄三郎　いせき・しょうぞう　明治37年3月22日～昭和59年5月4日　警察庁広島警察管区本部長　→83/87

井関 隆昌　いぜき・たかまさ　～昭和39年8月29日

陸軍中将　→昭和

井関　剛　いせき・たけし　明治34年2月24日～平成6年1月13日　関東特殊製鋼会会長・社長、住友金属工業取締役　→94/96

井関　種雄　いせき・たねお　明治34年10月20日～昭和62年1月31日　日本アート・シアター・ギルド（ATG）初代社長　→83/87

井関　照夫　いせき・てるお　～平成9年3月22日　大阪高裁部総括判事　→97/99

伊関　英彦　いせき・ひでひこ　昭和8年1月12日～平成1年4月7日　三菱商事取締役、中東三菱商事社長　→88/90

井関　博　いせき・ひろし　大正14年6月6日～平成20年8月15日　井関農機副社長　→06/08

井関　正雄　いせき・まさお　明治32年10月17日～平成4年10月4日　熊谷組専務　→91/93

井関　昌孝　いせき・まさたか　昭和2年11月19日～平成18年5月11日　井関農機社長　→06/08

井関　恭夫　いせき・やすお　昭和22年8月11日～平成20年3月29日　牧師　日本バプテスト連盟医療団チャプレン　→09/11s

井関　安治　いせき・やすじ　明治33年4月25日～平成1年7月25日　弁護士　高松高等検察庁次席検事　→88/90

伊関　佑二郎　いぜき・ゆうじろう　明治42年12月1日～平成11年1月17日　駐インド大使　→97/99

伊瀬知　好弘　いせち・よしひろ　～平成4年1月8日　男爵　セメント輸出協力会事務局長　→91/93

伊勢村　美治　いせむら・よしはる　昭和21年8月7日～平成21年2月14日　東レ・ダウコーニング社長　→09/11

磯　英治　いそ・えいじ　明治38年10月3日～昭和59年7月3日　安立電気社長　→83/87

礒　喜子二　いそ・きしじ　明治45年3月28日～平成19年11月11日　第一実業社長　→06/08

磯　輝　いそ・てる　～昭和57年5月23日　東京久栄社長　→80/82

磯　斉志　いそ・ひとし　昭和7年～平成7年3月6日　南山大学園理事長　→94/96

磯　弁蔵　いそ・べんぞう　明治45年3月19日～昭和60年8月27日　平凡社相談役・元専務取締役　→83/87

磯　恵　いそ・めぐむ　～昭和61年2月20日　海軍少将　→83/87

磯井　賢次　いそい・けんじ　明治40年4月21日～平成9年4月2日　敷島紡績社長　→97/99

磯江　道夫　いそえ・みちお　～昭和61年9月20日　日本精工常務　→83/87

磯江　義博　いそえ・よしひろ　大正4年10月9日～平成3年8月2日　鳥取県経済農協連会長　→91/93

磯谷　幸次郎　いそがい・こうじろう　～昭和19年6月4日　大審院部長　→昭和

磯貝　清一郎　いそがい・せいいちろう　大正14年10月18日～昭和62年2月11日　千歳市議、青葉学園理事長　→83/87

磯貝　龍利　いそがい・たつとし　明治37年10月15日～平成4年1月20日　ロフテー会長　→91/93

磯貝　貞吉　いそがい・ていきち　大正11年6月1日～平成11年4月29日　北国銀行専務　→97/99

磯貝　輝夫　いそがい・てるお　昭和17年9月4日～平成22年5月20日　オリックス取締役専務執行役員　→09/11

磯貝　肥男　いそがい・としお　昭和2年8月24日～平成2年6月7日　駐フィジー大使　→88/90

磯谷　久　いそがい・ひさし　～平成5年8月2日　リケン取締役　→91/93

磯貝　浩　いそがい・ひろし　元治1年8月～昭和26年8月22日　貴院議員（多額納税）、衆院議員（憲政会）、東洋倉庫社長　→昭和

磯貝　誠　いそがい・まこと　～昭和48年11月21日　三菱重工業常務　→昭和

磯谷　行雄　いそがい・ゆきお　～平成7年2月22日　愛知県煙火組合長、磯谷煙火店社長　→94/96

磯谷　廉介　いそがい・れんすけ　明治19年9月3日～昭和42年6月6日　陸軍中将　→昭和

五十川　澄男　いそがわ・すみお　大正9年7月11日～平成17年2月5日　新明和工業専務　→03/05

礒川　誠一　いそがわ・せいいち　～昭和61年2月10日　稲城市議・市会副議長　→83/87

磯川　隆　いそがわ・たかし　大正5年12月6日～平成1年12月20日　兵庫相互銀行（のち兵庫銀行）取締役　→88/90

五十君　七彦　いそぎみ・ひちひこ　～昭和61年2月21日　中京相互銀行事務管理部長兼事務集中部長　→83/87

磯崎　憲二　いそざき・けんじ　～昭和38年2月22日　三菱製鋼社長　→昭和

磯崎　叡　いそざき・さとし　大正1年8月16日～平成9年6月19日　サンシャインシティ社長、国鉄総裁　→97/99

磯崎　三郎　いそざき・さぶろう　～平成3年12月22日　茨城電機工業会長、日立製作所工業協同組合理事長　→91/93

磯崎　重好　いそざき・しげよし　～昭和44年8月15日　アンデスハム社長　→昭和

磯崎　貞序　いそざき・ていじょ　明治23年10月～昭和59年9月10日　衆院議員（自由党）　→83/87

磯崎　洋三　いそざき・ひろぞう　昭和8年1月3日～平成16年8月25日　東京放送社長、日本民間放送連盟会長　→03/05

磯崎　正人　いそざき・まさと　～平成19年11月11日　市民運動家　中部電力芦浜原発反対運動のリーダーの一人　→06/08

磯嶋　康夫　いそじま・やすお　大正11年2月11日～平成15年11月16日　住友化学工業常務　→03/05

五十棲　辰男　いそずみ・たつお　昭和3年4月28日～平

磯田 幾三郎　いそだ・いくさぶろう　～昭和7年6月29日　陸軍航空兵少佐　→昭和

磯田 一郎　いそだ・いちろう　大正2年1月12日～平成5年12月3日　住友銀行頭取　→91/93

磯田 巌　いそだ・いわお　大正9年8月15日～平成4年12月15日　川崎市助役　→91/93

磯田 悦二　いそだ・えつじ　大正12年8月13日～昭和62年9月12日　丸一鋼管顧問・元常務　→83/87

磯田 粂三郎　いそだ・くめざぶろう　明治2年5月～昭和9年8月17日　弁護士　衆院議員(政友本党)　→昭和(いそだ・きゅうざぶろう)

磯田 健介　いそだ・けんすけ　～平成3年4月29日　日本インベストメントファイナンス社長　→91/93

磯田 孝一　いそだ・こういち　大正5年12月3日～平成17年3月14日　三洋化成工業常務　→03/05

磯田 平　いそだ・たいら　大正11年12月10日～平成23年3月25日　磯田建設社長,秩父観光協会会長　→09/11

磯田 拓郎　いそだ・たくろう　昭和11年3月14日～平成19年7月9日　大和証券専務　→06/08

磯田 英夫　いそだ・ひでお　明治34年11月16日～昭和44年7月26日　和歌山新聞専務　→昭和

磯田 正則　いそだ・まさのり　明治32年1月～昭和58年1月18日　衆院議員(国民協同党)　→83/87

磯田 好祐　いそだ・よしすけ　明治44年9月22日～平成5年7月6日　日本証券金融会長,中小企業金融公庫副総裁　→91/93

磯地 金助　いそち・きんすけ　明治38年11月1日～昭和58年6月17日　王子製紙取締役,王子緑化副社長　→83/87

磯長 本雅　いそなが・もとまさ　～昭和5年10月11日　高野山権大僧正　→昭和

磯西 将治　いそにし・しょうじ　大正12年8月29日～平成5年4月22日　雪印乳業専務　→91/93

石西 正一　いそにし・まさかず　大正4年2月24日～平成1年6月4日　東急百貨店取締役・本店長　→88/90

磯野 啓　いその・あきら　昭和9年9月27日～平成19年5月3日　国際石油開発帝石ホールディングス代表取締役　→06/08

磯野 員彦　いその・かずひこ　大正7年9月6日～昭和58年8月22日　大同鋼板会長,新日本製鉄専務　→83/87

磯野 貫古　いその・かんこ　～昭和60年5月4日　曹洞宗永円寺第20世住職,大本山総持寺顧問・大教師　→83/87

磯野 久次　いその・きゅうじ　大正9年8月2日～平成7年12月12日　福岡県信用農協連合会長　→94/96

磯野 清　いその・きよし　～昭和56年11月7日　朝日新聞社元監査役　→80/82

磯野 国徳　いその・くにのり　大正10年3月24日～平成4年5月12日　同和火災海上保険社長　→91/93

磯野 定繁　いその・さだしげ　～昭和57年5月9日　積丹町議会議長　→80/82

磯野 清治　いその・せいじ　大正2年3月17日～昭和62年8月12日　常磐市長　→83/87

磯野 太郎　いその・たろう　大正3年4月29日～平成12年3月26日　いすゞ自動車常務,通商産業省繊維局長　→00/02

磯野 千鶴男　いその・ちづお　～昭和51年11月12日　富士興産専務　→昭和

磯野 長二郎　いその・ちょうじろう　昭和5年3月15日～昭和60年10月22日　日本出版販売常任監査役　→83/87

磯野 長蔵　いその・ちょうぞう　明治7年3月12日～42年6月25日　実業家　麒麟麦酒社長,明治屋社長　→昭和

磯野 庸幸　いその・つねゆき　明治11年10月25日～56年5月31日　ラジオ関東社長,貴院議員　→80/82

磯野 寿　いその・ひさし　大正11年12月23日～平成10年5月8日　ユニチカ常務　→97/99

磯野 萬亀男　いその・まきお　明治42年1月27日～平成15年5月19日　野村不動産会長　→03/05

磯野 昌生　いその・まさお　昭和2年10月4日～平成10年12月20日　三菱油化常務,三菱油化バーディッシュ社長　→97/99

磯野 昌毅　いその・まさき　～昭和62年6月8日　中村建設取締役建築部長　→83/87

磯野 真常　いその・まさつね　明治42年1月12日～平成4年2月14日　大和銀行取締役　→91/93

磯野 正俊　いその・まさとし　明治42年1月26日～平成2年4月7日　日本専売公社理事,日本フィルター工業社長　→88/90

磯野 ミツル　いその・みつる　～平成9年12月8日　小倉タイムス代表　→97/99

磯野 百男　いその・ももお　明治43年4月30日～平成19年9月28日　日本電気システム建設社長　→06/08

磯野 盛雄　いその・もりお　～平成16年7月21日　陸将　陸上自衛隊武器学校長　→03/05

磯野 勇三　いその・ゆうぞう　明治36年6月2日～昭和61年11月19日　やさか通商社長,駐ポルトガル大使　→83/87

磯野 良一　いその・りょういち　大正11年1月7日～昭和61年1月31日　山九常務　→83/87

磯野 良吉　いその・りょうきち　～昭和13年3月23日　大阪窯業セメント社長　→昭和

磯野 渡　いその・わたる　明治42年7月22日～昭和60年8月25日　国鉄監査委員,福島臨海鉄道社長　→83/87

磯林 政三　いそばやし・まさぞう　～昭和63年8月7日　大和証券常務　→88/90

磯淵 良男　いそぶち・よしお　大正9年12月3日～平成17年4月11日　高松市議,全国漁業共済組合連合会長　→03/05

いそへ

磯部 明　いそべ・あきら　明治42年3月5日～平成14年1月2日　富士銀行常務　→00/02

磯部 浅一　いそべ・あさいち　明治38年4月1日～昭和12年8月19日　陸軍1等主計　2.26事件の首謀者　→昭和

磯部 稜威雄　いそべ・いつお　～昭和55年5月7日　神社庁顧問、忌宮神社名誉宮司　→80/82

磯部 巌　いそべ・いわお　～平成10年9月8日　秋田県知事　→97/99

磯部 一人　いそべ・かずと　大正15年9月30日～昭和61年12月13日　山口地方同盟会長　→83/87

磯部 一充　いそべ・かずみつ　明治41年5月25日～平成8年6月21日　旭化成工業副社長　→94/96

磯部 吉五郎　いそべ・きちごろう　明治37年10月25日～平成18年11月6日　塚本商事社長　→06/08

磯部 教三　いそべ・きょうぞう　～昭和55年4月29日　ニッポン放送取締役総務局長兼ポニー・キャニオンレコード取締役管理本部長　→80/82

磯部 清　いそべ・きよし　大正6年5月15日～平成4年9月30日　合同資源産業会長　→91/93

磯部 清　いそべ・きよし　大正5年2月2日～平成6年1月24日　愛知時計電機常務　→94/96

磯部 貞次　いそべ・さだじ　～昭和31年5月17日　光市長　→昭和

磯辺 甚三　いそべ・じんぞう　～平成17年7月20日　もんじゅ訴訟原告団長、敦賀市議　→03/05

礒部 善作　いそべ・ぜんさく　～平成3年8月16日　第一工業製薬専務　→91/93

磯部 卓　いそべ・たかし　大正15年1月6日～昭和63年5月17日　帝国化工専務　→88/90

磯辺 卓司　いそべ・たくじ　～平成12年11月2日　エームサービス社長　→00/02

磯部 健雄　いそべ・たけお　～昭和48年12月18日　日本ビクター文芸部長　→昭和

磯部 常治　いそべ・つねじ　～昭和51年2月11日　弁護士　→昭和

磯部 鉄吉　いそべ・てつきち　～昭和32年2月14日　日本飛行協会創立者　→昭和

磯部 映次　いそべ・てるじ　～平成5年10月15日　東京ガス取締役　→91/93

磯部 利雄　いそべ・としお　～平成5年12月14日　千葉県警我孫子警察署長　→91/93

磯部 豊太郎　いそべ・とよたろう　大正12年～平成9年4月25日　東洋紡専務　→97/99

磯辺 尚　いそべ・ひさし　明治8年11月～昭和11年11月1日　弁護士　衆院議員（政友会）　→昭和（磯部 尚）

磯辺 正志　いそべ・まさし　～平成13年11月30日　大正海上火災保険（のち三井住友海上火災保険）専務　→00/02

磯部 正義　いそべ・まさよし　～昭和2年5月22日　官幣中社金崎宮宮司　→昭和

磯部 稔　いそべ・みのる　大正10年8月24日～昭和60年8月31日　名鉄不動産社長、中部不動産協会理事長　→83/87

磯部 靖　いそべ・やすし　明治40年4月28日～平成11年1月16日　弁護士　第一東京弁護士会会長、日本弁護士連合会副会長　→97/99

磯部 保次　いそべ・やすじ　慶応4年7月26日～昭和3年12月4日　実業家　東京瓦斯常務、衆院議員（政友会）　→昭和

磯部 愉一郎　いそべ・ゆいちろう　明治14年11月11日～昭和45年5月20日　花王石鹸会長　→昭和

磯部 幸子　いそべ・ゆきこ　～昭和63年1月15日　（財）日本エスペラント学会理事長　→88/90

磯部 与志夫　いそべ・よしお　大正14年9月23日～平成15年6月27日　滋賀県議（自民党）　→03/05

磯部 利右衛門　いそべ・りうえもん　～昭和33年7月17日　鎌倉市長　→昭和

磯部 理輔　いそべ・りすけ　～昭和56年9月30日　安田火災海上保険監査役　→80/82

磯前 光輔　いそまえ・こうすけ　明治43年6月26日～平成1年9月25日　三井生命保険常務　→88/90

磯村 巌　いそむら・いわお　昭和7年12月21日～平成16年1月20日　トヨタ自動車副会長、名古屋商工会議所会頭　→03/05

磯村 岩太郎　いそむら・いわたろう　明治31年2月18日～平成3年12月6日　ドウイワ会長　→91/93

磯村 音介　いそむら・おとすけ　慶応3年11月11日～昭和9年4月13日　保土谷曹達社長　→昭和

磯村 乙巳　いそむら・おとみ　明治38年3月7日～昭和56年3月16日　磯村産業社長、日経連常任理事　→80/82

磯村 久太郎　いそむら・きゅうたろう　大正6年2月3日～平成21年1月16日　松下電器産業常務　→09/11

磯村 貞雄　いそむら・さだお　大正12年4月1日～平成21年10月14日　飯岡町（千葉県）町長、千葉県商工会議所連合会会長　→09/11

磯村 茂　いそむら・しげる　～昭和32年10月25日　帝国人絹監査役　→昭和

磯村 隆文　いそむら・たかふみ　昭和5年12月8日～平成19年11月26日　大阪市長、大阪市立大学名誉教授、帝塚山学院理事長　→06/08

磯村 武義　いそむら・たけよし　～昭和62年9月23日　梅本（株）代表取締役会長　→83/87

磯村 民夫　いそむら・たみお　大正11年12月16日～平成6年4月21日　大田花き会長、日本花き卸売市場協会長　→94/96

磯村 光男　いそむら・てるお　大正3年2月9日～平成7年5月9日　東京都副知事　→94/96

磯村 年　いそむら・とし　～昭和36年9月12日

I 政治・経済・社会篇　　　　　　　　　　　　　　　　　　　　　　　　　　　　　いたかき

軍人　→昭和

磯村 豊太郎　いそむら・とよたろう　明治1年11月7日〜昭和14年10月26日　実業家　北海道炭礦汽船専務　→昭和

磯村 信雄　いそむら・のぶお　〜平成5年12月16日　神戸新聞常務　→91/93

磯村 正之　いそむら・まさゆき　〜昭和57年2月25日　東洋建設社長　→80/82

磯村 又司　いそむら・またじ　大正3年3月28日〜昭和61年12月3日　教育産業会長　→83/87

磯村 弥八　いそむら・やはち　明治40年1月3日〜昭和60年12月13日　豊橋商工信用組合理事長, 元豊橋商工会議所会頭　→83/87

磯村 豊　いそむら・ゆたか　大正2年2月27日〜平成6年3月8日　磯村産業専務, 白金幼稚園理事長　→94/96

磯村 律次郎　いそむら・りつじろう　大正4年7月21日〜昭和63年5月23日　東洋埠頭常務　→88/90

礒村 隆三　いそむら・りゅうぞう　昭和14年11月14日〜平成7年10月5日　日本信販専務, 日本長期信用銀行常務　→94/96

井染 寿夫　いそめ・かずお　〜昭和42年9月30日　日本輸出雑貨センター専務理事　→昭和

井染 禄朗　いそめ・ろくろう　〜昭和5年4月20日　陸軍中将　→昭和

磯本 恒信　いそもと・つねのぶ　〜平成12年10月25日　部落解放同盟長崎県連委員長　→00/02

磯矢 伍郎　いそや・ごろう　〜平成5年8月22日　陸軍中将　→91/93

磯矢 秀雄　いそや・ひでお　明治42年3月30日〜昭和59年7月25日　東京建物常務　→83/87

磯山 茂十郎　いそやま・もじゅうろう　〜昭和56年8月11日　西日本新聞社友, 元長尾地区町自治会協議会会長　→80/82

磯輪 源一　いそわ・げんいち　明治32年9月21日〜昭和62年7月20日　磯輪鉄工所取締役会長, 全国紙器段ボール紙工機械組合副理事長　→83/87

井田 哲生　いだ・あきお　大正15年1月12日〜平成23年12月11日　大光銀行頭取　→09/11

井田 磐楠　いだ・いわくす　明治14年2月24日〜昭和39年3月29日　政治家, 陸軍少佐　貴院議員(男爵)　→昭和

井田 栄造　いだ・えいぞう　〜昭和31年3月18日　日の丸汽船社長　→昭和

伊田 修　いだ・おさむ　昭和9年4月19日〜平成9年6月19日　東京トヨペット専務　→97/99

井田 勝彦　いだ・かつひこ　大正4年1月13日〜平成4年9月4日　シャープ専務　→91/93

井田 恵子　いだ・けいこ　平成6年6月21日〜平成12年5月1日　弁護士　日弁連事務総長　→91/93

井田 恵夫　いだ・しげお　昭和4年1月21日〜平成16年2月月24日　埼玉県議(自民党)　→03/05

井田 鉄太郎　いだ・てつたろう　明治44年8月1日〜平成17年1月21日　荏原製作所常務　→03/05

井田 十一　いだ・といち　〜昭和57年9月2日　上組元社長, 神戸興産社長　→80/82

井田 友平　いだ・ともへい　明治22年3月17日〜昭和40年10月31日　メヌマ社長, 衆院議員(自由党)　→昭和

井田 豊秋　いだ・とよあき　大正4年9月24日〜平成17年7月3日　全国農業協同組合連合会常務理事　→03/05

井田 博基　いだ・ひろき　大正10年11月13日〜平成10年10月15日　菊廼舎本店社長　→97/99

伊田 宏　いだ・ひろし　大正12年6月23日〜平成11年11月26日　兵庫県議(自民党)　→97/99

井田 文夫　いだ・ふみお　明治33年12月4日〜昭和50年10月23日　サンヨー食品創業者　→昭和

井田 通次郎　いだ・みちじろう　〜昭和31年2月7日　香川県副知事　→昭和

依田 満　いだ・みつる　昭和8年3月22日〜平成14年7月6日　京都市収入役　→00/02

伊田 稔　いだ・みのる　〜平成20年6月26日　伊田食品会長　→06/08

井田 与七　いだ・よしち　明治30年4月28日〜平成1年3月24日　東京ガス顧問・元常務　→88/90

井田 至春　いだ・よしはる　〜平成7年10月1日　三井建設常務　→94/96

井田 與三治　いだ・よそじ　〜昭和57年5月25日　日本陶管会長, 刈谷市参与　→80/82

板井 賛次郎　いたい・さんじろう　〜昭和43年11月24日　岩手銀行頭取　→昭和

板井 庄作　いたい・しょうさく　大正6年〜平成15年3月31日　日本アジア・アフリカ連帯委員会事務局長　横浜事件の元被告　→03/05

板井 正彦　いたい・まさひこ　大正11年〜昭和62年3月17日　西松建設取締役大阪建築支店長　→83/87

板尾 純一　いたお・じゅんいち　大正10年3月13日〜平成13年1月27日　東亜建設工業常務　→00/02

板尾 達雄　いたお・たつお　昭和4年4月16日〜平成19年7月21日　石川衛生公社社長, 松任商工会議所会長　→06/08

井高 宏　いだか・ひろし　大正12年1月1日〜昭和57年5月28日　東興海運社長　→80/82

板垣 市太郎　いたがき・いちたろう　明治35年8月27日〜昭和61年3月13日　弁護士　東京高裁判事　→83/87

板垣 修　いたがき・おさむ　明治40年2月26日〜昭和62年12月3日　駐中華民国大使　→83/87

板垣 和彦　いたがき・かずひこ　昭和17年7月22日〜平成20年2月2日　岐阜県議(自民党)　→06/08

板垣 欽一郎　いたがき・きんいちろう　大正12年5月10日〜平成10年6月18日　宮城ダイハツ販売社長, 宮城県軽自動車協会会長　→97/99

いたかき　　　　　　　　　　　　　　　　　　　　Ⅰ　政治・経済・社会篇

板垣 茂　いたがき・しげる　～昭和56年2月7日
　日本製鋼所顧問、元常務　→80/82

板垣 清一郎　いたがき・せいいちろう　大正4年9月7日
　～平成5年10月2日　山形県知事　→91/93

板垣 成紀　いたがき・せいき　～昭和55年1月28日
　陸軍少将　巡洋艦妙高艦長　→80/82

板垣 征四郎　いたがき・せいしろう　明治18年1月21日
　～昭和23年12月23日　陸軍大将　陸相　→昭和

板垣 武四　いたがき・たけし　大正5年2月13日～平成5
　年8月12日　札幌市長　→91/93

板垣 仁　いたがき・ひとし　大正9年8月16日～平成2年2
　月13日　住友ゴム工業常務、オーツタイヤ専務　→88/90

板垣 政雄　いたがき・まさお　～昭和61年3月24日
　荒川区（東京都）民生委員・児童委員　→83/87

板垣 安夫　いたがき・やすお　明治43年7月4日～平成12
　年9月25日　住友特殊金属社長、住友金属工業副社長　→
　00/02

板川 正吾　いたがわ・しょうご　大正2年7月9日～平成
　16年2月12日　衆院議員（社会党）、埼玉県中小企業商工
　協会名誉会長　→03/05

板川 龍夫　いたがわ・たつお　大正14年10月8日～平成
　19年7月31日　サンエツ会長　→06/08

板木 郁郎　いたき・いくろう　明治32年5月18日～平成3
　年11月21日　弁護士　立命館大学名誉教授　→91/93

板倉 アキノ　いたくら・あきの　明治44年11月8日～平
　成16年8月18日　熊本県母子寡婦福祉連合会理事長　→
　03/05

板倉 至　いたくら・いたる　～昭和6年11月27日
　独立守備歩兵第二大隊附少佐　→昭和

板倉 勝憲　いたくら・かつのり　明治4年9月24日～昭和
　3年7月29日　貴院議員　→昭和

板倉 弘典　いたくら・こうてん　～昭和57年8月11日
　東京都議（公明党）　→80/82

板倉 秀　いたくら・しゅう　～平成8年7月5日
　広島県議　→94/96

板倉 俊一　いたくら・しゅんいち　～昭和58年7月9日
　北洋かご漁業組合長、北海道つぶ漁協組合長　→83/87

板倉 譲治　いたくら・じょうじ　明治45年6月3日～平成
　9年4月8日　三井銀行（のちさくら銀行）社長　→97/99

板倉 庄二郎　いたくら・しょうじろう　～昭和61年6月1
　日　松下電器産業客員、松下通信工業監査役　→83/87

板倉 創造　いたくら・そうぞう　大正3年11月6日～平
　成6年4月7日　日本道路公団理事　→94/96

板倉 孝宜　いたくら・たかのぶ　～平成4年6月21日
　日栄製版相談役　→91/93

板倉 保　いたくら・たもつ　～平成3年5月22日
　愛知労済専務理事　→91/93

板倉 俊雄　いたくら・としお　大正4年6月11日～平成10
　年4月24日　日本航空常務、日本アジア航空社長　→97/99

板倉 豊文美　いたくら・とよふみ　大正6年2月20日～平
　成11年6月30日　通信博物館館長、新興サービス社長　→
　97/99

板倉 中　いたくら・なかば　安政3年9月1日～昭和13年3
　月5日　衆院議員（中正会）　→昭和

板倉 政次　いたくら・まさじ　～昭和57年1月24日
　東京服裏地生産卸同業会会長、ソワマーベルト会社社長
　→80/82

板倉 松太郎　いたくら・まつたろう　慶応4年4月23日～
　昭和15年6月15日　司法官　大審院部長、早稲田大学専門
　部教授　→昭和

板倉 光雄　いたくら・みつお　～昭和51年5月15日
　明治機械社長　→昭和

板倉 康　いたくら・やすし　大正14年8月23日～平成3年
　11月9日　日本発条取締役　→91/93

板倉 和三郎　いたくら・わさぶろう　昭和2年10月31日
　～平成4年7月13日　高島屋取締役　→91/93

板坂 光　いたさか・ひかる　～昭和47年12月5日
　神戸製鋼所常務　→昭和

板津 直平　いたず・なおひら　～平成1年6月15日
　高砂鉄工常務　→88/90

猪立山 昂　いたちやま・たかし　～昭和62年6月3日
　博多警察署長　→83/87

板津 秀雄　いたつ・ひでお　～平成10年1月18日
　名古屋刑務所刑務官　→97/99

板波 俊太郎　いたなみ・しゅんたろう　明治32年11月5
　日～昭和58年8月25日　クロレラ工業会長　→91/93

鋳谷 正輔　いたに・しょうすけ　明治13年3月21日～昭
　和30年11月15日　実業家　川崎重工業社長　→昭和

猪谷 善一　いたに・ぜんいち　明治32年2月15日～昭和
　55年1月16日　日野自動車販売顧問、日本貿易学会会長
　→80/82

井谷 千彦　いたに・ちひこ　明治42年4月22日～平成16
　年3月21日　奈良テレビ放送社長、奈良県経済部長　→
　03/05

伊谷 博　いたに・ひろし　昭和9年1月24日～平成20年7
　月16日　萬養軒社長　→06/08

井谷 正吉　いたに・まさよし　明治29年4月29日～昭和
　51年2月10日　農民運動家　衆院議員（社会党）、全農愛
　媛県連会長　→昭和

井谷 竜太　いたに・りゅうた　明治33年12月22日～平成
　1年2月15日　味の素取締役　→88/90

板野 勝次　いたの・かつじ　明治36年1月26日～昭和60
　年12月30日　社会運動家　参院議員（共産党）　→83/87

板野 権二　いたの・けんじ　～昭和56年2月28日
　農業共済基金専務理事、元駐イタリア公使　→80/82

板野 英彦　いたの・ひでひこ　昭和5年2月5日～平成5年
　3月22日　兵庫県副知事　→91/93

板野 元次　いたの・もとじ　明治45年3月10日～昭和60
　年2月27日　東生リサーチ社長、元東京生命保険相互専務

I 政治・経済・社会篇　　　　　　　　　　　　　　　　　　　　　　　　　いちかわ

→83/87

板橋 喜介　いたはし・きすけ　〜昭和62年1月26日
明治鉱業社長,安川電機製作所監査役　→83/87

板橋 三郎　いたばし・さぶろう　〜平成5年9月18日
OSG常務　→91/93

板橋 隆　いたばし・たかし　昭和4年1月27日〜平成14年6月3日　三菱ガス化学専務　→00/02

板橋 哲男　いたはし・てつお　大正9年4月15日〜平成16年10月12日　日本パイプ製造社長　→03/05

板橋 並治　いたばし・なみじ　明治41年2月8日〜平成10年4月14日　日米会話学院院長,国際教育振興会理事長　→97/99

板橋 貢　いたばし・みつぐ　大正15年8月10日〜平成15年6月22日　三菱地所専務　→03/05

板橋 義夫　いたばし・よしお　昭和3年1月20日〜平成7年1月17日　鐘紡常務　→94/96(いたばし・よしお)

板橋 良玄　いたばし・りょうげん　〜昭和29年1月26日
法相宗管長　→昭和

板橋 良爾　いたばし・りょうじ　昭和9年8月3日〜平成4年12月7日　山陽国策パルプ常務　→91/93

板原 伝　いたはら・つたえ　明治43年2月8日〜昭和59年11月17日　土佐市長　→83/87

伊丹 光淳　いたみ・こうじゅん　大正6年2月25日〜平成1年4月30日　本山修験宗管長,聖護院第49世門主　→88/90

伊丹 三司　いたみ・さんじ　昭和8年2月17日〜平成7年9月18日　協伸工業社長,協伸テクノ社長　→94/96

伊丹 二郎　いたみ・じろう　文久3年1月25日〜昭和26年12月5日　実業家　日本郵船専務,麒麟麦酒社長　→昭和

伊丹 孝　いたみ・たかし　昭和5年8月3日〜平成11年7月10日　大林組常務　→97/99

伊丹 高彦　いたみ・たかひこ　大正10年10月29日〜平成9年9月10日　合同製鉄常務　→97/99

伊丹 徳次　いたみ・とくじ　〜昭和60年8月15日
伊丹製薬会長　→83/87

伊丹 治雄　いたみ・はるお　〜平成2年11月24日
西部石油常務,通商産業省官房審議官　→88/90

伊丹 宏文　いたみ・ひろふみ　大正7年12月29日〜平成21年5月23日　フジコピアン社長　→09/11

伊丹 政吉　いたみ・まさきち　〜昭和39年12月9日
陸軍少将　→昭和

伊丹 弥太郎　いたみ・やたろう　慶応2年12月12日〜昭和8年10月3日　実業家　東邦電力社長,貴院議員(多額納税)　→昭和

板持 雅晴　いたもち・まさはる　〜昭和62年4月18日
ユーシン取締役広島本部副本部長　→83/87

板谷 幸太郎　いたや・こうたろう　明治38年12月20日〜昭和44年6月10日　埼玉新聞社長,埼玉県公安委員長　→昭和

板谷 順助　いたや・じゅんすけ　明治10年3月〜昭和24年12月19日　衆院議員,参院議員(民主自由党)　→昭和

板谷 隆一　いたや・たかいち　明治44年8月20日〜平成3年9月1日　防衛庁統合幕僚会議議長　→91/93

板屋 猛　いたや・たけし　〜昭和57年1月17日
福岡市議　→80/82

伊佐屋 時光　いたや・ときみつ　〜昭和59年2月25日
光洋機械産業常務　→83/87

板谷 実　いたや・みのる　昭和3年8月23日〜平成23年11月30日　苫小牧市長　→09/11

板谷 宮吉　いたや・みやきち　明治18年5月16日〜昭和37年12月22日　実業家,政治家　板谷商船社長,樺太銀行頭取,貴院議員(多額納税)　→昭和

板谷 康男　いたや・やすお　大正3年1月24日〜平成8年3月12日　志村化工常務　→94/96

板山 文蔵　いたやま・ぶんぞう　〜平成5年10月29日
警視庁第三方面本部長　→91/93

市居 嘉一　いちい・かいち　明治33年1月10日〜平成6年2月9日　阪和興業取締役,日本染色協会会長　→94/96

一井 重雄　いちい・しげお　明治28年2月20日〜昭和62年2月5日　弁護士,弁理士　→83/87

市井 正次　いちい・しょうじ　〜昭和58年8月19日
陸軍獣医少将　日本獣医畜産大学教授　→83/87

一井 保造　いちい・やすぞう　明治31年5月22日〜昭和60年8月27日　実業家　三井船舶社長　→83/87

市石 実郎　いちいし・じつろう　大正2年9月1日〜平成10年1月28日　ニッパツ副社長,ニッパン会長,第一銀行(のち第一勧業銀行)取締役　→97/99

市浦 繁　いちうら・しげる　明治43年9月11日〜平成1年9月14日　(社)日本大ダム会議専務理事,通産省官房審議官　→88/90

市尾 竜夫　いちお・たつお　明治37年4月1日〜昭和63年10月19日　トヤマキカイ社長　→88/90

市岡 武夫　いちおか・たけお　〜平成5年12月22日
賀茂鶴酒造監査役　→91/93

市岡 正憲　いちおか・まさのり　大正8年6月9日〜平成5年6月22日　原水爆禁止広島県協議会理事長,広島県原爆被害者団体協議会理事長　→91/93

一門 勉　いちかど・つとむ　〜昭和55年10月24日
熊本県議・前副議長　→80/82

市川 晃　いちかわ・あきら　明治44年8月16日〜昭和51年2月15日　大阪証券金融社長　→昭和

市川 章　いちかわ・あきら　〜平成13年12月4日
愛知電機常務　→00/02

市川 郁治　いちかわ・いくじ　〜平成3年5月11日
カネボウ化粧品常務,カネボウ食品専務　→91/93

市川 功　いちかわ・いさお　大正9年6月18日〜平成8年7月18日　オリックス常務　→94/96

市川 勇　いちかわ・いさむ　大正5年1月11日〜平成15年

いちかわ　　　　　　　　　　　　　　　　　　　　　　Ⅰ　政治・経済・社会篇

3月24日　山形県議(自民党)　→03/05

市川　丑三　いちかわ・うしぞう　大正2年3月1日～昭和61年11月12日　市光工業社長　→83/87

市川　栄作　いちかわ・えいさく　～平成5年3月18日　安田町水俣病未認定患者の会初代会長　→91/93

市川　嘉一　いちかわ・かいち　～昭和61年3月24日　(株)大洋社会長　→83/87

市川　一男　いちかわ・かずお　大正8年2月23日～平成22年7月22日　東村山市長　→09/11

市川　勘一　いちかわ・かんいち　明治37年8月11日～昭和63年9月6日　長野市会議長　→88/90

市川　吉太郎　いちかわ・きちたろう　～昭和13年2月6日　大丸監査役　→昭和

市川　清　いちかわ・きよし　大正11年～平成14年11月27日　徳倉建設常務　→00/02

市川　清示　いちかわ・きよじ　～平成3年5月27日　(社)新聞販売従業員共済会理事長、朝日新聞販売協同組合常務理事、埼玉県日経会相談役　→91/93

市川　清矩　いちかわ・きよつね　～昭和57年12月26日　曹洞宗宗議会議長　→80/82

市川　謹介　いちかわ・きんすけ　昭和3年3月16日～平成3年7月2日　産経新聞大阪本社編集局次長　→91/93

市川　銀平　いちかわ・ぎんぺい　昭和4年12月19日～平成6年6月11日　埼玉県印工組理事長、太洋社印刷所社長　→91/93

市川　邦晴　いちかわ・くにはる　昭和18年1月30日～平成17年12月20日　沖電線常務　→03/05

市川　邦也　いちかわ・くにや　～平成14年3月18日　全日本視覚障害者協議会会長　→00/02

市川　慶三　いちかわ・けいぞう　大正7年3月8日～平成15年4月13日　西日本銀行頭取　→03/05

市川　弘一　いちかわ・こういち　昭和16年～平成12年12月11日　八千代エンジニヤリング専務　→00/02

市川　浩之助　いちかわ・こうのすけ　大正4年9月28日～平成3年2月18日　三菱信託銀行専務　→91/93

市川　敏　いちかわ・さとし　～昭和62年5月14日　電通専務　→83/87

市川　重幸　いちかわ・しげゆき　大正11年2月13日～昭和62年12月22日　印シマホービン会長　→83/87

市川　忍　いちかわ・しのぶ　明治30年1月9日～昭和48年11月2日　実業家　丸紅社長　→昭和

市川　正一　いちかわ・しょういち　明治25年3月20日～昭和20年3月15日　社会主義運動家　日本共産党中央委員　→昭和

市川　正一　いちかわ・しょういち　大正12年9月1日～平成20年4月7日　参院議員(共産)　→06/08

市川　城一　いちかわ・じょういち　昭和3年10月20日～昭和63年11月7日　明星食品常勤監査役　→88/90

市川　照道　いちかわ・しょうどう　昭和9年5月3日～平成11年10月26日　読売新聞大阪本社事業本部長、大阪よ

みうり文化センター社長　→97/99

市川　四郎　いちかわ・しろう　明治42年12月17日～平成6年1月22日　弁護士　→94/96

市川　次郎　いちかわ・じろう　～昭和55年11月23日　府中市議会議長　→80/82

市川　季熊　いちかわ・すえくま　～昭和30年2月13日　高松高検検事長　→昭和

市川　誠次　いちかわ・せいじ　明治5年7月11日～昭和22年4月5日　実業家　日本窒素肥料会長　→昭和

市川　清次郎　いちかわ・せいじろう　生年不詳～昭和11年10月16日　海軍中将　→昭和

市川　禅海　いちかわ・ぜんかい　明治16年9月24日～昭和29年4月21日　海軍軍人、僧侶　→昭和

市川　善之助　いちかわ・ぜんのすけ　明治45年5月1日～昭和62年5月15日　帝国クロム会長　→83/87

市川　惣三郎　いちかわ・そうざぶろう　明治45年7月25日～平成15年1月1日　江戸川木材工業社長、東京原木協同組合理事長　→03/05

市川　代三郎　いちかわ・だいさぶろう　昭和8年1月18日～平成9年11月29日　川崎市議(自民党)　→97/99

市川　匡　いちかわ・ただし　明治30年8月8日～昭和63年12月26日　東京相互銀行専務　→88/90

市川　達雄　いちかわ・たつお　大正7年10月23日～昭和61年12月23日　日本長期信用銀行取締役　→83/87

市川　知命　いちかわ・ちかのぶ　明治39年4月12日～平成2年7月9日　不二越機械工業会長　→88/90

市川　恒雄　いちかわ・つねお　～昭和46年1月8日　住友重機械工業会長　→昭和

市川　恒雄　いちかわ・つねお　明治38年4月1日～昭和61年7月7日　神鋼フアウドラー相談役・元社長、神戸製鋼所副社長　→83/87

市川　徹弥　いちかわ・てつや　文久2年9月19日～昭和2年3月24日　陸軍通訳官　→昭和

市川　得三　いちかわ・とくぞう　明治40年1月15日～平成6年1月26日　千葉県議、千葉県商工信用組合最高顧問　→94/96

市川　寿雄　いちかわ・としお　～平成6年8月2日　南海電気鉄道専務　→94/96

市川　利夫　いちかわ・としお　大正6年3月6日～平成21年1月13日　アイホン創業者　→09/11

市川　止　いちかわ・とどむ　～昭和46年4月8日　熱海市長　→昭和

市川　直　いちかわ・なおし　大正2年11月21日～平成15年6月1日　三菱自動車工業常務　→03/05

市川　信夫　いちかわ・のぶを　大正13年9月19日～平成18年7月23日　東京都議(自民党)　→06/08

市川　昇　いちかわ・のぼる　昭和25年～平成11年10月31日　横浜地裁判事　→97/99

市川　秀一　いちかわ・ひでいち　明治37年3月30日～昭和63年6月22日　十条製紙常務、四国コカ・コーラボトリ

ング社長　→88/90

市川 秀治　いちかわ・ひではる　明治30年9月7日～平成5年3月24日　日本フエルト常務　→91/93

市川 洋雄　いちかわ・ひろお　昭和6年7月31日～平成22年9月17日　神鋼商事専務　→09/11

市川 浩　いちかわ・ひろし　～昭和46年6月17日　トビー工業常務　→昭和

市川 浩　いちかわ・ひろし　～平成4年10月20日　扇興運輸（のちセンコー）会長　→91/93

市川 裕観　いちかわ・ひろみ　明治41年10月17日～平成3年3月14日　大成建設取締役、大成プレハブ副社長、飛島建設専務　→91/93

市川 福平　いちかわ・ふくへい　大正8年7月12日～平成8年5月15日　千葉県議（社会党）　→94/96

市川 房枝　いちかわ・ふさえ　明治26年5月15日～昭和56年2月11日　政治家、婦人運動家、評論家　参院議員（第二院クラブ）、日本婦人有権者同盟会長　→80/82

市川 誠　いちかわ・まこと　明治45年3月11日～平成11年5月21日　労働運動家　総評議長　→97/99

市川 誠　いちかわ・まこと　昭和6年7月13日～平成13年6月4日　高木証券副社長　→00/02

市川 政章　いちかわ・まさあき　明治35年12月19日～平成3年1月24日　日立精機顧問、元会長、元社長　→91/93

市川 政夫　いちかわ・まさお　大正2年3月10日～昭和63年8月23日　安宅産業社長　→88/90

市川 方彦　いちかわ・まさひこ　昭和8年3月25日～平成5年5月29日　西日本新聞福岡折込センター社長、西日本新聞販売局長　→91/93

市川 雅也　いちかわ・まさや　～平成17年9月14日　金融庁統括検査官　→03/05

市川 増男　いちかわ・ますお　大正5年10月7日～平成6年3月11日　日本繊維ロープ工業組合理事長、蒲郡商議所会頭　→94/96

市川 宗貞　いちかわ・むねさだ　明治42年5月22日～平成12年6月11日　飯能市長、埼玉県議会議長　→00/02

市川 宗成　いちかわ・むねしげ　明治42年1月7日～平成5年8月28日　日本中空鋼会長　→91/93

市川 恵　いちかわ・めぐみ　大正12年4月17日～平成14年4月17日　東海電気工事（のちトーエネック）常務　→00/02

市川 守雄　いちかわ・もりお　昭和4年10月5日～平成10年11月20日　中央信用金庫理事長　→97/99

市川 保一　いちかわ・やすいち　～平成4年5月6日　市川工務店社長　→91/93

市川 安男　いちかわ・やすお　大正11年3月24日～平成59年1月10日　阪急電鉄常務取締役、宝塚歌劇団理事長　→83/87

市川 泰　いちかわ・やすし　大正7年～平成20年6月28日　三菱重工業常務　→06/08

一川 保正　いちかわ・やすまさ　大正2年9月19日～平成2年6月24日　石川県議（自民党）　→88/90

市川 雄康　いちかわ・ゆうこう　昭和12年～平成11年3月31日　大塚商会常務　→97/99

市川 義夫　いちかわ・よしお　明治32年9月27日～平成2年3月15日　本州製紙専務　→88/90

市川 義雄　いちかわ・よしお　明治27年4月6日～昭和46年11月4日　社会運動家　日本共産党中央委員　→昭和

市川 義雄　いちかわ・よしお　明治41年8月27日～平成16年6月6日　兼松江商専務　→03/05

市川 利助　いちかわ・りすけ　大正5年6月9日～昭和62年5月18日　長野相互銀行常任監査役　→83/87

市来 乙彦　いちき・おとひこ　明治5年4月13日～昭和29年2月19日　政治家　蔵相、大蔵次官、日本銀行総裁　→昭和

一木 儀一　いちき・ぎいち　明治7年6月13日～昭和11年4月2日　陸軍軍医中将　陸軍軍医総監　→昭和

市木 鉱一郎　いちき・こういちろう　明治43年8月30日～平成11年4月10日　住友化学工業副社長　→97/99

櫟木 茂男　いちき・しげお　大正8年7月23日～平成22年11月25日　バンドー化学社長、トリオ副社長　→09/11

一木 千秋　いちき・ちあき　～平成13年12月30日　陸将補　→00/02

市木 哲甫　いちき・てつほ　大正14年8月16日～昭和63年10月3日　神戸生糸会長　→88/90

一木 寿彰　いちき・としあき　明治44年5月12日～平成17年6月26日　電気化学工業常務　→03/05

市木 英男　いちき・ひでお　昭和4年4月13日～平成3年10月31日　殖産住宅相互顧問、三和銀行業務本部審査部長、日東アルミニウム製造所常務　→91/93

一木 豊　いちき・ゆたか　昭和9年1月14日～平成20年12月23日　テレビ東京社長、日本経済新聞専務　→06/08

市来崎 秀丸　いちきざき・ひでまる　～平成13年4月10日　海将　海上自衛隊第1術科学校校長　→00/02

一倉 洋　いちくら・ひろし　～平成1年11月7日　一倉経営研究所副所長　→88/90

一沢 信大　いちざわ　のぶお　-平成13年3月15日　一沢帆布会長　→00/02

市島 成一　いちじま・せいいち　明治32年2月21日～昭和62年11月1日　弁護士　東京高検検事長　→83/87

市島 武視　いちじま・たけし　大正4年11月2日～昭和56年11月20日　鉄建建設副社長　→80/82

市島 達久　いちじま・たつひさ　～平成21年3月14日　三井住友カード常務執行役員　→09/11

一条 実孝　いちじょう・さねたか　明治13年3月15日～昭和34年12月21日　国家主義者　貴族院議員（公爵）　→昭和

一条 実文　いちじょう・さねふみ　～昭和60年8月25日　一条家（元五摂家公爵）27代当主、元三洋物産監査役　→83/87

一条 辰雄　いちじょう・たつお　～昭和62年8月2日　黄金山神社宮司、涌谷神社宮司　→83/87

一条 智光　いちじょう・ちこう　明治40年10月23日～平成12年1月25日　尼僧、華道家　全日本仏教婦人連盟名誉会長、大本願法主第120世善光寺上人、善光寺住職　→00/02

一条 幸夫　いちじょう・ゆきお　大正9年2月3日～昭和56年4月4日　横浜駅東口開発公社理事長、元国鉄常務理事　→80/82

一条 芳雄　いちじょう・よしお　～昭和56年6月25日　エンパイヤモータース会長　→80/82

市瀬 勲　いちせ・いさお　大正12年11月7日～平成11年12月31日　伊藤組土建副社長、北海道開発局長　→97/99

一瀬 信一　いちせ・しんいち　～平成6年1月13日　海軍中将　→94/96

市瀬 良男　いちせ・よしお　大正8年6月30日～昭和56年6月29日　三信建設工業会長　→80/82

市瀬 弥　いちせ・わたる　昭和5年3月10日～平成13年1月8日　東芝シリコーン（のちGE東芝シリコーン）社長　→00/02

市堰 操　いちせき・みさお　～昭和62年10月31日　市堰観光取締役　→83/87

市田 一貫　いちだ・いっかん　～昭和17年4月25日　陸軍少将　→昭和

市田 五三郎　いちだ・ごさぶろう　～昭和59年9月30日　東亜紡織常務　→83/87

市田 周蔵　いちだ・しゅうぞう　～平成3年1月16日　市田社長　→91/93

市田 昭二郎　いちだ・しょうじろう　大正12年9月27日～昭和62年5月21日　市田（株）副社長　→83/87

一田 善寿　いちた・ぜんじゅ　明治40年9月29日～昭和61年3月30日　僧侶　浄土宗大本山善導寺第63世法主・大僧正,浄土宗福岡県教区教務所長　→83/87

市田 左右一　いちだ・そういち　明治43年12月30日～昭和61年6月30日　切手研究家　日本特殊形鋼会長、国際郵趣連盟副会長　→83/87

市田 禎蔵　いちだ・ていぞう　明治42年9月30日～平成4年7月27日　常陽銀行会長・頭取　→91/93

市田 洋　いちだ・ひろし　大正7年8月22日～平成7年7月31日　清水建設副社長　→94/96

市田 八州男　いちだ・やすお　明治38年1月8日～平成5年9月21日　市田社長　→91/93

一谷 定之烝　いちたに・さだのじょう　大正2年6月15日～平成1年2月1日　園田学園理事長,兵庫県副知事　→88/90

一野 栄吉　いちの・えいきち　～昭和63年1月25日　税理士　→88/90

市野 利明　いちの・としあき　大正10年1月31日～平成18年9月2日　住友精密工業専務　→06/08

一戸 元治　いちのえ・もとはる　大正9年12月2日～平成15年7月20日　ライオン常務　→03/05

一瀬 一二　いちのせ・いちじ　明治14年11月～昭和10年8月5日　衆院議員（政友会）　→昭和（一ノ瀬 一二）

一ノ瀬 清二　いちのせ・きよじ　～平成13年2月19日　陸軍写真作業隊員　→00/02

市瀬 幸治　いちのせ・こうじ　明治39年5月30日～平成9年4月6日　明星電気社長　→97/99

一瀬 茂　いちのせ・しげる　～昭和61年7月22日　中部工業代表取締役　→83/87

一之瀬 茂　いちのせ・しげる　明治45年7月25日～平成8年5月10日　東急エージェンシー常務　→94/96

一ノ瀬 正平　いちのせ・しょうへい　～平成10年3月18日　群馬県議　→97/99

市瀬 輝雄　いちのせ・てるお　～昭和61年5月17日　海外建設協会専務理事,日本建設業団体連合会常務理事　→83/87

一ノ瀬 秀人　いちのせ・ひでと　明治43年5月8日～昭和58年12月18日　島原鉄道社長、長崎県副知事　→83/87

一之瀬 文夫　いちのせ・ふみお　大正11年7月14日～平成10年1月24日　太平工業常務　→97/99

一瀬 典雄　いちのせ・みちお　大正11年2月21日～平成18年2月4日　オリエンタル酵母工業専務　→06/08

一瀬 康夫　いちのせ・やすお　明治45年1月5日～昭和年7月15日　日立精機専務　→83/87

一瀬 勇三郎　いちのせ・ゆうさぶろう　～昭和7年6月14日　函館控訴院長　→昭和

一関 開治　いちのせき・かいじ　昭和24年8月17日～平成22年6月16日　北竜町（北海道）町長　→09/11

一野坪 勉　いちのつぼ・つとむ　昭和3年2月6日～昭和63年9月16日　北海道議（社会党）　→88/90

一戸 二郎　いちのへ・じろう　明治27年1月～昭和13年10月2日　奈良県知事　→昭和

一戸 兵衛　いちのへ・ひょうえ　安政2年6月20日～昭和6年9月2日　陸軍大将、神官　明治神宮宮司　→昭和

一宮 昇三郎　いちのみや・しょうさぶろう　大正3年2月16日～平成8年10月30日　日本鋼管専務,富士銀行常務　→94/96

一ノ宮 鈴太郎　いちのみや・すずたろう　～昭和29年12月29日　正金副頭取　→昭和

一宮 弘人　いちのみや・ひろと　～昭和6年3月26日　日本勧業銀行監査役　→昭和

一宮 房治郎　いちのみや・ふさじろう　明治17年9月～昭和23年7月27日　衆院議員（日本進歩党）　→昭和

一宮 真之　いちのみや・まさゆき　～平成3年11月19日　防衛庁統幕事務局長　→91/93

一宮 道彦　いちのみや・みちひこ　大正15年9月11日～平成9年3月3日　公認会計士、税理士　旭通信監査役、新日本証券常務　→97/99

一宮 義定　いちのみや・よしさだ　～昭和55年2月6日　NHK監事事務局長　→80/82

市橋 一郎　いちはし・いちろう　明治45年1月30日～平成2年8月23日　門別町（北海道）町長　→88/90

I 政治・経済・社会篇　　　　　　　　　　　　　　　　　　いちむら

市橋 督　いちはし・おさむ　明治38年10月21日～平成4年5月17日　福井銀行会長　→91/93

市橋 侃二　いちはし・かんじ　大正8年3月25日～昭和61年1月27日　三興製作所監査役　→83/87

市橋 潔　いちはし・きよし　大正9年1月1日～平成15年10月28日　徳島県酪農業協同組合連合会会長　→03/05

市橋 清　いちはし・きよし　～昭和60年3月29日　東芝常務　→83/87

市橋 重男　いちはし・しげお　明治28年3月15日～昭和57年12月26日　伊藤忠商事取締役　→80/82

市橋 繁　いちはし・しげる　大正10年1月27日～平成3年6月29日　日本金属工業専務, 日金工商事会長　→91/93

市橋 武　いちはし・たけし　昭和7年6月14日～平成1年1月11日　いすゞ自動車取締役　→88/90

市橋 立彦　いちはし・たつひこ　大正5年10月28日～平成17年4月27日　大広取締役　→03/05

市橋 保　いちはし・たもつ　大正10年2月18日～平成17年9月17日　福井銀行頭取　→03/05

市橋 長助　いちはし・ちょうすけ　～平成16年3月16日　新潟県議　→03/05

市橋 正晴　いちはし・まさはる　昭和21年8月4日～平成9年4月23日　大活字社社長　→97/99

市橋 松太郎　いちはし・まつたろう　～昭和61年2月25日　元東海銀行関西総務部副長　→83/87

市橋 保治郎　いちはし・やすじろう　文久4年1月1日～昭和29年11月18日　福井銀行頭取, 福井県議　→昭和

市橋 幸憲　いちはし・ゆきのり　～昭和58年8月5日　東京都企画報道室次長　→83/87

市橋 義一　いちはし・よしかず　明治30年11月15日～平成1年10月12日　高岳製作所常務　→88/90

市原 章則　いちはら・あきのり　～昭和35年5月14日　日本郵船社長　→昭和

市原 晃　いちはら・あきら　大正3年1月1日～平成16年7月22日　三越社長　→03/05

市原 和夫　いちはら・かずお　～平成13年9月14日　千代田管財社長, 内閣調査官　→00/02

市原 堪治　いちはら・かんじ　明治42年11月10日～平成2年7月6日　日本陶essrス社長　→88/90

市原 健正　いちはら・けんしょう　昭和11年11月4日～平成5年5月3日　寺内製作所社長　→91/93

市原 康三　いちはら・こうぞう　～平成4年1月13日　私market常務, きさいちカントリークラブ支配人　→91/93

市原 茂樹　いちはら・しげき　～平成7年3月13日　東亜電波工業専務, 安田生命保険取締役　→94/96

市原 治四郎　いちはら・じしろう　昭和7年2月14日～平成22年2月19日　千葉市議　→09/11

市原 昭二　いちはら・しょうじ　～昭和57年3月27日　RKB毎日放送事業部副部長　→80/82

欅原 四郎　いちはら・しろう　大正11年7月8日～平成年9月11日　三菱化成工業副社長　→09/11

市原 慎也　いちはら・しんや　大正14年11月23日～昭和59年4月6日　大日本土木常務　→83/87

市原 静司　いちはら・せいじ　昭和12年2月7日～平成4年10月21日　タム社長, 兼松KGK取締役　→91/93

市原 尊嗣　いちはら・たかし　～昭和58年6月16日　千葉興業銀行常務　→83/87

市原 力　いちはら・つとむ　大正12年11月16日～昭和62年7月14日　北海道軽種馬振興公社理事長　→83/87

市原 照雄　いちはら・てるお　昭和7年3月1日～平成21年9月24日　和光社長　→09/11

市原 治雄　いちはら・はるお　明治39年3月22日～平成2年7月8日　三菱電機取締役, 三菱電運輸社長　→88/90

市原 久照　いちはら・ひさてる　昭和7年4月24日～平成9年11月20日　興和常務, 東京薬科大学理事　→97/99

市原 肥富美　いちはら・ひふみ　～昭和61年2月18日　国鉄労働者共済生活協同組合常務理事, 元国労本部財政部長　→83/87

市原 博美　いちはら・ひろよし　明治40年12月3日～平成1年10月8日　日本電設工業専務　→88/90

一原 平兵衛　いちはら・へいべえ　昭和6年5月6日～平成12年1月3日　大和ハウスホーム工業専務, ミサワホーム常務　→00/02

市原 芳郎　いちはら・よしろう　大正11年1月3日～平成2年4月8日　高知県盲ろうあ福祉協会理事長, 高知県議長　→88/90

一針 善彦　いちはり・よしひこ　昭和4年8月24日～平成21年12月29日　山陽国策パルプ常務　→09/11

一番ケ瀬 佳雄　いちばんがせ・よしお　明治39年11月15日　台湾台南州知事, インドネシア司政長官　→昭和

一万田 尚登　いちまだ・ひさと　明治26年8月12日～昭和59年1月22日　銀行家, 政治家　日本銀行総裁(第18代), 蔵相, 衆院議員(自民党)　→83/87

市丸 三郎　いちまる・さぶろう　～平成7年8月16日　博多祇園山笠振興会参与, 櫛田神社筆頭責任宮総代　→94/96

一丸 隆六郎　いちまる・たかろくろう　大正14年12月7日～昭和63年1月19日　東京シヤリング常務　→88/90

一丸 輝男　いちまる・てるお　昭和4年6月9日～昭和63年4月14日　三洋電機特機常勤監査役　→88/90

一丸 彦四郎　いちまる・ひこしろう　大正7年10月27日～平成18年6月14日　オーシー会長, 一丸会長, 大分県商店街振興組合連合会会長　→06/08

市丸 康夫　いちまる・やすお　～平成8年9月22日　大東計器社長　→94/96

一幡 真一　いちまん・しんいち　～昭和55年8月17日　グンゼ常務取締役　→80/82

一宮 浩二　いちみや・こうじ　昭和38年9月28日～平成20年6月19日　ヤマダ電機副社長　→06/08

市村 市次郎　いちむら・いちじろう　～昭和40年5月23

日　日本精蠟社長　→昭和
市村　清　いちむら・きよし　明治33年4月4日〜昭和43年12月16日　実業家　三愛グループ創業者,理研光学工業社長　→昭和
市村　金作　いちむら・きんさく　昭和3年11月25日〜昭和57年4月10日　市村製作所社長　→80/82
市村　光一　いちむら・こういち　〜昭和55年5月19日　東京家裁八王子支部判事　→80/82
市村　修平　いちむら・しゅうへい　大正5年10月25日〜平成11年10月22日　王子製紙社長　→97/99
市村　之　いちむら・すすむ　〜平成23年9月29日　ウライ市(ブラジル)市長　→09/11
市村　武夫　いちむら・たけお　大正10年4月19日〜平成3年3月18日　中日新聞社友,三重テレビ常務　→91/93
市村　東九郎　いちむら・とうくろう　〜昭和59年12月26日　川崎重工業顧問,元川崎車輛常務　→83/87
市村　富久　いちむら・とみひさ　〜昭和17年2月22日　弁護士　→昭和
市村　孫太郎　いちむら・まごたろう　〜昭和4年10月14日　金沢商工会頭　→昭和
市村　昌之　いちむら・まさゆき　〜平成3年12月11日　東亜ペイント監査役　→91/93
市村　益夫　いちむら・ますお　〜昭和57年5月14日　帝都高速度交通営団理事,日本交通技術会社取締役　→80/82
市村　保人　いちむら・やすと　〜昭和62年9月1日　長野県議　→83/87
市村　ユキエ　いちむら・ゆきえ　明治31年1月29日〜昭和63年1月8日　三愛会長　→88/90
市村　義三　いちむら・よしぞう　大正7年1月2日〜平成8年9月16日　ナショナル証券専務　→94/96
市村　利兵衛　いちむら・りへい　明治30年1月7日〜昭和57年7月21日　山形商工会議所会頭　→80/82
一柳　仲次郎　いちやなぎ・なかじろう　明治1年10月〜昭和14年4月14日　衆院議員(立憲民政党)　→昭和(ひとつやなぎ・なかじろう)
一柳　稔　いちやなぎ・みのる　〜昭和60年11月28日　一柳葬具総本店会長　→83/87
市山　敬三　いちやま・けいぞう　大正4年8月10日〜平成3年1月2日　遠山産業相談役・元社長,トーメン取締役　→91/93
居長　龍太郎　いちょう・りゅうたろう　明治37年4月2日〜平成3年11月17日　神戸製鋼所常務　→91/93
市吉　聖美　いちよし・きよみ　明治35年12月5日〜昭和58年7月15日　日揮監査役　→83/87
一力　一生　いちりき・かずお　大正14年2月23日〜平成6年7月12日　和光純薬工業社長　→94/96
一力　五郎　いちりき・ごろう　〜昭和22年6月23日　河北新報社長　→昭和(一方　五郎　いちかた・ごろう)

一力　次郎　いちりき・じろう　明治26年8月12日〜昭和45年7月7日　河北新報社長,東北放送社長　→昭和
一力　忠雄　いちりき・ただお　明治45年5月20日〜平成17年9月5日　よろづ園茶舗社長,一力企業社長　→03/05
一角　邦彦　いっかく・くにひこ　大正13年11月20日〜平成8年7月21日　一カク工業会長　→94/96
一方井　卓雄　いっかたい・たくお　〜平成16年6月9日　昭和電工常務　→03/05
斎　貞男　いつき・さだお　大正9年10月31日〜平成17年5月16日　徳島県民社協会会長　→03/05
一口　甲子　いっこう・きねこ　〜昭和62年2月23日　技研工業取締役　→83/87
逸崎　勝信　いつざき・かつのぶ　大正8年12月25日〜平成23年12月23日　京都府議(公明党),逸崎中小企業経営相談所主宰　→09/11
伊辻　克美　いつじ・かつみ　昭和2年7月12日〜平成12年1月14日　長岡京市会議長　→00/02
井辻　憲一　いつじ・けんいち　大正13年9月2日〜平成9年12月16日　大林組副社長,岩手県副知事　→97/99
一志　定美　いっし・さだみ　明治36年3月12日〜昭和59年4月11日　アルプス商事会長,日本玩具協会会長　→83/87
一色　順更　いっしき・じゅんこう　〜昭和60年11月14日　尾西信用金庫常務理事管理部長　→83/87
一色　忠成　いっしき・ただしげ　昭和4年11月2日〜平成18年7月6日　バロン社長　→06/08
一色　忠慈郎　いっしき・ちゅうじろう　明治19年4月14日〜昭和9年6月26日　諜報活動家　→昭和
一色　虎児　いっしき・とらじ　〜昭和29年9月24日　日本製鋼取締役　→昭和
一色　芳太郎　いっしき・よしたろう　明治32年4月28日〜平成2年11月14日　一色会長　→88/90
一丁田　健一　いっちょうだ・けんいち　明治43年4月3日〜昭和61年10月21日　日研化学専務　→83/87
五辻　一郎　いつじ・いちろう　明治29年8月6日〜平成7年3月10日　京都広告協会相談役　→94/96
五辻　実誠　いつじ・じつじょう　明治44年3月1日〜平成13年4月15日　僧侶　本浄寺(真宗大谷派)住職,真宗大谷派宗務総長　→00/02
一藤木　益男　いっとうぎ・ますお　大正13年5月16日〜平成2年10月16日　富士急百貨店社長　→88/90
伊坪　経夫　いつぼ・つねお　昭和15年1月23日〜平成19年6月24日　アサヒビール飲料取締役　→06/08
一法師　章蔵　いっぽうじ・しょうぞう　〜昭和61年3月16日　農林統計協会常務理事　→83/87
一本松　珠璣　いっぽんまつ・たまき　明治34年4月29日〜昭和60年1月24日　電気工学者　日本原子力発電最高顧問・元社長,関西電力相談役　→83/87
逸見　俊吾　いつみ・しゅんご　大正12年3月27日〜平成14年1月18日　青林書院会長　→00/02

I 政治・経済・社会篇

井手 顕　いで・あきら　〜平成2年12月30日
　安田火災海上保険常務　→88/90

井手 郁郎　いで・いくろう　大正12年2月26日〜昭和59年1月28日　東京電設サービス社長　→83/87

井出 勲　いで・いさお　明治42年6月1日〜平成6年3月14日　弁護士　東洋棉花（のちトーメン）常務　→94/96

井手 以誠　いで・いせい　明治42年11月29日〜昭和57年2月3日　衆院議員（社会党）　→80/82

井出 一太郎　いで・いちたろう　明治45年1月4日〜平成8年6月2日　政治家、歌人　衆院議員（自民党）、郵政相、農相　→94/96

井出 甲子太郎　いで・かしたろう　〜平成3年6月8日
　弁護士　日本弁護士連合会理事、第一東京弁護士会副会長　→91/93

井出 克己　いで・かつみ　明治43年11月2日〜平成10年7月9日　リコー常務　→97/99

井手 景介　いで・けいすけ　昭和39年4月22日〜平成23年6月15日　昭和ホールディングス副社長、明日香食品社長　→09/11

井出 今朝平　いで・けさへい　明治13年〜昭和38年10月8日　長野県議　→昭和

井出 謙治　いで・けんじ　明治3年5月9日〜昭和21年10月30日　海軍大将　→昭和

井手 惟人　いで・これひと　昭和5年1月4日〜平成15年7月3日　若築建設副社長　→03/05

井手 定雄　いで・さだお　〜昭和53年2月9日
　高岳製作所会長　→昭和

井手 三郎　いで・さぶろう　文久3年5月〜昭和6年11月16日　上海日報社長、衆院議員（憲政会）　→昭和

井手 繁三郎　いで・しげさぶろう　元治1年10月〜昭和7年12月12日　衆院議員（政友会）　→昭和

井手 実男　いで・じつお　大正5年3月11日〜平成9年9月16日　湯浅電池（のちユアサコーポレーション）専務　→97/99

井手 純二　いで・じゅんじ　昭和3年8月18日〜平成2年9月23日　西日本新聞専務　→88/90

井出 照一　いで・しょういち　大正15年1月17日〜平成12年10月21日　日本鋼管専務　→00/02

井手 成三　いで・せいぞう　明治39年4月6日〜昭和53年7月28日　文部次官　→昭和

井出 武夫　いで・たけお　〜昭和6年5月6日
　海軍大尉　→昭和

井出 忠一　いで・ただかず　明治42年9月14日〜平成4年4月13日　北海道後楽園社長、札幌後楽園ホテル会長　→91/93

井手 龍男　いで・たつお　〜昭和12年12月15日
　陸軍少将　→昭和

井出 太郎　いで・たろう　〜昭和60年6月29日
　大日本電線常任監査役　→83/87

出 悌二郎　いで・ていじろう　〜昭和37年5月29日
　電源開発顧問　→昭和

井出 鉄男　いで・てつお　昭和4年9月11日〜平成16年1月25日　同和火災海上保険常務　→03/05

井出 鉄蔵　いで・てつぞう　〜昭和42年6月11日
　陸軍中将　→昭和

井手 敏彦　いで・としひこ　大正8年6月21日〜平成16年2月8日　市民運動家　沼津市長、生活クラブ生協静岡理事長　→03/05

井出 寅一　いで・とらいち　〜平成3年3月6日
　芦森工業監査役　→91/93

井手 速見　いで・はやみ　〜昭和61年9月1日
　（医）雪の聖母会理事　→83/87

井手 博明　いで・ひろあき　昭和8年3月23日〜平成2年6月20日　ヒノデ社長、太平洋海運常勤監査役　→88/90

井出 文男　いで・ふみお　大正11年3月17日〜平成23年5月18日　浅科村（長野県）村長　→09/11

井手 正男　いで・まさお　〜平成4年1月15日
　帝国繊維常務　→91/93

井手 正徳　いで・まさのり　昭和6年1月2日〜平成14年6月14日　全国漁業協同組合連合会副会長、熊本県漁業協同組合連合会会長　→00/02

井手 正治　いで・まさはる　大正9年6月27日〜平成11年10月31日　日清食品副社長　→97/99

井出 満夫　いで・みつお　昭和5年8月2日〜平成21年4月21日　明治製菓専務　→09/11

井手 光地　いで・みつじ　明治38年1月26日〜昭和61年12月30日　港区（東京都）区長、新橋商事取締役会長、衆院議員　→83/87

井手 宗夫　いで・むねお　大正11年12月26日〜平成21年6月24日　福岡県議（自民党）　→09/11

井手 恵生　いで・めぐみ　昭和2年1月16日〜平成17年9月5日　コニカ社長　→03/05

井出 康俊　いで・やすとし　〜平成9年8月21日
　ジオスター常務　→97/99

井出 廉三　いで・れんぞう　〜昭和39年6月6日
　釧路・秋田地検検事正　→昭和

出居 清太郎　いでい・せいたろう　明治32年12月3日〜昭和58年8月　修養団捧誠会総裁　→83/87

出射 義夫　いでい・よしお　明治41年9月12日〜昭和59年7月4日　弁護士　独協大学名誉教授　→83/87

出浦 清一　いでうら・きよいち　明治43年1月2日〜昭和61年12月29日　三菱製紙常務　→83/87

井手口 魁　いでぐち・いさむ　大正12年1月18日〜平成16年3月19日　千葉県議（自民党）　→03/05

出田 孝輔　いでた・こうすけ　明治44年12月1日〜平成1年12月30日　日立造船取締役　→88/90

出田 孝行　いでた・たかゆき　〜昭和26年8月27日
　日立造船社長　→昭和

井手野下 真宏　いでのした・まさひろ　昭和6年9月8日

出原　誠三　いてはら・せいぞう　昭和10年8月31日～平成19年5月4日　自重堂社長　→06/08

出原　冷子　いてはら・れいこ　昭和6年4月23日～平成22年11月25日　自重堂会長　→09/11

出光　計助　いでみつ・けいすけ　明治33年6月24日～平成6年1月8日　出光興産社長　→94/96

出光　佐三　いでみつ・さぞう　明治18年8月22日～昭和56年3月7日　実業家　出光興産創業者,貴院議員　→80/82

出光　丈夫　いでみつ・たけお　～昭和63年1月6日　出商社長　→88/90

出光　一　いでみつ・はじめ　～昭和62年10月2日　日東興産専務　→83/87

出光　弘　いでみつ・ひろし　明治26年11月8日～昭和49年6月13日　新出光石油会長　→昭和

出光　万兵衛　いでみつ・まんべえ　～昭和39年7月16日　海軍中将　→昭和

伊戸　一雄　いど・かずお　大正11年3月1日～昭和62年4月10日　鳳工業社長,鴻池組専務　→83/87

井戸　桑吉　いど・くわきち　～平成2年10月16日　カジワラ取締役　→88/90

井戸　賢二　いど・けんじ　昭和2年3月15日～昭和62年4月29日　前田建設工業常務　→83/87

井戸　定千代　いど・さだちよ　明治34年7月24日～平成2年2月4日　三共顧問・元専務,北海三共常務　→88/90

井戸　茂雄　いど・しげお　大正6年11月20日～平成8年9月10日　昭和海運常務　→94/96

井戸　千代亀　いど・ちよき　明治39年9月17日～昭和58年8月6日　特殊製鋼所会長,ミロク製作所社長　→83/87

井戸　貞三　いど・ていぞう　明治36年4月7日～昭和16年10月2日　労働運動家　→昭和

井戸　久男　いど・ひさお　昭和6年1月15日～平成16年3月26日　グローリー工業専務,太陽神戸銀行取締役　→03/05

井戸　博　いど・ひろし　大正11年9月4日～平成15年5月4日　アキレス副社長　→03/05

糸　正敏　いと・まさとし　昭和2年12月25日～平成1年3月11日　弁護士　日本弁護士連合会研修委員会委員長,東京弁護士会副会長　→88/90

糸　光家　いと・みついえ　大正11年11月15日～平成19年6月20日　弁護士　国税庁福岡国税局長　→06/08

井戸　良輔　いど・りょうすけ　昭和5年12月6日～平成14年4月26日　菱和調温工業常務　→00/02

糸井　平蔵　いとい・へいぞう　大正7年5月4日～平成5年9月18日　住友化学工業専務,住友アルミニウム製錬社長　→91/93

伊藤　秋雄　いとう・あきお　～昭和46年1月27日　西宮酒造社長　→昭和

伊藤　章彦　いとう・あきひこ　昭和2年6月12日～平成4年9月　講談社顧問,キングレコード専務　→88/90

伊藤　明彦　いとう・あきひこ　昭和11年11月5日～平成21年3月3日　被爆体験記録・伝達者　被爆者の声を記録する会代表　→09/11

伊藤　昭也　いとう・あきや　昭和9年1月29日～平成2年10月7日　日本曹達取締役・農医薬本部長　→88/90

伊藤　彰　いとう・あきら　大正3年10月15日～平成11年4月2日　第一勧業銀行常務　→97/99

伊藤　明　いとう・あきら　大正13年8月12日～平成10年5月9日　日産自動車常務　→97/99

伊藤　明　いとう・あきら　大正9年2月21日～平成11年1月12日　三菱商事常務　→97/99

伊藤　敦夫　いとう・あつお　～昭和58年1月5日　福岡家裁判事　→83/87

伊東　郁郎　いとう・いくろう　昭和3年7月19日～昭和63年7月7日　光洋精工副社長　→88/90

伊藤　勇夫　いとう・いさお　～平成8年12月30日　伊藤忠石油販売社長,伊藤忠商事監査役　→94/96

伊藤　勇雄　いとう・いさお　～昭和56年10月30日　日特金属工業顧問,元社長,住友重機専務　→80/82

井藤　勲雄　いとう・いさお　明治41年11月3日～平成1年6月11日　広島銀行相談役,ひろしま美術館館長　→88/90

伊藤　勇　いとう・いさむ　大正11年11月3日～平成14年11月23日　相模鉄道専務　→00/02

伊東　一二　いとう・いちじ　～昭和12年11月11日　明治製菓取締役　→昭和 (いとう・いちに)

伊藤　一二　いとう・いちじ　～平成4年3月4日　ミカド機器販売相談役,ミカドテクノス会長　→91/93

伊藤　市蔵　いとう・いちぞう　～平成2年1月30日　あいち醸造食品会長　→88/90

伊藤　一郎　いとう・いちろう　明治29年12月29日～平成2年7月26日　弁護士　日本弁護士会連合会理事,高知弁護士会会長　→88/90

伊藤　鎰造　いとう・いつぞう　明治26年5月22日～昭和60年5月17日　東海銑鉄顧問・元社長,新東工業監査役　→83/87

伊藤　一長　いとう・いっちょう　昭和20年8月23日～平成19年4月18日　長崎市長　→06/08

伊藤　猪五郎　いとう・いのごろう　大正7年10月6日～平成14年10月22日　ホクレン会長　→00/02

伊藤　岩次郎　いとう・いわじろう　～昭和60年7月24日　美唄市農協組合長　→83/87

伊藤　右一　いとう・ういち　明治41年6月2日～平成14年12月11日　豊証券会長　→00/02

伊藤　丑松　いとう・うしまつ　明治40年10月18日～平成3年9月2日　埼玉県議　→91/93

伊藤　卯四郎　いとう・うしろう　明治27年8月19日～昭和49年5月1日　政治家,労働運動家　衆院議員(民社党)　→昭和

伊藤　英吉　いとう・えいきち　明治44年6月25日～平成

23年8月30日　伊藤忠商事会長　→09/11

伊藤 栄三郎　いとう・えいざぶろう　明治40年2月8日～平成7年7月19日　伊藤栄三郎商店社長　→94/96

伊藤 栄三郎　いとう・えいざぶろう　大正12年6月8日～平成22年2月5日　新潟日報取締役　→09/11

伊藤 英司　いとう・えいじ　昭和8年6月27日～平成8年3月4日　東京都議（自民党）　→94/96

伊藤 英二　いとう・えいじ　昭和10年9月5日～平成2年6月20日　伊藤商店機材部長　→88/90

伊藤 英二郎　いとう・えいじろう　明治40年12月5日～平成2年6月10日　大倉商事顧問・元社長　→88/90

伊藤 英三　いとう・えいぞう　明治35年12月2日～昭和46年10月2日　花王石鹸社長　→昭和（いとう・ひでぞう）

伊藤 英太郎　いとう・えいたろう　大正4年3月23日～平成7年2月24日　宮地鉄工所常務　→94/96

伊藤 英彦　いとう・えいひこ　昭和2年10月14日～平成23年4月24日　航空自衛隊第四術科学校校長、神鋼電機専務　→09/11

伊藤 大孝　いとう・おおたか　大正3年9月25日～平成5年1月1日　岡山県議（自民党）、日本遺族会副会長　→91/93

伊藤 修　いとう・おさむ　明治29年3月30日～昭和44年6月14日　参院議員（社会党）、岐阜弁護士会会長　→昭和

伊藤 乙次郎　いとう・おとじろう　生年不詳～昭和16年3月27日　海軍中将　→昭和

伊藤 薫　いとう・かおる　明治43年5月25日～平成4年7月29日　岐阜県議（自民党）　→91/93

伊藤 嘉久郎　いとう・かくじろう　～昭和55年1月22日　東京鉄鋼専務取締役　→80/82

伊藤 覚太郎　いとう・かくたろう　～昭和55年12月19日　万episode紙店社長、愛知県紙商組合理事長　→80/82

伊藤 和男　いとう・かずお　昭和2年12月18日～平成10年8月27日　仙台地裁所長　→97/99

伊藤 和夫　いとう・かずお　大正7年1月1日～平成9年11月12日　芦森工業常務　→97/99

伊藤 和夫　いとう・かずお　昭和2年5月15日～平成10年9月23日　オーデリック社長　→97/99

伊藤 和夫　いとう・かずお　昭和3年11月28日～平成22年7月14日　弁護士　→09/11

伊東 和義　いとう・かずよし　～平成7年8月16日　日本郵船監査役、京浜ドック顧問・元社長　→94/96

伊東 勝太郎　いとう・かつたろう　大正14年10月25日～平成18年12月16日　明治乳業専務　→06/08

伊藤 勝平　いとう・かつへい　大正3年8月22日～平成4年8月24日　リズム時計工業専務　→91/93

伊藤 勝弥　いとう・かつや　～昭和43年5月9日　住友海上火災専務　→昭和

伊東 克郎　いとう・かつろう　大正5年7月5日～平成7年1月26日　花王副社長　→94/96

伊藤 金雄　いとう・かねお　昭和2年1月2日～平成16年11月25日　三井物産専務　→03/05

伊藤 嘉平　いとう・かへい　大正14年7月4日～平成5年9月9日　東京都議（日本新党）　→91/93

伊藤 亀太郎　いとう・かめたろう　～昭和63年7月2日　エヌオーケー専務　→88/90

伊東 寛治　いとう・かんじ　～昭和49年9月12日　三菱製鋼相談役　→昭和

伊藤 喜一郎　いとう・きいちろう　大正3年2月11日～平成6年7月12日　多賀城市長　→94/96

伊藤 喜一郎　いとう・きいちろう　昭和4年4月23日～平成14年11月21日　東海銀行頭取　→00/02

伊藤 義教　いとう・ぎきょう　明治42年2月23日～平成8年10月23日　僧侶（浄土真宗本願寺派）、京都大学名誉教授　→94/96

伊藤 喜公邦　いとう・きくほう　大正10年7月18日～平成16年7月28日　三浦藤沢信用金庫理事長　→03/05

伊藤 喜三郎　いとう・きさぶろう　明治38年4月7日～昭和62年10月15日　大振社長、元・三本木町（宮城県）町議・町会議長　→83/87

伊藤 儀助　いとう・ぎすけ　明治28年12月22日～平成1年1月27日　伊藤組相談役、大館商工会議所会頭　→88/90

伊藤 喜八郎　いとう・きはちろう　大正13年3月22日～平成3年1月28日　アキレス副社長　→91/93

伊藤 紀兵衛　いとう・きへえ　～昭和11年1月8日　朝鮮銀行監査役　→昭和

伊藤 久次郎　いとう・きゅうじろう　大正12年9月15日～平成6年6月26日　自動車機器副社長　→94/96

伊藤 恭一　いとう・きょういち　大正3年5月27日～平成6年8月9日　東洋紡績会長　→94/96

伊藤 興三　いとう・きょうぞう　～昭和57年10月31日　三井信託銀行常務、東急不動産常務　→80/82

伊藤 潔　いとう・きよし　大正12年12月20日～平成5年6月22日　川崎汽船社長　→91/93

伊藤 潔　いとう・きよし　昭和10年8月25日～平成22年7月18日　セイコーインスツルメンツ社長　→09/11

伊藤 清　いとう・きよし　～昭和55年2月16日　島根県知事　→80/82

伊藤 清　いとう・きよし　明治23年12月7日～昭和56年6月12日　弁護士　日本弁護士連合会理事、衆院議員（進歩党）　→80/82

伊藤 清　いとう・きよし　～昭和61年5月5日　伊藤鍍金工業所社長　→83/87

伊藤 清　いとう・きよし　明治33年～昭和61年8月22日　北新建設相談役　→83/87

伊藤 清　いとう・きよし　大正12年5月7日～平成14年1月21日　トヨフジ海運社長　→00/02

伊藤 清　いとう・きよし　明治39年8月20日～平成17年2月17日　弁護士　日弁連副会長、仙台弁護士会会長　→03/05

伊藤 清敏　いとう・きよとし　明治44年10月5日～平成20年8月10日　住友海上火災保険社長　→06/08

いとう

伊藤 金吾　いとう・きんご　〜平成5年2月19日
　講談社常務　→91/93

伊藤 謹二　いとう・きんじ　〜昭和43年9月3日
　日本児童福祉給食会理事長、元厚生次官　→昭和

伊藤 銀三　いとう・ぎんぞう　〜昭和42年10月6日
　伊藤銀証券社長　→昭和

伊藤 国衛　いとう・くにえ　昭和15年11月7日〜平成11年4月5日　兵庫県議(無所属)　→97/99

伊藤 国雄　いとう・くにお　明治37年9月15日〜昭和62年9月1日　愛知火災共済協同組合相談役、近畿相互銀行常務　→83/87

伊藤 邦夫　いとう・くにお　大正4年10月13日〜平成17年7月4日　関西電力副社長　→03/05

伊藤 邦雄　いとう・くにお　昭和11年8月16日〜平成12年8月16日　信越化学工業常務　→00/02

伊藤 邦治　いとう・くにじ　大正4年8月3日〜平成2年8月3日　住友電気工業副社長　→88/90

伊藤 国二郎　いとう・くにじろう　大正10年11月7日〜平成22年9月11日　東海カーボン社長　→09/11

伊藤 邦輔　いとう・くにすけ　大正3年11月18日〜平成10年7月16日　コマ・スタジアム社長　→97/99

伊東 邦彦　いとう・くにひこ　〜昭和57年9月26日
　日本信託銀行取締役、華厳カントリークラブ総支配人　→80/82

伊藤 邦彦　いとう・くにひこ　〜昭和59年5月4日
　海将　海上幕僚副長　→83/87

伊藤 邦省　いとう・くにみ　〜昭和61年8月15日
　全国菓業新聞連盟会長　→83/87

伊藤 粂三　いとう・くめぞう　〜昭和55年1月30日
　朝日新聞社取締役　→80/82

伊藤 庫次　いとう・くらじ　明治40年11月10日〜平成7年4月6日　大和生命保険社長　→94/96

伊藤 薫三　いとう・くんぞう　〜昭和11年11月26日
　芸備銀行取締役　→昭和

伊東 銈一　いとう・けいいち　明治44年9月19日〜平成1年5月1日　日本専門店会連盟理事長　→88/90

伊藤 圭一　いとう・けいいち　大正11年4月8日〜平成23年10月22日　内閣国防会議事務局長、防衛庁防衛局長　→09/11

伊藤 敬一　いとう・けいいち　昭和4年5月30日〜平成23年8月18日　伊藤仏壇代表取締役、彦根商工会議所会頭、滋賀経済同友会代表幹事　→09/11

伊藤 経作　いとう・けいさく　〜昭和56年11月9日
　ホシ伊藤取締役相談役、帯広市議　→80/82

伊藤 敬水　いとう・けいすい　〜昭和10年8月25日
　京都金閣寺住職　→昭和

伊藤 桂介　いとう・けいすけ　明治41年7月13日〜平成14年1月5日　片倉チッカリン専務　→00/02

伊藤 敬之助　いとう・けいのすけ　大正13年11月29日〜

昭和57年2月3日　トーヨーカネツ監査役　→80/82

伊藤 憲一　いとう・けんいち　明治45年1月25日〜昭和56年10月17日　衆院議員(共産党)　→80/82

伊藤 研一　いとう・けんいち　昭和12年12月27日〜平成23年2月20日　伊藤ハム社長　→09/11

伊藤 源一郎　いとう・げんいちろう　大正1年10月8日〜昭和63年8月8日　振興相互銀行相談役　→88/90

伊藤 乾二　いとう・けんじ　〜昭和52年12月11日
　小田急百貨店副社長　→昭和

伊藤 謙爾　いとう・けんじ　明治38年11月23日〜平成1年10月31日　中国放送常務　→88/90

伊藤 謙一　いとう・けんじ　明治22年6月5日〜昭和45年1月27日　日本興業銀行総裁、復興金融金庫理事長　→昭和

伊藤 憲三　いとう・けんぞう　〜平成6年4月24日
　アメリカ屋靴店会長　→94/96

伊藤 賢三　いとう・けんぞう　〜昭和49年5月12日
　海軍中将　→昭和

伊藤 顕道　いとう・けんどう　明治33年6月20日〜昭和57年4月26日　参院議員(社会党)　→80/82

伊藤 現芳　いとう・げんほう　〜昭和48年10月16日
　浄土宗宗会議長　→昭和

伊藤 午一　いとう・ごいち　昭和12年7月29日〜平成11年1月14日　太平洋フェリー社長　→97/99

伊藤 こう　いとう・こう　〜昭和60年1月20日
　東洋鍍金工業所会長　→83/87

伊東 幸市　いとう・こういち　昭和6年12月27日〜平成15年12月21日　千葉県議(自民党)　→03/05

伊藤 幸一　いとう・こういち　〜昭和59年2月14日
　高等海難審判庁長官　→83/87

伊藤 幸一　いとう・こういち　〜昭和60年9月19日
　三井銀行取締役、シティバンクオブホノルル頭取　→83/87

伊藤 鋼一　いとう・こういち　明治43年11月13日〜平成5年1月15日　キャタピラー三菱(のち新キャタピラー三菱)常務　→91/93

伊藤 郷一　いとう・ごういち　明治33年9月23日〜昭和62年9月8日　衆院議員(自民党)　→83/87

伊藤 鉱一郎　いとう・こういちろう　〜昭和59年6月17日　椿本チエイン常任監査役　→83/87

伊藤 幸吉　いとう・こうきち　大正8年9月14日〜平成1年3月5日　公証人　宇都宮地検検事正　→88/90

伊藤 公之　いとう・こうし　大正12年5月17日〜平成22年12月27日　東海運社長　→09/11

伊藤 好二　いとう・こうじ　〜平成4年9月14日
　超高温材料研究センター取締役岐阜センター長　→91/93

伊藤 孝次　いとう・こうじ　明治11年6月〜昭和11年8月24日　海軍造機中将　→昭和

伊藤 幸治　いとう・こうじ　〜平成19年12月24日
　いぶり噴火湾漁協組合長　→06/08

伊藤 浩二　いとう・こうじ　〜平成13年5月15日

農林中金総合研究所常務　→00/02

伊藤 孝重　いとう・こうじゅう　明治30年1月13日～平成4年12月15日　園芸家　シクラメンを日本で初栽培　→91/93

伊藤 孝四郎　いとう・こうしろう　明治15年1月15日～昭和35年7月7日　農民運動家　→昭和

伊藤 孝次郎　いとう・こうじろう　大正7年11月～平成4年5月10日　東久留米市長　→91/93

伊藤 孝二郎　いとう・こうじろう　大正12年12月17日～平成15年7月28日　黒川村（新潟県）村長　→03/05

伊藤 耕治郎　いとう・こうじろう　昭和9年1月15日～平成11年7月5日　山形県議（自民党）　→97/99

伊藤 好道　いとう・こうどう　明治34年12月5日～昭和31年12月10日　政治家, 社会運動家, ジャーナリスト　衆院議員, 日本社会党政策審議会長　→昭和

伊藤 鉱平　いとう・こうへい　明治41年9月15日～平成1年8月2日　富士電線電器会長　→88/90

伊藤 五朗　いとう・ごろう　～昭和54年11月2日　大鉄工業社長　→昭和

伊藤 五郎　いとう・ごろう　明治35年2月28日～平成4年6月4日　弁護士　参院議員（自民党）　→91/93

伊藤 伍郎　いとう・ごろう　明治41年6月10日～平成8年9月29日　川口内燃機鋳造社長, 埼玉産業人クラブ会長　→94/96

伊東 栄　いとう・さかえ　～昭和46年11月5日　パピリオ社長　→昭和

伊藤 さかえ　いとう・さかえ　大正2年1月2日～平成14年5月16日　消費者運動家　主婦連京都支部長　→00/02

伊藤 サカエ　いとう・さかえ　明治44年4月14日～平成12年1月5日　平和運動家　日本原水爆被害者団体協議会代表委員, 広島県原爆被害者団体協議会理事長　→00/02

伊藤 作一　いとう・さくいち　昭和6年4月8日～平成20年8月30日　三重県議（自民党）　→06/08

伊藤 作松　いとう・さくまつ　～昭和63年12月21日　伊藤工業会長　→88/90

伊藤 佐十郎　いとう・さじゅうろう　明治38年3月22日～平成5年7月2日　岩手県議, 全漁連理事, NHK経営委員長　→91/93

伊藤 定雄　いとう・さだお　大正8年10月4日～昭和61年6月9日　東北中心ビル社長　→83/87

伊藤 定清　いとう・さだきよ　明治33年9月9日～平成4年1月10日　千葉相互銀行（のち京葉銀行）社長　→91/93

伊藤 幸子　いとう・さちこ　～平成6年12月5日　ガールスカウト日本連盟会長　→94/96

伊東 三郎　いとう・さぶろう　～平成10年12月5日　伊東組（のち日東建設）社長　→97/99

伊藤 三良　いとう・さぶろう　大正10年12月16日～昭和63年8月11日　セントラル硝子会長　→88/90

伊藤 三郎　いとう・さぶろう　明治41年3月4日～平成4年5月30日　日本工業新聞社常務　→88/90

伊藤 三郎　いとう・さぶろう　大正6年1月16日～平成7年3月6日　通商産業省軽工業局長　→94/96

伊藤 三郎　いとう・さぶろう　大正9年3月29日～平成9年10月16日　川崎市長　→97/99

伊藤 治市　いとう・じいち　～昭和55年2月3日　東京都中央区議　→80/82

伊藤 重雄　いとう・しげお　～昭和30年9月19日　台湾製糖常務　→昭和

伊藤 茂夫　いとう・しげお　明治45年2月12日～平成1年10月27日　不動建設副社長, 環境エンジニアリング社長　→88/90

伊藤 栄樹　いとう・しげき　大正14年2月3日～昭和63年5月25日　最高検察庁検事総長　→88/90

伊藤 繁樹　いとう・しげき　明治45年7月7日～平成14年9月11日　九州石油会長, 特許庁長官　→00/02

伊東 茂吉　いとう・しげよし　～昭和57年3月23日　小田急不動産前監査役　→80/82

伊藤 重義　いとう・しげよし　～昭和43年7月23日　大阪鋼材相談役・元社長　→昭和

伊藤 茂敬　いとう・しげよし　大正10年11月15日～昭和56年3月7日　東急レクリエーション取締役　→80/82

伊藤 茂　いとう・しげる　明治33年8月1日～昭和63年9月29日　漁船機関士協会理事長　→88/90

伊藤 茂　いとう・しげる　大正14年6月30日～平成17年7月27日　三洋化成工業常務　→03/05

伊藤 静夫　いとう・しずお　～昭和55年10月8日　日東製粉常務　→80/82

伊藤 実雄　いとう・じつお　明治39年3月～昭和59年4月4日　衆院議員（日本農民党）　→83/87

伊藤 忍　いとう・しのぶ　～平成7年11月17日　陸軍中将　→94/96

伊藤 秀　いとう・しゅう　～昭和30年3月28日　日本ビクター社長　→昭和

伊藤 銃一　いとう・じゅういち　明治35年11月11日～平成2年3月16日　バンドー化学常務　→88/90

伊藤 修一郎　いとう・しゅういちろう　大正3年2月10日～昭和61年1月17日　日本精線相談役・元社長　→83/87

伊藤 柔剛　いとう・じゅうごう　～昭和57年11月21日　伊藤商会副社長　→80/82

伊藤 修二　いとう・しゅうじ　昭和10年7月6日～平成13年8月26日　日本紙パルプ商事専務　→00/02

伊藤 周輔　いとう・しゅうすけ　～昭和56年2月3日　博多計器代表取締役　→80/82

伊藤 修造　いとう・しゅうぞう　～平成4年4月12日　北海道漁業協同組合連合会副会長　→91/93

伊藤 秀道　いとう・しゅうどう　～昭和14年10月14日　永平寺顧問　→昭和

伊藤 重平　いとう・じゅうへい　明治39年～平成3年7月

17日　マザーズ・カウンセリング・センター・カウンセラー　→91/93

伊藤 集惸　いとう・しゅうよう　明治35年8月2日～平成1年7月4日　東芝セラミックス取締役　→88/90

伊藤 春一　いとう・しゅんいち　～昭和62年2月22日　仙南協和石油社長、大河原ロータリークラブ会長　→83/87

伊藤 淳一　いとう・じゅんいち　～平成3年11月24日　落部村（北海道）村長　→91/93

伊藤 舜吉　いとう・しゅんきち　明治39年12月18日～昭和62年7月24日　大同工業常務　→83/87

伊藤 淳吉　いとう・じゅんきち　明治42年8月1日～平成8年12月6日　弁護士　名古屋地裁所長　→94/96

伊藤 洵二　いとう・じゅんじ　平成8年6月22日　あいち醸造食品社長　→94/96

伊藤 昇一　いとう・しょういち　大正5年8月10日～平成15年5月5日　十条製紙専務　→03/05

伊藤 昭一　いとう・しょういち　～平成11年8月25日　シャディ常務　→97/99

伊藤 正一　いとう・しょういち　～昭和63年3月1日　伊藤製作所会長　→88/90

伊藤 正一　いとう・しょういち　～平成1年12月21日　森平製材所社長　→88/90

伊藤 鉦吉　いとう・しょうきち　大正14年10月29日～昭和60年1月19日　ユアサ産業社長　→83/87

伊藤 省吾　いとう・しょうご　昭和16年5月26日～平成23年9月18日　東京楽天地専務　→09/11

伊藤 正次　いとう・しょうじ　～昭和60年4月1日　東芝プラント建設取締役、東芝住宅産業常務　→83/87

伊藤 正七　いとう・しょうしち　大正7年3月10日～昭和62年2月4日　伊藤電機相談役・元社長、中部電子部品流通協議会会長　→83/87

伊東 昭次郎　いとう・しょうじろう　昭和2年10月16日～平成8年11月23日　川崎製鉄取締役　→94/96

伊藤 章信　いとう・しょうしん　～昭和57年9月19日　弁護士、元・陸軍法務少将　→80/82

伊藤 省三　いとう・しょうぞう　～昭和62年11月4日　三和シヤッター工業専務　→83/87

伊藤 助成　いとう・じょせい　昭和4年5月25日～17年4月21日　日本生命保険社長　→03/05

伊藤 士郎　いとう・しろう　明治43年10月5日～平成5年4月14日　五洋建設取締役　→91/93

伊藤 次郎　いとう・じろう　～平成3年6月15日　富士通ビーエスシー取締役　→91/93

伊藤 二郎　いとう・じろう　～昭和60年10月9日　北洋相互銀行副社長　→83/87

伊藤 次郎左衛門（14代目）　いとう・じろうざえもん　嘉永1年6月14日～昭和5年12月6日　実業家　松坂屋百貨店店主、貴院議員（多額納税）、名古屋商業会議所会頭　→昭和(伊藤 治助　いとう・じすけ)

伊藤 次郎左衛門（15代目）　いとう・じろうざえもん　明治11年～昭和15年　松坂屋社長　→昭和(伊藤 治助　いとう・じすけ)

伊藤 次郎左衛門（16代目）　いとう・じろうざえもん　明治35年7月5日～昭和59年12月29日　松坂屋会長　→83/87

伊藤 信　いとう・しん　明治35年2月18日～平成1年12月26日　建設省東北地方建設局長、鹿島建設常務　→88/90

伊藤 伸一　いとう・しんいち　昭和10年6月29日～平成21年1月4日　ニッピ社長, リーガルコーポレーション会長　→09/11

伊藤 新一　いとう・しんいち　大正3年1月1日～平成4年11月18日　ギフメン会長　→91/93

伊藤 真一　いとう・しんいち　～昭和55年11月15日　日本精蝋社長、満鉄参与　→80/82

伊藤 仁一　いとう・じんいち　～昭和56年5月9日　名鉄海上観光船相談役　→80/82

伊藤 真吾　いとう・しんご　～昭和55年8月24日　日本電装専務　→80/82

伊藤 慎三郎　いとう・しんざぶろう　明治34年5月11日～平成15年5月17日　国産合金社長、裏千家監事　→03/05

伊藤 真乗　いとう・しんじょう　明治39年3月28日～平成1年7月19日　宗教家　真如苑教主、真言宗醍醐派大僧上　→88/90

伊藤 真城　いとう・しんじょう　明治35年10月18日～昭和54年1月19日　天徳院住職、高野山大学学長　→昭和

伊藤 晋三　いとう・しんぞう　明治43年10月24日～昭和62年8月31日　リケン常務　→83/87

伊東 新太郎　いとう・しんたろう　明治41年9月17日～平成6年5月26日　栗田出版販売社長　→94/96

伊藤 信平　いとう・しんぺい　大正15年1月8日～平成19年1月1日　日本化薬専務　→06/08

伊藤 末吉　いとう・すえきち　～平成1年1月29日　日刊産業広告社社長　→88/90

伊藤 陶彦　いとう・すえひこ　～昭和60年5月6日　瀬戸市議　→83/87

伊藤 祐禎　いとう・すけさだ　昭和10年10月31日～平成19年12月6日　連合副会長、ILO労働者側理事、アジア連帯委員会会長　→06/08

伊藤 祐正　いとう・すけただ　大正8年7月14日～平成21年4月26日　十条製紙副社長　→09/11

伊東 祐忠　いとう・すけただ　～昭和2年6月30日　東洋汽船常務　→昭和

伊藤 祐就　いとう・すけなり　～昭和59年7月19日　読売連合広告社代表取締役　→83/87

伊東 祐董　いとう・すけのぶ　大正5年4月19日～平成2年6月20日　横浜冷凍監査役　→88/90

伊藤 祐弘　いとう・すけひろ　～昭和6年12月19日

I　政治・経済・社会篇　　　　　　　　　　　　　　　　　　　　　　　　　　　　いとう

貴族院研究会常務　→昭和

伊東 祐弥　いとう・すけひろ　昭和3年8月28日～平成22年10月3日　東洋通信機社長　→09/11

伊藤 祐武美　いとう・すけぶみ　明治34年3月17日～平成2年9月15日　花巻市議・市会議長, 岩手観光タクシー社長　→88/90

伊藤 助弥　いとう・すけや　明治36年11月19日～昭和63年1月3日　扶藤工務店社長, 南葛建設業協会相談役　→88/90

伊藤 祐之　いとう・すけゆき　～昭和51年5月15日　農林省畜産試験場長　→昭和

伊藤 鈴三郎　いとう・すずさぶろう　明治38年11月16日～昭和61年2月12日　松坂屋相談役, 中部日本放送取締役　→83/87

伊藤 進　いとう・すすむ　昭和8年1月18日～平成2年7月3日　日本電子常務　→88/90

伊藤 暹　いとう・すすむ　大正2年7月16日～平成2年2月21日　大丸副社長　→88/90

伊藤 迪　いとう・すすむ　大正10年～平成1年6月22日　汎洋通商社長　→88/90

伊藤 直　いとう・すなお　明治39年～昭和62年7月8日　住友海上火災保険常務　→83/87

伊藤 整一　いとう・せいいち　明治23年7月26日～昭和20年4月7日　海軍大将　→昭和

伊藤 晴一　いとう・せいいち　～昭和25年11月13日　日本合成化学工業社長　→昭和

伊藤 誠一　いとう・せいいち　明治43年8月26日～平成11年12月14日　八木アンテナ社長　→00/02s

伊東 盛熈　いとう・せいき　昭和5年2月14日～平成20年6月13日　僧侶　→06/08

伊藤 正憲　いとう・せいけん　明治33年6月26日～平成4年4月24日　日本クラウン相談役　→91/93

伊藤 清吾　いとう・せいご　大正9年3月6日～平成17年3月6日　東京いすゞ自動車社長　→03/05

伊藤 成治　いとう・せいじ　～昭和14年0月11日　日本管楽器社長　→昭和

伊藤 盛次　いとう・せいじ　～昭和56年4月20日　防府市議　→80/82

伊藤 精七　いとう・せいしち　明治10年2月16日～昭和23年1月17日　東京銀行副頭取　→09/11

伊藤 清四郎　いとう・せいしろう　～昭和61年9月10日　長野市中央農協組合長　→83/87

伊藤 清三　いとう・せいぞう　～昭和55年6月12日　林木育種協会理事長, 日本文化財漆協会会長, 長野営林局長　→80/82

伊藤 銈三　いとう・せいぞう　明治36年12月1日～昭和59年6月11日　全国納税貯蓄組合連合会会長, いとうや社長　→83/87

伊藤 善一　いとう・ぜんいち　大正7年1月1日～昭和61年10月3日　亜南香料産業社長, 高砂香料工業副社長　→83/87

伊東 善一郎　いとう・ぜんいちろう　大正15年8月13日～平成22年4月2日　伊東商店会長　→09/11

伊藤 善吉　いとう・ぜんきち　大正7年7月20日～平成10年3月23日　日本債券信用銀行専務, 日本銀行管理部長　→97/99

伊藤 善二　いとう・ぜんじ　大正7年1月2日～昭和60年9月5日　田村電機製作所顧問・元常務　→83/87

伊藤 仙太郎　いとう・せんたろう　安政3年～昭和2年7月　発明家　恒六鑵を発明　→昭和

伊藤 善兵衛　いとう・ぜんべい　大正2年8月25日～平成18年12月17日　三重県議　→06/08

伊藤 宗一郎　いとう・そういちろう　大正13年3月21日～平成13年9月4日　衆院議員(自民党), 衆院議長, 科学技術庁長官　→00/02

伊藤 惣助丸　いとう・そうすけまる　昭和8年3月8日～平成10年2月16日　衆院議員(公明党)　→97/99

伊藤 泰三　いとう・たいぞう　大正13年5月13日～平成23年1月15日　三菱レイヨン専務　→09/11

伊藤 太一郎　いとう・たいちろう　明治32年8月11日～昭和59年10月3日　丸紅副社長　→83/87

伊藤 大八　いとう・だいはち　安政5年11月15日～昭和2年9月10日　政治家　衆院議員(政友会), 満鉄副総裁　→昭和

伊東 隆明　いとう・たかあき　大正10年4月26日～平成14年5月23日　東海テレビ放送専務　→00/02

伊藤 隆男　いとう・たかお　明治30年11月12日～平成4年2月10日　資生堂相談役　→91/93

伊藤 多賀雄　いとう・たがお　昭和4年8月4日～平成11年1月12日　滋賀県教育長　→97/99

伊東 孝　いとう・たかし　～昭和61年12月19日　葛飾区(東京都)区議　→83/87

伊藤 孝　いとう・たかし　昭和4年3月24日～平成15年12月20日　岩手県議(新進党), 丸伊工業社長　→03/05

伊藤 峻　いとう・たかし　昭和10年0月30日～平成16年1月1日　多摩市立図書館館長　→03/05

伊藤 隆　いとう・たかし　明治44年1月27日～平成15年10月25日　中外国島社長, 日本毛織物等工業組合連合会理事長　→03/05

伊藤 隆　いとう・たかし　大正5年5月19日～平成21年8月21日　大山町(大分県)町長　→09/11

伊藤 隆人　いとう・たかひと　昭和11年4月6日～昭和56年3月7日　札幌市議(自民党), 喜久一本店専務　→80/82

伊東 孝保　いとう・たかやす　～昭和47年8月8日　パピリオ社長　→昭和

伊藤 卓也　いとう・たくや　～昭和50年7月4日　国際協力事業団理事　→昭和

伊藤 武男　いとう・たけお　～昭和38年2月5日　日本生糸輸出組合相談役　→昭和

伊藤 武夫　いとう・たけお　～昭和2年7月28日
　航空兵大尉　→昭和

伊藤 武夫　いとう・たけお　明治45年4月17日～平成9年2月1日　鳥取県議（自民党）　→97/99

伊藤 武雄　いとう・たけお　明治27年12月13日～昭和41年11月19日　実業家　大阪商船社長　→昭和

伊藤 武雄　いとう・たけお　～昭和55年5月6日
　飯野海運専務、日本リーファース社会長　→80/82

伊藤 健　いとう・たけし　～平成1年12月8日
　呉羽紡績（のち東洋紡）取締役　→88/90

伊藤 健　いとう・たけし　～昭和63年1月19日
　（福）協和会信和保育園理事長、福岡市議会副議長　→88/90

伊藤 武　いとう・たけし　大正14年6月17日～平成6年10月13日　静岡県議（自民党）　→94/96

伊藤 武　いとう・たけし　昭和3年2月1日～平成21年1月30日　福井新聞取締役　→09/11

伊藤 赳　いとう・たけし　明治21年～昭和16年2月16日
　帝室博物館鑑査官　→昭和

伊藤 赳　いとう・たけし　大正13年11月28日～平成17年12月2日　メルシャン専務　→03/05

伊藤 竹之助　いとう・たけのすけ　～昭和23年1月22日
　大建産業前会長　→昭和

伊藤 武彦　いとう・たけひこ　明治24年11月～昭和14年10月27日　岡山県知事　→昭和

伊東 武喜　いとう・たけよし　明治32年8月21日～平成1年12月22日　鐘紡常務　→88/90

伊藤 忠雄　いとう・ただお　～昭和55年1月10日
　フジテレビ報道局次長　→80/82

伊藤 忠雄　いとう・ただお　明治43年8月29日～平成8年9月17日　フジタ専務　→94/96

伊藤 正　いとう・ただし　明治45年5月16日～平成7年5月19日　住友銀行常務、住友商事専務　→94/96

伊藤 正　いとう・ただし　大正11年1月6日～平成16年11月18日　住友商事社長　→03/05

伊藤 忠　いとう・ただし　大正5年9月24日～昭和60年7月12日　西日本新聞社取締役、西日本新聞印刷社長　→83/87

伊藤 直　いとう・ただし　昭和11年5月20日～平成22年1月31日　神奈川新聞常務、朝日新聞東京本社ニューメディア本部長　→09/11

伊藤 忠孝　いとう・ただたか　明治29年8月2日～昭和60年2月8日　日動火災海上保険社長　→83/87

伊藤 忠正　いとう・ただまさ　明治38年5月12日～平成11年3月19日　相鉄運輸社長　→97/99

伊藤 太刀郎　いとう・たちろう　大正4年9月16日～平成16年7月13日　三菱製鋼取締役　→03/05

伊藤 達夫　いとう・たつお　大正8年9月6日～昭和58年10月28日　日本ギア工業常務　→83/87

伊藤 辰男　いとう・たつお　大正12年1月26日～昭和63年1月24日　横浜銀行協会常務理事、横浜銀行監査役　→88/90

伊藤 達二　いとう・たつじ　大正5年2月28日～平成12年12月11日　三菱地所社長　→00/02

伊藤 辰三　いとう・たつぞう　～平成4年12月18日
　フェザー不動産社長　→91/93

伊藤 達美　いとう・たつみ　～昭和56年1月15日
　江戸川区議（自民党）　→80/82

伊藤 太兵衛　いとう・たへえ　～平成4年5月15日
　千葉マリンスタジアム専務　→91/93

伊藤 たま子　いとう・たまこ　～昭和2年3月26日
　伊藤博邦公爵夫人　→昭和

伊藤 民男　いとう・たみお　～平成17年7月17日
　岩倉市長　→03/05

伊東 民次郎　いとう・たみじろう　～平成18年2月12日
　高田工業所専務　→06/08

伊藤 保　いとう・たもつ　～平成5年11月5日
　オカダアイヨン監査役　→91/93

伊東 太郎　いとう・たろう　明治13年1月13日～昭和10年2月28日　伯爵　宮内省御用掛　→昭和

伊藤 太郎　いとう・たろう　大正11年10月14日～平成12年2月18日　ホシ伊藤会長　→00/02

伊藤 忠三　いとう・ちゅうぞう　～昭和12年5月18日
　丸紅商店取締役会長　→昭和

伊藤 忠蔵　いとう・ちゅうぞう　～昭和59年5月19日
　稚内信用金庫理事長　→83/87

伊藤 忠兵衛（2代目）　いとう・ちゅうべえ　明治19年6月12日～昭和48年5月29日　実業家　伊藤忠商事創業者、丸紅商店会長、呉羽紡績社長　→昭和（伊藤 忠兵衛）

伊藤 長十郎　いとう・ちょうじゅうろう　大正15年1月15日～平成8年8月18日　伊藤鉄工所会長　→94/96

伊藤 長堂　いとう・ちょうどう　～昭和16年12月10日
　旧丸紅社長　→昭和

伊藤 長兵衛　いとう・ちょうべい　明治38年9月24日～平成6年4月16日　丸紅創業家当主（8代目）、フジカワ画廊取締役、フジカワビル取締役　→94/96

伊藤 千代子　いとう・ちよこ　明治38年7月21日～昭和4年9月24日　社会運動家　→昭和

伊藤 務　いとう・つとむ　大正8年1月13日～平成23年10月2日　豊橋鉄道社長　→09/11

伊藤 募　いとう・つのる　明治35年11月27日～平成1年5月4日　大阪市会副議長、全国都市監査委員会会長　→88/90

伊藤 貞治　いとう・ていじ　～昭和62年4月4日
　宮城県自転車商業協同組合理事長　→83/87

伊藤 貞治　いとう・ていじ　大正2年12月15日～昭和62年5月9日　油化協新相談役、三菱油化専務　→83/87

伊藤 哲雄　いとう・てつお　～昭和48年8月20日
　真宗大谷派東京別院輪番　→昭和

I　政治・経済・社会篇　　　　　　　　　　　　　　　　　　　　　　　　　　　　いとう

伊藤 徹男　いとう・てつお　～平成4年4月19日
　トピー工業常務　→91/93

伊藤 哲次　いとう・てつじ　大正13年9月22日～平成4年2月18日　関東天然瓦斯開発取締役相談役　→91/93

伊藤 哲治　いとう・てつじ　～平成8年4月11日
　集美堂会長　→94/96

伊藤 哲杖　いとう・てつじょう　～昭和9年8月8日
　名古屋市天寧寺住職　→昭和

伊藤 鉄之進　いとう・てつのしん　～昭和47年4月9日
　全国納税貯蓄組連副会長　→昭和

伊東 昭雄　いとう・てるお　～平成6年6月23日
　東京鋼鉄工業常務　→94/96

伊藤 輝子　いとう・てるこ　～平成15年3月27日
　東京都選挙管理委員長，日本婦人有権者同盟秋田支部長　→03/05

伊藤 照子　いとう・てるこ　大正7年1月19日～昭和64年1月6日　しろがね幼稚園園長，福岡県更生保護司会保護司，浄土真宗光明寺坊守　→88/90

伊藤 伝右衛門　いとう・でんえもん　万延1年11月26日～昭和22年12月15日　実業家　大正鉱業社長　→昭和

伊藤 伝三　いとう・でんぞう　明治41年11月19日～昭和56年6月22日　実業家　伊藤ハム創業者　→80/82

伊藤 道海　いとう・どうかい　明治7年5月18日～昭和15年7月16日　僧侶　曹洞宗管長，総持寺貫首　→昭和

伊藤 徹　いとう・とおる　昭和3年10月6日～平成15年7月10日　北海道新聞常務　→03/05

伊藤 時雄　いとう・ときお　～昭和57年7月8日
　キヤタピラー三菱常務　→80/82

伊藤 徳江　いとう・とくえ　大正4年1月1日～昭和62年6月18日　日本油脂専務，ニッサン石鹸副社長　→83/87

伊藤 篤次　いとう・とくじ　～昭和60年8月24日
　ミズコー社長，元瑞浪陶磁器工業協同組合専務理事　→83/87

伊藤 徳三　いとう・とくぞう　明治43年8月25日～平成6年12月16日　伊藤製油会長　→94/96

伊藤 利明　いとう・としあき　大正8年11月13日～平成8年6月10日　印西市長　→94/96

伊東 俊雄　いとう・としお　明治27年4月20日～昭和63年3月1日　大阪地下街社長，大阪商工会議所専務理事　→88/90

伊東 利郎　いとう・としお　明治37年5月23日～昭和59年3月17日　豊田工機専務，豊興工業会長　→83/87

伊藤 俊夫　いとう・としお　明治42年11月25日～昭和58年2月18日　海外鉱物資源開発社長　→83/87

伊藤 俊夫　いとう・としお　明治42年2月14日～平成12年10月25日　日本原子力発電会長，関西電力副社長　→00/02

伊藤 俊夫　いとう・としお　大正3年1月21日～平成14年6月4日　厚木自動車部品常務　→00/02

伊藤 俊雄　いとう・としお　明治34年8月11日～平成5年8月18日　新明和工業社長，日立製作所常務　→91/93

伊藤 俊郎　いとう・としお　昭和12年11月18日～平成5年6月20日　東洋化学取締役　→91/93

伊藤 敏男　いとう・としお　大正14年9月16日～平成3年3月27日　田村電機製作所監査役　→91/93

伊藤 敏男　いとう・としお　昭和8年8月19日～平成16年1月16日　義津屋社長　→03/05

伊藤 敏雄　いとう・としお　～平成3年11月17日
　住友海上火災保険取締役　→91/93

伊藤 利勝　いとう・としかつ　～昭和47年11月16日
　神戸市会議長　→昭和

伊東 俊次　いとう・としじ　～昭和48年7月9日
　住友機械工業常務　→昭和

伊藤 俊彦　いとう・としひこ　～平成2年12月2日
　共同通信社宮崎支局長　→88/90

伊藤 利彦　いとう・としひこ　明治32年5月6日～昭和57年4月11日　相互ビルディング代表取締役　→80/82

伊藤 利彦　いとう・としひこ　大正14年4月1日～平成19年9月25日　東レ取締役　→06/08

伊藤 十四郎　いとう・としろう　大正14年7月5日～平成23年11月5日　東洋エンジニアリング副社長　→09/11

伊藤 俊郎　いとう・としろう　明治45年4月1日～昭和60年8月1日　弁護士　→83/87

伊藤 富男　いとう・とみお　昭和8年12月15日～昭和60年4月29日　いなげや常務　→83/87

伊藤 留吉　いとう・とめきち　明治39年9月20日～平成4年10月23日　愛知県議　→91/93

伊藤 友猪　いとう・ともい　明治42年3月1日～平成6年5月17日　日本心臓血圧研究振興会事務局長，大河内記念会評議員　→94/96

伊藤 友司　いとう・ともし　明治45年5月9日～昭和42年8月6日　宗教家　真如苑苑主，真言宗醍醐派大僧正　→昭和

伊藤 友直　いとう・ともなお　大正6年1月1日～昭和60年3月31日　北海道冷温倉庫代表取締役社長，カネキン伊藤商店代表取締役社長　→83/87

伊藤 知則　いとう・とものり　昭和4年8月28日～昭和56年6月24日　北海道議(自民党)　→80/82

伊藤 豊章　いとう・とよあき　昭和7年1月15日～平成13年11月6日　NTN社長　→00/02

伊藤 豊四郎　いとう・とよしろう　～平成2年12月21日
　ユニチカ常務　→88/90

伊藤 直三郎　いとう・なおさぶろう　～昭和58年2月18日　松坂屋専務，さいか屋専務　→83/87

伊藤 直三　いとう・なおぞう　大正15年4月27日～平成19年2月27日　イトマン会長　→06/08

伊藤 直行　いとう・なおゆき　大正7年6月～平成14年9月8日　日本技術開発社長，日本道路公団理事　→00/02

伊藤 仁右衛門(10代目)　いとう・にえもん　明治35年

いとう

3月17日～平成1年8月4日　両関酒造会社長　→88/90（伊藤 仁右衛門）

伊藤 仁助　いとう・にすけ　大正3年2月25日～平成13年1月5日　盛岡信用金庫理事長　→00/02

伊藤 日定　いとう・にちじょう　～昭和39年10月22日　池上本門寺貫主　→昭和

伊藤 日瑞　いとう・にちずい　～昭和54年5月6日　日蓮宗京都大本山本圀寺貫首　→昭和

伊藤 信亮　いとう・のぶあき　～平成1年7月18日　(社)経済調査協会理事長　→88/90

伊東 信雄　いとう・のぶお　明治37年8月15日～昭和60年9月5日　冨士工取締役　→83/87

伊藤 伸夫　いとう・のぶお　昭和6年7月6日～平成21年8月23日　日本製鋼所専務　→09/11

伊藤 信男　いとう・のぶお　明治43年11月17日～平成2年8月29日　弁護士　→88/90

伊東 延吉　いとう・のぶきち　明治24年5月1日～昭和19年2月7日　文部次官　→昭和（いとう・えんきち）

伊藤 信俊　いとう・のぶとし　昭和6年2月20日～昭和63年9月15日　伊藤プラスチックス研究所社長　→88/90

伊藤 信彦　いとう・のぶひこ　～昭和62年1月8日　サッポロビール常務取締役　→83/87

伊藤 暢英　いとう・のぶひで　大正14年3月18日～平成9年7月14日　マツダ取締役、マツダアンフィニ東京社長　→97/99

伊藤 述史　いとう・のぶふみ　明治18年8月19日～昭和35年4月3日　外交官　貴院議員（勅選）、内閣情報局総裁　→昭和

伊藤 信康　いとう・のぶやす　昭和12年1月24日～平成8年10月23日　エンプラス専務　→94/96

伊藤 信之　いとう・のぶゆき　明治31年10月16日～昭和59年11月21日　広島電鉄社長、ホテルニューヒロデン社長　→83/87

伊藤 信郎　いとう・のぶろう　大正9年10月23日～昭和62年5月24日　御幸毛織監査役　→83/87

伊藤 幟　いとう・のぼり　明治31年6月～昭和38年3月2日　衆議院議員（自民党）　→昭和（いとう・たか）

伊藤 昇　いとう・のぼる　明治32年5月23日～昭和62年2月16日　伊東商会相談役　→83/87

伊藤 昇　いとう・のぼる　明治40年9月10日～平成7年5月6日　盟和産業社長、日本相互銀行（のちさくら銀行）常務　→94/96

伊藤 徳繁　いとう・のりしげ　～平成10年9月13日　日鉄物流常務　→97/99

伊藤 則武　いとう・のりたけ　大正8年10月21日～平成6年3月31日　エヌ・テー・エヌ東洋ベアリング（のちNTN）専務　→94/96

伊東 一　いとう・はじめ　大正8年8月5日～平成3年5月25日　栗原電鉄（株）社長、細倉鉱業社長　→91/93

伊藤 八郎　いとう・はちろう　～昭和56年2月4日

富国ミシン製造社長、東海電子工業社長　→80/82

伊藤 八郎　いとう・はちろう　明治36年8月16日～平成4年1月4日　大正鉱業社長、伊藤家育英会理事長　→91/93

伊藤 浜一　いとう・はまいち　～平成2年9月16日　長久手村（愛知県）村長　→88/90

伊藤 治雄　いとう・はるお　大正4年10月5日～平成15年8月9日　ダイセキ創業者　→03/05

伊藤 治雄　いとう・はるお　昭和4年5月7日～平成18年11月30日　僧侶　万松寺（曹洞宗）住職、全日本仏教会理事長、三帰プリンティング社長　→06/08

伊藤 春雄　いとう・はるお　大正4年4月22日～平成7年6月22日　同和鉱業常務　→94/96

伊藤 春次　いとう・はるじ　明治33年3月8日～平成11年3月13日　中央魚類社長　→97/99

伊藤 春三　いとう・はるぞう　～平成7年7月28日　三井東圧化学常務　→94/96

伊藤 彦造　いとう・ひこぞう　昭和5年11月17日～平成12年10月8日　弁護士　秋田県公文書公開審査会長、秋田弁護士会長　→00/02

伊藤 久雄　いとう・ひさお　大正5年11月25日～平成13年1月22日　日本板硝子常務　→94/96

伊藤 久雄　いとう・ひさお　大正14年3月4日～平成22年5月31日　伊藤組社長、小沢一郎後援会連合会長　→09/11

伊藤 寿男　いとう・ひさお　昭和2年5月18日～昭和57年7月29日　時事通信社取締役　→80/82

伊藤 長　いとう・ひさし　大正10年3月14日～平成11年10月19日　山陽国策パルプ常務　→97/99

伊藤 久広　いとう・ひさひろ　大正10年3月23日～平成61年7月27日　持田製薬取締役　→83/87

伊藤 久松　いとう・ひさまつ　明治29年9月28日～昭和58年1月4日　弁護士　大分県知事　→83/87

伊東 久弥　いとう・ひさや　昭和3年5月18日～平成13年9月9日　西松建設専務　→00/02

伊藤 秀雄　いとう・ひでお　明治35年6月15日～昭和58年9月29日　岐阜ガス相談役・元社長、東邦ガス専務　→83/87

伊東 秀郎　いとう・ひでお　大正3年4月16日～平成8年5月1日　弁護士　独協大学法学部教授　→94/96

伊東 日出夫　いとう・ひでお　大正2年10月22日～昭和61年11月14日　(株)コーリン社長、共同石油常務　→83/87

伊藤 英夫　いとう・ひでお　～昭和15年7月18日　昭和産業社長　→昭和

伊藤 英夫　いとう・ひでお　～昭和52年9月1日　稲田産業会長　→昭和

伊藤 英雄　いとう・ひでお　～昭和62年8月15日　東京理容国民健康保険組合理事長　→83/87

伊藤 英雄　いとう・ひでお　明治43年1月10日～平成2年11月11日　森永製菓常務　→88/90

Ⅰ　政治・経済・社会篇　　　　　　　　　　　　　　　　　　　　　　　　　　　　　いとう

伊藤 英雄　いとう・ひでお　大正10年2月25日～平成8年3月27日　千葉銀行副頭取　→94/96

伊藤 英雄　いとう・ひでお　～平成13年3月17日　経営実務出版社長　→00/02

伊藤 秀男　いとう・ひでお　昭和55年8月26日　秋田市議会議長　→80/82

伊東 英一　いとう・ひでかず　大正11年8月22日～平成3年2月27日　東京製綱取締役　→91/93

伊藤 日出登　いとう・ひでと　～昭和49年1月31日　文部事務次官　→昭和

伊藤 栄彦　いとう・ひでひこ　～昭和31年9月10日　昭島市長　→昭和

伊藤 仁　いとう・ひとし　～昭和57年3月3日　弁護士　日弁連副会長　→80/82

伊藤 弘一　いとう・ひろいち　～昭和58年11月14日　桑名電気産業会長　→83/87

伊藤 大凖　いとう・ひろかた　大正11年1月28日～平成4年11月15日　箱根観光ホテル社長,パレスホテル専務　→91/93

伊藤 博邦　いとう・ひろくに　明治3年2月2日～昭和6年6月9日　公爵　式部長官　→昭和

伊藤 寛　いとう・ひろし　明治43年3月4日～平成2年5月4日　伊藤万会長　→88/90

伊藤 宏　いとう・ひろし　昭和2年1月22日～平成13年6月10日　丸紅専務　→00/02

伊藤 宏　いとう・ひろし　大正14年5月4日～平成14年5月4日　キヤノン常務　→00/02

伊藤 広　いとう・ひろし　～昭和47年1月9日　小野田セメント常務　→昭和

伊藤 弘　いとう・ひろし　～昭和56年3月24日　東亜建設工業副社長　→80/82

伊藤 弘　いとう・ひろし　明治44年1月1日～平成11年3月10日　富士写真光機会長　→97/99

伊藤 弘　いとう・ひろし　明治44年10月4日～平成19年2月20日　北海道議(自民党),名寄自動車学園社長　→06/08

伊藤 浩　いとう・ひろし　明治45年5月29日～平成1年7月23日　丸協名古屋水産代表取締役　→88/90

伊藤 浩　いとう・ひろし　大正15年4月10日～平成23年6月14日　宮田村(長野県)村長　→09/11

伊藤 博　いとう・ひろし　～昭和44年1月18日　ホテル・ジャパン取締役,東急取締役　→昭和

伊藤 博　いとう・ひろし　明治30年6月9日～昭和63年10月6日　新光レイヨン常務　→88/90

伊藤 博　いとう・ひろし　昭和3年6月25日～平成1年2月11日　ユニ・タバコ・サービス社長,日本専売公社中部支社長　→88/90

伊藤 博　いとう・ひろし　大正5年3月1日～平成5年2月21日　伊藤幹三(株)会長,日本陶磁器輸出組合理事　→91/93

伊藤 博　いとう・ひろし　大正15年6月28日～平成7年4月4日　大成建設常務　→94/96

伊藤 博　いとう・ひろし　明治43年11月21日～平成12年9月12日　神奈川県議　→00/02

伊藤 裕　いとう・ひろし　～昭和60年9月1日　東日本コンクリート取締役,元国鉄信濃川工事局長　→83/87

伊東 博助　いとう・ひろすけ　大正9年6月5日～平成12年7月1日　帝国石油社長　→00/02

伊藤 弘信　いとう・ひろのぶ　昭和12年4月14日～平成13年7月16日　アサツーディ・ケイ社長　→00/02

伊藤 博教　いとう・ひろのり　～昭和56年4月16日　駐バングラデシュ大使　→80/82

伊東 博巳　いとう・ひろみ　昭和7年9月18日～平成23年4月5日　愛三工業社長　→09/11

伊藤 大道　いとう・ひろみち　～昭和61年11月20日　春日井商工会議所副会頭　→83/87

伊藤 弘　いとう・ひろむ　明治38年5月9日～平成2年10月18日　三弘会長　→88/90

伊藤 弘康　いとう・ひろやす　～平成12年10月15日　三国コカ・コーラボトリング常務　→00/02

伊藤 博之　いとう・ひろゆき　明治38年1月4日～平成6年6月30日　明治生命保険常務　→94/96

伊東 博吉　いとう・ひろよし　明治40年5月31日～昭和61年7月15日　中日映画社代表取締役,名古屋タイムズ理事・編集局長　→83/87

伊藤 博精　いとう・ひろよし　～昭和37年2月8日　公爵　貴院議員　→昭和(いとう・はくせい)

伊藤 冲　いとう・ふかし　昭和2年8月10日～平成7年2月11日　日本勧業角丸証券(のち勧角証券)常務,朝日投信委託副社長　→94/96

伊藤 不器夫　いとう・ふきお　昭和6年4月1日～平成19年7月27日　東洋証券副会長　→06/08

伊藤 冨久治　いとう・ふくじ　～平成8年1月2日　千代田火災海上保険常務　→94/96

伊藤 冨二夫　いとう・ふじお　大正12年12月24日～平成11年3月29日　サンコーシャ相談役　→97/99

伊東 富士馬　いとう・ふじま　大正4年2月26日～平成9年5月4日　旭化成副社長　→97/99

伊東 富士丸　いとう・ふじまる　明治44年3月28日～平成8年11月15日　弁護士　日本弁護士連合会副会長　→94/96

伊藤 冨美夫　いとう・ふみお　～昭和56年10月30日　9億円盗難狂言事件犯人　→80/82

伊藤 文雄　いとう・ふみお　～昭和56年9月7日　住友信託銀行常任監査役　→80/82

伊藤 文定　いとう・ふみさだ　大正9年1月2日～平成17年3月9日　僧侶　東福寺19世住職,静岡大学名誉教授　→

伊藤 文一　いとう・ぶんいち　昭和4年12月31日～平成13年1月7日　日本電工専務　→00/02

伊藤 文吉　いとう・ぶんきち　明治18年12月～昭和26年11月25日　貴院議員(男爵)　→昭和

伊藤 文治　いとう・ぶんじ　～昭和43年3月28日　サッポロビール顧問　→昭和

伊東 平市　いとう・へいいち　～昭和63年6月28日　不二越取締役　→88/90

伊藤 信　いとう・まこと　昭和24年～昭和61年9月1日　ホシ伊藤専務　→83/87

伊藤 誠　いとう・まこと　明治43年10月23日～平成4年9月11日　大明電話工業社長　→91/93

伊藤 誠　いとう・まこと　昭和17年10月2日～平成17年10月19日　伊吉書院代表　→03/05

伊藤 正昭　いとう・まさあき　明治40年1月1日～昭和57年11月26日　日本紙パルプ商業専務　→80/82

伊藤 正明　いとう・まさあき　～昭和59年2月28日　第一製鋼取締役相談役・元会長　→83/87

伊藤 政恵　いとう・まさえ　～昭和57年3月28日　大鉄工業相談役　→80/82

伊藤 政雄　いとう・まさお　大正10年12月1日～平成5年7月6日　駐コロンビア大使　→91/93

伊藤 正男　いとう・まさお　～昭和62年1月5日　伊藤商店(製紙原料商)会長　→83/87

伊藤 正男　いとう・まさお　大正4年3月12日～平成10年4月22日　名寄新聞社長　→97/99

伊藤 正男　いとう・まさお　明治44年6月15日～平成14年4月25日　いすゞ自動車専務、自動車部品工業社長　→00/02

伊藤 正清　いとう・まさきよ　～昭和62年12月19日　伊藤商会代表、富山県宅地建物取引業協会相談役、元・魚津市議　→83/87

伊藤 正　いとう・まさし　大正2年3月16日～平成17年3月23日　丸正自動車製造社長　→03/05

伊藤 政蔵　いとう・まさぞう　～平成4年7月31日　北海道在宅福祉協議会会長　→91/93

伊藤 正武　いとう・まさたけ　大正10年1月9日～平成8年6月23日　三菱建設常務　→94/96

伊藤 正嗣　いとう・まさつぐ　昭和16年1月10日～平成15年4月5日　カゴメ会長　→03/05

伊藤 正亞　いとう・まさつぐ　明治40年3月29日～平成6年1月28日　全日本自治体職員福祉協同組合理事長、ゼンフク会長　→94/96

伊東 正直　いとう・まさなお　大正8年9月10日～平成10年5月17日　大分銀行常務　→97/99

伊東 正直　いとう・まさなお　～昭和38年4月7日　日本撚糸協会理事長　→昭和

伊東 正信　いとう・まさのぶ　大正4年10月7日～平成8年8月11日　大豊建設専務　→94/96

伊藤 正則　いとう・まさのり　～昭和57年9月20日　伊藤鋳工社長　→80/82

伊藤 正則　いとう・まさのり　大正13年10月21日～平成14年6月25日　野村證券副社長　→00/02

伊藤 正則　いとう・まさのり　昭和12年8月21日～平成19年7月28日　北陸製薬社長　→06/08

伊藤 昌治　いとう・まさはる　昭和9年9月8日～平成3年6月1日　エイト産業社長　→91/93

伊藤 正治　いとう・まさはる　明治40年3月25日～平成1年2月6日　名工製版(株)会長　→88/90

伊藤 正春　いとう・まさはる　昭和13年12月26日～平成14年3月22日　フタバ産業副社長　→00/02

伊藤 正彦　いとう・まさひこ　大正4年5月9日～平成2年11月5日　釧路埠頭副社長、三菱鉱業セメント取締役　→88/90

伊藤 正英　いとう・まさひで　大正5年10月27日～平成6年12月15日　警察庁中国管区警察局長、伊藤忠商事常務　→94/96

伊東 正博　いとう・まさひろ　～昭和61年12月2日　伊東漁業専務、富山県鮭鱒出漁漁協監事　→83/87

伊藤 昌弘　いとう・まさひろ　昭和2年10月27日～平成23年6月5日　衆院議員(民社党)　→09/11

伊藤 正文　いとう・まさふみ　昭和19年～平成9年5月11日　政府関係法人労働組合連合書記長　→97/99

伊藤 備文　いとう・まさふみ　大正13年12月22日～平成13年9月1日　本宮町(福島県)町長　→00/02

伊藤 正康　いとう・まさやす　大正11年12月29日～平成21年6月11日　陸将　「ああモンテンルパの夜は更けて」の作曲者　→09/11

伊東 正之　いとう・まさゆき　明治32年12月8日～昭和59年5月25日　日東製粉常務　→83/87

伊東 正義　いとう・まさよし　大正2年12月15日～平成6年5月20日　衆議院議員(自民党)、外相　→94/96

伊藤 勝　いとう・まさる　～昭和57年5月15日　フジタ工業常務　→80/82

伊藤 学　いとう・まなぶ　明治45年1月10日～平成17年11月20日　イトー創業者、広島総合卸センター理事長　→03/05

伊藤 万助　いとう・まんすけ　～昭和38年3月22日　伊藤万会長　→昭和

伊藤 万太郎　いとう・まんたろう　～昭和15年4月3日　第一生命常任監査役　→昭和

伊藤 みえ子　いとう・みえこ　大正9年8月27日～平成8年1月1日　美唄消費者協会会長　→94/96

伊藤 幹夫　いとう・みきお　昭和2年7月22日～平成7年12月16日　旭化成工業常務　→94/96

伊藤 幹郎　いとう・みきお　昭和7年11月24日～平成6年6月30日　日本車輛製造常務　→94/96

伊藤 美喜男　いとう・みきお　昭和13年9月1日～平成19

年8月9日　大成建設専務　→06/08

伊東 美佐子　いとう・みさこ　～昭和43年5月14日
消費科連副会長　→昭和

伊藤 道男　いとう・みちお　～平成5年8月26日
三井化学工業(のち三井東圧化学)常務　→91/93

伊藤 道夫　いとう・みちお　大正3年1月10日～昭和56年8月28日　佐藤工業専務,建設省関東地方建設局長　→80/82

伊藤 道夫　いとう・みちお　明治36年1月20日～昭和60年6月4日　丸石自転車取締役,太洋商会社長　→83/87

伊藤 満子　いとう・みちこ　～昭和62年6月19日
丸栄工業代表取締役　→83/87

伊藤 道次　いとう・みちつぐ　～昭和45年1月2日
堺化学工業社長,関経連常任理事　→昭和

伊藤 光男　いとう・みつお　～平成1年2月15日
東急百貨店取締役日本橋店長　→88/90

伊東 美津子　いとう・みつこ　～昭和6年4月1日
故伯爵伊東祐亮元帥未亡人　→昭和

伊東 光次　いとう・みつじ　明治33年11月5日～昭和57年3月28日　社会運動家　鳥栖町長,社会党佐賀県本部顧問　→80/82

伊東 光太郎　いとう・みつたろう　～昭和60年12月12日
伏見ゴルフ倶楽部名誉理事長,東洋紡常務　→83/87

伊藤 光好　いとう・みつよし　大正3年7月22日～平成14年5月27日　海津町(岐阜県)町長　宝暦治水の語り部　→00/02

伊藤 皆美　いとう・みなみ　大正4年1月7日～平成8年9月18日　三菱自動車販売(のち三菱自動車工業)副社長　→94/96

伊藤 実　いとう・みのる　明治38年9月21日～昭和58年10月29日　社会運動家　日本アジア・アフリカ連帯委員会理事長　→83/87

伊藤 実　いとう・みのる　～平成13年6月17日
日本エルピーガス連合会会長　→00/02

伊藤 稔　いとう・みのる　明治41年3月7日～平成5年3月25日　北海道穀物商品取引所理事長,北海道地方労働委員会事務局長　→91/93

伊東 巳代治　いとう・みよじ　安政4年5月9日～昭和9年2月19日　官僚政治家,伯爵　農商務相,枢密顧問官,東京日日新聞社長　→昭和

伊藤 美代治　いとう・みよじ　大正2年11月2日～昭和63年10月19日　山種産業専務　→88/90

伊藤 元一郎　いとう・もといちろう　明治40年8月31日～平成4年11月19日　北見商工会議所会頭　→91/93

伊藤 元夫　いとう・もとお　昭和6年2月11日～平成13年4月22日　税理士　国税庁金沢国税局長　→00/02

伊藤 源紀　いとう・もとのり　大正10年2月11日～平成3年8月18日　いとう鶴酒造会長,恵那商工会議所副会頭　→91/93

伊藤 元義　いとう・もとよし　明治42年12月3日～平成7年6月22日　神鋼電機副社長　→94/96

伊藤 茂八郎　いとう・もはちろう　明治25年10月22日～昭和60年11月25日　三興製材工業社長,伊藤忠商事監査役　→83/87

伊藤 守男　いとう・もりお　大正13年10月14日～平成1年11月13日　日本フードプロデューサーズ(株)顧問,丸源飲料工業専務,東食常務　→88/90

伊藤 盛吉　いとう・もりよし　～昭和57年2月23日
中央商事常務　→80/82

伊藤 安衛　いとう・やすえ　明治44年9月15日～昭和57年7月4日　レナウン会長　→80/82

伊藤 安夫　いとう・やすお　昭和2年5月4日～平成22年6月4日　北陸製薬社長　→09/11

伊藤 泰雄　いとう・やすお　明治35年7月2日～昭和63年8月31日　三菱電機常務,菱電商事会長　→88/90

伊藤 保夫　いとう・やすお　～平成8年5月20日
ブラザー陸運社長　→94/96

伊藤 泰吉　いとう・やすきち　～昭和40年7月31日
川越市長,朝鮮総督府専売局長　→昭和

伊藤 保次郎　いとう・やすじろう　明治23年9月4日～昭和47年12月11日　実業家　三菱鉱業社長　→昭和

伊藤 安太郎　いとう・やすたろう　大正12年11月25日～平成8年1月8日　立川ブラインド工業常務　→94/96

伊藤 保平　いとう・やすへい　明治15年8月26日～昭和40年6月7日　西宮酒造社長,参議院議員(緑風会)　→昭和

伊藤 寧朗　いとう・やすろう　昭和6年6月2日～平成11年1月11日　小糸製作所専務　→97/99

伊藤 弥太郎　いとう・やたろう　明治37年1月5日～昭和60年3月1日　伊藤伊会長,全国石鹸洗剤化粧品歯磨雑貨卸商組合連合会会長　→83/87

伊東 祐一　いとう・ゆういち　大正8年12月11日～昭和56年10月9日　日本金属常務,日金ファインプレス社長　→80/82

伊藤 勇吉　いとう・ゆうきち　明治31年9月27日～昭和61年10月15日　伊藤銀証券社長　→83/87

伊藤 友健　いとう・ゆうけん　～昭和55年12月10日
江東区元議長　→80/82

伊藤 勇二　いとう・ゆうじ　明治39年4月11日～昭和49年1月4日　日本皮革社長　→昭和

伊藤 祐太郎　いとう・ゆうたろう　明治43年9月16日～昭和58年2月5日　千代田火災海上保険相談役　→83/87

伊藤 雄太郎　いとう・ゆうたろう　～平成2年7月11日
ミツウロコ会長　→88/90

伊藤 尤郎　いとう・ゆうろう　大正10年5月15日～昭和58年7月5日　三菱化工機顧問　→83/87

伊藤 ゆき　いとう・ゆき　明治26年～昭和57年1月18日
イトーヨーカ堂創業者　→80/82

伊藤 幸夫　いとう・ゆきお　昭和5年6月26日～平成12年6月26日　丹栄物産社長　→00/02

伊藤 幸雄　いとう・ゆきお　～昭和61年5月27日
　日産汽船（のち昭和海運）社長　→83/87

伊東 謙　いとう・ゆずる　大正12年1月16日～昭和63年4月29日　信毎観光取締役総務部長, 信濃毎日新聞社取締役　→88/90

伊藤 豊　いとう・ゆたか　～昭和45年11月24日
　朝日放送技術顧問　→昭和

伊藤 豊　いとう・ゆたか　～平成1年2月21日
　恵陽新聞社社長　→88/90

伊藤 洋　いとう・よう　～昭和60年11月18日
　東京商工リサーチ専務　→83/87

伊藤 庸次　いとう・ようじ　～昭和63年12月3日
　雲仙ホテル社長　→88/90

伊藤 庸治　いとう・ようじ　大正5年12月13日～平成9年5月24日　国税庁高松国税局長　→97/99

伊藤 庸二　いとう・ようじ　～昭和30年5月9日
　光電製作所長　→昭和

伊藤 洋治　いとう・ようじ　昭和18年9月24日～平成16年4月17日　日本伸銅社長　→03/05

伊東 要蔵　いとう・ようぞう　元治1年3月17日～昭和9年5月9日　実業家, 政治家　衆院議員（政友会）　→昭和

伊藤 洋三　いとう・ようぞう　大正2年9月1日～平成1年1月12日　長野県議, 全国養蚕農業協同組合連合会長　→88/90

伊藤 容之介　いとう・ようのすけ　明治44年3月5日～平成1年1月20日　日本冶金工業副社長　→88/90

伊藤 陽明　いとう・ようめい　大正6年12月4日～平成2年6月7日　横浜銀行取締役, 馬淵建設専務　→88/90

伊藤 義　いとう・よし　～昭和55年1月14日
　東急レクリエーション社長, 元東映専務　→80/82

伊藤 義明　いとう・よしあき　～昭和62年9月10日
　総合ショッピングセンターヨシヅヤ取締役会長　→83/87

伊藤 義男　いとう・よしお　～昭和13年11月8日
　読売旅行専務　→00/02

伊藤 義雄　いとう・よしお　大正11年9月15日～平成5年6月2日　東京銀行常務, 三越取締役　→91/93

伊藤 吉男　いとう・よしお　～昭和8年1月7日
　新興産業常務　→94/96

伊藤 吉雄　いとう・よしお　～昭和57年2月17日
　長栄軒副社長, 名古屋レストラン協会会長　→80/82

伊藤 芳雄　いとう・よしお　昭和6年8月14日～平成20年3月26日　岩谷産業専務　→06/08

伊藤 良夫　いとう・よしお　大正12年9月3日～平成10年7月9日　カゴメ常務　→97/99

伊藤 昌寿　いとう・よしかず　大正14年1月18日～平成18年2月18日　東レ社長　→06/08

伊藤 よし子　いとう・よしこ　明治38年12月30日～平成3年3月24日　衆院議員（社会党）　→91/93

伊藤 義孝　いとう・よしたか　明治27年3月25日～平成8年4月17日　伊東屋会長　→94/96

伊藤 良孝　いとう・よしたか　大正8年2月16日～平成12年8月5日　鶴居伊藤タンチョウサンクチュアリ創設者　→00/02

伊藤 嘉太郎　いとう・よしたろう　～昭和57年4月4日
　総評副議長, 全林野労組委員長　→80/82

伊藤 吉太郎　いとう・よしたろう　大正3年2月12日～平成10年12月5日　北海道老人クラブ連合会長, 赤平市議　→97/99

伊藤 芳富　いとう・よしとみ　大正12年3月28日～平成19年2月24日　東京産業常務　→06/08

伊藤 是彦　いとう・よしひこ　昭和2年～昭和53年
　民間教育運動のリーダー　→昭和

伊藤 美登　いとう・よしと　昭和8年2月19日～平成2年7月29日　伊豆急行常務　→88/90

伊藤 好弘　いとう・よしひろ　大正12年6月25日～平成9年4月3日　中部電力副社長　→97/99

伊藤 克文　いとう・よしふみ　昭和5年1月25日～平成6年4月29日　日本カーボン常務　→94/96

伊藤 由弥　いとう・よしや　～昭和57年11月18日
　飛島建設会長　→80/82

伊東 米治郎　いとう・よねじろう　文久1年12月26日～昭和17年5月3日　実業家　日本郵船社長　→昭和

井東 利三郎　いとう・りさぶろう　～平成4年5月27日
　愛知機械工業取締役　→91/93

伊藤 律　いとう・りつ　大正2年6月27日～平成1年8月7日　社会運動家　日本共産党政治局員　→88/90

伊藤 隆吉　いとう・りゅうきち　～昭和55年5月19日
　富士製鉄副社長, 東海製鉄社長　→80/82

伊東 隆治　いとう・りゅうじ　明治31年7月8日～昭和43年3月28日　参院議員, 衆院議員（国民民主党）　→昭和

伊東 龍水　いとう・りゅうすい　～平成8年2月11日
　タクシー協同チケット社長, 広島信用金庫監事　→94/96

伊藤 隆介　いとう・りゅうすけ　明治45年6月15日～平成3年6月5日　ヤンマーディーゼル専務　→91/93

伊藤 隆清　いとう・りゅうせい　～昭和43年8月29日
　極東石油常務　→昭和

伊藤 隆造　いとう・りゅうぞう　昭和4年～昭和58年12月18日　製鉄化学工業取締役　→83/87

伊藤 良二　いとう・りょうじ　明治42年9月8日～昭和58年4月2日　ユネスコアジア文化センター理事長　→83/87

伊藤 良三　いとう・りょうぞう　～昭和56年4月25日
　中京相互銀行監査役, 中日写真協会常任審査員　→80/82

伊藤 良平　いとう・りょうへい　明治43年5月2日～平成4年7月21日　日本航空常務　→91/93

伊藤 ルイ　いとう・るい　大正11年6月7日～平成8年6月28日　平和運動家　大杉栄の遺児　→94/96

伊藤 令二　いとう・れいじ　明治35年9月2日～平成2年

8月30日　電源開発理事,建設省関東地方建設局長　→88/90

伊藤 和吉　いとう・わきち　明治37年8月5日～平成7年2月17日　江商(のち兼松)常務　→94/96

伊藤 和助　いとう・わすけ　～昭和42年11月30日　江東区長　→昭和

到津 公斉　いとうず・きみなり　昭和12年11月4日～平成21年1月13日　神官　宇佐神宮宮司　→09/11

到津 公煕　いとうず・きみひろ　明治2年8月19日～昭和11年8月7日　神官,男爵　宇佐神宮宮司　→昭和

到津 保夫　いとうず・やすお　明治41年7月～昭和48年3月5日　神官　宇佐神宮宮司　→昭和

糸賀 一雄　いとが・かずお　大正3年3月29日～昭和43年9月18日　児童福祉活動家　近江学園創立者　→昭和

糸川 章夫　いとかわ・あきお　明治39年10月22日～平成3年5月1日　北海道議　→91/93

糸川 成辰　いとかわ・しげとし　～昭和58年8月12日　中国新聞社顧問　→83/87

糸川 茂　いとかわ・しげる　明治44年9月1日～平成6年1月5日　高岳製作所副社長　→94/96

糸川 二一郎　いとかわ・にいちろう　明治24年1月3日～昭和38年2月23日　社会運動家　横浜市議　→昭和

井戸川 春三　いどがわ・はるぞう　明治32年3月16日～昭和57年8月31日　東北パルプ副社長　→80/82

井戸田 乙一　いとだ・おといち　～昭和57年4月14日　安田生命保険監査役　→80/82

糸谷 精己　いとたに・せいじ　昭和2年8月10日～平成13年2月6日　奈良信用金庫理事長　→00/02

糸永 夏生　いとなが・なつお　明治42年8月17日～昭和58年7月14日　月島機械常務　→83/87

糸永 雅一　いとなが・まさいち　大正11年3月31日～平成17年3月8日　トキハ社長　→03/05

絲原 武太郎　いとはら・ぶたろう　明治12年11月21日～昭和41年9月4日　実業家　山陰合同銀行会長，簸上鉄道社長，貴院議員(多額納税)　→昭和

絲原 義隆　いとはら・よしたか　大正8年9月4日～平成17年9月3日　島根県議(自民党)，絲原記念館理事長　→03/05

糸満 三郎　いとまん・さぶろう　大正5年11月28日～平成20年10月31日　沖縄県水産業中央会会長　→06/08

伊臣 第一郎　いとみ・だいいちろう　明治41年4月1日～昭和61年8月11日　農林中央金庫理事，雪印乳業副社長　→83/87

糸山 雄二　いとやま・ゆうじ　昭和16年6月8日～平成18年7月4日　フジテレビ専務　→06/08

伊奈 嘉蔵　いな・かぞう　～昭和55年10月4日　常滑商工会議所副会頭,伊奈綿布代表取締役　→80/82

伊奈 教勝　いな・きょうしょう　～平成7年12月26日　僧侶　国立ハンセン病療養所長島愛生園真宗同朋会導使　→94/96

伊奈 四郎　いな・しろう　～平成4年2月11日　日本青年館常務理事　→91/93

伊奈 辰次郎　いな・たつじろう　明治37年3月1日～昭和63年8月29日　伊奈製陶(のちINAX)専務　→88/90

伊奈 長三郎　いな・ちょうざぶろう　明治23年3月20日～昭和55年10月10　INAX創業者，常滑市長　→80/82

伊奈 正夫　いな・まさお　大正11年9月28日～平成21年4月2日　INAX専務，常滑商工会議所会頭　→09/11

井内 慶次郎　いない・けいじろう　大正13年1月6日～平成19年12月25日　文部事務次官　→06/08

稲井 健三　いない・けんぞう　大正14年3月3日～平成19年11月4日　百十四銀行常務　→06/08

稲飯 定雄　いない・さだお　～昭和63年10月29日　宗教家　→88/90

稲井 隆義　いない・たかよし　明治42年12月21日～平成4年5月16日　松下電器産業副社長　→91/93

稲井 正　いない・ただし　大正15年9月12日～平成14年11月5日　香川県議(自民党)　→00/02

稲井 辰夫　いない・たつお　大正5年～昭和63年2月7日　三菱鉱業取締役　→88/90

井内 彦四郎　いない・ひこしろう　～昭和44年11月6日　三重交通会長　→昭和

稲井 靖通　いない・やすみち　大正4年4月10日～平成3年2月21日　稲井社長　→91/93

稲井 好広　いない・よしひろ　明治44年8月8日～平成2年4月7日　三菱金属取締役相談役　→88/90

稲浦 鹿蔵　いなうら・しかぞう　明治27年10月～昭和53年3月30日　参院議員(自民党)　→昭和

稲浦 安三　いなうら・やすぞう　～昭和62年11月23日　セントラル硝子取締役　→83/87

稲岡 覚順　いなおか・かくじゅん　明治38年11月9日～平成7年10月8日　僧侶　黒谷浄土宗金戒光明寺第72世法主，浄土宗宗務総長　→94/96

稲垣 貞男　いながき・さだお　明治36年2月8日～平成13年12月29日　加古川市長　→00/02

稲岡 順雄　いなおか・じゅんのう　大正4年～平成7年10月18日　僧侶　西向寺(浄土宗)住職　→94/96

稲岡 必三　いなおか・ひつぞう　昭和9年11月29日～昭和59年5月31日　カネボウベルエイシー社長　→83/87

稲岡 秀夫　いなおか・ひでお　～平成1年2月2日　稲岡工業副社長　→88/90

稲垣 勇　いながき・いさむ　～平成4年4月24日　名鉄知多タクシー社長　→91/93

稲垣 和男　いながき・かずお　大正1年10月12日～平成14年5月1日　富士電機冷機会長　→00/02

稲垣 一成　いながき・かずしげ　昭和2年10月31日～平成4年7月26日　矢作建設工業副社長　→91/93

稲垣 一三　いながき・かずみ　～昭和61年7月31日　瀬戸市建設水道委員会委員，公立陶生病院組合議会議員　→83/87

いなかき　　　　　　　　　　　　　　　　　　　Ⅰ　政治・経済・社会篇

稲垣　清　いながき・きよし　～昭和16年12月9日
　海軍兵曹長　→昭和

稲垣　孝二　いながき・こうじ　大正4年5月21日～平成12年11月17日　北陸コカ・コーラボトリング社長、日本酒造組合中央会会長　→00/02

稲垣　孝照　いながき・こうしょう　～昭和19年10月22日　大政翼賛会京都府支部事務局長、陸軍中将　→昭和

稲垣　晈三　いながき・こうぞう　～昭和58年10月23日　大林組元専務　→83/87

稲垣　幸太郎　いながき・こうたろう　～昭和60年1月2日　港区(東京都)区議、区会議長　→83/87

稲垣　是成　いながき・これなり　明治41年7月18日～平成4年1月27日　北海道公衆衛生協会会長　→91/93

稲垣　権平　いながき・ごんべい　～昭和56年10月26日　愛知経済連常務理事　→80/82

稲垣　作哉　いながき・さくや　明治40年10月20日～昭和57年7月19日　三重証券社長　→80/82

稲垣　早苗　いながき・さなえ　明治43年1月1日～平成11年3月31日　日本IBM社長　→97/99

稲垣　三郎　いながき・さぶろう　明治40年1月12日～昭和59年2月29日　富山信用金庫理事長、富山県信用金庫協会長　→83/87

稲垣　静男　いながき・しずお　大正11年8月20日～平成4年6月13日　東芝セラミックス取締役　→91/93

稲垣　実男　いながき・じつお　昭和3年3月28日～平成21年3月5日　衆院議員(自民党)、北海道開発庁長官、キャピタル・インベスト・ジャパン社長　→09/11

稲垣　純　いながき・じゅん　昭和22年9月7日～平成19年3月29日　日本特殊陶業専務　→06/08

稲垣　襄志　いながき・じょうじ　大正15年～昭和61年3月　松坂屋ストア監査役・元社長　→83/87

稲垣　襄二　いながき・じょうじ　昭和11年～平成4年5月　技術者　→91/93

稲垣　生起　いながき・せいき　～昭和17年9月15日　海軍中将　→昭和

稲垣　誠二　いながき・せいじ　～平成17年10月25日　コニシ専務　→03/05

稲垣　泰治　いながき・たいじ　大正10年6月28日～平成2年1月19日　石川製作所取締役　→88/90

稲垣　孝　いながき・たかし　昭和6年11月14日～昭和63年9月1日　若鶴酒造取締役営業部長、北陸コカ・コーラ取締役、富山県食品衛生協会副会長　→88/90

稲垣　長平　いながき・ちょうへい　明治45年2月1日～平成5年4月4日　岩手県交通社長　→91/93

稲垣　恒吉　いながき・つねきち　元治1年8月28日～昭和5年6月18日　実業家　京都瓦斯社長、京都商工会議所会頭　→昭和

稲垣　伝次郎　いながき・でんじろう　昭和62年3月9日　東京砂糖卸組合理事長、稲垣商店社長　→83/87

稲垣　時吉　いながき・ときよし　大正11年1月30日～平

成4年6月29日　小林豊子きもの学院副理事長　→91/93

稲垣　篤太郎　いながき・とくたろう　明治34年1月18日～平成1年10月2日　三光汽船専務、日本火災海上保険常務　→88/90

稲垣　俊郎　いながき・としお　明治42年10月4日～平成2年5月15日　センコー取締役　→88/90

稲垣　長昌　いながき・ながまさ　～昭和15年11月9日　子爵　旧鳥羽藩主　→昭和

稲垣　春周　いながき・はるちか　大正1年8月31日～平成59年3月10日　日鉄鉱業取締役　→83/87

稲垣　房男　いながき・ふさお　明治44年～昭和57年1月3日　光村図書出版会長、教科書協会会長　→80/82

稲垣　平太郎　いながき・へいたろう　明治21年7月8日～昭和51年4月23日　政治家、実業家　参院議員(国民民主党)、通産相、横浜ゴム会長　→昭和

稲垣　正郁　いながき・まさいく　明治40年9月5日～平成1年4月17日　河合楽器製作所常務　→88/90

稲垣　正雄　いながき・まさお　～昭和56年4月27日　東海鋼管社長　→80/82

稲垣　真義　いながき・まさよし　～昭和5年10月22日　陸軍航空兵中尉　→昭和

稲垣　光男　いながき・みつお　明治38年8月8日～平成1年6月3日　興国ハウジング社長　→88/90

稲垣　実　いながき・みのる　大正4年1月7日～平成12年4月22日　ノリタケカンパニーリミテド副社長　→00/02

稲垣　実　いながき・みのる　昭和15年1月19日～平成22年7月15日　秩父太平洋セメント社長　→09/11

稲垣　稔　いながき・みのる　明治45年7月13日～昭和59年11月27日　古河林業相談役　→83/87

稲垣　元春　いながき・もとはる　昭和5年8月6日～平成14年4月29日　北陸コカ・コーラボトリング会長　→00/02

稲垣　太祥　いながき・もとよし　安政6年6月11日～昭和7年1月27日　子爵　貴院議員　→昭和(いながき・たいしょう)

稲垣　有亮　いながき・ゆうすけ　～昭和61年7月17日　協同組合マイショップチェーン理事長　→83/87

稲垣　好胤　いながき・よしたね　昭和3年3月28日～平成3年9月30日　高岳製作所取締役、タカオカ化成工業顧問　→91/93

稲垣　力松　いながき・りきまつ　明治42年9月21日～平成14年3月16日　佐藤工業常務　→00/02

稲垣　良一　いながき・りょういち　大正9年1月10日～平成1年6月3日　石塚硝子常務　→88/90

稲員　稔　いなかず・みのる　～昭和61年11月14日　福岡県議会議員　→83/87

稲勝　哲夫　いなかつ・てつお　昭和3年2月27日～平成18年8月2日　天龍木材社長、静岡県公安委員長　→06/08

稲川　章　いながわ・あきら　昭和5年9月3日～平成1年6月26日　日本興業銀行取締役　→88/90

稲川　三郎　いながわ・さぶろう　～平成5年9月22日

古河電気工業常任監査役　→91/93

稲川 静夫　いながわ・しずお　大正4年10月24日〜昭和63年6月1日　ダイヤモンドリース顧問,日本電池専務,三菱銀行取締役　→88/90

稲川 次郎　いながわ・じろう　明治37年10月3日〜昭和59年1月12日　川口信用金庫理事長,埼玉県議　→83/87

猪名川 治郎　いながわ・じろう　大正4年7月21日〜昭和61年10月16日　(財)ラヂオプレス理事長,駐バチカン大使　→83/87

稲川 寿恵雄　いながわ・すえお　昭和10年1月20日〜平成1年10月4日　稲川本店会長,川口市議　→88/90

稲川 誠一郎　いながわ・せいいちろう　昭和9年10月11日〜平成20年9月12日　東芝タンガロイ常務　→06/08

稲川 聖城　いながわ・せいじょう　大正3年11月25日〜平成19年12月22日　稲川会総裁　→06/08

稲川 武　いながわ・たけし　昭和8年9月21日〜平成4年4月27日　鹿沼市長　→91/93

稲川 達　いながわ・たつ　大正3年1月12日〜平成3年11月2日　関東自動車工業会長,トヨタ自動車工業常務　→91/93

稲川 竜雄　いながわ・たつお　明治38年2月6日〜平成6年9月12日　弁護士　仙台高検検事長　→94/96

稲川 徹　いながわ・てつ　大正6年4月16日〜平成8年1月14日　日本専売公社(のち日本たばこ産業)総務理事,日本フィルター工業会会長　→94/96

稲川 博通　いながわ・ひろみち　昭和5年2月24日〜平成3年1月19日　レナウン会長　→91/93

稲川 宮族　いながわ・みやお　昭和41年8月25日〜昭和62年10月11日　全国中小企業団体中央会副会長　→83/87

稲木 敏郎　いなぎ・としろう　明治44年5月15日〜昭和57年11月14日　伊東市長,一芳薬局社長　→80/82

稲木 延雄　いなき・のぶお　明治40年7月1日〜昭和58年3月15日　弁護士　日弁連理事,横浜弁護士会会長　→83/87

稲熊 孝　いなぐま・たかし　昭和8年7月24日〜平成2年1月29日　ユーライフ専務,ユニー監査役　→88/90

稲熊 豊司　いぬぐま・とよし　〜昭和61年12月26日　名古屋地下街協同組合副理事長　→83/87

稲毛 栄一　いなげ・えいいち　明治31年3月9日〜昭和63年10月26日　月島機械専務　→88/90

稲毛 文弘　いなげ・ふみひろ　昭和15年11月2日〜平成14年9月4日　光洋シーリングテクノ常務,光洋精工取締役　→00/02

稲沢 常太郎　いなざわ・つねたろう　〜平成17年5月12日　香川県議　→03/05

稲沢 光雄　いなざわ・みつお　昭和11年11月10日〜平成19年4月7日　三晶技研創業者　→06/08

稲次 国利　いなじ・くにとし　〜昭和46年1月27日　南海電鉄社長　→昭和

稲次 悌二　いなじ・ていじ　大正3年1月21日〜平成4年1月11日　日本曹達取締役,日曹油化工業社長　→91/93

稲島 政雄　いなじま・まさお　明治42年11月10日〜平成3年7月23日　大和証券取締役,大和土地建物常務　→91/93

稲津 正男　いなず・まさお　〜平成11年3月21日　蝶理常務　→97/99(いなづ・まさお)

稲津 豊　いなず・ゆたか　〜昭和32年4月8日　四国電力副社長　→昭和

稲塚 権次郎　いなずか・ごんじろう　明治30年2月24日〜昭和63年12月7日　育種家　農林省金沢農地事務所計画部長　→88/90

稲田 昭郎　いなだ・あきお　昭和3年10月2日〜昭和57年2月1日　東京都総務局長　→80/82

稲田 淳美　いなだ・あつよし　〜昭和50年10月26日　防衛庁FX室長　→昭和

稲田 一栄　いなだ・いちえ　〜平成2年9月21日　延岡市会議員,宮崎県漁連会長　→88/90

稲田 栄三　いなだ・えいぞう　大正8年8月23日〜平成4年10月7日　鶴屋吉信社長　→91/93

稲田 馨　いなだ・かおる　〜平成4年12月5日　東京高裁判事　→91/93

稲田 邦植　いなだ・くにたね　安政2年11月18日〜昭和6年5月26日　北海道開拓者,男爵　阿波徳島藩家老　→昭和

稲田 耕一　いなだ・こういち　〜平成9年3月14日　稲田経済コンサルタンツ社長,リオデジャネイロ商工会議所理事　→97/99

稲田 豪吉　いなだ・ごうきち　〜昭和47年3月3日　関西電力常務　→昭和

稲田 耕作　いなだ・こうさく　昭和52年2月24日〜昭和　長銀副頭取　→昭和

稲田 幸男　いなだ・さちお　昭和22年12月1日〜平成16年1月17日　産経新聞東京本社取締役　→03/05

稲田 作苗　いなだ・さなえ　昭和59年12月2日　高砂鉄工社長　→83/87

稲田 繁　いなだ・しげる　〜昭和49年9月8日　駐コートジボアール大使　→昭和

稲田 周一　いなだ・しゅういち　明治35年2月26日〜昭和48年2月5日　侍従長　→昭和

稲田 修一　いなだ・しゅういち　昭和14年3月3日〜平成17年8月17日　豊田通商常務　→03/05

稲田 秀吉　いなだ・しゅうきち　〜昭和40年10月25日　弁護士　第二東京弁護士会長　→昭和

稲田 清助　いなだ・せいすけ　明治37年11月18日〜平成3年9月28日　東京国立博物館長,文部事務次官　→91/93

稲田 辰男　いなだ・たつお　明治37年6月20日〜平成9年1月9日　東海電極製造(のち東海カーボン)社長　→97/99

稲田 植樹　いなだ・たねき　昭和62年1月20日　(社)昭和会館理事　→83/87

稲田 勤　いなた・つとむ　明治31年11月19日～昭和51年8月27日　明治生命社長　→昭和

稲田 直太　いなだ・なおた　昭和20年6月4日～平成19年10月7日　ロイヤル社長　→06/08

稲田 穏界　いなだ・ねんかい　明治39年1月1日～平成2年12月21日　僧侶　正覚院(浄土宗)住職,浄土宗総本山知恩院顧問会長,全日本仏教会理事長　→88/90

稲田 隼三　いなだ・はやぞう　昭和3年11月26日～平成5年7月15日　日本紙研社長　→91/93

稲田 房夫　いなだ・ふさお　昭和8年4月4日～平成18年1月28日　関東銀行専務　→06/08

稲田 正純　いなだ・まさずみ　明治29年8月27日～昭和61年1月24日　陸軍中将　→83/87

稲田 実之助　いなだ・みのすけ　～昭和28年1月7日　大阪アルミ社長　→昭和

稲田 穣　いなだ・みのる　～昭和62年1月22日　衆議院郵政委員会専門員　→83/87

稲田 稔　いなだ・みのる　大正3年～昭和58年4月30日　三井鉱山監査役　→83/87

稲田 裕　いなだ・ゆたか　大正14年2月18日～昭和60年12月20日　建設事務次官　→88/90

稲田 陽　いなだ・よう　昭和16年8月29日～平成19年9月18日　沖電気工業常務　→06/08

稲田 芳郎　いなだ・よしろう　明治42年3月8日～平成5年7月2日　大成建設専務,大成プレハブ社長　→91/93

稲谷 金二郎　いなたに・きんじろう　大正15年1月1日～平成7年4月3日　旭化成工業副社長　→94/96

稲谷 実　いなたに・みのる　昭和13年10月15日～昭和63年2月29日　吉久建材商会代表　→88/90

稲玉 貞雄　いなだま・さだお　大正3年6月23日～平成1年4月17日　更埴市長　→88/90

稲次 慎一郎　いなつぐ・しんいちろう　明治44年2月15日～昭和61年6月7日　電通恒産社長,電通北海道支社長　→83/87

稲富 敦　いなとみ・あつし　昭和11年4月10日～平成7年7月11日　安田火災海上保険常務　→94/96

稲富 勇雄　いなどみ・いさお　～昭和61年7月9日　柳川市助役　→83/87

稲富 稜人　いなとみ・たかと　明治35年10月19日～平成1年11月6日　衆院議員　→88/90

稲富 信義　いなとみ・のぶよし　大正11年8月7日～平成2年8月1日　広島県議(民政党)　→88/90

稲留 確　いなどめ・あきら　～平成13年10月23日　警察庁四国管区警察局長　→00/02

稲留 稲茂　いなとめ・いなしげ　明治34年2月2日～昭和61年1月26日　東亜通信工材社長,尼崎金属プレス工業会会長　→83/87

稲留 勝彦　いなとめ・かつひこ　～昭和63年3月30日　陸軍大佐　→88/90

稲名 徹　いなな・とおる　～昭和35年7月22日　清水市長　→昭和

稲浪 秀晴　いななみ・ひではる　明治44年1月11日～平成15年5月14日　大樹創業者,富山県テニス協会会長　→03/05

稲浪 航　いななみ・わたる　～昭和62年6月15日　(株)大樹監査役　→83/87

稲庭 左武郎　いなにわ・さぶろう　昭和2年1月7日～平成15年4月21日　日鉄商事社長,日鉄工業会長　→03/05

因幡 英二　いなば・えいじ　～平成8年4月22日　北九州地評議長,全電通北福岡支部委員長　→94/96

稲葉 円成　いなば・えんじょう　明治14年1月21日～昭和25年6月21日　僧侶　大谷大学名誉教授　→昭和

稲葉 修　いなば・おさむ　明治42年11月19日～平成4年8月15日　政治家　衆院議員(自民党),法相　→91/93

稲葉 勝雄　いなば・かつお　大正3年11月15日～平成7年9月13日　日本精工専務　→94/96

稲葉 勝利　いなば・かつとし　大正9年11月24日～平成17年4月2日　日鉄鉱業専務　→03/05

稲葉 義猛　いなば・ぎみょう　大正3年2月5日～平成23年1月23日　僧侶　金剛峯寺第409世座主,高野山真言宗管長　→09/11

稲葉 慶一　いなば・けいいち　大正10年12月12日～平成19年6月28日　稲葉商店会長　→06/08

稲葉 敬二　いなば・けいじ　大正15年2月8日～昭和62年5月7日　三宝運輸社長,味の素常務　→83/87

稲葉 耕一　いなば・こういち　～平成3年5月24日　稲葉建設専務　→91/93

稲葉 貢一　いなば・こういち　昭和5年5月23日～平成15年3月31日　三陽パックス会長,全国乳栓容器協会副理事長　→03/05

稲葉 興作　いなば・こうさく　大正13年1月16日～平成18年11月26日　石川島播磨重工業社長,日本商工会議所会頭　→06/08

稲葉 権兵衛　いなば・ごんべえ　明治34年3月30日～昭和57年2月17日　土佐電鉄社長,高知県公安委員長　→80/82

稲葉 庄市　いなば・しょういち　大正4年5月16日～平成3年2月2日　稲葉製作所社長　→91/93

稲葉 心田　いなば・しんでん　明治39年～昭和61年1月19日　臨済宗大本山国泰寺派管長　→83/87

稲葉 誠一　いなば・せいいち　大正7年3月3日～平成8年5月4日　弁護士　衆院議員(社会党)　→94/96

稲葉 静也　いなば・せいや　大正2年9月2日～平成10年5月20日　住友商事副社長　→97/99

稲葉 正　いなば・ただし　大正11年8月26日～平成22年11月7日　千葉川鉄公害訴訟原告団長　→09/11

稲葉 忠三　いなば・ちゅうぞう　昭和12年8月30日～平成3年6月23日　伊藤ハム取締役　→91/93

稲葉 哲夫　いなば・てつお　～平成18年8月27日

Ⅰ　政治・経済・社会篇

前沢化成工業専務　→06/08

稲葉 道意　いなば・どうい　明治15年8月19日～昭和43年3月20日　僧侶, 政治家　真宗大谷派内務局長, 衆院議員(日本自由党)　→昭和

稲葉 洋　いなば・ひろし　～平成20年2月1日
静岡自治労連執行委員長, 静岡県労働組合評議会議長　→06/08

稲葉 冨士　いなば・ふじ　明治29年7月21日～平成2年3月20日　宮地鉄工所専務　→88/90

稲葉 昌丸　いなば・まさまる　元治2年3月4日～昭和19年1月29日　僧侶　浄土真宗大谷派寺務総長, 大谷大学学長　→昭和

稲葉 通雄　いなば・みちお　昭和8年10月6日～平成22年11月1日　トーハン総研社長　→09/11

稲葉 通彦　いなば・みちひこ　～昭和45年4月16日
鉄建建設相談役　→昭和

稲葉 稔　いなば・みのる　昭和5年10月19日～平成15年3月20日　しずおか信用金庫会長　→03/05

稲葉 稔　いなば・みのる　昭和4年9月14日～平成18年10月15日　滋賀県知事　→06/08

稲葉 百江　いなば・ももえ　～昭和55年8月12日
横浜駅前ビルディング取締役　→80/82

因幡 弥寿雄　いなば・やすお　昭和16年9月26日～平成10年1月4日　因幡電機産業社長　→97/99

因幡 弥太郎　いなば・やたろう　大正3年11月28日～平成11年7月15日　因幡電機産業会長　→97/99

稲葉 由蔵　いなば・よしぞう　昭和2年1月20日～平成14年4月15日　いなば食品会長　→00/02

稲葉 米吉　いなば・よねきち　明治44年11月30日～平成15年11月20日　静岡県議, 大東館会長　→03/05

稲畑 勝太郎　いなはた・かつたろう　文久2年10月30日～昭和24年3月29日　実業家, 化学者　稲畑産業創業者, 大阪商工会議所会頭　→昭和

稲畑 勝之助　いなはた・かつのすけ　大正7年8月2日～昭和58年12月25日　稲畑香料社長, 日本香料工業会副会長　→83/87

稲畑 武雄　いなはた・たけお　昭和13年11月9日～平成17年12月1日　稲畑産業社長　→03/05

稲畑 太郎　いなはた・たろう　明治31年5月20日～昭和63年4月3日　稲畑産業社長　→88/90 (いなはた・たろう)

稲原 寅惣　いなはら・とらそう　弘化2年～昭和5年
治水家　→昭和

稲益 勲　いなます・いさお　～昭和57年11月16日
久留米市議会議員　→80/82

稲益 繁　いなます・しげる　大正4年1月26日～昭和63年5月11日　日本航空常勤顧問　→88/90

伊波 登　いなみ・のぼる　大正15年8月21日～平成5年10月27日　神奈川県議(社会党)　→91/93

以南 文昭　いなみ・ふみあき　昭和24年10月19日～平成15年4月3日　マツダ常務執行役員　→03/05

稲嶺 一郎　いなみね・いちろう　明治38年9月23日～平成1年6月19日　実業家, 政治家　琉球石油創業者, 参院議員(自民党)　→88/90

稲宮 達也　いなみや・たつや　昭和2年3月7日～平成14年3月26日　山水電気社長　→00/02

稲宮 又吉　いなみや・またきち　～昭和39年9月6日
第一生命顧問　→昭和

稲村 久伝　いなむら・くでん　明治45年7月20日～平成20年7月13日　山辺町(山形県)町長　→06/08

稲村 健蔵　いなむら・けんぞう　～平成19年10月22日
丸蔵会長, 旭川観光協会会長, 北海道観光連盟副会長　→06/08

稲村 耕造　いなむら・こうぞう　大正10年2月8日～平成1年11月9日　旭一シャイン工業社長　→88/90

稲村 佐近四郎　いなむら・さこんしろう　大正6年1月20日～平成2年7月29日　衆院議員(自民党), 国土庁長官　→88/90

稲村 順三　いなむら・じゅんぞう　明治33年9月30日～昭和30年2月21日　政治家, 農民運動家　衆院議員(社会党)　→昭和

稲村 哲夫　いなむら・てつお　大正10年4月22日～昭和61年3月14日　仙台ターミナルビル常務　→83/87

稲村 稔夫　いなむら・としお　昭和3年8月16日～平成12年3月12日　参院議員(社会党), 三条市長　→00/02

稲村 半四郎　いなむら・はんしろう　明治39年10月15日～平成17年2月17日　農業指導者　富士見村長　→03/05

稲村 博行　いなむら・ひろゆき　明治43年5月16日～平成8年12月　北酒連相談役・元社長　→91/93

稲村 泰　いなむら・やすし　明治43年5月1日～平成13年4月26日　黒崎播磨副社長　→00/02

稲村 隆一　いなむら・りゅういち　明治31年3月7日～平成2年11月20日　農民運動家, 政治家　衆院議員(社会党)　→88/90

稲室 日出夫　いなむろ・ひでお　昭和9年11月4日～平成18年8月13日　NTN専務　→06/08

稲用 吉一　いなもち・よしかず　明治41年8月12日～昭和61年2月26日　出光興産取締役人事部長　→83/87

稲本 義郎　いなもと・ぎろう　～平成11年4月8日
石原産業常務　→97/99

稲本 早苗　いなもと・さなえ　明治33年5月～昭和52年1月21日　衆院議員(進歩党)　→昭和

稲茂登 三郎　いなもと・さぶろう　慶応2年3月9日～昭和11年3月1日　東京商業会議所会頭, (政友会)　→昭和(稲茂 登三郎　いなしげ・とさぶろう)

稲本 純一　いなもと・じゅんいち　昭和11年5月26日～平成18年3月15日　十和田信用金庫会頭, 十和田商工会議所会頭　→06/08

稲本 錠之助　いなもと・じょうのすけ　明治28年11月1日～昭和57年3月17日　弁護士　→80/82

稲本 寅翁　いなもと・とらおう　昭和12年～平成3年4月

日本皇民党総裁, 西日本獅子の会代表　→91/93

稲本 勇一郎　いなもと・ゆういちろう　昭和14年11月15日〜平成13年3月18日　山口県議（公明党）　→00/02

稲守 重尚　いなもり・しげなお　〜昭和61年3月29日　富山県山土石建設工業協同組合事務局長　→83/87

稲森 俊介　いなもり・しゅんすけ　昭和5年8月29日〜平成23年3月18日　味の素社長　→09/11

稲盛 利則　いなもり・としのり　昭和4年4月11日〜平成15年10月13日　京セラ専務　→03/05

稲森 登　いなもり・のぼる　明治43年10月6日〜平成2年8月5日　三重県農業共済連合会長,三重県会議長　→88/90

稲山 嘉寛　いなやま・よしひろ　明治37年1月2日〜昭和62年10月9日　財界人　経団連名誉会長, 新日本製鉄名誉会長, 日本科学技術振興財団会長　→83/87

稲吉 兼作　いなよし・けんさく　〜昭和41年2月22日　日本アスベスト社長　→昭和

稲吉 富雄　いなよし・とみお　昭和5年11月23日〜平成1年9月29日　旺文社専務　→88/90

稲吉 日出蔵　いなよし・ひでぞう　大正8年8月4日〜昭和62年12月13日　駐コートジボアール大使, 駐アルゼンチン公使　→83/87

稲荷 惟重　いなり・これしげ　大正12年1月11日〜昭和63年4月21日　鹿島道路常任顧問・元常務　→88/90

稲荷 日宣　いなり・にっせん　明治21年6月14日〜昭和54年8月3日　僧侶　最上稲荷教管長　→昭和（稲荷 日宣　いなり・にちぎ）

稲荷 義晴　いなり・よしはる　昭和25年12月25日〜平成20年4月29日　京都府議（新政会）　→06/08

乾 吉治郎　いぬい・きちじろう　〜昭和14年11月17日　弁護士　→昭和

犬井 敬司　いぬい・けいじ　昭和16年〜平成3年3月2日　イビデン取締役　→91/93

乾 周市　いぬい・しゅういち　大正3年5月7日〜平成18年3月25日　昭和ゴム社長　→06/08

乾 新兵衛（1代目）　いぬい・しんべえ　文久2年2月24日〜昭和9年11月4日　実業家　乾汽船創業者　→昭和（乾 新兵衛）

乾 仙市　いぬい・せんいち　明治38年5月29日〜平成3年12月19日　朝日生命保険取締役, 栗田工業取締役　→91/93

乾 忠男　いぬい・ただお　〜昭和61年7月6日　東海鋼管継手社長　→83/87

乾 辰夫　いぬい・たつお　〜昭和57年12月11日　港区助役　→80/82

乾 恒雄　いぬい・つねお　明治43年1月28日〜平成10年10月21日　オリックス名誉会長　→97/99

乾 豊彦　いぬい・とよひこ　明治40年1月28日〜平成5年9月20日　日本ゴルフ協会名誉会長, 乾汽船社長　→91/93

乾 昇　いぬい・のぼる　大正1年10月1日〜平成16年2月24日　住友金属工業社長　→03/05

乾 梅亭　いぬい・ばいてい　明治2年〜昭和8年　道具商　→昭和

乾 久治　いぬい・ひさじ　明治37年1月7日〜平成1年11月26日　弁護士　鳥取地・家裁所長　→88/90

乾 宏年　いぬい・ひろとし　昭和17年2月23日〜昭和62年1月8日　イヌイ建物社長　→83/87

乾 寛善　いぬい・ひろよし　大正12年3月2日〜昭和56年5月18日　花王石鹸取締役総合企画室長　→80/82

乾 夫佐男　いぬい・ふさお　〜昭和55年10月14日　北炭幌内炭鉱社長　→80/82

乾 正直　いぬい・まさなお　〜昭和45年2月21日　東京通運社長　→昭和

乾 政彦　いぬい・まさひこ　明治9年11月〜昭和26年4月29日　弁護士　→昭和

乾 御代子　いぬい・みよこ　明治29年4月10日〜昭和62年2月20日　播半（料理旅館）女将　→83/87

犬飼 栄輝　いぬかい・えいき　昭和4年10月8日〜平成10年9月22日　名古屋鉄道副社長　→97/99

犬養 健　いぬかい・たける　明治29年7月28日〜昭和35年8月28日　政治家, 小説家　法相, 民主党総裁, 衆院議員　→昭和

犬養 毅　いぬかい・つよし　安政2年4月20日〜昭和7年5月15日　政治家, 漢詩人　首相, 政友会総裁　→昭和

犬飼 信夫　いぬかい・のぶお　昭和6年12月12日〜平成6年11月24日　共栄火災海上保険副社長　→94/96

犬飼 政一　いぬかい・まさかず　昭和9年5月12日〜平成19年12月2日　司祭　朝霞教会司祭, 神奈川大学名誉教授　→09/11s

犬塚 勝太郎　いぬずか・かつたろう　慶応4年3月4日〜昭和24年7月2日　農商務次官, 衆院議員, 貴族議員（勅選）　→昭和

犬塚 新一　いぬずか・しんいち　〜昭和60年8月13日　サンスター顧問, 元三井物産取締役　→83/87

犬塚 進　いぬずか・すすむ　大正13年3月30日〜平成6年6月1日　全日本石材問屋組合組合長, 岡崎商工会議所常議員, 犬塚石材本店社長　→94/96

犬塚 太郎　いぬずか・たろう　明治8年10月〜昭和11年7月17日　海軍中将　→昭和

犬塚 時夫　いぬずか・ときお　明治42年9月21日〜平成1年12月3日　親和銀行頭取, 佐世保商工会議所会頭　→88/90

犬塚 尚典　いぬずか・なおのり　昭和3年11月16日〜昭和61年7月25日　シーボン化粧品社長　→83/87

犬塚 英夫　いぬずか・ひでお　明治43年2月17日〜平成4年11月9日　旭ダイヤモンド工業取締役　→91/93

犬塚 雪代　いぬずか・ゆきよ　明治35年〜昭和63年11月7日　駿台荘経営者　→88/90

犬竹 秀明　いぬたけ・ひであき　昭和8年2月3日〜平成10年12月16日　京急ストア社長　→97/99

犬塚 勇　いぬつか・いさむ　〜昭和61年3月11日

I 政治・経済・社会篇

司法書士　長崎県司法書士会副会長　→83/87

犬伏 孝治　いぬぶし・こうじ　大正14年9月15日～平成14年12月24日　農林水産省畜産局長　→00/02

犬伏 佳郎　いぬぶし・よしろう　大正13年11月10日～平成12年11月16日　日本触媒化学工業常務　→00/02

犬丸 徹三　いぬまる・てつぞう　明治20年6月8日～昭和56年4月9日　帝国ホテル社長　→80/82

犬丸 実　いぬまる・みのる　明治40年3月9日～平成6年6月13日　行政管理庁事務次官、済生会理事長　→94/96

犬山 与市　いぬやま・よいち　～昭和63年4月20日　(株)イヌヤマ代表取締役会長、富山塩販売組合長　→88/90

井野 一郎　いの・いちろう　～平成15年8月10日　高浜市長　→03/05

井野 英一　いの・えいいち　～昭和19年1月3日　満洲国参議　→昭和

井野 和夫　いの・かずお　昭和15年2月5日～平成7年1月30日　カルピス食品工業常務　→94/96

井野 喜三郎　いの・きさぶろう　～昭和59年10月5日　カーネーション主要品種「コーラル」開発者　→83/87

井野 耕八郎　いの・こうはちろう　～平成1年8月29日　ばんぢろ店主　→88/90

猪野 重夫　いの・しげお　大正3年5月30日～昭和62年4月25日　高木証券社長　→83/87

猪野 茂行　いの・しげゆき　昭和11年2月15日～平成11年3月30日　高知県議(公明党)　→97/99

井野 次郎　いの・じろう　明治10年～昭和27年　沖縄県知事、宮城県知事　→昭和

井野 総太郎　いの・そうたろう　明治41年11月4日～平成17年2月5日　シルバー精工社長　→03/05

猪野 曠　いの・ひろし　大正10年8月5日～平成1年1月12日　日本林業技士会会長、日本林業技術協会常勤顧問、林野庁指導部長　→88/90

井野 碩哉　いの・ひろや　明治24年12月12日～昭和55年5月19日　参院議員(自民党)、法相　→80/82

井野 正揮　いの・まさき　大正6年5月1日～昭和52年6月17日　衆院議員(社会党)　→昭和

伊能 喜義　いのう・きよし　昭和19年11月22日～平成18年6月16日　富士重工業取締役専務執行役員　→06/08

伊能 繁次郎　いのう・しげじろう　明治34年3月10日～昭和56年6月12日　衆院議員(自民党)　→80/82

伊能 泰加　いのう・たいじ　～昭和53年1月30日　日鉄化学社長　→昭和

井上 愛一　いのうえ・あいいち　～昭和48年4月22日　井上護謨工業社長　→昭和

井上 昭　いのうえ・あきら　昭和3年5月24日～平成3年6月20日　井上昭商店社長、九州科学機器協会監事、九州科学機器協会副理事長　→91/93

井上 章　いのうえ・あきら　昭和8年12月26日～平成21年2月5日　東洋シャッター常務　→09/11

井上 彬　いのうえ・あきら　大正11年4月13日～昭和60年8月15日　鷹羽ロイヤル社長、長崎相互銀行取締役　→83/87

井上 明　いのうえ・あきら　～昭和42年9月20日　京王帝都電鉄取締役　→昭和

井上 明　いのうえ・あきら　大正11年5月31日～昭和63年9月5日　東京神田ロータリークラブ会長、ロータリー製菓社長　→88/90

井上 皓　いのうえ・あきら　昭和11年8月29日～平成11年4月23日　東京エレクトロン社長　→97/99

井上 浅次　いのうえ・あさじ　明治41年7月26日～昭和56年12月14日　大和工業社長、中央児童福祉審議会委員　→80/82

井上 篤　いのうえ・あつし　～昭和37年3月5日　巴川製紙社長　→昭和

井上 敦　いのうえ・あつし　昭和11年6月14日～平成23年3月20日　衆院議員(共産党)　→09/11

井上 伊一郎　いのうえ・いいちろう　明治27年2月17日～平成1年6月2日　大阪製綱(のち合同製鉄)取締役　→88/90

井上 郁夫　いのうえ・いくお　昭和19年1月19日～平成5年3月26日　高松高裁判事　→91/93

井上 幾太郎　いのうえ・いくたろう　明治5年1月10日～昭和40年5月7日　陸軍大将　→昭和

井上 功　いのうえ・いさお　大正9年9月23日～平成6年9月8日　鹿児島相互信用金庫理事長　→94/96

井上 泉　いのうえ・いずみ　大正5年7月16日～平成15年5月18日　衆院議員(社会党)　→03/05

井上 一三郎　いのうえ・いちさぶろう　明治41年9月14日～昭和60年7月8日　西部ガス専務取締役　→83/87

井上 市之助　いのうえ・いちのすけ　明治37年1月28日～昭和62年5月19日　愛玩取締役会長、日本ひな人形協会副会長　→83/87

井上 一朗　いのうえ・いちろう　～平成3年1月17日　全日空商事専務　→91/93

井上 逸郎　いのうえ・いつろう　明治26年1月13日～昭和59年2月3日　三井不動産社長　→83/87

井上 伊之助　いのうえ・いのすけ　明治15年～昭和41年6月20日　キリスト教伝道者　→昭和

井上 岩尾　いのうえ・いわお　明治44年1月23日～昭和59年3月24日　理研鋼機取締役　→83/87

井上 氏男　いのうえ・うじお　～平成2年11月1日　モービル石油取締役　→88/90

井上 運二　いのうえ・うんじ　明治36年3月14日～昭和62年3月9日　日産建設社長　→83/87

井上 栄治　いのうえ・えいじ　昭和3年1月27日～平成1年8月6日　福井新聞監査役　→88/90

井上 英二　いのうえ・えいじ　～昭和61年1月22日　日本イラン協会理事、外務省ペルシャ語専門官　→83/87

井上 恵行　いのうえ・えぎょう　明治30年〜昭和46年6月12日　僧侶　天台宗大僧正,大東文化大学教授　→昭和(いのうえ・けいこう)

井上 治　いのうえ・おさむ　昭和5年3月5日〜平成17年8月14日　京都府議(自民党)　→03/05

井上 収　いのうえ・おさむ　昭和8年6月24日〜平成6年8月20日　日本生命保険副社長,関西経済同友会代表幹事　→94/96

井上 乙吉　いのうえ・おときち　明治14年10月6日〜昭和47年3月28日　社会運動家　日本社会党新潟支部長　→昭和

井上 嘉一郎　いのうえ・かいちろう　明治36年9月4日〜昭和61年3月4日　井上香料製造所会長　→83/87

井上 馨　いのうえ・かおる　〜平成4年1月13日　浦和地検検事正　→91/93

井上 薫　いのうえ・かおる　明治39年5月13日〜平成5年4月18日　第一勧業銀行名誉会長　→91/93

井上 角五郎　いのうえ・かくごろう　万延1年10月18日〜昭和13年9月23日　実業家,政治家　日本製鋼所創立者,北海道炭礦鉄道専務,衆院議員(政友本党)　→昭和

井上 一位　いのうえ・かずい　大正9年8月25日〜平成4年11月18日　千代田町(広島県)町長　→91/93

井上 一夫　いのうえ・かずお　昭和8年1月13日〜平成9年7月2日　神鋼パンテック専務　→97/99

井上 佳津男　いのうえ・かずお　昭和13年9月20日〜平成9年7月8日　京都青果合同副社長,ローヤル社長　→97/99(いのうえ・かづお)

井上 和夫　いのうえ・かずお　昭和7年1月10日〜平成12年1月26日　東日本道路サービス会社顧問,建設省官房審議官　→00/02

井上 和雄　いのうえ・かずお　明治44年4月22日〜昭和62年1月10日　三井金属鉱業常務,ブレコン社長　→83/87

井上 和雄　いのうえ・かずお　大正1年9月22日〜昭和63年1月28日　日本輸出入銀行監事　→88/90

井上 一彦　いのうえ・かずひこ　大正15年1月1日〜昭和61年4月25日　三菱商事専務　→83/87

井上 八三　いのうえ・かずよ　〜昭和53年6月6日　三井生命保険社長　→昭和(いのうえ・はちぞう)

井上 万玉　いのうえ・かずよし　昭和4年3月23日〜平成15年1月10日　南予グループ会長　→03/05

井上 頑　いのうえ・かたし　〜平成3年11月28日　不二空機社長　→91/93

井上 堅　いのうえ・かたし　明治38年〜昭和51年4月6日　大修館書店会長　→昭和(いのうえ・けん)

井上 勝二　いのうえ・かつじ　昭和8年7月8日〜平成22年2月14日　北九州市議(自民党)　→09/11

井上 勝純　いのうえ・かつずみ　明治17年7月1日〜昭和13年9月15日　海軍大佐,子爵　貴院議員(勅選)　→昭和

井上 勝之助　いのうえ・かつのすけ　文久1年7月11日〜昭和4年11月3日　外交官,宮内官僚,侯爵　枢密顧問官,

式部長官　→昭和

井上 鼎　いのうえ・かなえ　大正5年11月19日〜昭和63年1月9日　公会計出版センター代表,建設省中央建設工事紛争審査会特別委員　→88/90

井上 亀三　いのうえ・かめぞう　〜昭和58年3月4日　実教出版相談役・元会長　→83/87

井上 喜一　いのうえ・きいち　昭和7年5月24日〜平成22年12月16日　衆院議員(自民党),防災担当相　→09/11

井上 義一　いのうえ・ぎいち　明治44年12月9日〜平成14年1月9日　大阪セメント専務　→00/02

井上 喜一郎　いのうえ・きいちろう　昭和20年4月25日〜昭和63年9月4日　三笠化学工業副社長,長崎三笠化学工業社長　→88/90

井上 義衍　いのうえ・ぎえん　〜昭和56年3月2日　曹洞宗大教師,竜泉寺前住職　→80/82

井上 喜久雄　いのうえ・きくお　〜昭和61年11月5日　日本電熱計器取締役開発部長　→83/87

井上 紀生　いのうえ・きせい　大正9年2月11日〜平成15年3月23日　僧侶　立江寺名誉住職,真言宗大覚寺派管長　→03/05

井上 喜太郎　いのうえ・きたろう　大正5年9月11日〜平成6年2月25日　三笠化学工業会長　→94/96

井上 吉夫　いのうえ・きちお　大正12年3月1日〜平成15年10月24日　参院議員(自民党),国土庁長官,北海道開発庁長官　→03/05

井上 吉左衛門　いのうえ・きちざえもん　明治36年11月26日〜昭和60年10月21日　福岡県議(自民党),博多祇園山笠振興会会長　→83/87

井上 恭三　いのうえ・きょうぞう　大正4年4月22日〜昭和62年2月23日　紀伊産業監査役,大阪銀行専務　→83/87

井上 潔　いのうえ・きよし　大正8年2月27日〜昭和61年9月16日　日協商事社長,日商岩井常務　→83/87

井上 清　いのうえ・きよし　明治44年10月24日〜平成12年5月28日　共同石油専務　→00/02

井上 清　いのうえ・きよし　大正13年2月15日〜平成19年8月10日　東洋ゴム工業常務　→06/08

井上 清久　いのうえ・きよひさ　大正3年7月15日〜平成23年2月20日　日産ディーゼル工業副社長　→09/11

井上 欽三　いのうえ・きんぞう　〜平成7年8月25日　竜青社社長　→94/96

井上 金蔵　いのうえ・きんぞう　明治40年11月10日〜平成8年11月6日　金蔵鋸工業会長　→94/96

井上 欽哉　いのうえ・きんや　明治39年12月27日〜昭和60年12月13日　前田建設工業副社長　→83/87

井上 欽也　いのうえ・きんや　昭和3年6月12日〜平成17年4月9日　帝国通信工業専務　→03/05

井上 邦之　いのうえ・くにゆき　大正4年4月14日〜平成7年12月26日　国鉄副総裁　→94/96

井上 計　いのうえ・けい　大正8年10月22日〜平成19年1月6日　参院議員(新進党),日動印刷社長　→06/08

I　政治・経済・社会篇

井上 肇四　いのうえ・けいし　〜昭和53年3月9日
　三井三池製作所社長　→昭和

井上 肇治　いのうえ・けいじ　〜昭和13年9月27日
　海軍中将　→昭和

井上 啓次郎　いのうえ・けいじろう　明治44年1月30日
　〜平成1年4月16日　科学技術庁事務次官　→88/90

井上 慶三　いのうえ・けいぞう　明治45年4月13日〜昭
　和59年3月10日　日立コンデンサ専務　→83/87

井上 敬之助　いのうえ・けいのすけ　元治2年3月〜昭和
　2年8月10日　衆院議員（政友会）　→昭和

井上 恵文　いのうえ・けいぶん　大正15年〜昭和62年6
　月8日　弁護士　道都大教授　→83/87

井上 健一　いのうえ・けんいち　明治44年12月8日〜平
　成8年11月1日　三菱鉱業（のち三菱マテリアル）常務　→94/96

井上 憲一　いのうえ・けんいち　〜昭和38年5月13日
　王子製紙会長　→昭和

井上 兼吉　いのうえ・けんきち　明治15年4月12日〜昭
　和7年　大陸浪人　→昭和

井上 健二　いのうえ・けんじ　〜昭和57年3月5日
　住友金属工業監査役室・検査役　→80/82

井上 謙次郎　いのうえ・けんじろう　大正4年4月26日〜
　平成6年11月18日　弁護士　高松高裁判事　→94/96

井上 健太郎　いのうえ・けんたろう　明治39年9月29日
　〜平成7年7月25日　行政管理庁近畿管区行政監察局長、
　臨済宗師家　→94/96

井上 源之丞　いのうえ・げんのじょう　明治12年11月3
　日〜昭和26年11月20日　凸版印刷社長　→昭和

井上 光一　いのうえ・こういち　大正6年6月27日〜平成
　20年10月27日　全国中小企業団体中央会長　→06/08

井上 幸一　いのうえ・こういち　〜昭和62年1月6日
　三菱鉱業セメント取締役九州事務所長　→83/87

井上 浩一　いのうえ・こういち　〜昭和56年2月15日
　名鉄百貨店副社長　→80/82

井上 孝哉　いのうえ・こうさい　明治3年10月14日・昭
　和18年11月22日　政治家　衆院議員（立憲政友会）、大阪
　府知事　→昭和

井上 庚二郎　いのうえ・こうじろう　明治23年8月30日
　〜昭和44年11月15日　外交官　→昭和

井上 康世　いのうえ・こうせい　昭和55年6月8日
　法輪寺住職　→80/82

井上 幸太郎　いのうえ・こうたろう　〜平成2年2月20日
　名古屋市土木局長、大有建設相談役　→88/90

井上 鴻太朗　いのうえ・こうたろう　明治38年2月18日
　〜平成9年11月30日　鴻池組常務　→97/99

井上 行平　いのうえ・こうへい　〜昭和45年1月12日
　名古屋観光ホテル社長　→昭和

井上 五郎　いのうえ・ごろう　明治32年8月16日〜昭和
　56年11月18日　中部電力初代社長　→80/82

井上 五郎　いのうえ・ごろう　昭和3年12月17日〜平成
　23年10月23日　名古屋高検検事長　→09/11

井上 作巳　いのうえ・さくみ　〜昭和61年5月13日
　陸軍中将　日本金融通信社社長　→83/87

井上 定雄　いのうえ・さだお　明治35年1月1日〜昭和60
　年8月23日　京王帝都電鉄社長、京王百貨店社長、京王プ
　ラザホテル社長　→83/87

井上 定雄　いのうえ・さだお　昭和13年5月28日〜平成
　12年10月14日　古川サーキットフォイル社長、古河電気
　工業取締役　→00/02

井上 幸夫　いのうえ・さちお　昭和2年3月1日〜昭和56
　年3月8日　沖縄開発庁事務次官　→80/82

井上 哲　いのうえ・さとし　昭和3年6月30日〜平成18年
　4月1日　三菱信託銀行常務、東洋酸素会長　→06/08

井上 智　いのうえ・さとる　大正7年3月5日〜平成2年1
　月28日　三ツ星ベルト常務　→88/90

井上 三郎　いのうえ・さぶろう　明治20年2月6日〜昭和
　34年6月4日　陸軍少将　貴院議員（侯爵）　→昭和

井上 三郎　いのうえ・さぶろう　昭和62年5月20日
　東京テレガイド社長　→83/87

井上 三郎　いのうえ・さぶろう　大正6年5月30日〜平成
　10年10月19日　弁護士　高松高裁長官　→97/99

井上 三郎　いのうえ・さぶろう　大正7年9月3日〜平成
　20年9月4日　セイコー電子工業副社長　→06/08

井上 三郎兵衛　いのうえ・さぶろべえ　大正5年2月21日
　〜平成5年3月29日　三菱農機会長　→91/93

井上 信貴男　いのうえ・しぎお　明治41年3月24日〜昭
　和46年7月25日　実業家、政治家　井上繊維工業社長、衆
　院議員（自由党）　→昭和

井上 重明　いのうえ・しげあき　昭和12年1月7日〜平成
　2年9月23日　京都新聞販売局長　→88/90

井上 重男　いのうえ・しげお　〜平成2年8月22日
　大阪サービスセンター取締役京都支社長　→88/90

井上 重男　いのうえ・しげお　大正3年3月17日〜平成13
　年9月11日　東洋紡副社長　→00/02

井上 成雄　いのうえ・しげお　昭和9年4月18日・昭和60
　年8月10日　三井信託銀行渋谷支店長　→83/87

井上 重良　いのうえ・しげよし　〜昭和55年4月12日
　中日新聞社社友、中日興業会社監査役　→80/82

井上 成美　いのうえ・しげよし　明治22年12月19日〜昭
　和50年12月15日　海軍大将　→昭和

井上 繁　いのうえ・しげる　大正8年11月11日〜平成7年
　4月4日　電力中央研究所常務理事　→94/96

井上 茂　いのうえ・しげる　明治34年9月4日〜昭和59年
　11月26日　前田建設工業会長　→83/87

井上 茂　いのうえ・しげる　明治45年7月1日〜平成3年2
　月26日　西松建設取締役　→91/93

井上 茂　いのうえ・しげる　昭和4年4月17日〜平成10年
　5月19日　日本石油取締役、日商商事社長　→97/99

井上 治兵衛　いのうえ・じへえ　〜昭和31年1月28日

三井物産会長　→昭和

井上　周　いのうえ・しゅう　明治12年4月〜昭和36年7月14日　毎日ホール社長　→昭和

井上　春一　いのうえ・しゅんいち　大正13年5月2日〜平成11年12月7日　西小倉運輸代表取締役、福岡県トラック協会会長　→00/02s

井上　准一　いのうえ・じゅんいち　〜平成14年11月3日　神戸公害患者と家族の会会長　→03/05s

井上　舜吾　いのうえ・しゅんご　大正3年8月30日〜平成9年1月12日　日本電設工業常務　→97/99

井上　舜策　いのうえ・しゅんさく　昭和17年3月20日〜平成5年6月7日　アルインコ社長　→91/93

井上準之助　いのうえ・じゅんのすけ　明治2年3月25日〜昭和7年2月9日　財政家、政治家　日本銀行総裁、蔵相、貴院議員(勅選)　→昭和

井上　尚一　いのうえ・しょういち　明治43年8月23日〜平成6年8月22日　特許庁長官、スカイアルミニウム社長、発明協会副会長　→94/96

井上庄九郎　いのうえ・しょうくろう　〜昭和48年11月24日　日本鉄道カレンダー社長　→昭和

井上　昭二　いのうえ・しょうじ　〜平成18年11月30日　宮城県信用農協連合会会長、石巻市農協組合長　→06/08

井上　正三　いのうえ・しょうぞう　〜昭和56年9月5日　住友ゴム工業元監査役　→80/82

井上　章平　いのうえ・しょうへい　昭和4年12月1日〜平成7年8月22日　参院議員(自民党)　→94/96

井上　史朗　いのうえ・しろう　明治41年2月25日〜昭和61年12月1日　昭和四日市石油顧問、昭和石油専務　→83/87

井上　四郎　いのうえ・しろう　大正1年8月1日〜平成12年1月10日　平楽寺書店社長　→00/02

井上　四郎　いのうえ・しろう　大正4年2月8日〜平成22年7月11日　アジア開発銀行総裁　→09/11

井上　次郎　いのうえ・じろう　昭和57年10月5日　日新火災常務　→80/82

井上　治郎　いのうえ・じろう　昭和5年9月15日〜昭和57年3月8日　弁護士　京都弁護士会副会長　→80/82

井上　二郎　いのうえ・じろう　昭和8年11月16日〜平成6年3月29日　東京ガス取締役　→94/96

井上　信一　いのうえ・しんいち　大正7年1月24日〜平成12年2月24日　仏教振興財団理事長、宮崎銀行頭取　→00/02

井上　甚市　いのうえ・じんいち　大正12年9月3日〜平成13年10月15日　旭有機材工業常務　→00/02

井上新一郎　いのうえ・しんいちろう　昭和4年11月2日〜平成8年3月19日　埼玉県議(自民党)・副議長　→94/96

井上　進吾　いのうえ・しんご　〜平成6年4月21日　三菱化工機常務　→94/96

井上　信治　いのうえ・しんじ　明治23年1月29日〜昭和62年2月19日　全国燃料協会名誉会長　→83/87

井上　新二　いのうえ・しんじ　〜昭和26年1月11日　大阪市建築局長　→昭和

井上　新造　いのうえ・しんぞう　大正6年3月8日〜平成12年11月25日　大阪府議(自民党)　→00/02

井上信之介　いのうえ・しんのすけ　〜昭和57年8月18日　大成プレハブ社長　→80/82

井上　信也　いのうえ・しんや　昭和9年1月11日〜平成22年3月1日　摂津市長　→09/11

井上　涼男　いのうえ・すけお　大正12年12月1日〜平成22年9月24日　井上書房社長、阿波文化サロン理事長　→09/11

井上　澄雄　いのうえ・すみお　明治37年2月5日〜平成3年12月26日　玉野市長、岡山県議　→91/93

井上　正一　いのうえ・せいいち　嘉永3年2月25日〜昭和11年10月3日　大審院部長、衆議員(無所属)　→昭和 (いのうえ・しょういち)

井上　清一　いのうえ・せいいち　明治38年7月31日〜昭和42年1月8日　京都市長、参院議員(自由党)　→昭和

井上　清一　いのうえ・せいいち　大正9年4月27日〜平成14年11月9日　神奈川県議(民社党)　→00/02

井上　清子　いのうえ・せいこ　明治40年〜平成12年4月8日　弁理士　井上清子特許事務所　→00/02

井上　清二　いのうえ・せいじ　大正6年1月14日〜平成10年6月3日　八木アンテナ社長　→97/99

井上　省三　いのうえ・せいぞう　明治36年3月13日〜昭和62年4月27日　大昭和製紙副社長、住友銀行専務取締役　→83/87

井上　節子　いのうえ・せつこ　大正4年2月4日〜昭和59年12月7日　井上科学振興財団創立者　→83/87

井上　節二　いのうえ・せつじ　〜平成5年12月27日　関電工常務　→91/93

井上　鮮二　いのうえ・せんじ　〜昭和47年10月2日　名鉄運輸社長　→昭和

井上　禅定　いのうえ・ぜんじょう　明治44年1月20日〜平成18年1月26日　僧侶　東慶寺住職、臨済宗円覚寺派宗務総長　→06/08

井上　太一　いのうえ・たいち　大正11年3月30日〜平成9年7月8日　京都銀行会長　→97/99

井上　高明　いのうえ・たかあき　〜昭和47年4月1日　鐘紡常務　→昭和

井上　貴雄　いのうえ・たかお　昭和9年7月25日〜平成14年10月29日　巴川製紙所会長　→00/02

井上　隆夫　いのうえ・たかお　〜昭和57年12月7日　下川町(北海道)町議、全国町村議長会会長　→80/82

井上　隆雄　いのうえ・たかお　昭和14年4月13日〜平成6年8月30日　日商岩井取締役、日商岩井英国社長　→94/96

井上　孝　いのうえ・たかし　昭和10年9月17日〜平成2年9月17日　秩父セメント常務・生産本部長　→88/90

井上　孝　いのうえ・たかし　大正12年4月21日〜平成10

Ⅰ 政治・経済・社会篇　　　　　　　　　　　　　　　　　　　　　　　　　　　　　　　　いのうえ

年10月13日　住友林業専務　→97/99

井上 孝　いのうえ・たかし　昭和5年1月15日～平成13年12月24日　小田急不動産社長、小田急電鉄常務　→00/02

井上 孝　いのうえ・たかし　大正14年2月23日～平成16年11月7日　参院議員(自民党)、国土庁長官　→03/05

井上 誠　いのうえ・たかし　明治39年7月9日～昭和63年6月19日　同和火災海上保険専務　→88/90

井上 隆司　いのうえ・たかし　昭和27年9月6日～平成11年11月22日　サンデーフォークプロモーション社長、チケットぴあ名古屋社長、ビバ!ラジオ社長　→97/99

井上 隆士　いのうえ・たかし　～昭和63年7月15日　日本共産党中央委員・東京都委員会副委員長　→88/90

井上 孝治郎　いのうえ・たかじろう　明治34年11月25日～平成8年4月21日　駐トルコ大使、日本ユネスコ国内委員会事務総長　→94/96

井上 孝俊　いのうえ・たかとし　昭和2年4月23日～平成8年12月16日　大和市長　→94/96

井上 隆根　いのうえ・たかね　明治22年2月9日～昭和50年9月28日　東武百貨店会長　→昭和(いのうえ・りゅうこん)

井上 隆正　いのうえ・たかまさ　大正4年8月22日～平成2年1月2日　兼松江商(のち兼松)常任監査役　→88/90

井上 隆美　いのうえ・たかみ　明治41年1月10日～昭和60年9月12日　トーメン取締役　→83/87

井上 尅夫　いのうえ・たけお　昭和4年1月25日～平成11年2月14日　京都府議(自民党)　→97/99

井之上 武雄　いのうえ・たけお　～昭和6年3月28日　海軍機関中佐　→昭和

井上 威　いのうえ・たけし　大正14年9月10日～平成15年2月13日　住商リース社長　→03/05

井上 健　いのうえ・たけし　昭和8年～平成9年1月4日　日野車体工業常務　→97/99

井上 健　いのうえ・たけし　昭和3年6月18日～平成14年1月21日　中央信託銀行常務　→00/02

井上 武　いのうえ・たけし　明治41年6月9日～平成3年9月2日　安藤建設専務　→91/93

井上 武　いのうえ・たけし　大正6年5月15日～平成9年1月4日　中電工常務　→97/99

井上 武　いのうえ・たけし　大正13年2月13日～平成9年12月11日　粟田製作所会長　→97/99

井上 猛　いのうえ・たけし　明治36年1月2日～昭和59年12月10日　富士火災海上保険社長　→83/87

井上 赳　いのうえ・たけし　明治22年7月～昭和40年7月20日　文部省図書局編輯課長、衆院議員(国協党)　→昭和

井上 武久　いのうえ・たけひさ　大正4年10月17日～平成14年11月23日　日新火災海上保険常務　→00/02

井上 忠雄　いのうえ・ただお　明治44年7月7日～平成9年5月20日　日本金属工業常務　→97/99

井上 忠義　いのうえ・ただよし　大正10年7月15日～平成12年12月10日　井上金属工業会長・社長　→00/02

井上 忠義　いのうえ・ただよし　明治42年1月20日～平成21年4月22日　中村センター会長、中村商工会議所会頭　→09/11

井上 竜昇　いのうえ・たつあき　大正8年10月6日～昭和63年11月27日　元・海将　海上自衛隊呉地方総監　→88/90

井上 辰九郎　いのうえ・たつくろう　～昭和18年11月14日　興銀理事　→昭和

井上 辰三　いのうえ・たつぞう　大正5年10月16日～平成14年6月21日　東京証券取引所常務理事、日本銀行文書局長　→00/02

井上 達也　いのうえ・たつや　昭和8年8月4日～平成18年2月15日　京都信用金庫会長　→06/08

井上 保　いのうえ・たもつ　大正13年1月20日～昭和63年10月5日　井上商事社長、海老名市議会議長　→88/90

井上 保　いのうえ・たもつ　大正8年11月4日～平成10年2月24日　関西電力副社長　→97/99

井上 太郎　いのうえ・たろう　大正13年8月29日～平成19年1月4日　川崎汽船専務　→06/08

井上 親之　いのうえ・ちかゆき　～昭和48年5月3日　四国製紙会長　→昭和

井上 忠次　いのうえ・ちゅうじ　昭和4年1月26日～平成8年7月31日　そごう副社長　→94/96

井上 忠三　いのうえ・ちゅうぞう　大正6年9月18日～昭和62年12月17日　福助工業社長、伊予三島商工会議所副会頭　→83/87

井上 長一　いのうえ・ちょういち　明治20年～昭和47年5月30日　パイロット　阿倍野交通会長、極東航空専務　→昭和

井上 長三郎　いのうえ・ちょうざぶろう　明治32年12月6日～昭和61年10月9日　伊藤忠商事専務、伊藤忠不動産会長　→83/87

井上 長太夫　いのうえ・ちょうだゆう　～昭和48年2月4日　旧尼崎製鉄社長　→昭和

井上 千代子　いのうえ・ちよこ　明治44年6月～昭和6年12月12日　井上清一歩兵中尉夫人　→昭和

井上 務　いのうえ・つとむ　～昭和60年8月22日　帯広商工会議所副会頭　→83/87

井上 綱雄　いのうえ・つなお　～昭和56年2月22日　日本中央競馬会名誉顧問、元同会常務理事　→80/82

井上 常光　いのうえ・つねみつ　～昭和55年5月2日　多摩西部サンケイ会相談役、サンケイ新聞豊田専売所長　→80/82

井上 毅　いのうえ・つよし　～昭和63年4月　農場主　ブラジル移民　→88/90

井上 貞治郎　いのうえ・ていじろう　明治15年10月3日～昭和38年11月10日　実業家　聯合紙器創立者　→昭和

井上 貞治郎　いのうえ・ていじろう　明治42年1月24日～平成6年6月21日　日新火災海上保険専務　→94/96

井上 哲夫　いのうえ・てつお　～昭和62年11月29日

いのうえ

日立造船取締役 →83/87

井上 哲雄 いのうえ・てつお 明治45年1月4日〜昭和62年11月9日 牧師 日本基督教団赤坂教会牧師 →83/87

井上 鉄石 いのうえ・てっせき 大正13年8月16日〜平成15年10月22日 井上金属工業副社長 →03/05

井上 哲也 いのうえ・てつや 昭和4年1月15日〜平成9年2月1日 僧侶 永天寺(吉河山)住職,曹洞宗近畿管区教化センター統監 →97/99

井上 輝一 いのうえ・てるかず 昭和11年1月14日〜平成19年4月19日 トヨタ自動車常務 →06/08

井上 彰彦 いのうえ・てるひこ 昭和12年1月2日〜平成17年3月21日 日本電技専務 →03/05

井上 士 いのうえ・といち 大正11年2月6日〜平成19年4月7日 香川県議(共産党) →06/08

井上 統二 いのうえ・とうじ 大正7年7月12日〜平成1年4月12日 関西国際空港監査役,和歌山県副知事 →88/90

井上 東治郎 いのうえ・とうじろう 明治39年1月〜昭和55年9月9日 衆院議員(民主党) →80/82

井上 時 いのうえ・とき 〜昭和56年12月11日 大東三進会長 →80/82

井上 時近 いのうえ・ときちか 明治43年8月4日〜平成12年11月13日 オーシャン東九フェリー社長 →00/02

井上 特夫 いのうえ・とくお 大正10年11月13日〜平成11年3月28日 ダイキン工業常務 →97/99

井上 徳三郎 いのうえ・とくさぶろう 慶応2年11月〜昭和6年7月31日 実業家 →昭和

井上 徳治 いのうえ・とくじ 明治38年3月22日〜平成14年5月21日 鐘淵化学工業社長 →00/02

井上 篤太郎 いのうえ・とくたろう 安政6年6月13日〜昭和23年11月28日 実業家,政治家 京王電気軌道社長,衆院議員(政友会) →昭和

井上 俊雄 いのうえ・としお 明治44年6月21日〜昭和56年6月11日 昭和電線電機監査役 →80/82

井上 俊雄 いのうえ・としお 大正4年1月2日〜平成9年6月28日 日本電気精器社長 →97/99

井上 敏夫 いのうえ・としお 明治34年1月10日〜昭和50年6月23日 東京証券取引所理事長,日銀副総裁 →昭和

井上 敏夫 いのうえ・としお 大正7年8月15日〜平成16年6月1日 住友電設常務 →03/05

井上 利男 いのうえ・としお 〜平成3年5月23日 藤倉電線取締役 →91/93

井上 敏治 いのうえ・としはる 大正11年1月1日〜平成9年10月1日 日本ユニパック専務 →97/99

井上 敏也 いのうえ・としや 大正13年8月13日〜昭和63年2月27日 日本ビクター専務 →88/90

井上 利行 いのうえ・としゆき 昭和40年9月29日〜昭和63年11月5日 淀川製鋼所相談役・元社長 →88/90

井上 敏郎 いのうえ・としろう 昭和3年4月2日〜平成16年4月4日 中部鋼板社長,合同製鉄常務 →03/05

井上 富三 いのうえ・とみぞう 明治15年〜昭和49年3月28日 呉羽紡績社長 →昭和

井上 友喜 いのうえ・ともき 〜平成1年8月26日 島津製作所取締役 →88/90

井上 知治 いのうえ・ともはる 明治19年7月〜昭和37年9月19日 衆院議員,参院議員(自民党) →昭和

井上 豊吉 いのうえ・とよきち 昭和2年10月1日〜昭和63年1月3日 丸宏証券常務 →88/90

井上 豊秀 いのうえ・とよひで 〜平成5年10月4日 北海道警北見方面本部長 →91/93

井上 虎治 いのうえ・とらじ 明治2年9月6日〜昭和4年12月29日 実業家 阪堺電鉄社長,衆院議員(政友会) →昭和

井上 西之進 いのうえ・とりのしん 明治40年〜平成1年5月5日 牧師 日本基督教団正教師,(福)砂町友愛園理事長 →88/90

井上 なつゑ いのうえ・なつえ 明治31年7月25日〜昭和55年11月13日 看護教育家,政治家 日本看護協会初代会長,参院議員(緑風会) →80/82

井上 日召 いのうえ・にっしょう 明治19年4月12日〜昭和42年3月4日 国家主義者,右翼活動家 血盟団指導者 →昭和

井上 信男 いのうえ・のぶお 大正10年9月21日〜平成5年1月13日 昭和産業会長 →91/93

井上 信男 いのうえ・のぶお 大正7年2月12日〜平成3年3月27日 大永紙通商会長,王子製紙副社長 →97/99

井上 信雄 いのうえ・のぶお 大正2年3月27日〜平成15年4月8日 日立造船副社長 →03/05

井上 信彦 いのうえ・のぶひこ 明治34年7月6日〜昭和61年7月2日 愛知県護国神社名誉宮司 →83/87

井上 昇 いのうえ・のぼる 〜昭和63年5月13日 高知県地労委委員 →88/90

井上 登 いのうえ・のぼる 明治18年4月10日〜昭和46年7月26日 最高裁判事,プロ野球コミッショナー →昭和

井上 登 いのうえ・のぼる 大正9年8月27日〜平成20年7月9日 クリナップ創業者 →06/08

井上 紀夫 いのうえ・のりお 昭和16年2月11日〜平成11年11月14日 山形県工業技術センター所長 →97/99

井上 一 いのうえ・はじめ 大正8年4月10日〜平成13年11月30日 東洋電機製造会長 →00/02

井上 八郎 いのうえ・はちろう 明治45年3月11日〜平成8年7月29日 グンゼ産業専務 →94/96

井上 ハツヱ いのうえ・はつえ 〜昭和56年7月9日 井上書籍社長 →80/82

井上 春成 いのうえ・はるしげ 明治26年5月25日〜昭和56年8月12日 新技術開発事業団理事長 →80/82

井上 光 いのうえ・ひかる 大正5年11月18日〜昭和58年7月24日 前原市(福岡県)町長,糸島交通安全協会長 →83/87

井上 彦左衛門 いのうえ・ひこざえもん 嘉永6年10月

25日～昭和4年5月2日　衆院議員(憲政本党)　→昭和

井上 尚　いのうえ・ひさし　昭和19年10月21日～平成19年5月12日　大同メタル工業常務　→06/08

井上 久直　いのうえ・ひさなお　昭和4年12月21日～平成20年9月30日　筑邦銀行副頭取　→06/08

井上 英夫　いのうえ・ひでお　昭和12年10月6日～平成2年12月10日　大阪市議(自民党)　→88/90

井上 鴻　いのうえ・ひとし　昭和2年9月11日～平成1年1月25日　神戸製鋼所常任顧問,海上保安大学校長　→88/90

井上 斉　いのうえ・ひとし　大正14年1月26日～昭和62年11月8日　東北製紙社長,三井物産役員待遇紙パルプ部長　→83/87

井上 等　いのうえ・ひとし　明治42年1月24日～平成5年7月5日　明電舎常務　→91/93

井上 寛生　いのうえ・ひろお　大正14年12月11日～昭和59年8月1日　石油資源開発取締役,日中石油開発常務兼天津鉱業所長　→83/87

井上 寛　いのうえ・ひろし　昭和10年6月30日～平成14年8月22日　中京テレビ放送常務　→00/02

井上 寛　いのうえ・ひろし　昭和24年6月4日～平成19年6月19日　西日本鉄道常務執行役員　→06/08

井上 博　いのうえ・ひろし　大正13年5月28日～昭和51年12月5日　東京スポーツ新聞社長　→昭和

井上 博　いのうえ・ひろし　大正15年3月7日～平成8年4月12日　井上金属工業常務　→94/96

井上 博司　いのうえ・ひろし　大正4年11月3日～平成14年6月2日　東北金属工業社長,日本電気取締役　→00/02

井上 博通　いのうえ・ひろみち　昭和2年1月15日～平成18年2月19日　瀬戸市長　→06/08

井上 広居　いのうえ・ひろやす　元治1年10月4日～昭和31年6月5日　秋田市長,衆院議員(憲政会)　→昭和(いのうえ・こうい)

井上 博幸　いのうえ・ひろゆき　昭和2年3月28日～平成14年7月11日　日産建設副社長　→00/02

井上 文男　いのうえ・ふみお　大正5年7月24日～平成17年2月4日　光洋精工副社長　→03/05

井上 文夫　いのうえ・ふみお　～昭和59年4月18日　札幌地裁所長,東京高裁部総括判事　→83/87

井上 富美子　いのうえ・ふみこ　～平成2年2月10日　晩翠軒社長　→88/90

井上 文左衛門　いのうえ・ぶんざえもん　明治39年8月31日～昭和63年3月20日　住友ゴム工業社長　→88/90

井上 平一　いのうえ・へいいち　～平成17年4月1日　泉州電業常務　→03/05

井上 鳳吉　いのうえ・ほうきち　～昭和57年1月19日　三菱商事専務　→80/82

井上 允　いのうえ・まこと　大正10年8月6日～平成16年10月18日　弁護士　熊本県弁護士会長　→03/05

井上 信　いのうえ・まこと　大正3年2月15日～平成8年3月31日　大丸取締役,大丸興業社長　→94/96

井上 誠　いのうえ・まこと　大正6年10月30日～平成8年2月7日　日鉄ドラム社長,新日本製鉄取締役　→94/96

井上 亮　いのうえ・まこと　大正3年5月8日～平成12年3月9日　東京ガス副社長,通商産業省公益事業局長　→00/02

井上 璞　いのうえ・まこと　～昭和16年2月13日　陸軍中将　蒙古善隣協会理事長　→昭和

井上 正雄　いのうえ・まさお　大正2年5月27日～昭和62年7月21日　東洋ゴム工業監査役　→83/87

井上 雅臣　いのうえ・まさおみ　～昭和59年3月28日　井上アタッチメント社長　→83/87

井上 正一　いのうえ・まさかず　大正6年12月20日～平成20年1月16日　日本通運専務　→06/08

井上 政治郎　いのうえ・まさじろう　～昭和56年2月19日　日本水処理工業連盟副会長　→80/82

井上 正忠　いのうえ・まさただ　～昭和57年12月11日　京王帝都電鉄会長　→80/82

井上 雅史　いのうえ・まさちか　大正14年3月7日～平成4年1月30日　井上電気社長　→91/93

井上 正朋　いのうえ・まさとも　～昭和39年8月16日　大阪商船専務　→昭和

井上 正治　いのうえ・まさはる　大正9年2月11日～平成9年12月18日　弁護士　九州大学名誉教授　→97/99

井上 正弘　いのうえ・まさひろ　明治42年2月2日～平成8年12月22日　弁護士　名古屋高裁部総括判事　→94/96

井上 正文　いのうえ・まさふみ　平成4年2月16日～平成16年1月17日　三菱製鋼常務　→03/05

井上 雅実　いのうえ・まさみ　昭和10年7月18日～平成17年9月4日　福岡県議(自民党),西日本自動車社長　→03/05

井ノ上 正盛　いのうえ・まさもり　昭和48年5月11日～平成15年11月29日　在イラク大使館一等書記官　→03/05

井上 雅之　いのうえ・まさゆき　昭和17年7月23日～平成20年9月4日　ヤンマー常務　→06/08

井上 正義　いのうえ・まさよし　大正2年6月6日～平成8年9月11日　神戸製鋼所専務,神鋼電機副社長　→94/96

井上 勝　いのうえ・まさる　～平成7年7月8日　江商(のち兼松)専務　→94/96

井上 勝　いのうえ・まさる　昭和6年9月7日～平成19年8月5日　福岡県議(農政連)　→06/08

井上 勝　いのうえ・まさる　昭和5年1月5日～平成22年6月21日　安田信託銀行副社長　→09/11

井上 増吉　いのうえ・ますきち　大正3年8月21日～平成22年10月24日　小野市長,兵庫県陸上競技連盟会長　→09/11

井上 松治郎　いのうえ・まつじろう　明治36年5月5日～平成3年10月21日　弁護士　大阪地裁判事　→91/93

井上 学　いのうえ・まなぶ　昭和8年6月20日～平成6年1月16日　東京シヤリング取締役　→94/96

井上 道夫　いのうえ・みちお　〜平成11年2月12日
池田市長　→97/99

井上 光生　いのうえ・みつお　大正14年9月12日〜平成11年3月10日　太平工業社長,島津製作所取締役　→97/99

井上 貢　いのうえ・みつぐ　〜平成9年5月6日
よみうりヴェルディック専務　→97/99

井上 光二　いのうえ・みつじ　〜昭和59年11月7日
日本金属工業取締役　→83/87

井上 光親　いのうえ・みつちか　明治43年5月20日〜平成9年1月26日　中央相互銀行(のち愛知銀行)専務　→97/99

井上 光美　いのうえ・みつよし　〜昭和28年1月17日
鳥取市長　→昭和

井上 美代子　いのうえ・みよこ　昭和6年〜昭和60年10月11日　日本航空東京支店国際旅客販売課主幹(課長職)　→83/87

井上 元春　いのうえ・もとはる　大正11年3月9日〜平成15年3月18日　デンコード一創業者　→03/05

井上 元美　いのうえ・もとよし　大正13年3月31日〜平成9年9月27日　デンコード一会長　→97/99

井上 茂兵衛　いのうえ・もへえ　〜昭和2年2月18日
東邦瓦斯社長(初代)　→昭和

井上 守次　いのうえ・もりじ　明治40年1月4日〜昭和60年4月13日　(株)ニッピ社長　→83/87

井上 安栄　いのうえ・やすえ　明治42年7月29日〜平成4年7月4日　鳥取県会議長　→91/93

井上 康夫　いのうえ・やすお　〜昭和62年6月26日
筑後地区商店街連合会会長　→83/87

井上 康夫　いのうえ・やすお　明治42年7月5日〜平成17年4月19日　皇宮警察本部長,京都府警本部長　→03/05

井上 保雄　いのうえ・やすお　〜昭和56年9月29日
海軍中将　→80/82

井上 保雄　いのうえ・やすお　〜平成4年2月9日
片倉工業取締役　→91/93

井上 弥寿夫　いのうえ・やすお　大正6年5月28日〜平成16年6月17日　富山県信用組合理事長,富山サロン社長　→03/05

井上 泰　いのうえ・やすし　大正14年1月1日〜平成19年1月7日　東北金属工業常務　→06/08

井上 安治　いのうえ・やすじ　〜昭和47年1月16日
超高圧電力研理事　→昭和

井上 安友　いのうえ・やすとも　大正13年6月4日〜平成14年1月29日　兵庫県議　→00/02

井上 保治　いのうえ・やすはる　〜昭和63年12月12日
九州鉄鋼社長　→88/90

井上 祐二郎　いのうえ・ゆうじろう　〜昭和57年2月25日　万年社大阪本部副本部長兼媒体営業局長,役員待遇　→80/82

井上 雄次郎　いのうえ・ゆうじろう　昭和7年1月28日〜平成5年3月28日　SMK専務　→91/93

井上 雄三　いのうえ・ゆうぞう　〜平成3年9月15日
国際フレンドシップ・クラブ会長　→91/93

井上 行光　いのうえ・ゆきみつ　大正9年3月31日〜平成15年5月18日　福岡県議(社会党)　→03/05

井上 豊　いのうえ・ゆたか　昭和6年12月8日〜平成20年4月16日　NHK理事　→06/08

井上 裕　いのうえ・ゆたか　〜昭和61年2月19日
福岡県林務部長　→83/87

井上 裕　いのうえ・ゆたか　〜平成17年9月21日
日鉄商事専務　→03/05

井上 裕　いのうえ・ゆたか　昭和2年11月17日〜平成20年6月22日　参院議長(自民党),文相,東京歯科大学理事長　→06/08

井上 陽子　いのうえ・ようこ　昭和56年10月24日
学生援護会社長　→80/82

井上 義彰　いのうえ・よしあき　〜昭和58年1月7日
日本団体生命常務　→83/87

井上 善明　いのうえ・よしあき　昭和7年7月22日〜平成21年5月10日　五洋建設副社長　→09/11

井上 義男　いのうえ・よしお　〜平成2年4月10日
日本工業新聞社市場部長　→88/90

井上 義夫　いのうえ・よしお　明治29年9月3日〜昭和31年6月7日　津山市長　→昭和

井上 義雄　いのうえ・よしお　明治34年11月8日〜昭和62年3月21日　井上機材取締役会長　→83/87

井上 吉男　いのうえ・よしお　〜平成18年10月22日
東京都議(自民党),昭島市議　→06/08

井上 吉雄　いのうえ・よしお　〜昭和6年6月22日
機関士　→昭和

井上 好夫　いのうえ・よしお　明治44年7月26日〜平成6年3月6日　富士重工業専務,富士ロビン社長　→94/96

井上 淑雄　いのうえ・よしお　〜昭和62年4月23日
小林記録紙(株)専務取締役,中部フォーム印刷協議会長　→83/87

井上 善夫　いのうえ・よしお　大正14年4月21日〜平成14年12月11日　藤田観光専務　→00/02

井上 芳夫　いのうえ・よしお　〜昭和57年7月19日
全通三重地本書記長　→80/82

井上 芳夫　いのうえ・よしお　明治45年1月1日〜平成5年8月5日　和光証券専務　→91/93

井上 良雄　いのうえ・よしお　〜昭和58年7月16日
長崎浜屋百貨店取締役　→83/87

井上 良馨　いのうえ・よしか　弘化2年11月2日〜昭和4年3月22日　海軍大将,元帥,子爵　→昭和

井上 義数　いのうえ・よしかず　大正2年9月5日〜昭和60年7月23日　大広会長　→83/87

井上 義捷　いのうえ・よしかつ　明治38年1月5日〜平成

I 政治・経済・社会篇　　　　　　　　　　　　　　　　　　　　　　　　　　　　　　　　　　　いのこ

6年1月17日　京成電鉄専務,京成建設社長　→94/96

井上 良幹　いのうえ・よしき　～平成14年9月7日
　税理士　日本税理士会連合会副会長　→00/02

井上 義卓　いのうえ・よしたか　～昭和49年4月18日
　東宝専務　→昭和

井上 義次　いのうえ・よしつぐ　大正7年1月28日～平成11年11月21日　セイレイ工業社長　→97/99

井上 善寛　いのうえ・よしひろ　昭和12年7月22日～平成11年9月5日　中部近鉄百貨店社長,近鉄百貨店常務　→97/99

井上 義海　いのうえ・よしみ　明治41年3月26日～平成12年4月22日　神戸製鋼所社長,大蔵省印刷局長　→00/02

井上 順雄　いのうえ・よりお　昭和9年6月4日～平成8年11月30日　東海ゴム工業常務　→94/96

井上 力夫　いのうえ・りきお　～昭和56年5月27日
　大明電話工業相談役・元社長,電々公社東北電気通信局長　→80/82

井上 隆一　いのうえ・りゅういち　～昭和55年11月25日
　防長交通社長　→80/82

井上 良次　いのうえ・りょうじ　明治41年10月10日～昭和62年7月19日　光合金製作所会長　→83/87

井上 良治　いのうえ・りょうじ　～昭和23年8月21日
　沖電気社長　→昭和

井上 良二　いのうえ・りょうじ　明治31年5月15日～昭和50年9月2日　政治家,労働運動家　衆院議員(社会党)　→昭和

井上 了介　いのうえ・りょうすけ　大正9年4月10日～平成12年12月7日　秋田銀行頭取　→00/02

井上 良蔵　いのうえ・りょうぞう　～昭和62年4月23日
　小林記録紙専務取締役　→83/87

井上 亮範　いのうえ・りょうはん　～平成20年9月27日
　僧侶　武蔵寺住職　→06/08

井上 良平　いのうえ・りょうへい　～平成2年7月14日
　中央亭専務,明治屋専務　→88/90

井上 良平　いのうえ・りょうへい　大正5年7月16日～平成3年4月9日　滋賀県土地開発公社副理事長,滋賀県議　→91/93

井上 礼吉　いのうえ・れいきち　昭和5年7月4日～平成8年11月7日　北海道新聞出版局図書編集部長　→94/96

井上 六兵衛　いのうえ・ろくべえ　明治36年1月23日～平成3年7月13日　(株)井六園会長,茶壷道中保存会長　→91/93

井上 六郎　いのうえ・ろくろう　～昭和63年12月27日
　井六園相談役,皆山愛児園園長　→88/90

井上 碌朗　いのうえ・ろくろう　～昭和46年4月15日
　日本チョコレート,ココア協会副会長　→昭和

井内 達三　いのうち・たつぞう　大正6年3月17日～昭和58年12月21日　河合楽器製作所取締役相談役　→83/87

稲生 平八　いのお・へいはち　明治38年7月18日～平成1

年7月23日　森永製菓相談役　→88/90

井野川 杏平　いのかわ・きょうへい　大正4年3月30日～昭和62年1月14日　河北建設名誉会長　→83/87

猪木 三吉　いのき・さんきち　大正12年12月22日～平成7年3月19日　明治乳業常務　→94/96

位野木 益雄　いのぎ・ますお　明治44年7月2日～平成12年2月15日　弁護士　福岡高裁長官　→00/02

井口 丑二　いのくち・うしじ　明治4年～昭和5年
　神道家　大日本神国教の創始者　→昭和

井口 ゑみ　いのぐち・えみ　大正2年11月17日～平成19年2月28日　北海道議(社会党),北海道日中友好協会会長　→06/08

井口 省吾　いのくち・しょうご　昭和7年2月12日～平成10年11月30日　三菱自動車工業取締役　→97/99

井ノ口 泰温　いのくち・たいおん　大正11年2月12日～平成12年12月4日　僧侶　浄土宗西山派管長,誓願寺90世法主　→昭和

井口 哲郎　いのくち・てつお　～昭和57年8月24日
　日本鉄塔工業取締役　→80/82

井口 広　いのくち・ひろし　大正12年7月17日～昭和63年7月10日　新日鉄化学常任顧問,新日化ポリマー社長　→88/90

井口 牧郎　いのくち・まきお　大正14年1月1日～平成9年5月12日　名古屋高裁長官　→97/99

井之口 政雄　いのぐち・まさお　明治28年4月28日～昭和42年6月30日　政治家,社会運動家　衆院議員(共産党)　→昭和

井口 与一　いのくち・よいち　～昭和62年12月16日
　金沢製粉代表取締役,武蔵開発取締役　→83/87

猪熊 昭　いのくま・あきら　昭和11年9月6日～平成7年4月6日　サンケイ広告社社長　→94/96

猪熊 重二　いのくま・じゅうじ　昭和6年1月9日～平成19年1月28日　弁護士　参院議員(公明)　→06/08

猪熊 貞治　いのくま・ていじ　～昭和17年8月13日
　簡易保険局長　→昭和

猪熊 時久　いのくま・ときひさ　大正15年5月17日～平成14年6月20日　明電舎社長,住友銀行専務　→00/02

猪熊 信行　いのくま・のぶゆき　昭和3年12月26日　三重交通取締役,澄懐堂文庫館館長,伊勢一宮椿大神社猿田彦大本宮奉賛会総裁　→91/93

猪熊 文夫　いのくま・ふみお　明治41年10月2日～平成16年10月4日　日興証券専務　→03/05

井ノ蔵 清見　いのくら・きよみ　～昭和59年5月20日
　中間市議　→83/87

猪野毛 ソデ　いのけ・そで　～平成2年2月19日
　皇后宮女官　→88/90

猪野毛 利栄　いのけ・としえ　明治19年1月～昭和27年10月11日　衆院議員(日本進歩党),福井放送社長　→昭和(猪野 毛利栄　いの・もりえ)

猪子 一到　いのこ・かずゆき　～昭和31年12月18日
　近鉄球団社長　→昭和

「現代物故者事典」総索引(昭和元年～平成23年)　　145

猪越 俊治　いのこし・としじ　大正3年10月27日～昭和63年2月21日　厚木ナイロン工業顧問,商工中金理事　→88/90

井下 政厚　いのした・まさあつ　～平成21年10月29日　福島民友新聞専務　→09/11

猪瀬 一郎　いのせ・いちろう　～昭和55年11月16日　仙台家裁所長　→80/82

猪瀬 茂　いのせ・しげる　～平成2年5月11日　大倉紙パルプ商事専務　→88/90

猪瀬 寧雄　いのせ・しずお　～昭和56年12月6日　北海道開発事務次官　→80/82

猪瀬 慎一郎　いのせ・しんいちろう　昭和4年8月5日～平成18年8月23日　福岡高裁長官　→06/08

猪瀬 進平　いのせ・しんぺい　～平成10年3月12日　日本酒類販売常務　→97/99

猪瀬 敏弘　いのせ・としひろ　大正13年1月11日～平成19年8月12日　神戸電気鉄道常務　→06/08

猪瀬 弁一郎　いのせ・べんいちろう　明治35年11月1日～平成3年4月8日　同和鉱業会長,藤田観光副社長　→91/93

猪瀬 和夫　いのせ・まさお　昭和5年8月8日～平成8年5月16日　栃木新聞社長　→94/96

猪原 一雄　いのはら・かずお　昭和11年1月1日～平成15年1月18日　日商岩井副社長　→03/05

猪原 敬勝　いのはら・けいしょう　～昭和13年3月28日　富山地検検事正　→昭和

猪原 光夫　いのはら・みつお　～昭和62年12月14日　広島市議・市会副議長　→83/87

伊野部 重珍　いのべ・しげよし　大正2年5月2日～昭和58年1月30日　高知相互銀行頭取,高知新聞監査役,高知放送取締役　→83/87

猪股 一二　いのまた・いちじ　大正6年2月12日～平成11年7月11日　猪股商会会長,宮城県体育協会参与,宮城県自転車競技連盟会長　→97/99

猪俣 栄市　いのまた・えいいち　明治39年12月12日～昭和61年3月6日　米沢市議・市会議長　→83/87

猪俣 憲一　いのまた・けんいち　昭和21年8月25日～平成11年1月22日　新潟県議(無所属)　→00/02s

猪俣 幸一　いのまた・こういち　～平成14年8月4日　東京高裁判事,国際基督教大学教授　→00/02

猪俣 浩三　いのまた・こうぞう　明治27年7月20日～平成5年8月21日　弁護士　衆院議員(社会党),アムネスティ・インターナショナル日本支部長　→91/93

猪股 茂男　いのまた・しげお　大正9年1月23日～平成4年9月14日　神鋼電機社長,神戸製鋼所専務　→00/02

猪股 俊司　いのまた・しゅんじ　大正2年8月19日　日本構造橋梁研究所会長　→88/90

猪股 猛　いのまた・たけし　明治39年9月10日～平成4年1月27日　猪股商事社長,(財)労務行政研究会会長　→

91/93

猪股 忠次　いのまた・ただつぐ　～昭和3年5月1日　ジヤパン・ツーリスト・ビユウロー主事　→昭和

猪俣 津南雄　いのまた・つなお　明治22年4月23日～昭和17年1月19日　社会主義者,経済学者,評論家　→昭和

猪股 悌二郎　いのまた・ていじろう　大正6年11月24日～平成22年1月22日　新潟県議(自民党)　→09/11

猪股 俊治　いのまた・としはる　大正15年8月30日～昭和63年2月6日　学士会館精養軒社長,日本食生活文化財団副理事長　→88/90

猪俣 治六　いのまた・はるろく　～昭和13年6月23日　札幌控訴院検事長　→昭和

猪股 雄二郎　いのまた・ゆうじろう　大正9年1月6日～平成1年9月10日　東北放送専務　→88/90

猪俣 良治　いのまた・よしはる　大正4年9月26日～平成13年2月25日　日産ディーゼル工業副社長,日産ディーゼル販売社長　→00/02

井面 譲　いのも・ゆずる　大正12年9月24日～平成5年11月24日　乾汽船取締役　→91/93

伊野本 一彦　いのもと・かずひこ　明治44年11月17日～平成13年3月29日　西条鶴酒造会長　→00/02

禱 苗代　いのり・しげしろ　明治9年12月～昭和2年5月13日　衆院議員(政友会)　→昭和(いのり・びょうだい)

伊波 栄徳　いは・えいとく　昭和13年9月10日～平成17年9月7日　沖縄県議(社民党)　→03/05

伊波 広定　いは・こうてい　大正10年6月20日～平成14年11月15日　沖縄県議(共産党)　→03/05s

伊庭 順三　いば・じゅんぞう　明治45年5月30日～昭和59年7月17日　神戸製鋼監査役　→83/87

伊庭 彰一　いば・しょういち　～昭和11年9月26日　仙台鉄道局長　→昭和

射場 恒三　いば・つねぞう　明治35年4月1日～昭和58年2月20日　住友化学工業常務　→83/87

井場 知哉　いば・ともや　大正2年12月22日～平成4年6月15日　三菱自動車販売(のち三菱自動車工業)常務　→91/93

井畑 田一　いはた・でんいち　～昭和40年1月20日　東京ダイハツ社長　→昭和

井林 清長　いばやし・きよなが　大正12年7月19日～平成3年3月13日　全日本印刷工業組合連合会連常務理事,中部地区印刷協議会会長,富山県印刷工業組合理事長　→91/93

居林 与次　いばやし・よそじ　大正2年9月24日～平成8年8月19日　弁護士　浦和地検検事正　→94/96

井原 勇　いはら・いさむ　大正15年11月17日～平成19年10月7日　与野市長　→06/08

井原 一郎　いはら・いちろう　昭和2年9月7日～平成6年12月14日　千代田生命保険副社長　→94/96

井原 栄松　いはら・えいまつ　明治34年12月10日～平成2年12月4日　鶴居村(北海道)村長　→88/90

井原 一夫　いはら・かずお　大正14年5月26日～平成9年11月9日　静岡県議(自民党)　→97/99

井原 岸高　いはら・きしたか　明治36年4月23日～平成4年9月25日　衆院議員(自民党)　→91/93

井原 公夫　いはら・きみお　～平成15年5月2日　陸将　陸上自衛隊技術研究本部技術開発官　→03/05

井原 邦雄　いはら・くにお　明治32年10月22日～昭和63年8月8日　弁護士　日本弁護士連合会副会長、第一東京弁護士会会長　→88/90

井原 伍郎　いはら・ごろう　～昭和49年1月9日　西部瓦斯社長　→昭和

伊原 五郎兵衛　いはら・ごろうべえ　明治13年10月～昭和27年4月3日　衆院議員(立憲政友会)　→昭和(いはら・ごろべえ)

伊原 沢造　いはら・さわぞう　明治30年9月15日～昭和61年11月23日　伊原金属代表取締役会長　→83/87

井原 重利　いはら・しげとし　～昭和63年12月1日　大正町(高知県)町長　→88/90

伊原 淳二　いはら・じゅんじ　昭和6年1月6日～昭和56年3月21日　日本発条取締役合理化本部長　→80/82

伊原 隆　いはら・たかし　明治41年6月5日～昭和51年9月24日　横浜銀行頭取、大蔵省理財局長　→昭和

井原 正　いはら・ただし　～平成3年9月27日　SEジャパン社長　→91/93

井原 達三　いはら・たつぞう　明治44年12月7日～平成3年8月25日　井原商事会長、与野商工会議所会頭　→91/93

井原 為市　いはら・ためいち　明治38年1月22日～昭和62年12月14日　四国銀行常務　→83/87

井原 長治　いはら・ちょうじ　大正11年7月25日～平成7年5月26日　井原水産会長　→94/96

伊原 務　いはら・つとむ　～昭和48年7月9日　カネボウ光陽会長　→昭和

井原 恒治　いはら・つねはる　大正8年1月2日～平成19年8月27日　市原市長　→06/08

伊原 利勝　いはら・としかつ　大正7年12月19日～平成10年6月14日　共同印刷常務　→97/99

井原 敏之　いはら・としゆき　明治43年3月1日～平成3年1月3日　行政管理庁事務次官　→91/93

井原 一　いはら・はじめ　～昭和55年10月15日　財団法人井原奨学会理事長、元三菱重工原動機業務部長　→80/82

井原 久吉　いはら・ひさきち　明治43年1月30日～昭和62年4月28日　大阪シャットル製作所会長　→83/87

伊原 政次　いはら・まさじ　明治39年3月13日～昭和58年11月30日　伊原高圧継手工業会長、日本高圧継手協会会長　→83/87

伊原 優　いはら・まさる　昭和11年5月29日～平成9年10月23日　ケンウッド・プレシジョン会長、ケンウッド取締役　→97/99

井原 丈夫　いはら・ますお　昭和12年11月9日～平成23年5月27日　愛知電機常務　→09/11

庵原 道久　いはら・みちひさ　大正10年4月25日～平成4年4月2日　南西航空社長　→91/93

庵原 貢　いはら・みつぐ　明治36年10月3日～昭和54年3月31日　海上自衛隊幕僚長　→昭和

井原 元彦　いはら・もとひこ　～昭和56年6月4日　福間町長　→80/82

井原 安雄　いはら・やすお　大正4年～昭和61年1月26日　三井東圧化学常務　→83/87

井原 豊　いはら・ゆたか　～平成9年　農業　井原行政書士事務所長、井原自動車工業会長　→97/99

伊原 理吉郎　いはら・りきちろう　昭和2年6月15日～昭和63年5月29日　伊原金属社長、イハラ興産社長　→88/90

荊木 和彦　いばらき・かずひこ　大正8年5月24日～平成1年11月8日　協立ハイパーツ会長、関東精器常務　→88/90

荊木 一久　いばらぎ・かずひさ　明治36年11月～昭和27年1月4日　衆院議員(民主党)　→昭和(ばらき・かずひさ)

茨木 忻治　いばらき・きんじ　大正12年10月15日～平成13年12月19日　川鉄商事社長、川崎製鉄副社長　→00/02

茨木 弘三　いばらき・こうぞう　昭和13年7月4日～平成6年11月5日　京都共栄銀行常務　→94/96

伊原木 貞秀　いばらき・さだひで　明治36年3月15日～平成12年2月13日　中国銀行常務、天満屋専務　→00/02

茨木 純一　いばらき・じゅんいち　明治43年3月19日～平成2年4月9日　衆院内閣委員会調査室長　→88/90

茨木 完　いばらき・たもつ　～平成1年2月19日　東洋棉花監査役、東洋経編社長　→88/90

茨木 基則　いばらき・もとのり　明治45年7月12日～平成1年6月16日　奈良県議　→88/90

茨木 良和　いばらぎ・よしかず　～昭和58年3月26日　共産党常任幹部会委員・書記局次長　→83/87

井樋 悟　いび・さとる　明治44年12月4日～平成1年12月21日　三根町(佐賀県)町長　→88/90

井深 梶之助　いぶか・かじのすけ　嘉永7年6月10日～昭和15年6月24日　キリスト教指導者、教育家　明治学院名誉総理　→昭和

井深 次郎　いぶか・じろう　昭和9年2月15日～平成6年1月3日　日本電話施設社長　→94/96

井深 大　いぶか・まさる　明治41年4月11日～平成9年12月19日　実業家、電子工学者　ソニー創業者、ソニー教育振興財団理事長　→97/99

伊夫伎 一雄　いぶき・かずお　大正9年7月8日～平成21年9月2日　銀行家　三菱銀行頭取　→09/11

伊吹 慶太郎　いぶき・けいたろう　～平成2年1月5日　シキボウ監査役　→88/90

伊吹 孝三郎　いぶき・こうざぶろう　明治41年9月30日

I 政治・経済・社会篇

~昭和62年4月9日　中央倉庫会長　→83/87

伊吹 忍　いぶき・しのぶ　~平成3年4月11日
興南化学工業社長　→91/93

伊吹 正一　いぶき・しょういち　~昭和58年5月4日
東洋工業顧問、元海上自衛隊自衛艦隊司令官　→83/87

伊吹 震　いぶき・しん　明治21年8月3日~昭和36年3月31日　大日本製糖社長　→昭和

伊吹 範司　いぶき・はんじ　明治41年10月14日~平成6年3月9日　新和海運専務　→94/96

伊吹 秀雄　いぶき・ひでお　大正4年7月7日~昭和58年10月13日　大阪商船三井船舶常務、りんかい建設社長　→83/87

伊吹 芳郎　いぶき・よしろう　大正14年3月19日~平成18年3月28日　HOYA常務　→06/08

伊吹 良太郎　いぶき・りょうたろう　明治43年9月26日~平成5年1月25日　伊吹社長　→91/93

伊部 和夫　いべ・かずお　昭和2年11月5日~平成10年8月13日　ジャックス専務　→97/99

伊部 禧作　いべ・きさく　明治41年8月26日~平成5年11月26日　ゼリア新薬工業創業者　→91/93

伊部 恭之助　いべ・きょうのすけ　明治41年7月28日~平成13年4月16日　住友銀行頭取、日仏クラブ世話人　→00/02

伊部 真　いべ・まこと　大正10年1月21日~昭和48年10月9日　労働運動家、政治家　全日通労組中央執行委員長、参議院議員（社会党）　→昭和

井堀 繁雄　いほり・しげお　明治35年9月30日~昭和58年7月18日　労働運動家　全国生協連合会会長理事、衆院議員（社会党）　→83/87

井馬 栄　いま・さかえ　~昭和61年2月14日
海上保安庁第九管区海上保安本部長　→83/87

今井 章夫　いまい・あきお　大正2年10月7日~平成13年6月19日　三洋商事創業者、宮津商工会議所会頭　→00/02

今井 彰　いまい・あきら　~昭和48年2月19日
日本信託銀行常務　→昭和

今井 勇　いまい・いさむ　大正8年7月21日~平成10年6月6日　衆院議員（自民党）、厚相　→97/99

今井 勇　いまい・いさむ　大正15年1月23日~平成23年7月20日　第一勧業銀行常務　→09/11

今井 一郎　いまい・いちろう　明治23年2月21日~昭和27年10月3日　農民運動家　新潟県農業会長　→昭和

今井 一六　いまい・いちろく　~昭和53年10月13日
都ホテル社長　→昭和

今井 梅一　いまい・うめいち　大正7年12月8日~平成21年8月20日　海将　海上自衛隊佐世保地方総監　→09/11

今井 栄一　いまい・えいいち　~昭和56年5月4日
大滝村（北海道）村議　→80/82

今井 一男　いまい・かずお　明治36年2月11日~昭和61年6月8日　全国労金協会会長、共済組合連盟会長　→83/87

今井 和幸　いまい・かずゆき　昭和6年4月13日~平成20年1月27日　兵庫県副知事　→06/08

今井 堅　いまい・かたし　明治41年10月17日~平成9年12月3日　少年画報社創業者　→97/99

今井 兼毅　いまい・かねたけ　明治35年7月4日~平成2年5月11日　東レ取締役　→88/90

今井 兼文　いまい・かねふみ　明治23年11月~昭和61年2月2日　全国教科書供給協会相談役、日本書店組合連合会相談役、米子今井書店会長　→83/87

今井 貫一　いまい・かんいち　明治3年10月24日~昭和15年4月18日　大阪府立図書館館長　→昭和

今井 義一　いまい・ぎいち　~平成5年6月20日
TBSブリタニカ副社長、朝日新聞外報部長、朝日イブニングニュース社取締役　→91/93

今井 喜市郎　いまい・きいちろう　明治44年8月4日~平成3年12月4日　京都生花社長、京都市花キ振興協会会長　→91/93

今井 喜三　いまい・きぞう　~平成1年4月18日
（社）全国中小建築工事団体連合会会長、目黒区議会議長　→88/90

今井 享一　いまい・きょういち　昭和3年5月13日~平成4年1月27日　山武ハネウエル常務　→91/93

今井 潔　いまい・きよし　~平成16年10月15日
シャルレ副社長　→03/05

今井 清　いまい・きよし　明治15年9月10日~昭和13年1月22日　陸軍中将　→昭和

今井 清　いまい・きよし　~平成9年4月22日
大末建設常務　→97/99

今井 清　いまい・きよし　大正13年4月28日~平成11年1月28日　バーテンダー　日本ホテルバーメンズ協会常任相談役　→97/99

今井 清隆　いまい・きよたか　大正5年1月27日~平成17年7月6日　静岡放送専務、駿府博物館館長　→03/05

今井 金蔵　いまい・きんぞう　明治39年9月14日~平成2年2月24日　星電器製造常務　→88/90

今井 国男　いまい・くにお　明治45年4月3日~昭和63年4月11日　岐阜県会議員、久尻生産森林組合長　→88/90

今井 邦孝　いまい・くにたか　昭和16年~平成12年4月28日　川崎信用金庫常務理事　→00/02

今井 邦彦　いまい・くにひこ　大正5年11月15日~昭和62年2月6日　東邦シートフレーム相談役・元社長　→83/87

今井 熊五郎　いまい・くまごろう　明治36年2月28日~平成3年4月3日　滋賀県会副議長、全国鮎養殖漁業組合連合会長　→91/93

今井 敬亮　いまい・けいすけ　昭和2年1月24日~昭和58年1月22日　日東電気工業常務取締役　→83/87

今井 袈裟知　いまい・けさとも　大正12年2月25日~平成6年7月25日　アスク専務　→94/96

今井 源三　いまい・げんぞう　大正4年5月8日~平成5

年12月17日　石川県会議長（自民党），金沢市農協組合長　→91/93

今井　耕　いまい・こう　明治29年2月～昭和51年1月18日　衆院議員（自民党）　→昭和

今井　孝吉　いまい・こうきち　昭和4年6月7日～平成9年8月11日　日本製麻常務　→97/99

今井　五介　いまい・ごすけ　安政6年11月15日～昭和21年7月9日　実業家　片倉製糸紡績社長　→昭和

今井　三郎　いまい・さぶろう　大正4年10月9日～昭和62年3月19日　住友金属鉱山常務取締役　→83/87

今井　恵雄　いまい・しげお　昭和16年6月7日～平成23年10月6日　ユニプレス常務　→09/11

今井　重太郎　いまい・しげたろう　明治40年3月15日～平成10年1月14日　松下鈴木（のち伊藤忠食品）社長　→97/99

今井　重義　いまい・しげよし　大正6年11月8日～平成10年12月6日　川崎重工業顧問・元常務，川崎興産社長　→97/99

今井　茂　いまい・しげる　大正2年4月17日～平成7年2月23日　鹿島副社長　→94/96

今井　静郎　いまい・しずろう　大正3年1月7日～平成3年9月25日　片倉チッカリン副社長　→91/93

今井　寿一郎　いまい・じゅいちろう　昭和2年11月20日～平成22年3月10日　長野県議（無所属）　→09/11

今井　修之　いまい・しゅうし　～昭和42年3月6日　三井金属鉱業取締役　→昭和

今井　淳　いまい・じゅん　昭和4年5月16日～平成20年12月16日　北越製紙専務　→06/08

今井　昌晃　いまい・しょうこう　～平成13年4月25日　僧侶　輪王寺一山浄土院名誉住職　→00/02

今井　正三　いまい・しょうぞう　昭和3年8月21日～平成16年1月31日　鐘紡専務　→03/05

今井　史郎　いまい・しろう　～昭和56年4月26日　日鉄鉱業名誉顧問，元専務　→80/82

今井　四郎　いまい・しろう　～昭和59年1月10日　国鉄北海道支社長，鉄道会館常務　→83/87

今井　信二　いまい・しんじ　～平成5年4月3日　福田組常務　→91/93

今井　壬子郎　いまい・じんしろう　明治45年3月17日～平成1年9月14日　タムラ製作所専務　→88/90

今井　新造　いまい・しんぞう　明治27年1月～昭和37年8月23日　衆院議員（無所属倶楽部）　→昭和

今井　精一　いまい・せいいち　昭和5年4月29日～平成12年4月9日　富士製薬工業会長　→00/02

今井　清五郎　いまい・せいごろう　～昭和57年1月31日　大同特殊鋼専務，大同興業取締役相談役　→80/82

今井　精三郎　いまい・せいざぶろう　～昭和55年11月15日　富士銀行常任監査役　→80/82

今井　善衛　いまい・ぜんえい　大正2年10月5日～平成8年4月19日　通商産業事務次官，日本石油化学社長　→

今井　大宗　いまい・だいそう　大正3年11月23日～平成6年10月27日　新日鉄化学社長，新日本製鉄副社長　→94/96

今井　孝義　いまい・たかよし　大正12年10月14日～平成13年1月18日　トーア紡常務　→00/02

今井　武夫　いまい・たけお　明治31年2月23日～昭和57年6月12日　陸軍中将　陸軍支那派遣軍参謀副長，善隣友誼会理事　→80/82

今井　猛雄　いまい・たけお　明治37年10月18日～平成4年11月8日　建築家　日本設計会長　→91/93

今井　忠男　いまい・ただお　明治35年4月23日～昭和57年2月28日　弁護士　日本弁護士連合会会長　→80/82

今井　只彦　いまい・ただひこ　大正15年11月14日～平成1年9月28日　日本銀行国債局長，新日本証券調査センター社長　→88/90

今井　達男　いまい・たつお　～平成7年5月2日　名古屋銀行常務　→94/96

今井　龍雄　いまい・たつお　大正2年3月28日～平成7年3月30日　保育社長　→94/96

今井　達郎　いまい・たつろう　～昭和59年9月28日　三菱建設常務，三菱鉱業調査部長　→83/87

今井　保　いまい・たもつ　昭和2年12月1日～昭和61年10月8日　共同機械製作所社長，ゆたか福祉会会長　→83/87

今井　保　いまい・たもつ　明治39年10月1日～平成12年8月1日　丸井今井会長　→00/02

今井　次男　いまい・つぎお　大正9年11月25日～昭和62年8月3日　セイビ社長　→83/87

今井　勤　いまい・つとむ　～昭和55年12月11日　住友建設常務　→80/82

今井　彊　いまい・つよし　大正3年10月7日～平成11年6月20日　昭栄社長　→97/99

今井　哲朗　いまい・てつろう　昭和4年2月4日～平成4年6月26日　神戸製鋼所副社長　→91/93

今井　徹　いまい・とおる　昭和3年10月22日～平成6年7月6日　東京メール社長，日本メーリングサービス協会専務理事　→94/96

今井　徳順　いまい・とくじゅん　明治6年～昭和12年12月3日　僧侶（天台宗）　輪王寺門跡　→昭和

今井　敏男　いまい・としお　昭和5年4月10日～平成2年12月16日　津軽新報社長　→88/90

今井　利宣　いまい・としのぶ　大正12年11月20日～平成13年4月15日　日立電線常務，東日電線社長　→00/02

今井　敏文　いまい・としふみ　～平成5年8月22日　ニコン取締役　→91/93

今井　敏朗　いまい・としろう　大正10年8月11日～平成5年7月3日　昭和飛行機工業常務　→91/93

今井　富夫　いまい・とみお　昭和60年11月10日　北陸アルミニウム取締役開発営業部長　→83/87

今井　富雄　いまい・とみお　大正5年6月14日～平成11年

9月7日　合同酒精専務　→97/99

今井　冨夫　いまい・とみお　大正6年9月1日～昭和63年12月10日　公認会計士　今井会計事務所所長　→88/90

今井　富之助　いまい・とみのすけ　～昭和42年11月26日　北スマトラ石油開発協力会社社長、三井物産取締役　→昭和

今井　直一　いまい・なおいち　明治29年8月～昭和38年5月15日　印刷研究家　三省堂社長　→昭和

今井　日誘　いまい・にちゆう　～昭和11年4月19日　日蓮宗大僧正　→昭和

今井　延夫　いまい・のぶお　明治44年4月1日～昭和59年9月14日　東洋紡取締役　→83/87

今井　延雄　いまい・のぶお　明治44年1月23日～平成8年7月10日　南海建設(のち南海辰村建設)会長　→94/96

今井　信一　いまい・のぶかず　大正11年10月22日～平成3年9月9日　愛知電機常務　→91/93

今井　登　いまい・のぼる　～平成4年6月20日　石原薬品副社長　→91/93

今井　一　いまい・はじむ　～平成7年7月29日　三井物産常務　→94/96

今井　春雄　いまい・はるお　明治41年1月20日～平成5年1月30日　愛知銀行専務　→91/93

今井　久夫　いまい・ひさお　昭和5年7月22日～平成18年6月1日　三井不動産常務、オリエンタルランド専務　→06/08

今井　久　いまい・ひさし　明治35年7月24日～昭和55年7月25日　防衛事務次官　→80/82

今井　久代　いまい・ひさよ　昭和22年1月2日～平成18年5月1日　愛媛県議(共産党)　→06/08

今井　英二　いまい・ひでじ　昭和5年7月27日～平成6年7月13日　白河市長　→94/96

今井　均　いまい・ひとし　大正10年3月11日～平成14年5月17日　台東区商店街連合会会長、アメ横商店街連合会長　→00/02

今井　広　いまい・ひろし　大正2年8月24日～平成2年1月24日　東洋観光会長　→88/90

今井　博　いまい・ひろし　明治45年1月31日～平成17年2月13日　日本曹達社長、通産省石炭局長　→03/05

今井　洋　いまい・ひろし　昭和5年9月3日～平成11年9月27日　東洋情報システム会長　→97/99

今井　浩充　いまい・ひろみつ　昭和20年5月5日～平成20年7月18日　内田洋行常務　→06/08

今井　武吉　いまい・ぶきち　明治21年11月3日～昭和23年11月3日　社会運動家　→昭和

今井　冨美枝　いまい・ふみえ　～昭和63年8月8日　国際婦人教育振興会監事、大学婦人協会会長　→88/90

今井　文雄　いまい・ふみお　明治38年7月20日～昭和58年12月17日　安田火災海上保険専務、日本損害保険協会専務理事　→83/87

今井　文平　いまい・ぶんぺい　～昭和61年4月8日

大倉商事会長、信越化学工業副社長　→83/87

今井　正郎　いまい・まさお　大正5年5月3日～平成7年7月19日　亀山市長　→94/96

今井　正樹　いまい・まさき　大正2年11月18日～昭和63年9月9日　大和味噌醸造会長　→88/90

今井　正人　いまい・まさと　～昭和61年10月1日　今井食品サービス代表取締役、(学)久留米ゼミナール理事長　→83/87

今井　昌彦　いまい・まさひこ　～昭和55年11月4日　メゾン・デ・ザール社長　→80/82

今井　正浩　いまい・まさひろ　昭和14年2月4日～平成16年1月7日　中部ガス専務　→03/05

今井　増一　いまい・ますいち　大正12年7月3日～平成22年11月21日　御所市長　→09/11

今井　道雄　いまい・みちお　大正4年1月24日～平成2年9月4日　丸井今井会長、北海道商工会議所連合会会頭　→88/90

今井　光雄　いまい・みつお　明治42年1月2日～昭和60年9月3日　川崎製鉄専務、川鉄鋼材工業社長　→83/87

今井　美濃夫　いまい・みのお　明治42年1月17日～昭和56年4月24日　オリエンタル酵母工業社長、日清製粉専務　→80/82

今井　実　いまい・みのる　昭和7年9月～昭和59年7月23日　日本消防検定協会理事、消防大学校長　→83/87

今井　基之　いまい・もとゆき　大正13年10月24日～平成22年8月27日　トビー工業取締役　→09/11

今井　康雄　いまい・やすお　明治45年2月13日～昭和60年8月2日　高圧ガス工業会長、東日本高圧社長　→83/87

今井　弥寿雄　いまい・やすお　大正10年10月9日～昭和61年7月15日　日本電工取締役　→83/87

今井　侑三　いまい・ゆうぞう　昭和4年9月11日～平成23年1月31日　日本工営社長　→09/11

今井　嘉雄　いまい・よしお　明治43年1月31日～平成9年7月14日　日新火災海上保険専務　→97/99

今井　義雄　いまい・よしお　大正7年3月23日～平成3年10月2日　五光社会長　→91/93

今井　好雄　いまい・よしお　大正15年～昭和63年4月21日　日魯漁業取締役　→88/90

今井　美材　いまい・よしざい　～昭和49年6月17日　原子燃料公社理事長　→昭和

今井　義光　いまい・よしてる　昭和3年7月29日～平成17年7月21日　堺化学工業専務、堺商事社長　→03/05

今井　嘉幸　いまい・よしゆき　明治11年5月25日～昭和26年6月30日　普選運動家、弁護士　衆院議員、東京地裁判事　→昭和

今井　利喜三郎　いまい・りきさぶろう　明治4年12月28日～昭和23年8月11日　実業家　三井銀行会長　→昭和

今井　亮夫　いまい・りょうふ　明治61年10月2日　僧侶　全国教誨師連盟理事長、真宗大谷派教誨師会副会長　→83/87

今井 和一　いまい・わいち　～平成3年11月7日　日本経済新聞社取締役東京本社販売局長, 日本経済広告社大阪社長　→91/93

今泉 勲　いまいずみ・いさお　昭和12年1月10日～平成8年6月25日　ブリヂストン常務　→94/96

今泉 英一　いまいずみ・えいいち　～昭和54年9月8日　上野動物園長　→昭和

今泉 英三　いまいずみ・えいぞう　明治28年1月～昭和59年5月30日　海軍少将　千葉工業大学教授　→83/87

今泉 嘉一郎　いまいずみ・かいちろう　慶応3年6月～昭和16年6月30日　政治家, 製錬技術者　衆議院議員(政友会), 八幡製鉄所技師　→昭和

今和泉 喜次郎　いまいずみ・きじろう　～昭和58年4月15日　海軍大佐　→83/87

今泉 清　いまいずみ・きよし　明治36年3月21日～平成18年8月25日　さくら野百貨店会長, 仙台商工会議所顧問　→06/08

今泉 耕吉　いまいずみ・こうきち　明治33年2月16日～平成4年12月13日　日本リース会長　→91/93

今泉 貞雄　いまいずみ・さだお　明治39年7月～平成7年1月28日　衆院議員(自由党), 日本軽種馬協会顧問　→94/96

今泉 進二郎　いまいずみ・しんじろう　大正4年～昭和58年4月1日　プラス社長, 日本文具工業団体連盟常任理事　→83/87

今泉 鐸次郎　いまいずみ・たくじろう　明治6年～昭和10年1月5日　実業家, 郷土史家　→昭和

今泉 武夫　いまいずみ・たけお　明治27年12月8日～平成8年1月29日　大日電線(のち三菱電線工業)社長　→94/96

今泉 達雄　いまいずみ・たつお　昭和7年10月2日～平成18年11月23日　河合楽器製作所常務　→06/08

今泉 太郎　いまいずみ・たろう　明治41年7月4日～平成4年5月30日　東京都議(公明党)　→91/93

今泉 利清　いまいずみ・としきよ　～昭和8年7月8日　海軍大佐　→昭和

今泉 利義　いまいずみ・としよし　～昭和11年12月23日　海軍少将　→昭和

今泉 久雄　いまいずみ・ひさお　大正3年12月6日～昭和60年2月4日　火力原子力発電技術協会専務理事　→83/87

今泉 浩　いまいずみ・ひろし　明治34年4月27日～昭和58年5月16日　日本電気通信常務　→83/87

今泉 藤麿　いまいずみ・ふじまろ　～昭和59年3月20日　日立製作所水戸工場長　→83/87

今泉 正顕　いまいずみ・まさあき　大正15年12月15日～平成21年9月28日　福島中央テレビ社長　→09/11

今泉 正夫　いまいずみ・まさお　昭和6年6月23日～平成23年9月1日　中日新聞東京本社広告局長　→09/11

今泉 政喜　いまいずみ・まさき　明治19年10月～昭和51年3月12日　参議院議員(自由党)　→昭和(いまいずみ・まさよし)

今泉 元佑　いまいずみ・もとすけ　明治39年～平成5年2月18日　陶芸社今泉商会社長, 古伊万里鍋島研究所長　→91/93

今泉 芳孝　いまいずみ・よしたか　～昭和55年10月15日　福岡県町村議会議長会事務局長　→80/82

今泉 嘉正　いまいずみ・よしまさ　大正14年～平成17年8月13日　昭和電工常務　→03/05

今泉 義道　いまいずみ・よしみち　～平成7年3月2日　2.26事件慰霊像護持の会世話人　→94/96

今井田 清　いまいだ・きよし　大正14年9月15日～平成18年10月15日　岐阜県議(自民党)　→06/08

今井田 清徳　いまいだ・きよのり　明治17年2月2日～昭和15年5月8日　逓信次官, 貴院議員(勅撰)　→昭和

今枝 源市　いまえだ・げんいち　大正14年9月19日　今枝商店社長　→昭和

今枝 常男　いまえだ・つねお　明治40年9月10日～昭和58年5月14日　参院法制局長　→83/87

今枝 信雄　いまえだ・のぶお　大正7年4月29日～平成10年4月27日　地方行政総合研究センター理事長　→97/99

今尾 登　いまお・のぼる　明治33年8月7日～昭和45年12月18日　衆院議員, 京都女子大学教授　→昭和

今岡 純一郎　いまおか・じゅんいちろう　明治7年2月16日～昭和9年10月3日　造船技術者, 実業家　浦賀船渠社長　→昭和

今岡 信一良　いまおか・しんいちろう　明治14年9月16日～昭和63年4月11日　宗教家　日本自由宗教連盟会長, 東京帰一教会主宰者　→88/90

今岡 鶴吉　いまおか・つるきち　～平成13年11月7日　国鉄常務理事・関東支社長, 大阪市交通局長　→00/02

今岡 豊　いまおか・ゆたか　明治36年11月24日～平成8年8月19日　陸軍大佐　防衛庁防衛研修所戦史室調査員　→97/99s

今川 誠一　いまがわ・せいいち　大正15年1月7日～平成18年1月10日　間組常務　→06/08

今川 正　いまがわ・ただし　大正3年8月2日　平成7年11月15日　三興製紙専務　→94/96

今川 透　いまがわ・とおる　大正14年8月26日～平成5年8月　僧侶　小松市音楽協会会長, 小松市民吹奏楽団団長, 願勝寺住職　→91/93

今川 俊彦　いまがわ・としひこ　大正9年12月11日～平成8年2月7日　昭和飛行機工業社長　→94/96

今川 演祐　いまがわ・のぶすけ　大正8年1月1日～平成15年4月2日　日本専売公社総務理事　→03/05

今川 彦二　いまがわ・ひこじ　大正12年2月26日～平成21年9月6日　住友セメント社長　→09/11

今川 正彦　いまがわ・まさひこ　明治44年1月4日～平成8年12月7日　京都市長　→94/96

今川 善夫　いまがわ・よしお　～昭和62年8月2日　朝日新聞大阪本社連絡部長　→83/87

今川 芳夫　いまがわ・よしお　大正12年8月20日～昭和59年11月21日　フジタ工業専務　→83/87

今城 栄次郎　いまき・えいじろう　明治42年2月9日～平成11年5月7日　名古屋市助役　→97/99

今木 富四郎　いまき・とみしろう　昭和8年9月1日～平成7年11月11日　ユアサ商事専務　→94/96

今木 万須男　いまき・ますお　～昭和46年6月28日　三洋貿易社長　→昭和

今木 弥一郎　いまき・やいちろう　～昭和55年4月27日　大阪セメント常務　→80/82

今北 孝次　いまきた・こうじ　大正2年8月7日～平成14年5月11日　三菱電機副社長　→00/02

今北 策之助　いまきた・さくのすけ　～昭和14年9月8日　日本銀行監事、専売局長官　→昭和

今北 治作　いまきた・じさく　～昭和9年2月26日　大阪国粋会顧問　→昭和

今蔵 静雄　いまくら・しずお　明治41年2月1日～平成1年11月15日　富士興産専務、富士興産アスファルト社長　→88/90

今坂 泰雄　いまさか・やすお　大正10年6月6日～平成4年12月13日　日本化学工業常務　→91/93

今坂 芳正　いまさか・よしまさ　大正14年1月15日～平成20年5月3日　太平工業専務　→06/08

今崎 一明　いまざき・かずあき　～昭和60年2月19日　京都駅駅長　→83/87

今里 英三　いまざと・えいぞう　明治38年8月21日～平成19年8月20日　近畿日本鉄道社長　→06/08

今里 進三　いまざと・しんぞう　～平成5年8月27日　日刊工業新聞社監査役　→91/93

今里 広記　いまざと・ひろき　明治40年11月27日～昭和60年5月30日　実業家、財界人　日本精工社長、経団連常任理事　→83/87

今沢 幸　いまざわ・みゆき　大正7年12月15日～平成16年1月26日　日本工業新聞常務・大阪代表、産経新聞大阪本社編集局次長　→03/05

今沢 義雄　いまざわ・よしお　～昭和16年12月5日　陸軍少将　→昭和

今宿 次雄　いましゅく・つぐお　明治17年1月10日～昭和46年9月4日　佐賀県知事、八日市市市長　→昭和（いまやど・つぎお）

今城 衛　いましろ・まもる　～昭和62年12月7日　由良神社宮司、京都新聞由良通信部嘱託、宮津市公平委員　→83/87

今津 績　いまず・いさお　大正2年3月26日～昭和63年2月4日　鐘紡取締役　→88/90

今津 洪岳　いまず・こうがく　～昭和40年11月1日　妙心寺住職、花園大学教授　→昭和

今津 俊爾　いまず・しゅんじ　大正2年7月18日～平成6年6月29日　岡谷鋼機専務　→83/87

今津 清蔵　いまず・せいぞう　明治33年3月9日～平成3年6月12日　徳山曹達専務　→91/93

今津 武夫　いまず・たけお　～平成23年1月4日　日和山観光社長、豊岡市議　→09/11

今津 長太郎　いまず・ちょうたろう　大正10年10月10日～昭和58年12月30日　椿本興業常務　→83/87

今津 芳雄　いまず・よしお　大正4年3月11日～平成7年12月16日　かに道楽創業者　→94/96

今関 ハワード　いまぜき・はわーど　～平成6年10月4日　「北米毎日」社長　→94/96

今園 国建　いまぞの・くにたけ　大正15年1月18日～平成18年10月24日　日揮専務　→06/08

今田 英作　いまだ・えいさく　～昭和52年9月7日　京阪電鉄会長　→昭和

今田 智　いまだ・さとし　大正6年12月1日～平成12年11月　広島市議（自民党）　→00/02

今田 喬士　いまだ・たかし　大正13年1月1日～平成11年11月24日　ドメス出版社長、口腔保健協会常務理事、医歯薬出版会長　→97/99

今田 智憲　いまだ・ちあき　大正12年7月20日～平成18年6月23日　東映ビデオ社長、東映動画社長　→06/08

今田 忠兵衛　いまだ・ちゅうべえ　明治36年11月30日～平成6年7月8日　ボーイスカウト日本連盟総コミッショナー　→94/96

今田 以武生　いまだ・にぶお　～昭和42年9月14日　海軍軍医中将　→昭和

今田 昌宏　いまだ・まさひろ　昭和8年4月26日～平成6年8月21日　ヤクルト本社副社長　→94/96

今田 道彦　いまだ・みちひこ　～昭和61年8月17日　奈良日日新聞社社長　→83/87

今竹 義一　いまたけ・よしかず　大正7年7月31日～平成14年2月3日　警察庁関東管区警察局長　→00/02

今谷 健一　いまたに・けんいち　～昭和50年6月15日　広島高裁長官　→昭和

井街 仁　いまち・じん　明治45年1月30日～平成12年3月9日　日本真空技術名誉会長　→00/02

今長 法行　いまちょう・のりゆき　大正11年11月9日～平成7年4月27日　東京コスモス電機会長　→94/96

今出川 円俊　いまでがわ・えんしゅん　～昭和10年7月21日　天台宗青蓮院門跡　→昭和

今出川 行忍　いまでがわ・ぎょうにん　～昭和31年7月25日　延暦寺大僧正　→昭和

今戸 信一　いまど・しんいち　大正4年7月24日～平成2年1月6日　東京ガス取締役、ガスター取締役　→88/90

今戸 正元　いまど・まさもと　～平成5年12月7日　明治乳業取締役　→91/93

今中 五逸　いまなか・ごいつ　明治44年7月23日～平成6年12月28日　弁護士　大阪高裁判事　→94/96

今中 善治　いまなか・ぜんじ　明治34年12月6日～昭和

60年3月5日　鶴屋八幡会長　→83/87

今永 孝男　いまなが・たかお　～平成4年2月4日
久留米運送副社長　→91/93

今永 親　いまなが・ちかし　昭和11年9月13日～平成3年4月6日　大分県議(自民党)　→91/93

今中 時雄　いまなか・ときお　大正10年3月9日～平成13年6月14日　五洋建設副社長　→00/02

今永 利男　いまなが・としお　～昭和62年5月20日
神田神社(明神)宮司　→83/87

今中 原夫　いまなか・もとお　大正7年2月21日～平成5年2月12日　上野市長　→91/93

今永 幸人　いまなが・ゆきと　昭和4年8月20日～平成12年9月11日　佐田建設副社長　→00/02

今浪 寅雄　いまなみ・とらお　～平成21年10月4日
国際興業グループ社長　→09/11

今成 拓三　いまなり・たくぞう　大正1年8月4日～昭和55年12月19日　実業家, 政治家　六日町資源開発社長　→80/82

今成 留之助　いまなり・とめのすけ　明治15年12月～昭和40年6月17日　衆院議員(進歩党)　→昭和

今成 日誓　いまなり・にっせい　昭和11年11月2日
顕本法華宗権大僧正　→昭和

今成 博親　いまなり・ひろちか　大正11年7月5日～平成22年3月16日　高田機工社長　→09/11

今成 守雄　いまなり・もりお　昭和9年12月1日～平成18年5月1日　羽生市長　→06/08

今成 雄志郎　いまなり・ゆうしろう　～平成9年3月3日
新潟県議　→97/99

今仁 昭太　いまに・しょうた　昭和2年6月7日～平成23年4月8日　帝人製機社長　→09/11

今西 淳郎　いまにし・あつお　大正11年2月1日～平成21年5月28日　富士電機製造常務　→09/11

今西 英一　いまにし・えいいち　大正13年10月4日～平成18年4月3日　日本勧業角丸証券常務　→06/08

今西 克己　いまにし・かつみ　明治45年5月15日～平成3年8月7日　興亜火災海上保険専務　→91/93

今西 周助　いまにし・しゅうすけ　～平成6年1月13日
高原町(宮崎県)町長, 宮崎県議　→94/96

今西 末吉　いまにし・すえきち　～昭和55年10月6日
大鉄工業社長, 今西組社長　→80/82

今西 安正　いまにし・やすまさ　明治45年4月25日～平成11年1月4日　オーエス専務　→97/99

今西 慶悠　いまにし・よしみ　大正15年3月16日～平成6年10月28日　日商岩井取締役, 日商エレクトロニクス副社長　→94/96

今野 邦夫　いまの・くにお　昭和4年6月22日～平成18年11月12日　大阪セメント常務　→06/08

今野 茂　いまの・しげる　大正1年10月27日～平成12年8月7日　東洋ゴム工業常務　→00/02

今橋 久馬朔　いまはし・くまさく　～昭和44年10月24日
日本リース専務　→昭和

今橋 健雄　いまはし・たけお　大正14年3月16日～平成13年3月20日　川鉄商事専務　→00/02

今林 五郎　いまばやし・ごろう　～平成3年12月19日
大広常任監査役　→91/93

今林 久二　いまはやし・ひさじ　明治42年8月2日～平成13年4月10日　福岡市議, 九州筑紫学園理事長　→00/02

今原 公一　いまはら・きんいち　～平成7年7月26日
在札幌スリランカ名誉総領事　→94/96

今吹 勝治　いまぶき・かつじ　昭和3年11月1日～昭和58年1月5日　堀場製作所副社長　→83/87

今福 太郎　いまふく・たろう　～昭和62年3月5日
三菱金属監査役　→83/87

今福 日出雄　いまふく・ひでお　大正10年6月18日～平成1年12月19日　(株)三愛会長　→88/90

今福 豊　いまふく・ゆたか　大正12年1月17日～平成16年8月4日　石川島播磨重工業常務　→03/05

今藤 浅太郎　いまふじ・あさたろう　～昭和58年10月17日　風連町(北海道)町議　→83/87

今堀 一夫　いまほり・かずお　～昭和56年2月26日
大誠製作所代表取締役　→80/82

今堀 淳一　いまほり・じゅんいち　～昭和58年3月3日
日本コロムビア洋楽部長　→83/87

今堀 忠国　いまほり・ただくに　昭和18年～平成21年3月6日　サッポロビール博物館長　→09/11

今松 治郎　いままつ・じろう　明治31年7月25日～昭和42年10月14日　衆院議員(自民党)　→昭和

今道 潤三　いまみち・じゅんぞう　明治33年10月11日～昭和54年5月25日　民放連名誉会長, 東京放送社長　→昭和

今道 博　いまみち・ひろし　昭和6年7月2日～平成18年3月4日　阪急電鉄専務, 阪急交通社社長　→06/08

今宮 信雄　いまみや・のぶお　明治44年12月25日～平成12年7月10日　日本セメント専務, 健康保険組合連合会会長　→00/02

今宮 義夫　いまみや・よしお　明治33年4月1日～平成1年2月17日　富士機工社長　→88/90

今村 晶正　いまむら・あきまさ　大正15年1月23日～平成22年5月16日　四国電力副社長, 四電工社長　→09/11

今村 彰　いまむら・あきら　～昭和60年6月11日
日高教(日本高校教職員組合)書記長　→83/87

今村 恵猛　いまむら・けいみょう　慶応3年5月27日～昭和7年12月23日　僧侶　真宗本願寺派開教師　→昭和

今村 開導　いまむら・かいどう　平成5年12月2日
僧侶　日蓮本宗寺務総長　→91/93

今村 一輔　いまむら・かずすけ　昭和2年2月21日～平成18年12月2日　太平洋セメント会長　→06/08

今村 勝太郎　いまむら・かつたろう　～昭和2年2月3日

明治志士　→昭和

今村 亀蔵　いまむら・かめぞう　～昭和59年10月29日　東陶機器顧問　→83/87

今村 清　いまむら・きよし　大正7年2月17日～平成3年1月17日　関西テレビ放送取締役　→91/93

今村 奇男　いまむら・くすお　～昭和19年5月2日　大日本紡績顧問　→昭和

今村 久寿輝　いまむら・くすてる　大正1年12月10日～平成14年11月19日　日本化薬常務　→00/02

今村 慶夫　いまむら・けいお　昭和10年4月19日～平成21年2月12日　四国新聞常務　→09/11

今村 元　いまむら・げん　～昭和55年12月14日　菱電エンジニアリング賛与・東京事業所副所長　→80/82

今村 源三郎　いまむら・げんざぶろう　明治30年～昭和49年9月16日　偕成社創業者　→昭和

今村 幸治　いまむら・こうじ　～昭和63年7月19日　今村代表取締役会長、双葉繊維商会取締役　→88/90

今村 三郎　いまむら・さぶろう　大正7年5月21日～平成1年9月26日　ホーチキ専務　→88/90

今村 三郎　いまむら・さぶろう　大正10年5月25日～平成6年6月13日　広島家裁所長　→94/96

今村 参郎　いまむら・さぶろう　大正12年3月31日～平成20年7月23日　安田火災海上保険常務　→06/08

今村 恵子　いまむら・しげこ　～昭和57年12月12日　兵庫県原水協副会長　→80/82

今村 重治　いまむら・しげはる　昭和2年6月27日～平成15年4月19日　福井県議（自民党）　→03/05

今村 七平　いまむら・しちへい　文久2年12月～昭和年1月23日　福井新聞社長、衆院議員（憲政会）　→昭和

今村 品太郎　いまむら・しなたろう　明治2年8月11日～昭和8年11月17日　技師　繭乾燥機の発明家　→昭和

今村 祥二　いまむら・しょうじ　明治40年1月3日～平成7年7月23日　三菱化工機専務　→94/96

今村 信吉　いまむら・しんきち　大正3年12月30日～平成12年2月17日　安田火災海上保険専務　→00/02

今村 信次郎　いまむら・しんじろう　～昭和44年9月1日　海軍中将　→昭和

今村 末吉　いまむら・すえきち　～昭和56年2月18日　日本水産取締役　→80/82

今村 淳　いまむら・すなお　大正9年7月27日～平成10年4月2日　西部ガス副社長　→97/99

今村 善次郎　いまむら・ぜんじろう　明治23年11月19日～昭和46年1月6日　セメダイン創業者　→昭和

今村 宗太郎　いまむら・そうたろう　～昭和27年3月21日　朝日新聞顧問　→昭和

今村 忠　いまむら・ただし　～平成15年12月21日　全国勤労青少年福祉協会理事長　→03/05

今村 竜雄　いまむら・たつお　～昭和30年4月19日　陸軍中将　→昭和

今村 忠助　いまむら・ちゅうすけ　明治32年2月～昭和29年12月16日　衆院議員（自由党）　→昭和（いまむら・ただすけ）

今村 長右衛門　いまむら・ちょうえもん　昭和2年4月5日～平成18年5月8日　石川県農業協同組合連合会会長、珠洲市農協組合長　→06/08

今村 長太郎　いまむら・ちょうたろう　明治33年3月～昭和44年6月1日　衆院議員（自由党）　→昭和

今村 鶴吉　いまむら・つるきち　～平成13年6月4日　愛媛県議　→00/02

今村 直治　いまむら・なおじ　明治33年5月21日～昭和63年10月8日　今村証券創業者　→88/90

今村 直治　いまむら・なおじ　明治45年6月28日～平成6年10月23日　北陸電気工業常務、北陸銀行取締役　→94/96

今村 長雄　いまむら・ながお　～昭和56年7月18日　久木野村（熊本県）村長　→80/82

今村 宣夫　いまむら・のぶお　大正13年1月12日～平成18年9月9日　水産庁長官　→06/08

今村 昇　いまむら・のぼる　大正6年12月9日～平成6年10月11日　ブリヂストン専務、通産省貿易振興局長　→94/96

今村 典生　いまむら・のりお　～昭和59年7月16日　福岡県宗像土木事務所長　→83/87

今村 久男　いまむら・ひさお　大正11年8月31日～平成17年9月26日　東亜建設工業専務　→03/05

今村 秀夫　いまむら・ひでお　明治43年11月11日～平成1年4月12日　東京銀行常務、石油開発公団理事　→88/90

今村 均　いまむら・ひとし　明治19年6月28日～昭和43年10月4日　陸軍大将　→昭和

今村 等　いまむら・ひとし　明治25年3月23日～昭和54年11月1日　政治家、労働運動家　衆院議員（社会党）　→昭和

今村 寛　いまむら・ひろし　明治42年2月7日～平成6年5月12日　電気ビル社長、九州電力専務　→94/96

今村 広　いまむら・ひろし　大正11年12月5日～平成20年11月15日　偕成社社長　→06/08

今村 博純　いまむら・ひろずみ　大正4年1月24日～平成1年12月17日　空将　航空自衛隊幹部学校長　→88/90

今村 洋天　いまむら・ひろたか　～平成20年2月17日　ゲームオン常務　→06/08

今村 広太郎　いまむら・ひろたろう　昭和4年6月18日～昭和63年12月27日　新キャピタラー三菱取締役　→88/90

今村 文雄　いまむら・ふみお　～昭和55年8月2日　日本タングステン社長　→80/82

今村 方策　いまむら・ほうさく　明治33年1月4日～昭和24年4月24日　陸軍大佐　→昭和

今村 政昭　いまむら・まさあき　～昭和63年9月27日　共栄製薬取締役相談役、共栄薬業協同組合理事長　→88/90

今村 正元　いまむら・まさもと　大正1年12月1日～平成11年2月1日　福岡県議　→97/99

今村 正義　いまむら・まさよし　大正1年12月21日～平成5年4月24日　東洋曹達(のち東ソー)常務　→91/93

今村 光利　いまむら・みつとし　大正15年11月11日～昭和60年9月9日　セメダイン取締役会長　→83/87

今村 実　いまむら・みのる　～昭和60年11月9日　日本鋳鍛鋼会相談役・元専務理事　→83/87

今村 黙郎　いまむら・もくろう　～昭和10年2月18日　住友銀行東京支店長　→昭和

今村 基成　いまむら・もとなり　～昭和15年1月4日　陸軍少将　→昭和

今村 恭太郎　いまむら・やすたろう　明治2年1月～昭和11年12月7日　司法官　広島控訴院長　→昭和(いまむら・きょうたろう)

今村 雄　いまむら・ゆう　～昭和60年8月18日　日本綿糸布輸出組合専務理事　→83/87

今村 勇之助　いまむら・ゆうのすけ　～昭和6年3月10日　大東塗料専務取締役　→昭和

今村 幸男　いまむら・ゆきお　明治7年11月～昭和31年1月9日　住友信託銀行会長　→昭和

今村 幸雄　いまむら・ゆきお　～昭和60年2月7日　九州公安調査局長　→83/87

今村 義夫　いまむら・よしお　大正3年8月15日～昭和63年12月9日　日本停車場相談役,東武百貨店取締役,国鉄常務理事　→88/90

今村 義雄　いまむら・よしお　～昭和60年11月7日　久留米市老人クラブ連合会副会長　→83/87

今村 力三郎　いまむら・りきさぶろう　慶応2年5月2日～昭和29年6月12日　弁護士　専修大学学長　→昭和

今村 隆三　いまむら・りゅうぞう　大正12年9月28日～平成10年11月25日　極東貿易専務　→97/99

今本 隆夫　いまもと・たかお　～昭和62年11月5日　東京都住宅局主幹　→83/87

今元 康彦　いまもと・やすひこ　明治36年11月26日～平成6年9月6日　近畿電気工事(のちきんでん)社長　→94/96

今安 聡　いまやす・さとし　昭和4年11月1日～平成23年12月1日　月桂冠副社長　→09/11

今吉 敏雄　いまよし・としお　～平成2年10月9日　全国町村会事務局長　→88/90

今吉 政吉　いまよし・まさきち　～昭和15年3月18日　海軍軍医少将　→昭和

射水 宗雲　いみず・しゅううん　～昭和62年2月3日　僧侶　国分山光西寺住職　→83/87

射水 康郎　いみず・やすお　～平成8年11月19日　小学校教師(美山小)　骨髄バンク運動　→94/96

井村 章　いむら・あきら　～昭和57年10月24日　東京高検検事　→80/82

井村 栄三　いむら・えいぞう　明治42年8月11日～平成8年10月22日　東海理化電機製作所社長　→94/96

井村 悦夫　いむら・えつお　～平成7年2月14日　部落解放同盟愛知県連合会委員長　→94/96

井村 国三　いむら・くにぞう　明治43年6月5日～平成4年6月19日　松下電工常務　→91/93

井村 荒喜　いむら・こうき　明治22年11月3日～昭和46年5月10日　実業家,政治家　不二越創業者,衆議院議員(翼賛政治会)　→昭和

居村 三次　いむら・さんじ　～昭和62年9月19日　富山宣工社代表取締役　→83/87

井村 重雄　いむら・しげお　明治36年1月～昭和47年3月22日　衆院議員(自民党)　→昭和

井村 重帯　いむら・しげよ　～昭和57年2月17日　帝国繊維元副社長　→80/82

井村 寿二　いむら・じゅじ　大正12年10月27日～昭和63年1月24日　出版人　(株)大和会長,勁草書房社長,日本郵便葉愛好会会長　→88/90

井村 二郎　いむら・じろう　大正3年11月3日～平成23年5月6日　井村屋製菓創業者　→09/11

井村 大吉　いむら・だいきち　～昭和2年7月8日　台湾日々新聞社長　→昭和

井村 徳二　いむら・とくじ　明治32年11月～昭和33年10月27日　衆院議員,参院議員(自民党)　→昭和

伊村 光　いむら・ひかる　大正3年8月12日～平成8年10月15日　山口銀行会長　→94/96

伊村 雅弥　いむら・まさや　昭和4年7月1日～平成4年2月19日　神奈川新聞取締役　→91/93

井村 賢　いむら・まさる　～平成15年11月1日　不二越専務　→03/05

井村 光三　いむら・みつぞう　～平成15年8月7日　イムラ封筒社長　→03/05

井村 米太郎　いむら・よねたろう　～昭和5年1月11日　高野山霊実館主事　→昭和

芋生 清美　いもう・きよみ　昭和22年4月18日～平成20年1月24日　カネカ常務執行役員　→06/08

妹背 光雄　いもせ・みつお　昭和5年1月18日～平成10年6月9日　東洋信託銀行会長　→97/99

芋田 勉　いもた・つとむ　昭和2年10月7日～平成22年7月17日　ナブコ専務　→09/11

芋谷 清　いもたに・きよし　大正4年4月29日～昭和60年1月31日　八尾市議　→83/87

井本 熊男　いもと・くまお　明治36年5月1日～平成12年2月3日　静岡新聞監査役,防衛庁統合幕僚会議事務局長　→00/02

井元 啓太　いもと・けいた　大正8年2月19日～平成5年7月22日　井元産業社長　→91/93

井本 憲三　いもと・けんぞう　～昭和30年11月14日

三井金属常務 →昭和

井本 清助 いもと・せいすけ 大正14年10月11日～平成2年12月3日 福岡県議（自民党）→88/90

井本 台吉 いもと・だいきち 明治38年4月3日～平成7年11月9日 弁護士 検事総長 →94/96

井本 雄 いもと・たけし ～昭和60年10月22日 富山地方鉄道常務取締役 →83/87

井本 立也 いもと・たつや 大正6年10月14日～平成16年4月26日 日本バルカー工業専務、大阪市立大学教授 →03/05

井本 常作 いもと・つねさく 明治13年4月18日～昭和44年6月1日 弁護士 衆院議員（民政党）、東京第一弁護士会会長 →昭和（いもと・じょうさく）

井本 敏雄 いもと・としお ～平成5年3月14日 海上保安庁海上保安大学校校長 →91/93

井本 則隆 いもと・のりたか ～平成14年12月31日 熊本県教育長 →03/05s

井本 博紹 いもと・ひろつぐ ～昭和56年2月12日 KDDビル管理会社専務、元国際電信電話会社監査役 →80/82

井本 雅章 いもと・まさあき 昭和12年7月16日～平成11年2月26日 バンドー化学取締役 →97/99

猪本 良 いもと・りょう 昭和2年7月19日～平成23年1月29日 中日新聞参与 →09/11

井本 良光 いもと・りょうこう 明治40年6月25日～平成7年9月29日 弁護士 第一東京弁護士会副会長、東京地検検事 →94/96

井元 麟之 いもと・りんし 明治38年1月16日～昭和59年3月13日 水平運動家 全国水平社書記局長、部落解放全国委員会書記長 →83/87

井森 今助 いもり・いますけ 明治36年2月6日～平成4年7月19日 柳井商工会議所会頭、井森工業会長 →91/93

居森 喜代 いもり・きよ ～昭和60年1月22日 千葉地検検事 →83/87

井門 暢幸 いもん・のぶゆき ～平成5年4月12日 運輸大臣秘書官 →91/93

弥永 恭二郎 いやなが・きょうじろう 大正2年1月20日～平成14年1月20日 日本光学工業社長、三菱銀行常務 →00/02

弥永 正夫 いやなが・まさお 明治45年6月20日～昭和60年12月24日 日本鉱業取締役、日鉱金属資源開発相談役・元社長 →83/87

居山 郁雄 いやま・いくお 大正9年6月29日～昭和63年12月19日 大阪証券金融取締役 →88/90

井山 八郎 いやま・はちろう 大正10年7月14日～平成22年8月6日 伊藤忠商事専務 →09/11

伊能 芳雄 いよく・よしお 明治31年2月12日～昭和46年10月2日 参院議員、群馬県知事 →88/90

伊与田 光男 いよだ・みつお 明治28年～昭和34年7月18日 資生堂社長 →昭和（いよた・みつお）

伊与部 一貫 いよべ・かずぬき 昭和7年8月16日～平成7年2月21日 ジャムコ専務 →94/96

伊予本 宏 いよもと・ひろし 昭和12年10月24日～平成16年12月21日 大和証券常務 →03/05

入内島 金一 いりうちじま・きんいち 大正5年2月18日～平成4年2月20日（医）高徳会理事長 →91/93

入江 昶 いりえ・あきら ～昭和55年8月19日 鳥取市長 →80/82

入江 一郎 いりえ・いちろう ～昭和53年10月31日 公正取引委員 →昭和

入江 海平 いりえ・かいへい ～昭和13年1月17日 拓務次官 →昭和

入江 貫一 いりえ・かんいち 明治12年3月6日～昭和30年4月22日 帝室会計審査局長官、貴院議員（勅選）→昭和

入江 寛二 いりえ・かんじ 大正1年～平成14年8月13日 チッソ専務 →00/02

入江 菊之助 いりえ・きくのすけ 明治43年6月21日～平成7年11月23日 弁護士 広島高裁長官 →94/96

入江 啓七郎 いりえ・けいしちろう 大正5年7月18日～平成14年8月10日 長崎家裁所長 →昭和

入江 圭三 いりえ・けいぞう 大正2年5月29日～平成6年11月5日 日立化成工業取締役 →83/87

入江 五郎 いりえ・ごろう ～平成3年4月15日 弁護士 →91/93

入江 貞夫 いりえ・さだお 大正10年1月4日～平成2年4月7日 日鉄商事社長 →88/90

入江 七平 いりえ・しちへい 明治35年2月2日～昭和57年5月23日 ニチバン監査役 →80/82

入江 庄一 いりえ・しょういち 大正11年10月10日～昭和62年9月18日 葛飾区議（自民党）→83/87

入江 正太郎 いりえ・しょうたろう ～昭和39年12月14日 満洲電業副総裁、松下電工社長 →昭和

入江 次郎 いりえ・じろう 大正14年1月7日～昭和63年8月29日 朝日麦酒常務、アサヒビールエンジニアリング大阪社長 →88/90

入江 誠一郎 いりえ・せいいちろう 明治34年5月9日～昭和37年7月25日 人事院総裁 →昭和

入江 善之輔 いりえ・ぜんのすけ 明治36年12月12日～平成4年7月13日 若築建設常務 →91/93

入江 為常 いりえ・ためつね 明治27年2月～昭和44年3月3日 貴院議員（子爵）→昭和

入江 俊郎 いりえ・としお 明治34年1月10日～昭和47年7月18日 最高裁判事、衆議院法制局長 →昭和

入江 敏夫 いりえ・としお 大正5年2月14日～昭和61年5月14日 神奈川県企業庁長、神奈川県信用保証協会会長 →83/87

入江 敏光 いりえ・としみつ 大正10年9月20日～平成2年9月5日 豊田自動織機製作所副社長 →88/90

入江 冨雄 いりえ・とみお 大正3年1月10日～昭和57年

I 政治・経済・社会篇　　　　　　　　　　　　　　　　　　　　　　　　いわい

5月3日　岡崎工業社長　→80/82（入江 富雄）

入江 伸明　いりえ・のぶあき　昭和9年12月3日～平成20年2月18日　アステック入江社長,西日本工業学園理事長　→06/08

入江 英俊　いりえ・ひでとし　大正15年1月31日～平成3年6月17日　日本バイリーン社長　→91/93

入江 仁士　いりえ・ひとし　～昭和48年9月28日　大阪建物社長　→昭和

入江 弘　いりえ・ひろし　～昭和26年7月11日　大阪通産局長　→昭和

入江 文子　いりえ・ふみこ　明治38年10月9日～平成6年2月25日　アステック入江会長　→94/96

入江 誠　いりえ・まこと　～昭和59年8月30日　水巻町議会（福岡県）議員・元議長　→83/87

入江 正男　いりえ・まさお　～昭和53年9月19日　弁護士　→昭和

入江 正男　いりえ・まさお　大正7年1月4日～平成12年4月21日　増田製粉所専務　→00/02

入沢 邦一　いりさわ・くにいち　昭和3年10月14日～平成2年2月26日　秩父コンクリート工業社長,全国ヒューム管協同組合連合会会長,秩父セメント顧問・元常務　→88/90

入沢 茂晴　いりさわ・しげはる　大正4年1月28日～平成23年7月25日　日本製鋼所副社長　→09/11

入沢 文明　いりさわ・ふみあき　～昭和46年10月29日　日本温泉協会副会長,元日本交通公社理事　→昭和

入谷 拓次郎　いりたに・たくじろう　昭和5年10月27日～平成6年1月25日　関釜フェリー社長,下関港湾協会会長　→94/96

入谷 豊州　いりたに・とよくに　明治36年6月23日～昭和59年12月4日　新日本海フェリー社長　→83/87

入船 直三郎　いりふね・なおさぶろう　～昭和28年12月24日　海軍中将　→昭和

入船 広　いりふね・ひろし　大正5年5月18日～平成4年7月23日　宏栄スプリング工業相談役　→91/93

入部 勝二　いりべ・かつじ　明治32年3月8日～昭和61年4月3日　日本紙製品工業会会長　→83/87

入部 与太郎　いりべ・よたろう　～昭和62年7月17日　田川商工会議所常任議員　→83/87

入交 健騎　いりまじり・けんき　昭和60年9月1日　葛飾区（東京都）区議　→83/87

入交 太二郎　いりまじり・たじろう　昭和2年4月23日～平成19年3月13日　入交産業社長,高知商工会議所会頭　→06/08

入交 太蔵　いりまじり・たぞう　明治29年8月14日～昭和54年10月17日　実業家,政治家　参院議員（自民党）,高知商工会議所会頭　→昭和

入交 太兵衛　いりまじり・たへえ　明治34年8月13日～昭和62年9月10日　東洋電化工業取締役相談役,入交産業会長　→83/87

入谷 規一　いりや・きいち　～昭和52年2月13日　弁護士　日弁連副会長　→昭和

入谷 泰造　いりや・たいぞう　～昭和45年3月23日　日本触媒化学工業社長　→昭和

入谷 益司　いりや・ますじ　昭和55年10月28日　杏林薬品社長　→80/82

入山 磯　いりやま・いそ　～平成9年10月2日　中央鉄工所社長　→97/99

入山 卯八郎　いりやま・うはちろう　明治36年8月8日～平成7年1月13日　埼玉日産自動車会長,日本自動車販売協会連合会会長　→94/96

入山 信造　いりやま・しんぞう　大正9年4月14日～平成7年6月25日　日本新薬常務　→94/96

入山 実　いりやま・みのる　明治43年7月21日～平成6年2月5日　弁護士,弁理士　東京高裁判事,日本パテントアカデミー学長　→94/96

入山 雄一　いりやま・ゆういち　～昭和54年11月1日　京都博物館長　→昭和

井料 政吉　いりょう・まさきち　～平成2年5月28日　アジア技術コンサルタント取締役社長　→88/90

井料 勇吉　いりょう・ゆうきち　～昭和60年11月27日　満鉄混保検査所長,満鉄窯業専務　→83/87

入間野 武雄　いるまの・たけお　明治23年1月6日～昭和33年7月3日　日本専売公社総裁　→昭和

伊礼 肇　いれ・はじめ　明治26年10月15日～昭和51年6月7日　弁護士　衆院議員（日本進歩党）　→昭和

伊礼 盛一　いれい・せいいち　～平成21年5月3日　ワシントン州沖縄県人クラブ会長　→09/11

色川 幸太郎　いろかわ・こうたろう　明治36年1月30日～平成5年8月5日　弁護士　最高裁判事　→91/93

色川 要助　いろかわ・ようすけ　大正10年1月1日～昭和61年12月28日　松島湾観光汽船代表取締役,松島観光開発ホテル社銀代表取締役　→83/87

色部 義明　いろべ・よしあき　明治44年7月18日～平成13年8月12日　協和銀行頭取,日本銀行名古屋支店長　→00/02

岩井 章　いわい・あきら　大正11年4月25日～平成9年2月18日　労働運動家　総評事務局長　→97/99

岩井 猪三　いわい・いぞう　～昭和33年9月4日　中外証券取締役会長　→昭和

岩井 達　いわい・いたる　明治42年1月1日～平成5年1月24日　日本カーボン取締役　→91/93

岩井 一成　いわい・いっせい　大正5年4月6日～平成8年1月22日　三共常務,科学技術研究所社長　→94/96

岩井 栄太郎　いわい・えいたろう　大正12年1月19日～平成14年12月23日　ハトヤ観光会長,近畿放送社長　→00/02

岩井 勝次郎　いわい・かつじろう　文久3年4月11日～昭和10年12月21日　実業家　岩井商店創業者　→昭和

いわい　　　　　　　　　　　　　　　　　　　　　Ⅰ　政治・経済・社会篇

岩井　要　　いわい・かなめ　　明治34年1月9日〜平成3年12月6日　　福井放送副社長,朝日新聞西部本社総務部長　→91/93

岩井　三郎　　いわい・さぶろう　　〜昭和31年10月30日　　探偵事務所会長　→昭和

岩井　三郎　　いわい・さぶろう　　大正13年5月20日〜平成10年8月12日　　三晃金属工業社長　→97/99

岩井　滋　　いわい・しげる　　昭和8年〜昭和57年10月10日　　阪急百貨店取締役企画開発室部長　→80/82

岩井　重太郎　　いわい・じゅうたろう　　明治4年11月13日〜昭和21年11月4日　　日興証券社長　→昭和

岩井　真之助　　いわい・しんのすけ　　〜昭和60年1月1日　　新興産業取締役　→83/87

岩井　宣三郎　　いわい・せんざぶろう　　大正6年7月11日〜平成21年5月28日　　大阪魚市場常務　→09/11

岩井　毅　　いわい・たけし　　大正14年5月26日〜平成20年9月8日　　会計検査院第一局長　→06/08

岩井　智海　　いわい・ちかい　　文久3年5月17日〜昭和17年5月24日　　僧侶　浄土宗管長,知恩院門跡　→昭和

岩井　常太郎　　いわい・つねたろう　　大正8年7月8日〜平成2年2月10日　　日本レース会長　→88/90

岩井　貞吉　　いわい・ていきち　　〜平成1年10月15日　　北区監査委員,北区議　→88/90

岩井　光彦　　いわい・てるひこ　　〜昭和63年2月17日　　服部セイコー取締役　→88/90

岩井　亨　　いわい・とおる　　〜平成10年9月9日　　日本電波工業専務,八欧電機(のち富士通ゼネラル)取締役　→97/99

岩井　年美　　いわい・としみ　　明治45年2月14日〜昭和62年12月26日　　ウエストン常務　→83/87

岩井　虎三　　いわい・とらぞう　　大正3年3月30日〜昭和58年7月3日　　東芝取締役　→83/87

岩井　宣明　　いわい・のぶあき　　昭和4年8月14日〜平成22年11月21日　　三菱商事専務　→09/11

岩井　春夫　　いわい・はるお　　大正7年10月27日〜平成1年11月22日　　日本農産工業常務　→88/90

岩井　彌次　　いわい・ひつじ　　明治27年1月27日〜昭和44年1月11日　　社会運動家　→昭和

岩井　英夫　　いわい・ひでお　　〜昭和50年7月12日　　日商岩井会長　→昭和

岩井　宏之　　いわい・ひろし　　昭和11年10月18日〜平成4年1月13日　　共同通信総務局次長　→91/93

岩井　洋　　いわい・ひろし　　大正15年4月22日〜平成8年7月13日　　南都銀行専務　→94/96

岩井　滉　　いわい・ひろし　　昭和12年1月6日〜平成21年3月10日　　岩井信六商店社長,日本専門店会連盟理事長　→09/11

岩井　宏之　　いわい・ひろゆき　　〜昭和60年8月12日　　電通大阪支社第六営業部長　→83/87

岩井　真　　いわい・まこと　　〜平成20年11月28日　　ライフ副会長　→06/08

岩井　正城　　いわい・まさき　　大正11年1月24日〜平成2年1月11日　　ヤンマー農機取締役　→88/90

岩井　正子　　いわい・まさこ　　昭和16年4月25日〜平成1年11月15日　　東京地裁判事　→88/90

岩井　正昌　　いわい・まさよし　　〜平成4年5月6日　　花王油脂(のち花王)取締役,酸水素油脂工業(のち新日本理化)常務　→91/93

岩井　勝　　いわい・まさる　　昭和4年〜平成4年1月5日　　中部証券金融常務　→91/93

岩井　明治　　いわい・めいじ　　〜平成5年7月6日　　岩谷産業取締役　→91/93

岩井　安治郎　　いわい・やすじろう　　〜昭和56年2月23日　　大阪ベアリング製造社長　→80/82

岩井　靖裕　　いわい・やすひろ　　昭和2年1月22日〜平成15年1月1日　　東邦金属社長　→03/05

岩井　雄二郎　　いわい・ゆうじろう　　〜昭和54年2月12日　　日商岩井相談役　→昭和

岩井　勇介　　いわい・ゆうすけ　　昭和9年10月2日〜平成5年7月17日　　靴のマルトミ常務　→91/93

岩井　義雄　　いわい・よしお　　昭和6年1月11日〜平成1年3月8日　　東海放送会館専務　→88/90

岩井　芳夫　　いわい・よしお　　〜平成2年7月27日　　日野オフセット印刷専務,朝日新聞経理総務・大阪本社業務局次長　→88/90

岩井　喜典　　いわい・よしすけ　　大正4年8月24日〜平成8年12月7日　　東芝常務,日本放射線機器工業会会長,日本医療機器関係団体協議会名誉会長　→94/96

岩井　吉治　　いわい・よしはる　　〜平成11年3月27日　　大江工業専務　→97/99

岩井　義人　　いわい・よしひと　　〜昭和60年2月23日　　電電公社東京地方電気通信部長　→83/87

岩井　芳郎　　いわい・よしろう　　大正10年5月22日〜平成3年8月29日　　東京機械製作所取締役,TKS・USA副社長　→91/93

岩井　良太　　いわい・りょうた　　昭和6年9月30日〜平成4年7月4日　　協和埼玉銀行副頭取　→91/93

岩井　良太郎　　いわい・りょうたろう　　〜昭和62年12月19日　　毎日新聞論説委員,元「エコノミスト」編集長　→83/87

岩井　麟三　　いわい・りんぞう　　大正15年1月3日〜平成13年9月24日　　富士電気化学社長,富士通専務　→00/02

岩井川　皓二　　いわいかわ・こうじ　　昭和17年7月24日〜平成21年10月27日　　秋田県議(緑風21)　→09/11

岩泉　愛人　　いわいずみ・あいと　　〜昭和60年9月18日　　日曹マスタービルダーズ茅ヶ崎工場長,ポゾリス物産常務　→83/87

岩泉　惟人　　いわいずみ・これと　　大正8年6月23日〜平成

13年2月26日　井関農機専務　→00/02

岩泉 正次郎　いわいずみ・しょうじろう　明治35年7月7日～平成7年1月8日　アド・ビューロー社長　→94/96

祝原 道衛　いわいはら・みちえ　～平成10年12月31日　福岡県の自然を守る会副会長,日本生物教育会参与　→97/99

岩内 菊治郎　いわうち・きくじろう　～昭和46年11月23日　グンゼ顧問　→昭和

岩内 啓太郎　いわうち・けいたろう　～昭和57年3月17日　岩内会長　→80/82

岩尾 家定　いわお・いえさだ　明治37年10月10日～15年2月19日　社会運動家　日本共産党中央委員　→昭和

岩尾 麒一　いわお・きいち　大正12年～平成8年2月12日　大洋漁業(のちマルハ)取締役,林兼産業常務　→94/96

岩尾 健次郎　いわお・けんじろう　明治40年12月3日～平成11年6月26日　住友海上火災保険常務　→97/99

岩尾 順一　いわお・じゅんいち　大正9年5月24日～平成2年2月23日　参天製薬専務　→88/90

岩尾 舜三　いわお・しゅんぞう　明治44年8月22日～平成5年3月19日　日本ガイシ常務,高松電気製作所(のちエナジーサポート)社長　→91/93

岩尾 新一　いわお・しんいち　明治45年6月20日～平成11年8月31日　岩尾磁器工業会長,佐賀県議　→97/99

岩尾 精一　いわお・せいいち　～昭和56年10月15日　日田市長,日田市名誉市民　→80/82

岩男 省三　いわお・せいぞう　～平成8年7月15日　東京タンカー取締役,陸軍ビルマ方面司政長官　→94/96

岩尾 徳太郎　いわお・とくたろう　～昭和13年9月21日　東洋紡常務　→昭和

岩男 仁蔵　いわお・にぞう　明治21年9月23日～昭和57年2月23日　参院議員(国協党)　→80/82

岩尾 一　いわお・はじめ　大正7年1月5日～平成14年6月19日　沖縄振興開発金融公庫理事長,大蔵省理財局長　→00/02

岩男 頴一　いわお・ひでかず　大正8年1月～昭和51年8月9日　参院議員(自民党),湯布院町長　→昭和(いわお・えいいち)

岩尾 泰次　いわお・やすじ　昭和2年～平成12年7月9日　日東紡常務　→00/02

岩尾 豊　いわお・ゆたか　大正6年12月12日～昭和63年8月17日　八代市長　→88/90

岩尾 四十三郎　いわお・よそさぶろう　～昭和57年4月10日　北九州市八幡西区社会福祉協議会会長,元同市議　→80/82

岩尾 良吉　いわお・りょうきち　～昭和57年9月16日　岩田屋常務　→80/82

岩岡 昭二　いわおか・しょうじ　昭和2年1月30日～平成16年1月26日　川崎製鉄常務　→03/05

岩岡 次郎　いわおか・じろう　明治38年4月7日～平成3年7月1日　アイシン精機会長,日本家庭用ミシン工業会長　→91/93

岩岡 千鶴男　いわおか・ちづる　～昭和56年6月17日　北海道新聞社常務　→80/82

岩岡 徳兵衛　いわおか・とくへえ　明治33年～昭和40年12月10日　八戸市長　→昭和

岩岡 正夫　いわおか・まさお　昭和7年～昭和61年3月18日　新日鉄化学取締役　→83/87

岩上 淳一　いわがみ・じゅんいち　昭和29年2月26日　三井物産社長　→昭和

岩上 泰治　いわがみ・たいじ　～昭和52年11月14日　館林市長　→昭和

岩上 妙子　いわかみ・たえこ　大正7年1月24日～平成12年4月30日　参院議員(自民党)　→00/02

岩上 二郎　いわかみ・にろう　大正2年11月29日～平成1年8月16日　政治家　参院議員(自民党),茨城県知事　→88/90

岩上 夫美雄　いわかみ・ふみお　～昭和61年12月28日　秋田県知事　→83/87

岩亀 精造　いわがめ・せいぞう　～昭和41年8月22日　岩手日報・岩手放送各社長　→昭和

岩川 和男　いわかわ・かずお　大正13年4月11日～平成5年10月2日　正栄食品工業取締役　→91/93

岩川 喜三郎　いわかわ・きさぶろう　明治41年9月14日～昭和57年5月5日　日本プレシジョンキャスチング会長　→80/82

岩川 毅　いわかわ・たけし　大正3年1月31日～平成5年8月5日　中越パルプ工業創業者,富山県議　→91/93

岩川 龍生　いわかわ・たつお　昭和13年9月1日～平成4年8月16日　日本プレシジョンキャスチング社長　→91/93

岩川 真澄　いわがわ・ますみ　明治37年7月11日～平成1年12月27日　高知県議,高知市助役　→88/90

岩城 彬　いわき・あきら　昭和12年7月8日～平成16年4月6日　イワキ社長　→03/05

岩城 邦広　いわき・くにひろ　～平成8年10月21日　空将　航空自衛隊航空総隊司令官　→94/96

岩城 圭三　いわき・けいぞう　～平成2年2月9日　洛南機料社長　→88/90

岩城 謙太郎　いわき・けんたろう　大正8年11月29日～平成15年11月19日　イワキ会長　→03/05

岩木 幸一　いわき・こういち　～昭和55年9月3日　九州電力調査役　→80/82

岩城 脩二　いわき・しゅうじ　大正5年7月13日～平成1年2月2日　トーア・スチール常務,岩城商店相談役　→88/90

岩城 修平　いわき・しゅうへい　明治34年9月29日～平成2年10月1日　大和金網会長　→88/90

岩城 二郎　いわき・じろう　明治35年9月28日～平成8年9月3日　イワキ会長,日本専門店会連盟理事　→94/96

岩城 成治　いわき・せいじ　昭和8年6月24日～平成23年

10月4日　岩内町（北海道）町長　→09/11

岩城 千太郎　いわき・せんたろう　明治31年5月10日～昭和63年9月23日　造園家　日本庭園協会理事長, 岩城造園会長　→88/90

岩城 惣太郎　いわき・そうたろう　明治40年5月8日～平成1年5月31日　大倉紙パルプ商事相談役　→88/90

岩城 侃利　いわき・ただとし　昭和7年9月14日～昭和62年9月8日　京王百貨店常務　→83/87

磐城 恒隆　いわき・つねたか　明治43年7月15日～平成7年3月9日　東北特殊鋼社長, 大同特殊鋼常務　→94/96

岩城 悌　いわき・てい　～昭和47年8月13日　尾鷲市長　→昭和

岩木 哲夫　いわき・てつお　明治34年4月～昭和55年2月2日　参院議員（改進党）　→80/82

岩城 徹　いわき・とおる　～昭和50年8月21日　塩野義製薬専務　→昭和

岩城 世幸　いわき・としゆき　昭和22年9月14日～平成3年1月27日　「あきらめるのはまだ早い—癌と共に生きて10年間の記録」の著書　→91/93

岩城 長保　いわき・ながやす　明治38年5月30日～昭和58年4月14日　千葉銀行相談役　→83/87

岩城 秀雄　いわき・ひでお　～昭和45年10月20日　全国青写真工業組連会長　→昭和

岩木 一二三　いわき・ひふみ　昭和2年2月16日～平成13年11月7日　朝日旅行会社長　→00/02

岩城 正保　いわき・まさやす　大正12年7月23日～平成21年6月27日　日本高周波鋼業社長　→09/11

岩城 正義　いわき・まさよし　～昭和61年11月25日　第一薬品工業相談役　→83/87

岩気 守夫　いわき・もりお　明治35年2月1日～昭和50年6月30日　労働運動家　→昭和

岩城 与一　いわき・よいち　～昭和63年2月5日　大蔵省専売局理事　→88/90

岩城 義彦　いわき・よしひこ　昭和9年9月29日～平成23年11月14日　中電工常務　→09/11

岩城 理輔　いわき・りすけ　～昭和63年6月27日　イワキ書房社長　→88/90

岩城 龍太郎　いわき・りゅうたろう　昭和15年10月31日～平成23年3月23日　共同印刷専務　→09/11

岩城 良三　いわき・りょうぞう　～昭和59年4月30日　川崎重工業顧問　→83/87

岩切 重雄　いわきり・しげお　明治21年1月～昭和55年1月27日　衆院議員（民政党）, 鹿児島市長　→80/82

岩切 章太郎　いわきり・しょうたろう　明治26年5月8日～昭和60年7月16日　宮崎交通社長　→83/87

岩口 守夫　いわぐち・もりお　～昭和56年9月27日　鳥取地家裁所長　→80/82

岩熊 晃　いわくま・あきら　昭和8年～平成18年9月8日　井筒屋常務　→06/08

岩隈 勝治　いわくま・かつじ　明治36年7月25日～平成1年11月15日　北陸電気通信監理局長, 日本船舶通信顧問　→88/90

岩熊 昭三　いわくま・しょうぞう　昭和3年3月30日～平成20年1月19日　日本パイリーン社長　→06/08

岩隈 直　いわくま・なおし　明治42年10月5日～平成9年2月10日　キリスト教伝道者（無教会・清瀬集会）　→97/99

岩倉 一具　いわくら・かずとも　明治45年6月17日～平成3年4月20日　東洋電機通信工業常務　→91/93

岩倉 桜子　いわくら・さくらこ　～昭和60年4月14日　女官　明治の元勲・西郷従道の長女　→83/87

岩倉 務　いわくら・つとむ　昭和9年～平成14年11月3日　平和博物館を創る会専務理事, 被爆の記録を贈る会代表幹事　→00/02

岩倉 朋八　いわくら・ともはち　～平成5年6月28日　名古屋市副収入役, 東海放送会館専務　→91/93

岩倉 具三　いわくら・ともみつ　明治12年～昭和22年9月10日　自民党政務調査会事務部長　→09/11

岩倉 規夫　いわくら・のりお　大正2年1月15日～平成1年9月12日　総理府総務副長官, 国立公文書館長　→88/90

岩倉 博　いわくら・ひろし　大正11年6月3日～平成20年1月2日　新和産業社長, 室蘭商工会議所会頭　→06/08

岩倉 巻次　いわくら・まきじ　～昭和45年5月5日　岩倉組初代会長　→昭和（いわくら・けんじ）

岩倉 巻次　いわくら・まきじ　大正2年5月12日～平成2年8月11日　岩倉組会長　→88/90

岩黒 健吉　いわくろ・けんきち　～平成9年9月18日　岩黒製作所社長　→97/99

岩畔 豪雄　いわくろ・ひでお　明治30年10月10日～昭和45年11月22日　陸軍少将, 評論家　→昭和

岩越 重雄　いわごえ・しげお　明治42年8月31日～平成11年4月6日　弁理士　弁理士会副会長　→97/99

岩越 忠恕　いわこし・ただひろ　明治39年7月4日～昭和56年3月19日　日産自動車副社長　→80/82

岩佐 晃典　いわさ・あきすけ　大正15年5月17日～平成2年12月5日　松浦市長　→88/90

岩佐 嘉寿幸　いわさ・かずゆき　～平成12年10月11日　岩佐訴訟元原告・原発内被曝労働者　→00/02

岩浅 嘉門　いわさ・かもん　昭和3年3月29日～平成18年9月9日　徳島県議　→06/08

岩佐 公直　いわさ・きみなお　～昭和47年11月7日　侍従　→昭和

岩佐 護一　いわさ・ごいち　明治30年9月30日～昭和62年9月16日　弁護士　オリンパス光学工業専務　→83/87

岩佐 作太郎　いわさ・さくたろう　明治12年9月25日～昭和42年2月12日　社会運動家, アナキスト　日本アナキスト連盟全国委員会委員長　→昭和

岩佐 善太郎　いわさ・ぜんたろう　明治4年6月～昭和7年

I 政治・経済・社会篇　　　　　　　　　　　　　　　　　　　　　　　　　　　　いわさき

年6月27日　衆院議員(憲政会)　→昭和

岩佐 唯明　いわさ・ただあき　昭和6年6月3日～平成17年9月12日　僧侶　円徳寺(浄土真宗)住職,徳島県文化財保護審議会会長　→03/05

岩佐 徹道　いわさ・てつどう　大正5年3月18日～平成14年10月14日　サンデン常務　→00/02

岩佐 直治　いわさ・なおじ　大正4年～昭和16年12月9日　海軍中佐　ハワイ攻撃特殊潜航艇指揮官　→昭和

岩佐 秀盛　いわさ・ひでもり　～平成4年4月20日　福岡県出納長　→91/93

岩佐 凱実　いわさ・よしざね　明治39年2月6日～平成13年10月14日　富士銀行頭取　→00/02

岩佐 吉純　いわさ・よしとう　昭和6年2月5日～平成18年5月31日　サカタのタネ専務　→06/08

岩佐 義徳　いわさ・よしのり　明治34年2月20日～昭和63年5月8日　中部日本放送副社長　→88/90

岩佐 里人　いわさ・りじん　～昭和24年6月19日　救世軍大佐補　→昭和

岩佐 禄郎　いわさ・ろくろう　明治12年4月3日～昭和13年8月3日　陸軍中将　→昭和

岩坂 国夫　いわさか・くにお　大正6年3月13日～平成11年9月9日　日協製作所名誉会長,広池学園常任顧問　→97/99

岩坂 桂二　いわさか・けいじ　昭和2年5月30日～平成10年2月16日　小樽市立小樽美術館館長,小樽市立小樽文学館館長　→97/99

岩崎 彰　いわさき・あきら　明治41年～昭和59年11月20日　中京海運社長　→83/87

岩崎 郁夫　いわさき・いくお　明治41年10月12日～昭和58年1月16日　三菱樹脂相談役　→83/87

岩崎 勲　いわさき・いさお　明治11年2月25日～昭和2年1月18日　衆院議員(政友会)　→昭和

岩崎 一太　いわさき・いちた　～昭和55年3月5日　中国放送社長　→80/82

岩崎 亥之吉　いわさき・いのきち　明治44年5月4日～平成4年3月13日　リード会長　→91/93

岩崎 巌　いわさき・いわお　明治40年2月8日～平成1年5月26日　日本科学技術連盟理事,小松製作所顧問・元専務,小松フォークリフト副社長　→88/90

岩崎 革也　いわさき・かくや　明治2年12月21日～昭和18年10月13日　社会主義者　須知銀行頭取,京都府議　→昭和

岩崎 景春　いわさき・かげはる　～昭和56年10月3日　日本電機工業会専務理事,東京芝浦電気株式会社府中工場長　→80/82

岩崎 一高　いわさき・かずたか　慶応3年2月15日～昭和19年3月22日　衆院議員(政友会),松山市長　→昭和

岩崎 一巳　いわさき・かずみ　大正11年1月1日～平成5年12月1日　太陽神戸銀行常務　→91/93

岩崎 克彦　いわさき・かつひこ　昭和19年5月19日～平成18年8月15日　空将　航空自衛隊航空総隊司令官　→06/08

岩崎 喜好　いわさき・きよし　明治45年1月25日～昭和58年4月6日　全国米穀商組合連合会副会長,岩崎倉庫社長　→83/87

岩崎 喜代史　いわさき・きよし　～昭和59年4月4日　富士断熱会長　→83/87

岩崎 清　いわさき・きよし　～昭和47年5月30日　川崎重工顧問　→昭和

岩崎 清　いわさき・きよし　大正1年9月4日～昭和63年10月14日　三愛石油専務　→88/90

岩崎 清　いわさき・きよし　大正6年8月5日～平成17年5月20日　山口県議　→03/05

岩崎 金三郎　いわさき・きんさぶろう　～昭和55年6月18日　三機工業取締役　→80/82

岩崎 欣一　いわさき・きんじ　昭和15年12月22日～平成18年6月28日　KDDI副社長　→06/08

岩崎 乾一　いわさき・けんいち　明治45年3月9日～昭和62年4月14日　日本精薄者愛護協会長,桃花塾理事長　→83/87

岩崎 謙吾　いわさき・けんご　大正13年2月14日～平成7年10月5日　日商岩井常務　→94/96

岩崎 狷二　いわさき・けんじ　明治27年1月3日～平成1年5月20日　極洋捕鯨(のち極洋)常務　→88/90

岩崎 賢寿　いわさき・けんじゅ　～平成4年5月2日　日本公報社社長　→91/93

岩崎 健夫　いわさき・けんぶ　～平成1年8月22日　安芸市長　→88/90

岩崎 浩一郎　いわさき・こういちろう　昭和2年9月21日～平成14年5月1日　日本合成化学工業専務　→00/02

岩崎 小弥太　いわさき・こやた　明治12年8月3日～昭和20年12月2日　実業家　三菱財閥4代目当主,三菱合資会社社長　→昭和

岩崎 佐一　いわさき・さいち　～昭和37年11月15日　桃花塾(福祉法人)長　→昭和

岩崎 三郎　いわさき・さぶろう　～平成4年8月28日　交詢社専務理事　→91/93

岩崎 三郎　いわさき・さぶろう　大正9年4月19日～平成18年3月30日　日立造船常務　→06/08

岩崎 茂　いわさき・しげる　明治44年3月13日～平成7年2月23日　岡山県議(自民党)　→94/96

岩崎 修三　いわさき・しゅうぞう　昭和10年2月12日～昭和62年6月26日　岩崎陶器店社長,北海道専門店会常任理事　→83/87

岩崎 純三　いわさき・じゅんぞう　大正13年5月5日～平成16年7月10日　参院議員(自民党),総務庁長官　→03/05

岩崎 正一郎　いわさき・しょういちろう　～平成10年6月20日　大阪製鉄常務　→97/99

岩崎 将吾　いわさき・しょうご　明治45年～平成8年1月

29日　三井木材工業社長　→94/96

岩崎 正三郎　いわさき・しょうざぶろう　明治34年1月10日〜昭和58年5月4日　農民・労働運動家　参院議員（社会党）　→83/87

岩崎 昭弥　いわさき・しょうや　昭和2年4月6日〜平成8年11月13日　参院議員（社会党）　→94/96

岩崎 甚太郎　いわさき・じんたろう　〜昭和55年2月17日　大林組顧問，元取締役　→80/82

岩崎 清一　いわさき・せいいち　明治26年10月20日〜昭和44年9月25日　実業家　岩崎通信機社長　→昭和

岩崎 誠一　いわさき・せいいち　〜平成4年1月31日　三菱造船（のち三菱重工業）常務　→91/93

岩崎 清一郎　いわさき・せいいちろう　明治29年4月1日〜平成6年5月29日　日本ゼニスパイプ会長　→94/96

岩崎 清作　いわさき・せいさく　大正6年2月25日〜昭和49年9月16日　労働運動家　全医労委員長，日本医労協議長　→昭和

岩崎 専三　いわさき・せんぞう　〜平成5年2月22日　日立造船エンジニアリング取締役　→91/93

岩崎 大蔵　いわさき・だいぞう　大正5年11月27日〜平成23年5月15日　南国産業代表取締役，西条商工会議所会頭，日本盆栽協会副会長　→09/11

岩崎 隆一　いわさき・たかいち　〜平成5年4月19日　イワサキ精工製作所取締役相談役　→91/93

岩崎 貴弘　いわさき・たかひろ　昭和26年11月28日〜平成17年4月21日　曲技飛行士　→03/05

岩崎 隆弥　いわさき・たかや　明治29年11月2日〜昭和58年6月2日　三菱製紙相談役・元会長，三菱瓦斯化学相談役　→83/87

岩崎 卓爾　いわさき・たくじ　明治2年10月17日〜昭和12年5月18日　気象観測技師，八重山民俗研究家　→昭和

岩崎 丈夫　いわさき・たけお　大正7年9月17日　税理士　日本税理士会連合会理事，名古屋税理士会副会長　→94/96

岩崎 武夫　いわさき・たけお　明治40年12月5日〜平成13年11月20日　ヤマヒ久野副社長　→00/02

岩崎 武　いわさき・たけし　〜昭和40年4月18日　日本油脂常務　→昭和

岩崎 忠夫　いわさき・ただお　大正11年8月31日〜平成9年1月30日　小松建設工業社長，鹿島建設（のち鹿島）常務　→97/99

岩崎 忠雄　いわさき・ただお　明治42年1月8日〜平成2年3月30日　三菱モンサント化成社長　→88/90

岩崎 辰夫　いわさき・たつお　大正5年11月25日〜平成11年7月21日　西部ガスリビング販売取締役，西部ガスリビング取締役　→88/90

岩崎 達人　いわさき・たつと　〜昭和16年11月1日　海軍少将　→昭和

岩崎 忠一　いわさき・ちゅういち　〜平成3年1月30日　ライオンインターナショナル社長，多摩中央信用金庫常

務理事　→91/93

岩崎 剛　いわさき・つよし　昭和11年9月17日〜平成17年2月13日　第一勧業銀行取締役　→03/05

岩崎 哲夫　いわさき・てつお　大正11年2月5日〜平成13年5月4日　日本配合飼料常務　→00/02

岩崎 鉄馬　いわさき・てつま　〜昭和63年5月29日　岩崎電気社長，福岡県電設協力会理事，京築電気協同組合副理事長　→88/90

岩崎 俊男　いわさき・としお　昭和7年3月2日〜平成2年12月18日　赤穂市長　→88/90

岩崎 俊弥　いわさき・としや　明治14年1月28日〜昭和5年10月16日　実業家　旭硝子創業者　→昭和

岩崎 直吉　いわさき・なおきち　〜昭和63年10月10日　月形町（北海道）町長　→88/90

岩崎 信彦　いわさき・のぶひこ　明治42年11月7日〜昭和62年8月25日　住友重機械工業社長　→83/87

岩崎 一　いわさき・はじめ　明治38年7月10日〜平成3年12月8日　三星産業会長，全国防水工事業協会会長　→91/93

岩崎 源　いわさき・はじめ　〜昭和57年6月6日　兼松江商参与，元同取締役　→80/82

岩崎 春雄　いわさき・はるお　昭和8年4月26日〜平成18年8月29日　ビオフェルミン製薬常務　→06/08

岩崎 彦弥太　いわさき・ひこやた　明治28年〜昭和42年9月15日　三菱地所取締役　→昭和

岩崎 寿男　いわさき・ひさお　大正3年8月3日〜平成17年10月24日　三菱自動車常務　→03/05

岩崎 永　いわさき・ひさし　昭和6年12月1日〜平成11年2月18日　ニッパン常務　→97/99

岩崎 久弥　いわさき・ひさや　慶応1年8月25日〜昭和30年12月2日　三菱合資社長　→昭和

岩崎 秀夫　いわさき・ひでお　昭和7年11月3日〜平成2年7月15日　保土谷化学工業取締役　→88/90

岩崎 英恭　いわさき・ひでやす　〜昭和56年11月11日　日本租税研究協会専務理事　→80/82

岩崎 寛　いわさき・ひろし　〜昭和59年12月3日　海将　海上自衛隊第一術科学校長　→83/87

岩崎 洋　いわさき・ひろし　昭和18年7月30日〜平成14年9月23日　リード社長　→00/02

岩崎 寛弥　いわさき・ひろや　昭和5年7月4日〜平成20年7月23日　三菱銀行取締役，東山農事社長　→06/08

岩崎 福市　いわさき・ふくいち　明治38年11月12日〜平成3年12月12日　岩崎電気創業者　→91/93

岩崎 福蔵　いわさき・ふくぞう　大正3年1月30日〜平成11年10月16日　松前町議会長　→97/99

岩崎 丙午郎　いわさき・へいごろう　〜昭和43年11月22日　オリンピック記念青少年センター理事　→昭和

岩崎 正男　いわさき・まさお　明治44年11月2日〜昭和62年4月6日　神東塗料取締役　→83/87

I　政治・経済・社会篇　　　　　　　　　　　　　　　　　　　いわせ

岩崎 正雄　いわさき・まさお　～昭和56年5月6日
三越銀座支店店長付次長,三越プロダクション専務　→80/82

岩崎 栄信　いわさき・まさのぶ　昭和16年8月23日～平成17年4月3日　倉庫精練社長　→03/05

岩崎 昌治　いわさき・まさはる　明治32年6月6日～平成2年12月10日　ユアサ産業相談役・元社長　→88/90

岩崎 道幸　いわさき・みちゆき　昭和8年11月29日～平成22年10月2日　東京都民銀行常務　→09/11

岩崎 光夫　いわさき・みつお　大正15年10月6日～平成12年8月25日　きんでん常務　→00/02

岩崎 光次　いわさき・みつじ　明治43年6月1日～平成4年5月4日　弁護士　山口地裁所長,福岡家裁所長　→91/93

岩崎 光好　いわさき・みつよし　明治38年2月1日～昭和33年6月24日　社会運動家　→昭和

岩崎 実　いわさき・みのる　昭和2年2月1日～平成16年5月11日　栃木県議(自民党)　→03/05

岩崎 稔　いわさき・みのる　明治35年9月18日～平成2年6月1日　関西熱化学相談役,三菱化成工業取締役　→88/90

岩崎 弥三郎　いわさき・やさぶろう　大正13年1月4日～平成19年2月8日　佐藤工業副社長　→06/08

岩崎 豊　いわさき・ゆたか　～昭和48年1月7日
浜松市長　→昭和

岩崎 美孝　いわさき・よしたか　明治45年3月16日～平成19年2月4日　岩崎通信機専務　→06/08

岩崎 与八郎　いわさき・よはちろう　明治35年5月1日～平成5年12月28日　岩崎産業創業者　→91/93

岩崎 隆造　いわさき・りゅうぞう　大正15年7月24日～昭和60年12月24日　産業医学振興財団理事長,元労働省労働基準局長　→83/87

岩崎 令子　いわさき・れいこ　明治44年3月18日～平成3年5月9日　(株)高知グランドホテル鈴社長,高知県遺族会,(福)愛成会理事長　→91/93

岩崎 六郎　いわさき・ろくろう　大正8年4月15日～平成8年6月9日　熊本県会議長(自民党),免田町長　→94/96

岩沢 靖　いわさわ・おさむ　大正8年5月20日～平成5年1月12日　北海道テレビ放送社長　→91/93

岩沢 慶二　いわさわ・けいじ　大正2年8月31日～平成12年1月4日　本州製紙専務　→00/02

岩沢 栄　いわさわ・さかえ　明治39年5月20日～平成5年3月29日　宇部興産取締役　→91/93

岩沢 武雄　いわさわ・たけお　～平成11年4月29日
住友金属鉱山常務　→97/99

岩沢 忠恭　いわさわ・ただやす　明治24年6月～昭和40年12月8日　参院議員(自民党)　→昭和(いわさわ・ちゅうきょう)

岩沢 誠　いわさわ・まこと　明治35年11月9日～昭和59年5月6日　弁護士　日本弁護士連合会副会長,札幌大学理事長,北海道文化放送監査役　→83/87

岩沢 正二　いわさわ・まさじ　大正2年4月25日～平成19

年5月16日　マツダ社長,住友銀行副頭取　→06/08

岩沢 勇弼　いわさわ・ゆうすけ　～平成9年11月30日
スズキ直納常務　→97/99

岩沢 米造　いわさわ・よねぞう　昭和6年12月8日～平成2年9月14日　東京生命保険取締役　→88/90

岩下 かね　いわした・かね　～平成17年1月26日
三重県議　→03/05

岩下 亀代　いわした・きよ　明治27年4月20日～昭和59年2月19日　修道女　聖心女子大学教授,聖心会修道女　→83/87

岩下 悟　いわした・さとる　～平成12年7月27日
日本グローバル証券専務　→00/02

岩下 清周　いわした・せいしゅう　安政4年5月28日～昭和3年3月19日　実業家　北浜銀行常務,衆院議員(中正会)　→昭和

岩下 壮一　いわした・そういち　明治22年9月18日～昭和15年12月3日　カトリック神学者　神山復生病院理事長　→昭和

岩下 高矢　いわした・たかや　～平成16年10月24日
岩下兄弟会長,人吉商工会議所会頭　→03/05

岩下 猛　いわした・たけし　～昭和61年2月21日
甘木朝倉農業共済組合組合長,甘木市森林組合長,元甘木市議　→83/87

岩下 健　いわした・つよし　昭和3年2月16日～平成14年3月8日　日本電信電話専務,日本情報通信社長　→00/02

岩下 徳蔵　いわした・とくぞう　大正15年11月28日～平成20年11月7日　鹿児島県議　→06/08

岩下 文雄　いわした・ふみお　昭和54年2月9日
東芝電気社長　→昭和

岩下 保太郎　いわした・やすたろう　明治20年6月10日～昭和12年2月18日　海軍少将　→昭和

岩下 好雄　いわした・よしお　大正5年9月11日～昭和60年10月9日　東伸製鋼会長　→83/87

岩清水 多喜二　いわしみず・たきじ　大正11年4月6日～平成12年5月11日　岩鋳鋳造所会長,岩手県南部鉄器協同組合連合会会長　→00/02

岩城 秀雄　いわしろ・しゅうおう　明治44年11月21日～平成19年6月10日　僧侶　法界寺(真言宗醍醐派)住職,真言宗醍醐派宗務総長　→06/08

岩瀬 岩太郎　いわせ・いわたろう　～昭和56年6月28日
羅臼町議　→80/82

岩瀬 英一郎　いわせ・えいいちろう　明治27年9月13日～昭和38年3月22日　三越社長　→昭和

岩瀬 覚衛　いわせ・かくえ　～昭和3年2月9日
浄土宗深草派管長　→昭和

岩瀬 光太郎　いわせ・こうたろう　大正6年3月15日～平成12年3月13日　大日精化工業特別顧問,大日プラボード社長　→00/02

岩瀬 朔雄　いわせ・さくお　昭和13年2月6日～平成13年3月2日　岩瀬産業社長　→00/02

いわせ

岩瀬 二郎　いわせ・じろう　～平成14年9月1日
太平洋証券（のちUFJつばさ証券）副社長　→00/02

岩瀬 真義　いわせ・しんぎ　昭和5年2月17日～平成1年4月4日　イトーヨーカ堂常務　→88/90

岩瀬 新午　いわせ・しんご　大正7年10月19日～平成8年12月21日　三洋電機専務　→94/96

岩瀬 仁太郎　いわせ・じんたろう　～昭和46年12月5日
二幸監査役、三越社長　→昭和

岩瀬 丈二　いわせ・たけじ　大正6年1月10日～昭和62年5月11日　弁護士　名古屋弁護士会副会長　→83/87

岩瀬 悌　いわせ・てい　～昭和47年3月28日
大成建設顧問　→昭和

岩瀬 徳三郎　いわせ・とくさぶろう　明治20年8月11日～昭和46年2月2日　実業家　東洋曹達工業社長　→昭和

岩瀬 督次　いわせ・とくじ　～昭和58年12月22日
ポッカコーポレーション相談役・元常務　→83/87

岩瀬 友吉　いわせ・ともきち　～昭和61年1月17日
岩瀬運輸機工会長　→83/87

岩瀬 正人　いわせ・まさと　大正6年8月5日～平成5年4月9日　北海道議（自民党）　→91/93

岩瀬 良平　いわせ・りょうへい　大正15年5月30日～平成6年10月18日　三洋証券専務　→94/96

岩瀬 和市　いわせ・わいち　明治24年8月13日～昭和60年4月17日　愛知県共済農協連合会　→83/87

岩田 愛之助　いわた・あいのすけ　明治23年～昭和25年3月15日　国家主義者　愛国社主宰　→昭和

岩田 巖　いわた・いわお　大正12年10月7日～昭和61年5月22日　岩田建設社長、札幌商工会議所議員会会長　→83/87

岩田 巌　いわた・いわお　大正8年11月5日～平成15年3月18日　大垣市長　→03/05

岩田 岩雄　いわた・いわお　～昭和49年6月19日
安立電気会長　→昭和

岩田 栄次　いわた・えいじ　明治43年9月12日～平成3年3月5日　富士火災海上保険常任監査役　→91/93

岩田 悦次　いわた・えつじ　大正3年6月23日～平成2年2月8日　三星毛糸会長、日本毛整理協会副会長　→88/90

岩田 嘉吉郎　いわた・かきちろう　大正7年10月14日～平成13年8月19日　協和興業会長、明治大学理事　→00/02

岩田 憨太郎　いわた・かくたろう　～平成4年4月21日
日本ガイシ常務、中部経済連合会専務理事　→91/93

岩田 弌夫　いわた・かずお　明治43年2月18日～平成4年10月22日　東芝社長　→91/93

岩田 克也　いわた・かつや　大正11年9月24日～昭和63年11月18日　京三菱電線専務　→88/90

岩田 要　いわた・かなめ　大正8年3月1日～平成9年11月24日　愛知県副知事　→97/99

岩田 嘉七　いわた・かひち　～昭和62年3月14日
（株）岩田社長、名古屋ニット卸商業組合理事長　→83/87

岩田 義寛　いわた・ぎかん　～昭和61年4月3日
僧侶　曹洞宗月心寺住職　→83/87

岩田 清登　いわた・きよと　大正10年5月28日～平成12年3月8日　北海道東北開発公庫副総裁　→00/02

岩田 国雄　いわた・くにお　大正6年9月24日～平成7年3月30日　日野自動車販売副社長　→94/96

岩田 邦夫　いわた・くにお　明治36年1月6日～昭和59年5月24日　大倉製作所社長　→83/87

岩田 孝七　いわた・こうしち　大正5年2月2日～昭和59年5月23日　マドラス社長　→83/87

岩田 聡　いわた・さとし　昭和9年9月1日～平成1年4月19日　電広エイジェンシー専務　→88/90

岩田 粲三　いわた・さんぞう　～昭和61年10月29日
不二種苗会長　→83/87

岩田 周次郎　いわた・しゅうじろう　～昭和61年3月20日　素戔男（すさのお）神社名誉宮司、春日神社宮司　→83/87

岩田 俊二　いわた・しゅんじ　大正2年7月18日～平成2年2月11日　岩田商会名誉会長、中部ソーダ販売同業会会長　→88/90

岩田 順介　いわた・じゅんすけ　昭和12年7月28日～平成18年5月5日　衆院議員（民主党）　→06/08

岩田 荘治　いわた・しょうじ　大正12年10月5日～平成16年11月21日　警察庁中国管区警察局長　→03/05

岩田 信次　いわた・しんじ　明治36年12月21日～平成10年12月22日　クラボウ副社長　→97/99

岩田 助蔵　いわた・すけぞう　明治38年5月25日～昭和61年3月31日　岩田塗装機工業社長　→83/87

岩田 清祐　いわた・せいすけ　昭和4年7月25日～平成16年4月19日　四国新聞副社長　→03/05

岩田 惣三郎　いわた・そうざぶろう　天保14年3月15日～昭和8年8月24日　実業家　→昭和

岩田 蒼明　いわた・そうめい　～昭和55年5月31日
日本陶器会長、名古屋商工会議所副会頭　→80/82

岩田 孝　いわた・たかし　昭和2年1月29日～平成14年4月5日　弁護士　→00/02

岩田 隆利　いわた・たかとし　昭和10年10月1日～平成21年4月30日　岩田産業社長　→09/11

岩田 健男　いわた・たけお　～平成4年4月23日
日本生活協同組合連合会常務理事　→91/93

岩田 武　いわた・たけし　～昭和58年6月4日
旭川地・家裁調停委員、北海道眼鏡協会常任理事　→83/87

岩田 武　いわた・たけし　明治42年2月14日～平成3年12月26日　日産化学工業取締役、匠屋九段店取締役　→91/93

岩田 武之輔　いわた・たけのすけ　明治33年9月15日～平成2年8月19日　日清製粉監査役　→88/90

岩田 忠寿　いわた・ただとし　昭和13年7月14日～平成21年5月12日　福井県農林水産部長、福井県農業試験場長　→09/11

I 政治・経済・社会篇　　　　　　　　　　　　　　　　　　　　　　いわた

岩田 龍雄　いわた・たつお　明治40年4月13日〜平成2年2月13日　西日本相互銀行(のち西日本銀行)常務, 九州生産性本部専務理事　→88/90

岩田 立夫　いわた・たてお　昭和8年8月8日〜平成8年9月1日　郵政省東京郵政局長　→94/96

岩田 太郎　いわた・たろう　〜平成11年11月15日　岩田食肉会社社長, 愛知県食肉事業協同組合連合会副会長　→00/02s

岩田 宙造　いわた・ちゅうぞう　明治8年4月7日〜昭和41年2月22日　弁護士　司法相, 貴院議員, 日本弁護士連合会会長　→昭和

岩田 長八　いわた・ちょうはち　〜昭和45年1月16日　長崎屋会長　→昭和

岩田 次男　いわた・つぎお　大正12年7月24日〜平成16年2月5日　京福電気鉄道社長　→03/05

岩田 力　いわた・つとむ　〜平成8年3月23日　三菱自動車販売(のち三菱自動車工業)常務　→94/96

岩田 徳治　いわた・とくじ　明治27年12月13日〜昭和57年2月20日　岩田建設会長, 北海道議　→80/82

岩田 寿郎　いわた・としお　明治44年3月30日〜平成6年11月6日　日立電線常務　→94/96

岩田 利男　いわた・としお　昭和6年10月27日〜平成11年8月21日　ヤンマーディーゼル専務, 昭和精機工業社長　→97/99

岩田 利雄　いわた・としお　明治43年9月25日〜昭和60年3月19日　北海タイムス社社長, 北海道立図書館長　→83/87

岩田 冨雄　いわた・とみお　大正9年6月25日〜平成14年4月3日　岩田食品会長　→00/02

岩田 留吉　いわた・とめきち　〜昭和59年6月6日　天台院壇家総代　今東光 "河内もの" のモデル　→83/87

岩田 一　いわた・はじめ　明治6年5月30日〜昭和8年9月8日　陸軍軍医総監　→昭和

岩田 弌　いわた・はじめ　明治39年10月17日〜昭和62年9月3日　朝日石綿工業(のちアスク)専務, 小野田セメント常任監査役　→83/87

岩田 暘生　いわた・はるお　昭和8年6月26日〜平成2年5月14日　アマダワシノ取締役　→88/90

岩田 春之助　いわた・はるのすけ　明治32年2月11日〜平成4年12月11日　弁護士　関東弁護士連合会理事長　→91/93

岩田 治喜　いわた・はるよし　大正12年9月1日〜昭和56年7月16日　岩仲毛織社長, 日本毛織物等工業組合連合会副理事長　→80/82

岩田 秀一　いわた・ひかず　大正11年9月24日〜平成23年12月4日　淀川製鋼所専務　→09/11

岩田 秀司　いわた・ひでし　昭和10年9月25日〜平成17年10月23日　大日本インキ化学工業専務　→03/05

岩田 英則　いわた・ひでのり　昭和21年12月8日〜平成6年4月1日　佐賀県議(無所属)　→94/96

岩田 弘志　いわた・ひろし　大正14年4月29日〜平成20年7月29日　室蘭市長　→06/08

岩田 弘文　いわた・ひろふみ　大正14年5月27日〜平成14年9月11日　気象庁次長　→00/02

岩田 文夫　いわた・ふみお　大正10年9月24日〜昭和59年11月2日　大日本運輸社長, 大日本印刷取締役　→83/87

岩田 文三　いわた・ぶんぞう　〜昭和62年5月8日　福岡酒類販売取締役　→83/87

岩田 誠　いわた・まこと　明治35年11月26日〜昭和60年2月9日　裁判官　最高裁判事　→83/87

岩田 正和　いわた・まさかず　大正6年10月27日〜昭和58年8月11日　近畿通信建設社長　→83/87

岩田 政勝　いわた・まさかつ　明治33年10月16日〜平成12年8月12日　岩田醸造社長　→00/02

岩田 正次郎　いわた・まさじろう　〜昭和49年5月14日　太陽電機会長　→昭和

岩田 政之助　いわた・まさのすけ　昭和4年10月20日〜平成13年12月5日　日本ガイシ副社長　→00/02

岩田 優　いわた・まさる　大正3年3月4日〜平成10年2月23日　豊年製油(のちホーネンコーポレーション)常務　→97/99

岩田 衛　いわた・まもる　明治12年7月2日〜昭和17年6月9日　福島県知事, 長岡市長　→昭和

岩田 守　いわた・まもる　〜昭和61年2月27日　宮地鉄工所常務　→83/87

岩田 万作　いわた・まんさく　大正13年9月12日〜平成8年8月4日　山九常務　→94/96

岩田 光夫　いわた・みつお　大正9年11月18日〜平成22年2月24日　日立造船副社長　→09/11

岩田 満夫　いわた・みつお　大正12年12月15日〜昭和62年7月25日　弁護士　日弁連常務理事, 東京都人権擁護委員会会長　→83/87

岩田 満　いわた・みつる　昭和5年6月6日〜平成8年8月5日　岩田レーベル社長, 愛知中小企業家同友会相談役　→94/96

岩田 実　いわた・みのる　大正8年8月31日〜平成10年3月19日　朝日新聞専務　→97/99

岩田 稔　いわた・みのる　大正1年10月24日〜平成13年10月22日　日本配合飼料社長　→00/02

岩田 宗次郎　いわた・むねじろう　〜昭和28年9月13日　日本紡績会長　→昭和

岩田 基義　いわた・もとよし　昭和2年10月24日〜平成21年12月2日　岩田建設社長　→09/11

岩田 守武　いわた・もりたけ　大正5年2月11日〜平成14年10月23日　伊藤忠商事専務　→昭和

岩田 八束　いわた・やつか　大正8年10月18日〜昭和61年11月10日　岩田結納店社長, 全国結納品組合会長　→83/87

岩田 幸彰　いわた・ゆきあき　大正5年7月25日〜平成6年3月15日　インターフェイス・コンサルタンツ社長, JOC名誉委員　→94/96

岩田 由一　いわた・よしいち　～昭和62年10月6日
大永紙通商常務　→83/87

岩田 嘉夫　いわた・よしお　昭和4年10月20日～平成1年12月1日　日本建設業団体連合会常務理事　→88/90

岩田 喜雄　いわた・よしお　明治22年11月23日～昭和59年4月4日　(財)アジア会館会長,昭和ゴム社長　→83/87

岩田 吉夫　いわた・よしお　昭和15年2月19日～平成22年12月31日　朝日新聞常務　→09/11

岩田 吉博　いわた・よしひろ　～昭和59年8月20日
協和銀行取締役　→83/87

岩田 義道　いわた・よしみち　明治31年4月1日～昭和7年11月3日　社会運動家　日本共産党中央委員　→昭和

岩滝 典生　いわたき・のりふさ　～平成13年2月16日
空将　航空自衛隊航空医学実験隊司令　→00/02

岩竹 清治　いわたけ・せいじ　～昭和60年12月8日
富山市議・市会副議長　→83/87

岩館 吉右衛門　いわだて・きちえもん　明治41年1月31日～平成8年10月8日　北海道炭礦汽船常務　→94/96

岩立 昇　いわだて・のぼる　平成4年9月14日　佐原市議　毎日新聞首都圏懇話会最高顧問,千葉県連合毎日会会長,岩立新聞店社長　→91/93

岩楯 守　いわだて・まもる　大正1年12月3日～平成2年8月1日　国民銀行専務　→88/90

岩舘 義博　いわだて・よしひろ　大正3年1月23日～平成21年11月27日　篤農家　青森県りんご協会副会長　→09/11

岩谷 清水　いわたに・きよみ　～平成4年10月6日
公文教育研究会取締役　→91/93

岩谷 邦三　いわたに・くにぞう　大正4年3月16日～平成8年6月17日　電響社社長　→94/96

岩谷 源治　いわたに・げんじ　明治36年9月17日～昭和61年10月23日　兵庫県議会議長,日本手延素麺協同組合理事長　→83/87

岩谷 学　いわたに・さとる　昭和10年1月3日～昭和60年8月14日　岩谷産業専務　→83/87

岩谷 徹郎　いわたに・てつろう　昭和8年3月10日～平成22年10月30日　岩谷産業会長　→09/11

岩谷 直治　いわたに・なおじ　昭和36年3月7日～平成17年7月19日　岩谷産業創業者　→03/05

岩谷 明次　いわたに・めいじ　昭和19年11月3日～平成21年1月19日　栗本鉄工所常務　→09/11

岩垂 修　いわたれ・おさむ　大正14年8月24日～平成20年7月12日　関東電化工業社長　→06/08

岩垂 邦雄　いわだれ・くにお　明治30年6月6日～昭和58年7月30日　住友電工顧問・元常任監査役　→83/87

岩垂 邦彦　いわだれ・くにひこ　安政4年8月15日～昭和16年12月20日　実業家,電気技術者　日本電気創業者　→昭和　(いわたれ・くにひこ)

岩垂 孝一　いわだれ・こういち　大正4年4月27日～平成14年1月29日　万有製薬名誉会長　→00/02

岩垂 荘二　いわだれ・しょうじ　大正2年6月～平成12年2月3日　万有栄養会長,日本農業化学研究所社長,桜美林短期大学教授　→00/02

岩垂 寿喜男　いわだれ・すきお　昭和4年4月25日～平成13年3月7日　衆院議員(社民党),環境庁長官　→00/02

岩垂 捨三　いわだれ・すてぞう　～昭和48年11月8日
日本車両製造相談役　→昭和

岩垂 正雄　いわだれ・まさお　昭和6年9月1日～平成18年10月9日　万有製薬専務　→06/08

岩津 良治　いわつ・りょうじ　大正13年1月26日～平成11年10月27日　中日新聞専務　→97/99

岩月 収二　いわつき・しゅうじ　大正7年1月15日～平成17年9月7日　安城市長　→03/05

岩月 鉦一　いわつき・しょういち　～昭和56年12月12日　矢作川沿岸水質保全対策協議会会長,明治用水土地改良区理事長　→80/82

岩月 達夫　いわつき・たつお　～昭和55年8月25日
日本電装相談役,元同社社長　→80/82

岩月 恒雄　いわつき・つねお　大正13年2月27日～平成1年2月7日　三井製糖専務　→88/90

岩月 藤一　いわつき・とういち　大正3年1月～昭和62年11月5日　岩月興業社長　→83/87

岩月 善男　いわつき・よしお　大正4年10月8日～昭和63年11月27日　矢作鋳工会長　→88/90

岩鶴 密雲　いわつる・みつうん　明治31年1月～平成2年10月28日　僧侶　高野山大学名誉教授,津観音寺大宝院第26世院家　→88/90

岩貞 夫　いわで・さだお　大正8年3月19日～平成7年6月22日　東京堂会長　→94/96

岩出 政和　いわで・まさかず　昭和23年1月7日～平成23年7月19日　東洋シャッター専務　→09/11

岩出 義三　いわで・よしぞう　～平成4年8月9日
三井化学工業(のち三井東圧化学)取締役　→91/93

岩寺 与一　いわでら・よいち　明治32年11月20日～昭和61年11月19日　空知米穀社長　→83/87

岩永 巌　いわなが・いわお　明治34年7月28日～昭和60年1月9日　三井石油化学工業相談役・元社長,元石油化学工業協会会長　→83/87

岩永 金次郎　いわなが・きんじろう　～昭和58年4月5日
弁護士　熊本地裁所長　→83/87

岩永 賢一　いわなが・けんいち　～昭和55年5月27日
住宅金融普及協会顧問　→80/82

岩永 信吉　いわなが・しんきち　～昭和57年3月4日
新聞通信調査会専務理事,共同通信社顧問　→80/82

岩永 常四郎　いわなが・つねしろう　昭和4年11月26日～平成15年12月22日　佐賀玉屋社長　→03/05

岩永 訓光　いわなが・のりみつ　明治43年1月25日～昭和55年12月8日　関西電力常務取締役　→80/82

岩永 冨士男　いわなが・ふじお　～平成13年7月1日
三昌商事会長,長崎県サッカー協会理事長　→00/02

I　政治・経済・社会篇

岩永　正也　いわなが・まさや　大正11年12月17日～平成17年3月4日　兼松江商専務　→03/05

岩永　真澄　いわなが・ますみ　～平成22年6月1日　神官　德重神社宮司　→09/11

岩永　敬邦　いわなが・よしくに　大正11年10月17日～平成6年10月30日　長崎県議　→94/96

岩永　吉光　いわなが・よしみつ　～平成4年1月14日　新日本印刷専務　→91/93

岩波　健一　いわなみ・けんいち　大正1年9月14日～昭和59年4月27日　常陽新聞取締役会長兼主幹　→83/87

岩波　昭三　いわなみ・しょうぞう　昭和2年3月16日～平成7年9月12日　日本ピラー工業専務　→94/96

岩波　章八　いわなみ・しょうはち　昭和19年12月8日～平成20年11月15日　ライト光機製作所社長,諏訪商工会議所会頭　→06/08

岩波　武信　いわなみ・たけのぶ　～昭和23年7月14日　日銀監事　→昭和

岩浪　太助　いわなみ・たすけ　明治44年5月7日～昭和63年2月10日　岩浪建設会長　→88/90

岩波　千鶴　いわなみ・ちず　～平成23年10月22日　常陽宮付侍女長　→09/11

岩波　千春　いわなみ・ちはる　明治19年11月12日～昭和62年10月3日　中部電力常務,電気事業連合会専務理事,東邦石油副社長　→83/87

岩波　東平　いわなみ・とうへい　明治38年8月21日～平成1年3月15日　三越専務　→88/90

岩波　模一　いわなみ・のりかず　明治37年12月12日～昭和58年7月4日　三菱レイヨン専務　→83/87

岩波　啓富　いわなみ・ひろよし　大正8年10月1日～平成11年2月26日　ライト光機製作所会長　→97/99

岩波　正幸　いわなみ・まさゆき　大正11年9月28日～平成14年9月2日　公認会計士,税理士　日本公認会計士協会副会長　→00/02

岩波　益雄　いわなみ・ますお　昭和56年3月1日　三菱信託銀行専務　→80/82

岩波　光明　いわなみ・みつあき　明治42年4月21日～平成8年3月17日　間組(のちハザマ)専務　→94/96

岩波　安治　いわなみ・やすじ　～平成1年11月21日　岩波建設監査役　→88/90

岩波　雄二郎　いわなみ・ゆうじろう　大正8年6月25日～平成19年1月3日　岩波書店社長　→06/08

岩波　芳二　いわなみ・よしじ　～平成4年8月19日　練馬食糧商事社長　→91/93

岩波　六郎　いわなみ・ろくろう　～昭和39年8月27日　明治乳業顧問　→昭和

岩西　一郎　いわにし・いちろう　大正4年12月15日～平成4年9月15日　九州ビルサービス社長,九州ビルサービス福岡会長　→91/93

岩根　精一　いわね・せいいち　～昭和50年2月28日　石原産業社長　→昭和

岩根　忠　いわね・ただし　～昭和42年8月25日　興亜石油監査役　→昭和

岩野　梅重　いわの・うめしげ　昭和3年1月5日～平成16年11月4日　東都水産常務　→03/05

岩野　健一　いわの・けんいち　大正3年6月27日～昭和62年10月2日　デイリースポーツ社取締役編集主幹　→83/87

岩野　見斉　いわの・けんせい　明治44年4月8日～平成3年7月23日　四日市市長　→91/93

岩野　真雄　いわの・しんゆう　明治26年2月12日～昭和43年1月9日　僧侶　大東出版社社長　→昭和(いわの・まさお)

岩野　徹　いわの・とおる　～昭和55年9月7日　名古屋高裁長官　→80/82

岩野　正雄　いわの・まさお　大正4年1月5日～平成21年9月15日　京都市議(自民党)　→09/11

石野　基道　いしの・もとみち　～昭和13年3月30日　子爵　掌典,殿掌　→昭和(いしの・もとみち)

岩橋　一徳　いわはし・かずのり　大正8年4月4日～平成10年2月11日　三菱信託銀行常務　→97/99

岩橋　武夫　いわはし・たけお　明治31年3月16日～昭和29年10月28日　盲人福祉事業家　日本盲人会連合会会長　→昭和

岩橋　藤吉　いわはし・とうきち　明治20年1月25日～昭和33年10月15日　農民運動家　→昭和

岩橋　東太郎　いわはし・とうたろう　明治37年4月11日～昭和56年1月11日　弁護士　和歌山弁護士会会長　→80/82

岩橋　英行　いわはし・ひでゆき　大正14年5月4日～昭和59年1月16日　盲人福祉事業家　日本ライトハウス理事長,世界盲人福祉協議会(WCWB)副会長　→83/87

岩原　市男　いわはら・いちお　大正15年4月6日～平成3年5月10日　女満別町(北海道)町長,北海道立図書館長　→91/93

岩原　謙庵　いわはら・けんあん　文久3年～昭和11年　実業家　→昭和

岩原　謙三　いわはら・けんぞう　文久3年10月21日～昭和11年7月12日　実業家　芝浦製作所社長,日本放送協会会長　→昭和

岩原　襄次　いわはら・じょうじ　昭和6年5月26日～平成16年4月18日　中電工専務　→03/05

岩原　二郎　いわはら・じろう　大正3年11月15日～平成12年6月5日　三菱電機常務　→00/02

岩久　ツナ　いわひさ・つな　明治34年～昭和56年9月8日　大分県議,大分県教育委員長　→80/82

岩淵　彰郎　いわぶち・あきお　～昭和32年6月21日　検事　→昭和

岩渕　一郎　いわぶち・いちろう　～平成4年7月7日　第六実栄証券社長　→91/93

岩淵　謙一　いわぶち・けんいち　明治29年10月22日～昭

和34年11月11日　社会運動家,医師　青森県協同組合連合会会長　→昭和

岩淵 謙二　いわぶち・けんじ　大正12年2月10日～平成20年8月25日　三菱自動車常務,プロトン社長　→06/08

岩淵 謙二郎　いわぶち・けんじろう　明治36年6月23日～昭和42年5月13日　農民運動家　全国農民組合青森県連合会書記長　→昭和

岩淵 繁雄　いわぶち・しげお　～平成6年5月3日　国鉄東京駅長,東京ステーションサービス社長　→94/96

岩渕 信一　いわぶち・しんいち　昭和5年5月26日～昭和59年6月24日　弁護士　新潟県弁護士会会長,日弁連理事　→83/87

岩淵 新治　いわぶち・しんじ　～昭和44年8月2日　昭和飛行機工業社長　→昭和

岩淵 澄男　いわぶち・すみお　昭和3年1月7日～平成12年11月21日　安藤建設副社長　→昭和

岩淵 たか　いわぶち・たか　明治9年3月26日～昭和56年12月10日　昭和天皇の皇后良子の養育係　→80/82

岩渕 勉　いわぶち・つとむ　明治21年～昭和31年1月14日　弘前市長　→昭和(岩淵 勉)

岩渕 直助　いわぶち・なおすけ　～平成1年12月11日　農山漁村文化協会副会長　→88/90

岩渕 好弘　いわぶち・よしひろ　大正5年3月20日～平成17年7月30日　岩渕薬品名誉会長　→03/05

岩部 石男　いわべ・いしお　明治32年9月12日～昭和20年6月13日　農民運動家　→昭和

岩堀 至道　いわほり・しどう　～昭和57年10月6日　僧侶　弥勒寺第56代住職,全国青少年教化協議会事務総長　→80/82

岩堀 徳太郎　いわほり・とくたろう　昭和3年10月18日～平成16年12月17日　岩堀建設工業会長,川越商工会議所会頭　→03/05

岩堀 政治郎　いわほり・まさじろう　明治37年8月10日～平成2年9月5日　関西帆布化学防水創業者　→88/90

岩堀 正治　いわほり・まさはる　昭和62年3月3日　安田火災海上保険監査役　→83/87

岩間 旭　いわま・あきら　明治38年9月26日～平成9年11月7日　三菱地所専務　→97/99

巌眞 温　いわま・あつし　大正11年3月30日～平成2年2月17日　日本建設技術社長,建設省中国地方建設局長　→88/90

岩間 英太郎　いわま・えいたろう　大正10年4月26日～平成22年12月10日　文部事務次官,日本体育大学学長　→09/11

岩間 和夫　いわま・かずお　大正8年2月7日～昭和57年8月24日　ソニー社長　→80/82

岩間 幸平　いわま・こうへい　明治44年1月27日～平成16年9月1日　弁護士　第二東京弁護士会会長,日本弁護士連合会副会長　→03/05

岩間 善之助　いわま・ぜんのすけ　～昭和55年11月28日　岩間織機製作所会長　→80/82

岩間 多計夫　いわま・たけお　大正10年12月3日～平成15年4月11日　岩崎電気副社長　→03/05

岩間 敏雄　いわま・としお　大正8年2月5日～平成5年1月11日　トヨクニ電線会長　→91/93

岩間 知徳　いわま・とものり　大正3年10月15日～平成7年5月15日　日本電気精器専務　→94/96

岩間 日勇　いわま・にちゆう　明治41年3月21日～平成13年9月17日　僧侶　日蓮宗管長,日蓮宗総本山身延山久遠寺第九十世法主　→00/02

岩間 昌生　いわま・まさお　～昭和43年12月13日　名古屋信用金庫理事長　→昭和

岩間 正男　いわま・まさお　明治38年11月1日～平成1年11月1日　政治家,歌人　参院議員,日本共産党名誉中央委員,日教組委員長　→88/90

岩間 弥三郎　いわま・やさぶろう　大正3年8月25日～平成1年12月6日　日陶産業会長,日陶顔料工業社長,日陶ジルコン工業社長　→88/90

岩間 保雄　いわま・やすお　明治42年8月15日～平成8年8月28日　岩間金属会長　→94/96

岩摩 洋三　いわま・ようぞう　昭和6年11月14日～平成63年6月23日　滋賀銀行常勤監査役　→88/90

岩間 芳一　いわま・よしかず　昭和4年6月16日～平成7年8月2日　岩間楽器会長　→94/96

岩前 博　いわまえ・ひろむ　～平成5年3月11日　呉羽化成(のち呉羽化学工業)取締役　→91/93

岩政 三枝　いわまさ・みつえ　大正14年1月24日～平成17年12月24日　牧師　→06/08s

岩松 一郎　いわまつ・いちろう　～平成18年2月14日　神明電機社長　→06/08

岩松 宇佐雄　いわまつ・うさお　～昭和50年3月6日　東京都住宅局長　→昭和

岩松 栄　いわまつ・さかえ　～平成1年10月2日　(宗)世界救世教相談役　→88/90

岩松 三郎　いわまつ・さぶろう　明治26年12月31日～昭和53年12月1日　最高裁判事,上智大学教授　→昭和

岩松 三郎　いわまつ・さぶろう　明治39年12月25日～昭和62年11月5日　仙台三徳商会会長　→83/87

岩松 経麿　いわまつ・つねまろ　～昭和14年12月20日　高等海員審判所審判官　→昭和

岩松 悌二郎　いわまつ・ていじろう　大正5年5月3日～平成3年7月28日　三菱重工業監査役　→91/93

岩松 春水　いわまつ・はるみ　～平成3年3月21日　西村証券取締役・引受部長　→91/93

岩松 正信　いわまつ・まさのぶ　大正8年1月1日～平成11年5月30日　長崎県議　→97/99

岩松 茂輔　いわまつ・もすけ　大正2年8月2日～平成20年2月26日　日立運輸社長,東京モノレール社長　→06/08

岩丸 弥市　いわまる・やいち　明治33年1月25日～昭和

岩美 一郎　いわみ・いちろう　昭和2年2月24日～平成12年5月17日　ブリヂストン副社長　→00/02

岩見 一雄　いわみ・かずお　昭和9年7月21日～平成19年5月8日　積水化学工業取締役　→06/08

岩見 喜一郎　いわみ・きいちろう　明治41年1月30日～平成7年7月1日　日本紙パルプ商事常務　→94/96

岩見 和市　いわみ・わいち　明治37年9月15日～平成5年1月2日　内外特殊染工社長　→91/93

岩満 達巳　いわみつ・たつみ　大正6年7月27日～平成3年12月18日　東京焼結金属会長　→91/93

岩見屋 保　いわみや・たもつ　～平成15年9月6日　錦川鵜飼振興会会長　→03/05

岩宮 満　いわみや・みつる　大正4年1月5日～平成21年12月28日　空将　航空自衛隊補給統制処長　→09/11

岩村 卯一郎　いわむら・ういちろう　昭和2年9月8日～平成16年8月28日　衆院議員(自民党)　→03/05

岩村 英郎　いわむら・えいろう　大正4年9月13日～平成3年5月7日　川崎製鉄相談役,日経連常任理事,日本卓球協会会長　→91/93

岩村 克己　いわむら・かつみ　昭和33年3月23日～平成17年11月10日　カッパ・クリエイト常務　→03/05

岩村 協三　いわむら・きょうぞう　～平成8年6月20日　日本鋳鍛鋼会専務　→94/96

岩村 清　いわむら・きよし　～昭和55年8月14日　古河鉱業元取締役　→80/82

岩村 源一　いわむら・げんいち　大正13年～平成10年9月25日　大建工業常務　→97/99

岩村 耕児　いわむら・こうじ　～平成3年8月5日　神戸国際貿易促進協会専務理事,神戸日中友好協会副会長　→91/93

岩村 清一　いわむら・せいいち　明治22年9月14日～昭和45年2月10日　海軍中将　日本能率協会理事長　→昭和

岩村 俊武　いわむら・としたけ　慶応2年8月27日～昭和18年11月9日　海軍中将　→昭和

岩村 一木　いわむら・ひとき　明治27年10月19日～昭和43年12月16日　肥料公団総裁　→昭和(いわむら・いちぼく)

岩村 一　いわむら・ひとし　昭和4年3月6日～平成1年10月15日　神戸生糸専務　→88/90

岩村 兵二　いわむら・ひょうじ　大正7年3月29日～平成3年1月11日　光塗装工業会長,日本工業塗装協同組合連合会長,名古屋産業人クラブ理事　→91/93

岩村 勝　いわむら・まさる　～昭和61年5月15日　運輸審議会委員　→83/87

岩村 通世　いわむら・みちよ　明治16年8月21日～昭和40年3月13日　司法官,政治家,弁護士　検事総長,法相　→昭和

岩村 実　いわむら・みのる　昭和7年3月16日～平成23年3月10日　富士通ゼネラル常務　→09/11

岩村 豊　いわむら・ゆたか　～昭和44年1月28日　東京瓦斯常務　→昭和

岩村 芳俊　いわむら・よしとし　昭和6年2月20日～平成12年11月16日　三菱倉庫専務　→00/02

岩持 静麻　いわもち・しずま　大正8年2月25日～平成17年11月9日　岩手県議,全国農協中央会会長　→03/05

岩本 朗　いわもと・あきら　昭和10年2月18日～平成21年5月23日　日本道路常務　→09/11

岩本 厚　いわもと・あつし　大正3年4月21日～昭和58年11月1日　千代田化工建設顧問・元監査役,三菱信託銀行取締役　→83/87

岩本 勝俊　いわもと・かつとし　～昭和54年3月7日　総持寺貫主　→昭和

岩元 禧　いわもと・き　明治12年7月2日～昭和19年9月14日　沖縄県知事,鹿児島市長　→昭和(岩元 禧 いわもと・とう)

岩本 銀次　いわもと・ぎんじ　明治38年1月18日～昭和63年6月9日　マツダオート名古屋会長,関東マツダ会長,愛知マツダ会長　→88/90

岩本 邦夫　いわもと・くにお　明治45年1月10日～昭和57年6月15日　鹿島道路副社長　→80/82

岩本 月洲　いわもと・げっしゅう　明治34年7月～平成7年3月3日　参院議員(自由党)　→94/96

岩本 憲二　いわもと・けんじ　明治32年8月15日～平成1年10月2日　弁護士　山口県弁護士会会長　→88/90

岩本 賢太郎　いわもと・けんたろう　大正12年5月31日～平成19年8月21日　日本石油社長　→06/08

岩本 光一　いわもと・こういち　～昭和57年4月2日　埼玉銀行専務　→80/82

岩本 光徹　いわもと・こうてつ　明治17年～昭和57年1月8日　僧侶　聖護院門跡門主　→80/82

岩本 重雄　いわもと・しげお　～昭和62年7月5日　毎日新聞東京本社写真部長　→83/87

岩本 繁雄　いわもと・しげお　昭和12年9月15日～平成13年12月15日　三城常務　→00/02

岩本 修一　いわもと・しゅういち　～平成3年11月19日　山形屋百貨店社長　→昭和

岩本 昇海　いわもと・しょうみ　大正15年8月19日～平成6年12月13日　昭和鉱業常務　→94/96

岩本 晋一郎　いわもと・しんいちろう　～昭和56年2月10日　岐阜県教育長,高山市長,岩本漆器店代表取締役　→80/82

岩本 精三　いわもと・せいぞう　大正12年3月28日～平成17年2月6日　トープラ社長　→03/05

岩本 節治　いわもと・せつじ　明治44年1月17日～平成14年5月5日　諏訪市長　→00/02

岩元 善太郎　いわもと・ぜんたろう　～平成20年6月19日　日本傷痍軍人会副会長,垂水市議　→06/08

岩本 忠夫　いわもと・ただお　昭和3年10月25日～平成23年7月15日　双葉町(福島県)町長,福島県議(社会党)

→09/11

岩本 忠雄　いわもと・ただお　明治41年1月17日～平成1年1月23日　長野県議　→88/90

岩本 忠雄　いわもと・ただお　大正3年1月2日～平成13年2月5日　東京生命保険専務　→00/02

岩本 正彦　いわもと・ただひこ　大正2年4月16日～平2年10月15日　弁護士　大阪地裁所長、神綱機器工業社長　→88/90

岩元 達一　いわもと・たついち　明治42年9月1日～昭和57年6月23日　山形屋会長、貴院議員（多額納税）　→80/82

岩本 為雄　いわもと・ためお　明治21年12月23日～昭和47年12月3日　金剛寺座主　→昭和

岩本 常雄　いわもと・つねお　～平成2年4月19日　草土社社長、「改造文芸」編集長　→88/90

岩本 壮男　いわもと・つねお　大正4年3月24日～昭和60年11月5日　大和化工材会長　→83/87

岩本 常次　いわもと・つねじ　明治36年8月28日～平成5年10月8日　北海道経済連合会名誉会長、北海道電力社長　→91/93

岩本 典三郎　いわもと・てんざぶろう　大正4年10月24日～平成12年1月24日　神官　愛知県護国神社名誉宮司、全国護国神社会副会長　→00/02

岩本 藤吉　いわもと・とうきち　～昭和60年4月7日　岐阜商工会議所相談役・元専務理事　→83/87

岩本 利通　いわもと・としみち　明治34年7月23日～平成1年9月26日　畜産振興事業団監事　→88/90

岩本 虎二郎　いわもと・とらじろう　～昭和58年9月27日　日本甜菜製糖取締役　→83/87

岩本 直通　いわもと・なおみち　大正6年10月12日～平成20年3月19日　神奈川県議（無所属）　→06/08

岩本 夏義　いわもと・なつよし　平成6年11月7日　水俣病関西訴訟原告団長　→94/96

岩本 信行　いわもと・のぶゆき　明治28年3月8日～昭和38年4月5日　衆院議員、衆院副議長　→昭和

岩元 紀彦　いわもと・のりひこ　大正8年2月11日～平成14年2月7日　南日本銀行頭取　→00/02

岩本 肇　いわもと・はじめ　昭和6年9月6日～平成15年11月22日　三重県議（民主ク）　→03/05

岩本 治彦　いわもと・はるひこ　～昭和46年2月12日　サッポロビール理事　→昭和

岩本 寿雄　いわもと・ひさお　大正13年3月16日～平成16年6月6日　エーザイ常務　→03/05

岩本 久司　いわもと・ひさし　昭和3年3月31日～平成13年1月13日　ダイセル化学工業常務　→00/02

岩本 秀次　いわもと・ひでじ　～平成5年12月18日　毎日新聞社発送部長、東日印刷取締役　→91/93

岩本 広喜　いわもと・ひろき　～平成9年2月5日　水俣病センター相思社理事長　→97/99

岩本 浩　いわもと・ひろし　昭和14年11月27日～平成14年5月2日　東日本銀行常務　→00/02

岩本 武助　いわもと・ぶすけ　明治15年12月～昭和11年9月6日　衆院議員（立憲政友会）　→昭和（いわもと・たけすけ）

岩本 孫万　いわもと・まごまん　～昭和61年5月14日　岩本組代表　→83/87

岩本 正雄　いわもと・まさお　昭和11年4月5日～平成18年3月25日　奈良県副知事　→09/11s

岩本 幹生　いわもと・みきお　～昭和59年8月19日　弁護士　福岡市医師会顧問　→83/87

岩本 道夫　いわもと・みちお　大正8年12月12日～平成62年6月3日　農用地建設協業組合顧問、農林省農地局長、むつ小川原開発専務　→83/87

岩本 六男　いわもと・むつお　～昭和55年8月26日　古紙再生促進センター（財団法人）専務理事　→80/82

岩本 幸利　いわもと・ゆきとし　明治44年3月30日～平成10年11月8日　弁護士　長崎地検検事正、鹿児島地検検事正　→97/99

岩本 義久　いわもと・よしひさ　明治43年4月16日～昭和55年11月29日　オーエスジー監査役、オーエスジー販売監査役　→80/82

岩本 良実　いわもと・よしみ　昭和11年4月29日～平成12年5月2日　三井木材工業専務　→00/02

岩森 亀一　いわもり・きいち　～平成16年12月4日　三茶書房創業者　芥川龍之介の遺品を山梨県に寄贈　→03/05

岩谷 昭子　いわや・あきこ　～平成23年12月23日　青森県交通安全母の会連合会会長　→09/11

岩谷 源治　いわや・げんじ　～昭和61年5月10日　北海道総務部考査監　→83/87

岩谷 浩　いわや・こう　昭和9年4月30日～平成3年3月25日　サッポロビール取締役　→91/93

巌谷 勝雄　いわや・しょうゆう　大正3年～昭和60年1月4日　僧侶　祐天寺貫主、浄土宗総本山知恩院顧問会長　→83/87

岩屋 護　いわや・まもる　～昭和59年5月18日　別府観光交通社長　→83/87

岩谷 旨人　いわや・むねお　明治40年1月1日～昭和62年5月18日　東洋曹達工業常務　→83/87

岩山 信　いわやま・しん　大正7年6月18日～昭和62年8月15日　かながわ生協名誉理事長、日本生協連合会理事　→83/87

岩山 光男　いわやま・みつお　昭和2年～平成18年1月16日　名古屋ライトハウス理事長　→06/08

岩脇 道弘　いわわき・みちひろ　～平成16年8月16日　荒川化学工業常務　→03/05

尹　イン　⇒ユン

位田 伝治　いんでん・でんじ　明治33年11月22日～平

I 政治・経済・社会篇

3年8月26日 三菱石油常務 →91/93

位田 義男 いんでん・よしお ～平成7年10月26日
ユアサ商事常務 →94/96

印藤 栄次 いんどう・えいじ ～昭和58年1月22日
士別商工会議所副会頭,北部菱雄社長,士別専門店会理事長 →83/87

印藤 聡 いんとう・さとし 大正5年5月26日～平成3年12月20日 共同石油取締役,鹿島石油販売社長 →91/93

犬童 俊一 いんどう・しゅんいち 明治44年7月25日～平成3年10月20日 熊本放送取締役,熊本県森林組合連合会会長 →91/93

印南 満 いんなみ・みつる ～平成3年9月4日
協立システム開発社長 →91/93

井辺 利夫 いんべ・としお ～平成5年2月16日
日本加工製紙取締役 →91/93

【う】

宇井 隼平 うい・そうへい 昭和9年8月12日～平成10年6月8日 佐原市長 →97/99

宇井 孝雄 うい・たかお ～昭和56年10月24日
旭電気製作所社長,群馬工業人クラブ理事 →80/82

宇井 泰彦 うい・やすひこ 大正15年2月4日～平成17年12月2日 三重県議(自民党) →03/05

鵜池 四郎 ういけ・しろう 明治34年2月18日～平成13年4月4日 理研農産化工創業者,九州経済同友会代表幹事 →00/02

初治 繁良 ういじ・しげよし 明治41年8月4日～平成5年11月21日 銭高組取締役 →91/93

上 清孔 うえ・きよし 昭和8年6月17日～平成3年10月1日 日本物産社長,日本電通建設取締役 →91/93

上 清隆 うえ・きよたか 明治39年5月22日～平成4年3月31日 日本電通建設会長 →91/93

上 恵洋 うえ・よしひろ 昭和10年1月6日～平成16年6月4日 ダイベア専務 →03/05

上枝 誠一 うええだ・しげかず ～平成4年7月16日
第一製薬常務 →91/93

上岡 利夫 うえおか・としお 明治32年12月1日～昭和43年9月23日 社会運動家 →昭和

上岡 治義 うえおか・はるよし ～昭和32年8月7日
大阪地裁判事 →昭和

植岡 寛雄 うえおか・ひろお ～昭和2年2月16日
陸軍少将 →昭和

植垣 弥一郎 うえがき・やいちろう 明治18年6月～昭和45年4月5日 参院議員(自民党) →昭和

植木 郁也 うえき・いくや 昭和6年4月15日～平成1年9月9日 日本水産常務 →88/90

植木 泉 うえき・いずみ 大正8年5月6日～平成2年7月13日 三菱レイヨン常務,日東化学工業専務 →88/90

植木 和生 うえき・かずお 昭和4年1月5日～昭和60年11月29日 大分放送社長,日本民間放送連盟理事 →83/87

植木 健一 うえき・けんいち ～平成12年10月15日
住友電設常務 →00/02

植木 憲吉 うえき・けんきち ～昭和38年4月24日
日本水産社長 →昭和

植木 憲道 うえき・けんどう 明治24年9月17日～昭和42年5月26日 僧侶,社会事業家 雲巌寺(臨済宗)住職 →昭和(植木 義雄 うえき・よしお)

植木 庚子郎 うえき・こうしろう 明治33年1月28日～昭和55年3月11日 蔵相,衆院議員(自民党) →80/82

植木 伍鹿 うえき・ごろく 明治27年1月1日～昭和59年11月3日 日本水産取締役 →83/87

植木 正二 うえき・しょうじ 大正2年9月28日～平成6年7月12日 東京電力常務 →94/96

植木 善三郎 うえき・ぜんざぶろう ～昭和56年6月13日 旭化成工業元専務 →80/82

植木 敬夫 うえき・たかお ～平成12年11月14日
弁護士 →00/02

植木 孟 うえき・たけし ～昭和57年6月
平山組副社長 →80/82

植木 公 うえき・ただし 大正12年10月11日～平成17年7月14日 上越市長 →03/05

植木 秀幸 うえき・ひでゆき 大正5年～平成14年7月21日 トピー工業専務 →00/02

植木 文蔵 うえき・ぶんぞう 明治43年3月22日～昭和61年2月19日 杵築市長 →83/87

植木 平之允 うえき・へいのじょう 万延2年1月22日～昭和7年3月16日 土木技師 三井鉱山取締役 →昭和

植木 昌範 うえき・まさのり 昭和17年5月24日～17年10月24日 日本製鋼所常務 →03/05

植木 正張 うえき・まさはる 大正13年2月13日～昭和57年7月9日 国立国会図書館長 →80/82

植木 光教 うえき・みつのり 昭和2年3月24日～平成21年6月6日 参院議員(自民党),総務庁長官,沖縄開発庁長官 →09/11

植木 良彰 うえき・よしあき 昭和12年4月1日～平成19年2月27日 トーメン副社長 →06/08

植木 芳太郎 うえき・よしたろう 大正2年3月11日～平成1年8月25日 栃木マツダ販売会長,宇都宮商工会議所副会頭 →88/90

植草 重信 うえくさ・しげのぶ 大正10年1月1日～平成18年9月20日 海将 海上自衛隊大湊地方総監 →06/08

植草 健 うえくさ・たけし 昭和7年11月30日～平成10年12月24日 キリンビール副社長 →97/99

植草 秀雄 うえくさ・ひでお 昭和9年10月21日～平成15年9月4日 トピー工業常務 →03/05

殖栗 文夫 うえくり・ふみお 明治34年6月3日～昭和60

年5月18日　日本リーダーズダイジェスト社極東総支配人,日本キリスト教らい協会理事長　→83/87

上坂 和俊　うえさか・かずとし　～昭和60年2月14日　東海テレビ放送専務　→83/87

上坂 凱勇　うえさか・よしお　昭和13年7月10日～平成23年6月14日　トヨタ自動車副社長　→09/11

上阪 龍太郎　うえさか・りょうたろう　大正5年1月15日～平成17年3月29日　住友金属工業副社長　→03/05

上崎 竜次郎　うえさき・りゅうじろう　～昭和30年12月23日　阿波共同汽船専務　→昭和

上里 春生　うえさと・はるお　明治30年～昭和14年6月2日　社会運動家,詩人,劇作家　→昭和(うえざと・しゅんせい)

上沢 茂　うえさわ・しげる　大正4年4月27日～昭和61年6月28日　上沢工業社長,鹿沼商工会議所会頭　→83/87

植沢 政信　うえざわ・まさのぶ　大正8年11月9日～平成12年6月18日　川島織物専務　→00/02

上嶋 巌　うえしま・いわお　昭和10年5月20日～昭和60年8月16日　八女市議,公明党八女支部長　→83/87

上島 一義　うえじま・かずよし　大正13年7月1日～平成18年7月3日　福岡県議(社会党),高齢者福祉と空き缶問題を考える会会長　→06/08

上島 史郎　うえしま・しろう　大正15年11月2日～平成10年3月8日　近畿電波監理局長,長野放送常務　→97/99

上島 孝　うえしま・たかし　明治44年2月15日～平成2年11月19日　スエヒロ商事会長　→88/90

上嶋 卓二　うえしま・たくじ　～平成10年7月27日　松浦社長　→97/99

上島 忠雄　うえしま・ただお　明治43年10月25日～平成5年10月31日　ユーシーシー上島珈琲会長　→91/93

上嶋 輝雄　うえしま・てるお　昭和15年10月1日～平成19年7月29日　日本興亜損害保険副社長　→06/08

上島 敏夫　うえしま・としお　昭和10年1月8日～平成1年9月14日　日本海事広報協会理事長,日本近距離航空(のちエアーニッポン)社長　→88/90

上島 治忠　うえしま・はるただ　明治39年11月16日～平成1年6月5日　ユーコーヒーウエシマグループ名誉会長,上島コーヒー本店社長　→88/90

上江洲 盛元　うえず・せいげん　～平成22年12月22日　久米島町文化財保護審議会委員会委員長　→09/11

上江洲 トシ　うえず・とし　大正2年12月1日～平成22年8月6日　沖縄県議　→09/11

上江洲 易男　うえす・やすお　～平成23年7月20日　豚の輸送を実現させたハワイ沖縄系移民7勇士の一人　→09/11

上江洲 由正　うえず・ゆうしょう　大正6年9月2日～平成20年5月26日　大同火災海上保険社長　→06/08

上塚 周平　うえずか・しゅうへい　明治9年6月12日～昭和10年7月6日　ブラジル移民の父　→昭和(うえつか・しゅうへい)

上杉 一郎　うえすぎ・いちろう　大正6年3月31日～平成2年12月3日　はとバス取締役,いすゞ自動車副社長,第一勧業銀行専務　→88/90

上杉 佐一郎　うえすぎ・さいちろう　大正8年4月16日～平成8年5月10日　部落解放運動家　部落解放同盟中央執行委員長,反差別国際運動名誉理事長　→94/96

上杉 秀弥　うえすぎ・しゅうや　大正13年2月20日～平成17年8月3日　立山アルミニウム工業専務　→03/05

上杉 隆憲　うえすぎ・たかのり　大正6年2月5日～平成7年10月30日　東京都児童会館長　→94/96

上杉 武吉　うえすぎ・たけよし　大正8年5月10日～平成23年8月29日　三協アルミニウム工業常務　→09/11

上杉 千郷　うえすぎ・ちさと　大正12年4月3日～平成22年6月30日　神官　鎮西大社諏訪神社宮司,皇学館理事長　→09/11

上杉 年一　うえすぎ・としかず　大正11年1月6日～平成14年3月8日　山陽特殊製鋼社長　→00/02

上杉 憲章　うえすぎ・のりあき　～昭和28年1月2日　伯爵　→昭和

上杉 弥一　うえすぎ・やいち　～昭和59年3月22日　東洋電機製造専務　→83/87

上住 粂雄　うえずみ・くめお　～昭和57年10月23日　三菱製鋼顧問,元三菱鋼材取締役　→80/82

上住 一　うえすみ・はじめ　大正9年9月9日～平成6年9月18日　阪神電気鉄道取締役　→94/96

上園 辰己　うえぞの・たつみ　大正13年12月5日～平成9年3月15日　鹿児島テレビ放送社長,鹿児島県会議長　→97/99

上田 明信　うえだ・あきのぶ　明治43年6月23日～昭和53年7月10日　最高検検事,亜細亜大学法学部教授　→昭和

上田 明　うえだ・あきら　大正4年11月3日～平成8年11月12日　警察庁中国管区警察局長,千葉県警本部長　→94/96

上田 蟻善　うえだ・ありよし　明治25年～昭和6年7月13日　社会運動家　→昭和

植田 郁男　うえた・いくお　昭和6年9月27日～平成15年11月4日　香川県議(自民党)　→03/05

植田 勲　うえだ・いさお　～昭和56年3月20日　日窒工業社長,前同社社長　→80/82

上田 英次　うえだ・えいじ　明治43年7月17日～昭和41年10月26日　奈良国立博物館学芸課美術室長兼資料室長　→昭和

上田 音市　うえだ・おといち　明治30年2月25日～平成11年1月21日　部落解放運動家,農民運動家　全国隣保館連絡協議会名誉会長,部落解放全国委員会会長　→97/99

上枝 一雄　うえだ・かずお　明治36年1月20日～昭和62年5月5日　三和銀行頭取　→83/87

植田 一夫　うえだ・かずお　明治43年7月2日～平成4年1月31日　川崎汽船専務,日本開発銀行理事　→91/93

上田 和広　うえだ・かずひろ　明治43年8月3日～平成14年

上田 数馬　うえだ・かずま　～昭和58年2月24日　関門海技協会会長　→83/87

上田 勝信　うえだ・かつのぶ　大正4年6月5日～平成22年6月2日　兵庫県議（自民党）　→09/11

上田 克郎　うえだ・かつろう　大正3年11月6日～平成16年9月20日　昭和石油社長,防衛庁経理局長　→03/05

上田 亀次郎　うえだ・かめじろう　明治38年3月7日～平成7年3月16日　鹿児島銀行常務　→94/96

上田 歓子　うえだ・かんこ　～昭和59年11月24日　労働省北海道婦人少年室長,北海道民生部福祉課長,北ノ里福祉会理事長　→83/87

植田 完治　うえだ・かんじ　～昭和55年7月10日　大阪市議,全国保護司連盟副会長　→80/82

上田 喜久治　うえだ・きくじ　大正6年12月1日～平成5年9月15日　中央フレキ製作所会長　→91/93

上田 清　うえだ・きよし　大正12年7月22日～平成3年10月19日　タツタ電線取締役　→91/93

植田 喜代治　うえだ・きよじ　明治35年3月31日～昭和61年3月16日　ユニオン商事社長,野村貿易社長,神戸ゴム取引所理事長　→83/87

上田 清晴　うえだ・きよはる　昭和6年～平成14年6月20日　西日本空輸社長,九州電力取締役　→00/02

上田 倉三郎　うえだ・くらさぶろう　大正1年10月29日～昭和61年12月20日　川崎精機工作所専務　→83/87

上田 慶治　うえだ・けいじ　～昭和54年2月13日　南都銀行頭取　→昭和

上田 研一　うえだ・けんいち　～平成2年8月24日　海上保安庁第四管区海上保安部長　→88/90

植田 謙吉　うえだ・けんきち　明治8年3月8日～昭和37年9月11日　陸軍大将　→昭和

上田 研蔵　うえだ・けんぞう　～平成15年1月4日　極東開発工業常務　→03/05

上田 公一　うえだ・こういち　昭和15年8月13日～平成16年5月23日　生命保険協会副会長,女田生命保険専務　→03/05

上田 康一　うえだ・こういち　～平成6年2月1日　日本ユネスコ協会連盟顧問,宮内庁式部官　→94/96

上田 耕一郎　うえだ・こういちろう　昭和2年3月9日～平成20年10月30日　参院議員（共産党）,日本共産党副委員長　→06/08

上田 孝吉　うえだ・こうきち　明治19年9月～昭和27年8月16日　衆院議員（日本進歩党）　→昭和

上田 耕作　うえだ・こうさく　大正6年1月19日～平成6年3月11日　ウエダ印刷会長,サンケイサービス社長　→94/96

上田 耕作　うえだ・こうさく　～平成7年6月4日　海将　横須賀地区病院（のち自衛隊横須賀病院）院長　→94/96

上田 康二　うえだ・こうじ　昭和8年1月16日～平成3年9月23日　熊谷組取締役　→91/93

上田 孝造　うえだ・こうぞう　～平成3年1月31日　弁護士　名古屋高裁判事　→91/93

上田 耕三　うえだ・こうぞう　～昭和58年3月13日　日本ミシン製造取締役　→83/87

植田 高三　うえだ・こうぞう　～昭和57年12月27日　藤沢薬品工業元常務　→80/82

上田 駒男　うえだ・こまお　明治39年10月10日～昭和55年5月11日　日本化薬顧問　→80/82

上田 権平　うえだ・ごんべい　～昭和63年12月3日　上田組取締役社長　→88/90

上田 定　うえだ・さだむ　～昭和16年12月9日　海軍兵曹長　→昭和

上田 佐太郎　うえだ・さたろう　昭和10年11月～昭和60年8月29日　和歌山商工会議所会頭,日出染業会長　→83/87

上田 三郎　うえだ・さぶろう　昭和4年6月25日～平成1年4月30日　茨城県労連議長　→88/90

上田 三郎　うえだ・さぶろう　昭和8年5月31日～平成1年9月12日　奈良県議（自民党）　→88/90

上田 三郎　うえだ・さぶろう　明治45年3月21日～平成7年7月31日　大末建設副社長,世界長副社長　→94/96

上田 茂男　うえだ・しげお　～平成4年1月31日　上田建設社長　→91/93

上田 茂樹　うえだ・しげき　明治33年7月27日～昭和7年　社会運動家　→昭和

上田 繁潔　うえだ・しげきよ　大正10年10月16日～平成23年5月20日　奈良県知事　→09/11

上田 重人　うえだ・しげと　大正4年1月20日～平成5年3月25日　イトマン取締役　→91/93

上田 滋穂　うえだ・しげほ　明治30年9月21日～昭和57年12月2日　日本磁器原料社長,熊本県公安委員長　→80/82

上田 茂　うえだ・しげる　大正13年11月24日～平成14年3月20日　古河電気工業常務,古河産業会長　→00/02

植田 繁　うえだ・しげる　～昭和60年12月21日　紀州製紙監査役　→83/87

植田 静子　うえだ・しずこ　～昭和64年1月3日　嵯峨沢館取締役　→88/90

上田 七朗　うえだ・しちろう　大正7年1月2日～平成6年11月4日　日立運輸東京モノレール（のち日立運輸）常務　→94/96

上田 潤一　うえだ・じゅんいち　～昭和60年12月9日　古河鉱業取締役　→83/87

上田 順一　うえだ・じゅんいち　昭和21年1月29日～平成16年3月21日　奈良県議（新創）　→03/05

植田 純一　うえだ・じゅんいち　明治42年7月17日～平成5年1月3日　日本旅行社長　→91/93

殖田 俊吉　うえだ・しゅんきち　明治23年8月4日～昭和35年5月23日　政治家　法務総裁,行政管理庁長官　→昭和

上田 俊二　うえだ・しゅんじ　大正7年12月21日～平成16年11月15日　ニチメン社長,日本・パキスタン協会会長　→03/05

上田 正二郎　うえだ・しょうじろう　～昭和48年10月16日　新関西新聞相談役　→昭和

上田 正三　うえだ・しょうぞう　大正3年1月28日～平成2年2月28日　中央倉庫社長　→88/90

上田 嗣郎　うえだ・しろう　明治45年1月8日～平成17年3月23日　東芝タンガロイ社長　→03/05

上田 四朗　うえだ・しろう　明治43年5月20日～平成8年2月17日　宇部興産常務　→94/96

植田 四郎　うえだ・しろう　～昭和56年11月11日　愛高大理石社長　→80/82

上田 次郎　うえだ・じろう　～昭和63年2月25日　最高検検事　→88/90

上田 新一　うえだ・しんいち　大正11年11月27日～平成5年12月24日　大阪府議(自民党),箕面商工会議所会頭　→91/93

植田 新也　うえだ・しんや　昭和4年10月28日～平成19年4月20日　産経新聞社長,彫刻の森美術館理事長　→06/08

植田 末広　うえだ・すえひろ　大正13年12月4日～平成1年10月10日　大阪労働金庫理事長,全国労働金庫協理事,全国労働金庫連合会理事　→88/90

植田 祐弘　うえだ・すけひろ　昭和3年9月21日～平成17年8月16日　オリムピック社長　→

上田 進　うえだ・すすむ　昭和5年1月2日～平成12年5月10日　広島銀行常務,大協社長　→00/02

上田 誠一　うえだ・せいいち　明治31年11月10日～昭和44年1月7日　弁護士　山口県知事,青森県知事　→昭和

上田 誠一　うえだ・せいいち　昭和5年4月6日～平成17年4月23日　日本カタン社長　→03/05

上田 誠吉　うえだ・せいきち　大正15年9月8日～平成21年5月10日　弁護士　自由法曹団団長　→09/11

植田 精吾　うえだ・せいご　～昭和62年3月16日　大阪空港公害訴訟川西高芝地区原告団団長　→83/87

上田 清次郎　うえだ・せいじろう　明治33年10月28日～昭和62年2月3日　炭鉱王　上田鉱業社長,日本中央競馬馬主連合最高顧問,衆院議員　→83/87

上田 誠太郎　うえだ・せいたろう　昭和18年8月13日～平成21年7月22日　日立機材社長　→09/11

上田 荘太郎　うえだ・そうたろう　～昭和7年10月9日　長野県内務部長　→昭和

上田 大賢　うえだ・だいけん　～昭和56年1月31日　函館・高龍寺住職　→80/82

上田 大悟　うえだ・だいご　昭和6年10月29日～平成10年1月1日　阪急電鉄取締役　→88/90

上田 大二郎　うえだ・だいじろう　大正15年5月5日～平成11年1月1日　ヤンマーディーゼル常務　→97/99

上田 泰三　うえだ・たいぞう　大正4年～平成13年2月25日　日立金属常務,互光商事(のち日立金属商事)社長　→00/02

上田 泰三　うえだ・たいぞう　大正13年6月30日～平成16年1月30日　ダイニック常務　→03/05

植田 高明　うえだ・たかあき　大正15年4月8日～平成14年10月2日　広島市社会福祉協議会副会長,広島市議　→00/02

上田 隆基　うえだ・たかき　昭和13年11月25日～平成21年3月9日　三井海上火災保険常務,ユナム・ジャパン傷害保険社長　→09/11

上田 隆介　うえだ・たかすけ　～平成16年1月4日　小野田セメント(のち太平洋セメント)副会長　→03/05

上田 喬弘　うえだ・たかひろ　大正4年3月5日～平成4年11月26日　北陸電気工事相談役　→91/93

上田 卓爾　うえだ・たくじ　昭和43年9月17日　三工社社長　→昭和

上田 卓三　うえだ・たくみ　昭和13年6月24日～平成17年5月26日　衆院議員(社会党),部落解放同盟中央執行委員長　→03/05

上田 武司　うえだ・たけし　～昭和60年10月8日　有礒正八幡宮外16社宮司第60世,富山県神社庁協議員,富山県神社庁財政企画委員　→83/87

上田 武人　うえだ・たけと　明治34年4月3日～昭和51年11月24日　経営士,技術士　全日本能率連盟会長,日本経営士会会長,産業能率短大常任顧問　→昭和

上田 忠夫　うえだ・ただお　大正11年7月27日～平成19年1月24日　東京重機工業常務　→06/08

上田 忠孝　うえだ・ただのり　昭和8年11月23日～平成6年5月14日　近鉄エクスプレス専務　→94/96

上田 立男　うえだ・たつお　明治37年4月2日～平成1年1月25日　三和銀行常務,山下新日本汽船専務　→88/90

上田 龍男　うえだ・たつお　大正12年4月14日～平成7年2月17日　ホシデン専務　→94/96

上田 為雄　うえだ・ためお　～平成9年6月17日　東京生命保険常務　→97/99

上田 保　うえだ・たもつ　～昭和44年9月2日　日弁連副会長　→昭和

上田 保　うえだ・たもつ　明治27年～昭和55年6月6日　大分市長　→80/82

上田 太郎　うえだ・たろう　～昭和12年5月16日　陸軍中将　→昭和

上田 太郎　うえだ・たろう　大正4年7月1日～昭和60年11月10日　小太郎漢方製薬会長　→83/87

上田 忠三郎　うえだ・ちゅうざぶろう　～昭和12年3月9日　大阪土建物社長　→昭和

植田 忠七　うえだ・ちゅうしち　大正6年～平成9年2月26日　三菱重工業常務,中菱エンジニアリング会長　→

I 政治・経済・社会篇　　　　　　　　　　　　　　　　　　　　　　　　　　　　　　　　　　うえた

97/99

上田　常光　うえだ・つねあき　大正3年11月25日～平成7年3月1日　鹿島平和研究所常務理事, 駐西ドイツ大使　→94/96

上田　常隆　うえだ・つねたか　～昭和55年10月14日　毎日新聞社顧問・元社長　→80/82

上田　貞治　うえだ・ていじ　～平成5年12月8日　世界連邦建設同盟副会長　→91/93

上田　哲　うえだ・てつ　昭和3年2月26日～平成20年12月17日　衆院議員（社会党）, 参院議員　→06/08

植田　徹郎　うえた・てつろう　～昭和55年9月8日　三保造船所社長　→80/82

上田　照雄　うえだ・てるお　～昭和55年8月31日　ダイエー顧問　→80/82

上田　天瑞　うえだ・てんずい　明治32年7月1日～昭和49年8月27日　僧侶, 仏教学者　高野山大学学長, 真言宗耆宿・宗機顧問　→昭和

上田　十一　うえだ・といち　～昭和39年1月1日　宇ály興産専務　→昭和

上田　徳三　うえだ・とくぞう　～昭和51年9月3日　全国農業共済副会長　→昭和

植田　徳三　うえた・とくぞう　～昭和56年11月22日　墨田区選挙管理委員会委員長　→80/82

上田　敏三　うえだ・としぞう　～平成4年5月24日　京都証券取引所専務理事　→91/93

上田　利英　うえだ・としひで　昭和7年1月20日～平成13年5月28日　自動車走行電子技術協会専務理事, 日本電装専務　→00/02

上田　利実　うえだ・としみ　～平成4年8月12日　日本ドリーム観光常務　→91/93

上田　富蔵　うえだ・とみぞう　～平成2年3月14日　国際タクシーグループ会長, 上豊田炭抗社長　→88/90

植田　知晴　うえた・ともはる　昭和2年1月21日～平成10年1月27日　サカタインクス常務　→97/99

植田　虎雄　うえた・とらお　明治39年1月27日～平成13年7月24日　研究社社長　→00/02

上田　直周　うえだ・なおちか　明治36年12月15日～昭和58年6月9日　岡三証券専務　→83/87

上田　永人　うえだ・ながと　大正6年5月18日～昭和56年3月16日　千代田証券監査役　→80/82

上田　南司　うえだ・なんじ　昭和6年9月23日～昭和61年8月9日　小池酸素工業取締役　→83/87

上田　信雄　うえだ・のぶお　大正13年5月23日～平成4年7月13日　弁護士　京都弁護士会長　→91/93

植田　信彦　うえた・のぶひこ　～昭和46年1月22日　神鋼ファウドラー常務　→昭和

上田　昇　うえだ・のぼる　～昭和60年4月30日　西日本新聞印刷製版代表取締役社長　→83/87

上田　昇　うえだ・のぼる　大正4年1月23日～昭和61年6月27日　九州三菱ふそう自動車販売顧問・元社長　→83/87

植田　昇　うえだ・のぼる　大正15年9月9日～平成21年6月30日　香川銀行専務　→09/11

上田　矩生　うえだ・のりお　昭和9年1月11日～平成14年4月16日　朝日新聞取締役　→00/02

上田　八郎　うえだ・はちろう　～昭和56年7月28日　松下電池工業専務　→80/82

植田　八郎　うえた・はちろう　明治42年11月11日～平成2年3月7日　兵庫県議（自民党）　→88/90

植田　八郎　うえた・はちろう　明治40年10月10日～平成4年4月17日　弁護士　東京弁護士会副会長　→91/93

植田　治夫　うえた・はるお　～昭和56年1月12日　神戸商業信用組合理事長, 元日本生命保険常務　→80/82

上田　晴一　うえだ・はるかず　大正6年12月1日～平成7年10月9日　長野日報社社長　→94/96

上田　晴彦　うえだ・はるひこ　昭和12年1月6日～平成8年9月16日　シーアイ化成専務　→94/96

植田　久一　うえた・ひさかず　大正8年3月19日～平成15年7月28日　日新電機社長　→03/05

上田　英夫　うえだ・ひでお　大正2年12月10日～昭和57年10月4日　大和ハウス社長, 三井物産取締役　→80/82

上田　秀夫　うえだ・ひでお　大正3年10月～昭和51年5月11日　朝日新聞社常務　→昭和

植田　英次　うえた・ひでつぐ　～昭和57年8月26日　北海道林友観光株式会社社長　→80/82

上田　兵吉　うえだ・ひょうきち　明治2年2月12日～昭和6年9月6日　陸軍少将, 男爵　貴院議員　→昭和（うえだ・へいきち）

上田　弘一　うえだ・ひろかず　昭和7年5月21日～平成3年4月28日　駒井鉄工副社長　→91/93

上田　礼之　うえた・ひろし　～昭和55年4月14日　鳥取県佐治村長, 全国手すき和紙連合会長　→80/82

上田　寛　うえだ・ひろし　昭和2年1月16日～昭和59年5月5日　フジタ工業取締役　→83/87

上田　浩　うえだ・ひろし　大正7年7月16日～平成7年12月26日　熊本相互銀行（のち熊本ファミリー銀行）社長　→94/96

上田　博　うえだ・ひろし　明治36年7月28日～平成3年12月4日　丸善石油（のちコスモ石油）専務　→91/93

上田　弘之　うえだ・ひろゆき　明治41年11月4日～平成7年6月6日　郵政省電波監理局長, 郵政省電波研究所（のち郵政省通信総合研究所）所長　→94/96

上田　博之　うえだ・ひろゆき　昭和8年1月1日～平成18年4月27日　東広島市長　→06/08

植田　正夫　うえた・まさお　大正15年4月21日～平成22年5月25日　秋田県議（民主ク）　→09/11

上田　将雄　うえだ・まさお　明治36年12月22日～平成11年2月15日　川崎重工業相談役・元副社長, 川崎車輛社長　→97/99

上田 政夫　うえだ・まさお　大正15年1月3日～平成5年6月3日　公証人　最高検事務局長　→91/93

植田 正雄　うえだ・まさお　～昭和59年7月1日
日本板硝子取締役　→83/87

上田 正信　うえだ・まさのぶ　～平成14年3月13日
エスティビジョン社長　→00/02

植田 真弘　うえだ・まさひろ　昭和15年1月19日～平成22年9月22日　三菱電線工業常務　→09/11

上田 勝　うえだ・まさる　～昭和16年5月13日
陸軍少将　→昭和

上田 勝　うえだ・まさる　大正2年4月23日～平成8年10月28日　日本エヤーブレーキ（のちナブコ）常務　→94/96

上田 学　うえだ・まなぶ　昭和4年3月19日～平成14年5月24日　岩手日報事業局次長　→00/02

植田 守　うえだ・まもる　明治37年6月16日～昭和61年3月7日　全国森林組合連合会長　→83/87

上田 万平　うえだ・まんぺい　～昭和10年7月8日
熊本電気社長　→昭和

上田 操　うえだ・みさお　～昭和39年12月16日
弁護士　大審院判事　→昭和

上田 美智造　うえだ・みちぞう　大正12年3月19日～昭和58年12月23日　西日本グレーンセンター相談役、丸紅取締役　→83/87

植田 三男　うえだ・みつお　大正2年3月17日～平成9年8月30日　日商岩井社長　→97/99

上田 貢　うえだ・みつぐ　昭和61年11月23日
福野町染色試験場（富山県）場長、福野高校教諭　→83/87

上田 実　うえだ・みのる　～平成13年7月4日
北海道出納局長、札幌医科大学事務局長　→00/02

上田 稔　うえだ・みのる　～昭和59年5月8日
ウエダ技研社長　→83/87

上田 稔　うえだ・みのる　大正3年5月8日～平成23年9月17日　参院議員（自民党）、環境庁長官　→09/11

植田 実　うえだ・みのる　～昭和46年9月28日
ジャパン・マリン・サービス社長　→昭和

上田 宗重　うえだ・むねしげ　～昭和14年1月26日
海軍中将　→昭和

上田 恵　うえだ・めぐむ　大正14年4月21日～平成10年6月20日　小野田セメント常務　→97/99

植田 守彦　うえだ・もりひこ　大正9年9月3日～平成10年12月19日　筒中プラスチック工業顧問・元監査役、山田化工専務　→97/99

植田 弥重郎　うえだ・やじゅうろう　～平成7年8月24日
川鉄商事常務　→94/96

上田 寧　うえだ・やすし　～昭和24年3月16日
東洋セメント会長　→昭和

上田 安則　うえだ・やすのり　明治45年6月5日～昭和61年8月21日　（株）ウエダ会長、京都文紙共益会代表幹事

上田 泰弘　うえだ・やすひろ　～平成3年2月14日
第一システムエンジニアリング社長　→91/93

上田 弥兵衛　うえだ・やへえ　明治13年9月～昭和25年9月25日　衆院議員（庚申倶楽部）　→昭和

植田 勇二　うえだ・ゆうじ　～昭和63年1月18日
東海カーボン常務　→88/90

上田 宥澄　うえだ・ゆうちょう　～平成11年6月17日
僧侶　高野山真言宗宿老、金剛峰寺内事長、龍泉寺住職　→97/99

上田 豊　うえだ・ゆたか　昭和12年8月3日～平成13年1月26日　札幌テレビ放送常務　→00/02

上田 豊　うえだ・ゆたか　大正4年1月20日～平成21年12月29日　名鉄グランドホテル社長　→09/11

植田 豊　うえだ・ゆたか　昭和6年7月1日～平成22年10月9日　NHK専務理事　→09/11

上田 与一　うえだ・よいち　～昭和62年2月8日
東商新宿支部評議員、上田商店社長　→83/87

植田 陽一　うえだ・よういち　昭和3年12月9日～平成22年6月19日　京都電子工業社長　→09/11

上田 喜照　うえだ・よしてる　～昭和59年3月31日
明日香村（奈良県）村長　→83/87

上田 由春　うえだ・よしはる　～昭和61年2月18日
宇奈月町商工会（富山県）理事、宇奈月温泉旅館協同組合（富山県）理事　→83/87

上田 芳宏　うえだ・よしひろ　大正9年6月19日～平成15年10月19日　日新電機専務　→03/05

上田 嘉昌　うえだ・よしまさ　昭和15年3月26日～平成15年12月29日　奈良県議（自民党）　→03/05

上田 頼石　うえだ・らいせき　明治41年7月8日～平成3年7月30日　僧侶　対泉院住職、青森県公安委員長　→91/93

上田 利器　うえだ・りき　大正2年8月7日～平成7年1月31日　富士電機常務　→94/96

植田 隆応　うえだ・りゅうおう　～平成11年1月9日
僧侶　華厳宗別格本山安倍文殊院貫主　→97/99

上田 龍作　うえだ・りゅうさく　明治39年6月25日～平成6年9月3日　築地魚市場会長　→94/96

上田 隆三　うえだ・りゅうぞう　大正9年11月18日～平成16年12月15日　上田短資社長　→03/05

上田 良一　うえだ・りょういち　～昭和27年12月3日
わかもと重役　→昭和

上田 良準　うえだ・りょうじゅん　大正6年2月2日～平成8年12月28日　僧侶　西山浄土宗管長、総本山光明寺法主、西山短期大学学長　→94/96

上田 亮哉　うえだ・りょうや　昭和4年9月3日～平成17年12月3日　スポーツニッポン新聞西部本社社長　→03/05

上田 連一郎　うえだ・れんいちろう　大正13年10月25日～平成2年6月19日　川鉄商事専務　→88/90

植竹 一郎　うえたけ・いちろう　大正15年6月7日〜平成20年1月15日　三菱レイヨン副社長,日東化学工業社長　→06/08

植竹 円次　うえたけ・えんじ　〜昭和52年11月16日　八王子市長　→昭和

植竹 春雄　うえたけ・はるお　大正11年3月2日〜平成13年1月31日　日本パルプ製造専務　→00/02

植竹 春彦　うえたけ・はるひこ　明治31年2月27日〜昭和63年5月20日　参院議員(自民党),郵政相　→88/90

植谷 久三　うえたに・ひさみつ　明治44年4月10日〜平成16年11月26日　山一証券社長　→03/05

植谷 政一　うえたに・まさいち　明治42年9月18日〜平成14年7月30日　オリジン電気常務　→00/02

植谷 六男　うえたに・むつお　〜昭和55年3月23日　宗像郡宗像町議会議員　→80/82

植谷 慶雄　うえたに・よしお　昭和11年8月17日〜平成11年　日立マクセル取締役　→00/02s

上谷 六郎　うえたに・ろくろう　大正4年2月19日〜平成4年6月5日　小野田セメント監査役　→91/93

上地 一史　うえち・かずふみ　明治36年11月10日〜昭和49年9月8日　沖縄タイムス社長　→昭和

上地 啓右　うえち・けいすけ　昭和7年12月25日〜平成22年9月16日　エッカ石油創業者,浦添商工会議所会頭　→09/11

上地 武　うえち・たけし　大正1年9月2日〜昭和63年10月17日　上地木材会長,全国木材組合連合会副会長　→88/90

上塚 司　うえつか・つかさ　明治23年5月1日〜昭和53年10月22日　衆院議員(自由党),アマゾニア産業研究所理事長　アマゾン開拓の父　→昭和

上戸 斌司　うえと・びんじ　明治39年4月12日〜昭和57年9月13日　北海道開発局長,伊藤組副社長　→80/82

上中 正儀　うえなか・まさのり　大正8年9月17日〜平成20年5月2日　住江織物社長　→06/08

上西 勲　うえにし・いさお　明治42年3月1日〜昭和61年9月9日　南海電鉄専務取締役,南海国際旅行社長　→83/87

上西 一二　うえにし・いちじ　大正5年10月25日〜昭和63年11月1日　弁護士　最高検検事　→88/90

上西 喜代治　うえにし・きよじ　大正3年3月13日〜昭和56年3月30日　弁護士　(学)立命館理事長,京都府公安委員　→80/82

上西 醇造　うえにし・じゅんぞう　〜平成2年4月16日　阪急汽船常務　→88/90

上西 泰蔵　うえにし・たいぞう　大正13年12月3日〜昭和59年3月8日　日栄証券会長　→83/87

上西 敏昭　うえにし・としあき　昭和4年1月21日〜平成3年8月27日　ジャックス専務　→91/93

上西 久男　うえにし・ひさお　昭和16年2月3日〜平成10年4月5日　ナイス日栄常務　→97/99

上西 正雄　うえにし・まさお　〜昭和57年6月6日　同盟副書記長　→80/82

上西 康之　うえにし・やすゆき　明治34年7月10日〜昭和60年7月20日　日栄証券相談役・元会長,東京証券取引所参与　→83/87

上西 亮二　うえにし・りょうじ　明治40年8月15日〜平成14年2月27日　島津製作所社長　→00/02

上沼 健吉　うえぬま・けんきち　〜昭和44年1月27日　大阪観光協会常任理事　→昭和

植野 明　うえの・あきら　明治25年12月29日〜昭和59年2月28日　弁護士　東京バン社長　→83/87

上野 朝生　うえの・あさお　昭和4年11月14日〜平成8年12月25日　日本生命保険常務　→94/96

上野 修　うえの・おさむ　〜平成14年6月30日　ラジオプロデューサー　ラジオプレス社長　→00/02

上野 魁春　うえの・かいしゅん　〜昭和26年2月5日　大審院判事　→昭和

植野 馨　うえの・かおる　〜昭和58年3月16日　兼松取締役　→83/87

上野 一男　うえの・かずお　〜昭和56年1月7日　東京繊維商品取引所理事,上野社長　→80/82

上野 算彦　うえの・かずひこ　〜昭和56年9月26日　大洋丸船長　→80/82

上野 勝二　うえの・かつじ　明治45年6月1日〜昭和63年4月26日　バブコック日立相談役,日立製作所常務　→88/90

上野 克己　うえの・かつみ　明治38年〜昭和29年6月23日　社会運動家　→昭和

上野 亀太郎　うえの・かめたろう　〜昭和48年5月5日　上野運輸商会会長　→昭和

上野 喜一郎　うえの・きいちろう　昭和4年11月12日〜平成20年1月8日　南国殖産会長,南国交通会長,鹿児島読売テレビ社長　→06/08

上野 喜左衛門(5代目)　うえの・きざえもん　明治34年8月6日〜昭和46年8月9日　実業家,政治家　南国グループ総帥,参議院議員(緑風会),鹿児島商工会議所会頭　→昭和(上野 喜佐衛門)

上野 公夫　うえの・きみお　大正8年3月26日〜平成19年11月17日　中外製薬社長　→06/08

上野 公博　うえの・きみひろ　大正15年3月21日〜昭和62年2月25日　(株)ベアー社長,東京工業品取引所理事　→83/87

上野 清　うえの・きよし　〜平成18年8月10日　ハンセン病国家賠償請求訴訟一次原告　→06/08

上野 晴　うえの・きよし　大正15年2月5日〜昭和57年2月5日　大林道路取締役　→80/82

上野 金太郎　うえの・きんたろう　〜昭和55年11月22日　全国中小企業団体総連合会会長,全国北洋材協同組合連合会理事長　→80/82

植野 恵一　うえの・けいいち　明治40年11月4日〜昭和

60年1月13日　奥村組専務　→83/87

上野 圭二　うえの・けいじ　大正3年4月15日～平成8年11月6日　鐘紡常務　→94/96

上野 景右　うえの・けいゆう　昭和24年7月4日～平成15年9月16日　同仁化学研究所社長　→03/05

上野 景洋　うえの・けいよう　昭和23年7月26日～平成5年4月5日　ハビタ社長　→91/93

上野 健一郎　うえの・けんいちろう　大正14年4月4日～平成7年3月21日　神奈川トヨタ自動車会長　→94/96

上野 謙吉　うえの・けんきち　明治40年7月16日～昭和49年12月3日　社会運動家　→昭和

上野 耕　うえの・こう　大正5年1月1日～平成12年12月29日　東芝EMI常務　→00/02

上野 幸七　うえの・こうしち　明治39年12月15日～昭和56年3月12日　日本インドネシア・エル・エヌ・ジー社長，関西電力副社長　→80/82

上野 庚次郎　うえの・こうじろう　明治34年1月26日～昭和61年8月7日　理研ビタミン相談役・元社長　→83/87

上野 光平　うえの・こうへい　大正13年5月26日～昭和62年12月2日　流通産業研究所理事長，西友ストア副社長　→83/87

上野 サダ　うえの・さだ　大正10年1月20日～平成19年3月6日　アイヌ文化伝承者　→06/08

上野 仏　うえの・さとる　昭和16年3月19日～平成4年9月15日　神栄石野証券専務　→91/93

上野 三郎　うえの・さぶろう　～昭和56年3月11日　読売新聞大阪本社販売局顧問　→80/82

上野 三郎　うえの・さぶろう　明治41年11月13日～平成2年12月30日　日立冷熱特別顧問，日立製作所常務，日立化成工業副社長　→88/90

上野 シゲ　うえの・しげ　～昭和57年6月3日　人事院人事官　→80/82

植野 茂雄　うえの・しげお　～平成14年12月24日　加藤産業常務　→00/02

上野 茂樹　うえの・しげき　大正10年2月5日～平成19年2月16日　知床第一ホテル創業者　知床五湖の名付け親　→06/08

上野 修二郎　うえの・しゅうじろう　昭和2年2月22日～昭和58年7月8日　上野百貨店社長，日本百貨店協会常任理事　→83/87

上野 十蔵　うえの・じゅうぞう　明治25年3月10日～昭和47年11月18日　中外製薬創業者　→昭和

上野 淳一　うえの・じゅんいち　明治42年11月1日～平成10年10月19日　朝日新聞社主　→

上野 錠二　うえの・じょうじ　大正13年6月2日～平成8年2月26日　関西電力監査役，関電サービス社長　→94/96

上野 次郎吉　うえの・じろうきち　明治40年9月19日～昭和57年10月12日　静岡瓦斯会長　→80/82

上野 次郎男　うえの・じろお　明治38年3月29日～昭和46年8月25日　実業家　積水化学工業社長，関西経済連合会常任理事　→昭和

上野 甚一　うえの・じんいち　～昭和62年1月18日　小杉交通社長，富山県旅客自動車協会常任理事　→83/87

上野 紳太郎　うえの・しんたろう　大正5年7月15日～昭和61年3月31日　SMK監査役・元取締役　→83/87

上野 純則　うえの・すみのり　大正11年12月2日～平成3年5月29日　神鋼商事専務　→91/93

上野 清一　うえの・せいいち　～平成2年11月19日　兵庫相互銀行（のち兵庫銀行）取締役　→88/90

上野 精一　うえの・せいいち　明治15年10月28日～昭和45年4月19日　朝日新聞社長　→昭和

上野 千重郎　うえの・せんじゅうろう　明治35年11月15日～平成3年6月3日　二宮町（栃木県）町長，栃木県議　→91/93

上野 孝　うえの・たかし　大正5年3月15日～平成14年8月21日　小野田セメント常務　→00/02

上野 巍　うえの・たかし　～昭和62年3月22日　旧・満州国総務庁官房長　→83/87

上野 毅夫　うえの・たけお　～昭和55年7月9日　日本海洋協会事務局次長，元在レシウェ総領事　→80/82

植野 武夫　うえの・たけお　明治37年10月17日～平成4年7月25日　住友精密工業社長　→91/93

上野 武則　うえの・たけのり　大正2年～昭和61年6月18日　洋画家　時の経済社社長　→91/93

上野 忠雄　うえの・ただお　昭和4年2月24日～平成4年4月26日　運輸省函館地方海難審判庁庁長　→91/93

上野 正　うえの・ただし　大正11年1月2日～平成4年4月12日　日本銀行発券局長　→91/93

上野 龍彦　うえの・たつひこ　大正5年11月26日～平成20年8月31日　三井造船常務　→06/08

上野 千年　うえの・ちとし　～平成17年8月18日　上野城創業者　→03/05

上野 澄園　うえの・ちょうおん　～平成11年1月29日　僧侶　東大寺長老，東大寺住職（第205代）　→97/99

上野 長三郎　うえの・ちょうざぶろう　～昭和57年10月13日　川崎製鉄顧問・元常務　→80/82

上野 哲司　うえの・てつじ　昭和7年12月16日～平成3年2月8日　東芝情報システム常務，東芝メディカル常務　→91/93

上野 哲也　うえの・てつや　昭和3年7月29日～平成8年7月4日　日本合成ゴム副社長　→94/96

植野 藤次郎　うえの・とうじろう　大正11年3月13日～平成11年4月13日　ジャパンエンバグループ会長，植野アジア芸術文化振興財団理事長　→97/99

上野 得郎　うえの・とくろう　昭和3年1月19日～平成10年2月28日　中外製薬専務　→97/99

上野 富造　うえの・とみぞう　大正3年11月15日～平成7年7月7日　中央自動車工業社長　→94/96

上野 豊重　うえの・とよしげ　大正12年10月31日～平成

10年12月5日　横浜銀行常務　→97/99

上野　直明　うえの・なおあき　～昭和63年2月2日
日本紙業専務　→88/90

上野　典生　うえの・のりお　昭和3年11月18日～平成4年10月27日　日産自動車監査役、協和銀行（のちあさひ銀行）常務　→91/93

上野　憲正　うえの・のりまさ　昭和19年11月28日～平成20年1月22日　大蔵省官房審議官、北海道企画開発研究所代表取締役　→06/08

上野　元　うえの・はじめ　大正6年1月3日～平成19年6月16日　神官　熊野速玉大社名誉宮司、熊野神宝館館長　→06/08

上野　春雄　うえの・はるお　昭和13年～平成4年8月3日　サンミック通商取締役　→91/93

上野　彦二　うえの・ひこじ　～昭和56年4月25日
輪島市長　→80/82

上野　久徳　うえの・ひさのり　大正8年2月14日～平成16年3月10日　弁護士　上野久徳事務所長、三省堂名誉会長　→03/05

上野　秀司　うえの・ひでじ　大正4年1月4日～平成8年5月21日　上野メタレックス会長　→94/96

上野　整　うえの・ひとし　大正12年10月21日～平成14年1月15日　島根県議（自民党）　→00/02

上野　宏　うえの・ひろし　大正4年7月5日～平成15年1月29日　弁護士　高松高裁長官　→03/05

上野　広　うえの・ひろし　大正10年5月5日～昭和62年7月28日　東朝広告会社代表取締役社長、朝日興発社長　→83/87

上野　博　うえの・ひろし　大正11年5月14日～平成12年8月25日　北海道経営者協会専務理事　→00/02

上野　洋　うえの・ひろし　大正12年6月24日～昭和63年3月18日　名鉄不動産副会長　→88/90

上野　豁　うえの・ひろし　明治39年3月28日～平成12年12月12日　富国生命保険専務　→00/02

上野　文一　うえの・ぶんいち　～昭和55年2月19日
岐阜県議　→80/82

上野　政夫　うえの・まさお　昭和11年7月4日～平成17年12月　西春町（愛知県）町長　→03/05

上野　正夫　うえの・まさお　明治36年8月1日～平成3年4月30日　住友建設副社長　→91/93

上野　昌彦　うえの・まさひこ　昭和12年6月25日～平成8年2月17日　上野鉄鋼社長　→94/96

上野　将　うえの・まさる　～平成5年10月29日
高等海難審判庁長官　→91/93

上野　光雄　うえの・みつお　大正7年12月27日～平成1年10月30日　ニューレジストン会長　→88/90

上野　満　うえの・みつる　明治40年11月6日～昭和60年2月28日　集団農場運動者　新利根協同農学塾塾長　→83/87

上野　森之助　うえの・もりのすけ　明治22年5月16日～平成1年5月23日　九州電気工事社長　→88/90

上野　保男　うえの・やすお　明治44年9月23日～平成13年4月19日　川崎化成工業常務、川鉄化学副社長　→00/02

上野　晏嗣　うえの・やすし　昭和11年2月21日～平成2年8月24日　明治製糖社長　→88/90

上野　安民　うえの・やすたみ　昭和17年11月8日～平成16年5月23日　亜細亜証券印刷副社長　→03/05

上埜　安太郎　うえの・やすたろう　慶応1年12月11日～昭和14年4月4日　衆議院議員（立憲政友会）　→昭和

上野　祐一　うえの・ゆういち　大正13年7月22日～平成2年12月11日　トヨタホーム名古屋副社長、名古屋トヨペット監査役　→88/90

上野　雄文　うえの・ゆうぶん　昭和2年11月1日～平成9年8月7日　参院議員（社会党）　→97/99

上野　慶輝　うえの・よしてる　～平成8年12月17日
上野工事社長　→94/96

上野　頼栄　うえの・らいえい　明治39年5月12日～平成5年11月6日　僧侶　常福寺住職、真言宗智山派管長　→91/93

上野　隆三　うえの・りゅうぞう　大正14年6月11日～平成22年7月23日　上野製薬社長　→09/11

植野　録夫　うえの・ろくお　～昭和60年6月11日
日出出版監査役　太平洋戦史地図復刻　→83/87

植之原　道行　うえのはら・みちゆき　大正14年9月5日～平成19年12月19日　日本電気副社長　→06/08

上野山　喜吉　うえのやま・きよし　明治43年10月11日～昭和59年11月14日　日恵証券会長　→83/87

上野山　禎朗　うえのやま・さだお　昭和5年11月23日～平成17年12月27日　いすゞ自動車常務　→03/05

上野山　博　うえのやま・ひろし　～平成5年9月7日
日本水素工業（のち日本化成）常務　→91/93

植場　鉄三　うえば・てつぞう　明治27年1月22日～昭和39年1月30日　呉羽紡績会長、拓務次官　→昭和

植場　平　うえば・はかる　安政2年3月2日～昭和4年8月17日　衆院議員（民政党）　→昭和（うえば・たいら）

上畠　益二郎　つえはた・ますふろう　明治6年1月7日～昭和13年1月25日　弁護士　衆院議員（庚申倶楽部）　→昭和

上林　市太郎　うえばやし・いちたろう　～昭和32年12月21日　鉄道弘済会長　→昭和

上林　英一　うえばやし・えいいち　大正8年11月5日～平成11年10月6日　三星堂会長　→97/99

上林　清五郎　うえばやし・せいごろう　～昭和48年2月6日　長岡市長　→昭和

上林　達郎　うえばやし・たつろう　大正15年2月1日～平成4年4月5日　松尾橋梁専務　→03/05

上原　浅吉　うえはら・あさきち　明治39年6月21日～平成5年11月11日　名糖産業副社長、東海銀行取締役　→91/93

上原　栄子　うえはら・えいこ　大正4年6月22日～平成2

年12月9日　松乃下女将　→88/90（上原 栄子・ローズ　うえはら・えいこ・ろーず）

植原 悦二郎　うえはら・えつじろう　明治10年5月15日～昭和37年12月2日　政治家　内相、国務相、衆院副議長　→昭和

上原 悦彦　うえはら・えつひこ　大正10年9月4日～平成10年10月31日　ダーバン副社長, レナウン常務　→97/99

上原 香　うえはら・かおる　～昭和39年8月27日　パイロット万年筆専務　→昭和

上原 一男　うえはら・かずお　～平成6年5月13日　住友海上火災保険常務　→94/96

上原 亀一郎　うえはら・かめいちろう　大正15年4月2日～平成19年12月1日　糸満町（沖縄県）町長、沖縄県議（共産党）　→06/08

上原 国男　うえはら・くにお　大正9年10月5日～平成2年10月16日　そごう取締役、横浜そごう副社長　→88/90

上原 甲司　うえはら・こうじ　～平成14年10月26日　ジローレストランシステム社長、国際観光社長　→00/02

上原 小枝　うえはら・さえ　明治42年4月13日～平成8年8月20日　大正製薬名誉会長　→94/96

上原 定夫　うえはら・さだお　～昭和63年8月27日　ヘリコプター・パイロット　→88/90

上原 暁　うえはら・さとる　～昭和60年6月28日　高松組取締役企画室長　→83/87

上原 三郎　うえはら・さぶろう　明治41年3月15日～昭和58年10月27日　南国交通会長　→83/87

上原 鹿造　うえはら・しかぞう　慶応1年12月13日～昭和10年10月4日　実業家、弁護士　衆院議員（憲政本党）　→昭和

上原 茂次　うえはら・しげじ　～昭和46年5月28日　大津市長　→昭和

上原 重蔵　うえはら・じゅうぞう　～昭和55年5月19日　糸満市長　→80/82

上原 正吉　うえはら・しょうきち　明治30年12月26日～昭和58年3月12日　実業家、政治家　大正製薬名誉会長、参院議員（自民党）　→83/87

植原 四郎　うえはら・しろう　～昭和56年2月20日　大正海上火災保険常務　→80/82

上原 信一郎　うえはら・しんいちろう　大正11年11月24日～平成6年12月21日　東洋通信機専務　→94/96

上原 清善　うえはら・せいぜん　～平成23年4月19日　篤志家　コザボウリングセンター会長　→09/11

上原 誠之輔　うえはら・せいのすけ　大正10年7月4日～平成1年4月1日　財形信用保証会長、公共企業体等労働委員会事務局長　→88/90

上原 泰行　うえはら・たいぎょう　～平成20年6月3日　僧侶　西法寺（浄土真宗本願寺派）住職　→06/08

上原 隆　うえはら・たかし　大正14年7月10日～平成11年5月6日　日本長期信用銀行副頭取　→97/99

上原 正　うえはら・ただし　明治45年2月6日～昭和58年2月22日　鴻池組専務　→83/87

上原 種美　うえはら・たねよし　明治18年1月～昭和25年10月30日　農業教育家　霞ヶ浦農科大学（のち茨城大学農学部）初代学長　→昭和

上原 太郎　うえはら・たろう　～平成22年12月30日　沖縄県小禄の土地闘争を指導　→09/11

上原 徹也　うえはら・てつや　大正12年3月31日～平成15年1月28日　東洋製罐副社長　→03/05

上原 亨　うえはら・とおる　昭和7年12月22日～平成9年2月3日　大興電機製作所社長　→97/99

上原 豊佑　うえはら・とよすけ　昭和11年8月3日～昭和62年7月6日　中国新聞製作局製作委員（部長）　→83/87

上原 虎重　うえはら・とらしげ　明治23年10月3日～昭和27年2月2日　東京日日新聞取締役主筆　→昭和

上原 信雄　うえはら・のぶお　明治30年～昭和62年2月7日　救癩運動家、歯科医　→83/87

上原 宏　うえはら・ひろし　～平成23年11月24日　日本戦災遺族会理事長　→09/11

上原 平太郎　うえはら・へいたろう　明治5年11月～昭和25年10月8日　陸軍中将　衆院議員（立憲政友会）　→昭和

上原 益夫　うえはら・ますお　大正6年1月2日～平成11年10月25日　アブダビ石油常務　→97/99

上原 勇作　うえはら・ゆうさく　安政3年11月9日～昭和8年11月8日　陸軍大将・元帥、子爵　陸相　→昭和

上原 要三郎　うえはら・ようざぶろう　明治43年5月29日～平成13年3月19日　熊谷組専務　→00/02

上原 義雄　うえはら・よしお　～昭和57年1月21日　海軍少将　エチル化学工業取締役　→80/82

上原 義信　うえはら・よしのぶ　明治42年12月3日～昭和58年12月16日　上原ネームプレート工業社長, 全国ネームプレート協同組合連合会会長　→83/87

上原 六郎　うえはら・ろくろう　明治27年11月～昭和39年2月3日　札幌市長　→昭和

植弘 親民　うえひろ・ちかたみ　大正14年6月18日～平成12年9月17日　公営企業金融公庫理事, 自治省公務員部長　→00/02

上広 哲彦　うえひろ・てつひこ　～昭和47年10月6日　実践倫理宏正会会長　→昭和

上間 正諭　うえま・せいゆ　大正4年7月5日～平成12年1月1日　沖縄タイムス社長, 琉球放送監査役　→00/02

上間 長和　うえま・ちょうわ　～平成22年6月4日　那覇市議, 首里バス社長　→09/11

上前 行孝　うえまえ・ゆきたか　大正14年4月26日～平成1年2月28日　宮地鉄工所会長　→88/90

植松 明　うえまつ・あきら　昭和12年1月2日～平成12年2月22日　しがぎんアシスタントサービス社長, 滋賀銀行取締役　→00/02

植松 清　うえまつ・きよし　明治36年1月3日～昭和58年

5月24日　古河電気工業社長　→83/87

植松 邦彦　うえまつ・くにひこ　昭和6年5月4日～平成21年4月28日　経済協力開発機構原子力機関事務局長,動力炉核燃料開発事業団副理事長　→09/11

植松 圭四郎　うえまつ・けいしろう　～昭和56年7月29日　資生堂理事　→80/82

植松 圭太　うえまつ・けいた　明治28年5月18日～平成4年12月20日　弁護士　→91/93

植松 健悟　うえまつ・けんご　大正5年10月5日～平成15年4月21日　旭化成工業副社長　→03/05

植松 定良　うえまつ・さだよし　明治41年9月9日～平成20年4月6日　香川県議(自民党)　→06/08

植松 重次郎　うえまつ・しげじろう　明治44年1月12日～平成19年1月12日　ライオン油脂副社長　→06/08

上松 信一　うえまつ・しんいち　大正4年12月8日～平成20年6月23日　日本電気副社長,日本航空電子工業社長　→06/08

植松 真一　うえまつ・しんいち　～昭和58年10月15日　日産農林工業専務　→83/87

植松 孝義　うえまつ・たかよし　大正9年12月3日～昭和58年6月28日　筒中プラスチック工業専務　→83/87

植松 正　うえまつ・ただし　明治39年1月21日～平成11年1月3日　弁護士　一橋大学名誉教授　→97/99

植松 唯四郎　うえまつ・ただしろう　～昭和62年7月19日　碧南市緑化協力会長,中部行政相談委員連合協議会長　→83/87

植松 富男　うえまつ・とみお　大正2年8月30日～昭和58年12月4日　朝日火災海上保険社長　→83/87

植松 秀生　うえまつ・ひでお　昭和10年2月4日～平成15年6月2日　新日本海重工業会長　→03/05

植松 正久　うえまつ・まさひさ　～平成13年6月30日　兼松江商(のち兼松)常務　→00/02

植松 雅光　うえまつ・まさみつ　大正4年12月6日～平成2年9月10日　日本硝子商事(のちニッショー)常勤監査役　→88/90

植松 操　うえまつ・みさお　～昭和14年0月7日　陸軍歩兵大佐　→昭和

植松 道夫　うえまつ・みちお　大正14年9月6日～平成3年8月29日　東洋パイルヒューム管製作所社長　→91/93

植松 守雄　うえまつ・もりお　大正11年5月19日～平成17年12月15日　弁護士　大蔵省関東財務局長　→03/05

上松 陽助　うえまつ・ようすけ　大正3年7月2日～平成8年1月18日　岐阜県知事　→94/96

植松 義忠　うえまつ・よしただ　大正4年2月25日～平成7年12月12日　静岡県議(社会党),富士宮市長　→94/96

植松 林吉　うえまつ・りんきち　大正14年10月3日～平成10年6月19日　植松商会社長　→97/99

植村 家隆　うえむら・いえたか　大正9年6月2日～昭和56年5月18日　日本生命専務,(財)ニッセイ児童文化振興財団常務理事　→80/82

植村 勇　うえむら・いさむ　昭和2年6月1日～平成7年6月12日　水道機工社長　→94/96

植村 英一　うえむら・えいいち　大正5年～平成14年7月25日　空将　航空幕僚監部防衛部長　→00/02

上村 和生　うえむら・かずお　昭和15年7月19日～平成23年8月26日　日本製粉常務　→09/11

植村 一男　うえむら・かずお　大正3年～昭和52年9月13日　三井物産副社長　→昭和

植村 嘉他志　うえむら・かたし　～昭和59年2月13日　日本デュブリン代表取締役　→83/87

植村 香苗　うえむら・かなえ　昭和7年2月27日～平成16年9月1日　気象庁次長　→03/05

植村 清　うえむら・きよし　明治41年11月27日～平成4年2月7日　グリル・エボン経営　→91/93

植村 欣弥　うえむら・きんや　大正7年6月19日～平成1年1月16日　セコニック常務　→88/90

植村 久米之輔　うえむら・くめのすけ　大正14年9月28日～平成15年10月21日　河北新報取締役　→03/05

上村 慶治　うえむら・けいじ　大正5年5月20日～平成21年10月3日　奥村組副社長　→09/11

植村 玄一　うえむら・げんいち　大正4年10月12日～昭和60年11月22日　昭和産業専務　→83/87

植村 健次郎　うえむら・けんじろう　～平成21年2月10日　関東興業専務,全日本学生柔道連盟副会長　→09/11

上村 健太郎　うえむら・けんたろう　明治41年7月18日～昭和56年8月4日　立飛企業会長,日本道路公団総裁　→80/82

植村 甲午郎　うえむら・こうごろう　明治27年3月12日～昭和53年8月1日　財界人　経団連名誉会長,ニッポン放送名誉会長　→昭和

上村 茂　うえむら・しげる　明治43年3月27日～平成6年11月15日　福岡県花卉園芸連理事　→94/96

植村 成　うえむら・しげる　～昭和40年1月2日　神島化学工業社長　→昭和

植村 茂　うえむら・しげる　昭和5年8月9日～平成20年5月23日　大和証券専務　→06/08

植村 俊平　うえむら・しゅんぺい　文久3年10月19日～昭和16年11月19日　大阪市長　→昭和

上村 昭紀　うえむら・しょうき　～平成2年2月2日　税理士　土屋ホーム社長　→88/90

植村 次郎　うえむら・じろう　明治42年1月1日～昭和59年3月19日　大阪セメント専務　→83/87

植村 真戒　うえむら・しんかい　～昭和61年9月3日　僧侶　岩船寺(真言律宗)住職　→83/87

上村 千一郎　うえむら・せんいちろう　明治45年1月17日～平成3年3月19日　弁護士　愛知大学教授,衆院議員(自民党),環境庁長官　→91/93

植村 諦　うえむら・たい　明治36年8月6日～昭和34年7月1日　詩人,アナキスト　→昭和(植村 諦聞 うえむら・たいもん)

植村　泰二　うえむら・たいじ　明治29年8月7日～昭和46年5月9日　東宝社長　→昭和

上村　隆治　うえむら・たかはる　昭和11年9月20日～平成3年2月5日　熊本日日新聞総務局長　→91/93

上村　卓男　うえむら・たくお　大正13年12月10日～平成21年5月17日　京都府議(自民党)　→09/11

植村　武一　うえむら・たけいち　明治31年9月～平成11年5月4日　衆院議員(自民党)　→97/99

植村　武夫　うえむら・たけお　～昭和62年7月14日　毎日新聞印刷局管理部長　→83/87

植村　武満　うえむら・たけみつ　明治40年4月3日～昭和63年1月22日　弁護士　第一東京弁護士会副会長　→88/90

植村　環　うえむら・たまき　明治23年8月24日～昭和57年5月26日　宗教家　日本YWCA名誉会長、世界平和アピール七人委員会委員　→80/82

植村　近　うえむら・ちかし　大正4年3月25日～平成4年7月15日　植村企業グループ名誉会長、川内商工会議所会頭　→91/93

植村　澄三郎　うえむら・ちょうさぶろう　文久2年10月11日～昭和16年1月17日　大日本ビール常務　→昭和(うえむら・すみさぶろう)

上村　経夫　うえむら・つねお　大正14年～昭和63年6月12日　九州電気保安協会専務理事　→88/90

上村　徳蔵　うえむら・とくえ　～昭和62年5月10日　全国化学一般同盟中部地本事務局長　→83/87

植村　得郎　うえむら・とくろう　大正6年1月2日～平成13年2月19日　住友商事常務　→00/02

上村　敏夫　うえむら・としお　大正3年9月16日～平成14年8月4日　住友セメント会長　→00/02

植村　永孚　うえむら・ながたか　～昭和6年1月27日　海軍中将　→昭和(うえむら・えいふ)

上村　長良　うえむら・ながよし　～昭和8年5月12日　歩兵第二十三聯隊大隊長中佐　→昭和

植村　秀三　うえむら・ひでかず　大正7年8月4日～平成17年2月22日　弁護士　東京高裁判事　→03/05

上村　浩　うえむら・ひろし　昭和13年2月24日～平成12年10月23日　トーメン常務　→00/02

植村　博　うえむら・ひろし　大正10年3月20日～平成23年6月6日　日本電線工業創業者　→09/11

上村　博造　うえむら・ひろぞう　昭和7年6月23日～平成11年2月11日　大末建設専務　→97/99

上村　宏之　うえむら・ひろゆき　昭和8年5月12日～平成18年5月24日　京浜急行電鉄常務、京急建設社長　→06/08

上村　正二　うえむら・まさじ　大正2年8月13日～昭和60年5月2日　ピー・エス・コンクリート会長、三菱鉱業セメント専務　→83/87

上村　真彦　うえむら・まさひこ　昭和10年11月23日～平成19年11月1日　神戸製鋼所専務　→06/08

植村　愈　うえむら・まさる　昭和5年6月29日～平成4年11月2日　東洋インキ製造常務　→91/93

植村　益蔵　うえむら・ますぞう　明治18年12月12日～昭和44年1月14日　宗教家　日本救世軍司令官　→昭和

上村　幹夫　うえむら・みきお　大正13年1月1日～平成6年6月26日　熊本テクノポリス財団電子応用機械技術研究所顧問、オムロン取締役　→94/96

植村　通生　うえむら・みちお　明治45年2月3日～平成13年12月18日　十字屋副社長、大丸取締役　→00/02

植村　光雄　うえむら・みつお　大正3年1月1日～平成18年1月21日　住友商事社長　→06/08

上村　実　うえむら・みのる　昭和3年4月18日～平成14年2月16日　上村建設会長　→00/02

植村　実　うえむら・みのる　昭和41年5月31日　住友林業社長　→昭和

植村　泰尚　うえむら・やすなお　～平成4年12月9日　コスモ証券取締役　→91/93

上村　有三　うえむら・ゆうぞう　～平成22年11月12日　古和浦漁協組合長　→09/11

上村　与作　うえむら・よさく　大正11年8月27日～平成1年4月18日　山口県議　→88/90

植本　勝道　うえもと・しょうどう　～昭和55年9月16日　曹洞宗興聖寺住職、永平寺顧問　→80/82

植本　要次郎　うえもと・ようじろう　大正9年8月25日～平成10年11月14日　光洋電機工業社長　→97/99

上森　奎吾　うえもり・けいご　昭和10年1月24日～平成14年6月24日　ゼンチク(のちスターゼン)専務　→00/02

上柳　延太郎　うえやなぎ・のぶたろう　～昭和2年4月9日　内務事務官　→昭和

上山　顕　うえやま・あきら　明治37年8月19日～平成9年1月8日　労働省職業安定局長、厚生省保険局長　→97/99

上山　英一郎　うえやま・えいいちろう　文久2年～昭和18年9月7日　実業家　大日本除虫菊創立者　→昭和

上山　薫　うえやま・かおる　～昭和39年10月7日　内外除虫菊社長　→昭和

上山　勘太郎　うえやま・かんたろう　明治32年11月3日～昭和59年1月8日　大日本除虫菊(株)会長、日本殺虫剤工業会会長　→83/87

上山　静蔵　うえやま・しずぞう　～昭和8年7月17日　内外除虫菊社長　→昭和

上山　卓一　うえやま・たくいち　明治40年3月30日～平成8年11月9日　玉井商船副社長、神戸タケヤ社長　→94/96

上山　直武　うえやま・なおたけ　大正13年4月22日～平成9年9月4日　大日本除虫菊会長、尼ケ崎企業(株)代表　→97/99

植山　日一　うえやま・にちじ　明治35年10月2日～昭和64年1月5日　弁護士　中国調停協会連合会会長、広島地裁所長　→88/90

植山　昇　うえやま・のぼる　～平成9年4月28日　弁護士　琵琶湖法律事務所所長、滋賀弁護士会会長　→

97/99

上山 久夫　うえやま・ひさお　昭和6年1月30日〜平成3年9月27日　大日本除虫菊専務　→91/93

上山 政徳　うえやま・まさのり　大正9年〜平成12年11月7日　東鉄工業専務　→00/02

上山 貢　うえやま・みつぐ　大正15年10月29日〜平成17年8月31日　静岡県農業協同組合中央会会長　→03/05

植山 宗親　うえやま・むねちか　大正8年1月17日〜昭和63年10月8日　日東商事取締役会長, 武蔵野銀行取締役　→88/90

植山 幸雄　うえやま・ゆきお　〜昭和56年12月18日　りんかい建設専務　→80/82

上山 善紀　うえやま・よしのり　大正3年9月21日〜平成21年8月25日　近畿日本鉄道社長　→09/11

植良 祐政　うえら・すけまさ　明治41年3月14日〜平成13年4月5日　飛島建設会長, 日本土木工業協会副会長　→00/02

魚岸 力男　うおぎし・りきお　大正10年4月23日〜平成15年3月17日　魚岸精機工業創業者　→03/05

宇於崎 弘　うおざき・ひろし　昭和9年12月4日〜平成23年9月17日　伏木海陸運送副社長　→09/11

魚住 栄二　うおずみ・えいじ　大正12年12月2日〜平成5年11月1日　ダイセル化学工業常務　→91/93

魚住 順治　うおずみ・じゅんじ　明治41年8月15日〜平成1年7月16日　海将　海上自衛隊地方総監　→88/90

魚住 順蔵　うおずみ・じゅんぞう　大正2年11月3日〜平成11年12月4日　愛三工業会長　→00/02s

魚住 祥三　うおずみ・しょうぞう　昭和21年9月29日〜平成18年12月16日　UFJニコス専務執行役員　→06/08

魚住 庸夫　うおずみ・つねお　昭和16年12月13日〜平成16年3月27日　東京高裁部総括判事　→03/05

魚住 虎雄　うおずみ・とらお　大正3年7月20日〜昭和60年7月15日　昭和鉱業常務・監査役　→83/87

卯尾田 正雄　うおだ・まさお　〜昭和61年10月28日　ボーイスカウト日本連盟副リーダー　→83/87

魚本 重信　うおもと・しげのぶ　昭和2年8月18日〜平成18年1月1日　五洋建設副会長　→06/08

魚本 藤吉郎　うおもと・とうきちろう　大正6年11月29日〜昭和63年3月31日　(財)交流協会理事長, 駐ソ連大使　→88/90

ヴォーリズ, ウィリアム・メレル　Vories, William Merrell　1880年10月28日〜1964年5月7日　宣教師, 社会事業家, 建築家　近江兄弟社創立者　→昭和（一柳 米来留　ひとつやなぎ・めれる）

宇賀 賢淳　うが・けんじゅん　〜昭和54年1月1日　高野山真言宗長老　→昭和

宇賀 鶴雄　うが・つるお　〜昭和46年9月10日　中央毛織監査役　→昭和

宇賀 正春　うが・まさはる　大正3年2月5日〜平成10年7月21日　日野自動車工業取締役, 日野自動車販売常務, 千葉日野自動車社長　→97/99

鵜飼 勇　うかい・いさむ　大正11年9月8日〜平成18年5月19日　牧師　東京神学大学理事長, 日本基督教団銀座協会名誉牧師　→06/08

鵜飼 一郎　うかい・いちろう　昭和3年12月28日〜平成18年10月16日　春日井市長　→06/08

鵜飼 慶範　うかい・けいはん　大正3年〜平成10年12月22日　僧侶　浄土宗西山深草派管長, 誓願寺101世法主, 極楽寺住職　→97/99

鵜飼 光順　うかい・こうじゅん　〜平成6年1月3日　僧侶　清涼寺住職, 家政学園高等学校・中学校校長　→94/96

鵜飼 孝平　うかい・こうへい　〜平成4年1月10日　日本電設工業常務　→91/93

鵜飼 三之助　うかい・さんのすけ　大正9年9月2日〜平成23年5月8日　エフエム愛知社長　→09/11

鵜飼 昭一　うかい・しょういち　昭和7年4月20日〜昭和61年11月4日　中央製作所常務　→83/87

鵜飼 成　うかい・せい　昭和6年12月9日〜平成8年7月26日　東邦タール製品専務, 東邦ガス監査役　→94/96

鵜飼 宗平　うかい・そうへい　明治15年5月2日〜昭和47年8月9日　三井造船会長　→昭和（うかい・しゅうへい）

鵜飼 猛　うかい・たけし　慶応1年12月13日〜昭和23年5月6日　銀座教会名誉牧師　→昭和

鵜飼 利明　うかい・としあき　〜昭和61年8月5日　名古屋・昭和税務署長　→83/87

鵜飼 俊成　うかい・としなり　〜昭和55年1月4日　同善会保育園長　→80/82

鵜飼 寿　うかい・ひさし　昭和2年7月3日〜平成13年3月2日　阪神電気鉄道専務　→00/02

鵜飼 福美　うかい・ふくみ　大正11年11月25日〜平成2年11月23日　広島銀行専務　→88/90

鵜飼 百合子　うかい・ゆりこ　〜昭和63年6月17日　全国保母会会長　→88/90

鵜飼 隆玄　うかい・りゅうげん　明治38年4月26日〜平成2年5月18日　僧侶　上宮学園名誉理事長, 浄土宗総本山知恩院執事長　→88/90

宇垣 一成　うがき・かずしげ　慶応4年6月21日〜昭和31年4月30日　陸軍大将, 政治家　陸相, 外相, 参院議員（緑風会）　→昭和

宇垣 纏　うがき・まとめ　明治23年2月15日〜昭和20年8月15日　海軍中将　→昭和

宇梶 洋司　うかじ・きよし　大正3年11月25日〜平成10年12月8日　東洋経済新報社長　→97/99

宇川 源吉　うかわ・げんきち　大正12年7月21日〜平成19年6月8日　北海道議（自民党）　→06/08

浮島 高孝　うきしま・たかよし　大正14年9月22日〜平成4年1月12日　酒井重工業専務　→91/93

浮島 洋　うきしま・ひろし　大正14年2月〜平成3年5月13日　東京バンケット・プロデュース社長　→91/93

浮田 桂造　うきた・けいぞう　弘化3年2月5日〜昭和2年9月16日　実業家　衆院議員　→昭和

浮田 昇佐久　うきた・しょうさく　〜昭和60年6月25日　秋田製錬取締役　→83/87

浮田 孝家　うきた・たかいえ　〜昭和61年1月1日　住友金属鉱山専務　→83/87

浮田 礼彦　うきた・のりひこ　明治44年3月6日〜平成12年5月30日　三菱原子力工業常務　→00/02

浮田 秀彦　うきた・ひでひこ　〜昭和59年6月22日　海軍中将　→83/87

浮田 祐二　うきた・ゆうじ　〜昭和58年2月24日　東京水産振興会(財)名誉会長　→83/87

浮田 米芳　うきた・よねよし　昭和3年8月16日〜昭和63年1月17日　浮田工業社長,大阪府印刷製本機械工協組理事長　→88/90

浮野 一雄　うきの・かずお　〜平成6年8月16日　川崎商事専務　→94/96

浮谷 竹次郎　うきや・たけじろう　明治20年〜昭和40年3月8日　市川市長　→昭和

浮谷 元吉　うきや・もときち　〜昭和40年12月12日　市川市長　→昭和

鵜久森 税　うくもり・おさむ　大正7年4月10日〜平成14年10月16日　スリーボンドグループ創業者　→00/02

請川 満夫　うけがわ・みつお　昭和7年1月26日〜昭和63年8月14日　大和銀行常務　→88/90

受田 新吉　うけだ・しんきち　明治43年5月18日〜昭和54年9月21日　衆院議員(民社党)　→昭和(うけた・しんきち)

浮穴 和俊　うけな・かずとし　大正5年3月〜昭和61年11月4日　日本テトラポッド顧問,東京都港湾局技監　→83/87

右近 権左衛門　うこん・ごんざえもん　明治22年11月〜昭和41年4月27日　実業家　日本火災海上保険会長　→昭和

右近 秀蔵　うこん・ひでぞう　明治38年10月10日〜平成6年9月25日　和光堂専務　→94/96

右近 保太郎　うこん・やすたろう　大正3年6月8日〜平成9年9月8日　日本火災海上保険社長　→97/99

右近 豊　うこん・ゆたか　昭和7年9月5日〜平成3年8月1日　三谷商事取締役　→91/93

宇佐 公康　うさ・きみやす　大正4年〜平成2年9月　古代史家　→88/90

宇佐川 一正　うさがわ・かずまさ　嘉永2年11月10日〜昭和2年11月10日　陸軍中将,男爵　東洋拓殖初代総裁,貴院議員　→昭和

宇佐川 済　うさがわ・さい　〜昭和11年4月10日　帝国倉庫専務　→昭和

鵜崎 庚午郎　うさき・こうごろう　明治3年3月17日〜昭和5年4月3日　牧師　日本メソジスト教会監督　→昭和

鵜﨑 多一　うざき・たいち　明治38年3月4日〜昭和46年9月11日　福岡県知事　→昭和(鵜﨑 多一)

宇佐美 興屋　うさみ・おきいえ　明治16年1月27日〜昭和45年9月27日　陸軍中将　侍従武官長　→昭和(うさみ・おきや)

宇佐美 欣治　うさみ・きんじ　大正13年1月1日〜平成14年11月23日　宇佐美組会長,岐阜県建築工業会会長　→00/02

宇佐美 敬三　うさみ・けいぞう　〜昭和10年4月24日　千葉貯蓄銀行頭取　→昭和

宇佐美 昭次　うさみ・しょうじ　昭和11年3月24日〜平成11年11月13日　セゾン劇場社長,西友常務　→97/99

宇佐美 泰輔　うさみ・たいすけ　大正8年1月10日〜平成19年1月9日　川崎商事社長,川崎製info副社長　→06/08

宇佐美 毅　うさみ・たけし　明治36年12月9日〜平成3年1月19日　宮内庁長官　→91/93

宇佐美 忠信　うさみ・ただのぶ　大正14年10月31日〜平成23年11月10日　労働運動家　ゼンセン同盟会長　→09/11

宇佐美 辰五郎　うさみ・たつごろう　〜昭和28年2月21日　米沢市長　→昭和

宇佐見 鉄雄　うさみ・てつお　明治44年4月11日〜平成10年2月2日　岐阜銀行頭取　→97/99

宇佐美 俊彦　うさみ・としひこ　明治43年8月15日〜平成1年11月10日　乾汽船専務　→88/90

宇佐美 信郎　うさみ・のぶお　〜昭和63年3月16日　野崎産業専務　→88/90

宇佐美 元　うさみ・はじめ　〜昭和57年10月26日　公認会計士　等松・青木監査法人代表社員　→80/82

宇佐美 浩　うさみ・ひろし　大正11年6月5日〜平成4年4月23日　三重名鉄会会長,夫婦岩パラダイス社長,名鉄観光サービス取締役　→91/93

宇佐美 寛爾　うさみ・ひろじ　明治17年1月27日〜昭和29年2月10日　華北交通総裁　→昭和(うさみ・かんじ)

宇佐美 洵　うさみ・まこと　明治34年2月5日〜昭和58年2月19日　日銀総裁,三菱銀行頭取　→83/87

宇佐美 正義　うさみ・まさよし　〜平成3年6月3日　九州リースサービス取締役　→91/93

宇佐美 裕　うさみ・ゆたか　大正12年8月26日〜平成12年4月13日　三洋証券専務　→00/02

宇佐美 良樹　うさみ・よしき　〜昭和55年11月7日　森吉倉庫副社長,明世カントリークラブ専務　→80/82

宇佐美 龍堂　うさみ・りゅうどう　明治42年6月13日〜昭和62年5月4日　大本教代表役員・総長・本部長,人類愛善会会長　→83/87

鵜沢 宇八　うざわ・うはち　慶応3年5月〜昭和18年10月13日　衆院議員(政友会),貴院議員(多額納税)　→昭和

鵜沢 勝義　うざわ・かつよし　〜昭和59年5月29日　弁護士　国鉄総裁室法務課長　→83/87

I 政治・経済・社会篇　　　　　　　　　　　　　　　　　　　　　　うししま

鵜沢 晋　うざわ・すすむ　明治41年7月16日～平成8年8月30日　弁護士　石井鉄工所監査役,東京地裁判事　→94/96

鵜沢 尚信　うざわ・なおのぶ　～昭和55年9月19日　陸軍中将　全国戦友会連合会会長　→80/82

宇沢 寛　うざわ・ひろし　昭和8年10月29日～平成1年2月17日　福山証券常務　→88/90

鵜沢 総明　うざわ・ふさあき　明治5年8月2日～昭和30年10月21日　弁護士,法学者,政治家　明治大学総長,衆院議員(政友会),貴院議員(勅選)　→昭和

宇治 常美　うじ・つねよし　昭和11年1月3日～平成12年6月19日　住友倉庫社長　→00/02

宇治 正豊　うじ・まさとよ　大正12年9月5日～平成21年9月11日　阪急電鉄取締役,アルナ工機社長　→09/11

氏家 栄一　うじいえ・えいいち　大正4年12月12日～平成14年12月6日　七十七銀行頭取　→00/02

氏家 馨　うじいえ・かおる　～平成6年9月19日　(福)芙蓉会理事長,(財)日本身体障害者スポーツ協会理事　→94/96

氏家 正三　うじいえ・しょうぞう　大正4年3月1日～平成5年5月18日　日立造船常務,日立造船エンジニアリング会長　→91/93

氏家 斉一郎　うじいえ・せいいちろう　大正15年5月17日～平成23年3月28日　日本テレビ社長,東京都現代美術館館長,東京都歴史文化財団理事長　→09/11

氏家 清吉　うじいえ・せいきち　明治25年4月～昭和31年12月14日　七十七銀行頭取,貴院議員(多額納税)　→昭和

氏家 卓也　うじいえ・たくや　大正6年11月24日～平成20年11月15日　ダイヤモンドリース社長　→06/08

氏家 武　うじいえ・たけし　～平成5年11月24日　大蔵省国民貯蓄局長,農林中央金庫理事　→91/93

氏家 龍雄　うじいえ・たつお　明治44年3月30日～平成5年7月30日　駒井鉄工所(のち駒井鉄工)常務　→91/93

牛尾 栄次　うしお・えいじ　明治37年11月22日～平成13年10月14日　久保出鉄工副社長　→00/02

牛尾 一男　うしお・かずお　昭和4年9月15日～昭和62年11月26日　中日新聞編集局開発部長　→83/87

牛尾 一弘　うしお・かずひろ　大正10年1月1日～平成16年9月25日　江津市長　→03/05

牛尾 健吉　うしお・けんきち　大正3年1月7日～平成3年8月9日　住友商事常務　→91/93

潮 恵之輔　うしお・しげのすけ　明治14年8月11日～昭和30年1月9日　内務官僚,政治家　内務次官,内相,文相　→昭和

牛尾 達也　うしお・たつや　明治44年3月21日～平成3年5月12日　三井鉱山専務　→91/93

牛尾 哲造　うしお・てつぞう　～昭和60年11月1日　スポーツ文化通信社社長,元日刊スポーツ常務　→83/87

潮 道佐　うしお・どうさ　～昭和12年11月1日　東京刑事地方裁判所判事　→昭和

牛尾 知行　うしお・ともゆき　昭和20年1月8日～平成22年11月19日　西部特殊合金社長,日本ラグビー協会理事　→09/11

牛尾 久　うしお・ひさし　大正11年7月24日～平成1年1月8日　豊浦信用金庫理事長　→88/90

潮田 猪一郎　うしおだ・いいちろう　大正12年4月16日～平成3年4月1日　トーヨーサッシ会長　→91/93

潮田 健次郎　うしおだ・けんじろう　大正15年6月4日～平成23年4月13日　トステム創業者,住生活グループ会長・CEO　→09/11

潮田 隆　うしおだ・たかし　大正15年7月22日～平成23年6月19日　札幌銀行頭取　→09/11

潮田 定一　うしおだ・ていいち　明治37年10月6日～昭和63年6月14日　アサヒ都市開発相談役,山一証券専務　→88/90

潮田 保雄　うしおだ・やすお　大正8年2月12日～平成2年1月12日　東海パルプ取締役,協和発酵専務　→88/90

宇敷 信吾　うしき・しんご　明治42年11月12日～平成4年12月24日　丸紅取締役　→91/93

牛木 睦富　うしき・のぶよし　大正10年9月22日～昭和59年12月22日　日本飛行機専務　→83/87

牛久 崇司　うしく・たかし　昭和15年6月12日～平成22年8月29日　キッコーマン社長　→09/11

牛久保 海平　うしくぼ・かいへい　明治38年7月26日～平成11年11月20日　サンデン創業者,伊勢崎商工会議所会頭　→97/99

牛窪 一省　うしくぼ・かずあき　昭和12年5月28日～平成8年2月13日　マーケティングコンサルタント　不動産経済研究所社長　→94/96

牛久保 誉夫　うしくぼ・たかお　明治44年10月19日～昭和58年1月21日　サンデン副社長,群馬県電気協会会長　→83/87

牛久保 守司　うしくぼ・もりじ　大正3年2月24日～平成22年7月24日　サンデン社長,群馬経済同友会代表幹事　→09/11

氏家 茂雄　うじけ・しげお　明治37年10月10日～昭和56年11月16日　大阪放送社長　→80/82

氏家 通夫　うじけ・みちお　大正4年1月26日～昭和62年8月21日　日本生命保険専務,星光ビル管理相談役　→83/87

牛越 公成　うしこし・ひろなり　～平成3年12月28日　社会党青少年局長・中央執行委員　→91/93

牛越 途宏　うしこし・みちひろ　～平成7年4月11日　ティアンドティ社長,チロン・ジャパン社長　→94/96

牛込 幸一　うしごめ・こういち　明治42年6月12日～平成5年12月20日　TYK名誉会長　→91/93

牛島 巌　うしじま・いわお　昭和12年5月7日～平成18年　福岡県議(無所属),一光社長　→09/11s

牛島 修　うしじま・おさむ　大正14年9月22日～平成12

牛島 国枝　うししま・くにえ　明治43年9月15日〜平成11年5月8日　ハロー名誉会長、佐賀県議　→97/99

牛島 慶二　うししま・けいじ　明治33年2月6日〜昭和62年12月26日　久留米市議・市会議長　→83/87

牛島 節二　うししま・せつじ　〜昭和62年10月17日　八女市長　→83/87

牛島 辰弥　うししま・たつや　明治36年9月9日〜昭和50年7月16日　運輸事務次官　→昭和

牛島 広次　うししま・ひろじ　明治44年7月25日〜昭和59年5月19日　福岡県農協中央会理事、光友農協組合長、立花町会議長　→83/87

牛島 満　うししま・みつる　明治20年7月31日〜昭和20年6月23日　陸軍大将　→昭和

牛島 本繁　うししま・もとしげ　〜昭和12年10月2日　陸軍少将　→昭和

牛塚 虎太郎　うしずか・とらたろう　明治12年4月28日〜昭和41年11月1日　政治家、官僚　東京市長、衆院議員（日本自由党）　→昭和

牛塚 藤雄　うしずか・ふじお　明治44年3月13日〜平成6年1月11日　日本生命保険常務　→94/96

牛田 一郎　うしだ・いちろう　大正4年4月13日〜平成10年9月22日　鐘紡副社長　→97/99

宇治田 巌　うじた・いわお　昭和15年1月18日〜平成18年8月22日　日本ケーブル・システム常務　→03/05

丑田 栄寿　うしだ・えいじゅ　〜平成10年9月26日　僧侶　高野山真言宗大僧正、八事山興正寺長老　→97/99

牛田 桂　うしだ・かつら　大正5年7月14日〜平成14年4月20日　カネスエ会長　→00/02

宇治田 省三　うじた・しょうぞう　大正6年1月3日〜平成1年6月11日　和歌山市長　→88/90

宇治田 惣治　うじた・そうじ　大正12年10月19日〜平成2年2月3日　三菱原子燃料顧問・元副社長　→88/90

牛田 寛　うしだ・ひろし　大正4年4月〜昭和40年1月10日　参院議員（公明党）　→昭和（うした・かん）

宇治田 拡　うじた・ひろむ　昭和10年5月28日〜平成15年8月27日　住友商事取締役　→03/05

宇治谷 祐顕　うじたに・ゆうけん　大正5年10月18日〜平成11年9月7日　僧侶　同朋学園理事長、名古屋音楽大学学長　→97/99

宇治土公 貞明　うじとこ・さだあき　昭和25年1月19日〜平成20年9月10日　神官　猿田彦神社宮司　→06/08

宇治土公 貞幹　うじとこ・さだとも　大正13年1月21日〜平成23年8月21日　神官　猿田彦神社宮司、神社本庁長老　→09/11

氏野 恒一　うじの・つねかず　大正10年12月3日〜平成3年7月22日　新歌舞伎座顧問、日本ドリーム観光専務　→91/93

牛場 友彦　うしば・ともひこ　明治34年12月16日〜平成5年1月12日　近衛文麿首相秘書官、アラスカパルプ副社長　→91/93

牛場 信彦　うしば・のぶひこ　明治42年11月16日〜昭和59年12月31日　外交官　駐米大使、対外経済担当相　→83/87

牛場 道雄　うしば・みちお　明治35年11月16日〜昭和61年7月18日　三菱石油常務　→83/87

氏原 一郎　うじはら・いちろう　明治33年11月3日〜平成8年12月30日　高知市長、衆院議員（社会党）　→94/96

氏原 健二　うじはら・けんじ　〜昭和56年5月11日　大陽製粉社長、福岡銀行常任監査役　→80/82

氏原 平　うじはら・たいら　大正2年11月11日〜平成2年5月3日　北海製罐常務　→88/90

氏原 久男　うじはら・ひさお　明治41年9月29日〜平成1年10月15日　日本加工製紙専務　→88/90

氏原 正雄　うじはら・まさお　〜平成8年12月28日　ニチモウ常務　→94/96

牛円 才之助　うしまる・さいのすけ　〜昭和45年7月15日　明治製菓社長　→昭和（ごえん・さいのすけ）

牛丸 友佐　うしまる・ともすけ　明治5年3月〜昭和2年10月28日　国家主義者　→昭和

牛丸 康夫　うしまる・やすお　昭和11年7月4日〜昭和61年10月2日　日本ハリストス正教会西日本主教区宗務局長　→83/87

牛村 良則　うしむら・よしのり　〜昭和55年5月27日　アサヒ鋳工専務　→80/82

牛山 要　うしやま・かなめ　〜昭和55年11月8日　水戸地家裁所長　→80/82

牛山 吉男　うしやま・きちお　〜昭和60年1月24日　日本繊維機械協会専務理事　→83/87

牛山 清人　うしやま・きよと　明治32年10月8日〜平成3年9月2日　ハリウッド（株）社長、ハリウッド美容専門学校学長　→91/93

牛山 五介　うしやま・ごすけ　大正2年1月10日〜平成21年1月6日　自動車鋳物常務　→09/11

牛山 新一郎　うしやま・しんいちろう　明治35年1月29日〜昭和61年8月22日　ムツミ鋳工社長、辻井製作所社長　→83/87

牛山 毅　うしやま・つよし　明治26年7月14日〜昭和49年4月27日　裁判官、弁護士　浦和地裁判事　→昭和

牛山 正道　うしやま・まさみち　〜昭和58年9月28日　タイ味の素社長　→83/87

牛山 松蔵　うしやま・まつぞう　〜昭和29年3月22日　大審院検事　→昭和

牛山 善政　うしやま・よしまさ　大正11年7月18日〜平成12年11月5日　ヤシカ創業者、ヤシカコーポレーション社長　→00/02

宇宿 行輔　うしゅく・こうすけ　〜昭和18年11月19日　陸軍中将　→昭和

I 政治・経済・社会篇

後 房市　うしろ・ふさいち　～平成3年8月1日
　江津事件元被告　→91/93

宇城 正行　うしろ・まさゆき　大正6年10月4日～平成9年12月11日　京都機械工具副社長　→97/99

後宮 淳　うしろく・じゅん　明治17年9月28日～昭和48年11月24日　陸軍大将　陸軍参謀次長　→昭和

後宮 虎郎　うしろく・とらお　大正3年4月22日～平成4年6月12日　駐韓大使　→91/93

宇津 権右衛門　うず・ごんえもん　明治30年3月14日～昭和61年4月23日　宇津救命丸会長　→83/87

宇津 重明　うず・しげあき　～昭和47年2月26日　浜田市長　→昭和

臼井 和男　うすい・かずお　昭和14年～平成17年2月17日　鉄道安全推進会議会長　→03/05

臼井 一馬　うすい・かずま　大正13年4月25日～平成1年8月7日　アシックス副社長　→88/90

碓井 一正　うすい・かずまさ　大正9年2月2日～昭和61年12月22日　（株）ウスキ代表取締役社長　→83/87

薄井 一哉　うすい・かずや　昭和30年2月11日～昭和56年10月16日　尼崎市長　→80/82

碓氷 勝三郎　うすい・かつさぶろう　大正4年2月19日～昭和63年9月28日　碓氷商店社長、根室商工会議所会頭　→88/90

臼井 勝三　うすい・かつぞう　大正2年5月24日～平成16年5月20日　大船渡市長　→03/05

笛吹 亨三　うすい・きょうぞう　大正5年12月9日～平成19年12月4日　弁護士　大阪高検検事長　→06/08

臼井 潔　うすい・きよし　～昭和15年4月22日　山形地方裁判所長　→昭和

臼井 国　うすい・くに　～昭和40年3月17日　海軍中将　中島飛行機取締役　→昭和

碓井 憲一　うすい・けんいち　大正3年12月25日～平成6年9月17日　フジタ常務　→94/96

臼井 源三郎　うすい・げんざぶろう　大正12年7月11日～平成19年11月10日　三井物産常務　→06/08

臼井 皎二　うすい・こうじ　明治23年～昭和45年5月26日　東洋醸造社長、大仁町長　→昭和

臼井 悟　うすい・さとる　大正9年3月9日～平成3年2月24日　日本電装専務　→91/93

臼井 鹿太郎　うすい・しかたろう　明治34年9月11日～昭和62年2月8日　高知日産自動車会長、テレビ高知社長　→83/87

臼井 滋夫　うすい・しげお　大正15年1月2日～平成9年11月21日　弁護士　大阪高検検事長、東海大学法学部教授　→97/99

臼井 茂樹　うすい・しげき　～昭和16年12月21日　陸軍少将　→昭和

薄井 茂　うすい・しげる　～平成6年3月12日　日東興業常務、習志野CC支配人　→94/96

臼井 昭八郎　うすい・しょうはちろう　昭和8年2月11日～平成15年1月12日　丸紅常務、丸紅建材リース社長　→03/05

碓井 次郎　うすい・じろう　大正15年1月2日～平成3年5月16日　鈴与常務、鈴与自動車社長　→91/93

臼井 仁三　うすい・じんぞう　昭和7年2月25日～平成16年12月16日　富士急行常務　→03/05

臼井 澄栄　うすい・すみえ　～昭和58年9月19日　第一法規出版取締役営業局長　→83/87

碓氷 専三　うすい・せんぞう　～昭和59年11月3日　片倉工業取締役　→83/87

臼井 荘一　うすい・そういち　明治35年7月26日～昭和62年10月18日　衆院議員、参院議員（自民党）、総理府総務長官　→83/87

臼井 大八郎　うすい・だいはちろう　大正4年9月21日～平成7年3月26日　住友金属工業常務　→94/96

臼井 孝　うすい・たかし　明治37年2月5日～平成6年11月26日　大阪商船三井船舶副社長、大正海上火災保険（のち三井海上火災保険）取締役、新栄船舶取締役　→94/96

臼井 武夫　うすい・たけお　明治14年5月5日～平成11年1月31日　住友銀行専務、大手町建物社長　→97/99

臼井 武　うすい・たけし　大正1年10月7日　名古屋臨界鉄道常務　→88/90

薄井 猛　うすい・たける　昭和8年1月26日～平成6年1月12日　日本プレスセンター常勤監査役　→94/96

臼井 達夫　うすい・たつお　大正5年4月30日～平成14年8月9日　三井生命保険常務　→00/02

薄井 典夫　うすい・つねお　大正12年8月10日～昭和60年1月7日　うすい百貨店社長　→83/87

臼井 哲夫　うすい・てつお　文久3年1月～昭和10年6月29日　衆院議員　→昭和

臼井 暉　うすい・てる　～昭和59年5月9日　鐘紡顧問・元同社取締役　→83/87

臼井 直重　うすい・なおしげ　大正12年9月19日～昭和59年8月15日　ザイール石油副社長　→83/87

臼居 直道　うすい・なおみち　明治40年5月5日～昭和59年4月11日　弁護士　→83/87

薄井 信吉　うすい・のぶきち　明治41年9月28日～昭和61年1月14日　全国都道府県議長会副会長　→83/87

碓井 初秋　うすい・はつあき　平成11年9月12日～平成21年12月19日　セーラー万年筆社長　→09/11

薄井 久男　うすい・ひさお　～昭和31年9月28日　興亜石油専務　→昭和

薄井 秀夫　うすい・ひでお　大正13年～昭和60年10月2日　大分セントラルホテル取締役、元小田急不動産取締役　→83/87

臼井 秀吉　うすい・ひできち　大正6年6月1日～平成10年9月29日　東北電力副社長　→97/99

薄井 斉　うすい・ひとし　昭和2年8月18日～平成15年12月2日　うすい百貨店社長　→03/05

臼井 洋　うすい・ひろし　大正9年2月8日～平成16年9月

25日　リケン専務　→03/05

臼井　浩義　うすい・ひろよし　昭和16年～平成5年8月28日　白川書院社長　→91/93

臼井　福治　うすい・ふくじ　大正2年1月2日～昭和60年4月16日　大日本水産会理事　→83/87

臼井　文雄　うすい・ふみお　～平成1年3月13日　三菱倉庫監査役　→88/90

薄井　宙夫　うすい・みちお　大正14年3月3日～平成19年9月27日　三井鉱山副社長　→06/08

臼井　芳一　うすい・よしいち　～昭和55年2月9日　伊奈製陶相談役・元社長　→80/82

臼井　吉夫　うすい・よしお　～昭和56年11月20日　日本原電東海発電所初代所長　→80/82

臼井　米二郎　うすい・よねじろう　～昭和58年4月10日　小林脳行会社社長, 日本防虫剤工業会会長　→83/87

薄　誠次　うすき・せいじ　昭和3年8月17日～平成2年12月6日　日特建設常務　→88/90

臼杵　善三郎　うすき・ぜんざぶろう　～昭和45年11月21日　大阪セメント社長　→昭和

鵜月　辰郎　うずき・たつろう　昭和3年1月14日～平成21年11月22日　三菱石油顧問, 国際バレーボール連盟副会長, 日本バレーボール協会副会長　→09/11

薄木　定一　うすき・ていいち　大正12年9月6日～平成18年5月13日　東芝セラミックス専務　→06/08

薄木　正明　うすき・まさあき　～平成6年5月24日　運輸省航空局次長　→94/96

宇宿　マサ子　うすき・まさこ　大正3年11月16日～平成9年7月5日　長崎県議(自民党)　→97/99

臼倉　甲子造　うすくら・かしぞう　明治20年11月20日～昭和43年2月3日　社会運動家　→昭和

薄墨　栄達　うすずみ・えいたつ　～昭和56年10月28日　天台宗大僧正・常信寺前住職　→80/82

臼田　潔　うすだ・きよし　明治40年2月11日～昭和61年9月5日　長野県議(社会党, 佐久)　→83/87

臼田　幸介　うすだ・こうすけ　～平成11年9月12日　日本国民食(のちニッコクトラスト)専務　→97/99

臼田　滋弘　うすだ・しげひろ　昭和48年11月8日　東京即売会長　→昭和

臼田　武雄　うすだ・たけお　～平成2年12月24日　東京即売専務営業部長　→88/90

臼田　徳太郎　うすだ・とくたろう　大正6年3月28日～平成5年11月13日　埼玉県議(自民党)　→91/93

臼田　久夫　うすだ・ひさお　昭和3年3月6日～平成11年11月15日　キャビン副社長　→97/99

臼田　義弘　うすだ・よしひろ　大正13年9月7日～平成23年7月13日　東京即売創業者　→09/11

臼田　柳一　うすだ・りゅういち　昭和4年9月21日～平成21年1月1日　上毛新聞社社長　→09/11

薄根　正男　うすね・まさお　～昭和56年4月14日　弁護士　東京高裁判事　→80/82

宇寿山　武夫　うすやま・たけお　大正15年5月28日～昭和60年7月1日　(株)三慧企画社長, 都市商業環境計画センター所長　→83/87

鶉橋　康一　うずらはし・こういち　明治41年11月7日～平成7年10月23日　ゼンチク会長　→94/96

宇田　国栄　うだ・くにえ　明治36年3月1日～昭和63年8月4日　衆議院議員(自民党)　→88/90

宇多　健一郎　うだ・けんいちろう　～昭和60年12月10日　福田勘産業(株)富山店電気設備機器部長　→83/87

宇田　耕一　うだ・こういち　明治37年10月15日～昭和32年12月30日　実業家, 政治家　経済企画庁長官, 科学技術庁長官, 衆議院議員　→昭和

宇多　重義　うだ・しげよし　昭和4年1月12日～平成11年3月5日　安田信託銀行常務　→97/99

宇田　恒　うだ・つね　明治37年9月2日～昭和58年4月14日　衆議院議員(自由党), 福山瓦斯会長　→83/87

宇田　哲郎　うだ・てつろう　昭和5年1月3日～平成4年5月20日　広島県議, 福山市議　→91/93

宇田　友四郎　うだ・ともしろう　万延1年3月25日～昭和13年10月9日　土佐商船創立者, 土佐セメント社長, 衆院議員(憲政会)　→昭和

宇田　典夫　うだ・のりお　～昭和57年4月2日　東芝タンガロイ元常務　→80/82

宇田　久郎　うだ・ひさお　大正15年6月12日～平成7年1月3日　日本伸銅常務　→94/96

宇田　宏　うだ・ひろし　昭和3年4月9日～平成3年1月11日　宇宙開発事業団筑波宇宙センター所長　→91/93

宇田　博　うだ・ひろし　大正11年5月5日～平成7年8月9日　東京放送顧問　→94/96

宇田　洋　うだ・ひろし　～平成14年1月4日　鳥取県議　→00/02

宇田　羊二　うだ・ようじ　明治40年9月18日～昭和55年10月26日　日本研紙会長　→80/82

宇高　義一　うたか・ぎいち　明治42年9月10日～平成19年8月7日　四国コカ・コーラボトリング会長　→06/08

宇高　徹　うたか・てつ　大正7年2月18日～平成11年12月28日　東亜建設工業専務　→00/02s

宇田川　英吉　うだがわ・えいきち　～平成5年7月5日　三国コカコーラボトリング社長, 三井東圧化学常務　→91/93

宇田川　嘉一郎　うだがわ・かいちろう　明治36年1月26日～昭和61年10月16日　東京都都市計画地方審議会会長, 江戸川区議会議長　→83/87

宇田川　勝次　うだがわ・かつじ　大正5年12月27日～平成1年7月26日　全国漁業無線協会長, 全国漁業協同組合連合会副会長, 神奈川県議　→88/90

宇田川　庫吉　うだがわ・くらきち　～昭和42年11月16日　グラビア精光社会長　→昭和

宇田川　源次郎　うたがわ・げんじろう　～昭和60年5月

25日　宇田川社長, 日本健康増進会長, 宇田川不動産社長　→83/87

宇田川 駒次郎　うだがわ・こまじろう　大正9年1月10日～平成21年5月6日　埼玉県議　→09/11

哥川 スエ　うたがわ・すえ　明治17年1月19日～平成9年5月4日　長寿日本一　→97/99

宇田川 武　うだがわ・たけし　昭和6年1月27日～平成23年1月28日　東京会館常務　→09/11

歌川 伸　うたがわ・のぼる　明治28年3月5日～昭和19年12月25日　労働運動家　→昭和

宇田川 政雄　うだがわ・まさお　明治43年3月14日～平成4年11月22日　東京都議(自民党), 江戸川区会議長　→91/93

宇田川 喜治　うだがわ・よしはる　～昭和63年2月6日　小田急百貨店常務　→88/90

歌崎 藤作　うたざき・とうさく　～昭和61年1月27日　社会党新宿区議団幹事長　→83/87

歌津 仁三郎　うたつ・にさぶろう　～平成10年7月22日　片倉チッカリン常務, 片倉工業取締役　→97/99

歌橋 一典　うたはし・かずのり　大正4年11月23日～平成22年9月1日　ニチバン社長　→09/11

歌橋 均也　うたはし・きんや　～昭和52年8月23日　ニチバン社長　→昭和

歌橋 憲一　うたはし・けんいち　明治22年5月1日～昭和59年10月10日　ニチバン創立者　→83/87

歌村 矻一郎　うたむら・こういちろう　～平成12年1月28日　つる軒主人　→00/02

内 佶正　うち・よしまさ　～昭和63年3月6日　大栄(株)社長　→88/90

内池 久五郎　うちいけ・きゅうごろう　明治28年12月～昭和48年5月13日　衆院議員(進歩党)　→昭和(うちけ・ひさごろう)

内池 佐太郎　うちいけ・さたろう　大正9年1月7日～平成21年10月21日　東邦銀行頭取　→09/11

内垣 譲治　うちがき・じょうじ　明治42年11月3日～平成2年9月22日　東洋埠頭常務　→88/90

内ケ崎 贇五郎　うちがさき・うんごろう　明治28年9月25日～昭和57年9月22日　東北電力社長　→80/82

内ケ崎 圭二郎　うちがさき・けいじろう　大正11年2月25日～平成1年10月23日　和光証券監査役, 日本銀行検査部長　→88/90

内ケ崎 復三郎　うちがさき・ふくさぶろう　大正12年12月19日～昭和59年3月21日　若築建設取締役営業第一部長　→83/87

内川 悟　うちかわ・さとる　明治36年2月12日～昭和56年2月19日　富士製鉄専務　→80/82

内川 千裕　うちかわ・ちひろ　昭和12年3月～平成20年8月4日　草風館社長　→06/08

内川 浤　うちかわ・ひろし　～平成17年5月25日　レッグス社長　→03/05

内木 敏市　うちき・としいち　～昭和42年9月6日　岐阜日日新聞社監査役　→昭和

内古閑 寅太郎　うちこが・とらたろう　明治33年12月15日～平成1年1月24日　日本原子力船開発事業団専務理事　→88/90

打越 衛門　うちこし・えもん　明治39年11月15日～平成3年11月19日　日本セメント常務, アサノコンクリート会長　→91/93

打越 雄次　うちこし・ゆうじ　昭和14年8月22日～平成21年3月31日　倉敷機械社長　→09/11

内木場 久幸　うちこば・ひさゆき　昭和26年2月7日～平成22年6月19日　太平洋セメント常務執行役員　→09/11

内城 本美　うちしろ・もとみ　大正1年～昭和55年9月16日　自然農法研究者　内城農法研究所主宰　→80/82

内田 昭男　うちだ・あきお　昭和15年3月19日～平成13年5月25日　富士電機冷機副社長　→00/02

内田 彰　うちだ・あきら　明治42年5月22日～平成6年6月15日　三菱自動車販売(のち三菱自動車工業)常務　→94/96

内田 昭　うちだ・あきら　昭和4年1月25日～平成14年11月23日　宮崎太陽銀行頭取　→00/02

内田 浅治　うちだ・あさじ　～昭和55年3月31日　自動車機器常務　→80/82

内田 篤　うちだ・あつし　昭和5年8月25日～平成13年1月22日　長野県議(社会党)　→00/02

内田 郁夫　うちだ・いくお　～昭和44年6月14日　オリジン電気専務取締役　→昭和

内田 勇　うちだ・いさむ　大正2年7月19日～昭和63年6月23日　明治海運会長　→88/90

内田 一郎　うちだ・いちろう　明治36年1月1日～昭和58年6月9日　中国放送相談役・元社長　→83/87

内田 一郎　うちだ・いちろう　明治42年11月10日～平成5年2月4日　日東食品製造会長　→91/93

内田 栄吉　うちだ・えいきち　大正1年11月25日～平成10年2月17日　九州本格焼酎議会名誉会長　→97/99

内田 英治　うちだ・えいじ　大正15年10月1日～平成5年10月11日　気象庁技官　→91/93

内田 嘉吉　うちだ・かきち　慶応2年10月12日～昭和8年1月3日　台湾総督　→昭和

内田 算人　うちだ・かずと　～平成22年6月27日　福岡市青果商業協同組合理事長, 九州青果食品小売商組合連合会会長　→09/11

内田 和敏　うちだ・かずとし　昭和10年1月25日～平成11年9月27日　ホソカワミクロン取締役　→97/99

内田 勝久　うちだ・かつひさ　昭和13年5月24日～平成19年7月29日　駐カナダ大使　→06/08

内田 兼太郎　うちだ・かねたろう　～昭和61年10月21日　日本農業機械工業会副会長, ヤンマー農機専務　→83/87

内田 寛治　うちだ・かんじ　～昭和63年6月26日　伯爵　東京銀行東京支店支店長代理　→88/90

内田 亀六　うちだ・きろく　〜昭和46年2月19日
　太平工業相談役・元社長　→昭和

内田 欽也　うちだ・きんや　昭和13年11月21日〜平成23年3月21日　キヤノン専務　→09/11

内田 邦夫　うちだ・くにお　大正9年6月10日〜平成6年9月13日　大東証券会長　→94/96

内田 熊一　うちだ・くまいち　大正13年6月5日〜平成8年2月28日　堂ケ島洋らんセンター代表理事　→94/96

内多 蔵人　うちだ・くらんど　〜昭和55年10月6日
　サッポロビール社長　→80/82

内田 薫平　うちだ・くんぺい　大正2年3月17日〜平成10年1月6日　東京証券取引所理事、東一証券（のちワールド証券）会長、野村証券専務　→97/99

内田 慶三　うちだ・けいぞう　〜昭和43年3月24日
　神奈川日産会長　→昭和

内田 賢一　うちだ・けんいち　昭和9年5月27日〜平成11年9月6日　摂津製油常務　→97/99

内田 健三郎　うちだ・けんざぶろう　〜昭和57年4月1日
　練馬区議会副議長　→80/82

内田 皇吉　うちだ・こうきち　昭和15年〜平成2年3月27日　マルホ常務・東京支店長　→88/90

内田 康哉　うちだ・こうさい　慶応1年8月10日〜昭和11年3月12日　外交官,政治家,伯爵　外相,枢密顧問官,満鉄総裁　→昭和

内田 弘三　うちだ・こうぞう　明治44年2月28日〜昭和61年3月20日　広島県議（自民党）　→83/87

内田 佐久郎　うちだ・さくろう　明治38年1月10日〜昭和55年6月9日　社会運動家　東京都議（社会党）　→80/82

内田 貞雄　うちだ・さだお　大正7年1月10日〜昭和56年3月6日　日本ヒューム管常務　→80/82

内田 定槌　うちだ・さだつち　元治2年1月17日〜昭和17年6月2日　駐トルコ大使　→昭和

内田 幸穂　うちだ・さちほ　大正3年10月8日〜平成8年5月14日　三晃金属工業相談役　→94/96

内田 三郎　うちだ・さぶろう　明治32年10月21日〜昭和58年1月28日　ニチベイ顧問,理科学研究所常務取締役　→83/87

内田 茂雄　うちだ・しげお　大正15年5月2日〜平成18年2月25日　弁護士　内田茂雄法律事務所長　→06/08

内田 重成　うちだ・しげなり　慶応4年1月〜昭和40年10月4日　貴院議員（勅選）,山陽電軌社長,下関ガス社長　→昭和

内田 滋　うちだ・しげる　大正9年8月25日〜平成8年12月9日　熱海市長　→94/96

内田 茂　うちだ・しげる　明治16年〜昭和40年10月10日　東亜海運副社長,船舶運営会総裁　→昭和

内田 茂　うちだ・しげる　大正10年1月27日〜昭和59年9月5日　日本ハム取締役人事部長　→83/87

内田 茂　うちだ・しげる　大正1年〜平成4年2月20日
　京浜ドック顧問,日本郵船監査役　→91/93

内田 静馬　うちだ・しずま　〜昭和61年6月25日
　諫早市土地開発公社理事長　→83/87

打田 修一　うちだ・しゅういち　〜平成17年4月22日
　日本陶磁器上絵加工工業協同組合連合会会長　→03/05

内田 駿　うちだ・しゅん　昭和5年2月17日〜平成17年6月24日　富士銀行常務,日本紙業社長　→03/05

内田 淳　うちだ・じゅんいち　昭和31年5月31日〜平成21年4月30日　警察庁官房政策評価審議官・官房審議官　→09/11

内田 俊吉　うちだ・しゅんきち　〜昭和62年1月28日
　ニホン薬品（株）取締役,明薬商事（株）社長,明治薬品（株）代表取締役社長　→83/87

内田 昌一　うちだ・しょういち　大正2年5月25日〜平成1年2月13日　鈴与相談役　→88/90

内田 庄三郎　うちだ・しょうざぶろう　大正5年5月10日〜昭和58年7月11日　西日本空輸社長　→83/87

内田 二郎　うちだ・じろう　昭和3年10月27日〜平成7年10月31日　河北新報常務　→94/96

内田 二郎　うちだ・じろう　〜平成14年12月10日
　積水工機製作所社長　→00/02

内田 杉雄　うちだ・すぎお　昭和20年7月11日〜平成13年9月16日　新光電気工業専務　→00/02

内田 清次　うちだ・せいじ　昭和3年10月29日〜平成19年6月14日　都鶴酒造会長,京都ふるさとの集い連合会会長　→06/08

内田 誠以　うちだ・せいじ　明治39年9月19日〜平成2年6月19日　鹿島学術振興財団理事,鹿島建設専務　→88/90

内田 成美　うちだ・せいび　〜昭和60年7月21日
　日鉄鉱業監査役　→83/87

内田 積蔵　うちだ・せきぞう　〜昭和61年6月9日
　日刊工業新聞社法律顧問　→83/87

内田 善一郎　うちだ・ぜんいちろう　〜平成18年3月30日　園芸家　→06/08

内田 善利　うちだ・ぜんり　大正7年6月10日〜平成17年3月24日　参院議員（公明党）　→03/05

内田 惣七　うちだ・そうしち　大正5年9月15日〜平成13年12月23日　コバル専務　→00/02

内田 孝　うちだ・たかし　明治44年1月6日〜昭和56年5月11日　東洋酸素取締役　→80/82

内田 隆　うちだ・たかし　〜昭和38年7月11日
　八幡市長　→昭和

内田 武夫　うちだ・たけお　大正9年11月〜平成14年8月16日　横浜市議（自民党）　→00/02

内田 竹司　うちだ・たけし　〜昭和59年4月29日
　三機工業常務　→83/87

内田 正　うちだ・ただし　明治42年2月6日〜昭和61年9月2日　日産化学工業取締役,日本肥糧社長　→83/87

内田 達夫　うちだ・たつお　明治45年6月11日〜平成1年7月9日　弁護士　公安調査庁次長,鳥取地検検事正　→

内田 辰之助　うちだ・たつのすけ　～昭和55年11月2日　東洋紡績取締役、東洋クロス社長　→80/82

内田 常雄　うちだ・つねお　明治40年6月30日～昭和52年12月29日　政治家　厚相、経済企画庁長官、自民党幹事長　→昭和

内田 悌三郎　うちだ・ていさぶろう　大正15年7月13日～平成2年10月23日　藤倉電線副社長　→88/90

内田 鉄衛　うちだ・てつえい　明治37年6月29日～平成8年2月18日　コロナ創業者　→94/96

内田 哲夫　うちだ・てつお　大正15年6月28日～昭和59年11月15日　足利銀行専務　→83/87

内田 照生　うちだ・てるお　昭和2年12月6日～平成22年10月21日　山九専務　→09/11

内田 輝久　うちだ・てるひさ　大正15年1月2日～昭和57年8月6日　大日本水産会常務理事、北海道水産会専務理事　→80/82

内田 輝弘　うちだ・てるひろ　昭和11年3月30日～昭和62年12月20日　内田工機社長　→83/87

内田 藤七　うちだ・とうしち　明治19年10月22日～昭和42年6月10日　社会運動家　社会民衆党中央委員　→昭和

内田 透　うちだ・とおる　昭和5年1月14日～平成19年2月1日　千葉銀行常務　→06/08

内田 徳郎　うちだ・とくお　明治4年2月9日～昭和7年12月　技術者　海苔乾燥装置の発明者　→昭和

内田 敏雄　うちだ・としお　昭和7年3月22日～平成14年12月5日　山梨日日新聞取締役・論説委員長　→00/02

内田 俊春　うちだ・としはる　大正15年2月5日～昭和62年11月23日　日本検査社長　→83/87

打田 富雄　うちだ・とみお　大正13年～平成10年9月1日　フジタ工業（のちフジタ）常務　→97/99

内田 富彦　うちだ・とみひこ　大正4年10月15日～昭和62年1月24日　新幹線鉄道整備株式会社相談役、栗田工業常務　→83/87

内田 信夫　うちだ・のぶお　～昭和28年3月19日　ラジオ中国重役　→昭和

内田 信也　うちだ・のぶや　明治13年12月6日～昭和46年1月7日　実業家、政治家　明治海運会長、衆院議員（自由党）、農相　→昭和

内田 襄　うちだ・のぼる　明治45年5月31日～平成10年4月13日　青木建設副社長、日本道路公団理事　→97/99

内田 昇　うちだ・のぼる　～昭和55年7月15日　北海道いすゞ自動車社長　→80/82

内田 律夫　うちだ・のりお　～平成6年12月10日　空自補　神鋼電機顧問　→94/96

内田 八郎　うちだ・はちろう　昭和5年12月8日～平成4年2月15日　三菱鉱業セメント常務、不二セメント共同事業社長　→88/90

内田 八朔　うちだ・はっさく　明治42年9月15日～平成4年4月7日　福岡高裁部総括判事　→88/90

内田 初太郎　うちだ・はつたろう　明治32年11月3日～平成1年4月10日　宇都宮地家裁所長、浦和地家裁所長　→88/90

内田 久幸　うちだ・ひさゆき　昭和16年3月9日～平成11年6月30日　国際興業副社長　→97/99

内田 寛　うちだ・ひろし　昭和4年12月17日～平成10年1月2日　ナイキジャパン社長　→97/99

内田 広　うちだ・ひろし　大正15年5月13日～平成16年12月15日　マキノ町（滋賀県）教育長、美しいマキノ・桜守の会会長　→03/05

内田 弘四　うちだ・ひろし　明治37年1月22日～平成9年8月27日　大豊建設創業者　→97/99

内田 啓利　うちだ・ひろとし　昭和5年1月16日～平成17年5月22日　群馬銀行常務　→03/05

内田 藤雄　うちだ・ふじお　明治42年2月22日～平成4年12月21日　弁護士　駐西独大使　→91/93

内田 文男　うちだ・ふみお　大正4年5月20日～平成7年12月23日　稲畑産業専務　→94/96

内田 真　うちだ・まこと　大正6年～平成16年10月15日　田村電機製作所専務　→03/05

内田 雅大　うちだ・まさひろ　昭和10年1月13日～平成13年2月3日　マツダ専務、マツダエース社長　→00/02

内田 順己　うちだ・まさみ　昭和10年11月9日～平成14年12月23日　宝酒造専務　→00/02

内田 勝　うちだ・まさる　大正3年8月14日～平成15年3月26日　三井物産会長　→03/05

内田 松太　うちだ・まつた　～昭和59年1月3日　弁護士　日本弁護士連合会副会長、福岡県教育委員長　→83/87

内田 守　うちだ・まもる　大正14年1月22日～平成4年12月1日　日本海事協会会長、運輸省船舶局長　→91/93

内田 道治　うちだ・みちはる　明治35年6月16日～昭和59年4月9日　新宿ステーションビルディング取締役、東京都議会議員　→83/87

内田 三千代　うちだ・みちよ　～平成6年9月2日　内田老鶴圃会長　→94/90

内田 光雄　うちだ・みつお　～平成8年11月17日　日本紙業常務　→94/96

内田 実　うちだ・みのる　大正4年5月5日～平成7年9月14日　弁護士　福島地検検事正、日本公証人連合会会長　→94/96

内田 稔　うちだ・みのる　昭和21年11月3日～平成13年1月4日　神奈川県議（自民党）　→00/02

内田 護文　うちだ・もりふみ　～昭和45年10月11日　東京高裁判事　→昭和

内田 保蔵　うちだ・やすぞう　～平成10年2月8日　コニカ常務　→97/99

内田 雄三　うちだ・ゆうぞう　明治33年5月17日～昭和57年12月23日　税理士　東京都議（民社党）　→80/82

内田 寛　うちだ・ゆたか　明治32年5月1日～昭和59年8月

月6日　総評全国一般大阪地本委員長　→83/87

内田 豊　うちだ・ゆたか　明治43年3月5日～平成12年11月5日　明豊興産会長, 沖電気工業常務　→00/02

内田 義隆　うちだ・よしたか　～昭和62年10月23日　弁護士　福岡地裁久留米支部判事　→83/87

内田 喜之　うちだ・よしゆき　大正8年7月25日～平成3年9月4日　鉄道弘済会理事, 国鉄中央鉄道学園学長　→91/93

内田 良郎　うちだ・よしろう　昭和7年11月3日～平成3年2月11日　大東証券取締役大阪支店長　→91/93

内田 良平　うちだ・りょうへい　明治7年2月11日～昭和12年7月26日　国家主義者　大日本生産党総裁, 黒龍会主幹　→昭和

内田 六郎　うちだ・ろくろう　大正5年3月17日～昭和64年1月2日　水先人　東京湾水先区水先人会会長　→88/90

内田 六郎　うちだ・ろくろう　大正11年1月17日～平成19年3月4日　アロカ社長　→06/08

内舘 晟　うちたて・あきら　昭和13年4月29日～平成17年10月13日　日本生活協同組合連合会副会長, コープさっぽろ理事長　→03/05

打浪 吉朝　うちなみ・よしとも　明治33年9月18日～平成10年1月11日　日新製鋼副社長, 中部鋼鈑社長　→97/99

内野 伊勢吉　うちの・いせきち　明治40年1月22日～平成1年4月2日　静岡県議会議長　→88/90

内野 侃治　うちの・かんじ　昭和6年4月22日～昭和63年2月20日　東亜特殊電機専務　→88/90

内野 喜三郎　うちの・きさぶろう　～昭和56年11月21日　西松建設専務　→80/82

内野 憲一　うちの・けんじ　大正4年10月25日～平成5年4月3日　川崎重工業常務　→91/93

内野 壮児　うちの・そうじ　明治41年11月22日～昭和55年12月26日　社会運動家　労働運動研究所代表理事, 日本共産党中央委員　→80/82

内野 武彦　うちの・たけひこ　昭和5年～平成14年2月24日　鹿島建設常務　→00/02

内野 龍男　うちの・たつお　昭和6年1月13日～平成20年2月15日　飛島建設専務　→06/08

内野 辰次郎　うちの・たつじろう　慶応4年8月～昭和8年12月5日　陸軍中将　衆院議員(立憲政友会)　→昭和

内野 春次郎　うちの・はるじろう　～平成11年5月17日　長崎北松じん肺訴訟原告団長　→97/99

内野 広一　うちの・ひろかず　大正8年8月15日～平成12年3月29日　静岡県議, 民社党静岡県連書記長　→00/02

内野 洋一　うちの・よういち　大正15年11月24日～平成9年5月24日　東ソー専務　→97/99

内野 欣　うちの・よし　昭和6年12月25日～平成17年11月27日　鶴ケ島市長　→03/05

内原 英郎　うちはら・えいろう　大正10年7月22日～平成8年1月8日　石垣市長　→94/96

内原 浩　うちはら・ひろし　昭和12年3月14日～平成5年9月18日　ダイハツディーゼル取締役　→91/93

打樋 繁男　うちひ・しげお　昭和6年9月1日～平成2年1月3日　中部日本放送調査役・元ニューメディア推進局長　→88/90

内平 軍治　うちひら・ぐんじ　昭和5年8月26日～平成11年2月17日　関電工常務　→97/99

内堀 夘助　うちぼり・うすけ　～昭和62年2月3日　大黒屋社長, 福岡商工会議所繊維部会長　→83/87

内堀 捨雄　うちぼり・すてお　～平成2年10月20日　新聞情報社主　→88/90

内堀 美彦　うちぼり・みつひこ　～昭和44年2月15日　佐賀地検検事正　→昭和

内間 清六　うちま・せいろく　昭和16年5月5日～平成22年9月30日　沖縄県議(公明県民会議)　→09/11

内村 詮　うちむら・あきら　～昭和57年9月2日　日本広告社監査役・元取締役　→80/82

内村 州利　うちむら・くにとし　昭和9年5月16日～平成13年8月10日　東京ドーム専務, 北海道後楽園社長　→00/02

内村 健一　うちむら・けんいち　大正15年6月15日～平成7年1月2日　天下一家の会会長　ネズミ講　→94/96

内村 茂　うちむら・しげる　大正13年8月30日～平成21年11月2日　三菱製紙社長　→09/11

内村 スケケサ　うちむら・すえけさ　明治4年9月10日～昭和55年4月13日　長寿全国3位　→80/82

内村 清次　うちむら・せいじ　明治35年12月～昭和39年11月22日　参院議員(社会党)　→昭和

内村 信義　うちむら・のぶよし　大正10年7月31日～平成3年2月15日　朝日放送常務　→91/93

内村 林　うちむら・はやし　明治41年10月10日～平成2年9月17日　内村製作所社長, 内村キャスター販売会長　→88/90

内村 宏　うちむら・ひろし　～昭和55年12月20日　中央職業能力開発協会理事　→80/82

内村 昌樹　うちむら・まさき　昭和11年6月20日～平成18年10月20日　日本製粉専務　→06/08

内村 政芳　うちむら・まさよし　～昭和46年9月14日　東レ監査役　→昭和

内村 守男　うちむら・もりお　大正11年12月18日～平成5年2月1日　東急車両製造専務　→91/93

内村 康一　うちむら・やすかず　明治41年12月5日～平成4年9月11日　大気社副社長　→91/93

内村 良英　うちむら・よしひで　大正10年1月16日～平成16年7月3日　農林事務次官, 日本中央競馬会理事長　→03/05

内本 喜三郎　うちもと・きさぶろう　～昭和62年4月30日　大商証券専務　→83/87

打本 顕真　うちもと・けんしん　～平成21年7月15日　僧侶　大乗寺住職　→09/11

打本 幸吉　うちもと・こうきち　昭和23年7月26日～平成3年10月22日　福井鋲螺会長　→91/93

内山 明之　うちやま・あきゆき　～昭和6年2月26日
　海軍航空兵曹長　→昭和

内山 郁文　うちやま・いくふみ　大正9年10月5日～平成10年5月7日　朝日工業社副社長　→97/99

内山 岩太郎　うちやま・いわたろう　明治23年2月28日～昭和46年11月19日　外交官　神奈川県知事　→昭和

内山 英二　うちやま・えいじ　～昭和55年1月17日
　弁護士（名古屋弁護士会所属）　→80/82

内山 和之　うちやま・かずゆき　昭和5年7月8日～平成15年9月24日　北海道厚生農協連合会会長　→03/05

内山 克己　うちやま・かつみ　昭和5年6月3日～平成19年8月30日　青森県出納長　→06/08

内山 完造　うちやま・かんぞう　明治18年1月11日～昭和34年9月20日　日中友好運動家　内山書店店主, 日中友好協会理事長　→昭和

内山 喜久雄　うちやま・きくお　～昭和48年8月15日
　大倉商事取締役　→昭和

内山 喜久三　うちやま・きくぞう　～昭和62年6月4日
　内山製作所社長　→83/87

内山 清　うちやま・きよし　大正6年12月1日～平成8年1月14日　東京日産自動車販売専務　→94/96

内山 錦吾　うちやま・きんご　大正9年7月3日～平成7年2月19日　花基会長, 日本フラワーデザイナー協会名誉会長　→94/96

内山 興正　うちやま・こうしょう　明治45年7月15日～平成10年3月13日　僧侶, 折り紙作家　安泰寺住職　→97/99

内山 小二郎　うちやま・こじろう　安政6年10月20日～昭和20年2月14日　陸軍大将　侍従武官長　→昭和

内山 繁治　うちやま・しげはる　大正8年5月27日～昭和64年1月2日　内山電気社長, 安全電器社長, 名古屋警備設計事務所社長　→88/90

内山 昭七郎　うちやま・しょうしちろう　昭和7年1月9日～平成6年3月26日　ダイエー専務　→94/96

内山 正太郎　うちやま・しょうたろう　大正4年11月16日～平成15年7月23日　フジテック創業者　→03/05

内山 信一　うちやま・しんいち　明治42年2月14日～平成8年3月21日　静岡第一テレビ会長　→94/96

内山 精一　うちやま・せいいち　大正3年10月9日～平成13年9月22日　東北放送副社長　→00/02

内山 誠一　うちやま・せいいち　～昭和48年9月22日
　北越製紙社長　→昭和

内山 孝雄　うちやま・たかお　～平成7年5月5日
　光文社常務　→94/96

内山 孝子　うちやま・たかこ　昭和5年9月26日～平成5年11月4日　カトリック修道女　聖心女子大学教授　→91/93

内山 高　うちやま・たかし　昭和3年11月1日～平成13年9月18日　静岡県議（社会党）　→00/02

内山 猛　うちやま・たけし　～昭和60年4月25日
　日本火災海上保険常務　→83/87

内山 忠雄　うちやま・ただお　明治43年1月2日～平成12年10月22日　内山緑地建設名誉会長, 日本造園建設業協会会長　→00/02

内山 正　うちやま・ただし　～平成1年7月13日
　日建化工会長　→88/90

内山 正　うちやま・ただし　大正6年4月1日～平成8年9月29日　国立西洋美術館長　→94/96

内山 多美野　うちやま・たみの　～昭和63年11月5日
　モード・エ・モード社専務　→88/90

内山 常治郎　うちやま・つねじろう　～昭和39年9月18日　東金市長　→昭和

内山 鉄男　うちやま・てつお　大正12年7月25日～平成15年4月27日　自治大学校長　→03/05

内山 直三　うちやま・なおぞう　昭和56年7月7日
　日本銀行理事, 塩野義製薬相談役　→80/82

内山 仲次　うちやま・なかじ　～昭和44年1月2日
　東京都自動車振興会会長　→昭和

内山 昇　うちやま・のぼる　明治41年～平成9年7月7日
　ブルーモリス会長　→97/99

内山 登　うちやま・のぼる　大正12年3月10日～昭和58年7月17日　大阪北港埠頭社長, 大阪市消防局長　→83/87

内山 一　うちやま・はじめ　明治36年3月29日～平成1年10月5日　福岡ダイハツ販売会長　→88/90

内山 一　うちやま・はじめ　大正10年9月26日～平成15年4月1日　みちのく銀行常務　→03/05

内山 元　うちやま・はじめ　大正7年10月25日～昭和56年7月13日　明治ダンボール工業社長　→80/82

内山 晴夫　うちやま・はるお　明治4年3月14日～昭和61年5月16日　東海テレビ放送理事　→83/87

内山 秀雄　うちやま・ひでお　明治43年7月20日～平成14年4月24日　三井物産常務　→00/02

内山 仁　うちやま・ひとし　～昭和56年11月20日
　富国生命専務　→80/82

内山 弘　うちやま・ひろし　～平成14年8月0日
　弁護士　第二東京弁護士会副会長, 日本調停協会連合会理事長　→00/02

内山 浩　うちやま・ひろし　大正15年10月28日～平成10年7月27日　鐘淵化学工業常務　→97/99

内山 文雄　うちやま・ふみお　大正11年9月6日～平成21年3月30日　見附市長　→09/11

内山 雅善　うちやま・まさよし　明治32年10月17日～昭和60年1月25日　鎌倉宮宮司　→83/87

内山 松藻　うちやま・まつも　～平成3年3月8日
　内山書店店長　→91/93

内山 真人　うちやま・まひと　大正9年6月23日～平成12年6月29日　JUKI社長　→00/02

内山 基　うちやま・もとい　明治36年～昭和57年10月15日　モード・エ・モード社社長　→80/82

I　政治・経済・社会篇

内山 康　うちやま・やすし　昭和6年1月13日〜平成4年8月25日　レーザーテック社長　→91/93

内山 勇三　うちやま・ゆうぞう　明治37年10月15日〜平成2年3月10日　内山工業会長　→88/90

内山 喜雄　うちやま・よしお　大正9年3月7日〜平成21年1月12日　静岡新聞取締役　→09/11

内山 良正　うちやま・よしただ　大正12年2月16日〜昭和60年11月26日　日産自動車副社長、日本興業銀行副頭取　→83/87

内山 与造　うちやま・よぞう　〜昭和63年1月10日　ウチヤマキカイ代表取締役　→88/90

内山 良治　うちやま・りょうじ　明治44年5月18日〜昭和57年7月3日　丸山製作所社長　→03/05

宇津 広　うつ・ひろし　大正10年11月16日〜平成4年3月11日　宇津救命丸会長　→91/93

撫尾 正信　うつお・まさのぶ　大正9年10月1日〜平成11年10月18日　僧侶　佐賀大学名誉教授、法専寺住職　→97/99

宇津木 金左右　うつき・きんぞう　大正5年5月14日〜平成9年6月14日　神奈川県議(自民党)　→97/99

宇津木 啓太郎　うつき・けいたろう　大正1年10月27日〜平成16年3月21日　東京都議(自民党)　→03/05

宇津木 清蔵　うつぎ・せいぞう　大正11年12月8日〜平成11年8月23日　埼玉県議(無所属)　→97/99

宇津木 政幸　うつぎ・まさゆき　〜平成4年5月1日　開発肥料副会長　→91/93

槍田 孝一郎　うつだ・こういちろう　大正6年11月21日〜平成7年9月10日　三井生命保険専務　→94/96

宇都野 弦　うつの・ゆずる　大正9年12月3日〜平成8年11月16日　愛知機械工業社長　→94/96

宇都宮 一郎　うつのみや・いちろう　昭和5年6月20日〜昭和63年12月15日　明生投資顧問社長　→88/90

宇都宮 鼎　うつのみや・かなえ　慶応1年9月12日〜昭和9年4月19日　海軍主計総監、早稲田大学教授　→昭和

宇都宮 清　うつのみや・きよし　明治34年3月23日〜昭和56年12月7日　鉄建建設相談役　→80/82

宇都宮 孝平　うつのみや・こうへい　明治30年5月6日〜昭和63年5月18日　青森県知事、松山市長　→88/90

宇都宮 惟人　うつのみや・これひと　〜昭和60年12月10日　九州総合印刷社長　→83/87

宇都宮 政市　うつのみや・せいいち　〜昭和33年8月5日　常総筑波鉄道社長　→昭和

宇都宮 善道　うつのみや・ぜんどう　安政3年5月15日〜昭和3年8月23日　僧侶　浄土宗総本山智恩院執事長　→昭和(宇都宮 善導)

宇都宮 勤　うつのみや・つとむ　明治38年5月24日〜昭和60年1月30日　北海道ホルスタイン農協最高顧問　→83/87

宇都宮 徳馬　うつのみや・とくま　明治39年9月24日〜平成12年7月1日　政治家　ミノファーゲン製薬創業者、日中友好協会名誉会長、参院議員(新政クラブ)　→00/02

宇都宮 直賢　うつのみや・なおかた　〜平成9年7月26日　陸軍少将　→97/99

宇都宮 日綱　うつのみや・にっこう　〜昭和37年5月5日　中山妙宗管長　→昭和

宇都宮 白清　うつのみや・はくせい　〜平成1年2月13日　日刊工業新聞社友・元業務局次長、日刊工業広告社長　→88/90

宇都宮 光　うつのみや・ひかる　大正10年1月25日〜平成9年6月10日　千代田紙業(のちサンミック)常務　→97/99

宇都宮 寿夫　うつのみや・ひさお　明治43年8月17日〜昭和59年4月9日　日本道路常任顧問・元常務　→83/87

宇都宮 秀綱　うつのみや・ひでつな　大正8年〜平成6年1月3日　鬼山観光社長、別府国際ゴルフ倶楽部理事長、大分県議　→94/96

宇都宮 兵八　うつのみや・ひょうはち　大正2年7月13日〜平成6年6月29日　宇都宮製作所会長・社長、日本工具工業会副会長　→94/96

宇都宮 熙志　うつのみや・ひろし　昭和4年10月17日〜平成12年12月12日　うつのみや会長　→00/02

宇都宮 道生　うつのみや・みちお　〜平成15年9月22日　空将　航空自衛隊幹部学校長　→03/05

宇都宮 義久　うつのみや・よしひさ　〜昭和61年9月5日　長野県経営者協会常任理事　→83/87

靭 勉　うつぼ・つとむ　〜昭和45年12月15日　国際電信電話社長　→昭和

内海 勇　うつみ・いさむ　大正6年〜昭和58年4月12日　鐘紡常務　→83/87

内海 和正　うつみ・かずまさ　〜平成5年11月22日　昭和電気建設取締役　→91/93

内海 喜一　うつみ・きいち　〜昭和62年1月12日　三菱製紙監査役　→83/87

内海 清　うつみ・きよし　明治34年6月12日〜昭和52年7月1日　衆院議員(民社党)　→昭和

内海 清　うつみ・きよし　明治37年3月9日〜平成3年3月12日　谷崎潤一郎記念館館長、芦屋市長　→91/93

内海 清　うつみ・きよし　大正3年8月13日〜平成11年2月21日　富士コカ・コーラボトリング社長　→97/99

内海 清温　うつみ・きよはる　明治23年12月6日〜昭和59年3月9日　電源開発総裁　→83/87

内海 金吾　うつみ・きんご　〜昭和57年2月4日　アルプス電気常務　→80/82

内海 小一郎　うつみ・こいちろう　明治36年5月21日〜昭和63年11月17日　日新堂書店取締役相談役　→88/90

内海 重康　うつみ・しげやす　明治44年9月10日〜平成4年5月22日　神戸新聞社取締役、デイリースポーツ社専務　→91/93

内海 静太郎　うつみ・しずたろう　〜昭和13年10月31日　福島紡績専務　→昭和

内海 省三　うつみ・しょうぞう　大正7年2月28日〜平成

6年4月7日　田辺製薬常務　→94/96

内海 武　うつみ・たけし　明治45年7月3日～昭和60年6月3日　長崎県被爆者手帳友の会副会長, 長崎県議　→83/87

内海 太平　うつみ・たへい　昭和5年8月7日～昭和59年3月2日　大生相互銀行常務取締役　→83/87

内海 庸介　うつみ・つねすけ　～平成4年3月21日　鹿島出版会常務, 土木建築業協会事務局長　→91/93

内海 都一　うつみ・といち　大正7年3月15日～平成10年7月29日　兵庫県議（自民党）, 内海慈伝会病院理事長　→97/99

内海 得治郎　うつみ・とくじろう　大正5年12月21日～平成14年9月2日　広島県議, マナック会長　→00/02

内海 信雄　うつみ・のぶお　～昭和62年12月23日　育良精機製作所相談役　→83/87

内海 八郎　うつみ・はちろう　大正8年7月29日～平成5年8月9日　三菱自動車販売（のち三菱自動車工業）取締役　→91/93

内海 英男　うつみ・ひでお　大正11年4月26日～平成17年8月21日　衆院議員（自民党）, 建設相, 国土庁長官　→03/05

内海 広重　うつみ・ひろしげ　昭和10年9月14日～平成21年11月19日　奥利根自然センター所長　→09/11

内海 衛　うつみ・まもる　昭和5年8月3日～平成22年4月18日　京都新聞常務　→09/11

内海 守　うつみ・まもる　大正14年3月20日～昭和60年10月31日　トスコ監査役　→83/87

宇津味 光雄　うつみ・みつお　～平成7年10月15日　日本配管工事業団体連合会専務理事, 関東配管工事業協会専務理事　→94/96

内海 保三　うつみ・やすぞう　～昭和56年11月30日　旭化成工業専務　→80/82

内海 有昭　うつみ・ゆうしょう　～平成9年9月1日　僧侶　高野山南院住職, 高野山真言宗法印　→97/99

台 茂　うてな・しげる　大正3年1月15日～昭和63年11月8日　台和社長　→88/90

宇都 逸郎　うと・いつろう　大正9年5月28日～平成22年7月14日　宮崎県議　→09/11

宇土 信之　うと・のぶゆき　明治43年～昭和21年1月30日　社会運動家　→昭和

有働 達　うどう・いたる　～平成19年7月20日　毎日新聞東京本社整理本部第二部長　→06/08

有働 俊明　うどう・としあき　～平成21年2月7日　警視庁捜査一課長　→09/11

有働 俊勝　うどう・としかつ　～昭和56年7月26日　日本専売公社水戸地方局長　→80/82

有働 博明　うどう・ひろあき　昭和5年1月25日～平成16年1月19日　公認会計士　住友金属工業監査役, 監査法人トーマツ専務代表社員　→03/05

鵜殿 茂樹　うどの・しげき　～昭和39年3月11日　ダイヤモンド社取締役主筆　→昭和

宇内 弥太郎　うない・やたろう　大正14年6月5日～平成5年5月30日　リケン常務　→91/93

海上 次郎　うながみ・じろう　～昭和55年3月16日　日本自動車研究所（財）資料情報部長　→80/82

海上 秀太郎　うながみ・ひでたろう　明治38年11月28日～平成6年9月21日　ビーエスコンクリート（のちビーエス）社長　→94/96

宇仁 繁儀　うに・しげのり　昭和14年1月3日～平成20年6月13日　神官　塩釜神社宮司　→06/08

鵜沼 勇四郎　うぬま・ゆうしろう　明治43年2月1日～昭和13年6月12日　農民運動家　→昭和

宇根 果志　うね・はたし　明治39年12月14日～昭和61年5月4日　三菱レイヨン常務, 三菱アセテート常務　→83/87

畝村 清治　うねむら・きよじ　～昭和55年10月26日　カシオ計算機取締役　→80/82

畝本 健　うねもと・けん　昭和5年11月25日～平成13年10月1日　東洋製罐常務　→00/02

宇野 栄一郎　うの・えいいちろう　昭和3年1月5日～平成6年2月1日　名古屋高裁部総括判事　→94/96

宇野 栄次　うの・えいじ　昭和8年12月15日～平成23年12月15日　三井倉庫専務　→09/11

宇野 一夫　うの・かずお　昭和18年1月12日～平成13年5月5日　松下冷機常務　→00/02

宇野 勝徳　うの・かつのり　昭和2年6月22日～平成20年8月27日　宮崎県議（自民党）　→06/08

宇野 健一　うの・けんいち　昭和5年3月20日～平成5年1月18日　ヤンマーディーゼル取締役　→91/93

宇野 賢一郎　うの・けんいちろう　～昭和55年12月6日　宇野（株）会長, 日本レイヨン取締役　→80/82

宇野 興太郎　うの・こうたろう　～平成22年5月31日　フクエイ商事社長, 福井県繊維産元協同組合理事長　→09/11

宇野 繁太郎　うの・しげたろう　大正2年6月29日～平成13年8月24日　福井県議（自民党）　→00/02

宇野 寿一　うの・じゅいち　明治45年5月15日～平成15年1月28日　横浜冷凍社長　→03/05

宇野 章二　うの・しょうじ　昭和13年1月31日～平成19年3月18日　陸将　陸上自衛隊東部方面総監　→06/08

宇野 紳七郎　うの・しんしちろう　大正9年1月1日～平成15年11月25日　桃中軒会長　→03/05

宇野 信次郎　うの・しんじろう　明治31年11月12日～昭和58年8月31日　社会運動家　日本造船協力事業者団体連合会名誉会長, 三成工業社長　→83/87

宇野 慎三　うの・しんぞう　昭和2年5月13日　内務書記官, 前警保局図書課長　→昭和

宇野 真平　うの・しんぺい　昭和5年9月26日～平成4年12月11日　北海道議（自民党）　→91/93

鵜野 征治　うの・せいじ　昭和19年1月23日～平成23年7月27日　第一実業専務　→09/11

宇野 積蔵　うの・せきぞう　明治17年～昭和10年1月25日　海軍少将　海軍砲術学校長　→昭和

宇野 善三　うの・ぜんぞう　明治40年9月26日～昭和55年3月1日　山陽新聞社代表取締役　→80/82

宇野 宗佑　うの・そうすけ　大正11年8月27日～平成10年5月19日　政治家　衆院議員（自民党）、首相　→97/99

宇野 峻　うの・たかし　～平成1年5月29日　塩釜ガス常務　→88/90

宇野 唯夫　うの・ただお　大正2年9月25日～平成8年3月31日　新明和工業専務　→94/96

宇野 端　うの・ただし　明治44年6月1日～平成11年11月6日　三菱重工業取締役、新キャタピラー三菱常務　→97/99

宇野 忠三郎　うの・ちゅうさぶろう　昭和7年7月4日～平成14年9月4日　埼玉新聞常務　→00/02

宇野 亨　うの・とおる　大正13年4月19日～平成7年11月11日　衆院議員（自民党）　→94/96

宇野 公　うの・とおる　大正11年10月26日～昭和63年8月28日　有楽土地常務　→88/90

鵜野 徳夫　うの・とくお　明治44年5月4日～昭和58年9月28日　広島プレス工業会長　→83/87

宇野 敏一　うの・としかず　大正14年8月23日～平成14年1月2日　京阪電気鉄道専務　→00/02

宇野 俊保　うの・としやす　～昭和55年8月19日　弁護士　名古屋弁護士会副会長　→80/82

宇野 俊郎　うの・としろう　～平成4年3月10日　国立西洋美術館事業課長　→昭和

宇野 敏郎　うの・としろう　明治44年8月1日～平成2年6月21日　台東区議　→88/90

宇野 富雄　うの・とみお　大正13年3月8日～昭和60年7月22日　宇野重工社長　→83/87

宇野 直之　うの・なおゆき　～昭和55年11月11日　日鉄鉱業名誉顧問・元常務　→80/82

宇野 信夫　うの・のぶお　明治41年8月31日～平成11年6月3日　住友商事常務　→97/99

宇野 久男　うの・ひさお　明治45年3月11日～昭和62年9月9日　富士紡績取締役　→83/87

宇野 九二　うの・ひさつぐ　明治39年11月29日～昭和57年9月24日　京都府中小企業団体中央会会長、宇野印刷社長　→80/82

宇野 七之進　うの・ひちのしん　～昭和55年9月8日　愛知県選管委員　→80/82

宇野 秀顕　うの・ひであき　明治36年1月20日～平成4年10月16日　ダイヘン専務　→91/93

宇野 秀次郎　うの・ひでじろう　明治26年3月～昭和44年5月29日　衆院議員（自由党）　→昭和（うの・しゅうじろう）

宇野 煕　うの・ひろし　大正13年6月1日～平成14年5月9日　高圧ガス工業取締役相談役　→00/02

宇野 福奈　うの・ふくまつ　明治38年3月25日～昭和61年3月21日　深川商工会議所会頭、北空知信金理事長　→83/87

宇野 正紘　うの・まさひろ　昭和15年12月14日～平成17年5月27日　ニッカウヰスキー社長　→03/05

宇野 勝　うの・まさる　大正9年2月25日～平成23年5月4日　野洲町（滋賀県）町長　→09/11

宇野 元忠　うの・もとただ　昭和10年2月9日～平成10年11月27日　大阪有線放送社創業者　→97/99

宇野 康彦　うの・やすひこ　昭和36年～平成19年3月8日　スパイスリレーションズ社長　→06/08

宇野 要三郎　うの・ようざぶろう　明治11年9月15日～昭和44年3月22日　裁判官、弓道範士（10段）　大審院部長、全日本弓道連盟初代会長　→昭和

宇野 義雄　うの・よしお　～昭和47年9月5日　光洋精工専務　→昭和

宇野 善夫　うの・よしお　大正7年10月4日～平成9年1月16日　ゼネラル石油精製（のちゼネラル石油）常務　→97/99

宇野 良作　うの・りょうさく　大正8年4月14日～平成14年3月17日　青森県議、青森県選挙管理委員長　→00/02

卯之木 昭　うのき・あきら　昭和6年1月26日～平成23年6月18日　第一勧業銀行常務、西武百貨店副会長　→09/11

卯之木 十三　うのき・じゅうぞう　大正13年10月30日～平成10年4月2日　能美防災会長　→97/99

鵜木 親村　うのき・ちかむら　～平成11年3月30日　九電工専務　→97/99

鵜ノ口 平太郎　うのぐち・へいたろう　明治44年1月30日～昭和63年7月15日　久御山町（京都府）町長　→88/90

宇野沢 順平　うのさわ・じゅんぺい　明治38年1月1日～平成10年10月10日　宇野沢組鉄工所専務　→97/99

宇野沢 辰次　うのさわ・たつじ　明治31年1月22日～平成8年4月15日　宇野沢組鉄工所会長　→94/96

宇ノ沢 智雄　うのさわ・ともお　～平成5年9月26日　会計検査院事務総長　→91/93

宇野沢 亮之助　うのさわ・りょうのすけ　大正7年～昭和60年10月28日　大成プレハブ専務　→83/87

生方 英　うぶかた・えい　明治37年10月4日～昭和62年6月28日　王子製紙取締役　→83/87

生方 茂　うぶかた・しげる　～昭和55年7月17日　東京機械製作所監査役・元専務　→80/82

生方 進　うぶかた・すすむ　大正12年3月28日～平成3年8月30日　生方製作所社長、名古屋工業大学講師　→91/93

生方 大吉　うぶかた・だいきち　明治15年3月28日～昭和39年3月13日　政治家　衆院議員　→昭和

生方 泰二　うぶかた・たいじ　大正5年1月23日～昭和61年2月3日　石川島播磨重工業相談役　→83/87

生方 高光　うぶかた・たかみつ　～昭和62年4月12日　沼田市議会議長、群馬県市議会議長会長　→83/87

I　政治・経済・社会篇

う

生形 猛至　うぶかた・たけよし　昭和19年3月7日～平成11年5月6日　第一製薬常務　→97/99

産形 福太郎　うぶかた・ふくたろう　昭和7年1月16日～昭和62年4月11日　東北電気社長　→83/87

生方 誠　うぶかた・まこと　～昭和53年10月6日　国家公安委員　→昭和

宇部 政文　うべ・まさふみ　～昭和27年11月17日　東北銀行頭取　→昭和

馬 清　うま・きよし　昭和22年～平成20年5月28日　自動車修理工　プノンペン日本人会初代会長　→06/08

馬越 晃　うまこし・あきら　明治35年3月～昭和46年7月19日　衆院議員（民主党）　→昭和（まごし・あきら）

馬越 恭平　うまこし・きょうへい　天保15年10月12日～昭和8年4月20日　大日本麦酒社長、貴院議員（勅選）　→昭和（まごし・きょうへい）

馬瀬 文夫　うませ・ふみお　明治41年3月1日～昭和60年9月24日　弁護士、弁理士　→83/87

馬橋 文雄　うまはし・ふみお　～昭和58年7月1日　東京都信用金庫協会副会長　→83/87

馬屋原 成男　うまやはら・しげお　明治41年10月21日～昭和59年9月18日　弁護士　駒沢大学法学部教授、東京高検検事　→83/87

宇美 房孝　うみ・ふさたか　明治42年3月25日～平成13年5月20日　九州松下ライフエレクトロニクス相談役　→00/02

海岸 要吉　うみぎし・ようきち　明治40年1月15日～平成5年2月28日　ニュー・トーキヨー副社長　→91/93

海地 清幸　うみじ・せいこう　大正15年5月27日～平成8年4月12日　弁護士　明治大学評議員　→94/96

海野 尚光　うみの・なおみつ　昭和15年4月21日～平成16年8月13日　三菱自動車工業副社長　→03/05

海野 安美　うみの・やすみ　～昭和63年3月　税理士　→88/90

海野 龍　うみの・りゅう　大正5年5月20日～平成2年8月27日　海正社社長　→88/90

海原 浩　うみはら・ひろし　昭和4年6月15日～平成10年12月25日　日本通運常務　→97/99

梅井 勲　うめい・いさむ　大正6年5月8日　中央労働災害防止協会常任理事・安全管理部長　→94/96

梅居 タミ　うめい・たみ　～平成13年10月30日　梅居産業会長、九州商工会議所婦人連合会会長　→00/02

梅内 正雄　うめうち・まさお　明治35年1月20日～平成3年1月22日　練馬区議（自民党）、全国樺太連盟会長　→91/93

梅浦 健吉　うめうら・けんきち　～昭和11年2月5日　東洋モスリン専務　→昭和

梅岡 大祐　うめおか・だいすけ　明治45年2月～昭和61年9月25日　（有）梅花堂代表取締役　「悲惨ブーゲンビル島」の著者　→83/87

梅垣 哲郎　うめがき・てつろう　大正8年11月21日～平成18年12月15日　電通副社長、テレビ朝日副社長　→06/08

梅川 栄二　うめかわ・えいじ　昭和8年4月12日～平成4年12月3日　兵銀ファクター常務監査役・元常務　→91/93

梅川 文男　うめかわ・ふみお　明治39年4月9日～昭和43年4月4日　農民・労働運動家　松阪市長　→昭和

梅川 雪夫　うめかわ・ゆきお　～平成10年9月29日　日刊工業新聞社長　→97/99

梅木 一郎　うめき・いちろう　大正7年7月18日～平成18年4月12日　奥村組専務　→06/08

梅木 義八郎　うめき・ぎはちろう　大正8年10月25日～平成14年6月19日　余目町（山形県）町長　→00/02

梅木 実　うめき・みのる　～平成1年2月6日　弁護士　→88/90

梅小路 定行　うめこうじ・さだゆき　慶応1年11月17日～昭和17年3月26日　貴院議員（子爵）　→昭和

梅咲 冨之助　うめさき・とみのすけ　明治37年4月10日～平成4年1月5日　明治屋専務、富士コカ・コーラボトリング専務　→91/93

梅崎 延太郎　うめざき・のぶたろう　～昭和39年4月24日　陸軍中将　→昭和

梅迫 克　うめさこ・つよし　昭和10年3月15日～平成8年8月5日　大都工業常務　→94/96

梅里 幹夫　うめさと・みきお　～平成14年3月6日　富士電機常務、富士電機工事社長　→00/02

梅沢 晃　うめざわ・あきら　昭和6年5月25日～平成14年11月10日　松竹専務　→00/02

梅沢 一郎　うめざわ・いちろう　明治41年9月1日～平成7年5月28日　加須市長　→94/96

梅沢 邦臣　うめざわ・くにおみ　大正5年7月30日～平成18年1月23日　科学技術事務次官、原子力安全技術センター会長、吉田科学技術財団理事長　→06/08

梅沢 信二　うめざわ・しんじ　昭和11年5月25日～平成9年6月26日　日本医事新報社社長　→97/99

梅沢 惣兵衛　うめざわ・そうべえ　明治34年6月15日～昭和59年10月18日　小川信用金庫会長、小川町（埼玉県）町長　→83/87

梅沢 恒雄　うめざわ・つねひろ　～昭和58年10月18日　弁護士　名古屋地裁岡崎支部長　→83/87

梅沢 利　うめざわ・とし　～昭和60年10月23日　ヤンマーディーゼル取締役、ヤンマー農機取締役　→83/87

梅沢 信生　うめざわ・のぶいく　昭和7年7月10日～平成12年4月19日　プロテスタント牧師　日本基督教団正教師、横浜二ツ橋愛隣学園理事長　→00/02

梅沢 治雄　うめざわ・はるお　明治44年10月30日～平成15年6月23日　陸将　防衛庁陸上幕僚監部幹部学校長　→03/05

梅沢 文夫　うめざわ・ふみお　～平成10年7月27日　住友海上火災保険取締役　→97/99

梅沢 宗純　うめざわ・むねよし　大正13年4月29日～平成21年11月4日　秩父別町(北海道)町長　→09/11

梅沢 芳朗　うめざわ・よしろう　大正13年5月20日～平成4年11月19日　横浜ゴム取締役　→91/93

梅島 一嘉　うめじま・かずよし　昭和11年1月25日～平成13年8月11日　国際観光ホテルナゴヤキャッスル社長　→00/02

梅島 貞　うめじま・ただし　明治37年7月8日～平成16年4月8日　国際観光ホテルナゴヤキャッスル名誉会長, 毎日新聞社長　→03/05

梅島 正毅　うめじま・まさき　～平成3年3月27日　国際観光ホテルナゴヤキャッスル取締役, ホテル豊田キャッスル取締役　→91/93

梅津 勘兵衛　うめず・かんべえ　～昭和28年11月16日　大日本国粋会長　→昭和

梅津 錦一　うめず・きんいち　明治31年12月～昭和59年2月18日　参院議員(社会党)　→83/87

梅津 金一　うめず・きんいち　大正7年7月26日～平成19年4月10日　自動車鋳物常務　→06/08

梅津 四郎　うめず・しろう　明治35年5月24日～平成2年11月4日　労働運動家　東京都議(共産党)　→88/90

梅津 美治郎　うめず・よしじろう　明治15年1月4日～昭和24年1月8日　陸軍大将　陸軍参謀総長　→昭和

梅田 郁夫　うめだ・いくお　～昭和61年1月6日　神戸銀行監査役, 七福相互銀行常務　→83/87

梅田 伊太郎　うめだ・いたろう　～昭和39年1月23日　沖電線社長　→昭和

梅田 喜久雄　うめだ・きくお　大正10年6月7日～平成4年5月27日　明和生薬会長　→91/93

梅田 潔　うめだ・きよし　明治6年4月～昭和28年10月13日　衆院議員(政友本党)　→昭和

梅田 健一　うめだ・けんいち　明治41年4月18日～昭和58年12月26日　六甲山ホテル会長, 宝塚歌劇団理事長　→83/87

梅田 三次郎　うめだ・さんじろう　～昭和55年12月20日　スポーツニッポン新聞大阪本社代表取締役, 日本高校野球連盟顧問　→80/82

梅田 信隆　うめだ・しんりゅう　明治39年2月22日～平成12年9月11日　僧侶　曹洞宗管長, 曹洞宗大本山総持寺貫主　→00/02

梅田 善司　うめだ・ぜんじ　大正2年9月13日～平成16年8月24日　川崎重工業社長　→03/05

梅田 孝久　うめだ・たかひさ　明治44年7月3日～平成13年2月8日　弁護士　最高検総務部長, 佐賀地検検事正　→00/02

梅田 武彦　うめだ・たけひこ　明治44年6月11日～平成5年1月19日　東洋製缶専務, 東洋食品機械社長　→91/93

梅田 俊雄　うめだ・としお　～昭和48年7月14日　中部電力常務　→昭和

梅田 豊吉郎　うめだ・とよきちろう　～昭和4年9月8日　社会事業家　→昭和

梅田 夏雄　うめだ・なつお　大正9年7月11日～平成12年11月12日　日本化学陶業社長　→00/02

楳田 長　うめだ・ひさし　大正7年10月13日～昭和61年3月19日　日本ゼオン常務　→83/87

梅田 昌利　うめだ・まさとし　昭和10年3月7日～平成15年4月18日　三菱電機常務　→03/05

梅田 勝　うめだ・まさる　昭和8年12月10日～平成10年9月6日　シャープ常務　→97/99

梅田 ミト　うめだ・みと　文久3年3月27日～昭和50年5月31日　長寿日本一　→昭和

梅田 康生　うめだ・やすお　明治39年8月24日～平成4年10月2日　キリンビール専務　→91/93

梅田 幸雄　うめだ・ゆきお　大正8年1月20日～平成18年3月4日　協和企画名誉会長, アルファ・クラブ世話人代表　→06/08

梅田 幸代　うめだ・ゆきしろ　大正11年1月16日～昭和58年7月22日　サンケイ総合印刷取締役　→83/87

梅田 良雄　うめだ・よしお　大正12年3月8日～平成9年1月6日　矢作建設工業専務　→97/99

梅田 義光　うめだ・よしみつ　～平成19年6月20日　梅田事件の元被告　→06/08

梅田 林平　うめだ・りんぺい　明治35年10月22日～昭和63年9月10日　弁護士　日本弁護士連合会理事　→88/90

梅谷 繁雄　うめたに・しげお　明治41年6月16日～昭和61年11月25日　明治産業会長　→83/87

梅谷 茂之　うめたに・しげゆき　昭和7年5月18日～平成3年2月24日　日本電産常務　→91/93

梅谷 精一　うめたに・せいいち　文久3年5月～昭和2年2月16日　実業家　九州水力取締役　→昭和

梅谷 冨士雄　うめたに・ふじお　昭和2年4月27日～平成21年6月22日　日商岩井専務　→09/11

梅谷 勝　うめたに・まさる　～昭和62年8月17日　日動火災海上保険社長　→83/87

梅渓 通虎　うめたに・みちとら　明治35年3月8日～昭和59年8月9日　貴院議員　よみうりランド監査役　→83/87

梅谷 光貞　うめたに・みつさだ　明治13年12月2日～昭和11年9月27日　長野県知事, 海外移住組合連合会専務理事　→昭和

梅谷 義雄　うめたに・よしお　～昭和59年12月24日　梅谷鉄工所社長　→83/87

梅谷 理一　うめたに・りいち　明治41年1月1日～平成12年8月23日　大正海上火災保険専務　→00/02

梅地 正之　うめち・まさゆき　～昭和43年4月8日　日本フエルト常務取締役　→昭和

梅津 俊平　うめつ・しゅんぺい　～昭和58年12月9日　森町(北海道)町議会議長　→83/87

梅根 常三郎　うめね・つねさぶろう　明治17年2月～昭和31年3月17日　満鉄鞍山製鉄所技師　→昭和

梅野 栄　うめの・さかえ　～昭和43年5月7日

日本オイルシール工業社長　→昭和

梅野 茂芳　うめの・しげよし　明治43年2月23日～平成3年4月4日　福岡県議会副議長、瀬高町(福岡県)町長　→91/93

梅野 捷一郎　うめの・しょういちろう　昭和12年12月10日～平成10年9月11日　住宅都市整備公団理事　→97/99

梅野 友夫　うめの・ともお　明治36年1月2日～平成7年3月6日　日銀資金局長、日本開発銀行理事、日本原子力発電常務　→94/96

梅野 嶺人　うめの・みねと　明治38年3月16日～平成2年5月22日　RKB毎日放送常務、熊本郵政局長　→88/90

梅野 実　うめの・みのる　～昭和44年1月28日　東京建設社長　→昭和

梅野 実　うめの・みのる　大正14年3月31日～平成13年1月3日　アキレス常務　→00/02

梅葉 源吉　うめは・げんきち　大正14年8月28日～平成13年6月14日　日本ピストンリング社長、日本長期信用銀行常務　→00/02

梅林 辰男　うめばやし・たつお　明治44年11月4日～平成13年11月14日　旭硝子専務　→00/02

梅林 時雄　うめばやし・ときお　明治39年11月～昭和31年5月29日　衆院議員(民主党)　→昭和

梅林 襄　うめばやし・のぼる　明治42年1月27日～昭和61年12月30日　梅林建設代表取締役会長　→83/87

梅林 正之　うめばやし・まさゆき　昭和5年11月23日～平成1年3月29日　日本工営取締役　→88/90

梅原 馨　うめはら・かおる　昭和9年12月3日～平成23年4月4日　共和証券社長　→09/11

梅原 亀七　うめはら・かめしち　明治3年11月23日～昭和4年5月2日　大阪商工銀行頭取、衆院議員　→昭和

梅原 里吉　うめはら・さときち　～昭和63年2月22日　須崎市会議長　→88/90

梅原 薫明　うめはら・しげあき　昭和6年1月31日～昭和63年12月13日　高知新聞相談役　→88/90

梅原 省三郎　うめはら・しょうざぶろう　～昭和55年11月19日　サンケイハウジングセンター本部長、豊島園取締役企画室長　→80/82

梅原 真隆　うめはら・しんりゅう　明治18年11月11日～昭和41年7月7日　僧侶、仏教学者　浄土真宗本願寺派執行、顕真学苑主幹、富山大学学長　→昭和

梅原 善苗　うめはら・ぜんみょう　～昭和61年9月13日　僧侶　金谷山大泉寺30世住職　→83/87

梅原 達朗　うめはら・たつろう　大正15年1月1日～平成13年5月20日　福田組常務　→00/02

梅原 日郎　うめはら・にちろう　昭和9年12月6日～平成63年11月7日　大倉事業取締役、川奈ホテル取締役　→88/90

梅原 半二　うめはら・はんじ　明治36年5月24日～平成1年5月23日　豊田中央研究所代表取締役所長、トヨタ自動車常務　→88/90

梅原 弘一　うめはら・ひろかず　大正9年4月12日～平成20年12月21日　日本エヤーブレーキ専務　→06/08

梅原 誠　うめはら・まこと　～昭和58年12月28日　日本レイヨン取締役　→83/87

梅原 松成　うめはら・まつなり　明治35年11月10日～平成10年3月18日　北海道新聞社友・元専務　→97/99

梅原 衛　うめはら・まもる　～昭和55年7月1日　千島・歯舞諸島居住者連盟常務理事　→80/82

梅原 穣　うめはら・ゆたか　明治40年3月24日～昭和63年3月20日　共和証券会長　→88/90

梅原 良夫　うめはら・よしお　大正8年3月6日～平成6年11月27日　尼崎信用金庫専務理事　→94/96

梅原 隆章　うめはら・りゅうしょう　大正8年11月23日～平成11年3月21日　僧侶　富山大学名誉教授、専長寺住職、顕真字苑主幹　→97/99

梅宮 康彦　うめみや・やすひこ　大正15年8月25日～平成20年1月26日　機動建設工業会長　→06/08

梅村 生男　うめむら・いくお　大正13年7月18日～平成14年3月24日　ファイザー製薬副社長　→00/02

梅村 克彦　うめむら・かつひこ　昭和14年7月11日～平成20年2月10日　新和内航海運社長　→06/08

梅村 鏡次　うめむら・きょうじ　昭和4年11月30日～平成7年10月28日　朝日新聞航空部長　→94/96

梅村 亨助　うめむら・きょうすけ　～昭和60年11月24日　(株)富士交通取締役会長　→83/87

梅村 賢一　うめむら・けんいち　～昭和57年9月22日　愛知県たばこ耕作組合連合会長　→80/82

梅村 栄　うめむら・さかえ　明治31年1月7日～昭和61年10月3日　三井造船相談役　→83/87

梅村 正司　うめむら・しょうじ　大正9年1月29日～平成16年7月13日　日興証券社長　→03/05

梅村 真市　うめむら・しんいち　大正2年8月8日～平成15年12月30日　名糖産業社長　→03/05

梅村 大　うめむら・だい　明治8年11月～昭和26年1月20日　衆院議員(政友会)　→昭和

梅村 高止　うめむら・たかまさ　～昭和62年1月18日　富士交通専務、在日朝鮮人愛知県商工会副会長　→83/87

梅村 時英　うめむら・ときひで　昭和12年12月12日～平成8年12月8日　東海ラジオ放送取締役　→94/96

梅村 春雄　うめむら・はるお　～昭和57年4月1日　チタカ・インターナショナル・フーズ専務　→80/82

梅村 宏　うめむら・ひろし　～平成2年8月26日　エフコム社長　→88/90

梅村 正広　うめむら・まさひろ　昭和18年8月8日～平成19年12月25日　京セラ副会長　→06/08

梅村 松次郎　うめむら・まつじろう　明治40年3月20日～昭和62年5月16日　梅村実業社長　→83/87

梅本 英三　うめもと・えいぞう　明治37年～昭和18年　社会運動家　→昭和

梅本 敬一　うめもと・けいいち　明治32年1月15日～平成2年11月21日　弁護士　日弁連常務理事,大阪府議会議長　→88/90

梅本 正雄　うめもと・しょうおう　明治44年1月13日～昭和61年2月7日　日蓮宗本山本満寺貫主　→83/87

梅本 太郎　うめもと・たろう　大正8年7月13日～平成9年6月18日　梅本商行会長　→97/99

梅本 長四郎　うめもと・ちょうしろう　～昭和56年7月29日　弁護士　日本蒸留酒酒造組合相談役　→80/82

梅本 日政　うめもと・にっせい　～昭和59年5月21日　日蓮宗大本山・本圀寺貫首　→83/87

梅本 正己　うめもと・まさみ　昭和5年4月1日～平成23年2月23日　セントラル硝子専務　→09/11

梅本 良三　うめもと・りょうぞう　～平成5年8月3日　梅本石油相談役　→91/93

梅山 円了　うめやま・えんりょう　明治36年8月2日～平成9年1月20日　僧侶　天台宗座主,延暦寺住職　→97/99

梅山 糺　うめやま・ただし　～昭和46年11月28日　実業之日本社相談役,元同専務　→昭和

梅山 常和　うめやま・つねかず　昭和2年7月19日～平成2年2月11日　三洋証券副会長　→88/90

梅山 広　うめやま・ひろし　昭和2年1月27日～平成7年10月21日　佐賀県議(自民党)　→94/96

宇山 厚　うやま・あつし　明治45年5月23日～平成15年7月5日　駐ブラジル大使　→03/05

宇山 音吉　うやま・おときち　大正7年7月9日～平成11年3月21日　神奈川県議(社会党)　→97/99

宇山 仁雄　うやま・ときお　明治42年～昭和61年12月22日　敷島紡績取締役　→83/87

宇山 正義　うやま・まさよし　～昭和63年9月12日　とんでんグループ取締役会長　→88/90

宇山 義男　うやま・よしお　大正11年10月12日～平成8年12月24日　三菱建設常務　→94/96

浦 明嘉　うら・あきよし　昭和6年11月3日～昭和63年3月14日　シーケーディコントロールズ取締役　→88/90

浦 一誠　うら・いっせい　昭和3年12月10日～平成12年7月1日　関東自動車工業専務　→00/02

浦 茂　うら・しげる　明治42年2月11日～平成13年11月18日　空将　航空自衛隊幕僚長　→03/05s

浦 武雄　うら・たけお　大正3年6月6日～平成18年4月28日　和歌山県議(自民党)　→06/08

浦 久康　うら・ひさやす　大正14年1月7日～平成15年8月29日　三菱重工業取締役　→03/05

浦井 淳次　うらい・あつじ　大正5年2月20日～平成11年7月3日　アラビア石油専務　→97/99

浦井 和男　うらい・かずお　大正8年11月26日～昭和57年8月29日　阪神相互銀行社長,太陽神戸銀行専務　→80/82

裏井 健二　うらい・けんじ　大正5年11月19日～平成9年11月15日　ウライ社主　→97/99

浦井 亮玄　うらい・りょうげん　～昭和49年3月22日　輪王寺門跡　→昭和

浦上 郁夫　うらかみ・いくお　昭和12年10月2日～昭和60年8月12日　ハウス食品工業社長　→83/87

浦上 五六　うらかみ・いつむ　明治42年11月24日～昭和43年9月15日　毎日新聞取締役企画調査局長　→昭和(うらがみ・ごろく)

浦上 宇一郎　うらかみ・ういちろう　昭和23年1月30日～昭和61年1月1日　オート取締役,オートオーバーシーズ社長　→83/87

浦上 定司　うらかみ・さだじ　大正5年3月29日～平成5年2月24日　日之出水道機器会長,日之出鉄工社長　→91/93

浦上 恒右衛門　うらかみ・つねえもん　明治45年3月17日～平成1年3月9日　中国電力監査役　→88/90

浦上 朋二　うらかみ・ともじ　～昭和58年8月18日　飯塚市議　→83/87

浦上 豊　うらかみ・ゆたか　明治42年7月20日～昭和47年7月19日　リョービ創業者　→昭和(うらがみ・ゆたか)

浦川 清人　うらかわ・きよと　大正9年9月19日～昭和59年11月14日　石川島播磨重工業常任顧問・元副社長　→83/87

浦川 タレ　うらかわ・たれ　～平成3年10月22日　アイヌ文化伝承者　→91/93

浦川 親敬　うらかわ・ちかゆき　大正4年1月10日～平成12年9月25日　富士通専務　→00/02

浦川 守　うらかわ・まもる　大正7年10月6日～平成18年1月15日　福岡県議　→06/08

浦川 陸臣　うらかわ・むつおみ　明治31年1月14日～昭和56年9月30日　小田急バス副社長　→80/82

浦川 和三郎　うらかわ・わさぶろう　明治9年4月6日～昭和30年11月24日　カトリック司教,キリシタン史研究家　カトリック教会仙台教区司教,長崎公教神学校校長　→昭和

浦木 恭三　うらき・きょうぞう　大正5年3月1日～平成17年11月18日　紀州製紙社長　→03/05

浦木 匡　うらき・ただし　昭和9年5月18日～平成9年2月1日　真柄建設常務　→97/99

浦口 鉄男　うらぐち・てつお　明治39年1月～平成17年4月2日　衆院議員　→03/05

浦崎 千代蔵　うらさき・ちよぞう　明治32年1月3日～昭和63年12月17日　博多人形商工業協同組合理事長,博多浦崎人形店社長　→88/90

浦崎 富治　うらざき・とみじ　～平成9年5月5日　ユーエスウラサキ会長　→97/99

浦沢 光雄　うらさわ・みつお　～平成20年4月25日　東日印刷代表取締役　→06/08

浦島 亀太郎　うらしま・かめたろう　～昭和55年5月4日　明治製菓会長　→80/82

浦島 喜久衛　うらしま・きくえ　明治37年7月31日～平

成6年9月6日　郵政省郵務局長　→94/96

宇良田 彰人　うらた・あきと　～昭和47年12月13日
牛深市長　→昭和

浦田 脩　うらた・おさむ　～昭和56年1月24日
帝国産業取締役　→80/82

浦田 誠道　うらた・せいどう　～平成1年12月4日
弁護士　→88/90

浦田 武雄　うらた・たけお　明治26年3月14日～昭和48年3月24日　社会運動家　→昭和

浦田 文二郎　うらた・ぶんじろう　明治41年3月30日～昭和59年6月4日　本州化学工業相談役・元社長　→83/87

浦田 星　うらた・ほし　大正9年12月5日～昭和59年8月5日　日立製作所専務取締役,日本ニユクリア・フユエル社長　→83/87

浦田 正知　うらた・まさとも　～平成4年5月12日
（医）親愛理事長,福岡ロータリークラブ会長　→91/93

浦田 万里　うらた・まり　昭和27年6月7日～平成22年3月6日　弁護士　大阪弁護士会副会長　→09/11

浦田 豊　うらた・ゆたか　昭和3年3月6日～平成23年8月29日　門別町（北海道）町長　→09/11

浦田 善之　うらた・よしゆき　明治43年7月27日～昭和62年11月23日　全国愛農会名誉会長　→83/87

浦田 芳朗　うらた・よしろう　～昭和39年2月25日
京都新聞社長　→昭和

浦谷 音次郎　うらたに・おとじろう　昭和2年1月4日～昭和59年6月15日　小浜市長　→83/87

浦野 角造　うらの・かくぞう　昭和2年10月2日
海軍少将　東亜道路工業取締役　→88/90

浦野 幸男　うらの・さちお　大正3年1月14日～昭和52年1月16日　政治家　衆院議員（自民党）,労相　→昭和

浦野 三朗　うらの・さぶろう　昭和41年5月14日
関東電化工業社長　→昭和

浦野 重雄　うらの・しげお　～昭和59年6月29日
大和証券取締役　→83/87

浦野 住江　うらの・すみえ　～平成18年10月10日
大阪府議　→06/08

浦野 浩　うらの・ひろし　～昭和58年8月8日
豊前市長　→83/87

浦野 穏香　うらの・やすか　明治40年1月29日～平成4年6月12日　東洋埠頭常務　→91/93

浦野 靖彦　うらの・やすひこ　昭和17年8月19日～平成13年4月2日　大阪府議（自民党）　→00/02

浦野 幸雄　うらの・ゆきお　～昭和57年3月3日
鐘紡常務　→80/82

卜部 悦夫　うらべ・えつお　～昭和45年8月4日
奈良地検検事正　→昭和

卜部 一雄　うらべ・かずお　昭和5年10月16日～平成23年4月1日　鳥屋町（石川県）町長　→09/11

浦部 清治　うらべ・きよじ　～昭和59年11月24日
在ユエ総領事　→83/87

浦部 準　うらべ・じゅん　昭和4年12月1日～平成23年5月4日　三菱銀行専務,ディーシーカード社長　→09/11

卜部 譲　うらべ・じょう　大正10年3月11日～昭和63年3月15日　日本蒸留酒酒造組合理事,日本洋酒組合理事,江井ケ嶋酒造会長　→88/90

浦部 全徳　うらべ・たけのり　～昭和56年2月10日
弁護士　→80/82

占部 武　うらべ・たける　～昭和59年7月9日
作新工業社長　→83/87

占部 保　うらべ・たもつ　～昭和59年4月5日
日本板硝子常務　→83/87

占部 常信　うらべ・つねのぶ　大正12年12月12日～平成6年1月21日　空調技研工業社長　→94/96

卜部 敏男　うらべ・としお　明治45年5月4日～平成15年2月8日　駐フィリピン大使　→03/05

占部 友一　うらべ・ともいち　大正9年9月29日～平成18年1月8日　椿本チエイン社長　→06/08

占部 春雄　うらべ・はるお　大正13年1月16日～昭和62年11月13日　鹿児島商工会議所副会頭,鹿児島空港ビルディング専務　→83/87

占部 秀男　うらべ・ひでお　明治42年7月～昭和53年10月13日　参院議員（社会党）　→83/87

卜部 政巳　うらべ・まさみ　大正11年1月1日～平成11年12月14日　社会党島根県連合顧問,衆院議員（社会党）　→97/99

浦辺 衛　うらべ・まもる　大正2年11月20日～昭和62年7月21日　弁護士　長崎地裁所長　→83/87

占部 保麿　うらべ・やすまろ　～昭和29年10月4日
三井鉱山常務　→昭和

卜部 亮吾　うらべ・りょうご　大正13年1月6日～平成14年3月11日　宮内庁侍従職侍従　→00/02

浦松 史郎　うらまつ・しろう　大正11年3月10日～平成10年2月4日　三洋証券会長　→97/99

浦松 恒春　うらまつ・つねはる　大正11年4月19日～平成3年9月7日　東京楽天地常務　→91/93

浦谷 吉雄　うらや・よしお　～昭和59年2月28日
オリンピック記念青少年総合センター理事　→83/87

浦山 茂　うらやま・しげる　昭和2年11月23日～平成7年6月21日　神港魚類専務　→94/96

瓜生 清　うりう・きよし　昭和9年10月～昭和45年11月9日　参院議員（民社党）　→昭和（うりゅう・きよし）

瓜生 竹男　うりう・しなお　昭和6年4月11日～平成17年3月20日　東武鉄道常務　→03/05

瓜生 復男　うりう・またお　大正2年2月13日～平成18年9月6日　駐アルジェリア大使　→06/08

瓜生 道雄　うりう・みちお　昭和16年1月6日～平成11年8月19日　三井不動産常務　→97/99

瓜生津 隆雄　うりうず・りゅうゆう　明治34年2月20日～

平成3年9月20日　僧侶　浄土真宗本願寺派勧学寮頭, 龍谷大学名誉教授, 法城寺住職　→91/93（うりうず・りゅうお）

瓜谷 侑広　うりたに・ゆうこう　大正4年10月30日～平成9年8月21日　評論家　たま出版社長　→97/99（瓜谷敏郎　うりたに・としろう）

瓜生 一夫　うりゅう・かずお　明治37年9月1日～昭和63年3月30日　ブリヂストン副社長, 三井液化ガス社長　→88/90

瓜生 敬一郎　うりゅう・けいいちろう　大正12年5月27日～昭和63年9月10日　アサヒコーポレーション副社長　→88/90

瓜生 健二　うりゅう・けんじ　昭和13年1月21日～平成13年10月31日　サンビック社長　→00/02

瓜生 誠一　うりゅう・せいいち　大正5年1月4日～平成6年4月9日　瓜生製作社長　→94/96

瓜生 外吉　うりゅう・そときち　安政4年1月2日～昭和12年11月11日　海軍大将, 男爵　→昭和

瓜生 辰之助　うりゅう・たつのすけ　大正12年12月28日～平成21年5月8日　西日本空輸社長　→09/11

瓜生 伝　うりゅう・でん　明治38年12月6日～昭和40年7月5日　社会運動家　→昭和

瓜生 順良　うりゅう・のぶよし　明治38年1月30日～昭和57年4月17日　宮内庁次長　→80/82

瓜生 満　うりゅう・みつる　～昭和57年7月6日　不二越常務　→80/82（うりう・みつる）

漆 昌巌　うるし・しょうがん　嘉永3年1月1日～昭和9年1月22日　衆議院議員（政友会）　→昭和

漆 政雄　うるし・まさお　大正5年10月7日～平成5年1月22日　日本光学工業（のちニコン）取締役　→91/93

漆谷 春雄　うるしだに・はるお　昭和20年5月16日～平成20年8月23日　東洋機械金属社長　→06/08

漆谷 康　うるしだに・やすし　昭和13年11月16日～平成9年6月24日　積水ハウス常務　→97/99

漆戸 黴　うるしど・のぼる　～昭和63年8月3日　日中産業技術交流協会専務理事　→88/90

漆野 寿一　うるしの・じゅいち　明治38年2月3日～平成4年8月4日　山下汽船（のちナビックスライン）常務　→91/93

漆原 誠之助　うるしはら・せいのすけ　大正7年4月12日～昭和63年8月9日　豊年製油取締役, 豊年商事社長　→88/90

漆原 恒実　うるしはら・つねみ　大正11年10月31日～昭和62年5月5日　社会党長野県本部書記長, 長野県議（社会党, 飯田）　→83/87

漆島 嗣治　うるしま・つぐじ　昭和16年9月7日～平成23年8月21日　樒出版社創業者　→09/11

雨車 英世　うるま・ひでよ　昭和6年3月26日～平成1年10月5日　コープケミカル取締役研究開発部長　→88/90

上野 邦夫　うわの・くにお　大正14年7月2日～昭和58年10月10日　京都ダイカスト工業常務取締役営業本部長　→83/87

上野 敬三　うわの・けいぞう　明治24年12月20日～昭和62年9月25日　海軍中将　→83/87

雲藤 義道　うんどう・ぎどう　大正3年7月8日～平成12年11月2日　僧侶　武蔵野女子大学名誉教授, 筑紫女学園学長, 西念寺住職　→00/02

海野 克利　うんの・かつとし　昭和29年1月28日～平成19年12月23日　百五銀行常務　→06/08

海野 三朗　うんの・さぶろう　明治22年9月～昭和36年1月14日　政治家, 僧侶　衆議院議員（社会党）, 参院議員, 明善寺住職　→昭和

海野 進　うんの・すすむ　昭和5年10月10日～平成16年4月3日　清水銀行専務　→03/05

海野 高衛　うんの・たかえ　明治38年～昭和6年5月　社会運動家　→昭和

海野 朝象　うんの・ちょうしょう　～昭和45年1月2日　沖電気工事会長　→昭和

海野 恒男　うんの・つねお　昭和6年6月28日～平成12年10月30日　経済企画庁企画審議官, 日本PFI協会会長　→00/02

海野 常世　うんの・とこよ　明治44年～平成1年12月31日　修道女　北部ルソン・フィリピン日本財団代表　→88/90

海野 英明　うんの・ひであき　～平成3年5月4日　環境庁国立公害研究所研究企画官　→91/93

海野 秀雄　うんの・ひでお　～平成15年9月30日　報知新聞常務　→03/05

海野 普吉　うんの・ふきち　明治18年8月29日～昭和43年7月6日　弁護士　日本弁護士連合会会長　→昭和

海野 幸雄　うんの・ゆきお　昭和12年2月10日～平成23年5月6日　新日本証券専務　→09/11

海野 幸保　うんの・ゆきやす　明治27年9月1日～昭和62年1月17日　海野工業技術研究所長, 日本発明振興協会会長　→83/87

【え】

永 忠順　えい・ちゅうじゅん　明治33年～平成2年8月26日　僧侶　最尊寺（浄土真宗）16代住職　→88/90

永戸 豊野　えいと・とよの　昭和4年2月18日～平成19年12月6日　毎日新聞編集委員, 世界自然保護基金日本委員会顧問　→06/08

叡南 覚誠　えいなん・かくせい　～昭和44年11月24日　比叡山恵光院住職, 天台宗大僧正　→昭和

叡南 祖賢　えいなん・そけん　～昭和46年1月4日　天台宗総本山比叡山延暦寺執行, 大僧正　→昭和

栄羽 挺三　えいは・ていぞう　～平成20年1月13日　兵庫県議　→06/08

永路 茂明　えいろ・しげあき　～昭和57年5月13日

I　政治・経済・社会篇　　　　　　　　　　　　　　　　　　　　　　　　　　　　　　　　えぐち

都第一建設事務所長　→80/82

江ケ崎 太郎　えがさき・たろう　大正3年3月14日～昭和59年2月19日　首都圏建物管理株式会社副社長、住宅金融公庫理事　→83/87

江頭 匡一　えがしら・きょういち　大正12年3月25日～平成17年4月13日　ロイヤル創業者、江頭外食産業振興財団理事長、江頭ホテル産業振興財団理事長　→03/05

江頭 邦雄　えがしら・くにお　昭和12年10月1日～平成20年4月7日　味の素社長　→06/08

江頭 泰二　えがしら・たいじ　～昭和39年1月2日　プリンス自動車常務　→昭和

江頭 輝明　えがしら・てるあき　昭和9年～平成21年2月5日　西日本新聞編集局次長職・新聞審査委員長　→09/11

江頭 信男　えがしら・のぶお　大正12年3月31日～平成18年12月20日　三菱電機常務　→06/08

江頭 藤松　えがしら・ふじまつ　～昭和59年11月5日　帝国電機製作所相談役・元社長　→83/87

江頭 豊　えがしら・ゆたか　明治41年1月16日～平成18年9月24日　チッソ社長　→06/08

江頭 慶典　えがしら・よしのり　昭和3年11月22日～平成19年6月3日　福岡県議（公明党）　→06/08

江上 顕　えがみ・あきら　大正4年8月27日～平成2年3月21日　愛知県産業貿易振興会会長、日本額椽会長　→88/90

江上 晄　えがみ・あきら　昭和6年2月26日～平成23年11月21日　小田急建設常務　→09/11

江上 薫　えがみ・かおる　明治42年10月22日～平成1年1月22日　江上工業会長、津島商工会議所副会頭　→88/90

江上 貞利　えがみ・さだとし　大正12年9月3日～平成23年9月4日　郵政省郵務局長、全日本空輸専務　→09/11

江上 辰之助　えがみ・たつのすけ　大正7年1月31日～平成7年3月5日　福岡県議（自民党）　→94/96

江上 龍彦　えがみ・たつひこ　大正5年12月6日～平成10年7月3日　科学技術庁振興局長、北陸電力取締役、海洋科学技術センター理事　→97/99

江上 辰郎　えがみ・たつろう　大正5年8月10日～平成10年9月13日　住友金属工業取締役、住金ステンレス鋼管会長　→97/99

江上 正俊　えがみ・まさとし　昭和4年8月20日～平成23年10月16日　福岡銀行常務　→09/11

江上 柳助　えがみ・りゅうすけ　昭和25年3月19日～平成21年11月8日　和歌山県議（公明党）　→09/11

江柄 好一　えがら・こういち　明治36年2月3日～昭和63年9月12日　京王帝都電鉄社長　→88/90

江川 一郎　えがわ・いちろう　大正13年9月10日～平成18年7月24日　日産自動車取締役、愛知機械工業常務　→06/08

江川 金鐘　えがわ・きんしょう　大正11年2月16日～平成12年12月31日　平禄寿司会長　→00/02

江川 健次　えがわ・けんじ　～平成6年2月14日　バンダイ常務　→94/96

江川 定次　えがわ・さだじ　大正15年10月22日～平成5年2月8日　静岡第一テレビ取締役　→91/93

江川 了　えがわ・さとる　昭和42年10月22日　日本科学技術情報センター理事　→昭和

頴川 三郎　えがわ・さぶろう　～昭和60年8月12日　大阪化学合金社長、元京都相互銀行常務　→83/87

江川 正二郎　えがわ・しょうじろう　大正14年9月10日～平成22年2月4日　エヌ・テー・エヌ東洋ベアリング常務　→09/11

頴川 史郎　えがわ・しろう　大正11年10月30日～平成19年3月9日　日本債券信用銀行頭取　→06/08

江川 水勢　えがわ・すいせい　昭和9年4月29日～平成10年8月11日　ユニバーサル証券常務　→97/99

江川 武　えがわ・たけし　～昭和25年5月31日　日新生命社長　→昭和

江川 為信　えがわ・ためのぶ　明治23年6月～昭和44年10月20日　衆院議員（進歩党）　→昭和

江川 照男　えがわ・てるお　昭和56年12月14日　中村水産社長、北海道食糧缶詰社長　→80/82

頴川 徳助　えがわ・とくすけ　明治32年5月7日～昭和51年10月29日　幸福相互銀行会長　→昭和（頴川 德助）

江川 英晴　えがわ・ひではる　昭和6年12月10日～平成9年8月22日　東芝副社長　→97/99

恵川 浩淳　えがわ・ひろあつ　大正5年5月5日～昭和59年11月26日　トーメン専務　→83/87

江川 ひろし　えがわ・ひろし　昭和4年1月31日～平成15年2月18日　日本話し方センター所長　→03/05

江川 六兵衛　えがわ・ろくべえ　明治27年2月10日～昭和42年3月8日　日弁連事務総長　→昭和

江木 千之　えぎ・かずゆき　嘉永6年4月14日～昭和7年8月23日　官僚、政治家　枢密顧問官、文相、貴院議員（勅選）　→昭和

江木 欣々　えぎ・きんきん　明治10年～昭和5年2月20日　法律学者・江木衷の妻　→昭和

江木 翼　えぎ・たすく　明治6年4月24日～昭和7年9月18日　政治家　鉄道相、法相、貴院議員（勅選）　→昭和

江草 四郎　えぐさ・しろう　明治33年12月19日～平成4年8月14日　出版人　有斐閣社主　→91/93

江草 忠允　えぐさ・ただあつ　昭和6年5月～昭和59年5月19日　有斐閣社長　→83/87

江口 章　えぐち・あきら　明治41年5月25日～平成3年7月31日　神戸製鋼所取締役、神鋼電機専務　→91/93

江口 勇　えぐち・いさむ　大正13年～平成12年3月30日　大同特殊鋼専務　→00/02

江口 馨　えぐち・かおる　～昭和56年6月29日　大林組専務　→80/82

江口 和夫　えぐち・かずお　昭和4年11月3日～平成18年12月23日　三井物産常務　→06/08

江口 和敏　えぐち・かずとし　昭和4年～平成15年2月12日　東芝タンガロイ取締役　→03/05

江口 浩平　えぐち・こうへい　～平成4年2月24日　久山町(福岡県)町長　→91/93

江口 栄　えぐち・さかえ　大正9年8月31日～昭和63年11月16日　生研会長　→88/90

江口 定条　えぐち・さだえ　元治2年4月1日～昭和21年3月14日　実業家, 政治家　貴院議員(勅選), 満鉄副総裁, 三菱合資専務理事　→昭和(えぐち・ていじょう)

江口 三五　えぐち・さんご　明治42年10月20日～昭和58年1月20日　弁護士　岐阜中日文化センター理事長, 岐阜県芸術文化会議会長　→83/87

江口 三次　えぐち・さんじ　大正6年3月10日～平成5年10月8日　東海物産会長　→91/93

江口 次作　えぐち・じさく　明治39年11月21日～平成7年12月16日　日魯漁業(のちニチロ)専務　→94/96

江口 鐘蔵　えぐち・しょうぞう　明治34年6月29日～昭和57年1月15日　中央発条社長　→80/82

江口 耐二　えぐち・たいじ　明治38年2月11日～平成11年2月28日　丸万証券社長　→97/99

江口 孝　えぐち・たかし　明治31年1月1日～昭和60年3月14日　三菱瓦斯化学社長　→83/87

江口 武憲　えぐち・たけのり　大正5年1月15日～平成14年10月19日　牧師　日本福音ルーテル小岩教会　→03/05s

江口 忠行　えぐち・ただゆき　昭和2年8月15日～10年11月27日　福南開発社長　→97/99

江口 辰五郎　えぐち・たつごろう　明治35年8月4日～昭和61年8月5日　日本テトラポッド社長　→83/87

江口 禎而　えぐち・ていじ　大正15年6月18日～平成12年3月10日　ブリヂストン会長　→00/02

江口 亨　えぐち・とおる　昭和7年1月7日～平成20年1月13日　ゼンキン連合会長, 連合副会長　→06/08

江口 俊男　えぐち・としお　明治45年6月23日～平成13年5月15日　警視庁長官　→00/02

江口 利雄　えぐち・としお　大正4年9月24日～平成1年8月27日　赤坂印刷社長, 福岡県議(自民党)　→88/90

江口 利範　えぐち・としのり　～昭和63年5月19日　江口組社長, 大牟田建設業協同組合理事長　→88/90

江口 朋来　えぐち・ともき　大正7年～昭和62年12月1日　東京セロファン紙副社長　→83/87

江口 登代香　えぐち・とよか　～昭和56年3月30日　10男4女を産み育てた「肝っ玉母さん」　→80/82

江口 宣夫　えぐち・のぶお　大正15年7月16日～平成4年8月15日　宮崎日日新聞社監査役　→91/93

江口 誠一　えぐち・のぶゆき　大正6年12月1日～平成6年3月19日　オルガノ常務　→94/96

江口 春一　えぐち・はるいち　大正5年3月20日～昭和61年9月23日　フジコシミサワホーム代表取締役社長　→83/87

江口 政男　えぐち・まさお　大正5年7月1日～昭和62年12月14日　文化シヤッター常務　→83/87

江口 正彦　えぐち・まさひこ　～昭和60年12月21日　三和堂会長　→83/87

江口 正久　えぐち・まさひさ　～昭和62年1月3日　大成火災海上保険常務　→83/87

江口 瑞穂　えぐち・みずほ　～昭和61年10月15日　名古屋勤労者福祉センター管理公社常務理事　→83/87

江口 光吉　えぐち・みつよし　明治37年7月3日～昭和61年4月28日　江口光会長　→83/87

江口 暢　えぐち・みつる　昭和12年11月13日～平成7年11月22日　駐タンザニア大使　→94/96

江口 見登留　えぐち・みとる　明治38年11月20日～平成5年6月13日　警視総監, 内閣官房副長官　→91/93

江口 宗道　えぐち・むねみち　昭和6年1月25日　青葉学園理事長・園長　→94/96

江口 譲　えぐち・ゆずる　～平成2年6月19日　ちば開発常務, 国鉄千葉駅長　→88/90

江口 精彦　えぐち・よしひこ　大正3年6月9日～平成5年11月6日　安川電機製作所(のち安川電機)常務　→91/93

江口 義美　えぐち・よしみ　～平成2年7月29日　福岡県労働金庫理事長　→88/90

江口 利作　えぐち・りさく　大正5年5月8日～平成3年10月8日　全建総連委員長, 長崎県議(社会党)　→91/93

江口 麟六　えぐち・りんろく　～昭和16年3月19日　海軍中将　→昭和

江国 隆晴　えくに・たかはる　～昭和48年5月1日　大審院判事　→昭和

江熊 哲翁　えくま・てつお　明治26年4月～昭和49年5月20日　参院議員(緑風会)　→昭和(江藤 哲翁 えとう・てつおう)

江黒 甚平　えぐろ・じんぺい　明治40年4月11日～平成5年1月20日　エグロ取締役相談役, 日本小型工作機械工業会会長　→91/93

江郷 鷹次郎　えごう・たかじろう　～昭和60年12月22日　武蔵村山市議・市会議長　→83/87

江越 道俊　えごし・みちとし　～昭和58年6月5日　鐘紡顧問・元常務　→83/87

江坂 喜三郎　えさか・きさぶろう　～平成3年12月6日　芝浦工機(のち東芝機械)取締役　→91/93

榎坂 武雄　えさか・たけお　明治41年10月14日～平成1年3月22日　松下電器産業専務　→88/90

江坂 弘　えさか・ひろし　～昭和15年4月7日　陸軍歩兵大佐　→昭和

江崎 武　えさき・いさむ　～昭和55年5月6日　日本光学工業常務　→80/82

江崎 岩吉　えさき・いわきち　～昭和61年1月15日　海軍技術中将　→83/87

江崎 栄次郎　えさき・えいじろう　〜平成10年10月15日　三井東圧化学（のち三井化学）常務　→97/99

江崎 一治　えざき・かずはる　明治40年10月1日〜昭和47年7月11日　政治家　衆院議員（共産党）　→昭和

江崎 和美　えさき・かずみ　昭和2年5月17日〜平成3年12月14日　丸栄取締役、豊橋丸栄ател社長　→91/93

江崎 四郎　えさき・しろう　昭和5年8月8日〜平成9年7月15日　松下電工常務　→97/99

江崎 誠三　えざき・せいぞう　大正10年3月1日〜平成14年5月27日　豊田通商社長　→00/02

江崎 千準　えざき・せんじゅん　〜平成5年1月1日　中小企業金融公庫理事　→91/93

江崎 峻　えざき・たかし　大正10年9月29日〜平成10年11月25日　若築建設専務　→97/99

江崎 丈雄　えざき・たけお　明治45年1月2日〜平成4年2月2日　江崎石油会長、愛知県石油業協同組合副理事長　→91/93

江崎 武　えざき・たける　大正4年4月25日〜平成3年11月25日　千代田化工建設常務　→91/93

江碕 太郎　えさき・たろう　〜昭和59年12月4日　東京高裁部総括判事　→83/87

江崎 千萬人　えざき・ちまと　昭和3年3月8日〜平成17年12月28日　江崎書店会長、静岡県教育委員長　→03/05

江崎 鉄郎　えざき・てつろう　明治42年6月29日〜平成1年12月11日　静岡ケーブルネットワーク社長、毎日新聞社顧問、江崎新聞店会長　→88/90

江崎 冨雄　えざき・とみお　明治39年10月9日〜昭和60年5月11日　江崎本店会長、綜合酒販センター会長　→83/87

江崎 政忠　えざき・まさただ　昭和26年12月27日　三和銀行監査役　→昭和

江崎 真澄　えさき・ますみ　大正4年11月23日〜平成8年12月11日　政治家　衆院議員（自民党）、防衛庁長官、自治相　→94/96

江崎 光好　えさき・みつよし　明治38年11月3日〜平成8年11月9日　弁理士　弁理士会会長　→94/96

江崎 庸三　えさき・ようぞう　明治41年8月2日〜平成1年11月26日　レンゴー常務、大和紙器専務　→88/90

江崎 利一　えさき・りいち　明治15年12月23日〜昭和55年2月2日　実業家　江崎グリコ創業者　→80/82

江刺 五郎　えさし・ごろう　〜昭和47年12月13日　古河特殊金属工業社長　→昭和

江刺家 郁朗　えさしか・いくろう　大正12年10月24日〜平成20年9月5日　戸井町（北海道）町長　→06/08

江沢 省三　えざわ・せいぞう　明治35年11月9日〜平成9年2月10日　農林中金副理事長、日本銀行理事　→97/99

江沢 仁三郎　えざわ・にさぶろう　明治33年8月3日〜昭和56年3月3日　全国青果卸売組合連合会会長、海外物産貿易社長　→80/82

江下 孝　えした・たかし　〜平成1年6月11日　労働省職安局長　→88/90

江下 武二　えした・たけじ　明治43年11月22日〜昭和7年2月22日　陸軍工兵伍長　肉弾三勇士の一人　→昭和

江島 淳　えじま・あつし　昭和2年10月5日〜昭和62年5月25日　参院議員（自民党、山口）　→83/87

江島 三郎　えじま・さぶろう　大正3年1月31日〜昭和63年4月11日　パイロット　全日空専務　→88/90

江島 正巳　えじま・まさき　〜昭和43年2月12日　富岡商工会議所副会頭　→昭和

江尻 彰良　えじり・あきよし　昭和5年6月1日〜平成19年2月9日　教材用粘土販売　はちのす寮寮長　→06/08

江尻 勇　えじり・いさむ　大正2年3月18日〜平成9年7月21日　西山町（新潟県）町長　→97/99

江尻 平八郎　えじり・へいはちろう　〜昭和56年10月25日　弁護士　日本弁護士連合会会長　→80/82

江尻 美雄一　えじり・みおいち　大正5年2月6日〜平成21年6月15日　名古屋高裁長官　→09/11

江塚 保　えずか・たもつ　明治38年11月13日〜平成1年11月22日　住友電気工業取締役、南海泉州製線鋼索社長　→88/90

江角 昇　えずみ・のぼる　明治43年4月19日〜平成15年5月1日　クラレ専務　→03/05

江角 ヤス　えずみ・やす　明治32年2月15日〜昭和55年11月30日　修道女、教育家、社会事業家　（福）純心聖母会理事長、（学）純心女子学園理事長、長崎純心大学創立者　→80/82

江副 浜二　えぞえ・はまじ　明治16年4月〜昭和6年10月15日　陸軍中佐

江副 孫右衛門　えぞえ・まごえもん　明治18年2月6日〜昭和39年8月24日　実業家　東洋陶器会長　→昭和

江副 学　えぞえ・まなぶ　明治42年5月21日〜昭和61年3月8日　日本冷蔵（のちニチレイ）取締役　→83/87

江副 勇馬　えぞえ・ゆうま　〜昭和62年2月11日　東陶機器副社長　→83/87

江田 明　えだ・あきら　〜平成10年7月4日　サンミック通商（のちサンミック千代田）専務　→97/99

江田 清則　えだ・きよのり　明治44年2月4日〜平成9年3月15日　西松建設常務　→97/99

江田 三郎　えだ・さぶろう　明治40年7月22日〜昭和52年5月22日　政治家　衆院議員、社会党書記長　→昭和

江田 信二郎　えだ・しんじろう　〜昭和45年9月4日　王子製紙副社長　→昭和

枝 徳二　えだ・とくじ　〜昭和7年6月2日　台湾台南州知事　→昭和

江田 斗米吉　えだ・とめきち　明治24年1月〜昭和32年4月19日　衆院議員（自由党）　→昭和

江田 福次　えだ・ふくじ　〜昭和56年10月18日　日本鋼橋塗装専門会会長　→80/82

江田 正光　えだ・まさみつ　大正3年8月10日〜昭和61年

12月16日　道路施設サービス会社相談役, 首都高速道路公団理事　→83/87

江田 勝　えだ・まさる　〜平成2年11月28日
矢部村(福岡県)村長, 福岡県森林組合連合会理事　→88/90

江田 靖彦　えだ・やすひこ　大正1年9月29日〜平成6年7月25日　三菱製鋼常務　→94/96

枝川 洋　えだがわ・ひろし　大正15年8月17日〜平成5年1月31日　富士通ビジネスシステム常務　→91/93

枝川 幹男　えだがわ・みきお　〜昭和44年4月22日
東京相互銀行常務取締役　→昭和

枝原 百合一　えだはら・ゆりかず　〜昭和19年6月28日
海軍中将　兵庫県神戸市翼壮団長　→昭和

枝見 静樹　えだみ・しずき　大正12年9月12日〜平成12年8月27日　富士福祉事業団理事長　→00/02

枝村 要作　えだむら・ようさく　大正11年1月2日〜平成16年8月11日　衆院議員(社会党)　→03/05

枝元 賢造　えだもと・けんぞう　昭和7年9月26日〜平成16年6月22日　サッポロビール社長　→03/05

枝元 政雄　えだもと・まさお　明治43年9月22日〜平成10年4月8日　札幌市会副議長(社会党)　→97/99

枝吉 勇　えだよし・いさむ　明治37年2月4日〜昭和60年10月26日　国立国会図書館調査立法考査局長　→83/87

枝吉 清種　えだよし・きよたね　昭和7年8月19日〜平成12年5月30日　日本たばこ産業専務　→00/02

越後 英一郎　えちご・えいいちろう　〜昭和63年11月7日　北羽新報社取締役　→88/90

越後 純一　えちご・じゅんいち　昭和6年9月22日〜平成62年11月2日　伊藤忠商事参与　→83/87

越後 信之助　えちご・しんのすけ　大正5年3月10日〜平成1年3月24日　津村順天堂(のちツムラ)取締役　→88/90

越後 竹司　えちご・たけし　昭和6年11月2日〜昭和63年7月13日　秋田魁新報販売局総務・発送部長　→88/90

越後 立夫　えちご・たつお　昭和3年6月13日〜平成13年6月21日　日興証券専務　→00/02

越後 友之助　えちご・とものすけ　〜昭和55年9月2日
東洋国際石油会長　→80/82

越後 正一　えちご・まさかず　明治34年4月26日〜平成3年4月2日　伊藤忠商事社長, 京都全日空ホテル会長, 関経連常任理事　→91/93

越後 正隆　えちご・まさたか　昭和8年11月27日〜昭和63年2月19日　富山紡績取締役　→88/90

越後 正之　えちご・まさゆき　昭和38年5月12日〜平成8年1月11日　伊藤忠商事副社長　→94/96

越前 修吉　えちぜん・しゅうきち　大正10年1月14日〜昭和57年4月20日　丸瀬布町(北海道)町長　→80/82

越前 達郎　えちぜん・たつろう　大正9年3月30日〜平成9年12月10日　函館市議会議員　→97/99

越前谷 忠　えちぜんや・ただし　昭和3年8月9日〜平成15年7月2日　北海道議　→03/05

江戸 千太郎　えど・せんたろう　〜昭和13年4月7日
漢堡総領事　→昭和

江戸 英雄　えど・ひでお　明治36年7月17日〜平成9年11月13日　実業家　桐朋学園名誉理事長, 日本交響楽振興財団名誉会長, 三井不動産社長　→97/99

江藤 智　えとう・あきら　明治40年1月19日〜昭和57年6月26日　参議院議員(自民党, 全国), 運輸相　→80/82

江藤 荒男　えとう・あらお　〜昭和61年3月28日
行橋市教育長　→83/87

衛藤 一六　えとう・いちろく　〜昭和3年8月2日
大分農銀頭取　→昭和

江藤 邦彦　えとう・くにひこ　〜昭和55年11月22日
ジャパンライン専務　→80/82

江藤 源九郎　えとう・げんくろう　明治12年2月25日〜昭和32年5月3日　陸軍少将, 政治家　衆院議員, 時局協議会世話人　→昭和

江藤 源哉　えとう・げんや　昭和10年4月27日〜平成19年3月26日　九州乳業社長　→06/08

衛藤 五郎　えとう・ごろう　明治41年7月6日〜平成2年8月28日　双葉電子工業創業者　→88/90

江藤 栄　えとう・さかえ　明治37年10月9日〜平成6年5月13日　全国共済農業組合連合会会長　→94/96

江藤 貞芳　えとう・さだよし　〜昭和62年4月28日
古川木材産業会長, 浮羽町(福岡県)町議会議長　→83/87

江藤 淳雄　えとう・じゅんお　大正9年8月22日〜平成7年7月27日　弁護士　防衛庁調達実施本部長　→94/96

江藤 甚三郎　えとう・じんざぶろう　〜昭和12年1月20日　弘報堂社長　→昭和

衛藤 進　えとう・すすむ　大正12年7月11日〜平成7年7月4日　ハナブサ代表取締役会長, 全日本時計宝飾眼鏡商業協同組合連合会副会長　→94/96

衛藤 隆治　えとう・たかはる　昭和9年3月11日〜平成5年1月10日　電気化学工業取締役　→91/93

江藤 隆美　えとう・たかみ　大正14年4月10日〜平成19年11月22日　衆院議員(自民党), 建設相, 運輸相　→06/08

江藤 孝行　えとう・たかゆき　〜昭和49年9月26日
大和証券常務　→昭和

江藤 達雄　えとう・たつお　〜昭和61年6月11日
直方市議　→83/87

江藤 健雄　えとう・たてお　大正12年8月11日〜平成12年5月29日　全国商店街振興組合連合会理事長　→00/02

江藤 澄賢　えとう・ちょうけん　明治45年3月〜平成11年11月5日　僧侶　清浄華院(浄土宗大本山)法主, 知恩院長老　→97/99

衛藤 徹哉　えとう・てつや　〜昭和61年2月10日
双葉電子工業取締役　→83/87

江藤 得三　えとう・とくぞう　〜昭和26年6月17日
三井信託代表　→昭和

I 政治・経済・社会篇　　　　えのもと

衛藤 速　えとう・はやし　明治27年9月27日〜昭和39年12月21日　衆院議員(自由党)　→昭和(えとう・そく)

江藤 彦武　えとう・ひこたけ　明治42年7月29日〜平成7年12月27日　弁護士 東京消防庁消防総監　→94/96

江藤 文夫　えとう・ふみお　〜平成18年10月7日　陸将 陸上自衛隊第四師団長　→06/08

江藤 昌之　えとう・まさゆき　明治26年11月25日〜昭和59年4月17日　台湾総督府新竹州知事,日本鉄塔監査役　→83/87

衛藤 行孝　えとう・ゆきたか　明治43年11月1日〜昭和62年4月14日　日本通信工業(のち日通工)社長　→83/87

江藤 嘉美　えとう・よしみ　昭和5年11月29日〜平成11年11月3日　大分合同新聞常務　→97/99

江藤 慶光　えとう・よしみつ　大正3年3月7日〜昭和62年6月29日　武蔵野市助役　→83/87

江藤 礼　えとう・れい　明治37年10月5日〜昭和58年3月6日　鹿島建設常務　→83/87

江夏 喜兵衛　えなつ・きへい　明治45年5月25日〜平成23年7月16日　ヤマエ久野社長　→09/11

江夏 順吉　えなつ・じゅんきち　大正4年11月26日〜平成8年4月3日　霧島酒造社長　→94/96

江夏 隆一郎　えなつ・りゅういちろう　〜平成4年4月27日　霧島酒造専務　→91/93

榎並 喬一　えなみ・きょういち　〜昭和58年4月28日　愛知時計電機専務　→83/87

榎並 栄　えなみ・さかえ　〜昭和43年11月27日　広島相互専務　→昭和

榎並 充造　えなみ・みつぞう　明治12年11月18日〜昭和26年2月7日　バンドー化学創業者,神戸商工会議所会頭　→昭和

榎並 礼三　えなみ・れいぞう　明治34年12月8日〜昭和63年9月26日　東邦ガス監査役　→88/90

江西 寛堂　えにし・かんどう　〜昭和62年3月15日　僧侶 臨済宗妙心寺派宗務総長,花園大理事長　→83/87

榎 昌　えのき・しょう　明治20年6月〜昭和10年3月31日　中国銀行常務　→昭和

榎 侑紀三　えのき・ゆきぞう　〜昭和45年9月29日　日本生命専務　→昭和

榎戸 米吉　えのきど・よねきち　明治38年3月10日〜平成2年1月17日　榎戸産業社長,青梅商工会議所会頭,青梅市長　→88/90

榎谷 繁夫　えのきや・しげお　〜昭和61年3月8日　鈴木自動車工業取締役　→83/87

江野沢 和夫　えのさわ・かずお　昭和2年10月8日〜平成8年4月3日　松下電送常務　→94/96

絵野沢 静一　えのさわ・せいいち　〜昭和59年4月16日　陸軍中将　→83/87

榎戸 功男　えのと・いさお　昭和12年10月18日〜平成19年7月14日　仙台放送専務　→06/08

榎戸 由綬　えのと・よしつぐ　大正8年1月9日〜昭和62年5月27日　榎戸金庫鉄工所会長,仙台ロイヤルホテル社長　→83/87

榎村 義　えのむら・ただし　大正11年8月26日〜昭和63年11月3日　東洋情報システム監査役,三和銀行常務　→88/90

鯰目 恒夫　えのめ・つねお　昭和7年8月10日〜平成6年11月7日　キヤノン常務　→94/96

榎本 彰　えのもと・あきら　明治42年8月13日〜平成5年4月9日　広畑海運(のち日鉄物流)社長　→91/93

榎本 栄蔵　えのもと・えいぞう　〜昭和58年10月21日　青梅市長　→83/87

榎本 角右衛門　えのもと・かくうえもん　〜昭和15年6月1日　榎本鋳造鉄工所社長　→昭和

榎本 一夫　えのもと・かずお　明治43年1月1日〜平成1年7月18日　ブリヂストン取締役　→88/90

榎本 勝造　えのもと・かつぞう　〜昭和14年12月4日　商工書記官　→昭和

榎本 喜久次　えのもと・きくじ　明治27年10月7日〜昭和61年5月10日　日産化学専務　→83/87

榎本 喜好　えのもと・きよし　大正10年2月11日〜平成8年5月13日　ゼネラル石油常務　→94/96

榎本 錦吾　えのもと・きんご　大正8年3月2日〜昭和56年10月7日　大林組常務　→80/82

榎本 邦一　えのもと・くにかず　大正4年7月10日〜昭和62年6月27日　サノヤス常務　→83/87

榎本 国民　えのもと・くにたみ　大正2年5月31日〜昭和57年12月29日　安田生命保険専務　→80/82

榎本 憲一　えのもと・けんいち　大正15年3月20日　コムスン創業者　→06/08s

榎本 佐市　えのもと・さいち　明治37年5月10日〜昭和57年11月19日　新大阪新聞社会長　→80/82

榎本 佐一郎　えのもと・さいちろう　明治34年2月3日〜昭和24年7月26日　社会運動家　→昭和

榎本 貞幸　えのもと・さだゆき　大正3年4月30日〜平成1年10月29日　鐘紡副社長　→88/90

榎本 重彦　えのもと・しげひこ　大正4年3月30日〜平成21年6月24日　北九州コカ・コーラボトリング専務　→09/11

榎本 重治　えのもと・じゅうじ　〜昭和54年11月30日　旧海軍大学教官　→昭和

榎本 仁臣　えのもと・じんしん　昭和5年3月20日〜平成12年1月21日　新大阪新聞社長　→00/02

榎本 鉐太郎　えのもと・しんたろう　明治36年8月10日〜平成4年5月25日　桜田機械工業(のちサクラダ)専務,京都ホテル代表取締役　→91/93

榎本 善四郎　えのもと・ぜんしろう　〜平成12年10月16日　日本ねじ工業協会専務理事　→00/02

榎本 善兵衛　えのもと・ぜんべえ　〜昭和52年10月6日　久喜市長,埼玉県議　→昭和

榎本 喬　えのもと・たかし　大正15年3月8日〜平成17年

1月20日　石川テレビ放送会長　→03/05

榎本 武夫　えのもと・たけお　大正14年1月2日～平成3年4月22日　第一証券取締役、第一システムセンター監査役　→91/93

榎本 武之　えのもと・たけし　～昭和57年1月20日　三菱製紙常務　→80/82

榎本 長平　えのもと・ちょうへい　大正5年12月16日～平成10年11月26日　日本林業経営者協会副会長、田辺商工会議所会頭　→97/99

榎本 常人　えのもと・つねと　昭和5年9月9日～平成3年11月4日　飯塚信用金庫理事長、信用金庫年金基理事　→91/93

榎本 徹次　えのもと・てつじ　大正3年3月1日～平成4年1月2日　三菱ガス化学専務、中部液輸会長　→91/93

榎本 徹郎　えのもと・てつろう　大正9年1月3日～昭和59年2月25日　三菱地所顧問、元常務取締役　→83/87

榎本 藤太郎　えのもと・とうたろう　大正4年10月27日～平成10年7月31日　セコニック常務　→97/99

榎本 留吉　えのもと・とめきち　～昭和57年3月21日　巣鴨信用金庫理事、東京種苗会社社長　→80/82

榎本 丹　えのもと・にぞう　～昭和42年3月7日　文祥堂前会長　→昭和

榎本 博　えのもと・ひろし　～昭和60年12月20日　立川市議・元市会議長　→83/87

榎本 淳　えのもと・まこと　昭和7年12月17日～平成5年6月27日　山梨中央銀行常務　→91/93

榎本 政明　えのもと・まさあき　大正10年3月20日～平成11年11月16日　三菱商事常務　→97/99

榎本 万里　えのもと・まさと　明治38年2月20日～昭和56年1月22日　鹿島建設取締役　→80/82（榎本 萬里）

榎本 正治　えのもと・まさはる　大正14年11月18日～昭和60年2月3日　大同鋼板監査役　→83/87

榎本 満夫　えのもと・みつお　昭和8年4月16日～平成8年11月4日　興国鋼線索社長　→94/96

榎本 好文　えのもと・よしふみ　～昭和55年2月19日　三井化学工業社長　→80/82

榎本 和平　えのもと・わへい　大正15年6月23日～平成18年4月24日　衆議院議員（自民党）　→06/08

江場 丈夫　えば・たけお　～平成15年1月10日　高知県立帰全農場長　→06/08s

江橋 厚　えばし・あつし　嘉永7年2月～昭和2年2月7日　衆院議員（公同会）　→昭和（井橋 厚 いはし・あつし）

江橋 秀道　えばし・ひでみち　大正13年7月19日～平成13年7月19日　東洋鋼鈑専務　→00/02

江畑 家昌　えばた・いえまさ　～昭和58年2月23日　エバーソン電機社長　→83/87

江畑 和繁　えばた・かずしげ　～平成5年4月22日　京都丸紅取締役　→91/93

江幡 修三　えばた・しゅうぞう　大正10年1月11日～平成21年6月3日　弁護士　最高検事総長　→09/11

江端 保　えばた・たもつ　大正3年6月14日～昭和56年3月31日　夕張商工会議所会頭、夕張信用金庫理事長　→80/82

江畠 千木男　えばた・ちぎお　～平成2年12月21日　国連代表部一等書記官　→88/90

江端 正義　えばた・まさよし　～昭和57年12月22日　新日本製鉄参与、元都港湾局技監　→80/82

江花 輝　えばな・あきら　昭和14年2月13日～平成18年6月27日　ニチメン常務　→06/08

江花 莞爾　えばな・かんじ　昭和14年1月11日～平成11年4月6日　福島県議　→97/99

榎原 一夫　えばら・かずお　大正15年4月16日～平成12年7月24日　吹田市長　→00/02

江原 三郎　えはら・さぶろう　大正8年3月13日～平成1年5月5日　新潟鉄工所取締役　→88/90

江原 三郎　えはら・さぶろう　明治27年1月～昭和40年3月4日　弁護士　衆院議員（翼賛議員同盟）　→昭和

榎原 如一　えばら・じょいち　～昭和59年2月20日　日興証券常務、日興証券投信サービス社長　→83/87

榎原 丈　えばら・たかし　昭和3年1月31日～平成20年12月19日　池田銀行専務　→06/08

江原 万里　えはら・ばんり　明治23年8月14日～昭和8年8月7日　キリスト教無教会伝道者、経済学者　→昭和

江原 博茂　えはら・ひろしげ　大正12年6月8日～昭和59年4月26日　日本鰹鮪漁業協同組合連合会専務理事　→83/87

海老 新次郎　えび・しんじろう　昭和7年7月13日～平成7年7月7日　日本鋳鉄管常務　→94/96

衣斐 忠夫　えび・ただお　昭和4年11月3日～平成2年12月8日　クラボウ常務　→88/90

海老 博和　えび・ひろかず　大正9年10月24日～平成15年4月30日　日新製鋼常務　→94/96

衣非 宏　えび・ひろし　大正4年3月21日～平成10年12月28日　東京海上火災保険常務　→97/99

海老江 喜作　えびえ・きさく　～昭和61年3月22日　元富山港木材（株）社長　→83/87

蛭子 悦郎　えびこ・えつろう　大正11年10月15日～平成6年8月28日　ホウスイ常務　→94/96

蛭子 隆　えびこ・たかし　～昭和63年3月5日　大間漁協組合長　→88/90

蛭子 哲二　えびこ・てつじ　明治44年3月22日～昭和39年7月27日　北海道副知事　→昭和

海老沢 延由　えびさわ・のぶよし　明治35年12月8日～平成2年5月12日　武蔵金線会長　→88/90

海老沢 宣道　えびさわ・のりみち　明治41年7月23日～平成12年6月12日　牧師　江古田教会名誉牧師　→00/02

海老塚 卓　えびづか・たかし　大正7年5月1日～平成17年10月21日　光興業常務　→03/05

戎野 喜太郎　えびすの・きたろう　～昭和15年5月22日

やまと工業社長　→昭和

蛯谷 幸吉　えびたに・こうきち　〜昭和55年10月12日
日本建鉄取締役総務部長　→80/82

海老坪 敏雄　えびつぼ・としお　昭和2年1月18日〜平成7年12月21日　日産建設専務　→94/96

蝦名 賢一　えびな・けんいち　〜昭和44年6月13日
中央信託取締役　→昭和

蛯名 忠雄　えびな・ただお　明治35年2月10日〜平成4年9月19日　東京急行電鉄顧問、元取締役　→91/93

蛯名 忠武　えびな・ただたけ　大正7年11月28日〜平成23年10月31日　東京急行電鉄専務、東急ホテルチェーン会長　→09/11

海老名 弾正　えびな・だんじょう　安政3年8月20日〜昭和12年5月22日　牧師、思想家、教育家　同志社総長　→昭和

海老名 幸夫　えびな・ゆきお　昭和12年3月31日〜平成16年10月4日　三菱信託銀行専務　→03/05

海老根 駿　えびね・しゅん　〜平成8年11月25日
弁護士　弁護士会副会長、商工省特許局(のち特許庁)審判部長　→94/96

海老根 保久　えびね・やすひさ　大正14年5月26日〜平成10年9月9日　弁護士　東京地検事、クラウンライター社長　→97/99

海老原 一雄　えびはら・かずお　昭和9年2月8日〜平成20年3月30日　取手市長　→06/08

海老原 清　えびはら・きよし　昭和5年2月25日〜平成22年4月27日　JUKI副社長　→09/11

海老原 栄　えびはら・さかえ　昭和7年3月12日〜平成17年4月13日　印西市長　→03/05

海老原 震一　えびはら・しんいち　大正12年9月25日〜平成3年12月21日　東京高裁都総括判事　→91/93

海老原 隆　えびはら・たかし　昭和2年11月15日〜平成13年11月23日　神奈川県議(自民党)　→00/02

蛯原 武雄　えびはら・たけお　明治43年2月10日〜昭和63年10月15日　蛯原工業社長、荒川交通安全協会会長　→88/90

蛯原 逸雄　えびはら・はやお　〜昭和47年5月28日
西松建設副社長　→昭和

海老原 英夫　えびはら・ひでお　昭和2年7月18日〜平成18年12月17日　丸紅副社長　→06/08

海老原 昌生　えびはら・まさお　昭和6年4月1日〜平成20年4月8日　宮崎県議(社会党)　→06/08

海老原 朗　えびはら・ろう　昭和4年7月28日〜平成3年7月17日　王子製紙専務　→91/93

籠 梅三郎　えびはら・うめさぶろう　大正7年3月30日〜昭和59年7月30日　大和証券常務　→83/87

江平 繁　えひら・しげる　〜平成22年1月6日
鹿児島市で暴力団追放運動に尽力　→09/11

江淵 為雄　えぶち・ためお　〜昭和63年9月17日
藤倉航装取締役　→88/90

江淵 松男　えぶち・まつお　明治44年7月26日〜平成3年4月30日　日本短資社長、紀陽銀行専務、日本銀行検査役　→91/93

江部 順治　えべ・じゅんじ　明治16年1月3日〜昭和51年2月16日　一徳酒造代表、衆院議員(進歩党)　→昭和

烏帽子田 清　えぼした・きよし　大正11年7月25日〜平成21年9月3日　大門町(富山県)町長　→09/11

江間 成光　えま・しげみつ　昭和5年9月28日〜平成10年1月31日　東京トヨペット専務　→97/99

江間 俊一　えま・しゅんいち　文久1年5月10日〜昭和8年5月31日　衆院議員(憲政会)　→昭和

江間 泰一　えま・たいいち　〜昭和58年11月3日
江間忠木材社長、日本米材協議会副会長　→83/87

江間 保　えま・たもつ　大正2年9月7日〜昭和62年11月7日　海軍大尉　河合楽器製作所監査役　→83/87

江間 恒雄　えま・つねお　大正14年4月21日〜平成2年4月11日　河合楽器製作所取締役　→88/90

江間 時彦　えま・ときひこ　大正9年7月25日〜平成5年5月14日　日本製薬団体連合会理事長　→91/93

江見 清　えみ・きよし　昭和6年12月8日〜平成5年12月5日　第三銀行常務　→91/93

江見 清風　えみ・せいふう　〜昭和14年1月11日
春日神社宮司　→昭和

恵美 龍夫　えみ・たつお　明治37年10月29日〜平成5年11月12日　名古屋市議、白川殿社長　→91/93

愛水 典慶　えみ・のりよし　大正5年3月27日〜昭和58年2月12日　明日香村(奈良県)村長　→83/87

江見 祐吉　えみ・ゆうきち　〜昭和57年1月21日
鐘紡顧問、元取締役　→80/82

江村 高行　えむら・たかゆき　〜昭和56年1月19日
弁護士　東京弁護士会会長　→80/82

江村 英雄　えむら・ひでお　〜昭和56年8月16日
第一中央汽船相談役、同社元社長　→80/82

江本 清平　えもと・きよへい　〜昭和15年5月31日
岡山地方裁判所部長判事　→昭和

江本 幸一　えもと・こういち　〜昭和61年3月8日
一幸商事代表　→83/87

江本 央　えもと・なかば　昭和2年5月4日〜平成16年4月8日　江本工業創業者　→03/05

江本 護　えもと・まもる　明治36年11月6日〜昭和63年8月12日　ミヨシ油脂副社長　→88/90

江本 祐吉　えもと・ゆうきち　〜昭和62年8月24日
昭和電工取締役、昭和炭酸副社長　→83/87

江守 和子　えもり・かずこ　〜昭和62年8月9日
江守取締役、江守建材工業取締役、富山産業取締役　→83/87

江守 清喜　えもり・きよき　明治40年8月1日〜昭和61年2月18日　江守商事会長、日華化学工業会長　→83/87

江守 堅太郎　えもり・けんたろう　大正4年1月27日〜平

成8年3月25日　日本酒類販売会長　→94/96

江森 五郎　えもり・ごろう　大正14年12月2日～昭和62年10月23日　日立製作所理事・情報通信システム事業部長　→83/87

江森 正三　えもり・しょうぞう　大正1年8月28日～平成4年3月12日　日本ガイシ取締役　→91/93

江守 武雄　えもり・たけお　明治40年5月7日～昭和58年7月26日　日本清酒会長、北海道経済連合会監事　→83/87

江守 哲郎　えもり・てつろう　大正13年2月2日～昭和63年2月13日　生田スタジオ常務取締役、日本テレビ放送網社友　→88/90

江森 藤男　えもり・ふじお　昭和15年1月20日～平成17年4月7日　大利根町(埼玉県)町長　→03/05

江森 盛久　えもり・もりひさ　明治40年1月7日～平成1年5月8日　三菱商事常務、貿易研修センター理事長　→88/90

江守 竜治　えもり・りゅうはる　昭和3年1月6日～平成18年2月19日　アマダ会長　→06/08

江羅 直三郎　えら・なおさぶろう　明治8年12月～昭和14年12月8日　衆議院議員(政友会)　→昭和

江利川 賢　えりかわ・まさる　大正9年2月27日～平成9年1月19日　大阪銀行副頭取　→97/99

江里口 巌　えりぐち・いわお　～平成11年11月27日　小城源治ボタル保存会長、小城町(佐賀県)町議　→00/02s

江里口 清雄　えりぐち・きよお　明治43年3月20日～昭和58年2月16日　最高裁判事　→83/87(えりくち・きよお)

江里口 富久也　えりぐち・とくや　大正13年3月30日～昭和63年3月1日　大成建設専務、日本住宅公団理事　→88/90

江里口 肇　えりぐち・はじめ　～昭和43年4月23日　ジャパンライン副社長　→昭和

円角 留作　えんかく・とめさく　～昭和63年1月12日　日本製粉取締役、オーマイ専務　→88/90

遠迫 克美　えんさこ・かつみ　大正7年1月28日～平成1年10月24日　(福)同仁会理事長　→88/90

遠刕 亀一　えんしゅう・きいち　大正11年2月25日～平成3年2月17日　タカラスタンダード常務　→91/93

円城 佳逸　えんじょう・かいつ　明治43年4月1日～平成21年1月24日　第一工業製薬社長　→09/11

円城 留二郎　えんじょう・とめじろう　明治22年5月12日～平成3年10月21日　ヤマサン社長、京都商工会議所会頭　→91/93

円城寺 亀雄　えんじょうじ・かめお　～昭和60年4月28日　ホテルオークラ取締役業務監理室長、ホテルオークラアムステルダム総支配人、大成観光取締役　→83/87

円城寺 松一　えんじょうじ・しょういち　～昭和34年8月21日　古河鉱業相談役、元石炭協会々長　→昭和

円城寺 次郎　えんじょうじ・じろう　明治40年4月3日～平成6年3月14日　日本経済新聞社長　→94/96

煙石 隼人　えんせき・はやと　明治40年11月1日～昭和62年1月5日　帝人副社長　→83/87

煙石 学　えんせき・まなぶ　大正2年3月16日～平成16年3月19日　旭ダウ常務　→03/05

円田 誠一　えんだ・せいいち　大正11年4月19日～平成11年4月24日　長崎マツダ会長、佐賀マツダ会長　→97/99

円道 彰　えんどう・あきら　～平成15年8月7日　シーアイ化成常務　→03/05

遠藤 一郎　えんどう・いちろう　～昭和40年9月12日　日経取締役・営業局長　→昭和

遠藤 一郎　えんどう・いちろう　大正11年8月1日～平成23年5月13日　松下電工専務　→09/11

遠藤 巌　えんどう・いわお　明治37年4月10日～平成3年2月12日　間組会長　→91/93

遠藤 歌三　えんどう・うたぞう　～昭和32年4月11日　日本スピンドル専務　→昭和

遠藤 英毅　えんどう・えいき　昭和12年3月11日～平成21年1月17日　弁護士　第二東京弁護士会副会長　→09/11

遠藤 英吉　えんどう・えいきち　～平成3年11月14日　北海道議(社会党)　→91/93

遠藤 嘉一　えんどう・かいち　大正1年11月15日～平成18年2月23日　大和市長　→06/08

遠藤 嘉右衛門(9代目)　えんどう・かえもん　明治40年11月23日～平成8年1月25日　出雲信用組合名誉会長、島根県議　→94/96(遠藤 嘉右衛門　えんどう・かうえもん)

遠藤 一知　えんどう・かずとも　大正4年11月6日～昭和60年11月5日　相模運輸倉庫社長　→83/87

遠藤 和良　えんどう・かずよし　大正13年12月24日～平成17年3月16日　東邦化学工業社長　→03/05

遠藤 勝三郎　えんどう・かつさぶろう　大正14年7月11日～平成13年7月30日　オーエム製作所常務　→00/02

遠藤 活次　えんどう・かつじ　大正15年2月3日～平成3年5月11日　小田急百貨店常務　→91/93

遠藤 勝太郎　えんどう・かつたろう　～昭和56年10月5日　赤平市長　→80/82

遠藤 要　えんどう・かなめ　大正4年10月31日～平成22年6月20日　参議院議員(自民党)、法相　→09/11

遠藤 喜一　えんどう・きいち　明治28年～昭和20年5月30日　社会運動家　→昭和

遠藤 久衛　えんどう・きゅうえい　大正15年2月23日～平成9年11月16日　仙台銀行副頭取　→97/99

遠藤 恭三郎　えんどう・きょうざぶろう　～昭和8年12月12日　熊本地方検事正　→昭和

遠藤 清　えんどう・きよし　～平成4年1月10日　テクノ菱和常務　→91/93

遠藤 熊吉　えんどう・くまきち　大正1年12月28日～平成5年5月3日　遠藤漁業会長、網走市長　→91/93

遠藤 敬次　えんどう・けいじ　～昭和59年2月5日　安田火災海上保険常務　→83/87

遠藤 健一　えんどう・けんいち　大正10年8月7日～平成20年9月8日　トーハン社長　→06/08

遠藤 眷吾　えんどう・けんご　大正7年11月25日～平成2年7月21日　日鉄鉱業名誉顧問・元監査役　→88/90

遠藤 健三　えんどう・けんぞう　明治31年9月5日～平成4年6月5日　大日本土木社長　→91/93

遠藤 源太郎　えんどう・げんたろう　大正11年4月24日～平成10年11月25日　グンゼ社長　→97/99

遠藤 洪一　えんどう・こういち　大正11年2月1日～平成9年9月30日　三菱ガス化学常務　→97/99

遠藤 剛一　えんどう・ごういち　明治29年～平成1年12月5日　岡山地裁所長、島根県弁護士会会長　→88/90

遠藤 幸吉　えんどう・こうきち　明治38年1月10日～平成10年12月14日　東京放送(ラジオ東京)顧問・元常務、東京エレクトロン社長　→97/99

遠藤 吾郎　えんどう・ごろう　大正13年7月30日～平成1年5月8日　中北薬品常務　→88/90

遠藤 斉治朗(2代目)　えんどう・さいじろう　大正14年1月15日～平成1年9月9日　貝印カミソリ工業社長　→88/90

遠藤 左介　えんどう・さすけ　明治44年1月1日～平成5年1月23日　主婦と生活社社長　→91/93

遠藤 里美　えんどう・さとみ　昭和4年3月7日～平成22年11月14日　日本ガス興業社長　→09/11

遠藤 哲　えんどう・さとる　昭和15年6月16日～平成20年3月6日　牧師　日本聖公会横浜教区主教、神奈川県宗教連盟理事　→09/11s

遠藤 佐武郎　えんどう・さぶろう　大正2年9月8日～平成1年11月14日　鉄建建設取締役　→88/90

遠藤 三郎　えんどう・さぶろう　明治37年4月15日～昭和46年12月27日　衆院議員(自民党)、建設相　→昭和

遠藤 三郎　えんどう・さぶろう　明治26年1月2日～昭和59年10月11日　平和運動家、元・陸軍中将　憲法擁護国民連合常任理事、日中友好元軍人の会代表　→83/87

遠藤 三郎兵衛　えんどう・さぶろべえ　～昭和11年5月28日　郡是製糸社長　→昭和

遠藤 茂富　えんどう・しげとみ　明治3年4月15日～昭和61年12月14日　名古屋不二パークホテル社長　→83/87

遠藤 成蹊　えんどう・しげみち　大正9年1月9日～平成16年2月22日　日本ユニカー社長　→03/05

遠藤 茂　えんどう・しげる　～昭和56年7月24日　鳥取県知事　→80/82

遠藤 忍　えんどう・しのぶ　大正12年9月20日～平成21年5月10日　神奈川県議(社会党)　→09/11

遠藤 庄吉　えんどう・しょうきち　明治33年～昭和56年12月17日　上湧別町議会議長、北見興農土管社長　→80/82

遠藤 昭吾　えんどう・しょうご　～平成16年1月3日　宮城県志津川町漁協理事　→03/05

遠藤 昭吾　えんどう・しょうご　昭和16年2月21日～平成22年9月3日　電気興業常務　→09/11

遠藤 甚吉　えんどう・じんきち　～昭和59年9月6日　西武建設取締役　→83/87

遠藤 信三　えんどう・しんぞう　～平成5年10月12日　昭和電工取締役　→91/93

遠藤 進　えんどう・すすむ　明治43年9月17日～平成5年1月17日　大阪銀行協会専務理事、日本銀行鹿児島支店長　→91/93

遠藤 捨次郎　えんどう・すてじろう　～昭和55年6月9日　大仁建設監査役　→80/82

遠藤 清一　えんどう・せいいち　昭和3年3月22日～平成22年10月5日　遠藤組社長、北海道商工会連合会副会長　→09/11

遠藤 泰司　えんどう・たいじ　昭和14年6月27日～平成9年10月22日　テトラ(旧・日本テトラポッド)常務　→97/99

遠藤 平　えんどう・たいら　大正15年4月13日～平成19年2月25日　読売新聞中部本社取締役工務局長　→06/08

遠藤 崇　えんどう・たかし　～昭和59年4月11日　全日本交通運輸労働組合協議会事務局長、鳥取県総評議長　→83/87

遠藤 隆成　えんどう・たかなり　～昭和60年11月19日　大都工業取締役名古屋支店長　→83/87

遠藤 孝行　えんどう・たかゆき　昭和8年11月13日～平成15年3月24日　渋沢倉庫副社長　→03/05

遠藤 孝之　えんどう・たかゆき　～昭和46年6月29日　東京鉄骨橋梁相談役　→昭和

遠藤 武雄　えんどう・たけお　大正14年6月19日～平成6年4月3日　エスエス製薬常務　→94/96

遠藤 武勝　えんどう・たけかつ　明治31年3月12日～昭和63年11月13日　陸軍主計少将　→88/90

遠藤 武　えんどう・たけし　～平成9年1月13日　元・新潟水俣病二次訴訟原告　→97/99

遠藤 武治　えんどう・たけじ　明治8年3月～昭和7年5月31日　宮城控訴院院長　→昭和

遠藤 忠義　えんどう・ただよし　明治42年11月29日～平成16年8月10日　富山交易社長、富山県サッカー協会名誉会長　→03/05

遠藤 忠良　えんどう・ただよし　昭和7年7月27日～平成6年10月19日　東京テアトル社長　→94/96

遠藤 長市　えんどう・ちょういち　～平成14年9月4日　三池炭鉱じん肺訴訟第2陣原告団長　→00/02

遠藤 九十九　えんどう・つくも　～昭和46年8月22日　関東信越製紙工業会理事長　→昭和

遠藤 常二　えんどう・つねじ　大正10年4月2日～平成22年2月3日　北海道議(社会党)　→09/11

遠藤 貞一　えんどう・ていいち　明治30年～昭和62年1月17日　建設省顧問、日本舗道常務　→83/87

遠藤 哲一　えんどう・てついち　～平成13年2月18日

大垣共立銀行常務　→00/02

遠藤 鉄二　えんどう・てつじ　大正1年10月18日～平成5年6月24日　国鉄(のちJR)常務理事、原鉄運送会長　→91/93

遠藤 俊夫　えんどう・としお　～昭和57年8月4日
修養団(財団法人)専務理事　→80/82

遠藤 朋一　えんどう・ともいち　昭和12年10月22日～平成20年4月26日　大和証券常務　→06/08

遠藤 虎夫　えんどう・とらお　昭和10年8月16日～平成14年5月20日　オリエントコーポレーション常務　→00/02

遠藤 直人　えんどう・なおと　～昭和61年4月6日
兵庫県知事、福島県公安委員長　→83/87

遠藤 信夫　えんどう・のぶお　大正2年11月8日～平成4年8月29日　安田火災海上保険常務　→91/93

遠藤 信行　えんどう・のぶゆき　昭和15年1月30日～平成10年10月26日　兼松日産農林常務　→97/99

遠藤 登　えんどう・のぼる　昭和4年4月27日～平成23年9月14日　衆院議員(社民党)、天童市長　→09/11

遠藤 英夫　えんどう・ひでお　～昭和62年9月8日
カネボウ薬品仙台支店長　→83/87

遠藤 秀夫　えんどう・ひでお　大正12年1月15日～平成7年11月29日　東洋水産専務　→94/96

遠藤 弘　えんどう・ひろし　～昭和60年11月19日
北海道農機商業協同組合理事長、遠藤産業社長　→83/87

遠藤 浩　えんどう・ひろし　大正10年9月13日～平成17年5月5日　弁護士　学習院大学名誉教授　→03/05

遠藤 浩　えんどう・ひろし　大正2年3月15日～平成19年4月22日　大阪ガス副社長　→06/08

遠藤 博己　えんどう・ひろみ　昭和18年4月16日～平成13年4月23日　ユー・エス・エス専務　→00/02

遠藤 博芳　えんどう・ひろよし　大正13年12月2日～平成2年6月28日　北日本放送専務営業本部長　→88/90

遠藤 福雄　えんどう・ふくお　明治45年2月15日～昭和60年12月20日　神崎製紙社長　→83/87

遠藤 誠　えんどう・まこと　～昭和15年4月6日
大審院部長　→昭和

遠藤 誠　えんどう・まこと　昭和5年10月29日～平成14年1月22日　弁護士　遠藤誠法律事務所所長　→00/02

遠藤 政夫　えんどう・まさお　大正12年2月6日～平成7年11月9日　参院議員(自民党)　→94/96

遠藤 正雄　えんどう・まさお　～昭和55年1月30日
大浪運輸倉庫社長　→80/82

遠藤 正臣　えんどう・まさおみ　～昭和8年5月3日
名古屋鉄道局長　→昭和

遠藤 昌親　えんどう・まさちか　大正14年5月18日～平成13年10月6日　国際通信社社長　→00/02

遠藤 昌俊　えんどう・まさとし　大正3年8月11日～平成1年8月29日　合同製鉄常務　→88/90

遠藤 正則　えんどう・まさのり　大正3年6月30日～平成

21年4月26日　文京区長　→09/11

遠藤 正文　えんどう・まさぶみ　大正7年2月25日～平成9年3月19日　三井生命保険副社長　→97/99

遠藤 正義　えんどう・まさよし　～平成2年1月7日
北斗型枠製作所会長　→88/90

遠藤 勝　えんどう・まさる　大正8年6月25日～昭和58年2月3日　バンドー化学顧問・元取締役　→83/87

遠藤 優　えんどう・まさる　昭和4年6月11日～平成23年2月23日　イビデン社長　→09/11

遠藤 又男　えんどう・またお　～昭和51年5月1日
駐チリ大使　→昭和

遠藤 未希　えんどう・みき　～平成23年3月11日
東日本大震災で最後まで防災無線で避難誘導を行い命を落とした宮城県南三陸町職員　→09/11

円藤 光金　えんどう・みつかね　～平成17年4月28日
池田銀行常務　→03/05

遠藤 六雄　えんどう・むつお　大正9年1月1日～平成16年2月24日　遠藤工業会長、日本金属洋食器工業組合理事長　→03/05

遠藤 睦　えんどう・むつみ　昭和3年9月28日～平成5年3月29日　東急観光常務　→91/93

遠藤 睦朗　えんどう・むつろう　大正12年～平成18年10月13日　日魯漁業専務　→06/08

遠藤 元治　えんどう・もとじ　明治44年1月20日～昭和14年10月13日　社会運動家　→昭和

遠藤 森通　えんどう・もりみち　～昭和60年10月25日
北見市議　→83/87

遠藤 保雄　えんどう・やすお　明治41年5月4日～昭和63年10月30日　岩手県議、全国木炭協会会長　→88/90

遠藤 結城　えんどう・ゆうき　昭和25年8月～平成16年6月5日　ゲオ社長　→03/05

遠藤 雄三　えんどう・ゆうぞう　大正7年2月2日～平成9年3月22日　宮城県議　→97/99

遠藤 裕　えんどう・ゆたか　昭和6年12月29日～平成22年9月3日　東鉄工業専務　→09/11

遠藤 胖　えんどう・ゆたか　大正9年4月28日～平成2年6月7日　帝都高速度交通営団理事、大蔵省印刷局長、日本専売公社総務理事　→88/90

遠藤 庸一　えんどう・よういち　大正13年10月13日～平成13年4月27日　島根県農協中央会会長　→00/02

遠藤 洋吉　えんどう・ようきち　明治36年1月25日～昭和60年12月12日　大成建設副社長、有楽土地取締役　→83/87

遠藤 陽太郎　えんどう・ようたろう　昭和13年1月13日～平成21年11月3日　日本製紙専務、四国コカ・コーラボトリング社長　→09/11

遠藤 陽之助　えんどう・ようのすけ　～昭和50年8月21日　日本共産党中央委員　→昭和

遠藤 義顕　えんどう・よしあき　大正4年1月5日～平成23年5月2日　遠藤科学社長　→09/11

遠藤 能子　えんどう・よしこ　昭和18年3月1日～平成18年12月16日　修道女、看護婦、助産婦　→06/08

遠藤 嘉彬　えんどう・よしなり　昭和17年8月31日～平成13年4月14日　宮城県出納長　→00/02

遠藤 嘉信　えんどう・よしのぶ　昭和34年12月14日～平成19年6月23日　牧師　日本同盟基督教団和泉福音教会牧師、聖書神学舎教師　→06/08

遠藤 柳作　えんどう・りゅうさく　明治19年3月18日～昭和38年9月18日　内閣書記官長、参院議員(自民党)　→昭和

遠藤 隆二　えんどう・りゅうじ　大正6年2月7日～平成6年9月13日　山九常務　→94/96

遠藤 隆平　えんどう・りゅうへい　～平成10年6月11日　ナイト観光社長　→97/99

遠藤 良吉　えんどう・りょうきち　安政2年～昭和6年12月6日　衆院議員(政友会)　→昭和

遠藤 礼四郎　えんどう・れいしろう　大正4年12月12日～平成5年12月31日　ミナトエレクトロニクス社長・会長　→91/93

円入 芳美　えんにゅう・よしみ　～昭和63年2月13日　全国クリーニング環境衛生同業組合連合会会長　→88/90

円野 蔚　えんの・しげる　～昭和6年2月18日　海軍少佐　→昭和

延命 隆　えんめい・たかし　昭和10年8月30日～平成7年6月26日　山一証券副会長　→94/96

延命 直松　えんめい・なおまつ　大正3年8月14日～平成9年7月10日　アサヒビール社長　→97/99

塩谷 勲　えんや・いさお　～昭和60年10月11日　日本炭砿取締役　→83/87

塩冶 繁二　えんや・しげじ　～昭和59年9月3日　三井物産取締役　→83/87

円谷 忠　えんや・ただし　昭和5年2月27日～平成4年5月17日　日本製箔常勤監査役　→91/93

塩谷 豊　えんや・ゆたか　昭和8年3月24日～平成8年1月18日　日本食堂社長　→94/96

塩屋 義之　えんや・よしゆき　明治43年4月3日～平成4年10月27日　西部瓦斯社長　→91/93

円山 定盛　えんやま・さだもり　明治37年4月13日～昭和41年6月12日　労働運動家　→昭和

【 お 】

呉 成徳　オ・ソンドク　～平成23年3月24日　在日コリアン人権協会副会長　→09/11

緒明 圭造　おおあき・けいぞう　～昭和13年4月6日　造船界の功労者　→昭和

緒明 泰平　おおあき・たいへい　大正9年9月15日～平成9年8月30日　静岡銀行頭取　→97/99

緒明 太郎　おおあき・たろう　明治30年6月7日～昭和59年8月25日　東京急行電鉄監査役、静岡銀行監査役　→83/87

緒明 亮作　おおあき・りょうさく　～昭和49年6月19日　海将　日本鋼管参与、防衛庁技術研究本部開発官　→昭和

小穴 正一郎　おおあな・しょういちろう　大正6年1月2日～平成6年2月19日　東洋電機製造専務　→94/96

小穴 秀治　おおあな・ひでじ　明治44年6月3日～昭和62年7月5日　日本電気精器取締役　→83/87

尾家 勉　おおいえ・つとむ　～昭和61年2月4日　(社)恵光園理事長　→83/87

尾家 百彦　おおいえ・ももひこ　大正1年10月16日～平成15年1月17日　尾家産業創業者　→03/05

尾家 義人　おおいえ・よしと　明治39年12月1日～平成3年11月19日　大分交通社長、日産チェリー大分販売社長　→91/93

及川 文雄　おいかわ・あやお　～昭和62年1月5日　古川市清水川堰土地改良区理事長　→83/87

及川 一夫　おいかわ・かずお　昭和4年5月9日～平成21年4月11日　参院議員(社民党)　→09/11

及川 和夫　おいかわ・かずお　大正14年4月1日～平成15年6月1日　岩手銀行専務　→03/05

及川 顕司　おいかわ・けんじ　～昭和60年11月28日　北上市長　→83/87

及川 源七　おいかわ・げんしち　～昭和47年4月30日　興亜院総務長官　→昭和

及川 剛一　おいかわ・ごういち　明治42年10月17日～平成2年10月18日　東北電力常務　→昭和

及川 孝平　おいかわ・こうへい　大正1年9月24日～昭和63年8月9日　魚価安定基金理事長、全国漁業協同組合連合会会長　→88/90

及川 幸郎　おいかわ・こうろう　昭和10年8月10日～平成16年2月16日　岩手県議(自由党)　→03/05

及川 古志郎　おいかわ・こしろう　明治16年2月8日～昭和33年5月9日　海軍大将　海相　→昭和

及川 舜一　おいかわ・しゅんいち　大正3年2月14日～平成11年3月11日　一関市長　→97/99

及川 潤三　おいかわ・じゅんぞう　大正14年6月6日～平成23年6月1日　東北銀行頭取、国税庁金沢国税局長　→09/11

及川 昭蔵　おいかわ・しょうぞう　平成2年3月10日～平成8年10月25日　日本甜菜製糖専務　→94/96

及川 真学　おいかわ・しんがく　～平成4年3月19日　僧侶　常円寺住職、立正大学理事長　→91/93

及川 勉　おいかわ・つとむ　昭和5年10月29日～平成23年6月23日　江刺市長　→09/11

及川 勝　おいかわ・つよし　大正5年7月10日～平成20年11月13日　日本甜菜製糖常務　→06/08

及川 鉄　おいかわ・てつ　～平成9年1月17日　及鉄鋳造所社長　→97/99

及川 哲夫　おいかわ・てつお　明治39年2月22日～平成16年7月22日　東和町(宮城県)町長　→03/05
及川 鋭雄　おいかわ・としお　～平成2年2月4日　養賢堂会長　→88/90
及川 とよ　おいかわ・とよ　～昭和57年5月26日　東北一の長寿者　→80/82
及川 冨士雄　おいかわ・ふじお　大正4年2月26日～昭和63年11月21日　(財)労働衛生協会常任理事　→88/90
及川 正和　おいかわ・まさかず　昭和2年4月16日～平成14年2月17日　常陽銀行常務　→00/02
及川 松之輔　おいかわ・まつのすけ　～昭和57年11月12日　山下汽船専務　→80/82
及川 光雄　おいかわ・みつお　～平成1年10月27日　北海道石炭じん肺訴訟原告団長　→88/90
及川 泰　おいかわ・やすし　～平成3年9月8日　東洋酸素取締役　→91/93
及川 吉道　おいかわ・よしみち　～平成11年　岩手鋳機工業社長　→97/99
及川 ラカン　おいかわ・らかん　明治34年12月～昭和63年11月22日　健康普及会会長　→88/90
尾池 耕三　おいけ・こうぞう　大正13年10月24日～平成13年6月28日　尾池工業会長　→00/02
老子 憲雄　おいご・のりお　～昭和61年1月22日　老子製作所取締役副社長、日本犬保存会富山支部副支部長　→83/87
老子 善清　おいこ・よしきよ　～昭和63年8月30日　かね善商店代表取締役　→88/90
種田 憲次　おいた・けんじ　大正7年2月1日～平成11年1月8日　日本C・H・ベーリンガーゾーン名誉会長、田辺製薬常務　→97/99
種田 健蔵　おいた・けんぞう　明治11年1月～昭和35年1月2日　東洋紡績社長　→昭和
老田 務　おいた・つとむ　明治44年9月8日～平成1年6月1日　大日本コンサルタント相談役、建設省北陸地方建設局長　→88/90
種田 虎雄　おいた・とらお　明治17年4月15日～昭和23年9月5日　実業家　近畿日本鉄道社長、貴族院議員　→昭和
老田 実　おいた・みのる　昭和23年9月29日～平成12年1月24日　昭和シェル石油執行役員　→00/02
生出 久也　おいで・きゅうや　大正4年12月15日～平成22年3月28日　鹿島常務　→09/11
老沼 金三郎　おいぬま・きんざぶろう　～昭和59年5月17日　興亜火災海上保険常務　→83/87
生沼 曹喜　おいぬま・ともよし　～平成14年6月13日　学生運動家　日本リビア友好協会理事長　→00/02
扇野 輝雄　おうぎの・てるお　大正12年8月16日～昭和63年9月10日　松村組専務　→88/90
扇谷 銈吾　おうぎや・けいご　～昭和56年7月31日　日本自動車タイヤ協会専務理事　→80/82

逢阪 勝見　おうさか・かつみ　明治42年3月10日～昭和55年12月5日　公認会計士、税理士　日本公認会計士協会監事　→80/82
逢坂 修造　おうさか・しゅうぞう　昭和5年1月2日～昭和62年9月22日　弁護士　日弁連副会長、新潟県弁護士会長　→83/87
逢坂 洋之助　おうさか・ようのすけ　昭和17年3月26日～平成13年3月31日　ダイキン工業常務　→00/02
黄田 多喜夫　おうだ・たきお　明治40年3月16日～平成10年5月10日　外務事務次官　→97/99
合馬 毅　おうま・つよし　～平成2年9月4日　東芝バルティーニ取締役　→88/90
近江 亀久治　おうみ・きくじ　～昭和63年1月25日　品川区議会議員　→88/90
近江 福雄　おうみ・ふくお　昭和11年10月25日～平成4年9月8日　弁護士　近江法律事務所長　→91/93
近江谷 栄次　おうみや・えいじ　明治7年1月20日～昭和17年6月8日　衆院議員(中央倶楽部)　→昭和
近江谷 友治　おうみや・ともじ　明治28年2月5日～昭和14年8月18日　社会運動家　→昭和
大麻 唯男　おおあさ・ただお　明治22年7月7日～昭和32年2月20日　政治家　衆院議員(自民党)、国務相　→昭和
大跡 智恵子　おおあと・ちえこ　大正8年1月22日～平成11年5月17日　相模ゴム工業専務　→97/99
大跡 信郎　おおあと・のぶお　大正8年3月9日～昭和62年12月24日　相模ゴム工業社長　→83/87
大跡 陽一　おおあと・よういち　昭和30年3月16日～平成19年12月3日　相模ゴム工業専務　→06/08
大井 治　おおい・おさむ　明治39年11月3日～平成2年10月13日　大井証券創立者　→88/90
大井 一雄　おおい・かずお　昭和3年7月12日～平成11年3月19日　我孫子市長　→97/99
大井 一星　おおい・かずほし　昭和6年2月5日～平成23年5月28日　大和社長　→09/11
大井 煥二　おおい・かんじ　～昭和62年2月9日　りんかい建設(株)新潟支店長　→83/87
大井 三郎右衛門　おおい・さぶろうえもん　大正5年6月30日～昭和62年2月15日　松島工業(株)副社長、元・戸出町(富山県)町議　→83/87
大井 重信　おおい・しげのぶ　～昭和61年1月8日　全駐労福岡県評議会、福岡県労働金庫理事長　→83/87
大井 成元　おおい・しげもと　文久3年9月10日～昭和26年7月15日　陸軍大将、政治家　貴院議員　→昭和
大井 淳　おおい・じゅん　～平成8年6月9日　育良精機製作所会長　→94/96
大井 勝司　おおい・しょうじ　～昭和44年4月20日　弁護士　→昭和
大井 多満栄　おおい・たまえ　明治44年10月19日～昭和61年5月15日　関西主婦連合会副会長　→83/87

I 政治・経済・社会篇　　　　　　　　　　　　　　　　　　　　　　　おおいし

大井 民雄　おおい・たみお　大正9年～昭和56年9月11日　衆院法制局長　→80/82

大井 哲郎　おおい・てつろう　昭和22年7月3日～平成23年2月21日　広島県議（自民党）　→09/11

大井 敏夫　おおい・としお　大正5年7月21日～平成18年8月29日　郁文堂社長　→06/08

大井 敏正　おおい・としまさ　～昭和63年4月17日　大洋汽力工業専務　→88/90

大井 尚俊　おおい・なおとし　明治29年12月23日～昭和60年10月27日　弁護士　大阪高裁判事　→83/87

大井 張靖　おおい・はるやす　大正11年11月13日～平成23年5月12日　氷川商事社長　→09/11

大井 久　おおい・ひさし　～昭和61年3月21日　法務省東京矯正管区長　→83/87

大井 秀雄　おおい・ひでお　大正6年11月23日～昭和58年4月24日　石炭鉱業年金基金常任理事,三井鉱山取締役　→83/87

大井 正巳　おおい・まさみ　明治26年9月4日～昭和60年6月5日　三商綿花社長・会長　→83/87

大井 学　おおい・まなぶ　昭和4年1月29日～平成4年12月30日　不二家取締役,正栄食品工業常務　→91/93

大井 道夫　おおい・みちお　大正11年8月21日～平成19年5月2日　国立公園協会理事長　→06/08

大井 安次　おおい・やすじ　明治44年2月3日～昭和63年4月8日　金波荘（七尾市和倉温泉）会長　→88/90

大井 安麿　おおい・やすまろ　明治43年8月5日～昭和63年9月21日　日産化学工業監査役　→88/90

大井 幸雄　おおい・ゆきお　大正13年6月28日～平成23年7月23日　飛島建設専務　→09/11

大井 良武　おおい・よしたけ　明治45年5月16日～平成3年9月21日　大同コンクリート工業常勤監査役　→91/93

大井 義昌　おおい・よしまさ　～昭和27年9月9日　氷見市長　→昭和

大池 清一　おおいけ・せいいち　～平成18年1月24日　軍人　静岡県マリアナ会会長　→06/08

大池 隆雄　おおいけ・たかお　大正6年9月17日～平成6年4月28日　アプラス常務　→94/96

大池 崇彦　おおいけ・たかひこ　昭和17年5月11日～平成5年11月8日　弁護士　→91/93

大池 忠助　おおいけ・ちゅうすけ　安政3年4月20日～昭和5年2月1日　実業家　朝鮮実業の開拓者　→昭和

大池 利美　おおいけ・としみ　～昭和60年11月7日　長野県銀行協会常務理事　→83/87

大池 秀雄　おおいけ・ひでお　大正3年3月11日～平成4年1月21日　東海証券会長　→91/93

大池 真　おおいけ・まこと　明治29年1月5日～平成2年7月5日　衆院事務総長　→88/90

大石 章　おおいし・あきら　昭和12年12月20日～昭和63年11月30日　イサム塗料取締役　→88/90

大石 文人　おおいし・あやと　～平成4年11月17日　九電工取締役　→91/93

大石 勇　おおいし・いさむ　明治35年11月7日～昭和60年8月3日　前田道路会長,前田建設工業会長　→83/87

大石 巌　おおいし・いわお　大正10年2月19日～平成14年3月3日　新日本証券社長　→00/02

大石 鋭太郎　おおいし・えいたろう　昭和2年7月5日～平成6年8月30日　京都銀行専務　→94/96

大石 一宣　おおいし・かずのり　昭和17年1月27日～平成3年9月25日　弁護士　福岡地家裁小倉支部総括判事　→91/93

大石 和也　おおいし・かずや　昭和9年6月30日～平成20年6月6日　池田町（北海道）町長　→06/08

大石 一芳　おおいし・かずよし　昭和14年11月10日～平成23年12月8日　フジクラ常務　→09/11

大石 勝夫　おおいし・かつお　～平成15年12月16日　タカラレーベン副社長　→03/05

大石 喜八郎　おおいし・きはちろう　～平成20年1月2日　九州スズキ販売社長　→06/08

大石 清　おおいし・きよし　大正2年1月25日～平成4年8月25日　大日本インキ化学工業勤優監査役　→91/93

大石 邦雄　おおいし・くにお　明治9年10月2日～平成21年5月29日　ホテルオークラ専務　→09/11

大石 健二　おおいし・けんじ　大正8年4月16日～平成5年4月11日　大石化成会長　→91/93

大石 光之助　おおいし・こうのすけ　明治29年9月9日～昭和46年2月8日　静岡新聞社創業者,静岡放送創立者　→昭和

大石 才一　おおいし・さいいち　大正3年6月10日～平成4年4月8日　日産化学工業取締役　→91/93

大石 斉治　おおいし・さいじ　明治8年2月～昭和27年3月12日　衆院議員（進歩党）　→昭和（おおいし・せいじ）

大石 栄　おおいし・さかえ　昭和58年2月1日　大本（宗教法人）副本部長　→83/87

大石 里喜　おおいし・さとき　～平成1年2月28日　本山町（高知県）町長　→88/90

大石 三郎　おおいし・さぶろう　明治36年7月19日～平成4年2月23日　弁護士　福岡大学法学部教授,西日本新聞社論説委員　→91/93

大石 重成　おおいし・しげなり　明治39年10月29日～昭和59年10月25日　鉄建建設社長　→83/87

大石 秀典　おおいし・しゅうてん　明治36年9月24日～平成8年10月22日　宗教家　新日本宗教家団体連合会事務総長　→94/96

大石 順教　おおいし・じゅんきょう　明治21年3月14日～昭和43年4月21日　尼僧,社会事業家,書家　勧修寺（真言宗階山派大本山）門跡院主　→昭和

大石 正吉　おおいし・しょうきち　～昭和13年5月2日　海軍少将　→昭和

大石 勝五　おおいし・しょうご　～平成19年3月8日　静岡銀行常務　→06/08

おおいし　　　　　　　　　　　　　　　　　　　　　　　Ⅰ　政治・経済・社会篇

大石 清造　おおいし・せいぞう　大正14年6月17日～平成4年2月15日　日本総合技研代表取締役　→91/93

大石 総一郎　おおいし・そういちろう　昭和4年2月15日～平成19年4月15日　こけし屋社長、国際観光日本レストラン協会常務理事　→06/08

大石 隆久　おおいし・たかひさ　昭和2年10月18日～平成16年6月17日　弁護士　静岡県選挙管理委員長　→03/05

大石 琢平　おおいし・たくへい　明治40年10月14日～平成2年11月5日　三菱金属常務、三菱コミンコ製錬社長　→88/90

大石 武夫　おおいし・たけお　明治29年5月6日～平成1年1月19日　チッソ会長　→88/90

大石 武二　おおいし・たけじ　昭和3年3月25日～平成17年4月5日　大石産業会長　→03/05

大石 太郎　おおいし・たろう　大正11年1月15日～平成6年5月25日　トピー工業副社長　→94/96

大石 力　おおいし・ちから　～昭和56年4月3日　弁護士　日本弁護士連合会副会長　→80/82

大石 嗣郎　おおいし・つぐお　大正11年3月8日～平成21年9月19日　牧師　日本基督教団碑文谷教会正教師　→09/11

大石 徳次　おおいし・とくじ　大正9年2月7日～昭和61年4月12日　ニチメン衣料会長、ニチメン常務　→83/87

大石 敏夫　おおいし・としお　～昭和61年9月7日　日本甜菜製糖監査役　→83/87

大石 寅雄　おおいし・とらお　昭和5年7月29日～昭和63年10月26日　京都近鉄百貨店取締役　→88/90

大石 虎之助　おおいし・とらのすけ　～昭和38年12月28日　焼津市長　→昭和

大石 信男　おおいし・のぶお　明治38年3月25日～平成8年4月30日　日本陶器（のちノリタケカンパニーリミテド）副社長　→94/96

大石 徳夫　おおいし・のりお　大正8年10月28日～平成7年8月23日　いすゞ自動社副社長　→94/96

大石 法夫　おおいし・のりお　大正10年4月～平成20年5月13日　僧侶　法林寺（浄土真宗木辺派）副住職　→06/08

大石 八治　おおいし・はちじ　明治41年10月～昭和51年7月20日　衆院議員（自民党）　→昭和（おおいし・やつじ）

大石 蜂郎　おおいし・はちろう　～昭和59年3月27日　横山銀行頭取　→83/87

大石 博　おおいし・ひろし　～平成8年2月24日　大海上火災保険（のち三井海上火災保険）専務　→94/96

大石 博　おおいし・ひろし　昭和3年10月8日～平成20年6月13日　動力炉核燃料開発事業団理事、関西電力常務　→06/08

大石 武一　おおいし・ぶいち　明治42年6月19日～平成15年10月19日　衆院議員（自民党）、環境庁長官、農相　→03/05

大石 真　おおいし・まこと　昭和2年5月7日～平成21年7月1日　鈴与専務　→09/11

大石 正紀　おおいし・まさき　昭和15年1月25日～平成18年7月1日　福岡県議（緑友会・新風）　→06/08

大石 正巳　おおいし・まさみ　安政2年4月11日～昭和10年7月12日　衆院議員、農商務相　→昭和

大石 正巳　おおいし・まさみ　大正12年4月18日～平成16年3月15日　大石産業社長　→03/05

大石 正路　おおいし・まさみち　大正13年12月25日～平成18年2月25日　清水銀行常務、清見潟大学塾長　→06/08

大石 大　おおいし・まさる　明治11年1月28日～昭和14年2月10日　農民運動家　衆院議員（無所属クラブ）　→昭和

大石 益光　おおいし・ますみつ　大正15年3月14日～平成9年5月22日　静岡新聞社、静岡放送会長　→97/99

大石 節　おおいし・みさお　明治33年10月7日～平成4年4月24日　静岡県会議長　→91/93

大石 通雄　おおいし・みちお　昭和6年7月3日～平成14年4月18日　東京建物副社長　→00/02

大石 康夫　おおいし・やすお　大正11年1月9日～平成7年1月21日　大同興業社長　→91/93

大石 泰男　おおいし・やすお　～昭和61年6月17日　大石みそ社長　→83/87

大石 雄吾　おおいし・ゆうご　昭和10年2月5日～平成19年4月6日　太平洋金属監査役　→06/08

大石 ヨシエ　おおいし・よしえ　明治30年2月12日～昭和46年6月7日　婦人運動家、政治家　衆院議員（社会党）　→昭和

大石 良美　おおいし・よしみ　～昭和60年11月7日　大洋ストア社長、粕屋郡交通安全協会長　→83/87

大石 良世　おおいし・よしよ　昭和51年2月2日　日産火災海上保険会長　→昭和

大石 倫治　おおいし・りんじ　明治10年6月～昭和23年3月20日　衆院議員（民主自由党）　→昭和（大石 倫吉　おおいし・りんきち）

大石 六二　おおいし・ろくじ　昭和2年5月27日～平成4年12月17日　大石機械社長　→91/93

大泉 寛三　おおいずみ・かんぞう　明治27年9月4日～昭和56年2月4日　衆院議員（自民党）　→80/82

大泉 吉郎　おおいずみ・きちろう　明治42年12月22日～平成6年5月11日　宮城県人事委員会委員長、宮城交通社長　→94/96

大泉 源郎　おおいずみ・げんろう　明治43年12月20日～平成17年12月28日　苫小牧市長　→昭和

大泉 重行　おおいずみ・しげゆき　大正11年11月25日～平成4年10月27日　上光証券会長　→91/93

大泉 周蔵　おおいずみ・しゅうぞう　大正4年3月15日～平成6年4月25日　日本電信電話公社（のちNTT）総務理事、通信機械工業会専務理事　→94/96

大泉 信太郎　おおいずみ・しんたろう　昭和2年1月10日～平成18年2月25日　伯養軒社長　→06/08

大泉 荘介　おおいずみ・そうすけ　～昭和57年5月11日　高等海難審判庁首席審判官,東京高等商船学校教授　→80/82

大泉 雅弘　おおいずみ・まさひろ　明治35年1月26日～平成3年8月20日　日本食堂副社長　→91/93

大出 俊　おおいで・しゅん　大正11年3月10日～平成13年11月8日　衆院議員(社民党),郵政相　→00/02

大岩 勇夫　おおいわ・いさお　～昭和30年7月7日　名古屋市長　→昭和

大岩 嘉一　おおいわ・かいち　明治35年1月7日～平成5年8月5日　ニチイ副社長　→91/93

大岩 和雄　おおいわ・かずお　大正1年12月2日～平成13年2月14日　伊奈製陶社長　→00/02

大岩 三郎　おおいわ・さぶろう　～昭和48年1月29日　古河鉱業監査役　→昭和

大岩 長右衛門　おおいわ・ちょううえもん　～平成5年1月29日　愛知県味噌溜醤油工業協同組合常任顧問　→91/93

大岩 哲夫　おおいわ・てつお　～平成17年4月3日　丸善石油(のちコスモ石油)専務　→03/05

大岩 復一郎　おおいわ・またいちろう　～昭和31年2月27日　中部配電社長　→昭和

大岩 三夫　おおいわ・みつお　昭和2年11月29日～平成20年11月23日　青木マリーン社長　→06/08

大植 金平　おおうえ・きんぺい　大正13年1月20日～平成1年7月31日　大阪府都市開発社長,大阪府副知事　→88/90

大植 武士　おおうえ・たけし　大正9年12月3日～昭和59年3月31日　リコー会長　→83/87

大上 信雄　おおうえ・のぶお　明治40年11月3日～平成1年9月24日　京福電気鉄道社長　→88/90

大内 淳義　おおうち・あつよし　大正8年10月10日～平成8年4月20日　日本電気会長　→94/96

大内 一郎　おおうち・いちろう　明治24年3月～昭和37年3月18日　衆院議員(自由党)　→昭和

大内 伊六　おおうち・いろく　～昭和6年7月8日　海軍少佐　→昭和

大内 格之助　おおうち・かくのすけ　大正1年12月15日～平成13年3月2日　北海道新聞専務,北海道文化放送社長　→00/02

大内 和一　おおうち・かずいち　大正14年7月19日～平成12年11月25日　エッソ石油専務　→00/02

大内 克之　おおうち・かつゆき　大正9年9月8日～平成18年10月16日　茨城銀行会長　→06/08

大内 亀二郎　おおうち・かめじろう　明治34年1月21日～昭和57年11月18日　日本レース社長　→80/82

大内 競　おおうち・きそい　～昭和59年6月19日　陸軍大佐　モロタイ戦友会会長　→83/87

大内 康三　おおうち・こうぞう　～昭和57年6月13日　大都工業取締役　→80/82

大内 作夫　おおうち・さくお　～平成18年8月30日　播磨化成工業(のちハリマ化成)常務　→06/08

大内 貞二　おおうち・さだじ　～平成5年3月26日　関東特殊製鋼専務　→91/93

大内 三郎　おおうち・さぶろう　明治36年4月18日～昭和63年8月27日　四国電力社長　→88/90

大内 寿兵衛　おおうち・じゅひょうえ　明治37年2月20日～平成6年3月16日　日本酸素専務　→94/96

大内 俊司　おおうち・しゅんじ　大正3年7月20日～平成13年7月4日　山陽特殊製鋼社長,新日本製鉄副社長　→00/02

大内 正二　おおうち・しょうじ　大正2年7月7日～平成3年12月30日　中野区長　→91/93

大内 隆　おおうち・たかし　明治45年6月1日～平成4年11月13日　福岡市農協組合長,福岡県信用農協連会長　→91/93

大内 竹之助　おおうち・たけのすけ　明治21年12月～昭和40年11月17日　茨城相互銀行会長,衆院議員(翼賛議員同盟)

大内 忠昭　おおうち・ただあき　昭和19年10月10日～平成3年7月20日　福島県教育長　→91/93

大内 暢三　おおうち・ちょうぞう　明治7年3月～昭和19年12月31日　東亜同文書院院長,衆院議員(立憲政友会)　→昭和(おおうち・ようぞう)

大内 孜　おおうち・つとむ　～昭和14年7月4日　陸軍少将　→昭和

大内 剛　おおうち・つよし　～昭和60年12月1日　(社)全国信販協会常務理事　→83/87

大内 哲夫　おおうち・てつお　昭和3年3月15日～平成4年3月12日　福岡県議(公明党)　→91/93

大内 徳一郎　おおうち・とくいちろう　明治44年4月24日～平成9年3月11日　安田生命保険専務,安田興業社長　→97/99

大内 俊昭　おおうち・としあき　昭和19年9月23日～平成20年2月1日　みずほ総合研究所社長　→06/08

大内 信也　おおうち・のぶや　平成4年10月28日～平成10年8月9日　南海放送副社長　→97/99

大内 範　おおうち・のり　～平成2年4月13日　東邦商会相談役・元会長　→88/90

大内 久　おおうち・ひさし　～平成11年12月21日　東海村臨界事故の犠牲者　→00/02s

大内 博　おおうち・ひろし　～平成1年10月10日　山形県議　→88/90

大内 文雄　おおうち・ふみお　明治32年7月5日～昭和64年1月4日　弁護士　東邦レーヨン常任監査役,大内法律事務所長　→88/90

大内 正夫　おおうち・まさお　明治33年3月5日～昭和58

おおうち　　　　　　　　　　　　　　　　　　　　　　　　　　　Ⅰ　政治・経済・社会篇

年12月6日　弁護士　リッカー常務　→83/87

大内 正見　おおうち・まさみ　大正10年9月24日～昭和55年6月4日　秋田テレビ取締役　→80/82

大内 幹造　おおうち・みきぞう　昭和7年2月4日～平成10年12月5日　山一証券副会長　→97/99

大内 基　おおうち・もとい　明治39年9月22日～昭和61年5月1日　北海道新聞社取締役, 北海道労働金庫理事長　→83/87

大内 弥介　おおうち・やすけ　明治38年7月4日～平成1年10月18日　松江地家裁所長　→88/90

大内 康光　おおうち・やすみつ　昭和2年12月5日～平成3年11月26日　ユアテック常務　→91/93

大内 芳夫　おおうち・よしお　大正13年11月25日～平成2年12月4日　昭和精密精袋機製作所社長　→88/90

大内 義一　おおうち・よしかず　明治4年10月～昭和4年10月2日　陸軍少将　→昭和（おおうち・ぎいち）

大内田 正　おおうちだ・ただし　明治44年3月25日～平成10年3月5日　日立建機会長, 日立製作所専務　→97/99

大内山 清　おおうちやま・きよし　大正5年3月15日～平成4年3月15日　住銀リース社長, 住友銀行取締役　→91/93

大海原 重義　おおうなばら・しげよし　明治15年11月8日～昭和15年11月21日　京都府知事　→昭和

大浦 章郎　おおうら・あきお　大正13年11月1日～平成19年2月27日　中部読売新聞社専務　→06/08

大浦 貞助　おおうら・ていすけ　大正14年4月1日～昭和60年11月27日　北海道議　→83/87

大浦 英男　おおうら・ひでお　昭和4年9月9日～平成5年8月5日　大阪市開発公社社長, 大阪市助役　→91/93

大浦 政弘　おおうら・まさひろ　昭和7年3月7日～平成8年4月25日　堀場製作所取締役相談役　→94/96

大浦 正博　おおうら・まさひろ　～平成20年7月17日　都城大丸社長　→06/08

大江 晃　おおえ・あきら　～昭和41年8月20日　国際学友会理事長, 元駐スイス・タイ・オランダ各大使　→昭和

大江 清　おおえ・きよし　～昭和42年5月6日　泉州銀行取締役会長, 元東京銀行常務　→昭和

大江 喜代治　おおえ・きよじ　～昭和61年8月31日　松泉閣代表取締役　→83/87

大江 静夫　おおえ・しずお　～昭和60年10月7日　炭労事務局長　→83/87

大江 竹一　おおえ・たけいち　明治35年11月30日～平成5年4月19日　香川県会議長, 大江水産社長　→91/93

大江 洸　おおえ・たけし　昭和4年11月23日～平成20年4月17日　全労連議長　→06/08

大江 龍郎　おおえ・たつろう　大正8年1月24日～平成8年12月28日　朝日放送副社長　→94/96

大江 恒吉　おおえ・つねきち　～昭和48年10月22日　光村図書出版社長　→昭和

大江 敏夫　おおえ・としお　昭和6年9月2日～平成16年10月24日　栃木県副知事, とちぎテレビ社長　→03/05

大江 兵馬　おおえ・ひょうま　大正2年7月28日～平成3年4月15日　弁護士　横浜地検検事正　→91/93

大江 浩　おおえ・ひろし　昭和6年12月23日～昭和63年8月25日　前田道路常勤監査役　→88/90

大江 政雄　おおえ・まさお　大正3年7月5日～平成2年1月13日　浜益村（北海道）村長　→88/90

大江 真志次　おおえ・ましじ　～昭和63年9月21日　矢本町（宮城県）町長　→88/90

大江 保直　おおえ・やすなお　明治30年11月30日～昭和61年5月1日　高松高裁長官, 独協大教授　→83/87

大江 義郎　おおえ・よしろう　昭和5年2月1日～平成1年12月1日　岡三証券専務　→88/90

大条 駒雄　おおえだ・こまお　明治39年8月21日～昭和58年3月24日　日幸電機製作所社長　→83/87

大枝 春臣　おおえだ・はるおみ　～昭和47年12月14日　三工社長　→昭和

大江原 矯　おおえはら・たけし　～昭和60年3月1日　報知新聞社専務, 報知印刷社長　→83/87

大岡 育造　おおおか・いくぞう　安政3年6月3日～昭和3年1月26日　政治家　衆院議長, 文相　→昭和

大岡 市次郎　おおおか・いちじろう　昭和2年2月21日～平成5年3月9日　大信販（のちアプラス）常務　→91/93

大岡 光三郎　おおおか・こうざぶろう　～昭和48年7月4日　和光証券相談役　→昭和

大岡 俊謙　おおおか・しゅんけん　明治29年11月30日～昭和58年12月17日　僧侶　天台寺門宗管長　→83/87

大岡 孝夫　おおおか・たかお　大正10年5月17日～平成4年8月23日　日本電子計算常務　→91/93

大岡 忠礼　おおおか・ただのり　～昭和11年12月8日　子爵　→昭和

大岡 勉　おおおか・つとむ　昭和10年1月28日～平成13年7月1日　住友製薬専務　→00/02

大岡 冨太郎　おおおか・とみたろう　明治34年7月28日～昭和63年1月17日　三菱金属監査役　→88/90

大岡 昇　おおおか・のぼる　大正7年12月25日～平成22年4月16日　大林組副社長　→09/11

大岡 登　おおおか・のぼる　昭和11年5月16日～平成7年1月7日　大岡技研会長　→94/96

大岡 真美　おおおか・まさみ　昭和7年8月30日～平成1年6月1日　太平工業取締役　→88/90

大岡 増二郎　おおおか・ますじろう　明治36年3月19日～昭和58年6月14日　日研化学顧問・元社長　→83/87

大岡 吉邑　おおおか・よしくに　明治22年3月14日～昭和57年4月18日　大岡製作所相談役, 工学院大学理事長　→80/82

大岡 義政　おおおか・よしまさ　～昭和59年2月18日　日本聖公会京都聖ヨハネ教会牧師・司祭　→83/87

大賀 一郎　おおが・いちろう　昭和11年1月26日～昭

Ｉ　政治・経済・社会篇　　　　　　　　　　　　　　　　　　　　　　　　　　　　おおかわ

62年2月6日　日本経済新聞写真部編集委員　→83/87

大我 勝躬　おおが・かつみ　明治39年5月5日～平成1年3月5日　日本曹達専務　→88/90

大賀 二郎　おおが・じろう　大正3年7月8日～平成2年1月26日　日本発条常務　→88/90

大賀 匡　おおが・ただし　昭和42年3月12日～平成23年1月3日　福岡県議(県政クラブ)　→09/11

大賀 忠直　おおが・ただなお　昭和2年3月28日～平成14年2月13日　関門商品取引所理事長, 九州農政局農政部長　→00/02

大賀 典彦　おおが・つねひこ　～昭和59年7月18日　大賀合名会社(清酒玉出泉醸造元)専務　→83/87

大賀 典雄　おおが・のりお　昭和5年1月29日～平成23年4月23日　実業家, 声楽家　ソニー社長, 東京文化会館館長, 新星東京フィルハーモニー交響楽団会長・理事長　→09/11

大賀 博　おおが・ひろし　～昭和50年4月16日　日本自動変速機社長　→昭和

大神 正　おおが・まさし　明治44年5月3日～平成6年5月24日　日本原子力発電顧問・元副社長　→94/96

大我 実　おおが・みのる　～昭和57年8月30日　株式会社大我米穀店社長, 白石商店振興組合前副理事長　→80/82

大賀 康彦　おおが・やすひこ　昭和9年11月26日～平成2年7月28日　ソニー物流本部長, ソニーロジスティックス社長　→88/90

大垣 勝太郎　おおがき・かつたろう　～昭和13年6月25日　和歌山県学務部長　→昭和

大垣 元　おおがき・げん　～昭和43年5月21日　北区議(自民)　→昭和

大垣 三郎　おおがき・さぶろう　～昭和60年8月5日　日経映像役員待遇　→83/87

大垣 忠雄　おおがき・ただお　大正7年7月13日～平成19年6月19日　日本原燃産業社長　→06/08

大柿 諒　おおかき・まこと　大正3年10月30日～平成5年7月16日　新日本製鉄副社長　→91/93

大垣 護　おおがき・まもる　～昭和56年12月11日　乾汽船常務　→80/82

大欠 市蔵　おおかけ・いちぞう　昭和4年5月15日～平成10年9月11日　岩手県議(社会党)　→00/02s

大柏 英雄　おおがし・ひでお　大正9年11月5日～平成21年3月16日　住友軽金属工業社長　→09/11

大形 きみ　おおがた・きみ　～昭和63年7月26日　霊友会会長補佐　→88/90

大形 作太郎　おおがた・さくたろう　～昭和58年4月17日　霊友会会長補佐・第13支部長　→83/87

大方 保　おおがた・たもつ　大正6年12月9日～平成10年10月6日　ジャパンタイムズ取締役編集局長　→97/99

大方 春一　おおがた・はるいち　大正8年5月14日～平成11年5月25日　上川町(北海道)町長　→97/99

大形 政夫　おおがた・まさお　～昭和60年1月19日　目黒区(東京都)区議　→83/87

大角 甚次郎　おおかど・じんじろう　明治37年5月18日～平成1年6月22日　兵庫県議　→88/90

大門 博　おおかど・ひろし　大正14年7月25日～平成6年8月25日　弁理士, 技術プロモーター　(財)生産開発科学研究所所長　→94/96

大鐘 一男　おおかね・かずお　昭和6年9月6日～平成3年10月24日　三井生命保険専務　→91/93

大金 武　おおがね・たけし　明治32年8月20日～昭和55年11月28日　大金畜産会長, 北海道食肉事業協組連合会顧問　→80/82

大金 益次郎　おおがね・ますじろう　明治27年10月28日～昭和54年3月11日　侍従次長, 日銀監事, 済生理事長　→昭和

大金 瑞穂　おおがね・みずほ　昭和12年8月5日～平成6年6月7日　日本開発銀行理事　→94/96

大鐘 与兵衛　おおがね・よひょうえ　昭和6年～昭和61年2月8日　守谷商会取締役　→83/87

大鎌 征三郎　おおかま・せいざぶろう　～昭和62年6月24日　芦屋市議・市議会議長　→83/87

大神 朝喜　おおがみ・あさき　明治34年1月1日～昭和62年1月9日　菱電サービス社長, 三菱電機常務　→83/87

大神 健太郎　おおがみ・けんたろう　明治44年2月25日～昭和63年3月26日　祥雲興産(株)社長, 福岡市体育協会理事長　→88/90

大神 善吉　おおがみ・ぜんきち　明治29年6月～昭和42年10月27日　大神商事社長, 衆院議員(社会革新党)　→昭和(おおかみ・ぜんきち)

大神 一　おおかみ・はじめ　明治30年2月15日～昭和45年10月12日　山一証券社長　→昭和

大神 正朝　おおかみ・まさとも　～昭和44年9月8日　石原産業専務　→昭和

大神 三千雄　おおがみ・みちお　大正7年11月10日～平成6年1月25日　東京建物専務, 日本不動産鑑定協会副会長　→94/96

大川 功　おおかわ・いさお　大正15年5月19日～平成13年3月16日　CSK名誉会長, セガ会長・社長　→00/02

大川 五十　おおかわ・いそ　明治34年7月1日～平成7年1月15日　双葉通信社社長　→94/96

大川 英三　おおかわ・えいぞう　～平成3年5月26日　古河機械金属常務　→91/93

大川 英太郎　おおかわ・えいたろう　安政2年12月27日～昭和8年11月20日　実業家　日出紡織社長　→昭和

大川 和美　おおかわ・かずみ　大正8年8月29日～平成5年4月30日　杉村倉庫社長　→91/93

大川 邦昭　おおかわ・くにあき　大正1年10月1日～平成12年12月8日　高知県議(自民党)　→00/02

大川 周明　おおかわ・しゅうめい　明治19年12月6日～昭和32年12月24日　国家主義者　→昭和

大川 二郎　おおかわ・じろう　昭和2年3月13日〜平成17年11月16日　鹿児島県議（自民党）　→03/05

大川 隆司　おおかわ・たかし　〜平成14年9月11日　エース損害保険社長、CEO　→00/02

大川 雄史　おおかわ・たけし　昭和22年9月22日〜平成11年8月10日　コニック社長　→97/99

大川 忠一郎　おおかわ・ちゅういちろう　明治44年11月26日〜平成7年3月26日　京三製作所会長、日本インター会長　→94/96

大川 鶴二　おおかわ・つるじ　大正5年12月9日〜平成15年11月19日　東京消防庁消防総監　→03/05

大川 鉄雄　おおかわ・てつお　〜昭和50年4月21日　日本フェルト会長　→昭和

大川 元　おおかわ・はじめ　〜平成7年6月11日　クロイドン会長　→94/96

大川 英郎　おおかわ・ひでろう　〜昭和62年4月29日　大川印刷所社長、神奈川県印工組理事長　→83/87

大川 博　おおかわ・ひろし　明治29年12月30日〜昭和46年8月17日　実業家　東京急行社長、東映社長　→昭和

大川 博　おおかわ・ひろし　昭和12年2月18日〜昭和63年2月1日　大川織物社長　→88/90

大川 平三郎　おおかわ・へいざぶろう　万延1年10月25日〜昭和11年12月30日　実業家　大川財閥創始者、富士製紙社長、貴院議員（勅選）　→昭和

大川 正夫　おおかわ・まさお　〜昭和57年10月12日　中山製鋼所専務　→80/82

大川 正智　おおかわ・まさとも　大正15年12月2日〜平成21年4月30日　オーカワ会長　→09/11

大川 光三　おおかわ・みつぞう　明治32年3月〜昭和40年11月7日　衆院議員、参院議員（自民党）　→昭和（おおかわ・こうぞう）

大川 勇治　おおかわ・ゆうじ　〜昭和61年3月1日　千歳市議　→83/87

大川 義篤　おおかわ・よしあつ　〜平成13年4月5日　原水爆禁止日本協議会代表理事、原水爆禁止兵庫県協議会理事長　→00/02

大川 義男　おおかわ・よしお　〜昭和56年7月13日　北海道農材工業取締役相談役　→80/82

大川 美雄　おおかわ・よしお　大正11年12月3日〜平成20年12月9日　駐カナダ大使　→06/08

大川 喜伴　おおかわ・よしとも　大正12年1月2日〜平成14年11月10日　住友重機械工業副社長　→00/02

大川 好彦　おおかわ・よしひこ　昭和15年4月13日〜平成5年11月6日　村本不動産取締役、村本建設取締役　→91/93

大川 亮三　おおかわ・りょうぞう　昭和7年3月13日〜昭和63年2月7日　三井建設取締役　→88/90

大川戸 成二　おおかわど・せいじ　明治43年3月31日〜平成13年4月20日　新潟日報常務　→00/02

大河原 勲　おおかわら・いさお　昭和13年2月5日〜平成14年5月23日　新潟県議（自民党）　→00/02

大河原 一次　おおかわら・いちじ　明治36年9月20日〜昭和63年3月7日　参院議員（社会党）　→88/90

大河原 栄之助　おおかわら・えいのすけ　〜昭和32年6月28日　日本特殊鋼、日本特殊金属社長　→昭和

大河原 謙二郎　おおがわら・けんじろう　大正6年9月28日〜昭和61年8月21日　東海金属社長、日本軽金属取締役、経団連評議員　→83/87

大川原 源三　おおかわら・げんぞう　昭和13年5月24日〜平成23年11月16日　群馬県議（自民党）　→09/11

大河原 達彦　おおかわら・たつひこ　大正3年11月23日〜平成20年10月7日　兼松江商常務　→06/08

大河原 敏雄　おおかわら・としお　〜平成8年6月26日　紀文商事専務、紀文食品常務　→94/96

大河原 由蔵　おおかわら・よしぞう　〜昭和27年10月19日　東京公安委員　→昭和

大木 勲　おおき・いさお　明治39年5月15日〜平成7年3月25日　福島製鋼相談役・元社長、福島県経営者協会連合会会長　→94/96

大木 英一　おおき・えいいち　〜昭和55年7月28日　在外将兵帰還促進連盟会長　→80/82

大城 金夫　おおき・かねお　大正12年3月13日〜平成15年11月12日　東京湾横断道路社長、日本道路公団理事　→03/05

大木 清雄　おおき・きよお　明治44年7月29日〜平成4年3月29日　東邦ガス副社長、東邦コークス販売社長　→91/93

大木 金蔵　おおき・きんぞう　明治40年12月18日〜平成8年7月7日　橋本フォーミング工業会長　→94/96

正親 見一　おおぎ・けんいち　明治45年1月16日〜平成9年1月2日　東京電力常務　→97/99

大木 公治　おおき・こうじ　大正14年1月17日〜平成7年11月4日　伊藤忠商事常務　→94/96

大城 茂雄　おおき・しげお　大正8年12月25日〜平成4年1月19日　高田町（福岡県）町議、全国主食集荷協同組合連合会副会長　→91/93

大木 正吾　おおき・しょうご　大正11年3月26日〜平成16年3月17日　衆院議員（社民党）　→03/05

大樹 承算　おおき・じょうざん　〜昭和55年5月31日　天台宗書写山円教寺住職、大僧正　→80/82

大木 真一　おおき・しんいち　大正15年6月6日〜平成14年5月31日　岩手県海外協力隊を育てる会常任理事、岩手県環境アドバイザー　→00/02

大木 信一　おおき・しんじ　昭和21年5月31日〜平成13年4月30日　日本LSIカード社長　→00/02

大木 末次　おおき・すえじ　大正4年8月28日〜平成6年5月25日　大木建設専務　→94/96

大木 征太郎　おおき・せいたろう　昭和13年7月11日〜平成20年1月14日　読売新聞調査研究本部次長　→06/08

I 政治・経済・社会篇　　　　　　　　　　　　　　　　　　　　おおくぼ

大木 荘三　おおき・そうぞう　大正15年1月1日～平成23年10月29日　三井石油副会長　→09/11

大木 武雄　おおき・たけお　明治31年5月7日～昭和52年4月15日　社会運動家　→昭和

大木 武　おおき・たけし　昭和2年4月15日～平成1年10月5日　日本鉱業専務　→88/90

大木 保　おおき・たもつ　～昭和61年10月9日　電通都市開発センター企画開発部長　→83/87

大木 恒四郎　おおき・つねしろう　明治45年1月18日～平成5年4月9日　あさひ銀行相談役、埼玉銀行頭取　→91/93

大木 直正　おおき・なおまさ　明治40年5月20日～平成3年5月27日　佐世保重工業社長　→91/93

大木 光　おおき・ひかる　明治43年11月26日～平成5年12月16日　商工中金理事、カルビー専務　→91/93

大木 久弥　おおき・ひさや　～平成5年7月30日　三菱化工機取締役　→91/93

大木 正徳　おおき・まさのり　大正6年8月10日～平成11年10月31日　日製産業社長　→97/99

大木 三一　おおき・みかず　～平成6年3月15日　日本電熱計器相談役　→94/96

大木 操　おおき・みさお　明治24年10月19日～昭和56年8月13日　衆院書記官長、東京都副知事、貴院議員（勅選）　→80/82

大木 保男　おおき・やすお　大正7年8月19日～平成11年6月1日　三菱商事取締役　→97/99

大木 行夫　おおき・ゆきお　明治37年3月30日～昭和62年3月28日　江ノ島鎌倉観光社長　→昭和

大木 よね　おおき・よね　明治40年11月25日～昭和48年12月14日　三里塚空港反対運動の名物お婆さん　→昭和

大岸 頼好　おおぎし・よりよし　明治35年2月18日～昭和27年12月23日　陸軍軍人、右翼活動家　→昭和

大北 一夫　おおきた・かずお　大正12年9月1日～平成13年9月10日　昭和シェル石油社長　→00/02

大喜多 健一　おおきた・けんいち　～昭和58年12月23日　大喜多鋲螺社長、大喜多金型部品相談役　→83/87

大喜多 政行　おおきた・まさゆき　明治39年10月31日～平成3年9月21日　鐘紡常務　→91/93

大儀見 薫　おおぎみ・かおる　昭和4年8月6日～平成21年9月18日　西武百貨店取締役、日本セイルトレーニング協会理事長　→09/11

大草 建一　おおくさ・けんいち　大正14年1月12日～昭和61年8月25日　オークス本社社長　→83/87

大串 静雄　おおぐし・しずお　大正7年1月7日～昭和59年1月9日　西武運輸社長　→83/87

大串 松次　おおぐし・まつじ　～昭和44年3月19日　森永商事、森永乳業社長　→昭和

大串 満馬　おおぐし・みつま　明治44年2月25日～平成1年11月27日　住友建設顧問・元副社長、建設省九州地方建設局長　→88/90

大串 元亮　おおくし・もとすけ　昭和3年1月1日～平成19年2月20日　日本基督教団仙川教会名誉牧師　→06/08

大口 喜六　おおぐち・きろく　明治3年5月25日～昭和32年1月27日　政治家　衆院議員（政友会）　→昭和

大口 駿一　おおぐち・しゅんいち　大正7年1月15日～平成2年2月21日　日本水産会長、農林事務次官　→88/90

大口 信悟　おおぐち・しんご　昭和2年5月15日～平成12年9月23日　協和銀行常務　→00/02

大口 俊男　おおぐち・としお　大正12年2月27日～平成6年10月30日　豊田通商副社長　→94/96

大口 信夫　おおぐち・のぶお　大正6年7月10日～平成6年1月28日　駐ブラジル大使　→94/96

大口 右造　おおぐち・ゆうぞう　明治33年4月9日～平成8年2月5日　服部セイコー副社長　→94/96

大口 善有　おおぐち・よしあり　大正10年9月1日～平成9年1月14日　神官　多賀大社宮司　→97/99

大国 彰　おおくに・あきら　大正2年1月1日～平成9年3月15日　行政管理庁事務次官、行政管理研究センター会長　→97/99

大国 弘吉　おおくに・こうきち　～昭和40年8月31日　奈良市長　→昭和

大国 正夫　おおくに・まさお　明治39年6月30日～平成10年7月13日　弁護士　京都感化保護院理事長　→97/99

大久保 晃　おおくぼ・あきら　～平成4年4月19日　福岡地検福岡区検察庁副検事　→91/93

大久保 敦生　おおくぼ・あつお　～平成4年10月7日　高菱エンジニアリング社長　→91/93

大久保 一雄　おおくぼ・いちお　明治34年～昭和58年2月14日　日本清酒顧問、千歳鶴商会社長　→83/87

大久保 一郎　おおくぼ・いちろう　大正5年7月15日～昭和63年9月20日　日本原子力研究所監事　→88/90

大久保 英太郎　おおくぼ・えいたろう　大正10年3月27日～平成20年9月28日　横浜市議　→06/08

大久保 乙彦　おおくぼ・おとひこ　昭和3年7月4日～平成1年12月1日　（財）日本近代文学館理事・元事務局長　→88/90

大久保 和男　おおくぼ・かずお　昭和45年6月29日～平成10年6月23日　北海道議　→97/99

大久保 一彦　おおくぼ・かずひこ　大正15年11月3日～平成14年9月30日　東京産業常務　→00/02

大久保 勝夫　おおくぼ・かつお　昭和4年12月15日～平成4年4月20日　大久保歯車工業社長　→91/93

大久保 潔　おおくぼ・きよし　明治39年8月5日～平成3年1月9日　石川島播磨重工業副社長　→91/93

大久保 清　おおくぼ・きよし　昭和5年3月9日～平成16年11月24日　高萩市長、茨城県議（社会党）　→03/05

大久保 圭一郎　おおくぼ・けいいちろう　大正13年7月6日～平成11年3月8日　フンドーダイ会長、全国醬油工業協同組合連合会会長　→97/99

大久保 謙　おおくぼ・けん　明治32年4月18日～昭和61

年3月26日　三菱電機社長　→83/87

大久保 絢史　おおくぼ・けんじ　大正7年3月13日～平成10年5月26日　日刊工業新聞社長　→97/99

大久保 賢治郎　おおくぼ・けんじろう　明治26年3月16日～昭和58年11月14日　新潟臨港海陸運送会長、川崎汽船専務　→83/87

大久保 光慈　おおくぼ・こうじ　昭和14年1月9日～平成3年12月21日　ブルドックソース取締役　→91/93

大久保 伍郎　おおくぼ・ごろう　～昭和58年12月29日　ニッポン放送技術部長、ポニー取締役生産本部長　→83/87

大久保 佐一　おおくぼ・さいち　～昭和9年10月22日　群馬社社長　→昭和

大久保 重明　おおくぼ・しげあき　明治41年10月13日～平成8年6月2日　住友建設常務　→94/96

大久保 繁雄　おおくぼ・しげお　～昭和33年3月17日　千代田化工建設社長　→昭和

大久保 茂　おおくぼ・しげる　大正10年8月22日～平成19年10月23日　シーエーシー社長　→06/08

大久保 正二　おおくぼ・しょうじ　～昭和40年1月22日　日野自動車会長　→昭和

大久保 総一郎　おおくぼ・そういちろう　～昭和55年11月9日　ユニオンオイルジャパン副社長、元東洋石油開発常務　→80/82

大久保 千仭　おおくぼ・たかし　昭和3年5月22日～平成11年1月15日　神奈川県議（高座郡）　→97/99

大窪 隆　おおくぼ・たかし　昭和16年7月11日～平成16年1月10日　アイネス常務　→03/05

大久保 武夫　おおくぼ・たけお　明治45年3月28日～昭和61年12月18日　江崎グリコ会長、関西経済連合会常任理事　→83/87

大久保 武雄　おおくぼ・たけお　明治36年11月24日～平成8年10月14日　政治家、俳人　衆院議員（自民党）、労相　→94/96

大久保 竹治　おおくぼ・たけじ　大正5年5月1日～平成22年5月30日　丸広百貨店創業者　→09/11

大久保 太三郎　おおくぼ・たさぶろう　～昭和49年10月10日　日本銀行政策委員　→昭和

大久保 忠言　おおくぼ・ただのぶ　～昭和38年5月15日　子爵　→昭和

大久保 忠大　おおくぼ・ただひろ　大正6年2月5日～平成12年10月19日　佐藤工業専務　→00/02

大久保 忠正　おおくぼ・ただまさ　大正3年3月17日～平成14年8月20日　藤田観光会長・社長、同和鉱業常務　→00/02

大久保 忠良　おおくぼ・ただよし　昭和2年9月15日～平成14年1月2日　パシフィックコンサルタンツインターナショナル副社長、建設技術研究所長　→83/87

大久保 立　おおくぼ・たつ　明治4年4月～昭和16年2月4日　海軍造船中将　貴院議員（子爵）　→昭和

大久保 民雄　おおくぼ・たみお　大正10年7月21日～平成6年1月19日　九州日本電気ソフトウェア社長、日本電理事　→94/96

大久保 孟　おおくぼ・つとむ　大正11年3月30日～平成6年2月24日　会計検査院院長、衆院事務総長　→94/96

大久保 常雄　おおくぼ・つねお　～昭和63年3月10日　神島化学工業社長、石原産業専務　→88/90

大久保 常雄　おおくぼ・つねお　大正11年7月15日～平成18年6月7日　上勝町（徳島県）町長　→06/08

大久保 定二　おおくぼ・ていじ　明治38年2月22日～平成4年10月16日　小松ストアー社長　→91/93

大久保 哲二郎　おおくぼ・てつじろう　大正13年5月5日～平成5年1月19日　プラステク社長　→91/93

大久保 伝蔵　おおくぼ・でんぞう　明治34年12月4日～昭和61年9月11日　衆院議員（日本進歩党）、山形市長　→83/87

大久保 利賢　おおくぼ・としかた　明治11年10月～昭和33年12月16日　銀行家　横浜正金銀行頭取　→昭和

大久保 利隆　おおくぼ・としたか　～昭和63年5月30日　アルゼンチン大使　→88/90

大久保 利春　おおくぼ・としはる　大正3年1月20日～平成3年11月30日　丸紅専務　→91/93

大久保 利春　おおくぼ・としはる　大正3年1月8日～平成15年10月12日　ジュエルベリテオオクボ会長　→03/05

大久保 利秀　おおくぼ・としひで　大正4年2月10日～昭和63年3月25日　(株)秀社長　→88/90

大久保 利進　おおくぼ・としゆき　昭和2年12月13日～平成10年6月12日　興亜火災海上保険常務　→97/99

大久保 留次郎　おおくぼ・とめじろう　明治20年5月12日～昭和41年11月19日　政治家　国務相、衆院議員（自民党）　→昭和

大久保 知道　おおくぼ・ともみち　～平成7年7月10日　群馬県立文書館館長　→94/96

大久保 久夫　おおくぼ・ひさお　昭和4年8月5日～平成15年9月4日　徳島信用金庫会長　→03/05

大久保 秀邦　おおくぼ・ひでくに　～昭和62年9月20日　富山交通相談役　→83/87

大久保 広　おおくぼ・ひろし　昭和18年12月7日～平成15年4月23日　共生海運社長　→03/05

大久保 文悦　おおくぼ・ぶんえつ　～昭和61年10月31日　田苅工務店代表　→83/87

大久保 正厚　おおくぼ・まさあつ　大正13年2月～平成12年10月25日　島根県出納長　→00/02

大久保 雅生　おおくぼ・まさお　大正9年9月12日～昭和63年6月16日　日本ケーブル会長　→88/90

大久保 政賢　おおくぼ・まさかた　大正4年12月23日～平成12年7月1日　リンコーコーポレーション名誉会長、新潟テレビ21会長、新潟商工会議所会頭　→00/02

大久保 基吉　おおくぼ・もときち　～昭和56年3月16日　日本絹人絹織物工業組合連合会専務理事、日本織物振興社長　→80/82

I　政治・経済・社会篇　　　　　　　　　　　　　　　　　　　　おおくら

大久保 弥三郎　おおくぼ・やさぶろう　明治41年1月2日～昭和57年7月27日　デーリー東北新聞社長　→80/82

大久保 康雄　おおくぼ・やすお　大正2年～昭和59年12月25日　日本化薬監査役　→83/87

大久保 安威　おおくぼ・やすたけ　明治36年8月2日～平成20年1月13日　同和鉱業常務、東京文化学園理事長　→06/08

大久保 雄賢　おおくぼ・ゆうけん　～昭和15年4月29日　陸軍中将　→昭和

大久保 幸雄　おおくぼ・ゆきお　～昭和56年9月23日　道立教育研究所社会教育研究部長　→80/82

大久保 義一　おおくぼ・よしかず　～昭和55年6月20日　狛江市議　→80/82

大久保 良一　おおくぼ・りょういち　大正9年9月7日～平成3年11月1日　ブリヂストン常務　→91/93

大久保 良順　おおくぼ・りょうじゅん　大正4年9月11日～平成22年10月28日　僧侶　三十三間堂本坊・妙法院門跡門主、大正大学名誉教授　→09/11

大隈 栄一　おおくま・えいいち　明治3年9月3日～昭和25年2月5日　実業家　オークマ創業者　→昭和

大隈 馨　おおくま・かおる　大正3年～昭和24年5月　海軍大佐　→昭和

大熊 鍬蔵　おおくま・くわぞう　～昭和58年6月23日　富士音響社長、東京商工会議所杉並支部副支部長　→83/87

大隈 孝一　おおくま・こういち　大正4年12月22日～平成9年8月23日　大隈鉄工所社長、名城大学理事長　→97/99

大熊 繁太郎　おおくま・しげたろう　明治31年8月17日～昭和57年2月14日　大阪市工業会連合会長、大熊鉄工所社長　→80/82

大隈 武雄　おおくま・たけお　明治43年6月12日～平成12年2月8日　大隈鉄工所社長　→00/02

大熊 武　おおくま・たけし　大正1年8月9日～平成2年1月24日　日本合成化学工業常務　→88/90

大熊 藤吉　おおくま・とうきち　～昭和61年8月25日　大熊鉄工所社長　→83/87

大隈 信幸　おおくま・のぶゆき　明治43年5月20日～平成16年2月28日　外交官　貴族院議員（侯爵）、参議院議員（民主クラブ）、駐コロンビア大使　→03/05

大熊 政男　おおくま・まさお　大正14年11月22日～昭和60年10月24日　京浜急行電鉄監査役、京浜百貨店監査役　→83/87

大隈 瑞茂　おおくま・みずも　大正7年4月14日～平成2年7月30日　福岡印刷社長、全日本印刷工業組合連合会副会長　→88/90

大熊 モム　おおくま・もむ　明治7年1月12日～昭和59年2月10日　女性長寿日本一　→83/87

大隈 渉　おおくま・わたる　～昭和48年4月5日　駐ギリシャ大使　→昭和

大倉 旭　おおくら・あさひ　明治31年1月～昭和38年12月18日　社会運動家　→昭和

大倉 和親　おおくら・かずちか　明治8年12月11日～昭和30年7月1日　実業家　日本陶器会長、東洋陶器創業者、日本碍子創業者　→昭和

大倉 喜七郎　おおくら・きしちろう　明治15年6月16日～昭和38年2月2日　実業家、楽器改良家、作曲家　ホテルオークラ創始者　→昭和

大倉 喜八郎　おおくら・きはちろう　天保8年9月24日～昭和3年4月22日　実業家　大倉財閥創始者　→昭和

大蔵 公雄　おおくら・きみお　大正10年8月19日～平成9年4月15日　ソニー生命保険会長、大蔵省関税局長　→97/99

大倉 記代　おおくら・きよ　～平成20年6月23日　「サダコ」・虹基金創設者　"原爆の子の像"のモデルとなった佐々木禎子さんの友人　→06/08

大蔵 公望　おおくら・きんもち　明治15年7月23日～昭和43年12月24日　男爵　満鉄理事、日本交通公社社長、貴院議員　→昭和

大倉 邦彦　おおくら・くにひこ　明治15年4月9日～昭和46年7月25日　社会思想家、実業家　東洋大学学長　→昭和

大倉 昌　おおくら・さかえ　～昭和63年4月14日　月島機械取締役　→88/90

大倉 三郎　おおくら・さぶろう　明治30年11月16日～昭和57年10月29日　衆院議員（自民党）　→80/82

大倉 治一　おおくら・じいち　明治32年1月10日～平成4年4月5日　月桂冠会長　→91/93

大倉 鉦三　おおくら・しょうぞう　大正13年12月6日～平成12年8月1日　九万証券常務　→00/02

大倉 清一　おおくら・せいいち　～昭和63年8月12日　福岡県労働金庫理事長　→88/90

大倉 精一　おおくら・せいいち　明治38年12月15日～昭和49年8月14日　労働運動家　参院議員（社会党）　→昭和

大倉 武　おおくら・たけし　明治39年4月28日～平成8年1月15日　大倉山文会会議理事、小田原製紙社長　→94/96

大倉 忠允　おおくら・ただのぶ　大正11年～平成2年7月16日　大同機械製作所常務　→88/90

大倉 紐蔵　おおくら・ちゅうぞう　～昭和15年1月14日　大審院検事　→昭和

大倉 長喜　おおくら・ちょうき　大正9年6月24日～平成13年11月7日　中外鉱業社長、三井金属常務　→00/02

大倉 務　おおくら・つとむ　大正10年11月25日～平成3年11月24日　大同マルタ染工専務　→91/93

大倉 常策　おおくら・つねさく　明治39年4月18日～平成15年10月5日　新潟県漁業協同組合連合会会長　→03/05

大倉 恒彦　おおくら・つねひこ　昭和3年7月1日～昭和63年7月28日　月桂冠専務　→88/90

大倉 恒光　おおくら・つねみつ　明治42年1月2日～平成12年4月18日　日本食品化工社長　→00/02

大倉 徳治　おおくら・とくじ　明治41年10月5日～平成1

年8月8日　明和産業社長,三菱商事取締役　→88/90

大倉 敏男　おおくら・としお　明治42年3月30日〜昭和62年11月23日　三菱商事取締役,三菱建設副社長　→83/87

大蔵 敏彦　おおくら・としひこ　大正13年〜平成6年11月8日　弁護士　静岡県弁護士会会長　→94/96

大倉 発身　おおくら・はつみ　〜昭和29年11月9日　月島機械会長　→昭和

大倉 秀吉　おおくら・ひできち　明治42年2月15日〜平成3年6月4日　三菱銀行取締役,千代田化工建設専務,キャタピラー三菱常務　→91/93

大倉 弘　おおくら・ひろむ　明治43年2月17日〜平成17年12月6日　月桂冠社長　→03/05

大倉 正昭　おおくら・まさあき　昭和2年3月20日〜平成10年4月28日　伊豆箱根鉄道常務　→97/99

大倉 真隆　おおくら・まさたか　大正14年1月3日〜平成2年1月26日　横浜銀行頭取,全国地方銀行協会会長,大蔵次官　→88/90

大倉 通顕　おおくら・みちあき　〜平成2年9月10日　新東京国際空港公団企画室関連事業対策室長　→88/90

大蔵 貢　おおくら・みつぎ　明治32年11月22日〜昭和53年9月15日　映画企業家　大蔵映画社長　→昭和（おおくら・みつぐ）

大倉 明治　おおくら・めいじ　〜昭和57年5月27日　日露戦争の日本海海戦最後の生き証人　→80/82

大倉 百代　おおくら・ももよ　〜平成20年8月17日　小田原製紙会長　→06/08

大倉 保五郎　おおくら・やすごろう　安政4年5月〜昭和12年4月14日　実業家　大倉書店社長　→昭和

大倉 恭　おおくら・やすし　大正9年1月17日〜平成3年5月20日　大倉電気会長　→91/93

大倉 安太郎　おおくら・やすたろう　大正8年8月28日〜昭和58年1月20日　松井建設常務　→83/87

大蔵 吉国　おおくら・よしくに　〜昭和57年6月23日　宝珠山村長　→80/82（大蔵 吉國）

大栗 明　おおぐり・あきら　〜昭和63年9月1日　三菱鉱業（のち三菱鉱業セメント）取締役　→88/90

大栗 弘栄　おおぐり・こうえい　〜平成19年4月5日　僧侶　大日寺住職　→06/08

大黒 正和　おおぐろ・まさかず　〜平成4年3月1日　日本化成取締役　→91/93

大桑 勇　おおくわ・いさむ　大正4年4月30日〜平成11年5月22日　チェーンストアオークワ社長　→97/99

大桑 一雄　おおくわ・かずお　昭和63年11月30日　播磨造船所常務　→88/90

大桑 弘治　おおくわ・こうじ　〜昭和30年5月23日　大桑衛材会長　→昭和

大河内 一雄　おおこうち・かずお　明治41年2月11日〜平成6年10月26日　日本不動産鑑定協会常務理事　→94/96

大河内 輝耕　おおこうち・きこう　明治13年11月〜昭和30年5月2日　貴院議員（子爵）　→昭和（おおこうち・てるやす）

大河内 清美　おおこうち・きよよし　〜平成9年9月29日　金置会診療所監事,津村順天堂（のちツムラ）常務　→97/99

大河内 真一郎　おおこうち・しんいちろう　〜平成19年10月5日　陸上自衛隊第一師団長,日本航空大学校校長　→06/08

大河内 伝七　おおこうち・でんしち　〜昭和33年2月15日　海軍中将　→昭和

大河内 信敏　おおこうち・のぶとし　明治38年5月3日〜昭和52年6月1日　社会運動家　→昭和

大河内 正敏　おおこうち・まさとし　明治11年12月6日〜昭和27年8月29日　工学者,実業家　理化学研究所所長,理研産業団創始者,貴院議員　→昭和

大河内 実　おおこうち・みのる　〜昭和61年3月8日　愛知県農協中央会副会長,安城市農協組合長　→83/87

大河内 靖久　おおこうち・やすひさ　大正4年2月12日〜平成8年4月22日　郵政大学校校長　→94/96

大河内 隆弘　おおこうち・りゅうこう　〜昭和50年7月2日　伝道院貫主　→昭和

大河内 良孝　おおこうち・りょうこう　大正11年10月1日〜平成15年5月20日　僧侶　副寿院（浄土宗）住職,京都文教大学学長　→03/05

大越 新　おおごし・あらた　明治31年2月16日〜昭和50年3月23日　常磐炭礦社長　→昭和

大越 半忠　おおこし・はんちゅう　明治23年5月16日〜昭和43年1月1日　社会運動家　東京市議　→昭和

大越 広伸　おおこし・ひろのぶ　昭和12年4月30日〜平成14年11月29日　丸玉産業社長　→00/02

大越 実　おおごし・みのる　大正3年9月7日〜平成17年1月31日　大和証券副社長　→03/05

大社 照史　おおこそ・てるちか　大正11年8月1日〜平成17年1月10日　日本ハム副会長　→03/05

大社 義規　おおこそ・よしのり　大正4年2月1日〜平成17年4月27日　日本ハム創業者,日本ハムファイターズオーナー　→03/05

大佐 正之　おおさ・まさゆき　大正6年8月4日〜平成3年3月8日　日本銀行調査役,拓殖大学教授　→97/99

大坂 岩吉　おおさか・いわきち　〜昭和56年7月5日　浦幌町（北海道）町会議長　→80/82

大坂 嘉市　おおさか・かいち　大正2年12月11日〜平成8年10月31日　みちのく銀行取締役・元副頭取　→94/96

大坂 忠義　おおさか・ただよし　大正13年3月16日〜昭和61年12月10日　弁護士　千葉県弁護士会長,日弁連常務理事　→83/87

大坂 藤一　おおさか・とういち　大正12年5月10日〜平成23年7月8日　みちのく銀行副頭取　→09/11

大坂 逸雄　おおさか・はやお　昭和2年10月23日〜平成

19年11月22日　住友精密工業副社長　→06/08

大坂 誠　おおさか・まこと　～昭和59年11月23日
(福)仙台基督教育児院「小松島子どもの家」園長　→83/87

大坂 みつよ　おおさか・みつよ　明治43年7月10日～平成16年11月8日　全国漁協婦人部連絡協議会会長、北海道漁協婦人連絡会会長　→03/05

大坂 宗興　おおさか・むねおき　昭和4年8月1日～平成2年1月29日　大和重工監査役　→88/90

大坂 盛夫　おおさか・もりお　～昭和56年6月4日
福岡高検検事　→80/82

逢坂 芳雄　おおさか・よしお　昭和9年7月31日～平成22年6月18日　大阪地裁所長　→09/11

大阪谷 公雄　おおさかだに・きみお　明治35年8月5日～平成9年2月6日　弁護士　大阪大学名誉教授　→97/99

大崎 巌　おおさき・いわお　明治34年8月28日～平成1年10月11日　東急百貨店常務、東横物産社長　→88/90

大崎 一雄　おおさき・かずお　明治44年1月6日～昭和60年7月4日　大協石油常務　→83/87

大崎 一慶　おおさき・かずよし　昭和8年10月6日～平成13年6月7日　日野自動車副社長　→00/02

大崎 勝一　おおさき・かついち　～昭和61年5月1日
大崎水産会長、広島県蒲鉾組合連合会理事長　→83/87

大崎 清　おおさき・きよし　大正15年7月25日～平成23年12月29日　加西市長　→09/11

大崎 孝之栄　おおさき・こうのえい　～昭和60年5月27日　札幌高裁判事　→83/87

大崎 交明　おおさき・こうめい　～昭和57年5月4日
スカイアルミニウム専務　→80/82

大崎 小二郎　おおさき・こじろう　～昭和63年3月2日
日和信用組合相談役　→88/90

大崎 笹美　おおさき・ささみ　～昭和55年11月23日
フジタ工業前専務取締役　→80/82

大崎 定一　おおさき・さだいち　大正7年7月6日～平成9年5月12日　香川県教育委員長　→97/99

大崎 三之丞　おおさき・さんのじょう　明治45年3月31日～平成13年11月16日　ニクニ会長　→00/02

大崎 昭三　おおさき・しょうぞう　昭和3年2月23日～平成9年6月12日　仙台放送社長　→97/99

大崎 清作　おおさき・せいさく　明治9年8月～昭和32年11月23日　衆議院議員(立憲政友会)　→昭和

大崎 鉄平　おおさき・てっぺい　昭和3年6月9日～平成11年9月6日　精華町(京都府)町長　→97/99

大崎 利男　おおさき・としお　大正7年2月4日～平成21年8月10日　丸八創業者　→09/11

大崎 富士雄　おおさき・ふじお　明治33年10月8日～平成1年1月24日　東海銀行取締役、日本電装取締役　→88/90

大崎 安二　おおさき・やすじ　明治45年1月20日～平成9年12月15日　京都放送副社長　→97/99

大崎 義章　おおさき・よしあき　大正1年12月5日～昭和62年12月5日　富士メリヤス(株)代表取締役会長　→83/87

大崎 隆助　おおさき・りゅうすけ　～平成2年8月9日
東急百貨店常務　→88/90

大崎 良三　おおさき・りょうぞう　大正2年8月13日～平成8年2月18日　日本ヒューム管常務　→94/96

大迫 公徳　おおさこ・きみのり　～平成15年2月24日
ゼンリン名誉会長　→03/05

大迫 忍　おおさこ・しのぶ　昭和20年8月13日～平成17年6月18日　ゼンリン社長　→03/05

大迫 尚一　おおさこ・しょういち　明治41年8月16日～平成5年6月23日　霞会館常務理事、函館ドック専務　→91/93

大迫 勉　おおさこ・つとむ　～平成2年12月4日
弁護士　田川簡易裁判所判事　→88/90

大迫 照男　おおさこ・てるお　大正15年12月12日～平成4年8月17日　アサヒペン監査役、元常務　→91/93

大迫 尚敏　おおさこ・なおとし　天保15年11月15日～昭和2年9月20日　陸軍大将、子爵　学習院院長　→昭和

大迫 尚道　おおさこ・なおみち　嘉永7年7月25日～昭和9年9月12日　陸軍大将　→昭和

大迫 正富　おおさこ・まさとみ　～昭和55年5月23日
善隣社長　→80/82

大迫 勝　おおさこ・まさる　昭和6年6月21日～昭和63年9月6日　大蔵省証券局企業財務課上席管理官　→88/90

大里 叶　おおさと・かのう　昭和9年9月26日～平成15年5月7日　遠賀川に鮭を呼び戻す会代表、大里酒造社長　→03/05

大里 謙三　おおさと・けんぞう　明治36年10月18日～平成8年5月4日　常陽銀行専務、木建設副社長　→94/96

大里 達雄　おおさと・たつお　～昭和48年11月24日
ブリヂストンタイヤ取締役　→昭和

大郷 正夫　おおさと・まさお　大正3年3月13日～平成14年12月2日　駐フィンランド大使、岩手大学人文社会科学部教授　→00/02

大沢 一郎　おおさわ・いちろう　明治43年6月9日～昭和61年9月12日　弁護士　検事総長　→83/87

大沢 英二　おおさわ・えいじ　～平成5年9月15日
時事通信社福岡支社長　→91/93

大沢 界雄　おおさわ・かいゆう　安政6年9月24日～昭和4年10月15日　陸軍中将　→昭和(おおさわ・かいお)

大沢 嘉平治　おおさわ・かへいじ　明治38年5月～昭和58年8月21日　衆院議員　→83/87

大沢 菊太郎　おおさわ・きくたろう　明治18年2月21日～昭和39年8月14日　桐生市長、満州国中央銀行副総裁　→昭和

大沢 久明　おおさわ・きゅうめい　明治34年12月15日～昭和60年3月11日　労働運動家　衆議院議員(社会党)、日本共産党青森県委員長　→83/87

大沢 清　おおさわ・きよし　明治39年1月～平成14年1月10日　マニラ会（フィリピン）会長　→00/02

大沢 欣伍　おおさわ・きんご　昭和8年10月15日～平成2年1月19日　（株）能登取締役名誉会長　→88/90

大沢 欽造　おおさわ・きんぞう　明治34年5月13日～平成1年3月27日　野崎産業取締役　→88/90

大沢 邦次　おおさわ・くにじ　～昭和7年3月29日　歩兵第三十五聯隊大隊長歩兵中佐　→昭和

大沢 敬一　おおさわ・けいいち　大正13年11月3日～平成5年5月15日　海外ウラン資源開発社長,（財）日仏協会常務理事　→91/93

大沢 貞治　おおさわ・さだはる　～平成14年11月15日　芝浦工機（のち東芝機械）常務　→00/02

大沢 三郎　おおさわ・さぶろう　明治40年4月1日～昭和56年7月11日　東京都議（共産党）,日本原水協常任理事　→80/82

大沢 三郎　おおさわ・さぶろう　大正6年11月13日～平成23年3月10日　東京都議（社会党）　→09/11

大沢 重治　おおさわ・じゅうじ　大正12年10月5日～平成21年10月10日　浅野段ボール会長,全国段ボール工業組合連合会理事長　→09/11

大沢 重太郎　おおさわ・じゅうたろう　明治31年1月1日～昭和62年10月23日　大沢木材（株）社長,北海道議　→83/87

大沢 春一　おおさわ・しゅんいち　～昭和55年3月14日　東洋曹達工業監査役　→80/82

大沢 淳二　おおさわ・じゅんじ　大正14年10月16日～平成22年6月6日　安田火災海上保険専務　→09/11

大沢 正　おおさわ・しょう　大正12年9月21日～平成23年5月22日　日本経済新聞常務　→09/11

大沢 穣二　おおさわ・じょうじ　昭和8年7月1日～平成7年7月22日　日産ディーゼル工業顧問・元常務　→94/96

大沢 信一　おおさわ・しんいち　大正2年6月3日～昭和58年11月7日　全日空整備社長　→83/87

大沢 助次　おおさわ・すけじ　～平成5年12月7日　全国信用金庫連合会常務理事　→91/93

大沢 誠一　おおさわ・せいいち　大正6年6月30日～平成15年11月9日　三井石炭鉱業副社長　→03/05

大沢 清作　おおさわ・せいさく　大正4年5月21日～平成4年1月23日　大阪製鋼（のち合同製鉄）取締役　→91/93

大沢 善助　おおさわ・ぜんすけ　嘉永7年2月9日～昭和9年10月10日　実業家,京都電燈社社長　→昭和

大沢 孝　おおさわ・たかし　明治34年7月26日～昭和62年1月10日　鐘淵化学工業社長　→83/87

大沢 隆　おおさわ・たかし　大正13年9月28日～昭和63年2月21日　中央宣興（株）代表取締役会長　→88/90

大沢 高義　おおさわ・たかよし　～昭和63年8月31日　太陽電機社長,大田工業連合会理事　→88/90

大沢 立承　おおさわ・たかよし　昭和21年7月22日～平成22年5月5日　埼玉県議（自民党）　→09/11

大沢 武　おおさわ・たけし　大正6年6月1日～昭和61年5月8日　大沢証券取締役相談役・元社長　→83/87

大沢 千代吉　おおさわ・ちよきち　～平成4年4月22日　水戸市会議長,全国市議会議長会副会長　→91/93

大沢 亨　おおさわ・とおる　大正15年10月1日～平成15年12月25日　東京電気専務　→03/05

大沢 融　おおさわ・とおる　大正2年3月15日～昭和58年6月26日　農林事務次官,日本中央競馬会理事長　→83/87

大沢 篤四郎　おおさわ・とくしろう　大正3年2月15日～平成8年12月24日　三菱セメント（のち三菱マテリアル）専務　→94/96

大沢 徳太郎　おおさわ・とくたろう　明治9年2月～昭和17年5月20日　実業家　京都商業会議所会頭,貴院議員（多額納税）　→昭和

大沢 敏雄　おおさわ・としお　～昭和55年9月18日　網走管内旧滝上村,置戸村長　→80/82

大沢 敏臣　おおさわ・としおみ　昭和10年7月8日～平成17年4月3日　毎日新聞東京本社印刷局長　→03/05

大沢 敏郎　おおさわ・としろう　昭和20年～平成20年10月24日　横浜・寿識字学校代表　→09/11s

大沢 富重　おおさわ・とみしげ　～昭和63年8月9日　中日新聞社友,中日ドラゴンズ常務取締役　→88/90

大沢 伸光　おおさわ・のぶみつ　大正14年7月10日～平成62年7月19日　メモリアルアートの大野屋代表取締役社長,大野屋代表社員　→83/87

大沢 秀夫　おおさわ・ひでお　大正15年11月11日～平成3年12月3日　東芝ケミカル相談役　→91/93

大沢 秀雄　おおさわ・ひでお　明治41年2月26日～平成14年4月13日　オーエスジー創業者　→00/02

大沢 福一郎　おおさわ・ふくいちろう　～平成20年7月28日　北朝鮮に拉致されたとみられる大沢孝司さんの父　→06/08

大沢 操　おおさわ・みさお　大正4年10月17日～平成12年1月20日　埼玉県出納長　→00/02

大沢 基男　おおさわ・もとお　大正7年10月15日～平成20年1月22日　青森県議（無所属）,八戸広域農協初代組合長　→06/08

大沢 泰雄　おおさわ・やすお　～平成3年5月8日　ビルクリーナー社長,愛知ビルメンテナンス協会会長　→91/93

大沢 靖夫　おおさわ・やすお　大正2年1月16日～昭和63年4月5日　竹原市会議長　→88/90

大沢 安三　おおさわ・やすぞう　～昭和62年4月6日　大沢自動車塗装工場代表　→83/87

大沢 康利　おおさわ・やすとし　～昭和55年3月11日　昭和アルミニウム常務　→80/82

大沢 雄一　おおさわ・ゆういち　明治35年12月13日～昭和59年7月23日　埼玉県知事,衆院議員（自民党）,参院議員（自民党）　→83/87

大沢 佑好　おおさわ・ゆうこう　昭和11年5月29日～平

成18年4月19日　帝国ホテル専務　→06/08

大沢 良丈　おおさわ・よしたけ　～昭和60年7月17日　大野屋（メモリアルアート）会長　→83/87

大沢 劉三郎　おおさわ・りゅうざぶろう　大正9年10月7日～平成23年1月8日　栄研化学社長　→09/11

大沢 渉　おおさわ・わたる　～平成11年7月31日　陸将　陸上自衛隊中部方面総監　→97/99

大治 健二　おおじ・けんじ　～昭和61年10月16日　モスフードサービス常務取締役事業開発室長　→83/87

大塩 勇　おおしお・いさむ　～昭和62年6月29日　三井東圧無機薬品社長　→83/87

大塩 糺　おおしお・ただす　～昭和61年1月1日　北海道農務部長　→83/87

大塩 満雄　おおしお・みつお　昭和8年9月18日～平成15年12月6日　見附市長、新潟県議（自民党）　→03/05

大塩 洋一郎　おおしお・よういちろう　大正14年6月30日～平成14年8月27日　住宅都市整備公団総裁、建設省総務審議官　→00/02

大鹿 幹男　おおしか・みきお　昭和6年～平成10年11月24日　東洋ベアリング製造（のちNTN）専務　→97/99

大重 誠四郎　おおしげ・せいしろう　明治41年3月28日～平成13年3月23日　森本組専務　→00/02

大下 敦　おおした・あつし　昭和7年3月14日～平成23年12月7日　美術出版社社長　→09/11

大下 剛策　おおした・こうさく　昭和2年7月25日～平成10年8月11日　住友海上火災保険専務　→97/99

大信田 茂　おおしだ・しげる　～昭和60年2月14日　小杉産業常務　→83/87

大下 寿一　おおした・じゅいち　明治35年3月17日～昭和46年8月22日　横浜市助役　→83/87

大下 豊道　おおした・ほうどう　大正2年11月12日～昭和61年10月13日　僧侶　瑞泉寺（臨済宗円覚寺派）住職　→83/87

大下 亘　おおした・わたる　昭和4年8月24日～昭和62年8月14日　耕東建設社長　→83/87

大柴 滋夫　おおしば・しげお　大正6年11月11日～平成10年11月12日　衆議院議員（社会党）　→97/99

大芝 芳郎　おおしば・よしろう　昭和23年5月23日～平成23年2月26日　日本銀行情報サービス局長、武蔵野銀行専務　→09/11

大島 斐雄　おおしま・あやお　明治42年2月19日～平成1年10月15日　弁護士　新潟家裁所長　→88/90

大島 一郎　おおしま・いちろう　明治36年9月8日～昭和60年4月21日　中日新聞社主、東海テレビ放送会長　→83/87

大島 宇一　おおしま・ういち　明治41年10月9日～平成5年7月11日　全国市長会副会長、小千市長　→91/93

大島 宇吉　おおしま・うきち　嘉永5年3月6日～昭和15年12月31日　新聞人　新愛知新聞社長、衆院議員（政友会）　→昭和

大島 英一　おおしま・えいいち　～昭和55年4月1日　美味求真クラブ主宰、元福知山鉄道管理局運輸部長、元日本旅行取締役営業部長　→80/82

大島 英一　おおしま・えいいち　明治38年3月25日～平成5年9月23日　佐賀県議、大島組会長　→91/93

大島 重　おおしま・おもし　～昭和60年9月25日　大島金物店主　→83/87

大島 一男　おおしま・かずお　昭和6年4月2日～昭和62年12月29日　大林道路常務　→83/87

大島 一芳　おおしま・かずよし　明治45年6月14日～昭和58年1月16日　中日新聞社代表取締役　→83/87

大島 勝利　おおしま・かつとし　大正12年10月21日～平成6年7月14日　（財）南洋協会理事長　→94/96

大島 寛一　おおしま・かんいち　大正3年10月31日～平成6年9月23日　農林中央金庫副理事長　→94/96

大島 幾一　おおしま・きいち　～昭和40年3月31日　蒙疆銀行副総裁　→昭和

大島 毅一　おおしま・きいち　明治44年～平成20年1月9日　大同特殊鋼専務　→06/08

大嶋 喜久雄　おおしま・きくお　～平成15年12月8日　全国農業協同組合連合会常務理事　→03/05

大島 恭龍　おおしま・きょうりゅう　大正2年9月25日～昭和56年8月13日　曹洞宗大本山永平寺監院、迦葉山龍華院住職　→80/82

大島 清　おおしま・きよし　～昭和15年7月15日　西武鉄道社長　→昭和

大島 薫平　おおしま・くんぺい　～昭和33年4月17日　日本長期信用銀行取締役　→昭和

大島 慶一郎　おおしま・けいいちろう　明治41年6月13日～平成8年12月11日　埼玉県議　→94/96

大島 敬治　おおしま・けいじ　明治41年8月15日～平成15年5月12日　住友ベークライト専務　→03/05

大島 慶次郎　おおしま・けいじろう　明治4年8月2日～昭和10年5月12日　新愛知新聞支配人　→昭和

大島 健一　おおしま・けんいち　安政5年5月9日～昭和22年3月24日　陸軍中将　陸相、枢密顧問官、貴院議員（勅選）　→昭和

大島 健司　おおしま・けんじ　大正4年3月8日～平成5年10月11日　小野田セメント専務　→91/93

大島 堅造　おおしま・けんぞう　明治20年1月11日～昭和46年11月24日　銀行家、経済評論家　→昭和

大島 好一　おおしま・こういち　～昭和59年10月21日　秩父市議　高齢者マラソン記録保持者　→83/87

大嶋 幸一　おおしま・こういち　大正8年10月12日～平成19年7月12日　日新電機副社長　→06/08

大島 小謹吾　おおしま・こきんご　～昭和39年4月30日　王子造林社長　→昭和

大島 五郎　おおしま・ごろう　明治40年3月26日～平成2年9月14日　日本電気協会専務理事　→88/90

大島 宰　おおしま・さい　〜平成10年12月15日
千疋屋総本店専務　→97/99

大島 定吉　おおしま・さだきち　明治20年10月〜昭和52年10月28日　衆議院議員,参院議員(自由党)　→昭和(おおしま・ていきち)

大島 敏　おおしま・さとし　昭和25年9月24日〜平成23年11月8日　アールディーシー代表取締役　→09/11

大島 啓　おおしま・さとる　〜平成16年10月27日
裏千家今日庵調査役,平安建都千二百年記念協会専務理事　→03/05

大島 三郎　おおしま・さぶろう　〜昭和15年2月29日
逓信省経理局営繕課長　→昭和

大島 茂治　おおしま・しげはる　大正12年8月27日〜平成13年3月6日　エアトラベル徳島会長,徳島新聞理事総務局長　→00/02

大島 昭一　おおしま・しょういち　昭和3年2月28日〜平成11年7月5日　大島農機社長　→00/02s

大島 章吾　おおしま・しょうご　大正6年7月31日〜平成6年5月20日　住友生命副社長,泉証券社長　→94/96

大島 嗣郎　おおしま・しろう　昭和7年2月25日〜昭和63年12月4日　扶桑興業常務　→88/90

大島 治郎一　おおしま・じろういち　明治42年8月13日〜昭和63年12月5日　日の出証券社長　→88/90

大島 信三　おおしま・しんぞう　昭和3年3月18日〜平成21年6月2日　豊和銀行頭取　→09/11

大島 真三　おおしま・しんぞう　大正12年9月6日〜平成13年1月25日　ショーワ社長　→00/02

大島 信太郎　おおしま・しんたろう　大正3年8月5日〜平成7年2月24日　KDD副社長　→94/96

大島 善吉　おおしま・ぜんきち　〜昭和56年8月23日
神戸製鋼所取締役　→80/82

大島 太一　おおしま・たいち　大正6年7月15日〜昭和61年1月24日　東燃石油化学副社長　→83/87

大島 孝夫　おおしま・たかお　昭和12年12月20日〜平成8年10月1日　大陽東洋酸素専務　→94/96

大島 隆夫　おおしま・たかお　大正9年10月17日〜平成20年2月27日　国税庁国税不服審判所次長,富士火災海上保険社長　→06/08

大嶋 孝　おおしま・たかし　昭和6年7月1日〜平成5年6月9日　地方職員共済組合理事長　→91/93

大島 敬義　おおしま・たかよし　大正6年1月15日〜平成1年2月1日　同和鉱業常務,金属鉱業事業団理事,鉱山地質学会会長　→88/90

大島 武夫　おおしま・たけお　〜昭和63年2月20日
広島銀行取締役　→88/90

大島 武雄　おおしま・たけお　〜昭和55年2月19日
大府市長　→80/82

大島 竹治　おおしま・たけじ　明治33年3月18日〜昭和58年8月29日　日本化学工業協会専務理事　→83/87

大島 武久　おおしま・たけひさ　〜平成23年5月27日
近江兄弟社理事長　→09/11

大島 佐　おおしま・たすく　〜昭和15年5月14日
陸軍歩兵大佐　→昭和

大島 辰夫　おおしま・たつお　昭和3年2月1日〜平成1年10月17日　大同マルタ染工社長　→88/90

大島 楯夫　おおしま・たてお　〜昭和49年9月25日
王子製紙専務　→昭和

大島 太郎　おおしま・たろう　大正8年3月26日〜平成2年2月19日　スバル興業取締役　→88/90

大島 彊　おおしま・つとむ　大正13年6月20日〜平成2年7月24日　トヨタ自動車副会長,千代田火災海上保険会長　→88/90

大島 功　おおしま・つとむ　大正1年10月9日〜平成5年6月7日　弁護士,全日本剣道連盟会長　→91/93

大島 徹水　おおしま・てっすい　明治4年3月15日〜昭和20年1月24日　僧侶(浄土宗),女子教育家　増上寺81代法主　→昭和

大島 輝久　おおしま・てるひさ　〜平成10年8月20日
中央競馬ピーアールセンター常務,競馬評論家　→97/99

大嶋 鋭男　おおしま・としお　昭和2年3月27日〜平成16年11月10日　駐スイス大使　→03/05

大島 俊彦　おおしま・としひこ　〜昭和43年5月10日
熊本県副知事　→昭和

大島 友治　おおしま・ともじ　大正5年10月2日〜平成11年4月19日　参院議員(自民党),科学技術庁長官　→97/99

大島 寅治　おおしま・とらじ　明治32年1月31日〜平成1年2月22日　新幹線鉄道保有機構理事　→88/90

大嶋 二三郎　おおしま・にさぶろう　〜平成5年3月31日
北海道議(社会党)　→91/93

大嶋 破竹郎　おおしま・はちくろう　明治15年12月20日〜昭和28年6月12日　高知県知事,郡山市長　→昭和

大島 治雄　おおしま・はるお　大正5年1月24日〜昭和61年7月22日　京都新阪急ホテル相談役,新阪急ホテル専務　→83/87

大島 久太郎　おおしま・ひさたろう　〜昭和59年3月11日　住友信託銀行常任監査役　→83/87

大島 久直　おおしま・ひさなお　嘉永1年9月5日〜昭和3年9月28日　陸軍大将,子爵　→昭和

大島 久義　おおしま・ひさよし　〜平成5年11月28日
東京都議(民主党)　→91/93

大島 英夫　おおしま・ひでお　明治33年3月7日〜昭和5年7月23日　社会運動家　→昭和

大嶋 秀男　おおしま・ひでお　明治44年9月10日〜平成2年4月21日　理研計器会長　→88/90

大島 秀信　おおしま・ひでのぶ　大正3年1月13日〜平成13年6月18日　世紀東急工業社長,東急建設取締役　→00/02

大島 弘　おおしま・ひろし　〜昭和28年10月4日
青森県知事　→昭和

I　政治・経済・社会篇

大島 浩　おおしま・ひろし　明治19年4月19日～昭和50年6月6日　陸軍中将,外交官　駐ドイツ大使　→昭和

大島 博　おおしま・ひろし　昭和2年4月14日～平成20年1月17日　中日信用金庫会長　→06/08

大島 弘　おおしま・ひろむ　大正10年6月26日～平成6年2月3日　弁護士　衆院議員(社会党)　→94/96

大島 富士夫　おおしま・ふじお　明治41年3月31日～昭和59年4月3日　東芝常務　→83/87

大島 孫鷹　おおしま・まごたか　～昭和56年10月　心臓病患者：渋谷区立笹塚中1年　→80/82

大島 正男　おおしま・まさお　大正2年12月6日～昭和59年6月19日　荏原製作所取締役　→83/87

大島 正雄　おおしま・まさお　明治37年12月30日～平成17年9月23日　東洋棉花副社長　→03/05

大島 満一　おおしま・まんいち　～昭和40年11月25日　飛島建設副社長　→昭和

大島 巳喜男　おおしま・みきお　大正6年2月7日～平成5年4月15日　東ソー取締役　→91/93

大島 満　おおしま・みつる　明治42年6月7日～平成8年11月26日　消防庁次長,岡山県副知事　→94/96

大島 元治　おおしま・もとじ　昭和56年5月15日　宝塚グランドホテル社長,宝塚温泉旅館組合長　→80/82

大島 守三　おおしま・もりぞう　～昭和58年4月23日　フジコン専務　→83/87

大島 靖　おおしま・やすし　大正4年1月30日～平成22年8月7日　大阪市長　→09/11

大島 弥太郎　おおしま・やたろう　明治43年9月4日～平成1年4月25日　昭和電工常務,昭和高分子会長　→88/90

大島 祐之助　おおしま・ゆうのすけ　昭和2年3月27日～平成4年2月24日　東食取締役　→91/93

大島 要三　おおしま・ようぞう　安政6年2月15日～昭和7年3月23日　実業家,政治家　大島組創立者,衆院議員(憲政会)　→昭和

大嶋 義明　おおしま・よしあき　明治35年10月20日～平成2年3月12日　東芝電気器具(のち東芝熱器具・東芝機器)社長　→88/90

大島 義男　おおしま・よしお　昭和25年9月10日　八幡製鉄常務　→昭和

大島 義愛　おおしま・よしちか　明治30年2月8日～昭和58年6月1日　中野組会長,東京商工会議所千代田支部長　→83/87

大島 義晴　おおしま・よしはる　明治27年12月～昭和28年4月21日　衆院議員(社会党)　→昭和

大島 佳久　おおしま・よしひさ　昭和24年5月16日～平成21年9月11日　サンテレビジョン社長,神戸新聞経営企画局次長　→09/11

大島 米雄　おおしま・よねお　～昭和59年1月31日　昭和貿易専務　→83/87

大下 角一　おおしも・かくいち　明治32年9月20日～昭和37年4月21日　牧師,神学者　同志社大学学長　→昭和

(おおした・かくいち)

大霜 源次郎　おおしも・げんじろう　明治38年2月7日～昭和60年12月7日　東海汽船取締役　→83/87

大下 高明　おおしも・たかあき　大正10年9月3日～平成22年7月1日　フマキラー社長　→09/11

大城 栄徳　おおしろ・えいとく　～平成22年8月13日　那覇市議,沖縄県失語症友の会会長　→09/11

大城 鎌吉　おおしろ・かまきち　明治30年12月20日～平成4年10月18日　大城組会長,南西航空会長　→91/93

大城 孝蔵　おおしろ・こうぞう　明治14年2月10日～昭和10年10月30日　ダバオ日本人会会長　フィリピン移民の指導者　→昭和

大城 貞光　おおしろ・さだみつ　明治15年8月11日～平成4年12月12日　琉球銀行取締役　→91/93

大城 俊一　おおしろ・しゅんいち　大正11年10月8日～平成12年11月25日　安藤電気会長　→00/02

大白 勝　おおしろ・まさる　昭和2年10月3日～平成7年2月26日　最高裁判事　→94/96

大城 光恵　おおしろ・みつよし　明治17年3月25日～平成12年12月22日　琉球放送常務　→00/02

大須賀 一雄　おおすが・かずお　大正11年9月11日～昭和62年7月10日　いすゞカーライフ社長,いすゞ自動車取締役　→83/87

大須賀 三郎　おおすが・さぶろう　～昭和62年9月11日　大須賀会長　→83/87

大菅 昭二　おおすが・しょうじ　昭和2年10月1日～平成10年1月18日　オスガーマシン会長　→97/99

大須賀 二朗　おおすが・じろう　大正13年12月6日～平成20年11月4日　ダイハツ工業社長　→06/08

大須賀 忠夫　おおすが・ただお　～平成6年1月2日　名古屋厚生会理事長,愛知県社会福祉協議会副会長　→94/96

大須賀 都美次　おおすか・とみじ　～昭和58年5月29日　海軍軍医中将　調布医師会長　→83/87

大須賀 昇　おおすか・のぼる　大正13年11月8日～平成22年5月6日　横浜市議　→09/11

大須賀 秀雄　おおすが・ひでお　～平成1年2月22日　大島製作所専務　→88/90

大須賀 兵吉　おおすか・へいきち　～昭和25年4月27日　東京都交通局長　→昭和

大須賀 正巳　おおすか・まさみ　大正11年5月29日～昭和60年4月16日　西日本電線社長,元三井金属鉱業取締役　→83/87

大杉 治　おおすぎ・おさむ　明治42年4月10日～平成8年7月22日　大阪食糧ビル社長,大阪穀物取引所理事長　→94/96

大杉 邦三　おおすぎ・くにぞう　大正5年11月7日～平成8年12月9日　バイエル薬品常務,摂南大学教授　→94/96

大杉 俊郎　おおすぎ・しゅんろう　大正3年10月2日～昭和60年5月7日　テンパール工業社長,中国電力常任監査

役　→83/87

大杉 鉄郎　おおすぎ・てつろう　大正2年5月20日～平成18年1月23日　クラレ専務　→06/08

大杉 尚久　おおすぎ・なおひさ　昭和9年8月25日～平成19年3月29日　岡山県議(自民党),大杉病院長　→06/08

大杉 真人　おおすぎ・まこと　昭和12年12月30日～平成13年8月10日　鳥取県社会福祉協議会会長,鳥取県出納長　→00/02

大砂 吉雄　おおすな・よしお　明治39年11月29日～昭和57年5月7日　神奈川県公安委員　→80/82

大角 鋭　おおすみ・えつ　～昭和11年7月16日　東京駅長　→昭和

大隅 改介　おおすみ・かいすけ　明治38年7月1日～平成6年1月31日　住友化学工業副社長　→94/96

大住 慶三　おおすみ・けいぞう　～昭和24年5月9日　弁護士　大阪弁護士会長　→昭和

大隅 健一　おおすみ・けんいち　明治44年11月15日～平成20年5月15日　大隅企業グループ創業者　→06/08

大隅 憲二　おおすみ・けんじ　明治26年11月～昭和46年6月24日　参院議員(自由党)　→昭和

大角 光徹　おおすみ・こうてつ　～平成23年11月22日　僧侶　比叡山延暦寺(天台宗総本山)副執行,厳王院住職　→09/11

大角 静夫　おおすみ・しずお　大正3年12月20日～平成5年6月11日　富士火災海上保険副社長　→91/93

大角 想一　おおすみ・そういち　昭和3年2月20日～平成20年2月25日　静岡県議　→06/08

大住 達雄　おおすみ・たつお　明治27年10月20日～昭和55年12月28日　三菱倉庫社長　→80/82

大隅 常松　おおすみ・つねまつ　大正12年3月21日～平成7年12月2日　北九州市助役　→94/96

大住 毅　おおすみ・つよし　昭和15年11月21日～平成14年4月23日　福島製鋼社長,日野自動車常務執行役員　→00/02

大角 逸生　おおすみ・はやお　大正2年3月28日～平成8年2月21日　三井物産常務,三井都市開発社長　→94/96

大隅 寿二　おおすみ・ひさじ　～昭和57年5月18日　住友海上火災保険監査役　→80/82

大澄 文次郎　おおすみ・ぶんじろう　～昭和59年11月8日　丸運社長　→83/87

大隅 正浩　おおすみ・まさひろ　明治39年7月14日～昭和60年1月9日　淡路フェリーボート社長,三洋電気監査役,健康保険組合連合会副会長　→83/87

大角 岑生　おおすみ・みねお　明治9年5月1日～昭和16年2月5日　海軍大将,男爵　海相　→昭和

大澄 峯雄　おおすみ・みねお　大正1年8月18日～昭和63年6月22日　大誠社会長　→88/90

大角 盛美　おおすみ・もりよし　～昭和59年7月22日　九州タイムズ社専務,朝日新聞社社友・元同東京本社販売部顧問　→83/87

大角 祐吉　おおすみ・ゆうきち　明治44年1月21日～平成6年1月11日　古河電池社長,古河電気工業取締役　→94/96

大隅 六造　おおすみ・ろくぞう　大正5年9月12日～平成2年2月5日　島津製作所取締役　→88/90

大鶴 九州男　おおづる・くすお　～昭和61年6月14日　筑後市議会議長　→83/87

大瀬 久市　おおせ・きゅういち　明治45年2月～昭和24年4月10日　衆院議員(民自党)　→昭和(おおせ・ひさいち)

大瀬 進　おおせ・すすむ　～昭和57年11月8日　運輸省船舶局長,日本海事協会常務理事　→80/82

大瀬 登　おおせ・のぼる　～平成5年11月2日　全国納豆協同組合連合会名誉会長　→91/93

大瀬 英雄　おおせ・ひでお　大正9年8月23日～平成10年10月13日　山之内製薬常務　→97/99

大関 勝江　おおぜき・かつえ　明治38年9月24日～平成5年6月17日　金商又一専務　→91/93

大関 久平　おおぜき・きゅうへい　～昭和59年6月4日　札幌通産局石炭部長　→83/87

大関 幸蔵　おおぜき・こうぞう　～昭和63年9月19日　東京社会民主連合書記長　→88/90

大関 茂男　おおぜき・しげお　大正13年5月17日～平成8年1月22日　大倉電気副社長　→94/96

大関 ちか　おおぜき・ちか　安政5年4月11日～昭和7年5月22日　看護婦教育者　大関看護婦会会長,東京看護婦会会頭　→昭和(大関 ちか)

大関 昇　おおぜき・のぼる　～昭和57年7月19日　日本操縦士協会会長,読売新聞機報部次長　→80/82

大関 花子　おおぜき・はなこ　～平成2年6月12日　徳島事件の再審を求める会代表世話人　→88/90

大関 フミ　おおぜき・ふみ　～平成16年12月6日　大関売店経営　"芸大のお母さん"として慕われた　→03/05

大関 真吉夫　おおぜき・まきお　～平成7年9月17日　ユーノスジェイアール北海道専務　→94/96

大関 雅成　おおぜき・まさしげ　大正15年11月19日～平成18年2月11日　キリンビール専務,高千穂学園理事長　→06/08

大迫 芳明　おおせこ・よしあき　明治36年8月9日～平成7年4月24日　天竜木材副社長,日本油脂取締役　→94/96

大園 栄三郎　おおその・えいさぶろう　明治8年2月～昭和14年1月22日　衆院議員(立憲民政党)　→昭和(大国 栄三郎 おおくに・えいざぶろう)

大薗 卓　おおぞの・たかし　大正5年～平成4年8月3日　抗生物質学術協議会監事,山之内製薬常務待遇　→91/93

太田 晶　おおた・あきら　昭和6年～平成1年3月8日　鐘紡合繊事業副本部長,日本合成繊維専務　→88/90

太田 淡　おおた・あわじ　～昭和58年1月23日

I 政治・経済・社会篇　　　おおた

太田 亥十二　おおた・いそじ　～昭和54年3月14日
東京瓦斯会長　→昭和

太田 一郎　おおた・いちろう　明治35年6月6日～平成8年2月1日　外務事務次官　→94/96

太田 栄三　おおた・えいぞう　明治44年9月1日～平成13年1月6日　扶桑電通会長　→00/02

太田 園　おおた・えん　～昭和60年9月27日
日本赤十字社理事、元東京都副知事　→83/87

太田 収　おおた・おさむ　明治23年1月12日～昭和13年5月28日　山一証券社長　→昭和

太田 修　おおた・おさむ　昭和2年8月15日～平成13年6月1日　日本橋倉庫社長　→00/02

太田 道　おおた・おさむ　明治42年10月19日～平成6年1月29日　第壱自動車教習所社長、エフイーシー国際親善協会会長　→94/96

太田 開士　おおた・かいし　昭和9年1月10日～平成16年5月1日　水戸証券副社長　→03/05

太田 馨　おおた・かおる　明治44年2月6日～平成9年2月24日　日本炭酸社長　→97/99

太田 薫　おおた・かおる　明治45年1月1日～平成10年9月24日　労働運動家　総評議長　→97/99

太田 覚眠　おおた・かくみん　慶応2年～昭和19年
僧侶　→昭和

太田 華三郎　おおた・かさぶろう　大正11年1月15日～昭和60年9月24日　朝日保険サービス社長、元朝日生命保険常務　→83/87

太田 一夫　おおた・かずお　明治43年11月19日～平成2年11月3日　衆院議員（社会党）　→88/90

太田 和男　おおた・かずお　明治39年12月8日～昭和63年1月30日　東京都副知事　→88/90

太田 和夫　おおた・かずお　明治38年8月23日～平成16年6月8日　国鉄副技士長　→03/05

大田 一男　おおた・かずお　明治33年10月11日～昭和59年10月6日　大同機械製造会長　→83/87

太田 勝明　おおた・かつあき　大正12年12月30日～昭和60年10月13日　遠州鉄道専務　→83/87

太田 勝二　おおた・かつじ　大正10年12月1日～昭和57年12月17日　横河電機製作所取締役　→80/82

太田 勝海　おおた・かつみ　昭和29年8月22日
陸軍中将　→昭和

太田 勝也　おおた・かつや　～昭和60年10月23日
（財）住宅生産振興財団広報担当、元電通コピー局次長　→83/87

太田 要　おおた・かなめ　明治40年～平成15年10月1日
横浜冷凍常務　→03/05

太田 寛一　おおた・かんいち　大正4年10月10日～平成16年11月13日　ホクレン農業協同組合連合会会長、全国農業協同組合連合会（全農）会長　→83/87

太田 清　おおた・きよし　明治42年9月4日～平成1年3月13日　陸上自衛隊第一特科団長　→88/90

太田 清　おおた・きよし　大正10年6月5日～平成3年11月9日　不動建設常務　→91/93

太田 邦夫　おおた・くにお　明治43年8月27日～平成8年9月19日　住友商事専務　→94/96

太田 慶一　おおた・けいいち　大正15年6月28日～平成14年7月27日　三井鉱山専務　→00/02

太田 慶太郎　おおた・けいたろう　明治39年3月8日～平成1年3月22日　社会運動家　静岡県議（共産党）　→88/90

太田 健一　おおた・けんいち　大正5年11月3日～昭和59年12月31日　日鉄化学工業（のち新日鉄化学）専務　→83/87

太田 憲二　おおた・けんじ　～昭和63年8月20日
第一通信社常務　→88/90

太田 健二郎　おおた・けんじろう　大正7年9月12日～平成1年12月7日　太田商事取締役会長　→88/90

太田 謙三　おおた・けんぞう　～昭和63年3月3日
興亜火災海上保険常務　→88/90

太田 賢三　おおた・けんぞう　大正10年1月21日～平成4年9月18日　森永製菓常任監査役　→91/93

太田 幸三郎　おおた・こうざぶろう　大正15年3月14日～平成5年10月20日　丸紅常務　→91/93

太田 光二　おおた・こうじ　～昭和48年1月7日
岡崎市長　→昭和

太田 香二　おおた・こうじ　大正15年1月25日～平成5年5月26日　茨城放送社長　→91/93

太田 康治　おおた・こうじ　～昭和26年10月5日
日本捕鯨協会会長　→昭和

太田 鋼三　おおた・こうぞう　昭和4年7月27日～平成20年10月30日　サンオータス会長　→06/08

太田 琴彦　おおた・ことひこ　大正9年3月1日～平成9年10月19日　経営コンサルタント　タナベ経営副社長　→97/99

太田 佐市　おおた・さいち　～昭和56年2月14日
阿寒町（北海道）町長　→80/82

太田 栄　おおた・さかえ　大正9年2月20日～平成12年1月27日　関電工常務　→00/02

太田 定昭　おおた・さだあき　昭和12年9月28日～平成23年8月8日　青森県議（自民党）　→09/11

太田 定省　おおた・さだあき　～昭和63年11月2日
日本パーツ取締役　→88/90

太田 三郎　おおた・さぶろう　～昭和53年7月19日
駐豪大使、国際観光振興会会長　→昭和

太田 三郎　おおた・さぶろう　大正14年3月5日～昭和63年5月9日　資生堂常任監査役　→88/90

太田 三郎　おおた・さぶろう　～平成6年1月10日
日経弘報社社長　→94/96

太田 三郎　おおた・さぶろう　明治42年1月2日～平成18

年2月1日　伊藤忠商事常務　→06/08

太田 三郎　おおた・さぶろう　大正10年7月29日～平成21年4月15日　オリオン機械社長, 須坂商工会議所会頭　→09/11

太田 三作　おおた・さんさく　大正10年10月23日～平成17年8月23日　森町(静岡県)町長　→03/05

太田 三治　おおた・さんじ　昭和2年9月2日～平成19年1月28日　丸紅副社長　→06/08

太田 繁雄　おおた・しげお　昭和10年10月19日～平成4年2月29日　北海道新聞釧路支社電送部長　→91/93

太田 重光　おおた・しげみつ　明治36年8月12日～平成2年6月19日　京阪電気鉄道取締役, 琵琶湖汽船監査役　→88/90

太田 繁之　おおた・しげゆき　～昭和56年2月27日　東京シティ・エアターミナル副社長　→80/82

太田 実承　おおた・じっしょう　～昭和62年4月1日　僧侶　天台宗大僧正, 法華山一乗寺長老　→83/87

大田 秀三　おおた・しゅうさん　大正11年11月12日～平成19年1月19日　僧侶　清浄華院(浄土宗大本山)法主, 安国寺住職, 大正大学理事長　→06/08

太田 淳　おおた・じゅん　昭和7年11月8日～平成4年1月17日　大阪府住宅供給公社監事　→91/93

太田 淳昭　おおた・じゅんしょう　明治37年2月15日～昭和60年8月4日　浄土真宗本願寺派総長　→83/87

太田 正一　おおた・しょういち　～昭和59年4月25日　大広専務　→83/87

太田 昭一郎　おおた・しょういちろう　昭和5年3月8日～平成15年6月7日　南都銀行副頭取　→03/05

太田 庄次　おおた・しょうじ　～平成5年10月23日　陸将　陸上自衛隊東北方面総監　→91/93

太田 正二郎　おおた・しょうじろう　昭和9年2月20日～平成16年5月25日　九州テレメッセージ社長　→03/05

太田 省三　おおた・しょうぞう　明治33年10月5日～平成1年10月13日　富士銀行取締役　→88/90

大田 昌知　おおた・しょうち　大正2年12月5日～平成18年1月23日　沖縄県議(自民党)　→06/08

大田 四郎　おおた・しろう　昭和5年11月25日～平成3年9月18日　信越化学工業取締役　→91/93

太田 治郎　おおた・じろう　大正14年9月29日～平成23年2月7日　野村証券副社長　→09/11

太田 仁郎　おおた・じろう　～昭和55年4月18日　大成機械社長　→80/82

太田 新一　おおた・しんいち　明治44年6月25日～平成6年11月4日　富士火災海上保険副社長, 大和銀行取締役　→94/96

太田 真一　おおた・しんいち　明治25年10月25日～昭和56年7月5日　美濃窯業相談役・名誉会長　→80/82

太田 信三　おおた・しんぞう　明治13年～昭和3年　志士　→昭和

太田 信三　おおた・しんぞう　明治30年4月22日～昭和

63年11月30日　日産農林工業常務　→88/90

太田 深澄　おおた・しんちょう　～昭和28年3月24日　青蓮院門跡　→昭和

太田 寿恵嘉　おおた・すえか　～昭和55年1月14日　福岡国税局査察部長, 福岡税務署長　→80/82

大田 清吾　おおた・せいご　～昭和60年4月1日　電気化学工業常務　→83/87

太田 政作　おおた・せいさく　明治37年2月12日～平成11年8月18日　弁護士　琉球政府行政主席　→97/99

太田 誠三郎　おおた・せいざぶろう　明治45年1月30日～昭和56年7月30日　辰巳商会社長　→80/82

大田 清三郎　おおた・せいざぶろう　～昭和57年8月5日　十和会長・元社長　→80/82

太田 清次　おおた・せいじ　～昭和61年11月19日　海外新聞普及取締役　→83/87

太田 清治郎　おおた・せいじろう　明治42年8月20日～平成10年9月24日　日本パルプ工業専務　→97/99

太田 清蔵　おおた・せいぞう　～昭和52年7月13日　東邦生命会長　→昭和

太田 清蔵(4代目)　おおた・せいぞう　文久3年8月19日～昭和21年4月4日　政治家, 実業家　貴院議員, 衆院議員(政友会), 第一徴兵保険社長　→昭和(太田 清蔵)

太田 清之助　おおた・せいのすけ　明治42年1月19日～平成1年2月26日　博多大丸代表取締役会長, 九州勧業取締役　→88/90

太田 善造　おおた・ぜんぞう　大正11年7月20日～平成23年6月23日　美濃窯業社長　→09/11

太田 善之助　おおた・ぜんのすけ　～平成23年12月6日　東通村(青森県)村議, 東通村郷土芸能保存連合会長　青森県の民俗芸能「能舞」の第一人者　→09/11

大田 外一　おおた・そといち　～昭和56年9月22日　大阪地裁所長　→80/82

太田 大三郎　おおた・だいさぶろう　大正12年7月24日～平成18年2月3日　加賀市長　→06/08

太田 泰治　おおた・たいじ　～昭和35年2月10日　同和鉱業社長　→昭和

太田 耐造　おおた・たいぞう　明治36年5月16日～昭和31年3月21日　弁護士　大審院検事　→昭和

太田 大三　おおた・だいぞう　大正14年6月30日～平成13年12月17日　盛岡市長　→00/02

太田 武明　おおた・たけあき　～平成6年12月6日　大武製作所社長　→94/96

太田 武男　おおた・たけお　～平成4年2月3日　弁護士　→91/93

太田 武夫　おおた・たけお　～平成1年7月10日　八潮市長　→88/90

太田 武雄　おおた・たけお　～昭和56年2月18日　王子製紙相談役, 元日本パルプ社長　→80/82

I　政治・経済・社会篇　　　　　　　　　　　　　　　　　　　　　　　　　　　おおた

太田　威　おおた・たけし　大正2年2月25日～平成4年4月8日　愛知機械工業取締役　→91/93

太田　健　おおた・たけし　昭和17年9月30日～平成20年9月27日　豊田工機専務　→06/08

太田　剛　おおた・たけし　明治41年5月27日～平成9年6月9日　日本輸出入銀行理事　→97/99

太田　威彦　おおた・たけひこ　～昭和56年2月25日　日本毛織元社長　→80/82

太田　武比古　おおた・たけひこ　大正1年12月2日～平成13年12月26日　ダイキン工業専務　→00/02

太田　武之　おおた・たけゆき　大正4年8月16日～昭和62年4月27日　弁護士　岐阜地検検事正　→83/87

太田　忠雄　おおた・ただお　大正15年9月26日～平成6年11月12日　(社)全国産業廃棄物連合会会長、ひめゆり総業社長　→94/96

太田　正　おおた・ただし　大正13年1月9日～平成9年9月28日　藤田観光常務　→97/99

太田　辰巳　おおた・たつみ　大正6年6月12日～平成6年9月28日　神官　白山比咩神社宮司　→94/96

大田　為吉　おおた・ためきち　明治13年11月13日～昭和31年11月30日　駐ソ大使　→昭和

太田　為治　おおた・ためじ　～平成3年1月10日　群馬県議　→91/93

太田　務　おおた・つとむ　～平成21年7月23日　富山県議　→09/11

太田　常雄　おおた・つねお　大正4年8月16日～平成5年6月17日　弁護士　日本弁護士連合会理事　→91/93

太田　恒弥　おおた・つねや　～昭和57年11月25日　時事通信社取締役出版局長　→80/82

大田　哲哉　おおた・てつや　昭和15年12月23日～平成23年11月7日　広島電鉄社長、広島商工会議所会頭　→09/11

太田　輝夫　おおた・てるお　～昭和39年4月23日　東京銀行常務　→昭和

太田　伝九郎　おおた・でん、きちろう　大正9年9月1日～平成11年11月6日　北村紙業会長　→97/99

太田　徳九郎　おおた・とくくろう　～昭和13年4月22日　原田積善会理事　→昭和

太田　敏兄　おおた・としえ　明治23年1月14日～昭和47年4月20日　社会運動家　明治大学農学部教授、参院議員(社会党)　→昭和(おおた・びんけい)

太田　利雄　おおた・としお　～昭和61年11月25日　自衛隊神奈川地方連絡部長　→83/87

太田　利彦　おおた・としひこ　昭和3年1月7日～平成20年6月5日　清水建設常務　→06/08

太田　俊穂　おおた・としほ　明治42年12月5日～昭和63年1月15日　郷土史家　岩手放送会長、岩手銀行取締役　→88/90

太田　留一　おおた・とめいち　～昭和57年3月18日　三洋電機取締役　→80/82

太田　豊則　おおた・とよのり　～昭和58年2月25日　北海道連合遺族会副会長　→83/87

太田　信男　おおた・のぶお　昭和8年12月12日～平成8年5月17日　河北新報取締役　→94/96

太田　信伊　おおた・のぶただ　大正12年6月18日～平成16年12月19日　極東貿易副社長　→03/05

太田　暢人　おおた・のぶと　大正7年3月11日～平成19年8月11日　工業技術院院長、三菱油化専務、東京大学教授　→06/08

太田　信義　おおた・のぶよし　～昭和50年8月10日　太田胃散社長　→昭和

大田　昇　おおた・のぼる　昭和5年5月14日～平成4年2月1日　コクヨ専務　→91/93

太田　半六　おおた・はんろく　明治7年9月26日～昭和35年10月24日　東京瓦斯社長　→昭和

太田　尚衛　おおた・ひさえ　明治37年4月1日～昭和36年9月13日　玉野市長　→昭和(おおた・なおえ)

太田　久男　おおた・ひさお　～平成15年11月12日　淀川製鋼所常務　→03/05

太田　寿男　おおた・ひさお　昭和6年3月18日～平成9年7月12日　秋田放送専務　→97/99

大田　久雄　おおた・ひさお　昭和56年7月20日　十和常務　→80/82

太田　寿吉　おおた・ひさきち　明治45年2月13日～平成23年4月9日　日本ラヂエーター社長、日産自動車専務　→09/11

太田　久　おおた・ひさし　～昭和55年6月30日　電通製版所社長　→80/82

太田　英男　おおた・ひでお　大正14年2月12日～平成12年1月27日　三重県議　→00/02

太田　秀雄　おおた・ひでお　～昭和57年5月23日　日本勧業銀行取締役　→80/82

太田　日出男　おおた・ひでお　～平成4年8月17日　東洋建設常務　→91/93

太田　秀次郎　おおた・ひぐしろう　慶応3年4月7日～昭和3年8月20日　警察官　→昭和

太田　寛　おおた・ひろし　昭和2年11月4日～平成18年7月19日　朝日放送専務、ホテルプラザ社長　→06/08

太田　宏　おおた・ひろし　大正15年12月7日～平成2年8月6日　ユニチカ専務　→88/90

太田　弘　おおた・ひろし　～昭和62年8月16日　東京都理容国民健康保険組合事務長　→83/87

太田　博　おおた・ひろし　明治23年～昭和26年10月31日　社会運動家　→昭和

太田　博　おおた・ひろし　昭和4年3月28日～平成10年11月14日　日本カーボン社長　→97/99

太田　煕　おおた・ひろし　～昭和59年7月28日　ヤンマーディーゼル取締役　→83/87

太田　博光　おおた・ひろみつ　昭和19年2月11日～平

太田 博義　おおた・ひろよし　大正14年6月9日～昭和61年8月4日　日本電池常務　→83/87

太田 福次郎　おおた・ふくじろう　～平成8年5月13日　八日市場市長　→94/96

太田 丙子郎　おおた・へいごろう　～昭和40年10月10日　大阪商船副社長　→昭和

太田 弁次郎　おおた・べんじろう　明治31年4月27日～昭和56年11月11日　東邦生命相談役　→80/82（太田 辨次郎）

太田 信　おおた・まこと　明治43年1月1日～平成3年2月13日　筑波エネルギーサービス会長、日本開発銀行理事、日本興業銀行取締役　→91/93

太田 誠　おおた・まこと　大正5年5月20日～平成1年6月24日　共同通信常務　→88/90

太田 正夫　おおた・まさお　大正1年10月29日～平成19年1月9日　佐野信用金庫理事長、栃木県信用金庫協会会長、佐野商工会議所会頭　→06/08

太田 正雄　おおた・まさお　大正6年8月22日～平成1年10月20日　本州化学工業社長　→88/90

太田 昌孝　おおた・まさたか　昭和19年2月27日～昭和63年2月12日　北海道穀物商品取引所理事・取引員協会会長、日進貿易専務　→88/90

太田 正孝　おおた・まさたか　明治19年11月13日～昭和57年7月10日　衆院議員（自民党）　→80/82

太田 真里　おおた・まさと　大正13年11月8日～平成13年9月4日　神官　北国新聞専務、加賀神明宮名誉宮司　→00/02

太田 正富　おおた・まさとみ　昭和4年1月2日～昭和62年12月14日　能美防災工業取締役　→83/87

太田 正規　おおた・まさのり　～昭和58年10月23日　東レ建設常務　→83/87

太田 正矩　おおた・まさのり　昭和47年2月20日　日本パーカライジング取締役　→昭和

太田 正治　おおた・まさはる　～昭和61年2月21日　千代田火災海上保険常任監査役　→83/87

太田 正治　おおた・まさはる　明治37年～平成8年3月25日　八雲町農協（北海道）組合長　→94/96

太田 雅博　おおた・まさひろ　明治35年1月7日～平成4年4月18日　長野県印刷工業組合顧問・元理事長、法規書籍印刷会長　→91/93

太田 政弘　おおた・まさひろ　明治4年10月4日～昭和26年1月24日　貴院議員（勅選）、警視総監、台湾総督　→昭和

太田 正文　おおた・まさふみ　大正6年1月27日～平成11年2月16日　河北新報常務　→97/99

太田 正巳　おおた・まさみ　大正9年11月28日～平成16年1月24日　駐バチカン大使　→03/05

太田 正元　おおた・まさもと　大正4年1月～平成6年1月14日　三井金属鉱業専務　→94/96

大田 勝　おおた・まさる　昭和19年6月30日～平成21年1月13日　ヴァーナル創業者　→09/11

太田 護　おおた・まもる　明治43年12月17日～昭和62年1月2日　太田インキ製造（株）会長　→83/87

太田 道夫　おおた・みちお　大正3年1月15日～平成1年8月26日　三井信託銀行相談役・元会長　→88/90

太田 三夫　おおた・みつお　昭和6年7月3日～平成12年10月12日　神奈川新聞常務　→00/02

太田 光熙　おおた・みつひろ　～昭和14年10月14日　京阪電鉄会長　→昭和

太田 十　おおた・みつる　明治37年2月17日～昭和58年10月10日　大阪府中小企業団体中央会会長、永大産業管財人　→83/87

太田 実　おおた・みのる　大正4年1月1日～昭和61年1月16日　札幌高裁判事　→83/87

太田 実　おおた・みのる　～平成7年9月1日　東京都理事、東京建設業協会専務理事　→94/96

太田 稔　おおた・みのる　～平成3年1月27日　富士重工業取締役　→91/93

大田 実　おおた・みのる　明治24年4月7日～昭和20年6月13日　海軍中将　→昭和

大田 宮吉　おおた・みやきち　～昭和60年8月16日　杉村倉庫監査役　→83/87

太田 元四郎　おおた・もとしろう　昭和4年1月1日～昭和62年11月23日　共同印刷取締役　→83/87

太田 守昭　おおた・もりあき　昭和14年8月13日～平成18年12月1日　沖縄県議（沖縄社会大衆党）　→06/08

太田 泰男　おおた・やすお　～平成4年3月27日　鴻池組専務　→91/93

太田 康二　おおた・やすじ　大正8年10月15日～平成10年11月3日　水産庁長官　→97/99

太田 保太郎　おおた・やすたろう　安政6年3月～昭和9年10月29日　弁護士、実業家　神戸市議、摩耶鋼索鉄道社長　→昭和

太田 保則　おおた・やすのり　大正15年1月2日～昭和60年2月17日　東亜パルプ社長　→83/87

太田 保彦　おおた・やすひこ　大正4年6月8日～昭和63年4月23日　帝人取締役　→88/90

太田 泰也　おおた・やすや　昭和2年8月11日～平成10年6月22日　三菱地所副社長　→97/99

太田 勇吉　おおた・ゆうきち　大正5年11月24日～平成1年12月26日　日本電気取締役　→88/90

太田 有郷　おおた・ゆうごう　～平成10年1月8日　東亜医用電子専務　→97/99

太田 勇三郎　おおた・ゆうさぶろう　大正14年10月2日～平成17年3月6日　曙ブレーキ工業副会長　→03/05

大田 行徳　おおた・ゆきのり　大正8年12月11日～平成15年12月23日　味の素常務　→03/05

太田 義明　おおた・よしあき　昭和13年4月9日～平成21年5月13日　三重銀行専務　→09/11

太田 凱夫　おおた・よしお　明治38年11月28日～昭和60年9月22日　九州勧業会長　→83/87

太田 芳男　おおた・よしお　～昭和55年4月3日　昭和空圧機工業社長　→80/82

太田 義一　おおた・よしかず　大正3年6月25日～昭和62年10月9日　協和広告会長　→83/87

太田 義武　おおた・よしたけ　昭和18年10月15日～平成16年5月12日　環境事務次官　→03/05

太田 芳典　おおた・よしのり　～昭和61年10月23日　安田火災海上保険監査役　→83/87

太田 与四郎　おおた・よしろう　大正4年10月13日～平成12年1月1日　曙ブレーキ工業専務　→00/02

太田 利三郎　おおた・りさぶろう　明治34年3月7日～平成4年4月9日　日本開発銀行総裁, 日本鉄道建設公団総裁　→91/93

太田 亮一　おおた・りょういち　大正7年1月1日～昭和58年10月15日　日貿信常務　→83/87

太田 良一　おおた・りょういち　明治45年7月21日～昭和63年10月26日　関東電化工業専務　→91/93

大田 遼一郎　おおた・りょういちろう　明治38年2月13日～昭和43年11月15日　社会運動家　熊本商科大学教授　→昭和

太田 良次　おおた・りょうじ　大正12年8月2日～平成4年11月1日　春本鉄工所常勤監査役　→91/93

太田 錦二　おおた・りょうじ　大正2年4月23日～昭和59年12月2日　高島屋専務　→83/87

太田 良助　おおた・りょうすけ　大正5年11月10日～平成4年12月18日　大木建設常務　→91/93

大平 駒槌　おおだいら・こまつち　明治2年12月～昭和32年4月11日　貴院議員(同और会), 住友理事, 満鉄副総裁　→昭和(おおひら・こまつち)

大平 敏雄　おおだいら・としお　～昭和62年8月17日　大東京火災海上保険常務　→83/87

太田尾 勝治　おおたお・かつじ　大正3年9月28日～平成12年12月24日　昭和リース社長, 協和銀行取締役　→00/02

太田尾 広治　おおたお・ひろじ　～昭和60年11月23日　(社)日本港湾協会理事　→83/87

大高 省三　おおたか・しょうぞう　昭和5年2月21日～平成2年1月29日　高萩市長　→88/90

大高 善二郎　おおたか・ぜんじろう　昭和13年1月1日～平成18年9月9日　ヨークベニマル社長　→06/08

大高 昇　おおたか・のぼる　昭和5年2月19日～平成10年4月30日　毎日放送常務, 毎日新聞大阪本社編集局長　→97/99

大高 登　おおたか・のぼる　大正3年～昭和63年7月21日　大高酵素会長　→88/90

大高 秀男　おおたか・ひでお　明治40年11月4日～昭和63年1月3日　常北町(茨城県)町長　→88/90

大鷹 弘　おおたか・ひろし　昭和3年2月25日～平成13年4月21日　駐ビルマ大使　→00/02

大高 福三　おおたか・ふくぞう　明治42年3月25日～平成16年2月11日　大高醬油会長　→03/05

大高 康　おおたか・やすし　明治32年1月～昭和44年1月29日　衆院議員(自民党)　→昭和(おおたか・こう)

大高 善雄　おおたか・よしお　～昭和55年9月23日　ヨークベニマル創業者　→80/82

太田垣 虔甫　おおたがき・けんすけ　～昭和55年3月24日　高等海難審判庁首席審判官　→80/82

太田垣 士郎　おおたがき・しろう　明治27年2月1日～昭和39年3月16日　実業家　関西電力初代社長, 関西経済連合会会長　→昭和

太田垣 貴美　おおたがき・たかみ　大正13年1月19日～平成3年11月12日　北大阪急行電鉄社長, 関西鉄道協会理事　→91/93

太田垣 敏雄　おおたがき・としお　～平成17年8月29日　兵庫県議　→03/05

大滝 勝三郎　おおたき・かつさぶろう　～昭和5年12月29日　東京浅草花屋敷社長　→昭和

大滝 寿一　おおたき・じゅいち　～平成8年4月9日　連合上越地域協議会議長　→94/96

大多喜 守忍　おおたき・しゅじん　～昭和31年12月31日　輪王寺門跡　→昭和(おおたき・もりおし)

大滝 甚太郎　おおたき・じんたろう　慶応2年10月15日～昭和15年4月26日　実業家　北海道造林合資会社社長, 札幌商業会議所会頭, 札幌市議　→昭和

大滝 誠三　おおたき・せいぞう　～平成16年5月4日　宮田工業専務　→03/05

大滝 信雄　おおたき・のぶお　大正11年2月6日～昭和57年11月28日　日本石油化学常務　→80/82

大滝 秀夫　おおたき・ひでお　～平成9年4月30日　日東化工社長　→97/99

大滝 雅也　おおたき・まさや　～昭和55年12月12日　大滝工務店会長　→80/82

大滝 優　おおたき・まさる　大正14年8月2日～平成9年11月10日　大滝工務店会長, 全国浚渫業協会副会長　→97/99

大滝 四士夫　おおたき・よしお　明治37年7月8日～平成5年12月2日　古河鉱業常務　→91/93

大滝 芳雄　おおたき・よしお　明治9年1月15日～平成15年9月2日　朝日村(山形県)村長　→03/05

大田黒 猪一郎　おおたぐろ・いいちろう　明治44年8月12日～平成3年10月25日　ミドリ十字常務　→91/93

大田黒 重五郎　おおたぐろ・じゅうごろう　慶応2年6月15日～昭和19年7月28日　実業家　芝浦製作所専務　→昭和

太田黒 尚雄　おおたぐろ・ひさお　昭和2年4月1日～平成22年10月27日　サノヤス・ヒシノ明昌社長, 住友銀行常務　→09/11

大竹 一郎　おおたけ・いちろう　昭和2年～平成5年7月26

日　日産グラフィックアーツ相談役・元社長　→91/93

大竹 英次　おおたけ・えいじ　大正7年1月13日～昭和64年1月2日　東京日産自動車販売会長　→88/90

大竹 一二　おおたけ・かずじ　～昭和60年8月12日　吉良鉄鋼所社長　→83/87

大竹 貫一　おおたけ・かんいち　安政7年3月12日～昭和19年9月22日　政治家　衆院議員（第一議員倶楽部）→昭和

大竹 吉寿　おおたけ・きちじゅ　～昭和62年5月26日　日本カーボン取締役富山工場長　→83/87

大竹 清　おおたけ・きよし　大正12年7月7日～平成9年5月6日　千葉県議（自民党）　→97/99

大竹 作摩　おおたけ・さくま　～昭和51年7月16日　福島県知事　→昭和

大竹 重雄　おおたけ・しげお　明治43年10月22日～昭和63年12月3日　蒲郡信用金庫会長，蒲郡商工会議所会頭　→88/90

大竹 正治　おおたけ・しょうじ　大正10年11月30日～昭和63年2月10日　山形教育センター顧問，山形県教育長　→88/90

大竹 浄三　おおたけ・じょうぞう　昭和2年3月31日～平成3年3月22日　ユタカ精工社長　→91/93

大竹 次郎　おおたけ・じろう　昭和3年9月14日～平成16年2月28日　新星堂会長　→03/05

大竹 進　おおたけ・すすむ　大正5年8月3日～平成18年5月21日　トヨタ自動車販売副社長　→06/08

大巌 誠一　おおたけ・せいいち　～昭和55年10月14日　大巌商店会長，愛知県管工機材商業協同組合理事長　→80/82

大嶽 孝夫　おおたけ・たかお　明治44年1月5日～平成9年7月12日　小糸製作所社長　→97/99

大竹 猛雄　おおたけ・たけお　大正9年1月21日～平成10年6月6日　電通専務　→97/99

大武 正　おおたけ・ただし　大正13年3月13日～平成14年12月8日　中国新聞取締役論説主幹，安田女子短期大学教授　→00/02

大竹 為三　おおたけ・ためぞう　～昭和56年11月26日　イハラケミカル工業相談役　→80/82

大竹 有　おおたけ・たもつ　昭和10年2月9日～平成6年7月21日　日商岩井専務　→94/96

大竹 太郎　おおたけ・たろう　明治38年9月29日～昭和62年12月16日　弁護士　衆院議員（自民党）　→83/87

大嶽 恒雄　おおたけ・つねお　昭和13年5月24日～平成15年8月28日　東邦ガス専務　→03/05

大竹 照彦　おおたけ・てるひこ　大正12年6月29日～平成14年3月19日　サンケイアイ社長　→00/02

大嶽 藤三郎　おおたけ・とうざぶろう　大正13年12月22日～平成10年12月18日　高島副社長　→97/99

大嶽 俊郎　おおたけ・としろう　大正3年11月23日～平成10年2月1日　小糸製作所社長　→97/99

大竹 寅雄　おおたけ・とらお　～昭和55年6月27日　大塚鉄工所代表取締役専務　→80/82

大竹 直三郎　おおたけ・なおさぶろう　～平成16年4月29日　高知県警本部長　→03/05

大竹 伸光　おおたけ・のぶみつ　昭和3年3月1日～平成14年4月27日　旭化成工業常務　→00/02

大竹 宏繁　おおたけ・ひろしげ　昭和4年8月20日～平成6年12月19日　経済企画庁事務次官　→94/96

大竹 藤知　おおたけ・ふじとも　～昭和28年6月6日　豊橋市長　→昭和

大竹 平八郎　おおたけ・へいはちろう　明治37年2月8日～昭和60年5月17日　参院議員（自民党）　→83/87

大竹 正　おおたけ・まさし　～昭和57年7月1日　岐阜金華山ロープウエー代表取締役専務　→80/82

大竹 基允　おおたけ・もとのぶ　明治9年3月1日～平成18年3月12日　愛知県議（愛知ク）　→06/08

大武 幸夫　おおたけ・ゆきお　大正12年3月24日～平成6年1月28日　福井市長　→94/96

大竹 理三　おおたけ・りぞう　明治40年9月27日～平成6年5月12日　東芝精機社長　→94/96

大竹 良一　おおたけ・りょういち　昭和4年4月30日～平成7年5月2日　キラ・コーポレーション会長　→94/96

大竹山 武吉　おおたけやま・ぶきち　大正5年7月15日～平成22年3月17日　鹿児島ヨコハマタイヤ社長　→09/11

大達 茂雄　おおだち・しげお　明治25年1月5日～昭和30年9月25日　参院議員（自由党），文相，内相　→昭和

大立目 喜男　おおたつめ・よしお　大正10年11月4日～平成8年4月20日　宇形沢組鉄工所常務　→94/96

大館 集作　おおだて・しゅうさく　～昭和2年6月21日　乃木将軍令弟　→昭和

大舘 規　おおだて・ただし　昭和8年～平成22年8月16日　カルソニック専務　→09/11

大舘 愛雄　おおだて・よしお　明治36年10月8日～平成8年10月1日　日産自動車常務，日産自動車販売（のち日産アルティア）社長　→94/96

大谷 昭夫　おおたに・あきお　昭和5年8月31日～平成15年11月21日　トーハン常務　→03/05

大谷 彰　おおたに・あきら　明治43年6月17日～昭和63年4月18日　広島県議（自民党），大谷病院院長　→88/90

大谷 坦　おおたに・あきら　昭和6年～平成18年3月8日　富士火災海上保険常務　→06/08

大谷 伊佐　おおたに・いさ　明治38年3月20日～平成1年1月14日　長島観光開発相談役，大谷天然瓦斯社長　→88/90

大谷 勇　おおたに・いさむ　大正13年1月10日～平成8年9月8日　日本エヤーブレーキ（のちナブコ）取締役，ナブコ商事社長　→94/96

大谷 一二　おおたに・いちじ　大正1年8月31日～平成19年11月23日　東洋紡績社長　→06/08

大谷 瑩秀　おおたに・えいしゅう　～昭和42年12月10日

I 政治・経済・社会篇　　　　　　　　　　　　　　　おおたに

東本願寺大僧正　→昭和

大谷 瑩潤　おおたに・えいじゅん　明治23年1月13日〜昭和48年5月23日　僧侶,政治家　真宗大谷派(東本願寺)宗務課長,衆議院議員,参院議員　→昭和

大谷 瑩亮　おおたに・えいりょう　〜昭和11年5月14日　東本願寺夾輔　→昭和

大谷 演慧　おおたに・えんねい　大正3年11月14日〜平成20年1月28日　僧侶　東本願寺(真宗大谷派)門首代行,真宗大谷派函館別院住職　→06/08

大谷 一男　おおたに・かずお　〜昭和61年7月22日　茶松染色会長　→83/87

大谷 勝俊　おおたに・かつとし　大正13年9月14日〜平成13年4月11日　ニチメン常務　→00/02

大谷 勝巳　おおたに・かつみ　昭和3年10月2日〜平成5年7月9日　日本無線専務　→91/93

大谷 嘉兵衛　おおたに・かひょうえ　弘化1年12月22日〜昭和8年2月3日　実業家　横浜商業会議所会頭,貴院議員(多額納税)　→昭和

大谷 紅子　おおたに・きぬこ　明治26年5月15日〜昭和49年4月1日　真宗本願寺派大裏方　→昭和

大谷 一徳　おおたに・くにやす　〜昭和56年10月3日　東京化学開発社長　→80/82

大谷 光　おおたに・こう　大正4年4月25日〜平成3年7月25日　中国塗料会長　→91/93

大谷 光演　おおたに・こうえん　明治8年2月27日〜昭和18年2月6日　僧侶,俳人　真宗大谷派(東本願寺)第23世法主,伯爵　→昭和(大谷 句仏 おおたに・くぶつ)

大谷 孝吉　おおたに・こうきち　明治43年12月24日〜平成12年10月15日　テーオーシー名誉会長,星製薬社長,星薬科大学理事長　→00/02

大谷 光照　おおたに・こうしょう　明治44年11月1日〜平成14年6月14日　僧侶　浄土真宗本願寺派(西本願寺)第23世門主,日本仏教保育協会名誉会長　→00/02

大谷 光紹　おおたに・こうしょう　大正14年3月9日〜平成11年12月24日　僧侶　東本願寺住職　→97/99

大谷 幸四郎　おおたに・こうしろう　明治5年7月25日〜昭和12年6月24日　海軍中将　→昭和

大谷 光瑞　おおたに・こうずい　明治9年12月27日〜昭和23年10月5日　僧侶,仏教家,探検家　真宗本願寺派(西本願寺)第22世法主　→昭和

大谷 浩造　おおたに・こうぞう　〜平成10年10月4日　コニシ専務　→97/99

大谷 光暢　おおたに・こうちょう　明治36年10月1日〜平成5年4月13日　僧侶　真宗大谷派(東本願寺)第24世門首　→91/93

大谷 光明　おおたに・こうみょう　明治18年4月26日〜昭和36年4月3日　僧侶,アマゴルファー　真宗本願寺派(西本願寺)管長事務代理　→昭和

大谷 悟郎　おおたに・ごろう　明治39年5月30日〜昭和63年7月17日　日本製粉取締役　→88/90

大谷 智子　おおたに・さとこ　明治39年9月1日〜平成1年11月15日　全日本仏教婦人連盟会長,光華女子学園創立者　→88/90

大谷 重基　おおたに・しげもと　明治44年3月1日〜昭和59年9月1日　大洋弁栓会長　→83/87

大谷 周三　おおたに・しゅうぞう　昭和6年3月28日〜平成7年1月26日　三菱製鋼取締役,菱鋼運輸社長　→94/96

大谷 寿太郎　おおたに・じゅたろう　大正4年2月20日〜平成18年8月1日　帝国繊維社長　→06/08

大谷 純仁　おおたに・じゅんにん　〜平成21年10月20日　僧侶　法多山尊永寺住職,高野山真言宗大僧正　→09/11

大谷 章子　おおたに・しょうこ　昭和47年3月12日　大谷婦人会総裁　大谷光演(句仏)・前真宗大谷派本願寺法主夫人　→昭和

大谷 昌次　おおたに・しょうじ　明治44年6月4日〜平成10年6月28日　日本電信電話公社理事,三和大栄電気興業社長　→97/99

大谷 昭世　おおたに・しょうせい　〜平成23年7月2日　僧侶　浄土真宗本願寺派亀山本徳寺住職,兵庫県仏教会副会長　→09/11

大谷 新一　おおたに・しんいち　大正2年8月6日〜平成13年12月21日　昭和製作所社長,本田技研工業常務　→00/02

大谷 新吉　おおたに・しんきち　〜平成5年11月17日　栃木商工会議所会頭　→91/93

大谷 進　おおたに・すすむ　大正15年10月31日〜平成7年12月27日　読売新聞社社友　→94/96

大谷 善一郎　おおたに・ぜんいちろう　〜昭和56年3月25日　ニュー大成ホテル社長　→80/82

大谷 尊由　おおたに・そんゆ　明治19年8月19日〜昭和14年8月1日　僧侶,政治家　真宗本願寺派(西本願寺)管長事務取扱,貴院議員,拓務相　→昭和

大谷 健　おおたに・たけし　昭和6年6月11日〜昭和62年6月24日　タツタ電線取締役　→83/87

大谷 武　おおたに・たけし　〜平成17年3月29日　日中旅行社会長,日中友好協会顧問　→03/05

大谷 竹次郎　おおたに・たけじろう　明治10年12月13日〜昭和44年12月27日　実業家,演劇興行主　松竹創立者　→昭和

大谷 竹次郎　おおたに・たけじろう　〜昭和46年11月21日　昭和電極社長,大谷製鋼社長　→昭和

大谷 忠雄　おおたに・ただお　昭和10年9月19日〜平成21年9月27日　衆院議員(新生党)　→09/11

大谷 辰雄　おおたに・たつお　〜昭和58年8月1日　明治製革監査役　→83/87

大谷 智真　おおたに・ちしん　明治27年11月20日〜昭和59年12月9日　天台宗大僧正,斑鳩寺住職　→83/87

大谷 暢心　おおたに・ちょうしん　〜平成20年12月28日　僧侶　本徳寺(真宗大谷派姫路船場別院)住職　→06/08

大谷 徹太郎　おおたに・てつたろう　〜昭和50年8月6日

おおたに　　　　　　　　　　　　　　　　　　　　　Ⅰ　政治・経済・社会篇

新産別書記長　→昭和

大谷　東蔵　おおたに・とうぞう　大正10年9月19日～平成11年9月2日　唐津観光協会会長、昭和自動車副社長　→97/99

大谷　藤之助　おおたに・とうのすけ　明治39年12月3日～平成1年2月8日　参院議員(自民党)　→88/90

大谷　徳兵衛　おおたに・とくべえ　～平成17年11月19日　岡女堂社長　→03/05

大谷　寅吉　おおたに・とらきち　～平成7年1月31日　大栄太源社長、大阪魚市場専務　→94/96

大谷　信吉　おおたに・のぶよし　～平成9年3月8日　大日本塗料常務　→97/99

大谷　登　おおたに・のぼる　明治7年3月26日～昭和30年7月31日　実業家　日本郵船社長　→昭和

大谷　久　おおたに・ひさし　大正9年10月2日～平成2年7月31日　三協精機製作所常任監査役　→88/90

大谷　久満　おおたに・ひさみつ　大正14年12月9日～平成20年12月1日　浜田市長　→06/08

大谷　秀志　おおたに・ひでし　大正5年4月10日～平成17年9月22日　長野県議(自民党)　→03/05

大谷　博康　おおたに・ひろやす　～昭和28年3月29日　大谷証券社長　→昭和

大谷　藤郎　おおたに・ふじお　大正13年3月27日～平成22年12月7日　厚生省医務局長、国際医療福祉大学初代学長、国立ハンセン病資料館館長　→09/11

大谷　文太郎　おおたに・ぶんたろう　明治27年～昭和60年12月1日　ダイハツ金属工業社長　→83/87

大谷　正夫　おおたに・まさお　大正2年2月5日～平成2年12月28日　日本アルミニウム工業専務　→88/90

大谷　正夫　おおたに・まさお　大正2年6月16日～平成11年8月22日　栃木新聞社長、関東インフォメーションマイクロ社長　→97/99

大谷　誠　おおたに・まさお　～昭和16年1月3日　都新聞社理事　→昭和

大谷　昌行　おおたに・まさゆき　大正3年10月31日～平成14年5月9日　日本海テレビジョン社長　→00/02

大谷　護　おおたに・まもる　～昭和63年8月14日　僧侶　本蓮寺(真宗大谷派)第20世住職　→88/90

大谷　元太郎　おおたに・もとたろう　昭和2年10月14日～平成16年8月25日　滋賀県議(自民党)　→03/05

大谷　弥七　おおたに・やしち　～昭和45年2月16日　エルサルバドル名誉総領事　→昭和

大谷　靖　おおたに・やすし　天保15年9月14日～昭和5年3月6日　内務書記官、貴院議員(勅選)　→昭和

大谷　之夫　おおたに・ゆきお　～昭和16年3月12日　紀伊国屋書店専務　→03/05

大谷　鷲雄　おおたに・よしお　明治33年11月～昭和45年12月23日　参院議員(自民党)　→昭和(おおたに・いんお)

大谷　嬉子　おおたに・よしこ　大正7年5月30日～平成12年6月22日　浄土真宗本願寺派仏教婦人会連盟名誉総裁　→00/02

大谷　米一　おおたに・よねいち　大正5年6月1日～平成7年5月9日　ホテルニューオータニ社長　→94/96

大谷　米太郎　おおたに・よねたろう　明治14年7月24日～昭和43年5月19日　実業家　大谷重工業創業者、ホテルニューオータニ創業者　→昭和

多々和　新輔　おおたわ・しんすけ　明治2年11月～昭和8年11月25日　陸軍中将　→昭和

多々和　精一　おおたわ・せいいち　～平成13年11月28日　日鉄鉱業常務　→00/02

多々和　斎　おおたわ・ひとし　～昭和11年8月27日　毎日新聞社一等飛行士　→昭和

大地田　茂　おおちだ・しげる　～平成3年6月27日　西日本新聞社印刷部長待遇　→91/93

大津　和夫　おおつ・かずお　～昭和61年3月19日　香港領事　→83/87

大津　和郎　おおつ・かずお　～昭和16年8月10日　陸軍中将　→昭和

大津　桂一　おおつ・けいいち　明治28年3月～昭和23年3月29日　衆院議員(民主党)　→昭和

大津　慶吾　おおつ・けいご　大正3年10月4日～平成2年1月15日　北海道放送会長　→88/90

大津　啓嗣　おおつ・けいじ　昭和13年12月23日～平成16年6月21日　大日本製薬常務　→03/05

大津　孝太郎　おおつ・こうたろう　明治38年8月23日～平成4年2月12日　エヌ・テー・エヌ東洋ベアリング(のちNTN)社長　→91/93

大津　三郎　おおつ・さぶろう　明治45年7月24日～昭和63年9月25日　大津屋会長　→88/90

大津　繁雄　おおつ・しげお　大正14年9月9日～平成9年12月9日　西日本鉄道常務　→97/99

大津　茂雄　おおつ・しげお　明治42年10月13日～平成1年10月24日　神奈川県議、秦野市会議長　→88/90

大津　淳一　おおつ・じゅんいち　大正6年5月5日～平成4年11月14日　関西段ボール協同組合理事長、三協段ボール社長　→91/93

大津　淳一郎　おおつ・じゅんいちろう　安政3年12月23日～昭和7年1月29日　政治家　衆院議員(民政党)、貴院議員(勅選)　→昭和

大津　正二　おおつ・しょうじ　大正2年5月1日～平成11年2月10日　ケイヒン会長　→97/99

大津　済　おおつ・せい　大正8年7月17日～平成10年12月13日　住友信託銀行副社長　→97/99

大津　大八郎　おおつ・だいはちろう　大正11年11月27日～平成19年6月27日　電通専務　→06/08

大津　高幸　おおつ・たかゆき　～平成9年4月23日　浅間山荘事件の突撃隊員　→00/02s

大津　武昭　おおつ・たけあき　昭和8年4月24日～平成20

年2月15日　陸将　陸上自衛隊武器補給処長　→06/08

大津 龍雄　おおつ・たつお　～昭和60年8月31日
大分合同新聞社取締役,大分県柔道連盟会長　→83/87

大津 民蔵　おおつ・たみぞう　昭和44年8月8日
弁護士　→昭和

大津 鉄治　おおつ・てつじ　大正3年7月23日～平成1年5月14日　名瀬市長　→88/90

大津 利　おおつ・とし　明治41年3月7日～昭和62年11月10日　協同飼料会長・社長代行　→83/87

大津 敏男　おおつ・としお　明治26年10月26日～昭和33年12月27日　埼玉県知事,樺太庁長官　→昭和

大津 敏郎　おおつ・としろう　大正8年8月15日～平成7年5月11日　日立工機常務　→94/96

大津 肇　おおつ・はじめ　～平成6年3月8日
水戸戦災を記録する会代表　→94/96

大津 英男　おおつ・ひでお　大正5年1月2日～平成23年4月21日　内閣官房内閣調査室長　→09/11

大津 弘一　おおつ・ひろいち　～平成10年8月2日
養賢堂取締役編集長　→97/99

大津 平八郎　おおつ・へいはちろう　明治40年1月27日～昭和63年7月12日　茨城新聞社取締役　→88/90

大津 正雄　おおつ・まさお　明治42年11月9日～平成2年5月16日　法務省東京矯正管区長　→88/90

大津 正　おおつ・まさし　～平成9年1月26日
政治家秘書　大利根カントリー倶楽部社長　→97/99

大津 正敬　おおつ・まさゆき　大正6年12月6日～平成3年10月14日　知多信用金庫理事長　→91/93

大津 征夫　おおつ・ゆくお　昭和54年1月20日
大分合同新聞社長　→昭和(おおつ・まさお)

大津 麟平　おおつ・りんぺい　慶応1年10月18日～昭和14年12月31日　徳島県知事　→昭和

大津 櫪堂　おおつ・れきどう　～昭和51年5月18日
僧侶　臨済宗相国寺派管長　→昭和

大塚 斌　おおつか・あきら　大正12年7月1日～平成23年3月1日　大塚製靴社長　→09/11

大塚 功　おおつか・いさお　昭和17年8月3日～平成18年6月28日　駐ジャマイカ大使,大蔵省官房審議官　→06/08

大塚 惟精　おおつか・いせい　明治17年12月11日～昭和20年8月6日　広島県知事,貴院議員(勅選)　→昭和

大塚 今比古　おおつか・いまひこ　～昭和58年6月8日
大審院判事,中央更生保護審査会委員長　→83/87

大塚 栄一　おおつか・えいいち　昭和18年5月12日～平成12年10月25日　安田火災ローンサービス常務,安田火災海上保険取締役　→00/02

大塚 英二　おおつか・えいじ　大正8年9月16日～平成8年5月19日　三井東圧化学副社長　→94/96

大塚 一男　おおつか・かずお　大正14年3月23日～平成23年9月3日　弁護士　→09/11

大塚 一成　おおつか・かずしげ　～昭和56年1月31日
フジテレビ・ネット営業部副部長　→80/82

大塚 堅　おおつか・かたし　明治41年12月1日～昭和62年2月16日　宇部興産常務　→83/87

大塚 勝郊　おおつか・かつひろ　昭和8年8月1日～平成22年4月21日　朝日生命保険副社長　→09/11

大塚 寛治　おおつか・かんじ　明治21年2月20日～昭和58年1月5日　日本化学工業社長　→83/87

大塚 喜一郎　おおつか・きいちろう　明治43年2月5日～昭和63年8月26日　弁護士　最高裁判事　→88/90

大塚 亀栄　おおつか・きさえ　～昭和61年2月3日
三喜商事取締役会長　→83/87

大塚 公蔵　おおつか・きみとし　～平成16年1月14日
武蔵精密工業社長　→03/05

大塚 金蔵　おおつか・きんぞう　大正12年6月25日～平成11年4月29日　北九州病院最高顧問,北九州市小倉北区長　→97/99

大塚 九一　おおつか・くいち　明治38年5月25日～昭和45年2月18日　労働・農民運動家　東大芦村長,栃木県議　→昭和

大塚 国恵　おおつか・くにえ　明治39年6月23日～平成13年3月3日　神霊教教母　→00/02

大塚 邦武　おおつか・くにたけ　～昭和39年1月31日
川崎運送副社長　→昭和

大塚 内蔵　おおつか・くら　～平成2年10月20日
関東化学会長　→88/90

大塚 桂一郎　おおつか・けいいちろう　明治43年6月4日～平成2年3月23日　西部ガス副社長　→88/90

大塚 憲　おおつか・けん　～昭和56年5月25日
港区議　→80/82

大塚 謙二　おおつか・けんじ　～平成10年9月28日
小千谷市会議長,新潟県錦鯉協議会理事長,小千谷越山会長　→97/99

大塚 源次郎　おおつか・げんじろう　～昭和16年8月31日　朝鮮銀行理事　→昭和

大塚 孝一　おおつか・こういち　昭和9年11月13日～平成2年7月25日　志村化工取締役　→88/90

大塚 弘一　おおつか・こういち　～昭和44年8月16日
大塚証券社長　→昭和

大塚 幸之助　おおつか・こうのすけ　明治39年2月25日～昭和59年8月15日　東京スポーツ監査役　→83/87

大塚 康平　おおつか・こうへい　～平成2年6月19日
東村(群馬県)村長,群馬県教育委員長　→88/90

大塚 惟明　おおつか・これあき　元治1年4月2日～昭和3年12月28日　実業家　南海鉄道社長,大阪市議　→昭和(おおつか・いめい)

大塚 三郎　おおつか・さぶろう　昭和2年10月20日～平成12年10月13日　税理士　日本税理士会連合会副会長,名古屋税理士会会長　→00/02

大塚 重雄　おおつか・しげお　明治42年～平成3年2月17

おおつか　　　　　　　　　　　　　　　　　　　　　　　　　　　　Ⅰ　政治・経済・社会篇

日　南海電鉄顧問・元健康管理センター所長　→91/93

大塚　重遠　おおつか・しげとお　〜昭和49年10月30日
呉羽プラスチック社長　→昭和

大塚　茂　おおつか・しげる　明治44年1月8日〜平成16年4月13日　郵政事務次官,新東京国際空港公団総裁,埼玉県副知事　→03/05

大塚　周治　おおつか・しゅうじ　昭和7年8月22日〜平成7年3月8日　空将　航空自衛隊西部航空方面隊司令官,日本アビオニクス取締役　→94/96

大塚　純一　おおつか・じゅんいち　大正8年8月7日〜平成12年1月27日　福岡県議(自民党)　→00/02

大塚　正七郎　おおつか・しょうしちろう　大正7年2月23日〜平成12年2月2日　陸上自衛隊第一ヘリコプター団団長,TKC東京本社常勤監査役　→00/02

大塚　彰三　おおつか・しょうぞう　大正11年10月14日〜平成10年3月22日　阪急電鉄取締役,阪急汽船社長　→97/99

大塚　史郎　おおつか・しろう　大正2年4月18日〜平成18年1月20日　日本ビクター常務　→06/08

大塚　次郎　おおつか・じろう　〜平成12年8月4日
佐鳥電機副社長　→00/02

大塚　新三郎　おおつか・しんざぶろう　昭和17年1月3日〜平成8年1月12日　ナガホリ常務　→94/96

大塚　甚蔵　おおつか・じんぞう　明治45年3月3日〜平成8年9月3日　三洋電機副社長　→94/96

大塚　精一　おおつか・せいいち　大正14年〜平成11年12月31日　日本無線常務,長野日本無線社長　→97/99

大塚　正二　おおつか・せいじ　〜平成19年12月17日
森창工業会長,宮崎県ゴルフ協会副会長　→06/08

大塚　誠四郎　おおつか・せいしろう　大正7年2月〜平成4年3月2日　第一勧業銀行監査役　→91/93

大塚　清次郎　おおつか・せいじろう　大正10年9月5日〜平成7年10月3日　参院議員(自民党)　→94/96

大塚　誠次郎　おおつか・せいじろう　大正4年3月11日〜平成7年5月13日　大塚産業グループ代表　→94/96

大塚　全教　おおつか・ぜんきょう　大正7年〜平成19年10月29日　尼僧　この花会代表　→06/08

大塚　喬　おおつか・たかし　大正6年6月7日〜平成16年5月31日　参院議員(社会党)　→03/05

大塚　公任　おおつか・たかのり　〜昭和61年7月14日
奥村組常務　→83/87

大塚　隆之　おおつか・たかゆき　大正4年8月22日〜平成11年9月27日　大豊工業会長　→97/99

大塚　孝良　おおつか・たかよし　〜平成1年12月31日
日本専売公社理事　→88/90

大塚　卓爾　おおつか・たくじ　大正13年12月4日〜平成4年11月11日　同和鉱業常務　→91/93

大束　健夫　おおつか・たけお　〜昭和43年7月29日
海軍経理学校長　→昭和

大塚　武　おおつか・たけし　大正6年11月9日〜昭和58年9月4日　北洋相互銀行会長　→83/87

大塚　正　おおつか・ただし　〜昭和59年3月4日
日本共産党中央委員　→83/87

大塚　忠比古　おおつか・ただひこ　明治35年10月11日〜昭和63年12月13日　三井東圧化学専務　→88/90

大塚　辰雄　おおつか・たつお　昭和3年9月1日〜平成2年3月18日　愛銀ファイナンス社長,愛知銀行常務　→88/90

大塚　辰雄　おおつか・たつお　明治39年9月18日〜平成17年2月5日　大洋漁業専務　→03/05

大塚　忠次郎　おおつか・ちゅうじろう　昭和2年1月10日〜平成3年3月26日　荒川区議(自民党)　→91/93

大塚　長一郎　おおつか・ちょういちろう　〜昭和46年11月9日　東急自動車工業社長　→昭和

大塚　長六　おおつか・ちょうろく　大正8年10月12日〜平成20年12月5日　タカヤ社長　→06/08

大塚　恒男　おおつか・つねお　昭和5年3月12日〜平成1年12月5日　三井物産石油専務　→88/90

大塚　恒太郎　おおつか・つねたろう　大正2年2月27日〜平成7年5月6日　オリエンタル酵母工業常務　→94/96

大塚　貞三郎　おおつか・ていざぶろう　明治38年2月22日〜昭和50年1月14日　労働運動家　全国商工団体連合会会長　→昭和

大塚　哲三　おおつか・てつぞう　昭和6年3月14日〜平成7年5月30日　東洋エクステリア専務　→94/96

大塚　道雄　おおつか・どうゆう　大正13年7月8日〜平成7年6月21日　僧侶　愛知学院理事,音聞山仏地院(曹洞宗)住職　→94/96

大束　亨　おおつか・とおる　大正11年10月5日〜昭和61年10月29日　林兼商会副社長　→83/87

大塚　時雄　おおつか・ときお　大正11年9月1日〜平成12年3月26日　住友化学工業専務,神東塗料社長　→00/02

大塚　俊雄　おおつか・としお　〜昭和25年2月15日
三井物産常務　→昭和

大塚　利夫　おおつか・としお　〜平成3年8月30日
藤田観光専務　→91/93

大塚　俊勝　おおつか・としかつ　〜昭和55年12月5日
神戸弁護士会元副会長　→80/82

大塚　振武　おおつか・としたけ　明治38年8月10日〜平成10年3月3日　住友重機械工業副社長,住友銀行常務　→97/99

大塚　富造　おおつか・とみぞう　大正12年2月20日〜平成16年8月20日　オオバ社長　→03/05

大塚　直次　おおつか・なおじ　明治42年12月8日〜昭和61年8月30日　三菱化成工業取締役,菱化商事社長　→83/87

大塚　直治　おおつか・なおはる　大正8年2月27日〜平成7年8月22日　大林組専務　→94/96

大塚　長良　おおつか・ながよし　明治45年7月18日〜平成2年12月9日　サッポロビール取締役　→88/90

大塚 長良　おおつか・ながよし　～平成5年11月28日
中央開発会長　→91/93

大塚 日現　おおつか・にちげん　～昭和32年7月28日
法華宗鷲山寺貫首　→昭和

大塚 延一　おおつか・のぶいち　～昭和55年10月8日
小田急商事前社長　→80/82

大塚 昇　おおつか・のぼる　～昭和63年7月30日
西日本銀行相談役　→88/90

大塚 昇　おおつか・のぼる　昭和12年7月3日～平成3年7月20日　長崎県議(民社党)　→91/93

大塚 範佐　おおつか・のりすけ　～昭和9年8月28日
館山航空隊附海軍大尉　→昭和

大塚 肇　おおつか・はじめ　～昭和38年1月18日
東京商工会議所副会頭　→昭和

大塚 春彦　おおつか・はるひこ　大正14年2月14日～平成3年11月20日　近江源助社長,オーツカ鉄鋼販売会長　→91/93

大塚 万丈　おおつか・ばんじょう　明治29年11月24日～昭和25年3月8日　実業家　経済同友会代表幹事,日本特殊鋼管社長　→昭和

大塚 尚　おおつか・ひさし　昭和2年10月6日～平成5年3月19日　大栄太源社長　→91/93

大塚 日出夫　おおつか・ひでお　昭和7年2月11日～平成18年9月30日　浅沼組専務　→06/08

大塚 英樹　おおつか・ひでき　昭和18年12月1日～平成21年2月14日　テセック社長　→09/11

大塚 啓夫　おおつか・ひろお　昭和8年11月6日～平成4年11月13日　新京成電鉄専務　→91/93

大塚 博比古　おおつか・ひろひこ　大正15年11月18日～平成23年4月26日　駐ニュージーランド大使　→09/11

大塚 武三郎　おおつか・ぶさぶろう　明治24年12月1日～昭和45年9月30日　実業家　大塚製薬創業者　→昭和

大塚 文雄　おおつか・ふみお　～昭和63年12月12日
全国電線工業組合専務理事　→88/90

大塚 又雄　おおつか・ふみお　昭和9年7月20日～平成12年4月4日　三井物産常務　→00/02

大塚 平吉　おおつか・へいきち　大正11年7月2日～平成21年10月7日　呉羽化学工業常務　→09/11

大塚 正夫　おおつか・まさお　大正4年3月29日～平成1年3月27日　東洋信託銀行相談役　→88/90

大塚 正夫　おおつか・まさお　大正5年7月20日～平成19年8月22日　弁護士　東京高裁長官,公害等調整委員会委員　→06/08

大塚 正名　おおつか・まさな　昭和5年5月10日～平成13年6月18日　海上保安庁次長,公害調整委員会委員　→00/02

大塚 正士　おおつか・まさひと　大正5年10月24日～平成12年4月17日　大塚グループ総帥,大塚国際美術館館長,大塚製薬工場社主　→00/02

大塚 正善　おおつか・まさよし　～平成9年3月18日
岩手県警本部長,熊本県警本部長　→97/99

大塚 又七　おおつか・またしち　～昭和55年5月26日
全国保護司会副会長,千葉県茂原市議会議長　→80/82

大塚 瑞夫　おおつか・みずお　昭和6年5月1日～平成18年1月4日　陸将　陸上自衛隊東北方面総監　→06/08

大塚 実　おおつか・みのる　～平成7年1月25日
栃木商工会議所専務理事　→94/96

大塚 稔　おおつか・みのる　明治21年1月1日～昭和26年10月13日　大塚工芸社社長　→昭和

大塚 宗元　おおつか・むねもと　大正10年11月13日～平成10年12月21日　日本燐寸工業会理事長　→97/99

大塚 本夫　おおつか・もとお　大正11年8月23日～平成3年10月25日　熊谷組専務　→91/93

大塚 元子　おおつか・もとこ　昭和8年5月14日～平成13年2月1日　京都府議(共産党)　→00/02

大塚 守之　おおつか・もりゆき　大正9年7月26日～平成18年6月23日　第一ゴム社長　→06/08

大塚 紋蔵　おおつか・もんぞう　明治40年1月1日～平成1年3月17日　安中公害訴訟原告団長　→88/90

大塚 康　おおつか・やすし　昭和8年12月7日～平成20年4月27日　丸紅取締役　→06/08

大塚 泰弘　おおつか・やすひろ　大正12年10月18日～平成5年3月25日　大塚証券社長　→91/93

大塚 雄司　おおつか・ゆうじ　昭和4年4月6日～平成22年1月10日　衆院議員(自民党),建設相　→09/11

大塚 有章　おおつか・ゆうしょう　明治30年1月22日～昭和54年9月8日　社会運動家　毛沢東思想学院名誉院長　→昭和(おおつか・ありあき)

大塚 泰　おおつか・ゆたか　～昭和63年3月26日
千代田シンガポール社長,シンガポール日本人会会長　→88/90

大塚 豊　おおつか・ゆたか　明治45年6月27日～平成6年7月24日　三井農林社長,三井ホーム取締役　→94/96

大塚 良敦　おおつか・よしあつ　明治23年10月19日～昭和58年4月11日　王子製紙副社長　→83/87

大塚 慶雄　おおつか・よしお　昭和19年3月11日～平成12年4月30日　藍沢証券常務,三井信託銀行監査役　→00/02

大塚 嘉博　おおつか・よしひろ　昭和4年2月13日～平成15年2月26日　岩田屋副社長　→03/05

大塚 芳満　おおつか・よしみつ　大正13年9月20日～平成11年8月4日　大塚製薬会長　→97/99

大塚 利一　おおつか・りいち　～平成3年8月18日
山陽新聞社事業局顧問,山陽新聞社専務　→91/93

大塚 力　おおつか・りき　～昭和61年1月11日
タカ食品販売会社社長　→83/87

大塚 了一　おおつか・りょういち　明治38年6月25日～昭和8年7月14日　農民運動家　→昭和

大塚 良次　おおつか・りょうじ　昭和3年9月11日～平成3年8月22日　日本化成常務　→91/93

大塚 礼子　おおつか・れいこ　昭和7年1月10日～平成10年12月27日　日韓女性親善協会副会長　→97/99

大塚 和三郎　おおつか・わさぶろう　大正7年8月16日～昭和61年6月21日　金露酒造社長, 灘五郷酒造組合副理事長　→83/87

大槻 章雄　おおつき・あきお　昭和4年3月30日～平成11年4月4日　総合住金社長, 関東財務局長　→97/99

大槻 晃義　おおつき・あきよし　昭和11年8月5日～平成6年3月10日　同和鉱業常務　→94/96

大月 晃　おおつき・あきら　昭和4年～平成14年8月1日　藤倉電線(のちフジクラ)常務　→00/02

大槻 一郎　おおつき・いちろう　大正13年3月5日～平成23年1月22日　小野田セメント専務　→09/11

大槻 薫　おおつき・かおる　明治38年5月27日～平成1年12月1日　日本電設工業取締役　→88/90

大月 和夫　おおつき・かずお　明治44年3月2日～平成7年5月4日　埼玉県議　→94/96

大槻 勝雄　おおつき・かつお　明治37年12月21日～昭和58年5月30日　旭工業社会長, 東鉄工業社長　→83/87

大槻 欽三　おおつき・きんぞう　明治25年4月8日～昭和57年4月21日　天藤製薬社長　→80/82

大槻 国秋　おおつき・くにあき　大正14年9月23日～平成23年11月5日　日本電設工業専務, 国鉄仙台工事局長　→09/11

大槻 七郎　おおつき・しちろう　明治44年12月20日～昭和63年1月21日　宮城県副知事, 宮城県社会福祉協議会長　→88/90

大槻 重衛　おおつき・じゅうえい　大正4年11月26日～平成12年4月5日　ユニチカ専務　→00/02

大月 志郎　おおつき・しろう　～平成7年3月8日　日本コロムビア常務　→94/96

大月 伸　おおつき・しん　明治29年12月18日～昭和55年4月13日　弁護士, 日本弁護士連合会会長　→80/82

大槻 たか　おおつき・たか　明治37年8月4日～平成13年3月7日　クラーク学園老人福祉学校評議員　大槻文平・元三菱鉱業セメント社長の妻　→00/02

大槻 峡史　おおつき・たかし　昭和4年11月27日～平成17年2月11日　旭情報サービス会長　→03/05

大槻 孝治　おおつき・たかはる　明治40年9月7日～平成5年11月2日　東洋建設会長, 日本美術刀剣保存協会理事　→91/93

大槻 威二　おおつき・たけじ　大正15年～平成11年8月27日　東亜道路工業専務　→97/99

大月 立清　おおつき・たつきよ　昭和3年3月11日～平成8年10月7日　サンテツ社長　→94/96

大月 照江　おおつき・てるえ　明治37年10月1日～昭和46年3月8日　婦人参政権運動家　日本女子大学教授　→昭和

大彬 光武　おおつき・てるたけ　～昭和63年11月28日　陸将　陸上自衛隊第八師団長　→88/90

大槻 信夫　おおつき・のぶお　大正14年9月1日～昭和63年5月21日　理学電機工業専務, 日本インスツルメンツ社長　→88/90

大槻 久子　おおつき・ひさこ　～昭和63年12月21日　社会福祉活動家　→88/90

大槻 英治　おおつき・ひではる　大正3年11月3日～昭和61年4月14日　東京水理管理顧問, 栗田工業常務取締役　→83/87

大月 尋男　おおつき・ひろお　大正12年12月17日～平成11年1月13日　大月真珠社長　→97/99

大槻 文平　おおつき・ぶんぺい　明治36年9月27日～平成4年8月9日　実業家, 財界人　日経連会長, 三菱鉱業セメント社長　→91/93

大月 雅宣　おおつき・まさのぶ　昭和3年7月2日～平成62年3月20日　新日鉄化学監査役　→83/87

大槻 正治　おおつき・まさはる　大正1年8月6日～平成3年7月20日　日産建設専務　→91/93

大築 志夫　おおつき・ゆきお　明治40年10月26日～平成1年3月13日　清水建設専務　→88/90

大槻 良衛　おおつき・よしえ　～平成11年3月24日　茨木市長　→97/99

大槻 儀　おおつき・よろし　～平成5年10月13日　札幌銀行常務　→91/93

大槻 竜治　おおつき・りゅうじ　文久3年11月17日～昭和2年6月25日　大阪電気軌道社長　→昭和

大槻 龍馬　おおつき・りゅうま　～平成10年5月20日　弁護士　大槻谷村法律事務所　→97/99

大辻 勝裕　おおつじ・かつひろ　大正4年2月19日～昭和63年6月27日　中津川包装工業会長, 中日本段ボール工業組合理事長　→88/90

大辻 亀治　おおつじ・かめじ　～昭和60年10月2日　富山市中央農協監事, (株)富山市中央農協開発事業団監査役　→83/87

大辻 俊三　おおつじ・しゅんぞう　明治43年12月7日～平成2年8月26日　ニチメン取締役　→88/90

大辻 米吉　おおつじ・よねきち　～昭和57年7月12日　大辻米吉商店会長　→80/82

大土 一郎　おおつち・いちろう　～昭和59年2月24日　三井造船取締役　→83/87

大坪 蔵雄　おおつぼ・くらお　大正3年7月21日～昭和56年8月5日　園乃蝶酒造社長, 瀬高町(福岡県)教育委員長　→80/82

大坪 健一郎　おおつぼ・けんいちろう　大正14年7月7日～平成3年12月25日　衆院議員(自民党), 参院議員　→91/93

大坪 憲三　おおつぼ・けんぞう　大正13年12月15日～平成15年10月14日　弁護士　→03/05

大坪 静夫　おおつぼ・しずお　明治42年3月15日～平成

大坪 質郎 おおつぼ・しちろう ～昭和61年11月23日 東海電気工事取締役,中部計器社長 →83/87

大坪 俊次郎 おおつぼ・しゅんじろう 明治26年10月19日～昭和62年11月11日 三井銀行副社長 →83/87

大坪 庄二良 おおつぼ・しょうじろう ～昭和55年11月27日 日本木材輸入協会名誉会長,ダイヤフォレスト会長 →80/82

大坪 清吉 おおつぼ・せいきち ～昭和59年9月24日 日本蒟蒻(こんにゃく)工業組合連合会理事長 →83/87

大坪 保 おおつぼ・たもつ 昭和10年3月23日～平成17年1月8日 日本農薬専務 →03/05

大坪 哲也 おおつぼ・てつや 昭和10年1月10日～平成15年12月27日 東北銀行常務 →03/05

大坪 藤市 おおつぼ・とういち 明治41年11月1日～平成3年7月20日 全国酪農業協同組合連合会名誉会長,農林省畜産局長 →91/93

大坪 透関 おおつぼ・とうかん ～平成5年7月9日 曹洞宗九州布教師協議会名誉会長,福岡県議 →91/93

大坪 半吾 おおつぼ・はんご 大正4年5月14日～平成3年3月5日 税理士 税務経理協会会長 →91/93

大坪 純 おおつぼ・まこと ～昭和59年1月31日 八幡市長 →83/87

大坪 昌治 おおつぼ・まさじ ～昭和55年11月5日 三井化学工業常務 →80/82

大坪 保雄 おおつぼ・やすお 明治32年3月～昭和49年1月9日 衆院議員(自民党) →昭和

大坪 康秀 おおつぼ・やすひで 大正14年11月12日～平成5年3月17日 大坪鉄工社長,福岡県柳川商工会議所会頭 →91/93

大坪 林四郎 おおつぼ・りんしろう ～昭和55年1月4日 明治生命常務 →80/82

大津留 健 おおつる・けん 大正12年1月23日～平成4年2月25日 日本水産取締役 →91/93

大鶴 英雄 おおつる・ひでお 昭和6年12月26日～平成2年5月16日 福岡県立美術館長,福岡県教育庁次長 →88/90

大鶴 文雄 おおつる・ふみお 大正10年4月16日～昭和61年7月14日 佐伯市長 →83/87

大津留 崇行 おおつる・むねゆき 昭和13年2月5日～平成7年11月15日 日立建機常務 →94/96

大出 坂三 おおで・さかぞう 大正6年3月27日～平成5年12月29日 久保田鉄工(のちクボタ)常務 →91/93

大手 泰治 おおて・たいじ ～平成22年7月11日 税理士 全国税理士共栄会会長 →09/11

大出 峻郎 おおで・たかお 昭和7年9月1日～平成17年10月3日 内閣法制局長官,最高裁判事 →03/05

大寺 純一 おおてら・じゅんいち ～昭和60年3月24日 神鋼商事常務 →83/87

大寺 純蔵 おおでら・じゅんぞう 明治5年6月～昭和11年11月1日 貴院議員(男爵) →昭和

大照 晃道 おおてる・しょうどう ～昭和42年12月7日 天台宗大本山輪王寺門跡,寛永寺住職 →昭和

大戸 彧也 おおと・いくや 大正14年1月13日～昭和56年12月21日 東京芝浦電気取締役 →80/82

大戸 武之 おおと・たけゆき ～昭和55年12月21日 近畿日本鉄道取締役 →80/82

大戸 英樹 おおと・ひでき ～平成2年5月23日 弁護士 →88/90

大戸 正彦 おおと・まさひこ 大正4年12月1日～昭和61年4月17日 村山市長 →83/87

大藤 卓 おおとう・たかし 大正12年2月17日～平成6年2月2日 日本住宅金融副社長 →94/96

大歳 寛 おおとし・ゆたか 大正5年10月12日～平成4年11月25日 TDK会長 →91/93

大富 真 おおとみ・まこと 明治33年8月5日～平成6年11月30日 富士電機専務 →94/96

大友 昭雄 おおとも・あきお 昭和6年10月29日～平成9年3月24日 郵政省簡易保健局長,NTTデータ通信副社長 →97/99

大友 一郎 おおとも・いちろう 大正4年6月20日～平成11年8月31日 内閣法制局憲法資料室長,日本大学教授 →97/99

大友 喜久夫 おおとも・きくお ～昭和62年7月4日 中日新聞社友,東京新聞旅行常務 →83/87

大友 喜八 おおとも・きはち ～平成5年1月23日 警視庁科学捜査研究所所長,東京交通管制施設サービス社長 →91/93

大友 幸助 おおとも・こうすけ ～昭和23年4月9日 秩父セメント社長 →昭和

大友 貞行 おおとも・さだゆき ～昭和61年1月6日 浦和家裁調停委員 →83/87

大友 仁 おおとも・しのぶ 昭和15年8月23日～平成17年12月16日 協和コンサルタンツ専務 →03/05

大伴 叔了 おおとも・しゅくりょう 明治44年12月1日～平成3年2月21日 横浜地方海難審判理事所長 →91/93

大友 惇 おおとも・じゅん 大正12年6月5日～平成11年8月3日 日本電波工業常務 →97/99

大友 太郎 おおとも・たろう 大正15年10月27日～平成5年12月28日 わらべや日洋社長 →91/93

大友 恒夫 おおとも・つねお 大正3年12月21日～昭和55年6月5日 秩父セメント社長 →80/82

大友 弘 おおとも・ひろし ～平成5年7月27日 イワキ工業社長 →91/93

大友 安治 おおとも・やすじ 明治45年6月18日～平成22年1月14日 名取市長 →09/11

大友 譲 おおとも・ゆずる ～昭和60年3月16日 真宗大谷派宗務顧問,大分県仏教会会長,真宗大谷派参務

おおとも　　　　　　　　　　　　　　　　　　　　　　　　　Ⅰ　政治・経済・社会篇

→83/87

大友 よふ　おおとも・よう　明治37年8月31日～昭和63年6月28日　婦人運動家　埼玉県地婦連会長、全国地婦連会長　→88/90

大友 六郎　おおとも・ろくろう　大正1年10月8日～昭和54年8月5日　日本電波塔社長、エフエム東京社長　→昭和

大豊 暢　おおとよ・とおる　昭和2年3月8日～平成23年3月30日　兵庫県議（自民党）　→09/11

鴻 雪年　おおとり・せつねん　文久1年～昭和11年11月21日　神官　御嶽教管長　→昭和

大鳥 富士太郎　おおとり・ふじたろう　慶応1年12月23日～昭和6年11月7日　外交官、男爵　駐メキシコ公使、貴院議員　→昭和

大鳥居 吾朗　おおとりい・ごろう　～昭和57年12月26日　神田神社・亀戸天満宮宮司、神社本庁長老　→80/82

大中 臣輔　おおなか・おみすけ　～昭和47年10月21日　三菱電機常務　→昭和

大中 武　おおなか・たけし　～平成11年3月15日　弘果弘前中央青果社長　→97/99

大中 正三　おおなか・まさぞう　大正6年2月26日～昭和62年2月10日　大中（リンゴ販売会社）社長、青森りんご移出商業組合理事長　→83/87

大仲 康義　おおなか・やすよし　～昭和56年1月22日　同和製本社長　→80/82

大中臣 信令　おおなかとみ・しんれい　大正4年7月24日～昭和61年6月22日　勝福寺住職、衆議院文教委員会調査室長　→83/87

大波 信夫　おおなみ・のぶお　～昭和45年1月9日　芝浦製糖会長　→昭和

大成 章　おおなり・あきら　大正14年3月24日～平成7年3月3日　ヤクルト常務、沖縄ヤクルト社長　→94/96

大成 正雄　おおなり・まさお　大正10年11月23日～平成5年4月23日　衆院議員（新自由クラブ）　→91/93

大西 愛治郎　おおにし・あいじろう　明治14年8月26日～昭和33年11月29日　宗教家　ほんみち教祖　→昭和

大西 篤　おおにし・あつし　昭和3年11月3日～平成19年5月9日　福岡信用金庫理事長　→06/08

大西 功　おおにし・いさお　明治40年9月13日～平成2年8月15日　（社）旭川観光協会名誉会長、旭川観光事業社長　→88/90

大西 亥輔　おおにし・いすけ　明治41年5月5日～昭和59年11月28日　大成建設副社長　→83/87

大西 猪太郎　おおにし・いたろう　大正13年2月13日～平成4年9月11日　キング醸造会長　→91/93

大西 一郎　おおにし・いちろう　明治20年～昭和25年1月21日　横浜市長　→昭和

大西 梅夫　おおにし・うめお　大正14年12月8日～平成7年1月3日　ミズノ副社長　→94/96

大西 英一　おおにし・えいいち　～昭和30年12月16日　日本発送電総裁　→昭和

大西 栄一郎　おおにし・えいいちろう　大正14年7月2日～平成3年12月4日　東洋酸素取締役　→91/93

大西 栄三郎　おおにし・えいざぶろう　～昭和29年8月12日　興国人絹監査役　→昭和

大西 栄三郎　おおにし・えいざぶろう　～平成10年9月18日　部落解放同盟京都府連合会顧問　→97/99

大西 越丙　おおにし・えつへい　大正15年4月27日～平成9年9月29日　南海放送会長　→97/99

大西 一孝　おおにし・かずたか　大正5年2月2日～平成8年1月2日　東急エージェンシーインターナショナル社長　→昭和

大西 雅亮　おおにし・がりょう　～昭和62年2月11日　僧侶　徳法寺住職　→83/87

大西 喜八郎　おおにし・きはちろう　明治44年4月13日～平成2年1月27日　三興線材工業相談役　→88/90

大西 恭四郎　おおにし・きょうしろう　～昭和61年7月1日　大津ゴム工業（のちオーツタイヤ）専務、大日本紡績（のちユニチカ）監査役　→83/87

大西 清忠　おおにし・きよただ　～昭和55年9月10日　日産農林工業社長　→80/82

大西 都盛　おおにし・くにもり　昭和4年8月28日～平成12年5月9日　豊田工機専務、豊興工業社長　→00/02

大西 健一　おおにし・けんいち　大正13年8月11日～平成7年5月16日　京都交通社長　→94/96

大西 光司　おおにし・こうじ　大正4年2月28日～平成6年11月25日　王子製紙（のち新王子製紙）副社長　→94/96

大西 耕三　おおにし・こうぞう　明治26年～昭和32年1月3日　弁護士　日本弁護士連合会会長　→昭和

大西 定彦　おおにし・さだひこ　明治29年9月13日～昭和44年4月27日　日立製作所副社長　→昭和

大西 覚　おおにし・さとる　昭和26年5月8日～平成22年2月16日　沖ウインテック常務　→09/11

大西 三良　おおにし・さぶろう　大正4年6月25日～平成8年9月16日　日本ゼオン社長　→94/96

大西 茂樹　おおにし・しげき　～昭和59年8月21日　福岡県消防協会副会長、筑紫野市社会福祉協議会長、元筑紫野市議会議長　→83/87

大西 茂子　おおにし・しげこ　～平成19年8月7日　鶴雅グループ会長　→06/08

大西 重則　おおにし・しげのり　大正5年9月17日～平成18年9月17日　協和醗酵工業専務　→06/08

大西 諄宏　おおにし・じゅんこう　～平成19年12月3日　尼僧　三時知恩寺住職　→06/08

大西 潤甫　おおにし・じゅんすけ　大正14年2月24日～平成16年11月11日　高松琴平電鉄社長　→03/05

大西 昭一　おおにし・しょういち　昭和2年2月9日～平成2年6月18日　苫小牧港開発副社長、北海道開発事務次官　→88/90

大西 正治　おおにし・しょうじ　～昭和62年4月4日　メダン（インドネシア）総領事館副領事　→83/87

244　「現代物故者事典」総索引（昭和元年～平成23年）

大西 史郎　おおにし・しろう　昭和5年1月24日〜平成20年7月8日　ニック産業社長　→06/08

大西 四郎　おおにし・しろう　明治33年5月20日〜昭和56年12月2日　トヨタ自動車販売副社長　→80/82

大西 二郎　おおにし・じろう　明治45年3月13日〜平成1年3月5日　全国飲食業環境衛生同業組合連合会副会長、大西酒舗会長　→88/90

大西 新一　おおにし・しんいち　明治45年6月21日〜平成3年3月20日　ジィティオ(のちアシックス)副社長　→91/93

大西 真応　おおにし・しんおう　〜昭和62年12月26日　僧侶　戒壇院(臨済宗妙心寺派)住職　→83/87

大西 新蔵　おおにし・しんぞう　明治41年11月1日〜昭和56年6月19日　大阪ダイヤモンド工業社長、住友電気工業取締役　→80/82

大西 新蔵　おおにし・しんぞう　明治25年7月17日〜昭和63年1月21日　海軍中将　→88/90

大西 信平　おおにし・しんぺい　明治39年12月1日〜平成1年3月29日　大西衣料会長　→88/90

大西 末広　おおにし・すえひろ　昭和6年1月10日〜平成16年1月4日　香川県議(自民党)　→03/05

大西 誠一　おおにし・せいいち　大正6年9月9日〜昭和59年9月1日　関西機化工業社長、東大阪商工会議所副会頭　→83/87

大西 世鎬　おおにし・せいこう　1929年11月10日〜2007年12月1日　青森県遊技業協同組合会長　→06/08

大西 征蔵　おおにし・せいぞう　〜平成1年11月25日　千代田製作所会長　→88/90

大西 泰助　おおにし・たいすけ　〜昭和47年7月30日　名古屋市議会議長　→昭和

大西 隆　おおにし・たかし　〜昭和47年2月13日　日本放送網取締役　→昭和

大西 滝治郎　おおにし・たきじろう　明治24年6月2日〜昭和20年8月16日　海軍中将　→昭和

大西 武雄　おおにし・たけお　〜昭和61年8月27日　富山造園業協同組合理事長　→83/87

大西 武雄　おおにし・たけお　大正4年3月12日〜平成15年7月27日　明和産業常務　→03/05

大西 武彦　おおにし・たけひこ　大正2年3月31日〜平成3年5月30日　都村製作所会長、香川県議　→91/93

大西 忠　おおにし・ただし　明治43年5月31日〜平成11年9月8日　愛媛県副知事　→97/99

大西 税　おおにし・ちから　昭和12年11月25日〜平成14年10月24日　ハザマ常務　→00/02

大西 力　おおにし・ちから　昭和8年12月28日〜平成21年8月16日　都築電産社長　→09/11

大西 常一　おおにし・つねいち　大正3年9月21日〜平成9年9月29日　山陽国策パルプ(のち日本製紙)常務　→97/99

大西 貞三　おおにし・ていぞう　明治40年1月2日〜昭和59年4月19日　日東社会長　→83/87

大西 十一郎　おおにし・といちろう　大正11年6月22日〜平成5年12月15日　伊藤忠商事取締役　→91/93

大西 俊夫　おおにし・としお　明治29年8月18日〜昭和22年7月29日　農民運動家、日農書記長、参院議員(無所属懇談会)　→昭和

大西 利美　おおにし・としみ　昭和6年1月2日〜平成23年4月3日　トヨタ自動車副社長、日野自動車会長　→09/11

大西 藤米治　おおにし・とめじ　明治45年6月16日〜昭和62年10月21日　中外倉庫運輸社長　→83/87

大西 楢次　おおにし・ならじ　大正9年12月24日〜平成21年7月19日　浅沼組副社長　→09/11

大西 宣道　おおにし・のぶみち　昭和13年8月24日〜平成18年9月10日　東海高熱工業専務　→06/08

大西 一　おおにし・はじめ　大正15年1月7日〜平成6年2月16日　日本ゴルフ振興社長、ブータン王国名誉総領事　→94/96

大西 英夫　おおにし・ひでお　昭和6年1月12日〜平成21年4月9日　富士電機常務　→09/11

大西 日出雄　おおにし・ひでお　昭和22年3月8日〜平成21年6月20日　浅沼組副社長　→09/11

大西 秀勝　おおにし・ひでかつ　大正4年4月17日〜平成5年12月17日　東亜紡織取締役　→91/93

大西 仁男　おおにし・ひとお　昭和7年6月27日〜平成13年4月26日　トビー工業常務　→

大西 等　おおにし・ひとし　昭和6年5月20日〜平成12年6月28日　西日本放送専務　→00/02

大西 寛　おおにし・ひろし　〜昭和63年9月19日　国立国会図書館アジアアフリカ課長　→88/90

大西 弘　おおにし・ひろし　〜昭和38年12月22日　倉敷紡績専務　→昭和

大西 文蔵　おおにし・ぶんぞう　大正13年12月25日〜平成11年11月23日　滋賀県議(自民党)　→97/99

大西 正男　おおにし・まさお　明治43年10月12日〜昭和62年9月18日　衆院議員(自民党)、郵政相　→83/87

人西 正幹　おおにし・まさみ　明治12年3月・昭和26年6月17日　弁護士　衆院議員(民政党)　→昭和(おおにし・まさもと)

大西 操　おおにし・みさお　昭和3年10月12日〜平成20年5月6日　中国新聞山口支社長　→06/08

大西 道太郎　おおにし・みちたろう　〜昭和44年11月29日　高松高裁長官　→昭和

大西 実　おおにし・みのる　大正14年10月28日〜平成1年1月28日　富士写真フイルム社長　→06/08

大西 康邦　おおにし・やすくに　大正14年7月14日〜平成16年7月31日　日本経済新聞監査役　→03/05

大西 康弘　おおにし・やすひろ　明治43年6月4日〜平成11年6月27日　トレーディア会長　→97/99

大西 幸夫　おおにし・ゆきお　大正10年3月25日〜昭和56年3月19日　大根占町(鹿児島県)町長　→80/82

大西 裕　おおにし・ゆたか　～昭和63年2月27日
　新自由クラブ事務局長, 朝日新聞記者　→88/90

大西 胖　おおにし・ゆたか　大正8年1月12日～平成7年
　1月17日　神戸山手学園理事長, 川崎重工業副社長　→
　94/96

大西 好雄　おおにし・よしお　大正5年3月15日～昭和63
　年4月27日　養命酒製造常務　→88/90

大西 好雄　おおにし・よしお　～平成7年12月25日
　ブルドーザー工事(のち青木建設)常務　→94/96

大西 禎夫　おおにし・よしお　明治31年9月～昭和41年3
　月30日　衆院議員(自由党), 高松琴平電鉄社長　→昭和

大西 良夫　おおにし・よしお　大正12年4月22日～平成
　19年7月7日　石原産業専務　→06/08

大西 義人　おおにし・よしと　～平成6年1月22日
　大西鋳工所社長　→94/96

大西 美中　おおにし・よしなか　大正2年1月22日～昭和
　58年1月20日　日弁連副会長　→83/87

大西 隆三　おおにし・りゅうぞう　～平成2年6月3日
　日昌相談役・元社長　→88/90

大西 良慶　おおにし・りょうけい　明治8年12月21日～
　昭和58年2月15日　僧侶　清水寺貫主, 北法相宗管長　→
　83/87

大西 廉作　おおにし・れんさく　～昭和44年12月11日
　日本水産専務　→昭和

大西 廉平　おおにし・れんぺい　明治42年～昭和61年5
　月20日　大阪製鎖製造取締役　→83/87

大貫 朝治　おおぬき・あさじ　～昭和57年6月3日
　日東紡績常務　→80/82

大貫 和夫　おおぬき・かずお　～平成3年10月12日
　有隣堂常務　→91/93

大貫 経次　おおぬき・けいじ　～昭和44年12月7日
　常盤炭礦会長　→昭和

大貫 成之　おおぬき・しげゆき　～平成1年10月25日
　大成電工顧問, 水野組常任相談役　→88/90

大貫 準吉　おおぬき・じゅんきち　大正11年9月30日～
　昭和57年7月27日　朝日工業社取締役　→80/82

大貫 昇一　おおぬき・しょういち　～平成4年11月25日
　多摩信用金庫理事, 立川市商工会議所会頭　→91/93

大貫 大八　おおぬき・だいはち　明治36年6月1日～昭和
　46年7月22日　弁護士　日弁連副会長, 参院議員(社会党)
　→昭和

大貫 利嗣　おおぬき・としつぐ　～平成1年1月15日
　東亜電波工業取締役　→88/90

大貫 久男　おおぬき・ひさお　昭和13年～平成12年12月
　2日　1億円の拾い主　→00/02

大貫 正昭　おおぬき・まさあき　昭和9年4月1日～平成2
　年10月17日　東日本銀行取締役　→88/90

大沼 アイ子　おおぬま・あいこ　～平成3年1月28日

技報堂出版会長　→91/93

大沼 昭　おおぬま・あきら　昭和5年1月27日～平成19年
　7月4日　酒田市長　→06/08

大沼 協一　おおぬま・きょういち　昭和3年8月18日～平
　成8年8月11日　セントラルシステムズ相談役　→94/96

大沼 康　おおぬま・こう　～昭和34年1月12日
　宮城県知事　→昭和

大沼 茂三　おおぬま・しげぞう　大正11年9月12日～平成
　6年12月6日　宮城県共済連会長, 宮城県議(自民党)　→
　94/96

大沼 次郎　おおぬま・じろう　～昭和58年6月30日
　国税庁札幌国税局徴収部長　→83/87

大沼 誠也　おおぬま・せいや　～昭和62年12月17日
　大東京火災海上保険専務　→83/87

大沼 孝志　おおぬま・たかし　～昭和60年8月3日
　サトー商会監査役, 元泉ロータリークラブ会長　→83/87

大沼 八右衛門(9代目)　おおぬま・はちえもん　大正7
　年3月10日～昭和61年6月8日　(株)大沼会長　→83/87
　(大沼 八右衛門　おおぬま・はちうえもん)

大沼 峯一郎　おおぬま・みねいちろう　大正6年3月13日
　～平成16年12月11日　京浜急行電鉄常務　→03/05

大野 彰　おおの・あきら　大正15年9月21日～平成19年
　11月12日　名古屋鉄道専務　→06/08

大野 明　おおの・あきら　昭和11年11月13日～平成8年2
　月5日　参院議員(自民党), 運輸相, 労相　→94/96

大野 新生　おおの・あらお　大正13年5月16日～平成13
　年2月6日　北海道議(自民党)　→00/02

大野 伊左男　おおの・いさお　昭和6年6月21日～平成23
　年2月18日　住友重機械工業副社長, サノヤス・ヒシノ明
　昌社長　→09/11

大野 功　おおの・いさお　大正3年1月9日～平成4年2月7
　日　日本ステンレス専務　→91/93

大野 勇　おおの・いさむ　明治32年3月17日～昭和59年5
　月30日　森永乳業取締役相談役・元社長　→83/87

大野 勇　おおの・いさむ　昭和3年6月10日～昭和59年10
　月5日　横河北辰電機取締役　→83/87

大野 一造　おおの・いちぞう　明治18年4月～昭和42年3
　月5日　衆院議員(日本進歩党)　→94/96

大野 一郎　おおの・いちろう　大正9年3月23日～昭和56
　年12月5日　大成建設専務　→80/82

大野 一郎　おおの・いちろう　～平成11年1月13日
　大野興業会長　→97/99

大野 市郎　おおの・いちろう　明治43年11月25日～昭
　和63年2月9日　大野屋本店会長, 衆院議員(自民党)　→
　88/90

大野 英市　おおの・えいいち　昭和15年3月11日～平
　成19年11月19日　ホテル大野社長, 熱海商工会議所会頭
　→06/08

大野 可円　おおの・かえん　大正6年9月10日～平成17
　年3月29日　僧侶　法隆寺第126代住職, 聖徳宗管長　→

03/05

大野 嘉久蔵　おおの・かくぞう　大正6年1月13日〜平成1年5月16日　関東特殊製鋼会長　→88/90

大野 一雄　おおの・かずお　〜昭和55年11月5日　弁護士　和歌山地家裁所長　→80/82

大野 和之　おおの・かずゆき　昭和2年1月20日〜昭和60年2月13日　山陽新聞常務販売局長　→83/87

大野 勝三　おおの・かつぞう　明治36年12月10日〜平成2年11月26日　エフエム東京社長、郵政事務次官　→88/90

大野 克己　おおの・かつみ　昭和25年12月20日〜平成18年7月10日　千葉県議(自民党)　→06/08

大野 勝巳　おおの・かつみ　明治38年4月6日〜平成18年9月1日　駐英大使、帝国ホテル社長　→06/08

大野 金盛　おおの・かねもり　〜昭和57年3月13日　鮒佐(つくだ煮屋のしにせ)3代目当主　→80/82

大野 乾　おおの・かん　〜昭和39年11月8日　香川県副知事　→昭和

大野 寛秀　おおの・かんしゅう　〜平成7年8月7日　日蓮宗宗会議長　→94/96

大野 久三郎　おおの・きゅうざぶろう　明治38年12月28日〜平成5年7月21日　岡谷鋼機副社長　→91/93

大野 潔　おおの・きよし　〜昭和46年7月13日　大阪高検刑事部長　→昭和

大野 潔　おおの・きよし　昭和5年3月30日〜平成18年12月18日　衆院議員(公明党)　→06/08

大野 熊雄　おおの・くまお　明治22年11月6日〜昭和56年6月11日　弁護士、剣道家　大日本武徳会副会長、京都府議　→80/82

大野 恵司　おおの・けいし　大正3年9月20日〜平成5年6月7日　東京観光企業会社社長、国際観光旅館連盟常務理事　→91/93

大野 幸一　おおの・こういち　明治38年7月10日〜昭和51年11月9日　弁護士　参院議員、衆院議員(民社党)　→昭和

大野 幸一　おおの・こういち　〜昭和59年7月1日　平安堂会長　→83/87

大野 定男　おおの・さだお　昭和15年8月22日　東京市収入役　→昭和

大野 佐長　おおの・さちょう　明治37年3月12日〜平成1年1月11日　豊橋市長、全国更生保護会連盟副会長、豊橋警察署長(警視正)　→88/90

大野 重樹　おおの・しげき　大正9年6月20日〜平成12年10月2日　知内町(北海道)町長　→00/02

大野 茂　おおの・しげる　昭和3年1月8日〜平成18年6月2日　九州電力社長、福岡大学理事長　→06/08

大埜 慈稔　おおの・じねん　明治35年2月9日〜平成6年10月25日　僧侶　薬王寺住職、池上本門寺執事長　→94/96

大野 島蔵　おおの・しまぞう　大正8年2月17日〜平成19年10月14日　大野建設社長　→06/08

大野 修司　おおの・しゅうじ　〜昭和45年2月3日　トヨタ自動車工業副社長　→昭和

大野 準一　おおの・じゅんいち　明治42年〜昭和61年11月22日　新興産業取締役　→83/87

大野 璋五　おおの・しょうご　明治28年5月13日〜昭和60年7月16日　弁護士、元・裁判官　東京高裁長官、高千穂商科大学名誉学長　→83/87

大野 正二　おおの・しょうじ　大正2年7月26日〜昭和62年5月2日　日新副会長　→83/87

大野 正松　おおの・しょうまつ　大正14年5月14日〜昭和62年3月28日　テレビ東京スタジオセンター専務、テレビ東京常務　→83/87

大野 治郎　おおの・じろう　明治41年6月14日〜平成1年2月5日　中日新聞社参与　→88/90

大野 季雄　おおの・すえお　〜昭和25年3月13日　三井木材社長　→昭和

大野 清一　おおの・せいいち　明治37年7月22日〜平成4年4月18日　日本アスベスト(のちニチアス)社長　→91/93

大野 誠一　おおの・せいいち　大正7年2月1日〜昭和61年12月4日　津島信用金庫理事長　→83/87

大野 操一郎　おおの・そういちろう　明治35年2月27日〜平成1年4月27日　大和紡績専務　→88/90

大野 宗次朗　おおの・そうじろう　大正11年1月4日〜昭和61年12月28日　毎日企画センター代表取締役、毎日新聞社友　→83/87

大野 耐一　おおの・たいいち　明治45年2月29日〜平成2年5月28日　トヨタ自動車工業副社長　→88/90

大野 台助　おおの・だいすけ　明治36年10月22日〜平成8年12月21日　佐藤工業常務、大阪府土木部長　→94/96

大野 隆　おおの・たかし　〜昭和59年4月3日　日本油脂取締役　→83/87

大野 健雄　おおの・たけお　大正5年2月5日〜平成20年3月25日　警察庁近畿管区警察局長　→06/08

大野 武城　おおの・たけき　〜昭和58年12月27日　陸軍少将　→83/87

大野 竹二　おおの・たけじ　〜昭和51年12月18日　戦艦大和艦長　→昭和

大野 武弘　おおの・たけひろ　大正11年2月21日〜平成1年8月2日　リンナイ取締役　→88/90

大野 忠雄　おおの・ただお　明治42年3月1日〜平成3年9月13日　弁護士　日本弁護士連合会副会長　→91/93

大野 正　おおの・ただし　明治44年6月20日〜平成2年10月25日　弁護士　福岡地検次席検事　→88/90

大野 忠次　おおの・ただつぐ　大正2年9月12日〜平成10年4月4日　杏林薬品社長　→97/99

大野 忠義　おおの・ただよし　大正7年11月11日〜平成22年6月19日　北海道議(自民党)　→09/11

大野 達男　おおの・たつお　明治44年12月26日〜平成11年8月20日　野村証券常務、野村コンピュータシステム社

長　→97/99

大野　達夫　おおの・たつお　昭和12年10月11日～平成12年3月13日　徳倉建設常務　→00/02

大野　達夫　おおの・たつお　昭和19年7月24日～平成18年6月2日　第一建設工業常務　→06/08

大野　達三　おおの・たつぞう　明治42年7月12日～昭和61年3月10日　新潟大野屋旅館社長、日本観光旅館連盟副会長　→83/87

大野　辰美　おおの・たつみ　大正11年11月3日～平成1年11月9日　井関農機社長室参与、新品種保護開発研究会事務局長　→88/90

大野　保　おおの・たもつ　大正7年10月19日～平成12年1月23日　東芝ビジネスコンピュータ社長　→00/02

大野　忠右エ門　おおの・ちゅうえもん　明治39年10月18日～平成3年8月30日　秋田県議（自民党）、長野町長　→91/93

大野　毅　おおの・つよし　～平成2年1月16日　京都市社会教育総合センター講師、京都墨画院会長　88/90

大野　哲雄　おおの・てつお　大正13年7月16日～昭和59年11月4日　警察庁四国管区警察局長、住友海上火災保険顧問　→83/87

大野　徹　おおの・とおる　明治42年1月1日～平成10年4月14日　全日本断酒連盟理事長　→97/99

大野　徳夫　おおの・とくお　～昭和63年1月17日　金宗商事代表取締役専務　→88/90

大野　徳風　おおの・とくふう　～昭和13年2月22日　神岡水電取締役会長　→昭和

大野　俊雄　おおの・としお　大正6年1月29日～平成20年8月30日　富山県議（自民党）　→06/08

大野　敏夫　おおの・としお　～昭和57年5月17日　三井造船代表取締役　→80/82

大野　俊彦　おおの・としひこ　～昭和46年8月18日　新潟鉄工所常務　→昭和

大野　富造　おおの・とみぞう　昭和2年1月4日～昭和61年3月22日　朝日カルチャーセンター総務部長、元朝日新聞社総務局次長　→83/87

大野　豊四　おおの・とよし　明治4年12月～昭和12年7月19日　陸軍中将　→昭和

大野　豊康　おおの・とよやす　大正10年8月1日～平成13年3月5日　共同石油常務　→00/02

大野　直一郎　おおの・なおいちろう　～昭和45年8月28日　津上製作所監査役　→昭和

大野　忍敬　おおの・にんきょう　～平成20年3月8日　僧侶　知恩寺社主、天獄院住職、淑徳大学理事長　→06/08

大野　陽男　おおの・はるお　昭和10年2月5日～平成22年1月4日　カルソニック社長、日産常務　→09/11

大野　伴睦　おおの・ばんぼく　明治23年9月20日～昭和39年5月29日　政治家　衆議院議長、自民党副総裁　→昭和

大野　栄勇　おおの・ひでお　大正9年1月25日～平成2年1

月9日　足利銀行取締役　→88/90

大野　英男　おおの・ひでお　～昭和55年1月24日　北海道電力常任監査役　→80/82

大野　英雄　おおの・ひでお　大正10年10月4日～平成10年3月24日　丸運社長　→97/99

大野　広一　おおの・ひろいち　～昭和61年12月8日　陸軍中将　→83/87

大野　弘男　おおの・ひろお　～昭和42年7月29日　東洋紡常務　→昭和

大野　坦　おおの・ひろし　大正10年3月5日～平成19年12月30日　朝日放送専務　→06/08

大野　博　おおの・ひろし　昭和5年6月21日～平成11年12月21日　東海証券専務　→00/02s

大野　博康　おおの・ひろやす　昭和8年9月14日～平成18年10月5日　美濃窯業常務　→06/08

大野　富美子　おおの・ふみこ　～平成7年10月18日　赤坂料亭乃大女将、赤坂料飲組合副会長　→94/96

大野　文嘉　おおの・ふみよし　大正14年5月25日～昭和60年5月6日　セントラルファイナンス専務　→83/87

大野　平治郎　おおの・へいじろう　～昭和62年1月16日　大野建設会長、白石市建設業協会会長　→83/87

大野　弁意　おおの・べんい　明治28年9月8日～昭和63年12月3日　僧侶　万福寺（西山浄土宗）住職、権大僧正　→88/90

大野　法音　おおの・ほういん　～平成6年12月8日　浄土宗清浄華院法主　→昭和

大野　法道　おおの・ほうどう　明治16年9月3日～昭和60年11月28日　浄土宗大僧正、増上寺法主　→83/87

大野　雅一郎　おおの・まさいちろう　昭和5年1月12日～平成5年1月6日　十字屋証券常務　→91/93

大野　正男　おおの・まさお　～平成14年5月4日　春日井市長　→00/02

大野　正男　おおの・まさお　昭和2年9月3日～平成18年10月28日　弁護士　最高裁判事　→06/08

大野　正雄　おおの・まさお　大正1年9月10日～昭和63年4月29日　岐阜観光（株）会長、岐阜市市議　→88/90

大野　正巳　おおの・まさみ　～平成3年9月17日　ゼネラル常務、金沢工業大学教授　→91/93

大野　正之　おおの・まさゆき　～平成8年3月27日　キトー常務　→94/96

大野　勝　おおの・まさる　大正11年6月21日～平成6年8月8日　松下電送専務　→94/96

大野　又一　おおの・またいち　明治5年3月27日～昭和57年1月25日　全国三位の長寿者　→80/82

大野　衛　おおの・まもる　昭和18年6月9日～平成20年2月11日　三井不動産販売常務　→06/08

大野　守　おおの・まもる　～平成10年1月23日　ケイビー常務　→97/99

大野　操子　おおの・みさこ　～平成3年11月16日

Ｉ　政治・経済・社会篇　　　　　　　　　　　　　　　　　　　　　　　　　　　おおは

宮内庁御用掛　→91/93

大野 光次　おおの・みつじ　大正14年12月9日～平成2年1月7日　合同酒精取締役　→88/90

大野 光蔵　おおの・みつぞう　～昭和57年5月5日　月島機械常務　→80/82

大野 光基　おおの・みつもと　～昭和63年4月15日　国鉄労働科学研究所長　→88/90

大野 美稲　おおの・みとう　～昭和46年10月28日　大阪高裁判事　→昭和

大野 元美　おおの・もとよし　大正1年11月17日～昭和57年4月19日　川口市長　→80/82

大野 盛直　おおの・もりなお　明治39年1月25日～平成12年2月12日　弁護士，俳人　愛媛大学名誉教授，「虎杖」主宰　→00/02

大野 盛郁　おおの・もりふみ　慶応2年4月～昭和19年2月16日　京都市長　→昭和（おおの・もりいく）

大野 康雄　おおの・やすお　大正11年7月29日～昭和61年9月7日　新宿南口駐車場社長，京王帝都電鉄工務部長　→83/87

大野 雄二郎　おおの・ゆうじろう　～昭和49年9月7日　ILO事務局長補　→昭和

大野 雄二郎　おおの・ゆうじろう　大正2年4月22日～昭和58年6月1日　中国企業社長，中国電力常務　→83/87

大野 隆　おおの・ゆたか　大正11年3月6日～平成16年9月10日　大野屋社長　→03/05

大野 良雄　おおの・よしお　大正10年11月10日～昭和62年7月12日　資生堂社長，東京化粧品工業会会長　→83/87

大野 資木　おおの・よしき　昭和11年12月7日～平成6年7月15日　中日新聞名古屋本社製作工程管理委員会委員長　→94/96

大野 義高　おおの・よしたか　～平成6年3月25日　海将　海上自衛隊佐世保地方総監　→94/96

大野 義輝　おおの・よしてる　大正2年4月21日～平成15年1月10日　気象庁天気相談所長　→03/05

大野 義昌　おおの・よしまさ　明治34年8月26日～平成3年6月20日　三井銀行（のち太陽神戸三井銀行）取締役，三井石油化学工業常務　→91/93

大野 頼光　おおの・よりみつ　大正13年3月15日～平成23年3月19日　名古屋相互銀行専務　→09/11

大野 力男　おおの・りきお　～昭和62年1月27日　仙台保護観察所長　→83/87

大野 龍太　おおの・りゅうた　明治25年11月15日～昭和32年2月6日　大蔵事務次官　→昭和

大野 連治　おおの・れんじ　明治37年3月21日～平成3年11月16日　青森県知事，地方公務員災害補償基金理事長　→91/93

大野 緑一郎　おおの・ろくいちろう　明治20年10月1日～昭和60年9月2日　弁護士　警視総監，貴族院議員　→83/87

大野木 繁夫　おおのぎ・しげお　大正12年9月16日～平成5年9月1日　吉本興業監査役　→91/93

大野木 秀　おおのき・しゅう　大正8年12月9日～平成2年11月9日　浜松装器工業社長　→88/90

大軒 順三　おおのき・じゅんぞう　明治44年12月4日～昭和57年1月28日　日本経済新聞社社長，日本新聞協会長　→80/82

大之木 隆男　おおのき・たかお　大正2年2月10日～平成2年2月5日　大之木建設会長，大之木ダイモ会長　→88/90

大野木 秀次郎　おおのぎ・ひでじろう　明治28年11月～昭和41年3月4日　政治家　参院議員（自由党），国務相　→昭和

大之木 幸雄　おおのぎ・ゆきお　～昭和61年5月8日　大之木ダイモ取締役相談役　→83/87（おおのぎ・ゆきお）

大野田 剛　おおのだ・ごう　～平成5年1月21日　クロサキ専務　→91/93

大庭 昭博　おおば・あきひろ　昭和23年1月20日～平成18年4月3日　牧師　青山学院大学経営学部教授　→06/08

大庭 勇　おおば・いさむ　明治42年5月17日～昭和60年10月9日　北九州市議　→83/87

大羽 至　おおば・いたる　大正11年2月15日～平成8年1月7日　東海漬物製造社長，全日本漬物協同組合連合会長　→94/96

大場 格之介　おおば・かくのすけ　～昭和56年4月13日　放送ジャーナル社代表取締役会長　→80/82

大庭 一夫　おおば・かずお　大正15年2月22日～昭和56年6月18日　北洋相互銀行取締役電算部長　→80/82

大庭 亀雄　おおば・かめお　～平成4年12月23日　電気化学工業取締役　→91/93

大庭 規志郎　おおば・きしろう　～平成20年3月4日　ニチユ常務　→06/08

大場 金太郎　おおば・きんたろう　～昭和50年6月3日　伊豆箱根鉄道相談役　→昭和

大場 囷雄　おおば・くにお　明治41年12月9日～平成1年7月11日　日本水素工業常務　→88/90

大場 啓二　おおば・けいじ　大正12年2月10日～平成23年9月11日　世田谷区長　→09/11

大羽 奎介　おおば・けいすけ　昭和10年1月22日～平成14年8月29日　駐クロアチア大使　→00/02

大庭 健三　おおば・けんぞう　大正11年2月16日～平成12年11月23日　御殿場市長　→00/02

大場 健太郎　おおば・けんたろう　大正13年3月20日～平成3年11月25日　ノムラSD社長，乃村工芸社取締役　→91/93

大庭 里美　おおば・さとみ　昭和25年～平成17年2月24日　反核運動家　プルトニウム・アクション・ヒロシマ代表　→03/05

大場 茂俊　おおば・しげとし　大正12年～平成10年4月25日　侑愛会名誉理事長，ゆうあい学園名誉理事長　→

97/99

大場　茂行　おおば・しげゆき　明治35年3月20日～昭和54年7月17日　弁護士　東京地裁所長　→昭和

大場　四平　おおば・しへい　～昭和38年7月25日　陸軍中将　→昭和

大庭　寿郎　おおば・じゅろう　大正11年2月2日～平成8年7月6日　東海興業常務　→94/96

大場　昭寿　おおば・しょうじゅ　昭和6年8月2日～平成16年2月24日　日教組委員長　→03/05

大庭　二郎　おおば・じろう　元治1年6月23日～昭和10年2月11日　陸軍大将　→昭和

大庭　純夫　おおば・すみお　昭和11年2月22日～平成15年11月1日　宮田工業常務　→03/05

大庭　隆義　おおば・たかよし　～昭和56年8月24日　日本WHO協会事務局長　→80/82

大場　佑　おおば・たすく　～昭和62年7月24日　塩釜魚市場水産加工業協同組合専務理事　→83/87

大庭　忠夫　おおば・ただお　明治39年1月22日～平成12年5月4日　日新電機社長、住友電気工業常務　→00/02

大場　正　おおば・ただす　明治42年～昭和60年2月27日　三菱鉱業常務　→83/87

大場　竜男　おおば・たつお　～昭和39年3月1日　大同海運常務　→昭和

大庭　哲夫　おおば・てつお　明治36年12月2日～昭和54年3月17日　全日空社長　→昭和

大場　敏代　おおば・とししろ　大正3年8月16日～平成3年2月28日　東京産業廃棄物協会長　→91/93

大場　富夫　おおば・とみお　昭和20年2月23日～平成19年3月18日　レオパレス21社長　→06/08

大場　朋世　おおば・ともよ　～昭和50年1月27日　伊豆箱根鉄道社長　→昭和

大場　信邦　おおば・のぶくに　大正2年7月15日～平成4年1月25日　世田谷信用金庫会長、大場代官屋敷保存会理事長　→91/93

大場　信続　おおば・のぶつぐ　～昭和39年10月7日　世田谷区名誉区民、大場代官屋敷の当主　→昭和

大場　展郎　おおば・のぶろう　昭和2年1月12日～平成15年3月25日　いすゞ自動車常務　→03/05

大庭　彦太郎　おおば・ひこたろう　～平成19年6月11日　志波姫町（宮城県）町長　→06/08

大葉　久吉　おおば・ひさきち　明治6年5月17日～昭和8年11月8日　実業家　宝文館創業者　→昭和

大場　兵助　おおば・ひょうすけ　明治37年7月10日～平成5年10月28日　読売新聞社常任監査役　→91/93

大庭　浩　おおば・ひろし　大正14年12月6日～平成15年12月24日　川崎重工業社長、神戸商工会議所会頭　→03/05

大庭　正通　おおば・まさみち　大正15年3月1日～昭和60年4月1日　秋田放送専務　→83/87

大庭　美智也　おおば・みちや　～昭和60年11月20日　博多港サイロ常任監査役　→83/87

大場　光治　おおば・みつじ　～昭和56年1月6日　日本酸素常務、大宝産業会長　→80/82

大場　豊　おおば・ゆたか　～昭和56年12月15日　ジャックス専務　→80/82

大場　豊　おおば・ゆたか　明治42年2月5日～平成13年1月22日　日本ゴム副社長　→00/02

大場　義一　おおば・よしかず　明治37年11月23日～平成4年1月11日　千住製紙社長　→91/93

大峡　一郎　おおはざま・いちろう　大正8年12月24日～平成9年10月7日　東京証券会長,日興証券常務　→97/99

大橋　勇夫　おおはし・いさお　明治45年～昭和42年7月9日　東京堂出版社長　→昭和

大橋　勇　おおはし・いさむ　～昭和57年4月21日　国民政治協会広報部長　→80/82

大橋　勇　おおはし・いさむ　～平成7年12月6日　明治製菓常務　→94/96

大橋　栄一　おおはし・えいいち　昭和8年8月29日～昭和61年10月30日　共同印刷常務　→83/87

大橋　英吉　おおはし・えいきち　明治35年11月18日～昭和62年9月23日　いすゞ自動車社長　→83/87

大橋　一夫　おおはし・かずお　～平成3年2月24日　大橋醤油醸造社長　→91/93

大橋　和夫　おおはし・かずお　昭和3年8月3日～平成17年10月25日　船橋市長　→03/05

大橋　勝典　おおはし・かつのり　昭和19年7月7日～平成17年12月31日　日本製紙常務　→03/05

大橋　勝弘　おおはし・かつひろ　昭和7年7月9日～平成8年2月12日　三井建設専務　→94/96

大橋　幹一　おおはし・かんいち　明治32年2月9日～平成1年7月10日　岩崎通信機社長、電気学会会長　→88/90

大橋　喜久三　おおはし・きくぞう　明治25年8月6日～平成2年12月24日　日本油脂常務,日本塗料工業会長　→88/90

大橋　喜美　おおはし・きみ　明治38年1月～平成11年6月1日　衆院議員　→97/99

大橋　邦吉　おおはし・くにきち　～昭和63年1月31日　大橋精密金型工業社長　→88/90

大橋　賢治　おおはし・けんじ　大正4年2月12日～昭和59年2月19日　竹中不動産社長、竹中工務店専務　→83/87

大橋　弘一　おおはし・こういち　昭和4年6月1日～昭和58年2月11日　浅上航運倉庫常務　→83/87

大橋　光吉　おおはし・こうきち　明治8年8月26日～昭和21年7月3日　共同印刷社長　→昭和

大橋　康次　おおはし・こうじ　大正4年3月28日～平成18年11月14日　北海道電力社長　→06/08

大橋　小源治　おおはし・こげんじ　昭和3年5月3日～平成15年12月3日　丸万証券社長　→03/05

大橋　顧四郎　おおはし・こしろう　～昭和6年8月23日

陸軍中将　→昭和

大橋 駒雄　おおはし・こまお　大正7年2月1日～昭和57年7月2日　日合アセチレン社長,日本合成化学工業常務　→80/82

大橋 貞雄　おおはし・さだお　明治41年3月13日～平成21年3月28日　共同印刷社長,チャイルド本社社主　→09/11

大橋 重雄　おおはし・しげお　昭和4年4月13日～平成21年2月14日　日本開閉器工業社長　→09/11

大橋 繁男　おおはし・しげお　～平成5年4月13日　日本銀行副参事　→91/93

大橋 繁三　おおはし・しげぞう　明治40年1月18日～平成6年8月18日　栃木県経営者協会名誉会長,大興電機製作所社長　→94/96

大橋 実次　おおはし・じつじ　明治31年10月18日～昭和62年11月8日　日本運送相談役,フットワーク相談役　→83/87

大橋 俊雄　おおはし・しゅんのう　大正14年9月1日～平成13年12月26日　僧侶　蓮華寺（浄土宗本山）貫主,日本文化研究所講師　→00/02

大橋 信吉　おおはし・しんきち　明治16年2月12日～昭和35年7月7日　日本勧業銀行副総裁　→昭和

大橋 新太郎　おおはし・しんたろう　文久3年7月29日～昭和19年5月4日　出版人,実業家　博文館創立者,日本工業倶楽部理事長,衆院議員（壬寅会）　→昭和

大橋 進　おおはし・すすむ　大正5年6月13日～平成15年12月10日　弁護士　最高裁判事　→03/05

大橋 須磨子　おおはし・すまこ　明治14年4月20日～昭和24年1月25日　芸者　尾崎紅葉の小説「金色夜叉」のお宮のモデル　→昭和（大橋 須磨　おおはし・すま）

大橋 退治　おおはし・たいじ　～昭和50年10月31日　日本油脂社長　→昭和

大橋 武夫　おおはし・たけお　明治37年11月24日～昭和56年10月3日　衆院議員,運輸相,労相　→80/82

大橋 猛敏　おおはし・たけとし　～平成13年1月17日　国鉄東京駅長　→00/02

大橋 忠雄　おおはし・ただお　～昭和28年10月26日　弁護士　→昭和

大橋 多津夫　おおはし・たつお　昭和16年6月27日～平成12年2月5日　興亜火災海上保険常務　→00/02

大橋 忠一　おおはし・ちゅういち　明治26年12月8日～昭和50年12月14日　衆院議員（自民党）,外務次官　→昭和

大橋 紹甫　おおはし・つぎも　昭和9年4月6日～平成4年7月13日　京都府食肉環境衛生同業組合理事長　→91/93

大橋 利重　おおはし・とししげ　昭和8年9月17日～平成6年3月6日　ナビックスライン監査役,横浜マリンターミナル社長　→94/96

大橋 俊也　おおはし・としや　昭和9年12月22日～平成11年3月25日　電源開発常務　→97/99

大橋 俊郎　おおはし・としろう　昭和4年10月24日～

和58年2月20日　ライト工業取締役　→83/87

大橋 富蔵　おおはし・とみぞう　～昭和2年6月21日　万年社相談役　→昭和

大橋 直泰　おおはし・なおやす　大正11年6月1日～平成16年9月26日　大洋漁業取締役　→03/05

大橋 長則　おおはし・ながのり　～昭和63年9月21日　大橋救急薬品代表取締役社長　→88/90

大橋 信之　おおはし・のぶゆき　大正15年1月1日～平成12年11月3日　名古屋銀行常務　→00/02

大橋 八郎　おおはし・はちろう　明治18年12月19日～昭和43年6月4日　通信官僚,政治家,俳人　日本電信電話公社総裁,貴院議員（勅選）,通信次官　→昭和

大橋 治房　おおはし・はるふさ　明治29年7月9日～昭和51年6月17日　労働運動家　大阪府会議長　→昭和

大橋 秀一郎　おおはし・ひでいちろう　大正7年8月7日～平成18年11月20日　蝶理社長　→06/08

大橋 英男　おおはし・ひでお　明治44年2月27日～平成7年4月7日　東京いすゞ自動車会長　→94/96

大橋 秀雄　おおはし・ひでお　明治36年3月15日～平成14年6月1日　警視庁警視正　→00/02

大橋 秀雄　おおはし・ひでお　昭和2年11月5日～平成17年7月12日　東京都議　→03/05

大橋 博　おおはし・ひろし　～昭和40年12月1日　長崎市長　→昭和

大橋 弘　おおはし・ひろむ　昭和3年5月2日～平成9年1月8日　積水ハウス会長　→97/99

大橋 福松　おおはし・ふくまつ　～昭和13年2月12日　日本電線取締役　→昭和

大橋 房太郎　おおはし・ふさたろう　万延1年10月14日～昭和10年6月30日　大阪府議　淀川治水功労者　→昭和

大橋 不二夫　おおはし・ふじお　明治34年5月5日～昭和60年8月24日　東芝製鋼取締役　→83/87

大橋 不二雄　おおはし・ふじお　～昭和23年4月3日　東海鋼業社長　→昭和

大橋 冨士夫　おおはし・ふじお　大正4年3月19日～平成10年5月27日　合同製鉄社長　→97/99

大橋 文夫　おおはし・ふみお　昭和9年12月3日～平成4年5月7日　日商岩井取締役　→91/93

大橋 正昭　おおはし・まさあき　～平成2年12月13日　加納鉄鋼常務　→88/90

大橋 正雄　おおはし・まさお　大正7年1月18日～昭和50年10月4日　和歌山県知事　→昭和

大橋 雅一　おおはし・まさかず　大正12年10月3日～平成21年2月4日　日本合成化学工業社長　→09/11

大橋 正美　おおはし・まさみ　昭和9年～昭和61年2月28日　東芝横須賀工場総務部長　→83/87

大橋 三男也　おおはし・みおや　大正12年7月9日～平成2年9月3日　東京砂糖取引所常務理事　→88/90

大橋 道生　おおはし・みちお　昭和2年8月15日～平成19年4月7日　清里町（北海道）町長　→06/08

大橋 光雄　おおはし・みつお　明治39年3月20日～平成5年6月17日　弁護士　京都大学教授　→91/93

大橋 光雄　おおはし・みつお　大正12年1月26日～平成20年5月3日　沼津市議,沼津中央青果社長,沼津商工会議所会頭　→06/08

大橋 宗雄　おおはし・むねお　大正3年2月4日～昭和63年11月16日　近畿相互銀行副社長　→88/90

大橋 元幸　おおはし・もとゆき　～昭和62年3月7日　三郷農協組合(富山県)組合長　→83/87

大橋 康男　おおはし・やすお　昭和5年12月6日～平成6年12月15日　大橋社長　→94/96

大橋 雄二　おおはし・ゆうじ　昭和28年12月22日～平成10年12月　建設省建築研究所振動研究室長　→00/02s

大橋 幸一　おおはし・ゆきかず　～昭和57年12月7日　日産農林工業常務　→80/82

大橋 豊　おおはし・ゆたか　明治44年12月29日～昭和63年5月19日　大垣鉄工所社長　→88/90

大橋 義夫　おおはし・よしお　昭和5年9月7日～平成4年4月14日　大阪機設工業専務　→91/93

大橋 淑男　おおはし・よしお　大正14年7月22日～平成20年5月21日　徳山曹達副社長,サン・アロー化学社長　→06/08

大橋 芳雄　おおはし・よしお　明治38年4月9日～昭和55年7月8日　日本醸造工業会長,共同印刷社長　→80/82

大橋 理一郎　おおはし・りいちろう　明治22年10月5日～昭和56年2月27日　蝶星創業者　→80/82

大幡 久一　おおはた・きゅういち　明治25年10月11日～昭和60年11月4日　帝人取締役　→83/87

大畑 邦男　おおはた・くにお　～平成2年2月27日　日本エグゼクティブセンター取締役総務部長,フジテレビ営業管理部長　→88/90

大畑 健三郎　おおはた・けんざぶろう　明治41年9月2日～昭和61年6月24日　倉敷紡績副社長　→83/87

大畑 三郎　おおはた・さぶろう　大正5年2月3日～平成2年5月2日　マックス常務　→88/90

大畑 昇一　おおはた・しょういち　大正10年4月12日～昭和60年8月5日　名古屋競馬会社専務　→83/87

大畑 忠義　おおはた・ただよし　大正9年12月13日～平成17年7月20日　時事通信社長　→03/05

大畑 哲郎　おおはた・てつろう　大正3年8月30日～平成9年8月25日　三菱油化(のち三菱化学)専務,日本エタノール会長　→97/99

大畠 俊夫　おおはた・としお　昭和11年2月1日～平成6年8月20日　静岡第一テレビ専務　→94/96

大畑 楢彦　おおはた・ならひこ　～昭和47年7月6日　万年社相談役　→昭和

大畑 政盛　おおはた・まさもり　明治32年9月17日～平成3年3月23日　弁護士　日本弁護士連合会副会長,名古屋弁護士会長　→91/93

大畠 芳昭　おおはた・よしあき　大正4年12月22日～平成13年3月22日　昭和アルミニウム専務　→00/02

大畠 永弘　おおばたけ・ながひろ　大正13年10月1日～平成8年1月15日　公認会計士　高知県公安委員長　→97/99s

大浜 石太郎　おおはま・いしたろう　明治16年1月31日～昭和6年1月20日　陸軍少将　→昭和

大浜 喜一郎　おおはま・きいちろう　明治19年3月19日～平成1年9月19日　松屋顧問・元監査役,農林水産省東京営林局長　→88/90

大浜 侃　おおはま・つよし　大正3年9月1日～平成12年1月21日　日新製鋼副社長　→00/02

大浜 宏　おおはま・ひろし　～昭和61年7月23日　新東通信専務　→83/87

大浜 亮一　おおはま・りょういち　～平成4年6月26日　東京都議,新地書房社長　→91/93

大林 寛治　おおばやし・かんじ　大正13年1月15日～平成21年1月28日　大同メタル工業専務　→09/11

大林 熊太　おおばやし・くまた　明治24年8月11日～昭和20年10月19日　農民運動家　→昭和

大林 賢四郎　おおばやし・けんしろう　明治18年11月7日～昭和10年3月31日　実業家　大林組副社長　→昭和

大林 貞朗　おおばやし・さだお　大正3年10月25日～昭和62年12月29日　稲畑産業専務　→83/87

大林 茂　おおばやし・しげる　大正3年4月19日～昭和56年10月31日　駐ガボン大使　→80/82

大林 純之助　おおばやし・じゅんのすけ　大正14年2月10日～平成12年9月9日　日研化学常務　→00/02

大林 末雄　おおばやし・すえお　～昭和58年4月13日　海軍少将　→83/87

大林 千太郎　おおばやし・せんたろう　明治22年5月21日～昭和44年8月29日　農民運動家　→昭和

大林 喬任　おおばやし・たかとう　昭和7年2月16日～平成18年12月17日　群馬県議(自民党),吉岡村(群馬県)村長　→06/08

大林 年夫　おおばやし・としお　大正11年7月1日～平成4年11月15日　三菱モンサント化成常務　→91/93

大林 敏郎　おおばやし・としろう　～平成5年3月18日　ニチボー(のちユニチカ)取締役　→91/93

大林 冨次郎　おおばやし・とみじろう　明治29年12月6日～昭和59年6月18日　丸近証券会長,京証正会員協会会長　→83/87

大林 美代子　おおばやし・みよこ　～平成5年2月23日　兵庫開発会長,レジェンド会長　→91/93

大林 義雄　おおばやし・よしお　～昭和18年10月5日　大林組社長　→昭和

大林 芳茂　おおばやし・よししげ　大正1年11月20日～昭和63年6月29日　大林組常務　→88/90

大林 芳郎　おおばやし・よしろう　大正7年4月17日～平成15年7月19日　大林組名誉会長　→03/05

大原 篤　おおはら・あつし　明治42年2月14日～平成13年

年6月24日　弁護士　大阪弁護士会副会長　→00/02

大原 綾子　おおはら・あやこ　〜平成20年
ブラジル移民の最高齢者　→06/08

大原 一三　おおはら・いちぞう　大正13年7月1日〜平成17年11月3日　衆院議員(自民党)、農水相　→03/05

大原 市造　おおはら・いちぞう　大正3年1月5日〜昭和63年4月12日　蝶理常務　→88/90

大原 栄一　おおはら・えいいち　大正1年12月2日〜平成10年3月9日　富士重工業社長　→97/99

大原 一夫　おおはら・かずお　大正12年2月5日〜平成16年11月18日　スタンレー電気専務　→03/05

大原 清四　おおはら・きよし　〜昭和42年3月29日
池貝鉄工専務　→昭和

大原 堅吾　おおはら・けんご　大正3年6月25日〜昭和60年7月15日　中国高圧コンクリート工業社長、元中国電力副社長　→83/87

大原 重周　おおはら・しげかね　明治30年12月16日〜昭和60年2月13日　昭和電工常務　→83/87

大原 性実　おおはら・しょうじつ　明治30年11月5日〜昭和54年4月25日　僧侶　西本願寺伝道院長　→昭和

大原 尚之助　おおはら・しょうのすけ　明治41年3月11日〜平成5年4月13日　山之内製薬常務　→91/93

大原 信一　おおはら・しんいち　〜昭和45年10月7日
弁護士　極東裁判弁護人　→昭和

大原 申三　おおはら・しんぞう　〜昭和42年7月3日
協和銀行監査役　→昭和

大原 寿恵子　おおはら・すえこ　明治44年6月29日〜昭和15年9月24日　社会運動家　→昭和

大原 総一郎　おおはら・そういちろう　明治42年7月29日〜昭和43年7月27日　実業家、社会・文化事業家　倉敷紡績社長　→昭和

大原 隆　おおはら・たかし　昭和2年8月1日〜平成16年11月8日　日本触媒化学工業専務　→03/05

大原 智乗　おおはら・ちじょう　〜昭和39年12月24日
大僧正、元高野山真言宗管長　→昭和

大原 亨　おおはら・とおる　大正4年7月25日〜平成2年4月7日　政治家　衆院議員(社会党)　→88/90

大原 敏男　おおはら・としお　〜昭和62年4月3日
東レ取締役　→83/87

大原 伴五　おおはら・ばんご　大正5年2月5日〜昭和63年7月12日　滋賀県議　→88/90

大原 久之　おおはら・ひさゆき　明治34年6月19日〜昭和62年7月1日　川崎製鉄常務　→83/87

大原 博夫　おおはら・ひろお　〜昭和41年1月11日
広島県知事　→昭和

大原 弘資　おおはら・ひろし　明治38年7月20日〜昭和63年8月5日　東邦生命保険専務、科研製薬社長　→88/90

大原 博二　おおはら・ひろじ　明治40年3月6日〜平成2年2月11日　清水建設専務　→88/90

大原 宏道　おおはら・ひろみち　昭和2年4月29日〜平成21年3月9日　日本板硝子副会長　→09/11

大原 孫三郎　おおはら・まごさぶろう　明治13年7月28日〜昭和18年1月18日　実業家、社会・文化事業家　倉敷紡績社長　→昭和

大原 万平　おおはら・まんぺい　明治39年11月17日〜平成1年4月4日　東洋経済新報社常務　→88/90

大原 康男　おおはら・やすお　昭和22年9月8日〜平成15年10月19日　和歌山県議(無所属クラブ)　→03/05

大原 義治　おおはら・よしはる　大正14年7月18日〜平成1年12月2日　三木市長　→88/90

大原 好彦　おおはら・よしひこ　昭和5年1月26日〜昭和62年12月14日　国税庁仙台国税局徴収部長　→83/87

大東 国男　おおひがし・くにお　〜昭和61年6月15日　「李容九の生涯」の著者　→83/87

大東 良一　おおひがし・りょういち　大正9年3月2日〜平成20年4月8日　岡山県議(自民党)　→06/08

大日向 蔦次　おおひなた・つたじ　〜昭和50年2月25日
東京都議　→昭和

大日向 弘　おおひなた・ひろし　〜昭和59年
学生活動家　→83/87

大平 喜三　おおひら・きぞう　大正13年8月5日〜昭和62年8月30日　武田薬品工業常務医薬事業部長　→83/87

大平 清示　おおひら・きよし　〜平成1年9月23日
大平木材会長、愛知県木材買方協同組合理事　→88/90

大平 欽也　おおひら・きんや　昭和5年10月7日〜平成2年8月26日　山崎製パン取締役　→88/90

大平 慶二　おおひら・けいじ　大正13年5月17日〜昭和62年7月30日　全国農業協同組合中央会常務理事、農林中央金庫常務理事　→83/87

大平 賢作　おおひら・けんさく　明治13年2月8日〜昭和28年12月17日　住友銀行会長　→昭和

大平 志げ子　おおひら・しげこ　〜平成2年5月31日
大平正芳元総理夫人　→88/90

大平 威　おおひら・たけし　大正13年11月26日〜平成7年4月3日　神戸ゴム取引所理事長　→94/96

大平 孟　おおひら・たけし　大正7年3月21日〜平成6年12月19日　滋賀県議　→94/96

大平 哲　おおひら・てつ　昭和16年3月31日〜平成1年10月25日　京セラ取締役　→88/90

大平 花子　おおひら・はなこ　〜平成2年3月28日
大進商会会長　→88/90

大平 博四　おおひら・ひろし　昭和7年〜平成20年10月3日　有機農業実践家　日本有機農業研究会常任幹事　→06/08

大平 政男　おおひら・まさお　大正7年8月23日〜平成6年9月9日　全国酒販協同組合連合会副会長　→94/96

大平 正巳　おおひら・まさみ　〜平成7年9月6日
北石産業取締役・元社長　→94/96

大平 正芳　おおひら・まさよし　明治43年3月12日〜昭

和55年6月12日　政治家　衆院議員（自民党），首相，自民党総裁　→80/82

大平 涼一　おおひら・りょういち　〜昭和57年9月5日　大進商会社長　→80/82

大広 元一　おおひろ・もとかず　大正12年1月13日〜平成3年3月6日　一印旭川魚卸売市場社長　→91/93

大生 壇城　おおぶ・だんじょう　〜昭和12年9月11日　陸軍少将　→昭和

大部 敏男　おおぶ・としお　昭和7年5月10日〜平成10年5月17日　日本プロセス社長　→97/99

大渕 謹秋　おおぶち・きんしゅう　昭和12年2月15日〜平成10年11月22日　兵庫県議（公明党）　→97/99

大渕 源治　おおぶち・げんじ　〜平成4年6月1日　サッポロビール常務　→91/93

大渕 武男　おおぶち・たけお　昭和16年1月9日〜平成4年6月20日　横浜地家裁川崎支部判事　→91/93

大辺 工平　おおべ・こうへい　大正5年3月25日〜昭和60年7月23日　工人舎会長　→83/87

大保 昭生　おおぼ・あきお　昭和1年12月27日〜平成19年3月17日　サッポロビール専務　→06/08

大洞 正次郎　おおぼら・まさじろう　〜昭和42年6月23日　カルビス食品工業監査役，帝国臓器製薬監査役　→昭和

大堀 喜智治　おおほり・きちじ　明治38年9月5日〜平成2年2月3日　横浜ゴム専務　→88/90

大堀 五一　おおほり・ごいち　明治42年11月8日〜平成6年12月20日　西日本相互銀行（のち西日本銀行）専務，高千穂相互銀行（のち西日本銀行）社長　→94/96

大堀 晃一　おおほり・こういち　〜平成5年2月19日　日本海洋コンサルタント取締役　→91/93

大堀 誠一　おおほり・せいいち　大正14年8月11日〜平成17年7月2日　最高裁判事　→03/05

大堀 多市　おおほり・たいち　〜昭和63年5月19日　警視庁刑事指導官　→88/90

大堀 弘　おおほり・ひろむ　大正2年5月3日〜昭和60年5月12日　共同石油会長，電源開発総裁　→83/87

大前 清美　おおまえ・きよみ　明治42年3月2日〜平成1年4月10日　大一倉庫運輸会長，京都府選管委員長　→88/90

大前 邦道　おおまえ・くにみち　大正10年3月30日〜平成4年11月9日　弁護士　金沢地裁所長　→94/96

大前 三次郎　おおまえ・さんじろう　明治34年3月1日〜昭和58年1月17日　王子信用金庫会長　→83/87

大前 玉男　おおまえ・たまお　明治32年4月18日〜昭和58年8月19日　三機工業会長，三井造船副社長　→83/87

大前 寛容　おおまえ・ひろやす　大正9年1月18日〜平成14年12月26日　富士紡績常務　→03/05s

大前 雅司　おおまえ・まさじ　〜平成1年1月23日　京都組紐卸協同組合理事長　→88/90

大政 満　おおまさ・みつる　大正2年4月6日〜平成8年1月10日　弁護士　（財）法律扶助協会会長，東京弁護士会副会長　→94/96

大亦 四郎　おおまた・しろう　大正2年4月13日〜昭和63年10月17日　日本ユニシス相談役，日本ユニパック社長　→88/90

大町 勝二　おおまち・かつじ　明治44年6月18日〜平成1年11月8日　全国中小企業団体中央会副会長，北海道中小企業団体中央会会長，札幌鋳物工業会長　→88/90

大間知 健二　おおまち・けんじ　昭和3年7月30日〜昭和61年6月16日　住宅都市整備公団茨城開発局長　→83/87

大間知 正太郎　おおまち・しょうたろう　大正2年11月30日〜平成2年6月21日　吉田工業（YKK）副社長　→88/90

大町 朴　おおまち・すなお　大正15年1月1日〜平成4年3月12日　動力炉核燃料開発事業団理事，通商産業省仙台通産局長　→91/93

大間知 庸吉　おおまち・つねきち　明治28年4月5日〜平成2年6月1日　日本パイプ製造専務　→88/90

大町 日出雄　おおまち・ひでお　〜昭和62年9月30日　旭化成工業購買部天産原料担当課長　→83/87

大町 文男　おおまち・ふみお　〜平成5年11月3日　三菱電機常任監査役　→91/93

大松 幸栄　おおまつ・こうえい　大正14年1月21日〜昭和63年5月17日　岐阜プラスチック創業者，岐阜県生産性本部会長　→88/90

大松 庄左衛門　おおまつ・しょうざえもん　明治41年8月14日〜平成3年2月8日　石川県会議員　→91/93

大松 喬寛　おおまつ・たかひろ　明治42年7月11日〜平成11年5月18日　郵政省長野郵政監察局長　→97/99

大松 長勝　おおまつ・ながかつ　昭和17年12月17日〜平成23年8月10日　連合徳島会長　→09/11

大松 和三郎　おおまつ・わさぶろう　〜平成9年12月19日　陸将　陸上自衛隊業務学校校長　→97/99

大縄 利太郎　おおまとい・りたろう　明治38年4月28日〜平成13年10月4日　大日本塗料常務　→00/02

大見 金平　おおみ・きんぺい　明治41年11月21日〜昭和61年5月21日　大見工業会長　→83/87

大見 銛光　おおみ・としみつ　明治43年5月11日〜昭和60年7月3日　大見工業社長　→83/87

大見 英親　おおみ・ひでちか　昭和4年9月24日〜平成23年1月5日　日本電装専務　→09/11

大見 正俊　おおみ・まさとし　明治42年8月9日〜平成5年2月8日　住友共同電力会長，四国経済連合会副会長　→91/93

大三川 八郎　おおみかわ・はちろう　大正9年1月8日〜平成16年8月10日　築地魚市場社長　→03/05

近江岸 隆太郎　おおみぎし・たかたろう　明治36年8月14日〜平成3年11月12日　ニチバン常務　→91/93

大溝 節子　おおみぞ・せつこ　大正14年1月30日〜昭和60年7月8日（現地時間）　教育者，カトリック修道女　コングレガシオン・ド・ノートルダム修道会日本管区長　→

83/87

大道 憲二 おおみち・けんじ 明治23年7月9日～昭和45年5月18日 労働運動家 →昭和

大道 晃仙 おおみち・こうせん 大正6年12月18日～平成23年6月25日 僧侶 曹洞宗大本山総持寺貫首,曹洞宗管長,全日本仏教会会長 →09/11

大道 英彰 おおみち・ひであき 昭和14年6月23日～昭和62年10月31日 北海道開発庁計画官 →83/87

大道 満夫 おおみち・みつお ～昭和49年10月25日 住友倉庫副社長 →昭和

大湊 清 おおみなと・きよし ～平成16年4月23日 キングジム専務 →03/05

大嶺 庫 おおみね・くら 明治31年～平成1年10月28日 弁護士 福島県弁護士会会長,平市議 →88/90

大嶺 宏太郎 おおみね・こうたろう 大正3年2月20日～平成12年3月21日 ニチメン常務 →00/02

大嶺 高康 おおみね・たかやす 大正11年～平成9年4月7日 金商又一常務 →97/99

大宮 兼守 おおみや・かねもり ～平成5年9月6日 神官 氷室神社宮司 →91/93

大宮 庫吉 おおみや・くらきち 明治19年4月1日～昭和47年11月21日 宝酒造会長 →昭和

大宮 浩一 おおみや・こういち ～昭和62年6月11日 蔵王町(宮城県)町議,旅館三治郎専務 →83/87

大宮 伍三郎 おおみや・ごさぶろう 明治30年10月～昭和32年6月14日 日本新聞販売協会会長,衆院議員(民主党) →昭和

大宮 茂 おおみや・しげる 大正15年2月3日～平成12年6月10日 ボクスイ社長 →00/02

大宮 隆 おおみや・たかし 大正2年4月23日～平成19年6月4日 宝酒造社長 →06/08

大宮 智栄 おおみや・ちえい 明治18年6月1日～昭和59年7月5日 尼僧 善光寺上人,浄土宗大僧正 →83/87

大宮 秀次 おおみや・ひでじ ～昭和24年3月19日 都工業奨館長 →昭和

大宮 守人 おおみや・もりと 大正8年2月13日～平成12年4月29日 味の三平(ラーメン屋)社長 味噌ラーメン生みの親 →00/02

大宮 右而 おおみや・ゆうじ ～平成22年7月28日 オオミヤスポーツ社長,新潟県テニス協会会長 →09/11

大宮 豊 おおみや・ゆたか 大正10年11月14日～平成1年10月10日 相銀ローゼン専務 →88/90

大宮 芳郎 おおみや・よしろう 大正7年4月20日～平成12年3月10日 宮城県議,宮城県農協中央会副会長 →00/02

大向 貢 おおむかい・みつぐ 大正7年1月3日～平成14年3月30日 輪島市長 →03/05s

大牟田 稔 おおむた・みのる 昭和5年9月1日～平成13年10月7日 中国新聞論説主幹,広島平和文化センター理事長 →00/02

大村 彰 おおむら・あきら 昭和5年4月27日～平成2年9月9日 筑邦信用保証社長,筑邦銀行取締役 →88/90

大村 勇 おおむら・いさむ 明治34年12月1日～平成3年4月10日 牧師 日本基督教団総会議長 →91/93

大村 匡一郎 おおむら・きょういちろう 大正7年6月24日～平成22年5月21日 資生堂副社長 →09/11

大村 喜代八 おおむら・きよはち ～昭和56年6月28日 石狩町議会副議長 →80/82

大村 興道 おおむら・こうどう 大正4年6月3日～平成13年10月5日 僧侶 東京学芸大学名誉教授,東運寺住職 →00/02

大村 三郎 おおむら・さぶろう 大正4年2月24日～平成6年2月13日 日本放送協会専務理事 →94/96

大村 潤四郎 おおむら・じゅんしろう ～昭和62年3月11日 病院システム開発研究所常務理事,厚生団常務理事 →83/87

大村 襄治 おおむら・じょうじ 大正8年3月30日～平成9年12月15日 衆院議員(自民党),防衛庁長官 →97/99

大村 正之助 おおむら・しょうのすけ ～昭和50年6月1日 森永乳業副社長 →昭和

大村 仁道 おおむら・じんどう 明治34年1月27日～昭和60年7月13日 曹洞宗永平寺顧問,元東京都議 →83/87

大村 進 おおむら・すすむ 大正5年1月13日～平成19年9月10日 SMC社長 →06/08

大村 純雄 おおむら・すみお 嘉永4年4月27日～昭和9年8月8日 貴院議員(伯爵) →昭和

大村 純英 おおむら・すみひで 大正5年1月16日～平成8年5月8日 陸軍少将,伯爵 →昭和

大村 清一 おおむら・せいいち 明治25年5月4日～昭和43年5月24日 衆院議員(自民党),防衛庁長官,内相 →昭和

大村 精一 おおむら・せいいち 大正13年7月15日～平成23年10月16日 熊本青果食品商業協同組合理事長 →09/11

大村 大吉 おおむら・だいきち 大正7年4月26日～平成8年11月6日 大同特殊鋼取締役,大同ステンレス社長 →94/96

大村 武純 おおむら・たけすみ ～昭和5年1月5日 男爵 →昭和

大村 武彦 おおむら・たけひこ 明治41年12月19日～平成6年8月23日 西日本銀行名誉会長 →94/96

大村 辰雄 おおむら・たつお ～昭和33年4月11日 日本曹達専務 →昭和

大村 トミエ おおむら・とみえ ～平成21年8月14日 水俣病の語り部 →09/11

大村 直 おおむら・なおし 明治13年10月～昭和38年10月20日 衆院議員(日本進歩党) →昭和(おおむら・なお)

大村 登 おおむら・のぼる 大正2年2月27日～平成15年10月10日 三島信用金庫理事長,静岡県信用金庫協会会

大村 霽　おおむら・はるみ　～昭和58年1月28日
北海道収用委員　→83/87

大村 彦太郎（10代目）　おおむら・ひこたろう　明治2年3月26日～昭和2年12月13日　実業家　白木屋社長、貴院議員　→昭和（大村 彦太郎）

大村 筆雄　おおむら・ふでお　大正7年4月10日～平成20年9月29日　会計検査院長　→06/08

大村 宝一　おおむら・ほういち　明治43年7月20日～昭和55年9月30日　宇治園社長　→80/82

大村 正雄　おおむら・まさお　～平成3年7月2日
日本電気システム建設理事、メディアサービス社長　→91/93

大村 正義　おおむら・まさよし　大正14年1月31日～平成1年3月13日　税理士　江東区議会議長　→88/90

大村 巳代治　おおむら・みよじ　明治34年2月10日～昭和62年2月17日　建設省住宅局長　→83/87

大村 森作　おおむら・もりさく　～昭和61年12月1日
川崎公害病友の会会長　川崎公害訴訟原告団長　→83/87

大村 行雄　おおむら・ゆきお　昭和4年1月5日～昭和61年7月12日　水戸地検検事正、最高検検事　→83/87

大村 豊　おおむら・ゆたか　昭和10年1月10日～平成10年10月17日　アマダメトレックス社長　→97/99

大村 義郎　おおむら・よしお　昭和22年5月23日～平成3年10月29日　ソディック常務　→91/93

大村 善永　おおむら・よしなが　明治37年1月7日～平成1年2月22日　牧師　日本キリスト教団シロアム教会名誉牧師、日本盲人キリスト教伝道協議会議長　→88/90

大村 利一　おおむら・りいち　明治38年11月14日～昭和61年8月13日　椿本チエイン社友・元社長　→83/87

大村 隆一　おおむら・りゅういち　昭和2年3月10日～平成15年11月2日　富士工業会長　→03/05

大室 孟　おおむろ・つとむ　～平成13年2月14日
空将　航空自衛隊航空幕僚長　→00/02

大室 政右　おおむろ・まさえ　大正5年10月3日～平成1年1月12日　東京都議（自民党）　→09/11

大室 亮一　おおむろ・りょういち　明治26年10月6日～昭和62年10月16日　弁護士　第二東京弁護士会会長　→83/87

大本 貞太郎　おおもと・さだたろう　明治19年4月18日～昭和19年4月29日　伊予鉄道社長、衆院議員　→昭和

大元 聖司　おおもと・せいじ　～平成3年3月19日
日本発明振興協会常務理事　→91/93

大元 仁　おおもと・ひとし　大正12年～昭和58年6月15日　象印マホービン取締役・輸出本部長　→83/87

大元 博　おおもと・ひろし　明治40年6月11日～平成1年8月24日　日本金属相談役名誉会長・元社長　→88/90

大本 利一　おおもと・りいち　明治23年11月8日～昭和55年9月9日　弁護士　海軍司政長官　→80/82

大桃 幹治　おおもも・みきはる　昭和2年12月13日～平

成13年7月26日　日野自動車副社長　→00/02

大森 詮夫　おおもり・あきお　明治36年2月28日～昭和18年3月9日　社会運動家、弁護士　→昭和

大森 栄重　おおもり・えいじゅう　明治41年2月23日～昭和62年5月20日　大森商店会長、塩釜塩乾魚食品協同組合理事長　→83/87

大森 治　おおもり・おさむ　大正5年6月22日～平成4年4月10日　山一証券投資信託委託社長　→91/93

大森 一明　おおもり・かずあき　昭和11年3月9日～平成5年4月2日　東海銀行常務　→91/93

大森 一夫　おおもり・かずお　明治39年2月27日～平成2年6月21日　写真家　中国銀行監査役　→88/90

大森 包博　おおもり・かねひろ　大正5年11月25日～平成1年10月15日　土庄町長、香川県教育委員長　→88/90

大森 寛　おおもり・かん　～平成14年6月18日
防衛大学校校長、陸上自衛隊陸上幕僚長　→00/02

大森 侃二　おおもり・かんじ　大正6年～平成19年5月14日　大阪窯業耐火煉瓦社長　→06/08

大森 基一　おおもり・きいち　明治41年10月22日～昭和59年8月25日　神鋼鋼線工業相談役・元社長　→83/87

大森 吉五郎　おおもり・きちごろう　明治37年5月15日～昭和63年10月24日　松下電送取締役相談役・元会長、同盟通信社編集局長　→88/90

大森 教三　おおもり・きょうぞう　大正13年1月13日～平成3年9月15日　東邦モーターズ社長　→91/93

大森 淳夫　おおもり・きよお　大正3年4月15日～昭和56年1月15日　三菱電機常務　→80/82

大森 喜代三郎　おおもり・きよさぶろう　明治43年11月22日～平成6年3月28日　大森石油会長、一宮市消防音楽隊名誉隊長　→94/96

大森 啓造　おおもり・けいぞう　昭和12年10月2日～平成17年1月17日　栗田工業専務　→03/05

大森 健治　おおもり・けんじ　明治35年3月8日～平成10年7月16日　新潟相互銀行社長　→97/99

大森 鋼三郎　おおもり・こうざぶろう　昭和16年9月28日～平成21年7月19日　弁護士　→09/11

大森 公亮　おおもり・こうりょう　明治26年9月8日～昭和49年10月27日　僧侶、医師　浅草寺第25世宗務総長、浅草寺病院院長　→昭和（おおもり・きみすけ）

大森 貞明　おおもり・さだあき　明治41年12月30日～平成9年6月20日　藤木工務店常務　→97/99

大森 繁雄　おおもり・しげお　大正11年2月21日～平成14年12月13日　朝日イブニングニュース社長　→00/02

大森 重信　おおもり・しげのぶ　大正11年1月27日～平成10年5月27日　大興電子通信常務　→97/99

大森 重義　おおもり・しげよし　大正5年4月16日～平成4年8月20日　気象庁次長　→91/93

大森 茂　おおもり・しげる　昭和7年11月25日～平成15年12月5日　新日本製鉄副社長　→03/05

大森 茂　おおもり・しげる　大正9年5月19日～平成16年9月29日　中京テレビ放送副社長　→03/05

I　政治・経済・社会篇　　　　　　　　　　　　　　　　　　　　　　　おおもり

大森 茂　おおもり・しげる　大正9年6月8日～平成17年7月30日　アジア航測社長　→03/05

大森 修　おおもり・しゅう　昭和5年8月5日～平成7年6月12日　ガステックサービス社長　→94/96

大森 順雄　おおもり・じゅんのう　大正6年4月10日～昭和62年11月30日　僧侶　覚園寺(真言宗)住職、鎌倉市仏教会会長　→83/87

大森 鐘一　おおもり・しょういち　安政3年5月14日～昭和2年3月5日　男爵　枢密顧問官、貴院議員　→昭和(大森 鍾一)

大森 正一　おおもり・しょういち　大正15年5月8日～昭和59年9月11日　ニチメン取締役　→83/87

大森 信一　おおもり・しんいち　大正14年1月1日～平成22年5月30日　東洋包装社長、福井県織物整理包装協同組合理事長　→09/11

大森 信応　おおもり・しんおう　～昭和26年11月9日　浅草寺貫主大僧正　→昭和

大森 末雄　おおもり・すえお　大正12年8月10日～平成17年8月9日　山梨県議(自民党)　→03/05

大森 誠一　おおもり・せいいち　大正15年6月1日～平成19年12月19日　駐ニュージーランド大使　→06/08

大森 曹玄　おおもり・そうげん　明治37年3月10日～平成6年8月18日　禅僧、剣道家　高歩院(臨済宗天龍寺派)住職、鉄舟会師家、花園大学学長　→94/96

大森 創造　おおもり・そうぞう　大正7年5月25日～平成11年11月14日　参院議員(社会党)　→97/99

大森 隆雄　おおもり・たかお　昭和23年9月13日～平成21年8月15日　大洲市長　→09/11

大森 尚則　おおもり・たかのり　～昭和48年2月17日　川崎製鉄会長　→昭和

大森 武司　おおもり・たけじ　明治45年7月22日～昭和60年3月31日　日新電機相談役・元社長　→83/87

大森 武英　おおもり・たけひで　大正5年8月1日～平成14年1月7日　戸田建設副社長　→00/02

大森 種光　おおもり・たねみつ　昭和3年1月30日　高鍋信用金庫理事長　→91/93

大森 玉木　おおもり・たまき　明治19年3月～昭和39年2月19日　衆院議員(自民党)　→昭和

大森 保　おおもり・たもつ　大正8年3月29日～平成14年2月24日　科研製薬副社長　→00/02

大森 智祥　おおもり・ちしょう　明治33年5月31日～昭和62年12月31日　僧侶　弁天宗初代管長、智弁学園理事長　→83/87

大森 智弁　おおもり・ちべん　明治42年～昭和42年2月　宗教家　弁天宗宗祖、智弁学園園長　→昭和

大森 恒雄　おおもり・つねお　～昭和61年3月5日　安田生命常務　→83/87

大森 常雄　おおもり・つねお　大正10年6月2日～平成22年10月15日　福島県出納長　→09/11

大森 恒応　おおもり・つねおう　～昭和56年11月9日

大森組社長　→80/82

大森 貞資　おおもり・ていすけ　文久2年5月～昭和11年8月16日　衆院議員(立憲政友会)　→昭和(おおもり・ただし)

大森 徳治　おおもり・とくじ　昭和7年7月25日～平成14年5月7日　奈良県公安委員長、関西電力奈良支店長　→00/02

大森 敏生　おおもり・としお　昭和3年1月12日～平成16年9月14日　岡三証券副社長　→03/05

大森 敏男　おおもり・としお　昭和2年10月22日～昭和62年6月1日　東洋曹達工業常務　→83/87

大森 敏之　おおもり・としゆき　大正11年2月3日～平成7年10月19日　琴平町(香川県)長　→94/96

大森 直道　おおもり・なおみち　明治44年3月27日～昭和60年10月27日　東京放送社長室顧問・元常務　→83/87

大森 寿夫　おおもり・ひさお　大正9年5月27日～平成21年1月25日　昭和被服総業社長、西大寺会陽奉賛会会長　→09/11

大森 亀　おおもり・ひさし　～昭和60年10月23日　岡山プレス総務部長　→83/87

大森 久司　おおもり・ひさじ　明治34年8月5日～昭和51年8月13日　参院議員(自民党)、近畿電気工事会長　→昭和(おおもり・きゅうじ)

大森 久之　おおもり・ひさゆき　大正4年2月14日～平成4年1月25日　ミヤコ化学社長　→91/93

大森 広作　おおもり・ひろさく　大正2年12月7日～平成7年6月22日　新潟中央銀行会長　→94/96

大守 坦　おおもり・ひろし　大正9年1月13日～平成2年1月4日　日本電話番号簿(株)相談役・元社長、日本電信電話公社理事　→88/90

大森 弘　おおもり・ひろし　明治44年11月24日～平成7年3月4日　横河ブリッジ社長　→94/96

大森 正章　おおもり・まさあき　明治44年3月19日～平成5年5月5日　滋賀県議、余呉町長、伊香農業協同組合長　→91/93

大森 正男　おおもり・まさお　明治40年10月15日～平成6年6月16日　湘南観光開発会長、レイクウッドゴルフクラブ理事　→94/96

大森 正男　おおもり・まさお　大正5年11月15日～平成14年5月14日　淀川製鋼所社長、高知県人会近畿連合会会長　→00/02

大森 正夫　おおもり・まさお　大正6年3月12日～平成10年10月18日　百五銀行常務　→97/99

大森 正勝　おおもり・まさかつ　昭和17年1月5日～平成21年10月8日　ユアサ商事社長　→09/11

大森 増一　おおもり・ますいち　～昭和56年1月18日　日本ユニパック監査役　→80/82

大森 幹雄　おおもり・みきお　昭和6年1月6日～平成2年6月16日　日本証券業協会常任理事　→88/90

大森 美知夫　おおもり・みちお　大正2年10月17日～昭和59年12月29日　グンゼ常務　→83/87

大森 通孝　おおもり・みちたか　明治36年8月15日～平成1年6月21日　大阪府副知事　→88/90

大森 貢　おおもり・みつぎ　大正5年4月24日～平成9年5月26日　新大協和石油化学（のち東ソー）専務　→97/99

大森 基男　おおもり・もとお　～平成3年10月2日　コマ興産常務　→91/93

大森 守雄　おおもり・もりお　昭和14年2月～平成14年11月30日　コープこうべ店舗学校長　→03/05s

大森 保夫　おおもり・やすお　大正14年10月11日～平成8年5月6日　図書印刷専務　→94/96

大森 吉盛　おおもり・よしもり　～昭和44年5月24日　藤沢薬品工業相談役　→昭和

大森 頼雄　おおもり・よりお　～平成10年6月14日　大成道路（のち大成ロテック）専務　→97/99

大森 龍太郎　おおもり・りゅうたろう　昭和3年1月5日～平成16年11月20日　新潟中央銀行頭取　→03/05

大森 亮雅　おおもり・りょうが　大正13年11月24日～平成5年3月21日　僧侶、医師　浅草寺病院院長、浅草寺無動院住職　→91/93

大森 亮順　おおもり・りょうじゅん　明治11年12月～昭和25年6月7日　僧侶、仏教学者　天台宗務総長、大正大学学長、浅草寺住職　→昭和

大森 亮潮　おおもり・りょうちょう　～平成5年5月14日　僧侶　浅草寺医王院住職、大僧正　→91/93

大屋 敦　おおや・あつし　明治18年9月5日～昭和45年8月18日　実業家　住友化学社長　→昭和

大屋 伊作　おおや・いさく　～昭和62年10月5日　大砺プレス工業取締役　→83/87

大矢 いつゑ　おおや・いつえ　～昭和62年7月25日　大矢家具店監査役　→83/87

大矢 馬太郎　おおや・うまたろう　明治3年6月～昭和14年7月11日　衆院議員、貴院議員（多額納税）、盛岡市長　→昭和

大谷 一雄　おおや・かずお　明治35年9月8日～昭和60年6月28日　全日本剣道連盟顧問、元住友化学工業社長、元日本エクスラン工業会長　→83/87

大矢 勝巳　おおや・かつみ　大正11年8月7日～昭和56年5月21日　東邦アセチレン副社長　→80/82

大矢 清　おおや・きよし　～昭和55年3月25日　大矢建設会長　→80/82

大矢 興司　おおや・こうじ　昭和15年1月2日～平成1年5月3日　大啓建設社長　→88/90

大矢 暁　おおや・さとる　昭和7年2月25日～平成18年11月13日　応用地質社長　→06/08

大谷 三四郎　おおや・さんしろう　～昭和55年9月12日　埼玉銀行頭取　→80/82

大屋 昭三郎　おおや・しょうざぶろう　大正4年6月14日～平成3年9月15日　三菱電気常務　→91/93

大谷 昭二　おおや・しょうじ　～平成8年6月16日　丸importance証券常務　→94/96

大矢 省三　おおや・しょうぞう　明治26年3月1日～昭和37年1月19日　政治家、労働運動家　衆院議員（民社党）　→昭和

大矢 史朗　おおや・しろう　～昭和56年10月2日　名古屋市議　→80/82

大矢 四郎兵衛　おおや・しろべえ　安政4年12月19日～昭和5年9月25日　衆院議員（憲政本党）　→昭和（おおや・しろうべえ）

大屋 晋三　おおや・しんぞう　明治27年7月5日～昭和55年3月9日　実業家、政治家　帝人社長、参院議員（自民党）　→80/82

大矢 末吉　おおや・すえきち　～平成8年12月18日　滝定専務　→97/99s

大矢 卓史　おおや・たかし　昭和4年7月9日～平成8年2月7日　衆院議員（無所属）　→94/96

大谷 武　おおや・たけし　大正6年11月19日～平成17年9月16日　日本光電工業常務　→03/05

大矢 正　おおや・ただし　大正14年1月25日～昭和58年11月1日　参院議員（社会党）　→83/87

大爺 恒夫　おおや・つねお　明治43年10月15日～平成9年7月12日　神官　吉田神社名誉宮司　→97/99

大谷 直　おおや・なおし　～昭和61年1月3日　綿貫民輔事務所事務局長　→83/87

大矢 信彦　おおや・のぶひこ　～昭和62年4月30日　関西テレビ放送取締役東京支社長　→83/87

大矢 半次郎　おおや・はんじろう　明治25年1月～昭和52年12月7日　参院議員（自由党）　→昭和

大屋 宏　おおや・ひろし　～昭和47年4月15日　住友金属鉱山監査役　→昭和

大矢 平造　おおや・へいぞう　明治36年1月11日～昭和59年4月15日　大矢機械製作所会長　→83/87

大谷 正男　おおや・まさお　明治16年2月～昭和42年2月6日　貴院議員（勅撰）、宮内次官　→昭和（おおたに・まさお）

大谷 正夫　おおや・まさお　昭和6年6月25日～平成14年5月26日　日本生活協同組合連合会常務理事　→00/02

大矢 正夫　おおや・まさお　文久3年11月6日～昭和3年7月13日　自由民権運動家　→昭和

大屋 満雄　おおや・みつお　昭和6年1月1日～平成15年12月22日　北海道土木部長、地崎工業副社長　→03/05

大矢 美都流　おおや・みつる　大正2年10月26日～平成6年5月18日　岩崎通信機常務　→94/96

大矢 息生　おおや・やすお　昭和7年7月4日～平成23年1月20日　弁護士、税理士　国士舘大学名誉教授　→09/11

大矢 行雄　おおや・ゆきお　大正2年2月6日～平成18年2月18日　コピア社長　→06/08

大八木 鉄哉　おおやぎ・てつや　大正10年1月14日～平成2年10月8日　日本パーカライジング顧問、元常務　→88/90

大八木 秀年　おおやぎ・ひでとし　昭和2年3月23日～平

成5年1月22日　昭和リース社長　→91/93

大宅 伊典　おおやけ・これのり　～昭和56年9月24日
山根短資顧問,元専務　→80/82

大矢知 栄蔵　おおやち・えいぞう　明治36年3月28日～昭和60年7月4日　大阪変圧器常務,九州変圧器社長　→83/87

大矢知 四郎　おおやち・しろう　～平成3年9月27日
中日電光ニュース社取締役　→91/93

大矢知 昇　おおやち・のぼる　～昭和45年1月31日
東急百貨店相談役　→昭和

大矢根 啓　おおやね・あきら　昭和20年4月23日～平成11年6月30日　大平洋金属常務　→97/99

大矢根 大器治　おおやね・たきじ　明治41年7月10日～平成11年7月17日　太平洋金属社長,合同製鉄社長　→97/99

大矢根 武晴　おおやね・たけはる　～昭和44年2月8日
東京地裁判事　→昭和

大藪 敬蔵　おおやぶ・けいぞう　～昭和60年10月22日
大藪セメント工業監査役　→83/87

大藪 進　おおやぶ・すすむ　明治42年10月31日～平成11年10月19日　正興電機製作所副社長　→97/99

大藪 副司　おおやぶ・ふくし　大正10年8月2日～昭和56年3月16日　関西テレビ専務　→80/82

大藪 正克　おおやぶ・まさかつ　～平成1年7月22日
京都新聞社常務　→88/90

大藪 政次郎　おおやぶ・まさじろう　明治34年4月20日～平成3年10月12日　増田組会長,京都府建設業協会会長　→91/93

大藪 隆平　おおやぶ・りゅうへい　大正5年2月12日～平成1年10月8日　日本ステンレス常務　→88/90

大山 章　おおやま・あきら　～昭和63年6月27日
住友重機械工業取締役　→88/90

大山 文雄　おおやま・あやお　明治15年11月19日～昭和47年10月19日　陸軍法務中将,井原市初代市長　→昭和（おおやま・ふみお）

大山 勇夫　おおやま・いさお　～昭和12年8月9日
海軍大尉,上海特別陸戦隊附　→昭和

大山 梅雄　おおやま・うめお　明治43年1月5日～平成2年5月26日　大山グループ総帥　→88/90

大山 一雄　おおやま・かずお　大正3年6月24日～平成17年1月10日　沖縄タイムス設立委員・取締役　→03/05

大山 和雄　おおやま・かずお　大正14年7月19日～昭和61年5月31日　北陸電気工事(株)常務取締役,北陸電力(株)支配人監査役室長　→83/87

大山 量士　おおやま・かずひと　～昭和60年3月20日
亜細亜友之会理事長　→83/87

大山 菊治　おおやま・きくじ　明治31年11月3日～昭和48年7月29日　弁護士　日弁連会長　→昭和

大山 金吾　おおやま・きんご　昭和5年7月30日～平成12年8月12日　兵庫県議(公明党)　→00/02

大山 国義　おおやま・くによし　大正11年6月10日～昭和59年4月14日　光陽産業社長　→83/87

大山 恵佐　おおやま・けいすけ　明治41年2月22日～昭和59年10月2日　日本海事新聞社長,科学技術教育協会理事長　→83/87

大山 景明　おおやま・けいめい　大正5年8月23日～平成21年3月4日　沖縄ビル・メンテナンス創業者　→09/11

大山 繁雄　おおやま・しげお　～昭和62年10月6日
日産生命監査役　→83/87

大山 茂樹　おおやま・しげき　明治36年6月10日～平成7年4月5日　倉敷市長　→94/96

大山 茂行　おおやま・しげゆき　昭和5年1月30日～昭和58年4月5日　北辰商品社長　→83/87

大山 鍈一　おおやま・しんいち　明治31年5月26日～平成1年7月29日　巴川製紙所専務,三井銀行取締役　→88/90

大山 澄太　おおやま・すみた　明治32年10月21日～平成6年9月26日　宗教家,俳人　「大耕」主宰　→94/96

大山 喬士　おおやま・たかし　昭和9年～平成16年9月24日　井筒屋専務　→03/05

大山 高志　おおやま・たかし　大正5年4月23日～平成6年7月8日　土屋製作所社長,日本ラヂエーター(のちカルソニック)社長　→94/96

大山 鷹之介　おおやま・たかのすけ　～昭和13年6月11日　海軍少将　→昭和

大山 正　おおやま・ただし　大正2年11月23日～平成18年3月4日　厚生事務次官　→06/08

大山 朝常　おおやま・ちょうじょう　明治34年12月25日～平成11年11月24日　コザ市長,琉球政府立法院議員　→97/99

大山 勉　おおやま・つとむ　昭和10年4月7日～昭和57年3月1日　中小企業庁技術課長　→80/82

大山 綱夫　おおやま・つなお　～昭和59年12月24日
横浜銀行常務　→83/87

大山 綱昌　おおやま・つなまさ　嘉永6年11月～昭和9年10月18日　貴院議員(勅選)　→昭和

大山 てつ　おおやま・てつ　～昭和56年9月16日
(株)大山監査役　→80/82

大山 敏夫　おおやま・としお　大正13年6月1日～平成16年8月29日　埼玉県議(自民党)　→03/05

大山 初太郎　おおやま・はつたろう　明治25年6月～昭和48年11月9日　農民運動家　→昭和

大山 斐瑳麿　おおやま・ひさまろ　明治10年9月～昭和25年2月8日　衆院議員(立憲政友会)　→昭和

大山 秀雄　おおやま・ひでお　明治29年3月19日～平成2年8月20日　京成電鉄社長　→88/90

大山 広司　おおやま・ひろし　大正7年6月20日～平成21年9月4日　広島県議(自民党)　→09/11

大山 寛正　おおやま・ひろまさ　大正2年11月9日～平成6年6月20日　山之内製薬常務　→94/96

大山 不二太郎　おおやま・ふじたろう　～昭和43年5月12日　全国農協中央会理事　→昭和

大山 政行　おおやま・まさゆき　大正14年12月15日～平成15年7月22日　香川県議(自民党)　→03/05

大山 三良　おおやま・みつよし　～昭和50年8月6日　日本電気専務　→昭和

大山 泰之　おおやま・やすゆき　大正11年7月27日～平成17年4月30日　日本長期信用銀行専務　→03/05

大山 寛　おおやま・ゆたか　明治39年7月4日～平成21年7月31日　牧師　日本キリスト教団京都教会名誉牧師　→09/11

大山 芳武　おおやま・よしたけ　大正8年4月23日～平成19年5月31日　東京製綱常務　→06/08

大山 龍一　おおやま・りゅういち　昭和12年7月16日～平成9年7月3日　ツガミ社長　→97/99

大山 柳子　おおやま・りゅうこ　明治20年～昭和62年10月28日　社会運動家　日本平和委員会副会長　→83/87

大山田 晋　おおやまだ・すすむ　大正4年3月25日～平成14年6月25日　ボーソー油脂社長、農林中金理事　→00/02

大類 武雄　おおるい・たけお　昭和41年12月24日～昭和58年12月25日　弁護士　日弁連副会長　→83/87

大和 和明　おおわ・かずあき　昭和27年12月15日～平成6年1月14日　大和書房社長、大和出版創社長、協和社社長　→94/96

大和 哲三　おおわ・てつぞう　～昭和43年1月11日　大和三光製作所会長　→昭和

大和 正具　おおわ・まさお　～昭和48年3月19日　京浜精機製作所監査役　→昭和

大輪 正義　おおわ・まさよし　大正14年6月25日～平成15年1月20日　松屋常務　→03/05

大脇 勲　おおわき・いさお　～昭和56年1月29日　東亜紡織元常務　→80/82

大和久 貞雄　おおわく・さだお　明治41年6月16日～平成4年10月12日　山崎製パン取締役　→91/93

大和久 泰太郎　おおわく・やすたろう　大正5年4月18日～平成7年1月10日　日本心臓財団事務総長、日本YMCA同盟名誉主事　→94/96

大和田 伊之吉　おおわだ・いのきち　～平成10年11月27日　トーワ機器会長　→97/99

大和田 国男　おおわだ・くにお　大正8年12月3日～平成15年3月24日　不二越社長　→03/05

大和田 啓気　おおわだ・けいき　大正4年5月27日～昭和61年11月8日　農林水産航空協会会長、農政調査委員会理事長、農用地開発公団理事長　→83/87

大和田 精一　おおわだ・せいいち　大正元年～昭和61年9月17日　東北電力専務・岩手支店長　→83/87

大和田 悌二　おおわだ・ていじ　明治21年11月23日～昭和62年10月18日　逓信事務次官、日本曹達社長　→83/87

大和田 浩　おおわだ・ひろし　大正4年9月23日～平成

大和田 広治　おおわだ・ひろじ　大正12年～平成2年12月28日　新和海運監査役　→88/90

大和田 瑞穂　おおわだ・みずほ　大正2年5月9日～平成4年3月22日　西部石油専務　→91/93

大和田 弥一　おおわだ・やいち　明治35年9月10日～平成11年3月13日　いわき市長　→97/99

大和田 義栄　おおわだ・よしえい　明治32年10月～昭和25年8月27日　衆院議員(自由党)　→昭和(おおわだ・よしひで)

大和田 渉　おおわだ・わたる　大正6年12月2日～昭和62年11月27日　駐スウェーデン大使、三井銀行顧問　→83/87

岡 映　おか・あきら　明治45年7月10日～平成18年4月13日　部落解放運動家　全国部落解放運動連合会委員長　→06/08

岡 叡太郎　おか・えいたろう　明治44年3月20日～平成20年7月12日　東洋レーヨン常務　→06/08

岡 英太郎　おか・えいたろう　昭和4年6月21日～昭和63年4月27日　神奈川県中小企業団体中央会専務理事、神奈川県商工部長　→88/90

岡 嘉一　おか・かいち　大正6年4月15日～平成13年2月20日　大阪屋会長　→00/02

岡 一雄　おか・かずお　明治44年9月5日～昭和61年8月28日　足利銀行社長　→83/87

岡 喜太郎　おか・きたろう　～昭和38年11月3日　阪神電鉄常務　→昭和

岡 忻也　おか・きんや　～平成12年12月8日　桑名信用金庫専務理事　→00/02

岡 今朝雄　おか・けさお　～昭和16年10月15日　会計検査院長　→昭和

岡 現次郎　おか・げんじろう　～昭和59年10月27日　大日本図書顧問　→83/87

岡 浩策　おか・こうさく　大正14年4月21日～平成22年12月10日　第一製薬専務　→09/11

岡 幸三郎　おか・こうざぶろう　明治9年1月～昭和30年11月23日　衆議員議員(第二控室)　→昭和

岡 幸七郎　おか・こうしちろう　慶応4年7月21日～昭和2年4月　実業家　漢口日報社長　→昭和

岡 悟郎　おか・ごろう　大正9年6月18日～昭和59年9月14日　大木建設常任監査役　→83/87

岡 哲　おか・さとし　昭和16年4月4日～平成19年4月18日　ハザマ常務　→06/08

岡 三郎　おか・さぶろう　大正3年3月5日～平成11年2月16日　労働運動家　参院議員(社会党)、日教組委員長　→97/99

岡 繁　おか・しげる　昭和4年7月23日～平成8年4月8日　住金鋼材工業専務　→94/96

岡 忍　おか・しのぶ　～平成3年8月15日　石油資源開発取締役　→91/93

岡 修一郎　おか・しゅういちろう　〜昭和55年8月19日　日本電子機械工業会技術専門調査役　→80/82

岡 彰五　おか・しょうご　大正14年7月8日〜平成22年11月20日　大阪ガス常務　→09/11

岡 四郎　おか・しろう　〜昭和60年7月25日　札幌中央署長, 北海道乗用車協会専務理事, 林興業専務　→83/87

岡 次郎　おか・じろう　明治35年5月10日〜昭和61年5月4日　東京電力常務, アラビア石油専務, 富士石油相談役・元社長　→83/87

岡 信吉　おか・しんきち　明治30年2月25日〜昭和61年10月13日　(株)三五堂会長　→83/87

岡 末夫　おか・すえお　大正15年12月8日〜平成19年12月14日　山口県議(社会党)　→06/08

岡 碩平　おか・せきへい　明治34年5月10日〜平成6年12月25日　弁護士　大阪弁護士会会長, 日弁連副会長　→94/96

岡 善吉　おか・ぜんきち　〜昭和46年1月15日　大阪瓦斯顧問・元専務　→昭和

岡 隆一　おか・たかいち　〜平成4年9月2日　広済堂最高顧問　→91/93

岡 敬純　おか・たかずみ　明治23年2月11日〜昭和48年12月4日　海軍中将　→昭和

岡 琢郎　おか・たくろう　〜昭和50年1月18日　最高検検事　→昭和

岡 中　おか・ただし　明治34年1月20日〜昭和61年1月7日　日本電設工業社長　→83/87

岡 胤信　おか・たねのぶ　〜昭和14年10月8日　大林組顧問　→昭和

岡 為輔　おか・ためすけ　〜昭和57年11月17日　大同生命保険監査役　→80/82

岡 千代彦　おか・ちよひこ　明治6年2月〜昭和31年10月31日　社会運動家, 労働演芸家　→昭和

岡 恒雄　おか・つねお　昭和25年6月21日〜平成20年2月22日　高砂市長　→06/08

岡 常夫　おか・つねお　〜昭和2年1月22日　東洋紡績重役　→昭和

岡 常吉　おか・つねきち　明治44年1月12日〜昭和62年5月10日　(株)岡常社長, 新明和製糖社長, 全国小麦粉卸商組合連合会会長　→83/87

岡 哲夫　おか・てつお　大正15年12月20日〜平成13年12月13日　東京製鋼専務, 東新鋼業社長　→00/02

岡 映宏　おか・てるひろ　昭和9年1月22日〜平成3年10月16日　神鋼商事常務　→91/93

岡 藤次郎　おか・とうじろう　明治41年7月9日〜平成8年9月22日　三菱油化社長　→94/96

岡 得太郎　おか・とくたろう　明治25年10月17日〜昭和61年6月19日　弁護士　→83/87

岡 利定　おか・としさだ　昭和9年5月10日〜平成12年10月2日　参院議員(自民党)　→00/02

岡 豊司　おか・とよし　〜昭和62年1月13日　久留米市水道部長　→83/87

尾賀 虎之助　おが・とらのすけ　大正7年10月12日〜昭和59年11月20日　三井信託銀行監査役　→83/87

岡 直身　おか・なおみ　〜平成5年9月27日　大阪ガス専務　→91/93

岡 直道　おか・なおみち　昭和13年3月12日〜平成17年10月25日　日本ガイシ専務　→03/05

岡 信市　おか・のぶいち　〜昭和62年8月4日　北九州市議　→83/87

岡 久雄　おか・ひさお　大正4年4月25日〜平成14年12月21日　読売新聞専務　→00/02

岡 英雄　おか・ひでお　大正15年3月5日〜平成21年2月22日　江別市長　→09/11

岡 平八郎　おか・へいはちろう　〜昭和61年3月19日　日本気化器製作所取締役　→83/87

岡 弁良　おか・べんりょう　〜昭和47年8月28日　弁護士　日本弁護士連合会会長　→昭和

岡 正信　おか・まさのぶ　大正4年3月21日〜平成8年4月1日　三井物産監査役　→94/96

岡 正治　おか・まさはる　大正7年11月1日〜平成6年7月22日　牧師　日本福音ルーテル長崎教会牧師　→94/96

岡 政道　おか・まさみち　大正13年3月9日〜平成9年6月19日　泰星スタンプコイン社長, 日本貨幣商協同組合理事長　→97/99

岡 益雄　おか・ますお　明治39年6月6日〜平成8年5月6日　新潟鉄工所常務　→94/96

岡 三喜男　おか・みきお　昭和8年1月11日〜昭和63年12月8日　札幌無線社長, 札幌通信システム社長, アルファ札幌無線社長　→88/90

岡 三雄　おか・みつお　明治40年1月20日〜平成1年6月16日　京都ダイカスト工業取締役, 四条畷学園理事長　→88/90

岡 実　おか・みのる　明治6年9月12日〜昭和14年11月20日　官僚, 新聞人　東京日日新聞会長, 農商務省商工局長　→昭和

岡 宗義　おか・むねよし　明治39年3月13日〜平成2年4月24日　高雄総領事　→88/90

岡 安一　おか・やすいち　〜昭和61年3月8日　岡工務店社長　→83/87

岡 康夫　おか・やすお　大正12年9月22日〜平成12年1月6日　东札自動車社長, 全国霊柩自動車協会会長　→00/02

岡 弥蔵　おか・やぞう　〜昭和38年4月13日　大札穀物取引所理事長　→昭和

岡 雄一郎　おか・ゆういちろう　明治24年5月5日〜平成4年5月1日　太平電業会長　→91/93

岡 幸男　おか・ゆきお　大正13年3月25日〜平成20年1月14日　相模鉄道副社長, バングラデシュに小学校をつく

おか　　　　　　　　　　　　　　　　　　　　　　Ⅰ　政治・経済・社会篇

る会会長　→06/08

岡　裕　おか・ゆたか　昭和2年6月30日～平成23年3月25日　新冠町(北海道)町長　→09/11

岡　芳二　おか・よしじ　～平成4年7月30日　栗本鉄工所常務　→91/93

岡　芳博　おか・よしひろ　大正10年5月25日～平成7年1月8日　西部瓦斯副社長　→94/96

岡　義順　おか・よしゆき　～昭和55年8月30日　弁護士　日弁連理事　→80/82

岡　芳郎　おか・よしろう　昭和7年3月24日～平成20年9月26日　セコム常務　→06/08

岡　米太郎　おか・よねたろう　～昭和46年9月17日　日石顧問　→昭和

岡　良一　おか・りょういち　明治38年2月14日～平成6年5月16日　医師　衆院議員(社会党)，金沢市長　→94/96

岡　亮二　おか・りょうじ　昭和8年4月16日～平成19年2月16日　僧侶　龍谷大学名誉教授　→06/08

岡井　九十九　おかい・つくも　明治32年6月17日～平成2年11月30日　山口銀行常務，セントラル硝子監査役　→88/90

岡井　常夫　おかい・つねお　明治41年12月27日～平成4年6月23日　昭和飛行機工業常務　→91/93

岡井　藤志郎　おかい・とうしろう　明治28年5月24日～昭和49年10月19日　弁護士　衆院議員(民主自由党)　→昭和

岡井　弘　おかい・ひろし　明治32年5月15日～昭和55年5月6日　日本陶器専務　→80/82

岡井　正男　おかい・まさお　明治33年1月19日～昭和57年8月30日　極洋副社長，水産庁長官　→80/82

岡井　弥三郎　おかい・やさぶろう　～昭和60年3月4日　郵政省簡易保険局長　→83/87

小粥　義直　おがい・よしなお　大正2年7月5日～平成5年3月12日　中央ビルト工業社長　→91/93

岡内　瀞一　おかうち・せいいち　明治31年2月3日～昭和48年11月19日　弁護士　高知相互銀行会長　→昭和

岡内　英夫　おかうち・ひでお　明治41年11月19日～平成16年4月21日　資生堂社長　→03/05

岡音　清次郎　おかおと・せいじろう　明治38年1月24日～昭和63年4月28日　カミカワグループ代表取締役会長　→88/90

岡垣　勲　おかがき・いさお　大正11年8月24日～昭和55年11月21日　東京高裁判事　→80/82

岡垣　久晃　おかがき・ひさあき　明治38年7月30日～平成4年11月30日　弁護士　大阪高裁判事　→91/93

岡垣　学　おかがき・まなぶ　大正10年12月14日～昭和63年2月8日　東京高裁部総括判事　→88/90

岡上　明雄　おかがみ・あきお　昭和8年2月26日～平成10年1月29日　日揮専務　→97/99

岡川　健一　おかがわ・けんいち　昭和9年7月3日～平成21年10月19日　京セラ専務　→09/11

尾垣　勇夫　おがき・いさお　大正10年6月6日～昭和61年4月25日　日本プラスチック工業会長，久保田鉄工常務　→83/87

岡木　清　おかき・きよし　～平成7年7月24日　日教組副委員長　→94/96

岡口　満洲男　おかぐち・ますお　大正7年9月3日～平成4年5月17日　三井金属鉱業監査役　→91/93

小笠　公韶　おがさ・こうしょう　明治37年12月16日～昭和60年9月13日　日本インドネシア協会長，衆議院議員，参院議員(自民党)　→83/87

小笠　英敏　おがさ・ひでとし　大正9年3月24日～平成8年2月14日　空将　航空自衛隊幹部学校長，タイユーサービス社長

小賀坂　広治　おがさか・ひろじ　大正4年2月14日～平成5年3月29日　小賀坂スキー製作所社長　→91/93

岡崎　朗　おかざき・あきら　大正6年7月18日～平成15年10月14日　住友軽金属工業常務　→03/05

岡崎　格　おかざき・いたる　明治42年9月17日～平成8年1月9日　弁護士　大阪高検検事長，名古屋高検検事長　→94/96

岡崎　英城　おかざき・えいじょう　明治34年1月10日～平成1年2月18日　衆議院議員(自民党)，警視庁特高部長　→88/90

岡崎　一夫　おかざき・かずお　～昭和39年4月24日　ダイキン工業副社長　→昭和

岡崎　一夫　おかざき・かずお　明治32年3月1日～昭和61年1月15日　弁護士，社会運動家　自由法曹団団長　→83/87

岡崎　克雄　おかざき・かつお　～平成1年6月18日　本別町(北海道)町長　→88/90

岡崎　勝男　おかざき・かつお　明治30年7月10日～昭和40年10月10日　政治家，外交官　衆院議員(自民党)，外相，国連大使　→昭和

岡崎　金夫　おかざき・かねお　大正9年11月10日～平成16年4月19日　萱場工業常務　→03/05

岡崎　嘉平太　おかざき・かへいた　明治30年4月16日～平成1年9月22日　全日本空輸社長，ジャパックス相談役，日中経済協会常任顧問　→88/90

岡崎　久次郎　おかざき・きゅうじろう　明治7年5月～昭和17年3月20日　衆議院議員(同交会)　→昭和(おかざき・ひさじろう)

岡崎　国臣　おかざき・くにおみ　明治7年6月12日～昭和11年5月22日　東京株式取引所理事長，松陽新報社主　→昭和

岡崎　邦輔　おかざき・くにすけ　嘉永7年3月15日～昭和11年7月22日　政治家　農相，衆院議員(政友会)，貴院議員(勅選)　→昭和

岡崎　敬治　おかざき・けいじ　明治40年10月8日～平成3年2月20日　日東あられ会長，日東運輸会長，全国米菓工業組合相談役　→91/93

岡崎　憲　おかざき・けん　明治13年11月～昭和17年7月

I 政治・経済・社会篇　　　　　　　　　　　　　　　　　　　　おかさき

15日　政治家, 社会運動家　衆院議員　→昭和

岡崎 源一　おかざき・げんいち　明治31年2月26日〜昭和63年4月16日　弁護士　名古屋高検検事長　→88/90

岡崎 耕三　おかざき・こうぞう　大正2年10月26日〜平成5年8月13日　弁護士　日本弁護士連合会副会長, 岡山県弁護士会会長　→91/93

岡崎 悟郎　おかざき・ごろう　明治43年2月3日〜平成6年7月11日　仙台地検検事正　→94/96

岡崎 聡　おかざき・さとし　大正13年10月2日〜平成15年11月8日　前田道路常務　→03/05

岡崎 重之　おかざき・しげゆき　明治26年6月1日〜昭和62年5月15日　岡崎鉱産物会長　→83/87

岡崎 茂　おかざき・しげる　明治45年6月6日〜平成4年3月22日　三菱自動車販売（のち三菱自動車工業）専務　→91/93

岡咲 恕一　おかざき・じょいち　明治33年9月8日〜昭和59年8月26日　広島高裁長官　→83/87

岡崎 庄盛　おかざき・しょうせい　大正6年10月13日〜平成2年7月12日　中小企業金融公庫理事, 通商産業省東京通商産業局総務部長, 日本柑橘類輸入協会専務理事　→88/90

岡崎 昇三　おかざき・しょうぞう　〜昭和53年10月21日　石油連盟事務局長　→昭和

岡崎 真一　おかざき・しんいち　〜昭和39年10月29日　協同汽船相談役　→昭和

岡崎 真一　おかざき・しんいち　明治40年5月〜昭和46年1月20日　参院議員（自民党）, 神戸商工会議所会頭, 同和火災海上保険社長　→昭和

岡崎 誠治　おかざき・せいじ　昭和2年3月3日〜平成7年11月9日　殖産相互銀行常務　→94/96

岡崎 精郎　おかざき・せいろう　明治31年12月21日〜昭和13年1月4日　農民運動家, 画家　全農高知県連委員長, 高知県議　→昭和

岡崎 大三郎　おかざき・だいさぶろう　大正3年4月15日〜平成11年8月19日　三井鉱山専務　→97/99

岡崎 貴子　おかざき・たかこ　昭和23年〜平成21年11月3日　クラブ・ロイヤルくろねこのママ　→09/11

岡崎 隆　おかざき・たかし　〜平成2年7月30日　弁護士　東京高裁判事　→88/90

岡崎 忠雄　おかざき・ただお　明治17年5月〜昭和38年5月1日　神戸銀行会長, 神戸商工会議所会頭　→昭和

岡崎 正　おかざき・ただし　〜平成6年1月28日　小林電子産業常務　→94/96

岡崎 太郎　おかざき・たろう　〜昭和59年2月24日　アラビア石油理事, 日本・サウジアラビア協会常任理事, 日本・クウェート協会常任理事　→83/87

岡崎 忠　おかざき・ちゅう　明治37年10月1日〜平成2年2月10日　神戸銀行頭取　→88/90

岡崎 忠一　おかざき・ちゅういち　〜昭和55年12月23日　大阪府土木部長　→80/82

岡崎 長祐　おかざき・ちょうゆう　〜平成7年4月20日　住金鋼材工業専務　→94/96

岡崎 貞子　おかざき・ていこ　〜平成22年7月12日　高見屋旅館大女将　→09/11

岡崎 貞伍　おかざき・ていご　〜昭和17年7月15日　海軍機関中将　→昭和

岡崎 哲夫　おかざき・てつお　大正9年1月18日〜平成12年12月　森永ミルク中毒のこどもを守る会全国本部事務局長　→00/02

岡崎 藤吉　おかざき・とうきち　安政3年5月〜昭和2年11月26日　実業家　貴院議員　→昭和

岡崎 十止雄　おかざき・としお　〜昭和55年9月17日　足立区長　→80/82

岡崎 俊彦　おかざき・としひこ　昭和2年1月26日〜平成6年11月30日　関電工取締役, 関工商事会長　→94/96

岡崎 愛一　おかざき・なるかず　〜平成1年6月21日　和歌山鉄工会長　→88/90

岡崎 教博　おかざき・のりひろ　昭和22年6月25日〜平成22年9月7日　ホープ印刷社長, 共生福祉会理事長　→09/11

岡崎 春雄　おかざき・はるお　大正4年8月16日〜平成6年3月21日　岡崎工業社長　→94/96

岡崎 晴彦　おかざき・はるひこ　昭和16年6月15日〜平成6年4月15日　ファミリア社長　→06/08

岡崎 日出吉　おかざき・ひできち　〜昭和58年10月11日　日本発条取締役　→83/87

岡崎 平夫　おかざき・ひらお　明治42年2月1日〜平成5年12月27日　岡山市長, 全国市長会会長　→91/93

岡崎 弘男　おかざき・ひろお　大正15年3月24日〜平成16年12月12日　アサヒビール常務　→03/05

岡崎 弘　おかざき・ひろし　明治33年9月5日〜平成20年8月27日　丸岡陶苑店主　→06/08

岡崎 文樹　おかざき・ふみき　大正12年4月29日〜昭和62年7月13日　日刊スポーツ新聞取締役　→83/87

岡崎 マキ　おかざき・まき　明治40年〜昭和60年11月4日　原爆裁判原告の最後の生き残り　→83/87

岡崎 政雄　おかざき・まさお　明治41年11月14日〜平成6年7月24日　東邦亜鉛副社長　→94/96

岡崎 正春　おかざき・まさはる　大正1年11月12日〜平成18年6月30日　東洋ゴム工業社長　→06/08

岡崎 三治　おかざき・みつはる　〜昭和61年1月10日　日正汽船取締役　→83/87

岡崎 康雄　おかざき・やすお　昭和9年3月31日〜平成17年5月12日　森下仁丹社長　→03/05

岡崎 安弘　おかざき・やすひろ　大正8年5月28日〜平成10年4月5日　マルヰ産業社長, 二豊液化ガス協同組合会長　→97/99

岡崎 慶興　おかざき・よしおき　大正13年3月4日〜平成4年5月2日　漁業損害賠償請求処理委員会議長, 在レニングラード総領事　→91/93

岡崎 義人　おかざき・よしひと　大正15年5月28日〜平成17年2月25日　阪神タイガース社長　→03/05

岡崎 林平　おかざき・りんぺい　明治35年3月13日〜昭和55年11月3日　岡山放送社長、岡山瓦斯社長、岡山県経営者協会長　→80/82

岡崎 和作　おかざき・わさく　〜昭和55年9月12日　東京リビングサービス社長　→80/82

岡沢 完治　おかざわ・かんじ　大正12年6月〜昭和47年6月27日　衆院議員（民社党）　→昭和

岡沢 薫郎　おかざわ・くんろう　明治45年6月6日〜平成16年1月29日　兵庫県議、兵庫県芸術文化協会理事・相談役　→03/05

岡沢 広二　おかざわ・こうじ　大正3年2月7日〜平成13年3月29日　オリエンタル酵母工業専務　→00/02

岡沢 卓郎　おかざわ・たくろう　明治43年3月9日〜平成4年2月15日　三菱レイヨン取締役　→91/93

岡沢 鶴夫　おかざわ・つるお　大正13年10月28日〜平成17年12月13日　岡沢建設会長、長野県建設業協会長　→03/05

岡沢 昭夫　おかざわ・てるお　昭和5年6月27日〜平成8年9月8日　秋田テレビ副社長、産経新聞社取締役　→94/96

小笠原 格　おがさわら・いたる　大正15年12月1日〜平成11年7月8日　松井建設常務　→97/99

小笠原 一男　おがさわら・かずお　大正13年10月25日〜平成11年7月11日　日本ヒューム常務　→97/99

小笠原 数夫　おがさわら・かずお　明治17年2月1日〜昭和13年9月4日　陸軍中将　→昭和

小笠原 和夫　おがさわら・かずお　〜昭和53年7月26日　日高教委員長　→昭和

小笠原 菊次郎　おがさわら・きくじろう　明治8年7月8日〜昭和8年1月5日　富士製紙専務　→昭和

小笠原 喜郎　おがさわら・きろう　明治44年7月25日〜平成4年1月12日　南国市長　→91/93

小笠原 敬太郎　おがさわら・けいたろう　〜昭和5年10月29日　台湾総督府能高郡守　→昭和

小笠原 幸吉　おがさわら・こうきち　〜昭和24年10月30日　弥生工業社長　→昭和

小笠原 貞子　おがさわら・さだこ　大正9年4月20日〜平成7年10月9日　日本共産党副委員長、参院議員　→94/96

小笠原 三九郎　おがさわら・さんくろう　明治18年4月5日〜昭和42年12月13日　政治家　衆院議員、農相、蔵相　→昭和

小笠原 三次　おがさわら・さんじ　大正13年6月17日〜平成1年10月3日　飛島建設副社長、飛島道路社長　→88/90

小笠原 尚衛　おがさわら・しょうえい　〜昭和45年7月7日　ブラジル移民の先駆者　→昭和（おかさわら・しょうえい）

小笠原 治郎　おがさわら・じろう　明治41年4月23日〜平成4年8月27日　日本高圧コンクリート会長　→91/93

小笠原 新三郎　おがさわら・しんざぶろう　〜平成1年9月23日　川西市長　→88/90

小笠原 敬　おがさわら・たかし　〜平成10年11月14日　サロマ湖養殖漁協組合長　→97/99

小笠原 武　おがさわら・たけし　大正3年1月31日〜平成7年6月5日　昭光通商常務　→94/96

小笠原 忠如　おがさわら・ただなお　〜昭和62年6月13日　電通大阪支社クリエーティブ総務　→83/87

小笠原 胤公　おがさわら・たねとも　大正9年9月22日〜平成13年5月15日　山形新聞取締役編集局長　→00/02

小笠原 藤作　おがさわら・とうさく　〜昭和62年7月11日　五勝手屋本舗社長　→83/87

小笠原 冨治郎　おがさわら・とみじろう　〜昭和55年11月23日　大宝運輸会長　→80/82

小笠原 豊光　おがさわら・とよみつ　大正14年9月13日　文部省実業学務局長　→昭和

小笠原 長生　おがさわら・ながなり　慶応3年11月20日〜昭和33年9月20日　海軍中将、子爵、文筆家　→昭和

小笠原 長幹　おがさわら・ながよし　明治18年3月2日〜昭和10年2月9日　伯爵、彫塑家　国勢院総裁、貴院議員　→昭和

小笠原 日英　おがさわら・にちえい　大正3年3月20日〜昭和63年3月29日　瑞龍寺（日蓮宗林霊御所）12世門跡　→88/90

小笠原 日凰　おがさわら・にちおう　大正3年3月15日〜平成14年3月20日　尼僧、女優　瑞龍寺（日蓮宗林霊御所）13世門跡　→00/02

小笠原 信利　おがさわら・のぶとし　〜平成3年3月19日　日本工営常務　→91/93

小笠原 英男　おがさわら・ひでお　明治40年10月23日〜平成7年12月8日　神崎製紙（のち新王子製紙）専務　→94/96

小笠原 秀雄　おがさわら・ひでお　〜昭和59年10月31日　日魯漁業常務　→83/87

小笠原 秀晃　おがさわら・ひでてる　大正4年3月11日〜平成4年5月6日　新日本製鉄取締役　→91/93

小笠原 寛　おがさわら・ひろし　〜昭和47年12月18日　岡本理研ゴム常務　→昭和

小笠原 弘　おがさわら・ひろし　大正9年8月20日〜平成9年6月13日　巴コーポレーション常務　→97/99

小笠原 裕巳　おがさわら・ひろみ　昭和11年7月25日〜平成9年7月28日　日野自動車販売専務　→97/99

小笠原 二三男　おがさわら・ふみお　明治43年4月〜昭和52年7月5日　参院議員（社会党）　→昭和

小笠原 平一郎　おがさわら・へいいちろう　大正14年11月28日〜平成14年3月31日　竹中工務店副社長　→00/02

小笠原 正男　おがさわら・まさお　大正13年9月13日〜平成12年7月30日　新潟県議（自民党）　→00/02

小笠原 正男　おがさわら・まさお　大正14年4月〜平成18年4月27日　国土庁土地局長　→06/08

小笠原 道生　おがさわら・みちなり　明治32年〜昭和30年11月27日　文部省体育局長　→昭和

小笠原 光雄　おがさわら・みつお　明治27年7月20日～昭和63年1月6日　三菱銀行相談役　→88/90

小笠原 光忠　おがさわら・みつただ　明治40年1月24日～平成7年10月29日　京急開発相談役・元社長,京浜急行電鉄専務,富士銀行取締役　→94/96

小笠原 稔　おがさわら・みのる　大正5年2月5日～平成6年11月29日　富国生命保険常務　→94/96

小笠原 幸　おがさわら・みゆき　昭和6年7月30日～平成23年10月21日　阿波市長　→09/11

小笠原 康夫　おがさわら・やすお　明治42年4月25日～平成14年1月25日　神奈川県議　→00/02

小笠原 八十美　おがさわら・やそみ　明治21年6月～昭和31年12月27日　政治家　衆院議員(自民党),十和田観光社長,中央畜産会長　→昭和

小笠原 好雄　おがさわら・よしお　明治43年11月21日～昭和62年10月1日　呉市議　→83/87

小笠原 嘉子　おがさわら・よしこ　明治31年6月11日～平成1年8月24日　女性運動家　(財)母と学生の会理事長　→88/90

小笠原 美徳　おがさわら・よしのり　昭和17年1月23日～平成17年12月24日　青森県教職員組合委員長　→03/05

小笠原 善久　おがさわら・よしひさ　～平成7年4月11日　東水水産専務　→94/96

小笠原 米一　おがさわら・よねかず　～昭和40年3月1日　群馬県議会議長　→昭和

小笠原 六郎　おがさわら・ろくろう　明治41年3月28日～昭和59年3月28日　弁護士　日本弁護士連合会副会長,全国市区選管連合会会長　→83/87

岡路 潤一　おかじ・じゅんいち　昭和5年12月23日～平成18年12月27日　びわこ銀行専務　→06/08

岡下 香　おかした・かおる　～平成20年4月10日　東京都杉並区独居老女殺人事件の犯人　→06/08

岡下 昌浩　おかした・まさひろ　昭和13年6月8日～平成10年　キョート・ファイナンス社長,大蔵省神戸税関長　→00/02s

岡島 秋松　おかじま・あきまつ　～昭和63年9月16日　豊山町(愛知県)町長　→88/90

岡島 伊八　おかじま・いはち　～平成7年4月17日　大阪社会事業協会々長　→昭和

岡島 一夫　おかじま・かずお　昭和7年5月15日～平成15年4月12日　今治市長　→03/05

岡島 清人　おかじま・きよと　～昭和61年12月6日　三菱造船取締役,日本合成ゴム常務　→83/87

岡島 重雄　おかじま・しげお　大正14年～平成10年8月16日　防衛施設庁技術審議官,不動産建設社長　→97/99

岡島 周一郎　おかじま・しゅういちろう　明治45年5月14日～平成1年2月13日　飛島建設社長,富士銀行取締役　→88/90

岡島 庄四郎　おかじま・しょうしろう　大正3年2月20日～昭和60年5月4日　日本金属工業専務　→83/87

岡嶋 昇三　おかじま・しょうぞう　明治38年9月16日～平成9年8月26日　栄電社社長　→97/99

岡島 善次　おかじま・ぜんじ　～昭和36年4月9日　養徳社長　→昭和

岡島 種徳　おかじま・たねのり　明治43年6月19日～平成4年11月16日　岡島企業グループ会長　→91/93

岡嶋 とみい　おかじま・とみい　～平成9年4月3日　栄電社社長　→97/99

岡島 秀和　おかじま・ひでかず　昭和6年1月18日～平成11年3月9日　名古屋テレビ事業社長,名古屋テレビ放送監査役　→97/99

岡島 洸　おかじま・ひろし　大正9年2月20日～平成1年5月26日　明治生命保険副社長　→88/90

岡島 正之　おかじま・まさゆき　昭和5年11月20日～平成14年10月22日　衆院議員(保守党)　→00/02

岡島 保二郎　おかじま・やすじろう　～昭和55年4月1日　北海道議　→80/82

岡島 陽一　おかじま・よういち　大正13年～平成12年5月23日　三菱自動車常務　→00/02

岡島 芳太郎　おかじま・よしたろう　～昭和61年5月13日　丸紅飯田取締役　→83/87

岡島 美行　おかじま・よしゆき　～昭和42年9月19日　大阪三品取引所理事長,元日綿実業会長　→昭和

岡副 鉄雄　おかぞえ・てつお　明治34年3月2日～昭和60年5月12日　新橋演舞場社長,金田中(料亭)会長　→83/87

岡添 徳助　おかぞえ・とくすけ　明治24年11月24日～昭和62年4月16日　東亜ペイント社長,古河鉱業常務　→83/87

岡田 昭守　おかだ・あきもり　昭和2年3月15日～平成4年5月30日　竜ケ崎市長　→91/93

岡田 秋好　おかだ・あきよし　大正6年10月10日～平成1年10月8日　久保田鉄工常務　→88/90

岡田 明　おかだ・あきら　～昭和62年10月30日　沖縄石油基地顧問　→83/87

岡田 あや　おかだ・あや　～昭和62年11月7日　岡田年金訴訟の元原告　→83/87

岡田 育雄　おかだ・いくおう　～平成12年2月22日　僧侶　龍泉寺(真言宗醍醐寺派大本山)住職,醍醐寺塔頭無量寿院住職,醍醐寺顧問　→00/02

岡田 生駒　おかだ・いこま　大正8年12月9日～平成7年10月24日　イワキ専務　→94/96

岡田 勲　おかだ・いさお　昭和9年4月16日～平成20年7月14日　御幸ホールディングス社長　→06/08

岡田 功　おかだ・いさお　大正10年8月10日～昭和58年3月3日　アジアベンチャー会長,トーメン取締役　→83/87

岡田 功　おかだ・いさお　大正4年5月16日～平成8年6月3日　島津製作所専務,三菱銀行(のち東京三菱銀行)取締役　→94/96

岡田 巌　おかだ・いわお　昭和5年3月28日～平成3年2月

2日　新旭町(滋賀県)町長　→91/93

岡田 磐　おかだ・いわお　嘉永6年5月6日〜昭和2年2月17日　岡山市長　→昭和(岡田 馨 おかだ・かおる)

岡田 宇之助　おかだ・うのすけ　明治5年12月〜昭和24年10月17日　茨城県知事　→昭和

岡田 栄一　おかだ・えいいち　明治30年4月12日〜昭和60年3月19日　三菱銀行取締役,三菱日本重工業専務　→83/87

岡田 英一　おかだ・えいいち　明治39年12月15日〜昭和61年7月30日　神戸製鋼所常務　→83/87

岡田 英一　おかだ・えいいち　昭和10年1月24日〜平成12年12月17日　ショーワ常務　→00/02

岡田 栄二　おかだ・えいじ　昭和4年4月17日〜平成5年6月20日　岩手日報常務　→91/93

緒方 英司　おがた・えいじ　〜平成7年3月8日　自動車部品製造(のち自動車部品工業)社長　→94/96

岡田 栄治郎　おかだ・えいじろう　明治43年9月5日〜平成1年3月13日　日本出版販売相談役・元社長　→88/90

岡田 永太郎　おかだ・えいたろう　〜昭和51年10月30日　大阪商船社長　→昭和

岡田 脩　おかだ・おさむ　昭和4年9月17日〜平成14年12月1日　岐阜県議(自民党)　→00/02

岡田 鏧　おかだ・おさむ　〜昭和60年8月31日　北海道放送番組審議会事務局長　→83/87

岡田 戒玉　おかだ・かいぎょく　〜昭和41年4月19日　真言宗醍醐派管長　→昭和

岡田 薫　おかだ・かおる　明治34年11月10日〜平成14年6月1日　広島県議　→00/02

岡田 覚夫　おかだ・かくお　大正7年6月27日〜平成16年6月5日　農林省畜産局長　→03/05

緒方 景俊　おがた・かげとし　大正2年9月1日〜昭和57年12月26日　航空幕僚長,東芝エレクトロニックシステムズ取締役　→80/82

岡田 佳作　おかだ・かさく　〜昭和58年5月26日　ニッタ常務　→83/87

岡田 一夫　おかだ・かずお　大正2年11月11日〜平成10年5月27日　神奈川県議,川崎市議　→97/99

岡田 和夫　おかだ・かずお　大正10年2月10日〜平成2年6月2日　新日本空調会長,三井物産常務　→88/90

岡田 一治　おかだ・かずはる　昭和6年11月12日〜平成5年4月22日　ハザマ取締役　→91/93

岡田 一幸　おかだ・かずゆき　大正2年8月6日〜昭和57年1月24日　日本石油社長　→80/82

岡田 勝二　おかだ・かつじ　大正4年9月19日〜平成2年10月2日　人事院任用局長　→88/90

岡田 勝長　おかだ・かつなが　明治38年11月26日〜平成3年9月7日　大和証券社長,農林中央金庫理事　→91/93

岡田 克之助　おかだ・かつのすけ　昭和3年2月21日〜平成18年6月7日　日本金属常務　→06/08

岡田 要　おかだ・かなめ　〜昭和58年11月23日　奈良毎日広告社長会長　→83/87

岡田 兼之　おかだ・かねゆき　大正15年2月2日〜平成23年12月20日　大和産業会長　→09/11

岡田 包義　おかだ・かねよし　明治33年4月19日〜平成12年7月6日　北海道庁長官,徳島県知事　→00/02

岡田 かめ　おかだ・かめ　〜昭和9年9月18日　一太郎ヤーイの愛国老婆　→昭和

岡田 完二郎　おかだ・かんじろう　明治24年10月24日〜昭和47年9月9日　富士通社長　→昭和

岡田 菊三郎　おかだ・きくさぶろう　〜昭和60年1月22日　陸軍少将　→83/87

岡田 喜久治　おかだ・きくじ　明治22年7月〜昭和34年2月2日　参院議員(自由党)　→昭和

岡田 吉三郎　おかだ・きちさぶろう　明治42年4月2日〜平成12年1月7日　ホテルニューオータニ副社長　→00/02

尾形 儀兵衛　おがた・ぎへえ　〜昭和47年6月2日　全国食糧協組連副会長　→昭和

岡田 宜法　おかだ・ぎほう　明治15年4月7日〜昭和36年12月29日　僧侶(曹洞宗),仏教学者　駒沢大学学長　→昭和

岡田 巳三夫　おかだ・きみお　〜昭和15年2月26日　陸軍少将　→昭和

緒方 求也　おがた・きゅうや　明治44年1月8日〜平成4年8月2日　ニュースカイホテル社長,美少年酒造相談役　→91/93

岡田 京四郎　おかだ・きょうしろう　大正9年1月4日〜平成10年9月17日　日本倉庫協会理事長,海上保安庁次長　→97/99

岡田 喜義　おかだ・きよし　〜平成8年4月7日　弁護士　日本弁護士連合会理事　→94/96

岡田 清　おかだ・きよし　〜平成3年12月5日　押切電機会長　→91/93

岡田 国一　おかだ・くにいち　〜昭和43年8月17日　陸軍軍楽隊長　→昭和

岡田 邦彦　おかだ・くにひこ　明治34年1月2日〜平成10年6月1日　中国電力常務　→97/99

岡田 圭司　おかだ・けいじ　昭和13年6月9日〜平成2年4月15日　JR西日本取締役・地域開発本部長　→88/90

岡田 啓治郎　おかだ・けいじろう　明治23年2月〜昭和39年9月30日　衆院議員(進歩党)　→昭和

岡田 啓二郎　おかだ・けいじろう　昭和14年3月27日〜平成8年10月13日　鶴見製作所取締役,ツルミ・アメリカ社副社長　→94/96

岡田 敬次郎　おかだ・けいじろう　〜昭和62年3月31日　岡田航空観版会社社長　→83/87

岡田 啓介　おかだ・けいすけ　慶応4年1月21日〜昭和27年10月17日　海軍大将,政治家　連合艦隊長官,海相,首相　→昭和

岡田 健　おかだ・けん　大正11年5月30日〜昭和61年5月

14日　日本信販顧問，元専務　→83/87

岡田　健一　おかだ・けんいち　大正7年12月6日～平成17年1月14日　日銀理事，日本証券金融社長　→03/05

岡田　憲一　おかだ・けんいち　昭和2年5月21日～平成10年12月12日　山口県議（無所属）　→97/99

岡田　研一　おかだ・けんいち　大正13年11月14日～平成12年3月9日　電気化学工業専務　→00/02

岡田　憲一郎　おかだ・けんいちろう　明治44年10月18日～平成4年5月12日　埼玉県議　→91/93

岡田　元亨　おかだ・げんこう　明治35年12月13日～昭和63年2月22日　僧侶　臨済宗東福寺派第301世管長，宝福寺住職　→88/90

岡田　建治　おかだ・けんじ　～平成3年6月7日　熊本家裁所長，松山地家裁所長　→91/93

岡田　謙二　おかだ・けんじ　～昭和56年3月3日　建設業労働災害防止協会元専務理事　→80/82

緒方　研二　おがた・けんじ　大正6年10月9日～平成21年10月31日　NEC副社長，日本電信電話公社総務理事　→09/11

岡田　健次郎　おかだ・けんじろう　～昭和57年1月24日　北海道経営者協会理事・事務局長　→80/82

尾形　健次郎　おがた・けんじろう　大正12年2月13日～平成3年3月2日　東武鉄道副社長　→91/93

小形　研三　おがた・けんぞう　明治45年2月3日～昭和63年2月13日　造園家　日本造園コンサルタント協会会長，京央造園設計事務所社長　→88/90

岡田　公意　おかだ・こうい　大正9年11月17日～平成10年10月29日　南海電気鉄道専務　→97/99

岡田　公一　おかだ・こういち　～平成5年2月20日　名工建設取締役　→91/93

岡田　好一　おかだ・こういち　～昭和63年7月28日　公認会計士　日本公認会計士協会東京会事務局長　→88/90

岡田　孝一　おかだ・こういち　昭和5年1月1日～平成9年2月15日　クボタ専務　→97/99

岡田　浤一　おかだ・こういち　大正7年4月27日～昭和61年10月15日　藤倉ゴム工業常務取締役　→83/87

岡田　孝元　おかだ・こうげん　明治44年2月～平成1年4月11日　僧侶　曹洞宗大本山総持寺布教師　→88/90

岡田　高三郎　おかだ・こうざぶろう　大正5年3月11日～平成10年2月18日　三井東圧化学（のち三井化学）専務　→97/99

岡田　虎二　おかだ・こうじ　大正11年4月23日～平成6年3月30日　大和副社長，石川テレビ取締役　→94/96

岡田　幸治　おかだ・こうじ　～昭和62年5月5日　郷友軍恩連盟富山支部理事長，日本海重工業（株）理事営業部長，富山聯隊史刊行会総務部長　→83/87

岡田　孝治郎　おかだ・こうじろう　～昭和39年1月11日　日本ゴム工業会専務理事，日経連常任理事　→昭和

岡田　貢助　おかだ・こうすけ　明治40年10月14日～平成

5年1月18日　川崎汽船社長　→91/93

岡田　光蔵　おかだ・こうぞう　明治32年5月30日～昭和57年8月22日　神田区長，牛込区長　→80/82

岡田　鉱蔵　おかだ・こうぞう　～昭和60年4月20日　（宗）世界救世教副参与　→83/87

岡田　光玉　おかだ・こうたま　明治34年2月27日～昭和49年6月23日　宗教家　世界真光文明教団教え主　→昭和

緒方　惟明　おがた・これあき　～昭和56年5月23日　九州電力理事　→80/82

岡田　五郎　おかだ・ごろう　明治34年8月～昭和40年9月23日　衆院議員（自由党），日本鉄道車両工業協会理事長　→昭和

岡田　渾一　おかだ・こんいち　明治28年11月22日～昭和61年11月19日　三幸毛糸紡績取締役相談役　→83/87

緒方　貞代　おがた・さだよ　明治27年～昭和56年12月28日　女性解放運動家　→80/82

岡田　敏　おかだ・さとし　明治2年9月18日～平成12年5月6日　東洋シヤッター会長　→00/02

岡田　茂生　おかだ・しげお　～平成4年7月13日　ニチバン専務　→91/93

緒方　茂夫　おがた・しげお　明治43年2月3日～昭和61年12月27日　歌人　池見鉄工会長　→83/87

岡田　重一　おかだ・しげかず　昭和57年4月12日　陸軍少将　→80/82

岡田　茂孝　おかだ・しげたか　昭和5年12月17日～平成23年1月23日　江崎グリコ取締役・生物化学研究所所長　→09/11

岡田　重忠　おかだ・しげただ　明治44年1月10日～昭和58年9月12日　京三製作所取締役　→83/87

岡田　成俊　おかだ・しげとし　昭和15年12月12日～平成8年10月5日　大倉電気常務　→94/96

岡田　重久　おかだ・しげひさ　明治3年11月15日～昭和11年8月8日　陸軍中将　→昭和

岡田　盛　おかだ・しげる　大正9年7月10日～平成9年1月31日　製紙技術者，実業家　ニッポン高度紙工業会長　→97/99

岡田　茂　おかだ・しげる　昭和4年9月25日～平成4年12月20日　安藤建設常務　→91/93

岡田　茂　おかだ・しげる　大正3年8月3日～平成7年7月20日　三越社長　→94/96

尾方　至誠　おがた・しせい　昭和8年2月23日～平成19年9月25日　日本電設工業副社長　→06/08

岡田　主市　おかだ・しゅいち　～昭和55年11月17日　東洋アルミニウム取締役　→80/82

岡田　修一　おかだ・しゅういち　明治40年5月～昭和46年11月29日　ジャパンライン社長，衆院議員（自民党）　→昭和

岡田　重吉　おかだ・じゅうきち　～昭和57年1月25日　三ツ星ベルト相談役・元社長　→80/82

岡田　周造　おかだ・しゅうぞう　明治19年11月8日～昭

和58年5月31日　弁護士　東京府知事　→83/87

尾形 順次　おがた・じゅんじ　明治42年4月20日〜昭和62年11月15日　河北新報社取締役編集局長　→83/87

岡田 正一　おかだ・しょういち　〜昭和48年11月26日　江ое商事会長　→昭和

岡田 正一郎　おかだ・しょういちろう　昭和7年4月23日〜平成17年12月30日　日東紡常務　→03/05

岡田 省吾　おかだ・しょうご　明治45年6月21日〜昭和63年4月11日　栄太楼総本舗代表取締役相談役　→88/90

岡田 庄作　おかだ・しょうさく　明治6年3月〜昭和12年5月4日　弁護士　東京弁護士会会長、明治大学教授　→昭和

岡田 正三郎　おかだ・しょうざぶろう　大正3年7月14日〜平成1年12月10日　春陽堂代表取締役　→88/90

岡田 正次　おかだ・しょうじ　大正1年11月15日〜平成13年8月21日　明治乳業常務　→00/02

岡田 正治　おかだ・しょうじ　〜昭和62年10月14日　ミナト屋社長　→83/87

尾形 昭二　おがた・しょうじ　明治34年2月28日〜昭和42年3月14日　外交官　日ソ交流協会常務理事　→昭和

岡田 烝助　おかだ・じょうすけ　大正11年2月9日〜平成18年4月20日　木頭開発社長、徳島県森林組合連合会会長　→06/08（岡田 烝助）

岡田 昭三　おかだ・しょうぞう　昭和3年1月27日〜平成19年10月18日　京成電鉄常務　→06/08

岡田 正三　おかだ・しょうぞう　明治45年1月1日〜平成7年6月28日　大阪商船三井船舶常務　→94/96

岡田 紹遍　おかだ・しょうへん　〜平成15年9月　僧侶　北条院（高野山真言宗）住職　→06/08s

岡田 四郎　おかだ・しろう　〜昭和38年8月8日　全国商店街連合会会長　→昭和

緒方 史郎　おがた・しろう　〜昭和59年12月19日　湯浅電池取締役　→83/87

尾形 次郎　おがた・じろう　〜昭和28年9月29日　三井鉱山会長　→昭和

緒方 信一　おがた・しんいち　明治39年7月29日〜平成2年8月22日　日本育英会理事長、文部省文部事務次官　→88/90

岡田 信次　おかだ・しんじ　明治31年12月13日〜昭和61年3月22日　参院議員（自民党）　→83/87

岡田 助雄　おかだ・すけお　〜昭和63年1月6日　東京都議　→88/90

岡田 純夫　おかだ・すみお　大正8年9月10日〜平成17年6月22日　沖縄開発庁総務局長、自治大学校校長　→03/05

岡田 純直　おかだ・すみなお　昭和10年7月4日〜平成15年4月8日　三和銀行常務、大正銀行社長　→03/05

岡田 勢一　おかだ・せいいち　明治25年8月1日〜昭和47年11月5日　衆院議員（日本民主党）、運輸相　→昭和

岡田 清三郎　おかだ・せいざぶろう　昭和5年4月25日〜平成13年5月31日　奈良県議（無所属）　→00/02

岡田 清治　おかだ・せいじ　〜昭和61年4月7日　三井建設取締役　→83/87

岡田 精司　おかだ・せいじ　大正2年12月3日〜平成7年6月15日　ライオン油脂（のちライオン）専務　→94/96

岡田 聖志　おかだ・せいじ　〜平成5年3月7日　日本経済新聞総務局長、QUICK参与　→91/93

緒方 正資　おがた・せいし　大正8年3月24日〜平成1年2月9日　美少年酒造会長、熊本酒造連合会会長　→88/90

緒方 節郎　おがた・せつろう　大正6年2月11日〜平成15年1月1日　大阪高裁判官　→03/05

岡田 善一　おかだ・ぜんいち　〜昭和47年10月23日　弁護士　→昭和

岡田 惣一郎　おかだ・そういちろう　〜昭和28年3月11日　三井化学重役　→昭和

岡田 宗司　おかだ・そうじ　明治35年8月12日〜昭和50年7月8日　社会運動家、政治家　参院議員（社会党）　→昭和

岡田 外之　おかだ・そとゆき　大正11年6月16日〜平成23年7月26日　北門信用金庫理事長、滝川商工会議所会頭　→09/11

岡田 泰三　おかだ・たいぞう　〜昭和57年6月27日　昭和電工常務　→80/82

緒方 孝男　おがた・たかお　大正1年9月7日〜昭和63年11月4日　衆院議員（社会党）　→88/90

緒方 多賀雄　おがた・たかお　明治2年2月〜昭和10年1月5日　陸軍中将　→昭和

岡田 堯　おかだ・たかし　大正11年2月6日〜昭和61年6月19日　ミノルタカメラ専務　→83/87

緒方 喬　おがた・たかし　〜平成3年5月14日　日本曹達取締役　→91/93

岡田 卓雄　おかだ・たくお　大正3年5月12日〜平成3年7月1日　東洋エンジニアリング常務　→91/93

岡田 武男　おかだ・たけお　大正10年5月12日〜平成16年9月11日　安川電機製作所専務　→03/05

岡田 武　おかだ・たけし　昭和37年9月28日〜平成22年5月22日　コモンウェルス・エンターテインメント社長　→09/11

岡田 赳　おかだ・たけし　〜昭和56年2月15日　山一証券専務　→80/82

緒方 竹虎　おがた・たけとら　明治21年1月30日〜昭和31年1月28日　政治家、新聞人　衆院議員（自民党）、自由党総裁、朝日新聞社副社長　→昭和

岡田 他三郎　おかだ・たさぶろう　大正14年8月26日〜昭和59年9月23日　農林中央金庫理事　→83/87

小形 忠雄　おがた・ただお　大正5年6月6日〜平成16年12月6日　福井銀行常務　→03/05

岡田 正　おかだ・ただし　〜昭和57年2月5日　太洋不動産興業会社社長、逗子マリーナオーナーズクラブ会長　→80/82

岡田 正　おかだ・ただし　～平成3年11月7日
栄町（千葉県）町会議長,全国町村議会議長会監事,関東町村議会議長会会長　→91/93

岡田 正　おかだ・ただし　大正3年3月11日～平成9年11月10日　大林組副社長　→97/99

岡田 忠彦　おかだ・ただひこ　明治11年3月21日～昭和33年10月30日　衆院議員（自由党）,厚相　→昭和

岡田 達夫　おかだ・たつお　大正5年8月16日～平成6年11月22日　キャビン工業社長　→94/96

岡田 辰雄　おかだ・たつお　大正2年7月5日～平成1年1月18日　弁護士　広島家裁所長,国税不服審判所長　→88/90

岡田 種雄　おかだ・たねお　大正11年～平成12年8月12日　園芸家,椿守　椿山延寿林庵主　→00/02

緒方 民夫　おがた・たみお　～昭和56年10月17日
熊本県球磨郡相良村長　→80/82

岡田 保　おかだ・たもつ　昭和11年12月9日～平成12年10月25日　千葉県信連会長,千葉県議（自民党）　→00/02

岡田 太郎　おかだ・たろう　大正8年3月30日～平成8年4月3日　三菱重工業常務　→94/96

緒方 太郎　おがた・たろう　大正8年7月10日～平成15年12月8日　千葉銀行頭取　→03/05

尾形 智矩　おがた・ちえのり　昭和11年8月10日～平成20年2月20日　衆院議員（自民党）,苅田町（福岡県）町長　→06/08

小方 司　おがた・つかさ　大正5年6月15日～昭和62年8月27日　山陽国策パルプ常務　→83/87

緒方 次男　おがた・つぎお　昭和6年11月23日～平成10年6月21日　東洋プライウッド監査役・元常務　→97/99

岡田 己宜　おかだ・つぎのぶ　昭和10年2月10日～平成9年5月27日　愛媛県議（自民党）　→97/99

岡田 勉　おかだ・つとむ　～平成10年11月10日
オーケーディ社長　→97/99

岡田 貞治郎　おかだ・ていじろう　明治31年8月15日～昭和62年4月10日　厳島神社技師　→83/87

岡田 貞資　おかだ・ていすけ　明治33年10月24日～昭和57年10月9日　日新火災海上保険相談役　→80/82

岡田 哲児　おかだ・てつじ　大正12年8月15日～平成6年5月1日　衆院議員（社会党）　→94/96

小方 鉄蔵　おがた・てつぞう　大正10年4月16日～昭和62年12月3日　新産別委員長　→83/87

岡田 晃郎　おかだ・てるお　大正13年8月20日～平成14年6月8日　同和火災海上保険常務　→00/02

岡田 時夫　おかだ・ときお　明治43年1月15日～平成4年3月26日　積水化学工業取締役　→91/93

岡田 篤雄　おかだ・とくお　～平成7年9月24日
日本電池常務,同志社大学工学部教授　→94/96

岡田 俊男　おかだ・としお　大正13年8月1日～昭和63年11月27日　弁護士　日本弁護士連合会副会長　→88/90

岡田 俊男　おかだ・としお　大正7年4月7日～平成10年12月3日　博報堂副社長　→97/99

岡田 俊雄　おかだ・としお　明治29年2月9日～昭和59年12月22日　大阪商船三井船舶最高顧問・元会長　→83/87

岡田 敏男　おかだ・としお　大正12年9月27日～平成22年1月5日　大気社副社長　→09/11

岡田 敏雄　おかだ・としお　明治32年～昭和60年3月4日
クロバー会長　→83/87

緒方 俊夫　おがた・としお　大正10年3月8日～平成4年6月27日　三井東圧化学副社長　→91/93

岡田 俊太郎　おかだ・としたろう　明治43年1月18日～昭和61年3月20日　大和工業常務　→83/87

緒方 俊彦　おがた・としひこ　昭和10年2月10日～平成61年5月18日　三興線材工業取締役　→83/87

岡田 利政　おかだ・としまさ　昭和4年12月8日～平成16年1月11日　ユアサ・フナショク専務　→03/05

岡田 登間雄　おかだ・とまお　昭和34年11月4日～平成8年1月7日　協和銀行常務　→94/96

岡田 富雄　おかだ・とみお　昭和3年5月27日～平成23年8月12日　北越銀行専務　→09/11

岡田 朋二　おかだ・ともじ　～平成5年7月2日
横河メディカルシステム常務　→91/93

岡田 知彦　おかだ・ともひこ　～昭和55年2月9日
三菱製鋼元副社長　→80/82

緒方 豊吉　おがた・とよきち　大正2年9月30日～平成16年3月26日　福岡盲導犬協会名誉会長　→03/05

岡田 豊見　おかだ・とよみ　～平成1年2月21日
岡田図案社長　→88/90

岡田 豊行　おかだ・とよゆき　大正14年11月9日～平成22年10月12日　岡田組副会長,徳島経済同友会代表幹事　→09/11

緒方 直助　おがた・なおすけ　～平成16年4月12日
全日本手をつなぐ育成会名誉会長　→03/05

岡田 仲太郎　おかだ・なかたろう　大正9年3月17日～平成14年10月4日　桶川市長　→00/02

岡田 日帰　おかだ・にっき　～昭和6年11月16日
日蓮宗総本山身延山第八十二世法主　→昭和

岡田 信興　おかだ・のぶおき　～平成49年9月16日
摂津板紙専務　→昭和

岡田 信治　おかだ・のぶはる　昭和6年6月1日～平成22年12月21日　明治生命保険副社長　→09/11

岡田 喜光　おかだ・のぶひろ　明治34年2月24日～平成1年6月24日　安田生命保険常務　→88/90

岡田 信之　おかだ・のぶゆき　明治42年5月31日～昭和63年5月9日　大和紡績常務　→88/90

岡田 昇　おかだ・のぼる　～昭和43年3月14日
昭和海運会長　→昭和

岡田 知子　おかだ・のりこ　～平成8年4月9日
スワン経営　→94/96

岡田 典重　おかだ・のりしげ　大正4年9月5日～平成1年

12月6日　住友特殊金属社長,住友金属工業副社長　→88/90

岡田　憲政　おかだ・のりまさ　～平成5年3月29日
海将　海上幕僚監部技術部長　→91/93

岡田　一　おかだ・はじめ　～昭和61年7月28日
民俗資料研究家　小倉南区交通安全協会顧問　→83/87

岡田　八郎　おかだ・はちろう　～昭和47年4月6日
世界文化社常務　→昭和

岡田　初雄　おかだ・はつお　大正4年8月14日～平成4年4月14日　東亜道路工業取締役　→88/90

岡田　初子　おかだ・はつこ　～昭和44年4月1日
富士通社長　→昭和

岡田　春夫　おかだ・はるお　明治20年3月～昭和12年12月11日　衆院議員(立憲民政党)　→昭和

岡田　春夫　おかだ・はるお　大正3年6月14日～平成4年11月6日　衆院副議長(社会党)　→91/93

岡田　晴彦　おかだ・はるひこ　昭和14年2月1日～平成18年12月5日　農林中央金庫常務理事,雪印乳業副社長　→06/08

尾形　春之　おがた・はるゆき　～平成11年1月1日
楢崎産業常務,楢崎造船社長,楢崎製作所社長　→97/99

尾方　彦三　おがた・ひこみ　昭和18年3月19日～平成12年3月14日　住友信託銀行専務　→00/02

岡田　久義　おかだ・ひさよし　昭和20年4月18日～平成5年1月3日　池貝取締役　→91/93

岡田　秀秋　おかだ・ひであき　～昭和63年6月14日
北日本製亜代表取締役社長　→88/90

岡田　秀男　おかだ・ひでお　明治42年3月21日～昭和48年12月8日　石油資源開発社長,中小企業庁長官　→昭和

岡田　秀夫　おかだ・ひでお　大正4年5月16日～平成5年9月4日　東洋繊維(のちトスコ)常務　→91/93

岡田　秀勝　おかだ・ひでかつ　明治31年～昭和32年3月2日　出雲市長　→昭和

岡田　秀太　おかだ・ひでた　～昭和56年8月28日
香港三菱商事社長　→80/82

岡田　英之　おかだ・ひでゆき　大正5年10月27日～平成1年7月26日　住友ベークライト社長　→88/90

尾形　均　おがた・ひとし　大正13年3月27日～平成21年5月10日　東急車輛製造常務　→09/11

尾形　兵太郎　おがた・ひょうたろう　嘉永4年11月14日～昭和9年1月6日　弁護士　衆院議員(憲政本党)　→昭和(おがた・へいたろう)

岡田　弘昭　おかだ・ひろあき　昭和7年8月23日～平成13年9月13日　サノヤス・ヒシノ明昌常務　→00/02

岡田　寛　おかだ・ひろし　昭和3年2月8日～平成8年8月31日　ニチバン副社長　→94/96

岡田　広　おかだ・ひろし　明治43年4月6日～平成17年7月10日　参院議員(自民党)　→03/05

緒方　弘之　おがた・ひろゆき　～平成18年4月24日

陸将　陸上自衛隊幕僚監部衛生部長　→06/08

岡田　藤雄　おかだ・ふじお　明治36年6月25日～昭和59年1月26日　大盛証券取締役相談役　→83/87

岡田　文夫　おかだ・ふみお　昭和15年～平成3年9月17日
オーエスジー取締役　→91/93

岡田　文秀　おかだ・ふみひで　明治25年11月25日～平成1年11月19日　千葉県知事,長崎県知事,復光会会長　→88/90

緒方　文俊　おがた・ふみゆき　昭和5年12月20日～平成6年4月6日　鹿児島テレビ放送取締役,南日本新聞常務　→94/96

岡田　真雄　おかだ・まさお　明治40年3月21日～平成8年6月7日　日本坩堝専務　→94/96

岡田　正男　おかだ・まさお　明治41年6月20日～平成1年12月6日　奈良日日新聞社相談役・元社長　→88/90

岡田　正男　おかだ・まさお　昭和29年3月23日～平成20年6月15日　弁護士　→06/08

岡田　正雄　おかだ・まさお　大正8年9月10日～昭和61年12月19日　北海道酒造組合会長,北の誉酒造相談役・元会長,旭川商工会議所副会頭　→83/87

岡田　正勝　おかだ・まさかつ　～昭和58年8月18日
北海タイムス社取締役,ちざき本社副社長　→83/87

岡田　正勝　おかだ・まさかつ　昭和5年2月20日～平成5年3月11日　茨城県議(自民党),取手市商工会長　→91/93

岡田　正勝　おかだ・まさかつ　大正11年12月8日～平成18年3月5日　衆院議員(民社党)　→06/08

岡田　政次郎　おかだ・まさじろう　～平成3年1月6日
住友商事常務　→91/93

岡田　政三　おかだ・まさぞう　大正3年3月7日～平成20年8月31日　大成建設副社長　→06/08

岡田　正敏　おかだ・まさとし　大正6年2月2日～平成10年2月26日　岡田電気産業会長,いわき産業人クラブ会長　→97/99

岡田　正直　おかだ・まさなお　～昭和62年1月30日
三雪倉庫会長　→83/87

岡田　正文　おかだ・まさふみ　～昭和55年6月9日
大阪酸素工業常任監査役　→80/82

尾形　正之　おがた・まさゆき　～平成16年1月23日
東春信用金庫会長　→03/05

岡田　万次　おかだ・まんじ　～昭和13年1月26日
富国セメント取締役　→昭和

岡田　通雄　おかだ・みちお　大正7年1月9日～昭和56年11月27日　ミドリ十字監査役　→80/82

岡田　道夫　おかだ・みちお　昭和4年1月25日～平成6年2月18日　岡田タイヤ工業社長　→94/96

岡田　道夫　おかだ・みちお　～平成22年12月19日
太平洋航業会長　→09/11

岡田　光雄　おかだ・みつお　～平成9年4月5日
北尾書籍貿易社長　→97/99

I 政治・経済・社会篇　　　　　　　　　　　　　　　　　おかにわ

岡田 光雄　おかだ・みつお　昭和12年2月6日～平成16年3月24日　入や万成証券取締役相談役,大盛証券社長　→03/05

岡田 光和　おかだ・みつお　昭和4年11月24日～平成2年9月8日　トープラ常務　→88/90

緒方 光三郎　おがた・みつさぶろう　～昭和64年1月6日　天神愛眼グループ相談役　→88/90

岡田 光了　おかだ・みつのり　大正14年8月24日～平成10年5月27日　弁護士　横浜地裁所長　→97/99

岡田 実　おかだ・みのる　明治41年4月29日～昭和55年3月20日　神官　鶴岡八幡宮宮司　→80/82

岡田 稔　おかだ・みのる　明治43年3月4日～昭和63年1月10日　日清紡績常務　→88/90

岡田 稔　おかだ・みのる　昭和3年10月17日～平成22年2月13日　愛媛県議(自民党)　→09/11

岡田 宗治　おかだ・むねはる　大正10年12月11日～平成17年8月18日　福島県副知事,福島テレビ社長　→03/05

緒方 村男　おがた・むらお　大正4年12月14日～平成16年3月4日　三笠製薬創業者　→03/05

岡田 茂吉　おかだ・もきち　明治15年12月23日～昭和30年2月10日　宗教家　世界救世教教祖　→昭和

岡田 守夫　おかだ・もりお　昭和2年4月10日～平成17年4月16日　東レ副社長　→03/05

岡田 守民　おかだ・もりたみ　～平成3年11月17日　東京大有社代表・常務　→91/93

岡田 靖雄　おかだ・やすお　昭和18年3月20日～平成20年1月7日　エフエム東京専務　→06/08

岡田 祐侶　おかだ・ゆうりょ　大正15年～平成21年8月15日　僧侶　真言宗醍醐派総務部長・醍醐寺執行,醍醐寺塔頭金剛王院住職　→09/11

岡田 酉次　おかだ・ゆうじ　～平成6年7月4日　日本発条副社長,陸軍上海派遣軍特務部員　→94/96

岡田 宥秀　おかだ・ゆうしゅう　明治40年9月5日～昭和60年10月16日　僧侶　真言宗醍醐派管長,総本山醍醐寺座主　→83/87

岡田 勇人郎　おかだ・ゆうたろう　大正9年3月27日～平成8年2月5日　大同酸素常務　→94/96

岡田 行央　おかだ・ゆきたか　昭和10年2月26日～平成9年5月27日　那須電機鉄工専務　→97/99

岡田 温　おかだ・ゆたか　明治3年3月6日～昭和24年7月25日　政治家　衆院議員　→昭和

岡田 饒　おかだ・ゆたか　明治35年7月13日～平成6年4月4日　東海銀行常務　→94/96

岡田 よし　おかだ・よし　～昭和37年1月24日　世界救世教教主(2代目)　→昭和(岡田 よ志)

岡田 義哲　おかだ・よしあき　昭和11年8月1日～平成14年　岡田書店社長　→03/05s

岡田 義明　おかだ・よしあき　昭和10年2月21日～平成1年8月16日　弁護士　日本調停協会連合会理事,金沢弁護士会会長　→88/90

岡田 義明　おかだ・よしあき　昭和8年10月11日～平成9年1月11日　ポーラ化粧品本舗常務　→97/99

岡田 義夫　おかだ・よしお　明治45年3月5日～平成3年7月1日　新東工業常務　→91/93

岡田 義雄　おかだ・よしお　昭和4年10月28日～平成7年11月8日　北海道議(社会党)　→94/96

岡田 芳男　おかだ・よしお　～昭和63年4月25日　富山段ボール専務　→88/90

岡田 良男　おかだ・よしお　昭和6年4月14日～平成2年4月21日　オルファ社長　→88/90

岡田 敬太郎　おかだ・よしたろう　明治42年10月24日～平成5年8月11日　大阪証券取引所専務理事　→91/93

岡田 善富　おかだ・よしとみ　大正12年3月26日～平成14年7月9日　島根電工社長　→00/02

尾形 義治　おがた・よしはる　昭和15年9月4日～平成17年6月9日　タカラスタンダード常務　→03/05

岡田 吉弘　おかだ・よしひろ　～平成23年2月27日　海文堂出版社長,日本書籍出版協会理事　→09/11

岡田 好松　おかだ・よしまつ　大正5年3月16日～昭和46年6月27日　府中市(広島県)市会議長　→83/87

岡田 吉朗　おかだ・よしろう　大正8年9月2日～平成14年4月9日　岡田屋社主　→00/02

岡田 与祖治　おかだ・よそじ　～昭和47年2月15日　警視庁音楽隊長　→昭和

緒方 亮一　おがた・りょういち　明治37年11月21日～平成1年8月14日　日本工営常務　→88/90

岡田 良二　おかだ・りょうじ　大正13年12月12日～平成7年5月14日　志村化工常務　→94/96

尾形 良祐　おがた・りょうすけ　大正3年3月8日～平成9年3月29日　三菱樹脂常務,泰成興業社長　→97/99

岡田 良平　おかだ・りょうへい　元治1年5月4日～昭和9年3月23日　文部官僚,政治家　文相,貴院議員(勅選)　→昭和

尾形 六郎兵衛　おがた・ろくろうべえ　明治34年3月29日～昭和48年7月24日　参院議員(自由党)　→昭和(おがた・ろくろべえ)

岡谷 良文　おかたに・よしふみ　～平成4年6月13日　弁護士　徳島地検検事正　→91/93

岡地 悦次　おかち・えつじ　大正14年7月8日～平成15年1月1日　岡地証券取締役相談役　→03/05

岡地 中道　おかち・なかみち　昭和4年9月28日～平成1年12月11日　岡地会長,日本トムソン専務　→88/90

小勝 信三　おがつ・のぶぞう　大正12年5月3日～平成5年1月10日　日魯漁業(のちニチロ)取締役　→91/93

岡西 明貞　おかにし・あきさだ　大正2年9月～平成15年7月16日　衆院議員(自由党)　→03/05

岡庭 孝　おかにわ・たかし　～昭和55年10月12日　イラン化学開発(ICDC)参与,イラン・ジャパン石油化学(IJPC)取締役　→80/82

岡庭 雅　おかにわ・ただし　明治43年7月17日～平成2年

4月7日　三井製糖社長　→88/90

岡庭 博　おかにわ・ひろし　大正1年11月30日〜平成16年2月20日　三光汽船会長、大阪産業大学名誉教授　→03/05

岡庭 正幸　おかにわ・まさゆき　大正5年3月1日〜昭和62年12月21日　長野県議（社会党、木曽）・県会副議長　→83/87

岡野 晃　おかの・あきら　〜平成11年11月19日　情報センター出版局社長　→97/99

岡野 彰　おかの・あきら　昭和7年〜昭和61年6月28日　安田火災海上保険取締役　→83/87

岡野 伊三雄　おかの・いさお　明治37年8月12日〜平成3年11月26日　弁護士　東京開発社長、日本弁護士連合会理事、東京弁護士会副会長　→91/93

岡野 勇　おかの・いさむ　〜昭和57年1月21日　弁護士　大連市助役、東京大連会会長　→80/82

岡野 義一　おかの・ぎいち　大正13年11月5日〜平成16年7月22日　朝霞市長、埼玉県議（自民党）　→03/05

岡野 喜一郎　おかの・きいちろう　大正6年2月19日〜平成7年8月13日　スルガ銀行会長　→94/96

岡野 喜太郎　おかの・きたろう　元治1年4月4日〜昭和40年6月6日　駿河銀行創始者　→

岡野 澄　おかの・きよし　明治43年9月18日〜平成15年8月12日　東京工業高等専門学校名誉教授　→03/05

岡野 清　おかの・きよし　明治30年2月7日　長浜市長　→昭和

岡野 清豪　おかの・きよひで　明治23年1月1日〜昭和56年5月14日　文相、通産相、三和銀行頭取　→80/82

岡野 幸之助　おかの・こうのすけ　明治41年8月4日〜昭和62年9月9日　大阪高裁判事　→83/87

岡野 五郎　おかの・ごろう　〜平成4年5月18日　因島・瀬戸田集団結核訴訟原告団長　→91/93

岡野 諧郎　おかの・さんろう　明治36年12月1日〜平成1年3月6日　タキロン社長　→88/90

岡野 茂夫　おかの・しげお　大正2年6月10日〜昭和57年1月30日　動力炉核燃料開発事業団理事　→80/82

岡野 茂　おかの・しげる　大正13年〜平成15年4月22日　曙ブレーキ工業専務　→03/05

岡野 正道　おかの・しょうどう　明治33年2月24日〜昭和53年8月15日　宗教家　孝道教団教祖　→昭和（おかの・まさみち）

岡野 誠一　おかの・せいいち　昭和2年1月7日〜平成8年11月7日　東京都議（自民党）　→94/96

岡野 武治　おかの・たけはる　大正10年12月20日〜平成9年1月13日　鈴木自動車工業（のちスズキ）常務　→97/99

岡野 利男　おかの・としお　〜昭和59年12月11日　カトリック東京大司教区司祭・司教総代理　→83/87

岡野 敏子　おかの・としこ　昭和15年7月8日〜平成19年10月15日　コープやまぐち副理事長、さんコープ理事長　→06/08

岡野 敏成　おかの・としなり　〜昭和49年9月6日　読売テレビ放送社長　→昭和

岡野 昇　おかの・のぼる　明治45年3月15日〜昭和63年10月13日　岡野食品産業会長　→88/90

岡野 豪夫　おかの・ひでお　明治23年2月28日〜昭和39年8月22日　駿河銀行頭取　→昭和

岡野 栄広　おかの・ひでひろ　〜昭和60年11月21日　北海道商店街振興組合連合会常任理事、全釧路商業連盟会長　→83/87

岡野 弘　おかの・ひろし　〜平成5年11月17日　小川テント取締役　→91/93

岡野 昌生　おかの・まさお　大正10年7月21日〜平成19年7月4日　山陽国策パルプ常務　→06/08

岡野 正雄　おかの・まさお　明治40年2月9日〜平成5年10月24日　大阪市会副議長　→91/93

岡野 政彦　おかの・まさひこ　〜昭和58年1月11日　出光興産川崎油槽所所長　→83/87

岡野 正実　おかの・まさみ　明治44年1月2日〜平成14年10月26日　岡野バルブ製造社長、日本バルブ工業会長　→00/02

岡野 満武　おかの・みつたけ　明治8年6月19日〜平成21年10月30日　三菱商事副社長　→09/11

岡野 穣　おかの・みのる　〜平成7年2月15日　古河鉱業（のち古河機械金属）常務　→94/96

岡野 盛登　おかの・もりと　〜昭和55年8月25日　岡野機工社長　→80/82

岡野 保次郎　おかの・やすじろう　明治24年2月1日〜昭和51年12月7日　実業家　三菱重工業社長　→昭和

岡野 裕　おかの・ゆたか　昭和2年2月3日〜平成16年8月23日　参院議員（自民党）、労相　→03/05

岡野 養之助　おかの・ようのすけ　明治11年8月31日〜昭和24年6月1日　朝日新聞取締役　→昭和

岡野 良定　おかの・よしさだ　大正5年9月10日〜平成20年1月30日　三菱自動車会長　→06/08

岡野 隆治　おかの・りゅうじ　大正13年4月22日〜平成12年1月18日　京都府議（自民党）　→00/02

岡野内 卓造　おかのうち・たくぞう　大正6年9月23日〜平成15年7月23日　三重銀行専務　→03/05

岡上 守道　おかのえ・もりみち　明治23年1月28日〜昭和18年4月28日　社会運動家、評論家　→昭和

岡橋 林　おかはし・しげる　明治16年12月15日〜昭和11年11月24日　住友銀行社長　→昭和

岡橋 純男　おかはし・すみお　大正6年6月16日〜平成23年1月10日　住友商事副会長　→09/11

岡畠 幹登　おかはた・みきと　大正12年7月12日〜昭和62年7月1日　公認会計士　日本公認会計士協会常務理事・中国会会長　→83/87

岡林 章夫　おかばやし・あきお　昭和5年11月23日〜平成22年9月21日　高知県出納長　→09/11

I 政治・経済・社会篇　　　　　　　　　　　　　　　　　　　　　　　　　　おかへ

岡林 亀市　おかばやし・かめいち　明治35年10月14日～昭和62年7月27日　土佐清水市長,土佐清水市議会議長　→83/87

岡林 清英　おかばやし・きよひで　～昭和59年12月28日　会計検査院事務総局次長　→83/87

岡林 金次郎　おかばやし・きんじろう　～昭和57年10月26日　万有製薬常務　→80/82

岡林 重清　おかばやし・しげきよ　昭和2年3月10日～平成11年9月25日　連合高知会長,高知県総評議長　→97/99

岡林 諄吉　おかばやし・じゅんきち　～昭和61年4月20日　東京相互銀行取締役　→83/87

岡林 次郎　おかばやし・じろう　明治38年10月29日～平成2年8月22日　弁護士　福岡高裁判事　→88/90

岡林 濯水　おかばやし・たくすい　明治41年8月9日～昭和62年4月1日　弁護士　→88/90

岡林 辰雄　おかばやし・たつお　明治37年1月7日～平成2年3月1日　弁護士,社会運動家　→88/90

岡林 次男　おかばやし・つぎお　明治44年1月1日～昭和57年10月23日　クラレ社長　→80/82

岡林 事　おかばやし・つとむ　明治35年4月27日～平成8年1月19日　京阪電気鉄道副社長　→94/96

岡林 寅松　おかばやし・とらまつ　明治9年1月30日～昭和23年9月1日　社会運動家　→昭和

岡林 秀起　おかばやし・ひでおき　大正3年10月24日～昭和58年5月8日　テレビ高知社長,高知県議会議長　→83/87

岡林 広志　おかばやし・ひろし　明治34年12月20日～昭和58年9月27日　江商(のち兼松江商)取締役　→83/87

岡原 敏之　おかはら・としゆき　～昭和58年3月11日　西部毎日広告社専務　→83/87

小河原 トミ　おがはら・とみ　～平成14年12月2日　鹿児島県農業協同組合婦人組織協議会会長　→03/05s

岡原 昌男　おかはら・まさお　明治42年4月1日～平成6年7月14日　最高裁長官　→94/96

岡原 勝　おかはら・まさる　明治43年11月13日～昭和60年8月22日　日本オーディオ協会副会長　→83/87

岡部 秋太郎　おかべ・あきたろう　～平成7年5月19日　岡部工業取締役名誉会長　→94/96

岡部 亨　おかべ・あきら　昭和6年5月31日～平成11年1月23日　岡部会長　→97/99

岡部 厳夫　おかべ・いずお　大正8年6月17日～平成3年2月16日　神官　井伊谷宮宮司,神社本庁理事,静岡県神社庁長　→91/93

岡部 岩太郎　おかべ・いわたろう　～昭和37年9月14日　豊田自動織機相談役　→昭和

岡部 栄一　おかべ・えいいち　～昭和38年1月16日　日本カーリット社長　→昭和

岡部 快芳　おかべ・かいほう　大正7年3月26日～昭和58年2月22日　大須観音宝生院住職,真言宗智山派第54世大僧正　→83/87

岡部 楠男　おかべ・くすお　明治27年3月27日～昭和47年12月3日　実業家　日本鉱業社長　→昭和

岡部 邦生　おかべ・くにお　明治39年2月14日～平成3年8月16日　電源開発理事　→91/93

岡部 久米蔵　おかべ・くめぞう　明治35年5月6日～昭和60年2月4日　岡部マイカ工業所社長　→83/87

岡部 狷介　おかべ・けんすけ　～昭和61年2月28日　平戸・松浦史料博物館長　→83/87

岡部 宏輔　おかべ・こうすけ　明治39年12月1日～平成8年11月4日　第一港運会長　→94/96

岡部 佐七　おかべ・さしち　大正1年8月22日～平成15年11月28日　帝国臓器製薬常務　→03/05

岡部 三郎　おかべ・さぶろう　～昭和53年4月18日　東亜建設工業相談役　→昭和

岡部 三郎　おかべ・さぶろう　昭和12年10月29日～平成23年11月29日　埼玉県議(自民党)　→09/11

岡部 式二　おかべ・しきじ　明治26年11月10日～昭和63年2月27日　千秋庵製菓会長　→88/90

岡部 重信　おかべ・しげのぶ　～昭和42年12月25日　芝電気副社長　→昭和

岡部 繁　おかべ・しげる　～昭和57年6月23日　岡部機械工業会長　→80/82

岡部 実夫　おかべ・じつお　大正10年10月23日～平成3年12月23日　共和会長,労働省労働基準局長　→91/93

岡部 秀一　おかべ・しゅういち　大正6年2月11日～平成13年12月28日　沖縄開発庁事務次官　→00/02

岡部 周治　おかべ・しゅうじ　明治24年4月～昭和42年11月30日　衆院議員(社会党)　→昭和

岡部 史郎　おかべ・しろう　明治43年5月3日～昭和50年2月12日　国立国会図書館長　→昭和

岡部 四郎　おかべ・しろう　大正4年1月15日～平成22年7月13日　中国銀行常務　→09/11

岡部 真一　おかべ・しんいち　大正6年2月26日～平成14年3月9日　ホテルニュー塩原創業者　→00/02

岡部 信也　おかべ・しんや　～平成13年8月20日　東京高裁判事　→00/02

岡部 誠一　おかべ・せいいち　明治44年10月30日～平成6年9月1日　そごう常務　→94/96

岡部 精次　おかべ・せいじ　大正13年7月21日～平成2年5月24日　板橋区議　→88/90

岡部 宗城　おかべ・そうじょう　～昭和31年4月8日　須賀川市長　→昭和

岡部 高　おかべ・たかし　～昭和60年1月8日　高橋東洋堂取締役会長　→83/87

岡部 高　おかべ・たかし　大正3年2月27日～平成13年10月19日　東洋船舶作業会長,日本港運協会副会長,全国船内荷役協会名誉会長　→00/02

岡部 隆司　おかべ・たかし　明治44年6月4日～昭和17年7月31日　社会運動家　→昭和

岡部 隆年　おかべ・たかとし　大正12年11月16日～平成10年5月13日　三井海上火災保険常務　→97/99

岡部 健　おかべ・たけし　～平成3年11月18日　三菱倉庫専務　→91/93

岡部 武　おかべ・たけし　大正12年9月13日～平成8年6月14日　菱屋社長　→94/96

岡部 正　おかべ・ただし　大正6年1月20日～平成20年8月19日　川島織物社長　→06/08

岡部 達郎　おかべ・たつお　大正13年3月31日～平成9年9月4日　東亜建設工業副社長　→97/99

岡部 保　おかべ・たもつ　～平成5年12月14日　仁保事件元被告　→91/93

岡部 保　おかべ・たもつ　大正11年7月10日～平成18年10月12日　運輸省港湾局長、日本港湾協会名誉会長　→06/08

岡部 長二　おかべ・ちょうじ　～昭和39年5月3日　南京政府経済顧問　→昭和

岡部 一陽彦　おかべ・とよひこ　大正6年3月8日～平成10年2月15日　鴻巣市長　→97/99

岡部 直三郎　おかべ・なおさぶろう　明治20年9月30日～昭和21年11月23日　陸軍大将　→昭和

岡部 長章　おかべ・ながあきら　明治42年8月～平成8年11月26日　侍従　京都外国語大学教授　→94/96

岡部 長景　おかべ・ながかげ　明治17年8月28日～昭和45年5月30日　文相、国際文化振興会会長、貴院議員(子爵)　→昭和

岡部 信宣　おかべ・のぶよし　昭和22年1月4日～平成20年2月11日　鉄建専務執行役員　→06/08

岡部 英雄　おかべ・ひでお　大正3年2月21日～平成12年11月14日　川崎製鉄常務　→00/02

岡部 広　おかべ・ひろし　昭和2年11月10日～平成22年5月25日　静岡茶総合企画代表、静岡安倍農業協同組合連合会専務理事　→09/11

岡部 浩　おかべ・ひろし　大正14年11月24日～昭和60年3月20日　大洋電機取締役相談役、元サンケイ新聞専務　→83/87

岡部 正雄　おかべ・まさお　明治36年1月16日～平成1年10月22日　立飛企業取締役　→88/90

岡部 正俊　おかべ・まさとし　昭和7年5月11日～平成8年6月29日　東洋埠頭常務　→94/96

岡部 実　おかべ・みのる　大正7年10月23日～平成23年6月15日　東京電力常務、日本原子力発電社長　→09/11

岡部 弥助　おかべ・やすけ　明治43年～平成10年8月5日　島津製作所取締役　→97

岡部 靖　おかべ・やすし　昭和13年12月28日～平成19年7月29日　カノークス専務　→06/08

岡部 雄吉　おかべ・ゆうきち　昭和5年9月8日～平成23年9月3日　東京製綱社長　→09/11

岡部 勇次郎　おかべ・ゆうじろう　昭和2年1月20日～平成2年7月19日　アイ・シー・エス社長、神鋼電機取締役 →88/90

岡部 行男　おかべ・ゆきお　明治40年5月15日～平成12年11月3日　弁護士　高松高裁長官　→00/02

岡部 義雄　おかべ・よしお　昭和3年9月18日～平成11年12月4日　電元社製作所社長　→97/99

岡部 良雄　おかべ・よしお　明治41年5月24日～平成2年4月10日　第一生命保険専務　→88/90

岡部 龍平　おかべ・りゅうへい　大正5年1月13日～昭和61年5月27日　日本防災協会理事長　→83/87

岡部 連太郎　おかべ・れんたろう　大正11年10月13日～平成3年2月11日　尼崎築港社長、東亜建設工業監査役　→91/93

小蒲 秋定　おがま・あきさだ　大正9年10月30日～平成8年2月1日　松下通信工業社長　→94/96

岡松 成太郎　おかまつ・せいたろう　明治34年9月29日～平成3年7月18日　北海道電力社長、商工省事務次官　→91/93

岡松 広次郎　おかまつ・ひろじろう　昭和4年6月25日～平成1年9月15日　九州電気工事常務　→88/90

岡松 行雄　おかまつ・ゆきお　大正7年1月3日～平成6年9月9日　東京高裁判事　→94/96

岡峰 藤太　おかみね・とうた　明治41年10月19日～平成2年7月4日　日本シイタケ協会理事　→88/90 (おかみね・ふじた)

岡峰 秀男　おかみね・ひでお　～昭和62年7月27日　世界長常務　→83/87

岡宗 知子　おかむね・ともこ　～平成21年10月17日　高知・田内千鶴子映画・制作と上映を成功させる会会長　→09/11

岡村 顕　おかむら・あきら　～昭和62年7月17日　金武村(沖縄県)村長　→83/87

岡村 梨　おかむら・あきら　大正15年2月11日～平成10年5月15日　埼玉県議(自民党)　→97/99

岡村 敦弘　おかむら・あつひろ　～平成17年1月3日　陸将　陸上自衛隊通信学校長　→03/05

岡村 栄一　おかむら・えいいち　大正3年5月4日～昭和59年12月26日　鐘紡副社長　→83/87

岡村 勝正　おかむら・かつまさ　安政3年～昭和7年　日本紡績技師長　→昭和

岡村 勝実　おかむら・かつみ　～昭和56年10月5日　陸軍少将　福岡偕行会名誉会長　→80/82

岡村 鐘雄　おかむら・かねお　昭和4年3月16日～平成17年3月29日　日本特殊陶業社長　→03/05

岡村 寛一　おかむら・かんいち　～昭和62年2月11日　東京タイムズ社取締役業務局長　→83/87

岡村 規矩雄　おかむら・きくお　大正5年8月11日～平成6年1月27日　ナスステンレス社長、日本精線専務　→94/96

岡村 きよ　おかむら・きよ　～昭和61年12月10日

岡村創立者・元会長　→83/87

岡村 喜郎　おかむら・きろう　昭和2年9月10日～平成4年2月22日　安芸市長　→91/93

岡村 健二　おかむら・けんじ　大正1年12月8日～平成1年1月15日　菱和海洋開発社長,海洋科学技術センター理事　→88/90

岡村 吾一　おかむら・ごいち　明治40年6月11日～平成12年5月29日　右翼運動家,経営コンサルタント　全日本愛国者団体会議最高顧問,岡村事務所会長　→00/02

岡村 小太郎　おかむら・こたろう　～昭和56年8月17日　開明伸銅会長　→80/82

岡村 さく　おかむら・さく　～平成19年1月25日　霊友会最高顧問　→06/08

岡村 三省　おかむら・さんせい　明治29年6月10日～昭和57年6月28日　高知県議会議長　→80/82（おかむら・さんしょう）

岡村 静雄　おかむら・しずお　大正14年2月23日～平成11年8月30日　水島共同火力相談役,中国電力副社長　→97/99

岡村 忍　おかむら・しのぶ　大正11年10月2日～昭和57年9月22日　高岳製作所専務　→80/82

岡村 治平　おかむら・じへい　大正8年7月12日～平成5年7月5日　松下冷機専務　→91/93

岡村 十一　おかむら・じゅういち　～平成2年4月11日　日本織物中央卸商業組合連合会専務理事　→88/90

岡村 昭三　おかむら・しょうぞう　昭和3年～平成10年2月16日　芦屋市議　→97/99

岡村 正三　おかむら・しょうぞう　大正4年1月13日～平成1年3月24日　港区議会議長　→88/90

岡村 末次郎　おかむら・すえじろう　～昭和38年3月12日　津市議会議長　→昭和

岡村 すすむ　おかむら・すすむ　～平成9年2月18日　小学校元教師　核実験に抗議する長崎市民の会世話人　→97/99

岡村 進　おかむら・すすむ　大正1年8月31日～平成21年11月19日　NEC常務　→09/11

岡村 清治　おかむら・せいじ　～昭和56年2月10日　東京短資相談役,前会長　→80/82

岡村 丹二　おかむら・たんじ　～平成29年12月8日　山陽電鉄社長　→昭和

岡村 俊雄　おかむら・としお　昭和12年7月31日～平成5年7月29日　大成プレハブ常務　→91/93

岡村 利男　おかむら・としお　～平成2年7月16日　弁護士　富山地裁判事　→88/90

岡村 朝夫　おかむら・ともお　明治45年7月1日～平成1年7月12日　鐘紡取締役,富士ゼロックス専務　→88/90

岡村 昇　おかむら・のぼる　昭和3年2月5日～平成11年2月23日　本田技研工業会長　→97/99

岡村 一　おかむら・はじめ　～昭和55年12月19日　いすゞ販売金融相談役　→80/82

岡村 英夫　おかむら・ひでお　大正5年10月1日～平成10年2月3日　日刊スポーツ新聞副社長　→97/99

岡村 大　おかむら・ひろし　大正14年11月23日～平成15年7月5日　テレビ高知社長　→03/05

岡村 福男　おかむら・ふくお　明治45年1月11日～平成17年11月27日　飯野海運社長　→03/05

岡村 文四郎　おかむら・ぶんしろう　明治23年9月～昭和43年10月20日　参院議員(自民党)　→昭和

岡村 正家　おかむら・まさいえ　～昭和55年8月9日　東洋運搬機相談役,元社長　→80/82

岡村 雅夫　おかむら・まさお　大正8年1月1日～平成17年6月27日　芸西村(高知県)村長　→03/05

岡村 正巳　おかむら・まさみ　大正14年2月7日～平成18年3月21日　明電舎常務　→06/08

岡村 正義　おかむら・まさよし　～昭和62年10月31日　岡村製作所代表取締役社長　→83/87

岡村 正吉　おかむら・まさよし　大正11年8月13日～平成22年10月2日　虻田町(北海道)町長,北海道教育長　→09/11

岡村 学　おかむら・まなぶ　大正14年10月11日～平成8年10月31日　日産生命保険副社長　→94/96

岡村 真理子　おかむら・まりこ　昭和22年～平成18年2月1日　カンボジアに学校を贈る会代表　→06/08

岡村 明吉　おかむら・めいきち　昭和6年3月28日～昭和60年3月26日　トーアフォート代表取締役　→83/87

岡村 寧次　おかむら・やすじ　明治17年5月15日～昭和41年9月2日　陸軍大将　→昭和

岡村 泰孝　おかむら・やすたか　昭和4年6月13日～平成23年12月22日　弁護士　最高検検事総長,法務事務次官　→09/11

岡村 康弘　おかむら・やすひろ　～平成14年12月31日　青森県水産部長　→03/05s

岡村 雄一　おかむら・ゆういち　大正12年3月19日～平成13年4月20日　金田機械製作所社長,東京機械製作所専務　→00/02

岡村 淑一　おかむら・よしいち　明治37年1月26日～昭和63年10月24日　全国農業会議所副会長　→88/90

岡村 善夫　おかむら・よしお　～昭和63年10月8日　長野ステーションホテル社長　→88/90

岡村 良孝　おかむら・よしたか　大正10年7月2日～平成10年9月11日　凸版印刷専務　→97/99

岡村 了一　おかむら・りょういち　大正15年10月6日～平成12年9月14日　弁護士　明治大学理事長　→00/02

岡本 愛祐　おかもと・あいすけ　明治27年9月8日～昭和63年8月23日　参院議員(緑風会)　→88/90

岡本 新　おかもと・あらた　明治35年10月18日～平成2年10月28日　イトーヨーカ堂監査役,日新製糖監査役,元東京国税局察課長　→88/90

岡本 勲　おかもと・いさお　大正14年3月21日～平成7年

11月13日　岡本硝子社長　→94/96

岡本 功　おかもと・いさお　～昭和61年2月16日　海将　海上自衛隊大湊地方総監　→83/87

岡本 一郎　おかもと・いちろう　大正9年11月11日～平成5年5月12日　朝日工業社専務　→91/93

岡本 一郎　おかもと・いちろう　～平成9年2月7日　神官　大阪神社連合会会長、高浜神社名誉宮司　→97/99

岡本 巌　おかもと・いわお　大正11年2月25日～平成16年7月2日　立山酒造社長　→03/05

岡本 丑太郎　おかもと・うしたろう　～平成6年1月25日　全国労働者共済生活協同組合連合会(全労済)理事長　→94/96

岡本 梅次郎　おかもと・うめじろう　～昭和47年2月14日　弁護士　広島高検検事長　→昭和

岡本 栄吉　おかもと・えいきち　明治21年10月20日～昭和39年7月23日　社会運動家　→昭和

岡本 英二　おかもと・えいじ　明治44年3月17日～平成7年8月16日　三共油化工業名誉会長、全国石油工業協同組合理事長　→94/96

岡本 栄祐　おかもと・えいすけ　～昭和51年8月24日　三菱鉱業セメント副社長　→昭和

岡本 栄太郎　おかもと・えいたろう　大正12年2月14日～平成16年9月2日　北海道議(社会党)　→03/05

岡本 永之助　おかもと・えいのすけ　昭和7年10月12日～平成6年2月8日　日本電池常務　→94/96

岡本 乙一　おかもと・おといち　明治24年3月14日～昭和63年3月12日　弁護士　→88/90

岡本 覚三郎　おかもと・かくさぶろう　明治21年7月16日～昭和39年1月23日　岡本工作機械製作所創業者　→昭和

岡本 和夫　おかもと・かずお　昭和3年4月8日～平成23年4月8日　南海電気鉄道副社長　→09/11

岡本 勝夫　おかもと・かつお　～平成4年5月9日　サクラダ常務　→91/93

岡本 勝雄　おかもと・かつお　明治17年6月7日～昭和11年2月13日　伊勢電鉄専務　→昭和

岡本 勝二　おかもと・かつじ　明治36年～昭和14年　陸軍大尉　→昭和

岡本 包夫　おかもと・かねお　大正3年1月1日～昭和63年5月28日　カネヤス創業者、山口県山岳連盟名誉会長　→88/90

岡本 喜一　おかもと・きいち　明治35年3月16日～平成3年8月8日　弁護士　岡本法律事務所長、東京弁護士会副会長、東洋大学理事　→91/93

岡本 経一　おかもと・きょういち　明治42年3月25日～平成22年11月15日　青蛙房創業者　→09/11

岡本 教海　おかもと・きょうかい　～昭和44年10月16日　真言宗豊山派大本山護国寺貫首　→昭和

岡本 共次郎　おかもと・きょうじろう　～昭和51年6月12日　弁護士　日弁連副会長　→昭和

岡本 清　おかもと・きよし　～昭和61年10月21日　弁護士　→83/87

岡本 清福　おかもと・きよとみ　明治27年1月19日～昭和20年8月15日　陸軍中将　→昭和

岡本 薫一　おかもと・くんいち　～平成1年5月30日　弁護士　大審院判事　→88/90

岡本 敬吉　おかもと・けいきち　～昭和55年4月20日　東邦ガス常務取締役　→80/82

岡本 敬二　おかもと・けいじ　大正14年2月18日～平成4年2月17日　日新火災海上保険取締役　→91/93

岡本 敬徳　おかもと・けいとく　昭和44年3月24日　日産自動車常務　→昭和

岡本 健　おかもと・けん　昭和8年9月18日～平成11年12月25日　東金市長　→97/99

岡本 彦一郎　おかもと・げんいちろう　昭和9年4月23日～平成15年9月14日　タキロン専務　→03/05

岡本 賢康　おかもと・けんこう　～昭和39年12月1日　朝日麦酒常任顧問　→昭和

岡本 健治　おかもと・けんじ　大正13年3月4日～平成11年1月26日　神官　熱田神宮名誉宮司、神社本庁総長　→97/99

岡本 健次郎　おかもと・けんじろう　～昭和40年12月24日　東京産業副社長　→昭和

岡本 健太郎　おかもと・けんたろう　大正6年7月12日～平成3年11月24日　住友化学工業取締役、阪田商会(のちサカタインクス)常務　→91/93

岡本 孝吉　おかもと・こうきち　大正13年10月24日～平成20年11月17日　ホテルニューオータニ副社長　→06/08

岡本 孝三　おかもと・こうぞう　～昭和56年2月14日　北海道炭礦汽船会社常務取締役　→80/82

岡本 桜　おかもと・さくら　明治11年4月3日～昭和10年2月22日　東京瓦斯副社長　→昭和

岡本 佐四郎　おかもと・さしろう　大正14年9月14日～平成6年1月17日　帝人社長　→94/96

岡本 哲　おかもと・さとし　昭和14年7月31日～平成23年6月29日　ダイハツディーゼル専務　→09/11

岡本 敏　おかもと・さとし　昭和4年9月15日～平成3年11月3日　大日本インキ化学工業専務　→91/93

岡本 悟　おかもと・さとる　大正2年7月～昭和63年11月12日　参院議員(自民党)　→88/90

岡本 三良助　おかもと・さぶろうすけ　～昭和26年5月29日　滋賀県知事　→昭和

岡本 三平　おかもと・さんぺい　～平成1年10月23日　兼松(のち兼松江商)取締役　→88/90

岡本 繁一　おかもと・しげいち　明治42年5月11日～昭和63年11月29日　近畿電気工事取締役相談役　→88/90

岡本 茂和　おかもと・しげかず　大正6年8月31日～平成12年3月5日　日本農産工業社長　→00/02

岡本 茂子　おかもと・しげこ　～平成15年5月26日　不二ラテックス会長　→03/05

岡本 茂　おかもと・しげる　明治31年5月7日～昭和55年9月30日　政治家　衆院議員(自民党)　→80/82

岡本 静一　おかもと・しずいち　明治39年3月10日～昭和62年9月30日　構内タクシー会長,中国旅客乗用車協会長　→83/87

岡本 準二　おかもと・じゅんじ　明治20年8月7日～昭和21年10月30日　社会運動家　→昭和

岡本 舜之助　おかもと・しゅんのすけ　明治35年3月13日～昭和58年11月11日　大日本印刷取締役,帝都信用金庫理事　→83/87

岡本 尚一　おかもと・しょういち　昭和33年4月5日　弁護士　→昭和

岡本 正三郎　おかもと・しょうざぶろう　大正2年9月29日～平成6年3月12日　岡本理研ゴム(のちオカモト)副社長　→94/96

岡本 真一　おかもと・しんいち　明治34年4月8日～昭和59年12月3日　三洋電機監査役,淡路フェリーボート相談役　→83/87

岡本 真吾　おかもと・しんご　～昭和46年5月12日　東光ストア相談役　→昭和

岡本 甚作　おかもと・じんさく　～昭和61年11月28日　神通川左岸排水第三土改区理事長　→83/87

岡本 信也　おかもと・しんや　昭和23年11月28日～平成22年8月21日　静岡県議(社民党)　→09/11

岡本 季正　おかもと・すえまさ　明治25年～昭和42年11月23日　駐オランダ大使,日蘭協会会長　→昭和

岡本 清右衛門　おかもと・せいうえもん　明治45年3月18日～昭和62年6月23日　気比製薬代表取締役　→83/87

岡本 正義　おかもと・せいぎ　～平成11年3月8日　日本セメント(のち太平洋セメント)専務,アサノコンクリート社長　→97/99

岡本 善一郎　おかもと・ぜんいちろう　明治41年12月21日～昭和61年6月5日　駿河屋会長,全国銘産菓子工業協同組合副理事長　→83/87

岡本 惣一郎　おかもと・そういちろう　昭和11年4月13日～平成14年3月5日　積和不動産社長　→00/02

岡本 素光　おかもと・そこう　明治31年10月8日～昭和53年8月22日　僧侶(曹洞宗)　駒沢大学総長　→昭和

岡元 大三　おかもと・だいぞう　大正8年3月12日～平成22年12月15日　岡元木材社長,徳島商工会議所会頭　→09/11

岡本 多市　おかもと・たいち　～昭和61年6月29日　神戸地方裁判所姫路支部判事　→83/87

岡本 太一　おかもと・たいち　昭和16年1月24日～平成21年6月16日　鍋屋バイテック社長　→09/11

岡本 隆明　おかもと・たかあき　大正13年2月11日～平成16年3月28日　日本タングステン常務　→03/05

岡本 孝　おかもと・たかし　明治36年1月30日～平成1年10月4日　矢作製鉄副社長　→88/90

岡本 隆　おかもと・たかし　～平成2年4月19日　富士通オートメーション専務　→88/90

岡本 孝嘉　おかもと・たかよし　大正14年～平成12年3月15日　和歌山県議,海南市議　→00/02

岡本 高嘉　おかもと・たかよし　大正9年6月23日～昭和62年4月20日　新星開発会長,日本生命取締役　→83/87

岡本 武雄　おかもと・たけお　～昭和53年7月4日　報知新聞社長　→昭和

岡本 丈　おかもと・たけし　大正6年5月27日～平成19年4月2日　東京都議(民社党),医師　岡本記念クリニック院長　→06/08

岡本 忠大　おかもと・ただお　大正6年～昭和58年4月30日　不二ラテックス社長　→83/87

岡本 忠男　おかもと・ただお　大正7年11月1日～平成13年10月26日　福岡県議(自民党)　→09/11

岡本 忠夫　おかもと・ただお　明治33年～昭和55年11月5日　大分県人権擁護委員連合会会長,大分県体育協会名誉会長　→80/82

岡本 忠雄　おかもと・ただお　明治32年9月15日～昭和31年12月18日　衆院議員(自由党)　→昭和

岡本 忠雄　おかもと・ただお　明治44年2月10日～平成15年5月4日　広島ガス専務　→03/05

岡本 正　おかもと・ただし　大正11年3月30日～平成23年12月16日　ケーヨー副社長　→09/11

岡本 忠　おかもと・ただし　～昭和30年9月2日　三井本社相談役　→昭和

岡本 直　おかもと・ただし　昭和14年9月6日～平成1年2月15日　産経新聞大阪本社編集局経済部長　→88/90

岡本 達男　おかもと・たつお　昭和3年10月31日～平成22年1月17日　グンゼ産業専務　→09/11

岡本 達夫　おかもと・たつお　～昭和52年7月2日　三菱製紙社長　→昭和

岡本 辰雄　おかもと・たつお　～昭和61年7月18日　岡本フレイターズ会長　→83/87

岡本 達三郎　おかもと・たつさぶろう　明治37年10月12日～平成21年4月27日　日本長期信用銀行副社長,日本銀行統計局長　→09/11

岡本 辰巳　おかもと・たつみ　大正10年2月19日～平成20年2月29日　愛知県議(自民党)　→06/08

岡本 忠作　おかもと・ちゅうさく　大正6年5月21日～昭和61年11月19日　函館網船具社長,函館商工会議所常議員,函館圏技術振興委員会会長　→83/87

岡本 強　おかもと・つとむ　昭和22年～昭和60年8月12日　象印マホービン取締役　→83/87

岡本 昭明　おかもと・てるあき　～平成16年7月7日　日興証券(のち日興コーディアルグループ)専務,山加証券社長　→03/05

岡本 光生　おかもと・てるお　昭和10年2月4日～平成4年12月10日　日本郵船常務　→91/93

岡本 照雄　おかもと・てるお　明治29年7月10日〜昭和58年2月5日　明星機械社長　→83/87

岡本 伝之助　おかもと・でんのすけ　明治29年11月17日〜昭和57年1月15日　さいか屋会長、衆院議員（日本自由党）、横須賀市長　→80/82

岡本 東一郎　おかもと・とういちろう　明治42年1月28日〜昭和62年1月13日　白石会長　→83/87

岡本 藤次郎　おかもと・とうじろう　明治22年7月18日〜昭和58年12月19日　トヨタ自動車相談役、豊田通商会長　→83/87

岡本 徳三　おかもと・とくぞう　〜昭和15年5月13日　陸軍少将　→昭和

岡本 敏男　おかもと・としお　〜昭和24年5月1日　弁護士　→昭和

岡本 敏雄　おかもと・としお　大正3年12月6日〜平成18年3月4日　朝日新聞社常務、朝日広告社長　→06/08

岡本 利夫　おかもと・としお　明治42年11月20日〜平成4年6月20日　ミドリ十字常務　→91/93

岡本 利雄　おかもと・としお　明治41年6月11日〜平成8年10月30日　いすゞ社長　→94/96

岡本 敏興　おかもと・としおき　明治32年9月30日〜昭和63年7月10日　同和火災海上保険常務、三共監査役、京華商会社長　→88/90

岡本 寿太郎　おかもと・としたろう　〜昭和61年2月10日　東亜燃料工業取締役　→83/87

岡本 俊徳　おかもと・としのり　昭和10年3月30日〜平成9年11月24日　イナバゴム社長　→97/99

岡本 利行　おかもと・としゆき　明治42年3月10日〜平成3年6月20日　ボディソニック社長、パイオニア常務　→91/93

岡本 敏郎　おかもと・としろう　昭和8年3月10日〜平成21年8月4日　三菱地所常務　→09/11

岡本 富夫　おかもと・とみお　大正10年11月9日〜平成17年3月13日　衆院議員（公明党）　→03/05

岡本 冨三郎　おかもと・とみさぶろう　〜昭和58年1月13日　陸上自衛隊第5管区副総監兼帯広駐屯地司令　→83/87

岡本 友吉　おかもと・ともきち　大正2年9月22日〜平成6年10月5日　鍋屋工業会長、鍋屋商店会長　→94/96

岡本 朋人　おかもと・ともと　大正3年10月29日〜平成1年9月9日　岡本鉄工所会長　→88/90

岡本 豊幸　おかもと・とよゆき　〜平成13年6月3日　安宅建設工業（のちアタカ工業）副社長　→00/02

岡本 虎二郎　おかもと・とらじろう　明治43年7月21日〜平成10年5月19日　緑屋（のちクレディセゾン）社長　→97/99

岡本 寅蔵　おかもと・とらぞう　〜昭和56年8月23日　ブラジルの製茶業の創始者　→80/82

岡本 日盛　おかもと・にっせい　〜昭和19年1月5日　法華宗管長、本能寺貫首　→昭和

岡本 信男　おかもと・のぶお　大正10年2月6日〜平成18年2月10日　公認会計士、税理士　祇園祭函谷鉾保存会理事長　→06/08

岡本 信夫　おかもと・のぶお　大正11年7月22日〜平成9年3月17日　ナゴヤハウジングセンター会長、ダイワハウジング取締役相談役・元社長　→97/99

岡本 則一　おかもと・のりかず　大正10年1月3日〜平成6年6月3日　安田生命保険会長　→94/96

岡本 元　おかもと・はじめ　昭和7年2月11日〜平成7年7月1日　三菱電機専務　→94/96

岡本 八雄　おかもと・はちお　〜平成15年9月30日　香川県警本部長　→03/05

岡本 春行　おかもと・はるゆき　〜昭和55年1月11日　黒部市長　→80/82

岡本 久男　おかもと・ひさお　〜昭和55年12月27日　伸和産業機械会長、元グンゼ常務　→80/82

岡本 拓　おかもと・ひらく　大正10年10月26日〜昭和60年11月10日　弁護士　サンケイリビング新聞社法律顧問　→83/87

岡本 宏　おかもと・ひろし　大正12年8月1日〜平成23年8月12日　安田火災海上保険副社長　→09/11

岡本 弘　おかもと・ひろし　〜昭和42年11月2日　日本レイヨン取締役　→昭和

岡本 弘　おかもと・ひろし　大正10年11月16日〜平成12年4月29日　旭ダイヤモンド工業常務　→00/02

岡本 煕　おかもと・ひろし　大正14年7月8日〜平成1年12月20日　岡本鉄工所社長、大日金属関連工業協同組合理事長　→88/90

岡本 弘　おかもと・ひろむ　昭和9年9月3日〜平成19年10月29日　日本ジャーナル出版社長　→06/08

岡本 武三郎　おかもと・ぶさぶろう　〜昭和58年11月25日　東洋証券会長　→83/87

岡本 文樹　おかもと・ふみき　昭和6年9月6日〜平成11年6月20日　住友ゴム工業常務　→97/99

岡本 文之　おかもと・ふみゆき　大正2年10月26日〜昭和60年7月12日　京都市助役　→83/87

岡本 誠　おかもと・まこと　〜平成8年7月4日　太陽油脂社長　→94/96

岡本 誠　おかもと・まこと　昭和10年6月11日〜平成16年7月22日　勧角証券常務　→03/05

岡本 正明　おかもと・まさあき　大正15年6月21日〜平成3年4月14日　合同製鉄取締役、合鉄商事社長、合鉄建材工業社長　→91/93

岡本 勝夫　おかもと・まさお　昭和12年11月18日〜平成7年6月5日　三井不動産建設副社長　→94/96

岡本 昌生　おかもと・まさお　大正13年1月13日〜平成1年6月23日　世界長取締役　→88/90

岡本 昌雄　おかもと・まさお　昭和4年1月8日〜平成16年10月25日　野村総合研究所専務、立命館大学教授　→03/05

I　政治・経済・社会篇　　　　　　　　　　　　　　　　　　　　　　　　　　　　おかやま

岡本 政雄　おかもと・まさお　大正6年3月4日～平成9年2月12日　興亜火災海上保険専務　→97/99

岡本 政治郎　おかもと・まさじろう　明治34年7月21日～昭和63年10月5日　京都茶道具組合会長，岡本八造商店会長　→88/90

岡本 政敏　おかもと・まさとし　大正15年3月3日～昭和61年8月1日　三井リース事業取締役経理部長　→83/87

岡本 真尚　おかもと・まさなお　明治43年11月25日～平成4年3月18日　弁護士　日本弁護士連合会副会長　→91/93

岡本 真澄　おかもと・ますみ　明治42年10月13日～平成2年4月8日　いすゞ自動車常務　→88/90

岡本 松次郎　おかもと・まつじろう　～昭和61年2月1日　岡本工業代表取締役社長，元北日本新聞八尾販売店主　→83/87

岡本 達彬　おかもと・みちあき　昭和10年11月10日～平成22年5月30日　さいか屋常務　→09/11

岡本 道生　おかもと・みちお　大正10年1月20日～平成7年2月13日　グローリー工業常務　→94/96

岡本 道彦　おかもと・みちひこ　～平成5年3月16日　菱電商事取締役　→91/93

岡本 貢　おかもと・みつぐ　～昭和61年9月14日　岡本砥工業代表取締役社長，日本ビデオテックサービス取締役，富山県連合卸組合会長　→83/87

岡本 光雅　おかもと・みつまさ　昭和2年～平成13年5月25日　三菱製紙専務　→00/02

岡本 港　おかもと・みなと　～昭和56年11月8日　清水建設取締役　→80/82

岡本 巳之助　おかもと・みのすけ　明治42年12月21日～昭和60年12月12日　オカモト創業者　→83/87

岡本 実　おかもと・みのる　大正5年2月25日～平成10年2月28日　日本セメント専務　→94/96

岡本 陸人　おかもと・むつと　明治44年12月28日～平成19年1月4日　あかね書房創業者　→06/08

岡本 宗義　おかもと・むねよし　～昭和63年7月3日　大丸建設(有)取締役会長　→88/90

岡本 弥市　おかもと・やいち　～平成3年7月17日　台湾銀行理事　→91/93

岡本 やすむ　おかもと・やすむ　～平成1年12月15日　岡建楼会長　→88/90

岡本 靖夫　おかもと・やすお　大正13年11月2日～平成6年1月22日　シチズン商事常務　→94/96

岡本 義男　おかもと・よしお　明治42年3月6日～昭和63年3月2日　呉羽紡績(のち東洋紡)取締役　→88/90

岡本 義雄　おかもと・よしお　～昭和59年5月8日　高砂香料工業取締役　→83/87

岡本 義雄　おかもと・よしお　大正4年3月5日～平成2年1月5日　ダイダン専務　→88/90

岡本 義雄　おかもと・よしお　～平成6年2月16日　貝塚市長　→94/96

岡本 善男　おかもと・よしお　大正10年4月10日～平成9年5月10日　大協石油(のちコスモ石油)常務，朝日商販社長，大協エンジニアリング社長　→97/99

岡本 美雄　おかもと・よしお　大正3年7月5日～平成12年3月13日　ひかりのくに会長　→00/02

岡元 義人　おかもと・よしと　明治43年9月～昭和33年11月17日　参院議員(緑風会)，日南殖産社長　→昭和

岡本 義春　おかもと・よしはる　大正3年3月31日～昭和58年9月20日　日本海汽船専務　→83/87

岡本 良彦　おかもと・よしひこ　昭和22年7月5日～平成23年12月30日　不二ラテックス社長　→09/11

岡本 吉弘　おかもと・よしひろ　～昭和56年6月10日　三井石炭液化理事，前三井鉱山総務部副部長　→80/82

岡本 吉通　おかもと・よしみち　大正11年11月23日～平成21年5月18日　三井東圧化学常務，関東天然瓦斯開発社長　→09/11

岡本 克保　おかもと・よしやす　大正4年1月21日～平成4年11月11日　ゼネラル瓦斯(のちゼネラル石油)社長　→91/93

岡本 利吉　おかもと・りきち　明治18年12月25日～昭和38年10月14日　社会運動家　→昭和

岡本 亮一　おかもと・りょういち　昭和11年1月8日～平成6年5月26日　イワキ常務　→94/96

岡本 良平　おかもと・りょうへい　大正14年12月23日～平成12年9月28日　さいか屋社長，横須賀商工会議所名誉会頭　→00/02

岡本 連一郎　おかもと・れんいちろう　明治11年1月21日～昭和9年2月23日　陸軍中将　→昭和

岡本 六郎　おかもと・ろくろう　明治44年5月9日～平成1年8月17日　東亜石油販売社長，伊藤忠商事取締役　→88/90

岡本 弥　おかもと・わたる　明治9年12月25日～昭和30年3月8日　部落解放運動家　全国融和連盟委員　→昭和

岡谷 惣助(9代目)　おかや・そうすけ　嘉永4年2月7日～昭和2年2月　実業家　→昭和(岡谷 惣助)

岡谷 惣助(10代目)　おかや・そうすけ　明治20年8月19日～昭和40年4月14日　岡谷鋼機社長　→昭和(岡谷 惣助)

岡谷 宗融　おかや・そうゆう　～昭和2年2月8日　名古屋産業開発者　→昭和

岡谷 康治　おかや・やすはる　大正4年9月9日～平成8年3月21日　岡谷鋼機会長　→94/96

岡安 彦三郎　おかやす・ひこさぶろう　明治32年4月20～昭和57年9月14日　東京都副知事　→80/82

岡安 英智　おかやす・ひでとし　昭和8年5月20日～平成12年2月22日　玉井商船常務　→00/02

岡安 勇治　おかやす・ゆうじ　大正9年2月19日～平成11年11月26日　凸版印刷専務，フレーベル館社長　→97/99

岡山 兼治　おかやま・けんじ　大正8年7月8日～平成8年

6月14日　三晃金属工業専務　→94/96

岡山 信次郎　おかやま・しんじろう　明治36年6月18日〜平成6年12月21日　三菱商事常務, 菱光倉庫社長　→94/96

岡山 猛　おかやま・たけし　大正10年2月12日〜平成4年8月23日　筑摩書房社長, 社会教育協会常務理事　→91/93

岡山 紀男　おかやま・のりお　昭和15年10月15日〜平成22年11月14日　住友電気工業社長　→09/11

岡山 尚志　おかやま・ひさし　大正12年12月17日〜平成22年2月28日　三菱樹脂常務　→09/11

岡山 博義　おかやま・ひろよし　大正15年9月19日〜平成13年3月22日　伊府新聞社長, 名張市会議長　→00/02

小川 明雄　おがわ・あきお　明治39年5月24日〜平成2年5月29日　千葉県自動車販売店協会専務理事　→88/90

小川 晃　おがわ・あきら　昭和9年2月28日〜平成10年9月22日　東京トヨペット常務　→97/99

小川 彰　おがわ・あきら　明治38年6月15日〜平成1年4月26日　中原産業社長, 日本長期信用銀行専務　→88/90

小川 彰　おがわ・あきら　昭和6年9月7日〜平成15年7月10日　弁護士　千葉県収用委員会会長　→03/05

小川 荒男　おがわ・あらお　〜昭和60年2月26日　国鉄札幌駅長　→83/87

小川 勇夫　おがわ・いさお　昭和6年1月1日〜平成19年3月21日　相模原市長　→06/08

小川 勇　おがわ・いさむ　〜平成2年12月7日　第一銀行（のち第一勧業銀行）監査役　→88/90

小川 勇　おがわ・いさむ　〜平成10年9月13日　広島県議　→97/99

小川 泉　おがわ・いずみ　明治40年11月28日〜平成1年11月6日　弁護士　東京高裁判事, 小川法律事務所所長　→88/90

小川 市太郎　おがわ・いちたろう　〜昭和12年8月22日　大阪都市協会常務理事　→昭和

小川 一平　おがわ・いっぺい　明治35年5月16日〜昭和57年8月8日　衆議院議員（国民協同党）, 後楽園スタヂアム副社長　→80/82

小川 逸郎　おがわ・いつろう　〜昭和42年4月20日　大日金属工業相談役　→昭和

小川 伊之助　おがわ・いのすけ　大正13年4月4日〜平成12年1月21日　神奈川県議（社会党）　→00/02

小川 磐　おがわ・いわお　大正2年3月19日〜平成3年7月28日　ランズバーグインダストリー社長　→91/93

小川 梅子　おがわ・うめこ　〜昭和57年5月1日　宮内庁女官　→80/82

小川 栄一　おがわ・えいいち　明治32年12月24日〜昭和53年12月5日　実業家, 藤田観光創業者　→昭和

小川 栄次郎　おがわ・えいじろう　大正10年1月18日〜平成15年9月5日　茨城県議（自民党）　→03/05

小川 薫　おがわ・かおる　昭和12年8月8日〜平成21年4月27日　総会屋　→09/11

小川 嘉吉　おがわ・かきち　〜平成10年7月16日　農業　三里塚芝山連合空港反対同盟小川派代表　→97/99

小川 和昭　おがわ・かずあき　〜平成22年3月17日　JA大分中央会長　→09/11

小河 一馬　おがわ・かずま　大正3年4月1日〜平成20年4月20日　山下新日本汽船専務　→06/08

小川 一哉　おがわ・かずや　昭和6年8月1日〜平成21年12月13日　会計検査院第五局長　→09/11

小川 一之　おがわ・かずゆき　大正11年7月25日〜平成14年8月9日　みなと山口合同新聞会長　→00/02

小川 勝四郎　おがわ・かつしろう　〜昭和55年3月13日　岐阜音取締役会長　→80/82

小川 桂　おがわ・かつら　昭和6年〜昭和61年8月26日　鴻池組取締役名古屋支店副支店長　→83/87

小川 喜一　おがわ・きいち　明治37年〜昭和54年8月18日　栃木県知事　→昭和

小川 儀一　おがわ・ぎいち　昭和3年4月11日〜平成10年5月19日　バンドー化学専務　→97/99

小川 菊造　おがわ・きくぞう　〜昭和28年12月5日　日本自動車社長　→昭和

小川 義章　おがわ・ぎしょう　明治24年4月7日〜昭和44年2月21日　僧侶, 哲学者　高山寺住職　→昭和

小川 鍛　おがわ・きたえ　明治41年1月16日〜平成12年1月31日　松下電器産業専務, 警察庁東北管区警察局長　→00/02

小川 喜平　おがわ・きへい　〜平成16年1月29日　元・成田空港建設反対派農民　→03/05

小川 京一　おがわ・きょういち　明治41年8月19日〜平成6年5月25日　江商（のち兼松）常務　→94/96

小川 清　おがわ・きよし　〜昭和47年11月18日　文化放送常務　→昭和

小川 清　おがわ・きよし　昭和12年〜昭和63年5月7日　トッパン・ムーア取締役・中央研究所長　→88/90

小川 清　おがわ・きよし　大正6年4月28日〜平成6年2月14日　中央スバル自動車会長　→94/96

小川 金英　おがわ・きんえい　明治38年2月25日〜平成10年1月2日　僧侶, 社会福祉家　松庵寺方丈　→97/99

小川 金吾　おがわ・きんご　〜昭和61年2月2日　玉野総合コンサルタント相談役　→83/87

小川 邦夫　おがわ・くにお　大正10年4月1日〜平成15年1月9日　斑尾高原開発会長, 藤田観光専務　→03/05

小川 敬介　おがわ・けいすけ　大正15年5月29日〜昭和61年11月22日　丸広百貨店常務取締役　→83/87

小川 桂介　おがわ・けいすけ　昭和3年1月1日〜昭和61年10月29日　学習受験社代表取締役, 福菱興産社長　→83/87

I 政治・経済・社会篇　　おかわ

小川　源　おがわ・げん　大正4年1月～平成4年6月3日　三里塚・芝山連合空港反対同盟熱田派世話人　→91/93

小川　憲二郎　おがわ・けんじろう　大正4年1月20日～平成2年11月20日　三協精機製作所監査役, 全国関税会総連合会副会長　→88/90

小川　謙二郎　おがわ・けんじろう　～平成16年4月12日　北海道議　→03/05

小川　健太郎　おがわ・けんたろう　明治43年9月30日～平成9年7月13日　日本無線常務, 日本無線硝子社長　→97/99

小川　源太郎　おがわ・げんたろう　～昭和63年3月8日　クラレ常務　→88/90

小川　耕一　おがわ・こういち　～昭和48年3月25日　大都工業社長　→昭和

小川　光義　おがわ・こうぎ　嘉永6年3月30日～昭和4年12月14日　僧侶　大覚寺(真言宗大本山)門跡, 大僧正, 安祥寺(真言宗)住職　→昭和(おがわ・みつよし)

小川　恒三郎　おがわ・こうざぶろう　～昭和4年8月14日　陸軍中将　→昭和

小川　郷太郎　おがわ・ごうたろう　明治9年6月9日～昭和20年4月1日　政治家, 財政学者　衆院議員(民政党), 京都帝大教授　→昭和

小川　浩平　おがわ・こうへい　大正10年2月10日～昭和62年3月6日　トンボ鉛筆社長　→83/87

小川　貞昭　おがわ・さだあき　明治40年1月25日～平成18年7月9日　牧師　日本基督教団柿ノ木坂協会名誉牧師　→06/08

小川　三郎　おがわ・さぶろう　～昭和42年3月8日　第一証券会長　→昭和

小川　重雄　おがわ・しげお　昭和13年1月30日～平成17年4月2日　川本町(埼玉県)町長　→03/05

小川　茂　おがわ・しげる　大正5年2月1日～昭和63年8月16日　太平洋産業会長, 太平洋工業常務　→88/90

小川　茂　おがわ・しげる　大正3年10月9日～平成9年10月8日　東海パルプ常務　→97/99

小川　倭天　おがわ・しずお　大正14年12月6日～平成6年3月4日　不動化学工業専務　→94/96

小川　修次　おがわ・しゅうじ　大正2年9月18日～平成20年1月16日　日本特殊陶業社長　→06/08

小川　潤一　おがわ・じゅんいち　明治43年9月12日～昭和63年6月10日　弁護士　日本専売公社理事　→88/90

小川　春之助　おがわ・しゅんのすけ　～昭和32年2月15日　トンボ鉛筆社長　→昭和

小川　省吾　おがわ・しょうご　大正11年3月29日～平成5年12月23日　衆院議員(社会党)　→91/93

小川　勝寿　おがわ・しょうじ　大正2年12月6日～平成19年8月2日　安中市長　→06/08

小川　昭二　おがわ・しょうじ　～平成8年1月13日　名古屋臨海鉄道社長, 愛知県企業局長　→94/96

小川　省三　おがわ・しょうぞう　明治43年4月11日～平成7年3月30日　宮内庁宮務課長　→94/96

小川　二郎　おがわ・じろう　大正14年12月11日～平成6年10月30日　明電エンジニアリング副社長, 明電舎取締役　→94/96

小川　四郎兵衛　おがわ・しろべえ　明治35年9月10日～昭和52年9月23日　尾西市長　→昭和

小川　新市　おがわ・しんいち　明治42年～平成9年5月30日　宮地建設工業社長　→97/99

小川　進一　おがわ・しんいち　大正11年11月20日～平成5年5月11日　川崎汽船専務　→91/93

小川　仁一　おがわ・じんいち　大正7年2月1日～平成14年11月24日　衆院議員(社会党)　→00/02

小川　任一郎　おがわ・じんいちろう　～平成3年3月16日　九州東芝機械社長　→91/93

小川　真司　おがわ・しんじ　昭和7年10月8日～平成1年11月30日　天龍木材常務　→88/90

小川　甚次郎(2代目)　おがわ・じんじろう　明治42年10月10日～平成5年1月28日　小川(株)会長　→91/93

小河　進　おがわ・すすむ　大正12年～平成11年4月14日　大同信号常務　→97/99

小川　進　おがわ・すすむ　昭和2年6月2日～平成8年9月11日　四街道市長　→94/96

小川　進　おがわ・すすむ　昭和3年2月16日～平成20年8月1日　萩原電気副社長　→06/08

小川　進　おがわ・すすむ　大正14年9月15日～平成21年5月14日　東邦ガス社長　→09/11

小川　捨次郎　おがわ・すてじろう　～昭和61年1月18日　丸万証券取締役, 丸万不動産社長　→83/87

小川　精　おがわ・せい　大正9年4月24日～平成23年2月4日　第一証券専務　→09/11

小川　精一　おがわ・せいいち　～昭和56年7月10日　東京都議, 小金井町長　→80/82

小川　精一　おがわ・せいいち　～平成3年10月7日　ソ連東欧貿易会専務理事　→91/93

小川　精一　おがわ・せいいち　昭和10年1月7日～平成11年10月21日　スポーツニッポン新聞東京本社取締役　→00/02s

小川　清司　おがわ・せいじ　大正9年4月6日～平成1年9月22日　ライオンズクラブ国際協会第一副会長, アパコブライダルホール社長　→88/90

小川　清四郎　おがわ・せいしろう　明治40年8月3日～昭和56年8月3日　駐ビルマ大使, 海外建設協会顧問　→80/82

小川　善一　おがわ・ぜんいち　明治41年3月21日～昭和62年6月16日　小金井市議　→83/87

小川　善吉　おがわ・ぜんきち　明治40年2月16日～平成9年1月28日　横浜地方裁判所所長　→97/99

小川　宗一　おがわ・そういち　明治34年5月7日～平成2年7月30日　太平洋工業名誉会長, 元社長, 日本軟式庭球連盟名誉副会長　→88/90

小川 宗之助　おがわ・そうのすけ　明治44年3月1日～平成12年3月10日　日本プレスセンター監査役　→00/02

小川 泰右　おがわ・たいすけ　昭和8年4月9日～平成1年6月29日　朝日新聞監査役　→88/90

小川 隆司　おがわ・たかし　昭和10年9月23日～昭和61年8月2日　ボーソー油脂常務取締役　→83/87

小川 隆司　おがわ・たかし　大正14年5月24日～平成19年7月10日　トンボ鉛筆社長　→06/08

小川 卓三　おがわ・たくぞう　大正15年8月27日～平成6年5月19日　ジャパンエナジー常務　→94/96

小川 卓海　おがわ・たくみ　昭和6年9月12日～平成8年3月14日　神戸市助役　→94/96

小川 竹夫　おがわ・たけお　～平成6年3月6日　大東証券会長　→94/96

尾川 武夫　おがわ・たけお　明治30年11月3日～平成4年3月26日　東京相互銀行（のち東京相和銀行）会長　→91/93

小川 毅　おがわ・たけし　大正11年11月8日～平成4年11月1日　大成ロテック専務　→91/93

小川 毅　おがわ・たけし　大正2年6月25日～平成11年4月10日　日本無機社長　→97/99

小川 剛　おがわ・たけし　大正10年6月1日～平成10年10月19日　弁護士　日本弁護士連合会副会長、名古屋弁護士会会長　→97/99

小川 剛　おがわ・たけし　大正5年1月13日～平成13年12月2日　明石市長　→00/02

小川 豪　おがわ・たけし　大正4年～昭和56年4月16日　高松地裁所長　→80/82

小川 武　おがわ・たけし　大正10年7月27日～平成14年6月28日　第一中央汽船副社長　→00/02

小川 武助　おがわ・たけすけ　大正11年9月28日～平成3年3月22日　神鋼商事取締役　→91/93

小川 武満　おがわ・たけみつ　大正2年11月1日～平成15年12月14日　牧師、医師　日本基督教会無任所教師、平和遺族会全国連絡会代表、神奈川反核医師の会世話人代表　→03/05

小川 董　おがわ・ただす　大正5年1月26日～平成11年5月3日　大同特殊鋼副社長　→97/99

小川 忠光　おがわ・ただみつ　大正3年5月23日～昭和63年1月4日　宇部興産取締役　→88/90

小川 立義　おがわ・たつよし　昭和16年4月14日～平成9年4月19日　大阪府議（新進党）　→97/99

小川 玉子　おがわ・たまこ　大正15年2月9日～平成11年10月11日　神奈川県議（社会党）　→97/99

小川 忠作　おがわ・ちゅうさく　～昭和56年5月17日　全国ラジオテレビ電機組合連合会会長　→80/82

小川 悌二郎　おがわ・ていじろう　～昭和61年5月20日　富士車両副社長　→83/87

小川 徹雄　おがわ・てつお　昭和18年11月26日～平成19年12月17日　ビジョン専務　→06/08

尾川 徹郎　おがわ・てつろう　～昭和48年11月21日　文京区長　～昭和

小川 照次　おがわ・てるじ　大正3年5月28日～平成3年3月10日　日本油脂相談役　→91/93

小川 伝治　おがわ・でんじ　～昭和58年11月8日　全国食肉事業協同組合連合会会長　→83/87

小川 藤吉郎　おがわ・とうきちろう　昭和12年12月2日～平成3年10月8日　東京都議（自民党）　→91/93

小川 亨　おがわ・とおる　大正13年3月10日～昭和59年9月16日　日本ゼオン専務　→83/87

小川 徳次郎　おがわ・とくじろう　～平成9年2月19日　弁護士　日本弁護士連合会副会長、千葉県弁護士会会長　→97/99

小川 俊昭　おがわ・としあき　昭和6年1月1日～昭和63年12月5日　日栄証券取締役相談役　→88/90

小川 利男　おがわ・としお　大正12年6月13日～平成4年5月9日　三菱伸銅副社長　→91/93

小川 巴　おがわ・ともえ　明治32年2月24日～平成3年1月20日　山口銀行常務　→91/93

小川 知速　おがわ・ともはや　明治41年3月12日～平成7年5月20日　ジャパンライン（のちナビックスライン）専務　→94/96

小川 寅之助　おがわ・とらのすけ　大正15年2月15日～平成23年7月22日　士幌町（北海道）町長　→09/11

小川 とわ　おがわ・とわ　～昭和39年5月25日　トンボ鉛筆会長　→昭和

小川 直久　おがわ・なおひさ　～昭和62年1月1日　東京都計量器コンサルタント協会長、東京都計量検定所長　→83/87

小川 直良　おがわ・なおよし　明治40年11月18日～昭和61年12月4日　神滝山不動院院主、神滝山大和教団主宰　→83/87

小川 信雄　おがわ・のぶお　明治38年8月7日～平成5年11月19日　弁護士　最高裁判事、日弁連常務理事　→91/93

小川 信雄　おがわ・のぶお　明治45年7月9日～平成14年9月6日　日亜化学工業創業者　→03/05

小川 昇　おがわ・のぼる　～昭和57年5月21日　三菱電機群馬製作所暖房住設市場部長　→80/82

小川 登　おがわ・のぼる　昭和2年11月12日～平成9年5月31日　岩倉建設社長、イワクラ工業社長　→97/99

小川 元　おがわ・はじめ　大正12年7月8日～平成18年8月1日　旭化成工業副社長　→06/08

小川 肇　おがわ・はじめ　大正15年2月18日～平成16年5月18日　和光証券社長　→03/05

小川 八郎　おがわ・はちろう　～昭和38年4月3日　トンボ鉛筆社長　→昭和

小川 八郎　おがわ・はちろう　明治42年11月9日～平成1年8月21日　日本金属常務　→88/90

小川 八郎　おがわ・はちろう　昭和3年～平成4年6月19

日　日本紙業取締役　→91/93

小川　春一　おがわ・はるいち　明治30年4月16日～平成2年1月22日　大阪電気暖房（のちダイダン）取締役　→88/90

小川　半次　おがわ・はんじ　明治42年9月9日～平成6年12月26日　衆院議員,参院議員（自民党）　→94/96

小川　英明　おがわ・ひであき　昭和11年4月3日～平成23年3月13日　東京高裁部総括判事,駿河台大学法科大学院教授　→09/11

小川　秀一　おがわ・ひでいち　明治45年2月10日～平成15年3月30日　弁護士,徳島弁護士会会長　→03/05

小川　秀吉　おがわ・ひできち　大正9年～平成2年10月15日　中央自動車工業副社長　→88/90

小川　秀次　おがわ・ひでつぐ　大正5年11月6日～平成10年7月7日　小川珈琲会長　→97/99

小川　秀信　おがわ・ひでのぶ　～昭和58年1月20日　ヒサゴ印紙票会長,名古屋紙製品工業協組理事長,全日本紙製品工業組合常務理事　→83/87

小川　英明　おがわ・ひではる　～昭和55年2月1日　東京証券参与,元監査役　→80/82

小川　栄彦　おがわ・ひでひこ　～昭和61年12月14日　小吉製絨常務　→83/87

小川　秀彦　おがわ・ひでひこ　～昭和46年11月28日　日産自動車取締役　→昭和

小川　弘一　おがわ・ひろいち　～平成10年7月4日　岐阜市立歴史博物館名誉館長　→97/99

小川　洋雄　おがわ・ひろお　昭和5年11月26日～平成17年4月18日　千葉県議（自民党）　→03/05

小川　広吉　おがわ・ひろきち　昭和4年8月9日～平成1年5月11日　調布市会議長　→88/90

小川　浩　おがわ・ひろし　昭和8年～平成6年10月3日　ジャパンエキスプレス社長,大阪商船三井船舶監査役　→94/96

小川　博司　おがわ・ひろし　明治39年1月10日～平成7年5月18日　奈良県音楽芸術協会名誉会長,日商岩井仕入　→94/96

小川　広正　おがわ・ひろまさ　～昭和62年6月6日　丸藤商店専務　→83/87

小川　広己　おがわ・ひろみ　大正2年1月24日～平成8年7月21日　阪神電気鉄道副社長　→94/96

小川　裕三　おがわ・ひろみ　昭和9年11月15日～平成16年2月11日　徳島出版社長,徳島新聞理事　→03/05

小川　房次　おがわ・ふさじ　明治45年7月20日～平成6年12月19日　通信博物館長　→94/96

小川　藤子　おがわ・ふじこ　～平成8年2月28日　戦争への道を許さない女たちの会新潟代表　→94/96

小川　文七　おがわ・ぶんしち　～平成3年2月15日　東京第一実栄証券社長　→91/93

小川　平吉　おがわ・へいきち　明治12年12月1日～昭和17年2月5日　政治家　衆院議員（政友会）,司法相,鉄道相　→昭和

小川　平二　おがわ・へいじ　明治43年1月14日～平成5年7月16日　政治家　衆院議員（自民党）,労相,自治相　→91/93

小川　平四郎　おがわ・へいしろう　大正5年3月17日～平成9年7月25日　外交官　駐中国大使　→97/99

小川　豊明　おがわ・ほうめい　明治31年3月20日～昭和37年11月17日　社会運動家　衆院議員（社会党）　→昭和

小川　正周　おがわ・まさかね　～平成4年4月27日　神奈川機器工業顧問,海上保安大学校名誉教授　→91/93

小川　雅信　おがわ・まさのぶ　昭和33年10月12日～平成23年12月9日　清水銀行常務　→09/11

小川　雅久　おがわ・まさひさ　大正14年12月24日～平成17年1月17日　太平洋工業社長　→03/05

小川　又雄　おがわ・またお　明治43年1月2日～昭和61年12月25日　小川又（総合繊維卸商）会長,小倉東ロータリークラブ会長　→83/87

小川　又治　おがわ・またじ　～昭和43年2月29日　中滝製薬工業社長　→昭和

小川　松太郎　おがわ・まつたろう　昭和11年5月8日～平成14年9月26日　神奈川県議（民社党）　→00/02

小川　道明　おがわ・みちあき　昭和4年8月9日～平成8年12月23日　リブロ社長,リブロポート社長　→94/96

小川　三千男　おがわ・みちお　～平成21年4月30日　空港周辺整備機構理事　→09/11

小川　光雄　おがわ・みつお　大正10年10月12日～昭和62年4月21日　三協アルミニウム工業副社長　→83/87

小川　三男　おがわ・みつお　明治35年1月4日～昭和45年8月24日　労働運動家　衆院議員（社会党）　→昭和（小川　光生）

小川　三男　おがわ・みつお　明治42年4月27日～平成4年5月4日　富久娘酒造会長,旭化成工業取締役名誉会長　→91/93

小川　密雄　おがわ・みつお　～平成4年1月2日　日本広告社社長　→91/93

小川　睦郎　おがわ・むつろう　明治34年2月12日～平成4年10月25日　小平市長,東京都議　→91/93

小川　元治　おがわ・もとはる　昭和11年11月3日～平成3年8月13日　名古屋タイムズ開発事業局長　→91/93

小川　守男　おがわ・もりお　昭和11年1月28日～平成15年3月29日　JF全漁連代表理事副会長,JF兵庫漁連代表理事会長　→03/05

小川　守雄　おがわ・もりお　昭和5年4月8日～平成20年2月25日　タクマ副社長　→06/08

小川　康明　おがわ・やすあき　～昭和55年10月29日　石川県警本部長　→80/82

小川　保男　おがわ・やすお　～昭和45年12月11日　弁護士　→昭和

小川　安太郎　おがわ・やすたろう　～昭和1年12月28日

築庭権威者　→昭和

小川 康之助　おがわ・やすのすけ　～平成5年12月3日
山九専務　→91/93

小川 安彦　おがわ・やすひこ　～平成2年11月4日
小川金属精工社長, 西淀川工業協会会長　→88/90

小川 安久　おがわ・やすひさ　～平成15年10月18日
釧路市立博物館長, 釧路自然保護協会会長　→03/05

小川 雄一郎　おがわ・ゆういちろう　大正11年8月30日～平成21年4月8日　長崎新聞社長, 長崎県議　→09/11

小川 裕三　おがわ・ゆうぞう　明治38年3月25日～平成2年8月27日　松竹衣裳副社長, 松竹取締役　→88/90

小川 幸人　おがわ・ゆきと　昭和3年8月19日～平成12年10月23日　倉吉市立倉吉博物館長, 倉吉市教育長　→00/02

小川 浩　おがわ・ゆたか　～昭和62年3月4日
添田町(大分県)町議・元副議長　→83/87

小川 豊　おがわ・ゆたか　昭和10年11月25日～平成14年1月10日　岐阜県議(自民党), 美濃生コン社長　→00/02

尾河 洋一　おがわ・よういち　昭和4年11月25日～平成14年1月12日　富士ゼロックス専務　→00/02

小川 義男　おがわ・よしお　昭和2年6月2日～平成17年8月15日　新潟県議(社民党)　→03/05

小川 義男　おがわ・よしお　大正2年9月8日～平成23年11月10日　住友軽金属工業社長　→09/11

小川 義夫　おがわ・よしお　昭和2年2月2日～平成11年9月21日　玉野総合コンサルタント社長　→97/99

小川 義雄　おがわ・よしお　明治32年～昭和11年
社会運動家　→昭和

小川 義嘉　おがわ・よしか　昭和2年9月15日～平成21年8月4日　日本電波工業会長　→09/11

小川 芳樹　おがわ・よしき　昭和33年3月19日
三菱長崎造船所顧問　→昭和

小川 佳三　おがわ・よしぞう　昭和58年1月4日
日研化学常務　→83/87

小川 宜孝　おがわ・よしたか　昭和62年4月22日
中越合金鋳工相談役　→83/87

小川 義人　おがわ・よしと　大正9年1月27日～平成1年10月28日　社会党千葉県本部執行委員, 千葉市議　→88/90

小川 嘉治　おがわ・よしはる　大正14年8月18日～平成2年11月3日　小川香料社長　→88/90

小川 義郎　おがわ・よしろう　昭和57年8月12日
博報堂前経理局長　→80/82

小川 頼一　おがわ・よりかず　大正10年3月4日～昭和57年6月29日　三光汽船常務　→80/82

小川 利一　おがわ・りいち　～昭和61年2月20日
海老丈社長　→83/87

小川 俐一　おがわ・りいち　明治44年7月10日～平成8年4月29日　三京化成会長　→94/96

小川 龍　おがわ・りょう　明治11年4月～昭和7年2月22日　海軍軍医中将　→昭和

小川 良　おがわ・りょう　～平成4年5月7日
東京都老人クラブ連合会会長, 立川市会議員　→91/93

小川 良次　おがわ・りょうじ　～昭和62年6月28日
練馬区町会連合会(東京都)会長　→83/87

小川 良三　おがわ・りょうぞう　昭和18年11月22日～平成16年3月29日　最高検検事, 徳島地検検事正　→03/05

小川 玲之輔　おがわ・れいのすけ　～昭和59年1月10日
実業之日本社取締役販売本部長　→83/87

岡和田 安利　おかわだ・やすとし　大正6年2月2日～平成1年9月24日　千代田化工建設取締役　→88/90

小河原 賢一　おがわら・けんいち　大正6年10月31日～昭和60年6月23日　日本経済新聞社客員・元取締役大阪本社販売局長　→83/87

小河原 史郎　おがわら・しろう　～平成7年3月30日
日韓協力委員会専務理事　→94/96

沖 栄治郎　おき・えいじろう　昭和3年7月23日～平成19年8月6日　ソニー常務　→06/08

沖 勝治　おき・かつじ　昭和6年6月21日～平成20年9月21日　苅田町(福岡県)町長　→06/08

沖 健一　おき・けんいち　昭和5年8月8日～昭和59年9月12日　明星工業常務　→83/87

沖 健吉　おき・けんきち　大正2年8月23日～昭和61年4月20日　スタンダード通信社社長　→83/87

沖 広治　おき・こうじ　～平成13年11月10日
メゾンドフランス社長, オーケーアイ音楽出版代表, ジロー創業者　→00/02

沖 周　おき・しゅう　～平成21年6月6日
海将　海上自衛隊第三術科学校長　→09/11

隠樹 史朗　おき・しろう　昭和20年8月18日～平成12年3月16日　四国旅客鉄道常務　→00/02

沖 外夫　おき・そとお　大正14年8月12日～昭和61年6月28日　三協アルミニウム工業社長, 参院議員(自民党)　→83/87

荻 諦忍　おぎ・たいにん　～昭和58年1月1日
浄土真宗本願寺派総務　→83/87

隠岐 隆英　おき・たかふさ　明治40年5月25日～平成2年6月9日　神鋼フアウドラー(のち神鋼パンテック)取締役　→88/90

荻 正　おぎ・ただし　～平成13年12月20日
カネボウ常務　→00/02

小木 貞一　おぎ・ていいち　明治36年5月1日～平成5年9月20日　弁護士　愛知学院大学教授, 東京地裁判事, 衆議院法務委員会専門委員　→91/93

沖 友二　おき・ともじ　大正11年5月30日～平成18年7月22日　日本信号副社長　→06/08

沖 豊治　おき・とよじ　明治32年6月16日～昭和56年6月6日　兼松社長　→80/82

I 政治・経済・社会篇　　　　　　　　おきね

沖 直道　おき・なおみち　明治10年～昭和7年10月16日　陸軍少将　参謀本部第三部長　→昭和

沖 博　おき・ひろし　大正4年7月19日～平成17年10月25日　大和重工常務　→03/05

小城 博　おぎ・ひろし　大正3年11月6日～昭和57年1月14日　タイホー社長　→80/82

沖 鳳亀　おき・ほうき　明治35年9月27日～平成7年4月20日　僧職　大本山妙顕寺住職　→94/96

雄城 雅嘉　おぎ・まさか　昭和3年5月29日～平成8年11月15日　富士通専務　→94/96

沖 正忠　おき・まさただ　～昭和55年11月15日　大洋漁業常務　→80/82

沖 正弘　おき・まさひろ　大正10年11月8日～昭和60年7月25日　宗教家、著述業　(宗)求道実行会密教ヨガ修道場導師、国際総合ヨガ協会会長　→83/87

沖 良人　おき・よしと　明治41年6月20日～昭和59年11月2日　親和銀行取締役　→83/87

隠岐 琳三　おき・りんぞう　大正9年2月12日～平成4年7月23日　岡山県警本部長、秋田県警本部長、名古屋テレビ常務　→91/93

沖井 修　おきい・おさむ　昭和3年5月12日～平成17年4月1日　広島県議(自民党)　→03/05

沖井 道雄　おきい・どうゆう　～平成9年11月6日　僧職　本光寺(浄土真宗)住職、浄土真宗本願寺派総務　→97/99

尾岸 長造　おぎし・ちょうぞう　明治43年9月15日～昭和63年4月14日　三井液化ガス副会長、三井物産取締役　→88/90

荻島 国男　おぎしま・くにお　昭和18年12月3日～平成4年4月28日　厚生省生活衛生局水道環境部計画課長　→91/93

荻島 峰五郎　おぎしま・みねごろう　大正4年10月10日～平成3年6月5日　全日本愛国者団体会議議長、愛国青年連盟会長　→91/93

荻島 良一　おぎしま・りょういち　～平成11年4月8日　ラヂオプレス理事長　→97/99

荻巣 東　おぎす・あずま　大正15年8月19日～平成8年2月28日　東亜電波工業専務　→94/96

荻巣 賢一　おぎす・けんいち　大正2年7月1日～平成3年10月9日　常盤写真用品会長、全国写真流通商社連合会理事　→91/93

荻須 純道　おぎす・じゅんどう　明治40年5月29日～昭和61年9月19日　僧職、仏教史学者　花園大学名誉教授、妙心寺塔頭福寿院住職　→83/87

荻洲 立兵　おぎす・りゅうへい　明治17年1月24日～昭和24年12月22日　陸軍中将　→昭和

小木曽 法　おぎそ・さだむ　大正15年8月3日～平成21年1月4日　北村(北海道)村長　→09/11

小木曽 正勝　おぎそ・まさかつ　昭和2年～昭和60年1月22日　万有製薬取締役　→83/87

小木曽 本雄　おぎそ・もとお　大正8年12月21日～平成5年3月16日　駐国連大使　→91/93

小木曽 本浩　おぎそ・もとひろ　大正14年6月2日～平成19年7月24日　大正海上火災保険専務　→06/08

沖田 勇　おきた・いさむ　明治41年3月30日～平成10年10月10日　そうご電器会長　→97/99

荻田 英二　おぎた・えいじ　～昭和55年11月26日　金井重要工業副社長、元日本不織布工業会会長　→80/82

沖田 悦郎　おきた・えつろう　明治44年11月20日～昭和58年10月17日　クラレ専務、クラレ不動産社長、大阪キワニスクラブ会長　→83/87

沖田 喜一郎　おきた・きいちろう　～昭和62年11月9日　大和通信工業(株)取締役会長　→83/87

荻田 セキ子　おぎた・せきこ　大正11年～昭和63年7月29日　留学生問題にとり組む　→88/90

置田 忠義　おきた・ただよし　～昭和57年2月23日　全国農業会議所副会長、大阪府農業会議会長　→80/82

荻田 保　おぎた・たもつ　明治41年9月2日～平成15年4月9日　地方公営企業金融公庫総裁　→03/05

沖田 利夫　おきた・としお　大正4年7月1日～平成14年2月21日　極東貿易社長　→00/02

荻田 信正　おぎた・のぶまさ　大正6年2月4日～平成19年1月2日　西部電機社長　→06/08

沖田 裕　おきた・ひろし　～平成17年6月1日　陸将　陸上自衛隊第10師団長　→03/05

荻田 正明　おぎた・まさあき　～平成3年8月20日　長谷工コーポレーション取締役、三晃金属工業常務　→91/93

沖田 正人　おきた・まさと　昭和4年2月15日～平成13年6月15日　衆院議員(社会党)　→00/02

荻田 幸盛　おぎた・ゆきもり　～昭和62年2月22日　うつのみや常務　→83/87

興津 一夫　おきつ・かずお　明治42年8月1日～昭和56年11月24日　自動車部品製造社長、いすゞ自動車取締役　→80/82

沖津 くら　おきつ・くら　明治40年～平成18年8月11日　医師　神奈川県議　→06/08

沖津 正巳　おきつ・まさみ　大正6年5月19日～平成13年8月23日　エフエム中九州社長　→00/02

興津 猿雄　おきつ・ましお　～平成6年1月10日　東京光学機械(のちトプコン)取締役　→94/96

翁 久次郎　おきな・きゅうじろう　大正10年10月8日～平成8年9月2日　全国社会福祉協議会会長　→94/96

翁 孝文　おきな・たかふみ　～昭和55年5月9日　倉敷国際ホテル相談役、大原美術館副理事長　→80/82

沖中 秀夫　おきなか・ひでお　大正15年1月24日～平成12年7月13日　菟田野町(奈良県)町長　→00/02

荻根 丈之助　おぎね・じょうのすけ　～昭和13年5月17日　陸軍少将　→昭和

荻野 益三郎 おぎの・えきさぶろう 明治30年9月1日～昭和59年3月9日 弁護士 大阪高裁長官 →83/87

荻野 鑵一郎 おぎの・かくいちろう ～昭和62年8月1日 弁護士 旭川地検検事正 →83/87

荻野 和夫 おぎの・かずお ～昭和59年12月18日 日本エクスラン工業専務 →83/87

荻野 清士 おぎの・きよし 昭和11年2月9日～平成23年4月30日 香川県副知事 →09/11

荻野 謙三 おぎの・けんぞう 明治37年6月8日～平成1年10月13日 日本信託銀行常務 →88/90

荻野 幸作 おぎの・こうさく 明治44年4月8日～平成4年2月26日 黒部市長 →91/93

荻野 定一郎 おぎの・さだいちろう ～昭和55年9月27日 弁護士 第一東京弁護士会長 →80/82

沖野 悟 おきの・さとる 明治34年1月～昭和39年5月1日 岐阜県知事 →昭和

荻野 準平 おぎの・じゅんぺい 明治42年6月1日～平成13年1月22日 静岡市長 →00/02

荻野 正一 おぎの・しょういち 大正1年11月29日～平成13年6月2日 荻野製作所社長 →00/02

荻野 末雄 おぎの・すえお ～昭和58年3月10日 荻野製作所社長 →83/87

荻野 澄子 おぎの・すみこ 昭和16年9月16日～平成12年10月30日 東京都福祉局長 →00/02

沖野 威 おきの・たけし 昭和2年3月16日～平成23年4月16日 名古屋高裁官、桜美林大学名誉教授 →09/11

荻野 武 おぎの・たけし 明治42年3月8日～平成8年11月11日 京都府議(社会党) →94/96

荻野 忠一 おぎの・ちゅういち ～昭和61年1月8日 スチロ化学工業所会長 →83/87

沖野 輝起 おきの・てるき 明治45年4月13日～平成15年11月23日 新日本証券常務 →03/05

沖野 友栄 おきの・ともえい ～平成13年11月6日 琉球政府奄美地方庁長 →00/02

荻野 一 おぎの・はじめ 明治31年5月28日～昭和56年11月9日 山陽特殊製鋼社長 →80/82

荻野 寛 おぎの・ひろし ～平成4年6月11日 日本発明振興協会理事 →91/93

荻野 浩 おぎの・ひろし 大正15年3月19日～平成22年5月3日 オギノ社長,甲府商工会議所会頭 →09/11

荻野 福夫 おぎの・ふくお 大正9年1月31日～昭和62年4月27日 大成道路常務 →83/87

沖野 政雄 おきの・まさお ～平成6年4月22日 北海道議 →94/96

荻野 正孝 おぎの・まさたか ～昭和26年3月17日 第一銀行頭取 →昭和

荻野 優 おぎの・まさる 大正2年10月30日～平成6年7月7日 国産自動車交通会長,春日商事社長,東京日産自動車販売副社長 →94/96

荻野 義夫 おぎの・よしお 大正6年1月5日～平成17年10月30日 日本光電社長 →03/05

荻原 彰 おぎはら・あきら ～平成4年2月12日 ミランダカメラ会長 →91/93

沖原 薫 おきはら・かおる ～昭和58年10月15日 沖装会長 →83/87

沖原 光孚 おきはら・こうふ 嘉永1年3月3日～昭和6年9月11日 陸軍中将,男爵 貴院議員 →昭和

荻原 秀 おぎはら・しゅう 大正14年9月18日～平成9年8月1日 杏林製薬会長 →97/99

荻原 俊 おぎはら・しゅん ～平成15年1月22日 藤岡市長 →03/05

荻原 伯永 おぎはら・はくえい 明治42年3月22日～平成11年10月13日 日本経済新聞取締役総務局長,日本経済社社長 →97/99

荻原 平八郎 おぎはら・へいはちろう 大正6年10月30日～平成6年5月11日 千代田証券社長 →94/96

荻村 昇 おぎむら・のぼる ～昭和61年8月14日 千代田区(東京都)文化財保護調査員 →83/87

沖村 文雄 おきむら・ふみお 昭和12年5月29日～平成5年8月31日 栃木新聞取締役 →91/93

置本 庄司 おきもと・しょうじ 大正6年2月25日～平成14年1月3日 三宅町(奈良県)町長 →00/02

沖本 忠晴 おきもと・ただはる 大正13年5月19日～平成2年2月16日 日本ヘラルド映画取締役相談役・元常務 →88/90

沖本 歳行 おきもと・としゆき 大正15年2月27日～平成5年3月30日 広島県議(自民党) →91/93

沖本 友市 おきもと・ともいち ～昭和62年8月1日 福博倉庫取締役会長,川崎町(福岡県)町長 →83/87

沖本 益満 おきもと・ますみつ 昭和8年9月1日～平成20年3月10日 五洋建設常務 →06/08

沖本 泰幸 おきもと・やすゆき 大正9年10月20日～昭和60年6月14日 衆院議員(公明党) →83/87

沖森 源一 おきもり・げんいち 明治32年8月～昭和26年8月14日 佐賀県知事 →昭和

沖森 直三郎 おきもり・なおざぶろう ～平成2年5月1日 沖森書店店主 →88/90

荻谷 昭 おぎや・あきら 昭和18年5月18日～平成4年4月9日 西洋フードシステムズ専務 →91/93

荻谷 耕一 おぎや・こういち 昭和7年7月2日～平成5年5月16日 新和海運専務 →91/93

荻矢 頼雄 おぎや・よりお ～平成5年7月30日 弁護士 日本弁護士連合会常務理事,大阪弁護士会副会長 →91/93

沖山 捨雄 おきやま・すてお ～昭和62年12月7日 呉市議 →83/87

荻山 虎雄 おぎやま・とらお 明治35年10月7日～昭和60年2月17日 弁護士 日弁連会長 →83/87

おくかわ

沖山 幹夫 おきやま・みきお ～平成6年4月5日 警視庁通信指令本部長 →94/96

沖山 満 おきやま・みつる ～平成5年2月1日 墨田区会議長 →91/93

荻原 丑松 おぎわら・うしまつ 明治35年1月8日～昭和63年11月12日 日清製粉常務 →88/90

荻原 一幹 おぎわら・かずよし 昭和4年～平成7年7月9日 実栄証券相談役、東京第四実栄証券社長 →94/96

荻原 克己 おぎわら・かつみ 明治44年5月20日～平成20年1月31日 長野県議、飯山市長 →06/08

荻原 重美 おぎわら・しげよし 明治42年8月14日～昭和60年9月4日 横浜銀行副頭取 →83/87

荻原 昌次 おぎわら・しょうじ 明治37年5月8日～昭和56年5月24日 森永乳業専務、清水乳業社長 →80/82

荻原 只雄 おぎわら・ただお 明治40年3月21日～昭和58年4月8日 エヌ・テー・エヌ東洋ベアリング社顧問・元副社長 →83/87

荻原 達雄 おぎわら・たつお 昭和13年10月2日～平成13年11月11日 日本毛織常務 →00/02

荻原 貞興 おぎわら・ていこう 大正5年4月30日～平成7年2月10日 僧侶 輪王寺（日光山）門跡 →94/96

荻原 輝美 おぎわら・てるよし 大正6年2月27日～昭和60年3月5日 東鋼興業社長、元東伸製鋼常務 →83/87

荻原 豊次 おぎわら・とよじ 明治27年9月20日～昭和53年2月10日 農業 保温折衷苗代の創案者 →昭和

荻原 八郎 おぎわら・はちろう 明治39年～昭和58年4月27日 荻原鉄工所会長 →83/87

荻原 光 おぎわら・ひかる ～昭和59年7月15日 九州電力企画室部長 →83/87

荻原 広 おぎわら・ひろし 明治24年9月16日～昭和47年11月25日 杏林製薬創業者 →昭和

荻原 弘 おぎわら・ひろし 明治40年6月3日～平成5年5月14日 小倉興産社長 →91/93

荻原 益三 おぎわら・ますぞう 昭和8年1月2日～平成17年6月6日 電通常務、ビデオリサーチ社長 →03/05

荻原 麟次郎 おぎわら・りんじろう 明治40年3月15日～平成9年4月4日 秋田県議 →97/99

奥 和男 おく・かずお 昭和57年2月7日～平成13年4月2日 平和奥田社長 →00/02

奥 克彦 おく・かつひこ 昭和33年1月3日～平成15年11月29日 在英国大使館大使 →03/05

奥 亀之助 おく・かめのすけ ～昭和12年4月8日 陸軍大佐 →昭和

奥 清 おく・きよし 大正14年8月12日～平成14年1月22日 滋賀県議（連合） →00/02

奥 五一 おく・ごいち ～昭和55年10月7日 西宮市長 →80/82

奥 好察 おく・こうさつ ～昭和14年4月18日 宮内省楽部主事 →昭和

奥 浩平 おく・こうへい 昭和18年10月9日～昭和40年3月6日 新左翼運動家 →昭和

奥 佐一 おく・さいち 昭和3年4月9日～平成13年12月25日 ゼネラル常務 →00/02

奥 主一郎 おく・しゅいちろう 明治27年9月12日～昭和51年11月22日 参院議員（自民党） →昭和

奥 秀三 おく・しゅうそう ～平成3年8月25日 小野田セメント常務 →91/93

奥 大節 おく・たいせつ 明治22年10月19日～昭和45年1月24日 僧侶 臨済宗方広寺派管長、万寿寺住職 →昭和

奥 徹郎 おく・てつろう ～平成5年7月12日 広島銀行取締役 →91/93

奥 藤三 おく・とうぞう 明治40年7月14日～平成6年8月6日 甲南電機会長、西宮商工会議所名誉会頭 →94/96

奥 久登 おく・ひさと 明治14年4月～昭和49年8月18日 衆院議員（進歩党） →昭和

奥 日出夫 おく・ひでお 大正14年1月16日～平成18年3月3日 広島県議 →06/08

奥 光夫 おく・みつお 大正11年2月15日～平成7年1月8日 三井東圧化学常務 →94/96

奥 むめお おく・むめお 明治28年10月24日～平成9年7月7日 女性運動家 主婦連名誉会長、参院議員（参院同志会） →97/99

奥 保鞏 おく・やすかた 弘化3年11月19日～昭和5年7月19日 陸軍大将、元帥、伯爵 →昭和

奥 安次 おく・やすじ 昭和6年8月26日～平成8年6月28日 東芝専務 →94/96

奥秋 為公 おくあき・ためきみ ～平成12年10月28日 警察庁東北管区警察局長 →00/02

奥井 朗 おくい・あきら 大正11年8月31日～平成22年7月25日 アサヒビール常務 →09/11

奥井 功 おくい・いさお 昭和6年9月3日～平成20年9月8日 積水ハウス社長 →06/08

奥井 清澄 おくい・きよすみ ～昭和48年1月6日 明星食品社長 →昭和

奥井 桂一郎 おくい・けいいちろう 大正2年3月3日～平成9年12月14日 信越化学工業副会長・副社長 →97/99

奥井 脩策 おくい・しゅうさく 大正13年2月18日～平成11年11月9日 中国工業社長 →97/99

奥井 善三郎 おくい・ぜんざぶろう 明治40年4月20日～昭和63年8月12日 富山冷蔵代表取締役社長 →88/90

奥井 大三 おくい・だいぞう 大正15年1月1日～平成18年1月6日 春本鉄工所社長 →06/08

奥井 弘 おくい・ひろし 昭和10年10月23日～昭和62年2月6日 富山中央水産社長、富山県軟式庭球連盟会長 →83/87

奥尾 幸一 おくお・こういち 昭和6年4月25日～平成20年6月8日 朝日新聞常務、日本高校野球連盟副会長 →06/08

奥河 佐嘉喜 おくがわ・さかき ～平成6年9月4日

日本鋪道専務　→94/96

奥川 富弥　おくがわ・とみや　大正3年3月2日〜平成13年3月29日　黒崎窯業常務　→00/02

奥川 真澄　おくかわ・ますみ　〜平成3年8月21日
静岡少年鑑別所長　→91/93

奥坂 一夫　おくさか・かずお　大正13年1月4日〜平成4年7月21日　石原産業取締役　→91/93

奥崎 謙三　おくざき・けんぞう　大正9年2月1日〜平成17年6月16日　陸軍上等兵　記録映画「ゆきゆきて、神軍」の主人公　→03/05

奥沢 一洋　おくざわ・かずひろ　昭和7年1月18日〜平成11年9月29日　三芝工業社長　→97/99

奥沢 孝一　おくざわ・こういち　〜昭和57年9月20日
東京ニュース通信社取締役　→80/82

奥沢 庄太郎　おくざわ・しょうたろう　明治38年1月18日〜昭和58年8月12日　神奈川相互銀行社長、横浜銀行監査役　→83/87

奥沢 善次　おくざわ・ぜんじ　明治42年11月4日〜昭和63年4月25日　服部セイコー常務　→88/90

奥沢 武雄　おくざわ・たけお　大正9年4月20日〜平成11年5月20日　三和シヤッター工業専務　→97/99

小串 清一　おぐし・せいいち　明治9年6月〜昭和36年9月24日　衆議院議員,参議院議員(自由党)　→昭和

小楠 正雄　おぐす・まさお　〜平成7年6月30日
(財)桜田会理事長　→94/96

奥住 源蔵　おくずみ・げんぞう　〜昭和57年4月7日
(株)奥住マネジメント研究所取締役　→80/82

奥住 高彦　おくずみ・たかひこ　大正14年11月20日〜昭和60年5月26日　富士電機専務　→83/87

奥住 富次郎　おくずみ・とみじろう　〜昭和48年8月6日
第一生命保険相互常務　→昭和

奥住 道次　おくずみ・みちじ　大正15年3月12日〜平成16年8月12日　三菱商事常務　→03/05

奥苑 平八　おぞの・へいはち　〜平成8年12月18日
中部電気工業社長,知多エルエヌジー専務　→94/96

奥園 雅彦　おぞの・まさひこ　昭和4年6月28日〜平成10年1月28日　筑邦銀行常務　→97/99

奥田 光　おくだ・あきら　大正8年1月21日〜昭和62年7月29日　三菱自動車工業副社長,日本自動車エンジニアリング相談役　→83/87

奥田 彰　おくだ・あきら　〜平成23年11月26日
オンワードホールディングス専務執行役員　→09/11

奥田 英一　おくだ・えいいち　大正12年4月16日〜昭和61年3月21日　大垣機工会長　→83/87

奥田 乙治郎　おくだ・おとじろう　〜平成4年11月3日
ホノルル副領事　→91/93

奥田 角四郎　おくだ・かくしろう　慶応4年7月〜昭和2年7月25日　陸軍軍人　→昭和

奥田 克己　おくだ・かつみ　〜昭和56年8月24日

三菱造船常務　→80/82

奥田 喜久司　おくだ・きくじ　〜昭和14年11月4日
海軍少将　→昭和

奥田 金之助　おくだ・きんのすけ　〜昭和55年4月6日
三陽商会社長　→80/82

奥田 敬和　おくだ・けいわ　昭和2年11月26日〜平成10年7月16日　衆院議員(民主党),運輸相　→97/99

奥田 健策　おくだ・けんさく　大正10年4月15日〜昭和62年10月29日　東京家裁調停委員,毎日新聞出版事業本部企画室長,外務省文化一課専門官　→83/87

奥田 定則　おくだ・さだのり　明治41年10月15日〜昭和62年7月6日　明治製菓常務　→83/87

奥田 三郎　おくだ・さぶろう　大正3年1月1日〜昭和63年1月28日　宮地建設工業常務　→88/90

奥田 三郎　おくだ・さぶろう　〜昭和63年3月26日
岐阜県漁協連合会副会長,益田川漁協組合長,東海温泉開発社長　→88/90

奥田 慈応　おくだ・じおう　明治31年12月8日〜昭和63年6月5日　四天王寺国際仏教大学長,和宗総本山四天王寺管長　→88/90

奥田 繁喜　おくだ・しげき　〜昭和60年10月25日
元綾部市議　→83/87

奥田 脩　おくだ・しゅう　大正4年6月29日〜平成2年9月10日　住金物産社長　→88/90

奥田 四郎　おくだ・しろう　大正3年4月11日〜平成21年7月11日　王子製紙常務　→09/11

奥田 新三　おくだ・しんぞう　〜昭和53年9月23日
商工事務次官　→昭和

奥田 晋　おくだ・すすむ　昭和9年10月29日〜平成6年1月31日　三井金山常務　→94/96

奥田 清左衛門　おくだ・せいざえもん　昭和3年2月28日〜平成3年8月27日　浅沼組常務　→91/93

奥田 善一郎　おくだ・ぜんいちろう　〜昭和44年4月25日　四国電力取締役　→昭和

奥田 宗太郎　おくだ・そうたろう　明治22年10月18日〜昭和20年6月　社会運動家　→昭和

奥田 竹男　おくだ・たけお　明治42年8月20日〜平成4年12月10日　東放企業顧問,東海ラジオ放送専務,御嶽鈴蘭高原観光開発専務　→91/93

奥田 武甲　おくだ・たけかつ　明治36年9月10日〜昭和56年11月16日　第一銀行常務,峰岸不動産会長　→80/82

奥田 武彦　おくだ・たけひこ　大正11年1月20日〜昭和60年2月17日　ジャパンライン常務　→83/87

奥田 正司　おくだ・ただし　昭和7年1月17日〜平成23年9月14日　第一勧業銀行頭取　→09/11

奥田 哲男　おくだ・てつお　昭和4年10月19日〜昭和57年4月26日　三井銀行理事・日比谷支店長　→80/82

奥田 亨　おくだ・とおる　明治43年2月17日〜昭和60年10月25日　北海道東北開発公庫監事　→83/87

奥田 徹　おくだ・とおる　昭和25年12月22日〜平成16年

4月12日　シャープ取締役　→03/05

奥田 俊郎　おくだ・としろう　大正15年11月5日～昭和63年3月23日　テレビ新広島専務　→88/90

奥田 豊三　おくだ・とよぞう　明治41年1月20日～昭和58年10月7日　水沢緯度観測所長　→83/87

奥田 豊之介　おくだ・とよのすけ　大正15年12月9日～平成5年4月12日　日本橋梁監査役,日商岩井監査役　→91/93

奥田 直道　おくだ・なおみち　大正6年10月9日～平成21年2月10日　東鉄工業常務　→09/11

奥田 昇　おくだ・のぼる　大正8年5月10日～平成13年8月5日　住友電設常務　→00/02

奥田 教朝　おくだ・のりとも　明治43年～平成6年8月7日　日本都市計画学会会長　→94/96

奥田 治己　おくだ・はるみ　昭和63年4月11日　岩倉市土地改良区副理事長,愛知県議　→88/90

奥田 等　おくだ・ひとし　～平成9年9月1日　運輸省船舶技術研究所所長　→97/99

奥田 雅雄　おくだ・まさお　～昭和62年3月16日　協和醱酵工業常務　→83/87

奥田 正貫　おくだ・まさつら　昭和5年1月16日～平成16年12月14日　住金物産副社長　→03/05

奥田 光治　おくだ・みつはる　大正8年7月22日～昭和62年5月11日　奥田社長,近畿製紙原料直納商工組合理事長　→83/87

奥田 実　おくだ・みのる　大正6年5月28日～平成7年12月26日　センコー専務　→94/96

奥田 元雄　おくだ・もとお　昭和5年2月11日～平成12年10月7日　林兼産業常務　→00/02

奥田 元三郎　おくだ・もとさぶろう　～平成4年9月1日　日本電池監査役　→91/93

奥田 祐士　おくだ・ゆうじ　昭和6年10月14日～平成6年2月20日　京連自動車社長,京都タクシー社長　→94/96

奥田 行則　おくだ・ゆきと　明治44年5月25日～平成11年7月4日　僧侶,全国保護司連盟副会長　→97/99

奥田 良雄　おくだ・よしお　～平成4年4月10日　東燃総合サービス社長　→91/93

奥田 嘉治　おくだ・よしはる　明治33年5月20日～平成3年8月22日　弁護士,俳人　大阪高裁長官　→91/93

奥田 善彦　おくだ・よしひこ　昭和4年8月2日～平成8年3月17日　モナーテ社長　→94/96

奥田 良三　おくだ・りょうぞう　明治36年5月15日～平成1年12月22日　奈良県知事　→88/90

奥平 泉一　おくだいら・せんいち　～昭和53年3月26日　住友信託会長　→昭和

奥平 剛士　おくだいら・たけし　昭和20年7月21日～昭和47年5月30日　日本赤軍活動家　→昭和

奥平 次男　おくだいら・つぎお　昭和5年3月15日～平成2年6月1日　商工中金理事　→88/90

奥平 恒雄　おくだいら・つねお　昭和15年5月10日～平成12年5月29日　名古屋市議（自由党）　→00/02

奥平 浩　おくだいら・ひろし　大正5年12月30日～平成16年5月2日　日鉄鉱業常務　→03/05

奥平 正俊　おくだいら・まさとし　～昭和55年12月7日　百十四銀行取締役　→80/82

奥平 昌信　おくだいら・まさのぶ　～昭和59年11月5日　旧・中津藩奥平家第十七代当主　→83/87

奥平 隆一　おくだいら・りゅういち　～昭和2年6月21日　航空兵大尉　→昭和

奥谷 昭　おくたに・あきら　～昭和60年5月6日　岐阜日産自動車社長　→83/87

奥谷 武夫　おくたに・たけお　～平成9年6月20日　兵庫県議　→97/99

奥谷 通　おくたに・とおる　昭和26年10月7日～平成15年7月8日　衆院議員（自民党）　→03/05

奥谷 松治　おくたに・まつじ　明治36年2月15日～昭和53年7月4日　消費組合運動家　暁星商業短期大学教授　→昭和

小口 明　おぐち・あきら　～平成15年9月8日　日東紡常務　→03/05

小口 篤　おぐち・あつし　昭和14年9月22日～平成1年6月11日　日本長期信用銀行国際総務部長　→88/90

小口 郁男　おぐち・いくお　明治37年11月10日～平成3年11月20日　協栄生命保険常務　→91/93

小口 賢三　おぐち・けんぞう　大正9年9月16日～平成13年5月27日　繊維労連委員長　→00/02

小口 晃平　おぐち・こうへい　明治44年11月24日～平成4年7月14日　カクホン電機工業会長,岡谷商工会議所会頭　→91/93

小口 昭三　おぐち・しょうぞう　～昭和59年5月30日　小口精機社長　→83/87

小口 善重　おぐち・ぜんじゅう　安政2年～昭和14年6月6日　長野県製糸業組合長　→昭和（おぐち・よししげ）

小口 武雄　おぐち・たけお　明治35年4月22日～昭和60年9月11日　東京消防庁警防部長　→83/87

小口 富士　おぐち・ふじ　～平成1年4月10日　富士通顧問・元副社長　→88/90

小口 雄三　おぐち・ゆうぞう　昭和15年9月11日～平成22年2月14日　三協精機製作所社長　→09/11

小口 幸男　おぐち・ゆきお　大正15年10月16日～昭和63年4月25日　石川島播磨重工業副社長　→88/90

小口 幸夫　おぐち・ゆきお　明治40年11月22日～平成10年12月28日　石油資源開発常務　→97/99

小口 芳彦　おぐち・よしひこ　大正10年7月22日～昭和61年9月28日　（株）横浜みなとみらい21常務,三菱地所顧問,岩手県副知事　→83/87

奥津 小一郎　おくつ・こいちろう　大正13年3月19日～平成23年9月9日　HOYA専務　→09/11

奥津 博久　おくつ・ひろひさ　大正5年8月6日～平成2年9月17日　山陽コカ・コーラボトリング専務　→88/90

奥津 正夫　おくつ・まさお　～昭和62年1月20日
石巻石材工業協組代表理事　→83/87

奥土 一男　おくど・かずお　～平成21年2月7日
北朝鮮に拉致された蓮池祐木子さんの父　→09/11

奥戸 新三　おくと・しんぞう　明治41年2月15日～平成8年5月8日　弁護士　大阪高裁長官,京都地裁所長　→94/96

奥戸 善之助　おくと・ぜんのすけ　明治4年～昭和3年4月11日　弁護士　→昭和(おくど・ぜんのすけ)

奥戸 武　おくど・たけし　～昭和58年2月11日
東京銀行監査役　→83/87

奥永 伊之助　おくなが・いのすけ　～昭和61年12月18日
誠教社取締役相談役,九州科学機器協会理事長　→83/87

小国 寛之輔　おぐに・かんのすけ　～昭和60年4月10日
海将　海上自衛隊大湊地方総監　→83/87

小国 敬二郎　おぐに・けいじろう　大正6年2月19日～平成3年11月2日　旅館栄太楼社長,(株)菓子舗栄太楼取締役,「秋田文学」編集発行人　→91/93

小国 次郎　おぐに・じろう　明治41年1月2日～平成6年6月10日　ダイジェット工業常務　→94/96

小国 誠吉　おぐに・せいきち　～平成10年1月4日
国指定重要無形民俗文化財早池峰岳神楽保存会会長　→97/99

奥西 保　おくにし・たもつ　～平成13年9月2日
新学社創業者　→00/02

奥貫 賢一　おくぬき・けんいち　～平成14年2月22日
行田市長　→00/02

奥野 英蔵　おくの・えいぞう　明治24年12月20日～昭和61年12月23日　西武百貨店関西豊橋西武相談役　→83/87

奥野 覚応　おくの・かくおう　～昭和54年9月3日
天台宗大僧正　→昭和

奥野 一雄　おくの・かずお　大正15年5月26日～平成4年2月17日　衆議院議員(社会党)　→91/93

奥野 兼宏　おくの・かねひろ　昭和9年2月4日～平成8年11月27日　弁護士　全国公平委員会連合会副会長　→94/96

奥野 喜一　おくの・きいち　～平成1年5月5日
植木製本所社長,東京都製本工業組合理事・新宿支部長　→88/90

奥野 義一　おくの・ぎいち　大正13年11月30日～平成2年10月3日　奥野製薬工業社長　→88/90

奥野 啓造　おくの・けいぞう　昭和11年11月3日～平成5年7月7日　北海製繩会長　→88/90

奥野 健一　おくの・けんいち　明治31年11月18日～昭和59年5月6日　弁護士　最高裁判事　→83/87

奥野 貞雄　おくの・さだお　～平成11年9月15日
イシダ印刷所代表取締役　→97/99

奥野 茂次　おくの・しげじ　～昭和61年6月2日

江商(のち兼松江商)常務　→83/87

奥野 茂寿　おくの・しげとし　大正2年5月9日～平成6年8月28日　神官　住吉大社宮司　→94/96

奥野 修三　おくの・しゅうぞう　昭和6年7月31日～平成17年3月11日　大阪市議(公明党)　→03/05

奥野 進　おくの・すすむ　昭和10年4月29日～平成8年2月2日　三交産業社長　→94/96

奥野 善造　おくの・ぜんぞう　明治38年～平成11年1月24日　北海道議　→97/99

奥野 泰三　おくの・たいぞう　大正1年10月9日～平成16年6月1日　近江八幡市長　→03/05

奥野 高嶺　おくの・たかね　昭和5年3月2日～平成15年5月3日　愛知県副知事　→03/05

奥野 倬己　おくの・たくみ　昭和7年4月29日～平成13年10月20日　新和海運専務　→00/02

奥野 智行　おくの・ちこう　明治34年2月21日～昭和60年6月9日　日本セメント専務,アサノコンクリート社長　→83/87

奥野 彦六　おくの・ひころく　明治28年1月9日～昭和54年10月4日　弁護士,法学者　日弁連副会長,創価大学法学部教授　→昭和

奥野 久之　おくの・ひさゆき　大正9年8月27日～平成4年4月17日　弁護士　最高裁判事　→91/93

奥野 熙　おくの・ひろし　～昭和41年7月20日
三菱製紙社長,日経連常任理事　→昭和

奥野 文蔵　おくの・ぶんぞう　昭和10年8月11日～平成5年9月25日　北海道議(自民党)　→91/93

奥野 雄三　おくの・ゆうぞう　明治31年5月3日～昭和61年1月8日　日本パレットレンタル社長　→83/87

奥野 利一　おくの・りいち　明治38年7月13日～平成7年4月30日　弁護士　東京高裁長官　→94/96

奥原 次郎　おくはら・じろう　大正3年1月15日～平成20年7月24日　寿工業社長,呉商工会議所会頭　→06/08

奥原 唯弘　おくはら・ただひろ　昭和3年7月27日～平成2年3月28日　弁護士　近畿大学比較法政治研究所長・法学部教授,法と秩序研究会理事長,日本学術会議会員　→88/90

奥原 時蔵　おくはら・ときぞう　大正2年6月11日～平成21年11月29日　日本経済団体連合会専務理事　→09/11

奥原 利夫　おくはら・としお　昭和2年2月2日～平成18年4月17日　トリオ常務　→06/08

奥原 信俊　おくはら・のぶとし　～昭和50年7月15日
鳥々谷の主　→昭和

奥原 日出男　おくはら・ひでお　～昭和52年10月18日
水産庁長官　→昭和

奥原 良己　おくはら・よしき　大正14年2月1日～平成3年8月22日　寿工業副社長　→91/93

奥原 義人　おくはら・よしと　大正5年9月9日～平成13年11月19日　呉信用金庫会長,呉市長　→00/02

奥洞 元治　おくぼら・もとはる　大正6年3月28日～平

I 政治・経済・社会篇　　　　　　　　　　　　　　　　　　　　　　おくむら

7年2月12日　北野建設専務　→94/96

小熊 金之助　おぐま・きんのすけ　明治39年9月20日～昭和26年7月13日　社会運動家，洋画家　→昭和

小熊 新吾　おぐま・しんご　昭和6年6月10日～平成7年1月20日　レンゴー常務　→94/96

小熊 孝　おぐま・たかし　～昭和37年1月19日　東洋経済専務　→昭和

小熊 辰夫　おぐま・ときお　大正10年6月8日～平成13年1月12日　フードサービスコンサルタント，俳人　（株）OGMコンサルティング会長　→00/02

奥見 芳男　おくみ・よしお　明治44年4月12日～平成2年6月16日　日鍛バルブ常務　→88/90

奥宮 正治　おくみや・しょうじ　～昭和2年7月20日　宮城控訴院検事長　→昭和

奥宮 正武　おくみや・まさたけ　明治42年7月27日～平成19年2月22日　空将，著述家　→06/08

奥村 栄一　おくむら・えいいち　昭和5年2月10日～昭和63年8月6日　（社）自動車公正取引協議会専務理事　→88/90

奥村 栄市　おくむら・えいいち　大正13年9月5日～平成23年6月14日　日本車輛製造副社長　→09/11

奥村 悦造　おくむら・えつぞう　明治40年10月9日～昭和55年1月31日　参院議員（自民党）　→80/82

奥村 一栄　おくむら・かずえい　大正9年1月12日～平成9年12月30日　いすゞ自動車副社長　→97/99

奥村 嘉蔵（8代目）　おくむら・かぞう　明治18年12月26日～昭和42年1月6日　貴院議員（多額納税），阿波国共同汽船社長　→昭和（奥村 嘉蔵）

奥村 勝蔵　おくむら・かつぞう　明治36年8月7日～昭和50年9月26日　外務事務次官　→昭和

奥村 喜和男　おくむら・きわお　明治33年1月4日～昭和44年8月19日　東洋自動車会長，内閣情報局次長　→昭和

奥村 釣吉　おくむら・きんきち　大正10年4月25日～平成2年6月19日　日本地所社長，日本債券信用銀行副頭取　→88/90

奥村 光林　おくむら・こうりん　大正14年1月20日～平成6年4月27日　近畿放送社長　→94/96

奥村 三郎　おくむら・さぶろう　明治44年1月12日～昭和58年12月11日　明星金属製作所社長　→83/87

奥村 三郎　おくむら・さぶろう　～昭和61年6月16日　日揮化学取締役新津事業所長　→83/87

奥村 さわ　おくむら・さわ　～昭和60年6月2日　奥村印刷取締役　→83/87

奥村 茂敏　おくむら・しげとし　～昭和41年4月26日　福岡市長　→昭和

奥村 重正　おくむら・しげまさ　～昭和57年8月31日　経済調査庁次長，日研化学社長　→80/82

奥村 修一　おくむら・しゅういち　～平成11年1月17日　大阪京阪タクシー社長，連合大阪副会長　→97/99

奥村 十七　おくむら・じゅうしち　明治32年4月1日～平成2年2月14日　岩田屋専務　→88/90

奥村 俊二　おくむら・しゅんじ　昭和2年2月2日～平成20年10月2日　信越測量設計事務所社長，新潟県日中友好協会理事長　→06/08

奥村 淳治　おくむら・じゅんじ　大正10年8月30日～昭和60年10月3日　呉羽化学工業専務　→83/87

奥村 小五郎　おくむら・しょうごろう　大正7年3月12日～平成12年2月27日　大垣ステーション開発社長，国鉄名古屋駅長　→00/02

奥村 正治　おくむら・しょうじ　大正1年11月14日～昭和59年3月22日　長良川墨俣水害訴訟原告団長，キョウワ（株）代表　→83/87

奥村 信太郎　おくむら・しんたろう　明治8年11月3日～昭和26年3月4日　大阪毎日新聞社長　→昭和

奥村 甚之助　おくむら・じんのすけ　明治7年7月28日～昭和5年10月24日　労働運動家　→昭和

奥村 真隆　おくむら・しんりゅう　明治35年12月15日～平成1年3月2日　僧侶　天台宗大僧正，真如堂真正極楽寺貫主　→88/90

奥村 純雄　おくむら・すみお　大正5年1月29日～平成2年12月17日　三菱製鋼常務，日本ヨット協会理事長　→88/90

奥村 誠一　おくむら・せいいち　～平成4年12月25日　全国内水面漁業協同組合連合会副会長，岐阜県漁業協同組合連合会会長　→91/93

奥村 正志　おくむら・せいし　大正6年4月24日～平成10年10月5日　万年社社長　→97/99

奥村 千蔵　おくむら・せんぞう　明治17年11月～昭和9年5月15日　衆院議員（第一控室）　→昭和

奥村 孝　おくむら・たかし　明治41年8月5日～昭和63年5月25日　呉中央信用金庫理事長，中国放送取締役，広島バス社長　→88/90

奥村 驍　おくむら・たけし　～昭和56年8月28日　ビデオ・リサーチ副社長　→80/82

奥村 竹三　おくむら・たけぞう　明治29年3月～昭和56年1月31日　衆院議員（自由党）　→80/82

奥村 武正　おくむら・たけまさ　大正6年8月22日～平成14年6月18日　東京鉄鋼埠頭社長，東京都港湾局長　→00/02

奥村 武正　おくむら・たけまさ　大正13年12月14日～平成21年1月9日　奥村組会長　→09/11

奥村 巽也　おくむら・たつや　～昭和55年4月8日　丸居会長　→80/82

奥村 太平　おくむら・たへい　明治13年2月10日～昭和48年12月20日　実業家　奥村組創業者　→昭和

奥村 綱雄　おくむら・つなお　明治36年3月5日～昭和47年11月7日　野村証券社長　→昭和

奥村 輝之　おくむら・てるゆき　大正9年9月23日～平成21年5月11日　太陽神戸銀行頭取，大蔵省国際金融局長　→09/11

「現代物故者事典」総索引（昭和元年～平成23年）　　291

奥村 時要　おくむら・ときよう　大正5年1月2日〜平成12年9月19日　愛別町（北海道）町長　→00/02

奥村 敏昭　おくむら・としあき　昭和4年2月28日〜平成8年6月29日　飛島建設副会長　→94/96

奥村 季男　おくむら・としお　明治31年8月19日〜昭和61年9月3日　太平化学産業会長、藤沢薬品工業取締役　→83/87

奥村 利夫　おくむら・としお　昭和4年10月21日〜平成13年1月8日　フジクラ常務　→00/02

奥村 稔次　おくむら・としつぐ　〜昭和55年4月15日　共済証券会長　→80/82

奥村 肇　おくむら・はじめ　大正1年12月12日〜昭和57年11月3日　大阪府議（民社党）　→80/82

奥村 秀松　おくむら・ひでまつ　明治36年11月2日〜昭和13年1月　社会運動家　→昭和

奥村 仁三　おくむら・ひとみ　大正4年4月16日〜平成1年9月8日　弁護士　名古屋弁護士会副会長　→88/90

奥村 弘　おくむら・ひろし　〜昭和60年10月7日　奥村塗装店代表取締役、富山県塗装組組理事、日本塗装工業会富山県支部幹事　→83/87

奥村 弘　おくむら・ひろし　大正13年8月17日〜平成6年7月2日　日本パイプ製造常務　→94/96

奥村 福次　おくむら・ふくじ　明治35年6月4日〜平成1年2月8日　日本鋳鋼所社長　→88/90

奥村 文信　おくむら・ふみのぶ　〜昭和62年1月23日　(株)斉藤製作所常務　→83/87

奥村 文輔　おくむら・ぶんすけ　明治35年5月31日〜昭和59年6月19日　弁護士　京都弁護士会会長　→83/87

奥村 誠　おくむら・まこと　昭和7年8月9日〜平成5年9月22日　宮崎地家裁所長　→91/93

奥村 正夫　おくむら・まさお　〜昭和61年10月6日　江南市議　→83/87

奥村 政子　おくむら・まさこ　大正13年2月4日〜昭和56年5月2日　光洋機械産業会長　→80/82

奥村 又十郎　おくむら・またじゅうろう　明治44年4月3日〜昭和51年11月22日　衆院議員（自民党）　→昭和（奥村 又一郎　おくむら・またいちろう）

奥村 松之助　おくむら・まつのすけ　〜昭和62年12月2日　阪喉会理事長、日本喉摘者団体連合会会長　→83/87

奥村 光夫　おくむら・みつお　大正10年8月23日〜昭和62年5月24日　理研電線監査役　→83/87

奥村 心宏　おくむら・むねひろ　昭和8年1月30日〜平成10年1月10日　上組専務　→97/99

奥村 保雄　おくむら・やすお　大正10年2月17日〜平成63年7月27日　京急開発常務　→88/90

奥村 靖　おくむら・やすし　〜昭和12年11月7日　大審院判事　→昭和

奥村 泰幸　おくむら・やすゆき　大正6年10月19日〜平成61年4月2日　アバールコーポレーション社長　→83/87

奥村 勇次　おくむら・ゆうじ　〜昭和57年3月22日　白光金属工業会長、湯浅商事元専務　→80/82

奥村 祐造　おくむら・ゆうぞう　大正5年1月15日〜平成12年7月17日　佐藤工業副社長　→00/02

奥村 嘉郎　おくむら・よしお　大正8年5月24日〜平成17年12月7日　旭ダイヤモンド工業常務　→03/05

奥村 義雄　おくむら・よしお　明治43年5月14日〜昭和59年4月2日　弁護士　名古屋高裁部総括判事　→83/87

奥村 義雄　おくむら・よしお　大正6年2月20日〜平成2年2月15日　国際証券顧問、光亜証券社長、野村証券取締役　→88/90

奥村 好恭　おくむら・よしやす　明治36年7月19日〜平成5年2月25日　住友銀行専務　→91/93

奥村 義之　おくむら・よしゆき　昭和4年4月20日〜平成8年8月8日　テレビ和歌山常務　→94/96

奥村 和一　おくむら・わいち　大正13年7月〜平成23年5月25日　敗戦後、中国に残留して中国共産党軍と戦った日本兵　→09/11

奥村 和三郎　おくむら・わさぶろう　〜昭和45年9月25日　滋賀相互銀行会長　→昭和

奥本 千鶴子　おくもと・ちずこ　〜平成13年8月　福岡大空襲を語る会代表　→03/05s

奥本 弘道　おくもと・ひろみち　昭和4年5月11日〜平成3年10月13日　三和倉庫常務　→91/93

奥本 真　おくもと・まこと　〜昭和57年3月29日　奥本製粉会長、元協同組合製粉工業会理事長　→80/82

奥本 正晴　おくもと・まさはる　大正10年5月15日〜平成10年2月28日　ラピーヌ会長　→97/99

奥森 敏朗　おくもり・としお　昭和4年1月30日〜平成18年8月23日　日清製油常務　→06/08

奥谷 逸夫　おくや・いつお　〜平成1年2月1日　丸谷工業社長　→88/90

奥屋 熊郎　おくや・くまお　〜昭和39年11月14日　日本放送出版協会社長　→昭和

奥谷 三郎　おくや・さぶろう　大正12年5月9日〜昭和61年7月30日　高岳製作所社長　→83/87

奥山 昭彦　おくやま・あきひこ　昭和7年4月5日〜平成20年9月3日　警察庁四国管区警察局長　→06/08

奥山 鍾　おくやま・あつむ　〜昭和60年10月23日　名古屋証券取引所常務理事　→83/87

奥山 英悦　おくやま・えいえつ　大正2年3月18日〜平成1年10月15日　尾花沢市長　→88/90

奥山 治　おくやま・おさむ　〜平成12年3月18日　フリージア・マクロス名誉会長、青ケ島村（東京都）村長　→00/02

奥山 薫　おくやま・かおる　明治41年4月10日〜昭和63年2月2日　東京ニュース通信取締役　→88/90

奥山 和夫　おくやま・かずお　明治45年1月13日〜昭和60年2月13日　日商岩井専務　→83/87

奥山 清平　おくやま・きよへい　〜昭和46年1月6日

アサヒイブニングニュース社取締役　→昭和

奥山 工吉　おくやま・こうきち　～昭和57年7月20日　東根市長　→80/82

奥山 鋼三郎　おくやま・こうざぶろう　～平成8年3月8日　住友金属工業常務　→94/96

奥山 静枝　おくやま・しずえ　昭和10年9月15日～平成21年9月3日　山形県議(社民党)　→09/11

奥山 正三　おくやま・しょうぞう　大正3年1月21日～昭和62年6月26日　丸一石油会長、石川県石油商業組合理事長　→83/87

奥山 信一　おくやま・しんいち　～昭和46年12月29日　日本合成ゴム常務　→昭和

奥山 澄雄　おくやま・すみお　昭和4年3月25日～平成13年1月30日　墨田区長　→00/02

奥山 高信　おくやま・たかのぶ　昭和3年3月29日～昭和58年2月14日　日本製鋼所取締役　→83/87

奥山 丈夫　おくやま・たけお　昭和8年11月7日～平成19年7月28日　陸将　陸上自衛隊富士学校長　→06/08

奥山 恒尚　おくやま・つねなう　大正2年10月23日～昭和57年4月16日　戸田建設常務　→80/82

奥山 融　おくやま・とおる　大正13年1月21日～平成21年11月7日　松竹社長、ヘルスネットワーク社長、奥山育英会名誉会長　→09/11

奥山 八郎　おくやま・はちろう　～昭和42年10月1日　弁護士　日弁連会長　→昭和

奥山 英男　おくやま・ひでお　明治42年5月26日～平成21年8月26日　江東区議(自民党)　→09/11

奥山 文雄　おくやま・ふみお　昭和7年3月20日～平成16年1月29日　みらい建設グループ副会長、日東大都工業社長　→03/05

奥山 正雄　おくやま・まさお　大正7年2月22日～平成21年1月4日　日亜鋼業社長　→09/11

奥山 雅久　おくやま・まさひさ　～平成23年3月2日　引きこもりKHJ親の会代表　→09/11

奥山 正久　おくやま・まさひさ　大正10年11月20日～平成8年8月30日　日産プリンス自動車販売(のち日産アルティア)常務　→91/93

奥山 康高　おくやま・やすたか　～平成9年1月1日　東京ニュース通信社副社長　→97/99

奥山 好行　おくやま・よしゆき　～平成4年10月14日　大東紡織専務　→91/93

奥山 隆一　おくやま・りゅういち　大正4年2月1日～平成5年4月8日　高島屋専務　→91/93

奥山 良蔵　おくやま・りょうぞう　～昭和55年12月3日　山形銀行取締役　→80/82

奥山 諒蔵　おくやま・りょうぞう　大正6年8月25日～平成17年4月13日　奥山ボーリング会長、秋田経済同友会代表幹事、横手商工会議所会頭　→03/05

小倉 昭子　おぐら・あきこ　昭和2年～平成16年11月6日　日東エージェンシー社長　→03/05

小倉 宏彦　おぐら・あつひこ　昭和17年10月6日～平成18年6月11日　三菱電機常務執行役　→06/08

小倉 勇　おぐら・いさむ　大正11年1月21日～昭和62年10月9日　富山県議(自民党)　→83/87

小倉 一郎　おぐら・いちろう　昭和11年11月9日～平成14年5月5日　小倉クラッチ社長　→00/02

小倉 英一　おぐら・えいいち　昭和3年4月28日～平成16年10月24日　ソーダニッカ社長　→03/05

小倉 音次郎　おぐら・おとじろう　明治44年10月1日～平成17年10月17日　わかもと製薬専務　→03/05

小倉 一春　おぐら・かずはる　昭和5年7月3日～平成20年10月13日　メヂカルフレンド社社長、国際看護交流協会理事長　→06/08

小倉 一実　おぐら・かずみ　～平成1年9月2日　日本甜菜製糖取締役　→88/90

小椋 克己　おぐら・かつみ　昭和3年10月21日～平成17年5月29日　高知県立坂本龍馬記念館館長　→03/05

雄倉 完事　おぐら・かんじ　大正13年4月15日～平成4年10月10日　光洋精工常務　→91/93

小倉 庫次　おぐら・くらじ　明治32年～昭和39年7月23日　侍従、臨時行政調査会参与、東京都立大学法経学部長　→昭和

小倉 圭市　おぐら・けいいち　大正13年10月27日～昭和63年4月21日　祁答院町(鹿児島県)町長　→88/90

小倉 謙　おぐら・けん　明治44年4月21日～昭和52年7月23日　警視総監　→昭和

小倉 健治　おぐら・けんじ　大正12年3月14日～平成10年4月28日　日本勧業角丸証券専務　→97/99

小倉 健二　おぐら・けんじ　～昭和55年10月6日　日野自動車販売副社長　→80/82

小倉 健三　おぐら・けんぞう　大正15年9月10日～平成5年4月14日　全国商店街振興組合連合会副理事長、ヤマトヤ店主　→91/93

小倉 源蔵　おぐら・げんぞう　大正3年4月19日～平成2年12月11日　アルプス薬品工業社長、日本医薬品原薬工業会会長　→88/90

小倉 重次　おぐら・しげじ　昭和5年8月3日～平成11年9月7日　日立リース社長　→97/99

小倉 修悟　おぐら・しゅうご　昭和18年～平成23年9月19日　コープこうべ組合長、日本生活協同組合連合会長　→09/11

小倉 隆夫　おぐら・たかお　大正5年4月25日～平成7年1月6日　住友特殊金属社長　→94/96

小倉 隆　おぐら・たかし　昭和19年6月11日～平成23年5月1日　フルサト工業常務　→09/11

小倉 武夫　おぐら・たけお　大正3年3月19日～平成10年2月23日　菱光社会長　→97/99

小倉 武雄　おぐら・たけお　～昭和53年6月23日　弁護士　大阪弁護士会会長　→昭和

小倉 武一　おぐら・たけかず　明治43年10月2日～平成

14年2月14日　農政エコノミスト　税制調査会会長,農林事務次官　→00/02

小倉　武　おぐら・たけし　昭和8年10月14日～平成7年3月19日　日本豆腐協会会長　→94/96

小倉　龍朗　おぐら・たつろう　～平成14年11月19日　海将　海上自衛隊幕僚監部技術部長　→00/02

小倉　太郎　おぐら・たろう　明治40年4月1日～平成2年6月3日　日本楽器製造(のちヤマハ)常務　→88/90

小倉　常吉　おぐら・つねきち　慶応1年9月25日～昭和9年1月1日　実業家　小倉石油社長　→昭和

小倉　貞一　おぐら・ていいち　大正15年9月2日～平成10年7月2日　トビー工業副社長　→97/99

小倉　貞三　おぐら・ていぞう　大正6年11月30日～平成10年10月28日　アジア・アフリカ文化財団理事長,ダイキン工業専務　→97/99

小倉　俊夫　おぐら・としお　明治32年9月28日～昭和58年4月25日　日本観光協会名誉会長,国鉄副総裁　→83/87

小倉　俊雄　おぐら・としお　～昭和57年7月28日　東洋曹達工業取締役　→80/82

小倉　尚　おぐら・ひさし　～昭和18年9月10日　陸軍中将　→昭和

小倉　久可　おぐら・ひさよし　昭和7年11月7日～平成19年8月2日　日鉄鉱業専務　→06/08

小椋　秀夫　おぐら・ひでお　昭和2年11月6日～平成21年7月2日　駒井鉄工所専務　→09/11

小倉　鋲一郎　おぐら・びょういちろう　嘉永6年7月～昭和3年12月13日　海軍中将　→昭和

小倉　弘毅　おぐら・ひろみ　明治43年1月23日～平成4年3月1日　菱電商事常務　→91/93

小倉　房蔵　おぐら・ふさぞう　～昭和27年7月17日　小倉興業社長,元日石社長　→昭和

小倉　昌男　おぐら・まさお　大正13年12月13日～平成17年6月30日　ヤマト運輸社長,ヤマト福祉財団理事長　→03/05

小倉　正恒　おぐら・まさつね　明治8年3月22日～昭和36年11月20日　実業家,政治家　住友財閥総帥,蔵相,貴院議員(勅選)　→昭和

小倉　道夫　おぐら・みちお　昭和8年3月2日～平成5年10月1日　クワザワ社長　→91/93

小倉　理一　おぐら・みちひと　昭和19年～平成14年9月14日　西日本流体技研会長　→00/02

小椋　光明　おぐら・みつあき　～昭和60年11月22日　上士幌町(北海道)町議・町会副議長　→83/87

小倉　光司　おぐら・みつじ　大正14年10月24日～平成14年3月19日　オグラ金属社長　→00/02

小倉　満　おぐら・みつる　昭和7年5月5日～平成13年3月3日　大垣市長　→00/02

小倉　康男　おぐら・やすお　～平成5年4月26日　東京都議(社会党)　→91/93

小倉　裕　おぐら・ゆたか　大正15年12月3日～平成20年4月

月18日　京阪電気鉄道副社長　→06/08

小倉　義信　おぐら・よしのぶ　大正10年3月16日～昭和63年7月3日　住友銀行専務,日本オーチス・エレベータ会長　→88/90

小倉　義彦　おぐら・よしひこ　～昭和55年12月25日　日本原子力事業会社社長　→80/82

小倉　義昌　おぐら・よしまさ　～平成4年4月2日　田辺製薬専務,日本ベーリンガーインゲルハイム社長　→91/93

小倉　義美　おぐら・よしみ　大正14年5月16日～平成4年1月6日　オグラ社長　→91/93

小倉　利三郎　おぐら・りさぶろう　大正15年4月27日～平成16年4月16日　古河市長　→03/05

小倉　霊現(1代目)　おぐら・れいげん　明治19年9月19日～昭和57年3月5日　宗教家　念法真教初代灯主　→80/82(小倉 霊現)

小倉　霊現(2代目)　おぐら・れいげん　大正9年12月29日～平成13年2月16日　宗教家　念法真教2代燈主　→00/02

小栗　一雄　おぐり・かずお　明治19年7月8日～昭和48年1月20日　警視総監　→昭和

小栗　喬太郎　おぐり・きょうたろう　明治39年3月24日～昭和42年2月17日　社会運動家　→昭和

小栗　蔵男　おぐり・くらお　昭和19年7月21日～平成6年1月19日　大垣共立銀行取締役　→94/96

小栗　啓佑　おぐり・けいすけ　～昭和59年8月26日　大日通運取締役　→83/87

小栗　孝三郎　おぐり・こうざぶろう　慶応4年8月4日～昭和19年10月15日　海軍大将　→昭和

小栗　孝寿　おぐり・こうじゅ　大正12年9月14日～平成4年8月26日　ツムラ専務　→91/93

小栗　幸太郎　おぐり・こうたろう　～昭和61年5月12日　国民年金委員連合協議会理事　→83/87

小栗　昌　おぐり・しょう　大正4年5月9日～平成1年2月2日　大861信用金庫専務理事,サンエス商事代表　→88/90

小栗　堯　おぐり・たかし　大正2年11月30日～平成5年11月3日　日本製鋼所副社長　→91/93

小栗　常太郎　おぐり・つねたろう　～昭和37年7月5日　民間航空の草分け　→昭和

小栗　晴雄　おぐり・はるお　大正3年11月13日～平成11年8月7日　住友海上火災保険副社長　→97/99

小栗　久明　おぐり・ひさあき　大正8年3月2日～平成6年10月11日　日本綿スフ織物工業連合会理事長　→94/96

小栗栖　楠雄　おぐるす・くすお　大正11年11月14日～昭和61年11月9日　ノザワ常務取締役　→83/87

小黒　博之　おぐろ・ひろゆき　昭和11年1月3日～平成11年8月3日　宝幸水産専務　→97/99

奥脇　誠治　おくわき・せいじ　大正10年10月23日～平成6年11月28日　実教出版社長,教科書協会副会長　→94/96

桶田　秀雄　おけだ・ひでお　大正1年8月19日～平成11年

6月29日　日本曹達常務, 共立薬科大学薬学部教授　→97/99

桶本 正夫　おけもと・まさお　大正11年6月2日〜平成20年12月19日　神奈川新聞社長　→06/08

小河 八十次　おごう・やそじ　大正8年1月5日〜平成10年9月22日　公証人　東京高等裁判所判事　→97/99

尾越 三郎　おごし・さぶろう　大正10年10月26日〜昭和56年9月18日　関東特殊製鋼専務　→80/82

小越 平陸　おごし・へいりく　慶応2年〜昭和4年12月　中国探検家　→昭和

小此木 巌　おこのぎ・いわお　大正2年5月1日〜平成2年5月15日　金港倉庫社長　→88/90

小此木 歌治　おこのぎ・うたじ　明治21年9月〜昭和28年11月20日　衆院議員(自由党)　→昭和

小此木 彦三郎　おこのぎ・ひこさぶろう　昭和3年1月26日〜平成3年11月4日　衆院議員(自民党)　→91/93

尾近 八郎右ェ門　おこん・はちろうえもん　〜昭和60年10月15日　みくりが池温泉会長　→83/87

長 喜久松　おさ・きくまつ　〜昭和56年9月15日　オサ機械社長, 元東京都糧食機工業協同組合理事長　→80/82

長 宏　おさ・ひろし　大正11年11月30日〜平成9年2月26日　市民運動家　日本患者同盟名誉会長　→97/99

小椋 博　おざ・ひろし　昭和6年3月7日〜平成12年10月23日　福井県議(自民党)　→00/02

苧坂 光龍　おさか・こうりゅう　〜昭和60年7月28日　(宗)釈迦牟尼会会長　→83/87

小坂 精尊　おさか・せいそん　〜平成11年1月27日　日本禁煙友愛会会長　→97/99

尾坂 善三　おさか・ぜんぞう　明治32年5月20日〜昭和61年10月5日　(株)公益通信社会長　→83/87

小坂 英勝　おさか・ひでかつ　明治41年11月13日〜昭和62年7月27日　丸善石油専務　→83/87

小坂 真　おさか・まこと　大正3年6月19日〜平成4年7月26日　日本長期信用銀行常務　→91/93

長壁 民之助　おさかべ・たみのすけ　明治32年8月20日〜昭和38年11月23日　社会運動家　野田川町議　→昭和

刑部 秀利　おさかべ・ひでとし　大正13年5月29日〜平成16年3月10日　前田道路社長　→03/05

尾崎 浅一郎　おざき・あさいちろう　明治43年3月11日〜平成6年1月30日　三楽(のちメルシャン)取締役　→94/96

尾崎 勇　おざき・いさみ　〜昭和58年9月14日　北海道議　→83/87

尾崎 稲穂　おざき・いなほ　大正2年5月11日〜平成3年月15日　朝日航洋顧問, 武生市長　→91/93

尾崎 栄造　おざき・えいぞう　〜平成12年4月13日　菊水電子工業副社長　→00/02

尾崎 治　おざき・おさむ　大正4年11月3日〜平成4年10月9日　兵庫県議　→91/93

尾崎 一男　おざき・かずお　大正2年9月29日〜平成18年1月5日　高鍋信用金庫理事長　→06/08

尾崎 一雄　おざき・かずお　〜平成14年9月9日　三井ホーム常務　→00/02

尾崎 一義　おざき・かずよし　明治39年1月9日〜平成4年3月14日　北陽電機社長　→91/93

尾崎 恭三　おざき・きょうぞう　〜昭和55年2月13日　尾崎動力機械取締役営業部長　→80/82

尾崎 喜代房　おざき・きよふさ　大正8年9月25日〜平成9年10月25日　天理市長　→97/99

尾崎 啓一　おざき・けいいち　昭和6年10月17日〜平成8年4月22日　北陽電機社長　→94/96

尾崎 圭之助　おざき・けいのすけ　大正14年9月26日〜平成2年12月2日　兵庫県議(公明党)　→88/90

尾崎 幸一　おざき・こういち　〜昭和56年10月7日　四国管区警察局長　→80/82

尾崎 小三郎　おざき・こさぶろう　大正4年2月21日〜平成3年10月21日　三国コカ・コーラボトリング常務, 三井東圧化学理事　→91/93

尾崎 小太郎　おざき・こたろう　明治44年3月3日〜平成3年1月15日　ビッグジョン創業者　→91/93

尾崎 重忠　おざき・しげただ　大正24年1月22日〜平成19年9月7日　菱電商事常務　→06/08

尾崎 茂俊　おざき・しげとし　昭和12年3月31日〜平成14年8月10日　住商リース専務　→00/02

尾崎 重美　おざき・しげみ　明治16年9月〜昭和34年11月23日　弁護士　衆議院議員(立憲民政党)　→昭和

尾崎 俊二　おざき・しゅんじ　〜昭和59年2月25日　日本勧業角丸証券副社長　→83/87

尾崎 俊蔵　おざき・しゅんぞう　大正5年11月13日〜平成14年8月11日　オーエム製作所常務　→00/02

尾崎 士朗　おざき・しろう　昭和10年11月12日〜平成5年3月7日　松彦証券取締役　→91/93

尾崎 申一　おざき・しんいち　大正3年〜平成7年6月7日　ハザマ専務　→94/96

尾崎 末吉　おざき・すえきち　明治27年4月〜昭和57年8月23日　衆議院議員(自由党)　→80/82

尾崎 陞　おざき・すすむ　明治37年7月31日〜平成6年4月8日　社会運動家, 弁護士　尾崎法律事務所長　→94/96

尾崎 清太郎　おざき・せいたろう　大正13年3月8日〜平成10年2月9日　東大井市長　→97/99

尾崎 宗秀　おざき・そうしゅう　昭和2年4月20日〜平成23年12月1日　象印マホービン副社長　→09/11

尾崎 隆　おざき・たかし　大正9年8月26日〜平成4年3月3日　仏教振興財団専務理事, 安田生命保険相互常務　→91/93

尾崎 武雄　おざき・たけお　〜平成7年12月22日　グンゼ産業常務　→94/96

尾崎 毅　おざき・たけし　大正9年2月21日〜昭和63年12月5日　衆議院農林水産委員会調査室長　→88/90

尾崎 猛　おざき・たけし　明治35年1月4日〜平成1年12月26日　トーキン会長, 日本電気専務　→88/90

尾崎 龍男　おざき・たつお　昭和3年1月24日〜平成12年7月24日　日産自動車常務　→00/02

尾崎 忠次　おざき・ちゅうじ　明治32年5月23日〜平成2年11月12日　(財)ボーイスカウト日本連盟先達, ボーイスカウト静岡県連盟相談役　→88/90

尾崎 努　おざき・つとむ　大正3年8月25日〜昭和63年10月11日　日本海洋掘削社長, 三菱鉱業参与　→88/90

尾崎 テオドラ　おざき・ておどら　〜昭和7年12月29日　尾崎行雄氏夫人

小崎 登喜一　おざき・ときいち　昭和8年8月15日〜平成11年2月16日　神鋼商事専務　→97/99

尾崎 秀男　おざき・ひでお　明治43年1月11日〜平成2年8月8日　長野県議　→88/90

尾崎 博　おざき・ひろし　明治42年3月24日〜平成2年6月16日　山陽新聞社常務　→88/90

尾崎 敬義　おざき・ひろよし　明治15年7月〜昭和40年9月19日　衆院議員(正交倶楽部)　→昭和(おざき・けいぎ)

尾崎 正男　おざき・まさお　〜昭和55年12月10日　日本交通公社常務　→80/82

尾崎 増太郎　おざき・ますたろう　明治33年7月1日〜平成5年4月4日　(財)心境荘苑創立者　→91/93

尾崎 光子　おざき・みつこ　〜昭和62年6月3日　皇族　→83/87

尾崎 六夫　おざき・むつお　大正9年4月24日〜平成23年5月3日　グンゼ産業専務　→09/11

尾崎 睦　おざき・むつみ　大正7年8月5日〜平成20年12月9日　上組社長, 日本港運協会会長　→06/08

尾崎 保司　おざき・やすじ　大正12年3月16日〜昭和61年12月12日　ダイキン工業取締役　→83/87

尾崎 行雄　おざき・ゆきお　安政5年11月20日〜昭和29年10月6日　政治家　法相, 文相, 衆院議員　→昭和

尾崎 行輝　おざき・ゆきてる　明治21年1月〜昭和39年6月3日　参院議員(緑風会), 日本航空取締役　航空先覚者　→昭和

尾崎 行良　おざき・ゆきなが　大正14年5月13日〜平成19年7月1日　日本航空取締役　→06/08

尾崎 吉永　おざき・よしなが　昭和10年10月7日〜平成6年2月13日　セゾン生命保険常務　→94/96

尾崎 芳春　おざき・よしはる　大正9年1月21日〜昭和61年8月19日　大同端子製造社長, 三立機工社長　→83/87

尾崎 良一　おざき・りょういち　〜平成13年1月15日　日本海テレビ常務　→00/02

尾作 兼蔵　おさく・けんぞう　〜平成2年1月6日　政友会院外団理事　→昭和

尾作 登一　おさく・とういち　明治42年8月13日〜昭和59年4月26日　小西六写真工業常務　→83/87

長口 宮吉　おさぐち・みやきち　明治25年4月22日〜昭和37年4月10日　富士天然色写真社長　→昭和

小笹 弘四郎　おざさ・こうしろう　〜平成1年11月17日　淡交社取締役　→88/90

小笹 孝之　おざさ・たかゆき　〜昭和61年11月15日　ふたばビル代表　→83/87

小笹 照　おざさ・てる　〜昭和61年11月23日　覚玄寺坊守　→83/87

小笹 正人　おざさ・まさと　〜昭和42年5月11日　国映社社長　→昭和

小笹 諒一　おざさ・りょういち　〜昭和56年12月17日　月島機械常務　→80/82

小笹 黎三　おざさ・れいぞう　昭和4年1月21日〜平成9年3月18日　クラボウ常務　→97/99

長田 喜代三　おさだ・きよぞう　大正9年9月1日〜昭和60年1月27日　小笠原海運代表取締役, 東海汽船常務　→83/87

長田 庄一　おさだ・しょういち　大正11年7月2日〜平成22年2月15日　東京相和銀行社長　→09/11

長田 晨一郎　おさだ・しんいちろう　昭和8年7月16日〜平成4年11月28日　セコム常務　→03/05

長田 鎮吾　おさだ・しんご　明治34年4月15日〜昭和60年8月12日　青山学院常務理事, 東亜ペイント常務　→83/87

長田 太一郎　おさだ・たいちろう　〜昭和60年11月24日　電信電話協会専務理事　→83/87

長田 武士　おさだ・たけし　昭和6年8月31日〜平成10年11月24日　衆院議員(公明党)　→97/99

長田 勉　おさだ・つとむ　明治37年3月16日〜平成3年3月17日　長田電機工業会長, 日本歯科器械工業協同組合理事長　→91/93

長田 鉄也　おさだ・てつや　昭和14年〜平成11年1月17日　知多信用金庫理事長　→97/99

長田 輝男　おさだ・てるお　昭和8年9月12日〜平成22年9月28日　長野県議(社会党)　→09/11

長田 藤吉　おさだ・とうきち　大正2年1月11日〜平成5年1月25日　長田建設社長, 秋田県建設業協会会長　→91/93

長田 藤明　おさだ・とうめい　大正6年3月1日〜昭和63年7月24日　正興福産顧問, 西部ガス取締役　→88/90

長田 時行　おさだ・ときゆき　昭和14年8月18日　日本基督教会の重鎮　→昭和

長田 俊男　おさだ・としお　昭和6年10月17日〜平成20年7月29日　住友精化専務　→06/08

長田 利喜　おさだ・としき　昭和4年11月16日〜平成16年5月25日　日本電通建設専務　→03/05

長田 牧重　おさだ・まきしげ　昭和3年〜平成5年3月23日　片倉工業取締役　→91/93

長田 陸夫　おさだ・むつお　〜平成4年1月4日　阪神球団社長　→91/93

長田 裕二　おさだ・ゆうじ　大正6年3月13日〜平成15年4月28日　参院議長, 参院議員(自民党), 科学技術庁長官

→03/05

長田 義雄　おさだ・よしお　〜昭和56年12月16日
朝日建物会長　→80/82

長田 栄弘　おさだ・よしひろ　〜昭和63年2月7日
弁護士　福岡高検検事　→88/90

長田 義丸　おさだ・よしまる　大正7年3月27日〜平成1年1月13日　公認会計士　長田不動産鑑定社長　→88/90

尾佐竹 猛　おさたけ・たけき　明治13年1月20日〜昭和21年10月1日　司法官、歴史家　大審院判事、明治大学法学部教授、明治文化研究会会長　→昭和

小山内 清衛　おさない・きよえ　〜昭和56年2月14日
北海道警北見方面本部長　→80/82

小山内 信　おさない・しん　〜昭和28年2月19日
三菱重工常務　→昭和

小山内 信一　おさない・しんいち　昭和3年9月25日〜平成4年3月22日　三井観光開発札幌パークホテル担当理事・元総支配人　→91/93

小山内 了介　おさない・りょうすけ　大正2年3月4日〜平成4年8月24日　地崎工業社長　→91/93

小佐野 賢治　おさの・けんじ　大正6年2月15日〜昭和61年10月27日　実業家　国際興業社主、帝国ホテル会長　→83/87

小佐野 栄　おさの・さかえ　大正12年1月2日〜昭和57年6月19日　国際興業社長、山梨交通社長、富士屋ホテル社長　→80/82

小佐野 定彦　おさの・さだひこ　大正14年8月20日〜昭和56年10月5日　国際興業専務、札幌自動車運輸取締役　→80/82

小佐野 政邦　おさの・まさくに　昭和3年9月9日〜平成13年2月18日　国際興業社長、帝国ホテル会長　→00/02

長船 元昭　おさふね・もとあき　昭和2年10月11日〜平成7年10月5日　広島県議（自民党）　→94/96

長部 謹吾　おさべ・きんご　明治34年4月1日〜平成3年12月8日　弁護士　最高裁判事　→91/93

長部 俊三　おさべ・しゅんぞう　大正8年3月22日〜平成4年12月14日　日本酒類販売常務、大関酒造（のち大関）常務　→91/93

長部 二郎　おさべ・じろう　昭和3年9月13日〜平成19年5月25日　大関副社長　→06/08

長部 文治郎（10代目）　おさべ・ぶんじろう　〜昭和41年4月15日　大関酒造社長、西宮商工会議所会頭　→昭和（長部 文治郎）

小座間 泰蔵　おさま・たいぞう　大正9年2月21日〜昭和60年1月15日　天童市長　→83/87

長村 利綱　おさむら・としつな　明治42年1月10日〜平成6年10月5日　住友信託銀行専務　→94/96

長山 幸夫　おさやま・ゆきお　明治33年10月29日〜昭和59年10月11日　松尾稲荷神社宮司、全国稲荷会副会長　→83/87

長利 健一　おさり・けんいち　昭和8年4月30日〜平成17年7月16日　兼松常務　→03/05

小沢 昭彦　おざわ・あきひこ　〜昭和61年4月10日
サンジョーテキスタイル社長、尾西自動車学校社長、旭昭社長　→83/87

小沢 輝　おざわ・あきら　明治35年6月10日〜昭和57年12月21日　運輸省鉄道総局資材局長、国鉄OB会会長　→80/82

小沢 淳男　おざわ・あつお　〜平成13年7月30日
湘南堂社長、日書連会長　→00/02

小沢 惇　おざわ・あつし　〜平成22年3月13日
小沢音楽事務所会長　→09/11

小沢 勲　おざわ・いさお　〜昭和57年10月26日
中央区議（自民党）　→80/82

小沢 一郎　おざわ・いちろう　〜昭和62年2月16日
元・品川区（東京都）区議　→83/87

小沢 今麿　おざわ・いままろ　明治28年10月25日〜平成2年8月17日　八千代信用金庫会長、東京府議　→88/90

小沢 一男　おざわ・かずお　大正4年1月5日〜平成4年11月27日　ロックペイント常務　→91/93

小沢 和夫　おざわ・かずお　昭和19年3月15日〜平成19年10月2日　釜石市長　→06/08

小沢 久太郎　おざわ・きゅうたろう　明治33年12月〜昭和42年9月18日　参院議員（自民党）　→昭和

尾沢 金一　おざわ・きんいち　〜昭和62年8月16日
片倉工業監査役、片倉チッカリン取締役　→83/87

小沢 金邦　おざわ・きんぽう　〜平成4年6月5日
三菱製紙常務　→91/93

小沢 国治　おざわ・くにじ　明治23年1月8日〜昭和34年4月17日　衆院議員（自由党）　→昭和（おざわ・くにはる）

小沢 賢一　おざわ・けんいち　昭和8年11月28日〜平成19年4月14日　横浜銀行常務　→06/08

小沢 浩二　おざわ・こうじ　昭和16年8月3日〜平成23年7月28日　小沢電気工事創業者、全日本電気工事業工業組合連合会会長　→09/11

小沢 幸松　おざわ・こうまつ　明治43年1月14日〜昭和60年4月16日　東京都江東工業連盟会長、亀屋パン食品工業会長　→83/87

小沢 佐重喜　おざわ・さえき　明治31年11月25日〜昭和43年5月8日　衆院議員（自民党）　→昭和

小沢 三朗　おざわ・さぶろう　明治40年6月2日〜昭和61年12月26日　弁護士　名古屋地裁総括判事　→83/87

小沢 滋　おざわ・しげし　〜平成2年9月21日
社会教育家　日本カメラ教育協会理事長　→88/90

小沢 茂　おざわ・しげる　〜昭和53年2月21日
弁護士　→昭和

小沢 治三郎　おざわ・じさぶろう　明治19年10月2日〜昭和41年11月9日　海軍中将　海軍総司令長官、連合艦隊司令長官　→昭和

尾沢 修治　おざわ・しゅうじ　明治40年2月2日～平成9年12月29日　公認会計士、税理士、不動産鑑定士　朝日監査法人名誉会長、日本公認会計士協会会長　→97/99

小沢 浄鉱　おざわ・じょうこう　～昭和23年9月24日　福井県知事　→昭和

小沢 正治　おざわ・しょうじ　～昭和61年1月15日　峰沢鋼機専務　→83/87

小沢 四郎　おざわ・しろう　大正15年1月1日～平成9年5月31日　日産ディーゼル工業専務　→97/99

小沢 享　おざわ・すすむ　昭和7年10月24日～平成16年10月29日　日本航空(のち日本航空インターナショナル)常務　→03/05

小沢 享　おざわ・すすむ　～平成19年10月12日　かどや製油社長　→06/08

小沢 成一　おざわ・せいいち　～昭和23年8月3日　調達庁調整局長　→昭和

小沢 仙吉　おざわ・せんきち　～昭和51年10月27日　沖電気社長　→昭和

小沢 宗太郎　おざわ・そうたろう　大正3年3月25日～平成5年2月20日　合同製鉄常務　→91/93

小沢 孝次　おざわ・たかじ　大正8年12月30日～平成7年4月19日　リズム時計工業社長　→94/96

小沢 高次　おざわ・たかつぐ　明治35年10月3日～昭和62年8月13日　日貿信取締役　→83/87

小沢 武夫　おざわ・たけお　明治40年9月4日～平成8年3月10日　駐チェコスロバキア大使　→94/96

小沢 武雄　おざわ・たけお　昭和38年8月10日～昭和63年1月18日　シカゴ新報東京支局長、日貿出版社社長　→88/90

小沢 竹三郎　おざわ・たけさぶろう　～昭和39年11月27日　八欧電機常務　→昭和

小沢 中　おざわ・ただし　昭和6年6月9日～昭和61年11月14日　サンウエーブ工業取締役情報システム担当兼業務改善推進本部長　→83/87

小沢 太郎　おざわ・たろう　明治39年5月24日～平成8年2月16日　衆院議員(自民党)、参院議員、山口県知事　→94/96

小沢 長一　おざわ・ちょういち　～平成16年4月8日　長野県議　→03/05

小沢 貞孝　おざわ・ていこう　大正5年12月1日～平成14年12月17日　衆院議員(民社党)　→00/02

小沢 利夫　おざわ・としお　昭和10年2月17日～平成13年5月27日　東急建設副社長　→00/02

小沢 敏克　おざわ・としかつ　昭和4年7月26日～平成3年12月8日　東京プロパンガス社長、日本エルピーガス連合会会長　→91/93

小沢 俊郎　おざわ・としろう　～昭和62年8月11日　参院事務局委員部長　→83/87

小沢 友義　おざわ・ともよし　昭和10年12月30日～平成7年2月20日　海上保安庁警備救難監　→94/96

小沢 寅吉　おざわ・とらきち　～昭和14年4月13日　陸軍中将　→昭和

小沢 尚介　おざわ・なおすけ　大正11年9月16日～平成13年10月21日　日本鋼管常務、日本鋼管工事社長　→00/02

小沢 直矩　おざわ・なおのり　～昭和63年9月30日　東急百貨店常務　→88/90

小沢 伸泰　おざわ・のぶやす　大正12年2月28日～平成17年5月29日　神奈川県議(自民党)　→03/05

小沢 肇　おざわ・はじめ　明治38年12月16日～平成8年5月17日　日本鉄リサイクル工業会名誉会長、産業振興社長　→94/96

小沢 治　おざわ・はる　明治18年3月～昭和51年3月17日　衆院議員(日本進歩党)　→昭和(おざわ・おさむ)

小沢 秀雄　おざわ・ひでお　昭和5年5月23日～平成21年6月16日　ニデック社長、ジャパン・ティッシュ・エンジニアリング創業者　→09/11

小沢 弘　おざわ・ひろし　～昭和57年1月5日　公認会計士　→80/82

小沢 博　おざわ・ひろし　大正12年7月24日～昭和60年1月2日　富山地家裁所長　→83/87

小沢 文雄　おざわ・ふみお　明治38年6月25日～昭和58年12月16日　仙台高裁長官　→83/87

小沢 将邦　おざわ・まさくに　～昭和58年9月6日　日本生命保険顧問、東京銀行副頭取　→83/87

小沢 政久　おざわ・まさひさ　大正7年2月23日～平成2年11月4日　昭和石油(のち昭和シェル石油)専務　→88/90

小沢 正元　おざわ・まさもと　明治32年5月～昭和63年9月9日　日中友好協初代事務局長　→88/90

小沢 三千雄　おざわ・みちお　～平成18年2月6日　松川事件対策協議会事務局長　→06/08

小沢 光男　おざわ・みつお　～昭和57年10月12日　森永乳業取締役、全国酪農業協同組合連合会監事　→80/82

小沢 光男　おざわ・みつお　～平成12年8月27日　愛知県議、豊田市教育長　→00/02

小沢 実　おざわ・みのる　昭和24年11月24日～平成15年4月6日　セイコーエプソン常務　→03/05

小沢 三和子　おざわ・みわこ　～平成5年8月5日　青春出版社会長　→91/93

小沢 憖昌　おざわ・みんしょう　明治27年10月11日～平成16年7月12日　男性長寿日本一　→03/05

小沢 六夫　おざわ・むつお　昭和12年3月31日～平成7年4月13日　会計検査院事務総長官房技術参事官　→94/96

小沢 八十　おざわ・やそじゅう　～昭和14年11月1日　福井地方検事正　→昭和

小沢 勇貫　おざわ・ゆうかん　明治35年2月～平成5年11月14日　僧侶　浄土宗勧学正僧正、大正大学名誉教授　→91/93

小沢 義春　おざわ・よしはる　大正1年8月10日～平成6年11月22日　小沢建設会長　→94/96

小沢 喜之　おざわ・よしゆき　大正8年2月24日〜平成22年9月17日　埼玉県議(自民党)　→09/11

小沢 竜　おざわ・りゅう　〜昭和40年4月20日　全国社会保険協会連合会顧問,元厚生省医務局長　→昭和

小沢 隣治　おざわ・りんじ　〜昭和55年4月6日　乙部町議会議長　→80/82

小沢 和一　おざわ・わいち　昭和6年1月30日〜平成3年2月20日　青春出版社創業者　→91/93

押上 森蔵　おしあげ・もりぞう　〜昭和2年2月16日　陸軍中将　→昭和(おしがみ・もりぞう)

押尾 定夫　おしお・さだお　大正11年11月12日〜昭和61年8月5日　乾汽船取締役　→83/87

小塩 力　おしお・つとむ　明治36年3月16日〜昭和33年6月12日　牧師,聖書学者　→昭和

小塩 照雄　おじお・てるお　大正4年8月21日〜平成5年2月10日　川鉄商事副社長　→91/93

小鹿 進　おじか・すすむ　〜昭和63年11月11日　料亭芳蘭亭社長,名古屋割烹料理協同組合理事長　→88/90

押川 一郎　おしかわ・いちろう　明治32年1月7日〜昭和45年6月29日　南満州鉄道北支経済調査所長,日本生産性本部常務理事　→昭和

押川 定秋　おしかわ・さだあき　明治23年5月〜昭和26年5月10日　衆院議員(民主党)　→昭和(押川 貞秋)

押川 方義　おしかわ・まさよし　嘉永4年12月16日〜昭和3年1月10日　牧師,教育家　仙台神学校校長,宮城女学校創立者,衆議院議員(政友会)　→昭和

押切 朝吉　おしきり・あさきち　大正8年1月17日〜平成23年8月19日　新庄市長　→09/11

押切 竜雄　おしきり・たつお　大正11年1月1日〜平成1年6月9日　オシキリ会長　→88/90

押切 徳次郎　おしきり・とくじろう　明治41年10月12日〜平成13年9月6日　公証人　富山地検検事正,福島地検検事正　→00/02

押小路 実英　おしこうじ・さねひで　明治9年11月〜昭和2年8月26日　陸軍中佐,子爵　→昭和

押田 三郎　おしだ・さぶろう　〜昭和57年10月19日　渡島管内松前町議会議員,元議長　→80/82

押田 成人　おしだ・しげと　大正11年1月15日〜平成15年11月6日　カトリック司祭　高森草庵理事長　→03/05

忍田 博三郎　おしだ・ひろさぶろう　〜昭和55年2月23日　日本盆栽協同組合常任相談役　→80/82

押田 平吉　おしだ・へいきち　明治44年4月14日〜平成2年4月5日　オリエント時計常務　→88/90

押谷 晴　おしたに・せい　〜昭和61年3月15日　千年堂社長　→83/87

押谷 正　おしたに・ただし　大正8年12月1日〜平成6年8月6日　三井石油化学工業専務　→94/96

押谷 富三　おしたに・とみぞう　明治26年2月5日〜昭和60年4月15日　弁護士　衆院議員(自民党)　→83/87

押谷 平七　おしたに・へいしち　明治24年3月14日〜昭和48年7月23日　労働運動家　大阪府議　→昭和

忍足 文雄　おしたり・ふみお　大正15年1月3日〜平成14年1月9日　三井石油社長　→00/02

忍足 義見　おしたり・よしみ　明治43年6月23日〜平成6年5月15日　忍足研究所社長　→94/96

小島 新一　おじま・あらかず　明治26年2月9日〜昭和62年3月30日　実業家　新日鉄相談役,八幡製鉄社長,商工次官　→83/87

尾島 巌　おじま・いわお　昭和5年1月25日〜平成16年3月1日　日本電子機械工業会専務理事,互助会保証社長,通産省名古屋通産局長　→03/05

尾島 英一郎　おじま・えいいちろう　大正15年11月15日〜平成23年6月3日　北日本新聞取締役高岡支社長　→09/11

小島 武雄　おじま・たけお　〜昭和61年10月10日　宮城県内保健所長　→83/87

尾島 八十一郎　おじま・やそいちろう　〜昭和59年6月29日　興亜火災海上保険取締役　→83/87

小島 良人　おじま・よしと　〜昭和62年11月5日　住友海上火災保険常務　→83/87

押本 栄　おしもと・さかえ　明治38年4月22日〜昭和63年7月14日　関東電工会長　→88/90

尾尻 啓介　おじり・けいすけ　昭和9年〜平成19年8月27日　センチュリー21ジャパン社長　→06/08

尾尻 脩平　おじり・しゅうへい　明治39年11月1日〜昭和61年2月4日　三楽オーシャン取締役　→83/87

尾津 喜之助　おず・きのすけ　明治30年1月28日〜昭和52年6月28日　関東尾津組組長　→昭和

小津 英夫　おず・ひでお　明治44年8月16日〜昭和63年2月29日　三洋電機取締役　→88/90

小堤 達雄　おずつみ・たつお　昭和12年11月10日〜平成16年11月28日　毎日新聞東京本社販売局次長兼販売第2部長　→03/05

小瀬 竹松　おせ・たけまつ　〜昭和43年5月5日　高島屋取締役　→昭和

尾関 粂造　おぜき・くめぞう　明治38年12月22日〜平成4年9月19日　名古屋フエルト工業会長　→91/93

尾関 好平　おぜき・こうへい　明治35年8月1日〜昭和63年5月9日　濃飛倉庫運輸相談役,日本倉庫協会副会長　→88/90

小関 周一　おぜき・しゅういち　明治44年4月21日〜平成7年10月30日　三菱製紙社長　→94/96

尾関 史郎　おぜき・しろう　昭和5年3月10日〜平成12年12月24日　京都中央信用金庫監事,京都新聞論説委員　→00/02

尾関 四郎　おぜき・しろう　明治41年11月21日〜昭和62年5月8日　東京材料取締役会長,工業繊維取締役,東工産取締役　→83/87

尾関 善四郎　おぜき・ぜんしろう　〜昭和60年6月27日　尾関会長　→83/87

小関 紹夫　おぜき・つぎお　明治38年5月12日〜昭和62年5月4日　弁護士　専修大教授　→83/87

小関 虎之助　おぜき・とらのすけ　〜昭和58年10月26日　弁護士　日本棋院大分県本部長　→83/87

尾関 南岳恵京　おぜき・なんがくえきょう　〜昭和63年11月14日　僧侶　臨済宗大徳寺派大本山大徳寺塔頭大仙院住職　→88/90

尾関 本孝師　おぜき・ほんこうし　〜昭和19年6月11日　臨済宗東福寺派元管長　→昭和

尾関 正爾　おぜき・まさじ　〜平成10年12月11日　川島町(岐阜県)町長　→97/99

小副川 十郎　おそえがわ・じゅうろう　大正4年2月15日〜平成8年6月15日　日本水産社長　→94/96

小曽根 喜一郎　おぞね・きいちろう　安政3年〜昭和12年3月31日　実業家　→昭和(小曾根 喜一郎)

小曽根 貞松　おぞね・さだまつ　明治12年〜昭和26年11月4日　実業家　阪神電鉄、神戸ガス社長　→昭和(小曾根 凌雪 おぞね・りょうせつ)

小曽根 真造　おぞね・しんぞう　明治36年1月3日〜昭和60年2月20日　阪神内燃機工業取締役相談役・元社長、日本舶用工業会相談役、元阪神電鉄取締役　→83/87

小園井 伊都子　おそのい・いとこ　〜平成10年11月　赤坂いわさき女将　→97/99

小田 明　おだ・あきら　〜昭和58年10月3日　相鉄ローゼン専務、横浜高島屋取締役玉川店長　→83/87

織田 昭　おだ・あきら　昭和2年9月22日〜平成20年1月20日　牧師　大東キリストの教会牧師　→09/11s

織田 昭　おだ・あきら　大正18年1月1日〜平成21年1月27日　酒井重工業副社長　→09/11

尾田 晃　おだ・あきら　昭和6年3月26日〜平成3年3月6日　新家工業常務　→91/93

尾田 勲　おだ・いさお　大正11年12月14日〜昭和63年2月6日　阿波総合信用社長、阿波銀行専務　→88/90

小田 一郎　おだ・いちろう　昭和11年12月16日〜平成6年8月26日　昭和シェル石油常務　→94/96

小田 イト　おだ・いと　明治44年〜平成12年7月11日　アイヌ文化伝承者　→00/02

小田 治　おだ・おさむ　昭和7年12月17日〜平成9年5月27日　国土道路副社長　→97/99

織田 収　おだ・おさむ　明治30年8月15日〜昭和63年3月1日　山陰放送取締役相談役　→88/90

織田 克己　おだ・かつみ　昭和11年2月21日〜昭和62年5月19日　アイシン精機常務自動車部品事業部長　→83/87

小田 久太郎　おだ・きゅうたろう　慶応2年10月〜昭和10年12月7日　実業家　三越専務　→昭和

織田 潔　おだ・きよし　昭和6年〜昭和56年11月14日　デサント社長　→80/82

小田 邦美　おだ・くにみ　明治41年2月10日〜平成3年5月31日　愛知機械工業専務、中央毛織監査役　→91/93

小田 啓二　おだ・けいじ　大正14年12月14日〜平成18年9月9日　兼松社長　→06/08

小田 桂三　おだ・けいぞう　昭和5年4月2日〜平成3年9月7日　大分合同新聞取締役論説委員長　→91/93

織田 研一　おだ・けんいち　〜昭和59年5月20日　東洋曹達工業副社長　→83/87

小田 伍郎　おだ・ごろう　昭和2年6月1日〜平成22年1月24日　神戸市議　→09/11

小田 栄　おだ・さかえ　明治37年3月〜平成6年7月11日　衆院議員(第一議員倶楽部)、沖縄県議　→94/96

織田 定信　おだ・さだのぶ　〜昭和47年3月29日　帝人製機会長　→昭和

織田 智　おだ・さとる　〜昭和56年7月19日　山形県知事　→80/82

小田 成就　おだ・しげなり　〜昭和50年6月12日　奈良県知事　→昭和

小田 重芳　おだ・しげよし　大正9年9月23日〜昭和62年6月2日　日本加工製紙専務　→83/87

小田 慈舟　おだ・じしゅう　明治23年3月27日〜昭和53年4月28日　僧侶　真言宗御室派管長、種智院大学名誉教授　→昭和

小田 春次　おだ・しゅんじ　〜昭和49年3月19日　三星ベルト会長　→昭和

小田 庄司　おだ・しょうじ　明治43年12月19日〜平成4年1月25日　クリストンダイヤモンド工業会長　→91/93

織田 史郎　おだ・しろう　明治29年11月25日〜昭和61年4月11日　イームル工業会長、中国配電取締役　→83/87

織田 城嘉　おだ・じょうよし　〜昭和62年1月1日　ボビー(紳士洋品店)店主　→83/87

小田 真一　おだ・しんいち　明治40年8月9日〜昭和52年8月22日　教育運動家　→昭和

小田 甚一郎　おだ・じんいちろう　大正15年6月1日〜平成14年10月31日　日立家電(のち日立製作所)副社長　→00/02

小田 助男　おだ・すけお　明治42年6月24日〜平成18年2月13日　住友金属工業副社長　→06/08

小田 雪窓　おだ・せっそう　明治34年〜昭和41年9月17日　禅僧　→昭和

小田 孝　おだ・たか　大正2年10月31日〜平成2年10月30日　加賀屋会長　→88/90

小田 卓示　おだ・たくじ　大正12年9月20日〜平成14年4月30日　藤倉化成専務　→00/02

織田 拓郎　おだ・たくろう　大正12年2月5日〜平成15年10月5日　東京都議(公明党)　→03/05

小田 剛　おだ・たけし　〜昭和56年8月27日　ダイハツ信販社長、元ダイハツ自動車販売副社長　→80/82

尾田 武彦　おだ・たけひこ　大正11年11月2日〜平成9年9月12日　キンセキ会長　→97/99

織田 武久　おだ・たけひさ　〜平成15年8月11日　リーフィー創業者　→03/05

小田 達雄　おだ・たつお　昭和5年2月14日〜平成12年2月26日　東京海上火災保険常務　→00/02

小田 達太郎　おだ・たつたろう　〜昭和57年2月2日　三菱プレシジョン顧問,元取締役技師長　→80/82

小田 千馬木　おだ・ちまき　〜昭和40年8月17日　日本ヨット協会副会長,浦賀重工業監査役　→昭和

小田 敏夫　おだ・としお　大正14年10月11日〜平成23年10月20日　山陽相互銀行専務　→09/11

小田 敏雄　おだ・としお　大正8年7月30日〜平成9年10月19日　大広(旧・近畿広告)常務　→97/99

織田 敏夫　おだ・としお　昭和2年2月21日〜平成11年1月17日　テトラ常務　→97/99

織田 利太郎　おだ・としたろう　〜昭和63年8月1日　白峰村(石川県)村長　→88/90

小田 敏郎　おだ・としろう　明治45年2月5日〜平成7年8月6日　横浜ゴム常務　→94/96

小田 知尊　おだ・ともたか　〜平成17年3月30日　丹波新聞会長　→03/05

小田 豊次　おだ・とよじ　大正4年1月18日〜平成13年7月8日　日本長期信用銀行専務　→00/02

小田 豊四郎　おだ・とよしろう　大正5年3月13日〜平成18年8月3日　六花亭製菓名誉会長　→06/08

織田 虎吉　おだ・とらきち　〜昭和61年2月10日　(株)射北相談役　→83/87

小田 直司　おだ・なおじ　明治43年6月4日〜平成5年3月7日　西武北海道会長,札幌トヨタ自動車社長　→91/93

織田 楢次　おだ・ならじ　明治41年〜昭和55年9月27日　在日大韓基督教京都教会名誉牧師　→80/82

織田 信親　おだ・のぶちか　嘉永3年12月25日〜昭和2年10月30日　子爵　旧柏原藩主　→昭和

織田 信恒　おだ・のぶつね　明治22年8月3日〜昭和42年5月20日　漫画作家　貴族院議員,京浜自動車工業社長　→昭和

小田 尚　おだ・ひさし　〜平成9年7月13日　聯合広告社社長　→07/00

小田 久蔵　おだ・ひさぞう　明治35年10月8日〜平成3年4月2日　弁護士　東京地裁判事,中央大学教授,津上製作所取締役　→91/93 (おだ・きょうぞう)

織田 弘　おだ・ひろし　昭和4年2月16日〜平成2年3月6日　湯浅商事常務　→88/90

小田 弘　おだ・ひろむ　明治41年1月5日〜平成1年3月24日　中国放送専務　→88/90

小田 慥　おだ・まこと　昭和10年1月1日〜平成16年7月28日　中電工常務　→03/05

小田 正人　おだ・まさと　〜平成1年10月6日　陸軍少将　→88/90

織田 正信　おだ・まさのぶ　〜昭和30年9月18日　代議士　→昭和

小田 昌文　おだ・まさふみ　〜昭和60年7月19日　

山陽国策パルプ営業本部主席調査役　→83/87

織田 光春　おだ・みつはる　大正11年1月16日〜昭和63年1月28日　三井石油開発常務　→88/90

織田 稔　おだ・みのる　大正1年12月4日〜昭和57年11月17日　中日新聞社相談役・論説担当,中部日本放送番組審議会委員長　→80/82

小田 基二　おだ・もとじ　大正6年6月3日〜昭和61年10月19日　小田政社長,協同組合広島総合卸センター副理事長　→83/87

尾田 源行　おだ・もとゆき　大正2年7月17日〜平成6年5月6日　山陽国策パルプ社長　→94/96

小田 靖之　おだ・やすゆき　昭和13年2月27日〜平成21年12月7日　共同通信常務理事　→09/11

織田 勇次郎　おだ・ゆうじろう　〜昭和61年9月2日　日本ビルヂング協会連合会,東京ビルヂング協会常任理事,織田興産会長　→83/87

小田 洋一　おだ・よういち　〜昭和63年8月2日　御代田精密社長,シチズン商事取締役　→88/90

織田 羊一郎　おだ・よういちろう　明治40年6月20日〜昭和62年5月17日　中日新聞社相談役　→83/87

織田 淑夫　おだ・よしお　〜昭和55年4月9日　三菱日本重工業副社長　→80/82

尾田 吉数　おだ・よしかず　〜昭和63年3月24日　北陸土地商事(株)社長　→88/90

小田 慶孝　おだ・よしたか　大正9年5月26日〜平成22年6月1日　愛媛県議(自民党)　→09/11

尾田 美供　おだ・よしとも　大正2年1月29日〜昭和62年11月29日　北海道チクレン農業協同組合連合会長,雄武町(北海道)町議,雄武町畜産農協組合長　→83/87

小田 義彦　おだ・よしひこ　大正5年9月10日〜平成20年1月12日　三菱レイヨン専務　→06/08

織田 亮三郎　おだ・りょうざぶろう　大正7年2月25日〜平成11年9月8日　三井鉱山常務　→97/99

小田 良三　おだ・りょうぞう　明治39年2月22日〜昭和61年4月3日　泉州実業取締役,元泉州銀行専務　→83/87

織田 亮太郎　おだ・りょうたろう　〜平成6年12月13日　太平社　→94/96

尾台 三吉　おだい・さんきち　大正2年4月3日〜昭和56年6月22日　大木建設常任監査役,国鉄関西支社監察役　→80/82

小田井 実郎　おだい・じつろう　大正8年11月25日〜昭和57年1月3日　小田井鉄工社長,西尾商工会議所副会頭,西尾機械工業会長　→80/82

尾平 聡男　おだいら・としお　大正6年3月29日〜平成21年3月15日　銀座インズ会長　→09/11

小平 浪平　おだいら・なみへい　明治7年1月15日〜昭和26年10月5日　実業家　日立製作所創業者　→昭和

小平 雅一　おだいら・まさかず　昭和11年〜昭和62年11月28日　日立製作所宣伝部副部長　→83/87

小平 良平　おだいら・りょうへい　明治41年12月4日〜昭

和60年1月1日　日立製作所監査役,元日立印刷社長　→83/87

尾高 澄 おだか・きよし　明治38年10月2日～平成2年7月12日　公認会計士,税理士　東京地方税理士会会長　→88/90

小高 保 おだか・たもつ　明治27年9月15日～昭和29年7月27日　社会運動家　→昭和

小高 長三郎 おだか・ちょうざぶろう　明治23年11月～昭和33年3月26日　衆院議員(日本進歩党),自由通信社相談役　→昭和(こたか・ちょうざぶろう)

小高 常蔵 おだか・つねぞう　大正4年1月7日～平成6年6月26日　油研工業会長　→94/96

小高 嘉郎 おだか・としろう　明治35年2月11日～平成9年12月6日　衆院議員　→97/99

尾高 信男 おだか・のぶお　～昭和61年12月19日　江東区(東京都)区議・元区議会議長　→83/87

尾高 一 おだか・はじめ　大正10年3月9日～平成7年2月22日　日本団体生命保険会長　→94/96

小高 正直 おだか・まさなお　大正4年11月7日～平成6年3月26日　駐シリア大使　→94/96

小田垣 英治郎 おだがき・えいじろう　明治25年10月23日～平成3年1月3日　オーツヤ取締役相談役　→91/93

小田垣 常夫 おだがき・つねお　～昭和60年2月19日　海軍法務少将　東京簡裁判事　→83/87

小田川 利嘉 おだがわ・としよし　明治35年9月23日～平成13年3月20日　勝村建設常務　→00/02

小田川 全之 おだがわ・まさゆき　大正4年2月22日～昭和6年6月29日　土木事業家　古河銀行監査役　→昭和

尾滝 一峰 おたき・いっぽう　～平成4年10月29日　僧侶　野崎観音住職　→91/93

小田木 真一 おだぎ・しんいち　昭和12年2月6日～平成11年4月2日　茨城県議(自民党),常東製材所社長　→97/99

小滝 辰雄 おたき・ときお　明治25年12月～昭和39年5月27日　衆院議員(民政党)　→昭和(こたき・たつお)

小滝 昌治 おたき・まさはる　大正15年8月23日～平成22年7月4日　日本鋳鉄管社長　→09/11

愛宕 通経 おたぎ・みちつね　～昭和9年11月24日　子爵　→昭和(あたご・みちつね)

小滝 康雄 おたき・やすお　明治41年1月21日～平成1年6月15日　明治製糖専務　→88/90

小田切 賢 おだぎり・さとし　明治35年12月22日～平成2年7月19日　同和鉱業常務,東海汽船社長　→88/90

小田切 三郎 おだぎり・さぶろう　明治44年10月5日～昭和58年12月19日　トーメク相談役・元社長　→83/87

小田切 正次 おだぎり・しょうじ　～平成9年4月26日　岡谷鋼機常務　→97/99

小田切 新太郎 おだぎり・しんたろう　明治40年8月12日～平成9年4月17日　信越化学工業社長　→97/99

小田桐 健 おだぎり・たけし　昭和8年10月5日～平成20年10月15日　青森県議(県民連合)　→06/08

小田切 武林 おだぎり・たけしげ　明治30年7月28日～昭和40年2月26日　協和銀行会長　→昭和

小田切 博文 おだぎり・ひろふみ　昭和9年2月20日～平成8年4月16日　労働省労働基準局安全衛生部長　→94/96

小田切 増三郎 おだぎり・ますさぶろう　明治40年12月28日～平成5年5月30日　中越パルプ工業副社長,王子製紙常務　→91/93

小田切 万寿之助 おだぎり・ますのすけ　慶応4年1月25日～昭和9年9月12日　上海総領事,横浜正金銀行取締役　→昭和

小竹 喜一 おだけ・きいち　明治41年3月25日～昭和63年2月4日　小竹金物代表取締役会長　→88/90

小竹 修三 おだけ・しゅうそう　～平成19年12月9日　オダケホーム創業者　→06/08

織田沢 良一 おたざわ・りょういち　～昭和55年12月19日　函館ドック前会長　→80/82

小田嶋 定吉 おだじま・さだきち　明治23年9月18日～昭和47年12月19日　日本経済新聞社長,日本教育テレビ代表取締役　→昭和

小田島 助吉 おだじま・すけきち　～昭和25年7月19日　群馬経済部長　→昭和

小田嶋 隆 おだじま・たかし　大正7年10月30日～平成13年6月7日　鉄建建設副社長　→00/02

小田嶋 伝 おだじま・つとう　大正8年3月30日～平成14年12月10日　昭和高分子社長,昭和電工専務　→00/02

小田嶋 寿一 おだじま・としかず　昭和12年12月3日～平成23年10月6日　ナミックス社長　→09/11

小田島 実 おだじま・みのる　大正14年6月9日～平成23年7月28日　小田島社長　→09/11

小田島 森良 おだじま・もりよし　～平成13年2月3日　松川事件宮城県対策協議会事務局長,松山事件対策協議会事務局長　→00/02

小田島 嘉久 おだじま・よしひさ　明治44年1月8日～平成11年1月30日　牧師　青山学院女子短期大学名誉教授,日本基督教団下石神井教会名誉牧師　→97/99

尾立 維孝 おだて・これたか　安政1年12月16日～昭和2年6月21日　司法官　台湾高等法院検察官長　→昭和

小達 スエ おだて・すえ　昭和8年～平成20年5月10日　夏目雅子ひまわり基金主宰　→06/08

小田中 幸三郎 おだなか・こうさぶろう　～昭和51年9月23日　大広社長　→昭和

小谷 喜一 おたに・きいち　明治43年7月24日～平成19年9月13日　富士銀行常務,昭和電工副社長,福島放送社長　→06/08

小谷 清 おたに・きよし　明治8年1月15日～昭和37年10月28日　実業家　間組社長　→昭和(こたに・きよし)

小谷 金馬 おたに・きんま　明治41年3月6日～昭和63年11月11日　間組専務　→88/90

小谷 重一　おだに・じゅういち　～昭和57年3月2日　電通国際広告局長　→80/82

小田部 謙一　おたべ・けんいち　明治43年3月19日～平成20年3月17日　駐ベルギー大使，駐ルクセンブルク大使　→06/08

小田村 泰祐　おだむら・たいすけ　大正15年5月5日～平成9年2月4日　エフエム山口社長　→97/99

小田原 定　おだわら・さだむ　昭和8年8月3日～昭和60年10月29日　環境衛生金融公庫理事，元大蔵省大臣官房審議官　→83/87

小田原 大造　おだわら・だいぞう　明治25年11月10日～昭和46年4月8日　実業家　久保田鉄工所社長　→昭和

小田原 達至　おだわら・たつし　～昭和55年2月5日　中国電力総合企画第一企画室次長　→80/82

小田原 登志郎　おだわら・としろう　明治43年7月2日～平成2年9月14日　総理府統計局長　→88/90

小田原 要四蔵　おだわら・よしぞう　昭和2年7月10日～平成18年8月20日　北海道議（社民党）　→06/08

落 秋造　おち・あきぞう　～平成3年6月1日　伊集万（のちイトマン）取締役　→91/93

越智 明　おち・あきら　明治39年9月7日～平成3年9月4日　旭硝子取締役　→91/93

越智 勇　おち・いさむ　大正11年3月17日～昭和58年10月11日　北海道曹達副社長　→83/87

越智 伊平　おち・いへい　大正9年12月10日～平成12年3月24日　衆院議員（自民党），農水相　→00/02

越智 一男　おち・かずお　昭和4年5月20日～平成22年2月18日　野村証券常務，朝日火災海上保険社長　→09/11

越智 和夫　おち・かずお　昭和3年1月23日～平成8年3月15日　東京ガス取締役　→94/96

越智 喜三郎　おち・きさぶろう　明治34年6月1日～平成1年11月16日　第一石油運輸相談役・元社長　→88/90

越智 啓介　おち・けいすけ　大正11年7月11日～平成2年2月17日　駐スウェーデン大使　→88/90

越智 孝平　おち・こうへい　～昭和43年6月25日　松山市長　→昭和

越智 茂　おち・しげる　明治39年8月～昭和32年9月10日　衆議院議員（自民党）　→昭和

越知 俊一　おち・しゅんいち　明治38年3月28日～平成6年1月1日　住友信託銀行専務，京王プラザホテル副社長　→94/96

越智 庄五郎　おち・しょうごろう　～平成5年6月22日　東洋紡ミシン糸社長　→91/93

越智 泰二郎　おち・たいじろう　大正11年7月9日～昭和59年8月25日　北越製紙社長，第一勧業銀行取締役　→83/87

越智 忠　おち・ただし　昭和9年1月15日～平成20年10月8日　ノリタケカンパニーリミテド専務　→06/08

越智 太兵衛　おち・たへえ　明治15年11月26日～昭和36年10月20日　社会事業家　衆院議員（日本進歩党）→昭和（越景 太兵衛 こしかげ・たへえ）

越智 恒夫　おち・つねお　大正10年10月9日～平成16年4月23日　名古屋銀行常務　→03/05

越智 敏通　おち・としみち　大正10年10月28日～平成22年10月17日　公認会計士　越智会計グループ会長，日本公認会計士協会副会長　→09/11

越智 利通　おち・としみち　大正9年2月24日～平成14年12月20日　クラレ常務　→00/02

越智 範幸　おち・のりゆき　大正15年3月30日～平成18年3月10日　岡崎工機専務　→06/08

越智 博　おち・ひろし　大正13年2月20日～平成8年7月8日　静岡第一テレビ専務　→94/96

越智 宏倫　おち・ひろとも　昭和9年7月1日～平成17年10月4日　日研フード会長，篠崎製菓会長，日本老化制御研究所長　→03/05

越智 文哉　おち・ぶんや　大正15年12月21日～平成21年9月8日　越智産業社長　→09/11

越智 保喜蔵　おち・ほきぞう　～昭和56年10月28日　越智機械工業専務　→80/82

越智 正夫　おち・まさお　大正12年12月7日～平成13年5月12日　越智鋳造所創業者，愛媛銑鉄鋳物工業団地協同組合理事長　→00/02

越智 正英　おち・まさひで　昭和15年2月9日～平成19年11月2日　運輸省運輸審議官，日本航空副社長　→06/08

越智 英勇　おち・みつお　昭和37年9月15日～平成5年5月3日　井上工業（のちクリナップ）副社長　→91/93

越知 庸之助　おち・ようのすけ　明治40年8月22日～昭和61年5月27日　東洋リノリューム相談役・元社長　→83/87

越智 義勝　おち・よしかつ　大正14年5月4日～平成3年1月21日　三井造船取締役，三井造船エンジニアリング専務　→91/93

越智 亘　おち・わたる　昭和7年11月25日～平成4年8月7日　朝日新聞監査役　→91/93

落合 一三　おちあい・いちぞう　大正2年9月14日～平成10年3月30日　紀文食品名誉会長　→97/99

落合 栄一　おちあい・えいいち　～昭和60年11月26日　共産党中央委員会顧問，元福井県委員長　→83/87

落合 英一　おちあい・えいいち　大正5年2月15日～平成5年6月7日　労働運動家，評論家　国際自由労連東京事務所長，新産別書記長　→91/93

落合 稼久蔵　おちあい・かくぞう　明治33年2月11日～昭和60年10月1日　落合鉄工所社長，森商工会議所会頭　→83/87

落合 勝郎　おちあい・かつろう　～昭和55年7月16日　佐賀県東松浦郡呼子町長　→80/82

落合 寛茂　おちあい・かんも　明治30年11月～昭和47年4月15日　衆院議員（社会党）　→昭和（おちあい・ひろしげ）

落合 慶四郎　おちあい・けいしろう　明治19年4月16日

～昭和40年3月12日　徳島県知事,宇都宮市長,福井市長　→昭和

落合 修二　おちあい・しゅうじ　大正12年6月13日～平成10年2月5日　弁護士　落合法律事務所所長,日弁連副会長　→97/99

落合 順之　おちあい・じゅんし　大正4年11月25日～昭和61年8月24日　三菱製紙販売会長,三菱製紙取締役　→83/87

落合 庄次　おちあい・しょうじ　明治41年11月11日～平成5年10月22日　水海道市長　→91/93

落合 正太郎　おちあい・しょうたろう　大正6年8月12日～平成3年7月21日　共栄火災海上保険常務　→91/93

落合 新六　おちあい・しんろく　明治36年8月3日～昭和56年3月11日　日本勧業銀行取締役　→80/82

落合 孝　おちあい・たかし　明治35年2月13日～平成5年2月17日　関東電化工業専務　→91/93

落合 尚　おちあい・たかし　大正8年12月5日～平成12年9月26日　八洲電機会長　→00/02

落合 武士　おちあい・たけし　明治42年6月11日～昭和61年3月5日　日清製粉取締役　→83/87

落合 忠雄　おちあい・ただお　明治43年5月18日～平成4年3月4日　富士工取締役　→91/93

落合 正　おちあい・ただし　～平成5年8月4日　土呂久・松尾等鉱毒の被害者を守る会初代会長　→91/93

落合 十三雄　おちあい・とさお　～昭和62年2月20日　北海道新聞社編集局調査研究室専門委員　→83/87

落合 豊一　おちあい・とよいち　～昭和33年10月2日　日商社長　→昭和

落合 豊三郎　おちあい・とよさぶろう　文久1年2月28日～昭和9年3月31日　陸軍中将　→昭和

落合 寅市　おちあい・とらいち　嘉永3年9月17日～昭和11年6月26日　自由民権運動家　秩父困民党指導者　→昭和

落合 信平　おちあい・のぶへい　明治33年～平成2年6月19日　落合刃物工業会長　→88/90

落合 秀男　おちあい・ひでお　～平成1年　「高橋昇・朝鮮半島の農法と農民」の出版に尽力　→88/90

落合 博　おちあい・ひろし　昭和3年9月1日～平成13年6月28日　埼玉県議(公明党)　→00/02

落合 寛巳　おちあい・ひろみ　昭和10年3月29日～平成12年2月13日　落合天弘堂社長　→00/02

落合 正雄　おちあい・まさお　～昭和45年9月16日　日活顧問　→昭和

落合 正武　おちあい・まさたけ　昭和6年10月1日～平成9年10月2日　アデランス専務　→97/99

落合 正人　おちあい・まさと　昭和7年11月1日～平成18年4月5日　日鉄商事副社長　→06/08

落合 衛　おちあい・まもる　昭和5年4月1日～平成15年3月　日本短波放送常務　→03/05

落合 守平　おちあい・もりひら　～昭和44年1月15日　北海タイムス社長　→昭和

落合 芳雄　おちあい・よしお　大正10年7月31日～平成5年11月25日　オチアイネクサス社長　→91/93

落合 良吉　おちあい・りょうきち　大正9年12月18日～平成8年12月21日　日本紙パルプ商事専務　→94/96

落合 林吉　おちあい・りんきち　明治33年3月29日～昭和58年4月18日　群馬テレビ顧問,群馬県電気局長　→83/87

乙骨 剛　おつこつ・たけし　昭和6年6月29日～平成22年10月7日　東芝EMI社長　→09/11

乙戸 昇　おつど・のぼる　大正7年4月～平成12年12月10日　インドネシア福祉友の会創設者　インドネシア残留日本兵　→00/02

音 桂二郎　おと・けいじろう　大正8年1月1日～平成12年10月30日　日機装創業者　→00/02

小渡 三郎　おど・さぶろう　大正14年12月14日～昭和63年7月28日　衆院議員(自民党)　→88/90

音川 一市　おとかわ・かずいち　明治37年2月14日～平成1年6月1日　東亜紡織社長　→88/90

乙川 瑾映　おとがわ・きんえい　明治35年12月1日～昭和57年12月6日　僧侶　曹洞宗管長　→80/82

音川 誠三　おとかわ・せいぞう　大正11年11月21日～平成9年1月28日　松下精工専務　→97/99

乙川 節郎　おとがわ・せつろう　平成7年6月6日～平成23年1月10日　北海道議(公明党)　→09/11

乙竹 虔三　おとたけ・けんぞう　大正6年3月14日～平成23年7月2日　中小企業庁長官,帝人会長　→09/11

乙竹 利清　おとたけ・としきよ　大正7年9月23日～平成17年9月20日　三菱樹脂常務　→03/05

乙竹 宏　おとたけ・ひろし　大正9年6月15日～平成5年12月15日　ミキモト相談役　→91/93

音中 申吉　おとなか・しんきち　～昭和37年7月9日　日本機械計装会長　→昭和

乙葉 茂治　おとは・しげはる　～平成5年9月10日　日本毛織取締役　→91/93

乙部 昭　おとべ・あきら　昭和3年4月8日～平成8年9月7日　合同製鉄常務　→94/96

乙部 融　おとべ・とおる　～昭和23年1月25日　三菱銀行常務　→昭和

乙部 良一　おとべ・りょういち　昭和5年8月1日～平成17年3月12日　岩手銀行常務　→03/05

音羽 正彦　おとわ・ただひこ　大正3年1月5日～昭和19年2月6日　海軍少佐,侯爵　→昭和(おとわ・まさひこ)

尾中 郁夫　おなか・いくお　昭和5年5月28日～昭和63年3月21日　日本加除出版社長　→88/90

翁長 助裕　おなが・すけひろ　昭和11年3月14日～平成23年1月1日　沖縄県副知事　→09/11

尾縄 貞男　おなわ・さだお　大正7年7月23日～平成9年2月4日　神鋼電機常務　→97/99

鬼木 勝利　おにき・かつとし　明治37年10月6日～昭

鬼木 武　おにき・たけし　〜平成3年3月2日
　特許庁審査官審判長　→91/93

鬼木 政春　おにき・まさはる　〜昭和56年9月17日
　筑紫野市議　→80/82

鬼鞍 信夫　おにくら・しのぶ　明治44年7月25日〜平成12年2月15日　双信電機創業者　→00/02

鬼鞍 誠人　おにくら・まこと　昭和19年6月16日〜平成19年3月3日　双信電機常務　→06/08

鬼沢 薫　おにざわ・かおる　〜昭和60年7月2日
　陸将　陸上幕僚監部教育訓練部長　→83/87

鬼沢 忠治　おにざわ・ちゅうじ　大正15年4月9日〜平成18年1月17日　茨城県議（自民党）,白帆観光社長　→06/08

鬼沢 正巳　おにざわ・まさみ　大正6年7月12日〜平成14年12月22日　三井生命保険社長　→00/02

尾西 清重　おにし・きよしげ　昭和5年9月6日〜平成18年3月16日　NHK理事・放送総局長,日本放送出版協会社長　→06/08

尾西 尭　おにし・たかし　大正7年9月12日〜平成21年2月24日　龍野市長　→09/11

尾西 敏保　おにし・はるやす　明治32年11月18日〜昭和59年2月10日　尾西食品社長　→83/87

鬼塚 萃　おにづか・あつまる　〜昭和62年4月15日
　謙光社社長　→83/87

鬼塚 勝　おにづか・まさる　〜昭和58年2月21日
　網走市議会議員長　→83/87

鬼塚 喜八郎　おにつか・きはちろう　大正7年5月29日〜平成19年9月29日　アシックス創業者,世界スポーツ用品工業連盟名誉会長　→06/08

鬼丸 功　おにまる・いさお　大正5年12月2日〜昭和63年10月30日　パイロット万年筆監査役　→88/90

鬼丸 勝之　おにまる・かつゆき　大正2年9月〜昭和52年2月14日　参院議員（自民党）　→昭和

鬼丸 義斎　おにまる・ぎさい　明治19年9月〜昭和29年11月13日　衆院議員,参院議員（改進党）　→昭和

鬼山 隆三　おにやま・りゅうぞう　〜昭和55年11月13日
　福岡運輸専務　→80/82

小貫 敏　おぬき・さとし　〜昭和61年6月13日
　紀伊国屋書店常務　→83/87

小貫 英　おぬき・ひで　明治37年2月27日〜平成8年5月25日　協同出版会長,協和出版販売会長　→94/96

小沼 敬八　おぬま・けいはち　大正9年11月15日〜昭和60年10月3日　会計検査院第三局長　→83/87

小沼 正　おぬま・しょう　明治44年12月29日〜昭和53年1月17日　右翼活動家　血盟団事件関係者　→昭和

小沼 靖　おぬま・せい　明治42年7月4日〜昭和58年2月14日　青森放送社長,共同通信社放送協議会副会長　→83/87

小沼 卓二　おぬま・たくじ　大正12年1月8日〜平成4年11月26日　茨城相互銀行（のち茨城銀行）専務　→91/93

小沼 武　おぬま・たけし　明治44年5月14日〜平成2年2月13日　石井精密工業社長　→88/90

小野 昭雄　おの・あきお　昭和19年1月2日〜平成13年9月25日　国立医療病院管理研究所長　→00/02

小野 章哉　おの・あきや　大正2年3月21日〜平成6年9月20日　片倉チッカリン専務　→94/96

小野 昭　おの・あきら　昭和2年3月27日〜平成23年3月5日　中部日本放送専務　→09/11

小野 斌　おの・あきら　明治37年10月24日〜平成2年11月16日　富士バルブ専務　→88/90

小野 明　おの・あきら　大正9年4月6日〜平成2年4月19日　参院副議長（社会党）　→88/90

尾野 勇雄　おの・いさお　明治44年8月20日〜平成18年1月2日　旭硝子常務　→06/08

小野 市兵衛（9代目）　おの・いちべえ　大正2年2月4日〜平成1年2月22日　小野薬品工業取締役相談役　→88/90（小野 市兵衛）

小野 英二郎　おの・えいじろう　元治1年6月23日〜昭和2年11月26日　日本興業銀行総裁　→昭和

小野 栄太郎　おの・えいたろう　明治43年11月24日〜平成13年12月20日　全国開拓農協連合会理事　→00/02

小野 馨　おの・かおる　明治22年〜昭和40年2月24日　新居浜市長　→昭和

小野 和衛　おの・かずえ　大正8年11月11日〜平成20年3月10日　鹿島建設副社長　→06/08

小野 一男　おの・かずお　〜平成5年4月13日
　日本サッシ協会常務理事　→91/93

小野 一夫　おの・かずお　大正8年12月25日〜平成8年7月12日　日本香料薬品会長,神戸商工会議所副会頭　→94/96

小野 和秀　おの・かずひで　昭和11年1月27日〜平成14年11月13日　佐伯市長　→00/02

小野 嘉那衛　おの・かなえ　明治32年〜昭和63年9月27日　小野建設創業者　→88/90

小野 兼弘　おの・かねひろ　昭和27年10月25日〜平成19年4月18日　釈尊会会長　→06/08

小野 喜一　おの・きいち　〜平成4年3月1日
　三興製作所取締役　→91/93

小野 義一　おの・ぎいち　明治8年10月7日〜昭和25年5月25日　衆院議員（進歩党）　→昭和

小野 義一郎　おの・ぎいちろう　大正7年11月2日〜平成19年11月4日　小野測器創業者　→06/08

小野 喜重郎　おの・きじゅうろう　大正4年3月28日〜平成1年5月2日　エイ・ティ・エス社長,動力炉核燃料開発事業団理事　→88/90

小野 甲子太郎　おの・きねたろう　昭和3年9月21日〜平成9年5月23日　富士電機専務　→97/99

小野 亀八郎　おの・きはちろう　大正10年7月23日〜平

成20年6月21日　白河市長　→06/08

小野 恭次郎　おの・きょうじろう　〜昭和62年2月25日
白石市議、白川村助役　→83/87

小野 潔　おの・きよし　〜平成6年4月14日
田中ダイカスト社長、三井金属鉱業取締役　→94/96

小野 国雄　おの・くにお　明治44年2月10日〜平成6年10月27日　日本電子常務　→94/96

小野 倉蔵　おの・くらぞう　明治41年2月24日〜平成9年11月6日　児童養護施設中部少年学院院長、下関市会副議長　→97/99

小野 蔵三　おの・くらぞう　〜昭和56年12月8日
グンゼ常務、灘神戸生協名誉理事　→80/82

小野 慶二　おの・けいじ　大正11年12月20日〜平成12年5月10日　東京高裁部総括判事　→00/02

小野 慶十　おの・けいじゅう　〜昭和55年10月2日
東京都議　→80/82

小野 慶蔵　おの・けいぞう　〜昭和49年5月1日
大東紡織社長　→昭和

小野 敬直　おの・けいちょく　明治44年6月29日〜平成8年1月28日　弁護士　全国市区選挙管理委員会連合会副会長、岡山弁護士会会長　→94/96

小野 謙一　おの・けんいち　明治19年8月〜昭和38年1月12日　太平洋通信主幹、衆院議員（翼賛議員同盟）　→昭和

小野 健二　おの・けんじ　〜平成5年1月28日
日立金属常務　→91/93

小野 謙次郎　おの・けんじろう　〜昭和58年10月5日
名古屋高裁長官　→83/87

小野 憲造　おの・けんぞう　〜昭和56年12月2日
江東区助役　→80/82

小野 謙三　おの・けんぞう　〜昭和63年11月12日
弁護士　日本弁護士連合会理事、徳島・水戸・新潟地裁検事局検事正　→88/90

小野 耕一　おの・こういち　明治15年6月24日〜昭和37年9月10日　東京割引銀行頭取、貴院議員（多額）　→昭和

小野 光洋　おの・こうよう　明治33年4月4日〜昭和40年11月19日　政治家　立正学園長、参院議員（自由党）　→昭和

小野 五郎　おの・ごろう　〜昭和10年9月3日
国立多摩少年院長　→昭和

小野 吾郎　おの・ごろう　明治38年2月22日〜平成9年5月15日　陸奥新報社社長、青森県議　→97/99

小野 佐次郎　おの・さじろう　大正7年7月23日〜平成10年2月20日　大阪チタニウム製造（のち住友シチックス）常務　→97/99

小野 貞　おの・さだ　明治42年〜平成7年9月30日
横浜事件の再審請求申し立て人　→94/96

小野 哲　おの・さとし　〜昭和53年9月21日
千葉県知事　→昭和

小野 三郎　おの・さぶろう　〜昭和53年7月28日
帝人製機社長　→昭和

小野 三郎　おの・さぶろう　明治35年9月2日〜平成5年11月27日　雪印乳業副社長、農林中央金庫理事、東京農業大学理事長　→91/93

小野 三郎　おの・さぶろう　〜平成13年9月26日
日鉄商事常務　→00/02

小野 重雄　おの・しげお　明治34年1月15日〜平成3年11月22日　日本マンパワー相談役、蛇の目ミシン工業常務　→91/93

小野 茂夫　おの・しげお　明治45年5月2日〜昭和60年10月6日　旭硝子監査役・元常務　→83/87

小野 重一　おの・しげかず　〜昭和46年4月28日
東洋ベアリング製造社長　→昭和

小野 茂春　おの・しげはる　〜昭和7年2月21日
歩兵第七聯隊附陸軍歩兵少佐　→昭和

小野 重行　おの・しげゆき　明治14年3月〜昭和6年7月30日　衆院議員（立憲民政党）　→昭和

小野 静洋　おの・しずひろ　〜昭和59年1月25日
金沢名鉄丸越百貨店専務、武蔵開発副社長　→83/87

小野 七郎　おの・しちろう　明治40年7月20日〜昭和60年1月5日　南北社副社長、毎日新聞社社会部長　→83/87

小野 忍　おの・しのぶ　大正8年2月23日〜平成21年6月17日　新潟県議（自民党）　→09/11

小野 秀一　おの・しゅういち　明治20年6月〜昭和47年4月1日　衆院議員　→昭和

小野 周慈　おの・しゅうじ　大正14年12月11日〜平成6年7月21日　全日本瓦工事業連盟理事長、台東区議会議長　→94/96

小野 重四郎　おの・じゅうしろう　大正6年1月6日〜昭和62年4月21日　神鋼商事常務　→83/87

小野 淳一　おの・じゅんいち　大正1年9月10日〜昭和58年1月12日　三菱銀行取締役、旭硝子監査役　→83/87

小野 順一　おの・じゅんいち　大正15年8月4日〜平成7年　オノマシン社長　→94/96

尾野 潤一　おの・じゅんいち　大正9年12月28日〜平成18年12月17日　ダイハツ工業副社長　→06/08

小野 俊一郎　おの・しゅんいちろう　大正15年8月11日〜平成1年5月25日　行政通信社専務　→88/90

小野 順造　おの・じゅんぞう　大正5年9月26日〜平成1年6月28日　小野薬品工業会長　→88/90

小野 正一　おの・しょういち　〜昭和53年2月12日
弁護士　→昭和

小野 正三　おの・しょうぞう　昭和9年1月22日〜平成12年3月18日　東リ常務　→00/02

小野 正造　おの・しょうぞう　明治30年2月5日〜昭和19年9月30日　労働運動家　東京市労働従業員組合委員長　→昭和

小野 四郎　おの・しろう　〜昭和55年7月10日
日広連社長、早大水泳部総監督　→80/82

I　政治・経済・社会篇

おの

小野 心一　おの・しんいち　～昭和62年10月23日
ラサ工業取締役　→83/87

小野 親一　おの・しんいち　大正5年12月14日～昭和62年10月30日　石巻市水産加工業協同組合長　→83/87

小野 真次　おの・しんじ　明治26年4月15日～昭和49年1月3日　和歌山県知事,衆院議員(自由党)　→昭和

小野 新兵衛　おの・しんべえ　～昭和31年4月29日
小野薬品社長　→昭和

小野 季雄　おの・すえお　大正2年3月1日～平成1年2月13日　丸亀商工会議所会頭,琴平参宮電鉄取締役相談役　→88/90

小野 晋　おの・すすむ　大正7年3月29日～平成13年9月20日　日本郵船社長　→00/02

小野 進　おの・すすむ　大正9年5月17日～平成23年1月29日　東京製綱社長　→09/11

小野 すみ　おの・すみ　大正14年5月20日
日本キリスト教婦人矯風会会頭　→00/02

小野 誠一　おの・せいいち　～平成5年5月22日
福島県議,全国蚕種協会長　→91/93

小野 誠一　おの・せいいち　大正15年8月10日～平成18年10月10日　浜松委託運送会長,浜松市教育委員会委員長　→06/08

小野 清七　おの・せいしち　明治44年1月18日～平成2年2月24日　青森県議(自民党)　→88/90

小野 精次郎　おの・せいじろう　明治42年2月9日～平成2年5月28日　湖月堂会長　→88/90

小野 清三　おの・せいぞう　～昭和42年11月2日
大同鋼板会長　→昭和

小野 宣治　おの・せんじ　～平成1年11月28日
湖月堂専務　→88/90

尾塾 善司　おの・ぜんじ　昭和6年2月21日～平成22年12月15日　弁護士 大阪弁護士会会長,大阪国際大学法政経学部教授　→09/11

小野 専芳　おの・せんぽう　昭和12年9月3日～平成19年5月28日　日本華道社社長　→06/08

小野 宗一　おの・そういち　明治43年1月27日～平成5年3月27日　日本甜菜製糖常務　→91/93

小野 左右吉　おの・そうきち　明治41年3月19日～昭和60年10月21日　大同特殊鋼常務,日本鍛工社長　→83/87

小野 総八　おの・そうはち　明治40年6月27日～平成10年11月2日　東光電気常務　→97/99

小野 貴邦　おの・たかくに　昭和18年～平成5年5月9日　(株)ドゥ・ハウス社長　→88/90

小野 孝　おの・たかし　明治36年7月～昭和63年9月14日　衆院議員(民主党)　→88/90

小野 孝　おの・たかし　昭和19年3月24日～平成14年10月30日　小野産業常務　→00/02

小野 隆史　おの・たかし　昭和7年8月4日～平成7年11月22日　太平洋金属常務　→94/96

小野 尊光　おの・たかてる　嘉永2年12月8日～昭和12年11月20日　神官,男爵 日御碕神社宮司,貴院議員　→昭和(おの・たかみつ)

小野 孝行　おの・たかゆき　～昭和42年8月12日
全国信用金庫協会前会長　→昭和

小野 丈夫　おの・たけお　明治42年3月12日～昭和58年8月2日　トナミ運輸社長　→83/87

小野 威　おの・たけし　～昭和52年9月11日
鹿島建設副会長　→昭和

小野 猛　おの・たけし　～昭和37年5月9日
船舶運営会総裁　→昭和

尾野 建治　おの・たけはる　昭和17年12月13日～平成22年3月29日　クロスキャット社長　→09/11

小野 佐　おの・たすく　明治41年3月4日～平成5年9月20日　宇徳運輸社長,会長,大阪商船三井船舶常務　→91/93

小野 忠雄　おの・ただお　～昭和56年7月8日
恵泉寮(社会福祉法人)理事長,元ビオフェルミン製薬専務　→80/82

小野 正　おの・ただし　～昭和40年8月1日
住友ベークライト顧問　→昭和

小野 達郎　おの・たつろう　明治43年11月14日～平成6年11月30日　日本製鋼所相談役・元社長　→94/96

小野 タマ　おの・たま　～昭和55年4月2日
梅光寮理事長　→80/82

小野 暢三　おの・ちょうぞう　～昭和59年4月20日
浦賀船渠常務　→83/87

小野 常徳　おの・つねのり　～平成14年3月15日
東京田辺製薬常務 売春地区の記録をビデオ化　→00/02

小野 強　おの・つよし　大正3年3月22日～昭和62年8月20日　井原市長　→83/87

小野 貞三郎　おの・ていざぶろう　～平成6年10月4日
日本航空機操縦士協会理事 日本初の小型飛行機よる大西洋,太平洋横断に成功　→94/96

小野 逞三　おの・ていぞう　明治35年7月24日～昭和60年12月25日　オノマシン会長　→83/87

小野 哲一　おの・てついち　明治28年1月22日～昭和42年2月25日　佐賀市長　→昭和

小野 徳行　おの・とくゆき　昭和7年3月31日～平成5年2月19日　住友銀行専務　→91/93

小野 俊雄　おの・としお　～昭和62年7月27日
京都ホテル取締役　→83/87

小野 敏夫　おの・としお　～平成4年2月6日
泉州電業会長　→91/93

小野 敏夫　おの・としお　昭和2年8月21日～平成4年5月13日　太平洋海運専務　→91/93

小野 年之　おの・としゆき　大正12年2月23日～平成4年7月23日　岡山県立美術館館長,岡山県副知事　→91/93

小野 友義　おの・ともよし　昭和12年8月19日～平成18年1月8日　松本油脂製薬副社長　→06/08

小野　虎太郎　おの・とらたろう　～昭和5年7月30日
　海軍中佐　→昭和

小野　長城　おの・ながき　昭和6年7月30日～平成15年3月10日　住友金属鉱山常務　→03/05

小野　信次郎　おの・のぶじろう　明治38年2月14日～昭和59年12月13日　日本化薬取締役　→83/87

小野　昇　おの・のぼる　昭和8年7月14日～平成2年3月8日　不二サッシ取締役　→88/90

小野　昇　おの・のぼる　昭和8年4月8日～平成23年8月31日　山形新聞常務・論説委員長　→09/11

小野　近義　おの・はるよし　明治38年2月7日～昭和56年2月19日　静岡県議　→80/82

小野　彦之烝　おの・ひこのじょう　～平成18年4月11日　青森トヨタ自動車社長　→06/08（小野　彦之烝）

小野　寿雄　おの・ひさお　～昭和48年2月21日　帝国ホテル取締役　→昭和

小野　英男　おの・ひでお　～平成4年12月18日　住友重機械エンバイロテック専務　→91/93

小野　英雄　おの・ひでお　大正13年8月28日～平成5年6月12日　下関唐戸魚市場社長,全国ふぐ連盟副会長　→91/93

小野　秀聖　おの・ひでさと　明治39年3月14日～昭和59年10月28日　日本光学工業監査役　→83/87

小野　寛　おの・ひろし　明治29年2月11日～昭和38年11月13日　三菱電機副社長　→昭和

小野　浩　おの・ひろし　昭和7年11月4日～平成4年1月11日　東洋ゴム工業取締役　→91/93

小野　浩　おの・ひろし　大正15年8月22日～平成18年1月24日　大分交通会長　→06/08

小野　博　おの・ひろし　明治42年12月10日～平成9年2月8日　笠岡市長　→97/99

小野　浩孝　おの・ひろたか　昭和30年8月26日～平成19年12月12日　スズキ取締役専務役員　→06/08

小野　博康　おの・ひろやす　大正9年1月7日～昭和63年8月27日　千代田火災海上保険会長,トヨタ自動車相談役　→88/90

小野　拡行　おの・ひろゆき　昭和12年2月10日～平成19年3月9日　フジックス常務　→06/08

小野　文克　おの・ふみかつ　～昭和63年6月8日　小野総合企業社長　→88/90

小野　平三郎　おの・へいざぶろう　大正15年7月15日～平成1年7月22日　山陽新聞社事業局長（役員待遇）　→88/90

小野　昌昭　おの・まさあき　大正5年10月15日～平成12年9月24日　帝国化工副社長,日輪ゴム工業社長　→00/02

小野　政男　おの・まさお　大正4年10月13日～昭和3年8月13日　警察庁中部管区警察局長　→91/93

小野　正男　おの・まさお　～昭和45年4月5日　日本土地建物社長　→昭和

小野　正男　おの・まさお　～昭和57年1月20日　日本自転車振興会参与　→80/82

小野　昌和　おの・まさかず　昭和15年2月5日～平成18年8月20日　河北新報専務　→06/08

小野　正貴　おの・まさき　大正15年12月1日～平成6年3月21日　新京極商店街振興組合理事長,天狗堂社長　→94/96

小野　正二　おの・まさじ　～昭和55年12月2日　朝日麦酒監査役　→80/82

小野　正則　おの・まさのり　明治40年1月20日～平成1年12月7日　明治乳業会長,日本乳業協議会会長　→88/90

小野　正治　おの・まさはる　～昭和62年5月10日　エス・ジー・ウォーバーグ証券東京支店株式部長　→83/87

小野　正弘　おの・まさひろ　昭和7年7月23日～平成7年1月8日　不二家常務　→94/96

小野　匡美　おの・まさみ　昭和4年2月12日～平成7年2月16日　八千代エンジニヤリング社長　→94/96

小野　正三　おの・まさみ　大正3年2月11日～昭和60年8月11日　不二越常務　→83/87

小野　正章　おの・まさゆき　～平成4年2月4日　室戸市長　→91/93

小野　増平　おの・ますへい　昭和22年1月6日～平成23年9月18日　中国新聞取締役　→09/11

小野　光男　おの・みつお　昭和2年10月12日～平成17年8月5日　トヨテック社長,豊川商工会議所名誉会頭　→03/05

小野　光洪　おの・みつひろ　大正9年7月28日～平成17年11月9日　塩尻市長　→03/05

尾野　実信　おの・みのぶ　慶応1年10月～昭和21年4月19日　陸軍大将　関東軍司令官　→昭和

小野　稔　おの・みのる　大正7年10月4日～昭和60年4月3日　名古屋穀物砂糖取引所常務理事　→83/87

小野　宗方　おの・むねお　昭和11年1月10日～平成14年1月25日　東京田辺製薬常務　→00/02

小野　弥一　おの・やいち　昭和14年4月6日　海軍中将　→昭和

小野　恭弘　おの・やすひろ　明治43年2月26日～昭和58年11月11日　日本製粉常務取締役　→83/87

小野　雄作　おの・ゆうさく　～昭和60年10月13日　大丸専務　→83/87

小野　幸久　おの・ゆきひさ　～平成7年4月17日　三信広告社社長　→94/96

小野　裕　おの・ゆたか　～平成14年1月23日　防衛施設庁長官,警察庁中部管区警察局長　→00/02

小野　義章　おの・よしあき　昭和10年1月12日～平成8年12月6日　愛媛県議（自民党）　→94/96

尾野　善明　おの・よしあき　明治36年5月19日～平成7年8月25日　東邦ガス副社長,東邦コークス販売社長,東邦タール製品社長　→94/96

I　政治・経済・社会篇　　　　　　　　　　　　　　　　　　　　おのすか

小野 義夫　おの・よしお　明治13年10月〜昭和31年10月13日　参院議員(自民党)　→昭和

小野 好夫　おの・よしお　明治44年4月18日〜平成1年5月23日　不二家常務　→88/90

小野 喜孝　おの・よしたか　大正13年11月5日〜平成14年4月9日　井筒屋社長　→00/02

小野 義人　おの・よしと　明治44年8月21日〜平成3年7月6日　東海銀行監査役　→91/93

小野 義富　おの・よしとみ　昭和3年5月27日〜平成14年6月11日　日本エアコミューター社長,日本エアシステム専務　→00/02

小野 吉日児　おの・よしひこ　明治40年5月1日〜平成3年8月8日　小野製作所社長　→91/93

小野 好彦　おの・よしひこ　昭和11年9月6日〜平成15年12月18日　東北放送副社長　→03/05

小野 善広　おの・よしひろ　大正9年5月2日〜平成9年9月21日　四国航空社長　→97/99

小野 吉郎　おの・よしろう　大正15年3月6日〜平成16年10月15日　東京焼結金属社長　→03/05

小野 隆祥　おの・りゅうしょう　明治43年〜昭和61年12月20日　岩手県原水禁会長　→83/87

小野 竜馬　おの・りゅうま　〜昭和58年1月2日　同盟副会長,造船重機労連委員長　→83/87

小野 亮哉　おの・りょうや　大正12年5月29日〜平成3年1月22日　神官　小野雅楽会会長,小野照崎神社宮司　→91/93

小野 六郎　おの・ろくろう　〜昭和42年8月19日　栄海運社長,東栄海運顧問,野口英世記念会(財)監事　→昭和

尾上 多男　おのうえ・かずお　大正8年3月3日〜平成23年9月24日　レナウンルック常務　→09/11

尾上 保太郎　おのうえ・やすたろう　明治44年3月8日〜平成12年8月6日　大成建設専務　→00/02

尾上 康治　おのうえ・やすはる　大正8年2月15日〜平成15年12月24日　トクヤマ会長　→03/05

小野打 寛　おのうち・ひろし　〜昭和59年8月21日　陸軍少将　→83/87

尾之内 正己　おのうち・まさみ　昭和3年12月18日〜平成18年9月19日　愛知県議(自民党)　→06/08

尾之内 由紀夫　おのうち・ゆきお　大正4年8月18日〜平成21年2月12日　建設事務次官　→09/11

尾上 晃　おのえ・あきら　大正11年12月1日〜平成5年5月30日　毎日販売協栄専務,毎日新聞販売局内務部長　→88/90

尾上 一郎　おのえ・いちろう　〜昭和62年10月31日　同和火災海上保険専務　→83/87

尾上 清　おのえ・きよし　明治44年5月23日〜昭和63年2月9日　レナウン理事長　→88/90

尾上 寿作　おのえ・じゅさく　明治36年11月28日〜平成10年11月6日　グローリー工業社長　→97/99

尾上 史郎　おのえ・しろう　大正1年8月31日〜平成5年1月9日　山陽国策パルプ専務,山陽スコット社長　→91/93

尾上 信次　おのえ・しんじ　明治43年3月1日〜平成10年3月24日　グローリー工業社長　→97/99

尾上 登治　おのえ・たかはる　大正4年9月2日〜昭和60年6月9日　朝日火災海上保険常勤監査役・元常務　→83/87

尾上 唯雄　おのえ・ただお　明治35年3月20日〜昭和59年12月20日　横浜繊維社長,東洋繊維常務　→83/87

尾上 暉次　おのえ・てるじ　大正4年3月15日〜昭和61年7月7日　阪急不動産常務　→83/87

尾上 典三　おのえ・てんぞう　大正5年11月1日〜平成11年1月26日　甲陽建設工業社長　→97/99

尾上 登太郎　おのえ・とうたろう　〜昭和33年3月10日　朝日火災海上会長　→昭和

尾上 俊郎　おのえ・としろう　〜昭和53年7月13日　レナウングループ理事長　→昭和

尾上 浩彦　おのえ・ひろひこ　大正3年6月17日〜平成2年9月4日　東海汽船会長　→88/90

尾上 政太郎　おのえ・まさたろう　〜平成4年7月2日　莧文岡店主　→91/93

小野垣 勝美　おのがき・かつみ　昭和21年4月4日〜平成14年3月8日　ナカ工業社長　→00/02

小野方 良行　おのかた・よしゆき　昭和7年7月14日　護国寺貫主大僧正　→昭和

小野木 只一　おのぎ・ただいち　〜平成6年2月26日　小野木フロック工業社長　→94/96

小野木 三夫　おのぎ・みつお　大正15年8月12日〜平成16年2月23日　トーカイ社長　→03/05

小野坂 陽介　おのざか・ようすけ　〜平成13年6月18日　東京材木商協同組合理事長　→00/02

小野里 仙平　おのざと・せんぺい　〜昭和60年7月28日　群馬県議　→83/87

小野里 保二　おのざと・やすじ　〜平成2年3月13日　警視庁第一機動捜査隊副隊長　→88/90

小野沢 潔　おのざわ・きよし　昭和4年3月15日〜平成6年5月11日　三井物産常務　→94/96

小野沢 静夫　おのざわ・しずお　大正10年10月10日〜平成11年5月6日　飯山市長　→97/99

小野沢 知雄　おのざわ・ともお　〜昭和44年2月13日　警察庁中国管区警察局長　→昭和

小野沢 彦之助　おのざわ・ひこのすけ　明治44年2月5日〜昭和60年6月18日　三菱鉱業取締役　→83/87

小野沢 三好　おのざわ・みつよし　大正13年6月7日〜昭和59年2月12日　千野製作所取締役　→83/87

小野沢 義勝　おのざわ・よしかつ　昭和47年6月11日　日本バイオリン社長　→昭和

小野島 三郎　おのじま・さぶろう　〜昭和59年10月3日　名古屋人権擁護委員協議会参与　→83/87

小野塚 一郎　おのづか・いちろう　明治44年4月9日〜

平成5年7月11日　名村造船所社長, 日立造船副社長　→91/93

小野塚 潤澄　おのづか・じゅんちょう　～昭和44年11月6日　真言宗豊山派宗務総長, 目白不動金乗院貫主, 大僧正　→昭和

小野塚 正彦　おのづか・まさひこ　昭和2年9月3日～昭和62年3月31日　京王帝都電鉄理事, 京王建設社長　→83/87

小野塚 祐一郎　おのずか・ゆういちろう　大正3年9月17日～平成13年3月29日　ヤクルト専務　→00/02

小野塚 与澄　おのずか・よちょう　明治8年5月15日～昭和22年1月19日　僧侶, 声明・事相家　真言宗豊山派大僧正, 東京専修学院院長　→昭和

小野瀬 忠兵衛　おのせ・ちゅうべえ　明治32年8月～昭和52年12月11日　衆院議員(自由党)　→昭和

小野田 栄一　おのだ・えいいち　大正2年9月9日～平成16年3月27日　千葉県議(自民党)　→03/05

小野田 きち　おのだ・きち　～昭和60年12月24日　都鳥(料亭)女将　→83/87

小野田 清　おのだ・きよし　～昭和42年1月3日　大協石油常務　→昭和

小野田 重忠　おのだ・しげただ　～平成3年9月8日　金門製作所常務　→91/93

小野田 隆　おのだ・たかし　大正12年8月20日～平成21年7月25日　新宿区長　→09/11

小野田 武夫　おのだ・たけお　明治39年12月18日～平成11年12月28日　播磨耐火煉瓦社長　→00/02s

小野田 武　おのだ・たける　昭和12年1月3日～平成17年1月5日　三菱化学専務　→03/05

小野田 忠　おのだ・ただし　明治27年9月16日～昭和57年10月8日　金門製作所会長, 東京理化工業所創業者　→80/82

小野田 長八　おのだ・ちょうはち　～昭和55年10月1日　千代田光学精工(ミノルタカメラの前身)元取締役　→80/82

小野田 徹雄　おのだ・てつお　大正13年9月19日～平成10年2月7日　広島町(北海道)町長　→97/99

小野田 政　おのだ・まさし　大正5年6月30日～平成16年4月21日　サンケイ新聞専務　→03/05

小野田 増太郎　おのだ・ますたろう　～昭和56年1月4日　東京都議(自民党)　→80/82

小野田 恵　おのだ・めぐむ　～昭和55年6月14日　日本電池常務　→80/82

小野田 晏久　おのだ・やすひさ　昭和5年3月6日～平成3年12月29日　日本酸素常務　→91/93

小野田 弥兵衛　おのだ・やへえ　～昭和60年3月10日　新宿区議　→83/87

小野田 六二　おのだ・ろくじ　大正6年3月24日～平成10年10月3日　弁護士　日本弁護士連合会副会長, 第二東京弁護士会会長　→97/99

小野寺 章　おのでら・あきら　明治17年12月～昭和10年2月3日　弁護士　衆院議員(政友会)　→昭和

小野寺 一夫　おのでら・かずお　大正8年7月21日～平成17年11月30日　なかやま会長, 全国商店街振興組合連合会理事長　→03/05

小野寺 勝男　おのでら・かつお　～平成1年5月15日　渋谷区会議長　→88/90

小野寺 喜得　おのでら・きとく　明治44年9月16日～平成5年4月4日　一関市長　→91/93

小野寺 清　おのでら・きよし　～昭和57年6月30日　三井近海汽船常務　→80/82

小野寺 金三郎　おのでら・きんざぶろう　明治38年10月19日～平成7年12月11日　和光電化工業社長　→94/96

小野寺 圀夫　おのでら・くにお　大正7年11月7日～平成13年2月23日　北日本機械金属会長, 青森県工業会副会長　→00/02

小野寺 軍蔵　おのでら・ぐんぞう　明治44年10月28日～平成13年2月20日　一関市農協組合長, 岩手県農協五連副会長　→00/02

小野寺 弘作　おのでら・こうさく　昭和9年10月24日～昭和62年2月9日　小野寺商会代表　→83/87

小野寺 詮　おのでら・さとし　昭和9年11月24日～平成9年10月11日　テネックス専務, 土屋製作所専務　→97/99

小野寺 重太郎　おのでら・じゅうたろう　～昭和14年2月4日　陸軍中将　→昭和(おのでら・しげたろう)

小野寺 忠雄　おのでら・ただお　～平成8年2月7日　インドネシア福祉友の会理事長　→94/96

小野寺 長治郎　おのでら・ちょうじろう　明治8年3月～昭和14年2月6日　陸軍主計中将　貴院議員(勅選)　→昭和

小野寺 寿博　おのでら・としひろ　～昭和62年12月17日　仙台市議　→83/87

小野寺 信雄　おのでら・のぶお　大正14年7月25日～平成15年5月13日　気仙沼市長, 宮城県議(自民党)　→03/05

小野寺 規夫　おのでら・のりお　昭和8年3月20日～平成22年9月17日　東京高裁部総括判事, 山梨学院大学法学部教授　→09/11

小野寺 春雄　おのでら・はるお　明治45年5月1日～平成1年1月14日　気仙沼市議会議長　→88/90

小野寺 春子　おのでら・はるこ　～平成23年1月7日　小春店主　→09/11

小野寺 信　おのでら・まこと　明治30年～昭和62年8月17日　陸軍少将　スウェーデン社会研究所顧問　→83/87

小野寺 満芳　おのでら・みつよし　昭和14年5月19日～平成16年2月8日　住友銀行常務, レナウン副社長　→03/05

小野寺 有一　おのでら・ゆういち　明治16年7月～昭和40年1月4日　衆院議員(進歩党)　→昭和

小野寺 龍二　おのでら・りょうじ　昭和10年10月16日～平成5年7月15日　駐オーストリア大使　→91/93

小之原 一夫　おのはら・かずお　～昭和61年11月10日

I 政治・経済・社会篇　　おはま

小野部　二郎　おのべ・じろう　〜平成6年1月15日　ホウライ取締役　→94/96

小野村　仁　おのむら・ひとし　大正4年10月13日〜平成19年8月25日　ドクメンテーション・コンサルタント　UDC協会理事　→06/08

小野目　雅一　おのめ・まさかず　大正8年3月9日〜昭和62年8月13日　大崎八幡神社宮司　→83/87

小野目　実　おのめ・みのる　大正14年7月11日〜平成3年12月6日　豊田通商常務　→91/93

小野山　時之助　おのやま・ときのすけ　大正11年1月1日〜平成21年7月19日　日鉄鉱業専務　→09/11

小畑　昭雄　おばた・あきお　昭和2年2月14日〜平成7年4月3日　ナカヨ通信機常務　→94/96

小畑　岩次郎　おばた・いわじろう　安政5年2月〜昭和11年2月14日　衆院議員（自由党）　→昭和

小幡　栄亮　おばた・えいりょう　明治31年4月1日〜昭和59年8月7日　赤穂市議　→83/87

小畠　賢介　おばた・けんすけ　大正10年1月15日〜平成11年8月13日　川崎製鉄専務　→97/99

小幡　謙三　おばた・けんぞう　明治43年1月24日〜平成4年5月9日　積水化学工業社長、積水ハウス会長　→91/93

小畑　源之助　おばた・げんのすけ　明治8年12月22日〜昭和34年6月24日　実業家　日本ペイント社長　→昭和

小幡　康吉　おばた・こうきち　明治44年6月4日〜昭和62年7月31日　日本自動車連盟理事、長野放送専務　→83/87

小幡　幸二郎　おばた・こうじろう　明治44年12月30日〜平成9年1月17日　大鉄工業（のち大阪鉄工）副社長　→97/99

小幡　五朗　おばた・ごろう　大正1年8月20日〜平成2年10月3日　茨城県議（自民党）　→88/90

小幡　栄　おばた・さかえ　大正15年11月19日〜平成16年10月17日　テレビ信州社長　→03/05

小幡　盛　おばた・さかり　大正12年8月13日〜平成4年3月9日　栃木県議（自民党）　→91/93

小畑　薫良　おばた・しげよし　明治21年6月30日〜昭和46年7月14日　外務省参与　→昭和

小畑　俊哲　おばた・しゅんてつ　大正14年〜平成4年11月2日　僧侶　武蔵野女子大学短期大学部生活学科教授、昌平寺住職　→91/93

小畑　正次郎　おばた・しょうじろう　明治39年10月18日〜平成2年1月22日　小畑製作所社長　→88/90

小畑　進　おばた・すすむ　明治43年11月9日〜平成21年11月26日　牧師　東京基督神学校名誉教授　→09/11

小幡　琢也　おばた・たくや　大正12年7月2日〜平成19年12月14日　国土庁大都市圏整備局長、日本抵当証券社長　→06/08

小畑　忠彦　おばた・ただひこ　大正15年5月11日〜平成4年6月3日　中部日本放送常務　→91/93

小畑　忠良　おばた・ただよし　明治26年3月16日〜昭和52年10月11日　平和運動家、実業家、官僚　大阪府原水協会長、大阪日ソ協会長、企画院副総裁　→昭和

小畑　達夫　おばた・たつお　明治40年7月7日〜昭和8年12月24日　社会運動家　日本共産党中央委員　→昭和

小畑　千秋　おばた・ちあき　明治44年10月24日〜平成7年9月16日　日本ペイント名誉会長　→94/96

小畑　敏夫　おばた・としお　〜昭和58年3月16日　日本船主協会常務理事　→83/87

小畑　敏一　おばた・としかず　明治38年7月7日〜平成1年12月26日　映像文化製作者連盟顧問、電通映画社（のち電通プロックス）副社長　→88/90

小畑　敏四郎　おばた・としろう　明治18年2月19日〜昭和22年1月10日　陸軍中将　国務大臣　→昭和

小畑　一　おばた・はじめ　〜平成1年2月19日　中津市体育協会顧問、中津市議会議長　→88/90

小幡　久男　おばた・ひさお　明治45年6月5日〜昭和61年4月20日　防衛事務次官　→83/87

小幡　英良　おばた・ひでよし　明治23年4月2日〜平成19年8月11日　陸軍中将　→昭和

小幡　啓　おばた・ひらく　昭和5年〜昭和63年7月12日　日本合成化学工業常務　→88/90

小幡　平三郎　おばた・へいざぶろう　大正5年4月1日〜平成5年12月20日　ニューミヤコホテル会長、栃木県たばこ販売協同組合連合会理事長　→91/93

小幡　昌男　おばた・まさお　昭和8年12月21日〜平成5年10月3日　第一工業製薬専務　→91/93

小幡　誠武　おばた・まさたけ　〜平成10年2月16日　東京都戦災傷害者の会会長　→97/99

小畑　正虎　おばた・まさとら　大正3年1月26日〜平成18年5月28日　新井組副社長　→06/08

尾花　安治　おばた・やすじ　大正13年7月18日〜昭和62年12月2日　帯広市議　→83/87

小幡　酉吉　おばた・ゆうきち　明治6年4月12日〜昭和22年8月9日　外交官　中華民国駐箚特別全権公使、枢密顧問官　→昭和

小畑　勇二郎　おばた・ゆうじろう　明治39年9月19日〜昭和57年10月5日　秋田県知事、秋田経済大学理事長　→80/82

小畑　よし　おばた・よし　〜昭和62年1月10日　小畑製作所監査役　→83/87

尾花　国次　おばな・くにじ　〜昭和60年1月13日　福岡県出納長、福岡県議　→83/87

尾花　二郎　おばな・じろう　大正3年5月15日〜平成4年1月8日　埼玉県議（無所属）　→91/93

尾花　哲治　おばな・てつじ　大正8年5月8日〜平成6年11月26日　東洋アルミニウム副社長　→94/96

尾花　脩二　おばな・ゆうじ　昭和12年〜平成20年4月10日　ニコン常務　→06/08

小浜　繁　おばま・しげる　明治40年10月20日〜昭和62年12月22日　三州倶楽部会長、国土政策研究会会長、ミサワ

おはま　　　　　　　　　　　　　　　　　　　　　Ⅰ　政治・経済・社会篇

ホーム相談役　→83/87

小浜 八弥　おばま・はちや　明治24年12月8日～昭和49年4月6日　農林事務次官　→昭和（こはま・はちや）

小汀 良久　おばま・よしひさ　昭和7年1月27日～平成11年12月19日　新泉社社長　→97/99

小原 明　おはら・あきら　～平成1年12月28日　全日本テレビ番組製作者連盟専務理事　→88/90

小原 明　おはら・あきら　大正15年8月9日～平成17年2月1日　日本電信電話公社理事，田村電機製作所社長　→03/05

尾原 稲生　おはら・いなお　昭和21年9月22日～平成8年6月26日　兵庫銀行（のちみどり銀行）専務　→94/96

小原 英一　おはら・えいいち　明治22年3月22日～昭和34年12月22日　鉄道省貨物課長，南海電鉄会長　→昭和

小原 一樹　おはら・かずき　大正6年8月1日～昭和61年5月11日　東京鍛工所社長　→83/87

小原 一美　おはら・かずみ　昭和16年7月24日～平成16年3月9日　北海道出納長　→03/05

小原 勝守　おはら・かつもり　～昭和46年8月17日　安藤建設会長　→昭和

小原 慶次　おばら・けいじ　明治34年1月3日～平成9年6月5日　社会運動家　秋田県議，増田町長　→97/99

小原 敬助　おはら・けいすけ　大正3年12月15日～平成7年12月24日　弘電社社長，三菱電機常務　→94/96

小原 健一　おはら・けんいち　大正6年11月19日～平成7年11月25日　日本勧業角丸証券副社長　→94/96

小原 源一　おはら・げんいち　明治21年7月5日～昭和40年4月19日　社会運動家　→昭和

小原 源治　おはら・げんじ　～昭和43年10月5日　富士紡績会長　→昭和

尾原 賢正　おはら・けんせい　大正12年11月21日～平成3年7月17日　小野田セメント専務　→91/93

小原 源隆　おばら・げんりゅう　～昭和60年11月5日　旭山動物園（旭川市）園長　→83/87

小原 滋　おばら・しげる　明治42年4月18日～平成7年5月12日　三菱重工業副社長　→94/96

小原 繁　おばら・しげる　大正12年9月20日～平成18年4月7日　浅沼組専務　→06/08

小原 潤一　おばら・じゅんいち　明治38年8月29日～昭和55年3月24日　北海道糖業社長　→80/82

小原 紳一郎　おはら・しんいちろう　昭和9年6月14日～平成16年7月27日　時事通信取締役　→03/05

小原 真也　おはら・しんや　昭和15年5月4日～平成7年3月4日　明星食品取締役　→94/96

小原 駟吉　おばら・せんきち　明治4年1月17日～昭和5年5月15日　男爵　宮中顧問官，貴院議員　→昭和

小原 健弘　おばら・たけひろ　～平成3年3月8日　東京液体化成品センター社長　→91/93

尾原 竹善　おはら・たけよし　大正8年3月19日～　自らの体験を証言した七三一部隊員　→09/11s

小原 忠幸　おはら・ただゆき　昭和12年7月22日～平成21年6月18日　大成建設常務　→09/11

小原 達雄　おはら・たつお　大正4年11月7日～平成3年9月21日　日新製鋼常勤顧問，新日本製鉄米国事務所長，日鉄カーテンオール副社長　→91/93

小原 伝　おはら・つとう　文久1年12月14日～昭和3年3月29日　陸軍中将　→昭和（おはら・でん）

小原 鉄五郎　おばら・てつごろう　明治32年11月1日～平成1年1月27日　城南信用金庫会長，全国信用金庫連合会会長　→88/90

小原 輝也　おはら・てるや　昭和9年～昭和60年10月15日　金門製作所取締役福岡支店長　→83/87

小原 十三司　おはら・とさじ　～昭和47年1月24日　牧師　→昭和

小原 直　おはら・なおし　明治10年1月24日～昭和41年9月8日　司法官僚，弁護士，政治家　法相，内相　→昭和

小原 仲　おはら・なか　～昭和51年10月14日　高松高裁長官　→昭和

小原 二一　おばら・にいち　大正14年5月3日～平成11年3月28日　夏油温泉観光ホテル社長，岩手県議（自民党）　→00/02s

小原 延介　おはら・のぶゆき　～昭和62年3月3日　在西ドイツ・ジュッセルドルフ総領事館領事　→83/87

小原 秀夫　おはら・ひでお　昭和2年1月18日～平成22年6月5日　東和町（岩手県）町長　→09/11

小原 宏　おはら・ひろし　昭和5年2月28日～平成8年12月11日　ニッカウヰスキー社長　→94/96

小原 文平　おばら・ぶんぺい　大正11年9月27日～平成11年4月23日　青森県議（自民党）　→97/99

小原 昌和　おばら・まさかず　昭和2年3月7日～平成2年5月1日　東食監査役　→88/90

小原 正巳　おばら・まさみ　大正6年7月11日～平成13年10月22日　遠野市長，岩手県議　→00/02

小原 正義　おばら・まさよし　昭和16年4月18日～平成23年6月1日　富士機械製造社長　→09/11

小原 守　おばら・まもる　大正6年4月18日～平成12年6月27日　小原建設会長　→00/02

小原 光雄　おばら・みつお　大正11年2月11日～平成5年8月20日　三菱伸銅専務　→91/93

小原 充　おばら・みつる　昭和14年2月19日～平成11年2月14日　日本スチール社長　→97/99

小原 豊　おばら・みのる　～昭和55年7月30日　大日本土木取締役　→80/82

尾原 裕二　おはら・ゆうじ　大正11年1月14日～平成2年12月6日　日産ディーゼル工業監査役・元取締役　→88/90

小原 葉子　おばら・ようこ　昭和26年4月2日～平成13年3月8日　北海道議（民主党）　→00/02

尾原 与吉　おはら・よきち　明治39年1月25日～昭和42年4月21日　社会運動家　→昭和

I 政治・経済・社会篇　　　　　　　　　　　　　　　　　　　　　　　　　　　おやま

小原 隆吉　おばら・りゅうきち　大正9年2月13日～平成6年4月21日　東京都市開発相談役,日本ヒルトン社長,東京都水道局長　→94/96

帯 猛　おび・たけし　大正11年1月5日～平成18年7月26日　建設省関東地建局長,清水建設常務　→06/08

大日方 金太郎　おびかた・きんたろう　～昭和55年1月3日　日本甜菜製糖専務　→80/82

大日方 忠夫　おびなた・ただお　大正6年3月10日～平成20年1月16日　信越放送代表取締役専務　→06/08

帯刀 与志夫　おびなた・よしお　大正8年12月1日～平成6年12月8日　トーメン常務　→94/96

小渕 恵三　おぶち・けいぞう　昭和12年6月25日～平成12年5月14日　衆院議員(自民党),首相,自民党総裁　→00/02

小渕 光平　おぶち・みつへい　明治37年2月～昭和33年8月26日　衆院議員(自民党)　→昭和(小淵 光平 こぶち・こうへい)

小渕 光平　おぶち・みつへい　昭和5年6月8日～平成20年5月25日　中之条町(群馬県)町長,光山社社長　→06/08

小渕 連　おぶち・れん　明治43年5月17日～平成6年12月27日　弁護士　名古屋高裁総括判事,富山地家裁所長,愛知県人事委員会委員長　→94/96

尾部 輝光　おべ・てるみつ　昭和2年12月11日～平成21年10月8日　おべ工業会長　→

於保 一男　おほ・かずお　昭和8年～昭和63年7月1日　九州電力理事調査役　→88/90

於保 不二雄　おほ・ふじお　明治41年1月22日～平成8年1月14日　弁護士　京都大学名誉教授　→94/96

小保方 宇三郎　おぼかた・うさぶろう　明治36年10月6日～平成17年3月9日　光文社社長,講談社副社長　→03/05

小保方 佐市　おぼかた・さいち　～昭和58年12月16日　弁護士　札幌地検検事正　→83/87

小保内 康敬　おぼない・やすのり　～平成2年5月16日　香港グッチ総支配人　→88/90

尾曲 豊志　おまがり・とよし　～昭和58年6月13日　三光汽船監査役　→83/87

小俣 一麿　おまた・かずまろ　明治44年3月18日～昭和57年8月26日　日刊工業新聞常務　→80/82

小俣 通久　おまた・みちひさ　～平成4年6月6日　宮内庁宮務官　→91/93

小俣 百世　おまた・ももよ　大正2年9月28日～平成5年1月28日　東京出版販売取締役　→91/93

小俣 守正　おまた・もりまさ　大正10年3月22日～昭和61年10月17日　昭和真空常務　→83/87

尾松 登美雄　おまつ・とみお　大正5年1月12日～平成8年8月16日　加藤産業常務　→94/96

小箕 俊介　おみ・しゅんすけ　昭和12年2月17日～平成1年7月29日　未来社社長　→88/90

尾見 半左右　おみ・はんぞう　明治34年4月5日～昭和60年1月30日　富士通技術相談役・元専務,元富士通研究所社長　→83/87

小村 利治　おむら・としはる　昭和6年4月29日～平成7年1月6日　島根銀行専務　→94/96

小室 祥悦　おむろ・しょうえつ　大正14年3月3日～平成19年1月24日　海将　海上自衛隊呉地方総監　→06/08

隆琦 大雄　おもき・だいゆう　～昭和4年11月19日　黄檗派管長　→昭和

面高 俊信　おもだか・としのぶ　～昭和61年6月11日　堀江金属工業社長　→83/87

面高 信俊　おもだか・のぶとし　大正9年4月11日～平成22年2月13日　王子製紙副社長　→09/11

表 彰　おもて・あきら　大正13年9月30日～平成7年6月5日　表鉄工所会長,表金属商事社長,北海道機械工業副会長　→94/96

表 章一郎　おもて・しょういちろう　昭和4年1月15日～平成2年12月2日　ライオンかとり社長　→88/90

表 猛雄　おもて・たけお　～昭和55年12月18日　美唄市議会議長　→80/82

尾本 堅太郎　おもと・けんたろう　大正10年9月20日～平成1年10月19日　新日本証券専務,太陽投信委託社長　→88/90

尾本 信平　おもと・しんぺい　明治41年10月17日～平成11年4月19日　三井金属会長　→97/99

尾本 秀為　おもと・ひでため　～昭和55年11月10日　久保田鉄工顧問,元富士製鉄常務　→80/82

面矢 亮二　おもや・りょうじ　～昭和62年5月12日　東京真空会長　→83/87

小宅 元　おやけ・げん　明治39年2月11日～昭和57年3月13日　三越常務　→80/82

小宅 習吉　おやけ・しゅうきち　明治35年11月2日～平成5年11月6日　国鉄副技師長,飛島建設専務　→91/93

小宅 通　おやけ・とおる　大正9年2月23日～平成13年11月14日　北光金属工業社長,秋田県機械金属協同組合理事長　→00/02

親泊 康晴　おやどまり・こうせい　大正15年8月28日～平成17年4月11日　那覇市長　→03/05

小柳 胖　おやなぎ・ゆたか　明治44年3月6日～昭和61年1月4日　新潟日報社長,新潟放送取締役　→83/87

小山 秋吉　おやま・あきよし　～平成15年12月22日　有明民報社長　→03/05

小山 昭　おやま・あきら　～昭和63年1月20日　宮城県定置網漁業協会長,(有)小山漁業部社長　→88/90

尾山 悦造　おやま・えつぞう　明治44年9月29日～平成10年9月21日　アスティ社長,フジ社長　→97/99

小山 邦一　おやま・くにかず　大正15年1月17日～平成13年4月2日　東洋製缶専務,レンゴー相談役　→00/02

小山 倉之助　おやま・くらのすけ　明治17年3月21日～昭和31年8月3日　衆院議員(新党同志会)　→昭和(こや

おやま　　　　　　　　　　　　　　　　　　　　　　　　　Ⅰ　政治・経済・社会篇

ま・くらのすけ）

尾山 三郎　おやま・さぶろう　明治21年12月～昭和26年10月3日　参院議員(自由党)　→昭和

小山 修平　おやま・しゅうへい　～昭和60年10月28日　気仙沼地区近海鰹鮪漁業組合(宮城県)専務理事　→83/87

小山 隆　おやま・たかし　～昭和63年9月5日　九州電力常務, 九州通信サービス社長　→88/90

小山 俊夫　おやま・としお　大正6年12月19日～平成17年2月6日　宮崎放送社長　→03/05

尾山 正義　おやま・まさよし　明治35年6月11日～昭和59年4月4日　弁護士　→83/87

小山 勝　おやま・まさる　～昭和61年6月19日　直方警察署長　→83/87

小山 ムツコ　おやま・むつこ　昭和18年～平成12年6月22日　イベントプロデューサー, プランナー　エム・アート代表, ファイナルステージを考える会代表世話人　→00/02

小山 泰　おやま・やすし　大正14年5月31日～平成17年1月7日　福岡相互銀行(のち西日本シティ銀行)常務　→03/05

尾山 和勇　おやま・わゆう　～昭和40年6月3日　横浜ゴム会長　→昭和

小山田 昌　おやまだ・あきら　昭和7年9月16日～平成15年4月6日　大洋漁業常務　→03/05

小山田 幸　おやまだ・こう　明治43年10月2日～平成12年12月18日　日本気化器製作所常務　→00/02

小山田 末通　おやまだ・すえみち　大正12年7月17日～昭和63年9月22日　蘭越町(北海道)町長　→88/90

小山田 惣次郎　おやまだ・そうじろう　明治37年9月28日～昭和58年4月24日　苫小牧共同発電顧問　→83/87

小山田 隆　おやまだ・たかし　大正8年12月18日～平成21年11月18日　駐ニュージーランド大使　→09/11

小山田 時利　おやまだ・ときとし　大正6年3月27日～平成3年8月19日　山田市議, 山田信用農協理事長　→91/93

小山田 直之　おやまだ・なおゆき　大正11年3月2日～平成16年7月22日　日本橋梁社長　→03/05

小山田 兵衛　おやまだ・ひょうえ　大正7年12月20日～平成21年6月21日　神奈川県議(自民党)　→09/11

小山田 正義　おやまだ・まさよし　～昭和55年3月7日　警視庁捜査一課長　→80/82

小山田 盛方　おやまだ・もりかた　大正5年3月15日～平成7年9月18日　日本油脂常務　→94/96

小山田 裕吉　おやまだ・ゆうきち　～昭和40年12月10日　東洋アルミニウム社長　→昭和

小山田 義孝　おやまだ・よしたか　明治29年11月9日～昭和38年1月31日　衆院議員(日本進歩党)　→昭和

及部 誠　およべ・まこと　大正13年1月1日～昭和60年8月23日　サンビシ取締役, 三幸商事社長　→83/87

小里 頼永　おり・よりなが　安政2年5月～昭和16年7月3日　松本市長, 衆院議員(弥生倶楽部)　→昭和(こさと・よりなが）

織井 斉　おりい・ひとし　明治43年9月12日～平成6年3月9日　全農常務理事　→94/96

折井 日向　おりい・ひゅうが　～昭和48年6月18日　エヌ・ケー・グリーン・サービス社長, 日本鋼管専務　→昭和(おりい・ひなた)

折小野 良一　おりおの・りょういち　大正8年1月25日～昭和61年10月20日　衆院議員(民社党), 延岡市長　→83/87

折笠 信五郎　おりかさ・しんごろう　～平成4年4月30日　繊維会館社長　→91/93

折笠 与四郎　おりかさ・よしろう　大正8年1月22日～平成9年1月29日　福島放送会長, 福島県副知事　→97/99

折重 菊代　おりしげ・きくよ　大正6年3月23日～平成11年1月30日　聖霊会理事長　→97/99

折下 章　おりしも・あきら　大正7年3月23日～平成11年5月17日　三井東圧化学(のち三井化学)常務　→97/99

折田 三郎　おりた・さぶろう　～昭和61年12月9日　海将　海上自衛隊舞鶴地方総監　→83/87

織田 茂徳　おりた・しげのり　明治45年1月20日～昭和56年4月13日　第一生命保険取締役　→80/82

折田 進二　おりた・しんじ　明治38年12月～昭和59年1月19日　中央区(東京都)区長　→83/87

折田 辰次　おりた・たつじ　明治37年9月22日～平成7年2月23日　折田汽船会長　→94/96

折田 二雄　おりた・つぎお　～昭和63年2月14日　警視庁防犯部長　→88/90

折田 信長　おりた・のぶなが　～昭和60年10月17日　弁護士　徳島地検検事正　→83/87

折田 道夫　おりた・みちお　大正14年11月13日～平成20年9月11日　日本曹達社長　→06/08

折谷 悦生　おりたに・えつお　昭和17年9月18日～平成17年12月8日　インテック専務　→03/05

下戸 朝一　おりと・あさかず　明治37年3月2日～昭和62年12月15日　日本甜菜製糖専務　→83/87

折橋 伸彦　おりはし・のぶひこ　昭和5年1月28日～平成62年3月22日　日産化学工業常務　→83/87

折原 一　おりはら・はじめ　～平成14年8月29日　岩槻市長　→00/02

折原 巳一郎　おりはら・みいちろう　明治2年8月～昭和8年11月13日　衆院議員(立憲民政党), 兵庫県知事　→昭和

折美 保夫　おりみ・やすお　昭和5年1月1日～平成13年5月14日　安藤建設専務　→00/02

織毛 孝三　おりも・こうぞう　明治43年1月11日～平成6年2月1日　太平工業副社長　→94/96

折茂 醇一　おりも・じゅんいち　昭和7年8月1日～平成3年7月28日　日刊建設通信新聞社社長　→91/93

折茂 正光　おりも・まさみつ　昭和2年11月1日～平成10年2月19日　宗教家　大日然教教主, 新日本宗教団体連合

会常任理事・事務局長　→97/99

織茂 良平　おりも・りょうへい　大正15年9月2日～平成1年5月21日　本庄市長　→88/90

織本 利　おりもと・とし　明治33年～昭和29年9月4日　社会運動家　→昭和

織本 秀実　おりもと・ひでみ　～平成4年11月4日　日本税理士会連合会会長　→91/93

織家 実　おりや・みのる　～昭和39年1月21日　名古屋市衛生局長　→昭和

尾和 郡司　おわ・ぐんじ　大正2年8月18日～平成13年10月5日　税理士　日本税理士会連合会副会長　→00/02

尾張 治一郎　おわり・じいちろう　明治44年2月16日～平成2年11月29日　大栄太源会長　→88/90

尾張 幸也　おわり・ゆきや　大正10年3月6日～平成22年12月2日　電通常務　→09/11

恩田 晃　おんだ・あきら　大正15年2月28日～昭和57年9月7日　日本重化学工業専務　→80/82

恩田 勇　おんだ・いさむ　昭和4年5月14日～平成5年10月2日　小倉クラッチ常勤監査役　→91/93

恩田 耕一郎　おんだ・こういちろう　大正11年9月1日～平成12年6月16日　東京都議（共産党）　→00/02

恩田 茂　おんだ・しげる　大正5年9月5日～平成2年5月30日　朝日パルプ会長　→88/90

恩田 俊　おんだ・しゅん　大正14年3月9日～昭和59年8月8日　関東電化工業専務　→83/87

恩田 正一　おんだ・しょういち　明治40年7月25日～平成1年8月20日　渡良瀬川鉱毒根絶期成同盟会会長　→88/90

恩田 武美　おんだ・たけみ　～平成13年4月11日　日本肝臓病患者団体協議会代表幹事, かがやき工房運営委員長　→00/02

恩田 寛　おんだ・ひろし　昭和51年2月29日　トーメン副社長　→昭和

恩田 勝　おんだ・まさる　昭和15年7月25日～昭和62年8月26日　オンダ製作所社長　→83/87

恩田 実　おんだ・みのる　大正10年4月18日～平成5年12月2日　東芝機械常務　→91/93

恩田 保弥　おんだ・やすみ　昭和11年11月6日～平成6年6月21日　東京都議（公明党）　→94/96

恩田 恭行　おんだ・やすゆき　昭和16年2月22日～平成20年12月13日　恩田商工社長　→09/11s

恩田 幸雄　おんだ・ゆきお　大正15年3月30日～平成15年6月24日　水産庁次長　→03/05

恩田 理三郎　おんだ・りさぶろう　明治37年11月26日～平成3年3月3日　埼玉県議, 八潮町（埼玉県）町長　→91/93

恩田 鷲太郎　おんだ・わしたろう　～昭和60年1月2日　新日本証券顧問, 元大阪商事社長　→83/87

【か】

甲斐 敦　かい・あつし　大正3年3月14日～平成2年7月19日　日向市長　→88/90

甲斐 紘　かい・いつ　大正9年2月3日～平成8年2月26日　弁護士　日弁連副会長, 山口県公安委員長　→94/96

甲斐 和男　かい・かずお　昭和23年1月17日～平成18年11月15日　住友林業専務執行役員　→06/08

甲斐 喜与　かい・きよ　明治28年10月6日～昭和60年12月16日　全国地域婦人団体連絡協議会副会長　→83/87

甲斐 敬二　かい・けいじ　大正6年1月7日～平成22年5月25日　三菱重工業副社長　→09/11

甲斐 孝喜　かい・こうき　昭和6年5月8日～平成21年1月5日　東京都議（公明）　→09/11

甲斐 郷介　かい・ごうすけ　～平成4年8月3日　泉州日日新聞社長　→91/93

甲斐 康太　かい・こうた　～昭和43年6月6日　不二サッシ専務　→昭和

甲斐 敏　かい・さとし　～平成15年11月18日　清和村（熊本県）村長　→03/05

甲斐 重信　かい・しげのぶ　昭和3年12月29日～平成15年11月13日　宮崎県議（社民党）　→03/05

甲斐 成美　かい・しげみ　昭和8年7月21日～平成10年3月27日　ジャルパック社長　→97/99

甲斐 重良　かい・しげよし　明治45年3月3日～昭和60年6月23日　不動建設専務　→83/87

甲斐 修一郎　かい・しゅういちろう　明治43年10月5日～昭和62年12月27日　センコー社長　→83/87

甲斐 清一　かい・せいいち　明治35年4月30日～昭和61年3月25日　日清製粉常務, 日清製紙副社長　→83/87

海 卓子　かい・たかこ　明治42年11月23日～平成23年3月22日　白金幼稚園長　→09/11

甲斐 健男　かい・たけお　大正11年10月24日～平成1年11月5日　環境エンジニアリング社長, 新日本製鉄土木建築技術本部長　→88/90

甲斐 武人　かい・たけと　～昭和59年10月27日　吉富製薬常務　→83/87

甲斐 晴人　かい・はると　～平成3年12月4日　西川ゴム工業専務　→91/93

改井 秀雄　かい・ひでお　大正8年7月10日～昭和58年3月31日　富山市長　→83/87

甲斐 秀夫　かい・ひでお　～平成11年2月21日　島根県警本部長　→97/99

甲斐 秀雄　かい・ひでお　大正13年11月23日～平成2年8月30日　徳陽シティ銀行取締役相談役　→88/90

甲斐 文比古　かい・ふみひこ　明治45年5月17日～平成13年9月2日　駐ドイツ大使　→00/02

会 正之　かい・まさゆき　昭和11年9月9日〜平成23年11月1日　アロカ社長　→09/11

甲斐 勝　かい・まさる　昭和2年8月25日〜平成13年6月24日　宮崎県議(自民党)　→00/02

甲斐 路生　かい・みちお　昭和10年12月28日〜平成18年4月27日　立花エレテック専務　→06/08

甲斐 素雄　かい・もとお　大正2年10月26日〜平成6年2月6日　伊藤忠商事取締役、関西汽船専務　→94/96

甲斐 美晴　かい・よしはる　大正10年3月10日〜平成6年12月2日　アサヒ工具製作所会長　→94/96

海江田 一郎　かいえだ・いちろう　明治44年6月1日〜平成10年12月3日　台糖会長、精糖工業会会長　→97/99

海江田 武信　かいえだ・たけのぶ　〜昭和57年9月9日　富良野町(北海道)町長　→80/82

海江田 典夫　かいえだ・のりお　昭和3年8月11日〜昭和60年2月20日　北九州市議(自民党)、海江田建設社長　→83/87

飼牛 克彦　かいご・かつひこ　昭和10年5月4日〜平成22年1月31日　大阪日刊スポーツ新聞社長　→09/11

海後 宗良　かいご・むねよし　昭和2年12月18日〜平成6年11月6日　凸版印刷専務　→94/96

開高 覚　かいこう・さとる　大正3年11月4日〜平成12年1月4日　奈良交通社長　→00/02

海崎 臣一　かいざき・しんいち　大正11年10月23日〜平成7年5月5日　トーモク社長　→94/96

海崎 隆　かいざき・たかし　昭和8年4月2日〜平成6年8月4日　三谷商事常務　→94/96

貝沢 正　かいざわ・ただし　大正1年〜平成4年2月3日　北海道ウタリ協会副理事長　アイヌの長老　→91/93

螺沢 利三郎　かいざわ・りさぶろう　〜昭和56年6月23日　猿投町(愛知県)町長、熱田署長　→80/82

貝島 健次　かいじま・けんじ　〜昭和28年4月30日　大辻炭鉱社長　→昭和

貝島 太市　かいじま・たいち　明治13年11月3日〜昭和41年8月28日　実業家、炭鉱事業家　日本石炭鉱業会会長　→昭和

貝島 弘人　かいじま・ひろと　明治43年4月15日〜昭和62年8月16日　日本石炭協会会長、貝島炭礦社長　→83/87

貝島 正生　かいじま・まさお　大正2年1月18日〜平成7年1月24日　大和銀行常務　→94/96

海津 光一郎　かいず・こういちろう　〜昭和60年4月6日　日本製靴代表取締役　→83/87

海津 巳代治　かいず・みよじ　大正6年10月6日〜平成9年11月3日　ライオン油脂(のちライオン)常務　→97/99　(かいづ・みよじ)

貝塚 俊雄　かいずか・としお　昭和11年7月6日〜平成10年3月13日　セントラル科学社長、セントラル科学サービス社長　→97/99　(かいづか・としお)

海塚 義郎　かいずか・よしろう　大正4年6月12日〜平成3年5月1日　東洋工業(のちマツダ)取締役　→91/93

貝石 真三　かいせき・しんぞう　明治40年10月2日〜昭和59年12月6日　栗田工業会長、伊藤忠商事理事　→83/87

貝蔵 治　かいぞう・おさむ　昭和12年9月10日〜平成18年11月9日　珠洲市長　→06/08

甲斐田 有美　かいだ・ありよし　大正2年2月6日〜平成3年2月21日　神official　水天宮宮司　→91/93

海田 克己　かいだ・かつみ　〜昭和57年3月9日　世晃産業取締役副社長　→80/82

貝田 作郎　かいた・さくろう　明治43年4月7日〜昭和62年5月27日　日本信号取締役　→83/87

海田 久義　かいだ・ひさよし　昭和3年3月23日〜平成6年11月6日　碧海信用金庫会長、安城商工会議所副会頭　→94/96

買田 浩司　かいだ・ひろし　昭和9年3月19日〜平成22年9月6日　山九専務　→09/11

皆谷 又男　かいだに・またお　昭和7年10月28日〜平成17年1月3日　牟岐町(徳島県)町長　→03/05

飼手 真吾　かいて・しんご　〜昭和57年6月30日　公労委委員、中労委事務局長　→80/82

飼手 誉四　かいで・たかし　明治40年1月3日〜昭和57年6月15日　共同通信社常務理事、電通取締役　→80/82

海渡 乃婦　かいと・のぶ　明治36年3月5日〜昭和59年10月1日　エトワール海渡副社長　→83/87

垣内 輸一郎　かいと・ゆいちろう　明治44年5月10日〜平成4年1月30日　東急建設専務　→91/93

海渡 義一　かいと・よしかず　明治28年11月3日〜平成8年7月18日　エトワール海渡会長、日本装粧品組合連合会会長　→94/96

皆藤 次郎　かいどう・じろう　〜昭和56年8月15日　毎日食堂社長、つまべに産業社長　→80/82

海藤 隆次　かいどう・たかじ　大正13年9月6日〜平成20年2月17日　十条製紙副社長　→06/08

海東 幸男　かいとう・ゆきお　昭和2年12月9日〜平成22年10月3日　日本電気常務、日本航空電子工業社長　→09/11

海東 要造　かいとう・ようぞう　明治20年5月4日〜昭和28年9月20日　中部電力会長　→昭和

海野 勝一　かいの・かついち　明治43年2月25日〜昭和20年10月15日　社会運動家　→昭和

改野 耕三　かいの・こうぞう　安政4年3月5日〜昭和3年5月19日　衆院議員　→昭和

甲斐荘 楠香　かいのしょう・ただか　明治13年5月21日〜昭和13年6月25日　高砂香料工業創業者、京都帝国大学助教授　→昭和(かいのしょう・なんこう)

海馬沢 博　かいばざわ・ひろし　〜昭和62年12月14日　北海道民族問題研究会代表　→83/87

貝畑 広文　かいはた・ひろぶみ　大正3年10月18日〜平成16年2月6日　カイタック会長　→03/05

貝原 庄一　かいはら・しょういち　明治44年8月1日〜平成3年8月26日　駐クウェート大使、駐コスタリカ大使

→91/93

海原 清平　かいはら・せいへい　明治14年12月1日〜昭和37年7月6日　衆院議員（政友会）　→昭和（かいはら・きよへい）

貝原 隆　かいばら・たかし　昭和10年8月18日〜平成3年4月8日　冨士工業専務　→91/93

貝原 延宏　かいばら・のぶひろ　昭和6年9月1日〜平成2年11月20日　ゼクセル専務　→88/90

開原 真弓　かいはら・まゆみ　昭和5年3月21日〜平成9年9月20日　弁護士　広島県議（自民党）、日弁連副会長　→97/99

海部 八郎　かいふ・はちろう　大正12年6月29日〜平成6年6月28日　日商岩井副社長　→94/96

海部 安昌　かいふ・やすよし　〜平成23年6月8日　札幌地裁所長　→09/11

海保 久雄　かいほ・ひさお　大正7年6月23日〜昭和61年12月19日　特殊浚渫代表清算人、運輸省第二港湾建設局長　→83/87

海保 博　かいほ・ひろし　〜平成4年8月27日　日本中古自動車販売協会連合会副会長、自動車公正取引協議会常任理事　→91/93

海保 芳和　かいほ・よしかず　昭和18年6月27日〜平成23年6月25日　東邦亜鉛常務執行役員　→09/11

海法 泰治　かいほう・やすはる　〜昭和58年9月24日　防衛庁技術研究本部第三研究所所長　→83/87

海堀 肇　かいほり・つとむ　大正3年2月18日〜平成13年5月4日　中越パルプ工業社長、王子製紙専務　→00/02

貝桝 清胤　かいます・きよたね　明治45年3月26日〜昭和57年2月16日　不二サッシ取締役　→80/82

海本 嘉十郎　かいもと・かじゅうろう　〜昭和60年8月2日　日本紙パルプ商事専務　→83/87

貝山 宣泰　かいやま・せんたい　明治35年8月10日〜昭和62年4月16日　東身延本營寺（日蓮宗）貫主、鎌倉市議会議長　→83/87

海和 敬希　かいわ・けいき　〜平成5年4月7日　陸将　統合幕僚学校校長　→91/93

海和 弥太郎　かいわ・やたろう　〜昭和50年10月4日　日本サーボ社長　→昭和

海輪 利正　かいわ・りせい　大正2年3月29日〜平成12年2月18日　アドバンテスト社長、富士通常務　→00/02

海江田 幸吉　かえだ・こうきち　〜昭和15年3月24日　子爵、元侍従　→昭和

海江田 準一郎　かえだ・じゅんいちろう　明治14年10月〜昭和10年12月22日　衆院議員　→昭和

海江田 信武　かえだ・のぶたけ　明治38年〜昭和11年6月17日　一等航空士　→昭和

替地 大三　かえち・だいぞう　大正2年2月1日〜昭和58年7月31日　千代田情報機器会長　→83/87

嘉悦 啓允　かえつ・ひろまさ　昭和3年8月4日〜平成17年1月19日　INAX副社長　→03/05

嘉悦 三穀夫　かえつ・みきお　〜平成8年12月26日　陸軍中将、軍医　→94/96

楓 英吉　かえで・えいきち　〜昭和32年8月6日　日本発条社長　→昭和

加賀 昭夫　かが・あきお　昭和2年5月29日〜平成2年7月23日　日本軽金属監査役　→88/90

加賀 彰　かが・あきら　大正12年1月1日〜平成2年10月30日　山陽新聞社常務・編集局長　→88/90

加賀 卯之吉　かが・うのきち　慶応3年6月〜昭和16年11月10日　衆院議員（憲政会）　→昭和

加賀 行三　かが・ぎょうぞう　明治41年10月5日〜平成3年4月29日　加賀証券（のち菱光証券）社長　→91/93

加賀 謹一郎　かが・きんいちろう　明治35年7月24日〜平成9年6月7日　淀川製鋼所常務　→97/99

加賀 二郎　かが・じろう　〜昭和37年4月24日　歌舞伎座専務　→昭和

加賀 保　かが・たもつ　〜昭和57年4月8日　富士建設代表取締役会長、道釣魚連盟室蘭支部顧問　→80/82

加賀 豊蔵　かが・とよぞう　明治41年11月21日〜平成2年5月10日　住友倉庫専務　→88/90

加賀 操　かが・みさお　明治30年7月25日〜昭和61年2月3日　参院議員（緑風会）　→83/87

利井 興弘　かがい・こうぐ　〜平成2年8月23日　行信仏教学院長　→88/90

加賀尾 秀忍　かがお・しゅうにん　明治34年1月5日〜昭和52年5月7日　僧侶　真言宗大僧正、フィリピン国際戦争裁判教誨師　→昭和

嘉数 昇　かかず・のぼる　明治35年3月15日〜昭和49年7月23日　実業家、教育家　琉球生命保険社長、嘉数学園創立者　→昭和

加賀田 進　かがた・すすむ　明治44年3月18日〜平成16年5月13日　衆院議員（社会党）　→03/05

加賀田 隆生　かがた・たかお　平成5年9月9日　東芝エネルギー事業本部首席技監　→91/93

加賀田 達二　かがた・たつじ　大正7年7月8日〜平成9年7月11日　加賀田組会長　→97/99

加賀林 芳造　かがばやし・よしぞう　〜昭和43年12月5日　日本製粉常務　→昭和

各務 英児　かがみ・えいじ　昭和15年8月2日〜平成12年9月13日　よみうりランド常務　→00/02

各務 鎌一　かがみ・けんきち　明治1年12月22日〜平成14年5月27日　東京海上火災保険会長　→昭和

各務 孝平　かがみ・こうへい　〜昭和63年5月16日　三菱日本重工業（のち三菱重工業）取締役　→88/90

鏡 省三　かがみ・しょうぞう　〜昭和61年11月4日　東京都議　→83/87

各務 次郎　かがみ・じろう　大正10年12月22日〜平成20年10月24日　静岡鉄道副社長　→06/08

加々美 武夫　かがみ・たけお　明治23年8月〜昭和11年9月18日　大阪市長　→昭和

各務 八郎　かがみ・はちろう　明治35年3月12日〜平成8年9月6日　日本郵船専務,千代田汽船会長　→94/96

加賀美 秀夫　かがみ・ひでお　大正12年12月31日〜平成20年3月13日　国連大使　→06/08

各務 秀雄　かがみ・ひでお　大正7年3月11日〜平成1年9月4日　朝日理化硝子工業社長　→88/90

加賀美 勝　かがみ・まさる　大正8年3月30日〜平成4年5月16日　新菱冷熱工業創業者　→91/93

加賀美 靖生　かがみ・やすお　大正12年9月17日〜昭和56年12月26日　山陽新聞社常務・総務局長,山陽放送取締役　→80/82

鏡島 元隆　かがしま・げんりゅう　大正1年8月6日〜平成13年2月19日　僧侶　駒沢大学名誉教授,曹洞宗立宗学研究所所長　→00/02

鏡原 淳政　かがみはら・あつまさ　昭和11年9月27日〜平成6年11月24日　日経事業出版社営業本部営業企画室長　→94/96

鏡山 巌　かがみやま・いわお　明治13年10月3日〜昭和11年4月4日　陸軍中将　→昭和

鏡山 忠男　かがみやま・ただお　明治25年11月2日〜昭和55年11月16日　白木屋社長　→80/82

加賀谷 朝蔵　かがや・あさぞう　明治19年3月15日〜昭和56年3月3日　京都市長,秋田県公安委員長　→80/82

加賀谷 国治　かがや・くにじ　〜平成15年1月8日　秋田県議　→03/05

加賀谷 潤一　かがや・じゅんいち　昭和4年12月15日〜平成12年5月29日　北海道出納長　→00/02

加賀谷 殿　かがや・ただし　昭和16年4月2日〜平成20年5月20日　弁護士　秋田県弁護士会長　→06/08

加賀谷 徳治　かがや・とくじ　大正9年9月23日〜平成11年7月13日　日本食堂社長,国鉄常務理事　→97/99

加賀谷 豊治　かがや・とよじ　大正12年5月4日〜平成10年3月25日　加賀谷書店社長,全国書店朝日会会長　→97/99

加賀屋 亮司　かがや・りょうじ　〜昭和56年2月14日　毎日新聞編集局部長待遇,毎日農業記録賞事務局幹事　→80/82

加賀山 国雄　かがやま・くにお　大正6年2月16日〜平成3年3月27日　農林省農林水産技術会議事務局長　→91/93

加賀山 次雄　かがやま・つぎお　〜昭和57年4月11日　第一中央汽船常務　→80/82

加賀山 朝雄　かがやま・ともお　昭和1年12月31日〜平成11年10月25日　国鉄常務理事,日本交通公社専務　→97/99

加賀山 一　かがやま・はじめ　明治30年2月13日〜平成5年4月11日　金属鉱物探鉱促進事業団(のち金属鉱業事業団)理事長　→91/93

加賀山 之雄　かがやま・ゆきお　明治35年12月30日〜昭和45年8月7日　国鉄総裁,参院議員(参議院同志会)　→昭和

香川 陽　かがわ・あきら　大正14年12月5日〜平成12年4月26日　僧侶　明覚寺(浄土真宗)住職,全日本私立幼稚園連合会理事,山口県公安委員長　→00/02

香川 勇　かがわ・いさむ　〜昭和62年11月12日　福岡市動物園長　→83/87

香川 桜男　かがわ・さくらお　明治9年4月12日〜昭和15年3月9日　陸軍歩兵大佐,伯爵　→昭和

香川 修一　かがわ・しゅういち　明治33年4月15日〜昭和59年1月9日　歌人　日新電機相談役　→83/87

香川 正一　かがわ・しょういち　大正2年10月29日〜平成10年7月29日　三和銀行取締役,静岡中央銀行代表会長　→97/99

賀川 進　かがわ・すすむ　昭和5年6月20日〜平成15年7月29日　リコー常務,東北リコー会長　→03/05

加川 隆明　かがわ・たかあき　大正6年10月31日〜平成7年7月9日　EC日本政府代表部大使　→94/96

香川 嵩　かがわ・たかし　昭和5年3月20日〜平成10年3月10日　東京海上火災保険副社長　→97/99

賀川 鉄一　かがわ・てついち　昭和12年10月23日〜平成22年12月7日　日鉱金属社長　→09/11

香川 富太郎　かがわ・とみたろう　嘉永6年〜昭和12年12月17日　陸軍中将　→昭和

賀川 豊彦　かがわ・とよひこ　明治21年7月10日〜昭和35年4月23日　キリスト教社会運動家,牧師,社会事業家　→昭和

香川 信義　かがわ・のぶよし　昭和8年8月11日〜平成3年5月30日　オーク監査役,樫山(のちオンワード樫山)取締役　→91/93

賀川 ハル　かがわ・はる　明治21年〜昭和57年5月5日　イエス団理事長,雲柱社理事長　→80/82

香川 英史　かがわ・ひでし　明治37年5月27日〜昭和60年6月7日　トーメン社長　→83/87

香川 秀行　かがわ・ひでゆき　昭和13年8月10日〜平成22年9月5日　香川県農業共済組合連合会会長　→09/11

香川 博　かがわ・ひろし　明治36年4月1日〜昭和61年4月19日　日本ギア工業会長,日本歯車工業会会長　→83/87

香川 正夫　かがわ・まさお　大正2年6月3日〜平成1年8月15日　武田薬品監査役　→88/90

香川 真寿夫　かがわ・ますお　明治44年11月8日〜平成12年10月18日　阪神内燃機工業専務　→00/02

香川 美民　かがわ・みたみ　〜昭和61年8月12日　日本動物園・水族館協会理事　→83/87

賀川 泰彦　かがわ・やすひこ　大正12年1月23日〜平成14年12月13日　大東京火災海上保険常務　→00/02

香川 揚一　かがわ・よういち　大正7年1月26日〜平成3年9月26日　日本電気専務,日本航空電子工業専務　→91/93

嘉川 芳雄　かがわ・よしお　明治43年4月23日〜平成2年

5月27日　田辺製薬取締役　→88/90

香川 善裕　かがわ・よしひろ　～昭和39年4月8日
知恩院執事長　→昭和

鍵 釧三　かぎ・せんぞう　昭和9年1月3日～平成11年12月7日　コニシ専務　→00/02s

書上 由紀夫　かきあげ・ゆきお　昭和18年4月28日～平成18年4月19日　大阪高検検事長　→06/08

垣内 富士生　かきうち・ふじお　明治34年4月9日～昭和61年8月28日　大平洋金属常務取締役　→83/87

柿内 正憲　かきうち・まさのり　大正1年9月20日～平成8年2月13日　警視庁交通部長、日本電動式遊技機工業協同組合理事長　→94/96

垣内 保夫　かきうち・やすお　大正8年12月15日～平成16年9月12日　垣内会長　→03/05

垣内 康宏　かきうち・やすひろ　大正2年6月8日～平成13年5月27日　シーアイ化成社長、タキロン社長　→00/02

柿内 義明　かきうち・よしあき　～昭和62年3月4日
弁護士　第1次厚木基地騒音訴訟弁護団事務局長　→83/87

垣木 邦夫　かきぎ・くにお　大正14年3月3日～平成11年11月26日　日本ビクター社長　→97/99

蛎崎 四郎吉　かきざき・しろきち　明治44年7月1日～平成5年1月17日　第一商品取締役相談役、全国商品取引所連合会専務理事　→91/93

柿崎 進　かきざき・すすむ　～昭和57年5月17日
長野県日中友好協会理事長　→80/82

柿崎 博雄　かきざき・ひろお　昭和9年7月26日～平成12年7月25日　不動建設常務　→00/02

柿崎 泰彦　かきざき・やすひこ　～昭和63年5月13日
宮城県農業会議事務局長　→88/90

柿沢 弘治　かきざわ・こうじ　昭和8年11月26日～平成21年1月27日　衆院議員（無所属）、外相　→09/11

柿沢 多喜雄　かきざわ・たきお　～昭和59年6月29日
魚津製作所取締役総務部長　→83/87

柿沢 篤太郎　かきざわ・とくたろう　～平成2年4月9日
平塚市長、平塚商工会議所会頭　→88/90

柿沢 初司　かきざわ・はつじ　明治40年1月29日～平成2年7月22日　静岡県議　→88/90

垣下 錦一　かきした・きんいち　昭和6年7月4日～平成7年10月20日　光洋精工専務　→94/96

柿島 利彦　かきしま・としひこ　大正7年2月17日～平成16年8月31日　三井倉庫副社長　→03/05

柿島 美隆　かきしま・よしたか　大正14年3月6日～平成23年7月3日　富山県警本部長　→09/11

垣添 尚平　かきぞえ・しょうへい　昭和11年10月22日～平成14年12月9日　日野自動車工業専務　→00/02

柿田 喜蔵　かきた・きぞう　～昭和57年1月22日
宝酒造副社長　→80/82

柿田 潔　かきた・きよし　大正9年1月3日～平成12年2月11日　日本電気専務、日本電気システム建設会長　→

00/02

鍵田 忠三郎　かぎた・ちゅうざぶろう　大正11年7月25日～平成6年10月26日　奈良市長、衆院議員（自民党）　→94/96

鍵田 忠兵衛　かぎた・ちゅうべえ　昭和32年8月6日～平成23年12月16日　衆院議員（自民党）、奈良市長、宝蔵院流槍術20世宗家　→09/11

蠣田 勉　かきた・つとむ　大正14年～昭和60年1月26日　岡山化成取締役社長、大阪曹達取締役　→83/87

鍵田 信重　かぎた・のぶしげ　～昭和61年9月17日
日本ドーバー（株）顧問、立山重工業（株）社長、本江機械商事（株）社長　→83/87

垣谷 公仁　かきたに・きみひと　昭和8年9月14日～平成19年3月6日　東洋アルミニウム社長　→06/08

柿坪 正義　かきつぼ・まさよし　明治40年7月8日～平成9年1月3日　駐スイス大使　→97/99

柿沼 菊雄　かきぬま・きくお　明治44年10月27日～平成1年2月4日　三菱倉庫専務　→88/90

柿沼 喜三郎　かきぬま・きさぶろう　大正15年11月21日～平成22年1月30日　日本インターナショナル整流器常務　→09/11

柿沼 幸一郎　かきぬま・こういちろう　大正8年9月29日～平成22年8月16日　日本銀行理事　→09/11

柿沼 利重　かきぬま・としじげ　大正11年2月8日～昭和63年5月21日　山之内製薬常務　→88/90

柿沼 冨二朗　かきぬま・とみじろう　大正4年11月12日～平成4年1月17日　柿沼金属精機会長　→91/93

柿沼 紀之　かきぬま・のりゆき　昭和17年5月22日～平成23年5月6日　山陽特殊製鋼常務　→09/11

柿沼 久　かきぬま・ひさし　大正14年8月16日～昭和59年10月7日　東京地裁判事、福島地家裁白河支部長　→83/87

柿沼 秀雄　かきぬま・ひでお　昭和3年7月22日～平成18年7月25日　駐ガボン大使　→06/08

柿沼 康治　かきぬま・やすはる　大正2年5月5日～平成20年1月13日　日本鋼管専務　→06/08

柿木 卓美　かきのき・たくみ　昭和4年3月8日～昭和56年11月3日　柿木グループ会長　→80/82

柿木 忠男　かきのき・ただお　大正15年8月8日～平成4年8月1日　山口県議（民社党）　→91/93

柿原 幾男　かきはら・いくお　明治28年7月17日～平成29年10月8日　弁護士、社会運動家　→昭和

柿原 謙一　かきはら・けんいち　大正2年8月19日～平成12年1月16日　秩父鉄道会長、日本民営鉄道協会副会長　→00/02

柿原 善治　かきはら・ぜんじ　大正6年8月9日～平成63年2月24日　柿原組取締役会長　→88/90

柿原 得一　かきはら・とくいち　～昭和29年6月18日
倉敷紡績重役　→昭和

柿原 春次　かきはら・はるじ　大正6年10月23日～平成18年7月8日　愛知県議（自民党）　→06/08

柿原 誠　かきはら・まこと　昭和4年5月2日〜平成1年12月23日　筑紫ガス専務取締役　→88/90

柿原 嘉直　かきはら・よしなお　昭和2年12月10日〜平成12年1月10日　大同鋼板専務　→00/02

柿原 彬人　かきはら・よしひと　昭和13年10月14日〜平成18年7月18日　テクモ創業者　→06/08

垣見 貴一郎　かきみ・きいちろう　〜昭和46年3月8日　長銀不動産社長　→昭和

垣見 八郎右衛門　かきみ・はちろうえもん　〜昭和46年4月26日　東京保護士会連盟会長　→昭和

柿本 文男　かきもと・あやお　大正3年4月22日〜平成12年6月25日　熊野酒造代表取締役、京都府会議長　→00/02

柿本 香　かきもと・かおる　大正8年1月1日〜平成13年7月9日　第一勧業銀行専務　→00/02

垣本 一之　かきもと・かずゆき　明治39年1月2日〜昭和59年8月29日　京王観光社長　→83/87

柿本 清　かきもと・きよし　明治41年9月5日〜平成4年10月23日　ライト印刷会長、ライト電子製版研究所社長、ライト商事社長　→91/93

垣本 茂　かきもと・しげる　明治42年1月22日〜平成23年10月10日　垣本商事創業者　→09/11

柿本 四郎　かきもと・しろう　明治35年11月27日〜昭和45年1月　社会運動家　→昭和

鍵本 治宏　かぎもと・はるひろ　大正10年1月17日〜平成1年9月27日　大阪化成会長、関西熱化学常務　→88/90

柿本 正喜　かきもと・まさき　明治40年1月15日〜平成5年5月22日　兵庫銀行常務　→91/93

垣本 幹雄　かきもと・みきお　〜平成12年6月26日　アブダビ石油常務　→00/02

鍵山 覚　かぎやま・さとる　〜昭和55年4月1日　日本リサーチセンター前社長、元日銀発券局長　→80/82

鍵山 三郎　かぎやま・さぶろう　大正1年12月16日〜平成4年9月29日　片倉工業取締役、富士銀行取締役　→91/93

嘉喜山 登　かきやま・のぼる　昭和9年10月13日〜平成22年9月28日　愛媛県農協中央会会長　→09/11

鍵山 洋　かぎやま・ひろし　〜昭和58年11月5日　林兼石油会長　→83/87

鍵山 正則　かぎやま・まさのり　〜昭和48年5月23日　トピー工業専務　→昭和

賀久 逸郎　がく・いつろう　大正12年1月5日〜平成12年11月22日　丸文副社長　→00/02

賀来 佐賀太郎　かく・さがたろう　明治4年〜昭和24年4月6日　台湾総督府総務長官　→昭和

加来 寿市　かく・じゅいち　明治35年3月17日〜昭和61年4月18日　東洋電機製造常務　→83/87

賀来 友次郎　かく・ともじろう　〜昭和58年2月2日　神東塗料常務　→83/87

加来 美知雄　かく・みちお　〜昭和45年6月1日　吉田茂記念財団理事　→昭和

賀来 守一　かく・もりかず　昭和5年6月26日〜昭和63年6月4日　東洋化学専務　→88/90

加来 行夫　かく・ゆきお　〜昭和61年11月26日　ジャパン・インドネシア・オイル常務　→83/87

加来 義正　かく・よしまさ　昭和2年12月11日〜平成11年4月29日　弁護士　加来法律事務所所長、大分県弁護士会会長　→97/99

加来 隆一　かく・りゅういち　〜昭和49年10月26日　吉富製薬常務　→昭和

賀来 龍三郎　かく・りゅうざぶろう　大正15年5月19日〜平成13年6月23日　キヤノン名誉会長　→00/02

角井 康真　かくい・やすまさ　大正9年6月8日〜昭和62年2月17日　トナミ商事顧問　→83/87

角尾 信一　かくお・しんいち　大正12年2月27日〜平成12年2月20日　北日本放送社長　→00/02

角坂 泰忠　かくさか・やすただ　昭和15年4月7日〜平成11年12月7日　東芝物流常務・経営企画部長　→00/02s

覚心 平十郎　かくしん・へいじゅうろう　大正3年10月28日〜平成4年11月5日　西宮信用金庫理事長　→91/93

角田 覚治　かくだ・かくじ　明治23年9月23日〜昭和19年8月2日　海軍中将　→昭和（かくた・かくじ）

角田 耕一　かくだ・こういち　昭和11年2月26日〜昭和61年7月1日　(財)老人福祉開発センター常務理事　→83/87

角田 幸吉　かくだ・こうきち　明治29年5月27日〜昭和41年4月7日　弁護士　東洋大学法学部教授、衆院議員　→昭和

角田 作太郎　かくた・さくたろう　〜昭和60年8月21日　角栄建設監査役　→83/87

角田 静子　かくた・しずこ　明治36年〜昭和60年1月8日　関西消費者連合会会長　→83/87

角田 照永　かくた・しょうえい　〜平成11年12月9日　角田無線電機会長　→97/99

角田 正夫　かくた・ただお　〜昭和62年7月2日　三本木屋酒造店会長、石巻野球協会名誉会長　→83/87

角田 松男　かくた・まつお　〜昭和62年9月8日　古川市議会副議長　→83/87

角田 与一郎　かくだ・よいちろう　明治41年8月31日〜平成1年11月18日　公認会計士　ヤサカ観光バス会長、弥栄自動車監査役　→88/90

角田 好男　かくだ・よしお　〜昭和63年4月13日　弁護士　日本弁護士連合会副会長　→88/90

角田 米徳　かくた・よねのり　大正4年4月21日〜平成13年2月4日　青森銀行専務　→00/02

角田 礼三　かくだ・れいぞう　昭和5年10月3日〜平成13年11月24日　愛知銀行常務　→00/02

角谷 奈良吉　かくたに・ならきち　〜昭和56年12月11日　東京文芸社社長　→80/82

峇地 寅　かくち・つとむ　大正15年〜昭和59年12月30日　九州松下電器常務　→83/87

I 政治・経済・社会篇　　　　　　　　　　　　　　　　　　　　　　　　　　かけやま

角永 清　かくなが・きよし　明治37年2月11日〜昭和63年7月4日　三重県副知事,津市長　→88/90

鹿熊 栄造　かくま・えいぞう　〜昭和62年4月27日　(株)カクマ代表取締役社長　→83/87

鹿熊 銑二　かくま・せんじ　〜平成1年2月23日　丸井プロモーション社長　→88/90

加隈 康之　かくま・やすゆき　昭和5年1月24日〜平成4年4月26日　キユーピー専務　→91/93

各務 喜造　かくむ・きぞう　〜昭和62年1月13日　各務商店代表者,瀬戸市消防団長　→83/87

角本 哲　かくもと・さとる　大正6年9月5日〜平成1年11月20日　日本紙業取締役　→88/90

角本 福四郎　かくもと・ふくしろう　〜平成19年10月20日　下北信用金庫理事長　→06/08

加倉井 賢一　かくらい・けんいち　大正9年8月18日〜平成13年1月8日　日立マクセル常務　→00/02

加倉井 駿一　かくらい・しゅんいち　大正9年5月11日〜昭和49年6月7日　厚生省公衆衛生局長　→昭和

鹿毛 勇　かげ・いさむ　〜昭和60年3月2日　戸畑市議　→83/87

鹿毛 健三　かげ・けんぞう　大正11年12月23日〜平成22年9月19日　ユニチカ専務　→09/11

影井 梅夫　かげい・うめお　大正9年3月9日〜平成15年7月4日　駐イタリア大使　→03/05

筧 晃一　かけい・こういち　〜平成15年10月6日　ケー・エフ・シー副社長　→03/05

筧 二郎　かけい・じろう　〜昭和62年8月7日　筧商事社長,港区収入役　→83/87

筧 素彦　かけい・もとひこ　明治39年7月8日〜平成4年4月10日　宮内庁総務課長　→91/93

筧 康之　かけい・やすゆき　明治39年1月28日〜平成1年2月20日　日本通産常務　→91/93

影浦 正俊　かげうら・まさとし　明治45年4月1日〜平成4年12月14日　エタニットパイプ(のちミサワリゾート)常務　→91/93

懸川 寿久　かけがわ・かずひさ　〜平成9年6月12日　カルビー取締役,スナックフード・サービス社長　→97/99

掛川 欣也　かけがわ・きんや　昭和6年12月21日〜平成2年7月16日　東急観光取締役　→88/90

影佐 禎昭　かげさ・さだあき　明治26年3月7日〜昭和29年9月10日　陸軍中将 汪兆銘政権軍事顧問　→昭和

影佐 拙郎　かげさ・せつろう　〜昭和62年3月14日　国策パルプ工業常務取締役旭川工場長　→83/87

欠田 富太郎　かけだ・とみたろう　大正13年2月29日〜平成3年2月17日　旭海運社長　→91/93

梯 茂男　かけはし・しげお　大正15年3月30日〜平成9年2月14日　本州製紙(のち王子製紙)常務　→97/99

梯 太郎　かけはし・たろう　明治35年12月15日〜平成4年8月26日　東洋火災海上保険社長　→91/93

筧 和夫　かけひ・かずお　昭和4年1月1日〜平成4年5月11日　名工建設取締役　→91/93

筧 操　かけひ・みさお　明治31年2月10日〜平成1年3月4日　金商又一副社長　→88/90

掛札 光郎　かけふだ・みつろう　〜平成1年12月26日　秋田県議　→88/90

景守 祐　かげもり・たすく　明治42年4月26日〜平成7年12月12日　クラレ監査役,京都工芸繊維大学短期大学部教授　→94/96

掛谷 蕎　かけや・たかし　大正13年3月12日〜平成9年8月18日　掛谷工務店会長　→97/99

影山 明夫　かげやま・あきお　大正7年11月23日〜平成13年3月19日　三菱樹脂副社長　→00/02

影山 勇　かげやま・いさむ　大正13年3月21日〜平成7年2月19日　弁護士 法務省人権擁護局長　→94/96

影山 衛司　かげやま・えいじ　大正6年2月17日〜平成10年11月20日　商工総合研究所理事長,中小企業庁長官　→97/99

景山 喬二　かげやま・きょうじ　大正14年8月26日〜平成13年6月8日　イトーキクレビオ会長　→00/02

影山 謙一　かげやま・けんいち　昭和8年9月28日〜平成9年8月29日　ニッパツ副社長　→97/99

影山 光一　かげやま・こういち　明治37年1月27日〜昭和39年3月26日　近畿日本鉄道専務　→昭和

影山 五郎　かげやま・ごろう　大正10年8月24日〜平成19年10月8日　西松建設副社長　→06/08

影山 実義　かげやま・さねよし　大正2年3月17日〜平成22年10月25日　ヤクルト本社常務　→09/11

影山 三郎　かげやま・さぶろう　大正15年3月10日〜平成2年2月9日　イワブチ社長,高岳製作所取締役　→88/90

影山 彰一　かげやま・しょういち　昭和7年5月16日〜平成6年11月30日　日野車体工業常務　→94/96

蔭山 正太郎　かげやま・しょうたろう　大正12年9月8日〜平成11年10月21日　椿本チエイン専務　→97/99

影山 庄平　かげやま・しょうへい　明治19年2月14日〜昭和20年8月25日　国家主義者　→昭和

景山 二郎　かげやま・じろう　大正5年1月13日〜平成11年6月26日　警察庁関東管区警察局長,全日本剣道連盟会長　→97/99

景山 甚右衛門　かげやま・じんうえもん　安政2年4月14日〜昭和12年10月18日　実業家 四国水力電気社長,衆院議員(政友会)　→昭和(かげやま・じんえもん)

景山 斉　かげやま・せい　〜昭和46年10月13日　日本製鉄副社長　→昭和

影山 雪男　かげやま・せつお　大正3年8月20日〜昭和59年5月24日　日本火災海上保険常任監査役　→83/87

影貴 貴士　かげやま・たかし　〜平成20年1月8日　神官 福岡県護国神社宮司　→06/08

景山 崇人　かげやま・たかと　大正12年12月10日〜平成21年9月5日　タカキベーカリー社長　→09/11

陰山 卓司　かげやま・たくじ　昭和7年11月2日〜平成10年3月24日　関西レコード商組合連合会会長、ミヤコ社長　→97/99

影山 桓虎　かげやま・たけとら　〜昭和62年1月31日　東京航空社長　→83/87

影山 忠夫　かげやま・ただお　明治45年1月28日〜昭和57年1月9日　プラス・テク専務　→80/82

蔭山 正　かげやま・ただし　〜平成5年5月28日　読売ゴルフ社長　→91/93

景山 董　かげやま・ただす　明治39年1月30日〜昭和61年7月6日　日讃製粉社長、香川県中小企業団体中央会長　→83/87

影山 貞吉　かげやま・ていきち　〜昭和61年1月22日　府中市(東京都)市議　→83/87

陰山 俊夫　かげやま・としお　昭和7年2月19日〜平成1年10月26日　東芝家電事業本部長付、東日本東芝電販売社長　→88/90

景山 利正　かげやま・としまさ　〜平成5年6月16日　日本製粉監査役　→91/93

陰山 寿　かげやま・ひさし　明治34年8月5日〜昭和34年2月2日　労働運動家　全日本海員組合長　→昭和

影山 文朗　かげやま・ぶんろう　大正8年1月27日〜平成22年1月14日　豊年製油会長　→09/11

影山 正治　かげやま・まさはる　明治43年6月12日〜昭和54年5月25日　国家主義者、歌人　大東塾塾長、不二歌道会主宰　→昭和

影山 盛行　かげやま・もりゆき　大正6年4月14日〜昭和61年7月18日　京三製作所常務、国鉄東京電気工事局長　→83/87

蔭山 如信　かげやま・ゆきのぶ　明治34年3月6日〜昭和52年8月25日　徳山曹達会長　→昭和(かげやま・じょし)

影山 豊　かげやま・ゆたか　大正13年7月5日〜昭和57年9月28日　北海道議(社会党)　→80/82

加古 一雄　かこ・かずお　大正7年3月6日〜平成5年11月25日　カゴメ常務　→91/93

加古 豊彦　かこ・とよひこ　大正10年6月15日〜昭和60年2月3日　サンテレビジョン代表取締役副社長、ダイエー最高顧問取締役　→83/87

籠尾 源吉　かごお・げんきち　昭和4年5月20日〜平成19年11月19日　土佐市長　→06/08

籠島 誠治　かごしま・せいじ　明治32年2月5日〜平成3年5月7日　サイデン化学社長、浦和商工会議所副会頭、埼玉産業人クラブ顧問　→91/93

籠田 通夫　かごた・みちお　明治44年4月25日〜昭和61年6月3日　アマテイ社長　→83/87

籠橋 定一　かごはし・さだいち　〜平成6年2月8日　日本陶磁器工業協同組合理事長　→94/96

籠橋 産右エ門　かごはし・さんうえもん　〜昭和59年1月2日　日本陶磁器工業協同組合連合会理事、カネダイ製陶所会長　→83/87

葛西 晃　かさい・あきら　昭和3年10月5日〜平成21年9月17日　安田信託銀行専務　→09/11

笠井 篤　かさい・あつし　〜平成3年9月24日　川島織物専務　→91/93

笠井 篤　かさい・あつし　大正10年9月18日〜平成6年6月11日　富士重工業取締役、日本航空機開発協会専務理事　→94/96

笠井 卯三郎　かさい・うさぶろう　〜昭和56年5月4日　トヨタ生活協同組合顧問　→80/82

河西 永吉　かさい・えいきち　昭和8年7月15日〜平成23年1月26日　愛知機械工業専務　→09/11

笠井 一成　かさい・かずしげ　大正15年6月12日〜平成4年1月14日　前田道路専務　→91/93

笠井 勝雄　かさい・かつお　大正12年8月12日〜平成22年4月10日　猿払村(北海道)村長　→09/11

河西 京二　かさい・きょうじ　昭和12年3月30日〜平成15年4月16日　日本興業銀行常務、日産自動車常務　→03/05

河西 清　かさい・きよし　大正5年11月16日〜平成5年9月13日　東鉄工業取締役　→91/93

葛西 清美　かさい・きよみ　大正3年4月10日〜平成7年2月20日　青森朝日放送社長、みちのく銀行頭取　→94/96

河西 健一　かさい・けんいち　大正5年10月31日〜平成4年2月16日　住友金属工業専務、住金化工会長　→91/93

笠井 健一　かさい・けんいち　昭和19年3月18日〜平成15年9月20日　コパル常務　→03/05

河西 乾二　かさい・けんじ　大正12年3月26日〜平成7年6月8日　三井物産副社長　→94/96

笠井 健太郎　かさい・けんたろう　〜昭和12年11月2日　朝鮮高等法院検事長　→昭和

笠井 康一　かさい・こういち　〜昭和47年9月19日　小野田セメント監査役　→昭和

笠井 幸衛　かさい・こうえい　明治44年8月1日〜平成8年5月22日　北海道議　→94/96

笠井 五郎　かさい・ごろう　大正2年2月22日〜平成5年9月5日　清水建設取締役　→91/93

笠井 重孝　かさい・しげたか　〜平成5年5月7日　2.26事件で岡田啓介首相脱出時に車を運転　→91/93

河西 静夫　かさい・しずお　明治39年12月1日〜平成15年11月13日　帝国ホテル副社長　→03/05

河西 周一　かさい・しゅういち　大正5年5月25日〜平成6年3月21日　志村化工社長　→94/96

河西 修一　かさい・しゅういち　〜昭和58年2月24日　三井埠頭取締役　→83/87

笠井 重治　かさい・じゅうじ　明治19年7月14日〜昭和60年4月10日　衆院議員(民主党)、日米文化振興会名誉会長　→83/87

河西 史郎　かさい・しろう　大正4年9月20日〜平成10年7月7日　河西工業初代社長　→97/99

I　政治・経済・社会篇　　かさはら

笠井 信一　かさい・しんいち　元治1年6月19日～昭和4年7月25日　岡山県知事, 貴院議員(勅選)　→昭和

笠井 真三　かさい・しんぞう　明治6年10月12日～昭和17年5月19日　実業家, 小野田セメント社長　→昭和

香西 大見　かさい・だいけん　～昭和54年7月4日　北野天満宮宮司　→昭和

河西 武　かさい・たけし　大正5年9月20日～平成3年12月9日　横浜通商社長　→91/93

葛西 武美　かさい・たけみ　～昭和59年2月5日　北海道ユネスコ協会副会長, 葛西内科小児科医院顧問　→83/87

葛西 民也　かさい・たみや　～昭和57年6月24日　函館市助役　→80/82

河西 透　かさい・とおる　～昭和62年4月20日　中央区(東京都)教育長　→83/87

笠井 透　かさい・とおる　～昭和60年5月5日　熱田区政協力委員協議会(名古屋市)議長, 白鳥学区(名古屋市)区政協力委員長　→83/87

河西 俊夫　かさい・としお　明治27年7月19日～平成4年4月26日　山梨交通社長　→91/93

笠井 利治　かさい・としはる　昭和2年1月1日～平成15年6月16日　東邦レマック会長　→03/05

笠井 明士　かさい・はるお　～昭和60年9月11日　中国新聞社顧問　→83/87

河西 秀雄　かさい・ひでお　大正9年8月22日～平成14年10月29日　六協会長　→00/02

葛西 秀世　かさい・ひでよ　明治41年7月8日～平成14年10月18日　日立ビルシステム社長　→00/02

笠井 平十郎　かさい・へいじゅうろう　～昭和48年5月29日　陸軍中将　→昭和

笠井 正人　かさい・まさと　大正1年8月20日～平成6年12月28日　コバル社長　→94/96

笠井 正行　かさい・まさゆき　昭和17年2月10日～平成17年3月16日　連合北海道会長　→03/05

葛西 正義　かさい・まさよし　～昭和50年0月4日　北海道警本部警務部管理官　→80/82

河西 睦夫　かさい・むつお　明治44年11月16日～平成4年3月9日　不二サッシ販売専務　→91/93

葛西 泰輔　かさい・やすすけ　～平成20年3月17日　司法書士, 青森県司法書士会会長　→06/08

葛西 嘉資　かさい・よしすけ　明治39年4月17日～平成13年4月29日　厚生事務次官　→00/02

笠岡 喬　かさおか・たかし　大正14年7月5日～平成23年4月4日　衆院議員(自民党)　→09/11

笠岡 信夫　かさおか・のぶお　大正13年12月14日～平成23年7月12日　ヨンキュウ社長　→09/11

風岡 勇二　かざおか・ゆうじ　～昭和56年1月4日　愛知県労働協会専務理事, 国立美術館誘致促進協議会事務局長　→80/82

笠神 一雄　かさがみ・かずお　大正13年12月31日～昭和63年3月7日　サンケイ新聞データシステム専務　→88/90

笠川 元治　かさかわ・もとじ　大正1年11月13日～昭和62年7月4日　宇治電ビルディング会長, 関西電力顧問　→83/87

笠置 省三　かさぎ・しょうぞう　～昭和55年11月23日　弁護士, 日本調停協会連合会副理事長　→80/82

笠木 忠男　かさぎ・ただお　昭和5年12月7日～平成5年1月9日　赤穂市長　→91/93

笠木 政彦　かさぎ・まさひこ　～平成21年12月7日　旭ダイヤモンド工業副社長　→09/11

笠置 能弘　かさぎ・よしひろ　大正14年10月30日～平成8年2月22日　新内外綿常務　→94/96

笠島 勝典　かさじま・かつのり　大正4年12月18日～平成4年12月17日　日本ビクター常務　→91/93

笠島 末吉　かさじま・すえきち　明治19年1月23日～昭和16年5月16日　労働運動家　→昭和

笠島 保　かさじま・たもつ　大正14年3月26日～平成23年5月22日　北海道議(社会党)　→09/11

笠谷 哲二　かさたに・てつじ　明治40年8月18日～昭和57年2月23日　高岡ガス社長　→80/82

笠戸 喜八　かさと・きはち　～昭和32年7月22日　日仏商工会議所副会長　→昭和

風戸 元愛　かざと・もとよし　～昭和50年9月22日　水戸市長　→昭和

笠野 隆　かさの・たかし　昭和2年12月13日～平成19年2月23日　日本曹達常務　→06/08

花山院 慈薫　かさのいん・じくん　明治43年1月28日～平成18年6月17日　尼僧, 茶道家　大聖寺(臨済宗)第27世門主, 全日本尼僧法団副総裁, 永皎流総裁　→06/08

笠羽 高道　かさば・たかみち　明治43年3月21日～平成14年11月6日　富士電機副社長　→00/02

風早 弘三郎　かざはや・ひろさぶろう　大正6年12月26日～平成5年　日本曹達専務, 三和倉庫会長　→91/93

笠原 愛子　かさはら・あいこ　～平成17年9月9日　ヴォルガ創業者　→03/05

笠原 秋雄　かさはら・あきお　明治41年11月20日～平成1年8月31日　群馬県議(自民党)　→88/90

笠原 晃　かさはら・あきら　昭和6年11月6日～平成18年1月18日　苫小牧信用金庫理事長, 苫小牧商工会議所会頭　→06/08

笠原 曄　かさはら・あきら　昭和3年6月14日～平成3年3月7日　日本通運常務　→91/93

笠原 逸二　かさはら・いつじ　～昭和53年1月18日　石川島重工社長　→昭和

笠原 脩　かさはら・おさむ　～昭和27年3月12日　日本石油常務　→昭和

笠原 一雄　かさはら・かずお　明治44年12月30日～平成

14年4月25日　フジクラ専務　→00/02

笠原 一人　かさはら・かずと　昭和5年1月4日～平成16年10月5日　日本通運常務　→03/05

笠原 勘一　かさはら・かんいち　～昭和58年3月2日　笠原工業会長　→83/87

笠原 吉三　かさはら・きちぞう　明治45年5月5日～平成2年4月2日　松本歯科大学理事,長野県副知事　→88/90

笠原 公夫　かさはら・きみお　大正14年8月31日～平成11年11月23日　片倉チッカリン副社長　→97/99

笠原 緊三　かさはら・きんぞう　昭和5年1月4日～平成12年12月11日　藤和不動産社長　→00/02

笠原 慶蔵　かさはら・けいぞう　～昭和51年4月15日　同栄信用金庫理事長　→昭和

笠原 慶太郎　かさはら・けいたろう　大正6年11月26日～平成3年6月17日　同栄信用金庫会長　→91/93

笠原 功一　かさはら・こういち　～昭和39年12月12日　アマチュア無線の草分け　ソニー顧問　→昭和

笠原 亨二　かさはら・こうじ　大正5年3月9日～平成13年11月26日　警察庁中国管区警察局長,静岡県警本部長　→00/02

笠原 佐一　かさはら・さいち　大正13年12月4日～平成9年11月3日　富士精工社長,三協精機製作所取締役　→97/99

笠原 栄　かさはら・さかえ　～平成1年1月21日　全国ヒューム管協会技術調査部長,東邦ヒューム管代表取締役　→88/90

笠原 俊一　かさはら・しゅんいち　大正15年11月21日～平成19年4月8日　諏訪市長　→06/08

笠原 潤一　かさはら・じゅんいち　昭和7年4月14日～平成14年4月20日　参院議員(自民党)　→00/02

笠原 庄次　かさはら・しょうじ　～昭和63年7月4日　ニセコ町(北海道)町長　→88/90

笠原 新太郎　かさはら・しんたろう　明治45年7月9日～平成6年12月9日　古河電気工業社長　→94/96

笠原 伸平　かさはら・しんぺい　大正13年5月25日～平成12年3月15日　石川島播磨重工業取締役,石川島芝浦機械社長　→00/02

笠原 武　かさはら・たけし　大正9年10月26日～平成1年4月12日　武生市長,福井県議　→88/90

笠原 忠夫　かさはら・ただお　明治45年7月19日～昭和49年10月28日　長野電鉄社長　→昭和

笠原 辰男　かさはら・たつお　～平成7年8月22日　アジア石油(のちコスモ石油)専務　→94/96

笠原 千鶴　かさはら・ちづる　明治29年1月～昭和42年3月26日　日中友好協会会長,法政大学教授　→昭和

笠原 勉　かさはら・つとむ　明治40年～昭和42年8月6日　社会運動家　→昭和

笠原 貞造　かさはら・ていぞう　明治34年8月～昭和60年3月19日　弁護士　衆院議員(社会党),日弁連副会長　→83/87

笠原 藤太郎　かさはら・とうたろう　～昭和55年7月22日　全電通中央執行委員長　→80/82

笠原 久富　かさはら・ひさとみ　大正14年8月14日～平成3年1月7日　金門製作所常務,金門コルツ常務　→91/93

笠原 文雄　かさはら・ふみお　大正2年3月27日～昭和59年8月2日　君津化学工業社長　→83/87

笠原 政江　かさはら・まさえ　明治40年5月1日～平成2年9月24日　尼僧　楠荘会長,川崎大師京都別院笠原寺開山主　→88/90

笠原 政樹　かさはら・まさき　昭和16年7月10日～平成20年7月23日　三菱製紙常務　→06/08

笠原 正彦　かさはら・まさひこ　明治33年12月20日～昭和60年11月24日　北海道ビルサービス最高顧問,東京美装興業顧問,元拓銀常務取締役　→83/87

笠原 靖臣　かさはら・やすおみ　大正7年11月14日～平成9年12月22日　帝国化工(のちテイカ)常務　→97/99

笠原 靖弘　かさはら・やすひろ　大正15年8月27日～平成13年5月25日　電通ブロックス社長　→00/02

笠原 泰穂　かさはら・やすほ　～昭和59年5月13日　明光証券取締役株式本部副本部長　→83/87

笠原 幸雄　かさはら・ゆきお　～昭和63年1月2日　陸軍中将　陸軍第十一軍司令官　→88/90

笠原 幸雄　かさはら・ゆきお　大正14年1月27日～平成23年6月20日　日本鉱業社長,日本鉱業協会会長　→09/11

笠原 美三　かさはら・よしぞう　大正15年8月25日～平成23年11月24日　住友金属工業専務　→09/11

笠原 理一郎　かさはら・りいちろう　昭和4年6月15日～平成14年1月25日　新コスモス電機社長　→00/02

笠原 量治　かさはら・りょうじ　大正6年11月22日～昭和59年2月5日　東海コンクリート工業社長,中部電力監査役　→83/87

笠原 良平　かさはら・りょうへい　明治44年7月24日～平成5年11月24日　笠原工業社長　→91/93

風間 和夫　かざま・かずお　明治43年5月2日～昭和62年10月21日　長野県会議長(自民党,上水内・大岡),長野県体協会長　→83/87

風間 久四郎　かざま・きゅうしろう　明治42年11月23日～平成2年9月4日　テレビ山梨相談役・元社長　→88/90

風間 歳次郎　かざま・さいじろう　明治31年～昭和55年2月7日　風書房創業者　→80/82

笠間 昌正　かさま・さとまさ　昭和6年12月20日～平成23年5月13日　全日本空輸常務　→09/11

風間 丈吉　かざま・じょうきち　明治35年2月25日～昭和43年5月24日　社会運動家　→昭和

風間 真一　かざま・しんいち　明治2年10月5日～平成2年11月21日　荘内銀行常務　→09/11

風間 信治　かざま・しんじ　明治41年5月16日～昭和62年2月22日　カザマスキー会長　→83/87

風間 宗丘　かざま・そうきゅう　明治45年3月28日～平成6年5月29日　造園家　→94/96

I 政治・経済・社会篇　　　　　　　　　　　　　　　　　　　　かしい

風間 武三郎　かざま・たけさぶろう　～昭和15年5月30日　三菱商事取締役大阪支店長　→昭和

笠間 竹次郎　かさま・たけじろう　～昭和60年2月23日　二葉産業社長、明光工業社長　→83/87

風間 龍陽　かざま・たつあき　明治33年3月6日～昭和63年6月5日　カザマ機器会長　→88/90

風間 務　かざま・つとむ　昭和9年7月9日～平成15年11月7日　風間書房会長　→03/05

風間 日法　かざま・にっぽう　文久1年6月1日～昭和13年2月20日　僧侶，教育者　日蓮宗管長、立正大学名誉学長、大僧正　→昭和

風間 温窮　かざま・はるみ　～昭和61年6月14日　サンケイ新聞磐田販売所長、毎日新聞掛川販売所長、日本新聞販売協会副会長　→83/87

風間 久嗣　かざま・ひさし　昭和6年4月20日～平成19年11月12日　三菱ガス化学専務　→06/08

風間 道太郎　かざま・みちたろう　明治34年6月6日～昭和63年8月25日　平和運動家、評論家　→88/90

笠間 祐一郎　かさま・ゆういちろう　大正6年12月1日～平成23年5月30日　三井東圧化学社長　→09/11

風間 良栄　かざま・よしえい　大正14年12月20日～平成16年4月10日　鉄労副組合長　→03/05

笠間 芳郎　かさま・よしろう　～昭和58年10月14日　大成火災海上保険常勤監査役　→83/87

風間 吉郎　かざま・よしろう　～平成12年12月17日　すかいらーく取締役　→00/02

風巻 友一　かざまき・ともかず　～平成13年1月27日　旭光学工業常務　→00/02

笠松 新治　かさまつ・しんじ　明治37年7月28日～昭和62年12月22日　丸松社長、(医)和松会会長　→83/87

笠松 時雄　かさまつ・ときお　明治45年1月18日～昭和61年2月16日　東急建設専務　→83/87

笠松 歳雄　かさまつ・としお　～平成4年7月19日　北海道毎日輸送会長、北海道発送代表取締役　→91/93

笠松 義資　かさまつ よしすけ　明治37年2月4日～平成1年8月22日　弁護士　京都地方裁判所長　→88/90

風見 章　かざみ・あきら　明治19年2月12日～昭和36年12月20日　政治家　法相、衆院議員(社会党)　→昭和

花山院 親忠　かさんのいん・ちかただ　大正7年8月3日～平成6年2月28日　神官　春日大社宮司　→94/96

梶 明　かじ・あきら　～平成21年12月27日　阪神淡路大震災1・17のつどい実行委員長　→09/11

梶 鋼雄　かじ・かねお　～平成15年3月14日　沖電気工事(のち沖ウィンテック)専務　→03/05

梶 義一　かじ・ぎいち　～昭和60年10月28日　アルファ技研相談役・元会長　→83/87

梶 喜徳郎　かじ・きとくろう　～昭和61年12月23日　小矢部市石動北部町内会長連絡協議会長　→83/87

加治 正方　かじ・せいほう　昭和4年3月24日～平成10年11月6日　名機製作所社長　→97/99

加地 孝義　かじ・たかよし　大正15年7月8日～平成12年1月23日　山下新日本汽船社長　→00/02

梶 貞三郎　かじ・ていざぶろう　～昭和62年5月16日　神奈川県計量協会副会長　→83/87

梶 哲次　かじ・てつじ　明治37年8月24日～昭和9年5月12日　社会運動家　→昭和

加地 哲定　かじ・てつじょう　明治23年10月26日～昭和47年12月1日　僧侶(高野山真言宗)　高野山大学学長　→昭和

鍛冶 鉄人　かじ・てつんど　大正7年3月15日～昭和60年5月10日　京都府警本部長　→83/87

梶 徳太郎　かじ・とくたろう　～平成6年3月2日　理研ピストンリング工業(のちリケン)常勤監査役　→94/96

梶 日出男　かじ・ひでお　昭和19年1月6日～平成14年11月16日　牧師　春日井福音キリスト教会　→03/05s

梶 平五郎　かじ・へいごろう　～昭和61年3月15日　氷見市議　→83/87

梶 政野　かじ・まさの　明治43年7月27日～平成12年8月14日　梶製作所会長　→00/02

加地 正見　かじ・まさみ　明治40年1月28日～平成15年6月8日　飯倉タクシー会長、九州商工会連合会会長、福岡県商工会連合会会長　→03/05

梶 正巳　かじ・まさみ　～昭和55年3月16日　鹿島道路顧問・元常務　→80/82

梶 泰雄　かじ・やすお　昭和12年9月20日～平成22年12月25日　神奈川新聞取締役販売局長　→09/11

加地 和　かじ・やまと　昭和11年9月16日～平成20年9月14日　弁護士　衆院議員(新自由クラブ)　→06/08

加地 義雄　かじ・よしお　明治44年8月1日～昭和63年6月6日　佐賀県議、佐賀新聞社常務　→88/90

鍛冶 吉雄　かじ・よしお　大正3年7月12日～平成18年7月21日　小松ウォールアイティ会長　→06/08

鍛冶 良作　かじ・りょうさく　明治28年2月20日～昭和55年6月8日　弁護士　衆院議員(自民党)　→80/82

梶井 健一　かじい・けんいち　大正5年3月1日～平成23年7月16日　名古屋鉄道社長、日本銀行考査局長　→09/11

梶井 謙一　かじい・けんいち　～昭和60年12月7日　(社)日本アマチュア無線連盟会長　→83/87

香椎 浩平　かしい・こうへい　明治14年1月25日～昭和29年12月3日　陸軍中将　2.26事件の戒厳司令官　→昭和

梶井 貞吉　かじい・さだきち　～昭和40年4月6日　陸軍軍医中将　→昭和

樫井 臣次　かしい・しんじ　大正15年5月18日～昭和62年2月9日　(株)カシイ鉄工取締役相談役　→83/87

梶井 剛　かじい・たけし　明治20年7月20日～昭和51年10月9日　電電公社総裁、東海大学総長、日本電気会長　→昭和

梶井 直　かじい・なおし　～平成10年12月2日

かしうら　　　　　　　　　　　　　　　　　　　　　　　Ⅰ　政治・経済・社会篇

空将　自衛隊中央病院検査部長　→97/99

梶浦　逸外　かじうら・いつがい　明治29年7月10日～昭和56年2月10日　臨済宗妙心寺派管長　→80/82

梶浦　浩二郎　かじうら・こうじろう　明治31年1月1日～平成3年11月13日　江ノ島電鉄社長、日本交通協会理事、鉄道省鉄道監　→91/93

梶浦　俊夫　かじうら・としお　明治39年3月30日～平成3年6月6日　河合楽器製作所監査役　→91/93

梶浦　英夫　かじうら・ひでお　明治42年12月26日～平成21年2月23日　日本興業銀行副頭取　→09/11

梶浦　幹生　かじうら・みきお　昭和5年2月15日～平成4年12月13日　サンケイ総合印刷社長　→91/93

梶浦　福督　かじうら・よしまさ　明治45年3月15日～平成13年5月18日　農業運動家　中札内村農協（北海道）名誉組合長　→00/02

柏尾　英三郎　かしお・えいざぶろう　～平成7年8月17日　山下新日本汽船副社長、三和銀行取締役　→94/96

樫尾　茂　かしお・しげる　明治31年8月10日～昭和61年8月11日　カシオ計算機会長　→83/87

樫尾　忠雄　かしお・ただお　大正6年11月26日～平成5年3月4日　カシオ計算機創業者　→91/93

樫尾　紋治　かしお・もんじ　～昭和2年6月21日　警察界功労者　→昭和

柏岡　啓二　かしおか・けいじ　昭和5年1月3日～平成14年1月22日　関西テック社長　→00/02

梶川　昱　かじかわ・あきら　大正13年3月12日～平成12年9月16日　大日本塗料常務　→00/02

梶川　晃平　かじかわ・こうへい　昭和5年8月4日～平成20年2月11日　ドミー社長　→06/08

梶川　静一　かじかわ・しずいち　～昭和58年2月15日　世羅幸永園組合長、広島県農業経営者協会長　→83/87

梶川　静雄　かじかわ・しずお　大正3年8月～昭和53年2月9日　衆院議員（社会党）　→昭和

梶川　俊吉　かじかわ・しゅんきち　明治43年3月6日～平成1年11月25日　弁護士　最高検検事　→88/90

梶川　忠男　かじかわ・ただお　大正14年1月5日～昭和59年10月8日　三重県議（自民党）　→83/87

梶川　有　かじかわ・たもつ　明治34年3月1日～昭和55年7月1日　第一銀行取締役・監査役　→80/82

梶川　博　かじかわ・ひろし　大正2年1月19日～平成5年7月21日　時事通信社取締役　→91/93

梶川　洋　かじかわ・ひろし　昭和6年1月4日～平成12年12月27日　オハラ社長　→00/02

梶川　増太郎　かじかわ・ますたろう　～昭和62年8月7日　新日本近海汽船社長　→83/87

梶川　義敬　かじかわ・よしろう　明治37年8月6日～平成1年5月8日　日本生命常任監査役、都ホテル専務　→88/90

梶木　一郎　かじき・いちろう　昭和8年3月29日～平成20年11月30日　日新火災海上保険常務　→06/08

加治木　須恵人　かじき・すえと　～平成4年3月10日　西部石油副社長　→91/93

樫木　常男　かしき・つねお　大正4年10月7日～平成5年4月6日　尼崎信用金庫専務理事　→91/93

加治木　俊道　かじき・としみち　大正5年3月10日～平成15年9月2日　大蔵省証券局長、関西電力副社長　→03/05

梶木　博之　かじき・ひろゆき　明治40年5月26日～平成5年2月22日　中の坊会長、国際観光旅館連盟常務理事、有馬温泉観光協会長　→91/93

梶木　又三　かじき・またぞう　大正8年1月4日～平成20年5月21日　参院議員（自民党）、環境庁長官、全国土地改良事業団体連合会会長　→06/08

梶塚　鋼太郎　かじづか・しょうたろう　～昭和9年9月26日　陸軍主計監

梶塚　隆二　かじづか・りゅうじ　～昭和51年5月3日　陸軍軍医中将　→昭和

梶田　一義　かじた・かずよし　～昭和29年4月21日　十条製紙取締役　→昭和

樫田　邦雄　かしだ・くにお　大正2年1月1日～平成8年7月12日　日本曹達社長、三和倉庫社長　→94/96

梶田　正一　かじた・しょういち　～昭和62年5月20日　東京第四実栄証券社長　→83/87

梶田　信順　かじた・しんじゅん　～昭和50年10月26日　浄土宗法然寺貫主　→昭和

梶田　年　かじた・とし　～昭和23年6月16日　長崎控訴院長　→昭和

梶田　文太郎　かじた・ふみたろう　～昭和10年5月25日　賀陽宮附属内事務官　→昭和

梶谷　宗忍　かじたに・そうにん　大正3年7月8日～平成7年1月16日　僧侶　臨済宗相国寺派管長、大本山相国寺住職、金閣寺（鹿苑寺）住職　→94/96

梶谷　耐造　かじたに・たいぞう　昭和14年11月7日～平成12年10月23日　チッソ常務　→00/02

梶谷　丈夫　かじたに・たけお　昭和46年4月25日　弁護士　第一東京弁護士会会長　→昭和

梶谷　忠司　かじたに・ただし　大正2年10月22日～平成22年11月30日　芝寿し創業者　→09/11

梶谷　忠二　かじたに・ちゅうじ　明治33年10月9日～平成18年8月30日　岡山木村屋創業者、梶谷食品会長　→06/08

梶谷　裕一　かじたに・ひろかず　昭和3年1月1日～平成23年10月31日　三菱地所専務　→09/11

柏谷　保英　かしたに・やすひで　大正14年2月23日～昭和58年1月16日　レナウン副社長　→83/87

楫西　誠治　かじにし・せいじ　明治41年1月29日～昭和55年8月23日　日新火災海上保険会長　→80/82

楫野　昭夫　かじの・あきお　～昭和63年1月21日　全日本ろうあ連盟常任理事、大阪聴力障害者協会長　→88/90

梶野　悦三　かじの・えつぞう　昭和7年8月9日～平成23年

年8月24日　ケーヨー副社長　→09/11

梶野 一夫　かじの・かずお　大正4年1月2日～平成1年7月14日　熊谷組監査役　→88/90

梶野 善映　かじの・ぜんえい　～昭和58年11月20日　帯広市議会議長，サンパークビル取締役社長，カジノビル取締役会長　→83/87

樫野 武四郎　かしの・たけしろう　昭和11年9月10日～平成16年4月14日　毎日新聞東京本社経理本部長　→03/05

梶野 鉄吉　かじの・てつよし　大正13年2月6日～平成21年2月9日　日本フイルコン社長　→09/11

楫野 英男　かじの・ひでお　大正13年8月21日～平成12年5月4日　岩谷産業常務　→00/02

梶野 政治郎　かじの・まさじろう　～昭和62年4月16日　田辺製薬取締役　→83/87

梶野 学　かじの・まなぶ　昭和13年1月13日～平成13年12月31日　アラコ副社長　→00/02

柏野 準盛　かしの・みずもり　～昭和60年10月7日　尾道市助役　→83/87

樫野 守真　かしの・もりまさ　大正6年2月28日～昭和58年10月11日　東京窯業監査役，日本不動産銀行常務　→83/87

梶野 善治　かじの・よしはる　昭和4年1月20日～平成17年6月29日　ベルックス会長　→03/05

柏原 一三　かしはら・かずみ　明治43年10月18日～平成3年3月15日　川鉄商事取締役　→91/93

柏原 語六　かしはら・ごろく　明治30年9月20日～昭和56年6月5日　弁護士　最高裁判事　→80/82

柏原 茂郎　かしはら・しげを　大正12年～昭和59年6月19日　日本橋梁取締役　→83/87

梶原 昇　かじはら・のぼる　大正15年11月19日～昭和62年8月3日　丸橋社長，梶原倉庫社長　→83/87

樫原 昌夫　かしはら・まさお　大正13年11月30日～平成20年8月25日　日本製鋼所専務　→06/08

樫原 泰明　かしはら・やすあき　大正11年11月19日～平成9年3月13日　伊藤組土建会長，北海道副知事　→97/99

樫原 義夫　かしはら・よしお　大正9年2月3日～平成9年10月9日　弁護士，公証人　関西学院監事　→97/99

鹿島 一造　かしま・いちぞう　大正7年12月11日～昭和61年11月5日　湯浅商事常務　→83/87

鹿島 卯女　かじま・うめ　明治36年6月26日～昭和57年3月31日　鹿島建設社長　→80/82

鹿島 一夫　かじま・かずお　大正9年2月14日～平成22年7月4日　阪神内燃機工業常務　→09/11

鹿島 邦大　かじま・くにひろ　大正5年2月12日～昭和56年4月23日　東急道路副社長　→80/82

加嶋 耕之助　かしま・こうのすけ　大正13年3月12日～平成17年5月7日　カヤバ工業常務　→03/05

加島 五郎　かしま・ごろう　～昭和58年6月7日　弁護士　ブリヂストンタイヤ監査役　→83/87

鹿島 三也　かじま・さんや　明治43年11月19日～昭和63年2月4日　三菱瓦斯化学副社長　→88/90

加島 周一　かしま・しゅういち　～平成22年11月22日　大分放送常務　→09/11

加島 淳　かしま・じゅん　明治41年9月1日～平成2年5月1日　オーバル機器工業社長　→88/90

鹿島 承二　かじま・しょうじ　～昭和55年5月31日　鹿島建設監査役　→80/82

鹿嶋 次郎　かしま・じろう　昭和4年1月5日～昭和63年5月18日　山口県議（自民党，美祢郡）　→88/90

鹿島 新吉　かじま・しんきち　～昭和27年6月4日　鹿島建設副社長　→昭和

鹿島 精一　かじま・せいいち　明治8年7月1日～昭和22年2月6日　鹿島組会長　→昭和

鹿島 威男　かしま・たけお　昭和18年9月27日～平成8年7月1日　郵政省郵政大学校長　→94/96

鹿島 忠夫　かじま・ただお　明治33年4月13日～昭和61年8月19日　鹿島建設顧問・元専務　→83/87

鹿島 輝雄　かしま・てるお　大正9年10月17日～平成7年2月23日　兵庫県議（自民党）　→94/96

鹿島 晃男　かしま・てるお　大正7年7月16日～平成14年12月4日　中央デパート会長，大宮商工会議所顧問　→03/05s

加島 登吉　かじま・とうきち　～平成2年5月27日　三平興業副社長　→88/90

鹿島 俊雄　かしま・としお　明治40年5月2日～平成7年11月4日　参院議員（自民党），郵政相　→94/96

鹿島 萩麿　かしま・はぎまろ　明治39年4月～昭和7年8月25日　海軍大尉，伯爵　→昭和

加島 治道　かしま・はるみち　明治42年10月31日～昭和55年12月6日　オリエント・オート・リース取締役相談役，オリエント・リース常務　→80/82

鹿島 博　かしま・ひろし　昭和15年3月1日～平成11年12月11日　日本空港ビルデング専務　→00/02s

鹿島 博　かしま・ひろし　昭和9年6月15日～平成16年8月29日　トナミ運輸副社長　→03/05

鹿島 房次郎　かしま・ふさじろう　明治1年9月21日～昭和7年7月29日　実業家　川崎造船所社長，川崎総本店総務理事，神戸商工会議所会頭　→昭和

加島 平吉　かじま・へいきち　～昭和56年10月26日　フクバ工業会長　→80/82

加島 貢　かしま・みつぎ　大正3年12月15日～平成8年11月19日　日本出版販売副社長　→94/96

鹿島 宗信　かしま・むねのぶ　～昭和59年8月10日　日高町議会（北海道）議長　→83/87

鹿島 守之助　かじま・もりのすけ　明治29年2月2日～昭和50年12月3日　実業家，政治家，外交史研究家　鹿島建設社長，参議院議員（自民党）　→昭和

柏村 毅　かしむら・たけし　～昭和48年3月11日　関東バス社長　→昭和

樫村 翼　かしむら・たすく　昭和6年2月8日～平成15年5月20日　第百生命保険常務　→03/05

梶村 常樹　かじむら・つねき　～昭和57年2月1日　中電興業相談役、前社長　→80/82

梶村 敏樹　かじむら・としき　～昭和44年12月16日　東京高裁判事　→昭和

梶村 教之　かじむら・のりゆき　明治37年8月6日～平成2年1月20日　高砂熱学工業専務　→88/90

樫村 治子　かしむら・はるこ　～平成13年8月4日　朗読家　→00/02

樫村 八百吉　かしむら・やおきち　明治24年12月7日～昭和57年1月30日　日本化学工業副社長　→80/82

梶本 金平　かじもと・きんぺい　～昭和42年5月13日　海軍中将　日本製鉄重役　→昭和

梶本 恵四郎　かじもと・けいしろう　～昭和55年12月14日　倶知安町（北海道）町議　→80/82

梶本 吾市　かじもと・ごいち　～昭和46年5月27日　日本炭礦取締役　→昭和

梶本 正二　かじもと・しょうじ　～平成2年6月7日　正美社印刷(株)会長、京印工組副理事長　→88/90

梶本 正之助　かじもと・しょうのすけ　大正7年11月8日～平成2年8月18日　蝶理取締役　→88/90

梶本 忠光　かじもと・ただみつ　大正7年10月20日～平成18年1月22日　八尾町（富山県）町長　→06/08

樫本 俊弥　かしもと・としや　大正5年2月20日～平成9年8月31日　三菱電機常務　→97/99

樫本 信雄　かしもと・のぶお　明治34年3月21日～平成2年1月21日　弁護士　関西大学理事、日本弁護士連合会常務理事　→88/90

柏本 貢　かしもと・みつぎ　昭和8年2月5日～平成2年12月22日　富士電気化学取締役　→88/90

梶本 保邦　かじもと・やすくに　大正2年10月15日～平成16年11月14日　京成電鉄副社長、日本観光協会名誉会長　→03/05

梶谷 嘉一郎　かじや・かいちろう　昭和9年1月24日～平成23年3月5日　マルタイ社長　→09/11

加治屋 紘一　かじや・こういち　～平成2年9月2日　加治屋商会社長　→88/90

加治屋 繁　かじや・しげる　昭和2年2月15日～昭和63年12月13日　新東京国際空港公団運用局副局長　→88/90

梶山 晃　かじやま・あつし　大正5年5月5日～平成9年12月6日　住宅金融公庫理事　→97/99

梶山 音治　かじやま・おとはる　明治35年11月12日～昭和62年5月27日　日本水産常務、ホウスイ社長　→83/87

白椿山 欣三　かしやま・きんぞう　大正9年1月5日～平成6年4月11日　サン化学（のちコープケミカル）専務、三菱ガス化学取締役　→94/96

樫山 純三　かしやま・じゅんぞう　明治34年9月21日～昭和61年6月1日　樫山会長　→83/87

梶山 静六　かじやま・せいろく　大正15年3月27日～平成12年6月6日　衆院議員（自民党）、内閣官房長官　→00/02

梶山 敏雄　かじやま・としお　昭和4年1月29日～平成8年11月14日　新潟通信機社長　→97/99s

梶山 仁　かじやま・ひとし　明治42年6月3日～平成1年2月12日　毎日新聞社常勤監査役、毎日不動産監査役　→88/90

賀集 益蔵　かしゅう・えきぞう　明治22年6月13日～昭和49年11月5日　実業家　三菱レイヨン社長　→昭和

賀集 唱　かしゅう・しょう　大正13年10月31日～平成20年7月26日　弁護士　東京高裁部総括判事　→06/08

賀集 一　かしゅう・はじめ　～平成7年4月26日　京都保育福祉専門学院院長　→94/96

勧修寺 経雄　かじゅうじ・つねお　明治15年～昭和11年11月1日　伯爵　貴院議員　→昭和

梶吉 秀典　かじよし・ひでのり　大正15年3月3日～平成8年6月30日　共立会長　→94/96

上代 謙三　かじろ・けんぞう　～昭和55年1月15日　第一家庭電器監査役、元同社専務　→80/82

柏 一成　かしわ・かずしげ　昭和3年1月19日～平成14年4月27日　福知山信用金庫理事長　→00/02

柏 宗英　かしわ・しゅうえい　明治45年4月11日～昭和61年12月30日　僧侶　寂定寺住職、浄土真宗本願寺派総務　→83/87

柏 信一　かしわ・しんいち　～昭和63年3月27日　新湊市会議長　→88/90

柏 信二郎　かしわ・のぶじろう　大正4年1月19日～昭和56年3月4日　日産大阪コンピューターサービス社長、大阪日産自動車常務　→80/82

柏 康　かしわ・やすし　～平成13年12月7日　海将　海上自衛隊横須賀病院長　→00/02

柏井 光蔵　かしわい・こうぞう　明治34年8月2日～昭和48年12月22日　日本盲人基督教伝道協議会議長　→昭和

柏井 昇　かしわい・のぼる　大正5年10月23日～平成2年2月2日　金商又一専務　→88/90

柏木 昭男　かしわぎ・あきお　～平成4年1月3日　柏木商事社長　→91/93

柏木 明　かしわぎ・あきら　大正14年8月19日～平成15年10月19日　陸将　陸上自衛隊第十三師団長・富士学校長　→03/05

柏木 一郎　かしわぎ・いちろう　大正5年5月5日～平成4年7月19日　東食常務　→91/93

柏木 和正　かしわぎ・かずまさ　昭和9年1月22日～平成7年7月24日　昭和高分子常務　→94/96

柏木 義円　かしわぎ・ぎえん　安政7年3月9日～昭和13年1月8日　牧師、キリスト教思想家、評論家　安中教会牧師、「上毛教界月報」主筆　→昭和

柏木 庫治　かしわぎ・くらじ　明治21年8月～昭和52年9

月15日　参院議員(緑風会)　→昭和

柏木 整一郎　かしわぎ・せいいちろう　明治40年2月14日～平成14年4月13日　境港市長　→00/02

柏木 瀬二郎　かしわぎ・せじろう　明治40年9月10日～平成1年1月16日　高島屋取締役　→88/90

柏木 高美　かしわぎ・たかみ　大正5年10月31日～平成8年9月6日　社会保険労務士　柏木労務管理事務所会長　→94/96

柏木 千秋　かしわぎ・ちあき　明治44年10月22日～平成15年2月21日　弁護士　名古屋大学名誉教授、柏木法律事務所所長　→03/05

柏木 俊輔　かしわぎ・としほ　昭和5年11月22日～平成15年10月24日　サンユウ社長　→03/05

柏木 昇　かしわぎ・のぼる　～平成17年11月12日　長崎県議　→03/05

柏木 秀雄　かしわぎ・ひでお　～昭和55年10月23日　昭和電機社長　→80/82

柏木 秀茂　かしわぎ・ひでしげ　明治14年1月17日～昭和27年1月11日　横浜正金銀行頭取　→昭和

柏木 浩　かしわぎ・ひろし　昭和57年7月13日　浦和地方検察庁越谷支部長検事　→80/82

柏木 博　かしわぎ・ひろし　大正2年11月29日～昭和62年9月11日　弁護士　柏木博法律事務所所長、日弁連会長　→83/87

柏木 弘光　かしわぎ・ひろみつ　大正4年8月2日～平成16年5月18日　アンリツ専務　→03/05

柏木 正清　かしわぎ・まさきよ　～平成21年3月22日　柏木商店会長、田川商工会議所会頭　→09/11

柏木 正毅　かしわぎ・まさたけ　昭和12年～平成8年7月16日　東レ常務　→94/96

柏木 正東　かしわぎ・まさとう　～昭和61年3月3日　田川市政功労者会長、元田川市議・市会議長　→83/87

柏木 正彦　かしわぎ・まさひこ　昭和10年7月13日～平成2年11月14日　太陽石油常務、通商産業省官房審議官　→88/90

柏木 幹雄　かしわぎ・みきお　昭和4年3月12日～平成11年5月8日　秦野市長　→97/99

柏木 黙二　かしわぎ・もくじ　大正6年10月5日～平成8年4月1日　東亜火災海上再保険社長、東京海上火災保険専務　→94/96

柏木 雄介　かしわぎ・ゆうすけ　大正6年10月17日～平成16年8月27日　大蔵省財務官、東京銀行頭取　→03/05

柏木 譲　かしわぎ・ゆずる　大正6年8月2日～平成21年1月8日　長野県議(社会党)　→09/11

柏木 和三郎　かしわぎ・わさぶろう　昭和6年8月13日～平成20年11月2日　津名町(兵庫県)町長　→06/08

柏倉 昭一　かしわぐら・しょういち　～平成19年4月14日　山形県議(自民党)　→06/08

柏倉 民知　かしわぐら・たみとも　～平成13年7月5日　函館国の子寮理事長　→00/02

柏倉 信幸　かしわぐら・のぶゆき　昭和6年1月21日～平成15年4月24日　ヤマコー会長　→03/05

柏崎 要次　かしわざき・ようじ　大正10年1月16日～平成5年12月17日　東京会館常務　→91/93

柏瀬 仙太郎　かしわせ・せんたろう　明治28年11月28日～昭和46年11月16日　農民運動家　→昭和

柏田 忠一　かしわだ・ただかず　明治19年11月5日～昭和33年10月3日　政治家、弁護士　衆院議員(立憲民政党)、拓殖大学教授　→昭和

柏田 松男　かしわだ・まつお　大正3年4月30日～平成12年8月26日　大日本印刷専務　→00/02

柏野 肇　かしわの・はじめ　～平成10年12月17日　柏野社長　→97/99

柏野 陽一　かしわの・よういち　昭和5年4月8日～平成9年6月13日　北陸放送専務　→97/99

柏葉 祐幸　かしわば・ゆうこう　～昭和62年9月26日　陸将　陸上自衛隊東北方面総監　→83/87

柏原 及也　かしわばら・きゅうや　大正7年2月21日～平成21年1月7日　警察庁関東管区警察局長　→09/11

柏原 幸一　かしわばら・こういち　明治28年3月～昭和56年12月1日　衆院議員　→80/82

柏原 真次　かしわばら・しんじ　～昭和45年11月1日　寝屋川市長　→昭和

柏原 大五郎　かしわばら・だいごろう　～昭和40年1月9日　徳島県商工会議所連合会会頭　→昭和

柏原 武夫　かしわばら・たけお　～昭和48年3月20日　京都弁護士会長　→昭和

柏原 兵太郎　かしわばら・ひょうたろう　明治29年3月18日～昭和27年12月8日　運輸通信省自動車局長、大日本産業報国会理事　→昭和(かしわばら・へいたろう)

柏原 弘　かしわばら・ひろし　昭和6年1月1日～平成22年5月19日　太洋物産社長　→09/11

柏原 文太郎　かしわばら・ぶんたろう　明治2年2月～昭和8年11月10日　衆院議員　→昭和

柏原 孫左衛門　かしわばら・まござえもん　明治30年3月7日～昭和59年1月2日　東京ロータリークラブ名誉会員、柏原紙商事会長　→83/87

柏原 正夫　かしわばら・まさお　明治31年4月10日～昭和59年12月20日　太洋物産社長　→83/87

柏原 聖弘　かしわばら・まさひろ　大正11年～平成10年7月2日　明和産業常務　→97/99

柏原 ヤス　かしわばら・やす　大正6年1月9日～平成18年11月10日　参院議員(公明党)　→06/08

柏村 和男　かしわむら・かずお　大正11年1月2日～昭和63年1月24日　日揮監査役、元常務　→88/90

柏村 健三郎　かしわむら・けんざぶろう　～昭和56年4月12日　杉村倉庫取締役業務部長　→80/82

柏村 信雄　かしわむら・のぶお　明治40年6月5日～平成1年1月16日　警察庁長官　→88/90

柏村 嘉雄　かしわむら・よしお　明治42年9月22日～平

成1年9月25日　セントラル硝子取締役　→88/90

柏谷 久作　かしわや・きゅうさく　～昭和60年6月1日
小樽建設協会相談役・元会長　→83/87

柏山 恒雄　かしわやま・つねお　明治38年4月23日～平成3年2月22日　安田生命保険常務,理研コランダム副社長　→91/93

梶原 篤弘　かじわら・あつひろ　～平成10年4月16日
読売テレビ総務局局長　→97/99

梶原 巌　かじわら・いわお　大正4年1月1日～平成7年1月27日　クロサキ専務　→94/96

梶原 卯三郎　かじわら・うさぶろう　～平成1年10月20日　エースコック監査役　→88/90

梶原 景光　かじわら・かげみつ　～昭和55年5月9日
サガテレビ社長　→80/82

梶原 和夫　かじわら・かずお　大正13年3月13日～平成4年1月4日　弁護士　日本弁護士連合会常務理事　→91/93

梶原 吉平　かじわら・きちへい　～昭和59年6月19日
福岡相互銀行取締役　→83/87

梶原 清子　かじわら・きよこ　昭和6年9月12日～平成15年4月4日　牧師　播磨靖国訴訟原告団の一人　→03/05

梶原 潔　かじわら・きよし　明治43年10月31日～平成9年3月5日　日商岩井専務,日本橋梁社長　→97/99

梶原 浩一　かじわら・こういち　大正13年9月11日～平成17年7月19日　十八銀行常務　→03/05

梶原 滋美　かじわら・しげみ　大正2年10月3日～平成10年12月2日　荏原製作所常務　→97/99

梶原 茂嘉　かじわら・しげよし　明治33年2月8日～昭和53年10月8日　日本食糧協会会長,参院議員(自民党)　→昭和

梶原 仲治　かじわら・なかじ　明治4年7月～昭和14年1月6日　日本勧業銀行総裁　→昭和

梶原 広　かじわら・ひろし　～昭和57年4月2日
ニチボー常務　→80/82

梶原 みね子　かじわら・みねこ　～平成4年7月27日
梶原工業会長　→91/93

梶原 保男　かじわら・やすお　～平成1年9月26日
梶原工業会長　→88/90

梶原 暢二　かじわら・ようじ　昭和10年6月15日～平成1年11月1日　弁護士　愛媛弁護士会会長　→88/90

数井 正作　かずい・しょうさく　～平成18年3月6日
農業　田尻池のハクチョウおじいちゃん　→06/08

数井 保太郎　かずい・やすたろう　明治45年1月29日～平成4年12月14日　明星産業常務　→91/93

嘉数 久　かすう・ひさし　昭和11年9月17日～平成19年1月26日　北興化学工業専務　→06/08

主計 貞二　かずえ・さだじ　～昭和58年8月11日
広川町(福岡県)町長　→83/87

春日 章　かすが・あきら　大正5年11月～昭和61年4月22日　東京消防庁人事部長,(財)東京防災指導協会専務理事　→83/87

春日 一幸　かすが・いっこう　明治43年3月25日～平成1年5月2日　政治家　衆院議員,民社党委員長　→88/90

春日 佳一　かすが・かいち　明治36年6月24日～昭和56年11月13日　飯山市長　→80/82

春日 金司　かすが・きんじ　～平成14年1月4日
大正海上火災保険(のち三井住友海上火災保険)常務　→00/02

春日 袈裟治　かすが・けさはる　大正4年10月13日～昭和64年1月2日　日東紡績会長　→88/90

春日 興一　かすが・こういち　～昭和57年2月7日
九州安宅機械代表取締役　→80/82

春日 俊六　かすが・しゅんろく　昭和7年7月15日～平成16年4月8日　蛇の目ミシン工業専務　→03/05

春日 正一　かすが・しょういち　明治40年2月13日～平成7年2月22日　日本共産党名誉幹部会委員,参院議員　→94/96

春日 庄次郎　かすが・しょうじろう　明治36年3月25日～昭和51年4月9日　労働運動家　日本共産党中央委員,共産主義労働者党創立者　→昭和

春日 昂郎　かすが・たかお　大正14年3月30日～平成22年8月8日　草津市長　→09/11

春日 力　かすが・つとむ　明治40年6月21日～平成5年8月30日　岡本理研ゴム(のちオカモト)専務　→91/93

春日 節雄　かすが・ときお　大正14年1月1日～平成6年1月30日　グリーンスタンプ社長　→94/96

春日 俊文　かすが・としぶみ　明治6年4月～昭和12年6月9日　衆院議員(立憲政友会)　→昭和

春日 光　かすが・ひかる　大正2年2月11日～平成7年4月27日　北沢バルプ(のちキッツ)専務　→94/96

春日 彪次郎　かすが・ひょうじろう　明治24年1月6日～昭和59年2月10日　春日電機会長　→83/87

春日 弘　かすが・ひろむ　明治18年8月8日～昭和45年9月12日　実業家　ダイキン工業会長,住友金属工業初代社長,日本陸連名誉会長　→昭和(かすが・ひろし)

春日井 かつ　かすがい・かつ　～昭和61年11月10日
春日井製菓監査役　→83/87

春日井 清雄　かすがい・きよお　明治38年2月23日～昭和62年10月25日　春日井製菓会長　→83/87

春日井 佐太郎　かすがい・さたろう　大正2年8月23日～平成14年8月12日　旭電化工業常務　→00/02

春日井 秀雄　かすがい・ひでお　明治35年1月27日～昭和61年1月11日　北豊島学園長,東京都議　→83/87

春日井 康夫　かすがい・やすお　～昭和60年1月5日
春日井製菓社長　→83/87

春日川 和夫　かすがかわ・かずお　昭和20年12月5日～平成23年2月6日　富士銀行取締役　→09/11

香月 清司　かづき・きよし　明治14年10月6日～昭和25年1月29日　陸軍中将　→昭和

香月 保　かずき・たもつ　～昭和39年3月12日

九州朝日放送社長　→昭和

数田 孝一　かずた・こういち　～平成11年1月8日
広島県商工会連合会長　→97/99

数田 美正　かずた・よしまさ　大正5年3月10日～昭和60年4月11日　アタカ工業会長、日産建設副社長、日立造船取締役　→83/87

数野 一雄　かずの・かずお　昭和5年9月7日～平成20年12月25日　宝酒造常務　→06/08

数納 清　かずのう・きよし　明治36年3月7日～平成3年12月1日　朝日生命保険社長　→91/93

数馬 嘉平　かずま・かへい　大正15年4月4日～平成14年6月11日　数馬酒造社長、能都町(石川県)町長　→00/02

霞 勉　かすみ・つとむ　昭和8年7月18日～平成18年10月7日　共同石油常務　→06/08

春見 文勝　かすみ・ぶんしょう　明治38年12月25日～平成10年10月17日　全日本仏教会会長、臨済宗妙心寺派管長　→97/99

香積 賢尚　かすみ・よしたか　大正14年12月9日～平成2年11月16日　石油資源開発取締役　→88/90

数村 吉之助　かずむら・きちのすけ　～平成4年9月9日　福徳相互銀行(のち福徳銀行)常務　→91/93

糟谷 晃　かすや・あきら　昭和17年2月3日～平成2年2月6日　通商産業省商政策局経済協力部長　→88/90

粕谷 逸男　かすや・いつお　～昭和43年12月8日　日本鉄道建設公団海峡線調査部長　→昭和

粕谷 宇三郎　かすや・うさぶろう　昭和6年10月12日～平成7年11月12日　ダイニック常務　→94/96

糟谷 一男　かすや・かずお　明治43年9月5日～平成2年2月13日　西尾信用金庫会長、愛知県経営者協会理事、西尾商工会議所会頭　→88/90

粕谷 菊次郎　かすや・きくじろう　大正2年10月28日～平成17年6月15日　ナトコ社長　→03/05

粕谷 義三　かすや・ぎぞう　慶応2年8月15日～昭和5年5月4日　政治家　衆院議長、衆院議員(政友会)　→昭和

粕谷 茂　かすや・しげる　大正15年2月14日～平成23年10月21日　衆院議員(自民党)、北海道開発庁長官　→09/11

糟谷 静　かすや・しずか　大正9年2月9日～平成20年2月22日　丸紅建材リース専務　→06/08

糟谷 等蔵　かすや・しなぞう　大正4年8月17日～平成15年4月17日　宮城県警本部長　→03/05

粕谷 庄助　かすや・しょうすけ　大正10年1月8日～平成15年6月11日　埼玉県教育委員長　→03/05

糟谷 宗一　かすや・そういち　～昭和17年1月23日　海軍少将　→昭和

粕谷 孝　かすや・たかし　～昭和57年12月11日　明電舎常務　→80/82

糟谷 孝幸　かすや・たかゆき　昭和23年8月8日～昭和44年11月14日　新左翼活動家　→昭和

糟谷 竜海　かすや・たつみ　明治44年7月21日～平成2年7月12日　一吉証券常務　→88/90

糟谷 直吉　かすや・なおきち　～平成4年3月8日
旭町(愛知県)町長　→91/93

粕谷 直之　かすや・なおゆき　～平成3年12月10日
北海道炭礦汽船社長　→91/93

粕谷 みや子　かすや・みやこ　～平成4年4月1日
豊島区会議長　→91/93

粕谷 孝夫　かすや・よしお　明治42年12月13日～平成8年7月7日　駐タイ大使、駐ペルー大使　→94/96

粕谷 義郎　かすや・よしろう　～平成2年7月26日
京浜電波会長　→88/90

和山 幸二郎　かずやま・こうじろう　昭和3年2月20日～平成1年1月12日　和弘食品会長、和山商店社長　→88/90

数寄 初雄　かずより・はつお　大正14年5月10日～平成4年10月24日　森永乳業取締役　→91/93

葛山 健　かずらやま・たけし　大正3年2月13日～平成11年11月26日　住友共同電力会長　→00/02s

加瀬 甲子三　かせ・かねぞう　大正2年4月13日～平成7年2月27日　日本楽器製造(のちヤマハ)常務　→94/96

加瀬 完　かせ・かん　明治43年1月1日～平成7年2月28日　参院議員(社会党)　→94/96

加瀬 喜七　かせ・きしち　～平成4年11月23日
千葉県議、千葉県消防協会長　→91/93

加勢 清雄　かせ・きよお　～昭和46年11月24日
福島県知事　→昭和

加瀬 欣一　かせ・きんいち　大正3年11月26日～昭和58年12月13日　三菱倉庫相談役・元社長　→83/87

加瀬 倭武　かせ・しずたけ　～昭和13年5月26日
陸軍少将　→昭和

加瀬 俊一　かせ・しゅんいち　明治30年10月23日～昭和31年9月9日　駐西ドイツ大使　→昭和

加瀬 正蔵　かせ・しょうぞう　昭和2年12月30日～平成15年12月2日　本州四国連絡橋公団総裁　→03/05

加勢 忠雄　かせ・ただお　大正4年7月6日～昭和63年1月20日　日本電子社長　→88/90

加瀬 哲雄　かせ・てつお　昭和8年1月17日～平成11年11月6日　千葉県立中央図書館長　→97/99

加瀬 俊一　かせ・としかず　明治36年1月12日～平成16年5月21日　外交官、外交評論家　初代国連大使、京都外国語大学名誉教授、鹿島出版会会長　→03/05

加瀬 安孝　かせ・やすたか　昭和3年～平成15年6月4日
千葉興業銀行常務　→03/05

嘉瀬井 尚　かせい・ひさし　明治44年10月12日～昭和63年10月22日　岩井産業取締役　→88/90

加世田 克郎　かせだ・かつろう　昭和2年8月15日～平成6年2月8日　新日本証券常務　→94/96

紹谷 喜好　かせたに・きよし　～昭和62年7月17日
ユニオン写真製版所社長　→83/87

嘉田 隆美　かだ・たかみ　大正3年11月30日～平成14年4月7日　泉陽信用金庫理事長、貝塚商工会議所会頭　→

かたい   Ⅰ　政治・経済・社会篇

00/02

片井 史郎　かたい・しろう　明治44年3月1日〜平成8年12月18日　住友海上火災保険副社長　→94/96

片岡 彰　かたおか・あきら　〜平成15年6月17日　東洋合成工業常務　→03/05

片岡 昭　かたおか・あきら　昭和8年1月1日〜昭和63年10月23日　近江屋興業専務　→88/90

片岡 明　かたおか・あきら　大正10年7月20日〜平成9年8月14日　ヒガシマル醤油社長　→97/99

片岡 明　かたおか・あきら　昭和13年11月3日〜平成22年5月18日　ダイドーリミテッド常務　→09/11

片岡 諤郎　かたおか・うたろう　〜昭和41年8月12日　運輸調査局会長、日本通運中央業務研究所長　→昭和

片岡 修　かたおか・おさむ　大正12年10月2日〜平成12年1月6日　神戸製鋼所副社長　→00/02

片岡 秋　かたおか・おさむ　大正8年11月2日〜平成2年12月27日　駐モロッコ大使　→88/90

片岡 音吾　かたおか・おとご　明治14年2月2日〜昭和25年6月5日　野村証券初代社長　→昭和

片岡 馨　かたおか・かおる　大正12年2月15日〜昭和60年12月1日　大阪地方同盟会長、同盟近畿地方ブロック連絡会議長、関西電力労組参与　→83/87

片岡 和彦　かたおか・かずひこ　昭和4年5月15日〜平成22年3月17日　東京インキ社長　→09/11

片岡 一久　かたおか・かずひさ　〜昭和51年12月15日　宝くじ生みの親　→昭和

片岡 勝治　かたおか・かつじ　大正13年8月21日〜平成17年5月5日　参院議員（社会党）　→03/05

片岡 勝太郎　かたおか・かつたろう　大正5年3月8日〜平成17年10月23日　アルプス電気創業者　→03/05

片岡 勘二郎　かたおか・かんじろう　大正9年5月10日〜平成19年6月14日　建設省中部地方建設局長、住友建設副社長　→06/08

片岡 久兵衛　かたおか・きゅうべえ　明治35年1月30日〜昭和63年10月11日　京都銀行頭取　→88/90

片岡 清　かたおか・きよし　大正8年7月3日〜平成12年3月9日　堀場製作所副社長　→00/02

片岡 孔一　かたおか・こういち　明治33年10月25日〜昭和60年1月12日　日本信託銀行常務　→83/87

片岡 耿一　かたおか・こういち　昭和17年11月16日〜平成15年9月2日　高砂鉄工常務　→03/05

片岡 耕一郎　かたおか・こういちろう　大正3年1月9日〜昭和62年3月6日　日新電機顧問　→83/87

片岡 幸三郎　かたおか・こうざぶろう　大正11年8月15日〜平成1年10月22日　伊藤忠商事常務　→88/90

片岡 梧郎　かたおか・ごろう　明治43年7月20日〜昭和60年1月12日　葉山国際カンツリー倶楽部社長、三和代表取締役　→83/87

片岡 定彦　かたおか・さだひこ　大正14年3月13日〜平成1年6月10日　参議院法務委員会専門員　→88/90

片岡 茂　かたおか・しげる　明治45年4月25日〜平成6年6月3日　相高（のち相鉄ローゼン）社長、相模鉄道常任監査役　→94/96

片岡 重介　かたおか・じゅうすけ　明治26年3月8日〜昭和16年6月23日　農民運動家　→昭和

片岡 駿　かたおか・しゅん　明治37年6月〜昭和57年10月13日　全国有志大連合会長　→80/82

片岡 純一郎　かたおか・じゅんいちろう　大正14年2月25日〜平成3年4月24日　麒麟麦酒副社長　→91/93

片岡 昇三　かたおか・しょうぞう　明治44年9月20日〜昭和62年12月3日　片岡機械製作所会長　→83/87

片岡 正三　かたおか・しょうぞう　大正3年10月5日〜平成10年2月11日　石原産業常務　→97/99

片岡 甚松　かたおか・じんまつ　大正6年8月21日〜平成12年2月29日　越後交通社長、越山会会長　→00/02

片岡 清一　かたおか・せいいち　明治44年7月23日〜平成11年2月26日　衆院議員（自民党）、郵政相　→97/99

片岡 誠一　かたおか・せいいち　明治15年2月5日〜昭和44年11月2日　弁護士　大阪弁護士会長　→昭和

片岡 晴四郎　かたおか・せいしろう　大正9年1月24日〜平成17年10月17日　ジャパンライン社長　→03/05

片岡 銓太郎　かたおか・せんたろう　〜昭和55年1月22日　安藤電気顧問、元社長、元日本電気専務　→80/82

片岡 泰三　かたおか・たいぞう　昭和19年7月18日〜平成13年1月3日　農林水産省中国四国農政局長　→00/02

片岡 高示　かたおか・たかし　大正3年2月28日〜平成11年9月3日　三菱電機副社長　→97/99

片岡 武雄　かたおか・たけお　明治32年11月10日〜昭和62年9月11日　千代田化工建設常務　→83/87

片岡 良　かたおか・ただし　昭和7年12月11日〜平成14年3月23日　日東化学工業社長　→00/02

片岡 恒一　かたおか・つねかず　明治29年4月〜昭和27年4月7日　衆院議員（民政党）　→昭和（かたおか・こういち）

片岡 恒信　かたおか・つねのぶ　明治38年7月5日〜昭和60年2月18日　歌人　朝日生命保険常務　→83/87

片岡 董　かたおか・とう　〜昭和38年4月21日　陸軍中将　→昭和

片岡 敏夫　かたおか・としお　大正5年5月15日〜平成14年6月5日　奥村組常務　→00/02

片岡 直輝　かたおか・なおてる　安政3年7月3日〜昭和2年4月13日　実業家　大阪瓦斯社長、貴院議員（勅選）　→昭和

片岡 直温　かたおか・なおはる　安政6年9月18日〜昭和9年5月21日　実業家、政治家　蔵相、商工相、日本生命保険社長　→昭和

片岡 直方　かたおか・なおまさ　明治15年9月26日〜昭和24年3月21日　大阪ガス社長　→昭和（かたおか・なおかた）

片岡 直道　かたおか・なおみち　明治18年10月1日〜昭和28年7月7日　逓信省航空局長、NHK常務理事　→昭和

片岡 直良　かたおか・ながよし　大正12年12月15日～平成6年10月15日　丸正社長　→94/96

片岡 紀一　かたおか・のりかず　～平成12年3月20日　宮地鉄工所専務　→00/02

片岡 式輔　かたおか・のりすけ　～昭和12年6月11日　共和レザー常務取締役　→昭和

片岡 春吉　かたおか・はるきち　大正2年3月9日～昭和62年5月2日　明鋼材(株)専務取締役　→83/87

片岡 博久　かたおか・ひろひさ　～昭和59年8月29日　日東化成専務　→83/87

片岡 武修　かたおか・ぶしゅう　～昭和53年5月16日　旭化成社長　→昭和

片岡 文重　かたおか・ふみえ　明治38年9月15日～平成16年9月6日　参院議員(民社党)　→03/05

片岡 誠　かたおか・まこと　大正9年5月13日～平成5年9月14日　交通管制施設協会会長、警察庁交通局長、大阪府警本部長　→91/93

片岡 正昭　かたおか・まさあき　昭和2年～昭和55年10月6日　タキロン常務　→80/82

片岡 一九　かたおか・もとちか　昭和9年～平成4年2月9日　大和総研常務　→91/93

片岡 弓八　かたおか・ゆみはち　明治17年～昭和33年10月2日　中外金属社長　→昭和(かたおか・きゅうはち)

片岡 義雄　かたおか・よしお　～平成2年7月22日　金門製作所副社長　→88/90

片岡 好亀　かたおか・よしき　～平成8年1月28日　(福)名古屋ライトハウス理事・元会長　→94/96

片岡 義信　かたおか・よしのぶ　明治40年7月4日～昭和37年9月16日　国鉄理事　→昭和

片岡 義彦　かたおか・よしひこ　昭和16年7月23日～平成22年10月24日　三井化学専務　→09/11

片岡 吉郎　かたおか・よしろう　昭和3年8月5日～平成21年5月19日　国際電気常務　→09/11

片岡 理一郎　かたおか・りいちろう　～昭和9年10月12日　毎日舎新聞舗社長　→昭和

片小田 保　かたおだ・たもつ　昭和7年10月23日～平成23年12月27日　奥村組常務　→09/11

片折 重夫　かたおり・しげお　大正12年7月16日～平成23年8月14日　氷見市収入役、囲碁観戦記者　→09/11

片貝 光次　かたがい・みつじ　大正13年8月27日～平成16年2月18日　埼玉県議(自民党)　→03/05

片方 盛　かたがた・さかり　昭和3年9月17日～平成7年6月26日　岩手県議(新進党)、丸井石油会長　→94/96

片上 一郎　かたかみ・いちろう　大正7年2月16日～平成16年9月24日　駐イスラエル大使　→03/05

堅木 秀雄　かたぎ・ひでお　大正4年5月3日～平成5年1月12日　岡本理研ゴム(のちオカモト)取締役　→91/93

樫原 雅春　かたぎはら・まさはる　～昭和56年6月7日　文芸春秋常務取締役第1編集局長　→80/82

片桐 英吉　かたぎり・えいきち　～昭和47年8月16日　海軍中将　→昭和

片桐 栄七　かたぎり・えいしち　明治36年5月19日～平成12年2月15日　中央魚類社長　→00/02

片桐 薫　かたぎり・かおる　～昭和62年11月1日　郵政省熊本郵政監察局長　→83/87

片桐 勝昌　かたぎり・かつまさ　～昭和48年8月31日　日本計理士会会長　→昭和

片桐 周蔵　かたぎり・しゅうぞう　大正10年11月17日～平成23年8月16日　東武鉄道常務　→09/11

片桐 修三　かたぎり・しゅうぞう　～昭和60年3月15日　大和証券専務　→83/87

片桐 昭三　かたぎり・しょうぞう　昭和3年2月23日～平成4年10月14日　東京都議　→91/93

片桐 庄平　かたぎり・しょうへい　～昭和7年10月15日　朝日新聞機機関士　→昭和

片桐 士郎　かたぎり・しろう　大正10年10月10日～平成12年4月14日　新明和工業常務　→00/02

片桐 大自　かたぎり・だいじ　昭和2年～平成3年12月28日　がくと企画代表取締役　→91/93

片桐 達雄　かたぎり・たつお　大正5年10月22日～昭和62年7月13日　藤む良専務取締役、丸井今井専務取締役　→83/87

片桐 為精　かたぎり・ためよし　～平成2年11月4日　家族計画国際協力財団参与　→88/90

片桐 勤　かたぎり・つとむ　大正2年1月20日～平成10年7月23日　北野天満宮名誉宮司、神社本庁参与　→97/99

片桐 典徳　かたぎり・つねのり　明治42年9月8日～平成3年9月21日　京浜急行電鉄名誉会長　→91/93

片桐 敏夫　かたぎり・としお　大正8年5月12日～平成4年1月12日　新潟相互銀行(のち新潟中央銀行)常務　→91/93

片桐 日泉　かたぎり・にっせん　大正3年3月17日～平成9年4月20日　僧侶　誕生寺(日蓮宗)住職　→97/99

片桐 庸恵　かたぎり・のぶよし　昭和13年11月25日～平成23年8月19日　日立建機専務　→09/11

片桐 春美　かたぎり・はるみ　明治44年1月3日～平成7年2月28日　グンゼ常務　→94/96

片桐 正人　かたぎり・まさと　大正1年10月14日～平成23年3月19日　清水建設常務　→09/11

片桐 好雄　かたぎり・よしお　昭和10年8月30日～平成15年2月7日　中央魚類専務　→03/05

片桐 良雄　かたぎり・よしお　大正5年9月12日～平成14年11月6日　伊藤忠商事副社長、大蔵省財務参事官　→00/02

片桐 義礼　かたぎり・よしのり　明治38年7月19日～平成4年5月16日　日本郵船常務、氷川商事社長　→91/93

片桐 美彦　かたぎり・よしひこ　昭和22年4月3日～平成20年6月8日　日経広告副社長　→06/08

片桐 理一郎　かたぎり・りいちろう　～平成5年11月17

日　片桐社長　→91/93

片倉 明　かたくら・あきら　〜昭和2年3月9日
大阪通信局書記官監督課長　→昭和

片倉 兼太郎(2代目)　かたくら・かねたろう　文久2年12月24日〜昭和9年1月8日　実業家　片倉製糸紡績社長　→昭和(片倉 兼太郎 かたくら・けんたろう)

片倉 兼太郎(3代目)　かたくら・かねたろう　明治17年9月20日〜昭和22年1月15日　実業家　片倉製糸紡績社長　→昭和(片倉 兼太郎 かたくら・けんたろう)

片倉 健吉　かたくら・けんきち　〜昭和16年10月21日
男爵、旧奥州白石藩主　→昭和

片倉 三平　かたくら・さんぺい　〜昭和52年3月29日
日東紡社長　→昭和

片倉 孝雄　かたくら・たかお　〜平成10年3月11日
丸登製糸社長　→97/99

片倉 夷　かたくら・ただし　明治31年5月18日〜平成3年7月23日　陸軍少将　関東軍参謀　→91/93

片倉 英雄　かたくら・ひでお　〜昭和55年6月6日
東北電力取締役企画室長　→80/82

片倉 基治　かたくら・もとはる　大正8年6月1日〜平成2年9月15日　片倉興産社長、日本機械工業監査役　→88/90

片倉 亮平　かたくら・りょうへい　〜昭和57年4月20日
日東紡績副社長　→80/82

片子沢 千代松　かたこざわ・ちよまつ　明治43年3月13日〜平成3年　キリスト教史学会理事　→91/93

片境 清見　かたさかい・せいけん　〜昭和60年10月23日
丸高木材取締役会長　→83/87

片島 港　かたしま・みなと　明治43年4月9日〜平成8年8月1日　衆院議員(社会党)　→94/96

形田 粂次　かただ・くめじ　明治40年11月10日〜平成8年2月4日　住倉工業常務　→94/96

片田 正治　かただ・しょうじ　大正3年11月7日〜平成20年12月17日　三菱油化専務　→06/08

片田 中　かただ・ただし　昭和3年9月11日〜昭和62年4月7日　播磨耐火煉瓦常務　→83/87

堅田 守正　かただ・もりまさ　明治37年1月1日〜昭和48年6月7日　高知新聞社会長　→昭和(かただ・もりまさ)

片田 良穂　かただ・よしほ　大正15年9月1日〜平成2年4月17日　白浜町(和歌山県)町長　→88/90

片野 饗一　かたの・きょういち　大正4年11月16日〜平成14年2月14日　秋田あけぼの銀行頭取　→00/02

片野 憲章　かたの・けんしょう　昭和58年9月27日
真宗大谷派審問院長　→83/87

片野 三郎　かたの・さぶろう　大正7年1月20日〜平成12年3月15日　清水町(北海道)町会議長、全国町村議会議長会会長　→00/02

片野 蔦家　かたの・りついえ　大正5年10月31日〜平成3年2月17日　大面商会社長　→91/93

方波見 辰雄　かたばみ・たつお　〜昭和61年4月11日
カタバミプロダクション社長　→83/87

帷子 康三　かたびら・こうぞう　〜昭和49年8月4日
テレビ岩手社長　→昭和

片平 二郎　かたひら・じろう　〜昭和55年6月1日
全国オブラート協会会長　→80/82

片平 信貴　かたひら・のぶたか　大正2年9月13日〜平成1年7月3日　日本道路公団理事　→88/90

片平 与惣次　かたひら・よそうじ　明治22年1月12日〜昭和62年4月28日　京浜発条会長　→83/87(かたひら・よそおじ)

片町 繁視　かたまち・しげみ　明治30年〜昭和48年
星野屋店主　→昭和

片谷 とめ　かたや・とめ　〜平成20年3月16日
割烹浜丁経営　→06/08

片柳 伸一　かたやなぎ・しんいち　〜昭和62年7月19日
スガ試験機常務　→83/87

片柳 真吉　かたやなぎ・しんきち　明治38年3月25日〜昭和63年6月8日　(財)日本農業研究所理事長、農林中央金庫理事長、参院議員　→88/90

片柳 英司　かたやなぎ・ひでじ　昭和3年3月10日〜平成11年11月30日　長崎国際テレビ社長、読売新聞常務　→97/99

片柳 益二郎　かたやなぎ・ますじろう　大正6年7月27日〜平成13年1月20日　環境管理センター社長、佐藤製薬常務　→00/02

片山 彬　かたやま・あきら　大正12年11月20日〜平成17年3月10日　東亜建設工業常務　→03/05

片山 有樹　かたやま・ありき　〜昭和60年12月22日
海軍技術少将　→83/87

片山 石郎　かたやま・いしろう　大正9年9月30日〜平成17年11月2日　特許庁長官、中小企業信用保険公庫総裁　→03/05

片山 一郎　かたやま・いちろう　明治40年3月20日〜昭和62年9月1日　近江屋興業名誉顧問、元社長　→83/87

片山 一郎　かたやま・いちろう　大正4年11月18日〜平成15年2月7日　竹中工務店常務　→03/05

片山 一郎　かたやま・いちろう　大正8年7月16日〜平成23年12月30日　ユニオンツール創業者　→09/11

片山 英一　かたやま・えいいち　大正6年5月6日〜平成9年5月3日　光陽社社長　→97/99

片山 英太郎　かたやま・えいたろう　明治37年3月21日〜平成6年2月23日　軽金属製錬会(のち日本アルミニウム連盟)専務理事　→94/96

片山 薫　かたやま・かおる　昭和7年1月18日〜平成21年10月17日　トクヤマ専務　→09/11

片山 一男　かたやま・かずお　明治25年3月7日〜昭和28年12月27日　丸善石油社長、衆院議員　→昭和

片山 和雄　かたやま・かずお　大正9年3月3日〜平成17年10月17日　北越創業者　→03/05

片山 和彦　かたやま・かずひこ　大正9年4月6日〜平成6年3月8日　陸将　陸上自衛隊業務学校長　→94/96

Ⅰ 政治・経済・社会篇　　　　　　　　　　　　　　　　　　　　　　　　かたやま

片山 活三　かたやま・かつぞう　明治32年9月14日～平成3年4月26日　日本コムシス会長　→91/93

片山 喜三郎　かたやま・きさぶろう　慶応3年11月～昭和7年1月4日　実業家　摂陽土地商事社長　→昭和

片山 都彦　かたやま・くにひこ　大正15年5月12日～昭和63年3月2日　十条セントラル社長,十条製紙常務　→88/90

片山 源治　かたやま・げんじ　昭和4年1月12日～平成14年8月15日　上ളD運送社長,阿南商工会議所会頭　→00/02

片山 憲允　かたやま・けんすけ　大正8年2月6日～平成3年4月28日　川崎汽船専務　→91/93

片山 謙之助　かたやま・けんのすけ　昭和1年12月31日～平成5年6月24日　太陽神戸三井銀行副頭取　→91/93

片山 亨二　かたやま・こうじ　明治45年3月23日～平成5年3月18日　神栄専務　→91/93

片山 栄　かたやま・さかえ　大正13年5月13日～平成22年9月14日　片山電気商会社長,北海道商工会連合会会長　→09/11

片山 繁男　かたやま・しげお　明治38年2月4日～昭和56年8月24日　弁護士　日本弁護士連合会理事　→80/82

片山 繁雄　かたやま・しげお　～昭和33年1月17日　三井信託副社長　→昭和

片山 茂樹　かたやま・しげき　昭和5年8月25日～平成1年6月19日　福山運送社長　→88/90

片山 茂　かたやま・しげる　大正15年1月10日～平成5年2月25日　ユニバーサル証券常務　→91/93

片山 閑人　かたやま・しずと　大正10年12月10日～平成3年9月4日　(医)社団吉美会吉備高原ルミエール病院常務理事,三井製糖常務　→91/93

片山 醇之助　かたやま・じゅんのすけ　～平成12年3月　駐リベリア大使　→00/02

片山 省太郎　かたやま・しょうたろう　～昭和57年1月18日　陸軍中将　→80/82

片山 真五郎　かたやま・しんごろう　～昭和31年3月1日　太平洋炭鉱会長　→昭和

片山 進　かたやま・すすむ　大正12年11月2日～平成22年5月7日　岡山県商店街振興組合連合会理事長　→09/11

片山 純男　かたやま・すみお　昭和5年3月7日～平成10年10月10日　雪印乳業会長　→97/99

片山 静治　かたやま・せいじ　大正4年9月29日～平成4年11月24日　グンゼ専務　→91/93

片山 潜　かたやま・せん　安政6年12月3日～昭和8年11月5日　社会運動家,国際共産主義運動指導者　→昭和

片山 隆之　かたやま・たかゆき　明治41年10月18日～平成3年2月15日　片山組会長　→91/93

片山 隆吉　かたやま・たかよし　大正2年10月6日～昭和61年1月30日　京王プラザホテル常任監査役　→83/87

片山 忠次郎　かたやま・ちゅうじろう　～昭和57年2月26日　弁護士　日本川柳協会理事長　→80/82

片山 次富　かたやま・つぎよし　大正3年8月～平成4年11月24日　富士製粉社長　→91/93

片山 哲　かたやま・てつ　明治20年7月28日～昭和53年5月30日　政治家,社会運動家,弁護士　首相,日本社会党委員長,民社党最高顧問　→昭和

片山 照夫　かたやま・てるお　～昭和55年5月17日　マルマン最高顧問　→80/82

片山 亨　かたやま・とおる　大正4年10月20日～平成14年2月3日　山陽新聞事業局顧問　→00/02

片山 知又　かたやま・ともまた　～昭和56年1月19日　十條製紙相談役・元会長　→80/82

片山 直市　かたやま・なおいち　明治43年1月1日～昭和63年11月5日　三菱レイヨン監査役　→88/90

片山 直梢　かたやま・なおすえ　～昭和55年4月14日　松尾橋梁常任顧問・元専務　→80/82

片山 日幹　かたやま・にっかん　～平成9年5月26日　僧侶　日蓮宗大本山富士山本門寺47世貫首　→97/99

片山 仁八郎　かたやま・にはちろう　大正5年3月31日～平成9年3月14日　三菱電機社長　→97/99

片山 昇　かたやま・のぼる　昭和3年9月10日～平成16年3月5日　トヨタ自動車専務,東京トヨペット会長　→03/05

片山 元　かたやま・はじめ　大正8年3月28日～昭和62年6月4日　小林演劇かつら社長　→83/87

片山 ハルヱ　かたやま・はるえ　明治34年～昭和57年3月20日　(福)大洋社理事長　→80/82 (片山 ハルエ)

片山 晴夫　かたやま・はるお　大正12年～平成3年10月28日　日商岩井取締役名古屋支店長　→91/93

片山 範次　かたやま・はんじ　明治41年8月13日～平成4年12月26日　興亜石油常務　→91/93

片山 恒　かたやま・ひさし　～平成11年6月27日　神戸地検尼崎支部長　→97/99

片山 日出男　かたやま・ひでお　～昭和22年10月23日　海軍大尉　→昭和

片山 英木　かたやま・ひでき　昭和27年～平成23年7月28日　公認会計士　みすず監査法人理事長,青山学院大学教授　→09/11

片山 宏　かたやま・ひろし　～昭和01年11月8日　片山商店代表　→83/87

片山 宏　かたやま・ひろし　大正14年1月3日～平成19年9月4日　トヨタカローラ宮城社長　→06/08

片山 富士　かたやま・ふじ　～平成2年4月9日　三友産業監査役　→88/90

片山 誠　かたやま・まこと　～平成3年2月28日　川崎汽船常務　→91/93

片山 正昭　かたやま・まさあき　昭和19年4月26日～平成15年8月24日　アシックス常務　→03/05

片山 正純　かたやま・まさずみ　昭和21年10月27日～平成16年8月13日　長崎県議(自民党)　→03/05

片山 正英　かたやま・まさひで　大正3年2月17日～平成17年3月22日　参院議員(自民党),日本林業協会名誉会長　→03/05

片山 真澄　かたやま・ますみ　大正13年7月17日～平成14年7月26日　グンゼ常務　→00/02
片山 又吉　かたやま・またきち　～平成7年7月11日　オーケー食品工業会長　→94/96
片山 睦三　かたやま・むつぞう　大正4年11月27日～平成8年12月25日　釧路新聞会長　→94/96
片山 やす　かたやま・やす　明治32年2月28日～昭和63年2月15日　社会運動家　ソ日友好協会副理事長　→88/90
片山 寛　かたやま・ゆたか　大正10年2月20日～平成11年1月26日　日本石油化学社長　→97/99
片山 豊　かたやま・ゆたか　大正9年1月6日～平成9年3月18日　マルマン社長　→97/99
片山 善朗　かたやま・よしあき　昭和23年2月23日～平成21年4月4日　三菱商事常務　→09/11
片山 義雄　かたやま・よしお　大正7年9月10日～昭和16年12月9日　海軍兵曹長　→昭和
片山 義雄　かたやま・よしお　明治37年11月16日～平成1年6月7日　弁護士　日本弁護士連合会理事　→88/90
片山 義紹　かたやま・よしつぐ　大正10年9月20日～平成6年7月9日　アスカ会長,愛知県金属プレス工業会会長　→94/96
片山 力夫　かたやま・りきお　大正14年2月23日～平成4年4月26日　相生市長　→91/93
片山 隆太郎　かたやま・りゅうたろう　昭和4年10月10日～平成15年8月25日　日清製粉常務　→03/05
片山 竜二　かたやま・りょうじ　明治37年1月21日～平成5年8月10日　東京産業社長　→91/93
片寄 伴之助　かたより・ばんのすけ　～昭和16年2月25日　弁護士　→昭和
加地 巌　かち・いわお　明治44年9月9日～平成3年10月6日　帝国インキ相談役,産経新聞社専務　→91/93
加地 幸一　かち・こういち　明治36年2月22日～昭和63年2月6日　日本心臓財団理事,加地貿易社長　→88/90
加地 隆　かち・たかし　大正6年10月16日～平成8年2月5日　金陽社社長　→94/96
加知 貞一　かち・ていいち　明治11年10月1日～昭和6年1月5日　実業家　→昭和
加地 正幹　かち・まさみき　昭和5年6月14日～平成4年11月27日　日立精機常務　→91/93
華頂 博信　かちょう・ひろのぶ　～昭和45年10月22日　侯爵,海軍大佐　→昭和(かちょう・はくしん)
勝 精　かつ・きよし　～昭和7年7月11日　伯爵,浅野セメント監査役　→昭和
勝 修三　かつ・しゅうぞう　～昭和60年5月18日　佐々木硝子常務　→83/87
勝 忠男　かつ・ただお　～平成18年7月17日　松竹芸能創業者　→06/08
勝 正憲　かつ・まさのり　明治12年5月21日～昭和32年11月11日　通信相,衆院議員(日本進歩党)　→昭和

勝 弓夫　かつ・ゆみお　～平成2年10月11日　中部テレコミュニケーション取締役　→88/90
勝井 節二　かつい・せつじ　～昭和61年9月18日　呉羽化学工業取締役　→83/87
勝浦 徹　かつうら・とおる　～平成18年9月7日　徳島県議　→06/08
勝尾 鐐三　かつお・りょうぞう　大正3年6月12日～平成7年11月22日　弁護士　広島高検検事長　→94/96
勝方 忠　かつかた・ただし　昭和14年7月19日～平成17年5月24日　両丹日日新聞社長　→03/05
勝川 直則　かつかわ・なおのり　昭和9年7月16日～平成23年9月10日　徳島県理事　→09/11
勝木 菊太郎　かつき・きくたろう　大正9年2月5日～平成4年7月9日　石川県議(自民党)　→91/93
香月 熊雄　かつき・くまお　大正5年1月25日～平成7年6月18日　佐賀県知事　→94/96
香月 桂太郎　かつき・けいたろう　明治43年3月28日～平成16年11月22日　三国コカ・コーラボトリング社長　→03/05
勝木 昇　かつき・のぼる　明治35年8月6日～昭和61年6月16日　勝木石油会長　→83/87
香月 陸生　かつき・むつお　～昭和61年7月27日　日コン販売社長,関東コンクリートパイル協同組合理事長　→83/87
香月 義人　かつき・よしと　大正4年8月1日～平成3年8月1日　佐賀銀行会長,佐賀県商工会議所会頭　→91/93
勝倉 喜一郎　かつくら・きいちろう　大正9年～平成1年8月30日　勝倉精機社長　→88/90
葛西 康男　かっさい・やすお　昭和4年11月22日～昭和61年2月22日　チトセ社長　→83/87
勝沢 芳雄　かつざわ・よしお　大正10年2月1日～平成10年11月4日　衆院議員(社会党)　→97/99
勝島 俊夫　かつしま・としお　大正2年3月15日～昭和56年10月5日　富士機械製造専務　→80/82
勝田 永吉　かつた・えいきち　明治21年11月～昭和21年4月13日　政治家　衆院副議長　→昭和
勝田 和男　かつた・かずお　大正8年7月31日～平成4年8月10日　住友重機械工業専務　→91/93
勝田 清孝　かつた・きよたか　昭和23年8月29日～平成12年11月30日　消防士長　広域113号事件(勝田清孝事件)の犯人　→00/02
勝田 銀次郎　かつた・ぎんじろう　明治6年10月1日～昭和27年4月24日　神戸市長,勝田汽船創業者　→昭和
勝田 重太朗　かつだ・じゅうたろう　明治20年4月15日～昭和42年11月16日　産経新聞社長,信越放送社長　→昭和(かつた・じゅうたろう)
勝田 昭児　かつた・しょうじ　昭和2年10月18日～平成1年1月25日　皇宮警察本部護衛部長　→88/90
勝田 信　かつた・しん　明治21年8月29日～平成1年9月16日　鹿児島銀行頭取,鹿児島商工会議所会頭　→88/90

I 政治・経済・社会篇

勝田 成治　かつた・せいじ　〜昭和55年5月1日
法務省中央更生保護審査会委員長　→80/82

勝田 竹千代　かつた・たけちよ　〜昭和62年11月9日
グラフテック取締役　→83/87

勝田 俊男　かつだ・としお　大正10年7月30日〜平成11年1月4日　警察庁関東管区警察局長,兵庫県警本部長,秋田県警本部長　→97/99

勝田 友三郎　かつた・ともさぶろう　〜昭和45年11月8日　千葉県議　→昭和

勝田 久　かつた・ひさし　大正12年12月2日〜昭和59年2月25日　鈴鹿塗料社長　→83/87

勝田 日出夫　かつた・ひでお　大正8年4月14日〜平成9年3月12日　国際電気常務　→97/99

勝田 義明　かつた・よしあき　大正7年2月6日〜平成2年8月26日　住友電気工業副社長　→88/90

勝田 義一　かつだ・よしかず　明治43年8月17日〜平成1年2月20日　(株)勝田製作所会長　→88/90

カッツ,カズエ・ナガイ　〜平成12年5月31日
駐留米兵と最初に結婚した日本人女性　→00/02

甲藤 義信　かっとう・よしのぶ　大正6年1月15日〜平成21年10月20日　土佐くろしお鉄道社長　→09/11

勝沼 辰之助　かつぬま・たつのすけ　〜昭和60年10月20日　広島神社(北海道広島町)宮司,島松神社(北海道恵庭市)宮司　→83/87

勝野 悦治　かつの・えつじ　大正5年11月11日〜平成8年3月22日　INAX常務　→94/96

勝野 勝美　かつの・かつみ　〜昭和55年3月18日
名古屋国税局査察課長　→80/82

勝野 祐夫　かつの・さちお　昭和6年1月2日〜平成7年1月3日　永楽開発社長,中部電力取締役　→94/96

勝野 晴雄　かつの・はるお　昭和2年8月20日〜平成2年1月27日　住宅ローンサービス常務　→88/90

勝野 政久　かつの・まさひさ　〜平成14年8月4日
世界救世教副学長,いづのめ教団相談役　→00/02

勝野 正之　かつの・まさゆき　〜昭和63年10月25日
陸軍少将　→88/90

勝野 康助　かつの・やすすけ　明治39年8月16日〜昭和60年7月5日　駐ポルトガル大使　→83/87

勝野 芳明　かつの・よしあき　昭和4年5月10日〜平成10年11月26日　福岡県議(農政連)　→97/99

勝場 昭文　かつば・あきふみ　〜平成8年6月11日
日本運搬機械社長　→94/96

勝平 宗徹　かつひら・そうてつ　大正11年〜昭和58年11月18日　僧侶　臨済宗南禅寺派管長　→83/87

勝部 郁男　かつべ・いくお　大正14年3月21日〜平成7年4月10日　テクノ大手社長,三菱金属(のち三菱マテリアル)取締役　→94/96

勝部 欣一　かつべ・きんいち　大正14年3月5日〜平成15年1月3日　日本生活協同組合連合会副会長　→03/05

勝部 重右衛門　かつべ・じゅうえもん　明治39年3月5日〜平成7年4月1日　椿本興業専務,椿本チエイン専務　→94/96

勝部 敏雄　かつべ・としお　大正11年3月9日〜平成19年2月1日　斐川町(島根県)町長　→06/08

勝部 兵助　かつべ・ひょうすけ　明治23年〜昭和51年2月1日　帝国燃料興業総裁　→昭和

勝部 満　かつべ・みつる　大正15年2月15日〜平成4年3月29日　滋賀県議,滋賀県農協中央会会長　→91/93

勝部 雄治　かつべ・ゆうじ　昭和8年5月19日〜平成4年11月24日　井筒屋常務　→91/93

勝部 良吉　かつべ・りょうきち　明治41年12月11日〜平成8年11月23日　弁護士　日弁連副会長　→94/96

羯磨 博　かつま・ひろし　〜昭和57年8月28日
かつま鋼管社長　→80/82

勝間 正次　かつま・まさつぐ　大正11年9月14日〜昭和58年12月22日　光洋精工常務・国分工場長　→83/87

勝又 一郎　かつまた・いちろう　大正14年12月6日〜平成8年4月9日　新潟県議　→94/96

勝俣 英　かつまた・えい　〜昭和57年3月28日
三菱石炭鉱業顧問,元三菱鉱業常務　→80/82

勝俣 勘太郎　かつまた・かんたろう　明治44年12月17日〜昭和57年11月28日　勝俣組社長,箱根町議会議長,相模サンケイ新聞社友の会相談役　→80/82

勝又 茂幸　かつまた・しげゆき　大正12年6月4日〜平成3年5月10日　実業之日本事業社出版部代表取締役・編集局長　→91/93

勝俣 重吉　かつまた・しげよし　大正9年9月17日〜平成6年3月3日　大興電機製作所常務　→94/96

勝又 茂　かつまた・しげる　〜昭和56年10月22日
東測コーエー社長,東京測範取締役精機本部長　→80/82

勝又 春一　かつまた・しゅんいち　〜昭和39年12月24日
静岡県御殿場市長　→昭和

勝又 俊教　かつまた・しゅんきょう　明治42年4月22日〜平成6年2月18日　僧侶　大正大学名誉教授,真言宗豊山派宗管長　→94/96

勝又 譲　かつまた・じょう　〜昭和57年7月15日
愛知県森林公園協会理事長,前同県農地林務部長　→80/82

勝間田 清一　かつまた・せいいち　明治41年2月11日〜平成1年12月14日　衆院副議長,日本社会党委員長　→88/90

勝間田 善作　かつまた・ぜんさく　〜昭和15年4月3日
海南島開発者　→昭和

勝又 干城　かつまた・たてき　〜昭和28年6月12日
沼津市長　→昭和

勝俣 利夫　かつまた・としお　大正5年8月25日〜平成2年9月11日　東京地裁所長　→88/90

勝亦 敏和　かつまた・としかず　〜平成22年12月28日
東富士演習場地域農民再建連盟副委員長　→09/11

勝亦 俊之　かつまた・としゆき　昭和18年2月16日〜昭和57年5月16日　勝亦電機製作所社長, 東京青年会議所理事長　→80/82

勝又 豊次郎　かつまた・とよじろう　大正5年8月1日〜平成5年4月3日　千葉トヨペット会長　→91/93

勝俣 拡　かつまた・ひろむ　明治43年6月25日〜平成4年12月21日　東急ストア副社長　→91/93

勝又 基夫　かつまた・もとお　昭和18年12月18日〜平成21年12月20日　千葉トヨペット社長, 千葉県経済同友会代表幹事　→09/11

勝又 康雄　かつまた・やすお　大正10年〜平成17年7月22日　ノーブルパール社長, 金春通り会名誉会長　東京・銀座で"銀座の柳"復活に取り組む　→06/08s

勝見 嘉美　かつみ・よしみ　大正11年9月29日〜平成17年6月15日　名古屋高裁長官, 公害等調整委員会委員長　→03/05

勝村 幾之介　かつむら・いくのすけ　大正10年7月16日〜平成4年5月23日　勝村建設会長　→91/93

勝村 龍雄　かつむら・たつお　大正1年9月9日〜平成14年11月24日　大阪曹達(のちダイソー)社長, 日東化成社長　→00/02

勝村 肇　かつむら・はじめ　大正10年2月28日〜昭和62年1月8日　勝村建設副社長, 日本水泳連盟副会長　→83/87

勝村 坦郎　かつむら・やすお　大正6年12月10日〜平成9年5月17日　海外経済協力基金副総裁　→97/99

勝目 清　かつめ・きよし　〜昭和46年7月11日　鹿児島市長　→昭和

勝目 テル　かつめ・てる　明治27年7月6日〜昭和59年10月3日　婦人運動家, 消費組合運動家　新日本婦人の会代表委員　→83/87

勝目 康平　かつめ・やすひら　〜昭和58年11月28日　日本ドライブイット取締役技術開発部長　→83/87

勝本 信之助　かつもと・しんのすけ　明治45年6月17日〜昭和62年12月2日　日本合成ゴム会長, 日経連常任理事　→83/87

勝本 忠兵衛　かつもと・ちゅうべえ　〜昭和9年6月9日　実業家　→昭和

勝元 元　かつもと・はじめ　明治43年9月4日〜平成5年1月16日　熊谷組常務　→91/93

勝本 秀男　かつもと・ひでお　〜平成14年6月22日　日本酒類販売常務　→00/02

勝本 正晃　かつもと・まさあきら　明治28年5月5日〜平成5年4月17日　弁護士　東北大学名誉教授　→91/93

勝矢 一成　かつや・かずなり　昭和10年8月17日〜平成19年5月15日　カーツ会長　→06/08

勝谷 勝弘　かつや・かつひろ　〜平成12年6月30日　広島県議(公明党)　→00/02

勝屋 太郎　かつや・たろう　昭和2年4月20日〜平成11年9月14日　空将　日本アビオニクス取締役　→97/99

勝谷 時雄　かつや・ときお　大正7年1月3日〜昭和58年9月22日　日網石油精製社長, 東亜燃料取締役　→83/87

勝谷 芳良　かつや・よしなが　大正7年3月31日〜平成5年2月8日　不二製油専務　→91/93

勝山 恭三　かつやま・きょうぞう　昭和8年〜平成18年2月3日　ロート製薬常務　→06/08

勝山 健吉　かつやま・けんきち　明治43年5月1日〜平成12年3月24日　東宝不動産社長, スバル興業会長　→00/02

勝山 皐太郎　かつやま・こうたろう　〜昭和58年1月17日　安田火災海上保険全国専属代理店会会長, 東京損害保険代理業協会顧問　→83/87

勝山 佐吉　かつやま・さきち　〜昭和61年2月12日　(株)大成互助センター会長, 元全日本葬祭業共同組合副会長　→83/87

勝山 内匠　かつやま・たくみ　明治27年8月6日〜平成2年10月4日　弁護士　宮崎地裁検事正　→88/90

勝山 豊　かつやま・ゆたか　明治41年9月20日〜平成7年1月17日　青木建設副社長　→94/96

勝吉 不二夫　かつよし・ふじお　大正12年6月30日〜昭和56年4月27日　宮崎県議会議員　→80/82

桂 彰彦　かつら・あきひこ　昭和11年10月5日〜平成20年1月16日　富士銀行専務, 千葉興業銀行副頭取　→06/08

桂 一夫　かつら・かずお　大正11年11月10日〜平成1年5月26日　日本電池常務　→88/90

桂 寛一郎　かつら・かんいちろう　明治40年4月8日〜昭和59年12月1日　日本鋼管専務, 東伸製鋼副社長　→83/87

桂 広太郎　かつら・こうたろう　明治41年1月17日〜平成14年1月21日　公爵　貴院議員, 桂化学社長　→00/02

桂 紹円　かつら・しょうえん　〜昭和59年9月18日　臨済宗永源寺派華厳寺8代目住職　→83/87

桂 潜太郎　かつら・せんたろう　安政1年12月9日〜昭和3年11月21日　宮中顧問官　→昭和

桂 皐　かつら・たかし　〜昭和59年2月12日　中労委会長代理, 民社党神奈川県連会長　→83/87

桂 赳夫　かつら・たけお　〜昭和61年2月16日　日立物流社長　→83/87

桂 長一　かつら・ちょういち　明治43年5月28日〜昭和25年2月6日　農民運動家　→昭和

桂 力　かつら・つとむ　大正5年8月11日〜昭和58年4月22日　東海テレビ放送参与　→83/87

桂 敏夫　かつら・としお　〜昭和59年1月2日　日本文具検査協会顧問　→83/87

桂 正昭　かつら・まさあき　大正8年3月31日〜平成1年11月6日　名古屋地検検事正　→88/90

桂 弥一　かつら・やいち　〜昭和14年6月17日　志士　→昭和

桂 康　かつら・やすし　〜昭和57年9月23日　太平工業取締役　→80/82

桂 芳雄　かつら・よしお　明治37年6月27日〜昭和60年3

月23日　新明和工業副社長　→83/87

桂 頼三　かつら・らいぞう　明治8年10月4日〜昭和3年6月30日　海軍中佐　→昭和

桂川 喜知良　かつらがわ・きちりょう　大正9年1月27日〜平成2年10月5日　報知新聞常務　→88/90

桂木 鉄夫　かつらぎ・てつお　大正9年10月29日〜平成13年7月9日　衆院議員(自民党)、滋賀県副知事　→00/02

桂木 睦夫　かつらぎ・むつお　昭和7年3月19日〜平成13年3月14日　五洋建設専務　→00/02

桂田 光喜　かつらだ・てるよし　昭和8年3月27日〜平成19年1月30日　電通副社長　→06/08

桂田 正義　かつらだ・まさよし　大正12年1月26日〜平成13年1月15日　京成電鉄専務、ユアエルム京成社長　→00/02

葛山 誠一郎　かつらやま・せいいちろう　〜昭和57年3月28日　ラジオプレス理事　→80/82

角 五郎　かど・ごろう　大正11年8月26日〜平成2年7月24日　北海道文化放送会長　→88/90

門 駿爾　かど・しゅんじ　昭和5年1月15日〜平成21年5月4日　警察庁中部管区警察局長　→09/11

嘉戸 勝　かど・まさる　大正12年1月21日〜平成10年8月24日　クミアイ化学工業常務　→97/99

角 光雄　かど・みつお　昭和6年5月29日〜平成22年10月24日　白山市長　→09/11

鹿渡 実　かど・みのる　〜昭和60年12月23日　ワールド企画社代表取締役　→83/87

門 頼雄　かど・よりお　〜昭和60年6月10日　三菱電機監査役　→83/87

角井 信雄　かどい・のぶお　大正12年12月14日〜平成19年6月27日　丸全昭和運輸専務　→06/08

門井 秀夫　かどい・ひでお　大正5年1月5日〜昭和60年4月30日　日立マクセル顧問・元専務　→83/87

加藤 昭夫　かとう・あきお　昭和4年12月8日〜平成13年12月28日　名古屋市議(無所属)　→00/02

加藤 明定　かとう・あきさだ　〜平成19年5月15日　加藤ラーメン会長　→06/08

加藤 明雅　かとう・あきまさ　昭和3年〜昭和59年2月1日　丸善石油常務、三和銀行取締役　→83/87

加藤 晃　かとう・あきら　明治29年5月25日〜昭和63年5月10日　弁護士　第二東京弁護士会会長、関東弁護士会連合会理事長　→88/90

加藤 晃　かとう・あきら　大正11年1月30日〜平成11年1月7日　松竹常務　→97/99

加藤 晃　かとう・あきら　昭和13年5月9日〜平成21年6月19日　進和社長　→09/11

加藤 昭　かとう・あきら　昭和3年11月13日〜平成16年4月　建築知識会長　→03/05

加藤 昭　かとう・あきら　昭和4年2月6日〜平成19年8月1日　東京産業常務　→06/08

加藤 朗　かとう・あきら　〜平成12年4月23日　ノリタケカンパニーリミテド取締役　→00/02

加藤 晃　かとう・あきら　嘉永7年2月24日〜昭和13年9月20日　和歌山市長、紀陽銀行頭取　→昭和

加藤 朝雄　かとう・あさお　〜昭和46年7月18日　三井東圧化学取締役　→昭和

加藤 朝雄　かとう・あさお　大正13年7月10日〜平成5年6月4日　王将フードサービス社長　→91/93

加藤 篤男　かとう・あつお　大正13年7月22日〜平成20年1月12日　宮崎県議(自民党)　→06/08

加藤 優　かとう・あつし　大正13年6月3日〜昭和57年3月9日　中日本道路サービス社長、阪神高速道路公団理事　→80/82

加藤 勲　かとう・いさお　大正10年2月26日〜平成19年6月12日　大成会長　→06/08

加藤 勇　かとう・いさみ　〜昭和55年10月12日　豊頃町(北海道)議会議員　→80/82

加藤 勇　かとう・いさむ　大正62年6月26日　宮城県燃料商組合連合会長　→83/87

加藤 石則　かとう・いしのり　昭和8年6月10日〜平成22年9月10日　弁護士　→09/11

加藤 一夫　かとう・いちお　明治44年12月8日〜平成2年4月2日　光文社取締役出版局長　→88/90

加藤 市蔵　かとう・いちぞう　明治39年6月16日〜平成7年10月12日　西武信用金庫理事名誉会長、福生町長　→94/96

加藤 一太郎　かとう・いちたろう　明治37年3月22日〜平成5年7月28日　平塚市長　→91/93

加藤 一郎　かとう・いちろう　大正15年4月21日〜昭和56年6月30日　カネボウ合繊テキスタイル常務　→80/82

加藤 一郎　かとう・いちろう　大正1年11月13日〜平成5年8月1日　東急車両製造副社長、日本国有鉄道(のちJR)常務理事　→91/93

加藤 一郎　かとう・いちろう　大正4年3月30日〜平成14年9月15日　京王百貨店副社長　→00/02

加藤 五利　かとう・いつとし　〜平成10年8月31日　丸五製陶所社長　→97/99

加藤 伊之吉　かとう・いのきち　明治33年7月11日〜平成3年11月16日　加藤スプリング製作所社長　→91/93

加藤 今一郎　かとう・いまいちろう　明治12年1月6日〜昭和28年11月　社会運動家　→昭和

加藤 日　かとう・いわく　大正11年9月6日〜平成16年1月20日　三井鉱山副社長　→03/05

加藤 卯七　かとう・うしち　明治36年9月11日〜昭和58年2月27日　加藤機械製作所会長　→83/87

加藤 宇兵衛　かとう・うへえ　文久1年12月28日〜昭和4年8月22日　衆院議員、貴院議員(多額納税)　→昭和

加藤 栄一　かとう・えいいち　大正8年8月1日〜平成8年1月16日　袋井市農協組合長、静岡県経済農協連合会会長　→94/96

加藤 英一　かとう・えいいち　〜平成2年8月4日

ニシキエンジニアリング社長　→88/90

加藤 栄一郎　かとう・えいいちろう　～昭和13年10月27日　台銀常務監査役　→昭和

加藤 英治　かとう・えいじ　昭和6年9月9日～平成10年9月13日　岡藤商事会長　→97/99

加藤 栄之丞　かとう・えいのじょう　～昭和62年4月12日　古川市文化財保護委員会委員長,古川市議　→83/87

加藤 閲男　かとう・えつお　明治33年9月5日～昭和50年12月5日　労働運動家,政治家　国労初代委員長,参院議員(民社党)　→昭和

加藤 恵美子　かとう・えみこ　～平成22年2月3日　ガールスカウト日本連盟顧問　→09/11

加藤 脩　かとう・おさむ　～平成4年6月3日　西日本新聞社監査役　→91/93

加藤 乙三郎　かとう・おとさぶろう　明治37年7月10日～昭和62年9月17日　中部電力相談役　→83/87

加藤 於菟丸　かとう・おとまる　明治29年7月19日～昭和58年8月11日　宮城県知事　→83/87

加藤 会元　かとう・かいげん　～昭和57年7月30日　臨済宗妙心寺派恵林寺前貫主　→80/82

加藤 戒三　かとう・かいぞう　明治29年3月15日～昭和62年10月23日　東日本重工業(のち三菱重工業)常務　→83/87

加藤 嘉一　かとう・かいち　昭和8年4月18日～平成12年6月28日　積水ハウス専務　→00/02

加藤 薫　かとう・かおる　昭和4年12月19日～平成3年12月6日　カナデン常務　→91/93

加藤 一衛　かとう・かずえ　～昭和44年12月8日　大成建設社長　→昭和

加藤 一男　かとう・かずお　～昭和62年4月26日　加藤造園代表　→83/87

加藤 一男　かとう・かずお　昭和2年10月28日～平成9年3月21日　加藤メタリコン工業社長　→97/99

加藤 和敏　かとう・かずとし　～平成10年8月31日　中日興業社長,新進社長　→97/99

加藤 和根　かとう・かずね　～昭和44年7月20日　大和証券会長　→昭和

加藤 一昶　かとう・かずのぶ　昭和9年5月12日～平成15年11月12日　弁護士　神奈川大学法学部教授　→03/05

加藤 和紀　かとう・かずのり　昭和10年2月11日～平成9年3月24日　千葉県連合読売会最高顧問,千葉県日会会長　→97/99

加藤 一保　かとう・かずやす　昭和7年4月10日～昭和63年8月14日　東京トヨペット常務取締役　→88/90

加藤 和之　かとう・かずゆき　明治38年12月17日～平成1年1月30日　神奈川電気常務　→88/90

加藤 一芳　かとう・かずよし　大正11年3月28日～昭和62年7月29日　弁護士　不二愛育園園長　→83/87

加藤 勝＿　かとう・かつしろ　大正8年12月21日～平成2年11月15日　筑摩書房専務　→88/90

加藤 勝三　かとう・かつぞう　明治39年6月26日～昭和63年10月17日　弁護士　第二東京弁護士会副会長　→88/90

加藤 勝武　かとう・かつたけ　昭和16年8月29日～平成10年11月3日　明通常務,明通企画社長　→97/99

加藤 勝見　かとう・かつみ　昭和10年6月29日～平成6年11月14日　稲沢市長　→94/96

加藤 要　かとう・かなめ　～平成1年11月30日　日本施設園芸協会専務理事　→88/90

加藤 兼久　かとう・かねひさ　大正5年6月29日～平成2年4月25日　協精化学副社長,大日精化工業常務　→88/90

加藤 和　かとう・かのう　～昭和59年12月3日　西日本新聞印刷社長,元西日本新聞社論説委員長　→83/87

加藤 貫一　かとう・かんいち　明治23年～昭和14年　社会運動家　→昭和

加藤 勘十　かとう・かんじゅう　明治25年2月25日～昭和53年9月27日　政治家,労働運動家　衆院議員(社会党),労相　→昭和

加藤 韓三　かとう・かんぞう　明治40年3月20日～平成6年8月21日　宮崎県副知事,宮崎放送社長　→94/96

加藤 観澄　かとう・かんちょう　～昭和13年5月3日　龍泉寺住職大僧正　→昭和

加藤 義一　かとう・ぎいち　明治43年3月7日～平成2年8月3日　トーメン専務　→88/90

嘉藤 亀鶴　かとう・きかく　明治37年7月26日～昭和62年8月14日　弁護士　日本弁護士連合会副会長　→83/87

加藤 菊造　かとう・きくぞう　昭和5年1月29日～昭和63年12月2日　総合ビジョン社長　→88/90

加藤 儀三郎　かとう・ぎさぶろう　昭和2年～平成9年12月9日　大日本スクリーン製造常務　→97/99

加藤 喜太郎　かとう・きたろう　大正5年4月～平成4年3月10日　秦野市長　→91/93

加藤 吉太夫　かとう・きちだゆう　明治28年2月～昭和63年3月11日　衆院議員(日本農民党)　→88/90

加藤 祇文　かとう・ぎぶん　明治32年10月12日～昭和59年7月21日　朝日新聞社社友・元専務取締役　→83/87

加藤 公敏　かとう・きみとし　昭和8年4月22日～平成22年11月30日　弁護士　広島弁護士会会長　→09/11

加藤 久次郎　かとう・きゅうじろう　～昭和62年3月8日　加藤食品社長,小岩経営同友会(東京都)会長　→83/87

加藤 久蔵　かとう・きゅうぞう　大正2年7月7日～平成11年12月29日　日立工機専務,日立保険サービス社長　→00/02s

加藤 久太郎　かとう・きゅうたろう　明治34年9月11日～昭和62年5月7日　山久製陶所会長,瀬戸商議所会頭　→83/87

加藤 久弥　かとう・きゅうや　昭和4年11月13日～平成17年6月16日　ジャスコ常務　→03/05

加藤 恭一　かとう・きょういち　～昭和28年12月21日

加藤 郷一　かとう・きょういち　大正1年8月7日～平成13年5月5日　三井造船常務　→00/02

加藤 恭平　かとう・きょうへい　明治16年1月25日～昭和37年6月13日　三菱商事常務,台湾拓殖社長　→昭和

加藤 潔　かとう・きよし　昭和17年3月30日～平成20年7月2日　牧師　稚内北星学園大学教授　→09/11s

加藤 清　かとう・きよし　昭和4年9月14日～平成15年11月26日　日清紡専務　→03/05

加藤 清志　かとう・きよし　～平成21年2月6日　全国共済農業協同組合連合会常務理事　→09/11

加藤 清隆　かとう・きよたか　明治31年12月10日～平成8年8月9日　養命酒製造会長　→94/96

加藤 清忠　かとう・きよただ　明治34年6月27日～平成4年5月15日　三井造船取締役　→91/93

加藤 清政　かとう・きよまさ　大正6年1月10日～平成7年12月7日　衆院議員(社会党),千代田区長　→94/96

加藤 金五郎　かとう・きんごろう　～昭和60年10月12日　三晃金属工業取締役　→83/87

加藤 金治　かとう・きんじ　～昭和49年5月29日　久保田ハウス会長　→昭和

加藤 金之助　かとう・きんのすけ　大正4年12月9日～平成3年5月17日　ハトキン社長,全国菓子工業組合連合会理事長　→91/93

加藤 九士郎　かとう・くしろう　～平成18年9月5日　栗本鉄工所専務　→06/08

加藤 久米四郎　かとう・くめしろう　明治17年6月～昭和14年1月7日　衆議院議員(立憲政友会)　→昭和

加藤 桂一　かとう・けいいち　明治42年3月13日～平成18年3月1日　郵政事務次官　→06/08

加藤 敬吉　かとう・けいきち　大正10年4月23日～平成14年11月7日　岐阜信用金庫会長　→00/02

加藤 敬三郎　かとう・けいざぶろう　明治6年4月19日～昭和14年12月3日　銀行家　朝鮮銀行総裁　→昭和

加藤 啓治　かとう・けいじ　明治35年8月10日～昭和61年11月9日　河合楽器製作所中部支社次長　→83/87

加藤 慶一　かとう・けいいち　～平成4年5月1日　行政書士　強制連行の足跡を若者とたどる旅代表　→91/93

加藤 敬治　かとう・けいじ　昭和2年5月20日～平成23年6月20日　高島屋常務　→09/11

加藤 圭璋　かとう・けいしょう　昭和4年8月7日～平成9年5月13日　僧侶　光明院住職,和歌山県教育委員長　→97/99

加藤 謙　かとう・けん　～昭和28年5月22日　三菱化工機社長　→昭和

加藤 健市　かとう・けんいち　昭和3年8月29日～昭和63年1月14日　日曹漁業取締役　→88/90

加藤 健一郎　かとう・けんいちろう　昭和2年10月6日～平成13年9月19日　聚楽グループ会長　→00/02

加藤 乾二　かとう・けんじ　大正12年3月21日～平成9年4月28日　若築建設常務　→97/99

加藤 堅二　かとう・けんじ　～平成11年9月24日　松坂屋常務　→97/99

加藤 建二郎　かとう・けんじろう　～昭和63年1月22日　土屋ホーム常務　→88/90

加藤 憲治郎　かとう・けんじろう　～昭和57年6月6日　加藤憲株式会社社長,愛知コクヨ社長,オリエント会長　→80/82

加藤 源蔵　かとう・げんぞう　大正15年7月30日～平成22年2月23日　全国農業協同組合中央会副会長,東京都議　→09/11

加藤 五一　かとう・ごいち　明治24年8月26日～平成1年4月9日　三井造船社長　→88/90

加藤 幸　かとう・こう　昭和30年6月13日～昭和63年11月27日　福井放送社長　→88/90

加藤 光一　かとう・こういち　明治40年3月31日～平成6年1月31日　第一銀行(のち第一勧業銀行)監査役　→94/96

加藤 紘一　かとう・こういち　昭和14年1月6日～平成13年7月7日　東京都交通局長,東京都地下鉄建設専務　→00/02

加藤 耕市　かとう・こういち　大正7年3月23日～平成21年7月1日　ニチイメンテナンス創業者　→09/11

加藤 竑一　かとう・こういち　明治39年1月25日～昭和62年5月13日　加藤建設会長　→83/87

加藤 宏暉　かとう・こうき　昭和17年2月21日～平成23年3月11日　大槌町(岩手県)長　→09/11s

加藤 孝三郎　かとう・こうざぶろう　大正11年7月25日～平成3年6月17日　小松建設工業常務　→91/93

加藤 幸三郎　かとう・こうざぶろう　明治30年6月30日～昭和62年7月25日　翠芳園(料亭)代表取締役,全国社交業環境衛生同業組合連合会長　→83/87

加藤 広治　かとう・こうじ　明治41年2月8日～昭和62年11月12日　名古屋相互銀行代表会長　→83/87

加藤 孝三　かとう・こうぞう　明治45年4月19日～昭和62年9月27日　日本車両製造常務　→83/87

加藤 幸三　かとう・こうぞう　大正13年9月1日～平成13年7月4日　スイングジャーナル社長　→00/02

加藤 康三　かとう・こうぞう　昭和3年12月12日～平成23年3月26日　オリエンタルランド社長　→09/11

加藤 弘三　かとう・こうぞう　～昭和58年11月10日　古河電池会長　→83/87

加藤 弘造　かとう・こうぞう　明治28年10月～昭和57年7月28日　衆院議員(無所属倶楽部)　→80/82

加藤 幸太郎　かとう・こうたろう　明治38年9月13日～昭和58年3月16日　カネハツ食品社長,愛知県調理食品工業協同組合理事長　→83/87

加藤 小太郎　かとう・こたろう　明治5年4月～昭和10年3月27日　衆院議員(憲政会)　→昭和

かとう

加藤 五郎　かとう・ごろう　明治44年7月25日～平成8年11月8日　住友商事副会長　→94/96

加藤 艮六　かとう・こんろく　明治44年2月21日～平成14年5月8日　伊勢市長　→00/02

加藤 貞郎　かとう・さだお　昭和5年10月30日～平成4年3月5日　第三銀行常務　→91/93

加藤 定夫　かとう・さだお　大正15年11月21日～平成7年4月2日　石川島造船化工機社長　→94/96

加藤 定雄　かとう・さだお　明治44年9月2日～昭和60年5月6日　精神衛生普及会理事、元東京都民銀行常務取締役　→83/87

加藤 貞和　かとう・さだかず　昭和7年7月7日～平成12年12月22日　高島屋常務　→00/02

加藤 定吉　かとう・さだきち　文久1年11月18日～昭和2年9月5日　海軍大将、男爵　貴院議員　→昭和

加藤 定吉　かとう・さだきち　明治3年11月～昭和9年4月14日　衆院議員（憲政会）　→昭和

加藤 貞武　かとう・さだたけ　明治40年5月5日～平成2年2月27日　大日本製薬常務、ダイナポット・ラジオアイソトープ研究所社長　→88/90

加藤 都　かとう・さとし　～昭和63年4月5日　宮城県漁業信用基金協会専務理事、宮城県水産林業部次長　→88/90

加藤 三郎　かとう・さぶろう　～昭和57年2月6日　三洋電機相談役、元副社長　→80/82

加藤 三吉　かとう・さんきち　～昭和55年1月29日　加藤製函印刷社長　→80/82

加藤 三之輔　かとう・さんのすけ　大正3年1月31日～平成18年3月6日　カネミ倉庫名誉会長　→06/08

加藤 四記三　かとう・しきぞう　～昭和6年9月11日　二等飛行士　→昭和

加藤 重一　かとう・しげいち　大正4年3月20日～平成19年4月13日　加藤美蜂園本舗会長、サクラ印はちみつ会長　→06/08

加藤 繁一　かとう・しげいち　明治39年10月2日～昭和62年3月19日　愛知海運会長、名古屋港湾健康保険組合理事長　→83/87

加藤 重夫　かとう・しげお　昭和6年2月22日～平成20年3月31日　秋田テレビ社長　→06/08

加藤 重雄　かとう・しげお　～昭和55年9月22日　大垣女子短大理事長、大垣紡績名誉社長　→80/82

加藤 重雄　かとう・しげお　～昭和57年1月4日　京都新聞社元常務取締役　→80/82

加藤 重一　かとう・しげかず　明治35年8月10日～平成9年7月13日　日本ゼオン社長　→97/99

加藤 茂樹　かとう・しげき　明治41年2月22日～昭和62年5月22日　弁護士　福井弁護士会長　→83/87

加藤 茂樹　かとう・しげき　大正13年～平成2年5月10日　福田組取締役　→88/90

加藤 繁太郎　かとう・しげたろう　大正6年6月18日～平成18年2月19日　瀬戸市長　→06/08

加藤 盛　かとう・しげる　昭和18年10月16日～平成12年8月27日　ダイダン常務　→00/02

加藤 繁　かとう・しげる　大正10年9月2日～平成11年5月3日　石川島播磨重工業常務　→97/99

加藤 茂　かとう・しげる　昭和2年8月21日～平成2年2月18日　秋田市会議長　→88/90

加藤 茂　かとう・しげる　大正11年2月22日～平成4年11月24日　山文証券会長　→91/93

加藤 茂　かとう・しげる　～平成7年1月29日　神官　諏訪大社名誉宮司　→94/96

加藤 慈光　かとう・じこう　～昭和48年1月25日　黄檗宗55代管長　→昭和

加藤 治佐衛門　かとう・じざえもん　～昭和60年12月22日　山二加藤宮蔵商店会長　→83/87

加藤 慈深　かとう・じしん　～昭和61年12月28日　台糖ファイザー常勤監査役、台糖ファイザー厚生年金基金常務理事　→83/87

加藤 シヅエ　かとう・しずえ　明治30年3月2日～平成13年12月22日　女性運動家、政治家　日本家族計画連盟会長、家族計画国際協力財団会長、衆院議員（社会党）　→00/02

加藤 静夫　かとう・しずお　大正4年10月1日～昭和56年9月8日　大林ハウジング社長、大林組取締役　→80/82

加藤 鎮雄　かとう・しずお　～昭和63年7月4日　中日新聞名古屋市中日会会長、八熊専売店店主、中日総合サービス社長　→88/90

加藤 周　かとう・しゅう　～昭和57年2月16日　東洋醸酵乳会長　→80/82

加藤 周一　かとう・しゅういち　大正11年6月25日～平成7年12月16日　日本ガイシ専務　→94/96

加藤 秀栄　かとう・しゅうえい　～平成7年11月3日　中部菁銀行専務理事、愛知県民生部長、常磐女学院学院長　→94/96

加藤 重三郎　かとう・じゅうざぶろう　文久2年5月29日～昭和8年6月19日　政治家、実業家　衆院議員（政友本党）、名古屋市長　→昭和

加藤 修二郎　かとう・しゅうじろう　～昭和56年11月5日　聚楽専務取締役　→80/82

加藤 潤　かとう・じゅん　～昭和24年2月4日　飯野海運副社長　→昭和

加藤 純一　かとう・じゅんいち　明治35年5月27日～昭和63年10月15日　日本重化学工業常務　→88/90

加藤 順子　かとう・じゅんこ　～平成10年12月7日　加藤工業所社長　→97/99

加藤 俊介　かとう・しゅんすけ　明治38年5月5日～平成5年11月19日　つくば銀行取締役、下妻市長　→91/93

加藤 淳三　かとう・じゅんぞう　～昭和55年5月2日　光亜証券常務取締役　→80/82

I　政治・経済・社会篇

加藤 準道　かとう・じゅんどう　大正9年3月20日～平成14年10月27日　僧侶　和宗総本山四天王寺管長　→00/02

加藤 準平　かとう・じゅんぺい　～昭和43年6月18日　三友エージェンシー社長　→昭和

加藤 俊雄　かとう・しゅんゆう　～平成23年1月3日　僧侶　曹洞宗宗議会議長,愛知学院理事長　→09/11

加藤 尚　かとう・しょう　明治31年3月19日～平成1年5月20日　福井放送会長　→88/90

加藤 正市　かとう・しょういち　明治36年7月24日～昭和62年6月12日　中日興業会長,新進会長,中日新聞社相談役　→83/87

加藤 庄右　かとう・しょうう　昭和2年6月9日～平成23年7月21日　瀬戸信用金庫会長,瀬戸商工会議所会頭,全国信用金庫協会副会長　→09/11

加藤 省一　かとう・しょういち　昭和8年12月24日～平成17年2月13日　愛知機械工業取締役　→03/05

加藤 正二　かとう・しょうじ　～昭和47年1月7日　全国合成酒造組相談役　→昭和

加藤 正二　かとう・しょうじ　大正13年1月1日～昭和59年3月4日　毎日映画社社長,毎日新聞東京本社広告局次長待遇,毎日広告社常務　→83/87

加藤 正俊　かとう・しょうしゅん　昭和4年11月1日～平成21年9月8日　僧侶　花園大学名誉教授,天龍寺塔頭金剛院住職　→09/11

加藤 正二郎　かとう・しょうじろう　大正10年2月10日～昭和61年6月10日　海上保安庁第七管区海上保安本部長　→83/87

加藤 正蔵　かとう・しょうぞう　～昭和61年9月15日　京葉信用組合理事長　→83/87

加藤 庄之助　かとう・しょうのすけ　大正9年5月5日～平成18年6月19日　愛知県議(社会党)　→06/08

加藤 庄六　かとう・しょうろく　～平成11年1月10日　日商岩井理事,サボイ・インターナショナル社長　→97/99

加藤 司郎　かとう・しろう　昭和2年6月1日～昭和61年8月14日　本州製紙取締役　→83/87

加藤 四郎　かとう・しろう　～昭和60年11月11日　アイホン(株)監査役　→昭和

加藤 四郎　かとう・しろう　大正6年4月1日～昭和63年8月26日　豊和工業常勤監査役　→88/90

加藤 次郎　かとう・じろう　明治43年8月2日～昭和60年6月5日　三菱アセテート相談役・元社長,川島織物取締役,松屋監査役　→83/87

加藤 次郎　かとう・じろう　明治37年11月21日～昭和61年11月26日　凸版印刷常務　→83/87

加藤 伸一　かとう・しんいち　昭和3年1月17日～平成9年6月19日　豊田商工会議所副会頭　→97/99

加藤 信一　かとう・しんいち　～昭和47年12月6日　東京都選管委員長　→昭和

加藤 新一　かとう・しんいち　～昭和55年4月29日　加藤老事件元被告　→80/82

加藤 新一　かとう・しんいち　～昭和57年2月9日　地球市民広島連合代表　→80/82

加藤 真一　かとう・しんいち　明治40年6月22日～平成9年12月6日　小糸工業名誉会長　→97/99

加藤 進一　かとう・しんいち　大正13年7月13日～平成1年5月12日　愛知県議(自民党)　→88/90

加藤 進一　かとう・しんいち　～平成7年10月22日　函館市議会議長　→94/96

加藤 甚吉　かとう・じんきち　明治45年4月1日～平成13年7月10日　十六銀行副頭取　→00/02

加藤 真三郎　かとう・しんざぶろう　昭和2年11月21日～昭和62年6月9日　川崎製鉄常務　→83/87

加藤 真治　かとう・しんじ　明治41年8月8日～昭和60年8月22日　東海銀行監査役,大日本土木専務　→83/87

加藤 進治　かとう・しんじ　大正7年11月2日～平成10年9月11日　アポロ石油社長　→97/99

加藤 仁寿　かとう・じんじゅ　～昭和59年10月24日　東京ガス常務　→83/87

加藤 慎三　かとう・しんぞう　明治39年5月28日～昭和58年1月7日　鈴与専務　→83/87

加藤 末雄　かとう・すえお　～昭和26年2月23日　大阪三品取引所理事長,綿業振興社長　→昭和

加藤 季彦　かとう・すえひこ　大正4年4月12日～平成9年7月25日　中央電気工事会長　→97/99

加藤 季吉　かとう・すえよし　～平成2年3月23日　京都府議　→88/90

加藤 鈴夫　かとう・すずお　昭和9年9月18日～昭和63年12月9日　キユーピー取締役　→88/90

加藤 進　かとう・すすむ　昭和58年10月6日　万代百貨店会長　→83/87

加藤 進　かとう・すすむ　明治35年8月10日～平成5年11月10日　会計検査院長　→91/93

加藤 進　かとう・すすむ　明治42年1月10日～平成8年3月27日　参院議員,衆院議員(共産党)　→94/96

加藤 進　かとう・すすむ　大正9年3月18日～平成12年1月22日　大阪市議(自民党)　→00/02

加藤 進　かとう・すすむ　昭和21年6月29日～平成21年8月7日　光村印刷常務執行役員　→09/11

加藤 スミ子　かとう・すみこ　～平成4年5月5日　不二愛育園長　→91/93

加藤 政一　かとう・せいいち　～昭和44年5月27日　山陽パルプ常務　→昭和

加藤 清市　かとう・せいいち　～昭和57年6月9日　岡崎市議会議長,東海市議会理事,広島市町村圏指定都市議会協議会副会長　→80/82

加藤 誠一　かとう・せいいち　～昭和60年3月5日

かとう　　　　　　　　　　　　　　　　　　　　　　　　　　　　Ⅰ　政治・経済・社会篇

興亜火災海上保険顧問, 陸上自衛隊西部方面総監　→83/87
加藤　静一　　かとう・せいいち　明治44年1月13日～平成2年7月4日　大倉商事社長　→88/90
加藤　誠之　　かとう・せいし　明治40年11月25日～平成7年12月13日　トヨタ自動車販売社長　→94/96
加藤　整爾　　かとう・せいじ　～平成12年5月25日　神奈川県立博物館館長　→00/02
加藤　清二　　かとう・せいじ　明治45年6月25日～平成6年8月26日　衆議院議員(社会党)　→94/96
加藤　清二郎　かとう・せいじろう　明治31年4月8日～昭和57年9月24日　聚楽創業者　→80/82
加藤　精三　　かとう・せいぞう　明治33年11月～昭和40年5月3日　衆院議員(自民党), 鶴岡市長　→昭和
加藤　誠也　　かとう・せいや　昭和8年8月4日～平成6年4月15日　ポーラ化粧品本舗専務　→94/96
加藤　千一　　かとう・せんいち　～昭和56年8月20日　加藤製陶所会長, 守山市長　→80/82
加藤　仙太郎　かとう・せんたろう　～昭和43年6月21日　練馬区選管委員　→昭和
加藤　宗平　　かとう・そうへい　明治30年5月～昭和32年12月14日　衆院議員(自由党)　→昭和(かとう・しゅうへい)
加藤　外松　　かとう・そとまつ　明治23年3月1日～昭和17年2月11日　駐仏特命全権大使　→昭和
加藤　染雄　　かとう・そめお　～昭和42年6月19日　横河橋梁製作所専務　→昭和
加藤　泰一　　かとう・たいいち　～昭和57年4月22日　三井不動産常務　→80/82
加藤　鯛一　　かとう・たいいち　明治21年6月～昭和18年10月5日　衆院議員(翼賛政治会)　→昭和
加藤　諦見　　かとう・たいけん　元治1年～昭和15年12月15日　僧侶　高野山古義真言宗管長　→昭和
加藤　泰純　　かとう・たいじゅん　大正13年～平成14年12月16日　全国有料老人ホーム協会理事長　→00/02
加藤　諦進　　かとう・たいしん　～昭和57年8月2日　小牧市長　→80/82
加藤　大助　　かとう・だいすけ　～昭和59年7月12日　アイランド・ネビゲイション・コーポレーション常務取締役　→83/87
加藤　泰成　　かとう・たいせい　～昭和43年4月11日　武田薬品顧問　→昭和
加藤　泰三　　かとう・たいぞう　大正7年8月16日～平成1年5月27日　山一証券専務　→88/90
加藤　諦道　　かとう・たいどう　～昭和61年5月8日　高野山常喜院住職, 高野山法印　→83/87
加藤　多右エ門　かとう・たえもん　昭和2年11月9日～平成1年7月4日　山形県議(自民党)　→88/90
加藤　高邦　　かとう・たかくに　昭和4年5月1日～平成19年5月27日　ジャスコメンテナス社長, ジャスコ興産社長　→06/08

加藤　貴士　　かとう・たかし　大正13年12月6日～平成10年3月6日　富士機械製造監査役・元専務　→97/99
加藤　孝　　かとう・たかし　明治37年11月13日～昭和62年7月12日　静岡鉄道相談役, 新静岡センター社長　→83/87
加藤　隆司　　かとう・たかし　大正14年4月17日～平成8年12月27日　山一証券経済研究所理事長, 大蔵省理財局長　→94/96
加藤　高次郎　かとう・たかじろう　～平成3年3月15日　神奈川県議　→91/93
加藤　高蔵　　かとう・たかぞう　明治41年10月～昭和43年7月13日　衆院議員(自民党)　→昭和(かとう・こうぞう)
加藤　高正　　かとう・たかまさ　昭和4年4月17日～平成11年3月29日　税理士　日本税理士会連合会副会長, 北海道税理士会会長　→97/99
加藤　隆通　　かとう・たかみち　明治43年11月3日～平成13年1月10日　三重県議(社会党)　→00/02
加藤　隆義　　かとう・たかよし　明治16年3月20日～昭和30年2月10日　海軍大将　海軍大学校長　→昭和
加藤　滝二　　かとう・たきじ　明治31年1月1日～昭和59年3月22日　川越市長　→83/87
加藤　卓二　　かとう・たくじ　大正15年9月19日～平成16年7月22日　衆院議員(自民党), 加藤近代美術館館主　→03/05
加藤　琢治　　かとう・たくじ　明治44年9月30日～平成11年7月2日　日魯漁業(のちニチロ)社長　→97/99
加藤　威夫　　かとう・たけお　～昭和56年11月30日　日本建鉄社長　→80/82
加藤　武男　　かとう・たけお　明治10年6月5日～昭和38年10月17日　財界人, 銀行家　三菱銀行頭取　→昭和
加藤　猛男　　かとう・たけお　明治41年3月9日～平成9年10月8日　日東精工常務, 成美学苑理事　→97/99
我堂　武夫　　がどう・たけお　明治37年7月27日～昭和59年4月15日　堺市長　→83/87
加藤　健　　かとう・たけし　～昭和60年10月13日　朋和設備工業専務　→83/87
加藤　武　　かとう・たけし　昭和4年1月17日～平成23年8月22日　三井不動産販売常務　→09/11
加藤　威二　　かとう・たけじ　大正9年12月21日～平成14年2月17日　厚生事務次官　→00/02
加藤　竹二　　かとう・たけじ　～平成8年4月26日　ダイヤ電機社長　→94/96
加藤　武徳　　かとう・たけのり　大正4年11月21日～平成12年2月9日　弁護士　参院議員(自民党), 自治相, 北海道開発庁長官　→00/02
加藤　武彦　　かとう・たけひこ　明治41年9月27日～平成14年12月13日　三菱銀行副頭取, 三菱製紙会長　→00/02
加藤　竹松　　かとう・たけまつ　大正5年3月26日～昭和61年7月7日　三菱商事副社長　→83/87

344　「現代物故者事典」総索引(昭和元年～平成23年)

加藤 田鶴　かとう・たず　〜平成3年11月30日
ダイヤモンド・エージェンシー常務　→91/93

加藤 匡夫　かとう・ただお　大正5年5月13日〜平成8年1月11日　駐英大使　→94/96

加藤 忠男　かとう・ただお　〜平成8年8月4日
全国鉄鋼特約店連合会専務理事,東京鉄鋼販売業連合会専務理事　→94/96

加藤 忠志　かとう・ただし　昭和6年1月30日〜平成4年5月29日　弘電社常務　→91/93

加藤 忠之　かとう・ただゆき　明治41年〜昭和49年5月23日　瀬戸内海放送社長,坂出商工会議所会頭　→昭和

加藤 達雄　かとう・たつお　大正14年6月19日〜平成17年3月25日　矢作建設工業専務　→03/05

加藤 揵男　かとう・たつお　昭和6年8月30日〜平成7年10月31日　ファミリーマート常務　→94/96

加藤 辰次郎　かとう・たつじろう　〜昭和57年10月4日
加藤製作所社長　→80/82

加藤 建夫　かとう・たてお　明治36年9月28日〜昭和17年5月22日　陸軍少将　加藤隼戦闘隊長　→昭和(かとう・たけお)

加藤 為槌　かとう・ためつち　明治30年1月3日〜昭和63年5月15日　加藤物産館代表取締役,加藤奨学会主宰　→88/90

加藤 千幸　かとう・ちさち　昭和5年11月19日〜平成17年9月10日　駐スイス大使　→03/05

加藤 長司　かとう・ちょうじ　大正7年11月9日〜昭和61年2月27日　森ビル観光副社長,元安田信託銀行常務　→83/87

加藤 孟　かとう・つとむ　大正15年8月28日〜平成23年3月15日　京王技研工業創業者　→09/11

加藤 恒雄　かとう・つねお　大正14年1月1日〜平成11年8月18日　イビデン専務　→97/99

加藤 常太郎　かとう・つねたろう　明治38年4月30日〜平成2年10月11日　衆院議員(自民党),労相　→88/90

加藤 壮　かとう・つよし　昭和13年9月24日〜平成18年5月15日　三菱倉庫常務　→06/08

加藤 つる　かとう・つる　明治42年3月22日〜平成5年10月16日　京都市議(自民党),政令指定都市地域婦人団体連絡協議会会長　→91/93

加藤 鶴一郎　かとう・つるいちろう　〜平成7年8月7日
トーモク常務　→94/96

加藤 禎吉　かとう・ていきち　明治39年7月3日〜平成12年3月4日　平塚市長,神奈川県議　→00/02

加藤 貞次　かとう・ていじ　〜昭和47年11月1日
第一家庭電器会長　→昭和

加藤 哲次　かとう・てつお　〜昭和62年7月28日
古川市議　→83/87

加藤 哲夫　かとう・てつお　昭和24年〜平成23年8月26日　NPO経営コンサルタント　せんだいみやぎNPOセンター代理事・常務理事　→09/11

加藤 鉄男　かとう・てつお　〜平成10年8月29日
生活保護費訴訟原告　→00/02s

加藤 輝隆　かとう・てるたか　大正14年5月24日〜平成18年9月19日　大和染工会長　→06/08

加藤 登一　かとう・とういち　〜昭和24年12月11日
中部日本新聞取締役　→昭和

加藤 東治郎　かとう・とうじろう　大正13年5月15日〜平成3年11月21日　日本更生保護協会理事,法務省近畿地方更生保護委員長　→91/93

加藤 藤次郎　かとう・とうじろう　〜昭和57年1月8日
福岡市議,博多仁和加振興会長　→80/82

加藤 亨　かとう・とおる　〜平成2年12月3日
けいはんな常務,(財)関西文化学術研究都市推進機構理事　→88/90

加藤 登喜也　かとう・ときなり　大正2年11月11日〜昭和60年8月22日　河地窯業原料社長,瀬戸健康管理センター理事長,元愛知県珪砂鉱業協組理事長　→83/87

加藤 徳衛　かとう・とくえ　明治31年7月17日〜平成4年7月12日　理研鋼機(のちトーヨコ理研)会長・社長　→91/93

加藤 徳雄　かとう・とくお　〜昭和46年9月21日
日清製粉専務　→昭和

加藤 得二　かとう・とくじ　明治36年2月23日〜平成6年12月26日　姫路城保存工事事務所工事主任　→94/96

加藤 徳治　かとう・とくじ　〜昭和62年5月9日
加藤建築事務所社長,日本建築士会副会長,愛知県建築士会会長　→83/87

加藤 徳三　かとう・とくぞう　明治35年7月1日〜昭和59年12月30日　三和会長　→83/87

加藤 徳蔵　かとう・とくぞう　大正6年7月27日〜平成1年6月10日　カトウ美装社長　→88/90

加藤 利秋　かとう・としあき　大正3年11月24日〜平成6年6月12日　三菱自動車販売(のち三菱自動車工業)常務　→94/96

加藤 俊夫　かとう・としお　大正14年8月1日〜平成5年6月2日　高崎製紙取締役　→91/93

加藤 俊雄　かとう・としお　〜昭和59年8月14日
東立電機会長　→83/87

加藤 敏雄　かとう・としお　明治45年5月4日〜平成15年11月9日　日本農産工業社長　→03/05

加藤 敏郎　かとう・としお　大正1年7月31日〜平成3年3月23日　四日市三菱自動車販売(のち三重三菱自動車販売)社長,四日市倉庫取締役　→91/93

加藤 利雄　かとう・としお　明治44年3月27日〜平成13年2月12日　清水建設専務　→00/02

加藤 利勝　かとう・としかつ　明治45年5月2日〜昭和59年9月2日　公認会計士,税理士　三菱自動車工業監査役　→83/87

加藤 敏彦　かとう・としひこ　昭和4年3月26日〜平成23年11月16日　明和産業常務　→09/11

かとう

加藤 俊英　かとう・としひで　大正11年1月8日〜平成8年1月10日　住友ベークライト専務、ベークライト商事社長　→94/96

河東 俊正　かとう・としまさ　〜昭和57年3月29日　福岡市中央区保護司会会長、舞鶴公民館館長、大長寺住職　→80/82

加藤 敏幸　かとう・としゆき　昭和4年2月5日〜昭和63年2月6日　オリンピア代表取締役社長　→88/90

加藤 敏郎　かとう・としろう　昭和2年5月3日〜平成3年9月23日　日本スピンドル製造常務　→91/93

加藤 敏郎　かとう・としろう　大正4年1月1日〜平成4年5月1日　安川電機製作所（のち安川電機）取締役　→91/93

加藤 徳行　かとう・とっこう　明治19年3月6日〜昭和60年8月16日　札幌グランドホテル社長、北炭常務　→83/87

加藤 登巳夫　かとう・とみお　昭和7年5月28日〜平成10年5月29日　JR東海取締役　→97/99

加藤 富之助　かとう・とみのすけ　〜昭和42年10月15日　山形県議　→昭和

加藤 留蔵　かとう・とめぞう　明治39年5月11日〜昭和63年6月18日　日本オフィスビル会長　→88/90

加藤 知衞　かとう・ともえ　大正13年4月23日〜平成18年1月11日　神官　神社本庁長老　→06/08

加藤 知夫　かとう・ともお　昭和63年7月15日　三菱重工業長崎造船所副所長　→88/90

加藤 友治郎　かとう・ともじろう　〜平成1年11月16日　川鉄運輸取締役　→88/90

加藤 友保　かとう・ともやす　大正11年6月15日〜平成20年9月27日　ダントーホールディングス会長　→06/08

加藤 とよ　かとう・とよ　明治40年2月26日〜平成4年3月3日　静岡県議（社会党）　→91/93

加藤 豊太郎　かとう・とよたろう　明治36年9月20日〜平成7年8月22日　万有製薬常務　→94/96

加藤 虎之助　かとう・とらのすけ　〜昭和6年2月18日　海軍兵曹長　→昭和

加藤 直一郎　かとう・なおいちろう　〜平成7年2月19日　まるや八丁味噌代表社員　→94/96

加藤 直樹　かとう・なおき　昭和8年5月14日〜平成17年11月24日　多治見市長　→03/05

加藤 直久　かとう・なおひさ　〜昭和12年9月15日　平安神宮宮司　→昭和

加藤 夏樹　かとう・なつき　昭和6年4月25日〜平成23年12月29日　エフエム石川社長、北國新聞取締役　→09/11

加藤 奈々枝　かとう・ななえ　昭和3年7月21日〜平成22年8月24日　名東福祉会会長　→09/11

加藤 亘一　かとう・のぶかず　昭和9年12月21日〜昭和61年10月26日　日放連任監査役・元代表取締役専務　→83/87

加藤 信義　かとう・のぶよし　昭和8年3月27日〜平成15年7月31日　ファーストリテイリング会長、山口銀行専務　→03/05

加藤 昇　かとう・のぼる　〜昭和60年5月9日　在バンコク総領事　→83/87

加藤 昇　かとう・のぼる　大正9年8月8日〜平成4年2月5日　カトー無線電機相談役　→91/93

加藤 昇　かとう・のぼる　明治37年12月22日〜平成4年6月22日　函館山ロープウェイ会長、国産製菓会長　→91/93

加藤 肇　かとう・はじむ　大正13年9月18日〜平成19年3月11日　沢藤電機社長　→06/08

加藤 一　かとう・はじめ　昭和3年1月7日〜平成11年6月6日　三洋堂書店社長　→97/99

加藤 八郎　かとう・はちろう　〜昭和58年12月28日　名古屋テレビ塔社長　→83/87

加藤 八郎　かとう・はちろう　明治35年2月15日〜昭和60年3月18日　日本出版販売相談役、商工組合中央金庫副理事長　→83/87

加藤 春雄　かとう・はるお　〜昭和56年12月18日　日本コンタクトレンズ製造取締役相談役・前会長　→80/82

加藤 晴比古　かとう・はるひこ　〜昭和19年8月10日　日本銀行監事　→昭和

加藤 伴平　かとう・ばんぺい　〜昭和57年10月8日　建設省関東地方建設局長　→80/82

加藤 久雄　かとう・ひさお　昭和60年9月22日　日本公認会計士協会常務理事　→83/87

加藤 久　かとう・ひさし　大正14年11月28日〜平成12年7月11日　三井東圧化学常務　→00/02

加藤 秀明　かとう・ひであき　明治10年7月6日〜平成1年11月7日　岡山県議（自民党）、加藤商店社長　→97/99

加藤 秀明　かとう・ひであき　昭和23年3月12日〜平成16年12月3日　五洋建設社長　→03/05

加藤 秀男　かとう・ひでお　〜昭和61年3月4日　竹田工業常務　→83/87

加藤 秀男　かとう・ひでお　大正7年3月5日〜平成13年11月3日　園芸家　日本盆栽協同組合理事長　→00/02

加藤 秀夫　かとう・ひでお　〜平成11年9月15日　アイレックス会長　→97/99

加藤 均　かとう・ひとし　〜昭和56年8月4日　東芝機械常務、東洋機材社長　→80/82

加藤 斉　かとう・ひとし　昭和13年7月4日〜平成19年10月19日　札幌市議（民主党）　→06/08

加藤 等　かとう・ひとし　〜平成18年11月22日　整備士　カトーオートテクノロジー社長　→06/08

加藤 兵八　かとう・ひょうはち　明治22年10月24日〜昭和57年9月16日　東京穀物商品取引所理事長、海原米穀社長　→80/82

加藤 開　かとう・ひらき　大正2年10月15日〜平成4年11月29日　アルプス電気副社長　→91/93

加藤 博明　かとう・ひろあき　〜昭和63年11月10日

(財)クリーン・ジャパン・センター理事　→88/90

加藤　寛一　かとう・ひろかず　明治38年11月18日～平成7年8月13日　日本輸出入銀行理事　→94/96

加藤　博規　かとう・ひろき　大正11年1月29日～昭和63年11月16日　東芝機械常務　→88/90

加藤　宏　かとう・ひろし　～昭和56年3月4日　西松建設専務　→80/82

加藤　宏　かとう・ひろし　～昭和59年12月28日　浜岡電子部品社長　→83/87

加藤　宏　かとう・ひろし　昭和7年10月1日～昭和62年7月24日　西部石油常務取締役山口製油所長　→83/87

加藤　弘　かとう・ひろし　大正2年2月17日～平成20年2月11日　中央魚類社長,全国中央市場水産物卸売業者協会会長　→06/08

加藤　大　かとう・ひろし　大正9年9月19日～平成5年6月8日　三菱製紙専務　→91/93

加藤　博　かとう・ひろし　～昭和59年7月19日　農林水産省茶業試験場長　→83/87

加藤　博司　かとう・ひろし　～平成9年5月11日　ツカサ工業会長　→97/99

加藤　広次　かとう・ひろじ　～昭和60年8月25日　高田陶磁器工業協同組合専務理事　→83/87

加藤　博隆　かとう・ひろたか　明治42年7月28日～平成13年2月1日　弁護士　名古屋弁護士会会長,日弁連副会長　→00/02

加藤　寛嗣　かとう・ひろつぐ　大正9年9月26日～平成14年3月17日　四日市市長　→00/02

加藤　寛治　かとう・ひろはる　明治3年10月2日～昭和14年2月9日　海軍大将　→昭和

加藤　博久　かとう・ひろひさ　昭和5年7月14日～平成14年10月19日　読売新聞大阪本社社長・東京本社相談役　→00/02

加藤　博見　かとう・ひろみ　～昭和46年2月10日　関西電力副社長,原子力委員会参与　→昭和

加藤　博基　かとう・ひろもと　明治44年8月11日～平成6年3月9日　日本精糖専務　→94/96

加藤　博康　かとう・ひろやす　大正4年7月15日～平成14年7月18日　秩父市長　→00/02

加藤　博康　かとう・ひろやす　大正15年11月28日～平成19年5月23日　ホテル銀水荘会長　→06/08

加藤　敏　かとう・びん　大正7年3月4日～平成18年11月4日　大成建設副社長　→06/08

加藤　藤太郎　かとう・ふじたろう　明治20年10月28日～昭和62年10月5日　神崎製紙相談役　→83/87

加藤　平治　かとう・へいじ　～昭和59年6月10日　メキシコ日本商工会議所事務局長　→83/87

加藤　平四郎　かとう・へいしろう　嘉永7年2月23日～明治10年3月18日　衆院議員(自由党),山梨県知事,甲府市長　→昭和

加藤　弁三郎　かとう・べんざぶろう　明治32年4月27日～昭和58年8月15日　協和発酵工業創業者　→83/87

加藤　法瑛　かとう・ほうえい　昭和11年1月15日～平成21年2月8日　僧侶　大阪府議(自民党),慈光寺(真宗大谷派)住職　→09/11

加藤　孫一郎　かとう・まごいちろう　～平成1年8月22日　チクモク会長,飯塚商工会議所副会頭　→88/90

加藤　雅昭　かとう・まさあき　～昭和59年9月12日　日本雑誌広告協会事務局長　→83/87

加藤　政明　かとう・まさあき　～平成3年5月11日　自由国民社副社長　→91/93

加藤　正猪　かとう・まさい　大正12年8月1日～平成19年10月6日　経営コンサルタント　松阪電子計算センター社長　→06/08

加藤　昌男　かとう・まさお　昭和6年11月10日～昭和62年2月11日　名鉄百貨店専務　→83/87

加藤　正男　かとう・まさお　大正6年1月8日～平成6年9月8日　東京トヨタ自動車社長　→94/96

加藤　正男　かとう・まさお　昭和6年8月31日～平成23年5月24日　日本タッパーウェア社長　→09/11

加藤　正夫　かとう・まさお　明治40年1月1日～昭和59年1月24日　NHK理事,日本放送出版協会社長　→83/87

加藤　正和　かとう・まさかず　昭和2年1月15日～平成5年4月16日　石油公団理事　→91/93

加藤　正義　かとう・まさき　～平成8年1月1日　角田市長,宮城県議　→94/96

加藤　允志　かとう・まさし　昭和10年2月15日～平成12年10月25日　三菱建設専務,大成建設取締役　→00/02

加藤　雅　かとう・まさし　昭和12年1月1日～平成17年6月23日　経済企画庁経済企画審議官,東京経済大学教授　→03/05

加藤　正　かとう・まさし　大正1年10月15日～平成8年12月7日　出光興産副社長　→94/96

加藤　正人　かとう・まさと　明治19年8月24日～昭和38年8月24日　実業家,政治家　大和紡績社長,参院議員(緑風会)　→昭和

加藤　正人　かとう・まさと　昭和4年1月25日～平成8年10月26日　日本ハイパック副社長　→94/96

加藤　正俊　かとう・まさとし　大正9年1月20日～昭和56年12月25日　安治川鉄工建設専務　→80/82

加藤　正敏　かとう・まさとし　昭和4年2月3日～平成13年5月19日　日立製作所理事,日立システムアンドサービス社長　→00/02

加藤　政直　かとう・まさなお　～昭和60年10月13日　住友機械工業常務　→83/87

加藤　政之助　かとう・まさのすけ　～昭和61年7月2日　丸改二和製陶所会長,愛知県陶磁器工業協同組合理事　→83/87

加藤　正治　かとう・まさはる　～平成14年3月16日　味の素常務　→00/02

加藤 正見　かとう・まさみ　大正11年11月15日〜平成17年9月1日　実業家　今池ビルディング社長、ライオンズ日本財団理事長　→03/05

加藤 正巳　かとう・まさみ　明治43年7月13日〜昭和62年11月17日　税理士　仙台国税局徴収部長　→83/87

加藤 正之　かとう・まさゆき　〜平成5年11月16日　世界長社長　→91/93

加藤 正嘉　かとう・まさよし　大正9年1月20日〜平成1年11月26日　生化学工業専務、日研化学常務　→88/90

加藤 優　かとう・まさる　昭和17年6月29日〜平成7年2月20日　加藤製作所社長　→94/96

加藤 満寿雄　かとう・ますお　明治45年4月19日〜平成7年3月1日　大阪日刊スポーツ新聞社長　→94/96

加藤 松政　かとう・まつまさ　大正3年7月2日〜昭和63年8月19日　東海電気工事相談役、中部電力常任監査役　→88/90

加藤 鎮　かとう・まもる　昭和7年5月7日〜平成11年7月30日　千代田生命保険常務　→97/99

加藤 万吉　かとう・まんきち　大正15年12月11日〜平成20年9月12日　衆院議員(社民党)　→06/08

加藤 巳一郎　かとう・みいちろう　大正6年1月23日〜平成7年6月2日　中日新聞会長、中日ドラゴンズオーナー　→94/96

加藤 三重次　かとう・みえじ　明治45年1月5日〜平成3年3月19日　日本建設機械化協会名誉会長　→91/93

加藤 幹夫　かとう・みきお　昭和2年9月29日〜平成3年8月2日　協和醗酵工業社長　→91/93

加藤 幹雄　かとう・みきお　大正8年11月25日〜平成12年1月4日　日本フェルト常務　→00/02

加藤 道雄　かとう・みちお　〜昭和56年5月24日　陸軍少将　→80/82

加藤 道雄　かとう・みちお　明治43年1月5日〜平成8年12月20日　豊田工機専務、豊興工業社長　→94/96

加藤 迪男　かとう・みちお　大正14年1月1日〜昭和62年3月27日　三泉商事会長、三重銀行取締役　→83/87

加藤 満子　かとう・みつこ　〜平成23年1月18日　阪神・淡路大震災復興のシンボル"はるかのひまわり"で知られる加藤はるかさんの母　→09/11

加藤 光徳　かとう・みつのり　昭和23年7月9日〜平成18年2月　伊勢市長　→06/08

加藤 光穂　かとう・みつほ　〜昭和60年9月5日　グランドビルサービス社長　→83/87

加藤 充　かとう・みつる　明治42年7月13日〜平成21年6月28日　衆院議員(共産党)　→09/11

加藤 巳ノ平　かとう・みのへい　大正9年11月7日〜平成2年6月22日　綜合警備保障副社長　→88/90

加藤 実　かとう・みのる　明治45年1月1日〜平成12年2月18日　日東工業社長　→00/02

加藤 実好　かとう・みよし　〜平成5年11月8日　弁護士　法務省矯正局大阪矯正管区長　→91/93

加藤 三四治　かとう・みよじ　明治36年7月13日〜平成1年12月8日　古河電気工業取締役　→88/90

加藤 六月　かとう・むつき　大正15年6月17日〜平成18年2月28日　政治家　衆院議員(自民党)、農水相、国土庁長官　→06/08

加藤 睦之介　かとう・むつのすけ　明治16年8月〜昭和32年10月20日　衆院議員(自由党)　→昭和

加藤 宗雄　かとう・むねお　大正7年2月8日〜平成9年6月2日　荏原製作所専務　→97/99

加藤 村次　かとう・むらじ　〜昭和55年8月16日　豊田通商元常務　→80/82

加藤 元章　かとう・もとあき　昭和16年7月1日〜平成12年1月30日　松山地検検事正　→00/02

加藤 元資　かとう・もとすけ　〜昭和48年7月6日　名鉄常任監査役　→昭和

加藤 元文　かとう・もとふみ　〜昭和60年12月14日　北理研相談役、元毎日新聞広告部員　→83/87

加藤 元道　かとう・もとみち　昭和5年3月25日〜平成4年1月1日　札幌そごう副社長・店長　→91/93

加藤 モモヨ　かとう・ももよ　〜昭和61年10月16日　飯塚婦人会議所顧問　→83/87

加藤 守雄　かとう・もりお　〜昭和14年12月19日　陸軍少将　→昭和

加藤 安雄　かとう・やすお　昭和7年8月15日〜昭和63年6月26日　日本電装取締役セラミック事業部長　→88/90

加藤 康夫　かとう・やすお　昭和14年2月24日〜平成6年1月2日　弁護士　加藤康夫法律事務所所長、日弁連副会長　→94/96

加藤 康雄　かとう・やすお　昭和8年11月8日〜平成6年7月5日　日本電気専務　→94/96

加藤 康臣　かとう・やすおみ　昭和8年5月16日〜平成1年11月5日　中部経済新聞監査役　→88/90

加藤 祥参　かとう・やすかず　大正8年10月16日〜昭和62年2月28日　明治屋副社長、三菱銀行取締役　→83/87

加藤 安太郎　かとう・やすたろう　明治36年2月2日〜平成2年4月26日　電気興業副社長　→88/90

加藤 泰通　かとう・やすみち　明治12年4月〜昭和46年2月23日　貴院議員(子爵)　→昭和(かとう・たいつう)

加藤 泰守　かとう・やすもり　大正8年7月19日〜昭和61年4月30日　沖縄協会理事、沖縄開発事務次官　→83/87

加藤 弥三二　かとう・やそじ　大正1年10月14日〜平成6年9月6日　加藤産業創業者　→94/96

加藤 弥彦　かとう・やひこ　昭和3年7月16日〜平成10年5月20日　QUICK電子サービス社長　→97/99

加藤 勇二　かとう・ゆうじ　大正2年3月7日〜平成5年9月22日　北海道銀行副頭取　→91/93

加藤 勇七　かとう・ゆうしち　大正6年1月7日〜平成7年11月4日　神東塗料常務　→94/96

加藤 宥信　かとう・ゆうしん　〜昭和10年5月16日　真言宗東寺派宗務長　→昭和

Ⅰ 政治・経済・社会篇　　かとうき

加藤 幸男　かとう・ゆきお　～昭和55年2月7日　フジタ工業監査役　→80/82

加藤 行雄　かとう・ゆきお　～昭和17年1月15日　海軍少将　→昭和

加藤 洋　かとう・よう　昭和8年6月14日～平成13年2月12日　オーツタイヤ副社長　→00/02

加藤 陽一　かとう・よういち　明治41年3月20日～平成13年1月11日　日東工業創業者　→00/02

加藤 陽三　かとう・ようぞう　明治43年1月29日～平成1年6月5日　衆院議員(自民党)　→88/90

加藤 嘉雄　かとう・よしお　明治34年6月18日～昭和55年12月9日　中部経済新聞相談役,中日新聞社客員　→80/82

加藤 義雄　かとう・よしお　～昭和58年7月15日　長野県中日会会長,中日新聞伊那専売店主,伊那信用金庫監事　→83/87

加藤 義雄　かとう・よしお　大正9年1月14日～平成11年10月16日　あさひ銀行常務　→97/99

加藤 義雄　かとう・よしお　大正4年3月14日～平成14年9月1日　大東企業会長,東京商工会議所名誉議員　→00/02

加藤 好雄　かとう・よしお　明治43年6月15日～平成9年4月3日　本州製紙(のち王子製紙)常務　→97/99

加藤 由雄　かとう・よしお　～昭和48年10月10日　東亜理化電機製作社長　→昭和

加藤 良雄　かとう・よしお　大正10年1月25日～平成8年8月24日　関西経済連合会常ული理事　→94/96

加藤 嘉一　かとう・よしかず　昭和16年3月31日～平成15年4月15日　ユニパルス常務　→03/05

加藤 吉邦　かとう・よしくに　昭和4年3月13日～平成2年12月1日　伊藤万専務　→88/90

加藤 好三　かとう・よしぞう　～昭和55年8月22日　東京銀行監査役　→80/82

加藤 義孝　かとう・よしたか　明治36年2月21日～平成1年1月28日　岐阜トヨタ自動車会長,岐阜商工会議所名誉副会頭　→88/90

加藤 義孝　かとう・よしたか　大正12年1月1日～平成16年4月20日　秋田県議(自民党)　→03/05

加藤 義憲　かとう・よしのり　大正12年3月30日～昭和59年7月31日　博報堂取締役,毎日新聞社総務局長　→83/87

加藤 義則　かとう・よしのり　明治40年2月3日～昭和61年9月5日　弁護士　名古屋弁護士会会長　→83/87

加藤 義春　かとう・よしはる　大正6年3月21日～平成2年3月23日　中部電力取締役,中部環境エンジニアリング(のち中部環境テック)社長　→88/90

加藤 善久　かとう・よしひさ　昭和16年2月2日～平成21年5月24日　デーリー東北新聞常務　→09/11

加藤 吉弥　かとう・よしや　昭和5年6月29日～平成1年1月31日　駐ベルギー大使　→91/93

加藤 義行　かとう・よしゆき　昭和3年10月25日～平成20年1月21日　テレビ大阪社長　→06/08

加藤 義之　かとう・よしゆき　明治2年12月25日～昭和6年1月29日　実業家　→昭和

加藤 吉郎　かとう・よしろう　大正2年10月30日～昭和60年3月23日　南海電気鉄道相談役・元社長　→83/87

加藤 芳郎　かとう・よしろう　～平成10年8月11日　三井鉱山理事,元取締役　→97/99

加藤 四海　かとう・よつみ　明治43年6月2日～昭和15年5月12日　社会運動家　→昭和

加藤 利一　かとう・りいち　明治43年7月13日～平成8年3月27日　川崎重工業副社長　→94/96

加藤 利一　かとう・りいち　明治44年10月30日～平成4年4月13日　大丸工業会長　→94/96

加藤 陸三　かとう・りくぞう　明治38年～昭和11年　社会運動家　→昭和

加藤 利作　かとう・りさく　～昭和60年4月26日　丸利商店取締役会長,元瀬戸輸出陶磁器完成工業組合理事長,元日本陶磁器工業協同組合連合会副理事長　→83/87

加藤 隆一　かとう・りゅういち　大正9年6月21日～平成23年10月3日　東海銀行頭取,名古屋商工会議所会頭　→09/11

加藤 隆司　かとう・りゅうじ　明治43年9月4日～平成2年8月17日　弁護士　仙台法務局長,東京高裁判事　→88/90

加藤 隆芳　かとう・りゅうほう　大正4年3月5日～平成4年8月27日　僧侶　瑞巌寺(臨済宗妙心寺派青竜山)住職　→91/93

加藤 亮一　かとう・りょういち　明治43年9月5日～平成3年12月25日　牧師　東南アジア文化友好協会専務理事　→91/93

加藤 鐐五郎　かとう・りょうごろう　明治16年3月11日～昭和45年12月20日　政治家,医師　衆院議員　→昭和

加藤 鐐造　かとう・りょうぞう　明治32年8月15日～昭和46年7月5日　政治家,社会運動家　衆院議員(社会党)　→昭和

加藤 鑰平　かとう・りんぺい　明治24年1月25日～昭和49年7月4日　陸軍中将　→昭和(加藤 鑰平)

加藤 礼次　かとう・れいじ　大正4年7月15日～昭和61年8月24日　レンゴー会長,段ボール関連産業懇話会会長　→83/87

加藤 令造　かとう・れいぞう　明治34年12月22日～昭和48年12月23日　東京家裁所長,中京大学教授　→昭和

加藤 六蔵　かとう・ろくぞう　明治24年12月～昭和44年8月11日　衆院議員(民政党)　→昭和

加藤 六蔵　かとう・ろくぞう　～平成2年1月28日　文芸春秋常任監査役　→88/90

加藤木 理勝　かとうぎ・まさかつ　大正13年3月14日～平成9年11月9日　参院事務総長,国立国会図書館長　→97/99

上遠野 安男　かとうの・やすお　昭和4年6月15日～平成11年2月11日　福島民友新聞取締役　→00/02s

角尾 敏彦　かどお・としひこ　～昭和42年9月24日　住友金属工業顧問,住友特殊金属顧問,元住友金属工業取締役　→昭和

門上 千恵子　かどがみ・ちえこ　大正3年12月8日～平成19年8月6日　弁護士　門上法律事務所所長　→09/11s

門川 三郎　かどかわ・さぶろう　大正4年11月24日～平成3年8月15日　新和海運常務　→91/93

門川 太郎　かどかわ・たろう　大正7年6月6日～平成3年12月19日　松下電工取締役,石垣電機会長　→91/93

門川 暴　かどかわ・ぼう　～昭和27年5月18日　日向興銀頭取　→昭和

門木 和郎　かどき・かずろ　昭和7年9月11日～平成17年1月4日　岡山県議(自民党)　→03/05

家徳 真雄　かとく・まさお　大正13年8月13日～平成18年3月18日　静岡新聞取締役　→06/08

角口 伊三郎　かどぐち・いさぶろう　～平成4年12月9日　新家工業取締役　→91/93

門倉 国輝　かどくら・くにてる　～昭和56年2月17日　コロンバン社長　→80/82

門倉 伝造　かどくら・でんぞう　明治35年5月～平成10年6月1日　大田区収入役,東調布信用金庫理事長　→97/99

門倉 政秋　かどくら・まさあき　大正11年8月26日～昭和62年8月8日　横浜市中小企業総連合会専務理事　→83/87

廉隅 伝次　かどすみ・でんじ　明治40年5月1日～平成5年8月20日　大蔵省北九州財務局長　→91/93

門田 郁夫　かどた・いくお　昭和22年8月25日～平成21年1月25日　チノー常務　→09/11

門田 一男　かどた・かずお　大正7年3月30日～昭和61年7月28日　フジタ工業相談役・元副社長,大日成建設社長　→83/87

門田 圭三　かどた・けいぞう　大正3年1月18日～平成22年5月27日　南海放送社長　→09/11

門田 健吾　かどた・けんご　～昭和8年1月14日　海軍中佐　→昭和

門田 五郎　かどた・ごろう　明治44年6月19日～平成6年8月10日　生協コープこうべ副組合長　→94/96

門田 定蔵　かどた・さだぞう　明治19年7月～昭和37年1月12日　参院議員(社会党)　→昭和(かどた・ていぞう)

門田 繁夫　かどた・しげお　～平成3年1月5日　日本オリエント会長　→91/93

門田 辰生　かどた・たつお　～昭和55年3月28日　門田提灯造花店会長　→80/82

門田 彦士　かどた・ひこし　明治41年11月7日～昭和63年5月22日　新明和工業専務　→88/90

門田 博　かどた・ひろし　大正13年5月19日～昭和61年9月9日　日本自動車電話サービス会社社長,関東電波監理局長　→83/87

門田 正三　かどた・まさみ　大正3年1月1日～平成12年5月25日　電源開発総裁,東京電力副社長　→00/02

門田 盛一郎　かどた・もりいちろう　大正8年6月23日～平成14年8月22日　高知県議(自民党)　→00/02

門谷 博　かどたに・ひろし　～昭和58年10月26日　東洋ステンレス研磨工業社長　→83/87

門野 敦郎　かどの・あつろう　大正15年10月29日～平成6年5月31日　品川白煉瓦専務　→94/96

門野 幾之進　かどの・いくのしん　安政3年3月14日～昭和13年11月18日　実業家　千代田生命保険社長,慶応義塾塾頭,貴院議員(勅選)　→昭和

門野 英一　かどの・えいいち　～昭和38年7月14日　三機工業副社長　→昭和

門野 欽一　かどの・きんいち　昭和2年9月21日～平成13年2月7日　東芝副社長　→00/02

門野 貞雄　かどの・さだお　大正4年1月9日～昭和61年9月1日　安田火災海上保険取締役　→83/87

門野 重九郎　かどの・じゅうくろう　慶応3年9月9日～昭和33年4月24日　実業家　→昭和

門野 十四　かどの・じゅうし　大正7年10月1日～平成16年11月8日　大正製薬常務　→03/05

門野 淳之助　かどの・じゅんのすけ　～昭和59年7月21日　タイ・トーレ・テキスタイル・ミルズ社社長　→83/87

葛野 武　かどの・たけし　大正13年3月22日～平成9年8月25日　カドノブラシ製作所会長　→97/99

上遠野 富之助　かどの・とみのすけ　安政6年10月19日～昭和3年5月26日　実業家　名古屋商業会議所会頭,名古屋鉄道社長　→昭和

角野 宗和　かどの・むねかず　大正11年5月7日～平成19年5月9日　浅沼組専務　→06/08

門野 雄吉　かどの・ゆうきち　明治39年7月20日～平成18年6月4日　千代田生命保険社長　→06/08

上遠野 亮三　かどの・りょうぞう　～昭和27年2月24日　東洋電機社長　→昭和

門野 錬八郎　かどの・れんぱちろう　～昭和27年3月27日　三井倉庫社長　→昭和

門馬 茂一　かどま・しげかず　～平成7年7月28日　大広常務　→94/96

角谷 省三　かどや・しょうぞう　大正4年4月19日～昭和63年1月27日　荏原製作所理事,(財)原子力安全研究協会研究参与　→88/90

門屋 博　かどや・ひろし　明治34年4月20日～平成7年9月11日　社会運動家　→94/96

門屋 博　かどや・ひろし　大正10年～平成14年2月17日　粟村製作所専務　→00/02

角谷 誠　かどや・まこと　昭和16年8月28日～平成11年4月9日　日本信用組合理事長　→97/99

門屋 満　かどや・みつる　大正4年2月28日～平成13年12月26日　日本ガスケット社長　→00/02

香取 健一　かとり・けんいち　昭和2年10月3日～平成23年

年8月25日　東洋ゴム工業社長　→09/11

香取　次郎　かとり・じろう　明治39年9月9日～昭和62年7月24日　東証才取会員協会会長、第七実栄証券社長　→83/87

香取　武夫　かとり・たけお　明治42年1月2日～昭和63年2月1日　大三製鋼会長　→88/90

香取　一　かとり・はじめ　大正11年～平成8年11月25日　板橋区立赤塚植物園緑化教育指導員　→97/99s

香取　衛　かとり・まもる　昭和4年8月1日～平成18年11月10日　茨城県議(自民党)　→06/08

賀鳥　三男　かとり・みつお　～昭和55年2月3日　水間鉄道社長　→80/82

鹿取　泰衛　かとり・やすえ　大正10年7月16日～平成15年1月11日　駐ソ大使　→03/05

香取　喜秋　かとり・よしあき　大正4年9月29日～平成3年1月25日　大洋製鋼社長、日本鉄鋼連盟理事　→91/93

香取　良彦　かとり・よしひこ　昭和18年10月8日～平成13年8月27日　三井不動産専務　→00/02

香取　由之　かとり・よしゆき　～昭和55年1月14日　三菱プレシジョン常務、元三菱電機取締役電子事業部長　→80/82

香取　良一　かとり・りょういち　大正7年1月20日～平成1年3月7日　日本化成取締役　→88/90

門脇　勝太郎　かどわき・かつたろう　明治31年10月～昭和44年11月24日　衆院議員(自由党)　→昭和

門脇　季光　かどわき・すえみつ　明治30年1月4日～昭和60年6月18日　外交官　ホテルニューオータニ社長、駐ソ大使　→83/87

門脇　晴二　かどわき・せいじ　～昭和60年1月1日　三井東圧化学監査役　→83/87

門脇　十一郎　かどわき・といちろう　大正12年2月3日～平成3年10月9日　凸版印刷常務　→91/93

門脇　寛　かどわき・ひろし　昭和25年5月9日～平成2年4月7日　日本勧業銀行監査役　→88/90

門脇　政夫　かどわき・まさお　明治44年8月7日～平成22年2月19日　兵庫県議、野間谷村(兵庫県)村長　敬老の日の提唱者　→09/11

門脇　益市　かどわき・ますいち　大正3年～平成2年7月22日　島根県鳥獣保護員　→88/90

門脇　吉一　かどわき・よしかず　明治43年～昭和53年7月12日　サッポロビール会長　→昭和

金井　愛明　かない・あいめい　昭和6年6月21日～平成19年11月12日　牧師　日本キリスト教団西成教会正教師、釜ヶ崎こいのいえ家責任者　→09/11s

金井　以烈　かない・いれつ　昭和6年9月26日　オムロンマイコンシステムズ会長　→94/96

金井　一夫　かない・かずお　昭和2年2月24日～平成19年12月31日　日本経済新聞経理局次長　→06/08

金井　勝助　かない・かつすけ　明治38年5月27日～昭和61年4月18日　荘内銀行頭取　→83/87

金井　勝彦　かない・かつひこ　明治44年12月21日～平成2年6月30日　日本輸出入銀行理事、日本興業銀行監査役　→88/90

金井　久兵衛　かない・きゅうべい　明治39年9月4日～平成8年11月5日　北陸電力会長　→94/96

金井　啓治　かない・けいじ　～平成5年9月28日　日東製粉取締役　→91/93

金井　慶二　かない・けいじ　明治26年5月21日～昭和59年9月3日　金井重要工業会長、尼崎商工会議所会頭　→83/87

金井　儼四郎　かない・げんしろう　明治42年3月14日～平成12年4月30日　日本フエルト社長　→00/02

金井　康治　かない・こうじ　昭和44年6月3日～平成11年9月11日　東京障害者労働センター　"分離教育"と闘った身障児　→97/99

金井　五郎　かない・ごろう　明治42年～平成5年12月14日　秀岳荘創業者　→91/93

金井　淳　かない・じゅん　昭和3年8月18日～平成5年4月22日　信越ポリマー副社長　→91/93

金井　章次　かない・しょうじ　明治19年12月1日～昭和42年12月3日　医事行政家、植民地官僚、医学者　蒙古連合自治政府最高顧問　→昭和

金井　孝純　かない・たかずみ　昭和16年5月9日～平成19年11月24日　三井住友海上火災保険専務　→06/08

金井　多喜男　かない・たきお　大正7年9月20日～平成12年3月14日　伊藤忠商事副会長、東亜石油社長　→00/02

金井　忠男　かない・ただお　大正12年12月22日～昭和59年10月12日　上毛新聞専務　→83/87

金井　為一郎　かない・ためいちろう　明治20年3月10日～昭和38年5月22日　牧師　→昭和

金井　直一郎　かない・なおいちろう　大正5年12月4日～昭和62年7月1日　万興業相談役、三菱銀行常務　→83/87

金井　元　かない・はじめ　昭和4年2月3日～平成6年11月8日　エヌエフ回路設計ブロック専務　→94/96

金井　八郎　かない・はちろう　大正10年1月14日～昭和57年9月25日　前橋商工会議所副会頭、金井鋳造社長　→80/82

金井　彦三郎　かない・ひこさぶろう　大正9年2月20日～平成11年9月9日　上毛新聞副社長　→97/99

金井　秀雅　かない・ひでのり　明治40年10月13日～平成2年3月30日　長野県会議長(自民党)　→88/90

金井　宏　かない・ひろし　昭和16年9月5日～平成23年10月3日　ブリヂストン副社長　→09/11

金井　博　かない・ひろし　明治42年11月1日～平成2年12月14日　日新専務　→88/90

金井　洋　かない・ひろし　大正12年2月2日～平成18年1月16日　日本エアシステム専務　→06/08

金井　寛人　かない・ひろと　明治30年1月14日～昭和52年11月30日　実業家　帝国ホテル会長　→昭和

金井　正男　かない・まさお　明治41年1月13日～平成9年8月30日　国際電設社長、大興電子通信社長　→97/99

かない　　　　　　　　　　　　　　　　　　　　　Ⅰ　政治・経済・社会篇

金井 貢　かない・みつき　明治44年4月2日～平成11年12月21日　三山鋼機会長　→00/02s

金井 元彦　かない・もとひこ　明治36年11月28日～平成3年8月6日　参院議員(自民党)、兵庫県知事　→91/93

金井 茂平　かない・もへい　大正5年3月29日～平成3年5月10日　松洋会長　→91/93

金井 義夫　かない・よしお　大正5年10月16日～昭和61年4月23日　丸宏証券副社長、山一証券取締役　→83/87

金井 芳次　かない・よしじ　明治28年1月20日～昭和49年1月2日　衆院議員、神奈川県議　→昭和

金井 六郎　かない・ろくろう　～昭和58年6月13日　関西ペイント常務　→83/87

金石 清禅　かないし・しょうぜん　昭和13年8月15日～平成20年12月7日　参院議員(保守党)　→06/08

金井塚 一男　かないずか・かずお　昭和2年10月19日～平成19年10月20日　埼玉中央社長、埼玉土地家屋調査士会会長　→06/08

叶内 立郎　かなうち・たつお　昭和10年6月26日～平成17年1月5日　ハイメカ会長、日本ALS協会副会長　→06/08s

叶内 路子　かなうち・みちこ　昭和18年1月14日　NPO法人コミュニケーション・スクエア21代表　→09/11s

金尾 哲　かなお・さとし　昭和17年6月12日～平成17年5月4日　内海造船常務　→03/05

金尾 澄映　かなお・すみあき　大正9年5月6日～平成9年5月24日　僧侶 正伝寺住職、慈光会理事長、広島県老人福祉施設連盟会長　→97/99

金尾 実　かなお・みのる　大正3年7月30日～平成5年8月7日　日本鋼管社長　→91/93

金尾 力松　かなお・りきまつ　大正5年10月19日～平成4年12月18日　富山港湾運送社長、富山中央木材社長　→91/93

金岡 幸二　かなおか・こうじ　大正14年9月20日～平成5年7月30日　インテック社長・会長、第一薬品社長、チューリップテレビ社長　→91/93

金岡 秀友　かなおか・しゅうゆう　昭和2年7月31日～平成21年7月23日　僧侶　東洋大学名誉教授、妙薬寺(真言宗)住職　→09/11

金岡 昭治　かなおか・しょうじ　昭和6年11月3日～平成20年9月3日　京都書房社長　→06/08

金岡 庄平　かなおか・しょうへい　～昭和61年12月7日　金岡工業会長　→83/87

金岡 又左衛門　かなおか・またざえもん　文久4年1月～昭和4年6月10日　実業家、政治家　富山電燈社長、富山報社長、衆議院議員(憲政本党)　→昭和

金岡 又左衛門　かなおか・またざえもん　明治36年7月21日～昭和56年3月10日　富山相互銀行社長　→80/82

金織 民憲　かなおり・みんけん　昭和12年6月19日～平成4年8月10日　島根県議(自民党)　→91/93

金柿 謙治　かながき・けんじ　昭和11年9月2日～平成19年6月27日　九州ジャスコ会長、現代企画ケイツー代表　→06/08

金垣 実　かながき・みのる　昭和10年1月2日～平成9年4月10日　日本油脂常務　→97/99

金川 幸三　かながわ・こうぞう　大正11年2月10日～平成3年8月15日　ホテル鹿の湯社長　→91/93

金川 重信　かながわ・しげのぶ　昭和8年11月6日～平成22年7月2日　日本特殊陶業社長　→09/11

金川 四郎　かながわ・しろう　～平成7年1月11日　魚津製作所専務　→94/96

金川 琢郎　かながわ・たくろう　昭和13年9月5日～平成23年11月9日　弁護士　京都弁護士会会長　→09/11

金川 義之　かながわ・よしゆき　～昭和57年2月22日　日生下産業会長　→80/82

金川 義之　かながわ・よしゆき　～平成6年4月18日　NHK理事　→94/96

金久保 万吉　かなくぼ・まんきち　慶応1年9月4日～昭和13年4月8日　陸軍中将　→昭和

金窪 洋三　かなくぼ・ようぞう　大正14年12月10日～平成5年9月29日　岩崎通信機取締役　→91/93

金倉 剛敬　かなくら・たかよし　大正9年8月3日～平成3年3月10日　日本曹達常務　→91/93

金倉 三養基　かなくら・みやぎ　大正15年9月20日～平成9年12月31日　太平工業副社長　→97/99

金指 英一　かなざし・えいいち　明治29年3月31日～昭和56年12月18日　教育映画配給社社長、日本視聴覚教育協会理事　→80/82

金指 音吉　かなざし・おときち　～平成7年12月4日　東京消防庁消防学校長　→94/96

金指 嘉一　かなざし・かいち　明治36年5月9日～昭和60年12月13日　中遠養鰻漁業協同組合(静岡県)理事長、日本養鰻協同組合連合会長　→83/87

金刺 不二太郎　かなさし・ふじたろう　明治28年5月18日～昭和55年1月4日　川崎市長　→80/82

金指 吉昭　かなざし・よしあき　～平成49年3月1日　金指造船所代表取締役　→昭和

金沢 市之丞　かなざわ・いちのじょう　～昭和55年6月3日　渡島管内知内町議会元議長　→80/82

金沢 英一　かなざわ・えいいち　昭和8年1月14日～平成7年2月2日　福岡高裁部総括判事　→94/96

金沢 薫　かなざわ・かおる　～昭和42年10月1日　長浜市長　→昭和

金沢 義一　かなざわ・ぎいち　大正7年2月12日～昭和63年10月28日　大同機械製作所社長、大同特殊鋼専務　→88/90

金沢 喜六　かなざわ・きろく　昭和2年3月21日～平成1年2月15日　平河電線取締役工場長　→88/90

金沢 圀雄　かなざわ・くにお　昭和7年7月8日～平成15年2月22日　住友林業常務　→03/05

金沢 謙一　かなざわ・けんいち　明治43年3月7日～昭

352　「現代物故者事典」総索引(昭和元年～平成23年)

I 政治・経済・社会篇　　　　　　　　　　　　　　　　　　　　　　　　　　　　　　　　かなまる

金沢　脩三　かなざわ・しゅうぞう　明治43年11月10日〜平成10年7月13日　三菱レイヨン社長　→97/99

金沢　俊輔　かなざわ・しゅんすけ　大正10年2月10日〜平成14年4月20日　ダイショー会長・CEO　→00/02

金沢　昭三郎　かなざわ・しょうさぶろう　昭和3年〜平成5年10月17日　日本絹業協会常務理事　→91/93

金沢　次郎　かなざわ・じろう　〜昭和31年7月12日　大阪控訴院検事長　→昭和

金沢　仁作　かなざわ・じんさく　文久1年11月7日〜昭和3年12月8日　実業家　衆院議員、帝国製紙社長　→昭和

金沢　大四郎　かなざわ・だいしろう　大正4年3月10日〜平成20年1月22日　古荘本店社長　→06/08

金沢　武雄　かなざわ・たけお　〜昭和57年5月8日　上磯町（北海道）町長　→80/82

金沢　忠雄　かなざわ・ただお　大正8年10月21日〜平成15年9月12日　山形市長、東北芸術工科大学理事長　→03/05

金沢　辰次郎　かなざわ・たつじろう　明治40年10月13日〜平成8年1月30日　帝国ホテル社長　→94/96

金沢　民二　かなざわ・たみじ　大正11年7月10日〜昭和61年8月18日　吉本興業代表取締役副社長　→83/87

金沢　忠一　かなざわ・ちゅういち　〜昭和57年3月20日　明電舎専務　→80/82

金沢　定一　かなざわ・ていいち　大正13年7月16日〜平成18年5月8日　イハラケミカル工業専務　→06/08

金沢　直路　かなざわ・なおみち　〜平成5年8月30日　明治生命保険取締役　→91/93

金沢　寿人　かなざわ・ひさと　〜昭和55年2月9日　日本交通機械社長　→80/82

金沢　二三男　かなざわ・ふみお　大正15年2月11日〜平成12年5月9日　松下電子工業社長、松下産業機器社長　→00/02

金沢　平蔵　かなざわ・へいぞう　〜昭和39年2月1日　日本住宅公団理事　→昭和

金沢　正夫　かなざわ・まさお　〜昭和44年6月24日　海軍中将　→昭和

金沢　正雄　かなざわ・まさお　大正7年10月〜昭和60年3月23日　三菱銀行顧問、札幌学院大教授、駐インド大使　→83/87

金沢　政三　かなざわ・まさぞう　大正3年10月11日〜平成8年2月21日　ヤンマーディーゼル常務　→94/96

金沢　雄三　かなざわ・ゆうぞう　〜平成20年12月15日　キャタピラー三菱常務　→06/08

金沢　幸雄　かなざわ・ゆきお　大正15年〜平成20年9月12日　全国鮭鱒流網漁業組合連合会専務理事　→06/08

金杉　明信　かなすぎ・あきのぶ　昭和16年4月17日〜平成18年11月8日　日本電気社長　→06/08

金杉　五郎　かなすぎ・ごろう　〜平成2年6月5日　全国納豆協同組合連合会副会長　→88/90

金杉　台三　かなすぎ・たいぞう　〜昭和60年2月25日　三井信託銀行常務　→83/87

金杉　三夫　かなすぎ・みつお　昭和2年4月18日〜平成14年7月19日　ヤンマーディーゼル専務　→00/02

金瀬　薫二　かなせ・くんじ　明治39年8月10日〜昭和60年12月26日　弁護士　法大教授　→83/87

金瀬　俊雄　かなせ・としお　大正8年2月19日〜昭和55年2月22日　衆院議員（社会党）　→80/82

金田　真治　かなだ・しんじ　明治43年2月24日〜平成2年1月19日　日本農産工業専務　→88/90

金谷　明　かなたに・あきら　〜昭和56年2月18日　国鉄建設局長　→80/82

金谷　巌　かなたに・いわお　大正5年2月7日〜平成7年6月13日　高愛社長、ニチメン取締役　→94/96

金谷　健一　かなたに・けんいち　〜昭和61年3月14日　中央車輌（株）取締役、富南工業（株）代表取締役会長、元（株）北越取締役　→83/87

金津　赳　かなつ・いさむ　明治38年6月11日〜昭和61年12月26日　横浜日野自動車会長、神奈川県自動車販売店協会長　→83/87

金津　匡伸　かなつ・まさのぶ　〜平成21年7月5日　日本モンゴル民族博物館館長　→09/11

金塚　仙四郎　かなつか・せんしろう　慶応1年11月26日〜昭和5年11月17日　実業家　→昭和

金塚　孝　かなつか・たかし　明治35年8月〜昭和48年10月20日　衆院議員（民主党）　→昭和

金次　博　かなつぐ・ひろし　明治41年12月18日〜平成2年2月10日　人事院人事局長、太陽生命専務　→88/90

金富　与志二　かなとみ・よしじ　明治44年1月7日〜平成9年7月7日　サンケイビル社長、産経新聞取締役　→97/99

金原　進　かなはら・すすむ　明治34年〜昭和39年7月24日　東急建設副社長、東京都消防総監　→昭和（きんばら・すすむ）

金丸　郁夫　かなまる・いくお　昭和4年2月23日〜平成21年12月30日　日清製粉専務　→09/11

金丸　亀太郎　かなまる・かめたろう　大正5年1月3日〜平成3年5月31日　佐賀銀行常務、杵島信用金庫理事長　→91/93

金丸　喜一　かなまる・きいち　〜昭和55年10月18日　久保田鉄工取締役　→80/82

金丸　晋　かなまる・すすむ　〜昭和55年1月23日　山梨日日新聞社取締役　→80/82

金丸　徳重　かなまる・とくしげ　明治33年8月24日〜平成9年8月17日　衆院議員（社会党）　→97/99

金丸　冨夫　かなまる・とみお　明治29年2月24日〜平成6年4月16日　日本通運社長、参議院議員（自民党）　→94/96

金丸　雄喜　かなまる・ゆうき　〜昭和60年8月21日　静岡第一テレビ副社長　→83/87

「現代物故者事典」総索引（昭和元年〜平成23年）　353

金丸 吉生　かなまる・よしお　明治42年9月6日～平成7年9月20日　百五銀行会長,津商工会議所名誉会頭　→94/96

金光 克己　かなみつ・かつみ　大正3年3月24日～平成18年6月12日　厚生省環境衛生局長　→06/08

金光 巍　かなみつ・たかし　大正2年1月24日～昭和63年4月29日　日産自動車常務　→88/90

金村 忠一　かなむら・ちゅういち　～昭和61年7月22日　日産プリンス販売会社副会長,日産プリンス千葉販売社長,日産サニー千葉北販売社長　→83/87

金本 信爾　かなもと・しんじ　大正13年5月26日～昭和61年4月20日　三菱鉱石輸送副社長,日本郵船常務　→83/87

金本 善中　かなもと・ぜんちゅう　大正15年6月10日～平成19年7月26日　カナモト社長　→06/08

金森 勝二　かなもり・かつじ　明治36年2月12日～昭和56年8月22日　道北バス社長　→80/82

金森 吉次郎　かなもり・きちじろう　元治1年12月29日～昭和5年10月13日　治水家　衆議員　→昭和

金森 鍬太郎　かなもり・くわたろう　明治7年11月1日～昭和2年1月26日　内務技師　→昭和（かなもり・しゅうたろう）

金森 乾次　かなもり・けんじ　明治30年7月31日～昭和29年12月8日　近畿日本鉄道会長　→昭和

金森 耕造　かなもり・こうぞう　大正14年7月11日～平成13年3月26日　道北バス社長,旭川観光協会会長　→00/02

金森 茂一郎　かなもり・しげいちろう　大正11年8月24日～平成16年10月19日　近畿日本鉄道社長　→03/05

金森 修二　かなもり・しゅうじ　～昭和62年8月7日　金七産業代表　→83/87

金森 次郎　かなもり・じろう　～昭和58年8月14日　東京光学機械会長,山之内製薬取締役　→83/87

金森 仙一　かなもり・せんいち　明治44年10月30日～平成19年1月13日　中日新聞相談役　→06/08

金森 隆　かなもり・たかし　明治45年5月3日～昭和60年1月28日　窯業協会副会長　→83/87

金森 太郎　かなもり・たろう　明治21年6月16日～昭和33年6月12日　山形県知事　→昭和

金森 近寿　かなもり・ちかとし　明治31年1月10日～昭和62年10月28日　東京日産自動車販売社長,日産自動車販売社長　→83/87

金森 通倫　かなもり・つうりん　安政4年8月15日～昭和20年3月4日　牧師,神学者　→昭和

金森 徳次郎　かなもり・とくじろう　明治19年3月17日～昭和34年6月16日　国立国会図書館初代館長,国務相,貴院議員(勅選)　→昭和

金森 直一　かなもり・なおかず　明治45年3月18日～平成10年6月30日　日産火災海上保険社長　→97/99

金森 政雄　かなもり・まさお　明治44年12月18日～平成13年8月15日　三菱重工業名誉相談役,経団連副会長　→

金森 正弘　かなもり・まさひろ　大正11年8月2日～昭和63年2月18日　金森新東社長,金森メタル社長　→88/90

金森 桝太郎　かなもり・ますたろう　～平成5年2月8日　シチズン時計取締役　→91/93

金森 又一郎　かなもり・またいちろう　明治6年2月3日～昭和12年2月9日　実業家　大阪電気軌道社長　→昭和

金森 泰彦　かなもり・やすひこ　昭和15年8月14日～平成11年10月23日　三協アルミニウム工業専務　→97/99

金谷 浩一郎　かなや・こういちろう　昭和11年4月3日～平成17年1月25日　同和鉱業社長　→03/05

金谷 正二　かなや・しょうじ　大正2年4月1日～平成7年6月24日　北海道炭礦汽船社長,金谷ホテル観光最高顧問　→94/96

金谷 真一　かなや・しんいち　明治13年～昭和42年2月16日　実業家　金谷ホテル会長　→昭和

金屋 泰介　かなや・たいすけ　昭和46年7月19日　宇部興産常務　→昭和

金谷 隆夫　かなや・たかお　昭和17年12月5日～平成23年10月29日　グンゼ常務　→09/11

金谷 武彦　かなや・たけひこ　～平成11年2月7日　防衛庁調達実施本部長,警察庁四国管区警察局長,鹿児島県警本部長　→97/99

金谷 輝雄　かなや・てるお　昭和17年11月28日～平成21年9月18日　金谷ホテル観光社長　→09/11

金谷 信孝　かなや・のぶたか　明治42年12月15日～平成6年4月24日　警察庁関東管区警察局長,日本道路公団理事　→94/96

金弥 紀雄　かなや・のりお　昭和16年2月5日～平成12年12月13日　アゼル常務　→00/02

金谷 範三　かなや・はんぞう　明治6年4月～昭和8年6月5日　陸軍大将　→昭和

金谷 フサ　かなや・ふさ　大正10年3月3日～昭和61年12月16日　常呂町樺太アイヌ文化保存会(北海道)理事　→83/87

金谷 貢　かなや・みつぎ　大正4年6月17日～平成8年1月11日　松下電工副社長　→94/96

金谷 芳樹　かなや・よしき　～昭和58年10月4日　国鉄資材局施設課長　→83/87

金谷 善文　かなや・よしぶみ　大正6年7月15日～平成8年7月27日　石川島播磨重工業常務　→94/96

金山 薫　かなやま・かおる　昭和22年5月10日～平成23年7月21日　大阪高裁部総括判事　→09/11

金山 国治　かなやま・くにはる　明治39年2月18日～昭和56年4月14日　弁護士　陸上自衛隊第3管区総監,佐賀県知事　→80/82

金山 佳也　かなやま・けいや　大正12年2月11日～平成8年5月22日　ユシロ化学工業専務　→94/96

金山 健治　かなやま・けんじ　～昭和61年4月26日　富山農産商会代表　→83/87

I　政治・経済・社会篇

か

金山 千治　かなやま・せんじ　昭和2年12月11日～平成23年4月23日　合同製鉄専務　→09/11

金山 哲三　かなやま・てつぞう　昭和3年2月24日～平成1年6月3日　コスモ石油ガス社長, 丸善石油常務　→88/90

金山 俊夫　かなやま・としお　昭和10年3月24日～平成22年3月20日　富山地方鉄道常務　→09/11

金山 敏雄　かなやま・としお　昭和6年11月5日～平成21年11月21日　広貫堂副社長, 富山県軟式野球連盟副会長　→09/11

金山 穆韶　かなやま・ぼくしょう　明治9年10月30日～昭和33年6月11日　僧侶, 仏教学者　高野山真言宗管長, 高野山大学学長　→昭和

金山 正明　かなやま・まさあき　大正11年12月2日～平成2年2月19日　三菱重工業取締役長崎造船所長　→88/90

金山 政英　かなやま・まさひで　明治42年1月24日～平成9年11月1日　駐韓国大使　→97/99

金山 光利　かなやま・みつとし　大正12年2月9日～平成10年11月18日　高知放送社長　→97/99

金山 義雄　かなやま・よしお　～昭和61年10月27日　僧侶　常念寺(真宗大谷派)住職　→83/87

金山 美哉　かなやま・よしや　大正5年10月1日～平成5年5月1日　北央キセキ販売社長, 井関農機取締役　→91/93

金山 米次郎　かなやま・よねじろう　～昭和16年5月29日　富山市長　→昭和

金成 文平　かなり・ぶんべい　明治41年1月25日～平成5年2月5日　金成水産会長, 福島県漁連会長　→91/93

金成 増彦　かなり・ますひこ　明治37年5月4日～平成15年9月10日　富士電機社長　→03/05

榎南 謙一　かなん・けんいち　大正2年2月27日～平成19年9月28日　社会運動家　→昭和

可児 孝夫　かに・たかお　～昭和56年2月18日　三菱商事専務　→80/82

可児 毅　かに・つよし　明治39年11月3日～平成5年2月12日　大成建設取締役　→91/93

可児 義雄　かに・よしお　明治27年9月10日～昭和10年1月9日　労働運動家　→昭和(かし・よしお)

蟹江 一太郎　かにえ・いちたろう　明治8年2月7日～昭和46年12月20日　実業家　カゴメ創業者　→昭和

蟹江 巌　かにえ・いわお　大正9年7月26日～平成16年7月31日　カゴメ専務　→03/05

蟹江 一忠　かにえ・かずただ　大正15年7月24日～平成59年5月9日　カゴメ会長　→83/87

蟹江 欽　かにえ・きん　～平成3年3月15日　中京相互銀行(のち中京銀行)常務　→91/93

蟹江 ぎん　かにえ・ぎん　明治25年8月1日～平成13年2月28日　双子の長寿姉妹　→00/02

蟹江 邦彦　かにえ・くにひこ　明治39年4月26日～昭和60年3月6日　葵タクシー(株)代表, 参院議員(社会党)　→83/87

蟹江 為作　かにえ・ためさく　明治44年9月1日～平成15年12月8日　カゴメ常務　→03/05

蟹江 利夫　かにえ・としお　～昭和55年11月4日　日本ケミカルコンデンサ会長　→80/82

蟹江 広吉　かにえ・ひろよし　大正4年2月12日～平成11年10月11日　京都身体障害者福祉センター常務理事　→97/99

蟹江 良嗣　かにえ・よしつぐ　大正13年9月～昭和60年9月11日　愛知県森林公園協会理事長, 元愛知県出納長　→83/87

蟹谷 乗養　かにたに・じょうよう　明治26年12月18日～昭和61年11月14日　僧侶　京都大名義教授, 龍山善念寺住職　→83/87

蟹山 久登　かにやま・ひさと　大正15年3月10日～平成18年11月25日　栗田工業副社長　→06/08

鹿庭 幸男　かにわ・よしお　大正13年5月6日～平成22年12月3日　鞄カニワ代表取締役, 高松丸亀町商店街振興組合理事長　→09/11

金入 明義　かねいり・あきよし　昭和19年11月15日～平成18年10月23日　青森県議(自民党)　→06/08

兼岩 伝一　かねいわ・でんいち　明治32年2月5日～昭和45年9月15日　政治家　参院議員, 共産党中央委員　→昭和

金氏 一公　かねうじ・かずまさ　～昭和61年5月5日　三川内陶器市実行委員会(佐世保市)事務局長, 長崎県佐世保陶磁器元卸商業協同組合事務理事　→83/87

鐘尾 譲太郎　かねお・じょうたろう　～昭和44年3月17日　東邦亜鉛副社長　→昭和

金尾 史朗　かねお・しろう　昭和2年3月18日～平成7年5月14日　東拓工業社長　→94/96

金親 良吉　かねおや・りょうきち　昭和4年2月3日～平成12年9月13日　ロッテ球団社長　→00/02

金賀 英彦　かねが・ひでひこ　昭和18年3月31日～平成16年1月12日　福島県出納長　→03/05

鐘ケ江 達夫　かねがえ・たつお　大正5年2月29日～平成23年2月10日　とうこう・あい会長　→09/11

兪川 松之助　かねかわ・まつのすけ　～昭和56年12月18日　尾道クミカ工業社長, クミアイ化学工業専務　→80/82

金木 義一　かねき・ぎいち　大正14年6月～昭和59年3月13日　千葉県観光公社理事長, 千葉県工業用水局長　→83/87

金倉 儀一　かねくら・ぎいち　～昭和46年11月26日　本願寺宗務顧問　→昭和

兼堅 浩一　かねけん・ひろいち　～平成22年10月16日　うるま市商工会会長　→09/11

金子 亮夫　かねこ・あきお　～昭和31年2月29日　本渡市長　→昭和

金子 彰利　かねこ・あきとし　大正13年12月16日～平成11年11月8日　日本精工副社長　→97/99

金子 昉　かねこ・あきら　明治42年1月19日～昭和63年

1月30日　開新舎会長、衛生材料工業連合会副会長　→88/90

金子 明美　かねこ・あけみ　～平成22年1月16日
がん患者の支援を訴えた　→09/11

金子 幾造　かねこ・いくぞう　大正4年3月23日～平成7年6月5日　日本電設工業専務　→94/96

金子 市吾郎　かねこ・いちごろう　～昭和55年1月22日
栃木県安蘇郡田沼町長　→80/82

兼子 市寿　かねこ・いちじゅ　～昭和57年3月6日
最高裁大法廷首席書記官　→80/82

金子 一郎　かねこ・いちろう　～昭和44年8月14日
三井物産林業会長　→昭和

金子 一郎　かねこ・いちろう　昭和24年8月31日～平成20年12月4日　群馬県議(自民党)　→06/08

金子 一平　かねこ・いっぺい　大正2年2月12日～平成1年3月23日　衆院議員(自民党)、蔵相　→88/90

金子 岩三　かねこ・いわぞう　明治40年2月20日～昭和61年12月27日　長崎水産会館社長、衆院議員(自民党)、農水相　→83/87

金子 栄五郎　かねこ・えいごろう　明治36年6月10日～平成6年7月19日　ロート製薬専務　→94/96

金子 栄太郎　かねこ・えいたろう　大正13年8月30日～昭和58年5月27日　丸全昭和運輸取締役　→83/87

金子 越郎　かねこ・えつろう　大正10年6月9日～平成14年4月7日　鉄建建設常務　→00/02

金子 和一郎　かねこ・かずいちろう　昭和2年8月5日～平成21年11月13日　紀伊國屋ホール総支配人、紀伊國屋サザンシアター総支配人　→09/11

金子 一夫　かねこ・かずお　大正14年3月18日～平成6年4月4日　駐ギリシャ大使　→94/96

金子 一義　かねこ・かずよし　大正3年1月1日～平成3年12月21日　福岡倉庫社長　→91/93

金子 勝商　かねこ・かつあき　大正7年1月9日～平成18年3月28日　昭和自動車会長、佐賀県バス・タクシー協会顧問　→06/08

金子 克己　かねこ・かつみ　昭和6年4月7日～平成12年1月23日　北日本新聞専務　→00/02

金子 勘作　かねこ・かんさく　大正14年3月25日～平成17年12月2日　日本ビクター常務　→03/05

金子 勘治　かねこ・かんじ　大正4年11月29日～平成17年6月18日　日産農林工業専務　→03/05

金子 喜三郎　かねこ・きさぶろう　～昭和55年9月5日
日立造船元副社長、日立造船不動産元社長　→80/82

金子 吉衛　かねこ・きちえ　明治37年7月4日～平成2年12月19日　蕨市長　→88/90

金子 喬一　かねこ・きょういち　昭和12年～平成19年8月22日　佃権社長、全国蒲鉾水産加工業協同組合連合会会長　→06/08

金子 忠　かねこ・きよし　大正7年9月11日～平成12年1月31日　行橋市長、福岡県議　→00/02

金子 喜代治　かねこ・きよじ　明治39年12月12日～昭和58年1月17日　北海道商工会連合会会長、下川町議会議長　→83/87

金子 喜代太　かねこ・きよた　明治16年3月9日～昭和46年6月6日　実業家　浅野セメント専務　→昭和

金子 金治　かねこ・きんじ　～昭和56年5月21日
大日本紡績取締役、大阪染工常務　→80/82

金子 邦栄　かねこ・くにひで　昭和19年3月10日～平成19年9月20日　日立製作所執行役常務　→06/08

金子 倉吉　かねこ・くらきち　～昭和46年2月9日
日本菓業振興会名誉会長　→昭和

金子 敬治　かねこ・けいじ　大正15年11月1日～平成14年3月5日　秩父通運会長　→00/02

金子 珪亮　かねこ・けいすけ　明治42年8月7日～平成1年3月14日　山陽パルプ副社長　→88/90

金子 健児　かねこ・けんじ　～昭和59年9月18日
日本技術士会理事　→83/87

金子 健次　かねこ・けんじ　～平成5年7月12日
公認会計士　太田昭和監査法人代表社員　→91/93

金子 堅次郎　かねこ・けんじろう　明治20年3月9日～昭和49年9月5日　実業家　日本トレーディング社長　→昭和

金子 源蔵　かねこ・げんぞう　～昭和56年8月30日
余市町(北海道)町会議長　→80/82

金子 堅太郎　かねこ・けんたろう　嘉永6年2月4日～昭和17年5月16日　政治家、伯爵　法相、農相、日米協会初代会長　→昭和

金子 小一郎　かねこ・こいちろう　～昭和58年10月17日
藤沢市長　→83/87

金子 光瑩　かねこ・こうえい　～平成3年9月19日
頂妙寺(日蓮宗)貫首、江古田蓮華寺住職、中野区会議長　→91/93

金子 幸吉　かねこ・こうきち　明治35年4月18日～昭和49年11月8日　社会運動家　栃木市議(社会党)　→昭和

金子 公文　かねこ・こうぶん　～平成4年7月22日
入谷朝顔市委員長　→91/93

金子 五郎　かねこ・ごろう　～平成6年3月22日
日興証券常任監査役　→94/96

金子 佐一郎　かねこ・さいちろう　明治33年2月1日～昭和53年4月7日　実業家　十条製紙社長、日本製紙連合会長　→昭和

金子 茂太郎　かねこ・しげたろう　昭和3年11月11日～平成7年7月12日　カナエ社長、カナック社長　→94/96

金子 殖　かねこ・しげる　大正13年5月2日～平成17年9月23日　本州製紙常務　→03/05

金子 治三郎　かねこ・じさぶろう　～昭和57年6月13日
日商取締役　→80/82

金子 収事　かねこ・しゅうじ　～昭和56年2月16日
国土地理院長、石原建設顧問　→80/82

I 政治・経済・社会篇　　　　　　　　　　　　　　　かねこ

金子 鏊司　かねこ・しゅうじ　明治44年2月6日～昭和57年7月27日　偕成証券会長　→80/82

金子 周平　かねこ・しゅうへい　明治40年9月8日～平成5年6月19日　東洋通信機監査役　→91/93

金子 俊一　かねこ・しゅんいち　～昭和39年3月13日　日立造船常務　→昭和

金子 庄一郎　かねこ・しょういちろう　大正5年10月27日～昭和56年7月5日　マ・マーマカロニ社長　→80/82

金子 正太郎　かねこ・しょうたろう　大正5年1月10日～平成1年1月17日　丸全昭和運輸専務　→88/90

金子 司良　かねこ・しろう　大正6年10月10日～平成11年1月22日　富士食器社長,日本金属洋食器工業組合理事長　→00/02s

金子 四郎　かねこ・しろう　昭和4年12月27日～平成2年11月1日　金子工業社長　→88/90

金子 伸　かねこ・しん　昭和4年9月20日～平成6年4月4日　セキド社長　→94/96

金子 進一　かねこ・しんいち　～昭和55年3月7日　第一セメント会長　→80/82

金子 末男　かねこ・すえお　明治38年2月13日～昭和56年8月11日　九州朝日放送副社長,九州ゴルフ連盟理事長　→80/82

兼子 進　かねこ・すすむ　～昭和57年9月22日　(財)名古屋市身体障害者福祉連合会会長　→80/82

金子 誠司　かねこ・せいじ　平成11年11月4日　金子書房社長　→97/99

金子 節次　かねこ・せつじ　大正3年1月12日～平成1年12月1日　大成火災海上保険取締役　→88/90

金子 善一郎　かねこ・ぜんいちろう　大正15年3月28日～平成11年12月22日　サカタのタネ社長　→97/99

金子 善蔵　かねこ・ぜんぞう　大正8年10月11日～平成14年3月3日　金子書房社長　→00/02

金子 仙太郎　かねこ・せんたろう　大正12年10月25日～平成1年5月14日　弁護士　仙台家裁所長　→88/90

金子 大栄　かねこ・だいえい　明治14年5月3日～昭和51年10月20日　僧侶,仏教学者　大谷大学名誉教授,真宗大谷派侍董寮頭,権大僧正　→昭和

金子 泰造　かねこ・たいぞう　昭和19年4月22日～平成20年5月30日　群馬県議(自民党)　→06/08

金子 太一　かねこ・たいち　大正5年4月17日～平成2年11月7日　金子工業会長,岐阜県建設業協会副会長,全国建設業協同組合連合会副会長　→88/90

金子 孝雄　かねこ・たかお　大正4年9月11日～平成5年12月15日　富士写真フィルム取締役　→91/93

金子 隆　かねこ・たかし　明治34年11月3日～平成4年2月25日　実業家　日清製粉常務,マ・マーマカロニ社長　→91/93

金子 唯郎　かねこ・ただお　昭和5年3月23日～昭和63年5月9日　関電工常務　→88/90(かねこ・だだお)

金子 直　かねこ・ただし　明治11年～昭和6年5月17日　陸軍中将,軍事研究家　→昭和

金子 達一　かねこ・たついち　明治32年11月24日～平成13年7月15日　東洋精糖会長,日本鋼管常務　→00/02

金子 達雄　かねこ・たつお　大正10年12月28日～平成18年4月20日　横浜銀行常務　→06/08

金子 巽　かねこ・たつみ　明治29年4月15日～昭和31年10月10日　労働運動家　→昭和

金子 千尋　かねこ・ちひろ　明治43年1月23日～平成2年1月13日　京葉化学社長,東北興業副総裁　→88/90

金子 忠治　かねこ・ちゅうじ　明治38年3月6日～昭和41年2月24日　社会運動家　栃木市議(社会党)　→昭和

金子 哲也　かねこ・てつや　昭和7年11月16日～平成9年3月31日　東急ホテルチェーン副社長　→97/99

金子 哲郎　かねこ・てつろう　大正15年11月24日～平成18年7月25日　宮城県議(社会党)　→06/08

金子 徳一　かねこ・とくいち　明治39年12月11日～平成14年6月21日　福岡県農業会議会長　→88/90

金子 徳之介　かねこ・とくのすけ　昭和7年3月22日～平成22年1月11日　衆院議員(新進党)　→09/11

金子 徳好　かねこ・とくよし　大正13年7月24日～平成19年11月26日　平和運動家,ミニコミ誌研究家　日本機関紙協会副理事長　→06/08

金子 鋭　かねこ・とし　明治33年3月17日～昭和57年2月24日　富士銀行頭取,プロ野球コミッショナー　→80/82

兼古 敏男　かねこ・としお　大正8年1月18日～平成5年4月13日　東陽理化学研究所社長,燕商工会議所会頭　→91/93

兼子 俊一　かねこ・としかず　明治42年2月10日～昭和58年10月16日　福島中央テレビ社長,東北工業社長,郡山商工会議所会頭　→83/87

金子 敏隆　かねこ・としたか　大正9年2月19日～昭和63年12月19日　本庄商工会議所会頭,金子組会長,埼玉県建設業協会理事　→88/90

金子 富次　かねこ・とみじ　明治25年～平成1年6月13日　金子書房創業者　→88/90

金子 友次　かねこ・ともじ　昭和6年12月9日～平成5年11月22日　トーキン専務　→91/93

金子 寅次郎　かねこ・とらじろう　～昭和60年8月21日　ホクレン専務理事　→83/87

金子 直吉　かねこ・なおきち　慶応2年6月13日～昭和19年2月27日　実業家　鈴木商店支配人　→昭和

兼子 有史　かねこ・なおちか　明治17年4月5日～平成1年4月29日　東北工業社長　→88/90

金子 日威　かねこ・にちい　明治39年12月18日～昭和62年12月10日　僧侶,教育者　日蓮宗管長,池上本門寺貫首(80世),立正女子大学学長・理事長　→83/87

金子 信男　かねこ・のぶお　～昭和55年4月13日　日新製鋼社長　→80/82

金子 昇　かねこ・のぼる　明治40年8月25日～昭和59年11月4日　林兼産業副社長　→83/87

兼子 一　かねこ・はじめ　明治39年12月18日〜昭和48年4月6日　弁護士　東京大学教授　→昭和

金子 八郎　かねこ・はちろう　大正11年12月18日〜平成21年3月15日　シナノケンシ社長　→09/11

金子 彦太郎　かねこ・ひこたろう　明治16年〜昭和38年12月4日　吉原市長,衆院議員　→昭和

金子 央　かねこ・ひさし　〜平成3年7月18日　日本製粉監査役　→91/93

金子 秀雄　かねこ・ひでお　明治42年5月23日〜昭和59年10月29日　東京砂糖取引所理事長,大和産業会長　→83/87

兼子 秀夫　かねこ・ひでお　〜昭和56年6月17日　地方団体関係団体職員共済組合理事長　→80/82

金子 秀三　かねこ・ひでぞう　明治33年9月14日〜昭和55年9月21日　アール・ケー・ビー毎日放送社長　→80/82

金子 広治　かねこ・ひろじ　大正13年1月14日〜昭和56年6月16日　北電取締役道央支店長　→80/82（金子 廣治）

金子 汎利　かねこ・ひろとし　〜平成2年8月19日　弁護士　日弁連理事,関東弁連理事長　→88/90

金子 広幸　かねこ・ひろゆき　昭和2年4月17日〜平成15年1月13日　三井物産取締役,日本工機社長　→03/05

金子 文六　かねこ・ぶんろく　明治35年9月6日〜平成3年5月25日　弁護士　中央大学名誉教授　→91/93

金子 允　かねこ・まこと　大正15年1月31日〜平成2年3月6日　群馬県出納長　→88/90

金子 義　かねこ・まこと　〜昭和61年1月2日　品川燃料専務　→83/87

金子 誠　かねこ・まこと　大正7年5月27日〜平成16年4月2日　三菱商事常務　→03/05

金子 正男　かねこ・まさお　大正1年8月16日〜平成9年9月29日　三井金属副社長,海外鉱物資源開発副社長　→97/99

金子 正　かねこ・まさし　明治39年7月19日〜平成3年9月3日　ダイワボウ常務,高瀬染工場社長　→91/93

金子 正純　かねこ・まさずみ　大正14年2月17日〜平成10年5月18日　大同酸素常務　→97/99

金子 昌信　かねこ・まさのぶ　昭和6年11月24日〜平成14年10月3日　西日本新聞監査役　→00/02

金子 正則　かねこ・まさのり　明治40年3月29日〜年10月21日　弁護士　香川県知事　→94/96

金子 益太郎　かねこ・ますたろう　明治30年7月7日〜昭和58年10月6日　社会運動家　衆院議員(社会党),栃木市長　→83/87

金子 増耀　かねこ・ますてる　万延2年2月11日〜昭和13年2月3日　製鋼業者　→昭和

金子 操　かねこ・みさお　大正4年7月1日〜平成3年22日　東宝副社長　→88/90

金子 三千男　かねこ・みちお　〜昭和56年10月30日　ポニー生産本部生産管理常務　→80/82

金子 みつ　かねこ・みつ　大正3年4月30日〜平成17年8月14日　衆院議員(社会党),社会党副委員長　→03/05

金子 満造　かねこ・みつぞう　〜平成10年5月27日　岐阜地検検事正,宮城地検検事正,大分地検検事正　→97/99

金子 三也　かねこ・みつや　昭和3年9月3日〜平成19年2月9日　トヨタ自動車専務　→06/08

金子 睦明　かねこ・むつあき　〜平成16年1月22日　福岡放送専務　→03/05

金子 基　かねこ・もとい　〜平成10年2月6日　琵琶湖グランドホテル会長　→97/99

金子 元三郎　かねこ・もとさぶろう　明治2年4月〜昭和27年4月11日　貴院議員(多額納税),衆院議員　→昭和（かねこ・げんざぶろう）

金子 元之　かねこ・もとゆき　昭和5年4月1日〜平成3年5月2日　日本シイエムケイ常務　→91/93

金子 康男　かねこ・やすお　大正11年3月3日〜平成16年10月2日　熊本県議(自民党)　→03/05

金子 安平　かねこ・やすへい　明治44年12月17日〜平成11年7月24日　神官　神社本庁長老,榛名神社名誉宮司,沼田市会議長　→97/99

金子 裕一郎　かねこ・ゆういちろう　昭和3年3月25日〜昭和60年4月23日　東洋埠頭専務　→83/87

金子 雄二　かねこ・ゆうじ　〜平成12年12月　埼玉県信連入会融資部長　→03/05s

金子 有造　かねこ・ゆうぞう　明治34年3月20日〜昭和56年8月30日　日本経営合理化協会理事長,ミツミ電機副社長　→80/82

金子 行徳　かねこ・ゆきのり　明治11年〜昭和40年1月6日　信濃絹糸紡績社長,長野県公安委員長　→昭和

金子 洋二　かねこ・ようじ　明治44年11月30日〜昭和59年12月11日　全日本製本工業組合連合会会長,共同製本会長　→83/87

金子 養三　かねこ・ようぞう　明治15年6月11日〜昭和16年12月27日　海軍少将　→昭和

金子 美雄　かねこ・よしお　明治43年1月15日〜平成5年5月9日　日本賃金研究センター所長　→91/93

金子 美憲　かねこ・よしき　明治38年8月9日〜昭和58年2月12日　大協石油専務　→83/87

金子 与重郎　かねこ・よしじゅうろう　明治34年1月〜昭和29年10月9日　衆院議員(改進党)　→昭和（かねこ・よじゅうろう）

金子 嘉徳　かねこ・よしのり　明治31年11月27日〜平成3年2月10日　東海銀行相談役・元頭取,中京テレビ放送会長　→91/93

金子 芳久　かねこ・よしひさ　大正15年9月1日〜平成18年3月18日　札幌日産自動車会長　→06/08

金子 隆治　かねこ・りゅうじ　昭和5年2月19日〜平成3年1月20日　三菱電線工業常務　→91/93

金子 良運　かねこ・りょううん　大正12年3月6日〜平成7年6月5日　僧侶　無量寺(真言宗豊山派)住職,大正大

I 政治・経済・社会篇　　　　　　　　　　　　　　　　　　　　　　　　　　　　　かねた

学教授, 神奈川県立博物館副館長　→94/96

金崎 是　かねさき・すなお　大正5年～平成19年3月27日　広島県原爆被害者団体協議会副理事長, 福島地区原爆被爆者の会(広島市)会長　→06/08

金崎 正春　かねさき・まさはる　大正4年6月25日～平成15年3月3日　オリンパス光学工業専務　→03/05

兼次 佐一　かねし・さいち　～平成10年3月20日　那覇市長　→97/99

兼重 一郎　かねしげ・いちろう　昭和4年12月2日～平成22年10月25日　いすゞ自動車専務　→09/11

兼重 健一　かねしげ・けんいち　昭和6年12月10日～平成16年10月18日　セントラル硝子常務　→03/05

兼重 正次　かねしげ・しょうじ　昭和23年2月2日～平成7年8月30日　グリーンコープ事業連合事務理事　→97/99s

兼重 信雄　かねしげ・のぶお　～昭和55年8月21日　神奈川県土木部長　→80/82

金下 修三　かねした・しゅうぞう　明治39年3月26日～平成3年8月4日　金下建設会長　→91/93

兼島 景毅　かねしま・けいき　明治23年8月19日～昭和43年3月7日　社会運動家　→昭和

兼城 賢二　かねしろ・けんじ　昭和6年4月10日～平成9年8月7日　弁護士　沖縄県収用委員会会長　→97/99

金城 周奉　かねしろ・しゅうほう　～昭和55年5月9日　牧師　善隣基督教会主管牧師　→80/82

金末 多志雄　かねすえ・たしお　明治28年3月～昭和61年10月30日　弁護士　日本弁護士連合会事務総長　→83/87

兼杉 源次郎　かねすぎ・げんじろう　大正7年1月20日～平成1年11月1日　ツルゲン会長　→88/90

金田 明恒　かねだ・あきつね　昭和9年2月5日～平成2年11月26日　日商岩井取締役　→88/90

金田 晟　かねだ・あきら　大正10年9月17日～平成1年5月13日　ニチメン専務　→88/90

金田 功　かねだ・いさお　大正15年5月29日～平成3年3月10日　石井鉄工所監査役　→91/93

兼田 市郎　かねた・いちろう　～昭和28年1月23日　日本燃料重役　→昭和

金田 一郎　かねだ・いちろう　～昭和45年8月26日　長銀不動産社長　→昭和

金田 宇佐夫　かねだ・うさお　～昭和55年6月7日　弁護士　京都家裁所長　→80/82

金田 栄太郎　かねだ・えいたろう　～昭和52年7月28日　チッソ会長　→昭和

金田 邦夫　かねだ・くにお　～昭和37年10月6日　サンスター社長　→昭和

金田 啓三　かねだ・けいぞう　昭和15年10月21日～平成18年5月26日　トーヨーコーケン社長　→06/08

兼田 健次　かねだ・けんじ　昭和58年5月1日　レンゴー専務　→83/87

金田 才平　かねだ・さいへい　～昭和49年7月26日　宮内省図書頭兼諸陵頭　→昭和

金田 伶　かねだ・さとし　昭和11年8月15日～平成13年4月29日　スマイル社長, 丸紅取締役　→00/02

金田 重次郎　かねだ・しげじろう　～昭和27年6月16日　日本新聞機械製作所社長　→昭和

金田 昌平　かねだ・しょうへい　～昭和48年8月28日　大和銀行取締役　→昭和

金田 二郎　かねだ・じろう　～平成10年4月11日　石油資源開発取締役, 通産省鉱山局審議官　→97/99

金田 伸　かねだ・しん　～昭和61年10月8日　キンセキ常務　→83/87

金田 信一　かねだ・しんいち　昭和13年8月30日～平成21年2月5日　日鉱金属常務　→09/11

金田 卓三　かねだ・たくぞう　昭和4年9月29日～平成16年9月19日　日本クレジットサービス会長　→03/05

金田 武　かねだ・たけし　大正11年1月7日～平成21年5月4日　紋別市長　→09/11

金田 忠雄　かねだ・ただお　大正11年11月10日～平成13年1月22日　天馬社長　→00/02

金田 太郎　かねだ・たろう　～平成9年6月17日　トレヴィル会長　→97/99

金田 懋　かねだ・つとむ　大正2年11月1日～平成5年10月8日　三菱樹脂取締役　→91/93

金田 伝一郎　かねだ・でんいちろう　大正6年5月24日～平成23年3月31日　鹿島建設副会長　→09/11

金田 俊良　かねだ・としよし　昭和7年10月1日～平成6年3月31日　稲畑産業専務　→94/96

金田 俊郎　かねだ・としろう　明治35年～昭和32年8月21日　三和銀行取締役　→昭和

兼田 富太郎　かねだ・とみたろう　明治43年8月25日～昭和60年3月29日　日中労働者交流協会事務局長, 総評副議長, 全港湾委員長　→83/87

兼田 晴重　かねだ・はるしげ　～平成17年8月21日　駐ホンジュラス大使　→03/05

兼田 秀雄　かねだ・ひでお　明治13年5月15日～昭和12年11月22日　政治家　衆院議員　→昭和(金田 秀雄 かねた・ひでお)

金田 平　かねだ・ひとし　昭和4年10月2日～平成19年7月28日　三浦半島自然保護の会会長　→06/08

金田 裕夫　かねだ・ひろお　大正7年7月19日～平成5年3月9日　鳥取市長, 新日本海新聞社長　→91/93

金田 弘　かねだ・ひろし　大正10年11月13日～平成12年5月26日　日本電気常務　→00/02

金田 博　かねだ・ひろし　昭和4年5月7日～平成7年10月6日　東京証券常務　→94/96

金田 文男　かねだ・ふみお　大正10年2月6日～昭和62年11月17日　光洋精工常務, 協和銀行取締役　→83/87

金田 雅喬　かねだ・まさたか　昭和12年8月19日～平成6

年5月9日　警察庁警察大学校校長　→94/96

金田　勝　かねだ・まさる　大正12年10月11日～平成10年11月25日　高知県議（社会党）　→97/99

金田　泰一　かねだ・やすいち　～昭和55年12月31日　丸国証券常務　→80/82

金田　義夫　かねだ・よしお　明治41年4月21日～平成2年2月13日　三菱製鋼社長　→88/90

金田　亮宏　かねだ・りょうこう　大正13年12月23日～昭和63年11月11日　東京電力理事・企画部長　→88/90

金谷　栄治郎　かねたに・えいじろう　～昭和47年9月30日　自転車産業振協常務理事　～昭和

金谷　三松　かねたに・みまつ　～昭和28年2月8日　日本鉄鋼連理事　～昭和

金谷　倭四郎　かねたに・わしろう　～昭和38年10月24日　東洋火災海上保険社長　～昭和

兼近　正美　かねちか・まさみ　昭和26年7月10日～平成19年6月27日　SEED社長　→06/08

金綱　正巳　かねつな・まさみ　～平成11年1月28日　弁護士　東京弁護士会副会長　→97/99

金野　祐吉　かねの・ゆうきち　大正7年3月28日～昭和61年3月23日　東和システム社長　→83/87

金納　源十郎　かねのう・げんじゅうろう　～昭和14年12月30日　岸和田煉瓦綿業社長　～昭和

金原　一郎　かねはら・いちろう　明治27年8月30日～昭和61年7月22日　医学書院相談役・元社長、日本書籍出版協会副会長　→83/87

金原　四郎　かねはら・しろう　明治33年5月19日～平成4年1月19日　金原出版社主、（財）全国法人会総連合会長　→91/93

金久　好　かねひさ・よしみ　明治44年4月1日～平成22年7月13日　日興証券常務　→09/11

兼平　慶之助　かねひら・けいのすけ　明治34年4月15日～平成3年2月27日　弁護士　東京高裁判事　→91/93

兼平　純吉　かねひら・じゅんきち　大正9年10月14日～昭和61年5月19日　余市郡漁協組合（北海道）組合長、全国漁業協同組合連合会副会長、北海道漁業協同組合連合会長　→83/87

兼藤　栄　かねふじ・さかえ　～昭和52年11月24日　弁護士　～昭和

金正　米吉　かねまさ・よねきち　明治25年12月8日～昭和38年11月28日　労働運動家　総同盟会長　～昭和

兼桝　栄二　かねます・えいじ　昭和6年12月25日～平成17年5月7日　広島市議（新政クラブ）　→03/05

兼松　暁昭　かねまつ・ぎょうしょう　大正9年6月21日～昭和52年5月1日　海上保安庁総務部長　→91/93

兼松　源三　かねまつ・げんぞう　大正6年6月21日～昭和5年4月1日　三菱製鋼取締役　→91/93

兼松　達　かねまつ・さとし　昭和5年11月8日～平成5年6月18日　日本不動産研究所理事、国税庁税務大学校長　→91/93

兼松　哲　かねまつ・さとし　～昭和57年9月13日　北海道胆振管内穂別町収入役　→80/82

兼松　魍　かねまつ・たかし　～昭和59年5月21日　横浜輸送相談役・元社長　→83/87

兼松　武　かねまつ・たけし　大正6年10月11日～平成15年2月28日　駐ノルウェー大使　→03/05

兼松　力　かねまつ・ちから　大正4年3月5日～昭和57年1月6日　東京海上各務記念財団顧問、東京海上火災保険専務　→80/82

兼松　寅太郎　かねまつ・とらたろう　慶応2年12月～昭和16年5月25日　衆院議員（立憲政友会）　→昭和

兼松　昇瑠　かねまつ・のぼる　昭和6年2月15日～昭和61年9月8日　貝印刃物副社長、カイカトラリー副社長　→83/87

兼松　学　かねまつ・まなぶ　明治45年4月26日～平成18年3月11日　日本交通公社副社長　→06/08

兼松　保一　かねまつ・やすかず　昭和2年3月28日～平成10年8月27日　中央大学理工学部教授、日本ユースホステル協会理事長　→97/99

金丸　悦子　かねまる・えつこ　昭和4年1月18日～平成3年12月4日　金丸信元副総理の妻　→91/93

金丸　孝　かねまる・こう　～平成7年6月11日　信栄コンクリート会社社長　→94/96

兼丸　悟　かねまる・さとる　大正9年12月19日～昭和56年4月12日　栗林商船常務　→80/82

金丸　三郎　かねまる・さぶろう　大正3年2月8日～平成19年8月15日　参院議員（自民党）、総務庁長官、鹿児島県知事　→06/08

金丸　修　かねまる・しゅう　～昭和61年12月25日　サンワ総合サービス社長　→83/87

金丸　信　かねまる・しん　大正3年9月17日～平成8年3月28日　政治家　衆院議員、自民党副総裁、副総理　→94/96

金光　昭　かねみつ・あきら　～昭和42年10月11日　公共電話証券会会長、元電電公社総務理事　～昭和

金三津　三郎　かねみつ・さぶろう　～昭和61年5月3日　（株）金太郎温泉天神山健康センター常任監査役、元税務大学金沢研修所長、七尾税務署長　→83/87

金光　卓男　かねみつ・たくお　昭和4年11月5日～昭和63年10月10日　資生堂取締役　→80/82

金光　庸夫　かねみつ・つねお　明治10年3月13日～昭和30年3月5日　政治家、実業家　衆院議員（自由党）、厚相、大正生命保険社長　～昭和

金光　知衛　かねみつ・ともえ　大正12年2月3日～昭和62年6月19日　大同興業常務　→83/87

金光　稔　かねみつ・みのる　明治39年6月20日～昭和61年6月30日　宮地鉄工所顧問・元常務　→83/87

金光　義邦　かねみつ・よしくに　明治42年3月～昭和53年1月5日　衆院議員（自由党）　～昭和

金本　久　かねもと・ひさし　大正11年9月20日～昭和60年11月22日　広島相互銀行監査役　→83/87

I 政治・経済・社会篇

金山 国次郎　かねやま・くにじろう　明治41年12月17日〜平成10年4月28日　全国食糧事業協同組合連合会会長　→97/99

兼行 恵雄　かねゆき・しげお　明治28年5月7日〜昭和58年6月17日　山口市長　→83/87

金行 二郎　かねゆき・じろう　〜昭和16年9月17日　大日本製糖前取締役　→昭和

金吉 聡　かねよし・さとし　大正14年11月5日〜平成5年11月22日　仙台地検検事正　→91/93

加野 久武男　かの・くぶお　大正14年3月20日〜平成10年7月4日　(財)安全運転研修推進協会理事長、兵庫県警本部長　→97/99

狩野 桂一郎　かの・けいいちろう　昭和9年1月3日〜昭和63年3月3日　迫屋商事社長　→88/90

嘉野 幸太郎　かの・こうたろう　大正14年2月20日〜平成19年4月12日　弁護士　金沢弁護士会会長　→06/08

鹿野 重　かの・しげる　〜昭和63年10月12日　鹿野酒店会長、小松酒造組合副理事長　→88/90

鹿野 真尚　かの・しんしょう　〜昭和63年7月11日　僧侶、俳人　国分山医王寺住職・権大僧正　→88/90

狩野 泰輔　かの・たいすけ　〜平成15年5月28日　陸上自衛隊機甲師団師団長　→03/05

叶 凸　かの・たかし　明治41年6月〜昭和39年12月24日　衆院議員　→昭和

鹿野 琢見　かの・たくみ　大正8年4月15日〜平成21年10月23日　弁護士　鹿野法律事務所所長、弥生美術館理事長、竹久夢二美術館館長　→09/11

鹿野 彦吉　かの・ひこきち　明治37年12月11日〜昭和53年2月18日　衆院議員(自民党)　→昭和(しかの・ひこきち)

狩野 平次　かの・へいじ　大正14年3月7日〜平成19年2月7日　明和産業常務　→06/08

鹿野 晏生　かの・やすお　昭和10年4月18日〜平成14年5月14日　大分放送専務　→00/02

加野 靖典　かの・やすのり　昭和8年5月1日〜昭和63年9月1日　弁護士、歌人　「ゆり」代表　→88/90

狩野 明男　かのう・あきお　昭和9年10月3日〜平成4年2月26日　参院議員(自民党)　→91/93

加納 新　かのう・あらた　〜平成1年1月13日　上関町(山口県)町長　→88/90

加納 勲　かのう・いさお　大正8年9月15日〜平成5年7月19日　勁文社会長、エコーエンタープライズ社長　→91/93

叶 礒　かのう・いわお　〜昭和56年4月5日　福岡県土木部長　→80/82

叶 興雄　かのう・おきお　〜昭和60年11月2日　叶印刷所専務取締役　→83/87

加納 和夫　かのう・かずお　大正9年9月29日〜平成17年6月3日　松坂屋専務　→03/05

加納 議一　かのう・ぎいち　大正4年4月29日〜平成6年11月17日　太平洋工業常務　→94/96

加納 菊男　かのう・きくお　明治40年2月20日〜平成1年1月20日　大蔵省四国財務局長、東京商工会議所荒川支部顧問　→88/90

加納 喜之助　かのう・きのすけ　〜昭和42年4月15日　千代田生命常務　→昭和

嘉納 玉泉　かのう・ぎょくせん　嘉永6年〜昭和10年　実業家　→昭和

嘉納 毅六　かのう・きろく　大正3年1月3日〜平成16年9月3日　菊正宗酒造社長　→03/05

加納 金助　かのう・きんすけ　明治16年9月〜昭和28年12月5日　参院議員(自由党)　→昭和

加納 健一　かのう・けんいち　〜平成13年9月25日　空将　→00/02

加納 俊二　かのう・けんじ　昭和47年11月15日　熊谷組副社長　→昭和

加納 幸一　かのう・こういち　大正13年1月11日〜平成18年2月1日　加納幸会長、西陣織工業組合理事長　→06/08

加納 耕平　かのう・こうへい　〜平成5年7月11日　湯浅金物(のちユアサ商事)常務　→91/93

加納 栄　かのう・さかえ　〜昭和58年8月25日　黒羽刑務所長　→83/87

嘉納 治兵衛　かのう・じへえ　文久2年1月2日〜昭和26年1月　実業家　白鶴酒造会長　→昭和

嘉納 治兵衛　かのう・じへえ　〜昭和39年9月30日　白鶴酒造会長　→昭和

加納 駿平　かのう・しゅんぺい　明治36年8月31日〜平成7年3月28日　弁護士　札幌高裁長官　→94/96

加納 庄太郎　かのう・しょうたろう　明治39年1月23日〜平成10年6月30日　カノークス名誉会長　→97/99

嘉納 治郎右衛門(8代目)　かのう・じろうえもん　嘉永6年7月3日〜昭和10年3月15日　実業家、醸造家　本嘉納商店社長　→昭和(嘉納 治郎右衛門)

嘉納 治郎右衛門(9代目)　かのう・じろうえもん　明治31年7月5日〜昭和47年3月10日　実業家、酒造家　本嘉納商店社長　→昭和(嘉納 治郎右衛門)

加納 甚太郎　かのう・じんたろう　昭和2年1月2日〜平成15年8月4日　センコー専務　→03/05

加納 精吾　かのう・せいご　明治36年5月10日〜昭和58年9月1日　美濃市長　→83/87

狩野 宗三　かのう・そうぞう　〜昭和30年5月1日　小野田セメント社長　→昭和

加納 孝　かのう・たかし　〜平成23年6月7日　日本AEパワーシステムズ社長　→09/11

加納 忠勝　かのう・ただかつ　昭和3年7月2日〜平成9年6月2日　バブコック日立社長、日立製作所専務　→97/99

和 忠利　かのう・ただとし　大正15年1月8日〜平成3年1月31日　文部省体育局審議官、一橋大学事務局長　→

91/93

加納 敬隆　かのう・としたか　〜平成2年12月31日
乃村工芸社参与・元取締役　→88/90

加納 俊彦　かのう・としひこ　〜昭和61年11月25日
日新火災海上保険常務　→83/87

加納 富夫　かのう・とみお　〜昭和59年7月7日
陸将　陸上自衛隊中部方面総監　→83/87

加納 友之介　かのう・とものすけ　明治5年5月8日〜昭和11年8月14日　実業家　東海銀行頭取　→昭和

加納 治雄　かのう・はるお　〜昭和12年10月11日
陸軍少将　→昭和

加納 久朗　かのう・ひさあきら　明治19年8月1日〜昭和38年2月21日　日本住宅公団初代総裁　→昭和

加納 秀雄　かのう・ひでお　大正3年10月29日〜平成12年12月11日　戸建建設常務　→00/02

加納 日出夫　かのう・ひでお　大正6年10月15日〜昭和60年6月16日　塩野義製薬常務　→83/87

嘉納 秀郎　かのう・ひでお　昭和9年8月14日〜平成22年5月4日　白鶴酒造社長　→09/11

狩野 敏　かのう・びん　明治34年4月1日〜昭和56年10月8日　右翼運動家　拓殖大学理事長　→80/82

狩野 文二　かのう・ふみじ　昭和5年9月5日〜平成17年8月20日　群馬県議、上毛電業社長　→03/05

叶 文光　かのう・ふみてる　昭和5年4月23日〜平成10年9月4日　宮崎銀行常務　→97/99

加納 政雄　かのう・まさお　明治43年8月27日〜昭和59年12月13日　新潟鉄工所専務　→83/87

嘉納 正治　かのう・まさはる　明治44年5月10日〜平成1年9月21日　白鶴酒造会長　→88/90

加納 実　かのう・みのる　明治36年7月2日〜平成3年5月12日　大阪家裁所長　→91/93

加納 安久　かのう・やすひさ　明治44年11月20日〜平成13年5月30日　日本冶金工業社長、昭和電工常務　→00/02

加納 豊　かのう・ゆたか　〜平成8年7月3日
加納製作所会長　→94/96

加納 義一　かのう・よしいち　昭和3年1月9日〜平成4年10月11日　ユニカ社長　→91/93

加名生 良信　かのう・よしのぶ　〜昭和27年3月26日
大和紡績副社長　→昭和

加納 由兵衛　かのう・よしえ　〜昭和5年9月11日
大神中央土地社長　→昭和

加納 吉松　かのう・よしまつ　明治37年12月1日〜昭和62年8月23日　丸大食品常務　→83/87

加納 竜一　かのう・りゅういち　明治37年10月〜昭和63年7月1日　日本映画社専務　→88/90

叶沢 清介　かのうざわ・せいすけ　明治39年12月12日〜平成12年6月26日　日本図書館協会顧問、長野県立図書館館長　→00/02

叶内 長兵衛　かのうち・ちょうべえ　〜昭和37年2月2日
殖産相互銀行社長　→昭和（かのうち・ちょうべい）

彼末 徳喜　かのすえ・とくき　〜平成7年7月11日
サンケイビル常務　→94/96

叶屋 新一　かのや・しんいち　大正1年8月1日〜平成7年1月26日　積水工機製作所社長、積水化学工業取締役　→94/96

蒲 正義　かば・まさよし　〜平成7年5月30日
日本電気精器常務　→94/96

樺沢 正雄　かばさわ・まさお　大正10年1月7日〜平成18年5月10日　第一中央汽船社長　→06/08

椛沢 力男　かばさわ・りきお　〜昭和63年7月8日
宮城県予防医学協会専務理事　→88/90

樺島 明　かばしま・あきら　大正5年11月18日〜昭和63年5月8日　弁護士　大分地検検事正　→88/90

椛島 健一　かばしま・けんいち　大正11年3月31日〜平成11年12月7日　大東紡織専務　→00/02s

椛島 嗣郎　かばしま・しろう　〜平成3年10月3日
日鉄鉱業取締役　→91/93

椛嶋 清四郎　かばしま・せいしろう　昭和7年10月29日〜平成9年6月19日　ケンウッド専務　→97/99

椛島 巳一　かばしま・みいち　〜昭和61年5月4日
柳川市議・市会議長　→83/87

加畑 勇蔵　かばた・ゆうぞう　明治42年11月11日〜平成4年6月16日　大日本インキ化学工業専務　→91/93

蒲谷 隆次　かばや・たかじ　大正4年2月1日〜平成5年1月10日　神奈川県議（社会党）　→91/93

樺山 愛輔　かばやま・あいすけ　慶応1年5月10日〜昭和28年10月21日　実業家、政治家、伯爵　貴院議員（研究会）、日米協会会長　→昭和

樺山 可也　かばやま・かなり　明治10年10月14日〜昭和7年10月27日　海軍少将　鹿児島市長　→昭和（かばやま・かや）

樺山 滋人　かばやま・しげと　〜昭和55年10月22日
樺山料理学園前理事長　戦後第一回のブラジル移民団長　→80/82

樺山 資英　かばやま・すけひで　明治1年11月19日〜昭和16年3月19日　貴院議員（勅選）、満鉄理事　→昭和

樺山 卓　かばやま・たかし　明治22年8月21日〜平成23年7月1日　東京都議（自民党）　→09/11

樺山 辰男　かばやま・たつお　明治37年5月19日〜昭和59年7月14日　京浜急行電鉄常務　→83/87

樺山 丑二　かばやま・ちゅうじ　明治34年5月19日〜平成1年1月19日　モルガン銀行東京支店顧問、東宝取締役　→88/90

樺山 常子　かばやま・つねこ　〜昭和4年12月5日
樺山伯爵夫人　→昭和

樺山 俊夫　かばやま・としお　明治44年2月21日〜平成1年4月23日　阪神高速道路公団副理事長、皇宮警察本部長

I 政治・経済・社会篇　　　　　　　　　　　　　　　　　　　　　　　　かまた

→88/90

香春 三樹次　かはる・みきじ　明治30年2月24日～平成2年3月6日　富士製鉄(のち新日本製鉄)副社長　→88/90

冠木 善彦　かぶき・ぜんひこ　～平成13年10月13日　コマツ取締役,小松リフト常務　→00/02

株木 政一　かぶき・まさいち　～昭和33年3月7日　日立セメント社長　→昭和

株木 正郎　かぶき・まさろう　大正11年1月2日～平成1年3月28日　株木建設社長,日立セメント社長　→88/90

株木 やよ　かぶき・やよ　明治33年3月10日～昭和60年3月2日　株木建設会長,日立セメント会長,霞ケ浦高校理事長　→83/87

加福 喜久雄　かふく・きくお　～昭和50年5月11日　東芝精機社長　→昭和

加福 竜郎　かふく・りゅうろう　～昭和57年9月25日　大阪商船三井船舶副社長,日本海汽船会長　→80/82

加太 邦憲　かぶと・くにのり　嘉永2年5月19日～昭和4年12月4日　司法官　大阪控訴院院長,貴院議員(勅選)　→昭和(かた・くにのり)

加太 孝男　かぶと・たかお　大正7年7月22日～平成17年3月27日　キリンビール常務,キリン・シーグラム社長　→03/05

鏑木 修　かぶらぎ・おさむ　～昭和57年1月8日　日本オイルシール工業常務・営業副本部長　→80/82

鏑木 住男　かぶらぎ・すみお　大正15年10月21日～平成3年6月21日　群馬県議(自民党),カツミ縫製社長　→91/93

鏑木 健夫　かぶらぎ・たけお　～昭和51年5月10日　空将　→昭和

鏑木 忠正　かぶらぎ・ただまさ　明治21年8月～昭和37年9月6日　昭和医学専門学校創立者,衆院議員(立憲民政党)　→昭和

鏑木 忠元　かぶらぎ・ただもと　～昭和63年6月26日　明星食品監査役　→88/90

無木 元資　かぶらき・もとすけ　～昭和54年11月11日　太陽火災海上社長　→昭和

加辺 喜与作　かべ・きよさく　大正11年7月9日～平成2年10月14日　ヤマト運輸監査役　→88/90

我部 政憲　がべ・まさのり　大正4年8月1日～平成14年1月15日　西部ガス副社長　→00/02

加明 三郎　かべ・めいざぶろう　明治38年10月10日～平成6年1月22日　板橋区長　→94/96

壁井 与三郎　かべい・よさぶろう　明治43年2月4日～昭和61年12月11日　第一証券経済研究所顧問,日本ポートフォリオ・サービス専務,第一証券取締役　→83/87

壁島 光雄　かべしま・みつお　大正4年8月27日～平成3年8月14日　東亜道路工業専務　→91/93

壁村 耐三　かべむら・たいぞう　大正10年12月8日　秋田書店取締役　→97/99

釜井 昭輝　かまい・あきてる　昭和8年10月30日～平成9年11月17日　矢作建設工業専務　→97/99

鎌居 五朗　かまい・ごろう　昭和3年1月20日～平成13年4月3日　日東電工社長,関西経営者協会副会長　→00/02

釜井 章二　かまい・しょうじ　大正3年8月25日～平成9年7月20日　安田信託銀行社長　→97/99

鎌居 利惣　かまい・としそう　～昭和59年3月28日　日東電気工業相談役,日立マクセル相談役　→83/87

鎌内 義夫　かまうち・よしお　大正2年5月17日～平成3年9月3日　東北金属工業(のちトーキン)常務　→91/93

釜江 英治　かまえ・えいじ　大正4年1月4日～平成5年6月3日　新家工業常務　→91/93

鎌尾 襄次　かまお・じょうじ　昭和8年7月16日～平成9年8月29日　三井東圧肥料会長　→97/99

鎌形 敬秋　かまがた・たかあき　昭和3年3月3日～平成9年11月24日　協和銀行(のちあさひ銀行)常務,昭和地所監査役　→97/99

鎌倉 新一　かまくら・しんいち　～昭和57年9月13日　根室管内中標津町議会議長,中標津町名誉町民　→80/82

鎌倉 信一郎　かまくら・しんいちろう　～平成7年4月15日　四国文映社社長　→94/96

鎌倉 常三　かまくら・つねぞう　～平成5年7月7日　鎌倉産業常務　→91/93

鎌倉 利行　かまくら・としゆき　昭和4年7月19日～平成23年4月24日　弁護士　大阪弁護士会会長　→09/11

鎌田 安佐雄　かまた・あさお　～昭和62年6月6日　三菱製紙取締役　→83/87

鎌田 勲　かまた・いさお　大正12年3月5日～平成6年6月28日　日産建設副会長　→94/96

鎌田 泉　かまだ・いずみ　明治41年7月1日～平成7年3月4日　白元創業者　→94/96

鎌田 一郎　かまた・いちろう　～昭和61年3月18日　片倉工業取締役　→83/87

鎌田 逸郎　かまた・いつろう　明治30年10月～昭和55年9月4日　参院議員(緑風会)　→80/82

鎌田 巌　かまだ・いわお　～昭和62年7月11日　岩見沢市議　→83/87

鎌田 英一　かまた・えいいち　明治39年5月12日～平成9年10月1日　七十七銀行専務　→97/99

釜田 英二　かまだ・えいじ　大正6年1月1日～昭和61年12月18日　大成建設副社長,大成プレハブ専務　→83/87

鎌田 収　かまだ・おさむ　～平成21年3月27日　白元会長　→09/11

鎌田 一治　かまた・かずはる　大正13年～昭和59年12月8日　電通製販所社長　→83/87

鎌田 勝太郎　かまだ・かつたろう　文久2年1月22日～昭和17年3月28日　実業家(塩業家),政治家　塩産会社社長,讃岐紡績社長,貴院議員(多額納税)　→昭和(かまた・かつたろう)

かまた　　　　　　　　　　　　　　　　　　　　　　　Ⅰ　政治・経済・社会篇

鎌田　要人　かまだ・かなめ　大正10年10月2日〜平成17年12月3日　参院議員(自民党),鹿児島県知事　→03/05

鎌田　嘉兵衛　かまた・かへえ　大正7年5月4日〜平成15年11月2日　五所川原街づくり(株)会長　→03/05

蒲田　行静　かまた・ぎょうしょう　〜昭和56年1月10日　妙本寺貫首(鎌倉の日蓮宗本山)　→80/82

釜田　共平　かまた・きょうへい　〜昭和57年8月9日　日本生産性本部理事　→80/82

鎌田　国男　かまた・くにお　大正4年10月6日〜平成3年1月22日　昭和海運常務　→91/93

鎌田　憲英　かまだ・けんえい　〜平成14年9月20日　僧侶　日本宗教連盟理事長,浄土真宗本願寺派宗会議長　→00/02

鎌田　恒一　かまた・こういち　明治31年1月1日〜昭和62年6月18日　丸仙カバン店社長　→83/87

鎌田　三郎　かまた・さぶろう　明治34年7月20日〜昭和62年6月15日　西吉野村(奈良県)村長,蘭館珈琲ハウス会長　→83/87

鎌田　三之助　かまた・さんのすけ　文久3年1月13日〜昭和25年5月3日　鹿島台村(宮城県)村長,衆院議員(同志研究会)　→昭和(かまた・さんのすけ)

鎌田　茂雄　かまた・しげお　昭和7年11月27日〜平成14年8月28日　東奥日報専務　→00/02

蒲田　茂　かまだ・しげる　大正10年11月5日〜平成19年1月11日　上組専務　→06/08

鎌田　守拙　かまだ・しゅせつ　大正7年6月14日〜昭和61年5月5日　旭産業会長,徳陽相銀専務　→83/87

鎌田　正伍　かまた・しょうご　明治39年11月5日〜平成1年7月16日　明治生命取締役　→88/90

鎌田　大九郎　かまた・だいくろう　〜昭和59年7月27日　福岡県酪農協同組合連合会副会長　→83/87

鎌田　敬直　かまた・たかなお　昭和5年3月26日〜平成10年9月17日　山陽電気鉄道常務,山電不動産社長　→97/99

鎌田　竹司　かまた・たけし　〜平成15年5月25日　農業　日本ALS協会宮城県支部長　→03/05

鎌田　耕　かまだ・つとむ　昭和6年7月30日〜平成10年2月12日　白元会長　→97/99

鎌田　道海　かまだ・どうかい　大正12年2月10日〜平成3年3月18日　香川県議(自民党)　→91/93

鎌田　俊男　かまた・としお　昭和6年9月10日〜平成12年11月16日　ヤナセ厚生年金基金理事長,ヤナセ専務　→00/02

鎌田　敏夫　かまた・としお　明治37年2月10日〜昭和63年12月24日　いすゞ自動車取締役　→88/90

鎌田　彦吉　かまだ・ひこよし　明治42年11月28日〜平成4年9月16日　大阪日刊印刷(のち日刊オフセット)社長　→91/93

鎌田　英夫　かまた・ひでお　大正10年8月4日〜平成21年4月23日　会計検査院長　→09/11

鎌田　秀夫　かまた・ひでお　〜昭和60年5月20日　高等海難審判庁審判官　→83/87

鎌田　博　かまた・ひろし　〜平成4年6月2日　千葉県出納長　→91/93

鎌田　文哉　かまた・ふみや　〜昭和59年7月7日　東京商工リサーチ常務・関西支社長　→83/87

鎌田　実　かまた・まこと　昭和7年6月29日〜平成21年12月4日　山陰中央新報常務総務本部長　→09/11

鎌田　正美　かまた・まさよし　明治42年9月15日〜平成15年1月30日　日本証券金融社長,日本銀行理事　→03/05

鎌田　実　かまた・みのる　大正13年6月25日〜平成7年4月2日　電通副社長　→94/96

鎌田　稔　かまた・みのる　明治40年10月19日〜平成8年2月9日　動力炉核燃料開発事業団理事　→94/96

鎌田　基　かまた・もとい　昭和2年6月2日〜平成8年5月15日　名古屋鉄道常務　→94/96

鎌田　弥三郎　かまた・やさぶろう　明治40年4月2日〜平成3年2月21日　朝日生命保険常任監査役　→91/93

鎌田　穣　かまた・ゆたか　〜昭和55年2月16日　全国海区漁業調整委員会連合会副会長,玄海連合海区漁調委会長　→80/82

鎌田　好夫　かまた・よしお　大正12年6月3日〜平成22年6月24日　名古屋高検次長,公安調査庁長官　→09/11

鎌田　陸郎　かまた・りくろう　大正12年9月2日〜平成16年8月25日　東宝常務　→03/05

釜谷　七太郎　かまたに・しちたろう　〜平成1年1月27日　羽咋町(石川県)町長,羽咋市議会議長　→88/90

蒲池　龍雄　かまち・たつお　明治30年11月28日〜平成1年1月29日　池亀酒造会長　→88/90

釜床　一義　かまとこ・かずよし　大正6年3月2日〜平成12年3月20日　大豊建設専務　→00/02

釜野　常治　かまの・つねじ　大正12年8月11日〜平成6年12月6日　釜浩毛織会長,日本毛布工業協同組合連合会理事長　→94/96

釜原　武　かまはら・たけし　〜昭和48年10月3日　読売映画社専務　→昭和

鎌原　義治　かまはら・よしはる　〜昭和15年5月24日　大審院判事　→昭和

鎌本　雅夫　かまもと・まさお　大正4年3月31日〜平成11年9月27日　山陽電気鉄道常務　→97/99

釜屋　忠道　かまや・ただみち　〜昭和14年1月19日　海軍中将　→昭和

鎌谷　仁造　かまや・にぞう　明治37年7月28日〜平成2年5月28日　鎌仁商店会長,福井県公安委員長,元武生商工会議所会頭　→88/90

釜屋　六郎　かまや・ろくろう　〜昭和15年8月15日　海軍中将　→昭和

神　重徳　かみ・しげのり　明治33年1月23日〜昭和20年9月15日　海軍大佐　→昭和

上井　寛円　かみい・かんえん　明治38年8月12日〜平

I 政治・経済・社会篇　　　　　　　　　　　　　　　　　　　　　　　　　　　　かみしよう

17年4月20日　僧侶　大覚寺（真言宗大覚寺派）門跡，真言宗大覚寺派管長，嵯峨御流総裁　→03/05

紙居 清平　かみい・せいぺい　～昭和63年3月10日　紙居石油相談役　→88/90

神居 義弘　かみい・よしひろ　昭和5年3月4日～昭和63年2月26日　平等院住職，浄土宗住職　→88/90

神居 琳応　かみい・りんのう　明治7年11月12日～昭和44年9月19日　僧侶　浄土宗大本山百万遍知恩寺法主　→昭和

上飯坂 劭　かみいいさか・しょう　昭和3年7月7日～平成6年2月13日　コニカ常務　→94/96

上泉 徳弥　かみいずみ・とくや　慶応1年9月25日～昭和21年11月27日　海軍中将，社会教育家　→昭和

上泉 実　かみいずみ・みのる　明治39年11月15日～平成3年9月25日　弁護士　→91/93

上江洲 智克　かみえす・ともかつ　大正5年12月1日～平成9年11月20日　沖縄県人会兵庫県本部名誉会長，兵庫県議（社会党）　→97/99

神尾 静夫　かみお・しずお　明治38年1月19日～昭和58年11月8日　中部電力監査役，東邦石油常務　→83/87

神尾 昌一　かみお・しょういち　大正12年3月15日～平成18年3月4日　埼玉銀行頭取　→06/08

神尾 武雄　かみお・たけお　明治33年6月25日～昭和51年11月13日　日本パイプ製造会長，熔接鋼管協会長　→昭和

神尾 直次郎　かみお・なおじろう　～昭和10年12月17日　陸軍少将　→昭和

神尾 久雄　かみお・ひさお　大正4年3月30日～平成12年5月24日　大昭和製紙専務　→00/02

神尾 秀雄　かみお・ひでお　大正9年3月21日～平成20年10月28日　トヨタ自動車副社長，名古屋商工会議所副頭取　→06/08

神尾 正夫　かみお・まさお　～昭和40年6月30日　畜産振興事業団副理事長　→昭和

神尾 光臣　かみお・みつおみ　安政2年1月11日～昭和2年2月6日　陸軍大将，男爵　→昭和

神尾 守信　かみお・もりのぶ　昭和3年5月29日～平成6年9月5日　新井組常務　→94/96

上岡 茂　かみおか・しげる　～平成20年6月23日　警察庁東北管区警察局長　→06/08

上岡 武雄　かみおか・たけお　明治43年12月10日～昭和60年9月14日　ダイセル化学工業常務　→83/87

神垣 英郎　かみがき・ひでろう　昭和7年8月6日～平成19年2月9日　名古屋高裁長官，桐蔭横浜大学名誉教授　→06/08

神垣 秀六　かみがき・ひでろく　～昭和56年5月29日　弁護士　大審院判事　→80/82

上川 勘次郎　かみかわ・かんじろう　～昭和29年7月13日　東紡専務　→昭和

神川 清　かみかわ・きよし　大正5年10月5日～平成

7月3日　京都信用保証協会理事長　→00/02

上川 洋　かみかわ・よう　～昭和55年4月22日　国会図書館専門調査員　→80/82

上口 正一　かみぐち・しょういち　明治42年10月3日～昭和56年6月29日　当別町長（北海道）町長　→80/82

上倉 哲郎　かみくら・てつろう　大正15年2月6日～平成18年4月18日　京都市議（民社党）　→06/08

上子 俊秋　かみこ・としあき　大正9年9月17日～昭和57年5月31日　日本テレビ専務　→80/82

神子 浩　かみこ・ひろし　大正6年1月1日～平成5年2月28日　昭和産業常務　→91/93

上垣内 茂　かみこうち・しげる　大正5年6月4日～平成12年3月26日　三菱銀行取締役，大日本塗料専務　→00/02

神坂 篤　かみさか・あつし　大正9年6月3日～平成16年4月20日　備前市長　→03/05

神坂 哲　かみさか・さとし　昭和5年9月27日～昭和61年1月20日　税理士，住民運動家　箕面忠魂碑訴訟原告　→83/87

上坂 信夫　かみさか・のぶお　大正5年2月4日～昭和61年6月28日　プリマハム専務　→83/87

神作 叡司　かみさく・えいじ　平成10年6月11日～平成10年11月9日　日本テキサス・インスツルメンツ代表取締役　→97/99

神沢 幹夫　かみざわ・みきお　昭和2年12月16日～平成15年9月20日　北陸銀行専務　→03/05

上島 明　かみじま・あきら　明治37年6月25日～昭和63年10月22日　住友倉庫社長　→88/90

神島 きみ　かみしま・きみ　大正6年～平成17年4月27日　映画字幕翻訳者　テトラ社長　→03/05

上島 キミエ　かみしま・きみえ　～昭和61年10月2日　（株）カミシマ専務取締役　→83/87

上島 保　かみしま・たもつ　大正8年11月28日～平成1年3月29日　明治生命保険常務　→88/90

神嶋 利雄　かみしま・としお　～昭和61年11月30日　神嶋鋳造所代表取締役社長　→83/87

上条 愛一　かみじょう・あいいち　明治27年10月2日～昭和44年2月18日　労働運動家　参院議員（民社党），総同盟副会長　→昭和

上条 堅　かみじょう・かたし　昭和2年6月7日～平成18年10月29日　長野県出納長　→06/08

上条 勝久　かみじょう・かつひさ　明治43年8月29日～平成23年12月27日　参院議員（自民党）　→09/11

上条 きよ　かみじょう・きよ　大正2年12月8日～平成12年6月14日　ライト工業創業者　→00/02

上条 金司　かみじょう・きんし　大正12年12月11日～平成12年5月17日　日本基礎技術社長　→00/02

上条 謹治　かみじょう・きんじ　～昭和62年8月13日　那須電機鉄工常務　→83/87

上条 庄衛　かみじょう・しょうえい　大正11年1月20日～平成1年11月14日　柴田商事常務，兼松江商取締役　→

かみしよう　　　　　　　　　　　　　　　　　　　　　Ⅰ　政治・経済・社会篇

88/90

上条 健男　かみじょう・たけお　昭和5年1月31日～平成15年4月19日　レナウン副社長　→03/05

上条 岳人　かみじょう・たけと　～平成18年4月17日　岳沢ヒュッテ社長　→06/08

上条 勉　かみじょう・つとむ　～昭和58年5月7日　三菱重工名古屋航空機製作所副社長　→83/87

上条 宣彦　かみじょう・のぶひこ　大正13年1月9日～昭和60年2月14日　佐410建設常務　→83/87

上条 博　かみじょう・ひろし　明治31年8月7日～昭和56年10月12日　大阪変圧器相談役・元社長　→80/82

上条 密門　かみじょう・みつと　大正11年5月10日～平成20年2月17日　長野県議(新県政会)　→06/08

上条 泰彦　かみじょう・やすひこ　昭和13年～平成19年10月2日　月島機械常務　→06/08

上条 善徳　かみじょう・よしのり　昭和8年4月24日～平成5年10月19日　三協精機製作所常務　→91/93

上条 欽用　かみじょう・よしもち　昭和16年1月1日～平成22年3月1日　フジゲン社長　→09/11

上関 敏夫　かみせき・としお　大正4年3月20日～平成15年8月21日　北海道新聞社長,共同通信理事会長　→03/05

紙田 千鶴雄　かみた・ちずお　明治44年12月3日～平成17年1月25日　日本車輛製造副社長　→03/05

紙谷 菊雄　かみたに・きくお　昭和6年1月6日～平成14年4月18日　千趣会常務　→03/05

上谷 定生　かみたに・さだお　昭和8年2月10日～平成22年9月24日　高知県保健環境部長　→09/11

神谷 信之助　かみたに・しんのすけ　大正13年3月15日～平成11年1月8日　参院議員(共産党)　→97/99

神谷 秀一郎　かみたに・ひでいちろう　～平成12年3月24日　住友精密工業常務　→00/02

神近 市子　かみちか・いちこ　明治21年6月6日～昭和56年8月1日　婦人解放運動家,政治家,評論家　衆院議員　→80/82

上司 永慶　かみつかさ・えいけい　昭和3年～平成12年6月21日　僧侶　東大寺第215世別当,華厳宗管長　→00/02

上司 永純　かみつかさ・えいじゅん　元治1年～昭和12年2月7日　僧侶　華厳宗管長,東大寺長老　→昭和

上司 海雲　かみつかさ・かいうん　明治39年2月15日～昭和50年1月25日　僧侶,随筆家　華厳宗管長,東大寺別当　→昭和

上司 三千男　かみつかさ・みちお　大正12年6月9日～平成13年1月22日　大東紡織社長　→00/02

上辻 敏夫　かみつじ・としお　大正2年6月15日～昭和63年3月8日　弁護士　名古屋地裁判事,大阪弁護士会副会長　→88/90

上坪 鉄一　かみつぼ・てついち　～昭和61年1月6日　中国帰還者連絡会会長　→83/87

上出 松太郎　かみで・まつたろう　明治33年～平成2年1月18日　パイロット　→88/90

上土居 重明　かみどい・しげあき　明治41年7月12日～昭和10年3月11日　広島市信用組合理事長,全国信用組合中央協会副会長　→97/99

神長 擴　かみなが・ひろし　～昭和55年5月3日　酒伊繊維工業専務　→80/82

神長 元二　かみなが・もとじ　～平成5年4月6日　森永乳業専務　→91/93

上西 和郎　かみにし・かずろう　昭和6年11月23日～平成13年12月11日　衆院議員(社会党)　→00/02

上西 甚蔵　かみにし・じんぞう　明治26年～昭和30年3月3日　日産自動車取締役　→昭和

上沼 広司　かみぬま・ひろし　大正3年11月25日～平成3年12月9日　高島専務　→91/93

神野 勇　かみの・いさむ　～平成4年2月20日　南日本新聞社長　→91/93

神野 勝之助　かみの・かつのすけ　慶応4年4月7日～昭和3年10月5日　大蔵次官,貴院議員(勅選)　→昭和

神野 金之助(2代目)　かみの・きんのすけ　明治26年1月4日～昭和36年10月23日　実業家　名古屋鉄道社長,名古屋商工会議所会頭　→昭和(神野 金之助)

神野 信一　かみの・しんいち　明治22年1月3日～昭和8年9月19日　労働運動家　日本産業労働倶楽部理事長　→昭和

神野 誠治　かみの・せいじ　～昭和42年7月27日　国立国会図書館専門調査員　→昭和

神野 太郎　かみの・たろう　明治36年～昭和58年9月24日　中部ガス相談役,中部経済連合会副会長　→83/87

神野 政数　かみの・まさかず　大正15年1月24日～平成20年4月28日　関electr工社長,東京電力常務,関東電気保安協会理事長　→06/08

紙野 柳蔵　かみの・りゅうぞう　大正8年8月1日～平成13年2月22日　カネミライスオイル被害者の会全国連絡協議会会長　→00/02

上之門 典郎　かみのかど・のりろう　大正4年12月5日～平成15年4月11日　高岳製作所社長　→03/05

神之田 徳美　かみのた・とくみ　～平成14年1月11日　鹿児島県議　→00/02

上浜 喜男　かみはま・きお　昭和7年3月20日～平成22年12月20日　石川県漁業協同組合連合会会長　→09/11

上浜 七郎　かみはま・しちろう　明治40年6月21日～平成2年1月17日　日興証券常任監査役　→88/90

神原 玄祐　かみはら・げんゆう　明治27年12月10日～平成7年4月5日　僧侶　三千院門跡門主(59代目),大興善寺住職,天台宗務総長　→94/96

神前 新造　かみまえ・しんぞう　大正4年7月23日～平成3年2月6日　田辺製薬常任監査役　→91/93

神前 朋義　かみまえ・ともよし　大正2年6月3日～平成3年8月25日　毎日新聞社常務・中部本社代表　→91/93

上村 篤　かみむら・あつし　明治39年2月3日～昭和59年2月11日　東京瓦斯取締役　→83/87

366　「現代物故者事典」総索引(昭和元年～平成23年)

I 政治・経済・社会篇　　　　　　　　　　　　　　　　　　　　　　　　　　　　　かみや

上村 英輔　かみむら・えいすけ　明治33年3月11日〜昭和62年8月17日　日本石油社長, 石油連盟会長　→83/87

神村 清　かみむら・きよし　大正5年1月1日〜昭和62年4月2日　神村鉄工所社長, 愛媛県機械金属工業会長　→83/87

神村 孝太郎　かみむら・こうたろう　〜昭和63年6月28日　琉球電信電話公社総裁, 琉球政府副主席　→88/90

上村 従義　かみむら・じゅうぎ　明治14年1月〜昭和12年3月23日　男爵, 海軍大佐　貴院議員(公正会)　→昭和(うえむら・よりよし)

上村 伸一　かみむら・しんいち　〜昭和58年7月27日　駐トルコ大使　→83/87

上村 末雄　かみむら・すえお　〜昭和59年11月1日　日本水産常務, 日魯漁業常務　→83/87

上村 進　かみむら・すすむ　明治16年1月23日〜昭和44年5月19日　弁護士, 政治家, 社会運動家　自由法曹団団長, 衆院議員　→昭和

上村 武行　かみむら・たけゆき　〜平成3年4月22日　ジャスベル社長, ジャスコストアーズ香港社長　→91/93

上村 貞一　かみむら・ていいち　〜昭和55年10月8日　警視庁防犯部長　→80/82

上村 照昌　かみむら・てるまさ　明治41年10月28日〜昭和60年6月26日　会計検査院事務総長　→83/87

上村 藤吉　かみむら・とうきち　〜平成12年4月15日　時事通信社取締役, 電通取締役　→00/02

上村 富太郎　かみむら・とみたろう　明治33年1月7日〜平成7年12月23日　ゲーテ書房社主　→94/96

上村 智弥　かみむら・ともや　昭和3年12月22日〜平成13年5月5日　鹿島建設副社長　→00/02

上村 登　かみむら・のぼる　明治45年7月18日〜平成7年6月15日　松下電工常務　→94/96

上村 肇　かみむら・はじめ　昭和15年10月14日〜平成1年10月14日　学生運動家, 社会運動家　→88/90

上村 秀二　かみむら・ひでじ　〜平成8年1月21日　神奈川県議, 川崎市議　→94/96

上村 弘昭　かみむら・ひろあき　昭和2年7月27日〜平成7年12月23日　セレス社長, 開発工事取締役　→94/96

神守 源一郎　かみもり・げんいちろう　明治33年4月23日〜昭和63年7月28日　東京楽天地相談役, 錦糸町ステーションビル社長　→88/90

上森 子鉄　かみもり・してつ　明治34年3月12日〜平成1年8月16日　キネマ旬報社長, 日本競馬新聞協会会長　→88/90

神森 忠義　かみもり・ただよし　大正6年9月27日〜平成18年4月3日　旭化成副社長　→06/08

神谷 朗男　かみや・あきお　大正11年7月13日〜平成1年5月6日　日本舗道常務　→88/90

神谷 明　かみや・あきら　大正9年12月24日〜平成18年2月28日　磐田市長　→06/08

神谷 市太郎　かみや・いちたろう　〜昭和42年3月21日　ライオン歯磨相談役, ライオン油脂相談役　→昭和

神谷 一郎　かみや・いちろう　明治42年3月4日〜昭和62年5月14日　神奈川県家具協同組合相談役, 神谷木工社長　→83/87

神谷 興士　かみや・おきお　昭和14年8月10日〜平成23年12月2日　日本興業銀行取締役　→09/11

神谷 修　かみや・おさむ　大正13年1月12日〜平成16年3月30日　昭和アルミニウム専務　→03/05

神谷 和男　かみや・かずお　昭和6年2月7日〜昭和62年8月10日　戸田建設取締役関東支店長　→83/87

神谷 一英　かみや・かずひで　明治35年3月18日〜平成7年3月22日　弁天閣会長, 全国旅館環境衛生同業組合連合会常任顧問, 愛知県ホテル・旅館環境衛生同業組合会長　→94/96

神谷 克郎　かみや・かつろう　大正8年5月5日〜平成14年7月17日　TDK専務　→00/02

神谷 金治　かみや・かねはる　大正10年8月27日〜平成1年11月17日　刈谷市議, 刈谷紙器会長　→88/90

神谷 喜四郎　かみや・きしろう　〜昭和62年8月6日　銀座三河屋社長　→83/87

神谷 淳亢　かみや・きよたか　〜昭和59年5月20日　鍋順瓦工業社長　→83/87

神谷 清水　かみや・きよみ　明治43年7月19日〜平成16年3月26日　神戸製鋼所専務　→03/05

神谷 金一　かみや・きんいち　大正3年9月25日〜平成4年11月5日　小野薬品工業常務　→91/93

神谷 啓三　かみや・けいぞう　〜昭和38年8月22日　東京ガス常務　→昭和

神谷 健一　かみや・けんいち　大正11年4月23日〜平成18年4月11日　三井銀行社長　→06/08

神谷 賢一　かみや・けんいち　〜昭和58年3月24日　愛知県警監察官　→83/87

神谷 恒一　かみや・こういち　〜昭和60年1月21日　三琇(さんしゅう)プレス工業会長, 三琇(さんしゅう)ファインツール会長　→83/87

神谷 重孝　かみや・しげたか　昭和11年4月8日〜平成14年7月16日　ダイダン常務　→00/02

神谷 庄一　かみや・しょういち　大正6年3月23日〜平成14年4月28日　三菱総合研究所専務　→00/02

神谷 正一　かみや・しょういち　昭和4年3月8日〜平成17年8月22日　ジブロ社長　→03/05

神谷 正二　かみや・しょうじ　大正14年9月1日〜平成6年3月17日　栃木県議(自民党)　→94/96

神谷 正太郎　かみや・しょうたろう　明治31年7月9日〜昭和55年12月25日　トヨタ自動車販売名誉会長　→80/82

神谷 章炳　かみや・しょうへい　〜昭和58年8月14日　平凡出版取締役　→83/87

神谷 正平　かみや・しょうへい　大正8年1月30日〜

19年5月20日 サカエ会長, 興誠学園理事長 →06/08

神谷 四郎 かみや・しろう ～昭和57年10月20日
セントラル経営センター副理事長 →80/82

神谷 新一 かみや・しんいち ～昭和61年11月7日
竹中工務店専務取締役 →83/87

神谷 清太郎 かみや・せいたろう ～昭和46年10月1日
大都漁類常務 →昭和

神谷 貴 かみや・たかし 大正4年10月8日～平成7年9月16日 東邦ガス副社長, 合同ガス会長 →94/96

神谷 尚 かみや・たかし 昭和19年7月10日～平成4年10月16日 庄和町(埼玉県)町長 →91/93

神谷 卓男 かみや・たくお 明治4年12月～昭和4年10月22日 衆院議員 →昭和

神谷 卓郎 かみや・たくろう 明治42年5月12日～昭和48年 新日本窒素肥料専務 →昭和

神谷 健夫 かみや・たけお ～昭和38年5月5日
大審院部長判事 →昭和

神谷 龍雄 かみや・たつお 昭和15年1月25日～平成22年6月29日 前田道路常務 →09/11

神谷 鉄雄 かみや・てつお ～平成5年4月28日
兼房常務 →91/93

神谷 輝男 かみや・てるお 大正3年～平成8年10月9日 日立ソフトウェアエンジニアリング常務 →94/96

神谷 伝兵衛 かみや・でんべえ ～昭和11年10月2日
新三河鉄道社長 →昭和

神谷 伝兵衛 かみや・でんべえ 明治34年12月1日～平成3年10月12日 神谷酒造社長, 合同酒精副社長 →91/93

神谷 臣良 かみや・とみよし ～昭和59年1月11日
安城市助役 →83/87

神谷 信弥 かみや・のぶや ～平成13年3月3日
神谷バー経営者, 神谷商事社長 →00/02

神谷 春樹 かみや・はるき 大正12年3月9日～平成13年12月7日 日本鋼管副社長, トーア・スチール社長 →00/02

神谷 英雄 かみや・ひでお 大正1年12月10日～平成6年2月16日 ヤマハ取締役, ヤマハ発動機監査役 →94/96

神谷 洋 かみや・ひろし 大正10年9月15日～平成10年9月25日 伊藤忠商事副社長 →97/99

神谷 雅夫 かみや・まさお 大正12年10月22日～昭和62年8月30日 デンヨー社長 →83/87

神谷 正一 かみや・まさかず 大正9年1月1日～昭和63年11月30日 日本カーバイド工業会長 →88/90

神谷 雄三 かみや・ゆうぞう 昭和5年2月15日～平成2年11月27日 ニッキミッド常務 →88/90

神谷 幸男 かみや・ゆきお 昭和10年12月27日～平成19年5月3日 豊田市議, 愛知県食品衛生協会副会長 →06/08

神谷 幸之 かみや・ゆきお 大正9年4月15日～平成16年11月 弁護士 神谷法律事務所所長,(財)かみや美術館

館長 →03/05

紙屋 義孝 かみや・よしたか ～昭和50年6月12日
三次市長 →昭和

神谷 竜次 かみや・りゅうじ 大正1年10月31日～平成1年12月15日 トヨタ自動車販売常務, 東京トヨタ自動車社長, 新和建設社長 →88/90

神谷 龍 かみや・りょう 明治40年3月1日～平成12年1月10日 鹿島建設副社長 →00/02

神山 栄一 かみやま・えいいち 明治25年11月～昭和27年6月25日 衆議院議員(民主党) →昭和

上山 和人 かみやま・かずと 昭和4年11月25日～平成22年8月13日 参院議員(社民党) →09/11

神山 喜久雄 かみやま・きくお ～昭和35年1月31日
東洋レーヨン社長 →昭和

神山 忻治 かみやま・きんじ ～昭和51年3月26日
最高検検事 →昭和

神山 茂夫 かみやま・しげお 明治38年2月1日～昭和49年7月8日 社会運動家, 政治家, 評論家 日本共産党中央委員, 衆院議員 →昭和

上山 司光 かみやま・しみつ 大正14年10月24日～平成11年12月16日 岩手県教育委員長 →97/99

上山 如山 かみやま・じょざん 明治30年4月19日～平成4年10月27日 弁護士, 俳人 →91/93

上山 晋也 かみやま・しんや ～昭和61年1月18日
上山建築代表 →83/87

神山 誠一 かみやま・せいいち ～平成17年2月3日
村上書店会長 →03/05

上山 輝一 かみやま・てるいち ～昭和57年5月26日
中野区長, 東京都議 →80/82

上山 利勝 かみやま・としかつ 昭和2年5月1日～平成20年5月7日 幌延町(北海道)町長 →06/08

神山 俊彦 かみやま・としひこ ～平成4年1月8日
カミヤマ社長, 日本軽印刷工業会副会長 →91/93

神山 久夫 かみやま・ひさお 大正2年6月12日～平成4年9月15日 ユアサ商事常務 →91/93

神山 文男 かみやま・ふみお 大正10年10月11日～平成19年11月2日 郵政事務次官, テレビユー福島社長 →06/08

上山 勝 かみやま・まさる 大正9年3月10日～平成11年1月28日 前田建設工業副社長 →97/99

上山 満之進 かみやま・みつのしん 明治2年9月27日～昭和13年7月30日 内務官僚 台湾総督, 枢密顧問官 →昭和

神山 康 かみやま・やすし ～平成13年5月27日
三信建設工業常務 →00/02

上山 雄治 かみやま・ゆうじ 昭和10年～平成9年牧師 東京聖書バプテスト教会牧師 →97/99

神山 勇次 かみやま・ゆうじ 大正9年1月11日～昭和61年10月12日 高砂加工販売顧問・元社長, 高砂鉄工常務

Ⅰ　政治・経済・社会篇　　　　　　　　　　　　　　　　　　　　　　　　　　　かめかわ

上和田 義彦　かみわだ・よしひこ　大正15年12月8日〜平成7年8月17日　中曽根康弘衆院議員秘書　→94/96

香村 小録　かむら・ころく　〜昭和13年3月4日　日本製鉄取締役　→昭和

亀井 一郎　かめい・いちろう　明治17年〜昭和7年4月　大陸浪人、僧侶　永福寺第25世住職　→昭和

亀井 一成　かめい・いっせい　昭和5年3月3日〜平成22年9月　王子動物園飼育技師・学芸員　神戸市立王子動物園の未熟児チンパンジーを育てる　→09/11

亀井 運蔵　かめい・うんぞう　〜昭和55年11月29日　亀井商店会長　→80/82

亀井 勝明　かめい・かつあき　明治38年2月7日〜昭和63年8月18日　神戸銀行(のち太陽神戸銀行)常務　→88/90

亀井 勝二　かめい・かつじ　〜昭和58年7月5日　奈良交通取締役副社長　→83/87

亀井 貫一郎　かめい・かんいちろう　明治25年11月10日〜昭和62年4月7日　社会運動家　衆院議員(社会党)　→83/87

亀井 喜久太郎　かめい・きくたろう　〜昭和57年8月6日　厚真村(北海道)村長　→80/82

亀井 謙二　かめい・けんじ　昭和2年10月30日〜平成11年5月3日　関東銀行頭取　→97/99

亀井 弘三　かめい・こうぞう　大正4年12月3日〜平成11年8月28日　神鋼商事専務　→97/99

亀井 茲建　かめい・これたけ　明治43年6月21日〜平成4年1月21日　北海道東北開発公庫副総裁　→91/93

亀井 左取　かめい・さとり　〜昭和58年9月15日　弁護士　鳥取地家裁所長　→83/87

亀井 成和　かめい・しげかず　大正15年2月24日〜平成5年6月23日　関西経済連合会常務理事　→91/93

亀井 茲常　かめい・しげつね　〜昭和17年5月2日　伯爵　旧津和野藩主　→昭和

亀井 誠志　かめい・せいし　昭和8年11月12日〜平成6年9月30日　宮城テレビ放送専務　→94/96

亀井 善一　かめい・ぜんいち　大正11年7月28日〜平成13年3月4日　えり善会長　→00/02

亀井 善彰　かめい・ぜんしょう　明治34年4月3日〜平成3年11月3日　参院議員(自民党)　→91/93

亀井 泰恵子　かめい・たえこ　〜平成22年2月28日　神戸市立王子動物園の未熟児チンパンジーを育てる　→09/11

亀井 武司　かめい・たけし　大正13年7月27日〜昭和63年10月12日　亀井刃物製作所社長　→88/90

亀井 忠衛　かめい・ただえ　大正8年1月1日〜平成13年8月20日　北海道議　→00/02

亀井 辰朗　かめい・たつお　大正6年2月18日〜平成8年7月16日　三省堂書店社長　→94/96

亀井 鉄治　かめい・てつじ　大正14年1月19日〜平成8年11月3日　日本利器工業社長　→94/96

亀井 俊郎　かめい・としお　昭和8年1月6日〜平成16年5月19日　川崎重工業社長　→03/05

亀井 俊彦　かめい・としひこ　大正14年9月22日〜平成11年9月26日　三菱油化専務　→97/99

亀井 寅雄　かめい・とらお　明治23年〜昭和26年1月1日　三省堂社長　→昭和

亀井 光　かめい・ひかる　明治42年1月1日〜昭和61年9月26日　福岡県知事、参院議員(自民党)　→83/87

亀井 日出一　かめい・ひでかず　大正14年11月3日〜平成4年7月16日　東京コンピューター・タイプ社長　→91/93

亀井 弘勝　かめい・ひろかつ　昭和18年〜平成15年2月15日　弁理士　あい特許事務所所長　→03/05

亀井 文蔵　かめい・ぶんぞう　大正13年7月6日〜平成23年6月20日　カメイ社長　→09/11

亀井 正男　かめい・まさお　〜昭和37年5月4日　弁護士　→昭和

亀井 正夫　かめい・まさお　大正5年4月20日〜平成14年6月23日　住友電気工業社長、新しい日本をつくる国民会議会長　→00/02

亀井 正俊　かめい・まさとし　明治25年4月23日〜昭和59年9月25日　井之頭病院理事長、日本塗装工業社長　→83/87

亀井 もと　かめい・もと　〜昭和61年9月1日　亀井亭代表　→83/87

亀井 義次　かめい・よしつぐ　〜昭和45年9月5日　駐コートジボアール大使　→昭和

亀井 善之　かめい・よしゆき　昭和11年4月30日〜平成18年5月12日　衆院議員、農水相　→06/08

亀岡 愛蔵　かめおか・あいぞう　〜昭和55年11月19日　日本ペイント常任監査役　→80/82

亀岡 重治　かめおか・しげはる　〜昭和63年12月11日　並木ビル社長、銀座西3丁目町会長　→88/90

亀岡 尚一　かめおか・しょういち　〜昭和55年11月11日　兵庫県伊丹市北部地区飛行場対策協議会名誉会長、前第1次大阪空港公害調停申請団長　→80/82

亀岡 孝彰　かめおか・たかあき　大正4年10月28日〜平成15年11月20日　住友銀行副頭取、朝日麦酒会長　→03/05

亀岡 高夫　かめおか・たかお　大正9年1月27日〜平成1年3月13日　政治家　衆院議員(自民党)、農林水産相　→88/90

亀岡 康夫　かめおか・やすお　大正3年10月10日〜昭和59年7月21日　石油資源開発常務　→83/87

亀岡 泰辰　かめおか・やすたつ　嘉永5年〜昭和8年1月7日　陸軍少将　→昭和

亀谷 正気　かめがい・まさき　大正7年2月12日〜平成2年2月23日　那須電機鉄工専務　→88/90

亀川 仁　かめかわ・ひとし　大正7年3月31日〜平成11年10月28日　鐘紡副社長　→97/99

亀沢 善次郎　かめざわ・ぜんじろう　明治36年12月5日〜昭和62年3月27日　第四銀行相談役・元頭取　→83/87

亀沢 芳久　かめざわ・よしひさ　昭和2年7月27日〜平成4年5月9日　朝日新聞大阪本社業務局次長、朝日カルチャーセンター大阪取締役　→91/93

亀島 哲男　かめしま・てつお　〜昭和61年5月12日　西日本新聞社工務局長、テレビ西日本取締役　→83/87

亀嶋 敬二　かめしま・ひろじ　昭和2年2月16日〜平成3年11月26日　日本伸銅専務　→91/93

亀田 規代理　かめだ・きより　〜昭和58年8月12日　東邦レーヨン常務　→83/87

亀田 健二　かめだ・けんじ　大正9年4月1日〜平成12年12月7日　東北開発社長　→00/02

亀田 源治郎　かめだ・げんじろう　〜昭和47年11月15日　南都銀行頭取　→昭和

亀田 光司　かめだ・こうじ　大正15年1月18日〜平成10年8月9日　川崎電気常務　→97/99

亀田 覚　かめだ・さとる　〜昭和55年5月16日　簡易保険郵便年金福祉事業団理事　→80/82

亀田 重雄　かめだ・しげお　大正5年5月8日〜平成13年2月27日　日本航空専務、旅行開発会長　→00/02

亀田 素　かめだ・すなお　明治31年6月28日〜平成3年8月19日　技術士　東京設計事務所名誉会長　→91/93

亀田 得治　かめだ・とくじ　大正1年8月14日〜平成6年3月14日　弁護士　参院議員（社会党）　→94/96

亀田 春雄　かめだ・はるお　〜昭和28年1月10日　日動火災常務　→昭和

亀田 秀衛　かめだ・ひでえい　大正14年1月30日〜平成7年9月9日　コープケミカル専務　→94/96

亀田 正勝　かめだ・まさかつ　昭和13年5月26日〜平成1年7月17日　P&I社長、日本パブリックリレーションズ協会常務理事　→88/90

亀田 満学　かめだ・みつたか　〜昭和61年12月26日　旭ダウ（のち旭化成工業）専務　→83/87

亀田 利吉郎　かめだ・りきちろう　〜昭和55年12月25日　亀田利三郎薬舗会長　→80/82

亀谷 荘司　かめたに・しょうじ　大正15年5月27日〜平成19年9月13日　日本宗教連盟理事長、ヘブンリーピープル神学大学名誉教授　→06/08

亀長 友義　かめなが・ともよし　大正9年9月26日〜平成23年1月17日　参院議員（自民党）、農林事務次官　→09/11

亀本 勝美　かめもと・かつみ　〜平成3年10月5日　モトヤ取締役製造本部長　→91/93

亀本 隆之　かめもと・たかゆき　昭和8年11月24日〜平成12年12月11日　日本光電工業常務　→00/02

亀谷 保　かめや・たもつ　〜昭和28年7月10日　日本曹達重役　→昭和

亀谷 長英　かめや・ちょうえい　大正3年1月4日〜平成11年1月13日　春日市長　→97/99

亀谷 博昭　かめや・ひろあき　昭和15年5月18日〜平成15年2月19日　参院議員（自民党）　→03/05

亀谷 宥英　かめや・ゆうえい　〜昭和44年12月18日　善通寺法主　→昭和

亀山 巌　かめやま・いわお　明治40年2月20日〜平成1年5月23日　名古屋タイムス社長　→88/90

亀山 一二　かめやま・かずじ　〜昭和55年3月30日　関市長　→80/82

亀山 基恵生　かめやま・きえお　大正7年1月20日〜平成2年3月8日　住友ベークライト常務　→88/90

亀山 謙一郎　かめやま・けんいちろう　大正3年3月31日〜昭和59年1月11日　内外証券相談役・元専務　→83/87

亀山 憲明　かめやま・けんめい　大正15年1月27日〜平成22年8月14日　群馬県議（自民党）　→09/11

亀山 孝一　かめやま・こういち　明治33年8月30日〜昭和54年3月25日　衆院議員（自民党）、福島県知事　→昭和

亀山 弘応　かめやま・こうおう　明治25年1月10日〜昭和51年2月3日　真言宗僧侶、社会福祉事業家　高野山真言宗管長　→昭和

亀山 亨二　かめやま・こうじ　明治37年3月12日〜昭和59年4月20日　日本火災海上保険専務　→83/87

亀山 哲　かめやま・さとし　〜平成8年2月6日　亀山鉄工所社長　→94/96

亀山 三平　かめやま・さんぺい　大正14年4月27日〜平成14年2月2日　三菱電機常務　→00/02

亀山 脩平　かめやま・しゅうへい　明治38年1月6日〜平成5年1月14日　弁護士　東京高裁判事　→91/93

亀山 俊蔵　かめやま・しゅんぞう　〜昭和57年6月8日　東京海上火災元社長　→80/82

亀山 慎一　かめやま・しんいち　〜昭和39年11月24日　弁護士　大審院判事　→昭和

亀山 武雄　かめやま・たけお　〜昭和46年6月9日　松下電器常務　→昭和

亀山 武雄　かめやま・たけお　明治43年2月21日〜平成6年12月23日　清水建設常務　→94/96

亀山 徴瑞　かめやま・ちょうずい　〜昭和55年3月2日　同盟副会長　→80/82

亀山 務　かめやま・つとむ　大正8年2月27日〜平成8年3月27日　亀山会長、柳川商工会議所会頭　→94/96

亀山 信郎　かめやま・のぶろう　大正6年2月28日〜平成12年11月17日　海上保安庁長官、東亜国内航空副社長　→00/02

亀山 仁郎　かめやま・ひとお　大正5年4月26日〜平成6年6月11日　岐阜済美学院理事、十六銀行専務　→94/96

亀山 六三郎　かめやま・ろくさぶろう　〜昭和63年3月4日　宮城県議（自民党）、石巻商工会議所副会頭　→88/90

賀茂 厳雄　かも・いわお　〜昭和25年1月5日　海軍中将　→昭和（賀茂 厳雄）

I　政治・経済・社会篇　　　　　　　　　　　　　　　　　　　　　　　　　　　　　　　　かや

加茂 一栄　かも・かずえい　大正9年4月14日〜平成19年3月12日　北海道放送専務　→06/08

加茂 勝雄　かも・かつお　〜昭和26年9月13日　毎日新聞取締役　→昭和

加茂 公治　かも・きみはる　昭和12年1月16日〜平成7年6月17日　三井石油常務　→94/96

加茂 勉　かも・つとむ　大正14年7月10日〜平成3年9月13日　兵庫県議(自民党)・副議長　→91/93

加茂 鶴一　かも・つるいち　明治43年10月17日〜平成10年8月29日　兵庫県議,尼崎市議　→97/99

賀茂 百樹　かも・ももき　〜昭和16年5月4日　靖国神社宮司　→昭和

加茂 安治　かも・やすはる　大正11年1月5日〜平成19年2月16日　東亜道路工業副社長　→06/08

鴨井 辰夫　かもい・たつお　〜昭和27年3月9日　毎日新聞取締役　→昭和

鴨居 秀雄　かもい・ひでお　〜昭和57年5月18日　杉並区役所総務部長　→80/82

蒲生 昌作　かもう・しょうさく　〜平成2年1月17日　都城市長　→88/90

蒲生 新之丞　がもう・しんのじょう　明治43年3月24日〜平成12年12月23日　中央信託銀行常務,第一銀行取締役　→00/02

蒲生 宗一　がもう・そういち　昭和50年7月11日　大阪魚市場会長　→昭和

蒲生 隆　がもう・たかし　昭和8年7月26日〜平成9年1月28日　ブルーチップスタンプ会長　→97/99

蒲生 恵一　がもう・よしかつ　大正10年2月〜平成7年5月10日　ホテルオークラ取締役,ホテルパシフィック東京専務　→94/96

鴨川 正雄　かもがわ・まさお　明治36年2月26日〜平成7年5月13日　弘電社常務　→94/96

加茂川 守　かもがわ・まもる　〜平成17年8月3日　ヴィッセル神戸社長　→03/05

鴨沢 康夫　かもさわ・やすお　昭和5年2月13日〜昭和63年2月11日　日本高速通信会社専務,建設大学校長　→88/90

鴨治 儀秋　かもじ・よしあき　昭和4年〜平成14年8月3日　アイワ常務　→00/02

鴨下 源一　かもした・げんいち　〜平成13年4月19日　日立マイクロコンピュータエンジニアリング社長　→00/02

鴨志田 孝之　かもしだ・たかゆき　昭和14年5月20日〜平成10年5月2日　日本銀行理事　→97/99

鴨下 為彦　かもした・ためひこ　〜昭和61年2月20日　日本計量機器工業連合会理事,日本長さ計工業会会長　→83/87

加茂田 孝蔵　かもだ・こうぞう　〜平成8年5月20日　鴻池組常務　→94/96

鴨田 宗一　かもだ・そういち　明治39年9月17日〜昭和54年2月8日　衆院議員(自民党)　→昭和(かもた・そういち)

鴨田 利太郎　かもだ・としたろう　昭和5年1月17日〜昭和60年1月16日　熊谷商工信用組合理事長,衆院議員(自民党)　→83/87

蒲地 昭三　かもち・しょうざぶ　昭和3年4月12日〜平成22年4月16日　賞美堂本店社長,有田商工会議所会頭　→09/11

加持 政雄　かも・まさお　大正9年6月12日〜昭和59年5月30日　新日本証券取締役　→83/87

嘉本 邦雄　かもと・くにお　明治43年8月25日〜平成12年3月30日　日本橋梁常務　→00/02

加茂野 明　かもの・あきら　大正11年11月5日〜平成2年7月28日　三井松島産業社長,松島炭鉱社長　→88/90

鴨埜 泰之助　かもの・やすのすけ　大正4年1月22日〜平成2年10月23日　大和生命保険会長　→88/90

蒲原 浩　かもはら・ひろし　〜平成8年6月11日　第一工業製薬常務　→94/96

加森 勝雄　かもり・かつお　明治40年6月19日〜平成10年6月22日　登別温泉ケーブル社長,加森観光会長　→97/99

掃部 光暢　かもん・こうちょう　大正6年〜平成21年10月29日　僧侶　善峯寺住職　→09/11

嘉門 長蔵　かもん・ちょうぞう　嘉永5年〜昭和10年7月1日　実業家　大阪メリヤス創業者,日本物産社長　→昭和

賀屋 秋雄　かや・あきお　〜昭和55年11月6日　ライフ取締役,元西日本相互銀行監査役　→80/82

賀陽 章憲　かや・あきのり　〜平成6年11月4日　皇族　第一勧銀経営センター顧問　→94/96

賀屋 興宣　かや・おきのり　明治22年1月30日〜昭和52年4月28日　大蔵官僚,政治家　蔵相,法相,日本遺族会会長　→昭和

賀陽 邦寿　かや・くになが　〜昭和61年4月16日　皇族,陸軍大尉　→83/87

賀陽 賢司　かや・けんじ　〜昭和61年5月26日　田無神社宮司,田無町(のち田無市)町長　→83/87

賀谷 燦爾　かや・さんじ　〜平成9年11月16日　三和大栄電気興業(のち三和エレック)社長　→97/99

賀陽 恒憲　かや・つねのり　明治33年1月27日〜昭和53年1月3日　皇族,陸軍中将　日本大学顧問,陸軍大学校長　→昭和

賀陽 敏子　かや・としこ　〜平成7年3月23日　旧・皇族　→94/96

賀陽 治憲　かや・はるのり　大正15年7月3日〜平成23年6月5日　駐ブラジル大使　→09/11

賀屋 正雄　かや・まさお　大正1年8月4日〜平成6年1月27日　大蔵省為替局長,日本銀行理事,商工組合中央金庫副理事長　→94/96

嘉屋 実　かや・みのる　大正6年1月1日〜平成14年12月3日　共同石油社長　→00/02

賀屋 祐幸　かや・ゆうこう　嘉永6年〜昭和11年10月16日　我国水先案内の先駆　→昭和

萱島 敬一　かやしま・けいいち　大正15年6月12日〜平成4年1月16日　島津製作所取締役　→91/93

萱島 高　かやしま・こう　〜昭和31年2月18日　陸軍中将　→昭和

萱島 須磨自　かやしま・すまじ　大正11年2月14日〜平成21年11月8日　萱島酒造代表　→09/11

茅田 厚兄　かやた・こうけい　明治41年10月18日〜平成5年12月13日　日本発条専務、日発販売会長　→91/93

茅野 照　かやの・あきら　昭和3年2月6日〜平成15年7月18日　西日本新聞広告局次長、福広社長　→03/05

茅野 一夫　かやの・かずお　〜昭和61年8月28日　茅野鋳造所代表　→83/87

萱野 章次郎　かやの・しょうじろう　明治41年11月8日〜昭和54年3月2日　千代田生命相談役・元社長　→昭和

茅野 健　かやの・たけし　明治43年2月24日〜平成9年12月29日　経営コンサルタント　松下通信工業専務　→97/99

萱野 典世　かやの・のりよ　昭和23年10月7日〜平成21年11月19日　熊本日日新聞資材部長　→09/11

茅野 真好　かやの・まさよし　明治33年6月〜昭和35年2月10日　社会運動家　→昭和

萱場 軍蔵　かやば・ぐんぞう　明治26年9月11日〜昭和54年11月15日　内務次官　→昭和

萱場 順治　かやば・じゅんじ　〜昭和42年4月1日　東京都財務局長　→昭和

萱場 資郎　かやば・しろう　明治31年4月1日〜昭和49年5月12日　カヤバ工業創業者　→昭和

萱場 保次　かやば・やすじ　大正9年10月14日〜平成10年4月28日　カヤバ工業常務　→97/99

栢原 三郎　かやはら・さぶろう　明治6年7月31日〜平成15年2月2日　帝人製機専務　→03/05

萱葺 信正　かやぶき・のぶまさ　大正6年7月13日〜昭和57年11月7日　三菱商事取締役　→80/82

嘉山 幹一　かやま・かんいち　〜昭和15年5月5日　大審院部長　→昭和

香山 俊　かやま・しゅん　大正6年9月16日〜平成5年12月7日　日新専務　→91/93

香山 仙太郎　かやま・せんたろう　大正14年8月22日〜平成10年10月2日　弁護士　京都弁護士会副会長　→97/99

香山 徳三郎　かやま・とくさぶろう　昭和3年1月1日〜平成1年7月25日　ダイフク常勤監査役　→88/90

香山 日出雄　かやま・ひでお　〜昭和56年3月19日　日新電機元常務　→80/82

加山 泰　かやま・やすし　〜昭和60年6月13日　駐中国日本大使館一等書記官　→83/87

栢本 泰芳　かやもと・やすよし　昭和5年1月6日〜平成4年5月1日　浅沼組常務　→91/93

栢森 新吾　かやもり・しんご　明治42年12月15日〜平成6年6月2日　全国精麦工業協同組合連合会会長、全国穀類飼料工業協同組合理事長　→94/96

栢森 隆　かやもり・たかし　〜平成6年10月29日　鈴与専務　→94/96

嘉陽 安春　かよう・やすはる　大正9年〜平成13年11月8日　那覇商工会議所専務理事　→00/02

家代岡 巳義　かよおか・みよし　明治44年10月2日〜平成1年1月10日　六甲タイムス社長、三田市議会議長　→88/90

唐神 邦夫　からかみ・くにお　昭和16年〜平成20年7月3日　トーホウリゾート社長、登別観光協会副会長　→06/08

唐神 茂夫　からかみ・しげお　昭和8年12月5日〜平成20年12月22日　カラカミ観光社長　→06/08

唐神 保夫　からかみ・やすお　昭和2年1月15日〜平成7年7月27日　カラカミ観光会長　→94/96

辛川 皓　からかわ・あきら　昭和4年10月31日〜平成8年2月22日　中小企業金融公庫理事、名古屋中小企業投資育成会社専務　→94/96

辛川 武夫　からかわ・たけお　〜昭和59年8月7日　近畿車輌専務　→83/87

唐川 宜行　からかわ・よしゆき　昭和10年2月9日〜平成5年9月5日　日本酒類販売専務　→91/93

唐木 一也　からき・かずや　昭和8年1月18日〜平成10年3月25日　日本経済新聞社社友　→97/99

唐木 忠夫　からき・ただお　〜平成6年7月8日　ライフコーポレーション専務、ニチイ常務　→94/96

唐木田 藤五郎　からきだ・とうごろう　明治30年7月〜昭和43年3月3日　衆院議員(国協党)　→昭和

唐木田 穣　からきだ・ゆたか　大正12年6月23日〜平成17年1月18日　福島銀行社長　→03/05

唐沢 勲　からさわ・いさお　明治39年2月20日〜平成5年3月3日　東急観光社長、東京急行電鉄専務　→91/93

唐沢 繁雄　からさわ・しげお　明治44年9月19日〜平成5年7月20日　日本証券業協会副会長、東光証券(のちユニバーサル証券)社長　→91/93

唐沢 茂人　からさわ・しげと　昭和3年9月20日〜平成7年12月6日　伊那市長　→94/96

柄沢 清三郎　からさわ・せいざぶろう　明治40年3月6日〜昭和57年7月31日　越後証券会長、新潟証券業組合理事長　→80/82

唐沢 清八　からさわ・せいはち　明治27年2月3日〜平成41年7月10日　社会運動家　→昭和

唐沢 照明　からさわ・てるあき　昭和4年10月23日〜平成15年5月17日　唐沢化学研究所社長、唐沢化学工業社長、創価大学名誉理事長　→03/05

唐沢 俊樹　からさわ・としき　明治24年2月10日〜昭和

I　政治・経済・社会篇　　　　　　　　　　　　　　　　　　　　　　　　かろうし

42年3月14日　衆院議員(自民党),法相　→昭和

唐沢 久雄　からさわ・ひさお　明治45年2月18日〜平成8年1月3日　三映電子工業会長　→94/96

唐沢 大　からさわ・ひろし　大正15年9月14日〜平成14年10月13日　三越取締役,名古屋三越社長　→00/02

唐沢 弘　からさわ・ひろむ　〜昭和62年8月18日　泉投資顧問社長,泉証券常務　→83/87

唐沢 三喜雄　からさわ・みきお　明治41年12月27日〜昭和61年9月18日　藤倉電線常務　→83/87

唐沢 喜文　からさわ・よしぶみ　〜平成3年9月16日　陽成社代表　→91/93

辛島 浅彦　からしま・あさひこ　明治15年7月17日〜昭和40年10月15日　実業家　→昭和

辛島 喜代文　からしま・きよふみ　〜昭和56年1月12日　三井造船元常務　→80/82

辛島 浩　からしま・ひろし　〜昭和60年6月19日　テレビ熊本制作技術局付局長　→83/87

辛島 文彦　からしま・ふみひこ　〜昭和61年3月16日　協和銀行取締役　→83/87

辛嶋 実　からしま・みのる　明治43年12月18日〜平成11年10月11日　カヤバ工業常務,日本鉱機社長　→97/99

柄谷 道一　からたに・みちかず　大正13年11月19日〜平成13年10月11日　参院議員(民社党)　→00/02

唐津 滋　からつ・しげる　〜昭和60年2月20日　三井アルミニウム工業取締役　→83/87

唐津 常男　からつ・つねお　大正11年1月1日〜平成17年11月18日　三井金属常務　→03/05

唐橋 在正　からはし・ありまさ　嘉永5年11月3日〜昭和7年4月4日　子爵　貴院議員　→昭和(からはし・ありまさ)

加覧 郁男　がらん・いくお　昭和4年12月1日〜平成8年9月4日　京王プラザホテル社長　→94/96

加覧 俊吉　からん・しゅんきち　〜平成12年8月7日　毎日新聞編集委員,東京ヘレン・ケラー協会常務理事　→00/02

雁金 幸雄　かりがね・ゆきお　〜平成1年7月14日　(株)ビップ通商社長　→88/90

刈込 貞衛　かりこみ・さだえ　大正6年7月11日〜平成5年1月12日　常磐興産取締役　→91/93

苅込 一郎　かりこめ・いちろう　大正8年2月1日〜平成7年6月17日　富士写真フィルム副社長　→94/96

苅田 繁敷　かりた・しげのぶ　〜昭和63年3月10日　偕宣社監査役　→88/90

刈田 藤一郎　かりた・とういちろう　明治39年6月12日〜平成6年1月24日　帝国電機製作所相談役・元名誉会長　→94/96

苅田 正男　かりた・まさお　昭和5年3月10日〜平成10年11月10日　阪神相互銀行常務　→97/99

苅野 信雄　かりの・のぶお　明治40年8月1日〜平成1年5月18日　三ツ星ベルト専務　→88/90

鴈本 正一　かりもと・しょういち　〜平成4年8月18日　東京ガス取締役　→91/93

狩谷 昭子　かりや・あきこ　〜平成1年10月11日　シブイ・フイルムス代表取締役　→88/90

狩谷 亨一　かりや・きょういち　大正4年8月5日〜平成7年2月24日　日本専売公社理事,東海金属(のち東海アルミ箔)専務　→94/96

苅谷 建一　かりや・けんいち　大正14年3月18日〜平成15年6月29日　ニチメン専務　→03/05

刈屋 三郎　かりや・さぶろう　〜昭和55年2月13日　帝国産業元常務　→80/82

仮谷 志良　かりや・しろう　大正11年3月13日〜平成9年9月2日　和歌山県知事　→97/99

仮谷 忠男　かりや・ただお　大正2年5月30日〜昭和51年1月15日　政治家　衆院議員(自民党),建設相　→昭和

刈谷 亨　かりや・とおる　明治39年7月8日〜平成15年12月18日　旭化成副社長,蝶理社長,野口研究所名誉理事長　→03/05

苅谷 豊次　かりや・とよじ　昭和12年1月10日〜平成8年3月9日　名東化工機社長　→94/96

苅谷 瑛男　かりや・ひでお　昭和2年12月1日〜平成12年8月6日　中村市長　→00/02

苅谷 与右衛門　かりや・ようえもん　〜平成2年1月7日　一宮市会議長　→88/90

苅谷 諒一　かりや・りょういち　〜昭和60年12月25日　築地市場青果連合事業協会専務理事　→83/87

苅安 史夫　かりやす・ふみお　昭和18年6月25日〜平成22年11月8日　日本製粉常務　→09/11

苅藪 豊作　かりやぶ・とよさく　大正14年5月10日〜平成17年5月11日　ジャパンケンネルクラブ理事長　→03/05

狩山 徳展　かりやま・とくのぶ　〜平成13年7月23日　海将　海上自衛隊海上幕僚監部技術部長　→00/02

加留 博　かる・ひろし　〜平成7年6月28日　経済同友会常務理事　→94/96

刈茅 正　かるかや・ただし　昭和4年7月14日〜昭和62年8月15日　東京精鋼工所社長,日立金属取締役　→83/87

軽部 一伸　かるべ・かずのぶ　昭和2年1月18日〜昭和62年6月28日　三菱地所取締役　→83/87

軽部 昭三　かるべ・しょうぞう　昭和3年1月20日〜平成2年7月27日　大和ビルヂング社長,大和証券副社長　→88/90

軽部 武　かるべ・たけし　〜昭和39年11月16日　仙台地検検事正　→昭和

軽部 利雄　かるべ・としお　〜平成2年7月10日　三和エクステリア取締役　→88/90

軽部 弥生一　かるべ・やよいち　〜平成1年7月2日　防衛庁衛生局長　→88/90

唐牛 健太郎　かろうじ・けんたろう　昭和12年8月10日〜

昭和59年3月4日　学生運動家　全学連委員長　→83/87

唐牛 敏世　かろうじ・びんせい　明治12年8月15日～昭和54年1月19日　みちのく銀行頭取　→昭和（からうし・としよ）

河 茂　かわ・しげる　～昭和32年11月20日
大阪三品取引所常務理事　→昭和

河合 敏雄　かわあい・としお　大正11年10月31日～平成9年12月11日　日本鳥獣保護連盟会員　→97/99

川合 彰武　かわい・あきたけ　明治39年9月30日～昭和62年11月16日　衆院議員（社会党），躍進機械製作所会長　→83/87

川井 章知　かわい・あきとも　～昭和62年11月2日
静岡県知事　→83/87

河合 昭彦　かわい・あきひこ　昭和4年8月17日～平成6年9月9日　九州松下電器専務，ロイヤル副社長　→94/96

河合 敦夫　かわい・あつお　明治44年12月16日～平成4年5月15日　川崎重工業取締役　→91/93

河合 篤　かわい・あつし　明治39年4月10日～昭和20年10月18日　弁護士，社会運動家　→昭和

河合 斌人　かわい・あやと　大正7年8月8日～平成17年9月6日　河合塾理事長，河合塾学園理事長，山一証券副社長　→03/05

河合 勲　かわい・いさお　大正10年10月3日～平成17年4月6日　東芝精機常務　→03/05

河合 一郎　かわい・いちろう　～昭和7年2月22日
歩兵第三十五聯隊附陸軍歩兵少佐　→昭和

河合 一郎　かわい・いちろう　昭和2年11月10日～平成21年11月12日　名古屋証券取引所理事長，大蔵省四国財務局長　→09/11

川合 岩男　かわい・いわお　～昭和61年2月20日
高砂香料監査役，青葉学園理事長，青葉学園短期大学学長　→83/87

河合 宇三郎　かわい・うさぶろう　明治25年3月20日～昭和62年8月2日　石井組代表会長　→83/87

河合 英一　かわい・えいいち　昭和6年4月25日～平成3年8月5日　青木建設副社長　→91/93

河合 英一　かわい・えいいち　大正7年9月6日～平成16年2月3日　阿波銀行頭取　→03/05

河合 悦三　かわい・えつぞう　明治36年6月29日～昭和41年8月20日　社会運動家　→昭和

河合 嘉吉　かわい・かきち　明治33年11月10日～昭和56年4月2日　河合石灰工業会長　→80/82

河合 一　かわい・かずいち　大正11年～平成15年5月12日　富士火災海上保険専務　→03/05

川合 一成　かわい・かずなり　昭和4年11月19日～平成23年7月14日　北海道林屋製茶社長，小樽商工会議所会頭　→09/11

河合 和彦　かわい・かずひこ　昭和3年12月21日～平成12年4月17日　河合製薬会長　→00/02

河合 亀太郎　かわい・かめたろう　明治9年6月8日～昭和34年7月19日　河合製薬創業者　カワイ肝油ドロップの開発者　→昭和

川井 寛次郎　かわい・かんじろう　～昭和63年1月10日
弁護士　最高検検事　→88/90

川合 喜一　かわい・きいち　大正6年4月28日～平成18年10月6日　川越市長　→06/08

河合 義一　かわい・ぎいち　明治15年3月11日～昭和49年7月25日　農民運動家　衆院議員（社会党），参院議員　→昭和

河合 きよ　かわい・きよ　～昭和61年5月5日
元・富山看護婦家政婦紹介所会長　→83/87

河合 清　かわい・きよし　～平成2年6月17日
全国低肺機能者団体連絡協議会代表幹事　→88/90

川井 清　かわい・きよし　大正9年11月6日～平成7年8月13日　日本不織布社長　→94/96

河合 喜代治　かわい・きよじ　明治39年3月7日～平成3年10月2日　弁護士　総務庁行政管理局東北管区行政監察局長　→91/93

川井 慶伍　かわい・けいご　大正13年3月4日～平成4年2月3日　三和印刷社長，北海道印刷工業組合副理事長・札幌支部長　→91/93

川井 顕作　かわい・けんさく　昭和4年10月25日～昭和61年10月26日　香川相互銀行社長　→83/87

川井 顕三郎　かわい・けんざぶろう　明治33年8月25日～昭和58年11月5日　香川相互銀行会長　→83/87

河合 健二　かわい・けんじ　明治42年10月21日～平成2年9月1日　北陸電力副社長　→昭和

河合 健二　かわい・けんじ　～平成8年
技術者　コルゲートの家に住み，省エネ実験の生活を30年間続けた　→97/99s

河合 謙二郎　かわい・けんじろう　昭和15年1月31日～平成9年9月28日　神戸新聞常務　→97/99

川井 健太郎　かわい・けんたろう　明治29年～昭和49年11月6日　テレビ静岡社長，静岡鉄道社長　→昭和

川合 賢郎　かわい・けんろう　大正2年1月18日～平成5年3月14日　三井東圧化学専務，プラスチック処理促進協会会長　→91/93

河合 仰治　かわい・こうじ　大正13年3月23日～平成12年2月19日　日立金属専務　→00/02

河合 滉二　かわい・こうじ　大正3年7月28日～平成10年6月29日　サッポロビール社長　→97/99

河合 康左右　かわい・こうぞう　明治32年～昭和18年4月8日　社会運動家　→昭和

川井 幸太郎　かわい・こうたろう　明治43年7月26日～平成11年1月7日　兵庫県議，尼崎市会議員　→97/99

川合 五郎　かわい・ごろう　明治40年4月28日～平成3年10月30日　弁護士　大阪府地方労働委員会会長，大阪弁護士会副会長　→91/93

川井 貞雄　かわい・さだお　大正14年9月7日～平成19年6月16日　三光汽船社長　→06/08

I 政治・経済・社会篇　　　かわい

川合 貞夫　かわい・さだお　明治43年1月2日～平成2年10月14日　東海興産副社長,建設省営繕局長　→88/90

河合 三良　かわい・さぶろう　大正11年10月8日～平成18年10月27日　行政管理事務次官　→06/08

川井 三郎　かわい・さぶろう　明治41年2月5日～平成10年10月3日　協栄生命保険社長　→97/99

川合 茂太郎　かわい・しげたろう　明治40年1月24日～平成1年2月21日　京阪電気鉄道常務　→88/90

河井 重友　かわい・しげとも　大正2年8月27日～平成11年6月30日　日本航空電子工業社長　→97/99

河合 重美　かわい・しげみ　大正15年1月26日～平成19年11月10日　昭和飛行機工業常務　→06/08

河合 滋　かわい・しげる　大正11年7月28日～平成18年8月20日　河合楽器製作所会長　→06/08

川井 修一　かわい・しゅういち　～昭和48年8月1日　電通副理事　→昭和

川井 十郎　かわい・じゅうろう　昭和2年7月1日～昭和63年1月27日　NOK常務　→88/90

河合 淳　かわい・じゅん　大正14年11月4日～平成9年9月12日　川鉄商事常務　→97/99

河合 俊三　かわい・しゅんぞう　～平成4年8月29日　ザ・パック取締役　→91/93

河合 順之助　かわい・じゅんのすけ　明治39年12月9日～平成2年10月6日　宇都宮信用金庫理事長　→88/90

河井 昇三郎　かわい・しょうざぶろう　～昭和48年9月18日　住友本社常務理事　→昭和

川井 省二郎　かわい・しょうじろう　大正7年11月6日～平成14年11月15日　日本酸素常務　→00/02

河井 正介　かわい・しょうすけ　明治41年2月24日～昭和63年7月21日　沖電気工業専務,沖電線社長　→88/90

河合 尚治　かわい・しょうじ　大正11年4月2日～昭和56年6月7日　九州耐火煉瓦副社長　→80/82

川井 賞三　かわい・しょうぞう　昭和3年6月29日～平成10年7月19日　前田建設工業取締役　→97/99

河合 志朗　かわい・しろう　～平成1年9月5日　北陸アルコン取締役　→88/90

河井 次郎　かわい・じろう　明治36年3月25日～平成3年7月30日　日清製粉監査役　→91/93

河合 真英　かわい・しんえい　～昭和30年9月9日　曹洞宗本山顧問　→昭和

川合 信水　かわい・しんすい　慶応3年10月22日～昭和37年7月3日　宗教家,教育家　→昭和

河合 甚助　かわい・じんすけ　明治26年7月9日～昭和56年10月8日　岐阜信用金庫会長,岐阜商議所名誉副会頭　→80/82

河合 進　かわい・すすむ　明治45年5月26日～平成6年7月7日　日本勧業角丸証券(のち勧角証券)副社長,富士銀行取締役　→94/96

川井 巽　かわい・すすむ　明治42年3月21日～平成7年3月26日　日立クレジット社長,日立家庭電器販売(のち立家電)常務　→94/96

川合 晋(2代目)　かわい・すすむ　明治31年～昭和15年2月14日　東海堂社長　→昭和(川合 晋 かわい・しん)

川合 捨三　かわい・すてぞう　～昭和48年3月12日　東海電機工事副社長　→昭和

河合 誠一　かわい・せいいち　～昭和42年9月8日　富士紡績専務　→昭和

河相 誠一郎　かわい・せいいちろう　大正14年7月10日～平成8年4月24日　鹿島建設副社長　→94/96

河合 善次郎　かわい・ぜんじろう　大正4年10月22日～平成11年9月23日　新日本法規出版会長　→97/99

河相 全次郎　かわい・ぜんじろう　昭和4年5月20日～平成22年7月10日　八重洲ブックセンター社長,鹿島研究所出版会社長　→09/11

河合 外男　かわい・そとお　～昭和63年3月31日　昭和建設相談役　→88/90

河合 泰二郎　かわい・たいじろう　大正8年8月29日～平成3年11月14日　東海銀行取締役　→91/93

河井 大治郎　かわい・だいじろう　～昭和55年3月20日　小田急建設社長　→80/82

河合 大介　かわい・だいすけ　昭和7年7月28日～昭和61年10月3日　国際総業社主　→83/87

川井 臺平　かわい・たいへい　明治29年9月5日～昭和56年9月28日　アイカ工業相談役・元社長　→80/82

河合 昂　かわい・たかし　～平成7年4月2日　全国特定郵便局長業務推進連絡会連合会副会長,東海特定郵便局長業務推進連絡会連合会会長　→94/96

河合 堯晴　かわい・たかはる　明治38年3月11日～昭和60年6月6日　日本鉱業社長,アブダビ石油社長　→83/87

河井 卓三　かわい・たくぞう　大正14年9月26日～平成2年5月3日　東洋鋼鈑監査役・元取締役　→88/90

河合 武夫　かわい・たけお　～平成1年5月18日　朝日新聞社友・元大阪本社印刷局長　→88/90

川合 武　かわい・たけし　大正4年9月21日～平成3年1月15日　衆院議員(新自由クラブ)　→91/93

河合 忠男　かわい・ただお　大正9年6月6日～平成1年7月19日　日本水産取締役　→88/90

河合 達雄　かわい・たつお　大正13年11月18日～平成9年4月28日　河合石灰工業会長,大垣商工会議所会頭　→97/99

河相 達夫　かわい・たつお　明治22年7月26日～昭和41年10月31日　外交官　→昭和

川井 立夫　かわい・たつお　明治40年2月18日～昭和60年12月23日　弁護士　福岡高裁長官　→83/87

川合 達志　かわい・たつし　～平成18年5月17日　竹田印刷常務　→06/08

河合 辰太郎　かわい・たつたろう　～昭和27年1月21日　凸版印刷社長　→昭和

河合 民治　かわい・たみじ　～平成1年12月5日　河合電器製作所相談役　→88/90

I　政治・経済・社会篇

河合　保　かわい・たもつ　～昭和56年12月9日
　サマリヤ社社長　→80/82

川合　周孜　かわい・ちかし　大正6年11月22日～平成11年9月20日　東急観光専務、東急エージェンシー常務　→97/99

河合　主税　かわい・ちから　明治44年5月10日～昭和63年9月27日　愛知県議　→88/90

河合　恒治　かわい・つねじ　明治34年1月20日～昭和62年7月26日　川北電気工業会長　→83/87

川合　恒孝　かわい・つねたか　昭和6年10月23日～平成8年11月18日　ライト工業会長、九州地方建設局長　→94/96

河合　剛　かわい・つよし　～平成3年3月12日
　東洋運搬機専務、日立造船取締役　→91/93

河井　貞一　かわい・ていいち　大正2年1月25日～平成8年5月17日　クボタ副社長　→94/96

河合　鉄二　かわい・てつじ　～昭和19年3月3日
　三菱銀行常務　→昭和

河合　輝明　かわい・てるあき　大正14年3月12日～平成21年2月19日　世界救世教総長、MOA会長、エムオーエーインターナショナル社長　→09/11

川井　藤五郎　かわい・とうごろう　～平成6年1月14日
　ホクレン農協連合会理事　→94/96

河合　徳三郎（1代目）　かわい・とくさぶろう　明治4年6月～昭和12年12月3日　大都映画社長　→昭和（河合 徳三郎）

河合　徳三郎（2代目）　かわい・とくさぶろう　～昭和56年4月30日　大都映画社長　→80/82（河合 徳三郎）

河合　俊雄　かわい・としお　明治42年9月20日～平成1年10月24日　住友化学工業取締役　→88/90

川合　直次　かわい・なおじ　明治7年12月～昭和13年8月4日　衆院議員（立憲民政党）　→昭和

河合　信帆　かわい・のぶお　大正13年1月20日～平成6年10月28日　ホテル・ザ・エルシイ社長　→94/96

川井　信次郎　かわい・のぶじろう　明治30年9月3日～昭和58年11月27日　大阪マツダ販売会長　→83/87

河井　信太郎　かわい・のぶたろう　大正2年10月1日～昭和57年11月15日　弁護士、検察官　大阪高検事長、東京地検特捜部長　→80/82

河合　登　かわい・のぼる　明治34年9月28日～昭和62年7月18日　三菱電機取締役、鶴舞電機社長　→83/87

川合　寿人　かわい・ひさと　明治40年7月26日～平成14年7月9日　警視監、日本安全保障警備社長　→00/02

河合　秀夫　かわい・ひでお　明治28年10月26日～昭和47年8月9日　社会運動家　→昭和

河合　秀夫　かわい・ひでお　明治44年4月22日～平成9年4月16日　国鉄常務理事、興和化成社長　→97/99

河合　英夫　かわい・ひでお　～昭和41年9月11日
　明和産業会長、三菱商事顧問　→昭和

川井　英良　かわい・ひではる　明治43年1月27日～平成9年2月14日　弁護士　公安調査庁長官、名古屋高検事長　→97/99

河合　均　かわい・ひとし　大正15年6月12日～平成14年3月25日　山陽新聞常務　→00/02

河合　洋　かわい・ひろし　～平成11年1月5日
　カワイエンジニアリング社長　→97/99

河合　弘道　かわい・ひろみち　明治40年11月3日～平成3年12月15日　米子市長　→91/93

河合　弘光　かわい・ひろみつ　昭和5年6月～昭和61年9月23日　神奈川県立博物館長　→83/87

河合　博之　かわい・ひろゆき　明治16年8月～昭和8年8月14日　駐ポーランド公使　→昭和

河合　正雄　かわい・まさお　大正12年5月8日～平成23年1月21日　中央信託銀行専務　→09/11

川井　正男　かわい・まさお　大正10年～平成3年1月24日
　日研化学取締役　→91/93

川井　正雄　かわい・まさお　明治42年3月16日～平成5年8月3日　京都市議　→91/93

河合　正一　かわい・まさかず　昭和6年1月3日～平成13年10月8日　三菱信託銀行常務　→00/02

河井　正元　かわい・まさもと　昭和4年9月5日～昭和62年1月28日　ラサ工業取締役　→83/87

河合　正嘉　かわい・まさよし　明治39年11月29日～平成21年3月9日　高島屋副社長　→09/11

河合　又一　かわい・またいち　～昭和57年12月14日
　河合精密金型製作所社長　→80/82

河合　又男　かわい・またお　明治30年1月12日～平成1年10月21日　近畿電気工事顧問　→88/90

河井　松之助　かわい・まつのすけ　慶応4年4月4日～昭和9年3月27日　対華貿易家　→昭和

河合　操　かわい・みさお　元治1年9月26日～昭和16年10月11日　陸軍大将　枢密顧問官　→昭和

川井　源司　かわい・もとし　大正7年1月30日～昭和63年4月9日　大機ゴム工業社長　→88/90

河井　元京　かわい・もときか　～昭和55年2月17日
　三陸ファイバーグラス会長　→80/82

川井　盛雄　かわい・もりお　明治39年12月3日～昭和61年7月11日　静岡相互銀行社長　→83/87

川合　ヤエ　かわい・やえ　～平成7年9月23日
　世界救世教参事　→94/96

河合　やゑ子　かわい・やえこ　～昭和6年7月9日
　陸軍大将河合操氏夫人　→昭和

川井　康男　かわい・やすお　～平成5年12月14日
　奥羽電気設備社長　同志社大学カムチャッカ日ソ合同学術登山隊長　→91/93

河井　弥八　かわい・やはち　明治10年10月24日～昭和35年7月21日　参院議員、侍従次長　→昭和

河合　勇三郎　かわい・ゆうざぶろう　大正4年1月31日～昭和61年9月27日　全国共済農協連理事、富山県共済農協連会長、砺波市農協長　→83/87

河合 幸夫　かわい・ゆきお　大正9年2月12日〜平成10年6月11日　岐阜県出納長　→97/99

河井 洋一　かわい・よういち　〜昭和55年2月16日　旭電化工業前社長,古河電気工業元常務　→80/82

河合 義夫　かわい・よしお　大正6年10月22日〜平成3年2月14日　住友金属鉱山常務　→91/93

河合 義夫　かわい・よしお　昭和5年3月4日〜平成4年9月29日　トキコ常務　→91/93

河合 美雄　かわい・よしお　昭和3年1月2日〜平成18年5月27日　中京相互銀行常務　→06/08

川井 良夫　かわい・よしお　昭和13年10月16日〜平成20年1月21日　グルメ杵屋常務　→06/08

河合 好蔵　かわい・よしぞう　〜昭和57年5月19日　河合鋼鉄社長　→80/82

河合 好人　かわい・よしと　〜昭和31年10月7日　箱根登山鉄道社長　→昭和

河合 良成　かわい・よしなり　明治19年5月10日〜昭和45年5月14日　実業家,政治家　小松製作所社長,衆院議員,厚相　→昭和

河合 良之　かわい・よしゆき　昭和5年〜平成20年1月8日　日鉄商事専務　→06/08

河合 陸郎　かわい・りくろう　〜昭和51年12月20日　豊橋市長　→昭和

河合 了雄　かわい・りょうゆう　〜昭和62年1月3日　僧侶　高野山真言宗大僧正,美濃国分寺住職　→83/87

河合 廉一　かわい・れんいち　明治15年1月19日〜昭和34年1月30日　弁護士　東京弁護士会長　→昭和

川出 雄二郎　かわいで・ゆうじろう　明治40年4月9日〜昭和35年8月2日　労働運動家　→昭和

川浦 清孝　かわうら・きよたか　昭和6年2月17日〜平成5年5月30日　太陽投信委託常務　→91/93

川江 混　かわえ・こん　〜昭和12年4月17日　乃木神社宮司　→昭和

川江 豊吉　かわえ・とよきち　大正9年9月9日〜平成22年7月16日　髙松機械工業社長,松任商工会議所会頭　→09/11

川勝 蔵太　かわかつ・くらた　〜昭和5年5月20日　大阪商業新報社長　→昭和

川勝 慶一　かわかつ・けいいち　大正4年11月30日〜平成2年10月20日　名港海運社長　→88/90

川勝 堅二　かわかつ・けんじ　大正13年1月16日〜平成22年7月4日　三和銀行頭取　→09/11

川勝 源兵衛　かわかつ・げんべえ　明治36年3月27日〜平成1年9月12日　松村組専務　→88/90

川勝 伝　かわかつ・でん　明治34年7月12日〜昭和63年4月23日　南海電気鉄道会長,南海ホークスオーナー,日中経済協会副会長　→88/90

川勝 道比古　かわかつ・みちひこ　〜平成3年1月23日　東邦レーヨン取締役　→91/93

川上 勲　かわかみ・いさお　昭和5年11月16日〜平成20年8月21日　サノヤス・ヒシノ明昌常務　→06/08

川上 泉　かわかみ・いずみ　大正14年9月17日〜平成12年2月3日　東京高裁判事　→00/02

川上 市郎　かわかみ・いちろう　大正6年7月23日〜平成5年6月13日　大修館書店副社長,辞典協会理事長　→91/93

川上 嘉市　かわかみ・かいち　明治18年3月1日〜昭和39年4月6日　日本楽器製造社長,参院議員(緑風会)　→昭和

川上 亀郎　かわかみ・かめお　〜昭和55年7月8日　松島炭鉱会長　→80/82

川上 貫一　かわかみ・かんいち　明治21年1月28日〜昭和43年9月12日　政治家　衆院議員,共産党中央委員　→昭和

川上 喜市　かわかみ・きいち　大正14年5月10日〜平成19年2月9日　住友金属工業副社長　→06/08

川上 紀一　かわかみ・きいち　大正8年10月30日〜平成21年8月14日　千葉県知事　→09/11

川上 喜八郎　かわかみ・きはちろう　大正9年5月22日〜昭和58年1月20日　新潟市長　→83/87

川上 久也　かわかみ・きゅうや　大正3年8月9日〜平成7年2月23日　東海ラジオ放送専務　→94/96

川上 喜代四　かわかみ・きよし　大正5年3月22日〜昭和57年9月19日　海上保安庁水路部長,日本海洋測量相談役　→80/82

川上 澄　かわかみ・きよし　昭和8年8月27日〜平成17年9月13日　北海道日産自動車会長,日産ディーゼル北海道販売会長　→03/05

川上 清　かわかみ・きよし　大正6年6月14日〜平成2年12月17日　国民金融公庫理事　→88/90

川上 清信　かわかみ・きよのぶ　〜昭和55年6月20日　京急交通,京急京光タクシー相談役　→80/82

川上 清康　かわかみ・きよやす　明治43年2月6日〜平成8年12月22日　ジェコー専務　→94/96

川上 邦彦　かわかみ・くにひこ　明治2年1月29日〜昭和7年7月19日　実業家　横浜船渠会長　→昭和

川上 源一　かわかみ・げんいち　明治45年1月30日〜平成14年5月25日　ヤマハ社長,ヤマハ発動機創業者　→00/02

河上 健次郎　かわかみ・けんじろう　明治39年12月22日〜昭和60年6月12日　住友金属鉱山社長　→83/87

川上 健三　かわかみ・けんぞう　明治42年9月15日〜平成7年8月22日　駐ソ公使　→94/96

川上 賢三　かわかみ・けんぞう　元治1年8月18日〜昭和8年　実業家　→昭和

河上 弘一　かわかみ・こういち　明治19年6月14日〜昭和32年2月3日　日本輸出入銀行総裁,日本興業銀行総裁　→昭和

川上 浩二郎　かわかみ・こうじろう　明治6年6月8日〜昭和8年3月29日　台湾総督府技師,博多湾築港専務　→昭和

川上 孤山　かわかみ・こざん　明治7年～昭和7年2月15日　僧侶　春光院(臨済宗妙心寺派)住職　→昭和

河上 丈太郎　かわかみ・じょうたろう　明治22年1月3日～昭和40年12月3日　政治家、社会運動家　日本社会党委員長、衆院議員　→昭和

川上 晋司　かわかみ・しんじ　昭和22年6月27日～平成22年9月28日　岩谷産業常務　→09/11

川上 末太郎　かわかみ・すえたろう　昭和2年3月2日～平成8年9月28日　読売新聞事業本部長　→94/96

河上 晋　かわかみ・すすむ　昭和5年12月1日～昭和62年1月12日　栄光緑化興業代表取締役社長、栄光住宅代表取締役社長　→83/87

川上 進　かわかみ・すすむ　大正9年9月2日～昭和60年4月5日　陸上自衛隊九州地区補給処長　→83/87

川上 清一　かわかみ・せいいち　～昭和42年4月13日　東邦工機社長　→昭和

河上 清吉　かわかみ・せいきち　明治2年～昭和11年6月16日　陸軍少将　→昭和

川上 千種　かわかみ・せんしゅ　昭和16年4月7日～平成20年2月4日　勧角証券専務　→06/08

川上 善兵衛(6代目)　かわかみ・ぜんべえ　慶応4年3月10日～昭和19年5月21日　園芸家　岩の原葡萄園創業者　→昭和(川上 善兵衛)

川上 隆久　かわかみ・たかひさ　昭和25年1月5日～平成22年3月15日　国連東ティモール統合ミッション(UNMIT)事務総長副特別代表　→09/11

河上 辰男　かわかみ・たつお　大正5年4月17日～平成11年12月24日　東予市長　→97/99

川上 為治　かわかみ・ためじ　明治40年10月10日～昭和59年5月6日　参院議員(自民党)　→83/87

川上 太郎　かわかみ・たろう　大正13年7月6日～平成2年4月8日　ホクコン副社長　→88/90

川上 親清　かわかみ・ちかきよ　明治40年8月8日～平成9年10月26日　横浜ゴム常務、興亜タイヤ(株)名誉顧問　→97/99

川上 親晴　かわかみ・ちかはる　安政2年5月～昭和19年5月12日　貴院議員(勅選)、警視総監　→昭和

川上 哲夫　かわかみ・てつお　昭和9年9月14日～平成13年4月8日　鹿児島県議(自民党)　→00/02

河上 哲太　かわかみ・てつた　明治14年10月～昭和27年11月17日　衆院議員(無所属倶楽部)　→昭和

川上 照彦　かわかみ・てるひこ　昭和11年2月19日～平成12年4月25日　紫光学苑主、尚紫会理事長　→00/02

川上 徹　かわかみ・とおる　昭和9年1月5日～平成2年6月14日　海上保安庁第三管区海上保安部清水海上保安部長　→88/90

河上 敏雄　かわかみ・としお　大正8年11月19日～平成14年5月22日　第一実業社長　→00/02

川上 敏雄　かわかみ・としお　明治40年2月23日～平成2年2月20日　全国乗用自動車連合会相談役　→88/90

川上 寿一　かわかみ・としかず　明治45年～昭和59年5月5日　日本電設工業相談役・元社長、国鉄常務理事　→83/87

川上 俊彦　かわかみ・としつね　文久1年12月29日～昭和10年9月12日　外交官、実業家　駐ポーランド公使、日魯漁業社長　→昭和(かわかみ・としひこ)

川上 利春　かわかみ・としはる　昭和3年6月23日～平成3年2月19日　徳島新聞理事総務局長　→91/93

川上 直之助　かわかみ・なおのすけ　～昭和25年6月30日　勧銀理事、日本銀行監事　→昭和

川上 昇　かわかみ・のぼる　大正7年12月22日～平成17年4月15日　博報堂副社長　→03/05

川上 始　かわかみ・はじめ　明治45年1月1日～平成3年7月14日　阪神相互銀行(のち阪神銀行)社長、神戸銀行(のち太陽神戸三井銀行)取締役　→91/93

川上 弘　かわかみ・ひろ　～昭和60年9月20日　(有)クランポン社長、ガールスカウト長野県第33団(塩尻市)委員長、元松本ソロプチミスト会長　→83/87

川上 博　かわかみ・ひろし　～平成10年6月18日　札幌交通社長、北海道交運事業協同組合常務　→97/99

川上 広太郎　かわかみ・ひろたろう　大正3年4月20日～平成4年8月4日　葛飾区会議長、川上精巧代表取締役　→91/93

川上 裕也　かわかみ・ひろや　大正14年3月9日～平成2年3月29日　オーエム製作所常務　→88/90

川上 冬樹　かわかみ・ふゆき　大正13年12月1日～昭和60年7月18日　一吉証券常務　→83/87

川上 磨姫　かわかみ・まき　～昭和62年11月5日　大阪地検特捜部検事　→83/87

川上 理郎　かわかみ・まさお　～昭和59年7月9日　日産建設取締役　→83/87

川上 政一　かわかみ・まさかず　大正6年10月9日～昭和62年1月6日　日本電子計算会長、協和銀行副会長　→83/87

川上 正毅　かわかみ・まさき　昭和11年9月1日～平成21年8月23日　国際証券副社長　→09/11

川上 萬寿夫　かわかみ・ますお　昭和18年2月19日～平成16年6月16日　富士総合研究所副社長　→03/05

川上 三千雄　かわかみ・みちお　明治41年2月1日～昭和60年9月12日　大洋漁業常務　→83/87

川上 六馬　かわかみ・むつま　明治35年2月13日～昭和61年7月28日　(財)日本リハビリテイション振興会理事長、厚生省医務局長　→83/87

川上 恭正　かわかみ・やすまさ　昭和13年～平成10年8月2日　扶桑社取締役　→97/99

川上 八十太　かわかみ・やそた　明治34年3月20日～昭和56年6月18日　川研ファインケミカル社長、花王石鹸常務　→80/82

川上 行義　かわかみ・ゆきよし　～昭和2年2月17日　壮士　→昭和

川上 義男　かわかみ・よしお　明治45年2月28日～昭和

63年3月7日　三井信託銀行専務,オリエンタルランド副社長,京成建設副社長　→88/90

川上 義隆　かわかみ・よしたか　大正14年8月30日～平成11年4月11日　弁護士　日本弁護士連合会副会長,第二東京弁護士会会長　→97/99

川上 善久　かわかみ・よしひさ　昭和4年4月10日～平成7年12月20日　德倉建設常務　→94/96

川上 嘉　かわかみ・よしみ　～平成6年8月2日　参院議員　→94/96

川上 芳郎　かわかみ・よしろう　～昭和57年3月30日　東邦生命常務,東邦生命ビル社長　→80/82

川上 米男　かわかみ・よねお　明治37年11月29日～平成2年2月25日　長府製作所創業者　→88/90

川上 力男　かわかみ・りきお　昭和4年2月15日～平成19年7月16日　油木町(広島県)町長　→06/08

川上 隆三　かわかみ・りゅうぞう　大正7年10月3日～平成5年4月2日　大和銀行専務,永大産業社長　→91/93

川上 和吉　かわかみ・わきち　～昭和48年12月19日　和歌山県知事　→昭和

川岸 功　かわぎし・いさお　明治37年5月5日～昭和61年1月26日　杉村倉庫相談役・元会長　→83/87

河岸 直道　かわぎし・なおみち　大正8年11月24日～平成4年9月15日　雪印物産社長　→91/93

川北 一夫　かわきた・かずお　昭和11年2月2日～平成19年10月14日　駒井鉄工専務　→06/08

川喜多 和子　かわきた・かずこ　昭和15年2月1日～平成5年6月7日　フランス映画社副社長,川喜多記念映画文化財団常務理事　→91/93

川喜田 貞久　かわきた・さだひさ　昭和9年1月4日～平成19年6月6日　百五銀行頭取　→06/08

川喜田 俊二　かわきた・しゅんじ　明治39年12月21日～昭和61年1月17日　三重トヨペット会長,三重交通監査役　→83/87

川北 順之祐　かわきた・じゅんのすけ　明治28年7月5日～昭和58年7月19日　昭和鉱業相談役　→83/87

川北 泰三　かわきた・たいぞう　大正3年3月23日～平成6年6月27日　日本電気システム建設社長　→94/96

川北 禎一　かわきた・ていいち　明治29年7月9日～昭和56年6月9日　日本興業銀行頭取,日本銀行副総裁　→80/82

川北 徹　かわきた・とおる　昭和2年10月13日～平成21年6月29日　三井金属社長　→09/11

川喜多 正時　かわきた・まさとき　明治34年7月21日～平成4年2月10日　弁護士　高松高裁長官　→91/93

川口 昭美　かわぐち・あきよし　大正14年5月25日　アキ総合企画社長　新宿2丁目の母　→00/02

川口 章　かわぐち・あきら　昭和9年1月29日～平成10年12月21日　尼崎信用金庫理事長　→97/99

川口 章　かわぐち・あきら　昭和12年7月11日～平成23年9月25日　日本経済新聞システム本部総務・管理部長　→09/11

川口 郁雄　かわぐち・いくお　大正9年10月16日～平成12年6月29日　ワコール副社長　→00/02

川口 勲　かわぐち・いさお　明治45年3月3日～平成10年12月16日　日本アマゾンアルミニウム社長　→97/99

川口 一郎　かわぐち・いちろう　～昭和58年7月17日　日本化学繊維協会理事長　→83/87

川口 巌　かわぐち・いわお　大正10年10月23日～平成13年2月6日　愛知電機常務　→00/02

川口 磐三　かわぐち・いわぞう　大正7年7月3日～昭和59年11月8日　東亜道路工業社長,日本道路建設業協会長　→83/87

川口 寛之　かわぐち・かんし　明治38年12月3日～昭和58年11月30日　伊方原発訴訟原告団長　→83/87

川口 義照　かわぐち・ぎしょう　昭和26年1月31日～平成11年12月13日　僧侶　延命寺住職　→00/02s

河口 協介　かわぐち・きょうすけ　～昭和40年3月24日　日本水道協会名誉会員,元理事長　→昭和

川口 清登　かわぐち・きよと　昭和9年11月18日～昭和62年8月19日　福岡市議,福岡市青果商組合理事長　→83/87

川口 清俊　かわぐち・きよとし　大正2年11月12日～平成11年1月19日　富士木材会長,富士商工会議所名誉会頭　→97/99

川口 邦彦　かわぐち・くにひこ　～平成19年10月6日　川口商店代表取締役,全国燃料協会会長　→06/08

川口 源九郎　かわぐち・げんくろう　～平成3年11月19日　奥村組専務　→91/93

川口 健二　かわぐち・けんじ　～昭和58年10月17日　日産クレジット社長　→83/87

川口 健二　かわぐち・けんじ　大正6年11月24日～平成16年2月6日　山陽相互銀行専務　→03/05

川口 源兵衛　かわぐち・げんべえ　大正6年1月2日～平成5年12月13日　大陽酸素創業者　→91/93

川口 恒司　かわぐち・こうじ　昭和9年4月3日～平成11年6月24日　ロンシール工業副社長　→97/99

川口 浩二　かわぐち・こうじ　～平成6年10月19日　コンビ副社長　→94/96

川口 五三九　かわぐち・ごさく　大正15年7月8日～平成16年10月20日　小糸製作所専務　→03/05

川口 定尾　かわぐち・さだお　～昭和61年5月19日　全日自労建設一般労組八女支部執行委員長　→83/87

川口 三郎　かわぐち・さぶろう　昭和7年11月23日～平成19年3月8日　茨城県議(自民党)　→06/08

川口 茂光　かわぐち・しげみつ　～平成16年11月23日　神官　筑後川花火大会実行委員会事務局長　→03/05

河口 静雄　かわぐち・しずお　明治31年11月14日～平成3年12月19日　三共商社長　→91/93

川口 鷲太郎　かわぐち・しゅうたろう　～昭和31年8月28日　川口ゴム社長　→昭和

川口 淳一　かわぐち・じゅんいち　～昭和46年2月17日　田辺製薬取締役　→昭和

川口 将一　かわぐち・しょういち　明治44年2月17日～平成22年4月14日　愛知電機創業者、春日井商工会議所会頭　→09/11

川口 正一　かわぐち・しょういち　～昭和42年2月12日　横浜生糸問屋協会会長、元横浜生糸取引所理事長　→昭和

川口 省三　かわぐち・しょうぞう　大正12年8月26日～平成15年4月13日　日立造船副社長　→03/05

川口 正三　かわぐち・しょうぞう　明治44年1月3日～昭和63年7月28日　ユニオンスチール社長　→88/90

川口 四郎吉　かわぐち・しろきち　明治37年9月11日～昭和57年5月9日　志摩観光ホテル社長　→80/82

川口 真　かわぐち・しん　～平成3年9月9日　水島ガス相談役、東邦ガス常務　→91/93

川口 清治郎　かわぐち・せいじろう　～平成4年10月11日　東京都議　→91/93

河口 善之助　かわぐち・ぜんのすけ　文久3年1月～昭和8年11月13日　衆院議員（立憲政友会）　→昭和

川口 大助　かわぐち・だいすけ　大正7年3月5日～昭和56年2月26日　衆院議員（社会党）　→80/82

川口 隆男　かわぐち・たかお　～昭和54年1月13日　日清製油社長　→昭和

川口 忠夫　かわぐち・ただお　大正9年5月18日～平成11年11月6日　山形新聞専務、置賜支社長　→00/02s

川口 忠誠　かわぐち・ただのぶ　明治42年6月1日～昭和58年6月22日　間組常任監査役　→83/87

川口 忠嘉　かわぐち・ただよし　～平成2年12月12日　名古屋商工会議所理事・事務局長　→88/90

川口 玉造　かわぐち・たまぞう　～昭和59年9月17日　椴法華村（北海道）村議　→83/87

川口 為之助　かわぐち・ためのすけ　～昭和37年2月23日　千葉県知事　→昭和

河口 親賀　かわぐち・ちかよし　大正4年4月3日～平成12年7月11日　甲府市長　→00/02

川口 肇造　かわぐち・ちょうぞう　大正15年7月21日～平成15年5月28日　日電工副社長　→09/11

川口 勉　かわぐち・つとむ　昭和11年10月5日～平成17年5月11日　日清製粉常務　→03/05

川口 利明　かわぐち・としあき　昭和17年8月21日～平成20年6月4日　大陽東洋酸素常務　→06/08

川口 敏之　かわぐち・としゆき　昭和7年10月20日～平成23年9月14日　ジャスコ取締役、信州ジャスコ社長　→09/11

川口 利朗　かわぐち・としろう　明治42年7月9日～平成9年2月20日　本州製紙（のち王子製紙）社長　→97/99

川口 友平　かわぐち・ともひら　昭和7年4月20日～平成20年9月21日　フジテレビ常務、テレビ静岡社長　→06/08

川口 酉松　かわぐち・とりまつ　大正10年5月15日～平成3年12月2日　千葉トヨペット社長　→91/93

川口 仲三郎　かわぐち・なかさぶろう　明治36年8月18日～平成7年6月22日　カゴメ副社長、大日本紙業社長　→94/96

河口 登　かわぐち・のぼる　～昭和39年4月22日　下松市長　→昭和

川口 彦次郎　かわぐち・ひこじろう　～昭和56年8月23日　弁護士　日本弁護士連合会代議員、福岡県弁護士会副会長　→80/82

川口 久一　かわぐち・ひさかず　昭和9年7月13日～平成23年5月25日　静岡県議（自民党）　→09/11

川口 久子　かわぐち・ひさこ　～昭和59年12月14日　十王製薬社長　→83/87

川口 寿　かわぐち・ひさし　明治31年10月～昭和59年6月28日　衆院議員（日本進歩党）　→83/87

川口 寛　かわぐち・ひろし　～昭和60年4月22日　昭和電工建材社長　→83/87

川口 宏　かわぐち・ひろし　大正5年4月14日～平成18年6月8日　キヤノン常務　→06/08

川口 紘司　かわぐち・ひろし　昭和14年～平成7年9月7日　三菱重工業広報宣伝部長、ダイヤ・ピーアール社長　→94/96

川口 洋　かわぐち・ひろし　昭和9年10月30日～平成11年1月17日　城西タクシー代表取締役、福岡市ハイヤタクシー事業協同組合理事長　→97/99

河口 博次　かわぐち・ひろつぐ　～昭和60年8月12日　大阪商船三井船舶神戸支店長　→83/87

川口 博之　かわぐち・ひろゆき　～昭和61年4月25日　呉羽薬親会理事、（株）広貫堂協力常任委員　→83/87

川口 房太郎　かわぐち・ふさたろう　明治32年4月30日～昭和58年1月22日　大東市長　→83/87

川口 文雄　かわぐち・ふみお　大正4年1月2日～昭和59年7月8日　東映常務　→83/87

川口 文志郎　かわぐち・ぶんしろう　大正3年1月26日～昭和62年4月5日　草津商工会議所会頭、市金工業社長　→83/87

川口 平吉　かわぐち・へいきち　昭和2年11月29日～平成12年4月2日　東急不動産常務　→00/02

川口 平八郎　かわぐち・へいはちろう　大正9年11月17日～平成3年11月25日　日本ケミコン常務　→91/93

川口 正純　かわぐち・まさずみ　昭和4年12月1日～平成1年2月16日　三菱銀行常務　→88/90

川口 正敏　かわぐち・まさとし　～昭和63年6月6日　エポック・スリージャパン相談役　→88/90

川口 正英　かわぐち・まさひで　明治36年9月1日～平成19年6月7日　横浜市議　→06/08

川口 又男　かわぐち・またお　明治38年11月25日～平成4年2月14日　日本郵船監査役、氷川丸マリンタワー社長　→91/93

川口 光太郎　かわぐち・みつたろう　明治44年3月20日～

平成7年8月14日　弁護士　名古屋高検検事長　→94/96

川口 実　かわぐち・みのる　昭和15年12月25日～平成18年2月26日　荏原実業専務　→06/08

河口 元比古　かわぐち・もとひこ　大正1年12月7日～平成6年4月25日　日立金属副社長　→94/96

川口 保二郎　かわぐち・やすじろう　大正4年4月27日～平成10年3月25日　ニッパン副社長　→97/99

河口 百合彦　かわぐち・ゆりひこ　～昭和50年4月27日　名古屋埠頭社長　→昭和

河口 陽一　かわぐち・よういち　明治39年3月20日～昭和53年9月16日　衆院議員、参院議員（自民党）　→昭和

川口 孝夫　かわぐち・よしお　大正10年～平成16年11月10日　日本共産党北海道地方委員会軍事部門幹部　→03/05

川口 美雄　かわぐち・よしお　明治37年2月12日～昭和61年9月5日　熱海市長　→83/87

川口 芳太郎　かわぐち・よしたろう　明治29年12月20日～昭和60年4月27日　好学社会長、図書印刷社長、学校図書社長　→83/87

川口 義松　かわぐち・よしまつ　昭和2年7月4日～平成19年3月23日　日本新薬常務　→06/08

川口 吉郎　かわぐち・よしろう　～平成14年4月2日　日本紙業常務　→00/02

川口 頼好　かわぐち・よりよし　明治43年6月2日～平成13年5月13日　弁護士　衆院法制局長　→00/02

川口 隆三　かわぐち・りゅうぞう　昭和4年10月19日～平成14年12月19日　ロンシール工業社長　→00/02

川久保 修吉　かわくぼ・しゅうきち　～昭和51年2月24日　資源庁長官　→昭和

川久保 セツ子　かわくぼ・せつこ　～平成20年12月19日　暴力団被害者の会設立メンバー　→06/08

川久保 太郎　かわくぼ・たろう　～平成14年10月31日　陸将　→00/02

川久保 敏彦　かわくぼ・としひこ　大正5年12月3日～平成23年7月15日　西日本新聞取締役、福岡国際ホール社長　→09/11

川久保 文夫　かわくぼ・ふみお　～平成6年3月23日　黒田精工監査役　→94/96

川久保 康雄　かわくぼ・やすお　大正2年2月8日～平成10年6月3日　日産自動車常務　→97/99

川久保 善明　かわくぼ・よしあき　昭和16年11月16日～平成15年10月30日　佐賀県副知事　→03/05

河毛 一郎　かわけ・いちろう　大正7年8月2日～昭和63年6月20日　海上保安庁長官　→88/90

河毛 二郎　かわけ・じろう　大正7年8月2日～平成16年5月24日　王子製紙社長、日本製紙連合会会長、日経連副会長　→03/05

川小 吉野　かわこ・よしの　～昭和61年3月6日　岡半（銀座割烹）取締役　→83/87

川越 茂　かわごえ・しげる　明治14年1月14日～昭和44年12月10日　外交官　→昭和

川越 隆昭　かわごえ・たかあき　昭和3年4月20日～平成17年4月22日　三菱倉庫専務　→03/05

川越 丈雄　かわごえ・たけお　明治17年11月1日～昭和41年3月8日　大蔵事務次官、平和相互銀行会長　→昭和

川越 博　かわごえ・ひろし　明治44年2月～昭和43年11月9日　衆院議員（国協党）　→昭和

川越 正雄　かわごえ・まさお　大正7年5月31日～平成3年6月8日　テーオーシー常務、昭和電線電纜監査役　→91/93

川越 政則　かわごえ・まさのり　大正5年2月20日～平成10年9月6日　南日本新聞社社長、鹿児島テレビ専務　→97/99

川越 光明　かわごえ・みつあき　大正13年8月26日～平成18年4月6日　日南市長、川越本店社長　→06/08

川越 庸一　かわごえ・よういち　明治26年12月27日～昭和58年6月3日　大同メタル工業相談役・元社長　→83/87

川越 義一　かわごし・ぎいち　明治41年5月17日～平成6年11月11日　ヨシダ印刷会長　→94/96

川越 敏男　かわごし・としお　大正9年9月24日～平成20年11月12日　吉原製油社長　→06/08

川坂 進一　かわさか・しんいち　大正13年5月16日～平成14年2月6日　大阪酸素工業社長　→00/02

河崎 愛　かわさき・あい　明治13年～平成3年10月1日　東京都最高齢者　→91/93

川崎 昭　かわさき・あきら　大正13年4月2日～平成13年5月14日　東京銀行専務　→00/02

川崎 明　かわさき・あきら　～昭和38年12月24日　福井銀行専務　→昭和

川崎 幾三郎　かわさき・いくさぶろう　大正6年11月3日～平成20年9月1日　不二電機工芸社長　→06/08

川崎 勇　かわさき・いさむ　～昭和49年1月24日　川崎電気社長　→昭和

河崎 一郎　かわさき・いちろう　明治42年9月19日～平成16年8月13日　駐アルゼンチン大使　→03/05

川崎 栄治　かわさき・えいじ　～昭和60年10月9日　駐ボリビア特命全権大使、ラテンアメリカ協会理事長　→83/87

川崎 音三　かわさき・おとぞう　～昭和49年6月6日　丸栄会長、元興和紡績社長・名古屋商工会議所副会頭　→昭和

川崎 一雄　かわさき・かずお　明治35年9月15日～平成1年5月20日　京阪電気鉄道副社長　→88/90

川崎 和雄　かわさき・かずお　～昭和59年3月8日　昭和精機工業常務　→83/87

川崎 万博　かわさき・かずひろ　明治37年3月～平成3年12月2日　神奈川新聞社常務・主筆、横浜市教育委員長　→91/93

川崎 克　かわさき・かつ　明治13年12月28日～昭和24年2月3日　政治家　衆院議員（日本進歩党）　→昭和

かわさき　　　　　　　　　　　　　　　　　　　Ⅰ　政治・経済・社会篇

川崎 寛治　かわさき・かんじ　大正11年4月18日〜平成17年12月3日　衆院議員(社会党)　→03/05

川崎 貫三　かわさき・かんぞう　〜昭和46年1月22日　保谷硝子常務　→昭和

河崎 吉太郎　かわさき・きちたろう　明治37年〜昭和63年6月26日　河崎ラケット工業創立者　→88/90

川崎 甲子男　かわさき・きねお　〜昭和25年3月30日　帝国火災社長　→昭和

川崎 京市　かわさき・きょういち　明治41年9月2日〜昭和62年12月12日　日本合成ゴム相談役・元社長　→83/87

河崎 邦夫　かわさき・くにお　明治40年9月23日〜昭和63年4月7日　東洋紡名誉顧問,関経連副会長　→88/90

河崎 啓三　かわさき・けいぞう　明治38年4月19日〜平成17年2月24日　曙ブレーキ工業会長　→03/05

川崎 憲一　かわさき・けんいち　大正14年1月12日〜平成10年8月24日　電通常務　→97/99

川崎 健吉　かわさき・けんきち　大正9年3月30日〜平成17年7月11日　横浜ゴム常務　→03/05

川崎 幸五郎　かわさき・こうごろう　明治35年2月17日〜昭和57年4月5日　三の丸ホテル社長　→80/82

川崎 幸司　かわさき・こうじ　大正11年4月1日〜平成2年1月16日　警察庁四国管区警察局長　→88/90

川崎 五郎　かわさき・ごろう　〜平成14年9月12日　八欧電機(のち富士通ゼネラル)専務　→00/02

川崎 貞雄　かわさき・さだお　〜昭和55年6月4日　川崎工業社長　→80/82

川崎 重雄　かわさき・しげお　大正2年6月22日〜平成5年1月20日　チッソ常務　→91/93

川崎 茂　かわさき・しげる　〜昭和55年10月30日　ニホンゲンマ社長　→80/82

川崎 七三郎　かわさき・しちさぶろう　大正9年10月5日〜平成7年11月29日　日本火災海上保険相談役　→94/96

川崎 修三　かわさき・しゅうぞう　〜平成8年4月17日　国民金融公庫理事　→94/96

川崎 順　かわさき・じゅん　〜昭和61年1月7日　日本産業機械工業会常務理事　→83/87

川崎 俊平　かわさき・しゅんぺい　大正11年9月1日〜平成23年9月18日　川崎商会創業者　→09/11

川崎 昭典　かわさき・しょうすけ　昭和3年11月29日〜平成23年2月17日　国税庁次長,高知県副知事,帝京大学経済学部教授　→09/11

川崎 昇太郎　かわさき・しょうたろう　〜昭和63年10月13日　石川県会議長　→88/90

川崎 申一　かわさき・しんいち　明治41年12月27日〜平成10年10月28日　日野自動車工業取締役　→91/93

川崎 末五郎　かわさき・すえごろう　明治25年7月〜昭和46年11月8日　衆院議員(自民党)　→昭和(かわさき・まつごろう)

川崎 誠一　かわさき・せいいち　大正11年11月13日〜平成20年1月13日　三井信託銀行社長　→06/08

川崎 正剛　かわさき・せいごう　昭和3年4月20日〜平成18年12月31日　弁護士　沖縄県選挙管理委員長　→06/08

河崎 省三　かわさき・せいぞう　〜昭和49年9月7日　大洋フェリー専務　→昭和

川崎 大次郎　かわさき・だいじろう　明治39年10月26日〜平成12年9月25日　第百生命保険社長　→00/02

川崎 崇生　かわさき・たかお　昭和13年5月17日〜平成17年9月27日　日本フイルコン専務　→03/05

河崎 嵩　かわさき・たかし　〜昭和57年10月11日　安田火災海上元常務　→80/82

川崎 卓吉　かわさき・たくきち　明治4年1月18日〜昭和11年3月27日　政治家,内務官僚　文相,商工相,民政党幹事長　→昭和

川崎 たけ　かわさき・たけ　明治34年2月〜平成2年11月23日　東京赤坂組合会長,料亭・川崎女将　→88/90

川崎 武雄　かわさき・たけお　明治35年1月20日〜昭和62年3月18日　川崎総業相談役,鎌ケ谷カントリー倶楽部社長　→83/87

河崎 正　かわさき・ただし　〜昭和43年12月15日　日本電気工事施設部長　→昭和

川嵜 玉男　かわさき・たまお　大正7年2月17日〜平成7年6月22日　東研サーモテック会長　→94/96

川崎 千春　かわさき・ちはる　明治36年4月5日〜平成3年6月6日　京成電鉄社長　→91/93

川崎 忠治　かわさき・ちゅうじ　明治39年1月19日〜平成6年6月30日　大都魚類会長　→94/96

河崎 務　かわさき・つとむ　〜昭和61年3月1日　元富山県警本部防犯課次席・警視　→83/87

川崎 勉　かわさき・つとむ　〜平成9年4月16日　日本触媒化学工業(のち日本触媒)常務　→97/99

川崎 艶香　かわさき・つやか　明治38年4月27日〜昭和63年11月28日　川崎電気会長　→88/90

川崎 貞三郎　かわさき・ていさぶろう　〜平成11年11月14日　日本合成化学工業常務　→97/99

川崎 哲夫　かわさき・てつお　大正14年4月13日〜昭和62年12月4日　全日教連委員長　→83/87

河崎 晃夫　かわさき・てるお　大正7年6月11日〜平成12年7月7日　三菱レイヨン社長　→00/02

川崎 輝彦　かわさき・てるひこ　〜昭和56年4月4日　福岡県盲人協会会長　→80/82

川崎 俊雄　かわさき・としお　明治41年2月19日〜平成5年3月11日　ダイワボウ社長　→91/93

川崎 敏視　かわさき・としみ　大正11年5月18日〜平成6年11月13日　青木建設副社長,鉄道建設公団理事　→94/96

川崎 寅雄　かわさき・とらお　〜昭和57年6月29日　日米協会(社団法人)顧問・元専務理事代理,元上海総領事　→80/82

I 政治・経済・社会篇　　　　　　　　　　　　　　　　　　　　　　　　　　　　　　　　かわしま

川崎 長雄　かわさき・ながお　～昭和7年10月29日　騎兵第十八聯隊中隊長騎兵少佐　→昭和

川崎 登　かわさき・のぼる　～昭和60年7月2日　生活協同組合都民共済会理事長　→83/87

川崎 肇　かわさき・はじめ　明治17年～昭和23年1月23日　実業家，ゴルフ選手　川崎財閥総帥　→昭和

川崎 春治　かわさき・はるじ　～平成4年6月8日　東鉄工業取締役　→91/93

河崎 春宏　かわさき・はるひろ　明治38年11月12日～昭和62年7月27日　バンドー化学取締役，大阪バンドーベルト販売取締役　→83/87

川崎 英夫　かわさき・ひでお　～昭和58年10月30日　中央公論社取締役，営業局次長　→83/87

川崎 秀二　かわさき・ひでじ　明治44年9月14日～昭和53年2月22日　政治家　衆院議員（自民党），厚相　→昭和

川崎 浩　かわさき・ひろし　大正13年9月17日～平成11年3月6日　辰巳倉庫専務，協和銀行取締役　→97/99

河崎 浩之　かわさき・ひろゆき　昭和6年10月9日～平成17年4月20日　日清製油専務，摂津製油社長　→03/05

川崎 政夫　かわさき・まさお　明治40年3月14日～平成6年5月17日　神東塗料会長，住友化学工業専務　→94/96

川崎 正直　かわさき・まさなお　～昭和60年1月22日　吉野神宮名誉宮司　→83/87

川崎 正之　かわさき・まさゆき　大正7年7月18日～平成13年1月25日　フジ製糖社長，日商岩井取締役　→00/02

川崎 松之助　かわさき・まつのすけ　～昭和63年4月14日　陸将補　陸上自衛隊化学学校長　→88/90

川崎 守　かわさき・まもる　大正8年10月3日～平成12年6月16日　共産党北海道委員会顧問，北海道議（共産党）　→00/02

川崎 三男　かわさき・みつお　昭和5年6月4日～平成9年9月5日　東京都議（社会党）　→97/99

川崎 稔　かわさき・みのる　大正8年9月20日～平成13年4月3日　第百生命保険会長　→00/02

川崎 ヤエ　かわさき・やえ　～平成12年3月26日　函館市議，北海道新聞記者　→00/02

川崎 安之助　かわさき・やすのすけ　慶応3年4月～昭和5年9月21日　政治家　衆院議員　→昭和

川崎 裕一　かわさき・ゆういち　昭和28年5月14日～平成22年11月7日　佐伯建設社長　→09/11

河崎 吉明　かわさき・よしあき　昭和11年1月10日～平成5年1月12日　出光石油化学取締役　→91/93

川崎 芳熊　かわさき・よしくま　～昭和46年2月16日　神戸新聞社長，川崎重工業専務　→昭和

川崎 善孝　かわさき・よしたか　大正8年3月23日～昭和61年5月16日　日本ラヂエーター取締役　→83/87

川崎 義盛　かわさき・よしもり　大正2年6月14日～昭和60年9月19日　中日新聞社友，中部日本放送客員・元常務　→83/87

川崎 力三　かわさき・りきぞう　明治31年7月14日～平成3年9月27日　弁護士　福岡信用金庫理事長　→91/93

川崎 立太　かわさき・りゅうた　大正5年11月3日～平成6年11月29日　丸紅副社長，国際商事仲裁協会顧問　→94/96

川崎舎 竹男　かわさきや・たけお　大正2年1月18日～平成4年2月3日　富士重工業取締役　→91/93

川崎舎 恒三　かわさきや・つねぞう　明治19年～昭和29年　大同製鋼副社長　→昭和

川里 俊久　かわざと・としひさ　大正11年10月8日～平成10年1月22日　大倉商事副社長　→97/99

川下 広海　かわした・ひろみ　～平成4年4月30日　日本ガスケット取締役　→91/93

川島 昭夫　かわしま・あきお　昭和2年1月13日～昭和59年8月31日　中越パルプ工業常務　→83/87

川島 章男　かわしま・あきお　昭和2年3月2日～平成1年4月1日　藤田観光専務　→88/90

川島 章由　かわしま・あきよし　昭和16年2月25日～平成19年9月19日　ソニー専務，ソニー生命保険社長　→06/08

川島 渥　かわしま・あつみ　～平成19年1月21日　辰野町（長野県）町立世界昆虫館館長　→06/08

川島 一郎　かわしま・いちろう　明治45年3月5日～平成2年11月19日　東京読売会相談役，読売給食センター社長　→88/90

川島 一郎　かわしま・いちろう　大正6年11月21日～平成20年7月19日　弁護士　東京高裁判官　→06/08

川島 巌　かわしま・いわお　大正12年5月29日～昭和61年6月29日　東京消防庁予防部長　→83/87

川島 貝次郎　かわしま・かいじろう　明治39年12月14日～平成10年10月22日　光興業社長　→97/99

川嶋 一彦　かわしま・かずひこ　昭和2年2月26日～平成15年12月1日　三井鉱山取締役，三井三池化工機社長　→03/05

河嶋 勝二　かわしま・かつじ　大正7年6月15日～平成7年4月8日　ブラザー工業会長　→94/90

川島 勝彦　かわしま・かつひこ　～昭和46年5月8日　宇部興産専務　→昭和

川島 喜八郎　かわしま・きはちろう　大正8年8月22日～平成12年12月25日　本田技研工業副社長　→00/02

川島 久一　かわしま・きゅういち　昭和9年10月27日～平成20年7月10日　富山県議（自民党）　→06/08

川島 潔　かわしま・きよし　明治35年2月13日～平成2年1月27日　日産生命保険取締役　→88/90

川島 清嗣　かわしま・きよつぐ　明治34年9月9日～昭和60年6月22日　住友機械工業（のち住友重機械工業）会長　→83/87

川島 金次　かわしま・きんじ　明治36年9月～昭和31年3月26日　衆院議員（社会党）　→昭和

川島 啓吾　かわしま・けいご　大正12年10月21日～平成

かわしま　　　　　　　　　　　　　　　　　　　　　　　　　Ⅰ　政治・経済・社会篇

15年9月1日　北陸電力副社長　→03/05

川島　見一　かわしま・けんいち　明治26年10月20日～平成2年6月16日　桑名市長　→88/90

川島　健児　かわしま・けんじ　大正13年4月21日～平成7年1月23日　青木建設常務　→94/96

川島　豪　かわしま・ごう　昭和16年5月1日～平成2年12月9日　京浜安保共闘議長　→88/90

河島　幸助　かわしま・こうすけ　～昭和61年5月5日　衆議院労働委員会調査委員　→83/87

河島　重太郎　かわしま・じゅうたろう　～昭和59年11月14日　東邦チタニウム専務　→83/87

川島　正一　かわしま・しょういち　明治35年9月12日～平成1年4月23日　日本殺虫剤工業会長,大日本除虫菊常務　→88/90

川島　正一　かわしま・しょういち　大正10年5月12日～平成14年3月14日　三菱金属副社長,小名浜製錬社長　→00/02

川島　章司　かわしま・しょうし　大正3年10月24日～平成17年10月19日　国際証券社長　→03/05

川島　象次郎　かわしま・しょうじろう　～昭和57年4月20日　実業之日本社元常務　→80/82

川島　正次郎　かわしま・しょうじろう　明治23年7月10日～昭和45年11月9日　政治家　衆院議員(自民党),自民党副総裁,専修大学総長　→昭和

川島　庄之助　かわしま・しょうのすけ　～昭和26年2月5日　川島洋紙社長　→昭和

川島　二郎　かわしま・じろう　大正7年4月18日～平成1年3月8日　有楽土地常務　→88/90

川島　真八　かわしま・しんぱち　明治26年～昭和24年11月28日　社会運動家　→昭和

川島　信太郎　かわしま・しんたろう　～昭和32年8月7日　特命全権公使　→昭和

川島　甚兵衛(4代目)　かわしま・じんべえ　明治44年2月6日～昭和50年11月24日　実業家,織物業者　川島甚兵衛商店社長・会長　→昭和(川島　甚兵衛)

河島　誠一　かわしま・せいいち　大正9年1月9日～昭和62年5月23日　吉祥寺ステーションセンター社長　→83/87

川島　精市　かわしま・せいいち　明治40年11月～昭和58年4月17日　岐阜商工会議所副会頭,川島紡績社長　→83/87

川島　節郎　かわしま・せつろう　～平成6年3月13日　全日本ろうあ連盟常任理事　→94/96

川島　第一郎　かわしま・だいいちろう　～平成10年2月26日　昭光通商常務　→97/99

河島　台蔵　かわしま・たいぞう　～昭和5年10月21日　大審院判事　→昭和

河嶋　孝次　かわしま・たかつぐ　昭和5年2月23日～平成17年3月18日　安田火災海上保険副社長　→03/05

川嶋　孝彦　かわしま・たかひこ　～昭和33年2月23日　内閣統計局長　→昭和(川島　孝彦)

川島　武雄　かわしま・たけお　大正7年6月5日～平成15年12月27日　川島創業者・会長,福岡商工会議所中小企業委員長　→03/05

川島　達三　かわしま・たつぞう　昭和6年11月4日～平成13年6月6日　ニッセン創業者　→00/02

河島　多美次　かわしま・たみじ　～昭和61年4月22日　河島コンクリート工業会長　→83/87

川島　忠一　かわしま・ちゅういち　昭和21年12月28日～平成21年12月4日　東京都議(自民党)　→09/11

河島　庸也　かわしま・つねや　大正12年11月14日～平成8年6月5日　チッソ副社長　→94/96

川島　敏昭　かわしま・としあき　大正8年5月20日～平成4年9月16日　日本ガイシ常務　→91/93

川島　利雄　かわしま・としお　大正5年11月16日～平成5年1月12日　駐スーダン大使　→91/93

川嶋　虎之輔　かわしま・とらのすけ　～昭和59年7月2日　陸軍少将　八千代市議　→83/87

川島　浪速　かわしま・なにわ　慶応1年12月7日～昭和24年6月14日　満蒙独立運動家,大陸浪人　→昭和

川島　信夫　かわしま・のぶお　大正9年9月12日～平成3年2月22日　(財)製品輸入促進協会監事,繊維工業構造改善事業協会専務理事,通産省官房審議官　→91/93

川島　春雄　かわしま・はるお　明治45年4月16日～平成12年8月26日　川島織物会長,西陣織工業組合理事長　→00/02

河島　博　かわしま・ひろし　昭和5年12月5日～平成19年4月6日　ヤマハ社長,ダイエー副会長　→06/08

川島　博　かわしま・ひろし　大正8年10月8日～昭和61年9月11日　住宅金融普及協会会長,住宅金融公庫理事,建設省計画局長　→83/87

川島　フヂエ　かわしま・ふぢえ　～平成13年6月23日　バー・ナルシス経営　→00/02

川島　不二郎　かわしま・ふじろう　明治25年6月13日～昭和13年7月19日　労働運動家　→昭和

河嶋　正明　かわしま・まさあき　昭和11年1月2日～平成9年12月12日　京都北都信用金庫理事長　→97/99

川嶋　昌雄　かわしま・まさお　明治44年4月5日～昭和57年12月15日　タクマ社長,関経連常務理事　→80/82

川島　益夫　かわしま・ますお　～昭和27年2月9日　東洋紡績常務　→昭和

川島　光雄　かわしま・みつお　大正4年10月22日～平成3年4月20日　東海銀行常務,ミリオン信用保証社長　→91/93

川島　稔　かわしま・みのる　大正5年5月28日～昭和57年8月10日　三井東圧化学常務　→80/82

川島　三四治　かわしま・みよじ　～昭和50年2月7日　十条製紙副社長　→昭和

川島　幸男　かわしま・ゆきお　～平成8年4月21日　伊丹企業社長,川鉄コンテナー専務　→94/96

川島　吉男　かわしま・よしお　大正10年2月27日～平

川島 敬夫　かわしま・よしお　明治44年4月21日～平成12年3月20日　サンミューロン創業者　→00/02

川島 芳子　かわしま・よしこ　明治40年5月24日～昭和23年3月25日　満蒙独立活動家　日中戦争下で活躍した男装のスパイ　→昭和

川島 義之　かわしま・よしゆき　明治11年5月25日～昭和20年9月8日　陸軍大将　陸相　→昭和

川島 米次郎　かわしま・よねじろう　明治34年3月4日～昭和63年8月31日　中部機械名誉会長,大隅式麺機商会社長,大隅鉄工所常務　→88/90

川島 与八　かわしま・よはち　大正6年2月12日～平成4年2月2日　共和レザー社長,豊田通商専務　→91/93

川島 龍市　かわしま・りゅういち　～昭和55年2月28日　日本米穀小売商業組合連合会理事　→80/82

川島 廉子　かわしま・れんこ　大正2年～平成6年9月11日　松本日中友好協会顧問,松本引揚者家族会会長　清王朝・愛新覚羅粛親王の孫　→94/96

河尻 慎　かわじり・しん　明治36年12月28日～平成8年11月14日　金高又一常務,日本ジャーレル・アッシュ代表　→94/96

川尻 俊視　かわじり・としみ　～昭和63年11月16日　七飯町(北海道)町長　→88/90

川尻 雅則　かわじり・まさのり　大正11年10月22日～昭和59年12月4日　高砂香料工業監査役　→83/87

川代 賢　かわしろ・けん　大正14年2月～昭和60年1月27日　千葉市助役　→83/87

川城 誠　かわしろ・まこと　～平成17年3月28日　北海道出納長　→03/05

川津 昭雄　かわず・あきお　昭和2年5月24日～平成2年7月27日　川鉄商事取締役　→88/90

川頭 九郎次　かわず・くろうじ　～昭和43年3月12日　春陽堂社長　→昭和

河津 寅雄　かわず・とらお　～昭和54年2月2日　全国町村会長　→昭和

河津 勝　かわず・まさる　明治38年7月17日～昭和60年1月23日　相模原市長　→83/87

河津 泰雄　かわず・やすお　明治43年11月1日～昭和57年12月31日　テレビ熊本社長,河津酒造代表社員　→80/82（河津 恭雄）

川澄 鋼一　かわすみ・こういち　大正10年3月6日～平成9年7月23日　コーミ会長　→97/99

川角 五郎　かわずみ・ごろう　～昭和30年12月28日　東洋繊維社長　→昭和

河角 泰助　かわすみ・たいすけ　大正7年11月4日～平成1年8月29日　社会保険審査会委員長　→88/90

川角 豊太郎　かわすみ・とよたろう　明治36年11月1日～平成2年5月20日　茨城相互銀行会長,常陽銀行専務　→88/90

川澄 農治　かわずみ・のうじ　～平成4年1月23日　高田市長　→91/93

川面 隆三　かわづら・りゅうぞう　明治36年8月20日～昭和56年3月29日　共同広告社社長　→80/82

川瀬 岩次郎　かわせ・いわじろう　大正13年5月27日～平成10年3月13日　神奈川県議　→97/99

川瀬 一雄　かわせ・かずお　大正15年10月4日～平成19年5月14日　凸版印刷常務　→06/08

川瀬 嘉助　かわせ・かすけ　～昭和32年2月2日　大倉商事ロンドン駐在代表　→昭和

河瀬 一義　かわせ・かずよし　大正3年8月18日～平成9年6月10日　四国電力常務,四国電工専務　→97/99

川瀬 勝一　かわせ・かついち　～平成12年11月16日　弁護士　静岡地裁浜松支部判事　→00/02

河瀬 健一　かわせ・けんいち　明治45年4月4日～平成3年1月16日　新日本空調社長　→91/93

川瀬 源太郎　かわせ・げんたろう　大正5年5月3日～平成15年1月23日　日本生命保険社長　→03/05

川瀬 茂　かわせ・しげる　昭和12年8月18日～平成23年7月12日　三越常務　→09/11

河瀬 士郎　かわせ・しろう　大正6年4月19日～平成6年10月3日　全日空常務,日本学生航空連盟理事　→94/96

川瀬 二郎　かわせ・じろう　大正3年6月5日～昭和56年12月15日　日本板硝子社長　→80/82

川瀬 二郎　かわせ・じろう　～平成4年12月2日　気象庁気象研究所所長　→91/93

川瀬 新蔵　かわせ・しんぞう　明治20年12月7日～昭和33年6月28日　農民運動家　→昭和

川瀬 保　かわせ・たもつ　明治38年2月15日～平成2年12月27日　愛知医科大学理事,大同興業社長,大同製鋼(のち大同特殊鋼)専務　→88/90

川瀬 俊男　かわせ・としお　明治22年8月15日～昭和57年6月9日　三菱瓦斯化学社長　→80/82

川瀬 博三　かわせ・はくぞう　～平成8年3月5日　藤田組(のちフジタ)常務　→94/96

川瀬 汎二　かわせ・はんじ　～平成21年4月20日　農業　北海道の反戦地主　→09/11

河瀬 英雄　かわせ・ひでお　～昭和50年3月5日　北海道電力副社長　→昭和

河瀬 文雄　かわせ・ふみお　～昭和63年1月24日　ごん六水産取締役　→88/90

川瀬 雅男　かわせ・まさお　明治29年4月10日～平成2年2月8日　第一銀行(のち第一勧業銀行)専務　→88/90

川瀬 正夫　かわせ・まさお　昭和10年8月16日～平成19年6月26日　駐カタール大使　→06/08

川瀬 正俊　かわせ・まさとし　大正2年1月2日～平成11年11月2日　熊谷組専務,建設省四国地方建設局長　→97/99

川瀬 基治郎　かわせ・もとじろう　昭和2年12月24日～平成20年5月10日　塩釜市長,全国市長会副会長　→06/08

川添 萬夫　かわそえ・かずお　大正10年8月21日～平成21年5月14日　弁護士　東京高裁部総括判事　→09/11

川副 官次　かわそえ・かんじ　明治44年9月20日～平成19年10月13日　住友石炭鉱業社長　→06/08

川添 蕭　かわぞえ・さかえ　明治32年7月18日～昭和63年12月7日　王子製紙常務　→88/90

川添 順一　かわぞえ・じゅんいち　大正8年6月26日～平成4年9月13日　東京特殊電線常務　→91/93

川添 隆行　かわぞえ・たかゆき　～平成7年8月9日　日本新聞通信放送労働組合（のち新聞労連）委員長　→94/96

川副 立身　かわぞえ・たつみ　～昭和63年1月10日　西日本新聞広告社佐賀取締役営業部長、夕刊フクニチ佐賀支局長　→88/90

河添 千里　かわぞえ・ちさと　大正14年12月3日～昭和60年8月12日　日新電機専務、元住友電気工業常務　→83/87

川副 俊夫　かわぞえ・としお　～昭和46年9月26日　東京瓦斯顧問、元関東配管社長　→昭和

川添 暎夫　かわぞえ・ひでお　大正14年7月9日～平成19年3月19日　井筒屋常務　→06/08

川添 浩史　かわぞえ・ひろし　～昭和45年1月11日　日仏協会理事　→昭和

川添 福一　かわぞえ・ふくいち　明治41年3月16日～昭和63年7月21日　ラッキー自動車会長　→88/90

川添 文男　かわぞえ・ふみお　大正13年4月23日～平成16年2月27日　徳島県議（自民党）　→03/05

河田 明雄　かわた・あきお　明治43年3月17日～平成3年9月27日　大林組専務　→91/93

河田 彰　かわた・あきら　～平成5年5月30日　京都府議　→91/93

川田 晃　かわだ・あきら　昭和17年3月30日～平成22年9月21日　ICPO副総裁、皇宮警察本部長　→09/11

河田 烈　かわだ・いさお　明治16年9月24日～昭和38年9月27日　蔵相、貴院議員（勅選）、台湾拓殖社長　→昭和

川田 功　かわだ・いさお　明治15年～昭和6年5月28日　海軍少佐、推理作家　→昭和

川田 栄三　かわだ・えいぞう　明治29年11月17日～昭和60年6月14日　肥後銀行常任顧問　→83/87

川田 喜十　かわだ・きじゅう　明治37年8月10日～平成7年11月28日　トーホー加工社長　→94/96

川田 京二郎　かわだ・きょうじろう　～昭和62年6月19日　陸軍中佐　軍恩連盟白石支部長、宮城県獣医師会理事　→83/87

川田 謹治　かわだ・きんじ　大正11年5月12日～平成7年12月4日　川田工業会長、富山県議（自民党）　→94/96

川田 敬三　かわだ・けいぞう　平成3年7月29日　日本銀行監事　→昭和

川田 源一　かわだ・げんいち　～昭和47年9月1日

河田 賢治　かわた・けんじ　明治33年1月1日～平成7年12月17日　政治家　日本共産党名誉幹部会委員、参院議員　→94/96

川田 健次　かわた・けんじ　大正11年8月19日～平成20年3月23日　東洋紡常務　→06/08

川田 貢一郎　かわだ・こういちろう　昭和8年7月29日～平成13年11月12日　東武百貨店専務　→00/02

川添 三郎　かわだ・さぶろう　～昭和60年3月31日　水産庁北海道区水産研究所長　→83/87

河田 重　かわた・しげ　明治20年7月25日～昭和49年2月17日　実業家　日本鋼管社長　→昭和

河田 繁雄　かわだ・しげお　大正9年10月15日～平成23年4月7日　東洋工業社長　→09/11

川田 聖見　かわだ・しょうけん　明治34年2月1日～昭和62年10月19日　正福寺住職、真言宗豊山派管長・総本山長谷寺化主　→83/87

川田 史郎　かわだ・しろう　大正13年2月23日～平成22年6月23日　日立製作所副社長、日本コロムビア会長　→09/11

川田 大介　かわだ・だいすけ　大正9年2月9日～昭和62年3月14日　日本電気トランスミッションエンジニアリング（株）会長、日本ラグビー協会常任理事　→83/87

川田 拓助　かわだ・たくすけ　昭和15年1月8日～平成15年4月3日　連合高知会長　→03/05

河田 琢郎　かわた・たくろう　明治40年9月10日～平成6年8月14日　福岡県議（民社党）　→94/96

川田 雄　かわだ・たけし　～平成14年3月4日　神鋼パンテック常務　→00/02

川田 多三郎　かわだ・たさぶろう　明治16年～昭和9年8月6日　海軍技師　潮汐測定の権威　→昭和

川田 忠雄　かわだ・ただお　明治44年5月30日～平成2年7月28日　川田工業会長　→88/90

河田 為也　かわた・ためや　明治41年9月19日～平成5年4月10日　三井不動産専務　→91/93

川田 懋　かわた・つとむ　明治44年11月1日～平成15年3月7日　文化シャッター社長　→03/05

川田 照広　かわた・てるひろ　大正9年1月9日～平成17年6月30日　カワタ社長　→03/05

川田 亨　かわた・とおる　明治41年1月21日～昭和61年2月20日　安治川鉄工建設社長　→83/87

川田 延明　かわだ・のぶあき　昭和7年6月26日～平成22年3月12日　ハザマ専務　→09/11

川田 昇　かわだ・のぼる　大正9年12月18日～平成22年12月17日　こころみ学園園長　→09/11

河田 晴雄　かわた・はるお　～昭和60年12月11日　河田工業社長　→83/87

河田 久雄　かわた・ひさお　～昭和44年5月29日　大審院判事　→昭和

川田 博通　かわた・ひろみち　大正3年12月3日～平成4

川田 博幸　かわだ・ひろゆき　昭和4年2月19日～昭和60年　神奈川県議(社会党,川崎市宮前)　→83/87

川田 博美　かわだ・ひろよし　大正11年11月26日～平成16年2月14日　日刊スポーツ新聞会長　→03/05

川田 平八郎　かわた・へいはちろう　大正8年3月1日～平成3年3月23日　宇治学園理事長,宇治高等学校長,宇治市議　→91/93

川田 誉　かわた・ほまれ　昭和3年1月28日～平成3年12月22日　三菱重工業常務　→91/93

川田 正則　かわた・まさのり　大正12年3月20日～昭和61年12月30日　衆院議員(自民党)　→83/87

川田 学　かわだ・まなぶ　昭和10年2月18日～平成9年3月14日　アクト社長,テレビ東京常務　→97/99

川田 光義　かわだ・みつよし　大正14年～平成10年2月24日　東京青果社長　→97/99

川田 稔　かわだ・みのる　明治42年4月10日～昭和61年10月26日　北海道砂糖特約店組合理事長,川田憲太郎商店社長　→83/87

川田 陽三　かわだ・ようぞう　～昭和60年4月7日　(株)ベアー監査役　→83/87

川田 米蔵　かわた・よねぞう　大正14年10月28日～昭和60年1月4日　北海道銀行専務　→83/87

川田 龍吉　かわだ・りょうきち　安政3年3月4日～昭和26年2月9日　実業家,男爵　横浜ドック専務　→昭和(川田 竜吉 かわだ・りゅうきち)

河田 龍介　かわた・りょうすけ　大正5年5月13日～平成7年7月9日　日本総合信用会長,関西相互銀行社長　→94/96

河田 緑郎　かわだ・ろくろう　明治36年6月21日～平成7年2月10日　ロンシール工業常務　→94/96

川谷 元　かわたに・はじめ　大正7年3月28日～昭和62年12月20日　福岡銀行常任監査役,福岡商事社長　→83/87

川谷 幸麿　かわたに・ゆきまろ　大正15年7月28日～平成16年10月1日　新光電気工業社長　→03/05

河内 教令　かわち・きょうりょう　昭和61年12月13日　僧侶　徳生寺住職　→83/87

河内 四作　かわち・しさく　～昭和42年9月15日　藤田組取締役　→昭和

河内 昭三　かわち・しょうぞう　昭和3年10月25日～平成10年10月2日　松竹取締役,南座支配人　→97/99

河内 武雄　かわち・たけお　～昭和50年12月2日　動力炉核燃料開発事業団副理事長,中部電力副社長　→昭和

河内 武典　かわち・たけのり　大正4年10月21日～昭和63年2月3日　三井製糖会長　→88/90

河内 達雄　かわち・たつお　～平成13年5月20日　阪神百貨店販売促進部長　→00/02

川地 道雄　かわち・みちお　大正6年9月9日～昭和62年8月17日　大阪屋証券(のちコスモ証券)常務　→83/87

河内 明一郎　かわち・めいいちろう　～昭和40年4月9日　関西電力常務　→昭和

河内 安太郎　かわち・やすたろう　大正9年4月26日～平成8年11月3日　住友精密工業専務　→94/96

河内 雄三　かわち・ゆうぞう　～昭和48年4月17日　東京高裁判事　→昭和

河内 義明　かわち・よしあき　～昭和56年11月10日　滋賀県副知事　→80/82

河内 理一　かわち・りいち　～昭和61年10月9日　第一生命理事,全日本生命保険外務員協会会長　→83/87

河内 良三郎　かわち・りょうざぶろう　大正14年9月19日～平成19年6月27日　カワチ薬品創業者　→06/08

河内 礼蔵　かわち・れいぞう　昭和2年2月10日　陸軍中将　→昭和

川津 辰雄　かわつ・たつお　～昭和57年12月6日　柳川市行政区長代表協議会副会長,柳川市矢留中学校長　→80/82

川津 裕司　かわつ・ゆうじ　昭和9年9月23日～平成12年10月5日　弁護士　日弁連副会長,第二東京弁護士会会長　→00/02

川面 凡児　かわつら・ぼんじ　文久2年4月1日～昭和4年2月23日　神道家　→昭和(かわづら・ぼんじ)

川連 豊三　かわつれ・とよぞう　明治39年7月20日～平成6年10月10日　東海パルプ常務　→94/96

川連 嘉雄　かわつれ・よしお　大正1年8月11日～昭和63年10月15日　大成建設副社長,有楽土地会長　→88/90

川手 一郎　かわて・いちろう　明治44年7月17日～平成1年11月26日　日本軽金属会長,日本ナショナル製缶会長　→88/90

川出 英治　かわで・えいじ　昭和20年3月22日～平成16年8月13日　内閣府事務次官　→03/05

川出 清彦　かわで・きよひこ　～昭和62年6月27日　宮内庁掌典職祭事課長,菟足(うたり)神社名誉宮司　→83/87

川出 静　かわで・しず　～平成13年1月25日　河出書房社長　→00/02

川手 淳一　かわて・じゅんいち　明治42年10月25日～平成1年2月4日　山梨トヨタ取締役会長,テレビ山梨相談役　→88/90

河手 捨二　かわて・すてじ　～昭和31年6月20日　三菱鉱業社長　→昭和

川手 泰二　かわて・たいじ　明治44年9月1日～昭和61年8月22日　名古屋放送代表取締役会長　→83/87

川手 高行　かわて・たかゆき　平成3年11月19日～平成15年7月6日　日新火災海上保険専務　→03/05

川手 忠義　かわて・ただよし　～昭和12年1月16日　弁護士　→昭和

川出 千速　かわで・ちはや　大正4年5月10日～平成8年2月22日　特許庁長官,川崎製鉄副社長　→94/96

河出 浩　かわで・ひろし　〜昭和63年10月26日　河出書房監査役, リバーサイド・マンション取締役　→88/90

川手 ミトヨ　かわて・みとよ　明治22年5月15日〜平成15年11月13日　世界最高齢者(114歳)　→03/05

川手 雄三　かわて・ゆうぞう　大正5年1月19日〜昭和63年12月2日　日本軽金属監査役　→88/90

川出 亮　かわで・りょう　昭和2年6月28日〜平成8年12月5日　駐キューバ大使　→94/96

川戸 誠之助　かわと・せいのすけ　昭和10年3月29日〜平成16年2月13日　シキボウ専務　→03/05

川戸 力　かわと・つとむ　〜平成6年4月10日　東京都議(社会党)　→94/96

川東 友義　かわとう・ともよし　大正4年4月22日〜平成20年7月15日　日本セメント副社長　→06/08

川名 彪雄　かわな・あやお　〜昭和17年5月4日　海軍少将　→昭和

川名 角一　かわな・かくいち　大正7年11月20日〜昭和58年1月23日　日揮専務　→83/87

川名 鍬次郎　かわな・くわじろう　明治33年5月9日〜昭和61年1月4日　都ホテル専務　→83/87

川名 弘一　かわな・こういち　昭和7年4月29日〜平成8年5月3日　多摩都市モノレール専務, 東京都立大学事務局長　→94/96

川名 聡雄　かわな・としお　〜平成6年3月21日　陸将　陸上自衛隊第十師団長　→94/96

川名 優収　かわな・まさかず　〜平成20年11月14日　大韓航空機事故遺族会会長　→06/08

川名 済　かわな・わたる　大正1年11月6日〜平成4年8月13日　日本製粉取締役　→91/93

河中 一学　かわなか・いちがく　大正10年〜平成13年10月29日　河中自治振興財団常務理事　→00/02

川中 一郎　かわなか・いちろう　〜昭和56年7月10日　博多運輸社長　→80/82

川中 光三　かわなか・こうぞう　〜昭和56年11月9日　川中「川中靴店・川中スポーツ」代表取締役社長, 札幌靴業組合組合長　→80/82

川中 宣一郎　かわなか・せんいちろう　大正11年5月25日〜平成6年3月5日　四国電力副社長　→94/96

川鍋 秋蔵　かわなべ・あきぞう　明治32年8月28日〜昭和58年9月30日　日本交通社長, 全国乗用自動車連合会名誉会長　→83/87

川辺 哲哉　かわなべ・てつや　〜平成18年1月30日　全国ハンセン病患者協議会会長, 星塚敬愛園自治会長　→06/08

川鍋 昭一　かわなべ・てるかず　昭和2年4月19日〜平成6年6月24日　田村電機製作所常務　→94/96

川鍋 秀雄　かわなべ・ひでお　大正4年7月30日〜昭和61年3月8日　福岡市議(社会党)　→83/87

河波 荒次郎　かわなみ・あらじろう　慶応1年8月〜昭和7年2月21日　衆院議員(立憲民政党)　→昭和

川並 勇男　かわなみ・いさお　明治44年11月5日〜平成3年1月3日　旭有機材工業会長　→91/93

河波 貞右ヱ門　かわなみ・さだえもん　〜昭和56年3月17日　元春日原郵便局長　→80/82

川南 豊作　かわなみ・とよさく　明治35年7月28日〜昭和43年12月11日　国家主義者　川南工業社長　→昭和

川並 将慶　かわなみ・まさよし　大正9年3月20日〜平成5年9月1日　駐タンザニア大使　→91/93

河西 惟一　かわにし・いいち　〜昭和13年11月7日　陸軍中将　→昭和

河西 源吉　かわにし・げんきち　〜昭和52年9月29日　品川白煉瓦会長　→昭和

川西 実三　かわにし・じつぞう　明治22年1月2日〜昭和53年7月3日　内務官僚, 日本赤十字社社長, 内務省社会局社会部長・保険部長, 東京府知事　→昭和

河西 十二郎　かわにし・じゅうじろう　明治39年2月7日〜昭和60年1月11日　帯広商工会議所会頭　→83/87

川西 清兵衛　かわにし・せいべえ　慶応1年7月18日〜昭和22年11月19日　日本毛織会長, 神戸商工会議所会頭　→昭和

河西 喬　かわにし・たかし　昭和17年9月17日〜平成14年3月26日　昭和産業常務　→00/02

川西 徹　かわにし・とおる　昭和11年2月10日〜平成8年7月31日　札幌銀行頭取　→94/96

川西 敏雄　かわにし・としお　大正9年3月19日〜平成19年11月15日　明電舎副社長　→06/08

河西 光　かわにし・ひかる　昭和21年12月4日〜平成16年4月30日　盲導犬訓練士　中部盲導犬協会盲導犬総合訓練センター所長・常務理事　→03/05

川西 文夫　かわにし・ふみお　明治24年4月25日〜昭和58年3月3日　帝国ホテル監査役, 宮内省参事官　→83/87

川西 龍三　かわにし・りょうぞう　明治25年2月20日〜昭和30年1月24日　実業家　新明和工業創業者　→昭和（川西 竜三）

河根 誠　かわね・まこと　大正5年6月13日〜平成10年1月15日　テイカ会長　→97/99

川根 洋三　かわね・ようぞう　大正8年3月12日〜平成4年1月9日　弁護士　大鉄学園理事, 大阪弁護士会副会長　→91/93

河野 和夫　かわの・かずお　昭和6年4月1日〜平成21年7月28日　宮崎日日新聞取締役販売局長　→09/11

川野 勝次　かわの・かつじ　明治20年〜昭和11年9月3日　海軍少将　→昭和

川野 寛市　かわの・かんいち　〜昭和6年11月19日　関東軍司令部付陸軍輜重兵少佐　→昭和

河野 幸蔵　かわの・こうぞう　大正12年5月〜昭和58年6月14日　むつ市長　→83/87

川野 三暁　かわの・さんぎょう　明治43年3月31日〜平

成1年12月18日　僧侶　正念寺住職,浄土真宗本願寺派総務,参院議員　→88/90

川野 主一　かわの・しゅいち　～平成1年12月27日
人吉市会議長　→88/90

川野 順二　かわの・じゅんじ　昭和2年1月30日～平成15年1月3日　読売新聞西部本社常務　→03/05

河野 清一　かわの・せいいち　～昭和55年5月20日
東陶機器顧問　→80/82

川野 清一郎　かわの・せいいちろう　～平成4年1月23日
千代田生命保険常務　→91/93

河野 太一　かわの・たいち　～平成13年10月28日
有明リゾートシティ社長,三井グリーンランド専務　→00/02

河野 孝氏　かわの・たかし　明治33年～昭和63年4月15日　上毛新聞社取締役,伊香保カントリー倶楽部支配人　→88/90

川野 巧　かわの・たくみ　大正12年10月7日～平成22年10月5日　川澄化学工業社長　→09/11

川野 武彦　かわの・たけひこ　昭和5年3月23日～平成13年5月22日　ミドリ十字社長　→00/02

川野 忠顕　かわの・ただあき　大正8年3月12日～平成16年12月29日　高知県農協中央会会長　→03/05

川野 忠夫　かわの・ただお　大正12年9月24日～平成11年12月23日　広島市信用組合理事長,全国信用協同組合連合会会長　→97/99

河野 正　かわの・ただし　大正3年1月1日～平成19年9月1日　衆院議員(社会党)　→06/08

川野 トモ　かわの・とも　大正9年7月24日～平成19年8月14日　ヤオコー社長　→06/08

河野 知二　かわの・ともじ　～平成18年4月6日
富士重工業商品企画本部主査　末期がんでラリー完走　→06/08

河野 直巳　かわの・なおみ　～昭和57年7月27日
福岡税務署長,熊本国税局査察部長　→80/82

川野 秀基　かわの・ひでき　大正9年8月29日～平成23年6月15日　西日本相互銀行常務　→09/11

川野 浩　かわの・ひろし　明治27年5月28日～平成1年3月2日　弁護士　熊本県弁護士会長　→88/90

河野 不二人　かわの・ふじと　明治42年5月22日～平成9年4月26日　大分銀行専務　→97/99

川野 雅生　かわの・まさお　昭和6年7月20日～平成21年2月9日　川澄化学工業専務　→09/11

河野 正裕　かわの・まさひろ　昭和2年11月2日～平成2年9月14日　保土谷化学工業取締役　→88/90

河野 康雄　かわの・やすお　明治42年8月18日～平成3年2月28日　パシフィックコンサルタンツ名誉会長　→91/93

河野 幸雄　かわの・ゆきお　～昭和62年5月30日
西日本新聞編集局資料部主事　→83/87

川野 芳満　かわの・よしみつ　明治31年9月22日～昭和54年7月2日　衆院議員(自民党)　→昭和

川野 良一郎　かわの・りょういちろう　明治44年1月1日～平成10年4月9日　大分銀行常務　→97/99

川野 礼三郎　かわの・れいざぶろう　大正4年11月29日～平成1年2月9日　河宗産業社長,日南市長　→88/90

川野辺 薫　かわのべ・かおる　～平成4年3月15日
関東管区行政監察局長　→91/93

川野辺 静　かわのべ・しず　明治40年9月24日～平成15年4月25日　参院議員(自民党),東京女子医科大学教授　→03/05

川端下 一二三　かわはけ・ひふみ　～昭和55年2月19日
東京都議(社会党)　→80/82

川橋 正治　かわはし・しょうじ　大正14年10月4日～平成16年4月2日　リヤカーの寅さん,自転車で全国縦断　→03/05

川橋 豊治郎　かわはし・とよじろう　明治16年12月～昭和42年10月30日　衆院議員(新自由党)　→昭和

川端 巌　かわばた・いわお　～昭和55年1月24日
東京都商工信用金庫理事長　→80/82

河端 脩　かわばた・おさむ　大正12年2月22日～平成6年7月14日　熊本経済同友会代表幹事,熊本県副知事　→94/96

川端 邦雄　かわばた・くにお　～平成8年7月26日
フジッコ常務　→94/96

川端 敬治　かわばた・けいじ　～昭和56年10月28日
大阪高裁判事　→80/82

川端 健司　かわばた・けんじ　昭和8年10月17日～平成7年1月17日　中小企業退職金共済事業団理事　→94/96

川端 繁松　かわばた・しげまつ　～昭和57年6月8日
大阪プレス技研工業会長　→80/82

川端 重善　かわばた・しげよし　昭和28年8月13日～平成19年1月19日　丸八証券常務　→06/08

川畑 茂　かわばた・しげる　～平成10年9月10日
旭有機材工業常務　→97/99

川端 駿吾　かわばた・しゅんご　～昭和63年2月5日
久保田鉄工常務　→88/90

川端 正二郎　かわばた・しょうじろう　昭和2年3月18日～平成9年7月24日　四日市倉庫(のち日本トランスシティ)常務　→97/99

川端 清一　かわばた・せいいち　明治33年12月21日～平成6年7月16日　全日本空輸常務　→94/96

川畑 整理　かわばた・せいり　明治43年7月24日　日本原子力発電調査役　→昭和

川畑 工　かわばた・たくみ　昭和15年8月20日～平成5年10月20日　コナミ常務　→91/93

川畑 塚夫　かわばた・つかお　～平成4年4月19日
パース総領事　→91/93

川畑 強　かわばた・つよし　大正9年3月17日～昭和63年7月30日　阿久根市長　→88/90

川端 輝也　かわばた・てるや　昭和3年11月21日〜昭和63年4月19日　国税庁金沢国税局長　→88/90
河端 俊夫　かわばた・としお　昭和9年3月12日〜平成22年9月28日　熊本県議(自民党)　→09/11
川端 二男　かわばた・ふたお　〜平成1年10月27日　全国心身障害児福祉財団理事長、日本筋ジストロフィー協会理事長　→88/90
川端 文夫　かわばた・ふみお　明治38年3月20日〜昭和55年8月6日　衆議院議員(民社党)　→80/82
川畑 正夫　かわばた・まさお　明治44年9月26日〜平成1年1月16日　日本冶金工業取締役　→88/90
川畑 万寿夫　かわばた・ますお　大正7年5月26日〜昭和62年12月22日　呉食料品卸センター協同組合理事長　→83/87
川端 杢一　かわばた・もくいち　〜平成16年1月18日　北条市長　→03/05
川端 基　かわばた・もと　〜昭和62年5月12日　南砺興業(有)代表取締役社長　→83/87
川端 元治　かわばた・もとじ　〜昭和55年9月17日　全国鮭鱒流網漁連会長、根室漁協組合長　→80/82
川端 芳子　かわばた・よしこ　昭和5年〜平成8年11月23日　サハリン北海道人会初代会長　→94/96
川端 好ண　かわばた・よしてる　昭和9年7月20日〜平成8年4月30日　日刊工業新聞大阪支社業務局第1業務部長　→94/96
川端 磊三　かわばた・らいぞう　〜昭和62年2月20日　日本高教組副委員長　→83/87
河原 岩雄　かわはら・いわお　〜昭和63年1月1日　日重北陸サービス機構取締役社長　→88/90
河原 覚範　かわはら・かくはん　大正4年〜平成5年8月3日　大阪地区開発相談役、関西電力常任監査役　→91/93
河原 義一　かわはら・ぎいち　明治45年1月30日〜平成2年5月16日　朝日新聞取締役　→88/90
河原 喜正　かわはら・きしょう　大正14年11月7日〜平成22年5月6日　井波町(富山県)町長　→09/11
河原 義友　かわはら・ぎゆう　昭和42年4月1日〜平成15年10月27日　セントラル硝子常務、協和発酵工業取締役　→03/05
河原 袈裟太郎　かわはら・けさたろう　明治2年12月11日〜昭和8年9月6日　海軍中将　→昭和
河原 滋　かわはら・しげる　大正14年3月1日〜平成10年8月12日　松下通信工業専務　→97/99
河原 春作　かわはら・しゅんさく　明治23年1月14日〜昭和46年10月11日　文部次官、枢密顧問官、東京文理科大学学長　→昭和
河原 潤次　かわはら・じゅんじ　〜平成6年12月20日　豊田自動織機製作所専務　→94/96
河原 新次郎　かわはら・しんじろう　大正6年10月28日〜平成7年12月4日　参院議員(自民党)　→94/96

河原 精一　かわはら・せいいち　〜平成1年3月29日　高崎冶金工業会長、群馬工業人クラブ副会長　→88/90
河原 敬　かわはら・たかし　昭和6年4月7日〜平成23年4月13日　歌志内市長　→09/11
河原 隆　かわはら・たかし　昭和5年12月7日〜平成4年12月13日　三菱製紙専務　→91/93
河原 武昭　かわはら・たけあき　昭和15年6月4日〜平成5年4月3日　酉島製作所取締役　→91/93
河原 猛夫　かわはら・たけお　明治33年11月8日〜昭和63年7月14日　ラジオたんぱサービス顧問、日本短波放送常務取締役　→88/90
川原 太郎　かわはら・たろう　大正3年3月30日〜平成7年5月10日　広島高速交通社長　→94/96
川原 千鶴子　かわはら・ちづこ　大正3年〜平成6年4月2日　ふくや社長　→94/96
川原 俊夫　かわはら・としお　〜昭和55年7月17日　ふくや(からしメンタイ製造販売)創業者　→80/82
河原 俊彦　かわはら・としひこ　〜昭和62年8月14日　テレビ西日本報道局次長兼映像第1部長　→83/87
河原 久子　かわはら・ひさこ　〜昭和62年11月15日　三洋プリント代表　→83/87
河原 英麿　かわはら・ひでまろ　大正9年9月24日〜平成7年8月30日　日立金属常務、日立超硬(のち日立ツール)社長　→94/96
川原 英之　かわはら・ひでゆき　〜昭和41年2月27日　通産省官房長　→昭和
川原 兵一　かわはら・ひょういち　〜昭和61年1月10日　奥村組常務　→83/87
川原 浩　かわはら・ひろし　大正13年2月10日〜昭和63年8月1日　日経西部事業開発会長、日本経済新聞社友　→88/90
河原 光幸　かわはら・みつゆき　〜昭和61年7月3日　北越アセチレン(株)取締役工場長　→83/87
川原 茂輔　かわはら・もすけ　安政6年9月15日〜昭和4年5月19日　政治家、衆院議員、衆院議員(政友会)　→昭和
川原 盛行　かわはら・もりゆき　大正3年9月20日〜昭和60年4月12日　愛媛県経済農協連会長　→83/87
川原 安子　かわはら・やすこ　〜昭和57年8月2日　筑紫野市地域婦人会連絡協議会会長　→80/82
川原 安正　かわはら・やすまさ　〜昭和57年5月27日　東京都下水道局長　→80/82
河原 康之　かわはら・やすゆき　昭和14年12月19日〜平成7年8月28日　大蔵省官房審議官　→94/96
河原 雄造　かわはら・ゆうぞう　昭和16年1月1日〜平成20年9月21日　大和ハウス工業常務　→06/08
川原 幸男　かわはら・ゆきお　大正2年8月30日〜昭和60年9月22日　港区区長　→83/87
川原 幸雄　かわはら・ゆきお　〜平成7年8月19日　タムラ流通センター専務　→94/96

I　政治・経済・社会篇　　　　　　　　　　　　　　　　　　　　　　　　　　　　かわみ

川原 能雄　かわはら・よしお　大正13年8月26日～平成1年9月1日　九州電力副社長　→88/90

河原 亮三郎　かわはら・りょうざぶろう　明治33年3月20日～平成2年11月21日　東芝機械社長　→88/90

川原田 林　かわはらだ・しげる　昭和4年4月9日～平成4年8月14日　日本植木協会会長　→91/93

川淵 昭夫　かわぶち・あきお　～昭和62年5月22日　京阪バス取締役　→83/87

川淵 龍彦　かわぶち・たつひこ　明治39年4月17日～平成1年7月12日　日本航空専務、日航商事社長、日本国内航空社長　→88/90

川淵 尚志　かわぶち・なおし　～平成23年4月22日　連合石川会長　→09/11

川淵 竜起　かわぶち・りょうき　万延1年4月8日～昭和16年2月1日　広島市長　→昭和（かわぶち・たつおき）

川淵 修　かわべ・おさむ　昭和22年9月5日～平成17年12月11日　日東精工常務　→03/05

河辺 珪太郎　かわべ・けいたろう　～昭和57年4月26日　高島屋取締役　→80/82

河辺 敬太郎　かわべ・けいたろう　～昭和60年4月30日　日本甜菜製糖常務　→83/87

川辺 健次　かわべ・けんじ　大正7年5月24日～平成10年4月23日　川崎信用金庫理事長　→97/99

川辺 繁　かわべ・しげる　大正7年5月27日～平成19年1月17日　すみや社長　→06/08

川辺 泰三　かわべ・たいぞう　昭和6年4月14日～平成16年2月19日　有楽土地常務　→03/05

河辺 忠夫　かわべ・ただお　～昭和59年10月10日　アイデア技研会長　元・グライダー滞空時間日本記録保持者　→83/87

河辺 忠三郎　かわべ・ちゅうざぶろう　～平成2年7月8日　陸軍大佐　→88/90

河辺 貞吉　かわべ・ていきち　元治1年6月26日～昭和28年1月17日　牧師　日本自由メソヂスト教団創設者　→昭和

河辺 年雄　かわべ・としお　明治30年1月21日～昭和63年6月8日　岡谷電機産業社長　→88/90

河辺 敏雄　かわべ・としお　～平成1年1月18日　福岡県教育委員長　→88/90

川辺 俊夫　かわべ・としお　大正8年7月16日～平成11年12月5日　川辺会長　→97/99

川辺 俊夫　かわべ・としお　大正5年3月14日～平成19年11月11日　興亜火災海上保険副社長　→06/08

川部 利郎　かわべ・としろう　大正6年10月31日～昭和63年2月2日　東武百貨店取締役　→88/90

川辺 虎四郎　かわべ・としろう　明治23年9月25日～昭和35年6月25日　陸軍中将　→昭和

川辺 晴久　かわべ・はるひさ　昭和7年1月22日～平成4年7月7日　住友信託銀行専務　→03/05

河辺 久雄　かわべ・ひさお　～昭和44年5月29日　弁護士　第二東京弁護士会会長　→昭和

川辺 久一　かわべ・ひさかず　～昭和63年8月22日　野村貿易専務　→88/90

川辺 博　かわべ・ひろし　明治36年11月12日～平成8年8月16日　博文社会長　→94/96

川辺 潤　かわべ・ひろし　昭和8年2月17日～平成9年7月4日　カワベ社長　→97/99

河辺 正三　かわべ・まさかず　明治19年12月5日～昭和40年3月2日　陸軍大将　→昭和

川部 美智雄　かわべ・みちお　大正9年～昭和59年11月11日　岸信介首相私設秘書　→83/87

川部 佑吉　かわべ・ゆうきち　～昭和47年2月18日　弁護士会長　→昭和

河辺 芳夫　かわべ・よしお　昭和5年2月2日～平成15年2月27日　新キャタピラー三菱常務　→03/05

川辺 良一　かわべ・りょういち　大正3年9月27日～平成11年11月21日　九州電力常務　→97/99

川辺 るみ子　かわべ・るみこ　大正6年8月1日～平成1年1月28日　エスポワールのママ　→88/90

川堀 赳夫　かわほり・たけお　明治32年11月30日～昭和63年4月6日　台糖常務　→88/90

川又 晃　かわまた・あきら　～昭和58年4月9日　大東紡織常務　→83/87

川又 克二　かわまた・かつじ　明治38年3月1日～昭和61年3月29日　実業家、財界人　日産自動車社長、経団連副会長　→83/87

川俣 清音　かわまた・せいおん　明治32年5月15日～昭和47年12月7日　社会運動家　衆院議員（社会党）　→昭和

川俣 清路　かわまた・せいじ　昭和14年11月24日～平成18年9月14日　日本製罐社長　→06/08

川又 武夫　かわまた・たけお　明治39年8月30日～昭和63年9月21日　池貝鉄工社長　→88/90

川又 多三郎　かわまた・たさぶろう　～平成4年12月24日　常陽電機工業会長　→91/93

川又 貞次郎　かわまた・ていじろう　～昭和34年12月11日　相模鉄道会長　→昭和

川又 英雄　かわまた・ひでお　大正6年7月29日～平成5年3月3日　相模鉄道会長　→91/93

川俣 瑞男　かわまた・みつお　～平成6年8月5日　空将　→94/96

川俣 光勝　かわまた・みつかつ　大正6年7月30日～平成3年5月1日　泉龍山千代田寺住職、東京都議（自民党）　→91/93

川俣 雄人　かわまた・ゆうと　～昭和49年6月24日　陸軍中将　→昭和

川又 頼政　かわまた・よりまさ　大正5年7月21日～平成7年3月27日　税理士　日本税理士会連合会副会長、近畿税理士会会長　→94/96

川見 公直　かわみ・きみなお　～平成10年5月10日　弁護士　大阪弁護士会会長　→97/99

川道 亥一郎　かわみち・いいちろう　明治44年3月13日〜平成11年11月15日　安田火災海上保険常務　→97/99

川満 康隆　かわみつ・やすたか　昭和21年8月25日〜平成17年7月19日　警察庁四国管区警察局長　→03/05

汾陽 光文　かわみなみ・みつふみ　〜昭和49年1月4日　統幕事務局長　→昭和

河村 昌　かわむら・あきら　明治36年3月1日〜昭和61年7月2日　三菱倉庫監査役　→83/87

川村 明　かわむら・あきら　〜昭和60年8月28日　広島銀行常務福山支店長　→83/87

河邑 厚男　かわむら・あつお　大正11年7月8日〜平成8年12月11日　荏原製作所常務, 荏原工機社長　→94/96

川村 巌　かわむら・いわお　昭和6年1月9日〜平成17年7月18日　宮園自動車専務, 全国福祉輸送サービス協会会長　→03/05

川村 栄二　かわむら・えいじ　〜平成4年5月23日　丸八証券取締役　→91/93

川村 音次郎　かわむら・おとじろう　明治23年7月15日〜昭和48年2月12日　実業家　麒麟麦酒社長　→昭和

川村 景敏　かわむら・かげとし　〜昭和16年7月3日　子爵　→昭和

河村 一男　かわむら・かずお　昭和6年2月25日〜平成18年4月10日　群馬県警本部長　→06/08

川村 数郎　かわむら・かずお　明治9年12月〜昭和14年12月3日　衆院議員 (政友本党)　→昭和

川村 一与　かわむら・かずつ　昭和56年2月16日　小野田市長　→80/82

川村 嘉造　かわむら・かぞう　〜平成19年2月12日　八戸魚市場社長, 丸吉会長　→06/08

河村 勝　かわむら・かつ　大正4年10月4日〜平成13年1月30日　衆院議員 (民社党)　→00/02

川村 勝夫　かわむら・かつお　大正3年8月18日〜平成14年9月13日　フジクラ社長　→00/02

川村 勝政　かわむら・かつまさ　〜昭和60年12月4日　みちのくメデコム社長　→83/87

川村 勝巳　かわむら・かつみ　明治38年5月1日〜平成11年3月13日　大日本インキ化学工業社長　→97/99

川村 金重　かわむら・かねしげ　大正7年9月13日〜昭和59年7月26日　三峰社長　→83/87

川村 カ子ト　かわむら・かねと　明治26年5月5日〜昭和52年1月6日　測量技師　川村カ子トアイヌ記念館館長　→昭和

河村 翰治　かわむら・かんじ　〜平成1年11月6日　日本ゲスコ社長　→88/90

川村 喜十郎　かわむら・きじゅうろう　明治13年5月18日〜昭和33年3月15日　実業家　大日本インキ化学工業創業者　→昭和

河村 甲子男　かわむら・きねお　〜昭和57年5月14日　大成温調工業会長　→80/82

河村 恭輔　かわむら・きょうすけ　〜昭和25年2月6日　陸軍中将　→昭和

河村 金五郎　かわむら・きんごろう　明治2年8月13日〜昭和16年3月29日　宮内次官　→昭和

河村 契善　かわむら・けいぜん　明治33年〜昭和61年7月31日　中央少年ハウス所長　→83/87

河村 敬太郎　かわむら・けいたろう　〜昭和57年2月15日　名古屋税理士会参与　→80/82

河村 今朝明　かわむら・けさあき　昭和11年7月19日〜平成3年5月14日　大和証券専務　→91/93

河村 源吉　かわむら・げんきち　〜昭和63年12月8日　河村商店会長　→88/90

川村 源四郎　かわむら・げんしろう　〜平成12年6月12日　アサヒビール常務　→00/02

河村 健三　かわむら・けんぞう　昭和3年10月10日〜平成9年12月8日　佐賀新聞論説委員長　→97/99

河村 健太郎　かわむら・けんたろう　昭和8年1月1日〜平成11年8月8日　日本郵船社長　→97/99

河村 幸一　かわむら・こういち　昭和4年3月8日〜平成19年2月28日　コスモ石油常務　→06/08

川村 浩一　かわむら・こういち　昭和9年11月13日〜昭和60年9月15日　農林水産省構造改善局計画部長　→83/87

河村 好一郎　かわむら・こういちろう　大正12年3月24日〜昭和63年4月1日　石川県議　→88/90

河村 幸吉　かわむら・こうきち　昭和4年7月1日〜平成20年11月22日　石川テレビ放送常務　→06/08

河村 幸次郎　かわむら・こうじろう　〜平成6年1月25日　グラナダ社長, 下関市立美術館名誉館長　→94/96

川村 浩三　かわむら・こうぞう　昭和16年5月28日〜平成10年10月16日　東洋物産専務　→97/99

河村 五良　かわむら・ごりょう　昭和5年1月17日〜平成3年1月23日　山口県議 (自民党), 三和観光開発社長　→91/93

川村 惟一　かわむら・これいち　明治37年2月1日〜昭和61年9月22日　川村噴水名誉会長　→83/87

川村 作次郎　かわむら・さくじろう　〜昭和57年9月8日　岩崎通信機顧問, 元常務　→80/82

川村 佐助　かわむら・さすけ　明治31年11月8日〜平成1年2月21日　糸商川村 (株) 会長, 日本人絹糸商業組合理事, 桐生市糸商組合理事長　→88/90

河村 郷四　かわむら・さとし　明治35年11月22日〜昭和60年3月28日　広島テレビ放送会長, 広陵学園理事長, 日経連常任理事　→83/87

河村 佐内　かわむら・さない　〜昭和55年5月20日　河村製作所会長　→80/82

河村 沢治　かわむら・さわじ　大正9年5月12日〜平成6年11月23日　函館ケーブルテレビ放送社長, 函館トヨペット社長　→94/96

川村 茂邦　かわむら・しげくに　昭和3年12月9日〜平成11年4月1日　大日本インキ化学工業社長　→97/99

I 政治・経済・社会篇　　　　　　　　　　　　　　　　　　　　　　　　　　　　かわむら

川村 寿三　かわむら・じゅぞう　～昭和63年10月25日　弁護士　→88/90

河村 俊　かわむら・しゅん　大正3年9月21日～平成11年1月30日　武田薬品工業常務　→97/99

河村 淳一　かわむら・じゅんいち　～昭和56年5月13日　大阪窯業耐火煉瓦常務,日生工場研究開発部長　→80/82

河村 祥　かわむら・しょう　大正4年11月27日～平成14年8月22日　東洋製作所常務　→00/02

川村 正三郎　かわむら・しょうざぶろう　大正4年3月23日～平成15年8月10日　協和発酵工業常務　→03/05

河村 譲三郎　かわむら・じょうざぶろう　安政6年2月10日～昭和5年4月13日　司法官　貴院議員(勅選)　→昭和

川村 正三　かわむら・しょうぞう　大正3年11月1日～平成5年12月1日　有田鉄道社長　→91/93

川村 二郎　かわむら・じろう　～昭和28年8月16日　中央通運社長　→昭和

河村 末雄　かわむら・すえお　～昭和60年2月15日　河村家具会長　→83/87

河村 澄男　かわむら・すみお　昭和2年9月24日～平成22年2月9日　丸紅常務　→09/11

河村 澄夫　かわむら・すみお　大正3年12月16日～昭和61年10月5日　弁護士　日本調停協会連合会副理事長,広島高裁長官　→83/87

川村 清一　かわむら・せいいち　明治44年3月23日～平成16年7月16日　参院議員(社会党)　→03/05

河村 誠四郎　かわむら・せいしろう　昭和9年6月11日～平成10年1月18日　関西広済堂副社長　→97/99

河村 清兵衛　かわむら・せいべえ　～昭和12年11月18日　宇治山田商工会議所会頭　→昭和

川村 善八郎　かわむら・ぜんはちろう　明治25年9月～昭和46年8月11日　衆院議員(自民党)　→昭和(かわむら・ぜんぱちろう)

河村 大助　かわむら・だいすけ　明治26年6月2日～昭和60年1月12日　弁護士　最高裁判事　→83/87

河村 隆男　かわむら・たかお　昭和12年10月8日～平成15年11月17日　曙ブレーキ工業常務　→03/05

河村 尚　かわむら・たかし　～昭和56年1月31日　三菱化工機専務　→80/82

川村 隆　かわむら・たかし　～平成11年　川村工業社長　→00/02s

河村 卓哉　かわむら・たくや　昭和6年～平成13年10月31日　弁護士　→00/02

河村 武夫　かわむら・たけお　～昭和58年4月18日　小西酒造監査役・元常務　→83/87

川村 竹治　かわむら・たけじ　明治4年7月17日～昭和30年9月8日　政治家　内務次官,台湾総督,法相　→昭和

川村 質郎　かわむら・ただお　～平成14年7月7日　陸軍少将　→昭和

河村 正　かわむら・ただし　昭和15年5月6日～平成20年10月3日　北海道議(自民党)　→06/08

川村 達男　かわむら・たつお　明治41年6月5日～昭和63年12月27日　川村工業会長　→88/90

河村 達蔵　かわむら・たつぞう　～昭和43年2月18日　海軍少将　→昭和

川村 千秋　かわむら・ちあき　大正6年11月3日～平成21年6月17日　東京都議(共産党)　→09/11

川村 力　かわむら・ちから　明治36年3月15日～平成3年11月27日　小野田セメント専務　→91/93

河村 忠一　かわむら・ちゅういち　明治41年1月7日～昭和60年8月22日　羽島市長　→83/87

川村 知　かわむら・つかさ　明治40年4月29日～平成11年6月11日　古河アルミニウム工業副社長　→97/99

川村 継義　かわむら・つぎよし　明治41年10月25日～平成5年5月11日　衆院議員(社会党)　→91/93

川村 勉　かわむら・つとむ　大正8年5月19日～平成10年2月5日　雪印食品社長,雪印乳業専務　→97/99

川村 貞四郎　かわむら・ていしろう　明治23年7月23日～昭和62年6月18日　山形県知事,東洋インキ社長　→83/87

河村 鉄也　かわむら・てつや　～昭和26年1月12日　弁護士　→昭和

川村 徳助　かわむら・とくすけ　大正5年11月16日～平成22年8月20日　川徳社長,盛岡商工会議所会頭　→09/11

川村 徳太郎　かわむら・とくたろう　～昭和15年4月6日　新橋演舞場社長　→昭和

河村 敏雄　かわむら・としお　明治34年7月11日～昭和63年5月11日　大日本図書監査役,教科書協会会長　→88/90

河村 俊彦　かわむら・としひこ　大正14年6月18日～平成9年10月27日　神崎製紙社長　→97/99

河村 俊世　かわむら・としよ　明治37年2月7日～昭和61年3月3日　東京海上火災副社長,日本船舶保険連盟会長　→83/87

河村 友夫　かわむら・ともお　大正15年5月9日～昭和62年5月31日　産業新潮社副社長,日本寮歌振興会常任委員　→83/87

川村 尚之　かわむら・なおゆき　昭和12年6月10日～平成12年7月7日　マックス常務　→00/02

河村 捷郎　かわむら・はやお　～平成4年3月16日　北海道東北開発公庫理事,通商産業省工業品検査所長　→91/93

河村 隼人　かわむら・はやと　大正1年9月26日～昭和60年4月23日　昭和電工取締役　→83/87

河村 秀夫　かわむら・ひでお　明治30年12月15日～昭和55年1月31日　北海タイムス社社長　→80/82

川村 秀次　かわむら・ひでじ　大正11年12月14日～平成17年6月8日　鹿部町(北海道)町長　→03/05

河村 秀孝　かわむら・ひでたか　明治31年1月3日～昭和61年3月31日　東芝セラミックス取締役　→83/87

川村 秀信　かわむら・ひでのぶ　大正14年11月20日〜平成11年10月5日　七飯町商工会(北海道)会長,大沼合同遊船会長　→97/99

川村 洋輝　かわむら・ひろき　大正11年7月19日〜平成22年1月1日　中部財界社創業者　→09/11

川村 洋　かわむら・ひろし　大正2年7月15日〜平成8年6月30日　山形屋社長　→94/96

川村 博太郎　かわむら・ひろたろう　大正10年11月17日〜平成6年11月8日　国税庁次長,広島銀行専務　→94/96

川村 博将　かわむら・ひろまさ　明治40年8月10日〜昭和56年5月14日　高知日報社長,高知県議会議長　→80/82

川村 福二　かわむら・ふくじ　明治39年8月31日〜昭和62年8月11日　日本坩堝社長,日本曹達専務　→83/87

河村 豊洲　かわむら・ほうしゅう　嘉永2年1月28日〜昭和年11月8日　海軍軍医中将　→昭和

河村 誠　かわむら・まこと　〜昭和55年6月5日　オリエンタルメタル製造常務東北支店長　→80/82

川村 政一　かわむら・まさいち　明治40年4月26日〜昭和59年4月2日　小野田市長　→83/87

川村 政夫　かわむら・まさお　昭和2年7月19日〜平成6年4月2日　秋田魁新報常務　→94/96

川村 政雄　かわむら・まさお　大正4年2月9日〜平成18年12月1日　日平トヤマ社長　→06/08

河村 正亀　かわむら・まさき　〜昭和55年12月18日　河村鉄工所社長　→80/82

川村 正道　かわむら・まさみち　〜昭和61年1月18日　旭川地区同盟議長　→83/87

河村 又介　かわむら・またすけ　明治27年1月1日〜昭和54年1月4日　最高裁判事,九州大学名誉教授　→昭和

川村 松正　かわむら・まつまさ　〜昭和56年1月16日　北海道警本部防犯部長　→80/82

川村 満雄　かわむら・みつお　〜昭和43年4月26日　首都高速道路公団理事　→昭和

河村 貢　かわむら・みつぐ　大正15年12月11日〜平成16年2月16日　弁護士　河村法律事務所主宰,世界自然保護基金ジャパン副会長,毎日新聞社顧問弁護士　→03/05

河村 実　かわむら・みのる　〜昭和52年9月10日　全国スモンの会副会長　→昭和

河村 稔　かわむら・みのる　明治43年9月25日〜平成15年1月16日　東海ゴム工業社長　→03/05

河村 康男　かわむら・やすお　昭和12年7月19日〜平成14年10月31日　弁護士　広島弁護士会会長　→00/02

河村 泰　かわむら・やすし　大正10年8月17日〜昭和56年6月10日　ダイニック相談役　→80/82

川村 泰造　かわむら・やすぞう　〜昭和49年7月17日　高砂鉄工常務　→昭和

川村 保太郎　かわむら・やすたろう　明治27年3月25日〜昭和20年2月11日　労働運動家　衆院議員　→昭和

河村 雄三郎　かわむら・ゆうざぶろう　昭和5年1月3日〜平成14年9月8日　サッポロビール専務　→00/02

河村 豊　かわむら・ゆたか　大正5年4月6日〜平成15年1月28日　神官　神社本庁長老,秋葉山本宮秋葉神社名誉宮司　→03/05

川村 要作　かわむら・ようさく　明治41年10月20日〜平成3年7月14日　愛知日野自動車会長　→91/93

川村 義栄　かわむら・よしえい　〜昭和63年7月5日　宮城県クリーニング環境衛生同業組合理事長　→88/90

川村 芳次　かわむら・よしじ　〜昭和63年12月27日　岩見沢市長　→88/90

川村 好永　かわむら・よしなが　昭和8年3月29日〜平成10年2月10日　池上通信機常務　→97/99

河村 喜典　かわむら・よしぶみ　大正4年12月26日〜平成23年5月25日　三共社長　→09/11

川村 好実　かわむら・よしみ　〜昭和61年10月3日　萃香園社長,福岡県料理業環衛組合副理事長,久留米商工会議所副会頭　→83/87

川村 義光　かわむら・よしみつ　大正13年1月18日〜平成2年2月10日　山口県議(県政ク),岩国市議　→00/02

川邨 利兵査　かわむら・りへえ　〜昭和13年6月15日　内外綿監査役　→昭和

川村 良吉　かわむら・りょうきち　〜昭和58年11月4日　航空自衛隊幹部学校副校長　→83/87

河村 良介　かわむら・りょうすけ　明治31年10月7日〜平成5年7月29日　三和銀行専務　→91/93

川村 和嘉治　かわむら・わかじ　明治34年2月21日〜昭和43年2月19日　高知県知事　→昭和

川村 和太郎　かわむら・わたろう　大正2年3月25日〜昭和61年3月6日　宮園自動車社長　→83/87

川室 虎蔵　かわむろ・とらぞう　明治43年6月12日〜平成3年2月18日　横浜地下街顧問・元専務,相模鉄道専務　→91/93

河本 伍　かわもと・あつむ　〜平成3年8月8日　日本監査役協会理事関西支部所長　→91/93

河本 勇　かわもと・いさむ　大正12年3月30日〜平成6年10月9日　五洋建設常務　→94/96

川本 勇　かわもと・いさむ　明治43年6月1日〜平成16年4月8日　住友金属工業常務　→03/05

河本 一郎　かわもと・いちろう　大正13年6月7日　広島折鶴の会世話人　→00/02

川本 一郎　かわもと・いちろう　大正6年7月15日〜平成9年6月30日　日立家電販売(のち日立製作所)副社長　→97/99

河本 栄一　かわもと・えいいち　昭和2年11月1日〜平成23年11月30日　フコク創業者　→09/11

川本 英一　かわもと・えいいち　明治44年3月22日〜昭和55年6月8日　住友金属鉱山取締役,シポレックス製造社長　→80/82

河本 嘉久蔵　かわもと・かくぞう　大正6年3月27日〜平成2年3月24日　参院議員(自民党),国土庁長官　→88/90

河本 喜与之　かわもと・きよし　明治37年12月9日~平成12年3月27日　弁護士　司法省人事課長　→00/02

川本 金弥　かわもと・きんや　昭和5年3月26日~平成7年6月29日　三越常務　→94/96

河本 国雄　かわもと・くにお　大正10年8月1日~平成23年9月25日　第一証券社長,平和不動産社長,東京証券取引所副理事長　→09/11

川本 啓介　かわもと・けいすけ　~平成15年4月26日　夕刊デイリー新聞社長　→03/05

河本 小三郎　かわもと・こさぶろう　~昭和61年12月16日　河本タイヤ店代表　→83/87

河本 在彦　かわもと・ざいひこ　~平成5年2月16日　横浜商銀信用組合相談役　→91/93

河本 茂喜　かわもと・しげよし　~平成9年7月10日　明和コート社長　→97/99

川本 茂　かわもと・しげる　昭和10年8月16日~平成8年3月11日　日特建設常務　→94/96

川本 修三　かわもと・しゅうぞう　大正11年4月28日~平成15年8月8日　川本製作所会長　→03/05

河本 淳子　かわもと・じゅんこ　~平成8年6月1日　タイのスラムの子どもたちを支援する市民グループ・クルンテプの会代表　→94/96

川本 譲次　かわもと・じょうじ　大正15年10月1日~平成16年12月13日　川本工業会長,横浜商工会議所名誉副会頭・顧問　→03/05

川本 二郎　かわもと・じろう　明治43年10月21日~平成8年4月29日　サイサン会長　→94/96

川本 新之助　かわもと・しんのすけ　明治40年12月21日~平成14年3月31日　川本産業社長　→00/02

川本 末治　かわもと・すえじ　明治31年6月~昭和58年12月3日　衆院議員　→83/87

河本 誠之　かわもと・せいし　~平成11年12月24日　東京高裁判事　→00/02s

川本 節雄　かわもと・せつお　明治44年2月4日~平成1年10月14日　トヨタ自動車販売取締役,東京トヨペット常務　→88/90

川本 壮平　かわもと・そうへい　昭和5年2月22日~平成7年1月16日　久留米井筒屋社長　→94/96

川本 泰三　かわもと・たいぞう　大正3年1月17日~昭和60年9月20日　サッカー選手　関西サッカー協会会長,川惣電機工業社長　→83/87

川本 健　かわもと・たけし　昭和7年3月23日~平成6年11月17日　ファナック興産社長,ファナック取締役　→94/96

河本 忠司　かわもと・ただし　大正9年5月17日~平成11年8月27日　スポーツニッポン新聞西部本社代表　→97/99

川本 辰三郎　かわもと・たつさぶろう　~昭和42年9月14日　早川電機工業前副社長　→昭和

川本 直水　かわもと・ちょくすい　明治41年2月28日~平成2年2月6日　京都交通会長　→88/90

川本 輝夫　かわもと・てるお　昭和6年8月1日~平成11年2月18日　水俣市議,チッソ水俣病患者連盟委員長,水俣病センター相思社理事長　→97/99

川本 輝雄　かわもと・てるお　昭和15年9月25日~平成21年11月8日　三菱アルミニウム常務　→09/11

川本 敏夫　かわもと・としお　~昭和63年11月30日　気象庁熊谷気象台長,成田空港気象台長　→88/90

川本 敏美　かわもと・としみ　大正12年1月10日~平成10年12月15日　衆院議員(社会党)　→97/99

川本 にわ　かわもと・にわ　文久3年8月~昭和51年11月16日　長寿日本一　~昭和(こうもと・にわ)

川本 信彦　かわもと・のぶひこ　大正6年3月24日~平成23年8月21日　小西六写真工業社長　→09/11

河本 春男　かわもと・はるお　明治43年3月28日~平成16年1月27日　ユーハイム社長　→03/05

川本 晴男　かわもと・はるお　昭和8年11月29日~平成22年5月9日　川本産業社長　→09/11

川本 日出生　かわもと・ひでお　大正8年12月23日　蛇の目ミシン副社長　→昭和

河本 広正　かわもと・ひろまさ　~平成15年9月19日　原発に反対し上関町の安全と発展を考える会会長,上関町(山口県)町議　→03/05

川本 昌生　かわもと・まさお　大正12年11月30日~平成11年10月18日　川本製作所副社長,川本電産社長　→97/99

川本 正麿　かわもと・まさまろ　大正14年3月7日~平成13年6月13日　百五銀行常務　→00/02

河本 正美　かわもと・まさみ　大正8年6月20日~平成16年6月24日　上組副社長　→03/05

河本 美知男　かわもと・みちお　昭和3年~平成8年2月13日　サハリン北海道人会副会長,日本サハリン同胞交流協会の日本人会副会長　→94/96

川本 満正　かわもと・みつまさ　昭和6年12月11日~平成12年6月4日　小田急建設常務　→00/02

川本 勇吉　かわもと・ゆうきち　大正8年8月12日~平成23年3月28日　北陸機材創業者　→09/11

川本 征彦　かわもと・ゆきひこ　昭和15年8月1日~平成6年11月11日　サイサンライフ社長,サイサン取締役　→94/96

川本 芳郎　かわもと・よしお　明治37年2月3日~平成6年5月19日　岡三証券専務　→94/96

川本 義隆　かわもと・よしたか　~平成14年3月31日　広島平和記念資料館長　→00/02

川本 米三郎　かわもと・よねさぶろう　~昭和63年5月25日　川本倉庫会長　→88/90

川本 良吉　かわもと・りょうきち　~昭和48年10月27日　ヤンマーディーゼル副社長　→昭和

河盛 金利　かわもり・かねとし　大正10年11月20日~平成21年4月13日　ダイセル化学工業専務　→09/11

河盛 安之助　かわもり・やすのすけ　〜昭和51年7月24日　堺市長　→昭和

河原 伊三郎　かわら・いさぶろう　明治33年2月〜昭和58年9月1日　衆院議員(自由党)　→83/87

瓦 辰二　かわら・たつじ　大正5年1月1日〜平成13年2月4日　カワラ金属社長　→00/02

河原 直人　かわら・なおと　大正6年6月12日〜平成22年4月2日　吉川建設社長　→09/11

河原井 源次　かわらい・げんじ　大正7年2月28日〜平成20年3月30日　河原井ホンダ社長,河原井商会社長　→06/08

河原崎 篤　かわらさき・あつし　大正11年11月25日〜平成6年3月4日　三井鉱山会長　→94/96

川原崎 幸之介　かわらざき・こうのすけ　大正11年1月25日〜平成4年9月29日　塚本商事副社長　→91/93

河原塚 啓二　かわらずか・けいじ　大正11年〜平成13年1月29日　大和証券取締役,山種証券常務　→00/02

河原塚 章司　かわらずか・しょうじ　大正4年8月31日〜平成16年9月10日　東芝機械副社長　→03/05

河原田 巌　かわらだ・いわお　明治31年2月〜昭和26年2月28日　衆院議員(自由党)　→昭和

河原田 稼吉　かわらだ・かきち　明治19年1月13日〜昭和30年1月22日　政治家　内務相,文部相,衆院議員　→昭和

川原田 敬造　かわらだ・けいぞう　大正4年6月8日〜平成9年2月24日　東通村(青森県)村長　→97/99

川原田 健次　かわらだ・けんじ　大正13年2月7日〜平成10年8月22日　横浜ゴム専務　→97/99

河原田 穣　かわらだ・じょう　大正6年1月3日〜昭和60年10月27日　福島市長　→83/87

瓦谷 末雄　かわらたに・すえお　大正5年12月26日〜平成8年5月22日　弁護士　大阪高裁判事　→94/96

瓦林 潔　かわらばやし・きよし　明治36年4月10日〜平成2年2月7日　九州電力会長　→88/90

瓦林 進二　かわらばやし・しんじ　明治42年9月22日〜昭和60年3月31日　三井鉱山常務　→83/87

瓦林 忠雄　かわらばやし・ただお　明治41年1月31日〜平成2年10月29日　朝日生命保険専務,朝日不動産会長　→80/82

瓦林 義親　かわらばやし・よしちか　大正13年10月2日〜昭和63年6月13日　日九興産社長　→88/90

河和 金作　かわわ・きんさく　明治26年〜昭和42年5月5日　弁護士　東京弁護士会会長　→昭和

川地 徳一　かわわ・とくいち　大正3年11月1日〜昭和58年11月1日　加地和組社長　→83/87

川人 隆清　かわんど・たかきよ　大正6年11月2日〜平成4年10月4日　アイシン精機副社長　→91/93

菅 修　かん・おさむ　明治34年4月10日〜昭和53年12月15日　日本精神薄弱者福祉連盟会長　→昭和

菅 和俊　かん・かずとし　大正15年12月8日〜平成4年10月10日　日立造船富岡機械取締役　→91/93

菅 源三郎　かん・げんざぶろう　〜昭和17年5月13日　長崎丸船長　→昭和

菅 三郎　かん・さぶろう　大正13年4月12日〜平成22年8月11日　岩手県議(自民党)　→09/11

菅 真哉　かん・しんや　昭和3年2月5日〜昭和63年2月25日　近畿日本鉄道常務　→88/90

菅 太郎　かん・たろう　明治37年5月30日〜昭和55年1月11日　衆院議員(自民党)　→80/82

菅 晴次　かん・はるじ　明治24年2月28日〜昭和60年4月23日　陸軍中将　日本兵器工業会名誉会長　→83/87

菅 寿雄　かん・ひさお　大正1年12月10日〜平成3年3月18日　セントラル硝子常務　→91/93

菅 泰敏　かん・ひろとし　大正9年3月1日〜平成8年2月1日　アサヒペン会長　→94/96

菅 道　かん・まこと　明治37年9月20日〜昭和44年12月19日　労働運動家　→昭和(管 道)

菅 政昭　かん・まさあき　昭和7年8月5日〜平成14年8月16日　鹿島建設常務　→00/02

菅 匡夫　かん・まさお　大正12年11月15日〜平成4年7月26日　京神倉庫専務　→91/93

菅 元彦　かん・もとひこ　〜昭和49年5月26日　経団連常務理事　→昭和

閑院 純仁　かんいん・すみひと　明治35年8月3日〜昭和63年6月18日　皇族,陸軍少将　→88/90

閑院宮 載仁　かんいんのみや・ことひと　慶応1年9月22日〜昭和20年5月20日　皇族,陸軍大将・元帥　→昭和(閑院宮 載仁親王　かんいんのみや・ことひとしんのう)

神尾 徹生　かんお・てつお　明治45年3月5日〜平成16年7月21日　大竹市長　→03/05

寒川 喜一　かんかわ・きいち　明治44年10月27日〜平成2年2月3日　衆院議員(民社党)　→88/90

神吉 正一　かんき・しょういち　明治30年1月5日〜昭和39年8月17日　弁護士　満州国総務庁次長　→昭和

神吉 貞一　かんき・ていいち　〜平成5年8月21日　東北重化学工業(のち日本重化学工業)常務　→91/93

神吉 勇蔵　かんき・ゆうぞう　〜昭和57年3月25日　日本毛織取締役　→80/82

簡牛 凡夫　かんぎゅう・つねお　明治27年1月〜昭和48年5月21日　衆院議員(自民党)　→昭和

菅家 喜六　かんけ・きろく　明治27年7月〜昭和42年7月24日　衆院議員(自民党)　→昭和

管家 久寿彦　かんけ・くすひこ　〜昭和62年2月6日　平和工作所会長　→83/87

菅家 憲三　かんけ・けんぞう　〜平成6年2月13日　えぬぷろ社長,NHK文化センターサービス社長　→94/96

菅家 忠男　かんけ・ただお　明治41年2月16日〜昭和63年9月22日　会津土建社長,会津若松商工会議所会頭,会津若松市会議員　→88/90

神崎 一作　かんざき・いっさく　慶応3年〜昭和13年3月3日　神道家　→昭和

I　政治・経済・社会篇　　　　　　　　　　　　　　　　　　　　　　　　　　　　　　　かんた

神崎 嘉蔵　かんざき・かぞう　〜昭和6年5月18日
朝日新聞社相談役　→昭和

神崎 謙一　かんざき・けんいち　明治33年2月3日〜平成5年2月2日　滋賀県議　→91/93

神崎 賢太郎　かんざき・けんたろう　大正13年2月24日〜昭和60年9月26日　三井建設副社長,元三井銀行常務　→83/87

神崎 照恵　かんざき・しょうけい　明治35年7月17日〜昭和59年10月20日　真言宗成田山新勝寺大僧正・元住職代理　→83/87

神崎 丈二　かんざき・じょうじ　明治32年4月10日〜昭和57年2月20日　南海放送取締役,首都高速道路公団初代理事長,日本コロムビア社長　→80/82

神崎 哲次郎　かんざき・てつじろう　〜昭和15年5月20日　陸軍少将　→昭和

神崎 敏雄　かんざき・としお　大正1年11月5日〜平成9年1月22日　共産党大阪府委員会顧問,衆院議員(共産党)　→97/99

神崎 寿信　かんざき・ながのぶ　昭和4年7月16日〜平成5年3月3日　雪印食品副社長　→91/93

神崎 治一郎　かんざき・はるいちろう　大正13年3月8日〜平成7年6月12日　益田市長　→94/96

神崎 平二　かんざき・へいじ　〜昭和12年6月9日　三井信託副社長　→昭和

神崎 誠　かんざき・まこと　〜昭和59年3月21日　法務省民事局参事官　→83/87

神崎 量平　かんざき・りょうへい　明治44年1月26日〜平成11年9月13日　弁護士,佐賀地検検事正　→97/99

神沢 浄　かんざわ・きよし　大正4年8月25日〜平成19年3月1日　衆院議員(社会党)　→06/08

甘蔗 良淳　かんしゃ・りょうじゅん　〜昭和56年5月25日　博多老人ホーム理事長,長円寺前住職　→80/82

神定 信夫　かんじょう・のぶお　〜昭和61年10月6日　自民党全国事務局長会会長,自民党千葉県連事務局長　→83/87

苅田 アサノ　かんだ・あさの　明治38年6月21日〜昭和48年8月5日　婦人運動家　衆院議員(共産党)　→昭和

神田 厚　かんだ・あつし　昭和16年5月11日〜平成20年2月22日　衆院議員(民主党),防衛庁長官　→06/08

苅田 与　かんだ・あとう　大正2年9月14日〜平成19年9月16日　津山石油産業代表,津山市商工会議所会頭　→06/08

神田 一郎　かんだ・いちろう　〜昭和56年2月25日　神田機械製作所社長　→80/82

神田 巌　かんだ・いわお　明治38年7月13日〜平成3年10月18日　カンダ興発会長　→91/93

神田 学忠　かんだ・がくちゅう　大正6年10月12日〜平成20年2月16日　東京都議(公明党)　→06/08

神田 五雄　かんだ・かずお　明治28年〜昭和57年3月6日　毎日新聞社常務　→80/82

神田 勘十郎　かんだ・かんじゅうろう　〜昭和55年11月4日　大同信用金庫理事長　→80/82

神田 寛雄　かんだ・かんゆう　〜昭和56年12月27日　浄土真宗本願寺派総長　→80/82

神田 九思男　かんだ・くしお　大正4年7月10日〜平成10年2月13日　三菱地所取締役,建設省九州地方建設局長　→97/99

神田 啓造　かんだ・けいぞう　大正15年5月20日〜昭和63年9月13日　広島第一信用組合理事長　→88/90

神田 源七郎　かんだ・げんしちろう　〜昭和14年10月1日　明和銀行取締役　→昭和

神田 孝一　かんだ・こういち　明治39年3月21日〜平成3年6月10日　大同生命保険常務　→91/93

神田 坤六　かんだ・こんろく　明治41年12月10日〜平成17年5月20日　群馬県知事　→03/05

神田 品一　かんだ・しなかず　明治44年12月21日〜平成10年4月14日　センレイ工業社長,ヤンマー農機常務　→97/99

神田 潤　かんだ・じゅん　大正5年2月2日〜平成5年8月18日　三菱地所取締役　→91/93

神田 正吉　かんだ・しょうきち　〜昭和39年6月15日　オリンパス工業・安宅産業社長　→昭和

神田 尚順　かんだ・しょうじゅん　〜平成1年1月28日　僧侶　天台宗宗務総長,寛永寺住職　→88/90

神田 襄太郎　かんだ・じょうたろう　〜昭和52年8月17日　駐キューバ大使　→昭和

神田 正平　かんだ・しょうへい　明治45年1月18日〜平成12年9月14日　日本シャッター製作所社長　→00/02

神田 新市　かんだ・しんいち　大正4年8月4日〜昭和63年6月14日　トヨタ自動車販売副社長　→88/90

神田 末男　かんだ・すえお　〜昭和44年4月10日　日産化学副社長　→昭和

神田 進　かんだ・すすむ　〜昭和63年8月24日　ラサ工業取締役　→88/90

神田 暹　かんだ・すすむ　〜昭和18年9月27日　商工省総務局長　→昭和

神田 大作　かんだ・だいさく　大正2年2月12日〜昭和58年5月28日　衆院議員(民社党)　→83/87

神田 多恵子　かんだ・たえこ　〜昭和57年9月29日　日本イスラエル婦人福祉協会副会長　→80/82

神田 恒治　かんだ・つねじ　大正8年12月26日〜平成9年6月19日　キューピー醸造顧問・元社長,日本発明振興会監事　→97/99

神田 透　かんだ・とおる　〜昭和57年1月7日　三菱地所取締役　→80/82

神田 修道　かんだ・ながみち　大正15年2月9日〜平成2年2月21日　北海道警旭川方面本部長,ジャパンライフ取締役　→88/90

神田 八雄　かんだ・はちお　明治45年6月25日〜平成7年

2月27日　陸軍中佐　国光商事会長　→94/96

神田 晴夫　かんだ・はるお　〜昭和63年10月24日
マネー・ブローカー　チャールズ・フルトン社　→88/90

神田 一二三　かんだ・ひふみ　〜昭和61年2月14日
（株）京和取締役　→83/87

神田 兵三　かんだ・ひょうぞう　明治32年6月11日〜昭和42年12月9日　社会運動家　→昭和

神田 宏　かんだ・ひろし　大正3年3月16日〜平成2年4月13日　デーリー東北新聞社社長　→88/90

神田 博　かんだ・ひろし　明治36年12月25日〜昭和52年6月30日　政治家　衆院議員，厚相　→昭和

神田 正夫　かんだ・まさお　大正9年11月2日〜昭和63年7月8日　日本出版販売専務　→88/90

神田 正種　かんだ・まさたね　明治23年〜昭和58年1月15日　陸軍中将　→83/87

神田 雄次　かんだ・ゆうじ　昭和45年3月15日
佐藤工業常務　→昭和

神田 雄二郎　かんだ・ゆうじろう　明治45年7月11日〜平成5年2月16日　丸和証券常務　→91/93

神田 用一　かんだ・よういち　〜昭和59年11月27日
東京証券業協会常務理事，東京昭和証券会長　→83/87

苅田 善政　かんだ・よしまさ　大正12年10月22日〜平成17年12月31日　津山ガス会長，岡山県公安委員長　→06/08

神田 鐳蔵　かんだ・らいぞう　明治5年8月29日〜昭和9年12月8日　神田銀行創立者　→昭和

神田 竜一　かんだ・りゅういち　〜昭和55年6月12日
春秋社社主　→80/82

神田 礼治　かんだ・れいじ　〜昭和13年12月23日
三菱鉱業顧問　→昭和

菅頭 重喜　かんとう・しげよし　大正12年2月1日〜昭和60年11月7日　昭和ゴム化学工業所会長　→83/87

神藤 為五郎　かんどう・ためごろう　〜昭和63年8月17日　千歳市環境保全公社理事長，千歳市助役　→88/90

関東 博　かんとう・ひろし　明治45年2月25日〜平成7年5月5日　中日新聞相談役　→94/96

菅藤 雅徳　かんとう・まさのり　大正12年8月23日〜昭和60年7月31日　大日本印刷取締役　→83/87

神鳥 英徳　かんどり・ひでのり　昭和10年3月16日〜平成11年12月5日　日本特殊陶業専務　→97/99

ガントレット 恒　がんとれっと・つね　明治6年10月26日〜昭和28年11月29日　キリスト教婦人運動家　日本基督教婦人矯風会会頭，日本婦人参政権協会会長　→昭和

漢郡 寛二郎　かんな・かんじろう　〜平成6年9月5日
トビー工業常務　→94/96

漢那 憲和　かんな・けんわ　明治10年9月6日〜昭和25年7月29日　海軍少将，政治家　衆院議員（日本進歩党）　→昭和

釿内 勇　かんなうち・いさむ　明治43年2月28日〜平成1

年12月10日　共栄タンカー会長　→88/90

菅野 彬　かんの・あきら　昭和7年1月21日〜平成10年2月24日　テイ・ビー・シー音楽出版社社長，東北放送常務　→97/99

菅野 岩雄　かんの・いわお　〜平成18年3月4日
税理士　北海道税理士会会長　→06/08

菅野 勘助　かんの・かんすけ　明治32年〜昭和51年8月10日　弁護士　→昭和（すがの・かんすけ）

菅野 啓蔵　かんの・けいぞう　大正3年3月16日〜昭和62年4月8日　弁護士　東京高裁部総括判事　→83/87

菅野 光一　かんの・こういち　昭和6年9月30日〜平成3年2月21日　積水化学工業専務　→91/93

菅野 小五郎　かんの・こごろう　明治44年10月27日〜平成1年12月25日　東伸製鋼（のちトーア・スチール）常務　→88/90

菅野 善右衛門　かんの・ぜんえもん　明治17年4月〜昭和29年2月5日　衆院議員（立憲政友会）　→昭和（すがの・ぜんえもん）

簡野 孝　かんの・たかし　明治44年4月15日〜平成17年2月6日　住友銀行副頭取　→03/05

菅納 達雄　かんの・たつお　〜昭和61年2月22日
日本税理士共済会理事長　→83/87

菅野 長吉　かんの・ちょうきち　明治44年3月24日〜平成1年12月13日　朝日新聞横浜支局長，テレビ朝日映像専務　→88/90

菅野 長治　かんの・ちょうじ　〜平成15年1月30日
岩手県盲人福祉協会理事長　→03/05

菅野 恒雄　かんの・つねお　大正9年4月24日〜平成10年10月11日　金商又一専務　→97/99

菅野 俊雄　かんの・としお　大正12年3月20日〜平成2年5月25日　栗本鉄工所取締役仙台支店長　→88/90

菅野 友恵　かんの・ともえ　〜平成20年6月19日
毎日福島広告社社長　→06/08

菅野 知彦　かんの・ともひこ　〜昭和60年9月25日
菅知生コン社長，日本砂利協会副会長　→83/87

菅野 寿　かんの・ひさし　大正12年4月1日〜平成18年8月21日　参院議員（社民党）　→06/08

菅野 弘夫　かんの・ひろお　大正12年7月16日〜平成21年11月23日　宮内庁東宮大夫　→09/11

菅野 浩　かんの・ひろし　〜平成12年12月28日
九瀬布町（北海道）町長　→00/02

神野 正雄　かんの・まさお　明治37年9月15日〜昭和49年8月16日　BIAC日本委員会副会長　→昭和

菅野 政夫　かんの・まさお　〜平成14年3月13日
福島民報専務・東京支店長　→00/02

菅野 鞠子　かんの・まりこ　〜平成16年11月28日
医療ケースワーカー　バリアフリー運動の先駆者　→03/05

菅野 円　かんの・めぐる　昭和4年5月8日〜昭和64年1月

I 政治・経済・社会篇　　　　　　　　　　　　　　　　　　　　　　　　　　　　　　　　　かんへ

3日　昭和電工理事　→88/90

菅野 良男　かんの・よしお　〜平成9年8月23日
日本証券業協会常務理事　→97/99

菅野 義丸　かんの・よしまる　明治37年6月14日〜昭和54年5月7日　国際電社長　→昭和(すがの・よしまる)

菅野 和太郎　かんの・わたろう　明治28年6月20日〜昭和51年7月6日　政治家、経済史学者　衆院議員(自民党)、大阪経済大学名誉教授　→昭和

樺 美智子　かんば・みちこ　昭和12年11月8日〜昭和35年6月15日　東京大学文学部自治会副委員長　'60年安保闘争で死亡した東大全学連活動家　→昭和

樺 光子　かんば・みつこ　〜平成2年6月30日
60年安保のデモで死亡した東大生・樺美智子の母　→88/90

上林 明　かんばやし・あきら　〜平成4年3月20日
京阪電気鉄道常務　→91/93

上林 邦雄　かんばやし・くにお　昭和9年11月16日〜平成9年11月29日　東京銀行(のち東京三菱銀行)常務、トーマツ常勤顧問　→97/99

神林 定雄　かんばやし・さだお　大正13年3月10日〜平成13年11月14日　川崎市議(共産党)　→00/02

上林 忠次　かんばやし・ちゅうじ　明治39年2月〜昭和43年11月23日　参院議員(自民党)　→昭和(うえばやし・ちゅうじ)

神林 鉄五郎　かんばやし・てつごろう　大正2年2月23日〜平成12年10月20日　堺化学工業専務　→00/02

神林 照雄　かんばやし・てるお　大正10年3月10日〜平成6年6月22日　カスミ創業者　→94/96

神林 正教　かんばやし・まさのり　明治44年1月13日〜平成8年7月22日　ニチメン相談役・元社長　→94/96

上林 裕　かんばやし・ゆたか　大正12年11月24日〜平成22年8月16日　農林中央金庫専務理事　→09/11

上林 与市郎　かんばやし・よいちろう　明治45年1月1日〜平成5年6月8日　衆院議員(社会党)　→91/93

神林 芳夫　かんばやし・よしお　大正8年2月6日〜平成9年1月30日　東京都議　→97/99

神林 隆浄　かんばやし・りゅうじょう　明治9年7月7日〜昭和38年2月11日　僧侶　大正大学名誉教授、真言宗大僧正　→昭和

上林山 栄吉　かんばやしやま・えいきち　明治37年10月18日〜昭和46年8月10日　衆院議員　→昭和

神原 昭夫　かんばら・あきお　昭和18年8月2日〜平成19年12月12日　JTB常務　→06/08

蒲原 完　かんばら・かん　大正4年1月4日〜平成9年8月27日　ヤマト運輸副社長　→97/99

神原 昭司　かんばら・しょうじ　昭和2年8月5日〜平成19年12月8日　リコー専務　→06/08

神原 精次郎　かんばら・せいじろう　〜平成3年7月7日
江商(のち兼松)取締役　→91/93

神原 武雄　かんばら・たけお　大正1年12月13日〜平成22年3月14日　江商社長　→09/11

蒲原 貞一　かんばら・ていいち　明治27年2月10日〜昭和59年12月5日　大阪酸素工業相談役、鴻池運輸会長　→83/87

神原 富比古　かんばら・とみひこ　大正9年9月29日〜平成6年1月6日　駐ギリシャ大使　→94/96

神原 富保　かんばら・とみやす　明治34年5月3日〜昭和60年10月5日　豊田通商相談役・元社長　→83/87

神原 豊三　かんばら・とよぞう　大正2年4月4日〜平成11年1月6日　日立製作所専務　→97/99

蒲原 権　かんばら・はかる　明治29年2月23日〜昭和62年3月14日　西日本鋼業社長　→83/87

神原 芳郎　かんばら・よしろう　大正15年6月1日〜平成16年8月3日　神原音楽事務所社長　→03/05

神戸 一郎　かんべ・いちろう　〜昭和55年1月24日
大阪商業信用組合理事長、日本生命常務　→80/82

神戸 岩男　かんべ・いわお　〜昭和58年12月22日
朝日新聞社監査役、社友　→83/87

神戸 亀蔵　かんべ・かめぞう　〜昭和43年8月12日
日盛通信社会長　→昭和

神戸 清二　かんべ・きよじ　大正10年3月24日〜平成17年6月1日　ケイワールド日清創業者・会長　→03/05

神部 健　かんべ・けん　明治34年11月24日〜昭和57年5月27日　オリンパス光学工業相談役・元社長・会長　→80/82

神戸 昭治　かんべ・しょうじ　昭和2年6月9日〜平成20年12月14日　愛知県議(自民党)、神戸学園理事長　→06/08

神戸 次郎　かんべ・じろう　〜昭和58年3月24日
日本アルキルアルミ取締役、三井東圧秘書室長代理　→83/87

神戸 真　かんべ・しん　明治25年11月〜昭和42年7月13日　衆院議員(民主党)　→昭和(かんべ・まこと)

神戸 捨二　かんべ・すてじ　〜昭和50年6月1日
沖電気工業相談役　→昭和

神戸 敏雄　かんべ・としお　昭和4年1月27日〜平成15年4月3日　小田急建設常務　→03/05

神部 俊昭　かんべ・としらう　明治40年10月23日〜平成7年4月14日　滝川市長、北海道議、神部組社長　→94/96

神戸 肇　かんべ・はじむ　大正11年11月9日〜平成11年12月17日　兵庫県議(自民党)　→97/99

神戸 英雄　かんべ・ひでお　〜昭和63年4月5日
ポリプラスチックス取締役　→88/90

神戸 秀雄　かんべ・ひでお　明治34年5月10日〜平成3年9月25日　日本信託銀行常務　→91/93

神戸 秀幸　かんべ・ひでゆき　昭和17年4月30日〜平成8年11月8日　日本貨物鉄道常務、衣浦臨海鉄道取締役　→94/96

神部 満之助　かんべ・まんのすけ　明治26年1月2日〜昭和47年9月10日　実業家　間組社長　→昭和

かんへ

神戸 守一　かんべ・もりかず　～平成22年5月5日
　浪花家総本店3代目　→09/11

神戸 与平　かんべ・よへい　～昭和61年5月29日
　(株)かんべ土地建物社長,(社)江戸消防記念会顧問,東京都土地区画整理審議会連合会副会長　→83/87

神戸 頼太郎　かんべ・よりたろう　明治41年7月18日～平成4年3月26日　神戸車輌製作所会長　→91/93

冠 郁夫　かんむり・いくお　～昭和60年10月18日
　共同通信社経済通信局長　→83/87

冠 松次郎　かんむり・まつじろう　明治42年10月28日～平成11年4月9日　田村電機製作所常務　→97/99

甘露寺 受長　かんろじ・おさなが　明治13年10月5日～昭和52年6月20日　明治神宮名誉宮司,宮内省掌典長　→昭和

【き】

紀 俊嗣　きい・としつぐ　～昭和59年5月17日
　日前国懸神宮宮司　→83/87

木井 裕　きい・ゆたか　～平成7年5月15日
　世界救世教監事　→94/96

喜入 虎太郎　きいれ・とらたろう　明治35年9月1日～昭和15年3月4日　社会運動家　→昭和

記内 角一　きうち・かくいち　～昭和43年8月19日
　中小企業庁長官　→昭和

木内 嘉四郎　きうち・かしろう　明治29年12月17日～平成1年8月10日　問組常務　→88/90

木内 和夫　きうち・かずお　大正4年8月23日～昭和58年7月15日　オーヤマ照明常任監査役,オーヤマ電工社長　→83/87

木内 勝造　きうち・かつぞう　明治42年2月20日～平成13年6月1日　セコニック社長　→00/02

城内 勝美　きうち・かつみ　～昭和58年10月20日
　折込広告社社長　→83/87

木内 堯央　きうち・ぎょうおう　昭和14年1月23日～平成14年3月13日　僧侶 大正大学仏教学部教授,如意輪寺住職　→00/02

木内 照胤　きうち・しょういん　～昭和59年11月12日
　鳴鐘山東勝寺宗吾霊堂第25世管主大僧正,成田市仏教会会長　→83/87

木内 四郎　きうち・しろう　明治29年7月3日～昭和63年8月31日　参院議員(自民党),科学技術庁長官　→88/90

木内 清三　きうち・せいぞう　大正3年10月1日～昭和62年7月27日　精研代表取締役会長,日本冷凍空調設備連合会会長,近畿冷凍空調工業会理事長　→83/87

木内 武二　きうち・たけじ　昭和3年3月28日～昭和61年9月20日　佐久市議　→83/87

木内 忠一　きうち・ちゅういち　大正12年1月12日～

和60年2月2日　大林道路専務　→83/87

木内 曽益　きうち・つねのり　明治29年1月22日～昭和51年6月30日　最高検次長検事　→昭和(木内 曾益 きうち・そえき)

木内 豊助　きうち・とよすけ　明治32年10月22日～昭和61年12月31日　港信用金庫会長,日本靴連盟名誉会長　→83/87

木内 宗光　きうち・むねみつ　大正2年7月～平成7年7月19日　草津市長　→94/96

木内 太好　きうち・ともよし　明治10年11月6日～平成3年10月18日　名港海運取締役・財務部長　→91/93

木内 良胤　きうち・よしたね　明治30年～昭和46年7月9日　日本文化放送協会常務理事,在イタリア大使館参事官　→昭和

紀内 祥伯　きうち・よしのぶ　昭和18年9月22日～平成8年11月30日　食糧庁総務部長　→94/96

木内 由行　きうち・よしゆき　明治44年11月10日～昭和61年4月15日　東洋ラヂエーター常務　→83/87

木内 利兵衛　きうち・りへい　～昭和55年4月7日
　アジア広告社社長　→80/82

木岡 源次　きおか・げんじ　昭和7年10月9日～平成11年5月31日　奈良テレビ社長　→97/99

木落 満　きおち・みつる　大正3年5月23日～昭和56年7月14日　宇部興産顧問　→80/82

祇園 定次郎　ぎおん・さだじろう　昭和10年1月12日～平成20年8月19日　オンワード樫山副会長　→06/08

気賀 潤二郎　きが・じゅんじろう　明治39年9月27日～平成5年10月4日　三井信託銀行専務　→91/93

気賀 真一郎　きが・しんいちろう　明治36年9月28日～平成4年12月26日　千代田生命副社長　→91/93

儀我 誠也　ぎが・せいや　～昭和13年1月24日
　陸軍少将　→昭和

儀峨 徹二　ぎが・てつじ　～昭和40年1月27日
　陸軍中将　→昭和

木上 兵衛　きがみ・ひょうえ　大正7年5月3日～平成9年8月7日　野村総合研究所会長　→97/99

木川田 一隆　きかわだ・かずたか　明治32年8月23日～昭和52年3月4日　東京電力社長,経済同友会最高顧問　→昭和

黄川田 宏　きかわだ・ひろし　大正10年2月17日～平成11年5月12日　山九常務　→97/99

菊井 三郎　きくい・さぶろう　明治42年2月2日～平成6年11月20日　弁護士　参院法制局長次長　→94/96

菊井 信義　きくい・のぶよし　～昭和12年10月24日
　海軍少将　→昭和

菊久池 博　きくいけ・ひろし　明治41年1月13日～平成1年12月10日　近畿相互銀行社長　→88/90

菊一 岩夫　きくいち・いわお　大正4年7月19日～平成11年11月27日　大和証券社長　→94/96

菊岡 義衷　きくおか・ぎちゅう　慶応1年8月29日～昭

11年2月18日　僧侶　昆沙門堂門跡,延暦寺執行　→昭和

菊川 栄一　きくかわ・えいいち　昭和2年8月14日〜平成21年2月13日　タツタ電線専務　→09/11

菊川 君子　きくかわ・きみこ　明治38年9月18日〜平成2年10月17日　社会運動家　衆院議員(民社党)　→88/90

菊川 孝夫　きくかわ・たかお　明治42年12月〜昭和61年1月18日　参院議員(社会党)　→83/87

菊川 忠雄　きくかわ・ただお　明治34年3月1日〜昭和29年9月26日　労働運動家,政治家　総同盟総主事,衆院議員(社会党)　→昭和

菊川 登　きくかわ・のぼる　昭和4年4月28日〜平成3年12月24日　ときわ相互銀行(のち東日本銀行)取締役　→91/93

菊川 良介　きくかわ・りょうすけ　〜昭和48年1月16日　ブリヂストンタイヤ取締役　→昭和

喜久里 教達　きくざと・きょうたつ　〜平成1年1月27日　具志川村(沖縄県)教育委員長　キクザトサワヘビの発見者　→88/90

菊沢 季麿　きくざわ・すえまろ　明治18年〜昭和11年11月20日　官吏　浦和高等学校長　→昭和

菊島 三平　きくしま・さんべい　大正4年9月15日〜平成2年12月11日　渋谷区議(社会党)　→88/90

菊島 知節　きくしま・ともさだ　大正1年9月20日〜昭和59年7月2日　製鉄化学工業会長　→83/87

菊田 七平　きくた・しちへい　明治30年8月20日〜昭和51年11月16日　参院議員(自民党),関東銀行会長　→昭和

菊田 順蔵　きくた・じゅんぞう　明治40年10月21日〜平成12年10月27日　帝人専務　→00/02

菊田 澄江　きくた・すみえ　〜平成7年11月21日　ナオミの会理事長　→94/96

菊田 多利男　きくた・たりお　明治26年5月28日〜昭和38年12月17日　日立化成工業社長,日立製作所日立中央研究所長　→昭和

菊田 隆一　きくた・りゅういち　明治37年7月7日〜昭和63年12月25日　全国漁業協同組合連合会会長,仙台水産社長　→88/90

菊竹 嘉市　きくたけ・かいち　慶応4年5月1日〜昭和10年4月16日　実業家　福岡県書籍雑誌商組合長,金文堂代表　→昭和

菊竹 貞吉　きくたけ・ていきち　明治42年3月22日〜平成3年3月14日　西鉄不動産社長,九州産業大学理事　→91/93

菊竹 保平　きくたけ・やすへい　昭和2年9月25日〜平成3年9月12日　菊竹産業会長,北九州日産モーター会長,日本自動車販売協会連合会副会長　→91/93

菊池 愛朔　きくち・あいさく　大正3年8月10日〜平成12年4月25日　住友化学工業常務,住友バイエルウレタン社長　→00/02

菊池 秋夫　きくち・あきお　〜昭和60年9月17日　帝人専務　→83/87

菊池 章悦　きくち・あきよし　〜昭和63年8月14日　中津丸食代表取締役社長　→88/90

菊地 顕　きくち・あきら　昭和11年2月16日〜平成18年11月17日　日東紡専務　→06/08

菊地 章　きくち・あきら　昭和15年8月22日〜平成16年2月21日　明治乳業専務　→03/05

菊地 明　きくち・あきら　〜昭和48年8月29日　建設省技監　→昭和

菊地 勇男　きくち・いさお　昭和4年10月3日〜平成20年9月6日　東京都出納長　→06/08

菊地 勇　きくち・いさむ　昭和7年7月27日〜平成2年3月27日　トーヨコ取締役・中部支店長　→88/90

菊池 一郎　きくち・いちろう　大正6年11月10日〜平成5年4月24日　徳力精工社長,桜護謨監査役　→91/93

菊池 一徳　きくち・いっとく　〜昭和30年10月8日　日本岩礦社長　→昭和

菊池 磐　きくち・いわお　明治32年4月20日〜昭和63年10月13日　豊和工業社長　→88/90

菊地 浦治　きくち・うらじ　明治44年8月1日〜昭和56年4月30日　クミアイ化学工業社長　→80/82

菊地 英一　きくち・えいいち　大正年2年6月25日〜平成6年4月8日　小田急電鉄監査役,東海自動車社長　→94/96

菊地 栄三　きくち・えいぞう　〜昭和62年2月22日　高萩炭砿専務　→83/87

菊地 修　きくち・おさむ　大正13年4月1日〜平成18年6月14日　大豊建設社長　→06/08

菊地 一雄　きくち・かずお　昭和46年12月13日　住友金属常務　→昭和

菊地 一民　きくち・かずたみ　大正8年5月8日〜平成17年11月7日　弁護士　仙台弁護士会会長,日本弁護士連合会副会長　→03/05

菊池 一春　きくち・かずはる　昭和4年4月20日〜平成17年7月3日　新穂村(新潟県)村長　→03/05

菊池 克己　きくち・かつみ　大正14年2月15日〜平成16年5月10日　堺化学工業専務　→03/05

菊池 勘左エ門　きくち・かんざえもん　〜昭和55年2月9日　佐渡トキ保護会長　→80/82

菊池 侃二　きくち・かんじ　嘉永3年9月〜昭和7年11月25日　衆院議員(中正会)　→昭和

菊池 勘治　きくち・かんじ　明治37年2月18日〜平成1年3月8日　大日本インキ化学工業顧問・元専務　→88/90

菊池 渙治　きくち・かんじ　大正8年6月10日〜平成15年6月16日　青森県議(無所属),むつ市長　→03/05

菊地 喜市　きくち・きいち　明治12年〜昭和2年12月25日　社会運動家　→昭和

菊地 喜一郎　きくち・きいちろう　明治39年2月19日〜昭和58年6月18日　杉並区長　→83/87

菊地 吉治郎　きくち・きちじろう　明治29年〜昭和42年9月19日　北海タイムス社長　→昭和

菊地 吉蔵　きくち・きちぞう　〜昭和24年4月1日　東甲汽船社長　→昭和

きくち

菊地 吉弥　きくち・きちや　大正2年1月20日～昭和61年1月19日　牧師　日本いのちの電話連盟顧問　→83/87

菊池 喜美　きくち・きみ　～平成5年4月19日　菊地歯車監査役　→91/93

菊池 喜美雄　きくち・きみお　明治44年5月12日～平成6年10月1日　菊池スチール会長　→94/96

菊池 久三　きくち・きゅうぞう　～平成7年6月19日　反戦運動家　岩手靖国訴訟原告　→94/96

菊池 恭三　きくち・きょうぞう　安政6年10月15日～昭和17年12月28日　実業家　大日本紡績社長, 貴院議員（勅選）　→昭和

菊池 清　きくち・きよし　昭和2年2月15日～昭和61年9月22日　三井銀行常務　→83/87

菊池 清　きくち・きよし　大正12年9月5日～平成9年6月29日　福田組常務　→97/99

菊地 謹二　きくち・きんじ　大正15年2月21日～平成22年11月10日　キヤノン販売副社長　→09/11

菊池 国雄　きくち・くにお　大正10年5月19日～平成7年6月9日　帝国通信工業社長　→94/96

菊地 啓次　きくち・けいじ　大正9年1月20日～平成13年6月1日　仙台運送社長, 仙台商工会議所副会頭　→00/02

菊池 健作　きくち・けんさく　～昭和61年3月15日　胚芽精米普及協議会常務理事, 元全国米穀協会専務理事　→83/87

菊地 健三　きくち・けんぞう　昭和5年6月20日～昭和63年9月19日　信用情報センター専務, 日本信販常務　→88/90

菊地 健三　きくち・けんぞう　昭和15年6月11日～平成14年4月15日　大阪製鉄常務　→00/02

菊池 功　きくち・こう　昭和3年7月9日～平成18年2月5日　安川電機社長　→06/08

菊池 光一　きくち・こういち　昭和4年4月3日～平成9年12月15日　東京機械製作所常務　→97/99

菊地 孝一　きくち・こういち　大正14年7月16日～平成7年2月11日　オホーツク網走農協代表理事組合長　→94/96

菊地 幸作　きくち・こうさく　～昭和55年8月10日　共同通信社開発局代表, 東京タクシー近代化センター専務　→80/82

菊池 五郎　きくち・ごろう　大正2年4月5日～平成20年10月6日　天昇電気工業社長　→06/08

菊地 済治　きくち・さいじ　明治34年～昭和55年5月14日　丸食グループ創立者　→80/82

菊地 三郎　きくち・さぶろう　明治41年12月10日～平成7年8月17日　天昇電気工業会長　→94/96

菊池 三四郎　きくち・さんしろう　明治41年1月6日～平成3年1月24日　弁護士　日本弁護士連合会副会長　→91/93

菊池 重雄　きくち・しげお　～昭和55年8月27日　菊池レスター社長, 福岡事務機産業協会相談役　→80/82

菊地 重利　きくち・しげとし　昭和6年11月23日～昭和62年7月14日　菊重社長, ホテルサンルート仙台社長　→83/87

菊池 重作　きくち・じゅうさく　明治30年7月14日～昭和55年12月9日　社会運動家　衆院議員（社会党）　→80/82

菊地 淳一　きくち・じゅんいち　大正2年6月30日～平成4年2月16日　公正取引委員会委員, 通商産業省東京通産局長　→91/93

菊池 正　きくち・しょう　大正13年8月26日～平成16年4月17日　遠野市長　→03/05

菊地 晌三郎　きくち・しょうさぶろう　大正5年11月21日～平成12年2月13日　ニチメン副社長　→00/02

菊地 庄次郎　きくち・しょうじろう　明治45年3月1日～昭和59年8月31日　日本郵船社長　→83/87

菊地 史郎　きくち・しろう　昭和2年6月13日～昭和63年5月2日　河北新報取締役　→88/90

菊池 四郎　きくち・しろう　大正10年1月1日～平成8年3月28日　福島毎日広告社長, 福島民報副社長　→94/96

菊池 二郎　きくち・じろう　大正2年8月13日～平成9年1月12日　明治乳業専務, パンピー食品会長　→97/99

菊池 仁　きくち・じん　大正7年11月18日～平成7年6月10日　京葉瓦斯社長　→94/96

菊池 慎之助　きくち・しんのすけ　慶応2年2月15日～昭和2年8月22日　陸軍大将　→昭和（菊地 慎之助）

菊池 信也　きくち・しんや　大正5年7月12日～昭和62年4月22日　第三相互銀行副社長　→83/87

菊池 清一　きくち・せいいち　大正12年7月20日～平成21年3月13日　京成電鉄常務　→09/11

菊池 清治　きくち・せいじ　明治19年1月17日～昭和57年10月23日　八幡浜市長　→80/82

菊池 雙二郎　きくち・そうじろう　明治34年12月16日～昭和58年7月13日　日本発条常務　→83/87

菊池 大六　きくち・たいろく　～平成4年4月24日　富士チタン工業取締役　→91/93

菊地 武雄　きくち・たけお　～昭和57年9月28日　菊重会長　→80/82

菊池 武夫　きくち・たけお　明治8年7月23日～昭和30年12月1日　陸軍中将, 男爵　貴院議員　→昭和

菊池 武和　きくち・たけかず　～昭和10年3月29日　阪神鉄工所取締役　→昭和

菊池 武　きくち・たけし　大正15年1月28日～平成4年6月14日　ソーダニッカ取締役　→91/93

菊池 武範　きくち・たけのり　明治28年11月5日～昭和50年5月14日　タイガー魔法瓶創業者　→昭和

菊池 武光　きくち・たけみつ　明治41年2月13日～昭和58年6月8日　北電常任監査役　→83/87

菊池 忠　きくち・ただし　大正13年2月2日～平成2年9月2日　東邦レーヨン取締役　→88/90

菊地 忠吉　きくち・ただよし　昭和2年7月21日～平成2年4月17日　北海道中央バス常勤監査役　→88/90

菊地 辰夫　きくち・たつお　大正5年10月18日〜平成16年6月7日　宮城県議（自民党）　→03/05

菊池 辰之介　きくち・たつのすけ　明治44年3月9日〜平成4年1月28日　東京オイレスメタル工業会長　→91/93

菊池 有　きくち・たもつ　〜平成7年3月22日　北九州丸食相談役　→94/96

菊池 力　きくち・ちから　大正6年1月23日〜平成22年4月25日　大成火災海上保険常務　→09/11

菊池 長右エ門　きくち・ちょうえもん　明治34年1月16日〜昭和49年8月19日　水産家　衆院議員（自由党），宮古市初代市長　→昭和（菊池 長右エ門）

菊池 照市　きくち・てるいち　〜昭和60年5月22日　丸食グループ創立者　→83/87

菊地 東陽　きくち・とうよう　明治16年2月4日〜昭和14年4月5日　オリエンタル写真工業社長　→昭和

菊池 徹　きくち・とおる　大正10年6月27日〜平成18年4月10日　鉱山開発コンサルタント　第一次南極観測越冬隊員　→06/08

菊地 徳造　きくち・とくぞう　大正5年8月15日〜昭和56年12月26日　エフエム東京常務　→80/82

菊池 俊男　きくち・としお　〜平成16年7月20日　菊池プレス工業社長　→03/05

菊地 友雄　きくち・ともお　大正7年5月9日〜昭和64年1月4日　オリエンタル写真工業相談役，科学研究所社長　→88/90

菊池 朝三　きくち・ともぞう　明治29年11月22日〜昭和63年1月31日　海軍少将　→88/90

菊池 豊三郎　きくち・とよさぶろう　明治25年10月6日〜昭和46年5月31日　文部事務次官，横浜市立大学学長　→昭和

菊池 豊治　きくち・とよはる　昭和56年9月10日　丸三証券専務　→80/82

菊池 登　きくち・のぼる　大正6年1月1日〜平成7年12月18日　東京石灰工業会長，佐野商工会議所会頭　→94/96

菊池 八郎　きくち・はちろう　明治42年4月25日〜平成3年1月29日　清水建設副社長　→91/93

菊池 秀定　きくち・ひでさだ　〜昭和60年8月15日　鈴木商館副社長　→83/87

菊地 央　きくち・ひろ　昭和2年3月30日〜平成18年12月1日　小野田セメント常務　→06/08

菊地 宏　きくち・ひろし　〜昭和60年6月16日　東京高架常務取締役，元国鉄仙台新幹線工事局長　→83/87

菊地 弘　きくち・ひろし　昭和56年12月30日　大洋漁業取締役　→80/82

菊地 博　きくち・ひろし　大正15年3月2日〜昭和58年12月18日　日興企業社長，日興証券専務　→83/87

菊池 宏　きくち・ひろし　大正2年7月19日〜平成7年5月19日　中央畜産会副会長，全国液卵公社社長　→94/96

菊池 弘　きくち・ひろし　明治45年1月9日〜平成1年6月4日　菊池製作所会長　→88/90

菊池 寛実　きくち・ひろみ　明治18年4月28日〜昭和42年3月12日　高萩炭鉱社長　→昭和

菊池 弘　きくち・ひろむ　大正5年6月15日〜昭和61年10月3日　協同リース相談役・元社長，農林中央金庫理事　→83/87

菊地 博泰　きくち・ひろやす　大正13年7月23日〜平成6年5月5日　弁護士　埼玉弁護士会会長，日弁連理事，埼玉県公害審査会会長代理　→94/96

菊池 福治郎　きくち・ふくじろう　大正14年5月18日〜平成16年2月5日　衆院議員（自民党）　→03/05

菊池 藤夫　きくち・ふじお　〜平成8年5月27日　山形県議　→94/96

菊池 文吾　きくち・ぶんご　〜昭和16年5月9日　東京火災常務　→昭和

菊池 誠　きくち・まこと　昭和3年9月10日〜平成15年11月19日　日本カーボン専務　→03/05

菊池 政治　きくち・まさじ　大正4年10月7日〜昭和58年9月9日　ニチモ監査役　→83/87

菊池 正治　きくち・まさはる　昭和5年6月15日〜平成11年11月25日　神奈川県議（無所属），神奈川県商工連会長　→97/99

菊地 雅美　きくち・まさみ　大正3年2月20日〜平成16年5月14日　岩手県議（自民党）　→03/05

菊池 又生　きくち・またお　大正9年8月3日〜平成8年6月2日　旭可鍛鉄（のち旭テック）常務　→94/96

木口 マツ　きぐち・まつ　明治34年12月20日〜平成8年10月29日　奥浦慈恵院理事長　→94/96

木口 衛　きぐち・まもる　大正12年9月6日〜平成18年12月22日　ワールド創業者　→06/08

菊池 満　きくち・みつる　明治42年9月18日〜平成5年12月16日　極東証券創業者　→91/93

菊池 美登里　きくち・みどり　〜昭和45年4月24日　読売テレビ取締役　→昭和

菊池 実　きくち・みのる　昭和17年12月24日〜平成4年5月17日　菊商社長　→91/93

菊池 稔　きくち・みのる　明治43年9月4日〜平成5年8月26日　東京海上火災保険社長　→91/93

菊地 桃介　きくち・ももすけ　〜昭和58年1月24日　東京観光写真社長　→83/87

菊池 弥吉　きくち・やきち　〜昭和57年9月26日　日立造船監査役，大浪運輸倉庫監査役　→80/82

菊池 弥三郎　きくち・やさぶろう　〜昭和59年7月21日　銀座くのや社長　→83/87

菊池 弥十郎　きくち・やじゅうろう　〜昭和43年5月26日　日立化成工業常務取締役　→昭和

菊池 安右衛門　きくち・やすえもん　〜昭和49年8月28日　井筒屋デパート社長　→昭和

菊池 保太郎　きくち・やすたろう　大正8年2月25日〜昭和57年2月20日　太洋海運社長　→80/82

菊池 康展　きくち・やすのぶ　大正7年7月15日～平成5年6月30日　八洲電機相談役、元副社長　→91/93

菊池 安治　きくち・やすはる　昭和7年10月14日～平成1年11月28日　菊池建設社長　→88/90

菊池 豊　きくち・ゆたか　明治30年7月～昭和39年11月13日　衆院議員（民主党）　→昭和

菊地 養之輔　きくち・ようのすけ　明治22年9月5日～昭和58年1月5日　弁護士　衆院議員（社会党）、日弁連副会長　→83/87

菊池 芳明　きくち・よしあき　～昭和63年3月1日　植物工学研究所社長　→88/90

菊池 善隆　きくち・よしたか　明治39年～平成2年5月30日　日本ユースホステル終身専門委員、日本林産販売相談役　日中友好植林交流　→88/90

菊池 義時　きくち・よしとき　～平成6年9月19日　東京スタイル常務　→94/96

菊地 義幸　きくち・よしゆき　～平成17年11月6日　北海道市場買受人協会会長　→03/05

菊池 義郎　きくち・よしろう　明治23年4月10日～平成2年2月4日　衆院議員（自民党）、日本商科大学学長　→88/90

菊池 利一郎　きくち・りいちろう　大正8年1月24日～平成1年8月30日　菊池林業代表、青森県会議長（自民党）　→88/90

菊池 竜一　きくち・りゅういち　大正3年9月10日～平成8年12月10日　伊予銀行専務　→94/96

菊池 亮　きくち・りょう　昭和4年6月13日～平成11年10月29日　青木建設常務　→97/99

菊池 良三　きくち・りょうぞう　明治40年6月23日～昭和56年6月5日　宮古市長　→80/82

菊池 林太郎　きくち・りんたろう　明治42年7月21日～平成3年11月6日　岩手銀行専務　→91/93

菊池 六郎　きくち・ろくろう　明治40年4月18日～昭和60年1月21日　弘前商工会議所名誉会頭、元全国りんご協議会長　→83/87

菊池 和平　きくち・わへい　大正8年4月1日～平成10年11月18日　青森県警本部長　→97/99

菊地原 孝蔵　きくちはら・こうぞう　～昭和55年11月2日　元蔵前警察署長　→80/82

菊辻 孝次　きくつじ・こうつぐ　大正4年2月2日～平成1年2月16日　浅沼組専務　→88/90

菊永 英輔　きくなが・えいすけ　昭和9年2月20日～平成9年9月12日　日本ギア工業常務

聴濤 克巳　きくなみ・かつみ　明治37年1月11日～昭和40年8月30日　労働運動家、ジャーナリスト　産別会議初代議長、朝日労組初代委員長、「アカハタ」編集局長　→昭和

菊野 高雄　きくの・たかお　昭和4年10月15日～平成19年5月6日　宮崎県議（自民党）　→06/08

菊野 友治　きくの・ともじ　明治38年7月28日～平成9年4月10日　北陸銀行取締役、三光合成樹脂専務　→97/99

菊原 静男　きくはら・しずお　～平成3年8月6日　新明和工業取締役　→91/93

菊間 健夫　きくま・たけお　大正8年1月5日～平成19年8月26日　佐倉市長　→06/08

菊間 和作　きくま・わさく　～平成18年2月19日　丸和水産社長　→06/08

菊見 玉蔵　きくみ・たまぞう　大正2年6月15日～昭和56年6月23日　文京区議　→80/82

菊本 直次郎　きくもと・なおじろう　明治1年～昭和32年10月28日　日本パルプ工業社長、三井銀行会長　→昭和

菊盛 秋成　きくもり・あきなり　明治37年9月18日～昭和62年3月20日　北越機械販売（株）代表取締役会長　→83/87

菊屋 嘉十郎　きくや・よしじゅうろう　大正6年1月24日～昭和58年2月10日　萩市長　→83/87

菊山 一彦　きくやま・かずひこ　～平成2年9月3日　東洋運搬機常務　→88/90

菊山 莞二　きくやま・かんじ　昭和12年1月5日～平成4年6月13日　丸栄建設社長、名張建設協会会長　→91/93

喜久山 盛忠　きくやま・せいちゅう　昭和4年4月20日～平成14年7月23日　沖縄県議（自民党）　→00/02

木倉 和一郎　きくら・わいちろう　明治35年3月12日～平成6年1月10日　衆院議員（自民党）、佐倉市長　→94/96

木倉屋 鈺造　きぐらや・けいぞう　大正1年12月10日～平成20年1月6日　木倉や会長　→06/08

亀卦川 振興　きけがわ・しんこう　明治45年5月12日～平成9年2月25日　日本鋪道社長　→97/99

木越 正太郎　きごし・しょうたろう　大正11年10月9日～平成17年1月1日　松坂屋取締役　→03/05

木越 安一　きごし・やすかず　明治42年1月5日～昭和62年12月6日　大学野球選手　川口金属工業取締役　→83/87

木越 安綱　きごし・やすつな　嘉永7年3月25日～昭和7年3月26日　陸軍中将、男爵　陸相、貴院議員　→昭和

私市 信夫　きさいち・のぶお　大正3年3月7日～平成6年9月9日　日新電機常務　→94/96

木坂 正大　きさか・まさひろ　～昭和58年10月7日　日本製粉取締役　→83/87

木阪 護　きさか・まもる　大正12年9月25日～平成22年12月3日　ダイハツディーゼル常務　→09/11

気境 公男　きざかい・きみお　大正8年3月24日～平成4年7月19日　北海道教育長　→94/96

木佐木 幸輔　きさき・こうすけ　～昭和19年2月12日　海軍中将　→昭和

木崎 為之　きざき・ためゆき　明治27年9月1日～昭和55年10月15日　弁護士　豊国信用組合理事長、衆院議員（無所属倶楽部）　→80/82

木崎 正隆　きさき・まさたか　明治35年9月12日～昭和62年7月31日　守口市長　→83/87

木崎 芳樹　きざき・よしき　昭和19年3月22日～平成20

I 政治・経済・社会篇　　きし

年7月8日　京都銀行専務　→06/08

木崎 隆禅　きざき・りゅうぜん　〜昭和63年8月15日　僧侶　那谷寺(真言宗別格本山)名誉住職、高野山真言宗総本山宿老　→88/90

木崎 良平　きざき・りょうへい　大正13年7月25日〜平成17年8月15日　弁護士　最高裁判事　→03/05

鬼沢 伸夫　きざわ・のぶお　〜平成18年1月31日　成田空港対策協議会会長　→06/08

岸 明正　きし・あきまさ　大正4年12月22日〜平成14年7月25日　全国農業協同組合連合会副会長、いずも農協会長　→00/02

木地 一郎　きじ・いちろう　大正13年4月10日〜平成16年6月12日　七尾商工会議所会頭　→03/05

岸 伊平　きし・いへい　〜昭和62年7月8日　荒川区(東京都)区議　→83/87

岸 悦郎　きし・えつろう　大正14年8月8日〜平成14年6月3日　大行社総帥、大行社政治連盟名誉会長　→00/02

岸 要　きし・かなめ　〜昭和55年7月7日　警察庁中部管区警察局長　→80/82

岸 要　きし・かなめ　明治27年3月23日〜昭和57年10月1日　住友電気工業相談役・元社長　→80/82

岸 亀吉　きし・かめきち　昭和40年6月26日〜昭和60年12月31日　日本遠洋底曳網漁業協会副会長　→83/87

岸 喜二雄　きし・きじお　明治29年12月17日〜昭和35年3月1日　日本興業銀行総裁、大蔵省神戸税関長　→昭和

貴志 喜四郎　きし・きしろう　明治27年2月6日〜昭和8年12月14日　実業家　関東軍財務顧問、大阪三品取引所常務理事　→昭和

岸 清彦　きし・きよひこ　昭和6年7月19日〜平成13年8月11日　東洋精糖常務　→00/02

岸 健一　きし・けんいち　昭和2年10月15日〜平成3年6月13日　岸商店社長　→91/93

貴志 駒太郎　きし・こまたろう　明治15年2月〜昭和61年1月8日　ニューヨークの日系人最長老　→83/87

岸 栄　きし・さかえ　〜昭和44年2月21日　日本国土開発常務　→昭和

岸 昌　きし・さかえ　大正11年1月22日〜平成23年1月21日　大阪府知事、自治省官房長　→09/11

喜治 繁次　きじ・しげじ　明治45年〜平成3年5月17日　奥州組専務　→91/93

岸 周作　きし・しゅうさく　大正7年〜昭和62年8月28日　日本医薬品工業(株)監査役、富山市卓球協会会長　→83/87

岸 信宏　きし・しんこう　〜昭和54年11月3日　知恩院門跡　→昭和

岸 清一　きし・せいいち　慶応3年7月4日〜昭和8年10月29日　弁護士　東京弁護士会会長、IOC委員、日本体育協会創立者　→昭和

岸 盛一　きし・せいいち　明治41年7月14日〜昭和47年

月25日　裁判官　最高裁判事　→昭和

岸 卓　きし・たかし　大正14年1月18日〜平成6年12月14日　松下通信工業専務　→94/96

岸 武次郎　きし・たけじろう　〜昭和61年11月30日　江戸川区春日町商店会(東京都)副会長　→83/87

岸 太郎　きし・たろう　大正7年2月20日〜昭和63年4月22日　公認会計士　日本公認会計士協会北海道会会長　→88/90

岸 千年　きし・ちとせ　明治31年1月15日〜平成1年6月30日　日本聖書協会理事長、日本ルーテル神学大学学長　→88/90

貴志 丁　きし・つよし　明治31年1月18日〜平成5年2月18日　ナショナル証券会長　→91/93

岸 鶴市　きし・つるいち　明治44年7月8日〜平成8年8月19日　北海道拓殖銀行常務　→94/96

岸 哲雄　きし・てつお　昭和6年3月8日〜平成5年9月23日　富士通ビジネスシステム常務　→91/93

岸 光夫　きし・てるお　〜昭和62年1月7日　山梨県果樹試験場長　→83/87

岸 晃良　きし・てるよし　大正7年10月2日〜平成8年5月26日　四国電気工事常務　→94/96

岸 豊久　きし・とよひさ　昭和4年6月3日〜平成19年5月5日　富士銀行常務　→06/08

岸 信介　きし・のぶすけ　明治29年11月13日〜昭和62年8月7日　政治家　首相、自主憲法制定国民会議長　→83/87

岸 昇　きし・のぼる　〜昭和57年8月28日　岸林業社長、北海道木材協会副会長　→80/82

貴志 久太郎　きし・ひさたろう　明治39年3月15日〜昭和62年9月13日　明成化学工業会長　→83/87

木地 英夫　きじ・ひでお　〜昭和58年11月4日　大塚技研工業専務　→83/87

岸 英司　きし・ひでし　昭和2年1月28日〜平成18年5月25日　カトリック神父　英知大学名誉教授　→06/08

岸 将朋　きし・まさとも　大正13年〜平成16年10月1日　光洋精工専務　→03/05

岸 正弘　きし・まさひろ　大正8年2月21日〜平成2年8月24日　佐藤工業副社長、全国検察審査協会連合会会長　→88/90

岸 正巳　きし・まさみ　大正4年3月20日〜平成10年11月22日　東芝機械取締役、秋元産業副社長　→97/99

岸 正人　きし・まさんど　昭和3年8月6日〜平成18年11月5日　進和社長　→06/08

岸 道雄　きし・みちお　昭和9年11月9日〜平成13年6月3日　日本長期信用銀行専務　→00/02

岸 道三　きし・みちぞう　明治32年12月1日〜昭和37年3月14日　実業家　日本道路公団初代総裁、同和鉱業副社長　→昭和

岸 光宏　きし・みつひろ　昭和10年9月21日〜平成8年5月13日　発明家　レンタルのニッケン創業者　→94/96

「現代物故者事典」総索引(昭和元年〜平成23年)　　405

貴志 弥右衛門（2代目）　きし・やえもん　明治15年2月
〜昭和11年11月7日　茶道家　甲南高等女学校名誉教頭
→昭和（貴志 弥右衛門）

貴志 弥次郎　きし・やじろう　明治7年6月〜昭和13年1月27日　陸軍中将　→昭和

岸 泰男　きし・やすお　昭和5年5月11日〜平成19年6月7日　日本証券業協会常務理事　→06/08

岸 良一　きし・りょういち　明治23年5月2日〜昭和37年1月21日　参院議員　→昭和

岸井 寿郎　きしい・としお　〜昭和46年10月1日
協和鉱業社長　→昭和

岸上 克己　きしがみ・かつみ　明治6年11月28日〜昭和37年6月21日　社会運動家　浦和（埼玉県）名誉助役　→昭和

岸上 新治　きしがみ・しんじ　昭和11年5月3日〜平成1年6月3日　日本システム開発社長　→88/90

岸上 昌　きしがみ・のぼる　〜平成1年12月10日
岡地取締役東京支店長　→88/90

岸上 康夫　きしがみ・やすお　昭和41年9月22日〜平成2年4月6日　弁護士　最高裁判事　→88/90

岸川 清吉　きしかわ・せいきち　〜昭和56年1月4日
弘電社顧問・元常務　→80/82

岸川 隆憲　きしかわ・たかのり　昭和6年2月4日〜平成22年1月9日　サークルケイ・ジャパン社長　→09/11

岸川 亨　きしかわ・とおる　大正15年2月9日〜昭和58年1月27日　福岡市衛生局長　→83/87

岸下 利一　きしげ・としかず　〜昭和62年7月7日
明日香村（奈良県）村長　→83/87

岸沢 進一　きしざわ・しんいち　昭和11年1月2日〜平成6年4月8日　日貿信常務　→94/96

岸園 司　きしぞの・つかさ　昭和6年11月20日〜平成20年8月28日　オイレス工業社長　→06/08

岸田 到　きしだ・いたる　〜昭和48年3月8日
日本民主文化協会理事長　→昭和

岸田 一宏　きしだ・かずひろ　昭和8年1月4日〜平成4年12月18日　日特建設常務　→91/93

岸田 貫一　きしだ・かんいち　〜昭和49年3月7日
東洋電機通信工業社長　→昭和

岸田 清雄　きしだ・きよお　大正9年8月29日〜平成10年4月28日　丸栄顧問、国際フードサービス会長　→97/99

岸田 幸一　きしだ・こういち　大正10年9月18日〜昭和61年3月3日　関西電力副社長　→83/87

岸田 幸雄　きしだ・さちお　明治26年2月24日〜昭和62年10月16日　兵庫県知事、参院議員（自民党）　→83/87

岸田 敏　きしだ・さとし　〜昭和44年10月23日
明桜社取締役　→昭和

岸田 尚治　きしだ・しょうじ　昭和6年1月19日〜昭和60年10月8日　住友商事取締役財経本部副本部長兼国際金融部長　→83/87

岸田 璋八　きしだ・しょうはち　大正11年11月1日〜昭和62年4月7日　熊谷組専務　→83/87

岸田 進治　きしだ・しんじ　昭和2年8月31日〜平成20年12月19日　大阪府議（無所属）　→06/08

岸田 誠吾　きしだ・せいご　明治45年6月5日〜平成7年11月13日　新潟日報社常務　→94/96

岸田 武夫　きしだ・たけお　昭和3年11月1日〜平成8年1月7日　川崎製鉄常務　→94/96

岸田 保　きしだ・たもつ　大正4年12月9日〜昭和60年3月6日　大阪ベアリング製造社長、光洋精工参与　→83/87

岸田 恒夫　きしだ・つねお　昭和5年5月12日〜平成12年7月20日　吹田市長　→00/02

岸田 輝熊　きしだ・てるくま　大正12年1月4日〜昭和62年2月6日　（社）中小企業研究センター専務理事　→83/87

岸田 寿夫　きしだ・としお　大正11年8月15日〜平成19年12月8日　大同特殊鋼社長　→06/08

岸田 利郎　きしだ・としお　昭和5年12月3日〜平成22年5月11日　長瀬産業専務　→09/11

岸田 寿朗　きしだ・としろう　〜昭和47年11月30日
フェザー安全剃刃会長　→昭和

岸田 登　きしだ・のぼる　昭和12年8月25日〜平成16年5月15日　三国コカ・コーラボトリング社長　→03/05

岸田 秀之助　きしだ・ひでのすけ　〜昭和13年4月5日
十合常務　→昭和

岸田 文武　きしだ・ふみたけ　大正15年8月19日〜平成4年8月4日　衆院議員（自民党）　→91/93

岸田 正夫　きしだ・まさお　大正9年12月1日〜平成14年6月12日　日本鋳鉄管常務　→00/02

岸田 正記　きしだ・まさき　明治28年12月〜昭和36年6月3日　衆院議員（自由党）　→昭和（きしだ・せいき）

岸田 鉦則　きしだ・まさのり　〜平成3年7月7日
税理士、公認会計士　名古屋税理士会東支部顧問、日本公認会計士協会理事　→91/93

岸田 松治　きしだ・まつじ　昭和21年1月16日〜平成11年4月24日　山口県議（自民党）　→97/99

岸田 実　きしだ・みのる　明治45年1月5日〜平成23年12月12日　参院事務総長、国立国会図書館長　→09/11

岸田 有吉　きしだ・ゆうきち　大正14年9月25日〜平成15年5月2日　三共常務　→03/05

岸田 雄二　きしだ・ゆうじ　大正12年1月24日〜平成7年6月5日　ユニチカ専務　→94/96

岸田 行雄　きしだ・ゆきお　〜昭和57年5月10日
尾北毛織工業協同組合理事長、岸梅毛織会長　→80/82

岸田 義国　きしだ・よしくに　明治38年12月14日〜昭和61年10月1日　新農林社社長、国際農業機械化研究会理事長、農機産業調査研究所会長　→83/87

岸科 忠雄　きしな・ただお　明治41年9月13日〜平成13年11月1日　日本精工常務　→00/02

岸科 政雄　きしな・まさお　〜昭和13年12月1日

海軍中将　→昭和（きししな・まさお）

岸中 士良　きしなか・しろう　大正13年6月9日～平成6年5月12日　立川市長　→94/96

岸野 牧夫　きしの・まきお　明治15年1月～昭和37年4月21日　参院議員（緑風会）　→昭和

岸上 淑子　きしのうえ・よしこ　～昭和61年11月28日　東京家庭裁判所調停委員　→83/87

岸原 林太　きしはら・りんた　大正7年4月1日～平成22年2月2日　住友精密工業常務　→09/11

木島 章　きじま・あきら　昭和8年～平成3年12月1日　ビービーエス通信社専務,放送批評懇談会専務理事　→91/93

木島 喜兵衛　きじま・きへえ　大正6年5月10日～平成5年1月12日　衆院議員（社会党）　→91/93

木島 公之　きしま・きみゆき　明治37年9月8日～平成13年10月1日　鳥取県議（自民党）　→00/02

木島 孝一　きじま・こういち　～昭和58年11月26日　秀和専務　→83/87

木島 三郎　きじま・さぶろう　大正6年12月25日～平成3年7月23日　荏原製作所取締役　→91/93

木島 繁　きじま・しげる　大正3年11月13日～平成5年7月28日　ルシアン副社長　→91/93

木島 善兵衛　きしま・ぜんべえ　大正4年11月5日～平成10年11月14日　鳥取県議,鳥取県教育長　→97/99

木嶋 隆輔　きじま・たかすけ　明治44年4月5日～昭和61年5月12日　セントラル硝子副社長　→83/87

木島 辰二　きじま・たつじ　明治37年5月5日～昭和55年8月2日　住友特殊金属社長,住友金属工業副社長　→80/82

木島 敏雄　きしま・としお　大正5年1月27日～昭和58年2月7日　奈良県中小企業団体中央会副会長,大和郡山市商工会副会長　→83/87

木島 虎蔵　きじま・とらぞう　明治34年12月18日～昭和58年7月29日　参院議員（自由党）,日本通運会長　→83/87

木島 廉之　きじま・やすゆき　昭和7年4月3日～平成4年12月2日　長崎ケーブルテレビジョン副社長　→91/93

岸本 伊蔵　きしもと・いぞう　大正6年3月10日～平成8年2月10日　祇園山鉾連合会理事長　→94/96

岸本 一二　きしもと・いちじ　大正15年7月16日～平成10年1月8日　三菱商事副社長　→97/99

岸本 栄七　きしもと・えいしち　安政2年5月12日～昭和6年10月17日　盛文館創業者,大阪書籍雑誌取次組合組長　→昭和

岸本 賀昌　きしもと・がしょう　尚泰21年7月1日～昭和3年2月28日　政治家　衆院議員（民政党）,沖縄市長　→昭和

岸本 一吉　きしもと・かずよし　～昭和62年1月20日　西新宿をよくする会会長,新宿区町会連合常任理事　→83/87

岸本 鹿子治　きしもと・かねじ　～昭和56年1月1日　海軍少将　→80/82

岸本 勘太郎　きしもと・かんたろう　明治29年2月9日～昭和52年6月5日　実業家　帝国石油社長　→昭和

岸本 義一　きしもと・ぎいち　～昭和63年5月12日　錦野印刷（株）会長　→88/90

岸本 吉右衛門　きしもと・きちえもん　～昭和50年10月22日　大倉商事会長　→昭和

岸本 憲一　きしもと・けんいち　～昭和56年3月29日　オンキョー専務　→80/82

岸本 鉱一　きしもと・こういち　大正14年3月19日～平成1年7月3日　鉄建建設専務　→88/90

岸本 孝二　きしもと・こうじ　明治42年6月25日～昭和63年3月30日　山口県中小企業団体中央会長,山口県副知事　→88/90

岸本 五兵衛（1代目）　きしもと・ごへえ　天保8年2月～昭和2年　海運業者　岸本汽船創立者　→昭和

岸本 敏　きしもと・さとし　昭和2年6月16日～平成5年11月10日　佐賀県会議員（自民党）　→91/93

岸本 鹿太郎　きしもと・しかたろう　明治2年1月9日～昭和17年9月3日　陸軍大将　→昭和

岸本 茂雄　きしもと・しげお　明治37年11月7日～昭和25年8月29日　労働運動家　→昭和

岸本 茂　きしもと・しげる　昭和17年8月27日～平成16年5月10日　アルメタックス常務　→03/05

岸本 重一　きしもと・じゅういち　～平成5年6月18日　陸上自衛隊幹部学校長,北部方面総監　→91/93

岸本 春一　きしもと・しゅんいち　～昭和48年8月23日　泰東社長　→昭和

岸本 純一　きしもと・じゅんいち　大正10年6月24日～平成16年6月8日　日本水産副社長　→03/05

雉本 俊平　きしもと・しゅんぺい　明治43年4月1日～平成2年9月26日　第一勧銀経営センター理事長,日本勧業銀行（のち第一勧業銀行）常務　→88/90

岸本 庄平　きしもと・しょうへい　大正12年11月8日～平成8年11月9日　太平洋証券常務,太平洋証券経済研究所社長,太平洋投資顧問社長　→94/96

岸本 正路　きしもと・せいじ　～昭和61年3月15日　大阪屋取締役東京支店長　→83/87

岸本 孝夫　きしもと・たかお　昭和25年1月17日～平成23年5月29日　大成建設常務執行役員　→09/11

岸本 健　きしもと・たけし　昭和12年9月7日～平成14年9月7日　毎日新聞大阪本社代表室長,高速オフセット取締役　→00/02

岸本 忠雄　きしもと・ただお　～昭和58年11月11日　ヤンマーディーゼル取締役,富士輸送機（のちフジテック）常務　→83/87

岸本 建男　きしもと・たてお　昭和18年11月22日～平成18年3月27日　名護市長　→06/08

岸本 太郎　きしもと・たろう　大正5年3月31日～平成21

年8月9日　三菱銀行常務　→09/11

岸本 哲也　きしもと・てつや　～昭和56年10月1日　コスモ・インターナショナル社長、イラン化学開発常務、イラン・ジャパン石油化学取締役　→80/82

岸本 直吉　きしもと・なおきち　～昭和42年5月31日　大和建設社長　→昭和

岸本 彦衛　きしもと・ひこえ　明治20年4月11日～昭和52年1月1日　貴院議員(勅選)　→昭和

岸本 正雄　きしもと・まさお　明治14年10月～昭和38年5月20日　広島県知事、樺太庁長官　→昭和

岸本 正一　きしもと・まさかず　明治44年3月13日～平成5年11月21日　黒崎窯業(のちクロサキ)専務　→91/93

岸本 昌弘　きしもと・まさひろ　昭和6年8月27日～平成14年6月16日　日本証券新聞社長、市況情報センター常務　→00/02

岸本 益男　きしもと・ますお　～昭和61年11月18日　全国小売市場総連合会副会長　→83/87

岸本 光造　きしもと・みつぞう　昭和15年11月14日～平成14年1月23日　衆院議員(自民党)　→00/02

岸本 実　きしもと・みのる　大正5年10月7日～平成16年7月31日　横河橋梁製作所社長　→03/05

岸本 恭博　きしもと・やすひろ　大正14年10月23日～平成6年11月29日　ファーストクレジット会長　→94/96

岸本 康通　きしもと・やすみち　明治11年3月22日～昭和5年9月19日　弁護士　衆院議員(政友会)　→昭和

岸本 幸雄　きしもと・ゆきお　昭和4年6月12日～平成1年9月20日　中部証券金融常勤監査役　→88/90

岸本 羊一　きしもと・よういち　昭和6年～平成3年8月6日　牧師　日本基督教団副議長　→91/93

岸本 義生　きしもと・よしお　昭和2年12月12日～平成19年2月19日　兼松江商専務　→06/08

岸本 好央　きしもと・よしお　大正14年2月13日～平成14年4月8日　福助専務　→00/02

岸本 好男　きしもと・よしお　大正10年2月13日～平成22年7月17日　大蔵省印刷局長　→09/11

岸本 佳季　きしもと・よしとし　～昭和2年4月14日　実業家　→昭和

岸本 吉則　きしもと・よしのり　昭和22年9月7日～平成22年12月11日　岸本産業社長　→09/11

岸本 義広　きしもと・よしひろ　明治30年4月23日～昭和40年9月10日　法務事務次官、衆院議員(自民党)　→昭和

岸本 亮　きしもと・りょう　昭和2年7月12日～平成9年7月3日　第一勧業銀行取締役、ユニオンクレジット(のちユーシーカード)専務　→97/99

来住 伸俊　きしゅ・のぶとし　昭和9年11月4日～平成18年4月3日　東陶機器常務　→06/08

木津 洪二　きず・こうじ　昭和24年6月8日～平成7年6月23日　旭化成工業顧問・元常務待遇　→94/96

木津 太郎平　きず・たろへい　明治8年12月14日～昭和25年7月8日　衆院議員(立憲政友会)　→昭和（きず・たろべい）

金須 弘明　きす・ひろあき　昭和4年～平成8年2月24日　日興証券投資信託委託常務　→94/96

木津 富佐　きず・ふさ　～昭和63年11月10日　石川県教育委員長　→88/90

木津 雅次　きず・まさつぐ　～昭和62年4月24日　住友海上火災保険監査役　→83/87

木津 無庵　きず・むあん　慶応3年2月18日～昭和18年9月12日　僧侶　→昭和

木月 清彦　きずき・きよひこ　大正11年3月8日～平成7年3月20日　三菱製鋼常務　→94/96

木瀬 和吉　きせ・かずよし　～昭和27年1月28日　三井鉱山常務　→昭和

木曽 重義　きそ・しげよし　明治30年5月31日～昭和53年5月22日　中興工業会長、福岡県議　→昭和(木曾 重義)

木曽 寿一　きそ・じゅいち　大正12年10月31日～平成4年4月26日　中間市長　→91/93

木曽 信重　きそ・のぶしげ　大正9年3月2日～平成18年8月27日　中興化成工業社長、中興工業社長　→06/08

木曽 初行　きそ・はつゆき　大正8年7月26日～平成3年11月10日　広島県議(自民党)　→91/93

喜多 明　きた・あきら　昭和10年5月13日～平成10年12月20日　YUASA顧問・元取締役、ユアサアイオニクス専務　→97/99

喜多 新男　きた・あらお　～平成15年10月14日　自動車鋳物常務　→03/05

喜多 市松　きた・いちまつ　～昭和61年9月25日　京阪電鉄社長　→83/87

北 一輝　きた・いっき　明治16年4月3日～昭和12年8月19日　国家主義者　→昭和

木田 伊之助　きだ・いのすけ　慶応3年～昭和8年1月12日　陸軍少将　→昭和

北 栄造　きた・えいぞう　明治34年5月15日～昭和45年10月19日　福井県知事　→昭和

喜多 一雄　きた・かずお　～昭和56年9月19日　日本国民年金協会理事長代行　→80/82

貴田 勝造　きだ・かつぞう　大正4年11月21日～平成3年7月25日　日本ガイシ専務、愛知県厚生年金受給者協会長　→91/93

紀田 兼直　きだ・かねなお　～昭和63年7月16日　新潟鉄工所常務　→88/90

喜多 喜久一　きた・きくいち　～昭和43年8月13日　三菱重工常務　→昭和

喜田 喜太郎　きだ・きたろう　明治39年2月10日～昭和56年11月23日　三重県議会議長、三重県観光連盟会長　→80/82

木田 清　きだ・きよし　明治33年3月11日～平成5年9月14日　新庄市長　→91/93

木田 圭一　きだ・けいいち　～平成2年4月12日

木田屋社長,大森銀座商店街振興組合理事長　→88/90

木田 経吉　きだ・けいきち　明治40年8月20日～平成5年9月29日　芦森工業社長,東洋紡常務　→91/93

北 謙治　きた・けんじ　～昭和31年7月25日　富士重工業社長　→昭和

木田 孝一　きだ・こういち　～昭和59年9月28日　煉瓦亭(洋食店)社長　→83/87

木田 広一　きだ・こういち　昭和52年2月11日　大東紡織社長　→昭和

喜多 孝治　きた・こうじ　明治11年2月～昭和9年3月8日　衆院議員(政友会)　→昭和

北 耕二　きた・こうじ　～昭和45年6月21日　日本特殊鋼社長　→昭和

喜田 幸治　きだ・こうじ　大正4年2月6日～平成6年4月9日　伊勢化学工業社長,アイオケムコーポレーション社長　→94/96

喜多 幸章　きた・こうしょう　明治40年12月25日～平成9年9月　社会運動家　→97/99

木田 茂晴　きだ・しげはる　明治27年2月25日～昭和25年9月21日　弁護士,社会運動家　→昭和

北 茂　きた・しげる　大正15年2月2日～平成23年9月14日　阪和興業社長　→09/11

北 修二　きた・しゅうじ　大正14年2月28日～平成19年5月25日　参院議員(自民党),北海道開発庁長官　→06/08

喜多 惇一　きた・じゅんいち　大正15年1月1日～平成10年6月26日　新興産業専務　→97/99

北 俊三　きた・しゅんぞう　～昭和45年12月23日　宝塚市長　→昭和

坎 昇道　きた・しょうどう　～平成9年5月17日　僧侶　高野山真言宗権大僧正,宝善院住職　→97/99

木田 正六　きだ・しょうろく　明治44年1月6日～平成19年3月20日　滋賀県議　→06/08

北 二郎　きた・じろう　大正7年9月～昭和25年1月29日　衆院議員(無所属)　→昭和

北 二郎　きた・じろう　大正1年9月25日～平成11年7月26日　阪和興業名誉会長　→97/99

喜多 寿佳　きた・すが　明治44年3月22日～平成20年11月24日　額安寺住職　→06/08

喜多 誠一　きた・せいいち　明治19年12月20日～昭和22年8月7日　陸軍大将　第一方面軍司令官　→昭和

喜多 善平　きた・ぜんぺい　大正5年1月16日～昭和58年1月31日　塩野義製薬社長　→83/87

喜多 壮一郎　きた・そういちろう　明治27年2月24日～昭和43年1月28日　政治家　衆院議員(日本民主党)　→昭和

喜多 猛　きた・たけし　大正5年11月5日～平成17年4月10日　大淀町(奈良県)町長　→03/05

来田 武彦　きた・たけひこ　昭和11年6月6日～平成7年1月9日　さくらカード専務　→94/96

喜多 正　きた・ただし　大正15年6月26日～平成11年8月28日　大日本土木専務　→97/99

北 忠兵衛　きた・ちゅうべい　大正1年11月15日～平成17年11月27日　上平村(富山県)村長　→03/05

喜多 貞治　きた・ていじ　大正3年5月11日～平成1年6月18日　近松記念館館長,尼崎商工会議所専務理事　→88/90

北 豊吉　きた・とよきち　明治8年～昭和15年8月31日　文部省学校衛生課長　→昭和

喜多 豊治　きた・とよじ　大正6年11月15日～平成8年12月20日　宇徳運輸常務　→94/96

喜多 楢治郎　きた・ならじろう　明治32年9月19日～平成3年7月28日　(株)喜多本店相談役,都鶴酒造会長,衆院議員(民主党)　→91/93

貴田 肇　きだ・はじめ　～昭和61年4月20日　名古屋市議　→83/87

喜田 広　きだ・ひろし　昭和4年2月6日～昭和61年1月22日　朝日新聞東京本社総務局長　→83/87

木田 宏　きだ・ひろし　大正11年2月22日～平成17年6月27日　文部事務次官　→03/05

木田 裕也　きだ・ひろなり　大正9年1月20日～平成16年10月26日　勝星産業創業者　→03/05

喜多 広行　きた・ひろゆき　～昭和60年3月25日　マラヤワタ製鉄会社取締役　→83/87

喜多 豊造　きた・ぶんぞう　～昭和55年5月8日　日本経済新聞経営堂専売所所長,東京都連合日経会監査役　→80/82

喜多 正治　きた・まさはる　明治43年2月6日～平成13年4月4日　全国森林組合連合会会長　→00/02

喜多 又蔵　きた・またぞう　明治10年9月11日～昭和7年1月31日　実業家　日本綿花社長　→昭和

北 守　きた・まもる　昭和5年3月20日～昭和58年1月10日　大阪高検公安部長　→83/87

木田 充之助　きだ・みつのすけ　明治44年4月10日～昭和57年11月4日　東邦コークス販売社長　→80/82

木田 保造　きだ・やすぞう　～昭和15年4月16日　木田組社長　→昭和

北 雄一郎　きた・ゆういちろう　大正10年1月19日～昭和58年12月11日　日本航空専務　→83/87

木田 幸雄　きだ・ゆきお　～平成4年9月21日　サクラダ監査役　→91/93

貴田 洋一　きだ・よういち　昭和9年10月7日～平成16年2月15日　テトラ常務　→03/05

木田 好三　きだ・よしぞう　～平成7年7月9日　弁護士　大阪弁護士会総会副議長　→94/96

喜多 祥旁　きた・よしひろ　昭和17年12月13日～平成20年8月28日　文部省官房審議官,長岡技術科学大学名誉教授　→06/08

喜多 亮快　きた・りょうかい　～昭和61年2月27日

僧侶　額安寺住職, 真言律宗総本山西大寺宗務長　→83/87

北 呤吉　きた・れいきち　明治18年7月21日～昭和36年8月5日　哲学者, 政治家　大東文化学院教授, 衆院議員, 自民党政調会長　→昭和

北井 勝徳　きたい・かつのり　大正15年11月20日～昭和63年5月11日　相鉄コンクリート社長, 湘南建材輸送社長, 相模鉄道常務　→88/90

北井 敏久　きたい・としひさ　大正8年9月8日～平成10年11月10日　新光商事社長　→97/99

北井 波治目　きたい・はじめ　明治3年11月～昭和11年10月16日　衆院議員（政友会）　→昭和

北井 正一　きたい・まさいち　大正1年9月27日～平成10年3月17日　サンウェーブ工業社長, 三晃金属工業社長　→97/99

北市 敬介　きたいち・けいすけ　～平成9年8月28日　日本漆器協同組合連合会理事長, 山中漆器協同組合理事長, 北市漆器店代表取締役　→97/99

北内 正男　きたうち・まさお　大正9年3月2日～平成3年4月10日　北辰商品会長　→91/93

北内 征弘　きたうち・ゆきひろ　～平成6年4月17日　アサヒ電機製作所社長, アサヒ製作所社長　→94/96

北裏 喜一郎　きたうら・きいちろう　明治44年3月14日～昭和60年10月30日　野村証券会長　→83/87

北浦 圭太郎　きたうら・けいたろう　明治20年12月～昭和29年10月16日　衆院議員（民主党）　→昭和

北浦 憲二　きたうら・けんじ　大正2年2月18日～平成5年1月18日　大阪高裁部総括判事, 山口家裁所長　→91/93

北浦 貞夫　きたうら・さだお　～昭和53年2月9日　全国重症心身障害児を守る会会長　→昭和

北浦 千太郎　きたうら・せんたろう　明治34年2月25日～昭和36年4月18日　社会主義者　→昭和

北浦 冨太郎　きたうら・とみたろう　明治33年1月4日～昭和56年6月19日　太陽鉄工会長　→80/82

北浦 文雄　きたうら・ふみお　明治45年1月17日～平成3年12月31日　丸紅山口自転車社長　→91/93

北浦 隆　きたうら・ゆたか　明治44年6月23日～平成13年6月27日　三菱建設専務　→00/02

北栄 弥三松　きたえ・やさまつ　明治35年10月17日～昭和59年3月4日　松尾橋梁社長　→83/87

北尾 信一　きたお・しんいち　大正14年2月7日～平成14年8月20日　大丸常務　→00/02

北尾 誠二郎　きたお・せいじろう　明治44年9月15日～平成18年9月28日　京都薬品工業創業者, 日東薬品工業創業者　→06/08

北尾 正康　きたお・まさやす　大正8年5月5日～平成1年10月26日　毎日放送文化館顧問, 毎日放送取締役総務局長　→88/90

北大路 実信　きたおおじ・さねのぶ　明治2年12月～昭和10年9月22日　貴院議員（男爵）　→昭和

北岡 源太郎　きたおか・げんたろう　明治41年11月9日～平成1年4月26日　高島屋副社長　→88/90

北岡 幸太郎　きたおか・こうたろう　大正1年10月3日～平成7年12月10日　福岡市議（社会党）, 福岡県料飲業環衛組合連合会会長　→94/96

北岡 善次郎　きたおか・ぜんじろう　～昭和60年7月6日　浅草玩具社長, 東京玩具人形協同組合副理事長　→83/87

北岡 隆夫　きたおか・たかお　～平成3年5月30日　タカラ販売副社長　→91/93

北岡 時雄　きたおか・ときお　大正4年3月11日～平成1年11月4日　福岡食肉市場社長, 西鉄名店街食品協同組合理事長, 全国食肉事業協同組合連合会副会長　→88/90

北岡 典子　きたおか・のりこ　～平成7年3月14日　三共社副社長　→94/96

北岡 春夫　きたおか・はるお　大正12年9月21日～平成14年3月21日　徳島県議（自民党）　→00/02

北岡 文夫　きたおか・ふみお　大正15年10月27日～平成5年5月20日　北海道新聞工務局次長　→91/93

北岡 靖男　きたおか・やすお　昭和3年12月10日～平成9年2月10日　国際コミュニケーションズ社長, 国際ビジネスコミュニケーション協会（TOEIC）運営委員会委員長　→97/99

北岡 龍三郎　きたおか・りゅうさぶろう　明治11年～昭和22年5月26日　社会運動家　→昭和

北落 孝三　きたおち・こうぞう　～昭和60年2月17日　江崎取締役　→83/87

北垣 幸雄　きたがき・ゆきお　～昭和45年11月20日　明治製菓取締役　→昭和

北方 正次　きたかた・しょうじ　～平成1年11月30日　大朝社専務　→88/90

北方 松好　きたかた・まつよし　～昭和61年6月5日　日本鋼管ドックマスター　→83/87

北川 晃　きたがわ・あきら　大正15年3月31日～平成9年1月30日　奥村組副社長　→97/99

北川 晃　きたがわ・あきら　大正15年3月5日～平成17年7月3日　日本信託銀行副社長　→03/05

北川 一栄　きたがわ・かずえ　明治37年7月26日～昭和53年11月17日　住友電気工業相談役, 関西情報センター理事長　→昭和

北川 一雄　きたがわ・かずお　大正4年5月26日～平成6年2月4日　立山アルミニウム工業常務　→94/96

喜田川 清香　きたがわ・きよか　明治43年3月29日～平成11年9月30日　神官　神社本庁長老, 日光二荒山神社名誉宮司　→97/99

北川 欣一　きたがわ・きんいち　大正9年9月4日～昭和63年12月17日　大阪セメント会長　→88/90

北川 邦男　きたがわ・くにお　大正13年12月21日～昭和62年9月2日　弁護士　大阪弁護士会会長　→83/87

北川 邦臣　きたがわ・くにおみ　～昭和55年1月16日　ヴォーグ社社長　→80/82

北川 謙次　きたがわ・けんじ　大正5年9月16日～平成1年12月23日　東大阪市長　→88/90

北川 源太郎　きたがわ・げんたろう　～昭和59年7月8日　ジャッカ・ドフニ（北方少数民族資料館）館長　オロッコ文化伝承者　→83/87

北川 浩　きたがわ・こう　～昭和58年10月25日　旭硝子取締役・監査役　→83/87

北川 五郎　きたがわ・ごろう　明治32年～昭和53年6月26日　オロッコ文化伝承者　～昭和（北川ゴルゴロ　きたがわ・ごるごろ）

北川 貞夫　きたがわ・さだお　昭和13年3月13日～平成6年6月24日　東京いすゞ自動車常務　→94/96

北川 定務　きたがわ・さだむ　明治33年3月～昭和38年2月22日　弁護士　衆院議員（自由党）　→昭和（きたがわ・ていむ）

北川 実夫　きたがわ・じつお　明治37年11月5日～平成9年1月5日　北川鉄工所名誉会長,府中（広島県）市長　→97/99

北川 重吉　きたがわ・じゅうきち　明治32年2月7日～昭和31年12月22日　社会運動家　→昭和

北川 順　きたがわ・じゅん　明治20年7月15日～昭和11年11月11日　陸軍軍医学校附属薬剤官　→昭和

北川 俊一　きたがわ・しゅんいち　大正3年1月15日～平成17年12月31日　守山市長　→03/05

北川 昭一　きたがわ・しょういち　昭和4年3月7日～平成20年12月16日　日立工機常務　→06/08

北川 承三　きたがわ・しょうぞう　明治42年1月4日～昭和63年9月30日　大和薬品工業取締役社長　→88/90

北川 庄太郎　きたがわ・しょうたろう　明治44年8月1日～昭和61年12月24日　大和製缶常務,八幡製鉄販売統括部副長　→83/87

北川 二郎　きたがわ・じろう　明治41年9月3日～平成15年2月20日　日本軽金属常務　→03/05

北川 丞　きたがわ・すすむ　明治43年3月8日～昭和7年2月22日　陸軍工兵伍長　肉弾三勇士の一人　→昭和

北川 孝　きたがわ・たかし　～昭和56年4月24日　太陽石ミネラル社長　→80/82

北川 孝　きたがわ・たかし　～昭和62年11月28日　税理士　日本税理士会連合会副会長,名古屋税理士会会長　→83/87

北川 武夫　きたがわ・たけお　大正3年4月2日～平成3年12月18日　日本電設工業専務　→91/93

北川 武雄　きたがわ・たけお　明治44年8月12日～昭和58年5月12日　北川工業会長,日本舶用工業会常任理事　→83/87

北川 武　きたがわ・たけし　大正5年6月27日～平成11年7月1日　東洋曹達工業（のち東ソー）副社長,日本興業銀行常務　→97/99

北川 武之輔　きたがわ・たけのすけ　～昭和46年12月25日　細川活版所社長　→昭和

北川 正　きたがわ・ただし　昭和11年2月14日～平成8年10月11日　光産業技術振興協会専務理事,通産省札幌通産局長　→94/96

北川 忠　きたがわ・ただし　昭和5年8月6日～平成16年1月18日　日本トランスシティ常務　→03/05

北川 長二郎　きたがわ・ちょうじろう　～昭和47年4月10日　北日本新聞社長　→昭和

北川 強　きたがわ・つよし　～昭和63年11月3日　タイガー販売取締役　→88/90

北川 剛　きたがわ・つよし　昭和6年12月30日～平成5年3月5日　三笠化学工業常務　→91/93

北川 鶴之祐　きたがわ・つるのすけ　大正15年5月10日～平成3年4月21日　三井不動産常務　→91/93

北川 貞次郎　きたがわ・ていじろう　昭和47年11月22日　北川本家社長　→昭和

北川 利　きたがわ・とし　～昭和61年5月11日　ジャパン・アメリカソサエティ会長　→83/87

北川 敏夫　きたがわ・としお　明治29年2月6日～昭和63年12月12日　弁護士　京都弁護士会会長,立命館大学理事長,京都府公安委員長　→88/90

北川 敏雄　きたがわ・としお　大正11年1月18日～平成1年1月8日　センコー常務　→88/90

北川 利雄　きたがわ・としお　～平成3年2月21日　山一土地建物会長　→91/93

北川 登　きたがわ・のぼる　昭和4年2月19日～平成2年5月10日　岡三興業常務　→88/90

北川 元　きたがわ・はじめ　昭和3年7月2日～昭和61年11月1日　広島市議会事務局長　→83/87

北川 秀男　きたがわ・ひでお　昭和6年10月23日～平成4年8月15日　日興証券取締役　→91/93

北川 日出治　きたがわ・ひでじ　大正14年7月14日～平成18年7月25日　北海道新聞社長　→06/08

北川 英敏　きたがわ・ひでとし　明治37年12月25日～平成5年11月5日　日本火災海上保険常務　→91/93

北川 紘一　きたがわ・ひろかず　昭和20年5月27日～平成20年3月5日　東洋ゴム工業常務執行役員　→06/08

北川 平吉　きたがわ・へいきち　～昭和61年1月16日　オロッコ狩猟伝承者　→83/87

北川 政　きたがわ・まさ　～昭和62年10月14日　海軍少将　山武ハネウエル計器常任顧問　→83/87

北川 政雄　きたがわ・まさお　～平成8年1月12日　旭可鍛鉄（のち旭テック）常務　→94/96

北川 正治　きたがわ・まさはる　昭和22年1月18日～平成23年3月8日　兵庫県議（自民党）　→00/02

北川 実　きたがわ・みのる　～平成6年11月1日　三井製薬常務　→94/96

北川 幸　きたがわ・みゆき　～平成12年1月22日　滋賀県議　→00/02

北川 深雪　きたがわ・みゆき　明治31年12月20日～昭和57年5月3日　民話伝承者　「遠野物語」の語り部　→

北川 睦朗　きたがわ・むつろう　昭和13年1月22日～平成12年3月3日　島根県議（社会党）　→00/02

北川 安一　きたがわ・やすかず　～昭和51年11月18日　茨木市長　→昭和

北川 弥助　きたがわ・やすけ　明治44年1月20日～平成17年6月9日　滋賀県議（自民党）　→03/05

北川 祐司　きたがわ・ゆうじ　昭和6年3月29日～平成10年1月7日　光村図書出版社社長　→97/99

北川 幸男　きたがわ・ゆきお　大正6年10月11日～昭和60年10月11日　東京舗装工業社長、元間組取締役　→83/87

北川 行雄　きたがわ・ゆきお　大正6年1月18日～昭和61年3月3日　ダイキン工業副社長　→83/87

北川 義男　きたかわ・よしお　明治43年9月15日～昭和58年4月16日　寝屋川市長　→83/87

北川 芳男　きたがわ・よしお　大正5年2月5日～平成8年11月30日　トーアミ会長　→94/96

北川 義行　きたがわ・よしゆき　明治40年5月11日～昭和46年3月5日　労働運動家　総評常任幹事、全金書記長　→昭和

北川 理吉　きたがわ・りきち　昭和4年1月8日～平成19年1月7日　北川物産会長　→06/08

北川 礼弼　きたがわ・れいひつ　～昭和5年12月8日　玉川電気鉄社長　→昭和

北河原 公平　きたがわら・きみとし　明治8年10月～昭和12年7月16日　男爵　貴院議員（公正会）　→昭和（きたがわら・こうへい）

北河原 公海　きたがわら・こうかい　明治20年2月～昭和50年7月7日　僧侶　華厳宗管長、東大寺別当　→昭和

北河原 公典　きたがわら・こうてん　大正14年11月13日～昭和63年7月30日　僧侶　華厳宗管長、東大寺別当　→88/90

北川原 徹　きたがわら・とおる　昭和21年4月21日～平成9年3月12日　建設省建設経済局建設機械課長　→97/99

北口 盛　きたぐち・さかり　大正5年2月27日～昭和63年7月23日　八雲町（北海道）町長　→88/90

北口 進　きたぐち・すすむ　昭和4年10月18日～平成11年4月3日　兵庫県議（県民連合）　→97/99

北口 龍徳　きたぐち・たつのり　明治34年12月～昭和40年5月31日　参院議員（自民党）、熊本県農協中央会長　→昭和（北口 竜徳　きたぐち・りゅうとく）

北郷 嘉章　きたごう・よしあき　～昭和46年11月15日　富士通専務　→昭和（きたさと・かしょう）

北小路 敏　きたこうじ・さとし　昭和11年8月4日～平成22年11月13日　左翼活動家　中核派政治局員　→09/11

北越 泰正　きたこし・たいせい　～昭和63年5月22日　僧侶　豪徳寺（曹洞宗）住職　→88/90

北崎 繁雄　きたさき・しげお　～平成10年10月10日　共栄タンカー常務　→97/99

北崎 正治　きたさき・まさはる　～平成10年10月11日

学生援護会常務、エイエヌ興産社長　→97/99

北里 忠雄　きたさと・ただお　～昭和55年12月30日　雇用促進事業団元理事、建築業労働災害防止協会元専務理事　→80/82

北沢 一郎　きたざわ・いちろう　大正9年4月6日～平成17年1月25日　北沢産業社長　→03/05

北沢 治　きたざわ・おさむ　昭和5年4月21日～平成9年12月27日　北海道盲導犬協会会長　→97/99

北沢 公博　きたざわ・きみひろ　大正3年～平成14年11月17日　片倉チッカリン常務　→00/02

北沢 国男　きたざわ・くにお　明治28年10月31日～昭和55年5月15日　東洋パルプ創業者　→80/82

北沢 敬二郎　きたざわ・けいじろう　明治22年5月28日～昭和45年10月25日　実業家　大丸百貨店社長、大阪日米協会会長　→昭和

北沢 周二　きたざわ・しゅうじ　～昭和62年11月12日　三菱金属取締役　→83/87

北沢 四郎　きたざわ・しろう　～昭和43年5月21日　三菱化成取締役　→昭和

北沢 清功　きたざわ・せいこう　昭和2年2月20日～平成13年11月15日　衆院議員（社民党）　→00/02

北沢 輝夫　きたざわ・てるお　～平成9年2月19日　富士機械彫刻所会長、東京工業彫刻同組合理事長　→97/99

北沢 利男　きたざわ・としお　大正6年1月30日～平成9年3月3日　キッツ名誉会長、北沢美術館理事長　→97/99

北沢 直吉　きたざわ・なおきち　明治34年9月25日～昭和56年7月19日　衆院議員（自民党）　→80/82

北沢 善之　きたざわ・よしゆき　～昭和61年2月9日　天理市長　→83/87

北島 暲男　きたしま・あきお　大正9年2月1日～平成16年11月30日　沢内村（岩手県）村議長　→03/05

北島 朝吉　きたじま・あさきち　～昭和62年1月2日　鳴海屋会長　→83/87

北島 丑松　きたじま・うしまつ　大正2年7月5日～平成21年7月11日　昭和電線電機常務　→09/11

北島 栄一　きたじま・えいいち　～昭和47年5月8日　オリンパス光学取締役　→昭和

北島 織衛　きたじま・おりえ　明治38年12月31日～昭和55年4月27日　大日本印刷会長　→80/82

北島 貴孝　きたじま・きこう　～昭和31年8月21日　出雲教本院代表　→昭和

北島 敬介　きたじま・けいすけ　昭和11年11月27日～平成20年3月2日　最高検事総長　→06/08

北島 謙次郎　きたじま・けんじろう　明治26年10月5日～昭和32年11月24日　拓務事務次官　→昭和

北島 重信　きたじま・しげのぶ　昭和9年12月21日～平成11年7月7日　オカモト専務　→97/99

北島 照仁　きたじま・しょうじ　昭和12年6月23日～平

I 政治・経済・社会篇　　　　　　　　　　　　　　　　　　　きたに

成4年9月17日　建設省官房審議官　→91/93

北島 孝康　きたじま・たかやす　〜平成18年8月8日　税理士　東京国税局査察官　→06/08

北島 武雄　きたじま・たけお　〜昭和49年7月27日　公取委員長　→昭和

北島 太郎　きたじま・たろう　明治43年1月11日〜平成8年1月5日　埼玉銀行(のちあさひ銀行)専務、日研化学副社長　→94/96

北嶋 千代吉　きたじま・ちよきち　大正9年6月18日〜平成15年5月16日　日鉄鉱業社長　→03/05

北島 利計　きたじま・としかず　大正14年10月6日〜平成14年10月8日　京都府議(民社党)　→00/02

北嶋 敏三　きたじま・としぞう　明治30年11月25日〜昭和59年10月24日　オリエンタル酵母工業顧問・元専務　→83/87

北島 富雄　きたじま・とみお　大正7年4月30日〜平成18年4月28日　新日本製鉄常務　→06/08

北島 洋子　きたじま・ひろこ　〜平成12年11月28日　香淳皇后の姪　→00/02

北島 英孝　きたじま・ふさのり　大正14年4月16日〜平成17年9月1日　出雲大社国造家第79世、出雲教代表役員　→03/05

北島 光盛　きたじま・みつもり　〜昭和57年12月10日　夕張市長　→80/82

北島 康男　きたじま・やすお　大正6年6月2日〜平成2年5月21日　安田信託銀行取締役、滝野川信用金庫常務理事　→88/90

北島 康子　きたじま・やすこ　〜昭和62年7月20日　札幌市私立幼稚園連合会会長　→83/87

北島 義彦　きたじま・よしひこ　〜昭和34年1月7日　東京都議　→昭和

北島 吉光　きたじま・よしみつ　大正5年1月3日〜平成12年2月5日　北島会長　→00/02

北嶋 義郎　きたしま・よしろう　明治44年7月1日〜平成12年2月14日　市川毛織社長　→00/02

北島 理一　きたじま・りいち　昭和13年1月30日〜平成22年4月7日　河合楽器製作所常務　→09/11

北島 隆啓　きたじま・りゅうけい　〜昭和61年4月26日　僧侶　浄土真宗本願寺派南米開教区総長　→83/87

北白川 房子　きたしらかわ・ふさこ　明治23年1月28日〜昭和49年8月11日　皇族　→昭和

北白川宮 富子　きたしらかわのみや・とみこ　文久2年8月8日〜昭和11年3月20日　北白川宮能久親王妃　→昭和(熊久親王妃富子　よしひさしんのうひとみこ)

北尻 得五郎　きたじり・とくごろう　大正4年7月27日〜平成16年11月7日　弁護士　北尻得五郎法律事務所長、日弁連会長　→03/05

北角 円澄　きたずみ・えんちょう　昭和3年9月24日〜平成6年1月21日　僧侶　天台宗議会議員、滋賀県文化財保護連盟会長　→94/96

北詰 光男　きたづめ・みつお　〜昭和61年9月7日　足立区(東京都)区議　→83/87

北田 輝　きただ・あきら　大正3年3月18日〜平成7年3月16日　旭化成工業専務　→94/96

北田 一郎　きただ・いちろう　明治30年4月6日〜昭和37年2月10日　社会運動家　東京都議会副議長　→昭和

北田 栄作　きただ・えいさく　大正12年9月10日〜平成19年3月19日　第三銀行頭取、大蔵省造幣局長　→06/08

北田 和一　きただ・かずいち　大正10年12月13日〜平成8年9月1日　浅沼組常務　→94/96

北田 和紀　きただ・かずのり　昭和11年7月12日〜平成21年6月13日　日本合成ゴム常務　→09/11

北田 収二　きただ・しゅうじ　大正9年7月30日〜昭和62年11月10日　東京液化ガス会長、全国エルピーガス卸売協会会長、東京ガス専務　→83/87

北田 騰造　きただ・とうぞう　明治44年4月25日〜平成4年1月12日　大阪府選挙管理委員会委員、大阪府議　→91/93

北田 正平　きただ・まさひら　明治14年5月〜昭和14年2月27日　衆院議員(民政党)　→昭和(きただ・しょうへい)

北田 正元　きただ・まさもと　〜昭和53年7月13日　外交官　→昭和

北田 道男　きただ・みちお　〜昭和58年6月5日　舞鶴海洋気象台長　→83/87

北田 光男　きただ・みつお　大正3年3月21日〜平成14年11月25日　ベスト電器創業者　→00/02

北田 葆光　きただ・やすみつ　昭和16年1月31日〜平成15年12月23日　ベスト電器社長　→03/05

北代 克弘　きただい・かつひろ　昭和4年12月11日〜平成21年7月21日　福岡銀行常務　→09/11

北代 誠弥　きただい・しげひろ　明治29年5月13日〜昭和61年1月10日　日本銀行副総裁、復興金融金庫理事長　→83/87

北代 玲子　きただい・れいこ　〜平成4年3月9日　ひろばの会主宰、NHKアナウンサー　→91/93

木立 芳照　きだち・よしてる　昭和7年6月28日〜平成4年6月4日　青森県労働金庫理事長　→91/93

北出 荘二　きたで・しょうじ　大正12年4月22日〜平成14年2月7日　大阪商船三井船舶常務、宇徳運輸専務　→00/02

北出 富夫　きたで・とみお　昭和3年2月27日〜昭和62年8月1日　名寄市議・市議会議長　→83/87

喜谷 市郎右衛門　きたに・いちろうえもん　〜昭和14年9月12日　喜谷実母散本舗主　→昭和(きたに・しろうえもん)

喜谷 慶一　きだに・けいいち　大正3年3月29日〜昭和58年10月1日　三井不動産顧問、三井不動産建設社長　→83/87

木谷 資俊　きたに・すけとし　〜昭和15年4月20日

陸軍中将 →昭和

木谷 忠 きたに・ただし 大正10年7月13日～平成18年4月10日 朝日新聞専務、名古屋テレビ社長 →06/08

木谷 義高 きたに・よしたか 明治41年1月5日～平成12年12月28日 オリエントコーポレーション社長 →00/02

喜谷 礼二郎 きたに・れいじろう 大正4年10月29日～平成9年12月5日 第一勧業銀行常務、日産建設副社長、安川電機製作所副社長 →97/99

北西 兵造 きたにし・ひょうぞう 大正14年5月20日～平成21年3月5日 文楽会長、上尾商工会議所会頭 →09/11

北根 貞雄 きたね・さだお 明治38年4月10日～昭和62年9月19日 中央信託銀行社長 →83/87

北野 幾造 きたの・いくぞう 昭和2年8月21日～平成60年9月7日 北野建設副社長 →83/87

北野 栄政 きたの・えいせい 明治28年12月23日～昭和60年5月14日 鐘淵化学工業相談役・元専務 →83/87

北野 男三武 きたの・おさむ 大正8年6月25日～平成16年3月19日 北陸銀行常務 →03/05

北野 元峰 きたの・げんぽう 天保13年11月1日～昭和8年10月19日 僧侶 曹洞宗管長、永平寺67世貫主 →昭和

北野 孝一 きたの・こういち 大正5年5月10日～平成9年10月19日 宇部興産常務、宇部日東化成社長 →97/99

北野 重雄 きたの・しげお 明治36年4月29日～平成2年3月16日 群馬県知事、商工中金理事長 →88/90

北野 繁雄 きたの・しげお 明治36年4月5日～昭和57年12月3日 兵庫相互銀行取締役相談役・元社長 →80/82

北野 七郎 きたの・しちろう 明治36年9月5日～昭和61年9月30日 明石商事相談役、日本冷蔵（のちニチレイ）常務 →83/87

北野 純 きたの・じゅん ～昭和41年3月18日 川崎航空機取締役 元陸軍の試作戦闘機・爆撃機の設計者 →昭和

北野 真一 きたの・しんいち 昭和5年5月17日～平成17年3月29日 北海道公営企業管理者 →03/05

北野 精一 きたの・せいいち 明治44年1月2日～平成12年12月5日 日本触媒化学工業社長 →00/02

北野 山人 きたの・せんじん 明治39年9月11日～平成3年11月27日 トクデン会長 →91/93

北野 隆興 きたの・たかおき 大正10年11月10日～平成13年12月23日 スタンレー電気名誉会長、北野生涯教育振興会理事長 →00/02

北野 隆春 きたの・たかはる 明治24年5月24日～昭和56年5月30日 スタンレー電気創業者 →80/82

北野 多喜雄 きたの・たきお 明治44年7月23日～平成63年4月3日 日本電装副社長 →88/90

北野 猛夫 きたの・たけお ～昭和63年2月29日 立山化成取締役 →88/90

北野 忠 きたの・ただし 昭和5年5月31日～昭和59年7月21日 東京生命保険常務 →83/87

北野 利夫 きたの・としお 昭和12年12月26日～平成10年4月6日 日東化工材社長 →97/99

北野 とみ きたの・とみ ～平成5年7月18日 日本有職婦人クラブ全国連合会会長 →91/93

北野 豊吉 きたの・とよきち 明治37年2月7日～昭和59年2月17日 北野建設会長、全国建設専門工事業団体連合会会長 →83/87

北野 典夫 きたの・のりお 大正15年1月21日～平成5年5月13日 郷土史家 天草文化協会理事 →91/93

北野 秀雄 きたの・ひでお 昭和55年12月3日 兵庫県議、全国都道府県議会議長会副会長 →80/82

北野 広雄 きたの・ひろお ～昭和55年12月30日 石川島播磨重工業取締役、関西大学教授 →80/82

北野 勝 きたの・まさる 大正12年6月11日～平成6年5月6日 日本生命保険常務、新星興不動産社長 →94/96

北野 ミヤ きたの・みや 明治45年1月12日～平成16年4月23日 メジロ牧場会長、メジロ商事会長 →03/05

北野 善朗 きたの・よしろう 大正4年6月25日～昭和50年5月30日 日本ビクター社長 →昭和

北畠 教真 きたばたけ・きょうしん 明治37年8月～昭和44年2月14日 参院議員（自民党） →昭和

北畠 武敏 きたばたけ・たけとし 大正15年～平成5年7月18日 国際ペン・フレンド協会代表 →91/93

北畠 忠彦 きたばたけ・ただひこ 明治9年9月24日～平成22年10月31日 中北製作所専務 →09/11

北浜 俊三 きたはま・しゅんぞう 大正14年12月3日～平成10年2月16日 理研ビタミン専務 →97/99

北浜 清一 きたはま・せいいち 明治42年4月25日～昭和60年4月15日 山九常務 →83/87

北林 昭男 きたばやし・あきお 昭和7年11月19日～平成22年11月26日 松下電工常務 →09/11

北林 英二 きたばやし・えいじ 昭和7年3月20日～平成6年7月11日 京都労働金庫理事長、連合京都会長 →94/96

北林 トモ きたばやし・とも 明治19年4月25日～昭和20年2月9日 社会運動家 →昭和

北林 孫三郎 きたばやし・まごさぶろう 大正4年10月24日～昭和61年10月4日 大森キャスト代表取締役 →83/87

北林 六郎 きたばやし・ろくろう 大正7年9月29日～昭和62年11月11日 卓球選手 ヤサカ社長、日本卓球公認工業会副会長 →83/87

北原 阿知之助 きたはら・あちのすけ 慶応4年3月～昭和22年11月29日 衆院議員（翼賛議員同盟） →昭和

北原 一造 きたはら・いちぞう 明治40年8月7日～平成3年4月29日 三井物産常務 →91/93

北原 亀二 きたはら・かめじ 明治37年2月4日～昭和35年8月25日 社会運動家 上郷村（長野県）村長 →昭和

北原 怜子 きたはら・さとこ 昭和4年8月14日～昭和33年1月23日 社会福祉家 「蟻の街」のマリア →昭和

北原 正一 きたはら・しょういち 大正9年5月4日～平

成12年1月22日　熊谷組専務,日本鉄道建設公団理事　→00/02

北原　次郎　きたはら・じろう　明治40年8月1日～昭和57年9月30日　法学書院社長　→80/82

北原　善造　きたはら・ぜんぞう　～昭和45年8月14日　電電公社理事　→昭和

北原　泰作　きたはら・たいさく　明治39年1月1日～昭和56年1月3日　同和運動家　国民融合をめざす部落問題全国会議代表幹事　→80/82

北原　大輔　きたはら・だいすけ　明治22年～昭和26年5月22日　陶芸研究家　帝室博物館陶器主任　→昭和

北原　俊幸　きたはら・としゆき　昭和7年4月17日～平成12年10月13日　日本電産コパル副社長　→00/02

北原　名田造　きたはら・なたぞう　明治27年4月1日～平成2年10月29日　駒ケ根市長　→昭和

北原　秀雄　きたはら・ひでお　大正3年11月21日～昭和61年9月30日　日本ルセル社長,モエ・ヘネシー・ジャパン社長,駐仏大使　→83/87

北原　正一　きたはら・まさいち　～昭和61年12月6日　全日本薬種商協会会長　→83/87

北原　正雄　きたはら・まさお　～昭和58年11月17日　玄光社会長　→83/87

北原　道貫　きたはら・みちつら　大正3年2月20日～平成16年11月14日　全国銀行協会連合会常務理事　→03/05

北原　安定　きたはら・やすさだ　大正3年11月5日～平成6年4月1日　日本電信電話副社長　→94/96

北原　義雄　きたはら・よしお　明治29年～昭和60年11月11日　アトリエ出版社会長　→83/87

北原　義彦　きたはら・よしひこ　～昭和55年4月3日　公共企業体等労働委員会事務局九州支局長　→80/82

北洞　重信　きたほら・しげのぶ　～昭和56年3月4日　鶴崎共同動力社長,昭和電工前取締役　→80/82

北洞　博俊　きたほら・ひろとし　明治43年12月13日～平成1年7月31日　安田火災海上保険専務,富士銀行取締役　→88/90

北牧　昭彦　きたまき・あきひこ　昭和13年1月9日～平成16年3月6日　フォーバル副社長　→03/05

北牧　一雄　きたまき・かずお　大正6年7月25日～平成10年9月11日　枚方市長　→97/99

北村　章　きたむら・あきら　大正15年8月18日～昭和61年9月28日　西京信用金庫専務理事　→83/87

北村　市太郎　きたむら・いちたろう　明治44年1月28日～昭和63年9月5日　日本トンネル技術協会専務理事,国鉄盛岡工事局長　→88/90

北村　英　きたむら・えい　大正10年5月14日～平成4年12月30日　芝浦製作所常務　→91/93

北村　英吉　きたむら・えいきち　～昭和62年10月28日　トーメン取締役　→83/87

北村　栄二郎　きたむら・えいじろう　～昭和58年9月11日　大阪放送常務　→83/87

北村　英蔵　きたむら・えいぞう　明治44年6月1日～昭和59年11月19日　宮入バルブ製作所代表取締役　→83/87

北村　脩　きたむら・おさむ　～昭和63年2月19日　松竹映像監査役　→88/90

北村　一男　きたむら・かずお　明治30年10月～昭和40年3月29日　参院議員(自由党),新潟県知事　→昭和

北村　一夫　きたむら・かずお　大正11年～昭和56年11月25日　松下冷機取締役　→80/82

北村　一雄　きたむら・かずお　昭和10年9月21日～平成15年3月14日　佐伯建設工業副社長　→03/05

北村　和夫　きたむら・かずお　大正12年3月9日～昭和63年10月12日　明光証券常務　→88/90

北村　和夫　きたむら・かずお　大正12年3月3日～昭和63年11月6日　北村商事代表取締役会長　→88/90

北村　和久　きたむら・かずひさ　昭和2年1月3日～平成4年6月9日　オリエンタルランド常務　→91/93

北村　久弥　きたむら・きゅうや　大正8年4月15日～平成11年2月25日　宮崎地検検事正　→97/99

北村　清和　きたむら・きよかず　明治25年4月27日～平成18年6月7日　宗教家　天照皇大神宮教教主(2代目)　→06/08

北村　金三　きたむら・きんぞう　大正13年9月21日～平成8年11月11日　東レ専務　→94/96

喜多村　桂一郎　きたむら・けいいちろう　～昭和14年6月20日　弁護士　→昭和

北村　敬介　きたむら・けいすけ　安政1年～昭和4年1月16日　実業家　→昭和

北村　謙一　きたむら・けんいち　大正4年～平成8年7月6日　自衛艦隊司令官　→94/96

北村　憲次郎　きたむら・けんじろう　～平成4年3月12日　塩川町(福島県)町長　→91/93

北村　健三　きたむら・けんぞう　大正1年12月15日～平成2年11月10日　芝浦電子製作所会長　→88/90

北村　耕造　きたむら・こうぞう　～昭和14年6月27日　宮中顧問官　→昭和

北村　広太郎　きたむら・こうたろう　昭和9年12月14日～平成10年9月9日　国土庁事務次官,阪神高速道路公団理事長　→97/99

北村　宰爾　きたむら・さいじ　～平成2年9月5日　三重県商工会議所連合会専務理事　→88/90

北村　サヨ　きたむら・さよ　明治33年1月1日～昭和42年12月28日　宗教家　天照皇大神宮教教祖　→昭和

北村　茂男　きたむら・しげお　大正4年2月11日～平成14年3月11日　オリンパス光学工業社長　→00/02

北村　重一　きたむら・しげかず　明治45年4月24日～昭和62年10月6日　草津市議,草津電機取締役会長　→83/87

北村　重二　きたむら・しげじ　大正8年2月26日～平成9年11月30日　大津電機工業社長　→97/99

北村　茂　きたむら・しげる　大正2年11月9日～平成10年2月21日　厚木自動車部品会長　→97/99

北村 昭一　きたむら・しょういち　～昭和61年12月15日　グレー大広取締役　→83/87

北村 二郎　きたむら・じろう　～平成4年12月7日　こどもの国協会常務理事・園長　→91/93

北村 信輔　きたむら・しんすけ　昭和19年4月15日～平成20年12月24日　阪和興業常務　→06/08

北村 輔三　きたむら・すけぞう　大正8年11月30日～平成8年6月5日　日本鍛工常務　→94/96

北村 進　きたむら・すすむ　昭和4年9月5日～平成12年1月3日　東洋製作所常務　→00/02

北村 誠一　きたむら・せいいち　昭和14年11月8日～平成12年12月9日　ハリマビステム常務　→00/02

北村 清之助　きたむら・せいのすけ　大正5年1月～平成2年7月11日　神奈川県商店街連合会会長, 横浜市商店街総連合会会長, 横浜市議　→88/90

北村 清八郎　きたむら・せいはちろう　大正8年11月10日～平成15年11月23日　東急観光専務　→03/05

北村 善治　きたむら・ぜんじ　大正3年2月18日～平成8年7月14日　大成建設専務　→94/96

北村 善次郎　きたむら・ぜんじろう　大正7年8月3日～平成8年9月13日　日本サーボ常務　→94/96

北村 泰仁　きたむら・たいじん　大正15年9月18日～平成6年12月12日　在日台湾商工会議所常頭, ハリー商事代表会長　→94/96

北村 隆夫　きたむら・たかお　昭和2年4月18日～平成12年4月16日　建築家　竹中工務店専務　→00/02

北村 喬　きたむら・たかし　大正11年3月17日～平成8年5月11日　ヤンマーディーゼル専務　→94/96

北村 喬　きたむら・たかし　昭和15年6月10日～平成13年9月11日　キヤノン専務　→00/02

北村 隆　きたむら・たかし　～昭和57年8月4日　国防会議事務局長　→80/82

北村 隆　きたむら・たかし　大正6年3月1日～平成10年5月18日　北村製作所会長　→97/99

喜多村 孝則　きたむら・たかのり　～昭和59年8月18日　杉村倉庫監査役　→83/87

北村 武雄　きたむら・たけお　～昭和58年12月21日　北海道留萌管内苫前町教育長　→83/87

北村 武　きたむら・たけし　大正11年10月1日～平成17年6月30日　東洋電気通信工業常務　→03/05

北村 武四郎　きたむら・たけしろう　大正6年5月3日～昭和57年8月28日　陸奥新報社前社長　→80/82

北村 武俊　きたむら・たけとし　昭和11年12月18日～平成15年1月28日　日立造船富岡機械常務　→03/05

北村 種吉　きたむら・たねきち　～昭和56年2月22日　大阪府漁業協同組合連合会会長　→80/82

北村 瑞夫　きたむら・たまお　大正6年10月10日～平成5年11月4日　日本航空ホテル会長　→91/93

北村 銕三　きたむら・てつぞう　～昭和61年4月12日　安田火災海上保険取締役　→83/87

北村 藤兵衛　きたむら・とうべえ　～平成2年5月22日　丸ト北村社長　→88/90

北村 外喜男　きたむら・ときお　明治33年8月10日～平成1年8月9日　日新製鋼取締役, 大阪製鋼取締役　→88/90

北村 徳太郎　きたむら・とくたろう　明治19年5月9日～昭和43年11月15日　政治家, 実業家　衆院議員(民主党), 蔵相, 運輸相　→昭和

北村 俊夫　きたむら・としお　明治41年9月28日～昭和62年6月5日　高知広告センター相談役, 高知新聞社取締役東京支社長　→83/87

北村 利男　きたむら・としお　明治42年9月24日～平成1年1月17日　兵庫県議　→88/90

北村 利弥　きたむら・としや　明治42年10月26日～平成18年5月18日　弁護士　名古屋弁護士会会長　→06/08

北村 友正　きたむら・ともまさ　大正11年1月12日～平成12年6月22日　ホクショー会長　→94/96

北村 信男　きたむら・のぶを　～昭和60年2月3日　日清製粉常務, エヌ・ビー・シー工業社長　→83/87

喜多村 久盛　きたむら・ひさもり　～昭和61年3月22日　阪急電鉄監査役　→83/87

北村 必勝　きたむら・ひっしょう　昭和19年6月2日～平成18年8月4日　損害保険ジャパン専務執行役員　→06/08

北村 博男　きたむら・ひろお　～昭和57年4月15日　菓舗栄心堂社長　→80/82

北村 博　きたむら・ひろし　昭和7年5月4日～平成17年11月16日　東亜建設工業社長　→03/05

喜多村 広利　きたむら・ひろとし　大正12年5月5日～平成13年5月28日　喜多村石油店会長　→00/02

喜多村 文雄　きたむら・ふみお　明治43年11月16日～平成7年4月21日　泉物銀行専務　→94/96

北村 孫一郎　きたむら・まごいちろう　～昭和62年1月24日　東洋タイマー製作所会長　→83/87

北村 政男　きたむら・まさお　大正9年1月25日～昭和62年2月13日　リョーユーグループ代表, 糧友佐賀会長　→83/87

北村 正夫　きたむら・まさお　大正13年～昭和59年4月16日　日本エタニットパイプ常務　→83/87

北村 正夫　きたむら・まさお　～昭和64年1月2日　三貴会長　→88/90

北村 政喜　きたむら・まさき　大正1年9月12日～平成17年9月17日　キタムラ創業者　→03/05

北村 正三　きたむら・まさぞう　大正3年1月4日～昭和62年9月20日　三菱金属監査役, 川副機械製作所顧問　→83/87

北村 昌敏　きたむら・まさとし　大正13年8月1日～平成4年8月12日　三菱自動車工業常務　→91/93

北村 正巳　きたむら・まさみ　明治38年11月4日～平成3年7月16日　香川県議, 坂出市消防団長　→91/93

北村 正哉　きたむら・まさや　大正5年5月3日～平成16年1月26日　青森県知事　→03/05

北村 益　きたむら・ます　明治1年12月1日～昭和26年4月15日　八戸町長,八戸新聞社長　→昭和（きたむら・えき）

北村 又左衛門　きたむら・またざえもん　明治35年9月26日～昭和60年12月23日　北村林業会長,衆院議員（日本進歩党）　→83/87

北村 暢　きたむら・みつる　大正4年4月22日～平成7年2月3日　参院議員（社会党）　→94/96

喜多村 実　きたむら・みのる　明治37年1月29日～昭和59年10月11日　経営コンサルタント　(社)公開経営指導協会理事長　→83/87

北村 稔　きたむら・みのる　昭和6年～昭和63年2月10日　東京証券代行社長,日立製作所理事　→88/90

北村 猛徳　きたむら・もうとく　～昭和43年12月16日　江ノ島鎌倉観光社長　→昭和

北村 弥一　きたむら・やいち　～平成14年8月24日　朝日イブニングニュース取締役編集局長　→00/02

北村 弥三郎　きたむら・やさぶろう　大正13年1月11日～平成23年1月28日　中国銀行常務　→09/11

北村 保太郎　きたむら・やすたろう　～昭和25年5月26日　日鉄取締役　→昭和

北村 祐一　きたむら・ゆういち　～平成5年10月18日　北陸ケーティーシーツール社長　→91/93

北村 幸雄　きたむら・ゆきお　～平成3年10月23日　明治屋常務　→91/93

北村 義和　きたむら・よしかず　大正14年8月19日～昭和61年5月16日　衆院議員（自民党）　→83/87

北村 芳嗣　きたむら・よしつぐ　昭和8年2月23日～平成8年2月10日　北秀商事社長,全日本きもの振興会副会長　→94/96

北村 義朗　きたむら・よしろう　大正10年6月12日～平成9年8月29日　東海テレビ放送専務　→97/99

北本 一平　きたもと・いっぺい　大正6年2月13日～平成17年5月16日　日本通運専務　→03/05

北本 茂一　きたもと・しげいち　～昭和55年6月17日　宮内庁書陵部桃山陵墓監区事務所長　→80/82

北本 常三郎　きたもと・じょうさぶろう　～昭和15年7月28日　大審院判事

北元 喜雄　きたもと・のぶお　大正13年1月1日～平成22年10月31日　太陽グループ代表,北陸大学理事長　→09/11

北元 正勝　きたもと・まさかつ　明治41年7月15日～平成3年4月15日　弁護士　奈良地検検事正,大津地検検事正　→91/93

北森 明　きたもり・あきら　大正13年8月21日～平成17年8月25日　近畿日本鉄道常務　→03/05

北森 卯一朗　きたもり・ういちろう　昭和9年8月22日～平成2年8月2日　実川鉄工社長　→88/90

北森 栄樹　きたもり・えいじゅ　昭和3年8月16日～平成11年4月18日　タカタカ専務　→97/99

北矢 宗二　きたや・もとつぐ　大正3年9月24日～平成4年12月22日　朝日生命保険常務　→91/93

北山 愛郎　きたやま・あいろう　明治38年7月16日～平成14年2月22日　北山愛郎政治経済研究所長,衆院議員（社会党）　→00/02

北山 喜一　きたやま・きいち　～昭和7年2月28日　鴻池銀行常務取締役　→昭和

北山 俊二　きたやま・しゅんじ　明治41年7月19日～平成2年7月9日　吉原製油専務　→88/90

北山 忠利　きたやま・ただとし　大正4年～平成4年1月17日　明和産業常務　→91/93

北山 藤一郎　きたやま・とういちろう　明治38年11月21日～昭和58年2月26日　薬剤師　五条市長　→83/87

北山 敏男　きたやま・としお　大正3年7月20日～昭和59年12月26日　神鋼鋼線工業相談役・元社長　→83/87

北山 二十三　きたやま・はつみ　大正1年12月2日～平成1年5月28日　竹中工務店常務　→88/90

北山 恒　きたやま・ひさし　明治39年5月10日～平成2年1月16日　新日本窒素肥料（のちチッソ）社長　→88/90

北山 嘉彦　きたやま・よしひこ　大正5年8月21日～昭和58年8月28日　大倉商事監査役　→83/87

来山 吟俊　きたやま・れいしゅん　昭和10年11月15日～平成22年4月24日　福山通運社長　→09/11

北山 六郎　きたやま・ろくろう　大正11年8月4日～平成20年1月4日　弁護士　日本弁護士連合会会長,日本尊厳死協会会長　→06/08

北脇 一雄　きたわき・かずお　明治45年3月21日～平成5年10月29日　阪急百貨店専務　→91/93

北脇 金治　きたわき・きんじ　昭和43年1月14日　出光興産取締役　→昭和

北脇 信夫　きたわき・のぶお　大正4年10月18日～平成59年12月24日　郵政省貯金局長　→83/87

吉瀬 時次　きちせ・ときじ　明治36年10月～昭和62年9月21日　日本製箔専務　→83/87

橘井 淳　きつい・じゅん　～昭和62年12月26日　北見市議　→83/87

吉川 彰　きっかわ・あきら　明治35年2月18日～昭和63年5月14日　日本カーボン社長　→88/90

吉川 英司　きっかわ・えいじ　昭和4年5月9日～平成22年4月8日　フジテレビ専務,テレビ新広島社長　→09/11

橘川 輝一　きっかわ・きいち　大正6年7月12日～平成22年11月16日　日本ゼオン常務　→09/11

吉川 久衛　きっかわ・きゅうえ　明治38年4月～昭和53年6月20日　衆院議員（自民党）　→昭和（よしかわ・ひさえ）

吉川 清　きっかわ・きよし　～昭和61年1月25日　広島県原爆被害者団体協議会理事　被爆者　→83/87

吉川 清士　きっかわ・きよし　大正12年3月8日～昭和59年3月29日　広島県議会議長　→83/87

橘川 健治　きっかわ・けんじ　大正15年3月2日～平成12

年12月7日　同和鉱業常務　→00/02

吉川　重国　きっかわ・しげくに　明治36年2月9日～平成8年5月16日　宮内庁式部職長　→94/96

吉川　重喜　きっかわ・しげよし　～平成11年11月2日　吉川林産興業社長、吉川林業社長、旧岩国藩主吉川家第31代当主　→97/99

吉川　大二郎　きっかわ・だいじろう　明治34年1月14日～昭和53年9月25日　弁護士　立命館大学名誉教授　→昭和

吉川　紀彦　きっかわ・としひこ　明治44年2月～平成11年1月7日　駐ガボン大使　→97/99

橘川　寿夫　きつかわ・ひさお　～昭和57年12月21日　日本油圧工業会（社団法人）専務理事　→80/82

吉川　秀雄　きっかわ・ひでお　明治32年2月14日～昭和55年11月8日　西肥自動車相談役　→80/82

吉川　元清　きっかわ・もときよ　大正14年8月8日～平成4年8月6日　福山共同火力社長、中国電力常務　→91/93

吉川　元光　きっかわ・もとみつ　明治27年11月～昭和28年2月19日　子爵　→昭和（よしかわ・げんこう）

橘川　司亮　きつかわ・もりあき　明治6年～昭和12年1月2日　日本度量衡協会理事、中央度量衡検定所長　日本のメートル法の創始者　→昭和

吉川　幸男　きっかわ・ゆきお　明治41年11月10日～平成4年9月21日　日産建設常務　→91/93

吉川　豊　きっかわ・ゆたか　～平成14年6月20日　似島学園理事長　→00/02

橘田　厳夫　きった・いずお　～平成5年3月2日　明治屋専務　→91/93

橘田　孝重　きつだ・たかしげ　大正10年1月8日～平成9年5月19日　大協石油（のちコスモ石油）常務、アジア石油（のちコスモ石油）副社長　→97/99

橘高　定　きつたか・さだむ　～昭和56年12月23日　宝洋海運産業社長、昭和海運専務　→80/82

橘高　四郎　きったか・しろう　明治35年8月25日～平成10年9月21日　広島県議会副議長　→97/99

橘高　平治　きったか・へいじ　昭和3年12月21日～平成11年2月2日　京都ダイカスト工業社長　→97/99

橘内　末吉　きつない・すえきち　～昭和56年12月26日　夕張市長　→80/82

橘内　民治　きつない・たみじ　大正9年3月10日～平成16年3月3日　能美防災常務　→03/05

狐崎　貞琅　きつねざき・さだろう　～平成15年9月10日　パイロット　マイクロライト協会副会長　→03/05

狐崎　寿夫　きつねざき・ひさお　昭和2年9月14日～平成1年11月8日　太平工業社長　→88/90

木寺　惇　きでら・あつし　昭和9年11月23日～平成9年5月16日　大倉商事常務　→97/99

木寺　久雄　きてら・ひさお　大正7年9月29日～平成20年7月13日　レナウン専務　→06/08

城戸　亀雄　きど・かめお　明治22年12月15日～昭和42年12月5日　社会運動家　→昭和

木戸　吉備夫　きど・きびお　明治35年11月3日～昭和56年11月4日　日本酸素相談役　→80/82

城戸　謙次　きど・けんじ　大正12年12月5日～平成9年9月16日　環境庁事務次官　→97/99

木戸　幸一　きど・こういち　明治22年7月18日～昭和52年4月6日　政治家　内大臣、厚相、文相　→昭和

城戸　剛一郎　きど・ごういちろう　大正15年1月19日～平成13年5月21日　長瀬インテコ会長　→00/02

城戸　七太郎　きど・しちたろう　明治32年1月5日～昭和62年11月30日　清水建設副社長　→83/87

城戸　季吉　きど・すえきち　～昭和29年8月22日　鐘紡副社長

城戸　孝昭　きど・たかあき　昭和16年11月17日～平成13年9月6日　共和電業常務　→00/02

木戸　孝彦　きど・たかひこ　大正12年～平成12年8月15日　弁護士　→00/02

城戸　常美　きど・つねみ　大正2年6月23日～平成2年12月2日　芸州海運社長、広島県議（自民党）　→88/90

木戸　輝雄　きど・てるお　昭和9年3月1日～平成8年6月27日　日建工学専務　→94/96

木戸　伝一郎　きど・でんいちろう　明治40年10月8日～平成12年3月24日　弁理士　弁理士会会長　→00/02

木戸　利治　きど・としはる　明治45年3月23日～平成15年10月29日　三菱商事副社長、日東製粉社長　→03/05

木戸　豊吉　きど・とよきち　文久2年8月～昭和2年3月15日　衆院議員（政友会）　→昭和

城戸　尚夫　きど・ひさお　明治30年11月1日～平成9年5月18日　伊藤忠商事取締役、日本卓球協会顧問　→97/99

城戸　久　きど・ひさし　明治33年2月10日～昭和56年9月24日　帝国石油常務、東京モノレール副社長　→80/82

城戸　博司　きど・ひろし　昭和24年6月27日～平成23年2月　キャンドゥ創業者　→09/11

木戸　誠　きど・まこと　昭和15年10月29日～平成19年9月6日　日本マタイ専務　→06/08

岐土　正昭　きど・まさあき　大正14年9月13日～昭和62年10月1日　合同酒精常勤監査役　→83/87

城戸　盛男　きど・もりお　明治26年9月19日～昭和61年11月6日　長瀬化学工業所会長　→83/87

木戸　要吉　きど・ようきち　明治43年5月10日～平成11年4月10日　大阪府出納長　→97/99

城戸　喜夫　きど・よしお　昭和5年1月15日～平成8年11月27日　東邦金属社長　→94/96

木戸　芳男　きど・よしお　～昭和56年6月7日　弁護士　仙台高検検事　→80/82

城戸　芳彦　きど・よしひこ　～昭和48年6月18日　最高裁判事　→昭和

紀藤　義一　きとう・ぎいち　～平成9年5月2日　苫小牧自然保護協会会長　→97/99

鬼頭　庄三郎　きとう・しょうさぶろう　～昭和55年3月1

日　松岡旅館(株式会社)会長, 蟹江町観光協会理事　→80/82

鬼頭 誠一　きとう・せいいち　大正10年7月10日～平成15年12月6日　三井物産副社長　→03/05

紀藤 常亮　きとう・つねすけ　明治32年8月～昭和46年11月13日　衆院議員(進歩党)　→昭和(きとう・じょうりょう)

喜頭 時彦　きとう・ときひこ　大正10年5月17日～平成17年8月9日　伊藤忠商事会長　→03/05

木堂 弘雄　きどう・ひろお　明治45年5月31日～平成7年7月24日　運輸省船舶技術研究所長, 日本原子力船開発事業団理事　→94/96

鬼頭 美代志　きとう・みよし　明治37年10月14日～昭和62年11月30日　キトー会長, 平凡社長, 東京印書館取締役　→83/87

木戸浦 隆一　きどうら・りゅういち　昭和9年7月10日～平成11年10月17日　函館市長, 北海道議(自民党)　→97/99

木戸口 久治　きどぐち・ひさはる　大正5年1月9日～平成17年1月7日　弁護士　最高裁判事, 日弁連副会長　→03/05

城所 勝雄　きどころ・かつお　～昭和55年12月30日　東京都稲城市議　→80/82

木所 正衆　きどころ・せいしゅう　～昭和55年12月26日　大明王院身代り不動貫主, 大僧正(真言宗醍醐派)　→80/82

城所 和一　きどころ・わいち　明治44年12月3日～平成1年11月2日　東洋通信機常務　→88/90

城戸崎 泰助　きどざき・たいすけ　～昭和63年8月29日　北広島熱供給会社社長　→88/90

城戸崎 武　きどざき・たけし　大正2年2月22日～平成2年5月22日　三井物産常務　→88/90

城戸崎 秀雄　きどざき・ひでお　～平成7年11月2日　味の素常務　→94/96

城戸崎 益敏　きどざき・ますとし　明治40年4月24日～昭和57年10月9日　岩崎通信機常務　→80/82

城殿 鎮治　きどの・しんじ　明治40年2月19日～平成4年4月14日　キリンビール副社長　→91/93

義那 一郎　ぎな・いちろう　昭和3年7月15日～平成9年4月5日　日本電設工業監査役　→97/99

喜納 勉　きな・つとむ　～平成20年6月20日　南大東村(沖縄県)村長　→06/08

紀仲 達夫　きなか・たつお　～昭和61年11月2日　ダイハツ工業社友, ダイハツ自動車販売(のちダイハツ)常務　→83/87

木梨 一雄　きなし・かずお　昭和2年10月19日～平成3年9月2日　明電舎顧問, 防衛施設庁労務部長　→91/93

木梨 節夫　きなし・さだお　大正5年11月27日～平成8年1月7日　広島高裁長官　→94/96

木梨 精一郎　きなし・せいいちろう　昭和3年3月23日～

平成6年2月8日　大末建設常務　→94/96

木梨 信彦　きなし・のぶひこ　～昭和49年8月11日　大洋漁業顧問　→昭和

木梨 芳一　きなし・よしいち　昭和9年12月8日～平成16年11月12日　北海道文化放送会長　→03/05

木梨 与松　きなし・よまつ　大正4年8月12日～昭和63年11月22日　弁護士　金沢弁護士会会長, 日弁連常務理事　→88/90

キナセ, イト　Kinase, Ito　1889年12月31日～2003年1月24日　日系米国人の最高齢者　→03/05

木名瀬 智　きなせ・さとし　大正4年2月17日～平成7年3月6日　在ミュンヘン総領事　→94/96

木並 茂　きなみ・しげる　～昭和55年8月18日　江商(のち兼松江商)元常務　→80/82

木南 正宣　きなん・まさのぶ　明治17年～昭和5年7月15日　大阪市助役　→昭和(きなみ・まさのぶ)

衣笠 敦雄　きぬがさ・あつお　明治45年5月7日～平成2年3月18日　国鉄工作局長, 東洋電機製造副社長　→88/90

衣笠 繁一　きぬがさ・しげいち　昭和6年11月19日　歩兵第七十八聯隊附陸軍歩兵少佐　→昭和

衣笠 静夫　きぬがさ・しずお　明治28年12月3日～昭和37年2月24日　丸見屋商店副社長, 全日本広告連盟理事長　→昭和

衣笠 哲　きぬがさ・てつ　明治44年2月12日～昭和58年6月11日　明石市長　→83/87

衣笠 駿雄　きぬがさ・はやお　大正4年2月23日～平成19年2月11日　陸将　防衛庁統合幕僚会議議長　→06/08

衣笠 文夫　きぬがさ・ふみお　～平成3年11月17日　龍野市長, 兵庫県議　→91/93

衣川 善吉　きぬかわ・ぜんきち　明治43年10月10日～昭和55年7月17日　トーヨーカネツ社長　→80/82

絹川 信博　きぬがわ・のぶひろ　昭和22年5月22日～平成21年5月24日　福岡地検検事正　→09/11

絹川 浩　きぬかわ・ひろし　昭和4年10月17日～昭和63年6月2日　公成建設社長　→88/90

衣川 正俊　きぬかわ・まさとし　明治35年1月28日～平成2年2月13日　清水建設専務　→88/90

衣川 政義　きぬかわ・まさよし　昭和11年3月23日～平成20年12月2日　最高検事務局長　→06/08

絹巻 薫　きぬまき・かおる　明治42年1月1日～平成21年10月3日　コクミン創業者　→09/11

衣巻 顕明　きぬまき・けんめい　～昭和42年11月7日　三木市長　→昭和

杵村 久蔵　きねむら・きゅうぞう　～昭和13年8月2日　陸軍少将　→昭和

木野 二郎　きの・じろう　～昭和51年12月19日　藤倉電線社長　→昭和

木野 定一　きの・ていいち　～平成5年8月3日　ヤンマー・アジア社長　→91/93

きの　　　　　　　　　　　　　　　　　　　　　　　　　　Ⅰ　政治・経済・社会篇

木野 晴夫　きの・はるお　大正8年7月4日～平成9年2月13日　衆院議員(自民党)　→97/99

木野 藤雄　きの・ふじお　～昭和63年6月21日　広島市議会議長　→88/90

木野 好美　きの・よしみ　昭和6年8月16日～平成19年7月29日　福岡県議(社会党)　→06/08

木内 主計　きのうち・かずえ　大正3年9月27日～昭和61年11月25日　秋田県議会議長, 秋田農協中央会長　→83/87

木ノ内 国明　きのうち・くにあき　～平成2年11月30日　帯広市議会議長　→88/90

木内 信恭　きのうち・のぶやす　大正13年12月5日～平成14年11月14日　徳島県議(無所属)　→00/02

宜野座 朝憲　ぎのざ・ちょうけん　昭和5年9月2日～平成21年6月10日　ニッサンコ沖縄販売社長, 沖縄テニアン会会長, 南洋群島帰還者会会長　→09/11

木下 昭男　きのした・あきお　昭和4年12月20日～平成23年10月12日　日本甜菜製糖専務　→09/11

木下 章雄　きのした・あきお　大正14年9月17日～平成2年6月15日　鈴木自動車工業常務　→88/90

木下 晃一　きのした・あきかず　昭和8年11月12日～平成18年3月29日　旭松食品会長　→06/08

木下 融　きのした・あきら　昭和10年12月17日～平成3年11月9日　東洋地質調査社長　→91/93

木下 淳美　きのした・あつみ　～平成4年3月21日　民社党本部会計監査・東京都連合会顧問　→91/93

木下 郁　きのした・いく　明治38年2月27日～昭和31年12月17日　社会運動家　→昭和

木下 勇　きのした・いさむ　大正11年9月22日～平成22年4月9日　久留米市議, 木下社長　→09/11

木下 一郎　きのした・いちろう　大正4年3月30日～昭和63年10月14日　海洋科学技術センター理事　→88/90

木下 一見　きのした・いっけん　昭和9年8月16日～平成11年8月13日　北海道議(無所属)　→97/99

木下 祝夫　きのした・いわお　昭和55年10月23日　香椎宮宮司　→80/82

木下 栄昇　きのした・えいしょう　～平成3年8月17日　荒川華蔵院(真言宗豊山派)住職, 日本カヌー協会副会長　→91/93

木下 郁　きのした・かおる　明治27年3月13日～昭和55年6月19日　大分県知事, 大分市長, 衆院議員(社会党)　→80/82

木下 薫　きのした・かおる　大正10年3月1日～平成21年3月22日　行政管理庁行政管理局長　→09/11

木下 一夫　きのした・かずお　大正5年10月22日～昭和61年8月22日　博多井筒屋相談役・元社長　→83/87

木下 一哉　きのした・かずや　大正12年8月19日～平成13年11月30日　第一中央汽船社長　→00/02

木下 堅　きのした・かたし　明治30年4月10日～平成8年1月14日　菊池市長　→94/96

木下 亀次郎　きのした・かめじろう　～昭和60年6月17日　福岡市議　→83/87

木下 冠吾　きのした・かんご　～昭和61年10月9日　東京消防庁警防部長　→83/87

木下 義介　きのした・ぎすけ　明治23年1月～昭和47年8月21日　衆院議員(無所属)　→昭和

木下 吉治郎　きのした・きちじろう　大正7年3月24日～平成11年12月4日　阪神内燃機工業社長　→97/99

木下 吉太郎　きのした・きちたろう　明治40年8月18日～平成3年10月25日　旗松亭会長, 平戸市議会議長　→91/93

木下 清丸　きのした・きよまる　～昭和56年10月17日　日本鋳物砂工業会会長　→80/82

木下 国助　きのした・くにすけ　～昭和6年6月15日　東京天文台技師　→昭和

木下 健一　きのした・けんいち　大正14年～平成10年4月1日　三協精機製作所常務　→97/99

木下 源吾　きのした・げんご　明治24年8月8日～昭和40年11月26日　社会運動家　参院議員(社会党)　→昭和

木下 健二　きのした・けんじ　大正13年10月4日～平成10年7月27日　共同通信社大阪支社長　→97/99

木下 検二　きのした・けんじ　～昭和56年3月27日　大洋球団社長　→80/82

木下 謙次郎　きのした・けんじろう　明治2年2月28日～昭和22年3月28日　衆院議員(政友会), 貴院議員　→昭和

木下 玄隆　きのした・げんりゅう　～昭和59年1月8日　竜安寺住職, (財)禅文化研究所事務局長　→83/87

木下 皓策　きのした・こうさく　～昭和56年1月15日　駒ケ根商工会議所副会頭　→80/82

木下 光雄　きのした・こうゆう　～平成2年10月24日　僧侶　永平寺・総持寺副監院権大教師, 元曹洞宗近畿管区長　→88/90

木下 栄　きのした・さかえ　明治15年5月～昭和27年5月26日　衆院議員(改進党)　→昭和

木下 重範　きのした・しげのり　明治39年1月～昭和52年8月13日　弁護士　衆院議員(同友会)　→昭和

木下 重康　きのした・しげやす　昭和10年5月21日～平成9年5月19日　横浜家裁総括判事　→97/99

木下 茂　きのした・しげる　明治18年8月28日～昭和41年3月31日　新山一証券会長　→昭和

木下 茂　きのした・しげる　明治32年5月11日～昭和42年9月9日　木下産商社長　→昭和

木下 寂元　きのした・じゃくげん　～昭和45年6月12日　天台宗宗務総長, 権大僧正　→昭和

木下 寂善　きのした・じゃくぜん　明治9年～昭和17年7月23日　僧侶　天台宗総務　→昭和

木下 修次　きのした・しゅうじ　大正15年4月23日～平成15年8月27日　東京銀行常務　→03/05

木下 周太　きのした・しゅうた　～昭和30年3月26日　日本植物防疫協会理事長　→昭和

I　政治・経済・社会篇　　　　　　　　　　　　　　　　　きのした

木下 十郎　きのした・じゅうろう　大正5年5月29日～平成14年11月28日　神東塗料常務　→00/02

木下 祝郎　きのした・しゅくお　大正4年10月31日～平成23年3月19日　協和醱酵工業社長　→09/11

木下 昇一　きのした・しょういち　大正15年10月14日～昭和59年4月1日　正金相互銀行監査役　→83/87

木下 正造　きのした・しょうぞう　大正2年12月19日～平成4年11月29日　中村屋副社長　→91/93

木下 昇平　きのした・しょうへい　～昭和6年5月26日　日本郵船支店長　→昭和

木下 四郎　きのした・しろう　大正9年2月9日～平成21年7月20日　日本化薬専務　→09/11

木下 静一郎　きのした・せいいちろう　明治26年11月7日～昭和58年9月22日　市川毛織会長　→83/87

木下 清治　きのした・せいじ　昭和14年4月1日～平成23年7月10日　コスモ石油常務　→09/11

木下 清次郎　きのした・せいじろう　～昭和49年4月12日　日綿実業副社長　→昭和

木下 高明　きのした・たかあき　大正5年11月29日～平成7年11月26日　東洋運搬機相談役・元社長　→94/96

木下 昂　きのした・たかし　大正5年1月5日～平成6年5月17日　三菱アルミニウム常務　→94/96

木下 嵩　きのした・たかし　明治41年8月23日～昭和60年9月18日　熊本経済同友会常任理事　→83/87

木下 隆徳　きのした・たかのり　大正7年3月22日～平成17年7月20日　木下製作所会長　→03/05

木下 孝彦　きのした・たかひこ　昭和13年11月28日～平成18年8月4日　ダイハツ工業専務　→00/02

木下 巧　きのした・たくみ　大正12年1月3日～平成19年3月4日　三菱樹脂常務　→06/08

木下 武　きのした・たけし　昭和4年8月20日～平成8年3月30日　阪神内燃機工業社長　→94/96

木下 正　きのした・ただし　～昭和59年2月17日　トビー工業専務　→83/87

木下 忠良　きのした・ただよし　大正5年1月15日～平成3年8月17日　最高裁判事　→91/93

木下 辰雄　きのした・たつお　～昭和31年1月26日　全国漁業協同組合連合会会長　→昭和

木下 玉雄　きのした・たまお　大正2年4月10日～平成8年6月14日　大洋漁業(のちマルハ)常務　→94/96

木下 勗　きのした・つとむ　昭和15年2月16日～平成6年10月1日　京セラ常務　→94/96

木下 常雄　きのした・つねお　明治37年8月23日～昭和60年8月21日　大分銀行相談役・元頭取　→83/87

木下 俊哲　きのした・としあき　平成6年2月23日～平成11年4月2日　子爵　華族会館分館主事　→昭和(きのした・としあや)

木下 俊雄　きのした・としお　大正10年2月15日～平成9年9月18日　喜丸社長, 京染卸商業組合理事長　→97/99

木之下 利夫　きのした・としお　大正13年2月20日～平成22年12月24日　南日本酪農協同社長　→09/11

木下 伸生　きのした・のぶお　昭和8年5月27日～平成4年1月9日　大阪市議, 自民党大阪府連総務会長　→91/93

木下 八郎　きのした・はちろう　～平成2年6月28日　三井埠頭常務　→88/90

木之下 八郎　きのした・はちろう　昭和2年10月4日～平成15年11月3日　田辺製薬副社長　→03/05

木下 久雄　きのした・ひさお　明治35年4月2日～平成8年8月26日　東京急行電鉄専務, 東急不動産専務　→94/96

木下 秀男　きのした・ひでお　昭和11年1月21日～平成13年7月10日　和歌山県議(自民党)　→03/05s

木下 均　きのした・ひとし　～平成6年2月21日　肥後銀行常務　→94/96

木下 博　きのした・ひろし　昭和2年12月10日～平成6年8月1日　ニチレイ常務　→94/96

木下 浩次　きのした・ひろじ　大正8年8月9日～平成18年4月12日　大同特殊鋼社長　→06/08

木下 文吉　きのした・ぶんきち　昭和6年8月14日　陸軍航空兵少佐　→昭和

木下 信　きのした・まこと　明治17年2月～昭和34年6月27日　台湾総督府総務長官, 長崎県知事, 衆院議員(日本進歩党)　→昭和(きのした・しん)

木下 誠　きのした・まこと　昭和8年8月10日～平成11年4月2日　東芝イーエムアイ専務　→97/99

木下 昌雄　きのした・まさお　大正3年～平成7年7月19日　日立造船社長　→94/96

木下 政雄　きのした・まさお　明治43年10月3日～昭和60年3月20日　アコム創業者　→83/87

木下 正治　きのした・まさじ　大正4年12月1日～平成1年8月18日　共済商事社長, 全国労働者共済生協連合会理事長　→88/90

木下 正利　きのした・まさとし　大正4年1月1日～昭和63年12月2日　清水建設副社長　→88/90

木下 正美　きのした・まさみ　～昭和37年10月20日　東海銀行副頭取　→昭和

木下 正美　きのした・まさみ　大正12年3月5日～平成19年1月25日　三潴町(福岡県)町長　→06/08

木下 正行　きのした・まさゆき　昭和5年10月1日～平成12年2月8日　岡山県議(民社党)　→00/02

木下 優　きのした・まさる　～昭和63年4月15日　北電産業常務　→88/90

木下 又三郎　きのした・またさぶろう　明治22年11月13日～昭和52年3月8日　本州製紙社長　→昭和

木下 迪彦　きのした・みちひこ　～昭和63年10月11日　養蚕業　今田人形座主宰　→88/90

木下 光明　きのした・みつあき　大正12年7月15日～平成19年1月15日　野市町(高知県)町長, 龍馬歴史館社長　→06/08

木下 光宣　きのした・みつのり　～平成3年2月28日

木下サーカス社長　→91/93

木下 元二　きのした・もとじ　昭和4年11月3日～平成16年12月3日　衆院議員(共産党)　→03/05

木下 元義　きのした・もとよし　明治38年8月29日～昭和63年4月11日　マルキン醬油相談役,日本醬油協会会長　→88/90

木下 盛雄　きのした・もりお　明治37年9月～昭和22年12月18日　参院議員(自由党)　→昭和

木下 弥一郎　きのした・やいちろう　大正10年2月10日～平成1年6月5日　京都市議(自民党)　→88/90

木下 弥三郎　きのした・やさぶろう　明治27年1月19日～昭和62年1月13日　丸玉観光会長,全国遊技業協同組合連合会長　→83/87

木下 保雄　きのした・やすお　明治40年11月16日～昭和44年5月18日　日生協連専務理事　→昭和

木下 鎮　きのした・やすし　～平成19年4月7日　陸将　防衛庁防衛研究所副所長　→06/08

木下 義昭　きのした・よしあき　昭和24年10月21日～平成22年3月15日　フマキラー取締役　→09/11

木下 善雄　きのした・よしお　明治38年3月30日～平成8年8月3日　シンニチ工業会長　→94/96

木下 義人　きのした・よしと　大正6年9月30日～平成13年1月14日　東亜建設技術会長　→00/02

木下 由兵衛　きのした・よしべえ　明治27年12月13日～昭和56年2月21日　弁護士,公証人　→80/82

木下 義盛　きのした・よしもり　昭和4年2月17日～平成12年12月30日　森永乳業専務　→00/02

木下 良一　きのした・りょういち　～昭和55年10月25日　関西ゴルフ協会理事長　→80/82

木下 亮包　きのした・りょうほう　～平成15年1月18日　僧侶　浅草寺病院理事長,浅草寺長寿院住職　→03/05

木野瀬 久夫　きのせ・ひさお　～昭和60年12月25日　木野瀬印刷社長　→83/87

木ノ戸 徳重　きのと・とくじゅう　明治32年11月26日～昭和61年2月22日　東北ガス社長,元白河市長　→83/87

木野村 権四郎　きのむら・けんしろう　明治10年6月6日～平成14年8月27日　十六信用保証社長,十六銀行監査役　→00/02

木畑 捷三　きばた・しょうぞう　～平成22年6月27日　東洋ゴム工業専務執行役員　→09/11

喜羽 藤十郎　きはね・ふじじゅうろう　～昭和42年11月3日　三善製紙社長　→昭和

木林 惇　きばやし・あつし　～昭和44年2月12日　京都府知事　→昭和

木原 晃　きはら・あきら　昭和6年11月24日～平成12年12月8日　第一製薬専務　→00/02

木原 歓蔵　きはら・かんぞう　大正9年7月18日～平成10年3月28日　東北石油社長　→97/99

木原 喜久馬　きはら・きくま　～昭和55年10月17日　福岡県観光旅館連盟会長　→80/82

木原 清　きはら・きよし　～昭和61年8月1日　東北パルプ(のち十条製紙)常務　→83/87

木原 健吉　きはら・けんきち　～昭和55年6月4日　ハザマ興業監査役,元間組常任監査役　→80/82

木原 晃三郎　きはら・こうざぶろう　～平成4年8月24日　ワコール取締役　→91/93

木原 三郎　きはら・さぶろう　～昭和60年8月3日　松井建設常務　→83/87

木原 鹿之助　きはら・しかのすけ　明治38年7月23日～昭和57年7月7日　千代田火災海上保険常務,安藤建設専務　→80/82

木原 七郎　きはら・しちろう　明治17年1月～昭和26年12月24日　芸備日日新聞社長,広島市長,衆院議員(日本進歩党)　→昭和

木原 誠一　きはら・せいいち　大正13年1月13日～昭和59年2月18日　富士重工業常務　→83/87

木原 仙八　きはら・せんぱち　～昭和19年4月27日　陸軍中将　→昭和

木原 竹弘　きはら・たけひろ　昭和5年11月8日～平成15年11月9日　ホクレン副会長,釧路太田農協組合長　→03/05

木原 武正　きはら・たけまさ　～昭和62年3月12日　空将補　日本航空工業会常務理事　→83/87

木原 津与志　きはら・つよし　明治42年9月28日～昭和46年4月17日　弁護士　衆院議員(社会党)　→昭和

木原 俊雄　きはら・としお　～昭和63年1月13日　全国街並み保存連盟副会長　→88/90

木原 敏二郎　きはら・としじろう　明治41年10月18日～昭和58年1月7日　日本海事検定協会常務理事　→83/87

木原 信敏　きはら・のぶとし　大正15年10月14日～平成23年2月13日　ソニー専務,ソニー木原研究所社長　→09/11

木原 昇　きはら・のぼる　昭和7年2月19日～昭和62年8月27日　福岡県議(民社党)　→83/87

木原 正雄　きはら・まさお　～昭和58年7月15日　全国魔法瓶工業組合顧問,元専務理事　→83/87

木原 実　きはら・みのる　大正5年3月1日～平成22年1月18日　衆院議員(社会党)　→09/11

儀武 息茂　ぎぶ・そくも　大正10年9月30日～平成14年11月26日　弁護士　沖縄弁護士会会長　→00/02

義武 息広　ぎぶ・そっこう　大正11年1月20日～平成6年4月1日　沖縄タイムス常務　→94/96

癸生川 正治　きぶかわ・まさはる　大正5年11月26日～平成6年11月1日　日本ベニヤ副社長　→94/96

貴船 諶道　きぶね・じんどう　大正11年6月13日～平成1年10月24日　僧侶　日光山輪王寺執事長　→88/90

木船 要太郎　きふね・ようたろう　～平成4年6月10日　岩城硝子専務　→91/93

貴舩 悦光　きふね・よしみつ　昭和2年1月16日～平成22

年9月5日　岩国市長　→09/11

木部 清　きべ・きよし　大正13年6月15日～平成9年6月5日　フコク物産会長　→97/99

木辺 孝慈　きべ・こうじ　明治14年4月11日～昭和44年1月23日　真宗木辺派第20代門主　→昭和

岐部 淳治　きべ・じゅんじ　大正4年8月11日～平成8年5月11日　日立マクセル常務　→94/96

木辺 宣慈　きべ・せんじ　明治45年4月1日～平成2年5月2日　僧侶　真宗木辺派門主,錦織寺住職,特殊光学研究所所長　→88/90

木部 達二　きべ・たつじ　大正4年1月1日～昭和23年2月22日　労働者教育者,地方文化運動リーダー　庶民大学三島教室主宰者　→昭和

木部 正雄　きべ・まさお　大正2年4月26日～平成15年12月7日　田無市長　→03/05

木部 貢　きべ・みつぐ　～昭和62年10月23日　行橋市議　→83/87

木部 佳昭　きべ・よしあき　大正15年6月7日～平成13年9月2日　衆院議員(自民党),建設相　→00/02

宜保 安浩　ぎぼ・やすひろ　昭和9年10月13日～平成23年10月7日　弁護士　沖縄弁護士会会長　→09/11

木方 行郎　きほう・ゆきお　大正14年～平成11年11月19日　石原産業取締役　→97/99

儀間 康英　ぎま・こうえい　～平成17年10月20日　アルゼンチン中央日本人の会副会長　→03/05

木俣 畏三　きまた・いぞう　昭和2年5月23日　旧彦根藩国老,男爵　→昭和

木全 繁一　きまた・しげいち　～平成4年1月16日　大和総合印刷会長　→91/93

木股 茂　きまた・しげる　～昭和55年1月23日　滝定元常務　→80/82

木俣 秋水　きまた・しゅうすい　明治45年4月3日～平成3年4月26日　京都市議(自民党)　→91/93

木全 多見　きまた・たみ　安政3年12月14日～昭和11年2月7日　陸軍少将　陸軍砲工学校教官　→昭和

木全 民男　きまた・たみお　昭和8年11月8日～平成10年4月10日　(株)雅乃家社長　→97/99

木股 寅栄　きまた・ともよし　昭和57年12月2日　東レ常務　→80/82

木俣 英純　きまた・ひですみ　～平成5年1月28日　埼玉銀行(のちあさひ銀行)取締役　→91/93

君 健男　きみ・たけお　明治44年12月22日～平成1年4月19日　新潟県知事,参院議員(自民党)　→88/90

公門 金保　きみかど・かねやす　大正8年8月31日～平成14年10月15日　兵庫県議　→00/02

君ケ袋 真一　きみがふくろ・しんいち　大正12年8月2日～昭和63年3月2日　大宮ステーションビル社長,国鉄常務理事・新幹線総局長　→88/90

君ケ袋 真胤　きみがふくろ・またね　～昭和56年10月4日　東京地裁判事　→80/82

君沢 藤一　きみさわ・とういち　昭和3年7月22日～平成10年1月16日　ハックキミサワ会長　→97/99

君島 一郎　きみじま・いちろう　明治20年4月16日～昭和50年4月25日　朝鮮銀行副総裁　→昭和(きみしま・いちろう)

君島 和生　きみしま・かずお　昭和3年11月2日～平成7年12月20日　川崎汽船取締役,国際港連社長　→94/96

君島 潔　きみしま・きよし　～昭和15年4月15日　共同印刷常務取締役　→昭和

君島 興一　きみしま・こういち　～昭和46年1月3日　川崎重工相談役・元副社長　→昭和

君島 清吉　きみじま・せいきち　明治22年～昭和41年1月11日　内務官僚　新潟県知事,福島県知事　→昭和(きみしま・せいきち)

君島 冽　きみしま・はげし　～昭和59年8月5日　朝日新聞社社友・元取締役　→83/87

君島 佳彦　きみじま・よしひこ　昭和5年3月29日～平成21年11月12日　日本経済新聞編集局社会部長　→09/11

君塚 幸吉　きみずか・こうきち　明治35年8月1日～平成4年2月19日　目黒区長　→91/93

君塚 慎　きみずか・しん　～昭和31年8月1日　駐ブラジル大使　→昭和

君塚 美明　きみずか・よしあき　～平成5年1月4日　弁護士　東京弁護士会民事介入暴力被害救済センター委員長,明治大学評議員　→91/93

君浪 鉄雄　きみなみ・てつお　明治41年3月15日～平成4年12月6日　梅田機工会長　→91/93

君野 駿平　きみの・しゅんぺい　大正7年2月27日～平成2年10月19日　弁護士　鳥取県弁護士会会長　→88/90

公森 太郎　きみもり・たろう　明治15年3月6日～昭和28年2月25日　中国銀行頭取　→昭和

公森 俊郎　きみもり・としろう　明治40年8月7日～昭和61年4月7日　帝人監査役　→83/87

木宮 乾峰　きみや・けんぼう　明治37年9月25日～平成12年2月6日　僧侶　中央大学教授,常葉学園短期大学学長,龍雲寺(臨済宗妙心寺派)住職　→00/02

金 聖道　キム・ソンド　～昭和63年7月18日　金光製作所代表取締役,新興商事代表取締役　→88/90(きん・せいどう)

金 嬉老　キム・ヒロ　1928年11月20日～2010年3月26日　金嬉老事件の犯人　→09/11(きん・きろう)

木村 明男　きむら・あきお　昭和9年2月14日～平成9年9月24日　ジャパンタイムズ取締役,東京都放送事業厚生年金基金理事　→97/99

木村 晃　きむら・あきら　昭和4年6月27日～平成5年1月29日　イカリソース社長　→91/93

木村 彬　きむら・あきら　大正1年11月22日～平成4年4月17日　キムラタン社長　→91/93

木村 明　きむら・あきら　大正10年11月5日～平成7年2月

7日　宇都宮商工会議所副会頭、きむらや社長　→94/96

木村　晃　きむら・あきら　昭和2年11月15日～平成17年1月11日　キムラユニティー会長　→03/05

木村　浅七(2代目)　きむら・あさしち　明治24年11月10日～昭和57年3月3日　衆院議員(翼賛議員同盟)、足利市長　→80/82(木村 浅七)

木村　惇　きむら・あつし　明治24年10月30日～昭和44年2月12日　京都府知事　→昭和(きむら・じゅん)

木村　敦行　きむら・あつゆき　～平成4年4月22日　カメラのきむら社長　→91/93

木村　伊三郎　きむら・いさぶろう　～昭和49年4月18日　士別市長　→昭和

木村　伊三実　きむら・いさみ　明治36年5月20日～平成7年11月20日　三沢屋証券社長　→94/96

木村　勇海　きむら・いさる　大正12年8月25日～平成23年9月20日　長崎県議(自民党)　→09/11

木村　伊太郎　きむら・いたろう　明治42年6月24日～平成18年8月16日　三和銀行常務　→06/08

木村　一三　きむら・いちぞう　大正6年2月24日～平成18年12月27日　国際石油社長、日中経済貿易センター名誉会長　→06/08

木村　一郎　きむら・いちろう　大正6年2月23日～昭和58年12月7日　山九顧問　→83/87

木村　一郎　きむら・いちろう　大正6年4月29日～平成1年3月22日　愛知米穀商協同組合理事長、日本デコラックス監査役、タツミ屋商店社長　→88/90

木村　一八郎　きむら・いっぱちろう　～昭和62年11月19日　弁護士　大分県弁護士会会長　→83/87

木村　今夫　きむら・いまお　明治39年12月5日～平成1年4月17日　三井倉庫常務　→88/90

木村　栄一　きむら・えいいち　明治42年8月22日～昭和60年6月19日　木村屋総本店社長　→83/87

木村　英一　きむら・えいいち　明治33年4月3日～昭和59年6月20日　郡上紡績会長、郡上興業会長　→83/87

木村　英世　きむら・えいせい　大正11年5月20日～平成8年1月14日　日産火災海上保険常務　→94/96

木村　悦子　きむら・えつこ　～昭和56年1月　原爆被爆者　→80/82

木村　円吉　きむら・えんきち　明治43年5月26日～平成4年11月18日　新日本海フェリー取締役、小樽商工会議所会頭　→91/93

木村　治　きむら・おさむ　明治43年11月29日～昭和58年5月6日　大日本インキ化学工業監査役　→83/87

木村　治　きむら・おさむ　大正7年11月24日～平成22年1月8日　弁護士　札幌高検検事長　→09/11

木村　音吉　きむら・おときち　～昭和44年7月18日　住友重機械工業取締役・元社長　→昭和

木村　戒自　きむら・かいじ　～平成14年1月21日　陸軍中将　→昭和

木村　一男　きむら・かずお　昭和6年6月12日～平成23年

11月18日　新潟県議(自民党)　→09/11

木村　一夫　きむら・かずお　大正3年9月26日～平成7年5月3日　新和海運社長　→94/96

木村　和祥　きむら・かずよし　大正10年7月6日～平成2年9月3日　公認会計士、税理士、中小企業診断士、社会保険労務士　(社)中小企業診断協会副会長　→88/90

木村　勝次　きむら・かつじ　～平成2年3月3日　リラ亭主人　→88/90

木村　勝次　きむら・かつじ　大正8年11月20日～平成12年9月24日　熊本ファミリー銀行名誉会長　→00/02

木村　可縫　きむら・かぬい　～平成8年7月29日　白菊遺族会会長　→94/96

木村　兼孝　きむら・かねたか　昭和62年7月8日　満州鉱山社長、日本鉱業総務部長　→83/87

木村　包正　きむら・かねまさ　大正14年～平成6年2月1日　バーテンダー　ビジー・ビー(酒場)経営　→94/96

木村　喜一　きむら・きいち　明治41年9月15日～平成4年10月7日　東京生命保険社長　→91/93

木村　紀四郎　きむら・きしろう　～昭和42年5月2日　安田生命保険取締役　→昭和

木村　喜助　きむら・きすけ　昭和3年～平成15年1月26日　弁護士　→03/05

木村　吉太郎　きむら・きちたろう　明治31年5月～昭和12年4月4日　衆院議員(立憲民政党)　→昭和(きむら・よしたろう)

木村　喜八　きむら・きはち　明治45年4月29日～平成20年4月22日　北海道議　→06/08

木村　宜豊　きむら・ぎほう　～昭和39年2月22日　黄檗宗万福寺管長　→昭和

木村　久助　きむら・きゅうすけ　昭和4年6月24日～平成6年5月9日　山形県議(自民党)　→94/96

木村　久太郎　きむら・きゅうたろう　慶応3年9月19日～昭和11年10月22日　実業家　日本ヒューム管創業者、太平洋炭鉱創業者　→昭和(きむら・ひさたろう)

木村　協一　きむら・きょういち　～平成3年8月16日　愛知揆一外相秘書官、(学)東洋学園監事　→91/93

木村　京太郎　きむら・きょうたろう　明治35年6月19日～昭和63年6月11日　部落解放運動家　部落問題研究所顧問　→88/90

木村　潔　きむら・きよし　～昭和43年5月22日　倉レ常務取締役　→昭和

木村　清　きむら・きよし　～昭和12年11月26日　阪和電鉄社長　→昭和

木村　清　きむら・きよし　明治42年8月9日～平成9年2月3日　香川県議　→97/99

木村　清孝　きむら・きよたか　明治33年5月1日～平成11年2月16日　税理士　日本税理士会連合会顧問・元会長、木村計理士事務所長　→97/99

木村　久寿弥太　きむら・くすやた　慶応1年12月2日～昭

I 政治・経済・社会篇

きむら

和10年11月23日 実業家 三菱合資総理事 →昭和

木村 邦正　きむら・くにまさ　昭和15年5月23日～平成8年10月13日　池田銀行常務　→94/96

木村 熊次郎　きむら・くまじろう　～昭和56年11月13日　吹田市長　→80/82

木村 経　きむら・けい　昭和9年1月27日～平成1年6月25日　セコム社長　→88/90

木村 恵一　きむら・けいいち　～昭和61年8月12日　建設省営繕局長, 佐藤工業常務　→83/87

木村 景一　きむら・けいいち　～昭和47年10月29日　木村化工機社長　→昭和

木村 敬三　きむら・けいぞう　大正10年2月17日～平成15年3月3日　賀茂鶴酒造会長, 東広島商工会議所副会頭　→03/05

木村 建　きむら・けん　昭和7年3月16日～平成17年4月4日　岐阜県議(自民党)　→03/05

木村 健一　きむら・けんいち　昭和12年4月11日～平成14年1月30日　八代市長, 熊本県議(自民党)　→00/02

木村 健一　きむら・けんいち　昭和11年4月23日～平成20年12月20日　三菱電線工業専務　→06/08

木村 健吉　きむら・けんきち　大正4年11月28日～平成4年11月7日　日本抵抗器製作所社長　→91/93

木村 賢治　きむら・けんじ　～昭和60年10月23日　安田信託銀行取締役　→83/87

木村 憲七郎　きむら・けんしちろう　～昭和10年2月17日　静岡県土木部長　→昭和

木村 謙次郎　きむら・けんじろう　昭和5年4月2日～平成17年7月26日　京セラ常務　→03/05

木村 健三　きむら・けんぞう　大正8年～平成11年8月27日　新和光投信委託社長, 和光証券副社長　→97/99

木村 謙三　きむら・けんぞう　明治45年7月16日～平成2年10月22日　茨城相互銀行(のち茨城銀行)社長　→88/90

木村 謙太郎　きむら・けんたろう　大正15年10月2日～平成1年7月17日　大日本インキ化学工業取締役　→88/90

木村 源兵衛　きむら・げんべえ　明治23年～昭和46年9月14日　奥多摩町長　→昭和

木村 光一　きむら・こういち　～昭和61年1月9日　光金属製作所社長　→83/87

木村 光一　きむら・こういち　昭和11年12月5日～平成9年7月21日　駐バーレーン大使　→97/99

木村 宏一　きむら・こういち　昭和3年2月18日～平成19年2月2日　機動建設工業会長　→06/08

木村 鋼一　きむら・こういち　昭和4年5月16日～平成8年6月23日　和光証券常務　→94/96

木村 浩吉　きむら・こうきち　文久1年7月7日～昭和15年1月14日　海軍少将　→昭和

木村 宏作　きむら・こうさく　昭和11年9月25日～平成20年12月21日　日新常務　→06/08

木村 幸次郎　きむら・こうじろう　～昭和32年6月22日

東洋鋼板社長, イカリソース社長　→昭和

木村 鉱二郎　きむら・こうじろう　明治36年9月20日～平成7年2月18日　日本冷蔵(のちニチレイ)会長, 帝国ホテル会長　→94/96

木村 剛輔　きむら・ごうすけ　大正6年12月10日～平成6年8月16日　衆院議員(自民党)　→94/96

木村 行蔵　きむら・こうぞう　～平成5年10月31日　日本善行会副会長, 警察庁近畿管区警察局長　→91/93

木村 滉三　きむら・こうぞう　明治35年10月17日～平成4年10月3日　京阪神急行電鉄(のち阪急電鉄)取締役, 阪急不動産常務　→91/93

木村 弘太郎　きむら・こうたろう　～昭和59年12月29日　全国治水砂防協会顧問, 砂防・地すべり技術センター顧問　→83/87

木村 公平　きむら・こうへい　明治38年7月～昭和51年9月27日　衆院議員(自由党)　→昭和

木村 小金吾　きむら・こきんご　～昭和47年3月12日　栃木県副知事　→昭和

木村 小左衛門　きむら・こざえもん　明治21年2月2日～昭和27年2月28日　衆院副議長, 民主党幹事長, 日本硝子窯業社長　→昭和

木村 権右衛門　きむら・ごんえもん　～昭和9年8月29日　大阪の大地主　→昭和

木村 佐一郎　きむら・さいちろう　～昭和62年4月11日　木村鉄工所社長　→83/87

木村 栄　きむら・さかえ　明治43年12月～平成3年12月31日　衆院議員(共産党)　→91/93

木村 さく　きむら・さく　明治17年8月～昭和56年2月25日　新喜楽(料亭)女将, 東京新橋組合頭取, 新橋演舞場取締役　→80/82

木村 作次　きむら・さくじ　大正9年1月21日～昭和59年7月26日　浅沼組常務　→83/87

木村 作次郎　きむら・さくじろう　明治5年7月5日～昭和23年12月20日　美濃大正新聞社長, 衆院議員　→昭和

木村 貞夫　きむら・さだお　～昭和57年8月11日　全国電器小売商業組合連合会理事長　→80/82

木村 貞夫　きむら・さだお　昭和9年4月18日～平成5年5月31日　朝日広告社監査役　→91/93

木村 貞雄　きむら・さだお　大正13年9月19日～昭和63年6月1日　日通工取締役　→88/90

木村 三郎　きむら・さぶろう　～昭和57年6月23日　科研化学専務　→80/82

木村 三郎　きむら・さぶろう　～昭和63年6月9日　地崎工業顧問, 建設省河川局砂防部長　→88/90

木村 三作　きむら・さんさく　～昭和62年11月2日　北海道指導漁連副会長　→83/87

木村 史暁　きむら・しぎょう　昭和24年11月14日～平成21年8月15日　日本銀行神戸支店長　→09/11

木村 志ゲ　きむら・しげ　大正6年～昭和57年4月6日

「公害病友の会」相談役　公害病友の会相談役　→80/82

木村 重夫　きむら・しげお　〜平成5年8月10日
陸将補　陸上自衛隊第十師団副師団長　→91/93

木村 重雄　きむら・しげお　〜昭和46年6月18日
平和生命監査役　→昭和

木村 重雄　きむら・しげお　〜昭和57年4月17日
古河電池社長　→80/82

木村 繁雄　きむら・しげお　大正3年1月13日〜平成16年1月27日　帝国石油社長　→03/05

木村 重行　きむら・しげゆき　〜昭和18年9月25日
陸軍主計総監　→昭和

木村 滋　きむら・しげる　〜昭和63年2月5日
(株)きもの京都社長　→88/90

木村 茂　きむら・しげる　〜昭和55年7月21日
九州文化協会事務局長　→80/82

木村 茂　きむら・しげる　〜昭和57年4月15日
三和精工会長　→80/82

木村 茂　きむら・しげる　大正5年2月1日〜昭和63年1月28日　大成道路専務　→88/90

木村 茂　きむら・しげる　大正5年2月19日〜平成1年4月24日　木村刃物製造社長　→88/90

木村 蕘　きむら・しげる　大正10年1月2日〜平成21年5月1日　日立金属常務　→09/11

木村 志津男　きむら・しずお　大正5年4月5日〜平成16年6月29日　上組専務　→03/05

木村 愼夫　きむら・しずお　大正14年7月11日〜平成15年10月16日　徳倉建設専務　→03/05

木村 治輔　きむら・じすけ　〜平成7年8月18日
日本製粉副社長　→94/96

木村 周一　きむら・しゅういち　明治41年8月27日〜昭和63年12月3日　茶周染色代表取締役会長、一宮商工会議所副会頭　→88/90

木村 修一　きむら・しゅういち　大正14年12月3日〜平成15年11月10日　新日本製鉄副社長　→03/05

木村 修吉　きむら・しゅうきち　明治31年1月13日〜平成4年9月29日　丸紅専務、南海毛糸紡績社長　→91/93

木村 重吉　きむら・じゅうきち　明治34年3月〜昭和38年11月20日　九州朝日放送社長、西鉄社長、パ・リーグ総裁　→昭和

木村 秀弘　きむら・しゅうこう　〜昭和50年6月29日
専売公社総裁　→昭和

木村 秀寿　きむら・しゅうじゅ　大正3年7月15日〜昭和62年9月28日　中新田町農協(宮城県)組合長、全国農協中央理事　→83/87

木村 十郎　きむら・じゅうろう　〜昭和44年3月18日
朝日広告社副社長　→昭和

木村 俊一　きむら・しゅんいち　明治43年7月26日〜平成8年11月30日　木村酒造社長、八代学院大学(のち神戸国際大学)教授　→94/96

木村 俊一　きむら・しゅんいち　昭和10年7月27日〜平成16年1月12日　ダイセル化学工業専務　→03/05

木村 惇一　きむら・じゅんいち　大正9年9月13日〜平成5年3月29日　国際電信電話常務　→91/93

木村 駿吉　きむら・しゅんきち　慶応2年10月6日〜昭和13年10月6日　海軍技師、弁理士　→昭和

木村 順治　きむら・じゅんじ　昭和7年4月3日〜平成18年2月18日　福岡相互銀行専務　→06/08

木村 峻三　きむら・しゅんぞう　昭和4年11月22日〜和63年3月14日　千葉サンケイ新聞社長　→88/90

木村 庄一　きむら・しょういち　〜平成6年4月8日
滋賀県議　→94/96

木村 昭一　きむら・しょういち　昭和4年4月7日〜57年3月6日　愛知県議　→80/82

木村 錠吉　きむら・じょうきち　明治3年11月16日〜昭和23年8月23日　労働運動家　→昭和

木村 韶光　きむら・しょうこう　〜昭和61年10月26日
古川市選挙管理委員長　→83/87

木村 正次　きむら・しょうじ　〜平成2年8月15日
日本炭酸取締役　→88/90

木村 条二　きむら・じょうじ　昭和6年8月4日〜平成1年3月28日　三井建設取締役　→88/90

木村 伏治　きむら・じょうじ　昭和4年8月20日〜平成14年2月19日　朝日放送専務　→00/02

木村 尚達　きむら・しょうたつ　明治12年5月27日〜昭和22年11月1日　司法官　法相、検事総長、貴院議員　→昭和(きむら・なおたつ)

木村 正範　きむら・しょうはん　〜昭和58年7月2日
陽秀院住職、永平寺(曹洞宗)名古屋別院監院、愛知県仏教会会長　→83/87

木村 静雄　きむら・じょうゆう　明治42年7月〜昭和62年11月29日　僧侶　花園大学教授、花園大学禅文化研常任理事　→83/87

木村 治郎　きむら・じろう　〜平成3年5月19日
渋谷区会議長　→91/93

木村 四郎七　きむら・しろしち　明治35年10月24日〜成8年8月28日　駐韓国大使、NHK経営委員　→94/96

木村 伸一　きむら・しんいち　大正15年1月3日〜平成4年12月16日　海上保安庁第一管区海上保安本部長　→91/93

木村 新治　きむら・しんじ　昭和16年1月15日〜平成5年5月25日　オーク取締役　→91/93

木村 真祐　きむら・しんすけ　昭和15年4月2日〜平成23年8月1日　川崎製鉄専務、川鉄リース社長　→09/11

木村 進　きむら・すすむ　明治24年〜昭和55年3月16日
海軍中将　→80/82

木村 澄男　きむら・すみお　昭和3年4月27日〜平成12年6月8日　北海道議(無所属)　→00/02

木村 純賢　きむら・すみかた　昭和11年3月27日〜平成22年1月9日　三菱製紙副社長　→09/11

木村 正剛　きむら・せいごう　昭和4年1月25日～平成3年9月27日　福岡県議(無所属)　→91/93

木村 清三郎　きむら・せいざぶろう　明治2年6月～昭和16年2月26日　衆院議員(政友本党)　→昭和

木村 清司　きむら・せいじ　～昭和55年10月18日　弁護士　福井県知事　→80/82

木村 清四郎　きむら・せいしろう　文久1年6月5日～昭和9年9月24日　日本銀行副総裁,貴院議員(勅選)　→昭和

木村 清蔵　きむら・せいぞう　～昭和44年7月12日　大阪商船三井船舶取締役　→昭和

木村 静幽　きむら・せいゆう　天保12年8月～昭和4年12月12日　実業家　大阪土木社長　→昭和

木村 善太郎　きむら・ぜんたろう　～昭和45年6月23日　最高裁判事　→昭和

木村 壮介　きむら・そうすけ　昭和14年3月28日　海軍軍医総監　→昭和

木村 祖真　きむら・そしん　～昭和56年5月18日　臨済宗妙心寺派前宗議会議員　→80/82

木村 外一　きむら・そといち　～昭和49年5月15日　日本抵抗器製作所会長　→昭和

木村 泰三　きむら・たいぞう　大正7年3月9日～平成1年12月7日　姫路市商店街連合会会長,ひめや社長　→88/90

木村 泰三　きむら・たいぞう　昭和2年5月27日～平成17年10月27日　国民金融公庫理事　→03/05

木村 太一郎　きむら・たいちろう　～昭和55年5月14日　草津市長　→80/82

木村 妙子　きむら・たえこ　昭和11年3月6日～平成23年8月29日　ボランティア活動家　アジア友好の家事務局長　→09/11

木村 恭　きむら・たかし　昭和11年1月2日～平成11年9月16日　リズム時計工業専務　→97/99

木村 孝　きむら・たかし　大正14年4月10日～平成7年4月9日　毎日放送常務　→94/96

木村 孝　きむら・たかし　大正9年2月23日～平成21年7月23日　山陽百貨店社長　→09/11

木村 高　きむら・たかし　～昭和63年7月9日　天賞酒造監査役,宮城交通常務　→88/90

木村 隆志　きむら・たかし　昭和7年1月2日～平成11年10月23日　日本空港ビルディング副社長　→97/99

木村 喬行　きむら・たかゆき　大正7年1月1日～昭和55年10月24日　仙台高検検事長　→80/82

木村 琢磨　きむら・たくま　大正8年4月22日～平成10年8月15日　東京光学機械(のちトプコン)社長　→97/99

木村 武男　きむら・たけお　明治42年6月10日～昭和51年12月30日　内外編物会長　→昭和

木村 武男　きむら・たけお　大正2年11月18日～昭和56年4月22日　日本工営社長　→80/82

木村 武夫　きむら・たけお　明治38年3月1日～平成1年2月2日　アーレスティ副社長,中央ダイキャスト工業社長　→88/90

木村 武雄　きむら・たけお　明治35年8月30日～昭和58年11月26日　政治家　衆院議員(自民党),建設相　→83/87

木村 武雄　きむら・たけお　～平成12年8月17日　新和内航海運常務　→00/02

木村 剛　きむら・たけし　慶応2年～昭和4年9月23日　海軍中将　→昭和

木村 武　きむら・たけし　～昭和61年4月30日　紋別市農協組合長　→83/87

木村 武　きむら・たけし　大正2年2月23日～平成20年7月31日　三共常務　→06/08

木村 猛　きむら・たけし　大正4年7月11日～平成18年9月5日　三菱金属副社長　→06/08

木村 武千代　きむら・たけちよ　明治43年4月5日～平成12年11月28日　政治家　衆院議員(自民党)　→00/02

木村 雄宗　きむら・たけむね　昭和6年2月10日～平成18年2月5日　三菱自動車工業社長　→06/08

木村 忠昭　きむら・ただあき　昭和18年3月6日～平成6年3月6日　木村刃物製造社長　→94/96

木村 惟雄　きむら・ただお　～平成4年5月20日　関西甲飛会名誉会長　→91/93

木村 正　きむら・ただし　大正11年9月22日～平成19年6月20日　徳島県議(自民党)　→06/08

木村 辰雄　きむら・たつお　明治45年2月10日～平成9年9月24日　カツヤマキカイ会長　→97/99

木村 保　きむら・たもつ　大正10年1月3日～昭和60年12月14日　西松建設専務,日本道路公団大阪支社長　→83/87

木村 保　きむら・たもつ　昭和3年2月6日～昭和61年7月26日　ニチアス常務　→83/87

木村 太郎　きむら・たろう　～昭和61年3月14日　仙台市議　→83/87

木村 主税　きむら・ちから　明治43年6月3日～昭和58年5月4日　女川町(宮城県)町長　→83/87

木村 忠一　きむら・ちゅういち　～昭和60年12月11日　丸彦渡辺建設副社長　→83/87

木村 忠二郎　きむら・ちゅうじろう　～昭和53年7月29日　厚生事務次官　→昭和

木村 チヨ　きむら・ちよ　明治23年9月～昭和31年7月2日　衆院議員(民主党)　→昭和

木村 澄覚　きむら・ちょうかく　明治22年3月5日～昭和50年12月30日　僧侶　真言宗東寺派管長　→昭和

木村 司　きむら・つかさ　～昭和55年2月10日　東京銀行蒲田支店長,前パナマ東京銀行頭取　→80/82

木村 槌之助　きむら・つちのすけ　明治32年10月10日～平成5年6月6日　東洋フィッテイング社長　→91/93

木村 勉　きむら・つとむ　明治43年6月26日～昭和62年11月5日　弁護士　京都弁護士会副会長　→83/87

木村 力　きむら・つとむ　大正12年～平成5年1月16日
日本水産監査役　→91/93

木村 恒夫　きむら・つねお　明治9年7月～昭和12年9月21日　陸軍中将　→昭和

木村 恒雄　きむら・つねお　～昭和59年6月13日
三菱化成工業開発本部企画開発室長兼同本部新エネルギー室長　→83/87

木村 恒正　きむら・つねまさ　～昭和57年9月14日
九州電力常務　→80/82

木村 悌蔵　きむら・ていぞう　～昭和45年2月10日
山城屋会長　→昭和

木村 哲男　きむら・てつお　昭和15年2月25日～平成2年6月28日　第一測範製作所会長　→88/90

木村 鉄雄　きむら・てつお　～昭和48年2月19日
三井東圧化学常務　→昭和

木村 哲忍　きむら・てつにん　～昭和49年6月28日
天令寺真盛宗管長　→昭和

木村 哲也　きむら・てつや　昭和31年5月23日～平成22年9月13日　弁護士　関西大学大学院法務研究科教授　→09/11

木村 輝永　きむら・てるなが　大正7年2月10日～平成4年4月6日　瀬戸内海汽船社長　→91/93

木村 伝兵衛　きむら・でんべえ　～昭和47年6月13日
水戸市長　→昭和

木村 亨　きむら・とおる　昭和10年4月8日～平成4年2月2日　太平工業取締役　→91/93

木村 亨　きむら・とおる　～平成10年7月14日
カッパ会代表世話人,中央公論編集員　横浜事件の元被告　→97/99

木村 篤太郎　きむら・とくたろう　明治19年2月7日～昭和57年8月8日　弁護士　参院議員(自民党),法相　→80/82

木村 敏明　きむら・としあき　大正14年3月2日～平成9年4月28日　日興証券副会長　→97/99

木村 俊夫　きむら・としお　明治42年1月15日～昭和58年12月1日　政治家　衆院議員(自民党),外相　→83/87

木村 敏夫　きむら・としお　昭和18年～平成19年11月1日　神戸製鋼所副社長　→06/08

木村 敏武　きむら・としたけ　昭和3年～平成2年7月22日　日揮専務　→88/90

木村 富次良　きむら・とみじろう　～昭和45年4月21日
武田薬品工業常務　→昭和

木村 富次郎　きむら・とみじろう　～昭和60年2月19日
東св設計社長　→83/87

木村 知雄　きむら・ともお　～昭和44年8月27日
日興証券専務　→昭和

木村 虎一　きむら・とらいち　明治41年3月30日～平成2年7月7日　阪急百貨店副社長　→88/90

木村 直次郎　きむら・なおじろう　～昭和45年5月9日
藤沢薬品工業専務　→昭和

木村 直彦　きむら・なおひこ　～昭和45年11月9日
大日本インキ専務　→昭和

木村 楢太郎　きむら・ならたろう　明治32年2月23日～昭和60年3月23日　弁護士　大阪弁護士会副会長,日弁連理事　→83/87

木村 日紀　きむら・にちき　明治15年12月25日～昭和40年11月25日　僧侶(日蓮宗)　立正大学名誉教授,日本寺住職　→昭和

木村 日保　きむら・にっぽ　明治11年9月9日～昭和17年5月5日　僧侶　顕本法華宗管長,統合宗学林高等部教授　→昭和

木村 宣司　きむら・のぶじ　～平成1年11月16日
群馬県観光審議会委員,水上町(群馬県)町長　→88/90

木村 昇　きむら・のぼる　～昭和62年11月17日
サンスター常務　→83/87

木村 登　きむら・のぼる　昭和4年8月20日～平成21年3月15日　大成ラミック社長　→09/11

木村 乗俊　きむら・のりとし　～昭和58年2月2日
協和信用金庫理事長　→83/87

木村 はる枝　きむら・はるえ　～平成23年2月24日
海女　歌手・鳥羽一郎・山川豊兄弟の母　→09/11

木村 治雄　きむら・はるお　昭和18年8月9日～平成19年6月1日　東京三菱銀行常務　→06/08

木村 久生　きむら・ひさお　大正11年10月29日～平成8年4月6日　朝日放送常務　→94/96

木村 久夫　きむら・ひさお　大正10年4月9日～昭和21年2月13日　戦争犯罪人として刑死した学徒兵　→昭和

木村 久治　きむら・ひさじ　明治42年7月25日～平成7年9月30日　神奈川県議,神奈川県農協中央会副会長　→94/96

木村 久吉　きむら・ひさよし　昭和9年9月22日～平成21年6月1日　三菱マテリアル常務　→09/11

木村 秀興　きむら・ひでおき　明治5年10月～昭和16年4月5日　衆院議員(民政党)　→昭和(きむら・しゅうこう)

木村 英徳　きむら・ひでのり　昭和11年11月16日～平成18年11月21日　奥村組副社長　→06/08

木村 秀儀　きむら・ひでよし　明治32年7月20日～昭和59年12月29日　三井銀行専務,関東自動車工業社長　→83/87

木村 秀吉　きむら・ひでよし　明治31年～昭和48年6月2日　木村化工機会長　→昭和(きむら・しゅうきち)

木村 平　きむら・ひとし　明治39年10月28日～平成10年11月30日　大成建設副社長,大成ロテック社長　→97/99

木村 鈞　きむら・ひとし　～平成4年1月5日
中部善意銀行常務理事,全国善意銀行連絡協議会事務局長　→91/93

木村 弘郎　きむら・ひろお　昭和21年6月12日～平成15年8月23日　住商オートリース専務　→03/05

木村 博　きむら・ひろし　昭和4年2月11日〜平成16年6月10日　日立造船副社長　→03/05

木村 広治　きむら・ひろじ　明治34年3月25日〜昭和58年6月15日　関西新聞社社主　→83/87

木村 博郎　きむら・ひろしろう　大正13年10月13日〜昭和62年10月25日　積水化学工業顧問,ユニチカ取締役　→83/87

木村 博介　きむら・ひろすけ　大正3年〜平成1年4月6日　(株)丸セ木村書店社長　→88/90

木村 弘　きむら・ひろむ　大正8年3月26日〜平成7年2月10日　ヤンマーディーゼル副社長　→94/96

木村 富士　きむら・ふじ　〜昭和60年11月25日　ソーダニッカ会長,関西ソーダ商協会会長　→83/87

木村 文男　きむら・ふみお　明治37年7月〜昭和40年3月20日　衆院議員(自民党)　→昭和

木村 文雄　きむら・ふみお　〜平成18年4月20日　木村漁業部社長　→06/08

木村 文太郎　きむら・ぶんたろう　〜昭和60年8月8日　西南学院理事長,西南学院教会名誉牧師　→83/87

木村 平右衛門　きむら・へいえもん　明治14年2月〜昭和28年11月23日　九州配電社長,衆院議員(公正会)　→昭和

木村 兵太郎　きむら・へいたろう　明治21年9月28日〜昭和23年12月23日　陸軍大将　陸軍次官　→昭和

木村 誠　きむら・まこと　〜昭和57年1月5日　大正海運社長　→80/82

木村 正昭　きむら・まさあき　大正3年3月22日〜平成7年1月3日　技研興業社長　→94/96

木村 正明　きむら・まさあき　〜昭和62年1月2日　博多ステーションビル取締役社長　→83/87

木村 昌夫　きむら・まさお　昭和12年3月24日〜平成7年7月27日　大林組顧問　→94/96

木村 正夫　きむら・まさお　〜平成3年1月15日　木村証券相談役・元常務　→91/93

木村 止子　きむら・まさこ　〜平成18年10月23日　婦人運動家　→06/08

木村 政次郎　きむら・まさじろう　慶応1年7月8日〜昭和24年1月9日　東京毎夕新聞社長,衆院議員(立憲政友会)　→昭和

木村 正信　きむら・まさのぶ　大正4年11月18日〜昭和62年11月23日　キムラ本店社長　→83/87

木村 正則　きむら・まさのり　大正15年12月2日〜平成15年10月15日　モリテックスチール社長　→03/05

木村 正治　きむら・まさはる　大正2年11月28日〜平成2年4月2日　タクマ専務　→88/90

木村 雅文　きむら・まさふみ　〜平成21年8月11日　航空宇宙エンジニア　日本電気航空宇宙システム　→09/11

木村 政巳　きむら・まさみ　明治39年4月12日〜昭和59年1月31日　ニチアス(旧・日本アスベスト)常務　→83/87

木村 雅光　きむら・まさみつ　昭和6年7月22日〜平成13年11月18日　木村化工機専務　→00/02

木村 勝　きむら・まさる　昭和4年7月31日〜平成17年12月22日　神戸新聞専務,デイリースポーツ専務　→03/05

木村 大　きむら・まさる　大正11年11月16日〜平成19年3月21日　神奈川電気専務　→06/08

木村 又一郎　きむら・またいちろう　明治39年10月1日〜昭和59年6月27日　木村証券会長,日本証券業協会顧問　→83/87

木村 幹夫　きむら・みきお　〜昭和62年6月25日　中日新聞中日スポーツ総局整理部参事　→83/87

木村 幹夫　きむら・みきお　昭和11年1月8日〜昭和63年4月11日　木村物産社長　→88/90

木村 操　きむら・みさお　昭和2年8月1日〜平成19年9月6日　つくば市長　→06/08

木村 三千夫　きむら・みちお　昭和2年4月28日〜平成18年11月5日　日本デコラックス社長　→06/08

木村 美智男　きむら・みちお　大正11年1月20日〜昭和49年6月28日　参院議員(社会党)　→昭和

木村 三男　きむら・みつお　大正3年7月5日〜平成2年1月8日　日本貿易振興会理事,大蔵省門司税関長　→88/90

木村 三雄　きむら・みつお　大正1年11月6日〜昭和62年11月28日　豊田紡織社長,豊田通商専務　→83/87

木村 光子　きむら・みつこ　大正4年4月〜平成6年8月6日　木村屋総本店社長・会長　→94/96

木村 光良　きむら・みつよし　昭和8年9月19日〜平成13年1月9日　岩崎通信機常務　→00/02

木村 美利　きむら・みとし　昭和5年6月11日〜平成3年8月17日　筑紫野市会議員　→91/93

木村 実　きむら・みのる　大正8年10月31日〜平成13年6月20日　住友商事常務　→00/02

木村 実　きむら・みのる　〜平成20年9月28日　奈良県教育委員長,奈良県労働金庫理事長　→09/11s

木村 稔　きむら・みのる　〜昭和56年5月17日　阪神相互銀行常務　→80/82

木村 睦男　きむら・むつお　大正2年7月29日〜平成13年12月7日　参院議員(自民党),参院議長,運輸相　→00/02

木村 元雄　きむら・もとお　昭和5年2月11日〜平成1年9月17日　三石テクノ社長,燃料協会副会長,三菱石油取締役　→88/90

木村 元岳　きむら・もとたか　〜平成11年7月28日　陸将　陸上自衛隊第5師団長　→97/99

木村 元周　きむら・もとちか　大正9年8月17日〜平成3年2月12日　良寛維宝堂館長　→91/93

木村 守江　きむら・もりえ　明治33年4月6日〜平成8年11月3日　福島県知事,衆院議員(自民党)　→94/96

木村 弥作　きむら・やさく　明治42年12月30日〜平成2年11月4日　ヤサク会長　→88/90

木村 弥三郎　きむら・やさぶろう　明治23年1月12日〜

I　政治・経済・社会篇

昭和43年12月6日　中部相互銀行社長　→昭和

木村 八潮　きむら・やしお　～平成6年8月29日
稚内市議　「キタホタル研究会」代表　→94/96

木村 泰雄　きむら・やすお　～昭和48年3月9日
住金物産会長　→昭和

木村 靖夫　きむら・やすお　昭和5年1月29日～平成19年2月26日　住友海上火災保険副社長　→06/08

木村 保寿　きむら・やすひさ　大正15年12月5日～平成3年6月21日　電気興業常務　→91/93

木村 勇吉　きむら・ゆうきち　大正12年10月2日～平成11年2月1日　東京都衛生局長　→97/99

木村 祐吉　きむら・ゆうきち　昭和2年12月19日～平成7年2月20日　日経カルチャー社長、日本経済新聞社友　→94/96

木村 雄児　きむら・ゆうじ　昭和4年3月28日～平成15年3月15日　昭和飛行機工業専務　→03/05

木村 幸夫　きむら・ゆきお　～平成15年5月2日
東洋物産専務　→03/05

木村 幸雄　きむら・ゆきお　大正15年6月22日～平成7年1月23日　農水省北陸農政局長　→94/96

木村 譲　きむら・ゆずる　～昭和37年6月28日
八十二銀行会長　→昭和

木村 豊　きむら・ゆたか　昭和5年～昭和60年4月4日
キムラタン社長　→83/87

木村 豊　きむら・ゆたか　明治43年3月12日～昭和62年3月9日　前川産業会長、前川製作所監査役　→83/87

木村 洋一　きむら・よういち　昭和8年11月29日～平成22年12月10日　中部電力常務　→09/11

木村 嘉大　きむら・よしお　～昭和45年7月12日
東洋信託銀行取締役　→昭和

木村 義雄　きむら・よしお　～昭和32年7月9日
日本石油取締役　→昭和

木村 義雄　きむら・よしお　明治30年8月～昭和63年5月27日　衆院議員（自由党）　→88/90

木村 善和　きむら・よしかず　～昭和57年8月29日
盛岡地検検事正、最高検検事　→80/82

木村 善隆　きむら・よしたか　大正5年9月8日～平成18年11月19日　警察庁中部管区警察局長　→06/08

木村 義信　きむら・よしのぶ　大正2年5月14日～平成3年8月29日　岐建木村会長　→91/93

木村 義信　きむら・よしのぶ　昭和2年1月30日～平成15年10月21日　江差町（北海道）町長　→03/05

木村 吉巳　きむら・よしみ　大正7年1月3日～昭和62年10月29日　関西相互銀行常務　→83/87

木村 義幸　きむら・よしゆき　昭和3年11月7日～平成11年12月17日　合同製鉄専務　→97/99

木村 芳郎　きむら・よしろう　～平成18年9月3日
横河電機製作所（のち横河電機）常務　→06/08

木村 磊三　きむら・らいぞう　明治30年9月29日～昭和

60年12月26日　全日本空輸監査役、佐渡島金属相談役・元社長　→83/87

木村 利一　きむら・りいち　明治32年9月22日～平成7年8月8日　滋賀県議、近江製剤社長　→94/96

木村 利亀太　きむら・りきた　～昭和13年2月23日
久保田鉄工所取締役　→昭和

木村 利喜知　きむら・りきち　明治42年12月28日～平成12年4月10日　東京測範社長　→00/02

木村 隆輔　きむら・りゅうすけ　大正7年3月5日～平成19年8月4日　パラマウントベッド創業者　→06/08

木村 柳太郎　きむら・りゅうたろう　～昭和48年8月23日　豊田工機会長　→昭和

木村 龍平　きむら・りゅうへい　～昭和55年3月27日
社会党東京都本部役員・国分寺総本部長　→80/82

木村 良三　きむら・りょうぞう　昭和5年4月17日～平成3年11月1日　住友電装取締役、東洋ハーネス常務　→91/93

木村 六郎　きむら・ろくろう　明治41年1月14日～平成4年12月22日　黒川古文化研究所理事長、読売テレビ常務　→91/93

木村 亘　きむら・わたる　昭和11年6月24日～平成3年9月24日　東洋製缶取締役・久喜工場長　→91/93

肝付 兼英　きもつき・かねふさ　明治26年7月～昭和49年11月22日　貴院議員（男爵）　→昭和（きもつけ・かねひで）

肝付 幸彦　きもつき・さちひこ　明治40年3月15日～昭和63年9月30日　明治製菓監査役、キンケイ食品工業社長　→88/90

木本 岩夫　きもと・いわお　～昭和56年5月18日
ユニチカ元取締役　→80/82

木本 氏仁　きもと・うじひと　大正9年～平成4年12月23日　きもと社長　→昭和

木本 氏房　きもと・うじふさ　～昭和43年7月3日
国際航業顧問　→昭和

木本 一夫　きもと・かずお　～昭和63年1月8日
日本海自動車工業代表取締役専務　→88/90

木本 一馬　きもと・かずま　明治9年2月14日～平成3年12月26日　日本土地社長、木本商事社長　→91/93

木本 寛治　きもと・かんじ　大正4年10月17日～昭和62年10月25日　京都家裁調停委員、ワコール副社長　→83/87

木元 規矩男　きもと・きくお　明治38年～平成4年11月19日　RKB毎日放送元社長　→91/93

木本 久作　きもと・きゅうさく　～昭和2年4月10日
木本鉄工株式会社々長　→昭和

木本 伍六　きもと・ごろく　～平成1年10月22日
海軍少将　ウエスターン・トレーディング相談役　→88/90

木元 笹千恵　きもと・ささちえ　～昭和55年2月11日
城島署次長　→80/82

430　「現代物故者事典」総索引（昭和元年～平成23年）

I 政治・経済・社会篇　　　　　　　　　　　　　　きょうた

木本 三郎　きもと・さぶろう　大正6年3月10日〜平成20年9月11日　駐ペルー大使　→06/08

木本 主一郎　きもと・しゅいちろう　明治8年3月〜昭和14年9月18日　衆院議員(政友会)　→昭和

木本 修一郎　きもと・しゅういちろう　明治44年9月21日〜昭和61年6月4日　吉原製油社長　→83/87

木本 潤一　きもと・じゅんいち　大正5年7月23日〜平成2年1月30日　中国電気工事専務　→88/90

木本 舜造　きもと・しゅんぞう　昭和12年1月14日〜平成21年8月17日　BSジャパン社長　→09/11

木本 尚一　きもと・しょういち　明治35年7月18日〜昭和59年6月30日　安田生命保険相互常務,日本電算機用品会長　→83/87

木本 新吉　きもと・しんきち　大正4年8月1日〜昭和62年12月25日　新興産業社長,東洋紡績常務　→83/87

木本 真司　きもと・しんじ　昭和7年8月25日〜平成4年7月29日　ダイドーリミテッド常務　→91/93

木本 誠治　きもと・せいじ　昭和5年6月4日〜昭和61年7月3日　京三製作所取締役　→83/87

木元 剛　きもと・たけし　大正3年3月6日〜昭和60年9月30日　大宝工業社長,元全日本プラスチック製品工業協会会長　→83/87

木本 忠　きもと・ただし　大正6年11月20日〜平成3年3月13日　ニチロ取締役,ニチロ毛皮社長　→91/93

木本 達雄　きもと・たつお　大正10年2月14日〜平成3年9月2日　五洋建設常務　→91/93

木本 凡人　きもと・ぼんじん　明治21年〜昭和22年5月4日　社会運動家　→昭和

木本 吉蔵　きもと・よしぞう　大正13年5月9日〜平成14年12月6日　太陽神戸銀行(のち三井住友銀行)取締役,ミドリ十字専務　→00/02

木本 由比　きもと・よしとも　明治44年1月22日〜平成4年3月7日　北海道マリッジカウンセリングセンター所長　→91/93

木元 芳治　きもと・よしはる　〜平成12年6月7日　中電工常務　→00/02

木谷 昇　きや・のぼる　大正9年3月24日〜昭和61年7月17日　北洋相銀取締役　→83/87

喜安 健次郎　きやす・けんじろう　明治18年11月4日〜昭和62年8月29日　鉄道次官,帝都高速度交通営団総裁　→昭和(喜安 建次郎)

喜安 虎夫　きやす・とらお　明治45年2月11日〜平成3年1月6日　エフエム愛媛社長　→91/93

木山 章義　きやま・あきよし　大正14年2月9日〜平成6年1月12日　東芝機械専務　→94/96

帰山 仁之助　きやま・じんのすけ　大正1年10月5日〜昭和63年7月3日　全国青色申告総連合会会長,浅草信用金庫理事　→88/90

木山 千之　きやま・ちゆき　大正15年1月17日〜平成20年11月20日　広島県議(自民党)　→06/08

木山 照道　きやま・てるみち　〜平成14年9月29日　神官　大神神社名誉宮司,皇学館大学副理事長　→00/02

木山 弘　きやま・ひろむ　大正7年4月15日〜平成21年2月26日　奈良市長　→09/11

木山 鳳　きやま・ほう　大正1年12月18日〜平成7年8月23日　日本触媒常務　→94/96

木山 正義　きやま・まさよし　明治42年6月20日〜平成20年6月22日　海軍中佐　日本燃料社長,水交会会長　→06/08

木山 三千人　きやま・みちと　〜昭和57年12月9日　福岡市議(自民党)　→80/82

喜屋武 真栄　きゃん・しんえい　明治45年7月25日〜平成9年7月16日　参院議員(二院ク)　→97/99

久徳 潔　きゅうとく・きよし　大正11年1月21日〜平成12年5月16日　宮地鉄工所常務　→00/02

久徳 茂雄　きゅうとく・しげお　大正3年9月2日〜平成9年10月14日　西松建設専務　→97/99

久野 義次　きゅうの・よしじ　大正2年11月13日〜平成18年3月1日　久野織物社長,本場大島紬織物協同組合理事長　→06/08

久間 公平　きゅうま・こうへい　〜昭和59年9月13日　日東粉化商事取締役営業部長　→83/87

久間 覚　きゅうま・さとる　大正13年2月19日〜平成7年4月12日　西広社長　→94/96

許 キョ　⇒ホ

清井 正　きよい・ただし　明治43年11月14日〜平成18年12月13日　農林事務次官,農林漁業金融公庫総裁,日本中央競馬会理事長　→06/08

京 美夫　きょう・よしお　昭和10年3月29日〜平成10年5月26日　成幸工業社長　→97/99

京井 勲　きょうい・いさお　昭和2年11月7日〜平成20年1月24日　日鉄ドラム社長　→06/08

京岡 光輝　きょうおか・みつてる　大正13年4月12日〜平成5年5月6日　日刊工業新聞理事　→91/93

京極 高徳　きょうごく・たかのり　安政5年11月5日〜昭和13年5月21日　子爵　旧丸亀藩主,貴院議員　→昭和

京極 高備　きょうごく・たかよし　明治6年7月30日〜平成8年10月25日　子爵,陸軍騎兵中尉　貴院議員　→昭和

京極 龍吉　きょうごく・りょうきち　〜昭和57年1月2日　丸服社長　→80/82

京条 郁雄　きょうじょう・いくお　〜平成1年3月1日　東京証券信用組合専務理事　→88/90

京須 実　きょうす・みのる　大正15年7月21日〜平成3年7月16日　千葉ニュータウンセンター社長　→91/93

経塚 幸夫　きょうづか・ゆきお　大正13年11月29日〜平成9年7月10日　衆院議員(共産党)　→97/99(きょうづか・ゆきお)

京増 正儀　きょうそう・まさよし　大正4年7月11日〜平成7年2月1日　酒々井町(千葉県)町長　→94/96

行田 孝男　ぎょうだ・たかお　〜昭和55年9月30日　昭栄合金工所社長　→80/82

京田 博一　きょうだ・ひろいち　大正3年7月23日〜平成10年3月27日　神戸製鋼所常務　→97/99

京戸 慈海　きょうど・じかい　〜平成1年5月31日　僧侶　金龍山浅草寺大僧正, 日音院住職　→88/90

京野 菊次郎　きょうの・きくじろう　大正8年12月2日〜平成16年7月19日　川崎製鉄常務　→03/05

京野 正樹　きょうの・まさき　明治42年1月28日〜平成9年11月24日　秋田銘醸会長　→97/99

京野 光夫　きょうの・みつお　大正15年6月22日〜平成19年9月1日　HOYA常務　→06/08

京野 順郎　きょうの・よりお　昭和7年6月22日〜平成23年11月21日　三菱自動車工業副社長　→09/11

京谷 昭夫　きょうや・あきお　昭和11年1月6日〜平成8年5月6日　日本中央競馬会理事長, 農水事務次官　→94/96

京谷 兼一　きょうや・かねいち　大正1年8月14日〜平成15年9月22日　北海道議, 厚沢部町(北海道)町長　→03/05

京屋 正雄　きょうや・まさお　大正10年3月30日〜平成1年7月24日　塚本証券顧問　→88/90

清浦 奎吾　きようら・けいご　嘉永3年2月14日〜昭和17年11月5日　政治家, 伯爵　首相, 枢密院議長, 司法次官　→昭和

清岡 栄之助　きよおか・えいのすけ　明治14年〜昭和13年　土佐電気製鋼所創立者　→昭和

清川 秋夫　きよかわ・あきお　大正12年9月1日〜平成3年2月1日　タイヨー創業者　→91/93

清川 公三　きよかわ・こうぞう　大正14年1月16日〜平成8年9月15日　三井東圧化学副社長　→94/96

清河 七良　きよかわ・しちりょう　大正4年2月10日〜平成8年8月26日　魚津市長　→94/96

清河 純一　きよかわ・じゅんいち　明治11年1月7日〜昭和10年3月1日　海軍中将　→昭和

清川 忠彦　きよかわ・ただひこ　〜平成21年5月14日　鏡小学校校長　→09/11

清河 政雄　きよかわ・まさお　〜昭和48年7月8日　首都高速道路公団参与　→昭和

清川 正美　きよかわ・まさはる　大正3年1月10日〜平成1年8月24日　日立精機常務　→88/90

清川 光弘　きよかわ・みつひろ　昭和16年1月4日〜平成12年1月8日　大和工商リース常務　→00/02

清郷 龍二　きよさと・りゅうじ　〜昭和62年7月10日　IMV取締役大阪工場長　→83/87

清沢 瞭　きよさわ・あきら　〜昭和55年9月2日　湯浅商事取締役　→80/82

清沢 寛一　きよさわ・かんいち　大正4年1月25日〜昭和59年11月11日　奈良地検検事正　→83/87

清沢 平　きよさわ・たいら　昭和3年7月11日〜平成17年11月21日　大昭和製紙副会長　→03/05

清沢 俊英　きよさわ・としえい　明治23年8月7日〜昭和55年10月16日　参院議員(社会党)　→80/82

清沢 義雄　きよさわ・よしお　昭和11年8月25日〜平成6年10月2日　最高検検事　→94/96

喜代吉 章　きよし・あきら　大正14年11月5日〜平成13年7月20日　極東開発工業副社長, トヨタカローラ浪速社長　→00/02

清 嘉市　きよし・かいち　〜昭和60年1月5日　東海銀行常務　→83/87

許士 佳代　きよし・かよ　〜平成1年2月18日　全北海道婦人経営者協会専務理事　→88/90

清 三郎　きよし・さぶろう　〜昭和54年5月21日　日立精機会長　→昭和

清 二彦　きよし・つぎひこ　大正11年1月15日〜平成3年9月1日　東京信用金庫理事長　→91/93

清島 省三　きよしま・しょうぞう　明治41年5月10日〜平成5年3月7日　十八銀行頭取　→91/93

清島 伝生　きよしま・ただお　昭和13年11月15日〜平成16年10月3日　警察庁東北管区警察局長　→03/05

清島 達志　きよしま・たつし　〜昭和63年12月21日　江戸川区議会議長　→88/90

清棲 敦子　きよす・あつこ　明治40年5月18日〜昭和11年2月24日　伯爵清棲幸保伯夫人, 伏見宮博恭王第二王女　→昭和

清輔 重徳　きよすけ・しげのり　昭和2年1月10日〜平成56年3月30日　協和銀行常務　→80/82

清瀬 一郎　きよせ・いちろう　明治17年7月5日〜昭和42年6月27日　政治家, 弁護士　衆院議長(自民党), 文相　→昭和

清瀬 三郎　きよせ・さぶろう　明治35年1月5日〜平成1年12月15日　弁護士, 元・ラグビー選手　東京女子短期大学学長　→88/90

清瀬 二郎　きよせ・じろう　明治33年1月3日〜昭和61年7月7日　東京報知機(のちホーチキ)社長　→83/87

清瀬 康夫　きよせ・やすお　昭和9年8月31日〜平成16年7月4日　ハリマ化成常務　→03/05

清瀬 行夫　きよせ・ゆきお　〜平成1年6月17日　福島銀行常任監査役　→88/90

清田 和夫　きよた・かずお　〜平成13年11月15日　愛知県議, 渥美町議　→00/02

清田 寂坦　きよた・じゃくたん　明治24年1月18日〜昭和42年7月13日　大円寺(津山市)住職, 天台宗宗務総長　→昭和

清田 政道　きよた・まさみち　〜昭和47年3月29日　立石電機副社長　→昭和

清田 雅義　きよた・まさよし　昭和10年12月11日〜平成21年8月25日　片倉工業社長　→09/11

清田 雄彦　きよた・ゆうひこ　昭和16年12月1日〜平成20年9月8日　三菱自動車工業副社長　→06/08

清田 良知　きよた・よしとも　明治39年3月24日〜昭和64年1月6日　国際電信電話常務, 日本電業工作取締役相談役　→88/90

清田 亮造　きよた・りょうぞう　明治41年11月7日～昭和57年11月30日　秀光社清田工業所会長　→80/82

清田 和吉　きよた・わきち　～昭和62年12月31日　清田工芸社長，東京都賞杯事業協同組合専務理事　→83/87

清滝 英弘　きよたき・えいこう　～平成12年12月21日　僧侶　真言宗大本山広隆寺貫主　→00/02

清滝 幸次郎　きよたき・こうじろう　明治36年12月31日～昭和59年3月14日　池田銀行創業者　→83/87

清滝 智弘　きよたき・ちこう　昭和15年5月18日～平成11年11月27日　僧侶　広隆寺貫主，京都仏教会常務理事　→97/99

清都 理門　きよつ・まさと　～昭和33年5月12日　生長の家社会事業団理事長　→昭和

清友 文夫　きよとも・ふみお　明治45年1月1日～平成14年4月30日　宝酒造会長　→00/02

清永 治国　きよなが・はるくに　～昭和61年2月12日　直方市選挙管理委員長　→83/87

喜代永 政雄　きよなが・まさお　明治30年12月17日～昭和55年7月1日　東海鋼業相談役・元社長　→80/82

清成 迪　きよなり・すすむ　明治36年11月2日～昭和63年2月7日　原子力委員長代理，動力炉核燃料開発事業団理事長，日立製作所副社長　→88/90

清成 精一　きよなり・せいいち　明治12年11月28日～平成11年11月4日　ユアサ商事専務　→06/08

清野 圭三　きよの・けいぞう　～平成7年8月7日　空港周辺整備機構副理事長　→94/96

清野 仁　きよの・まさし　昭和14年5月16日～平成20年6月4日　千代田火災海上保険副社長　→06/08

清原 梅義　きよはら・うめよし　大正3年9月24日～平成14年4月27日　関門港湾建設会長・社長　→00/02

清原 邦一　きよはら・くにかず　明治32年3月7日～昭和42年11月11日　検事総長，法務省事務次官，プロ野球コミッショナー　→昭和

清原 実明　きよはら・じつみょう　～平成6年1月10日　僧侶　融通念仏宗管長，大僧正，大念仏寺(総本山)法主　→94/96

清原 宗以　きよはら・そうい　～昭和61年2月9日　僧侶　西日本婦人文化サークル講師会長，真言宗九州教団管長，入定寺住職　→83/87

清原 定謙　きよはら・ていけん　明治38年12月30日～昭和56年3月29日　ホルベイン工業社長　→80/82

清原 文男　きよはら・ふみお　大正12年3月31日～昭和60年12月27日　大分県議(自民党，豊後高田)　→83/87

清原 正之　きよはら・まさゆき　大正8年4月11日～昭和62年6月19日　琴平神社宮司，宮城県教育委員会委員　→83/87

清原 陽一　きよはら・よういち　大正8年12月7日～平成3年4月24日　日本ゼオン専務　→91/93

清藤 幸七郎　きよふじ・こうしちろう　明治5年6月21日～昭和6年1月4日　大陸浪人　→昭和

喜代美 一郎　きよみ・いちろう　明治42年1月1日～平成16年3月31日　エフエム福岡社長　→03/05

清海 泰堂　きよみ・たいどう　明治4年～昭和20年　実業家　→昭和

浄見 晴夫　きよみ・はるお　～昭和56年10月9日　宮地嶽神社宮司　→80/82

浄見 学　きよみ・まなぶ　昭和23年5月23日～平成6年6月23日　神官　宮地嶽神社宮司　→94/96

清宮 一郎　きよみや・いちろう　～平成7年3月29日　全国自治会連合会副会長　→94/96

清宮 五郎　きよみや・ごろう　大正14年4月27日～平成7年8月19日　東京都議　→94/96

清本 昭夫　きよもと・あきお　昭和4年3月30日～平成13年9月23日　田辺製薬常務，栄研化学副社長　→00/02

清源 敏孝　きよもと・としたか　～平成8年12月19日　弁護士　大分県弁護士会会長　→94/96

清本 湧司　きよもと・ゆうじ　～昭和61年3月9日　社会党本部労働部長　→83/87

清山 芳雄　きよやま・よしお　明治40年10月19日～昭和61年2月15日　宮崎市長　→83/87

吉良 耕一　きら・こういち　昭和13年8月6日～平成5年12月30日　北海道拓殖銀行取締役　→91/93

吉良 慎平　きら・しんぺい　大正9年3月1日～平成4年12月20日　広島高検検事長　→91/93

吉良 秀通　きら・ひでみち　大正6年6月10日～平成4年2月18日　駐インドネシア大使　→91/93

吉良 泰幸　きら・やすゆき　昭和5年10月22日～平成9年3月22日　全国信用金庫連合会専務理事　→06/08

吉良 洋平　きら・ようへい　明治27年9月28日～昭和61年4月3日　大成火災海上保険社長・会長　→83/87

吉良 義雄　きら・よしお　～昭和55年3月12日　瀬戸内海放送相談役　→80/82

喜利 光夫　きり・てるお　明治40年5月28日～平成7年1月2日　寿工業常務　→94/96

桐生 和夫　きりう・かずお　～平成5年1月1日　国民金融公庫理事　→91/93

切替 次郎　きりかえ・じろう　明治44年2月2日～平成9年2月21日　三菱商事常務，ダイヤモンドシティ会長，ダイヤモンドファミリー会長　→97/99

桐谷 文朗　きりがや・ぶんろう　大正4年1月1日～平成4年10月9日　三菱鉛筆常務　→91/93

桐沢 猛　きりさわ・たけし　大正14年10月1日～平成5年8月20日　参議院予算委員会調査室長・企画調整室長　→91/93

桐島 正式　きりしま・しょういち　～平成1年1月19日　朝日食堂社長，朝日新聞社大阪厚生部長　→88/90

桐島 像一　きりしま・しょういち　元治1年10月5日～昭和12年10月20日　三菱合資会社監事，東京市議会議長

きりしま

→昭和

桐島 信義　きりしま・のぶよし　明治42年11月15日～昭和63年7月11日　日本油脂副社長、帝国火工品製造社長　→88/90

桐月 正邦　きりずき・まさくに　昭和8年6月30日～平成10年8月21日　カンキ社長　→97/99（きりづき・まさくに）

桐田 晴喜　きりた・はるき　大正11年8月11日～昭和61年4月6日　島根県議（自民党）　→83/87

桐田 実　きりた・みのる　明治43年10月29日～平成15年4月22日　日本ゼオン副社長　→03/05

桐渓 順忍　きりたに・じゅんにん　明治28年7月18日～昭和60年10月4日　僧侶　浄土真宗本願寺派勧学寮頭、龍谷大学名誉教授　→83/87

桐戸 朝光　きりと・ともみつ　昭和10年2月1日～平成22年7月28日　山梨県議（明政会）　→09/11

桐野 清司　きりの・きよし　大正6年9月8日～昭和58年8月5日　東洋ガラス社長　→83/87

桐原 賢太郎　きりはら・けんたろう　～昭和61年4月9日　桐原鍍金工業社長、群馬県鍍金工業組合理事　→83/87

桐原 久　きりはら・ひさし　大正14年3月17日～昭和62年1月1日　(株)南日本放送社長　→83/87

桐村 四郎　きりむら・しろう　～昭和45年9月4日　京浜急行電鉄顧問　→昭和

桐山 和臣　きりやま・かずおみ　～平成6年2月18日　日本規格協会情報標準化研究センター所長　→94/96

桐山 喜一郎　きりやま・きいちろう　～昭和51年1月3日　南西石油社長　→昭和

桐山 賢吉　きりやま・けんきち　～昭和61年8月28日　福光町工場協会（富山県）専務理事　→83/87

喜里山 光観　きりやま・こうかん　～昭和61年1月20日　延暦寺正蔵院住職、天台宗大僧正　→83/87

桐山 俊雄　きりやま・としお　～平成12年1月2日　加藤産業常務　→00/02

桐山 敏夫　きりやま・としお　～昭和10年6月26日　飛行第二聯隊附航空佐　→昭和

桐山 治一　きりやま・はるかず　～昭和58年9月25日　京都市収入役、立命館理事　→83/87

桐山 利三郎　きりやま・りさぶろう　明治33年9月21日～平成7年11月5日　神戸屋社主　→94/96

木立 喜三郎　きたち・きさぶろう　～昭和58年8月31日　大同青果常任相談役　→83/87

木脇 準　きわき・すなお　大正2年7月14日～平成9年6月20日　飛島建設専務　→97/99

木和田 慶次　きわだ・けいじ　明治40年11月13日～昭和61年12月11日　安藤電気副社長　→83/87

金　キン　⇒キム

金城 栄秀　きんじょう・えいしゅう　昭和2年3月30日～昭和19年11月18日　光電気工事創業者　→06/08

金城 繁正　きんじょう・しげまさ　昭和5年11月1日～平成17年12月22日　沖縄県議（県民の会）、玉城村村長　→03/05

金城 盛昌　きんじょう・せいしょう　～昭和63年10月19日　司法書士　金城盛昌司法書士事務所代表、沖縄司法書士会会長　→88/90

金城 文栄　きんじょう・ぶんえい　～平成14年10月2日　沖縄県原爆被爆者協議会理事長　→00/02

金城 名輝　きんじょう・めいき　昭和10年3月25日～平成15年10月12日　オリオンビール社長　→03/05

金城 祐治　きんじょう・ゆうじ　～平成19年5月19日　命を守る会代表　→06/08

金城 芳子　きんじょう・よしこ　明治35年3月28日～昭和3年12月3日　福祉活動家　沖縄ふるさとの家主宰　→91/93

金塚 賢次　きんづか・けんじ　～平成3年9月23日　(財)東京動物園協会監事・元事務局長、(社)日本動物園水族館協会顧問・元事務局長　→91/93

金田一 昌三　きんだいち・しょうぞう　大正2年4月13日～昭和55年8月14日　北海道立図書館長　→80/82

金田一 丈夫　きんだいち・たけお　明治38年4月15日～昭和56年3月5日　東横百貨店常務　→80/82

金高 資治　きんたか・すけはる　～昭和57年9月17日　ハウザー食品社長　→80/82

金野 繁　きんの・しげる　昭和6年3月6日～平成10年1月6日　弁護士　日本民主法律家協会理事、秋田弁護士会会長　→97/99

金野 仁　きんの・じん　大正10年1月3日～昭和60年9月20日　ナカバヤシ常務　→83/87

金野 豊　きんの・ゆたか　～昭和62年2月5日　東陶機器顧問　→83/87

金納 文治　きんのう・ぶんじ　昭和10年9月13日～平成23年7月17日　東洋エンジニアリング副社長　→09/11

金原 一郎　きんばら・いちろう　昭和56年9月12日　東証正会員協会専務理事　→80/82

金原 修　きんばら・おさむ　昭和5年1月1日～平成12年6月1日　協和銀行（のちあさひ銀行）専務　→00/02

金原 三郎　きんばら・さぶろう　明治35年2月16日～昭和60年9月24日　電通映画社社長・会長　→83/87

金原 忍　きんばら・しのぶ　昭和5年10月10日～平成16年7月10日　千葉県警本部長、神奈川県警本部長　→03/05

金原 信泰　きんばら・のぶやす　～昭和16年5月29日　商工省地質調査所長　→昭和

金原 藤一　きんばら・ふじかず　明治24年9月7日～昭和60年5月8日　弁護士　日本弁護士連合会副会長　→83/87

金原 稔　きんばら・みのる　～平成13年8月26日　名古屋繊維取引所専務理事　→00/02

金原 祐之助　きんばら・ゆうのすけ　～昭和43年5月6日　三島製紙会長　→昭和

【く】

九岡 芳八　くおか・よしや　明治32年4月22日～昭和63年7月1日　菱電サービス社長,三菱電機常務　→88/90

權 東国　クォン・トングック　～平成22年8月27日　在日本大韓民国民団新潟地方本部団長,韓国南北平和統一諮問委員　→09/11

久我 儼雄　くが・げんゆう　明治40年8月11日～平成6年2月6日　僧侶　浄土宗西山禅林寺派管長　→94/96

久我 俊一　くが・しゅんいち　明治29年11月22日～昭和55年7月1日　久我商店会長,全日本木材市場連盟名誉会長　→80/82

久我 正一　くが・しょういち　大正7年1月11日～平成20年5月14日　チッソ副社長　→06/08

陸 宗与　くが・そうよ　～昭和16年6月1日　国民政府行政院顧問　→昭和

空閑 健士　くが・たけお　大正10年3月10日～平成8年6月26日　東陶機器専務　→94/96

久我 太郎　くが・たろう　大正12年4月1日～平成23年5月8日　アジア石油専務　→09/11

空閑 徳平　くが・とくへい　明治30年8月17日～昭和58年1月26日　鹿島建設常務取締役　→83/87

久我 篤立　くが・とくりゅう　文久3年～昭和19年3月　僧侶　大僧正,曹洞宗竜拈寺管長　→昭和

空閑 敏人　くが・としと　大正4年1月1日～平成元年9月20日　興亜火災海上保険取締役　→88/90

久我 虎雄　くが・とらお　大正10年11月20日～平成7年6月22日　九鉄工業相談役・元社長　→94/96

空閑 昇　くが・のぼる　明治20年12月8日～昭和7年3月28日　陸軍少佐　→昭和

久我 久夫　くが・ひさお　～平成7年12月11日　日新製糖専務　→94/96

久家 博　くが・ひろし　大正4年11月29日～平成3年10月22日　植田精業社長,大同特殊鋼監査役　→91/93

久我 幹生　くが・みきお　昭和9年8月20日～平成15年3月27日　陸将　陸上自衛隊西部方面総監　→03/05

久我 道正　くが・みちまさ　～昭和63年6月27日　岡谷鋼機専務　→88/90

久我 睦男　くが・むつお　大正13年1月29日～平成14年11月24日　ユニチカ取締役　→00/02

久我 吉夫　くが・よしお　～昭和62年6月16日　福岡漁業協同組合理事長,福岡県漁船保険組合副組合長,博多湾漁業権管理委員会委員長　→83/87

久貝 順一　くがい・じゅんいち　～平成23年5月17日　下地町(沖縄県)町議,宮古島市体育協会会長　→09/11

久賀田 武紀　くがた・たけのり　大正13年2月11日～平成18年11月21日　新井組専務　→06/08

九鬼 喜久男　くき・きくお　大正7年7月31日～平成17年10月31日　四日市市長,九鬼肥料工業会長　→03/05

九鬼 寿園　くき・じゅえん　明治28年10月13日～平成2年11月17日　九鬼産業会長,九鬼森林会長,衆院議員(日本進歩党)　→88/90

九鬼 隆雄　くき・たかお　大正6年8月8日～平成4年2月26日　丸善石油専務　→91/93

九喜 文重郎　くき・ぶんじゅうろう　～昭和57年1月16日　秩父市長　→80/82

九鬼 宗隆　くき・むねたか　大正3年3月11日～平成15年6月27日　神官　熊野本宮大社名誉宮司　→03/05

九鬼 紋七　くき・もんしち　大正13年2月24日～平成20年6月3日　九鬼産業会長　→06/08

九鬼 紋七(1代目)　くき・もんしち　慶応2年1月24日～昭和3年3月15日　実業家　四日市鉄道社長,衆院議員→昭和(九鬼 紋七)

九鬼 紋十郎　くき・もんじゅうろう　明治35年6月7日～昭和61年10月6日　四日市近鉄百貨店会長,衆院議員(民主党),参院議員(自由党)　→83/87

九鬼 隆一　くき・りゅういち　嘉永5年8月7日～昭和6年8月18日　美術行政家,男爵　枢密顧問官　→昭和

釘沢 博之　くぎさわ・ひろゆき　大正14年9月19日～平成4年9月1日　川鉄商事常務　→91/93

久木田 幸子　くきた・こうこ　～平成3年11月15日　かごしま県民生協理事長　→91/93

久木田 禎一　くきた・ていいち　昭和16年11月23日～平成19年6月12日　地域プランナー　邑計画事務所社長　→06/08

久木田 政次　くきた・まさつぐ　～昭和56年11月19日　九州変圧器取締役　→80/82

久木田 稔　くきた・みのる　昭和3年3月22日～昭和63年6月12日　宝酒造社長　→88/90

釘宮 謙司　くぎみや・けんし　～平成22年3月10日　社会福祉法人博愛会創設者,大分県社会福祉協議会副会長　→09/11

久木村 十郎次　くきむら・じゅうろうじ　～昭和16年7月28日　陸軍中将　→昭和

久々津 寿造　くくつ・じゅぞう　～昭和61年10月22日　北海道新聞事業部長　→83/87

公家 忠　くげ・ただし　昭和11年8月18日～平成8年5月23日　利根地下技術常務　→94/96

久家 靖史　くげ・やすし　昭和8年5月29日～平成3年11月19日　日本原子力発電取締役　→91/93

久下本 有　くもと・たもつ　明治36年1月9日～昭和36年12月23日　社会運動家　→昭和

久語 章司　くご・しょうじ　大正12年2月12日～平成13年4月19日　大明社長　→00/02

久郷 音次郎　くごう・おとじろう　～昭和61年10月15日　(有)久郷木材社長　→83/87

久郷 三郎　くごう・さぶろう　明治42年3月19日～平成1

くこう　　　　　　　　　　　　　　　　　　　　　　　Ⅰ　政治・経済・社会篇

年9月23日　知多鋼業代表名誉会長　→88/90
久郷 省二　くごう・しょうじ　昭和18年1月18日～平成3年12月2日　知多鋼業社長　→91/93
草浦 治　くさうら・おさむ　大正1年11月～平成10年2月25日　清水建設常務　→97/99
草鹿 浅之介　くさか・あさのすけ　明治33年10月25日～平成5年8月11日　弁護士　最高裁判事　→91/93
草鹿 甲子太郎　くさか・きしたろう　元治1年9月～昭和2年6月26日　弁護士　衆院議員(立憲政友会)　→昭和
（くさか・かねたろう）
日下 義禅　くさか・ぎぜん　～昭和31年2月1日　真言宗東寺派前管長　→昭和
日下 久悦　くさか・きゅうえつ　～昭和58年12月27日　日本警察犬協会専務理事　→83/87
日下 清　くさか・きよし　明治36年12月12日～平成3年9月24日　三井不動産常務,三井建設会長　→91/93
日下 邦男　くさか・くにお　大正10年1月10日～昭和60年11月14日　特殊製鋼(のち大同特殊鋼)取締役　→83/87
日下 順作　くさか・じゅんさく　～昭和63年5月4日　日建工業代表取締役社長　→88/90
草鹿 任一　くさか・じんいち　明治21年12月7日～昭和47年8月24日　海軍中将　→昭和
日下 武二　くさか・たけじ　大正14年8月20日～平成20年7月22日　三島製紙社長　→06/08
日下 千章　くさか・ちあき　大正10年3月7日～平成4年10月25日　衆議院法制局第三部長　→91/93
草鹿 丁卯次郎　くさか・ちょうじろう　慶応3年2月2日～昭和6年4月24日　住友銀行重役　→昭和
日下 務　くさか・つとむ　～平成5年8月4日　矢作川沿岸土地改良区連合理事長,安城市会議員　→91/93
日下 英男　くさか・ひでお　明治35年1月11日～昭和57年3月16日　関西テレビ放送監査役,阪神相互銀行会長　→80/82
日下 誠　くさか・まこと　大正3年9月9日～平成23年9月6日　河北新報専務　→09/11
日下 学　くさか・まなぶ　～平成15年9月21日　ラジオ福島専務　→03/05
草鹿 龍之介　くさか・りゅうのすけ　明治25年9月25日～昭和46年11月23日　海軍中将　→昭和
日下部 清　くさかべ・きよし　大正13年6月30日～平成11年1月13日　住友電設常務　→97/99
日下部 滋　くさかべ・しげる　明治33年9月21日～平成6年9月28日　日本原子力研究所副理事長,日本開発銀行監事　→94/96
日下部 長作　くさかべ・ちょうさく　大正15年4月15日～平成16年6月4日　弁護士　横浜弁護士会長　→03/05
日下部 尚　くさかべ・ひさし　昭和4年8月16日～平成6年7月19日　高山市長,日下部民芸館代表　→94/96
日下部 弁二郎　くさかべ・べんじろう　文久1年2月28日～昭和9年1月22日　土木技師,実業家　東京市土木局長・

技師長,東京鉄筋コンクリート社長,土木学会会長　→昭和
日下部 雅昭　くさかべ・まさあき　～平成13年3月11日　住友ファイナンス社長,住友銀行常務　→00/02
日下部 ミツ　くさかべ・みつ　明治39年3月24日～平成12年2月9日　福岡山の上ホテル会長　→00/02
日下部 光男　くさかべ・みつお　明治45年6月26日～昭和63年4月12日　日下部電機社長　→88/90
日下部 保和　くさかべ・やすかず　明治45年1月28日～平成7年1月25日　福岡中央青果協業組合会長理事,日新交通会長　→94/96
日下部 与市　くさかべ・よいち　大正4年7月10日～平成5年10月25日　日下部工業所会長　→91/93
日下部 洋　くさかべ・わたる　大正9年1月29日～平成4年6月2日　日本板硝子常務　→91/93
草ケ谷 省三　くさがや・しょうぞう　～昭和62年9月16日　東洋曹達工業取締役　→83/87
草刈 英治　くさかり・えいじ　明治14年～昭和5年5月20日　海軍少佐　→昭和
草刈 精三　くさかり・せいぞう　大正11年1月1日～平成11年12月14日　日新商事副社長　→00/02s
草刈 親雄　くさかり・ちかお　～昭和44年1月11日　中央製版会長　→昭和
草苅 靖　くさかり・やすし　昭和6年6月12日～平成15年5月6日　埼玉銀行常務　→03/05
草地 賢一　くさち・けんいち　昭和16年9月10日～平成12年1月2日　牧師　姫路工業大学教授,阪神淡路大震災地元NGO救援連絡会議代表　→00/02
草地 貞吾　くさち・ていご　明治37年～平成13年11月15日　陸軍大佐　朔北会会長,関東軍参謀　→00/02
草薙 栄一　くさなぎ・えいいち　大正12年2月2日～平成8年7月16日　ユニバーサル証券常務　→94/96
草薙 修平　くさなぎ・しゅうへい　昭和9年4月23日～平成19年6月29日　東映専務　→06/08
草繋 全宜　くさなぎ・ぜんぎ　明治16年7月25日～昭和44年10月12日　僧侶　真言宗大覚寺派管長,大覚寺門跡　→昭和（草繋 全宜　くさなぎ・ぜんせん）
草繋 全弘　くさなぎ・ぜんこう　～昭和44年10月4日　高野山真言宗宗務総長　→昭和
草薙 正信　くさなぎ・まさのぶ　大正9年1月1日～平成18年5月14日　三菱商事常務　→06/08
草野 栄龍　くさの・えいりょう　大正6年～昭和61年11月15日　僧侶　真言宗東寺派管長・大僧正　→83/87（草野 栄竜　くさの・えいりゅう）
草野 織平　くさの・おりへい　明治43年1月20日～平成4年7月15日　三井金属鉱業名誉顧問・元副社長　→88/90
草野 和人　くさの・かずと　大正11年7月14日～平成11年1月18日　日揮専務,日揮情報システム社長　→97/99
草野 熊吉　くさの・くまきち　明治37年11月26日～平成11年8月17日　天童会会長,日本重症児福祉協会理事長　→97/99

I　政治・経済・社会篇　　　　　　　　　　　　　　　　　　　　　　　　　　　　　　　　　　　　　くした

草野 貞弘　くさの・さだひろ　昭和7年1月6日～平成17年8月1日　宮島沼の会代表　→03/05

草野 貞之　くさの・さだゆき　明治33年9月4日～昭和61年1月11日　白水社社長,中央大学教授　→83/87

草野 真男　くさの・さなお　大正9年1月5日～平成17年1月19日　茨城放送社長　→03/05

草野 茂雄　くさの・しげお　～平成7年2月16日　日本アート・シアター・ギルド社長　→94/96

草野 甚雄　くさの・じんお　明治35年2月10日～平成2年9月7日　日本紙パルプ商事常務　→88/90

草野 省巳　くさの・せいき　～昭和61年8月26日　僧侶　真勝寺住職　→83/87

草野 泰登　くさの・たいと　大正13年4月26日～昭和62年5月16日　日本電子金属社長,東北肥料(のちコープケミカル)取締役　→83/87

草野 威　くさの・たけし　昭和3年8月19日～平成21年1月15日　衆院議員(公明党)　→09/11

草野 忠男　くさの・ただお　昭和7年～平成1年8月7日　大井製作所専務　→88/90

草野 禎　くさの・ただし　～昭和56年1月13日　特別養護老人ホーム松和園(北九州市門司区)園長　→80/82

草野 常徳　くさの・つねのり　明治28年3月25日～昭和57年1月11日　日本冷凍協会名誉会長,日本冷蔵副社長　→80/82

草野 治彦　くさの・はるひこ　～昭和59年1月6日　弁護士　第一東京弁護士会副会長　→83/87

草野 秀雄　くさの・ひでお　明治45年1月1日～昭和62年10月31日　三興線材工業専務　→83/87

草野 豹一郎　くさの・ひょういちろう　明治19年10月7日～昭和26年9月12日　裁判官,刑法学者,弁護士　→昭和

草野 三喜男　くさの・みきお　明治39年3月7日～昭和26年11月25日　社会運動家　→昭和

草野 操　くさの・みさお　大正10年1月28日～昭和62年11月15日　日産化学工業会長　→83/87

草野 嘉一　くさの・よしかず　明治42年1月15日～平成13年2月21日　兼松江商専務　→00/02

草野 義一　くさの・よしかず　～昭和56年2月17日　日本軽金属社長　→80/82

草野 義久　くさの・よしひさ　大正8年5月20日～昭和62年4月11日　(株)浪速電機工業所代表取締役社長,富山神通ライオンズクラブ会長　→83/87

草野 吉浩　くさの・よしひろ　大正10年4月17日～平成1年10月19日　千代田組社長　→88/90

草野 善郎　くさの・よしろう　昭和17年9月12日～平成15年8月15日　信濃毎日新聞取締役工務局長　→03/05

草場 道　くさば・おさむ　～昭和62年2月17日　三菱製紙監査役　→83/87

草葉 宗三良　くさば・そうざぶろう　昭和2年2月23日～昭和60年7月9日　東京計器常務,元太陽神戸銀行取締役　→83/87

草場 敏郎　くさば・としろう　大正6年10月11日～平成14年10月23日　三井銀行社長　→00/02

草場 弘雄　くさば・ひろお　昭和9年12月4日～平成14年2月25日　大分銀行専務　→00/02

草場 幸雄　くさば・ゆきお　明治35年6月7日～昭和58年1月5日　同和火災海上保険常務　→83/87

草葉 隆円　くさば・りゅうえん　明治28年3月13日～昭和41年9月20日　参院議員(自民党),厚相　→昭和

草開 義勝　くさびらき・よしかつ　昭和15年8月20日～平成5年10月14日　南海電気鉄道取締役　→91/93

草伏 村生　くさぶせ・むらお　明治27年～平成8年10月25日　東京HIV訴訟原告　→94/96

草間 英一　くさま・えいいち　明治32年6月20日～昭和57年1月6日　弁護士　宇都宮地家裁所長　→80/82

草間 成久　くさま・しげひさ　昭和11年1月26日～平成23年11月10日　東海銀行常務　→09/11

草間 雄一　くさま・ゆういち　昭和28年9月1日～平成5年6月3日　東京地裁判事補　→91/93

草道 昌武　くさみち・まさたけ　昭和10年1月6日～平成18年8月31日　日商岩井社長　→06/08

草柳 健二　くさやなぎ・けんじ　昭和2年9月23日～平成2年9月13日　極東貿易常務　→88/90

草柳 武　くさやなぎ・たけし　～平成5年6月18日　トアック会長　→91/93

草山 朝子　くさやま・あさこ　大正8年9月30日～昭和61年5月27日　神官　全国報徳婦人会会長,報徳二宮神社宮司　→83/87

久慈 吉野右衛門　くじ・きちのえもん　大正14年10月1日～平成18年7月20日　岩手日報社長　→06/08

久慈 十三雄　くじ・とさお　大正13年9月13日～平成15年3月18日　青森銀行専務　→03/05

久慈 力郎　くじ・りきろう　大正10年～平成9年2月18日　大昭和製紙常務,朝日生命保険取締役　→97/99

串岡 洋志　くしおか・ひろし　昭和9年9月22日～平成4年1月3日　太平洋証券監査役　→91/93

櫛下 勝美　くしげ・かつみ　昭和18年7月29日～平成23年12月15日　鹿児島県議(無所属)　→09/11

具志堅 興貞　ぐしけん・こうてい　昭和7年～平成21年12月24日　オキナワ日本ボリビア協会会長　→09/11

具志堅 政治　ぐしけん・せいや　明治38年10月5日～平成17年7月4日　沖縄タイムス相談役　→88/90

櫛田 勇雄　くしだ・いさお　大正3年10月3日～平成10年11月20日　尾西市長,東海市長会理事　→97/99

串田 花王丸　くしだ・かおうまる　～昭和60年11月4日　三和倉庫常務　→83/87

櫛田 賢　くしだ・けん　明治35年1月1日～平成7年5月27日　櫛田会長,名古屋穀物砂糖取引所理事長　→94/96

櫛田 ふき　くしだ・ふき　明治32年2月17日～平成13年

「現代物故者事典」総索引(昭和元年～平成23年)　　437

2月5日　女性運動家　日本婦人団体連合会会長, 新日本婦人の会代表委員　→00/02

串田 万蔵　くしだ・まんぞう　慶応3年2月10日〜昭和14年9月5日　銀行家　三菱合資会社総理事, 三菱銀行会長　→昭和

櫛田 光男　くしだ・みつお　明治36年7月22日〜昭和50年11月15日　国民金融公庫総裁, 日本不動産研究所理事長　→昭和

櫛田 芳一　くしだ・よしかず　大正12年5月25日〜平成6年7月23日　税理士　日本税理士会連合会副会長, 名古屋税理士会会長　→94/96

櫛田 良洪　くしだ・りょうこう　明治38年11月28日〜昭和55年11月4日　僧侶, 仏教史学者　真言宗豊山派大僧正, 大正大学名誉教授　→80/82

串原 義直　くしはら・よしなお　大正15年9月7日〜平成20年10月21日　衆院議員(社会党)　→06/08

櫛引 大吉　くしびき・だいきち　大正4年10月19日〜平成12年3月27日　アグロカネショウ創業者　→00/02

櫛引 留吉　くしびき・とめきち　大正14年7月18日〜平成12年6月28日　青森県議(自民党)　→00/02

櫛淵 理　くしぶち・おさむ　大正12年1月18日〜平成16年7月24日　弁護士　東京高裁判事　→03/05

櫛淵 欽也　くしぶち・きんや　大正12年7月29日〜平成16年4月23日　農林水産省農業研究センター所長　→97/99

櫛淵 鍹一　くしぶち・せんいち　〜昭和39年9月20日　陸軍中将　→昭和

九島 勝太郎　くしま・かつたろう　明治39年9月20日〜平成5年9月26日　北海道文化団体協議名誉会長　→91/93

具島 勘三郎　ぐしま・かんざぶろう　明治41年1月4日〜昭和45年9月24日　西日本新聞社長　→昭和

玖島 三一　くしま・さんいち　明治38年10月20日〜昭和28年3月9日　社会運動家　→昭和

具嶋 太三郎　ぐしま・たさぶろう　明治41年1月15日〜平成8年1月10日　熊谷道路(ガイアートクマガイ)副社長　→94/96

九嶋 信英　くしま・のぶひで　〜平成8年12月25日　三和図書会長, 池田書店社長, 三星社書房社長　→97/99s

串宮 玄二　くしみや・げんぞう　昭和6年4月17日〜平成18年7月19日　関西テレビ放送常務　→06/08

串村 俊平　くしむら・しゅんぺい　大正6年4月24日〜平成4年3月11日　吾嬬製鋼所社長　→91/93

久次米 健太郎　くじめ・けんたろう　明治41年8月26日〜昭和55年7月2日　参院議員(自民党)　→80/82

久志本 隆　くしもと・たかし　大正1年10月14日〜平成10年4月14日　日産自動車取締役, 日産不動産社長　→97/99

九条 日浄　くじょう・にちじょう　明治29年10月28日〜昭和37年9月20日　尼僧　瑞竜寺(日蓮宗)門跡　→昭和

九条 道実　くじょう・みちざね　明治2年12月15日〜昭和8年1月19日　公爵　宮内省掌典長　→昭和

九条 良致　くじょう・よしゆき　明治17年8月〜平成15年

年8月2日　男爵　→昭和

鯨井 高信　くじらい・たかのぶ　〜昭和57年5月19日　クジライ社長, あゆみの箱中部グループ幹事長　→80/82

鯨井 芳治　くじらい・よしはる　昭和2年7月31日〜平成6年8月7日　ナガホリ専務　→94/96

鯨岡 明　くじらおか・あきら　大正11年4月2日〜昭和60年5月16日　石油資源開発専務, 元石油公団理事　→83/87

鯨岡 兵輔　くじらおか・ひょうすけ　大正4年9月15日〜平成15年4月1日　衆院議員(自民党)　→03/05

久城 寿衛門　くしろ・ひさえもん　明治42年7月21日〜平成16年10月4日　千代田火災海上保険専務　→03/05

久津 五郎　くず・ごろう　明治30年8月21日〜昭和57年9月17日　大明電話工業創立者　→80/82

葛 俊二郎　くず・しゅんじろう　明治34年5月15日〜平成1年8月21日　主婦の友社監査役・元専務　→88/90

葛 誠四郎　くず・せいしろう　〜昭和46年2月7日　大和製鋼相談役・元同社長　→昭和

楠 敏行　くす・としゆき　〜昭和56年1月27日　佐賀銀行庶務部長　→80/82

楠 光　くす・ひかる　昭和6年8月25日〜平成22年3月11日　宮崎県議(自民党)　→09/11

葛井 定男　くずい・さだお　大正5年2月7日〜平成1年7月29日　全国農業会議所参与　→88/90

葛井 悌二　くずい・ていじ　大正3年1月1日〜平成3年10月16日　日本勧業角丸証券(のち勧角証券)社長, 日本勧業銀行(のち第一勧業銀行)取締役　→91/93

楠井 弘　くすい・ひろし　大正13年5月1日〜平成19年1月5日　紀陽銀行常務　→06/08

葛生 新一　くずう・しんいち　大正10年5月20日〜昭和58年7月18日　日本土地区画整理協会専務理事, 建設省都市局技術参事官　→83/87

葛生 徹郎　くずう・てつお　昭和10年10月30日〜平成14年6月11日　東洋電機製造常務　→00/02

葛生 能久　くずう・よしひさ　明治7年7月25日〜昭和33年2月3日　国家主義者　黒竜会代表　→昭和

楠岡 善行　くすおか・よしゆき　大正4年12月9日〜平成13年9月8日　東京特殊電線専務　→00/02

城間 正安　ぐすくま・せいあん　尚泰13年8月19日〜明治19年8月　農民運動指導者　→昭和(ぐしくま・せいあん)

葛島 正作　くずしま・しょうさく　昭和14年10月16日〜平成15年6月3日　日本ガイシ専務　→03/05

楠島 正堂　くずじま・まさたか　昭和4年12月1日〜平成11年5月11日　エフエム高知副社長, 高知放送専務　→97/99

楠瀬 好子　くすせ・よしこ　〜平成5年3月1日　大森屋会長　→91/93

楠田 光　くすだ・こう　大正3年12月3日〜平成10年9月11日　ベスト電器専務　→97/99

楠田 仙次　くすだ・せんじ　明治37年6月11日〜昭和57

I 政治・経済・社会篇　　　　　　　　　　　　　　　　　　くすめ

年12月4日　弁護士　名古屋弁護士会会長　→80/82

楠田 喬三　くすだ・たかぞう　大正10年9月22日～平成21年11月4日　大阪ガス副社長　→09/11

楠田 博之　くすだ・ひろゆき　昭和3年7月11日～平成15年10月29日　日本発条専務　→03/05

楠田 冬樹　くすだ・ふゆき　～昭和56年1月31日
日本新薬常務取締役　→80/82

楠田 洋　くすだ・よう　大正9年2月29日～平成5年2月13日　日本包装技術協会副会長、日本ロジスティックシステム協会副会長　→91/93

楠根 宗生　くすね・むねお　明治34年10月25日～平成1年8月10日　西鉄グランドホテル会長、西日本鉄道社長　→88/90

葛野 恒次郎　くずの・つねじろう　明治41年8月2日～平成6年9月2日　いすゞ自動車専務　→94/96

葛野 守市　くずの・もりいち　～昭和59年2月10日
北海道ウタリ協会常務理事・事務局長　→83/87

楠木 一郎　くすのき・いちろう　～平成2年4月17日
兼房顧問・元常務　→88/90

楠 熊治郎　くすのき・くまじろう　～昭和12年5月6日
帝都電鉄常務取締役　→昭和

楠 公雄　くすのき・こうゆう　～昭和55年3月31日
高野山真言宗大僧正、光台院住職　→80/82

楠 才之丈　くすのき・さいのじょう　大正6年6月21日～平成15年3月23日　徳島市議、徳島市観光協会顧問、阿波おどり実行委員会初代委員長　→03/05

楠 正二　くすのき・しょうじ　～平成4年4月20日
日本合板工業組合連合会専務理事　→91/93

楠 直正　くすのき・なおまさ　～平成2年12月4日
練馬区議(自民党)・元区会議長　→88/90

楠木 直道　くすのき・なおみち　明治33年5月11日～昭和58年8月17日　いすゞ自動車社長　→83/87

楠木 延一　くすのき・のぶいち　～昭和15年11月29日
陸軍少将　→昭和

楠 信雄　くすのき・のぶお　大正3年4月14日～平成2年8月1日　日栄鋼材社長　→88/90

楠 半兵衛　くすのき・はんべえ　大正8年7月24日～平成18年1月7日　静岡県議　→06/08

楠 正俊　くすのき・まさとし　大正10年6月11日～平成19年12月13日　参院議員(自民党)　→06/08

楠 正暢　くすのき・まさのぶ　大正15年10月14日～昭和56年7月19日　静岡第一テレビ取締役東京支社長　→80/82

楠 豊　くすのき・ゆたか　～昭和61年1月29日
フジテレビ報道局次長　→83/87

楠瀬 熊治　くすせ・くまじ　慶応1年5月15日～昭和8年6月17日　海軍造兵中将　東京帝国大学名誉教授　→昭和

楠瀬 幸彦　くすせ・さちひこ　安政5年3月15日～昭和2年10月13日　陸軍中将　陸相　→昭和

楠瀬 常猪　くすのせ・つねい　明治32年2月10日～昭和63年6月18日　参院議員(自民党)　→88/90

葛原 勲　くずはら・いさお　昭和11年7月12日～平成15年7月5日　大東京火災海上保険専務　→03/05

葛原 猪平　くずはら・いへい　明治12年12月～昭和17年1月15日　満蒙冷造社長、衆院議員(立憲政友会)　→昭和

葛原 利男　くずはら・としお　昭和22年7月11日～平成6年4月22日　ネオス社長　→94/96

楠原 正雄　くすはら・まさお　明治36年2月17日～昭和58年11月7日　渡辺商行会長　→83/87

葛原 睦子　くずはら・むつこ　～昭和61年8月23日
ネオス監査役　→83/87

葛巻 一郎　くずまき・いちろう　明治42年9月1日～平成20年2月17日　東芝タンガロイ専務　→06/08

久住 治郎　くすみ・じろう　大正3年12月17日～昭和60年10月25日　帝国産業会長　→83/87

楠美 省吾　くすみ・せいご　明治38年9月～昭和55年1月13日　衆院議員(民主党)、日産サニー弘前販売社長　→80/82

楠見 勉　くすみ・つとむ　大正3年1月2日～平成9年7月15日　日本コンベヤ会長　→97/99

久住 悌三　くすみ・ていぞう　～昭和57年10月24日
朝日新聞参与、日本テレビ放送網取締役　→80/82

楠美 鐵二　くすみ・てつじ　大正9年6月10日～平成4年月15日　東奥日報取締役相談役　→91/93

楠美 知行　くすみ・ともゆき　～平成16年11月8日
僧侶　正覚寺住職　→03/05

久住 昌男　くすみ・まさお　明治41年5月8日～平成7年8月9日　共栄タンカー常務　→94/96

楠見 幸信　くすみ・ゆきのぶ　～昭和44年4月19日
国鉄スワローズ常務　→昭和

楠見 義男　くすみ・よしお　明治38年3月24日～平成8年2月2日　参院議員(緑風会)　→94/96

楠美 隆之助　くすみ・りゅうのすけ　～昭和53年7月20日　東奥日報会長　→昭和

久須美 良平　くすみ・りょうへい　明治39年9月20日～平成16年11月7日　日本化薬常務　→03/05

葛村 浩一　くずむら・こういち　大正15年3月16日～平成3年10月28日　大阪熱工社長、ダイネツ商事会長、ダイネツ鋼板監査役　→91/93

葛村 安兵衛　くずむら・やすべえ　～昭和58年2月19日
大阪熱工監査役　→83/87

楠目 禎　くすめ・ただし　大正13年9月16日～平成1年12月15日　野村投資顧問・元副社長、野村証券専務、野村証券投資信託委託専務　→88/90

楠目 哲也　くすめ・てつや　明治35年9月15日～昭和58年6月24日　日野自動車販売専務　→83/87

葛目 直幸　くずめ・なおゆき　明治23年10月10日～昭和19年7月2日　陸軍中将　→昭和

葛目 義武　くずめ・よしたけ　～平成3年7月18日

「現代物故者事典」総索引(昭和元年～平成23年)　　439

くすもと

日本金属工業取締役　→91/93

楠本 修　くすもと・おさむ　昭和7年2月16日～昭和58年6月2日　なだ万食品社長　→83/87

樟本 浄恵　くすもと・じょうけい　～昭和48年6月13日　東洋工業常務　→昭和

楠本 昌造　くすもと・しょうぞう　大正15年10月31日～平成23年1月17日　住友建設社長　→09/11

楠本 純子　くすもと・すみこ　大正10年5月19日～平成1年2月16日　俳人　灘万社長　→88/90

楠本 武俊　くすもと・たけとし　久文1年10月27日～昭和3年11月27日　実業家　大分セメント社長　→昭和

楠本 辰美　くすもと・たつみ　昭和8年11月15日～昭和63年12月9日　長崎相互銀行常務　→88/90

楠本 正敏　くすもと・まさとし　慶応2年10月1日～昭和13年12月19日　男爵　貴院議員　→昭和

楠本 学　くすもと・まなぶ　大正14年9月10日～平成2年8月31日　フジコー社長　→09/11

楠本 安雄　くすもと・やすお　昭和11年1月2日～昭和59年2月26日　弁護士　→83/87

葛谷 直道　くずや・なおみち　昭和8年2月5日～平成9年7月10日　三井金属鉱業常務　→97/99

楠山 秀吉　くすやま・ひできち　～昭和16年12月3日　陸軍中将　→昭和

楠山 義太郎　くすやま・よしたろう　明治30年6月～平成2年1月7日　衆院議員（改進党）、東京日日新聞社長　→88/90

久世 勝彦　くぜ・かつひこ　大正12年5月9日～昭和61年11月30日　太平洋海運常務　→83/87

久世 吾吉　くぜ・ごきち　～昭和55年11月30日　岐阜県選挙管理委員会委員長、太平洋久世製作所社長　→80/82

久世 重三郎　くぜ・しげざぶろう　明治34年1月10日～昭和63年12月3日　三井信託銀行監査役　→88/90

久世 逞　くぜ・たくま　～平成2年11月2日　ブラザー販売常務　→88/90

久世 福松　くぜ・ふくまつ　大正5年4月16日～平成13年10月5日　久世会長　→00/02

久世 喜孝　くせ・よしたか　～昭和61年11月9日　奈良県東京出張所長、上市町（富山県）医療審議会委員　→83/87

久楽 利郎　くたら・としろう　明治42年2月2日～平成4年4月20日　新南陽市長　→91/93

朽木 義一　くちき・ぎいち　大正12年10月18日～平成21年3月2日　名古屋相互銀行社長　→09/11

朽木 二郎　くちき・じろう　昭和2年11月2日～平成21年5月26日　宇徳運輸専務　→09/11

朽木 綱貞　くちき・つなさだ　明治8年12月～昭和4年9月6日　陸軍少将、子爵　→昭和

口野 昌三　くちの・まさみ　大正3年9月4日～平成2年6月1日　陸将、弁護士　陸上自衛隊第三師団長　→88/90

口羽 玉人　くちば・たまと　明治35年5月30日～平成2年9月2日　阪急電鉄常務　→88/90

朽見 千次郎　くちみ・せんじろう　大正11年11月2日～平成10年11月13日　京阪電気鉄道取締役、京福電気鉄道常務　→97/99

久次 万吉　くつぎ・まんきち　～昭和6年6月1日　陸軍航空兵大尉　→昭和

沓沢 朝治　くつざわ・あさじ　明治29年8月18日～昭和58年12月31日　鷹匠　→83/87

沓名 秋次　くつな・あきじ　明治41年9月20日～昭和56年10月11日　中日新聞社相談役　→80/82

忽那 栄　くつな・さかえ　大正5年4月1日～平成5年4月13日　藤和不動産会長　→91/93

忽那 寛　くつな・ひろし　～昭和55年9月20日　弁護士　警察大学校長　→80/82

朽名 幸雄　くつな・ゆきお　明治35年2月9日～昭和63年2月27日　弁護士　名古屋弁護士会副会長　→88/90

沓名 芳枝　くつな・よしえ　明治9年7月21日　いずみ製菓副会長　→97/99

沓脱 タケ子　くつぬぎ・たけこ　大正11年7月7日～平成17年6月10日　参院議員（共産党）、西淀病院名誉院長　→03/05

九津見 房子　くつみ・ふさこ　明治23年10月18日～昭和55年7月15日　社会主義運動家、婦人運動家　→80/82

轡田 正雄　くつわだ・まさお　～昭和60年12月22日　轡田光清堂（表具店）店主　→83/87

クーデンホーフ 光子　くーでんほーふ・みつこ　明治7年7月16日～昭和16年8月28日　クーデンホーフ伯爵夫人　→昭和

工藤 晃　くどう・あきら　～平成13年6月18日　衆院議員（新自由クラブ）　→00/02

工藤 晃　くどう・あきら　昭和10年11月1日～平成18年8月23日　東奥日報取締役八戸支社長　→06/08

工藤 昭　くどう・あきら　昭和3年1月1日～平成7年10月3日　東京都民銀行取締役　→94/96

工藤 章　くどう・あきら　昭和5年4月6日～平成20年4月23日　青森県議（共産党）　→06/08

工藤 功　くどう・いさお　大正12年3月16日～平成3年8月15日　秋田県議（自民党）　→91/93

工藤 勇　くどう・いさむ　明治45年2月～平成7年9月5日　ホクレン農業協同組合連合会会長　→94/96

工藤 伊豆　くどう・いず　大正11年3月8日～平成17年9月19日　神官　高山稲荷神社宮司、神社本庁総長　→03/05

工藤 巌　くどう・いわお　大正10年12月18日～平成10年8月25日　岩手県知事、衆院議員（自民党）　→97/99

工藤 一記　くどう・かずき　～昭和10年5月6日　宮中顧問官　→昭和

工藤 和義　くどう・かずよし　～平成19年2月15日　国粋会会長、山口組最高顧問　→06/08

I 政治・経済・社会篇 くとう

工藤 勝行 くどう・かつゆき 明治40年11月16日～昭和20年8月20日 社会運動家 →昭和

工藤 菊太郎 くどう・きくたろう 大正13年4月29日～平成16年11月27日 山形商工会議所会頭 →03/05

工藤 吉次 くどう・きちじ 明治5年9月～昭和11年1月9日 衆院議員(立憲政友会) →昭和

工藤 吉郎 くどう・きちろう 大正3年7月24日～平成1年9月23日 三井物産常務 →88/90

工藤 久八 くどう・きゅうはち ～昭和57年7月17日 海軍中将 →80/82

工藤 啓二 くどう・けいじ 昭和8年2月26日～平成16年7月14日 北海道議(公明党) →03/05

工藤 健作 くどう・けんさく ～昭和56年2月6日 弁護士 盛岡地家裁所長 →80/82

工藤 賢司 くどう・けんじ ～昭和59年7月5日 ハドソン会長 →83/87

工藤 栄 くどう・さかえ 大正11年9月28日～平成5年6月16日 東京証券会長 →91/93

工藤 栄 くどう・さかえ 大正3年2月6日～平成11年5月5日 川岸工業社長 →97/99

工藤 栄 くどう・さかえ 大正13年2月13日～平成11年12月15日 共和コンクリート工業社長,北海道拓殖銀行常務 →97/99

工藤 敏 くどう・さとし 大正9年2月23日～平成20年8月7日 明和産業常務 →06/08

工藤 三蔵 くどう・さんぞう ～平成2年9月3日 山形県保護司連盟常任理事,山形県議 →88/90

工藤 重男 くどう・しげお ～平成11年1月2日 浜中漁協組合長 →97/99

工藤 重行 くどう・じゅうこう 明治45年7月4日～昭和62年1月19日 黒石ガス社長 →83/87

工藤 修二 くどう・しゅうじ ～昭和55年4月18日 ケンシ精香会社社長 →80/82

工藤 淳 くどう・じゅん 大正11年1月9日～昭和58年1月8日 ブックロン社長 →83/87

工藤 俊一 くどう・しゅんいち 明治40年1月3日～平成2年1月3日 ラサ工業専務 →88/90

工藤 春三 くどう・しゅんぞう ～昭和60年8月18日 中工精機社長 →83/87

工藤 昭二 くどう・しょうじ 昭和2年12月20日～平成6年10月31日 兵庫建設会長 →94/96

工藤 昭四郎 くどう・しょうしろう 明治27年7月30日～昭和52年10月13日 銀行家,財界人 東京都民銀行頭取,復興金融公庫理事長 →昭和

工藤 省三 くどう・しょうぞう 大正15年12月7日～平成22年11月12日 青森県議(自民党) →09/11

工藤 正平 くどう・しょうへい ～昭和39年2月9日 日本基督教団財務委員長,元日理事 →昭和

工藤 進一 くどう・しんいち 大正14年8月20日～平成22年1月12日 東奥信用金庫理事長 →09/11

工藤 慎吉 くどう・しんきち ～昭和45年7月3日 東京高裁判事 →昭和

工藤 祐正 くどう・すけまさ 大正13年2月22日～平成4年2月17日 弁護士 最高裁災害補償審査委員長 →91/93

工藤 誠一郎 くどう・せいいちろう 昭和3年7月28日～平成10年4月6日 安藤建設常務 →97/99

工藤 清志 くどう・せいし ～平成5年1月16日 大木建設取締役 →91/93

工藤 千蔵 くどう・せんぞう 明治32年11月～昭和57年3月5日 遠野市長 →80/82

工藤 善太郎 くどう・ぜんたろう 万延1年～昭和7年10月2日 衆院議員 →昭和

工藤 宗兵衛 くどう・そうべえ 大正1年12月12日～平成8年1月2日 三井造船専務 →94/96

工藤 大助 くどう・だいすけ 昭和59年4月1日 スワロフスキー・ジャパン社代表取締役 →83/87

工藤 多三郎 くどう・たさぶろう ～昭和56年11月28日 札幌・白石署交通課長,警部 →80/82

工藤 忠夫 くどう・ただお 大正6年8月13日～昭和61年10月31日 世紀東急工業社長 →83/87

工藤 侃 くどう・ただし 大正4年7月15日～昭和58年5月28日 不二サッシ専務取締役 →83/87

工藤 正 くどう・ただし 大正12年12月17日～平成1年3月22日 青森市長 →88/90

工藤 正 くどう・ただし 大正6年1月3日～平成3年3月27日 新日本理化専務 →91/93

工藤 達夫 くどう・たつお ～昭和55年5月15日 住軽アルミニウム工業専務,元住友軽金属工業取締役 →80/82

工藤 宙成 くどう・ちゅうせい 大正11年2月25日～平成2年5月20日 海上保安庁第十一管区海上保安本部長 →88/90

工藤 鉄男 くどう・てつお 明治8年8月～昭和28年6月16日 政治家 衆院議員(民主自由党),参院議員(自由党) →昭和

工藤 鉄信 くどう・てつのぶ 大正11年3月25日～平成21年10月29日 東奥日報取締役広告局長 →09/11

工藤 轍郎 くどう・てつろう 嘉永2年～昭和2年 篤農家 開墾功労者 →昭和(工藤 徹郎)

工藤 十三雄 くどう・とさお 明治13年5月～昭和25年12月17日 衆院議員(翼賛議員同盟) →昭和(くどう・とみお)

工藤 敏雄 くどう・としお 大正10年2月10日～平成23年1月6日 工藤商店創業者 →09/11

工藤 友恵 くどう・ともえ ～昭和47年9月27日 関西経済連合会常任理事 →昭和

工藤 尚比古 くどう・なおひこ ～平成2年7月26日 西日本新聞社友・元秘書役 →88/90

「現代物故者事典」総索引(昭和元年～平成23年) 441

工藤 八之助　くどう・はちのすけ　明治4年2月〜昭和3年8月21日　貴院議員(多額納税),山形県議　→昭和(くどう・やのすけ)

工藤 治人　くどう・はると　〜昭和38年10月13日　日産自動車社長　→昭和

工藤 久夫　くどう・ひさお　〜平成8年7月11日　住友商事専務　→94/96

工藤 秀明　くどう・ひであき　大正15年12月1日〜平成21年6月30日　大分県議(自民党),テレビ大分社長,大分県体育協会会長　→09/11

工藤 尋央　くどう・ひろなか　昭和12年1月10日〜平成23年10月11日　イトーヨーカ堂専務　→09/11

工藤 文雄　くどう・ふみお　〜昭和44年12月22日　日新製鋼常務　→昭和

工藤 正春　くどう・まさはる　昭和25年10月2日〜平成20年7月3日　大分銀行取締役相談役　→06/08

工藤 正人　くどう・まさひと　大正10年1月6日〜平成2年6月12日　東邦薬品取締役　→88/90

工藤 万砂美　くどう・まさみ　大正14年2月22日〜平成8年8月27日　参院議員(自民党)　→94/96

工藤 真澄　くどう・ますみ　大正3年6月20日〜平成17年4月13日　新潟県警本部長,群馬県警本部長,鹿児島県警本部長　→03/05

工藤 末志　くどう・まつし　昭和13年〜平成16年5月20日　トヨタ自動車北海道社長　→03/05

工藤 教夫　くどう・みちお　昭和11年11月21日〜平成15年12月20日　エアトラベル徳島社長,徳島新聞社総務局長　→03/05

工藤 実儀　くどう・みよし　〜昭和61年3月27日　国鉄西荻窪駅長　→83/87

工藤 勇助　くどう・ゆうすけ　〜平成9年10月4日　陸将　→97/99

工藤 芳四郎　くどう・よしろう　大正6年7月1日〜平成3年1月10日　東北公安調査局長　→91/93

工藤 良次　くどう・りょうじ　明治31年7月23日〜昭和60年10月13日　日立造船専務,三和銀行取締役　→83/87

工藤 良平　くどう・りょうへい　大正15年3月14日〜昭和61年9月10日　衆院議員(社会党),参院議員(社会党)　→83/87

瞿曇 鴟剡　くどん・せいえん　明治44年6月17日〜平成5年1月16日　弁護士　大阪高裁判事　→91/93

久邇 朝融　くに・あさあきら　明治34年2月2日〜昭和34年12月7日　皇族,海軍軍人　→昭和

久邇 邦久　くに・くにひさ　明治35年3月10日〜昭和10年3月4日　久邇宮邦彦王第二王子,侯爵久邇家初祖　→昭和

久邇 静子　くに・しずこ　〜昭和34年9月27日　皇族　→昭和

久邇 倪子　くに・ちかこ　明治12年10月19日〜昭和31年9月9日　昭和天皇の皇后良子の御生母　→昭和

国井 市太郎　くにい・いちたろう　〜昭和57年11月2日　北海道ライン株式会社社長　→80/82

国井 英吉　くにい・えいきち　大正6年3月30日〜平成11年3月16日　士別市長　→97/99

国井 喜太郎　くにい・きたろう　明治16年4月23日〜昭和42年2月15日　商工省工芸指導所初代所長　→昭和(くにい・よしたろう)

国井 郡弥　くにい・ぐんや　明治33年4月16日〜昭和58年3月23日　荒川区長,荒川区社会福祉協議会会長　→83/87

国井 重典　くにい・しげのり　〜昭和28年12月26日　鶴岡市長　→昭和

国井 成一　くにい・せいいち　明治45年5月23日〜昭和61年10月25日　弁護士　専修大学名誉教授　→83/87

国井 長次郎　くにい・ちょうじろう　大正5年11月24日〜平成8年4月18日　保健会館理事長,家族計画国際協力財団(JOICEP)理事長　→94/96

国井 悌二　くにい・ていじ　明治42年8月5日〜平成8年1月25日　帝都高速度交通団理事　→94/96

国井 藤吉　くにい・とうきち　明治31年7月23日〜昭和56年10月30日　太陽石油会長　→80/82

国井 俊明　くにい・としあき　明治38年1月1日〜昭和58年12月14日　日賀信常務　→83/87

国井 富士利　くにい・ふじとし　〜昭和42年3月6日　日本ホテル協会常務理事　→昭和(国井 爲士利　くにい・いしり)

国井 文扶　くにい・ふみお　昭和6年3月30日〜平成1年3月11日　日立家電販売常務　→88/90

国井 門三郎　くにい・もんざぶろう　明治44年4月26日〜昭和63年11月16日　寒河江市長　→88/90

国枝 和彦　くにえだ・かずひこ　〜昭和60年1月13日　釧路地裁帯広支部長　→83/87

国枝 金市　くにえだ・きんいち　昭和55年11月1日　羽島市長　→80/82

国枝 正三　くにえだ・しょうぞう　〜昭和63年8月24日　藤井専務　→88/90

国枝 捨次郎　くにえだ・すてじろう　明治9年1月〜昭和12年4月5日　帝国燃料社長,衆院議員(立憲政友会)　→昭和

国枝 彦成　くにえだ・ひこしげ　〜平成4年11月16日　岡三証券常務　→91/93

国枝 政典　くにえだ・まさのり　大正4年11月9日〜平成8年2月12日　岡崎ガス社長,岡崎液化ガス社長　→94/96

国枝 実　くにえだ・みのる　〜平成6年8月16日　運輸省航空大学校校長　→94/96

国岡 甚一　くにおか・じんいち　〜昭和57年8月6日　北海道製麺協同組合理事　→80/82(國岡 甚一)

国香 正道　くにか・しょうどう　大正15年7月2日〜平成20年11月25日　僧侶　称名寺住職,富山県教育長　→06/08

国方 恒雄　くにかた・つねお　〜平成10年10月31日　全国自治会連合会会長, 香川県議　→97/99

国方 善和　くにかた・よしかず　〜平成15年1月8日　香川県議　→03/05

国川 建二　くにかわ・けんじ　大正15年2月11日〜平成3年7月12日　(財)水道管路技術センター理事長, 厚生省環境衛生局水道環境部長, 水資源開発公団理事　→91/93

欅田 善輔　くにぎた・ぜんすけ　大正9年4月20日〜平成2年8月1日　ダントー常務, 南淡町議会議長　→88/90

救仁郷 義房　くにごう・よしふさ　大正4年8月30日〜平成6年12月24日　全国農協中央副会長　→94/96

国越 藤市　くにごえ・とういち　〜昭和47年1月9日　室町海運社長　→昭和

国崎 裕　くにさき・ゆたか　明治31年1月25日〜昭和57年12月11日　日本生命保険相談役　→80/82

国沢 新兵衛　くにさわ・しんべえ　元治1年11月23日〜昭和28年11月26日　実業家, 政治家　満鉄理事長, 日本通運社長, 衆議院議員(立憲政友会)　→昭和(くにざわ・しんべえ)

国沢 誠一　くにさわ・せいいち　〜平成5年12月12日　朝日生命保険取締役　→91/93

国司 浩助　くにし・こうすけ　明治20年〜昭和13年4月2日　実業家　日本水産専務　→昭和

国司 伍七　くにし・ごしち　〜昭和14年10月25日　陸軍中将　第七師団長　→昭和

国塩 耕一郎　くにしお・こういちろう　明治38年9月6日〜昭和61年6月7日　ニッタ相談化, チヨダシューズ取締役, 日本音楽著作権協会顧問　→83/87

国島 光吉　くにしま・こうきち　明治30年8月27日〜昭和55年4月15日　イトーキ社長, 伊藤喜工作所社長　→80/82

国島 文彦　くにしま・ふみひこ　大正9年1月15日〜平成18年7月26日　警視総監　→06/08

国島 平三　くにしま・へいぞう　大正1年11月5日〜平成3年1月4日　森永製菓常務　→91/93

国島 裕治　くにしま・ゆうじ　昭和26年3月19日〜平成21年2月12日　大垣共立銀行常務　→09/11

国武 格　くにたけ・いたる　昭和11年12月15日〜平成14年9月14日　弁護士　日本弁護士連合会副会長, 福岡県弁護士会会長　→00/02

国竹 七郎　くにたけ・しちろう　〜平成9年2月10日　労愛会会長　→97/99

国武 輝人　くにたけ・てると　〜平成13年8月3日　陸将　陸上自衛隊第7団長　→00/02

国武 道昭　くにたけ・みちあき　大正10年9月25日〜平成20年4月23日　日本フイルコン社長　→06/08

国武 三千雄　くにたけ・みちお　〜昭和56年11月4日　陸軍中将　→80/82

国武 能夫　くにたけ・よしお　〜平成20年3月17日　税理士　九州北部税理士会常務理事, 福岡身障者を守る会会長　→06/08

国頭 暁　くにとう・あきら　昭和6年〜平成16年3月13日　電源開発常務, 開発電気社長　→03/05

国東 照太　くにとう・てるた　明治20年1月1日〜昭和47年6月11日　高松市長　→昭和(くにさき・しょうた)

国俊 正生　くにとし・まさお　〜平成3年9月2日　日軽商事社長　→91/93

国富 英寛　くにとみ・えいかん　〜昭和38年12月30日　大和銀行常務　→昭和

国富 忠寛　くにとみ・ただひろ　〜昭和42年9月10日　横浜市水道局長　→昭和

国富 光雄　くにとみ・みつお　〜昭和42年7月18日　東洋繊維専務　→昭和

国友 茂　くにとも・しげる　昭和8年6月23日〜平成16年12月3日　古野電気社長　→03/05

国友 民衛　くにとも・たみえ　〜平成62年7月24日　クニトモ代表取締役社長　→83/87

国友 寿郎　くにとも・としろう　〜昭和55年5月16日　日本鋳物工業会専務理事, 全国銑鉄鋳物工業組合会専務理事　→80/82

国友 宣光　くにとも・のぶみつ　明治39年5月8日〜平成4年3月19日　福岡空港ビルディング副社長　→91/93

国友 弘康　くにとも・ひろやす　大正2年10月14日〜平成13年9月27日　東武鉄道専務, 運輸省自動車局長　→00/02

国友 正夫　くにとも・まさお　昭和2年3月2日〜昭和62年11月30日　名古屋市住宅供給公社専務理事, 名古屋市建築局長　→83/87

国友 正勝　くにとも・まさかつ　〜平成7年4月9日　共栄火災海上保険常務　→94/96

国永 武　くになが・たけし　大正8年〜平成8年3月23日　日立金属専務　→94/96

久邇宮 邦彦　くにのみや・くによし　明治6年7月23日〜昭和4年1月27日　皇族, 陸軍大将　久邇宮第2代, 久邇宮朝彦親王第三男子　→昭和(久邇宮 邦彦王 くにのみや・くによしおう)

久邇宮 多嘉　くにのみや・たか　明治8年8月17日〜昭和12年10月1日　久邇宮朝彦親王第五男子, 神宮祭主　→昭和(多嘉王 たかおう)

国原 喜三雄　くにはら・きさお　〜昭和10年2月5日　金沢放送局長　→昭和

国原 喜太郎　くにはら・きたろう　明治42年9月24日〜平成3年6月3日　荏原製作所社長　→91/93

梱原 隆一　くにはら・たかいち　大正2年5月17日〜平成14年4月30日　弁護士　日本弁護士連合会副会長　→00/02

国久 忠彦　くにひさ・ただひこ　昭和12年4月8日〜平成12年3月3日　東芝タンガロイ専務　→00/02

国広 五郎　くにひろ・ごろう　明治38年5月28日〜平成11年11月10日　神戸製鋼所常務, 神鋼興産会長　→97/99

国広 重一朗　くにひろ・しげいちろう　大正14年6月2日〜平成20年6月10日　三菱アルミニウム副社長　→06/08

国弘 直　くにひろ・ただし　大正11年2月25日〜平成7年9月19日　太洋社社長　→94/96

国広 政雄　くにひろ・まさお　〜昭和55年11月26日　山口県議　→80/82

国広 安彦　くにひろ・やすひこ　昭和8年5月8日〜平成11年1月6日　日本工営常務, 農林水産省中国四国農政局長　→97/99

国広 幸彦　くにひろ・ゆきひこ　明治35年1月23日〜平成6年11月2日　西京銀行相談役, 山口相互銀行(のち西京銀行)社長　→94/96

国又 和　くにまた・かず　〜昭和60年11月28日　国際協力サービスセンター専務理事　→83/87

国松 巌　くにまつ・いわお　大正6年4月15日〜平成3年10月21日　中央発条取締役　→91/93

国松 憲一郎　くにまつ・けんいちろう　〜昭和56年3月7日　国松工業会長　→80/82

国松 源六　くにまつ・げんろく　大正2年10月3日〜平成10年10月9日　石油資源開発常務　→97/99

国松 大次郎　くにまつ・だいじろう　大正4年11月6日〜平成4年9月7日　国松石材会長　→91/93

国松 藤一　くにまつ・とういち　〜昭和61年11月18日　国松総合企画社長, 南海電鉄顧問, 西武流通グループ顧問　→83/87

国光 聡太郎　くにみつ・そうたろう　昭和10年3月17日〜平成6年11月11日　セザール専務　→94/96

国峯 宏保　くにみね・ひろやす　明治36年2月21日〜平成2年7月7日　クニミネ工業社長　→88/90

国宗 正義　くにむね・まさよし　大正5年2月3日〜平成11年8月31日　建設省中部地方建設局長　→97/99

国村 信明　くにむら・のぶあき　大正8年10月14日〜平成9年6月29日　三菱重工業副社長　→97/99

国元 謙一　くにもと・けんいち　〜平成3年5月26日　日本司法書士会連合会名誉会長　→91/93

国本 康夫　くにもと・やすお　大正15年3月16日〜平成13年2月14日　北海道議(自民党)　→00/02

国本 泰宏　くにもと・やすひろ　昭和3年11月7日〜平成23年6月14日　三菱電線工業常務　→09/11

国谷 順一郎　くにや・じゅんいちろう　〜平成5年7月3日　大子町(茨城県)町長, 茨城県議　→91/93

国安 誠一　くにやす・せいいち　明治44年5月14日〜平成12年8月9日　日本海汽船社長　→00/02

国安 専次　くにやす・せんじ　〜昭和56年7月26日　十勝管内陸別町議会議長　→80/82

国行 一郎　くにゆき・いちろう　明治30年9月20日〜平成4年9月6日　東洋電機製造社長　→91/93

国行 英一　くにゆき・えいいち　〜平成7年5月23日　宇徳運輸常務　→94/96

国行 昌頼　くにゆき・まさより　大正7年1月7日〜平成10年10月23日　日本製薬専務, 日本血液製剤協会会長　→97/99

国吉 家治　くによし・いえじ　昭和5年11月5日〜平成19年9月6日　第一製薬常務　→06/08

国吉 五六　くによし・ごろく　明治39年7月25日〜平成1年11月16日　宇部曹達工業(のちセントラル硝子)社長　→88/90

国好 早苗　くによし・さなえ　大正14年6月4日〜平成7年2月16日　JUKI専務　→94/96

国吉 信義　くによし・のぶよし　明治15年4月8日〜昭和47年11月9日　実業家 宇部市長, 宇部曹達工業社長　→昭和

国吉 亮之輔　くによし・りょうすけ　〜昭和2年2月26日　宇部市長　→昭和

功刀 喜久男　くぬぎ・きくお　大正9年5月16日〜昭和62年1月3日　日本貿易会常務理事　→83/87

椚 総　くぬぎ・たかし　昭和6年〜平成1年9月24日　しんえい社社長　→88/90

功刀 照夫　くぬぎ・てるお　昭和6年7月17日〜平成9年1月18日　英文朝日社長　→97/99

功刀 弁一　くぬぎ・べんいち　〜昭和58年5月12日　山梨サンケイ広告社社長　→83/87

功刀 素重　くぬぎ・もとしげ　〜昭和46年10月7日　日本紡績社長　→昭和

椚田 卓　くぬぎだ・たかし　大正14年11月7日〜平成17年9月1日　アコム会長　→03/05

久根口 良夫　くねぐち・よしお　大正15年9月3日〜平成9年9月13日　三和広告社長　→97/99

久野 勇　くの・いさむ　〜昭和56年5月25日　松坂屋元常務, 名古屋店長　→80/82

久野 慶三　くの・けいぞう　大正13年4月24日〜平成6年9月16日　大運会長　→94/96

久野 健蔵　くの・けんぞう　明治42年8月24日〜平成2年4月17日　岡谷鋼機常務　→88/90

久野 三郎　くの・さぶろう　昭和4年1月18日〜平成16年2月23日　朝日新聞取締役, 青森朝日放送社長　→03/05

久野 庄太郎　くの・しょうたろう　明治33年11月25日〜平成9年4月8日　愛知用水建設期成会幹事長　→97/99

久野 隆夫　くの・たかお　昭和16年2月12日〜平成13年4月29日　協立エアテック社長　→00/02

久野 拓治　くの・たくじ　明治37年7月22日〜平成4年1月12日　東芝セラミックス専務　→91/93

久野 忠治　くの・ちゅうじ　明治43年2月27日〜平成10年10月25日　衆院議員(自民党), 郵政相　→97/99

久野 俊男　くの・としお　〜昭和57年10月16日　(株)エルビー会長　→80/82

久野 二一　くの・にいち　明治41年2月12日〜平成1年6月12日　佐賀県農協中央会長, 佐賀県議　→88/90

久埜 昇　くの・のぼる　〜昭和55年5月1日
　三菱製鋼社長　→80/82

久野 登　くの・のぼる　大正6年1月30日〜昭和62年7月28日　中央発条常務　→83/87

久野 初太郎　くの・はつたろう　万延1年7月17日〜昭和7年10月11日　自由民権運動家,新聞記者　→昭和

久野 弘　くの・ひろし　大正14年12月3日〜平成14年10月7日　東海līング長　→00/02

久野 正雄　くの・まさお　大正2年6月15日〜平成3年8月17日　旭プレス工業会長,三宝伸銅工業名誉顧問,日本学生航空連盟理事　→91/93

久野 保雄　くの・やすお　〜昭和55年8月20日
　久野産業社長,日本伸銅品問屋組合連合会顧問・元会長　→80/82

久野 雄一郎　くの・ゆういちろう　昭和5年1月5日〜平成21年4月25日　三宝伸銅工業社長,奈良県立橿原考古学研究所指導研究員　→09/11

久野 幸夫　くの・ゆきお　大正14年1月13日〜平成15年3月16日　浜松交通会長　→03/05

久野 隆作　くの・りゅうさく　昭和11年8月17日〜平成22年6月22日　三浦市長　→09/11

久能 一郎　くのう・いちろう　大正14年5月23日〜平成13年10月28日　東洋鋼鈑社長　→00/02

久能 司　くのう・つかさ　〜昭和14年4月18日
　陸軍中将　→昭和

久野村 欣也　くのむら・きんや　〜昭和54年
　KDD社長室次長　→昭和

久野村 桃代　くのむら・ももよ　〜昭和54年11月11日
　陸軍中将　→昭和

久芳 庄二郎　くば・しょうじろう　明治25年9月〜昭和40年7月31日　衆院議員(国協党),山口県教育委員長　→昭和(ひさよし・しょうじろう)

久場川 敬　くばがわ・たかし　大正7年12月9日〜平成15年9月18日　琉球政府経済局長,沖縄椿協会会長　→03/05

久原 忠夫　くはら・ただお　〜平成15年3月28日
　福岡県議　→03/05

久原 房之助　くはら・ふさのすけ　明治2年6月4日〜昭和40年1月29日　実業家,政治家　久原鉱業所創立者,衆院議員,政友会総裁　→昭和

久布白 落実　くぶしろ・おちみ　明治15年12月16日〜昭和47年10月23日　キリスト教婦人運動家,牧師　日本基督教婦人矯風会会頭　→昭和

久布白 兼致　くぶしろ・かねよし　〜平成8年5月23日
　日本原子力研究所理事,東京電力取締役　→94/96

久保 凸凹丸　くぼ・あいまる　昭和2年5月31日〜平成15年12月9日　神官　多賀神社宮司,凸凹神業主　→03/05

久保 敦　くぼ・あつし　昭和2年7月3日〜平成11年13日　島津製作所専務　→88/90

久保 勇　くぼ・いさむ　慶応3年3月1日〜昭和9年5月20日　実業家　→昭和

久保 勇　くぼ・いさむ　大正3年8月27日〜平成3年5月4日　千葉テレビ放送会長,千葉日報会長　→91/93

久保 市三郎　くぼ・いちさぶろう　慶応3年7月〜昭和31年3月1日　栃木県農工銀行頭取,下野新聞社長,貴院議員(多額納税)　→昭和

久保 興郎　くぼ・おきお　大正12年11月30日〜平成13年4月24日　東光電気社長,東京電力取締役　→00/02

久保 覚次郎　くぼ・かくじろう　〜昭和58年3月18日
　陸軍司政長官　→83/87

久保 角太郎　くぼ・かくたろう　明治25年1月7日〜昭和19年11月18日　宗教家　霊友会創立者　→昭和

久保 一明　くぼ・かずあき　大正13年7月17日〜昭和62年4月26日　熊本県会議長(自民党,八代郡)　→83/87

久保 亀夫　くぼ・かめお　明治44年9月14日〜平成4年5月7日　南海電気鉄道副社長　→91/93

久保 勘一　くぼ・かんいち　〜昭和56年2月17日
　福岡県旧筑紫郡大野町収入役　→80/82

久保 勘一　くぼ・かんいち　明治43年9月25日〜平成5年11月23日　長崎県知事,参院議員(自民党)　→91/93

久保 観雅　くぼ・かんが　〜昭和9年11月21日
　高野山宝亀院住職　→昭和

久保 寛治　くぼ・かんじ　〜昭和57年3月17日
　日産化学工業元取締役　→80/82

久保 歓治　くぼ・かんじ　〜昭和54年9月20日
　たたら技師長　→昭和

久保 紀一郎　くぼ・きいちろう　明治35年2月11日〜昭和63年11月29日　青森銀行常務,日本銀行考査局考査役,関東銀行専務　→88/90

久保 久太郎　くぼ・きゅうたろう　明治31年10月17日〜昭和55年10月20日　八雲製作所創業者　→80/82

久保 喜六　くぼ・きろく　明治33年3月29日〜平成5年4月10日　日本民族工芸技術保存協会理事長,東京商工会議所専務理事　→91/93

久保 敬祚　くぼ・けいしゅう　〜平成6年9月7日
　久保金属会長　→94/96

久保 敬二郎　くぼ・けいじろう　〜昭和51年9月21日
　特許庁長官　→昭和

久保 賢爾　くぼ・けんじ　昭和12年5月2日〜平成16年1月12日　京浜急行電鉄常務　→03/05

久保 健二郎　くぼ・けんじろう　大正10年2月4日〜平成13年2月10日　上組常務　→00/02

久保 厚仁　くぼ・こうじん　大正14年1月20日〜平成6年3月24日　僧侶　佐賀県議(自民党),洞泉寺住職　→94/96

久保 幸三　くぼ・こうぞう　大正3年8月18日〜昭和59年8月5日　協和銀行専務,不二家副社長　→83/87

久保 佐仲太　くぼ・さちゅうた　大正4年2月8日〜平成20年5月2日　十和田湖町(青森県)町長　→06/08

久保 三郎　くぼ・さぶろう　明治44年3月8日〜昭和56年

1月5日　衆院議員(社会党)　→80/82

久保 参次　くぼ・さんじ　昭和8年1月30日〜平成1年1月31日　埼玉ガス専務　→88/90

久保 重雄　くぼ・しげお　大正4年4月15日〜昭和62年12月27日　山陽特殊製鋼取締役、タナクラ社長　→83/87

久保 順太郎　くぼ・じゅんたろう　〜平成18年6月7日　住金物産常務　→06/08

久保 二郎　くぼ・じろう　明治40年12月20日〜平成11年2月23日　防予汽船取締役、広島県議　→97/99

久保 暹　くぼ・すすむ　〜平成1年10月10日　氷川丸・マリンタワー常務　→88/90

久保 純良　くぼ・すみよし　〜昭和46年3月14日　オリエント時計常務　→昭和

久保 清治郎　くぼ・せいじろう　明治37年12月12日〜昭和63年12月1日　日魯漁業監査役　→88/90

久保 善治　くぼ・ぜんじ　昭和2年6月13日〜平成22年1月12日　光波会長　→09/11

久保 威夫　くぼ・たけお　明治40年7月2日〜平成7年5月14日　郵政省監察局長　→94/96

久保 猛夫　くぼ・たけお　大正2年2月1日〜平成5年10月28日　衆院議員(民主党)　→91/93

久保 忠雄　くぼ・ただお　大正4年7月31日〜平成9年4月6日　大阪通産局長、大阪繊維取引所理事長　→97/99

久保 正　くぼ・ただし　昭和7年4月18日〜平成13年10月5日　日本都市交通労組委員長、総評副議長　→00/02

久保 忠武　くぼ・ただたけ　大正15年6月29日〜平成9年2月10日　四国銀行頭取、広島国税局長　→97/99

久保 力　くぼ・つとむ　〜平成14年5月28日　清水建設常務　→00/02

久保 禎三　くぼ・ていぞう　〜昭和43年8月8日　陸軍中将　→昭和

久保 哲司　くぼ・てつじ　昭和21年11月27日〜平成15年6月10日　衆院議員(公明党)　→03/05

久保 輝雄　くぼ・てるお　〜昭和57年5月31日　宗像大社名誉宮司、九州女子短大講師　→80/82

久保 時男　くぼ・ときお　大正13年12月18日〜平成14年2月28日　高砂香料工業副社長、高砂珈琲社長　→00/02

久保 時造　くぼ・ときぞう　明治27年2月1日〜昭和24年9月3日　社会運動家　→昭和

久保 俊彦　くぼ・としひこ　明治42年12月8日〜平成7年2月20日　日立製作所副社長、日本科学技術振興財団名誉会長　→94/96

久保 俊郎　くぼ・としろう　大正5年11月18日〜平成14年11月17日　沢内村(岩手県)村長　→00/02

久保 富夫　くぼ・とみお　明治41年11月16日〜平成2年3月22日　三菱自動車工業社長　→88/90

久保 虎爾　くぼ・とらじ　〜平成11年9月11日　救世軍東京連隊特務曹長　→97/99

久保 虎二郎　くぼ・とらじろう　大正9年7月4日〜平成

23年8月29日　日動火災海上保険社長　→09/11

久保 楠蔵　くぼ・なんぞう　明治37年6月1日〜昭和3年12月1日　社会運動家　→昭和

久保 元　くぼ・はじむ　昭和6年1月29日〜平成12年5月29日　高速オフセット社長、毎日新聞中部本社印刷局長　→00/02

久保 秀正　くぼ・ひでまさ　大正2年7月13日〜平成10年12月8日　日本鉱業常務　→97/99

久保 仁　くぼ・ひとし　大正13年7月27日〜平成23年9月5日　通商産業省札幌通産局長、丸善石油化学専務　→09/11

久保 等　くぼ・ひとし　大正5年10月6日〜平成14年6月15日　衆院議員、参院議員(社会党)　→00/02

久保 裕稔　くぼ・ひろとし　〜昭和46年3月25日　グンゼ取締役　→昭和

久保 復　くぼ・ふく　明治36年4月28日〜昭和57年8月28日　帝国繊維会長　→80/82

久保 房吉　くぼ・ふさきち　大正1年11月15日〜平成6年4月18日　丸紅常務　→94/96

久保 無二雄　くぼ・ぶじお　〜昭和11年3月20日　住友総本店理事　→昭和

久保 文　くぼ・ふみ　明治44年〜平成14年4月23日　平和運動家、翻訳家　原水爆禁止日本協議会常任理事　→00/02

久保 文蔵　くぼ・ぶんぞう　明治31年8月10日〜昭和29年1月8日　大蔵省金融局長、日進印刷工業社長　→昭和

久保 正明　くぼ・まさあき　大正12年3月29日〜昭和59年4月12日　三菱鉱業セメント常務、日本ロックラーパイプ社長　→83/87

久保 政一　くぼ・まさいち　〜昭和63年3月21日　江丹別村(北海道)村長　→88/90

久保 正夫　くぼ・まさお　大正9年8月25日〜平成6年11月8日　第一勧業銀行取締役、カルピス食品工業専務　→94/96

久保 正雄　くぼ・まさお　〜昭和59年11月7日　東日貿易社長　→83/87

久保 政吉　くぼ・まさきち　〜平成2年1月3日　神奈川県議(社会党)　→88/90

久保 正志　くぼ・まさし　〜平成4年2月13日　三池商事社長　→91/93

久保 正大　くぼ・まさたか　大正15年7月17日〜平成5年4月17日　住友重機械工業社長　→91/93

久保 雅彦　くぼ・まさひこ　〜平成4年10月13日　大丸工業取締役　→91/93

久保 正博　くぼ・まさひろ　明治43年1月29日〜平成8年2月9日　横浜高島屋専務　→94/96

久保 道正　くぼ・みちまさ　大正7年3月16日〜平成4年6月28日　デオデオ創業者　→91/93

久保 迪之　くぼ・みちゆき　〜平成5年5月23日

久保 康　くぼ・やすし　〜昭和60年11月7日　日産化学工業常務　→83/87

久保 康則　くぼ・やすのり　大正5年3月31日〜平成17年8月18日　神官　御田八幡宮宮司,高知県遺族会会長　→06/08s

久保 康仁　くぼ・やすひと　大正12年3月12日〜平成1年7月10日　同和火災海上保険取締役　→88/90

久保 泰理　くぼ・やすまさ　〜平成4年5月22日　日本生命保険監査役,大日本スクリーン製造専務　→91/93

久保 勇吉　くぼ・ゆうきち　明治45年3月7日〜昭和61年10月25日　間組常務取締役　→83/87

久保 雄三　くぼ・ゆうぞう　昭和4年7月6日〜平成14年6月3日　竹中工務店常務　→00/02

久保 雄太郎　くぼ・ゆうたろう　〜昭和59年7月22日　大和銀行調査部長　→83/87

久保 譲　くぼ・ゆずる　明治36年1月10日〜昭和36年11月16日　社会運動家　→昭和

久保 吉男　くぼ・よしお　大正3年3月26日〜平成10年11月24日　大崎電気工事専務　→97/99

久保 芳雄　くぼ・よしお　〜昭和60年4月9日　安田貯蓄銀行専務,京都信用保証協会専務理事　→83/87

久保 慶正　くぼ・よしまさ　大正12年1月1日〜平成20年10月22日　神戸製鋼所常務　→06/08

久保 領一　くぼ・りょういち　明治38年1月10日〜平成3年4月24日　山陽パルプ(のち山陽国策パルプ)専務,三洋商事(のちサンミック通商)社長　→91/93

久保 亘　くぼ・わたる　昭和4年1月15日〜平成15年6月24日　参院議員(民主党),蔵相,副総理　→03/05

久保井 勘次郎　くぼい・かんじろう　明治38年1月18日〜昭和62年10月15日　久保井インキ(株)代表取締役会長　→83/87

窪井 義道　くぼい・よしみち　明治25年5月〜昭和24年11月13日　衆院議員(日本進歩党)　→昭和

窪内 良一　くぼうち・りょういち　大正14年7月15日〜平成20年9月16日　高知県議(公明党)　→06/08

久保浦 寛人　くぼうら・ひろと　大正14年〜平成22年9月30日　ひろしま被爆体験継承の会代表　→09/11

窪川 真男　くぼかわ・まさお　大正7年4月8日　日本電池取締役,同志社大学教授　→94/96

窪川 雪夫　くぼかわ・ゆきお　明治40年11月4日〜昭和56年8月28日　朝日新聞社監査役　→80/82

久保木 修己　くぼき・おさみ　昭和6年2月3日〜平成10年12月13日　世界基督教統一神霊協会名誉会長,国際勝共連合名誉会長　→97/99

久保木 賢二　くぼき・けんじ　〜平成6年7月12日　日本株式新聞社社長　→94/96

久保島 英二　くぼしま・えいじ　昭和13年8月1日〜平成8年1月12日　リサーチ・アンド・ディベロプメント副社長,アール・アンド・ディー・ジェイ・ディー・パワー社長　→94/96

久保田 章正　くぼた・あきまさ　昭和7年5月15日〜平成5年3月13日　静岡放送取締役,静岡新聞社編集主幹　→91/93

窪田 昭義　くぼた・あきよし　〜昭和62年5月22日　黒部警察署巡査部長　→83/87

久保田 幾之助　くぼた・いくのすけ　〜昭和39年11月24日　三菱商事副社長　→昭和

久保田 勇　くぼた・いさむ　〜平成10年12月7日　豊前市会副議長　→97/99

窪田 勇　くぼた・いさむ　大正4年10月16日〜平成2年10月15日　旭コンクリート工業専務　→88/90

久保田 市太郎　くぼた・いちたろう　〜昭和58年9月8日　明治生命常務　→83/87

久保田 一郎　くぼた・いちろう　大正3年2月6日〜昭和58年3月13日　久保田農機製作所社長　→83/87

久保田 巌　くぼた・いわお　明治44年11月15日〜昭和57年12月14日　日立電子社長　→80/82

久保田 円次　くぼた・えんじ　明治36年8月23日〜平成10年2月1日　衆院議員(自民党),防衛庁長官　→97/99

久保田 修　くぼた・おさむ　昭和17年8月10日〜平成14年4月17日　日本電波工業常務　→00/02

窪田 角一　くぼた・かくいち　明治38年2月23日〜昭和60年9月30日　農協愛友会会長,元農林中金理事　→83/87

窪田 勝蔵　くぼた・かつぞう　大正5年1月7日〜平成8年11月10日　出光興産専務　→94/96

久保田 鼎　くぼた・かなえ　安政2年〜昭和15年1月10日　文部官僚　東京美術学校校長　→昭和

久保田 貫一郎　くぼた・かんいちろう　明治35年3月2日〜昭和52年7月14日　駐ベトナム大使　→昭和

久保田 完三　くぼた・かんぞう　明治40年11月5日〜昭和55年6月4日　岐阜県議,高山短期大学学長　→80/82

久保田 敬一　くぼた・けいいち　明治14年4月13日〜昭和51年1月27日　鉄道省次官,日本通運社長　→昭和

久保田 今朝武　くぼた・けさむ　大正1年10月18日〜平成6年8月5日　東洋工業会長,茨城県会議長(自民党)　→94/96

久保田 幸　くぼた・こう　大正15年〜平成9年6月14日　明治乳業常務　→97/99

久保田 耕作　くぼた・こうさく　昭和9年1月22日〜平成17年1月10日　久保田観光会長　→03/05

窪田 駒吉　くぼた・こまきち　〜昭和10年6月9日　日本製粉社長　→昭和

久保田 権四郎　くぼた・ごんしろう　明治3年10月3日〜昭和34年11月11日　クボタ創業者　→昭和

久保田 栄　くぼた・さかえ　昭和59年11月25日　東京水産振興会名誉会長,元東京都競馬社長　→83/87

久保田 茂生　くぼた・しげお　昭和4年2月11日〜昭和62年3月16日　ジャイネットプランニング社長,共同通信総合企画室次長　→83/87

窪田 重次　くぼた・しげつぐ　～昭和55年3月1日
明治生命常務　→80/82

窪田 茂人　くぼた・しげと　～昭和63年10月11日
北海道議　→88/90

久保田 重徳　くぼた・しげのり　～昭和28年1月9日
安川電機重役　→昭和

窪田 重元　くぼた・しげもと　明治43年1月1日～平成1年4月21日　大成建設取締役　→88/90

久保田 周　くぼた・しゅう　昭和6年1月27日～平成6年7月7日　アスクプランニングセンター専務　→94/96

久保田 淳一　くぼた・じゅんいち　大正8年3月13日～平成21年12月10日　ユニチカ専務,甲南学園理事長　→09/11

久保田 準一　くぼた・じゅんいち　昭和12年4月7日～平成12年11月17日　高知新聞専務　→00/02

久保田 俊三　くぼた・しゅんぞう　～昭和61年12月31日
ライオン歯磨取締役宣伝部長　→83/87

久保田 省三　くぼた・しょうぞう　～昭和18年12月5日
昭和製鋼理事長　→昭和

窪田 正八　くぼた・しょうはち　大正8年11月17日～平成9年9月20日　気象庁長官　→97/99

久保田 ジョン　くぼた・じょん　～昭和63年10月9日
フレスノ市姉妹都市委員会高知本部会共同委員　→88/90

窪田 四郎　くぼた・しろう　明治6年5月25日～昭和19年9月14日　実業家　→昭和

久保田 進吉　くぼた・しんきち　～昭和55年11月11日
特許管理士会事務長　→80/82

久保田 真司　くぼた・しんじ　昭和11年6月4日～平成18年12月29日　駐モンゴル大使　→06/08

久保田 静太郎　くぼた・せいたろう　慶応1年9月22日～昭和21年10月6日　社会事業家　枢密顧問官,中央社会事業協会副会長　→昭和（くぼた・しずたろう）

久保田 節夫　くぼた・せつお　昭和11年1月15日～平成12年3月29日　電通常務　→00/02

久保田 峻　くぼた・たおさ　明治30年8月4日～平成3年5月27日　福井県知事　→91/93

窪田 多喜雄　くぼた・たきお　大正15年4月9日～平成2年1月13日　鳥取県議（自民党）　→88/90

窪田 武彦　くぼた・たけひこ　大正13年3月10日～平成5年5月16日　菱光証券会長　→91/93

久保田 武巳　くぼた・たけみ　～平成14年8月26日
三池炭鉱労働組合副組合長　→00/02

久保田 忠勝　くぼた・ただかつ　昭和10年8月2日～平成8年1月13日　ダイワラクダ工業社長　→94/96

窪田 長松　くぼた・ちょうまつ　～平成2年6月6日
北海道議,北海道立函館工業高校長　→88/90

久保田 常太郎　くぼた・つねたろう　大正4年6月21日～平成10年7月4日　京浜急行電鉄常務　→97/99

久保田 常信　くぼた・つねのぶ　明治42年1月6日～平成4年2月4日　びわこ銀行会長　→91/93

久保田 鶴松　くぼた・つるまつ　明治33年10月15日～昭和59年1月12日　労働運動家,政治家　衆院議員（社会党）　→83/87

久保田 貞吉　くぼた・ていきち　～昭和56年4月30日
東都水産常務　→80/82

久保田 照雄　くぼた・てるお　昭和2年2月10日～平成22年5月10日　北陸銀行頭取,富山商工会議所会頭　→09/11

窪田 伝次郎　くぼた・でんじろう　～昭和48年10月18日
千代田化工建設副社長　→昭和

窪田 桐造　くぼた・とうぞう　～昭和57年12月9日
日本化薬元常務　→80/82

久保田 藤造　くぼた・とうぞう　～昭和56年5月31日
久保田鉄工元会長　→80/82

窪田 俊彦　くぼた・としひこ　明治28年4月1日～昭和59年4月12日　札幌テレビ放送社長　→83/87

窪田 俊彦　くぼた・としひこ　大正5年9月28日～平成11年3月20日　東亜国内航空社長　→97/99

窪田 富一郎　くぼた・とみいちろう　大正9年7月1日～平成15年11月30日　群馬県議（自民党）　→03/05

久保田 信博　くぼた・のぶひろ　明治42年3月2日～平成5年5月21日　久保田鉄工(のちクボタ)常務　→91/93

窪田 登　くぼた・のぼる　～昭和62年8月28日
松本市収入役　→83/87

久保田 春寿　くぼた・はるとし　～昭和55年1月11日
静岡地検検事正　→80/82

窪田 範三　くぼた・はんぞう　大正11年5月21日～平成21年1月5日　仙台信用金庫理事長　→09/11

久保田 英夫　くぼた・ひでお　大正10年3月30日～平成7年8月26日　早稲田大学名誉教授　→94/96

久保田 博巳　くぼた・ひろみ　昭和9年～平成16年7月31日　大同特殊鋼常務　→03/05

窪田 文三　くぼた・ぶんぞう　～昭和4年2月1日
東京市社会局長　→昭和

久保田 正明　くぼた・まさあき　大正11年1月3日～平成13年1月17日　テレビ静岡専務,産経新聞静岡支局長　→00/02

久保田 正雄　くぼた・まさお　明治42年1月18日～平成15年6月26日　旭化成工業副社長　→03/05

久保田 真苗　くぼた・まなえ　大正13年10月6日～平成20年8月8日　参院議員（社会党）,経済企画庁長官　→06/08

久保田 光三郎　くぼた・みつさぶろう　～平成1年3月19日　日本高周波重工業(のち日本高周波鋼業)代表取締役　→88/90

久保田 緑　くぼた・みどり　～平成2年2月26日
中国残留孤児問題全国協議会理事　→88/90

久保田 実　くぼた・みのる　大正3年6月25日～平成1年3

久保田 実　くぼた・みのる　大正4年11月11日～平成9年2月10日　三協精機製作所社長, 八十二銀行常務　→97/99

久保田 稔　くぼた・みのる　大正9年9月15日～平成15年1月29日　オリンパス光学工業常務　→03/05

久保田 元也　くぼた・もとなり　大正15年12月20日～平成19年9月10日　春日製紙工業社長　→06/08

久保田 豊　くぼた・ゆたか　明治38年10月4日～昭和39年10月24日　農民運動家, 政治家　衆院議員（社会党）　→昭和

久保田 豊　くぼた・ゆたか　明治27年12月28日～昭和40年12月4日　三菱製鋼社長　→昭和

久保田 豊　くぼた・ゆたか　明治23年4月27日～昭和61年9月9日　土木技術コンサルタント　日本工営創業者　→83/87

久保田 洋　くぼた・よう　昭和26年～平成1年6月28日　国連ナミビア独立指導支援担当官　→88/90

久保田 芳雄　くぼた・よしお　～平成3年2月16日　海軍少将　日立機械エンジニアリング会長, 海軍機関学校同窓会名誉会長　→91/93

窪田 喜照　くぼた・よしてる　～昭和45年3月13日　全国酪農協会長　→昭和

窪田 芳彦　くぼた・よしひこ　大正2年8月28日～平成16年8月11日　横浜ゴム常務　→03/05

久保田 美文　くぼた・よしふみ　大正9年4月14日～平成17年1月24日　ダイセル化学工業社長　→03/05

久保田 義麿　くぼた・よしまろ　～昭和47年7月23日　国立国会図書館長　→昭和

窪谷 二彦　くぼたに・つぎひこ　昭和8年1月1日～平成13年5月5日　東京ガス常務　→00/02

窪谷 朝之　くぼたに・ともゆき　～昭和56年2月17日　弁護士　→80/82

窪寺 五雄　くぼでら・いつお　～昭和48年2月2日　丸紅取締役　→昭和

久保寺 実円　くぼでら・じつえん　～平成9年2月1日　僧侶　華厳寺（天台宗谷汲山）住職　→97/99

久保寺 誠夫　くぼてら・まさお　～平成2年2月20日　弁護士　京都地裁判事　→88/90

久保寺 良輔　くぼでら・りょうすけ　～昭和61年3月7日　丸芝取締役相談役　→83/87

久保山 愛吉　くぼやま・あいきち　大正3年6月21日～昭和29年9月23日　第五福竜丸無線長　水爆犠牲者（第五福竜丸事件）　→昭和

久保山 洩佐　くぼやま・えいさ　大正9年9月18日～平成8年4月26日　デンヨー社長　→94/96

久保山 すず　くぼやま・すず　～平成5年9月12日　平和運動家　第五福竜丸事件・久保山愛吉夫人　→91/93

久万 俊二郎　くま・しゅんじろう　大正10年1月6日～平成23年9月9日　阪神電気鉄道社長, 阪神タイガースオーナー　→09/11

隈 利実　くま・としみ　大正15年3月15日～平成9年9月4日　西部技研社長　→97/99

久間 三千年　くま・みちとし　～平成20年10月28日　福岡・飯塚女児2人誘拐殺害事件の犯人とされる　→09/11s

熊井 一夫　くまい・かずお　昭和2年10月25日～平成19年9月23日　高知県議（無所属）　→06/08

隈井 儀一　くまい・ぎいち　大正14年11月6日～昭和58年11月17日　極洋取締役　→83/87

熊井 基彦　くまい・もとひこ　大正10年12月26日～昭和58年3月31日　スカイアルミニウム専務　→83/87

熊井 守二　くまい・もりじ　明治44年1月22日～平成4年3月17日　田中藍相談役　→91/93

熊井戸 立雄　くまいど・たつお　～平成7年3月25日　婦人画報社専務　→94/96

熊岡 奎治　くまおか・けいじ　昭和2年10月21日～平成2年8月9日　東京計算サービス社長, 東京電力神奈川・群馬支店長　→88/90

熊岡 実　くまおか・みのる　明治39年～昭和61年2月28日　栃木県畜産会社初代社長　→83/87

熊谷 晃　くまがい・あきら　昭和5年4月1日～平成18年4月11日　サンケン電気常務　→06/08

熊谷 あさ子　くまがい・あさこ　～平成18年5月19日　青森県の大間原発計画に反対した地権者　→06/08

熊谷 巌　くまがい・いわお　明治16年9月～昭和8年1月2日　弁護士　衆院議員（政友会）　→昭和

熊谷 栄次　くまがい・えいじ　明治28年12月6日～平成7年2月22日　住友信託銀行社長　→94/96

熊谷 収　くまがい・おさむ　昭和61年10月11日　日本タングステン総務部長, 福岡県サイクリング協会事務局長　→83/87

熊谷 岳次　くまがい・がくじ　～昭和56年7月21日　佐賀興産社長, 元出光興産常務　→80/82

熊谷 和三　くまがい・かずみ　昭和3年9月20日～平成16年9月25日　中央魚類専務　→03/05

熊谷 克治　くまがい・かつじ　昭和4年6月1日～昭和63年8月8日　北海道議（社会党）・道会副議長　→88/90

熊谷 兼雄　くまがい・かねお　明治39年1月2日～平成7年2月5日　建築業協会専務理事　→94/96

熊谷 喜一郎　くまがい・きいちろう　慶応2年4月12日～昭和24年10月9日　石川県知事　→昭和

熊谷 喜一郎　くまがい・きいちろう　明治37年4月23日～平成7年4月9日　陸前高田市長　→94/96

熊谷 清　くまがい・きよし　大正7年8月5日～平成22年2月20日　川崎汽船社長　→09/11

熊谷 邦雄　くまがい・くにお　大正2年5月21日～平成5年4月7日　戸田建設取締役　→91/93

熊谷 憲一　くまがい・けんいち　明治28年10月2日～昭

和31年10月9日　衆院議員(自民党)　→昭和

熊谷 恒一　くまがい・こういち　明治41年6月15日～平成5年8月7日　すがい化学工業副社長　→91/93

熊谷 五右衛門　くまがい・ごえもん　慶応1年6月～昭和17年9月1日　衆院議員(翼賛議員同盟)　→昭和

熊谷 寂澄　くまがい・じゃくちょう　～昭和60年6月19日　天台宗大僧正、元同宗財務部長　→83/87

熊谷 正三　くまがい・しょうぞう　大正14年1月3日～平成5年6月30日　丸多製陶所社長、丸多貿易社長、日本陶磁器工業協同組合連合会理事長　→06/08

熊谷 碩二　くまがい・せきじ　昭和3年5月8日～平成3年1月29日　岩手県生活協同組合連合会長　→91/93

熊谷 善二　くまがい・ぜんじ　大正15年1月27日～昭和61年2月22日　日立製作所常務、元特許庁長官　→83/87

熊谷 孝　くまがい・たかし　大正14年8月18日～平成17年4月1日　熊谷印刷社長　→03/05

熊谷 太三郎　くまがい・たさぶろう　明治39年11月3日～平成4年1月15日　政治家、実業家　参院議員(自民党)、熊谷組会長、福井市長　→91/93

熊谷 正　くまがい・ただし　昭和14年2月12日～平成13年1月16日　光洋精圧社長、光洋精工取締役　→00/02

熊谷 忠　くまがい・ただし　大正9年6月25日～平成20年2月19日　広島県議(自民党)、神辺町(広島県)町長　→06/08

熊谷 辰治郎　くまがい・たつじろう　～昭和57年2月8日　日本青年連盟会長　→80/82

熊谷 次雄　くまがい・つぎお　大正5年12月19日～昭和62年6月7日　京都土地興業社長　→83/87

熊谷 俊男　くまがい・としお　大正8年11月4日～平成14年9月25日　フジマック創業者　→00/02

熊谷 敏朗　くまがい・としろう　～昭和55年4月26日　麻生セメント常任監査役　→80/82

熊谷 留吉　くまがい・とめきち　～昭和56年8月27日　網走管内津別町議会議長　→80/82

熊谷 直和　くまがい・なおかず　明治42年6月2日～昭和61年6月13日　ミューズ貿易社長　→83/87

熊谷 直之助　くまがい・なおのすけ　～昭和60年3月19日　金沢地裁所長　→83/87

熊谷 直博　くまがい・なおひろ　昭和7年7月1日～平成18年1月3日　駐スウェーデン大使　→06/08

熊谷 直道　くまがい・なおみち　明治40年11月23日～昭和60年8月5日　東京鳩居堂社長　→83/87

熊谷 久　くまがい・ひさし　～平成17年6月26日　フランスベッドホールディングス副社長　→03/05

熊谷 秀男　くまがい・ひでお　昭和5年12月15日～平成23年2月3日　東京電波社長　→09/11

熊谷 福一　くまがい・ふくいち　～平成15年3月4日　弁理士　日本弁理士会会長　→03/05

熊谷 文雄　くまがい・ふみお　大正3年4月6日～昭和63年3月30日　京都銀行専務、大蔵省印刷局長　→83/87

熊谷 誠　くまがい・まこと　～昭和47年6月3日　弁護士　→昭和

熊谷 万平　くまがい・まんべい　～平成12年5月30日　杏林製薬副社長　→00/02

熊谷 道一　くまがい・みちかず　昭和12年8月19日～昭和61年1月24日　東京鳩居堂社長　→83/87

熊谷 光平　くまがい・みつひら　昭和12年3月14日～平成10年7月26日　札幌テレビ放送常務　→97/99

熊谷 康郎　くまがい・やすじろう　明治28年10月22日～昭和59年6月14日　弁護士　京都弁護士会長　→83/87

熊谷 靖彦　くまがい・やすひこ　昭和33年3月19日～平成20年1月30日　松田産業常務　→06/08

熊谷 八十三　くまがい・やそみ　明治7年～昭和44年10月22日　農林省園芸試験場長　アメリカ・ポトマックの桜の育ての親　→昭和(くまがい・やそぞう)

熊谷 幸彦　くまがい・ゆきひこ　昭和6年8月23日～平成13年3月9日　日本鉄販社長　→00/02

熊谷 義雄　くまがい・よしお　明治38年5月20日～平成6年1月4日　デーリー東北新聞社会長、衆院議員(自民党)　→94/96

熊谷 義登　くまがい・よしと　～昭和58年1月23日　西広常務　→83/87

熊谷 典文　くまがい・よしふみ　大正4年11月30日～平成11年4月1日　住友金属工業社長　→97/99

熊谷 信夫　くまがえ・のぶお　昭和7年9月7日～平成15年8月14日　佐伯建設工業社長　→03/05

熊谷 守　くまがえ・まもる　～昭和56年3月20日　九州共同職業訓練協議会会長、両筑高等職業訓練校校長　→80/82

熊谷 弘　くまがや・ひろむ　大正2年1月16日～昭和57年4月25日　弁護士　横浜家裁所長、東京地裁判事　→80/82

熊川 三吉　くまがわ・さんきち　～昭和57年11月10日　全国漬物協会理事、熊川食料工業会長　→80/82

熊川 澄雄　くまがわ・すみお　昭和11年9月21日～平成15年6月29日　シチズン時計常務　→03/05

熊川 照義　くまがわ・てるよし　大正12年12月15日～平成15年10月14日　弁護士　高松地検検事　→03/05

隈川 基　くまかわ・もとい　昭和14年11月2日　海軍少将　医海時報社長　→昭和(くまかわ・もと)

熊川 好生　くまかわ・よしお　昭和7年7月10日～平成14年2月15日　浦安市長　→00/02

熊木 喜一郎　くまき・きいちろう　～平成4年12月14日　松竹常務　→91/93

熊木 善一郎　くまき・ぜんいちろう　明治44年2月27日～昭和57年9月29日　神奈川日産自動車会長　→80/82

熊木 弘　くまき・ひろし　大正5年1月27日～昭和63年1月21日　丸和工芸代表取締役社長　→88/90

熊木 林次郎　くまき・りんじろう　～昭和62年1月16日　熊木銘木店代表　→83/87

I　政治・経済・社会篇

熊切 孝　くまきり・たかし　昭和4年7月22日～平成7年12月2日　三菱化成常務　→94/96

熊倉 啓安　くまくら・ひろやす　昭和2年5月22日～平成7年3月9日　平和運動家　日本平和委員会事務局長　→94/96

熊倉 実　くまくら・みのる　昭和3年4月9日～平成7年7月14日　殖産住宅相互常務　→94/96

熊倉 利三郎　くまくら・りさぶろう　～昭和60年2月1日　クラヤ薬品取締役相談役,クラヤ商事社長　→83/87

熊佐 義里　くまさ・よしさと　大正8年4月19日～平成4年8月3日　弁護士　広島県教育委員長,広島地裁所長　→91/93

熊坂 恭助　くまさか・きょうすけ　～昭和62年5月9日　藤崎専務　→83/87

熊崎 勇　くまざき・いさむ　大正13年2月22日～平成22年4月29日　中央信託銀行会長　→09/11

熊崎 克己　くまざき・かつみ　昭和11年1月14日～平成22年1月31日　十六銀行常務,フジパン専務　→09/11

熊崎 健作　くまざき・けんさく　～昭和62年6月9日　多治見カントリークラブ常務理事　→83/87

熊崎 武　くまざき・たけし　大正3年3月22日～平成4年5月22日　北海道グリーンセンター社長,恵庭商工会議所会頭　→91/93

熊崎 正夫　くまざき・まさお　大正5年11月4日～平成20年10月18日　厚生事務次官　→06/08

熊崎 元彦　くまざき・もとひこ　昭和7年11月20日～平成11年8月13日　カーマ専務　→97/99

熊沢 章　くまざわ・あきら　～昭和59年12月14日　中部広研社長　→83/87

熊沢 幾蔵　くまざわ・いくぞう　大正5年8月27日～昭和57年10月14日　共栄企業代表取締役,神奈川県トラック協会理事　→80/82

熊沢 一衛　くまざわ・いちえ　明治10年11月1日～昭和15年2月14日　実業家　伊勢電気鉄道社長　→昭和（くまざわ・かずえ）

熊沢 金造　くまざわ・きんぞう　明治45年4月5日～昭和56年8月3日　日本プレス工業社長,茅ヶ崎商工会議所副会頭　→80/82

熊沢 孝平　くまざわ・こうへい　明治34年4月22日～昭和58年4月15日　弁護士　福岡高検検事長　→83/87

熊沢 貞夫　くまざわ・さだお　明治31年1月3日～昭和61年1月8日　王子製紙社長　→83/87

熊沢 信吉　くまざわ・しんきち　～昭和42年1月30日　ニューズウィーク極東支社営業支配人　→昭和

熊沢 清郁　くまざわ・せいいく　大正5年8月31日～昭和58年8月2日　東京船舶監査役　→83/87

熊沢 清八郎　くまざわ・せいはちろう　大正9年7月23日～平成4年7月29日　ジャックス取締役　→91/93

熊沢 泰禅　くまざわ・たいぜん　明治6年5月1日～昭和43年1月7日　僧侶　曹洞宗大本山総持寺貫首　→昭和

熊沢 敵夫　くまざわ・たかお　明治43年6月23日～昭和59年12月17日　高砂鉄工副社長　→83/87

熊沢 貞吉　くまざわ・ていきち　～平成6年10月12日　熊沢グループ社主　→94/96

熊沢 信彦　くまざわ・のぶひこ　～昭和60年2月27日　"熊沢天皇"の一人　→83/87

熊沢 寛道　くまざわ・ひろみち　明治22年12月18日～昭和41年6月11日　南朝系天皇の自称者　→昭和

熊沢 平蔵　くまざわ・へいぞう　大正12年10月3日～昭和56年6月23日　熊沢海運社長　→80/82

熊沢 政雄　くまざわ・まさお　明治37年7月13日～平成14年1月23日　東亜ペイント社長　→00/02

熊沢 泰倫　くまざわ・やすのり　～昭和55年1月20日　横浜地検検事　→80/82

熊沢 義宣　くまざわ・よしのぶ　昭和4年2月27日～平成14年8月7日　牧師　東京神学大学名誉教授　→00/02

神代 倉次　くましろ・くらじ　～昭和61年7月1日　福岡酒類販売代表取締役会長　→83/87

熊代 健　くましろ・たけし　昭和9年3月17日～平成15年4月7日　運輸省地域交通局長　→03/05

熊代 親志　くましろ・ちかし　昭和5年8月16日～平成3年7月14日　東京ホーニング工業社長　→91/93

熊城 春男　くましろ・はるお　～昭和63年3月28日　クマエンジニアリング社長　→88/90

神代 仁臣　くましろ・ひとおみ　～平成16年4月13日　筑紫野市長　→03/05

神代 護忠　くましろ・もりただ　明治40年12月10日～平成4年3月4日　閉鎖機関特殊事務所特殊清算人,大蔵省官房財務調査官,帝人取締役　→91/93

熊田 光洲　くまだ・こうしゅう　～昭和57年11月18日　僧侶　大覚寺嵯峨御流副華務長　→80/82

熊田 秀夫　くまだ・ひでお　昭和16年5月24日～平成22年4月5日　プレス工業専務　→09/11

隈田 正孝　くまだ・まさたか　大正13年9月4日～昭和63年5月17日　山村硝子常務　→88/90

熊田 克郎　くまだ・よしろう　明治34年10月28日～平成4年11月7日　武蔵野銀行相談役,大宮商工会議所名誉会頭　→91/93

熊田 隆一　くまだ・りゅういち　昭和4年11月11日～平成14年4月13日　関東天然瓦斯開発社長　→00/02

熊取谷 弥一郎　くまとりだに・やいちろう　～昭和53年8月30日　明治製糖社長　→昭和

熊取谷 米太郎　くまとりや・よねたろう　～昭和55年12月26日　泉佐野市長　→80/82

熊野 英　くまの・えい　明治22年～昭和38年2月3日　松江市長　→昭和

熊野 啓五郎　くまの・けいごろう　～平成5年7月9日　弁護士　札幌高裁長官　→91/93

熊野 修一　くまの・しゅういち　明治45年4月15日～昭

和61年5月5日　三井石油開発社長　→83/87

熊野 末太郎　くまの・すえたろう　大正8年4月22日～平成11年12月1日　アイヌ民族博物館理事長　→00/02s

熊野 宗一　くまの・そういち　明治38年11月2日～昭和51年4月29日　富山地方鉄道社長　→昭和

熊野 徳次郎　くまの・とくじろう　～昭和59年7月3日　大阪府警本部長　→83/87

熊野 利夫　くまの・としお　明治42年10月25日～昭和58年11月21日　熊野製缶社長,広島ブリキ製缶協同組合理事長　→83/87

熊野 友行　くまの・ともゆき　大正6年3月14日～昭和63年5月13日　中越レース工業監査役　→88/90

熊野 久夫　くまの・ひさお　大正12年7月28日～昭和63年1月14日　熊野製缶副社長,全日本断酒連盟副理事長　→88/90

熊野 英昭　くまの・ひであき　昭和12年9月3日～平成16年12月30日　通産事務次官　→03/05

熊野 政吉　くまの・まさきち　～昭和58年6月18日　北農中央会理事　→83/87

熊野 義夫　くまの・よしお　明治43年3月13日～昭和58年2月16日　日本農薬相談役・元専務　→83/87

熊野 義孝　くまの・よしたか　明治32年5月9日～昭和56年8月20日　牧師　東京神学大学名誉教授　→80/82

熊埜御堂 英二　くまのみどう・えいじ　大正7年4月26日～平成23年4月4日　三和酒類創業者　→09/11

熊平 清一　くまひら・せいいち　明治37年8月12日～昭和59年10月26日　熊平製作所会長,広島県貿易協会会長　→83/87

隈部 鵬　くまべ・おおとり　～昭和58年3月28日　北陸金属工業社長　→83/87

隈部 毅一郎　くまべ・きいちろう　大正10年9月22日～平成16年9月2日　東武鉄道専務　→03/05

隈部 親信　くまべ・ちかのぶ　明治2年～昭和9年8月6日　陸軍少将　小諸町(長野県)町長　→昭和

隈部 正則　くまべ・まさのり　～平成18年8月25日　陸将　陸上自衛隊東北方面総監　→06/08

隈丸 五郎　くままる・ごろう　～昭和61年3月21日　久留米アサヒ商事社長　→83/87

熊巳 三郎　くまみ・さぶろう　明治31年7月31日～平成1年12月13日　第一銀行(のち第一勧業銀行)監査役　→88/90

熊村 昌一郎　くまむら・まさいちろう　明治42年11月28日～昭和61年12月12日　天竜市長　→83/87

熊本 昭　くまもと・あきら　～昭和57年12月28日　福岡地検副検事　→80/82

熊本 清彦　くまもと・きよひこ　大正14年5月19日～平成15年10月27日　ヤマエ久野社長　→03/05

熊本 晙吉　くまもと・しゅんきち　～平成9年2月22日　丸紅建材リース常務　→97/99

熊本 虎蔵　くまもと・とらぞう　明治28年11月3日～昭和29年2月1日　労働運動家,政治家　衆院議員,社会党中央委員　→昭和

熊本 弘視　くまもと・ひろみ　～平成2年11月20日　日新化成会長,戸上電機製作所専務,佐賀県公安委員長　→88/90

隈元 政次　くまもと・まさじ　安政2年9月24日～昭和12年8月12日　陸軍中将　→昭和

隈元 通雄　くまもと・みちお　昭和25年2月20日～平成13年6月9日　国土交通省官房審議官　→00/02

隈本 貢　くまもと・みつぐ　大正12年2月6日～昭和61年6月10日　日本コロムビア常務　→83/87

熊本 与市　くまもと・よいち　明治36年10月20日～昭和57年8月27日　大阪府議,福岡市議　→80/82(熊本 奥市)

熊山 喜三郎　くまやま・きさぶろう　大正7年1月29日～平成21年6月16日　神奈川県議(自民党)　→09/11

組山 彊一　くみやま・きょういち　～昭和56年2月1日　西日本菱重興産社長　→80/82

久村 歓治　くむら・かんじ　～昭和54年9月20日　古代製鉄技術者　→昭和

久村 幸雄　くむら・ゆきお　昭和2年9月21日～平成3年10月23日　日清製粉取締役　→91/93

久米 愛　くめ・あい　明治44年7月7日～昭和51年7月14日　弁護士,婦人運動家　日本婦人法律家協会会長　→昭和

久米 馨　くめ・かおる　大正15年1月27日～平成18年4月4日　鈴木自動車副社長　→06/08

久米 一弘　くめ・かずひろ　昭和18年9月29日～平成23年7月21日　新日本無線社長　→09/11

久米 吉佐エ門　くめ・きちざえもん　明治44年7月20日～平成2年3月15日　TDK取締役　→88/90

久米 金弥　くめ・きんや　～昭和7年5月6日　発明協会副会長　→昭和

久米 邦武　くめ・くにたけ　～昭和42年6月4日　富士ニューグランドホテル社長　→昭和

久米 定男　くめ・さだお　明治38年3月11日～昭和59年2月6日　八幡製鉄常務,日鉄溶接工業会長　→83/87

久米 滋三　くめ・しげぞう　大正3年6月12日～平成17年2月12日　土佐電気鉄道社長　→03/05

久米 重治　くめ・じゅうじ　昭和21年3月1日～平成20年5月9日　大蔵省印刷局長,親和銀行専務　→06/08

久米 鋤夫　くめ・すきお　大正10年6月25日～平成12年2月8日　東海電気工事専務　→00/02

久米 民之助　くめ・たみのすけ　文久1年8月27日～昭和6年5月25日　土木建築家　衆院議員(無所属)　→昭和

久米 直之　くめ・なおゆき　～昭和61年12月9日　江戸川区都市計画審議会(東京都)会長　→83/87

久米 平助　くめ・へいすけ　明治43年3月14日～平成11年7月2日　トキコ社長,日立製作所常務　→97/99

久米 充　くめ・みつる　明治43年12月24日～平成9年3月

I 政治・経済・社会篇　　　　　　　　　　　　　　　　　　　　　　　　　　　くらかわ

9日　大和不動産会長, 大和銀行会長・副頭取　→97/99

久米 志明　くめ・ゆきはる　昭和3年6月13日～平成14年12月4日　大倉工業会長　→00/02

久米 義雄　くめ・よしお　大正6年11月26日～昭和60年8月6日　不二家顧問・元常務　→83/87

久米 四三彦　くめ・よみひこ　明治42年1月13日～昭和63年3月26日　東京興産社長, 久米美術館館長　→88/90

久米 良作　くめ・りょうさく　慶応4年7月20日～昭和9年2月9日　実業家　東京瓦斯社長, 日本鉄道会社副社長　→昭和

粂川 泰幸　くめかわ・やすゆき　大正3年12月22日～昭和59年4月12日　日清製粉取締役, 日清不動産社長　→83/87

久米田 七之助　くめた・しちのすけ　明治36年6月30日～昭和55年3月2日　羽後銀行会長　→80/82（くめだ・しちのすけ）

久米田 新太郎　くめだ・しんたろう　明治3年8月～昭和15年8月3日　大隅鉄道社長, 鹿児島商工会議所会頭, 貴院議員（多額納税）　→昭和（くめた・しんたろう）

粂田 禎雄　くめだ・よしお　大正5年10月10日～平成6年6月28日　全国乗用自動車連合会副会長, 弥栄自動車会長　→94/96

雲井 弘善　くもい・こうぜん　明治43年10月15日～昭和41年12月6日　僧侶　天台宗大僧正, 能福寺長老　→83/87

雲井 利彦　くもい・としひこ　昭和3年6月24日～平成20年1月3日　僧侶　富山市教育長, 大雲寺（浄土真宗本願寺派）住職　→06/08

雲井 洋　くもい・よう　大正12年5月2日～平成5年6月10日　百五銀行頭取　→91/93

雲瀬 富三郎　くもせ・とみさぶろう　大正3年12月17日～平成3年1月8日　三菱化工機社長　→91/93

久門 敦　くもん・あつみ　大正5年3月19日～平成2年2月19日　出光興産顧問・元取締役総務部長　→88/90

久門 郁夫　くもん・いくお　～平成19年11月10日　イヤホンガイド社長　→06/08

公文 包治　くもん・かねじ　～平成20年8月2日　パラグアイ高知県人会初代会長, 物部村（高知県）村長　→06/08

公文 貞行　くもん・さだゆき　明治34年10月1日～昭和56年12月30日　弁護士　日弁連副会長　→80/82

公文 博　くもん・ひろし　大正14年9月30日～昭和62年12月23日　明治製菓取締役, 明治パン社長　→83/87

公文 広嗣　くもん・ひろつぐ　明治44年11月30日～平成4年10月4日　日本食堂社長, 国鉄常務理事　→91/93

公文 正夫　くもん・まさお　昭和6年2月6日～平成9年5月15日　国際証券副社長　→97/99

倉 勝利　くら・かつとし　大正7年4月17日～平成3年7月17日　旭化成工業常務, 旭シュエーベル会長　→91/93

蔵 隆弘　くら・たかひろ　昭和14年10月23日～平成10年7月2日　網走支庁長　→97/99

倉 正美　くら・まさみ　大正6年11月30日～昭和60年11月21日　古河鉱業取締役　→83/87

倉井 敏麿　くらい・としまろ　明治28年6月12日～昭和57年2月2日　新潟鉄工所社長　→80/82

倉石 三郎　くらいし・さぶろう　～昭和32年10月28日　オリエンタルモーター社長　→昭和

倉石 治七郎　くらいし・じしちろう　明治41年5月18日～昭和61年5月16日　日本生命常務取締役, 生命保険文化研究所理事長　→83/87

倉石 昌太郎　くらいし・しょうたろう　～昭和50年11月21日　神戸製鋼所専務　→昭和

倉石 忠雄　くらいし・ただお　明治33年7月2日～昭和61年11月8日　政治家　法相, 農相, 衆院議員（自民党）　→83/87

倉石 太郎　くらいし・たろう　～昭和40年7月28日　東芝副社長, 東芝タンガロイ会長　→昭和

倉石 強司　くらいし・つよし　昭和4年4月20日～平成8年3月13日　豊野町（長野県）町長　→97/99s

倉内 嘉馬留　くらうち・かおる　大正14年11月11日～平成8年7月18日　第一工業製薬専務　→94/96

蔵内 修治　くらうち・しゅうじ　大正7年3月8日～平成5年12月29日　参院議員（自民党）　→91/93

倉内 松堂　くらうち・しょうどう　明治38年11月1日～平成3年1月10日　僧侶　臨済宗妙心寺派26世管長　→91/93

倉内 二郎　くらうち・じろう　～平成4年5月31日　引揚を記念する全国友の会副会長　→91/93

倉内 大次　くらうち・だいじ　～昭和28年1月19日　日本酒類重役　→昭和

倉内 利勝　くらうち・としかつ　昭和5年8月25日～平成10年4月26日　福井放送副社長　→97/99

倉内 英孝　くらうち・ひでたか　昭和8年1月26日～平成17年7月26日　住友ベークライト副社長　→03/05

倉岡 岩　くらおか・いわお　明治15年8月12日～昭和3年4月6日　実業家　→昭和

倉岡 繁太郎　くらおか・しげたろう　明治26年3月10日～昭和6年10月31日　陸軍砲兵大尉　満州事変の功労者　→昭和

倉岡 隆輔　くらおか・たかすけ　大正6年6月18日～平成1年3月26日　三井鉱山常務　→88/90

倉岡 愛穂　くらおか・よしお　明治28年2月9日～昭和12年4月9日　社会運動家　→昭和

倉員 栄雄　くらかず・しげお　～平成4年1月14日　三菱電機エンジニアリング常務　→91/93

倉鹿野 健久　くらがの・としひさ　明治41年5月23日～平成8年12月17日　日清製油専務　→94/96

倉上 靖　くらかみ・やすし　～昭和57年4月13日　大木建設顧問・元同社取締役　→80/82

倉川 薫　くらかわ・かおる　大正12年9月28日～平成9年11月21日　大阪市会副議長　→97/99

「現代物故者事典」総索引（昭和元年～平成23年）　453

倉川 五郎　くらかわ・ごろう　明治33年12月27日～平成8年5月9日　茨城県議　→94/96

倉沢 俊次　くらさわ・しゅんじ　昭和11年1月31日～平成21年4月4日　長野県経済連専務理事　→09/11

倉重 和之　くらしげ・かずゆき　昭和6年11月13日～平成3年11月29日　西日本新聞福岡折込センター社長　→91/93

倉重 清久　くらしげ・きよひさ　明治33年11月3日～平成6年3月25日　兼松専務　→94/96

蔵重 賢士　くらしげ・けんし　～昭和61年10月19日　大川市議　→83/87

倉重 繁行　くらしげ・しげゆき　昭和6年11月20日～平成22年8月15日　福岡県議（緑友会・新風）　→09/11

倉重 末喜　くらしげ・すえき　明治42年1月25日～平成1年1月10日　熊本県議、東宝銀映社長　→88/90

倉重 武久　くらしげ・たけひさ　大正2年5月1日～平成13年6月21日　日製産業常務　→00/02

蔵重 敏郎　くらしげ・としろう　～平成7年5月21日　日本郵船監査役、大東工業専務　→94/96

倉茂 周芳　くらしげ・ともよし　大正2年11月21日～平成7年9月8日　明星電気常務　→94/96

倉茂 平八郎　くらしげ・へいはちろう　明治40年4月29日～平成10年11月6日　丸井今井専務　→97/99

倉繁 良逸　くらしげ・りょういつ　明治21年12月6日～昭和40年1月29日　全国購買販売組合専務理事　→昭和（くらしげ・よしいつ）

倉下 勝裕　くらした・かつひろ　～昭和58年10月7日　北海道食糧青年会議会長　→83/87

倉科 幸内　くらしな・こうない　明治36年9月25日～平成7年12月1日　建設業退職金共済組合（のち建設業清酒製造業林業退職金共済組合）理事長、鹿島建設常務　→94/96

倉科 茂夫　くらしな・しげお　大正2年7月18日～昭和62年4月25日　第一証券会長、日本長期信用銀行副頭取　→83/87

倉科 忠夫　くらしな・ただお　～昭和60年4月16日　アーベスト相談役、元日本債券信用銀行取締役　→83/87

倉島 至　くらしま・いたる　明治34年6月19日～平成5年3月4日　長野市長、長野国際親善クラブ会長　→91/93

倉島 一郎　くらしま・いちろう　大正2年12月6日～昭和60年8月7日　福島商工会議所副会頭、倉島商店会長、倉島商事会長　→83/87

倉島 延二　くらしま・のぶぞう　明治24年3月25日～昭和59年2月1日　ダイクラ会長、全国家具組合連合会会長　→83/87

蔵園 三四郎　くらその・さんしろう　明治2年1月14日～昭和14年4月6日　衆院議員（第一議員倶楽部）　→昭和（くらぞの・さんしろう）

倉田 顕　くらた・あきら　～平成5年12月24日　富士コカ・コーラボトリング常務　→91/93

倉田 厚　くらた・あつし　大正4年4月27日～平成4年6月29日　日産化学工業取締役　→91/93

倉田 雲平　くらた・うんぺい　明治42年3月22日～昭和61年8月18日　月星化成会長、全日写連理事、日本ゴム工業会常任理事　→83/87

倉田 英一郎　くらた・えいいちろう　～平成8年3月30日　太平洋海運常務　→94/96

倉田 栄喜　くらた・えいき　～昭和61年8月7日　新菱冷熱工業常勤顧問、元取締役　→83/87

倉田 興人　くらた・おきと　明治34年5月30日～昭和60年3月20日　三井鉱山相談役、元社長　→83/87

倉田 儀一　くらた・ぎいち　明治43年4月10日～平成3年5月26日　秋田放送会長、秋田魁新報社長　→91/93

倉田 九平　くらた・くへい　明治37年4月9日～昭和60年8月2日　月星化成社長　→83/87

倉田 敬二郎　くらた・けいじろう　～昭和62年2月20日　氷見メッキ工業所取締役会長、富山県消防協会顧問、氷見岳鳳会名誉会長　→83/87

倉田 玄二　くらた・げんじ　明治26年7月25日～昭和58年1月1日　鉄道省建設局長　→83/87

倉田 粱造　くらた・さんぞう　明治29年3月26日～昭和63年1月15日　ニチバン専務　→88/90

蔵田 茂　くらた・しげる　昭和28年2月7日～平成13年12月11日　キーレックス社長　→00/02

蔵田 信吉　くらた・しんきち　安政6年～昭和3年11月　対華活動家、海軍中主計　→昭和

倉田 信太郎　くらた・しんたろう　～昭和13年3月27日　広島瓦斯電軌社長　→昭和

蔵田 清一　くらた・せいいち　～平成2年3月9日　行橋市会議長　→88/90

倉田 清兵衛　くらた・せいべえ　明治32年11月12日～平成7年4月15日　筒中プラスチック工業常務　→94/96

倉田 善一郎　くらた・ぜんいちろう　大正8年9月1日～平成17年8月26日　富山県議、黒部市信用農協代理事組合長　→03/05

倉田 善次郎　くらた・ぜんじろう　明治43年11月27日～平成8年10月31日　大林組専務　→94/96

倉田 泰次　くらた・たいじ　昭和13年1月1日～平成12年6月7日　小野薬品工業常務　→00/02

倉田 隆文　くらた・たかふみ　大正12年5月15日～平成10年5月9日　ノリタケカンパニーリミテド社長　→97/99

倉田 卓次　くらた・たくじ　大正11年1月20日～平成23年1月30日　弁護士、東京高裁部総括判事　→09/11

倉田 主税　くらた・ちから　明治22年3月1日～昭和44年12月25日　実業家　日立製作所会長　→昭和

倉田 地久　くらた・ちきゅう　明治39年1月2日～平成3年5月5日　宗教家（宗）神声天眼学会教祖　→91/93

倉田 長平　くらた・ちょうへい　～昭和61年3月19日　福岡市移動飲食協同組合理事長　→83/87

倉田 勁　くらた・つよし　～昭和57年11月4日

元北炭夕張新炭鉱業者親交会会長 →80/82

倉田 哲治　くらた・てつはる　大正15年6月19日～平成10年7月24日　弁護士　→97/99

倉田 照雄　くらた・てるお　～平成3年4月30日　野村証券常務, 野村不動産専務　→91/93

蔵田 十紀二　くらた・ときじ　大正12年～平成21年2月8日　陸将　陸上幕僚監部教育訓練部長　→09/11

蔵田 徳治　くらた・とくじ　大正15年6月22日～平成17年8月4日　日本コロムビア専務　→03/05

倉田 長雄　くらた・ながお　明治41年9月15日～平成8年1月24日　クラタ産業会長　→94/96

蔵田 信彦　くらた・のぶひこ　大正9年11月26日～平成1年8月18日　兵庫相互銀行常務　→88/90

倉田 仁　くらた・ひとし　昭和31年11月19日～平成20年6月16日　神奈川県議(民主党)　→06/08

倉田 弘保　くらた・ひろを　大正15年6月16日～昭和61年8月18日　広島ホームテレビ常務取締役　→83/87

倉田 博順　くらた・ひろよし　大正6年6月20日～平成8年4月7日　日立粉末冶金社長　→94/96

倉田 文治　くらた・ぶんじ　明治38年8月3日～平成6年2月9日　三重県会議長, 津自動車学校会長　→94/96

倉田 正也　くらた・まさや　大正15年8月4日～平成3年4月9日　(株)ダイヤリサーチ社長　→91/93

倉田 充男　くらた・みつお　大正11年3月11日～平成10年3月9日　北海道文化放送専務　→97/99

倉田 稔　くらた・みのる　昭和14年10月17日～平成14年7月3日　三井グリーンランド社長　→00/02

倉田 元治　くらた・もとはる　明治34年7月22日～平成1年3月19日　旭硝子社長　→88/90

倉田 安雄　くらた・やすお　大正12年5月27日～平成21年7月4日　豊後高田市長　→09/11

倉田 恭　くらた・やすし　大正2年2月9日～平成11年11月17日　岩崎電気副社長　→97/99

倉田 裕弘　くらた・やすひろ　昭和9年2月6日～平成15年4月13日　藤田観光専務　→03/05

倉田 良平　くらた・りょうへい　明治45年7月5日～平成2年12月20日　日本ケミフェルト会長, 月星化成社長　→88/90

倉谷 仙太郎　くらたに・せんたろう　明治38年5月13日～昭和63年2月21日　不二越資材部長, 豊和機械代表取締役　→88/90

倉知 一男　くらち・かずお　～平成3年12月22日　納屋橋ビルディング社長　→91/93

倉知 克己　くらち・かつみ　大正8年3月20日～平成7年9月21日　江南市長　→94/96

倉智 敬一郎　くらち・けいいちろう　明治36年3月23日～平成3年1月1日　日本電気化学工業所社長, 箕面自由学園理事長　→91/93

倉地 啓司　くらち・けいじ　明治23年8月1日～昭和35年3月5日　アナキスト, 労働運動家　→昭和

倉知 桂太郎　くらち・けいたろう　明治32年11月14日～平成4年6月3日　愛知県議　→91/93

久良知 章悟　くらち・しょうご　大正10年1月25日～平成21年2月6日　科学技術事務次官　→09/11

倉知 四郎　くらち・しろう　明治11年～昭和31年12月5日　鐘紡社長　→昭和

倉知 善一　くらち・ぜんいち　～昭和46年8月31日　住友信託取締役　→昭和

倉知 誠夫　くらち・まさお　慶応3年3月～昭和10年5月3日　実業家　三越会長　→昭和

倉地 甫次　くらち・もとじ　～平成17年8月3日　豊証券副社長　→03/05

倉都 福之助　くらつ・ふくのすけ　大正11年3月3日～平成6年4月30日　元帥酒造社長　→94/96

倉辻 実俊　くらつじ・さねとし　明治41年1月3日～平成4年7月2日　日本光学工業(のちニコン)監査役　→91/93

蔵富 一馬　くらとみ・かずま　昭和43年6月10日　海上自衛隊舞鶴地方総監　→昭和

倉富 龍雄　くらとみ・たつお　明治37年4月8日～平成11年11月15日　コマツ常務, コマツ電子金属社長　→97/99

倉富 幹郎　くらとみ・もとお　大正6年10月4日～平成13年8月11日　万有製薬会長　→00/02

倉富 勇三郎　くらとみ・ゆうざぶろう　嘉永6年7月16日～昭和23年1月26日　司法官, 政治家　貴院議員(勅選), 枢密院議長　→昭和

倉永 辰治　くらなが・たつじ　～昭和12年8月29日　陸軍歩兵大佐　→昭和

倉成 庄八郎　くらなり・しょうはちろう　明治25年4月～昭和13年4月22日　衆院議員(立憲政友会)　→昭和

倉成 正　くらなり・ただし　大正7年8月31日～平成8年7月3日　衆院議員(自民党)　→94/96

倉橋 勲　くらはし・いさお　大正13年5月20日～平成18年2月8日　東邦ガス常務　→06/08

倉橋 一次　くらはし・かずじ　大正4年4月25日～平成6年3月4日　小田急建設専務　→94/96

倉橋 阪郎　くらはし・さかお　～平成3年12月21日　日本アルミ常務　→91/93

倉橋 藤治郎　くらはし・とうじろう　明治20年11月22日～昭和21年4月5日　実業家, 愛陶家　→昭和

倉橋 宏　くらはし・ひろし　大正11年2月22日～平成5年8月1日　東レ監査役　→91/93

倉橋 正雄　くらはし・まさお　大正2年10月23日～昭和62年8月12日　ソニー取締役, 中央共同募金会広報委員長　→83/87

倉橋 豊　くらはし・ゆたか　明治44年12月25日～平成12年1月28日　但馬銀行頭取　→00/02

倉橋 良雄　くらはし・よしお　大正3年3月20日～平成15年8月8日　高島屋取締役, 日本ショッピングセンター協会会長　→03/05

倉橋 義定　くらはし・よしさだ　昭和3年3月10日～平成

10年5月14日　公営企業体労働委員会事務局長　→97/99

倉八　正　くらはち・ただし　大正3年5月20日～昭和53年1月23日　石油開発公団総裁　→昭和

蔵原　惟郭　くらはら・これひろ　文久1年7月6日～昭和24年1月8日　政治家,教育家　衆院議員(立憲同志会),熊本洋学校校長　→昭和

蔵原　年光　くらはら・としみつ　明治43年2月5日～平成5年12月13日　神奈川県議(自民党)　→91/93

倉前　伊勢吉　くらまえ・いせきち　明治35年2月23日～平成1年10月28日　倉前製作所会長　→88/90

蔵前　仁一　くらまえ・じんいち　～平成13年1月19日　北区(東京都)区議　→00/02

蔵前　操　くらまえ・みさお　昭和2年10月24日～昭和62年8月31日　旭和互銀行常務　→83/87

倉増　新八郎　くらます・しんぱちろう　明治39年11月20日～昭和60年9月22日　空知信用金庫理事長,北海道議　→83/87

倉見　慶記　くらみ・けいき　大正13年3月2日～平成3年7月1日　矯正協会理事,府中刑務所長,東京矯正管区長　→91/93

倉光　和夫　くらみつ・かずお　大正5年5月18日～平成4年3月3日　ダイセル化学工業取締役　→91/93

倉光　四郎　くらみつ・しろう　～昭和40年2月7日　日本海新聞社長　→昭和

倉光　セキノ　くらみつ・せきの　～昭和56年5月26日　甘木市婦人会副会長　→80/82

倉持　修　くらもち・おさむ　大正11年5月31日～平成16年1月29日　第一実業社長　→03/05

倉持　秀峰　くらもち・しゅうほう　明治24年8月～昭和47年3月2日　僧侶　真言宗智山派管長,智積院57世住職　→昭和

倉持　長次　くらもち・ちょうじ　大正13年12月17日～平成17年8月7日　山陽国策パルプ社長　→03/05

倉持　弘　くらもち・ひろし　大正6年10月1日～平成9年10月22日　三菱樹脂専務,菱樹商事社長　→97/99

倉持　文英　くらもち・ふみひで　大正3年～平成8年9月16日　関電工副社長　→94/96

倉持　米一　くらもち・よねいち　大正9年3月10日～昭和59年2月8日　全国一般労組中央執行委員長　→83/87

蔵本　一郎　くらもと・いちろう　～平成12年6月8日　セシール副社長　→00/02

倉本　一雄　くらもと・かずお　大正3年9月1日～平成6年3月14日　住友海上火災保険常務　→94/96

倉本　寛司　くらもと・かんじ　～2004年10月4日　米国原爆被爆者協会名誉会長　→03/05

庫本　茂一郎　くらもと・しげいちろう　～昭和27年7月10日　光洋精工常務　→昭和

倉本　繁男　くらもと・しげお　大正14年1月1日～平成4年7月29日　倉本計器精工所社長　→00/02

倉本　茂　くらもと・しげる　～昭和6年9月19日

陸軍少佐　→昭和

蔵本　順吉　くらもと・じゅんきち　明治45年3月26日～昭和63年12月20日　和泉電気常務　→88/90

倉本　泰尚　くらもと・たいしょう　～平成18年10月3日　僧侶　帯解寺住職　→06/08

蔵本　龍夫　くらもと・たつお　大正5年11月15日～平成12年4月5日　東北肥料専務　→00/02

倉本　保　くらもと・たもつ　大正12年7月3日～平成11年1月6日　広島市会副議長　→97/99

倉本　豊寿　くらもと・とよひさ　昭和11年11月5日～平成22年3月10日　ニコン常務　→09/11

倉本　虎一　くらもと・とらいち　明治35年7月15日～昭和47年12月1日　社会運動家　共産党岡山県委員,部落解放同盟中央委員　→昭和

倉元　信行　くらもと・のぶゆき　昭和21年10月24日～平成22年7月7日　トクヤマ常務　→09/11

倉本　博光　くらもと・ひろみつ　～平成19年9月21日　川本産業常務　→06/08

倉本　守　くらもと・まもる　昭和5年1月7日～平成1年6月7日　雄武町(北海道)商工会長　→88/90

倉本　義春　くらもと・よしはる　大正9年4月10日～平成12年5月24日　広島県議(公明党)　→00/02

久利　馨　くり・かおる　明治43年6月11日～昭和60年6月5日　弁護士　東京高裁部総括判事　→83/87

久利　清　くり・きよし　大正2年8月1日～昭和62年8月15日　帝人常務　→83/87

九里　検一郎　くり・けんいちろう　～昭和42年2月7日　東京トヨペット副社長,東京自動車販売協会会長　→昭和

久利　隆幢　くり・りゅうどう　～昭和56年1月4日　高野山真言宗金剛三昧院住職,贈大僧正　→80/82

栗生　茂也　くりう・しげや　大正13年9月15日～平成5年5月26日　高知県議(社会党),社会党高知県本部委員長　→91/93

栗岡　宏太郎　くりおか・こうたろう　昭和9年11月22日～平成18年1月18日　埼玉県議(公明党)　→06/08

栗岡　次作　くりおか・じさく　明治31年5月16日～平成2年3月25日　シキボウ専務　→88/90

栗川　仁　くりかわ・じん　昭和19年1月9日～平成23年12月4日　那須塩原市長　→09/11

栗木　幹　くりき・かん　明治29年7月26日～昭和56年12月28日　三井鉱山社長,三井アルミニウム工業社長　→80/82

栗木　達男　くりき・たつお　昭和3年1月10日～平成10年6月23日　三菱自動車工業副社長　→97/99

栗木　文亨　くりき・ぶんきょう　～昭和7年1月10日　歩兵第六十三聯隊附三等軍医正　→昭和

栗坂　諭　くりさか・さとし　大正5年9月3日～昭和57年5月11日　弁護士　大阪高検検事,公安調査庁四国公安調査局長　→80/82

栗坂　多賀夫　くりさか・たかお　明治38年9月24日～昭

Ⅰ 政治・経済・社会篇

和57年12月5日　常滑商工信用組合副理事長,愛知県信用組合協会会長　→80/82

栗須 喜一郎　くりす・きいちろう　明治22年1月17日～昭和48年5月13日　部落解放運動家　→昭和

栗須 七郎　くりす・しちろう　明治15年2月17日～昭和25年1月21日　部落解放運動家,全国水平社中央委員　→昭和

栗栖 敬　くりす・たかし　昭和4年9月28日～平成15年12月26日　フジオーゼックス社長　→03/05

栗栖 正一　くりす・まさかず　大正13年11月11日～昭和63年3月6日　たん熊北店社長　→88/90

栗田 磐　くりた・いわお　昭和17年5月7日～平成14年6月22日　三重リース社長,第三銀行取締役　→00/02

栗田 脩己　くりた・おさみ　昭和50年9月24日　三菱商事常務　→昭和

栗田 勝広　くりた・かつひろ　大正12年7月12日～平成1年7月19日　政治評論家　→88/90

栗田 恭三　くりた・きょうぞう　明治36年6月7日～昭和57年11月2日　エヌ・ビー・シー工業会長,日清製粉常務　→80/82

栗田 金太郎　くりた・きんたろう　～昭和40年12月21日　石川島重工常務　→昭和

栗田 金太郎　くりた・きんたろう　明治34年9月5日～昭和61年3月9日　大阪商工会議所中堅・中小企業対策委員長,栗田機械製作所会長　→83/87

栗田 敬次　くりた・けいじ　～昭和61年12月15日　信越化学工業顧問,信越ポリマー顧問　→83/87

栗田 源蔵　くりた・げんぞう　明治29年6月1日～昭和61年11月14日　弁護士　栗田源蔵法律事務所所長,名古屋高裁判事　→83/87

栗田 宏一郎　くりた・こういちろう　昭和16年2月6日～平成14年1月19日　日本オリベッティ社長　→00/02

栗田 恵博　くりた・しげひろ　～昭和60年9月28日　日本触媒化学工業取締役　→83/87

栗田 茂　くりた・しげる　～平成3年7月11日　新聞情報社取締役　→91/93

栗田 淳一　くりた・じゅんいち　明治21年5月17日～昭和40年12月18日　日本石油社長　→昭和

栗田 健男　くりた・たけお　明治22年4月28日～昭和52年12月19日　海軍中将　→昭和

栗田 武英　くりた・たけひで　大正8年12月7日～昭和63年6月26日　日本道路副社長　→88/90

栗田 正　くりた・ただし　大正1年10月11日～平成8年10月13日　広島高裁部総括判事　→94/96

栗田 徹也　くりた・てつや　昭和10年7月14日～平成8年8月3日　栗田機械製作所社長　→94/96

栗田 富太郎　くりた・とみたろう　明治5年11月11日～昭和7年11月9日　海軍少将　→昭和

栗田 始　くりた・はじめ　～平成13年9月9日　全国自治会連合会副会長　→00/02

栗田 春生　くりた・はるお　大正8年4月18日～昭和56年8月8日　栗田工業創業者　→80/82

栗田 英男　くりた・ひでお　大正1年12月10日～平成8年10月4日　実業家,政治家　栗田産業社長,栗田美術館理事長,衆院議員(自民党)　→94/96

栗田 藤雄　くりた・ふじお　明治39年9月15日～昭和61年2月21日　愛知県議(自民党)　→83/87

栗田 満義　くりた・みつよし　～昭和44年1月5日　中央電気会長　→昭和

栗田 茂策　くりた・もさく　～昭和55年3月6日　日well産業取締役　→80/82

栗田 保夫　くりた・やすお　～昭和56年10月7日　京都銀行元常務,北京都信用金庫前理事長　→80/82

栗田 胖　くりた・ゆたか　大正9年8月12日～昭和59年11月13日　光電製作所監査役・元常務　→83/87

栗田 庸太郎　くりた・ようたろう　～昭和42年10月12日　三菱信託相談役　→昭和

栗田 利三郎　くりた・りさぶろう　昭和57年11月16日　福岡中央防犯協会副会長,前福岡市麻雀業組合連合会長　→80/82

栗田 良次郎　くりた・りょうじろう　明治38年1月18日～平成4年9月8日　ナゴヤ球場会長,名古屋商工会議所副会頭　→91/93

栗西 清　くりにし・きよし　～昭和45年11月11日　日産化学社長　→昭和(くりす・きよし)

栗野 慎一郎　くりの・しんいちろう　嘉永4年11月17日～昭和12年11月15日　外交官,子爵　枢密顧問官　→昭和

栗橋 保正　くりはし・やすまさ　～昭和42年4月30日　陸軍主計中将　→昭和

栗林 一夫　くりばやし・かずお　～平成4年4月25日　朝日火災海上保険常務　→91/93

栗林 五朔　くりばやし・ごさく　慶応2年5月1日～昭和2年5月4日　実業家　衆院議員(政友会)　→昭和

栗林 三郎　くりばやし・さぶろう　明治40年1月5日～平成13年2月24日　衆院議員(社会党),全国出稼組合連合会名誉会長　→00/02

栗林 茂夫　くりばやし・しげお　明治34年10月5日～平成2年9月29日　日本建鉄専務　→88/90

栗林 正一　くりばやし・しょういち　大正7年4月14日～平成5年8月11日　宝幸水産会長　→91/93

栗林 四郎　くりばやし・しろう　大正1年10月19日～平成4年5月24日　京都銀行相談役　→91/93

栗林 末太郎　くりばやし・すえたろう　～昭和60年10月2日　東京都中小企業団体中央会副会長　→83/87

栗林 卓司　くりばやし・たくじ　昭和6年3月8日～平成9年9月21日　参院議員(民社党)　→97/99

栗林 忠道　くりばやし・ただみち　明治24年7月7日～昭和20年3月26日　陸軍大将　→昭和

栗林 徳一　くりばやし・とくいち　明治29年3月9日～昭和56年12月27日　栗林商会社長,貴院議員　→80/82

栗林 敏夫　くりばやし・としお　明治36年6月23日〜平成2年9月14日　弁護士　→88/90

栗林 英雄　くりばやし・ひでお　明治37年7月24日〜平成3年4月30日　栗林製作所会長　→91/93

栗林 正雄　くりばやし・まさお　大正9年12月3日〜昭和63年12月18日　養命酒製造常務　→88/90

栗原 彰夫　くりはら・あきお　〜平成16年10月9日　埼玉県出納局長、妻沼町助役　→03/05

栗原 彰人　くりはら・あきと　〜昭和58年8月7日　弁護士　大阪控訴院部長　→83/87

栗原 明　くりはら・あきら　〜昭和40年2月6日　報国水産専務　→昭和

栗原 悦蔵　くりはら・えつぞう　明治27年3月31日〜昭和62年9月18日　海軍少将　小松フォークリフト社長　→83/87

栗原 修　くりはら・おさむ　〜昭和34年11月14日　日本税務協会々長　→昭和

栗原 一夫　くりはら・かずお　〜昭和61年2月17日　法務省東京保護観察所長　→83/87

栗原 一夫　くりはら・かずお　大正13年1月24日〜昭和62年5月26日　日本ラウドスピーカ社長　→83/87

栗原 和夫　くりはら・かずお　昭和5年9月10日〜平成13年6月16日　西松建設専務　→00/02

栗原 勝一　くりはら・かついち　明治37年6月29日〜平成6年4月15日　大同毛織(のちタイドーリミテッド)会長、蘇東興業(のちソトー)会長　→94/96

栗原 公司　くりはら・きみじ　大正4年5月20日〜平成6年1月25日　全国器械玉糸工業組合理事長、熊谷蚕糸社長　→94/96

栗原 錦司　くりはら・きんし　昭和12年9月18日〜平成17年3月18日　オンワード樫山専務　→03/05

栗原 啓一　くりはら・けいいち　昭和14年8月10日〜平成12年12月8日　小田急電鉄専務、立川バス社長　→00/02

栗原 敬三　くりはら・けいぞう　大正1年9月15日〜平成19年3月30日　板橋区(東京都)区長　→06/08

栗原 康三郎　くりはら・こうざぶろう　昭和2年6月9日〜平成16年10月7日　日鉄ドラム常務　→03/05

栗原 幸八　くりはら・こうはち　明治9年3月1日〜昭和5年12月21日　実業家　セル製造の草分け　→昭和

栗原 五郎　くりはら・ごろう　大正4年8月14日〜平成21年12月4日　三重銀行頭取　→09/11

栗原 三郎　くりはら・さぶろう　明治44年9月30日〜昭和61年12月14日　栗原紙材会長、全国製紙原料商工組合連合会理事長　→83/87

栗原 三八郎　くりはら・さんぱちろう　大正3年8月20日〜平成1年5月4日　鳥取県議(自民党)　→88/90

栗原 茂　くりはら・しげる　昭和10年11月21日〜平成9年1月1日　アムスク社長　→97/99

栗原 茂　くりはら・しげる　大正13年1月16日〜平成19年11月30日　東京都議(共産党)　→06/08

栗原 正　くりはら・しょう　明治23年3月20日〜昭和46年6月7日　駐トルコ大使　→昭和(くりはら・ただし)

栗原 昌一　くりはら・しょういち　〜昭和40年4月3日　埼玉県副知事　→昭和

栗原 正一　くりはら・しょういち　〜昭和63年7月25日　熊谷市長　→88/90

栗原 正三　くりはら・しょうぞう　大正3年4月8日〜平成2年7月14日　日産化学工業取締役　→88/90

栗原 昭平　くりはら・しょうへい　昭和2年9月16日〜平成4年3月12日　トヨタ自動車副社長　→91/93

栗原 信一郎　くりはら・しんいちろう　〜昭和6年10月28日　歩兵第二十九聯隊附陸軍歩兵少佐　→昭和

栗原 孝和　くりはら・たかかず　明治45年3月7日〜平成19年4月4日　弁護士　静岡県弁護士会会長　→06/08

栗原 丈夫　くりはら・たけお　〜平成19年5月24日　共同テレビジョン専務　→06/08

栗原 武志郎　くりはら・たけしろう　〜昭和62年7月8日　中電工事取締役総務部長　→83/87

栗原 唯一　くりはら・ただいち　〜昭和55年10月5日　広島県議　→80/82

栗原 正　くりはら・ただし　昭和4年10月8日〜平成17年10月22日　三島村(鹿児島県)村長、全国離島振興協議会会長　→03/05

栗原 程　くりはら・てい　〜平成8年6月23日　日刊スポーツ新聞取締役　→94/96

栗原 輝　くりはら・てる　明治38年9月15日〜昭和62年1月15日　中野区議会(東京都)議長　→83/87

栗原 藤次　くりはら・とうじ　明治38年10月7日〜昭和56年12月13日　秦野市長　→80/82

栗原 透　くりはら・とおる　昭和2年12月30日〜平成19年8月8日　高知県議(社会党)、朝鮮人強制連行真相調査団全国連絡協議会代表　→06/08

栗原 俊夫　くりはら・としお　明治42年5月8日〜平成1年1月30日　衆院議員、参院議員(社会党)　→88/90

栗原 富夫　くりはら・とみお　明治30年10月8日〜昭和57年11月6日　ニチメン副社長　→80/82

栗原 虎夫　くりはら・とらお　〜平成17年9月29日　東芝精機(のち芝浦メカトロニクス)常務　→03/05

栗原 直汎　くりはら・なおひろ　〜平成21年2月2日　テレビ朝日広報局長　→09/11

栗原 久信　くりはら・ひさのぶ　大正11年7月24日〜昭和62年5月20日　日産エンジニアリング(株)社長、日産化学工業(株)常務　→83/87

栗原 秀夫　くりはら・ひでお　昭和9年9月12日〜平成19年11月10日　菱電商事副社長　→06/08

栗原 均　くりはら・ひとし　大正15年9月22日〜平成23年11月13日　日本図書館協会理事長　→09/11

栗原 兵四郎　くりはら・ひょうしろう　大正4年7月11日〜平成8年8月29日　三井倉庫常務　→94/96

栗原 弘　くりはら・ひろし　大正5年6月11日〜平成21年

9月24日　後楽園スタヂアム副社長　→09/11

栗原　浩　くりはら・ひろし　明治33年1月6日～昭和53年8月24日　埼玉県知事　→昭和

栗原　弘　くりはら・ひろむ　大正6年3月11日～平成17年9月16日　久保田鉄工専務　→03/05

栗原　弘善　くりはら・ひろよし　昭和10年8月10日～平成16年6月25日　科学技術広報財団理事長　→03/05

栗原　操　くりはら・みさお　明治32年12月24日～昭和61年3月10日　橋本店名誉会長, 元全国建設業協会副会長　→83/87

栗原　道樹　くりはら・みちき　大正10年11月15日～平成20年5月4日　栗原レミコン社長, 新津商工会議所会頭, 新津市議　→06/08

栗原　光雄　くりはら・みつお　昭和4年1月2日～平成1年2月14日　殖産不動産会長, 殖産住宅相互専務　→88/90

栗原　稔　くりはら・みのる　昭和22年12月20日～平成22年7月8日　乃村工芸社専務　→09/11

栗原　源博　くりはら・もとひろ　大正14年3月1日～平成22年6月29日　栗原弁天堂社長　→09/11

栗原　安秀　くりはら・やすひで　明治41年11月17日～昭和11年7月12日　陸軍歩兵中尉　2.26事件の青年将校の一人　→昭和

栗原　祐幸　くりはら・ゆうこう　大正9年6月5日～平成22年6月1日　衆院議員(自民党), 防衛庁長官, 労相　→09/11

栗原　幸三郎　くりはら・ゆきさぶろう　～平成1年3月19日　東浜精機製作所社長　→88/90

栗原　芳太郎　くりはら・よしたろう　大正8年3月25日～平成12年6月9日　秩父セメント専務　→00/02

栗原　義英　くりはら・よしひで　大正8年10月18日～平成6年12月17日　茨城県議　→94/96

栗原　龍太郎　くりはら・りゅうたろう　～平成2年7月19日　スポーツニッポン新聞東京本社広告局内務部参事　→88/90

栗村　一郎　くりむら・いちろう　昭和43年5月18日　日本司法書士連合会名誉理事長　→昭和

栗村　和夫　くりむら・かずお　大正13年10月8日～平成4年1月25日　参院議員(社会党)　→91/93

栗村　盛孝　くりむら・もりたか　～昭和61年6月15日　昭和6年の学生訪欧機操縦士　→83/87

栗村　竜象　くりむら・りゅうぞう　～昭和50年7月19日　三井アルミニウム工業社長　→昭和

栗本　一夫　くりもと・かずお　明治45年5月27日～平成4年11月27日　弁護士　最高裁判事　→91/93

栗本　和夫　くりもと・かずお　明治44年2月5日～昭和55年4月13日　中央公論美術出版社長, 中央公論事業出版社長, 中央公論社顧問　→80/82

栗本　規一郎　くりもと・きいちろう　昭和27年8月19日～平成22年10月30日　中央三井信託銀行常務執行役員　→09/11

栗本　志津　くりもと・しず　～平成4年11月18日　婦人有権者同盟副会長　→91/93

栗本　順三　くりもと・じゅんぞう　明治34年12月16日～昭和54年4月28日　栗本鉄工所社長, 関西経済連合会副会長　→昭和

栗本　一　くりもと・はじむ　昭和5年5月23日～平成7年1月15日　栗本鉄工所社長　→94/96

栗本　英明　くりもと・ひであき　～平成7年7月25日　精工舎常務　→94/96

栗本　秀雄　くりもと・ひでお　明治32年9月23日～昭和63年11月22日　日本ガイシ常務　→88/90

栗本　真明　くりもと・まさあきら　昭和5年～平成15年6月11日　日本冶金工業常務　→03/05

栗本　宗夫　くりもと・むねお　昭和7年1月28日～平成18年4月17日　サガミチェーン創業者　→06/08

栗本　雄三　くりもと・ゆうぞう　明治28年12月11日～平成1年10月10日　西日本新聞社取締役　→88/90

栗本　義親　くりもと・よしちか　明治42年12月24日～平成1年8月31日　弁護士　福島地検検事正　→88/90

栗本　義之助　くりもと・よしのすけ　～昭和58年10月23日　法務省名古屋法務局長, 登記協会会長　→83/87

栗谷　四郎　くりや・しろう　明治31年12月14日～昭和58年2月21日　弁護士　日本医科大理事, 法制審議会刑事法特別部会委員長　→83/87

厨　四郎　くりや・しろう　大正6年5月12日～昭和59年10月21日　日本車輛製造専務, 日車開発社長　→83/87

厨川　信雄　くりやがわ・のぶお　～昭和59年8月7日　旭製作所社長, 元日立製作所工業協同組合理事長　→83/87

栗山　明　くりやま・あきら　大正9年2月18日～昭和57年6月13日　駐スーダン大使　→80/82

栗山　茂　くりやま・しげる　明治19年10月6日～昭和46年2月3日　外交官　最高裁判事　→昭和

栗山　俊治　くりやま・しゅんじ　明治40年5月6日～平成3年12月26日　日本鋼管取締役　→91/93

栗山　長次郎　くりやま・ちょうじろう　明治29年9月～昭和46年7月8日　衆議院議員(自由党)　→昭和

栗山　藤樹　くりやま・とうじゅ　～昭和60年12月14日　栗山製作所社長　→83/87

栗山　利男　くりやま・としお　明治42年1月10日～昭和57年5月18日　読売新聞大阪本社代表取締役社長, 報知新聞社長　→80/82

栗山　久治　くりやま・ひさじ　明治36年4月6日～昭和60年9月17日　藤倉電線相談役　→83/87

栗山　秀雄　くりやま・ひでお　大正3年～平成4年8月3日　阪神相互銀行(のち阪神銀行)常勤監査役　→91/93

栗山　正俊　くりやま・まさとし　昭和18年9月26日～平成7年9月8日　キヤノンソフトウェア常務　→94/96

栗山　正義　くりやま・まさよし　～平成10年3月26日　シーアイ化成専務　→97/99

栗山　益夫　くりやま・ますお　明治45年3月2日～平成1年2月6日　自治労委員長　→88/90

栗山 松一　くりやま・まついち　～昭和56年6月26日
第二管区副総監　→80/82

栗山 良昭　くりやま・よしあき　昭和6年5月18日～平成17年9月9日　鹿児島県議（社会党）　→03/05

栗山 芳雄　くりやま・よしお　明治41年4月17日～平成12年7月2日　クリヤマ名誉会長, 西部工業用ゴム製品卸商業組合理事長　→00/02

栗山 良夫　くりやま・よしお　明治42年11月16日～昭和63年1月13日　参院議員（社会党）　→88/90

栗山 礼行　くりやま・れいこう　明治40年3月10日～平成6年1月22日　衆院議員（民社党）　→94/96

栗生 武右衛門　くりゅう・ぶえもん　嘉永6年8月15日～昭和11年1月23日　実業家　京浜電気鉄道社長　→昭和

栗生 友三郎　くりゅう・ゆうざぶろう　昭和11年7月30日～平成3年11月30日　東洋ビージーエム社長　→91/93

久留 龍　くる・のぼる　大正3年6月19日～昭和57年9月2日　三国コカ・コーラボトリング社長　→80/82（久留竜）

久留島 和太　くるしま・かずた　明治43年5月2日～平成12年12月10日　鐘紡副社長　→00/02

久留島 秀三郎　くるしま・ひでさぶろう　明治21年9月11日～昭和45年9月22日　実業家　同和鉱業社長, ボーイスカウト連盟理事長　→昭和

久留島 良明　くるしま・よしあき　大正15年3月30日～平成12年5月26日　玉井商船常務　→00/02

久留島 義忠　くるしま・よしただ　明治44年12月27日～平成8年8月1日　社会運動家　兵庫県議　→94/96

来栖 三郎　くるす・さぶろう　明治19年3月6日～昭和29年4月7日　外交官　駐米特命全権大使　→昭和

来栖 七郎　くるす・しちろう　明治16年7月～昭和3年5月24日　衆院議員（政友会）　→昭和

栗栖 赳夫　くるす・たけお　明治28年7月21日～昭和41年5月10日　蔵相, 参院議員（自由党）, 日本興業銀行総裁　→昭和

来栖 睦和　くるす・としかず　～平成8年4月18日　タカノフーズ専務　→94/96

来原 慶助　くるはら・けいすけ　明治3年～昭和5年9月15日　満州日報社長　→昭和

訓覇 信雄　くるべ・しんゆう　明治39年10月8日～平成10年7月26日　僧侶　真宗大谷派宗務総長　→97/99（くるべ・のぶお）

来馬 琢道　くるま・たくどう　明治10年11月28日～昭和39年7月10日　僧侶　曹洞宗宗会議長, 参院議員（緑風会）　→昭和

来馬 道断　くるま・どうだん　～昭和45年5月13日　曹洞宗宗務総長　→昭和

車田 守　くるまだ・まもる　～平成4年2月6日　東京都議（社会党）　→91/93

車谷 馬太郎　くるまや・うまたろう　～昭和25年11月23日　持株整理委員　→昭和

呉 仙之介　くれ・せんのすけ　～昭和60年11月23日　淀川ランドリー代表取締役社長, 宇奈月ランドリー代表取締役社長　→83/87

呉 文二　くれ・ぶんじ　大正8年1月18日～平成20年8月6日　日本銀行調査局長, 立正大学名誉教授　→06/08

紅林 晃　くればやし・あきら　明治42年10月17日～昭和62年7月7日　北海道教育委員長　→83/87

紅林 一雄　くればやし・かずお　～昭和61年7月21日　文明堂日本橋店会長　→83/87

黒井 淳雄　くろい・あつお　昭和5年3月15日～平成7年2月3日　ニチレイ専務　→94/96

黒井 悌次郎　くろい・ていじろう　慶応2年5月22日～昭和12年4月29日　海軍大将　→昭和

黒井 哲夫　くろい・てつお　昭和16年11月20日～平成4年3月28日　クロイ電機会長, 丹波ワイン社長　→91/93

黒井 基仁　くろい・もとひと　大正4年3月29日～平成1年8月26日　黒井電機会長　→88/90

黒石 繁行　くろいし・しげゆき　大正8年10月21日～平成20年1月25日　高知県議（自民党）　→06/08

黒石 義治　くろいし・よしじ　～昭和58年7月28日　宿毛市長　→83/87

黒石 良克　くろいし・りょうこく　昭和5年3月24日～昭和63年8月18日　三和シヤッター工業常務　→88/90

黒板 駿策　くろいた・しゅんさく　明治39年1月3日～平成1年1月22日　月島機械相談役・元社長　→88/90

黒岩 巌　くろいわ・いわお　大正10年9月15日～平成20年12月15日　相模鉄道専務, 相鉄観光社長　→06/08

黒岩 和雄　くろいわ・かずお　昭和10年1月19日～平成13年5月12日　国際航業専務　→00/02

黒岩 敬三　くろいわ・けいぞう　明治45年3月15日～平成2年3月22日　(株)トーメン専務　→88/90

黒岩 浩一　くろいわ・こういち　～昭和23年2月13日　安本通信局長　→昭和

黒岩 重治　くろいわ・しげはる　明治29年6月10日～昭和61年4月24日　衆院議員　→83/87

黒岩 宗也　くろいわ・そうや　～昭和56年3月15日　名古屋市議, 名古屋市選管委員長　→80/82

黒岩 龍彦　くろいわ・たつひこ　大正12年4月28日～平成20年1月7日　神官　宮崎神宮宮司, 宮崎県護国神社宮司, 神社本庁長老　→06/08

黒岩 東五　くろいわ・とうご　大正6年9月19日～平成17年11月25日　健康医学社社長　→03/05

黒岩 寅喜代　くろいわ・とらきよ　～昭和56年2月9日　日立造船取締役　→80/82

黒岩 登　くろいわ・のぼる　明治43年～平成11年11月17日　ブリヂストン常務, ブリヂストンサイクル社長　→97/99

黒岩 正夫　くろいわ・まさお　～昭和9年8月18日　飛行第四連隊附航大尉　→昭和

黒岩 芳朗　くろいわ・よしろう　大正1年8月3日～昭和63年12月11日　麒麟麦酒専務　→88/90

黒岩 六郎　くろいわ・ろくろう　明治32年3月7日～昭和63年11月22日　篠ノ井地所社長, 長野県議　→88/90

黒江 務　くろえ・つとむ　昭和8年3月26日～平成15年11月28日　三菱電線工業常務　→03/05

黒岡 帯刀　くろおか・たてわき　嘉永4年8月2日～昭和2年12月19日　海軍中将　貴院議員　→昭和

黒金 泰美　くろがね・やすみ　明治43年11月25日～昭和61年10月11日　衆院議員(自民党), 内閣官房長官　→83/87

黒金 泰義　くろがね・やすよし　慶応3年7月13日～昭和16年3月24日　衆院議員(民政党), 内閣拓殖局長, 山口県知事　→昭和

黒神 直久　くろかみ・なおひさ　明治40年12月5日～昭和62年5月11日　神社本庁総長, 徳山商工会議所会頭, 徳山市長　→83/87

黒川 明　くろかわ・あきら　大正1年8月23日～平成1年4月26日　東急鯱バス社長, 東京急行電鉄取締役　→88/90

黒川 一男　くろかわ・かずお　大正5年7月15日～平成2年5月12日　黒川工業相談役, 京都商工会議所名誉議員　→88/90

黒川 勝次郎　くろかわ・かつじろう　大正12年11月1日～平成4年9月21日　ニチアス専務　→91/93

黒川 幹太郎　くろかわ・かんたろう　明治5年～昭和5年10月27日　貴院議員(男爵)　→昭和

黒川 喜久郎　くろかわ・きくろう　～昭和55年5月20日　大同化学工業社長, 全国工作油材工業組合副理事長　→80/82

黒川 上雄　くろかわ・きみお　～昭和61年5月20日　宝生山隨順寺住職(第16世), 大谷派高岡教区会議長　→83/87

黒川 倉好　くろかわ・くらよし　明治35年12月10日～平成3年7月18日　オリエンタル写真工業会長　→91/93

黒川 軍次郎　くろかわ・ぐんじろう　明治28年3月9日～平成1年1月26日　車邦運輸倉庫会長　→88/90

黒川 健亮　くろかわ・けんすけ　～昭和60年12月23日　蛇の目ミシン工業常務　→83/87

黒川 広二　くろかわ・こうじ　～昭和46年1月29日　電電公社総務理事　→昭和

黒川 渉　くろかわ・しょう　～昭和25年12月25日　司法次官　→昭和

黒川 渉三　くろかわ・しょうぞう　明治34年～昭和50年　東京トヨタディーゼル取締役相談役, 東急自動車相談役　→昭和

黒川 二郎　くろかわ・じろう　～昭和60年2月6日　大阪商船専務　→83/87

黒川 進一　くろかわ・しんいち　～昭和56年9月28日　日本食堂顧問, 元上野駅長　→80/82

黒川 新太郎　くろかわ・しんたろう　明治40年1月15日～平成19年8月10日　立山製紙社長　→06/08

黒川 泰一　くろかわ・たいいち　明治41年4月24日～昭和60年9月12日　全国共済農業協同組合連合会常務理事　→83/87

黒川 多可一郎　くろかわ・たかいちろう　～平成2年12月21日　安田銀行考査役, 山武商会会長, 昭栄常務　→88/90

黒川 丘　くろかわ・たかし　大正2年1月27日～平成4年5月8日　黒川商事会長, 愛知県卸酒販組合副理事長　→91/93

黒川 孝　くろかわ・たかし　昭和61年4月17日　日商岩井産業機械販売専務　→83/87

黒川 隆弘　くろかわ・たかひろ　大正15年2月19日～平成7年4月21日　沢藤電機常務　→94/96

黒川 武夫　くろかわ・たけお　～昭和49年10月18日　日本電気専務　→昭和

黒川 武雄　くろかわ・たけお　明治26年3月5日～昭和50年3月8日　虎屋会長, 厚相, 参院議員(自民党)　→昭和

黒川 勉　くろかわ・つとむ　大正2年2月21日～平成15年1月31日　三菱電機会長　→03/05

黒川 敏人　くろかわ・としと　明治39年9月2日～昭和63年4月12日　公認会計士　中央会計事務所福岡事務所長　→88/90

黒川 虎次　くろかわ・とらじ　～平成10年8月16日　佐賀県議　→97/99

黒川 成一　くろかわ・なりかず　大正2年4月27日～昭和56年11月11日　住友特殊金属副社長　→80/82

黒河 隼人　くろかわ・はやと　明治42年2月14日～平成4年2月1日　東陶機器社長　→91/93

黒川 久　くろかわ・ひさし　明治44年1月6日～平成2年1月12日　三菱油化社長　→88/90

黒川 久隆　くろかわ・ひさたか　～昭和56年10月15日　福島テレビ社長　→80/82

黒川 英夫　くろかわ・ひでお　明治31年1月24日～昭和61年3月27日　弁護士　和歌山地検検事正, 和歌山弁護士会会長　→83/87

黒川 秀雄　くろかわ・ひでお　大正6年6月18日～平成4年12月28日　川崎重工業取締役　→91/93

黒川 洸　くろかわ・ひろし　大正14年6月19日～平成10年12月28日　テレビ愛知社長, 日本経済新聞常務　→97/99

黒川 フジ　くろかわ・ふじ　明治21年6月13日～昭和38年12月8日　社会事業家, 乳児保護協会会長　→昭和

黒川 正典　くろかわ・まさのり　大正4年7月3日～平成8年2月11日　日本郵船常務　→94/96

黒川 正彦　くろかわ・まさひこ　昭和7年1月15日～平成19年1月19日　新日本証券副社長　→06/08

黒川 真武　くろかわ・またけ　明治32年3月23日～昭和57年2月5日　工業技術院院長　→80/82

黒川 満夫　くろかわ・みつお　大正15年4月24日～平成7年3月16日　鉄鋼ビルディング専務　→94/96

黒川 光朝　くろかわ・みつとも　大正7年7月24日～平成2年11月19日　虎屋社長、全国生菓子商工協組理事長　→88/90

黒川 勇熊　くろかわ・ゆうくま　嘉永5年9月9日～昭和6年9月13日　海軍造船少将　→昭和(くろかわ・たけくま)

黒川 勇蔵　くろかわ・ゆうぞう　～昭和63年6月8日　北日本新聞社相談役　→88/90

黒川 幸男　くろかわ・ゆきお　～昭和55年3月16日　日亜鋼業取締役　→80/82

黒川 幸雄　くろかわ・ゆきお　～平成7年7月2日　警察庁中部管区警察局長、警察庁東北管区警察局長、石川県警本部長　→94/96

黒川 幸成　くろかわ・ゆきなり　～昭和57年6月9日　西松建設専務　→80/82

黒川 義雄　くろかわ・よしお　大正7年9月30日～平成15年11月12日　島田理化工業会長　→03/05

黒川 吉雄　くろかわ・よしお　明治34年3月7日～平成8年6月21日　北海道拓殖銀行常務　→94/96

黒川 佳一　くろかわ・よしかず　昭和21年10月7日～平成22年12月23日　丸文専務　→09/11

黒川 芳太郎　くろかわ・よしたろう　～平成3年12月2日　葛飾区会議長　→91/93

黒木 英五郎　くろき・えいごろう　大正15年12月7日～平成3年8月12日　野崎産業社長　→91/93

黒木 金哉　くろぎ・きんや　～昭和55年10月4日　旧松尾鉱山被害者の会会長　→80/82

黒木 智子　くろき・さとこ　昭和2年6月5日～平成1年9月25日　全国辛子れんこん被害者の会事務局長、宮崎市議　→88/90

黒木 三次　くろき・さんじ　明治17年12月～昭和19年9月30日　貴院議員(伯爵)　→昭和

黒木 重男　くろぎ・しげお　大正6年12月23日～平成20年3月10日　全国たばこ耕作組合中央会会長、宮崎県議、テレビ宮崎社長　→06/08

黒木 静也　くろぎ・しずや　大正14年3月22日～平成23年6月24日　宮崎交通副社長、宮崎商工会議所副会頭　→09/11

黒木 シツ　くろき・しつ　～平成4年12月20日　埼玉県議　→91/93

黒木 従達　くろき・じゅうたつ　大正6年11月3日～昭和58年1月19日　宮内庁東宮侍従長　→83/87

黒木 重徳　くろき・しげとく　大正昭和21年3月16日　社会運動家　共産党中央委員　→昭和

黒木 晋也　くろき・しんや　大正2年9月6日～平成7年11月7日　昭和鉱業社長、三菱金属鉱業(のち三菱マテリアル)取締役　→94/96

黒木 武俊　くろき・たけとし　～昭和57年6月14日　(社)東京都身体障害者団体連合会会長　→80/82

黒木 武敏　くろき・たけとし　～平成15年5月29日

黒木本店会長　→03/05

黒木 親慶　くろき・ちかよし　明治16年2月1日～昭和9年3月14日　陸軍少佐　→昭和

黒木 伝三　くろき・でんぞう　大正13年6月17日～平成8年12月6日　粟村製作所専務　→94/96

黒木 利夫　くろき・としお　昭和7年3月17日～平成10年3月4日　読売広告社社長　→97/99

黒木 利克　くろき・としかつ　大正2年9月～昭和53年9月24日　参院議員(自民党)　→昭和

黒木 富吉　くろき・とみきち　大正12年4月30日～平成2年11月7日　広島テレビ放送常務　→94/96

黒木 朝水　くろき・ともみ　大正6年2月2日～昭和56年11月4日　サンミック通商社長、山陽国策パルプ専務　→80/82

黒木 直康　くろき・なおやす　昭和4年10月29日～平成19年6月24日　三菱商事副社長　→06/08

黒木 博　くろき・ひろし　明治40年2月10日～平成13年12月24日　宮崎県知事　→00/02

黒木 不二　くろき・ふじ　大正12年1月20日～平成1年7月12日　宮内庁女官　→88/90

黒木 正人　くろき・まさと　～昭和60年9月16日　共同通信鹿児島支局長　→83/87

黒木 正憲　くろき・まさのり　～平成20年5月4日　東京出版社長　→06/08

黒木 勝　くろぎ・まさる　大正8年2月25日～平成20年8月20日　宮崎相互銀行社長　→06/08

黒木 光夫　くろき・みつお　昭和3年4月21日～平成4年4月21日　倉敷繊維加工監査役、クラボウ常勤監査役　→91/93

黒木 康男　くろき・やすお　昭和3年8月27日～平成2年9月11日　東亜道路工業常勤監査役　→88/90

黒木 康雄　くろき・やすお　大正15年1月21日～平成15年4月29日　ニチハ副社長　→03/05

黒木 勇三　くろき・ゆうぞう　昭和10年1月6日～平成3年12月7日　宮崎放送常務　→97/99

黒木 芳郎　くろき・よしろう　～昭和46年6月7日　宮崎放送社長　→昭和

黒木 利一郎　くろき・りいちろう　大正10年3月28日～平成1年2月6日　三菱重工業副社長　→88/90

黒河内 透　くろこうち・とおる　～平成6年7月2日　総理府土地調整委員会委員長、農林省山林局長　→94/96

黒河内 俊夫　くろこうち・としお　～平成13年3月9日　全国乗用車自動車連合会専務理事、中日新聞東京本社出版局長　→00/02

黒河内 平　くろこうち・ひとし　大正14年11月～平成14年11月26日　至文堂社長　→00/02

黒坂 隆　くろさか・たかし　～昭和59年3月3日　笹倉機械製作所副社長　→83/87

黒坂 外喜雄　くろさか・ときお　大正11年10月28日～平

I　政治・経済・社会篇

成19年10月1日　北日本新聞専務　→06/08

黒坂 則恭　くろさか・のりやす　昭和19年11月19日～平成23年10月17日　電算社長,長野県情報サービス振興協会会長　→09/11

黒坂 備庫也　くろさか・ひこや　大正3年11月15日～平成1年7月19日　ユニチカ取締役　→88/90

黒崎 賢治　くろさき・けんじ　昭和12年4月22日～平成22年5月21日　協同飼料社長　→09/11

黒崎 幸吉　くろさき・こうきち　明治19年5月2日～昭和45年6月6日　キリスト教伝導者　→昭和

黒崎 貞明　くろさき・さだあき　明治45年1月7日～昭和62年2月6日　南太平洋戦没者慰霊協会事務局長,タッタ電線常務　→83/87

黒崎 定三　くろさき・ていぞう　明治18年2月16日～昭和23年7月19日　法制局長官　→昭和

黒崎 房之助　くろさき・ふさのすけ　大正14年9月2日～平成12年12月31日　富士通専務　→00/02

黒崎 文治　くろさき・ぶんじ　大正3年8月3日～昭和62年7月29日　富山地所(株)取締役社長,全国競輪施設協会理事　→83/87

黒崎 稔　くろさき・みのる　大正11年11月13日～平成9年1月4日　旭硝子取締役　→97/99

黒崎 安太郎　くろさき・やすたろう　～昭和55年1月20日　西日本鉄道副社長　→80/82

黒崎 義平　くろさき・よしひら　明治29年1月22日～昭和60年3月12日　東京コンテナ工業相談役,元高崎製紙社長　→83/87

黒沢 一雄　くろさわ・かずお　大正10年～平成12年2月12日　日本精鉱常務　→00/02

黒沢 和雄　くろさわ・かずお　大正10年11月17日～昭和61年12月15日　富士石油顧問　→83/87

黒沢 敬一　くろさわ・けいいち　明治36年9月8日～昭和57年4月10日　黒沢商店相談役,黒沢通信工業相談役　→80/82

黒沢 敬一　くろさわ・けいいち　昭和6年2月20日～平成15年2月3日　千代田火災専務　→03/05

黒沢 慶二　くろさわ・けいじ　大正4年11月25日～平成63年2月3日　三菱化工機取締役　→88/90

黒沢 兼次郎　くろさわ・けんじろう　明治8年～昭和2年3月31日　大陸浪人　→昭和

黒沢 幸一　くろさわ・こういち　明治35年10月11日～昭和52年7月2日　社会運動家,元・衆議院議員　→昭和

黒沢 三郎　くろさわ・さぶろう　明治38年6月21日～平成8年2月22日　八十二銀行頭取　→94/96

黒沢 重男　くろさわ・しげお　大正13年10月28日～平成20年9月25日　大林組専務　→06/08

黒沢 茂夫　くろさわ・しげお　大正15年～平成5年4月28日　東洋運搬機取締役　→91/93

黒沢 次郎　くろさわ・じろう　～昭和58年5月20日　山種証券顧問,元京橋税務署長　→83/87

黒沢 善太郎　くろさわ・ぜんたろう　明治45年4月15日～昭和58年2月26日　千代田のきもの(株)最高顧問　→83/87

黒沢 大二　くろさわ・だいじ　～平成5年1月15日　那珂湊市議　→91/93

黒沢 丈夫　くろさわ・たけお　大正2年12月23日～平成23年12月22日　海軍少佐　上野村(群馬県)村長　→09/11

黒沢 忠直　くろさわ・ただなお　明治30年3月10日～昭和61年12月10日　大東相互銀行相談役・元社長　→83/87

黒沢 富次郎　くろさわ・とみじろう　明治24年4月～昭和47年8月29日　貴院議員(多額納税)　→昭和

黒沢 酉蔵　くろさわ・とりぞう　明治18年3月28日～昭和57年2月6日　雪印乳業相談役,酪農学園創立者　北海道酪農の指導者　→80/82

黒沢 登　くろさわ・のぼる　～昭和62年7月5日　白石市土地改良区理事長,白石市議会議長　→83/87

黒沢 春雄　くろさわ・はるお　～昭和48年8月22日　草加市長　→昭和

黒沢 準　くろさわ・ひとし　明治11年8月19日～昭和2年9月5日　陸軍中将　→昭和

黒沢 藤麿　くろさわ・ふじまろ　昭和5年8月3日～平成14年3月31日　新日鉄化学副社長　→00/02

黒沢 誠　くろさわ・まこと　明治43年11月2日～平成14年7月3日　エスエス製薬副社長　→00/02

黒沢 保夫　くろさわ・やすお　昭和9年9月22日～平成12年1月26日　三井リース事業社長,三井物産常務　→00/02

黒沢 洋　くろさわ・よう　大正15年12月2日～平成12年1月2日　日本興業銀行頭取　→00/02

黒沢 良雄　くろさわ・よしお　大正3年4月25日～平成5年11月28日　日本長期信用銀行取締役　→91/93

黒沢 義和　くろさわ・よしかず　大正14年2月14日～平成18年10月26日　旭光学工業常務　→06/08

黒沢 隆平　くろさわ・りゅうへい　明治41年11月9日～平成8年5月26日　名古屋テレビ放送専務,東海銀行取締役　→94/96

黒須 源之助　くろす・げんのすけ　～昭和39年10月27日　陸軍少将　→昭和

黒須 定次　くろす・さだじ　～昭和61年4月10日　東京商事名誉顧問　→83/87

黒須 静雄　くろす・しずお　～平成2年11月6日　新栄工業社長　→88/90

黒須 孝章　くろす・たかあき　～平成4年1月3日　警視庁防犯部理官,富坂署長　→91/93

黒須 文夫　くろす・ふみお　大正9年10月5日～平成20年5月11日　住友金属鉱山専務　→06/08

黒須 雪子　くろす・ゆきこ　～平成22年9月17日　二玄社社長　→09/11

黒須 竜太郎　くろす・りゅうたろう　慶応4年6月～昭和26年8月10日　衆院議員　→昭和

黒住 忠行　くろずみ・ただゆき　大正8年7月16日～昭和

63年9月29日　日本自動車ターミナル社長、参院議員（自民党）　→88/90

黒住 千鶴子　くろずみ・ちずこ　～平成18年5月9日
黒住婦人会会長　黒住教6代目・黒住宗晴教主の母　→06/08

黒住 剛　くろずみ・つよし　明治44年2月1日～昭和61年3月19日　栄研化学社長、日経連常任理事　→83/87

黒住 成章　くろずみ・なりあき　明治8年12月16日～昭和3年7月16日　政治家、弁護士　衆院議員（政友会）　→昭和

黒住 宗和　くろずみ・むねかず　明治38年11月1日～昭和48年5月13日　黒住教第5代管長　→昭和

黒住 宗子　くろずみ・むねやす　明治9年11月28日～平成11年7月9日　宗教家　黒住教第3代管長　→昭和（くろずみ・むねちか）

黒瀬 七郎　くろせ・しちろう　大正6年2月26日～昭和62年3月6日　珠洲市長　→83/87

黒瀬 正三郎　くろせ・しょうざぶろう　明治38年9月26日～昭和63年2月5日　弁護士　京都弁護士会副会長　→88/90

黒瀬 甫　くろせ・はじめ　明治40年9月1日～平成4年3月18日　石川島播磨重工業常務　→91/93

黒瀬 久門　くろせ・ひさゆき　～平成7年7月29日
マリテック・エンジニアリング・ジャパン社長　→94/96

黒瀬 弘志　くろせ・ひろし　～昭和18年11月10日
神戸市長　→昭和

黒瀬 宏則　くろせ・ひろのり　～昭和60年11月17日
やまぎわ鶏卵社長　→83/87

黒瀬 昌彦　くろせ・まさひこ　～昭和60年6月14日
小学館監査役　→83/87

黒瀬 保男　くろせ・やすお　大正8年8月1日～平成17年7月1日　東洋アルミニウム社長　→03/05

黒瀬 義仁　くろせ・よしひと　大正15年12月3日～昭和63年9月18日　イセキ開発工機会長　→88/90

黒田 晃　くろだ・あきら　大正13年1月29日～平成15年6月15日　日本工営会長、北海道開発庁事務次官　→03/05

畔田 明　くろだ・あきら　明治18年5月1日～昭和11年12月19日　衆院議員（第二控室）　→昭和（あぜた・あきら）

黒田 育弘　くろだ・いくひろ　昭和12年5月21日～平成10年8月7日　住金物産常務　→97/99

黒田 巌　くろだ・いわお　明治39年9月～昭和56年4月27日　衆院議員（進歩党）　→80/82

黒田 英之　くろだ・えいし　大正15年～平成7年5月1日
僧侶　福岡県仏教連合会会長　→94/96

黒田 越郎　くろだ・えつお　明治25年12月20日～昭和9年7月23日　司法官　→昭和（くろだ・えつろう）

黒田 音四郎　くろだ・おとしろう　～平成8年11月30日
駐レバノン大使　→94/96

黒田 海之助　くろだ・かいのすけ　明治44年5月18日～平成7年10月4日　熊谷市長　→94/96

黒田 一男　くろだ・かずお　大正15年1月30日～平成2年5月21日　山九専務　→88/90

黒田 香澄　くろだ・かすみ　大正11年11月29日～平成1年11月23日　多摩工業社長、蒲田工業協会会長　→88/90

黒田 豊成　くろだ・かつしげ　大正3年4月22日～平成1年8月6日　昭和炭酸常務　→88/90

黒田 勝正　くろだ・かつまさ　明治33年4月23日～平成10年12月1日　富士製鉄副社長　→97/99

黒田 キクエ　くろだ・きくえ　～平成12年11月5日
イチネン会長　→00/02

黒田 久太　くろだ・きゅうた　明治38年4月～昭和42年1月12日　社会運動家　東北学院大学教授　→昭和

黒田 清　くろだ・きよし　明治26年8月～昭和26年1月22日　伯爵　貴院議員　→昭和

黒田 清　くろだ・きよし　昭和3年9月8日～平成12年9月6日　東京都議（自民党）　→00/02

黒田 喜与三　くろだ・きよぞう　明治5年10月1日～平成3年7月15日　産興社長　→91/93

黒田 慶三　くろだ・けいぞう　明治2年8月25日～平成20年11月9日　弁護士　福岡県弁護士会会長　→06/08

黒田 健　くろだ・けん　～昭和45年9月22日
江口証券社長　→昭和

黒田 広示　くろだ・こうじ　昭和7年2月18日～平成7年11月20日　国民金融公庫理事　→94/96

黒田 重徳　くろだ・しげのり　～昭和39年4月30日
陸軍中将　→昭和

黒田 静夫　くろだ・しずお　明治36年5月25日～昭和61年11月16日　日本港湾コンサルタント会長、運輸省港湾局長　→83/87

黒田 重兵衛　くろだ・じゅうべえ　明治39年9月～昭和27年3月1日　衆院議員（進歩党）　→昭和

黒田 純一郎　くろだ・じゅんいちろう　昭和17年～平成4年11月10日　アルゴテクノス21取締役　→91/93

黒田 穣一　くろだ・じょういち　大正13年7月10日～平成10年3月17日　大牟田市長　→97/99

黒田 瞳之助　くろだ・しょうのすけ　大正5年6月25日～平成21年12月23日　コクヨ社長　→09/11

黒田 昇龍　くろだ・しょうりゅう　明治34年3月18日～平成1年10月14日　真言宗大覚寺派管長、大覚寺門跡　→88/90

黒田 昌六　くろだ・しょうろく　昭和5年5月17日～平成12年11月4日　阪急百貨典専務　→00/02

黒田 四郎　くろだ・しろう　大正10年1月16日～平成21年5月9日　東北電力副社長　→09/11

黒田 信　くろだ・しん　～昭和42年7月31日
空将補　航空自衛隊第四航空団司令　→昭和

黒田 新一郎　くろだ・しんいちろう　明治30年～昭和56年5月6日　全国購買農協連副会長、下諏訪町長　→80/82

黒田 末男　くろだ・すえお　大正13年3月15日～平成2年5月7日　三井金属鉱業常務　→88/90

黒田 千吉郎　くろだ・せんきちろう　～昭和57年12月22日　博文館新社社長, 元共同印刷取締役支配人　→80/82

黒田 善太郎　くろだ・ぜんたろう　明治12年2月7日～昭和41年3月27日　実業家　コクヨ創業者　→昭和

黒田 崧　くろだ・たかし　昭和8年2月19日～平成8年4月13日　陸上自衛隊第四師団長　→94/96

黒田 武男　くろだ・たけお　～昭和60年9月19日　富山県人事委員会事務局長　→83/87

黒田 武重　くろだ・たけしげ　明治40年12月5日～平成4年7月26日　広洋社社長　→91/93

黒田 龍夫　くろだ・たつお　～平成10年7月25日　菱食専務　→97/99

黒田 保　くろだ・たもつ　大正12年9月2日～平成7年3月16日　日商岩井常務　→94/96

黒田 常助　くろだ・つねすけ　～昭和55年6月23日　弁護士　大阪弁護士会副会長　→80/82

黒田 哲夫　くろだ・てつお　～昭和57年2月15日　三菱建設副社長, 元三菱商事取締役　→80/82

黒田 輝夫　くろだ・てるお　大正13年3月5日～平成17年2月11日　大阪市議(自民党)　→03/05

黒田 通　くろだ・とおる　～昭和56年2月10日　海外事務器取締役社長　→80/82

黒田 敏之助　くろだ・としのすけ　～昭和48年5月10日　コクヨ監査役　→昭和

黒田 長成　くろだ・ながしげ　慶応3年5月5日～昭和14年8月14日　政治家　貴院副議長　→昭和

黒田 長敬　くろだ・ながよし　～昭和38年3月24日　侍従, 子爵　→昭和

黒田 仁兵衛　くろだ・にへえ　昭和2年1月29日～平成22年11月16日　扶桑薬品工業常務　→09/11

黒田 祝　くろだ・はじめ　～昭和29年2月5日　三井鉱山顧問　→昭和

黒田 寿男　くろだ・ひさお　明治32年4月14日～昭和61年10月21日　弁護士, 政治家, 農民運動家　衆院議員(社会党), 労農党主席　→83/87

黒田 英雄　くろだ・ひでお　明治12年9月2日～昭和31年11月1日　大蔵次官, 貴院議員(勅選), 参院議員(自由党)　→昭和

黒田 秀雄　くろだ・ひでお　明治42年7月12日～昭和61年8月23日　帝都高速度交通営団理事　→83/87

黒田 秀雄　くろだ・ひでお　明治44年12月18日～昭和63年6月9日　川鉄商事社長, 川崎製鉄副社長　→88/90

黒田 洋　くろだ・ひろし　昭和3年10月29日～昭和63年6月19日　三洋アルミ代表取締役社長　→88/90

黒田 弘　くろだ・ひろむ　昭和5年7月～平成1年12月7日　三相電機社長　→88/90

黒田 富士五郎　くろだ・ふじごろう　～昭和42年4月26日　大丸石油社長, 全国石油協会顧問　→昭和

黒田 文一　くろだ・ぶんいち　大正15年8月4日～平成8年6月7日　クロダイト工業会長　→94/96

黒田 将夫　くろだ・まさお　昭和10年2月14日～平成5年10月20日　トヨタカローラ愛豊常務　→91/93

黒田 真砂男　くろだ・まさお　～平成1年3月7日　日本経済新聞社友・元東京本社販売内務部長, 日経セールスセンター取締役　→88/90

黒田 政夫　くろだ・まさお　～昭和62年8月18日　旭川保護観察所長　→83/87

黒田 雅子　くろだ・まさこ　大正1年9月25日～平成1年1月28日　エチオピア皇太子妃候補　→88/90

黒田 正孝　くろだ・まさたか　大正7年8月7日～平成10年2月23日　日本軽金属副社長　→97/99

黒田 又一　くろだ・またいち　～昭和63年10月27日　若林村(富山県)村長　→88/90

黒田 松浅　くろだ・まつあさ　～昭和63年12月8日　萩浦学園さみどり幼稚園理事長, 鈴木工業顧問, 富山県立技術短大事務局庶務課長　→88/90

黒田 松次　くろだ・まつじ　明治43年2月16日～昭和61年6月20日　黒田電子工業(株)社長, 滑川市長　→83/87

黒田 万之丞　くろだ・まんのじょう　～昭和61年3月6日　サンキョーヒカリ社長, 日本ソース工業会役員　→83/87

黒田 道雄　くろだ・みちお　明治42年1月16日～昭和60年1月1日　内外証券社長, 山一証券常務　→83/87

黒田 実　くろだ・みのる　大正4年12月13日～平成14年4月12日　日本専売公社総務理事　→00/02

黒田 稔　くろだ・みのる　～昭和14年11月30日　男爵　→昭和

黒田 康夫　くろだ・やすお　昭和22年5月23日～平成2年11月13日　大蔵省東京税関総務部長, 内閣官房長官秘書官　→88/90

黒田 安定　くろだ・やすさだ　大正2年1月9日～平成16年4月17日　荏原製作所副社長　→03/05

黒田 靖之助　くろだ・やすのすけ　大正8年4月29日～平成1年8月8日　コクヨ社長　→88/90

黒田 康彦　くろだ・やすひこ　～昭和47年1月25日　大倉商事顧問　→昭和

黒田 義晴　くろだ・よしはる　明治41年1月13日～平成10年12月17日　KDD常務　→97/99

黒田 義久　くろだ・よしひさ　大正5年11月6日～平成1年9月7日　旭化成建材会長, 旭化成工業相談役・元副社長　→88/90

黒田 義弘　くろだ・よしひろ　～昭和63年4月11日　千代鶴酒造社長　→88/90

黒田 善弘　くろだ・よしひろ　大正13年11月25日～平成22年5月20日　住友製薬社長　→09/11

黒田 悌弘　くろだ・よしひろ　昭和5年11月29日～平成21年4月23日　イチネン社長　→09/11

黒田 了一　くろだ・りょういち　明治44年3月16日～平成15年7月24日　憲法学者, 弁護士, 評論家　大阪府知事,

大阪市立大学名誉教授　→03/05

黒田 領治　くろだ・りょうじ　明治38年1月20日〜昭和62年3月10日　黒田陶苑社長　→83/87

黒田 竜馬　くろだ・りょうま　明治37年1月3日〜昭和61年6月18日　毎日新聞社社友, 毎日新聞取締役中部本社代表　→83/87

黒田 玲香　くろだ・れいこう　〜昭和58年2月20日　全国私立保育連盟会長, 白水学園（社会福祉法人）理事長　→83/87

黒谷 本敬　くろたに・ほんけい　〜平成7年2月25日　僧侶　真言宗智山派大僧正, 善雄寺住職　→94/96

黒津 右次　くろつ・ゆうじ　昭和7年〜平成8年5月23日　兵庫県障害者連絡協議会会長　→94/96

黒津 亮二　くろつ・りょうじ　大正14年2月13日〜平成22年4月20日　川崎製鉄専務　→09/11

黒沼 百恵　くろぬま・ももえ　明治40年〜昭和61年1月25日　石川達三『蒼氓』のヒロインのモデル　→83/87

黒野 圀夫　くろの・くにお　大正10年4月28日〜平成22年10月15日　アール・ケー・ビー毎日放送社長　→09/11

黒野 元吉　くろの・もとよし　昭和9年10月11日〜平成15年4月1日　連合鹿児島会長, 鹿児島県労働金庫理事長　→03/05

黒羽 和男　くろは・かずお　大正6年1月20日〜昭和56年10月13日　緑屋電気社長　→80/82

黒羽 怜一　くろば・れいいち　〜平成7年8月25日　（社）全日本コーヒー協会専務理事　→94/96

黒羽 三知男　くろばね・みちお　明治36年2月23日〜昭和61年8月21日　関電工専務　→83/87

黒部 博一　くろべ・ひろつぐ　昭和15年11月15日〜平成13年　茨城県議（自民党）　→00/02

黒部 勝　くろべ・まさる　明治37年8月22日〜昭和57年5月13日　東北電力副社長　→80/82

黒松 秀夫　くろまつ・ひでお　〜昭和57年3月9日　北海道議　→80/82

黒丸 虎雄　くろまる・とらお　大正14年12月28日〜平成22年8月4日　福山町（鹿児島県）町長　→09/11

黒宮 一郎　くろみや・いちろう　〜昭和42年7月31日　日本碍子取締役　→昭和

黒宮 乙吉　くろみや・おときち　〜昭和62年1月8日　中日本写真工業監査役　→83/87

黒保 政次　くろやす・まさじ　明治41年10月17日〜昭和63年12月6日　オイラー（株）取締役相談役　→88/90

黒柳 圭介　くろやなぎ・けいすけ　昭和7年2月14日〜平成11年7月6日　東急建設専務　→97/99

畔柳 準次郎　くろやなぎ・じゅんじろう　〜昭和58年11月19日　第一生命常務　→83/87

畔柳 正顕　くろやなぎ・しょうけん　〜平成19年10月16日　僧侶　浄土宗西山深草派宗務総長　→06/08

畔柳 徳蔵　くろやなぎ・とくぞう　明治42年4月26日〜平成1年1月30日　明星電気顧問, 元副社長　→88/90

黒山 忠雄　くろやま・ただお　〜昭和55年5月3日　田辺製薬常務　→80/82

久和 源治　くわ・げんじ　昭和7年〜平成13年8月17日　野村総合研究所常務, 野村システムサービス副社長　→00/02

桑江 和夫　くわえ・かずお　大正7年3月1日〜平成10年9月11日　日立情報システムズ社長　→97/99

桑江 朝幸　くわえ・ちょうこう　大正7年2月3日〜平成5年12月16日　沖縄市長　→91/93

桑江 義夫　くわえ・よしお　大正3年11月7日〜平成23年11月3日　川崎製錬副社長　→09/11

桑江 良逢　くわえ・りょうほう　大正11年1月22日〜平成22年4月17日　陸将補　沖縄県議（自民党）　→09/11

桑尾 勝雪　くわお・かつゆき　〜昭和59年2月18日　土電会館会長, 満州興業銀行理事　→83/87

桑尾 泰行　くわお・やすゆき　昭和7年10月9日〜平成23年6月8日　高知新聞専務　→09/11

桑形 忠和　くわがた・ただかず　大正12年1月26日〜平成3年7月7日　ホーチキ常務　→91/93

桑木 清　くわき・きよし　大正11年10月10日〜昭和58年4月1日　近畿車輛常務　→83/87

桑木 崇明　くわき・たかあきら　明治18年10月22日〜昭和20年12月6日　陸軍中将　→昭和

桑沢 章　くわざわ・あきら　大正8年7月18日〜平成18年3月30日　箕輪町（長野県）町長　→06/08

桑沢 浜　くわざわ・はま　明治43年1月18日〜昭和63年4月5日　長野県議, 長野県信政クラブ会長　→88/90

桑沢 秀雄　くわさわ・ひでお　大正4年5月9日〜平成12年2月25日　東京商工リサーチ社長　→00/02

桑沢 義雄　くわざわ・よしお　〜昭和51年5月3日　クワザワ社長　→昭和（くわさわ・よしお）

桑島 計　くわじま・かずえ　明治17年3月4日〜昭和33年9月24日　外交官　駐ブラジル大使　→昭和（くわじま・しゅけい）

桑島 宣一　くわじま・のぶいち　大正14年〜平成17年8月7日　知床グランドホテル会長, 斜里町（北海道）町議　→03/05

桑田 勝栄　くわた・かつえ　大正15年8月25日〜平成4年1月11日　マルヤス機械常務　→91/93

桑田 喜三郎　くわた・きさぶろう　明治24年4月28日〜昭和36年4月12日　労働運動家　→昭和

桑田 恭一　くわた・きょういち　大正14年2月21日〜平成3年1月29日　大明電話工業常勤監査役　→91/93

桑田 賢二　くわた・けんじ　〜平成41年3月28日　川鉄化学社長, 元川崎製鉄専務　→昭和

桑田 滋弘　くわた・しげひろ　昭和5年2月17日〜昭和59年11月15日　関西総合信用社長, 関西相互銀行取締役　→83/87

桑田 庄市　くわた・しょういち　〜昭和61年3月22日　東亜燃料工業取締役　→83/87

I 政治・経済・社会篇　　　　　　　　　　　　　　　　　　　　　　　　　　　　　　くわはら

桑田 正三郎　くわた・しょうざぶろう　安政2年～昭和7年12月2日　写真材料商　桑田商会創業者　→昭和

桑田 正造　くわた・しょうぞう　～昭和60年7月21日　桑田硝子社長　→83/87

桑田 信一　くわた・しんいち　～昭和55年8月14日　トキコ相談役・元社長　→80/82

桑田 真太郎　くわだ・しんたろう　明治27年3月19日～昭和63年5月11日　岡山相互信用金庫会長，岡山県議　→88/90

桑田 琢磨　くわた・たくま　大正8年12月19日～平成23年4月22日　時事通信社代表取締役　→09/11

桑田 猛　くわた・たけし　明治38年2月19日～平成12年8月18日　協和醱酵工業社長　→00/02

桑田 庸夫　くわた・つねお　明治38年7月20日～昭和60年5月6日　東邦チタニウム社長　→83/87

桑田 時一郎　くわた・ときいちろう　明治27年3月12日～平成3年7月5日　三菱化成工業（のち三菱化成）社長　→91/93

桑田 俊晴　くわた・としはる　大正4年10月3日～平成9年2月3日　関西ペイント社長　→97/99

桑田 利文　くわた・としふみ　大正10年9月24日～平成14年7月2日　但陽信用金庫会長　→00/02

桑田 秀延　くわだ・ひでのぶ　明治28年2月28日～昭和50年4月16日　牧師（日本基督教団），神学者　東京神学大学学長　→昭和

桑田 弘司　くわた・ひろし　大正5年6月30日～平成19年12月8日　富士銀行常務，五洋建設社長　→06/08

桑田 博　くわた・ひろし　大正10年9月1日～平成17年12月2日　岡山県議，おかやま信用金庫理事長　→03/05

桑田 安三郎　くわた・やすさぶろう　明治6年12月～昭和6年2月21日　陸軍中将　→昭和

桑田 良徳　くわた・よしとく　大正4年4月13日～平成12年1月2日　久保田鉄工副社長　→00/02

桑田 良樹　くわた・よしき　昭和18年5月14日～平成19年7月2日　新菱冷熱工業専務　→06/08

桑鶴 実　くわつる・みのる　～昭和37年6月27日　谷山市長　→昭和

桑名 悦男　くわな・えつお　大正7年2月25日～平成15年7月30日　三重県議（社会党）　→03/05

桑名 精二　くわな・せいじ　大正2年8月25日～昭和60年9月17日　横浜市県人会長，神奈川県観光KK会長　→83/87

桑野 邦男　くわの・くにお　昭和11年11月17日～平成12年3月23日　大豊建設常務　→00/02

桑野 熊之祐　くわの・くまのすけ　～昭和55年2月29日　大阪高検検事　→80/82

桑野 忠　くわの・ただし　昭和6年1月19日～平成16年12月28日　滋賀県議（自民党）　→03/05

桑野 文男　くわの・ふみお　大正10年10月27日～平成4年9月2日　日本スピンドル製造専務　→88/90

桑野 正文　くわの・まさふみ　大正12年1月2日～昭和61年11月26日　三井川田タイル社長　→83/87

桑畑 静善　くわはた・じょうぜん　～昭和11年5月26日　時宗総本山遊行寺管長　→昭和

桑原 亮人　くわはら・あきと　～平成23年11月5日　日経印刷取締役　→09/11

桑原 昭　くわはら・あきら　昭和3年4月5日～昭和56年10月13日　蝶理監査役，帝人エンジニアリング常務　→80/82

桑原 淳　くわはら・あつし　昭和7年1月2日～平成10年10月14日　太陽生命保険常務　→97/99

桑原 敬一　くわはら・けいいち　大正11年9月28日～平成16年1月9日　福岡市長，労働事務次官　→03/05

桑原 慶祐　くわはら・けいすけ　大正7年10月2日～昭和57年2月28日　鐘紡副社長　→80/82

桑原 謙之　くわはら・けんし　明治44年1月14日～平成6年8月23日　三井金属鉱業名誉顧問，三井アルミナ製造社長　→94/96

桑原 五郎　くわばら・ごろう　～昭和60年10月12日　弁護士　公共企業体等労働委員会中国地方調停委員会委員長　→83/87

桑原 権之助　くわはら・ごんのすけ　～昭和55年1月27日　全国町村議会議長会副会長　→80/82

桑原 権之助　くわばら・ごんのすけ　昭和2年4月12日～平成1年6月9日　寺田紡績取締役　→88/90

桑原 栄　くわばら・さかえ　昭和10年5月16日～平成20年4月22日　前沢工業専務　→06/08

桑原 自彊　くわはら・じきょう　明治33年2月5日～昭和63年1月17日　僧侶，児童文学作家　永平寺顧問，瑞光寺住職　→昭和

桑原 重之　くわはら・しげゆき　～平成5年7月20日　三菱重工業長崎造船所副所長，長崎三菱自動車販売取締役相談役　→91/93

桑原 潤　くわはら・じゅん　昭和5年3月1日～平成15年2月26日　ヤクルト本社会長，ヤクルト球団オーナー　→03/05

桑原 順治　くわはら・じゅんじ　大正15年1月13日～平成6年3月9日　三京化成常勤監査役　→94/96

桑原 春三　くわばら・しゅんぞう　大正14年3月7日～平成9年4月9日　新宿区議　→97/99

桑原 生二　くわばら・しょうじ　～昭和44年3月13日　東京ヤクルト社長　→昭和

桑原 信市　くわはら・しんいち　大正4年12月5日～平成10年3月4日　長崎県議（自民党）　→97/99

桑原 信也　くわばら・しんや　～平成5年4月20日　パイロット　ジャル・パック日本航空顧問　→91/93

桑原 益　くわばら・すすむ　昭和13年1月22日～平成8年9月13日　日本精蠟専務　→94/96

桑原 静和　くわばら・せいわ　明治43年5月21日～平成1年9月30日　岐阜相互銀行取締役　→88/90

桑原 善吉（11代目）　くわばら・ぜんきち　明治34年6月30日～昭和60年2月4日　十六銀行相談役、岐阜商工会議所名誉会頭、新岐阜百貨店会長　→83/87〈桑原 善吉〉

桑原 泰郎　くわばら・たいろう　～平成18年11月21日　空将　航空自衛隊北部航空方面隊司令官　→06/08

桑原 忠義　くわばら・ただよし　明治42年11月26日～平成16年2月29日　鹿本町（熊本県）町長　→03/05

桑原 竜興　くわばら・たつおき　～昭和40年1月17日　弁護士　大審院判事　→昭和

桑原 太郎　くわばら・たろう　大正4年11月11日～平成1年9月16日　日野自動車販売常務　→88/90

桑原 力　くわばら・つとむ　大正14年7月23日～昭和62年3月14日　前田建設工業顧問　→83/87

桑原 敏雄　くわばら・としお　明治40年7月28日～平成5年12月5日　三笠コカコーラボトリング相談役・元社長　→91/93

桑原 敏治　くわばら・としはる　～平成5年6月9日　ファイザー製薬監査役　→91/93

桑原 富雄　くわばら・とみお　大正12年5月26日～平成22年2月7日　西条市長　→09/11

桑原 信雄　くわばら・のぶお　～平成1年5月14日　輸入食糧協議会事務局長、食糧庁業務第二部長　→88/90

桑原 信隆　くわばら・のぶたか　大正9年2月16日～平成4年1月4日　防衛施設庁東京防衛施設局長　→91/93

桑原 允彦　くわばら・のぶひこ　昭和15年7月9日～平成15年9月13日　アシックス商事会長　→03/05

桑原 信義　くわばら・のぶよし　大正13年1月29日～昭和63年8月31日　マルナガ専務　→88/90

桑原 秀夫　くわばら・ひでお　明治29年～昭和63年2月24日　日立造船専務　→88/90

桑原 宏彰　くわばら・ひろあき　～昭和55年5月6日　オーエム製作所専務　→80/82

桑原 正憲　くわばら・まさのり　明治45年7月4日～平成14年6月7日　札幌高裁長官　→00/02

桑原 幹根　くわばら・みきね　明治28年8月29日～平成3年4月11日　愛知県知事　→91/93

桑原 通徳　くわばら・みちのり　昭和6年2月7日～平成11年12月30日　コカ・コーラ ナショナルセールス社長、近畿コカ・コーラボトリング社長、キリンビール専務　→97/99

桑原 美和子　くわばら・みわこ　昭和28年4月14日～平成11年9月16日　目黒区職員　→00/02s

桑原 宗朝　くわばら・むねとも　大正12年1月7日～平成14年7月16日　福岡家裁所長　→00/02

桑原 康長　くわばら・やすひさ　大正9年2月1日～平成13年9月12日　東洋製罐専務　→00/02

桑原 豊　くわばら・ゆたか　大正15年10月13日～平成8年3月11日　高田工業所専務　→94/96

桑原 用二郎　くわばら・ようじろう　～昭和49年7月3日　長崎新聞会長　→昭和

桑原 良雄　くわばら・よしお　大正3年1月29日～平成12年10月12日　キリンビール副社長　→00/02

桑原 可武　くわばら・よしたけ　大正2年6月23日～平成18年1月18日　日本水産常務　→06/08

桑原 録郎　くわばら・ろくろう　明治42年4月24日～昭和38年2月11日　社会運動家　→昭和

桑海 純道　くわみ・じゅんどう　明治45年4月4日～昭和61年4月27日　僧侶　大源寺住職、岐阜大教授　→83/87

桑本 真八郎　くわもと・しんはちろう　昭和7年4月20日～昭和63年9月10日　国際投信委託常務　→88/90

鍬本 敏夫　くわもと・としお　昭和29年1月1日～平成23年3月30日　カーマ常務　→09/11

桑原 豊栄　くわもと・ほうえい　大正8年3月29日～平成2年8月3日　日新電機常務　→88/90

鍬本 実敏　くわもと・みとし　昭和3年～平成10年　警察庁捜査一課　→97/99

桑本 良治　くわもと・りょうじ　明治40年3月14日～昭和61年9月1日　東芝取締役営業本部長　→83/87

桑森 邦夫　くわもり・くにお　大正13年2月2日～平成10年11月21日　福井県議（自民党）　→97/99

桑山 健一　くわやま・けんいち　大正14年2月21日～平成22年12月30日　京王帝都電鉄社長　→09/11

桑山 貞義　くわやま・さだよし　明治42年～平成15年9月13日　モラロジー研究家　モラロジー研究所参与、桑山製作所代表取締役　→03/05

桑山 茂宏　くわやま・しげひろ　大正13年8月14日～平成3年11月2日　堺自動車用品社長　→91/93

桑山 昇一　くわやま・しょういち　～昭和61年7月10日　コレット工業会長　→83/87

桑山 鉄男　くわやま・てつお　明治14年11月1日～昭和11年2月20日　通信次官、貴院議員（勅選）　→昭和

桑山 稔　くわやま・みのる　～昭和60年3月25日　大阪商工会議所常務理事　→83/87

郡司 章　ぐんじ・あきら　明治39年7月31日～平成15年12月24日　三井物産常務　→03/05

郡司 堅二　ぐんじ・けんじ　明治34年2月5日～平成1年5月26日　花王石鹸（のち花王）専務　→88/90

郡司 信介　ぐんじ・しんすけ　～平成7年1月22日　宮崎相互銀行（のち宮崎太陽銀行）専務　→94/96

軍司 真太郎　ぐんじ・しんたろう　大正15年11月3日～平成10年6月8日　警察庁四国管区警察局長、(社)日本防犯設備協会専務理事　→97/99

郡司 とめ　ぐんじ・とめ　～平成12年8月9日　三里塚芝山連合空港反対同盟北原派婦人行動隊長　→00/02

郡司 虎雄　ぐんじ・とらお　～昭和60年11月21日　篤志解剖全国連合会会長　→83/87

軍司 直次郎　ぐんじ・なおじろう　明治43年8月12日～平成18年5月23日　茨城県副知事　→06/08

郡司 彦　ぐんじ・ひこ　～平成5年2月7日

I　政治・経済・社会篇　　　　　　　　　　　　　　　　　　　　　　こ

日中孤児センター主宰,中国残留孤児問題全国協議会会長　→91/93

郡司 広知　ぐんじ・ひろち　〜平成3年9月9日　日本経済新聞社社友　→91/93

郡司 宗秋　ぐんじ・むねあき　明治34年11月26日〜平成5年7月1日　読売新聞社監査役　→91/93

郡司 征夫　ぐんじ・ゆきお　昭和16年9月12日〜平成20年1月12日　栃木県議(自民党)　→06/08

郡司 亮一　ぐんじ・りょういち　昭和6年3月22日〜平成9年9月20日　アサヒトラベル・インターナショナル会長　→97/99

郡島 堯一　ぐんじま・たかいち　昭和5年5月26日〜平成16年5月28日　富士重工業取締役　→03/05

【け】

慶光院 俊　けいこういん・しゅん　明治36年3月12日〜平成2年3月20日　神官 伊勢神宮大宮司　→88/90

慶光院 利敬　けいこういん・としたか　〜昭和13年2月19日　神宮少宮司　→昭和

慶松 一郎　けいまつ・いちろう　〜昭和29年9月29日　科研化学取締役　→昭和

慶松 政男　けいまつ・まさお　〜昭和50年12月17日　第一製薬専務　→昭和

慶谷 隆夫　けいや・たかお　〜昭和47年11月27日　伊勢市長　→昭和

計良 勇吾　けいら・ゆうご　昭和7年3月23日〜平成9年10月26日　国土総合建設専務　→97/99

気賀 重躬　けが・しげみ　明治34年8月8日〜昭和33年3月22日　牧師,教会史家　青山学院大学学長　→昭和

気賀 史朗　けが・しろう　昭和6年5月28日〜昭和62年4月22日　ミキモト取締役新規事業部長　→83/87

毛塚 吉太郎　けずか・きちたろう　昭和3年7月12日〜平成13年8月30日　佐野市長　→00/02

気仙 三一　けせん・さんいち　大正12年2月2日〜平成21年11月24日　フェリス女学院大学名誉教授　→09/11

月光仮面　げっこうかめん　〜平成18年3月15日　月光仮面の会代表,かい人21面相を退治する会主宰　→06/08

癸生川 忠儀　けぶかわ・ちゅうぎ　〜昭和55年8月29日　金万証券会長　→80/82

検見川 良太郎　けみがわ・りょうたろう　大正14年1月15日〜平成18年12月24日　ビオフェルミン製薬常務　→06/08

煙山 光臣　けむやま・みつおみ　明治35年1月1日〜昭和63年2月3日　中国電力常務,中国電気機工社長　→88/90

煙山 てる　けむりやま・てる　〜昭和55年6月29日　北海道交通安全母の会会長　→80/82

毛山 森太郎　けやま・もりたろう　明治29年3月〜昭和61年6月23日　衆院議員　→83/87

玄永 清　げんえい・きよし　昭和3年2月23日〜平成16年8月18日　三菱鉛筆専務　→03/05

見学 和雄　けんがく・かずお　昭和19年4月〜昭和63年1月29日　コスモ・リサーチ社長　→88/90

元治 勝　げんじ・まさる　大正15年3月4日〜平成14年10月6日　タキロン常務　→00/02

源氏田 重義　げんじだ・しげよし　昭和13年1月17日〜平成14年5月14日　大和銀行副頭取,大蔵省印刷局長　→00/02

見城 一宣　けんじょう・かずのぶ　昭和16年10月25日〜平成22年2月1日　福井県議(自民党)　→09/11

見城 重平　けんじょう・じゅうへい　〜昭和17年7月30日　三井銀行常務　→昭和

源生 鉦太郎　げんしょう・しょうたろう　明治31年4月23日〜昭和58年5月17日　日本化薬取締役　→83/87

源田 松三　げんだ・しょうぞう　明治32年10月1日〜平成3年9月18日　加計町(広島県)町長　→91/93

現田 徳次　げんだ・とくじ　大正3年1月31日〜平成15年6月10日　北陸銀行専務　→03/05

源田 実　げんだ・みのる　明治37年8月16日〜平成1年8月15日　参議院議員(自民党),防衛庁航空幕僚長　→88/90

間中 定泉　けんちゅう・じょうせん　明治42年1月30日〜平成1年8月16日　法隆寺長老　→昭和

間中 彦次　けんちゅう・ひこじ　大正15年11月10日〜平成17年6月20日　東京高裁判事　→03/05

劔木 亨弘　けんのき・としひろ　明治34年9月3日〜平成4年11月29日　文相,参院議員(自民党),共立女子大学長　→91/93

玄番 昭夫　げんば・てるお　〜平成3年1月9日　ビー・エム・エル常務,BML総研所長　→91/93

源馬 修一　げんま・しゅういち　大正13年4月13日〜平成11年10月23日　日本食品化工専務　→97/99

弦間 渉　げんま・わたる　大正7年11月3日〜平成12年2月6日　大成ポリマー社長　→00/02

剣持 英　けんもち・えい　明治28年2月19日〜昭和59年2月21日　日本甜菜製糖副社長　→83/87

剣持 清一　けんもち・せいいち　〜平成13年9月18日　財務省北陸財務局長　→00/02

剣持 忠則　けんもち・ただのり　昭和19年5月12日〜昭和63年11月19日　東京コロニー・コロニープランニングセンター所長　→88/90

剣持 増蔵　けんもち・ますぞう　大正1年8月30日〜平成6年2月12日　三興製紙社長　→94/96

【こ】

呉　ゴ　⇒オ

「現代物故者事典」総索引(昭和元年〜平成23年)　469

呉 啓藩　ご・けいはん　明治28年〜昭和11年11月8日　実業家　→昭和

呉 信就　ご・しんしゅう　〜平成15年4月4日　民生店主、南京町商店街振興組合理事長　→03/05

呉 長慶　ご・ちょうけい　大正12年12月30日〜昭和63年9月20日　寿産業社長　→88/90

小秋元 隆輝　こあきもと・たかてる　大正2年9月14日〜平成16年12月20日　日本光学工業社長　→03/05

小畔 四郎　こあぜ・しろう　〜昭和26年4月19日　日本海運社長　→昭和

小穴 秀一　こあな・しゅういち　〜昭和15年5月10日　小穴製作所社長　→昭和

小網 善吉　こあみ・ぜんきち　明治45年1月15日〜昭和63年3月13日　高層住宅管理業協会副理事長、栄和建物管理代表取締役　→88/90

小網 宝作　こあみ・ほうさく　〜昭和55年1月10日　小網屋社長、土浦商工会議所会頭　→80/82

五井 昌久　ごい・まさひさ　大正5年11月22日〜昭和55年8月17日　宗教家　白光真宏会会長、日本紅卍字会理事　→80/82

五井 勇次郎　ごい・ゆうじろう　〜平成2年8月17日　(株)兼素洞相談役　→88/90

小池 昭夫　こいけ・あきお　〜昭和57年5月26日　北海道開発局官房長　→80/82

小池 勲　こいけ・いさお　昭和2年2月17日〜平成9年8月24日　警察庁九州管区警察局長、三重県警本部長　→97/99

小池 五雄　こいけ・いつお　明治42年7月5日〜平成5年9月9日　国際電信電話常務　→91/93

小池 巌　こいけ・いわお　〜昭和54年11月24日　凸版印刷会社顧問　→昭和

小池 栄二　こいけ・えいじ　明治42年3月13日〜平成3年1月20日　神島化学工業会長、東京熱処理工業社長、同和鉱業常務　→91/93

小池 栄二　こいけ・えいじ　大正9年2月12日〜平成13年8月30日　神東塗料専務、住友化学工業取締役　→00/02

小池 音一　こいけ・おといち　明治33年12月29日〜昭和63年4月26日　東京カーテンオール工業社長、日本サッシ協会副会長　→88/90

小池 和夫　こいけ・かずお　昭和2年3月17日〜平成21年5月3日　湖池屋創業者、フレンテ名誉会長　→09/11

小池 一三　こいけ・かずみ　大正14年2月25日〜平成9年5月17日　蒲郡商工会議所会頭、小池商事会長　→97/99

小池 克彦　こいけ・かつひこ　昭和14年1月2日〜平成22年3月20日　読売広告社社長　→09/11

小池 輝一　こいけ・きいち　昭和5年10月27日〜平成5年7月27日　鈴木金属工業副社長　→91/93

小池 義人　こいけ・ぎじん　大正9年11月26日〜平成8年2月12日　僧侶　真言宗須磨寺派管長、須磨寺(大本山)

貫主　→94/96

小池 久栄　こいけ・きゅうえい　〜平成7年12月23日　ニチレキ常務　→94/96

小池 潔　こいけ・きよし　〜昭和30年5月28日　福岡銀行副頭取　→昭和

小池 澄　こいけ・きよし　大正11年3月4日〜平成18年2月22日　名鉄百貨店社長　→06/08

小池 清　こいけ・きよし　大正2年11月7日〜平成5年1月21日　三井製糖会長、三井物産常務　→91/93

小池 欣一　こいけ・きんいち　大正8年4月14日〜平成20年7月4日　内閣官房副長官、日本赤十字社副社長　→06/08

小池 謙輔　こいけ・けんすけ　〜平成14年8月26日　千葉銀行専務、千葉テレビ放送常務　→00/02

小池 厚之助　こいけ・こうのすけ　明治32年3月16日〜昭和60年1月2日　高千穂学園理事、山一証券社長　→83/87

小池 作麿　こいけ・さくま　大正14年3月21日〜昭和60年7月11日　芦森工業常務・東京支店長　→83/87

小池 貞光　こいけ・さだみつ　大正2年4月20日〜平成23年11月18日　いすゞ自動車専務　→09/11

小池 実太郎　こいけ・じつたろう　〜昭和13年4月21日　加州移民の草分け　→昭和

小池 淳　こいけ・じゅん　大正13年7月3日〜平成8年1月10日　黒崎炉工業社長　→94/96

小池 純一　こいけ・じゅんいち　昭和7年2月20日〜平成12年6月17日　クボタ取締役、クボタハウス副社長　→00/02

小池 俊介　こいけ・しゅんすけ　〜平成2年11月11日　明治製菓常務　→88/90

小池 正之輔　こいけ・しょうのすけ　大正14年2月21日〜平成9年9月11日　大成建設常務　→97/99

小池 四郎　こいけ・しろう　明治25年3月21日〜昭和21年3月11日　社会運動家　衆院議員(議員倶楽部)　→昭和

小池 新悦　こいけ・しんえつ　大正9年3月21日〜平成13年4月17日　行政書士、社会保険労務士　日本行政書士会連合会副会長　→00/02

小池 伸吉　こいけ・しんきち　昭和3年10月23日〜平成18年12月22日　大平洋金属社長　→06/08

小池 真禅　こいけ・しんぜん　〜昭和53年8月28日　真言宗管長(須磨寺)　→昭和

古池 信三　こいけ・しんぞう　明治36年4月3日〜昭和58年10月7日　参院議員(自由党)、郵政相、KDD会長　→83/87

小池 精一　こいけ・せいいち　大正15年4月1日〜平成2年12月10日　間組社長　→88/90

小池 靖一　こいけ・せいいち　嘉永6年1月10日〜昭和3年1月13日　貴院議員(勅選)　→昭和

小池 政恩　こいけ・せいおん　明治32年4月〜昭和38年12月20日　衆院議員(自由党)　→昭和

I 政治・経済・社会篇

小池 聡行 こいけ・そうこう 昭和7年10月15日～平成13年1月20日 オリコン会長・社長 →00/02

小池 孝司 こいけ・たかし 昭和7年1月31日～平成6年6月16日 静岡銀行常務 →94/96

小池 隆 こいけ・たかし 昭和4年2月23日～平成2年1月21日 東都水産取締役 →88/90

古池 隆徳 こいけ・たかのり ～平成2年11月17日 大正海上火災保険取締役 →88/90

小池 武夫 こいけ・たけお 大正7年3月1日～平成1年1月23日 大日本土木副社長 →88/90

小池 辰雄 こいけ・たつお 明治37年2月7日～平成8年8月29日 伝道師 独協大学名誉教授,日本キリスト召団代表 →94/96

小池 保 こいけ・たもつ 明治42年9月16日～平成5年1月4日 中津川市長 →91/93

小池 長蔵 こいけ・ちょうぞう 明治44年～平成5年9月29日 高周波熱錬取締役 →91/93

小池 通義 こいけ・つうぎ 大正10年12月30日～平成5年1月23日 サンウエーブ工業副社長,日新製鋼常務 →91/93

小池 悌造 こいけ・ていぞう 大正15年11月8日～平成9年8月18日 NHKエンタープライズ社長 →97/99

小池 知明 こいけ・ともあき 大正10年3月3日～平成16年12月27日 栃木県議(自民党) →03/05

小池 友兄 こいけ・ともえ 大正6年2月18日～昭和63年3月5日 丸善石油(のちコスモ石油)常務,丸善エンジニアリング社長 →88/90

小池 友蔵 こいけ・ともぞう 明治36年12月19日～昭和59年1月26日 全国清涼飲料工業会理事長 →83/87

小池 仁郎 こいけ・にろう 慶応2年5月～昭和11年1月24日 衆院議員(民政党) →昭和

小池 八衛 こいけ・はちえ 大正13年9月20日～平成15年9月20日 東芝機械常務 →03/05

小池 春光 こいけ・はるみつ 大正13年4月11日～平成5年8月24日 萩市長 →91/93

小池 久雄 こいけ・ひさお 大正10年2月9日～平成10年8月30日 ヤマハ発動機社長 →97/99

小池 秀夫 こいけ・ひでお ～昭和55年5月26日 中部日本放送理事・監査役 →80/82

小池 一二三 こいけ・ひふみ ～昭和43年7月5日 家の光協会理事 →昭和

小池 洋 こいけ・ひろし 昭和11年7月28日～平成22年4月23日 センコー社長 →09/11

小池 文男 こいけ・ふみお 明治41年8月10日～平成11年2月4日 日本パイプ製造専務 →97/99

小池 文子 こいけ・ふみこ 明治44年～平成9年1月20日 霊友会第五支部長 →97/99

小池 誉 こいけ・ほまれ 明治41年8月10日～平成14年1月30日 西松建設会長 →00/02

小池 克雄 こいけ・まさお 昭和6年7月17日～平成20年4月4日 日本配合飼料専務 →06/08

小池 正忠 こいけ・まさただ 大正7年7月4日～昭和62年2月3日 (財)宇宙環境利用推進センター専務理事 →83/87

小池 政太郎 こいけ・まさたろう 大正1年10月26日～平成18年11月11日 静岡県議(自民党) →06/08

古池 正宣 こいけ・まさのぶ ～平成3年5月11日 信和通信社取締役・名古屋支社長 →91/93

小池 正弘 こいけ・まさひろ 大正7年3月1日～平成2年3月11日 ダイハツ工業取締役,ダイハツ車体社長 →88/90

小池 益男 こいけ・ますお 昭和60年3月20日 八王子市議 →83/87

小池 まつ こいけ・まつ 昭和2年5月20日～平成22年5月16日 グランド小池商店女将 →09/11

小池 松久 こいけ・まつひさ ～昭和60年12月23日 伊藤商事副社長 →83/87

小池 光男 こいけ・みつお ～昭和48年7月25日 東京建物社長 →昭和

小池 三雄 こいけ・みつお 明治42年2月13日～平成10年12月3日 日本パイロット協会会長,内海水先人会会長 →97/99

小池 実 こいけ・みのる ～平成2年11月14日 明治生命保険常務 →88/90

小池 康雄 こいけ・やすお 昭和8年1月6日～平成13年4月30日 警察庁官房長 →00/02

小池 安之 こいけ・やすゆき 元治1年3月21日～昭和6年10月11日 陸軍中将 →昭和

小池 勇二郎 こいけ・ゆうじろう 明治41年5月20日～昭和52年12月7日 松下技研社長 →昭和

小池 雪郎 こいけ・ゆきお 大正1年12月18日～昭和57年7月19日 三菱農機相談役 →80/82

小池 良秋 こいけ・よしあき 昭和17年9月9日～平成8年9月28日 山陽コカ・コーラボトリング常務 →94/96

小池 義夫 こいけ・よしお ～昭和56年11月6日 日立金属取締役 →80/82

小池 秀夫 こいけ・よしお 昭和25年8月18日 正路喜社監査役 →昭和

小池 芳夫 こいけ・よしお ～平成1年3月27日 同和火災海上顧問,警察大学校主任教授 →88/90

小池 嘉子 こいけ・よしたね 明治33年9月12日～平成12年1月4日 宇都宮市長,栃木県議 →00/02

小池 美富 こいけ・よしとみ 大正5年4月30日～平成3年12月2日 湯浅商事取締役 →昭和

小池 義信 こいけ・よしのぶ 大正10年12月6日～平成7年2月12日 幸福銀行専務 →94/96

小池 善英 こいけ・よしひで 昭和19年2月14日～平成20年7月22日 小池木材グループ会長 →06/08

小池 順文 こいけ・よりぶみ 昭和6年7月13日～平成8

年6月21日　東京相互銀行(のち東京相和銀行)専務　→94/96

小池　竜二　こいけ・りょうじ　～平成5年8月19日
陸軍少将　三島製紙専務、千代田紙業取締役　→91/93

小池　令治　こいけ・れいじ　大正3年2月～昭和59年1月4日
中日新聞社友、三重テレビ放送常務　→83/87

小石　堅介　こいし・けんすけ　～平成8年12月24日
三和総合研究所常務　→97/99s

古石　長三郎　こいし・ちょうざぶろう　大正4年11月3日～平成8年11月4日　大阪府議　→94/96

小石　正明　こいし・まさあき　昭和12年2月24日～平成11年12月25日　西部ガス常務　→00/02s

小石　雄治　こいし・ゆうじ　明治27年9月5日～昭和59年1月28日　ダイハツ工業社長　→83/87

小石川　重雄　こいしかわ・しげお　～平成9年11月12日
千葉銀行常務　→97/99

肥塚　源太郎　こいづか・げんたろう　慶応2年11月18日～昭和10年4月13日　実業家、醸造家　→昭和

小泉　穆英　こいずみ・あつひで　～昭和48年5月8日
毎日案内広告社会長　→昭和

小泉　英一　こいずみ・えいいち　明治25年4月20日～昭和53年10月30日　大審院判事　→昭和

古泉　栄治　こいずみ・えいじ　大正4年3月26日～平成7年8月12日　亀田製菓創業者　→94/96

小泉　暎司　こいずみ・えいじ　昭和20年7月30日～平成22年3月5日　日本経済新聞常務　→09/11

小泉　永太郎　こいずみ・えいたろう　～昭和48年1月7日　ライオン油脂常任顧問　→昭和

小泉　勝治　こいずみ・かつじ　～昭和60年2月8日
荒川区(東京都)助役、荒川区選挙管理委員会(東京都)委員長　→83/87

小泉　貫一　こいずみ・かんいち　大正2年7月15日～平成1年5月22日　日本短資常務、日短ビル常務　→88/90

小泉　義一　こいずみ・ぎいち　～平成4年7月6日
日本科学振興財団会長　→91/93

小泉　清春　こいずみ・きよはる　～昭和55年7月24日
大気社前取締役　→80/82

小泉　久仁雄　こいずみ・くにお　大正11年3月15日～平成7年5月1日　岩手県議(自民党)　→94/96

小泉　健二　こいずみ・けんじ　大正3年10月8日～平成2年2月12日　小泉製麻取締役相談役、東洋紡常務　→88/90

小泉　梧郎　こいずみ・ごろう　明治28年8月24日～昭和49年3月4日　島根県知事、内務省警保局長　→昭和

小泉　策太郎　こいずみ・さくたろう　明治5年11月3日～昭和12年7月28日　政治家、ジャーナリスト　衆院議員(第一控会)、経済新聞社長　→昭和

小泉　定治郎　こいずみ・さだじろう　昭和2年12月5日～平成23年2月21日　大昭和製紙副社長　→09/11

小泉　三郎　こいずみ・さぶろう　大正4年3月22日～平成3年9月23日　東急百貨店常務　→91/93

小泉　三郎　こいずみ・さぶろう　明治42年10月19日～平成9年9月6日　三菱電機常務、菱化成社長　→97/99

小泉　三一郎　こいずみ・さんいちろう　～昭和46年8月14日　中村屋監査役　→昭和

小泉　重則　こいずみ・しげのり　大正9年12月10日～平成15年4月25日　広島ホームテレビ社長、広島銀行専務　→03/05

小泉　茂　こいずみ・しげる　大正10年4月30日～平成1年9月15日　大信販取締役　→88/90

小泉　重助　こいずみ・じゅうすけ　大正1年10月5日～平成14年4月18日　小泉産業社長　→00/02

小泉　順次郎　こいずみ・じゅんじろう　大正1年9月25日～平成15年7月10日　いよてつそごう社長　→03/05

小泉　純也　こいずみ・じゅんや　明治37年1月24日～昭和44年8月10日　政治家　衆院議員(自民党)、防衛庁長官　→昭和

小泉　新吉　こいずみ・しんきち　明治43年1月1日～昭和64年1月1日　日本新薬取締役　→88/90

小泉　正　こいずみ・せい　～平成2年11月6日
川崎市会議長　→88/90

小泉　清平　こいずみ・せいへい　～昭和55年8月26日
東両毛運送会長、足利商工会議所副会頭　→80/82

小泉　宗和　こいずみ・そうわ　～平成1年8月7日
僧侶　浄土真宗本願寺派教育局長、本願寺中央幼稚園長　→88/90

小泉　隆　こいずみ・たかし　明治41年8月5日～昭和63年11月7日　創価学会参議会議長・元理事長、東京都副議長　→88/90

小泉　多希子　こいずみ・たきこ　～平成5年2月2日
東京コミュニティカレッジ理事長　→91/93

小泉　卓雄　こいずみ・たくお　～昭和48年2月24日
日本交通公社取締役　→昭和

小泉　武雄　こいずみ・たけお　～昭和63年1月5日
東京都議(自民党)　→88/90

小泉　忠之　こいずみ・ただゆき　昭和7年1月11日～平成3年10月17日　石油資源開発専務　→91/93

小泉　辰之助　こいずみ・たつのすけ　明治8年12月～昭和11年5月29日　衆院議員(政友本党)　→昭和

小泉　達人　こいずみ・たつひと　大正9年7月29日～平成20年2月6日　牧師　→09/11s

小泉　達也　こいずみ・たつや　大正3年12月23日～昭和59年12月29日　日立運輸副社長　→83/87

小泉　千枝　こいずみ・ちえ　大正11年3月7日～平成10年10月16日　大阪ラセン管工業会長　→97/99

小泉　親彦　こいずみ・ちかひこ　明治17年9月9日～昭和20年9月13日　陸軍軍医中将、政治家　厚相　→昭和

小泉　忠蔵　こいずみ・ちゅうぞう　～平成5年2月4日
(株)日冠会長、東京平安閣会長、江東区会議長　→91/93

I 政治・経済・社会篇

小泉 勤 こいずみ・つとむ 大正15年〜平成10年4月16日 三菱鉱業セメント（のち三菱マテリアル）取締役 →97/99

小泉 恒雄 こいずみ・つねお 〜昭和60年1月22日 ヤマトマネキン社長,日本マネキンディスプレイ商工組合理事長 →83/87

小泉 哲三 こいずみ・てつぞう 〜昭和56年9月10日 本州製紙社長 →80/82

小泉 俊雄 こいずみ・としお 明治43年7月19日〜昭和64年1月7日 ショーケー会長,名古屋市工業技術振興会常任理事 →88/90

小泉 富太郎 こいずみ・とみたろう 大正9年12月25日〜平成20年5月1日 横浜市助役 →06/08

小泉 仲治 こいずみ・なかじ 明治42年2月20日〜平成12年12月14日 深谷市長 →00/02

小泉 夏樹 こいずみ・なつき 昭和2年7月14日〜平成11年6月14日 日本油脂常務 →97/99

小泉 信男 こいずみ・のぶお 大正8年6月20日〜平成20年8月9日 石川県商工会連合会会長 →06/08

小泉 信義 こいずみ・のぶよし 明治39年7月20日〜平成5年11月27日 三協アルミニウム工業相談役・元専務 →91/93

小泉 秀吉 こいずみ・ひできち 明治12年9月21日〜昭和34年2月11日 労働運動家,政治家 全日本海員組合初代組合長,参院議員（社会党） →昭和

小泉 秀吉 こいずみ・ひできち 〜昭和56年10月28日 千島歯舞諸島居住者連盟顧問 →80/82

小泉 英信 こいずみ・ひでのぶ 大正6年5月25日〜昭和60年11月3日 北海道瓦斯社長,関東タール製品社長 →83/87

小泉 博美 こいずみ・ひろよし 〜昭和62年10月14日 小泉製作所代表,高岡伝統産業技巧士会会長 →83/87

小泉 又次郎 こいずみ・またじろう 慶応1年5月17日〜昭和26年9月24日 政治家 衆院副議長,逓信相,衆院議員（日本進歩党） →昭和

小泉 幸久 こいずみ・ゆきひさ 〜昭和56年3月7日 古河電気工業相談役 →80/82

小泉 芳江 こいずみ・よしえ 明治40年11月〜平成13年10月30日 小泉純一郎首相の母 →00/02

小泉 義雄 こいずみ・よしお 〜平成10年5月2日 ヨシオ会長 →97/99

小泉 善盈 こいずみ・よしみつ 昭和13年5月18日〜平成11年4月14日 清水銀行常務 →97/99

小泉 剛康 こいずみ・よしやす 昭和14年2月25日〜平成23年8月1日 武生市長 →09/11

小泉 よね こいずみ・よね 〜昭和48年12月17日 成田闘争の立役者 →昭和

小磯 勇夫 こいそ・いさお 昭和7年2月11日〜平成22年10月22日 中部電力常務 →09/11

小磯 国昭 こいそ・くにあき 明治13年3月22日〜昭和25年11月3日 陸軍大将,政治家 首相 →昭和

小磯 治芳 こいそ・じよし 明治40年9月10日〜平成6年5月19日 香川県会議長,庵治漁協（香川県）組合長 →94/96

小磯 正夫 こいそ・まさお 〜平成5年10月28日 エスケー製作所社長,全国ダクト工業団体連合会会長 →91/93

小板橋 幹生 こいたばし・みきお 大正7年〜平成21年5月28日 バーテンダー バー山経営 →09/11

小板橋 洋三 こいたばし・ようぞう 昭和3年7月24日〜平成13年1月29日 いすゞ自動車常務 →00/02

小市 敏夫 こいち・としお 昭和9年3月23日〜平成11年7月21日 エフエム石川専務,中日新聞北陸本社編集局次長 →97/99

小出 秋彦 こいで・あきひこ 明治39年9月20日〜平成2年9月1日 関東特殊製鋼社長・会長,住友金属工業専務 →88/90

小出 栄一 こいで・えいいち 明治45年1月23日〜昭和54年5月3日 共同石油社長 →昭和

小出 量夫 こいで・かずお 昭和15年8月27日〜平成20年1月27日 竹田印刷常務 →06/08

小出 喜美子 こいで・きみこ 昭和11年2月18日〜平成5年9月6日 桃屋取締役 →91/93

小出 金治郎 こいで・きんじろう 〜昭和55年2月3日 霊友会会長補佐 →80/82

小出 敬市 こいで・けいいち 〜昭和58年5月10日 福岡県警保安一課長・警視 →83/87

小出 孝三 こいで・こうぞう 〜昭和60年11月11日 最高裁図書館長 →83/87

小出 重男 こいで・しげお 明治45年7月1日〜平成7年10月17日 東京日産自動車販売常務 →94/96

小出 タカ こいで・たか 明治35年11月12日〜平成3年10月1日 霊友会会長補佐 →91/93

小出 孝男 こいで・たかお 〜昭和55年12月2日 桃屋相談役・元会長 →80/82

小出 隆 こいで・たかし 明治29年8月21日〜昭和57年12月11日 八十二銀行相談役,全国地方銀行協会副会長 →80/82

小出 隆啓 こいで・たかひろ 〜昭和61年12月29日 西日本新聞社福岡東支局長 →83/87

小出 寿太郎 こいで・としたろう 大正14年1月26日〜平成1年9月11日 小田急建設社長,小田急電鉄副社長 →88/90

小出 英夫 こいで・ひでお 大正4年1月10日〜平成20年3月25日 明治乳業常務 →06/08

小出 英忠 こいで・ふさただ 〜平成12年9月17日 宮内庁皇室掌典長 →00/02

小出 英経 こいで・ふさつね 明治31年11月27日〜昭

こいて　　　　　　　　　　　　　　　　　　　　　　　　Ⅰ　政治・経済・社会篇

和59年11月24日　侍従, 作新学院女子短大名誉教授　→83/87

小出　政太郎　こいで・まさたろう　～平成6年8月29日　牛込スリッター会長　→94/96

小出　昌治　こいで・まさはる　昭和12年11月26日～平成8年5月5日　日本特殊陶業常務　→94/96

小出　政行　こいで・まさゆき　昭和2年10月26日～平成22年1月6日　千葉銀行常務　→09/11

小出　雄一郎　こいで・ゆういちろう　大正9年1月14日～平成12年3月6日　富士通副社長　→00/02

小出　敏朗　こいで・よしあきら　明治42年5月11日～昭和60年9月1日　扶桑軽合金副社長　→83/87

小出　隆二　こいで・りゅうじ　大正10年10月17日～平成23年1月31日　三井建設専務　→09/11

鯉登　蛋　こいと・あきら　～昭和61年8月22日　オリコミ監査役, アドメール監査役　→83/87

小糸　源六郎　こいと・げんろくろう　明治16年7月10日～昭和49年12月2日　実業家　小糸製作所創業者　→昭和

小糸　久弥　こいと・ひさや　昭和43年2月13日　小糸製作所社長　→昭和

小井戸　保太郎　こいど・やすたろう　昭和2年12月16日～昭和63年4月8日　丸善建設社長　→88/90

小糸　義泰　こいと・よしひろ　昭和10年10月23日～平成9年6月21日　安田火災海上保険常務　→97/99

鯉沼　昌三　こいぬま・しょうぞう　～昭和38年6月24日　検事　法務総合研究所研修第一部長　→昭和

鯉渕　丈男　こいぶち・たけお　明治44年4月5日～平成10年5月1日　全国厚生農業協同組合連合会会長, 茨城県農協中央会会長　→97/99

小今井　僩治　こいまい・せんじ　大正14年8月5日～平成18年6月10日　日立物流社長　→06/08

小岩　英俊　こいわ・ふさとし　～昭和59年9月7日　中央宣興(株)常務取締役　→83/87

小岩　増太郎　こいわ・ますたろう　昭和40年8月24日　神東塗料会長　→昭和

小岩井　相助　こいわい・あいすけ　明治29年10月23日～昭和19年2月14日　労働運動家　熊谷市議　→昭和

小岩井　貫承　こいわい・かんしょう　～平成16年4月17日　僧侶　浅草寺執事長, 浅草寺病院理事長　→03/05

小岩井　清　こいわい・きよし　昭和10年5月31日～平成20年6月20日　衆院議員(社会党)　→06/08

小岩井　守　こいわい・まもる　～昭和10年5月10日　コイワイ会長　→97/99

古岩井　佳勝　こいわい・よしかつ　明治38年6月1日～昭和63年1月18日　レナウン副社長, 住友銀行取締役　→88/90

洪　コウ　⇒ホン

郷　諦　ごう・あきら　～昭和39年4月27日　岐阜相互銀行社長　→昭和(ごう・てい)

郷　清　ごう・きよし　昭和19年11月6日～平成8年4月26日　アルペン常務　→94/96

高　健一　こう・けんいち　～昭和58年1月13日　三井銀行監査役　→83/87

郷　幸之助　ごう・こうのすけ　大正2年7月12日～平成1年12月9日　住友化学工業監査役　→88/90

洪　純一　こう・じゅんいち　～昭和39年11月15日　日本銀行調査局長　→昭和

高　純一　こう・じゅんいち　～昭和53年7月2日　富士通相談役　→昭和

郷　純一　ごう・じゅんいち　大正9年12月12日～平成11年12月2日　富士変速機名誉会長　→97/99

郷　庄作　ごう・しょうさく　～昭和55年9月27日　郷土建工業代表取締役会長, 江別市政功労者　→80/82

高　四郎　こう・しろう　大正14年9月16日～平成6年8月1日　日本プラス工業(のち新日本プラス)社長, 同和鉱業取締役　→94/96

郷　誠之助　ごう・せいのすけ　元治2年1月8日～昭和17年1月19日　実業家, 財界人　日本経済連盟会会長, 日本商工会議所会頭, 貴院議員　→昭和

郷　竹三　ごう・たけぞう　明治14年～昭和8年9月2日　陸軍中将　→昭和

高　次男　こう・つぎお　～平成2年11月5日　九州電気保安協会理事長, 九州電力常任監査役　→88/90

郷　康夫　ごう・やすお　～平成2年6月23日　朝日新聞取締役　→88/90

郷　裕弘　ごう・やすひろ　大正4年4月23日～平成3年2月8日　三井液化ガス相談役　→91/93

郷　義一　ごう・よしかず　～昭和59年11月8日　郷鉄工所社長　→83/87

甲賀　春一　こうが・しゅんいち　～昭和55年4月21日　杉光会(社会福祉法人)理事長　→80/82

江夏　嘉久　こうか・よしひさ　昭和11年1月1日～平成17年6月15日　南日本新聞監査役　→03/05

甲賀　宜政　こうが・よしまさ　万延1年4月8日～昭和10年7月16日　技術者　造幣局作業部長　→昭和

鴻上　政志　こうがみ・まさし　昭和62年12月12日　東京高検検事　→83/87

甲川　巌　こうかわ・いわお　明治39年11月22日～平成2年9月11日　弁理士, 中小企業診断士　大阪国際空港騒音公害調停第四次申請団長　→88/90

香木　正雄　こうき・まさお　大正10年8月26日～平成14年4月28日　日本製粉社長　→00/02

高口　清　こうぐち・きよし　～昭和55年4月6日　柳橋連合市場理事長　→80/82

高口　典之　こうぐち・のりゆき　昭和9年8月31日～平成23年12月30日　東レ専務　→09/11

纐纈　惟高　こうけつ・これたか　明治33年5月25日～平成3年11月29日　五洋建設副社長　→91/93

I 政治・経済・社会篇

こうす

纈纈 忠行　こうけつ・ただゆき　明治37年7月28日～平成5年4月4日　日本道路会長　→91/93

郷古 潔　ごうこ・きよし　明治15年11月13日～昭和36年4月28日　三菱重工業社長,兵器生産協力会会長　→昭和

高後 武之助　こうご・たけのすけ　大正14年4月1日～平成22年2月23日　本州製紙常務　→09/11

向後 鉄太郎　こうご・てつたろう　～平成15年1月23日　北海道公害防止研究所長　→03/05

郷古 雄三　ごうこ・ゆうぞう　大正10年8月19日～昭和63年1月4日　興亜火災海上保険常勤監査役,山下新日本汽船専務　→88/90

郷右近 智里　ごうこん・ちさと　～昭和62年9月11日　利府町(宮城県)選挙管理委員長　→83/87

甲佐 孟　こうさ・はじめ　昭和8年3月21日～平成17年2月4日　旭有機材工業専務　→03/05

甲佐 泰彦　こうさ・やすひこ　大正7年12月25日～平成14年4月18日　内海造船社長,日立造船常務　→00/02

香西 熊治　こうさい・くまはる　大正2年8月29日～平成2年1月24日　クラレ常務　→88/90

香西 束　こうさい・つかね　～平成2年8月24日　吉原製油常務　→88/90

香西 敏巳　こうさい・としみ　昭和4年1月31日～平成16年3月23日　香川銀行専務　→03/05

上坂 巌　こうさか・いわお　～昭和37年10月19日　福井銀行頭取　→昭和

高坂 修一　こうさか・しゅういち　昭和7年9月4日～平成9年4月13日　コーサカ社長,高坂書店社主　→97/99

高坂 紫朗　こうさか・しろう　明治44年4月5日～平成5年10月6日　奥村組副社長　→91/93

上阪 賑一　こうさか・しんいち　大正7年3月9日～平成3年3月7日　陸上自衛隊通信学校長　→91/93

上坂 親治　こうさか・しんじ　大正8年8月1日～平成13年7月24日　日本製粉専務　→00/02

高坂 制立　こうさか・せいりゅう　昭和15年3月5日～平成17年7月28日　僧侶　光徳寺住職　→06/08s

上坂 常磐　こうさか・ときわ　大正10年7月8日～平成10年11月18日　東プレ専務　→97/99

高坂 俊雄　こうさか・としお　大正6年2月1日～昭和58年12月28日　日本自転車振興会理事　→83/87

香坂 昌康　こうさか・まさやす　明治14年2月2日～昭和42年12月21日　東京府知事　→昭和

向坂 光雄　こうさか・みつお　昭和4年7月10日～平成23年4月2日　島津製作所常務　→09/11

高坂 洋次　こうさか・ようじ　昭和6年2月6日～平成3年7月17日　アンリツ常務　→91/93

神崎 勲　こうざき・いさお　元治1年8月～昭和29年3月8日　衆院議員(立憲政友会)　→昭和(かんざき・いさお)

光崎 修　こうざき・おさむ　～平成8年9月8日　空将　日本無線顧問　→94/96

神前 善一　こうざき・ぜんいち　大正3年8月19日～平成59年2月6日　松下電工顧問・元社長　→83/87

神前 政幸　こうさき・まさゆき　～昭和43年7月9日　東洋紡績常務　→昭和

神前 良治　こうさき・りょうじ　明治45年1月1日～昭和60年3月2日　春̆̄木鉄工所相談役・元社長　→83/87

高迫 薫　こうさこ・かおる　昭和6年10月14日～平成11年5月1日　大和証券常務　→97/99

神沢 昭三　こうざわ・しょうぞう　昭和3年4月30日～平成23年1月22日　資生堂会長　→09/11

郷司 浩平　ごうし・こうへい　明治33年10月16日～平成1年10月11日　日本生産性本部名誉会長　→88/90

郷司 信夫　ごうじ・のぶお　昭和12年6月6日～平成15年5月14日　東京証券代行社長　→03/05

合志 正司　ごうし・まさし　大正9年1月1日～昭和61年3月27日　元地域振興整備公団九州支部長　→83/87

合志 喜生　こうし・よしお　大正10年1月7日～平成14年7月22日　熊本地検検事正　→00/02

高島 温厚　こうしま・よしあつ　大正13年12月25日～平成21年6月12日　小清水町(北海道)町長　→09/11

光島 美輝　こうじま・よしてる　大正14年9月9日～平成19年7月24日　旭化成工業大阪本社常務　→06/08

幸島 礼吉　こうじま・れいきち　明治41年10月6日～平成17年12月29日　東京市政調査会理事,国際親善都市連盟事務局長,武蔵野市教育委員長　→03/05

孝寿 芳春　こうじゅ・よしはる　明治45年3月22日～平成21年1月6日　芳文社会長　→09/11

香淳皇后　こうじゅんこうごう　明治36年3月6日～平成12年6月16日　昭和天皇皇后　→00/02

香城 敏麿　こうじょう・としまろ　昭和10年8月30日～平成19年3月22日　福岡高裁長官　→06/08

向上 正信　こうじょう・まさのぶ　～昭和55年9月16日　長門製作所会長　→80/82

神代 貞三　こうじろ・ていぞう　元治1年6月～昭和12年6月1日　実業家　→昭和

神津 金剛郎　こうず・こんごうろう　昭和2年～平成9年4月30日　帝国ピストンリング常務　→97/99(こう・ノ・こんごうろう)

神津 定剛　こうず・さだよし　昭和8年11月30日～平成12年11月20日　商船三井客船社長　→00/02

神津 昭平　こうず・しょうへい　昭和3年4月26日～平成11年10月6日　長野電鉄会長,長野県商工会議所連合会長　→97/99(こうづ・しょうへい)

高津 俊久　こうず・としひさ　明治40年6月21日～昭和56年7月12日　阪神高速道路協会理事長,阪神高速道路公団理事　→80/82

神津 登　こうづ・のぼる　～平成8年2月26日　東京消防庁消防科学研究所所長　→94/96

神津 治雄　こうず・はるお　大正7年10月9日～昭和58年5月5日　関西ペイント常務　→83/87

高津 彦次　こうず・ひこつぐ　明治42年1月16日～昭和63年7月12日　弁護士　東京映画社長,竹中育英会常務理

事　→88/90

高津 英由　こうづ・ひでよし　昭和12年3月4日～平成4年10月2日　極東開発工業取締役　→91/93

高津 紘史　こうづ・ひろし　昭和15年12月8日～平成16年7月20日　野崎産業社長　→03/05

神津 真人　こうづ・まこと　～昭和59年8月4日　九州電力取締役東京支社長　→83/87

神津 裕一　こうづ・ゆういち　昭和5年1月9日～平成13年3月21日　大林組常務　→00/02

神津 幸直　こうづ・ゆきなお　明治44年8月1日～昭和60年10月13日　中国化薬社長、日本兵器工業会理事、呉商工会議所会頭　→83/87

神末 佳明　こうずえ・よしあき　昭和11年9月12日～昭和63年7月29日　日本衛星放送理事、日本経済新聞社会部長　→88/90

幸塚 正吉　こうづか・しょうきち　大正8年12月～平成14年5月18日　富山化学工業副社長　→00/02

神月 章　こうづき・あきら　大正2年10月8日～平成7年1月26日　日野車体工業社長　→94/96

上月 勝実　こうずき・かつみ　明治43年1月23日～昭和58年11月22日　太平洋工業専務　→83/87

上月 三郎　こうずき・さぶろう　明治42年3月2日～昭和62年1月5日　労働省産業安全研究所長　→83/87

上月 重雄　こうずき・しげお　大正15年12月4日～平成14年6月10日　石油資源開発副社長、大蔵省印刷局長　→00/02

神月 徹宗　こうずき・てっしゅう　～昭和12年10月6日　臨済宗妙心寺派前管長　→昭和

上月 孝雄　こうずき・よしお　～平成14年3月25日　東海カーボン常務　→00/02

高筒 鑑　こうづつ・あきら　大正1年10月28日～平成6年3月17日　郵政省長野郵政監察局長　→94/96

上妻 常英　こうづま・つねひで　大正7年6月24日～昭和49年4月16日　丸善石油常務　→昭和（かみつま・つねひで）

上妻 亨　こうずま・とおる　明治44年4月30日～平成14年8月8日　トキハ名誉会長　→00/02

高妻 俊秀　こうづま・としひで　昭和15年10月14日～昭和46年11月15日　トビー工業創業者　→昭和

上妻 冲　こうずま・のぼる　昭和2年10月15日～平成12年2月13日　日本サーボ社長　→00/02

上妻 正康　こうずま・まさやす　～平成14年6月5日　陸将　陸上自衛隊西部方面総監　→00/02

高妻 安幸　こうづま・やすゆき　大正8年5月～昭和56年1月30日　ダイハツ自動車販売社長　→80/82

上妻 美雄　こうづま・よしお　～昭和61年1月2日　福岡県信用農業協同組合連合会顧問・元会長　→83/87

河関 広司　こうぜき・ひろし　大正5年10月12日～平成4年5月11日　丸惣河関陶器社長　→91/93

幸前 治一　こうぜん・じいち　～昭和55年4月13日　近畿通信建設相談役・元社長　→80/82

高祖 岩二　こうそ・いわじ　明治33年3月10日～昭和24年4月16日　山陽新聞社長　→昭和

河添 元次　こうぞえ・もとじ　明治45年6月26日～平成5年6月10日　大阪屋社長　→91/93

楮谷 岩雄　こうぞたに・いわお　～昭和62年9月5日　カネイワ鶏卵販売社長、日本卵業協会理事　→83/87

古宇田 晶　こうだ・あきら　明治15年4月～昭和14年11月13日　宮崎県知事　→昭和

香田 幾夫　こうだ・いくお　～昭和55年5月27日　第一実業取締役　→80/82

合田 薫　ごうだ・かおる　大正6年12月1日～平成13年7月13日　小野田セメント（のち太平洋セメント）取締役、大村耐火社長　→00/02

郷田 兼則　ごうだ・かねのり　～昭和55年10月18日　川崎重工業顧問　→80/82

郷田 兼宏　ごうだ・かねひろ　明治40年10月13日～平成5年1月11日　川崎重工顧問、川崎車両常務　→91/93

郷田 兼安　ごうだ・かねやす　昭和16年12月10日　陸軍中将　佐伯市長　→昭和

好田 観太郎　こうだ・かんたろう　大正10年9月22日～昭和60年12月27日　日本生命保険取締役　→83/87

香田 清貞　こうだ・きよさだ　明治36年9月4日～昭和11年7月12日　陸軍歩兵大尉　→昭和

国府田 敬三郎　こうだ・けいざぶろう　明治15年12月6日～昭和39年12月16日　移民農業指導者　ステート・ファム経営　→昭和

幸田 梧郎　こうだ・ごろう　大正9年11月27日～平成3年12月13日　中部日本放送参与　→91/93

合田 悟　ごうだ・さとる　昭和7年5月7日～平成20年10月5日　牧師　日本自由メソジスト教団布施源氏ケ丘教会牧師、日本自由メソジスト教団議長　→06/08

香田 三郎　こうだ・さぶろう　大正1年11月28日～平成8年3月9日　大同特殊鋼取締役、大同機械製作所社長　→94/96

合田 茂　ごうだ・しげる　大正3年3月26日～平成1年10月19日　大同特殊鋼専務　→88/90

合田 淳一　ごうだ・じゅんいち　大正6年8月21日～平成9年6月28日　郵政省近畿郵政局長　→97/99

向田 正次　こうだ・しょうじ　大正4年2月17日～昭和61年5月4日　若葉商会会長、兵庫パン粉会長、神戸畜産会長　→83/87

幸田 末三　こうだ・すえぞう　明治35年6月3日～昭和62年2月17日　（株）カクマル代表取締役会長　→83/87

合田 末広　ごうだ・すえひろ　～平成11年1月9日　弟子屈町（北海道）町議　屈斜路湖への毒ガス投棄の証言者　→97/99

合田 武男　ごうだ・たけお　明治40年2月27日～昭和57年3月5日　プラス・テク社長　→80/82

国府田 正　こうだ・ただし　昭和15年11月17日～昭和60

年8月7日　オート社長, 毎日商事社長, 日本訪問販売協会副会長　→83/87

合田 辰郎　ごうだ・たつお　昭和3年2月21日～平成14年5月24日　東ソー会長, 日本興業銀行副頭取　→00/02

神田 禎次郎　こうだ・ていじろう　～昭和61年11月26日　日本船主協会専務理事　→83/87

合田 亨　ごうだ・とおる　～昭和51年3月18日　東芝商事会長　→昭和

甲田 寿彦　こうだ・としひこ　大正6年12月14日～昭和62年11月7日　住民運動家　富士市公害対策市民協議会会長　→83/87

香田 朝兄　こうだ・ともえ　昭和10年4月16日～平成16年2月24日　NTTドコモ常務　→03/05

合田 信一　ごうだ・のぶかず　～平成4年1月30日　片倉工業社長　→91/93

合田 恒　ごうだ・ひさし　～昭和56年3月30日　芦森工業社長　→80/82

合田 秀夫　ごうだ・ひでお　大正14年8月13日～平成20年3月8日　ユニ・チャーム常務　→06/08

合田 平　ごうだ・ひとし　明治9年7月～昭和9年10月24日　陸軍軍医総監　→昭和（あいだ・たいら）

合田 博昭　ごうだ・ひろあき　昭和3年3月3日～平成9年2月8日　ダイワボウ常務　→97/99

幸田 博光　こうだ・ひろみつ　昭和4年～平成3年1月10日　住友海上火災保険取締役　→91/93

合田 文次　ごうだ・ぶんじ　～昭和63年12月7日　浅草警察署長　→88/90

合田 正明　ごうだ・まさあき　大正2年4月22日～平成7年4月10日　日本通運常務　→94/96

鴻田 道治　こうだ・みちはる　明治40年8月25日～平成4年12月31日　日本油脂常務　→91/93

幸田 貢　こうだ・みつぐ　大正12年2月7日～平成2年11月27日　岩谷化学工業代表取締役, 岩谷産業常務　→88/90

甲田 満則　こうだ・みつのり　～平成2年7月9日　阪急食品工業専務　→88/90

郷田 実　ごうだ・みのる　大正7年9月26日～平成12年3月21日　綾町（宮崎県）町長　→00/02

幸田 洋三　こうだ・ようぞう　明治44年1月14日～平成2年3月10日　大洋漁業取締役　→88/90

郷田 美久　ごうだ・よしひさ　大正8年4月1日～平成5年2月13日　日東紡績専務　→91/93

合田 嘉幸　ごうだ・よしゆき　大正7年11月20日～平成13年12月13日　山武ハネウエル常務　→00/02

郷田 龍寛　ごうだ・りゅうかん　～平成11年6月7日　僧侶　日蓮宗智光院住職, ネパールの子供達に愛の心の会設立者　→97/99

国府田 亮一　こうだ・りょういち　明治35年2月21日～平成4年1月4日　藤倉ゴム工業顧問　→91/93

古宇田 亮宣　こうだ・りょうせん　明治39年11月17日～平成15年12月15日　僧侶　善光寺大勧進住職, 寛永寺林

光院住職　→03/05

幸田 録郎　こうだ・ろくろう　明治32年1月5日～昭和62年11月10日　西原衛生工業所常務　→83/87

香高 菊男　こうたか・きくお　明治37年11月21日～昭和63年3月27日　名古屋鉄道常務, 豊橋鉄道社長　→88/90

上滝 兎　こうたき・みのと　大正8年6月13日～平成2年1月10日　日本農業研究所専務理事, 農林水産省関東農政局長　→88/90

甲谷 知勝　こうたに・ともかつ　昭和6年4月29日～平成20年1月18日　トビー工業社長　→06/08

高谷 正夫　こうたに・まさお　明治44年5月8日～平成10年2月7日　住友石炭鉱業専務　→97/99

神足 明夫　こうたり・あきお　昭和9年～平成20年5月11日　多木化学専務　→06/08

河内 暁　こうち・あかつき　慶応3年8月1日～昭和5年4月15日　陸軍主計総監　→昭和（かわち・あかつき）

光地 英学　こうち・えいがく　大正2年3月26日～平成22年8月12日　僧侶　西光寺住職, 駒沢大学名誉教授　→09/11

河内 克夫　こうち・かつお　～平成15年1月12日　ケー・エフ・シー社長　→03/05

高地 清　こうち・きよし　大正11年1月29日～平成11年6月13日　阪急百貨店専務　→97/99

幸地 成修　こうち・せいしゅう　昭和8年9月25日～平成18年3月22日　弁護士　沖縄弁護士会会長　→06/08

河内 辰次郎　こうち・たつじろう　昭和3年2月24日～平成17年7月7日　鹿島建設副社長　→03/05

小内 忠次　こうち・ちゅうじ　昭和6年8月22日　海軍二等航空兵曹　→昭和

幸地 長恵　こうち・ちょうけい　～平成15年11月8日　琉球政府警察本部長　→03/05

河内 信弥太　こうち・のぶやた　～平成9年2月20日　北海道銀行常務　→97/99

河内 寿昭　こうち・ひさあき　大正9年6月28日～平成4年12月31日　昭和アルミニウム社長　→91/93

河内 正夫　こうち・まさお　大正1年9月17日～昭和62年7月21日　大阪証券金融常務　→83/87

河内山 謙司　こうちやま・かねつぐ　大正15年6月19日～平成18年6月8日　日本国土開発常務　→06/08

河内山 計治　こうちやま・けいじ　大正2年6月2日～昭和61年3月9日　日本勧業銀行取締役　→83/87

河内山 大作　こうちやま・だいさく　昭和14年1月21日～平成20年1月17日　CSG連合会長, 連合副会長　→06/08

郷津 茂樹　ごうつ・しげき　～昭和3年7月4日　逓相秘書官　→昭和

上月 良夫　こうつき・よしお　明治19年11月7日～昭和46年4月3日　陸軍中将　→昭和（こうずき・よしお）

神門 至馬夫　ごうど・しまお　大正11年～昭和49年12月11日　衆議院議員（社会党）　→昭和（こうど・しまお）

厚東 常吉　こうとう・つねきち　明治17年6月～昭和43

年9月10日　衆院議員（自由党）　→昭和

河野 愛　こうの・あい　昭和23年8月18日～平成8年2月22日　文部省調査統計企画課長　→94/96

河野 勲　こうの・いさお　大正10年11月～平成7年12月11日　平和運動家　→94/96

河野 一郎　こうの・いちろう　明治31年6月2日～昭和40年7月8日　政治家　農相、建設相、衆院議員（自民党）　→昭和

河野 一郎　こうの・いちろう　明治40年9月15日～平成5年8月29日　東京都会議長（自民党）　→91/93

河野 逸平　こうの・いっぺい　昭和4年7月9日～平成12年11月10日　岩手放送社長　→00/02

河野 修　こうの・おさむ　大正14年11月28日～平成13年3月26日　久万町（愛媛県）町長　→00/02

河野 和夫　こうの・かずお　昭和6年6月4日～平成14年12月31日　横浜銀行副頭取　→00/02

河野 一之　こうの・かずゆき　明治40年8月2日～平成18年6月20日　大蔵事務次官、太陽神戸銀行会長　→06/08

河野 勝雄　こうの・かつお　昭和6年6月1日～平成21年8月26日　武蔵野興業社長　→09/11

河野 喜作　こうの・きさく　～昭和33年4月20日　第一セメント会長　→昭和

河野 清　こうの・きよし　明治26年3月3日～平成2年1月1日　日清製粉副社長　→88/90

河野 金昇　こうの・きんしょう　明治43年2月～昭和33年3月29日　衆院議員（自民党）　→昭和

河野 薫吾　こうの・くんご　～昭和15年9月10日　海軍中将　→昭和

河野 慶一　こうの・けいいち　大正3年2月25日～昭和60年5月31日　みちのく銀行常任監査役・元副頭取　→83/87

河野 圭一郎　こうの・けいいちろう　大正10年1月28日～昭和58年8月24日　三井木材工業常勤監査役　→83/87

河野 賢一　こうの・けんいち　明治44年6月22日～平成4年5月8日　第一製薬常務　→91/93

向野 堅一　こうの・けんいち　慶応4年9月4日～昭和6年9月17日　実業家　奉天商業会議所副会頭　→昭和

河野 謙三　こうの・けんぞう　明治34年5月14日～昭和58年10月16日　政治家　参院議長、日本体育協会長　→83/87

河野 耕二　こうの・こうじ　大正9年2月28日～昭和60年9月21日　新日本製鉄取締役　→83/87

幸野 周司　こうの・しゅうじ　大正11年9月3日～平成1年12月13日　ニッポン放送プロジェクト顧問・元取締役管理部長　→88/90

河野 俊吉　こうの・しゅんきち　大正11年3月7日～昭和63年7月24日　千代田火災海上保険常任監査役　→88/90

河野 俊助　こうの・しゅんすけ　昭和44年1月6日～平成60年2月10日　東京計器社長、日本油空圧学会会長　→83/87

河野 正伸　こうの・しょうしん　～平成9年4月15日　僧侶　覚応寺住職　→97/99

河野 正三　こうの・しょうぞう　大正12年5月6日～昭和59年10月2日　稲畑産業監査役　→83/87

河野 庄太郎　こうの・しょうたろう　文久3年5月～昭和9年4月11日　実業家　鹿児島肥料社長、衆院議員　→昭和

河野 典夫　こうの・すけお　大正4年11月19日～平成12年2月18日　日立金属社長　→00/02

河野 須寿　こうの・すず　～昭和61年2月2日　大阪YWCA会長　→83/87

河野 進　こうの・すすむ　明治37年9月1日～平成2年11月2日　牧師　日本基督教救ライ協会理事、アジア救らい協会事務局長　→88/90

河野 清晃　こうの・せいこう　～平成13年11月16日　僧侶　大安寺（高野山真言宗）貫主　→00/02

河野 省三　こうの・せいぞう　明治15年8月10日～昭和38年1月8日　神官、神道学者、国学者　埼玉県神社庁長、玉敷神社宮司、国学院大学名誉教授　→昭和

河野 孝子　こうの・たかこ　大正2年9月～平成6年1月22日　衆議員（自民党）　→94/96

河野 卓　こうの・たく　昭和2年9月14日～平成14年10月19日　三井造船常務　→00/02

河野 卓男　こうの・たくお　大正7年4月20日～平成7年5月22日　ムーンバット会長　→94/96

河野 健雄　こうの・たけお　～昭和61年1月7日　陸軍中将　第五陸軍技術研究所長　→83/87

河野 達一　こうの・たついち　～昭和44年5月5日　駐アルジェリア大使、アラビア石油参与　→昭和

河野 辰男　こうの・たつお　～昭和61年3月10日　北海道議（社会党）　→83/87

河野 達吾　こうの・たつご　明治43年3月1日～平成6年9月19日　東北肥料（のちコープケミカル）社長、三菱金属鉱業（のち三菱マテリアル）常務　→94/96

紅野 太郎　こうの・たろう　慶応4年4月～昭和13年3月15日　西宮市長　→昭和

河野 司　こうの・つかさ　明治38年1月～平成2年5月6日　護国仏心会会長　→88/90

河野 力　こうの・つとむ　大正14年1月7日～平成9年7月18日　山九副社長　→97/99

河野 恒吉　こうの・つねきち　明治7年3月～昭和29年5月19日　陸軍軍人、ジャーナリスト　→昭和

河野 登喜雄　こうの・ときお　明治42年3月14日～昭和8年11月24日　社会運動家　→昭和

河野 徳次　こうの・とくじ　大正14年8月22日～平成23年9月11日　八千代カントリークラブ理事長、日本バレーボール協会副会長　→09/11

河野 俊雄　こうの・としお　明治45年7月20日～平成6年11月16日　丸三証券副社長　→94/96

河野 利貞　こうの・としさだ　昭和2年3月3日～平成7年6月2日　雅叙園観光会長　→94/96

河野 直喜　こうの・なおき　昭和7年12月17日～平成15年7月7日　サンラリーグループ会長　→03/05

河野 信通　こうの・のぶみち　大正9年5月10日～平成13年6月16日　松村石油研究所会長　→00/02

河野 春人　こうの・はるんど　～平成16年12月19日　毎日新聞西部本社代表　→03/05

河野 寿　こうの・ひさし　明治40年3月27日～昭和11年3月6日　陸軍航空兵大尉　2.26事件の青年将校の一人　→昭和

河野 秀明　こうの・ひであき　大正12年1月9日～平成2年4月6日　東映取締役関西支社長　→88/90

河野 秀男　こうの・ひでお　明治7年～昭和13年3月12日　貴院議員（勅選）　→昭和

河野 弘　こうの・ひろし　大正15年1月21日～平成1年9月24日　河野薬品社長　→88/90

河野 弘　こうの・ひろし　大正15年2月6日～平成5年11月2日　郵政省貯金局長　→91/93

河野 弘　こうの・ひろし　大正5年12月22日～平成12年1月16日　住友生命保険専務、泉証券社長　→00/02

河野 博　こうの・ひろし　～昭和55年1月17日　新明和工業副社長　→80/82

河野 博式　こうの・ひろのり　昭和4年1月1日～平成23年1月1日　日鉱金属社長　→09/11

河野 広躰　こうの・ひろみ　文久4年1月15日～昭和16年1月24日　自由民権運動家　→昭和

幸野 弘道　こうの・ひろみち　～昭和63年9月12日　(社)日本港湾協会理事、運輸省第五港湾建設局長　→88/90

河野 博宣　こうの・ひろよし　大正7年10月15日～昭和63年7月4日　三ツ葉電機製作所社長　→88/90

河野 文彦　こうの・ふみひこ　明治29年11月22日～昭和57年8月11日　実業家　三菱重工業社長　→80/82

河野 平次　こうの・へいじ　明治34年12月10日～昭和37年6月26日　労働運動家　東京都議（社会党）　→昭和

河野 正夫　こうの・まさお　明治35年8月～昭和48年6月7日　参院議員（社会党）　→昭和

河野 正治　こうの・まさはる　大正5年9月22日～平成4年6月6日　マツダ副社長　→91/93

河野 通陽　こうの・みちあき　昭和5年1月6日～平成23年7月3日　三菱重工業常務　→09/11

河野 通一　こうの・みちかず　明治42年2月11日～平成9年3月2日　日本銀行副総裁、国民金融公庫総裁　→97/99

河野 道彦　こうの・みちひこ　明治39年6月3日～昭和56年3月31日　日本工業新聞社顧問、東京経営学院学長　→80/82

河野 密　こうの・みつ　明治30年12月18日～昭和56年1月4日　政治家、弁護士　日本社会党副委員長、衆院議員　→80/82

河野 光男　こうの・みつお　昭和10年2月21日～平成22年9月3日　弁護士　→09/11

河野 光雄　こうの・みつお　～昭和62年5月31日　古河化学常務　→83/87

河野 光雄　こうの・みつお　昭和7年9月30日～平成17年5月14日　月島機械専務　→03/05

河野 光彦　こうの・みつひこ　昭和56年7月14日　南日本新聞社専務　→80/82

高野 稔　こうの・みのる　～平成23年5月12日　熊谷市文化連合会会長　→09/11

河野 霧海　こうの・むかい　～昭和10年6月20日　南禅寺元管長　→昭和

河野 守道　こうの・もりみち　大正8年5月21日～昭和58年3月17日　福岡空港ビル常務、全日空航務部長　→83/87

河野 八一　こうの・やいち　大正8年8月1日～平成元年9月12日　大都工業専務、大都建材社長　→83/87

河野 靖　こうの・やすし　明治42年4月27日～昭和61年10月30日　住友セメント専務　→83/87

河野 雄二　こうの・ゆうじ　大正10年10月11日～平成13年4月6日　阪田商会専務　→00/02

河野 幸夫　こうの・ゆきお　大正10年1月4日～平成12年4月23日　ダイニック専務、ニック産業社長　→00/02

河埜 要三　こうの・ようぞう　大正8年9月16日～平成15年6月27日　西松建設副社長　→03/05

河野 良雄　こうの・よしお　明治42年6月5日～平成2年6月23日　マツダ常務　→88/90

河野 義克　こうの・よしかつ　大正2年7月12日～平成15年7月17日　参議院事務総長、国立国会図書館館長、東京都公安委員長　→03/05

河野 義徳　こうの・よしのり　大正13年4月11日～平成7年1月4日　フジテレビ監査役、サンケイ新聞監査役　→94/96

河野 純徳　こうの・よしのり　大正10年～平成1年3月31日　カトリック司祭　イエズス会司祭、鹿児島純心女子短期大学学長　→88/90

河野 義人　こうの・よしみ　大正6年3月3日～昭和63年12月11日　河野組会長、高知県議　→88/90

河野 喜通　こうの・よしみち　昭和2年10月1日～平成23年9月26日　大分銀行常務　→09/11

河野 吉通　こうの・よしみち　昭和4年4月14日～平成11年5月28日　三菱地所副社長　→97/99

河野 良治郎　こうの・りょうじろう　大正6年1月23日～平成5年5月17日　新東工業常務、三重県金属試験場長、大同工業大学教授　→91/93

河野 良三　こうの・りょうぞう　昭和5年9月4日～平成13年3月10日　関西汽船社長、日刊新愛媛社長　→00/02

鴻池 一郎　こうのいけ・いちろう　昭和12年12月31日～平成23年11月5日　ミルボン社長　→09/11

鴻池 小六　こうのいけ・ころく　～昭和35年1月9日　鴻池組社長　→昭和（こうのいけ・しょうろく）

鴻池 新十郎　こうのいけ・しんじゅうろう　明治4年2月13日～昭和4年10月15日　実業家　鴻池銀行監査役、大阪

倉庫監査役　→昭和

鴻池 仙市　こうのいけ・せんいち　～昭和55年11月22日
熊本商工会議所会頭, 全国牛乳協会副会長　→80/82

鴻池 善右衛門（11代目）　こうのいけ・ぜんえもん　慶応1年5月25日～昭和6年3月18日　実業家, 男爵　鴻池銀行創立者, 鴻池合名創立者　→昭和（鴻池 善右衛門）

鴻池 善右衛門（12代目）　こうのいけ・ぜんえもん　～昭和29年1月16日　鴻池合名社長　→昭和（鴻池 善右衛門）

鴻池 善右衛門（13代目）　こうのいけ・ぜんえもん　大正3年12月12日～平成7年3月1日　鴻池合名代表社員　→94/96（こうのいけ・ぜんうえもん）

鴻池 俊男　こうのいけ・としお　昭和4年2月23日～昭和58年7月23日　フタバヤ靴店社長　→83/87

鴻池 藤一　こうのいけ・ふじかず　明治45年1月23日～平成6年3月9日　実業家　鴻池組会長　→94/96

郷農 孝之　ごうのう・よしゆき　明治42年4月1日～平成3年2月3日　石川島播磨重工業常務　→91/93

鴻江 勇　こうのえ・いさむ　大正8年1月29日～平成20年3月1日　荒尾市長　→06/08

合原 昌一　ごうばる・しょういち　～昭和59年11月1日　日本青年会議所常任理事, 日田商工会議所副会頭　→83/87

兄部 勇次　こうべ・ゆうじ　～平成1年1月21日　海軍少将　→88/90

公平 秀蔵　こうへい・ひでぞう　大正6年11月1日～平成18年9月16日　全国木材組合連合会副会長　→06/08

高馬 一郎　こうま・いちろう　明治42年2月10日～平成18年8月12日　グンゼ社長　→06/08

小馬 勝美　こうま・かつみ　～平成22年4月11日　美山町（京都府）助役　→09/11

高馬 健　こうま・たけし　大正15年11月20日～平成19年8月26日　トーメン専務　→06/08

香丸 菊雄　こうまる・きくお　～昭和56年3月26日　西松建設常務　→80/82

神鞭 常孝　こうむち・つねたか　明治16年2月24日～昭和31年6月27日　大蔵省横浜関税長　→昭和

甲村 重由　こうむら・しげよし　～昭和58年2月17日　南海電鉄専務　→83/87

紅村 武　こうむら・たけし　大正12年8月29日～平成12年10月17日　海上保安庁次長, 元日本水路協会理事長　→00/02

幸村 年勝　こうむら・としかつ　昭和18年8月27日～平成5年3月8日　西本産業取締役　→91/93

甲村 甫　こうむら・はじめ　大正12年8月1日～昭和61年11月15日　南海電気鉄道副社長, 南海ホークス社長　→83/87

紅村 文雄　こうむら・ふみお　大正8年4月10日～平成7年1月6日　気象庁次長　→03/05

香村 政男　こうむら・まさお　明治45年6月11日～平成9

年4月8日　岡崎信用金庫理事長　→97/99

河本 義呂久　こうもと・ぎろく　～昭和27年6月26日　中部電力理事　→昭和

甲本 幸男　こうもと・さちお　大正2年8月21日～平成10年6月21日　日立メディコ社長　→97/99

甲本 静　こうもと・しず　明治40年3月15日～昭和55年9月14日　全国交通安全母の会連合会長, 岡山県議　→80/82

河本 大作　こうもと・だいさく　明治15年1月24日～昭和30年8月25日　陸軍大佐　関東軍参謀, 満鉄理事, 山西産業社長　→昭和

河本 敏夫　こうもと・としお　明治44年6月22日～平成13年5月24日　衆院議員（自民党）, 通産相　→00/02

講元 英雄　こうもと・ひでお　明治43年2月20日～平成14年3月8日　広島市議（自民党）　→00/02

河本 文夫　こうもと・ふみお　～昭和45年6月6日　東京高裁判事　→昭和

河本 明三　こうもと・めいぞう　大正13年10月21日～平成8年7月2日　オリックス生命保険社長, オリックス副社長　→94/96

合谷 欣一　ごうや・きんいち　昭和7年6月3日～平成17年1月11日　旭ダイヤモンド工業専務　→03/05

合屋 重義　ごうや・しげよし　～平成15年11月27日　福岡県議　→03/05

高野 良治　こうや・よしはる　大正14年12月7日～平成5年3月2日　鹿児島県議（自民党）　→91/93

神山 公佑　こうやま・こうすけ　～平成23年9月30日　八戸プラザホテル社長, 青森県スケート連盟会長　→09/11

神山 純子　こうやま・じゅんこ　～平成16年1月27日　ぎふホスピス運動をすすめる会代表　→03/05

神山 寛　こうやま・ひろし　大正15年10月8日～平成6年3月22日　丸栄顧問, スマック社長　→94/96

神山 正信　こうやま・まさのぶ　～昭和61年7月10日　久留米商工会議所専務理事　→83/87

幸山 義雄　こうやま・よしお　大正10年9月10日～平成18年4月4日　神奈川県議（社会党）　→06/08

古浦 誠一　こうら・せいいち　昭和5年7月14日～平成14年1月16日　北九州丸食社長　→00/02

高良 民夫　こうら・たみお　大正3年11月14日～昭和63年5月25日　コロンビア大使　→88/90

高良 とみ　こうら・とみ　明治29年7月1日～平成5年1月17日　婦人運動・平和運動家, 政治家　タゴール会長, 参院議員（緑風会）　→91/93

高良 尚道　こうら・なおみち　～平成18年10月15日　セントラルスポーツ副社長　→06/08

高羅 芳光　こうら・よしみつ　明治35年3月4日～昭和59年5月14日　富士通社長, ファナック社長　→83/87

高良 礼一　こうら・れいいち　～昭和55年6月6日　高井証券会長, 東洋証券相談役　→80/82

I 政治・経済・社会篇　　　　　　　　　　　　　　　　　　　　こか

紅露 昭　こうろ・あきら　明治20年10月20日～昭和42年6月15日　政治家,弁護士　衆議院議員(日本進歩党)　→昭和

高呂 武三　こうろ・たけそう　明治41年2月12日～平成8年7月30日　東洋建設常務　→94/96

紅露 みつ　こうろ・みつ　明治26年5月～昭和55年12月20日　参院議員(自民党),衆院議員　→80/82

上郎 清助　こうろう・せいすけ　文久3年10月～昭和13年2月18日　貴院議員(多額)　→昭和

越路 玄太　こえじ・げんた　大正1年9月4日～平成9年11月10日　宮城県議　→97/99

肥塚 信二　こえずか・しんじ　明治32年9月5日～昭和62年1月2日　日本毛織常務,日東毛織社長　→83/87

肥塚 与四郎　こえずか・よしろう　～昭和55年9月11日　三菱造船常務　→80/82

小枝 一雄　こえだ・かずお　明治34年7月～昭和50年6月22日　衆議院議員,参議院議員(自民党)　→昭和

河内 敬次郎　こおち・けいじろう　明治42年11月25日～平成18年7月10日　日東物産社長,山梨県公安委員長,山梨政経懇話会会長　→06/08

桑折 謙三　こおり・けんぞう　大正2年11月4日～平成15年1月25日　三菱電機専務　→03/05

郡 真人　こおり・まさひと　昭和18年10月11日～平成19年2月18日　カヤバ工業常務　→06/08

郡 正光　こおり・まさみつ　～昭和12年2月25日　摂津銀行常務取締役　→昭和

郡 元次　こおり・もとつぐ　～昭和61年9月29日　大阪日刊スポーツ新聞専務,朝日新聞西部本社業務局長　→83/87

郡 祐一　こおり・ゆういち　明治35年3月16日～昭和58年12月28日　政治家　参院議員(自民党),郵政相　→83/87

郡山 晴夫　こおりやま・はるお　昭和16年4月9日～平成1年11月24日　ディー・シー・エーアドバタイジング副社長,電通海外統轄本部付副理事　→88/90

郡山 吉江　こおりやま・よしえ　明治40年～昭和58年9月13日　社会運動家　→83/87

郡山 義夫　こおりやま・よしお　明治27年～昭和62年3月26日　長野県知事　→83/87

古賀 愛人　こが・あいと　大正11年2月5日～平成21年12月10日　テレビ西日本社長　→09/11

古賀 昭典　こが・あきのり　昭和3年9月28日～平成22年3月4日　空将　航空自衛隊航空総隊司令官　→09/11

古賀 専　こが・あつし　明治41年10月11日～平成5年12月20日　労働運動家　造船重機労連初代委員長　→91/93

古賀 勲　こが・いさお　～平成2年10月21日　日本港湾労働組合連合会委員長　→88/90

古賀 泉　こが・いずみ　昭和11年7月11日～平成8年8月22日　ラボ国際交流センター理事長　→94/96

古賀 一郎　こが・いちろう　明治36年8月13日～昭和58年11月19日　文京区(東京都)選挙管理委員会委員長　→83/87

古賀 猪之祐　こが・いのすけ　～平成4年7月21日　アール・ケー・ビー毎日放送取締役　→91/93

古閑 一夫　こが・かずお　大正6年3月3日～平成4年1月27日　熊本県議(自民党),山鹿市長　→91/93

古賀 一範　こが・かずのり　昭和17年7月15日～平成23年4月3日　東京都民銀行常務　→09/11

古賀 一海　こが・かずみ　明治44年12月8日～昭和61年9月28日　ユニード監査役　→83/87

古閑 幹士　こが・かんし　～昭和55年7月6日　荒尾市長　→80/82

古賀 喜一　こが・きいち　明治40年6月21日～昭和58年5月25日　福岡県議　→83/87

古閑 清紀　こが・きよのり　～昭和56年2月13日　八代市長　→80/82

古賀 金蔵　こが・きんぞう　昭和7年3月20日～平成3年6月16日　積水化学工業常務　→91/93

古賀 金太郎　こが・きんたろう　昭和60年11月7日　古賀商店取締役会長,筑後市商工会議所顧問　→83/87

古賀 蔵人　こが・くらんど　～平成8年3月28日　兼松副社長　→94/96

古賀 袈裟一　こが・けさいち　～昭和61年6月4日　大川市議　→83/87

古賀 健太　こが・けんた　～昭和59年9月21日　北海道炭砿汽船常務,商工省札幌石炭局長　→83/87

古賀 玄融　こが・げんゆう　～平成4年10月24日　祥文社印刷会長　→91/93

久我 高照　こが・こうしょう　大正10年8月5日～平成23年10月31日　尼僧,華道家　法華寺門跡,法華寺小池御流家元　→09/11

古賀 定家　こが・さだか　～昭和62年6月2日　西日本通商会長,菰田地区鉱害被害者組合(飯塚市)組合長　→83/87

古賀 貞次　こが・さだじ　～昭和56年1月23日　佐賀県神埼郡神埼町長　→80/82

古賀 貞芳　こが・さだよし　～昭和57年1月19日　中野警察署長　→80/82

古賀 了　こが・さとる　明治37年～平成9年5月5日　衆院議員(無所属)　→97/99

古賀 三郎　こが・さぶろう　～平成1年12月2日　西日本プラント工業社長　→88/90

古賀 治　こが・じ　大正4年3月30日～平成8年6月10日　大牟田市長　→94/96

古賀 繁一　こが・しげいち　明治36年4月20日～平成4年12月4日　三菱重工業相談役　→91/93

古我 周二　こが・しゅうじ　明治36年7月25日～昭和58年8月15日　日本ゼオン株式会社相談役,横浜ゴム専務　→83/87

「現代物故者事典」総索引(昭和元年～平成23年)　　481

古賀 昭二　こが・しょうじ　昭和2年7月13日～平成1年5月7日　五洋建設取締役　→88/90

古賀 伸一　こが・しんいち　昭和11年11月23日～平成23年7月2日　ニッタ社長　→09/11

古賀 杉夫　こが・すぎお　明治42年3月12日～平成8年7月27日　柳川市長　→94/96

古賀 晋　こが・すすむ　大正10年12月1日～平成2年5月17日　新日鉄化学監視役　→88/90

古賀 進　こが・すすむ　明治39年2月21日～平成8年9月22日　住友セメント（のち住友大阪セメント）社長・会長　→94/96

古賀 成一郎　こが・せいいちろう　～昭和59年6月22日　日田商工会議所会頭　→83/87

古賀 制二　こが・せいじ　大正12年10月7日～平成14年3月14日　僧侶　浄泉寺住職、真宗大谷派（東本願寺）宗務総長　→00/02

古賀 誠二　こが・せいじ　昭和6年10月4日～平成17年9月30日　西日本銀行頭取　→03/05

古賀 善次郎　こが・ぜんじろう　明治40年12月25日～平成1年2月13日　佐賀東信用組合代表理事会長、九州信用組合協会会長　→88/90

古賀 大三郎　こが・だいざぶろう　明治45年7月1日～平成4年2月25日　古賀製作所会長　→91/93

古賀 卓　こが・たかし　大正4年4月30日～平成8年8月6日　三井東圧化学副社長、三井銀行（のちさくら銀行）専務　→94/96

古賀 武夫　こが・たけお　昭和25年～平成20年3月17日　地球市民の会会長、古賀英語道場主宰　→06/08

古賀 武　こが・たけし　～平成7年10月6日　日本原水爆被害者団体協議会全国理事　→94/96

古賀 武司　こが・たけし　昭和15年10月23日～平成20年7月24日　九州経済連合会専務理事　→06/08

古賀 猛敏　こが・たけとし　昭和10年～昭和63年　弁護士　藤井法律事務所勤務　→88/90

古賀 正　こが・ただし　昭和5年9月19日～平成15年8月15日　東邦レーヨン社長　→03/05

古賀 龍生　こが・たつお　明治45年1月15日～平成19年9月23日　大川市長、福岡県議　→06/08

古賀 伝太郎　こが・でんたろう　明治13年3月1日～昭和7年1月9日　陸軍騎兵大佐　→昭和

古賀 徳郎　こが・とくろう　大正5年3月14日～平成14年1月6日　長崎県議　→00/02

古賀 利治　こが・としはる　～平成6年12月28日　福岡県警福岡南署長　→94/96

古賀 稔泰　こが・としやす　～昭和60年12月14日　松浦党研究連合会会長、佐賀県社会教育委員連絡協議会会長、元佐賀新聞編集局長　→83/87

古賀 俊郎　こが・としろう　明治38年1月8日～平成1年10月4日　弁護士　松江地・家裁所長　→88/90

古賀 寅七　こが・とらしち　大正3年1月7日～平成18年4月月11日　林兼石油社長　→06/08

古賀 宣善　こが・のぶよし　大正12年8月20日～平成5年3月20日　福岡県議（共産党）　→91/93

古賀 矩雄　こが・のりお　大正11年8月20日～昭和63年5月14日　岡崎工業専務　→88/90

古賀 八郎　こが・はちろう　明治43年11月9日～平成5年3月11日　大野城市会議長　→91/93

古賀 花子　こが・はなこ　～昭和63年1月1日　沖縄県・尖閣諸島の元所有者　→88/90

古賀 洋　こが・ひろし　～昭和59年12月20日　科学博物会協会催事一課長　→83/87

古賀 文之介　こが・ぶんのすけ　大正10年10月30日～平成6年4月25日　フジタ工業（のちフジタ）常務　→94/96

古賀 平一郎　こが・へいいちろう　大正12年1月28日～平成12年5月8日　ソキア会長　→00/02

古賀 純　こが・まこと　～平成8年6月10日　全国果樹研究連合会ブドウ部会会長　→94/96

古賀 正臣　こが・まさおみ　昭和6年1月27日～平成15年3月11日　日立電線専務　→03/05

古賀 政久　こが・まさひさ　大正5年～平成4年2月20日　九州・山口経済連合会理事長　→91/93

古賀 正浩　こが・まさひろ　昭和9年8月5日～平成14年9月6日　衆院議員（自民党）　→00/02

古賀 正巳　こが・まさみ　明治40年2月18日～平成2年10月25日　石川県播磨重工業取締役、石川島輸送機社長　→88/90

古賀 松二　こが・まつじ　～昭和56年5月31日　東邦亜鉛副社長　→80/82

伍賀 満　ごが・みつる　明治18年9月～昭和10年11月8日　海軍少将　→昭和（ごか・みつる）

古賀 峯一　こが・みねいち　明治18年4月25日～昭和19年4月1日　海軍大将・元帥　→昭和

古賀 ミホ　こが・みほ　昭和59年11月23日　"死刑囚の母"（死刑囚慰問者）　→83/87

五箇 元次郎　ごか・もとじろう　～昭和63年8月10日　（株）富乾常務取締役　→88/90

伍賀 守雄　ごか・もりお　～昭和50年8月4日　海上幕僚副長　→昭和

古賀 八九八　こが・やくはち　大正10年5月1日～平成12年11月22日　三菱樹脂常務　→00/02

古賀 養一　こが・よういち　明治42年2月25日～平成6年7月13日　日本輸送機社長　→94/96

古賀 芳明　こが・よしあき　～昭和60年12月10日　久留米市議　→83/87

古賀 喜一　こが・よしかず　～昭和63年11月9日　九州治水期成同盟連合会事務局長　→88/90

古賀 精華　こが・よしてる　明治42年4月20日～平成9年12月27日　サンウェーブ工業会長　→97/99

古賀 悦之　こが・よしゆき　昭和17年～平成5年1月7日

I 政治・経済・社会篇　　　　　　　　　　　こくほ

麻生セメント取締役, 麻生情報システム社長　→91/93

古賀 雷四郎　こが・らいしろう　大正4年12月23日～平成20年6月13日　参院議員(自民党), 北海道開発庁長官　→06/08

古賀 廉造　こが・れんぞう　安政5年1月16日～昭和17年10月1日　貴院議員(勅選)　→昭和

古樫 冨雄　こがし・とみお　大正5年4月22日～昭和59年5月17日　ニッカ興産取締役, ニッカウヰスキー常務　→83/87

小柏 雅司　こがしわ・まさじ　大正12年8月11日～平成20年8月19日　高崎製紙社長　→83/87

小金 義照　こがね・よしてる　明治31年2月28日～昭和59年2月11日　政治家　衆院議員(自民党), 郵政相　→83/87

小金井 健男　こがねい・たけお　～昭和62年12月18日　警視庁総務部長　→83/87

黄金井 為造　こがねい・ためぞう　慶応1年6月26日～昭和9年10月14日　実業家　衆院議員(政友会), 日本酒造組合中央会会長　→昭和

小金井 道宏　こがねい・みちひろ　昭和9年7月6日～平成10年12月3日　徳間書店専務　→97/99

小金沢 照夫　こがねさわ・てるお　～昭和61年4月9日　神奈川県警察学校副校長, 警視　→83/87

小金丸 正一　こがねまる・しょういち　大正6年11月12日～平成6年9月27日　日本水産常務　→94/96

小鴨 覚禅　こがも・かくぜん　～平成17年4月8日　僧侶　天台宗大僧正　→03/05

小粥 正巳　こがゆ・まさみ　昭和6年8月28日～平成16年3月16日　大蔵省事務次官, 公正取引委員会委員長, 日本政策投資銀行総裁　→03/05

小苅米 冨穂　こかりまい・とみほ　昭和2年2月8日～平成13年10月6日　流通技研社長　→00/02

古川 昭三　こかわ・しょうぞう　昭和3年4月18日～平成7年10月27日　テイカ社長　→94/96

粉川 辰治郎　こかわ・たつじろう　～昭和62年2月3日　(株)コカワ印刷取締役会長, 京印工組相談役　→83/87

古閑 敬治　こかん・けいじ　大正10年1月3日～平成14年11月17日　明治生命保険常務　→00/02

後閑 繁司　ごかん・しげじ　明治43年11月23日～平成2年3月11日　昭和ゴム取締役　→88/90

五鬼上 堅磐　ごきじょう・かきわ　明治30年1月1日～昭和46年3月7日　弁護士　最高裁判事　→昭和

小木曽 政助　こぎそ・まさすけ　昭和10年7月29日～平成12年11月17日　東京電力常務　→00/02

小木曽 弥五郎　こぎそ・やごろう　大正9年3月4日～平成17年3月6日　日本フイルコン社長　→03/05

小木曽 鐐吉郎　こぎそ・りょうきちろう　大正6年1月30日～昭和44年4月28日　日清製粉常務　→91/93

小喜多 清　こぎた・きよし　大正11年9月4日～平成13年6月7日　阿波銀行専務　→00/02

石沢 雄四郎　こくざわ・ゆうしろう　～平成9年12月8日　ダイヤモンドコンピューターサービス社長　→97/99

国生 義夫　こくしょう・よしお　～昭和51年6月16日　明治乳業会長　→昭和

古久根 幸作　こくね・こうさく　明治38年8月8日～平成13年6月21日　古久根建設社長　→00/02

国場 幸昌　こくば・こうしょう　大正1年9月27日～平成1年2月20日　国場組会長, 衆院議員(自民党)　→88/90

国場 幸太郎　こくば・こうたろう　明治33年12月19日～昭和63年8月2日　国場組社長, 沖縄県商工会議所連合会長, 那覇商工会議所会頭　→88/90

国分 英三　こくぶ・えいぞう　明治30年12月30日～平成1年11月16日　帝都信用金庫会長　→88/90

国分 勝範　こくぶ・かつのり　明治26年1月14日～昭和57年2月25日　和光交易会長　→80/82

国分 完一　こくぶ・かんいち　大正6年2月22日～平成8年3月12日　清水建設常務　→94/96

国分 勘兵衛(10代目)　こくぶ・かんべえ　明治16年1月～昭和50年2月23日　国分会長　→昭和(国分 勘兵衛)

国分 勘兵衛(11代目)　こくぶ・かんべえ　明治40年7月5日～平成3年12月13日　国分会長　→91/93

国分 三亥　こくぶ・さんがい　文久3年12月25日～昭和37年5月1日　司法官僚　→昭和

国分 正二　こくぶ・しょうじ　大正1年11月2日～平成7年6月22日　神奈川県議(共産党)　→94/96

国分 新七郎　こくぶ・しんしちろう　～昭和59年6月1日　陸軍中将　→83/87

国府 威太郎　こくぶ・たけたろう　～平成4年10月9日　東急百貨店取締役　→91/93

国府 種文　こくぶ・たねふみ　～昭和30年9月10日　造幣局長　→昭和

国分 友英　こくぶ・ともひで　～平成8年1月28日　サッポロビール常務　→94/96

国分 政次郎　こくぶ・まさじろう　明治31年11月27日～平成14年6月24日　三和銀行常務　→88/90

国分 道夫　こくぶ・みちお　明治10年7月22日～昭和61年4月18日　国分副社長　→83/87

国分 謙吉　こくぶん・けんきち　明治11年～昭和33年11月24日　岩手県知事　→昭和(こくぶ・けんきち)

国分 節夫　こくぶん・せつお　～昭和56年2月22日　三菱製紙専務　→80/82

国分 隆　こくぶん・たかし　～昭和56年8月9日　港区議　→80/82

国分 則夫　こくぶん・のりお　大正5年9月25日～平成8年1月11日　岐阜地検検事正　→94/96

国分 保男　こくぶん・やすお　大正7年9月22日～平成22年4月8日　二戸市長　→09/11

小久保 喜一　こくぼ・きいち　～昭和61年4月12日　北九州キャンティーン社長, 北九州コカ・コーラボトリ

小久保 喜久蔵　こくぼ・きくぞう　昭和6年7月22日～平成18年1月13日　住友信託銀行専務　→06/08

小久保 喜七　こくぼ・きしち　元治2年3月23日～昭和14年12月14日　衆院議員(立憲政友会)、貴院議員(勅選)　→昭和

小久保 康田　こくぼ・こうでん　～平成7年4月25日　僧侶　天台宗審理局長、常光院住職　→94/96

小久保 貞之　こくぼ・さだゆき　昭和22年3月30日～平成19年12月8日　森永乳業常務　→06/08

小久保 太郎　こくぼ・たろう　明治42年12月1日～平成15年3月1日　埼玉県議　→03/05

小久保 艶雄　こくぼ・つやお　明治40年2月6日～昭和61年2月6日　小久保鉄工所社長　→83/87

小久保 彦太郎　こくぼ・ひこたろう　～昭和55年4月23日　十勝管内大樹町議会議員・前議長　→80/82

国仁　こくぼ・ひとし　昭和6年1月22日～平成23年2月14日　毎日新聞取締役、東日印刷社長　→09/11

小久保 正雄　こくぼ・まさお　昭和9年4月8日～平成22年6月1日　北淡町(兵庫県)町長、兵庫県議(自民党)　→09/11

小久保 光雄　こくぼ・みつお　明治41年1月2日～平成3年11月20日　神官　神社本庁長老、霧島神宮宮司　→91/93

古久保 立一　こくぼ・りゅういち　～平成3年4月6日　新三菱重工業(のち三菱重工業)常務、東洋製作所会長　→91/93

国米 博介　こくまい・ひろすけ　～昭和63年5月5日　田ález製薬取締役、中田薬品社長　→88/90

国米 正夫　こくまい・まさお　～昭和58年7月30日　山梨県警本部長　→83/87

国米 洋一　こくまい・よういち　～平成1年1月29日　万年社常務　→88/90

小倉 勝二　こくら・かつじ　～昭和59年8月27日　金沢車輛会長、金沢通商産業会長　→83/87

小倉 慶春　こくら・けいしゅん　大正13年1月2日～平成23年10月23日　金沢車輛社長　→09/11

国領 嘉一　こくりょう・かいち　大正4年9月25日～平成1年2月10日　東京滋賀県人会専務理事、全国人会連合会代表幹事　→88/90

国領 輝一　こくりょう・きいち　大正4年11月12日～平成3年8月25日　アマテイ専務　→91/93

国領 五一郎　こくりょう・ごいちろう　明治35年12月20日～昭和18年3月19日　労働運動家　→昭和

国領 巳三郎　こくりょう・みさぶろう　明治38年12月30日～昭和17年3月18日　労働運動家　→昭和

国領 芳文　こくりょう・よしふみ　～昭和61年5月25日　(社)金融財政事情研究会常務理事　→83/87

木暮 治　こぐれ・おさむ　大正15年5月26日～平成14年3月25日　東京銀行副頭取　→00/02

小暮 和男　こぐれ・かずお　明治32年3月19日～昭和58年11月22日　第一建築サービス相談役、第一銀行常務　→83/87

小暮 究也　こぐれ・きゅうや　明治45年3月29日～平成6年9月28日　三井物産常務　→94/96

木暮 剛平　こぐれ・ごうへい　大正13年9月19日～平成20年12月14日　実業家、俳人　電通社長　→06/08

木暮 治一　こぐれ・じいち　昭和6年10月26日～平成21年7月28日　渋川市長　→09/11

小暮 慈全　こぐれ・じぜん　～昭和59年7月6日　天台宗大僧正、日光山輪王寺桜本院住職　→83/87

小暮 継生　こぐれ・つぐお　大正10年3月31日～平成19年8月26日　東京特殊電線社長、古河電気工業専務　→06/08

小暮 藤三郎　こぐれ・とうさぶろう　明治13年2月～昭和40年2月1日　衆院議員(民自党)　→昭和

木暮 武太夫　こぐれ・ぶだゆう　明治26年2月17日～昭和42年7月10日　参院議員(自民党)、運輸相　→昭和

木暮 武太夫　こぐれ・ぶだゆう　～昭和63年5月1日　群馬県観光協会長、木暮旅館社長　→88/90

木暮 実　こぐれ・みのる　～昭和58年4月25日　伊香保町(群馬県)町長　→83/87

木暮 山人　こぐれ・やまと　昭和3年3月7日～平成10年5月26日　参院議員(自由党)　→97/99

小暮 豊　こぐれ・ゆたか　大正15年2月1日～平成14年5月8日　東洋鋼鈑専務　→00/02

苔口 章　こけぐち・あきら　～平成5年5月25日　東京都選挙管理委員会事務局長　→91/93

伍香 浄天　ごこう・じょうてん　～昭和62年9月21日　僧侶　恩光寺(曹洞宗)住職　→83/87

小河内 芳子　こごうち・よしこ　明治41年3月16日～平成22年3月3日　児童図書研究会名誉会長　→09/11

古今堂 緑蔭　ここんどう・りょくいん　～昭和5年4月19日　極東連盟協会長　→昭和

小佐 嘉博　こさ・よしひろ　大正8年12月4日～平成21年10月7日　日本専売公社総務理事　→09/11

小斎 弘　こさい・ひろし　大正8年6月26日～平成2年7月18日　日本ガス機器検査協会理事長、東亜石油常務　→88/90

小材 学　こざい・まなぶ　大正14年10月28日～平成4年7月1日　熊本県議(自民党)　→91/93

小斎 幹夫　こさい・みきお　大正15年4月23日～平成6年8月23日　神奈川県議(公明党)　→94/96

古在 美代　こざい・みよ　～昭和63年9月29日　東京家裁調停委員　→88/90

小坂 明　こさか・あきら　～昭和61年9月2日　新明和工業取締役　→83/87

小坂 一次　こさか・いちじ　明治44年10月30日～平成2年3月30日　兵庫相互銀行(のち兵庫銀行)副社長　→

88/90

小阪 玄伍　こさか・げんご　〜平成1年5月9日
　日本油脂取締役　→88/90

小坂 士一郎　こさか・しいちろう　大正8年11月21日〜平成3年9月14日　セントラルリース常務　→91/93

小坂 茂　こさか・しげる　昭和4年1月29日〜平成17年6月26日　NTN副社長　→03/05

小坂 俊吉　こさか・しゅんきち　明治43年9月5日〜平成1年4月5日　日綿実業常務　→88/90

小坂 順造　こさか・じゅんぞう　明治14年3月30日〜昭和35年10月16日　政治家,実業家　衆院議員(民政党),信越化学工業創業者,電源開発総裁　→昭和

小坂 新夫　こさか・しんぶ　明治26年1月28日〜昭和59年4月27日　毎日新聞社友,下野新聞会長　→83/87

小坂 主和子　こさか・すわこ　〜平成18年4月10日
　映画事業家・梅屋庄吉の孫　→06/08

小坂 清助　こさか・せいすけ　昭和25年9月25日
　古河電気常務　→昭和

小坂 善太郎　こさか・ぜんたろう　明治45年1月23日〜平成12年11月26日　政治家　日本国際連合協会会長,衆院議員(自民党),外相　→00/02

小坂 尚志　こさか・たかし　大正14年7月14日
　警察庁近畿管区警察局長　→00/02

小坂 隆　こさか・たかし　大正14年8月18日〜平成1年11月26日　竹原市長,中国通運社長　→88/90

小坂 隆通　こさか・たかみち　大正10年6月18日〜平成5年11月6日　三井生命保険取締役　→91/93

小坂 武雄　こさか・たけお　明治28年1月23日〜昭和46年10月26日　信濃毎日新聞社長,衆院議員　→昭和

小坂 武雄　こさか・たけお　明治40年3月17日〜昭和61年7月12日　小松ストアー代表取締役会長　→83/87

小坂 忠　こさか・ただし　大正15年5月9日〜平成22年2月15日　建設省技監　→09/11

小坂 孟　こさか・つとむ　明治35年10月30日〜昭和61年6月11日　大日本印刷専務　→83/87

小坂 常吉　こさか・つねきち　〜昭和59年10月13日
　東洋電機製造顧問,元東洋工機社長　→83/87

小坂 徳三郎　こさか・とくさぶろう　大正5年1月20日〜平成8年2月23日　政治家,実業家　衆院議員(自民党),運輸相,信越化学工業社長　→94/96

小坂 俊雄　こさか・としお　大正7年6月24日〜平成2年6月21日　小松ストアー社長　→88/90

小坂 信也　こさか・のぶや　昭和57年1月16日
　日比谷松本楼社長　→80/82

小坂 英一　こさか・ひでかず　昭和8年8月13日〜平成3年10月13日　東海日日新聞社長,東三河懇話会副会長　→03/05

小坂 正則　こさか・まさのり　明治44年1月24日〜平成4年10月10日　本州製紙取締役　→91/93

小坂 祐造　こさか・ゆうぞう　大正9年3月14日〜平成9年12月30日　三光純薬専務　→97/99

小坂 雄太郎　こさか・ゆうたろう　大正9年3月18日〜平成2年8月21日　信越化学工業社長　→88/90

小坂 良輔　こさか・りょうすけ　昭和47年10月12日
　広島高検検事長　→昭和

小酒井 貞一郎　こさかい・ていいちろう　昭和8年〜平成12年1月11日　研究社社長,研究社出版社長　→00/02

小酒井 晴雄　こさかい・はるお　昭和18年5月27日〜平成16年6月1日　三島製紙常務　→03/05

小酒井 益蔵　こさかい・ますぞう　〜昭和52年9月21日
　研究社社主　→昭和

小酒井 義男　こさかい・よしお　明治39年3月21日〜平成5年6月21日　参院議員(社会党)　→91/93

小崎 静　こさき・しず　明治33年12月12日〜平成11年1月14日　日本キリスト教団霊南坂教会主事　→97/99

小崎 達　こさき・すすむ　〜平成17年9月14日
　日東電気工業(のち日東電工)常務　→03/05

小崎 弘道　こざき・ひろみち　安政3年4月14日〜昭和13年2月26日　牧師　同志社大学名誉教授　→昭和

小崎 正潔　こさき・まさきよ　明治36年6月2日〜昭和51年11月8日　社会運動家　→昭和

小崎 道雄　こざき・みちお　明治21年11月16日〜昭和48年6月18日　牧師　日本基督教団総会議長,霊南坂教会牧師　→昭和

小佐々 八郎　こささ・はちろう　〜平成6年2月16日
　日本原水爆被害者団体協議会顧問,長崎原爆被災者協議会名誉会長　→94/96

小佐野 皆吉　こさの・みなきち　〜昭和59年1月7日
　日本商工会議所議員,横須賀商工会議所名誉会頭　→83/87

小沢 政男　こざわ・まさお　大正13年8月23日〜平成8年7月17日　豊田通商副社長　→94/96

小沢 力雄　こざわ・りきお　〜昭和61年2月2日
　魚津魚商協同組合理事長　→83/87

興 竹一郎　こし・たけいちろう　〜昭和62年11月3日
　コスモ貿易社長　→83/87

越 達三　こし・たつぞう　明治28年12月28日〜昭和62年3月14日　大同鋼板会長,尼崎商工会議所会頭　→83/87

越 寿雄　こし・ひさお　〜昭和57年10月4日
　日中文化交流協会事務局長　→80/82

越井 一郎　こしい・いちろう　昭和3年4月17日〜平成18年10月23日　静岡県地震対策課長　→06/08

興石 聖二　こしいし・せいじ　大正14年1月18日〜平成3年12月26日　東富士製作所社長,三菱金属(のち三菱マテリアル)取締役　→91/93

興石 睦　こしいし・むつみ　大正8年7月1日〜平成9年3月1日　弁護士　関東弁護士会連合会理事長　→97/99

小塩 完次　こしお・かんじ　明治30年10月17日〜平成4

小塩 豊 こしお・ゆたか 昭和19年10月24日～平成12年12月4日 弁理士 小塩内外国特許事務所所長, 弁理士会副会長 →00/02

越川 幸蔵 こしかわ・こうぞう 明治36年5月29日～平成2年3月7日 日本アスベスト(のちニチアス)社長 →88/90

越川 純吉 こしかわ・じゅんきち 明治44年10月24日～平成21年2月17日 弁理士 名古屋地裁部総括判事, 中京大学法学部教授 →09/11

越河 良753 こしかわ・よしお 大正3年9月15日～平成7年8月25日 住友電設専務 →94/96

越沢 外茂治 こしざわ・ともじ ～昭和42年2月6日 大丸百貨店常務 →昭和

越路 利夫 こしじ・としお 大正12年10月29日～昭和61年9月6日 リチャード社長 →83/87

越田 康治郎 こしだ・こうじろう ～昭和49年6月15日 倉敷紡績専務 →昭和

越田 佐一郎 こしだ・さいちろう ～昭和38年3月2日 日本メキシコ協会会長 →昭和

越田 左多男 こしだ・さたお ～昭和56年8月8日 安宅産業社長 →80/82

越田 清七 こしだ・せいしち 明治44年11月10日～昭和63年10月16日 中小企業金融公庫監事 →88/90

越田 大吉 こしだ・だいきち 明治35年4月10日～平成1年12月30日 ハウス食品工業取締役, 大和紡績取締役 →88/90

越田 辰之助 こしだ・たつのすけ ～平成16年11月22日 西芝電機専務 →03/05

越野 栄達 こしの・えいたつ 大正2年2月2日～平成12年7月5日 日本テトラポッド常務 →00/02

越野 和弘 こしの・かずひろ ～平成5年12月17日 京王プラザホテル常務 →91/93

腰野 憲政 こしの・のりまさ 大正15年11月19日～平成17年10月29日 飛島建設専務 →03/05

越野 日出子 こしの・ひでこ ～平成13年1月4日 (福)月の輪学院理事長 →00/02

小柴 健太郎 こしば・けんたろう ～昭和52年8月23日 東亜建設工業会長 →昭和

小柴 定雄 こしば・さだお 明治44年～昭和36年12月8日 日立金属冶金研究所長 →昭和

越馬 徳治 こしば・とくじ 明治36年4月9日～昭和58年9月29日 津田駒工業社長 →83/87

小柴 利孝 こしば・としたか ～平成1年2月23日 大蔵省造幣局製造部技師長 →88/90

越馬 平治 こしば・へいじ 大正13年8月4日～平成18年11月9日 津田駒工業社長 →06/08

小柴 美知 こしば・みち 大正5年5月4日～平成12年9月9日 全国地域婦人団体連絡協議会副会長 →00/02

越原 春子 こしはら・はるこ 明治18年1月～昭和34年1月29日 名古屋女学院長, 衆議院議員(国民協同党) →昭和
(越原 はる こしはら・はる)

小島 愛之助 こじま・あいのすけ ～昭和48年1月22日 法華クラブ創業者 →昭和

小島 明人 こじま・あきと 昭和23年10月2日～平成17年4月6日 群馬県議(公明党) →03/05

小島 明正 こじま・あきまさ 大正3年9月13日～昭和60年2月8日 日之出汽船常務 →83/87

児島 章 こじま・あきら 大正3年8月2日～平成3年2月19日 鉄建建設常務 →91/93

小嶋 晃 こじま・あきら ～平成4年8月10日 テレビ西日本取締役 →91/93

小島 功 こじま・いさお 昭和9年7月24日～平成9年4月4日 小島鉄工所社長 →97/99

小島 五十人 こじま・いそんど 大正10年8月26日～平成22年11月7日 法華倶楽部社長 →09/11

小島 逸雄 こじま・いつお 昭和4年8月19日～平成20年11月27日 広島県議(民主県政会) →06/08

児島 卯吉 こじま・うきち ～昭和53年8月31日 日経連常任理事 →昭和

児島 英一 こじま・えいいち 大正11年5月14日～平成19年11月23日 近畿日本鉄道副社長, 近畿日本ツーリスト社長 →06/08

小島 悦吉 こじま・えつきち 明治44年7月30日～平成19年8月25日 徳島県農務部長, 徳島県農業大学校長, 徳島県日中友好協会会長 →06/08

小島 英美 こじま・えみ ～昭和62年8月30日 小島工務店・北陸美装工業取締役副社長, ジャスコ高岡総合開発取締役 →83/87

五島 円右衛門 ごしま・えんうえもん 明治36年9月15日～昭和55年10月8日 礪波市長 →80/82

古島 一雄 こじま・かずお 慶応元年8月1日～昭和27年5月26日 政治家, ジャーナリスト 衆院議員(政友会), 貴院議員(勅選) →昭和

小島 和義 こじま・かずよし 昭和5年11月1日～平成4年9月30日 蚕糸砂糖類価格安定事業団理事長 →91/93

小島 勝秀 こじま・かつひで 大正15年11月29日～昭和63年10月10日 石塚硝子常勤監査役・元取締役 →88/90

小島 勝平 こじま・かつへい 昭和11年1月28日～平成19年4月24日 コジマ創業者 →06/08

小島 勝泰 こじま・かつやす 大正6年1月16日～平成16年2月23日 昭和産業常務 →03/05

小島 兼雄 こじま・かねお 明治44年8月25日～昭和58年3月24日 雄電社会長 →83/87

小島 喜三郎 こじま・きさぶろう 昭和3年1月14日～平成4年7月26日 三喜会長 →91/93

小島 久元 こじま・きゅうげん ～平成6年11月12日 カゴメ相談役・元専務 →94/96

小島 清 こじま・きよし ～昭和63年10月11日

I　政治・経済・社会篇

カネキ小島商店代表取締役社長　→88/90

小島 清司　こじま・きよし　明治29年4月23日～平成4年1月6日　杉村倉庫社長　→91/93

小島 清孝　こじま・きよたか　昭和22年～平成18年　東京堂書店外商部長　→06/08

小島 清文　こじま・きよふみ　大正8年12月28日～平成14年3月1日　不戦兵士の会代表理事　→00/02

小島 慶三　こじま・けいぞう　大正6年3月11日～平成20年8月30日　参院議員(民主党)、通産産業審議官、日本精工専務　→06/08

小嶋 源作　こじま・げんさく　明治38年1月1日～平成1年8月7日　中部日本放送相談役、中日新聞相談役　→88/90

小島 源三郎　こじま・げんざぶろう　明治7年11月～昭和9年5月19日　弁護士　秋田県知事　→昭和

児島 健爾　こじま・けんじ　～昭和41年3月11日　千葉興業銀行会長　→昭和

児島 謙二　こじま・けんじ　明治38年8月16日～平成3年8月22日　弁護士　大阪高裁総括判事、松山地家裁所長　→91/93

小島 謙治　こじま・けんじ　明治41年8月23日～平成1年11月28日　読売テレビ東京支社顧問、元専務　→88/90

古島 玄三　こじま・げんぞう　～昭和6年5月18日　代議士古島一雄氏厳父　→昭和

小嶋 健太郎　こじま・けんたろう　昭和7年9月12日～平成20年6月18日　能美防災常務　→06/08

小島 小一郎　こじま・こいちろう　明治21年1月15日～昭和35年2月17日　農民運動家　山形県議、日農山形県連会長　→昭和

児島 浩一郎　こじま・こういちろう　大正15年7月3日～平成19年4月8日　児島洋紙社長　→06/08

児島 虓一郎　こじま・こういちろう　～平成4年7月10日　大原美術館評議員　→91/93

児島 光寿　こじま・こうじゅ　～昭和62年7月26日　僧侶　高畠山浄土寺第29世住職　→83/87

小島 貞夫　こじま・さだお　～平成20年9月8日　日本患者同盟副会長　→06/08

小島 哲　こじま・さとし　明治45年2月28日～平成7年2月14日　富士通専務　→94/96

児嶋 重　こじま・しげる　大正9年5月10日～平成13年4月12日　京写社長、全日本染型組合連合会会長　→00/02

小島 茂　こじま・しげる　～昭和57年8月9日　愛知県議　→80/82

児島 静男　こじま・しずお　～昭和40年6月20日　鹿屋市長　→昭和

小島 鎮夫　こじま・しずお　大正11年8月31日～平成9年1月11日　神奈川県議(無所属)　→97/99

小島 七郎　こじま・しちろう　明治16年2月～昭和5年3月4日　衆院議員(民政党)　→昭和

小島 重一郎　こじま・じゅういちろう　昭和12年3月1日

～平成11年11月26日　埼玉県議(無所属)　→97/99

小島 周次郎　こじま・しゅうじろう　明治35年10月24日～平成7年8月24日　横浜生糸取引所理事長　→94/96

小島 脩平　こじま・しゅうへい　昭和10年7月9日～平成23年9月15日　三菱重工業常務　→09/11

小島 譲一　こじま・じょういち　大正7年11月30日～平成3年6月7日　中央商事常務　→91/93

小島 正吉　こじま・しょうきち　～平成8年9月17日　全国樺太連盟常務理事、鴻巣警察署長　→94/96

小島 鉦治　こじま・しょうじ　～昭和39年8月31日　帝都自動車副社長　→昭和

小島 正治郎　こじま・しょうじろう　～昭和49年2月23日　西武鉄道社長　→昭和

小島 昇蔵　こじま・しょうぞう　大正3年～昭和62年6月7日　三井石油化学工業取締役岩国大竹工場長　→83/87

小島 昌平　こじま・しょうへい　～昭和55年9月22日　ホーチキ株式会社相談役・元社長　→80/82

小島 祥平　こじま・しょうへい　～昭和63年5月27日　三菱鉱業取締役、崎戸製塩社長　→88/90

小島 新吾　こじま・しんご　～平成5年1月14日　西松建設常務　→91/93

小島 新作　こじま・しんさく　～昭和56年11月11日　東京地図出版社長　→80/82

児島 甚四郎　こじま・じんしろう　～昭和56年5月29日　福岡市議　→80/82

児島 誠一　こじま・せいいち　～昭和58年9月23日　ミノルタカメラ副社長、神戸銀行監査役　→83/87

小島 清三　こじま・せいぞう　明治42年10月5日～平成4年7月15日　犬山市長　→91/93

小島 節郎　こじま・せつお　大正15年10月31日～平成12年12月5日　三井銀行常務　→00/02

小島 太作　こじま・たいさく　明治45年1月27日～平成14年11月4日　駐インド大使　→00/02

小島 孝　こじま・たかし　昭和13年12月26日～平成5年11月9日　弁護士　日本弁護士連合会副会長、京都弁護士会長　→91/93

小島 健　こじま・たけし　昭和12年10月10日～平成14年4月24日　島津メディカルシステムズ東日本社長、島津製作所常務　→00/02

小島 太左エ門　こじま・たざえもん　～昭和62年7月3日　名古屋繊維取引所副理事長　→83/87

小島 忠夫　こじま・ただお　～平成2年11月19日　信託協会事務局長　→88/90

小島 正　こじま・ただし　～昭和57年7月30日　平ामा紙業社長　→80/82

小島 忠　こじま・ただし　～平成4年2月29日　国際興業社長　→91/93

小嶋 忠　こじま・ただし　昭和9年1月16日～平成19年12月30日　コニカ取締役　→06/08

「現代物故者事典」総索引(昭和元年～平成23年)　487

こしま

小島 達雄　こじま・たつお　〜昭和60年5月13日
　弘電社取締役　→83/87

小島 玉雄　こじま・たまお　〜平成4年9月28日
　法華倶楽部創業者・監査役　→91/93

小島 勉　こじま・つとむ　大正15年1月23日〜平成10年8月26日　淡路フェリーボート社長　→97/99

児島 恒吉　こじま・つねきち　明治43年9月9日〜平成3年7月15日　鳥取ガス会長,日本ガス協会理事　→91/93

小島 常次　こじま・つねじ　大正3年2月16日〜平成2年9月23日　美島カントリークラブ理事長代行,ニチガン会長　→88/90

小島 常十　こじま・つねじゅう　明治33年12月2日〜平成2年4月27日　電通取締役　→88/90

小嶋 貞子　こじま・ていこ　〜平成18年4月3日
　がんこフードサービス常務　→06/08

小島 徹三　こじま・てつぞう　明治32年9月29日〜昭和63年1月10日　政治家,弁護士　衆院議員(自民党)　→88/90

小島 伝三　こじま・でんぞう　〜昭和56年3月5日
　第一銀行常務,志村化工会長　→80/82

小島 敏　こじま・とし　大正3年11月10日〜平成9年11月14日　フジキン会長　→97/99

児島 俊夫　こじま・としお　大正4年10月29日〜昭和61年3月29日　関東電化工業顧問,元日本軽金属常務　→83/87

小島 敏雄　こじま・としお　大正8年8月1日〜平成2年8月13日　メルサ監査役,名鉄百貨店副社長,日本銀行文書局長　→88/90

小島 利雄　こじま・としお　〜昭和44年3月10日
　弁護士　実践学園理事長　→昭和

小島 利徳　こじま・としのり　〜平成13年7月23日
　園芸家　日本ばら会理事長,愛川町(神奈川県)町議　→00/02

小島 友平　こじま・ともへい　〜平成5年10月30日
　埼玉県経営者協会常務理事・事務局長　→91/93

小島 智善　こじま・ともよし　明治20年1月〜昭和25年3月7日　衆院議員(政友会)　→昭和(小島 智親 こじま・ともちか)

小嶋 豊之進　こじま・とよのしん　明治39年6月13日〜平成13年1月5日　日本碍子常務　→00/02

小嶌 信勝　こじま・のぶかつ　大正10年11月28日〜平成23年5月19日　広島高検検事長　→09/11

小島 徳維　こじま・のりお　〜昭和62年5月6日
　弁護士　厚生省児童局長,社会保障制度審議会事務局長　→83/87

小島 一　こじま・はじめ　大正9年2月16日〜平成18年11月5日　東京都議(自民党)　→06/08

小島 治夫　こじま・はるお　〜昭和61年1月19日
　カネコ小島陶器会長　→83/87

小島 秀雄　こじま・ひでお　〜昭和57年3月22日
　海軍少将　日独協会副会長　→80/82

小嶋 英夫　こじま・ひでお　〜平成15年8月3日
　大東京火災海上保険専務　→03/05

五嶋 秀任　ごしま・ひでと　〜昭和63年7月21日
　五嶋エージェンシー代表　→88/90

小島 広一　こじま・ひろいち　明治40年4月18日〜平成6年9月9日　東京海上火災保険取締役,ホーチキ社長　→94/96

古島 宏　こじま・ひろし　昭和8年6月14日〜平成15年1月25日　浅沼組専務　→03/05

小島 広　こじま・ひろし　大正14年10月25日〜平成4年7月15日　愛知トヨタ自動車常務　→91/93

小島 浩　こじま・ひろし　大正9年9月22日〜平成16年6月27日　住友金属工業副社長,大阪チタニウム製造社長　→03/05

小島 博　こじま・ひろし　明治45年7月2日〜昭和56年4月8日　伊勢丹監査役,朝日広告賞審査委員　→80/82

五嶋 宏行　ごしま・ひろゆき　昭和8年1月17日〜平成23年8月20日　テレビ愛知副社長　→09/11

小島 文夫　こじま・ふみお　明治37年6月30日〜昭和40年11月15日　読売新聞専務・編集主幹　→昭和

小島 文雄　こじま・ふみお　明治45年6月15日〜平成1年5月18日　小島産業代表取締役会長,名古屋家庭金物卸協同組合理事長　→88/90

小島 政夫　こじま・まさお　明治45年5月2日〜平成12年10月1日　山之内薬会長　→00/02

小島 政治　こじま・まさじ　昭和3年4月17日〜平成9年5月17日　読売新聞工務局参与　→97/99

小島 正也　こじま・まさなり　昭和14年3月4日〜平成9年5月15日　チノン取締役,ミクロ発条社長　→97/99

小島 道夫　こじま・みちお　〜昭和62年1月2日
　(株)斉藤専務取締役　→83/87

児島 光雄　こじま・みつお　大正10年3月6日〜平成20年1月12日　国際電信電話副社長,国際コミュニケーション基金理事長　→06/08

小島 三雄　こじま・みつお　大正11年7月16日〜平成21年9月27日　鹿島建設副社長　→09/11

児島 光一　こじま・みつかず　大正6年8月27日〜平成1年1月24日　愛知県議(自民党)　→88/90

児島 光三　こじま・みつぞう　大正11年8月10日〜平成3年5月9日　栄藤工務店専務　→91/93

小島 本義　こじま・もとよし　大正14年3月13日〜昭和63年5月23日　文天閣社長,新潟県印刷工業組合理事　→88/90

小嶋 弥左衛門　こじま・やざえもん　大正12年4月17日〜平成17年12月15日　小嶋総本店会長,山形県公安委員長　→03/05

小島 泰夫　こじま・やすお　大正11年3月4日〜平成4年7月17日　愛知県議(共産党)　→91/93

小島 安信　こじま・やすのぶ　〜平成15年3月10日　長崎新聞社長　→03/05

小島 雄　こじま・ゆう　昭和5年6月29日〜平成16年7月9日　鹿島建設副社長　→03/05

小島 幸夫　こじま・ゆきお　〜平成11年1月2日　亀岡市長　→97/99

小島 幸雄　こじま・ゆきお　大正10年11月15日〜平成21年1月22日　滋賀県議(自民党)　→09/11

小島 要治　こじま・ようじ　大正6年2月28日〜平成3年10月23日　カゴメ社長　→91/93

児島 要太郎　こじま・ようたろう　明治43年8月2日〜平成4年7月23日　野崎印刷紙業取締役　→91/93

小嶋 克孝　こじま・よしたか　〜平成13年7月26日　住友精化常務　→00/02

小島 芳太郎　こじま・よしたろう　〜昭和55年4月16日　丸柏ビル社長、黒江屋副社長　→80/82

小嶋 由郎　こじま・よしろう　〜昭和63年10月30日　三恵工業社長、太平洋工業取締役　→88/90

小嶋 理一郎　こじま・りいちろう　大正9年2月5日〜平成7年7月20日　ホシデン常務　→94/96

小島 立平　こじま・りゅうへい　明治44年4月11日〜平成7年3月23日　三菱銀行常務、東京急行電鉄副社長、東急不動産副社長　→94/96

小清水 勇　こしみず・いさむ　〜昭和56年5月24日　東京ガレーヂ社長、全日本駐車協会副会長　→80/82

越村 重理　こしむら・しげみち　大正5年10月9日〜平成13年1月9日　東海銀行副頭取、農和産業社長　→00/02

越村 哲夫　こしむら・てつお　〜昭和59年10月13日　伏見信用金庫監事　→83/87

越村 斜　こしむら・ななめ　明治45年6月25日〜昭和63年1月24日　東洋クロス専務　→88/90

越村 安太郎　こしむら・やすたろう　明治38年12月19日〜平成8年3月29日　弁護士　全国市長会事務局長、茨城県副知事　→94/96

越村 安央　こしむら・やすひで　昭和16年4月26日〜平成3年3月10日　運輸省中国運輸局長　→91/93

越守 達　こしもり・とおる　〜平成9年8月10日　奈良交通常務　→97/99

越森 幸夫　こしもり・ゆきお　昭和5年12月10日〜平成17年2月28日　奥尻町(北海道)町長　→03/05

古謝 其秀　こじゃ・きしゅう　大正12年4月13日〜平成22年7月19日　沖縄海邦銀行会長　→09/11

古謝 将二郎　こしゃ・しょうじろう　昭和5年10月27日〜平成20年5月23日　さつま屋社長　→06/08

越山 均之助　こしやま・きんのすけ　〜昭和26年12月6日　奈良交通社長　→昭和

越山 欽平　こしやま・きんぺい　大正4年9月15日〜平成11年5月12日　建築技師　清水建設専務・技師長　→97/99

越山 太刀三郎　こしやま・たちさぶろう　文久3年5月〜昭和4年6月11日　衆院議員(庚申倶楽部)　→昭和

越山 康　こしやま・やすし　昭和7年12月20日〜平成21年11月27日　弁護士　→09/11

古城 磐　こじょう・いわお　〜平成14年11月30日　弁護士　警察庁四国管区警察局長、岐阜県警本部長　→00/02

五条 覚澄　ごじょう・かくちょう　〜昭和54年9月22日　金峯山法主　→昭和

古城 管堂　こじょう・かんどう　安政4年7月25日〜昭和9年11月1日　京城商業会議所副会頭　→昭和

古城 宏一　こじょう・こういち　昭和4年2月27日〜平成1年8月7日　東邦生命保険相互監査役　→88/90

五条 順教　ごじょう・じゅんきょう　大正15年11月9日〜平成21年5月16日　僧侶　金峯山修験本宗管長、総本山金峯山寺管領　→09/11

古城 胤秀　こじょう・たねひで　〜平成13年11月10日　陸軍少将　→昭和

五条 為功　ごじょう・ためこと　明治6年10月〜昭和2年10月26日　子爵　貴院議員　→昭和

古城 紀生　こじょう・のりお　〜平成15年5月28日　クラボウ専務　→03/05

五所野尾 基彦　ごしょのお・もとひこ　明治43年6月25日〜平成20年12月27日　香川県議(自民党)　→06/08

小城 武次　こしろ・たけじ　〜平成5年2月3日　小城製薬社長　→91/93

小城 忠治　こしろ・ちゅうじ　明治33年12月21日〜平成3年11月18日　小城製薬会長　→91/93

牛頭 芳夫　ごず・よしお　昭和2年6月5日〜平成4年1月4日　協立サッシ販売代表取締役　→91/93

小菅 一郎　こすが・いちろう　大正2年2月13日〜平成12年12月30日　コスガ会長　→00/02

小菅 宇一郎　こすが・ういちろう　明治21年10月14日〜昭和43年2月14日　大阪貿易協会長、伊藤忠商事社長　→昭和(こすげ・ういちろう)

小塚 一男　こづか・かずお　大正8年6月30日〜平成15年2月26日　名鉄産業社長　→03/05

古塚 浩平　こづか・こうへい　大正7年9月8日〜平成8年11月29日　有楽土地専務　→94/96

小菅 昭男　こすが・てるお　昭和9年1月8日〜平成9年10月10日　神鋼商事常務　→97/99

小塚 泰一　こづか・やすいち　〜昭和43年7月30日　明治製糖会長　→昭和

小柄 義信　こづか・よしのぶ　大正15年11月18日〜平成23年6月19日　余市町(北海道)町長　→09/11

小杉 明　こすぎ・あきら　昭和3年7月30日〜平成14年6月15日　日本製粉常務　→00/02

小杉 イ子　こすぎ・いね　明治17年11月〜昭和39年1月6日　参院議員(緑風会)　→昭和(こすぎ・いこ)

小杉 和夫　こすぎ・かずお　昭和12年11月27日〜平成14

年12月3日　小杉産業会長　→00/02

小杉 源太郎　こすぎ・げんたろう　〜平成4年12月31日
横浜ゴム常務　→91/93

小杉 繁安　こすぎ・しげやす　明治17年10月〜昭和38年4月30日　参院議員(自由党),山形新聞社取締役　→昭和

小杉 滋　こすぎ・しげる　〜昭和56年8月3日
(財)日本人事行政研究所参与,元人事院管理局審議官　→80/82

小杉 俊一　こすぎ・しゅんいち　大正4年7月3日〜平成13年7月19日　ニコン常務　→00/02

小杉 武雄　こすぎ・たけお　明治41年1月21日〜昭和55年7月6日　全国更生保護会連盟常任理事　→80/82

小杉 武司　こすぎ・たけし　明治13年3月〜昭和12年8月22日　陸軍中将　→昭和

小杉 猛　こすぎ・たけし　〜平成11年9月22日
新コスモス電機常務　→97/99

小杉 武光　こすぎ・たけみつ　大正11年5月5日〜平成10年10月20日　静岡県議(自民党)　→97/99

小杉 照夫　こすぎ・てるお　大正15年1月1日〜平成7年11月8日　駐バチカン大使　→94/96

小杉 亨　こすぎ・とおる　昭和12年11月6日〜平成13年12月28日　サノヤス・ヒシノ明昌専務　→00/02

小杉 仁造男　こすぎ・にぞう　〜平成17年12月18日
スギー社長,知多カントリー倶楽部理事長,中部ゴルフ連盟副会長　→03/05

小杉 信光　こすぎ・のぶみつ　大正12年8月31日〜平成16年4月12日　沖電気工業社長　→03/05

小杉 一　こすぎ・はじめ　明治43年3月16日〜平成4年12月26日　日本果物商業協同組合連合会会長　→91/93

小杉 平一　こすぎ・へいいち　大正3年3月22日〜平成18年12月2日　警察庁関東管区警察局長　→06/08

小杉 真　こすぎ・まこと　〜昭和59年2月15日
東竜織物相談役,元日本綿糸布輸出組合専務理事　→83/87

小杉 雄二　こすぎ・ゆうじ　〜昭和58年1月7日
住友電気工業常務　→83/87

小杉 吉雄　こすぎ・よしお　〜昭和62年2月13日
フルーツ小杉取締役社長　→83/87

小杉 吉雄　こすぎ・よしお　〜昭和63年1月17日
小杉建設社長　→88/90

小机 順次郎　こづくえ・じゅんじろう　明治41年3月18日〜平成4年5月25日　三洋電機専務,協和銀行(のち協和埼玉銀行)常務　→91/93

小菅 正一　こすげ・しょういち　〜昭和46年5月3日
伊勢丹監査役　→昭和

小菅 健　こすげ・たけし　〜昭和62年1月23日
東旭代表取締役専務,埼玉県吹上商工会会長　→83/87

小菅 丹治(2代目)　こすげ・たんじ　明治15年4月27日〜昭和36年9月16日　実業家　伊勢丹社長　→昭和(小菅 丹治)

小菅 丹治(3代目)　こすげ・たんじ　大正7年12月15日〜昭和59年3月4日　伊勢丹代表取締役名誉会長,日本百貨店協会会長,経団連常任理事　→83/87

小菅 千代吉　こすげ・ちよいち　〜昭和48年9月5日
伊勢丹会長　→昭和

小菅 徹二　こすげ・てつじ　〜昭和57年12月3日
コスタリカ松下電器会社社長　→80/82

小菅 正美　こすげ・まさはる　大正13年4月13日〜平成13年5月5日　東旭会長,日本鯉のぼり協会会長　→00/02

小助川 弦　こすけがわ・ゆずる　〜平成2年8月8日
札幌地裁判事,北海学園大学教授　→88/90

小槌 芳　こづち・よし　慶応2年〜昭和6年7月
平安組創業者　→昭和

木積 一馬　こずみ・かずま　〜平成12年8月19日
神官　石切劔箭神社権宮司,大阪神社連合会副会長　→00/02

古瀬 嘉時長　こせ・かじひさ　昭和4年3月12日〜昭和61年7月21日　参院事務局管理部長　→83/87

古瀬 兵次　こせ・へいじ　明治36年1月18日〜平成4年10月28日　日本鮭鱒漁業協同組合連合会会長,青森県会議長(自民党)　→91/93

小関 観三　こぜき・かんぞう　明治23年3月9日〜昭和4年4月18日　陸軍中佐,パイロット　→昭和(こせき・かんぞう)

小関 賢二郎　こせき・けんじろう　〜昭和60年7月6日
警視庁刑事部兼防犯部参事官　→83/87

古関 周蔵　こせき・しゅうぞう　明治35年10月19日〜平成3年2月28日　千代田火災海上保険会長,東海銀行専務　→91/93

古関 忠男　こせき・ただお　大正3年3月31日〜平成17年2月　ケーエスデー中小企業経営者福祉事業団理事長　→03/05

古石 哲雄　こせき・てつお　〜平成16年11月8日
日本電通建設(のち日本電通)常務　→03/05

小関 登美雄　こせき・とみお　昭和12年4月8日〜平成12年5月16日　山形グランドホテル社長,山形新聞社取締役　→00/02

小関 正洋　こせき・まさひろ　昭和13年12月5日〜平成5年10月12日　山形銀行取締役　→91/93

古関 靖夫　こせき・やすお　大正5年4月21日〜平成13年10月19日　フジカラーサービス社長　→00/02

小関 礼三　こせき・れいぞう　大正2年3月19日〜平成15年8月19日　児玉化学工業社長　→03/05

古曽志 正一　こそし・しょういち　大正6年12月29日〜昭和62年10月6日　日商岩井取締役　→83/87

小園 安名　こぞの・やすな　明治35年11月1日〜昭和35年11月5日　海軍大佐　→昭和

後田 四郎　ごだ・しろう　昭和12年4月27日〜平成17年4月11日　大日本塗料常務　→03/05

子田 征基　こだ・せいき　昭和13年12月25日〜平成16年4月2日　大成建設副社長　→03/05

子田 忠男　こだ・ただお　〜平成6年1月5日
新潟県議（社会党）　→94/96

五代 吟之亮　ごだい・ぎんのすけ　〜昭和56年4月4日
一宮市議・元議長　→80/82

五代 圭一　ごだい・けいいち　〜昭和57年12月12日
摩耶商事会社会長　→80/82

五代 武　ごだい・たけし　大正5年2月4日〜平成4年8月2日　オンキョー社長　→91/93

小平 敦　こだいら・あつし　昭和6年7月3日〜平成19年1月8日　三井信託銀行専務　→06/08

小平 勇　こだいら・いさむ　〜昭和28年2月27日
八幡製鉄常務　→昭和

古平 コハル　こだいら・こはる　〜昭和55年4月10日
女性の日本一長寿者　→80/82

小平 権一　こだいら・ごんいち　明治17年1月6日〜昭和51年8月1日　衆院議員（日本進歩党），農林次官　→昭和

小平 重吉　こだいら・じゅうきち　明治19年9月〜昭和35年4月3日　栃木県知事，衆院議員（政友会）　→昭和

小平 省三　こだいら・しょうぞう　昭和28年3月5日
日比谷ビル社長　→昭和

小平 忠　こだいら・ただし　大正4年8月1日〜平成12年12月3日　衆院議員　→00/02

小平 久雄　こだいら・ひさお　明治43年2月22日〜平成10年8月12日　衆院議員（自民党），労相　→97/99

小平 啓　こだいら・ひらく　大正1年10月23日〜平成12年1月11日　安立電気専務　→00/02

小平 万栄　こだいら・まんえい　明治38年6月28日〜平成9年9月9日　野鳥研究家　日本野鳥の会理事　→97/99

小平 芳男　こだいら・よしお　明治43年4月17日〜平成1年3月11日　東芝機械常務，不二精機社長　→88/90

小平 芳平　こだいら・よしへい　大正10年9月22日〜平成13年6月18日　参院議員（公明党）　→00/02

小畠 維徳　こたか・いとく　明治41年12月21日〜昭和6年1月29日　大月市長，丸維織物会長　→97/99

小高 義一　こたか・ぎいち　〜昭和27年1月20日
西武鉄道取締役　→昭和

小高 志郎　こだか・しろう　大正12年5月20日〜平成9年5月19日　明治座専務　→97/99

小高 孝　こたか・たかし　〜昭和45年2月15日
神戸製鋼所顧問　→昭和

小高 登貴　こたか・のりつら　大正12年2月〜平成4年3月　「あゝ青春零戦隊」の著者　→91/93

小高 勝　こだか・まさる　〜平成15年2月6日
島根県警本部長　→03/05

小滝 顕忠　こたき・あきただ　明治34年8月24日〜平成2年12月15日　東映専務，東京急行電鉄取締役，東急エージェンシー専務　→88/90

小滝 彬　こだき・あきら　明治37年7月1日〜昭和33年5月28日　参院議員（自民党）　→昭和

小滝 猛　こたき・たけし　〜平成2年5月14日
占冠村（北海道）村長　→88/90

小竹 茂　こたけ・しげる　〜昭和17年9月12日
日本興銀理事　→昭和

固武 二郎　こたけ・にろう　〜平成2年11月6日
航空自衛隊第二術科学校長　→88/90

小竹 浩　こたけ・ひろし　〜昭和58年1月20日
西華産業顧問　→83/87

小竹 喜雄　こたけ・よしお　〜昭和60年1月29日
東陽テクニカ専務　→83/87

古田島 薫平　こだじま・くんべい　明治34年7月22日〜平成1年8月23日　江別市長　→88/90

小立 淳　こだち・あつし　大正14年3月28日〜平成10年6月11日　南江堂社長　→97/99

小太刀 賢次　こだち・けんじ　〜昭和60年6月19日
丸大証券社長　→83/87

小立 武彦　こだち・たけひこ　明治45年1月6日〜昭和62年6月10日　南江堂社長，日本医書出版協会理事長　→83/87

小立 正彦　こだち・まさひこ　明治42年1月1日〜平成4年10月24日　南江堂会長　→91/93

小館 徳司　こだて・とくじ　〜昭和57年5月31日
福岡町（岩手県）町長　→80/82

小谷 章　こたに・あきら　〜平成14年8月28日
陸将　→00/02

小谷 一三　こたに・かずみ　明治39年9月24日〜平成7年4月30日　教学研究社会長　→94/96

小谷 嘉三　こたに・かぞう　明治38年10月17日〜平成8年11月5日　日本電池専務，三菱銀行取締役　→94/96

小谷 勝重　こたに・かつしげ　〜昭和38年10月27日
最高裁判事　→昭和

小谷 喜美　こたに・きみ　明治34年1月10日　昭和46年2月9日　宗教家　霊友会会長　→昭和

小谷 久爾夫　こたに・くにお　大正14年5月25日〜平成17年3月29日　熊本県議（自民党）　→03/05

小谷 重郎　こたに・しげお　〜昭和55年5月23日
サントリー専務　→80/82

小谷 進　こたに・すすむ　〜昭和7年3月22日
海軍少佐　→昭和

小谷 進　こたに・すすむ　昭和18年12月12日〜平成14年12月14日　ユーシン機器創業者　→00/02

小谷 宗作　こたに・そうさく　〜昭和62年11月11日
小谷製作所取締役会長　→83/87

小谷 武夫　こたに・たけお　〜昭和41年4月1日
富士発動機会長，元富士重工業専務　→昭和

小谷 達雄　こたに・たつお　大正8年1月1日〜平成5年7月

月14日　参院法制次長　→91/93

小谷 悌三　こたに・ていぞう　～昭和59年10月21日
日本合成ゴム取締役　→83/87

小谷 銕治　こたに・てつじ　明治36年5月6日～昭和62年11月5日　サンケン電気創業者　→83/87

小谷 輝二　こたに・てるじ　大正15年11月11日～平成18年8月13日　衆院議員(公明党)　→06/08

小谷 敏光　こたに・としみつ　昭和2年4月6日～平成23年11月17日　三菱製紙専務　→09/11

小谷 直道　こたに・なおみち　昭和16年7月5日～平成18年4月22日　読売新聞大阪本社取締役編集局長、よみうりランド社長　→06/08

小谷 憲孝　こたに・のりたか　明治35年6月6日～昭和56年12月16日　関西ペイント社長　→80/82

小谷 ハヤ子　こたに・はやこ　～昭和58年7月12日
社会主義者・幸徳秋水の娘　→83/87

小谷 久雄　こだに・ひさお　大正15年10月27日～平成14年9月28日　鳥取県議(無所属)　→00/02

小谷 秀夫　こたに・ひでお　～昭和47年7月21日
三重銀行会長　→昭和

小谷 富士夫　こたに・ふじお　～昭和48年
障害児教育に影響を与えた　→昭和

小谷 文彦　こたに・ふみひこ　昭和8年1月29日～平成21年3月28日　積水ハウス専務、関西積水不動産社長　→09/11

小谷 政一　こたに・まさいち　～平成14年5月4日
宮崎県副知事、宮崎日本大学学園理事長　→00/02

小谷 政人　こたに・まさと　大正2年9月12日～昭和63年1月8日　大盛食品代表取締役会長、鶴城ライオンズクラブ会長　→88/90

小谷 守　こたに・まもる　大正4年9月23日～平成20年11月20日　参院議員(社会党)　→06/08

後谷 良夫　ごたに・よしお　大正5年2月11日～平成20年7月28日　一吉証券社長　→06/08

小谷 善高　こたに・よしたか　明治40年11月15日～昭和57年2月19日　倉吉市長　→80/82

小田部 善次郎　こたべ・ぜんじろう　～昭和58年5月28日　福岡県副知事、福岡県信用保証協会理事長　→83/87

児玉 愛次郎　こだま・あいじろう　天保11年～昭和5年2月13日　宮内省大書記官　→昭和

児玉 一造　こだま・いちぞう　明治14年3月20日～昭和5年1月30日　実業家　トーメン会長　→昭和

児玉 英一　こだま・えいいち　明治36年6月12日～平成2年12月5日　江口証券(のち三洋証券)専務　→88/90

児玉 一三　こだま・かずみ　～昭和60年5月18日
中小企業金融公庫理事、東京中小企業投資育成会社常務　→83/87

児玉 勝子　こだま・かつこ　明治39年3月13日～平成8年1月14日　婦人運動家　→94/96

児玉 勝美　こだま・かつみ　明治39年～昭和38年

大連児玉邸殺人事件　→昭和

児玉 寛一　こだま・かんいち　明治28年2月15日～昭和61年4月1日　日立製作所顧問、元常務　→83/87

児玉 寛次　こだま・かんじ　～平成6年1月6日
社会党山口県本部書記長、国鉄動力車労働組合中央本部政治国際部長　→94/96

児玉 清雄　こだま・きよお　明治33年8月28日～平成3年6月12日　日本水泳連盟顧問、愛知県水泳連盟名誉会長、児玉毛織協議役　→91/93

児玉 袈裟雄　こだま・けさお　明治37年5月～昭和63年3月17日　日向市長　→88/90

児玉 謙次　こだま・けんじ　明治4年11月7日～昭和29年2月13日　銀行家　横浜正金銀行頭取　→昭和

児玉 惟典　こだま・これのり　昭和14年8月8日～平成20年4月16日　東京産業常務　→06/08

児玉 実良　こだま・さねよし　明治15年11月～昭和31年3月20日　衆院議員(立憲民政党)　→昭和

児玉 繁　こだま・しげる　大正6年5月4日～平成13年7月2日　児玉機械製作所会長　→00/02

児玉 静秋　こだま・しずあき　昭和6年9月19日～平成18年11月28日　吉田町(広島県)町長、広島県農協中央会会長　→06/08

児玉 静夫　こだま・しずお　明治40年10月14日～平成6年1月6日　ヤマエ久野会長　→94/96

小玉 順一郎　こだま・じゅんいちろう　昭和2年4月12日～平成17年10月4日　小玉醸造社長、日本酒造組合中央会長　→03/05

児玉 俊二郎　こだま・しゅんじろう　明治27年9月17日～昭和59年9月24日　日新製鋼相談役　→83/87

児玉 新一郎　こだま・しんいちろう　昭和4年2月20日～平成6年5月11日　山陽国策パルプ専務　→94/96

小玉 進亮　こだま・しんすけ　～昭和31年1月19日
江南市長　→昭和

児玉 孝清　こだま・たかきよ　大正11年3月30日～平成1年4月8日　日本銀行考査役、コスモ証券監査役、相互銀行協会常務理事　→88/90

児玉 貴　こだま・たかし　昭和5年10月31日～平成13年8月14日　小島鉄工所会長　→00/02

児玉 武彦　こだま・たけひこ　～平成4年5月10日
オーツタイヤ常務　→91/93

児玉 忠重　こだま・ただしげ　大正3年11月23日～平成6年6月24日　日本バプテスト連盟理事、三井東圧化学取締役　→94/96

児玉 忠康　こだま・ただやす　明治31年7月29日～平成2年10月27日　日本船社長　→昭和

児玉 勉　こだま・つとむ　昭和2年5月3日～平成5年7月9日　山形県議(自民党)　→91/93

児玉 常雄　こだま・つねお　明治17年3月29日～昭和24年10月3日　陸軍大佐、実業家　大日本航空総裁　→昭和

児玉 哲男　こだま・てつお　大正15年4月16日～平成5年4

児玉 哲二 こだま・てつじ　～平成2年8月19日　明治製革(のちメルクス)常務　→88/90

児玉 輝夫 こだま・てるお　昭和5年1月9日～平成16年8月17日　味の素専務　→03/05

児玉 晃彦 こだま・てるひこ　明治41年3月14日～平成3年8月4日　東洋設計コンサルタント社長　→91/93

児玉 豊治 こだま・とよじ　大正3年3月2日～平成10年11月26日　古河鉱業専務,東亜ペイント社長　→97/99

児玉 信夫 こだま・のぶお　～昭和63年4月27日　甲田町(広島県)町長　→88/90

児玉 信義 こだま・のぶよし　明治41年1月1日～平成12年11月26日　日本火災海上保険副社長　→00/02

小玉 治行 こだま・はるゆき　明治33年9月～昭和47年7月8日　衆院議員(自由党)　→昭和

児玉 秀一 こだま・ひでいち　明治42年2月7日～平成12年5月3日　広島県議(自民党)　→00/02

児玉 英男 こだま・ひでお　昭和2年8月11日～平成2年8月3日　アサガミ取締役　→88/90

児玉 秀雄 こだま・ひでお　明治9年7月19日～昭和22年4月7日　貴院議員(伯爵),内相,文相　→昭和

児玉 宏 こだま・ひろし　昭和2年7月8日～平成16年11月17日　岡三証券常務　→03/05

児玉 藤雄 こだま・ふじお　明治45年2月20日～平成10年5月1日　住友特殊金属副社長　→97/99

児玉 富士男 こだま・ふじお　大正4年12月8日～平成3年3月17日　和光経済研究所会長,和光証券取締役相談役　→91/93

児玉 文男 こだま・ふみお　昭和11年8月11日～平成14年8月5日　新日鉄化学常務　→00/02

小玉 平太郎 こだま・へいたろう　～昭和14年7月15日　徳島地方裁判所長　→昭和

児玉 正雄 こだま・まさお　明治32年5月16日～平成9年7月25日　関西ペイント社長　→97/99

児玉 正勝 こだま・まさかつ　明治30年6月29日～昭和53年9月7日　弁護士,法政大学名誉教授　→昭和

児玉 政介 こだま・まさすけ　明治24年7月6日～昭和53年4月14日　厚生事務次官,秋田県知事　→昭和

児玉 正己 こだま・まさみ　大正10年4月26日～平成3年10月8日　信濃印刷社長,東印工組京橋支部支部長　→91/93

児玉 松夫 こだま・まつお　明治40年9月14日～平成4年8月13日　東海銀行専務　→91/93

児玉 末男 こだま・まつお　大正10年12月1日～平成17年2月20日　衆院議員(社会党)　→03/05

児玉 万太郎 こだま・まんたろう　大正13年10月23日～昭和62年9月2日　三井物産副社長　→83/87

児玉 幹雄 こだま・みきお　昭和12年1月4日～平成14年2月5日　鹿島道路専務　→00/02

児玉 道夫 こだま・みちお　明治35年9月25日～平成1年5月3日　キッコーマン常務　→88/90

児玉 道尚 こだま・みちなお　～平成11年7月11日　探偵　日本探偵協会会長　→97/99

児玉 光弘 こだま・みつひろ　昭和13年4月29日～平成19年1月4日　石川島播磨重工業常務　→06/08

小玉 三代司 こだま・みよし　明治35年11月15日～昭和60年7月8日　全国菊花連盟顧問　→83/87

児玉 勇一 こだま・ゆういち　大正13年10月4日～平成5年7月3日　全国有線テレビ協議会会長,寒川町(香川県)町長　→91/93

児玉 右二 こだま・ゆうじ　明治6年9月10日～昭和15年1月23日　衆院議員(昭和会)　→昭和

児玉 寛 こだま・ゆたか　～平成3年9月2日　富山化学工業専務　→91/93

児玉 由一 こだま・よしいち　明治33年5月～昭和51年7月8日　実業家　雪印乳業社長,北海道議　→昭和

児玉 誉士夫 こだま・よしお　明治44年2月18日～昭和59年1月17日　右翼運動家,実業家　ロッキード航空機会社秘密代理人　→83/87

小玉 美雄 こだま・よしお　明治31年8月30日～昭和59年5月1日　科学技術振興会理事長,日本硬化冶金社長,東京理科大理事　→83/87

児玉 龍介 こだま・りゅうすけ　大正10年3月25日～平成2年5月3日　経営コンサルタント,安全指導家　日本経営能率研究所所長　→88/90

児玉 良一 こだま・りょういち　～平成1年9月18日　ブラジル移民(第1回)　→88/90

児玉 連 こだま・れん　明治40年10月13日～昭和58年10月31日　テレビ静岡社長,静岡銀行相談役　→83/87

五反田 基博 ごたんだ・もとひろ　昭和7年12月24日～平成4年1月3日　都市管理センター社長　→91/93

東風谷 宗之助 こちや・そうのすけ　～昭和63年7月5日　(株)印刷紙業社長　→88/90

五町 孝弘 ごちょう・たかひろ　昭和28年8月1日～平成18年7月31日　エイチ・アイ・エス常務　→06/08

小知和 仲造 こちわ・なかぞう　明治36年12月26日～平成5年8月28日　昭和冷蔵社長,小知和冷凍建設社長　→91/93

五坪 茂雄 ごつぼ・しげお　明治22年5月～昭和36年9月1日　衆院議員(民主党)　→昭和

古妻 巌 こつま・いわお　～平成6年11月28日　日本タオル工業組合連合会理事長　→94/96

小手川 金次郎 こてがわ・きんじろう　明治24年～昭和46年7月9日　フンドーキン醬油創業者　→昭和

小手川 道郎 こてがわ・みちろう　大正14年7月18日～平成15年7月14日　フンドーキン醬油副会長　→03/05

古手川 保一 こてがわ・やすいち　～昭和38年11月15日　津久見市長　→昭和

小手川 力一郎 こてがわ・りきいちろう　大正11年2月26日～平成23年9月16日　フンドーキン醬油社長,臼杵商

こてた　　　　　　　　　　　　　　　　　　　　　　　　　　　　　　Ⅰ　政治・経済・社会篇

工会議所会頭　→09/11

籠手田　竜　こてだ・とおる　〜昭和10年8月31日
男爵　→昭和（こてだ・りゅう）

小寺　勇　こでら・いさむ　昭和6年5月30日〜平成11年10月27日　岩木町（青森県）町長　→97/99

小寺　伊勢子　こでら・いせこ　〜昭和6年5月18日
代議士小寺謙吉氏母堂　→昭和

小寺　碓郎　こでら・かくろう　明治43年11月5日〜平成12年8月1日　報国水産社長、日本水産副社長　→00/02

小寺　勝昌　こでら・かつまさ　〜昭和38年2月5日
十六銀行頭取　→昭和

小寺　謙吉　こでら・けんきち　明治10年4月14日〜昭和24年9月27日　神戸市長、衆院議員（第一控室会）、浪速化学社長　→昭和

小寺　源吾　こでら・げんご　明治12年9月7日〜昭和34年6月15日　日本紡績社長　→昭和

小寺　聡　こでら・さとし　昭和5年7月7日〜平成22年11月1日　山陽新聞常務　→09/11

小寺　三郎　こでら・さぶろう　昭和6年11月17日〜昭和62年8月27日　富士写真フイルム（株）印刷システム部長　→83/87

小寺　新六郎　こでら・しんろくろう　大正7年12月14日〜昭和60年10月29日　ユニチカ相談役・元社長　→83/87

小寺　大次郎　こでら・だいじろう　明治40年1月2日〜平成5年7月12日　三井銀行取締役　→91/93

小寺　泰蔵　こでら・たいぞう　大正2年5月23日〜平成19年9月13日　金商又一社長、三菱商事常務　→06/08

小寺　隆　こてら・たかし　昭和7年9月18日〜平成4年10月21日　ホーチキ副社長　→91/93

小寺　辰郎　こてら・たつお　〜昭和56年8月12日
愛知労働金庫理事長・顧問　→80/82

小寺　豊三　こてら・とよぞう　大正10年1月1日〜平成6年4月26日　明電舎常務　→94/96

小寺　信夫　こでら・のぶお　〜昭和56年2月11日
シーメンス株式会社相談役　→80/82

小寺　弘之　こでら・ひろゆき　昭和15年10月3日〜平成22年12月21日　群馬県知事　→09/11

小寺　正道　こでら・まさみち　昭和9年2月18日〜平成19年7月16日　兼松日産農林副社長　→06/08

小寺　寛　こてら・ゆたか　明治40年2月18日〜昭和63年12月7日　敷島印刷監査役、新日本保証代表取締役、大和銀行取締役　→88/90

後藤　章夫　ごとう・あきお　昭和10年〜平成12年7月10日　新潮社常務、「FOCUS」編集長　→00/02

後藤　明　ごとう・あきら　明治41年1月27日〜平成11年9月22日　京都新聞常務　→97/99

後藤　功　ごとう・いさお　明治37年3月30日〜平成2年12月23日　ヤンマーディーゼル副社長、滋賀銀行専務　→88/90

後藤　功　ごとう・いさお　昭和3年7月9日〜平成4年12月1日　オーエム製作所常勤監査役、大和紡績常務　→91/93

後藤　績　ごとう・いさお　大正12年3月26日〜平成15年1月10日　日本国土開発副会長　→03/05

後藤　磯吉（2代目）　ごとう・いそきち　大正8年3月30日〜平成23年8月22日　はごろもフーズ社長　→09/11

後藤　一蔵　ごとう・いちぞう　明治26年9月〜昭和29年10月5日　貴院議員（伯爵）　→昭和

後藤　鎰尾　ごとう・いつお　明治31年9月9日〜昭和62年4月30日　宮内庁式部副長、駐シドニー総領事　→83/87

後藤　梅雄　ごとう・うめお　大正10年2月5日〜平成15年7月12日　延岡市助役、宮崎県教育委員長　→03/05

後藤　栄一　ごとう・えいいち　〜昭和62年2月23日
大同マルタ染工取締役　→83/87

後藤　英一　ごとう・えいいち　明治37年1月6日〜平成5年4月13日　日本車両製造取締役　→91/93

後藤　栄三郎　ごとう・えいざぶろう　〜昭和60年12月29日　憲政記念館長　→83/87

後藤　英次　ごとう・えいじ　〜昭和42年11月24日
海軍中将　→昭和

後藤　英三　ごとう・えいぞう　大正2年7月30日〜昭和60年7月17日　弁護士　東京弁護士会会長　→83/87

後藤　映範　ごとう・えいはん　明治42年〜昭和21年
陸軍軍人　→昭和

後藤　悦治　ごとう・えつじ　明治37年5月31日〜昭和55年9月28日　衆院議員（民主党）、トヨタオート阪神社長　→80/82

後藤　悦造　ごとう・えつぞう　大正8年〜平成18年8月14日　日本車輌製造常務　→06/08

後藤　覚禅　ごとう・かくぜん　〜昭和55年9月26日
福寿院住職、愛知高校教頭、愛知県アイスホッケー連盟理事　→80/82

後藤　学三　ごとう・がくぞう　明治34年4月10日〜昭和37年8月5日　社会運動家　→昭和

後藤　一雄　ごとう・かずお　昭和5年2月8日〜平成16年8月23日　岩崎通信機副社長　→03/05

後藤　和男　ごとう・かずお　大正15年5月4日〜平成3年3月24日　アサヒドーカメラ社長　→91/93

後藤　数次　ごとう・かずじ　大正11年6月4日〜昭和62年7月4日　（株）中広社長　→83/87

後藤　和儀　ごとう・かずのり　明治18年〜昭和11年4月27日　陸軍工兵大佐　→昭和

後藤　一馬　ごとう・かずま　〜昭和57年7月2日
上士幌町（北海道）町長　→80/82

後藤　一正　ごとう・かずまさ　大正14年7月10日〜平成11年11月6日　モービル石油常務、日本機械工業連合副会長　→97/99

後藤　一之　ごとう・かずゆき　大正11年3月12日〜平成8年9月4日　太平エンジニアリング社長　→94/96

後藤　克夫　ごとう・かつお　〜昭和63年2月1日
東芝電気工事（のち東芝プラント建設）社長　→88/90

I　政治・経済・社会篇

後藤 勝三　ごとう・かつぞう　〜昭和43年4月5日
日立セメント相談役　→昭和

後藤 克己　ごとう・かつみ　大正9年9月21日〜平成10年4月3日　大垣信用金庫相談役・元会長　→97/99

後藤 克巳　ごとう・かつみ　〜昭和63年10月20日
税理士　日本税理士会連合会理事　→88/90

後藤 包利　ごとう・かねとし　明治45年7月11日〜平成4年7月21日　東濃ヤクルト社長、愛知中村簡易裁判所調停委員　→91/93

後藤 寛一　ごとう・かんいち　〜昭和48年6月15日
岩谷産業取締役　→昭和

後藤 環爾　ごとう・かんじ　明治4年4月1日〜昭和11年2月23日　僧侶　西本願寺集会上首、浄土真宗西本願寺派本山執行長　→昭和

後藤 甲子男　ごとう・きねお　大正13年1月1日〜平成8年7月7日　三甲会長　→94/96

後藤 喜八郎　ごとう・きはちろう　大正9年9月12日〜平成19年11月1日　武蔵野市長　→06/08

後藤 久一　ごとう・きゅういち　〜昭和63年1月30日
藤久代表取締役社長　→88/90

後藤 清和　ごとう・きよかず　〜昭和55年1月28日
岐阜観光自動車社長、岐阜県バス協会理事　→80/82

後藤 清　ごとう・きよし　大正3年7月3日〜平成1年3月3日　九州電気工事会長　→88/90

後藤 清　ごとう・きよし　〜平成11年1月21日
岐阜県副知事　→97/99

後藤 清敏　ごとう・きよとし　〜昭和55年1月17日
空将　→80/82

後藤 欣五郎　ごとう・きんごろう　明治44年5月4日〜昭和62年9月8日　アラビア石油専務　→83/87

後藤 邦夫　ごとう・くにお　大正2年4月15日〜平成11年1月13日　東海電気工事副社長　→97/99

後藤 軍治　ごとう・ぐんじ　〜昭和55年1月7日
愛知県議、後藤産業社長　→80/82

後藤 啓一　ごとう・けいいち　明治44年10月15日〜昭和55年9月8日　中央製作所相談役、(財)昭和美術館館長　→80/82

後藤 啓一　ごとう・けいいち　〜平成9年12月3日
アサヒドーカメラ専務　→97/99

後藤 圭男　ごとう・けいお　昭和9年11月23日〜平成8年4月10日　陶通社長　→94/96

五島 慶太　ごとう・けいた　明治15年4月18日〜昭和34年8月14日　実業家　東急グループ創立者、東京急行電鉄会長、運輸通信相　→昭和

後藤 憲一　ごとう・けんいち　〜昭和48年1月5日
運輸省港政局長　→昭和

後藤 憲巌　ごとう・けんがん　〜平成10年5月12日
僧侶　円福寺住職、臨済宗南禅寺派宗務総長　→97/99

後藤 健次　ごとう・けんじ　大正13年3月13日〜平成5年10月14日　福島民報常務　→91/93

後藤 兼三　ごとう・けんぞう　明治12年6月15日〜昭和12年2月6日　海軍少将　→昭和

後藤 憲三　ごとう・けんぞう　大正7年5月23日〜平成2年2月25日　東京工業大学講師、日本能率協会技術アドバイザー、日本ゼオン常務　→88/90

後藤 広一　ごとう・こういち　明治40年10月7日〜昭和63年9月13日　大洋漁業専務、新東西社長　→88/90

後藤 孝三郎　ごとう・こうざぶろう　〜昭和55年1月23日　名古屋市議　→80/82

後藤 康成　ごとう・こうせい　〜昭和61年10月4日
中部日本放送番組審議会事務局長　→83/87

後藤 宏造　ごとう・こうぞう　昭和6年6月2日〜平成2年10月23日　オージー情報システム専務　→88/90

後藤 幸平　ごとう・こうへい　〜昭和41年5月29日
霧島神宮宮司　→昭和

後藤 貞美　ごとう・さだみ　明治45年5月30日〜平成2年5月11日　筑邦銀行常務　→88/90

後藤 三郎　ごとう・さぶろう　〜昭和63年9月21日
新名古屋新聞社社長　→88/90

後藤 サワ　ごとう・さわ　〜平成11年7月14日
正弁丹吾亭女将　→97/99

後藤 成夫　ごとう・しげお　大正12年6月9日〜平成6年5月8日　ゴトー会長　→94/96

後藤 茂也　ごとう・しげや　大正12年1月3日〜平成10年5月16日　航空保安協会理事長、全日空専務　→97/99

後藤 茂　ごとう・しげる　〜昭和60年5月8日
新明和エンジニアリング社長　→83/87

後藤 静一　ごとう・しずいち　明治35年1月30日〜昭和60年2月13日　後藤孵卵場会長、日本養鶏農協連理事　→83/87

後藤 脩　ごとう・しゅう　明治12年8月11日〜昭和32年1月15日　松阪市長、近畿東海放送社長、衆院議員(立憲政友会)　→昭和(ごとう・おさむ)

後藤 脩　ごとう・しゅう　明治44年2月12日〜昭和62年6月1日　新日本工業会長、東海ラジオ放送取締役　→83/87

小藤 修造　ことう・しゅうぞう　〜昭和58年7月20日
正金相互銀行監査役　→83/87

後藤 十郎　ごとう・じゅうろう　〜昭和59年5月25日
陸軍少将　→83/87

後藤 潤　ごとう・じゅん　昭和2年1月17日〜平成15年2月3日　NTN副社長　→03/05

後藤 純一　ごとう・じゅんいち　〜平成6年12月16日
オリジン電気社長　→94/96

後藤 準一　ごとう・じゅんいち　〜平成7年5月29日
松坂屋常務　→94/96

後藤 純二　ごとう・じゅんじ　大正10年12月3日〜平成6年6月22日　グンゼ産業常務　→94/96

後藤 正元　ごとう・しょうげん　～平成6年5月19日
僧侶　円徳院住職、永興保育園長、臨済宗建仁寺派高台寺執事長　→94/96

後藤 正策　ごとう・しょうさく　～昭和63年4月22日
京王帝都電鉄取締役　→88/90

後藤 昌次郎　ごとう・しょうじろう　大正13年1月15日～平成23年2月10日　弁護士　→09/11

五島 正三　ごとう・しょうぞう　大正3年2月23日～平成2年11月16日　東京都議(公明党)　→88/90

後藤 省三　ごとう・しょうぞう　～昭和33年6月17日
弁護士　→昭和

後藤 恕作　ごとう・じょさく　安政5年3月6日～昭和4年4月　実業家　東京毛織創業者　→昭和

湖東 二郎　ことう・じろう　大正8年3月25日～平成17年2月3日　袋井市長　→03/05

後藤 四郎　ごとう・しろう　大正5年3月4日～平成10年4月2日　宮内庁正倉院事務所所長　→97/99

小藤 新一　ことう・しんいち　明治42年10月26日～平成6年6月4日　三菱商事取締役、新東亜交易副社長　→94/96

後藤 壬一郎　ごとう・じんいちろう　明治45年3月31日～平成8年8月23日　愛知機械工業取締役、日産チェリー中部販売社長　→94/96

後藤 新治　ごとう・しんじ　大正13年5月10日～平成1年1月19日　名古屋プロパン瓦斯社長、愛知県プロパンガス協会会長　→88/90

後藤 新十郎　ごとう・しんじゅうろう　明治12年4月～昭和7年6月4日　実業家　名古屋株式取引所理事長　→昭和

後藤 真太郎　ごとう・しんたろう　明治27年5月28日～昭和29年1月27日　座右宝刊行会社長　→昭和

後藤 新平　ごとう・しんぺい　安政4年6月4日～昭和4年4月13日　政治家、伯爵　東京市長、満鉄初代総裁、内相　→昭和

後藤 瑞巌　ごとう・ずいがん　明治12年10月18日～昭和40年3月20日　僧侶(臨済宗)　花園大学学長　→昭和

後藤 助蔵　ごとう・すけぞう　～昭和40年12月14日
弁護士　第二東京弁護士会長　→昭和

後藤 純雄　ごとう・すみお　～平成19年5月12日
NHKスタジオパーク館長、全国ふるさと大使連絡会議代表幹事　→06/08

後藤 清一　ごとう・せいいち　明治39年10月26日～平成15年8月24日　三洋電機副社長　→03/05

後藤 精一　ごとう・せいいち　明治33年5月1日～昭和59年9月9日　三菱電機常任監査役　→83/87

五藤 斉三　ごとう・せいぞう　明治24年1月31日～昭和57年7月11日　五藤光学研究所創業者、大東京総合卸売センター社長　→80/82

後藤 清太郎　ごとう・せいたろう　明治26年6月11日～平成4年5月24日　電力中央研究所理事　→91/93

後藤 聡一　ごとう・そういち　大正5年1月2日～平成3年3月30日　八王子市長　→03/05

後藤 壮介　ごとう・そうすけ　大正3年10月23日～昭和58年2月18日　東北電力常務　→83/87

後藤 泰次郎　ごとう・たいじろう　～昭和62年7月11日
日東化学工業専務　→83/87

後藤 大仁　ごとう・だいじん　～昭和50年10月24日
新和海運社長　→昭和

後藤 泰三　ごとう・たいぞう　大正11年1月1日～昭和63年4月12日　大井川鉄道社長　→88/90

後藤 泰三　ごとう・たいぞう　大正9年10月6日～平成9年1月28日　大阪酸素工業常務　→97/99

後藤 孝雄　ごとう・たかお　大正5年12月14日～昭和63年3月21日　志たかぢや社長　→88/90

後藤 高志　ごとう・たかし　～昭和59年5月22日
札幌信金理事、北海道興信土地社長　→83/87

後藤 卓幹　ごとう・たかもと　明治33年7月25日～昭和61年1月23日　弁護士　広島高検検事　→83/87

後藤 敬義　ごとう・たかよし　～昭和42年1月29日
日産ディーゼル工業社長　→昭和

伍堂 卓雄　ごとう・たくお　明治10年9月23日～昭和31年4月7日　政治家、海軍造兵中将　日本能率協会会長、商工相、鉄道相　→昭和

後藤 丈夫　ごとう・たけお　～昭和55年10月27日
福岡県筑紫郡那珂川町議会議長　→80/82

後藤 武夫　ごとう・たけお　明治3年8月18日～昭和8年2月25日　実業家　帝国データバンク創業者　→昭和

後藤 武夫　ごとう・たけお　大正12年8月21日～平成5年2月4日　日本テトラポッド監査役　→91/93

後藤 武雄　ごとう・たけお　～昭和44年8月24日
ブラジル・日本文化協会顧問　→昭和

後藤 猛雄　ごとう・たけお　～昭和24年3月12日
大阪駅長　→昭和

後藤 健　ごとう・たけし　～昭和62年8月27日
大阪中央ゼロックス社長　→83/87

後藤 猛　ごとう・たけし　明治30年9月20日～昭和57年1月19日　近畿車輛社長　→80/82

小藤 武門　ことう・たけと　大正10年1月28日～平成13年10月16日　ビクター音楽産業宣伝部長　→00/02

五嶋 祐　ごとう・たすく　～昭和55年4月12日
関西電力副社長　→80/82

後藤 仁　ごとう・ただし　明治31年8月5日～平成5年3月10日　大日本インキ化学工業顧問　→91/93

後藤 忠孝　ごとう・ただたか　～昭和26年
レイテ戦死者の遺族　→昭和

後藤 辰雄　ごとう・たつお　大正5年12月3日～平成4年7月18日　志村化工専務　→91/93

後藤 達也　ごとう・たつや　～昭和52年9月4日
日本エヌ・シー・アール社長　→昭和

後藤 達人　ごとう・たつんど　昭和7年3月9日～平成18年10月11日　札幌信用金庫理事長　→06/08

後藤 保　ごとう・たもつ　大正4年5月25日～平成4年4月12日　福岡県会議長（自民党），後藤産業会長　→91/93

後藤 太郎　ごとう・たろう　明治41年6月20日～昭和56年9月21日　日興電機工業社長　→80/82

後藤 長司　ごとう・ちょうじ　昭和7年1月30日～平成18年2月6日　ハチバン創業者　→06/08

後藤 務　ごとう・つとむ　～平成6年8月13日　横浜銀行副頭取　→94/96

後藤 恒一　ごとう・つねいち　大正11年9月19日～平成1年1月24日　売木村（長野県）村長　→88/90

後藤 恒夫　ごとう・つねお　明治44年11月8日～平成9年5月9日　日立メディコ社長，日立製作所取締役　→97/99

小藤 恒太郎　ことう・つねたろう　大正5年5月4日～昭和63年4月5日　九州電力監査役　→88/90

古藤 恒彦　ことう・つねひこ　大正5年8月12日～平成22年3月30日　長崎県議（自民党）　→09/11

後藤 悌次　ごとう・ていじ　～昭和42年6月10日　汽車製造前社長　→昭和

五島 哲　ごとう・てつ　昭和23年7月21日～平成19年12月16日　東急建設社長，日本実業団陸上競技連合会長　→06/08

後藤 哲夫　ごとう・てつお　大正14年2月28日～平成1年8月3日　大崎電気工業専務　→88/90

後藤 鉄二郎　ごとう・てつじろう　～昭和15年1月12日　後藤デシン本舗主　→昭和

後藤 輝雄　ごとう・てるお　大正3年6月15日～昭和62年6月20日　雪印乳業顧問，元副社長　→83/87

伍堂 輝雄　ごどう・てるお　明治39年1月1日～平成5年12月16日　日本航空会長　→91/93

後藤 藤太郎　ごとう・とうたろう　大正13年7月14日～昭和62年9月1日　三重県議（自民党，四日市），セコム三重（株）社長　→83/87

後藤 亨　ごとう・とおる　大正12年11月6日～平成12年6月17日　九州石油専務　→00/02

後藤 徹　ごとう・とおる　大正10年2月26日～平成1年2月27日　新東亜交易社長　→88/90

後藤 時也　ごとう・ときなり　～昭和62年1月24日　久留米市消防本部消防長　→83/87

後藤 俊男　ごとう・としお　明治45年1月18日～平成10年1月12日　衆院議員（社会党）　→97/99

後藤 敏夫　ごとう・としお　～昭和55年3月11日　調布市商工会長　→80/82

後藤 利孝　ごとう・としたか　明治39年2月11日～平成13年12月11日　山九専務　→00/02

後藤 俊信　ごとう・としのぶ　大正3年2月21日～平成11年5月10日　中部鋼鈑専務　→97/99

後藤 俊彦　ごとう・としひこ　大正14年10月17日～平成22年5月15日　阪神銀行社長，神戸経済同友会代表幹事　→09/11

後藤 利之　ごとう・としゆき　～昭和56年6月6日

富士通ファナック取締役　→80/82

五島 敏郎　ごとう・としろう　明治45年1月3日～平成1年12月6日　後藤鍛工社長，日商（のち日商岩井）取締役　→88/90

後藤 留吉　ごとう・とめきち　～平成22年9月19日　ブラジル移民　→09/11

後藤 友二　ごとう・ともじ　～平成15年3月13日　松竹常務　→03/05

後藤 豊次　ごとう・とよじ　～平成3年6月16日　田熊汽缶製造（のちタクマ）取締役　→91/93

五島 虎雄　ごとう・とらお　大正3年3月24日～昭和60年10月22日　衆院議員（社会党）　→83/87

後藤 虎雄　ごとう・とらお　大正4年5月28日～平成18年9月8日　古河電気工業常務　→06/08

後藤 直太　ごとう・なおた　～昭和31年8月12日　三菱重工常務　→昭和

後藤 信夫　ごとう・のぶお　明治31年5月21日～平成3年11月8日　弁護士　明治大学理事長，日弁連副会長　→91/93

後藤 修宏　ごとう・のぶひろ　大正12年3月4日～昭和58年9月15日　マキタ電機製作所社長　→83/87

後藤 宣泰　ごとう・のぶひろ　明治39年4月12日～昭和62年9月2日　共栄火災海上保険専務　→83/87

後藤 信義　ごとう・のぶよし　～昭和48年1月21日　警察大学校長　→昭和

五島 昇　ごとう・のぼる　大正5年8月21日～平成1年3月20日　実業家　東京急行電鉄会長，日本商工会議所名誉会頭　→88/90

後藤 肇　ごとう・はじめ　明治29年～昭和58年7月8日　後藤組創業者，大分商工会議所会頭　→83/87

後藤 甫　ごとう・はじめ　大正13年1月17日～平成22年10月23日　日本専売公社総務理事　→09/11

後藤 晴夫　ごとう・はるお　～平成8年5月31日　佐伯建設工業常務　→94/96

後藤 久男　ごとう・ひさお　昭和2年9月14日～昭和62年10月21日　司法書士　宮城県司法書士会名誉会長　→83/87

後藤 寿　ごとう・ひさし　大正10年4月17日～平成8年12月5日　ミドリ十字専務　→94/96

後藤 秀市　ごとう・ひでいち　～昭和61年11月19日　名古屋市日経会会長，中日新聞名古屋中日会長，中日総合サービス社長　→83/87

後藤 英穂　ごとう・ひでお　明治30年2月6日～昭和62年10月29日　呉信用金庫会長　→83/87

後藤 英比古　ごとう・ひでひこ　～昭和62年6月18日　日本映像記録センター取締役　→83/87

五島 百太郎　ごとう・ひゃくたろう　～昭和56年3月23日　東海レイヨン相談役　→80/82

後藤 祐明　ごとう・ひろあき　明治5年7月～昭和15年2月

月26日　岩手県知事　→昭和

五嶋 裕　ごとう・ひろし　大正11年2月1日～平成19年3月31日　ダイハツディーゼル専務　→06/08

後藤 宏　ごとう・ひろし　昭和20年7月7日～平成20年4月18日　安藤建設専務執行役員　→06/08

後藤 浩　ごとう・ひろし　明治35年3月6日～昭和61年1月25日　日経連常任理事　→83/87

五藤 熙二　ごとう・ひろじ　昭和16年3月14日～平成18年10月25日　富士書房社長　→06/08

後藤 博親　ごとう・ひろちか　～昭和62年2月12日　飯塚市議　→83/87

後藤 博雅　ごとう・ひろまさ　大正8年10月～平成8年10月5日　星電社会長　→94/96

後藤 弘美　ごとう・ひろみ　昭和5年8月9日～昭和64年1月4日　千代田化工建設副社長　→88/90

後藤 藤子　ごとう・ふじこ　～昭和44年5月4日　チキンソース会長　→昭和

後藤 文夫　ごとう・ふみお　明治17年3月7日～昭和55年5月13日　政治家　内相、参院議員（緑風会）　→80/82

後藤 文夫　ごとう・ふみお　～平成15年2月7日　静岡銀行常務　→03/05

後藤 文彦　ごとう・ふみひこ　昭和10年9月6日～平成17年12月17日　住友金属工業常務、住金物産副社長　→03/05

後藤 文久　ごとう・ふみひさ　昭和14年2月25日～平成10年2月26日　東北電力常務　→97/99

後藤 文一　ごとう・ぶんいち　～平成4年7月25日　東京田辺製薬取締役　→91/93

後藤 弁吉　ごとう・べんきち　明治33年1月1日～平成2年4月7日　毎日新聞社社友・元取締役、東日印刷社長　→88/90

後藤 満喜男　ごとう・まきお　～平成7年7月12日　中日映画社相談役・元社長　→94/96

後藤 真　ごとう・まこと　明治42年7月27日～平成1年3月12日　日本聖公会東京教区主教、立教大学教授　→88/90

後藤 政雄　ごとう・まさお　～平成7年8月14日　タイヘイ機工会長　→94/96

後藤 正男　ごとう・まさお　～昭和63年2月18日　RKB毎日放送取締役　→88/90

後藤 正夫　ごとう・まさお　大正2年6月18日～平成12年1月29日　参院議員（自民党）、大分大学名誉教授　→00/02

後藤 正雄　ごとう・まさお　大正13年4月24日～平成9年3月14日　日本セメント常務、日本イトン工業会長・社長　→97/99

後藤 正喜　ごとう・まさき　大正6年1月9日～昭和59年6月7日　麻生高圧コンクリート社長　→83/87

後藤 正治　ごとう・まさはる　大正15年1月5日～平成8年8月13日　油研工業専務　→94/96

後藤 正宏　ごとう・まさひろ　大正13年11月18日～平成16年11月27日　理想科学工業副社長　→03/05

後藤 正記　ごとう・まさふみ　大正9年4月4日～平成3年1月23日　ウラン濃縮機器会長、通商産業省貿易振興局長　→91/93

後藤 正見　ごとう・まさみ　大正2年1月3日～昭和64年1月2日　山一証券取締役、日本店頭証券社長　→88/90

後藤 益夫　ごとう・ますお　～昭和58年7月29日　岐阜県議　→83/87

後藤 二三　ごとう・またかず　大正10年4月23日～平成18年7月12日　住友海上火災保険専務　→06/08

後藤 マン　ごとう・まん　大正2年12月22日～平成20年12月3日　東京都議（共産党）　→06/08

後藤 三男八　ごとう・みおはち　～昭和55年6月19日　北海道議　→80/82

後藤 貢　ごとう・みつぐ　大正15年8月5日～平成1年12月22日　日本工営副社長　→88/90

後藤 光次　ごとう・みつじ　大正13年9月22日～平成11年2月6日　ジーベック会長、ヒロセン会長、日本被服工業組合連合会理事長　→97/99

後藤 光蔵　ごとう・みつぞう　～昭和61年12月12日　陸軍中将　→83/87

後藤 三省　ごとう・みつみ　大正13年4月20日～平成4年5月30日　大日通運専務　→91/93

後藤 充　ごとう・みつる　昭和5年4月19日～平成17年11月26日　ユアテック専務　→03/05

後藤 実　ごとう・みのる　大正13年5月27日～昭和60年7月24日　日本サーボ常務　→83/87

後藤 元一　ごとう・もといち　～昭和55年10月16日　西濃鉄道社長　→80/82

後藤 元達　ごとう・もとさと　明治45年1月11日～平成3年12月16日　日興電機工業取締役　→91/93

後藤 基助　ごとう・もとすけ　大正3年10月3日～平成11年4月7日　後藤会長、博多織元卸商業組合理事長　→97/99

後藤 安夫　ごとう・やすお　～平成3年1月7日　西日本新聞社社友、西日本新聞印刷社長　→91/93

後藤 康男　ごとう・やすお　大正12年3月6日～平成14年11月27日　安田火災海上保険社長　→00/02

後藤 康夫　ごとう・やすお　昭和8年6月30日～平成19年9月9日　農林水産事務次官　→06/08

後藤 泰男　ごとう・やすお　昭和9年6月3日～平成7年5月25日　ソディック常務　→94/96

後藤 保次　ごとう・やすじ　明治26年～昭和5年6月　蚕糸技術者　→昭和

後藤 安太郎　ごとう・やすたろう　～昭和11年10月3日　名古屋米取引所理事長　→昭和

後藤 安太郎　ごとう・やすたろう　明治31年9月15日～昭和47年11月29日　オリジン電気創業者　→昭和

後藤 安基　ごとう・やすもと　明治40年4月17日～昭和62年1月26日　後藤鍛工相談役・元社長　→83/87

後藤 八千昭　ごとう・やちあき　昭和10年2月20日～平成8年1月20日　丸藤シートパイル専務　→94/96

後藤 勇一　ごとう・ゆういち　～昭和38年12月3日　帝国興信所長　→昭和

古藤 勇治　ことう・ゆうじ　～昭和58年6月25日　山九顧問　→83/87

後藤 勇二郎　ごとう・ゆうじろう　～平成4年2月20日　後藤地下開発社長　→91/93

後藤 幸雄　ごとう・ゆきお　～昭和55年12月21日　高千穂相互銀行専務　→80/82

後藤 幸雄　ごとう・ゆきお　明治32年9月30日～昭和60年7月5日　日本勧業銀行副頭取　→83/87

五藤 豊　ごとう・ゆたか　昭和4年4月15日～平成10年4月16日　名古屋三越常務　→97/99

後藤 洋一　ごとう・よういち　昭和10年6月23日～平成19年10月7日　横浜市議（公明党）　→06/08

後藤 義明　ごとう・よしあき　～昭和31年12月17日　大月市長　→昭和

後藤 義男　ごとう・よしお　～平成9年11月29日　山一証券常務　→97/99

後藤 義夫　ごとう・よしお　大正10年3月15日～平成16年3月31日　帝国データバンク会長　→03/05

後藤 義雄　ごとう・よしお　大正7年3月24日～平成22年2月12日　朝日石綿工業専務　→09/11

後藤 義隆　ごとう・よしたか　明治33年9月20日～昭和61年11月2日　弁護士　衆院議員（改進党）、参院議員（自民党）　→83/87

後藤 慶親　ごとう・よしちか　大正6年～平成17年3月23日　石井鉄工所常務　→03/05

後藤 伊位　ごとう・よしのり　昭和2年9月10日～平成21年3月11日　栃木県議（自民党）　→09/11

後藤 義典　ごとう・よしのり　昭和17年9月22日～平成14年8月2日　商工中金専務理事　→00/02

後藤 義博　ごとう・よしひろ　大正14年1月13日～平成23年1月2日　秩父別町（北海道）町長　→09/11

五藤 義正　ごとう・よしまさ　～平成12年1月13日　北海道議　→00/02

後藤 良盛　ごとう・よしもり　大正13年12月15日～平成11年10月13日　兵庫県議（自民党）　→97/99

後藤 誉之助　ごとう・よのすけ　大正5年10月25日～昭和35年4月13日　エコノミスト　経済安定本部調査官　→昭和

古藤 利久三　ことう・りくぞう　明治41年6月2日～昭和62年11月25日　経団連専務理事　→83/87

五藤 隆一郎　ごとう・りゅういちろう　昭和13年4月11日～平成16年12月19日　五藤光学研究所会長　→03/05

後藤 隆之助　ごとう・りゅうのすけ　明治21年12月20日～昭和59年8月21日　政治家　昭和研究会代表世話人　→83/87

後藤 了　ごとう・りょう　大正10年5月24日～平成11年7月7日　後藤産業会長, ふくおかビューゼンブルワリー社長　→97/99

後藤 亮一　ごとう・りょういち　明治21年12月～昭和24年3月29日　衆院議員（民政党）　→昭和

後藤 鐐作　ごとう・りょうさく　昭和2年～平成2年8月13日　三井物産取締役　→88/90

後藤田 英治朗　ごとうだ・えいじろう　明治45年5月5日～平成22年5月6日　豊益海漕社長　→09/11

後藤田 正晴　ごとうだ・まさはる　大正3年8月9日～平成17年9月19日　政治家　衆院議員（自民党）、副総理、法相　→03/05

後藤田 佑三郎　ごとうだ・ゆうざぶろう　～昭和30年4月25日　勧銀取締役　→昭和

琴陵 光重　ことおか・みつしげ　大正3年8月21日～平成6年8月14日　神官, 歌人　金刀比羅宮宮司　→94/96

琴坂 重幸　ことさか・しげゆき　大正6年2月16日～昭和59年8月23日　日本機械工業連合会副会長兼専務理事, 川崎重工業常務　→83/87

小泊 重史　こどまり・しげし　～昭和62年9月23日　三井金属鉱業名誉顧問　→83/87

小泊 秀敏　こどまり・ひでとし　～昭和55年7月10日　東亜特殊紙業会長　→80/82

小鳥 サワ　ことり・さわ　大正8年6月8日～平成19年5月10日　アイヌ文化伝承者　→06/08

小鳥居 寛二　ことりい・かんじろう　～昭和60年4月8日　太宰府天満宮常任顧問・元権宮司　→83/87

小鳥井 繁　ことりい・しげる　明治44年12月28日～平成10年10月8日　島田理化工業専務　→97/99

小中 敏康　こなか・としやす　昭和5年8月10日～平成19年8月26日　日本電子常務　→06/08

湖中 久次　こなか・ひさじ　大正7年4月26日～平成4年1月11日　コナカ創業者　→91/93

小仲 正規　こなか・まさのり　明治39年1月1日～平成3年1月7日　日本香堂相談役, 銀座らん月会長　→91/93

小中 政義　こなか・まさよし　昭和22年9月22日～平成17年12月23日　日本ラッド社長　→03/05

小中 義美　こなか・よしみ　～昭和58年3月28日　花王石鹸常務　→83/87

小長谷 綽　こながや・ゆたか　～平成4年2月27日　駐ドミニカ大使　→91/93

小浪 義明　こなみ・よしあき　明治43年8月13日～昭和56年12月1日　近畿観光社長　→80/82

児新 久雄　こにい・ひさお　～昭和43年5月21日　光亜証券会長　→昭和（こしん・ひさお）

小西 秋雄　こにし・あきお　大正12年11月21日～平成23年6月4日　三菱重工業常務, 新キャタピラー三菱社長　→09/11

小西 哲　こにし・あきら　昭和24年9月13日～平成13年7月23日　衆院議員（自民党）　→00/02

小西 明　こにし・あきら　～平成10年9月9日　京都トヨタ自動車副社長　→97/99

小西 綾　こにし・あや　明治37年～平成15年11月3日　女性解放運動家，婦人民主クラブ書記長　→03/05

古西 勇　こにし・いさむ　明治35年12月3日～平成13年1月11日　中国銀行専務　→00/02

小西 一郎　こにし・いちろう　～平成14年11月25日　ニチゾウテック常務　→00/02

小西 和男　こにし・かずお　昭和3年1月15日～平成2年9月6日　東洋酸素取締役　→88/90

小西 和人　こにし・かずひと　昭和2年1月11日～平成21年1月7日　週刊釣りサンデー会長　→09/11

小西 恭次郎　こにし・きょうじろう　明治36年1月7日～平成5年5月22日　京都市議　→91/93

小西 喜代治　こにし・きよじ　明治34年2月8日～昭和57年11月1日　神港通運会長，相生商工会議所会頭　→80/82

小西 久仁男　こにし・くにお　大正10年7月31日～昭和61年6月17日　データ・プロセス・センター社長，朝日新聞社社友　→83/87

小西 邦彦　こにし・くにひこ　～平成19年11月9日　飛鳥会理事長，部落解放同盟大阪府連飛鳥支部長　→06/08

小西 啓一　こにし・けいいち　～平成7年9月26日　東洋クロス常務　→94/96

小西 健治郎　こにし・けんじろう　大正6年9月6日～平成8年12月8日　鉄建建設常務，パレス不動産社長　→94/96

小西 憲三　こにし・けんぞう　～昭和63年9月20日　（株）コニシ会長，富山県カメラ商組合長　→88/90

小西 貞男　こにし・さだお　大正1年9月7日～昭和62年8月29日　三菱地所取締役　→83/87

小西 茂国　こにし・しげくに　明治37年5月20日～昭和12年2月10日　社会運動家　→昭和

小西 静子　こにし・しずこ　大正8年4月9日～平成3年9月20日　全日本なぎなた連盟理事長　→91/93

小西 七郎　こにし・しちろう　明治37年12月11日～平成8年3月2日　兵庫県議　→94/96

小西 就次　こにし・しゅうじ　大正4年1月10日～平成20年2月16日　日本冶金工業常務　→06/08

小西 秀次　こにし・しゅうじ　明治44年10月1日～平成2年7月17日　麒麟麦酒相談役　→88/90

小西 淳一　こにし・じゅんいち　明治40年9月18日～平成3年11月29日　東洋電機製造専務　→91/93

小西 松渓　こにし・しょうけい　明治21年～昭和39年　実業家　→昭和

小西 真一郎　こにし・しんいちろう　～昭和60年10月日　札幌高検検事，京都地検総務部長　→83/87

小西 津一郎　こにし・しんいちろう　大正14年6月15日～昭和63年5月31日　読売新聞常務制作局長　→88/90

小西 新右衛門　こにし・しんえもん　～昭和29年2月7日　小西酒醸社長　→昭和

小西 甚右衛門　こにし・じんえもん　大正9年5月30日～平成14年1月24日　日本臓器製薬会長　→00/02

小西 甚之助　こにし・じんのすけ　安政2年9月～昭和3年　衆議院議員　→昭和

小西 新兵衛　こにし・しんべい　明治40年8月3日～平成7年1月18日　武田薬品工業社長　→94/96

小西 存祐　こにし・ぞんゆう　明治19年1月2日～昭和30年5月15日　僧侶　知恩院華頂専修学院長，仏教大学初代学長　→昭和（こにし・そんゆう）

小西 武　こにし・たけし　明治13年11月28日～平成6年7月25日　村田機械専務　→94/96

小西 祐　こにし・たすく　明治34年4月19日～昭和57年7月18日　小西安会長　→80/82

小西 達司　こにし・たつじ　大正9年6月14日～平成21年9月26日　ダイヤモンドクレジット社長，三菱銀行常務　→09/11

小西 保　こにし・たもつ　明治40年1月30日～昭和60年6月19日　日興証券常任監査役，日本証券社長　→83/87

小西 帝一　こにし・ていいち　大正10年6月19日～平成6年8月27日　いすゞ自動車専務　→94/96

小西 藤治　こにし・とうじ　～昭和56年7月4日　エーザイ理事　→80/82

小西 利雄　こにし・としお　明治44年4月1日～平成2年5月13日　日本グラクソ会長　→88/90

小西 友治　こにし・ともはる　大正7年5月31日～平成7年10月10日　藤沢薬品工業常務，ホシエヌ製薬社長　→94/96

小西 虎之助　こにし・とらのすけ　大正6年7月23日～平成22年11月13日　三菱ガス化学専務　→09/11

小西 寅松　こにし・とらまつ　明治35年9月10日～昭和35年4月14日　衆院議員（自民党）　→昭和

小西 ノブ子　こにし・のぶこ　～昭和62年2月7日　反戦運動家，俳人，反戦被爆者の会会長　→83/87

小西 規夫　こにし・のりお　昭和6年6月22日～平成6年1月17日　テイサン常勤監査役　→94/96

小西 則良　こにし・のりよし　明治45年2月28日～平成9年9月14日　栗本鉄工所副社長，建設省監　→97/99

小西 春雄　こにし・はるお　～昭和31年7月31日　福岡市長　→昭和

小西 光　こにし・ひかる　～平成3年11月12日　第一工業製薬取締役　→91/93

小西 英雄　こにし・ひでお　明治44年11月～昭和39年12月8日　参院議員，衆院議員（自民党）　→昭和

小西 博　こにし・ひろし　昭和6年5月29日～平成4年10月31日　市光工業専務　→91/93

小西 宏侑　こにし・ひろゆき　昭和3年9月13日～昭和56年12月20日　ユニー取締役東京本部副本部長，三和銀行

営業本部第一営業部長　→80/82

小西 広行　こにし・ひろゆき　大正7年3月28日～平成4年2月24日　尾西毛糸紡績会長　→91/93

小西 藤一　こにし・ふじかず　大正4年2月5日～昭和59年4月9日　東陽イーシー工業社長,東京鍍金工業組合理事長　→83/87

小西 平太郎　こにし・へいたろう　昭和3年1月28日～平成4年11月22日　福岡県議(社会党)　→91/93

小西 正二　こにし・まさじ　明治4年1月2日～昭和6年9月6日　商工省勧め技師　→昭和(こにし・しょうじ)

小西 正秀　こにし・まさひで　～昭和55年1月12日　弁護士　神戸弁護士会副会長　→80/82

小西 萬市　こにし・まんいち　明治44年3月12日～平成17年5月19日　公益社社長　→03/05

小西 光蔵　こにし・みつぞう　～昭和58年11月28日　三重県地方労働委員会会長　→83/87

小西 弥一郎　こにし・やいちろう　～昭和63年6月14日　部落解放同盟兵庫県連合会委員長,小野市議会副議長　→88/90

小西 弥寿一　こにし・やすかず　昭和5年9月24日～平成14年5月7日　全日本青少年育成会会長　→00/02

小西 康孝　こにし・やすたか　大正3年5月15日～平成10年2月2日　東邦亜鉛社長　→97/99

小西 陽之助　こにし・ようのすけ　明治45年4月6日～平成1年3月16日　黒川木徳証券会長　→88/90

小西 嘉雄　こにし・よしお　明治34年1月7日～平成6年5月11日　日立工機社長　→94/96

小西 善光　こにし・よしみつ　明治33年8月16日～平成1年4月12日　関西銀行(関西相互銀行)相談役・元会長　→88/90

古仁所 智　こにしょ・さとし　～平成4年4月16日　東横百貨店(のち東急百貨店)取締役　→91/93

小庭 正一郎　こにわ・しょういちろう　大正8年7月5日～平成19年2月1日　三菱商事常務　→06/08

小沼 敬祐　こぬま・けいすけ　大正10年11月15日～平成8年3月16日　日本金属社長　→94/96

小沼 亨　こぬま・とおる　～昭和38年9月8日　公正取引委員会事務局長　→昭和

小沼 治夫　こぬま・はるお　明治32年1月1日～平成1年1月17日　陸軍少将　電通印刷所社長　→88/90

小沼 福松　こぬま・ふくまつ　～平成9年9月　文生書院創業者　→97/99

近衛 高尊尼　このえ・こうそんに　～昭和2年7月2日　法華寺(奈良)門跡　→昭和

近衛 尊覚尼　このえ・そんかくに　～昭和34年8月16日　中宮寺門跡　→昭和(このえ・そんがくに)

近衛 千代子　このえ・ちよこ　明治29年1月～昭和55年9月16日　近衛文麿元首相夫人　→80/82

近衛 文隆　このえ・ふみたか　大正4年～昭和31年10月29日　陸軍中尉,ゴルフ選手　→昭和

近衛 文麿　このえ・ふみまろ　明治24年10月12日～昭和20年12月16日　政治家,公爵　首相,貴院議長　→昭和

五神 辰雄　ごのかみ・たつお　大正3年11月3日～昭和56年6月4日　弁護士　神奈川県副知事　→80/82

木島 吾一　このしま・ごいち　～昭和47年4月18日　大阪銀行常務　→昭和

許斐 次夫　このみ・つぎお　～昭和43年5月12日　西日本新聞社代表取締役　→昭和(かい・つぎお)

木庭 一之　こば・いちじ　～昭和61年4月17日　八女市農協養豚部会長　→83/87

木場 貞夫　こば・さだお　昭和8年～昭和60年8月12日　ダイハツ工業参与・特機部長　→83/87

木場 貞長　こば・さだたけ　安政6年9月3日～昭和19年6月3日　文部官僚,教育行政家　→昭和

木場 貞寿　こば・さだひさ　明治39年2月21日～平成8年8月14日　三菱商事専務,三菱事務機械社長,東京国際貿易センター社長　→94/96

木庭 次守　こば・つぎもり　～平成5年8月17日　大本教教学委員,日本タニハ文化研究所代表　→91/93

小場 晴夫　こば・はるお　大正3年4月1日～平成12年11月27日　建設省営繕局長,安藤建設副社長　→00/02

木庭 ミジュ　こば・みじゅ　～昭和48年12月5日　全国で四番目の長寿　→昭和

小波蔵 政光　こはぐら・せいこう　明治44年1月18日～平成6年4月12日　沖縄銀行頭取,琉球政府行政副主席　→94/96

小橋 一太　こばし・いちた　明治3年10月1日～昭和14年10月7日　政治家　衆院議員(立憲民政党),内閣書記官長,文相　→昭和

小橋 かつえ　こばし・かつえ　明治9年2月8日～昭和39年2月19日　社会事業家　博愛社理事長　→昭和(小橋カツエ)

小橋 実之助　こばし・じつのすけ　明治6年1月14日～昭和8年6月19日　社会事業家　博愛社社長　→昭和(こばし・みのすけ)

小橋 俊子　こはし・としこ　昭和62年5月7日　小橋事務所(芸能プロダクション)代表　→83/87

小橋 煕　こばし・ひろし　～昭和42年10月30日　東京トヨタ社長　→昭和(小橋煕　こばし・ひろむ)

小橋 康広　こばし・やすひろ　昭和22年7月10日～平成16年4月5日　石原薬品常務　→03/05

小橋川 朝蔵　こばしがわ・ちょうぞう　大正7年7月28日～平成19年9月10日　沖縄県議(自民党)　→06/08

小長谷 新太郎　こはせ・しんたろう　～昭和23年12月23日　日曹常務　→昭和

木幡 祕郎　こはた・じろう　～昭和59年5月30日　コハタ会長,道北協同飼料販売会長　→83/87

木幡 進　こはた・すすむ　昭和3年7月5日～平成7年7月25日　コハタ代表取締役会長,全国農薬協同組合理事長

月10日　日通工社長　→94/96

小畑 虎之助　こばた・とらのすけ　明治27年3月〜昭和30年4月20日　衆院議員(日本民主党)　→昭和(おばた・とらのすけ)

木幡 幹雄　こはた・みきお　昭和7年11月28日〜平成4年9月8日　東奥日報常務　→91/93

小畠 一孝　こばたけ・かずたか　昭和15年8月23日〜平成17年8月23日　日産車体社長　→03/05

小畠 三郎　こばたけ・さぶろう　明治42年11月3日〜平成5年11月2日　愛知機械工業社長　→91/93

小畠 隆　こばたけ・たかし　昭和10年3月1日〜平成7年4月14日　日本電気硝子専務　→94/96

小畠 輝明　こばたけ・てるあき　大正5年3月17日〜平成18年1月17日　東洋建設社長　→06/08

小波津 浩利　こはつ・ひろとし　昭和19年12月12日〜平成14年7月4日　沖縄県議(無所属)　→00/02

小浜 久八　こはま・きゅうはち　〜昭和56年5月31日　住宅生産振興財団常務理事　→80/82

小浜 新次　こはま・しんじ　大正4年5月12日〜平成17年7月30日　衆院議員(公明党)　→03/05

小浜 豊昭　こはま・とよあき　昭和12年1月19日〜平成15年10月14日　ダイハツ工業常務　→03/05

小浜 正宏　こはま・まさひろ　明治42年8月25日〜昭和62年8月25日　国際鉄工社長、国際ケミカル社長、国際ファンドリ社長　→83/87

小早川 新　こばやかわ・あらた　大正11年1月1日〜平成12年2月9日　久山町(福岡県)町長　→00/02

小早川 一男　こばやかわ・かずお　昭和8年9月7日〜平成3年7月13日　中京銀行取締役、たから不動産社長　→91/93

小早川 唯一　こばやかわ・ただいち　〜昭和56年10月21日　中部交通社長　→80/82

小早川 透　こばやかわ・とおる　昭和2年11月10日〜平成16年5月18日　海上保安大学校校長　→03/05

小早川 範秀　こばやかわ・のりひで　明治35年3月17日〜昭和62年10月14日　兼松(のち兼松江商)常務　→83/87

小林 愛三　こばやし・あいぞう　明治22年7月16日〜昭和57年6月21日　ダイヘン創業者　→80/82

小林 秋夫　こばやし・あきお　〜昭和15年7月22日　陸軍歩兵大佐　→昭和

小林 昭　こばやし・あきら　昭和4年7月16日〜平成6年11月15日　兵庫県議(自民党)　→94/96

小林 昭　こばやし・あきら　大正3年10月13日〜平成9年10月18日　弁護士　京都府公安委員長、京都弁護士会会長　→97/99

小林 章　こばやし・あきら　大正4年7月〜平成11年8月1日　参院議員(自民党)、日本専売公社総務理事　→97/99

小林 明　こばやし・あきら　〜昭和56年12月8日　第一実業取締役、第一機械サービス社長　→80/82

小林 亮　こばやし・あきら　昭和7年5月1日〜平成8年

小林 朗　こばやし・あきら　大正3年8月14日〜平成7年1月24日　日本特殊陶業副会長　→94/96

小林 昶　こばやし・あきら　〜昭和49年10月12日　弁護士　大阪弁護士会会長　→昭和

小林 中　こばやし・あたる　明治32年2月17日〜昭和56年10月28日　実業家,財界人　アラビア石油相談役,日本開発銀行初代総裁　→80/82

小林 敦　こばやし・あつし　〜平成7年3月29日　コーワフューチャーズ社長　→94/96

小林 敦　こばやし・あつし　大正15年2月7日〜平成12年2月12日　ライオン会長　→00/02

小林 敦　こばやし・あつし　明治45年1月18日〜平成13年4月3日　木村化工機社長　→00/02

小林 あや子　こばやし・あやこ　〜平成19年12月4日　ひかり店主　神戸のお好み焼き店ひかりの名物おかみ　→06/08

小林 有方　こばやし・ありかた　明治42年9月22日〜平成11年7月31日　カトリック司教　カトリック仙台司教区長　→97/99

小林 幾夫　こばやし・いくお　昭和4年4月5日〜平成8年7月13日　福山鋳造工場社長,小林マシン社長　→94/96

小林 郁文　こばやし・いくぶん　明治33年6月23日〜昭和57年7月27日　小野田セメント取締役,オリエンタルコンクリート社長　→80/82

小林 郁元　こばやし・いくもと　昭和15年9月11日〜平成1年8月8日　住金鋼管工事取締役　→88/90

小林 勇　こばやし・いさむ　〜昭和29年9月1日　日本合成繊維社長　→昭和

小林 勇　こばやし・いさむ　〜昭和55年5月13日　国光製鋼専務　→80/82

小林 勇　こばやし・いさむ　〜昭和63年4月13日　中野ネオン代表　→88/90

小林 勇　こばやし・いさむ　昭和6年10月7日〜平成2年11月5日　国技館サービス社長　→88/90

小林 勇　こばやし・いさむ　大正9年8月11日〜平成7年3月9日　三菱化工機常務　→94/96

小林 勇　こばやし・いさむ　昭和9年4月8日〜平成21年8月4日　中部住宅販売社長　→09/11

小林 格　こばやし・いたる　昭和59年7月4日　中興工業取締役,中興化成工業取締役　→83/87

小林 一三　こばやし・いちぞう　明治6年1月3日〜昭和32年1月25日　実業家,政治家　阪急グループ創始者,東宝社長,商工相　→昭和

小林 一三　こばやし・いちぞう　昭和4年11月22日〜昭和63年3月20日　学習研究社取締役　→88/90

小林 一造　こばやし・いちぞう　昭和9年1月2日〜平成12年8月16日　伊藤忠商事専務　→00/02

小林 一郎　こばやし・いちろう　大正4年1月2日〜平成

18年9月7日　水戸証券社長　→06/08

小林 市朗　こばやし・いちろう　大正5年8月25日～昭和61年9月19日　野崎産業取締役　→83/87

小林 伊平　こばやし・いへい　昭和7年3月8日～平成4年7月31日　国際投信委託監査役　→91/93

小林 巌　こばやし・いわお　昭和6年5月10日～平成13年12月24日　福井新聞取締役主筆　→00/02

小林 栄仁　こばやし・えいじ　昭和12年1月12日～平成10年6月15日　エマーズ社長, 三井生命保険取締役　→97/99

小林 英次　こばやし・えいじ　昭和7年3月5日～平成18年8月18日　富士火災海上保険常務　→06/08

小林 英二　こばやし・えいじ　明治44年10月1日～平成22年2月17日　大蔵省造幣局長　→09/11

小林 英三　こばやし・えいぞう　明治25年11月9日～昭和47年11月7日　参院議員(自民党), 厚相　→昭和

小林 栄茂　こばやし・えいほう　大正11年～平成6年5月29日　僧侶　比叡山延暦寺一山止観院住職　→94/96

小林 悦夫　こばやし・えつお　昭和7年1月25日～平成17年9月24日　沖縄開発事務次官, 全国市町村振興協会理事長　→03/05

小林 慧文　こばやし・えぶん　明治40年9月6日～平成4年5月7日　全国農民総連盟委員長, 三重県農協中央会長, 三重県議　→91/93

小林 長文　こばやし・おさふみ　明治38年11月3日～昭和57年5月4日　日本電気化学社長　→80/82

小林 脩　こばやし・おさむ　大正11年1月5日～昭和62年1月20日　新潟県議(自民党, 南蒲原)　→83/87

小林 郁　こばやし・かおる　大正7年9月25日～平成5年2月11日　松下電工社長　→91/93

小林 馨　こばやし・かおる　～昭和61年1月6日　ジャパンライン監査役　→83/87

小林 馨　こばやし・かおる　昭和4年9月16日～平成19年3月27日　日東製網専務　→06/08

小林 嘉吉　こばやし・かきち　明治44年10月14日～平成17年8月28日　冨士建設工業社長, 徳島県日中友好協会名誉顧問　舞鶴市の引揚記念資料館設立に尽くす　→03/05

小林 角太郎　こばやし・かくたろう　明治17年～昭和14年5月26日　陸軍中将　→昭和

小林 嘉七　こばやし・かしち　～昭和63年3月5日　江商(のち兼松江商)常務　→88/90

小林 計明　こばやし・かずあき　昭和11年4月2日～平成10年10月12日　日本農業新聞常務理事　→97/99

小林 一男　こばやし・かずお　～昭和14年12月21日　陸軍少将　→昭和

小林 一男　こばやし・かずお　～昭和63年8月6日　小林建工代表取締役　→88/90

小林 一男　こばやし・かずお　大正5年6月27日～平成7年10月16日　ムサシ代表取締役会長, 経営同友会代理事　→94/96

小林 一夫　こばやし・かずお　昭和4年1月24日～平成19年12月13日　熊谷市長　→06/08

小林 一雄　こばやし・かずお　大正10年5月29日～平成1年1月16日　長野県議(自民党)　→88/90

小林 一雄　こばやし・かずお　昭和6年～平成10年8月23日　西松建設顧問, 元常務　→97/99

小林 一雄　こばやし・かずお　昭和9年7月7日～平成20年12月6日　サンコール社長, 伊藤忠商事専務　→06/08

小林 一雄　こばやし・かずお　大正13年8月20日～平成21年12月4日　島津製作所常務　→09/11

小林 和郎　こばやし・かずお　～昭和57年11月23日　北海道開発局旭川開発建設部長　→80/82

小林 一繁　こばやし・かずしげ　大正15年11月25日～平成6年11月15日　朝日放送取締役　→94/96

小林 和介　こばやし・かずすけ　～昭和26年8月10日　大連取引所長　→昭和

小林 一喜　こばやし・かずよし　大正12年8月29日～平成6年11月20日　関東特殊製鋼専務　→94/96

小林 一好　こばやし・かずよし　昭和11年1月12日～平成7年12月28日　法務省名古屋法務局長　→94/96

小林 和良　こばやし・かずよし　～平成11年10月27日　パイオニア常務　→97/99

小林 勝治　こばやし・かつじ　～昭和63年7月13日　東勝亭代表取締役社長　→88/90

小林 勝之助　こばやし・かつのすけ　～昭和46年10月31日　日仏会館監事, 元日本蒸留工業社長　→昭和

小林 勝馬　こばやし・かつま　明治39年11月16日～昭和62年12月23日　参院議員(民主党)　→83/87

小林 克己　こばやし・かつみ　大正5年11月5日～昭和63年7月4日　日本甜菜製糖取締役, ニッテン商事社長　→88/90

小林 桂　こばやし・かつら　昭和2年5月15日～平成2年9月10日　教育出版社長　→88/90

小林 鎬　こばやし・かなえ　明治21年3月3日～昭和35年10月25日　衆院議員(自民党)　→昭和(こばやし・き)

小林 要　こばやし・かなめ　～昭和63年1月9日　藤沢薬品工業監査役　→88/90

小林 兼年　こばやし・かねとし　昭和2年6月7日～平成2年3月27日　山口市長　→88/90

小林 嘉平治　こばやし・かへいじ　明治9年1月～昭和15年12月28日　貴院議員(多額)　→昭和

小林 勘市　こばやし・かんいち　大正5年9月28日～平成17年2月3日　埼玉県議　→03/05

小林 完次　こばやし・かんじ　昭和16年6月14日～平成12年4月3日　京王電鉄常務　→00/02

小林 貫二　こばやし・かんじ　昭和5年4月2日～平成2年2月26日　オールニッポンヘリコプター常務, NHK運動部長　→88/90

小林 勘次郎　こばやし・かんじろう　大正6年1月1日～平成6年4月21日　小林薬品工業社長　→94/96

こはやし　　　　　　　　　　　　　　　　　　　Ⅰ　政治・経済・社会篇

小林 毅　こばやし・き　明治31年10月5日〜平成2年8月9日　ホテル都乃田会長, 日本観光旅館連盟名誉会長　→88/90

小林 喜久夫　こばやし・きくお　大正8年10月30日〜平成3年10月3日　住友重機械工業常務, 住友重機械建機販売(のち住友建機)社長　→91/93

小林 亀久雄　こばやし・きくお　〜昭和16年10月9日　アフガニスタン特命全権公使　→昭和

小林 紀三　こばやし・きぞう　大正7年11月3日〜平成6年1月18日　石川県会議長(自民党)　→94/96

小林 鍛　こばやし・きたう　〜平成6年3月2日　九州電気工事(のち九電工)常務　→94/96

小林 吉之助　こばやし・きちのすけ　明治14年〜昭和43年4月2日　八王子市長　→昭和(こばやし・よしのすけ)

小林 喜利　こばやし・きとし　大正15年3月20日〜昭和56年1月15日　福岡県議会議長　→80/82

小林 絹治　こばやし・きぬじ　明治21年2月20日〜昭和48年3月28日　衆院議員(自民党)　→昭和(こばやし・けんじ)

小林 喜八郎　こばやし・きはちろう　〜昭和61年1月5日　北九州中央魚市場社長　→83/87

小林 久治　こばやし・きゅうじ　〜昭和28年2月16日　東北送電社長　→昭和

小林 恭一　こばやし・きょういち　〜昭和58年2月26日　朝日火災海上保険常務, 小磯国昭首相秘書官　→83/87

小林 京太郎　こばやし・きょうたろう　明治40年2月11日〜平成16年1月6日　親和電機名誉会長　→03/05

小林 清一　こばやし・きよかず　大正7年12月3日〜平成9年5月13日　ホウスイ社長, 日本水産副社長　→97/99

小林 潔　こばやし・きよし　昭和6年6月30日〜平成10年12月29日　新晃工業副社長　→97/99

小林 清　こばやし・きよし　〜昭和56年1月31日　穂別町議会議長　→80/82

小林 清　こばやし・きよし　明治43年3月14日〜平成8年10月13日　日本舗道常務　→94/96

小林 清　こばやし・きよし　大正10年9月13日〜平成18年5月22日　図書印刷社長　→06/08

小林 吟右衛門　こばやし・ぎんうえもん　〜平成4年5月9日　近江商人郷土館理事長, チョーギン社長　→91/93

小林 金太郎　こばやし・きんたろう　明治22年〜昭和56年4月18日　網走市選挙管理委員会委員長　→80/82

小林 金太郎　こばやし・きんたろう　〜平成4年7月16日　日本道路常務　→91/93

小林 楠男　こばやし・くすお　〜平成2年1月11日　日本青年社会党, 住吉連合会小林会会長　→88/90

小林 国一　こばやし・くにじ　明治41年1月10日〜平成5年7月9日　参院議員(自民党)　→91/93

小林 邦久　こばやし・くにひさ　明治43年1月17日〜平成4年11月3日　霊友会会長補佐　→91/93

小林 啓一　こばやし・けいいち　昭和7年3月13日〜平成16年7月19日　茨城県議(社会党)　→03/05

小林 珪一郎　こばやし・けいいちろう　〜昭和51年6月23日　新日本電気社長　→昭和

小林 啓作　こばやし・けいさく　大正15年1月9日〜平成13年7月18日　東急建設副社長　→00/02

小林 啓樹　こばやし・けいじゅ　昭和15年1月16日〜平成12年1月11日　ツガミ専務　→00/02

小林 敬三　こばやし・けいぞう　明治41年6月12日〜平成4年10月29日　日本ディスプレイ業団体連合会会長, 日展社長　→91/93

小林 慶存　こばやし・けいそん　〜平成15年3月7日　僧侶　天台寺門宗宗務総長, 円城寺覚勝院住職　→03/05

小林 健　こばやし・けん　〜昭和58年10月1日　小西六写真工業専務　→83/87

小林 憲一　こばやし・けんいち　大正9年〜平成10年12月4日　ヂーゼル機器専務　→97/99

小林 乾一郎　こばやし・けんいちろう　弘化2年6月〜昭和4年1月1日　衆院議員(政友会)　→昭和

小林 顕栄　こばやし・けんえい　明治42年3月25日〜昭和60年9月11日　瑞輪寺(日蓮宗)住職, 元身延山久遠寺(日蓮宗総本山)総務　→83/87

小林 健吾　こばやし・けんご　大正7年2月22日〜平成4年2月26日　三洋海事会長　→91/93

小林 賢語　こばやし・けんご　〜昭和15年1月30日　海軍軍医・少将　→昭和

小林 健次　こばやし・けんじ　大正2年6月3日〜平成16年1月24日　ユニチカ専務　→03/05

小林 健治　こばやし・けんじ　明治34年9月18日〜昭和63年6月18日　弁護士　→88/90

小林 謙次　こばやし・けんじ　〜昭和62年9月25日　東洋インキ城東販売(株)取締役相談役　→83/87

小林 謙二　こばやし・けんじ　〜昭和59年9月28日　(社)鉄道電化協会相談役・元会長　→83/87

小林 謙次郎　こばやし・けんじろう　明治32年12月14日〜平成1年6月9日　日本証券金融専務　→88/90

小林 謙三　こばやし・けんぞう　〜昭和59年8月14日　富士チタン工業常務　→83/87

小林 元榛　こばやし・げんぞう　大正4年2月26日〜平成20年6月9日　北海道開発事務次官　→06/08

小林 賢太郎　こばやし・けんたろう　明治40年11月24日〜昭和62年11月16日　札幌テレビ放送副社長, 北海道拓殖銀行常務　→83/87

小林 カウ　こばやし・こう　明治41年10月20日〜昭和45年6月11日　ホテル日本閣殺人事件の主犯, 戦後日本の女性死刑第1号　→昭和(こばやし・かう)

小林 公一　こばやし・こういち　大正3年7月31日〜平成12年10月22日　東京製綱社長　→00/02

小林 幸吉　こばやし・こうきち　〜昭和13年5月29日　小林商店監査役　→昭和

504　「現代物故者事典」総索引(昭和元年〜平成23年)

小林 幸吉　こばやし・こうきち　大正10年9月27日～昭和61年8月15日　（財）全国老人福祉協会常務理事,全日本高齢者剣友会理事長　→83/87

小林 幸作　こばやし・こうさく　～昭和61年4月19日　北陸銀行氷見支店長,大島町文化財審議委員　→83/87

小林 鉱作　こばやし・こうさく　～昭和25年12月14日　松竹常務取締役　→昭和

小林 孝三郎　こばやし・こうざぶろう　明治30年6月29日～平成7年7月22日　実業家　コーセー創業者　→94/96

小林 光二　こばやし・こうじ　～昭和3年7月24日　野戦第三師団法務部長　→昭和

小林 孝治　こばやし・こうじ　～昭和58年1月18日　三八会長　→83/87

小林 宏治　こばやし・こうじ　明治40年2月17日～平成8年11月30日　日本電気名誉会長相談役　→94/96

小林 幸司　こばやし・こうじ　～昭和63年6月13日　コージー本舗会長　→88/90

小林 浩二　こばやし・こうじ　大正13年5月16日～平成7年1月29日　名工建設副社長　→94/96

小林 甲子郎　こばやし・こうしろう　明治40年3月29日～平成1年6月27日　京王プラザホテル相談役,京王帝都電鉄社長　→88/90

小林 孝蔵　こばやし・こうぞう　昭和3年7月19日～平成7年7月22日　東レ常務　→94/96

小林 耕三　こばやし・こうぞう　昭和8年3月4日～平成8年3月4日　北洋銀行常務　→94/96

小林 公平　こばやし・こうへい　昭和3年2月24日～平成22年5月1日　阪急電鉄社長,宝塚歌劇団理事長,阪急ブレーブス球団オーナー　→09/11

小林 好平　こばやし・こうへい　昭和8年5月4日～平成4年11月2日　国際電信電話副社長　→91/93

小林 孝平　こばやし・こうへい　明治41年7月15日～平成3年4月13日　長岡市長,参院議員(社会党)　→91/93

小林 幸平　こばやし・こうへい　～平成14年3月11日　神奈川県議　→00/02

小林 五郎　こばやし・ごろう　明治38年7月12日～平成5年12月18日　SMK監査役　→91/93

小林 五六　こばやし・ごろく　大正6年3月26日～平成5年2月24日　奥村組専務　→91/93

小林 栄　こばやし・さかえ　大正4年6月24日～昭和58年7月7日　ニッセキハウス工業常任監査役　→83/87

小林 栄衛　こばやし・さかえ　昭和5年7月15日～昭和64年1月7日　東洋化成工業会長,東洋紡専務　→88/90

小林 作太郎　こばやし・さくたろう　昭和9年2月28日～平成13年1月23日　日本工業出版会長　→00/02

小林 貞雄　こばやし・さだお　大正6年1月13日～昭和63年3月17日　サハリン石油開発協力社長,科学技術庁官房長　→88/90

小林 さだ子　こばやし・さだこ　～昭和60年2月21日　小林薬品工業副社長　→83/87

小林 貞子　こばやし・さだこ　～平成2年7月26日　小林太郎鉄工所社長　→88/90

小林 定人　こばやし・さだひと　大正9年8月23日～平成21年2月6日　弁護士　大阪高裁判事　→09/11

小林 貞美　こばやし・さだよし　昭和13年4月19日～平成2年11月20日　ディーエム情報システム顧問,三菱信託銀行取締役　→88/90

小林 幸穂　こばやし・さちほ　昭和14年7月20日～平成11年2月17日　日経映像取締役,日本経済新聞社友　→97/99

小林 慧　こばやし・さとし　大正10年2月13日～平成9年12月14日　大協石油(のちコスモ石油)専務　→97/99

小林 覚　こばやし・さとる　昭和8年2月6日～平成6年8月2日　三和信用金庫社長,住友生命保険専務　→94/96

小林 三郎　こばやし・さぶろう　明治29年1月5日～昭和22年10月7日　部落解放運動家　→昭和

小林 三郎　こばやし・さぶろう　大正6年3月30日～平成10年3月2日　大成ロテック副社長　→97/99

小林 茂樹　こばやし・しげき　昭和2年～平成11年4月9日　全溶社長,東鉄工業常務　→97/99

小林 茂樹　こばやし・しげき　昭和4年2月1日～平成12年7月3日　ヤマエ久野副社長　→00/02

小林 重国　こばやし・しげくに　明治42年2月15日～昭和60年9月30日　国鉄常務理事,鉄道弘済会会長　→83/87

小林 繁次郎　こばやし・しげじろう　～昭和62年1月1日　農林漁業団体職員共済組合理事長　→83/87

小林 重信　こばやし・しげのぶ　大正5年3月1日～平成4年3月23日　横浜ゴム常務　→91/93

小林 茂義　こばやし・しげよし　明治36年4月1日～昭和59年1月13日　東京製菓創業者　→83/87

小林 茂　こばやし・しげる　～昭和60年11月28日　大本組副社長　→83/87

小林 茂　こばやし・しげる　明治35年9月28日～昭和63年10月23日　東京創元社長　→88/90

小林 茂　こばやし・しげる　大正2年8月13日～平成2年11月12日　富士電機取締役　→88/90

小林 茂　こばやし・しげる　～平成5年9月9日　偕成総合ファイナンス常務　→91/93

小林 茂　こばやし・しげる　明治42年2月3日～平成7年6月7日　日本ベネックス会長　→94/96

小林 忍　こばやし・しのぶ　大正12年4月28日～平成18年7月3日　宮内庁侍従職侍従　→06/08

小林 周蔵　こばやし・しゅうぞう　明治32年3月31日～昭和59年10月9日　信越化学工業社長　→83/87

小林 純　こばやし・じゅん　昭和13年5月18日～平成12年7月9日　三菱化学エムケーブイ社長　→00/02

小林 俊一　こばやし・しゅんいち　昭和11年9月14日～平成8年11月12日　東奥日報常務編集局長　→94/96

小林 準一郎　こばやし・じゅんいちろう　～昭和55年5

月7日　王子製紙副社長　→80/82

小林　順一郎　こばやし・じゅんいちろう　明治13年1月3日～昭和38年11月20日　陸軍砲兵大佐、政治家　→昭和

小林　俊作　こばやし・しゅんさく　大正12年3月19日～平成3年2月2日　東洋交易社長，東洋紡糸工業社長　→91/93

小林　俊治　こばやし・しゅんじ　～昭和59年2月10日　倶知安魚菜卸売市場社長　→83/87

小林　循二　こばやし・じゅんじ　大正3年11月24日～平成12年5月20日　三菱化成工業常務　→00/02

小林　俊三　こばやし・しゅんぞう　明治21年6月3日～昭和57年6月3日　弁護士　最高裁判事　→80/82

小林　淳三　こばやし・じゅんぞう　昭和3年1月22日～平成22年5月25日　碧南市長　→09/11

小林　順三　こばやし・じゅんぞう　～平成4年10月19日　ゼネラル石油常務　→91/93

小林　俊平　こばやし・しゅんぺい　昭和16年10月1日～昭和60年11月28日　三星代表取締役社長　→83/87

小林　松　こばやし・しょう　大正6年3月11日～平成8年8月1日　小林当織物社長，桐生織物協同組合理事長　→94/96

小林　鉦　こばやし・しょう　大正9年5月8日～昭和58年6月14日　菊水電子工業社長，ケル社長，エブレン会長　→83/87

小林　小一郎　こばやし・しょういちろう　～昭和40年12月9日　大日本水産会副会長，元日魯漁業社長　→昭和

小林　正一郎　こばやし・しょういちろう　～昭和27年3月11日　日本銀行理事　→昭和

小林　正一郎　こばやし・しょういちろう　～平成23年8月29日　新日本無線常務　→09/11

小林　正作　こばやし・しょうさく　～平成4年11月29日　佐野商工会議所専務理事　→91/93

小林　庄司　こばやし・しょうじ　大正4年3月29日～平成5年1月13日　長野県会議長（自民党）　→91/93

小林　昌治　こばやし・しょうじ　明治45年2月26日～昭和56年9月30日　山梨県議，自民党山梨県連常任相談役　→80/82

小林　正治　こばやし・しょうじ　～昭和48年10月28日　小林産業社長　→昭和

小林　正介　こばやし・しょうすけ　大正1年12月10日～平成4年8月26日　住商コンピューターサービス社長　→91/93

小林　正盛　こばやし・しょうせい　明治9年6月11日～昭和12年6月18日　僧侶　大僧正，長谷寺第66代住職　→昭和（こばやし・せいせい）

小林　昭三　こばやし・しょうぞう　昭和3年1月6日～平成6年11月20日　時事通信代表取締役　→94/96

小林　四郎　こばやし・しろう　明治34年～昭和60年4月29日　練馬区助役　→83/87

小林　紫朗　こばやし・しろう　～昭和41年7月10日　アサノコンクリート会長，鉄建建設社長　→昭和

小林　次郎　こばやし・じろう　明治24年8月～昭和42年7月2日　貴院議員（勅選）　→昭和

小林　二郎　こばやし・じろう　～平成2年9月20日　信陽堂会長　→88/90

小林　信一　こばやし・しんいち　明治41年1月27日～昭和58年8月16日　衆院議員（社会党）　→83/87

小林　信市　こばやし・しんいち　大正9年11月26日～平成21年8月14日　日立クレジット社長　→09/11

小林　新一　こばやし・しんいち　～昭和46年10月24日　読売テレビ放送専務　→昭和

小林　進一　こばやし・しんいち　明治41年10月15日～平成4年8月9日　パロマ会長　→91/93

小林　新三郎　こばやし・しんざぶろう　大正1年8月24日～平成6年3月18日　英国屋会長　→94/96

小林　新助　こばやし・しんすけ　大正11年11月24日～平成6年2月6日　全国乾麺協同組合連合会会長，ヤオシン社長　→94/96

小林　信三　こばやし・しんぞう　明治39年6月12日～平成10年10月25日　北海道出納長　→97/99

小林　新太郎　こばやし・しんたろう　明治37年2月9日～平成7年7月24日　小林種苗本店会長　→94/96

小林　晋　こばやし・すすむ　大正14年4月1日～平成16年9月27日　明治製菓副社長　→03/05

小林　進　こばやし・すすむ　明治43年9月9日～平成9年8月6日　衆院議員（社会党）　→97/99

小林　捨男　こばやし・すてお　明治40年4月10日～平成12年7月11日　野村興産社長　→00/02

小林　捨次郎　こばやし・すてじろう　昭和7年1月18日～平成11年2月15日　東急建設常務　→97/99

小林　澄男　こばやし・すみお　～昭和57年4月4日　弁護士　→80/82

小林　澄男　こばやし・すみお　大正12年1月13日～平成5年6月10日　本田技研工業常務　→91/93

小林　誠一　こばやし・せいいち　昭和5年12月8日～平成5年9月3日　ツガミ常務　→91/93

小林　誓一　こばやし・せいいち　～昭和59年12月7日　明治製糖副社長　→83/87

小林　清一郎　こばやし・せいいちろう　明治37年4月1日～平成1年12月21日　大同鋼板社長　→88/90

小林　清吉　こばやし・せいきち　～平成9年3月17日　大阪労働金庫常務理事，連合大阪副会長　→97/99

小林　省三郎　こばやし・せいざぶろう　明治16年9月15日～昭和31年4月22日　海軍中将　→昭和

小林　晴十郎　こばやし・せいじゅうろう　～昭和31年11月1日　住友化学前社長　→昭和

小林　躋造　こばやし・せいぞう　明治10年10月1日～昭和37年7月4日　海軍大将，政治家　貴院議員（勅選）　→昭和

小林　せつ　こばやし・せつ　～平成7年8月10日　小林旅館おかみ　→94/96

小林 節夫　こばやし・せつお　昭和8年2月11日～平成16年11月4日　東京都総務局長　→03/05

小林 節太郎　こばやし・せつたろう　明治32年11月7日～昭和52年8月12日　富士写真フイルム会長　→昭和

小林 仙治郎　こばやし・せんじろう　明治44年10月15日～平成7年7月6日　小林機械製作所会長　→94/96

小林 宗之助　こばやし・そうのすけ　～昭和50年3月17日　海軍中将　→昭和

小林 惣之助　こばやし・そうのすけ　～昭和58年9月22日　北海道老人クラブ連合会副会長　→83/87

小林 大一　こばやし・たいいち　大正1年10月29日～平成1年10月16日　日新製鋼取締役、加納鉄鋼副社長　→88/90

小林 大巌　こばやし・だいがん　明治27年10月25日～昭和51年7月30日　僧侶(浄土宗)　→昭和

小林 大空　こばやし・たいくう　～昭和5年10月14日　時宗遊行寺管長　→昭和

小林 大祐　こばやし・たいゆう　明治45年6月13日～平成6年8月21日　富士通社長　→94/96

小林 孝夫　こばやし・たかお　大正6年2月6日～平成19年2月12日　岩崎通信機常務　→06/08

小林 隆夫　こばやし・たかお　昭和7年5月1日～昭和60年1月18日　公正取引委員会事務局官房審議官　→83/87

小林 喬　こばやし・たかし　昭和9年1月17日～平成18年11月17日　奈良県議(自民党)　→06/08

小林 敬　こばやし・たかし　昭和11年2月16日～平成22年9月24日　トーエネック常務　→09/11

小林 高　こばやし・たかし　～平成15年10月17日　園芸研究家　→03/05

小林 高志　こばやし・たかし　～昭和47年11月18日　第百生命監査役、栗本鉄工所監査役、日本水泳連盟常務理事　→昭和

小林 隆　こばやし・たかし　明治40年11月12日～昭和55年11月17日　日鉄鉱業社長　→80/82

小林 隆　こばやし・たかし　～昭和60年7月24日　中央労働災害防止協会常任理事　→83/87

小林 隆　こばやし・たかし　昭和2年7月15日～昭和61年4月8日　横浜ゴム常務研究開発本部長　→83/87

小林 鎬　こばやし・たかし　～平成3年2月22日　大東紡織取締役　→91/93

小林 隆義　こばやし・たかよし　昭和33年9月1日～平成21年3月29日　大阪府議(共産党)　→09/11

小林 卓之　こばやし・たくゆき　大正12年10月5日～平成3年5月28日　ホクシン会長　→91/93

小林 武　こばやし・たけし　～昭和42年5月12日　山形新聞取締役、アフリカ学術調査隊長　→昭和

小林 武　こばやし・たけし　明治39年11月3日～昭和62年4月4日　労働運動家、政治家　日教組委員長、参院議員(社会党)　→83/87

小林 孟史　こばやし・たけし　昭和13年～平成20年10月26日　全国腎臓病患者連絡協議会事務局長　→06/08

小林 武治　こばやし・たけじ　明治32年8月28日～昭和63年10月12日　政治家　参院議員(自民党)、法相　→88/90

小林 武爾　こばやし・たけじ　大正4年9月2日～昭和62年10月6日　大光炉材会長　→83/87

小林 武二郎　こばやし・たけじろう　明治42年4月3日～平成13年3月4日　マキタ常務　→00/02

小林 太左衛門　こばやし・たざえもん　大正11年5月1日～昭和58年4月11日　大木建設専務取締役　→83/87

小林 忠男　こばやし・ただお　～昭和58年10月19日　三協アルミニウム工業監査役　→83/87

小林 忠夫　こばやし・ただお　～平成6年6月11日　商工中金理事　→94/96

小林 忠夫　こばやし・ただお　大正8年3月28日～平成11年5月23日　愛三工業社長　→97/99

小林 忠雄　こばやし・ただお　大正9年4月13日～平成10年12月17日　住宅都市整備公団副総裁　→97/99

小林 忠郎　こばやし・ただお　大正5年4月21日～平成20年4月19日　エーワン映画社長、日本ラグビー協会副会長　→06/08

小林 正　こばやし・ただし　大正1年8月2日～平成3年6月29日　繊維検査協議会理事長、日本化学繊維検査協会理事長　→91/93

小林 精　こばやし・ただし　明治41年10月2日～昭和63年12月23日　太平電業社長、九州電力取締役　→88/90

小林 忠　こばやし・ただし　明治44年9月1日～平成14年1月30日　小林製作所会長、静岡県公安委員会委員長　→00/02

小林 忠　こばやし・ただし　大正12年4月1日～平成18年9月29日　阿菓観光汽船会長　→06/08

小林 辰次　こばやし・たつじ　昭和30年12月21日～昭和63年10月13日　ジョーツタ醤油社長　→88/90

小林 辰四郎　こばやし・たつしろう　明治37年9月13日～平成8年1月29日　ライオン歯磨(のちライオン)常務　→94/96

小林 達也　こばやし・たつや　～昭和59年12月4日　日本接着剤工業会会長、旭化学合成社長　→83/87

小林 多平治　こばやし・たへいじ　～昭和44年1月19日　ライオン油脂顧問　→昭和

小林 民吉　こばやし・たみきち　明治15年12月28日～昭和12年2月18日　土佐商船常務　→昭和

小林 為太郎　こばやし・ためたろう　～昭和60年11月12日　弁護士　→83/87

小林 完　こばやし・たもつ　明治41年10月3日～平成21年7月10日　国産電機社長　→09/11

小林 保　こばやし・たもつ　大正10年11月27日～昭和61年11月23日　日本ピロープロック製造社長、堺商工会議所副会頭　→83/87

小林 太郎　こばやし・たろう　～平成1年1月24日

小林太郎鉄工所社長　→88/90

小林　太郎　こばやし・たろう　明治28年4月28日～平成1年9月21日　丸ノ内ホテル社長　→88/90

小林　千秀　こばやし・ちひで　昭和4年3月1日～平成22年8月1日　長野県議(県政会), イングスシナノ社長　→09/11

小林　智広　こばやし・ちひろ　大正4年1月10日～平成2年5月29日　北野建設専務　→88/90

小林　忠次　こばやし・ちゅうじ　昭和14年5月17日～平成10年10月11日　亀田製菓常務　→00/02s

小林　千之　こばやし・ちゆき　昭和5年12月18日～平成12年8月6日　松本信用金庫理事長　→00/02

小林　蝶一　こばやし・ちょういち　～昭和54年8月19日　弁護士　日弁連副会長　→昭和

小林　暢田　こばやし・ちょうでん　～平成23年3月5日　僧侶　善光寺事務局長,本覚院住職　→09/11

小林　主　こばやし・つかさ　明治44年6月26日～平成7年3月5日　三菱金属(のち三菱マテリアル)副社長, 三菱アルミニウム社長　→94/96

小林　嗣宜　こばやし・つぐよし　昭和19年1月30日～平成19年1月16日　日東製網社長　→06/08

小林　綱吉　こばやし・つなきち　明治28年5月7日～昭和44年1月13日　部落解放運動家　→昭和

小林　恒男　こばやし・つねお　昭和11年4月28日～平成15年11月26日　グンゼ産業専務　→03/05

小林　恒雄　こばやし・つねお　大正15年6月8日～平成1年5月26日　ジャパングラフィックス社長　→88/90

小林　常樹　こばやし・つねき　昭和10年3月13日～平成19年5月19日　日立工機専務　→06/08

小林　恒彦　こばやし・つねひこ　大正12年10月12日～昭和63年7月20日　旭川信用金庫理事長　→88/90

小林　毅　こばやし・つよし　～昭和46年12月27日　山下新日本汽船常務　→昭和

小林　毅　こばやし・つよし　昭和3年2月22日～平成15年2月25日　岡山県議(自民党)　→03/05

小林　弦彦　こばやし・つるひこ　昭和13年11月4日～平成23年1月9日　クラボウ常務　→09/11

小林　悌一郎　こばやし・ていいちろう　～昭和55年2月19日　富士電機製造会社取締役, 富士機品会社社長　→80/82

小林　亭治　こばやし・ていじ　～昭和57年2月9日　塩谷村(北海道)村長　→80/82

小林　貞二　こばやし・ていじ　大正9年4月1日～平成4年11月22日　東芝セラミックス常務　→91/93

小林　貞次郎　こばやし・ていじろう　～平成4年12月28日　古河電気工業常任監査役　→91/93

小林　鉄太郎　こばやし・てつたろう　明治19年11月～昭和37年4月13日　衆院議員(進歩党)　→昭和

小林　輝次　こばやし・てるじ　明治29年3月12日～平成1年8月22日　社会運動家, 経済学者　法政大学教授

88/90

小林　伝一郎　こばやし・でんいちろう　～平成4年9月15日　山形県議　→91/93

小林　登一　こばやし・とういち　明治36年12月19日～昭和45年10月25日　司法官僚, 公証人　→昭和

小林　暢　こばやし・とおる　明治12年10月～昭和10年1月2日　八十二銀行頭取, 貴院議員(多額納税)　→昭和(こばやし・のぶ)

小林　徹　こばやし・とおる　～平成17年11月15日　日本平和委員会顧問　→03/05

小林　徳一　こばやし・とくいち　明治32年1月1日～平成1年2月24日　山形県庄内経済連合会会長　→88/90

小林　篤一　こばやし・とくいち　明治23年11月5日～昭和47年11月23日　参院議員(自民党,北海道)　→昭和

小林　篤一　こばやし・とくいち　明治27年9月16日～平成2年11月5日　弥生工業監査役　→88/90

小林徳太郎　こばやし・とくたろう　明治44年10月22日～昭和56年4月4日　大阪トヨペット副社長　→80/82

小林　徳平　こばやし・とくへい　明治43年8月7日～平成3年9月30日　丸運会長, 日本マリン社長　→91/93

小林　俊夫　こばやし・としお　大正11年8月18日～平成5年7月31日　神戸製鋼所専務　→91/93

小林　利夫　こばやし・としお　明治36年10月1日～平成8年6月23日　日新タンカー社長　→94/96

小林　利夫　こばやし・としお　昭和26年8月1日～平成13年10月24日　郵政事業庁東北郵政監察局長　→00/02

小林　利雄　こばやし・としお　大正10年3月28日～平成19年4月29日　プロデューサー　宣弘社社長　→06/08

小林　寿彦　こばやし・としひこ　大正14年1月6日～平成1年6月30日　伊藤万食品社長　→88/90

小林　俊彦　こばやし・としひこ　昭和5年3月21日～昭和61年11月23日　借成証券取締役　→83/87

小林　俊彦　こばやし・としひこ　大正1年11月24日～平成8年11月12日　三井金属鉱業取締役, 日比共同製錬専務　→94/96

小林　敏峯　こばやし・としみね　昭和6年9月19日～平成11年12月10日　マイカル会長　→97/99

小林　敏之　こばやし・としゆき　明治39年6月12日～昭和63年12月31日　三興製作所取締役, 三洋コンストラクション社長　→88/90

小林　敏之　こばやし・としゆき　昭和16年11月21日～平成17年10月16日　明治製菓常務　→03/05

小林　富次郎　こばやし・とみじろう　明治32年12月23日～平成4年7月18日　ライオン名誉会長　→91/93

小林　富次郎(2代目)　こばやし・とみじろう　明治5年～昭和33年11月20日　実業家　→昭和(小林　富次郎)

小林　富蔵　こばやし・とみぞう　大正7年6月17日～平成15年7月27日　朝日町(山形県)町長　→03/05

小林　智彦　こばやし・ともひこ　昭和7年8月1日～平成9年3月2日　EU大使　→97/99

小林　虎男　こばやし・とらお　明治36年11月1日～昭

55年6月12日　共立創業者　→80/82

小林 寅次郎　こばやし・とらじろう　～昭和45年9月29日　ライオン油脂社長　→昭和

小林 直人　こばやし・なおと　明治41年10月18日～平成11年4月6日　弁護士　→97/99

小林 直巳　こばやし・なおみ　明治42年4月28日～平成6年5月30日　コマツ専務　→94/96

小林 夏雄　こばやし・なつお　明治44年6月17日～昭和63年1月12日　藤倉電線取締役,藤倉化成専務　→88/90

古林 信男　こばやし・のぶお　大正4年10月10日～平成4年5月31日　三楽オーシャン（のちメルシャン）取締役　→91/93

古林 信夫　こばやし・のぶお　～昭和62年12月29日　愛知県宅地建物取引業協会副会長・尾張西支部長　→83/87

小林 信夫　こばやし・のぶお　昭和24年9月1日～平成22年11月6日　愛知電機常務　→09/11

小林 信樹　こばやし・のぶき　～平成1年8月16日　北電子社長　→88/90

小林 延次　こばやし・のぶじ　明治44年1月10日～平成9年2月10日　東京特殊電線社長　→97/99

小林 信近　こばやし・のぶちか　大正14年3月31日～平成11年11月27日　コバテック会長　→00/02s

小林 信春　こばやし・のぶはる　～平成4年6月30日　第一企画常務　→91/93

小林 昇　こばやし・のぼる　大正5年9月1日～平成2年12月11日　名古屋ゴルフ倶楽部支配人　→88/90

小林 昇　こばやし・のぼる　大正5年1月2日～平成5年1月7日　日本アーム会長　→91/93

小林 登　こばやし・のぼる　大正6年8月1日～昭和63年11月8日　共同石油常務　→88/90

小林 教明　こばやし・のりあき　～昭和51年3月17日　妙法寺山主　→昭和

小林 法久　こばやし・のりひさ　～昭和60年8月12日　日本音響電気（埼玉県大宮市）社長　→83/87

小林 肇　こばやし・はじめ　明治38年7月16日～昭和60年7月26日　近畿日本鉄道専務　→83/87

小林 八二郎　こばやし・はちじろう　～昭和55年8月29日　鹿島建設常務　→80/82

小林 八太郎　こばやし・はちたろう　～昭和63年12月11日　旭造船所社長,土佐清水市議会議長　→88/90

小林 春男　こばやし・はるお　明治44年5月4日～平成17年9月21日　八十二銀行頭取,長野県経営者協会名誉会長　→03/05

小林 玻璃三　こばやし・はるぞう　明治41年～平成20年7月2日　新ハイキング社長　→06/08

小林 春尚　こばやし・はるひさ　～昭和50年9月29日　駐ネパール大使　→昭和

小林 光　こばやし・ひかる　大正9年6月27日～昭和62年3月11日　日産特販社長,東京日産自動車販売常務　→

小林 彦五郎　こばやし・ひこごろう　慶応3年7月1日～昭和19年3月28日　神学者　→昭和

小林 久明　こばやし・ひさあき　大正4年9月3日～平成2年12月17日　三菱鉱業セメント会長　→88/90

小林 久男　こばやし・ひさお　～昭和55年12月15日　平田プレス工業取締役前橋製作所長　→80/82

小林 久夫　こばやし・ひさお　昭和10年3月31日～平成17年5月28日　第一勧業銀行専務　→03/05

小林 久　こばやし・ひさし　大正13年12月2日～平成11年11月24日　山九副社長　→97/99

小林 久峰　こばやし・ひさみね　明治43年2月4日～平成10年7月27日　チップトン会長　→97/99

小林 英夫　こばやし・ひでお　～昭和56年11月27日　造型社社長　→80/82

小林 英夫　こばやし・ひでお　～昭和57年12月24日　電通第三連絡局副理事　→80/82

小林 秀夫　こばやし・ひでお　大正11年6月4日～平成5年7月12日　山梨中央銀行専務　→91/93

小林 秀雄　こばやし・ひでお　大正7年～昭和60年9月28日　緑地社社長　→83/87

小林 秀雄　こばやし・ひでお　大正3年6月16日～昭和63年7月10日　信越化学工業専務,信建産業社長　→88/90

小林 日出夫　こばやし・ひでお　昭和2年2月9日～平成19年1月19日　明徳出版社社長　→06/08

小林 日出夫　こばやし・ひでお　昭和21年5月30日～平成21年9月17日　泉崎村（福島県）村長　→09/11

小林 英愛　こばやし・ひでちか　昭和23年7月21日～平成19年12月17日　ケー・ケー会長,日本パソコンソフトウェア協会初代会長　→06/08

小林 英則　こばやし・ひでのり　～平成18年4月12日　チームアルビレックス社長　→06/08

小林 秀光　こばやし・ひでみつ　昭和9年6月25日～平成22年7月22日　千歳電気工業社長　→09/11

小林 仁　こばやし・ひとし　-昭和61年4月3日　松田製作所専務　→83/87

小林 整　こばやし・ひとし　～平成1年11月3日　広島市収入役,広島ステーションビル社長　→88/90

小林 弘明　こばやし・ひろあき　～平成12年7月19日　世界文化社専務　→00/02

小林 広吉　こばやし・ひろきち　明治28年4月3日～昭和43年2月13日　労働運動家　→昭和

小林 宏　こばやし・ひろし　大正12年8月13日～平成19年5月26日　経営コンサルタント　インダストリアリズム研究所長　→06/08

小林 宏　こばやし・ひろし　大正13年7月12日～平成20年1月14日　牧師　→09/11s

小林 宏　こばやし・ひろし　大正9年3月21日～平成21年7月10日　ライオン会長　→09/11

こばやし　ひろし　明治43年12月15日～平成7年8月13日　日本甜菜製糖専務　→94/96

小林 弘　こばやし・ひろし　～平成9年8月27日　陸将　陸上自衛隊衛生学校校長　→97/99

小林 広太郎　こばやし・ひろたろう　明治37年6月4日～昭和61年11月3日　東京都民銀行常務　→83/87

小林 弘親　こばやし・ひろちか　大正15年6月12日～平成21年7月　横浜市港湾局長　→09/11

小林 宏武　こばやし・ひろむ　大正13年7月29日～平成21年7月10日　山梨中央銀行頭取　→09/11

小林 福雄　こばやし・ふくお　大正15年8月11日～平成3年1月2日　野崎産業監査役　→91/93

小林 富佐雄　こばやし・ふさお　明治33年～昭和32年10月1日　東宝社長、東洋製缶社長　→昭和

小林 房男　こばやし・ふさお　大正8年10月20日～平成3年5月7日　光洋機械産業監査役　→91/93

小林 房吉　こばやし・ふさきち　大正3年～昭和45年10月4日　コラムニスト　栃木放送取締役　→昭和

小林 房之助　こばやし・ふさのすけ　明治24年1月～昭和61年2月26日　衆院議員(翼賛議員同盟)　→83/87

小林 富士男　こばやし・ふじお　大正12年1月28日～昭和63年5月9日　エコー電子工業社長、九州テン社長　→88/90

小林 文男　こばやし・ふみお　～昭和61年11月30日　東京都老人クラブ連合会常務理事兼事務局長、朝日新聞静岡支局長、朝日新聞千葉支局長　→83/87

小林 文雄　こばやし・ふみお　～昭和43年8月5日　信越化学常務　→昭和

小林 文雄　こばやし・ふみお　～昭和56年3月13日　ジャパンライン元専務　→80/82

小林 フミ子　こばやし・ふみこ　大正15年1月10日～平成15年2月7日　神奈川県議(無所属)　→03/05

小林 文一　こばやし・ぶんいち　大正14年2月8日～平成14年5月29日　東海テレビ放送副社長　→00/02

小林 文治郎　こばやし・ぶんじろう　大正13年3月10日～昭和63年11月27日　コシナ社長、中野商工会議所会頭　→88/90

小林 平八　こばやし・へいはち　昭和4年1月28日～平成5年10月1日　三八社長　→91/93

小林 凡平　こばやし・ぼんぺい　大正8年3月1日～平成23年6月1日　長鉄工業社長　→09/11

小林 誠　こばやし・まこと　～昭和56年2月5日　大阪日産自動車会長　→80/82

小林 政一　こばやし・まさいち　明治41年1月31日～昭和61年1月25日　新潟三越百貨店名誉会長　→83/87

小林 政夫　こばやし・まさお　大正3年2月16日～平成12年9月15日　日東製網会長、参院議員(緑風会)　→00/02

小林 正夫　こばやし・まさお　明治40年9月20日～昭和56年12月11日　日本産業訓練協会理事事務局長　→80/82

小林 正夫　こばやし・まさお　大正10年5月4日～平成

小林 正雄　こばやし・まさお　大正2年11月20日～平成7年4月3日　飛島建設副社長　→94/96

小林 正雄　こばやし・まさお　大正5年9月18日～平成8年8月21日　伊勢新聞社長　→94/96

小林 正雄　こばやし・まさお　昭和4年3月18日～平成14年12月28日　時事通信取締役　→00/02

小林 正興　こばやし・まさおき　大正11年11月13日～平成14年9月9日　運輸省自動車局長、国鉄常務理事　→00/02

小林 正和　こばやし・まさかず　昭和2年10月26日～平成9年7月21日　横浜アリーナ副社長、横浜市収入役　→97/99

小林 正熊　こばやし・まさくま　大正13年7月15日～平成22年7月11日　片倉工業常務　→09/11

小林 政子　こばやし・まさこ　大正13年2月29日～平成20年6月28日　衆院議員(共産党)　→06/08

小林 仁　こばやし・まさし　～昭和52年8月7日　海軍中将　→昭和(こばやし・ひとし)

小林 政次　こばやし・まさし　大正11年8月1日～昭和59年12月15日　国際証券監査役　→83/87

小林 政治　こばやし・まさじ　明治28年3月20日～昭和60年10月4日　大分県議(自民党)　→83/87

小林 正隆　こばやし・まさたか　明治36年1月2日～平成1年5月8日　武田薬品工業監査役　→88/90

小林 正次　こばやし・まさつぐ　明治35年8月16日～昭和50年10月31日　電気技術者　電子技術者議会会長、日本電気専務　→昭和(こばやし・しょうじ)

小林 政敏　こばやし・まさとし　～平成4年8月19日　太平洋炭礦(のち太平洋興発)常務　→91/93

小林 正敏　こばやし・まさとし　～平成8年4月5日　ニッポンレンタカー東京常務　→94/96

小林 正利　こばやし・まさとし　昭和8年9月1日～平成9年11月25日　明和証券社長　→97/99

小林 正知　こばやし・まさとも　平成9年1月10日～平成13年12月6日　国鉄常務理事、鉄道弘済会会長　→00/02

小林 政直　こばやし・まさなお　大正15年7月3日～平成17年10月3日　ミツウロコ常務　→03/05

小林 正尚　こばやし・まさなお　昭和15年2月19日～昭和63年1月17日　日本経済新聞制作局メディア制作部技師　→88/90

小林 正直　こばやし・まさなお　～昭和26年7月22日　三井物産常務、電化工業社長　→昭和

小林 正典　こばやし・まさのり　～昭和58年6月22日　大洋物産社長、小林鉱業社長、日本石炭鉱業連合会常任理事　→83/87

小林 政治　こばやし・まさはる　明治10年7月27日～昭和31年9月16日　実業家、小説家　大阪変圧器初代社長　→昭和

小林 正彦　こばやし・まさひこ　大正10年1月25日～平

敷島紡織社長　→06/08

成18年4月3日　日本通運常務　→06/08

小林　正弘　こばやし・まさひろ　明治43年9月6日～平成16年7月5日　ヒシサン会長,小林商店会長　→03/05

小林　正美　こばやし・まさみ　明治45年1月～昭和35年11月12日　衆院議員(社会党)　→昭和

小林　万寿夫　こばやし・ますお　～昭和47年8月17日　ヤナセ専務　→昭和

小林　亦治　こばやし・またじ　明治24年5月19日～昭和57年8月10日　弁護士　参院議員(社会党)　→80/82

小林　真文　こばやし・まふみ　～昭和63年6月7日　ポリグロット・インターナショナル社長　→88/90

小林　三枝子　こばやし・みえこ　～昭和58年10月27日　昭和電機取締役　→83/87

小林　道生　こばやし・みちお　～昭和17年1月9日　陸軍中将　→昭和

小林　道一　こばやし・みちかず　～平成13年9月21日　栃木県教育長　→00/02

小林　光次　こばやし・みつじ　明治25年5月5日～昭和56年9月15日　東京証券取引所理事長,明和証券会長　→80/82

小林　光治　こばやし・みつはる　昭和12年8月2日～平成14年9月4日　日本経済新聞監査役　→00/02

小林　光政　こばやし・みつまさ　明治25年1月～昭和37年7月9日　内務官僚,新聞経営者　→昭和

小林　光義　こばやし・みつよし　大正9年1月5日～平成6年3月16日　小林電子産業会長　→94/96

小林　咸生　こばやし・みなお　大正12年12月18日～平成21年1月29日　東海銀行副頭取,八重洲ビルディング社長　→09/11

小林　実　こばやし・みのる　～昭和11年8月27日　国粋飛行隊一等飛行士　→昭和

小林　実　こばやし・みのる　～昭和57年11月28日　グンゼ顧問・元社長,グンゼ産業相談役・元社長　→80/82

小林　実　こばやし・みのる　～平成3年8月10日　六花亭常務　→91/93

小林　睦昌　こばやし・むつあき　昭和6年3月25日～平成23年8月29日　大洋漁業取締役　→09/11

小林　宗佐　こばやし・むねお　昭和32年1月31日～平成18年12月22日　長野県議(自民党)　→06/08

小林　茂市　こばやし・もいち　明治39年7月27日～平成4年12月8日　三和住宅会長,奈良商工会議所名誉会頭　→91/93

小林　元常　こばやし・もとつね　大正12年12月30日～平成23年10月16日　東京産業社長　→09/11

小林　森治　こばやし・もりじ　昭和7年～平成18年5月1日　バラ育種家　→06/08

小林　八百吉　こばやし・やおきち　～昭和26年11月5日　松坂屋事務　→昭和

小林　やす　こばやし・やす　昭和39年5月29日

日本一の高齢者(山梨県人)　→昭和

小林　康邦　こばやし・やすくに　大正2年12月24日～平成5年10月20日　都築電産勤監査役,河合楽器製作所専務,三菱信託銀行取締役　→91/93

小林　泰　こばやし・やすし　昭和45年3月3日　水資源開発公団理事　→昭和

小林　泰尋　こばやし・やすひろ　昭和16年10月19日～平成4年6月2日　チップトン社長　→91/93

小林　友一　こばやし・ゆういち　～昭和59年3月12日　(財)偕行社理事長,大本営参謀　→83/87

小林　勇衛　こばやし・ゆうえ　明治35年7月21日～平成5年5月11日　弁護士　長野県弁護士会会長　→91/93

小林　祐二　こばやし・ゆうじ　大正5年11月10日～平成14年2月28日　蝶理社長,旭化成工業副社長　→00/02

小林　祐輔　こばやし・ゆうすけ　～昭和58年6月29日　鹿島建設社友,元東京陸軍幼年学校生徒監　→83/87

小林　陽一　こばやし・よういち　～平成3年9月13日　ライオン歯科衛生研究所常務理事　→91/93

小林　傭佶　こばやし・ようきち　大正9年1月31日～平成5年4月19日　小林企業会長　→91/93

小林　陽之助　こばやし・ようのすけ　明治41年7月6日～昭和17年2月25日　社会運動家　→昭和

小林　義一　こばやし・よしいち　昭和2年7月17日～平成18年4月29日　時事通信取締役　→06/08

小林　由市　こばやし・よしいち　昭和3年10月15日～平成4年7月1日　長岡市議(共産党),信濃川河川敷問題長岡共闘会議議長　→91/93

小林　喜夫　こばやし・よしお　大正10年6月22日～平成13年8月25日　兵庫県議(共産党)　→00/02

小林　義男　こばやし・よしお　明治38年4月18日～昭和61年10月25日　興和不動産顧問,会計検査院第一局長　→83/87

小林　義雄　こばやし・よしお　大正7年3月11日～昭和60年2月15日　北海鋼機相談役・元専務　→83/87

小林　義雄　こばやし・よしお　大正10年3月12日～平成19年2月6日　岡部専務　→06/08

小林　吉夫　こばやし・よしお　～昭和62年4月16日　日本電気精器常務　→83/87

小林　営邦　こばやし・よしくに　明治39年12月20日～昭和62年1月28日　三菱銀行取締役,三菱化成工業監査役　→83/87

小林　慶子　こばやし・よしこ　～昭和57年1月4日　故小林秀雄・元神戸電鉄社長の妻　→80/82

小林　慶隆　こばやし・よしたか　昭和14年3月4日～平成7年12月25日　信越放送常務　→94/96

小林　吉太郎　こばやし・よしたろう　～昭和39年12月2日　小林製薬会長　→昭和

小林　善人　こばやし・よしと　明治39年3月11日～平成12年3月5日　日特建設社長,千葉銀行常務　→00/02

小林 能治　こばやし・よしはる　昭和12年1月31日〜平成15年4月28日　日新製鋼専務　→03/05

小林 芳春　こばやし・よしはる　明治45年2月15日〜昭和63年10月23日　パロマ副会長, パロマ工業副会長, 小林製作所副社長　→88/90

小林 義彦　こばやし・よしひこ　大正6年1月14日〜平成8年1月6日　日本リース専務　→94/96

小林 好久　こばやし・よしひさ　大正4年6月22日〜平成7年3月12日　福島テレビ専務　→94/96

小林 芳文　こばやし・よしぶみ　〜昭和59年1月26日　島崎製作所専務　→83/87

小林 義昌　こばやし・よしまさ　〜昭和61年4月22日　富山市議　→83/87

小林 義政　こばやし・よしまさ　明治43年4月18日〜平成6年5月3日　日本オーチスエレベータ社長　→94/96

小林 義正　こばやし・よしまさ　〜平成6年6月1日　日本ダム協会常務理事, 山口県土木建築部参事　→94/96

小林 芳美　こばやし・よしみ　大正10年10月23日〜昭和63年9月9日　三興製紙社長　→88/90

小林 嘉道　こばやし・よしみち　明治44年9月19日〜平成9年10月19日　東洋建設常務　→97/99

小林 義康　こばやし・よしやす　昭和24年5月29日〜平成20年8月4日　群馬県議(自民党)　→06/08

小林 芳郎　こばやし・よしろう　安政4年〜昭和11年3月23日　大阪控訴院検事長　→昭和

小林 与三次　こばやし・よそじ　大正2年7月23日〜平成11年12月30日　日本テレビ放送網会長, 読売光と愛の事業団理事長, 読売新聞名誉会長　→97/99

小林 米一郎　こばやし・よねいちろう　〜平成13年2月2日　東京製鉄常務　→00/02

小林 米三郎　こばやし・よねさぶろう　明治29年12月28日〜昭和43年6月25日　参院議員(自由党)　→昭和

小林 米三郎　こばやし・よねさぶろう　昭和5年9月7日〜平成23年3月26日　小林酒造社長　→09/11

小林 米三　こばやし・よねぞう　明治42年8月18日〜昭和44年2月10日　阪急電鉄社長, 宝塚歌劇団理事長　→昭和

小林 力三　こばやし・りきぞう　明治40年8月24日〜平成18年7月9日　コバリキ社長, 新潟・モンゴル親善協会会長　→06/08

小林 利吉　こばやし・りきち　明治33年9月10日〜平成1年2月9日　三重県警本部長　→88/90

小林 隆一　こばやし・りゅういち　〜平成1年2月15日　多紀酒造取締役, 兵庫県議　→88/90

小林 隆一　こばやし・りゅういち　昭和12年4月8日〜平成13年9月13日　藍沢証券常務, 三井信託銀行取締役　→00/02

小林 竜二郎　こばやし・りゅうじろう　〜昭和55年7月25日　東京製綱相談役・元社長　→80/82

小林 隆太郎　こばやし・りゅうたろう　昭和4年9月27日〜平成5年8月14日　大阪府議(公明党)　→91/93

小林 良一　こばやし・りょういち　〜平成7年10月17日　東海銀行取締役, 東京トヨペット常務　→94/96

小林 良治　こばやし・りょうじ　大正13年9月8日〜平成21年1月22日　日商岩井専務, 中央毛織社長　→09/11

小林 稜太郎　こばやし・りょうたろう　大正13年10月10日〜平成1年1月24日　日本軽金属取締役　→88/90

小林 良太郎　こばやし・りょうたろう　明治44年10月6日〜昭和61年9月25日　第一塗装工業所会長, 第一プロセス社長　→83/87

小林 令三郎　こばやし・れいざぶろう　大正10年2月12日〜平成10年4月27日　三井倉庫専務　→97/99

小林 礼次郎　こばやし・れいじろう　昭和3年5月7日〜平成23年8月13日　コーセー社長　→09/11

小林 亘　こばやし・わたる　昭和47年7月27日　住友生命保険取締役　→昭和

小原 晰　こはら・あきら　昭和8年9月10日〜平成20年3月27日　御船山観光ホテル社長　→06/08

子原 一夫　こはら・かずお　〜平成7年5月18日　函館地検検事正, 札幌高検函館支部長　→94/96

小原 嘉登次　こはら・かとじ　明治39年1月28日〜平成11年9月22日　小原グループ会長, 佐賀県議(自民党)　→97/99

小原 泰治　こはら・たいじ　昭和5年2月13日〜昭和63年5月19日　国際ビーアール会長, 日本ビーアール協会会長　→88/90

小原 鶴之助　こはら・つるのすけ　〜平成11年1月24日　京都市最高齢(96歳)の双子兄弟　→97/99

小原 藤吉　こはら・とうきち　明治41年3月25日〜昭和60年11月30日　中電工業社長　→83/87

小原 泰　こばら・やすし　昭和28年2月13日〜平成19年10月16日　和歌山県議(自民党)　→06/08

小針 幸太郎　こばり・こうたろう　大正13年5月25日〜昭和62年8月31日　福島中央テレビ会長　→83/87

小針 清一　こばり・せいいち　〜平成昭和59年5月14日　大洋バルブ製作所社長　→83/87

小針 代助　こばり・だいすけ　〜平成17年7月4日　芸術新聞社創業者　→03/05

小針 美雄　こばり・よしお　昭和21年3月5日〜平成20年1月3日　福島民報社長, 福島交通社長, ラジオ福島社長　→06/08

小針 暦二　こばり・れきじ　大正3年1月1日〜平成5年11月7日　福島交通会長, 福島民報社長, ラジオ福島社長　→91/93

呉比 長司　ごひ・ちょうじ　大正2年8月9日〜平成4年6月25日　三井金山取締役　→91/93

木挽 孝紀　こびき・たかのり　昭和20年2月11日〜平成22年1月26日　佐賀県副知事　→09/11

小日向 毅夫　こひなた・たけお　明治43年3月18日〜平成11年2月9日　葛飾区(東京都)区長　→97/99

小桧山 哲夫　こひやま・てつお　大正11年5月10日〜平

成9年10月23日　三沢市長　→97/99

小日山 直登　こひやま・なおと　明治19年4月24日〜昭和24年8月29日　実業家,政治家　運輸相,南満州鉄道総裁　→昭和

小檜山 宏　こひやま・ひろし　大正15年12月12日〜昭和63年5月28日　三菱商事常務　→88/90

小檜山 政弘　こひやま・まさひろ　大正13年11月29日〜平成20年11月24日　日本勧業角丸証券専務　→06/08

小桧山 嶺雄　こひやま・みねお　大正10年9月26日〜昭和62年12月2日　日本油脂取締役　→83/87

小平 昭彦　こひら・あきひこ　〜平成20年3月17日　道新スポーツ常務　→06/08

小平 卓保　こひら・たくほ　昭和6年1月13日〜平成17年8月7日　神父　紫原教会司祭,児島純心女子短期大学教授　→03/05

小比類巻 雅明　こひるいまき・まさあき　昭和14年7月5日〜平成23年8月18日　青森県議(自民党)　→09/11

小吹 静男　こぶき・しずお　明治44年5月20日〜平成8年7月9日　西部電機工業(のち西部電機)専務,大阪チャンピオン販売社長　→94/96

古渕 義城　こぶち・ぎじょう　明治38年1月2日〜平成1年5月20日　僧侶　高野山真言宗大僧正,円通寺住職　→88/90

小淵 正義　こぶち・まさよし　大正13年12月2日〜平成21年10月20日　衆院議員(民社党)　→09/11

小鮒 信次　こぶな・しんじ　昭和15年12月2日〜平成21年12月23日　日本紙パルプ商事副社長　→09/11

小船井 武次郎　こぶない・たけじろう　大正9年10月1日〜平成11年6月19日　大栄産業会長　→97/99

小船 清　こふね・きよし　大正2年4月15日〜昭和58年10月17日　新座市長　→83/87

孤峰 智璨　こほう・ちさん　明治12年8月16日〜昭和42年11月1日　僧侶(曹洞宗),仏教学者　→昭和

小堀 紀久生　こぼり・きくお　昭和15年6月15日〜平成15年11月17日　人事院事務総長　→03/05

小堀 旭　こぼり　きょく　平成10年9月22日　警察庁近畿管区警察学校長,愛媛県警本部長　→97/99

小堀 実道　こぼり・さねみち　〜昭和46年6月23日　臨済宗大徳寺法務部長　→昭和

小堀 樹　こぼり・しげる　昭和6年2月4日〜平成21年9月30日　弁護士　日本弁護士連合会会長,東京弁護士会会長　→09/11

小堀 七郎　こぼり・しちろう　〜昭和58年9月24日　東京第二検察審査会事務局長　→83/87

小堀 保　こぼり・たもつ　明治23年4月21日〜昭和57年11月22日　弁護士　大審院判事　→80/82

小堀 南嶺　こぼり・なんれい　〜平成4年1月17日　臨済宗大徳寺派宗務総長,龍光院住職　→91/93

小堀 秀次　こぼり・ひでじ　大正7年1月27日〜平成3年2月3日　北海道議　→91/93

小堀 明堂　こぼり・めいどう　〜昭和61年11月3日　僧侶　臨済宗大徳寺派宗務総長,大徳寺(臨済宗)顧問　→83/87

小堀 基之助　こぼり・もとのすけ　明治31年9月3日〜昭和61年3月4日　日写工連相談役,小堀製版印刷(株)会長　→83/87

小堀 林衛　こぼり・りんえい　明治45年1月1日〜平成1年5月5日　小堀住研社長　→88/90

狛 哲夫　こま・てつお　〜昭和48年3月21日　日産石油化学副社長　→昭和

駒井 昭雄　こまい・あきお　〜平成13年10月27日　部落解放同盟京都府連合会委員長,部落解放同盟中央執行副委員長　→00/02

駒井 一郎　こまい・いちろう　〜昭和60年1月15日　金田油化常務　→83/87

駒井 和夫　こまい・かずお　昭和7年9月30日〜昭和63年4月25日　駒井鉄工所会長　→88/90

駒井 喜作　こまい・きさく　明治30年5月18日〜昭和20年11月1日　部落解放運動家　→昭和

駒井 健一郎　こまい・けんいちろう　明治33年12月17日〜昭和61年10月2日　日立製作所社長　→83/87

駒井 茂春　こまい・しげはる　大正12年1月8日〜平成10年11月12日　ダスキン社長　→97/99

駒井 茂　こまい・しげる　大正11年10月29日〜平成4年11月10日　ヤマエ久野副社長,高千穂倉庫運輸社長　→91/93

駒井 司信　こまい・しのぶ　大正15年11月18日〜平成8年5月6日　ヤマエ久野会長　→94/96

駒井 重次　こまい・じゅうじ　明治28年2月23日〜昭和48年11月12日　大蔵官僚,政治家　衆院議員(日本進歩党)　→昭和

駒井 長一郎　こまい・ちょういちろう　明治38年3月7日〜平成9年10月6日　神戸ゴム取引所(のち大阪商品取引所)理事長　→97/99

駒井 恒雄　こまい・つねお　昭和10年8月4日〜平成5年12月30日　駒井鉄工社長　→91/93

駒井 藤平　こまい・とうへい　明治18年3月〜昭和42年1月17日　衆院議員,参院議員(自由党)　→昭和

駒井 徳三郎　こまい・とくさぶろう　大正4年7月26日〜平成10年3月22日　バンドー化学常務　→97/99

駒井 徳三　こまい・とくぞう　明治18年6月10日〜昭和36年5月13日　富士開発会長　満州国建国の中心人物　→昭和

駒井 正二　こまい・まさじ　大正2年7月1日〜平成11年3月17日　大成建設常務　→97/99

駒井 茂一郎　こまい・もいちろう　明治31年〜昭和63年1月19日　ヤマエ久野相談役・元会長　→88/90

小前 隆　こまえ・たかし　昭和7年7月8日〜平成18年2月20日　合同製鉄常務　→06/08

駒形 十吉　こまがた・じゅうきち　明治34年2月4日〜平

成11年2月7日　新潟総合テレビ社長, 大光銀行社長　→97/99

駒形　斉　こまがた・ひとし　大正11年3月1日～平成16年12月9日　大光相互銀行社長　→03/05

駒形　弥一郎　こまがた・やいちろう　明治40年8月1日～昭和63年8月4日　ニチアス専務　→88/90

小槇　和輔　こまき・かずすけ　～昭和7年8月20日　海軍少将　→昭和

小牧　正二郎　こまき・しょうじろう　大正13年10月27日～平成15年11月18日　関電工社長　→03/05

小巻　敏雄　こまき・としお　大正9年3月21日～平成2年6月16日　参院議員（共産党）　→88/90

小牧　勇蔵　こまき・ゆうぞう　大正9年5月19日～平成13年11月1日　小牧建設会長, 鹿児島ユネスコ協会会長　→00/02

小孫　由太郎　こまご・よしたろう　大正3年8月1日～昭和61年8月29日　海老ノ大丸社主　→83/87

駒崎　一雄　こまざき・かずお　昭和5年2月9日～平成14年9月11日　加商（のち豊田通商）常務　→00/02

駒崎　俊郎　こまざき・としろう　～昭和59年3月15日　明治生命保険常任監査役　→83/87

駒崎　元雄　こまざき・もとお　～平成10年3月11日　北海道新聞常務　→97/99

駒沢　浩一　こまざわ・こういち　明治42年8月30日～平成14年6月24日　古河総合設備社長　→00/02

駒沢　啓之　こまざわ・ひろし　昭和10年5月13日～平成21年2月18日　石光商事社長　→09/11

駒沢　吉則　こまざわ・よしのり　大正1年11月1日～昭和61年9月28日　駒沢金属工業社長　→83/87

駒塚　政治郎　こまずか・まさじろう　～昭和63年11月17日　東京いすゞ自動車常務　→88/90

駒田　えい　こまだ・えい　～平成7年5月24日　国立公衆衛生院住宅衛生室長　→94/96

小又　覚三郎　こまた・かくさぶろう　～平成2年5月19日　富士精機会長　→88/90

駒田　順一　こまだ・じゅんいち　大正9年12月1日～平成12年8月22日　岡三証券専務　→00/02

駒田　駿太郎　こまだ・しゅんたろう　大正4年8月21日～平成4年1月17日　弁護士　中労委委員, 札幌高裁長官　→91/93

駒田　民造　こまだ・たみぞう　～昭和62年12月15日　三井建設常務　→83/87

駒田　肇　こまだ・はじむ　～昭和61年1月13日　三重県議　→83/87

駒田　弘　こまだ・ひろし　昭和3年6月12日～平成5年3月23日　東洋ゴム工業取締役　→91/93

駒田　光徳　こまだ・みつのり　昭和4年3月15日～平成7年12月13日　ヨロズ常務　→94/96

駒田　弥太郎　こまだ・やたろう　大正7年8月16日～平成6年8月25日　東京書籍副社長　→94/96

駒田　義雄　こまだ・よしお　大正6年12月14日～昭和57年2月9日　西松建設常務　→80/82

小町谷　武司　こまちや・たけし　大正9年6月11日～平成2年10月13日　佐藤工業副社長　→88/90

小町谷　吉興　こまちや・よしおき　昭和6年1月19日～平成4年4月26日　味の素専務　→91/93

小松　昭　こまつ・あきら　昭和2年2月24日～平成2年10月19日　高砂リサーチ・インスティテュート社長, 高砂香料工業相談役・元副社長　→88/90

小松　一三夢　こまつ・いさむ　～平成5年6月21日　全日本花いっぱい連盟事務局長　花いっぱい運動創始者　→91/93

小松　丑治　こまつ・うしじ　明治9年4月15日～昭和20年10月4日　社会運動家　大逆事件　→昭和

小松　栄一　こまつ・えいいち　～昭和61年11月8日　東北開発コンサルタント専務取締役, 東北電力土木部長　→83/87

小松　改造　こまつ・かいぞう　大正9年3月2日～平成17年1月15日　住友電装社長　→03/05

小松　幹　こまつ・かん　大正3年9月9日～平成2年8月11日　衆院議員（社会党）　→88/90

小松　公隆　こまつ・きみたか　昭和19年8月25日～平成17年11月9日　大和ハウス工業常務　→03/05

小松　亀代吉　こまつ・きよきち　明治39年～昭和46年4月12日　社会運動家　→昭和

小松　邦夫　こまつ・くにお　大正9年10月1日～平成15年10月6日　明治生命保険常務　→03/05

小松　健一　こまつ・けんいち　昭和12年3月10日～平成23年6月25日　関西銀行社長, 住友銀行専務　→09/11

小松　謙次郎　こまつ・けんじろう　文久3年11月11日～昭和7年10月15日　貴院議員（勅選）　→昭和

小松　謙助　こまつ・けんすけ　～昭和37年1月28日　社会教育協会理事長　→昭和

小松　光　こまつ・こう　～昭和60年6月15日　小松鉄工所会長　→83/87

小松　康　こまつ・こう　大正10年3月14日～平成11年3月19日　住友銀行頭取, 日本総合研究所会長　→97/99

小松　公一　こまつ・こういち　明治44年11月4日～平成7年7月12日　五洋建設専務　→94/96

小松　駒太郎　こまつ・こまたろう　～平成7年9月11日　天理教内統領　→94/96

小松　栄　こまつ・さかえ　～昭和39年7月2日　大日本電線社長　→昭和

小松　定男　こまつ・さだお　昭和5年10月16日～平成6年11月25日　衆院議員（社会党）　→94/96

小松　茂雄　こまつ・しげお　明治41年2月8日～昭和58年3月29日　佐伯建設工業常務　→83/87

小松　繁　こまつ・しげる　明治36年1月29日～昭和58年7月2日　NHK副会長　→83/87

小松　茂　こまつ・しげる　～昭和60年10月17日

I 政治・経済・社会篇

弁護士　通信院総裁　→83/87

小松 茂　こまつ・しげる　昭和2年1月9日～平成4年11月29日　鉄鋼労連副委員長　→91/93

小松 秀一　こまつ・しゅういち　昭和3年8月20日～平成14年3月18日　丸全昭和運輸専務　→00/02

小松 周憲　こまつ・しゅうけん　～昭和62年5月28日　僧侶　金像寺住職　→83/87

小松 寿右衛門　こまつ・じゅえもん　明治31年12月27日～昭和62年1月20日　塩釜商工会議所名誉会頭　→83/87

小松 順治　こまつ・じゅんじ　～昭和62年4月17日　関東電気保安協会理事、東京消防庁消防科学研究所長　→83/87

小松 尚一　こまつ・しょういち　～昭和59年4月17日　プログレス社長、日本ダイカスト協会常任理事　→83/87

小松 正一　こまつ・しょういち　大正12年12月5日～平成20年1月15日　秋田県議(無所属)、秋田県農協五連会長　→06/08

小松 正衛　こまつ・しょうえい　大正6年5月17日～平成8年3月15日　文芸春秋取締役　→94/96

小松 鉦太郎　こまつ・しょうたろう　明治40年4月29日～昭和62年2月5日　社会運動家　荒川区議会副議長　→83/87

小松 浄祐　こまつ・じょうゆう　～昭和38年4月13日　日蓮宗宗務総長　→昭和

小松 昭和　こまつ・しょうわ　昭和12年1月1日～平成2年8月30日　川西市会議長　→88/90

小松 次郎　こまつ・じろう　大正9年9月11日～平成14年11月7日　三井造船専務　→00/02

小松 真一　こまつ・しんいち　明治44年9月13日～昭和48年1月10日　醸造技師「虜人日記」の著者　→昭和

小松 真司　こまつ・しんじ　大正12年8月10日～平成2年11月12日　トッパン相談役、東京書籍顧問・元専務　→88/90

小松 信太郎　こまつ・しんたろう　明治35年7月9日～昭和62年9月29日　衆院議員(民社党)　→83/87

小松 甚太郎　こまつ・じんたろう　～昭和50年2月17日　東京電力副社長　→昭和

小松 説慇　こまつ・せつみん　～昭和57年8月15日　浄土宗総本山知恩院長老待遇・正僧正　→80/82

小松 峻　こまつ・たかし　昭和18年7月8日～平成12年2月21日　名古屋高裁判事　→00/02

小松 隆　こまつ・たかし　昭和40年3月14日　日米協会副会長、元日本鋼管副社長　→昭和

小松 隆志　こまつ・たかし　～昭和63年12月17日　高知県信用農協連副会長　→88/90

小松 多喜雄　こまつ・たきお　明治42年3月20日～昭和57年8月4日　塩尻商工会議所会頭、塩尻市長　→80/82

小松 毅　こまつ・たけし　昭和6年8月26日～平成15年4月20日　福島民友新聞専務　→03/05

小松 武　こまつ・たけし　大正11年12月15日～平成19年11月1日　静岡県議(公明党)　→06/08

小松 雅　こまつ・ただし　大正9年10月10日～平成22年4月16日　高知県議(自民党)　→09/11

小松 建夫　こまつ・たてお　～平成3年6月17日　神奈川県議(公明党)　→91/93

小松 為繁　こまつ・ためしげ　～平成21年7月28日　いざなぎ流太夫　→09/11

小松 太郎　こまつ・たろう　～昭和63年6月26日　上磯町(北海道)町長　→88/90

小松 智教尼　こまつ・ちきょうに　～昭和40年7月18日　寂光院住職　→昭和

小松 智光　こまつ・ちこう　明治43年2月21日～平成15年12月24日　尼僧　寂光院(天台宗)門主、大僧正　→03/05

小松 務　こまつ・つとむ　大正2年12月10日～平成1年3月5日　小松タペストリー社長、愛知県室内装飾事業協同組合理事長　→88/90

小松 哲夫　こまつ・てつお　大正15年～平成21年9月3日　昭和電工取締役　→09/11

小松 昭夫　こまつ・てるお　～昭和59年7月5日　豊洲冷蔵会長、元三菱イタリア社長　→83/87

小松 輝久　こまつ・てるひさ　明治21年8月12日～昭和45年11月5日　皇族、海軍中将　平安神宮宮司　→昭和

小松 道円　こまつ・どうえん　明治41年5月24日～平成9年10月21日　僧侶　法楽寺名誉住職、真言宗泉涌寺派管長　→97/99

小松 東三郎　こまつ・とうざぶろう　明治35年8月18日～昭和60年4月3日　リコー常務　→83/87

小松 透　こまつ・とおる　大正5年8月3日～昭和61年3月3日　朝日新聞社監査役　→83/87

小松 敏郎　こまつ・としろう　昭和11年12月11日～平成22年9月20日　学習研究社社長　→09/11

小松 直二　こまつ・なおじ　大正9年5月9日～昭和61年8月15日　ユニチカ取締役　→83/87

小松 直幹　こまつ・なおもと　明治8年10月19日～昭和7年9月12日　海軍中将　→昭和(こまつ・なおみき)

小松 信亮　こまつ・のぶすけ　～平成7年9月18日　小倉興産常務　→94/96

小松 英夫　こまつ・ひでお　明治41年1月3日～平成12年8月21日　三井物産常務、三井石油化学工業専務　→00/02

小松 英雄　こまつ・ひでお　昭和25年11月6日～平成21年7月17日　弁護士　→09/11

小松 秀吉　こまつ・ひできち　大正8年12月16日～平成16年11月5日　高知新聞専務　→03/05

小松 広　こまつ・ひろし　大正4年1月1日～平成8年12月29日　新日本製鉄副社長　→94/96

小松 弘　こまつ・ひろし　大正8年4月24日～平成15年8月9日　北陸銀行常務　→03/05

小松 陽　こまつ・ひろし　大正13年～平成13年5月8日　日本高周波鋼業常務　→00/02

こまつ　　　　　　　　　　　　　　　　　　　　　　　　　　Ⅰ　政治・経済・社会篇

小松 寛人　こまつ・ひろと　～昭和29年11月17日
信越放送専務　→昭和

小松 弘昌　こまつ・ひろまさ　～昭和61年2月23日
西日本薬業代表取締役、日本薬業取締役　→83/87

小松 平十郎　こまつ・へいじゅうろう　明治27年～昭和55年11月2日　全国書店新風会会長、松本鶴林堂書店会長　→80/82

小松 真　こまつ・まこと　昭和10年12月14日～平成21年4月3日　三菱ガス化学常務　→09/11

小松 正賢　こまつ・まさかた　昭和11年3月5日～平成15年8月10日　日本経済新聞システム本部次長　→03/05

小松 正鎚　こまつ・まさつち　明治42年1月1日～平成3年12月23日　住友生命保険専務、第一投資顧問社長　→91/93

小松 正富　こまつ・まさとみ　大正9年3月16日～平成11年2月6日　高松高裁長官、東洋大学教授　→97/99

小松 正則　こまつ・まさのり　～昭和26年11月11日
国民生命社長　→昭和

小松 雅彦　こまつ・まさひこ　大正6年3月8日～平成4年1月7日　川崎製鉄取締役　→91/93

小松 道夫　こまつ・みちお　～平成4年1月30日
常盤通商副社長　→91/93

小松 茂藤治　こまつ・もとうじ　明治21年12月～昭和56年3月1日　衆院議員(翼賛政治会)　→80/82

小松 勇五郎　こまつ・ゆうごろう　大正9年9月18日～平成7年12月23日　神戸製鋼所会長、通産事務次官　→94/96

小松 勇次　こまつ・ゆうじ　明治26年12月～昭和37年7月29日　衆院議員(改進党)　→昭和

小松 義男　こまつ・よしお　大正2年1月6日～昭和62年6月27日　釧路支庁長、函館市助役　→83/87

小松 美天　こまつ・よしたか　昭和2年10月8日～平成11年3月30日　東京都環境保全局長　→09/11

小松 義久　こまつ・よしひさ　大正14年1月2日～平成22年2月11日　イタイイタイ病対策協議会会長、婦中町(富山県)町議　→09/11

小松 良基　こまつ・よしもと　～昭和42年4月11日
NET取締役　→昭和

小松 六五郎　こまつ・ろくごろう　明治42年3月10日～昭和57年8月9日　大島機工社長　→80/82

駒月 勇　こまつき・いさむ　大正7年1月22日～昭和58年4月14日　日銀監事、預金保険機構理事　→83/87

小松崎 軍次　こまつざき・ぐんじ　明治36年2月25日～平成7年4月30日　江東区長　→94/96

小松原 一郎　こまつばら・いちろう　～昭和55年10月7日　小松原研磨製作所社長　→80/82

小松原 克彦　こまつばら・かつひこ　大正11年8月5日～平成18年2月16日　川田工業常務執行役員　→06/08

小松原 健吉　こまつばら・けんきち　大正13年10月29日～平成2年8月2日　栃木県議(自民党)　→88/90

小松原 賢誉　こまつばら・けんよ　明治44年9月20日～平成7年1月30日　真言宗豊山派24世管長・78世化主(けしゅ)、小松原学園理事長　→94/96

小松原 国乗　こまつばら・こくじょう　～昭和38年8月9日　曹洞宗宗務総長　→昭和

小松原 定吉　こまつばら・さだきち　～昭和7年12月5日
日本郵船専務取締役　→昭和

小松原 俊一　こまつばら・しゅんいち　大正6年10月15日～平成19年3月9日　三井鉱山社長　→06/08

小松原 千造　こまつばら・せんぞう　大正13年1月1日～平成10年4月18日　大陽酸素(のち大陽東洋酸素)常務　→97/99

小松原 隆　こまつばら・たかし　～昭和57年12月18日　ナショナル・ウェストミンスター銀行顧問、元東京銀行専務取締役　→80/82

小松原 友作　こまつばら・ともさく　明治36年1月6日～平成6年4月22日　新日本証券相談役、野村証券常務　→94/96

小松原 道太郎　こまつばら・みちたろう　明治19年7月20日～昭和15年10月6日　陸軍軍人　→昭和

小松原 翠　こまつばら・みどり　明治35年4月30日～昭和43年10月14日　社会運動家　栃木県議(社会党)　→昭和

小松原 豊　こまつばら・ゆたか　～昭和52年7月28日
日本国土開発副社長　→昭和

狛林 利男　こまばやし・としお　～平成17年8月12日
大阪府立上方演芸資料館館長　→03/05

駒宮 俊太郎　こまみや・しゅんたろう　大正11年7月31日～昭和62年12月3日　日本オイルターミナル専務、日本石油輸送常務　→83/87

駒宮 武夫　こまみや・たけお　昭和4年6月29日～平成23年12月2日　曙ブレーキ工業副社長　→09/11

駒村 資正　こまむら・すけまさ　明治27年6月14日～昭和44年10月22日　日本貿易振興会理事長、江商社長　→昭和

駒村 利三　こまむら・としぞう　～昭和51年1月19日
陸軍中将　→昭和

駒村 秀雄　こまむら・ひでお　大正7年4月22日～平成15年10月21日　アール・エフ・ラジオ日本社長　→03/05

古丸 辰治　こまる・たつじ　昭和55年10月31日
日本光学常務　→80/82

五味 彰　ごみ・あきら　大正3年5月29日～平成3年11月6日　北海道拓殖銀行頭取　→91/93

五味 栄一　ごみ・えいいち　大正1年8月11日～昭和63年11月30日　東洋紡常務　→88/90

小味 覚　こみ・さとる　～昭和63年11月25日
赤岡町(高知県)町長　→88/90

五味 三郎　ごみ・さぶろう　大正6年9月1日～平成2年10月29日　NTT北海道移動通信社長　→88/90

五味 真平　ごみ・しんぺい　大正13年～平成18年7月13日　呉羽化学工業副社長　→06/08

I 政治・経済・社会篇

こみやま

古味 俊雄　こみ・としお　〜昭和40年6月21日
浅野スレート常務　→昭和（ふるみ・としお）

五味 久七　ごみ・ひさかず　昭和9年3月1日〜平成19年9月6日　竹田印刷副社長　→06/08

五味 裕基　ごみ・ゆうき　大正14年3月1日〜平成2年12月2日　日本自動車販売協会連合会理事　→88/90

五味 雄治　ごみ・ゆうじ　昭和3年11月26日〜平成18年5月4日　国税庁国税審議官、国士舘大学教授　→06/08

五味 六四郎　ごみ・ろくしろう　〜昭和50年4月7日
東芝商事社長　→昭和

小溝 理　こみぞ・おさむ　大正12年8月1日〜平成12年12月15日　川崎汽船常務　→00/02

小湊 寛　こみなと・ゆたか　昭和9年〜平成10年10月8日
東洋通信機常務　→97/99

小南 一郎　こみなみ・いちろう　昭和5年10月8日〜平成19年11月9日　東洋アルミニウム社長　→06/08

小南 甲三　こみなみ・こうぞう　大正14年9月18日〜平成17年1月3日　津別町（北海道）町長　→03/05

小南 直也　こみなみ・なおや　昭和3年2月2日〜昭和63年6月13日　旭有機材工業常務　→88/90

小南 尚義　こみなみ・ひさよし　大正9年9月19日〜平成8年2月20日　九電産業社長、九州電力常務　→94/96

小南 安利　こみなみ・やすとし　昭和8年2月18日〜平成12年2月15日　日本加工製紙常務　→00/02

小峰 一男　こみね・かずお　〜昭和58年11月9日
田無市議会議長、向台学園理事長　→83/87

小峰 元彭　こみね・げんぼう　〜昭和61年5月10日
臨済宗建長寺派宗務部長　→83/87

小峰 順誉　こみね・じゅんよ　明治33年2月4日〜平成2年9月24日　僧侶　真言宗智山派管長　→88/90

小峰 清一　こみね・せいいち　〜昭和57年12月20日
泉尾発条製作所社長　→80/82

小峰 長三郎　こみね・ちょうさぶろう　明治42年3月30日〜平成8年5月30日　弁護士　関東弁護士会連合会理事長　→94/96

小峰 直義　こみね・なおよし　昭和5年2月11日〜平成5年11月7日　さいか屋取締役　→91/93

小嶺 仁貫　こみね・ひとみち　昭和14年10月9日〜平成16年8月15日　日本ヒューム専務　→03/05

小峰 広吉　こみね・ひろえ　明治38年6月〜昭和60年11月3日　小峰書店会長　→83/87

小峰 保栄　こみね・やすえい　明治38年11月4日〜昭和56年3月21日　会計検査院長　→80/82

小峯 柳多　こみね・りゅうた　明治41年9月3日〜昭和49年5月29日　衆院議員（自民党）　→昭和

五味渕 保　ごみぶち・たもつ　昭和11年3月26日〜平成5年2月25日　五味渕鋼鉄社長　→91/93

小味渕 肇　こみぶち・はじめ　〜昭和60年5月30日
横手市長　→83/87

小宮 暾　こみや・あさひ　昭和18年1月10日〜平成18年6月20日　矢作建設工業常務　→06/08

込谷 和之　こみや・かずゆき　〜昭和9年9月23日
飛行第七連隊附航中佐　→昭和

小宮 金吾　こみや・きんご　〜昭和62年12月2日
（財）都民劇場理事　→83/87

小宮 邦雄　こみや・くにお　大正9年5月8日〜平成3年8月3日　エフエム福岡取締役放送部長　→91/93

小宮 憲　こみや・けん　大正3年1月20日〜平成6年10月16日　福島交通専務　→94/96

小宮 次郎　こみや・じろう　〜昭和36年10月2日
東急車輌会長　→昭和

小宮 仁　こみや・じん　大正7年1月8日〜平成3年3月4日　日本電子計算機監査役、日本開発銀行理事　→91/93

小宮 信二郎　こみや・しんじろう　〜昭和58年5月16日
エドマス社長　→83/87

小宮 新太郎　こみや・しんたろう　大正8年6月13日〜平成10年4月17日　新和海運副社長　→97/99

古宮 隆充　こみや・たかみつ　〜平成23年1月7日
石福金属興業社長　→09/11

小宮 武喜　こみや・たけき　大正5年11月20日〜平成11年4月20日　衆院議員（民社党）　→97/99

小宮 昌夫　こみや・まさお　〜昭和62年7月10日
広島郵政監察局長　→83/87

小宮 昌隆　こみや・まさたか　〜平成5年8月5日
日本醤油協会副会長　→91/93

小宮 元治　こみや・もとはる　明治35年7月23日〜昭和63年11月12日　日興証券常務　→88/90

小宮 義和　こみや・よしかず　明治36年9月11日〜平成4年2月24日　日立電線副社長　→91/93

小山 勇　こみやま・いさむ　昭和5年7月12日〜平成1年12月20日　総武都市開発社長　→88/90

小山 英蔵　こみやま・えいぞう　大正1年9月25日〜昭和54年6月26日　平和相互銀行会長　→昭和

小山 一衛　こみやま・かずえ　昭和5年2月9日・平成22年1月7日　信濃毎日新聞常務・論説主幹　→09/11

込山 諒　こみやま・さとる　昭和5年3月15日〜平成16年12月28日　長野銀行専務　→03/05

小山 重四郎　こみやま・じゅうしろう　昭和2年9月15日〜平成6年11月21日　衆院議員（自民党）、郵政相　→94/96

小宮山 庄左衛門　こみやま・しょうざえもん　明治32年5月22日〜平成2年3月31日　小宮山印刷（株）名誉会長　→88/90

小宮山 庄三　こみやま・しょうぞう　〜平成2年6月17日
国鉄東京駅長　→88/90

小宮山 精一　こみやま・せいいち　大正14年10月15日〜昭和59年10月28日　平和相互銀行相談役・元会長　→83/87

小宮山 生長　こみやま・せいちょう　大正11年〜平成6

年8月21日　京葉土地開発常務　→94/96

小宮山 孝富　こみやま・たかとみ　〜平成1年11月9日　首都圏保証サービス社長　→88/90

小見山 匡司　こみやま・ただし　〜平成4年9月4日　伊藤忠金属相談役, ナイキ社長　→91/93

小宮山 常吉　こみやま・つねきち　明治15年10月18日〜昭和49年4月24日　参院議員(緑風会)　→昭和

小宮山 鉄三郎　こみやま・てつさぶろう　大正8年5月1日〜平成10年10月3日　公認会計士, 税理士, 司法書士, 中小企業診断士　小千谷商工会議所顧問・元会頭, 関東信越税理士会県支部連合会長　→97/99

小宮山 彦一　こみやま・ひこかず　大正5年11月25日〜平成5年8月29日　大阪製鎖機専務　→91/93

小宮山 英男　こみやま・ひでお　大正14年3月22日〜平成19年2月7日　月島機械常務　→06/08

小宮山 幸和　こみやま・ゆきかず　〜平成20年10月30日　国土交通省リコール対策室長　→06/08

小宮山 和一郎　こみやま・わいちろう　〜昭和38年12月26日　三愛常務　→昭和

五明 金彌　ごみょう・きんや　〜昭和63年11月7日　下蒲刈町(広島県)町長　→88/90

五明 芳郎　ごみょう・よしろう　大正12年1月1日〜平成13年12月16日　広島硝子工業社長, 山村硝子取締役　→00/02

小向 三郎　こむかい・さぶろう　〜平成3年7月26日　関電工取締役　→91/93

小村 清　こむら・きよし　〜昭和32年12月31日　明治乳業常務　→昭和

小村 欣一　こむら・きんいち　明治16年5月13日〜昭和5年12月29日　外交官, 侯爵　貴院議員　→昭和

古村 恵造　こむら・けいぞう　昭和5年11月27日〜平成9年5月29日　協和醱酵工業専務　→97/99

小村 康一　こむら・こういち　大正14年4月1日〜平成21年12月16日　ブラジル大使, チリ大使, 拓殖大学総長　→09/11

小村 聡　こむら・さとし　大正4年10月15日〜平成7年12月21日　千代田生命保険常務　→94/96

小村 俊一　こむら・しゅんいち　明治21年9月〜昭和33年3月6日　衆院議員(立憲民政党), 斗南新聞社長　→昭和(小林 俊一　こばやし・しゅんいち)

小村 俊三郎　こむら・しゅんざぶろう　明治3年9月3日〜昭和8年4月12日　外交官, ジャーナリスト　東京朝日新聞論説委員　→昭和

小村 敞一　こむら・しょういち　大正15年3月14日〜平成12年1月13日　サンコール社長　→00/02

小村 千太郎　こむら・せんたろう　〜昭和44年12月19日　三菱鉱業社長　→昭和

小村 多市　こむら・たいち　〜昭和48年2月23日　松尾橋梁社長　→昭和

小村 千裕　こむら・ちひろ　〜昭和57年5月28日　山一証券投資信託部長　→80/82

小村 ちよ　こむら・ちよ　〜昭和61年10月16日　仙台市母子寡婦福祉会長, 宮城県母子福祉連合会副会長　→83/87

小村 敏　こむら・つとむ　〜平成5年12月18日　白石常務　→91/93

古村 敏章　こむら・としあき　明治32年4月24日〜平成12年1月1日　実業家　丸興製糸社長, 長野県撚糸工業組合理事長　→03/05s

古村 博　こむら・ひろし　大正9年4月29日〜平成2年8月6日　北都鉄工会長　→88/90

小紫 芳夫　こむらさき・よしお　昭和2年5月25日〜平成22年1月17日　横浜倉庫社長, 日本臓器移植ネットワーク会長　→09/11

小室 彰　こむろ・あきら　昭和21年9月25日〜平成2年2月16日　アデランス取締役　→88/90

小室 和秀　こむろ・かずひで　大正3年7月16日〜平成18年7月2日　駐ビルマ大使　→06/08

小室 恵之亮　こむろ・けいのすけ　明治37年6月8日〜平成4年3月25日　栄松堂書店社長　→91/93

小室 源四郎　こむろ・げんしろう　明治43年6月28日〜平成7年2月17日　エルナー社長　→94/96

小室 健夫　こむろ・たけお　〜昭和42年6月25日　豊田通商相談役　→昭和

小室 達雄　こむろ・たつお　昭和10年3月25日〜平成12年7月7日　キッコーマン常務　→00/02

小室 勉　こむろ・つとむ　〜昭和60年9月19日　バブコック日立監査役・元常務　→83/87

小室 恒夫　こむろ・つねお　大正2年10月17日〜平成13年11月1日　新日本製鉄化学工業社長, 通商産業省通商局長　→00/02

小室 庸夫　こむろ・つねお　明治39年5月28日〜平成4年3月21日　東鉄工業監査役　→91/93

小室 富雄　こむろ・とみお　昭和10年8月31日〜平成10年6月8日　東京トヨタ自動車常務　→97/99

小室 直人　こむろ・なおと　大正5年5月1日〜平成9年11月25日　弁護士　大阪市立大学名誉教授　→97/99

小室 信雄　こむろ・のぶお　大正9年1月1日〜平成1年6月26日　川崎汽船常務, 飯野海運取締役　→88/90

小室 信行　こむろ・のぶゆき　大正14年5月23日〜平成19年12月8日　横浜ゴム副社長　→06/08

小室 一　こむろ・はじめ　明治41年4月26日〜平成2年5月24日　東亜紡織取締役　→88/90

小室 正夫　こむろ・まさお　明治43年1月30日〜平成14年2月13日　朝日生命保険常務　→00/02

小室 昌介　こむろ・まさすけ　〜昭和57年3月18日　仙台高検検事　→80/82

小室 芳保　こむろ・よしやす　大正12年8月31日〜平成9年2月6日　千代田火災海上保険常務　→97/99

小室 龍二　こむろ・りゅうじ　昭和7年5月29日〜平成7

年4月11日　都築電気常務　→94/96

米井 正一　こめい・しょういち　大正1年12月1日～平成7年3月16日　安宅建設工業(のちアタカ工業)社長　→94/96

五明 得一郎　ごめい・とくいちろう　明治32年3月25日～昭和57年12月29日　愛知機械工業社長　→80/82

古明地 忠治　こめいじ・ただはる　大正5年6月20日～平成3年1月9日　日東書院社長　→91/93

米田 喜一　こめだ・きいち　大正10年5月25日～昭和61年3月10日　協同組合新大阪センイシティー理事長,大阪府卸団体連合会副会長　→83/85

米谷 利治　こめたに・としはる　明治44年5月27日～平成12年8月24日　日本鉱業専務　→00/02

米野 義久　こめの・よしひさ　大正8年2月12日～平成13年8月5日　岐阜県議(自民党)　→00/02

米屋 喜一　こめや・きいち　明治43年5月18日～平成4年10月7日　北星ゴム工業会長,黒部商工会議所会頭　→91/93

米屋 正治　こめや・まさはる　昭和15年4月7日～平成17年10月19日　北星ゴム工業会長　→06/08s

菰池 佐一郎　こもいけ・さいちろう　明治32年～昭和63年6月17日　時代や書店主人　→88/90

粉生 宗幸　こもう・むねゆき　大正5年9月～昭和59年12月30日　中外炉工業会長・元社長　→83/87

薦田 国雄　こもだ・くにお　明治45年4月15日～平成9年10月2日　東邦ガス会長　→97/99

古茂田 敬一　こもだ・けいいち　大正10年8月20日～平成20年4月30日　川崎製紙専務　→06/08

菰田 康一　こもだ・こういち　～昭和49年11月22日　陸軍中将　→昭和

古茂田 甲午郎　こもだ・こうごろう　明治27年10月9日～昭和57年6月27日　建築家,安藤建設社長,東海大学教授　→80/82

菰田 太郎　こもだ・たろう　明治34年12月24日～平成3年9月3日　ライオン常務　→91/93

小本 允　こもと・まこと　昭和9年3月17日～平成20年12月15日　日本オーチス・エレベータ社長　→06/08

小本 正敏　こもと・まさとし　大正9年8月16日～昭和61年9月8日　美唄市議　→83/87

薦野 直実　こもの・なおみ　明治34年4月1日～昭和61年9月16日　ロイヤル監査役,トヨタオート福岡取締役,東映常務　→83/87

菰原 清太郎　こもはら・せいたろう　～昭和62年9月25日　滑川市議　→83/87

菰淵 清雄　こもぶち・きよお　明治7年～昭和12年1月3日　大審院部長判事　→昭和

小森 明　こもり・あきら　～昭和55年10月6日　日動火災海上保険副社長　→80/82

小森 厚　こもり・あつし　昭和3年1月15日～平成14年4月3日　日本動物園水族館協会専務理事,上野動物園飼育課長　→00/02

小森 一郎　こもり・いちろう　昭和8年1月26日～平成6年3月5日　小森コーポレーション会長　→94/96

小森 慶晃　こもり・けいこう　～平成5年7月24日　僧侶　臨済宗南禅寺派宗務総長　→91/93

小森 重孝　こもり・しげたか　大正5年4月6日～平成13年11月18日　矢作建設工業副社長　→00/02

小森 茂　こもり・しげる　明治37年11月4日～平成8年3月28日　日本電気硝子社長　→94/96

小森 七郎　こもり・しちろう　明治6年10月6日～昭和37年9月26日　NHK会長　→昭和

小森 七郎　こもり・しちろう　昭和3年11月30日～平成20年4月13日　小森コーポレーション社長　→06/08

小森 修二　こもり・しゅうじ　明治32年7月24日～昭和63年8月3日　大同信号社長　→88/90

小森 庄一　こもり・しょういち　大正10年10月3日～昭和63年10月12日　じょうてつ社長,北海道バス協会会長　→88/90

小森 鐘吉　こもり・しょうきち　～平成4年12月30日　佐原市長　→91/93

小森 治郎　こもり・じろう　明治41年～昭和62年1月3日　寿証券相談役・元会長　→83/87

小森 新次郎　こもり・しんじろう　大正9年1月19日～平成9年6月4日　近畿土地会長　→97/99

小森 節雄　こもり・せつお　大正4年1月31日～平成18年2月22日　宮崎県副知事　→06/08

小森 泰次　こもり・たいじ　大正6年10月3日～昭和63年10月26日　修善寺町(静岡県)町長,伊豆木線社長,桂川社長　→88/90

小森 隆　こもり・たかし　大正4年11月23日～平成6年5月9日　東亜合成化学工業会長,東京経済大学理事長　→94/96

小森 武雄　こもり・たけお　～昭和59年4月5日　三徳工業社長,新報国製鉄会長　→83/87

小森 武　こもり・たけし　明治45年6月10日～平成11年3月24日　郡政調査会常務理事　→97/99

小森 猛義　こもり・たけよし　～平成3年4月22日　小森精機社長,東海精工社長　→91/93

小森 直夫　こもり・ただお　明治32年9月15日～昭和61年9月13日　北陸放送取締役,金沢工業大理事　→83/87

小森 達雄　こもり・たつお　昭和3年10月6日～平成18年4月5日　丸大食品副社長　→06/08

小森 保　こもり・たもつ　～昭和55年4月27日　東光電気工業常務名古屋支店長　→80/82

小森 智円　こもり・ちえん　明治12年5月2日～昭和27年10月24日　社会運動家　→昭和

小森 敏之　こもり・としゆき　大正11年3月5日～昭和56年11月8日　丸大食品創業者　→80/82

小森 彦平　こもり・ひこへい　～昭和60年10月29日　仙台小森インキ会長　→83/87

小森 英夫　こもり・ひでお　大正2年8月19日〜平成8年9月9日　同和鉱業社長　→94/96

小森 秀夫　こもり・ひでお　〜昭和61年5月1日　富山県印刷工業組合常務理事　→83/87

小森 宏　こもり・ひろし　〜昭和59年10月7日　黒崎炉工業常務取締役　→83/87

古森 文雄　こもり・ふみお　大正5年10月7日〜平成8年2月7日　湯浅電池（のちYUASA）常務　→94/96

小森 正男　こもり・まさお　〜平成6年11月20日　立花商会常務　→94/96

小森 正夫　こもり・まさお　昭和5年3月25日〜平成9年12月21日　NTT監査役、全電通労組書記長　→97/99

小森 正一　こもり・まさかず　昭和4年7月24日〜平成4年6月2日　千代田工商常務、千代田化工建設取締役　→91/93

小森 万助　こもり・まんすけ　〜平成20年4月13日　司観光開発会長　→06/08

小森 実　こもり・みのる　昭和10年1月31日〜平成9年5月11日　ジャム販売社長　→97/99

小森 康男　こもり・やすお　昭和7年2月8日〜平成1年5月23日　昭和製作所常務勤監査役　→88/90

小森 雄介　こもり・ゆうすけ　明治7年12月〜昭和17年5月3日　衆院議員（立憲政友会）　〜昭和

小森 善一　こもり・よしかず　明治35年3月30日〜平成2年9月15日　小森コーポレーション創業者　→88/90

小森 芳晴　こもり・よしはる　大正11年11月30日〜平成17年12月11日　北見信用金庫理事長、北見商工会議所会頭　→03/05

小森田 一記　こもりだ・かずき　明治37年3月29日〜昭和63年9月25日　社会思想社社長　→88/90

小森谷 信夫　こもりや・のぶお　大正15年10月9日〜昭和62年4月29日　山種米穀社長　→83/87

籠谷 幸生　こもりや・ゆきお　昭和6年〜昭和62年12月12日　富士銀行生活協同組合理事長、元監査役　→83/87

小屋 幸雄　こや・ゆきお　昭和4年5月9日〜平成9年5月13日　新明和工業監査役　→97/99

小八重 正　こやえ・ただし　〜昭和62年5月19日　大興実業会社相談役　→83/87

小八木 康之　こやぎ・やすゆき　昭和16年2月25日〜平成10年1月21日　近江産業会長　→97/99

小役丸 純幸　こやくまる・よしゆき　昭和15年2月7日〜平成14年5月9日　三井造船常務　→00/02

子安 太郎　こやす・たろう　明治42年1月1日〜昭和58年10月5日　東レ副社長　→83/87

小柳 明　こやなぎ・あきら　大正12年8月31日〜平成13年6月7日　山陽特殊製鋼専務　→00/02

小柳 勇　こやなぎ・いさむ　昭和45年1月4日〜平成17年12月11日　参院議員（社会党）　→03/05

小柳 喜三郎　こやなぎ・きさぶろう　〜昭和4年3月5日　海軍大佐　→昭和

小柳 君夫　こやなぎ・きみお　大正11年1月13日〜平成15年2月27日　佐賀県議（自民党）　→03/05

小柳 宏平　こやなぎ・こうへい　昭和4年〜平成11年1月31日　ロイヤルホテル取締役、広島グランドホテル専務　→97/99

小柳 重政　こやなぎ・しげまさ　〜昭和55年8月14日　金鳳堂社長　→80/82

小柳 俊一　こやなぎ・しゅんいち　昭和2年4月25日〜平成16年7月7日　信越化学工業副社長　→03/05

小柳 正治　こやなぎ・しょうじ　〜昭和59年5月11日　小柳証券社長　→83/87

小柳 新一　こやなぎ・しんいち　大正9年6月29日〜平成11年4月29日　新潟県議（自民党）　→00/02s

小柳 皓正　こやなぎ・てるまさ　大正15年9月2日〜平成17年2月19日　西武鉄道社長　→03/05

小柳 冨太郎　こやなぎ・とみたろう　明治37年9月24日〜昭和59年10月25日　衆院議員　→83/87

小柳 牧衛　こやなぎ・まきえ　明治17年7月13日〜昭和56年12月21日　参院議員（自民党）　→80/82

小柳 正夫　こやなぎ・まさお　〜昭和60年9月9日　公認会計士　京都キワニスクラブ会長　→83/87

小柳 政治　こやなぎ・まさはる　大正15年3月26日〜平成5年1月18日　小柳病院院長、茨城県議（自民党）　→91/93

小柳 正巳　こやなぎ・まさみ　大正2年8月29日〜昭和60年5月18日　リケン監査役・元専務　→83/87

小柳 政之　こやなぎ・まさゆき　〜昭和47年1月5日　東菱光コンクリート工業社長　→昭和

小柳 道男　こやなぎ・みちお　昭和7年11月10日〜平成12年5月25日　信越化学工業常務　→00/02

小柳 愷　こやなぎ・やすし　〜昭和61年3月24日　富士バルブ顧問・元取締役　→83/87

小柳 至男　こやなぎ・よしお　大正15年5月15日〜平成5年3月29日　西華産業常務　→91/93

小柳 芳朗　こやなぎ・よしろう　大正4年7月15日〜平成9年1月4日　九州銀行常務　→97/99

小谷野 治雄　こやの・はるお　大正8年11月1日〜平成12年10月14日　セノン会長　→00/02

小矢野 博夫　こやの・ひろお　昭和2年4月29日〜平成9年1月22日　大気社専務　→97/99

古谷野 幸男　こやの・ゆきお　昭和5年3月25日〜平成18年11月11日　日新火災海上保険常務　→06/08

小藪 泰明　こやぶ・やすあき　大正13年3月13日〜平成4年5月21日　大林道路専務　→91/93

小山 勇　こやま・いさむ　〜昭和48年9月3日　ブラジル開発青年隊育成者　→昭和

小山 一平　こやま・いっぺい　大正3年11月3日〜平成23年4月2日　参院議員（社会党）、参院副議長、上田市長　→09/11

小山 ウラ　こやま・うら　明治23年8月30日〜平成17年

I 政治・経済・社会篇

4月5日　長寿者　長寿日本一　→03/05

小山　栄一　こやま・えいいち　昭和2年2月20日～平成23年12月12日　タバイエスペック社長　→09/11

小山　英治　こやま・えいじ　明治42年2月1日～平成11年7月8日　東洋ベアリング製造常務　→97/99

小山　英次郎　こやま・えいじろう　～平成9年10月31日　住商鋼板加工会長，関西コイルセンター工業会会長　→97/99

小山　長規　こやま・おさのり　明治38年6月10日～昭和63年1月31日　衆院議員（自民党），建設相　→88/90

児山　脩　こやま・おさむ　明治32年7月30日～昭和61年9月17日　東洋石綿会長，日本石綿製品工業会副会長　→83/87

小山　音一　こやま・おといち　大正4年4月1日～平成10年11月20日　東京証券専務　→97/99

小山　雄央　こやま・かつお　明治40年11月19日～昭和63年3月14日　世田谷区会議長　→88/90

小山　寛蔵　こやま・かんぞう　明治15年3月～昭和4年12月28日　衆院議員（政友会）　→昭和

小山　喜一　こやま・きいち　～昭和58年9月17日　西部ガス専務　→83/87

小山　禧一　こやま・きいち　大正14年10月1日～平成18年2月15日　美峰酒類社長，松井田町（群馬県）町長，群馬県公安委員長　→06/08

小山　起三　こやま・きぞう　～昭和13年1月25日　元検事お鯉事件発端者　→昭和

小山　吉郎　こやま・きちろう　安政7年3月1日～昭和4年2月26日　海軍造船少将　→昭和

小山　強次　こやま・きょうじ　明治27年7月24日～平成1年11月14日　協和銀行常務　→昭和

小山　喜代三郎　こやま・きよさぶろう　～平成13年12月13日　昭和製作所（のちショーワ）常務　→00/02

小山　金七　こやま・きんしち　～平成12年3月31日　警視庁捜査一課管理官・警視　→00/02

小山　邦太郎　こやま・くにたろう　明治22年11月16日～昭和56年3月24日　参院議員（自民党），衆院議員　→80/82

児山　敬一　こやま・けいいち　大正15年10月31日～平成22年5月23日　学習研究社専務　→09/11

小山　慶作　こやま・けいさく　～平成8年11月28日　松山地家裁所長　→94/96

小山　恵司　こやま・けいじ　昭和16年11月22日～平成23年11月11日　セイコー常務　→09/11

小山　敬治　こやま・けいじ　昭和23年1月2日～平成21年4月16日　神戸製鋼所副社長　→09/11

小山　元一　こやま・げんいち　～昭和48年12月22日　上越市長　→昭和

小山　賢之助　こやま・けんのすけ　～平成11年12月26日　大正海上火災保険（のち三井海上火災保険）常務　→00/02s

小山　好一　こやま・こういち　大正5年11月24日～平成4年6月16日　新潟鉄工所常務　→91/93

小山　公一郎　こやま・こういちろう　大正15年6月14日～平成5年4月29日　鐘紡取締役　→91/93

小山　光二　こやま・こうじ　～昭和8年5月8日　陸軍騎兵少佐　→昭和

小山　晃介　こやま・こうすけ　大正9年11月20日～平成3年4月20日　三井生命保険常務　→91/93

小山　晃佑　こやま・こうすけ　昭和4年12月10日～平成21年3月25日　神学者　ユニオン神学校名誉教授　→09/11

小山　五郎　こやま・ごろう　明治42年3月25日～平成18年3月2日　銀行家　三井銀行社長　→06/08

小山　才司　こやま・さいじ　～平成7年3月24日　（財）建設業福祉共済団理事長　→94/96

小山　佐一郎　こやま・さいちろう　～昭和55年2月8日　摂津板紙元常務　→80/82

小山　貞雄　こやま・さだお　～昭和44年8月22日　東京都議　→昭和

小山　重行　こやま・しげゆき　～昭和62年2月8日　大日金属工業相談役・元社長　→83/87

小山　秋作　こやま・しゅうさく　文久2年6月1日～昭和2年9月15日　陸軍大佐　→昭和

小山　周次郎　こやま・しゅうじろう　明治43年3月12日～平成10年9月21日　紀伊民報会長　→97/99

小山　省二　こやま・しょうじ　明治39年8月18日～平成1年4月6日　衆院議員（自民党）　→88/90

小山　松寿　こやま・しょうじゅ　明治8年1月29日～昭和34年11月25日　政治家，新聞人　衆院議員，衆院議員（民政党），名古屋新聞社長　→昭和

小山　省三　こやま・しょうぞう　明治38年10月10日～平成3年3月29日　大日金属工業会長　→91/93

小山　新一　こやま・しんいち　明治30年3月23日～平成2年2月24日　セントラル硝子専務，小野田セメント取締役　→88/90

小山　新七　こやま・しんしち　～平成6年7月28日　小山酒造会長　→94/96

小山　進次郎　こやま・しんじろう　大正4年4月26日～昭和47年9月5日　厚生省保険局長，厚生年金基金連合会理事長　→昭和

小山　誠司　こやま・せいじ　昭和8年7月4日～平成5年2月3日　北海道議（社会党）　→91/93

小山　善一　こやま・ぜんいち　～昭和48年4月3日　トヨタ自動車販売参与　→昭和

小山　荘吉　こやま・そうきち　昭和11年4月8日～昭和59年7月11日　宗教家　神慈秀明会会長　→83/87

小山　荘之助　こやま・そうのすけ　明治39年3月17日～平成5年11月26日　三菱重工業取締役，キャタピラー三菱（のち新キャタピラー三菱）社長，三菱自動車工業取締役　→91/93

小山 敬　こやま・たかし　昭和4年6月10日～平成18年4月26日　豊田紡織社長　→06/08

小山 卓次郎　こやま・たくじろう　～昭和60年2月20日　石原産業社長　→83/87

小山 威雄　こやま・たけお　明治38年～昭和56年8月24日　小諸市長, 小諸商工会議所会頭　→80/82

小山 武夫　こやま・たけお　明治42年7月3日～平成15年1月1日　中日新聞相談役, 中日球団オーナー　→03/05

小山 正　こやま・ただし　大正8年～平成18年6月10日　キリンビール専務, 近畿コカ・コーラボトリング社長　→06/08

小山 忠　こやま・ただし　昭和16年9月14日～平成17年8月8日　鉄建建設副社長　→03/05

小山 谷蔵　こやま・たにぞう　明治9年8月～昭和26年1月1日　衆院議員(日本進歩党)　→昭和

小山 太郎　こやま・たろう　大正1年8月8日～昭和60年4月8日　協和銀行常任監査役, 高岳製作所監査役　→83/87

小山 太郎　こやま・たろう　～平成17年1月15日　クリーン堀川初代会長　→03/05

小山 長四郎　こやま・ちょうしろう　明治34年11月23日～昭和56年4月23日　美峰酒類会長, 群馬県公安委員長　→80/82

小山 力　こやま・つとむ　昭和5年8月27日～平成14年11月19日　北国銀行常務, 北国ビジネスサービス社長　→00/02

小山 恒雄　こやま・つねお　昭和4年3月5日～平成20年5月9日　牧師　放出教会名誉牧師　→09/11s

小山 常正　こやま・つねまさ　明治40年10月4日～平成6年12月27日　資生堂常務　→94/96

小山 徹　こやま・とおる　昭和15年6月11日～平成8年9月27日　ユーストア常務　→94/96

小山 友三郎　こやま・ともさぶろう　昭和6年6月18日～平成8年5月8日　阪和銀行副頭取　→91/93

古山 虎之　こやま・とらゆき　大正5年2月23日～昭和60年5月22日　東芝商事常務, 東芝コールドチェーン社長　→83/87

小山 日幹　こやま・にっかん　～平成5年3月24日　僧侶　本門仏立宗講有　→91/93

小山 日修　こやま・にっしゅう　～昭和62年7月3日　日蓮宗海外布教師　→83/87

小山 信雄　こやま・のぶお　明治43年9月20日～平成10年9月6日　高砂熱学工業専務　→97/99

小山 白哲　こやま・はくてつ　～昭和55年3月31日　宗教人, 原水禁運動家　→80/82

小山 八郎　こやま・はちろう　大正2年3月27日～昭和58年8月14日　安田火災海上保険取締役　→83/87

小山 八郎　こやま・はちろう　大正11年10月31日～平成7年4月3日　日経連副会長, スミスクライン・ビーチャム・ジャパン・リミテッド会長　→94/96

小山 寿夫　こやま・ひさお　明治26年9月9日～昭和

2月26日　社会運動家　→昭和

小山 秀雄　こやま・ひでお　大正11年10月5日～平成1年7月23日　立石電機常務　→88/90

小山 寛　こやま・ひろし　昭和2年7月4日～平成20年11月14日　日本農薬副社長　→06/08

小山 文平　こやま・ぶんぺい　～平成1年4月26日　島津製作所取締役　→88/90

小山 芳良　こやま・ほうりょう　～昭和46年10月28日　興紀相互銀行会長　→昭和

小山 孫次郎　こやま・まごじろう　大正2年5月5日～平成17年4月8日　酒田市長　→03/05

小山 亮　こやま・まこと　明治28年2月～昭和48年2月9日　衆議院議員(社会党)　→昭和(こやま・りょう)

小山 正雄　こやま・まさお　大正2年4月29日～平成6年7月26日　石川島播磨重工業常務　→94/96

小山 正雄　こやま・まさお　昭和5年12月17日～平成7年1月14日　東芝セラミックス専務　→94/96

小山 真七　こやま・まさしち　～昭和55年2月17日　住友セメント元常務　→80/82

小山 正敏　こやま・まさとし　大正4年3月21日～平成16年5月9日　志木市長　→03/05

古山 雅義　こやま・まさよし　大正15年3月15日～平成11年2月9日　里庄町(岡山県)町長　→97/99

小山 松生　こやま・まつお　大正13年9月4日～昭和63年9月1日　南都銀行取締役　→88/90

小山 松吉　こやま・まつきち　明治2年9月28日～昭和23年3月27日　司法官　法相, 検事総長, 法政大学総長　→昭和

小山 万司　こやま・まんじ　～昭和59年1月7日　日産化学工業取締役　→83/87

小山 幹雄　こやま・みきお　昭和2年1月17日～平成9年8月31日　立石電機(のちオムロン)常務　→97/99

小山 道夫　こやま・みちお　昭和4年8月21日～平成21年3月16日　蓮田市長　→09/11

小山 美秀子　こやま・みほこ　明治43年5月15日～平成15年11月29日　宗教家　神慈秀明会会主　→03/05

小山 守一　こやま・もりかず　昭和20年7月4日～平成20年10月14日　伏見屋本店会長　→06/08

小山 靖　こやま・やすし　大正3年1月10日～平成14年5月16日　三井物産常務　→00/02

小山 雄二　こやま・ゆうじ　明治43年12月15日～平成9年3月27日　中小企業庁長官, 中小企業信用保険公庫総裁　→97/99

小山 幸夫　こやま・ゆきお　大正13年1月1日～平成4年4月14日　富士電機冷機常務　→91/93

小山 義治　こやま・よしはる　大正8年5月6日～平成19年4月24日　北穂高小屋創業者　→06/08

小山 龍三　こやま・りゅうぞう　明治41年2月20日～昭和59年7月26日　中日新聞社主, 東海テレビ会長　→83/87

小山 龍太郎　こやま・りゅうたろう　明治37年11月13日

Ⅰ 政治・経済・社会篇　　　　　　　　　　　　　　　　　　　　　　　　　　　　　　　　こんた

～平成13年4月19日　八十二銀行副頭取　→00/02

小山 良平　こやま・りょうへい　明治45年7月11日～平成4年8月10日　静岡銀行取締役　→91/93

小山 林之助　こやま・りんのすけ　～昭和62年1月30日　朝日新聞社社友・元名古屋本社編集局次長　→83/87

小山 六之助　こやま・ろくのすけ　明治2年3月10日～昭和22年8月4日　李鴻章の狙撃犯　→昭和

小山田 繁蔵　こやまだ・しげぞう　明治9年12月2日～昭和10年7月14日　海軍中将　→昭和（おやまだ・しげぞう）

小山手 美昭　こやまて・よしあき　～平成23年10月19日　奈良交通常務　→09/11

牛来 邦夫　ごらい・くにお　～平成7年2月3日　海将補　海上自衛隊自衛艦隊司令部幕僚長　→94/96

牛来 進一　ごらい・しんいち　昭和12年12月15日～平成16年8月24日　東都水産副社長　→03/05

牛来 進　ごらい・すすむ　明治37年2月7日～昭和63年11月16日　東都水産副社長　→88/90

牛来 武知　ごらい・たけち　～平成22年10月31日　コロナ社社長　→09/11

是枝 恭二　これえだ・きょうじ　明治37年10月16日～昭和9年6月10日　社会運動家　→昭和

是枝 卓也　これえだ・たくや　大正9年2月5日～昭和56年11月4日　西松建設専務　→80/82

是川 銀蔵　これかわ・ぎんぞう　明治30年7月28日～平成4年9月12日　相場師　是川福祉基金理事長　→91/93

是木 義明　これき・よしあきら　明治44年1月22日～平成1年2月21日　東京製綱専務　→88/90

是常 実　これつね・みのる　明治40年1月14日～平成3年4月6日　三冷名誉会長，日本冷凍空調設備工業連合会顧問　→91/93

是友 保男　これとも・やすお　～平成15年10月4日　東洋エンジニアリング専務　→03/05

是永 喬成　これなが・たかしげ　明治3年8月7日～平成2年7月21日　横浜高速鉄道監査役，横浜銀行取締役　→88/90

五老 信吉　ごろう・しんきち　明治45年5月13日～平成6年11月15日　森永製菓常務　→94/96

五郎丸 勝　ごろうまる・まさる　～昭和56年1月26日　北九州商議所副会頭，北九州市議　→80/82

頃末 格一　ころすえ・かくいち　～平成42年1月18日　横浜精糖監査役　→昭和

頃安 新　ころやす・あらた　昭和6年1月29日～平成17年4月26日　極東産機会長，日本技術センター会長　→03/05

小和 三伸　こわ・みつのぶ　～平成13年5月4日　ソネック常務　→00/02

木幡 久右衛門（14代目）　こわた・きゅうえもん　明治34年9月28日～昭和58年3月21日　島根新聞社社長，島根県議　→83/87（木幡 久右衛門）

木幡 修介　こわた・しゅうすけ　昭和3年9月7日～平成

23年12月29日　山陰中央新報社長，八雲本陣記念財団理事長　→09/11

木幡 昭七　こわた・しょういち　昭和7年12月25日～平成4年9月30日　外務省研修所長　→91/93

古和田 隆之助　こわだ・たかのすけ　～昭和62年5月25日　グンゼ取締役　→83/87

権　ゴン　⇒クォン

今 功夫　こん・いさお　大正14年12月17日～平成22年6月16日　小国町（山形県）町長　→09/11

昆 吉郎　こん・きちろう　大正1年11月13日～平成13年8月3日　チッソ常務　→00/02

今 昭一　こん・しょういち　昭和1年12月28日～平成12年2月23日　北海道市町村振興協会顧問，北海道人事委員会委員長　→00/02

金 隆史　こん・たかし　～昭和56年2月5日　東京地裁刑事十二部裁判長　→80/82

今 基芳　こん・もとよし　昭和9年3月27日～平成18年6月25日　NHK旭川支局長，雪の美術館館長　→06/08

紺井 昭一　こんい・しょういち　～昭和62年10月3日　三輪鉄工社長　→83/87

金光 鑑太郎　こんこう・かがみたろう　明治42年4月26日～平成3年1月10日　金光教4代目教主　→91/93

金剛 秀一　こんごう・しゅういち　～昭和45年12月6日　曹洞宗最乗寺山主，総持寺副貫主　→昭和

金光 摂ം　こんこう・せつお　明治13年8月5日～昭和38年4月13日　宗教家　金光教教主　→昭和

近新 三郎　こんしん・さぶろう　～昭和28年12月28日　東京市助役　→昭和

権田 市郎　ごんだ・いちろう　昭和12年12月12日～平成18年3月15日　小川の庄社長　→06/08

権田 銈次　ごんだ・けいじ　～昭和53年1月26日　豊田自動織機製作所社長　→昭和

今田 元氏　こんた・げんじ　大正5年2月21日～昭和57年11月9日　日本舗道監査役　→80/82

根田 順治　こんだ・じゅんじ　明治40年5月28日～昭和63年9月14日　住友海上火災保険常務　→88/90

権田 次良　ごんだ・じろう　～昭和48年4月21日　大阪商船三井船舶社長　→昭和

権田 隆澄　ごんだ・たかすみ　大正5年6月17日～平成1年12月25日　住友化学工業専務，インドネシア・アサハン・アルミニウム社長　→88/90

権田 忠志　ごんだ・ただし　～平成7年11月4日　権田金属工業オーナー・最高顧問　→94/96

昆田 文治郎　こんだ・ぶんじろう　文久2年9月28日～昭和2年1月29日　実業家　古河合名会社理事長　→昭和

権田 雷斧　ごんだ・らいふ　弘化3年12月22日～昭和9年2月7日　僧侶（真言宗）　真言宗豊山派第2代管長，大正大学学長　→昭和

権田 良三　ごんだ・りょうぞう　大正5年2月6日～平成3年10月2日　横浜ゴム専務，東京ヨコハマタイヤ社長　→

渾大防　芳造　こんだいぼう・よしぞう　慶応4年6月〜昭和12年4月11日　実業家　大阪メリヤス創業者　→昭和（渾大坊 芳造）

権平　慶孝　ごんだいら・よしたか　大正10年4月20日〜平成8年6月24日　鬼怒川ゴム工業常務　→94/96

紺谷　泰也　こんたに・やすなり　〜昭和62年2月21日　紺谷保険商会代表　→83/87

近藤　昭夫　こんどう・あきお　昭和5年6月21日〜平成19年11月2日　名古屋市議（新党さきがけ）　→06/08

近藤　璋敏　こんどう・あきとし　明治36年4月22日〜平成2年2月16日　三和銀行取締役　→88/90

近藤　彰　こんどう・あきら　大正15年11月15日〜平成1年2月14日　ヤマトミシン製造会長　→88/90

近藤　昭　こんどう・あきら　〜平成9年6月18日　ラリーアート社長　→97/99

近藤　章　こんどう・あきら　大正4年2月17日〜平成1年1月23日　日阪製作所専務　→88/90

近藤　章　こんどう・あきら　大正14年8月3日〜平成5年6月3日　日本電子機器（のちユニシアジェックス）専務　→91/93

近藤　荒樹　こんどう・あらき　明治22年3月6日〜昭和61年6月11日　近藤商事会長　→83/87

近藤　有信　こんどう・ありのぶ　大正13年12月18日〜平成1年2月21日　大洋漁業副社長　→88/90

近藤　郁男　こんどう・いくお　昭和10年〜平成13年10月15日　医療過誤原告の会会長　→00/02

近藤　功　こんどう・いさお　昭和2年4月19日〜平成1年10月18日　豊明市議・元市会議長　→88/90

近藤　伊三郎　こんどう・いさぶろう　昭和5年6月8日〜平成2年2月17日　山丸証券取締役　→88/90

近藤　勇　こんどう・いさむ　明治39年10月18日〜昭和61年7月13日　新井組会長, 神戸高速鉄道常務　→83/87

近藤　市三郎　こんどう・いちさぶろう　〜昭和44年1月17日　大林組常務　→昭和

近藤　一郎　こんどう・いちろう　昭和4年1月28日〜平成11年4月2日　阪急交通社専務　→97/99

近藤　市郎　こんどう・いちろう　明治28年4月2日〜平成7年5月21日　ヤンマーディーゼル副社長　→94/96

近藤　エイ　こんどう・えい　明治43年3月20日〜昭和56年4月23日　のぎく園園長　→80/82

近藤　栄一　こんどう・えいいち　〜昭和61年6月9日　会計検査院検査第四局長　→83/87

近藤　英次郎　こんどう・えいじろう　明治20年9月〜昭和30年12月27日　海軍中将　衆院議員（無所属倶楽部）　→昭和

近藤　栄蔵　こんどう・えいぞう　明治16年2月5日〜昭和40年7月3日　社会運動家　全国戦災者事業団理事長, 春陽会理事長　→昭和

近藤　介士　こんどう・かいし　大正8年12月21日〜昭和62年5月12日　松井建設取締役　→83/87

近藤　鍵武　こんどう・かぎたけ　〜昭和48年2月22日　宮地鉄工所専務　→昭和

近藤　一男　こんどう・かずお　〜平成7年2月28日　川崎化成工業専務　→94/96

近藤　一雄　こんどう・かずお　〜昭和61年9月12日　エス・ディー・エス バイオテック顧問・元常務　→83/87

近藤　一雄　こんどう・かずお　大正2年8月25日〜平成21年2月18日　丸紅常務　→09/11

近藤　勝　こんどう・かつ　〜昭和59年11月8日　電源開発監事　→83/87

近藤　勝二　こんどう・かつじ　〜昭和61年5月27日　静岡県司法保護司連盟会長　→83/87

近藤　勝彦　こんどう・かつひこ　大正4年11月18日〜昭和58年12月8日　ロンシール工業監査役　→83/87

近藤　勝義　こんどう・かつよし　〜昭和63年12月20日　関西熱化学取締役　→88/90

近藤　要　こんどう・かなめ　大正2年7月8日〜平成13年2月6日　日産火災海上保険社長　→00/02

近藤　完爾　こんどう・かんじ　明治41年3月14日〜平成8年12月10日　弁護士　東京高裁部総括判事　→94/96

近藤　観秀　こんどう・かんしゅう　〜昭和60年6月17日　極楽寺住職, 蔵福寺住職, 権大僧正　→83/87

近藤　久一郎　こんどう・きゅういちろう　明治43年6月20日〜平成6年1月5日　静岡県議　→94/96

金堂　久喜　こんどう・きゅうき　明治43年10月26日〜昭和62年10月31日　南国市議　→83/87

近藤　清　こんどう・きよし　〜昭和59年6月19日　陸上自衛隊西部方面総監　→83/87

近藤　清　こんどう・きよし　明治38年12月31日〜平成1年12月15日　本州製紙常務　→88/90

近藤　清　こんどう・きよし　大正4年8月18日〜平成2年4月13日　三井金属鉱業取締役　→88/90

近藤　清　こんどう・きよし　大正12年8月13日〜平成2年6月9日　愛知県土木研究会副会長, 近藤組社長　→88/90

近藤　喜代春　こんどう・きよはる　大正9年1月3日〜平成17年9月3日　近喜商事名誉会長, 全国飼料卸協同組合理事長　→03/05

近藤　喜禄　こんどう・きろく　安政3年12月30日〜昭和4年3月8日　実業家　→昭和

近藤　欽司　こんどう・きんじ　昭和3年3月21日〜平成1年4月10日　近藤紡績所副社長　→88/90

近藤　久寿治　こんどう・くすじ　〜平成15年8月26日　同学社社長　→03/05

近藤　久仁男　こんどう・くにお　〜昭和63年3月20日　三菱銀行監査役　→88/90

近藤　久仁子　こんどう・くにこ　〜平成9年12月5日　近藤デザイン専務　→97/99

近藤 邦彦　こんどう・くにひこ　大正14年5月14日～平成22年6月25日　西有家町(長崎県)町長　→09/11

近藤 庫三　こんどう・くらぞう　大正13年～昭和61年3月20日　十全化学常務,元電気化学工業福岡支店長　→83/87

近藤 敬之介　こんどう・けいのすけ　大正14年9月7日～平成11年2月17日　日産火災海上保険会長　→97/99

近藤 健二　こんどう・けんじ　明治43年6月22日～平成4年10月16日　カルソニック常勤監査役,五洋建設常勤監査役　→91/93

近藤 憲二　こんどう・けんじ　明治28年2月22日～昭和44年8月6日　アナキスト　日本アナキスト連盟書記長　→昭和

近藤 源資　こんどう・げんすけ　大正12年10月15日～平成12年11月16日　新潟総合テレビ社長　→00/02

近藤 剛　こんどう・ごう　～昭和56年6月1日　凸版段ボール社長,凸版印刷伊丹工場長　→80/82

近藤 公一　こんどう・こういち　～昭和46年6月29日　時事通信社取締役　→昭和

近藤 浩一郎　こんどう・こういちろう　大正9年9月18日～昭和56年9月10日　八千代証券相談役　→80/82

近藤 航一郎　こんどう・こういちろう　～昭和44年10月27日　弁護士　第二東京弁護士会会長　→昭和

近藤 荒一郎　こんどう・こういちろう　大正13年3月17日～昭和60年11月13日　近藤商事取締役,昭和飛行機工業取締役,日本タイプライター取締役　→83/87

近藤 幸四郎　こんどう・こうしろう　昭和7年～平成14年8月21日　広島被爆者団体連絡会議事務局長,広島県原爆被害者団体協議会事務局次長　→00/02

近藤 孝太郎　こんどう・こうたろう　～昭和24年　労働運動家,舞踊評論家,版画家　→昭和

近藤 駒太郎　こんどう・こまたろう　大正4年2月19日～平成26年11月16日　大和屋繊維工業社長,大阪商工会議所副会頭　→88/90

近藤 禎男　こんどう・さだお　大正10年4月18日～昭和63年10月19日　東邦電気工業社長,日本電設工業常務　→88/90

近藤 禎宏　こんどう・さだひろ　～平成4年9月3日　三河プロペラ社長　→91/93

近藤 貞　こんどう・さだむ　～昭和63年5月22日　警視庁防犯部長　→88/90

近藤 禎　こんどう・さだむ　明治40年10月1日～平成3年11月15日　大阪製鎖造機社長,神戸製鋼所取締役　→91/93

近藤 暁　こんどう・さとる　大正14年12月6日～平成7年11月30日　大阪高裁部総括判事　→94/96

近藤 三郎　こんどう・さぶろう　明治31年5月23日～平成9年5月26日　名古屋鉄道常務,名鉄交通社長　→97/99

近藤 三吉　こんどう・さんきち　大正8年8月6日～平成9年4月5日　福一漁業会長　→97/99

近藤 三二　こんどう・さんじ　～昭和57年11月29日　赤潮訴訟原告団長　→80/82

近藤 茂次　こんどう・しげじ　明治42年11月5日～昭和59年6月19日　近藤製作所社長　→83/87

近藤 滋弥　こんどう・しげや　明治15年9月17日～昭和28年8月20日　実業家,男爵　貴院議員　→昭和

近藤 重幸　こんどう・しげゆき　明治36年6月1日～平成9年12月16日　エフエム愛知社長　→97/99

近藤 茂　こんどう・しげる　～昭和29年1月1日　昭和電力副社長　→昭和

近藤 十治郎　こんどう・じゅうじろう　～昭和60年11月29日　栄製機相談役　→83/87

近藤 淳　こんどう・じゅん　明治35年11月19日～平成8年4月6日　三井鉱山常務　→94/96

近藤 準一郎　こんどう・じゅんいちろう　～昭和56年2月8日　伊予銀行相談役　→80/82

近藤 順二　こんどう・じゅんじ　明治30年12月19日～昭和62年1月14日　日本通運常務取締役,日本鉄道車輌工業会長　→83/87

近藤 駿介　こんどう・しゅんすけ　明治23年～昭和41年4月30日　南洋庁長官,長野県知事,熊本県知事　→昭和

近藤 潤三　こんどう・じゅんぞう　明治38年3月18日～平成3年11月9日　日本化薬社長　→91/93

近藤 昇吉　こんどう・しょうきち　大正2年12月6日～平成13年9月20日　知多市長　→00/02

近藤 昭二　こんどう・しょうじ　昭和2年～平成18年1月24日　福田組常務　→06/08

近藤 昇次郎　こんどう・しょうじろう　～昭和16年2月6日　大日本兵器常務　→昭和

近藤 正平　こんどう・しょうへい　～昭和39年8月1日　愛媛新聞社長　→昭和

近藤 四郎　こんどう・しろう　大正3年10月1日～平成12年1月3日　駐アルゼンチン大使　→00/02

近藤 治郎右衛門　こんどう・じろうえもん　～平成1年6月15日　日本通運常務　→88/90

近藤 信一　こんどう・しんいち　明治40年6月11日～平成2年12月28日　参院議員(社会党)　→88/90

近藤 晋一　こんどう・しんいち　明治43年11月15日～昭和56年11月21日　駐カナダ大使,日加協会会長　→80/82

近藤 進一郎　こんどう・しんいちろう　～昭和56年2月13日　朝日石綿工業元社長　→80/82

近藤 信次　こんどう・しんじ　明治37年2月6日～平成2年11月29日　近藤産業会長,名古屋陶協会長　→88/90

近藤 助造　こんどう・すけぞう　明治30年5月13日～平成1年2月14日　牧野フライス製作所取締役　→88/90

近藤 進　こんどう・すすむ　大正2年7月24日～昭和58年12月3日　鐘紡専務　→83/87

近藤 晴二　こんどう・せいじ　明治41年1月11日～平成5年8月1日　豊田自動織機製作所常務　→91/93

近藤 清三　こんどう・せいぞう　～昭和13年2月16日

こんとう　　　　　　　　　　　　　　　　　　　　　　　　　　　Ⅰ　政治・経済・社会篇

台湾銀行理事　→昭和

近藤 説巌　こんどう・せつがん　大正9年～平成3年11月6日　僧侶　高野山恵光院名誉住職、高野山真言宗総務総長　→91/93

近藤 大八　こんどう・だいはち　大正8年4月26日～平成22年2月7日　北海道電力副社長　→09/11

近藤 隆夫　こんどう・たかお　～昭和47年6月3日　大阪窯業取締役　→昭和

近藤 堯　こんどう・たかし　大正14年3月4日～平成5年7月21日　鐘紡専務　→91/93

近藤 崇晴　こんどう・たかはる　昭和19年3月24日～平成22年11月21日　最高裁判事　→09/11

近藤 卓雄　こんどう・たくお　明治42年11月16日～平成15年11月6日　福岡県議　→03/05

近藤 健男　こんどう・たけお　大正11年7月26日～昭和61年11月22日　三菱商事社長　→83/87

近藤 武夫　こんどう・たけお　～昭和62年3月6日　第一陸運社長、東洋埠頭常務　→83/87

近藤 武雄　こんどう・たけお　～昭和57年10月31日　日本工業新聞社取締役大阪担当、元滋賀県軟式庭球連盟会長　→80/82

近藤 剛　こんどう・たけし　～昭和61年9月7日　三井鉱山取締役　→83/87

近藤 武史　こんどう・たけし　大正12年12月22日～平成16年11月1日　明電産業副社長　→03/05

近藤 武千　こんどう・たけち　～平成5年9月13日　キャタピラー三菱(のち新キャタピラー三菱)常務　→91/93

近藤 武彦　こんどう・たけひこ　明治33年3月17日～平成1年6月12日　丸全昭和運輸常務　→88/90

近藤 武文　こんどう・たけふみ　大正6年1月12日～平成15年1月13日　奥村組副社長　→03/05

近藤 忠男　こんどう・ただお　～平成2年12月12日　ぶぎんビジネスサービス常務　→88/90

近藤 忠雄　こんどう・ただお　大正10年6月23日～平成21年1月　住友銀行名古屋支店長射殺事件の受刑者　→09/11

近藤 忠　こんどう・ただし　大正9年3月11日～平成6年1月31日　テレビ長崎専務、読売新聞大阪本社社友　→94/96

近藤 達児　こんどう・たつじ　明治8年10月～昭和6年9月22日　衆院議員(政友会)　→昭和

近藤 民三郎　こんどう・たみさぶろう　大正8年6月22日～平成1年9月11日　朝日石綿工業(のちアスク)取締役　→88/90

近藤 為敬　こんどう・ためたか　～昭和32年1月3日　「時の記念日」の功労者　→昭和

近藤 太朗　こんどう・たろう　昭和6年2月1日～平成13年8月21日　最高検検事、大分地検検事正　→00/02

近藤 忠二　こんどう・ちゅうじ　～昭和56年3月22日　(社)関西飛行協会理事・前専務理事　→80/82

近藤 長一　こんどう・ちょういち　明治34年1月15日～昭和59年5月7日　伊藤万専務　→83/87

近藤 恒雄　こんどう・つねお　明治35年7月16日～平成5年6月13日　三井化学工業(のち三井東圧化学)副社長　→91/93

近藤 恒雄　こんどう・つねお　昭和5年3月14日～平成19年1月24日　三菱化学化成ビニル社長　→06/08

近藤 凡夫　こんどう・つねお　～昭和55年6月6日　雇用促進事業団理事　→80/82

権藤 恒夫　ごんどう・つねお　昭和5年3月23日～平成13年5月29日　衆院議員(自由党)　→00/02

近藤 常尚　こんどう・つねたか　～昭和11年6月29日　朝鮮全羅南道知事　→昭和

近藤 勝　こんどう・つよし　大正5年4月26日～昭和63年2月11日　小松川工業社長　→88/90

近藤 鶴代　こんどう・つるよ　明治34年11月16日～昭和45年8月9日　参院議員(自民党)、衆院議員(自由党)　→昭和

近藤 哲士　こんどう・てつお　～昭和59年4月1日　安田火災海上保険監査役　→83/87

近藤 鉄雄　こんどう・てつお　昭和4年8月11日～平成22年3月4日　衆院議員(自民党)、労相、経済企画庁長官　→09/11

近藤 照男　こんどう・てるお　明治32年2月6日～平成3年12月11日　東洋炭素会長、コンテック会長　→91/93

近藤 照久　こんどう・てるひさ　昭和3年3月18日～平成21年1月3日　東洋炭素会長　→09/11

近藤 次郎　こんどう・とうじろう　～昭和55年4月22日　海軍少将　→80/82

近藤 通　こんどう・とおる　～昭和61年6月5日　朝日エアポートサービス取締役　→83/87

近藤 融　こんどう・とおる　～昭和56年11月7日　松下電器産業技術本部半導体研究所長　→80/82

権藤 登喜雄　ごんどう・ときお　明治43年9月15日～平成3年7月18日　日揮副社長、石油学会副会長　→91/93

近藤 徳次郎　こんどう・とくじろう　大正10年11月14日～平成10年4月5日　フジコビアン常務　→97/99

近藤 得三　こんどう・とくぞう　～昭和55年6月28日　朝鮮殖産銀行理事　→80/82

近藤 徳弥　こんどう・とくや　～昭和55年7月15日　朝日麦酒常務　→80/82

近藤 敏夫　こんどう・としお　～平成14年2月27日　福一漁業社長　→00/02

今東 寿雄　こんどう・としお　明治39年1月11日～平成3年10月15日　三菱石油常務、沖縄石油基地会長　→91/93

近藤 敏一　こんどう・としかず　大正11年2月28日～平成5年2月21日　住友建設取締役　→91/93

I 政治・経済・社会篇　　　　こんとう

近藤 富之丞　こんどう・とみのじょう　〜昭和57年9月29日　愛知県老人クラブ総連合副会長、名古屋市老人クラブ連絡協議会長、元名古屋市議　→80/82

近藤 智和　こんどう・ともかず　昭和9年10月15日〜平成14年5月6日　岩谷産業副社長　→00/02

近藤 豊吉　こんどう・とよきち　明治10年9月〜昭和5年4月15日　衆院議員(政友会)　→昭和

近藤 豊平　こんどう・とよへい　大正2年5月14日〜平成3年12月4日　セントラルリース社長、東海銀行副頭取　→91/93

近藤 直　こんどう・なおし　〜昭和42年3月16日　トヨタ自動車販売専務　→昭和(こんどう・なお)

近藤 信男　こんどう・のぶお　明治36年7月5日〜昭和48年4月17日　近藤紡績所社長　→昭和

近藤 信竹　こんどう・のぶたけ　明治19年9月25日〜昭和28年2月19日　海軍大将　→昭和

近藤 展光　こんどう・のぶひこ　昭和29年8月1日〜昭和62年9月11日　近藤紡績所取締役　→83/87

近藤 信儀　こんどう・のぶよし　明治39年1月17日〜平成5年5月8日　十条製紙(のち日本製紙)専務　→91/93

近藤 信吉　こんどう・のぶよし　〜昭和63年3月13日　浜頓別町(北海道)町長　→88/90

近藤 紀男　こんどう・のりお　昭和15年11月10日〜平成12年10月28日　名古屋市議(自民党)　→00/02

近藤 朔　こんどう・はじめ　〜平成2年12月8日　公共広告機構専務理事、電通クリエーティブ局長　→88/90

近藤 初秋　こんどう・はつあき　〜昭和61年10月17日　日本中古自動車販売協会連合会副会長、愛知県中古自動車販売協会理事長　→83/87

近藤 鳩三　こんどう・はとぞう　大正8年7月18日〜平成23年4月20日　日商岩井副会長　→09/11

近藤 晴男　こんどう・はるお　明治43年3月16日〜昭和63年12月8日　安川電機製作所常務　→88/90

近藤 晴夫　こんどう・はるお　明治43年2月15日〜昭和62年9月7日　通商産業調査会理事長、通産省官房審議官　→83/87

近藤 光　こんどう・ひかる　明治20年12月26日〜昭和36年10月11日　部落解放運動家　→昭和

近藤 英明　こんどう・ひであき　明治35年8月19日〜平成3年10月27日　中央選挙管理会委員長、参議院事務総長　→91/93

近藤 秀一　こんどう・ひでいち　明治37年10月9日〜昭和60年6月15日　東邦物産相談役、ソ連東欧貿易会顧問　→83/87

近藤 秀一　こんどう・ひでいち　明治44年2月6日〜平成2年10月1日　新東工業社長　→88/90

近藤 英夫　こんどう・ひでお　昭和63年11月18日　弁護士　明治生命顧問　→88/90

近藤 英夫　こんどう・ひでお　明治45年1月9日〜平成14年11月15日　秋田電機建設社長　→00/02

近藤 秀雄　こんどう・ひでお　〜昭和52年1月1日　秋川市長　〜昭和

近藤 秀雄　こんどう・ひでお　昭和5年11月23日〜平成4年10月2日　日立計測器サービス代表取締役　→91/93

近藤 兵三郎　こんどう・ひょうざぶろう　明治9年12月〜昭和11年5月2日　陸軍中将　→昭和

近藤 博夫　こんどう・ひろお　〜昭和41年6月27日　大阪市長　→昭和

近藤 広吉　こんどう・ひろきち　明治35年3月7日〜昭和50年8月15日　実業家　近藤マーケット創業者　→昭和

近藤 巨士　こんどう・ひろし　昭和5年4月15日〜昭和27年5月6日　学生運動家　血のメーデー事件死亡者、戦後学生運動の最初の犠牲者　→昭和

近藤 弘　こんどう・ひろし　〜昭和58年8月27日　中発販売社長　→83/87

近藤 博　こんどう・ひろし　明治45年7月6日〜平成9年12月10日　東洋醸造(のち旭化成工業)副社長　→97/99

近藤 広仲　こんどう・ひろなか　明治30年12月1日〜平成10年　愛媛県議、角野町(愛媛県)町長　→00/02s

近藤 浩文　こんどう・ひろぶみ　昭和6年〜平成19年1月30日　環境カウンセラー　西宮自然保護協会会長　→06/08

近藤 弘　こんどう・ひろむ　大正12年10月10日〜平成9年3月5日　新居浜商工会議所副会頭、新居浜機械産業協同組合理事長、コス21社長　→97/99

近藤 広康　こんどう・ひろやす　昭和2年4月20日〜平成1年10月28日　筑後市長　→88/90

近藤 博行　こんどう・ひろゆき　大正5年7月17日〜平成11年12月3日　理研鋼機(のちエルゴテック)社長　→97/99

近藤 房之助　こんどう・ふさのすけ　〜平成11年1月13日　東京美装興業会長　→97/99

近藤 文雄　こんどう・ふみお　大正9年7月26日〜昭和62年8月4日　東京光学機械常務　→83/87

近藤 本昇　こんどう・ほんしょう　明治42年9月5日〜平成4年2月23日　僧侶　高野山真言宗宗務総長、普門院住職　→91/93

近藤 真柄　こんどう・まがら　明治36年1月30日〜昭和58年3月18日　婦人運動家、評論家　日本婦人有権者同盟会長　→83/87

近藤 正秋　こんどう・まさあき　〜平成9年2月20日　名古屋ライトハウス理事長　→97/99

近藤 政雄　こんどう・まさお　昭和6年5月28日〜平成13年3月26日　徳島県議(自民党)　→00/02

近藤 正男　こんどう・まさお　大正5年8月28日〜昭和60年12月27日　ライフ電球社長、元中光工業専務取締役　→83/87

近藤 正夫　こんどう・まさお　大正3年2月20日〜昭和61年2月7日　ユニチカ常務　→83/87

近藤 正夫　こんどう・まさお　大正14年7月22日〜平成

近藤 正雄　こんどう・まさお　大正2年1月1日～昭和62年1月7日　旭可鍛鉄取締役　→83/87

近藤 匡忠　こんどう・まさただ　昭和3年8月25日～昭和62年10月3日　近藤忠商事常務　→83/87

近藤 正忠　こんどう・まさただ　昭和2年2月18日～平成15年4月28日　北海道信用農業協同組合連合会代理事副会長,北海道共済農業協同連合会副会長理事　→03/05

近藤 正治　こんどう・まさはる　～平成20年9月24日　東洋炭素専務　→06/08

近藤 正巳　こんどう・まさみ　大正3年11月18日～平成1年3月3日　弁護士　広島高検岡山支部長　→88/90

近藤 正康　こんどう・まさやす　大正12年3月21日～昭和58年7月20日　三井信託銀行監査役　→83/87

近藤 正之　こんどう・まさゆき　大正3年4月10日～平成6年10月29日　日本ペイント常務　→94/96

近藤 正義　こんどう・まさよし　昭和7年4月22日～平成20年9月29日　徳島新聞事印刷製版局長　→06/08

近藤 又一郎　こんどう・またいちろう　～平成10年4月26日　陸将　陸上自衛隊第一施設団長　→97/99

近藤 道夫　こんどう・みちお　大正10年4月25日～昭和63年1月19日　AIU保険相談役,駐米公使　→88/90

近藤 道生　こんどう・みちたか　大正9年2月2日～平成22年6月30日　国税庁長官,博報堂社長　→09/11

近藤 光夫　こんどう・みつお　昭和28年～平成13年　経営コンサルタント　→00/02

近藤 光太郎　こんどう・みつたろう　明治44年8月2日～昭和62年8月9日　本州製紙副社長　→83/87

近藤 光正　こんどう・みつまさ　明治30年12月17日～昭和42年9月27日　実業家　東亜石油会長　→昭和

近藤 満義　こんどう・みつよし　昭和11年6月6日～平成7年5月16日　ワールド常務　→94/96

近藤 基樹　こんどう・もとき　元治1年3月11日～昭和5年3月8日　海軍造船中将,軍艦設計者,男爵　海軍艦型試験所所長,玫玉社社長　→昭和

近藤 元次　こんどう・もとじ　昭和5年6月20日～平成6年2月16日　衆院議員(自民党),農水相　→94/96

近藤 本玄　こんどう・もとはる　～昭和32年3月27日　高野山真言宗前管長　→昭和

近藤 止文　こんどう・もとふみ　～昭和55年4月19日　中小企業信用保険公庫総裁　→80/82

近藤 康　こんどう・やすし　大正12年3月23日～平成7年7月28日　福岡地検検事正　→94/96

近藤 保治　こんどう・やすはる　大正2年～平成6年4月13日　岡谷鋼機常務　→94/96

近藤 次　こんどう・やどる　～平成6年6月3日　兵庫県議会議員,市場村(兵庫県)村長　→94/96

近藤 勇三　こんどう・ゆうぞう　大正2年8月2日～平成3年4月13日　三菱アルミニウム専務,立花金属工業社長

→91/93

近藤 行雄　こんどう・ゆきお　大正14年1月2日～平成1年11月5日　住友イートン機器社長,SEHエンジニアリング・アンド・サービス社長,住友重機械工業取締役　→88/90

近藤 行雄　こんどう・ゆきお　明治43年11月24日～平成4年10月28日　愛知県企業局長,全国信用保証協会連合会副会長　→91/93

近藤 与吉　こんどう・よきち　明治39年11月26日～昭和63年8月12日　古代友禅(株)会長　→88/90

近藤 芳子　こんどう・よしこ　～平成11年11月2日　よしこ女将　→97/99

近藤 良貞　こんどう・よしさだ　明治35年5月1日～平成12年4月3日　東京電力常務,高岳製作所会長　→00/02

近藤 義隆　こんどう・よしたか　昭和2年11月25日～平成16年8月8日　福岡県議(農政連)　→03/05

近藤 龍一　こんどう・りゅういち　明治44年2月15日～平成7年11月16日　芝信用金庫会長,東京都副知事　→94/96

近藤 隆蔵　こんどう・りゅうぞう　～昭和58年5月23日　東京高裁判事　→83/87

近藤 良三　こんどう・りょうぞう　昭和4年1月27日～昭和61年7月11日　日立造船監査役,日本輸出入銀行海外投資研究所長　→83/87

近藤 綸二　こんどう・りんじ　明治32年10月8日～昭和57年4月12日　東京高裁長官　→80/82

近内 金光　こんない・かねみつ　明治31年1月1日～昭和13年9月6日　農民運動家,弁護士　→昭和

紺野 英治　こんの・えいじ　昭和3年12月15日～昭和63年7月31日　興和不動産常務　→88/90

今野 一恵　こんの・かずえ　昭和2年9月10日～平成18年3月3日　大同毛織常務　→06/08

紺野 一精　こんの・かずきよ　大正6年12月13日～平成18年5月5日　昭和電工常務　→06/08

金野 紀世子　こんの・きよこ　大正11年12月～平成20年5月9日　平和運動家　大阪大空襲の体験を語る会代表　→06/08

紺野 国雄　こんの・くにお　大正6年1月18日～平成4年8月26日　東京消防庁消防学校長　→91/93

金野 好治　こんの・こうじ　～昭和62年2月22日　目黒区教育委員会(東京都)委員長,目黒区(東京都)区議会議長　→83/87

金野 定吉　こんの・さだきち　明治43年7月～昭和61年3月2日　衆院議員(社会党,山形2区)　→83/87

紺野 貞郎　こんの・さだろう　昭和5年10月3日～平成22年6月1日　白鷹町(山形県)町長　→09/11

今野 正治　こんの・しょうじ　～昭和62年1月19日　札幌地区労働組合協議会議長　→83/87

今野 次朗　こんの・じろう　昭和11年10月20日～平成5年8月21日　近鉄エクスプレス常務　→91/93

今野 清一　こんの・せいいち　昭和6年2月19日～平成16年1月13日　秋田県議(社会党)　→03/05

金野 誠介　こんの・せいすけ　明治20年3月10日～昭和45年7月24日　札幌商工会議所副会頭, 札幌市議　→昭和

金野 宗次　こんの・そうじ　大正11年11月20日～平成12年10月25日　ネッツトヨタ福岡会長, ネッツトヨタ佐賀会長　→00/02

今野 武夫　こんの・たけお　大正10年3月7日～昭和63年9月3日　築館町(宮城県)町長　→88/90

今野 寿丸　こんの・としまる　昭和11年6月15日～平成9年1月11日　東海カーボン専務, 東海マテリアル社長常務　→97/99

金野 俊美　こんの・としみ　昭和12年5月27日～平成22年9月27日　大蔵省印刷局長　→09/11

今野 智吉　こんの・ともきち　大正3年10月17日～平成5年9月18日　今野印刷会長, 仙台新聞印刷会長, ユーメディア会長　→91/93

金野 昌夫　こんの・まさお　明治45年1月20日～昭和60年6月2日　三木証券社長　→83/87

今野 求　こんの・もとむ　～平成13年9月12日　全労協長期政策委員, 全国各県反戦青年委員会連絡会議代表世話人　→00/02

紺野 与次郎　こんの・よじろう　明治43年3月9日～昭和52年12月19日　衆院議員(共産党)　→昭和

昆布 猛　こんぶ・たけし　大正3年9月30日～平成13年12月16日　三楽オーシャン社長, 味の素専務　→00/02

【さ】

崔　サイ　⇒チェ

斎 啓一　さい・けいいち　大正15年1月22日～平成9年10月22日　全国小麦粉卸商組合連合会東北支部長, 宮城県砂糖小麦粉卸商組合理事長　→97/99

佐井 孝和　さい・たかかず　～平成14年8月22日　弁護士　→00/02

斎尾 慶勝　さいお・よしかつ　～昭和61年6月27日　海軍技術中将　日本製鋼所顧問　→83/87

西園寺 公一　さいおんじ・きんかず　明治39年11月1日～平成5年4月22日　政治家　日中文化交流協会常任理事, 参院議員(緑風会)　→91/93

西園寺 公望　さいおんじ・きんもち　嘉永2年10月23日～昭和15年11月24日　政治家, 公爵　首相, 元老, 政友会総裁　→昭和

西園寺 不二男　さいおんじ・ふじお　明治43年11月26日～昭和61年5月31日　おはなしきゃらばんセンター理事長, 日産興業社長, 公爵　→83/87

西園寺 正夫　さいおんじ・まさお　～昭和63年3月22日　三菱商事参与, 日本ブロイラー社長　→88/90

西園寺 実　さいおんじ・みのる　～昭和56年3月22日　順天堂大学理事, 元第一銀行副頭取　→80/82

雑賀 幸之助　さいが・こうのすけ　大正3年2月27日～平成4年5月3日　日本甜菜製糖専務　→91/93

雑賀 俊一　さいが・しゅんいち　大正14年3月15日～平成13年1月29日　日本舗道専務　→00/02

雑賀 正平　さいが・しょうへい　昭和7年9月4日～平成11年2月12日　三和銀行専務　→97/99

雑賀 武　さいが・たけし　明治43年2月17日～平成20年3月24日　保安工業社長　→06/08

雑賀 敏夫　さいが・としお　大正2年10月6日～平成14年5月6日　高田機工専務　→00/02

雑賀 英彦　さいか・ひでひこ　昭和4年11月14日～平成19年10月20日　ニッタ社長　→06/08

斎賀 富美子　さいが・ふみこ　昭和18年11月30日～平成21年4月24日　国際刑事裁判所判事, 外務省人権担当大使, 埼玉県副知事　→09/11

雑賀 幸夫　さいが・ゆきお　大正4年10月19日～平成5年1月9日　栗本鉄工所取締役　→91/93

雑賀 良太郎　さいが・りょうたろう　～昭和57年6月3日　早川電機工業元常務　→80/82

西海枝 融　さいかち・とおる　明治44年7月17日～昭和61年1月21日　米沢日本電気会長　→83/87

西海枝 信夫　さいかち・のぶお　昭和7年8月26日～平成9年5月22日　NECシステム建設常務　→97/99

西海枝 芳男　さいかち・よしお　～昭和59年9月29日　弁護士, 青森地検検事正, 鹿児島地検検事正　→83/87

斎川 進　さいかわ・すすむ　昭和9年9月23日～平成6年1月21日　東鉄工業取締役　→94/96

斉川 貞造　さいかわ・ていぞう　大正5年12月8日～平成5年4月15日　青森地家裁所長　→91/93

西川 弥平治　さいかわ・やへいじ　明治31年12月～昭和33年12月16日　参院議員(自民党), 新潟県議　→昭和 (にしかわ・やへいじ)

斎木 功　さいき・いさお　明治40年1月1日～昭和42年3月22日　海上保安庁第二管区海上保安部長　→昭和

斎木 逸造　さいき・いつぞう　～昭和30年11月1日　甲府市長　→昭和

斎木 亀治郎　さいき・かめじろう　～昭和55年10月11日　山陽色素会長, 元姫路商工会議所会頭　→80/82

佐伯 公明　さいき・きみあき　昭和16年5月16日～平成11年6月19日　那珂川町(福岡県)町長, 福岡県議(自民党)　→97/99

斉木 喜義　さいき・きよし　～昭和63年12月15日　斉喜組社長　→88/90

斎木 貞暁　さいき・さだあき　大正15年5月11日～平成18年2月24日　広島県議(自民党)　→06/08

斎木 重一　さいき・しげいち　明治28年3月23日～昭和52年5月13日　労働運動家　福井県議, 衆院議員(社会党)　→昭和

佐長 彰一　さいき・しょういち　大正15年3月7日〜平成22年8月10日　弁護士　高松弁護士会会長,日本弁護士連合会民事介入暴力対策委員会初代委員長　→09/11

斉木 進五　さいき・しんご　大正10年9月21日〜平成13年10月9日　富山テレビ放送会長　→00/02

佐伯 甚七　さいき・じんしち　〜昭和63年3月7日　海軍少将　→88/90

斎木 千九郎　さいき・せんくろう　大正9年7月15日〜平成11年9月13日　駐アルゼンチン大使　→97/99

斉木 篁　さいき・たかむら　大正13年7月15日〜平成22年6月16日　川崎市議　→09/11

斎木 睦彦　さいき・むつひこ　大正12年1月3日〜平成7年1月23日　山陽色素会長,姫路商工会議所会頭　→94/96

三枝 知良　さいえだ・ちりょう　〜昭和40年1月31日　間組副社長　→昭和

三枝 剛　さいぐさ・つよし　昭和7年10月7日〜平成21年12月25日　塩山市長　→09/11

三枝 彦太郎　さいぐさ・ひこたろう　明治6年10月22日〜昭和4年4月17日　実業家　日本化学工業社長,衆院議員（政友会）　→昭和

三枝 守雄　さいぐさ・もりお　〜昭和49年12月17日　石川島播磨重工業常務　→昭和

西古 哲郎　さいこ・てつろう　大正12年12月4日〜昭和58年7月19日　日本製版専務　→83/87

西郷 菊次郎　さいごう・きくじろう　万延2年1月2日〜昭和3年11月27日　京都市長　→昭和

西郷 吉之助　さいごう・きちのすけ　明治39年7月20日〜平成9年10月12日　参院議員（自民党）,法相　→97/99

西郷 従吾　さいごう・じゅうご　明治36年5月19日〜昭和55年6月14日　陸軍大佐　欧州政治軍事研究所長　→80/82

西郷 隆明　さいごう・たかあき　明治44年11月24日〜平成4年6月4日　スターライト工業会長　→91/93

西光 万吉　さいこう・まんきち　明治28年4月17日〜昭和45年3月20日　社会運動家,部落解放運動家,農民運動家,劇作家　全国水平社創立者　→昭和

細郷 道一　さいごう・みちかず　大正4年11月25日〜平成2年2月15日　横浜市長,自治事務次官　→88/90

細郷 弥市　さいごう・やいち　明治44年9月9日〜平成16年9月22日　三菱商事常務　→03/05

税所 篤秀　さいしょ・あつひで　明治15年5月8日〜昭和5年7月9日　子爵　貴院議員　→昭和

斉所 市郎　さいしょ・いちろう　大正7年7月16日〜平成56年6月24日　熊本県議　→80/82

税所 菊次郎　さいしょ・きくじろう　大正4年11月22日〜平成6年9月18日　日本コンクリート工業副社長　→94/96

税所 重蔵　さいしょ・じゅうぞう　大正5年9月29日〜昭和58年5月8日　出水市長　→83/87

最勝 淳二　さいしょ・じゅんじ　大正4年1月9日〜平成年5月4日　三菱銀行専務,ダイヤモンドリース会長　→06/08

税所 正芳　さいしょ・まさよし　大正2年11月9日〜平成12年10月2日　住友電気工業専務,日本通信電材社長　→00/02

西条 晃正　さいじょう・こうしょう　大正11年9月26日〜平成19年2月15日　徳島県議（無所属）,光源寺住職　→06/08

西条 利彦　さいじょう・としひこ　大正12年5月6日〜平成9年2月9日　アンリツ会長　→97/99

西条 政治　さいじょう・まさはる　大正15年3月2日〜昭和58年5月15日　大和銀行常務　→83/87

最勝寺 公俊　さいしょうじ・きみとし　大正12年1月3日〜昭和61年11月3日　ドッドウェルエンドコムパニーリミテッド日本支社常務理事　→83/87

財前 九洲翁　さいぜん・くすお　明治31年1月3日〜平成1年9月7日　三菱製鋼常務　→88/90

財前 孝　ざいぜん・たかし　昭和5年2月1日〜平成16年8月1日　中部鋼鈑常務　→03/05

斎田 一路　さいた・いちろ　昭和12年2月12日〜平成18年1月18日　共同通信社長　→06/08

斉田 栄三郎　さいた・えいざぶろう　〜昭和61年11月10日　東京都議　→83/87

斎田 庫之介　さいだ・くらのすけ　明治39年11月5日〜平成7年1月7日　日本ビクター常務　→94/96

斎田 高三　さいだ・こうぞう　〜昭和45年1月4日　日本火災海上社長　→昭和

斉田 武七郎　さいだ・たけしちろう　〜昭和37年3月15日　富山化学工業社長　→昭和

斎田 竹利　さいだ・たけとし　昭和2年3月21日〜平成3年12月19日　斎田鉄工所社長,斎田管工社長　→91/93

斉田 伸雄　さいた・のぶお　昭和17年1月20日〜平成15年5月31日　安川電機副社長　→03/05

斉田 衛　さいた・まもる　昭和4年4月3日〜平成20年2月16日　日本経済新聞西部支社広告部長　→06/08

斉田 光夫　さいだ・みつお　大正9年11月6日〜平成10年9月23日　中部アルミ工業社長　→97/99

斉田 弥太郎　さいた・やたろう　大正14年8月1日〜平成23年8月1日　マルキョウ創業者　→09/11

斎田 芳男　さいだ・よしお　昭和4年3月25日〜平成16年12月23日　日立金属専務　→03/05

財津 吉文　ざいつ・よしぶみ　明治38年4月17日〜平成12年11月27日　建設省都市局長,住宅改良開発公社会長　→00/02

斎藤 晃　さいとう・あきら　明治35年11月〜昭和56年5月12日　衆院議員（立憲養正会）　→80/82

斎藤 晶　さいとう・あきら　大正3年6月5日〜平成8年5月2日　名古屋日産モーター（のち愛知名古屋日産自動車）社長,愛知県自動車販売健康保険組合理事長　→94/96

斎藤 明　さいとう・あきら　〜昭和57年4月29日　大阪商船専務,日本海汽船社長　→80/82

斎藤 明　さいとう・あきら　大正14年8月24日～平成12年1月7日　弁護士　創価大学法学部教授　→00/02

斉藤 璋　さいとう・あきら　大正14年9月22日～昭和60年4月27日　サンケイサービス代表取締役社長　→83/87

斎藤 惇　さいとう・あつし　～昭和61年1月20日　宮城県議　→83/87

斎藤 綾子　さいとう・あやこ　大正12年10月31日～平成5年12月5日　ニッカ監査役　→91/93

斎藤 育夫　さいとう・いくお　昭和5年8月27日～平成23年5月14日　岩手銀行頭取　→09/11

斎藤 勲　さいとう・いさお　大正15年5月26日～平成22年2月24日　北日本新聞専務　→09/11

斎藤 勲　さいとう・いさお　昭和9年4月2日～平成22年7月11日　新潟県議(自民党)　→09/11

斎藤 勇　さいとう・いさみ　～平成7年9月19日　日本高周波鋼業専務　→94/96

斎藤 勇　さいとう・いさむ　～昭和55年12月4日　日本絹人繊織物工業組合連合会理事長　→80/82

斎藤 勇　さいとう・いさむ　明治36年10月27日～昭和62年8月31日　労働運動家　ゼンセン同盟書記長　→83/87

斎藤 勇　さいとう・いさむ　～平成2年6月26日　長谷川香料常務　→88/90

斎藤 伊太郎　さいとう・いたろう　大正13年1月17日～平成11年1月13日　長井市長　→97/99

斉藤 一三　さいとう・いちぞう　大正11年8月25日～平成3年10月17日　明治乳業取締役　→91/93

斎藤 一郎　さいとう・いちろう　明治44年3月25日～昭和43年8月30日　労働運動家　→昭和

斎藤 一郎　さいとう・いちろう　～平成6年10月7日　元気寿司相談役　→94/96

斎藤 一郎　さいとう・いちろう　大正8年1月2日～平成17年2月26日　防衛施設庁長官　→03/05

斉藤 樹　さいとう・いつき　明治21年6月26日～昭和26年6月2日　内務官僚　警視総監,貴院議員　→昭和(斎藤 樹)

斎藤 巌　さいとう・いわお　大正3年1月15日～平成9年10月29日　東京高検検事　→97/99

斉藤 新二　さいとう・いんじ　大正10年4月15日～平成7年4月27日　静岡県議　→94/96

西藤 右衛門　さいとう・うえもん　～昭和27年11月20日　日本色素社長　→昭和

斉藤 卯助　さいとう・うすけ　明治41年6月13日～昭和59年10月15日　日本軽種馬協会副会長,荻伏牧場会長　→83/87

斎藤 梅子　さいとう・うめこ　～平成6年7月7日　斎憲会長　→94/96

斎藤 栄一　さいとう・えいいち　明治43年12月3日～平成17年7月10日　毎日新聞専務・大阪本社代表　→03/05

斎藤 穎一　さいとう・えいいち　～昭和61年5月11日　三菱金属取締役　→83/87

斎藤 栄吉　さいとう・えいきち　明治42年1月9日～平成5年5月23日　渋谷区会議長　→91/93

斎藤 栄治　さいとう・えいじ　昭和7年3月4日～平成13年4月24日　中央証券専務　→00/02

斉藤 英二　さいとう・えいじ　昭和7年11月14日～平成12年6月8日　石狩市長　→00/02

斎藤 英四郎　さいとう・えいしろう　明治44年11月22日～平成14年4月22日　実業家　新日本製鉄名誉会長,経団連名誉会長,日本鉄鋼連盟名誉会長　→00/02

斎藤 栄助　さいとう・えいすけ　明治36年10月7日～平成1年2月27日　京浜精機製作所社長　→88/90

斎藤 英介　さいとう・えいすけ　昭和5年3月23日～平成11年4月28日　三晃空調副社長　→97/99

斎藤 英八郎　さいとう・えいはちろう　明治43年8月4日～平成8年7月3日　日本ラヂエーター(のちカルソニック)常務,大井製作所常務　→94/96

斉藤 栄秀　さいとう・えいひで　～昭和60年10月1日　(株)朝日商会会長　→83/87

斎藤 悦蔵　さいとう・えつぞう　大正8年3月15日～平成62年1月24日　島津製作所顧問・元取締役　→83/87

斎藤 悦太郎　さいとう・えつたろう　～昭和11年5月30日　安田商事常務　→昭和

斎藤 往吉　さいとう・おうきち　明治44年5月16日～昭和56年6月3日　三菱重工顧問・元副社長　→80/82

斎藤 音弥　さいとう・おとや　大正9年5月1日～平成3年8月1日　斉藤音弥商店社長　→91/93

斎藤 和　さいとう・かず　昭和20年～昭和50年　東アジア反日武装戦線(大地の牙)のメンバー　→昭和

斎藤 一夫　さいとう・かずお　大正14年9月1日～昭和62年9月2日　新日本気象海洋専務　→83/87

斎藤 一雄　さいとう・かずお　大正12年3月2日～平成10月2日　東急ホテルチェーン取締役相談役　→88/90

斎藤 和雄　さいとう・かずお　昭和62年10月15日　中央理化工業会長　→83/87

斉藤 一雄　さいとう・かずお　大正14年1月30日～平成17年10月6日　衆院議員(社会党)　→03/05

斎藤 和寿　さいとう・かずとし　昭和24年1月26日～平成19年5月10日　フジオーゼックス常務　→06/08

斎藤 和彦　さいとう・かずひこ　大正13年3月18日～平成23年9月30日　新潟県労働金庫理事長　→09/11

斉藤 一仁　さいとう・かずひと　明治11年8月1日～平成17年7月4日　日本銀行監事　→03/05

斎藤 一博　さいとう・かずひろ　昭和11年12月16日～平成21年8月12日　山陽放送常務　→09/11

斎藤 一也　さいとう・かずや　明治38年3月6日～平成1年10月5日　伊達市長　→88/90

斎藤 和幸　さいとう・かずゆき　大正14年3月11日～平成14年9月16日　第一勧業銀行常務,マイカル副社長　→00/02

斎藤 一布　さいとう・かずよし　～昭和43年1月2日
　上尾市長　→昭和

西道 堅　さいどう・かたし　～平成19年7月4日
　備中町(岡山県)町長　→06/08

斎藤 克明　さいとう・かつあき　大正14年7月4日～平成10年10月2日　日本化成専務　→97/99

斉藤 勝雄　さいとう・かつお　～平成1年11月29日
　日本庭園研究家　→88/90

斎藤 勝治郎　さいとう・かつじろう　明治38年12月12日～昭和62年3月16日　兵庫相互銀行参与・元専務、産業リース相談役　→83/87

斉藤 勝彦　さいとう・かつひこ　～平成8年10月26日
　インターナショナル・リアルティ・コンサルティング社長　→94/96

斎藤 勝広　さいとう・かつひろ　昭和29年6月1日～平成16年3月17日　クレディア専務　→03/05

斎藤 克郎　さいとう・かつろう　明治38年12月1日～平成2年7月15日　東北銀行頭取　→88/90

斎藤 要　さいとう・かなめ　大正15年5月31日～平成7年9月27日　埼玉県議(共産党)　→94/96

斎藤 寛寿　さいとう・かんじゅ　～昭和62年9月8日
　大七証券社長　→83/87

斉藤 喜一　さいとう・きいち　明治41年10月24日～平成3年10月6日　京都機械工具会長　→91/93

斉藤 きえ　さいとう・きえ　～平成6年8月7日
　日本婦人有権者同盟会長　→94/96

斎藤 喜久蔵　さいとう・きくぞう　大正12年11月30日～平成15年9月8日　大昭和製紙社長　→03/05

斎藤 喜幸　さいとう・きこう　昭和5年1月30日～平成19年9月6日　松坂屋社長　→06/08

斎藤 喜十郎　さいとう・きじゅうろう　大正4年1月10日～昭和58年3月22日　サン化学会長　→83/87

斎藤 朔郎　さいとう・きたろう　明治33年1月31日～昭和39年8月9日　最高裁判事　→昭和

斎藤 喜美男　さいとう・きみお　昭和4年2月24日～平成17年7月3日　栗山村(栃木県)村長　→03/05

斎藤 久治　さいとう・きゅうじ　明治39年11月18日～平成5年11月9日　男鹿市長、秋田遠洋漁業社長、秋田県議　→91/93

斎藤 久四郎　さいとう・きゅうしろう　明治22年6月30日～昭和17年11月26日　農民運動家　→昭和

斎藤 恭　さいとう・きょう　明治42年3月2日～平成1年7月11日　(旧綿実業(のちニチメン))常務　→88/90

斎藤 清　さいとう・きよし　大正6年7月20日～昭和61年3月17日　第一勧業銀行取締役、オリエントファイナンス副社長　→83/87

斎藤 清秀　さいとう・きよひで　大正4年4月29日～平成2年1月16日　税理士、公認会計士　日本税理士会連合会専務理事、太田・昭和監査法人代表社員　→88/90

斎藤 清実　さいとう・きよみ　平成8年1月22日～平成19年3月16日　公証人、弁護士　仙台高裁判事　→06/08

斎藤 義郎　さいとう・ぎろう　大正9年3月5日～平成11年7月22日　郵政省電波監理局長　→97/99

斎藤 キン　さいとう・きん　～平成9年6月17日
　日本原料社長　→97/99

斎藤 欣一　さいとう・きんいち　大正7年5月15日～昭和61年11月6日　ダイセル化学工業顧問、日本専売公社(のち日本たばこ産業)副総裁　→83/87

斎藤 欽次　さいとう・きんじ　～昭和55年5月13日
　横浜・長野地裁判事　→80/82

斎藤 金蔵　さいとう・きんぞう　～昭和57年6月22日
　渡島管内上磯町議会議長　→80/82

斎藤 邦夫　さいとう・くにお　～平成5年9月8日
　ダイヤモンド社副社長　→91/93

斎藤 邦雄　さいとう・くにお　～平成6年1月28日
　(福)博仁会理事長　→94/96

斎藤 邦雄　さいとう・くにお　昭和3年4月28日～平成10年5月8日　本州製紙副社長　→97/99

斎藤 国臣　さいとう・くにおみ　大正3年7月8日～昭和62年1月15日　コナミ工業監査役、兵庫県土地開発公社理事長　→83/87

斎藤 邦吉　さいとう・くにきち　明治42年6月26日～平成4年6月18日　衆院議員(自民党)、厚相、自民党幹事長　→91/93

斎藤 国二朗　さいとう・くにじろう　～平成20年1月28日　海将　海上自衛隊自衛艦隊司令官　→06/08

斎藤 国太郎　さいとう・くにたろう　明治24年1月1日～昭和57年11月16日　丸一斎藤取締役相談役　→80/82

斎藤 熊三郎　さいとう・くまさぶろう　～昭和61年1月11日　日清製粉取締役・監査役　→83/87

斎藤 慶一　さいとう・けいいち　～昭和64年1月4日
　大同特殊鋼常務　→88/90

斎藤 珪次　さいとう・けいじ　万延1年3月25日～昭和3年3月21日　衆院議員(政友会)　→昭和

斉藤 啓二　さいとう・けいじ　昭和17年5月17日～平成18年4月21日　日本エアシステム(のち日本航空ジャパン)常務、JALエアロパーツ社長　→06/08

斎藤 健一　さいとう・けんいち　明治33年4月29日～昭和11年1月24日　労働運動家　総同盟中央委調査部長　→昭和

斉藤 健一　さいとう・けんいち　大正15年3月9日～平成12年7月8日　明電舎副会長　→00/02

斎藤 憲策　さいとう・けんさく　明治38年10月14日～昭和59年12月4日　丸運副社長　→83/87

斎藤 憲三郎　さいとう・けんざぶろう　大正6年9月25日～昭和62年9月21日　斉憲社長　→83/87

斎藤 健治　さいとう・けんじ　昭和12年11月3日～平成23年12月18日　ヨロズ常務　→09/11

斎藤 賢四郎　さいとう・けんしろう　大正9年12月25日～平成22年2月16日　日本エヤーブレーキ社長、神戸製鋼

I 政治・経済・社会篇　　　　　　　　　　　　　　　　　　　　　さいとう

所常務　→09/11

斉藤 健次郎　さいとう・けんじろう　大正8年10月20日～平成11年10月8日　金属労協議会副議長　→97/99

斎藤 憲三　さいとう・けんぞう　明治31年2月～昭和45年10月31日　衆院議員(自民党),TDK創設者　→昭和

斎藤 憲之介　さいとう・けんのすけ　明治39年12月9日～昭和59年12月11日　日立マクセル常務　→83/87

斎藤 兼也　さいとう・けんや　大正10年6月27日～平成1年5月10日　弁護士　第二東京弁護士会副会長　→88/90

斎藤 公一　さいとう・こういち　大正1年11月17日～平成2年8月13日　日本陶磁器輸出組合監事,斎藤商店会長　→88/90

斎藤 浩一　さいとう・こういち　昭和3年～平成6年2月11日　日本ネットワークサービス代表取締役　→94/96

斎藤 弘吉　さいとう・こうきち　～昭和39年9月19日　日本動物愛護協会理事長　→昭和

斎藤 光司　さいとう・こうじ　昭和12年6月25日～平成9年7月12日　ファナック専務　→97/99

斎藤 康次　さいとう・こうじ　～昭和63年12月25日　全日本生命保険外務員協会副会長,明治生命参与　→88/90

斉藤 幸治　さいとう・こうじ　昭和47年6月6日　東洋経済新報取締役　→昭和

斎藤 浩介　さいとう・こうすけ　～昭和34年11月19日　日立精機社長　→昭和

斎藤 公正　さいとう・こうせい　大正7年11月1日～昭和49年2月15日　池上通信機創業者　→昭和(さいとう・きみまさ)

斎藤 剛三　さいとう・ごうぞう　大正6年7月5日～昭和57年1月4日　秋田放送社長　→80/82

斎藤 孝太郎　さいとう・こうたろう　～昭和49年9月30日　日本磨料工業会長　→昭和

斎藤 孝太郎　さいとう・こうたろう　明治38年2月24日～平成9年11月18日　協和銀行(のちあさひ銀行)取締役,太平洋金属専務　→97/99

斉藤 光平　さいとう・こうへい　～昭和61年8月20日　野田市助役　→83/87

斎藤 甲馬　さいとう・こうま　明治27年10月25日～昭和57年2月27日　宮代町(埼玉県)町長　→80/82

斎藤 興隆　さいとう・こうりゅう　明治33年11月5日～昭和61年12月6日　僧侶　高野山真言宗大僧正,高野山高室院住職　→83/87

斎藤 五郎　さいとう・ごろう　明治39年9月25日～昭和62年11月20日　北上市長　→83/87

斉藤 五郎右エ門　さいとう・ごろうえもん　大正10年3月17日～平成22年6月24日　芦原町(福井県)町長,福井県教育委員長　→09/11

斎藤 済次郎　さいとう・さいじろう　～平成2年1月6日　弁護士　東京高検検事　→88/90

斉藤 佐助　さいとう・さすけ　～昭和55年12月30日　横浜キワニスクラブ会員,バンドホテル会長　→80/82

斎藤 定明　さいとう・さだあき　～昭和56年9月22日　キャバレー社長　→80/82

斉藤 実美　さいとう・さねみ　大正15年5月29日～平成18年1月9日　宮崎県議(自民党)　→06/08

斎藤 三郎　さいとう・さぶろう　～昭和30年1月12日　大審院判事　→昭和

斎藤 三郎　さいとう・さぶろう　～昭和35年9月20日　電源開発副総裁　→昭和

斎藤 三郎　さいとう・さぶろう　～昭和60年11月17日　仙台簡裁判事　→83/87

斎藤 三郎　さいとう・さぶろう　明治43年5月23日～平成9年10月11日　保土谷化学工業常務　→97/99

斎藤 鹿人　さいとう・しかと　大正6年4月27日～平成13年12月10日　長野県議(社会党),小谷村(長野県)村長　→00/02

斎藤 繁市　さいとう・しげいち　～昭和63年3月22日　大阪製鎖造機取締役　→88/90

斉藤 卯雄　さいとう・しげお　～昭和60年4月24日　東芝住宅産業常務　→83/87

斉藤 茂男　さいとう・しげお　明治44年1月20日～平成15年10月12日　日本気化器製作所社長　→03/05

斎藤 重尊　さいとう・しげたか　～昭和58年6月6日　北海道農地集団化推進協議会代表監事　→83/87

斎藤 重利　さいとう・しげとし　大正6年11月24日～平成12年6月16日　ナンシン創業者　→00/02

西東 茂之　さいとう・しげゆき　昭和7年1月17日～平成10年5月22日　フジタ専務　→97/99

斎藤 滋　さいとう・しげる　昭和6年2月5日～平成5年12月2日　増田屋コーポレーション社長　→91/93

斎藤 重　さいとう・しげる　～昭和61年1月15日　ダイヤモンド社常務　→83/87

斎藤 茂　さいとう・しげる　～昭和55年10月13日　日本弁護士連合会理事,元岩手県副知事　→80/82

斎藤 茂　さいとう・しげる　大正2年5月27日～平成14年10月2日　日立金属常務　→00/02

斎藤 茂　さいとう・しげる　大正4年7月20日～昭和62年10月15日　中央板紙取締役相談役,恵那商工会議所会頭,中部経済連合会副会長　→83/87

斉藤 茂　さいとう・しげる　～平成2年12月21日　明治乳業取締役　→88/90

斉藤 茂　さいとう・しげる　昭和9年7月22日～平成4年1月27日　太平製作所社長　→91/93

斎藤 鎮男　さいとう・しずお　大正3年7月5日～平成10年12月20日　国連大使　→97/99

斎藤 鎮雄　さいとう・しずお　明治35年3月21日～平成8年2月14日　松屋会長　→94/96

斎藤 治平　さいとう・じへい　大正2年9月5日～昭和56年4月20日　小山ステーション開発社長　→80/82

斎藤 寿一　さいとう・じゅいち　昭和4年10月31日～昭

「現代物故者事典」総索引(昭和元年～平成23年)　533

斎藤 周逸　さいとう・しゅういつ　大正1年11月18日～平成3年5月5日　大阪高検検事長　→91/93

斎藤 十五郎　さいとう・じゅうごろう　大正15年8月25日～平成5年10月25日　三菱レイヨン・エンジニアリング常務　→91/93

斎藤 純一　さいとう・じゅんいち　大正4年9月7日～平成3年12月24日　出光興産常務　→91/93

斎藤 順作　さいとう・じゅんさく　～昭和56年8月16日　陸軍軍医少将　→80/82

斎藤 俊一　さいとう・しゅんじ　～平成23年1月9日　京都市議（社会党）　→09/11

斉藤 舜治　さいとう・しゅんじ　昭和3年1月23日～平成17年5月14日　金沢信用金庫代表理事副会長　→03/05

斎藤 純忠　さいとう・じゅんちゅう　大正7年8月18日～平成22年10月21日　戸田市長　→09/11

斎藤 尚一　さいとう・しょういち　明治41年6月～昭和56年10月30日　トヨタ自動車工業相談役・前会長　→80/82

斎藤 正一　さいとう・しょういち　大正2年1月24日～昭和59年4月24日　地崎工業副会長　→83/87

斎藤 正一　さいとう・しょういち　～平成13年10月27日　猪苗代湖でハクチョウの餌付けを続ける　→00/02

斎藤 譲一　さいとう・じょういち　大正4年8月26日～昭和55年9月10日　歌志内市長　→80/82

斎藤 松之朗　さいとう・しょういちろう　明治42年8月27日～昭和58年7月3日　住友金属工業取締役　→83/87

斎藤 昭吉　さいとう・しょうきち　昭和3年2月1日～平成9年1月13日　信越ポリマー常務　→97/99

斎藤 浄元　さいとう・じょうげん　～昭和40年3月20日　日本海事財団理事　→昭和

斎藤 昌治　さいとう・しょうじ　～平成5年11月27日　住友海上火災保険監査役　→91/93

斎藤 昭次　さいとう・しょうじ　昭和3年～昭和61年5月24日　日本燐酸常勤監査役、日産化学石油常勤監査役　→83/87

斉藤 商司　さいとう・しょうじ　～昭和59年5月4日　協伸製作所会長　→83/87

斉藤 昌司　さいとう・しょうじ　明治35年10月25日～平成5年4月29日　弁護士　東京汽船会長　→91/93（斎藤昌司）

斎藤 常助　さいとう・じょうすけ　～昭和6年6月22日　一等飛行士　→昭和

西頭 昭三　さいとう・しょうぞう　昭和3年～平成16年6月14日　福岡市の古渓水を復元した　→06/08s

斎藤 正太郎　さいとう・しょうたろう　～昭和63年5月17日　千代田火災海上保険取締役　→88/90

斎藤 四郎　さいとう・しろう　～昭和29年4月18日　東洋管棒工業社長　→昭和

斎藤 次郎　さいとう・じろう　明治22年～昭和7年7月6日　労働運動家　→昭和

斎藤 次郎　さいとう・じろう　明治34年1月23日～昭和46年6月13日　住友セメント社長　→昭和

斎藤 次郎　さいとう・じろう　大正12年10月7日～昭和61年6月2日　熊本地裁判事、福岡高裁判事　→83/87

斎藤 二朗　さいとう・じろう　明治20年～昭和12年1月26日　海軍少将　→昭和

斎藤 二朗　さいとう・じろう　大正14年2月19日～平成17年3月23日　静岡県議（公明党）　→03/05

斎藤 治郎左衛門　さいとう・じろうざえもん　明治42年4月12日～平成10年6月12日　岩地水産代表取締役　→97/99

斎藤 晋一　さいとう・しんいち　大正2年8月29日～昭和60年10月6日　住友ゴム工業会長、日本ダンロップ会長、日本自動車タイヤ協会会長　→83/87

斎藤 真一　さいとう・しんいち　昭和5年6月8日～平成9年9月13日　セレマ社長　→97/99

斎藤 信一郎　さいとう・しんいちろう　～昭和30年3月12日　郵政省監察局長　→昭和

斎藤 信義　さいとう・しんぎ　大正7年3月8日～平成21年11月26日　僧侶　総持寺（曹洞宗大本山諸嶽山）副貫首、善宝寺住職、長岡技術科学大学名誉教授　→09/11

斎藤 仁義　さいとう・じんぎ　明治36年～昭和4年10月25日　航空将校　→昭和

斎藤 新作　さいとう・しんさく　明治28年1月2日～平成4年12月23日　大昭和製紙専務、富士林産興業会長　→91/93

斎藤 新三郎　さいとう・しんざぶろう　～昭和58年1月4日　陸通信会長、元全国電話設備協会副会長　→83/87

斎藤 新平　さいとう・しんぺい　～昭和62年7月29日　山梨県警本部長　→83/87

斎藤 裕次　さいとう・すけじ　～昭和61年1月15日　三松代表取締役相談役　→83/87

斎藤 資良　さいとう・すけよし　～昭和6年6月13日　陸軍航空兵中尉　→昭和

斎藤 純雄　さいとう・すみお　大正2年9月22日～平成13年12月6日　富士オート社長、全国軽自動車協会連合会会長　→00/02

斎藤 正　さいとう・せい　大正4年1月1日～平成4年7月13日　文部事務次官　→91/93

斎藤 誠七　さいとう・せいしち　大正3年9月20日～平成12年8月13日　オイレス工業常務　→00/02

斎藤 精之助　さいとう・せいのすけ　大正11年3月30日～平成1年10月25日　東京信用金庫理事長　→88/90

斎藤 石鼎　さいとう・せきてい　明治38年5月1日～昭和57年12月5日　僧侶、俳人　義仲寺住職　→80/82

斉藤 積平　さいとう・せきへい　～平成10年3月18日　日本ムスリム協会名誉会長、世界連邦日本宗教委員会常任顧問　→97/99

斎藤 善蔵　さいとう・ぜんぞう　大正14年3月28日～平

I 政治・経済・社会篇　　　　　　　　　　　　　　　　　　　　　　　　　　　さいとう

成21年9月29日　日光市長　→09/11

斎藤 仙太郎　さいとう・せんたろう　～昭和31年9月29日　甘木市長　→昭和

斎藤 壮一　さいとう・そういち　～昭和57年4月26日　プレハブ建築協会広報部長　→80/82

斎藤 惣一　さいとう・そういち　明治19年7月9日～昭和35年7月5日　宗教家　日本YMCA同盟総主事　→昭和

斎藤 大助　さいとう・だいすけ　明治38年5月27日～平成10年7月19日　三国工業会長　→97/99

斎藤 第六　さいとう・だいろく　大正5年12月1日～平成12年2月1日　鶴岡市長　→00/02

斎藤 隆男　さいとう・たかお　昭和23年5月31日～平成14年6月2日　日光市長　→00/02

斎藤 隆夫　さいとう・たかお　明治3年8月18日～昭和24年10月7日　政治家　衆院議員(民主自由党)　→昭和

斎藤 隆雄　さいとう・たかお　大正15年10月15日～昭和59年9月1日　飛島建設常務,飛島リフォーム社長,国鉄東京西管理局長　→83/87

斎藤 隆　さいとう・たかし　明治40年10月18日～平成10年2月5日　北本市長　→97/99

斎藤 隆志　さいとう・たかし　～平成11年10月17日　テレビ新潟常務　→97/99

斉藤 孝　さいとう・たかし　大正15年8月13日～平成20年9月18日　大昭和製紙副社長　→06/08

斉藤 高房　さいとう・たかふさ　～昭和55年7月23日　山口トヨタ社長　→80/82

斎藤 高保　さいとう・たかやす　明治32年5月21日～昭和60年3月11日　斎藤商事会長　→83/87

斉藤 卓二　さいとう・たくじ　明治43年6月4日～昭和61年10月1日　富士電気化学取締役　→83/87

斎藤 卓哉　さいとう・たくや　大正15年6月5日～平成17年5月9日　清水建設常務　→03/05

斎藤 武男　さいとう・たけお　明治42年2月～昭和61年1月6日　大洋漁業顧問　→83/87

斎藤 武夫　さいとう・たけお　～昭和55年1月15日　名古屋市基本構造審議会副会長,名古屋地下鉄振興社社長,元名古屋市助役　→80/82

斎藤 武夫　さいとう・たけお　大正11年6月2日～平成18年11月29日　ニッパツ専務　→06/08

斎藤 武雄　さいとう・たけお　～昭和60年8月21日　斎藤工務店社長　→83/87

斎藤 健　さいとう・たけし　大正11年11月16日～平成16年11月16日　東京重機工業常務　→03/05

斎藤 健　さいとう・たけし　大正3年7月21日～平成18年3月13日　三井物産常務　→06/08

斎藤 武治　さいとう・たけじ　明治40年6月5日～平成6年9月22日　愛知県議(社会党)　→94/96

斎藤 武二　さいとう・たけじ　大正2年12月5日～昭和59年6月26日　立川スプリング会長　→83/87

斎藤 武二　さいとう・たけじ　大正7年10月28日～平

斎藤 武三　さいとう・たけぞう　昭和2年9月4日～平成12年8月7日　読売テレビ常務,日本海テレビ副社長　→00/02

斎藤 竹太郎　さいとう・たけたろう　～平成1年1月14日　斉竹設計社長　→88/90

斎藤 武信　さいとう・たけのぶ　大正4年7月27日～昭和60年12月6日　萩浦工業社長　→83/87

斎藤 武幸　さいとう・たけゆき　明治37年1月26日～平成14年3月13日　住友建設社長　→00/02

斎藤 長　さいとう・たける　昭和4年1月24日～平成21年1月19日　秋田県出納長　→09/11

斎藤 太次郎　さいとう・たじろう　～平成5年12月9日　神奈川県立図書館長,神奈川県立博物館長　→91/93

斎藤 忠雄　さいとう・ただお　明治35年5月5日～平成3年1月23日　弁護士　札幌市会議長,日弁連副会長　→91/93

斎藤 正　さいとう・ただし　～昭和31年6月21日　沖電気常務取締役　→昭和

斎藤 正　さいとう・ただし　昭和7年1月26日～平成5年2月7日　バンダイ監査役,国税庁仙台国税不服審判所所長　→91/93

斎藤 斉　さいとう・ただし　～昭和55年1月20日　北海道放送社長　→80/82

斎藤 忠栄　さいとう・ただよし　～平成20年12月15日　長野県労働組合評議会議長　→06/08

斎藤 辰夫　さいとう・たつお　昭和3年5月28日～平成15年11月2日　山形県議(自民党)　→03/05

斎藤 辰雄　さいとう・たつお　～平成3年9月25日　昭和電工専務　→91/93

斎藤 竜雄　さいとう・たつお　大正15年5月26日～昭和61年10月12日　扶桑動熱工業取締役・元社長　→83/87

斎藤 辰二　さいとう・たつじ　大正10年8月5日～平成15年3月22日　北海道電力常務　→03/05

斉藤 巽　さいとう・たつみ　～平成5年11月18日　タツミ紙工会長　→91/93

斎藤 為城　さいとう・ためしろ　明治41年1月1日～平成15年5月19日　中国電力社長,広島経済同友会代表幹事　→03/05

斎藤 保　さいとう・たもつ　大正13年～平成8年8月11日　三菱電機常務　→94/96

斎藤 保　さいとう・たもつ　大正15年10月9日～平成20年12月3日　住友海上火災保険副社長　→06/08

斉藤 有　さいとう・たもつ　明治38年10月28日～昭和60年3月9日　(株)日本電子工業振興会専務理事・顧問,(株)日本情報処理開発会顧問　→83/87

斉藤 丹次　さいとう・たんじ　大正8年10月16日～平成13年12月14日　日本ハイパック社長,中央板紙社長　→00/02

斉藤 知一郎　さいとう・ちいちろう　明治22年5月5日～

昭和36年2月16日　実業家　大昭和製紙創業者　→昭和（斎藤　知一郎）

斎藤　千代子　さいとう・ちよこ　〜昭和63年1月26日　（社）ナオミの会理事　→88/90

斉藤　通雄　さいとう・つうゆう　〜平成6年12月16日　僧侶, 郷土史研究家　高源寺住職　→94/96

斎藤　勤　さいとう・つとむ　明治41年4月23日〜平成14年10月31日　甲府信用金庫理事長　→00/02

斎藤　務　さいとう・つとむ　昭和6年9月28日〜平成12年2月3日　大日本インキ化学工業副社長　→00/02

斎藤　力　さいとう・つとむ　〜昭和28年11月24日　東洋拓殖理事　→昭和

斎藤　力　さいとう・つとむ　〜昭和55年4月5日　損害保険料率算定会顧問　→80/82

斎藤　恒一　さいとう・つねかず　〜昭和57年9月14日　東洋紡監査役　→80/82

斎藤　恒三郎　さいとう・つねさぶろう　明治38年11月11日〜昭和62年4月12日　鈴与専務　→83/87

斎藤　恒三　さいとう・つねぞう　安政5年10月17日〜昭和12年2月5日　東洋紡社長　→昭和

斉藤　典俊　さいとう・つねとし　〜昭和59年6月24日　神鋼商事専務　→83/87

斎藤　毅　さいとう・つよし　大正15年4月20日〜平成12年5月4日　アルプス電気常務, 山口トヨタ自動車会長　→00/02

斎藤　強　さいとう・つよし　明治42年8月31日〜平成2年5月16日　松江市長　→88/90

斎藤　鶴雄　さいとう・つるお　〜平成11年1月17日　北海道社交飲食環境衛生同業組合名誉会長　→97/99

斎藤　悌市　さいとう・ていいち　大正5年5月9日〜平成17年6月30日　四街道市長　→03/05

斎藤　哲夫　さいとう・てつお　明治39年12月15日〜昭和62年7月22日　日立電線専務, 東洋伸銅所社長　→83/87

齋藤　哲雄　さいとう・てつお　昭和4年〜平成21年9月3日　「下関駅物語」の著者　→09/11

斎藤　鉄太郎　さいとう・てつたろう　〜昭和63年5月28日　サイトー楽器会長, 仙台中央連合会会長　→88/90

斎藤　徹郎　さいとう・てつろう　昭和20年5月11日〜平成13年7月30日　北海道開発事務次官　→00/02

斎藤　照美　さいとう・てるみ　大正14年12月22日〜平成15年1月13日　デンヨー社長　→03/05

斎藤　藤四郎　さいとう・とうしろう　明治19年10月22日〜昭和10年6月1日　実業家　衆院議員（政友会）　→昭和

斉藤　東四郎　さいとう・とうしろう　〜昭和55年2月13日　虻田町（北海道胆振管内）名誉町民　→80/82

斉藤　達　さいとう・とおる　大正3年6月4日〜平成21年7月13日　日本火災海上保険専務　→09/11

斎藤　徹　さいとう・とおる　昭和14年9月20日〜平成20年2月25日　産経新聞専務　→06/08

斎藤　時郎　さいとう・ときろう　大正2年3月3日〜平成7年8月14日　日本消防協会理事長, 市原商工会議所会頭　→94/96

斉藤　徳意　さいとう・とくい　大正12年7月7日〜平成2年4月27日　金屋プレス工業会長　→88/90

斎藤　得七　さいとう・とくしち　〜昭和61年3月16日　人口問題協議会顧問・元代表幹事, 元明和産業副社長　→83/87

斎藤　徳太郎　さいとう・とくたろう　明治42年1月25日〜平成4年7月22日　芝浦製作所専務　→91/93

斎藤　寿夫　さいとう・としお　明治41年1月11日〜平成11年5月24日　参院議員（自民党）, 静岡県知事　→97/99

斎藤　寿郎　さいとう・としお　昭和3年10月26日　弁護士　静岡地裁所長, 函館地家裁所長　→91/93

斎藤　敏夫　さいとう・としお　大正13年9月30日〜平成16年1月11日　中部電力常務　→03/05

斎藤　利忠　さいとう・としただ　明治34年4月17日〜昭和56年12月29日　安田信託銀行社長　→80/82

斉藤　俊太郎　さいとう・としたろう　〜昭和58年2月28日　イソライト工業副社長　→83/87

斎藤　俊彦　さいとう・としひこ　〜平成9年2月25日　大東京火災海上保険理事　→97/99

斎藤　富雄　さいとう・とみお　昭和7年3月26日〜平成3年1月31日　新津市長　→91/93

斎藤　友一　さいとう・ともかず　〜昭和61年9月19日　日本農業機械工業会専務理事　→83/87

斉藤　知三郎　さいとう・ともさぶろう　昭和22年4月19日〜平成13年5月6日　大昭和製紙副社長　→00/02

斎藤　知三　さいとう・ともぞう　大正9年3月15日〜平成13年12月12日　東亜合成化学工業常務　→00/02

斉藤　寅吉　さいとう・とらきち　〜昭和62年6月10日　日商（のち日商岩井）取締役　→83/87

斉藤　寅治　さいとう・とらじ　大正3年7月19日〜平成8年2月22日　共同印刷常務　→94/96

斎藤　直一　さいとう・なおかず　〜昭和52年6月27日　大阪高裁長官　→昭和

斎藤　尚之　さいとう・なおゆき　昭和10年8月17日〜平成14年11月25日　住友海上火災保険（のち三井住友海上火災保険）常務　→00/02

斎藤　仲清　さいとう・なかきよ　大正6年9月20日〜平成5年1月17日　ラグラックス信和会長, 日本毛織物元売卸商業組合名古屋支部委員長　→91/93

斎藤　仁太郎　さいとう・にたろう　元治2年3月〜昭和8年4月22日　政治家　衆院議員（民政党）　→昭和（さいとう・じんたろう）

斎藤　伸雄　さいとう・のぶお　大正8年12月11日〜平成23年9月24日　和光証券社長　→09/11

斎藤　信夫　さいとう・のぶお　昭和14年1月1日〜平成22年5月18日　旭硝子常務, 旭テクノグラス社長　→09/11

斎藤　信雄　さいとう・のぶお　〜昭和61年11月2日

I　政治・経済・社会篇　　　　　　　　　　　　　　　　　さいとう

会計検査院第三局長，日本中央競馬会監事　→83/87
斉藤 信幸　さいとう・のぶゆき　大正13年5月30日～平成3年8月27日　大東紡織常務　→91/93
斉藤 信義　さいとう・のぶよし　～昭和57年9月24日　立川スプリング社長・会長　→80/82
斎藤 昇　さいとう・のぼる　明治36年1月28日～昭和47年9月8日　政治家　参院議員（自民党），運輸相，厚相　→昭和
斎藤 登　さいとう・のぼる　昭和3年7月18日～平成9年5月13日　トプコン山形会長，山形産業人クラブ副会長　→97/99
斉藤 規子　さいとう・のりこ　大正13年10月5日～平成9年5月12日　池上通信機会長　→97/99
斎藤 徳久　さいとう・のりひさ　昭和17年12月6日～平成17年12月3日　大明務執行役員　→03/05
斎藤 至弘　さいとう・のりひろ　～平成4年6月30日　東京大学出版会専務理事　→91/93
斎藤 範幸　さいとう・のりゆき　昭和7年10月27日～平成11年1月12日　福島民報社長　→97/99
斎藤 初四郎　さいとう・はつしろう　～昭和58年11月22日　福島県農協五連最高顧問，元全国農業協同組合連合会理事　→83/87
斎藤 花松　さいとう・はなまつ　大正11年1月12日～平成10年5月5日　東鉄工業専務　→97/99
斎藤 隼人　さいとう・はやと　～平成5年10月5日　対馬新聞社長　→91/93
斎藤 春郎　さいとう・はるお　大正15年10月2日～昭和59年1月25日　片倉チッカリン取締役・塩釜支店長　→83/87
斎藤 春子　さいとう・はるこ　明治6年～昭和46年9月14日　斎藤実首相の妻　→昭和
斉藤 晴海　さいとう・はるみ　～昭和56年2月2日　日野オフセット印刷常務取締役　→80/82
斎藤 久雄　さいとう・ひさお　明治36年4月12日～昭和10年4月2日　社会運動家　→昭和
斉藤 久吉　さいとう・ひさよし　明治36年4月1日～平成18年12月2日　ありのまま舎理事長，仙台キリスト教育児院理事長，日本バプテスト同盟正教師　→06/08
斎藤 ヒデ　さいとう・ひで　～平成20年12月24日　松山事件の斎藤幸夫元被告の母　→09/11s
斎藤 英夫　さいとう・ひでお　大正13年10月25日～昭和63年12月20日　京浜急行電鉄専務　→88/90
斎藤 英雄　さいとう・ひでお　大正10年6月19日～平成1年1月11日　（財）日本特許情報機構理事長，特許庁長官　→88/90
斎藤 秀男　さいとう・ひでお　大正15年1月26日～平成20年6月16日　秋田県農協中央会副会長　→06/08
斎藤 秀雄　さいとう・ひでお　大正1年12月5日～平成14年5月5日　三菱鉱業セメント専務　→00/02
斎藤 日出夫　さいとう・ひでお　大正9年3月14日～平成1年7月9日　合同酒精取締役　→88/90
斉藤 秀次郎　さいとう・ひでじろう　～昭和58年6月14日　斉藤書房（東京・新橋）店主　→83/87
斎藤 寛　さいとう・ひろし　～平成5年10月6日　システムプラン取締役相談役　→91/93
斎藤 弘　さいとう・ひろし　大正11年1月3日～平成3年2月12日　昭和石油専務　→91/93
斎藤 恕　さいとう・ひろし　大正15年6月29日～平成13年2月27日　日本重化学工業常務　→00/02
斎藤 博　さいとう・ひろし　明治19年12月24日～昭和14年2月26日　外交官　駐米大使，ロンドン海軍軍縮会議全権随員　→昭和
斎藤 博　さいとう・ひろし　昭和5年10月6日～平成21年5月13日　長岡市議　→09/11
斎藤 裕　さいとう・ひろし　大正9年9月18日～平成12年10月6日　新日本製鉄社長，経団連副会長，日本鉄鋼連盟名誉会長　→00/02
斎藤 潤　さいとう・ひろし　明治42年8月30日～平成9年10月7日　税理士　日本税理士会連合会副会長　→97/99
斉藤 博　さいとう・ひろし　昭和3年10月16日～昭和60年3月19日　三晃空調社長　→83/87
斎藤 広次　さいとう・ひろじ　～昭和57年12月21日　リッカーミシン会長，第一銀行取締役　→80/82
斎藤 弘忠　さいとう・ひろただ　明治43年1月2日～昭和61年9月8日　昭和炭酸会長　→83/87
斎藤 広太郎　さいとう・ひろたろう　～平成3年5月12日　本州製紙常務　→91/93
斎藤 広賢　さいとう・ひろやす　昭和3年～昭和60年10月9日　山陽国策パルプ常務取締役営業本部長　→83/87
斎藤 浩嘉　さいとう・ひろよし　昭和17年11月18日～平成13年4月3日　沖電気工事常務　→00/02
斎藤 房次郎　さいとう・ふさじろう　大正14年2月18日～平成10年2月23日　オリコム会長　→97/99
斎藤 房治郎　さいとう・ふさじろう　～昭和55年3月14日　大成建設常務　→80/82
斉藤 房由　さいとう・ふさよし　～平成2年2月18日　今金町（北海道）町長　→88/90
斎藤 冨士弥　さいとう・ふじや　～平成11年3月27日　丸運常務　→97/99
斎藤 文昭　さいとう・ふみあき　昭和18年6月8日～平成11年12月10日　衆院議員（自民党）　→97/99
斎藤 文夫　さいとう・ふみお　大正6年1月5日～平成20年7月27日　青梅信用金庫理事長　→06/08
斎藤 文利　さいとう・ふみとし　～平成19年5月19日　中皮腫・アスベスト疾患・患者と家族の会初代会長　→06/08
斉藤 典弥　さいとう・ふみや　昭和8年4月10日～昭和62年11月17日　出光石油化学常務　→83/87
斎藤 文平　さいとう・ぶんぺい　昭和2年6月17日～平成17年10月27日　蛇の目ミシン工業専務　→03/05

「現代物故者事典」総索引（昭和元年～平成23年）　537

斎藤 平伍　さいとう・へいご　大正10年11月26日～平成19年12月14日　大阪高裁長官　→06/08

斎藤 平造　さいとう・へいぞう　大正14年2月10日～平成21年1月7日　住友ゴム工業常務　→09/11

斎藤 平八郎　さいとう・へいはちろう　～平成7年12月6日　日本金属工業常務　→94/96

斎藤 実　さいとう・まこと　安政5年10月27日～昭和11年2月26日　政治家, 海軍大将　首相, 内大臣, 海相　→昭和

斎藤 誠　さいとう・まこと　～平成1年1月24日　斎藤鉄工所社長, 福島県鉄構工業組合専務理事　→88/90

斎藤 恂　さいとう・まこと　明治3年11月20日～昭和8年6月10日　日本昼夜銀行副頭取　→昭和

斉藤 実　さいとう・まこと　昭和6年11月23日～平成7年11月6日　地崎工業副社長　→94/96 (斎藤 実)

斎藤 誠　さいとう・まこと　大正2年4月4日～平成4年12月13日　農林水産事務次官　→91/93

斉藤 節　さいとう・まこと　明治5年11月3日～昭和16年12月19日　衆院議員 (公明党), 創価大学比較文化研究所教授　→03/05

斎藤 正明　さいとう・まさあき　大正9年2月4日～平成15年5月16日　安宅産業常務　→03/05

斉藤 正男　さいとう・まさお　大正15年9月6日～平成2年12月9日　福島町 (北海道) 町長　→88/90

斉藤 正男　さいとう・まさお　大正7年9月13日～平成17年9月2日　衆院議員 (社会党)　→03/05

斎藤 正雄　さいとう・まさお　～昭和55年6月7日　広島証券取引所理事長, 東洋証券相談役　→80/82

斎藤 政興　さいとう・まさおき　～平成3年12月15日　北海道スモンの会会長　→91/93

斎藤 正志　さいとう・まさし　明治38年10月18日～昭和59年8月1日　北海道議　→83/87

斎藤 正次　さいとう・まさつぐ　大正9年6月27日～平成19年3月19日　埼玉県議 (自民党), 埼玉県商工連合会長　→06/08

斉藤 雅人　さいとう・まさと　～昭和56年1月18日　毎日新聞社取締役・技術担当　→80/82

斎藤 正年　さいとう・まさとし　大正1年12月4日～平成3年4月15日　特許庁長官　→91/93

斉藤 正幸　さいとう・まさゆき　昭和3年6月19日～平成7年12月19日　松長染工社長, キング監査役　→94/96

斉藤 正義　さいとう・まさよし　大正12年1月2日～平成14年7月3日　千葉県農業協同組合中央会会長　→00/02

斎藤 増雄　さいとう・ますお　大正10年1月14日～平成2年6月20日　グンゼ産業取締役　→88/90

斎藤 又二　さいとう・またじ　～昭和63年10月11日　日本通運取締役　→88/90

斎藤 又蔵　さいとう・またぞう　～昭和51年8月26日　川崎公喜友の会会長　→昭和

斎藤 衛　さいとう・まもる　大正7年1月27日～昭和61年4月11日　常和興産常勤監査役, 日本興業銀行登録部長　→83/87

斎藤 万右衛門　さいとう・まんうえもん　大正2年8月20日～平成8年8月10日　千葉県議会議長 (自民党), 千葉県信用農協組連合会長, 夷隅中央農協組合長　→94/96

斎藤 万造　さいとう・まんぞう　～昭和46年2月28日　新日本航空整備会長　→昭和

斎藤 幹雄　さいとう・みきお　明治43年2月7日～昭和63年10月21日　山一証券取締役　→88/90

斎藤 巳三郎　さいとう・みさぶろう　～昭和11年9月24日　新潟県民政党支部長　→昭和

斎藤 紀夫　さいとう・みちお　大正15年8月3日～平成12年8月23日　住友金属鉱山常務　→00/02

斎藤 通雄　さいとう・みちお　～昭和63年5月23日　宮城県視覚障害者福祉協会長　→88/90

斎藤 道太郎　さいとう・みちたろう　～昭和62年12月1日　平凡社副社長　→83/87

斎藤 光昭　さいとう・みつあき　昭和2年4月20日～昭和57年5月9日　エーザイ監査役　→80/82

斎藤 三男　さいとう・みつお　～昭和57年1月24日　安田生命元常務　→80/82

斎藤 光豊　さいとう・みつとよ　大正12年5月28日～平成23年5月20日　東レ副社長　→09/11

斎藤 光永　さいとう・みつなが　明治35年6月22日～昭和46年11月7日　太洋海運社長　→昭和

斎藤 澪奈子　さいとう・みなこ　昭和31年10月3日～平成14年1月13日　実業家, エッセイスト　(株) 斎藤オフィス主宰　→00/02

斎藤 実　さいとう・みのる　～平成8年10月14日　黒田電気常務　→94/96

斎藤 穣　さいとう・みのる　昭和5年8月30日～平成6年1月19日　ナイガイ常務　→94/96

斎藤 稔　さいとう・みのる　大正3年9月20日～平成2年2月26日　陸上自衛隊第九師団長, 隊友会東北総支部連合会長　→83/90

斎藤 実　さいとう・みのる　～昭和61年1月24日　会計検査院第一局長　→83/87

斎藤 稔　さいとう・みのる　～昭和63年1月1日　斉藤運輸代表取締役　→88/90

斎藤 明道　さいとう・みょうどう　～平成11年8月31日　僧侶　成身院住職, 真言宗醍醐派教学部長　→97/99

斎藤 宗夫　さいとう・むねお　昭和5年9月4日～平成16年3月30日　日本精糖社長　→03/05

斎藤 宗宣　さいとう・むねのり　明治14年4月～昭和14年12月20日　京都府知事　→昭和 (さいとう・むねよし)

斎藤 もと　さいとう・もと　明治39年5月1日～平成1年6月11日　実業家　料亭「さいとう」経営者　→88/90

斎藤 基　さいとう・もとい　昭和10年1月9日～平成2年5月11日　ニッポン放送常務　→88/90

斎藤 守慶　さいとう・もりよし　昭和3年11月26日～平

成20年6月4日　毎日放送社長　→06/08

斎藤 安雄　さいとう・やすお　慶応1年6月〜昭和6年1月28日　衆院議員(立憲政友会), 貴院議員(多額納税), 深谷銀行頭取　→昭和

斎藤 裕夫　さいとう・やすお　〜平成4年12月2日　三井リースサービス常務　→91/93

斎藤 保次　さいとう・やすじ　〜昭和56年1月6日　第一中央汽船相談役, 日本国際貿易促進協会相談役兼同神戸支局長　→80/82

斉藤 安代　さいとう・やすのり　昭和2年9月14日〜平成17年4月6日　テレビ朝日常務　→03/05

斎藤 八千代　さいとう・やちよ　明治41年2月11日〜昭和61年10月31日　霊友会(在家主義仏教集団)会長補佐　→83/87

斉藤 弥之助　さいとう・やのすけ　大正11年6月30日〜昭和59年10月26日　茨城県警本部長, 極東警備保障専務　→83/87

斎藤 弥平　さいとう・やへい　明治31年3月21日〜昭和63年6月1日　新潟鉄工所常務, 日本鋳物協会会長　→88/90

斎藤 和子　さいとう・やわこ　大正8年12月〜昭和60年10月23日　(株)光洋製本所副社長　→83/87

斎藤 勇一　さいとう・ゆういち　〜昭和59年2月5日　中央共同募金会理事, 日本国際連合協会理事　→83/87

斉藤 友護　さいとう・ゆうご　昭和9年10月16日〜平成9年12月26日　川崎汽船常務　→97/99

斎藤 悠輔　さいとう・ゆうすけ　明治25年5月21日〜昭和56年3月26日　弁護士　最高裁判事　→80/82

斎藤 雄輔　さいとう・ゆうすけ　昭和5年3月7日〜平成4年6月4日　武田食品工業社長　→91/93

斎藤 幸夫　さいとう・ゆきお　昭和6年3月16日〜平成18年7月4日　松山事件の元被告　→06/08

斉藤 裕　さいとう・ゆたか　大正7年7月12日〜平成8年1月5日　佐藤工業副社長　→94/96

斎藤 要吉　さいとう・ようきち　〜平成8年1月12日　群馬県議　→94/96

斎藤 良明　さいとう・よしあき　明治39年2月20日〜昭和61年11月24日　山谷労働センター理事長　→83/87

斎藤 芳一郎　さいとう・よしいちろう　昭和3年1月17日〜平成20年1月26日　芳林堂書店社長　→06/08

斎藤 義男　さいとう・よしお　明治36年8月2日〜平成3年1月24日　東洋通信機会長, 日本電気専務　→91/93

斎藤 義男　さいとう・よしお　大正7年6月3日〜平成16年3月15日　愛知製鋼専務　→03/05

斎藤 義夫　さいとう・よしお　明治11年6月〜昭和7年2月24日　陸軍中将　→昭和

斎藤 義夫　さいとう・よしお　〜平成19年5月10日　道新会連合会長　→06/08

斎藤 義雄　さいとう・よしお　大正7年10月4日〜平成9年6月7日　みやこ織物会長　→97/99

斎藤 義雄　さいとう・よしお　明治43年5月22日〜平成20年7月19日　関西電力副社長　→06/08

斎藤 善雄　さいとう・よしお　大正9年8月21日〜平成3年12月9日　三井銀行(のち太陽神戸三井銀行)常務　→91/93

斉藤 義雄　さいとう・よしお　大正4年1月15日〜平成3年1月4日　大隅鉄工所取締役　→91/93

斎藤 吉臣　さいとう・よしおみ　〜昭和60年11月8日　発明協会理事長　→83/87

斎藤 伊次　さいとう・よしじ　〜昭和4年8月14日　陸軍技師　→昭和

斎藤 義次　さいとう・よしじ　〜昭和19年7月16日　陸軍中将　→昭和

斎藤 義澄　さいとう・よしずみ　〜平成5年4月16日　北海道警察北見方面本部長　→91/93

斉藤 芳造　さいとう・よしぞう　〜平成7年2月20日　在レシフェ総領事　→94/96

斎藤 義継　さいとう・よしつぐ　〜平成22年8月29日　コタ会長　→09/11

斎藤 良信　さいとう・よしのぶ　〜昭和46年2月21日　千疋屋店主　→昭和

斎藤 良弼　さいとう・よしのり　〜平成27年3月23日　日本銀行監事　→昭和

斉藤 嘉晴　さいとう・よしはる　昭和4年9月13日〜平成11年2月20日　北海道新聞取締役　→97/99

斎藤 芳久　さいとう・よしひさ　昭和11年1月12日〜平成2年6月26日　静岡銀行取締役　→88/90

斎藤 良弘　さいとう・よしひろ　昭和4年9月27日〜平成3年7月1日　富士電気化学専務　→91/93

斎藤 義政　さいとう・よしまさ　〜昭和52年9月10日　銀座千疋屋社長　→昭和

斎藤 好松　さいとう・よしまつ　大正5年8月19日〜平成13年1月24日　山形県議(社会党)　→00/02

斎藤 嘉朗　さいとう・よしろう　明治42年5月21日〜平成17年3月14日　福井銀行専務　→03/05

斉藤 隆一　さいとう・りゅういち　大正6年11月12日〜昭和63年4月24日　中津江村(大分県)村長　→88/90

斎藤 良一　さいとう・りょういち　〜平成6年8月7日　明ないう乳業取締役, 鎌倉女子大学教授　→94/96

斎藤 良衛　さいとう・りょうえい　明治13年11月15日〜昭和31年11月4日　外交官　会津短期大学学長　→昭和

斉藤 了英　さいとう・りょうえい　大正5年4月17日〜平成8年3月30日　大昭和製紙名誉会長　→94/96

斎藤 林一　さいとう・りんいち　大正8年6月15日〜平成1年5月6日　新潟県議(自民党)　→88/90

斎藤 錬一　さいとう・れんいち　〜昭和58年10月30日　気象庁予報部長　→83/87

斎藤 六郎　さいとう・ろくろう　大正12年3月10日〜平成7年12月28日　全国抑留者補償協議会会長, ロシア民族

さいのき   I 政治・経済・社会篇

友好大学名誉教授　→94/96

才野木 由造　さいのき・よしぞう　明治43年12月8日〜平成9年5月7日　河内信用組合理事会長, 大阪府議 (自民党)　→97/99

西原 清顕　さいばら・きよあき　明治17年12月12日〜昭和47年10月18日　テキサスの米作王　→昭和 (にしはら・きよあき)

西原 清東　さいばら・せいとう　文久1年9月8日〜昭和14年4月11日　農園経営者　同志社社長, 衆院議員 (立憲政友会)　→昭和 (にしはら・せいとう)

西保 織之助　さいほ・おりのすけ　明治36年9月9日〜昭和57年1月8日　保栄薬工社長, 藤沢薬品工業取締役　→80/82

財満 久芳　ざいま・ひさよし　明治35年12月2日〜昭和59年5月25日　イソライト工業社長　→83/87

斉間 満　さいま・みつる　〜平成18年10月17日　南海日日新聞社主・編集長　→06/08

最明 一　さいみょう・はじむ　昭和13年〜平成6年3月29日　日立製作所理事・総務部長　→94/96

斎村 竜雄　さいむら・たつお　明治43年5月14日〜昭和61年1月1日　古河鉱業取締役, 全日本剣道連盟専務理事　→83/87

才茂 誉英　さいも・たかてる　昭和2年3月31日〜平成15年10月14日　住友建設 (のち三井住友建設) 副社長　→03/05

催本 小岩　さいもと・こいわ　大正11年〜平成3年3月17日　松代大本営強制労働の生き証人　→91/93

西来路 秀男　さいらいじ・ひでお　〜平成6年4月1日　衆議院速記者養成所長, 日本速記協会理事長　→94/96

左右木 幸七　さうき・こうしち　〜昭和63年10月28日　愛知看板製作所社長, 心のともしび会主幹　→88/90

佐浦 茂雄　さうら・しげお　昭和4年2月19日〜平成14年7月13日　佐浦会長　→00/02

佐伯 旭　さえき・あきら　大正6年3月8日〜平成22年2月1日　シャープ社長　→09/11

佐伯 章　さえき・あきら　昭和62年3月11日　角田市議　→83/87

佐伯 章　さえき・あきら　昭和4年5月25日〜平成9年3月30日　小豆島総合開発社長, 佐伯建設工業副社長　→97/99

佐伯 勇　さえき・いさむ　明治36年3月25日〜平成1年10月5日　近畿日本鉄道名誉会長, 近畿日本ツーリスト会長, 文楽協会理事長　→88/90

佐伯 卯四郎　さえき・うしろう　明治24年2月〜昭和47年1月12日　日本陶器社長, 参院議員　→昭和

佐伯 英三　さえき・えいぞう　〜昭和61年1月12日　小西六写真工業常務　→83/87

佐伯 修　さえき・おさむ　大正13年6月29日〜平成19年6月27日　神戸製鋼所副社長, ニューダイヤモンドフォーラム会長　→06/08

佐伯 快龍　さえき・かいりゅう　明治32年〜昭和43年9月19日　僧侶　真言律宗宗務長・大僧正, 西大寺執事長　→昭和 (佐伯 快竜)

佐伯 一徳　さえき・かずのり　〜昭和61年10月21日　日本農産工業常務　→83/87

佐伯 勝太郎　さえき・かつたろう　明治3年12月14日〜昭和9年1月5日　特種製紙社長, 東京帝国大学講師　→昭和

佐伯 克己　さえき・かつみ　〜昭和59年1月30日　神社本庁評議員, 現人神社宮司　→83/87

佐伯 清勝　さえき・きよかつ　昭和17年3月11日〜平成18年2月4日　日鉄商事常務　→06/08

佐伯 喜代志　さえき・きよし　明治40年7月28日〜昭和60年4月8日　斜里バス代表取締役社長　→83/87

佐伯 恵眼　さえき・けいがん　〜昭和26年1月26日　真言宗醍醐派前管長　→昭和

佐伯 俊　さえき・けん　明治29年1月5日〜平成5年6月16日　牧師　日本基督教団総務局長　→91/93

佐伯 顕二　さえき・けんじ　明治25年2月1日〜昭和58年6月30日　弁護士　大審院判事　→83/87

佐伯 厚仁　さえき・こうにん　〜平成1年8月28日　僧侶　真言宗善通寺派宗務総長, 観智院住職　→88/90

佐伯 悟竜　さえき・ごりょう　明治8年8月24日〜昭和17年9月6日　僧侶　真言律宗管長　→昭和

佐伯 佐七　さえき・さしち　〜昭和62年7月25日　高岡石油代表取締役会長　→83/87

佐伯 秀一　さえき・しゅういち　〜昭和61年6月21日　高砂香料工業常務　→83/87

佐伯 定胤　さえき・じょういん　慶応3年6月25日〜昭和27年11月23日　僧侶, 仏教学者　法隆寺長老, 法相宗管長　→昭和

佐伯 真光　さえき・しんこう　昭和5年11月1日〜平成12年9月15日　僧侶　宝生寺 (高野山真言宗) 住職, 湘南工科大学教授　→00/02

佐伯 静治　さえき・せいじ　明治44年9月15日〜平成13年4月26日　弁護士　佐伯法律事務所長, 日本労働弁護団会長　→00/02

佐伯 孝　さえき・たかし　大正5年9月27日〜平成21年12月16日　日清製粉社長　→09/11

佐伯 高義　さえき・たかよし　昭和2年4月22日〜昭和57年8月4日　山田市長　→80/82

佐伯 武雄　さえき・たけお　〜昭和39年1月4日　原田積善会常務理事　→昭和

佐伯 武雄　さえき・たけお　明治37年2月22日〜平成1年1月24日　味の素専務, タイ味の素社長　→88/90

佐伯 忠義　さえき・ただよし　明治30年11月〜昭和44年4月10日　衆院議員 (民主党)　→昭和

佐伯 達夫　さえき・たつお　大正12年3月29日〜平成21年1月29日　日本金属工業社長　→09/11

佐伯 千伋　さえき・ちひろ　明治40年12月11日〜平成18

年9月1日　弁護士,刑事法学者　多田謡子反権力人権基金代表,立命館大学名誉教授　→06/08

佐伯 恒夫　さえき・つねお　明治44年8月19日～平成2年5月12日　レナウン副社長　→88/90

佐伯 鶴太郎　さえき・つるたろう　明治37年8月8日～昭和62年7月17日　大洋漁業専務　→83/87

佐伯 哲雄　さえき・てつお　昭和2年1月2日～平成11年4月19日　東北電子産業会長　→97/99

佐伯 藤之助　さえき・とうのすけ　～昭和43年5月13日　全国民生委員児童委員協議会会長　→昭和

佐伯 敏男　さえき・としお　～昭和38年4月8日　三重県知事　→昭和

佐伯 知男　さえき・ともお　大正10年3月23日～平成4年4月25日　富士汽船副社長　→91/93

佐伯 友規　さえき・とものり　昭和9年4月15日～平成18年3月13日　前沢工業社長　→06/08

佐伯 英明　さえき・ひであき　昭和7年7月28日～平成17年1月18日　会計検査院検査官　→03/05

佐伯 秀幸　さえき・ひでゆき　～平成20年7月18日　福岡県議　→06/08

佐伯 仁　さえき・ひとし　～平成15年6月26日　弁護士　→03/05

佐伯 広志　さえき・ひろし　大正3年5月20日～平成15年12月27日　松下電器産業専務　→03/05

佐伯 文雄　さえき・ふみお　～昭和57年3月31日　読売興業常務　→80/82

佐伯 文雄　さえき・ふみお　昭和3年5月4日～昭和61年12月15日　同和鉱業監査役　→83/87

佐伯 正重　さえき・まさしげ　大正6年8月8日～平成1年11月25日　山口県出納長　→03/05

佐伯 勝人　さえき・まさと　～昭和61年1月1日　雄山神社権宮司,富山高校・雄山高校事務長　→83/87

佐伯 守　さえき・まもる　昭和9年8月11日～平成14年12月14日　立山天狗平山荘オーナー,立山山荘協同組合理事長　→00/02

佐伯 光男　さえき・みつお　昭和4年3月21日～平成3年9月1日　昭和鉄工専務　→91/93

佐伯 宗義　さえき・むねよし　明治27年2月28日～昭和56年8月4日　実業家,政治家　富山地方鉄道創業者,衆院議員(自民党)　→80/82

佐伯 泰男　さえき・やすお　～昭和58年9月2日　横浜シネマ現像所社長　→83/87

佐伯 幸男　さえき・ゆきお　～平成10年5月25日　都ホテル東京副社長　→97/99

佐伯 幸長　さえき・ゆきなが　～昭和62年12月19日　神官　雄山神社名誉宮司　→83/87

佐伯 豊　さえき・ゆたか　明治40年8月22日～平成1年11月9日　佐伯建設工業会長　→88/90

佐伯 義明　さえき・よしあき　明治38年7月3日～昭和63年3月4日　関門商品取引所理事長　→88/90

佐伯 好夫　さえき・よしお　大正14年4月13日～平成2年6月1日　野村証券常務,野村土地建物専務　→88/90

佐伯 芳子　さえき・よしこ　明治36年2月2日～昭和63年5月12日　東亜興業取締役会長　→88/90

佐伯 芳彦　さえき・よしひこ　～昭和45年6月14日　橿原神宮宮司　→昭和

佐伯 芳馬　さえき・よしま　明治4年12月31日～昭和6年8月12日　実業家　→昭和

佐伯 与之吉　さえき・よのきち　明治12年～昭和33年5月14日　丸金醬油会長,内海町(香川県)初代町長　→昭和

佐伯 龍幸　さえき・りゅうこう　～平成22年8月4日　僧侶　西大寺執事長　→09/11

佐伯 良謙　さえき・りょうけん　明治13年～昭和38年3月8日　僧侶(法相宗)　法隆寺住職(第104代)　→昭和

三枝 一保　さえぐさ・いっぽ　明治36年7月1日～昭和21年12月13日　社会運動家　→昭和

三枝 二郎　さえぐさ・じろう　明治44年1月4日～平成7年2月15日　神姫バス社長　→94/96

三枝 武雄　さえぐさ・たけお　～昭和59年3月21日　三菱商事取締役ロンドン支店長　→83/87

三枝 恒夫　さえぐさ・つねお　昭和6年4月15日～平成16年5月3日　アサヒコーポレーション社長　→03/05

三枝 延精　さえぐさ・のぶあき　昭和7年5月10日～平成2年10月18日　サンデン取締役　→88/90

三枝 守雄　さえぐさ・もりお　明治37年3月20日～昭和56年3月27日　東京エアカーゴ・コンソリデーターズ社長,東京航空貨物通関社長　→80/82

五月女 郁雄　さおとめ・いくお　～平成10年8月30日　日本油空圧工業会専務理事　→97/99

五月女 正三　さおとめ・しょうぞう　大正4年3月31日～平成7年8月24日　日本国際工業所有保護協会副会長　→94/96

早乙女 進一　さおとめ・しんいち　～昭和63年2月5日　警視庁警備部警護課警部補・SP　→88/90

五月女 年郎　さおとめ・としろう　明治44年2月1日～平成6年7月14日　東洋高砂乾電池社長,三菱商事取締役　→94/96

嵯峨 逸平　さが・いっぺい　昭和2年10月29日～平成19年12月28日　北陸放送社長　→06/08

坂 栄一　さか・えいいち　～平成1年10月23日　サカエンタープライズ社長　→88/90

佐賀 金一　さが・きんいち　～昭和61年5月12日　西陣会館代表取締役社長,高岡市民生児童委員　→83/87

嵯峨 公勝　さが・きんとう　文久3年6月～昭和16年8月1日　侯爵　貴院議員　→昭和(さが・きみかつ)

嵯峨 幸一　さが・こういち　大正10年4月18日～平成10年12月24日　日立工機専務　→97/99

嵯峨 春平　さが・しゅんぺい　昭和26年3月10日～平成

さか

16年8月23日　北陸放送社長,北陸東通社長　→03/05

阪　順融　さか・じゅんゆう　～昭和57年8月16日
河芸町(三重県)町長　→80/82

坂　湛　さか・たとう　安政2年12月12日～昭和6年7月11日
造船技術者　川崎造船所専務　→昭和(さか・たたう)

佐賀　紀正　さが・としまさ　昭和5年2月12日～平成1年10月6日　理研ビタミン常務　→88/90

佐賀　俊朗　さが・としろう　昭和3年12月3日～昭和61年12月18日　愛知県中小企業団体中央会常任理事,愛知県参事　→83/87

坂　猪興　さか・なおおき　明治35年12月5日～昭和32年2月26日　社会運動家,政治家,医師　日本共産党宮城県委員,塩釜市議,坂病院院長　→昭和

坂　信弥　さか・のぶよし　明治31年12月23日～平成3年2月22日　内務官僚　警視総監,大商証券社長　→91/93

嵯峨　洋　さが・ひろし　～昭和55年7月9日
日比谷総合設備顧問・元常務　→80/82

嵯峨　保二　さが・やすじ　明治31年10月18日～昭和34年11月18日　新聞・放送経営者

坂　祐助　さか・ゆうすけ　大正6年10月15日～平成10年2月5日　紋別商工会議所会頭　→97/99

佐賀　義人　さが・よしと　大正14年12月11日～昭和62年3月6日　弁護士　神戸地検公判部長　→83/87

嵯峨　美鳩　さが・よしやす　～平成23年7月6日
神官　越国一国一社護国八幡宮宮司,富山県神社庁副庁長　→09/11

嵯峨　隆三　さが・りゅうぞう　昭和18年3月2日～平成20年3月23日　富士機工専務　→06/08

坂井　晃　さかい・あきら　昭和3年7月18日～昭和63年3月11日　東海電子システム社長,グランドプラザ山王社長　→88/90

酒井　暁　さかい・あきら　～平成5年11月28日
小松島市長　→91/93

堺　朝男　さかい・あさお　～昭和61年12月26日
(有)堺捨代表取締役社長,(株)エス・ティー・アール代表取締役社長　→83/87

酒井　淳　さかい・あつし　昭和4年6月25日～平成7年12月24日　八十二銀行常務　→94/96

坂井　いさむ　さかい・いさむ　大正6年4月10日～平成19年5月9日　陸軍上等兵　太平洋戦争の未帰還兵　→09/11s

酒井　伊四郎　さかい・いしろう　明治25年1月2日～昭和27年5月4日　酒伊織産創業者　→昭和

酒井　猪太郎　さかい・いたろう　明治12年3月～昭和7年8月18日　実業家　大阪市議　→昭和

酒井　一三　さかい・いちぞう　昭和2年1月30日～昭和60年4月6日　国鉄労働組合中央副委員長　→83/87

酒井　一三　さかい・いちぞう　明治42年3月31日～平成4年12月22日　愛知県議　→91/93

酒井　一郎　さかい・いちろう　～昭和57年4月26日
安田生命保険取締役　→80/82

酒井　一照　さかい・いっしょう　～昭和63年4月2日
酒井薬品社長　→88/90

酒井　英吉　さかい・えいきち　～昭和60年10月1日
酒井耐熱鋳工所会長　→83/87

坂井　栄次郎　さかい・えいじろう　大正8年7月30日～平成11年12月22日　日本合成化学工業専務　→00/02s

佐貝　栄助　さがい・えいすけ　明治42年2月24日～昭和63年9月10日　梅花堂社長,塩釜法人会会長,宮城県菓子工業組合顧問　→88/90

酒井　栄蔵　さかい・えいぞう　明治5年1月～昭和14年9月4日　国家主義者　→昭和

酒井　億尋　さかい・おくひろ　明治27年5月25日～昭和58年10月10日　荏原製作所相談役・元社長　→83/87

酒井　学児　さかい・がくじ　昭和2年6月13日～平成6年2月21日　住友化学工業取締役,朝日化学工業社長　→94/96

境　一雄　さかい・かずお　明治33年11月8日～昭和58年9月17日　衆院議員(社会党)　→83/87

堺　和男　さかい・かずお　～平成10年11月3日
北海道さけます増殖事業協会会長,豊頃町(北海道)町会議員　→97/99

酒井　和雄　さかい・かずお　昭和2年1月18日～昭和59年2月18日　アイカ工業常務　→83/87

境　一典　さかい・かずのり　昭和3年～平成13年6月5日
日本水産専務　→00/02

坂井　一元　さかい・かずもと　～昭和62年10月28日
弁護士　新潟県弁護士会長　→83/87

酒井　金繁　さかい・かねしげ　明治43年3月1日～平成4年12月12日　東京田辺製薬取締役　→91/93

坂井　喚三　さかい・かんぞう　～昭和26年2月8日
曹洞宗教化部長,元八高高長,奈良女高郸校長　→昭和

坂井　寛三　さかい・かんぞう　大正2年10月15日～平成12年9月7日　三菱建設常務　→00/02

酒井　儀一郎　さかい・ぎいちろう　明治41年10月24日～昭和58年5月25日　雪印北網運輸社長　→83/87

坂井　吉郎　さかい・きちろう　昭和4年3月15日～平成3年1月6日　福岡中央銀行常務　→91/93

坂井　吉郎　さかい・きちろう　大正12年2月18日～平成19年6月7日　長野県警本部長　→06/08

坂井　義平　さかい・ぎへい　明治34年11月2日～平成1年8月15日　岐阜県会議長　→88/90

坂井　君美枝　さかい・きみえ　大正14年2月～昭和61年7月16日　若鳩製作所(台所用品メーカー)社長　→83/87

酒井　公雄　さかい・きみお　大正12年4月27日～平成5年8月28日　岐阜県議(自民党)　→91/93

酒井　杏之助　さかい・きょうのすけ　明治26年3月16日～昭和55年11月4日　第一勧業銀行相談役　→80/82

坂井　清　さかい・きよし　明治35年10月5日～昭和61年8月28日　ダイセル化学工業常務　→83/87

酒井　清　さかい・きよし　～昭和57年3月30日

ダイエー商品統括本部販売促進部長　→80/82
酒井 清　さかい・きよし　昭和9年7月23日～平成8年11月20日　明治生命保険常務　→94/96
酒井 清満　さかい・きよみつ　大正3年4月26日～平成10年5月1日　三菱鉱業常務　→97/99
酒井 金次郎　さかい・きんじろう　～昭和63年2月17日　上市町(富山県)町会議長, 第一薬品工業取締役　→88/90
酒井 欽郎　さかい・きんろう　～平成2年1月5日　新和海運取締役, 新和ケミカルタンカー社長　→88/90
酒井 謙吉　さかい・けんきち　～昭和57年4月19日　協同広告相談役・元同社社長　→80/82
酒井 健児　さかい・けんじ　～昭和62年2月9日　七十七カード常務取締役　→83/87
酒井 賢二　さかい・けんじ　大正4年9月19日～平成17年8月27日　中京相互銀行常務　→03/05
酒井 憲次郎　さかい・けんじろう　明治36年～昭和7年9月　飛行家　朝日新聞機一等操縦士　→昭和
酒井 源太郎　さかい・げんたろう　大正14年2月12日～平成2年8月15日　鈴与取締役・元専務, 鈴与建設社長　→88/90
堺 幸一　さかい・こういち　明治28年4月18日～昭和63年12月23日　高岡信用金庫理事会長　→88/90
酒井 鎬久　さかい・こうじ　明治18年11月4日～昭和48年3月2日　陸軍中将　→昭和
酒井 甲子郎　さかい・こうしろう　～平成15年10月31日　石川県警本部長　→03/05
坂井 貞雄　さかい・さだお　昭和16年～平成23年2月18日　盲導犬訓練士, 警察犬訓練士　北陸盲導犬訓練所所長　→09/11
酒井 定吉　さかい・さだきち　明治26年3月1日～昭和49年1月21日　社会運動家　→昭和
坂井 貞武　さかい・さだむ　昭和21年6月23日～平成18年2月10日　北越銀行常務　→06/08
酒井 三到男　さかい・さとお　昭和6年～平成4年9月25日　ファルミタリア・カルロ・エルバ総支配人　→91/93
坂井 三郎　さかい・さぶろう　昭和7年4月7日～平成11年9月8日　大阪市議(自民党)　→97/99
坂井 三郎　さかい・さぶろう　大正5年8月26日～平成12年9月22日　海軍中尉, 著述業　→00/02
酒井 沢吉　さかい・さわきち　～昭和62年5月6日　甘木市議　→83/87
坂井 治悦　さかい・じえつ　～昭和62年7月16日　関西電力黒部川電力所黒部川運輸事務所所長　→83/87
酒井 次吉郎　さかい・じきちろう　大正12年1月2日～平成22年1月25日　静岡銀行頭取　→09/11
酒井 重陽　さかい・しげあき　～平成2年10月19日　超音波サービス相談役　→88/90
酒井 茂　さかい・しげる　～昭和61年5月24日　東レ取締役　→83/87

酒井 茂　さかい・しげる　明治45年7月27日～平成7年12月18日　千葉県議(自民党)　→94/96
酒井 次郎　さかい・じとくろう　大正14年9月13日～平成16年2月2日　関西テレビ放送社長　→03/05
阪井 修一　さかい・しゅういち　昭和9年8月15日～平成21年8月8日　大塔村(奈良県)村長　→09/11
酒井 秀作　さかい・しゅうさく　～平成11年12月2日　税理士　日本税理士会連合会副会長, 名古屋税理士会長　→00/02s
酒井 寿太郎　さかい・じゅたろう　大正13年9月13日～平成14年12月27日　酒六会長　→00/02
酒井 俊　さかい・しゅん　大正2年3月21日～平成22年5月15日　三菱地所専務　→09/11
坂井 淳二　さかい・じゅんじ　～昭和56年8月16日　西日本新聞社開発局事業本部次長　→80/82
酒井 正一　さかい・しょういち　大正3年11月28日～平成3年9月7日　酒井薬品会長　→91/93
酒井 昌一郎　さかい・しょういちろう　明治40年9月25日～平成6年6月10日　日本新都市開発専務　→94/96
坂井 司郎　さかい・しろう　昭和4年1月26日～昭和62年2月17日　朝日新聞大阪本社顧問　→83/87
坂井 二郎　さかい・じろう　～昭和58年12月25日　七十七銀行常務, 日本長期信用銀行取締役　→83/87
酒井 真典　さかい・しんてん　明治41年12月11日～昭和63年5月8日　僧侶　真言宗大僧正, 高野山遍照光院住職　→88/90
酒井 新平　さかい・しんぺい　大正3年5月6日～平成17年1月5日　大日本電線常務　→03/05
酒井 末治　さかい・すえじ　明治45年2月9日～平成2年10月22日　自動車部品工業常務　→88/90
酒井 スギ　さかい・すぎ　～平成12年3月14日　酒井保育室施設長, 東京都保育室無認可保育所連絡協議会会長　→00/02
酒井 佐治　さかい・すけはる　～昭和55年2月10日　ブライト標識工業社長　→80/82
酒井 佐昌　さかい・すけまさ　明治38年4月5日～平成4年6月13日　千歳電気工業社長　→91/93
酒井 鈴夫　さかい・すずお　大正4年1月25日～平成4年5月17日　愛知県会議長　→91/93
酒井 清三　さかい・せいぞう　明治42年8月15日～平成6年7月24日　おたべ会長　→94/96
坂井 善吉　さかい・ぜんきち　明治38年3月11日～昭和60年7月27日　トーアボージン会長　→83/87
坂井 大輔　さかい・だいすけ　明治20年10月～昭和7年5月9日　衆院議員(政友会)　→昭和
酒井 隆　さかい・たかし　明治20年10月18日～昭和21年9月13日　陸軍中将　→昭和
酒井 高重　さかい・たかしげ　明治30年8月15日～昭和60年10月31日　ダイキン工業専務, 住友金属工業監査役　→83/87

酒井 隆嗣　さかい・たかつぐ　大正10年8月29日〜昭和63年10月7日　千代田証券常務　→88/90

坂井 孟一郎　さかい・たけいちろう　〜平成4年3月31日　香焼町(長崎県)町長, 日中友好協会県連合会長　→91/93

境 武夫　さかい・たけお　〜昭和56年4月11日　福岡市筑紫丘地区自治会連合会長　→80/82

酒井 武男　さかい・たけお　大正5年7月31日〜平成9年9月8日　住友金属工業副社長　→97/99

酒井 武雄　さかい・たけお　明治28年〜昭和62年4月1日　酒井薬品会長, 豊後高田市長　→83/87

坂井 他家喜　さかい・たけよし　〜昭和44年9月12日　東邦亜鉛副社長　→昭和

酒井 忠亮　さかい・ただあき　明治3年10月2日〜昭和3年8月1日　子爵　貴院議員　→昭和

酒井 忠克　さかい・ただたえ　明治16年11月〜昭和14年6月17日　伯爵　貴院議員　→昭和(さかい・ただかつ)

酒井 忠敏　さかい・ただとし　昭和12年3月5日〜昭和62年5月7日　総務庁統計局統計調査部長　→83/87

酒井 忠正　さかい・ただまさ　明治26年6月10日〜昭和46年2月16日　政治家　貴院副議長(伯爵), 農相　→昭和

堺 為子　さかい・ためこ　明治5年5月19日〜昭和34年1月2日　社会運動家　→昭和

坂井 保　さかい・たもつ　大正8年7月18日〜平成14年11月24日　日本金属工業常務　→00/02

堺 司　さかい・つかさ　昭和6年4月30日〜平成7年4月12日　通商産業省官房審議官　→94/96

境 勉　さかい・つとむ　昭和3年11月16日〜昭和60年12月22日　三愛石油常務　→83/87

酒井 務　さかい・つとむ　〜昭和56年10月2日　木曽岬村(三重県)議長　→80/82

阪井 鶴和　さかい・つるかず　大正15年12月16日〜平成13年4月23日　大阪府議(公明党)　→00/02

堺 哲夫　さかい・てつお　昭和2年3月27日〜平成7年2月2日　三菱石油常務　→94/96

酒井 輝雄　さかい・てるお　明治40年5月1日〜平成3年5月13日　東芝イーエムアイ専務　→91/93

酒井 亨　さかい・とおる　〜平成3年2月11日　弁護士　栃木県弁護士会長, 日本弁護士連盟理事　→91/93

坂井 時忠　さかい・ときただ　明治44年9月18日〜平成2年1月19日　兵庫県知事　→88/90

酒井 得元　さかい・とくげん　明治45年1月14日〜平成8年11月22日　僧侶　駒沢大学名誉教授, 慶福寺住職　→94/96

左貝 寿夫　さかい・としお　昭和14年1月11日〜平成4年1月28日　オンワード樫山取締役　→91/93

酒井 俊雄　さかい・としお　明治31年6月〜昭和57年8月5日　衆議員(国協党)　→80/82

酒井 利雄　さかい・としお　明治24年7月〜昭和44年2月3日　衆院議員, 参院議員(自民党)　→昭和

酒井 利勝　さかい・としかつ　大正6年7月30日〜平成6年3月29日　五洋建設副会長　→94/96

堺 利彦　さかい・としひこ　明治3年11月25日〜昭和8年1月23日　社会主義者, ジャーナリスト, 評論家, 小説家　→昭和

酒井 俊彦　さかい・としひこ　〜昭和44年12月16日　北海道東北開発公庫総裁　→昭和

酒井 利正　さかい・としまさ　大正2年1月24日〜昭和63年6月23日　林商店代表取締役　→88/90

酒井 敏郎　さかい・としろう　大正11年4月18日〜平成14年2月8日　昭和電工常務　→00/02

酒井 智好　さかい・ともよし　大正12年5月15日〜平成7年3月17日　酒井重工業社長　→94/96

酒井 豊四　さかい・とよし　昭和9年9月18日〜平成16年9月22日　横浜市議(自民党)　→03/05

酒井 豊志　さかい・とよし　〜昭和7年3月1日　歩兵第三十五聯隊附陸軍歩兵少佐　→昭和

堺 虎太郎　さかい・とらたろう　〜昭和63年3月23日　堺捨会長, エス・ティ・アール会長, 富山市会議長　→88/90

酒井 直衛　さかい・なおえ　明治33年9月12日〜平成5年3月22日　ウエスターン・トレーディング社長　→91/93

坂井 直　さかい・なおし　明治43年8月13日〜昭和11年7月12日　陸軍歩兵中尉　2.26事件の青年将校の1人　→昭和(さかい・ちょく)

坂井 直次郎　さかい・なおじろう　大正2年10月26日〜昭和60年9月15日　三井金属鉱業取締役三池製錬所長, 八戸製錬副社長　→83/87

酒井 尚武　さかい・なおたけ　大正12年12月13日〜平成7年11月11日　日機装エイコー相談役・元社長, 日機装専務　→94/96

酒井 直次　さかい・なおつぐ　〜昭和17年5月28日　陸軍中将　→昭和

境 直哉　さかい・なおや　昭和2年11月30日〜平成5年4月24日　第一企画会長　→91/93

酒井 直之　さかい・なおゆき　大正14年8月17日〜平成7年8月31日　日本軽金属専務　→94/96

坂井 なか　さかい・なか　明治43年〜昭和32年1月30日　ジラード事件の犠牲者　→昭和

限井 日慎　さかい・にっしん　〜昭和19年7月8日　大日本仏教会長, 日蓮宗管長　→昭和

酒井 昂　さかい・のぼる　昭和3年12月2日〜平成1年10月2日　石川テレビ放送取締役　→88/90

酒井 登　さかい・のぼる　〜昭和59年5月1日　四海波観光会社社長　→83/87

坂井 了之　さかい・のりゆき　大正15年4月21日〜平成9年4月27日　北海道新聞観光取締役　→97/99

酒井 肇　さかい・はじめ　大正3年1月23日〜平成3年4月14日　コマ・スタジアム専務　→91/93

酒井 春栄　さかい・はるえ　〜昭和63年2月14日　おたべ取締役　→88/90

坂井 治夫　さかい・はるお　～昭和62年2月15日
坂井造園土木代表　→83/87

堺 秀雄　さかい・ひでお　大正10年11月30日～平成13年2月8日　高山信用金庫理事長　→00/02

堺井 秀雄　さかい・ひでお　明治42年6月16日～平成8年6月3日　湯浅電池（のちユアサコーポレーション）専務　→94/96

酒井 秀雄　さかい・ひでお　明治43年8月4日～平成11年3月20日　サカイオーベックス社長　→97/99

酒井 秀樹　さかい・ひでき　昭和9年2月12日～平成18年9月20日　ヒロセ電機社長　→06/08

酒井 秀次郎　さかい・ひでじろう　大正14年1月25日～平成23年7月13日　名門サカイ社長、宇和島商工会議所会頭　→09/11

酒井 紘昭　さかい・ひろあき　昭和15年12月9日～平成13年12月21日　富士通常務、ジー・サーチ会長　→00/02

酒井 博夫　さかい・ひろお　大正2年1月14日～平成8年8月17日　日本水産専務　→94/96

堺 広　さかい・ひろし　昭和2年10月12日～平成19年12月11日　徳島県議（自民党）　→06/08

酒井 博　さかい・ひろし　～昭和42年6月24日
日清製油取締役　→昭和

酒井 汎　さかい・ひろし　大正7年4月15日～昭和62年5月6日　東曹産業社長、日本化成常務　→83/87

酒井 弘美　さかい・ひろみ　昭和7年7月31日～平成4年9月14日　カネテック社長　→91/93

坂井 文一郎　さかい・ふみいちろう　明治33年2月28日～昭和63年5月16日　坂井商店代表取締役会長　→88/90

酒井 文雄　さかい・ふみお　大正10年6月29日～平成6年4月2日　東食常務　→94/96

酒井 文人　さかい・ふみと　大正13年1月～平成14年4月1日　八重洲出版社長　→00/02

堺 政一郎　さかい・まさいちろう　大正10年9月1日～平成7年4月25日　東武宇都宮百貨店会長　→94/96

堺 理二　さかい・まさじ　明治33年3月27日～平成4年3月23日　近畿日本ツーリスト常務　→91/93

酒井 正敏　さかい・まさとし　大正6年7月9日～平成14年1月9日　書泉社長　→00/02

酒井 正巳　さかい・まさみ　～昭和59年12月24日
前橋地検検事正　→83/87

坂井 順行　さかい・まさゆき　昭和13年12月5日～平成18年2月7日　運輸省港湾局長　→06/08

酒井 益雄　さかい・ますお　大正6年3月30日～平成6年12月1日　オリエント時計常務　→94/96

境 松次　さかい・まつじ　～昭和62年9月20日
大牟田市議　→83/87

酒井 衛　さかい・まもる　昭和18年～昭和63年4月
社会運動家　→88/90

酒井 まゆみ　さかい・まゆみ　昭和32年～平成21年8月
我がまちの縁側代表　→09/11

酒井 美喜雄　さかい・みきお　～昭和14年9月15日
陸軍少将　→昭和

酒井 通博　さかい・みちひろ　大正1年11月28日～昭和62年12月23日　中部電力取締役、中電ビル社長　→83/87

酒井 貢　さかい・みつぐ　大正9年11月12日～平成5年10月2日　小松建設工業常務、建設省東北地方建設局営繕部長　→91/93

酒井 康　さかい・やすし　～昭和61年8月1日
陸軍中将　石橋財団顧問　→83/87

酒井 弥太郎　さかい・やたろう　大正14年～平成15年4月25日　日本化成常務　→03/05

境 大和　さかい・やまと　明治44年3月1日～平成8年7月9日　九州建設業協会会長、宮崎県建設業務会会長　→94/96

酒井 雄一郎　さかい・ゆういちろう　～昭和59年11月1日　小倉クラッチ営業部長　→83/87

酒井 祐治　さかい・ゆうじ　明治36年10月30日～平成6年1月21日　弁護士　郵政省東海郵政監察局長　→94/96

酒井 雄四郎　さかい・ゆうしろう　大正6年11月30日～平成15年2月22日　山陽国策パルプ常務　→03/05

酒井 雄介　さかい・ゆうすけ　明治44年12月2日～昭和61年9月9日　弁護士　東京高裁判事　→83/87

酒井 洋介　さかい・ようすけ　大正8年4月28日～平成21年5月26日　能美防災専務　→09/11

堺 与三吉　さかい・よさきち　明治6年～昭和6年11月19日　外交官　→昭和

坂井 由衛　さかい・よしえ　明治36年2月26日～昭和42年8月17日　社会運動家　→昭和

坂井 芳雄　さかい・よしお　大正9年5月6日～平成10年1月29日　弁護士　名古屋高裁長官　→97/99

酒井 義夫　さかい・よしお　大正11年3月26日～平成12年12月22日　筒中プラスチック工業専務　→00/02

酒井 吉臣　さかい・よしおみ　～昭和61年4月13日
那珂川町（福岡県）文化財保護委員、伏見神社宮司　→83/87

酒井 喜和　さかい・よしかず　昭和5年9月19日～平成14年9月30日　横浜市在宅障害者援護協会理事長、横浜市議（社会党）　→00/02

酒井 義次郎　さかい・よしじろう　大正3年4月30日～平成4年1月6日　興研創業者　→91/93

酒井 善為　さかい・よしため　大正12年11月21日～平成10年10月17日　熊本県議（社会党）　→97/99

酒井 良彦　さかい・よしひこ　大正15年10月2日～昭和58年4月6日　協和銀行専務　→83/87

酒井 吉幸　さかい・よしゆき　大正13年3月13日～昭和57年9月16日　とみんコンピュータシステム（株）社長　→80/82

酒井 龍治　さかい・りゅうじ　大正14年5月29日～平成21年12月24日　東邦ガス副社長　→09/11

酒井 良　さかい・りょう　昭和4年1月9日～平成15年6月

27日　東京都議　→03/05

坂井 良橘　さかい・りょうきつ　大正3年10月7日～平成9年12月24日　住友特殊金属専務　→97/99

酒井 了参　さかい・りょうさん　～昭和60年9月23日　繁久寺28世住職　→83/87

酒井 良平　さかい・りょうへい　～昭和55年12月15日　県自動車整備振興会理事,常盤産業社長　→80/82

酒泉 直温　さかいずみ・なおあつ　～昭和42年3月30日　十条製紙専務　→昭和

坂出 鳴海　さかいで・なるみ　明治9年～昭和3年10月15日　官吏,土木技師　→昭和

境野 清雄　さかいの・きよお　明治33年1月～昭和43年7月2日　参院議員(民主クラブ)　→昭和

境野 武臣　さかいの・たけおみ　大正5年3月28日～平成5年2月14日　全東京商工融資協同組合理事長,全国金融業組合連合会会長　→91/93

堺谷 哲郎　さかいや・てつろう　大正4年2月4日～平成16年5月10日　大館工芸社長　→03/05

坂入 和郎　さかいり・かずお　昭和7年1月13日～平成20年7月16日　海将　防衛庁統合幕僚学校長　→06/08

坂上 吉男　さかうえ・きちお　大正11年2月27日～平成11年5月20日　公証人　甲府地検検事正　→97/99

坂上 国三郎　さかうえ・くにさぶろう　大正3年5月25日～平成5年9月26日　三洋電機常務　→91/93

坂上 是清　さかうえ・これきよ　～平成1年9月29日　小西酒造監査役　→88/90

坂上 寿夫　さかうえ・としお　大正12年4月1日～平成23年7月19日　弁護士　最高裁判事,第二東京弁護士会副会長　→09/11

坂上 俊夫　さかうえ・としお　～平成1年11月16日　大阪国際空港騒音公害伊丹調停団連絡協議会代表世話人,伊丹市議　→88/90

坂上 幹男　さかうえ・みきお　大正14年10月18日～平成7年5月1日　福井銀行副頭取　→94/96

阪上 豊　さかうえ・ゆたか　大正13年6月11日～平成7年11月18日　ラジオ関西社長　→94/96

坂牛 すま子　さかうし・すまこ　明治30年3月～昭和59年11月14日　小樽新聞社長　→83/87

坂牛 直太郎　さかうし・なおたろう　明治24年10月7日～昭和62年4月25日　弁護士　北海道弁護士会連合会理事長　→83/87

坂内 龍雄　さかうち・たつお　～平成1年9月5日　新潟県議　→88/90

坂江 忠二　さかえ・ただじ　～昭和57年8月21日　五島玉之浦町(長崎県)町長　→80/82

栄枝 清一郎　さかえだ・せいいちろう　大正7年3月20日～平成23年11月26日　大阪高裁部総括判事　→09/11

坂岡 操　さかおか・みさお　明治32年12月13日～昭和63年12月20日　三和機材会長,安田火災海上保険常務　→88/90

阪奥 明　さかおく・あきら　昭和2年11月4日～平成20年9月26日　大和郡山市長,奈良県議(社会党)　→09/11s

酒折 武弘　さかおり・たけひろ　大正6年9月26日～平成8年3月4日　農林水産省近畿農政局長　→94/96

坂上 休次郎　さかがみ・きゅうじろう　～平成1年12月1日　東映取締役京都撮影所長　→88/90

阪上 清　さかがみ・きよし　大正3年9月28日～平成11年5月4日　清和鋼業会長　→97/99

坂上 孝次　さかがみ・こうじ　明治37年2月14日～昭和57年10月9日　協和銀行常務,日産自動車監査役　→80/82

坂上 捨松　さかがみ・すてまつ　～平成7年4月17日　三共副社長,大東文化大学教授　→94/96

坂上 侃　さかがみ・すなお　昭和3年2月10日～平成4年1月19日　富士機械製造専務　→91/93

坂上 政治　さかがみ・せいじ　大正4年9月6日～平成1年7月9日　ダイハツディーゼル常務　→88/90

坂上 忠治　さかがみ・ちゅうじ　明治38年8月13日～平成1年11月26日　中部電力常務,東海電気工事(のちトーエネック)会長　→88/90

坂上 忠兵衛　さかがみ・ちゅうべえ　～昭和43年1月15日　樋屋製薬社長　→昭和

坂上 利弘　さかがみ・としひろ　昭和5年11月30日～平成9年7月29日　大王製紙専務　→97/99

坂上 富　さかがみ・とみ　～昭和60年11月14日　坂上建設監査役　→83/87

坂上 富平　さかがみ・とみへい　～昭和55年11月13日　海軍少将　→80/82

阪上 寅蔵　さかがみ・とらぞう　～昭和57年6月8日　毎日新聞大阪本社営業局次長,スポーツニッポン新聞取締役・大阪本社販売局長　→80/82

坂上 秀造　さかがみ・ひでぞう　大正6年11月6日～平成4年6月8日　丸運副社長　→91/93

坂上 守　さかがみ・まもる　大正12年2月16日～平成23年6月6日　富士機械製造創業者　→09/11

坂上 守男　さかがみ・もりお　～昭和63年8月20日　坂上文旦堂会長　→88/90

坂上 守男　さかがみ・もりお　大正14年12月5日～平成16年5月11日　京都新聞社長　→03/05

坂上 嘉穂　さかがみ・よしほ　～昭和36年10月15日　伊丹市長　→昭和

坂川 優　さかがわ・まさる　昭和27年10月28日～平成20年2月2日　福井市長　→06/08

榊 孝悌　さかき・こうてい　昭和3年9月23日～平成11年10月4日　日本環境整備教育センター理事長,厚生省環境衛生局長　→97/99

榊 柴夫　さかき・しばお　～昭和59年10月14日　全日本竹産業連合会副会長　→83/87

栄木 忠常　さかき・ただつね　～平成7年9月17日　弁護士　→94/96

榊 利夫　さかき・としお　昭和4年2月21日～平成15年8月19日　衆院議員　→03/05

榊 愛彦　さかき・なるひこ　大正11年4月8日～平成9年7月7日　小松リフト常務　→97/99

榊 秀信　さかき・ひでのぶ　明治31年9月28日～平成1年3月1日　エルモ社長　→88/90

榊 由信　さかき・よしのぶ　大正11年9月21日～昭和56年5月25日　エルモ社取締役相談役　→80/82

阪木 琳　さかき・りん　～昭和6年2月26日　海軍少佐　→昭和

榊田 喜四夫　さかきだ・きしお　昭和3年3月8日～60年11月15日　京都信用金庫理事長，全国信用金庫連合会理事　→83/87

榊田 喜三　さかきだ・きぞう　明治20年12月8日～昭和58年12月14日　京都信用金庫会長　→83/87

榊田 清兵衛　さかきだ・せいべえ　元治1年5月26日～昭和4年10月10日　政治家　衆院議員(政友会)　→昭和

榊田 武治　さかきだ・たけはる　大正10年3月1日～平成13年2月16日　明和産業常務,三菱商事取締役　→00/02

榊原 万臣　さかきばら・かずおみ　昭和8年2月17日～平成9年9月14日　知多信用金庫理事長,愛知県信用金庫協会理事　→97/99

榊原 幾久若　さかきばら・きくわか　文久3年9月3日～昭和11年2月19日　司法官　大審院判事　→昭和

榊原 潔　さかきばら・きよし　昭和6年9月16日～平成19年9月21日　愛知県議(民社党)　→06/08

榊原 清　さかきばら・きよし　～昭和57年1月29日　榊原(合資会社)代表社員　→80/82

榊原 健二　さかきはら・けんじ　昭和14年3月2日～平成5年1月30日　福岡県労連事務局長,全労連幹事　→91/93

榊原 幸一　さかきばら・こういち　大正15年6月3日～平成7年4月27日　弁護士　名古屋弁護士会副会長　→94/96

榊原 孝三　さかきばら・こうぞう　～平成22年7月11日　新興海運会長　→09/11

榊原 順次郎　さかきばら・じゅんじろう　明治39年8月11日～平成12年2月11日　岩倉市長　→00/02

榊原 純平　さかきばら・じゅんぺい　大正11年6月5日～平成1年7月12日　新日本紡績社長　→88/90

榊原 昇造　さかきばら・しょうぞう　安政6年10月～昭和15年9月10日　陸軍中将　→昭和

榊原 正三　さかきばら・しょうぞう　大正3年10月7日～平成15年3月12日　フジ製糖社長　→03/05

榊原 二郎　さかきばら・じろう　明治44年8月25日～昭和61年10月26日　通産省審議官　→83/87

榊原 進平　さかきばら・しんぺい　～昭和55年2月11日　半田度量衡器製作所代表社員　→80/82

榊原 千吉　さかきばら・せんきち　明治39年9月22日～昭和61年5月29日　数寄屋橋ショッピングセンター社長,蘭兎ん本店会長　→83/87

榊原 丘　さかきばら・たかし　大正12年1月3日～平成13年6月15日　日本パルプ工業常務　→00/02

榊原 卓郎　さかきばら・たくろう　昭和5年6月6日～平成15年11月13日　弁護士　日弁連副会長　→03/05

榊原 武　さかきばら・たけし　～昭和60年5月24日　小金井市議会事務局長　→83/87

榊原 武史　さかきばら・たけし　昭和16年5月27日～平成13年3月1日　富士通テン常務　→00/02

榊原 武治　さかきばら・たけはる　大正14年11月7日～平成11年5月10日　三共生興副社長　→97/99

榊原 只一　さかきばら・ただいち　～昭和61年3月15日　愛知県米穀小売商業組合理事長　→83/87

榊原 忠雄　さかきばら・ただお　昭和2年11月23日～平成22年12月31日　ミクロン精密社長　→09/11

榊原 忠幸　さかきばら・ただゆき　昭和3年4月18日～平成14年10月31日　シチズン時計副社長　→00/02

榊原 辰雄　さかきばら・たつお　～昭和56年3月26日　不二工業会長,東海北陸鍛造協同組合理事長　→80/82

榊原 竜次　さかきばら・たつじ　～平成8年3月22日　岡谷鋼機常務　→94/96

榊原 千代　さかきばら・ちよ　明治31年7月15日～昭和62年4月28日　政治家,教育家　衆院議員(社会党),フェリス女学院理事長　→83/87

榊原 俊雄　さかきばら・としお　大正3年3月28日～平成8年7月1日　日本ヘルス工業会長　→94/96

榊原 信弌　さかきばら・のぶかず　昭和11年10月13日～平成19年12月28日　尾張製粉社長,愛知県製粉協同組合理事長　→06/08

榊原 経武　さかきばら・のりたけ　～昭和14年10月2日　栃木市長　→昭和

榊原 寿　さかきばら・ひさし　大正9年2月17日～昭和58年4月8日　東京産業常務　→83/87

榊原 正夫　さかきばら・まさお　～昭和55年10月7日　興亜鋳工社長,西尾市鋳物工業協同組合顧問　→80/82

榊原 政和　さかきばら・まさかず　慶応4年2月～昭和2年1月2日　子爵　→昭和

榊原 政敬　さかきばら・まさたか　弘化2年2月4日～和2年3月7日　子爵　旧高田藩主　→昭和

榊原 政春　さかきばら・まさはる　明治44年3月15日～平成14年12月11日　貴院議員　高松宮妃喜久子さまの義弟　→00/02

榊原 通明　さかきばら・みちあき　～平成2年3月8日　ダイイチ常務　→88/90

榊原 峯夫　さかきばら・みねお　～昭和55年5月27日　西尾市助役　→80/82

榊原 康吉　さかきばら・やすよし　～昭和62年3月28日　榊原産業常務　→83/87

榊原 美作　さかきばら・よしさく　～昭和48年12月3日　大和証券副社長　→昭和

榊原 麗一　さかきばら・れいいち　～昭和46年6月27日　芦田首相秘書　→昭和

阪口　勲　さかぐち・いさお　〜昭和55年6月14日　大成紙工社長　→80/82

坂口　勝弥　さかぐち・かつや　大正10年3月17日〜平成16年3月9日　福岡県議　→03/05

坂口　幹一郎　さかぐち・かんいちろう　大正12年10月8日〜平成10年9月25日　滋賀県商工会連合会会長、坂口運送会長　→97/99

坂口　観蔵　さかぐち・かんぞう　〜昭和56年2月12日　学校図書相談役・元同社社長　→80/82

阪口　喜一郎　さかぐち・きいちろう　明治35年1月18日〜昭和8年12月27日　社会運動家　→昭和

坂口　菊枝　さかぐち・きくえ　〜平成20年9月17日　連合赤軍事件の坂口弘死刑囚の母　→06/08

坂口　儀蔵　さかぐち・ぎぞう　〜昭和55年7月10日　鐘紡顧問、元取締役　→80/82

坂口　陽史　さかぐち・きよふみ　昭和18年4月30日〜平成14年1月11日　プルデンシャル生命保険会長　→00/02

阪口　清正　さかぐち・きよまさ　大正10年10月16日〜昭和63年6月20日　KHD会長　→88/90

坂口　献吉　さかぐち・けんきち　〜昭和41年8月13日　新潟放送会長　→昭和

坂口　研吾　さかぐち・けんご　昭和7年5月2日〜平成13年10月18日　サンシャインシティ社長、東ソー専務　→00/02

坂口　吾郎　さかぐち・ごろう　〜昭和55年8月28日　東京証券代行特別顧問、元日立製作所副社長　→80/82

坂口　哲　さかぐち・さとし　昭和5年10月9日〜平成18年7月15日　ニッパツ常務　→06/08

坂口　実治　さかぐち・さねはる　〜昭和55年1月23日　高周波熱錬監査役　→80/82

坂口　重厚　さかぐち・しげあつ　〜平成3年4月3日　JR九州取締役鹿児島支社長　→91/93

坂口　茂次郎　さかぐち・しげじろう　〜昭和32年3月12日　巴川製紙取締役　→昭和

坂口　純　さかぐち・じゅん　大正13年5月6日〜平成8年1月14日　ニチレキ社長　→94/96

坂口　昇次　さかぐち・しょうじ　大正4年12月16日〜平成4年12月4日　三和銀行専務、国民相互銀行(のち国民銀行)社長　→91/93

坂口　二郎　さかぐち・じろう　明治28年1月19日〜昭和50年6月16日　実業家　ユニチカ社長　→昭和

坂口　進一郎　さかぐち・しんいちろう　昭和9年11月11日〜平成11年1月2日　協和醱酵専務　→97/99

坂口　武夫　さかぐち・たけお　昭和11年6月2日〜平成14年2月9日　東亜石油専務　→97/99

坂口　忠一　さかぐち・ただかず　昭和10年11月25日〜平成11年1月4日　ナショナル証券会長　→97/99

坂口　侃　さかぐち・ただし　大正2年3月23日〜平成3年12月27日　明和産業常務　→91/93

坂口　龍雄　さかぐち・たつお　明治44年8月2日〜平成23年6月18日　坂口建設社長　→09/11

坂口　干雄　さかぐち・たてお　明治36年11月27日〜昭和63年12月2日　川崎重工業取締役　→88/90

坂口　干城　さかぐち・たてき　〜昭和61年3月16日　高田町商工会(福岡県)会長、坂口酒造会長　→83/87

坂口　便　さかぐち・たよる　大正7年8月13日〜平成5年5月11日　平和教育運動家　長崎の証言の会顧問、長崎市議(社会党)　→91/93

坂口　主税　さかぐち・ちから　明治32年4月〜昭和56年4月27日　熊本市長、衆議院議員(改進党)　→80/82

坂口　信雄　さかぐち・のぶお　明治43年6月12日〜昭和62年1月21日　大隅町(鹿児島県)町長　→83/87

坂口　治康　さかぐち・はるみ　大正3年2月24日〜平成15年3月26日　昭和電線電機社長　→03/05

阪口　麓　さかぐち・ふもと　明治38年1月1日〜昭和60年8月6日　東洋埠頭社長・会長　→83/87

坂口　平兵衛　さかぐち・へいべえ　明治39年2月15日〜昭和61年2月17日　実業家、政治家　米子商工会議所名誉会頭、衆院議員(無所属倶楽部)　→83/87(さかぐち・へいべい)

坂口　密翁　さかぐち・みつおう　大正5年1月30日〜平成5年2月25日　僧侶　大覚寺塔頭覚勝院名誉住職、真言宗大覚寺派宗務総長、大覚寺学園理事長　→91/93

坂口　盛綱　さかぐち・もりつな　〜昭和61年1月22日　厚木開発常務、本厚木カンツリークラブ支配人、元明治鉱業取締役　→83/87

坂口　保江　さかぐち・やすえ　〜平成10年5月4日　坂口電熱監査役・元会長　→97/99

坂口　康夫　さかぐち・やすお　〜昭和61年2月21日　全日本産業別労働組合会議副議長　→83/87

阪口　ゆき　さかぐち・ゆき　明治34年〜昭和62年6月29日　大和屋(料亭)相談役　→83/87

坂口　幸雄　さかぐち・ゆきお　明治34年2月24日〜平成14年3月18日　日清製油社長　→00/02

阪口　芳太郎　さかぐち・よしたろう　〜昭和40年1月15日　陸軍中将　→昭和

坂口　芳久　さかぐち・よしひさ　〜昭和38年3月19日　日本相互銀行社長　→昭和

坂口　遼　さかぐち・りょう　〜昭和63年4月5日　中国残留孤児援護基金理事　→88/90

尺一　顕正　さかに・けんしょう　昭和4年3月4日〜平成19年8月26日　僧侶　西楽寺(浄土真宗本願寺派)住職　→06/08

阪倉　栄之助　さかくら・えいのすけ　明治41年8月14日〜平成14年6月8日　築地魚市場社長　→00/02

坂倉　勝彦　さかくら・かつひこ　〜昭和60年12月26日　中東石油常務、三菱鉱業取締役　→83/87

坂倉　孝一　さかくら・こういち　大正12年4月30日〜平

成21年12月1日　NHK専務理事　→09/11
坂倉 駿一　さかくら・しゅんいち　～昭和62年1月2日
　宇部興産専務　→83/87
坂倉 武雄　さかくら・たけお　明治39年12月20日～平成
　10年2月2日　三重県議　→97/99
坂倉 又吉　さかくら・またきち　大正8年11月29日～平成
　13年6月4日　千代菊会長、岐阜酒造組合理事　→00/02
坂斎 梅三郎　さかさい・うめさぶろう　～昭和60年8月
　11日　小湊鉄道会長・相談役　→83/87
坂斎 小一郎　さかさい・こいちろう　明治42年8月20日
　～昭和60年7月16日　共同映画社社長　→83/87
逆井 督　さかさい・ただし　大正12年9月2日～平成2年1
　月22日　茨城県議(無所属)、古河市長　→88/90
坂崎 音三　さかざき・おとぞう　～平成3年12月19日
　坂崎鉄工(のちサカザキ・マシナリー)会長　→91/93
坂崎 勝彦　さかざき・かつひこ　大正3年9月13日～平成
　2年4月22日　豊和工業取締役　→88/90
坂崎 静馬　さかざき・しずま　明治39年3月27日～平成
　13年2月6日　日本国土開発常務、国土興栄社長　→00/02
坂崎 孝幸　さかざき・たかゆき　～昭和57年6月21日
　航空自衛隊西部方面隊司令官　→80/82
嵯峨崎 常策　さがさき・つねかず　昭和8年2月23日～平
　成8年8月2日　東京トヨペット専務　→97/99
坂崎 直喜　さかざき・なおよし　～昭和47年10月13日
　山種証券相談役　→昭和
坂崎 巳代治　さかざき・みよじ　昭和2年4月25日～平成
　18年2月15日　名古屋市議(自民党)　→06/08
坂下 清賢　さかした・きよかた　大正14年6月28日～平
　成11年9月9日　宮城県議(民主党)　→97/99
坂下 栄　さかした・さかえ　昭和12年9月4日～平成19年
　6月26日　カネミ油症被害者支援センター運営委員、生活
　クラブ連合会検査室長　→06/08
坂下 周蔵　さかした・しゅうぞう　大正3年1月5日～平
　成14年12月14日　宮崎県議(自民党)　→00/02
坂下 仙一郎　さかした・せんいちろう　明治9年11月～
　昭和22年2月9日　衆院議員(日本進歩党)　→昭和
坂下 尭　さかした・たかし　大正11年8月3日～昭和59年
　8月21日　北海道議(無所属、宗谷管内)　→83/87
坂下 二一　さかした・にいち　明治36年1月17日～平成
　3年12月7日　日東化学工業専務　→91/93
坂下 政雄　さかした・まさお　～昭和61年10月4日
　(株)共立NS工業所専務　→83/87
坂下 靖道　さかした・やすみち　～昭和57年7月3日
　ぎょうせい取締役　→80/82
坂下 幸雄　さかした・ゆきお　昭和12年7月27日～平成
　13年7月24日　滋賀県議(自民党)　→00/02
逆瀬川 仁次郎　さかせがわ・にじろう　明治16年12月～
　昭和5年10月29日　衆院議員(民政党)　→昭和(さかせ
　がわ・ひとじろう)

酒瀬川 信盛　さかせがわ・のぶもり　大正4年1月10日～
　平成4年1月31日　国鉄熊本鉄道管理局長、日本旅行九州
　支社長、小倉ステーションビル相談役　→91/93
阪田 彰夫　さかだ・あきお　昭和14年11月19日～平成2
　年9月2日　農林水産省構造改善局計画部長　→88/90
坂田 篤　さかた・あつし　～昭和63年6月30日
　ゼロスター精機社長　→88/90
坂田 英一　さかた・えいいち　明治30年3月27日～昭和
　44年7月22日　衆院議員(自民党)、農相　→昭和
阪田 一夫　さかた・かずお　大正5年12月20日～平成7年
　1月1日　阪田商会(のちサカタインクス)社長　→94/96
阪田 勝郎　さかた・かつろう　明治37年10月1日～平成2
　年1月16日　毎日新聞相談役　→88/90
坂田 喜代子　さかた・きよこ　～平成3年1月10日
　坂田製本取締役　→91/93
阪田 清　さかた・きよし　大正3年9月8日～平成11年1月
　3日　三井精機工業副社長　→97/99
坂田 源吾　さかた・げんご　大正3年4月10日～平成10年
　7月7日　関東天然瓦斯開発常務、大多喜天然瓦斯専務　→
　97/99
坂田 源吾　さかた・げんご　明治44年11月19日～平成16
　年8月12日　読売新聞大阪本社社長　→03/05
坂田 浩一　さかた・こういち　昭和3年3月5日～平成18
　年9月28日　日本テレコム社長、国鉄技師長　→06/08
坂田 耕四郎　さかた・こうしろう　昭和2年1月24日～平
　成15年8月11日　三井生命保険会長　→03/05
阪田 斎次郎　さかた・さいじろう　～昭和30年9月24日
　セーラー万年筆取締役　→昭和
阪田 作太郎　さかた・さくたろう　明治36年2月9日～平
　成1年9月17日　国民金融公庫理事　→88/90
阪田 貞之　さかた・さだゆき　大正6年～昭和59年12月7
　日　京浜急行電鉄副社長、ホテルパシフィック東京社長
　→83/87
坂田 重保　さかた・しげやす　明治31年6月4日～昭和59
　年2月6日　親和銀行頭取　→83/87
坂田 俊一　さかた・しゅんいち　昭和27年9月2日～平成
　15年7月27日　岐阜県副知事　→03/05
坂田 俊次　さかた・しゅんじ　～昭和58年7月5日
　神東塗料常務　→83/87
坂田 正一　さかた・しょういち　大正12年5月27日～昭
　和62年4月2日　大和建設工業取締役会長、ホッコン商事
　取締役会長、北海タイムス取締役　→83/87
阪田 正三　さかた・しょうぞう　大正3年11月17日～平
　成9年11月13日　セーラー万年筆社長　→97/99
阪田 純雄　さかた・すみお　明治37年1月28日～昭和61
　年2月20日　日本電工社長　→83/87
坂田 正一　さかた・せいいち　明治43年3月6日～昭和
　63年8月1日　東京都映画協会監事、東京都総務局長　→
　88/90
阪田 精也　さかた・せいや　昭和3年3月15日～平成13年

坂田 善一郎　さかた・ぜんいちろう　～昭和62年12月26日　北陸ディパック社長、海上自衛隊呉水雷調整所長・護衛艦ながつき艦長　→83/87

阪田 泰二　さかた・たいじ　明治43年1月27日～昭和43年10月7日　大蔵官僚　→昭和

坂田 丈雄　さかた・たけお　大正2年12月30日～平成11年1月16日　サッポロビール常務　→97/99

坂田 武雄　さかた・たけお　明治21年12月15日～昭和59年1月12日　サカタのタネ創業者　→83/87

坂田 貞　さかた・ただす　文久3年8月～昭和12年9月25日　貴院議員（多額納税）　→昭和

坂田 辰夫　さかた・たつお　大正5年7月9日～平成7年5月22日　松下電工名誉顧問・元取締役　→94/96

坂田 九十百　さかた・つくも　明治31年11月1日～昭和58年6月13日　田川市長　→83/87

坂田 哲夫　さかた・てつお　大正3年8月24日～平成12年2月26日　品川白煉瓦社長　→00/02

坂田 暉男　さかた・てるお　大正8年12月13日～平成7年7月22日　日立建機常務　→94/96

坂田 時人　さかた・ときんど　大正7年6月6日～昭和62年8月30日　スキー選手　全日本スキー連盟理事　→83/87

坂田 友三郎　さかた・ともさぶろう　大正15年8月31日～平成21年11月23日　サカタ社長、直方商工会議所会頭　→09/11

阪田 友道　さかた・ともみち　大正12年11月30日～平成7年3月1日　セーラー万年筆社長　→94/96

坂田 豊喜　さかた・とよき　～昭和54年7月4日　弁護士　→昭和

坂田 直臣　さかた・なおおみ　昭和11年10月12日～平成1年1月8日　甘木市議会議員　→88/90

佐方 信博　さかた・のぶひろ　大正3年9月5日～平成20年9月24日　郵政事務次官、富士重工業副社長　→06/08

坂田 博　さかた・ひろし　～昭和60年9月25日　折尾清涼飲料社長　→83/87

坂田 昌夫　さかた・まさお　～昭和61年3月17日　大木樹脂工業常務取締役　→83/87

坂田 正孝　さかた・まさたか　大正13年5月10日～平成20年2月29日　極洋専務　→06/08

坂田 昌輝　さかた・まさてる　大正5年1月30日～平成62年3月23日　新日鉄化学専務　→83/87

阪田 正仁　さかた・まさひと　大正5年6月5日～平成4年9月8日　僧侶　愛媛県警本部長、石峰寺住職　→97/99

坂田 将広　さかた・まさひろ　～昭和61年12月4日　大東京火災海上保険常務　→83/87

阪田 正之　さかた・まさゆき　大正5年12月1日～平成4年10月12日　サカタのタネ会長　→88/90

坂田 幹太　さかた・みきた　明治12年12月13日～昭和33年10月18日　香川県知事、高松市長、貴院議員（勅選）　→昭和

坂田 道太　さかた・みちた　大正5年7月18日～平成16年1月13日　衆院議長、厚相、文相　→03/05

坂田 道行　さかた・みちゆき　明治45年4月13日～平成13年12月11日　中越パルプ工業副社長　→00/02

坂田 美代　さかた・みよ　～昭和57年6月10日　坂田種苗取締役　→80/82

坂田 茂助　さかた・もすけ　～昭和57年8月5日　三坂商事会長　→80/82

坂田 素夫　さかた・もとお　～昭和36年9月21日　坂田商会長　→昭和

坂田 基重　さかた・もとしげ　大正3年3月16日～昭和57年5月18日　日本電池取締役相談役　→80/82

坂田 雄幸　さかた・ゆうこう　昭和6年1月17日～平成21年11月3日　徳島新聞社長　→09/11

坂田 義朗　さかた・よしお　～昭和8年7月12日　関東軍第四課長歩兵大佐　→昭和

阪田 義男　さかた・よしお　明治43年3月15日～平成12年5月11日　高島屋専務　→00/02

坂田 佳清　さかた・よしきよ　大正11年2月11日～平成13年1月5日　日本毛織専務　→00/02

坂田 隆三郎　さかた・りゅうざぶろう　大正6年～平成13年3月10日　読売広告社代表取締役　→00/02

阪谷 希一　さかたに・きいち　明治22年5月15日～昭和32年11月6日　満州国政府総務庁長、貴院議員　→昭和

酒谷 忠生　さかたに・ただお　大正7年8月28日～平成4年2月27日　大阪狭山市長　→97/99

坂谷 豊光　さかたに・とよみつ　昭和10年1月2日～平成18年7月11日　カトリック神父　東長崎カトリック教会主任司祭、コンベンツアル・聖フランシスコ修道会司祭　→06/08

酒谷 実　さかたに・みのる　昭和5年3月7日～平成2年10月6日　サカタニ農産社長　→88/90

阪谷 芳直　さかたに・よしなお　大正9年1月～平成13年9月3日　（社）尚友倶楽部常務理事、神奈川大学教授　→00/02

阪谷 芳郎　さかたに・よしろう　文久3年1月16日～昭和16年11月14日　財政家、子爵　蔵相、貴院議員（男爵）　→昭和（さかたに・よしお）

坂戸 公隆　さかど・こうりゅう　明治31年10月23日～昭和63年3月16日　僧侶　東洋大学理事長、清光寺（天台宗）住職　→88/90

坂梨 日露　さかなし・にちろ　明治39年2月8日～平成1年11月27日　全国老人クラブ連合会副会長　→88/90

阪西 謹爾　さかにし・きんじ　明治45年6月7日～平成5年4月27日　横浜冷凍監査役　→91/93

阪西 徳太郎　さかにし・とくたろう　明治41年4月27日～平成8年12月8日　ハザマ専務、日本技研コンサルタント会長　→94/96

阪根 健三　さかね・けんぞう　大正3年10月20日～平成5年4月25日　阪根産業会長、山科精工所社長　→91/93

坂根 定信　さかね・さだのぶ　〜平成6年12月15日　片倉工業常務　→94/96

坂根 正一　さかね・しょういち　大正14年5月26日〜平成6年2月15日　水産経済新聞常務編集主幹　→97/99s

坂根 庄太郎　さかね・しょうたろう　〜平成6年4月6日　三井金属鉱業監査役、日本亜鉛鉱業専務　→94/96

坂根 瑞穂　さかね・みずほ　大正12年〜平成5年9月24日　大洋漁業(のちマルハ)取締役　→91/93

阪根 義雄　さかね・よしお　大正7年4月23日〜平成11年12月19日　四国新聞専務編集局長　→97/99

佐ケ野 一明　さがの・かずあき　〜平成4年5月13日　ベルプランニング会長　→91/93

坂野 観司　さかの・かんし　明治38年10月21日〜平成11年3月29日　公認会計士　東京経済大学教授　→97/99

坂野 重信　さかの・しげのぶ　大正6年7月23日〜平成14年4月17日　参院議員(自民党)、自治相　→00/02

坂野 滋　さかの・しげる　大正14年7月21日〜平成19年12月28日　弁護士　日本弁護士連合会副会長、第二東京弁護士会会長　→06/08

坂野 千里　さかの・ちさと　明治26年7月14日〜昭和55年12月3日　司法官僚、弁護士　中央更生保護審査会委員長、日本電気監査役　→80/82

坂野 常和　さかの・つねかず　大正9年6月14日〜平成23年7月10日　大蔵省証券局長、日本化薬社長　→09/11

阪野 寿彦　さかの・としひこ　大正6年7月10日〜平成20年7月15日　大電社長　→06/08

坂野 文弥　さかの・ふみや　昭和12年4月28日〜平成2年10月26日　大同工業取締役　→88/90

坂野 吉辰　さかの・よしたつ　明治44年1月8日〜平成17年2月9日　日本甜菜製糖社長　→03/05

坂上 啓　さかのうえ・けい　昭和2年2月16日〜平成19年9月21日　中央信託銀行社長　→06/08

阪ノ下 稔　さかのした・みのる　昭和5年6月26日〜平成11年5月31日　サカノシタ会長、京都府機械工具商業協同組合理事長　→97/99

坂部 厳　さかべ・いわお　明治38年9月20日〜昭和63年2月9日　協和銀行副頭取、日新火災海上保険取締役　→88/90

坂部 英治　さかべ・えいじ　大正12年9月27日〜平成17年3月28日　豊年製油常務　→03/05

坂部 順一　さかべ・じゅんいち　大正7年9月25日〜平成3年10月22日　三菱商事取締役、日本食品化工会長　→91/93

阪部 俊作　さかべ・しゅんさく　大正8年6月28日〜昭和63年6月17日　関西テレビ放送監査役、住友銀行取締役　→88/90

坂部 政晃　さかべ・せいこう　昭和7年1月25日〜平成12年4月1日　僧侶　中京女子大学副学長、喜見寺住職　→00/02

坂部 武夫　さかべ・たけお　大正10年1月15日〜昭和62年1月26日　旭硝子会長　→83/87

阪部 文一　さかべ・ぶんいち　〜昭和57年3月29日　阪部工業会長、旭電気製鋼会長　→80/82

坂部 十寸穂　さかべ・ますお　明治10年12月1日〜昭和5年11月4日　陸軍中将　→昭和

坂間 訓一　さかま・くんいち　〜昭和59年2月7日　陸軍少将　軍恩連全国連合会顧問　→83/87

坂間 棟治　さかま・むねじ　明治19年4月〜昭和49年2月17日　岐阜県知事、大阪市長　→昭和(さかま・むねはる)

酒巻 和男　さかまき・かずお　大正7年11月8日〜平成11年11月29日　海軍少尉　ブラジルトヨタ社長　→97/99

坂牧 善一郎　さかまき・ぜんいちろう　明治33年9月13日〜昭和61年10月9日　日本石油化学社長、日本石油常務　→83/87

酒巻 達也　さかまき・たつや　昭和9年11月28日〜平成21年12月8日　福島中央テレビ副社長　→09/11

酒巻 正巳　さかまき・まさみ　昭和10年11月26日〜平成13年11月16日　新光商事専務　→00/02

酒巻 弥三郎　さかまき・やさぶろう　明治28年5月28日〜昭和56年2月15日　弁護士　第一東京弁護士会会長　→80/82

坂巻 量三　さかまき・りょうぞう　〜昭和62年3月29日　三井金属鉱業名誉顧問、元監査役　→83/87

坂巻 林之助　さかまき・りんのすけ　〜昭和27年12月3日　松戸市長　→昭和

酒見 晴　さかみ・きよし　〜昭和6年6月1日　陸軍航空兵曹長　→昭和

佐上 信一　さがみ・しんいち　明治15年12月19日〜昭和18年11月29日　岡山県知事、京都府知事　→昭和(さかみ・しんいち)

坂村 吉正　さかむら・よしまさ　大正2年6月19日〜昭和58年6月2日　衆院議員(自民党)　→83/87

坂本 昭　さかもと・あきら　大正2年7月24日〜昭和53年12月2日　参院議員、高知市長　→昭和

坂本 浅次郎　さかもと・あさじろう　〜平成3年12月27日　福島県議　→91/93

坂本 東　さかもと・あずま　昭和11年5月22日〜平成18年2月23日　旭ダイヤモンド工業専務　→06/08

坂本 篤　さかもと・あつし　〜昭和55年8月11日　富永製作所相談役　→80/82

阪本 勇　さかもと・いさむ　明治44年10月23日〜平成7年11月3日　住友電気工業社長　→94/96

坂本 いち　さかもと・いち　〜昭和59年12月23日　冨山房役員　→83/87

坂本 伊郎　さかもと・いちろう　昭和29年8月6日〜平成19年1月30日　沢藤電機専務　→06/08

坂本 一郎　さかもと・いちろう　明治42年3月11日〜平成10年9月10日　弁護士　京都弁護士会副会長　→97/99

坂本 市郎左衛門　さかもと・いちろうざえもん　大正13年12月15日〜平成9年8月30日　日産生命保険社長　→97/99

坂本 一角　さかもと・いっかく　明治30年10月～昭和22年4月8日　衆院議員(日本進歩党)　→昭和

阪本 栄一　さかもと・えいいち　大正4年～昭和51年11月22日　実業家　→昭和 (徐 甲虎 じょ・こうこ)

坂本 調夫　さかもと・えつお　～昭和60年4月7日　弁護士　東京高裁判事,秋田地家裁所長　→83/87

坂本 一敏　さかもと・かずとし　明治45年6月12日～平成11年9月19日　日本カーボン専務　→97/99

坂本 和彦　さかもと・かずひこ　昭和22年8月12日～平成22年1月8日　大泉開発代表取締役　→09/11

坂本 一弘　さかもと・かずひろ　昭和15年1月25日～平成17年7月28日　日本カーボン常務　→03/05

阪本 勝蔵　さかもと・かつぞう　～昭和62年2月13日　明治製革専務　→83/87

坂本 恭一郎　さかもと・きょういちろう　明治43年2月14日～平成1年11月17日　海上保安庁第三管区海上保安本部長　→88/90

坂本 喜代志　さかもと・きよし　明治40年9月20日～昭和63年7月2日　トンボ鉛筆監査役・元会長　→88/90

阪本 金太郎　さかもと・きんたろう　明治43年2月5日～昭和63年6月23日　東京三昧会長　→88/90

阪本 九郎　さかもと・くろう　～昭和55年8月14日　反公害運動活動家　全国自然保護連合理事,高知県自然保護連合事務局長　→80/82

坂本 慶一　さかもと・けいいち　昭和21年5月24日～平成19年12月21日　名古屋高裁部総括判事　→06/08

坂本 健一　さかもと・けんいち　大正11年12月22日～平成16年10月23日　積水ハウス専務　→03/05

阪本 健一　さかもと・けんいち　～平成2年9月13日　神官　住吉神社名誉宮司　→88/90

坂本 耕一　さかもと・こういち　～昭和61年9月11日　NHK鶴岡放送局長　→83/87

坂本 孝三郎　さかもと・こうざぶろう　明治27年1月17日～昭和10年3月4日　労働運動家　新日本国民同盟常任中央委員　→昭和

坂本 光浄　さかもと・こうじょう　～昭和44年10月23日　僧侶,美術研究家　清澄寺管主　→昭和

坂本 幸次郎　さかもと・こうじろう　～昭和62年6月2日　坂本実業センター代表　→83/87

坂本 光聡　さかもと・こうそう　昭和2年10月22日～平成7年10月22日　僧侶　真言三宝宗第38世管長,清澄寺法主　→94/96

坂本 貞雄　さかもと・さだお　明治45年1月26日～昭和60年11月28日　大林組常務　→83/87

阪本 佐太郎　さかもと・さたろう　～昭和56年5月3日　日本鞄協会会長,株式会社トーリン会長　→80/82

坂本 三郎　さかもと・さぶろう　慶応3年10月6日～昭和6年4月14日　官吏,実業家　→昭和

坂本 三郎　さかもと・さぶろう　明治41年12月5日～平成12年1月21日　三井造船専務　→00/02

阪本 釤之助　さかもと・さんのすけ　安政6年6月24日～昭和11年12月16日　漢詩人　鹿児島県知事,名古屋市長,貴院議員(勅選)　→昭和 (さかもと・せんのすけ)

坂本 重一　さかもと・しげかず　大正9年9月29日～平成16年6月6日　日本海ガス相談役,富山県出納長　→03/05

坂本 重樹　さかもと・しげき　明治42年3月19日～昭和62年7月30日　セイコー電子工業顧問,服部セイコー常務　→83/87

坂本 薫俊　さかもと・しげとし　明治43年1月1日～平成15年11月5日　ホシザキ電機創業者　→83/87

坂本 茂美　さかもと・しげみ　大正11年7月28日～平成4年10月2日　静岡県民放送社長,朝日新聞専務　→91/93

坂本 至誠　さかもと・しじょう　明治43年2月23日～平成7年3月21日　僧侶　浄土真宗本願寺派監正局長　→94/96

坂本 就一　さかもと・しゅういち　大正6年1月6日～昭和60年9月21日　伊藤忠商事取締役　→83/87

阪本 修一　さかもと・しゅういち　～昭和57年1月29日　菱電商事社長　→80/82

坂本 修三　さかもと・しゅうぞう　明治43年4月21日～平成4年4月9日　東洋経済新報社副社長　→91/93

坂本 俊一　さかもと・しゅんいち　～昭和62年1月29日　坂本機械社長　→83/87

坂本 駿一　さかもと・しゅんいち　昭和22年3月15日～昭和63年3月7日　弁護士　坂本法律事務所所長,赤ひげロークラブ会長　→88/90

坂本 正二　さかもと・しょうじ　大正2年8月14日～平成2年1月19日　富士通顧問,元取締役　→88/90

阪本 昭三　さかもと・しょうぞう　昭和3年2月7日～平成16年3月22日　岩手県議(自民党)　→03/05

坂本 志魯雄　さかもと・しろお　明治4年4月1日～昭和6年4月11日　衆議院議員(政友会)　→昭和

坂本 順　さかもと・すなお　明治12年6月15日～昭和4年4月28日　実業家　→昭和

阪本 清一郎　さかもと・せいいちろう　明治25年1月1日～昭和62年2月19日　部落解放運動家　全国水平社創立者　→83/87

坂本 征五　さかもと・せいご　昭和16年7月13日～平成23年2月19日　タチエス副社長　→09/11

坂本 清馬　さかもと・せいま　明治18年7月4日～昭和50年1月15日　大逆事件の被告　→昭和

阪本 仙次　さかもと・せんじ　明治2年2月～昭和9年5月5日　実業家　吉野銀行頭取　→昭和

坂本 宗太郎　さかもと・そうたろう　明治17年12月15日～昭和43年12月25日　衆院議員(自由党)　→昭和

坂本 素魯哉　さかもと・そろや　明治1年9月26日～昭和13年8月3日　衆院議員(立憲政友会)　→昭和

阪本 泰良　さかもと・たいら　明治37年8月～昭和57年9月6日　衆院議員(社会党),中央大学教授　→80/82

坂本 武　さかもと・たけし　昭和4年4月5日～平成2年8月

I　政治・経済・社会篇　　　　　　　　　　　　　　　　　　　　　　　　さかもと

月21日　愛媛証券社長　→88/90

坂本 武志　さかもと・たけし　大正14年1月1日〜平成22年9月26日　東京高裁部総括判事，関東学園大学教授　→09/11

阪本 武義　さかもと・たけよし　〜平成8年7月2日　やまよし社長　→94/96

坂本 孟朗　さかもと・たけろう　昭和8年3月25日〜平成14年9月8日　日研化学社長　→00/02

坂本 忠雄　さかもと・ただお　〜昭和62年10月16日　三晃金属工業社長　→83/87

坂本 義　さかもと・ただし　明治40年2月9日〜昭和59年10月1日　清水建設副社長　→83/87

坂本 正　さかもと・ただし　〜昭和56年9月3日　津市会議長，津市社会福祉協議会会長　→80/82

坂本 正　さかもと・ただし　大正11年〜平成12年12月30日　日本工営専務　→00/02

坂本 忠　さかもと・ただし　明治42年11月25日〜平成7年8月2日　宮沢鋼業取締役相談役・元社長　→94/96

坂本 竜夫　さかもと・たつお　大正3年7月29日〜昭和58年1月24日　税理士　関西大学評議員　→83/87

坂本 龍起　さかもと・たつおき　〜昭和44年11月1日　駐ペルー公使　→昭和

坂本 辰五郎　さかもと・たつごろう　明治37年7月1日〜平成3年7月25日　さかい屋社長，日本橋食品同業組合長　→91/93

坂元 親男　さかもと・ちかお　明治44年2月2日〜平成10年4月17日　参院議員（自民党），北海道開発庁長官　→97/99

坂本 力　さかもと・ちから　大正11年3月3日〜平成1年9月3日　陸上自衛隊幹部学校長　→88/90

坂本 智元　さかもと・ちげん　明治42年11月21日〜平成18年10月14日　警察庁中国管区警察局長　→06/08

坂本 忠蔵　さかもと・ちゅうぞう　〜昭和56年9月26日　小鹿田焼同業組合長　→80/82

坂本 伝　さかもと・つたえ　大正1年8月24日〜平成4年7月3日　東和織物社長　→91/93

坂本 常人　さかもと・つねと　〜平成13年7月19日　熊本県議　→00/02

坂本 常春　さかもと・つねはる　昭和17年2月4日〜平成5年2月6日　大蔵住宅社長　→91/93

坂本 恒政　さかもと・つねまさ　大正13年11月26日〜平成2年1月3日　帝国産業（のちデザック）常務　→88/90

坂元 貞一郎　さかもと・ていいちろう　大正9年10月15日〜昭和59年5月18日　中外製薬副社長，厚生事務次官　→83/87

坂本 徹章　さかもと・てつあき　〜昭和57年9月15日　弁護士　佐賀地裁所長　→80/82

坂本 徳太郎　さかもと・とくたろう　〜平成6年1月20日　弁護士　大津地裁判事　→94/96

坂本 利明　さかもと・としあき　〜昭和62年5月29日　京阪電気鉄道取締役　→83/87

坂本 俊篤　さかもと・としあつ　安政5年10月25日〜昭和16年3月17日　海軍中将，男爵　貴院議員　→昭和（坂本 俊馬　さかもと・しゅんま）

坂本 敏夫　さかもと・としお　昭和9年3月5日〜平成23年7月5日　大東京火災海上保険常務　→09/11

坂本 敏雄　さかもと・としお　〜昭和42年10月7日　（社）日本合成樹脂技術協会常務理事　→昭和

坂本 朝一　さかもと・ともかず　大正6年3月28日〜平成15年12月31日　NHK会長　→03/05

阪本 虎雄　さかもと・とらお　大正15年5月16日〜昭和58年11月3日　大阪ベアリング製造専務，光洋精工取締役　→83/87

坂本 直蔵　さかもと・なおぞう　〜昭和61年3月31日　福岡生花商協同組合理事長，花クラヤ会長　→83/87

坂本 直道　さかもと・なおみち　〜昭和61年7月31日　時事新報工務局長，サンケイ印刷取締役　→83/87

坂本 伸夫　さかもと・のぶお　大正10年3月25日〜昭和60年10月22日　東西産業貿易代表取締役会長，元日本家畜輸出入協議会常務理事　→83/87

坂本 信雄　さかもと・のぶお　明治42年10月28日〜平成4年6月10日　東亜建設工業社長　→91/93

坂本 寿　さかもと・ひさし　明治35年3月31日〜平成1年8月16日　日本発条相談役　→88/90

坂本 英男　さかもと・ひでお　明治37年10月29日〜昭和61年2月12日　電通副社長・相談役　→83/87

坂本 英雄　さかもと・ひでお　明治32年10月22日〜昭和58年6月6日　弁護士　創価大学教授　→83/87

坂本 秀文　さかもと・ひでふみ　昭和11年1月28日〜平成18年8月10日　弁護士　日本弁護士連合会副会長，大阪弁護士会会長　→06/08

坂本 秀郎　さかもと・ひでろう　明治40年9月14日〜昭和43年5月10日　農民運動家　日農中央委員　→昭和

坂本 眸　さかもと・ひとみ　昭和17年12月13日〜昭和63年3月17日　女優　→88/90

坂本 弘　さかもと・ひろし　昭和12年2月20日〜平成19年10月18日　福島民報専務　→06/08

坂本 汎司　さかもと・ひろし　昭和8年11月1日〜平成14年5月25日　宇部マテリアルズ社長，宇部興産常務　→00/02

坂元 弘直　さかもと・ひろなお　昭和9年6月1日〜平成13年8月31日　国立博物館理事長，文部事務次官　→00/02

坂本 弘　さかもと・ひろむ　大正7年10月2日〜昭和56年10月1日　トビー工業副社長　→80/82

坂本 房敏　さかもと・ふさとし　〜昭和56年11月11日　大阪府警捜査一課長　→80/82

坂本 文雄　さかもと・ふみお　大正7年7月30日〜平成16年9月4日　小淵沢町（山梨県）町長，山梨県出納長　→03/05

坂元 信　さかもと・まこと　〜平成11年1月25日

「現代物故者事典」総索引（昭和元年〜平成23年）　　553

九州地方建設局宮崎工事事務所長　→97/99

坂本 政右衛門　さかもと・まさえもん　明治12年1月～昭和17年2月27日　陸軍中将　→昭和

坂本 応吉　さかもと・まさきち　～昭和29年1月28日　わかもと常務　→昭和

阪本 正典　さかもと・まさすけ　大正4年11月23日～平成3年1月27日　住友ベークライト取締役　→91/93

阪本 昌胤　さかもと・まさたね　～昭和61年3月19日　(宗)河内石切山大仏寺管長、元阪本製薬会長　→83/87

坂元 正信　さかもと・まさのぶ　～昭和58年10月27日　日本船員厚生協会理事長　→83/87

坂本 正治　さかもと・まさはる　明治10年4月14日～昭和27年2月7日　三菱本社理事　→昭和

阪本 政弘　さかもと・まさひろ　～昭和60年4月29日　ピアス社長、近畿化粧品工業会長　→83/87

阪本 勝　さかもと・まさる　明治32年10月15日～昭和50年3月22日　政治家、評論家　兵庫県立近代美術館長、兵庫県知事、衆院議員(社会党)　→昭和

坂本 又夫　さかもと・またお　～昭和56年4月6日　宮崎県議　→80/82

坂本 幹夫　さかもと・みきお　昭和24年5月27日～平成17年6月13日　福島県議(自民党)　→03/05

坂本 瑞　さかもと・みずお　～昭和19年7月5日　スイス特命全権公使　→昭和

坂本 三十次　さかもと・みそじ　大正12年1月22日～平成18年3月19日　衆院議員(自民党)、内閣官房長官、労相　→06/08

坂本 道子　さかもと・みちこ　～昭和63年4月7日　坂善開発取締役　→88/90

坂本 貢　さかもと・みつぐ　大正2年2月26日～平成7年6月29日　文京信用金庫理事長　→94/96

坂本 実　さかもと・みのる　明治37年7月～昭和45年2月5日　衆院議員(自由党)　→昭和

坂本 宗一　さかもと・むねかず　～平成15年3月22日　近畿コカ・コーラボトリング常務　→03/05

坂本 元雄　さかもと・もとお　明治41年5月29日～平成15年1月31日　井関農機社長　→03/05

坂本 源雄　さかもと・もとお　大正10年10月15日～平成2年11月21日　山梨県信用農協連会長、全国共済農協連理事　→88/90

坂本 守夫　さかもと・もりお　大正4年4月1日～平成23年5月1日　アークランドサカモト創業者　→09/11

坂本 守蔵　さかもと・もりぞう　昭和23年9月22日～平成19年5月29日　アークランドサカモト社長　→06/08

坂本 弥三　さかもと・やぞう　～昭和58年8月21日　三越株式会社社長、元岐阜日日新聞社長　→83/87

坂本 郵次　さかもと・ゆうじ　～平成4年5月5日　明治書院専務、日本バレーボール協会名誉副会長　→91/93

坂本 幸男　さかもと・ゆきお　明治32年9月12日～昭和48年2月10日　僧侶、仏教学者　立正大学教授　→昭和

坂本 行雄　さかもと・ゆきお　大正13年11月26日～昭和59年5月30日　坂本電機製作所会長　→83/87

坂本 豊　さかもと・ゆたか　大正13年3月22日～昭和59年11月19日　菊水町(熊本県玉名郡)町長　→83/87

坂本 義鑑　さかもと・よしあき　明治30年8月10日～昭和63年10月19日　建装工業会長、日本兵器工業会技術顧問　→88/90

坂本 恒恵　さかもと・よしえ　～昭和56年9月16日　坂本製作所社長　→80/82

坂本 良雄　さかもと・よしお　～平成11年11月7日　坂本堤弁護士の父　→97/99

坂本 吉勝　さかもと・よしかつ　明治39年3月27日～平成1年1月25日　弁護士　最高裁判事　→88/90

坂本 良俊　さかもと・よしとし　～平成4年12月7日　年金住宅福祉協会専務理事、ミサワホーム総合研究所取締役　→91/93

坂本 喜春　さかもと・よしはる　昭和20年8月18日～平成17年12月22日　日新製糖常務　→03/05

坂本 好　さかもと・よしみ　大正9年5月11日～平成23年6月6日　アルス製作所社長、徳島県商工会議所会頭　→09/11

坂本 米三　さかもと・よねぞう　～昭和59年9月1日　角丸証券常務　→83/87

阪本 龍児　さかもと・りゅうじ　大正10年8月31日～平成15年10月21日　南都銀行頭取　→03/05

坂本 龍介　さかもと・りゅうすけ　～平成10年1月31日　朝日建物管理社長、朝日ビルディング常務　→97/99

阪本 龍蔵　さかもと・りゅうぞう　大正12年10月21日～平成3年12月22日　阪本製薬会長　→91/93

坂本 両吉　さかもと・りょうきち　～昭和57年2月22日　博多防犯協会会長　→80/82

坂本 六良　さかもと・ろくろう　～平成3年9月21日　左翼運動家　護憲反安保福島県民連合議長　→91/93

昌谷 忠　さかや・ただし　明治42年10月3日～平成3年11月27日　ダイセル化学工業会長　→91/93

昌谷 忠海　さかや・ただみ　大正9年3月29日～平成1年2月2日　市民運動家　全国農業協同組合中央会審査役　→88/90

酒家 彦太郎　さかや・ひこたろう　明治37年9月3日～平成1年12月14日　福徳相互銀行(のち福徳銀行)常務　→88/90

坂柳 成功　さかやなぎ・しげこと　昭和10年2月6日～平成2年3月6日　陸上自衛隊武器学校長　→88/90

相良 歩　さがら・あゆみ　～昭和30年11月21日　金沢市長　→昭和

相良 勝太　さがら・かつた　大正6年3月1日～昭和63年8月6日　フジカントリー社長、佐賀県出納長　→88/90

相良 千明　さがら・ちあき　明治32年9月26日～平成8年

相良 利夫　さがら・としお　大正7年9月13日〜昭和62年2月15日　東芝機械取締役　→83/87

相良 発也　さがら・はつや　大正8年1月17日〜平成2年8月30日　旭電化工業常務　→88/90

相良 晃　さがら・ひかる　大正7年7月8日〜昭和62年6月18日　宇部興産副社長　→83/87

相楽 秀孝　さがら・ひでたか　昭和14年3月19日〜平成6年12月31日　富士急行取締役, 運輸省東京航空局局長　→94/96

讃良 博　さがら・ひろし　明治41年6月14日〜平成9年6月7日　北海タイムス副会長　→97/99

相良 補三郎　さがら・ほさぶろう　大正10年4月18日〜平成9年3月18日　大分県議(自民党)　→97/99

佐川 明　さがわ・あきら　大正3年11月5日〜平成17年1月4日　栗田工業社長　→03/05

佐川 悦次　さがわ・えつじ　〜平成4年7月3日　桜ゴルフ取締役　→91/93

佐川 一信　さがわ・かずのぶ　昭和15年8月1日〜平成7年11月19日　水戸市長　→94/96

佐川 清　さがわ・きよし　大正11年3月16日〜平成14年3月11日　佐川急便創業者　→00/02

佐川 国三郎　さがわ・くにさぶろう　〜昭和41年6月12日　福徳相互銀行社長　→昭和

酒匂 景一　さかわ・けいいち　〜昭和45年11月24日　大同生命取締役　→昭和

佐川 幸一　さがわ・こういち　明治40年6月30日〜昭和61年9月17日　福島県議(自民党, 東白川)　→83/87

佐川 幸三郎　さがわ・こうざぶろう　大正8年1月28日〜平成4年3月21日　花王会長　→91/93

酒匂 秀一　さかわ・しゅういち　明治20年2月2日〜昭和24年7月23日　外交官　→昭和

佐川 辰夫　さがわ・たつお　明治37年5月25日〜平成6年6月23日　弁護士　兵庫県議, 豊岡市長　→94/96

佐川 洋　さがわ・ひろし　昭和4年1月14日〜平成9年11月21日　大阪石油化学常務　→97/99

佐川 正司　さがわ・まさし　大正15年1月3日〜昭和63年1月2日　佐川製紙社長, 広島県針工業協同組合理事長　→88/90

佐川 正智　さがわ・まさとも　〜平成1年2月17日　弁護士　→88/90

狭川 明俊　さがわ・みょうしゅん　〜昭和63年2月18日　東大寺管長　→88/90

佐川 義高　さがわ・よしたか　明治35年10月21日〜昭和46年3月18日　孔版技術者　→昭和

佐川 嘉秀　さがわ・よしひで　昭和7年10月18日〜平成15年9月11日　QUICK常務　→03/05

鷺池 孝次朗　さぎいけ・こうじろう　明治42年3月3日〜平成9年1月8日　大阪魚市場副社長　→97/99

鷺池 豊　さぎいけ・ゆたか　昭和6年1月16日〜平成16年10月6日　レナウンルック常務　→03/05

鷺岡 康雄　さぎおか・やすお　昭和10年3月30日〜昭和63年10月3日　名古屋高裁判事　→88/90

崎久保 誓一　さきくぼ・せいいち　明治18年10月12日〜昭和30年10月30日　社会運動家, ジャーナリスト　→昭和

匂坂 清二　さぎさか・せいじ　大正3年1月15日〜平成1年10月18日　横浜シティ・エア・ターミナル社長, 塚本総業常務　→88/90

向坂 武　さきさか・たけし　〜昭和56年8月11日　麻布警察署長　→80/82

向坂 一　さきさか・はじめ　大正13年5月5日〜平成1年4月7日　鐘紡専務　→88/90

匂坂 正美　さぎさか・まさみ　〜昭和38年4月24日　御木本真珠常務　→昭和(こうさか・まさみ)

先田 哲夫　さきた・てつお　大正12年9月5日〜昭和61年6月6日　段谷産業取締役　→83/87

咲田 寿一　さきた・としかず　大正3年9月2日〜昭和61年1月23日　住友ゴム工業専務　→83/87

先田 政弘　さきた・まさひろ　昭和15年7月6日〜平成18年4月5日　コミュニティ・サービス代表取締役, マンション問題研究会代表　→06/08

鷺田 義輝　さぎた・よしてる　〜昭和61年10月31日　福岡県美容環境衛生同業組合副理事長　→83/87

崎谷 武男　さきたに・たけお　大正5年3月25日〜平成6年1月31日　第一住宅金融社長, 公正取引委員会委員　→94/96

崎谷 洋　さきたに・ひろし　大正11年1月13日〜昭和60年5月6日　東洋埠頭社長　→83/87

崎浜 秀英　さきはま・しゅうえい　明治42年11月9日〜平成6年9月4日　琉球銀行頭取　→94/96

崎原 永広　さきはら・えいこう　大正14年2月5日〜平成22年6月26日　さき商会社長, 沖縄県貿易協会専務理事　→09/11

崎原 盛友　さきはら・せいゆう　昭和11年5月9日〜平成15年10月25日　沖縄県議(自民党), 協和産業社長　→03/05

先原 照夫　さきはら・てるお　昭和12年〜平成13年9月2日　バイエル取締役　→00/02

座喜味 盛光　ざきみ・せいこう　〜平成23年3月16日　八重泉酒造創業者　→09/11

崎村 久夫　さきむら・ひさお　〜平成2年7月4日　国連環境計画(UNEP)在日事務所長　→88/90

崎本 敏輝　さきもと・としてる　昭和13年9月30日〜平成22年12月19日　大阪魚市場常務　→09/11

崎本 はる　さきもと・はる　明治29年3月〜昭和59年6月14日　染太郎主人　→83/87

崎本 正三　さきもと・まさぞう　大正7年3月31日〜平成16年11月23日　広島県議(自民党)　→03/05

崎山 喜昌　さきやま・きしょう　明治43年6月7日〜平成7年2月2日　沖縄テレビ放送会長　→94/96

先山 繁太郎　さきやま・しげたろう　大正4年8月28日～平成7年1月24日　浅沼組専務　→94/96

崎山 武夫　さきやま・たけお　明治23年11月～昭和9年5月11日　実業家,政治家　衆院議員　→昭和

崎山 鉄雄　さきやま・てつお　大正13年9月22日～平成6年5月7日　東洋運搬機専務　→94/96

崎山 守久　さきやま・もりひさ　明治40年9月15日～平成10年8月28日　日魯漁業副社長　→97/99

先山 保麿　さきやま・やすまろ　～平成4年7月12日　三和シャッター工業取締役　→91/93

崎山 義一　さきやま・よしかず　大正4年9月17日～平成2年9月1日　三菱電線工業相談役・元副社長　→88/90

崎山 好春　さきやま・よしはる　～昭和49年6月10日　大同海運社長　→昭和

朔 健　さく・たける　昭和7年12月21日～平成13年11月3日　西鉄エージェンシー社長,西日本鉄道取締役　→00/02

朔 春洋　さく・はるみ　明治44年4月12日～昭和59年7月20日　日産自動車専務　→83/87

作江 伊之助　さくえ・いのすけ　明治43年10月17日～昭和7年2月22日　陸軍工兵伍長　肉弾三勇士の一人　→昭和

咲寿 武道　さくじゅ・たけみち　大正5年10月9日～平成13年1月12日　ダニエル会長,イズミ家具インテリア会長,神奈川県産業貿易振興会会長　→00/02

佐久田 繁　さくだ・しげる　大正15年～平成17年4月12日　月刊沖縄社長　→03/05

作田 徳次　さくた・とくじ　～昭和7年5月25日　陸軍少将　→昭和

作田 裕宣　さくだ・ひろのぶ　大正1年10月1日～平成6年11月3日　川崎製鉄専務　→94/96

作田 政次　さくた・まさじ　大正5年2月12日～平成4年6月15日　北海道議(自民党)　→91/93

作田 勝　さくだ・まさる　昭和2年4月14日～平成23年7月7日　作田金銀製箔社長　→09/11

作田 貢　さくだ・みつぐ　～昭和61年4月19日　富山県議　→83/87

作道 恭造　さくどう・きょうぞう　～昭和55年8月23日　東京都人事委員　→80/82

佐久間 晃　さくま・あきら　大正5年10月14日～昭和57年8月11日　日野自動車工業副社長　→80/82

佐久間 一郎　さくま・いちろう　～平成3年9月19日　関東自動車工業副社長　→91/93

佐久間 嘉平　さくま・かへい　～昭和61年3月14日　岩見沢市議・元市会副議長　→83/87

佐久間 清　さくま・きよし　明治40年9月6日～平成4年8月18日　富津市長　→91/93

佐久間 恵一　さくま・けいいち　大正3年10月6日～平成2年12月22日　秀光社長　→88/90

佐久間 源太郎　さくま・げんたろう　～昭和57年6月17日　佐久間新聞店代表取締役　→80/82

作間 耕逸　さくま・こういつ　明治13年5月～昭和26年1月2日　弁護士　衆院議員(無所属),貴院議員(勅選)　→昭和

佐久間 啓　さくま・さとし　大正7年4月10日～平成19年11月24日　福岡銀行常務　→06/08

佐久間 敏　さくま・さとし　明治44年7月10日～平成6年1月21日　福島テレビ社長,福島県副知事　→94/96

佐久間 栄義　さくま・しげよし　明治42年3月22日～昭和61年11月6日　住友ノーガタック社長　→83/87

佐久間 志郎　さくま・しろう　大正1年10月1日～平成14年1月15日　コマツゼノア社長,コマツ副社長　→00/02

佐久間 次良　さくま・じろう　明治40年4月21日～昭和27年5月16日　社会運動家　→昭和

佐久間 信　さくま・しん　～昭和62年12月8日　弁護士，駐ドイツ公使　→83/87

佐久間 隆夫　さくま・たかお　昭和7年11月19日～平成23年2月4日　セイコーエプソン常務　→09/11

佐久間 孝　さくま・たかし　～昭和63年10月29日　電力計算センター社長　→88/90

佐久間 武人　さくま・たけひと　～昭和63年11月13日　弁護士　荒川区議　→88/90

佐久間 正　さくま・ただし　～昭和62年7月22日　日本経済新聞社社友・元総務局次長　→83/87

佐久間 長吉郎　さくま・ちょうきちろう　明治26年3月4日～昭和59年7月8日　中央社会長,大日本図書社長,大日本印刷社長　→83/87

佐久間 彊　さくま・つとむ　大正5年11月18日～平成19年7月26日　消防庁長官,千葉経済学園理事長　→06/08

佐久間 知三　さくま・ともぞう　平成元年11月21日　日立製作所商品部長　→昭和

佐久間 虎雄　さくま・とらお　～昭和51年6月6日　公取委員　→昭和

佐久間 央　さくま・なかば　大正8年10月18日～平成21年4月12日　日本証券新聞社長,日本経済新聞取締役西部支社代表　→09/11

佐久間 洋　さくま・ひろし　昭和13年7月31日～平成16年6月15日　昭和電工常務　→03/05

佐熊 博　さくま・ひろし　明治43年2月23日～昭和62年3月5日　住田町(岩手県)町長　→83/87

佐久間 博信　さくま・ひろのぶ　～平成18年4月26日　陸軍輸送船団連丸遺族会会長,宮城県郷友会会長　→06/08

佐久間 文夫　さくま・ふみお　明治3年2月11日～平成3年8月14日　学習研究社常勤監査役　→91/93

佐久間 文夫　さくま・ふみお　大正10年4月25日～平成9年10月29日　日本石油精製社長　→97/99

佐久間 文洋　さくま・ふみひろ　昭和3年2月26日～平成2年12月19日　とみんリース副社長　→88/90

佐久間 正夫　さくま・まさお　明治38年3月4日〜平成3年12月20日　千葉県議　→91/93

佐久間 道夫　さくま・みちお　明治26年7月〜昭和45年11月6日　衆院議員(日本進歩党)　→昭和

佐久間 稔　さくま・みのる　昭和5年4月10日〜平成5年8月30日　国際原子力コンサルタント　日本原子力産業会議調査役　→91/93

佐久間 稔　さくま・みのる　大正3年11月21日〜平成14年10月19日　東京都出納長　→00/02

佐久間 盛夫　さくま・もりお　大正11年〜昭和55年3月16日　竹山市長　→80/82

佐久間 安信　さくま・やすのぶ　〜昭和58年9月16日　佐久間製本取締役社長　→83/87

佐久間 裕三　さくま・ゆうぞう　大正12年2月20日〜平成16年3月15日　大日本図書会長　→03/05

佐久間 美治　さくま・よしじ　〜平成7年1月1日　警察庁長官官房付　→94/96

佐久間 義典　さくま・よしのり　昭和3年11月16日〜平成5年10月8日　大都工業取締役　→91/93

佐久間 良也　さくま・よしや　〜平成2年1月10日　海軍大佐　→88/90

左雲 信治　さくも・しんじ　〜平成15年5月2日　カナデン常務　→03/05

佐久本 嘉春　さくもと・かしゅん　昭和12年10月30日〜平成19年12月1日　佐久本工機創業者　→06/08

佐久本 政敦　さくもと・せいとん　明治42年8月29日〜平成16年1月1日　瑞泉酒造社長　→03/05

佐久本 政良　さくもと・せいりょう　明治30年2月26日〜昭和62年9月20日　咲元酒造社長　→83/87

作本 武夫　さくもと・たけお　大正1年9月12日〜平成8年12月23日　日本紙パルプ商事常務　→94/96

佐倉 重夫　さくら・しげお　明治25年〜昭和61年11月26日　三菱経済研究所顧問、元理事長　→83/87

佐倉 武久　さくら・たけひさ　大正9年10月11日〜平成元年9月13日　富士電機取締役　→83/87

佐倉 鉄太郎　さくら・てつたろう　〜昭和55年1月28日　北辰電機副社長　→80/82

桜井 勇一　さくらい・いさいち　大正2年6月27日〜平成12年8月7日　セイコー化工機会長　→00/02

桜井 一郎　さくらい・いちろう　〜昭和57年12月27日　安田火災海上保険取締役、東洋火災海上保険常務　→80/82

桜井 英治　さくらい・えいじ　大正10年3月6日〜平成22年1月6日　蝶理専務　→09/11

桜井 恵暢　さくらい・えちょう　〜平成4年10月24日　僧侶　天台宗大僧正、比叡山延暦寺長臈・一山戒光院住職　→91/93

桜井 景雄　さくらい・かげお　明治42年9月20日〜平成3年7月18日　僧侶、禅宗史学者　臨済宗南禅寺派宗務総長、京都府立大学教授　→91/93

桜井 和彦　さくらい・かずひこ　〜昭和59年5月31日　三晃社相談役、元アド三晃常務　→83/87

桜井 勝之進　さくらい・かつのしん　明治42年10月28日〜平成17年12月25日　神官　神社本庁総長、多賀大社名誉宮司、皇學館大学理事長　→03/05

桜井 克彦　さくらい・かつひこ　昭和11年〜昭和63年4月2日　福島相互銀行取締役　→88/90

桜井 清　さくらい・きよし　〜昭和55年2月19日　料亭・松葉屋経営者　→80/82

桜井 清　さくらい・きよし　昭和5年3月8日〜平成13年10月8日　久米設計社長　→00/02

桜井 清美　さくらい・きよみ　大正5年7月25日〜平成18年12月4日　深川市長　→06/08

桜井 銀市　さくらい・ぎんいち　〜昭和60年3月16日　大幸(株)代表取締役,日本毛糸商業組合中部支部理事,労働保険事務組合立和会理事長　→83/87

桜井 邦雄　さくらい・くにお　昭和3年11月5日〜昭和63年1月15日　下野新聞取締役　→88/90

柵瀬 軍之佐　さくらい・ぐんのすけ　明治2年1月15日〜昭和7年8月28日　実業家,政治家　衆院議員　→昭和

桜井 奎夫　さくらい・けいお　明治40年10月〜平成3年12月23日　衆院議院(社会党)　→91/93

桜井 源一　さくらい・げんいち　〜昭和58年11月3日　東海カーボン常務　→83/87

桜井 謙二　さくらい・けんじ　昭和22年2月17日〜平成1年3月22日　宮城県議(自民党)　→88/90

桜井 定芳　さくらい・さだよし　大正5年7月27日〜平成9年12月28日　桜井製作所会長　→97/99

桜井 三郎　さくらい・さぶろう　〜昭和35年4月8日　参院議員(自民党)　→昭和

桜井 三郎　さくらい・さぶろう　〜昭和44年1月17日　八幡製鉄取締役　→昭和

桜井 三郎右衛門(12代目)　さくらい・さぶろうえもん　明治36年12月9日〜平成3年3月24日　たたら製鉄12代目家元,山陰酸素工業会長,島根日産自動車会長　→91/93

桜井 重雄　さくらい・しげお　〜昭和44年6月18日　(宗)大本元本部長　→昭和

桜井 十一　さくらい・じゅういち　明治35年〜昭和20年3月12日　農民運動家　中部農民組合(中農)青年部長,労働農民党岐阜支部書記　→昭和

桜井 秀雄　さくらい・しゅうゆう　大正5年9月11日〜平成12年6月17日　僧侶　駒沢大学名誉教授　→00/02

桜井 淳一　さくらい・じゅんいち　昭和6年6月12日〜平成14年11月28日　大阪トヨペット社長,トヨタ自動車取締役　→00/02

桜井 純一　さくらい・じゅんいち　〜平成4年1月11日　丸一鋼取締役　→91/93

桜井 順治　さくらい・じゅんじ　明治38年1月1日〜昭和62年10月6日　十条製紙常務　→83/87

桜井 俊平　さくらい・しゅんぺい　大正15年3月15日～平成19年12月20日　東北電力常務、北日本電線社長　→06/08

桜井 庄一　さくらい・しょういち　～昭和62年9月4日　深川市議会議長　→83/87

桜井 尚二　さくらい・しょうじ　大正9年3月27日～平成18年10月18日　日興美術会長　→06/08

桜井 章盛　さくらい・しょうせい　大正2年6月8日～平成20年2月14日　僧侶　足利工業大学理事長、真教寺(時宗)住職、マヤ幼稚園園長　→06/08

桜井 志郎　さくらい・しろう　明治40年4月～昭和51年3月9日　参院議員(自民党)　→昭和

桜井 真一郎　さくらい・しんいちろう　昭和4年4月3日～平成23年1月17日　エス・アンド・エス・エンジニアリング社長　→09/11

桜井 信平　さくらい・しんぺい　明治37年～昭和62年4月3日　桜井工業会長　→83/87

桜井 省三　さくらい・せいぞう　～昭和60年7月7日　陸軍中将　→83/87

桜井 泰蔵　さくらい・たいぞう　～昭和60年11月6日　桜井泰蔵商店社長、元仙台中央青果卸売協同組合専務理事　→83/87

桜井 孝　さくらい・たかし　昭和56年1月19日　関東天然瓦斯開発社長　→80/82

桜井 宗　さくらい・たかし　昭和5年3月14日～平成8年9月2日　新潟県議(自民党)　→94/96

桜井 武司　さくらい・たけし　～平成17年5月1日　練馬タクシー社長　→03/05

桜井 正　さくらい・ただし　大正2年10月2日～昭和61年10月21日　塩釜信用金庫理事　→83/87

桜井 忠胤　さくらい・ただたね　明治14年7月19日～昭和6年8月28日　子爵　→昭和

桜井 千秋　さくらい・ちあき　～平成10年10月9日　東京ニュース通信社取締役　→97/99

桜井 勉　さくらい・つとむ　天保14年9月13日～昭和6年10月12日　山梨県知事、衆院議員(自由党)　→昭和

桜井 常雄　さくらい・つねお　～平成6年4月7日　スズケン専務　→94/96

桜井 徹良　さくらい・てつろう　大正7年3月30日～平成4年6月20日　日本土木副社長　→91/93

桜井 徳治　さくらい・とくじ　大正3年4月8日～平成1年7月25日　日商岩井取締役　→88/90

桜井 徳寿　さくらい・とくじゅ　明治33年10月1日～昭和57年1月27日　化学工業日報社相談役・元会長　→80/82

桜井 徳太郎　さくらい・とくたろう　～昭和55年12月28日　陸軍少将　→80/82

桜井 敏夫　さくらい・としお　大正2年10月3日～平成3年11月19日　神官　富士山本宮浅間大社宮司、神社本庁評議員　→91/93

桜井 俊記　さくらい・としき　明治26年～昭和45年3月18日　三菱重工社長　→昭和

桜井 敏行　さくらい・としゆき　昭和5年11月23日～平成15年10月2日　千葉県議(自民党)　→03/05

桜井 富夫　さくらい・とみお　～昭和56年5月8日　運輸省船員局首席海技試験官　→80/82

桜井 豊三　さくらい・とよみ　大正2年4月13日～平成6年4月13日　フジタ常務　→94/96

桜井 信夫　さくらい・のぶお　～昭和51年9月23日　木村化工機副社長　→昭和

桜井 はつゑ　さくらい・はつえ　大正15年5月16日～平成4年4月14日　桜井取締役　→91/93

桜井 秀雄　さくらい・ひでお　～平成10年7月4日　スズケン専務　→97/99

桜井 兵五郎　さくらい・ひょうごろう　明治13年8月8日～昭和26年2月11日　政治家、実業家　衆院議員(日本進歩党)　→昭和

桜井 寛　さくらい・ひろし　昭和16年7月14日～平成21年7月24日　駐ジャマイカ大使　→09/11

桜井 弘　さくらい・ひろし　明治41年7月28日～平成7年3月29日　ユニチカ副社長、積水化学工業専務、旭成化工業常務　→94/96

桜井 博　さくらい・ひろし　大正10年7月4日～昭和57年1月22日　兼松関東農産社長、兼松江商常務　→80/82

桜井 博　さくらい・ひろし　大正9年11月11日～平成6年9月4日　オーエスジー専務　→94/96

桜井 福治郎　さくらい・ふくじろう　～昭和62年5月10日　京都近鉄百貨店副社長　→83/87

桜井 文夫　さくらい・ふみお　昭和9年4月10日～平成15年8月8日　東京高裁長官　→03/05

桜井 誠　さくらい・まこと　昭和2年10月21日～平成15年11月20日　全国農業協同組合中央会常務理事　→03/05

桜井 正雄　さくらい・まさお　～昭和62年1月18日　東京建物常務　→83/87

桜井 正雄　さくらい・まさお　大正4年6月1日～平成6年6月27日　東洋エンジニアリング社長　→94/96

桜井 正志　さくらい・まさし　～昭和61年3月30日　全国部落解放運動連合会中央執行委員長、埼玉県部落解放運動連合会執行委員長　→83/87

桜井 正孝　さくらい・まさたか　昭和21年8月31日～平成19年1月18日　仙台市副市長　→06/08

桜井 正美　さくらい・まさみ　大正2年3月2日～平成13年5月22日　住友軽金属工業専務　→00/02

桜井 政由　さくらい・まさよし　大正11年5月14日～平成6年11月8日　東京都議(社会党)　→94/96

桜井 正美　さくらい・まさよし　～昭和60年7月21日　読売新聞本社友・元西部本社常務取締役　→83/87

桜井 美紀　さくらい・みき　昭和8年6月7日～平成22年7月2日　語り手たちの会主宰　→09/11

桜井 幹雄　さくらい・みきお　大正14年1月12日～平

17年7月19日　サクライ楽器会長, 日本ピアノ調律師協会会長　→03/05

桜井　三男　さくらい・みつお　〜昭和42年7月17日　立川市長　→昭和

桜井　基綱　さくらい・もとつな　〜昭和60年3月27日　警視庁交通部参事官　→83/87

桜井　安右衛門　さくらい・やすえもん　明治31年1月3日〜平成6年8月9日　栃木県知事, ILO東京支局長, 東京ヘレンケラー協会理事長　→94/96

桜井　泰男　さくらい・やすお　大正8年5月26日〜平成22年5月26日　新神戸電機社長　→09/11

桜井　保次郎　さくらい・やすじろう　大正8年1月1日〜平成21年5月7日　登米町(宮城県)町長　→09/11

桜井　保太郎　さくらい・やすたろう　大正5年9月29日〜平成14年12月15日　十六銀行常務, フジパン専務　→00/02

桜井　義晃　さくらい・よしあき　大正10年1月28日〜平成16年11月13日　広済堂会長　→03/05

桜井　義明　さくらい・よしあき　昭和2年11月13日〜平成4年5月12日　七十七リース社長, 七十七銀行取締役　→91/93

桜井　与蔵　さくらい・よぞう　〜昭和43年6月14日　小矢部市長　→昭和

桜井　亮一　さくらい・りょういち　〜昭和55年6月17日　帝人常務　→80/82

桜井　亮英　さくらい・りょうえい　明治41年8月20日〜昭和63年5月2日　宮城県議会副議長　→88/90

桜井　良之助　さくらい・りょうのすけ　昭和15年7月3日〜平成18年7月16日　東京都議(公明党)　→06/08

桜井　るゑ子　さくらい・るえこ　昭和10年〜平成21年7月18日　警視庁三田警察署長　→09/11

桜井　和一　さくらい・わいち　明治8年10月4日〜平成18年3月21日　ダイワボウ常務　→06/08

桜内　乾雄　さくらうち・きみお　明治38年〜昭和52年4月3日　中国電力社長, 松江商工会議所会頭　→昭和

桜内　辰郎　さくらうち・たつろう　明治19年3月13日〜昭和29年11月14日　衆院議員(立憲政友会), 参院議員(改進党)　→昭和

桜内　幸雄　さくらうち・ゆきお　明治13年8月14日〜昭和22年10月9日　政治家, 実業家, 弁護士　蔵相, 農相, 商工相　→昭和

桜内　義雄　さくらうち・よしお　明治45年5月8日〜平成15年7月5日　政治家　衆院議員(自民党), 衆院議長, 外相　→03/05

桜木　幸次　さくらぎ・こうじ　昭和4年5月31日〜昭和58年5月9日　会津若松市長　→83/87

桜木　左久雄　さくらぎ・さくお　昭和2年10月1日〜平成13年11月14日　下郷町(福島県)町長　→00/02

桜木　定彦　さくらぎ・さだひこ　〜昭和44年8月18日　東海銀行専務　→昭和

桜木　繁次　さくらぎ・しげじ　〜昭和63年5月6日　福岡地・家裁飯塚支部長　→88/90

桜木　幸光　さくらぎ・ゆきみつ　〜平成7年8月29日　高知じん肺訴訟原告団長　→94/96

桜沢　志磨雄　さくらざわ・しまお　明治44年8月27日〜平成4年12月6日　冨士製作所会長　→91/93

桜田　巌　さくらだ・いわお　明治45年2月20日〜平成15年10月7日　桜田機械工業社長　→03/05

桜田　規矩三　さくらだ・きくぞう　明治29年1月10日〜昭和38年12月31日　水平運動家　→昭和

桜田　清　さくらだ・きよし　大正13年11月20日〜平成1年6月20日　桜田機械工業常務　→88/90

桜田　健二　さくらだ・けんじ　〜昭和56年5月4日　帝人専務　→80/82

桜田　慧　さくらだ・さとし　昭和12年1月19日〜平成9年5月24日　モスフードサービス会長　→97/99

桜田　正一　さくらだ・しょういち　大正7年8月15日〜平成3年8月31日　安宅建設工業(のちアタカ工業)取締役　→91/93

桜田　亮直　さくらだ・すけなお　大正1年10月12日〜平成11年10月4日　日本舗道常務　→97/99

桜田　千午郎　さくらだ・せんごろう　〜昭和24年10月20日　東京重機会長　→昭和

桜田　武　さくらだ・たけし　〜昭和18年9月10日　陸軍中将　→昭和

桜田　武　さくらだ・たけし　明治37年3月17日〜昭和60年4月29日　実業家, 財界人　日経連名誉会長, 財政制度審議会会長, 経済同友会終身幹事　→83/87

桜田　俊男　さくらだ・としお　昭和9年7月18日〜平成10年3月21日　長野県経営者協会専務理事　→97/99

桜田　寿　さくらだ・ひさし　〜昭和19年6月19日　宮城控訴院長　→昭和

桜田　雅昭　さくらだ・まさあき　昭和3年9月28日〜平成10年8月12日　松村組副社長　→97/99

桜田　正明　さくらだ・まさあき　昭和9年1月13日〜平成4年5月22日　北海道議(自民党)　→91/93

桜田　優　さくらだ・まさる　昭和16年10月26日〜平成17年10月15日　サクラダ社長　→03/05

桜田　瑞穂　さくらだ・みずほ　〜平成4年9月30日　大成道路(のち大成ロテック)取締役　→91/93

桜田　充　さくらだ・みつる　〜昭和62年9月24日　山川産業専務取締役, 宮城県安全運転管理者会長　→83/87

桜谷　良一　さくらだに・りょういち　〜昭和56年5月24日　和歌山商工会議所専務理事　→80/82

桜根　孝之進　さくらね・こうしん　〜昭和25年10月11日　大阪医大教授　ローマ字ヒロメ会首唱者　→昭和

桜庭　邦悦　さくらば・くにえつ　昭和5年8月31日〜平成14年1月25日　パイロット　日本航空専務, 日本航空機操縦士協会会長　→00/02

I 政治・経済・社会篇

桜庭 康次　さくらば・こうじ　明治43年1月31日〜昭和63年12月17日　中京コカ・コーラボトリング会長, 日魯漁業取締役　→88/90

桜庭 武夫　さくらば・たけお　大正10年3月16日〜昭和61年3月17日　北洋相互銀行副社長　→83/87

桜庭 久雄　さくらば・ひさお　〜昭和62年7月17日　日本硫安輸出常務, 日本硫安工業協会専務理事　→83/87

桜間 観刹　さくらま・かんせつ　〜平成10年9月25日　僧侶　浄土宗西山深草派管長　→97/99

桜間 雄次　さくらま・ゆうじ　〜昭和62年9月24日　京阪電気鉄道取締役　→83/87

桜本 順一　さくらもと・じゅんいち　昭和8年10月13日〜平成20年12月24日　山梨県議(自民党)　→06/08

桜本 調美　さくらもと・つぐみ　〜昭和62年6月3日　兵庫県職員労働組合中央執行委員長　→83/87

酒見 哲郎　さけみ・てつろう　大正14年11月6日〜平成7年1月3日　弁護士　日本弁護士連合会副会長　→94/96

埖 健吉　さこ・けんきち　大正2年4月14日〜平成5年2月8日　日本カーバイド工業社長, アジア石油社長　→91/93

佐古 源次郎　さこ・げんじろう　〜昭和7年2月24日　細民救済家　→昭和

迫 静二　さこ・せいじ　明治31年3月26日〜昭和58年8月6日　富士銀行相談役　→83/87

佐古 昇　さこ・のぼる　昭和7年4月30日〜平成15年3月26日　ライフ社長　→03/05

佐古 一　さこ・はじめ　大正4年12月15日〜平成22年1月13日　大成建設社長　→09/11

佐甲 明　さこう・あきら　昭和6年9月11日〜平成12年1月15日　中電アクセス社長　→00/02

酒向 莞三　さこう・かんぞう　昭和8年8月28日〜平成21年6月1日　中日新聞取締役本社編集局長　→09/11

佐甲 三郎　さこう・さぶろう　明治40年11月10日〜平成1年11月3日　朝日新聞社友, 中国地方経済連合会専務理事　→88/90

雑喉 利雄　ざこう・としお　明治40年12月7日〜昭和62年10月5日　朝日新聞社監査役・社長　→83/87

酒匂 佑一　さこう・ゆういち　大正5年9月25日〜平成4年11月24日　上富良野町(北海道)町長　→91/93

酒匂 幸男　さこう・ゆきお　昭和10年8月6日〜平成23年9月28日　三井金属副社長, 三井金属エンジニアリング社長　→09/11

酒向 好生　さこう・よしお　大正12年〜平成11年9月5日　グンゼ常務　→97/99

佐郷 義喜　さごう・よしき　昭和4年3月4日〜平成12年12月10日　日本電通建設常務　→00/02

佐郷屋 留雄　さごうや・とめお　明治41年12月1日〜昭和47年4月14日　右翼活動家　浜口雄幸狙撃事件　→昭和(佐郷屋 嘉昭 さごうや・よしあき)

迫田 国高　さこだ・くにたか　明治43年4月18日〜平成7年1月10日　清水建設副社長　→94/96

迫田 孝治　さこだ・たかじ　昭和10年10月1日〜平成10年11月18日　日東精工常務　→97/99

佐古田 英郎　さこだ・ひでお　大正14年11月24日〜平成13年1月30日　弁護士　佐古田法律事務所長, 日弁連副会長, 大阪地裁判事　→00/02

佐古田 正昭　さこだ・まさあき　〜平成22年4月27日　日本化学繊維協会理事長　→09/11

佐子田 光義　さこだ・みつよし　明治44年4月3日〜昭和58年1月9日　愛媛県共済農協連合会会長, 全国共済農協連合会理事, 愛媛県議　→83/87

迫田 泰章　さこだ・やすあき　昭和3年4月1日〜平成9年1月15日　国有財産管理調査センター理事長, 青森県副知事　→97/99

迫谷 渉　さこたに・わたる　明治45年5月12日〜昭和63年6月22日　錦建設社長, 広島商工会議所副会頭　→88/90

迫間 房太郎　さこま・ふさたろう　〜昭和17年8月23日　朝鮮財界長老　→昭和

迫水 久常　さこみず・ひさつね　明治35年8月5日〜昭和52年7月25日　政治家, 大蔵官僚　参院議員(自民党), 衆院議員, 郵政相　→昭和

迫水 久正　さこみず・ひさまさ　昭和7年2月19日〜平成16年10月10日　大蔵省南九州財務局長　→03/05

迫水 万亀　さこみず・まき　明治43年〜平成20年1月5日　日本生活文化交流協会会長　→06/08

迫本 省一　さこもと・せいいち　昭和3年11月8日〜平成18年11月28日　本州製紙専務　→06/08

迫本 実　さこもと・みのる　明治34年7月12日〜昭和60年1月20日　市川毛織社長　→83/87

左近 節子　さこん・せつこ　大正13年7月7日〜平成18年3月24日　東京YMCA理事　→06/08

左近 伝松　さこん・でんまつ　〜昭和62年4月1日　東日本海フェリー専務　→83/87

左近 友三郎　さこん・ともさぶろう　大正10年1月26日〜平成14年8月16日　共同石油社長, 中小企業庁長官　→00/02

左近 允基　さこん・みつもと　〜昭和31年2月29日　播磨造船常務　→昭和

左近司 彰男　さこんじ・あきお　大正4年8月15日〜昭和63年1月6日　日本水産専務, 報国水産(のちホウスイ)社長　→88/90

左近司 政三　さこんじ・せいぞう　明治12年6月27日〜昭和44年8月30日　海軍中将　商工相, 貴院議員(勅選)　→昭和

左近充 幸男　さこんじゅう・ゆきお　〜平成4年6月19日　国税局金沢国税不服審判所長　→91/93

佐々 栄三郎　ささ・えいざぶろう　明治44年8月10日〜昭和2年1月28日　衆院議員(社会党)　→88/90

佐々 栄　ささ・さかえ　明治40年2月19日〜平成15年3月6日　愛眼創業者　→03/05

佐々 信一　ささ・しんいち　〜昭和39年5月6日

NHK会友　→昭和

笹　忠夫　ささ・ただお　大正14年〜平成14年8月24日
栗田工業常務　→00/02

笹　哲夫　ささ・てつお　昭和4年2月3日〜平成12年4月20日
アーレスティ副社長　→00/02

佐々　匡啓　ささ・まさひろ　昭和16年1月24日〜平成16年11月9日
愛眼副会長　→03/05

佐々　義雄　ささ・よしお　〜昭和61年12月15日
佐々商店会長　→83/87

笹井　章　ささい・あきら　大正13年9月19日〜平成16年7月16日
明治製菓社長　→03/05

佐々井　一晃　ささい・いっちょう　明治16年2月22日〜昭和48年1月12日
社会運動家　やまとむすび総務委員長, 衆議院議員　→昭和（ささい・かずあきら）

笹井　一雄　ささい・かずお　〜昭和62年11月5日
元・富山市月岡土地改良区理事長, 元・富南村会議長　→83/87

笹井　幸一郎　ささい・こういちろう　明治18年10月28日〜昭和13年10月15日　愛媛県知事, 長崎市長　→昭和
（笠井　幸一郎　かさい・こういちろう）

笹井　醇一　ささい・じゅんいち　大正7年2月13日〜昭和17年8月26日　海軍少佐　→昭和

笹井　武夫　ささい・たけお　〜平成1年2月12日
三協工業会長, 山口県議, 防府市議会議長　→88/90

笹井　武久　ささい・たけひさ　昭和6年3月10日〜平成12年10月29日　産経新聞副社長, サンケイリビング新聞取締役相談役　→00/02

笹井　望　ささい・のぞむ　大正8年9月15日〜昭和61年9月4日　笹井ホテル（十勝川温泉）社長, 北海道議　→83/87

佐々井　典比古　ささい・のりひこ　大正6年8月5日〜平成21年3月21日　神奈川県副知事, 報徳博物館館長, 報徳福運社理事長　→09/11

笹井　治男　ささい・はるお　大正14年1月20日〜平成14年4月3日　東亜合成副社長　→03/05

笹井　寿　ささい・ひさし　大正12年12月7日〜平成4年8月26日　奥村組監査役　→91/93

笹井　良吉　ささい・りょうきち　〜昭和62年8月6日
昭広社代表取締役社長, 西日本華道連盟理事, 真生流理事　→83/87

笹尾　正一　ささお・しょういち　明治10年12月〜昭和8年4月11日　鉱山技師・監督官　→昭和

笹尾　鮮三郎　ささお・せんざぶろう　大正3年6月19日〜平成20年10月13日　日本輸送機社長　→06/08

笹尾　直哉　ささお・なおや　昭和4年1月13日〜平成12年1月27日　栖崎産業常務　→00/02

笹尾　保博　ささお・やすひろ　昭和21年5月31日〜平成18年6月19日　奈良県議（自民党）　→06/08

笹岡　久男　ささおか・ひさお　〜昭和58年5月13日
笹岡薬品化成会長　→83/87

笹川　治　ささがわ・おさむ　大正15年1月29日〜平成16年9月28日　明治生命常務　→03/05

笹川　晃次　ささがわ・こうじ　大正8年1月21日〜平成13年1月30日　新田ベルト専務　→00/02

笹川　茂男　ささがわ・しげお　〜昭和60年5月26日
日本沿海フェリー常務　→83/87

笹川　信四郎　ささかわ・しんしろう　大正8年7月29日〜昭和60年7月4日　河北アド・センター社長, 元河北新報社常務　→83/87

笹川　俊彦　ささかわ・としひこ　昭和10年1月21日〜平成12年6月17日　弁護士　全国人権擁護委員会連合会副会長　→00/02

笹川　文之　ささがわ・ふみゆき　明治45年3月22日〜平成1年2月7日　三和倉庫社長, 日本曹達常務　→88/90

佐々川　豊　ささがわ・ゆたか　大正2年8月23日〜平成4年8月13日　新来島どっく社長　→91/93

笹川　良雄　ささがわ・よしお　〜平成9年1月8日
新潟証券取引所専務理事　→97/99

笹川　良一　ささかわ・りょういち　明治32年5月4日〜平成7年7月18日　日本船舶振興会会長, 全国モーターボート競走会連合会名誉会長, 福岡工業大学名誉理事長　→94/96

笹川　了平　ささかわ・りょうへい　大正4年1月2日〜昭和57年4月15日　笹川興産社長, 大阪日日新聞社主　→80/82（ささがわ・りょうへい）

佐々木　顕亮　ささき・あきすけ　〜昭和58年3月3日
金商石油サービス相談役, 元金商又一専務　→83/87

佐々木　晃　ささき・あきら　大正13年2月11日〜昭和57年9月30日　甲陽建設工業取締役　→80/82

佐々木　昭　ささき・あきら　昭和4年〜平成7年11月8日
日立ソフトウェアエンジニアリング常務　→94/96

佐々木　曇　ささき・あきら　明治43年10月6日〜平成3年3月16日　大和証券監査役　→91/93

佐々木　荒　ささき・あらし　昭和3年1月19日〜平成23年5月26日　古河機械金属社長　→09/11

佐々木　勲　ささき・いさお　昭和7年3月27日〜平成9年11月25日　五洋建設常務　→97/99

佐々木　勇　ささき・いさむ　〜昭和60年4月14日
佐々木銃砲火薬店社長, 日本野鳥の会小樽支部長　→83/87

佐々木　一雄　ささき・いちゆう　明治44年3月7日〜平成14年11月2日　僧侶　実相院（曹洞宗）住職, 東北福祉大学学長　→00/02

佐々木　一朗　ささき・いちろう　昭和7年6月10日〜平成14年12月17日　一関市長　→00/02

佐々木　一郎　ささき・いちろう　明治43年7月24日〜平成14年5月30日　津山町（宮城県）町長　→00/02

佐々木　卯十雄　ささき・うじゅうお　大正4年10月2日〜平成7年12月26日　コスモ証券社長, 大和銀行常務　→94/96

佐々木　栄一　ささき・えいいち　〜昭和61年10月29日

通産省工業技術院機械試験所長, 機械工業振興会専務理事　→83/87

佐々木 英治　ささき・えいじ　大正4年8月23日～平成19年12月15日　宇部興産副社長, テレビ山口社長　→06/08

佐々木 家寿治　ささき・かじゅじ　明治19年12月7日～昭和29年3月2日　宮城県知事, 衆院議員（政友会）　→昭和（ささき・やすじ）

佐々木 一雄　ささき・かずお　大正10年5月1日～平成10年4月18日　日本ペイント社長　→97/99

佐々木 和夫　ささき・かずお　明治37年1月4日～平成2年6月30日　国際電信電話監査役　→88/90

佐々木 和夫　ささき・かずお　大正8年1月18日～平成18年11月25日　リズム時計工業常務　→06/08

佐々木 一彦　ささき・かずひこ　～平成19年3月4日　山梨信用金庫理事長　→06/08

佐々木 勝義　ささき・かつよし　大正8年2月22日～平成2年12月28日　新日鉄化学監査役　→88/90

佐々木 寛一　ささき・かんいち　明治45年4月24日～平成11年11月21日　パトライト創業者　→97/99

佐々木 幹二　ささき・かんじ　昭和7年1月10日～平成11年8月3日　白鶴酒造常務　→97/99

佐々木 勘助　ささき・かんすけ　明治42年10月19日～昭和63年2月6日　宮城県食糧事業協同組合連合会会長, 塩釜米穀卸協同組合理事長　→88/90

佐々木 喜久治　ささき・きくじ　大正10年11月25日～平成20年5月6日　秋田県知事, 消防庁長官　→06/08

佐々木 喜美蔵　ささき・きみぞう　明治37年7月1日～昭和57年4月1日　東急建設顧問, 東急道路社長　→80/82

佐々木 教純　ささき・きょうじゅん　～昭和25年10月16日　大僧正, 護国寺貫主　→昭和

佐々木 恭三　ささき・きょうぞう　大正10年3月14日～昭和58年4月4日　佐々木（株）社長　→83/87

佐々木 恭三　ささき・きょうぞう　～平成11年10月6日　弁護士　東京弁護士会副会長　→97/99

佐々木 恭太郎　ささき・きょうたろう　大正2年8月15日～平成9年12月27日　中越パルプ工業社長　→97/99

佐々木 澄　ささき・きよし　～平成6年11月9日　足利銀行常勤監査役, 足利不動産社長　→94/96

佐々木 清亮　ささき・きよすけ　～昭和44年7月11日　昭和電工専務　→昭和

佐々木 清春　ささき・きよはる　～昭和61年12月12日　越中稲荷神社奉賛会（富山県）会長　→83/87

佐々木 清麿　ささき・きよまろ　慶応2年8月27日～昭和9年2月12日　実業家　→昭和

佐々木 銀一　ささき・ぎんいち　明治23年4月13日～昭和5年4月8日　社会運動家　労働農民党岡山県支部書記長　→昭和

佐々木 欽也　ささき・きんや　大正14年5月31日～平成14年5月2日　アサヒビール常務　→00/02

佐々木 邦夫　ささき・くにお　昭和16年12月5日～平成14年8月1日　キンセキ社長　→00/02

佐々木 邦彦　ささき・くにひこ　明治41年12月20日～平成6年7月20日　富士銀行頭取　→94/96

佐々木 啓二　ささき・けいじ　大正13年2月27日～平成18年3月19日　津軽鉄道社長, エフエム青森会長, 青森県議　→06/08

佐々木 顕一　ささき・けんいち　昭和6年7月25日～平成62年3月22日　佐々木組社長　→83/87

佐々木 謙一郎　ささき・けんいちろう　～昭和28年6月29日　満鉄副総裁, 南方開発金庫総裁, 日本食塩社長　→昭和

佐々木 健吉　ささき・けんきち　大正9年12月3日～平成2年6月7日　国鉄監察局長, 関西化成品輸送社長　→88/90

佐々木 源左エ門　ささき・げんざえもん　大正3年5月18日～平成1年1月15日　宮城県議会議長　→88/90

佐々木 憲二　ささき・けんじ　昭和22年1月25日～平成16年12月17日　養父市長　→03/05

佐々木 孝司　ささき・こうし　明治44年1月8日～昭和59年7月19日　兵庫県議　→83/87

佐々木 康治　ささき・こうじ　大正15年1月31日～平成4年12月13日　宮守村（岩手県）村長　→91/93

佐々木 康治　ささき・こうじ　昭和12年9月21日～平成19年1月8日　JR東日本取締役　→06/08

佐々木 晧二　ささき・こうじ　昭和7年1月15日～平成4年4月13日　協和埼玉銀行常勤監査役　→91/93

笹気 幸助　ささき・こうすけ　～平成4年8月26日　笹気出版印刷会長　→91/93

佐々木 更三　ささき・こうぞう　明治33年5月25日～昭和60年12月24日　政治家　衆院議員, 日本社会党委員長　→83/87

佐々木 光龍　ささき・こうりゅう　～平成15年12月3日　僧侶　天台宗大僧正, 延暦寺長臈, 華王院住職　→03/05

佐々木 駒之助　ささき・こまのすけ　明治6年7月16日～昭和29年6月2日　実業家　東洋拓殖総裁　→昭和

佐々木 才朗　ささき・さいろう　昭和2年2月15日～平成8年6月3日　水資源協会理事長, 三井造船特別顧問, 国土地理院長　→94/96

佐々木 禎子　ささき・さだこ　昭和18年1月7日～昭和30年10月25日　"原爆の子の像"のモデル　→昭和

佐々木 定道　ささき・さだみち　明治44年7月10日～平成18年3月26日　富士重工業社長　→06/08

佐々木 敏　ささき・さとし　大正10年1月26日～平成15年3月9日　商工中金理事　→03/05

佐々木 諭　ささき・さとし　大正7年4月23日～平成13年5月7日　マキタ専務　→00/02

佐々木 査　ささき・さとし　明治44年3月7日～平成4年7月30日　理研アドソール工業社長, 理研薬品工業社長　→91/93

佐々木 三郎　ささき・さぶろう　～昭和61年11月3日　東北地方建設局地方課長　→83/87

佐々木 三郎　ささき・さぶろう　～平成5年9月11日　雪印乳業常務　→91/93

佐々木 三郎　ささき・さぶろう　大正3年1月22日～平成7年5月20日　三菱自動車販売(のち三菱自動車工業)常務　→94/96

佐々木 三郎　ささき・さぶろう　大正4年10月25日～平成9年8月5日　チッソ常務、チッソ石油化学副社長、日本技術輸出社長　→97/99

佐々木 三十郎　ささき・さんじゅうろう　～平成6年5月20日　(福)SOSこどもの村理事長　→94/96

佐々木 三蔵　ささき・さんぞう　明治40年4月5日～昭和60年4月17日　豊国佐々木電線相談役、元全国電線工業組合理事長　→83/87

佐々木 志賀二　ささき・しがじ　明治15年2月5日～昭和9年9月18日　衆院議員(立憲政友会)、貴院議員(多額納税)　→昭和

佐々木 鹿蔵　ささき・しかぞう　～昭和25年11月2日　参院議員(自由党)、日本鉱業化学社長　→昭和

佐々木 繁明　ささき・しげあき　昭和5年10月13日～平成20年3月15日　オタフクソース社長　→06/08

佐々木 重雄　ささき・しげお　～平成5年4月20日　千葉銀行専務　→91/93

佐々木 重雄　ささき・しげお　大正11年2月7日～平成17年9月6日　岩手県議(自民党)　→03/05

佐々木 繁夫　ささき・しげお　～平成15年2月4日　平和運動家　"原爆の子の像"のモデルとなった佐々木禎子の父　→03/05

佐々木 重二　ささき・しげじ　明治35年10月25日～平成2年3月6日　丹後生糸社長、日本生糸問屋協会会長　→88/90

佐々木 繁弥　ささき・しげや　大正14年4月21日～平成15年8月16日　関東電化工業副社長　→03/05

佐々木 茂行　ささき・しげゆき　昭和43年3月14日～平成9年2月21日　石油産業活性化センター専務理事　→97/99

佐々木 繁　ささき・しげる　大正14年3月6日～平成17年11月17日　佐々木畜産会長、日本家畜商協会副会長、十勝畜産農業協同組合長　→03/05

佐々木 茂　ささき・しげる　明治43年4月10日～平成6年12月11日　弁護士　実践女子大学名誉教授　→94/96

佐々木 静雄　ささき・しずお　大正14年1月17日～平成23年2月19日　マックス社長　→09/11

佐々木 周一　ささき・しゅういち　明治26年12月8日～昭和57年8月4日　日本原子力船開発事業団理事長　→80/82

佐々木 秋市　ささき・しゅういち　～平成7年10月26日　弁理士　佐々木田中特許事務所所長、弁理士会副会長　→94/96

佐々木 修二郎　ささき・しゅうじろう　～昭和42年3月15日　帝国銀行副頭取、第一銀行副頭取　→昭和

佐々木 順一　ささき・じゅんいち　大正14年1月1日～平成12年11月15日　臼杵市長　→00/02

佐々木 醇三　ささき・じゅんぞう　大正9年12月27日～平成14年4月30日　日魯漁業社長、農林中央金庫理事　→00/02

佐々木 順三　ささき・じゅんぞう　明治23年3月2日～昭和51年5月2日　神学者、教育家　→昭和

佐々木 昌一　ささき・しょういち　～昭和59年3月19日　丸大紙業会社社長　→83/87

笹木 庄吉　ささき・しょうきち　昭和8年5月1日～平成2年4月26日　神奈川県議(民社党)　→88/90

佐々木 正拳　ささき・しょうけん　大正10年8月1日～昭和61年11月20日　宮園オート社長　→83/87

佐々木 昭三　ささき・しょうぞう　大正15年3月21日　石狩町(北海道)町長　→80/82

佐々木 正蔵　ささき・しょうぞう　安政2年～昭和11年2月7日　衆院議員　→昭和

佐々木 正太郎　ささき・しょうたろう　明治43年6月28日～昭和58年6月14日　デーリー東北新聞社長　→83/87

佐々木 史朗　ささき・しろう　大正15年7月18日～平成15年4月22日　弁護士　福岡高裁長官　→03/05

佐々木 四郎　ささき・しろう　～昭和39年5月11日　三井不動産社長　→昭和

佐々木 四郎　ささき・しろう　明治44年7月7日～昭和59年10月24日　海外農業開発コンサルタンツ協会会長、水資源開発公団理事　→83/87

佐々木 四郎　ささき・しろう　明治42年2月22日～平成2年11月8日　鹿島建設常務　→88/90

佐々木 四郎　ささき・しろう　大正15年3月19日～平成20年4月23日　マルカングループ創業者、花巻観光協会会長　→06/08

佐々木 次郎　ささき・じろう　大正5年3月31日～平成12年3月26日　大豊建設専務　→00/02

佐々木 慎一　ささき・しんいち　大正14年11月25日～平成11年12月15日　サイエンス・クリエイト副会長、豊橋技術科学大学学長　→97/99

佐々木 仁一　ささき・じんいち　～平成3年2月10日　花月園観光社長　→91/93

佐々木 新一郎　ささき・しんいちろう　昭和8年12月26日～昭和63年11月11日　佐々木丑治郎商店ササキハウス社長　→88/90

佐々木 真三　ささき・しんぞう　～昭和55年9月6日　日本赤十字社東京支部事業部長　→80/82

佐々木 真太郎　ささき・しんたろう　明治35年11月25日～昭和60年3月26日　新日本観光興業社主、新日本食堂代表取締役社長、相模工業大学学頭　→83/87

佐々木 進　ささき・すすむ　大正3年8月20日～昭和55年11月22日　佐々木興業会長、全国興業環境衛生同業組合連合会会長　→80/82

佐々木 澄雄　ささき・すみお　大正5年6月9日～平成22年12月22日　八千穂村(長野県)村長　→09/11

佐々木 誠一　ささき・せいいち　〜昭和42年1月28日　日本産業巡航見本市協会副会長　→昭和

佐々木 正熙　ささき・せいき　〜昭和62年2月1日　僧侶　浄土真宗本願寺派総長　→83/87

佐々木 省三　ささき・せいぞう　明治45年6月3日〜平成13年6月29日　綜合警備保障社長,大東京火災海上保険専務　→00/02

佐々木 節　ささき・せつ　明治36年〜昭和30年7月　労働運動家　東京合同労組中央委員・政治部長　→昭和

佐々木 善麿　ささき・ぜんぎょう　大正12年3月10日〜平成15年4月29日　僧侶　神寺(真言宗)住職,真言宗石鉄派管長,愛媛陸上競技協会名誉会長　→03/05

佐々木 善三郎　ささき・ぜんざぶろう　大正3年4月7日〜昭和62年4月21日　報国水産(のちホウスイ)専務　→83/87

佐々木 専治　ささき・せんじ　明治20年8月24日〜昭和6年10月13日　労働運動家　東京市電従業員自治会執行委員長,日本交通労働総連盟常任委員長　→昭和

佐々木 善七　ささき・ぜんしち　明治28年3月1日〜平成6年8月11日　関西ペイント社長　→94/96

佐々木 善次郎　ささき・ぜんじろう　文久2年8月4日〜昭和8年9月28日　官僚　→昭和

佐々木 善松　ささき・ぜんまつ　〜昭和55年3月25日　旧渡島管内亀田村長　→80/82

佐々木 善祐　ささき・ぜんゆう　明治44年1月2日〜平成7年7月31日　アイシン精機専務,アイシン販売社長　→94/96

佐々木 千里　ささき・せんり　明治34年11月6日〜平成14年4月7日　東京都議(自民党)　→00/02

佐々木 惣吉　ささき・そうきち　〜昭和60年8月7日　八戸水産加工業協同組合連合会(青森県)会長　→83/87

佐々木 惣吉　ささき・そうきち　〜平成13年10月31日　岩手県教育委員長　→00/02

佐々木 第一郎　ささき・だいいちろう　〜昭和60年6月23日　同和火災海上保険常任監査役　→83/87

佐々木 泰翁　ささき・たいおう　〜昭和40年9月2日　永平寺顧問会議長,元曹洞宗宗務総長　→昭和

佐々木 隆夫　ささき・たかお　明治42年8月15日〜昭和57年12月28日　江津市長　→80/82

佐々木 隆一　ささき・たかかず　明治36年5月6日〜平成2年9月26日　佐々木不動産会長,日本基督教会吉田教会長老・元財務委員長,住友ベークライト取締役　→88/90

佐々木 喬　ささき・たかし　大正9年9月25日〜平成19年4月21日　コバル電子創業者　→06/08

佐々木 昂　ささき・たかし　明治39年10月30日〜昭和19年8月31日　民間教育運動の指導者　→昭和

佐々木 隆　ささき・たかし　〜平成5年10月2日　法務省名古屋矯正管区長　→91/93

佐々木 隆人　ささき・たかと　昭和2年10月8日〜平成17年6月30日　えりも町(北海道)町長　→03/05

佐々木 高寿　ささき・たかとし　〜平成3年3月3日　六ケ所村(青森県)村長　→91/93

佐々木 高勲　ささき・たかなり　〜昭和57年6月21日　東京都出納長　→80/82

佐々木 陽信　ささき・たかのぶ　大正2年8月14日〜平成1年10月18日　日本鉱業社長　→88/90

佐々木 高文　ささき・たかふみ　大正8年1月15日〜平成14年12月8日　東京光学機械専務　→00/02

佐々木 卓夫　ささき・たくお　明治41年10月5日〜平成4年4月26日　日本電気副社長,日本電信電話公社総務理事　→91/93

佐々木 拓郎　ささき・たくお　昭和10年11月2日〜平成14年2月5日　日本海洋掘削副社長　→00/02

佐々木 琢爾　ささき・たくじ　大正3年5月15日〜平成1年5月27日　丸善石油(のちコスモ石油)副社長　→88/90

佐々木 竹一　ささき・たけいち　〜平成20年8月4日　佐世保軍事問題研究会代表　→06/08

佐々木 威　ささき・たけし　昭和10年11月27日〜平成23年9月20日　日立製作所取締役,日本サーボ社長　→09/11

佐々木 健　ささき・たけし　昭和10年7月13日〜平成3年10月26日　合化労連委員長,連合中央執行委員,総評副議長　→91/93

佐々木 猛　ささき・たけし　昭和6年4月1日〜平成12年2月29日　富士レビオ常務　→00/02

佐々木 武四郎　ささき・たけしろう　〜昭和56年2月10日　北海道中央バス常務,小樽経営者協会会長　→80/82

佐々木 忠夫　ささき・ただお　大正15年11月2日〜平成18年12月15日　仙台市助役　→06/08

佐々木 忠雄　ささき・ただお　明治41年3月14日〜昭和61年7月29日　山形県公安委員長,米沢市商工会議所会頭　→83/87

佐々木 忠雄　ささき・ただお　大正4年10月1日〜平成13年10月22日　ライオン専務　→00/02

佐々木 正　ささき・ただし　明治41年1月5日〜平成4年10月28日　北海道新聞取締役　→91/93

佐々木 正　ささき・ただし　大正13年〜平成12年6月15日　東芝機械常務　→00/02

佐々木 但　ささき・ただし　大正6年1月10日〜平成2年7月17日　税理士　日本税理士会連合会副会長　→88/90

佐々木 直　ささき・ただし　明治40年5月19日〜昭和63年7月7日　日本銀行総裁　→88/90

佐々木 保　ささき・たもつ　〜昭和57年1月24日　小郡市長　→80/82

佐々木 保　ささき・たもつ　昭和2年2月21日〜平成10年8月21日　日本甜菜製糖常務　→97/99

佐々木 即　ささき・ちかし　平成1年10月7日　日本科学技術情報センター常務理事,科学技術庁資源局長　→88/90

佐々木 力　ささき・ちから　昭和26年3月16日〜平成23年8月9日　リンク・セオリー・ジャパン社長　→09/11

佐々木 長治　ささき・ちょうじ　明治27年2月〜昭和45年9月12日　伊予鉄道会長、衆院議員（立憲政友会）、貴院議員（多額納税）　→昭和

佐々木 長八　ささき・ちょうはち　大正4年12月10日〜平成5年10月27日　秋田県議、千畑村（秋田県）村長　→91/93

佐々木 千代雄　ささき・ちよお　明治35年7月1日〜平成1年8月12日　日本パルプ工業（のち王子製紙）専務　→88/90

佐々木 司　ささき・つかさ　〜昭和61年4月25日　滋賀県土木部長　→83/87

佐々木 務　ささき・つとむ　昭和10年2月8日〜平成14年1月21日　東邦亜鉛専務　→00/02

佐々木 綱彦　ささき・つなひこ　大正5年1月27日〜昭和59年11月19日　東京セロファン紙社長　→83/87

佐々木 常夫　ささき・つねお　昭和8年11月1日〜平成16年2月5日　岩手日報編集局次長、岩手日報広告社社長　→03/05

佐々木 恒司　ささき・つねじ　〜昭和42年12月25日　東京都議　→昭和

佐々木 禎治　ささき・ていじ　大正8年11月16日〜平成18年8月27日　佐々木製茶社長、小笠園茶会長、全国茶商工業協同組合連合会理事長　→06/08

佐々木 哲夫　ささき・てつお　昭和10年10月10日〜平成10年2月28日　マツダ常務　→97/99

佐々木 哲蔵　ささき・てつぞう　明治39年5月15日〜平成6年5月25日　弁護士　佐々木法律事務所所長　→94/96

佐々木 哲也　ささき・てつや　昭和28年4月28日〜平成22年12月6日　大分県議（自民党）　→09/11

佐々木 照男　ささき・てるお　明治45年6月10日〜昭和60年10月22日　宮城県議　→83/87

佐々木 到一　ささき・とういち　明治19年1月27日〜昭和30年5月30日　陸軍中将　→昭和

佐々木 徳三郎　ささき・とくさぶろう　明治36年7月10日〜平成3年5月7日　丸惣社長、八紘学園理事長　→91/93

佐々木 利昭　ささき・としあき　昭和6年11月5日〜平成21年8月3日　北海道議（自民党）　→09/11

佐々木 敏雄　ささき・としお　明治34年3月30日〜平成6年12月29日　小郡市長　→94/96

佐々木 敏郎　ささき・としお　〜昭和61年2月24日　石巻地方広域水道企業団事務局長　→83/87

佐々木 利雄　ささき・としお　明治40年12月13日〜昭和63年12月30日　北海道議（自民党）、北海道通信社会長　→88/90

佐々木 俊孝　ささき・としたか　〜昭和62年10月1日　増田組専務　→83/87

佐々木 敏綱　ささき・としつな　明治14年〜昭和14年5月29日　古河合名専務理事　→昭和

佐々木 利英　ささき・としひで　昭和16年12月25日〜平成10年2月2日　日本道路公団中国支社長　→97/99

佐々木 敏光　ささき・としみつ　〜昭和57年3月30日　東京都人事委員会事務局公平部長　→80/82

佐々木 富夫　ささき・とみお　大正14年4月2日〜平成6年2月28日　全国行政相談委員連合協議会専務理事　→94/96

佐々木 富雄　ささき・とみお　〜平成18年10月11日　電通常務　→06/08

佐々木 富造　ささき・とみぞう　〜昭和12年3月25日　京都電燈取締役　→昭和

佐々木 友吉　ささき・ともきち　〜昭和60年5月11日　三井物産林業社長、東北製紙副社長　→83/87

佐々木 虎男　ささき・とらお　明治44年2月15日〜昭和61年9月29日　新星工業社長　→83/87

佐々木 直吉　ささき・なおきち　大正2年〜昭和16年12月9日　海軍特務少尉　→昭和

佐々木 延男　ささき・のぶお　明治40年1月7日〜平成1年9月2日　積丹町（北海道）町長　→88/90

佐々木 信雄　ささき・のぶお　大正13年9月17日〜平成22年8月24日　明治製糖副社長　→09/11

佐々木 信行　ささき・のぶゆき　大正10年9月6日〜平成10年2月21日　秋田県議（社会党）　→97/99

佐々木 信義　ささき・のぶよし　昭和2年8月12日〜昭和63年10月5日　海上保安庁第一管区海上保安本部長　→88/90

佐々木 昇　ささき・のぼる　〜平成9年4月20日　東京テレメッセージ常務　→97/99

佐々木 襄　ささき・のぼる　昭和4年3月15日〜平成10年3月5日　帝国ピストンリング会長、富士銀行常務　→97/99

佐々木 令顕　ささき・のりあき　〜平成11年6月16日　大阪証券取引所常務理事　→97/99

佐々木 祝雄　ささき・のりお　〜昭和47年1月9日　住友化学取締役　→昭和

佐々木 徳義　ささき・のりよし　大正3年9月〜昭和59年7月16日　佐々木グループ会長、豊後高田市長　→83/87

佐々木 春雄　ささき・はるお　大正7年4月8日〜平成12年2月28日　第一勧業銀行常務　→00/02

佐々木 春美　ささき・はるみ　大正14年3月24日〜昭和62年5月21日　エフエム長崎取締役　→83/87

佐々木 久恵　ささき・ひさえ　明治24年3月20日〜昭和61年11月5日　佐々木毛織会長　→昭和

佐々木 久雄　ささき・ひさお　大正7年3月26日〜昭和63年12月12日　広島郵政局長　→88/90

佐々木 久　ささき・ひさし　〜昭和55年10月12日　阪急百貨店常務　→80/82

佐々木 久　ささき・ひさし　昭和14年4月8日〜平成13年8月17日　岩手日報常務　→00/02

佐々木 久治　ささき・ひさじ　〜昭和58年6月24日
明治乳業専務　→83/87

佐々木 秀一　ささき・ひでいち　大正2年9月17日〜平成8年12月19日　佐々木硝子会長、東京商工会議所副会頭　→94/96

佐々木 英夫　ささき・ひでお　〜平成1年8月19日
東京都市公平委員会委員、帝都高速交通営団理事　→88/90

佐々木 秀司　ささき・ひでじ　明治13年11月〜昭和9年11月14日　実業家　共済生命保険常務、香川県知事　→昭和（ささき・しゅうじ）

佐々木 英文　ささき・ひでぶみ　大正11年3月27日〜平成14年10月28日　神奈川県警本部長、セントラル警備保障副会長　→00/02

佐々木 秀世　ささき・ひでよ　明治42年4月12日〜昭和61年2月1日　日本武道館常務理事、衆院議員、運輸相　→83/87

佐々木 一志　ささき・ひとし　大正5年8月15日〜平成2年3月20日　雪印食品常務　→88/90

佐々木 広生　ささき・ひろお　大正12年11月15日〜平成10年1月16日　日本証券会長、日本興業銀行常務　→97/99

佐々木 宏樹　ささき・ひろき　昭和17年1月2日〜平成17年7月18日　パトライト社長　→03/05

佐々木 広　ささき・ひろし　〜昭和62年11月22日
大和銀行監査役　→83/87

佐々木 弘　ささき・ひろし　大正5年2月13日〜平成17年4月24日　関東電化工業専務　→03/05

佐々木 浩　ささき・ひろし　大正15年11月22日〜平成9年4月7日　岩手県副知事　→97/99

佐々木 浩　ささき・ひろし　大正10年3月21日〜平成16年9月4日　製鉄化学工業社長　→03/05

佐々木 博　ささき・ひろし　昭和44年4月9日〜平成10年8月3日　石川県議（自民党）　→97/99

佐々木 弘吉　ささき・ひろよし　大正4年3月3日〜平成5年1月24日　愛媛放送会長、愛媛県議（自民党）　→91/93

佐々木 房男　ささき・ふさお　明治36年4月11日〜昭和56年10月5日　東美社長、Sマート社長　→80/82

佐々木 不二麿　ささき・ふじまろ　大正8年12月8日〜平成3年11月28日　三菱重工業常務　→91/93

佐々木 文一　ささき・ぶんいち　明治1年12月15日〜昭和5年10月16日　衆院議員　→昭和

佐々木 文一　ささき・ぶんいち　明治34年12月5日〜平成1年5月17日　弁護士　第二東京弁護士会副会長　→88/90

佐々木 文三郎　ささき・ぶんざぶろう　大正1年10月16日〜昭和63年8月15日　日本火災海上保険副社長　→88/90

佐々木 文太郎　ささき・ぶんたろう　大正14年10月10日〜昭和63年1月8日　ソントン食品工業監査役、元取締役　→88/90

佐々木 平吉　ささき・へいきち　〜昭和42年11月29日
三井造船相談役　→昭和

佐々木 平次郎　ささき・へいじろう　明治6年4月22日〜昭和10年4月21日　実業家　衆議院議員（政友会）　→昭和

佐々木 正雄　ささき・まさお　〜昭和59年6月25日
釧路ゴルフ場代表取締役,(学)緑ケ岡学園名誉理事長　→83/87

佐々木 仁　ささき・まさし　昭和15年2月4日〜平成22年5月23日　清水建設取締役専務執行役員　→09/11

佐々木 正隆　ささき・まさたか　〜昭和59年4月3日
住金精圧社長　→83/87

佐々木 正博　ささき・まさひろ　〜平成3年9月11日
東京写真製版工業協同組合常務理事、東一写製版社長　→91/93

佐々木 匡通　ささき・まさみち　昭和10年4月9日〜平成19年5月23日　キッセイ薬品工業副社長　→06/08

佐々木 正康　ささき・まさやす　大正3年3月15日〜平成6年6月23日　牧製本印刷会長　→94/96

佐々木 勝　ささき・まさる　昭和7年12月11日〜平成5年12月2日　近鉄パック常務,近鉄エクスプレス取締役　→91/93

佐々木 松太郎　ささき・まつたろう　明治44年9月1日〜平成7年10月29日　三和シヤッター工業専務　→94/96

佐々木 実　ささき・みのる　明治45年1月2日〜昭和61年6月16日　(株)帝都無線社長　→83/87

佐々木 実　ささき・みのる　大正10年6月24日〜平成1年3月5日　昭和航空会長、関西飛行協会副会長　→88/90

佐々木 実　ささき・みのる　昭和5年10月25日〜平成3年2月5日　日本リース社長　→91/93

佐々木 実　ささき・みのる　大正3年3月12日〜平成8年10月9日　西日本相互銀行（のち西日本銀行）常務　→94/96

佐々木 ミヨ　ささき・みよ　明治37年〜昭和55年7月19日　実業家　ホテル丸惣（札幌市）副社長、札幌商工会議所婦人会名誉会長　→80/82

佐々木 宗満　ささき・むねみつ　昭和7年3月1日〜平成23年7月16日　福井新聞常務　→09/11

佐々木 素夫　ささき・もとお　大正9年10月31日〜平成13年1月18日　神官　平岡八幡宮名誉宮司、京都府立洛水高校校長　→00/02

佐々木 盛雄　ささき・もりお　明治41年8月23日〜平成13年8月25日　衆院議員（自民党）　→00/02

佐々木 弥市　ささき・やいち　明治25年12月11日〜昭和33年9月12日　実業家　日本石油社長　→昭和

佐々木 安五郎　ささき・やすごろう　明治5年1月17日〜昭和9年1月1日　衆院議員（新正倶楽部）　→昭和

佐々木 安隆　ささき・やすたか　〜昭和55年2月9日
一遍会会長　→80/82

佐々木 康哲　ささき・やすのり　〜平成20年6月20日
被災者・市民フォーラム事務局長　→06/08

佐々木 八十八　ささき・やそはち　明治7年5月2日〜昭和32年9月19日　実業家、政治家　レナウン創業者、貴院

議員(多額) →昭和

佐々木 祐司　ささき・ゆうじ　～平成3年3月4日　佐々木印刷(有)社長, 東京都印刷工業組合相談役　→91/93

佐々木 勇蔵　ささき・ゆうぞう　明治38年6月7日～昭和60年6月17日　泉州銀行頭取, 泉州高校創立者　→83/87

佐々木 勇之助　ささき・ゆうのすけ　嘉永7年8月8日～昭和18年12月28日　銀行家　第一国立銀行頭取　→昭和

佐々木 行雄　ささき・ゆきお　大正9年8月25日～平成22年7月23日　ズコーシャ創業者, 北海道議(自民党)　→09/11

佐々木 行樹　ささき・ゆきじゅ　～平成1年7月13日　宮城県森林組合連合会顧問　→88/90

佐佐木 行忠　ささき・ゆきただ　明治26年7月26日～昭和50年8月10日　神道家　→昭和

佐々木 豊　ささき・ゆたか　明治42年7月2日～昭和63年2月7日　北海道議会議長(自民党, 渡島)　→88/90

佐々木 豊　ささき・ゆたか　～平成2年11月13日　大信印刷(株)相談役　→88/90

佐々木 庸一　ささき・よういち　大正6年3月11日～昭和56年12月31日　住宅総合センター社長, 専売公社副総裁　→80/82

佐々木 要一郎　ささき・よういちろう　大正1年9月24日～平成6年11月12日　岩手県議(自民党), 藤沢町(岩手県)町長　→94/96

佐々木 義雄　ささき・よしお　明治43年8月24日～昭和60年9月17日　江別生コン代表取締役会長　→83/87

佐々木 義雄　ささき・よしお　大正11年2月14日～平成5年3月11日　三菱重工業常務　→91/93

佐々木 淑雄　ささき・よしお　大正9年3月26日～昭和60年10月7日　昭和飛行機工業顧問・元常務　→83/87

佐々木 芳雄　ささき・よしお　大正2年8月10日～平成19年10月22日　日本テレビ放送網社長, 読売新聞副社長, 日本民間放送連盟会長　→06/08

佐々木 良夫　ささき・よしお　昭和9年4月18日～平成23年10月19日　関西ペイント社長　→09/11

佐々木 芳治　ささき・よしじ　大正2年12月23日～昭和62年9月25日　仙台管区気象台長　→83/87

佐々木 義武　ささき・よしたけ　明治42年4月3日～昭和61年12月13日　衆院議員(自民党), 通産相, 科学技術庁長官　→83/87

佐々木 義照　ささき・よしてる　昭和5年1月6日～平成17年10月7日　上湧別町(北海道)町長　→03/05

佐々木 吉長　ささき・よしなが　～昭和32年4月5日　弁護士　第一東京弁護士会長　→昭和

佐々木 吉良　ささき・よしなが　明治16年～昭和11年4月16日　陸軍少将　→昭和(ささき・きちりょう)

佐々木 是延　ささき・よしのぶ　明治36年6月15日～昭和10年　社会運動家　労働農民党福岡県連執行委員　→昭和

佐々木 義彦　ささき・よしひこ　明治20年8月8日～昭和50年2月8日　日貿信会長, 東邦レーヨン会長　→昭和

佐々木 義広　ささき・よしひろ　大正14年9月28日～平成13年6月19日　住友重機械工業専務　→00/02

佐々木 雷介　ささき・らいすけ　大正1年10月28日～平成3年11月29日　三菱油化取締役　→91/93

佐々木 龍一　ささき・りゅういち　大正15年～平成10年10月27日　京都府寿司環境衛生同業組合理事長, いづう社長　→97/99

佐々木 隆二　ささき・りゅうじ　昭和10年12月22日～平成13年8月4日　明治製菓専務　→00/02

佐々木 隆二　ささき・りゅうじ　明治17年9月22日～平成18年11月26日　岩手日報取締役販売局長　→06/08

佐々木 隆蔵　ささき・りゅうぞう　明治40年9月10日～平成1年12月19日　佐々木隆蔵商店社長, 八戸商工会議所会頭　→88/90

佐々木 良一　ささき・りょういち　明治24年10月4日～昭和32年4月8日　弁護士　名古屋高裁長官　→昭和

佐々木 良一　ささき・りょういち　大正4年9月29日～平成11年1月26日　大垣共立銀行専務　→97/99

佐々木 良一　ささき・りょういち　大正15年2月18日～平成21年6月9日　農林中央金庫常務理事, 協同乳業社長　→09/11

佐々木 良五郎　ささき・りょうごろう　～昭和56年7月2日　士別市長　→80/82

佐々木 良作　ささき・りょうさく　大正4年1月8日～平成12年3月9日　衆院議員(民社党), 民社党委員長　→00/02

佐々木 稜治　ささき・りょうじ　～昭和31年2月22日　古川市長　→昭和

佐々木 ルース　ささき・るーす　～昭和42年10月24日　大徳寺派竜泉庵住職　→昭和

佐々木 鷹治　ささき・れいじ　大正15年11月25日～平成22年5月11日　間組取締役　→09/11

佐々木 錬太郎　ささき・れんたろう　大正3年2月2日～昭和63年5月2日　沖電気工業専務, 東北沖電気社長　→88/90

笹口 晃　ささぐち・あきら　明治37年2月16日～平成1年3月3日　衆院議員(社会党)　→88/90

笹倉 昭夫　ささくら・あきお　～昭和62年12月21日　伊原組常務　→83/87

笹倉 三郎　ささくら・さぶろう　～昭和48年9月25日　東北管区行政監察局長　→昭和

笹倉 鉄五郎　ささくら・てつごろう　大正14年2月6日～平成9年12月27日　ササクラ会長　→97/99

笹倉 徹　ささくら・とおる　大正2年～平成1年4月11日　全国鉄構工業連合会専務理事　→昭和

笹倉 信義　ささくら・のぶよし　大正2年6月13日～平成11年10月19日　日本ケミファ常務　→97/99

佐々倉 雄一　ささくら・ゆういち　～昭和58年1月21日

明乳会全国連合会会長、東京明乳事業協同組合理事長 → 83/87

笹栗 靖文 ささぐり・やすふみ 〜平成8年3月2日 三井鉱山専務 →94/96

笹栗 幸生 ささぐり・ゆきお 〜昭和61年6月19日 甘木市議 →83/87

笹子 仁 ささこ・じん 大正6年10月3日〜昭和62年8月24日 東京衡機製造所副社長、ビルコン社長 →83/87

笹嶋 正一 ささじま・しょういち 〜昭和62年8月25日 笹嶋工業取締役会長 →83/87

笹島 太一 ささじま・たいち 大正12年4月28日〜平成13年8月17日 富山県議（自民党） →00/02

笹島 保 ささじま・たもつ 昭和2年〜平成23年10月11日 茂木町（栃木県）町長 →09/11

笹嶋 正紀 ささじま・まさき 大正2年1月5日〜平成8年8月30日 大同信号常務 →94/96

笹島 康史 ささじま・やすし 〜平成14年6月18日 品川通信工業社長、富士通取締役 →00/02

笹塚 俊雄 ささずか・としお 〜昭和61年10月17日 僧侶 真宗大谷派宗務顧問会副議長・宗議会副議長 →83/87

笹田 正二 ささだ・しょうじ 〜昭和60年10月24日 相互社雑貨部長 →83/87

笹田 真平 ささだ・しんぺい 昭和10年7月21日〜平成6年7月13日 三機工業常務 →94/96

佐々田 慹 ささだ・すすむ 安政2年11月6日〜昭和15年3月27日 衆院議員（自由党）、貴院議員（多額納税） 昭和（ささだ・しげる）

笹田 伝左衛門（9代目） ささだ・でんざえもん 明治42年3月17日〜昭和60年4月21日 マルカン酢社長、小網社長、東京コカコーラボトリング副社長 →83/87（笹田伝左衛門）

佐々田 良次 ささだ・りょうじ 〜昭和59年1月9日 安田火災海上保険監査役 →83/87

笹浪 幸男 ささなみ・ゆきお 大正13年1月22日〜平成18年8月1日 北海道議（自民党） →06/08

笹沼 駿一郎 ささぬま・きいちろう 〜昭和60年5月5日 日立精機取締役 →83/87

笹沼 宗一郎 ささぬま・そういちろう 大正2年7月19日〜平成1年4月21日 ライファン工業社長 →88/90

笹野 敦 ささの・つとむ 昭和12年2月4日〜平成6年8月28日 高砂熱学工業常務 →94/96

笹野 久雄 ささの・ひさお 明治31年9月30日〜平成3年6月18日 増田製粉所社長 →91/93

笹野 好男 ささの・よしお 明治45年1月10日〜平成11年5月9日 千歳商会会長、全国石油商業組合連合会名誉会長 →97/99

笹原 啓明 ささはら・けいあき 昭和9年3月23日〜平成2年5月19日 新東京国際空港公団運用局サービスセンター所長 →88/90

笹原 伸介 ささはら・しんすけ 昭和5年1月1日〜平成9年8月15日 協栄生命保険常務 →97/99

笹原 進 ささはら・すすむ 大正12年7月10日〜昭和62年7月13日 中国銀行常務 →83/87

笹原 徹 ささはら・とおる 昭和9年11月27日〜平成7年5月22日 キリンビール専務 →94/96

笹原 彦作 ささはら・ひこさく 明治30年3月4日〜昭和60年5月26日 丸紅取締役 →83/87

笹原 正隆 ささはら・まさたか 昭和5年5月10日〜平成15年11月20日 東洋通信機常務 →03/05

笹原 勇作 ささはら・ゆうさく 〜昭和40年5月26日 東亜港湾工業専務 →昭和

笹部 一郎 ささべ・いちろう 大正10年6月10日〜平成20年4月13日 大日本製薬副社長 →06/08

佐々部 晩穂 ささべ・くれお 明治26年3月26日〜昭和54年1月23日 東海銀行会長、名古屋商工会議所会頭 →昭和（ささべ・ばんすい）

笹部 杉一 ささべ・すぎいち 文久2年6月26日〜昭和2年5月3日 実業家 →昭和

佐々部 進 ささべ・すすむ 〜昭和29年11月18日 太平洋海運副社長 →昭和

雀部 鉄雄 ささべ・てつお 大正9年3月11日〜平成2年3月19日 松村組専務 →88/90

雀部 虎四郎 ささべ・とらしろう 大正15年2月21日〜平成22年9月9日 バンドー化学副社長 →09/11

雀部 彦太郎 ささべ・ひこたろう 〜平成4年2月24日 バンドー精機社長 →91/93

笹部 誠 ささべ・まこと 〜昭和55年4月21日 日本鋼管常務 →80/82

雀部 昌彦 ささべ・まさひこ 昭和13年2月28日〜平成62年4月2日 沖電気工業高崎工場長 →83/87

笹良 良一 ささべ・りょういち 明治38年3月10日〜昭和63年11月4日 日産農林工業常務 →88/90

笹間 一夫 ささま・かずお 明治40年4月1日〜平成2年2月27日 飛島建設取締役、東北工業大学教授 →88/90

笹見 清次 ささみ・せいじ 〜平成23年4月10日 アスピア学園理事長 →09/11

笹村 越郎 ささむら・えつろう 〜昭和56年8月23日 国鉄理事、交通機械協会会長 →80/82

笹村 吉郎 ささむら・きちろう 慶応3年4月11日〜昭和35年7月24日 実業家 新潟鉄工所社長 →昭和

笹村 貞雄 ささむら・さだお 昭和61年9月6日 北海道里親連合会会長 →83/87

篠村 雅夫 ささむら・まさお 明治40年12月28日〜平成1年4月23日 東陶機器顧問・元常務 →88/90

笹村 隆造 ささむら・りゅうぞう 大正1年〜平成9年11月17日 太平洋海運専務 →97/99

笹目 宗兵衛 ささめ・そうべえ 昭和3年11月21日〜平成6年9月17日 笠間市長 →94/96

I　政治・経済・社会篇　　　さた

笹目 恒雄　ささめ・つねお　明治35年1月30日～平成9年1月25日　宗教家, 著述家　多摩道院院掌　→97/99

笹本 一雄　ささもと・かずお　明治31年6月～昭和39年6月11日　衆院議員(自民党)　→昭和

笹本 昇　ささもと・のぼる　大正7年7月28日～昭和58年2月19日　国際電信電話常務　→83/87

笹本 晴明　ささもと・はるあき　明治45年1月18日～平成10年7月27日　弁護士　日弁連理事, 山口県弁護士会会長　→97/99

笹本 保雄　ささもと・やすお　明治38年12月6日～昭和56年6月26日　塩山市長　→80/82

笹本 善彦　ささもと・よしひこ　～昭和61年1月25日　UCC上島珈琲副社長　→83/87

笹森 清　ささもり・きよし　昭和15年10月21日～平成23年6月4日　連合会長, 労働者福祉中央協議会会長　→09/11

笹森 建三　ささもり・けんぞう　～昭和45年5月10日　日本原子力発電副社長　→昭和

笹森 賢蔵　ささもり・けんぞう　～昭和62年1月11日　角田市議・市議会議長　→83/87

笹森 順造　ささもり・じゅんぞう　明治19年5月18日～昭和51年2月13日　政治家, 教育者　参院議員(自民党), 衆院議員, 青山学院院長　→昭和

笹森 正夫　ささもり・まさお　～平成5年3月10日　三鬼商事常務　→91/93

笹谷 勝俊　ささや・かつとし　～昭和56年2月17日　空知信用金庫理事長　→80/82

笹谷 源二郎　ささや・げんじろう　～昭和60年10月9日　宮城県家畜商協同組合副理事長・刈田支部長　→83/87

笹谷 彦夫　ささや・ひこお　～昭和56年4月11日　笹谷商事社長, 石川県中日会会長　→80/82

笹山 梅治　ささやま・うめじ　明治41年4月20日～平成9年2月18日　ダイト名誉社長, 十全化学会長, 内外薬品商会会長　→97/99

笹山 幸俊　ささやま・かずとし　大正13年0月15日～平成23年12月10日　神戸市長　→09/11

笹山 茂太郎　ささやま・しげたろう　明治34年10月15日～昭和57年5月15日　衆院議員(自民党)　→80/82

篠山 千之　ささやま・せんし　明治33年2月28日～昭和51年1月18日　群馬県知事, 山形県知事　→昭和(しのやま・せんし)

笹山 忠夫　ささやま・ただお　明治29年3月9日～昭和49年9月26日　アラスカパルプ社長　→昭和

佐治 敬三　さじ・けいぞう　大正8年11月1日～平成11年11月3日　実業家　サントリー会長, TBSブリタニカ会長, 大阪21世紀協会会長　→97/99

佐治 正三　さじ・しょうぞう　大正7年8月1日～平成7年9月9日　日本油脂社長, 富士銀行常務　→94/96

佐治 誠吉　さじ・せいきち　明治40年1月2日～平成7年9月17日　衆院議員(自由党), 大津市長　→94/96

佐治 孝徳　さじ・たかのり　～昭和28年4月1日　日本樟脳社長　→昭和

佐治 亨　さじ・とおる　昭和4年8月20日～平成7年11月26日　三井製糖常務　→94/96

佐治 徳三　さじ・とくぞう　大正6年11月9日～平成20年2月16日　清水建設副社長　→06/08

佐志 信　さし・まこと　昭和4年1月27日～昭和57年3月19日　太平洋海運常務　→80/82

桟敷 勲　さじき・いさお　昭和2年5月16日～平成9年2月15日　ニチレキ会長　→97/99

指田 吾一　さしだ・ごいち　～昭和44年3月24日　田無市長　→昭和

佐次田 秀順　さしだ・しゅうじゅん　～平成21年6月11日　太平洋戦争の終結を知らずに約2年間木の上で暮らした日本兵　→09/11

佐島 敬愛　さじま・よしなり　明治37年2月23日～平成2年7月20日　信越ポリマー社長, 信越化学工業取締役　→88/90

指谷 秀雄　さしや・ひでお　大正11年1月11日～昭和57年9月16日　ライオン常務　→80/82

佐生 英吉　さしょう・えいきち　～昭和53年1月30日　弁護士　→昭和(さふ・えいきち)

佐塚 達男　さずか・たつお　昭和5年1月23日～平成8年5月16日　神栄社長　→94/96

刺賀 信雄　さすが・のぶお　大正10年4月3日～平成20年4月22日　日本板硝子社長　→06/08

佐瀬 昌三　させ・しょうぞう　明治35年7月8日～平成13年6月23日　弁護士　衆院議員(自由党), 佐瀬昌三法律事務所所長　→00/02

佐瀬 裕　させ・ひろし　昭和7年3月30日～平成20年1月6日　宇佐市長　→06/08

佐瀬 政雄　させ・まさお　～昭和59年5月14日　福岡高等裁判所長官　→83/87

笹生 新一　さそう・しんいち　～昭和58年6月14日　扇屋ジャスコ監査役　→83/87

佐宗 史量　さそう・ふみかず　～平成14年11月5日　愛知県議　→00/02

佐田 一郎　さた・いちろう　明治35年6月9日～平成3年9月1日　参院議員(自民党), 群馬県商工会議所連合会会長　→91/93

佐田 啓助　さだ・けいすけ　昭和10年9月18日～平成19年3月3日　NTT移動通信網副社長　→06/08

佐田 健一　さだ・けんいち　～平成5年1月13日　ニチボー(のちユニチカ)取締役　→91/93

佐田 蒼一郎　さだ・そういちろう　大正14年3月7日～平成23年7月28日　電通常務　→09/11

佐多 宗二　さた・そうじ　大正10年8月2日～平成8年11月10日　参院議員(自民党), 全国商工会連合会会長　→94/96

さた　　　　　　　　　　　　　　　　　　　　　　　　　　　　　　Ⅰ　政治・経済・社会篇

佐田　武夫　さた・たけお　大正14年6月16日～平成20年11月9日　佐田建設社長　→06/08

佐田　猛二　さた・たけじ　大正10年～平成3年3月30日　不動建設常務　→91/93

佐多　忠隆　さた・ただたか　明治37年6月5日～昭和55年4月23日　参院議員(社会党)　→80/82

佐田　頴一　さだ・ひでかず　昭和9年1月2日～平成20年6月16日　和歌山県議(自民党)　→06/08

佐田　正信　さた・まさのぶ　昭和35年～平成12年10月31日　スペーストトロ主宰　→03/05s

佐田　正芳　さだ・まさよし　大正4年3月30日～昭和60年2月8日　福祉産業社長,大阪警備保障社長,元大阪銀行取締役　→83/87

佐田　充　さだ・みつる　大正12年8月17日～平成6年3月6日　動力炉核燃料開発事業団副理事長　→94/96

佐多　芳樹　さた・よしき　明治38年6月9日～平成4年7月21日　日本甜菜製糖取締役　→91/93

左高　三郎　さたか・さぶろう　大正3年9月14日～平成2年8月4日　びわ湖バレイ社長　→88/90

三段崎　俊吾　さだがさき・しゅんご　明治37年11月9日～平成5年4月20日　フジテレビジョン専務　→91/93

貞包　瞰　さだかね・あきら　明治44年10月8日～平成2年8月26日　フクニチ新聞取締役　→88/90

貞包　武人　さだかね・たけと　～昭和61年2月2日　協同組合大川家具工業会理事,大川家具工芸・さだかね家具センター社長　→83/87

佐竹　明義　さたけ・あきよし　～昭和56年6月19日　全国金属労組副委員長　→80/82

佐竹　彬　さたけ・あきら　明治39年3月20日～平成2年12月12日　武田薬品工業副社長　→88/90

佐竹　一郎　さたけ・いちろう　昭和60年5月27日　泉自動車工業常務,山形泉取締役　→83/87

佐竹　健一　さたけ・けんいち　昭和4年11月23日～平成3年8月27日　古河電池常務　→91/93

佐竹　弘造　さたけ・こうぞう　大正5年～平成5年2月1日　小松市長　→91/93

佐竹　五三九　さたけ・ごさく　大正7年2月14日～昭和52年10月12日　労働運動家　総評副議長　→昭和

佐竹　宰始　さたけ・さいじ　大正12年1月22日～平成14年1月22日　美濃吉会長　→00/02

佐竹　覚　さたけ・さとる　大正14年1月29日～平成12年11月13日　佐竹製作所会長・CEO,日本食品機械工業会会長,東広島商工会議所会頭　→00/02

佐竹　三吾　さたけ・さんご　明治13年3月5日～昭和51年5月24日　貴院議員　→昭和

佐竹　次郎　さたけ・じろう　明治29年7月～昭和34年10月21日　昭和電工会長　→昭和

佐竹　二郎　さたけ・じろう　大正11年10月10日～平成6年10月4日　宮城県議(公明党,仙台),公明党宮城県本部委員長　→83/87

佐竹　静栄　さたけ・せいえい　明治37年8月31日～昭和63年1月25日　大垣共立銀行常務　→88/90

佐竹　孝雄　さたけ・たかお　大正10年8月22日～平成3年12月27日　立花商会会長　→91/93

佐竹　竹夫　さたけ・たけお　～昭和56年5月5日　太平洋工業専務　→80/82

佐武　達夫　さたけ・たつお　大正11年8月18日～昭和59年10月3日　東洋シヤッター常務　→83/87

佐竹　達二　さたけ・たつじ　明治34年10月7日～平成3年11月12日　近畿車両会長,運輸省自動車局整備部長　→91/93

佐竹　利彦　さたけ・としひこ　明治43年5月6日～平成10年7月24日　佐竹製作所名誉会長　→97/99

佐竹　虎之助　さたけ・とらのすけ　大正14年10月10日～昭和62年11月27日　日興証券常任監査役　→83/87

佐竹　晴記　さたけ・はるき　明治29年9月6日～昭和37年4月24日　政治家,弁護士　衆院議員,民主社会党高知支部長　→昭和

佐竹　久登　さたけ・ひさと　～平成11年9月5日　広島県議　→97/99

佐竹　仁　さたけ・ひとし　大正6年11月17日～平成11年6月20日　日本アジア航空専務　→97/99

佐竹　浩　さたけ・ひろし　大正4年9月27日～平成21年2月1日　大蔵省銀行局長　→09/11

佐武　弘　さたけ・ひろし　～昭和60年9月30日　共産党中央委員・岡山県委員長　→83/87

佐竹　理史　さたけ・まさちか　昭和12年8月9日～平成5年1月8日　朝日生命保険常務　→91/93

佐竹　政俊　さたけ・まさとし　大正14年3月17日～平成22年5月12日　ブリヂストン専務　→09/11

佐竹　又雄　さたけ・またお　～昭和56年2月11日　日鉄商事顧問,元入丸産業社長　→80/82

佐竹　満智子　さたけ・まちこ　明治37年6月22日～昭和61年9月5日　佐竹化学機械工業会長　→83/87

佐竹　義利　さたけ・よしとし　明治37年10月2日～平成1年1月19日　東洋製作所社長　→88/90

佐竹　義栄　さたけ・よしなが　大正3年9月17日～昭和58年12月6日　侯爵　秋田県育英会理事長,貴院議員　→83/87

佐竹　義春　さたけ・よしはる　～昭和19年4月13日　侯爵,貴族院議員　→昭和

佐竹　義美　さたけ・よしみ　明治41年9月7日～昭和60年10月12日　中部電力監査役,新日本ヘリコプター社長　→83/87

貞末　博之　さだすえ・ひろゆき　～昭和55年4月21日　太田博社長　→80/82(ただすえ・ひろゆき)

貞永　敬甫　さだなが・けいほ　～昭和28年11月21日　東洋曹達社長　→昭和

佐谷　立明　さたに・たてあき　～昭和62年9月8日

上嘉穂米販組合(福岡県)理事長,嘉穂町議　→83/87

佐谷 弘　さたに・ひろし　大正9年4月～昭和60年3月18日　神戸衡機会長,元神戸商工会議所専務理事,元兵庫県出納長　→83/87

貞広 邦彦　さだひろ・くにひこ　～平成15年6月2日　手話指導者　全日本ろうあ連盟顧問,トット文化館館長　→03/05

貞広 寿一　さだひろ・じゅいち　明治36年12月8日～昭和59年11月16日　日商岩井副社長　→83/87

定宗 英之　さだむね・ひでゆき　～昭和6年8月22日　海軍航空兵曹長　→昭和

佐知 末吉　さち・すえきち　大正3年9月1日～平成12年12月9日　愛知県議(自民党)　→00/02

薩 一夫　さつ・かずお　大正6年1月17日～平成19年10月18日　財界さっぽろ創業者,さっぽろ雪まつり実行委員会委員長　→06/08

目 憲治　さっか・けんじ　大正6年3月11日～昭和61年11月27日　山口県議(自民党,小野田)　→83/87

属 最吉　さっか・さいきち　～昭和40年12月24日　日本石油監査役,小倉石油社長　→昭和(さつま・もきち)

作花 文雄　さっか・ふみお　昭和2年1月26日～平成13年4月9日　ダイフク専務　→00/02

薩川 秀司　さつかわ・ひでじ　～昭和61年9月20日　安田火災海上保険常務　→83/87

佐々 威二郎　さっさ・たけじろう　大正13年10月22日～平成23年8月29日　日本塗料社長　→09/11

佐々 文夫　さっさ・ふみお　大正13年2月16日～平成12年2月12日　HOYA専務,日本デザイナー・クラフトマン協会理事長　→00/02

佐々 政一　さっさ・まさいち　明治42年11月26日～平成3年7月14日　中京銀行常務　→91/93

佐々 政邦　さっさ・まさくに　大正7年2月20日～平成4年3月24日　東京銀行副頭取　→91/93

颯田 輝基　さった・てるもと　大正14年9月29日～昭和63年11月26日　神杉酒造専務　→88/90

薩摩 光三　さつま・こうぞう　明治43年10月15日～平成6年3月9日　岡谷市民新聞社社長,岡谷市会議長　→94/96

薩摩 太郎　さつま・たろう　明治37年7月25日～平成1年11月20日　大阪屋証券(のちコスモ証券)専務　→88/90

薩摩 嘉弘　さつま・よしひろ　昭和3年12月14日～平成19年10月16日　高島屋常務,ADS社長　→06/08

薩摩林 正　さつまばやし・ただし　～平成23年10月14日　岡谷市民新聞社長　→09/11

佐渡 健三　さど・けんぞう　～昭和62年2月25日　興国コンクリート工業(株)取締役　→83/87

佐渡 卓　さど・たかし　明治29年5月1日～昭和59年2月9日　日本国土開発相談役　→83/87

佐土 侠夫　さど・ちかお　大正9年7月25日～平成14年12月1日　建設省官房審議官,住宅金融公庫理事　→00/02

里井 孝三郎　さとい・こうざぶろう　明治41年1月25日～平成12年11月11日　住友金属工業専務　→00/02

佐土井 滋　さどい・しげる　大正12年12月15日～平成8年6月30日　三菱倉庫副社長　→94/96

里井 達三良　さとい・たつさぶろう　明治41年2月21日～平成10年12月21日　関西国際空港ビルディング社長　→97/99

佐藤 愛蔵　さとう・あいぞう　明治38年12月13日～平成12年8月30日　イワキ会長　→00/02

佐藤 昭夫　さとう・あきお　昭和2年8月15日～平成19年10月23日　参院議員(共産党)　→06/08

佐藤 あき子　さとう・あきこ　～平成23年7月24日　JA全国女性組織協議会会長　→09/11

佐藤 昭子　さとう・あきこ　昭和3年9月9日～平成22年3月11日　田中角栄衆院議員秘書　→09/11

佐藤 旭　さとう・あきら　～昭和61年9月21日　室蘭石油取締役,平取町(北海道)町議会議長　→83/87

佐藤 瑛　さとう・あきら　昭和15年10月22日～平成12年2月11日　ダイワフューチャーズ副社長　→00/02

佐藤 光　さとう・あきら　大正14年8月18日～平成13年1月9日　岩手銀行会長,岩手県商工会議所連合会会長　→00/02

佐藤 晃　さとう・あきら　～昭和61年5月20日　河北仙販取締役営業部長　→83/87

佐藤 彰　さとう・あきら　大正8年1月2日～平成5年5月13日　博報堂取締役,総理府参事官　→91/93

佐藤 幌　さとう・あきら　～昭和62年6月4日　秋田テレビ業務局編成部長　→83/87

佐藤 明　さとう・あきら　昭和2年8月18日～昭和62年2月28日　芦別市議　→83/87

佐藤 明　さとう・あきら　昭和6年8月6日～平成14年2月12日　三菱マテリアル常務　→00/02

佐藤 東　さとう・あずま　明治28年12月15日～昭和63年7月11日　富士山本宮浅間大社名誉宮司,神社本庁長老　→88/90

佐藤 厚　さとう・あつし　～平成4年6月20日　日経連専任理事,八王子自動車教習所社長　→91/93

佐藤 行男　さとう・いくお　～昭和56年5月4日　三井建設取締役労務安全部長　→80/82

佐藤 勲　さとう・いさお　～昭和55年2月9日　尾道市長　→80/82

佐藤 勲　さとう・いさお　明治43年～平成8年5月12日　大曲花火協同組合理事長,秋田県南生コン会長　→94/96

佐藤 勲　さとう・いさお　昭和15年3月21日～平成9年5月17日　宮城県議(自民党)　→97/99

佐藤 功　さとう・いさお　昭和4年12月11日～平成17年5月21日　松尾橋梁専務　→03/05

佐藤 魁　さとう・いさむ　～平成18年9月10日　鎌倉の自然を守る連合会名誉会長　→06/08

佐藤 勇　さとう・いさむ　〜昭和63年1月6日
　月島倉庫副社長　→88/90

佐藤 市衛　さとう・いちえ　〜平成1年12月11日
　日産農林工業監査役　→88/90

佐藤 市五郎　さとう・いちごろう　明治22年〜昭和49年
　民間人唯一の日本海海戦の目撃者　→昭和

佐藤 一郎　さとう・いちろう　昭和7年10月21日〜昭和61年5月13日　五洋建設取締役技術本部長　→83/87

佐藤 一郎　さとう・いちろう　大正2年5月1日〜平成5年2月26日　衆院議員(自民党),経済企画庁長官　→91/93

佐藤 一郎　さとう・いちろう　昭和7年5月26日〜平成12年3月15日　富士紡績常務　→00/02

佐藤 市郎　さとう・いちろう　明治22年8月28日〜昭和33年4月12日　海軍中将　→昭和

佐藤 斎　さとう・いつき　明治42年2月14日〜平成1年10月8日　全日本トラック協会副会長,新潟運輸社長　→88/90

佐藤 一成　さとう・いっせい　昭和4年4月10日〜昭和63年3月25日　高清水町(宮城県)町会議長,北光電機製作所会長　→88/90

佐藤 一平　さとう・いっぺい　明治36年11月30日〜昭和56年1月18日　弁護士　→80/82

佐藤 逸郎　さとう・いつろう　明治39年1月1日〜平成17年5月12日　岩手県議　→03/05

佐藤 岩巳　さとう・いわみ　〜昭和50年8月27日
　台糖社長　→昭和

佐藤 有為也　さとう・ういや　明治42年2月4日〜平成15年10月27日　高知信用金庫理事長,高知県信用金庫協会会長　→03/05

佐藤 栄一　さとう・えいいち　〜昭和56年4月22日
　日本硫安輸出株式会社業務部長　→80/82

佐藤 栄一　さとう・えいいち　大正12年1月2日〜平成12年4月23日　佐藤鉄鋼会長　→00/02

佐藤 栄市　さとう・えいいち　大正11年11月9日〜平成1年7月17日　三栄鋼板会長　→88/90

佐藤 永一　さとう・えいいち　〜昭和63年11月30日
　根室信金理事長　→88/90

佐藤 栄喜　さとう・えいき　大正8年12月29日〜昭和61年3月12日　川崎電気取締役　→83/87

佐藤 栄作　さとう・えいさく　明治34年3月27日〜昭和50年6月3日　政治家　首相　→昭和

佐藤 永作　さとう・えいさく　大正2年5月7日〜昭和63年9月27日　蔵王町(宮城県)町長　→88/90

佐藤 英介　さとう・えいすけ　〜平成5年12月7日
　利根コカコーラボトリング取締役,利根自動販売機サービス社長　→91/93

佐藤 悦蔵　さとう・えつぞう　大正11年12月23日〜平成12年10月30日　サンジルシ醸造会長,一号館会長　→00/02

佐藤 応次郎　さとう・おうじろう　〜昭和26年4月28日
　満鉄副総裁　→昭和

佐藤 興次　さとう・おきつぐ　明治35年2月27日〜平成8年10月23日　明治製菓副社長,キンケイ食品工業会長,明治製菓サービス社長　→94/96

佐藤 治　さとう・おさむ　大正3年8月4日〜昭和62年9月13日　トスコ監査役,日本協栄証券専務,丸三証券副社長　→83/87

佐藤 修　さとう・おさむ　大正13年2月20日〜平成2年3月10日　ダイフク会長　→88/90

佐藤 修　さとう・おさむ　昭和18年4月5日〜平成8年7月12日　多摩中央信用金庫理事　→97/99s

佐藤 穏徳　さとう・おんとく　〜昭和40年4月18日
　東京電力常任監査役　→昭和

佐藤 薫　さとう・かおる　大正2年9月19日〜平成2年7月20日　東芝機械常務　→88/90

佐藤 赫一　さとう・かくいち　大正12年4月11日〜平成15年4月21日　大分合同新聞取締役印刷局長　→03/05

佐藤 一男　さとう・かずお　大正9年8月13日〜平成6年7月13日　四国新聞専務　→94/96

佐藤 一男　さとう・かずお　昭和18年12月12日〜平成9年10月16日　岩手県議(新進党)　→97/99

佐藤 一夫　さとう・かずお　大正3年1月25日〜平成3年10月19日　東海ラジオ放送常務,中日新聞社友　→91/93

佐藤 一雄　さとう・かずお　昭和21年11月13日〜平成16年6月23日　ネットワンシステムズ社長　→03/05

佐藤 数夫　さとう・かずお　〜昭和57年8月13日
　土呂久公害の被害者の会会長　→80/82

佐藤 一巳　さとう・かずみ　昭和16年1月25日〜平成15年10月23日　岩手日日新聞副社長　→03/05

佐藤 和実　さとう・かずみ　昭和5年9月27日〜平成14年7月18日　住友海上火災保険(のち三井住友海上火災保険)副社長　→00/02

佐藤 一安　さとう・かずやす　大正12年8月30日〜平成4年8月20日　宮地鉄工所取締役　→91/93

佐藤 一幸　さとう・かずゆき　昭和15年1月3日〜平成4年8月21日　住友セメント取締役　→91/93

佐藤 一之　さとう・かずゆき　明治43年7月26日〜平成2年11月21日　広島県議　→88/90

佐藤 嘉太郎　さとう・かたろう　大正4年4月6日〜平成3年7月19日　デンヨー監査役　→91/93

佐藤 且英　さとう・かつえい　大正12年9月5日〜昭和60年3月23日　東京出版販売常務　→83/87

佐藤 勝雄　さとう・かつお　明治42年2月19日〜平成3年4月15日　航空自衛隊西部航空方面隊司令官・幹部学校長　→91/93

佐藤 勝蔵　さとう・かつぞう　明治25年〜平成6年5月25日　大分県副知事　→94/96

佐藤 勝信　さとう・かつのぶ　大正3年12月31日〜平成4年11月29日　国際電気常務　→91/93

佐藤 克巳　さとう・かつみ　大正14年5月2日〜平成16年7月2日　大江町(京都府)町長　→03/05

I 政治・経済・社会篇　　　　　　　　　　　　　　　　　　　　さとう

佐藤 勝也　さとう・かつや　明治37年4月10日～昭和63年3月19日　長崎県知事　→88/90

佐藤 鼎　さとう・かなえ　～平成3年6月5日　大東京火災海上保険常務　→91/93

佐藤 金代　さとう・かねよ　明治34年～平成16年　社会活動家　与瀬町(神奈川県)町議　→06/08s

佐藤 亀一郎　さとう・かめいちろう　明治40年8月20日～平成18年10月11日　三幸製菓創業者　→06/08

佐藤 亀太郎　さとう・かめたろう　～昭和30年6月25日　帯広市長　→昭和

佐藤 亀八郎　さとう・かめはちろう　明治4年10月～昭和11年7月15日　実業家　宮城県農工銀行頭取、貴院議員(多額納税)　→昭和

佐藤 幹寿　さとう・かんじゅ　～昭和58年1月12日　岩手鋳機工業社長　→83/87

佐藤 帰一　さとう・きいち　大正5年9月10日～平成11年2月4日　福島県議、西郷村(福島県)村長　→97/99

佐藤 喜一郎　さとう・きいちろう　明治27年1月22日～昭和49年5月24日　銀行家　三井銀行社長、経団連副会長　→昭和

佐藤 菊三郎　さとう・きくさぶろう　明治36年5月12日～平成1年3月29日　新潮社常務　→88/90

佐藤 喜七　さとう・きしち　～昭和63年12月10日　岩沼市議会議長　→88/90

佐藤 義助　さとう・ぎすけ　～昭和55年8月26日　豊頃村(北海道)村長　→80/82

佐藤 喜勢次　さとう・きせじ　～昭和7年2月9日　陸軍航空兵大尉　→昭和

左藤 義詮　さとう・ぎせん　明治32年6月3日～昭和60年1月9日　大阪府知事,防衛庁長官,参院議員(自民党)　→83/87

佐藤 絹一郎　さとう・きぬいちろう　大正10年3月29日～平成2年4月23日　山形県議(社民連)　→88/90

佐藤 紀美男　さとう・きみお　～平成7年8月28日　日本鉱業(のちジャパンエナジー)常務　→94/90

佐藤 公彦　さとう・きみひこ　大正8年～平成1年4月11日　(株)さとう印刷社長、日本軽印刷工業会会長、東京軽印刷工業会副会長　→88/90

佐藤 久弥　さとう・きゅうや　明治33年7月21日～昭和62年2月6日　弁護士　通信博物館長　→83/87

佐藤 京市　さとう・きょういち　大正2年6月26日～平成3年3月17日　神戸電鉄専務　→91/93

佐藤 清定　さとう・きよさだ　明治38年5月19日～昭和62年3月28日　函館冷庫会長、日魯漁業専務　→83/87

佐藤 清　さとう・きよし　～昭和55年1月24日　島津製作所顧問　→80/82

佐藤 清　さとう・きよし　～昭和60年4月27日　明治乳業専務、鹿島建設顧問　→83/87

佐藤 清　さとう・きよし　大正9年3月12日～平成3年11月28日　全通社長、「週刊ビューロウ」発行人、日本専門新聞協会副理事長　→91/93

佐藤 清見　さとう・きよみ　～昭和58年1月27日　飛島道路顧問、建設省東北地方建設局長　→83/87

左藤 究　さとう・きわむ　大正8年1月23日～平成20年8月14日　海老名市長　→06/08

佐藤 欽一　さとう・きんいち　～平成2年3月4日　仙台市会議長　→88/90

佐藤 欽一　さとう・きんいち　明治34年6月10日～平成5年7月17日　弁護士　最高検次長検事　→91/93

佐藤 金衛　さとう・きんえ　～昭和58年4月27日　朝日町(三重県)町長　→83/87

佐藤 欣治　さとう・きんじ　明治42年4月9日～平成3年8月21日　佐藤工業会長　→91/93

佐藤 金司　さとう・きんじ　昭和6年12月12日～平成19年1月15日　千歳電気工業社長　→06/08

佐藤 金治　さとう・きんじ　明治40年1月10日～昭和63年2月25日　丸金佐藤水産社長　→88/90

佐藤 欣重　さとう・きんじゅう　～平成8年1月6日　空将　防衛庁調達実施本部副本部長　→94/96

佐藤 銀治郎　さとう・ぎんじろう　明治35年1月15日～昭和60年4月7日　紋別市議　→83/87

佐藤 欣也　さとう・きんや　大正14年4月27日～平成4年1月6日　三井倉庫港運社長、三井倉庫常務　→91/93

佐藤 邦明　さとう・くにあき　大正2年3月6日～平成5年6月5日　日之出汽船社長、昭和海運専務　→91/93

佐藤 邦夫　さとう・くにお　昭和8年2月13日～平成15年10月5日　仙台高裁部総括判事　→03/05

佐藤 邦夫　さとう・くにお　昭和15年1月13日～平成15年12月21日　河北アド・センター専務、河北新報取締役　→03/05

佐藤 邦雄　さとう・くにお　明治34年4月28日～平成8年9月20日　弁護士　岩手ヤクルト販売会長、ヤクルト球団社長　→94/96

佐藤 邦郎　さとう・くにお　明治43年9月1日～平成13年12月5日　三菱金属鉱業常務　→00/02

佐藤 国一　さとう・くにかず　～昭和13年4月6日　佐藤国汽船社長　→昭和

佐藤 国吉　さとう・くにきち　大正6年11月16日～平成14年6月18日　佐藤国汽船会長、日本内航海運組合総連合会長　→00/02

佐藤 国治　さとう・くにじ　大正7年1月5日～平成13年6月10日　森本組副社長　→00/02

佐藤 邦彦　さとう・くにひこ　昭和27年6月19日～平成22年12月7日　朝日工業常務　→09/11

佐藤 国義　さとう・くによし　大正1年10月18日～平成15年11月4日　大分県議　→03/05

佐藤 熊太郎　さとう・くまたろう　大正1年11月27日～平成8年10月31日　新潟県会副議長　→94/96

佐藤 馨一　さとう・けいいち　明治44年10月20日～昭和

57年4月30日　東洋運搬機相談役　→80/82

佐藤 慶一　さとう・けいいち　～平成17年2月14日
　日特建設専務　→03/05

佐藤 経一　さとう・けいいち　～昭和59年7月20日
　新日本国内航空取締役営業本部長　→83/87

佐藤 啓一郎　さとう・けいいちろう　～昭和55年12月27日　コスモ・ピーアール社長　→80/82

佐藤 敬子　さとう・けいこ　～平成4年1月11日
　通訳　→91/93

佐藤 啓二　さとう・けいじ　大正12年9月16日～平成17年12月13日　岩手県議(社民党)　→03/05

佐藤 敬治　さとう・けいじ　大正9年3月10日～平成21年9月16日　衆議院議員(社会党)、大館市長　→09/11

佐藤 佳介　さとう・けいすけ　～昭和57年6月15日
　剣淵町(北海道)町議、剣淵農協組合長　→80/82

佐藤 圭甫　さとう・けいほ　昭和16年1月15日～平成21年11月10日　徳島県議(自民党)　→09/11

佐藤 慶太郎　さとう・けいたろう　明治2年～昭和15年1月13日　社会事業家　→昭和

佐藤 乾　さとう・けん　～昭和57年2月16日
　工業計器製作所会長　→80/82

佐藤 謙　さとう・けん　～昭和15年3月2日
　陸軍少将　→昭和

佐藤 憲一　さとう・けんいち　大正4年9月29日～平成12年3月26日　本荘市長　→00/02

佐藤 絢一郎　さとう・けんいちろう　昭和8年6月29日～平成19年9月1日　兵庫県議(民社党)　→06/08

佐藤 健五郎　さとう・けんごろう　～平成8年7月27日
　明産業務　→94/96

佐藤 健司　さとう・けんじ　大正10年3月21日～平成6年5月17日　日本酒造組合中央会副会長　→94/96

佐藤 健二　さとう・けんじ　～昭和42年1月24日
　北海道電力監査役　→昭和

佐藤 健二　さとう・けんじ　～昭和51年7月7日
　三井セメント社長　→昭和

佐藤 健二　さとう・けんじ　明治44年11月19日～昭和62年4月18日　北海鋼機取締役相談役・元社長　→83/87

佐藤 健二　さとう・けんじ　昭和9年4月6日
　アジア石油(のちコスモ石油)常務、アジア共石(のちジャパンエナジー)常務　→97/99

佐藤 賢治　さとう・けんじ　～昭和54年2月7日
　勧銀副総裁　→昭和

佐藤 賢治　さとう・けんじ　～昭和60年7月19日
　西広取締役　→83/87

佐藤 健三　さとう・けんぞう　～昭和62年2月2日
　山種インベスト社長、三菱信託銀行営業部長　→83/87

佐藤 健三　さとう・けんぞう　大正12年9月23日～平成9年10月31日　サノヤス・ヒシノ明昌専務　→97/99

佐藤 謙蔵　さとう・けんぞう　明治37年11月15日～昭和21年3月28日　社会運動家　→昭和

佐藤 賢了　さとう・けんりょう　明治28年6月1日～昭和50年2月6日　陸軍中将　→昭和

佐藤 源郎　さとう・げんろう　～昭和44年7月14日
　旧原子燃料公社理事　→昭和

佐藤 健六　さとう・けんろく　大正4年1月1日～平成1年11月11日　交機社長,富士電機取締役,富士ディーゼル社長　→88/90

佐藤 吾一　さとう・ごいち　明治18年5月23日～昭和10年8月7日　官吏　NHK仙台放送局長　→昭和

佐藤 悟一　さとう・ごいち　大正2年3月23日～昭和61年9月15日　興和不動産社長、清和ビルディング社長　→83/87

佐藤 孝一　さとう・こういち　明治38年7月11日～平成4年12月14日　日精工業会長　→91/93

佐藤 幸吉　さとう・こうきち　明治24年12月12日～昭和53年4月3日　佐藤製薬会長　→昭和

佐藤 孝行　さとう・こうこう　昭和3年2月1日～平成23年5月18日　衆議院議員(自民党)、総務庁長官　→09/11

佐藤 公治　さとう・こうじ　大正2年2月14日～平成3年12月23日　マルサンアイ会長　→91/93

佐藤 孝治　さとう・こうじ　昭和15年12月16日～平成21年12月26日　雪印乳業常務　→09/11

佐藤 耕二　さとう・こうじ　昭和8年7月25日～平成8年6月10日　三井不動産取締役　→94/96

佐藤 鋼次郎　さとう・こうじろう　文久2年4月5日～昭和2年9月18日　陸軍中将　→昭和

佐藤 宏助　さとう・こうすけ　～昭和58年7月16日
　山形県公安委員長　→83/87

佐藤 幸太郎　さとう・こうたろう　大正10年2月3日～平成5年1月17日　仙台高裁部総括判事　→91/93

佐藤 幸徳　さとう・こうとく　明治26年3月5日～昭和34年2月26日　陸軍中将　→昭和

佐藤 光之助　さとう・こうのすけ　大正2年3月29日～昭和62年7月10日　通産省工業技術院地質調査所長　→83/87

佐藤 孝平　さとう・こうへい　昭和2年4月21日～平成2年7月30日　ABC社長、工業技術院電子技術総合研究所所長　→88/90

佐藤 五郎　さとう・ごろう　～昭和61年11月13日
　軽井沢万平ホテル会長　→83/87

佐藤 五郎　さとう・ごろう　大正15年5月30日～平成4年12月9日　御幸毛織社長　→91/93

佐藤 才五郎　さとう・さいごろう　～昭和13年6月25日
　労働運動家　総同盟埼玉県連合会長　→昭和

佐藤 栄　さとう・さかえ　～昭和61年12月8日
　宮城県総務部参事　→83/87

佐藤 盛　さとう・さかり　昭和10年11月24日～平成21年3月18日　大盛工業社長　→09/11

佐藤 旺　さとう・さかん　大正15年9月8日～平成22年11月14日　読売新聞中部本社常務　→09/11

佐藤 崎人　さとう・さきと　大正4年5月7日～平成1年9月15日　駐キューバ大使，駐チリ大使，三和銀行顧問　→88/90

佐藤 策次　さとう・さくじ　明治38年12月1日～平成9年4月15日　直江津市長　→97/99

佐藤 佐治右衛門　さとう・さじうえもん　大正7年1月8日～平成4年8月19日　弁護士　前橋地検検事正　→91/93

佐藤 貞夫　さとう・さだお　昭和8年5月5日～平成19年4月11日　弁護士　弁護士法人佐藤貞夫法律事務所代表　→06/08

佐藤 貞雄　さとう・さだお　～昭和60年8月17日　豊州商会会長，東京損害保険代理業協会常任理事　→83/87

佐藤 貞雄　さとう・さだお　～昭和62年7月15日　日本警察犬協会顧問，日本グレートデン協会会長　→83/87

佐藤 定保　さとう・さだお　～昭和62年3月25日　刈田嶺神社宮司　→83/87

佐藤 貞一　さとう・さだかず　～平成5年1月26日　五輪パッキング製作所常務　→91/93

佐藤 貞吉　さとう・さだきち　大正6年2月8日～平成5年2月8日　東洋パルプ（のち王子製紙）取締役　→91/93

佐藤 禎宏　さとう・さだひろ　明治41年3月31日～平成7年7月18日　殖産銀行相談役・元専務　→94/96

佐藤 佐藤治　さとう・さとうじ　明治34年1月8日～昭和40年1月20日　農民運動家　日農副委員長　→昭和

佐藤 三郎　さとう・さぶろう　明治18年6月24日～昭和13年8月19日　海軍中将　→昭和

佐藤 三郎　さとう・さぶろう　～昭和39年10月5日　陸軍中将，満州独立守備隊司令官，華北政務委員会顧問　→昭和

佐藤 三郎　さとう・さぶろう　大正12年1月1日～昭和61年7月8日　東京都議（自民党，渋谷）　→83/87

佐藤 三郎　さとう・さぶろう　大正5年4月1日～昭和63年2月24日　最高検察庁事務局長　→88/90

佐藤 三郎　さとう・さぶろう　～平成2年11月27日　肥後銀行取締役　→88/90

佐藤 三郎　さとう・さぶろう　大正3年3月23日～平成4年4月3日　旭化成取締役　→91/93

佐藤 三郎　さとう・さぶろう　明治39年5月31日～平成5年9月12日　石原産業監査役　→91/93

佐藤 三郎　さとう・さぶろう　大正7年10月1日～平成8年2月21日　会計検査院長　→94/96

佐藤 三郎　さとう・さぶろう　大正7年1月21日～平成17年2月28日　三菱樹脂常務　→03/05

佐藤 三吾　さとう・さんご　昭和4年7月8日～平成17年1月11日　参院議員（社会党）　→03/05

佐藤 止戈夫　さとう・しかお　～昭和39年7月7日　三菱化成社長　→昭和

佐藤 次吉　さとう・じきち　～昭和56年4月17日　東北電気製鉄（日本重化学工業に合併）元社長　→80/82

佐藤 重雄　さとう・しげお　明治42年2月4日～昭和61年11月7日　東海銀行検査役　→83/87

佐藤 重雄　さとう・しげお　～平成1年5月26日　東方通信社社長　→88/90

佐藤 重雄　さとう・しげお　大正7年5月20日～平成1年10月21日　光電製作所社長　→88/90

佐藤 重雄　さとう・しげお　明治42年8月12日～平成2年1月30日　日本曹達取締役，三和倉庫会長　→88/90

佐藤 重雄　さとう・しげお　昭和6年5月26日～平成10年9月9日　山陽電子工業会長，岡山商工会議所副会頭　→97/99

佐藤 成夫　さとう・しげお　～平成1年10月2日　（財）毎日書道会評議員，毎日新聞大阪本社写真部長　→88/90

佐藤 繁雄　さとう・しげお　～昭和44年3月5日　野村証券取締役　→昭和

佐藤 繁次　さとう・しげじ　明治45年1月18日～昭和58年2月15日　興亜火災海上副社長　→83/87

佐藤 成人　さとう・しげと　昭和10年8月5日～平成22年6月4日　西部電機副社長　→09/11

佐藤 成俊　さとう・しげとし　大正6年3月3日～平成23年4月2日　東光社長　→09/11

佐藤 繁信　さとう・しげのぶ　昭和43年12月25日　日本中央競馬会理事　→昭和

佐藤 繁　さとう・しげる　～昭和60年2月22日　十条製紙取締役総務部長　→83/87

佐藤 繁　さとう・しげる　昭和6年～昭和60年6月6日　阪急不動産取締役　→83/87

佐藤 茂　さとう・しげる　大正3年10月7日～昭和60年12月20日　日立造船取締役，サノヤス取締役　→83/87

佐藤 茂　さとう・しげる　大正13年5月21日～平成6年8月22日　川崎定徳社長　→94/96

佐藤 茂　さとう・しげる　大正6年4月12日～平成10年1月13日　日本鉄粉（のちパウダーテック）社長　→97/99

佐藤 治四郎　さとう・じしろう　昭和2年12月8日～平成5年5月17日　東海アルミ箔社長　→91/93

佐藤 実雄　さとう・じつお　～平成5年4月12日　土呂久鉱山公害被害者の会初代会長　→91/93

佐藤 寿一　さとう・じゅいち　明治42年11月20日～昭和58年4月13日　札幌市議，札一運輸会長　→83/87

佐藤 秀一　さとう・しゅういち　明治35年2月5日～昭和20年2月24日　社会運動家　→昭和

佐藤 秀一　さとう・しゅういち　大正12年10月25日～平成13年9月21日　秋田県議，全国共済農協連合会会長，秋田県農協五連会長　→00/02

佐藤 周一郎　さとう・しゅういちろう　～昭和62年12月1日　海外鉄道技術協力協会常務理事　→83/87

佐藤 重遠　さとう・じゅうえん　明治20年12月〜昭和39年1月5日　衆院議員(自由党),目白学園理事長　→昭和 (さとう・しげとお)

佐藤 収宏　さとう・しゅうこう　昭和9年6月23日〜平成15年9月3日　志村加工社長　→03/05

佐藤 周輔　さとう・しゅうすけ　大正4年9月30日〜平成13年8月30日　蝶理会長　→00/02

佐藤 州平　さとう・しゅうへい　明治40年8月7日〜平成9年1月21日　山口銀行専務　→97/99

佐藤 十郎　さとう・じゅうろう　大正10年7月19日〜平成1年1月10日　大江町(京都府)町長,京都府治水協議会副会長　→88/90

佐藤 寿三郎　さとう・じゅざぶろう　大正1年11月23日〜昭和61年11月10日　酒伊繊維工業常務　→83/87

佐藤 隽　さとう・しゅん　昭和10年8月3日〜平成18年2月6日　日立国際電気常務　→06/08

佐藤 俊一　さとう・しゅんいち　昭和7年1月10日〜平成18年9月27日　新潮社専務　→06/08

佐藤 順一　さとう・じゅんいち　〜昭和60年6月7日　和歌山県機械金属工業協同組合専務理事　→83/87

佐藤 純一郎　さとう・じゅんいちろう　明治41年3月30日〜平成6年11月15日　日本油脂社長　→94/96

佐藤 俊次　さとう・しゅんじ　〜昭和62年5月11日　志村化工常務　→83/87

佐藤 俊次　さとう・しゅんじ　〜平成19年1月25日　日産自動車常務　→06/08

佐藤 純司　さとう・じゅんじ　大正6年5月9日〜昭和59年6月15日　日本金属工業常務　→83/87

佐藤 俊典　さとう・しゅんすけ　昭和4年2月2日〜平成17年3月19日　三菱マテリアル専務　→03/05

佐藤 潤象　さとう・じゅんぞう　文久2年8月24日〜昭和28年7月11日　衆議院議員(新正倶楽部),中央鉄道専務　→昭和 (佐藤 准象)

佐藤 尚　さとう・しょう　昭和5年6月2日〜平成16年4月2日　日動火災海上保険常務　→03/05

佐藤 正　さとう・しょう　〜平成17年1月10日　福神(のちアルフレッサ)専務　→03/05

佐藤 昌一郎　さとう・しょういちろう　昭和2年12月10日〜平成22年8月25日　村山市長　→09/11

佐藤 昭吉　さとう・しょうきち　昭和4年1月16日〜昭和63年7月16日　北海道労働金庫専務理事　→88/90

佐藤 庄司　さとう・しょうじ　昭和6年1月1日〜昭和63年12月15日　日鍛バルブ取締役　→88/90

佐藤 章治　さとう・しょうじ　昭和34年〜平成19年2月15日　カネサ藤原社長,日本青年会議所副会頭　→06/08

佐藤 正二　さとう・しょうじ　大正2年3月10日〜昭和61年9月20日　佐藤商店会長,気仙沼商工会議所会頭　→83/87

佐藤 正二　さとう・しょうじ　大正2年10月15日〜平成13年12月12日　駐中国大使,外務事務次官,国際交流基金

理事長　→00/02

佐藤 庄次郎　さとう・しょうじろう　大正5年12月1日〜昭和60年4月25日　三井物産取締役大阪副支店長,佐渡島金属社長　→83/87

佐藤 彰三　さとう・しょうぞう　〜昭和28年2月2日　三共製薬重役　→昭和

佐藤 昭八　さとう・しょうはち　〜昭和60年6月12日　東北電力理事・資材部長　→83/87

佐藤 四郎　さとう・しろう　大正10年9月18日〜平成6年8月12日　森永製菓常務　→94/96

佐藤 四郎　さとう・しろう　〜平成14年9月25日　電通専務　→00/02

佐藤 滋朗　さとう・しろう　〜平成2年9月2日　大仏社長,京都信用金庫総代　→88/90

佐藤 治郎　さとう・じろう　明治43年10月13日〜平成11年1月29日　丸興社長　→97/99

佐藤 信　さとう・しん　〜昭和62年5月7日　東和工業社長　→83/87

佐藤 信一　さとう・しんいち　明治40年1月9日〜昭和57年11月16日　東急建設専務　→80/82

佐藤 慎一　さとう・しんいち　大正10年2月7日〜平成5年3月17日　丸佐ニット社長　→91/93

佐藤 新一　さとう・しんいち　明治44年11月30日〜平成15年7月15日　ライオン歯磨専務　→03/05

佐藤 新衛　さとう・しんえい　〜昭和28年1月14日　日経取締役　→昭和

佐藤 新治　さとう・しんじ　〜昭和57年8月20日　東洋バインダー社長　佐藤大治名鉄百貨店常務の父　→80/82

佐藤 進二　さとう・しんじ　昭和9年10月30日〜平成16年3月18日　ミサワホーム常務,東京ミサワホーム会長　→03/05

佐藤 新次郎　さとう・しんじろう　〜平成8年8月10日　全専売労働組合委員長　→94/96

佐藤 信三　さとう・しんぞう　大正13年1月7日〜平成15年10月27日　デーリー東北新聞社長　→03/05

佐藤 信太郎　さとう・しんたろう　〜昭和52年1月29日　パリ日本館長　→昭和

佐藤 信之助　さとう・しんのすけ　明治42年1月30日〜昭和56年12月22日　中京テレビ放送会長　→80/82

佐藤 甚之助　さとう・じんのすけ　〜平成18年3月11日　ぴばい・炭鉱の記憶再生塾塾長　→06/08

佐藤 晋六　さとう・しんろく　大正8年3月9日〜平成18年6月19日　UIゼンセン同盟副会長,日東紡績労働組合長　→06/08

佐藤 犂也　さとう・すきや　昭和5年6月18日〜平成17年10月20日　栗田工業専務　→03/05

佐藤 助九郎　さとう・すけくろう　昭和8年9月14日〜平成20年8月18日　佐藤工業会長　→06/08

佐藤 助九郎（2代目）　さとう・すけくろう　明治3年8月27日〜昭和6年10月30日　実業家　貴院議員　→昭和（佐藤 助九郎）

佐藤 助之　さとう・すけゆき　大正7年5月31日〜平成1年1月29日　佐藤醸造社長、七宝神社奉賛会長　→88/90

佐藤 晋　さとう・すすむ　昭和4年1月3日〜平成7年4月23日　ジェコー常務　→94/96

佐藤 進　さとう・すすむ　大正15年10月21日〜昭和58年12月3日　品川信用組合理事長、東京都議　→83/87

佐藤 進　さとう・すすむ　昭和10年2月24日〜平成1年7月5日　大和製衡監査役　→88/90

佐藤 進　さとう・すすむ　大正8年4月23日〜平成5年2月27日　日本教育新聞社取締役、産経新聞社広告局流通担当部長　→91/93

佐藤 進　さとう・すすむ　明治41年6月20日〜平成13年2月10日　広島県議（自民党）　→00/02

佐藤 進　さとう・すすむ　大正14年1月3日〜平成18年11月28日　佐藤製薬社長　→06/08

佐藤 逾　さとう・すすむ　昭和4年11月30日〜平成10年2月20日　栗山町（北海道）町長　→97/99

佐藤 正一　さとう・せいいち　〜平成1年1月23日　陸軍中将　→88/90

佐藤 清一　さとう・せいいち　明治44年10月9日〜平成13年11月26日　通商産業省東京通商産業局長、厚木ガス社長　→00/02

佐藤 誠一　さとう・せいいち　昭和2年2月13日〜平成9年10月27日　スター精密社長　→97/99

佐藤 清一郎　さとう・せいいちろう　明治25年〜昭和48年　参院議員　→昭和

佐藤 清一郎　さとう・せいいちろう　大正10年3月11日〜平成1年7月21日　大丸取締役、三菱銀行専務　→88/90

佐藤 誠吾　さとう・せいご　昭和5年1月14日〜平成9年3月1日　日立マクセル常務　→97/99

佐藤 正治　さとう・せいじ　昭和22年2月〜平成18年6月26日　アプライドマテリアルズジャパン社長、米国本社副社長　→06/08

佐藤 斉治　さとう・せいじ　〜昭和55年11月6日　名古屋税理士会参与、元長野県名古屋県人会長　→80/82

佐藤 正叟　さとう・せいそう　〜昭和43年6月17日　至文堂社長　→昭和

佐藤 清之助　さとう・せいのすけ　〜平成22年7月7日　筑邦銀行副頭取　→09/11

佐藤 善一郎　さとう・ぜんいちろう　明治31年10月10日〜昭和39年3月23日　政治家　福島県知事、衆院議員（自由党）　→昭和

佐藤 善作　さとう・ぜんさく　〜昭和62年10月6日　矢島町森林組合（秋田県）組合長　→83/87

佐藤 善三　さとう・ぜんぞう　昭和5年1月1日〜平成23年7月20日　秋田県議（自民党）　→09/11

佐藤 宗次　さとう・そうじ　明治39年〜平成7年　海軍航空隊　→94/96

佐藤 壮六　さとう・そうろく　〜昭和57年7月17日　国際観光ホテル社長　→80/82

佐藤 外治　さとう・そとじ　〜昭和58年8月23日　住友銀行本店支配人　→83/87

佐藤 大治　さとう・だいじ　昭和7年9月19日〜平成19年5月4日　名鉄百貨店社長　→06/08

佐藤 泰舜　さとう・たいしゅん　明治23年12月1日〜昭和50年2月28日　僧侶、仏教学者　曹洞宗管長　→昭和

佐藤 大四郎　さとう・だいしろう　明治42年11月22日〜昭和18年5月10日　社会運動家　→昭和

佐藤 泰三　さとう・たいぞう　大正10年3月3日〜昭和62年8月9日　至文堂社長　→83/87

佐藤 大三　さとう・だいぞう　大正3年8月11日〜平成22年11月15日　清水建設常務　→09/11

佐藤 太一　さとう・たいち　明治41年1月〜平成10年3月30日　大分県出納長、九州乳業社長　→97/99

佐藤 隆昭　さとう・たかあき　大正9年9月14日〜平成17年11月13日　僧侶　中京大学名誉教授、陽岳寺住職　→03/05

佐藤 高雄　さとう・たかお　〜昭和61年10月21日　宮城県農業共済組合連合会副会長　→83/87

佐藤 陸男　さとう・たかお　昭和15年8月7日〜平成16年10月25日　荘内日報社長　→03/05

佐藤 隆夫　さとう・たかお　大正13年7月6日〜平成19年4月23日　弁護士　国学院大学名誉教授　→06/08

佐藤 孝　さとう・たかし　〜平成18年11月8日　五木村水没者地権者協議会（熊本県）会長　→06/08

佐藤 隆　さとう・たかし　昭和2年12月11日〜平成3年4月17日　衆院議員（自民党）、農水相　→91/93

佐藤 隆　さとう・たかし　昭和2年11月11日〜平成6年6月15日　日本長期信用銀行顧問、日本銀行監事　→94/96

佐藤 巍　さとう・たかし　明治35年9月29日〜昭和56年2月2日　大阪北合同運送会長、大同生命取締役　→80/82

佐藤 孝敏　さとう・たかとし　昭和6年12月11日〜平成20年3月24日　日精工業社長　→06/08

佐藤 隆信　さとう・たかのぶ　昭和27年6月12日〜平成11年9月26日　ゼビオ常務　→97/99

佐藤 任弘　さとう・たかひろ　昭和7年1月20日〜平成10年6月19日　海上保安庁水路部長　→97/99

佐藤 隆弥　さとう・たかや　明治34年7月26日〜平成17年11月17日　東京電気社長　→03/05

佐藤 卓男　さとう・たくお　昭和12年9月23日〜平成20年3月4日　東海テレビ放送専務　→06/08

佐藤 琢磨　さとう・たくま　〜昭和57年2月14日　静岡簡裁判事　→80/82

佐藤 武夫　さとう・たけお　〜昭和62年6月4日　杉山商事取締役建築第二部長　→83/87

佐藤 武雄　さとう・たけお　明治40年4月18日〜平成2年

1月16日　明治生命保険常務　→88/90

佐藤 武五郎　さとう・たけごろう　〜昭和47年8月14日　外交官　→昭和

佐藤 健　さとう・たけし　大正3年7月4日〜昭和63年9月24日　帝人製機取締役　→88/90

佐藤 丈志　さとう・たけし　昭和22年6月12日〜昭和44年7月3日　アメリカ陸軍一等兵　→昭和

佐藤 忠雄　さとう・ただお　明治35年6月5日〜平成1年9月18日　三菱重工業専務、三菱銀行常務、関東菱重興産社長　→88/90

佐藤 忠雄　さとう・ただお　大正15年3月26日〜平成13年3月29日　宝酒造専務　→00/02

佐藤 忠雄　さとう・ただお　大正5年3月12日〜平成16年7月9日　最高検刑事部長、宇都宮地検検事正　→03/05

佐藤 忠雄　さとう・ただお　大正15年8月7日〜平成20年1月7日　横浜ゴム専務　→06/08

佐藤 忠士　さとう・ただし　〜昭和62年9月1日　福岡県議、浮羽町農協組合長　→83/87

佐藤 唯人　さとう・ただと　昭和15年1月29日〜平成10年7月6日　弁護士　仙台弁護士会会長　→97/99

佐藤 忠徳　さとう・ただのり　大正11年〜平成3年12月24日　鐘紡取締役生化学研究所長　→91/93

佐藤 忠正　さとう・ただまさ　明治38年7月24日〜平成1年7月30日　(株)三秀社社長、愛知県印工組顧問　→88/90

佐藤 忠好　さとう・ただよし　明治37年1月15日〜平成1年6月16日　糸和取締役会長　→88/90

佐藤 太仲　さとう・たちゅう　明治3年2月5日〜平成19年7月20日　高岳製作所社長　→06/08

佐藤 タツエ　さとう・たつえ　昭和8年11月10日〜平成15年12月31日　レラの会会長、レラ・チセ店長　→03/05

佐藤 達夫　さとう・たつお　明治37年5月1日〜昭和49年9月12日　人事院総裁、法制局長官　→昭和

佐藤 達雄　さとう・たつお　昭和3年1月4日〜平成19年4月14日　オオゼキ創業者　→06/08

佐藤 達雄　さとう・たつお　昭和22年1月31日〜平成20年5月12日　毎日新聞大阪センター社長、毎日新聞大阪本社制作技術局長　→06/08

佐藤 辰雄　さとう・たつお　大正5年8月19日〜平成3年4月20日　岩田屋取締役　→91/93

佐藤 立夫　さとう・たつお　明治45年3月23日〜平成14年3月25日　弁護士　早稲田大学教授　→00/02

佐藤 辰蔵　さとう・たつぞう　〜平成11年12月8日　第18富士山丸の元乗組員　→00/02s

佐藤 達也　さとう・たつや　明治40年6月17日〜昭和63年11月7日　福島市長　→88/90

佐藤 達郎　さとう・たつろう　大正6年5月20日〜平成5年1月11日　時事通信社社長　→91/93

佐藤 他人太　さとう・たにんた　大正5年4月4日〜平成22年3月11日　米沢市助役　→09/11

佐藤 保　さとう・たもつ　〜昭和56年11月1日　佐藤金属会長　→80/82

佐藤 保　さとう・たもつ　〜平成16年8月1日　豊浦市長　→03/05

佐藤 太郎　さとう・たろう　明治37年4月9日〜昭和59年5月23日　芝浦産業会長　→83/87

佐藤 睦　さとう・ちかし　大正6年5月17日〜昭和56年11月1日　電電公社理事監査局長、日本通信建設常務　→80/82

佐藤 親弘　さとう・ちかひろ　明治26年3月〜昭和36年8月15日　衆院議員(自由党)　→昭和

佐藤 智義雄　さとう・ちぎお　大正9年11月2日〜平成15年3月11日　七十七銀行頭取　→03/05

佐藤 忠吉　さとう・ちゅうきち　〜昭和49年10月17日　網走市長　→昭和

佐藤 忠三　さとう・ちゅうぞう　大正15年5月12日〜平成14年4月11日　ライト工業専務　→00/02

佐藤 長作　さとう・ちょうさく　〜昭和63年5月22日　陸前運送取締役会長　→88/90

佐藤 長助　さとう・ちょうすけ　大正5年5月5日〜平成10年7月9日　テレビユー山形社長、八幡町(山形県)町長　→97/99

佐藤 長太郎　さとう・ちょうたろう　明治44年8月4日〜昭和61年12月26日　日本理工社長　→83/87

佐藤 千代子　さとう・ちよこ　〜昭和61年5月21日　佐清工業会長　→83/87

佐藤 通吉　さとう・つうきち　明治36年8月〜平成7年6月3日　弁護士　衆院議員(民主自由党)、鹿児島県弁護士会会長　→94/96

佐藤 伝　さとう・つたえ　昭和7年8月28日〜平成1年11月2日　一般同盟書記長　→88/90

佐藤 勉　さとう・つとむ　〜昭和55年8月25日　海軍少将　→80/82

佐藤 恒身　さとう・つねみ　〜平成4年6月26日　福音館書店会長、石川県書店商業組合理事長　→91/93

佐藤 貞一　さとう・ていいち　大正15年11月3日〜平成15年5月24日　日本長期信用銀行常務、ライフ会長　→03/05

佐藤 貞三　さとう・ていぞう　〜平成1年8月28日　日本赤十字社新潟県支部事務局長、新潟県出納長　→88/90

佐藤 徹夫　さとう・てつお　昭和9年2月23日〜平成18年1月8日　徳山曹達常務　→06/08

佐藤 鉄山　さとう・てつざん　大正4年1月13日〜昭和61年1月29日　宮城県経済農協連会長、泉市中央農協組合長、大満寺住職　→83/87

佐藤 哲司　さとう・てつし　昭和10年7月10日〜平成3年10月20日　野村総合研究所専務　→91/93

佐藤 哲善　さとう・てつぜん　〜平成3年2月1日　僧侶　藤嶺学園常務理事、鵠沼女子高校長、親縁寺住職

佐藤 哲三　さとう・てつぞう　昭和55年9月9日　共和会長, 岐阜県中小企業団体中央会顧問　→80/82

佐藤 哲三　さとう・てつぞう　大正12年12月11日〜昭和63年5月5日　万菊本店社長, 名古屋家庭裁判所調停委員, 愛知県酒造組合連合会会長　→88/90

佐藤 鉄太郎　さとう・てつたろう　慶応2年7月13日〜昭和17年3月4日　海軍中将　貴院議員(勅選)　→昭和(佐藤 鋭太郎)

佐藤 哲也　さとう・てつや　〜昭和59年5月27日　帝国電機製作所社長　→83/87

佐藤 哲郎　さとう・てつろう　大正10年4月27日〜平成14年5月6日　日産自動車副社長, 東京日産自動車販売会長　→00/02

佐藤 哲郎　さとう・てつろう　大正9年1月5日〜平成16年1月23日　弁護士　最高裁判事　→03/05

佐藤 鉄郎　さとう・てつろう　大正7年2月3日〜平成15年9月23日　高等海難審判庁長官　→03/05

佐藤 輝夫　さとう・てるお　昭和6年12月8日〜平成12年5月19日　西松建設常務　→00/02

佐藤 輝雄　さとう・てるお　明治39年10月7日〜平成2年9月13日　国鉄監査委員, 国際観光会館専務　→88/90

佐藤 輝彦　さとう・てるひこ　大正15年3月23日〜平成15年9月14日　鴻巣市長　→03/05

佐藤 伝三郎　さとう・でんざぶろう　大正1年11月1日〜平成3年9月9日　国華荘会長, 滋賀県旅館環境衛生同業組合理事長　→91/93

佐藤 天俊　さとう・てんしゅん　大正5年2月21日〜平成1年7月22日　僧侶　真言宗高野山派教戒師会副会長, 三滝寺(真言宗高野山派)住職

佐藤 藤佐　さとう・とうすけ　明治27年1月7日〜昭和60年8月29日　弁護士　秋田経済大学名誉教授, 検事総長　→83/87

佐藤 東里　さとう・とうり　昭和4年3月16日〜平成17年8月30日　日立マクセル社長　→03/05

佐藤 徹　さとう・とおる　昭和6年9月28日〜昭和60年1月31日　大蔵省証券局長　→83/87

佐藤 時治　さとう・ときじ　明治28年9月9日〜平成1年11月30日　秋田県議, 阿仁町(秋田県)町長　→88/90

佐藤 時彦　さとう・ときひこ　明治26年3月23日〜昭和60年12月9日　日本工営顧問　→83/87

佐藤 徳雄　さとう・とくお　昭和3年6月8日〜平成17年7月31日　衆院議員(社会党)　→03/05

佐藤 篤　さとう・とくじ　昭和11年8月6日〜平成22年3月5日　佐藤商店社長, 森商工会議所会頭　→09/11

佐藤 得四郎　さとう・とくしろう　〜明治10年12月21日　大同電力取締役　→昭和

佐藤 篤二郎　さとう・とくじろう　明治30年3月14日〜昭和39年11月21日　実業家　九州電力社長　→昭和

佐藤 徳太郎　さとう・とくたろう　明治42年3月27日〜

平成13年　陸上自衛隊第六管区副総監　→00/02

佐藤 寿郎　さとう・としお　昭和6年8月9日〜平成19年8月4日　共同通信社常務理事　→06/08

佐藤 俊夫　さとう・としお　明治37年7月20日〜平成2年1月12日　出版人　新潮社社長　→88/90

佐藤 俊夫　さとう・としお　大正12年3月6日〜平成7年3月2日　兵庫県議　→94/96

佐藤 俊雄　さとう・としお　〜昭和47年5月13日　住友商事相談役　→昭和

佐藤 敏男　さとう・としお　〜昭和58年6月9日　大日本紡績(のちユニチカ)取締役　→83/87

佐藤 敏夫　さとう・としお　〜昭和59年2月14日　日本広告社専務　→83/87

佐藤 敏夫　さとう・としお　大正12年1月1日〜平成19年6月5日　牧師　東京神学大学名誉教授, 中村町教会牧師　→06/08

佐藤 敏夫　さとう・としお　〜平成6年8月8日　日本債券信用銀行常務　→94/96

佐藤 利男　さとう・としお　〜昭和50年10月29日　電気化学工業副社長　→昭和

佐藤 利夫　さとう・としお　〜平成1年4月10日　(株)佐藤印刷所社長　→88/90

佐藤 利雄　さとう・としお　〜昭和39年8月24日　弁護士　日本弁護士連合会事務総長　→昭和

佐藤 利雄　さとう・としお　明治38年2月27日〜平成3年10月12日　ヤマサちくわ会長　→91/93

佐藤 利一　さとう・としかず　〜平成10年6月15日　日本陶器(のちノリタケカンパニー)専務　→97/99

佐藤 登子吉　さとう・としきち　〜昭和41年2月6日　同和金属副社長　→昭和

佐藤 寿子　さとう・としこ　大正6年10月4日〜平成7年3月3日　熊本県議　→94/96

佐藤 利広　さとう・としひろ　〜平成5年9月15日　自由が丘商店街振興組合理事, 時遊館社長　→91/93

佐藤 富彦　さとう・とみひこ　大正11年2月20日〜昭和62年5月13日　久留米市議　→83/87

佐藤 友昭　さとう・ともあき　明治34年4月11日〜平成20年7月5日　長野県議(自民党)　→06/08

佐藤 朝生　さとう・ともお　明治40年5月14日〜平成11年12月4日　総理府総務副長官　→97/99

佐藤 友太郎　さとう・ともたろう　〜昭和62年4月29日　農水省食品総合研究所醸酵食品部長　→83/87

佐藤 虎次郎　さとう・とらじろう　明治35年1月20日〜昭和58年3月27日　衆院議員(自民党), 清水市長, 東洋パイルヒューム管製作所会長　→83/87

佐藤 寅之助　さとう・とらのすけ　明治35年3月10日〜昭和63年2月2日　丸森町(宮城県)町長, 宮城県議　→88/90

佐藤 寅之助　さとう・とらのすけ　明治36年3月20日〜

昭和63年6月12日　荘内日報創業者, 山形県議　→88/90
佐藤　直廉　さとう・なおかど　～平成3年8月5日
東洋火災海上保険常務　→91/93
佐藤　尚邦　さとう・なおくに　大正5年5月26日～平成2年11月2日　信越化学工業常任顧問・元副会長　→88/90
佐藤　尚武　さとう・なおたけ　明治15年10月30日～昭和46年12月18日　外交官, 政治家　参院議長（緑風会）, 駐ソ大使, 外相　→昭和
佐藤　直人　さとう・なおと　明治43年3月19日～昭和62年7月14日　佐藤写真製版所社長　→83/87
佐藤　長雄　さとう・ながお　大正7年11月3日～平成15年4月16日　三島町（福島県）町長　→03/05
佐藤　仲治　さとう・なかじ　～昭和56年9月2日
土呂久鉱山公害被害者の会副会長　→80/82
佐藤　仲次郎　さとう・なかじろう　～平成16年1月26日
埼玉県議, 川越市議　→03/05
佐藤　日史　さとう・にっし　大正2年4月20日～平成6年1月23日　アイルランド大使　→94/96
佐藤　信雄　さとう・のぶお　大正4年8月29日～平成1年3月9日　八王子信用金庫理事長　→88/90
佐藤　信雄　さとう・のぶお　大正13年9月1日～平成8年1月29日　時事通信取締役　→94/96
佐藤　暢夫　さとう・のぶお　明治45年3月17日～平成11年9月26日　サトームセン社長　→97/99
佐藤　信貞　さとう・のぶさだ　～平成5年2月4日
航空大学校教頭　日本人初の世界一周飛行をしたニッポン号乗組員　→91/93
佐藤　信治　さとう・のぶはる　大正13年～平成11年3月
ナチュラリスト　→97/99
佐藤　信彦　さとう・のぶひこ　～昭和55年3月26日
大蔵省関東財務局管財部長, 辰巳倉庫取締役　→80/82
佐藤　暢秀　さとう・のぶひで　昭和6年6月19日～平成6年4月15日　ダイニック専務　→94/96
佐藤　信弥　さとう・のぶや　明治32年10月15日～昭和60年2月23日　中日新聞社相談役・常務　→83/87
佐藤　信安　さとう・のぶやす　～昭和39年8月1日
広島市長　→昭和
佐藤　昇　さとう・のぼる　～昭和57年9月16日
黒松内町議会副議長　→80/82
佐藤　信　さとう・のぼる　～平成4年3月12日
福井県警本部長, 三重県警本部長　→91/93
佐藤　登　さとう・のぼる　明治40年8月1日～平成9年8月9日　東京都交通局長, はとバス社長　→97/99
佐藤　基　さとう・はじめ　明治31年3月23日～昭和46年3月31日　公正取引委員会委員長, 東京都副知事　→昭和
佐藤　肇　さとう・はじめ　大正6年2月21日～平成7年6月30日　日本港湾協会名誉会長, 運輸省港湾局長　→94/96
佐藤　甫　さとう・はじめ　明治20年～昭和4年3月29日
諜報活動家　青島特務機関　→昭和

佐藤　八次　さとう・はちじ　～昭和55年10月13日
東京瓦斯監査役, 元東京都総務局長　→80/82
佐藤　八郎　さとう・はちろう　～昭和48年12月15日
埼玉県副知事　→昭和
佐藤　ハツネ　さとう・はつね　～平成23年11月30日
土呂久鉱害の語り部　→09/11
佐藤　花子　さとう・はなこ　～平成5年6月26日
ジーネット取締役　→91/93
佐藤　治夫　さとう・はるお　昭和13年6月25日～平成11年3月31日　綜合警備保障専務　→97/99
佐藤　春夫　さとう・はるお　～昭和62年1月3日
仙台北小売酒販組合副理事長, 佐藤春夫商店会長　→83/87
佐藤　春雄　さとう・はるお　～昭和17年6月3日
陸軍少将　→昭和
佐藤　春雄　さとう・はるお　～平成3年12月31日
映文社印刷社長　→91/93
佐藤　春夫　さとう・はるお　～平成12年10月19日
グラフテック常務　→00/02
佐藤　晴雄　さとう・はるお　明治31年9月26日～昭和61年12月27日　京浜急行電鉄相談役・元社長, 満鉄会理事長　→83/87
佐藤　晴一　さとう・はるかず　昭和3年3月2日～平成3年11月6日　サンケイビル常務　→91/93
佐藤　春彦　さとう・はるひこ　～平成3年2月4日
片倉工業取締役　→91/93
佐藤　晴彦　さとう・はるひこ　～昭和61年8月3日
磐城屋紙器製造所取締役社長　→83/87
佐藤　ハルヨ　さとう・はるよ　明治33年～昭和55年7月26日　名古屋市教育委員　→80/82
佐藤　半　さとう・はん　～昭和49年11月11日
富士ガス工事社長　→昭和
佐藤　秀　さとう・ひいず　大正3年4月29日～平成6年2月17日　弁護士　福岡地裁所長　→94/96
佐藤　彦輔　さとう・ひこすけ　～昭和2年4月15日
農林省日高種馬牧場長　→昭和
佐藤　彦八　さとう・ひこはち　大正4年11月25日～平成1年12月28日　太陽誘電名誉会長, 佐藤交通遺児福祉基金会長　→88/90
佐藤　久夫　さとう・ひさお　昭和20年6月2日～平成21年2月20日　札幌高裁長官　→09/11
佐藤　久雄　さとう・ひさお　明治33年1月9日～昭和57年2月14日　衆院議員（民主党）, 佐藤工業社長　→80/82
佐藤　久　さとう・ひさし　～昭和63年3月29日
網走新聞社長,（財）網走監獄保存財団理事長　→88/90
佐藤　久　さとう・ひさし　昭和13年4月16日～平成16年12月26日　弁護士　静岡県弁護士会会長　→03/05
佐藤　寿　さとう・ひさし　大正9年5月14日～平成19年9月7日　青森県議（自民党）　→06/08

佐藤 尚　さとう・ひさし　～昭和57年12月14日
　三菱重工業副社長　→80/82

佐藤 久次　さとう・ひさじ　昭和6年1月13日～平成22年9月27日　ミツウロコ専務　→09/11

佐藤 久美　さとう・ひさとみ　大正14年2月19日～平成6年2月28日　陸将　陸上自衛隊第三師団長　→94/96

佐藤 久美　さとう・ひさみ　明治44年5月28日～平成9年9月5日　紀州製紙名誉会長　→97/99

佐藤 久之　さとう・ひさゆき　大正5年2月4日～平成7年3月1日　保土谷化学工業常務，オート化学工業顧問　→94/96

佐藤 久喜　さとう・ひさよし　～昭和45年8月11日
　三井金属工業名誉相談役　→昭和

佐藤 英昭　さとう・ひであき　～平成5年4月22日
　営団地下鉄労働組合委員長　→91/93

佐藤 英男　さとう・ひでお　昭和11年12月25日～平成19年1月5日　荘内銀行専務　→06/08

佐藤 英夫　さとう・ひでお　昭和2年3月27日～昭和61年1月10日　海将　海上自衛隊呉地方総監　→83/87

佐藤 英雄　さとう・ひでお　～昭和57年8月8日
　ヂーゼル機器常務　→80/82

佐藤 英雄　さとう・ひでお　明治37年8月5日～平成5年7月14日　名古屋鉄道相談役・元副社長，名鉄百貨店社長　→91/93

佐藤 秀雄　さとう・ひでお　～平成15年4月28日
　広島テレビ放送社長　→03/05

佐藤 日出夫　さとう・ひでお　大正14年5月16日～平成4年2月9日　生活協同組合共立社理事長，日本生活協同組合連合会副会長　→91/93

佐藤 秀一　さとう・ひでかず　昭和3年5月11日～平成14年9月4日　ハルテック社長，阪神高速道路公団副理事長　→00/02

佐藤 秀蔵　さとう・ひでぞう　嘉永4年3月28日～昭和9年3月27日　実業家　貴院議員（多額納税）　→昭和

佐藤 秀太郎　さとう・ひでたろう　明治25年5月30日～平成1年3月22日　紙の博物館顧問・元館長　→88/90

佐藤 秀人　さとう・ひでと　～昭和63年12月24日
　僧侶　真宗寺住職　→88/90

佐藤 英敏　さとう・ひでとし　大正15年10月20日～平成4年2月19日　河北新報常務　→91/93

佐藤 秀美　さとう・ひでみ　大正15年8月20日～平成19年1月10日　東亜石油社長　→06/08

佐藤 均　さとう・ひとし　～平成17年6月28日
　癌と共に生きる会会長　→03/05

佐藤 仁　さとう・ひとし　～昭和47年10月23日
　ヤンマーディーゼル専務　→昭和

佐藤 斉　さとう・ひとし　～昭和55年10月2日
　晃栄産業会長　→80/82

佐藤 啓　さとう・ひらく　慶応4年2月～昭和16年4月21日　政治家，実業家　衆院議員（第一議員倶楽部）　→昭和

佐藤 博夫　さとう・ひろお　～昭和41年4月15日
　京阪神急行電鉄社長，東宝会長　→昭和

佐藤 裕雄　さとう・ひろお　～昭和47年5月7日
　千代田グラビア印刷社長　→昭和

佐藤 寛一　さとう・ひろかず　昭和23年8月26日～平成13年12月23日　北海道議（社会党）　→00/02

佐藤 寛子　さとう・ひろこ　明治40年～昭和62年4月16日　故佐藤栄作元首相夫人　→83/87

佐藤 宏　さとう・ひろし　～平成5年6月6日
　ティーエスピー取締役，産経新聞東京本社販売第五部仙台本部長　→91/93

佐藤 宏　さとう・ひろし　大正13年9月13日～平成16年4月30日　読売新聞大阪本社常務　→03/05

佐藤 恕　さとう・ひろし　大正9年7月6日～平成13年2月26日　京都近鉄百貨店社長　→00/02

佐藤 博　さとう・ひろし　～昭和36年4月20日
　東京高検検事長　→昭和

佐藤 博　さとう・ひろし　～昭和63年7月24日
　日本鉄鋼連盟常務理事，ステンレス協会理事　→88/90

佐藤 博　さとう・ひろし　大正4年3月2日～平成9年4月17日　山形証券社長　→97/99

佐藤 博　さとう・ひろし　明治36年9月6日～平成10年8月11日　東洋通信機専務　→97/99

佐藤 博　さとう・ひろし　昭和7年4月20日～平成13年4月17日　ヤマタネ常務　→00/02

佐藤 洋　さとう・ひろし　～平成19年8月25日
　城洋新聞社長　→06/08

佐藤 広武　さとう・ひろたけ　昭和16年2月12日～平成14年6月21日　川鉄情報システム専務　→00/02

佐藤 博人　さとう・ひろと　昭和16年12月24日～平成13年3月12日　大木建設常務　→00/02

佐藤 博敏　さとう・ひろとし　～昭和63年8月30日
　金光教教老　→88/90

佐藤 博利　さとう・ひろとし　大正13年12月15日～昭和63年6月22日　五味屋専務　→88/90

佐藤 博信　さとう・ひろのぶ　～昭和62年8月2日
　仙台中央卸売市場魚類協同組合専務理事，仙台宮水監査役　→83/87

佐藤 裕彦　さとう・ひろひこ　～平成4年12月24日
　栄和コンサルタント専務　→91/93

佐藤 大正　さとう・ひろまさ　大正11年4月～平成10年10月21日　興和新薬常務　→97/99

佐藤 弘道　さとう・ひろみち　昭和8年12月2日～平成20年6月18日　日本道路社長　→06/08

佐藤 広睦　さとう・ひろむつ　～平成3年10月11日
　奥村組東京支店土木設計部長　トンネル掘削のシールド工法を発明　→91/93

佐藤 寛行　さとう・ひろゆき　～平成5年12月17日

民主社会主義研究会議事務局長　→91/93

佐藤 太　さとう・ふとし　明治26年1月21日～昭和58年10月5日　近畿電気工事社長,関西配電(のち関西電力)副社長　→83/87

佐藤 文男　さとう・ふみお　大正4年9月29日～平成12年8月22日　牧師,元・高校教師　上落合キリストの教会牧師　→00/02

佐藤 文男　さとう・ふみお　昭和15年12月8日～平成18年8月21日　上新電機副社長　→06/08

佐藤 文夫　さとう・ふみお　大正13年4月28日～平成18年12月13日　海将　海上自衛隊横須賀地方総監　→06/08

佐藤 文雄　さとう・ふみお　明治31年～昭和61年10月10日　気仙沼市議　→83/87

佐藤 文雄　さとう・ふみお　大正11年7月4日～平成13年10月19日　大隈鉄工所常務　→00/02

佐藤 文子　さとう・ふみこ　大正7年2月13日～平成22年10月2日　山形県婦人連盟会長　→09/11

佐藤 文彦　さとう・ふみひこ　昭和10年1月19日～平成6年10月11日　弁護士　日本弁護士連合会副会長　→94/96

佐藤 文哉　さとう・ふみや　昭和11年2月21日～平成18年6月21日　弁護士　仙台高裁長官　→06/08

佐藤 文一　さとう・ぶんいち　明治43年11月27日～昭和63年11月27日　第一火災海上保険専務　→88/90

佐藤 文治　さとう・ぶんじ　～平成2年9月7日　セイコー製作所監査役　→88/90

佐藤 文四郎　さとう・ぶんしろう　～昭和55年5月28日　日之出汽船取締役会長　→80/82

佐藤 文生　さとう・ぶんせい　大正8年7月21日～平成12年4月25日　衆院議員(自民党),郵政相　→00/02

佐藤 文造　さとう・ぶんぞう　大正2年9月12日～平成6年8月9日　日本鉱業(のちジャパンエナジー)常務　→94/96

佐藤 孫吉　さとう・まごきち　明治42年5月10日～昭和61年5月23日　留萌市議会議長　→83/87

佐藤 孫七　さとう・まごしち　明治43年12月～平成18年1月23日　明洋船長,東海大学海洋学部教授　→06/08

佐藤 信　さとう・まこと　～昭和56年4月13日　警視庁府中運転免許試験場長　→80/82

佐藤 信　さとう・まこと　～昭和62年12月1日　ラジオ日本常務,毎日新聞航空部長　→83/87

佐藤 信　さとう・まこと　昭和9年1月31日～平成18年6月27日　名古屋テレビ専務　→06/08

佐藤 亮　さとう・まこと　大正4年3月26日～昭和62年2月1日　総合設備コンサルタント会長　→83/87

佐藤 孚　さとう・まこと　大正3年3月11日～平成7年10月26日　広島県議　→94/96

佐藤 正明　さとう・まさあき　昭和16年4月14日～昭和63年7月8日　沖電気工業取締役　→88/90

佐藤 政一　さとう・まさいち　～平成14年2月27日　西木村(秋田県)収入役　→00/02

佐藤 雅男　さとう・まさお　昭和3年1月2日～平成6年12月26日　北海道電力副社長　→94/96

佐藤 公夫　さとう・まさお　昭和3年3月13日～昭和60年12月2日　三和銀行常任監査役・元専務　→83/87

佐藤 将夫　さとう・まさお　昭和7年11月26日～平成14年4月25日　三菱化成(のち三菱化学)専務　→00/02

佐藤 政夫　さとう・まさお　～昭和63年1月5日　札幌簡裁判事　→88/90

佐藤 政雄　さとう・まさお　昭和3年7月31日～平成13年3月22日　北海道指導漁連会長,羽幌町漁協組合長　→00/02

佐藤 正男　さとう・まさお　昭和46年5月13日　東洋エンジニアリング監査役　→昭和

佐藤 正男　さとう・まさお　大正3年1月2日～平成9年11月10日　サトウ会長,国立商工振興副社長　→97/99

佐藤 正夫　さとう・まさお　明治42年11月6日～平成5年1月19日　アスク取締役　→91/93

佐藤 正雄　さとう・まさお　明治38年1月12日～昭和60年1月6日　十條製紙監査役　→83/87

佐藤 昌克　さとう・まさかつ　昭和9年11月3日～平成1年2月9日　中田組社長　→88/90

佐藤 正人　さとう・まさと　大正10年9月11日～平成2年12月23日　軽井沢町(長野県)町長　→88/90

佐藤 正俊　さとう・まさとし　明治19年9月18日～昭和37年5月3日　三重県知事,名古屋市長　→昭和

佐藤 正憲　さとう・まさのり　昭和12年2月16日～平成23年11月9日　三和シヤッター工業常務　→09/11

佐藤 正治　さとう・まさはる　大正2年6月26日～昭和62年7月26日　弁護士　ツノダ自転車監査役,名古屋弁護士会副会長　→83/87

佐藤 正彦　さとう・まさひこ　大正10年～平成12年5月10日　鶴見曹達常務　→00/02

佐藤 正英　さとう・まさひで　昭和4年～平成7年12月26日　(財)船員保険会常務理事　→94/96

佐藤 正秀　さとう・まさひで　～平成16年8月17日　北海道自然保護協会理事　→03/05

佐藤 正躬　さとう・まさみ　昭和9年12月18日～平成21年6月6日　オリエンタルランド副社長　→09/11

佐藤 正光　さとう・まさみつ　昭和13年2月16日～平成8年7月20日　山形県議(自民党)　→97/99s

佐藤 昌之　さとう・まさゆき　～平成3年4月8日　盛岡地検検事正　→91/93

佐藤 正幸　さとう・まさゆき　昭和5年10月10日～平成18年5月18日　新潟工事社長　→06/08

佐藤 正義　さとう・まさよし　明治27年11月18日～昭和60年4月23日　北海道熱供給公社社長　→83/87

佐藤 誠良　さとう・まさよし　昭和12年1月23日～平成21年3月18日　甘木市長　→09/11

佐藤 勝　さとう・まさる　～昭和59年10月26日　豊城機械製作所取締役設計部長　→83/87

佐藤 増太郎　さとう・ますたろう　～昭和53年10月6日
　全国長寿2位　→昭和

佐藤 又男　さとう・またお　明治40年9月29日～平成15
　年4月9日　丸藤会長, 盛岡商工会議所副会頭　→03/05

佐藤 又雄　さとう・またお　～昭和56年7月15日
　出光石油開発常任監査役　→80/82

佐藤 学　さとう・まなぶ　昭和5年10月20日～昭和63年10
　月9日　日本航空理事・スケジュール統制部長　→88/90

佐藤 満三　さとう・まんぞう　～昭和63年3月5日
　端野村（北海道）村長　→88/90

佐藤 みを子　さとう・みおこ　大正12年6月15日～平成7
　年11月10日　さとう社長　→94/96

佐藤 ミキ　さとう・みき　～平成9年11月2日
　土呂久鉱山公害被害者の会副会長　→97/99

佐藤 幹夫　さとう・みきお　大正14年9月20日～平成7年
　4月9日　北海道議　→94/96

佐藤 通夫　さとう・みちお　大正12年2月19日～平成12年
　4月19日　大分バス社長, 大分県バス協会会長　→00/02

佐藤 道男　さとう・みちお　昭和18年9月10日～平成11
　年12月19日　神奈川新聞取締役・論説主幹　→00/02s

佐藤 道夫　さとう・みちお　明治39年5月28日～平成7年
　12月26日　大泉書店社長, 新潮社顧問　→94/96

佐藤 道夫　さとう・みちお　昭和7年10月24日～平成21
　年7月15日　弁護士　参院議員（民主党）, 札幌高検検事
　長　→09/11

佐藤 光男　さとう・みつお　大正4年2月19日～平成10年
　4月11日　かもめ信用金庫理事長　→97/99

佐藤 光夫　さとう・みつお　大正3年10月1日～平成9年7
　月17日　京成電鉄会長, 運輸事務次官　→97/99

佐藤 光夫　さとう・みつお　昭和8年2月1日～平成14年10
　月20日　アジア開発銀行総裁, 大蔵省関税局長　→00/02

佐藤 三男　さとう・みつお　大正3年1月1日～平成8年5
　月4日　佐藤水産会長　→94/96

佐藤 三雄　さとう・みつお　～昭和3年1月2日
　倫敦総領事　→昭和

佐藤 美津雄　さとう・みつお　大正5年5月20日～平成7
　年1月13日　日本海事協会会長　→94/96

佐藤 密雄　さとう・みつお　明治34年10月9日～平成12
　年6月15日　僧侶　鎌倉大仏殿高徳院住職, 大正大学学長,
　知恩院副門跡　→00/02

佐藤 貢　さとう・みつぎ　明治31年2月14日～平成11年9
　月26日　雪印乳業社長　→97/99

佐藤 充次　さとう・みつじ　明治37年11月26日～平成2
　年7月24日　大倉商事常務　→88/90

佐藤 光司郎　さとう・みつじろう　大正7年5月21日～平
　成9年4月29日　兵庫県議（自民党）　→97/99

佐藤 岑男　さとう・みねお　～平成19年10月16日
　読売旅行常務　→06/08

佐藤 実　さとう・みのる　明治21年10月1日～昭和8年12
　月11日　実業家　→昭和

佐藤 実　さとう・みのる　明治38年5月5日～昭和57年8
　月26日　福島県議, 福島市長　→80/82

佐藤 実　さとう・みのる　～昭和58年3月19日
　千葉県議会議長　→83/87

佐藤 美代吉　さとう・みよきち　大正2年9月18日～昭和
　63年10月4日　北海道拓殖銀行取締役, 北海道東北開発公
　庫理事　→88/90

佐藤 巳代治　さとう・みよじ　明治38年10月18日～昭和
　62年7月1日　神戸製鋼常務, 神鋼海運会長　→83/87

佐藤 民三郎　さとう・みんざぶろう　大正5年1月8日～
　平成17年12月1日　宮城県議, 大日本猟友会会長, 宮城珪
　藻土社長　→03/05

佐藤 武都美　さとう・むつみ　～昭和62年7月20日
　日本エネルギー経済研究所常務理事　→83/87

佐藤 明治郎　さとう・めいじろう　～昭和61年3月2日
　海軍少将　→83/87

佐藤 明三　さとう・めいぞう　昭和6年4月1日～平成20
　年7月8日　小森コーポレーション専務　→06/08

佐藤 基　さとう・もとい　～昭和61年10月16日
　塩釜市選挙管理委員長　→83/87

佐藤 元彦　さとう・もとひこ　昭和5年11月20日～平成
　22年8月25日　新潟県議（自民党）　→09/11

佐藤 素祥　さとう・もとよし　～昭和57年12月29日
　通産省立地公害局総務課長　→80/82

佐藤 守雄　さとう・もりお　～平成1年8月8日
　磯浜工業社長, 日立製作所工業協同組合理事長　→88/90

佐藤 盛男　さとう・もりお　大正7年1月23日～平成10年
　6月26日　東北沖電気社長　→97/99

佐藤 盛雄　さとう・もりお　昭和4年1月2日～平成20年4
　月26日　羅臼町（北海道）町長　→06/08

佐藤 守邦　さとう・もりくに　大正10年1月1日～平成7
　年11月25日　日本加工製紙常務　→94/96

佐藤 守良　さとう・もりよし　大正11年3月28日～平成8
　年3月7日　衆院議員（新進党）, 農林水産相, 国土庁長官
　→94/96

佐藤 八一郎　さとう・やいちろう　大正6年10月10日～
　平成13年6月22日　レナウン専務　→00/02

佐藤 泰生　さとう・やすお　昭和5年12月1日～平成3年
　12月16日　道新スポーツ取締役　→91/93

佐藤 豈夫　さとう・やすお　～昭和48年10月15日
　小笠原計器社長　→昭和

佐藤 保三郎　さとう・やすさぶろう　明治39年2月28日
　～平成10年8月6日　キリンビール社長　→97/99

佐藤 安二　さとう・やすじ　～昭和31年10月25日
　東邦銀行会長　→昭和

佐藤 安二　さとう・やすじ　～昭和59年5月24日
　日刊工業新聞社社友・元東北支社長　→83/87

佐藤 康治　さとう・やすじ　明治42年4月24日～平成14
　年10月30日　矢作建設工業専務　→00/02

さとう

佐藤 康胤　さとう・やすたね　明治39年9月25日〜昭和60年10月18日　国立市農業協同組合長, 元国立町 (東京都) 町長　→83/87

佐藤 康久　さとう・やすひさ　昭和5年2月20日〜平成11年9月24日　平田町 (岐阜県) 町長　→97/99

佐藤 育秀　さとう・やすひで　明治44年9月3日〜平成10年6月9日　秋田県議会議長　→97/99

佐藤 恭之　さとう・やすゆき　昭和8年12月20日〜平成21年10月25日　三菱マテリアル専務　→09/11

佐藤 弥太郎　さとう・やたろう　明治32年2月22日〜昭和59年1月27日　山形テレビ監査役　→83/87

佐藤 雄一　さとう・ゆういち　明治7年12月9日〜昭和61年5月8日　第一相互銀行取締役兼査部長　→83/87

佐藤 勇吉　さとう・ゆうきち　明治37年10月14日〜平成9年6月16日　弁理士　弁理士協会副会長　→97/99

佐藤 勇吉　さとう・ゆうきち　明治41年4月19日〜平成10年6月2日　東京電気工務所社長　→97/99

佐藤 祐金　さとう・ゆうきん　〜平成6年8月4日　三菱造船 (のち三菱重工業) 専務　→94/96

佐藤 雄三郎　さとう・ゆうざぶろう　〜昭和61年11月1日　長野県精神薄弱者愛護協会会長　→83/87

佐藤 勇二　さとう・ゆうじ　〜昭和52年12月4日　三菱自工社長　→昭和

佐藤 祐嗣　さとう・ゆうじ　明治43年1月27日〜平成11年9月5日　千代田証券会長　→97/99

佐藤 裕治　さとう・ゆうじ　明治35年3月15日〜平成10年8月11日　福井銀行会長　→97/99

佐藤 雄二朗　さとう・ゆうじろう　昭和8年2月20日〜平成22年3月4日　アルゴ21社長　→09/11

佐藤 雄也　さとう・ゆうや　大正7年3月28日〜平成20年4月6日　太平工業常務　→06/08

佐藤 幸雄　さとう・ゆきお　明治4年10月6日〜平成3年8月7日　スター精密社長　→91/93

佐藤 幸雄　さとう・ゆきお　大正14年2月20日〜平成6年1月14日　トーキン社長　→94/96

佐藤 行男　さとう・ゆきお　〜昭和63年4月5日　サンワスポーツシステムズ代表取締役社長　→88/90

佐藤 征捷　さとう・ゆきとし　〜昭和63年10月29日　平凡社副社長　→88/90

佐藤 行信　さとう・ゆきのぶ　昭和6年2月5日〜平成10年10月27日　僧侶　鎌倉大仏殿高徳院副住職, 日本卓球協会副会長　→97/99

佐藤 幸仁　さとう・ゆきひと　昭和8年7月20日〜平成3年6月3日　北海道新聞旭川支社長　→91/93

佐藤 寛　さとう・ゆたか　大正6年10月10日〜昭和62年9月3日　文祥堂監査役　→83/87

佐藤 豊　さとう・ゆたか　昭和4年7月1日〜昭和61年8月23日　電気化学工業取締役セメント事業部長, アンデスセメント共同事業代表取締役副社長　→83/87

佐藤 与一　さとう・よいち　明治15年1月〜昭和15年3月25日　衆院議員 (立憲民政党)　→昭和

佐藤 陽　さとう・よう　大正10年11月20日〜平成13年10月22日　サトー社長　→00/02

佐藤 洋一　さとう・よういち　大正15年9月17日〜昭和63年4月15日　カネオカ常務　→88/90

佐藤 洋輔　さとう・ようすけ　昭和18年7月28日〜平成17年7月16日　鹿角市長　→03/05

佐藤 陽太郎　さとう・ようたろう　〜昭和60年8月12日　ウインクル社長, 元帝人繊維企画開発部長　→83/87

佐藤 洋之助　さとう・ようのすけ　明治27年7月9日〜昭和59年5月7日　衆院議員 (自民党)　→83/87

佐藤 与五郎　さとう・よごろう　大正14年3月9日〜平成4年8月18日　西友フォートサービス社長　→91/93

佐藤 至亮　さとう・よしあき　〜平成8年8月3日　ソニーマガジンズ常務　→94/96

佐藤 義男　さとう・よしお　明治41年8月9日〜平成21年9月20日　青森県議　→09/11

佐藤 義夫　さとう・よしお　明治32年3月13日〜昭和36年7月29日　新聞・放送経営者　中部日本放送社長　→昭和

佐藤 義夫　さとう・よしお　昭和15年3月15日〜平成11年10月5日　佐藤建設工業会長, 埼玉県建設業協会副会長　→97/99

佐藤 義雄　さとう・よしお　明治39年2月12日〜平成4年10月28日　弁護士　同志社大学法学部教授　→91/93

佐藤 義雄　さとう・よしお　昭和5年8月13日〜平成15年1月19日　フジクラ専務, 日本電信電話公社東北電気通信局長　→03/05

佐藤 吉則　さとう・よしのり　大正10年8月24日〜昭和47年10月8日　大蔵省財務研修所長　→昭和

佐藤 孝夫　さとう・よしお　〜昭和59年7月2日　三菱重工業常務　→83/87

佐藤 芳男　さとう・よしお　明治29年9月〜昭和42年8月29日　衆院議員, 参院議員 (自民党)　→昭和

佐藤 由夫　さとう・よしお　大正12年6月29日〜平成11年11月5日　東洋運搬機常務　→97/99

佐藤 嘉一　さとう・よしかず　大正8年1月4日〜平成8年12月27日　伊藤忠燃料専務　→94/96

佐藤 義一　さとう・よしかず　〜昭和50年3月29日　南陽市長　→昭和

佐藤 義和　さとう・よしかず　昭和3年3月5日〜平成15年3月25日　自動火災海上保険社長　→03/05

佐藤 芳樹　さとう・よしき　明治42年3月27日〜昭和55年11月25日　関東信託頭取, 日本銀行国債局長　→80/82

佐藤 良邦　さとう・よしくに　明治44年7月10日〜平成3年9月21日　日本経済新聞社専務, テレビ東京社長　→91/93

佐藤 芳孝　さとう・よしたか　大正7年1月17日〜平成4年5月31日　日本酸素副社長　→91/93

佐藤 仁威　さとう・よしたけ　〜平成1年11月27日　旭工業会長　→88/90

佐藤 義嗣　さとう・よしつぐ　明治41年4月20日～昭和58年7月30日　佐伯建設工業常務　→83/87

佐藤 義人　さとう・よしと　明治35年5月20日～昭和62年9月20日　大学書林社長　→83/87

佐藤 喜春　さとう・よしはる　大正14年3月28日～平成6年2月23日　全国農業協同組合中央会会長, 福島県議　→94/96

佐藤 芳治　さとう・よしはる　昭和17年11月30日～平成6年6月25日　日本都市開発専務　→94/96

佐藤 芳寿　さとう・よしひさ　大正6年11月4日～平成16年3月7日　サッポロビール副社長　→03/05

佐藤 愛麿　さとう・よしまろ　安政4年3月28日～昭和9年1月12日　外交官　→昭和

佐藤 義光　さとう・よしみつ　明治29年1月5日～昭和62年11月11日　ミツウロコ副社長　→83/87

佐藤 良嶺　さとう・よしみね　大正2年9月26日～平成21年11月15日　メイカン社長　→09/11

佐藤 芳郎　さとう・よしろう　大正4年4月18日～昭和58年8月21日　中部電力常務, 中電コンピューター・サービス社長　→83/87

佐藤 芳郎　さとう・よしろう　大正11年10月18日～平成9年12月15日　東洋建設常務　→97/99

佐藤 雷蔵　さとう・らいぞう　～平成4年6月18日　ライオン歯磨（のちライオン）常務　→91/93

佐藤 利右衛門　さとう・りえもん　～昭和59年1月11日　全国醤油工業協同組合連合会理事, 山形県醤油味噌工協組理事長　→83/87

佐藤 利吉　さとう・りきち　明治43年5月13日～平成21年7月20日　宮城学院理事長, 仙台YMCA理事長　→09/11

佐藤 利助　さとう・りすけ　～昭和60年8月15日　佐藤利助商店会長, 元仙台水産物商業協組理事長・顧問　→83/87

佐藤 隆一　さとう・りゅういち　昭和4年9月10日～昭和63年1月14日　日機装常務　→88/90

佐藤 亮　さとう・りょう　～昭和61年4月17日　ヤマギワ専務　→83/87

佐藤 亮一　さとう・りょういち　大正13年1月3日～平成13年1月7日　新潮社名誉会長　→00/02

佐藤 亮三　さとう・りょうぞう　～平成3年7月24日　東京エレクトロン常務　→91/93

佐藤 良蔵　さとう・りょうぞう　大正2年4月18日～平成2年7月10日　関東精機製作所会長　→88/90

佐藤 良平　さとう・りょうへい　大正12年6月1日～平成23年8月6日　東京都議（自民党）　→09/11

佐藤 鈴次　さとう・れいじ　明治29年6月25日～昭和58年5月23日　東京芝浦電気専務　→83/87

佐藤 暦治郎　さとう・れきじろう　～昭和12年2月8日　錦華紡績社長　→昭和

佐藤 廉　さとう・れん　～昭和49年2月3日　佐藤造機社長　→昭和

佐藤 練三　さとう・れんぞう　大正5年1月11日～平成15年4月12日　秋田魁新報社長　→03/05

佐藤 和三郎　さとう・わさぶろう　明治35年2月13日～昭和55年8月15日　相場師　中央開発社長, 合同証券社長　→80/82

佐藤 和三郎　さとう・わさぶろう　明治35年5月16日～平成1年6月29日　弁護士　宇都宮カンツリークラブ理事長, 宇都宮市長　→88/90

佐藤 弥　さとう・わたる　～昭和46年3月23日　北海道副知事　→昭和

佐藤 和藤治　さとう・わとうじ　明治36年3月14日～昭和17年9月23日　農民運動家　日農総本部中央常任委員　→昭和

里内 正雄　さとうち・まさお　大正11年7月11日～平成2年12月1日　伊藤忠商事取締役　→88/90

里地 一太　さとじ・いちた　昭和12年7月11日～平成12年12月1日　日本信販常務　→00/02

佐渡島 明　さどしま・あきら　大正14年3月21日～平成6年4月13日　日本伸銅副社長　→94/96

佐渡島 匡男　さどしま・まさお　大正4年10月3日～平成4年10月23日　北九州コカ・コーラボトリング社長　→91/93

里田 美雄　さとだ・よしお　大正3年4月18日～平成14年1月21日　島根県副知事, 日原町（島根県）町長　→00/02

里中 盛春　さとなか・もりはる　昭和4年8月25日～平成7年7月27日　東京警備保障社長　→94/96

里深 敏一　さとふか・としかず　大正2年11月22日～昭和61年10月2日　東京電気取締役・監査役　→83/87

里見 昭　さとみ・あきら　昭和3年11月11日～平成2年1月3日　山一証券投資信託委託社長　→88/90

里見 純吉　さとみ・じゅんきち　～昭和27年8月3日　大丸取締役会長　→昭和

里見 正　さとみ・ただし　大正2年10月25日～平成2年12月15日　東燃石油化学副社長, 東燃常任監査役　→88/90

里見 達雄　さとみ・たつお　～昭和47年4月30日　増上寺執事長　→昭和

里見 虎蔵　さとみ・とらぞう　明治17年9月～昭和9年12月24日　検察官　富山地裁検事正　→昭和

里見 信三　さとみ・のぶかず　明治18年～昭和27年4月8日　百十四銀行頭取　→昭和（さとみ・しんぞう）

里見 甫　さとみ・はじめ　明治29年～昭和40年3月21日　日本商事社長, 満州国通信社社長, 天津庸報社長　→昭和

里見 泰男　さとみ・やすお　大正14年11月10日～平成22年10月24日　大成建設社長　→09/11

里見 雄二　さとみ・ゆうじ　明治23年10月2日～昭和57年9月24日　日本パーカライジング社長　→80/82

里見 豊　さとみ・ゆたか　大正12年10月31日～平成11年7月5日　日本パーカライジング社長　→97/99

里見 義正　さとみ・よしまさ　文久2年6月30日～昭和2年3月27日　官吏　→昭和

里村 確太郎　さとむら・かくたろう　大正9年1月8日〜平成8年11月3日　京浜急行電鉄副社長　→94/96
里村 孝道　さとむら・こうどう　昭和6年10月16日〜平成21年5月21日　僧侶　富士電機常務, 蓮台寺住職　→09/11
里村 敏　さとむら・さとし　大正3年1月26日〜平成2年10月30日　大蔵省南九州財務局長, 大京監査役　→88/90
里村 伸二　さとむら・しんじ　〜昭和37年8月1日　大同製鋼会長　→昭和
佐渡本 正彦　さどもと・まさひこ　昭和15年10月2日〜平成14年7月10日　日本フェンオール専務　→00/02
佐渡谷 栄悦　さどや・えいえつ　昭和16年12月5日〜平成14年7月29日　ホテル大和社長　→00/02
里山 浩美　さとやま・ひろみ　〜昭和61年6月27日　東京都衛生局病院管理部長　→83/87
佐鳥 俊一　さとり・しゅんいち　明治44年6月5日〜平成9年8月23日　上毛新聞会長　→97/99
左部 勝　さとり・まさる　〜昭和60年11月14日　余市保健所長　→83/87
佐鳥 康郎　さとり・やすお　昭和6年10月23日〜平成16年10月19日　佐鳥電機会長　→03/05
里脇 浅次郎　さとわき・あさじろう　明治37年1月31日〜平成8年8月8日　カトリック枢機卿　長崎大司教区大司教　→94/96
佐内 幸夫　さない・さちお　大正14年3月10日〜平成11年1月1日　ローヤル電機会長　→97/99
佐薙 毅　さなぎ・さだむ　明治34年8月8日〜平成2年3月14日　航空自衛隊航空幕僚長　→88/90
佐名木 多門　さなぎ・たもん　〜昭和62年3月26日　佐名木真司任の出証券社長　→83/87
真田 育矩　さなだ・いくのり　昭和10年5月29日〜平成17年7月12日　藤田観光常務　→03/05
真田 亀一　さなだ・かめいち　明治29年3月16日〜平成2年2月12日　広島県会議長　→88/90
真田 健三　さなだ・けんぞう　明治34年4月15日〜昭和56年10月28日　京都魚市場社長, 全国中央市場水産物卸売業者協会副会長　→82
真田 貞行　さなだ・さだゆき　〜昭和60年11月23日　目黒区議　→83/87
真田 重二　さなだ・しげじ　明治40年2月16日〜昭和61年1月1日　弁護士　日本弁護士連合会常務理事, 和歌山弁護士会長　→83/87
真田 穣一郎　さなだ・じょういちろう　明治30年11月21日〜昭和32年8月3日　陸軍少将　→昭和
真田 照三　さなだ・しょうぞう　昭和5年8月6日〜平成16年11月7日　ジャパン・カウンセラーズ社長, 国際PR協会会長　→03/05
真田 俊一　さなだ・としかず　昭和16年2月2日〜平成22年9月29日　北海道知事, ゆらぎ物産社長　→09/11
真田 南海夫　さなだ・なみお　明治39年6月28日〜平成11年2月15日　扇興運輸社長　→97/99
真田 信雄　さなだ・のぶお　大正10年8月31日〜昭和62年7月13日　大崎電気工業取締役　→83/87
真田 登　さなだ・のぼる　明治43年2月9日〜昭和63年4月14日　三重交通専務, 運輸省自動車局長　→88/90
真田 久　さなだ・ひさし　〜昭和63年8月15日　サナダ塗装工業取締役　→88/90
真田 秀夫　さなだ・ひでお　〜昭和56年1月10日　弁護士　法制局長官　→80/82
真田 素明　さなだ・もとあき　昭和12年9月29日〜昭和62年12月24日　マコト精機社長, 福島工業人クラブ理事　→83/87
真田 安夫　さなだ・やすお　明治37年2月3日〜平成16年3月9日　中国電力副社長, 中国電機製造社長, 広島工業大学教授　→03/05
真田 義彰　さなだ・よしあき　〜平成2年1月13日　磐城セメント(のち住友セメント)常務　→88/90
讃井 次人　さぬい・つぎと　〜昭和61年10月5日　福岡市議　→83/87
讃岐 喜八　さぬき・きはち　明治44年5月25日〜昭和58年8月3日　日本時計検査協会理事長, 通産省石炭局長　→
実方 繁雄　さねかた・しげお　昭和2年5月17日〜平成14年2月4日　神奈川中央交通副社長, 神奈中ハイヤー社長　→00/02
実吉 雅郎　さねよし・まさお　明治26年〜昭和42年9月4日　日本揮発油会長, 日揮化学社長　→昭和(さねよし・まさろう)
実吉 安純　さねよし・やすずみ　嘉永1年3月20日〜昭和7年3月1日　海軍軍医中将, 子爵　海軍軍医総監, 貴院議員(勅選), 東京慈恵会医院医学専門学校校長　→昭和
佐野 晃久　さの・あきひさ　〜昭和62年8月26日　エステート企画代表取締役社長　→83/87
佐野 明　さの・あきら　大正15年12月8日〜平成10年3月30日　総評組織局長　→97/99
佐野 伊助　さの・いすけ　〜平成8年11月6日　滋賀県議　→94/96
佐野 宇作　さの・うさく　昭和2年2月27日〜昭和60年会長　ながの東急百貨店会長　→83/87
佐野 栄治　さの・えいじ　大正4年7月23日〜平成5年2月14日　日本精鉱常務　→91/93
佐野 英二郎　さの・えいじろう　大正15年11月5日〜平成4年7月5日　トーメン取締役　→91/93
佐野 英造　さの・えいぞう　明治32年7月10日〜昭和15年12月2日　社会運動家　→昭和
佐野 鳩　さの・おさむ　大正9年1月21日〜平成18年8月15日　飛鳥村(愛知県)村長, 愛知電機専務　→06/08
佐野 嘉吉　さの・かきち　明治43年8月30日〜平成5年3月7日　衆議院議員(自民党)　→91/93
佐野 一市　さの・かずいち　明治42年2月10日〜昭和60

年6月6日　全国ダンプカー協会副会長, 愛知県ダンプカー協会会長　→83/87

佐野 一夫　さの・かずお　昭和2年2月16日～平成13年12月6日　小野薬品工業社長　→00/02

佐野 和夫　さの・かずお　大正9年3月4日～昭和63年2月17日　日東紡績副社長　→88/90

佐野 一成　さの・かずなり　大正2年6月27日～平成3年1月10日　日新信用金庫顧問・元理事長, 神戸銀行(のち太陽神戸三井銀行)監査役　→91/93

佐野 一弥　さの・かずや　昭和3年1月6日～昭和63年1月4日　阪急食肉社長　→88/90

佐野 喜久一　さの・きくいち　大正9年5月30日～昭和63年9月23日　住友電設専務　→88/90

佐野 吉太郎　さの・きちたろう　～平成4年3月19日　七福相互銀行(のち阪神銀行)取締役　→91/93

佐野 吉之助　さの・きちのすけ　安政6年8月～昭和9年1月21日　実業家　→昭和

佐野 清　さの・きよし　大正12年6月5日～昭和57年11月24日　幌延町(北海道)町長　→80/82

佐野 奎二　さの・けいじ　～昭和56年1月23日　金山印刷会社常務, 元朝日生命取締役　→80/82

佐野 健一　さの・けんいち　昭和2年1月31日～平成19年2月13日　東邦アセチレン社長　→06/08

佐野 源吉　さの・げんきち　明治43年4月8日～昭和61年9月29日　塚本商事専務　→83/87

佐野 健児　さの・けんじ　大正3年11月17日～平成1年10月13日　公認会計士　昭和電工常務　→88/90

佐野 憲次　さの・けんじ　明治37年1月19日～昭和60年3月12日　農林省農地局長, 日本蚕糸事業団理事長　→83/87

佐野 憲治　さの・けんじ　大正4年2月6日～昭和53年4月4日　衆院議員(社会党)　→昭和

佐野 謙次郎　さの・けんじろう　大正9年10月5日～平成13年8月21日　いすゞ自動車会長　→00/02

佐野 孝一　さの・こういち　～昭和38年12月23日　日本石炭協会理事　→昭和

佐野 広一　さの・こういち　明治28年9月4日～昭和60年12月31日　東北金属工業社長　→83/87

佐野 幸作　さの・こうさく　～昭和59年1月17日　東京都下水道局長　→83/87

佐野 茂　さの・しげる　明治36年3月23日～昭和62年1月14日　大平工業会長　→83/87

佐野 昭一　さの・しょういち　昭和4年10月24日～昭和63年3月13日　東京高裁判事　→88/90

佐野 正平　さの・しょうへい　大正10年4月14日～平成17年5月17日　昭光通商会長　→03/05

佐野 治郎　さの・じろう　大正6年3月9日～平成12年1月24日　大興製紙会長, 東京製紙会長　→00/02

佐野 真一　さの・しんいち　昭和13年10月2日～平成13年11月22日　岐阜地検検事正　→00/02

佐野 新十郎　さの・しんじゅうろう　大正12年7月1日～平成8年1月23日　藤和不動産専務　→94/96

佐野 仁蔵　さの・じんぞう　大正8年4月1日～平成1年4月10日　日東電気工業(のち日東電工)専務　→88/90

佐野 進　さの・すすむ　大正9年8月7日～平成21年1月20日　衆院議員(社会党)　→09/11

佐野 精一　さの・せいいち　～昭和40年10月27日　昭和電工専務, 日満アルミ社長　→昭和

佐野 正叟　さの・せいそう　～昭和43年6月17日　至文堂社長　→昭和

佐野 前光　さの・ぜんこう　～昭和58年1月4日　鎮西身延山本仏寺第7世　→83/87

佐野 善次郎　さの・ぜんじろう　～平成2年5月8日　東京都議　→88/90

佐野 総次郎　さの・そうじろう　明治42年2月20日～昭和59年1月6日　間組専務　→83/87

佐野 太一　さの・たいち　～昭和39年12月2日　東芝家庭電器月販社長　→昭和

佐野 隆巳　さの・たかみ　昭和5年2月13日～平成18年9月13日　大和証券副社長　→06/08

佐野 武夫　さの・たけお　大正13年10月5日～平成17年8月7日　富山県議(自民党)　→03/05

佐野 武雄　さの・たけお　～昭和62年5月5日　鐘紡顧問・元取締役　→83/87

佐野 武　さの・たけし　明治44年～昭和10年5月26日　陸軍飛行大尉　→昭和

佐野 猛　さの・たけし　～平成9年3月14日　同盟通信社社長　→97/99

佐野 忠　さの・ただし　昭和8年1月21日～平成1年11月23日　産経新聞松山支局長　→88/90

佐野 常羽　さの・つねはね　～昭和31年1月25日　伯爵　日本ボーイスカウト創設者　→昭和

佐野 藤右衛門(13代目)　さの・とうえもん　～昭和56年5月19日　造園家　→80/82(佐野 藤右衛門)

佐野 藤三郎　さの・とうざぶろう　大正12年11月25日～平成6年3月25日　亀田郷土地改良区理事長　→94/96

佐野 藤次郎　さの・とうじろう　明治2年6月19日～昭和4年11月7日　土木技術者　神戸市技師長　→昭和

佐野 亨　さの・とおる　大正6年4月26日　ニッショー保険サービス社長　→94/96

佐野 友彦　さの・ともひこ　大正14年9月21日～平成8年10月22日　全国学校図書館協議会事務局長　→94/96

佐野 直彦　さの・なおひこ　～昭和57年9月22日　日新硝子製作所会長, 元豊田通商常務, 元東和石油社長　→80/82

佐野 法幸　さの・のりゆき　大正7年11月25日～平成4年2月27日　北海道議(社会党)　→91/93

佐野 肇　さの・はじめ　大正10年7月13日～平成15年6月

24日　中外製薬社長　→03/05

佐野 英夫　さの・ひでお　～平成5年6月23日
日本テレビ放送網常務,大阪広告協会理事長　→91/93

佐野 秀雄　さの・ひでお　明治39年11月5日～平成2年9月30日　鐘紡専務　→88/90

佐野 一二三　さの・ひふみ　明治39年10月4日～昭和58年3月24日　渡島信用金庫理事長　→83/87

佐野 兵之助　さの・ひょうのすけ　昭和3年11月13日～平成23年5月11日　三菱ガス化学専務　→09/11

佐野 広　さの・ひろし　明治37年9月28日～昭和55年1月19日　参院議員　→80/82

佐野 浩　さの・ひろし　大正12年4月26日～昭和62年8月14日　大沢野町(富山県)町長　→83/87

佐野 博　さの・ひろし　明治38年3月24日～平成1年4月1日　社会運動家,評論家　日本共産党中央委員,日本政治経済研究所長　→88/90

佐野 文男　さの・ふみお　～平成2年1月11日
愛知県議(社会党)　→88/90

佐野 文夫　さの・ふみお　明治25年4月18日～昭和6年3月1日　社会運動家　日本共産党書記長　→昭和

佐野 文次　さの・ふみつぐ　大正11年11月20日～平成22年4月29日　日本カーリット常務　→09/11

佐野 文一郎　さの・ぶんいちろう　大正11年3月20日～平成21年2月26日　神奈川県議　→09/11

佐野 正篤　さの・まさあつ　昭和7年4月9日～平成5年9月30日　山之内製薬取締役　→91/93

佐野 正男　さの・まさお　大正5年2月10日～平成7年8月23日　鐘紡常務,カネボウファッション研究所社長　→94/96

佐野 学　さの・まなぶ　明治25年2月22日～昭和28年3月9日　社会運動家,経済学者,歴史学者　日本共産党中央委員長,労農前衛党委員長,早稲田大学商学部教授　→昭和

佐野 三千三　さの・みちぞう　～昭和57年3月21日
大成建設常務　→80/82

佐野 光信　さの・みつのぶ　～昭和17年6月14日
陸軍中将　→昭和

佐野 実　さの・みのる　昭和14年4月10日～平成20年2月11日　日本国有鉄道清算事業団理事,鉄道弘済会会長　→06/08

佐野 稔　さの・みのる　大正10年10月24日～平成1年6月16日　太平洋海運専務　→88/90

佐野 元一　さの・もとかず　昭和3年10月21日～平成20年2月19日　ニッショー専務　→06/08

佐野 守男　さの・もりお　昭和17年3月16日～平成11年10月15日　大末建設常務　→97/99

佐野 保三　さの・やすぞう　明治35年1月8日～平成8年8月17日　沖電線社長　→94/96

佐野 泰彦　さの・やすひこ　大正15年11月21日～平成15年8月6日　駐英公使,全国信用保証協会連合会専務理事　→03/05

佐野 保房　さの・やすふさ　～昭和55年12月12日
弁護士　世田谷区長　→80/82

佐野 雄一郎　さの・ゆういちろう　大正8年12月1日～平成5年11月1日　神戸市助役,神戸新交通社長　→91/93

佐野 雄治　さの・ゆうじ　～昭和15年4月9日
海軍主計中将　→昭和

佐野 幸夫　さの・ゆきお　昭和11年6月10日～平成23年6月12日　鹿島建設専務　→09/11

佐野 豊　さの・ゆたか　大正5年10月5日～平成7年11月30日　洲本市長　→94/96

佐野 由美　さの・ゆみ　昭和50年11月29日～平成11年1月4日　NGOメンバー　→97/99

佐野 喜秋　さの・よしあき　昭和3年9月22日～平成5年1月31日　日本火災海上保険社長　→91/93

佐野 芳雄　さの・よしお　明治36年7月23日～昭和47年9月27日　労働運動家　総評兵庫地本委員長,参院議員(社会党)　→昭和(佐野 好男)

佐野 利三郎　さの・りさぶろう　大正3年6月7日～平成11年5月17日　黎明会名誉会長,全国社会福祉協議会常務理事　→97/99

佐野川谷 巌　さのがわや・いわお　大正12年9月26日～平成2年11月23日　サノヤス商事社長　→88/90

佐羽 城治　さば・じょうじ　明治44年～平成5年5月28日　日本尊厳死協会常任理事　→91/93

佐波 亘　さば・わたる　明治14年～昭和33年
牧師　日本基督教会大会議長　→昭和

佐羽尾 剛　さばお・つよし　大正12年1月3日～平成20年2月19日　トヨタ車体社長　→06/08

佐橋 滋　さはし・しげる　大正2年4月5日～平成5年5月31日　余暇開発センター理事長,通産事務次官　→91/93

佐橋 昇　さはし・のぼる　昭和2年11月25日～昭和62年7月3日　名古屋市会議長(社会党,南区)　→83/87

佐橋 法龍　さはし・ほうりゅう　昭和3年2月17日～平成19年4月7日　僧侶,推理作家　長国寺(曹洞宗)住職　→06/08

佐原 亨　さはら・とおる　大正10年2月18日～昭和59年8月3日　ジャパンライン副社長,海上保安庁長官　→83/87

佐原 福松　さはら・ふくまつ　～平成1年2月11日
群馬映画社社長　→88/90

佐原 録郎　さはら・ろくろう　大正2年2月23日～昭和62年7月28日　東北銀行常務　→83/87

三分一 悌夫　さぶいち・やすお　～平成7年2月23日
日本金網(のち日本フイルコン)専務　→94/96

佐分利 猪之介　さぶり・いのすけ　明治37年1月8日～平成1年9月21日　三楽取締役　→88/90

佐分利 音次郎　さぶり・おとじろう　大正12年6月14日～平成13年5月15日　ニチイ常務　→00/02

佐分利 一武　さぶり・かずたけ　明治32年6月8日～昭和57年9月3日　日本興業銀行副頭取　→80/82

佐分利 健　さぶり・けん　～昭和60年5月31日

三菱商事常務　→83/87

佐分利 貞男　さぶり・さだお　明治12年1月20日～昭和4年11月29日　外交官　駐中国公使　→昭和

佐分利 静雄　さぶり・しずお　昭和3年6月11日～平成13年10月8日　トーヨーカネツ常務　→00/02

佐分利 艶子　さぶり・つやこ　～平成11年1月10日　関西主婦連合会副会長　→97/99

佐分利 輝一　さぶり・てるいち　明治27年3月23日～昭和63年6月14日　川崎製鉄専務、川鉄商事社長　→88/90

佐分利 輝彦　さぶり・てるひこ　大正12年11月7日～平成10年12月9日　長寿科学振興財団理事長　→97/99

佐分利 亨　さぶり・とおる　明治39年9月12日～昭和56年4月7日　東洋紡績常務、日本エクスラン工業社長　→80/82

佐保田 直之　さほだ・なおゆき　昭和19年11月13日～平成17年6月9日　山加電業常務　→03/05

佐保山 堯海　さほやま・ぎょうかい　明治40年4月22日～平成2年11月3日　僧侶、写真家　東大寺住職、華厳宗第209世管長　→88/90

佐保山 堯春　さほやま・ぎょうしゅん　～平成20年7月9日　僧侶　東大寺大仏殿院主　→06/08

座間 典秀　ざま・つねひで　～平成22年12月30日　厚木ナイロン商事常務　→09/11

座間味 庸真　ざまみ・ようしん　明治44年3月21日～平成1年3月15日　オリオンビール社長　→88/90

座間味 庸文　ざまみ・ようぶん　大正14年1月23日～平成15年10月11日　ざまみダンボール創業者　→03/05

佐丸 芳治　さまる・よしはる　明治43年1月4日～昭和59年6月13日　ライト工業社長　→83/87

寒川 明治　さむかわ・あきはる　～昭和60年12月20日　別府商工会議所副会頭、三協製菓社長　→83/87

寒川 正次　さむかわ・しょうじ　明治39年3月31日～昭和62年6月19日　東都水産常務　→83/87

寒川 孝栄　さむかわ・たかよし　明治43年10月21日～昭和63年3月15日　全国中央市場青果卸売協会会長　→88/90

寒川 恒一郎　さむかわ・つねいちろう　～昭和36年8月26日　東海電極社長　→昭和

佐村 益雄　さむら・ますお　明治15年8月7日～昭和11年3月8日　陸軍中将　→昭和

鮫島 員重　さめじま・かずしげ　大正3年6月19日～平成11年9月14日　男爵　三菱自動車工業常務　→97/99

鮫島 国隆　さめじま・くにたか　明治40年2月1日～平成11年1月16日　テレビ朝日専務、テレビ朝日映像社長　→97/99

鮫島 慶彦　さめしま・けいひこ　慶応1年9月～昭和3年10月8日　衆院議員　→昭和（さめじま・よしひこ）

鮫島 真男　さめじま・さねお　明治42年9月2日～平成7年10月2日　弁護士　城西大学経済学部教授、衆院法制局長　→94/96

鮫島 重雄　さめじま・しげお　嘉永2年8月8日～昭和3年4月17日　陸軍大将、男爵　→昭和

鮫島 茂　さめじま・しげる　～昭和55年12月28日　日本港湾コンサルタント会社会長　→80/82

鮫島 守一　さめじま・しゅいち　明治34年6月25日～平成3年2月28日　松屋常務　→91/93

鮫島 泰佑　さめじま・たいすけ　昭和2年1月23日～平成13年10月4日　運輸省港湾局長、日本港湾コンサルタント副社長　→00/02

鮫島 健男　さめじま・たけお　明治40年10月22日～平成5年4月9日　三興製作所副社長、明治屋取締役　→91/93

鮫島 武之助　さめじま・たけのすけ　嘉永1年11月10日～昭和6年2月20日　政治家、官僚　貴院議員（勅選）、内閣書記官長　→昭和

鮫島 竜雄　さめじま・たつお　明治28年11月20日～昭和62年7月8日　住友機械工業社長　→83/87

鮫島 博一　さめじま・ひろいち　大正7年10月26日～平成12年8月14日　海将　防衛庁統幕議長　→00/02

鮫島 広年　さめじま・ひろとし　大正14年12月17日～平成14年12月11日　協和発酵工業常務　→00/02

鮫島 宗丸　さめじま・むねまる　大正2年1月15日～平成3年9月10日　第百生命保険監査役　→91/93

鮫島 宗良　さめじま・むねよし　～昭和40年1月8日　汽車製造常務　→昭和

鮫島 竜馬　さめじま・りゅうま　～昭和42年3月6日　日本郵船顧問弁護士、日本船主協会顧問弁護士　→昭和

佐守 舜一　さもり・しゅんいち　明治45年2月13日～昭和61年8月19日　スピー相談役　→83/87

座安 盛徳　ざやす・もりのり　～昭和46年10月28日　琉球放送会長、沖縄タイムス相談役　→昭和

佐山 輝雄　さやま・てるお　～平成4年4月28日　生命保険協会常務理事　→91/93

佐山 安司　さやま・やすし　～平成8年5月26日　アスプロ社長　→94/96

佐山 励一　さやま・れいいち　明治34年10月8日～平成1年3月14日　富士製鉄副社長、日鉄セメント社長　→88/90

さらぎ 徳二　さらぎ・とくじ　昭和4年～平成15年4月13日　共産同活動家　→06/08s

更科 駒緒　さらしな・こまお　～昭和57年3月3日　札幌家裁調停委員　→80/82

皿嶋 忍　さらしま・しのぶ　昭和4年12月8日～平成14年10月15日　昭島市長　→00/02

去川 初男　さるかわ・はつお　大正10年12月3日～平成8年1月3日　全酪連監事、日本酪農政治連盟副委員長　→94/96

猿田 松男　さるた・まつお　大正12年7月21日～平成4年2月14日　日本航空電子工業取締役　→91/93

猿丸 和正　さるまる・かずまさ　大正15年11月24日～昭和62年11月19日　神戸機械社長　→83/87

猿丸 吉左衛門　さるまる・きちざえもん　～昭和58年1月4日　芦屋市長　→83/87（猿丸 吉佐エ門）

猿丸 敏之　さるまる・としゆき　昭和7年5月26日～昭和60年11月6日　東洋運搬機取締役技術研究所長　→83/87

猿丸 朋久　さるまる・ともひさ　明治45年4月18日～平成9年10月31日　協和銀行（のちあさひ銀行）常務, 光洋精工常務　→97/99

猿谷 克次　さるや・かつじ　大正14年7月15日～昭和61年9月18日　住友海上火災保険取締役　→83/87

申谷 昇策　さるや・しょうさく　大正14年7月1日～平成20年7月28日　明治生命保険常務　→06/08

猿谷 雅治　さるや・まさはる　大正15年8月26日～平成10年7月16日　住友金属鉱山常務, 富士短期大学経営学科教授　→97/99

猿山 昌平　さるやま・しょうへい　明治38年7月7日～平成1年7月17日　日本無線副社長, 日清紡常務　→88/90

猿渡 孝次　さるわたり・こうじ　昭和24年11月27日～平成17年10月18日　香川県議（公明党）　→03/05

佐良土 伊三郎　さろうど・いさぶろう　明治42年3月9日～平成6年11月23日　ほくさん（のち大同ほくさん）常務　→94/96

沢 巌　さわ・いわお　大正9年5月24日～平成7年7月11日　日本交通社長, 全国乗用自動車連合会顧問　→94/96

沢 栄三　さわ・えいぞう　明治37年5月24日～平成3年9月3日　弁護士　福岡高裁長官　→91/93

沢 吉兵衛　さわ・きちべえ　大正9年1月1日～平成8年2月14日　ワーナーパイオニア社長　→94/96

沢 邦夫　さわ・くにお　明治45年2月13日～平成17年10月14日　弁護士　→03/05

沢 啓祥　さわ・けいしょう　大正5年12月26日～昭和63年12月7日　科研製薬社長　→88/90

沢 繁樹　さわ・しげき　大正5年～平成19年10月18日　大同特殊鋼常務　→06/08

沢 重民　さわ・しげたみ　～平成5年12月21日　奈良県知事　→91/93

沢 清太郎　さわ・せいたろう　明治34年3月23日～昭和62年7月24日　三和銀行監査役　→83/87

沢 達　さわ・たつ　～昭和62年3月15日　海軍中将　→83/87

沢 宣元　さわ・のぶもと　文久2年1月1日～昭和9年2月16日　宮内官, 男爵　侍従　→昭和

沢 正彦　さわ・まさひこ　昭和14年4月20日～平成1年3月27日　牧師　日本基督教団川崎桜本教会副牧師　→88/90

沢 ミサヲ　さわ・みさお　～昭和61年12月10日　青山書院代表役員　→83/87

沢 雄次　さわ・ゆうじ　大正7年1月24日～平成8年8月8日　全日空エンタプライズ会長　→94/96

沢 義男　さわ・よしお　大正7年5月9日～平成7年7月30日　日清製粉取締役, オリエンタル酵母工業専務　→88/90

沢 芳郎　さわ・よしろう　～昭和60年1月9日

日本曹達取締役　→83/87

沢井 英一　さわい・えいいち　～昭和57年10月17日　新家工業常務　→80/82

沢井 一男　さわい・かずお　～昭和56年1月24日　一吉証券監査役・元常務　→80/82

沢井 喜助　さわい・きすけ　～平成3年1月9日　つばめ自動車社長, 名古屋タクシー協会長　→91/93

沢井 修一　さわい・しゅういち　明治44年8月13日～平成15年12月17日　山形しあわせ銀行頭取　→03/05

沢井 準一　さわい・じゅんいち　～昭和13年2月17日　大阪市水道部長　→昭和

沢井 武一　さわい・たけいち　昭和9年4月3日～平成10年12月12日　名古屋テレビ放送大阪支社長, 岩手朝日テレビ取締役・大阪支社長　→97/99

沢井 種雄　さわい・たねお　明治43年12月5日～平成9年8月14日　弁護士　大阪高裁総括判事, 和歌山地家裁所長　→97/99

沢井 勉　さわい・つとむ　～昭和61年1月23日　弁護士　日本大学監事　→83/87

沢井 定一　さわい・ていいち　～昭和55年2月22日　日本軽金属常務　→80/82

沢井 鉄治　さわい・てつじ　～平成8年1月25日　昭和電工常務　→94/96

沢井 トメノ　さわい・とめの　明治39年～平成18年2月2日　アイヌ語伝承者　→06/08

沢井 秀雄　さわい・ひでお　～昭和58年11月24日　全国環境衛生同業組合中央会理事長　→83/87

沢井 福重　さわい・ふくしげ　昭和8年2月11日～平成15年7月27日　陸将　陸上自衛隊第十師団長　→03/05

澤井 裕　さわい・ゆたか　昭和5年2月15日～平成15年7月10日　弁護士　関西大学名誉教授　→03/05

沢井 慶明　さわい・よしあき　～平成18年9月13日　バーテンダー　セント・サワイ オリオンズ経営　→06/08

沢木 官一　さわき・かんいち　大正7年9月3日～平成22年1月23日　秋田県漁連会長, 船川港漁協組合長　→09/11

沢木 興道　さわき・こうどう　明治13年6月16日～昭和40年12月21日　僧侶（曹洞宗）, 仏教学者　駒沢大学名誉教授　→昭和

沢木 三郎　さわき・さぶろう　明治43年2月26日～昭和57年6月6日　築地魚市場副社長　→83/87

沢木 繁成　さわき・しげなり　昭和15年7月4日～平成13年1月1日　札幌市議（民主党）　→00/02

佐脇 貞明　さわき・じょうみょう　昭和9年11月6日～平成1年3月23日　僧侶　真言宗智山派大本山高尾山薬王院執事長, 海住山寺住職　→88/90

佐脇 大三　さわき・だいぞう　大正3年8月28日～平成3年1月23日　ホテルオークラ常務　→91/93

佐脇 鷹平　さわき・たかひら　昭和2年1月1日～平成6年2月1日　丸紅副社長　→94/96

沢木 恒雄　さわき・つねお　大正6年3月29日～平成5年8月4日　協同組合西日本専門店会理事長，シティックスカード取締役　→91/93

沢木 信義　さわき・のぶよし　明治35年7月13日～昭和62年2月13日　丸万屋取締役会長　→83/87

沢木 正男　さわき・まさお　大正9年1月11日～平成11年8月10日　駐インドネシア大使　→97/99

沢口 藤雄　さわぐち・ふじお　大正15年6月11日～平成4年11月29日　秋田製錬常務　→91/93

沢口 祐三　さわぐち・ゆうぞう　～昭和44年11月15日　日本司法書士会連合会長　→昭和

沢口 義憲　さわぐち・よしのり　大正11年1月2日～平成21年5月8日　雪印乳業常務　→09/11

沢栗 亮一　さわぐり・りょういち　明治4年8月22日～平成1年10月2日　住友金属鉱山常務・別子事業所長　→88/90

沢崎 英一郎　さわさき・えいいちろう　明治28年12月6日～昭和58年2月22日　スリー・エス・シンワ会長　→83/87

沢崎 憲一　さわざき・のりかず　大正2年4月16日～平成14年2月16日　東芝専務　→00/02

沢田 彰逸　さわだ・あきはや　明治37年8月3日～平成2年6月21日　住友軽金属工業副社長，住友金属工業取締役　→88/90

沢田 啓　さわだ・あきら　昭和4年1月21日～平成21年3月16日　青森県議（自民党）　→09/11

沢田 陽　さわだ・あきら　昭和13年11月20日～平成17年6月29日　エルミックシステム社長　→03/05

沢田 勇　さわだ・いさむ　昭和10年8月29日～平成7年8月8日　アルビス社長　→94/96

沢田 一郎　さわだ・いちろう　昭和6年6月5日～平成22年7月18日　熊本県議（共産党）　→09/11

沢田 嘉一　さわだ・かいち　昭和57年6月3日　北海道専門店会副理事長，宝文堂社長　→80/82

沢田 一男　さわだ・かずお　大正1年10月11日～平成10年7月2日　田岡化学工業社長，住友化学工業取締役　→97/99

沢田 亀之進　さわだ・かめのしん　～昭和59年6月22日　沢田鉄工社長　→83/87

沢田 亀之助　さわだ・かめのすけ　大正3年10月5日～平成19年7月20日　伊勢半グループ社主　→06/08

沢田 喜八　さわだ・きはち　明治41年1月18日～昭和62年10月16日　沢田商事会長　→83/87

沢田 清則　さわだ・きよのり　大正13年7月28日～平成22年3月21日　北国製紙所創業者　→09/11

沢田 邦夫　さわだ・くにお　～平成4年10月6日　シービーユー取締役　→91/93

沢田 小一　さわだ・こいち　～昭和62年10月8日　沢田機業場代表取締役社長，元・高岡市議　→83/87

沢田 幸作　さわだ・こうさく　～昭和43年4月15日　園芸家　→昭和

沢田 耕司　さわだ・こうし　大正4年9月3日～平成10年1月2日　日商エレクトロニクス社長　→97/99

沢田 五郎　さわだ・ごろう　大正6年5月13日～昭和60年8月19日　藤沢建設社長，藤沢工業社長，ローヤルカラー社長　→83/87

沢田 貞雄　さわだ・さだお　明治43年5月18日～平成3年5月2日　沢田産業社長，兵庫県議，兵庫県教育委員長　→91/93

沢田 三郎　さわだ・さぶろう　～昭和48年1月1日　神奈川県労評議長　→昭和

沢田 三郎　さわだ・さぶろう　～昭和63年1月25日　東亜製薬取締役　→88/90

沢田 三郎　さわだ・さぶろう　明治41年9月20日～平成14年8月29日　須賀川市長　→00/02

沢田 繁　さわだ・しげる　大正10年10月3日～昭和63年5月18日　二塚製紙代表取締役社長　→88/90

沢田 茂　さわだ・しげる　明治20年3月29日～昭和55年12月1日　陸軍中将　参謀次長　→80/82

沢田 修太郎　さわだ・しゅうたろう　～昭和56年10月17日　塩野義製薬専務　→80/82

沢田 純三　さわだ・じゅんぞう　大正8年10月16日～平成12年1月9日　長野朝日放送社長　→00/02

沢田 四郎　さわだ・しろう　大正2年12月6日～平成14年6月24日　日本触媒化学工業常務　→00/02

沢田 四郎吉　さわだ・しろきち　～平成3年6月20日　大和製作所会長　→91/93

沢田 進　さわだ・すすむ　昭和2年8月30日～平成6年6月3日　アンリツ常務　→94/96

沢田 成爾　さわだ・せいじ　明治45年1月19日～平成3年9月4日　テレビ神奈川取締役，北海道副知事　→91/93

沢田 清宗　さわだ・せいそう　明治40年4月25日～平成14年8月1日　僧侶，俳人　春光寺（臨済宗）名誉住職　→00/02

沢田 誠之助　さわだ・せいのすけ　明治44年1月6日～平成7年2月27日　日清製粉専務　→94/96

沢田 節蔵　さわだ・せつぞう　明治17年9月9日～昭和51年7月4日　外交官　→昭和

沢田 退蔵　さわだ・たいぞう　明治26年～昭和45年2月13日　日伯中央協会理事　→昭和

沢田 隆義　さわだ・たかよし　明治42年2月12日～平成6年6月3日　弁護士　最高検検事　→94/96

沢田 武雄　さわだ・たけお　明治38年2月6日～昭和45年1月7日　社会運動家　→昭和

沢田 武雄　さわだ・たけお　～昭和47年9月15日　栃木県議会議長　→昭和

沢田 武雄　さわだ・たけお　明治41年9月10日～昭和62年12月19日　日産自動車取締役，桐生機械社長　→83/87

沢田 毅　さわだ・たけし　～昭和62年8月27日　田川市議　→83/87

沢田 竹治郎　さわだ・たけじろう　明治15年8月2日～昭和48年3月11日　弁護士, 内務官僚　最高裁判事　→昭和

沢田 竹春　さわだ・たけはる　大正14年9月25日～昭和59年6月8日　東京中小企業投資育成会社専務, 中小企業金融公庫理事　→83/87

沢田 恒二　さわだ・つねじ　昭和14年7月1日～平成18年7月19日　埼玉県議(共産党)　→06/08

沢田 貞市　さわだ・ていいち　昭和3年6月20日～平成3年12月18日　半田ロータリークラブ会長, 沢田工務店社長　→91/93

沢田 哲夫　さわだ・てつお　昭和9年7月12日～平成15年9月4日　日本アジア航空常務　→03/05

沢田 徹　さわだ・てつぞう　～平成9年1月19日　氷川丸船長　→97/99

沢田 利行　さわだ・としゆき　～昭和63年7月26日　山二工業社長, 青梅市陸上競技協会副会長　→88/90

沢田 利之　さわだ・としゆき　昭和2年8月3日～平成19年1月4日　みのわ窯業創業者　→06/08

沢田 尚歳　さわだ・なおとき　昭和18年9月10日～平成23年6月13日　三菱化学常務, 三菱化学エンジニアリング社長　→09/11

沢田 信夫　さわだ・のぶお　大正6年7月11日～平成13年1月15日　山武ハネウエル常務　→00/02

沢田 孝夫　さわだ・のりお　大正1年11月9日～平成3年1月12日　美唄市長, 北海道民生部長　→91/93

沢田 初日子　さわだ・はつひこ　昭和10年1月1日～平成19年3月31日　博報堂専務　→06/08

沢田 治男　さわだ・はるお　明治44年1月26日～平成1年8月23日　全国農協連合会副会長, 熊本県議　→88/90

沢田 半之助　さわだ・はんのすけ　明治1年～昭和9年6月17日　労働運動家　→昭和

沢田 久雄　さわだ・ひさお　大正3年～平成13年8月30日　在日オーストリア通商代表部理事　→00/02

沢田 久吉　さわだ・ひさきち　大正13年5月28日　塩野義商店常任監査役　→昭和

沢田 広　さわだ・ひろし　大正7年11月15日～平成14年2月10日　衆院議員(社会党)　→00/02

沢田 博　さわだ・ひろし　大正11年11月3日～昭和62年3月5日　十條開発社長, 十條製紙専務　→83/87

沢田 普　さわだ・ひろし　昭和3年2月15日～平成7年8月29日　テレビ北海道常務　→94/96

沢田 宏靖　さわだ・ひろやす　昭和12年3月27日～平成5年7月22日　田製管取締役　→91/93

沢田 政治　さわだ・まさじ　大正11年6月18日～昭和60年10月15日　衆院議員(社会党), 参院議員(社会党)　→83/87

沢田 正孝　さわだ・まさたか　昭和6年1月2日～昭和63年3月9日　アローヘッド・インターナショナル社長, 千代田化工建設理事　→88/90

沢田 正治　さわだ・まさはる　～昭和62年1月16日　立山精密工業取締役管理室長兼富山工場長　→83/87

沢田 万三　さわだ・まんぞう　～昭和60年7月26日　ミカド電機工業会長, ミカド電装商事会長, ミカド金属会長　→83/87

沢田 美喜　さわだ・みき　明治34年9月19日～昭和55年5月12日　社会事業家　エリザベス・サンダース・ホーム園長　→80/82

沢田 道三　さわだ・みちぞう　～平成1年4月26日　ヤマサ沢田商店社長, 日本陶磁器卸商業協同組合連合会副理事長　→88/90

沢田 実　さわだ・みのる　大正12年11月～昭和51年7月6日　参院議員(公明党)　→昭和

沢田 求　さわだ・もとめ　昭和10年～平成18年5月3日　チラシレポート社長　→06/08

沢田 悌　さわだ・やすし　大正2年1月4日～平成15年4月3日　公正取引委員会委員長, 日本住宅公団総裁, 国民金融公庫総裁　→03/05

沢田 幸緒　さわだ・ゆきお　大正12年8月28日～平成5年9月2日　沼田町農協組合長, 北海道信用農協連会長　→91/93

沢田 豊　さわだ・ゆたか　～昭和62年3月9日　関西ペイント社長　→83/87

沢田 要次郎　さわだ・ようじろう　明治45年1月2日～平成4年6月4日　ヤンマーディーゼル常務　→91/93

沢田 要蔵　さわだ・ようぞう　～昭和11年12月27日　印刷工廠社長　→昭和

沢田 要蔵　さわだ・ようぞう　明治37年11月～昭和58年6月25日　浅草観光連盟常任参与　→83/87

沢田 義明　さわだ・よしあき　大正15年～平成14年5月3日　エヌ・テー・エヌ東洋ベアリング(のちNTN)常務　→00/02

沢田 良信　さわだ・よしのぶ　大正11年9月10日～平成2年9月27日　栄研化学専務, 栄研器材会長　→88/90

沢田 芳見　さわだ・よしみ　～昭和57年7月10日　陸軍軍医少将　東部ニューギニア会会長　→80/82

沢田 喜道　さわだ・よしみち　明治42年11月11日～昭和57年4月23日　弁護士　→80/82

沢田 義之　さわだ・よしゆき　～平成7年1月25日　光新聞運輸社長　→94/96

澤田 里う　さわだ・りう　～昭和56年4月18日　愛知県下最高齢者　→80/82

沢田 良三　さわだ・りょうぞう　大正11年1月28日～平成2年11月4日　愛知県議(自民党)　→88/90

沢田 廉三　さわだ・れんぞう　明治21年10月17日～昭和45年12月8日　外交官　国連大使(初代)　→昭和

沢谷 弘　さわたに・ひろむ　明治44年2月27日～昭和63年11月28日　沢谷ゴム工業, 大阪ゴム工業会副会長　→88/90

猿渡 篤孝　さわたり・あつたか　～昭和55年5月10日

日本エヤークラフトサプライ社長、陸軍飛行第四師団参謀長　→80/82

沢渡 博　さわたり・ひろし　大正2年5月14日～平成2年6月16日　山形県議、山形県温泉協会長　→88/90

猿渡 盛文　さわたり・もりふみ　～平成15年11月9日　神官　神社本庁長老、大国魂神社名誉宮司、東京都神社庁名誉庁長　→03/05

猿渡 雄介　さわたり・ゆうすけ　昭和11年12月23日～平成14年3月28日　国際石油開発専務　→00/02

沢地 和夫　さわち・かずお　昭和14年～平成20年12月16日　警視庁警部　山中湖連続強盗殺人事件の犯人　→06/08

沢地 照夫　さわち・てるお　大正4年10月3日～平成8年2月17日　日本ユニシス相談役　→94/96

沢登 正斎　さわと・まさなお　～昭和61年12月30日　山梨県人会連合会副会長、武蔵野商工会議所会頭　→83/87

沢登 盛親　さわと・もりちか　大正6年～平成8年4月20日　NECホームエレクトロニクス副社長　→94/96

沢野 栄一　さわの・えいいち　大正12年2月5日～平成5年11月6日　国際証券副社長、野村証券常務　→91/93

沢野 邦三　さわの・くにぞう　昭和56年1月15日　日本ユニパック取締役　→80/82

沢野 三郎　さわの・さぶろう　昭和38年6月30日　住友信託銀行副社長　→昭和

沢野 外茂次　さわの・ともじ　昭和29年4月19日　北陸鉄道社長　→昭和

沢野 正毅　さわの・まさき　大正1年8月22日～平成5年1月8日　明電舎取締役　→91/93

沢野井 恒夫　さわのい・つねお　昭和9年8月9日～昭和63年6月20日　興栄工業社長　→88/90

沢登 千明　さわのぼり・ちあき　明治40年2月22日～昭和60年12月11日　(株)帝国インキ製造代表取締役・会長　→83/87

沢登 晴雄　さわのぼり・はるお　大正5年3月13日～平成13年12月27日　日本有機農業研究会理事長　→00/02

沢登 ゆき　さわのぼり・ゆき　～平成5年9月13日　帝国インキ製造取締役　→91/93

沢登 義隆　さわのぼり・よしたか　大正2年1月26日～平成7年1月27日　石川島播磨重工業常務　→94/96

沢登 義文　さわのぼり・よしふみ　～平成15年10月29日　東北金属工業（のちNECトーキン）常務　→03/05

沢畠 俊光　さわはた・としみつ　昭和17年12月24日～平成21年1月26日　茨城県議(自民党)　→09/11

沢畑 久雄　さわはた・ひさお　平成6年1月13日　佐和久会長、東卸理事長　→94/96

沢畑 政雄　さわはた・まさお　大正3年3月18日～昭和57年2月20日　北洋交易社長　→80/82（澤畑 政雄）

沢原 俊雄　さわはら・としお　慶応1年4月～昭和17年4月29日　貴院議員(多額)　→昭和

沢藤 礼次郎　さわふじ・れいじろう　昭和3年12月14日～平成16年8月23日　衆院議員(社民党)　→03/05

沢辺 栄　さわべ・さかえ　大正3年3月31日～平成5年10月25日　日本団体生命保険社長　→91/93

沢部 茂　さわべ・しげる　大正14年9月15日～昭和62年11月30日　日本製鋼所代表取締役副社長　→83/87

沢辺 彰一　さわべ・しょういち　～昭和6年2月18日　海軍少佐　→昭和

沢水 英二　さわみず・えいじ　昭和8年8月1日～平成16年1月6日　福岡県議(自民党)　→03/05

沢村 功　さわむら・いさお　昭和15年12月26日～平成20年12月15日　下野新聞常務　→06/08

沢村 一郎　さわむら・いちろう　昭和11年6月26日～平成13年9月19日　オリンパス光学工業専務　→00/02

沢村 猪兵衛　さわむら・いへえ　～平成19年1月18日　沢村船具店当主　→06/08

沢村 嘉一　さわむら・かいち　大正5年1月1日～昭和56年2月20日　凸版印刷社長　→80/82

沢村 克人　さわむら・かつんど　～昭和60年1月5日　東洋管財名誉会長、元朝日新聞社論説委員　→83/87

沢村 三郎　さわむら・さぶろう　大正2年4月1日～平成10年5月4日　日東興業常勤顧問・元専務　→97/99

沢村 正三　さわむら・せいぞう　大正3年9月16日～平成19年12月31日　下田船渠社長　→06/08

沢村 貴義　さわむら・たかよし　～昭和52年1月28日　日本通運社長　→昭和

沢村 鉄之助　さわむら・てつのすけ　明治39年9月28日～平成7年12月3日　鐘淵化学工業専務　→94/96

沢村 肇　さわむら・はじむ　昭和5年4月14日～平成14年7月22日　広島銀行常務　→00/02

沢村 治夫　さわむら・はるお　大正15年1月7日～平成23年9月3日　三井東圧化学社長　→09/11

沢村 正鹿　さわむら・まさか　明治42年5月13日～昭和63年2月14日　野村投資顧問相談役、大阪証券取引所理事長　→88/90

沢村 三木男　さわむら・みきお　明治42年5月24日～昭和54年11月20日　文芸春秋社長　→昭和

沢村 三樹郎　さわむら・みきろう　大正6年2月6日～平成4年8月25日　共同通信社専務　→91/93

沢村 元近　さわむら・もとちか　～昭和62年7月28日　(有)沢村自動車工業所代表取締役　→83/87

沢本 勝蔵　さわもと・かつぞう　明治43年6月18日～平成1年3月29日　京都府議会副議長　→88/90

沢本 啓一　さわもと・けいいち　大正15年1月13日～平成13年2月9日　住友生命保険副社長、泉証券社長　→00/02

沢本 淳　さわもと・じゅん　大正5年1月4日～平成18年7月10日　東洋製作所常務　→06/08

沢本 与一　さわもと・よいち　明治13年～昭和10年1月16日　衆院議員　→昭和

沢本 義夫　さわもと・よしお　大正2年9月15日～平成18

沢本 頼雄　さわもと・よりお　明治19年11月15日〜昭和40年6月29日　海軍軍人　→昭和

沢山 精次郎　さわやま・せいじろう　大正11年7月12日〜平成10年10月3日　沢山商会会長,長崎商工会議所副会頭　→97/99

沢山 精八郎　さわやま・せいはちろう　安政2年11月3日〜昭和9年3月21日　実業家　貴院議員(多額納税)　→昭和(沢山 清八郎)

沢山 寅彦　さわやま・とらひこ　〜昭和6年6月22日　釜山府会議員　→昭和

沢山 信吉　さわやま・のぶきち　〜昭和55年4月22日　沢山汽船社長　→80/82

沢山 八十松　さわやま・やそまつ　〜昭和62年11月10日　共同石油常務　→83/87

佐原 正　さわら・ただし　大正7年10月31日〜昭和63年10月19日　大西社長　→88/90

三箇 充三　さんが・じゅうそう　〜昭和61年9月21日　氷見市監査委員　→83/87

三箇 忠一　さんが・ちゅういち　〜昭和62年4月14日　(株)東保組監査役　→83/87

三川 勝之　さんかわ・かつゆき　昭和8年12月28日〜平成19年7月1日　加越能鉄道社長　→06/08

寒川 恒貞　さんがわ・つねさだ　明治8年6月26日〜昭和20年1月30日　実業家　→昭和(さむかわ・つねさだ)

山宮 文夫　さんぐう・ふみお　大正12年1月1日〜平成2年11月10日　日印行事務理事,印刷工業会専務理事　→88/90

三治 重信　さんじ・しげのぶ　大正6年2月1日〜平成6年5月13日　参院議員(民社党)　→94/96

桟敷 順一　さんじき・じゅんいち　明治35年1月15日〜平成3年6月26日　東芝セラミックス会長　→91/93

三条 公輝　さんじょう・きんてる　明治15年12月2日〜昭和20年11月10日　公爵　掌典長,御歌所長,貴院議員　→昭和(さんじょう・きみてる)

三条 建吉　さんじょう・けんきち　〜平成23年12月27日　新潟放送常務　→09/11

三条 実春　さんじょう・さねはる　大正2年3月2日〜平成2年6月30日　神官　三条家当主,平安神宮宮司,宮内庁掌典　→88/90

三田 全信　さんだ・ぜんしん　明治36年3月6日〜昭和57年4月26日　僧侶　仏教大学教授,浄土宗光念寺住職　→80/82

三田 利保　さんだ・としやす　昭和6年3月26日〜平成24年4月30日　トーエネック常務　→09/11

山段 芳春　さんだん・よしはる　昭和5年7月〜平成11年3月19日　キョート・ファンド会長　→97/99

山同 正　さんどう・ただし　〜平成12年8月19日　JNNワシントン支局長,東京放送政経部長,ティ・ビー・エス・ワールドニュース社長　→00/02

山藤 哲三　さんとう・てつぞう　大正6年8月9日〜昭和62年8月25日　広島銀行参与　→83/87

山東 永夫　さんどう・ながお　明治37年10月16日〜平成12年10月30日　紀陽銀行頭取　→00/02

山藤 盛正　さんとう・もりまさ　大正15年4月30日〜平成19年6月13日　新日本証券専務　→06/08

山王丸 幸一　さんのうまる・こういち　大正15年7月16日〜平成12年2月21日　宇徳運輸副社長　→00/02

三宮 吾郎　さんのみや・ごろう　明治32年11月24日〜昭和36年12月30日　いすゞ自動車社長　→昭和

三宮 四郎　さんのみや・しろう　明治30年9月14日〜昭和48年11月8日　京王帝都電鉄社長　→昭和

三宮 武夫　さんのみや・たけお　大正10年10月15日〜平成19年11月13日　日本曹達社長　→06/08

三宮 正彦　さんのみや・まさひこ　大正13年3月26日〜平成13年1月14日　日本紙業専務　→00/02

三盃 一太郎　さんばい・いちたろう　〜昭和51年3月19日　飯野不動産相談役　→昭和

三辺 正雄　さんべ・まさお　大正6年12月15日〜昭和57年7月27日　内外編物会長,ロンデックスゴム糸社長,三井銀行常務　→80/82

三辺 祐介　さんべ・ゆうすけ　大正8年3月23日〜平成3年1月13日　アイワ会長　→91/93

三平 家　さんぺい・まさいえ　明治3年4月9日〜平成5年1月5日　三平商店社長,浜田幸一代議士後援会連合会長,千葉県卸酒販組合理事長　→91/93

座馬 忠衛　ざんま・ちゅうえ　〜昭和62年5月19日　伊集万常務　→83/87

三文字 正次　さんもんじ・しょうじ　〜昭和55年7月7日　角田市長　→80/82

三文字 正平　さんもんじ・しょうへい　明治23年4月20日〜昭和63年7月25日　弁護士　→88/90

【し】

志位 正二　しい・しょうじ　大正9年1月1日〜昭和48年3月　陸軍少佐　→昭和

椎井 靖雄　しい・やすお　明治39年1月15日〜平成1年5月25日　参院議員(社会党)　→88/90

椎尾 一　しいお・はじめ　〜昭和62年6月5日　リンナイ技術顧問,名古屋市工業研究所長　→83/87

椎尾 弁匡　しいお・べんきょう　明治9年7月6日〜昭和46年4月7日　宗教家,仏教学者　増上寺(浄土宗大本山)第82世法主,大正大学学長　→昭和

椎熊 三郎　しいくま・さぶろう　明治28年4月11日〜昭和40年7月27日　衆院議員(自民党)　→昭和

椎津 盛一　しいず・せいいち　〜昭和49年12月26日　大審院判事　→昭和

椎津 栄三郎　しいつ・えいざぶろう　明治33年8月1日～昭和56年9月18日　日本室内設備工業社長　→80/82

椎名 彰　しいな・あきら　大正2年3月10日～平成19年2月19日　千葉県議　→06/08

椎名 勲　しいな・いさお　～昭和59年9月18日　警視庁警ら執行課長　→83/87

椎名 悦三郎　しいな・えつさぶろう　明治31年1月16日～昭和54年9月30日　政治家　衆院議員(自民党),自民党副総裁,外相　→昭和

椎名 一夫　しいな・かずお　～平成2年6月27日　弁護士　千葉県弁護士会副会長　→88/90

椎名 佐喜夫　しいな・さきお　明治37年1月1日～昭和58年9月22日　アジア航測相談役,津島寿一防衛庁長官秘書官　→83/87

椎名 茂　しいな・しげる　昭和26年～平成13年7月26日　弁護士　→00/02

椎名 隆　しいな・たかし　明治33年9月～昭和58年1月17日　衆院議員(自民党)　→83/87

椎名 彪　しいな・たけし　昭和12年7月18日～平成19年10月20日　建設省官房技術審議官,鉄建建設副社長　→06/08

椎名 格　しいな・ただし　～昭和62年2月14日　日本コカ・コーラ副社長　→83/87

椎名 時四郎　しいな・ときしろう　明治40年1月19日～平成19年12月3日　住友商事副会長,日本ラグビー協会会長　→06/08

椎名 素夫　しいな・もとお　昭和5年8月19日～平成19年3月16日　参院議員(無所属の会)　→06/08

椎名 良一郎　しいな・りょういちろう　～昭和39年9月10日　弁護士　明大評議委員会議長　→昭和

椎野 悦朗　しいの・えつろう　明治44年5月10日～平成5年4月5日　社会運動家　日本共産党統制委員会議長　→91/93

椎野 正二　しいの・しょうじ　大正8年1月2日～平成12年1月29日　日本ステンレス常務　→00/02

椎木 緑司　しいのき・ろくじ　大正8年9月1日～平成19年1月13日　弁護士　椎木法律事務所長,広島弁護士会会長　→06/08

椎葉 糾義　しいば・ただよし　明治2年11月15日～昭和5年3月3日　大陸浪人　→昭和

椎原 国重　しいはら・くにしげ　昭和4年3月15日～平成7年7月31日　全国一般労働組合同盟書記長　→94/96

志内 賢彦　しうち・よしひこ　～昭和58年6月15日　富山化学工業取締役　→83/87

塩 ハマ子　しお・はまこ　明治45年3月～平成3年7月17日　文部省婦人教育課長　→91/93

塩入 亮達　しおいり・りょうたつ　大正12年7月20日～平成1年5月6日　僧侶　法善院住職,大正大学教授　→88/90

塩入 亮忠　しおいり・りょうちゅう　明治22年6月23日～昭和46年12月23日　僧侶(天台宗),仏教学者　大正大学名誉教授　→昭和

四王天 延孝　しおうてん・のぶたか　明治12年9月2日～昭和37年8月8日　陸軍中将,政治家　国際連盟陸軍代表,衆院議員(無所属倶楽部)　→昭和(しのうてん・のぶたか)

塩川 啓三　しおかわ・けいぞう　～平成9年12月27日　日鉄鉱業常務　→97/99

塩川 重雄　しおかわ・しげお　昭和7年7月3日～平成17年6月15日　東亜道路工業専務　→03/05

塩川 茂　しおかわ・しげる　明治41年4月23日～平成6年12月10日　三井東圧化学専務　→94/96

塩川 正三　しおかわ・しょうぞう　～昭和33年3月6日　布施市長　→昭和

塩口 喜乙　しおぐち・きいち　昭和2年4月16日～平成6年10月23日　北海タイムス社長　→94/96

塩崎 彰　しおざき・あきら　～平成5年5月16日　神星工業監査役　→91/93

塩崎 観三　しおさき・かんぞう　～昭和55年4月3日　在サンフランシスコ総領事,駐チリ特命全権公使　→80/82

潮崎 喜八郎　しおざき・きはちろう　～昭和44年9月1日　日綿実業社長　→昭和

塩崎 興吉　しおさき・こうきち　～昭和44年5月17日　三洋電気監査役　→昭和

塩崎 潤　しおざき・じゅん　大正6年5月31日～平成23年5月27日　衆院議員(自民党),総務庁長官,経済企画庁長官　→09/11

塩崎 治男　しおざき・はるお　～昭和62年9月26日　住友林業常務　→83/87

塩崎 彦市　しおざき・ひこいち　明治32年1月17日～昭和53年11月30日　徳富蘇峰記念館館主　→昭和(しおき・ひこいち)

塩崎 昌弘　しおざき・まさひろ　昭和17年7月13日～平成22年1月1日　日東化工社長　→09/11

塩崎 義孝　しおざき・よしたか　大正6年11月5日～平成9年7月23日　住友生命保険常務,大阪西運送社長　→97/99

塩沢 和泉　しおざわ・いずみ　明治39年6月1日～昭和60年8月16日　東邦理化工業社長　→83/87

塩沢 玄泰　しおざわ・げんたい　昭和8年5月18日～平成1年4月22日　臨済宗東福寺派宗会議長,常明禅寺住職　→88/90

塩沢 幸一　しおざわ・こういち　明治16年3月5日～昭和18年11月17日　海軍大将　→昭和

塩沢 好三　しおざわ・こうぞう　明治38年5月1日～平成1年10月29日　(株)シオザワ会長,東京都紙商組合理事　→88/90

塩沢 定雄　しおざわ・さだお　～平成15年3月13日　三洋化成工業社長,東洋棉花(のちトーメン)専務　→03/05

塩沢 信濃　しおざわ・しなの　明治38年9月7日～平成4年12月24日　住倉工業社長、日本パイプ製造専務　→91/93

塩沢 清宣　しおざわ・せいせん　～昭和44年7月18日　日本郷友連会長　→昭和

塩沢 総　しおざわ・そう　～昭和48年6月11日　養命酒社長　→昭和

塩沢 大定　しおざわ・だいじょう　大正8年11月24日～平成20年8月4日　僧侶　臨済宗南禅寺派管長　→06/08

塩沢 達三　しおざわ・たつぞう　～昭和37年5月11日　全国中小企業団体中央会会長　→昭和

塩沢 友茂　しおざわ・ともしげ　～昭和30年11月29日　養命酒社長　→昭和

塩沢 弘　しおざわ・ひろし　明治42年8月25日～昭和59年4月24日　京王帝都電鉄常務　→83/87

塩沢 正治　しおざわ・まさはる　～昭和55年4月4日　養命酒製造相談役・元社長　→80/82

塩沢 護　しおざわ・まもる　大正10年7月30日～平成21年2月20日　養命酒製造社長　→09/11

塩沢 実　しおざわ・みのる　大正7年3月9日～平成5年12月9日　富士コーヒー創業者・会長　→91/93

塩沢 元次　しおざわ・もとじ　～昭和47年3月28日　サンケイ新聞取締役　→昭和

塩沢 征夫　しおざわ・ゆきお　昭和15年6月29日～平成18年4月26日　荏原製作所会長　→06/08

塩沢 芳雄　しおざわ・よしお　明治37年5月10日～昭和60年5月25日　日清製粉常務　→83/87

塩沢 義行　しおざわ・よしゆき　～昭和58年7月18日　読売七日会会長、誠友社社長　→83/87

塩島 勝洋　しおじま・かつひろ　昭和13年8月18日～平成15年10月25日　学習研究社常務　→03/05

塩島 大　しおじま・だい　昭和9年4月9日～昭和60年9月20日　衆院議員（自民党）　→83/87

塩津 大介　しおず・だいすけ　明治20年4月4日～昭和19年11月17日　オーケー食品工業常務　→06/08

塩塚 嘉寿男　しおずか・かずお　大正5年3月9日～平成20年2月17日　曙ブレーキ工業副社長　→06/08

塩田 賀四郎　しおた・がしろう　明治37年5月～平成1年9月7日　衆院議員（自民党）　→88/90

塩田 兼雄　しおた・かねお　～昭和44年5月19日　鹿屋市長　→昭和

塩田 義蔵　しおた・ぎぞう　明治42年8月18日～昭和61年10月12日　日本ミンク協会長　→83/87

塩田 紅果　しおた・こうか　明治27年9月26日～昭和63年11月17日　弁護士、俳人　日弁連理事　→88/90

塩田 浩三　しおた・こうぞう　大正11年11月24日～昭和59年3月25日　日本セメント監査役　→83/87

塩田 茂　しおだ・しげる　大正2年8月13日～平成9年11月11日　萱場工業（のちカヤバ工業）常務　→97/99

塩田 信次　しおた・しんじ　～昭和58年6月30日　岩崎通信機常務　→83/87

塩田 晋　しおた・すすむ　大正15年2月27日～平成17年12月11日　衆院議員（民主党）　→03/05

塩田 泰介　しおた・たいすけ　慶応3年11月10日～昭和13年2月5日　三菱造船常務　→昭和（しおだ・たいすけ）

塩田 卓爾　しおた・たくじ　明治45年5月26日～平成8年4月17日　九州耐火煉瓦社長　→94/96

塩田 忠男　しおた・ただお　大正1年9月10日～昭和63年7月16日　太工業専務　→88/90

塩田 団平　しおた・だんぺい　明治14年4月1日～昭和38年4月16日　羽後銀行会長、衆院議員（立憲民政党）、貴院議員（多額納税）　→昭和

塩田 定市　しおた・ていいち　～昭和15年12月20日　陸軍中将　→昭和

塩田 篤一　しおた・とくいち　大正5年2月4日～平成13年7月30日　鐘紡常務　→00/02

塩田 徳彦　しおた・とくひこ　明治10年8月12日～平成17年12月23日　NTT常務　→03/05

塩田 利　しおた・とし　～平成17年7月12日　横浜市収入役　→03/05

塩田 年生　しおた・としお　昭和12年7月12日～平成16年6月11日　日本航空常務、福岡空港ビルディング副社長　→03/05

塩田 淑人　しおた・としと　昭和3年2月15日～平成2年1月29日　東京急行電鉄顧問、東急カナダ会長　→88/90

塩田 友治　しおだ・ともじ　～昭和61年11月7日　塩友木材社長、高岡木材市場副社長　→83/87

塩田 寅雄　しおた・とらお　明治41年1月25日～昭和48年9月16日　社会運動家　日本共産党岡山地区委員長、岡山市医療生協理事長　→昭和

塩田 正典　しおた・まさのり　～昭和48年3月23日　三菱鉱業監査役　→昭和

塩田 光雄　しおだ・みつお　明治44年3月10日～平成2年12月23日　横浜市助役、神奈川臨海鉄道会長　→88/90

塩田 明治　しおだ・めいじ　昭和9年11月3日～平成3年7月7日　大陽酸素取締役・総務本部長　→91/93

塩田 雄次　しおた・ゆうじ　大正2年1月19日～平成6年1月8日　北都銀行会長　→94/96

塩田 良平　しおた・りょうへい　～昭和55年12月30日　海上保安庁第四管区海上保安本部長　→80/82

塩谷 樫夫　しおたに・かしお　昭和16年3月31日～平成15年4月11日　日新製鋼専務　→03/05

塩谷 潔　しおたに・きよし　～昭和62年5月5日　割烹丸善社長、割烹丸尚社長、割烹ふくらぎ社長　→83/87

塩谷 孝一　しおたに・こういち　大正14年1月11日～平成14年11月9日　塩谷建設創業者　→00/02

塩谷 恒太郎　しおたに・こうたろう　～昭和25年3月6日　弁護士　東京弁護士会会長　→昭和

塩谷 重喜　しおたに・しげき　大正12年10月17日～平成

13年7月3日　日本手延素麺協同組合連合会理事長　→00/02

塩谷　順　しおたに・じゅん　昭和8年8月6日～平成15年2月6日　千趣会専務　→03/05

塩谷　二郎　しおたに・じろう　～昭和46年8月2日　住友化学工業副社長　→昭和

潮谷　総一郎　しおたに・そういちろう　大正2年12月19日～平成13年4月3日　慈愛園園長　→00/02

塩谷　寿雄　しおたに・としお　～平成3年1月8日　産経新聞出版局取締役出版編集局長　→91/93

塩谷　敏幸　しおたに・としゆき　大正8年7月10日～昭和60年12月15日　富山市長　→83/87

塩谷　智之　しおたに・ともゆき　～平成7年9月6日　安田コンピューターサービス専務、安田信託銀行取締役　→94/96

塩谷　ハル　しおたに・はる　～昭和55年5月21日　熱海富士屋ホテル会長、ニューフジヤホテル取締役　→80/82

塩谷　勝生　しおたに・よしお　昭和5年2月7日～平成11年5月8日　阪和興業副社長　→97/99

塩津　均　しおつ・ひとし　～平成2年10月1日　神鋼電機取締役　→88/90

塩坪　晴夫　しおつぼ・はるお　昭和2年4月30日～平成5年1月29日　太平洋海運取締役　→91/93

塩出　啓典　しおで・けいすけ　昭和8年1月10日～平成21年2月9日　参院議員(公明党)　→09/11

塩手　満夫　しおて・みつお　昭和6年11月30日～平成12年5月14日　日本加工製紙社長、日本レスリング協会副会長　→00/02

塩野　和男　しおの・かずお　～昭和60年8月9日　ブルドックソース取締役　→83/87

塩野　勝三　しおの・かつぞう　大正4年2月14日～平成8年12月28日　東京電気(のちテック)専務　→94/96

塩野　義三郎(1代目)　しおの・ぎさぶろう　嘉永7年3月17日～昭和6年12月29日　実業家　塩野義商店社長　→昭和（塩野　義一　しおの　ぎいち）

塩野　義三郎(2代目)　しおの・ぎさぶろう　明治14年11月15日～昭和28年10月3日　塩野義製薬社長　→昭和（塩野　義三郎）

塩野　孝太郎　しおの・こうたろう　明治43年11月13日～平成1年11月20日　塩野義製薬社長　→88/90

塩野　庄三郎　しおの・しょうざぶろう　～平成6年2月6日　羽曳野市長　→94/96

塩野　季彦　しおの・すえひこ　明治13年1月1日～昭和24年1月7日　司法官　法相、大審院次長検事、東京地裁検事正　→昭和

塩野　長次郎　しおの・ちょうじろう　明治16年4月8日～昭和6年5月10日　実業家　塩野義商店社長　→昭和

塩野　宜慶　しおの・やすよし　大正4年5月23日～平成3年1月22日　東京高検検事長、法務事務次官、最高裁判事　→09/11

塩野　芳之助　しおの・よしのすけ　明治43年10月15日～平成1年10月22日　塩野義製薬取締役　→88/90

塩野　芳彦　しおの・よしひこ　昭和12年10月10日～平成11年9月17日　塩野義製薬会長　→97/99

塩野崎　亘　しおのざき・わたる　昭和9年1月4日～平成7年6月11日　三洋貿易社長　→94/96

塩谷　一夫　しおのや・かずお　大正9年1月2日～平成1年12月28日　衆院議員(自民党)　→88/90

塩谷　邦夫　しおのや・くにお　～昭和57年1月6日　富士通顧問　→80/82

塩野谷　邦雄　しおのや・くにお　昭和2年9月7日～平成15年11月8日　丸栄副社長　→03/05

塩谷　末吉　しおのや・すえきち　～昭和60年1月6日　秋田県副知事　→83/87

塩谷　誠　しおのや・まこと　明治44年1月31日～平成8年7月19日　大日本製糖(のち大日本明治製糖)常務　→94/96

塩谷　康雄　しおのや・やすお　大正6年1月10日～昭和62年2月21日　日立製作所産業医療推進センター長、日立製作所理事、小平記念東京日立病院長　→83/87

塩原　敬五　しおはら・けいご　明治41年6月6日～平成5年11月23日　製鉄化学工業(のち住友精化)社長、住友セメント副社長、住商リース会長　→91/93

塩原　健次郎　しおはら・けんじろう　大正9年8月2日～平成15年10月17日　三菱自動車工業副社長　→03/05

塩原　祥三　しおはら・しょうぞう　大正3年2月25日～平成3年6月6日　箱根富士屋ホテル社長、三共ファーマシー社長、アジヤアルミ会長　→91/93

塩原　禎三　しおばら・ていぞう　昭和49年10月9日　三共会長　→昭和

塩原　時三郎　しおばら・ときさぶろう　明治29年2月18日～昭和39年10月27日　昭和重工社長、通信院総裁、衆院議員(自由党)　→昭和

塩原　篤太郎　しおばら・とくたろう　明治44年3月31日～昭和60年6月10日　帝人常務、小田急百貨店常務　→83/87

塩原　尚典　しおばら・なおすけ　大正13年9月20日～平成9年5月30日　シチズン常務　→97/99

塩原　又策　しおばら・またさく　明治10年1月10日～昭和30年1月7日　実業家　三共社長　→昭和

塩原　弥吉郎　しおばら・やきちろう　～昭和62年10月10日　丸果石川中央青果社長　→83/87

汐待　久記　しおまち・ひさき　～昭和57年9月4日　中九州カントリークラブ理事長　→80/82

塩見　篤　しおみ・あつし　昭和3年9月23日～平成20年10月24日　埼玉新聞専務編集局長、童心社社長　→06/08

塩見　嘉一　しおみ・かいち　明治30年10月16日～平成2年6月8日　住友林業専務　→88/90

塩見　潔　しおみ・きよし　大正5年9月15日～平成4年6月

しおみ

26日　北洋水産（のちホウスイ常務）　→91/93

塩見　浄　　しおみ・きよし　　～平成14年8月20日
新日本空調専務　→00/02

塩見　俊二　　しおみ・しゅんじ　　明治40年5月17日～昭和55年11月22日　厚相、参院議員（自民党）　→80/82

塩見　真太郎　　しおみ・しんたろう　　～昭和56年6月11日
日本冷蔵元常務、明石商事社長　→80/82

塩見　精太郎　　しおみ・せいたろう　　大正3年5月10日～平成15年12月24日　福知山市長　→03/05

塩見　孝夫　　しおみ・たかお　　昭和5年1月30日～平成16年8月11日　京都銀行常務　→03/05

塩見　昂　　しおみ・たかし　　～平成12年5月8日
大同生命ビルディング社長、大同生命保険取締役　→00/02

塩見　武夫　　しおみ・たけお　　～昭和58年11月19日
大阪ガス取締役　→83/87

塩見　恒明　　しおみ・つねあき　　～昭和56年10月26日
時事通信社名古屋支社長　→80/82

塩見　俊雄　　しおみ・としお　　明治32年11月18日～昭和63年2月27日　土佐信用組合理事長、土佐市長　→88/90

塩見　友之助　　しおみ・とものすけ　　明治40年6月12日～平成6年5月17日　農林事務次官、愛知用水公団理事長、農業者年金基金理事長　→94/96

塩見　米蔵　　しおみ・よねぞう　　～昭和56年4月30日
弁護士、神戸地裁判事　→80/82

塩見　力造　　しおみ・りきぞう　　～平成23年12月16日
甲府名物・鳥もつ煮の考案者　→09/11

塩屋　賢一　　しおや・けんいち　　大正10年12月1日～平成22年9月12日　アイメイト協会理事長　→09/11

志甫谷　晴次　　しほや・せいじ　　～昭和60年7月1日
四日市公害認定患者の会代表委員　→83/87

塩谷　隆政　　しおや・たかお　　～昭和63年7月8日
東京消防庁消防総監、警視庁消防部長　→88/90

塩谷　信雄　　しおや・のぶお　　明治42年5月4日～平成15年12月8日　国分寺市長　→03/05

潮谷　英夫　　しおや・ひでお　　昭和8年1月2日～平成4年5月14日　日本生命保険専務　→91/93

塩谷　六太郎　　しおや・ろくたろう　　明治30年3月20日～平成4年3月17日　沼津市長　→91/93

塩山　清之助　　しおやま・せいのすけ　　大正4年4月6日～平成5年10月25日　岩手県教育長、岩手県公安委員長　→91/93

塩山　寅三　　しおやま・とらぞう　　明治43年10月5日～平成13年11月24日　ナニワ商会会長、ナニワグループ代表　→00/02

塩山　恭夫　　しおやま・やすお　　～昭和39年8月15日
石原産業副社長　→昭和

志賀　夘助　　しが・うすけ　　明治36年1月～平成19年4月15日　志賀昆虫普及社会長　→06/08

志賀　英一郎　　しが・えいいちろう　　大正14年～昭和60年

I　政治・経済・社会篇

4月24日　新名糖専務、元日商岩井財経本部長補佐　→83/87

志賀　永治　　しが・えいじ　　昭和5年6月30日～平成11年6月6日　アルメタックス常務　→97/99

志賀　悦嗣　　しが・えつじ　　昭和4年8月30日～平成2年2月1日　ワシントンホテル専務　→88/90

志賀　健次郎　　しが・けんじろう　　明治36年12月10日～平成6年9月28日　防衛庁長官、衆院議員（自民党）　→94/96

志賀　志那人　　しが・しなと　　明治25年9月7日～昭和13年4月8日　セツルメント運動家　大阪市社会部長　→昭和

志賀　修一　　しが・しゅういち　　～平成7年7月28日～平成18年12月15日　フジタ工業専務　→06/08

志賀　重八郎　　しが・じゅうはちろう　　明治44年8月8日～昭和61年5月10日　三菱油化常務　→83/87

志賀　章二　　しが・しょうじ　　大正17年2月9日～平成21年5月17日　古河電池専務　→09/11

志賀　甚一　　しが・じんいち　　大正8年3月1日～昭和63年1月26日　愛知県製粉工業協同組合理事長、蒲郡商工会議所常議員　→88/90

志賀　清六　　しが・せいろく　　～平成11年4月11日
綾部市長　→97/99

滋賀　高義　　しが・たかよし　　昭和7年6月26日～平成13年1月30日　僧侶　大谷大学名誉教授、了徳寺住職　→00/02

志賀　健雄　　しが・たけお　　大正13年7月7日～平成5年11月18日　日本コロムビア常務　→91/93

志賀　竹麿　　しが・たけまろ　　大正10年4月20日～平成4年2月6日　阪神内燃機工業常務　→91/93

志賀　龍雄　　しが・たつお　　明治43年9月20日～平成9年6月12日　清水建設常務　→97/99

滋賀　辰雄　　しが・たつお　　明治45年7月1日～平成13年5月2日　洛陽織物創業者、西陣織工業組合理事長、京都府議（新政会・上京）　→00/02

志賀　親雄　　しが・ちかお　　～昭和56年12月22日
弁護士　大阪高検公安部長　→80/82

志賀　知英　　しが・ともひで　　～昭和60年4月25日
古河電気工業常務　→83/87

志賀　直方　　しが・なおかた　　～昭和12年11月28日
大日本聯合青年団理事　→昭和

志賀　直温　　しが・なおはる　　嘉永6年2月24日～昭和4年2月16日　実業家　→昭和

志賀　信秀　　しが・のぶひで　　明治42年8月1日～平成19年6月7日　住友軽金属工業常務　→06/08

志賀　正信　　しが・まさのぶ　　～平成12年6月3日
NHK専務理事　→00/02

志賀　正典　　しが・まさのり　　昭和7年4月13日～平成13年9月10日　神奈川銀行会長、大蔵省関東財務局長　→00/02

志賀　正治　　しが・まさはる　　～昭和55年3月16日
菱化運輸社長、元三菱化成工業常務　→80/82

志賀　豊　　しが・ゆたか　　明治43年～昭和60年1月5日

598　「現代物故者事典」総索引（昭和元年～平成23年）

大成建設常任理事,電源開発佐久間発電所工区長　→83/87

志賀 義雄　しが・よしお　明治34年1月8日〜平成1年3月6日　社会運動家,政治家　平和と社会主義議長,衆院議員,日本共産党中央委政治局員　→88/90

鹿海 国造　しかうみ・くにぞう　大正10年1月27日〜平成3年12月3日　大丸取締役,大丸木工社長　→91/93

四角 誠一　しかく・せいいち　明治26年3月2日〜平成4年12月8日　大阪瓦斯副社長　→91/93

鹿倉 吉次　しかくら・きちじ　明治18年3月21日〜昭和44年10月23日　毎日新聞専務,ラジオ東京社長　→昭和

鹿毛 貢　しかげ・みつぐ　〜昭和38年2月13日　住宅研究所理事長　→昭和

四ケ所 靖登　しかしょ・やすと　大正12年8月6日〜平成7年2月22日　大刀洗町(福岡県)町長　→94/96

鹿田 晃　しかた・あきら　昭和4年7月13日〜平成9年3月30日　川上塗料常務　→97/99

四方 永次郎　しかた・えいじろう　〜昭和58年5月20日　日曹マスタービルダーズ専務　→83/87

四方 謙治　しかた・けんじ　明治31年7月25日〜昭和49年5月15日　中村屋会長　→昭和

志方 鍛　しかた・たん　安政4年5月9日〜昭和6年1月21日　広島控訴院長　→昭和

四方 直利　しかた・なおとし　昭和10年2月24日〜平成20年8月28日　京都新聞専務　→06/08

四方 仲蔵　しかた・なかぞう　〜昭和26年9月19日　宝酒造取締役　→昭和

四方 正夫　しかた・まさお　大正7年4月22日〜平成12年4月16日　日本映画機械工業会会長,三社電機製作所社長　→00/02

志方 正二　しかた・まさじ　大正1年8月17日〜平成23年2月8日　兵庫県農協中央会会長,全国農協中央会副会長　→09/11

鹿田 康雄　しかた・やすお　明治44年8月14日〜平成1年11月21日　瀬戸田町(広島県)町長,広島県議　→88/90

鹿津 和夫　しかつ・かずお　昭和2年4月12日〜昭和61年5月8日　丸善石油常務,コスモ石油常務　→83/87

鹿内 信隆　しかない・のぶたか　明治44年11月17日〜平成2年10月28日　フジサンケイグループ議長　→88/90

鹿内 春雄　しかない・はるお　昭和20年5月15日〜昭和63年4月16日　フジサンケイグループ議長　→88/90

鹿野 明　しかの・あきら　〜平成11年1月22日　万世創業者　→97/99

鹿野 恵一　しかの・けいいち　〜昭和46年1月15日　全国農業会議所副会長　→昭和

鹿野 昭三　しかの・しょうぞう　昭和3年8月27日〜平成22年1月22日　滋賀県議(社会党)　→09/11

鹿野 達三　しかの・たつぞう　大正4年1月22日〜平成3年2月5日　三井鉱山常務　→91/93

鹿野 利男　しかの・としお　大正4年1月17日〜昭和60年12月19日　後楽園スタヂアム常務,甲子園土地企業専務　→83/87

鹿野 靖明　しかの・やすあき　〜平成14年8月12日　エド・ロングを北海道に呼ぶ実行委副代表　→00/02

鹿野 義夫　しかの・よしお　〜昭和49年8月8日　経済企画事務次官　→昭和

信ケ原 良文　しがはら・りょうぶん　大正3年3月7日〜平成10年1月1日　僧侶　檀王法林寺(浄土宗)住職,全国夜間保育園連盟名誉会長　→97/99

四竈 孝輔　しかま・こうすけ　明治9年10月26日〜昭和12年12月11日　海軍中将　→昭和

鹿間 貞吉　しかま・ていきち　昭和2年10月10日〜平成60年9月3日　日本成形線材社長,藤倉電線常務　→83/87

四釜 徹郎　しかま・てつろう　〜平成2年7月24日　(学)かごめ幼稚園理事長,日本大学評議員　→88/90

四釜 博　しかま・ひろし　昭和20年4月24日〜平成13年7月13日　四釜製作所社長,南陽プレイティング社長　→00/02

鹿村 美久　しかむら・よしひさ　明治17年5月〜昭和14年1月21日　実業家　→昭和

信楽 香雲　しがらき・こううん　〜昭和47年10月14日　鞍馬寺貫主　→昭和

志岐 泉　しき・いずみ　〜昭和60年9月29日　幸袋タクシー社長,志岐自動車社長　→83/87

信貴 重一　しぎ・しげかず　昭和10年12月13日〜平成9年4月22日　信喜造船所専務　→97/99

志岐 純一　しき・じゅんいち　〜昭和55年3月18日　品川燃料相談役　→80/82

式 正次　しき・せいじ　明治27年9月3日〜昭和39年12月20日　新聞経営者　→昭和

志岐 隆清　しき・たかきよ　〜昭和45年4月24日　富士電気化学社長　→昭和

志岐 武司　しき・たけし　大正5年10月23日〜平成1年7月6日　大成建設専務　→88/90

志岐 常雄　しき・つねお　明治32年6月18日〜昭和57年3月8日　東亜工機取締役相談役　元社長　→80/82

志貴 信明　しき・のぶあき　昭和2年12月6日〜平成5年5月26日　弁護士　三重弁護士会長,三重交通監査役　→91/93

信貴 初太郎　しぎ・はつたろう　明治43年11月16日〜平成9年4月18日　信貴造船所社長　→97/99

志岐 守哉　しき・もりや　大正13年10月7日〜平成6年1月9日　三菱電機社長　→94/96

志岐 義郎　しき・よしろう　〜昭和48年6月7日　三菱瓦斯社長　→昭和

色井 秀譲　しきい・しゅうじょう　明治38年11月12日〜平成2年10月5日　僧侶　天台真盛宗管長,天台真宗総本山西教寺貫主　→88/90

式田 敬　しきた・たかし　大正9年6月8日〜平成2年3月11日　国際協力事業団副総裁,大協石油副社長　→88/90

敷田 勉　しきた・つとむ　昭和5年3月25日～平成16年5月24日　ヤスハラケミカル会長　→03/05

敷田 和市郎　しきだ・わいちろう　明治28年11月8日～昭和63年6月1日　敷田工業会長, 加賀市会議長　→88/90

式場 英　しきば・えい　昭和9年2月25日～平成9年4月7日　トリアス・ネットワーク・システム社長, 日本電信電話取締役　→97/99

直原 一雄　じきはら・かずお　明治38年3月5日～昭和55年4月22日　田村駒社長　→80/82

直原 敏衛　じきはら・としえ　大正6年1月1日～平成10年2月3日　積水化学工業専務　→97/99

式村 健　しきむら・たけし　昭和2年12月7日～平成8年2月9日　不動建設会長　→94/96

式村 義雄　しきむら・よしお　～昭和47年3月9日　日本酒類販売会長　→昭和

飾森 敬二　しきもり・けいじ　大正15年6月11日～平成8年2月24日　矢作建設工業常務　→94/96

式守 正雄　しきもり・まさお　大正9年8月16日～平成8年7月25日　日本石油輸送専務　→94/96

鴫山 信之　しぎやま・のぶゆき　昭和5年4月8日～平成20年7月5日　九電工副社長　→06/08

執行 伊太郎　しぎょう・いたろう　～昭和61年3月12日　久留米市長門石蔬(そ)菜採種組合長　→83/87

執行 海秀　しぎょう・かいしゅう　明治40年～昭和43年　僧侶　→昭和

志熊 平治郎　しぐま・へいじろう　大正2年5月13日～昭和63年4月30日　日発グループ中央研究所会長, 日発精密工業会長, 日本発条副社長　→88/90

四家 栄安　しけ・えいやす　大正15年12月17日～平成16年11月20日　夕月会長, いわき信用組合理事長　→03/05

重井 鹿治　しげい・しかじ　明治35年1月5日～昭和41年2月16日　社会運動家　社会党岡山県連書記長　→昭和

重井 しげ子　しげい・しげこ　明治37年10月10日～平成3年11月29日　婦人運動家　岡山県婦人同盟委員長　→91/93

重井 旋　しげい・めぐる　昭和7年3月23日～平成17年11月30日　マルキタ社長, 日本ベニヤ一番会九州ブロック会長　→03/05

重枝 経義　しげえだ・つねよし　～昭和56年4月22日　山口市議会議長　→80/82

重枝 博　しげえだ・ひろし　～昭和62年10月3日　大洋漁業常務, 東京水産ターミナル社長　→83/87

重枝 四四男　しげえだ・よしお　明治44年3月1日～昭和62年5月1日　文化通信社長　→83/87

重岡 郷美　しげおか・さとみ　～昭和48年12月12日　山口放送専務　→昭和

重兼 暢夫　しげかね・のぶお　大正7年1月12日～平成3年4月27日　片山鉄工所会長, 国土地理院長　→91/93

重川 多喜男　しげかわ・たきお　大正11年6月20日～平成7年7月10日　朝日工業社常務　→94/96

重里 清義　しげさと・きよよし　昭和6年12月20日～平成1年3月8日　すし半仲店社長　→88/90

重里 進　しげさと・すすむ　昭和9年1月10日～平成5年11月23日　サト社長　→91/93

重里 善四郎　しげさと・ぜんしろう　昭和3年7月2日～平成14年4月19日　フレンドリー会長　→00/02

重実 健二　しげざね・けんじ　～昭和60年10月21日　石原産業取締役　→83/87

重田 幸吉　しげた・こうきち　大正12年12月8日～平成20年5月28日　北九州市議(民自党)　→06/08

繁田 德太郎　しげた・とくたろう　大正5年12月27日～平成1年3月31日　長瀬産業常務　→88/90

重田 俊則　しげた・としのり　昭和3年6月15日～平成19年8月31日　住友商事常務　→06/08

重田 朝光　しげた・ともみつ　～平成4年11月9日　神奈川県議, 伊勢原市農協組合長　→91/93

重田 広一　しげた・ひろいち　～昭和56年3月15日　重田商店社長　→80/82

重田 広吉　しげた・ひろきち　明治38年3月30日～平成1年2月27日　品川燃料専務　→88/90

重田 洋　しげた・ひろし　昭和14年8月3日～平成15年3月4日　協和発酵工業専務　→03/05

重田 光晴　しげた・みつはる　明治41年～昭和55年6月6日　静岡新聞社会長　→80/82

重田 保夫　しげた・やすお　大正13年8月28日～平成20年8月7日　宮内庁侍従次長　→06/08

繁田 保吉　しげた・やすきち　～昭和24年1月2日　弁護士　→昭和

重藤 潔　しげとう・きよし　昭和7年8月13日～昭和62年9月18日　日銀監事　→83/87

重藤 千秋　しげとう・ちあき　明治18年1月31日～昭和17年7月26日　陸軍中将　→昭和

重富 厳　しげとみ・いわお　明治35年1月23日～昭和63年5月2日　宇部船渠社長　→88/90

重富 秀彦　しげとみ・ひでひこ　～昭和37年3月28日　新三菱重工監査役　→昭和

重富 義男　しげとみ・よしお　明治38年12月6日～平成8年12月12日　弁護士　→94/96

重成 格　しげなり・かく　明治34年7月～昭和31年10月16日　鹿児島県知事, 参院議員(自民党)　→昭和

重成 徹　しげなり・とおる　昭和5年4月25日～平成6年8月14日　阪神相互銀行(のち阪神銀行)専務　→94/96

滋野 敬淳　しげの・けいじゅん　～平成19年10月26日　僧侶　天台寺門宗宗機顧問, 園城寺法明院住職　→06/08

重野 謙次郎　しげの・けんじろう　嘉永7年10月～昭和5年11月5日　衆院議員(政友会)　→昭和

重野 幸　しげの・こう　～昭和51年5月4日　教育評論家　日教組初代書記長　→昭和

重野 厚次　しげの・こうじ　明治45年1月14日～平成1年

11月5日 タクマ監査役・元専務,日本勧業銀行(のち第一勧業銀行)取締役 →88/90

重野 貞雄 しげの・さだお 大正8年11月1日～平成7年12月24日 横浜銀行取締役,朋栄社長 →94/96

茂野 湘二 しげの・しょうじ 大正8年2月20日～平成14年5月4日 大林組専務 →00/02

茂野 新一 しげの・しんいち 昭和15年10月15日～平成20年10月22日 蒲原鉄道社長 →06/08

重野 隼太 しげの・はやた 明治42年8月16日～平成8年1月9日 ナカボーテック名誉相談役・元会長 →94/96

重野 広志 しげの・ひろし 昭和19年8月30日 札幌地区労議長,市民科学研究機構理事 →06/08

重野 宗広 しげの・むねひろ 昭和45年11月16日 住友金属鉱山顧問 →昭和

重信 和義 しげのぶ・かずよし 昭和6年2月22日～平成10年5月22日 九州銀行専務 →97/99

重信 末夫 しげのぶ・すえお ～昭和57年4月16日 小学校教諭 日本赤軍・最高幹部の重信房子の父親 →80/82

茂原 幹司 しげはら・かんじ 大正13年2月6日～平成4年11月17日 オリンパス光学工業常務 →91/93

茂原 虎雄 しげはら・とらお ～昭和15年4月7日 大同生命保険取締役 →昭和

重原 勇治 しげはら・ゆうじ 明治32年11月5日～平成2年12月28日 山川薬品工業会長,(社)銀鈴会会長 →88/90

重広 厳 しげひろ・いつき ～昭和42年3月30日 三菱銀行監査役 →昭和

重広 亀三 しげひろ・かめぞう 明治41年7月1日～昭和63年8月21日 日立製作所専務,日立電子社長 →88/90

重政 重職 しげまさ・しげこと 明治39年1月22日～平成4年3月25日 大阪府印刷工業組合理事長,第一印刷出版会長 →91/93

重政 誠之 しげまさ・せいし 明治30年3月20日～昭和56年6月3日 衆議院議員(自民党),農相 →80/82

重政 卓郎 しげまさ・たくろう 明治33年11月3日～平成16年11月1日 神辺町(広島県)町長,広島県議 →03/05

重政 博之 しげまさ・ひろゆき 昭和4年12月19日～平成20年4月14日 電通常務,東京銀行取締役 →06/08

重政 庸徳 しげまさ・ようとく 明治28年1月15日～昭和52年9月28日 参院副議長(自民党) →昭和

繁益 繁治郎 しげます・しげじろう ～昭和48年4月17日 阪神電鉄常任監査役 →昭和

重松 愛三郎 しげまつ・あいさぶろう 明治25年8月22日～昭和44年8月15日 社会運動家 日農佐賀県連顧問,鳥栖市議 →昭和

重松 秋男 しげまつ・あきお ～昭和27年5月30日 明治生命取締役 →昭和

重松 賢一郎 しげまつ・けんいちろう ～昭和62年7月26日 西日本新聞編集局資料部主事 →83/87

重松 健二 しげまつ・けんじ 昭和5年1月30日～昭和62年9月30日 丸尾カルシウム常務技術部長 →83/87

重松 介 しげまつ・たすく ～昭和57年9月4日 福岡スバル自動車取締役産業機械事業部長 →80/82

重松 宣彦 しげまつ・のぶひこ ～昭和46年5月19日 三菱石油相談役 →昭和

重松 徳 しげまつ・めぐみ 昭和2年6月14日～平成4年9月24日 京阪電気鉄道副社長 →91/93

重松 幸雄 しげまつ・ゆきお 大正9年12月3日～平成19年11月11日 警察庁首席監察官 →06/08

重松 養二 しげまつ・ようじ ～昭和12年11月19日 三菱鉱業常務 →昭和

重見 熊雄 しげみ・くまお 文久1年4月15日～昭和3年5月9日 陸軍中将 →昭和

重見 博一 しげみ・ひろかず 昭和6年5月17日～平成7年7月7日 建設業適正取引推進機構専務理事 →94/96

重見 通雄 しげみ・みちお 明治45年5月7日～平成2年11月21日 マツダ取締役 →88/90

茂原 義勝 しげみ・よしかつ ～平成9年12月27日 最高検総務部長 →97/99

重光 晶 しげみつ・あきら 大正5年1月15日～平成12年8月27日 駐ソ大使 →00/02

重光 健郎 しげみつ・けんろう 大正2年8月9日～平成5年3月17日 関東天然瓦斯開発社長,三井東圧化学取締役 →91/93

重光 敏生 しげみつ・としお 大正2年10月3日～昭和56年3月12日 帝国石油社長 →80/82

重光 葵 しげみつ・まもる 明治20年7月29日～昭和32年1月26日 外交官,政治家 外相,日本民主党副総裁,衆院議員 →昭和

重宗 たけ しげむね・たけ ～昭和5年9月8日 明電舎会長 →昭和

重宗 雄三 しげむね・ゆうぞう 明治27年2月11日～昭和51年3月13日 政治家,実業家 参院議長(自民党),明電社社長 →昭和

重村 義一 しげむら・ぎいち ～昭和13年3月31日 海軍機関少将 →昭和

重村 正明 しげむら・まさあき 大正2年2月28日～昭和63年1月23日 宇治園社長 →88/90

重村 誠夫 しげむら・まさお ～昭和50年12月26日 東日本放送社長 →昭和

重本 俊一 しげもと・しゅんいち 大正10年3月～平成9年12月 海軍大尉 →00/02s

重盛 寿治 しげもり・としはる 明治34年4月29日～平成9年12月14日 衆議院議員(社会党),参議院議員 →97/99

自見 四郎 じけん・しろう 昭和4年1月27日～平成16年9月27日 横浜オール印刷社長,読売新聞工務局総務兼技術部長 →03/05

自見 寿美男 じけん・すみお 大正14年7月29日～平成

21年10月7日　福島民友新聞役員待遇工務局長　→09/11

璽光尊　じこうそん　明治36年4月22日～昭和59年7月7日　璽宇教教主　→83/87

志佐 勝　しさ・まさる　文久4年2月6日～昭和3年3月20日　海軍主計中将　貴院議員　→昭和

獅子王 円信　ししおう・えんしん　～昭和62年8月28日　僧侶　延暦寺長﨟、延命院住職　→83/87

鹿喰 清一　ししくい・せいいち　明治37年2月19日～平成3年11月24日　日本開発銀行理事、北海鋼機社長　→91/93

宍倉 宗夫　ししくら・むねお　昭和7年8月4日～平成11年3月11日　防衛庁事務次官　→97/99

宍倉 靖　ししくら・やすし　～平成19年12月17日　日本新聞労連委員長　→06/08

宍戸 功男　ししど・いさお　明治18年7月～昭和26年5月3日　陸軍騎兵大佐　貴院議員（子爵）　→昭和

宍戸 一郎　ししど・いちろう　明治42年4月7日～昭和57年3月10日　山形県議、自民党山形県連幹事長、(株)山形コンピュート計算センター社長　→80/82

宍戸 馨　ししど・かおる　～昭和58年3月7日　教育出版社長　→83/87

宍戸 昌次郎　ししど・しょうじろう　昭和5年5月30日～昭和62年1月11日　日本勧業角丸証券専務　→83/87

宍戸 善次　ししど・ぜんじ　～平成4年9月28日　住友重機械工業監査役　→91/93

宍戸 隆典　ししど・たかのり　～平成22年4月15日　陸将、医師　自衛隊中央病院副院長　→09/11

宍戸 忠雄　ししど・ただお　～昭和62年1月6日　広瀬川温泉郷旅館組合長、旅館河鹿荘（宮城県）社長　→83/87

宍戸 福重　ししど・ふくしげ　大正2年9月27日～平成22年2月2日　富士電機製造社長　→09/11

宍戸 基男　ししど・もとお　大正7年11月13日～昭和62年6月10日　防衛庁官房長、防衛研修所長　→83/87

宍戸 幸夫　ししど・ゆきお　昭和12年11月22日～平成15年8月7日　陸奥新報常務　→03/05

宍戸 好信　ししど・よしのぶ　～昭和51年1月7日　海軍中将　→昭和

獅子堂 正隆　ししどう・まさたか　大正7年10月15日～平成12年3月24日　僧侶　夕照山西光寺（浄土真宗）住職、関西ボート連盟副会長、滋賀県ボート協会会長　→00/02

四十万 稔　しじま・みのる　大正2年4月14日～平成5年10月1日　国分電機理事　→91/93

四条 隆愛　しじょう・たかちか　明治13年6月～昭和13年10月2日　侯爵　貴院議員　→昭和（しじょう・たかあい）

四条 隆英　しじょう・たかふさ　明治9年2月～昭和11年1月2日　安田生命保険社長、商工次官、貴院議員（男爵）　→昭和

四条 輝雄　しじょう・てるお　～平成7年12月20日　東京書籍常務　→94/96

司城 元義　しじょう・もとよし　～昭和25年12月16日　日本銀行理事　→昭和

志津 義雄　しず・よしお　明治29年12月28日～昭和57年11月23日　東京経済倶楽部理事長　→80/82

泗水 康哉長　しすい・やすし　～平成13年8月7日　僧侶　等覚寺住職、九州龍谷短期大学学長　→00/02

静 弘応　しずか・こうおう　～平成12年5月22日　僧侶　高野山真言宗大僧正　→00/02

静 盛晄　しずか・せいこう　～平成10年12月28日　僧侶　高野山福智院住職、高野山真言宗総本山金剛峯寺務検校執行法印　→97/99

志塚 良夫　しずか・よしお　大正9年7月4日～昭和61年1月2日　群馬日産自動車顧問、群馬テレビ専務　→83/87

雫石 隆孝　しずくいし・たかよし　明治33年2月26日～和163年12月23日　岩手銀行相談役、岩手放送相談役　→88/90

雫石 契　しずくいし・ひさし　～昭和63年1月21日　渋谷区議・区会議長　→88/90

鎮目 栄一　しずめ・えいいち　大正5年5月1日～平成7年8月17日　信濃毎日新聞社副社長　→94/96

鎮目 達雄　しずめ・たつお　明治44年3月26日～平成10年4月7日　大阪有機化学工業会長　→97/99

鎮目 慶雄　しずめ・よしお　大正10年10月12日～平成4年10月26日　小田急百貨店会長　→91/93

静谷 靖彦　しずや・やすひこ　昭和9年10月19日～平成5年12月27日　プリマハム取締役、空知ミート取締役　→91/93

始関 伊平　しせき・いへい　明治40年4月7日～平成3年11月26日　弁護士、政治家　衆院議員（自民党）、建設相　→91/93

志田 光世　しだ・こうせい　～昭和56年8月10日　津市長　→80/82

志田 重男　しだ・しげお　明治44年11月21日～昭和46年7月3日　社会運動家　日本共産党政治局員・書記局員　→昭和

志田 重雄　しだ・しげお　～昭和60年6月15日　東レ監査役　→83/87

志田 淳一郎　しだ・じゅんいちろう　～昭和61年5月15日　東洋ボールドウイン常務営業本部長　→83/87

信太 澄夫　しだ・すみお　明治45年6月6日～平成8年3月4日　日本海新聞取締役編集局長、山陰放送取締役　→94/96

志田 保　しだ・たもつ　大正1年12月24日～昭和56年1月30日　新津市長　→80/82

志田 千春　しだ・ちはる　大正3年11月5日～平成8年5月9日　明治製菓専務　→94/96

志田 勉　しだ・つとむ　明治41年4月8日～平成4年3月1日　相模鉄道常務、相鉄観光社長　→91/93

志田 二四男　しだ・にしお　明治40年3月11日～平成9年9月30日　本州製紙(のち王子製紙)常務,鶴崎パルプ専務,友和海運会長　→97/99

志多 秀彦　しだ・ひでひこ　昭和7年8月3日～昭和56年11月7日　志多組社長,宮崎県建設業協会理事　→80/82

志田 文雄　しだ・ふみお　～昭和13年4月27日　日本電気専務　→昭和

信田 力正　しだ・りきまさ　昭和8年1月3日～平成11年1月24日　雪印アクセス会長　→97/99

志鷹 定一　したか・さだかず　大正9年8月30日～平成20年4月21日　雷鳥荘創業者　→06/08

志鷹 伝平　したか・でんぺい　大正11年5月22日～平成7年4月3日　北陸電気工事専務　→94/96

志立 正臣　しだち・まさおみ　～昭和56年1月11日　弁護士　→80/82

仕立屋 銀次　したてや・ぎんじ　慶応2年～昭和10年　スリの親分　→昭和

下中 正照　したなか・まさてる　昭和3年11月28日～平成1年8月3日　下中工作所会長　→88/90

舌間 謙市　したま・けんいち　大正12年3月9日～昭和62年12月26日　三菱重工業取締役　→83/87

下谷 修久　したや・のぶひさ　～平成4年5月13日　千修会長,読売エージェンシー会長　→91/93

設楽 敏夫　したら・としお　大正9年8月15日～平成23年1月12日　弁護士　日弁連副会長　→09/11

設楽 斉　したら・ひとし　大正10年11月25日～平成2年12月19日　大阪製鉄社長　→88/90

設楽 公一　したら・まさかず　昭和5年2月24日～平成5年1月28日　ときわ相互銀行(のち東日本銀行)取締役,東日本オフィスサービス社長　→91/93

志知 賢三　しち・けんぞう　昭和5年1月11日～平成8年8月2日　志知会長　→94/96

志知 亮　しち・りょう　明治42年～昭和10年6月22日　一等飛行士,二等航空士　→昭和

七宇 勝彦　しちじ・かつひこ　明治37年9月6日～昭和60年6月3日　朝日石綿工業常務,安田生命保険取締役　→83/87

七字 三郎　しちじ・さぶろう　～平成10年4月26日　工業技術院微生物工業技術研究所(のち生命工学工業技術研究所)所長　→97/99

七字 四郎　しちじ・しろう　明治45年3月11日～平成18年8月9日　日本紙業会長　→97/99

七条 達夫　しちじょう・たつお　明治40年1月22日～平成3年1月26日　九州ホテル会長,長崎県教育委員長　→91/93

七条 利文　しちじょう・としふみ　明治42年3月25日～平成6年12月24日　栗本鉄工所専務　→94/96

七条 広文　しちじょう・ひろふみ　大正10年3月10日～昭和56年4月8日　徳島県議　→80/82

七条 祐三　しちじょう・ゆうぞう　大正3年1月3日～平成5年9月22日　住友特殊金属専務　→91/93

七田 末吉　しちだ・すえきち　～昭和39年6月22日　日本遠洋底引網漁業会長,日東漁業社長　→昭和

七田 和三郎　しちだ・わさぶろう　～平成1年9月8日　カトリック司祭　ザビエル教会主任司祭　→88/90

七楽 虎雄　しちらく・とらお　～昭和57年1月15日　北九州市小倉北区町内自治総連合会名誉会長　→80/82

七里 三郎　しちり・さぶろう　明治41年1月15日～昭和56年12月19日　近畿日本鉄道常務,三重交通会長　→80/82

七里 資順　しちり・しじゅん　～昭和60年7月28日　万行寺住職　→83/87

七里 清一　しちり・せいいち　明治43年4月12日～平成3年10月26日　阪急電鉄常務　→91/93

実 武夫　じつ・たけお　明治28年11月2日～昭和56年12月25日　島田理化工業相談役,三菱化工機取締役　→80/82

実石 貞次　じついし・ていじ　大正15年11月26日～平成23年5月3日　東海家具工業社長,静岡県家具工業組合理事長　→09/11

実川 清之　じつかわ・きよし　明治36年10月6日～昭和55年9月11日　衆院議員(社会党),全日農中央委員　→80/82

後川 文蔵　しっかわ・ぶんぞう　慶応4年7月3日～昭和6年12月22日　京都日出新聞社長,京華社社長　→昭和

実宝 靖男　じっぽう・やすお　明治44年9月24日～昭和59年8月19日　住友商事取締役　→83/87

実本 博次　じつもと・ひろつぐ　大正6年9月12日～平成8年8月24日　(財)テクノエイド協会理事長,厚生省援護局長　→94/96

志手 康二　して・こうじ　～昭和59年5月24日　夢想園(ホテル)社長,由布院温泉観光協会長　→83/87

四手井 綱正　しでい・つなまさ　明治28年1月27日～昭和20年8月18日　陸軍中将　→昭和

幣原 喜重郎　しではら・きじゅうろう　明治5年8月11日～昭和26年3月10日　政治家,外交官,男爵　首相,進歩党総裁,衆議院議長　→昭和

幣原 坦　しではら・ひろし　明治3年9月18日～昭和28年6月29日　枢密顧問官,台北帝大総長　→昭和

紫藤 章　しどう・あきら　～昭和15年5月21日　九州電力相談役　→昭和

紫藤 研一　しどう・けんいち　昭和8年4月19日～平成5年6月2日　東洋ラジエーター常務　→91/93

紫藤 正吉　しどう・しょうきち　大正8年7月30日～平成3年5月7日　大黒自工社長,札幌商工会議所副会頭　→91/93

司東 真雄　しとう・しんゆう　明治39年10月15日～平成6年12月25日　僧侶　真言宗大僧正,奥州大学教授　→94/96

市東 東市　しとう・とういち　～平成11年1月21日　農業　三里塚芝山連合空港反対同盟北原派役員　→97/99

志藤 六郎　しどう・ろくろう　大正5年3月8日～平成18年9月27日　ヨロズ創業者　→06/08

志苫 裕　しとま・ゆたか　昭和2年11月29日～平成18年10月26日　参議院議員(社民党)　→06/08

志戸本 慶次郎　しともと・けいじろう　～平成17年1月15日　小林市長　→03/05

志戸本 佳孝　しどもと・よしたか　昭和6年9月4日～平1年11月19日　八千代エンジニアリング専務　→88/90

品川 主計　しながわ・かずえ　明治20年1月15日～昭和61年2月14日　読売新聞社取締役、読売興業代表取締役　→83/87

品川 彰　しながわ・しょう　明治45年4月23日～昭和62年1月28日　大成プレハブ専務　→83/87

品川 武久　しながわ・たけひさ　大正8年2月21日～平成18年3月23日　ニッタ副社長　→06/08

品川 太郎　しながわ・たろう　大正3年7月7日～平成4年7月15日　品川油化製鉱所会長　→91/93

品川 忠蔵　しながわ・ちゅうぞう　～昭和39年3月6日　富山交通社長　→昭和

品川 力　しながわ・つとむ　明治37年1月31日～平成18年11月3日　ペリカン書房主人　→06/08

品川 哲哉　しながわ・てつや　昭和3年7月17日～平成14年10月8日　東日本銀行専務　→00/02

品川 登　しながわ・のぼる　昭和3年4月20日～平成20年7月5日　長崎新聞取締役　→09/11s

品川 博　しながわ・ひろし　大正5年～平成11年7月8日　鐘の鳴る丘愛誠会園長　→97/99

品川 実　しながわ・みのる　大正6年3月3日～平成7年5月6日　日本通信販売協会副会長、日本通信教育連盟会長　→94/96

品川 弥千江　しながわ・やちえ　～平成15年6月23日　東奥日報常務　→03/05

品田 俊平　しなだ・しゅんぺい　明治6年6月7日～昭和10年4月14日　宗教家　心教教祖　→昭和

品田 藤次郎　しなだ・とうじろう　明治40年10月1日～平成2年1月28日　日魯漁業(のちニチロ)副社長　→88/90

品田 仁　しなだ・まさし　～昭和59年10月15日　夕張市振興企業協議会会長　→83/87

地主 敏郎　じぬし・としお　～昭和61年6月6日　大阪商事社長、中央電器産業社長　→83/87

紫野 巖　しの・いわお　大正14年6月28日～平成12年1月19日　ファイザー製薬社長　→00/02

篠 佐太郎　しの・さたろう　大正4年5月23日～平成13年4月9日　東京都議(自民党)　→00/02

篠 周存　しの・しゅうそん　～昭和46年5月22日　西本願寺総長　→昭和

志野 徳助　しの・とくすけ　～昭和11年11月1日　新日本捕鯨隊長　→昭和

紫野 真　しの・まこと　昭和18年9月15日～平成8年2月10日　本田技研工業常務　→94/96

志野 弥七　しの・やしち　明治35年2月3日～昭和62年5月18日　塩釜燃料商組合長、宮城県燃料商組合連合会副会長　→83/87

篠尾 明済　しのお・めいさい　明治3年～昭和4年2月2日　陸軍軍医監　→昭和

篠川 貞雄　しのかわ・さだお　明治41年5月20日～平2年3月21日　ニッポン放送常務、フジテレビジョン常務　→88/90

篠木 達夫　しのき・たつお　大正6年1月3日～平成3年12月20日　第一勧業銀行副頭取　→91/93

篠木 八郎　しのき・はちろう　大正7年5月23日～平成20年11月10日　石原産業副社長　→06/08

篠崎 市郎　しのざき・いちろう　大正11年2月26日～平成11年1月14日　菱江化学専務　→97/99

篠崎 邦夫　しのざき・くにお　～昭和57年2月1日　日本無線監査役　→80/82

篠崎 茂穂　しのざき・しげほ　明治32年1月20日～昭和63年12月25日　牧師　日本女子大学名誉教授、早稲田教会名誉牧師　→88/90

篠崎 繁　しのざき・しげる　大正3年2月16日～平成2年10月24日　第一勧業銀行取締役、日本コロムビア常務　→88/90

篠崎 盛一郎　しのざき・せいいちろう　大正3年4月25日～昭和19年11月27日　陸軍中尉　→昭和

篠崎 宗治　しのざき・そうじ　～昭和63年5月6日　(有)篠崎製本社長、東京都製本工組相談役　→88/90

篠崎 隆　しのざき・たかし　明治42年1月18日～昭和61年10月6日　相模原商工会議所会頭、神奈川県議会議員　→88/90

篠崎 鉄夫　しのざき・てつお　大正12年10月6日～平成8年5月10日　関electric産業副社長、関西電力取締役　→94/96

篠崎 俊夫　しのざき・としお　～昭和55年3月9日　福生市(東京都)助役　→80/82

篠崎 敏行　しのざき・としゆき　大正15年2月10日～昭和63年11月22日　陸将　→88/90

篠崎 直彦　しのざき・なおひこ　昭和13年6月2日～平成10年5月28日　福岡銀行協会常務理事、福岡銀行取締役　→97/99

篠崎 平治　しのざき・へいじ　大正5年8月1日～昭和61年11月3日　綜合警備保障専務、石川県警本部長　→83/87

篠崎 正孝　しのざき・まさたか　昭和6年9月18日～平成4年5月9日　日興証券取締役、東京総合ファイナンス社長　→91/93

篠崎 保賢　しのざき・やすかた　平成16年7月5日～平成13年4月26日　野村証券専務　→00/02

篠崎 康　しのざき・やすし　～平成3年2月19日　常陽銀行専務　→91/93

篠沢 博　しのざわ・ひろし　昭和10年～平成13年4月14日　日立システムアシスト社長　→00/02

篠島 善映　しのじま・ぜんえい　～平成16年7月12日

篠島 秀雄　しのじま・ひでお　明治43年1月21日〜昭和50年2月11日　実業家　三菱化成工業社長　→昭和

篠田 明　しのだ・あきら　昭和3年11月3日〜平成8年11月20日　新日本製鉄常務　→94/96

篠田 一郎　しのだ・いちろう　明治39年1月1日〜平成1年6月12日　日立造船専務　→88/90

篠田 巌　しのだ・いわお　昭和3年8月18日〜平成9年6月4日　東レ・エージェンシー社長　→97/99

篠田 恭一　しのだ・きょういち　昭和6年〜平成14年6月9日　田辺製薬常務　→00/02

篠田 弘作　しのだ・こうさく　明治32年7月27日〜昭和56年11月11日　衆院議員(自民党), 自治相　→80/82

篠田 定芳　しのだ・さだよし　大正14年12月24日〜平成11年5月26日　宮飯乳業社長, 森永乳業取締役　→97/99

篠田 四五　しのだ・しご　〜昭和55年12月14日　富士通取締役　→80/82

篠田 四郎　しのだ・しろう　大正7年10月8日〜平成17年12月21日　前田道路副社長　→03/05

篠田 進　しのだ・すすむ　明治20年12月16日〜昭和55年9月3日　建築家　篠田川口建築事務所会長, 愛知県建築士会会長　→80/82

篠田 隆之　しのだ・たかゆき　〜昭和56年4月9日　徳間音楽工業第2・第3制作部長　→80/82

篠田 隆義　しのだ・たかよし　〜昭和55年3月25日　尼崎市長　→80/82

篠田 武夫　しのだ・たけお　大正9年7月22日〜平成4年4月20日　SNT会長　→91/93

篠田 武三　しのだ・たけぞう　大正8年3月20日〜平成17年7月27日　三菱製紙専務　→03/05

篠田 辰巳　しのだ・たつみ　明治37年6月27日〜平成4年9月1日　協和銀行(のち協和埼玉銀行)取締役　→91/93

篠田 信男　しのだ・のぶお　〜昭和51年10月25日　東京消防庁消防総監　→昭和

篠田 信義　しのだ・のぶよし　昭和3年11月18日〜平成22年4月27日　日本酒類販売社長, 大蔵省印刷局長　→09/11

篠田 治男　しのだ・はるお　大正3年3月26日〜平成23年7月28日　日揮社長　→09/11

篠田 彦兵衛　しのだ・ひこべえ　明治41年3月20日〜平成21年1月6日　茂原市長　→09/11

篠田 永　しのだ・ひさし　〜平成13年9月21日　第一実業常務　→00/02

篠田 博正　しのだ・ひろまさ　大正12年12月3日〜平成12年10月18日　両口屋是清会長　→00/02

篠田 武助　しのだ・ぶすけ　〜昭和43年7月21日　篠田銘木店会長　→昭和

篠田 康雄　しのだ・やすお　明治41年1月3日〜平成9年2月1日　神官　皇学館大学総長, 熱田神宮名誉宮司, 神社新報名誉会長　→97/99

篠田 八十八　しのだ・やそはち　明治31年9月25日〜昭和20年7月31日　労働運動家　東交(東京交通労組)執行委員長　→昭和

篠田 義雄　しのだ・よしお　明治44年9月10日〜昭和63年4月2日　大阪商船三井船舶相談役・元社長　→88/90

篠田 吉一　しのだ・よしかず　大正13年11月5日〜平成22年4月21日　秋田県出納長　→09/11

篠田 敬邦　しのだ・よしくに　昭和16年9月19日〜平成1年11月19日　毎日新聞中部本社総務部長, 法蔵寺住職　→88/90

篠塚 年明　しのつか・としあき　昭和31年2月12日〜平成19年11月9日　千葉県議(自民党)　→06/08

篠原 秋彦　しのはら・あきひこ　〜平成14年1月6日　山岳救助隊員　トーホーエアーレスキュー社長　→00/02

篠原 晃　しのはら・あきら　大正13年10月7日〜平成19年10月2日　山梨日日新聞代表取締役専務　→06/08

篠原 晃　しのはら・あきら　大正9年3月7日〜平成22年2月24日　電気化学工業社長　→09/11

篠原 巌　しのはら・いわお　昭和12年8月1日〜平成17年2月9日　日本電気常務　→03/05

篠原 英太郎　しのはら・えいたろう　明治18年〜昭和30年3月7日　内務次官　→昭和

篠原 治　しのはら・おさむ　大正13年4月30日〜平成23年11月13日　国鉄常務理事, 日本車輌製造社長　→09/11

篠原 一男　しのはら・かずお　〜昭和56年10月10日　弁護士　熊本県弁護士会会長　→80/82

篠原 亀之輔　しのはら・かめのすけ　〜昭和58年2月23日　山之内製薬常務, シノテスト研究所会長　→83/87

篠原 菊治　しのはら・きくじ　明治35年8月17日〜平成6年2月12日　神戸新聞社相談役, デイリースポーツ社長　→94/96

篠原 喜美　しのはら・きみ　大正1年9月24日〜平成8年2月9日　日本キリスト教婦人矯風会会頭　→94/96

篠原 清　しのはら・きよし　昭和16年8月11日　平成13年3月2日　立山アルミニウム工業専務　→00/02

篠原 靖　しのはら・きよし　大正14年1月24日〜昭和60年11月21日　日商岩井監査役　→83/87

篠原 欣次郎　しのはら・きんじろう　明治42年〜平成3年12月28日　三井製糖社長　→91/93

篠原 邦夫　しのはら・くにお　昭和3年8月19日〜平成13年9月27日　熊谷組副社長　→00/02

篠原 邦彦　しのはら・くにひこ　大正11年6月30日〜平成23年1月5日　富士通取締役　→09/11

篠原 勲平　しのはら・くんぺい　〜昭和61年1月4日　弁護士　→83/87

篠原 桂一　しのはら・けいいち　〜平成1年11月9日　住友海上火災保険取締役　→88/90

篠原 源吉　しのはら・げんきち　明治29年3月31日〜昭

和24年12月5日　農民運動家　全農全国会議全国委員, 豊里村 (のち宮城県登米郡豊里町) 村議　→昭和

篠原 孝之助　しのはら・こうのすけ　大正3年10月20日～平成11年7月17日　三桜工業社長　→97/99

篠原 智　しのはら・さとる　大正15年4月28日～平成5年7月4日　篠原鉄工社長　→91/93

篠原 三郎　しのはら・さぶろう　～昭和14年9月20日　樺太地方裁判所検事正　→昭和

篠原 三治　しのはら・さんじ　～昭和62年4月14日　篠原商店社長　→83/87

篠原 重徳　しのはら・しげのり　昭和4年10月4日～平成5年1月29日　ダイハツ信販社長, ダイハツ工業取締役　→91/93

篠原 成美　しのはら・しげみ　大正6年8月13日～平成18年1月22日　森永製菓常務　→06/08

篠原 治平　しのはら・じへい　～平成8年1月1日　全国国民健康保険連合会中央会事務局長　→94/96

篠原 周一　しのはら・しゅういち　明治39年10月13日～平成13年6月3日　協和銀行頭取, 日本銀行考査局長　→00/02

篠原 祥次郎　しのはら・しょうじろう　～平成10年8月3日　北九州銀行協会常務理事　→97/99

篠原 新太郎　しのはら・しんたろう　～平成8年2月10日　日本新薬常務　→94/96

篠原 善次郎　しのはら・ぜんじろう　～昭和61年1月20日　田川市議　→83/87

篠原 大二　しのはら・だいじ　～平成5年8月17日　篠原鉄工所社長　→91/93

篠原 大雄　しのはら・だいゆう　昭和14年4月22日～平成23年10月14日　僧侶　永源寺住職, 臨済宗永源寺派管長　→09/11

篠原 隆義　しのはら・たかよし　大正5年11月16日～平成9年1月19日　トーア紡常務　→97/99

篠原 武司　しのはら・たけし　明治39年4月16日～平成13年6月30日　日本鉄道建設公団総裁　→00/02

篠原 雅　しのはら・ただし　～平成23年1月17日　日本ユニシス常務執行役員　→09/11

篠原 直　しのはら・ただし　昭和11年11月26日～平成13年12月17日　ごま書房創業者　→00/02

篠原 忠良　しのはら・ただなが　昭和5年7月16日～平成13年2月2日　大蔵省官房審議官, 北海道東北開発公庫副総裁　→00/02

篠原 忠則　しのはら・ただのり　～昭和56年12月31日　熱海市助役　→80/82

篠原 忠治　しのはら・ただはる　明治45年1月12日～平成6年9月15日　飛島建設副社長　→94/96

篠原 多美子　しのはら・たみこ　～平成15年11月27日　小学校教師　クロロキン薬害訴訟原告団事務局長　→03/05

篠原 千広　しのはら・ちひろ　昭和3年9月17日～平成20年2月11日　弁護士　日弁連副会長, 東京弁護士会会長, 篠原法律事務所所長　→06/08

篠原 忠治郎　しのはら・ちゅうじろう　～昭和62年1月5日　平塚市長　→83/87

篠原 曜彦　しのはら・てるひこ　昭和8年12月1日～昭和58年9月27日　福岡高裁判事　→83/87

篠原 寅之輔　しのはら・とらのすけ　～昭和60年2月17日　東京都議 (自民党)　→83/87

篠原 直人　しのはら・なおと　～昭和55年3月16日　東洋キャリア工業元副社長　→80/82

篠原 彦夫　しのはら・ひこお　大正8年10月10日～平成13年5月2日　ニコン副社長　→00/02

篠原 久男　しのはら・ひさお　昭和4年1月2日～昭和61年7月24日　福岡市議, 自民党福岡市議団会長　→83/87

篠原 久　しのはら・ひさし　昭和3年10月14日～平成14年7月12日　電通常務　→00/02

篠原 秀吉　しのはら・ひできち　明治19年1月5日～昭和46年7月8日　上毛新聞社会長　→昭和

篠原 弘明　しのはら・ひろあき　昭和2年10月13日～平成20年11月10日　フォスター電機創業者　→06/08

篠原 弘夫　しのはら・ひろお　大正14年9月27日～平成9年9月25日　山一証券常務　→97/99

篠原 泰　しのはら・ひろし　大正5年9月21日～平成11年9月30日　日本信号常務　→97/99

四ノ原 武郎　しのはら・ぶろう　大正10年8月27日～平成13年6月21日　住友金属工業専務　→00/02

篠原 理人　しのはら・まさと　～平成12年4月27日　東海村臨界事故の犠牲者　→00/02

篠原 三千郎　しのはら・みちろう　～昭和28年3月31日　東京急行社長　→昭和

篠原 満　しのはら・みつる　昭和16年3月31日～平成13年9月12日　ユアサ・フナショク常務　→00/02

篠原 緑　しのはら・みどり　～昭和55年3月28日　北海道衛生部次長, 北海道土地開発公社常務理事　→80/82

篠原 茂都男　しのはら・もとお　明治44年9月24日～昭和62年7月13日　ダイニック取締役　→83/87

篠原 幹興　しのはら・もとおき　～平成7年7月23日　東京光学機械 (のちトプコン) 専務　→94/96

篠原 寛　しのはら・ゆたか　大正7年7月31日～平成4年4月13日　三井集材社長　→91/93

篠原 与作　しのはら・よさく　明治45年5月15日～平成13年2月5日　静岡県議　→00/02

篠原 良男　しのはら・よしお　昭和8年6月4日～平成6年3月26日　日経運輸取締役　→94/96

篠原 良男　しのはら・よしお　大正13年5月28日～平成17年10月27日　国鉄常務理事, 大林組副会長　→03/05

篠原 良之助　しのはら・よしのすけ　昭和5年10月26日～平成2年3月7日　第一相互銀行 (のち太平洋銀行) 取締役　→88/90

篠原 良治　しのはら・よしはる　昭和1年12月28日～平

成8年2月29日　旭化成工業専務　→94/96

篠原　与四郎　しのはら・よしろう　～昭和57年9月26日　内閣官房広報参与　→80/82

篠原　雷次郎　しのはら・らいじろう　明治36年2月11日～平成6年8月26日　北九州コカ・コーラボトリング社長　→94/96

篠原　龍照　しのはら・りゅうしょう　～昭和59年7月5日　僧侶　真言宗善通寺派大僧上・同派別格本山法照寺住職　→83/87

篠原　和市　しのはら・わいち　明治14年3月～昭和5年8月14日　衆院議員　→昭和

四戸　勝博　しのへ・かつひろ　～平成11年3月11日　自治労茨城県本部副委員長，連合茨城事務局長　→97/99

四戸　陸三　しのへ・りくぞう　～昭和59年3月15日　陸将　陸上自衛隊関西地区補給処長　→83/87

四宮　源四郎　しのみや・げんしろう　明治12年～昭和11年12月31日　海軍中将　太平洋海の権威者　→昭和

篠宮　茂　しのみや・しげる　大正15年1月6日～昭和60年12月22日　本田技研工業相談役・元副社長　→83/87

四宮　誠祐　しのみや・せいすけ　昭和4年11月16日～平成5年11月17日　辰巳商会会長，全国内航輸送海運組合常任理事　→91/93

四宮　久吉　しのみや・ひさきち　明治28年9月8日～昭和55年11月10日　弁護士　衆院議員（自民党）　→80/82

篠宮　正志　しのみや・まさし　昭和6年9月20日～平成13年2月8日　焼津信用金庫理事長　→00/02

篠村　巌　しのむら・いわお　大正3年1月18日～平成7年1月1日　駐ガボン大使　→94/96

柴　功　しば・いさお　大正15年7月23日～平成5年8月22日　大成火災海上保険常務　→91/93

芝　勲　しば・いさお　～昭和61年8月16日　東芝プラント建設社長　→83/87

芝　梅太郎　しば・うめたろう　明治45年3月15日～平成23年8月6日　住友商事専務　→09/11

柴　勝三郎　しば・かつさぶろう　文久3年12月4日～昭和13年1月19日　陸軍中将　→昭和

志場　喜徳郎　しば・きとくろう　大正9年5月29日～平成6年7月5日　QUICK社長，大蔵省証券局長　→94/96

芝　均平　しば・きんぺい　明治36年6月17日～平成8年10月25日　朝日イブニングニュース社社長　→94/96

斯波　孝四郎　しば・こうしろう　明治8年1月24日～昭和46年6月13日　実業家　三菱重工業初代会長　→昭和

柴　五郎　しば・ごろう　万延1年5月3日～昭和20年12月13日　陸軍大将　→昭和

柴　秀一　しば・しゅういち　大正9年10月6日～平成22年12月8日　柴木材創業者，新湊商工会議所会頭　→09/11

芝　周平　しば・しゅうへい　明治36年3月7日～平成9年4月13日　東京機械製作所会長　→97/99

柴　新八郎　しば・しんぱちろう　明治31年3月7日～昭和59年11月23日　栃木市長　→83/87

柴　隆治　しば・たかはる　昭和6年9月11日～平成2年1月6日　朝日新聞取締役　→88/90

斯波　忠三郎　しば・ちゅうざぶろう　明治5年3月8日～昭和9年10月3日　男爵，工学者　東京帝国大学教授，貴院議員　→昭和（しば・ちゅうさぶろう）

芝　亨　しば・とおる　大正5年12月4日～平成10年4月19日　東海ゴム工業常務　→97/99

柴　平四郎　しば・へいしろう　～昭和10年3月29日　陸軍少将　→昭和

志波　正男　しば・まさお　大正2年1月2日～昭和61年1月29日　日本債券信用銀行常務　→83/87

芝　正　しば・まさし　昭和4年10月14日～平成7年6月6日　愛媛放送社長　→94/96

志波　安一郎　しば・やすいちろう　明治6年9月～昭和7年6月10日　衆院議員（政友会）　→昭和

斯波　佑蔵　しば・ゆうぞう　明治2年7月18日～平成15年11月2日　大和証券副社長　→03/05

芝　豊　しば・ゆたか　昭和23年6月9日～平成21年3月13日　司法書士　法律事務研究会代表理事　→09/11

芝池　信隆　しばいけ・のぶたか　明治40年4月12日～平成14年3月5日　大阪府議（自民党）　→00/02

芝池　豊　しばいけ・ゆたか　大正8年3月1日～平成12年5月16日　大成火災海上保険会長，古河鉱業常務　→00/02

芝岡　正勝　しばおか・まさかつ　昭和5年3月13日～平成4年7月27日　芝岡産業社長，呉鉄工団地協同組合理事長　→91/93

芝川　唸三　しばかわ・へいぞう　～昭和61年7月26日　大日本紡績（のちユニチカ）取締役　→83/87

芝川　又右衛門（2代目）　しばかわ・またえもん　嘉永6年10月7日～昭和13年6月9日　実業家　→昭和（芝川　又右衛門）

芝川　又四郎　しばかわ・またしろう　～昭和45年1月6日　ニッカウイスキー取締役　→昭和

柴草　三郎　しばくさ・さぶろう　大正7年2月22日～昭和56年4月4日　ダイケンホーム副社長，大建工業常務　→80/82

柴草　松太郎　しばくさ・まつたろう　～昭和61年1月29日　元北陸電力庶務部次長，元北陸電気協会事務局長　→83/87

芝崎　一郎　しばさき・いちろう　明治44年6月23日～平成2年3月4日　セメダイン常務　→88/90

柴崎　清　しばさき・きよし　明治42年9月24日～昭和58年3月8日　柴崎製作所相談役・元社長　→83/87

芝崎　邦夫　しばさき・くにお　明治41年7月11日～平成23年5月15日　富士製鉄専務　→09/11

柴崎　恵次　しばさき・けいじ　～昭和18年11月25日　海軍中将　→昭和

柴崎　四郎　しばさき・しろう　～平成11年4月13日　弁護士　浦和地検検事　→97/99

芝崎　亨　しばさき・とおる　昭和6年7月4日～平成11年

10月20日　東松山市長　→97/99

柴崎 敏郎　しばさき・としお　大正11年5月15日〜平成14年5月15日　会計検査院事務総長　→00/02

芝崎 敏夫　しばさき・としお　昭和2年5月16日〜平成8年12月5日　臼杵市長　→94/96

柴崎 俊男　しばさき・としお　昭和3年3月31日〜平成1年5月1日　阪神電気鉄道専務　→88/90

柴崎 昌雄　しばさき・まさお　明治44年11月25日〜平成3年4月13日　東京温度検出端工業会会長,大昌電機社長　→91/93

柴崎 芳夫　しばさき・よしお　大正6年11月9日〜平成6年1月31日　教育出版センター会長　→94/96

柴田 顕　しばた・あきら　昭和8年2月1日〜平成6年1月6日　京都ホテル副社長　→94/96

柴田 章　しばた・あきら　昭和6年9月21日〜昭和60年5月3日　大豊工業専務　→83/87

柴田 章　しばた・あきら　〜昭和60年10月21日　日本綿糸商業組合専務理事　→83/87

柴田 章　しばた・あきら　大正6年7月30日〜昭和61年10月29日　北茨城市長,茨城窯業会長　→83/87

柴田 勇　しばた・いさむ　〜平成16年10月25日　高島屋日発工業(のちトヨタ紡織)社長　→03/05

柴田 射和　しばた・いさわ　大正14年2月〜昭和62年8月2日　(社)日本高層住宅協会専務理事,不動産経済研究所社長　→83/87

柴田 英一　しばた・えいいち　昭和12年10月29日〜平成4年6月24日　オリバー副社長　→91/93

柴田 音吉(2代目)　しばた・おとさち　明治19年2月〜昭和9年4月9日　実業家　神戸日仏協会会長　→昭和(柴田音吉)

柴田 和夫　しばた・かずお　大正6年9月5日〜平成8年1月25日　三洋化成工業社長　→94/96

柴田 和雄　しばた・かずお　大正9年1月24日〜昭和62年8月12日　日産自動車顧問・元常務取締役　→83/87

柴田 勝一　しばた・かついち　〜昭和57年1月25日　日東エージェンシー社長　→80/82

柴田 勝治　しばた・かつじ　昭和2年8月24日〜平成20年3月12日　早来町(北海道)町長　→06/08

柴田 勝太郎　しばた・かつたろう　明治22年2月3日〜昭和50年11月10日　化学技術者,経営者　東洋高圧工業社長　→昭和

柴田 菊次郎　しばた・きくじろう　〜昭和61年2月2日　平井諏訪神社みこし総代委員長　→83/87

柴田 喜三郎　しばた・きさぶろう　明治34年7月23日〜平成10年1月5日　ダイハツ工業社長　→97/99

柴田 喜介　しばた・きすけ　昭和15年12月5日〜昭和61年10月24日　シバタ工業社長　→83/87

柴田 恭二　しばた・きょうじ　明治35年6月4日〜平成2年1月16日　野村証券副社長,東洋信託銀行副社長　→88/90

柴田 潔　しばた・きよし　大正5年7月24日〜昭和61年11月17日　岡崎信用金庫副理事長　→83/87

柴田 清　しばた・きよし　明治20年7月10日〜昭和36年9月11日　日本麦酒初代社長　→昭和

柴田 清　しばた・きよし　〜昭和61年3月2日　南条建設代表取締役,サノ生コン代表取締役　→83/87

柴田 清　しばた・きよし　昭和4年10月24日〜平成13年3月2日　中京コカ・コーラボトリング専務　→00/02

柴田 謹三　しばた・きんぞう　昭和10年1月1日〜平成4年2月13日　弘報社取締役　→91/93

柴田 吟三　しばた・ぎんぞう　明治37年3月2日〜昭和58年4月21日　箱根登山鉄道社長,運輸省大阪陸運局長,小田原地下街社長　→83/87

柴田 銀造　しばた・ぎんぞう　大正7年11月6日〜平成23年6月14日　警察庁中国管区警察局長,鹿島常務　→09/11

柴田 敬介　しばた・けいすけ　大正13年9月8日〜平成18年2月6日　旭硝子副社長　→06/08

柴田 啓蔵　しばた・けいぞう　明治34年6月7日〜昭和63年11月19日　部落解放運動家　水平社「解放歌」作詞者　→88/90

柴田 敬蔵　しばた・けいぞう　大正7年9月28日〜平成5年6月24日　東洋内燃機工業社長　→91/93

柴田 健一　しばた・けんいち　大正6年9月21日〜平成4年2月4日　川崎化成工業社長,三菱化成常務　→91/93

柴田 健治　しばた・けんじ　大正5年11月14日〜昭和59年3月9日　衆院議員(社会党)　→83/87

柴田 賢次郎　しばた・けんじろう　明治35年11月11日〜昭和59年11月17日　日東出版社社長,ヤマトメタル工業社長,秀英社会長　→83/87

芝田 健次郎　しばた・けんじろう　明治43年12月15日〜平成5年1月31日　愛知時計電機社長　→91/93

柴田 健三　しばた・けんぞう　明治44年10月17日〜平成16年6月27日　積水化学工業社長　→03/05

芝田 研三　しばた・けんぞう　〜昭和57年2月17日　関西テレビ放送副社長　→80/82

柴田 耕一　しばた・こういち　〜昭和61年1月27日　博多鋼機社長　→83/87

柴田 幸司　しばた・こうじ　昭和8年6月2日〜平成3年8月28日　安川電機製作所常務　→91/93

柴田 孔三　しばた・こうぞう　明治36年9月10日〜昭和62年9月26日　弁護士　最高検検事,広島地検検事正　→83/87

柴田 栄　しばた・さかえ　明治33年11月12日〜昭和57年9月23日　参院議員(自民党)　→80/82

柴田 周吉　しばた・しゅうきち　明治30年12月25日〜昭和57年9月2日　三菱化成工業相談役　→80/82

柴多 庄一　しばた・しょういち　明治29年11月4日〜昭和61年12月18日　弁護士　日本弁護士連合会副会長,近畿弁護士連合会理事長,大阪弁護士会会長　→83/87

柴田 昌源　しばた・しょうげん　大正2年10月8日〜平

11年11月4日　僧侶　天台宗探題大僧正,日光山輪王寺第81世門跡　→97/99

柴田　四朗　しばた・しろう　大正9年11月～平成14年4月16日　北海道副知事,北海道農業開発公社理事長　→00/02

柴田　真一　しばた・しんいち　大正7年7月7日～昭和57年4月11日　旭硝子取締役　→80/82

柴田　進二　しばた・しんじ　明治41年12月1日～平成5年9月17日　大丸副社長　→91/93

芝田　真次　しばた・しんじ　大正11年2月25日～平成23年12月16日　福井県議(社民党)　→09/11

柴田　晋　しばた・すすむ　明治43年2月14日～平成1年12月24日　ダイセル化学工業常務　→88/90

柴田　進　しばた・すすむ　大正13年3月15日～平成10年1月12日　フジタ常務　→97/99

芝田　清次　しばた・せいじ　大正8年7月7日～平成4年5月21日　叶匠寿庵相談役　→91/93

柴田　善三郎　しばた・ぜんざぶろう　明治10年11月～昭和18年8月25日　官僚,政治家　大阪府知事,貴院議員(勅選)　→昭和

柴田　平　しばた・たいら　大正9年1月7日～平成16年4月10日　西松建設社長　→03/05

柴田　高雄　しばた・たかお　～平成1年12月17日　やまと新聞社社長　→88/90

柴田　隆　しばた・たかし　大正2年9月24日～平成1年12月14日　日本パイプ製造常務　→88/90

柴田　孝寿　しばた・たかとし　大正4年5月7日～平成17年11月10日　日本サーボ常務　→03/05

柴田　多喜　しばた・たき　明治34年4月13日～平成9年12月3日　全国婦人新聞社社長　→97/99

柴田　卓　しばた・たく　大正10年4月25日～昭和62年7月17日　大幸薬品社長　→83/87

柴田　長男　しばた・たけお　明治40年～昭和62年8月30日　福岡県警刑事調査官　→83/87

柴田　武春　しばた・たけはる　～昭和61年9月29日　東洋タイル会長,多治見市議　→83/87

柴田　正　しばた・ただし　～昭和43年3月13日　柴田化学器械工業社長　→昭和

柴田　達夫　しばた・たつお　明治44年3月18日～平成3年7月6日　建設事務次官　→91/93

柴田　龍男　しばた・たつお　昭和9年7月5日～平成22年9月29日　ノリタケカンパニーリミテド専務　→09/11

柴田　太郎　しばた・たろう　大正8年4月18日～平成5年2月16日　扶桑相互銀行(のち山陰合同銀行)社長　→91/93

芝田　忠五郎　しばた・ちゅうごろう　明治3年5月～昭和7年1月30日　陸軍主計総監　→昭和

柴田　忠之助　しばた・ちゅうのすけ　～昭和60年9月28日　ギオン柴田ビル社長,柴田酒造(合)社長　→83/87

芝田　徹男　しばた・てつお　明治41年3月24日～平成7年10月21日　三井銀行(のちさくら銀行)副社長　→94/96

柴田　哲次　しばた・てつじ　～昭和55年10月7日　日本鋳鉄管相談役,元社長　→80/82

柴田　哲祐　しばた・てつゆう　～昭和63年8月11日　北陸電機製造取締役　→88/90

柴田　伝二　しばた・でんじ　大正2年3月2日～平成7年8月24日　島津製作所専務　→94/96

柴田　登志雄　しばた・としお　～昭和56年4月17日　旭川市議　→80/82

柴田　敏夫　しばた・としお　大正6年3月27日～昭和59年6月29日　九州朝日放送社長　→83/87

柴田　俊彦　しばた・としひこ　明治37年7月20日～昭和60年4月6日　大広副社長　→83/87

柴田　富太郎　しばた・とみたろう　明治28年10月25日～昭和45年3月18日　労働運動家　→昭和

柴田　智男　しばた・ともお　大正14年7月22日～平成7年9月8日　柴田建設社長,宇都宮商工会議所副会頭　→94/96

柴田　寅彦　しばた・とらひこ　明治43年2月28日～平成8年11月7日　中部電力専務　→94/96

柴田　直孝　しばた・なおたか　大正7年3月14日～平成18年3月27日　神官　神社本庁長老,上川神社名誉宮司　→06/08

柴田　信夫　しばた・のぶお　大正10年10月29日～平成5年7月24日　東レ取締役　→91/93

柴田　信高　しばた・のぶたか　昭和3年3月11日～平成2年7月25日　ハザマ興業会長,間組副社長　→88/90

柴田　信太郎　しばた・のぶたろう　明治43年7月9日～平成4年8月24日　六合建設会長,愛知県建設業協会会長　→91/93

柴田　理子　しばた・のりこ　～平成10年9月23日　パイロット　→97/99

柴田　範幸　しばた・のりゆき　昭和4年10月18日～平成21年4月11日　連合大阪会長　→09/11

柴田　久雄　しばた・ひさお　明治38年9月19日～平成1年2月22日　第一通信社社長,博報堂常務　→88/90

柴田　等　しばた・ひとし　～昭和49年2月17日　千葉県知事　→昭和

柴田　兵一郎　しばた・ひょういちろう　明治32年6月～昭和51年3月30日　東北銀行頭取,衆院議員(民主党),貴院議員(多額納税)　→昭和

柴田　兵衛　しばた・ひょうえ　～昭和62年8月4日　関東特殊製鋼取締役　→83/87

柴田　弘　しばた・ひろし　昭和8年5月1日～平成23年10月7日　衆院議員(公明党)　→09/11

柴田　博　しばた・ひろし　明治42年1月26日～平成1年3月29日　呉羽化学工業副社長　→88/90

芝田　博　しばた・ひろし　昭和4年5月3日～平成10年9月4日　宇治電ビルディング社長,関西電力専務　→97/99

柴田 二三男　しばた・ふみお　明治45年1月2日～平成17年9月15日　中部電力常務　→03/05

柴田 文次郎　しばた・ぶんじろう　明治11年7月～昭和7年3月10日　実業家　→昭和

柴田 文三　しばた・ぶんぞう　明治38年3月20日～平成1年5月20日　高砂熱学社長　→88/90

柴田 文之助　しばた・ぶんのすけ　明治40年3月22日～平成11年9月2日　日本舗道専務, 長谷川体育施設会長　→97/99

柴田 牧太郎　しばた・まきたろう　明治31年3月9日～昭和58年9月22日　国鉄建設本部長, 日本交通協会専務理事　→83/87

柴田 昌明　しばた・まさあき　昭和16年7月7日～平成21年8月29日　サニーサイドアップ会長　→09/11

柴田 政雄　しばた・まさお　昭和6年1月15日～平成15年1月10日　弁護士　TKC監査役　→03/05

柴田 正夫　しばた・まさお　大正13年～平成3年4月8日　セイコー化工機副社長　→91/93

柴田 正雄　しばた・まさお　大正10年1月21日～平成8年10月23日　日本紙業専務　→94/96

柴田 政次　しばた・まさじ　明治15年9月～昭和25年9月15日　参議院議員(自由党)　→昭和(しばた・せいじ)

柴田 正孝　しばた・まさたか　～昭和12年10月13日　陸軍少将　→昭和

柴田 政範　しばた・まさのり　～平成21年7月25日　西鉄バス筑豊社長　→09/11

柴田 昌彦　しばた・まさひこ　昭和7年5月11日～平成2年3月13日　松下通信工業常務　→88/90

柴田 昌博　しばた・まさひろ　大正13年6月8日～平成4年12月21日　大金製作所常務　→91/93

柴田 将吉　しばた・まさよし　～平成5年11月3日　シバ・プロダクション社長　→91/93

柴田 勝　しばた・まさる　大正15年6月16日～平成16年1月22日　京都府議(共産党)　→03/05

柴田 松次郎　しばた・まつじろう　大正14年9月16日～平成17年6月27日　三菱化成副社長　→03/05

柴田 真美　しばた・まみ　～昭和62年2月17日　航空通信士　海上保安庁福岡航空基地勤務　→83/87

柴田 護　しばた・まもる　大正7年1月27日～平成10年10月13日　地方財務協会会長, 自治事務次官　→97/99

柴田 満四郎　しばた・まんしろう　明治33年4月15日～昭和63年12月2日　半田港運会長, 半田商工会議所会頭　→88/90

柴田 道子　しばた・みちこ　昭和9年3月30日～昭和50年8月14日　部落解放運動家, 児童文学者, 女性問題評論家　→昭和

柴田 穂　しばた・みのる　昭和5年3月21日～平成4年2月1日　産経新聞取締役・論説委員長　→91/93

柴田 稔　しばた・みのる　明治35年11月23日～昭和58年4月7日　東武鉄道副社長　→83/87

柴田 明治郎　しばた・めいじろう　～昭和60年1月25日　金光教雨池教会長　→83/87

柴田 弥一郎　しばた・やいちろう　～昭和56年6月15日　海軍中将　第二南方派遣艦隊司令長官　→80/82

柴田 泰弘　しばた・やすひろ　昭和28年～平成23年　赤軍派活動家　日航機よど号ハイジャック事件の赤軍派メンバー　→09/11

柴田 安正　しばた・やすまさ　～昭和31年1月24日　東亜火災海上再保険社長　→昭和

柴田 幸男　しばた・ゆきお　大正14年6月1日～平成6年4月3日　丸和常務　→94/96

柴田 陽行　しばた・ようこう　明治44年～昭和54年　東京住電技術協力社長　→昭和

柴田 善昭　しばた・よしあき　昭和2年8月30日～平成19年11月9日　三菱商事専務　→06/08

柴田 義男　しばた・よしお　明治35年2月24日～昭和53年6月19日　社会運動家　日本社会党岩手県連書記長, 衆院議員　→昭和

柴田 義雄　しばた・よしお　明治42年3月19日～昭和61年6月13日　西日本相互銀行(のち西日本銀行)専務　→83/87

柴田 義一　しばた・よしかず　～昭和62年9月4日　田辺製薬取締役　→83/87

柴田 宜勝　しばた・よしかつ　明治38年3月15日～平成1年12月1日　日産建設常務　→88/90

柴田 淑次　しばた・よしじ　明治41年9月1日～昭和57年1月26日　気象庁長官　→80/82

柴田 義行　しばた・よしゆき　～平成14年10月6日　富士物流社長　→00/02

柴田 来治　しばた・らいじ　～平成5年1月19日　墨田区会議長(自民党)　→91/93

柴田 利右衛門　しばた・りえもん　大正5年3月～昭和48年2月3日　参院議員(民社党)　→昭和

柴田 隆一郎　しばた・りゅういちろう　明治41年4月25日～昭和20年2月18日　社会運動家　→昭和

柴田 隆三　しばた・りゅうぞう　大正11年2月23日～平成22年11月13日　東京建物社長, 富士銀行副頭取　→09/11

柴田 良作　しばた・りょうさく　大正6年5月15日～平成4年12月1日　東亜石油専務　→91/93

柴田 良二　しばた・りょうじ　大正7年4月10日～平成8年12月5日　住金物産専務　→94/96

柴立 芳文　しばたて・よしふみ　大正4年8月～昭和50年8月5日　参院議員(自民党)　→昭和(しばだち・ほうぶん)

芝谷 昭　しばたに・あきら　昭和4年5月18日～平成23年7月24日　南海電気鉄道専務, 南海辰村建設社長　→09/11

柴谷 貞雄　しばたに・さだお　明治42年1月2日～平成13年9月24日　阪急電鉄社長, 阪急ブレーブスオーナー　→00/02

芝谷 常吉　しばたに・つねきち　～平成15年2月6日

近畿日本鉄道常務,三重交通社長　→03/05

柴谷 利嗣　しばたに・としつぐ　明治45年1月1日～平成6年10月17日　金商又一常務　→94/96

柴谷 光謹　しばたに・みつなり　昭和14年1月10日～平成19年7月6日　八尾市長　→06/08

柴戸 徳義　しばと・とくよし　大正10年9月25日～平成2年6月21日　ユニード専務　→88/90

柴内 一郎　しばない・いちろう　大正13年5月8日～平成2年2月14日　日本液晶社長　→88/90

柴沼 昭　しばぬま・しょう　昭和3年1月1日～平成3年9月17日　加藤スプリング製作所取締役　→91/93

柴沼 弘　しばぬま・ひろし　昭和4年3月15日～昭和63年10月27日　茨城県会議長(自民党)　→88/90

芝野 栄吾　しばの・えいご　～平成3年8月17日　ザイール石油常勤監査役　→91/93

芝野 一三　しばの・かずみ　～平成21年8月4日　大須事件被告団長　→09/11

柴野 恭堂　しばの・きょうどう　明治32年10月30日～昭和60年3月3日　僧侶　天正寺(岐阜県)住職,元正眼短期大学学長　→83/87

柴野 省二　しばの・しょうじ　大正5年7月20日～平成16年5月28日　藤沢薬品工業常務　→03/05

柴野 多伊三　しばの・たいぞう　昭和26年7月7日～平成23年9月5日　衆院議員(新進党)　→09/11

芝野 博文　しばの・ひろふみ　昭和15年12月25日～平成21年9月4日　大阪ガス社長　→09/11

柴野 安三郎　しばの・やすさぶろう　明治36年8月12日～平成7年1月5日　日ソ友好文化会館理事長　→94/96

柴野 和喜夫　しばの・わきお　明治35年7月2日～昭和57年12月18日　参院議員(無所属),北陸鉄道社長　→80/82

柴橋 国隆　しばはし・くにたか　～昭和40年12月22日　日本電波協会会長,元NHK監査室長,関東電波監理局長　→昭和

柴橋 英也　しばはし・ひでや　～昭和56年9月5日　山一証券元取締役　→80/82

柴原 鋭作　しばはら・えいさく　昭和4年～昭和61年11月15日　鴻池組取締役名古屋支店副支店長　→83/87

柴原 亀二　しばはら・かめじ　慶応3年～昭和10年　弁護士　→昭和

芝原 郷音　しばはら・ごうおん　明治45年7月27日～平成3年7月16日　僧侶　浄土真宗本願寺派総務　→91/93

柴原 佐市郎　しばはら・さいちろう　大正14年4月10日～平成10年10月9日　長崎県議(民社党)　→97/99

柴原 春雄　しばはら・はるお　明治42年4月1日～平成2年3月31日　乾汽船取締役・監査役　→88/90

柴原 博　しばはら・ひろし　大正11年4月1日～平成13年10月30日　宮城県漁連会長　→00/02

柴原 八一　しばはら・やいち　明治38年9月6日～平成1年9月15日　弁護士　岡山家裁所長　→88/90

芝原 芳雄　しばはら・よしお　～平成4年10月18日　近畿化学協会専務理事　→91/93

芝村 源喜　しばむら・げんき　大正2年1月3日～平成3年6月15日　読売テレビ放送専務,読売新聞社社友　→91/93

柴村 羊五　しばむら・ようご　明治40年5月5日～昭和61年2月15日　化学経済研究所顧問　→83/87

柴本 重理　しばもと・しげみち　明治42年11月24日～平成4年6月21日　ブリヂストンタイヤ社長　→91/93

柴本 善弘　しばもと・よしひろ　～昭和56年5月13日　川上塗料取締役　→80/82

柴森 孝之助　しばもり・こうのすけ　明治43年1月3日～平成16年3月13日　奥村組副社長　→03/05

柴谷 要　しばや・かなめ　明治43年2月27日～平成7年4月26日　参院議員(社会党)　→94/96

柴山 一郎　しばやま・いちろう　明治34年8月30日～昭和60年1月21日　三菱電機取締役,積水化学工業取締役　→83/87

柴山 兼四郎　しばやま・かねしろう　明治22年5月1日～昭和31年1月23日　陸軍中将　→昭和

芝山 喜市郎　しばやま・きいちろう　～昭和56年3月30日　長瀬産業元専務　→80/82

柴山 剛介　しばやま・ごうすけ　大正12年9月24日～平成20年4月27日　大阪商船三井船舶副社長　→06/08

柴山 全慶　しばやま・ぜんけい　明治27年11月30日～昭和49年8月29日　僧侶,仏教学者　臨済宗南禅寺派管長　→昭和

柴山 大五郎　しばやま・だいごろう　大正4年5月20日～平成3年5月7日　大和設備工事会長　→91/93

柴山 武雄　しばやま・たけお　大正3年11月1日～平成2年5月25日　黒崎窯業社長　→88/90

柴山 敏夫　しばやま・としお　明治45年4月20日～平成13年5月23日　東京生命保険社長　→00/02

柴山 英雄　しばやま・ひでお　大正13年3月24日～平成4年5月31日　九州電気工事専務　→91/93

柴山 博　しばやま・ひろし　明治30年5月9日～平成3年12月29日　弁護士　鹿児島県知事　→91/93

柴山 不言　しばやま・ふげん　安政4年～昭和10年　ハリストス正教司祭　→昭和

柴山 麓　しばやま・ふもと　大正9年2月25日～平成4年8月7日　日本鋼管専務　→91/93

柴山 当夫　しばやま・まさお　～昭和56年8月18日　理工図書会長　→80/82

柴山 正和　しばやま・まさかず　大正5年7月17日～昭和57年5月4日　住友電気工業常務　→80/82

柴山 幸雄　しばやま・ゆきお　明治44年1月1日～昭和63年4月11日　住友商事相談役　→88/90

柴山 鷲雄　しばやま・わしお　明治31年2月2日　野村合名専務理事,大株理事長　→昭和

地引 栄一　じびき・えいいち　明治43年9月26日～平成1年1月13日　昭和食品社長,昭和産業取締役　→88/90

しひき　　　　　　　　　　　　　　　　　　　Ｉ　政治・経済・社会篇

地曳　忠勇　じびき・ただお　大正14年3月21日〜昭和58年5月4日　新洋セメント輸送社長、東洋埠頭取締役　→83/87

地引　祺真　じびき・よしみち　昭和10年3月24日〜平成20年12月16日　日本鋼管常務　→06/08

渋井　健夫　しぶい・たけお　大正14年2月17日〜平成4年8月12日　日本債券信用銀行取締役　→91/93

四分一　量平　しぶいち・りょうへい　大正2年10月28日〜平成5年7月24日　東京放送監査役　→91/93

渋江　克彦　しぶえ・かつひこ　昭和13年〜平成8年7月29日　東京海上火災保険常務　→94/96

渋江　操一　しぶえ・そういち　明治39年2月27日〜昭和63年4月15日　（財）地域開発研究所理事長、日本住宅公団理事　→88/90

渋川　伝次郎　しぶかわ・でんじろう　明治31年11月10日〜平成3年6月13日　青森県りんご協会理事　→91/93

渋沢　言忠　しぶさわ・あきただ　大正1年10月6日〜昭和62年2月14日　新立川航空機常務取締役　→83/87

渋沢　栄一　しぶさわ・えいいち　天保11年2月13日〜昭和6年11月11日　実業家、子爵　第一国立銀行頭取　→昭和

渋沢　金三郎　しぶさわ・きんさぶろう　〜昭和45年3月8日　三菱銀行常務　→昭和

渋沢　金蔵　しぶさわ・きんぞう　明治23年8月〜昭和24年9月11日　太田織布社長、貴院議員（多額）　→昭和

渋沢　敬三　しぶさわ・けいぞう　明治29年8月25日〜昭和38年10月25日　実業家、財界人、民俗学者、日銀総裁、蔵相、日本民族学協会会長　→昭和

渋沢　賢　しぶさわ・さとし　〜平成3年5月14日　豊田自動織機製作所常務　→91/93

渋沢　信一　しぶさわ・しんいち　明治31年10月11日〜昭和58年7月15日　外務事務次官　→83/87

渋沢　誠次　しぶさわ・せいじ　〜昭和55年5月3日　国鉄常務理事　→80/82

渋沢　多歌子　しぶさわ・たかこ　明治43年10月26日〜平成1年9月14日　渋沢国際学園理事長　→88/90

渋沢　篤二　しぶさわ・とくじ　明治5年10月16日〜昭和7年10月6日　実業家　子爵　→昭和

渋沢　信雄　しぶさわ・のぶお　昭和42年2月12日　渋沢倉庫監査役、中外商工取締役社長　→昭和

渋沢　正雄　しぶさわ・まさお　〜昭和17年9月10日　日本製鉄副社長　→昭和

渋沢　正一　しぶさわ・まさかず　〜昭和56年12月8日　アジア経済研究所理事長　→80/82

渋沢　道雄　しぶさわ・みちお　昭和2年10月26日〜平成4年12月20日　塩野義製薬監査役　→91/93

渋田　尚典　しぶた・たかのり　昭和62年10月22日　オーエスジー・フェラメンタス・デ・プレシゾン社長　→83/87

渋田　誠　しぶた・まこと　〜平成2年10月2日　福岡県東京事務所長、福岡県住宅供給公社常務理事、福岡県ゲートボール協会長　→88/90

渋田　康之　しぶた・やすゆき　〜平成20年1月11日　福岡タワー社長　→06/08

渋谷　和夫　しぶたに・かずお　〜昭和56年1月18日　富士通顧問、元専務　→80/82

渋谷　敬治　しぶたに・けいじ　明治30年1月22日〜平成1年5月29日　大信販取締役　→88/90

渋谷　有教　しぶたに・ゆうきょう　大正6年2月4日〜平成5年3月13日　僧侶　真宗仏光寺派第29代門主、仏光寺住職　→91/93

渋谷　吉民　しぶたに・よしたみ　大正10年11月1日〜平成12年9月18日　青森放送社長　→00/02

渋谷　義人　しぶたに・よしと　昭和3年6月2日〜平成13年10月7日　益田市長　→00/02

渋谷　晃　しぶや・あきら　〜平成15年9月12日　全国農業協同組合連合会常務理事　→03/05

渋谷　彰　しぶや・あきら　大正11年6月3日〜平成10年7月19日　シキボウ専務　→97/99

渋谷　勇　しぶや・いさむ　〜昭和62年3月14日　シブヤ建設工業会長　→83/87（しぶたに・いさむ）

渋谷　一郎　しぶや・いちろう　大正13年6月14日〜平成3年7月9日　東京都議（社会党）　→91/93

渋谷　伊之彦　しぶや・いのひこ　大正14年11月14日〜昭和10年12月18日　陸軍中将　→昭和

渋谷　巌　しぶや・いわお　大正3年9月28日〜平成15年12月13日　富士重工業常務、東北大学工学部教授　→03/05

渋谷　一三　しぶや・かずみ　昭和5年1月3日〜平成5年7月21日　マルエツ副社長　→91/93

渋谷　寛治　しぶや・かんじ　明治32年8月19日〜昭和63年5月23日　小田急電鉄専務　→88/90

渋谷　澄　しぶや・きよし　明治18年8月14日〜昭和58年11月12日　日本工業倶楽部評議員副会長、立川飛行機社長　→83/87

渋谷　清見　しぶや・きよみ　〜昭和60年2月20日　海軍少将　戦艦長門艦長　→83/87

渋谷　邦蔵　しぶや・くにぞう　明治45年2月16日〜平成14年2月14日　清瀬市長　→00/02

渋谷　邦彦　しぶや・くにひこ　大正13年5月30日〜平成17年9月9日　参院議員（公明党）　→03/05

渋谷　倉蔵　しぶや・くらぞう　明治35年7月25日〜平成7年10月25日　秋田県会議長　→94/96

渋谷　健一　しぶや・けんいち　明治38年2月6日〜平成9年1月10日　十条製紙（のち日本製紙）社長　→97/99

渋谷　慈鎧　しぶや・じがい　明治9年8月1日〜昭和22年10月6日　僧侶　天台座主　→昭和（しぶや・じかい）

渋谷　昇次　しぶや・しょうじ　大正2年3月〜平成13年9月17日　衆院議員（社会党）　→00/02

渋谷　誠馬　しぶや・せいま　〜昭和6年8月22日　海軍大尉　→昭和

I　政治・経済・社会篇　　　　　　　　　　　　　　　　　　　　しま

渋谷 善作　しぶや・ぜんさく　文久3年12月10日～昭和6年11月1日　実業家　長岡商業会議所会頭　→昭和

渋谷 武男　しぶや・たけお　昭和20年4月23日～平成23年5月14日　小松フォークリフト社長　→09/11

渋谷 武　しぶや・たけし　大正9年11月9日～平成11年12月15日　住友海上火災保険常務　→00/02s

渋谷 武治　しぶや・たけじ　大正5年7月30日～平成9年7月13日　エスイー会長、ニッシン社長　→97/99

渋谷 民雄　しぶや・たみお　～昭和63年11月14日　東京タンカーマリンサービス常務　→88/90

渋谷 長吉　しぶや・ちょうきち　～昭和60年9月2日　稚内市会議長　→83/87

渋谷 藤重郎　しぶや・とうじゅうろう　大正6年7月30日～昭和62年4月3日　三興製作所常務　→83/87

渋谷 徳三郎　しぶや・とくさぶろう　明治3年～昭和25年10月2日　仙台市長　→昭和

渋谷 登志雄　しぶや・としお　昭和55年12月22日　京都銀行専務　→80/82

渋谷 蓬子　しぶや・とまこ　～昭和40年1月13日　故真宗仏光寺派28代門主隆教夫人、貞明皇后の妹　→昭和

渋谷 直蔵　しぶや・なおぞう　大正5年8月20日～昭和60年12月16日　衆院議員(自民党、福島2区)、自治相　→83/87

渋谷 信吉　しぶや・のぶきち　～昭和63年3月13日　多摩動物公園飼育係長　→88/90

渋谷 昇　しぶや・のぼる　明治37年9月23日～平成6年6月6日　福山通運創業者　→91/96

渋谷 晴爾　しぶや・はるじ　明治39年～平成5年6月1日　渋谷教育振興財団理事長、渋谷工業社長　→91/93

渋谷 治彦　しぶや・はるひこ　昭和10年2月11日～平成15年3月19日　駐ドイツ大使　→03/05

渋谷 寛重　しぶや・ひろしげ　大正9年12月6日～平成11年4月26日　日本石油(のち日石三菱)常務　→97/99

渋谷 房雄　しぶや・ふさお　明治45年6月15日～昭和60年6月19日　釧路商工会議所副会頭、北海道中小企業団体中央会釧根支部長　→83/87

渋谷 正敏　しぶや・まさとし　大正8年7月23日～平成2年5月22日　日本ホテル協会専務理事　→88/90

渋谷 正弘　しぶや・まさひろ　昭和5年8月1日～平成9年2月11日　日本農薬専務　→97/99

渋谷 康夫　しぶや・やすお　～平成7年9月30日　関東コンクリートパイル協同組合理事、日刊工業新聞社技術開発室長・社友　→94/96

渋谷 安三　しぶや・やすぞう　～昭和62年11月6日　ラサ工業常務　→83/87

渋谷 雄邦　しぶや・ゆうほう　～昭和61年6月15日　仙台市議　→83/87

渋谷 義夫　しぶや・よしお　～平成16年2月21日　オウム真理教施設の見張りを続けた　→03/05

渋谷 義一　しぶや・よしかず　昭和2年10月13日～平成5年5月16日　大気社取締役　→91/93

渋谷 善治　しぶや・よしはる　～平成17年9月17日　本州製紙(のち王子製紙)専務　→03/05

渋谷 良平　しぶや・りょうへい　弘化1年～昭和8年4月2日　愛知県議　→昭和

渋谷 黎子　しぶや・れいこ　明治42年6月24日～昭和9年9月16日　社会運動家　→昭和

志甫 健吉　しほ・けんきち　～昭和58年4月26日　日特金属工業顧問　→83/87

志甫 与一郎　しほ・よいちろう　～昭和60年9月10日　元北電労務部厚生課長　→83/87

芝生 英夫　しぼう・ひでお　～昭和59年2月3日　大本営参謀、トヨタフォークリフト専務　→83/87

芝生 博　しぼう・ひろし　～昭和57年5月22日　上川管内東神楽町商工会長　→80/82

四方堂 久登　しほうどう・ひさと　昭和16年12月8日～平成15年4月26日　加賀電子専務　→03/05

志保田 実　しほた・みのる　～昭和63年5月5日　弁護士　大阪高検検事、日本公証人連合会副会長　→88/90

志保見 道雲　しほみ・どううん　～昭和59年5月9日　曹洞宗大本山・永平寺顧問　→83/87

島 郁生　しま・いくお　～昭和55年1月21日　大阪セメント取締役　→80/82

嶋 永太郎　しま・えいたろう　～昭和17年3月7日　陸軍中将　小倉市長　→昭和

島 覚治　しま・かくじ　～昭和61年9月28日　三協アルミ総務部長、輪島税務署長　→83/87

島 一男　しま・かずお　～平成14年12月10日　島伊兵衛薬品社長　→03/05s

島 喜久次　しま・きくじ　～昭和62年6月12日　武家屋敷跡野村家理事顧問　→83/87

島 清　しま・きよし　明治41年9月29日～平成9年5月15日　参院議員(社会党)、うるま新報社長　→97/99

志摩 清英　しま・きよひで　明治23年2月25日～昭和48年11月7日　海軍中将　→昭和

島 謹三　しま・きんぞう　昭和16年11月16日～平成3年12月19日　日本銀行金融研究所副所長　→91/93

島 敬　しま・けい　昭和2年～平成8年9月10日　日本板硝子常務　→94/96

志満 敬二　しま・けいじ　大正5年10月21日～平成7年2月21日　川崎工機社長、川崎重工業取締役　→94/96

島 桂次　しま・けいじ　昭和2年8月30日～平成8年6月23日　NHK会長　→94/96

島 恵三　しま・けいぞう　昭和10年5月10日～平成6年12月15日　ダイセル化学工業常務　→94/96

島 浩一郎　しま・こういちろう　明治45年1月9日～昭和60年5月5日　金陽社社長　→83/87

島 小太郎　しま・こたろう　〜昭和23年2月23日
　陸軍特務機関員　インドネシア独立の英雄　→昭和

島 幸男　しま・さちお　昭和4年12月12日〜昭和62年12月14日　シマセ代表取締役、しま幸陶器代表取締役　→83/87

島 茂雄　しま・しげお　明治38年8月29日〜平成5年12月4日　ソニー専務　→91/93

島 重信　しま・しげのぶ　明治40年9月9日〜平成5年11月21日　日本国際連合協会副会長、駐英大使　→91/93

島 庄寛　しま・しょうかん　〜平成14年12月14日
　ワシントン日系人会理事長　→00/02

島 史朗　しま・しろう　大正7年9月15日〜昭和61年10月10日　高速炉エンジニアリング社長、動力炉核燃料開発事業団理事　→83/87

嶋 甚作　しま・じんさく　明治35年12月10日〜昭和63年4月14日　嶋組代表取締役社長　→88/90

志摩 誠一　しま・せいいち　明治43年4月8日〜平成2年1月18日　徳島商工会議所会頭　→88/90

島 静太郎　しま・せいたろう　〜昭和58年11月14日
　茨木商工会議所専務理事　→83/87

島 壮　しま・そう　〜昭和58年5月25日
　鍋林常務　→83/87

島 保　しま・たもつ　〜昭和47年1月10日
　最高裁判事　→昭和

島 千広　しま・ちひろ　明治43年8月12日〜平成3年6月13日　豊田自動織機製作所　→91/93

島 恒男　しま・つねお　昭和2年10月18日〜平成20年8月24日　富士重工業取締役、第一鍛造社長　→06/08

嶋 恒一　しま・つねかず　大正6年11月11日〜昭和63年11月5日　大野城市議会議長　→88/90

島 定治郎　しま・ていじろう　明治10年3月5日〜昭和10年4月19日　実業家　日米板硝子社長、貴院議員（多額納税）　→昭和

志麻 時雄　しま・ときお　明治42年10月8日〜平成15年5月7日　僧侶　青山わらんべ会会長、妙楽寺住職　→03/05

島 徳蔵　しま・とくぞう　明治8年4月20日〜昭和13年11月3日　実業家　→昭和

島 俊治　しま・としはる　明治42年4月9日〜平成16年4月11日　日本電池常務　→03/05

志摩 虎夫　しま・とらお　明治43年9月5日〜平成11年12月8日　東洋運搬機常務　→00/02s

嶌 信正　しま・のぶまさ　〜平成10年7月6日
　東京モノレール取締役、国民政治協会常任監査役　→97/99

島 八郎　しま・はちろう　大正10年9月9日〜平成15年11月21日　ダイキン工業常務　→03/05

島 秀雄　しま・ひでお　明治34年5月20日〜平成10年3月18日　宇宙開発事業団理事長、国鉄技師長　→97/99

島 秀一　しま・ひでかず　〜平成13年8月15日
　弁護士　奈良弁護士会会長　→00/02

島 博　しま・ひろし　大正8年3月23日〜平成18年11月7日　金商又一社長、三菱商事常務　→06/08

嶋 文雄　しま・ふみお　大正12年3月27日〜平成16年5月3日　川崎製鉄取締役　→03/05

島 マス　しま・ます　明治33年〜昭和63年7月8日
　沖縄県更生保護婦人会会長　→88/90

島 宗弘　しま・むねひろ　昭和14年8月29日〜平成21年7月14日　鍋林社長　→09/11

島 祐吉　しま・ゆうきち　〜昭和38年10月12日
　海軍中将　→昭和

嶋 与三吉　しま・よさきち　〜昭和57年11月26日
　多度志町議会議長　→80/82

島 嘉穂　しま・よしほ　明治41年1月7日〜平成3年7月10日　神官　神社本庁長老　→91/93

島 芳朗　しま・よしろう　昭和2年3月7日〜平成9年10月13日　立山アルミニウム工業専務　→97/99

志摩 良一　しま・りょういち　大正8年1月5日〜平成9年11月3日　北海道開発問題研究調査会理事長　→97/99

島 良司　しま・りょうじ　〜昭和58年5月17日
　武智工務所名誉会長　→83/87

島 亮禅　しま・りょうぜん　〜昭和61年8月9日
　僧侶　養徳寺7世、観音寺3世　→83/87

島居 庄蔵　しまい・しょうぞう　〜昭和47年10月19日
　日本銀行理事　→昭和

島井 誠　しまい・まこと　大正14年7月13日〜平成19年6月18日　九州電気工事常務　→06/08

島内 義明　しまうち・よしあき　大正13年10月11日〜平成16年1月29日　日本無線専務　→03/05

島尾 義郎　しまお・よしろう　大正9年6月8日〜平成6年11月2日　丸紅常務　→94/96

島岡 勘治　しまおか・かんじ　明治45年5月14日〜平成12年2月4日　旭硝子常務　→00/02

島岡 静二郎　しまおか・せいじろう　〜昭和43年2月29日　東京都駐車場公社理事長　→昭和

島岡 信治郎　しまおか・のぶじろう　明治26年10月21日〜昭和60年7月21日　丸島水門製作所会長、島岡教育基金理事長　→83/87

嶋方 真司　しまかた・しんじ　大正7年8月2日〜平成10年7月9日　マックス専務　→97/99

島方 誠司　しまかた・せいじ　大正3年12月10日〜平成12年7月21日　セントラルリース専務　→00/02

島上 善五郎　しまがみ・ぜんごろう　明治36年12月16日〜平成13年1月2日　労働運動家　衆院議員（社会党）　→00/02

島川 勝二　しまかわ・かつじ　〜平成9年12月8日
　山本製作所社長　→97/99

島川 聖明　しまかわ・せいめい　大正10年10月25日〜平成9年9月9日　富士銀行専務　→97/99

島川 丈男　しまかわ・たけお　昭和6年3月〜平成15年4

嶋木 一郎　しまき・いちろう　明治45年3月12日〜平成8年3月24日　近畿日本ツーリスト専務　→94/96

島口 重次郎　しまぐち・じゅうじろう　明治45年1月15日〜昭和43年3月17日　社会運動家　全日農青森県連会長, 衆院議員　→昭和

島倉 健治　しまくら・けんじ　〜昭和62年3月8日　北日本新聞社編集局調査部副参事補　→83/87

島倉 康二　しまくら・こうじ　〜昭和55年10月16日　東京鳩居堂専務取締役　→80/82

島倉 彦幸　しまくら・ひこゆき　〜昭和62年5月20日　(株)洋品松屋会長　→83/87

島倉 正男　しまくら・まさお　大正6年1月7日〜昭和62年12月2日　富山銀行専務　→83/87

島崎 悦吉　しまさき・えつきち　明治29年10月23日〜平成6年3月17日　島崎観光開発社長, 九州ゴルフ連盟常務理事　→94/96

島崎 寛一郎　しまさき・かんいちろう　大正9年〜平成14年9月19日　太平洋証券副社長　→00/02

島崎 キク子　しまさき・きくこ　〜昭和56年7月8日　国際マーケティング協議会理事長　→80/82

島崎 謙吉　しまさき・けんきち　〜昭和59年1月25日　三井銀行取締役　→83/87

島崎 建二　しまさき・けんじ　昭和10年2月13日〜平成19年4月13日　中外製薬専務　→06/08

島崎 甚蔵　しまさき・じんぞう　〜昭和62年10月15日　志まさき呉服店代表取締役　→83/87

島崎 千里　しまさき・せんり　明治39年3月28日〜昭和56年12月26日　グリーンバレー理事長, 電通専務　→80/82

島崎 辰二　しまさき・たつじ　明治43年3月2日〜平成7年12月2日　わかもと製薬副社長　→94/96

島崎 保　しまさき・たもつ　昭和4年6月20日〜平成4年5月11日　京都会館サービスセンター代表理事　→91/93

島崎 統一　しまさき・とういつ　〜昭和6年8月14日　陸軍航空兵曹長　→昭和

島崎 敬夫　しまさき・としお　〜昭和50年6月29日　横浜ゴム会長　→昭和

島崎 信義　しまさき・のぶよし　〜平成2年1月9日　島崎鋳工所社長　→88/90

嶋崎 均　しまさき・ひとし　大正12年3月28日〜平成9年5月11日　参院議員(自民党), 法相　→97/99

島崎 光次　しまさき・みつじ　〜平成11年5月7日　東西哲学書院社長　→97/99

島崎 参六九　しまさき・みろく　大正14年8月9日〜平成2年4月9日　山形テレビ取締役　→88/90

嶋崎 讓　しまさき・ゆずる　大正14年1月21日〜平成23年10月26日　衆院議員(民主党), 九州大学法学部教授　→09/11

島崎 与志雄　しまさき・よしお　大正14年12月2日〜平成16年5月31日　中央魚類専務　→03/05

島崎 良夫　しまざき・よしお　大正15年3月9日〜平成18年1月20日　弁護士　富山県弁護士会会長, 富山県選挙管理委員長　→06/08

島崎 良雄　しまざき・よしお　大正7年9月27日〜昭和61年9月18日　島崎製作所会長　→83/87

嶋路 源蔵　しまじ・げんぞう　大正13年4月17日〜平成3年7月10日　井筒薬品社長, 京都薬品卸商組合理事長　→91/93

島地 大等　しまじ・だいとう　明治8年10月8日〜昭和2年7月4日　僧侶(浄土真宗本願寺派), 仏教学者　→昭和

島津 一郎　しまず・いちろう　明治40年7月25日〜平成8年4月4日　島津製作所専務　→94/96

島津 和雄　しまず・かずお　〜昭和59年7月16日　日経マグロウヒル販売監査役, 日本経済新聞社社友　→83/87

島津 邦夫　しまず・くにお　大正8年12月16日〜平成19年2月20日　全国信用保証協会連合会専務理事　→06/08

島津 源吉　しまず・げんきち　〜昭和36年3月10日　島津製作所社長　→昭和

島津 源蔵(2代目)　しまず・げんぞう　明治2年6月17日〜昭和26年10月3日　実業家, 発明家　島津製作所初代社長　→昭和(島津 源蔵)

嶋津 孝次　しまず・こうじ　〜昭和48年8月20日　ニチボー副社長　→昭和

島津 寿平　しまず・じゅへい　明治31年1月25日〜昭和13年1月28日　労働運動家　→昭和

島津 庄次　しまず・しょうじ　大正14年6月24日〜平成9年11月12日　山梨県議(自民党)　→97/99(しまず・しょうじ)

嶋津 正三　しまず・しょうぞう　大正3年2月10日〜平成21年3月26日　神官　熊野那智大社名誉宮司, 神社本庁長老　→09/11

島津 新一　しまず・しんいち　明治40年7月5日〜平成1年11月26日　島津製作所顧問　→88/90

島津 寿満子　しまず　すまこ　昭和2年2月17日　久邇宮妃殿下御生母　→昭和

島津 大介　しまず・だいすけ　大正2年9月27日〜平成13年12月19日　三菱電機専務　→00/02

島津 沢次郎　しまず・たくじろう　〜昭和55年12月23日　川崎重工取締役　→80/82

島津 忠重　しまず・ただしげ　明治19年10月20日〜昭和43年4月9日　公爵, 海軍少将　島津興業会会長　→昭和

島津 忠承　しまず・ただつぐ　明治36年5月19日〜平成2年8月26日　公爵　結核予防会会長, 日本赤十字社名誉社長, 貴院議員　→88/90

島津 忠彦　しまず・ただひこ　明治32年8月30日〜昭和55年5月12日　参院議員　→80/82

島津 忠秀　しまず・ただひで　明治45年3月27日〜平成8年7月9日　島津興業会長　島津家31代当主　→94/96

島津 忠丸　しまず・ただまる　～平成12年1月24日
　島津興業社長　→00/02

島津 常三郎　しまず・つねさぶろう　～昭和46年9月15日　島津製作所副社長　→昭和

島津 尚純　しまず・なおずみ　昭和20年1月1日～平成22年12月8日　衆院議員（民主党）　→09/11

島津 長丸　しまず・ながまる　明治4年9月18日～昭和2年2月1日　男爵　貴院議員　→昭和

島津 信夫　しまず・のぶお　～平成2年1月4日
　海軍少将　→88/90

島津 隼彦　しまず・はやひこ　明治12年8月～昭和11年6月5日　男爵　貴院議員　→昭和

島津 久子　しまず・ひさこ　明治31年8月8日～平成17年5月15日　日本更生保護女性連盟名誉会長　→03/05

島津 久大　しまず・ひさなが　明治39年5月24日～平成2年12月9日　駐カナダ大使、迎賓館長　→88/90

島津 恵　しまず・めぐみ　昭和4年2月2日～平成19年10月9日　ダイセル化学工業常務　→06/08

島津 幸家　しまず・ゆきいえ　大正4年8月17日～平成3年9月22日　日本電池取締役　→91/93

島津 洋二　しまず・ようじ　大正11年3月21日～平成8年1月19日　日本電子科学会長　→94/96

島津 庸輔　しまず・ようすけ　～昭和41年1月13日
　島津製作所会長　→昭和

島津 嘉孝　しまず・よしたか　～昭和45年10月2日
　日本法曹会長　→昭和

島津 嘉彦　しまず・よしひこ　昭和21年12月8日～平成23年7月16日　住友商事常務　→09/11

島津 稜威雄　しまず・りょういゆう　～昭和45年4月22日　日本文化財団相談役　→昭和

島居 辰次郎　しますえ・たつじろう　明治38年9月12日～平成9年10月4日　海上保安庁長官　→97/99

嶋瀬 伝　しませ・でん　～昭和61年3月29日
　江商専務　→83/87

島添 博央　しまぞえ・ひろおう　大正5年4月11日～昭和61年10月14日　沖電気工事社長、沖通信建設ソフトウェア社長、沖電気工業専務　→83/87

島田 叡　しまだ・あきら　明治34年12月25日～昭和20年6月　沖縄県知事　→昭和

島田 伊平次　しまだ・いへいじ　明治41年5月16日～平成10年11月30日　高島副社長　→97/99

島田 英一　しまだ・えいいち　明治35年9月29日～平成1年1月29日　日東紡績社長　→88/90

島田 英治　しまだ・えいじ　明治44年5月28日～平成8年3月14日　富山県商工会連合会長、富山県議（自民党）　→94/96

島田 栄二郎　しまだ・えいじろう　昭和10年10月21日～平成11年5月2日　全音楽譜出版社長　→97/99

島田 馨　しまだ・かおる　明治44年1月3日～平成19年4月19日　呉羽化学工業専務　→06/08

島田 薫　しまだ・かおる　明治43年11月3日～平成5年4月23日　新十津川町（北海道）町長、北海道議（自民党）　→91/93

島田 香苗　しまだ・かなえ　明治43年2月11日～昭和56年6月12日　帝人常務　→80/82

島田 規矩雄　しまだ・きくお　明治43年10月24日～昭和60年11月24日　小糸製作所副社長　→83/87

島田 菊僊　しまだ・きくせん　～昭和34年10月12日
　臨済宗南禅寺派管長　→昭和

島田 菊太郎　しまだ・きくたろう　～昭和58年10月7日
　東芝セラミックス社長　→83/87

嶋田 喜五郎　しまだ・きごろう　明治45年3月29日～昭和62年5月9日　電通副社長　→83/87

島田 喜三郎　しまだ・きさぶろう　～昭和57年8月19日　島田鉱産代表取締役社長、西日本古川電池販売会長　→80/82

島田 暉山　しまだ・きざん　大正7年7月8日～平成15年12月23日　益田市長、島根県議　→03/05

嶋田 久四郎　しまだ・きゅうしろう　明治27年12月12日～昭和59年4月16日　日本酒造会長、(財)樺太連盟顧問　→83/87

島田 久兵衛　しまだ・きゅうべえ　元治1年12月9日～昭和7年10月2日　実業家　島商店7代目店主　→昭和

島田 経一　しまだ・きょういち　慶応2年11月22日～昭和2年12月18日　志士　→昭和

島田 欣一郎　しまだ・きんいちろう　大正11年2月23日～平成17年12月28日　日本信託銀行社長　→03/05

島田 金二郎　しまだ・きんじろう　～昭和62年3月26日　島田商店社長、亘理町（宮城県）町議　→83/87

島田 群吉　しまだ・ぐんきち　～昭和63年8月8日
　塩野義製薬取締役　→88/90

島田 敬一　しまだ・けいいち　～昭和61年6月10日
　富山工業取締役会長、北陸興業取締役　→83/87

嶋田 敬夫　しまだ・けいお　～昭和60年10月1日
　嶋田電機社長、嶋田産業運輸グループ社長　→83/87

島田 賢一　しまだ・けんいち　明治43年5月24日～昭和53年2月20日　チッソ会長　→昭和

島田 航一　しまだ・こういち　～平成3年3月11日
　航空自衛隊航空総隊司令官　→91/93

島田 三郎　しまだ・さぶろう　～平成15年12月20日
　センコー常務　→03/05

島田 三太郎　しまだ・さんたろう　～昭和56年7月9日
　雪印ローリー取締役営業部長　→80/82

島田 繁一　しまだ・しげいち　明治41年3月20日～平成1年2月26日　雪印乳業取締役、大樹町（北海道）町長　→88/90

島田 誠夫　しまだ・しげお　昭和6年3月30日～昭和60年12月5日　殖産住宅相互常務取締役、元三井銀行池袋支店長　→83/87

島田 茂男　しまだ・しげお　昭和7年2月6日～平成11年8月13日　ジャパンタイムス取締役・編集局長　→97/99

島田 茂雄　しまだ・しげお　～昭和60年1月21日　通産省大臣官房付　→83/87

嶋田 繁太郎　しまだ・しげたろう　明治16年9月24日～昭和51年6月7日　海軍大将　海相　→昭和

嶋田 繁正　しまだ・しげまさ　大正6年7月25日～昭和56年1月27日　東京都議(社会党)　→80/82

島田 茂　しまだ・しげる　明治18年9月22日～昭和28年9月26日　大蔵官僚、銀行家　台湾銀行頭取　→昭和

嶋田 繁　しまだ・しげる　昭和6年1月27日～昭和63年3月19日　(資)南陽堂商店社長、全日本活字工業会九州支部支部長　→88/90

島田 静夫　しまだ・しずお　昭和12年3月11日～平成22年6月27日　大東証券専務　→09/11

島田 七郎右衛門　しまだ・しちろうえもん　明治16年1月～昭和37年7月25日　衆院議員(立憲政友会)　→昭和

島田 正一　しまだ・しょういち　大正2年4月18日～昭和60年4月6日　大阪商船三井船舶副社長、三井ライン興業社長　→83/87

嶋田 庄吉　しまだ・しょうきち　～平成3年3月6日　社会民主連合山梨県代表、山梨県議　→91/93

島田 四郎　しまだ・しろう　明治39年12月20日～平成14年8月17日　熊本日日新聞社長　→00/02

島田 真一　しまだ・しんいち　～昭和57年3月9日　日本中小企業政治連盟政策委員長　→80/82

嶋田 信吉　しまだ・しんきち　～昭和35年4月25日　東邦海運社長　→昭和

島田 晋作　しまだ・しんさく　明治34年1月6日～昭和25年6月20日　衆院議員(社会党)　→昭和

島田 信了　しまだ・しんりょう　大正3年6月20日～昭和57年7月11日　権大僧正　真言宗高野寺住職　→80/82

島田 勢喜　しまだ・せいき　大正9年11月8日～平成11年1月26日　西松建設常務　→97/99

島田 善吉　しまだ・ぜんきち　明治40年8月17日～平成5年4月30日　埼玉県議、島田木材建設会長　→91/93

嶋田 千寿　しまだ・せんじゅ　明治31年8月～昭和44年4月20日　参院議員(社会党)　→昭和(嶋田 千尋　しまだ・ちづ)

島田 宗心　しまだ・そうそう　～昭和55年1月23日　足尾鉱毒事件最後の生き証人　→80/82

島田 隆夫　しまだ・たかお　大正12年8月27日～平成22年1月24日　国鉄新幹線建設局長、鉄建建設副社長　→09/11

島田 隆志　しまだ・たかし　昭和11年9月25日～平成12年8月10日　日本鉱業協会副会長、通商産業省参事官　→00/02

嶋田 隆司　しまだ・たかし　平成15年1月18日～平成20年8月22日　丸文専務　→06/08

島田 孝治　しまだ・たかはる　～昭和55年9月30日　片山鉄工所会長　→80/82

嶋田 卓弥　しまだ・たかや　明治34年12月1日～昭和58年3月27日　蛇の目ミシン工業社長　→83/87

島田 琢郎　しまだ・たくろう　大正15年8月28日～平成18年10月9日　衆院議員(社会党)　→06/08

島田 武夫　しまだ・たけお　明治22年8月5日～昭和57年11月15日　弁護士　日弁連会長、日本大学名誉教授　→80/82

嶋田 武司　しまだ・たけし　大正15年10月12日～平成21年1月21日　西松建設専務　→09/11

嶋田 忠　しまだ・ただし　～平成3年4月17日　岩井産業(のち日商岩井)常務　→91/93

嶋田 忠　しまだ・ただし　明治41年8月31日～平成13年2月19日　大洋漁業専務　→00/02

島田 巽　しまだ・たつみ　明治38年1月25日～平成6年3月8日　人事院人事官、朝日新聞論説副主幹　→94/96

島田 保　しまだ・たもつ　～昭和60年12月5日　富山市役所市民部主幹　→83/87

島田 忠吉　しまだ・ちゅうきち　昭和5年4月18日～昭和63年3月1日　日本エタニットパイプ常務　→88/90

島田 勉　しまだ・つとむ　～昭和40年4月11日　松下精工会長、元大阪製造所社長　→昭和

島田 常之助　しまだ・つねのすけ　昭和3年3月19日～平成22年7月16日　島田工業社長　→09/11

島田 貞二　しまだ・ていじ　明治39年2月11日～昭和63年10月27日　全音楽譜出版社会長　→88/90

嶋田 轍之助　しまだ・てつのすけ　～平成4年7月27日　いかだ師　第5福竜丸の保存に尽力　→91/93

島田 てる　しまだ・てる　～平成14年12月4日　甲子園ホテル夕立荘女将　NHK朝の連続テレビ小説「純ちゃんの応援歌」のモデルの一人　→00/02

島田 昭秋　しまだ・てるあき　～昭和62年8月15日　誠文堂新光社編集局長　→83/87

島田 輝雄　しまだ・てるお　大正3年8月29日～平成3年1月14日　高砂熱学工業会長、高輪学園名誉理事長　→91/93

島田 藤五郎　しまだ・とうごろう　明治34年～昭和39年1月24日　栃木県議会議長　→昭和

島田 得一　しまだ・とくいち　大正2年5月30日～平成22年7月7日　菖蒲町(埼玉県)町長、埼玉県農協中央会会長　→09/11

島田 俊雄　しまだ・としお　明治10年6月18日～昭和22年12月21日　政治家　衆院議長、農相、立憲政友会幹事長　→昭和

島田 敏夫　しまだ・としお　～昭和48年5月13日　日本板硝子専務　→昭和

嶋田 豊一　しまだ・とよいち　～昭和56年1月29日　島田製作所会長　→80/82

島田 登　しまだ・のぼる　～昭和62年3月31日

(株)工藤商店専務取締役　→83/87

島田　登美　しまだ・のりよし　明治34年11月24日〜平成14年11月16日　三越専務　→00/02

島田　春樹　しまだ・はるき　大正14年6月14日〜平成14年10月10日　特許庁長官,中小企業事業団理事長　→00/02

島田　久　しまだ・ひさし　昭和10年3月21日〜平成22年6月14日　衆院議員(民主党)　→09/11

島田　秀夫　しまだ・ひでお　大正4年6月27日〜平成17年11月3日　三菱重工業副社長,日本サッカー協会7代会長　→03/05

島田　秀三　しまだ・ひでぞう　大正6年10月4日〜昭和60年1月7日　東芝セラミックス常務　→83/87

島田　仁志　しまだ・ひとし　大正12年〜平成17年8月2日　ユニチカ常務　→03/05

島田　宏　しまだ・ひろし　昭和15年2月1日〜平成5年9月5日　日本合成ゴム取締役　→91/93

島田　博　しまだ・ひろし　昭和8年2月6日〜平成10年2月28日　鴻巣市長,埼玉県議　→97/99

嶋田　宏　しまだ・ひろし　〜昭和46年5月7日　中労委委員　→昭和

島田　弘道　しまだ・ひろみち　大正12年8月9日〜平成5年8月16日　明治製菓取締役　→91/93

島田　博道　しまだ・ひろみち　〜昭和49年3月24日　福井市長　→昭和

島田　博充　しまだ・ひろみつ　昭和7年10月20日〜平成16年12月21日　ナブコ常務　→03/05

島田　兵蔵　しまだ・へいぞう　〜昭和42年11月28日　中国電力相談役　→昭和

島田　孫市　しまだ・まごいち　文久2年5月5日〜昭和2年1月19日　実業家,ガラス技術者　東洋ガラス創業者　→昭和

島田　正雄　しまだ・まさお　大正10年7月12日〜平成1年3月23日　弁護士　→88/90

島田　正雄　しまだ・まさお　大正8年10月15日〜平成8年3月17日　ゲイバーやなぎママ　→94/96

島田　正治　しまだ・まさじ　大正11年2月10日〜平成3年11月28日　テーオーシー監査役　→91/93

島田　正純　しまだ・まさずみ　明治38年8月18日〜昭和63年2月13日　弁護士　日弁連事務理事　→88/90

島田　勝治　しまだ・まさはる　明治37年9月15日〜平成14年12月10日　日本製靴会長,日本靴製造団体連合会会長　→00/02

島田　松一　しまだ・まついち　明治40年7月12日〜平成2年5月17日　島田建設工業会長　→88/90

島田　衛　しまだ・まもる　明治44年3月8日〜平成4年11月21日　アブダビ石油専務　→91/93

島田　万次郎　しまだ・まんじろう　明治31年4月15日〜昭和52年8月9日　印刷機械発明・製作者　→昭和

島田　美須恵　しまだ・みすえ　大正5年9月30日〜平成3年11月2日　僧侶,歌人　→91/93

島田　道雄　しまだ・みちお　昭和7年1月25日〜平成7年8月29日　千代田化工建設副社長　→94/96

島田　光男　しまだ・みつお　昭和6年5月29日〜平成18年11月6日　千葉県議(自民党)　→06/08

島田　稔　しまだ・みのる　昭和9年11月21日〜平成1年6月2日　島田電気商会社長,福岡市電設協力会会長　→88/90

島田　元義　しまだ・もとよし　大正7年12月8日〜平成18年1月19日　菱洋エレクトロ会長　→06/08

島田　盛雄　しまだ・もりお　〜昭和37年12月8日　三井信託社長　→昭和

島田　安夫　しまだ・やすお　大正9年2月10日〜昭和59年4月11日　衆院議員(自民党)　→83/87

島田　保之助　しまだ・やすのすけ　安政5年10月〜平成2年2月21日　衆院議員　→昭和

島田　保平　しまだ・やすへい　〜昭和63年10月31日　島田組社長,立山土石社長　→88/90

島田　安正　しまだ・やすまさ　大正14年1月17日〜昭和62年9月14日　宮地鉄工所常務　→83/87

嶋田　幸男　しまだ・ゆきお　〜平成22年7月19日　富山市議,北日本民謡舞踊連合会理事長　→09/11

島田　幸光　しまだ・ゆきてる　大正8年7月3日〜平成17年7月28日　中国電力常務　→03/05

島田　幸保　しまだ・ゆきやす　〜昭和62年1月30日　富山県信用保証協会常任監事,富山県警警友会大沢野支部長　→83/87

島田　喜昭　しまだ・よしあき　〜平成12年11月11日　高山市会議長　→00/02

島田　芳雄　しまだ・よしお　大正10年5月14日〜平成7年9月27日　島根県議(自民党)　→94/96

島田　良彦　しまだ・よしひこ　大正8年11月5日〜平成6年9月15日　住友重機械工業常務　→94/96

島田　喜仁　しまだ・よしひと　大正2年1月2日〜平成8年12月11日　石油公団総裁,通商産業省企業局長　→94/96

島田　吉之　しまだ・よしゆき　大正15年3月26日〜平成3年7月14日　北海道日ソ親善協会常務理事・事務局長　→91/93

嶋田　米太郎　しまだ・よねたろう　大正10年1月8日〜平成21年2月6日　ヤクルト本社常務　→09/11

島田　弥　しまだ・わたる　昭和6年2月6日〜平成7年2月19日　北芝商事社長　→94/96

島谷　茂雄　しまたに・しげお　〜昭和56年1月14日　馬場大光商船会長　→80/82

嶋谷　武次　しまたに・たけじ　〜昭和17年6月21日　嶋谷汽船会長　→昭和

島谷　敏男　しまたに・としお　大正15年7月11日〜平成63年8月9日　徳島県会議長(自民党),島谷建設会長　→88/90

縞谷　博士　しまたに・ひろし　昭和26年2月4日〜平成23

I 政治・経済・社会篇　　　　　　　　　　　　　　　しまむら

年4月10日　もみじ銀行常務　→09/11

島谷 六郎　しまたに・ろくろう　大正9年1月24日～平成18年11月21日　弁護士　最高裁判事　→06/08

嶋中 雅子　しまなか・まさこ　大正13年11月27日～平成16年8月18日　中央公論社社長　→03/05

島中 雄三　しまなか・ゆうぞう　明治14年2月18日～昭和15年9月16日　社会運動家,ジャーナリスト,評論家　→昭和

島野 一郎　しまの・いちろう　～平成3年1月19日　東京医療生活協同組合理事長　→91/93

島野 喜之衛　しまの・きのえ　～平成1年1月11日　熊谷市議会議長　→88/90

島野 清　しまの・きよし　～昭和46年9月7日　日本製粉専務　→昭和

島野 敬三　しまの・けいぞう　昭和7年5月5日～平成7年1月7日　シマノ社長　→94/96

島野 三郎　しまの・さぶろう　昭和9年4月5日～平成18年1月17日　ウチダエスコ社長　→06/08

島野 俊　しまの・しゅん　明治45年5月3日～平成6年12月2日　東芝取締役,東芝セラミックス社長　→94/96

島野 尚三　しまの・しょうぞう　平成3年1月3日～平成14年6月15日　島野工業社長　→00/02

島野 信一　しまの・しんいち　大正5年9月17日～平成4年7月25日　武田薬品工業常務　→91/93

島野 威雄　しまの・たけお　昭和8年8月20日～平成7年1月17日　毎栄大阪支店長　→94/96

島野 武　しまの・たけし　明治38年9月20日～昭和59年11月6日　弁護士　仙台市長,東北市長会長　→83/87

島野 初子　しまの・はつこ　明治28年11月9日～昭和60年8月8日　婦人解放運動家,教育者　(学)館山白百合学園名誉園長　→83/87

島野 広　しまの・ひろし　～平成2年9月17日　三井鉱山常任監査役　→88/90

島野 安治　しまの・やすじ　～昭和56年2月18日　リズム時計工業取締役　→80/82

島内 茂夫　しまのうち・しげお　～平成11年1月13日　はるやま商事専務　→97/99

島内 龍起　しまのうち・たつおき　明治39年1月1日～平成3年12月23日　弁護士　極東軍事裁判主任弁護人　→91/93

島内 敏郎　しまのうち・としろう　明治42年～平成11年6月4日　駐ノルウェー大使　→97/99

島原 輝夫　しまはら・てるお　昭和6年5月11日～平成12年11月13日　海上保安庁第一管区海上保安本部長　→00/02

嶋袋 浩　しまぶくろ・ひろし　昭和8年8月13日～平成23年12月9日　琉球新報常務編集局長,ラジオ沖縄社長　→09/11

嶋道 朔郎　しまみち・さくろう　明治39年12月6日～平成3年9月18日　大林組副社長　→91/93

島村 浅夫　しまむら・あさお　文久2年5月13日～昭和6年7月7日　実業家　→昭和

島村 一郎　しまむら・いちろう　明治27年9月7日～昭和52年2月1日　政治家　衆院議員(自民党)　→昭和

島村 英次郎　しまむら・えいじろう　～昭和14年9月18日　陸軍少将　→昭和

島村 亀鶴　しまむら・きかく　明治33年12月25日～平成5年4月27日　牧師　明治学院大学理事長・学院長　→91/93

島村 軍次　しまむら・ぐんじ　明治28年4月6日～昭和61年8月30日　参院議員　→83/87

島村 計治　しまむら・けいじ　～昭和61年3月14日　新居浜市長,住友化学工業常務　→83/87

島村 耕一　しまむら・こういち　～平成3年11月13日　若築建設取締役　→91/93

島村 定吉　しまむら・さだきち　明治35年3月23日～平成4年9月5日　丸正社長　→91/93

島村 治作　しまむら・じさく　昭和6年9月15日～平成23年11月10日　島村工業社長　→09/11

島村 俊一　しまむら・しゅんいち　明治15年8月18日～平成21年7月15日　瀬戸内市長　→09/11

島村 湘一郎　しまむら・しょういちろう　昭和2年3月2日～平成19年9月25日　三菱信託銀行取締役,一成証券社長　→06/08

島村 清馬　しまむら・せいま　～昭和32年7月28日　旭化成監査役　→昭和

島村 善次郎　しまむら・ぜんじろう　～昭和61年11月25日　バンドー化学常務　→83/87

島村 武久　しまむら・たけひさ　大正3年4月12日～平成8年10月5日　古河電気工業副社長,原子力委員会委員　→94/96

島村 他三郎　しまむら・たさぶろう　～昭和17年8月4日　行政裁判所部長　→昭和

島村 俊　しまむら・とし　～昭和60年1月23日　江戸川区(東京都)区議　→83/87

島村 俊雄　しまむら・としお　大正14年5月25日～平成1年11月20日　昭和産業監査役,三菱化成理事　→88/90

嶋村 信男　しまむら・のぶお　大正6年12月15日～平成21年3月19日　南海電気鉄道副社長　→09/11

島村 矩生　しまむら・のりお　昭和8年7月30日～平成20年4月5日　NHK米国総局長　→06/08

島村 晴夫　しまむら・はるお　大正3年2月15日～平成1年6月4日　日本石油精製社長,石油学会長,石油連盟会長　→88/90

島村 福蔵　しまむら・ふくぞう　～平成4年8月6日　墨田区会議員　→91/93

島村 平市郎　しまむら・へいいちろう　大正3年6月29日～平成21年6月18日　越谷市長　→09/11

島村 道康　しまむら・みちやす　明治44年4月28日～平成1年2月19日　日本ゼオン社長,第一銀行(のち第一勧業

銀行）常務　→88/90

島村 寧　しまむら・やすし　昭和10年1月19日～平成9年5月28日　センコー社長　→97/99

島村 芳三　しまむら・よしぞう　～昭和33年12月24日　紙パルプ連合会会長　→昭和

島村 義信　しまむら・よしのぶ　～平成7年6月24日　日本通運常務，興亜火災海上保険常務，電気興業常務　→94/96

島本 昭　しまもと・あきら　昭和4年～平成3年8月24日　新東京ホテル社長　→91/93

島本 要　しまもと・かなめ　昭和6年10月31日～平成14年8月31日　カトリック大司教　長崎大司教区大司教，日本カトリック司教協議会会長　→00/02

島本 喜内　しまもと・きない　大正13年6月27日～昭和60年8月12日　オリエント測器レンタル社長，元オリエント・リース常務　→83/87

嶋本 憲一　しまもと・けんいち　大正7年9月10日～平成5年2月24日　群馬銀行常務　→91/93

島本 参之助　しまもと・さんのすけ　大正3年3月31日～平成4年2月20日　川崎重工業顧問，石原造船所社長　→91/93

島本 隆次　しまもと・たかつぐ　大正6年7月20日～平成21年9月23日　久保田鉄工専務　→09/11

嶋本 照夫　しまもと・てるお　昭和3年5月～平成21年10月30日　新東京空港事務所所長　→09/11

島本 融　しまもと・とおる　明治37年1月31日～昭和51年5月5日　北海道銀行初代頭取　→昭和

島本 虎三　しまもと・とらぞう　大正3年6月20日～平成1年11月10日　仁木町（北海道）町長，衆院議員（社会党）→80/90

島本 正一　しまもと・まさいち　明治20年11月16日～昭和42年4月7日　陸軍中将　→昭和（しまもと・しょういち）

島本 裕二　しまもと・ゆうじ　大正1年11月6日～昭和62年1月16日　日産自動車取締役，横浜輸送社長　→83/87

島本 礼一　しまもと・れいいち　昭和2年9月13日～平成5年3月27日　（株）日本総合研究所理事長，日本輸出入銀行副総裁　→91/93

島谷 慶一郎　しまや・けいいちろう　大正12年9月30日～平成10年3月23日　市川毛織社長　→97/99

嶋谷 長次郎　しまや・ちょうじろう　～昭和57年5月8日　広尾町議会議長　→80/82

島谷 秀雄　しまや・ひでお　大正8年7月9日～平成19年11月6日　沢藤電機専務　→06/08

島屋 正秋　しまや・まさあき　大正1年10月10日～平成7年1月30日　クレオ会長，志村化工副社長　→94/96

島脇 正太郎　しまわき・しょうたろう　大正12年8月28日～平成20年3月2日　中央魚類副社長　→06/08

自見 清次　じみ・せいじ　大正2年11月1日～平成9年7月7日　愛知機械工業専務　→97/99

自見 博　じみ・ひろし　明治44年12月5日～昭和60年1月16日　東亜紡織常務　→83/87

清水 昂　しみず・あきら　昭和8年1月2日～平成3年12月2日　中央物産副社長，三井銀行（のち太陽神戸三井銀行）取締役，ソニー取締役　→91/93

清水 彰　しみず・あきら　昭和9年3月9日～平成10年12月7日　新家工業常務　→97/99

清水 昭　しみず・あきら　大正13年4月5日～昭和63年3月29日　太平洋テレビ社長，クラブ「あぽろん」経営　→88/90

清水 明　しみず・あきら　明治34年1月5日～昭和61年1月2日　日本生命常務，星ט住宅社長　→83/87

清水 温　しみず・あつし　大正12年6月1日～平成1年2月7日　読売新聞社社友，広告局参与　→88/90

清水 篤　しみず・あつし　昭和6年10月16日～平成10年1月14日　三井東圧化学（のち三井化学）副社長　→97/99

清水 勇　しみず・いさむ　大正14年10月16日～平成22年1月14日　衆院議員（社会党）→09/11

清水 石松　しみず・いしまつ　明治30年8月20日～昭和53年4月16日　労働運動家　→昭和

清水 泉　しみず・いずみ　大正12年3月16日～平成9年1月29日　高知銀行会長　→97/99

志水 一郎　しみず・いちろう　～昭和58年11月9日　安田火災海上保険検査役　→83/87

清水 一郎　しみず・いちろう　～昭和14年6月2日　宮城控訴院長　→昭和

清水 一郎　しみず・いちろう　大正4年9月23日～昭和62年3月1日　土地興業専務　→83/87

清水 一郎　しみず・いちろう　大正7年9月4日～平成3年6月12日　群馬県知事　→91/93

清水 一郎　しみず・いちろう　昭和7年9月7日～平成4年8月22日　第一中央汽船専務，大阪商船三井船舶常務　→91/93

清水 壱良　しみず・いちろう　明治41年2月29日～平成1年4月16日　三重研醸社長，紀乃国屋本家醸造社長　→88/90

清水 逸平　しみず・いっぺい　明治28年11月5日～昭和58年2月16日　衆院議員（民主自由党），入間川ゴム会長　→83/87

清水 岩雄　しみず・いわお　～昭和61年11月12日　佐久市立図書館長　→83/87

清水 岩蔵　しみず・いわぞう　～昭和62年11月10日　日本石油化学常務，昭永化学工業会長　→83/87

清水 英司　しみず・えいじ　昭和10年10月18日～平成15年6月30日　TOTO専務　→03/05

清水 英二　しみず・えいじ　明治37年8月3日～昭和57年12月20日　タクマ相談役・元社長　→80/82

志水 修　しみず・おさむ　大正12年2月8日～平成23年12月23日　三井東圧化学専務　→09/11

清水 修　しみず・おさむ　昭和6年2月22日～平成14年2月6日　宮崎銀行常務　→00/02

I 政治・経済・社会篇　　　　　　　　　　　　　　　　　　　　　　　　　　しみす

清水 織太郎　しみず・おりたろう　明治27年7月14日～昭和63年4月25日　葵紡織社長　→88/90

清水 可一　しみず・かいち　昭和6年1月7日～平成21年5月2日　東急建設副社長　→09/11

清水 和家　しみず・かずいえ　昭和5年11月9日～平成4年3月28日　三井石油開発常務　→91/93

清水 一雄　しみず・かずお　～昭和56年9月14日　全国興業環境衛生同業組合連合会理事　→80/82

清水 和男　しみず・かずお　昭和2年3月16日～平成12年11月13日　上組専務　→00/02

清水 和夫　しみず・かずお　昭和8年5月25日～平成11年5月13日　東京テアトル常務　→97/99

清水 一史　しみず・かずし　昭和28年12月18日～平成16年8月27日　弁護士、旭川弁護士会会長　→03/05

清水 和茂　しみず・かずしげ　昭和6年5月10日～平成3年4月19日　ウベアメリカ社長　→91/93

清水 一徳　しみず・かずのり　昭和14年12月17日　内務省勅任技師　→昭和

清水 和英　しみず・かずひで　大正14年6月25日～平成1年6月16日　関工第一企業社長,関電工群馬支店長　→88/90

清水 喜久夫　しみず・きくお　大正15年5月21日～昭和61年8月27日　鐘紡常務　→83/87

清水 菊一　しみず・きくかず　大正2年10月9日～平成19年5月11日　丸善石油専務　→06/08

清水 喜三郎　しみず・きさぶろう　明治36年～平成12年4月12日　三菱レイヨン社長　→00/02

清水 喜十郎　しみず・きじゅうろう　明治12年3月～昭和7年　実業家　→昭和

清水 公明　しみず・きみあき　昭和2年～平成15年1月24日　オリンパス光学工業常務　→03/05

清水 清秋　しみず・きよあき　明治43年8月22日～平成7年7月15日　東京テアトル社長　→94/96

清水 潔　しみず・きよし　明治43年12月11日～昭和58年9月17日　島津製作所取締役　→83/87

清水 澄　しみず・きよし　大正8年3月26日～昭和61年3月18日　横浜ヨット社長,元日本鋼管常務　→83/87

清水 清　しみず・きよし　～昭和7年1月27日　野戦重砲兵第六聯隊附歩兵少佐　→昭和

清水 清　しみず・きよし　～昭和58年8月17日　日本金属通信社代表取締役　→83/87

清水 喜代美　しみず・きよみ　～昭和13年10月1日　陸軍少将　→昭和

清水 欽一　しみず・きんいち　～平成3年5月23日　山梨県出納長　→91/93

清水 金次郎　しみず・きんじろう　～昭和43年5月14日　三井倉庫専務　→昭和

清水 金蔵　しみず・きんぞう　～昭和62年8月11日　多摩日経会会長,日経新聞吉祥寺専売所長　→83/87

清水 銀蔵　しみず・ぎんぞう　明治12年1月～昭和12年4月20日　衆院議員(政友会)　→昭和

清水 恵三　しみず・けいぞう　昭和6年1月4日～昭和62年2月25日　牧師　日本基督教団三鷹教会牧師,農村伝道神学校教授　→83/87

清水 恵蔵　しみず・けいぞう　明治44年12月20日～平成5年6月3日　横浜市助役　→91/93

清水 圭太郎　しみず・けいたろう　～昭和60年11月18日　全国開拓農協連会長,全国酪農協連副会長　→83/87

清水 謙　しみず・けん　明治37年10月5日～平成4年12月30日　東京日産自動車販売常務　→91/93

清水 賢一郎　しみず・けんいちろう　～昭和19年8月21日　日本銀行副総裁　→昭和

清水 健次　しみず・けんじ　～平成9年2月23日　丸物百貨店常務　→97/99

清水 健次　しみず・けんじ　～平成16年10月9日　北海道議　→03/05

清水 賢治　しみず・けんじ　～昭和47年12月12日　鉄道弘済会理事　→昭和

清水 源二　しみず・げんじ　～平成11年8月6日　富山化学工業専務　→97/99

清水 堅次郎　しみず・けんじろう　大正11年7月1日～昭和61年10月13日　埼玉県医師会理事,埼玉県副議長,日本歯科大教授　→83/87

清水 源長　しみず・げんちょう　明治41年3月27日～平成1年5月20日　三井建取締役　→88/90

志水 小一郎　しみず・こいちろう　嘉永7年2月22日～昭和7年7月20日　陸軍省法務局長,貴院議員(勅選)　→昭和

清水 洪　しみず・こう　～昭和56年7月30日　真宗大谷派元宗議会議長　→80/82

清水 浩　しみず・こう　～平成4年5月6日　東京証券取引所常務理事,平和不動産取締役　→91/93

清水 幸一　しみず・こういち　～昭和48年7月4日　帝国ピストンリング専務　→昭和

清水 孝吉　しみず・こうきち　～平成9年8月3日　太道相互銀行(のち中京銀行)常務　→97/99

清水 公照　しみず・こうしょう　明治44年1月3日～平成11年5月6日　僧侶　東大寺長老,華厳宗管長　→97/99

清水 孝四郎　しみず・こうしろう　明治44年10月11日～昭和63年6月18日　浅野スレート相談役・元社長　→88/90

清水 孝蔵　しみず・こうぞう　～昭和12年10月18日　大審院判事　→昭和

清水 行之助　しみず・こうのすけ　明治28年1月24日～昭和56年6月22日　国家主義者　東京都競馬取締役相談役　→80/82

清水 康平　しみず・こうへい　明治39年5月10日～平成8年4月10日　文部省体育局長　→94/96

清水 公庸　しみず・こうよう　〜平成17年10月6日
僧侶　東大寺塔頭宝厳院住職,東大寺執事・図書館長　→03/05

清水 貞好　しみず・さだよし　昭和13年8月24日〜平成13年11月17日　ニッパツ常務　→00/02

清水 哲　しみず・さとし　〜平成17年5月30日
一茶記念館館長　→03/05

清水 三朗　しみず・さぶろう　明治43年2月24日〜平成20年1月3日　新明和工業専務　→06/08

清水 重夫　しみず・しげお　明治27年1月8日〜昭和57年10月13日　和歌山県知事,三重県知事　→80/82

清水 茂樹　しみず・しげき　〜昭和57年1月27日
大同興業会長,元大同特殊鋼専務　→80/82

清水 重子　しみず・しげこ　〜平成6年1月
カウンセラー　→94/96

清水 重幸　しみず・しげゆき　大正11年8月19日〜平成11年1月3日　長野県議(県政会)　→97/99

清水 治作　しみず・じさく　〜昭和38年10月30日
横浜市議会議長　→昭和

清水 静彦　しみず・しずひこ　〜昭和56年1月31日
日本紙パルプ商事常任監査役　→80/82

清水 秀澄　しみず・しゅうちょう　大正2年12月22日〜平成12年2月27日　僧侶　中尊寺一老　→00/02

清水 順治　しみず・じゅんじ　昭和28年8月28日〜
NHK理事　→昭和

清水 正次　しみず・しょうじ　〜平成2年7月22日
清水工業社長,北海道日産社長　→88/90

清水 昇三　しみず・しょうぞう　昭和5年10月26日〜平成2年10月3日　日本団体生命保険取締役　→88/90

清水 昇三　しみず・しょうぞう　大正7年3月30日〜平成20年6月19日　三菱重工業副社長　→06/08

清水 昌三　しみず・しょうぞう　大正14年12月17日〜昭和62年12月11日　弁護士　千葉商科大学教授,司法研修所教官　→83/87

清水 正造　しみず・しょうぞう　昭和3年2月11日〜平成23年11月28日　日本電気副社長　→09/11

清水 昭八　しみず・しょうはち　昭和8年10月8日〜平成21年4月30日　未来工業会長　→09/11

清水 荘平　しみず・しょうへい　〜昭和45年12月11日
北辰電機会長　→昭和

志水 志郎　しみず・しろう　〜昭和48年6月14日
駐マダガスカル大使　→昭和

清水 史郎　しみず・しろう　大正5年2月27日〜平成2年12月25日　(株)メガネの和光会長,愛知県眼鏡商業協同組合名誉理事　→88/90

清水 四郎　しみず・しろう　明治40年12月4日〜平成1年4月11日　三菱重工業常務　→88/90

清水 治郎　しみず・じろう　昭和6年11月7日〜平成5年2月6日　神戸新聞取締役,サンテレビジョン専務　→91/93

清水 治郎　しみず・じろう　大正11年9月10日〜平成10年9月27日　大都魚類常務　→97/99

清水 二郎　しみず・じろう　〜昭和58年1月30日
清水合金製作所会長　→83/87

清水 二郎　しみず・じろう　〜平成7年1月18日
東宮侍従,恵泉女学園園長　→94/96

清水 新二　しみず・しんじ　明治39年11月15日〜昭和61年1月28日　立川会長　→83/87

清水 真澄　しみず・しんちょう　明治45年〜平成11年2月6日　僧侶　真正極楽寺(天台宗)真如堂貫主　→97/99

清水 新平　しみず・しんぺい　明治33年4月28日〜昭和57年6月24日　極東貿易(株)代表取締役会長　→80/82

清水 新平　しみず・しんぺい　明治39年7月8日〜平成8年10月29日　八幡浜市長　→94/96

清水 末雄　しみず・すえお　明治38年12月30日〜平成5年6月21日　神奈川新聞社長　→91/93

清水 漸　しみず・すすむ　明治42年12月8日〜平成4年5月31日　長野県会議長　→91/93

清水 誠一　しみず・せいいち　大正2年6月18日〜平成11年6月20日　新潟放送社長　→97/99

清水 清助　しみず・せいすけ　明治40年11月24日〜平成2年8月22日　清水印刷紙工(株)会長　→88/90

清水 善一　しみず・ぜんいち　昭和8年11月5日〜平成9年5月10日　シミズ社長,愛知県産業廃棄物協会会長　→97/99

清水 善五郎　しみず・ぜんごろう　明治39年3月31日〜昭和59年1月14日　テレビ岩手最高顧問・元会長　→83/87

清水 千波　しみず・せんば　明治41年4月14日〜昭和62年10月23日　フェリー・パイロット　→83/87

清水 大三郎　しみず・だいざぶろう　昭和3年12月1日〜平成9年9月28日　産経新聞常務　→97/99

清水 大真　しみず・だいしん　昭和56年10月13日
天台宗権大僧正,三徳山三仏寺・同皆成院住職　→80/82

清水 孝　しみず・たかし　明治45年7月14日〜平成5年10月12日　大都工業常務　→91/93

清水 孝　しみず・たかし　昭和16年1月25日〜平成18年1月29日　商社マン　→06/08

清水 鷹治　しみず・たかじ　〜昭和57年7月15日
新三菱重工副社長　→80/82

清水 隆次　しみず・たかじ　〜平成6年6月8日
湯浅金物(のちユアサ商事)常務　→94/96

清水 孝親　しみず・たかみ　明治41年10月17日〜平成5年7月3日　松本ガス会長　→91/93

清水 他喜三郎　しみず・たきさぶろう　昭和6年6月15日〜平成17年10月12日　呉羽化学工業常務　→03/05

清水 卓爾　しみず・たくじ　大正13年8月3日〜平成1年6月28日　日祥社長,チッソ常務　→88/90

清水 健夫　しみず・たけお　大正15年3月30日〜平成18年3月23日　神戸電鉄専務　→06/08

しみす

清水 武夫　しみず・たけお　明治33年9月～昭和22年11月22日　参院議員(社会党)　→昭和

清水 武雄　しみず・たけお　大正14年2月13日～平成15年1月24日　清水屋社主相談役　→03/05

清水 武吉　しみず・たけきち　明治35年10月29日～昭和63年10月3日　伊藤万常務,滝本社長　→88/90

清水 健　しみず・たけし　大正11年5月19日～平成21年2月11日　三井信託銀行専務　→09/11

清水 武　しみず・たけし　昭和9年9月8日～平成10年2月5日　協和紙商事社長,中部紙連合会副会長　→97/99

清水 武　しみず・たけし　昭和6年12月19日～平成20年9月8日　名古屋市教育長　→06/08

清水 威知　しみず・たけとも　昭和2年8月9日～平成7年8月10日　鈴与シンワート専務　→94/96

清水 忠夫　しみず・ただお　大正14年7月17日～平成16年10月31日　大山町(富山県)町長　→03/05

清水 忠雄　しみず・ただお　明治41年11月12日～昭和58年3月18日　日本道路会長　→83/87

志水 直　しみず・ただし　嘉永2年4月21日～昭和2年4月26日　名古屋市長,衆院議員(政友会)　→昭和

清水 忠　しみず・ただし　昭和3年1月25日～平成7年8月20日　トーメン専務　→94/96

清水 忠能　しみず・ただよし　～平成14年6月1日　日産ディーゼル販売(のち日産ディーゼル工業)常務　→00/02

志水 達夫　しみず・たつお　大正12年2月25日～平成18年5月16日　丸善石油常務　→06/08

清水 達夫　しみず・たつお　～平成12年3月23日　日ソ協会(のち日本ユーラシア協会)理事長,ソ連帰還者生活擁護同盟委員長　→00/02

清水 達雄　しみず・たつお　昭和9年5月21日～平成23年6月6日　参院議員(自民党),国土事務次官　→09/11

清水 達造　しみず・たつぞう　～昭和63年3月28日　清水興業会長　→88/90

清水 辰三　しみず・たつぞう　昭和3年～昭和61年8月21日　岐阜車体工業取締役生産管理部長　→83/87

清水 瑞一郎　しみず・たまいちろう　明治34年10月18日～平成8年4月10日　東洋運搬機会長　→94/96

清水 保　しみず・たもつ　～昭和60年9月30日　富山相互銀行監査役,富山ファイナンス取締役社長　→83/87

清水 太郎　しみず・たろう　～昭和56年1月31日　東亜紡織常務　→80/82

清水 務　しみず・つとむ　昭和7年12月11日～平成20年10月7日　小田急電鉄専務,小田急百貨店社長　→06/08

清水 恒勇　しみず・つねお　昭和3年1月28日～平成20年6月26日　日本車輌製造常務　→06/08

清水 毅　しみず・つよし　明治23年8月10日～昭和48年9月4日　弁護士　東京鋼鉄社長　→昭和

清水 剛　しみず・つよし　～昭和57年11月8日　松下冷機副社長,若山精密機械工業社長　→80/82

清水 釘吉　しみず・ていきち　慶応3年11月10日～昭和23年9月7日　清水組社長　→昭和

清水 鉄三郎　しみず・てつさぶろう　昭和4年4月18日～平成7年4月10日　滋賀県議(自民党)・副議長　→94/96

清水 照男　しみず・てるお　～平成5年11月18日　品川区長　→91/93

清水 照夫　しみず・てるお　～昭和32年12月19日　日立セメント専務　→昭和

清水 照子　しみず・てるこ　明治43年～平成13年12月9日　福祉事業家　愛愛院長　→00/02

清水 輝隆　しみず・てるたか　大正8年12月31日～平成4年3月16日　アスク専務　→91/93

清水 照久　しみず・てるひさ　大正14年12月10日～昭和62年2月22日　富士電機社長　→83/87

清水 藤左衛門　しみず・とうざえもん　～昭和27年12月26日　熊谷市議長　→昭和

清水 陶治　しみず・とうじ　昭和4年9月25日～平成18年3月26日　東宝不動産社長　→06/08

清水 董三　しみず・とうぞう　明治26年8月1日～昭和45年12月8日　外交官　→昭和

清水 藤蔵　しみず・とうぞう　大正15年3月28日～平成17年7月26日　滋賀県議(自民党)　→03/05

清水 亨　しみず・とおる　昭和5年10月13日　上海在勤副領事　→昭和

清水 督三　しみず・とくぞう　大正12年12月1日～昭和58年6月21日　ニチメン取締役　→83/87

清水 利朗　しみず・としあき　大正10年10月14日～平成14年1月22日　関東自動車工業社長　→00/02

清水 利夫　しみず・としお　昭和6年10月29日～平成20年12月30日　第一証券副社長　→06/08

清水 利信　しみず・としのぶ　明治43年1月20日～平成2年2月17日　北海道厚生農協連会長　→88/90

清水 甫迪　しみず・としみち　～平成12年9月26日　東洋運搬機(のちTCM)常務　→00/02

清水 富男　しみず・とみお　～平成5年6月6日　世界救世教副総長,MOA美術館常務理事　→91/93

清水 富雄　しみず・とみお　大正10年6月13日～平成7年5月10日　朝日土地興業専務,オリエンタルランド取締役　→94/96

清水 留三郎　しみず・とめさぶろう　明治16年4月～昭和38年4月18日　衆院議員(日本進歩党)　→昭和

清水 留治　しみず・とめはる　大正4年8月2日～平成9年11月16日　山九運輸機工(のち山九)専務　→97/99

清水 友雄　しみず・ともお　大正8年8月2日～昭和59年6月12日　清水建設専任参与　→83/87

清水 豊太郎　しみず・とよたろう　昭和2年1月13日～平成19年12月23日　王子製紙副社長　→06/08

清水 虎之助　しみず・とらのすけ　～昭和62年1月29日　佐久市議　→83/87

清水 信夫　しみず・のぶお　～昭和57年3月4日
日本コロムビア常務　→80/82

清水 信雄　しみず・のぶお　明治45年4月22日～平成1年1月24日　川鉄商事顧問、川崎製鉄常務　→88/90

清水 徳明　しみず・のりあき　明治45年1月18日～平成4年5月3日　日本農薬常務　→91/93

清水 教雄　しみず・のりお　明治43年7月15日～平成7年12月15日　全日本空輸副社長　→94/96

清水 一　しみず・はじめ　明治43年1月7日～平成1年5月3日　大豊建設専務　→88/90

清水 八郎　しみず・はちろう　大正4年12月7日～昭和60年5月17日　小田急建設顧問・元常務　→83/87

清水 明男　しみず・はるお　大正6年3月12日～平成8年8月4日　池貝鉄工(のち池貝)常務　→94/96

清水 春三　しみず・はるぞう　明治44年2月13日～平成2年4月22日　弁護士　松山地裁所長　→88/90

清水 亀　しみず・ひさし　～昭和55年4月12日
昭和飛行機工業常務　→80/82

清水 久司　しみず・ひさじ　大正11年10月19日～昭和58年11月19日　三栄化学工業会社社長、日本食品添加物協会副会長　→83/87

清水 美晴　しみず・びせい　明治41年11月3日～平成20年7月26日　上市町(富山県)町長、富山県議、富山県町村会長　→06/08

清水 英男　しみず・ひでお　大正13年10月27日～平成16年11月8日　住友電装社長　→03/05

清水 英夫　しみず・ひでお　明治43年7月28日～昭和62年12月26日　日本勧業銀行(のち第一勧業銀行)取締役、岩井産業専務　→83/87

清水 英夫　しみず・ひでお　～平成2年9月18日
関西熱化学常務　→88/90

清水 英朗　しみず・ひでお　昭和11年11月12日～平成4年9月28日　JR北海道専務　→91/93

清水 秀夫　しみず・ひでお　明治33年3月17日～昭和63年11月10日　三菱重工業副社長　→88/90

清水 秀雄　しみず・ひでお　～昭和60年11月9日
第一繊維工業(有)相談役　→83/87

清水 秀治　しみず・ひでじ　～昭和62年11月30日
京都府議　→83/87

清水 兵治　しみず・ひょうじ　明治43年6月13日～平成11年7月3日　古河鉱業社長　→97/99

清水 洋明　しみず・ひろあき　明治10年5月21日～平成15年12月16日　朝日工業社専務　→03/05

志水 博夫　しみず・ひろお　明治44年3月25日～平成7年4月15日　シミズ工業会長、愛知県金属プレス工業会長　→94/96

清水 宏紀　しみず・ひろき　昭和15年12月26日～平成22年7月2日　日本ビクター専務　→09/11

清水 弘　しみず・ひろし　～平成2年7月16日
トーメン常務　→88/90

清水 博　しみず・ひろし　～昭和58年5月29日
ライフストア常務　→83/87

清水 博　しみず・ひろし　大正11年2月5日～平成10年9月14日　オルガノ常務　→97/99

志水 広典　しみず・ひろのり　大正13年10月4日～平成19年2月1日　極洋社長　→06/08

清水 弘也　しみず・ひろや　大正14年10月9日～昭和59年9月15日　中小企業退職金共済事業団理事　→83/87

志水 溥之　しみず・ひろゆき　大正3年1月1日～昭和62年7月6日　東邦チタニウム常務　→83/87

清水 裕幸　しみず・ひろゆき　昭和25年9月4日～平成20年8月30日　日本郵船専務　→06/08

清水 二三夫　しみず・ふみお　～平成9年2月26日
安倍晋太郎衆議院議員秘書　→97/99

清水 文雄　しみず・ふみお　～昭和40年3月22日
海軍技術中将　三菱電機顧問　→昭和

清水 平次郎　しみず・へいじろう　大正2年1月24日～平成1年11月4日　東京出版販売常務、東販商事社長　→88/90

清水 正明　しみず・まさあき　大正1年11月3日～平成8年9月16日　中日新聞社相談役　→94/96

清水 真男　しみず・まさお　大正18年3月27日～平成23年1月29日　中部電力常務　→09/11

清水 正男　しみず・まさお　～昭和46年9月1日
明治製薬副社長　→昭和

清水 正雄　しみず・まさお　～昭和55年2月27日
清水建設元会長、清水地所会長　→80/82

清水 政勝　しみず・まさかつ　昭和9年1月18日～平成8年11月12日　岡谷鋼機常務　→94/96

清水 雅　しみず・まさし　明治34年2月12日～平成6年12月24日　阪急電鉄会長　→94/96

清水 正利　しみず・まさとし　大正2年8月17日～平成20年4月28日　牧野フライス製作所社長　→06/08

清水 正治　しみず・まさはる　～平成7年12月25日
清水紙工取締役会長　→94/96

清水 正彦　しみず・まさひこ　昭和7年7月14日～平成6年12月20日　日本舶用工業会理事長、海上保安庁第四管区海上保安本部長　→94/96

清水 正美　しみず・まさみ　～平成1年8月22日
弁護士　鳥取地裁判事　→88/90

清水 正之　しみず・まさゆき　～昭和50年5月31日
大垣市長　→昭和

清水 学　しみず・まなぶ　～昭和55年1月8日
三井石炭鉱業筑豊総合本部長　→80/82

清水 真帆　しみず・まほ　～平成7年2月26日
骨髄バンク運動　→94/96

清水 幹雄　しみず・みきお　昭和26年1月17日～平成8年12月23日　シミズメタルワークス社長　→94/96

清水 光男　しみず・みつお　大正9年10月28日～平成13年

清水 三彦　しみず・みつひこ　〜平成1年5月17日
　ロサンゼルス日本人会会長　→88/90

清水 光義　しみず・みつよし　〜昭和46年5月5日
　海軍中将　→昭和

清水 弥三郎　しみず・やさぶろう　明治21年1月24日〜昭和47年12月9日　部落解放運動家　全国水平社関東連合会会長、加藤水平社委員長　→昭和

清水 康雄　しみず・やすお　明治34年〜昭和41年9月9日
　清水建設社長　→昭和

清水 泰夫　しみず・やすお　〜平成3年7月18日
　エーザイ専務　→91/93

清水 保夫　しみず・やすお　大正5年3月31日〜平成3年12月16日　宇部興産会長　→91/93

清水 易　しみず・やすし　昭和5年3月11日〜平成5年11月10日　テレビ信州取締役　→91/93

清水 安治　しみず・やすじ　〜昭和28年2月25日
　郵船副社長　→昭和

清水 保治　しみず・やすじ　大正13年8月25日〜平成22年9月20日　石川県議(社会党)　→09/11

清水 安三　しみず・やすぞう　明治24年6月1日〜昭和63年1月17日　教育家、牧師　桜美林学園創設者　→88/90

清水 泰行　しみず・やすゆき　昭和2年4月6日〜平成5年4月24日　丸三証券取締役　→91/93

清水 安喜　しみず・やすよし　昭和44年9月6日〜平成9年8月20日　長崎地検検事正　→97/99

清水 八十治　しみず・やそじ　大正4年6月4日〜平成13年4月12日　明通会長、日本広告業協会副理事長、日本産業広告協会副会長　→00/02

清水 大和　しみず・やまと　大正13年5月18日〜昭和62年2月28日　福岡市農協副組合長　→83/87

清水 雄吉　しみず・ゆうきち　明治36年7月5日〜平成2年2月18日　帝都高速度交通営団理事　→88/90

清水 祐之　しみず・ゆうし　〜昭和60年1月27日
　浄土真宗本願寺派筆頭別院輪番　→83/87

清水 湧至　しみず・ゆうじ　〜昭和61年4月9日
　富山県警交通企画課企画係長　→83/87

清水 佑三　しみず・ゆうぞう　昭和19年3月16日〜平成20年4月10日　人事コンサルタント　日本エス・エイチ・エル社長　→06/08

清水 行雄　しみず・ゆきお　昭和8年8月21日〜平成17年12月3日　東大阪市長、大阪府議(自民党)　→03/05

清水 穣　しみず・ゆたか　〜昭和57年8月27日
　東洋紡常務　→80/82

清水 洋三　しみず・ようぞう　大正3年7月1日〜平成6年9月8日　いすゞ自動車副社長、車体工業会長　→94/96

清水 義彰　しみず・よしあき　明治5年1月〜昭和6年4月24日　実業家　→昭和

清水 良昭　しみず・よしあき　大正10年10月24日〜平成21年1月27日　湯浅金物常務　→09/11

清水 善男　しみず・よしお　大正3年9月2日〜昭和56年8月15日　西大和開発社長、日本生命常務　→80/82

清水 芳夫　しみず・よしお　明治35年4月1日〜平成4年6月2日　日本鋼管常務　→91/93

清水 芳雄　しみず・よしお　大正14年4月2日〜平成23年12月17日　丸紅常務　→09/11

清水 与七郎　しみず・よしちろう　明治18年7月12日〜昭和58年9月11日　日本テレビ放送網社長、読売新聞社監査役　→83/87

清水 宜輝　しみず・よしてる　安政3年5月13日〜昭和9年9月7日　実業家　→昭和

清水 義則　しみず・よしのり　〜昭和63年1月28日
　オーエッチ工業会長　→88/90

清水 嘉彦　しみず・よしひこ　〜昭和63年1月9日
　北見簡裁判事　→88/90

志水 芳宗　しみず・よしむね　明治45年1月1日〜昭和61年1月17日　住友金属工業取締役、日本トレールモービル社長　→83/87

清水 吉盛　しみず・よしもり　〜平成9年1月15日
　大成プレハブ常務　→97/99

清水 利一　しみず・りいち　〜平成3年7月24日
　住友石炭鉱業参与、元九州支社長　→91/93

清水 良策　しみず・りょうさく　明治26年2月27日〜平成1年9月7日　和歌山県知事、徳島県知事、宮城県知事　→88/90

清水 良次　しみず・りょうじ　〜昭和61年7月24日
　民社党徳島県連書記長、民社党衆院事務長　→83/87

清水 良治　しみず・りょうじ　昭和11年7月2日〜平成21年8月20日　兵庫県教育長　→09/11

清水 林蔵　しみず・りんぞう　明治7年7月10日〜昭和57年12月21日　長寿全国3位　→80/82

清水 廉　しみず・れん　昭和3年3月3日〜平成12年8月9日　高崎製紙専務　→00/02

清水谷 英子　しみずだに・えいこ　明治29年3月〜昭和29年11月18日　女官長　→昭和

清水谷 実英　しみずだに・さねひで　〜昭和13年10月14日　伯爵、宮中顧問官　→昭和

清水谷 浩　しみずだに・ひろし　大正2年10月22日〜平成6年11月11日　エスエス製薬常務　→94/96

志村 勇　しむら・いさむ　〜昭和42年12月4日
　東洋棉花副社長　→昭和

志村 英二　しむら・えいじ　〜平成15年12月31日
　水稲育種家　→03/05

志村 一男　しむら・かずお　〜昭和61年11月18日
　江東区盲人福祉協会(東京都)会長　→83/87

志村 謙治　しむら・けんじ　大正13年〜平成7年5月16日　興人専務　→94/96

志村 源太郎　しむら・げんたろう　慶応3年3月1日〜昭

和5年8月23日　農務官僚,実業家　日本勧業銀行総裁,貴院議員(勅選)　→昭和

志村 茂治　しむら・しげはる　明治31年9月～昭和46年8月9日　衆院議員(社会党)　→昭和

志村 静雄　しむら・しずお　明治42年11月23日～平成2年3月11日　牧師　(学)桜美林学園評議員会議長,全日本教戒師連盟事務局長　→88/90

志村 昭郎　しむら・しょうろう　昭和4年9月25日～平成20年2月10日　山梨県議(自民党)　→06/08

志村 清右衛門　しむら・せいえもん　明治13年12月～昭和5年4月10日　衆院議員　→昭和

志村 荘五郎　しむら・そうごろう　～昭和63年3月4日　保土谷化学工業監査役　→88/90

志村 孝　しむら・たかし　昭和4年2月23日～平成12年11月15日　平和生命保険社長　→00/02

志村 常雄　しむら・つねお　大正10年10月4日～昭和59年4月25日　陸上自衛隊富士学校副校長　→83/87

志村 哲也　しむら・てつや　大正13年8月12日～平成12年9月16日　自治省官房審議官　→00/02

志村 哲良　しむら・てつろう　大正15年4月15日～平成12年11月9日　富士観光開発会長,参院議員(自民党)　→00/02

志村 彦七　しむら・ひこしち　明治40年1月20日～平成8年4月19日　三菱自動車販売常務　→94/96

志村 秀丸　しむら・ひでまる　大正11年3月11日～平成3年8月13日　杉並区議　→91/93

志村 文一郎　しむら・ぶんいちろう　昭和2年10月20日～平成15年11月14日　電気化学工業社長　→03/05

志村 文三　しむら・ぶんぞう　昭和8年8月26日～平成3年6月20日　時事通信取締役総務局長　→91/93

志村 正治　しむら・まさはる　～昭和61年3月3日　山一証券常務,協立証券初代会長　→83/87

志村 保雄　しむら・やすお　～平成3年4月16日　日拓代表取締役　→91/93

志村 靖之　しむら・やすゆき　昭和18年6月14日～平成15年5月2日　プレス工業常務　→03/05

志村 勇作　しむら・ゆうさく　明治34年8月27日～平成2年1月22日　日新製糖取締役　→88/90

志村 幸男　しむら・ゆきお　大正13年7月10日～平成6年11月23日　本州製紙専務　→94/96

志村 義久　しむら・よしひさ　大正2年7月15日～平成8年8月22日　仙台放送社長,産経新聞専務　→00/02

志村 義博　しむら・よしひろ　～昭和46年7月14日　理学電機社長　→昭和

志村 陸城　しむら・りくじょう　～昭和57年11月2日　陸軍軍人　箱根芦の湖国際聖道場理事長　→80/82

標 交紀　しめぎ・ゆきとし　～平成19年12月24日　コーヒーの自家焙煎の草分け　→06/08

示野 星一　しめの・ほしいち　大正4年～平成3年11月18日　松井建設監査役　→91/93

治面地 修　じめんじ・おさむ　～昭和55年4月16日　チモトコーヒー代表取締役,全日本コーヒー商工組合連合会長　→80/82

志茂 明　しも・あきら　大正12年6月6日～平成2年5月15日　野村証券副社長　→88/90

志茂 源吉　しも・げんきち　明治36年11月22日～平成6年2月10日　阪神相互銀行(のち阪神銀行)社長　→94/96

霜 弘太郎　しも・こうたろう　昭和11年3月10日～平成5年3月29日　神戸製鋼所常務,筑波大学社会工学系教授,通商産業省機械情報産業局鋳鍛造品課長　→91/93

下 壮而　しも・そうじ　昭和11年8月1日～昭和58年6月20日　食糧庁企画課長　→83/87

志茂 直夫　しも・ただお　明治14年5月21日～平成12年1月2日　近畿銀行取締役,日本銀行参事　→00/02

司茂 綱男　しも・つなお　明治30年1月5日～昭和59年9月9日　丸金証券会長　→83/87

下青木 隆一　しもあおき・りゅういち　昭和15年4月9日～平成13年6月27日　飛鳥建設常務　→00/02

下位 真一郎　しもい・しんいちろう　～昭和51年11月16日　奈良テレビ放送社長　→昭和

下井 清太郎　しもい・せいたろう　明治43年10月5日～平成3年4月23日　長瀬産業専務　→91/93

下飯坂 潤夫　しもいいざか・ますお　明治27年1月29日～昭和46年12月26日　最高裁判事　→昭和

下井田 諭　しもいだ・さとし　大正10年～平成7年3月16日　東京水産ターミナル社長,日本水産取締役　→94/96

下出 喜久雄　しもいで・きくお　昭和9年1月31日～平成13年6月19日　中部冷熱社長　→00/02

下出 久代　しもいで・ひさよ　～昭和56年12月16日　彰国社監査役　→80/82

下出 保雄　しもいで・やすお　大正12年10月7日～平成16年1月19日　エレックヒシキ名誉会長,東邦学園名誉理事長　→03/05

下出 義明　しもいで・よしあき　大正11年2月12日～昭和55年10月31日　大阪高等裁判所判事　→80/82

下浦 省三　しもうら・しょうぞう　昭和3年7月11日～平成5年5月8日　川崎重工業常務　→91/93

下江 武介　しもえ・ぶすけ　～平成8年3月8日　日本原水爆被害者団体協議会理事　→94/96

下尾 富士雄　しもお・ふじお　～昭和56年3月4日　滋賀サンケイ広告社代表取締役　→80/82

下岡 忠一　しもおか・ちゅういち　～昭和44年4月5日　日本銀行理事　→昭和

下岡 義昌　しもおか・よしまさ　昭和3年10月15日～昭和62年5月31日　丸善取締役店舗事業部長　→83/87

下川 弘義　しもかわ・こうぎ　明治44年5月15日～平成7年10月10日　浄久寺(浄土真宗本願寺派)住職,筑紫女学園理事長　→94/96

下川 舜三　しもかわ・しゅんぞう　大正5年3月18日～平成6年10月13日　和歌山県会議長　→94/96

I 政治・経済・社会篇　　　　　　　　　　　　　　　　　　　しもた

下川 健生　しもかわ・たけお　昭和22年3月20日～平成19年9月29日　沖ウィンテック常務　→06/08

下川 常雄　しもかわ・つねお　明治43年1月5日～平成15年7月22日　住友ゴム工業社長　→03/05

下川 八二　しもかわ・はちじ　～昭和60年5月9日　八女市助役　→83/87

下川 久市　しもかわ・ひさいち　～昭和57年8月19日　福岡高裁判事　→80/82

下川 秀樹　しもかわ・ひでき　～昭和55年8月12日　筑後市長　→80/82

下川 英二　しもかわ・ひでじ　明治42年12月25日～昭和58年1月31日　日本食品化工相談役・元社長　→83/87

下川 寛人　しもかわ・ひろと　昭和2年～平成13年1月25日　日立造船エンジニアリング(のちエイチイーシー)常務　→00/02

下川 正治　しもかわ・まさじ　昭和9年1月15日～平成6年6月12日　全国農業協同組合連合会ふくおか購販連代表理事会長, 八女市農協組合長, 九州協同食肉社長　→94/96

下川 又男　しもかわ・またお　～昭和37年6月12日　協和興業社長　→昭和

下川 行夫　しもかわ・ゆきお　～昭和55年1月22日　共産党中央委員・党香川県委員会委員　→80/82

下倉 義一郎　しもくら・ぎいちろう　～昭和56年4月23日　ダイニック常務　→80/82

下河辺 建二　しもこうべ・けんじ　～昭和39年2月28日　日本鉱業社長　→昭和

下河辺 三史　しもこうべ・さんし　明治44年10月16日～平成5年1月17日　日製産業社長　→91/93

下河辺 良　しもこうべ・りょう　～昭和56年5月31日　日鉄鉱業名誉顧問　→80/82

下郡 逸男　しもごおり・いつお　大正4年6月14日～平成14年9月20日　昭和アルミニウム常務　→00/02

下佐 喬　しもさ・たかし　大正13年1月12日～昭和56年12月5日　住友海上火災保険常務　→80/82

下坂 誠次郎　しもさか・せいじろう　明治41年5月12日～昭和63年3月3日　三菱信託銀行専務　→88/90

下坂 直美　しもさか・なおみ　明治33年10月19日～平成3年3月6日　太源会長　→91/93

下坂 藤太郎　しもさか・ふじたろう　～昭和16年4月12日　日商株式会社社長　→昭和

下坂 正英　しもさか・まさひで　～昭和46年8月17日　日ソ協会常務理事　→昭和

下境 英夫　しもさかい・ひでお　昭和16年6月17日～平成20年2月25日　埼玉県出納長　→06/08

下里 芳蔵　しもさと・ほうぞう　～昭和63年1月24日　下地町(沖縄県)町長　→88/90

下里 巳之助　しもざと・みのすけ　～平成6年9月10日　飯野海運常務　→94/96

下沢 轍　しもざわ・わだち　明治42年3月1日～平成16年10月31日　博多仁和加振興会会長, はくせん会長, 博多町人文化連盟理事長　→03/05

下地 亀松　しもじ・かめまつ　明治35年5月1日～昭和61年10月17日　末広車輌製作所会長　→83/87

下地 潔　しもじ・きよし　～平成15年6月16日　菊之露酒造社長　→03/05

下地 玄信　しもじ・げんしん　明治27年6月30日～昭和59年5月23日　公認会計士　陽光監査法人代表社員　→83/87

下地 脩亮　しもじ・しゅうすけ　昭和8年1月11日～平成10年2月7日　末広技研社長　→97/99

下島 勝次　しもじま・かつじ　～昭和43年8月17日　石川島播磨工業社長　→昭和

霜島 甲一　しもじま・こういち　昭和8年10月9日～平成23年7月24日　弁護士　法政大学名誉教授　→09/11

下島 茂　しもじま・しげる　昭和7年1月2日～平成19年12月9日　日本ユピカ専務　→06/08

下嶋 外也　しもじま・そとや　昭和12年～平成15年8月9日　近畿コカコーラボトリング常務　→03/05

下島 哲四郎　しもじま・てつしろう　明治42年2月16日～平成12年3月17日　下島包装開発社長, ストラパック会長　→00/02

下島 久人　しもじま・ひさと　～昭和59年4月10日　大洋証券取締役第4営業部長　→83/87

下嶋 広　しもじま・ひろし　～平成8年8月15日　全国茶商工業協同組合連合会顧問・相談役, 東京都茶商工業協同組合理事長　→94/96

下島 通義　しもじま・みちよし　昭和2年6月20日～平成21年2月7日　シモジマ会長　→09/11

下条 璋憲　しもじょう・あきのり　昭和9年10月8日～昭和62年9月6日　川口金属工業取締役　→83/87

下条 勝治　しもじょう・かつじ　～昭和55年10月21日　下村工業所会長　→80/82

下条 恭兵　しもじょう・きょうへい　明治33年4月～昭和61年1月12日　参院議員　→83/87

下門 律善　しもと・のりよし　大正12年9月15日～平成4年2月15日　糸満市長　→91/93

下条 正夫　しもじょう・まさお　大正2年3月9日～平成7年3月23日　弁護士　岐阜県弁護士会会長　→94/96

下条 康麿　しもじょう・やすまろ　明治18年1月20日～昭和41年4月25日　内務官僚, 政治家　参院議員(自民党), 文相　→昭和

下城 雄索　しもじょう・ゆうさく　明治43年6月26日～平成5年1月17日　伊勢崎市長　→91/93

下関 忠一　しもぜき・ちゅういち　～昭和44年4月5日　大商証券社長　→昭和

下田 伊三郎　しもだ・いさぶろう　～昭和42年10月5日　岩井産業相談役　→昭和

下田 勝久　しもだ・かつひさ　～昭和31年3月10日

大審院検事　→昭和

下田 清　しもだ・きよし　～昭和57年10月9日
日本冷蔵常務　→80/82

下田 謙治　しもだ・けんじ　大正4年1月2日～昭和60年1月17日　積水化学工業相談役・元社長　→83/87

下田 成太郎　しもだ・せいたろう　～昭和45年5月12日
三井銀行取締役　→昭和

下田 武三　しもだ・たけぞう　明治40年4月3日～平成7年1月22日　最高裁判事、駐米大使、プロ野球コミッショナー　→94/96

下田 哲雄　しもだ・てつお　大正11年1月1日～平成3年12月16日　横浜ゴム専務　→91/93

霜田 哲二　しもだ・てつじ　大正8年1月4日～平成20年8月13日　太平工業常務　→06/08

下田 俊雄　しもだ・としお　明治41年6月1日～昭和58年4月2日　クラリオン会長　→83/87

下田 豊松　しもだ・とよまつ　～昭和57年10月10日
ボーイスカウト日本連盟名誉会員　→80/82

下田 文雄　しもだ・ふみお　～昭和50年12月6日
三菱製紙社長　→昭和

下田 文一　しもだ・ぶんいち　明治19年3月～昭和26年7月1日　実業家　→昭和

下田 文吾　しもだ・ぶんご　～昭和45年10月18日
川崎重工業相談役　→昭和

霜田 誠　しもだ・まこと　大正12年5月4日～平成15年1月10日　鎌倉ハムクラウン商会創業者　→03/05

下田 昌夫　しもだ・まさお　大正6年1月23日～昭和62年8月28日　日商岩井取締役　→83/87

下田 益　しもだ・まさる　大正10年2月12日～平成7年2月2日　三菱ガス化学常務　→94/96

下田 実　しもだ・みのる　～平成5年6月12日
東京銅材会長　→91/93

下田 行夫　しもだ・ゆきお　大正2年2月8日～平成2年3月7日　運輸省関東海運局長、海上労働科学研究所専務理事　→88/90

下平 正一　しもだいら・しょういち　大正7年1月10日～平成7年8月25日　衆院議員（社会党）　→94/96

下平 進　しもだいら・すすむ　～昭和61年3月31日
経済法令研究会代表取締役、銀行業務検定協会代表理事　→83/87

下谷 一郎　しもたに・いちろう　～昭和58年7月27日
出水市議会議長　→83/87

下玉利 康雄　しもたまり・やすお　昭和12年12月12日～平成13年10月27日　日本郵船専務　→00/02

下津 寛徳　しもつ・ひろのり　昭和15年8月3日～平成15年3月24日　ダイア建設社長　→03/05

下津浦 蔵男　しもつうら・としお　大正9年1月2日～平成1年11月29日　ポスタルサービスセンター監事、東北郵政監察局長　→88/90

下間 空教　しもつま・くうきょう　明治11年～昭和6年6月17日　僧侶、宗教法学者　→昭和

下土井 澄雄　しもどい・すみお　～昭和56年11月
三陽（不動産開発会社）社長、三悪追放協会本部常務理事　→80/82

下堂園 辰雄　しもどうぞの・たつお　大正4年1月13日～平成11年4月27日　川崎重工専務　→97/99

下斗米 安蔵　しもとまい・やすぞう　大正4年10月21日～昭和63年7月26日　雪印乳業取締役、東京雪印販売社長　→88/90

下中 邦彦　しもなか・くにひこ　大正14年1月13日～平成14年6月6日　平凡社社長、日本書籍出版協会理事長　→00/02

下永 憲次　しもなが・けんじ　明治23年7月21日～昭和24年3月22日　陸軍軍人　→昭和

下中 弥三郎　しもなか・やさぶろう　明治11年6月12日～昭和36年2月21日　出版人、社会運動家　平凡社創業者　→昭和

下西 文雄　しもにし・ふみお　～平成5年4月24日
境港市議・議長　→91/93

下野 長利　しもの・ながとし　～昭和56年12月23日
福知山信用金庫相談役、元日本製薬取締役　→80/82

下野 秀雄　しもの・ひでお　～昭和46年1月12日
日本蚕糸事業団理事　→昭和

下松 桂馬　しもまつ・けいま　～昭和46年9月17日
全国社会福祉協議会顧問　→昭和

下光 軍二　しもみつ・ぐんじ　大正3年7月5日～平成21年2月1日　弁護士　下光家庭共同法律事務所代表　→09/11

下村 章　しもむら・あきら　大正13年1月16日～平成23年1月14日　大日本塗料常務　→09/11

下村 三郎　しもむら・かずお　明治36年1月2日～昭和55年8月4日　弁護士　最高裁判事　→80/82

下村 勝美　しもむら・かつみ　～平成5年12月16日
海軍中将　→91/93

下村 澄　しもむら・きよむ　昭和4年3月～平成21年11月19日　ニュービジネス協議会専務理事　→09/11

下村 光治　しもむら・こうじ　昭和9年7月27日～平成2年9月18日　神戸風月堂（ふうげつどう）社長　→88/90

下村 孝治　しもむら・こうじ　～昭和63年7月4日
（株）陽進堂取締役会長　→88/90

下村 耕次郎　しもむら・こうじろう　明治4年～昭和4年11月16日　実業家　下村汽船社長、日本電力副社長　→昭和

下村 孝太郎　しもむら・こうたろう　～昭和12年10月21日　大阪瓦斯取締役　→昭和

下村 孝道　しもむら・こうどう　昭和9年12月20日～平成8年10月5日　ヤンマー農機専務　→94/96

下村 定　しもむら・さだむ　明治20年9月23日～昭和43年3月25日　陸軍大将、政治家　陸相、参院議員　→昭和

下村 節義　しもむら・さだよし　明治41年2月11日～平成8年11月6日　帝国ヒューム管（のちテイヒュー）専務　→94/96

下村 正助　しもむら・しょうすけ　～昭和28年7月30日　海軍中将　呉羽化学社長　→昭和

下村 正太郎　しもむら・しょうたろう　明治16年～昭和19年1月6日　実業家　大丸初代社長　→昭和

下村 正太郎　しもむら・しょうたろう　昭和2年11月20日～平成19年5月13日　大丸社長　→06/08

下村 新次郎　しもむら・しんじろう　～昭和57年9月12日　大同生命顧問・元常務　→80/82

下村 竹一郎　しもむら・たけいちろう　～昭和61年3月19日　住友化学工業取締役　→83/87

下村 武夫　しもむら・たけお　大正10年2月19日～平成2年1月17日　ユニチカ取締役　→88/90

下村 健　しもむら・たけし　昭和5年8月20日～平成18年4月29日　社会保険庁長官　→06/08

下村 為二　しもむら・ためじ　～平成3年3月1日　大正海上火災保険常務　→91/93

下村 孟　しもむら・つとむ　大正3年10月6日～昭和63年3月1日　国立衛生試験所長　→88/90

下村 輝雄　しもむら・てるお　大正11年5月13日～平成3年8月16日　豊中市長　→91/93

下村 徳治　しもむら・とくじ　～平成10年9月30日　共信電気専務　→97/99

下村 利昭　しもむら・としあき　昭和6年1月6日～平成9年8月9日　中国新聞常務　→97/99

霜村 俊夫　しもむら・としお　昭和16年8月23日～平成20年12月15日　三和シヤッター工業副社長　→06/08

下村 尚信　しもむら・なおのぶ　～平成9年10月8日　東芝常務　→97/99

下村 如道　しもむら・にょどう　～昭和42年2月22日　日本銀行発券局長　→昭和

下村 信之　しもむら・のぶゆき　昭和12年12月8日～平成10年7月6日　明電舎常務　→97/99

下村 秀巳　しもむら・ひでみ　明治38年10月13日～平成1年1月23日　花王取締役　→88/90

下村 史　しもむら・ふびと　大正4年2月9日～平成15年5月20日　福岡証券取引所理事長、福岡銀行専務　→03/05

下村 路易　しもむら・みちやす　昭和57年5月1日　東京建硝専務　→80/82

下村 充義　しもむら・みつよし　～昭和5年12月6日　山口県学務部長　→昭和

下村 弥一　しもむら・やいち　明治30年8月16日～平成2年4月6日　東亜国内航空社長、東京生命専務　→88/90

下村 豊　しもむら・ゆたか　大正10年10月11日～平成23年6月5日　鴻池組代表取締役　→09/11

下村 亮一　しもむら・りょういち　明治43年3月31日～平成2年10月10日　経済往来社社長　→88/90

下村 礼輔　しもむら・れいすけ　明治39年4月2日～昭和62年7月19日　石川島播磨重工業常務，石川島造船化工機社長　→83/87

下元 健吉　しももと・けんきち　明治30年12月24日～昭和32年9月25日　ブラジル・コチア産業組合創立者　→昭和

下元 篤二　しももと・とくじ　昭和7年4月8日～平成5年1月17日　矢崎総業専務　→91/93

下山 一二　しもやま・いちじ　明治39年11月1日～昭和61年8月21日　全国農業共済協会顧問、元会長　→83/87

下山 克己　しもやま・かつみ　昭和23年7月11日～平成15年11月1日　ビジネス・ワン社長　→03/05

下山 元一　しもやま・げんいち　～昭和12年6月25日　三和銀行常務　→昭和

下山 定則　しもやま・さだのり　明治34年7月23日～昭和24年7月6日　運輸官僚　国鉄総裁　→昭和

下山 茂　しもやま・しげる　大正11年11月8日～平成16年5月4日　日本火災海上保険専務　→03/05

霜山 精一　しもやま・せいいち　明治17年10月15日～昭和50年3月12日　弁護士　最高裁判事　→昭和

下山 徳弘　しもやま・とくひろ　昭和5年7月20日～平成22年8月9日　陸奥新報社長　→09/11

下山 俊夫　しもやま・としお　大正3年11月18日～平成3年8月3日　東海銀行常務，ユニー副社長，中京相互銀行専務　→91/93

下山 博也　しもやま・ひろや　昭和11年3月13日～平成4年10月18日　東京海上火災保険常務　→91/93

霜山 冨士夫　しもやま・ふじお　大正10年6月10日～平成19年4月8日　神奈川新聞主筆　→06/08

下山 正義　しもやま・まさよし　明治43年1月17日～平成8年4月24日　カトリック神父　東京都共同募金会顧問，本所カトリック教会主任司祭　→94/96

下山 よし　しもやま・よし　～昭和57年9月14日　元国鉄総裁・故下山定則氏の妻　→80/82

下山田 正純　しもやまだ・まさずみ　～昭和5年9月26日　川崎造船所飛行機部丁作部長　→昭和

下山田 正俊　しもやまだ・まさとし　～昭和55年2月10日　川崎製鉄元副社長　→80/82

下山田 行雄　しもやまだ・ゆきお　～昭和50年7月2日　弁護士　→昭和

釈 日学　しゃく・にちがく　明治29年7月13日～昭和51年1月13日　僧侶　日蓮宗不受不施派管長　→昭和

釈 日成　しゃく・にちじょう　大正15年8月26日　僧侶　妙覚寺（日蓮宗不受不施派）法主　→03/05

釈種 秀岳　しゃくしゅ・しゅうがく　～昭和55年1月1日　川崎汽船顧問　→80/82

ジャック白井　じゃっくしらい　明治33年(?)～昭和12年7月11日　スペイン戦争の国際義勇軍兵士　→昭和

社本 圭司　しゃもと・けいし　大正7年11月1日～昭和59年10月12日　愛知塗料社長　→83/87

社本 末雄　しゃもと・すえお　～平成11年7月6日　タキヒヨー常務　→97/99

周 立群　しゅう・りつぐん　～平成19年11月5日　メディア・リサーチ・センター会長　→06/08

執印 テル　しゅういん・てる　大正4年～平成19年9月25日　鹿児島市議（自民党），千賀会理事長　→06/08

習田 高弘　しゅうだ・たかひろ　昭和14年11月17日～平成13年1月2日　兼松取締役，日本オフィス・システム社長　→00/02

周田 正昭　しゅうた・まさあき　昭和8年8月25日～平成20年12月26日　グンゼ産業専務　→06/08

周藤 広志　しゅうどう・ひろし　～昭和56年11月20日　世界公衆衛生協会連盟常任理事　→80/82

重名 潔　じゅうな・きよし　明治32年12月1日～平成5年6月30日　関西ペイント取締役，関西学院大学教授　→91/93

十二 七郎　じゅうに・しちろう　～昭和61年1月20日　高岡研磨材工業会長　→83/87

収納 進　しゅうのう・すすむ　大正6年6月10日～平成5年3月22日　収納アパレル社長，日本輸出縫製品工業組合理事長，石川県縫製協会会長　→91/93

十場 清吉　じゅうば・せいきち　昭和13年10月1日～平成3年3月18日　丸一鋼管取締役　→91/93

十見 俊作　じゅうみ・しゅんさく　昭和5年6月16日～平成6年9月12日　北越メタル社長　→94/96

十文字 哲丸　じゅうもんじ・てつまる　～昭和61年9月1日　共産党三沢支部長　→83/87

寿円 正巳　じゅえん・まさみ　大正6年1月15日～平成11年6月11日　空将　→97/99

宿谷 栄一　しゅくたに・えいいち　明治27年4月8日～昭和54年1月2日　参議院議員　→昭和（しゅくや・えいいち）

宿谷 高彦　しゅくたに・たかひこ　大正15年10月31日～平成7年9月26日　テレビユー福島副社長　→94/96

宿谷 祐造　しゅくや・ゆうぞう　～昭和48年4月24日　東京電子工業社長　→昭和

宿利 英治　しゅくり・えいじ　～昭和7年9月9日　帝国発明協会専務理事　→昭和

宿利 精一　しゅくり・せいいち　～平成10年7月27日　弁護士　日本公証人連合会副会長，福岡高検刑事部長　→97/99

寿山 光音　じゅさん・こうおん　大正13年～平成9年11月4日　僧侶　光輪成院主　→97/99

守随 彦太郎　しゅずい・ひこたろう　明治22年2月16日～昭和60年6月14日　東京商工会議所副会頭，東京薬貿協会会長，東部試薬協会理事　→83/87

首藤 英二　しゅとう・えいじ　明治38年2月28日～昭和63年6月18日　仙台商工会議所副会頭　→88/90

首藤 清　しゅどう・きよし　明治33年5月28日～平成17年9月25日　日平産業専務　→03/05

首藤 幸三　しゅとう・こうぞう　～平成17年10月17日　弁護士　→03/05

首藤 新八　しゅとう・しんぱち　明治25年10月15日～昭和51年7月20日　実業家，政治家　衆院議員（自民党）　→昭和

首藤 多喜馬　しゅとう・たきま　～昭和16年11月8日　陸軍中将　→昭和

首藤 勤　しゅどう・つとむ　大正14年8月19日～平成7年9月22日　三菱油化専務　→94/96

首藤 富造　しゅとう・とみぞう　大正4年～平成5年3月17日　フマキラー常務　→91/93

首藤 浩　しゅとう・ひろし　明治44年2月22日～平成12年10月29日　京成電鉄副社長，オリエンタルランド会長　→00/02

首藤 鳳一郎　しゅとう・ほういちろう　～平成5年7月1日　読売新聞西部本社編集局次長，福岡テレメディア・サービス社長　→91/93

首藤 正寿　しゅとう・まさかず　明治12年11月30日～昭和9年10月21日　大分合同銀行頭取　→昭和（すどう・まさひさ）

寿福 政喜　じゅふく・まさき　大正5年1月20日～平成15年12月26日　熊本県議，人吉市議　→03/05

尚 明　しょう・あきら　大正4年4月5日～平成3年6月11日　日本住宅公団副総裁　→91/93

庄 晟　しょう・あきら　大正14年5月21日～平成13年6月2日　兵庫信用保障協会理事長，兵庫県理事　→00/02

城 義臣　じょう・ぎしん　明治37年10月～昭和51年9月21日　参院議員（自由党）　→昭和（城 義信 じょう・よしのぶ）

荘 清彦　しょう・きよひこ　明治27年11月25日～昭和42年9月28日　実業家　三菱商事社長　→昭和

城 堅治　じょう・けんじ　大正5年9月16日～平成3年2月20日　東京製綱常務　→91/93

荘 孝次　しょう・こうじ　昭和2年7月12日～平成19年5月10日　ニコン社長　→06/08

尚 順　しょう・じゅん　尚泰26年4月6日～昭和20年6月16日　実業家，政治家，男爵　琉球新報創業者，貴院議員　→昭和

城 慎三郎　じょう・しんざぶろう　～昭和60年1月28日　雄博炭砿取締役，福博鉱業副社長　→83/87

庄 晋三　しょう・しんたろう　明治3年3月～昭和14年9月14日　衆院議員（立憲政友会）　→昭和

荘 清次郎　しょう・せいじろう　文久2年1月20日～昭和1年12月25日　実業家　三菱合資会社専務理事　→昭和

尚 詮　しょう・せん　大正15年12月23日～平成2年8月31日　実業家　琉球新報取締役，沖縄県中小企業団体中央会長　→88/90

城 泰蔵　じょう・たいぞう　～昭和63年8月19日　清水屋代表取締役副社長　→88/90

城 輝之　じょう・てるゆき　明治38年9月22日～平成3年

I 政治・経済・社会篇　　　　しょうし

5月26日　日本カーリット社長　→91/93

城 利彦　じょう・としひこ　～平成16年1月27日　筑豊じん肺訴訟原告団事務局長　→03/05

城 富次　じょう・とみじ　明治37年2月21日～平成12年1月20日　弁護士　高松高裁長官、横浜地裁所長、大東文化大学法学部長　→00/02

庄 英男　しょう・ひでお　大正7年8月18日～平成20年9月4日　宇部興産常務　→06/08

尚 裕　しょう・ひろし　～平成9年8月30日　琉球王朝王家尚家当主(22代目)　→97/99

荘 宏　しょう・ひろし　大正2年8月3日～昭和62年7月1日　NHK理事　→83/87

城 光雄　じょう・みつお　～昭和63年4月23日　宇都鋳鍛鋼社長　→88/90

荘 素彦　しょう・もとひこ　昭和42年8月31日　三菱製紙副社長　→昭和

尚 義清　しょう・よしきよ　大正11年3月11日～平成23年1月1日　琉球王朝王家尚家当主　最後の琉球国王・尚泰のひ孫　→09/11

上井 忠太郎　じょうい・ちゅうたろう　大正5年7月13日～平成4年7月27日　三共副社長、日本乳化剤社長　→91/93

松栄 薫　しょうえい・かおる　大正12年5月14日～平成13年7月20日　川鉄商事常務　→00/02

正円 雅之助　しょうえん・まさのすけ　明治37年10月11日～平成4年7月5日　市田専務　→91/93

庄賀 美登　しょうが・よしと　大正12年2月23日～平成16年4月29日　有楽土地常務　→03/05

正垣 発也　しょうがき・はつや　昭和9年1月2日～平成13年8月18日　三菱ガス化学常務　→00/02

正垣 愛備　しょうがき・まなび　昭和3年9月6日～平成23年9月24日　三菱製紙常務　→09/11

城ケ崎 種員　しょうがさき・たねかず　大正13年1月8日～昭和60年9月12日　石油資源開発常務　→83/87

浄弘 信三郎　じょうぐ・しんざぶろう　～昭和55年5月12日　上新電機会長　→80/82

浄弘 利保　じょうぐ・としやす　大正15年5月6日～平成11年8月16日　日立造船副社長　→97/99

浄弘 博光　じょうぐ・ひろみつ　昭和10年1月3日～昭和60年10月8日　上新電機社長　→83/87

情家 権　じょうけ・いさむ　昭和6年5月11日～平成8年5月9日　立花商会副社長　→94/96

正見 二郎　しょうけん・じろう　～昭和55年4月27日　北陸信用金庫理事長　→80/82

庄古 角治　しょうこ・かくじ　明治37年12月12日～平成6年1月5日　庄田鉄工常務　→94/96

上甲 芳雄　じょうこう・よしお　大正10年5月31日～平成3年1月28日　三井建設常務　→91/93

庄司 昭夫　しょうじ・あきお　昭和18年2月4日～平成23年3月23日　アレフ創業者　→09/11

小路 位三郎　しょうじ・いさぶろう　～昭和48年11月13日　文化財保護審議会専門委員　→昭和（こみち・いさぶろう）

庄司 一郎　しょうじ・いちろう　明治25年1月～昭和39年8月15日　衆院議員(自由党)　→昭和

庄司 乙吉　しょうじ・おときち　明治6年5月18日～昭和19年11月30日　東洋紡績社長　→昭和

庄司 格　しょうじ・かく　～平成10年1月24日　ジャパンツアーシステム専務　→97/99

庄司 淳　しょうじ・きよし　大正3年2月～昭和60年4月22日　文芸春秋取締役相談役　→83/87

庄司 桂一　しょうじ・けいいち　～昭和63年3月23日　弁護士　松阪市長　→88/90

正示 啓次郎　しょうじ・けいじろう　明治44年5月16日～平成6年4月17日　衆院議員(自民党)、経済企画庁長官　→94/96

庄司 幸助　しょうじ・こうすけ　大正7年3月31日～平成23年5月15日　衆院議員(共産党)　→09/11

庄司 茂樹　しょうじ・しげき　大正4年1月12日～平成17年10月14日　日本電信電話公社総務理事　→03/05

庄司 春吾　しょうじ・しゅんご　大正11年4月30日～平成23年2月16日　山陽特殊製鋼副社長　→09/11

庄司 新治　しょうじ・しんじ　明治42年1月16日～平成12年12月17日　協和電設副社長　→00/02

東海林 建　しょうじ・たかし　大正10年6月24日～平成23年10月5日　秋田県議(社民党)　→09/11

生子 隆則　しょうじ・たかのり　昭和9年1月12日～平成18年10月6日　静和工業社長、静岡県建設業協会会長　→06/08

庄司 武雄　しょうじ・たけお　～平成2年10月9日　巽興業社長、熊谷観光開発常務　→88/90

東海林 武雄　しょうじ・たけお　明治33年1月14日～昭和63年9月20日　実業家　経済同友会代表幹事、日本専売公社総裁、旭電化工業社長　→88/90

荘司 忠　しょうじ・ただし　～平成10年12月7日　朝日新聞山形中央販売社長、朝日捺込ヤマガタ社長、日刊工業新聞東日本地区販売懇話会顧問　→97/99

庄司 辰雄　しょうじ・たつお　大正5年11月10日～平成11年8月31日　沼津市長　→97/99

庄子 龍雄　しょうじ・たつお　大正2年11月8日～昭和63年8月8日　日産車体常務、日車サービス社長　→88/90

小路 徹夫　しょうじ・てつお　明治41年10月13日～平成13年1月28日　中国電力常務、中国企業社長　→00/02

庄司 豪夫　しょうじ・ひでお　大正11年12月7日～平成18年2月13日　宇徳運輸社長　→06/08

庄司 宏　しょうじ・ひろし　大正2年2月17日～平成3年10月5日　弁護士　ラストボロフ事件　→91/93

庄司 博彦　しょうじ・ひろひこ　平成9年7月28日～平成12年10月21日　日本開発研究所三重社長　→00/02

庄子 平治　しょうじ・へいじ　大正7年3月28日～昭和62

東海林 正隆　しょうじ・まさたか　大正14年12月6日〜平成19年12月16日　秋田県議（自民党）　→06/08

庄子 守　しょうじ・まもる　大正11年10月7日〜平成17年5月18日　宮城県議（無所属）　→03/05

東海林 稔　しょうじ・みのる　明治36年11月〜昭和42年10月1日　衆院議員（社会党）　→昭和

庄司 嘉　しょうじ・よしみ　〜昭和46年2月16日　全国海苔貝類漁共組連会長　→昭和

庄司 嘉朗　しょうじ・よしろう　昭和5年3月28日〜平成1年12月16日　日魯漁業常務　→88/90

庄司 良朗　しょうじ・よしろう　明治12年12月〜昭和6年6月22日　衆院議員（政友会）　→昭和

城島 民雄　じょうじま・たみお　大正12年10月13日〜平成13年11月15日　ユニック社長　→00/02

生島 秀雄　しょうじま・ひでお　〜昭和55年12月11日　佐賀県農業共済組合連合会長　→80/82

城島 励三　じょうじま・れいぞう　明治38年1月30日〜昭和56年11月12日　宝幸水産監査役　→80/82

城重 美男　じょうじゅう・よしお　〜平成4年6月23日　交通文化振興財団専務理事　→91/93

定塚 孝司　じょうづか・たかし　昭和9年11月25日〜平成2年3月5日　東京地裁部総括判事　→88/90

定塚 道雄　じょうづか・みちお　明治41年2月14日〜昭和62年3月27日　弁護士　専修大名誉教授　→83/87

定塚 門次郎　じょうづか・もんじろう　明治19年9月〜昭和7年7月22日　衆院議員（立憲民政党）　→昭和（さだつか・もんじろう）

正田 昭　しょうだ・あきら　昭和4年4月19日〜昭和44年12月9日　メッカ殺人事件犯人　→昭和

庄田 功　しょうだ・いさお　大正13年5月10日〜平成21年6月3日　庄田鉄工社長　→09/11

勝田 主計　しょうだ・かずえ　明治2年9月15日〜昭和23年10月10日　財政家, 政治家　蔵相, 文相　→昭和

勝田 和男　しょうだ・かずお　大正7年8月3日〜昭和63年6月7日　安田火災美術財団理事, ユニバース開発社長　→88/90

正田 きぬ　しょうだ・きぬ　〜昭和45年5月9日　美智子妃殿下の祖母　→昭和

荘田 修平　しょうだ・しゅうへい　大正5年2月25日〜平成7年4月23日　日本郵船常務　→94/96

荘田 泰蔵　しょうだ・たいぞう　明治25年10月29日〜平成2年12月19日　三菱重工業副社長　→88/90

勝田 龍夫　しょうだ・たつお　大正12年4月22日〜平成3年5月28日　日本債券信用銀行名誉会長　→91/93

正田 貞一郎　しょうだ・ていいちろう　明治3年2月28日〜昭和36年11月9日　実業家　日清製粉創業者, 貴院議員　→昭和

正田 得一郎　しょうだ・とくいちろう　明治32年3月26日〜昭和58年7月26日　日清製粉監査役, 日清飼料顧問　→83/87

勝田 久貫　しょうだ・ひさつら　〜昭和57年3月13日　元陸軍大佐, 日本電子計算機会長・正之氏の父　→80/82

正田 英三郎　しょうだ・ひでさぶろう　明治36年9月21日〜平成11年6月18日　日清製粉名誉会長相談役　皇后美智子の父　→97/99

庄田 秀麿　しょうだ・ひでまろ　明治39年1月16日〜昭和57年8月21日　弁護士　→80/82

正田 富美子　しょうだ・ふみこ　明治42年9月29日〜昭和63年5月28日　皇后陛下の母　→88/90

正田 文右衛門　しょうだ・ぶんえもん　〜昭和48年7月25日　正田醤油会長　→昭和

荘田 平象　しょうだ・へいぞう　〜昭和16年7月2日　東洋電機製造常務　→昭和

荘田 雅雄　しょうだ・まさお　〜昭和27年1月20日　南洋海運社長　→昭和

勝田 正之　しょうだ・まさゆき　大正1年11月2日〜平成3年10月20日　日本電子計算機会長　→91/93

正田 義治　しょうだ・よしはる　昭和6年3月19日〜平成17年2月22日　奈良新聞取締役印刷部長　→03/05

正田 四三男　しょうだ・よそお　明治43年9月3日〜平成10年11月6日　広島市収入役　→97/99

正躰 軍平　しょうたい・ぐんぺい　〜昭和56年2月9日　証券新報社社長　→80/82

城台 仙市　じょうだい・せんいち　明治39年2月3日〜平成9年8月19日　神奈川県議　→97/99

上代 琢禅　じょうだい・たかよし　明治41年3月12日〜昭和63年2月8日　弁護士　専修大学理事, 第二東京弁護士会会長　→88/90

上代 タノ　じょうだい・たの　明治19年7月3日〜昭和57年4月8日　平和運動家　日本女子大学学長　→80/82

城知 淡　じょうち・あわし　明治37年1月6日〜昭和61年8月27日　興亜石油会長　→83/87

昇地 露子　しょうち・つゆこ　大正4年1月2日〜平成9年7月21日　しいのみ学園初代園長　→97/99

庄内 七蔵　しょうない・しちぞう　大正12年11月7日〜平成3年7月8日　庄内鉄工社長　→91/93

生野 明　しょうの・あきら　〜昭和58年7月30日　陸上自衛隊関西地区補給処長　→83/87

生野 嘉三郎　しょうの・かさぶろう　明治35年5月22日〜昭和41年3月12日　労働運動家　総同盟本部調査部長, 東芝堀川町工場労働組合役員　→昭和

庄野 欣司　しょうの・きんじ　昭和8年10月8日〜平成4年10月17日　エステック社長　→91/93

庄野 金十郎　しょうの・きんじゅうろう　安政4年2月28日〜昭和5年8月12日　弁護士, 政治家　福岡日日新聞社長, 衆議院議員（政友会）　→昭和

生野 源太郎　しょうの・げんたろう　〜昭和44年7月13日　南武鉄道社長　→昭和

庄野 五一郎　しょうの・ごいちろう　明治42年1月4日〜平成5年7月19日　日本馬術連盟会長，水産庁長官　→91/93

城野 正治　じょうの・しょうじ　〜平成18年3月14日　中部日本放送専務　→06/08

荘野 精二郎　しょうの・せいじろう　〜昭和35年3月10日　日本水素工業会長　→昭和

生野 専吉　しょうの・せんきち　大正2年9月22日〜平成1年6月6日　三井信託銀行相談役・元社長　→88/90

庄野 唯衛　しょうの・ただえ　〜昭和48年2月19日　大阪化成会長　→昭和

庄野 理一　しょうの・としかず　昭和29年5月23日　最高裁判事　→昭和（しょうの・りいち）

正野 虎雄　しょうの・とらお　大正3年4月22日〜平成1年11月23日　三菱信託銀行取締役，日本ラグビー協会専務理事　→88/90

庄野 直介　しょうの・なおすけ　昭和39年7月25日　日本瓦斯化学常務　→昭和

庄野 伸雄　しょうの・のぶお　明治41年9月19日〜平成12年2月6日　富士ゼロックス副会長，富士写真フイルム取締役　→00/02

庄野 勝　しょうの・まさる　大正3年10月3日〜平成18年6月25日　不動建設社長　→06/08

庄野 琳城　しょうの・りんじょう　大正4年1月6日〜平成6年11月3日　僧侶　高野山第486世法印，四国霊場会会長　→94/96

庄野 淋真　しょうの・りんしん　〜昭和47年3月9日　高野山金剛峰寺座主・管長・大僧正　→昭和

荘原 達　しょうばら・とおる　明治26年12月18日〜昭和52年12月16日　社会運動家　日農政治部長，日本社会党本部書記　→昭和

荘原 和作　しょうはら・わさく　明治22年2月11日〜昭和57年12月25日　三井化学工業社長　→80/82

生部 勇次　しょうぶ・ゆうじ　〜昭和55年1月20日　電気化学工業副社長　→80/82

松風 嘉定　しょうふう・かてい　大正7年3月11日〜平成16年4月1日　松風社長　→03/05

松風 慎一　しょうふう・しんいち　大正12年3月7日〜平成6年6月16日　松風社長　→09/11

松風 嘉定　しょうふう・よしさだ　明治16年11月9日　京都松風工業社長　→昭和

正宝 治平　しょうほう・じへい　〜昭和46年11月9日　陸将　陸上自衛隊通信学校長　→昭和

上法 快男　じょうほう・よしお　明治44年5月29日〜平成13年　芙蓉書房創業者　→00/02

浄法寺 朝美　じょうほうじ・あさみ　〜平成6年2月5日　陸軍大佐　防衛大学校教授，読売東京理工専門学校名誉教授　→94/96

浄法寺 五郎　じょうほうじ・ごろう　慶応1年4月〜昭和13年1月20日　陸軍中将　→昭和

正坊地 隆美　しょうぼうじ・たかみ　明治43年12月9日〜平成16年12月10日　日本コロムビア会長　→03/05

荘村 多加志　しょうむら・たかし　昭和14年4月3日〜平成20年5月27日　中央法規出版社長　→06/08

正村 富男　しょうむら・とみお　昭和10年5月12日〜平成12年6月14日　長野福音教会牧師　→00/02

荘村 正人　しょうむら・まさんど　大正5年1月15日〜平成10年3月17日　中央法規出版社長　→97/99

荘村 義雄　しょうむら・よしお　明治37年7月15日〜昭和60年5月18日　電気事業連合会副会長，東京電力常務　→83/87

城本 登木夫　じょうもと・ときお　〜平成5年7月8日　開発電子技術相談役・元社長　→91/93

勝屋 彊　しょうや・つとむ　大正3年7月20日〜平成10年10月23日　太平工業副社長　→97/99

城谷 正暉　じょうや・まさき　〜昭和42年12月25日　オーエム製作監査役，日本紡機製作所社長　→昭和

城山 巌　じょうやま・いわお　〜平成11年10月28日　加賀田組専務　→97/99

正力 喜之助　しょうりき・きのすけ　〜昭和55年2月6日　弁護士　イタイイタイ病原告側弁護団長，大門町（富山県）町長　→80/82

正力 喬　しょうりき・たかし　昭和8年7月11日〜平成19年12月6日　読売新聞北陸支社長　→06/08

正力 武　しょうりき・たけし　昭和9年5月13日〜昭和60年5月25日　日本テレビ顧問，よみうりランド顧問　→83/87

正力 亨　しょうりき・とおる　大正7年10月24日〜平成23年8月15日　読売新聞グループ本社社主，読売巨人軍オーナー　→09/11

正力 松太郎　しょうりき・まつたろう　明治18年4月11日〜昭和44年10月9日　新聞人，政治家　読売新聞社主，日本テレビ放送網社長，衆院議員　→昭和

昭和天皇　しょうわてんのう　明治34年4月29日〜昭和64年1月7日　第124代天皇　→88/90

如沢 三次　じょざわ・さんじ　〜平成3年7月9日　北海道木材協同組合連合会会長　→91/93

所沢 道夫　しょざわ・みちお　明治35年8月29日〜昭和59年10月13日　弁護士　船員中労委会長，中労委会長　→83/87

所沢 恭　しょざわ・やすし　〜昭和56年4月6日　日本非破壊検査会社社長　→80/82

白井 勇　しらい・いさみ　明治31年6月19日〜昭和59年4月12日　参院議員（自民党）　→83/87

白井 勇　しらい・いさむ　〜昭和55年12月11日　柏原機械製作所相談役，元住友金属工業取締役　→80/82

白井 市男　しらい・いちお　大正2年11月26日〜昭和61年6月24日　白井工業社長　→83/87

白井 市郎　しらい・いちろう　〜昭和52年9月1日　中国醸造会長　→昭和

白井 永二　しらい・えいじ　大正4年12月10日～平成20年1月1日　神官　鶴岡八幡宮名誉宮司,神社本庁総長　→06/08

白井 英二　しらい・えいじ　明治41年11月28日～平成6年4月8日　三菱商事常務　→94/96

白井 栄次郎　しらい・えいじろう　～平成3年10月3日　帝人取締役,帝人商事社長　→91/93

白井 遠平(1代目)　しらい・えんぺい　弘化3年4月29日～昭和2年10月9日　政治家,実業家　衆院議員(政友会),磐城炭礦会社社長　→昭和

白井 遠平(2代目)　しらい・えんぺい　明治2年12月～昭和9年　実業家,政治家　衆院議員　→昭和

白井 赫太郎　しらい・かくたろう　明治12年5月9日～昭和40年1月19日　印刷事業家　→昭和

白井 和徳　しらい・かずのり　昭和3年4月18日～平成19年1月19日　国土庁計画調整局長　→06/08

白井 貫　しらい・かん　昭和4年12月1日～平成21年11月14日　富津市長　→09/11

白井 慶吉　しらい・けいきち　明治15年5月15日～昭和60年6月2日　牧師　日本基督教団名誉牧師　→83/87

白井 健二郎　しらい・けんじろう　大正13年9月27日～昭和59年8月8日　中国醸造社長　→83/87

白井 小浪　しらい・こなみ　～平成3年7月31日　全国農協婦人組織協議会会長　→91/93

白井 佐吉　しらい・さきち　明治30年2月～昭和26年12月6日　衆院議員(自由党)　→昭和

白井 重麿　しらい・しげまろ　大正2年7月12日～昭和59年11月25日　鶴岡市長　→83/87

白井 茂　しらい・しげる　大正4年7月20日～平成4年9月12日　白井産業会長　→91/93

白井 修一郎　しらい・しゅういちろう　大正6年1月15日～昭和62年12月15日　中国醸造社長　→83/87

白井 周二　しらい・しゅうじ　明治38年8月12日～平成6年12月6日　清水建設副社長　→94/96

白井 正朔　しらい・しょうさく　明治36年1月28日～平成6年8月13日　アスク常務　→94/96

白井 二郎　しらい・じろう　慶応3年6月11日～昭和9年9月3日　陸軍中将　→昭和

白井 慎一郎　しらい・しんいちろう　昭和4年7月4日～平成10年6月17日　山根短資社長　→97/99

白井 震四郎　しらい・しんしろう　明治44年7月15日～昭和57年10月23日　日本高周波鋼業会長,元神戸製鋼所常務　→80/82

白井 新太郎　しらい・しんたろう　文久2年10月22日～昭和7年12月10日　富士水力電気創立者,衆院議員　→昭和

白井 荘一郎　しらい・そういちろう　～昭和60年5月9日　ゼネラル石油取締役　→83/87

白井 武明　しらい・たけあき　明治45年3月31日～平成14年10月16日　日本電装社長　→00/02

白井 武夫　しらい・たけお　昭和4年7月24日～平成2年1月23日　特殊ピストン製作所社長　→88/90

白井 武　しらい・たけし　明治39年10月2日～平成6年12月1日　武蔵野銀行常務　→94/96

白井 長治　しらい・ちょうじ　明治34年7月16日～昭和58年5月19日　富津市長　→83/87

白井 次男　しらい・つぎお　大正4年5月19日～平成1年1月31日　三栄組会長　→88/90

白井 光郎　しらい・てるお　大正2年9月14日～平成7年7月14日　神鋼電機専務　→94/96

白井 俊雄　しらい・としお　～昭和60年8月12日　住金溶接工業常務　→83/87

白井 俊次　しらい・としつぐ　～平成20年3月23日　新三浦会長　→06/08

白井 富次郎　しらい・とみじろう　明治45年4月18日～平成5年5月1日　湖西市長,愛知製鋼会長　→91/93

白井 十四雄　しらい・とよお　大正1年10月10日～平成8年9月18日　日刊工業新聞社最高顧問　→94/96

白井 昇　しらい・のぼる　～昭和60年9月9日　朝日放送アメリカ支社長,朝日ホームキャスト社長　→83/87

白井 久視　しらい・ひさし　～平成10年8月21日　集英社取締役,一ツ橋文芸教育振興会常務理事　→97/99

白井 秀雄　しらい・ひでお　明治31年10月12日～昭和62年12月21日　三菱化工機相談役　→83/87

白井 秀吉　しらい・ひできち　明治21年1月～昭和38年12月20日　衆院議員(民主党),白竜酒造社長　→昭和

白井 文継　しらい・ふみつぐ　大正2年8月30日～平成4年11月15日　前田道路常務　→83/87

白井 誠　しらい・まこと　明治27年4月30日～平成1年12月2日　弁護士　日本弁護士連合会副会長,大阪弁護士会会長　→88/90

白井 昌夫　しらい・まさお　昭和6年8月3日～平成7年6月28日　松竹取締役　→94/96

白井 正辰　しらい・まさとき　明治44年2月15日～平成10年7月16日　偕行社名誉会長　→97/99

白井 雅康　しらい・まさやす　昭和4年11月5日～平成5年10月10日　日本加工製紙取締役　→91/93

白井 正義　しらい・まさよし　大正3年12月13日～平成11年6月6日　東京硝子器械会長　→97/99

白井 松次郎　しらい・まつじろう　明治10年12月13日～昭和26年1月23日　実業家,演劇興行主　松竹創立者　→昭和

白井 実　しらい・みのる　昭和5年7月5日～平成7年8月8日　日産サニー茨城販売会長,茨城産業人クラブ副会長　→94/96

白井 民平　しらい・みんぺい　～平成16年5月26日　白井牧場主,競走馬育成協会北海道支部長　→03/05

白井 好巳　しらい・よしみ　～昭和60年10月20日　帝都高速度交通営団理事　→83/87

白井 四方　しらい・よも　〜昭和58年6月2日
　十条製紙会社専務　→83/87

白石 瑛　しらいし・あきら　〜昭和55年10月5日
　文京区議　→80/82

白石 明　しらいし・あきら　大正9年1月7日〜昭和62年10月2日　関西テレビ放送取締役　→83/87

白石 功　しらいし・いさお　昭和16年3月23日〜平成19年5月23日　竹田印刷常務　→06/08

白石 礒　しらいし・いわお　昭和3年8月11日〜平成12年1月13日　東芝セラミックス専務　→00/02

白石 栄一　しらいし・えいいち　昭和6年3月28日〜平成22年1月4日　中京銀行専務　→09/11

白石 英司　しらいし・えいじ　昭和4年1月15日〜昭和58年1月27日　京都新聞社長・主筆, 近畿放送社長　→83/87

白石 悦穂　しらいし・えつほ　〜平成7年12月6日
　東京地裁八王子支部判事　→94/96

白石 勝夫　しらいし・かつお　明治39年2月6日〜平成8年1月31日　大成建設副社長　→94/96

白石 邦治　しらいし・くにじ　昭和3年7月23日〜平成2年7月7日　朝日カルチャーセンター常務　→88/90

白石 国彦　しらいし・くにひこ　大正9年2月2日〜平成18年10月9日　東陽倉庫社長　→06/08

白石 圭一　しらいし・けいいち　昭和6年2月23日〜平成8年2月8日　日本海事協会副会長　→94/96

白石 鋼一　しらいし・こういち　昭和45年12月13日　日本興業銀行特別調査室長　→昭和

白石 孝一郎　しらいし・こういちろう　大正8年1月20日〜平成2年6月15日　富岡市長　→88/90

白石 弘毅　しらいし・こうき　〜昭和56年2月5日
　そごう常務　→80/82

白石 古京　しらいし・こきょう　明治31年3月18日〜平成3年1月17日　京都新聞社主　→91/93

白石 五郎　しらいし・ごろう　〜平成5年1月15日
　朝日新聞大阪本社特信部長, 日本新都市開発取締役　→91/93

白石 三平　しらいし・さんぺい　〜昭和63年8月8日
　和白村（福岡県）村長　→88/90

白石 茂弘　しらいし・しげひろ　昭和3年6月25日〜昭和63年12月16日　テレビ山口取締役技術局長　→88/90

白石 重太郎　しらいし・じゅうたろう　明治3年1月16日〜昭和4年12月23日　実業家　→昭和

白石 順一郎　しらいし・じゅんいちろう　〜平成6年11月8日　岐阜精機工業専務　→94/96

白石 俊多　しらいし・しゅんた　大正6年3月8日〜平成19年12月22日　白石会長　→06/08

白石 捷一　しらいし・しょういち　〜昭和57年1月7日
　新居浜市長　→80/82

白石 晶一　しらいし・しょういち　大正14年3月5日〜平成14年6月1日　九州電力副社長　→00/02

白石 昭治　しらいし・しょうじ　昭和15年7月28日〜平成9年3月21日　京三製作所常務　→97/99

白石 信一　しらいし・しんいち　昭和12年9月4日〜平成15年12月22日　山一証券副社長　→03/05

白石 善次郎　しらいし・ぜんじろう　昭和5年5月19日〜平成10年9月6日　河北新報普及センター社長, 河北新報常務　→97/99

白石 泰治郎　しらいし・たいじろう　明治39年7月13日〜昭和60年4月9日　全国信用協同組合連合会副理事長, 兵庫県信用組合協会長, 六甲信用組合長　→83/87

白石 卓　しらいし・たかし　大正13年1月5日〜平成14年6月11日　日鉄ドラム常務　→00/02

白石 琢二　しらいし・たくじ　明治30年7月11日〜昭和56年8月1日　日本鋼管監査役　→80/82

白石 董躬　しらいし・ただみ　明治41年8月24日〜平成1年11月23日　兼松江商専務　→88/90

白石 辰男　しらいし・たつお　明治41年8月28日〜昭和60年6月6日　マックスファクター日本支社顧問　→83/87

白石 照義　しらいし・てるよし　昭和3年6月18日〜平成8年7月26日　北九州市議（社会党）　→94/96

白石 徳三郎　しらいし・とくさぶろう　〜昭和56年5月2日　大東紡織常務　→80/82

白石 敏夫　しらいし・としお　明治43年4月2日〜平成7年11月5日　三郷市長　→94/96

白石 豊彦　しらいし・とよひこ　明治31年9月4日〜昭和55年12月27日　愛知時計電機取締役相談役・前社長　→80/82

白石 直文　しらいし・なおふみ　大正10年1月1日〜平成6年6月8日　日本テトラポッド会長　→94/96

白石 信喜　しらいし・のぶよし　大正13年12月15日〜平成20年5月29日　東陽倉庫社長　→06/08

白石 昇　しらいし・のぼる　〜昭和59年3月11日
　浅沼組監査役　→83/87

白石 運　しらいし・はこぶ　大正3年11月2日〜平成2年11月20日　白石書店会長, 福岡県書店商業組合副理事長　→88/90

白石 八郎　しらいし・はちろう　〜昭和56年7月13日
　宮崎地検検事正　→80/82

白石 ハル　しらいし・はる　明治32年〜昭和56年1月20日　社会事業家　福岡の"死刑囚の母"　→80/82

白石 春樹　しらいし・はるき　明治45年1月2日〜平成9年3月30日　愛媛県知事　→97/99

白石 万隆　しらいし・ばんりゅう　〜昭和36年11月16日　元海軍古鷹・霧島艦長　→昭和

白石 英夫　しらいし・ひでお　〜昭和59年5月12日
　福岡警察署長　→83/87

白石 博信　しらいし・ひろのぶ　〜平成5年10月30日
　滋賀スミケイ加工社長　→91/93

白石 正明　しらいし・まさあき　明治9年6月〜昭和29年1月14日　衆院議員（自由党）　→昭和

白石 昌嵩　しらいし・まさたか　昭和12年1月12日〜平成8年8月26日　日本総合研究所常務, 厚生省大臣官房統計情報部人口動態統計課長　→94/96

白石 昌徳　しらいし・まさのり　明治35年1月27日〜昭和58年9月3日　昭和電線電機常務　→83/87

白石 正義　しらいし・まさよし　大正2年〜平成10年7月12日　崙書房出版社長　→97/99

白石 道春　しらいし・みちはる　昭和4年6月4日〜平成5年12月11日　加ト吉常務　→91/93

白石 光雄　しらいし・みつお　昭和4年1月27日〜平成21年11月3日　君津市長　→09/11

白石 稔　しらいし・みのる　明治31年5月2日〜昭和60年11月12日　三菱製紙相談役・元社長　→83/87

白石 宗城　しらいし・むねき　明治22年12月4日〜昭和54年3月24日　実業家　新日窒社長　→昭和（しらいし・そうじょう）

白石 元治郎　しらいし・もとじろう　慶応3年7月21日〜昭和20年12月24日　実業家　日本鋼管創業者　→昭和

白石 安之　しらいし・やすゆき　明治43年9月21日〜昭和63年10月31日　伊豆急行社長　→88/90

白石 祐四郎　しらいし・ゆうしろう　〜昭和43年5月25日　ダイキン工業常務　→昭和

白石 雄太郎　しらいし・ゆうたろう　明治29年3月14日〜昭和63年10月31日　池上運送会長, 池上交通安全協会名誉会長　→88/90

白石 泰　しらいし・ゆたか　大正4年4月18日〜平成3年5月2日　白石社長　→91/93

白石 義明　しらいし・よしあき　大正2年11月22日〜平成13年8月29日　元禄産業会長　回転寿司発明者　→00/02

白石 義雄　しらいし・よしお　明治41年3月27日〜平成7年3月31日　大都工業常務　→94/96

白石 義雄　しらいし・よしお　明治37年2月12日〜平成7年12月4日　科研化学（のち科研製薬）専務　→94/96

白石 誉夫　しらいし・よしお　昭和62年5月31日（現地時間）　南カリフォルニア高知県人会長　→83/87

白石 義郎　しらいし・よしろう　明治44年10月13日〜平成2年3月27日　全国飲食業環境衛生同業組合連合会相談役・元副会長　→88/90

白岩 晃　しらいわ・あきら　大正4年5月25日〜平成7年3月26日　警察庁近畿管区警察局長　→94/96

白岩 石雄　しらいわ・いしお　明治30年11月7日〜平成1年12月14日　全国都道府県議会議長会会長, 全国商工会連合会会長, 山形県会議長　→88/90

白江 信生　しらえ・のぶお　大正11年6月4日〜平成14年1月14日　タイガー魔法瓶工業専務　→00/02

白神 邦二　しらが・くにじ　明治15年11月10日〜昭和9年4月15日　衆議院議員（立憲政友会）　→昭和（しらがみ・くにじ）

白樫 政一　しらかし・まさかず　大正10年11月17日〜平成16年5月19日　剣菱酒造会長　→03/05

白方 一　しらかた・はじめ　〜昭和23年8月21日　大阪高裁長官　→昭和

白形 允　しらかた・まこと　昭和19年6月4日〜平成1年5月3日　弁護士　→88/90

白壁 槌磨　しらかべ・つちま　〜昭和56年3月24日　大野城市議会議員　→80/82

白神 昌然　しらがみ・しょうねん　〜昭和51年　行者　→昭和

白神 英雄　しらがみ・ひでお　大正13年3月15日〜昭和62年2月2日　白神組組長　→83/87

白上 佑吉　しらかみ・ゆうきち　明治17年12月19日〜昭和40年1月24日　鳥取県知事, 島根県知事, 富山県知事　→昭和

白川 彪夫　しらかわ・あやお　明治35年8月20日〜昭和63年12月23日　弁護士　日本弁護士連合会副会長, 東洋重工社長　→88/90

白川 臻　しらかわ・いたる　昭和10年9月19日〜昭和62年7月14日　加賀電子副社長　→83/87

白川 一雄　しらかわ・かずお　明治31年3月〜昭和32年5月14日　参院議員（自民党）　→昭和

白川 国三郎　しらかわ・くにさぶろう　明治34年11月10日〜昭和58年2月13日　日本損害保険代理業協会名誉会長　→83/87

白川 作太郎　しらかわ・さくたろう　〜昭和60年9月28日　行橋市助役, 行橋商工会議所専務理事　→83/87

白川 七郎　しらかわ・しちろう　大正10年6月16日〜昭和61年10月14日　日本通運健康保険組合理事長, 日本通運常務　→83/87

白川 忍　しらかわ・しのぶ　明治32年1月29日〜昭和61年9月3日　資生堂常務, 日本広告会副会長　→83/87

白川 俊一　しらかわ・しゅんいち　昭和14年10月18日〜平成16年12月10日　JR西日本常務　→03/05

白川 順一　しらかわ・じゅんいち　明治25年12月5日〜昭和61年11月13日　森永製菓相談役・元副社長　→83/87

白川 晴一　しらかわ・せいいち　明治35年〜昭和27年7月28日　日本共産党中央委員　→昭和

白川 正　しらかわ・ただし　大正3年1月12日〜平成14年12月2日　カヤバ工業会長　→00/02

白川 力　しらかわ・ちから　昭和4年8月10日〜平成3年3月10日　豊津町（福岡県）町長　→91/93

白河 忠一　しらかわ・ちゅういち　〜平成2年1月16日　進歩党副代表・都連代表　→88/90

白川 朋吉　しらかわ・ともきち　明治6年12月2日〜昭和38年1月30日　弁護士, 実業家　琴平参宮電鉄社長, 大阪市議会議長　→昭和

白川 久雄　しらかわ・ひさお　明治29年10月18日〜昭和59年1月1日　衆院議員, 淡路交通取締役　→83/87

白川 宏　しらかわ・ひろし　大正10年11月20日〜平成3年8月16日　東陶機器社長　→91/93

白川 正男　しらかわ・まさお　〜昭和62年5月21日　白川産業代表取締役社長, 伊藤ハム食品取締役　→83/87

白川 応則　しらかわ・まさのり　〜平成10年7月11日　東北電力副社長　→97/99

白川 元春　しらかわ・もとはる　大正7年1月2日〜平成20年8月18日　空将　防衛庁統合幕僚会議議長　→06/08

白川 盛行　しらかわ・もりゆき　明治37年1月1日〜昭和58年10月21日　新興産業社長、東洋紡常務　→83/87

白川 与三次　しらかわ・よさんじ　〜昭和40年9月2日　帝国ダイカスト会長　→昭和

白川 義則　しらかわ・よしのり　明治1年12月12日〜昭和7年5月26日　陸軍大将、男爵　陸相　→昭和

白川 良純　しらかわ・りょうじゅん　大正3年1月3日〜平成11年4月9日　僧侶　真宗大谷派宗務顧問、源隆寺(真宗大谷派)住職、全日本仏教会理事長　→97/99

白河 六郎　しらかわ・ろくろう　明治35年12月7日〜昭和60年11月16日　弁護士　東京高裁総括判事、札幌地裁所長　→83/87

白木 昭雄　しらき・あきお　昭和6年10月10日〜平成18年12月28日　日本トランスシティ専務　→06/08

白木 一平　しらき・いっぺい　明治26年4月〜昭和23年10月17日　衆議院議員(民主党)　→昭和

白木 小一郎　しらき・こいちろう　明治37年8月16日〜昭和62年3月11日　東京証券信用組合理事長、日興証券会長　→83/87

白木 信平　しらき・しんぺい　大正13年1月17日〜平成19年9月28日　シナ忠社長　→06/08

白木 捨太　しらき・すてた　明治32年4月17日〜昭和62年11月17日　公認会計士　東電力常任監査役　→83/87

白木 清三　しらき・せいぞう　明治26年12月11日〜昭和49年1月16日　社会運動家　門司市議、社会大衆党全国委員　→昭和

白木 忠夫　しらき・ただお　大正6年3月19日〜平成8年6月11日　愛知時計電機常務　→94/96

白木 竜夫　しらき・たつお　明治37年10月26日〜昭和58年12月9日　(財)陸運賛助会長、東京陸運局長(初代)　→83/87

白木 龍雄　しらき・たつお　大正9年5月22日〜平成12年1月28日　エフエム大阪副社長　→00/02

白木 伸　しらき・のぶ　明治37年1月17日〜平成1年1月14日　弁護士　名古屋高裁判事、白木伸法律事務所長　→88/90

白木 久　しらき・ひさし　大正14年10月22日〜平成12年7月12日　富士カントリー専務、造形美術協会事務理事　→00/02

白木 正元　しらき・まさもと　大正1年10月27日〜平成7年10月26日　戸畑市長　→94/96

白木 三男　しらき・みつお　大正14年11月21日〜平成4年6月11日　佐賀県議(自民党)　→91/93

白木 康進　しらき・やすのぶ　大正1年9月3日〜平成20年1月18日　会計検査院長　→06/08

白木 幸雄　しらき・ゆきお　〜平成21年11月12日　岐阜県原爆被爆者の会会長　→09/11

新良貴 義人　しらき・よしと　昭和56年9月11日　三井信託財務有限(香港)社長　→80/82

白木 義人　しらき・よしひと　昭和6年〜昭和59年4月16日　神崎製紙総務部長　→83/87

白木沢 桂　しらきざわ・かつら　昭和6年3月27日〜平成20年10月4日　大船渡市長　→06/08

白倉 司馬太　しらくら・しばた　〜昭和47年8月14日　陸軍中将　→昭和

白倉 周市　しらくら・しゅういち　明治41年3月15日〜平成1年7月16日　富山日産社長、宇奈月グランドホテル社長　→88/90

白倉 代二　しらくら・だいじ　大正6年3月7日〜平成14年8月20日　島原鉄道社長　→00/02

白倉 八郎　しらくら・はちろう　大正1年11月28日〜平成8年3月24日　新興産業常務　→94/96

白子 誠晴　しらこ・しげはる　〜昭和60年7月17日　(株)白子創業者　→83/87

白坂 光　しらさか・あきら　大正7年4月19日〜平成11年9月18日　横河橋梁製作所専務　→97/99

白坂 千代治　しらさか・ちよじ　〜昭和62年8月22日　直方市選挙管理委員会委員、直方市公民館連絡協議会会長　→83/87

白崎 浅吉　しらさき・あさきち　〜昭和60年9月20日　税理士　金沢国税不服審判所長　→83/87

白崎 元就　しらさき・もとなり　大正2年10月5日〜平成1年7月25日　鯖江商工会議所会頭、白崎テープ社長　→88/90

白沢 一男　しらさわ・かずお　大正7年5月9日〜昭和57年1月6日　福井放送常務　→80/82

白沢 三郎　しらさわ・さぶろう　昭和16年6月2日〜23年4月14日　衆院議員(新進党)　→09/11

白沢 正二　しらさわ・しょうじ　大正2年2月2日〜平成7年1月23日　茨城放送社長、朝日新聞編集委員　→94/96

白沢 富一郎　しらさわ・とみいちろう　明治36年6月16日〜平成2年11月6日　日本原子力発電社長　→88/90

白沢 愛明　しらさわ・よしあき　〜昭和58年11月1日　全日本ろうあ連盟理事、神奈川県身体障害者連合会副会長　→83/87

白須 明　しらす・あきら　昭和8年3月3日〜平成14年8月7日　京都府漁連会長　→00/02

白洲 次郎　しらす・じろう　明治35年2月17日〜昭和60年11月28日　大沢商会会長、東北電力会長、貿易庁長官　→83/87

白杉 儀一郎　しらすぎ・ぎいちろう　大正3年12月1日〜平成13年11月5日　丹後織物工業組合理事長　→00/02

白瀬 治吉　しらせ・じきち　〜昭和60年10月23日　立山カントリークラブ支配人　→83/87

白勢 春三　しらせ・しゅんぞう　文久2年12月〜昭和16年5月25日　新潟商業会議所会頭、衆院議員、貴院議員(多額)　→昭和

しらせ　　　　　　　　　　　　　　　　　　　　　Ⅰ　政治・経済・社会篇

白勢　承二　しらせ・しょうじ　大正4年7月7日～平成3年5月10日　日本甜菜製糖監査役　→91/93

白田　早苗　しらた・さなえ　～昭和57年6月1日　日仏の明日を考える会事務局長　→80/82

白滝　正明　しらたき・まさあき　大正11年11月21日～平成7年6月18日　新名糖社長、日商岩井取締役　→94/96

白谷　信一　しらたに・しんいち　明治41年3月15日～平成2年4月3日　出光興産常務、出光タンカー社長　→88/90

白谷　清二　しらたに・せいじ　大正14年8月21日～平成18年4月27日　三機工業社長　→06/08

白地　照彦　しらち・てるひこ　大正5年4月8日～平成7年3月16日　柳井市長　→94/96

白土　有三　しらつち・ゆうぞう　大正10年2月15日～平成14年4月23日　三泉化成社長　→00/02

白土　暁　しらと・あきら　大正3年3月18日～昭和61年4月18日　日立精機社長　→83/87

白戸　栄之助　しらと・えいのすけ　明治19年～昭和13年3月24日　飛行士　プロ飛行士第1号　→昭和

白土　源造　しらと・げんぞう　～昭和60年12月14日　昭亜鉄工社長　→83/87

白土　五郎　しらと・ごろう　明治33年3月28日～昭和42年11月7日　社会運動家　→昭和

白土　志郎　しらと・しろう　大正9年11月30日～平成19年1月26日　科研製薬常務　→06/08

白土　吾夫　しらと・のりお　昭和2年3月3日～平成18年7月19日　日中文化交流協会代表理事・専務理事　→06/08

白土　光大　しらと・みつお　明治40年1月1日～昭和56年7月25日　鐘淵化学工業常務　→80/82

白鳥　栄一　しらとり・えいいち　昭和9年～平成10年2月23日　公認会計士　中央大学教授　→97/99

白鳥　英里子　しらとり・えりこ　昭和53年7月14日～平成12年9月5日　先天性筋ジストロフィー症患者　→00/02

白鳥　一雄　しらとり・かずお　大正4年10月1日～昭和27年1月21日　札幌市警警備課長　→昭和

白鳥　義三郎　しらとり・ぎさぶろう　明治31年9月21日～昭和40年12月27日　習志野市初代市長、全国町村会長　→昭和

白鳥　知　しらとり・さとる　大正6年12月11日～平成18年9月22日　静岡市助役　→06/08

白鳥　三郎　しらとり・さぶろう　大正6年6月26日～昭和63年9月23日　与野市長、埼玉県議（社会党）　→88/90

白鳥　茂樹　しらとり・しげき　～昭和23年11月7日　清水白鳥造船所社長　→昭和

白取　晋　しらとり・すすむ　昭和14年10月31日～平成5年8月13日　報知新聞東京本社編集委員　→91/93

白鳥　大八　しらとり・だいはち　大正1年8月20日～平成1年4月30日　青森テレビ取締役相談役、全国信用組合中央協会長、青森県会議長　→88/90

白鳥　堯助　しらとり・たかすけ　昭和9年10月15日～　海外興業伯国支店長　→昭和

白鳥　忠世　しらとり・ただよ　昭和13年4月16日～平成22年7月21日　積月町（北海道）町長　→09/11

白鳥　敏夫　しらとり・としお　明治20年6月8日～昭和24年6月3日　外交官、政治家　駐イタリア大使、衆院議員（無所属倶楽部）　→昭和

白取　秀弘　しらとり・ひでひろ　明治44年2月8日～昭和62年7月24日　東奥日報社常務取締役　→83/87

白鳥　広近　しらとり・ひろちか　明治31年8月10日～昭和21年3月17日　社会運動家　→昭和

白鳥　由栄　しらとり・よしえ　明治40年7月31日～昭和54年2月24日　脱獄王　→昭和

白仁　進　しらに・すすむ　明治34年10月30日～平成3年2月21日　松下電送取締役　→91/93

白仁　武　しらに・たけし　文久3年10月21日～昭和16年4月20日　内務官僚、実業家　日本郵船社長、八幡製鉄所長官　→昭和

白仁　満　しらに・みつる　～昭和55年4月20日　日本郵船副社長　→80/82

白根　運夫　しらね・かずお　～昭和47年10月16日　九州ダイケン社長　→昭和

白根　勝臣　しらね・かつおみ　～昭和55年10月12日　新東西社長、元大洋漁業常務取締役　→80/82

白根　清香　しらね・きよか　明治29年11月6日～昭和60年12月30日　日本銀行理事、日本証券金融社長、中央信託銀行社長　→83/87

白根　熊三　しらね・くまぞう　～昭和14年8月31日　海軍中将　→昭和

白根　精一　しらね・せいいち　大正9年3月29日～平成2年2月5日　オースチン・サンアントニオ・コリドール日本代表、山種商事顧問　→88/90

白根　竹介　しらね・たけすけ　明治16年5月25日～昭和32年3月5日　内務官僚　貴院議員　→昭和

白根　玉喜　しらね・たまき　明治36年11月4日～昭和57年8月2日　郵政省簡易保険局長　→80/82

白根　春義　しらね・はるよし　昭和4年6月25日～平成19年9月10日　東京インキ常務　→06/08

白根　松介　しらね・まつすけ　明治19年10月30日～昭和58年7月28日　宮内次官、貴族院議員　→83/87

白根　雄偉　しらね・ゆうい　大正7年3月21日～平成13年2月26日　神奈川県副知事　→00/02

白羽　正一　しらは・しょういち　明治42年1月1日～平成4年11月27日　愛知県会議長、小売商事会長　→91/93

白波瀬　米吉　しらはせ・よねきち　明治20年4月11日～昭和61年11月13日　参院議員、グンゼ取締役、北海道開発政務次官　→83/87

白幡　敦　しらはた・あつし　大正10年3月1日～平成8年5月2日　渡辺測器（のちグラフテック）常務　→94/96

白幡　憲佑　しらはた・けんゆう　昭和6年2月27日～平成16年12月21日　僧侶　全日本仏教会理事長、光明寺（浄土宗）住職　→03/05

白幡 文雄　しらはた・ふみお　～平成1年9月13日
　双電社会長　→88/90

白畠 正雄　しらはた・まさお　明治33年8月9日～昭和58年6月14日　弁護士　京都弁護士会会長　→83/87

白幡 万平　しらはた・まんぺい　明治35年7月23日～平成7年11月19日　神奈川県選管委員長, 神奈川県議　→94/96

白浜 孝一　しらはま・こういち　大正15年6月22日～平成22年3月11日　丸紅常務　→09/11

白浜 重豊　しらはま・しげとよ　～昭和8年4月8日　横須賀海軍航空隊附少佐　→昭和

白浜 たらこて　しらはま・たらこて　明治7年～昭和56年12月22日　全国8位の長寿者　→80/82

白浜 仁吉　しらはま・にきち　明治41年8月1日～昭和60年1月4日　衆院議員(自民党), 郵政相　→83/87

白浜 英美　しらはま・ひでみ　昭和3年5月30日～平成22年5月20日　南日本新聞常務　→09/11

白浜 浩　しらはま・ひろし　明治33年11月25日～昭和60年5月9日　日本光学工業社長, 日本光学協会会長, 日本写真工業会会長　→83/87

白浜 正俊　しらはま・まさとし　昭和7年1月16日～平成4年5月8日　日本鋳鉄管専務　→91/93

白浜 芳次郎　しらはま・よしじろう　大正10年～平成10年　軍人　「最後の零戦」の著者　→00/02s

白浜 ワカ　しらはま・わか　明治11年3月26日～平成4年6月16日　114歳の長寿日本一　→91/93

白藤 衛三郎　しらふじ・えいざぶろう　大正5年8月20日～平成11年6月26日　青森県中小企業団体中央会会長, 青森県りんご対策協議会会長　→97/99

調 一興　しらべ・かずおき　～平成17年4月15日　日本障害者協議会代表　→03/05

調 寛雅　しらべ・かんが　～平成19年1月30日　僧侶　タイ・ビルマ方面戦病没者追悼委員会主務長　→06/08

調 茂喜　しらべ・しげき　～昭和63年3月6日　塩釜港運送社長　→88/90

調 虎雄　しらべ・とらお　明治35年9月27日～昭和62年6月3日　第一紡績社長　→83/87

白水 秀一　しらみず・ひでいち　～平成3年11月8日　佐賀県議　→91/93

白水 実　しらみず・みのる　～平成3年5月4日　白水商会長　→91/93

白柳 景吉　しらやなぎ・けいきち　～昭和52年7月17日　古河金属工業社長　→88/90

白柳 誠一　しらやなぎ・せいいち　昭和3年6月17日～平成21年12月30日　カトリック枢機卿　日本カトリック司教協議会会長, 世界宗教者平和会議日本委員会名誉理事長　→09/11

白柳 止戈雄　しらやなぎ・たけお　～平成2年2月19日　東京計器取締役　→88/90

白山 寛　しらやま・かん　～昭和61年5月11日　今浦組顧問, 中部日本鉱業研究所顧問　→83/87

白山 政造　しらやま・まさぞう　～昭和62年11月12日　安田生命保険取締役　→83/87

白山 与太郎　しらやま・よたろう　～昭和60年2月11日　白山工業会長　→83/87

尻枝 正行　しりえだ・まさゆき　昭和7年～平成19年6月10日　カトリック司祭　バチカン諸宗教対話評議会事務局次長, サレジオ大学客員教授　→06/08

城 知晴　しろ・ちはる　昭和22年11月1日～平成12年3月8日　農林水産省官房総務審議官　→00/02

城 好文　しろ・よしふみ　～平成3年6月3日　大阪製鎖造機社長　→91/93

城石 武　しろいし・たけし　昭和8年1月15日～平成23年1月7日　清水建設副社長　→09/11

白水 淡　しろうず・あわし　文久3年6月～昭和7年1月25日　陸軍中将　→昭和(しろず・たん)

白水 新助　しろうず・しんすけ　明治41年1月5日～平成5年4月7日　テレビ長崎専務, 西日本新聞社取締役　→91/93

白水 善右衛門　しろうず・ぜんうえもん　大正8年6月22日～平成4年5月28日　福岡県議(農政連)　→91/93

白水 睦時　しろうず・のぶはる　大正12年2月20日～平成17年10月11日　昭和鉄工専務　→03/05

白水 半次郎　しろうず・はんじろう　明治32年6月17日～平成3年8月13日　北大阪急行電鉄会長, 阪急電鉄副社長, エフエム大阪社長　→91/93

白水 光雄　しろうず・みつお　～昭和63年8月9日　三星スレート社長　→88/90

白水 利喜太　しろうず・りきた　～昭和59年6月25日　福岡県電話協同組合理事長, 全日本電話取引業会副会長　元・博多山笠土居流れ総代　→83/87

白銀 市太郎　しろがね・いちたろう　元治1年9月～昭和9年11月9日　山口市長　→昭和

白銀 重二　しろかね・ちょうじ　～平成1年11月20日　陸軍中将　山口県軍恩連盟顧問, 第七・第九飛行師団長　→88/90

城川原 隆一　しろがはら・りゅういち　～昭和63年4月10日　照国海運専務　→88/90

城川 善蔵　しろかわ・ぜんぞう　～昭和2年2月7日　大同生命常務取締役　→昭和

白木 浩一　しろき・こういち　大正15年7月24日～昭和61年6月10日　シロキ社長　→83/87

白木 大助　しろき・だいすけ　～昭和62年11月2日　白木屋会長　→83/87

白木 信雄　しろき・のぶお　～昭和60年3月23日　毎日映画社常務　→83/87

城子 孝五郎　しろこ・こうごろう　明治30年11月22日～

平成2年4月9日　日本郵船氷川丸船長　→88/90

城子 昭二郎　しろこ・しょうじろう　昭和2年10月16日～昭和62年11月4日　昭和海運取締役　→83/87

城沢 盛男　しろさわ・もりお　～平成14年11月29日　岩手県議　→03/05s

白下 登　しろした・のぼる　昭和5年3月27日～平成5年8月7日　日本食肉消費総合センター専務理事　→91/93

代田 市蔵　しろた・いちぞう　大正4年2月25日～平成1年6月27日　プリモ会長　→88/90

代田 隼蔵　しろた・はやとし　昭和7年9月3日～平成12年8月4日　トーヨコ工研常務　→00/02

代田 治男　しろた・はるお　～昭和55年6月9日　台東区議会議員　→80/82

城田 正哉　しろた・まさや　大正11年～昭和60年10月11日　佐伯建設工業取締役　→83/87

代田 稔　しろた・みのる　明治32年4月23日～昭和57年3月10日　ヤクルト本社会長　→80/82

城地 豊司　しろち・とよじ　昭和2年7月30日～平成1年11月9日　衆院議員(社会党)、電機労連副委員長　→88/90

城野 晴夫　しろの・はるお　昭和9年8月30日～平成2年12月11日　東京理化工業所取締役　→88/90

城間 盛栄　しろま・せいえい　大正7年6月20日～平成19年8月21日　沖縄県議(沖縄社会大衆党)　→06/08

白松 篤樹　しろまつ・あつき　～昭和16年7月9日　大分県知事　→昭和

城水 元次郎　しろみず・もとじろう　昭和4年2月23日～平成22年4月18日　富士通専務、NTT常務　→09/11

代谷 二郎　しろや・じろう　昭和46年5月2日　石原産業取締役　→昭和

志波 勉　しわ・つとむ　明治35年6月25日～昭和61年7月4日　四国電力常務、四電エンジニアリング社長　→83/87

塩飽 茂　しわく・しげる　明治35年10月19日～平成5年3月24日　長崎県副知事、テレビ長崎社長　→91/93

塩飽 望　しわく・のぞむ　大正11年8月29日～平成12年12月12日　FSK社長　→00/02

神 彰　じん・あきら　大正11年6月28日～平成10年5月28日　国際プロモーター　アート・ライフ社長　→97/99

新 一成　しん・かずしげ　昭和9年3月29日～平成20年1月7日　石動信用金庫理事長　→06/08

新 孝一　しん・こういち　大正11年10月29日～昭和61年10月30日　福岡ファクターサービス社長・相談役、福岡銀行常務取締役　→83/87

神 四郎　じん・しろう　明治44年10月19日～昭和63年2月2日　日本カーリット専務　→88/90

神 次郎　じん・じろう　明治40年10月31日～平成2年1月25日　鹿島建設常務　→88/90

進 誠二　しん・せいじ　明治31年11月4日～昭和57年7月8日　サンテレフォト監査役　→80/82

進 十六　しん・そろく　天保14年12月2日～昭和3年5月16日　司法官　→昭和(しん・じゅうろく)

進 経太　しん・つねた　元治1年7月13日～昭和7年12月24日　石川島造船所取締役技師長　→昭和

新 文夫　しん・ふみお　明治30年10月2日～昭和60年7月28日　関電興業相談役・元社長　→83/87

新貝 功　しんがい・いさお　～昭和61年11月13日　豊前市合河火葬場建設反対同盟委員長　→83/87

新海 英一　しんかい・えいいち　明治25年11月24日～昭和61年9月22日　古河鉱業相談役・元社長　→83/87

新谷 喜代造　しんがい・きよぞう　昭和2年1月24日～昭和63年2月13日　関西ペイント常務　→88/90

新海 啓三　しんかい・けいぞう　大正9年4月18日～昭和60年1月20日　高砂鉄工取締役　→83/87

新開 広作　しんかい・こうさく　～昭和43年9月7日　東京芝浦電気社長　→昭和

新開 佐市　しんかい・さいち　大正6年5月5日～昭和61年11月27日　新開代表取締役社長　→83/87

新海 亨　しんかい・とおる　大正3年7月22日～平成10年3月9日　旭可鍛鉄社長、日本ガイシ専務　→97/99

新開 信之　しんかい・のぶゆき　昭和2年3月30日～平成9年12月8日　大林組常務　→97/99

新貝 肇　しんがい・はじめ　明治30年～昭和55年1月9日　大分県副知事、テレビ大分社長　→80/82

新貝 久雄　しんがい・ひさお　大正15年11月29日～平成15年1月12日　タカラ堂会長、静岡商工会議所副会頭　→03/05

真貝 秀二　しんがい・ひでじ　大正14年1月14日～平成22年5月22日　日本共産党新潟県委員会副委員長　→09/11

新開 仁　しんかい・ひとし　～昭和55年6月29日　山陽コカ・コーラボトリング常務　→80/82

新開 庸晃　しんかい・よしひろ　昭和8年2月14日～平成22年1月28日　東陶機器副社長　→09/11

新川 栄一　しんかわ・えいいち　大正6年10月7日～昭和63年11月11日　豊島区議　→88/90

新川 淳　しんかわ・ただし　～平成8年8月8日　トウシン専務　→94/96

真川 昌幸　しんかわ・まさゆき　大正9年8月9日～平成5年8月30日　日本クラウン監査役、若築建設専務　→91/93

新川 柳作　しんかわ・りゅうさく　大正4年7月31日～平成20年1月17日　エース創業者　→06/08

神宮 章　じんぐう・あきら　大正7年10月4日～平成9年12月27日　丸善石油(のちコスモ石油)専務　→97/99

神宮 清　じんぐう・きよし　明治45年3月15日～平成11年3月12日　大分銀行常務　→97/99

神宮 慶太郎　じんぐう・けいたろう　大正10年3月1日～平成1年6月28日　栃木日立家電会長　→88/90

神宮 日出男　じんぐう・ひでお　大正15年11月5日～平成1年4月23日　大洋金属専務　→88/90

新宮 陽太　しんぐう・ようた　～昭和63年5月15日　自衛隊東北方面総監　→88/90

神宮司 順　じんぐうじ・じゅん　昭和5年1月16日～平

9年4月18日　沖電機社長　→97/99

神宮司　忠正　じんぐうじ・ただまさ　～昭和58年1月7日　日立造船エンジニアリング取締役　→83/87

新熊　昭一　しんくま・しょういち　昭和2年1月8日～平成7年11月16日　大末建設常務　→94/96

新家　宗明　しんけ・むねあき　～昭和59年5月9日　全金同盟副会長,豊中市会議長　→83/87

新家　芳治　しんけ・よしはる　昭和3年12月26日～平成12年11月6日　大阪府議(公明党)　→00/02

新郷　重夫　しんごう・しげお　明治42年1月8日～平成2年11月14日　経営管理改善研究所所長　→88/90

新郷　英城　しんごう・ひでき　～昭和57年11月27日　空将　航空自衛隊北部航空方面隊司令官　→80/82

心光院　枝子　しんこういん・えし　～昭和6年3月11日　西本願寺元法主明如上人裏方　→昭和

新坂　一雄　しんさか・かずお　昭和14年2月28日～平成3年12月28日　参院議員(連合)　→91/93

宍道　一郎　しんじ・いちろう　大正9年11月25日～平成22年3月30日　日本ビクター社長　→09/11

進士　忠　しんじ・ただし　昭和13年10月13日～平成20年11月3日　ジャスコ専務　→06/08

宍道　政一郎　しんじ・まさいちろう　明治9年11月16日～昭和13年5月2日　実業家　出雲製織創業者　→昭和（しんじ・せいいちろう）

新城　馨　しんじょう・かおる　大正15年11月5日～平成22年12月15日　沖縄県軍用地等地主会連合会会長　→09/11

新城　賢治　しんじょう・けんじ　明治29年1月28日～平成1年3月13日　第一銀行監査役,シチズン時計取締役　→88/90

新荘　剛三　しんじょう・ごうぞう　明治43年8月19日～平成1年7月18日　鹿島建設副社長　→88/90

新庄　茂夫　しんじょう・しげお　大正5年2月25日～平成22年2月11日　東京都民銀行専務　→09/11

新庄　槌三　しんじょう・つちぞう　～昭和13年5月25日　陸軍獣医少将　→昭和

新庄　信一　しんじょう・のぶかず　～昭和60年11月21日　富山美術倶楽部取締役,富山市古美術商防犯組合副組合長　→83/87

新庄　博　しんじょう・ひろし　～昭和62年5月13日　新庄洋家具店代表,富山市洋家具組合副理事長　→83/87

新庄　雅彦　しんじょう・まさひこ　昭和19年3月24日～平成12年7月15日　日本飛行機常務　→00/02

新庄　宗雅　しんじょう・むねまさ　大正2年11月22日～平成8年8月25日　日本鉱業(のちジャパンエナジー)専務　→94/96

新庄　祐治郎　しんじょう・ゆうじろう　明治16年5月16日～昭和26年2月2日　滋賀県知事　→昭和

新庄　義信　しんじょう・よしのぶ　～平成9年9月20日　宇治市長　→97/99

新庄　米次郎　しんじょう・よねじろう　～昭和53年5月9日　川鉄商事社長　→昭和

新関　勝芳　しんぜき・かつよし　明治39年3月20日～平成6年4月27日　弁護士　大阪高裁長官,東洋大学法学部教授　→94/96

新関　勝郎　しんぜき・かつろう　昭和15年11月30日～平成8年4月27日　情報処理振興事業協会専務理事　→94/96

新関　蜜芳　しんぜき・みつよし　～昭和57年9月27日　日鉄鉱業元取締役　→80/82

神宅　賀寿恵　しんたく・かずえ　～昭和39年11月12日　弁護士　関西大学理事長,大阪市公安委員長　→昭和

新宅　順三　しんたく・じゅんぞう　大正11年5月13日～平成16年5月20日　ユシロ化学工業社長・会長　→03/05

新谷　重造　しんたに・じゅうぞう　～昭和57年3月7日　毎日新聞社社友・元同社取締役　→80/82

新谷　チヱノ　しんたに・ちえの　明治43年10月24日～平成3年9月11日　きよめ餅総本家会長　→91/93

新谷　寅三郎　しんたに・とらさぶろう　明治35年10月30日～昭和59年12月16日　参院議員(自民党)　→83/87

新谷　博司　しんたに・ひろし　昭和9年12月2日～平成3年9月22日　菱信リース副社長,三菱信託銀行専務　→91/93

新谷　要二　しんたに・ようじ　明治44年2月26日～昭和63年3月21日　山口県会副議長　→88/90

新藤　昭光　しんどう・あきみつ　昭和4年2月23日～平成22年7月10日　北陸電力副社長　→09/11

新堂　伊三　しんどう・いぞう　明治33年7月12日～平成5年1月31日　尾西毛糸紡績会長　→91/93

進藤　一郎　しんどう・いちろう　明治43年8月1日～平成2年5月6日　東京電力副社長　→88/90

神藤　栄次　じんどう・えいじ　～昭和55年9月25日　松彦証券取締役営業本部長・前会長　→80/82

進藤　一馬　しんどう・かずま　明治37年1月1日～平成4年11月28日　福岡市長,衆院議員(自民党)　→91/93

神道　寛次　じんどう・かんじ　明治29年11月20日～昭和46年2月17日　弁護士,社会運動家　→昭和

新道　喜久治　しんどう・きくじ　昭和4年5月1日～平成11年2月16日　大丸産業社長　→97/99

神道　久三　しんどう・きゅうぞう　明治33年3月7日～昭和20年9月22日　社会運動家　→昭和

進藤　喜代夫　しんどう・きよお　大正2年5月29日～平成7年10月27日　ニチアス専務　→94/96

進藤　淳　しんどう・きよし　大正6年10月19日～平成17年10月6日　空将　航空自衛隊補給統制処長,神鋼電機専務　→03/05

進藤　幸三郎　しんどう・こうさぶろう　明治36年5月27日～昭和63年6月21日　日本無線取締役　→88/90

進藤　孝二　しんどう・こうじ　明治35年9月25日～昭和48年9月23日　実業家　大阪商船三井船舶社長　→昭和

進藤 甲兵　しんどう・こうへい　〜昭和17年1月25日
九鉄社長　→昭和

進藤 貞和　しんどう・さだかず　明治43年3月4日〜平成14年2月22日　三菱電機社長　→00/02

進藤 正之助　しんどう・しょうのすけ　大正13年3月15日〜平成15年1月3日　日本電気興業会長, 秋田商工会議所副会頭　→03/05

進藤 次郎　しんどう・じろう　明治38年4月26日〜平成11年7月24日　朝日新聞専務, 大広社長　→97/99

新藤 晋海　しんどう・しんかい　〜平成13年3月17日
僧院　東大寺第126世別当, 華厳宗管長　→00/02

真藤 慎太郎　しんどう・しんたろう　明治16年7月〜昭和46年1月11日　衆院議員(無所属倶楽部)　→昭和

進藤 誠一　しんどう・せいいち　明治22年8月14日〜昭和59年2月12日　満州電電副総裁　→83/87

進藤 竹次郎　しんどう・たけじろう　明治25年2月15日〜昭和49年11月21日　東洋紡会長　→昭和

進藤 龍生　しんとう・たつお　〜平成17年1月25日
玄洋社記念館館長　→03/05

進藤 信義　しんどう・のぶよし　明治11年3月3日〜昭和26年3月11日　神戸新聞社長　→昭和

進藤 一　しんどう・はじめ　大正7年7月16日〜昭和58年6月28日　日本経営士会理事兼関東支部長, 富士短期大学教授　→83/87

進藤 はな　しんどう・はな　〜昭和44年5月7日
皇太子殿下乳人　→昭和

進藤 久雄　しんどう・ひさお　明治45年1月27日〜平成7年12月12日　太平洋金属社長　→94/96

真藤 恒　しんとう・ひさし　明治43年7月2日〜平成15年1月26日　日本電信電話初代社長　→03/05

新藤 広昭　しんどう・ひろあき　昭和10年7月21日〜平成4年4月4日　新藤写真製版, 新藤美術印刷社長　→91/93

真藤 宏樹　しんとう・ひろき　〜昭和58年9月15日
東芝富士工場コンプレッサー技術部設計担当課長　→83/87

進藤 武左ヱ門　しんどう・ぶざえもん　明治29年12月19日〜昭和56年8月27日　水資源開発公団総裁　→80/82

神藤 文雄　しんどう・ふみお　大正12年3月1日〜平成7年5月22日　佐藤工業専務　→94/96

進藤 正典　しんどう・まさのり　〜昭和61年8月1日
理研ビタミン顧問　→83/87

新堂 政春　しんどう・まさはる　大正12年12月15日〜平成19年7月14日　大崎町(鹿児島県)町長　→06/08

進藤 松吉　しんどう・まつよし　大正15年3月13日〜平成21年9月23日　中標津町(北海道)町長　→09/11

進藤 道也　しんどう・みちや　昭和2年4月22日〜平成2年4月16日　丸善石油(のちコスモ石油)取締役　→88/90

新堂 貢　しんどう・みつぐ　大正13年9月23日〜昭和63年8月27日　朝日運輸社長　→88/90

新藤 満三郎　しんどう・みつさぶろう　大正12年4月6日〜平成11年9月7日　アマダメトレックス社長・会長　→97/99

真銅 光二　しんどう・みつじ　大正15年8月21日〜昭和58年7月7日　豊国不動産監査役, ニチメン取締役　→83/87

新藤 茂七　しんどう・もしち　大正14年11月1日〜昭和63年7月16日　モダンマシナリー社長　→88/90

新藤 義雄　しんどう・よしお　大正2年〜昭和58年12月24日　埼玉銀行常務取締役　→83/87

進藤 喜信　しんどう・よしのぶ　明治45年1月28日〜平成1年8月15日　電気化学工業専務　→88/90

新冨 寅男　しんとみ・とらお　明治42年1月1日〜平成1年1月28日　松下電送副社長, 松下電送サービス社長　→88/90

陣内 昭人　じんない・あきと　〜昭和57年3月10日
三井鉱山取締役北九州事業所次長　→80/82

陣内 恒雄　じんない・つねお　明治35年8月10日〜昭和59年1月14日　松下電器貿易専務, 松下興産副社長　→83/87

新内 哲雄　しんない・てつお　〜平成4年12月24日
全農燃料ターミナル社長, 全国農業協同組合連合会常務理事　→91/93

神内 英樹　じんない・ひでき　昭和29年2月23日〜平成13年4月28日　プロミス副社長　→00/02

陣内 秀安　じんない・ひでやす　明治45年7月6日〜平成3年1月1日　東洋通信機取締役　→91/93

新内 弥太郎　しんない・やたろう　〜昭和63年11月12日　北海道石狩支庁長　→88/90

神中 博　じんなか・ひろし　〜平成2年11月29日
アンデス石油常務, テルナイト副社長　→88/90

神野 桂　じんの・かつら　大正2年3月27日〜平成9年4月8日　東海製粉社長　→97/99

神野 公三　じんの・こうぞう　大正14年3月30日〜平成13年6月1日　住友金属鉱山副社長　→00/02

新野 重雄　しんの・しげお　明治41年11月25日〜昭和61年7月17日　センチュリー監査法人福岡事務所長, 日本公認会計士協会副会長　→83/87

神野 四郎　じんの・しろう　大正13年1月21日〜平成3年8月13日　ダイワボウ常務　→91/93

神野 孝行　じんの・たかゆき　昭和2年3月1日〜平成6年9月12日　同和鉱業常務　→94/96

神野 都岐三　じんの・ときぞう　〜昭和56年1月3日
八千代証券監査役・前専務　→80/82

神野 龍幸　じんの・りゅうこう　大正14年7月1日〜平成17年9月25日　僧院　石鎚山真言宗管長, 極楽寺法主　→06/08s

神納 正　しんのう・ただし　大正4年1月3日〜平成2年1月15日　田辺製薬常務　→88/90

神納 頼太郎　しんのう・らいたろう　〜昭和55年8月22日　大野城市議　→80/82

I 政治・経済・社会篇　　　　　　　　　　　　　　　　　　　　　　　しんりゅう

榛葉 静策　しんば・せいさく　明治43年10月9日～平成17年2月21日　兼松江商専務　→03/05

榛葉 達男　しんば・たつお　昭和14年11月2日～平成12年11月27日　静岡県議　→00/02

榛葉 虎之助　しんば・とらのすけ　～昭和52年8月5日　掛川市長　→昭和

新桥 勝記　しんはし・かつき　大正15年11月12日～平成18年11月23日　阿久根市長　→06/08

神保 一郎　じんぼ・いちろう　明治44年1月26日～平成3年6月12日　釧路市会議長　→91/93

神保 カツ子　じんぼ・かつこ　～平成3年7月16日　三太旅館女将　→91/93

新保 圭一　しんぽ・けいいち　大正9年3月12日～平成15年12月26日　新和海運常務、新和内航海運社長　→03/05

新保 健二　しんぽ・けんじ　明治40年12月26日～昭和57年12月15日　大日本電線専務、電線工業経営者連盟理事長　→80/82

神保 健二　じんぽ・けんじ　昭和3年3月25日～平成2年10月6日　NTT関西移動通信専務　→88/90

新保 才知　しんぽ・さいち　大正7年9月7日～平成9年5月16日　日興証券取締役、日興投信販売(のち東京証券)専務　→97/99

神保 重吉　じんぽ・じゅうきち　明治14年2月～昭和32年12月31日　衆議院議員(立憲政友会)　→昭和

新保 生二　しんぽ・せいじ　昭和20年6月2日～平成16年10月26日　経済企画庁審議官、青山学院大学国際政治経済学部教授　→03/05

神保 泰一　じんぼ・たいいち　明治41年3月31日～昭和62年3月7日　弁護士　石川県議、金沢弁護士会長、検事　→83/87

新保 赳夫　しんぽ・たけお　～昭和57年10月10日　東京製綱監査役　→80/82

神保 哲雄　じんぼ・てつお　大正15年～平成15年8月20日　曙ブレーキ工業副社長　→03/05

神保 日慈　じんぼ・にちじ　明治2年～昭和12年2月27日　僧侶　日蓮宗管長、人本山澁革軽寺貫主　→昭和(じんば・にちじ)

神保 寿夫　じんぼ・ひさお　昭和3年2月21日～平成10年9月16日　昭和飛行機工業会長　→97/99

新保 実生　しんぽ・みつお　大正11年3月1日～昭和63年8月17日　北海道東北開発公庫総裁、北海道開発庁事務次官　→88/90

神保 六郎　じんぼ・ろくろう　大正2年11月14日～昭和61年1月30日　太平ゴム(株)社長、関西滑川会会長　→83/87

神保 正義　じんぼう・まさよし　大正6年6月3日～昭和61年3月1日　福田道路副社長、元日本道路公団仙台建設局長　→83/87

新堀 正　しんぼり・しょう　～平成8年7月7日　千葉県会副議長　→94/96

新堀 達也　しんぼり・たつや　大正6年10月1日～平成12年7月30日　富士通常務　→00/02

新堀 典彦　しんぼり・のりひこ　昭和15年12月7日～平成23年8月3日　神奈川県議(自民党)　→09/11

新堀 正義　しんぼり・まさよし　～昭和44年10月9日　国際電気取締役　→昭和

新間 伊津平　しんま・いつへい　明治37年12月13日～平成5年2月4日　全国木材協同組合連合会会長　→91/93

神馬 喜助　じんま・きすけ　～昭和60年3月5日　日本勧業銀行常任監査役　→83/87

新見 宏　しんみ・ひろし　大正12年4月5日～昭和54年12月5日　(財)日本聖書協会総主事　→昭和

新名 紀夫　しんみょう・のりお　大正4年2月11日～平成9年7月21日　日住サービス会長　→97/99

新村 勝雄　しんむら・かつお　大正14年5月1日～平成15年6月24日　衆院議員(社会党)、野田市長　→03/05

新村 勝二　しんむら・かつじ　～昭和57年7月21日　檜山管内奥尻町議会議長　→80/82

新村 源雄　しんむら・げんゆう　大正8年10月21日～平成7年3月22日　衆院議員(社会党)　→94/96

新村 三憲　しんむら・さぶのり　昭和2年5月28日～平成4年9月18日　東京製綱常務　→91/93

榛村 専一　しんむら・せんいち　～昭和36年9月3日　掛川市長　→昭和

新村 義広　しんむら・よしひろ　～昭和49年3月23日　名古屋高裁長官　→昭和

新名 健吉　しんめい・けんきち　明治41年12月3日～平成12年9月28日　新名社長、金沢工業大学顧問、金沢工業高等専門学校名誉校長　→00/02

神明 政三　しんめい・まさぞう　大正4年8月10日～平成9年5月3日　広島市議　→97/99

新持 武士　しんもち・たけし　～平成9年1月28日　日本電通建設常務　→97/99

新門 登　しんもん・のぼる　～平成21年5月31日　沖縄県立自立生活センターイルカ理事長　→09/11

新谷 市造　しんや・いちぞう　明治34年11月20日～昭和57年1月13日　新谷建設会長、旭川商工会議所会頭、北海道商工会議所連合会副会頭　→80/82

新谷 真　しんや・しん　～昭和12年3月10日　新潟放送局長　→昭和

新谷 隆　しんや・たかし　大正3年3月9日～昭和59年12月22日　鈴木自動車工業常務　→83/87

新屋 弘市　しんや・ひろいち　～昭和63年9月18日　全国宅地建物取引業保証協会相談役　→88/90

新山 昌孝　しんやま・まさたか　大正15年6月8日～平成1年10月29日　南陽市長　→88/90

信隆 日秀　しんりゅう・にっしゅう　～昭和5年11月28日　本門法華宗管長大僧正　→昭和

【す】

瑞初尼　ずいしょに　〜昭和6年1月9日
　伊藤伝右衛門実妹　→昭和

水津 宣四郎　すいず・せんしろう　〜昭和48年8月5日
　第一銀行副頭取　→昭和

水津 林三　すいず・りんぞう　〜平成2年11月29日
　日商岩井監査役　→88/90

吹田 安兵衛　すいた・やすべえ　大正6年8月23日〜平成21年1月8日　小浜市長、福井県教育委員長　→09/11

水津 寛一　すいつ・かんいち　大正11年5月18日〜平成15年12月27日　小池酸素工業常務　→03/05

水津 肇　すいつ・はじめ　大正7年4月26日〜平成7年11月12日　日本電子機器（のちユニシアジェックス）社長　→94/96

水津 利輔　すいつ・りすけ　〜昭和55年2月27日
　日本鉄鋼連盟常務理事　→80/82

出納 菊二郎　すいどう・きくじろう　明治28年〜昭和58年10月10日　佐伯市長　→83/87

出納 一　すいどう・はじめ　大正10年3月31日〜平成22年10月12日　佐伯信用金庫理事長、佐伯商工会議所会頭　→09/11

須内 慎六　すうち・しんろく　明治36年10月6日〜平成1年4月15日　京浜精機製作所相談役・元社長　→88/90

須江 侯三　すえ・こうぞう　〜昭和58年1月25日
　中日新聞社参与　→83/87

須江 孟雄　すえ・たけお　〜昭和43年8月17日
　中部日本新聞社相談役、元名古屋タイムズ社長　→昭和

須江 武　すえ・たけし　〜昭和57年11月11日
　尼崎浪速信用金庫専務理事　→80/82

須江 誠　すえ・まこと　昭和10年11月11日〜平成2年10月6日　NHKエンタープライズ常務　→88/90

末岡 武士　すえおか・たけし　大正5年4月27日〜平成6年10月25日　TOTO常務　→94/96

末岡 日出徳　すえおか・ひでのり　〜昭和54年6月17日
　駐エクアドル大使　→昭和

末岡 義輝　すえおか・よしてる　大正9年7月9日〜平成3年9月9日　日本国土開発専務　→91/93

末金 英一　すえかね・えいいち　〜昭和57年11月8日
　八女商工会議所副会頭　→80/82

末川 恒雄　すえかわ・つねお　昭和5年3月31日〜平成10年12月28日　北陸銀行専務　→97/99

末川 久信　すえかわ・ひさのぶ　〜昭和60年8月12日
　高砂鉄工取締役・大阪支店長　→83/87

末国 進　すえくに・すすむ　明治45年4月4日〜平成5年1月1日　小野田セメント常務、帝国ヒューム管取締役　→91/93

末定 雄成　すえさだ・ゆうせい　〜昭和55年5月30日
　飛島建設常務　→80/82

末島 敏孝　すえじま・としたか　明治42年12月12日〜平成5年3月23日　日本電気精器副社長　→91/93

末田 隆　すえだ・たかし　大正8年9月6日〜平成1年12月1日　広島県議（自民党、豊田郡）・県会議長　→88/90

末田 倬雄　すえだ・たくお　明治19年3月16日〜平成2年12月8日　弁護士　→88/90

末田 秀夫　すえだ・ひでお　明治40年10月1日〜平成9年3月15日　三菱化成（のち三菱化学）常務　→97/99

末田 祐夫　すえだ・ひろお　〜昭和40年7月17日
　大和証券常務　→昭和

尾高 亀蔵　すえたか・かめぞう　明治17年9月28日〜昭和28年8月1日　陸軍軍人　→昭和

末武 重郎　すえたけ・じゅうろう　昭和16年7月9日〜平成7年3月5日　ダイエー常務　→94/96

末次 昭　すえつぐ・あきら　〜昭和61年10月9日
　（財）健和会会長　→83/87

末次 一郎　すえつぐ・いちろう　大正11年10月1日〜平成13年7月11日　青年運動指導者　安全保障問題研究会代表　→00/02

末次 恭輔　すえつぐ・きょうすけ　〜平成3年8月21日
　佐賀銀行副頭取　→91/93

末次 梧郎　すえつぐ・ごろう　明治25年〜昭和10年12月19日　司法官　大阪控訴院思想係判事　→昭和

末次 信正　すえつぐ・のぶまさ　明治13年6月30日〜昭和19年12月29日　海軍大将　内相　→昭和

末次 政一郎　すえつぐ・まさいちろう　明治44年9月10日〜平成3年9月8日　平和マネキン社長　→91/93

末綱 愛里　すえつな・あいり　昭和3年3月6日〜平成9年5月8日　住友金属鉱山取締役　→97/99

末綱 延連　すえつな・のぶつら　昭和8年1月1日〜平成8年10月18日　ホシデン常務　→94/96

末富 達雄　すえとみ・たつお　明治39年10月18日〜平成6年3月1日　弁護士　日本弁護士連合会理事　→94/96

末永 明　すえなが・あきら　昭和4年1月2日〜昭和61年12月27日　運輸省航空局首席安全監察官　→83/87

末永 有俊　すえなが・ありとし　昭和9年2月8日〜平成14年10月2日　夕張鉄道社長　→00/02

末永 一彦　すえなが・かずひこ　〜昭和60年5月22日
　静岡日産自動車社長　→83/87

末永 コト　すえなが・こと　明治37年9月20日〜昭和61年2月5日　末広繊維工業会長、墨田区（東京都）教育委員　→83/87

末永 権六　すえなが・ごんろく　〜昭和29年2月12日
　飯島海運取締役　→昭和

末永 次郎　すえなが・じろう　〜昭和61年8月10日
　福岡市議　→83/87

末永 聡一郎　すえなが・そういちろう　大正3年4月21日

I 政治・経済・社会篇　　すか

～昭和60年8月14日　三菱重工業取締役相談役・元社長　→83/87

末永 徳博　すえなが・のりひろ　昭和10年3月20日～平成7年1月31日　日本赤外線工業社長　→94/96

末永 昌巳　すえなが・まさみ　昭和3年1月29日～平成18年2月12日　仁保農協組合長　→06/08

末永 美喜　すえなが・みき　昭和13年4月22日～平成23年5月21日　長崎県議(自民党)　→09/11

末永 康明　すえなが・やすあき　～平成2年10月2日　日中中央情報センター社長　→88/90

末永 嘉明　すえなが・よしあき　昭和3年7月16日～平成12年11月30日　セントラル硝子専務　→00/02

末永 嘉穂　すえなが・よしほ　大正12年5月1日～平成4年1月20日　日刊スポーツ新聞北海道本社専務　→91/93

末延 道成　すえのぶ・みちなり　安政2年10月19日～昭和7年5月24日　実業家　貴院議員(勅選)、東京海上火災保険会長　→昭和

末久 直心　すえひさ・なおみ　大正13年4月29日～平成9年7月1日　ヤマトハカリ計装社長　→97/99

末久 愿　すえひさ・ひろし　～昭和62年8月30日　夜須町(高知県)町長、高知県米穀事務取締役　→83/87

末広 愛邦　すえひろ・あいほう　明治33年11月20日～平成3年6月28日　僧侶　真宗大谷派宗務総長　→91/93

末弘 賀寿彦　すえひろ・かずひこ　大正14年5月7日～昭和59年9月23日　本州化学工業社長　→83/87

末広 邦夫　すえひろ・くにお　昭和7年6月7日～平成15年4月5日　ネツレン専務　→03/05

末広 晃一　すえひろ・こういち　大正11年10月4日～平成17年8月27日　徳山曹達専務　→03/05

末広 幸次郎　すえひろ・こうじろう　明治24年5月～昭和42年2月23日　日本興業銀行副総裁　→昭和

末広 重二　すえひろ・しげじ　大正13年10月13日～平成15年12月8日　気象庁長官　→03/05

末広 照延　すえひろ・しょうえん　明治41年11月26日～昭和55年2月5日　僧侶　天台宗大僧正、金嶺寺住職、大正大学文学部長　→80/82

末広 章介　すえひろ・しょうすけ　大正2年7月16日～平成1年8月4日　住倉工業社長　→88/90

末広 貫之　すえひろ・つらゆき　大正15年3月9日～平成21年8月5日　安田火災海上保険常務　→09/11

末広 義一　すえひろ・よしかず　明治45年4月7日～平成11年11月7日　大蔵省東北財務局長　→97/99

末広 六郎　すえひろ・ろくろう　昭和8年3月15日～平成20年12月5日　新日本製鉄副社長、新日鉄化学会長　→06/08

末松 偕一郎　すえまつ・かいいちろう　明治8年6月18日～昭和22年6月26日　衆院議員(翼賛議員同盟)　→昭和

末松 栄　すえまつ・さかえ　～平成6年2月21日　清水建設副社長、建設省関東地方建設局長　→94/96

末松 茂保　すえまつ・しげほ　大正5年6月18日～昭和年4月15日　積水ハウス常任顧問　→80/82

末松 純雄　すえまつ・すみお　大正10年3月26日～平成1年2月15日　製鉄化学工業専務　→88/90

末松 隆雄　すえまつ・たかお　昭和6年11月25日～平成1年12月29日　国民銀行専務　→88/90

末松 達也　すえまつ・たつや　昭和9年7月30日～平成3年11月24日　商工中金理事　→91/93

末松 太平　すえまつ・たへい　明治38年9月1日～平成5年1月17日　陸軍大尉　→91/93

末松 友衛　すえまつ・ともえ　～昭和55年5月25日　日産火災海上保険社長　→80/82

末松 充生　すえまつ・みちお　昭和19年8月2日～平成19年10月6日　三重県議(自民党)　→06/08

末松 三芳　すえまつ・みつよし　大正13年1月19日～平成4年5月4日　兵庫県議(自民党)　→91/93

末光 源蔵　すえみつ・げんぞう　明治11年～昭和7年9月23日　実業家　奉天温泉社長　→昭和

末光 千代太郎　すえみつ・ちよたろう　明治26年2月26～昭和49年11月5日　伊予銀行頭取　→昭和

末光 秀雄　すえみつ・ひでお　大正2年11月14日～平成11年1月8日　日新製鋼常務　→97/99

末宗 明登　すえむね・あきと　～平成23年7月13日　広島県原爆被害者団体協議会事務局長　→09/11

末村 幸二郎　すえむら・こうじろう　大正3年1月3日～平成16年12月6日　内田洋行常務　→03/05

末本 徹夫　すえもと・てつお　大正8年9月22日～平成12年1月26日　都市問題研究所所長、京都市議　→00/02

末山 正顕　すえやま・まさあき　明治30年6月9日～昭和56年9月17日　宇部興産相談役　→80/82

末吉 国夫　すえよし・くにお　～平成7年6月20日　日鍛バルブ常務　→94/96

末吉 俊雄　すえよし・としお　～昭和52年1月24日　三井東圧社長　→昭和

末吉 利雄　すえよし・としお　明治42年3月23日～平成7年12月31日　鹿児島市長　→94/96

末吉 好一　すえよし・よしかず　明治44年9月3日～平成16年5月3日　椿本チエイン会長　→03/05

周防 元成　すおう・もとなり　～昭和56年4月16日　旧海軍零戦搭乗委員会会長　→80/82

菅 秋登　すが・あきのり　明治40年12月5日～平成5年6月24日　加根又本店会長　→91/93

菅 一郎　すが・いちろう　大正2年5月15日～平成8年9月29日　日本相互証券社長、野村証券投資信託販売(のち国際証券)常務　→94/96

菅 英一　すが・えいいち　明治39年3月16日～昭和62年8月17日　三井物産常務　→83/87

須賀 栄治　すが・えいじ　明治44年10月19日～平成4年3月8日　光興業(のち昭光通商)社長　→91/93

須賀 修　すが・おさむ　～平成10年10月27日　別府ステーションセンター社長、国鉄大分鉄道管理局長

→97/99

須賀 清　すが・きよし　明治36年3月12日〜平成3年5月29日　帝都自動車交通会長　→91/93

菅 敬一　すが・けいいち　明治30年10月15日〜昭和63年6月4日　菅機械工業会長　→88/90

菅 圭一郎　すが・けいいちろう　明治32年1月26日〜昭和62年3月15日　湯沢市長　→83/87

須賀 賢二　すが・けんじ　明治44年8月7日〜昭和58年9月26日　食糧庁長官　→83/87

須賀 健次郎　すが・けんじろう　明治44年7月22日〜平成4年5月4日　浦和地裁判事　→91/93

須賀 剛平　すが・ごうへい　大正13年3月4日〜平成1年6月20日　タイガー魔法瓶常務　→88/90

菅 二郎　すが・じろう　〜昭和59年12月28日　電通常務　→83/87

須賀 善亮　すが・ぜんすけ　〜昭和55年2月24日　江戸川区助役　→80/82

須賀 武夫　すが・たけお　大正4年7月1日〜平成6年8月23日　登別温泉観光ホテル滝乃家代表取締役　→94/96

須賀 貞之助　すが・ていのすけ　大正8年10月3日〜平成5年9月14日　海上保安庁次長、京王帝都電鉄専務、日本鉄道建設公団理事　→91/93

須賀 利雄　すが・としお　〜平成6年12月21日　上野のれん会会長　→94/96

須賀 敏彦　すが・としひこ　〜平成6年5月26日　メーゾンオザワ会長　→94/96

須賀 彦次郎　すが・ひこじろう　〜昭和16年2月5日　海軍中将　→昭和

須賀 博　すが・ひろし　大正11年9月21日〜平成4年2月26日　農林省東北農政局長、農産業振興奨励会理事長　→91/93

菅 博太郎　すが・ひろたろう　大正3年9月4日〜平成15年1月14日　山口銀行副頭取　→03/05

須賀 康　すか・やすし　〜平成3年4月9日　安芸観光バス社長　→91/93

菅 要助　すが・ようすけ　明治36年1月3日〜昭和63年12月9日　東芝常務、東芝EMI社長　→88/90

菅 吉男　すが・よしお　〜昭和61年3月22日　九州電力常任監査役　→83/87

須賀 隆賢　すが・りゅうけん　明治22年1月〜昭和61年1月20日　浄土宗捨世派門主兼本山一心院住職、仏教大教授　→83/87

菅 礼之助　すが・れいのすけ　明治16年11月25日〜昭和46年2月18日　実業家、俳人　東京電力会長、石炭庁長官　→昭和

須貝 功　すがい・いさお　〜平成3年12月3日　日本エグゼクティブセンター取締役　→91/93

管井 栄一郎　すがい・えいいちろう　大正6年1月6日〜平成1年8月1日　テレビ神奈川社長　→88/90

須貝 快天　すがい・かいてん　文久1年11月3日〜昭和4年7月20日　農民運動家　全日農顧問　→昭和

菅井 角之介　すがい・かくのすけ　〜昭和60年3月25日　百万両酒造社長　→83/87

菅井 和雄　すがい・かずお　昭和7年4月6日〜平成8年10月17日　京都市議（公明党）　→94/96

須貝 謙三　すがい・けんぞう　大正8年6月10日〜平成6年12月17日　日興証券常務、遠山証券（のち東京証券）社長　→94/96

菅居 紳至　すがい・しんじ　昭和3年12月19日〜平成23年3月29日　アンリツ社長　→09/11

須貝 清治　すがい・せいじ　〜平成2年10月13日　中央区議会議長　→88/90

須貝 忠史　すがい・ただし　昭和7年6月4日〜平成2年8月24日　富士ゼロックス常務　→88/90

須貝井 敏行　すがい・としゆき　大正2年8月4日〜平成6年10月19日　通産省公益事業局次長、日本小型自動車振興会会長、日本ガス協会専務理事　→94/96

須貝 止　すがい・とまる　〜昭和22年8月14日　日本霊公会総裁　→昭和

菅井 誠美　すがい・まさみ　嘉永2年2月22日〜昭和6年3月18日　愛媛県知事　→昭和（すがい・まさよし）

菅井 盈　すがい・みつる　昭和9年2月4日〜平成13年9月20日　札幌市議（無所属）　→00/02

菅井 康郎　すがい・やすろう　大正11年5月20日〜平成11年12月24日　スガイ化学工業会長　→97/99

菅泉 忍　すがいずみ・しのぶ　昭和5年11月27日〜平成8年9月11日　東邦生命保険専務　→94/96

菅内 敬太郎　すがうち・けいたろう　〜昭和56年2月1日　新家工業常務　→80/82

菅尾 員佳　すがお・かずよし　大正13年2月10日〜平成9年7月13日　宇宙開発事業団監事　→97/99

菅尾 且夫　すがお・かつお　明治38年1月29日〜平成13年11月6日　読売新聞専務、報知新聞社長　→00/02

菅岡 忠　すがおか・ただし　〜昭和57年1月5日　北海道雑穀穀粉商工業協組連合会理事長　→80/82

須賀川 太郎　すかがわ・たろう　明治26年10月3日〜平成4年11月5日　大阪商船（のち大阪商船三井船舶）専務　→91/93

須垣 久作　すがき・きゅうさく　明治40年5月13日〜平成2年3月23日　富山スガキ（株）会長、富山県印工組顧問　→88/90

須垣 幸二　すがき・こうじ　明治42年6月21日〜昭和62年6月10日　富山スガキ（株）取締役副社長　→83/87

菅木 周一　すがき・しゅういち　昭和2年9月15日〜平成1年6月6日　寿òき屋社長　→88/90

菅坂 和彦　すがさか・かずひこ　昭和6年9月12日〜昭和63年12月13日　工業技術院四国工業技術試験所所長　→88/90

菅沢 重雄　すがさわ・しげお　明治3年4月〜昭和31年1月

7日　佐原興業銀行頭取,衆院議員,貴院議員(多額)　→昭和

菅沢 重矩　すがさわ・しげのり　大正15年10月6日〜平成16年5月17日　多古町(千葉県)町長　→03/05

菅沢 輝男　すがさわ・てるお　昭和14年12月27日〜平成15年2月26日　トーヨーアサノ専務　→03/05

菅沢 英夫　すがさわ・ひでお　明治43年3月24日〜平成11年4月28日　大成建設社長　→97/99

菅瀬 時郎　すがせ・ときお　〜昭和57年5月14日　京王プラザホテル常務　→80/82

菅田 章信　すがた・あきのぶ　昭和7年1月7日〜平成10年10月2日　長野日本無線社長,日本無線専務　→97/99

須賀田 菊仁　すがた・きくひと　昭和25年1月3日〜平成19年1月13日　農林水産省経営局長　→06/08

菅田 孝一　すがた・こういち　大正8年1月2日〜昭和60年12月1日　神泉閣(旅館)社長　→83/87

菅田 秦介　すがた・しんすけ　昭和4年7月31日〜平成23年1月29日　ホーコス社長,福山商工会議所会頭　→09/11

須賀田 久子　すがた・ひさこ　〜昭和62年9月28日　ユニバーサル・ピーアール社長,日本PR協会監事　→83/87

菅 三郎　すがなみ・さぶろう　〜昭和60年2月12日　陸軍歩兵大尉　→83/87

菅波 茂　すがなみ・しげる　大正2年2月25日〜昭和57年12月23日　衆院議員(自民党)　→80/82

菅波 称事　すがなみ・しょうじ　明治35年2月27日〜昭和50年3月2日　日野自動車工業社長　→昭和

菅沼 伊佐雄　すがぬま・いさお　昭和3年7月21日〜平成13年4月27日　信濃毎日新聞取締役東京支社長,長野放送専務　→00/02

菅沼 潔　すがぬま・きよし　大正7年5月3日〜平成14年2月14日　駐バチカン大使　→00/02

菅沼 漢　すがぬま・しげる　〜平成2年8月7日　弁護士　棟方板画美術館長　→88/90

菅沼 武雄　すがぬま・たけお　〜昭和43年1月4日　大阪建物取締役　→昭和

菅沼 照夫　すがぬま・てるお　大正9年2月26日〜昭和62年3月4日　国家公務員等共済組合連合会顧問,防衛庁調達実施本部長　→83/87

菅沼 利隆　すがぬま・としたか　昭和20年3月14日〜平成16年5月17日　滋賀県議(自民党)　→06/08s

菅沼 俊彦　すがぬま・としひこ　明治45年3月14日〜平成13年12月18日　日本板硝子社長,住友化学工業専務　→00/02

菅沼 豊次郎　すがぬま・とよじろう　慶応4年8月1日〜昭和2年12月27日　法律家,弁護士　→昭和

菅沼 不二男　すがぬま・ふじお　〜昭和58年6月25日　日中旅行社社長　→83/87

菅沼 政一　すがぬま・まさかず　大正14年8月5日〜平成2年3月20日　三菱倉庫社長　→88/90

菅沼 元治　すがぬま・もとじ　大正8年2月27日〜平成19年11月21日　東京都議(自民党)　→06/08

菅野 健介　すがの・けんすけ　〜昭和53年1月27日　フレーベル館社長　→昭和

菅野 従道　すがの・じゅうどう　昭和2年7月29日〜平成3年4月6日　奈良県議(自民党)　→91/93

菅野 祥孝　すがの・しょうこう　昭和8年3月12日〜平成23年7月15日　スガノ農機社長　→09/11

菅野 彰四郎　すがの・しょうしろう　明治40年1月4日〜平成9年2月1日　松坂屋専務,松坂屋ストア社長,松栄食品社長　→97/99

菅野 二郎　すがの・じろう　〜昭和59年9月5日　日本臓器製薬社長　→83/87

菅野 新太郎　すがの・しんたろう　大正4年9月4日〜平成7年12月3日　日本精線社長,日本冶金工業副社長　→94/96

菅野 進　すがの・すすむ　〜昭和55年11月22日　日魯漁業常務,昭和漁業社長　→80/82

菅野 誠　すがの・せい　明治35年10月10日〜昭和58年2月17日　東洋埠頭社長　→83/87

菅野 清次　すがの・せいじ　大正5年3月16日〜平成9年11月1日　電通専務　→97/99

菅野 孝久　すがの・たかひさ　昭和9年3月4日〜平成3年5月22日　弁護士　→91/93

菅野 達也　すがの・たつや　〜昭和61年11月26日　東海銀行検査部検査役　→83/87

菅野 千代夫　すがの・ちよお　〜昭和54年7月7日　河北新報社長　→昭和

菅野 尚一　すがの・ひさいち　明治4年3月21日〜昭和28年6月20日　陸軍軍人　→昭和

菅野 久嗣　すがの・ひさつぐ　大正12年10月17日〜平成23年12月29日　近畿車輛専務　→09/11

菅野 久光　すがの・ひさみつ　昭和3年3月27日〜平成18年5月14日　参院議員(民主党)　→06/08

菅野 等　すがの・ひとし　〜昭和63年8月31日　銀座の元・名物スカウトマン　→88/90

菅野 弘　すがの・ひろし　〜昭和50年11月11日　住友化学工業副社長　→昭和

菅野 禎郎　すがの・よしお　昭和29年7月14日〜平成21年9月17日　グルメ杵屋専務　→09/11

菅谷 浅吉　すがのや・あさきち　明治40年2月22日〜昭和61年1月15日　神崎製紙専務　→83/87

菅原 常夫　すがはら・ときお　昭和10年3月24日〜平成20年5月14日　インテージ常務　→06/08

菅原 敏夫　すがはら・としお　明治44年10月4日〜平成3年1月23日　日本陶器(のちノリタケカンパニーリミテド)常務　→91/93

菅原 弘　すがはら・ひろむ　大正12年2月12日〜平成14年5月17日　鐘紡(のちカネボウ)専務　→00/02

菅原 文夫　すがはら・ふみお　大正4年3月17日～平成14年7月5日　函館ドック副社長　→00/02

須加原 満雄　すがはら・みつお　～平成1年11月27日　三宝化学会長　→88/90

菅宮 良司　すがみや・りょうじ　昭和10年1月6日～平成23年2月12日　月島機械常務　→09/11

菅村 太事　すがむら・たいじ　文久3年12月～昭和9年3月6日　衆院議員　→昭和

菅本 進　すがもと・すすむ　大正11年4月14日～平成18年9月2日　サンケイ新聞副社長　→06/08

菅谷 英次郎　すがや・えいじろう　明治37年8月14日～平成1年10月11日　海上保安庁第二管区海上保安本部長

菅谷 喜一　すがや・きいち　大正13年5月10日～平成4年2月4日　千葉県議（自民党）　→91/93

菅谷 健児　すがや・けんじ　明治40年8月14日～昭和61年1月16日　大阪電気暖房社長　→83/87

菅谷 耕次　すがや・こうじ　～平成20年1月12日　NHKエンタープライズ専務　→06/08

菅谷 耕哉　すがや・こうや　大正15年10月29日～平成12年1月2日　ダイダン常務　→00/02

菅谷 重平　すがや・じゅうへい　明治29年12月13日～昭和56年6月18日　関東特殊製鋼会長、住友金属工業取締役　→80/82

菅谷 正二郎　すがや・しょうじろう　～昭和63年2月12日　毎日新聞社終身名誉職員、毎日製版社長　→88/90

菅谷 隆介　すがや・たかすけ　大正5年10月3日～平成2年4月20日　新日本証券相談役　→88/90

菅谷 武雄　すがや・たけお　～平成2年6月26日　埼玉県議　→88/90

菅屋 勉　すがや・つとむ　明治32年6月15日～昭和58年3月25日　日魯漁業常務　→83/87

菅谷 禎次　すがや・ていじ　大正11年5月2日～平成9年8月28日　大阪電気暖房（のちダイダン）専務　→97/99

菅谷 篤二　すがや・とくじ　明治38年4月26日～昭和60年12月22日　恋文代筆業　→83/87

菅谷 知巳　すがや・ともみ　明治34年12月7日～平成7年11月12日　ダイダン名誉会長、元社長　→94/96

菅谷 直　すがや・なおし　大正5年1月16日～平成10年1月21日　久米設計専務　→97/99

菅谷 肇　すがや・はじめ　大正3年7月16日～平成9年11月5日　東海電気工事（のちトーエネック）常務　→97/99

菅谷 秀夫　すがや・ひでお　大正4年1月6日～平成19年5月12日　第一勧業銀行専務　→06/08

菅谷 弘　すがや・ひろし　大正12年8月20日～平成11年4月23日　旭ダイヤモンド工業専務　→97/99

菅谷 征雄　すがや・まさお　～平成12年3月18日　群馬県映画記念室長　→00/02

菅谷 政夫　すがや・まさお　大正12年5月25日～平成4年10月10日　ネグロス電工社長　→83/87

菅谷 義夫　すがや・よしお　明治41年8月27日～平成14年4月6日　陸将　陸上自衛隊富士学校長　→00/02

菅谷 六郎　すがや・ろくろう　明治38年6月23日～平成4年9月28日　ダイダン会長　→91/93

須川 昭　すがわ・あきら　昭和2年3月22日～平成22年4月14日　富士ビー・エス社長　→09/11

頭川 勝治　ずかわ・かつじ　明治39年1月20日～昭和63年1月4日　菱富食品工業代表取締役会長　→88/90

須川 金太郎　すがわ・きんたろう　明治37年5月1日～平成3年3月9日　須川工業名誉会長　→91/93

頭川 定蔵　ずかわ・さだぞう　明治45年2月18日～平成1年1月23日　明治製菓常務、明治マクビティ社長　→88/90

頭川 藤雄　ずかわ・ふじお　～平成15年12月2日　京都府議　→03/05

頭川 要作　ずかわ・ようさく　～昭和61年1月25日　新丸善代表取締役社長　→83/87

菅原 市蔵　すがわら・いちぞう　明治36年7月10日～平成3年3月24日　野幌林産会長、江別商工会議所会頭　→91/93

菅原 栄海　すがわら・えいかい　明治21年2月16日～昭和50年11月14日　僧侶　第252世天台座主　→昭和

菅原 英信　すがわら・えいしん　昭和32年11月7日　日光輪王寺前門跡　→昭和

菅原 恵慶　すがわら・えきょう　～昭和57年2月20日　日中友好宗教者懇話会名誉会長、真宗大谷派僧正　→80/82

菅原 エン　すがわら・えん　明治33年2月27日～平成6年2月15日　衆院議員（日本進歩党）　→94/96

菅原 案山子　すがわら・かがし　～昭和57年10月1日　大阪商船専務、大阪船舶会長　→80/82

菅原 鼎山　すがわら・かなえ　大正7年9月7日～平成18年12月30日　アンリツ常務　→06/08

菅原 寛一　すがわら・かんいち　～平成18年2月　僧侶　活牛寺（曹洞宗）住職　→06/08

菅原 義道　すがわら・ぎどう　大正4年～昭和54年7月28日　報国寺住職　→昭和

菅原 清　すがわら・きよし　明治42年3月29日～平成12年8月22日　明治生命保険常務　→00/02

菅原 銀治　すがわら・ぎんじ　～昭和62年8月15日　気仙沼市教育委員会教育次長　→83/87

菅原 啓　すがわら・けい　～平成2年5月29日　紋別市長　→88/90

菅原 慶吉　すがわら・けいきち　大正6年9月19日～平成5年3月25日　男鹿市長、秋田県議（新生会）　→91/93

菅原 献一　すがわら・けんいち　大正14年7月4日～平成4年1月13日　牧師　日本基督教団正教師、名古屋キリスト教社会館理事長、愛知教会牧師　→91/93

菅原 謙吾　すがわら・けんご　大正10年8月26日～昭和57年2月8日　東京海上火災保険取締役　→80/82

菅原 弘毅　すがわら・こうき　大正6年6月29日～平成16

Ⅰ 政治・経済・社会篇　　　　　　　　　　　　　　　　　　　　　　　　　　　　　　　　　　すき

年10月4日　日本車輛製造専務　→03/05
菅原 定男　すがわら・さだお　〜平成10年5月10日　山本海苔店常務　→97/99
菅原 佐平　すがわら・さへい　明治18年3月17日〜昭和44年7月17日　海軍軍医中将　一関市長　→昭和
菅原 茂　すがわら・しげる　大正5年1月20日〜平成11年7月11日　菅原工業会長　→97/99
菅原 時保　すがわら・じほう　慶応2年4月2日〜昭和31年8月29日　僧侶（臨済宗）　→昭和
菅原 二郎　すがわら・じろう　〜昭和62年8月25日　弁護士　宇都宮地裁判事　→83/87
菅原 四郎治　すがわら・しろうじ　明治39年4月14日〜平成5年6月2日　九州電力常務　→91/93
菅原 祐男　すがわら・すけお　大正9年11月24日〜平成19年12月12日　米山町（宮城県）町長　→06/08
菅原 世光　すがわら・せいこう　大正5年7月29日〜平成11年9月17日　東京都議　→97/99
菅原 善次郎　すがわら・ぜんじろう　〜昭和62年8月7日　税理士　三島学園常務理事　→83/87
菅原 宗一　すがわら・そういち　大正11年1月10日〜平成22年9月6日　東京都議（社会党）　→09/11
菅原 大太郎　すがわら・だいたろう　〜昭和30年2月27日　安田銀行常務　→昭和
菅原 琢爾　すがわら・たくじ　〜昭和55年7月6日　福井県警本部長　→80/82
菅原 武次郎　すがわら・たけじろう　〜昭和62年5月17日　世界救世教参与　→83/87
菅原 武弥　すがわら・たけや　大正10年12月15日〜平成8年12月3日　岩手県議　→94/96
菅原 正　すがわら・ただし　大正15年3月3日〜平成1年7月2日　アマノ会長　→88/90
菅原 忠実　すがわら・ただみ　明治44年3月20日〜平成3年12月30日　宮城県議、菅原産業会長　→91/93
菅原 太郎　すがわら・たろう　昭和2年1月1日〜平成7年8月19日　信越石英社長　→94/96
菅原 通済　すがわら・つうさい　明治27年2月16日〜昭和56年6月13日　文筆家　江ノ島電鉄社長、三悪追放協会会長　→80/82
菅原 伝　すがわら・つたう　文久3年8月25日〜昭和12年5月9日　衆院議員　→昭和（すがわら・でん）
菅原 恒二郎　すがわら・つねじろう　明治41年8月22日〜昭和63年4月17日　マミヤ光機会長　→88/90
菅原 恒覧　すがわら・つねみ　安政6年7月24日〜昭和15年4月10日　実業家　鉄道工業会社長、鉄道請負業協会（のち土木工業協会）初代理事長　→昭和
菅原 伝一郎　すがわら・でんいちろう　明治42年8月2日〜平成17年2月16日　チタン工業社長　→03/05
菅原 信行　すがわら・のぶゆき　昭和13年12月19日〜平成20年11月1日　三井化学専務　→06/08
菅原 肇　すがわら・はじめ　〜昭和61年3月8日　山一証券広報室付次長　→83/87
菅原 八蔵　すがわら・はちぞう　明治28年4月24日〜昭和59年7月12日　東洋酸素専務　→83/87
菅原 博　すがわら・ひろし　大正5年7月27日〜平成23年7月6日　公認会計士、税理士　菅原学園理事長、公認会計士菅原博会計事務所所長　→09/11
菅原 正文　すがわら・まさぶみ　大正13年9月14日〜平成22年5月7日　高砂香料工業社長　→09/11
菅原 道大　すがわら・みちおお　〜昭和58年12月29日　陸軍中将　→83/87
菅原 道子　すがわら・みちこ　昭和16年〜平成13年2月26日　未熟児網膜症児を守る会代表、札幌共に育つ教育を進める会代表、北海道難病連理事　→00/02
菅原 通敬　すがわら・みちよし　明治2年1月6日〜昭和21年12月18日　枢密顧問官、貴院議員（勅選）、大蔵次官　→昭和（すがわら・みちたか）
菅原 実　すがわら・みのる　〜平成14年12月18日　楢崎産業常務　→00/02
菅原 保雄　すがわら・やすお　大正14年1月16日〜昭和61年8月26日　宮城県議、社会党宮城県本部書記長　→83/87
菅原 雄二　すがわら・ゆうじ　昭和22年9月20日〜平成13年3月　東京地裁総括判事　→00/02
菅原 勇次郎　すがわら・ゆうじろう　〜昭和56年1月15日　水沢化学工業社長　→80/82
菅原 裕　すがわら・ゆたか　〜昭和54年9月15日　弁護士　日弁連副会長、東京弁護士会会長　→昭和（すがわら・ゆう）
菅原 養一　すがわら・よういち　大正5年8月7日〜平成8年2月9日　北海道通運業連合会会長　→94/96
菅原 儀雄　すがわら・よしお　〜昭和62年1月17日　富山青果物商業協同組合専務理事　→83/87
菅原 義金　すがわら・よしかね　昭和2年10月15日〜平成7年7月26日　三徳化学工業社長　→94/96
菅原 義親　すがわら・よしちか　〜昭和60年7月11日　海上保安庁第三管区海上保安本部長　→83/87
菅原 芳蔵　すがわら・よしぞう　〜昭和42年3月2日　関西ペイント専務　→昭和
菅原 義宗　すがわら・よしむね　〜昭和61年4月16日　臨済宗妙心寺派慈眼山光林寺住職、TBSディレクター　→83/87
菅原 功也　すがわら・よしや　大正15年10月21日〜平成11年5月30日　住友大阪セメント常務　→97/99
菅原 芳郎　すがわら・よしろう　〜昭和60年9月15日　行政書士　→83/87
菅原 萬　すがわら・よろず　昭和7年10月4日〜平成21年4月9日　双葉綜合開発社長　→09/11
杉 進　すぎ・すすむ　〜平成7年9月10日　日産火災海上保険常務　→94/96

「現代物故者事典」総索引（昭和元年〜平成23年）　　　　649

すき　　　　　　　　　　　　　　　　　　　　　　　　　　Ⅰ　政治・経済・社会篇

杉 琢磨　すぎ・たくま　明治15年12月～昭和24年4月22日　横浜正金銀行監査役　→昭和

杉 丙三　すぎ・へいぞう　明治39年12月29日～昭和58年7月25日　クリーン工業社長、電通印刷社長　→83/87

杉 雅夫　すぎ・まさお　明治44年7月20日～平成2年6月12日　サッポロビール常務　→88/90

杉 正男　すぎ・まさお　大正7年1月19日～平成9年8月14日　住友電気工業副社長　→97/99

杉 道助　すぎ・みちすけ　明治17年2月20日～昭和39年12月14日　実業家、財界人　八木商店社長、大阪商工会議所会頭、日本貿易振興会理事長　→昭和

杉 豊　すぎ・ゆたか　明治38年12月1日～昭和56年7月19日　日本光学工業社長　→80/82

杉井 勝三郎　すぎい・かつさぶろう　大正12年3月2日～平成2年7月25日　トナミ運輸常務　→88/90

杉生 二郎　すぎう・じろう　明治42年8月7日～昭和63年9月19日　三井物産副社長　→88/90

杉浦 章　すぎうら・あきら　～昭和13年5月2日　陸軍主計少将　→昭和

杉浦 磐　すぎうら・いわお　～平成8年9月23日　カゴメ常務　→94/96

杉浦 栄市　すぎうら・えいいち　昭和3年9月7日～平成11年10月31日　ギヤーエス工業社長、東海濾過機社長　→97/99

杉浦 栄三　すぎうら・えいぞう　～昭和51年8月28日　中日新聞社相談役　→昭和

杉浦 喜市　すぎうら・きいち　明治43年5月16日～昭和62年2月6日　愛知県議(自民党、碧南)　→83/87

杉浦 欣介　すぎうら・きんすけ　大正14年5月27日～平成3年2月7日　味の素常務　→91/93

杉浦 啓一　すぎうら・けいいち　明治30年10月22日～昭和17年3月18日　労働運動家　→昭和

杉浦 敬一　すぎうら・けいいち　～昭和61年1月30日　東海寝装取締役工場長　→83/87

杉浦 堅介　すぎうら・けんすけ　大正3年1月14日～平成5年6月15日　三菱自動車工業副社長、三菱銀行常務　→91/93

杉浦 晃二　すぎうら・こうじ　～平成7年9月10日　ホテルニューオータニ九州社長　→94/96

杉浦 甲子郎　すぎうら・こうしろう　～昭和10年4月23日　川崎貯蓄銀行監査役　→昭和

杉浦 定治　すぎうら・さだじ　～平成4年12月6日　貞宝工業会長　→91/93

杉浦 稠三　すぎうら・しげぞう　～昭和57年11月28日　住友金属工業取締役技師長、住友軽金属工業取締役　→80/82

杉浦 茂　すぎうら・しげる　明治42年4月24日～昭和50年1月11日　社会運動家　日本共産党豊島地区委員長、東京都議　→昭和

杉浦 俊介　すぎうら・しゅんすけ　明治42年7月14日～平成9年4月13日　日本出版販売会長　→97/99

杉浦 正三　すぎうら・しょうぞう　大正1年9月4日～平成5年11月14日　日本アドセンター社長、日本長期信用銀行秘書役　→91/93

杉浦 二郎　すぎうら・じろう　大正7年9月21日～平成13年7月22日　カントク常務　→00/02

杉浦 治郎右衛門（12代目）　すぎうら・じろうえもん　大正3年3月5日～平成1年1月11日　一力亭当主(12代目)、祇園女子技芸学校長　→88/90（杉浦 治郎右衛門 すぎうら・じろううえもん）

杉浦 誠一　すぎうら・せいいち　昭和24年～平成20年6月14日　一力亭社長、祇園新地甲部組合取締　→06/08

杉浦 仙次郎　すぎうら・せんじろう　～平成1年10月19日　岡崎ガス監査役　→88/90

杉浦 仙之助　すぎうら・せんのすけ　～昭和39年5月9日　小西六写真工業相談役　→昭和

杉浦 喬也　すぎうら・たかや　大正14年8月15日～平成20年1月16日　国鉄総裁、運輸事務次官、全日本空輸会長　→06/08

杉浦 孝行　すぎうら・たかゆき　～平成1年1月16日　精華町(京都府)町長　→88/90

杉浦 武雄　すぎうら・たけお　明治23年5月～昭和38年9月12日　衆院議員、参院議員(自民党)　→昭和

杉浦 孟夫　すぎうら・たけお　～昭和62年12月24日　トーメン常務　→83/87

杉浦 辰雄　すぎうら・たつお　～昭和39年12月18日　陸軍中将　→昭和

杉浦 徹　すぎうら・とおる　大正11年9月19日～平成4年9月14日　前田道路監査役、東海銀行監査役　→91/93

杉浦 尚彦　すぎうら・なおひこ　～平成7年8月7日　全国農協直販社長　→94/96

杉浦 典男　すぎうら・のりお　大正5年1月1日～昭和60年3月29日　中央フレキ製作所社長　→83/87

杉浦 晴男　すぎうら・はるお　～昭和60年11月11日　日本道路公団名古屋支社長　→83/87

杉浦 彦衛　すぎうら・ひこえ　～昭和55年9月13日　安城市長　→80/82

杉浦 英男　すぎうら・ひでお　大正15年12月1日～平成19年4月14日　本田技研工業会長　→06/08

杉浦 日出雄　すぎうら・ひでお　大正5年6月9日～平成21年7月26日　愛知電機専務　→09/11

杉浦 英世　すぎうら・ひでよ　昭和5年1月5日～平成4年12月10日　カナデン常務　→97/99

杉浦 博夫　すぎうら・ひろお　大正12年7月17日～平成17年1月1日　福岡銀行専務　→03/05

杉浦 弘　すぎうら・ひろし　～昭和56年10月11日　名古屋タイムズ社専務理事　→80/82

杉浦 敏介　すぎうら・びんすけ　明治44年11月13日～平

650　「現代物故者事典」総索引(昭和元年～平成23年)

成18年1月27日　日本長期信用銀行頭取, 日韓経済協会名誉会長　→06/08

杉浦 正男　すぎうら・まさお　大正4年11月18日～平成17年5月23日　静岡県議(社会党)　→03/05

杉浦 正雄　すぎうら・まさお　大正12年～平成21年10月19日　船頭　矢切の渡しの3代目船頭　→09/11

杉浦 正士　すぎうら・まさし　～平成4年9月8日　西三河総合ビル相談役, 岡崎中日文化センター理事長　→91/93

杉浦 正二　すぎうら・まさじ　明治44年1月20日～平成5年2月1日　六桜商事会長, 日本印刷学会評議員, コニカ副社長　→91/93

杉浦 政恒　すぎうら・まさつね　明治44年11月1日～平成9年11月3日　水道機工社長　→97/99

杉浦 正敏　すぎうら・まさとし　大正2年11月14日～昭和63年1月14日　京セラ専務　→88/90

杉浦 政之丞　すぎうら・まさのじょう　～昭和61年6月2日　杉屋工芸会長　→83/87

杉浦 益彦　すぎうら・ますひこ　大正5年12月23日～平成20年4月28日　住友セメント常務　→06/08

杉浦 翠　すぎうら・みどり　昭和4年～平成13年5月17日　一力亭女将　→00/02

杉浦 睦夫　すぎうら・むつお　大正7年3月13日～昭和61年8月26日　杉浦研究所社長　→83/87

杉浦 安雄　すぎうら・やすお　大正12年4月17日～平成1年1月18日　杉安鉄工社長　→88/90

杉浦 康彦　すぎうら・やすひこ　～昭和56年3月10日　住友海上火災保険常務, 東京地裁民事調停委員　→80/82

杉浦 酉太郎　すぎうら・ゆうたろう　～昭和63年5月2日　弁護士　四日市市顧問弁護士　→88/90

杉浦 陽吉　すぎうら・ようきち　大正6年6月11日～平成10年1月15日　河合楽器製作所専務　→97/99

杉浦 義典　すぎうら・よしのり　大正4年10月16日～昭和61年10月20日　松村組常務, 神戸市住宅局長　→83/87

杉浦 米松　すぎうら・よねまつ　～昭和56年1月26日　神奈川県平塚市内の最高齢者　→80/82

杉浦 隆一　すぎうら・りゅういち　大正6年10月16日～昭和62年6月3日　ノリタケカンパニーリテミテド常務　→83/87

杉浦 龍吉　すぎうら・りゅうきち　明治1年～昭和5年5月16日　貿易商　→昭和

杉浦 六右衛門　すぎうら・ろくうえもん　明治42年4月16日～平成7年5月28日　コニカ社長　→94/96

杉江 一三　すぎえ・いちぞう　明治41年9月18日～平成11年7月27日　海将　防衛庁統合幕議長　→97/99

杉江 一二　すぎえ・かずじ　大正3年6月25日～平成6年6月16日　ジャニス工業会長　→94/96

杉江 克己　すぎえ・かつみ　明治33年1月15日～平成4年7月30日　中部電力取締役　→91/93

杉江 喜一　すぎえ・きいち　明治43年11月28日～平成6年3月21日　愛知県議(自民党)　→94/96

杉江 清　すぎえ・きよし　明治45年4月13日～平成18年8月1日　国立科学博物館館長　→06/08

杉江 潤治　すぎえ・じゅんじ　明治25年3月2日～昭和52年6月29日　新聞経営者　→昭和

杉江 斌　すぎえ・たけし　明治43年1月24日～平成21年11月26日　光村印刷社長　→09/11

杉江 猛　すぎえ・たけし　明治34年9月25日～昭和59年10月9日　北海道中央バス相談役, 杉商会長　→83/87

杉江 伝六　すぎえ・でんろく　明治41年5月10日～昭和63年10月30日　銭高組副社長　→88/90

杉江 富三　すぎえ・とみぞう　昭和4年12月27日～平成61年1月2日　大分放送副社長　→83/87

杉江 信太郎　すぎえ・のぶたろう　～昭和61年12月14日　伊藤万監査役　→83/87

杉江 幸正　すぎえ・ゆきまさ　明治35年1月4日～平成3年9月27日　杉江広告社会長　→91/93

杉江 好喜　すぎえ・よしき　大正13年10月8日～昭和57年3月12日　ジャニス工業副社長　→80/82

杉尾 栄俊　すぎお・ひでとし　昭和6年7月1日～平成21年10月19日　大洋緑化社長　→09/11

杉岡 賢亮　すぎおか・けんりょう　昭和11年7月24日～平成4年2月17日　カネウメ社長　→91/93

杉岡 幸三郎　すぎおか・こうざぶろう　大正13年6月14日～平成17年12月14日　大万杉岡商店社長, 日本専門店会連盟理事長, YOSAKOIソーラン祭り組織委員会会長　→03/05

杉岡 藤右衛門　すぎおか・とううえもん　～昭和23年8月15日　芦屋市長　→昭和

杉岡 広昭　すぎおか・ひろあき　昭和24年1月12日～平成23年11月25日　日興コーディアル証券副会長　→09/11

杉木 茂夫　すぎき・しげお　大正15年1月2日～平成21年10月13日　日産火災海上保険常務　→09/11

杉坂 悌二郎　すぎさか・ていじろう　～昭和25年6月22日　海軍中将　→昭和

杉崎 一郎　すぎさき・いちろう　明治41年2月7日～平成8年7月13日　小網常務　→94/96

杉崎 整　すぎさき・せい　～平成7年7月20日　全国化粧品小売組合連合会会長, すぎざき社長　→94/96

杉崎 清一郎　すぎさき・せいいちろう　大正3年11月1日～昭和56年12月22日　合同容器社長　→80/82

杉崎 猛　すぎさき・たけし　明治45年5月15日～平成8年11月10日　芝浦製作所常務　→94/96

杉崎 強　すぎさき・つよし　昭和8年4月5日～平成5年1月14日　住友電設取締役　→91/93

杉崎 半吉　すぎさき・はんきち　明治33年10月2日～昭和58年9月28日　御幸毛織名誉顧問, 元会長　→83/87

杉崎 弘典　すぎさき・ひろみち　昭和17年9月3日～平成18年4月4日　三菱製紙常務　→06/08

杉沢 英男　すぎさわ・ひでお　大正3年11月29日～昭和58年5月11日　神戸製鋼所相談役・元社長　→83/87

I　政治・経済・社会篇

杉沢 博吉　すぎさわ・ひろよし　明治37年4月27日～昭和39年9月8日　社会運動家　日本社会党富山県連書記長,石動町(富山県)県議　→昭和

杉下 雅章　すぎした・まさあき　昭和10年7月12日～平成22年1月11日　新光証券会長　→09/11

杉島 勇　すぎしま・いさむ　～平成11年4月7日　弁護士,弁理士,税理士　京都弁護士会会長　→97/99

杉田 一次　すぎた・いちじ　明治37年3月31日～平成5年4月12日　日本世界戦略フォーラム名誉会長,陸上自衛隊幕僚長,陸軍参謀　→91/93

杉田 一郎　すぎた・いちろう　明治27年12月～昭和46年1月2日　衆院議員(自由党)　→昭和

杉田 力之　すぎた・かつゆき　昭和17年10月13日～平成20年3月30日　第一勧業銀行頭取,みずほホールディングス社長　→06/08

杉田 金之助　すぎた・きんのすけ　安政6年1月25日～昭和8年6月24日　弁護士　早稲田大学教授　→昭和

杉田 健次　すぎた・けんじ　昭和5年12月9日～平成11年4月21日　東武証券会長,埼玉県証券業協会会長　→97/99

杉田 定雄　すぎた・さだお　明治37年8月5日～平成6年11月15日　神鋼造機社長　→94/96

杉田 滋夫　すぎた・しげお　昭和9年5月29日～平成15年3月15日　丸紅専務　→03/05

杉田 忍　すぎた・しのぶ　昭和8年10月26日～平成1年11月16日　すぎた社長　→88/90

杉田 正太郎　すぎた・しょうたろう　～昭和60年7月29日　吉富製薬取締役　→83/87

杉田 泰三　すぎた・たいぞう　明治34年9月12日～昭和63年10月7日　第一銀行監査役,朝日火炎海上保険社長,豊橋信用金庫理事長　→88/90

杉田 高志　すぎた・たかし　大正9年10月21日～平成12年1月1日　新和海運常務　→00/02

杉田 正　すぎた・ただし　大正8年7月6日～平成6年6月10日　弁護士　名古屋弁護士会副会長,名古屋地検検事　→94/96

杉田 忠嗣　すぎた・ただつぐ　大正2年12月8日～平成4年6月30日　富士電気化学社長　→91/93

杉田 辰男　すぎた・たつお　～昭和60年10月28日　合同物産会長　→83/87

杉田 辰男　すぎた・たつお　明治37年8月2日～昭和63年11月4日　杉田プラスチック工業会長　→88/90

杉田 勉　すぎた・つとむ　大正8年8月11日～平成5年12月11日　北海タイムス専務　→91/93

杉田 定一　すぎた・ていいち　嘉永4年6月2日～昭和4年3月23日　政治家,民権運動家　衆院議員,立憲政友会幹事長　→昭和

杉田 豊三　すぎた・とよぞう　明治37年4月7日～平成6年3月4日　近畿日本鉄道監査役,近鉄不動産監査役　→94/96

杉田 日布　すぎた・にっぷ　安政2年11月29日～昭和5年12月7日　僧侶　日蓮宗総本山久遠寺法主　→昭和

杉田 信夫　すぎた・のぶお　大正10年9月8日～平成22年9月14日　ミネルヴァ書房創業者　→09/11

杉田 秀夫　すぎた・ひでお　昭和6年～平成5年11月17日　本州四国連絡橋公団設計部長　→91/93

杉田 博一　すぎた・ひろいち　明治42年10月20日～平成21年10月6日　気賀木材社長,静岡県商工会連合会会長　→09/11

杉田 信　すぎた・まこと　明治42年1月3日～平成8年10月12日　鬼怒川ゴム工業創業者　→94/96

杉田 光良　すぎた・みつよし　昭和12年1月1日～平成20年6月14日　常総市長　→06/08

杉田 求　すぎた・もとむ　大正4年8月16日～平成13年3月19日　積水樹脂名誉顧問,積水化学工業専務　→00/02

杉田 安衛　すぎた・やすえ　大正5年11月28日～平成9年8月16日　西松建設専務　→97/99

杉田 弥平　すぎた・やへい　大正11年1月15日～平成8年3月14日　江間町会議員,全国町村議会議長会会長,タカネエンタープライズ社長　→94/96

杉田 洋一　すぎた・よういち　大正12年2月2日～平成11年11月3日　仙台地裁所長　→97/99

杉田 美昭　すぎた・よしあき　昭和8年1月8日～平成15年1月5日　大林組常務　→03/05

杉田 良雄　すぎた・よしお　大正12年7月19日～平成4年3月24日　品川燃料(のちシナネン)取締役　→91/93

杉田 善胤　すぎた・よしつぐ　大正14年4月20日～平成10年10月4日　奈良テレビ放送社長　→97/99

杉田 亮造　すぎた・りょうぞう　明治42年11月9日～昭和62年10月11日　弁護士　大阪高裁判事　→83/87

杉谷 栄一　すぎたに・えいいち　大正11年4月6日～平成2年6月2日　北陸電力常務　→88/90

杉谷 義周　すぎたに・ぎしゅう　～昭和57年12月8日　天台宗妙法院門跡　→80/82

杉谷 隈男　すぎたに・くまお　～平成11年9月12日　明治屋副社長　→97/99

杉谷 武雄　すぎたに・たけお　明治36年8月7日～平成4年3月9日　三井信託銀行社長　→91/93

杉谷 正　すぎたに・ただし　昭和8年9月30日～平成19年3月26日　山陰中央新報常務論説委員　→06/08

杉谷 利昭　すぎたに・としあき　昭和6年8月7日～平成15年5月1日　北日本銀行会長　→03/05

杉谷 俊夫　すぎたに・としお　大正4年12月7日～昭和61年5月7日　積水化学工業常務　→83/87

杉渓 由言　すぎたに・よしとき　明治25年11月～昭和40年5月3日　男爵　貴院議員　→昭和(すぎたに・よしこと)

杉戸 清　すぎと・きよし　明治34年10月10日～平成14年4月24日　名古屋市長　→00/02

杉中 利弘　すぎなか・としひろ　昭和6年1月3日～平成23年1月24日　日鉄鉱業専務　→09/11

杉野 昭雄　すぎの・あきお　昭和2年5月2日～平成11年4

月21日　杉野商事会長　→97/99

杉野 喜精　すぎの・きせい　明治3年9月6日～昭和14年5月2日　実業家　東京株式取引所理事長、山一証券創立者　→昭和

杉野 重雄　すぎの・しげお　大正9年4月17日～平成9年8月13日　札幌国際観光会長　→97/99

杉野 周吉　すぎの・しゅうきち　～平成3年1月8日　杉野産業社長　→91/93

杉野 庄二　すぎの・しょうじ　明治42年8月10日～平成4年6月1日　明陽電機会長　→91/93

杉野 精一郎　すぎの・せいいちろう　明治40年1月18日～昭和60年9月15日　農林中央金庫理事、大洋漁業常任監査役　→83/87

杉野 太喜彦　すぎの・たきひこ　～昭和61年7月26日　ホーユー専務　→83/87

杉野 剛　すぎの・たけし　～昭和61年4月23日　杉野経営研究所所長　→83/87

杉野 忠三　すぎの・ちゅうぞう　明治39年2月19日～昭和62年5月25日　大丸常務、小田急百貨店専務　→83/87

杉野 敏夫　すぎの・としお　大正13年4月22日～平成6年7月6日　伊藤園常務　→94/96

杉野 信近　すぎの・のぶちか　～昭和48年4月15日　弁護士会初代理事長　→昭和

杉野 博　すぎの・ひろし　大正13年4月14日～平成15年10月7日　スギノマシン社長　→03/05

杉野 正恒　すぎの・まさつね　明治39年3月28日～昭和62年4月29日　石動証券取締役会長、杉野味噌醤油会長　→83/87

杉野 芳人　すぎの・よしと　昭和5年12月3日～平成15年10月24日　スギヨ会長　→03/05

杉野 芳文　すぎの・よしぶみ　明治44年6月27日～昭和62年12月20日　興亜火災海上保険常務、日本通運監査役　→83/87

杉之原 角造　すぎのはら・かくぞう　大正8年12月3日～平成3年1月3日　マナック社長　→91/93

杉之原 舜一　すぎのはら・しゅんいち　明治30年8月2日～平成4年1月28日　弁護士　北海道大学教授　→91/93

杉ノ原 政之　すぎのはら・まさゆき　大正12年6月2日～平成13年6月20日　東芝プラント建設社長　→00/02

杉林 市郎　すばやし・いちろう　～昭和60年9月30日　江戸木遣の会「友声会」会長　江戸火消し「と組」組頭　→83/87

杉林 タキ　すぎばやし・たき　～昭和60年12月16日　仏光山浄久寺坊守浄楽院釈樹香法尼　→83/87

杉林 信義　すぎばやし・のぶよし　大正4年9月20日～平成15年11月21日　弁理士、弁護士　日本大学名誉教授、秋田経済法科大学名誉教授　→03/05

杉原 荒太　すぎはら・あらた　明治32年8月28日～昭和57年1月20日　政治家　参院議員（自民党）、防衛庁長官　→80/82

杉原 一策　すぎはら・いっさく　～昭和57年5月10日　弁護士　中国帰還者連絡会長、旧満州国司法刑事司長　→80/82

椙原 栄一　すぎはら・えいいち　明治45年1月4日～平成2年4月22日　日立産機エンジニアリング（のち日立テクノエンジニアリング）社長　→88/90

杉原 栄三郎　すぎはら・えいざぶろう　慶応1年5月20日～昭和11年1月28日　実業家　東京商業会議所副会頭、東京府議　→昭和

杉原 一雄　すぎはら・かずお　明治42年8月26日～昭和60年3月3日　参院議員（社会党）　→83/87

杉原 一志　すぎはら・かずし　大正12年5月23日～平成5年3月13日　オリンピック商事会長、天神ビブレ商店合理事長　→91/93

杉原 竣太郎　すぎはら・こうたろう　～昭和15年7月1日　陸軍法務官　→昭和

杉原 残華　すぎはら・ざんか　～平成1年3月24日　東京都管工事工業協同組合理事長、しぐれ吟社主幹　→88/90

杉原 周一　すぎはら・しゅういち　～昭和47年6月21日　東陶機器社長　→昭和

杉原 尚五　すぎはら・しょうご　大正10年3月22日～平成17年6月13日　弁護士　横浜弁護士会会長　→03/05

杉原 真一　すぎはら・しんいち　大正11年1月15日～平成1年5月　駐トルコ大使　→88/90

杉原 杉善　すぎはら・すぎよし　明治38年11月7日～昭和62年3月17日　石川県議会議長　→83/87

杉原 晋　すぎはら・すすむ　～昭和47年5月21日　住友金属工業取締役　→昭和

杉原 正　すぎはら・ただし　昭和5年11月19日～昭和57年11月12日　警察大学校長、警視監　→80/82

杉原 千畝　すぎはら・ちうね　明治33年1月1日～昭和61年7月31日　外交官　リトアニア共和国カウナス領事代理　→83/87

杉原 哲次　すぎはら・てつじ　～昭和56年11月13日　糧友食品会長　→80/82

杉原 舞　すぎはら・のぼる　大正11年12月4日～平成23年12月29日　美星町（岡山県）町長　→09/11

杉原 寿吉　すぎはら・ひさきち　大正5年8月25日～昭和57年1月5日　内外衣料製品副社長　→80/82

杉原 秀明　すぎはら・ひであき　昭和19年7月13日～平成19年11月25日　広島県議（自民党）　→06/08

杉原 正倉　すぎはら・まさくら　大正15年5月14日～昭和63年8月8日　杉原製作所社長　→88/90

杉原 靖男　すぎはら・やすお　昭和16年4月19日～平成16年3月20日　JUKI専務　→03/05

杉原 雄吉　すぎはら・ゆうきち　～昭和46年6月9日　東京銀行常務　→昭和

杉原 裕介　すぎはら・ゆうすけ　昭和11年11月18日～昭和63年4月11日　僧侶、詩人、海上自衛隊一佐　→88/90

すきひら　　　　　　　　　　　　　　　　　　　　　　　　Ⅰ　政治・経済・社会篇

杉平 正治　すぎひら・しょうじ　大正11年6月19日～平成16年5月3日　明日香村(奈良県)村長　→03/05

杉渕 徳治　すぎぶち・とくじ　大正2年9月10日～昭和62年2月20日　三笠市長　→83/87

杉峯 統一郎　すぎみね・とういちろう　昭和10年10月18日～平成7年10月20日　日立造船常務　→94/96

杉村 一郎　すぎむら・いちろう　～昭和61年11月28日　テイカ製薬代表取締役　→83/87

杉村 沖治郎　すぎむら・おきじろう　明治23年8月～昭和30年10月17日　衆院議員(社会党)　→昭和

杉村 勝美　すぎむら・かつみ　～昭和63年5月28日　(有)富山防災設備代表取締役　→88/90

杉村 幸一　すぎむら・こういち　昭和3年9月15日～平成11年1月23日　秋田テレビ副社長、エフエム秋田社長　→97/99

杉村 貢市　すぎむら・こういち　昭和35年8月1日～平成15年11月19日　イチケン社長　→03/05

杉村 鉦一　すぎむら・こういち　～昭和60年8月28日　杉村精工会長　→83/87

杉村 春苔　すぎむら・しゅんたい　明治35年～昭和52年　尼僧　→昭和

杉村 正一郎　すぎむら・しょういちろう　大正1年10月24日～昭和61年4月7日　日本化学繊維協会理事長、通産省通商局次長　→83/87

杉村 正三郎　すぎむら・しょうざぶろう　明治40年8月16日～平成12年7月3日　阪急電鉄常務　→00/02

杉村 盛一　すぎむら・せいいち　明治29年3月13日～昭和57年6月21日　ホクセイアルミニウム社長、不二貿易社長　→80/82

杉村 精治　すぎむら・せいじ　昭和11年1月27日～平成6年2月28日　住友金属セラミックス社長　→94/96

杉村 太郎　すぎむら・たろう　昭和38年11月10日～平成23年8月20日　我究館会長　→09/11

杉村 虎一　すぎむら・とらいち　～昭和13年2月10日　駐ドイツ大使　→昭和

杉村 文夫　すぎむら・ふみお　～昭和60年4月15日　東京ガス資材部長、東京コークス常任監査役　→83/87

杉村 正夫　すぎむら・まさお　大正10年10月20日～平成10年1月3日　サントリー専務　→97/99

杉村 政太郎　すぎむら・まさたろう　～昭和62年12月15日　広島市議・市会議長　→83/87

杉村 安治　すぎむら・やすじ　～昭和55年9月21日　城南信用金庫理事長　→80/82

杉村 勇次　すぎむら・ゆうじ　明治43年8月23日～昭和58年9月3日　大阪スタヂアム興業取締役　→83/87

杉村 陽太郎　すぎむら・ようたろう　明治17年9月28日～昭和14年3月24日　外交官　国際連盟事務次長、IOC委員　→昭和

杉村 芳生　すぎむら・よしお　昭和7年1月19日～平成4年3月26日　日本ユニシス専務　→06/08

杉村 好敏　すぎむら・よしはる　昭和9年12月23日～平成8年8月29日　日本発条副社長　→94/96

杉村 愛仁　すぎむら・よしひと　～昭和28年1月6日　宮内省主馬頭　→昭和

杉本 明夫　すぎもと・あきお　～昭和62年5月27日　水橋信用金庫千石町支店長　→83/87

杉本 浅香　すぎもと・あさか　明治36年3月10日～昭和62年7月1日　杉本鉄工代表取締役会長　→83/87

杉本 勲　すぎもと・いさお　大正14年9月8日～平成18年12月12日　愛知県中央信用組合理事長、碧南商工会議所副会頭　→06/08

杉本 五十鈴　すぎもと・いすず　～昭和26年3月21日　古河電取締　→昭和

杉本 逸郎　すぎもと・いつろう　大正9年7月14日～平成11年7月23日　南海建設常務　→97/99

杉本 栄一　すぎもと・えいいち　明治36年5月15日～平成8年1月26日　北海道会議長　→94/96

杉本 一雄　すぎもと・かずお　～昭和59年12月8日　三菱電機取締役　→83/87

杉本 一幸　すぎもと・かずゆき　大正11年3月21日～平成9年7月31日　オンワード樫山会長　→97/99

杉本 勝次　すぎもと・かつじ　明治28年11月14日～昭和62年1月2日　福岡県知事、衆院議員(社会党)　→83/87

杉本 清　すぎもと・きよし　大正11年6月27日～平成1年8月8日　徳島新聞社長　→88/90

杉本 喜代松　すぎもと・きよまつ　～昭和30年6月18日　新宮商工会議所会頭　→昭和

杉本 金機　すぎもと・きんき　～昭和24年9月7日　妙心寺管長　→昭和

杉本 国太郎　すぎもと・くにたろう　明治8年9月～昭和24年4月13日　衆院議員(立憲政友会)　→昭和

杉本 源一　すぎもと・げんいち　大正15年5月12日～平成14年3月22日　京都府議(共産党)　→00/02

杉元 顕太郎　すぎもと・けんたろう　～昭和62年4月12日　セイキインターナショナル常務　→83/87

杉本 憲太郎　すぎもと・けんたろう　大正8年2月11日～平成8年5月17日　老松園社長、松阪商工会議所会頭　→94/96

杉本 幸一　すぎもと・こういち　大正14年5月1日～平成10年6月24日　岡谷電機産業専務　→97/99

杉本 鉱一　すぎもと・こういち　明治41年11月6日～平成8年12月29日　大成火災海上保険常務、古河鉱業(のち古河機械金属)取締役　→94/96

杉本 五郎　すぎもと・ごろう　明治33年5月25日～昭和12年9月14日　陸軍少佐　→昭和

杉本 治一　すぎもと・じいち　～昭和60年9月19日　高岡屋クリーニングセンター社長　→83/87

杉本 周三　すぎもと・しゅうぞう　昭和3年2月28日～平成1年10月28日　神杉酒造社長　→88/90

杉本 順市　すぎもと・じゅんいち　～平成3年8月12日

弁護士 京都地裁判事 →91/93

杉本 省吾 すぎもと・しょうご ～平成3年2月11日 北海道議 →91/93

杉本 昇誉 すぎもと・しょうよ ～平成4年5月14日 僧侶 真言宗豊山派大僧正,総本山長谷寺顧問 →91/93

杉本 四朗 すぎもと・しろう 明治41年2月24日～平成11年9月24日 日本軽金属常務 →97/99

杉本 四郎 すぎもと・しろう 明治32年8月20日～昭和59年8月8日 杉本商事創業者 →83/87

杉本 菅夫 すぎもと・すがお 大正7年5月11日～平成22年2月4日 高知県議(自民党) →09/11

杉本 清一郎 すぎもと・せいいちろう ～昭和55年12月9日 日本配線器具工業会副会長,杉本電器社長 →80/82

杉本 秀 すぎもと・たかし ～昭和57年2月15日 広島産興相談役,元中国電力監査役 →80/82

杉本 高稲 すぎもと・たかね 昭和8年11月7日～平成13年12月8日 大阪商船三井船舶専務,日本海汽船社長 →00/02

杉本 武夫 すぎもと・たけお 大正9年4月11日～平成11年2月4日 中部鉄構社長,東海信用組合専務理事,岐阜県議(社民連) →00/02s

杉本 正 すぎもと・ただし 大正15年4月4日～平成21年4月27日 杉本商事社長 →09/11

杉本 辰夫 すぎもと・たつお 大正4年4月13日～平成19年9月26日 ダイワ精工社長 →06/08

杉本 太郎 すぎもと・たろう 大正10年7月4日～平成6年10月12日 兼松常務 →94/96

杉本 勤 すぎもと・つとむ 大正15年8月6日～平成10年6月8日 弁護士 日本弁護士連合会理事,宮崎県弁護士会会長 →97/99

杉本 勉 すぎもと・つとむ 大正3年4月1日～平成16年7月4日 愛知電機常務 →03/05

杉元 恒雄 すぎもと・つねお 大正9年10月15日～平成9年2月16日 参院議員(自民党) →97/99

杉本 恒記 すぎもと・つねき ～昭和60年12月2日 全日本船舶職員協会会長,日正汽船専務 →83/87

杉本 鶴五郎 すぎもと・つるごろう ～昭和5年12月29日 銀座亀屋食料店主 →昭和

杉本 悌二郎 すぎもと・ていじろう 大正10年1月18日～昭和63年10月25日 ノリタケ社長 →88/90

杉本 道山 すぎもと・どうざん 弘化4年～昭和4年10月16日 僧侶 曹洞宗大本山鶴見総持寺貫主,瑞泉寺住職 →昭和

杉本 敏夫 すぎもと・としお ～昭和58年11月30日 旭化成工業常務 →83/87

杉本 敏夫 すぎもと・としお 大正15年4月24日～平成4年4月9日 福岡銀行常務 →91/93

杉本 敏雄 すぎもと・としお 大正10年1月13日～平成15年8月24日 ユニチカ常務 →03/05

杉本 信行 すぎもと・のぶゆき 昭和24年1月12日～平成18年8月3日 在上海総領事 →06/08

杉本 肇 すぎもと・はじむ 大正12年11月9日～平成8年10月13日 和光証券常務 →94/96

杉本 英夫 すぎもと・ひでお 大正11年10月14日～平成13年9月2日 美濃工業創業者,日本ダイカスト協会会長 →00/02

杉本 寛 すぎもと・ひろし 昭和9年11月1日～平成21年5月25日 川崎市助役 →09/11

杉本 広 すぎもと・ひろし 大正11年～平成8年12月19日 東海電気工事(のちトーエネック)常務 →94/96

杉本 弘治 すぎもと・ひろじ 昭和4年5月4日～平成10年4月23日 岐阜信用金庫常務理事,ぎふしん投資顧問代表取締役 →97/99

杉本 弘 すぎもと・ひろむ ～平成6年1月10日 立花商会取締役 →94/96

杉本 文雄 すぎもと・ふみお 昭和3年1月30日～平成12年6月16日 ダイハツ工業副社長 →00/02

杉本 昌明 すぎもと・まさあき ～昭和63年5月13日 日の出金属取締役社長 →88/90

杉本 昌穂 すぎもと・まさお 昭和9年5月31日～平成14年12月22日 パイオニア副社長,NHK放送技術研究所長 →00/02

杉本 正雄 すぎもと・まさお 大正5年11月7日～平成7年6月4日 仙台地裁所長 →94/96

杉本 正弘 すぎもと・まさひろ 大正6年6月6日～平成15年1月13日 杉本建設会長 →03/05

杉本 政穂 すぎもと・まさほ 昭和12年1月1日～平成14年1月30日 三洋電機副社長,住友銀行常務 →00/02

杉本 正道 すぎもと・まさみち 大正2年6月5日～平成4年2月7日 兵庫銀行常勤監査役 →91/93

杉本 又三郎 すぎもと・またさぶろう 慶応1年～昭和15年1月27日 鮮魚商,政治家 大阪府議会議員 →昭和

杉本 幹夫 すぎもと・みきお 明治45年6月11日～昭和59年1月17日 間組取締役 →83/87

杉本 幹大 すぎもと・みさお 昭和10年11月4日～平成22年1月25日 新日本印刷社長,日刊工業新聞取締役出版担当 →09/11

杉本 通雄 すぎもと・みちお 大正6年5月4日～平成16年1月26日 玉野市長 →03/05

杉本 守義 すぎもと・もりよし 明治42年2月7日～昭和58年9月7日 消防大学校長 →83/87

杉本 安高 すぎもと・やすたか ～昭和61年12月21日 富山市清掃公社常務理事 →83/87

杉本 雄次 すぎもと・ゆうじ 昭和6年9月23日～平成21年11月23日 鹿島副社長 →09/11

杉本 行義 すぎもと・ゆきよし 大正3年2月28日～平成15年9月12日 古牧温泉渋沢公園社長 →03/05

杉本 嘉範 すぎもと・よしのり 大正14年11月7日～平成19年12月11日 杉本食肉産業会長,全国食肉業務用協

すきもと

杉本 義弘　すぎもと・よしひろ　大正13年5月18日～昭和63年9月9日　久米田運送社長, 大阪府トラック協会常任理事　→88/90

杉本 吉松　すぎもと・よしまつ　～昭和56年10月25日　とび職　江戸火消し第四区総代　→80/82

杉本 龍造　すぎもと・りゅうぞう　大正2年1月8日～平成9年2月10日　鈴鹿市長　→97/99

杉本 良吉　すぎもと・りょうきち　大正5年11月7日～平成16年11月25日　東京高裁判事, 大東文化大学学長　→03/05

杉本 良太　すぎもと・りょうた　大正9年4月22日～平成1年2月7日　神戸タクシー会社社長, 兵庫県タクシー協会副会長, 西脇市議会副議長　→88/90

杉森 一夫　すぎもり・かずお　大正14年3月25日～平成17年7月7日　信楽町(滋賀県)町長, 信楽高原鉄道社長　→03/05

杉森 敏雄　すぎもり・としお　大正8年6月15日～平成20年3月28日　国産金属工業社長　→06/08

椙森 盛光　すぎもり・もりみつ　～平成3年7月16日　富山県議　→91/93

杉山 秋夫　すぎやま・あきお　～昭和57年9月9日　砂川商工会議所専務理事, 砂川市社会教育委員長　→80/82

杉山 彰　すぎやま・あきら　昭和24年10月4日～平成20年7月22日　三菱電機上席常務執行役　→06/08

杉山 中　すぎやま・あたる　～昭和57年2月15日　丸石自転車社長　→80/82

杉山 暎一　すぎやま・えいいち　昭和17年12月6日～平成23年3月4日　新日本石油常務　→09/11

杉山 治範　すぎやま・おさのり　～昭和53年11月10日　宮内庁鵜匠　→昭和

杉山 治　すぎやま・おさむ　～昭和56年3月11日　津商工会議所副会頭, 元三重県議　→80/82

杉山 甲子雄　すぎやま・かしお　大正13年1月26日～平成14年5月6日　朝日生命保険常務　→00/02

杉山 一男　すぎやま・かずお　大正2年4月1日～平成4年9月19日　日本民間放送連盟専務理事　→91/93

杉山 一次　すぎやま・かずつぐ　～昭和46年6月29日　在米日系人長老　→昭和

杉山 勝雄　すぎやま・かつお　明治43年～昭和40年8月31日　むつ市長　→昭和

杉山 克彦　すぎやま・かつひこ　大正12年2月13日～平成18年4月16日　弁護士　東京高裁長官　→06/08

杉山 勝美　すぎやま・かつみ　明治34年2月7日～平成3年5月10日　朝日新聞取締役名古屋本社代表　→91/93

杉山 吉太郎　すぎやま・きちたろう　～平成4年3月21日　東京駅長　→91/93

杉山 吉之助　すぎやま・きちのすけ　明治37年8月22日～平成3年2月23日　横浜高島屋専務　→91/93

杉山 喜三男　すぎやま・きみお　大正13年12月27日～平成19年12月25日　神奈川県議(社会党)　→06/08

杉山 金太郎　すぎやま・きんたろう　明治8年9月19日～昭和48年3月10日　実業家　豊年製油社長　→昭和

杉山 好二　すぎやま・こうじ　明治28年12月31日～平成3年7月30日　ヤマト会長　→91/93

杉山 栄　すぎやま・さかえ　～昭和13年10月7日　矢作水力副社長　→昭和

杉山 貞男　すぎやま・さだお　昭和4年1月2日～平成9年12月25日　スギヤマ薬品社長　→97/99

杉山 三郎　すぎやま・さぶろう　～昭和30年1月7日　三井金属鉱業副社長　→昭和

杉山 三郎　すぎやま・さぶろう　大正2年2月24日～昭和58年7月27日　後楽園スタヂアム常務取締役流通事業本部長, 松坂屋ストアー代表取締役　→83/87

杉山 茂夫　すぎやま・しげお　明治36年2月5日～平成6年11月26日　岐阜商工信用組合名誉会長　→94/96

杉山 茂丸　すぎやま・しげまる　元治1年8月15日～昭和10年7月19日　政治家　→昭和

杉山 重義　すぎやま・しげよし　安政4年6月27日～昭和2年1月24日　自由民権運動家, 牧師　早稲田大学教授　→昭和

杉山 茂　すぎやま・しげる　～昭和56年6月8日　安川電機製作所顧問・元専務　→80/82

杉山 茂　すぎやま・しげる　明治35年4月28日～昭和57年1月29日　陸上自衛隊幕僚長　→80/82

杉山 茂　すぎやま・しげる　大正1年8月31日～平成20年10月2日　静岡清水平安閣グループ代表, 杉山総業社長　→06/08

杉山 四五郎　すぎやま・しごろう　明治3年1月6日～昭和3年6月13日　衆院議員　→昭和

杉山 正一　すぎやま・しょういち　～昭和51年12月17日　荏原製作所社長　→昭和

杉山 昌作　すぎやま・しょうさく　明治33年10月18日～平成6年3月1日　参院議員(参議院同志会)　→94/96

杉山 成司　すぎやま・じょうじ　昭和13年～平成7年5月22日　ビジネスコンサルタント社長　→94/96

杉山 章三　すぎやま・しょうぞう　明治39年2月13日～昭和63年8月16日　日本精工常務　→88/90

杉山 四郎　すぎやま・しろう　明治42年～昭和56年1月18日　青森県漁連会長　→80/82

杉山 二郎　すぎやま・じろう　大正4年5月10日～平成15年5月18日　富士機工社長　→03/05

杉山 慎　すぎやま・しん　明治39年1月25日～平成6年11月24日　東光電気工事社長　→94/96

杉山 晋一　すぎやま・しんいち　明治3年2月2日～平成20年5月22日　キッコーマン常務, 日本デルモンテ社長　→06/08

杉山 晋朔　すぎやま・しんさく　～平成7年5月18日　キッコーマン顧問, 東京農業大学教授　→94/96

杉山 末吉　すぎやま・すえきち　〜昭和61年7月13日　聖和女子学院理事, 佐世保市議会議長　→83/87

杉山 直　すぎやま・すすむ　昭和4年8月27日〜平成3年8月26日　タカキタ会長　→91/93

杉山 清七　すぎやま・せいしち　〜昭和57年1月13日　日露戦争日本海海戦最後の生存者　→80/82

椙山 誠治郎　すぎやま・せいじろう　〜昭和38年10月13日　近代園芸の開拓者　→昭和

杉山 善太郎　すぎやま・ぜんたろう　明治36年2月25日〜昭和63年2月21日　参院議員(社会党)　→88/90

杉山 隶次　すぎやま・たいじ　〜昭和44年5月1日　静岡銀行専務　→昭和

杉山 多一　すぎやま・たいち　〜昭和57年4月30日　全日本金属印刷工業組合連合会会長, 杉山金属印刷取締役会長　→80/82

杉山 隆男　すぎやま・たかお　昭和4年7月20日〜平成6年7月23日　ミサワホーム常務, 石井精密工業社長　→94/96

杉山 正　すぎやま・ただし　大正8年5月28日〜昭和61年7月26日　ノリタケカンパニーリミテド副社長　→83/87

杉山 辰子　すぎやま・たつこ　慶応4年7月28日〜昭和7年6月27日　宗教家　ボランティアの先駆者　→昭和

杉山 龍丸　すぎやま・たつまる　大正8年5月26日〜昭和62年9月20日　国際文化福祉協会総事務局長　→83/87

杉山 達郎　すぎやま・たつろう　〜昭和42年8月3日　北海道放送専務　→昭和

杉山 保　すぎやま・たもつ　〜平成9年7月14日　スギヤマコンクリート会長, 全国コンクリート製品協会副会長　→97/99

杉山 忠太郎　すぎやま・ちゅうたろう　大正11年2月24日〜平成13年4月13日　大正製薬常務　→00/02

杉山 恒一　すぎやま・つねいち　大正3年8月18日〜平成5年6月7日　トヨタカローラ静岡会長, トヨタビスタ浜松会長　→91/93

杉山 貞次　すぎやま・ていじ　〜昭和60年12月19日　旅館すぎ山専務, 日本青年会議所全国大会運営会議委員　→83/87

杉山 貞三　すぎやま・ていぞう　明治40年12月15日〜昭和57年3月26日　東京電気工務所監査役・元取締役　→80/82

杉山 哲郎　すぎやま・てつろう　昭和2年3月31日〜平成10年5月3日　日商岩井鉄鋼リース会長　→97/99

杉山 徳次郎　すぎやま・とくじろう　大正8年1月9日〜平成23年1月25日　杉徳工業社長　→09/11

杉山 徳三　すぎやま・とくぞう　〜昭和49年8月3日　三菱樹脂社長　→昭和

杉山 蔵雄　すぎやま・としお　〜昭和63年3月3日　杉山組取締役会長　→88/90

杉山 利夫　すぎやま・としお　昭和4年3月6日〜平成10年7月4日　川上塗料社長　→97/99

杉山 俊郎　すぎやま・としろう　明治35年8月18日〜昭和62年4月2日　アジア福祉教育財団理事, 全国町村会事務局長　→83/87

杉山 友男　すぎやま・ともお　昭和6年5月22日〜平成7年1月24日　第一工業製薬社長　→94/96

杉山 友勝　すぎやま・ともかつ　明治38年11月21日〜昭和62年4月12日　松下電送副社長, ナショナル電送販売社長　→83/87

杉山 虎之助　すぎやま・とらのすけ　〜昭和41年11月20日　中日新聞社長　→昭和

杉山 信明　すぎやま・のぶあき　昭和2年5月3日〜平成22年3月13日　山陽特殊製鋼常務　→09/11

杉山 信男　すぎやま・のぶお　〜昭和56年1月9日　共和レザー専務　→80/82

杉山 元　すぎやま・はじめ　明治13年1月2日〜昭和20年9月12日　陸軍元帥　陸相　→昭和

杉山 旗雄　すぎやま・はたお　〜昭和62年8月21日　鵜匠　→83/87

杉山 久　すぎやま・ひさし　〜平成3年3月15日　昭和鉄工専務　→91/93

杉山 秀夫　すぎやま・ひでお　大正7年11月5日〜昭和61年11月1日　広島コンピューターサービス取締役相談役, 広島銀行常任監査役　→83/87

杉山 秀夫　すぎやま・ひでお　昭和18年1月15日〜平成14年5月24日　鵜匠　宮内庁式部職鵜匠頭　→00/02

杉山 秀夫　すぎやま・ひでお　大正12年6月21日〜平成22年8月16日　静岡県原水爆被害者の会会長　→09/11

杉山 秀樹　すぎやま・ひでき　昭和10年1月22日〜平成20年2月9日　朝日放送専務　→06/08

杉山 洋之　すぎやま・ひろゆき　明治19年3月30日〜平成12年1月16日　郵政省東京郵政局長　→00/02

杉山 福衛　すぎやま・ふくえ　大正14年1月20日〜昭和60年10月25日　太平洋証券監査役　→83/87

杉山 信　すぎやま・まこと　昭和11年9月30日〜平成20年11月5日　日本新薬常務　→00/08

杉山 政夫　すぎやま・まさお　明治39年11月29日〜平成1年10月9日　千代田生命取締役　→88/90

杉山 正夫　すぎやま・まさお　大正6年1月1日〜平成15年5月9日　日立電線取締役, 東日電線社長　→03/05

杉山 粛　すぎやま・まさし　昭和11年8月25日〜平成19年5月31日　むつ市長　→06/08

杉山 雅彦　すぎやま・まさひこ　大正1年9月28日〜昭和61年5月23日　笹徳印刷工業会長　→83/87

杉山 昌巳　すぎやま・まさみ　昭和11年9月12日〜平成7年9月16日　神奈川県議, 日本観光学園理事長　→94/96

杉山 正躬　すぎやま・まさみ　大正11年8月16日〜平成18年8月26日　静岡県議(公明党)　→06/08

杉山 護　すぎやま・まもる　大正5年9月15日〜平成7年11月13日　三星堂副社長　→94/96

杉山 巳之吉　すぎやま・みのきち　大正7年6月19日〜昭和59年6月18日　清水銀行専務　→83/87

杉山 元治郎　すぎやま・もとじろう　明治18年11月18日〜昭和39年10月11日　農民運動指導者,政治家　日本農民組合創立者,全日農顧問,衆院議員・副議長　→昭和

杉山 元太郎　すぎやま・もとたろう　大正7年12月22日〜昭和45年4月29日　豊年製油社長　→昭和(すぎやま・げんたろう)

杉山 元信　すぎやま・もとのぶ　明治31年4月3日〜昭和62年10月14日　豊年製油専務　→83/87

杉山 恭衛　すぎやま・きょうえい　大正9年3月1日〜平成18年1月25日　パイロット社長　→06/08

杉山 康男　すぎやま・やすお　大正8年5月9日〜平成12年12月31日　日立ソフトウェアエンジニアリング社長　→00/02

杉山 靖樹　すぎやま・やすき　昭和16年10月23日〜平成23年12月11日　海将　海上自衛隊呉地方総監　→09/11

杉山 安友　すぎやま・やすとも　大正14年7月15日〜平成4年11月30日　十条製紙常務　→91/93

杉山 泰彦　すぎやま・やすひこ　大正11年6月10日〜平成3年10月17日　トキコ取締役　→91/93

杉山 泰弘　すぎやま・やすひろ　〜平成5年5月1日　ミクロ精機取締役工場長　→91/93

杉山 弥太郎　すぎやま・やたろう　大正15年1月8日〜昭和54年11月22日　日本専売公社(のち日本たばこ産業)総務理事・塩事業本部長　→91/93

杉山 与作　すぎやま・よさく　〜昭和57年11月3日　都火災共済協同組合理事長,都中小企業共済協同組合理事長　→80/82

杉山 義雄　すぎやま・よしお　慶応2年9月18日〜昭和8年4月8日　実業家　秀英舎社長　→昭和

杉山 義雄　すぎやま・よしお　明治39年10月4日〜昭和61年3月25日　中央相互銀行社長,全国相互銀行協会評議員　→83/87

杉山 喜茂　すぎやま・よししげ　昭和10年4月24日〜平成2年12月11日　日本電話施設取締役　→88/90

杉山 吉彦　すぎやま・よしひこ　昭和4年11月20日〜平成2年9月28日　日本光電工業常務　→88/90

杉山 理一　すぎやま・りいち　〜昭和62年12月12日　中部日本放送監査役　→83/87

杉山 良二　すぎやま・りょうじ　〜昭和62年5月1日　富士ゴム(株)代表取締役社長　→83/87

杉山 亮太郎　すぎやま・りょうたろう　〜昭和49年11月12日　清水銀行会長　→昭和

杉山 令肇　すぎやま・れいじょう　大正11年10月7日〜平成17年6月11日　参院議員(自民党),順勝寺住職,聖徳学園名誉理事　→03/05

杉山 六蔵　すぎやま・ろくぞう　明治23年〜昭和22年　海軍中将　→昭和

杉山 和吉　すぎやま・わきち　〜昭和55年8月30日　桑名商工会議所副会頭　→80/82

須堯 徳雄　すぎょう・とくお　〜昭和61年3月11日　飯塚市農業委員会会長　→83/87

村主 快禅　すぐり・かいぜん　〜昭和42年10月15日　真言宗中山寺派管長・大僧正　→昭和

勝呂 晶　すぐろ・あきら　〜昭和57年3月6日　日本ポリオレフィン・フィルム工業組合専務理事　→80/82

勝呂 計　すぐろ・かずし　〜昭和59年3月5日　日本テレビ社友,元読売新聞大阪本社東京支社長　→83/87

勝呂 伝之進　すぐろ・でんのしん　大正2年2月8日〜平成22年10月12日　三井建設常務　→09/11

助川 顕　すけがわ・あきら　昭和3年9月15日〜平成20年11月4日　横浜銀行常務　→06/08

助川 啓四郎　すけがわ・けいしろう　明治20年8月〜昭和18年10月5日　衆院議員(翼賛政治会)　→昭和

助川 良平　すけがわ・りょうへい　大正10年1月〜昭和34年6月15日　衆院議員(自民党)　→昭和

菅野 儀作　すげの・ぎさく　明治40年6月1日〜昭和56年1月25日　参院議員(自民党)　→80/82(かんの・ぎさく)

助野 義一　すけの・よしかず　大正12年12月3日〜昭和60年3月26日　日の出証券顧問・元常務　→83/87

助信 幸雄　すけのぶ・ゆきお　昭和4年5月27日〜平成10年8月20日　福岡県議(社民党)　→97/99

須郷 康也　すごう・やすなり　〜昭和60年10月27日　日本毛織岐阜工場長　→83/87

須佐 晋竜　すさ・しんりょう　〜平成6年3月3日　僧侶　西山浄土宗総本山光明寺第77世法主　→94/96

須崎 潔　すざき・きよし　〜昭和48年8月15日　揖斐川電工社長　→昭和

洲崎 敬三　すざき・けいぞう　〜昭和60年6月24日　日本赤十字社理事,春光学園(養贅施設)理事長　→83/87

洲嵜 幸俊　すざき・こうしゅん　大正10年2月27日〜平成2年8月23日　大末建設専務　→88/90

洲岬 静子　すざき・しずこ　〜平成15年9月2日　洲さき女将　→03/05

寿崎 スエ子　すざき・すえこ　明治36年3月1日〜平成2年1月24日　寿屋創業者　→88/90

須崎 祐男　すざき・すけお　明治35年8月19日〜昭和55年4月27日　日本油脂常務,日本石鹸洗剤工業組合理事長　→80/82

須崎 正実　すざき・まさみ　昭和7年7月11日〜平成13年7月7日　ミヨシ油脂常務　→00/02

洲崎 松次郎　すざき・まつじろう　大正6年1月22日〜平成6年12月24日　東京電気(のちテック)副社長　→94/96

須崎 守康　すざき・もりやす　昭和6年5月15日〜平成23年1月13日　ミヨシ油脂専務　→09/11

図司 安正　ずし・やすまさ　明治38年12月4日〜平成2年

I 政治・経済・社会篇　　　　　　　　　　　　　　　　　　　　　　すすき

5月12日　衆院議員　→88/90

朱雀 智介　すじゃく・ともすけ　大正5年10月20日～昭和61年11月21日　ダイヤコンサルタント相談役、三菱鉱業セメント取締役　→83/87

鈴井 あや　すずい・あや　大正2年4月26日～昭和59年11月11日　鈴丹副社長　→83/87

鈴江 邦康　すずえ・くにやす　大正10年4月6日～平成6年6月14日　エイワ相談役・元社長　→94/96

鈴江 康平　すずえ・こうへい　明治40年10月16日～平成14年10月29日　科学技術庁事務次官　→00/02

鈴江 繁一　すずえ・しげかず　～昭和37年11月2日　鈴江組創設者、中央競馬主協会連合会初代会長　→昭和

鈴江 武彦　すずえ・たけひこ　昭和3年3月30日～平成22年6月15日　弁理士　鈴江内外国特許事務所所長、日本弁理士会会長　→09/11

鈴江 真澄　すずえ・ますみ　～昭和59年7月20日　神鋼商事監査役　→83/87

鈴岡 理樹雄　すずおか・りきお　～平成3年9月28日　愛知県議　→91/93

鈴鹿 紀　すずか・おさむ　大正9年4月5日～平成21年2月18日　日本新薬常務、京都園芸倶楽部会長　→09/11

鈴鹿 醇太郎　すずか・じゅんたろう　大正6年9月9日～昭和62年2月15日　NHK広報室長、NHKサービスセンター専務理事　→83/87

鈴鹿 隆信　すずか・たかのぶ　～昭和55年12月10日　聖護院八ッ橋総本店社長　→80/82

鈴川 貫一　すずかわ・かんいち　～昭和38年1月22日　中国電力顧問　→昭和

鈴川 武秀　すずかわ・たけひで　～平成9年5月1日　中国塗料社長　→97/99

鈴川 溥　すずかわ・ひろし　大正5年3月15日～平成8年6月6日　キヤノン副会長　→94/96

鈴川 正久　すずかわ・まさひさ　大正4年9月10日～平成16年11月1日　西華産業常務　→03/05

鈴木 愛子　すずき・あいこ　大正14年3月30日　平成13年5月14日　ホーライ会長　→00/02

鈴木 昭夫　すずき・あきお　昭和4年1月6日～平成1年3月26日　三井東圧化学常務　→88/90

鈴木 朗夫　すずき・あきお　昭和6年1月29日～昭和62年10月2日　住友商事常務・業務本部長　→83/87

鈴木 晰也　すずき・あきや　大正6年10月19日～平成22年11月29日　大映常務・京都撮影所　→09/11

鈴木 昭徳　すずき・あきのり　大正10年11月4日～平成5年3月22日　日本銀行発券局長、ユニバーサル証券顧問　→91/93

鈴木 啓　すずき・あきら　～昭和63年11月29日　九州公安調査局長　→88/90

鈴木 昭　すずき・あきら　昭和8年9月24日～平成5年10月18日　荏原製作所常務、荏原電産副社長　→91/93

鈴木 章　すずき・あきら　大正9年10月12日～平成1年5月24日　同和紙業会長、名古屋薬師寺世話人　→88/90

鈴木 彬　すずき・あきら　昭和10年8月18日～平成3年5月27日　田村電機製作所取締役　→91/93

鈴木 厚　すずき・あつし　明治36年4月8日～平成15年12月15日　三菱アルミニウム社長　→03/05

鈴木 篤　すずき・あつし　大正9年1月29日～平成4年4月14日　大阪空気機械製作所社長　→91/93

鈴木 穆　すずき・あつし　～昭和8年8月23日　関東軍顧問　→昭和

鈴木 郁三郎　すずき・いくさぶろう　～昭和60年2月16日　(株)スナミ社長、芦森工業理事　→83/87

鈴木 幾次郎　すずき・いくじろう　明治2年～昭和13年10月11日　高松市長　→昭和

鈴木 郁三　すずき・いくぞう　～昭和47年5月6日　世界文化社会長　→昭和

鈴木 勲　すずき・いさお　大正6年12月1日～昭和62年6月3日　ゼネラル石油会長　→83/87

鈴木 勲　すずき・いさお　大正12年12月22日～平成2年11月21日　日機装相談役　→88/90

鈴木 勇　すずき・いさむ　大正3年1月23日～昭和62年12月14日　三洋電機常務　→83/87

鈴木 勇　すずき・いさむ　～平成1年11月27日　朝日投信委託常務　→88/90

鈴木 勇　すずき・いさむ　大正5年10月14日～平成7年10月10日　阪急電鉄専務　→94/96

鈴木 勇　すずき・いさむ　明治44年8月17日～平成8年7月10日　東光電気社長　→94/96

鈴木 勇　すずき・いさむ　昭和3年3月31日～平成9年10月31日　九十九電機会長　→97/99

鈴木 石太郎　すずき・いしたろう　～昭和55年3月13日　函館湯の川グランドホテル社長　→80/82

鈴木 格　すずき・いたる　昭和3年9月15日～平成3年10月18日　三井物産常務　→91/93

鈴木 市蔵　すずき・いちぞう　明治43年3月25日～平成18年1月29日　労働運動家　参院議員（共産党）　→06/08

鈴木 市之助　すずき・いちのすけ　昭和13年4月22日　旭電化光学社長　→昭和

鈴木 一郎　すずき・いちろう　明治41年4月20日～昭和59年1月4日　富士鉄工所社長　→83/87

鈴木 一郎　すずき・いちろう　大正5年1月27日～平成4年12月26日　日本化薬取締役　→91/93

鈴木 一郎　すずき・いちろう　大正11年5月27日～平成13年3月25日　三井道石社長　→00/02

鈴木 一光　すずき・いっこう　昭和25年9月12日～平成23年2月21日　東京都議（自民党）　→09/11

鈴木 宇市　すずき・ういち　～昭和59年1月2日　フジテレビ常務　→83/87

鈴木 丑松　すずき・うしまつ　～昭和56年4月11日　三洋鉄工所創業者　→80/82

すすき

鈴木 梅雄　すずき・うめお　～昭和56年2月12日
鈴木バイオリン製造会長　→80/82

鈴木 梅四郎　すずき・うめしろう　文久2年4月26日～昭和15年4月15日　政治家, 実業家　衆院議員(立憲政友会)　→昭和

鈴木 栄一　すずき・えいいち　明治44年2月15日～平成6年7月27日　日本冷蔵(のちニチレイ)常務　→94/96

鈴木 英一　すずき・えいいち　～昭和49年7月7日
塩水港精糖専務　→昭和

鈴木 英一　すずき・えいいち　昭和9年10月28日～平成4年3月6日　東映エージエンシー社長　→91/93

鈴木 英一　すずき・えいいち　昭和6年12月7日～平成10年6月26日　旭電業社長　→97/99

鈴木 英三郎　すずき・えいざぶろう　～昭和61年5月15日　弁護士　法務省東京矯正管区長　→83/87

鈴木 栄治　すずき・えいじ　大正14年1月21日～平成20年4月26日　秋田県議(社会党)　→06/08

鈴木 栄二　すずき・えいじ　明治34年3月10日～昭和46年5月24日　大阪市警視総監　→昭和

鈴木 永二　すずき・えいじ　大正2年5月29日～平成6年10月11日　三菱化成社長, 日経連会長　→94/96

鈴木 英二　すずき・えいじ　～平成4年4月4日
本田技研工業常務　→91/93

鈴木 栄三　すずき・えいぞう　大正11年11月23日～平成1年10月6日　日乃出ゴム工業会長, 豊田合成常務　→88/90

鈴木 恵照　すずき・えしょう　明治2年～昭和3年12月25日　僧侶　大和信貴山成福院主, 真言宗権大僧正　→昭和

鈴木 悦次郎　すずき・えつじろう　明治33年5月20日～昭和15年12月8日　労働運動家　→昭和

鈴木 悦郎　すずき・えつろう　昭和9年2月22日～平成8年4月10日　弁護士　→94/96

鈴木 襲吉　すずき・えなきち　大正3年3月29日～平成3年11月25日　西松建設専務　→91/93

鈴木 治　すずき・おさむ　～昭和55年5月23日
三共生興副社長　→80/82

鈴木 脩　すずき・おさむ　明治43年2月7日～平成17年10月4日　鶴見曹達会長　→03/05

鈴木 音猪　すずき・おとい　～昭和58年9月18日
鈴木鉄工所社長　→83/87

鈴木 音治　すずき・おとじ　大正2年11月19日～昭和57年5月25日　川口金属工業常務　→80/82

鈴木 馨　すずき・かおる　～平成8年7月11日
松井建設常務　→94/96

鈴木 薫　すずき・かおる　昭和2年1月22日～平成12年10月15日　弁護士　最高検検事　→00/02

鈴木 格二　すずき・かくじ　大正2年3月10日～平成2年7月5日　鈴覚鉄鋼販売会長　→88/90

鈴木 恪司　すずき・かくじ　～昭和19年2月7日
海軍技術中将　九州造船社長　→昭和

鈴木 格禅　すずき・かくぜん　大正15年10月20日～平成11年8月19日　僧侶　駒沢大学名誉教授　→97/99

鈴木 愨太郎　すずき・かくたろう　～昭和12年5月31日
大蔵省特別銀行課長　→昭和

鈴木 修　すずき・かざる　大正7年9月18日～昭和63年8月19日　広島市議(自民党), 安佐町(広島県)町長　→88/90

鈴木 一恵　すずき・かずえ　明治41年4月12日～平成11年3月4日　中部通信建設社長　→97/99

鈴木 一男　すずき・かずお　～平成4年12月27日
丸正事件で再審請求　→91/93

鈴木 一夫　すずき・かずお　大正14年8月1日～平成5年6月3日　静岡県会副議長, 大井川町長　→91/93

鈴木 一夫　すずき・かずお　大正4年3月31日～平成8年11月20日　日本パイプ製造専務　→94/96

鈴木 一雄　すずき・かずお　昭和19年9月14日～平成14年1月19日　安田リース社長, 安田生命保険取締役　→00/02

鈴木 一雄　すずき・かずお　昭和4年5月7日～平成19年6月11日　三陽商会専務　→06/08

鈴木 加寿雄　すずき・かずお　昭和3年9月29日～平成14年8月23日　仙台コカコーラボトリング社長　→00/02

鈴木 和夫　すずき・かずお　大正15年3月30日～平成20年3月28日　多賀城市長　→06/08

鈴木 和夫　すずき・かずお　大正9年9月27日～平成23年1月18日　凸版印刷社長　→09/11

鈴木 一進　すずき・かずのぶ　昭和8年4月5日～平成20年6月6日　豊川信用金庫会長, 豊川商工会議所会頭　→06/08

鈴木 一弘　すずき・かずひろ　大正6年10月6日～平成7年2月2日　実業家　鈴木総本社会長　→94/96

鈴木 一弘　すずき・かずひろ　大正13年11月1日～平成15年7月7日　参院議員(公明党)　→03/05

鈴木 一正　すずき・かずまさ　～平成1年11月9日
藤田リゾート開発常務　→88/90

鈴木 一正　すずき・かずまさ　昭和8年3月30日～平成19年4月21日　三井物産常務, マレーシア日本人商工会議所会頭　→06/08

鈴木 和美　すずき・かずみ　昭和4年8月28日～平成15年6月29日　参院議員(社会党), 国土庁長官　→03/05

鈴木 一幸　すずき・かずゆき　～昭和55年2月27日
清水建設専務　→80/82

鈴木 一行　すずき・かずゆき　昭和19年5月23日～平成22年7月17日　サンデン社長　→09/11

鈴木 嘉三　すずき・かぞう　明治36年12月1日～昭和59年8月23日　埼玉銀行取締役, 蛇の目ミシン工業常務　→83/87

鈴木 勝昭　すずき・かつあき　昭和6年11月26日～平成15年5月10日　日立マクセル専務　→03/05

鈴木 勝男　すずき・かつお　〜平成2年6月12日
荒川区会議長　→88/90

鈴木 克巳　すずき・かつみ　昭和4年9月15日〜平成11年11月8日　関西銀行専務　→97/99

鈴木 勝人　すずき・かつんど　昭和17年2月4日〜平成3年3月27日　西洋コンチネンタルホテルズ常務,東海観光取締役　→91/93

進来 要　すずき・かなめ　〜昭和39年8月9日
日本ウジミナス社長　→昭和

鈴木 鍈溢　すずき・かねみつ　〜平成4年5月9日　日本ゼネラルモータース会長　→91/93

鈴木 亀太郎　すずき・かめたろう　明治44年10月12日〜昭和59年1月21日　東京都交通局長　→83/87

鈴木 莞二　すずき・かんじ　昭和12年8月12日〜平成13年4月11日　シーアイ化成専務　→00/02

鈴木 貫太郎　すずき・かんたろう　慶応3年12月24日〜昭和23年4月17日　政治家,海軍大将　首相,枢密院議長　→昭和

鈴木 義一　すずき・ぎいち　〜昭和57年2月6日
海軍中将　戦艦日向艦長　→80/82

鈴木 義一　すずき・ぎいち　大正6年11月20日〜平成8年5月9日　日産建設常務　→94/96

鈴木 菊男　すずき・きくお　〜昭和55年2月21日
阪神内燃機工業専務　→80/82

鈴木 菊男　すずき・きくお　大正4年10月27日〜昭和63年5月28日　鈴木建設会長,金沢医科大学理事長　→88/90

鈴木 菊男　すずき・きくお　明治39年4月15日〜平成9年1月20日　宮内庁東宮大夫　→97/99

鈴木 喜作　すずき・きさく　昭和7年1月5日〜平成17年2月26日　鈴茂器工会長　→03/05

鈴木 喜三郎　すずき・きさぶろう　慶応3年10月11日〜昭和15年6月24日　政治家,司法官僚　法相,内相,衆院議員　→昭和

鈴木 喜三郎　すずき・きさぶろう　〜平成3年11月26日
千代田マシナリー顧問　→91/93

鈴木 吉右衛門　すずき・きちうえもん　〜昭和60年2月9日　(財)日新協会理事長,尾久橋町(東京都)町会会長　→83/87

鈴木 吉助　すずき・きちすけ　〜昭和50年12月9日
山形交通社長　→昭和

鈴木 吉蔵　すずき・きちぞう　〜平成7年2月23日
北海道石狩支庁長　→94/96

鈴木 吉之助　すずき・きちのすけ　明治20年1月〜昭和26年12月7日　衆院議員(立憲政友会)　→昭和

鈴木 喜平次　すずき・きへいじ　明治42年〜平成5年7月19日　リンナイ常務　→91/93

鈴木 久五　すずき・きゅうご　大正12年9月14日〜平成4年1月14日　住友建設副社長　→91/93

鈴木 久之助　すずき・きゅうのすけ　明治38年8月5日〜平成1年12月13日　大阪商船三井船舶専務　→88/90

鈴木 九平　すずき・きゅうへい　〜昭和55年8月21日
ニチリョウ会長　→80/82

鈴木 杏一　すずき・きょういち　昭和2年11月3日〜平成21年2月8日　昭和電工常務　→09/11

鈴木 亨市　すずき・きょういち　明治27年5月24日〜昭和44年7月30日　東海銀行頭取,名古屋商工会議所会頭　→昭和

鈴木 京一　すずき・きょういち　〜昭和55年11月6日
共和社長,共産産業取締役　→80/82

鈴木 恭一　すずき・きょういち　明治31年12月29日〜昭和62年7月29日　参院議員(自民党),通信次官　→83/87

鈴木 恭治　すずき・きょうじ　明治33年11月15日〜昭和60年2月19日　大阪砂糖取引所理事長,大阪製糖社長　→83/87

鈴木 恭二　すずき・きょうじ　明治42年3月18日〜平成10年5月3日　味の素社長　→97/99

鈴木 恭助　すずき・きょうすけ　明治34年8月18日〜平成10年4月30日　青森銀行頭取　→97/99

鈴木 強平　すずき・きょうへい　明治31年4月〜昭和44年3月3日　衆院議員,参院議員(自民党)　→昭和

鈴木 潔　すずき・きよし　〜平成4年6月23日
(社)日本実験動物協会副会長　→91/93

鈴木 潔　すずき・きよし　大正2年3月20日〜平成8年1月22日　名鉄交通社長　→94/96

鈴木 清　すずき・きよし　大正5年8月15日〜昭和63年5月9日　丸木屋社長,富士工機取締役　→88/90

鈴木 清　すずき・きよし　大正5年6月4日〜昭和63年11月8日　国鉄労働組合委員長　→88/90

鈴木 清　すずき・きよし　〜平成8年12月28日
立川市長　→94/96

鈴木 清　すずき・きよし　〜平成10年1月27日
警視庁警視　→97/99

鈴木 清　すずき・きよし　〜平成20年7月8日
双葉社会長　→06/08

鈴木 清輝　すずき・きよてる　〜平成21年10月19日
日本ギア工業常務　→09/11

鈴木 清見　すずき・きよみ　昭和2年12月9日〜平成22年3月1日　富士市長　→09/11

鈴木 清泰　すずき・きよやす　大正2年12月3日〜昭和57年1月12日　石川島播磨重工業顧問　→80/82

鈴木 謹一　すずき・きんいち　〜平成9年8月21日
大阪証券取引所専務理事,日本銀行考査役　→97/99

鈴木 欽吾　すずき・きんご　明治36年10月21日〜昭和61年4月28日　日本道路専務　→83/87

鈴木 金吾　すずき・きんご　明治37年1月11日〜昭和41年12月9日　社会運動家　日本共産党福島地区委員　→昭和

鈴木 金太郎　すずき・きんたろう　〜平成9年11月17日　奈良県警本部長,福岡県警本部長,警察大学校副校長　→97/99

すすき | Ⅰ　政治・経済・社会篇

鈴木　錦之助　すずき・きんのすけ　大正4年11月28日～昭和63年11月10日　徳力商店社長　→88/90

鈴木　金之助　すずき・きんのすけ　～昭和59年5月26日　東急電鉄取締役、日本大学理事　→83/87

鈴木　邦一　すずき・くにいち　大正11年5月18日～平成22年3月19日　大東銀行頭取、大蔵省大阪税関長　→09/11

鈴木　邦衛　すずき・くにえ　～平成6年7月21日　大田原市長　→94/96

鈴木　国男　すずき・くにお　昭和20年～昭和52年　山谷・釜ケ崎の活動家　→昭和

鈴木　邦男　すずき・くにお　～昭和56年3月18日　伊藤万取締役名古屋支店長　→80/82

鈴木　邦治　すずき・くにじ　明治32年1月14日～平成10年3月9日　山形点訳赤十字奉仕団委員長　→97/99

鈴木　邦之助　すずき・くにのすけ　～昭和58年5月15日　関ケ原石材代表取締役会長　→83/87

鈴木　国久　すずき・くにひさ　～平成6年6月17日　弁護士　京都地裁所長　→94/96

鈴木　熊太郎　すずき・くまたろう　～平成7年4月21日　中日本鋳工会長　→94/96

鈴木　倉市郎　すずき・くらいちろう　明治40年3月25日～平成6年9月29日　鈴倉インダストリー会長　→94/96

鈴木　倉次　すずき・くらじ　大正5年9月5日～平成9年7月5日　特殊色料工業取締役・元社長　→97/99

鈴木　鍬吉　すずき・くわきち　～平成4年8月19日　ヤマト運輸取締役　→91/93

鈴木　軍治　すずき・ぐんじ　～昭和63年4月19日　薬師水産会長　→88/90

鈴木　軍平　すずき・ぐんぺい　～昭和61年11月10日　相馬宮城県人会会長、鈴木軍平商店社長　→83/87

鈴木　啓一　すずき・けいいち　昭和4年4月15日～昭和61年12月16日　東京都議（社会党、杉並）　→83/87

鈴木　恵弌　すずき・けいいち　～昭和61年3月2日　静岡観光社長、アタミ観光ホテル社長　→83/87

鈴木　敬一　すずき・けいいち　明治22年～昭和48年11月29日　官僚、実業家　住宅金融公庫総裁　→昭和

鈴木　敬一　すずき・けいいち　～昭和62年3月3日　鈴木紙業代表、新湊高校PTA会長　→83/87

鈴木　啓吉　すずき・けいきち　明治30年4月27日～平成3年11月2日　三重県会議長　→91/93

鈴木　敬三郎　すずき・けいざぶろう　～昭和62年7月24日　東海銀行監査役　→83/87

鈴木　圭一　すずき・けいち　明治8年1月～昭和5年9月29日　海軍造船中将　→昭和

鈴木　敬司　すずき・けいじ　～昭和42年9月20日　陸軍中将　→昭和

鈴木　敬二　すずき・けいじ　～平成17年3月14日　月桂冠常務　→03/05

鈴木　敬四郎　すずき・けいしろう　昭和6年3月28日～昭和62年5月19日　HKSジャパン社長　→83/87

鈴木　慶助　すずき・けいすけ　明治43年12月10日～昭和59年11月28日　八潮市長　→83/87

鈴木　恵三　すずき・けいぞう　～昭和60年11月24日　広島証券取引所理事長　→83/87

鈴木　慶太郎　すずき・けいたろう　～昭和42年3月14日　愛知県副知事　→昭和

鈴木　源吾　すずき・げんご　明治37年2月11日～平成10年2月16日　大蔵省財務参事官、駐米公使　→97/99

鈴木　健司　すずき・けんじ　～昭和59年3月8日　（株）エムケー常務、日本ゴルフ協会ハンディキャップ副委員長　→83/87

鈴木　賢治　すずき・けんじ　大正13年2月6日～平成13年5月19日　中部経済新聞常務・編集局長　→00/02

鈴木　源寿　すずき・げんじゅ　～昭和62年5月2日　石巻ロータリークラブ会長　→83/87

鈴木　源重　すずき・げんじゅう　明治24年4月25日～昭和46年8月24日　労働運動家　北海道議、小樽市議　→昭和

鈴木　健勝　すずき・けんしょう　昭和7年10月4日～平成16年5月17日　商業労連会長　→03/05

鈴木　憲次郎　すずき・けんじろう　～昭和42年2月22日　昭和石油取締役　→昭和

鈴木　健助　すずき・けんすけ　～平成3年4月10日　大阪製糖（のち三井製糖）常務　→91/93

鈴木　健三　すずき・けんぞう　大正14年11月9日～平成7年3月13日　大阪商船三井船舶常務　→94/96

鈴木　憲三　すずき・けんぞう　～昭和63年3月24日　国立国会図書館専門調査員、大阪税関長　→88/90

鈴木　堅太郎　すずき・けんたろう　大正2年4月1日～昭和62年12月15日　石岡市長　→83/87

鈴木　剛　すずき・こう　明治29年7月25日～昭和61年12月16日　朝日放送社長、ホテルプラザ会長、関経連常任理事　→83/87

鈴木　光一　すずき・こういち　大正5年1月1日～平成11年3月18日　香川県警本部長、警察庁交通局長、京三製作所常務　→97/99

鈴木　康一　すずき・こういち　明治37年4月28日～昭和60年2月4日　日通商事社長　→83/87

鈴木　恒一　すずき・こういち　～昭和59年3月28日　栗田化洗専務、栗田工業取締役　→83/87

鈴木　耕一　すずき・こういち　明治42年10月19日～昭和60年7月26日　駐エルサルバドル大使　→83/87

鈴木　鉀一　すずき・こういち　～平成7年10月11日　日本陶磁器工業協同組合連合会理事　→94/96

鈴木　孝一郎　すずき・こういちろう　～昭和61年5月14日　全国農協中央会理事、白石市長　→83/87

鈴木　広吉　すずき・こうきち　～昭和15年6月6日　農林省蚕業試験場技師　→昭和

Ⅰ　政治・経済・社会篇　　　　　　　　　　　　　　　　　　　　　　　　　　　　　　　すすき

鈴木 孝五郎　すずき・こうごろう　〜昭和39年11月15日　三越代表取締役　→昭和

鈴木 耕作　すずき・こうさく　〜平成2年8月13日　共同新聞販売社長　→88/90

鈴木 恒三郎　すずき・こうざぶろう　〜昭和15年1月17日　古河合名相談役　→昭和

鈴木 幸治　すずき・こうじ　大正5年6月19日〜平成10年3月6日　泉市長　→97/99

鈴木 幸七　すずき・こうしち　〜昭和32年2月6日　東急取締役　→昭和

鈴木 孝助　すずき・こうすけ　〜昭和60年12月2日　三菱銀行雷門支店長　→83/87

鈴木 恒三　すずき・こうぞう　〜昭和43年6月6日　北海道電力常任監査　→昭和

鈴木 孝太郎　すずき・こうたろう　〜昭和60年10月18日　大成建設常任監査役,大成道路監査役,大成プレハブ監査役　→83/87

鈴木 弘澄　すずき・こうちょう　〜平成3年1月20日　金峯山修験本宗宗務総長　→91/93

鈴木 浩平　すずき・こうへい　昭和11年6月27日〜平成7年10月24日　読売新聞取締役労務担当　→94/96

鈴木 晃雄　すずき・こうゆう　〜昭和57年2月3日　真宗大谷派宗務顧問　→80/82

鈴木 小兵衛　すずき・こひょうえ　明治43年12月11日〜昭和61年2月15日　日本原子力発電常務　→83/87

鈴木 五平　すずき・ごへい　大正3年2月24日〜平成7年3月19日　池貝鉄工(のち池貝)常務　→94/96

鈴木 小弥太　すずき・こやた　明治40年3月7日〜平成1年6月18日　鹿島映画社長　→88/90

鈴木 権之助　すずき・ごんのすけ　大正13年1月5日〜平成13年4月21日　三栄ハイテックス会長　→00/02

鈴木 権平氏　すずき・ごんぺいし　大正8年1月29日〜平成5年9月10日　京阪電鉄副社長　→91/93

鈴木 才次郎　すずき・さいじろう　〜昭和60年6月15日　鈴木セード製造所会長,日本照明器具工業会常任理事　→83/87

鈴木 佐一郎　すずき・さいちろう　〜昭和55年10月17日　トヨタビスタ東京株式会社社長　→80/82

鈴木 栄　すずき・さかえ　〜昭和59年3月31日　ファミリー社長　→83/87

鈴木 祥枝　すずき・さかえ　明治20年〜昭和32年2月1日　東京海上社長　→昭和

鈴木 盛　すずき・さかり　明治31年1月22日〜平成1年10月12日　神東塗料顧問　→88/90

鈴木 貞男　すずき・さだお　大正1年9月2日〜平成10年10月5日　京王プラザホテル社長　→97/99

鈴木 貞夫　すずき・さだお　大正12年8月24日〜平成15年1月26日　鳥取県議(自民党),鈴木家畜医院院長　→03/05

鈴木 定吉　すずき・さだきち　文久2年1月〜昭和2年12月16日　岐阜県知事　→昭和

鈴木 定次郎　すずき・さだじろう　明治44年9月25日〜平成4年7月23日　大阪府公安委員,高槻市市長　→91/93

鈴木 貞敏　すずき・さだとし　大正14年8月12日〜平成21年10月24日　参院議員(自民党),警察庁長官　→09/11

鈴木 定範　すずき・さだのり　大正15年10月5日〜昭和62年8月19日　サンヨー堂社長　→83/87

鈴木 定之　すずき・さだゆき　大正10年12月2日〜昭和62年4月28日　雪印種苗参与　→83/87

鈴木 里一郎　すずき・さといちろう　明治25年8月〜昭和44年12月12日　プリンス自動車販売社長,衆院議員(民主自由党)　→昭和(すずき・りいちろう)

鈴木 聖　すずき・さとし　昭和19年8月15日〜平成9年5月14日　ケーヒン常務　→97/99

鈴木 憭　すずき・さとし　〜平成10年6月19日　福助常務　→97/99

鈴木 覚　すずき・さとる　明治40年7月21日〜平成6年3月31日　防府市長　→94/96

鈴木 三郎　すずき・さぶろう　〜昭和55年3月12日　紋別市助役　→80/82

鈴木 三郎　すずき・さぶろう　大正7年3月1日〜昭和62年9月3日　共立窯業原料専務　→83/87

鈴木 三郎　すずき・さぶろう　大正8年1月7日〜昭和63年10月26日　三菱化成工業副社長　→88/90

鈴木 三郎　すずき・さぶろう　大正7年2月24日〜平成3年9月20日　静岡県議(自民党)　→91/93

鈴木 三郎　すずき・さぶろう　〜平成7年7月1日　鈴木自動車工業(のちスズキ)常務　→94/96

鈴木 三郎　すずき・さぶろう　大正8年1月20日〜平成8年1月23日　鈴木製制工場会長,岩手県議(自民党)　→94/96

鈴木 三郎助(3代目)　すずき・さぶろうすけ　明治23年6月23日〜昭和48年6月19日　実業家　味の素社長　→昭和(鈴木 三郎助)

鈴木 始一　すずき・しいち　明治35年1月1日〜昭和60年3月22日　昭和製袋工業社長,全国クラフト紙袋工業組合理事長　→83/87

鈴木 重明　すずき・しげあき　〜昭和55年3月8日　茨城県木造住宅ローン社長,日立港木材倉庫社長　→80/82

鈴木 重夫　すずき・しげお　〜平成7年7月20日　工業技術院電気試験所長　→94/96

鈴木 重雄　すずき・しげお　〜昭和55年6月13日　栗沢村(北海道)村長　→80/82

鈴木 重雄　すずき・しげお　大正6年〜昭和56年12月14日　けいせい出版社長,サンケイ新聞文化部長　→80/82

鈴木 荘夫　すずき・しげお　昭和4年11月26日〜平成21年1月25日　大修館書店社長　→09/11

鈴木 繁男　すずき・しげお　〜昭和60年12月14日　総和商事社長　→83/87

鈴木 茂雄　すずき・しげお　～平成3年9月2日
鈴木精機製作所会長, 川口緑町集団工場協同組合副理事
→91/93

鈴木 茂雄　すずき・しげお　大正14年12月12日～平成6年6月9日　志摩観光ホテル社長　→94/96

鈴木 茂雄　すずき・しげお　大正4年2月2日～平成19年5月14日　日本ハム副会長　→06/08

鈴木 重臣　すずき・しげおみ　大正5年4月24日～平成22年5月29日　三共副社長　→09/11

鈴木 重一　すずき・しげかず　～昭和47年6月29日
大洋漁業常務　→昭和

鈴木 重和　すずき・しげかず　昭和7年7月17日～平成1年6月11日　日本発条常務　→88/90

鈴木 重次　すずき・しげじ　大正12年5月19日～昭和62年11月17日　常陽銀行取締役　→83/87

鈴木 繁造　すずき・しげぞう　大正7年2月21日～平成15年8月9日　千葉銀行専務　→03/05

鈴木 重隆　すずき・しげたか　～昭和14年11月8日
日本簡易火災専務　→昭和

鈴木 繁隆　すずき・しげたか　大正6年1月14日～昭和61年11月27日　日産化学工業専務　→83/87

鈴木 重次　すずき・しげつぐ　明治20年5月～昭和26年11月5日　衆院議員（日本進歩党）　→昭和（すずき・しげじ）

鈴木 茂次　すずき・しげつぐ　～昭和57年9月9日
三井生命保険保険計理人　→80/82

鈴木 薫稔　すずき・しげとし　大正5年3月25日～平成6年3月20日　日東工業副社長　→94/96

鈴木 重彦　すずき・しげひこ　大正7年5月7日～平成23年6月2日　神奈川県議　→09/11

鈴木 重道　すずき・しげみち　安政4年7月26日～昭和15年3月16日　海軍軍医中将　→昭和

鈴木 重光　すずき・しげみつ　～昭和53年4月16日
トーメン社長　→昭和

鈴木 重光　すずき・しげみつ　明治40年10月17日～平成1年9月24日　弁護士　東京高裁判事　→88/90

鈴木 重光　すずき・しげみつ　～平成6年7月12日
茨城県議　→94/96

鱸 重康　すずき・しげやす　～昭和30年10月27日
大審院検事　→昭和

鈴木 重幸　すずき・しげゆき　大正9年3月11日～平成21年8月10日　栃木県議（自民党）　→09/11

鈴木 重行　すずき・しげゆき　大正6年6月1日～平成7年4月15日　電通常務　→94/96

鈴木 恵喜　すずき・しげよし　昭和15年11月25日～平成19年7月27日　JUKI専務　→06/08

鈴木 重令　すずき・しげよし　昭和15年6月15日～平成19年5月1日　三沢市長　→06/08

鈴木 滋　すずき・しげる　～昭和61年2月14日

アドエー社常務, 元東京新聞社会部副部長　→83/87

鈴木 滋　すずき・しげる　大正7年1月30日～平成10年5月19日　鉄建建設常務　→97/99

鈴木 秀　すずき・しげる　～平成3年7月10日
平和不動産常務　→91/93

鈴木 繁　すずき・しげる　大正7年11月9日～平成15年10月18日　草加市長, 埼玉県議　→03/05

鈴木 繁　すずき・しげる　昭和14年7月11日～平成21年10月14日　コニカ常務　→09/11

鈴木 茂　すずき・しげる　～昭和62年9月15日
大阪製鎖造機専務　→83/87

鈴木 茂　すずき・しげる　大正1年10月12日～平成1年10月11日　トーメン監査役　→88/90

鈴木 茂　すずき・しげる　大正12年8月19日～平成4年3月17日　北海道新聞函館支社長, 道新サービスセンター常務　→91/93

鈴木 治作　すずき・じさく　明治41年2月10日～平成12年3月12日　カネヨ石鹸会長　→00/02

鈴木 鎮郎　すずき・しずお　大正5年10月4日～平成18年3月10日　三楽オーシャン社長　→06/08

鈴木 治亮　すずき・じすけ　明治31年9月1日～昭和7年7月9日　社会運動家　→昭和

鈴木 実治郎　すずき・じつじろう　大正2年11月29日～平成6年4月9日　スズキ社長　→94/96

鈴木 治平　すずき・じへい　明治41年～昭和56年8月10日　本川根町（静岡県）町長, 全国森林組合連合会理事　→80/82

鈴木 島吉　すずき・しまきち　慶応2年6月25日～昭和18年11月24日　銀行家　朝鮮銀行総裁　→昭和

鈴木 島蔵　すずき・しまぞう　大正3年2月17日～平成7年3月7日　鈴木製作所会長　→94/96

鈴木 宗憲　すずき・しゅうけん　大正5年8月31日～平成2年4月14日　僧侶　願念寺住職, 金沢経済大学名誉教授　→88/90

鈴木 修次　すずき・しゅうじ　明治36年8月24日～平成4年5月28日　日本ダム協会理事長　→91/93

鈴木 修二　すずき・しゅうじ　～平成14年8月17日
日本パレットプール社長　→00/02

鈴木 周三　すずき・しゅうぞう　大正9年5月24日～平成3年6月16日　ゼネラル（のち富士通ゼネラル）常務　→91/93

鈴木 修造　すずき・しゅうぞう　～平成3年7月15日
東京堂社長, 東京堂機械相談役　→91/93

鈴木 重郎　すずき・じゅうろう　大正13年12月22日～平成20年9月7日　静岡県議（社会党）　→06/08

鈴木 寿太郎　すずき・じゅたろう　大正14年10月5日～平成9年1月25日　大鈴社長, 東京都中央卸売市場伊勢海老組合長　→97/99

鈴木 純　すずき・じゅん　昭和7年2月2日～平成9年2月5日　住金大径鋼管社長　→97/99

I 政治・経済・社会篇　　　　　　　　　　　　　　　　　　　　　　　　すすき

鈴木 俊一　すずき・しゅんいち　大正3年7月28日～平成10年9月18日　君津市長　→97/99

鈴木 俊一　すずき・しゅんいち　明治44年3月19日～平成14年8月26日　日本原子力発電副社長,関西電力副社長　→00/02

鈴木 俊一　すずき・しゅんいち　明治43年11月6日～平成22年5月14日　東京都知事,自治事務次官,内閣官房副長官　→09/11

鈴木 淳一　すずき・じゅんいち　大正12年～昭和60年1月7日　三菱鉛筆常勤顧問・元常務　→83/87

鈴木 順一　すずき・じゅんいち　明治42年5月～昭和61年10月13日　参院議員(民主党)　→83/87

鈴木 淳吉　すずき・じゅんきち　昭和2年9月4日～平成5年9月10日　三菱伸銅専務　→91/93

鈴木 淳三郎　すずき・じゅんざぶろう　大正3年5月5日～平成14年11月14日　日本石油副社長　→00/02

鈴木 順二郎　すずき・じゅんじろう　～平成2年12月15日　空将　日本科学技術連盟参与,三菱重工業調査役　→88/90

鈴木 俊三　すずき・しゅんぞう　～昭和52年6月17日　鈴木自動車工業会長,NHK経営委員　→昭和

鈴木 純三　すずき・じゅんぞう　昭和7年9月9日～昭和62年9月2日　鈴木自動車工業取締役　→83/87

鈴木 順太郎　すずき・じゅんたろう　昭和8年2月24日～平成6年2月28日　富士写真フイルム専務　→94/96

鈴木 俊平　すずき・しゅんぺい　昭和12年6月10日～平成14年11月11日　日本特殊塗料会長　→00/02

鈴木 俊也　すずき・しゅんや　明治43年4月4日～昭和63年11月17日　寿産業会長　→88/90

鈴木 潤郎　すずき・じゅんろう　大正4年6月17日～平成4年11月3日　三菱ガス化学常務　→91/93

鈴木 昭一　すずき・しょういち　昭和10年9月19日～平成5年7月21日　積水化学工業取締役　→91/93

鈴木 正一　すずき・しょういち　～昭和46年1月5日　プレス工業社長　→昭和

鈴木 正　すずき　しょういち　昭和58年3月21日　全国茶商工業協同組合連合会理事長,静岡茶商工業協同組合理事長　→83/87

鈴木 正一　すずき・しょういち　昭和4年8月8日～平成7年2月16日　東京証券業健康保健組合常務理事,東京証券取引所常任監事　→94/96

鈴木 正一　すずき・しょういち　大正8年2月1日～平成10年8月6日　参院議員(自民党)　→97/99

鈴木 晶一朗　すずき・しょういちろう　昭和2年2月18日～平成22年5月27日　全国椎茸商業協同組合連合会理事長　→09/11

鈴木 庄吉　すずき・しょうきち　～昭和60年9月26日　スズキ産業会長,元女川町漁協(宮城県)組合長　→83/87

鈴木 昭吾　すずき・しょうご　昭和5年8月31日～平成20年1月25日　青森銀行専務　→06/08

鈴木 正吾　すずき・しょうご　明治23年6月～昭和52年6月1日　衆院議員(自民党),尾崎行雄記念財団理事長　→昭和

鈴木 昭二　すずき・しょうじ　昭和2年2月2日～平成15年3月2日　金星商会社長,全国農薬協同組合理事長　→03/05

鈴木 省治　すずき・しょうじ　～平成9年11月30日　色麻町(宮城県)町長　→97/99

鈴木 章司　すずき・しょうじ　大正6年6月8日～平成5年2月14日　第一工業会長　→91/93

鈴木 正二　すずき・しょうじ　昭和7年1月7日～平成22年4月25日　新潟日報取締役　→09/11

鈴木 正二　すずき・しょうじ　昭和2年1月20日～平成22年9月21日　第四銀行頭取　→09/11

鈴木 常俊　すずき・じょうしゅん　～平成16年12月28日　僧侶　日光山輪王寺第83世門跡・大僧正　→03/05

鈴木 昌三　すずき・しょうぞう　～平成19年10月18日　埼玉県寄居地区交通安全協会事務局長　埼玉県大里郡寄居町の交通安全ドールの生みの親　→06/08

鈴木 昭三　すずき・しょうぞう　昭和1年12月26日～昭和62年5月15日　鈴広蒲鉾工業社長,全国蒲鉾水産加工業協同組合連合会副会長　→83/87

鈴木 省三　すずき・しょうぞう　～昭和57年7月27日　朝日放送取締役　→80/82

鈴木 省三　すずき・しょうぞう　明治37年7月7日～平成1年3月31日　集英社副社長　→88/90

鈴木 省三　すずき・しょうぞう　大正4年2月10日～平成16年7月14日　昭和電工専務　→03/05

鈴木 祥三　すずき・しょうぞう　昭和6年1月16日～平成10年9月4日　京急百貨店顧問・元副社長,伊勢丹取締役,静岡伊勢丹社長　→97/99

鈴木 正三　すずき・しょうぞう　大正3年7月19日～平成19年11月6日　鈴与専務　→06/08

鈴木 正三　すずき・しょうぞう　大正11年12月18日～平成23年11月12日　日本写真印刷社長　→09/11

鈴木 昇太郎　すずき・しょうたろう　明治38年1月1日・平成2年12月24日　三菱地所副社長　→88/90

鈴木 昌平　すずき・しょうへい　昭和9年7月2日～平成6年11月8日　金ида又一常務　→94/96

鈴木 祥六郎　すずき・しょうろくろう　明治31年3月31日～昭和57年1月14日　阪急電鉄常務　→80/82

鈴木 史郎　すずき・しろう　明治33年10月15日～昭和60年10月28日　リンレイ社長　→83/87

鈴木 四郎　すずき・しろう　大正11年5月19日～平成2年8月31日　大林組顧問・元専務　→88/90

鈴木 次郎　すずき・じろう　～平成5年6月25日　静岡県会副議長　→91/93

鈴木 治郎　すずき・じろう　～昭和55年10月24日　中日新聞船方専売店店主　→80/82

鈴木 真　すずき・しん　大正9年2月4日～平成5年10月1

日　柏市長　→91/93

鱸 信　すずき・しん　明治35年2月4日～平成3年2月16日　日産建設社長　→91/93

鈴木 仁　すずき・じん　昭和4年10月3日～平成23年10月23日　東京都議(公明党)　→09/11

鈴木 新一　すずき・しんいち　大正15年2月11日～平成9年2月11日　丸文専務　→97/99

鈴木 新一　すずき・しんいち　大正5年9月10日～平成13年10月29日　仙都魚類会長　→00/02

鈴木 真一　すずき・しんいち　明治40年3月5日～平成2年9月22日　関西国際空港ビルディング社長、住友化学工業専務　→88/90

鈴木 真一　すずき・しんいち　明治44年4月18日～平成7年9月12日　鈴木書店会長　→94/96

鈴木 進一　すずき・しんいち　昭和6年1月21日～平成21年9月1日　キッコーマン常務　→09/11

鈴木 甚左エ門　すずき・じんざえもん　大正10年1月4日～平成17年9月20日　岩手県漁連会長　→03/05

鈴木 信次　すずき・しんじ　～昭和55年7月5日　川口金属工業会長　→80/82

鈴木 信次　すずき・しんじ　昭和18年6月25日～平成1年2月8日　スズケン会長、三和化学研究所代表取締役　→88/90

鈴木 信治　すずき・しんじ　～昭和56年6月20日　日本アイ・ビー・エム会長　→80/82

鈴木 信二　すずき・しんじ　大正8年12月20日～平成1年4月8日　日本サーボ監査役・元常務　→88/90

鈴木 慎二　すずき・しんじ　大正8年7月20日～平成9年11月1日　日東紡績社長　→97/99

鈴木 信治郎　すずき・しんじろう　～平成19年6月23日　文化通信社社長　→06/08

鈴木 新次郎　すずき・しんじろう　～昭和61年12月26日　仙塩産業会社相談役、塩釜市議会議長　→83/87

鈴木 真蔵　すずき・しんぞう　大正15年5月30日～平成3年9月10日　日本企画印刷会長、スズキ美術印刷社長　→91/93

鈴木 信太郎　すずき・しんたろう　明治17年11月～昭和33年6月27日　官僚　長野県知事、長崎県知事、京都府知事　→昭和

鈴木 信太郎　すずき・しんたろう　～昭和52年2月22日　中央競馬会参与　→昭和

鈴木 末男　すずき・すえお　大正11年1月11日～平成11年6月10日　秩父セメント常務　→97/99

鈴木 末尾　すずき・すえお　～昭和55年10月4日　鴻池組前会長、鳳瓦斯工事前社長　→80/82

鈴木 末吉　すずき・すえきち　～昭和56年10月20日　横浜ゴム常務　→80/82

鈴木 末造　すずき・すえぞう　～昭和61年6月10日　日本赤十字社常務理事、愛知県共済生活協同組合理事、愛知県民生部長　→83/87

鈴木 英　すずき・すぐる　～昭和60年9月18日　海上自衛隊自衛艦隊司令官　→83/87

鈴木 進　すずき・すすむ　大正2年11月9日～昭和58年6月5日　安全信用組合理事長、全国信用組合中央協会会長　→83/87

鈴木 進　すずき・すすむ　～平成4年2月22日　茨城東芝商品販売社長　→91/93

鈴木 進　すずき・すすむ　大正11年4月15日～平成17年2月18日　綾瀬市長　→03/05

鈴木 寿伝次　すずき・すてじ　明治10年7月18日～昭和9年8月5日　通信技術者　→昭和

鈴木 寿美　すずき・すみ　～昭和58年10月7日　トクホン本舗、鈴木日本堂取締役　→83/87

鈴木 澄男　すずき・すみお　～平成10年9月5日　美鈴商事会長、美鈴コーヒー会長、函館青年会議所理事長　→97/99

鈴木 晴一　すずき・せいいち　大正14年5月4日～平成17年4月25日　日本触媒化学工業常務　→03/05

鈴木 清一　すずき・せいいち　明治44年12月21日～平成55年8月22日　ダスキン創業者　→80/82

鈴木 清一　すずき・せいいち　大正9年8月17日～昭和61年12月16日　東京ラヂエーター製造会長　→83/87

鈴木 誠一　すずき・せいいち　～昭和58年3月1日　スター精密取締役　→83/87

鈴木 誠一　すずき・せいいち　大正11年～平成10年1月21日　日本セメント副社長　→97/99

鈴木 征一郎　すずき・せいいちろう　昭和15年11月13日～平成20年4月16日　イトーキ専務　→06/08

鈴木 誠一郎　すずき・せいいちろう　大正1年11月1日～平成7年4月3日　ヤマト運輸常務　→94/96

鈴木 省吾　すずき・せいご　明治44年8月7日～平成11年10月4日　参院議員(自民党)、法相　→97/99

鈴木 清吾　すずき・せいご　昭和4年3月20日～平成14年4月23日　ダーバン副社長　→00/02

鈴木 誠作　すずき・せいさく　慶応2年2月6日～昭和5年3月11日　実業家　青森県大湊港開港運動　→昭和

鈴木 誠三郎　すずき・せいさぶろう　大正12年3月28日～平成5年10月19日　全国椎茸商業協同組合連合会理事長、静岡県椎茸商業協同組合理事　→91/93

鈴木 清二　すずき・せいじ　明治40年5月27日～平成1年5月12日　弁護士　日本弁護士連合会副会長、第二東京弁護士会会長　→88/90

鈴木 盛次　すずき・せいじ　大正4年8月17日～平成5年5月29日　千代田屋取締役相談役・元社長、全国畳材商社会理事長　→91/93

鈴木 精一　すずき・せいじ　大正11年5月25日～平成12年6月1日　三菱化成社長　→00/02

鈴木 清秀　すずき・せいしゅう　明治27年2月25日～昭和49年11月18日　帝都高速度交通営団総裁　→昭和

鈴木 省三　すずき・せいぞう　大正2年5月23日～平成12

I　政治・経済・社会篇　　　　　　　　　　　　　　　　　　　　すすき

年1月20日　バラ育種家　京成バラ園研究所長　→00/02

鈴木　清蔵　すずき・せいぞう　明治39年9月27日〜昭和57年1月10日　日本染色協会常任理事,静岡県繊維協会会長　→80/82

鈴木　誠之助　すずき・せいのすけ　昭和5年12月19日〜平成12年1月16日　山梨県警本部長,警察大学校副校長　→00/02

鈴木　征六　すずき・せいろく　〜昭和61年12月6日　農政調査会副会長,全日自作農協会副会長　→83/87

鈴木　せき子　すずき・せきこ　大正10年〜平成22年1月11日　蓬萊陣屋女将　→09/11

鈴木　戩吉　すずき・せんきち　明治40年11月8日〜昭和62年4月11日　日比谷総合設備会社会長　→83/87

鈴木　善幸　すずき・ぜんこう　明治44年1月11日〜平成16年7月19日　政治家　首相,衆院議員　→03/05

鈴木　善三郎　すずき・ぜんさぶろう　明治43年2月5日〜平成3年5月24日　トヨタ車体常務　→91/93

鈴木　善次郎　すずき・ぜんじろう　昭和5年7月6日〜平成12年3月14日　東京都議(公明党)　→00/02

鈴木　千蔵　すずき・せんぞう　〜昭和60年1月19日　エステー化学会長　→83/87

鈴木　千之助　すずき・せんのすけ　明治36年4月7日〜平成1年10月23日　東京理化工業所副社長　→88/90

鈴木　仙八　すずき・せんぱち　明治32年8月19日〜昭和42年5月15日　衆院議員(日本民主党)　→昭和

鈴木　専平　すずき・せんぺい　明治40年7月21日〜平成3年1月9日　平安コーポレーション会長　→91/93

鈴木　善松　すずき・ぜんまつ　明治41年3月28日〜昭和63年10月9日　日清紡取締役　→88/90

鈴木　宗一　すずき・そういち　明治37年11月9日〜平成4年6月9日　トクホン会長　→91/93

鈴木　惣一　すずき・そういち　〜昭和55年5月20日　仙台放送取締役相談役　→80/82

鈴木　宗言　すずき・そうげん　文久3年2月6日〜昭和2年2月24日　司法官,実業家　大審院検事　→昭和

鈴木　宗作　すずき・そうさく　〜昭和63年9月15日　東京都老人クラブ連合会会長,東村山市会議長　→88/90

鈴木　惣三郎　すずき・そうざぶろう　〜昭和61年2月21日　弁護士　日弁連副会長　→83/87

鈴木　荘三郎　すずき・そうざぶろう　大正10年2月12日〜平成15年7月13日　鹿島建設専務,鹿島ホテルエンタプライズ社長　→03/05

鈴木　宗忠　すずき・そうちゅう　大正10年1月10日〜平成2年1月25日　僧侶　竜沢寺(臨済宗妙心寺派)住職　→88/90

鈴木　摠兵衛(9代目)　すずき・そうべえ　明治4年8月〜昭和7年7月7日　実業家　→昭和(鈴木　摠兵衛(2代))

鈴木　荘六　すずき・そうろく　元治2年2月19日〜昭和15年2月20日　陸軍大将　枢密顧問官　→昭和

鈴木　泰一　すずき・たいいち　〜昭和55年1月21日　東洋光学工業会長　→80/82

鈴木　諦教　すずき・たいきょう　元治1年〜昭和12年5月11日　僧侶　浄土宗西山流深草派総管長,誓願寺住職　→昭和

鈴木　大蔵　すずき・たいぞう　大正2年2月5日〜昭和60年7月20日　大都工業顧問・元副社長　→83/87

鈴木　大三　すずき・だいぞう　大正8年5月9日〜平成18年11月9日　渥美町(愛知県)町長　→06/08

鈴木　多一　すずき・たいち　昭和2年10月9日〜平成4年2月7日　吉原製油常務,三重銀行取締役　→91/93

鈴木　平　すずき・たいら　明治41年1月31日〜平成10年12月4日　エヌ・テー・エヌ東洋ベアリング副社長　→97/99

鈴木　隆一　すずき・たかいち　明治36年11月1日〜昭和61年12月9日　日本電装常務　→83/87

鈴木　孝夫　すずき・たかお　〜昭和62年7月27日　小野田町商工会(宮城県)会長　→83/87

鈴木　孝雄　すずき・たかお　明治2年10月29日〜昭和39年1月29日　陸軍大将　→昭和

鈴木　隆夫　すずき・たかお　〜昭和55年12月16日　衆院事務総長　→80/82

鈴木　隆夫　すずき・たかお　昭和13年4月3日〜平成1年10月23日　大東京火災海上保険取締役　→88/90

鈴木　隆雄　すずき・たかお　〜平成1年1月31日　鈴憲味噌醤油会長　→88/90

鈴木　教之　すずき・たかし　〜昭和59年8月30日　ヤマト卓球社長,日本卓球公認工業会会長　→83/87

鈴木　孝　すずき・たかし　明治44年4月9日〜昭和61年4月19日　駐インド大使,日産自動車参与　→83/87

鈴木　孝　すずき・たかし　明治43年7月19日〜平成4年9月24日　味の素タカラコーポレーション社長　→91/93

鈴木　孝　すずき・たかし　昭和17年8月10日〜平成11年7月1日　北海道経済部参与　→97/99

鈴木　充　すずき・たかし　明治41年9月4日〜平成12年6月30日　東海テレビ放送社長,中日新聞副社長　→00/02

鈴木　尚　すずき・たかし　大正15年11月18日〜平成10年3月4日　三菱金属(のち三菱マテリアル)常務　→97/99

鈴木　隆　すずき・たかし　〜昭和57年11月6日　佐伯建設工業取締役　→80/82

鈴木　隆　すずき・たかし　大正13年4月22日〜平成13年1月1日　三洋電機常務　→00/02

鈴木　隆司　すずき・たかし　昭和9年12月23日〜平成6年1月21日　日経PR取締役　→94/96

鈴木　堯雅　すずき・たかのり　明治11年3月3日〜昭和63年3月19日　愛知県生活協同組合連合会会長理事,豊田自動織機製作所取締役　→88/90

鈴木　孝昌　すずき・たかまさ　〜平成5年7月1日　日本輸入団体連合会理事長,日本繊維輸入組合副理事長　→91/93

すすき　　　　　　　　　　　　　　　　　　　　　　　　　　Ⅰ　政治・経済・社会篇

鈴木 篁　すずき・たかむら　〜昭和60年7月15日　全国中小企業技術者研修協会副会長、元神奈川県工業試験所長　→83/87

鈴木 卓衛　すずき・たくえ　〜平成19年8月20日　自治労長野県本部委員長　→06/08

鈴木 卓之輔　すずき・たくのすけ　昭和2年3月27日〜平成8年10月13日　弁護士　関東弁護士会連合会理事長　→94/96

周々木 武夫　すすき・たけお　明治41年4月4日〜平成1年8月4日　日本貿易振興会理事　→88/90

鈴木 丈夫　すずき・たけお　昭和4年3月4日〜平成19年9月23日　東海カーボン副社長　→06/08

鈴木 武夫　すずき・たけお　明治33年12月31日〜昭和59年4月20日　藤倉ゴム工業専務、日本ゴム協会会長　→83/87

鈴木 健　すずき・たけし　昭和9年1月23日〜平成11年6月15日　川口金属工業会長　→97/99

鈴木 武　すずき・たけし　大正4年8月31日〜昭和58年9月25日　蒲郡商工会議所会頭　→83/87

鈴木 武　すずき・たけし　明治40年11月22日〜平成1年7月23日　大成道路副社長　→88/90

鈴木 武　すずき・たけし　昭和5年8月4日〜平成3年5月15日　(株)鈴木社長　→91/93

鈴木 武　すずき・たけし　〜平成19年7月26日　宮城県断酒会理事長　→06/08

鈴木 武志　すずき・たけし　明治24年11月〜昭和8年6月9日　官吏　→昭和

鈴木 猛　すずき・たけし　明治41年1月15日〜平成1年6月30日　春日井市農協組合長、愛知県農協中央会会長　→88/90

鈴木 猛　すずき・たけし　昭和12年8月28日〜平成20年6月23日　河合楽器製作所専務　→06/08

鈴木 武二　すずき・たけじ　明治42年4月20日〜平成8年7月12日　美鈴商事会長　→94/96

鈴木 忠男　すずき・ただお　明治36年5月13日〜平成2年5月20日　関電工常務　→88/90

鈴木 忠夫　すずき・ただお　大正2年1月25日〜昭和59年10月25日　明和産業副社長　→83/87

鈴木 忠夫　すずき・ただお　明治43年2月20日〜平成6年12月11日　日本ペイント常務　→94/96

鈴木 忠雄　すずき・ただお　〜昭和57年12月12日　福徳相互銀行常務　→80/82

鈴木 忠雄　すずき・ただお　昭和5年1月16日〜平成22年10月12日　メルシャン社長、味の素副社長、日本ワイナリー協会理事長　→09/11

鈴木 九万　すずき・ただかつ　明治28年4月27日〜昭和62年4月4日　鹿島映画会長、オーストラリア大使　→83/87

鈴木 匡　すずき・ただし　明治43年8月10日〜平成12年8月17日　弁護士　日本弁護士連合会副会長、名古屋弁護士会長　→00/02

鈴木 正　すずき・ただし　明治43年10月2日〜昭和61年3月3日　三木証券会長、新日本鍛工社長　→83/87

鈴木 正　すずき・ただし　大正11年7月8日〜平成20年2月28日　山陽電気鉄道社長　→06/08

鈴木 忠　すずき・ただし　〜昭和62年7月15日　陸軍大佐　護仙部隊歩兵第408連隊長　→83/87

鈴木 達一郎　すずき・たついちろう　大正3年6月28日〜平成6年12月17日　三井東圧化学常務　→94/96

鈴木 辰衛　すずき・たつえ　大正12年5月18日〜平成18年6月15日　静甲社長　→06/08

鈴木 達男　すずき・たつお　明治44年11月15日〜平成2年8月16日　東洋埠頭常務　→88/90

鈴木 達夫　すずき・たつお　〜昭和59年3月22日　グンゼ産業専務　→83/87

鈴木 達雄　すずき・たつお　明治43年4月10日〜平成11年5月20日　レナウン工業社長　→97/99

鈴木 達雄　すずき・たつお　昭和4年9月6日〜平成20年2月7日　河北新報常務　→06/08

鈴木 辰男　すずき・たつお　昭和6年9月18日〜平成22年7月3日　河北新報印刷局長　→09/11

鈴木 辰夫　すずき・たつお　明治37年11月9日〜昭和61年4月9日　紅谷(和菓子製造販売)社長、新宿ファーストホテル会長　→83/87

鈴木 辰雄　すずき・たつお　昭和3年2月22日〜平成7年6月10日　北都銀行頭取　→94/96

鈴木 立夫　すずき・たつお　大正2年2月10日〜平成15年4月17日　森本組副社長　→03/05

鈴木 辰三郎　すずき・たつさぶろう　〜昭和27年1月6日　平市長　→昭和

鈴木 達三　すずき・たつぞう　明治36年9月12日〜平成1年10月14日　佐野市長　→88/90

鈴木 達也　すずき・たつや　明治21年9月22日〜平成21年7月22日　日立プラントテクノロジー常務　→09/11

鈴木 達郎　すずき・たつろう　明治45年11月28日〜平成6年6月9日　ダイエー専務　→94/96

鈴木 干夫　すずき・たてお　大正6年8月20日〜平成6年9月21日　駐パキスタン大使　→94/96

鈴木 楯夫　すずき・たてお　明治13年1月3日〜昭和21年1月15日　社会運動家　全国労農大衆党中央委員、名古屋市議　→昭和

鈴木 保　すずき・たもつ　〜平成22年4月27日　厚木基地爆音防止期成同盟委員長、大和市議　→09/11

鈴木 太郎　すずき・たろう　〜昭和11年5月2日　帝国生命取締役　→昭和

鈴木 太郎　すずき・たろう　〜昭和56年12月24日　東京電気取締役技術本部長　→80/82

鈴木 太郎　すずき・たろう　大正4年4月23日〜平成2年10月15日　トーヨーコーケン社長　→88/90

鈴木 太郎　すずき・たろう　明治36年6月26日〜平成12年8月29日　山陽国策パルプ社長、日本製紙特別顧問　→

I　政治・経済・社会篇　　　　　　　　　　　　　　　　　　　　　　すすき

鈴木 千丈　すずき・ちひろ　～平成10年3月18日
日新火災海上保険常務　→97/99

鈴木 忠一　すずき・ちゅういち　明治38年9月26日～平成3年4月6日　弁護士　法務省司法研修所長　→91/93

鈴木 忠吉　すずき・ちゅうきち　明治28年12月9日～昭和37年1月25日　東海自動車社長、衆院議員（日本進歩党）→昭和（すずき・ただよし）

鈴木 忠五　すずき・ちゅうご　明治34年12月13日～平成5年2月27日　弁護士　→91/93

鈴木 忠治　すずき・ちゅうじ　明治8年2月2日～昭和25年12月29日　実業家　味の素創業者、メルシャン創業者、昭和電工社長　→昭和

鈴木 忠治郎　すずき・ちゅうじろう　明治20年5月21日～昭和39年7月14日　発明家　鈴木糧食研究所代表取締役　→昭和

鈴木 忠兵衛　すずき・ちゅうべい　大正9年12月13日～平成16年7月29日　市川市長　→03/05

鈴木 忠良　すずき・ちゅうりょう　大正12年11月5日～昭和58年8月25日　東京帽子社長　→83/87

鈴木 長一郎　すずき・ちょういちろう　明治38年6月3日～平成1年4月20日　東京中央青果会社会長　→88/90

鈴木 長助　すずき・ちょうすけ　～昭和56年5月26日
東開工業会長、東陽工業会長　→80/82

鈴木 師　すずき・つかさ　～昭和61年2月12日
海軍少尉　→83/87

鈴木 紹男　すずき・つぐお　大正1年12月7日～平成2年5月19日　神鋼商事社長、神戸製鋼所専務　→88/90

鈴木 努　すずき・つとむ　昭和10年4月25日～平成18年5月25日　名古屋銀行常務　→06/08

鈴木 恒雄　すずき・つねお　大正13年4月13日～平成17年8月26日　日本化薬副社長　→03/05

鈴木 常夫　すずき・つねお　大正12年1月3日～昭和56年3月8日　三洋出版貿易社長、日本寮歌振興会副委員長　→80/82

鈴木 常司　すずき・つねし　昭和5年7月6日～平成12年11月15日　ポーラ化粧品本舗会長、ポーラ化成工業会長　→00/02

鈴木 恒治　すずき・つねじ　明治35年2月20日～平成2年1月9日　読売新聞社社友、東京放送取締役　→88/90

鈴木 常正　すずき・つねまさ　大正9年5月11日～平成19年11月10日　農林中央金庫副理事長、雪印乳業会長　→06/08

鈴木 津馬治　すずき・つまじ　～昭和62年4月28日
ダイヤモンド社社長　→83/87

須々木 毅　すすき・つよし　大正6年9月26日～平成10年12月24日　日本触媒化学工業常務　→97/99

鈴木 強　すずき・つよし　大正3年2月12日～平成7年9月5日　衆院議員（社会党）　→94/96

鈴木 てい　すずき・てい　～平成2年9月27日

大和屋守口漬総本家会長　→88/90

鈴木 貞一　すずき・ていいち　明治21年12月16日～平成1年7月15日　陸軍中将　企画院総裁　→88/90

鈴木 貞一　すずき・ていいち　～平成1年9月9日
東京消防庁消防学校長　→88/90

鈴木 貞一　すずき・ていいち　明治42年7月10日～平成8年7月8日　市原市長　→94/96

鈴木 悌次　すずき・ていじ　昭和7年3月28日～平成18年3月27日　アキレス社長　→06/08

鈴木 禎次郎　すずき・ていじろう　～平成2年12月20日
弁護士　仙台地裁所長　→88/90

鈴木 貞蔵　すずき・ていぞう　昭和3年8月15日～平成8年5月16日　水沢市長、水沢信用金庫理事長　→94/96

鈴木 貞造　すずき・ていぞう　～昭和12年3月2日
陸軍少将　→昭和

鈴木 術　すずき・てだて　～昭和40年5月23日
呉市長　→昭和

鈴木 徹郎　すずき・てつお　昭和11年2月13日～平成1年6月19日　ホテルオークラ取締役　→88/90

鈴木 鉄雄　すずき・てつお　～昭和57年12月6日
電気化学工業専務　→80/82

鈴木 哲司　すずき・てつし　昭和30年4月18日～平成20年11月18日　ジャパン・デジタル・コンテンツ信託常務　→06/08

鈴木 徹造　すずき・てつぞう　大正9年～平成23年9月1日　出版ニュース社社長　→09/11

鈴木 哲郎　すずき・てつろう　大正12年12月30日～平成16年1月13日　秋田魁新報社長　→03/05

鈴木 照隆　すずき・てるたか　大正14年9月15日～平成3年5月20日　弁護士　名古屋地家裁判事・豊橋支部長　→91/93

鈴木 照久　すずき・てるひさ　大正8年4月28日～平成17年7月10日　石油資源開発常務　→03/05

鈴木 伝　すずき・でん　～昭和46年12月27日
雪印乳業相談役　→昭和

鈴木 天山　すずき・てんざん　～昭和16年6月11日
曹洞宗永平寺貫首　→昭和

鈴木 伝四郎　すずき・でんしろう　昭和2年5月28日～平成20年6月1日　でん六会長　→06/08

鈴木 伝六　すずき・でんろく　明治29年7月29日～昭和59年5月28日　(株)でん六会長、全国落花生豆菓子協同組合連合会理事長　→83/87

鈴木 藤一郎　すずき・とういちろう　昭和11年12月25日～平成17年4月12日　伊東市長　→03/05

鈴木 藤太　すずき・とうた　昭和5年8月30日～平成15年11月16日　高萩市長　→03/05

鈴木 藤兵衛　すずき・とうべい　明治26年11月27日～昭和59年12月15日　松阪伊勢信用金庫理事長、松阪商工会議所会頭　→83/87

「現代物故者事典」総索引（昭和元年～平成23年）　　669

鈴木 亨　すずき・とおる　〜昭和55年4月24日
天理教教会本部員,天理参考館長　→80/82

鈴木 とき　すずき・とき　〜平成6年1月11日
大修館書店取締役　→94/96

鈴木 時太　すずき・ときた　明治36年5月4日〜昭和61年3月7日　本田技研工業顧問,ホンダランド社長,三菱銀行取締役　→83/87

鈴木 篤　すずき・とく　〜平成3年6月12日
共和産業相談役　→91/93

鈴木 篤子　すずき・とくこ　〜昭和62年5月3日
杉並区(東京都)区議　→83/87

鈴木 徳彦　すずき・とくひこ　昭和5年8月24日〜平成10年9月1日　ミサワホーム総合研究所所長　→97/99

鈴木 俊雄　すずき・としお　明治41年3月3日〜平成12年6月8日　日本ガイシ会長,中部経済連合会会長　→00/02

鈴木 敏夫　すずき・としお　大正12年12月22日〜昭和58年2月8日　白石基礎工事常務　→83/87

鈴木 敏夫　すずき・としお　大正1年11月20日〜昭和60年5月24日　判事 大阪高裁部総括判事　→83/87

鈴木 敏夫　すずき・としお　大正15年1月1日〜昭和62年4月17日　大修館書店会長　→83/87

鈴木 敏夫　すずき・としお　大正8年1月28日〜平成2年3月18日　報知新聞編集局長発室長　→88/90

鈴木 敏夫　すずき・としお　昭和7年9月5日〜平成23年11月30日　文化シヤッター常務　→09/11

鈴木 利夫　すずき・としお　明治42年9月1日〜平成9年2月2日　中村屋常務　→97/99

鈴木 利雄　すずき・としお　大正3年9月24日〜昭和60年8月7日　松山地検検事正　→83/87

鈴木 俊弘　すずき・としひろ　昭和11年9月25日〜平成22年7月21日　大同生命保険専務　→09/11

鈴木 敏通　すずき・としみち　大正12年7月5日〜平成20年3月15日　陸将 陸上幕僚長　→06/08

鈴木 敏元　すずき・としもと　〜昭和59年2月25日
シルド社長,シルド鋼業社長　→83/87

鈴木 俊哉　すずき・としや　昭和11年2月19日〜平成15年11月27日　富士銀行常務　→03/05

鈴木 敏行　すずき・としゆき　明治42年1月28日〜平成12年1月6日　ときわ相互銀行専務　→00/02

鈴木 外麿　すずき・とつまろ　〜昭和61年2月7日
下久津呂八幡宮宮司　→83/87

鈴木 知雄　すずき・ともお　明治44年11月21日〜平成8年7月4日　東京電気取締,東芝取締役　→94/96

鈴木 友吉　すずき・ともきち　〜平成3年11月23日
三重県農業協同組合中央会長　→91/93

鈴木 友訓　すずき・とものり　明治10年12月〜昭和26年1月10日　日本ピストンリング創業者　→昭和(すずき・ゆうくん)

鈴木 豊　すずき・とよ　明治24年11月15日〜昭和47年10月11日　社会運動家　→昭和

鈴木 豊市　すずき・とよいち　〜昭和57年1月13日
一光常務　→80/82

鈴木 寅之助　すずき・とらのすけ　〜昭和61年11月30日
自民党葛飾支部幹事長,葛飾区議会議員　→83/87

鈴木 直人　すずき・なおと　明治33年5月〜昭和32年9月20日　参院議員,衆院議員(自由党)　→昭和

鈴木 尚之　すずき・なおゆき　〜平成23年5月4日
新しい歴史教科書をつくる会事務局長　→09/11

鈴木 仲吉　すずき・なかきち　〜昭和57年10月25日
愛知県議　→80/82

鈴木 仲二　すずき・なかじ　〜平成4年9月4日
足立区会議長　→91/93

鈴木 長治　すずき・ながじ　〜平成22年4月19日
自治労長野県本部委員長　→09/11

鈴木 日顕　すずき・にちけん　〜平成3年7月18日
僧侶 弘法寺(日蓮宗)貫首　→91/93

鈴木 允郎　すずき・のぶお　〜昭和58年3月21日
アイシン開発社長,高丘工業監査役　→83/87

鈴木 信男　すずき・のぶお　大正13年8月24日〜昭和63年9月16日　公証人 岐阜地検検事正　→88/90

鈴木 信男　すずき・のぶお　昭和16年2月18日〜平成19年3月29日　川口金属工業社長　→06/08

鈴木 信雄　すずき・のぶお　明治31年1月4日〜昭和54年6月15日　弁護士 日弁連副会長,静岡県議会議員　→昭和

鈴木 信吉　すずき・のぶきち　昭和2年4月12日〜平成13年6月17日　トーエネック常務　→00/02

鈴木 信三　すずき・のぶぞう　〜昭和55年2月6日
ビアホール「ランチョン」主人　→80/82

鈴木 伸隆　すずき・のぶたか　昭和20年2月5日〜平成13年3月16日　武田薬品工業常務　→00/02

鈴木 展寧　すずき・のぶやす　大正5年6月21日〜平成18年10月17日　スズデン創業者　→06/08

鈴木 昇　すずき・のぼる　大正5年1月23日〜平成19年7月26日　公安調査庁中部公安調査局長　→06/08

鈴木 登　すずき・のぼる　昭和4年10月19日〜平成11年3月22日　東京シティ・エアーミナル社長,運輸省船員局長　→97/99

鈴木 憲郎　すずき・のりお　明治41年4月20日〜平成7年11月4日　東北電力副社長　→94/96

鈴木 典雄　すずき・のりお　〜平成8年6月27日
北海道振興副社長　→94/96

鈴木 則子　すずき・のりこ　昭和3年〜平成23年1月26日
中国帰国者の会会長　→09/11

鈴木 珀郎　すずき・はくろう　〜平成15年1月14日
日本ムスリム協会会長　→03/05

鈴木 一　すずき・はじめ　大正2年10月〜昭和53年2月7日　参院議員,衆院議員(社会党)　→昭和

鈴木 一　すずき・はじめ　明治34年11月27日～平成5年11月19日　日本馬事協会会長　→91/93

鈴木 甫　すずき・はじめ　～昭和63年1月8日　三菱鋼材(のち三菱製鋼)常務　→88/90

鈴木 八郎　すずき・はちろう　～昭和55年7月18日　太平工業専務　→80/82

鈴木 八郎　すずき・はちろう　～平成2年1月27日　江商(のち兼松)常務　→88/90

鈴木 初実　すずき・はつみ　～昭和62年11月30日　東京通信ネットワーク副社長　→83/87

鈴木 治男　すずき・はるお　昭和7年3月31日～平成22年9月9日　リンレイ社長　→09/11

鈴木 治夫　すずき・はるお　～平成17年8月17日　旭ダイヤモンド工業副社長　→03/05

鈴木 治雄　すずき・はるお　大正2年3月31日～平成16年7月3日　昭和電工最高顧問、企業メセナ協議会名誉会長、経済同友会終身幹事　→03/05

鈴木 晴久　すずき・はるひさ　昭和10年8月15日～平成14年8月18日　品川白煉瓦社長　→00/02

鈴木 晴巳　すずき・はるみ　大正6年10月19日～昭和63年5月22日　小糸樹脂社長　→88/90

鈴木 彦一郎　すずき・ひこいちろう　～平成10年12月24日　ユニバーサル証券専務　→97/99

鈴木 彦次郎　すずき・ひこじろう　～昭和35年1月6日　大阪酸素工業社長　→昭和

鈴木 ひさ　すずき・ひさ　～昭和63年11月25日　日進畜産工業代表取締役名誉会長　→88/90

鈴木 久雄　すずき・ひさお　昭和4年1月19日～昭和59年8月19日　日赤東京都支部事務局長、東京都福祉局長　→83/87

鈴木 久雄　すずき・ひさお　～昭和61年10月13日　七星科学研究所社長　→83/87

鈴木 久郎　すずき・ひさお　大正12年～平成16年5月19日　ヤクルト本社常務　→03/05

鈴木 寿一　すずき・ひさかず　大正5年1月28日～平成13年3月20日　弁護士　仙台高検検事長　→00/02

鈴木 久吉　すずき・ひさきち　明治38年6月21日～平成4年5月3日　勝村建設副社長　→91/93

鈴木 久　すずき・ひさし　明治44年9月17日～昭和63年8月10日　日本電子計算社長　→88/90

鈴木 久　すずき・ひさし　昭和5年4月7日～平成22年1月7日　京商社長　→09/11

鈴木 久治　すずき・ひさはる　昭和6年2月27日～平成10年12月19日　第三銀行専務　→97/99

鈴木 秀昭　すずき・ひであき　大正13年1月28日～昭和58年8月22日　国鉄北海道総局長、佐藤工業専務　→83/87

鈴木 英夫　すずき・ひでお　明治44年12月16日～昭和64年1月5日　大日本インキ化学工業専務、デック・ハーキューレス社長　→88/90

鈴木 英雄　すずき・ひでお　明治10年11月～昭和37年3月8日　衆院議員　→昭和

鈴木 英雄　すずき・ひでお　～昭和44年3月9日　日動火災海上保険社長　→昭和

鈴木 秀男　すずき・ひでお　明治43年3月15日～平成11年11月26日　静岡銀行常務　→00/02s

鈴木 秀夫　すずき・ひでお　明治31年7月4日～昭和61年9月17日　弁護士　台湾新竹州知事　→83/87

鈴木 秀雄　すずき・ひでお　大正12年11月30日～平成17年8月21日　京浜急行電鉄専務　→03/05

鈴木 秀雄　すずき・ひでお　大正14年8月4日～平成20年8月1日　ノリタケカンパニーリミテド専務　→06/08

鈴木 英二　すずき・ひでじ　～昭和61年10月28日　日本カーバイド工業取締役　→83/87

鈴木 秀人　すずき・ひでと　～昭和19年4月26日　大阪控訴院長　→昭和

鈴木 日出年　すずき・ひでとし　明治42年9月20日～平成12年11月14日　八坂神社名誉宮司、神社本庁長老　→00/02

鈴木 英世　すずき・ひでよ　大正13年2月1日～平成1年6月11日　日本重化学工業取締役　→88/90

鈴木 寿　すずき・ひとし　明治40年1月14日～昭和45年8月30日　参院議員(社会党)　→昭和(すずき・とし)

鈴木 彪平　すずき・ひょうへい　～昭和55年12月23日　日本盲人伝道協議会議長　→80/82

鈴木 啓久　すずき・ひらく　明治23年～昭和57年12月5日　陸軍中将　陸軍第117師団師団長　→80/82

鈴木 博章　すずき・ひろあき　～昭和51年9月16日　神戸製鋼所社長　→昭和

鈴木 寛夫　すずき・ひろお　明治43年10月5日～昭和63年7月11日　横浜ゴム専務　→88/90

鈴木 広吉　すずき・ひろきち　～昭和56年9月15日　荒川区議　→80/82

鈴木 広吉　すずき・ひろきち　明治31年6月5日～昭和62年7月30日　鈴広蒲鉾工業会長、全国蒲鉾水産加工業協同組合連合会長　→83/87

鈴木 郭史　すずき・ひろし　～平成12年10月19日　全国農業協同組合連合会常務理事　→00/02

鈴木 宏　すずき・ひろし　昭和6年4月24日～昭和61年1月29日　三菱アルミニウム取締役　→83/87

鈴木 宏　すずき・ひろし　昭和19年3月28日～昭和64年1月7日　朝日広告社取締役　→88/90

鈴木 弘　すずき・ひろし　～昭和61年11月1日　墨田区本所納税貯蓄組合連合会(東京都)会長　→83/87

鈴木 弘　すずき・ひろし　大正13年3月17日～平成21年5月3日　日刊工業新聞専務　→09/11

鈴木 博　すずき・ひろし　明治34年6月22日～昭和62年12月31日　東京鍛工所社長　→83/87

鈴木 博　すずき・ひろし　昭和12年3月14日～平成19年

11月20日　横浜エフエム放送副社長　→06/08

鈴木 博　すずき・ひろし　大正15年9月19日～平成20年10月25日　日本コンベヤ社長　→06/08

鈴木 咸　すずき・ひろし　明治40年2月4日～平成22年6月3日　東上通運社長　→09/11

鈴木 広二　すずき・ひろし　大正3年3月1日～平成4年2月24日　淀川製鋼所取締役　→91/93

鈴木 弘敏　すずき・ひろとし　大正15年10月12日～平成20年12月7日　トーモク専務　→06/08

鈴木 祐彦　すずき・ひろひこ　～昭和11年10月26日　大審院検事　→昭和

鈴木 啓文　すずき・ひろふみ　大正8年～昭和58年8月1日　朋来鉄工所社長　→83/87

鈴木 啓正　すずき・ひろまさ　～平成18年7月30日　日本学生協会基金理事長　高円宮杯全日本中学校英語弁論大会創始者　→06/08

鈴木 啓之　すずき・ひろゆき　明治33年10月3日～平成2年7月9日　日本厨房機器工業会顧問,鈴木商行会長　→88/90

鈴木 寬義　すずき・ひろよし　大正7年11月26日～昭和61年10月8日　中央魚類常務　→83/87

鈴木 武一　すずき・ぶいち　～平成19年10月11日　優文堂創業者　→06/08

鈴木 福太郎　すずき・ふくたろう　～昭和56年3月18日　けん玉の考案者　→80/82

鈴木 福太郎　すずき・ふくたろう　大正14年9月30日～平成3年12月11日　千趣会常務　→91/93

鈴木 福松　すずき・ふくまつ　～昭和32年1月20日　日之出汽船常務　→昭和

鈴木 富士麻呂　すずき・ふじまろ　大正15年1月1日～平成23年2月10日　住友電設常務　→09/11

鈴木 富士弥　すずき・ふじや　明治15年11月26日～昭和21年1月12日　衆院議員(民政党)　→昭和

鈴木 文雄　すずき・ふみお　大正12年2月20日～平成3年2月25日　静岡銀行副頭取,静岡商工会議所会頭　→91/93

鈴木 文雄　すずき・ふみお　昭和18年5月24日～平成7年12月16日　ノーリツ常務　→94/96

鈴木 文彦　すずき・ふみひこ　昭和6年11月19日～平成5年1月19日　住友海上火災保険副社長　→91/93

鈴木 文彦　すずき・ふみひこ　大正8年9月13日～平成17年11月8日　駐ジュネーブ国際機関代表部大使　→03/05

鈴木 文治　すずき・ぶんじ　明治18年9月4日～昭和21年3月12日　労働運動家,政治家　日本労働総同盟会長,衆院議員(社会民衆党)　→昭和

鈴木 平一　すずき・へいいち　昭和4年1月30日～平成18年7月19日　古河鉱業専務　→06/08

鈴木 平一郎　すずき・へいいちろう　～昭和46年10月5日　清水市長　→昭和

鈴木 兵伍　すずき・へいご　大正6年10月17日～平成6年4月27日　福島県議　→94/96

鈴木 平吾　すずき・へいご　～昭和56年8月3日　東都銀行常務　→80/82

鈴木 兵次郎　すずき・へいじろう　～昭和63年12月10日　鈴木建材社長　→88/90

鈴木 正昭　すずき・まさあき　昭和4年1月5日～平成15年1月28日　那須電機鉄工相談役　→03/05

鈴木 政一　すずき・まさいち　～平成2年10月21日　日本専売公社(のち日本たばこ産業)理事　→88/90

鈴木 正一　すずき・まさいち　平成6年2月26日　明電エンジニアリング専務　→94/96

鈴木 政夫　すずき・まさお　大正7年12月13日～平成10年5月4日　日本ペイント社長　→97/99

鈴木 正男　すずき・まさお　大正1年10月21日～昭和63年7月7日　白石モーター社長,白石商工会議所参与　→88/90

鈴木 正男　すずき・まさお　大正3年9月1日～平成8年4月5日　日立製作所常務　→94/96

鈴木 正男　すずき・まさお　大正11年～平成13年　大東塾・不二歌道会代表　→00/02

鈴木 正夫　すずき・まさお　大正9年12月13日～平成6年8月3日　常磐興産社長　→94/96

鈴木 正雄　すずき・まさお　～昭和57年9月24日　海難審理事務所首席理事官,広島地方海難審判庁長　→80/82

鈴木 正雄　すずき・まさお　大正5年6月15日～平成9年10月2日　日立電線専務　→97/99

鈴木 正雄　すずき・まさお　大正3年6月28日～平成18年11月7日　三菱重工業副社長　→06/08

鈴木 正雄　すずき・まさお　大正7年8月29日～平成19年12月10日　松坂屋社長　→06/08

鈴木 誠雄　すずき・まさお　大正13年12月9日～昭和62年9月11日　静岡エフエム放送取締役,東京ケーブルビジョン監事　→83/87

鈴木 正一　すずき・まさかず　～平成3年3月2日　日本証券金融取締役,日本証券代行専務　→91/93

鈴木 政志　すずき・まさし　昭和10年6月26日～平成17年5月13日　野村証券会長・社長　→03/05

鈴木 政治　すずき・まさじ　大正12年10月19日～平成8年12月16日　報知新聞常務,読売新聞大阪本社編集局次長　→94/96

鈴木 当繁　すずき・まさしげ　大正13年12月14日～平成21年2月28日　山辺町(山形県)町長　→09/11

鈴木 正長　すずき・まさたけ　大正4年3月20日～昭和63年3月5日　小田原信用金庫理事長,日本水産社長　→88/90

鈴木 正武　すずき・まさたけ　明治35年10月26日～平成7年12月13日　東京ゴム取引所理事長,東京工業品取引所特別顧問　→94/96

鈴木 昌直　すずき・まさなお　大正14年3月15日～平成3年7月20日　日特建設常務　→91/93

鈴木 正治　すずき・まさはる　大正13年12月7日～平成7年3月17日　大日本木材防腐社長　→94/96

鈴木 正彦　すずき・まさひこ　大正2年2月18日～昭和61年7月29日　国際航空写真会長　→83/87

鈴木 正久　すずき・まさひさ　大正8年8月7日～昭和44年7月14日　牧師　日本基督教団議長　→昭和

鈴木 雅広　すずき・まさひろ　昭和3年9月14日～平成14年10月25日　天童市長　→00/02

鈴木 正文　すずき・まさふみ　～昭和59年1月10日　東芝住宅産業取締役　→83/87

鈴木 正文　すずき・まさふみ　昭和4年3月11日～平成3年9月18日　日本広告社社長、総合武道場日本正武館館長　→91/93

鈴木 正巳　すずき・まさみ　明治45年3月29日～平成15年4月3日　千葉銀行副頭取　→03/05

鈴木 正也　すずき・まさや　昭和3年1月30日～平成19年12月14日　三菱瓦斯化学常務　→06/08

鈴木 正之　すずき・まさゆき　昭和3年3月27日～平成14年6月7日　アスク社長　→00/02

鈴木 正之　すずき・まさゆき　明治40年1月7日～平成18年1月14日　全日本空輸専務　→06/08

鈴木 正義　すずき・まさよし　大正11年3月25日～平成19年10月29日　丸善ガス創業者　→06/08

鈴木 正義　すずき・まさよし　大正8年5月10日～平成20年3月20日　茨城県議(自民党)　→06/08

鈴木 正里　すずき・まさり　大正1年9月～平成5年2月28日　乙訓福祉会理事長、大阪経済大学名誉教授　→91/93

鈴木 勝　すずき・まさる　大正2年～平成3年12月18日　弁護士　鈴木勝法律事務所長　→91/93

鈴木 益郎　すずき・ますり　～平成2年8月29日　かん寅(かんとら・ふぐ料理)代表取締役　→88/90

鈴木 真洲雄　すずき・ますお　明治29年6月15日～昭和39年10月10日　社会運動家　日本協同組合同盟初代中央委員長　→昭和

薄 益三　すすき・ますぞう　～昭和15年1月3日　大陸経営貢献者、「天鬼将軍」　→昭和

鈴木 又三郎　すずき・またさぶろう　明治35年10月8日～昭和61年6月14日　近鉄観光社長　→83/87

鈴木 松夫　すずき・まつお　大正3年8月8日～平成2年2月24日　旭テック副社長　→88/90

鈴木 松太郎　すずき・まつたろう　～昭和30年7月24日　伏見稲荷大社宮司　→昭和

鈴木 学　すずき・まなぶ　～平成6年3月9日　小名浜製錬専務　→94/96

鈴木 真人　すずき・まひと　大正14年10月14日～平成22年4月11日　I&S/BBDO社長　→09/11

鈴木 万吉　すずき・まんきち　明治39年3月23日～平成2年4月17日　日東電工監査役　→88/90

鈴木 万平　すずき・まんぺい　明治36年7月20日～昭和50年12月3日　実業家、政治家　三共製薬社長、参院議員(自民党)　→昭和

鈴木 幹雄　すずき・みきお　明治37年10月27日～平成3年11月10日　衆院議員(日本民主党)　→91/93

鈴木 貞　すずき・みさお　～昭和58年5月3日　日本鉄道車輛工業会常務理事、帝国車輛製造常務　→83/87

鈴木 道雄　すずき・みちお　明治20年2月18日～昭和57年10月27日　鈴木自動車工業創業者　→80/82

鈴木 道之助　すずき・みちのすけ　昭和19年3月31日～平成16年3月20日　千葉県立現代産業科学館館長　→03/05

鈴木 道治　すずき・みちはる　～平成22年4月12日　在韓国日本大使館領事部長　→09/11

鈴木 道弘　すずき・みちひろ　～平成1年5月23日　日高新報社社長、和歌山県農協中央会会長　→88/90

鈴木 三千代　すずき・みちよ　明治34年1月5日～平成9年11月10日　メルシャン社長　→97/99

鈴木 光雄　すずき・みつお　昭和23年6月20日～平成19年12月11日　三菱鉛筆常務　→06/08

鈴木 貢　すずき・みつぐ　大正1年8月28日～昭和59年3月20日　文芸春秋取締役相談役　→83/87

鈴木 満信　すずき・みつのぶ　大正8年3月10日～昭和63年6月1日　神戸製鋼所専務　→88/90

鈴木 三守　すずき・みつもり　昭和16年12月8日　海軍中佐　→昭和

鈴木 三弥　すずき・みつや　昭和25年11月2日　大洋漁業常務　→昭和

鈴木 満　すずき・みつる　～平成5年3月13日　玉井商船常務　→91/93

鈴木 嶺夫　すずき・みねお　明治41年1月15日～平成11年1月22日　京三製作所常務　→97/99

鈴木 実　すずき・みのる　昭和12年11月29日～平成15年1月4日　大日本印刷専務　→03/05

鈴木 実　すずき・みのる　～平成21年7月2日　クラヤ薬品常務　→09/11

鈴木 巳代三　すずき・みよぞう　～昭和32年1月6日　日本碍子専務　→昭和

鈴木 茂三郎　すずき・もさぶろう　明治26年2月7日～昭和45年5月7日　政治家、社会運動家　日本社会党委員長、衆院議員　→昭和

鈴木 幹次　すずき・もとつぐ　大正3年8月16日～平成10年11月9日　日本トランスシティ常務　→97/99

鈴木 元長　すずき・もとなが　～昭和16年7月14日　陸軍中将　→昭和

鈴木 基靖　すずき・もとやす　～昭和62年8月6日　(宗)在家日蓮宗浄風会会長　→83/87

鈴木 守義　すずき・もりよし　大正4年3月17日～平成5年5月29日　足利銀行専務　→91/93

鈴木 紋次　すずき・もんじ　～平成4年9月23日　東海パルプ取締役　→91/93

鈴木 紋次郎　すずき・もんじろう　～昭和14年10月26日
日本鋳造副社長　→昭和

鈴木 八五平　すずき・やごへい　～昭和51年2月8日
大船渡市長　→昭和

鈴木 康夫　すずき・やすお　大正4年3月1日～平成7年7月16日　東洋通信機社長　→94/96

鈴木 康夫　すずき・やすお　大正5年3月29日～平成11年8月27日　ホテル八宝苑会長、木更津商工会議所会頭　→97/99

鈴木 保男　すずき・やすお　大正2年4月23日～平成13年6月19日　大阪証券金融常務　→00/02

鈴木 保雄　すずき・やすお　～平成2年6月21日
テレビ東京制作局長、東京放送制作局次長　→88/90

鈴木 弥助　すずき・やすけ　～昭和40年10月25日
御木本真珠相談役　→昭和

鈴木 泰典　すずき・やすすけ　昭和3年10月14日～平成22年1月10日　ファミリーマート常務　→09/11

鈴木 安孝　すずき・やすたか　明治10年9月15日～昭和30年2月27日　秋田市長、衆院議員、参院議員（自由党）→昭和

鈴木 安孝　すずき・やすたか　昭和3年3月5日～平成21年10月4日　三菱自動車工業副社長　→09/11

鈴木 康尹　すずき・やすただ　大正14年7月2日～昭和61年4月20日　日動計算センター社長、日動火災海上保険専務　→83/87

鈴木 安太郎　すずき・やすたろう　明治2年3月13日～昭和8年5月12日　実業家　→昭和

鈴木 康允　すずき・やすのぶ　昭和12年10月28日～平成13年2月15日　日本閣観光社長　→00/02

鈴木 康治　すずき・やすはる　明治40年8月27日～昭和60年6月29日　服部セイコー専務、オリエント時計社長　→83/87

鈴木 靖寛　すずき・やすひろ　大正11年10月16日～平成12年10月27日　帝人会長　→00/02

鈴木 安丸　すずき・やすまる　大正4年2月14日～平成18年2月27日　東亜合成化学工業常務　→06/08

鈴木 康之　すずき・やすゆき　～平成5年4月7日
新静岡センター取締役　→91/93

鈴木 康之　すずき・やすゆき　大正14年3月6日～平成6年10月25日　協和カーボン社長　→94/96

鈴木 康之　すずき・やすゆき　昭和16年7月24日～平成9年9月22日　富士銀行取締役、日本ダイナースクラブ専務　→97/99

鈴木 靖之　すずき・やすゆき　明治36年5月10日～昭和45年9月6日　社会運動家、野口雨情研究家　→昭和

鈴木 弥太郎　すずき・やたろう　昭和7年3月26日～平成21年7月3日　ベルモードスズキ創業者　→09/11

鈴木 祐二　すずき・ゆうじ　明治38年12月31日～昭和63年8月28日　小松製作所取締役　→88/90

鈴木 裕二　すずき・ゆうじ　～昭和63年12月17日
大和鋼帝監査役、大和陸運倉庫社長　→88/90

鈴木 雄二　すずき・ゆうじ　～平成3年3月19日
山形県生活協同組合連合会専務理事　→91/93

鈴木 雄祥　すずき・ゆうしょう　明治39年9月5日～昭和47年11月4日　高梁市長　→昭和

鈴木 雄次郎　すずき・ゆうじろう　～昭和57年3月1日
弁護士　信越放送相談役、信濃毎日新聞社取締役　→80/82

鈴木 雄輔　すずき・ゆうすけ　昭和25年3月23日
日本銀行理事　→昭和

鱸 雄三　すずき・ゆうぞう　昭和10年7月20日～平成5年7月18日　日産建設専務　→91/93

鈴木 行男　すずき・ゆきお　～昭和46年6月6日
上山市長　→昭和

鈴木 行雄　すずき・ゆきお　明治37年7月8日～平成3年3月7日　富士電機常務、富士電機冷機社長　→91/93

鈴木 征夫　すずき・ゆくお　昭和17年1月5日～平成19年12月3日　宇部興産専務　→06/08

鈴木 譲　すずき・ゆずる　～昭和60年11月2日
宮城県住宅管理センター理事、元宮城県土木部参事兼建築宅地課長　→83/87

鈴木 譲　すずき・ゆずる　大正9年12月14日～平成12年4月15日　飛島建設副社長、富士銀行取締役　→00/02

鈴木 豊　すずき・ゆたか　～昭和59年6月10日
東邦亜鉛副社長　→83/87

鈴木 豊　すずき・ゆたか　昭和5年10月14日～平成22年10月8日　タチエス常務　→09/11

鈴木 要二　すずき・ようじ　～昭和52年11月17日
鈴与社長　→昭和

鈴木 要七　すずき・ようしち　大正2年8月5日～平成5年2月6日　日清製粉専務　→91/93

鈴木 庸輔　すずき・ようすけ　～昭和41年1月13日
島津製作所会長　→昭和

鈴木 与三郎　すずき・よさぶろう　～昭和62年11月19日　石狩町（北海道）町長、石狩管内町村会長　→83/87

鈴木 与三郎　すずき・よさぶろう　大正5年2月20日～平成6年11月2日　不二家監査役　→94/96

鈴木 よ志　すずき・よし　明治35年3月15日～昭和63年4月9日　伊東マンダリンホテル会長　→88/90

鈴木 吉右衛門　すずき・よしうえもん　大正10年3月25日～昭和63年10月28日　若柳町（宮城県）町長　→88/90

鈴木 儀尾　すずき・よしお　～昭和58年4月12日
岡崎市議　→83/87

鈴木 義男　すずき・よしお　大正2年1月2日～平成8年12月10日　藤倉ゴム工業専務　→94/96

鈴木 義男　すずき・よしお　大正15年5月26日～平成13年3月9日　札幌高検検事長　→00/02

鈴木 義男　すずき・よしお　大正2年11月14日～平成13年6月28日　春日井市長　→00/02

鈴木 義雄　すずき・よしお　明治32年10月14日〜昭和61年1月16日　共和産業会長　→83/87

鈴木 義雄　すずき・よしお　明治43年10月3日〜平成11年7月23日　日揮社長,通商産業省重工業局長　→97/99

鈴木 美雄　すずき・よしお　〜昭和55年4月8日　三鈴マシナリー会長　→80/82

鈴木 美郎　すずき・よしお　〜平成16年12月3日　ときめき高虎会代表　→03/05

鈴木 芳雄　すずき・よしお　〜昭和61年12月4日　宮城県共同募金会副会長　→83/87

鈴木 芳一　すずき・よしかず　昭和5年6月30日〜昭和61年9月6日　名古屋高検公安部検事　→83/87

鈴木 義二　すずき・よしじ　昭和5年3月1日〜平成22年11月11日　浜松ホトニクス常務　→09/11

鈴木 善重　すずき・よししげ　大正6年8月17日〜平成22年12月1日　富士重工業専務　→09/11

鈴木 善照　すずき・よしてる　明治42年10月8日〜平成5年8月18日　同和鉱業社長　→91/93

鈴木 悦友　すずき・よしとも　昭和9年11月25日〜平成7年2月3日　田岡化学工業取締役　→91/93

鈴木 義苗　すずき・よしなえ　大正2年10月5日〜平成7年9月30日　愛知県副知事　→94/96

鈴木 義仲　すずき・よしなか　明治23年7月12日〜昭和63年9月8日　布施市(のち東大阪市)市長　→88/90

鈴木 義之助　すずき・よしのすけ　大正8年9月20日〜平成5年3月6日　静岡中島屋ホテルチェーン会長　→91/93

鈴木 義典　すずき・よしのり　大正13年1月26日〜平成20年3月16日　オリンパス光学工業専務　→06/08

鈴木 宜彦　すずき・よしひこ　昭和16年2月14日〜平成21年5月1日　明和証券社長　→09/11

鈴木 義久　すずき・よしひさ　大正3年3月9日〜昭和62年2月6日　司法書士,能楽師(宝生流)　→83/87

鈴木 吉英　すずき・よしひで　昭和8年11月26日〜昭和60年3月22日　日本製鋼所監査役　→83/87

鈴木 義広　すずき・よしひろ　明治35年4月〜平成1年12月20日　弁護士　→88/90

鈴木 好文　すずき・よしふみ　〜昭和61年6月25日　勧業銀行監査役,厚木家裁調停委員　→83/87

鈴木 善康　すずき・よしやす　〜平成2年1月11日　陸軍大佐　ノモンハン会名誉会長　→88/90

鈴木 吉之　すずき・よしゆき　大正11年2月5日〜平成11年11月3日　四国財務局長,全国信用金庫連合会専務理事　→97/99

鈴木 四十　すずき・よそ　明治7年12月21日〜昭和3年7月27日　実業家　→昭和

鈴木 ヨチ　すずき・よち　〜平成21年7月4日　北海道ウタリ協会理事　→09/11

鈴木 よね　すずき・よね　嘉永5年〜昭和13年5月6日　実業家　鈴木商店社長　→昭和

鈴木 与平(6代目)　すずき・よへい　明治16年2月5日〜昭和15年5月2日　実業家,政治家　鈴与創業者,貴院議員(多額納税)　→昭和(鈴木 与平)

鈴木 与平(7代目)　すずき・よへい　明治43年5月11日〜平成5年5月23日　鈴与会長　→91/93(鈴木 与平)

鈴木 従道　すずき・よりみち　大正7年5月19日〜平成5年4月24日　長崎放送会長,長崎新聞会長　→91/93

鈴木 率道　すずき・よりみち　明治23年2月18日〜昭和18年8月5日　陸軍中将　→昭和

鈴木 利市　すずき・りいち　明治41年1月28日〜平成12年9月6日　徳島県会議長　→00/02

鈴木 理一郎　すずき・りいちろう　明治20年〜昭和55年11月15日　掛川市長　→80/82

鈴木 力　すずき・りき　大正2年7月15日〜平成10年10月14日　参院議員(社会党)　→97/99

鈴木 隆吉　すずき・りゅうきち　大正4年10月11日〜平成15年8月14日　森本組専務　→03/05

鈴木 良　すずき・りょう　〜平成4年1月17日　横須賀市で反基地運動を続ける　→91/93

鈴木 良作　すずき・りょうさく　〜昭和23年6月23日　足利銀行頭取　→昭和

鈴木 龍珠　すずき・りょうしゅ　〜平成7年5月29日　僧侶　全日本仏教会副会長,瑞竜寺住職,鉄眼寺住職　→94/96

鈴木 良治郎　すずき・りょうじろう　〜昭和63年8月12日　宮城県漁業従事員組合委員長　→88/90

鈴木 亮三　すずき・りょうぞう　〜平成3年3月9日　日本信号取締役・大阪支店長　→91/93

鈴木 了道　すずき・りょうどう　〜昭和51年8月1日　信貴山管長　→昭和

鈴木 廉平　すずき・れんぺい　〜昭和58年1月25日　北海道電力常務　→83/87

鈴木 脇蔵　すずき・わきぞう　明治27年12月5日〜昭和63年6月5日　鈴木製薬会長,名古屋市会議長　→88/90

鈴木 渉　すずき・わたる　昭和7年1月9日〜平成9年9月10日　サッポロビール常務　→97/99

鈴木 亘　すずき・わたる　〜昭和55年9月6日　同和紙業相談役　→80/82

鈴木 和郎　すずき・わろう　昭和14年12月13日〜平成19年2月27日　一ノ蔵社長　→06/08

薄田 清　すすきだ・きよ　〜昭和63年3月31日　宮城県地域婦人団体連絡協議会会長　→88/90

薄田 美朝　すすきだ・よしとも　明治30年1月16日〜昭和38年4月16日　衆院議員(自民党)　→昭和

鈴政 晋策　すずまさ・しんさく　大正11年2月19日〜平成8年12月6日　ジュンテンドー専務　→94/96

鈴村 一郎　すずむら・いちろう　大正9年6月30日〜平成2年8月24日　愛知県稲沢商工会議所会頭,三和社長　→88/90

鈴村 栄一　すずむら・えいいち　明治29年8月1日～平成11年6月8日　日本輸送機社長　→97/99
鈴村 喜久男　すずむら・きくお　～平成11年10月1日　トヨタ自動車生産調査室主査　→97/99
鈴村 金一　すずむら・きんいち　～昭和59年8月6日　弁護士　全国保護司連盟副会長　→83/87
鈴村 正昭　すずむら・まさあき　昭和11年11月1日～平成19年2月27日　名古屋銀行常務　→06/08
鈴森 英哉　すずもり・えいさい　大正5年1月28日～平成16年11月5日　鐘紡副社長　→03/05
鈴森 幸一　すずもり・こういち　明治41年5月19日～昭和59年11月23日　尾張精機会長　→83/87
須田 公雄　すだ・きみお　大正4年5月12日～昭和61年11月3日　王子製紙常任監査役, 王子運輸倉庫社長　→83/87
須田 金三郎　すだ・きんざぶろう　～平成2年9月13日　東北電子産業相談役・元社長　→88/90
須田 健二　すだ・けんじ　大正6年1月7日～昭和60年6月6日　オルガノ監査役, 元東洋曹達工業常務　→83/87
須田 周治　すだ・しゅうじ　昭和3年3月25日～昭和63年4月13日　山陰放送取締役報道局長　→88/90
須田 鐘太　すだ・しょうた　～昭和30年4月7日　大映取締役　→昭和
須田 善二郎　すだ・ぜんじろう　昭和11年6月21日～平成11年8月4日　女川町(宮城県)町長　→97/99
須田 善之助　すだ・ぜんのすけ　大正9年8月28日～平成5年1月1日　日本光学工業常務　→91/93
須田 泰三　すだ・たいぞう　大正14年1月7日～平成17年2月7日　経営コンサルタント, 中小企業診断士　商店経営指導センター理事長　→03/05
須田 孝　すだ・たかし　大正9年2月～昭和55年11月20日　三菱信託銀行社長　→80/82
須田 忠義　すだ・ただよし　昭和13年3月10日～平成11年8月7日　日本宇宙フォーラム理事長, 動力炉核燃料開発事業団副理事長　→97/99
須田 哲男　すだ・てつお　昭和2年8月30日～平成6年6月20日　エスアイジー社長　→94/96
須田 徳次　すだ・とくじ　大正6年1月3日～平成20年9月11日　北陸砂糖社長　→06/08
須田 寿雄　すだ・としお　～平成6年4月6日　法務省仙台矯正管区長　→94/96
須田 敏一　すだ・としかず　～昭和61年2月24日　(株)カネモ取締役乳業部長　→83/87
須田 一二三　すだ・ひふみ　～昭和26年8月14日　台湾総督府農政局長　→昭和
須田 操　すだ・みさお　～昭和55年8月1日　練馬区長　→80/82
須田 美佐尾　すだ・みさお　大正14年1月13日～昭和61年9月30日　国際空港事業専務　→83/87
須丹礼 アーネスト　すたんれい・あーねすと　明治34年

～平成3年1月21日　東京都霞が関3丁目町会長　→91/93
須知 東吉　すち・とうきち　～昭和60年9月4日　東洋オート用品社長　→83/87
須藤 昭男　すとう・あきお　～平成19年12月8日　宮城県農政連会長　→06/08
須藤 一夫　すどう・かずお　昭和8年1月15日～平成23年3月21日　読売テレビ放送専務　→09/11
須藤 和徳　すどう・かずのり　昭和10年3月30日～平成15年1月16日　寿屋社長, 西日本銀行専務　→03/05
須藤 喚月　すどう・かんげつ　～昭和55年11月29日　長勝寺第41世住職　→80/82
須藤 清願　すどう・きよみ　～平成12年5月10日　朝日工業社専務　→00/02
須藤 金太郎　すとう・きんたろう　大正11年8月19日～平成19年9月4日　田舎館村(青森県)村長　→06/08
須藤 研一郎　すどう・けんいちろう　大正13年4月1日～平成22年12月17日　朝日工業社会長　→09/11
須藤 晃一　すどう・こういち　昭和10年6月11日～平成12年9月3日　住友金属鉱山会長　→00/02
須藤 耕太郎　すどう・こうたろう　昭和4年1月18日～昭和59年2月15日　朝日工業社取締役　→83/87
須藤 祥夫　すどう・さちお　昭和11年4月1日～平成5年10月18日　三菱地所常務　→91/93
須藤 茂勇　すどう・しげお　大正13年5月14日～昭和62年4月4日　本多通信工業常務　→83/87
須藤 重三郎　すどう・しげさぶろう　明治39年8月12日～平成6年6月25日　須藤製作所会長　→94/96
須藤 真作　すとう・しんさく　～昭和59年7月26日　全国繭糸協同組合連合会理事長　→83/87
須藤 静一　すどう・せいいち　明治40年2月28日～平成4年7月3日　弁護士　第一東京弁護士会副会長, 司法研修所教官　→91/93
須藤 清治　すどう・せいじ　大正8年5月5日～平成13年1月3日　日立製作所副社長　→00/02
須藤 曹吉　すどう・そうきち　大正7年5月12日～平成4年9月4日　日清紡常務, 東邦レーヨン専務　→91/93
須藤 泰次郎　すどう・たいじろう　昭和7年11月29日～平成2年12月18日　世界貿易センタービルディング常勤監査役　→88/90
須藤 隆子　すどう・たかこ　～昭和61年1月13日　大阪市婦人団体協議会初代会長　→83/87
須藤 孝次　すどう・たかじ　～昭和62年11月24日　保全技術者連盟副会長　→83/87
須藤 宅衛　すどう・たくえ　大正3年11月15日～平成3年8月15日　清水建設副社長　→91/93
須藤 辰夫　すどう・たつお　大正15年8月10日～平成20年10月7日　三共専務　→06/08
須藤 忠司　すどう・ちゅうじ　明治40年1月1日～平成9年8月13日　羽生市長　→97/99

I　政治・経済・社会篇　　　　　　　　　　　　　　　　　　　　　　　　　　　　　　すなたに

須藤 恒雄　すどう・つねお　明治42年8月25日～平成16年3月17日　吉野石膏会長　→03/05

須藤 徹男　すどう・てつお　大正11年3月6日～平成16年5月10日　林野庁長官　→03/05

須藤 利雄　すとう・としお　大正4年7月29日～平成5年12月7日　群馬県議（自民党）　→91/93

須藤 仁郎　すとう・にろう　明治34年2月17日～昭和59年3月30日　東邦銀行相談役　→83/87

周東 英雄　すとう・ひでお　明治31年1月27日～昭和56年8月8日　農相、衆院議員（自民党）　→80/82

須藤 博　すとう・ひろし　大正11年11月30日～平成15年3月16日　講談社副社長、第一通信社社長　→03/05

須藤 博忠　すとう・ひろただ　大正11年2月18日～平成19年3月28日　警察庁近畿管区警察局長、広島県警本部長、栃木県警本部長　→06/08

須藤 真利　すどう・まさとし　大正14年4月2日～平成1年10月17日　青森放送常任監査役　→88/90

須藤 昌英　すどう・まさひで　～昭和62年9月14日　石川県厚生部次長　→83/87

須藤 正也　すどう・まさや　～昭和56年2月26日　須藤石材会長　→80/82

須藤 又治郎　すどう・またじろう　～平成2年10月21日　三不二超硬社長　→88/90

簾藤 万治　すどう・まんじ　明治33年7月9日～平成9年3月20日　三共専務、三共乳業社長　→97/99

首藤 泰雄　すどう・やすお　昭和6年12月18日～平成14年8月4日　新日本証券副社長　→00/02

簾藤 芳男　すどう・よしお　～昭和60年8月11日　安田火災海上保険監査役　→83/87

須藤 吉樹　すどう・よしたつ　大正8年7月8日～平成12年8月16日　海将　海上自衛隊横須賀地方総監　→00/02

須藤 隆平　すどう・りゅうへい　～平成7年7月4日　全国農業共済協会常務理事　→94/96

須永 好　すなが・こう　明治27年6月13日～昭和21年9月11日　農民運動家　日農常任、日本社会党中央委員、衆院議員　→昭和

須永 徹　すなが・とおる　昭和25年2月14日～平成3年11月23日　衆院議員（社会党）　→91/93

須永 浩夫　すなが・ひろお　明治37年1月6日～昭和45年3月22日　毎日放送常務　→昭和

須長 文夫　すなが・ふみお　明治43年5月6日～平成4年10月28日　オーム社社長、工学書協会会長　→91/93

須永 正臣　すなが・まさおみ　大正5年6月20日～平成12年10月31日　相互不動産会長、全国宅地建物取引業協会連合会会長、不動産流通近代化センター理事長　→00/02

須永 巳代次　すなが・みよじ　～昭和32年1月29日　日本特殊鋼管社長　→昭和

須中 靖喜　すなか・やすよし　昭和11年～平成3年6月13日　須中理化工業社長　→91/93

須長 漣造　すなが・れんぞう　嘉永5年5月25日～大正15

年10月19日　武蔵困民党指導者　→昭和

砂川 雄峻　すなかわ・かつたか　安政7年2月～昭和8年4月15日　政治家、弁護士　衆院議員（憲政本党）、大阪弁護士会会長　→昭和（砂川 雄俊 すなかわ・かつとし）

砂川 憲一　すながわ・けんいち　大正5年8月17日～平成12年6月1日　合食会長　→00/02

砂川 健治　すながわ・けんじ　大正5年10月22日～平成9年2月13日　徳島銀行会長　→97/99

砂川 玄俊　すながわ・げんしゅん　大正4年11月16日～平成4年8月11日　三共化成工業社長　→91/93

砂川 玄徳　すながわ・げんとく　～平成22年7月20日　宮古広域圏事務組合事務局長、宮古毎日新聞編集長　→09/11

砂川 旨誠　すながわ・しせい　～平成21年8月17日　琉球政府立法院議員　→09/11

砂川 昌平　すながわ・しょうへい　～平成7年4月26日　立川市教育長　→94/96

砂川 ちよ　すながわ・ちよ　明治34年1月20日～平成5年12月12日　砂川町（のち立川市）教育長　砂川闘争運動家　→91/93

砂川 元治　すなかわ・もとはる　明治41年1月25日～平成7年3月17日　関東電化工業社長、旭電化工業会長、朝日生命保険副社長　→94/96

砂子 佳昭　すなご・よしあき　昭和9年2月5日～平成8年10月8日　同和火災海上保険取締役、同和火災コンピューターサービス社長　→94/96

砂子田 信之　すなこだ・のぶゆき　～昭和62年8月4日　日本専売公社高岡出張所長、富山県たばこ信用組合理事　→83/87

砂田 重民　すなだ・しげたみ　大正6年3月4日～平成2年9月24日　衆院議員（自民党）、北海道・沖縄開発庁長官、文相　→88/90

砂田 重政　すなだ・しげまさ　明治17年9月15日～昭和32年12月27日　政治家、弁護士　衆院議員（自民党）　→昭和

砂田 昌寿　すなだ・しょうじ　大正6年8月9日～平成16年9月5日　東京都議（公明党）　→03/05

砂田 四郎　すなだ・しろう　～昭和55年5月26日　高周波熱錬相談役、元常務　→80/82

砂田 知昭　すなだ・ともあき　昭和15年10月3日～平成21年12月29日　関東電化工業専務　→09/11

砂田 信幸　すなだ・のぶゆき　～昭和63年5月15日　三和ボーリング代表取締役社長　→88/90

砂田 弥太郎　すなだ・やたろう　昭和8年1月4日～平成11年1月30日　山梨県建設業協会会長、砂田建設工業代表取締役　→97/99

砂田 由造　すなだ・よしぞう　明治43年3月26日～昭和62年4月20日　砂田商店取締役社長　→83/87

砂谷 知之　すなたに・ともゆき　大正12年10月30日～平成15年9月19日　新井組常務　→03/05

砂原 章秀　すなはら・あきひで　大正5年9月8日～平成17年3月27日　日油技研工業社長　→03/05
砂原 格　すなはら・かく　明治35年4月3日～昭和47年5月8日　衆院議員(自民党)　→昭和
砂原 克行　すなはら・かつゆき　昭和2年3月8日～平成9年5月12日　広島県議(自民党)　→97/99
砂原 見治　すなはら・けんじ　昭和5年6月18日～平成23年9月16日　砂原建設工業社長　→09/11
砂間 一良　すなま・いちろう　明治36年2月8日～平成4年12月12日　社会運動家　日本共産党名誉幹部会委員、衆院議員(共産党)　→91/93
角南 猛夫　すなみ・たけお　大正13年12月1日～昭和63年8月9日　角南商事社長　→88/90
角南 秀夫　すなみ・ひでお　昭和2年12月21日～平成7年4月7日　川崎製鉄常務　→94/96
角南 浩　すなみ・ひろし　～昭和58年2月18日　日本広告業協会顧問、元大広取締役　→83/87
砂村 賢　すなむら・さとし　昭和10年9月22日～平成15年4月16日　東京銀行取締役、京都大学教授　→03/05
砂山 訓夫　すなやま・くにお　大正7年1月6日～昭和58年11月16日　日動火災海上保険専務　→83/87
砂山 時男　すなやま・ときお　～昭和55年11月21日　全国鮭鱒流網漁業協同組合連合会副会長、釧路・十勝海区漁業調整委員会会長、釧路機船漁協理事　→80/82
数納 孝　すのう・たかし　昭和9年8月24日～平成12年5月3日　テレビ東京メディアネット会長　→00/02
須之内 啓二郎　すのうち・けいじろう　～昭和30年6月27日　三井生命社長　→昭和
洲之内 定満　すのうち・さだみつ　～平成4年2月5日　紀文監査役　→91/93
須之内 品吉　すのうち・しなきち　明治16年11月～昭和40年11月20日　弁護士　立教大学教授、衆院議員(立憲政友会)　→昭和
須之内 誠一　すのうち・せいいち　大正2年11月28日～平成5年11月17日　日本油脂専務　→91/93
須野田 誠　すのだ・まこと　昭和28年9月8日～平成20年5月21日　早稲田アカデミー社長　→06/08
春原 英喜　すのはら・えいき　～昭和57年10月14日　大和通信社会長　→80/82
春原 幸枝　すのはら・ゆきえ　～平成8年3月10日　大和通信社主　→94/96
春原 良吉　すのはら・りょうきち　明治41年4月10日～昭和62年11月5日　暁交通会長　→83/87
須之部 量三　すのべ・りょうぞう　大正7年2月15日～平成18年2月14日　外務事務次官、杏林大学名誉教授　→06/08
洲浜 惇之助　すはま・あつのすけ　明治36年～平成3年7月19日　島根県議　→91/93
須原 章　すはら・あきら　大正15年10月31日～平成19年11月12日　愛知県議(民主ク)　→06/08

栖原 亮　すはら・あきら　明治44年3月11日～平成12年7月30日　本州製紙社長　→00/02
須原 逸郎　すはら・いつろう　大正3年7月7日～平成14年7月23日　不動化学工業社長、三菱ガス化学常務　→00/02
寿原 九郎　すはら・くろう　明治34年3月23日～昭和58年5月21日　北洋相互銀行社長　→83/87
数原 三郎　すはら・さぶろう　明治23年1月1日～昭和43年5月24日　三菱鉛筆会長　→昭和(かずはら・さぶろう)
栖原 繁　すはら・しげる　大正9年10月10日～平成4年7月10日　塩水港精糖会長　→91/93
寿原 正一　すはら・しょういち　明治44年1月1日～昭和50年12月13日　衆院議員(自民党)　→昭和
須原 昭二　すはら・しょうじ　昭和2年9月4日～昭和50年3月4日　参院議員(社会党)　→昭和
数原 祥三　すはら・しょうぞう　大正13年2月11日～平成11年8月18日　三菱鉛筆会長　→97/99
須原 二郎　すはら・じろう　大正5年10月23日～平成19年5月13日　堺化学工業社長、カイゲン社長　→06/08
須原 真二　すはら・しんじ　～昭和61年12月12日　大阪製鋼(のち合同製鉄)取締役　→83/87
寿原 外吉　すはら・そときち　明治34年12月3日～昭和60年7月8日　スハラ取締役会長、元小樽商工会議所会頭　→83/87
栖原 正　すはら・ただし　大正2年2月26日～平成7年7月2日　日本郵船取締役　→94/96
須原 久男　すはら・ひさお　大正4年3月21日～平成8年4月11日　野崎産業副社長　→94/96
栖原 真文　すはら・まふみ　大正3年10月19日～昭和58年8月3日　読売新聞社社友、福島中央テレビ専務取締役　→83/87
栖原 康行　すはら・やすゆき　大正11年10月23日～平成21年2月11日　住友金属鉱山副社長　→09/11
周布 兼道　すふ・かねみち　明治15年3月～昭和30年6月29日　貴院議員(男爵)　→昭和
周布 公兼　すふ・きみかね　大正2年3月12日～昭和55年10月27日　旧男爵　共同広告社長、日本科学振興財団理事　→80/82
須唐 和章　すま・かずあき　～昭和62年1月14日　アジア開発銀行農業開発部次長　→83/87
須磨 正雄　すま・まさお　昭和3年7月22日～平成15年6月20日　出光興産専務　→03/05
須磨 未千秋　すま・みちあき　大正7年1月25日～平成20年8月21日　駐カナダ大使　→06/08
須磨 弥吉郎　すま・やきちろう　明治25年9月3日～昭和45年4月30日　外交官、政治家　衆院議員　→昭和
住 栄作　すみ・えいさく　大正9年5月20日～昭和61年7月20日　衆院議員(自民党)、法相　→83/87
角 円吉　すみ・えんきち　明治45年1月4日～昭和61年6月20日　八女商工会議所会頭、角産業社長　→83/87

I 政治・経済・社会篇　　　すみた

角源泉　すみ・げんせん　明治4年9月～昭和17年8月14日　衆院議員（民政党），新宮市長　→昭和（かく・げんせん）

隅健一　すみ・けんぞう　大正11年11月17日～平成11年4月16日　海上保安庁次長　→97/99

角栄　すみ・さかえ　～昭和61年10月28日　（株）角印刷所社長，北印工組理事長　→83/87

鷲見重蔵　すみ・じゅうぞう　大正2年1月10日～平成7年4月23日　報知新聞副社長，読売新聞社編集局長　→94/96

須見千次郎　すみ・せんじろう　弘化3年12月10日～昭和2年4月12日　衆院議員（憲政会）　→昭和

鷲見辰雄　すみ・たつお　～昭和55年1月28日　大阪曹達社長，三和銀行常務　→80/82

鷲見東観　すみ・とうかん　大正3年8月13日～平成19年12月3日　僧侶　愛知教育大学名誉教授，徳風会指導者，永泉寺（曹洞宗）住職　→06/08

角とく　すみ・とく　～昭和9年9月10日　チタカ・エンタープライズ会長　→97/99

墨敏夫　すみ・としお　明治42年7月23日～平成1年11月2日　墨本社社長，艶金興業社長，日本毛整理協会長　→88/90

角朋憲　すみ・とものり　昭和7年～平成9年4月26日　チタカ・インターナショナル・フーズ会長　→97/99

住博司　すみ・ひろし　昭和29年8月19日～平成10年7月11日　衆院議員（自民党）　→97/99

墨光雄　すみ・みつお　大正15年5月11日～平成7年4月28日　岡崎ガス社長　→94/96

隅元七　すみ・もとやす　明治37年7月2日～平成13年2月28日　錦町（山口県）町長　→00/02

鷲見保佑　すみ・やすすけ　明治29年12月21日～昭和56年3月30日　片倉チッカリン会長　→80/82

鷲見勇平　すみ・ゆうへい　～昭和56年3月1日　名古屋高裁判事　→80/82

鷲見良衛　すみ・りょうえ　～昭和59年10月30日　中部証券金融常務　→83/85

隅井賢二郎　すみい・けんじろう　昭和3年3月7日～平成19年8月19日　岡藤商事社長　→06/08

住井信二　すみい・しんじ　大正2年8月20日～平成12年3月1日　日新製糖常務　→00/02

住井辰男　すみい・たかお　明治14年～昭和37年7月17日　日本物産社長，三和財閥筆頭理事　→昭和（すみい・たつお）

住江正三　すみえ・まさみつ　大正8年1月15日～昭和63年9月25日　長崎県議（自民党），長崎県漁連会長　→88/90

住江敬籏　すみえ・よしはた　～昭和6年10月24日　刑務協会理事　→昭和

住岡藤一　すみおか・とういち　明治42年7月22日～平成3年1月26日　大手広告通信社長　→91/93

住岡正章　すみおか・まさふみ　昭和5年1月31日～平成19年3月18日　稲畑産業常務　→06/08

住川敬三　すみかわ・けいぞう　大正8年1月31日～平成10年9月29日　ジャパンライン専務　→97/99

住川貢　すみかわ・みつぐ　大正13年10月31日～平成9年11月29日　大和ハウス工業常務，ダイワラクダ工業社長　→97/99

角倉志朗　すみくら・しろう　～平成4年5月12日　宮内庁東宮侍従，国立国会図書館立法考査局長　→91/93

角倉二朗　すみくら・じろう　昭和10年11月14日～平成20年4月9日　朝日新聞取締役　→06/08

角倉節朗　すみくら・せつろう　明治43年9月1日～平成10年12月3日　関西テレビ放送常務　→97/99

隅水準一郎　すみず・じゅんいちろう　明治36年3月11日～昭和62年6月7日　弁護士，元・判事　→83/87

澄田智　すみた・さとし　大正5年9月4日～平成20年9月7日　日本銀行総裁，大蔵事務次官　→06/08

住田俊一　すみた・しゅんいち　大正10年3月15日～平成8年7月20日　日本旅行業協会会長　→94/96

住田正一　すみた・しょういち　明治26年1月2日～昭和43年10月2日　呉造船所社長　→昭和

炭田末芳　すみた・すえよし　明治44年2月24日～平成9年7月2日　関西銀行専務　→97/99

隅田住夫　すみた・すみお　明治42年12月15日～平成3年11月29日　日本エヤーブレーキ常務　→91/93

住田石梁　すみだ・せきりょう　昭和6年～平成16年7月8日　僧侶　善慶寺住職，名古屋音楽大学学長　→03/05

澄田惣造　すみた・そうぞう　大正4年1月6日～平成6年3月6日　川崎重工業監査役　→94/96

角田孝治　すみだ・たかはる　昭和19年2月8日～平成23年9月3日　SPK常務　→09/11

住田智信　すみだ・ちけん　明治1年11月23日～昭和13年7月1日　僧侶　大谷大学学長　→昭和（すみた・ちけん）

住田利雄　すみた・としお　～昭和61年1月30日　全国隣保館連絡協議会副会長，部落解放同盟大阪府連副委員長　→83/87

澄田信義　すみた・のぶよし　昭和10年2月20日～平成21年6月13日　島根県知事，国鉄常務理事　→09/11

住田憲亮　すみた・のりあき　昭和26年9月1日～平成18年9月30日　阪神電気鉄道取締役　→06/08

角田博一　すみだ・ひろいち　大正2年1月15日～平成1年3月28日　鉄建建設取締役　→88/90

角田寛　すみだ・ひろし　大正10年2月25日～平成13年5月22日　京阪電気鉄道社長，京阪電気鉄道会長　→00/02

隅田宏　すみだ・ひろし　昭和17年4月2日～昭和60年5月22日　東京トヨペット専務，トヨタレンタリース東京社長　→83/87

住田政之助　すみた・まさのすけ　～昭和60年4月7日　長崎市社会福祉協議会会長，長崎市会議長　→83/87

住田充　すみた・みつる　大正13年1月18日～平成11年2

「現代物故者事典」総索引（昭和元年～平成23年）　　　679

月15日　読売新聞常勤監査役　→97/99

澄田 譲　すみだ・ゆずる　大正13年3月26日～平成10年5月9日　東京堂会長, 東京堂出版社長, 東京堂書店社長　→97/99

澄田 睞四郎　すみた・らいしろう　明治23年10月21日～昭和54年11月2日　陸軍中将　→昭和（澄田 睞四郎）

住谷 卓雄　すみたに・たくお　明治35年3月26日～昭和61年5月20日　東北標識取締役会長　→83/87

住谷 種一　すみたに・たねかず　大正12年12月13日～昭和56年4月27日　雪印乳業常務　→80/82

炭谷 秀樹　すみたに・ひでき　昭和12年12月6日～平成16年7月8日　富山県生活環境部長　→03/05

住友 彰　すみとも・あきら　～平成23年8月16日　建設省九州地方建設局長　→09/11

住友 吉左衛門（16代目）　すみとも・きちざえもん　明治42年2月20日～平成5年6月14日　実業家, 歌人　住友家第16代当主, 住友本社社長　→91/93

住友 務　すみとも・つとむ　大正7年3月2日～昭和57年2月27日　住友ビジネスコンサルティング会長, 住友銀行常務　→80/82

住友 融　すみとも・とおる　昭和2年5月5日～平成4年4月12日　住友信託銀行監査役　→91/93

住友 望　すみとも・のぞむ　～昭和56年2月17日　住友海上火災保険健康保険組合常務理事　→80/82

住友 元夫　すみとも・もとお　明治45年1月1日～平成17年7月28日　住友精密工業会長, 住友金属工業専務　→03/05

角名 和雄　すみな・かずお　昭和2年11月30日～昭和62年10月20日　東洋埠頭常勤監査役　→83/87

隅野 慎一郎　すみの・しんいちろう　大正9年2月12日～平成5年7月22日　東京電気社長, テック電子会長　→91/93

住野 利男　すみの・としお　大正9年3月10日～平成13年3月9日　オートバックスセブン社長　→00/02

角野 尚徳　すみの・なおのり　明治24年～昭和63年2月29日　八幡製鉄副社長　→88/90

角野 隆一　すみの・りゅういち　大正7年11月15日～昭和63年7月14日　三京化成専務　→88/90

角倉 徳軌　すみのくら・なるみち　～平成4年4月15日　歯科医　名古屋帰化の会代表幹事, シャイン歯科院長　→91/93

住本 軍一　すみもと・ぐんいち　～昭和62年9月21日　呉市議　→83/87

住本 正二　すみもと・しょうじ　大正12年10月19日～平成14年2月2日　兵庫県議（社会党）　→00/02

住本 誠治　すみもと・せいじ　明治34年11月2日～昭和57年10月16日　住本科学研究所会長, 芝浦工業大学教授　→80/82

住本 酉男　すみもと・とりお　昭和8年10月6日～平成6年2月17日　東京スタイル専務　→94/96

住本 保吉　すみもと・やすきち　大正3年11月15日～昭和55年8月17日　東京スタイル創業者　→80/82

住本 良二　すみもと・りょうじ　大正9年4月28日～平成8年1月5日　兵庫県会副議長（自民党）, 小野市長　→94/96

角屋 久次　すみや・きゅうじ　明治40年12月5日～平成16年5月17日　新潟県議（自民党）　→03/05

角谷 健　すみや・けん　大正13年4月25日～平成21年12月30日　碧南市長　→09/11

住谷 自省　すみや・じせい　～昭和63年1月28日　労働省産業安全研究所長　→88/90

隅谷 信三　すみや・しんぞう　明治41年9月29日～平成5年3月2日　大同ケミカルエンジニアリング会長, 大同化学プラントサービス会長　→91/93

角屋 誠一　すみや・せいいち　明治39年4月11日～平成13年11月17日　シェル石油常務　→00/02

隅谷 威雄　すみや・たけお　大正2年7月10日～平成16年5月20日　住友化学工業副社長　→03/05

角屋 毅　すみや・たけし　昭和19年8月17日～平成19年11月16日　サミット副社長　→06/08

角谷 得一　すみや・とくいち　～昭和60年4月21日　泉州銀行取締役　→83/87

角谷 博　すみや・ひろし　～昭和62年5月18日　東京都地方労働委員会委員, 合化労連化学一般関東地方本部特別執行委員　→83/87

住屋 博　すみや・ひろし　大正11年2月11日～昭和63年3月14日　長瀬産業常務　→88/90

隅谷 昌造　すみや・まさぞう　明治37年3月2日～平成4年8月23日　八田工業会長, 八田製作所会長　→91/93

角屋 正隆　すみや・まさたか　大正3年6月1日～平成20年4月29日　東京出版販売社長　→06/08

角谷 三千夫　すみや・みちお　昭和8年3月20日～平成20年10月1日　大阪高裁部総括判事　→06/08

住安 孝洋　すみやす・たかひろ　昭和8年4月11日～平成9年11月4日　名古屋タイムズ常務　→97/99

隅山 良次　すみやま・りょうじ　～昭和59年2月11日　アマダ顧問, ファナック顧問, 元岡本工作機械製作所専務　→83/87

住吉 栄蔵　すみよし・えいぞう　明治44年10月23日～平成7年7月2日　住友軽金属工業取締役, 日本アルミ専務取締役　→94/96

住吉 貞之　すみよし・さだゆき　大正3年5月5日～昭和61年8月7日　同和鉱業常務, 同和工営社長　→83/87

住吉 四郎　すみよし・しろう　～昭和56年3月3日　神戸銀行会長, 石原産業社長　→80/82

住吉 弘人　すみよし・ひろと　大正11年12月7日～平成20年1月9日　コスモ石油社長　→06/08

住吉 正博　すみよし・まさひろ　大正9年10月25日～平成23年4月28日　前田道路常務　→09/11

住吉 勇三　すみよし・ゆうぞう　大正7年4月22日～平成12年12月18日　フジタ常務　→00/02

頭本 元貞　ずもと・もとさだ　文久2年12月4日〜昭和18年2月15日　新聞経営者　→昭和

陶山 巌　すやま・いわお　明治37年7月10日〜昭和54年11月30日　集英社会長　→昭和

須山 喜一　すやま・きいち　大正6年10月20日〜平成22年12月7日　サンウエーブ工業社長　→09/11

巣山 喜吉　すやま・きよし　明治34年1月28日〜昭和60年10月8日　三菱レイヨン取締役　→83/87

陶山 国男　すやま・くにお　大正10年8月6日〜平成5年5月23日　応用地質社長　→91/93

陶山 国見　すやま・くにみ　大正7年1月23日〜平成9年6月16日　国立国会図書館副館長　→97/99

陶山 健一　すやま・けんいち　昭和11年11月〜平成9年1月14日　新左翼系活動家　中核派最高幹部　→97/99

陶山 繁弘　すやま・しげひろ　大正4年3月23日〜平成3年7月29日　東京都民銀行頭取　→91/93

巣山 庄司　すやま・しょうじ　大正15年9月3日〜昭和60年8月20日　富山県副知事,千代田生命保険常務　→83/87

須山 節子　すやま・せつこ　大正2年〜平成6年1月4日　通訳　宮内庁御用掛　→94/96

陶山 隆　すやま・たかし　〜昭和60年6月10日　ウテナ取締役販売部長　→83/87

須山 達夫　すやま・たつお　明治45年4月10日〜平成4年11月8日　駐トルコ大使　→91/93

陶山 浩　すやま・ひろし　昭和10年2月26日〜平成23年11月1日　三井不動産販売常務　→09/11

須山 正秀　すやま・まさひで　大正4年2月12日〜平成8年12月6日　小糸製作所副社長　→94/96

須山 正康　すやま・まさやす　明治30年7月14日〜昭和59年4月26日　東海カーボン常務　→83/87

周山 満蔵　すやま・みつぞう　〜昭和16年9月7日　陸軍中将　→昭和

摺沢 静夫　すりさわ・しずお　〜昭和17年4月20日　陸軍中将　→昭和

諏訪 薫　すわ・かおる　明治43年1月8日〜昭和59年3月31日　倉敷機械社長　→83/87

諏訪 小一郎　すわ・こいちろう　〜昭和57年3月13日　日本専売公社理事　→80/82

諏訪 五郎　すわ・ごろう　大正9年5月28日〜平成11年1月27日　極洋専務　→97/99

諏訪 貞雄　すわ・さだお　大正3年8月14日〜平成16年8月31日　鹿島建設常務　→03/05

諏訪 三郎　すわ・さぶろう　明治42年1月2日〜平成11年12月30日　滋賀県副知事,びわ湖放送社長　→97/99

諏訪 茂　すわ・しげる　〜昭和57年11月13日　日本共産党常任幹部会委員・東京都委員長　→80/82

諏訪 親一郎　すわ・しんいちろう　〜平成9年8月7日　北芝電機常務　松川事件で諏訪メモ　→97/99

諏訪 精一郎　すわ・せいいちろう　明治32年8月8日〜昭和63年8月21日　桑名市長　→88/90

諏訪 誠一郎　すわ・せいいちろう　昭和17年4月25日〜平成6年7月29日　雅叙園観光社長　→94/96

諏訪 卓三　すわ・たくぞう　明治43年4月26日〜平成16年3月10日　静岡県副知事,常葉学園大学名誉学長　→03/05

諏訪 忠一　すわ・ただかず　昭和7年10月27日〜平成17年5月28日　三菱信託銀行常務　→03/05

諏訪 秀二　すわ・ひでじ　大正5年11月11日〜平成15年10月11日　鹿児島トヨタ自動車取締役名誉会長　→03/05

諏訪 純人　すわ・まこと　明治9年4月2日〜平成23年3月2日　秋田銀行頭取　→09/11

諏訪 幸男　すわ・ゆきお　昭和5年10月15日〜平成11年1月6日　秩父セメント(のち太平洋セメント)専務　→97/99

諏訪 与三郎　すわ・よさぶろう　明治29年1月29日〜昭和6年10月4日　労働運動家　→昭和

諏訪 好孝　すわ・よしたか　昭和3年9月8日〜平成19年5月11日　日本食品化工専務　→06/08

諏訪 頼定　すわ・よりさだ　大正12年10月1日〜平成23年10月26日　三菱銀行専務　→09/11

諏訪田 勝衛　すわだ・かつえ　明治38年10月2日〜昭和59年7月12日　北海道議,北陽会(絵画団体)会長　→83/87

諏訪部 伊朔　すわべ・いさく　明治43年7月3日〜平成14年6月1日　丸善工業創業者　→00/02

【せ】

盛 毓度　せい・いくど　大正2年〜平成5年7月23日　留園会長　→91/93

清 賢三郎　せい・けんざぶろう　大正15年8月2日〜平成4年12月17日　カルピス食品工業取締役　→91/93

勢 新太郎　せい・しんたろう　〜昭和58年8月31日　北九州自動車団体連合会会長,北九州ダイハツ販売会社会長　→83/87

清 秀次郎　せい・ひでじろう　大正10年3月24日〜平成6年7月12日　日新タンカー社長,大洋漁業(のちマルハ)取締役　→94/96

清木 栄二　せいき・えいじ　〜平成5年5月24日　ユニセフ財務官　→91/93

清木 克男　せいき・かつお　昭和18年3月11日〜平成10年8月28日　地球産業文化研究所専務理事　→97/99

清家 吉次郎　せいけ・きちじろう　慶応2年9月14日〜昭和9年2月23日　衆院議員(政友会)　→昭和

清正 清　せいしょう・きよし　大正10年6月10日〜58年2月23日　行政情報システム研究所理事長,行政管理庁監察審議官　→83/87

清田 一郎　せいた・いちろう　〜昭和58年12月4日　徳島地裁検事正　→83/87

清田 正二　せいた・しょうじ　大正2年10月24日～平成15年10月23日　大日本電線社長，三菱金属副社長　→03/05

清田 元　せいだ・はじめ　昭和6年9月12日～平成9年7月10日　日本電気常務　→97/99

清藤 唯七　せいとう・ただしち　明治26年4月～昭和27年7月15日　弘前商工会議所会頭，衆院議員（改進党）→昭和（きよふじ・ただしち）

清藤 三津郎　せいとう・みつろう　大正4年7月23日～平成13年11月25日　黒石市長　→00/02

清野 源太郎　せいの・げんたろう　明治45年3月5日～平成16年2月17日　テレビユー山形会長　→03/05

制野 周也　せいの・しゅうや　～平成1年10月6日　川口鉄材会長　→88/90

清野 善兵衛　せいの・ぜんべえ　大正10年2月21日～昭和53年5月18日　気象技術者　→昭和

清野 保　せいの・たもつ　明治38年8月28日～平成1年9月27日　農業土木学者　木曽川水源地域対策基金理事長　→88/90

清野 春彦　せいの・はるひこ　大正12年4月12日～平成18年10月25日　弁護士　新潟水俣病共闘会議長　→06/08

清野 真　せいの・まこと　大正3年7月24日～平成13年1月11日　大蔵省造幣局長，大蔵財務協会理事長　→00/02

清宮 博　せいみや・ひろし　明治41年8月6日～昭和51年4月27日　電気工学者　富士通会長　→昭和

脊尾 主計　せお・かずえ　～昭和57年12月19日　幸福相互銀行元副社長　→80/82

瀬尾 鍛　せお・きたう　～平成22年8月17日　日本精糖専務　→09/11

瀬尾 啓次郎　せお・けいじろう　大正9年3月19日～平成16年3月14日　住友化学工業取締役　→03/05

瀬尾 俊三　せお・しゅんぞう　明治30年4月11日～昭和55年9月17日　雪印乳業社長　→80/82

背尾 直樹　せお・なおき　昭和20年8月11日～平成8年11月30日　東和精機社長　→94/96

瀬尾 春　せお・はる　大正8年3月1日～平成3年7月20日　らどんな（パークラブ）のママ　→91/93

瀬尾 義男　せお・よしお　～昭和25年2月6日　伊丹市長　→昭和

瀬尾 義成　せお・よしなり　大正4年～昭和60年11月1日　九州ユアサ電池販売社長，湯浅電池取締役　→83/87

瀬川 一郎　せがわ・いちろう　～昭和30年4月19日　日本綿花協会専務理事　→昭和

瀬川 和男　せがわ・かずお　大正4年12月15日～平成14年7月1日　京都銀行副頭取　→00/02

瀬川 和平　せがわ・かずひら　大正15年～昭和20年10月2日　農民運動家　→昭和

瀬川 勘治郎　せがわ・かんじろう　～平成10年9月1日　瀬川鉄工所会長　→97/99

瀬川 耕輔　せがわ・こうすけ　明治37年2月26日～昭和61年8月18日　帝国産業専務　→83/87

瀬川 五郎　せがわ・ごろう　～昭和55年9月11日　全国木材チップ工業連合会長　→80/82

瀬川 重英　せがわ・しげひで　昭和2年4月5日～平成13年10月6日　ニコン常務　→00/02

瀬川 清一　せがわ・せいいち　大正3年2月20日～平成1年7月1日　明電舎常務，松村組常務　→88/90

瀬川 経郎　せがわ・つねお　大正2年～平成1年9月6日　造園コンサルタント　岩手県文化財保護審議会委員　→88/90

瀬川 恒雄　せがわ・つねお　明治37年3月28日～昭和63年1月18日　大和証券副社長，大和証券投資信託委託社長　→88/90

瀬川 鶴雄　せがわ・つるお　大正2年～平成19年2月16日　ドサンコ（北海道和種馬）の保存に尽力　→06/08

瀬川 朝秀　せがわ・ともひで　明治31年3月24日～昭和58年8月18日　瀬川書店社長　→83/87

瀬川 章友　せがわ・のりとも　明治12年3月～昭和13年2月22日　陸軍中将　→昭和（せがわ・あきとも）

瀬川 浩　せがわ・ひろし　～平成8年5月3日　(福)小坂ふくし会理事長，秋田県議　→94/96

瀬川 正男　せがわ・まさお　大正1年9月12日～昭和62年1月24日　動力炉核燃料開発事業団相談役　→83/87

瀬川 獣生　せがわ・みちお　～昭和62年7月15日　福博興産取締役相談役　→83/87

瀬川 満　せがわ・みつる　昭和5年11月23日～平成3年1月27日　一吉証券常勤監査役　→91/93

瀬川 美能留　せがわ・みのる　明治39年3月31日～平成3年9月10日　野村証券最高顧問　→91/93

瀬川 八十雄　せがわ・やそお　～昭和52年7月28日　救世軍連立司令官　→昭和

瀬川 洋一　せがわ・よういち　昭和11年4月26日～平成4年4月8日　野崎印刷紙業取締役　→91/93

瀬川 理右エ門　せがわ・りうえもん　大正11年10月7日～平成16年3月25日　岩手県農協五連会長，全国信連会長　会議員，岩手県議（自民党）　→03/05

関 秋吉　せき・あきよし　大正8年12月9日～平成14年4月8日　内外衣料製品常務　→00/02

関 之　せき・いたる　明治36年3月19日～平成13年4月25日　弁護士　中央学院大学名誉教授，最高検総務部長，公安調査庁次長　→00/02

関 右馬允　せき・うまのじょう　明治21年7月23日～昭和48年12月19日　市民運動家　→昭和

関 栄覚　せき・えいかく　～昭和32年2月14日　高野山真言宗元管長　→昭和

関 英策　せき・えいさく　昭和8年6月15日～平成14年9月27日　カシオ電算機常務　→00/02

関 悦子　せき・えつこ　昭和24年～平成5年10月11日　柳田エンカウンター・ソサエティ事務局長　「巣立ちな

さい、この港から―がん患者のダイナミックな子育て」の著者　→91/93

関 一雄　せき・かずお　～平成10年11月28日
名工建設常務　→97/99

関 和虎　せき・かずとら　昭和2年7月31日～平成5年2月18日　福岡県議（農政連）　→91/93

関 勝夫　せき・かつお　大正3年～平成14年12月29日
阿南町長　→03/05s

関 勝而　せき・かつじ　～平成21年11月18日
建通新聞社会長　→09/11

関 キタ　せき・きた　～平成22年5月13日
滝川創業者　→09/11

関 潔　せき・きよし　～昭和45年8月9日
横河電機取締役　→昭和

関 清　せき・きよし　昭和57年2月14日
大和証券投資信託販売専務, 元大和証券取締役　→80/82

関 清英　せき・きよひで　嘉永4年5月7日～昭和2年1月22日　警視総監, 貴院議員（勅選）　→昭和

関 桂三　せき・けいぞう　明治17年1月3日～昭和38年5月2日　実業家, 俳人　東洋紡績会長　→昭和

関 げん　せき・げん　～昭和7年3月2日
大阪市長関一博士夫人　→昭和

関 厚二　せき・こうじ　大正2年9月5日～平成13年3月8日　東洋ゴム工業常務　→00/02

関 宏次　せき・こうじ　昭和11年2月20日～平成10年3月29日　日本酸素（株）技術最高主幹・元取締役　→97/99

関 志基三郎　せき・しきさぶろう　～平成2年8月8日
長樹園・長丘オレンジゴルフセンター会長　→88/90

関 重夫　せき・しげお　～平成6年11月11日
釧路地家裁所長　→94/96

関 重光　せき・しげみつ　～昭和12年11月9日
海軍機関少将　→昭和

関 順一　せき・じゅんいち　～平成11年10月13日
東急観光バス常務　→97/99

瀬木 純治　せぎ・じゅんじ　大正15年8月9日～昭和63年3月1日　白鶴酒造監査役　→88/90

関 尚道　せき・しょうどう　大正2年9月3日～平成1年7月30日　僧侶　平井聖天燈明寺貫主, 総本山根来寺座主　→88/90

関 四郎　せき・しろう　明治42年3月29日～平成2年12月12日　明電舎社長, 国鉄常務理事　→88/90

関 治良吉　せき・じろきち　明治39年10月21日～昭和56年5月25日　九州電気産業会長, 酢屋商会社長　→80/82

関 真治　せき・しんじ　大正9年7月30日～平成19年12月4日　三菱自動車副社長, 日本自動車エンジニアリング会　→06/08

関 仁太郎　せき・じんたろう　～平成8年6月29日
常陽銀行常務　→94/96

関 進　せき・すすむ　大正5年8月31日～平成19年10月10日　三菱信託銀行専務　→06/08

関 成一　せき・せいいち　大正5年4月14日～平成14年4月5日　経団連専務理事　→00/02

関 大徹　せき・だいてつ　明治36年～昭和60年8月7日
僧侶　曹洞宗大本山永平寺顧問, 報恩寺住職　→83/87

関 高子　せき・たかこ　～平成2年10月16日
新日本婦人の会代表委員　→88/90

関 孝友　せき・たかとも　明治44年1月20日～平成5年8月24日　早潮金属会長　→91/93

関 威雄　せき・たけお　～昭和30年1月20日
高田市長　～昭和

関 武夫　せき・たけお　～昭和63年11月14日
三井生命保険監査役　→88/90

関 武彦　せき・たけひこ　大正15年3月8日～平成4年12月24日　バンドー化学常勤監査役　→91/93

関 忠夫　せき・ただお　大正8年6月7日～平成21年10月30日　北越社長　→09/11

関 忠与　せき・ただよ　～昭和63年2月19日
杉並区議・元区会議長　→88/90

関 種雄　せき・たねお　～昭和59年12月28日
釣鐘工業社長　→83/87

関 暢四　せき・ちょうし　大正8年6月6日～平成10年2月7日　住友精密工業社長　→97/99

関 恒昌　せき・つねまさ　～平成16年5月15日
全労災北海道本部理事長, 全道労協事務局長　→03/05

関 毅　せき・つよし　～昭和14年11月3日
東京湾埋立専務取締役　→昭和

関 哲夫　せき・てつお　昭和8年2月18日～平成19年4月8日　弁護士　日本大学教授　→06/08

関 哲雄　せき・てつお　～昭和62年6月7日
新聞通信社取締役製作担当　→83/87

関 鉄吉　せき・てつきち　～平成9年3月9日
セキサーマル会長　→97/99

関 藤栄　せき・とうえい　～昭和55年2月15日
新潟総合テレビ副社長　→80/82

関 亨　せき・とおる　明治43年7月10日～平成4年6月1日　和歌山放送取締役相談役　→91/93

関 利栄　せき・としえい　昭和2年1月10日～平成23年1月25日　見附市長　→09/11

関 淑子　せき・としこ　明治41年9月10日～昭和10年1月27日　社会運動家　→昭和

関 利正　せき・としまさ　大正12年9月28日～平成5年7月24日　日本電子取締役　→91/93

関 利行　せき・としゆき　昭和3年4月12日～平成15年12月17日　愛知労働金庫理事長　→03/05

関 外余男　せき・とよお　～平成12年11月8日
埼玉県知事　→00/02

関 豊輔　せき・とよすけ　〜平成4年1月22日
　豊和製陶社長、とこなめ焼卸団地協同組合理事長　→91/93
関 直彦　せき・なおひこ　安政4年7月16日〜昭和9年4月21日　政治家、翻訳家　貴院議員（勅選）、衆院副議長　→昭和
関 昇　せき・のぼる　〜昭和43年12月10日
　芝浦シャリング代表　→昭和（関 昇 せき・しゅん）
積 治立　せき・はるたつ　昭和2年1月4日〜平成11年1月18日　高知市助役、高知市議、新進建設副社長　→97/99
関 晴正　せき・はれまさ　大正12年11月26日〜平成20年10月25日　衆院議員（社会党）　→06/08
関 英俊　せき・ひでとし　昭和16年12月15日〜平成9年8月27日　地産トーカン常務、ホテル石井社長、チサンホテルシステム社長　→97/99
関 英則　せき・ひでのり　昭和9年8月26日〜平成4年11月17日　鈴木金属工業取締役　→91/93
関 兵馬　せき・ひょうま　明治43年1月5日〜平成3年3月2日　関兵精麦社長、関兵石油社長　→91/93
関 博雄　せき・ひろお　大正12年4月3日12日〜平成2年11月4日　王子製紙顧問・元副社長、王子コーンスターチ社長　→88/90
関 弘　せき・ひろし　大正9年7月6日〜平成23年5月25日　東亜建設工業副社長　→09/11
瀬木 博俊　せき・ひろとし　〜昭和6年5月4日
　東京博報堂副社長　→昭和
瀬木 博尚　せき・ひろなお　嘉永5年10月6日〜昭和14年1月22日　実業家　博報堂創業者　→昭和
瀬木 博信　せき・ひろのぶ　明治35年11月3日〜昭和46年11月10日　実業家　博報堂社長　→昭和
瀬木 博政　せき・ひろまさ　明治37年3月30日〜平成14年9月18日　博報堂名誉会長　→00/02
瀬木 博基　せき・ひろもと　昭和11年1月2日〜平成13年9月3日　駐イタリア大使　→00/02
関 法善　せき・ほうぜん　〜平成3年7月20日
　僧侶　西本願寺北米開教区開教使　→91/93
関 牧翁　せき・ぼくおう　明治36年4月15日〜平成3年2月13日　臨済宗天竜寺派管長　→91/93
関 真　せき・まこと　昭和4年12月6日〜平成17年11月29日　日高市長　→03/05
関 雅夫　せき・まさお　大正2年10月9日〜昭和62年5月20日　三洋証券顧問、三洋投資委託社長　→83/87
関 雅雄　せき・まさお　〜昭和46年3月16日
　沖電気工業専務　→昭和
関 昌夫　せき・まさお　昭和9年4月1日〜平成9年2月11日　常滑信用組合理事長、全国信用組合中央協会副会長　→97/99
関 政夫　せき・まさお　大正3年1月5日〜昭和58年2月14日　日本水産専務、北洋水産社長　→83/87
関 正和　せき・まさかず　昭和23年2月3日〜平成7年1月14日　建設省河川環境対策室長　→94/96

関 正献　せき・まさたけ　大正10年7月4日〜平成6年1月15日　三井鉱山監査役、東京都労働委員会委員　→94/96
関 正彦　せき・まさひこ　大正4年12月17日〜平成23年12月14日　三井銀行社長　→09/11
関 守　せき・まもる　〜昭和62年10月7日
　関建具製作所相談役　→83/87
関 満男　せき・みつお　昭和10年4月23日〜平成9年11月17日　国民銀行常勤顧問・元常務　→97/99
関 実　せき・みのる　昭和4年9月28日〜平成3年10月21日　日栄証券常務　→91/93
関 明治　せき・めいじ　〜昭和62年1月20日
　関工務店会長　→83/87
関 元治　せき・もとじ　大正1年11月2日〜昭和59年4月3日　東京メタリコン社長、京六工業協同組合理事長、日本防錆技術協会理事　→83/87
関 守三郎　せき・もりさぶろう　明治41年7月20日〜成2年8月7日　駐メキシコ大使　→88/90
関 靖郎　せき・やすお　大正14年3月26日〜昭和62年6月　第三相互銀行専務　→83/87
関 祐吉　せき・ゆうきち　明治44年5月9日〜平成11年5月19日　大木建設社長　→97/99
関 雄峰　せき・ゆうほう　明治33年4月15日〜昭和57年4月12日　僧侶　臨済宗永源寺派本山永源寺管長　→80/82
関 行男　せき・ゆきお　大正10年8月29日〜昭和19年10月25日　海軍中佐　海軍神風特別攻撃隊敷島隊指揮官　→昭和
瀬木 庸介　せき・ようすけ　昭和5年5月10日〜平成11年3月1日　白光真宏会理事長、博報堂社長　→97/99
関 吉明　せき・よしあき　昭和4年〜平成19年5月17日
　日本カーボン常務　→06/08
関 好美　せき・よしとみ　明治41年6月19日〜平成8年3月7日　明治生命保険会長　→94/96
関 義長　せき・よしなが　明治25年6月20日〜昭和45年7月12日　実業家　三菱電機社長　→昭和
関 頼次　せき・よりつぐ　明治45年6月29日〜昭和56年7月6日　ミロク製作所社長　→80/82
関 良一　せき・りょういち　〜昭和42年10月24日
　住金物産会長、住友軽金属副会長　→昭和
関 良三　せき・りょうぞう　昭和7年3月17日〜平成22年10月14日　横浜ゴム常務　→09/11
関 礼二　せき・れいじ　昭和10年3月1日〜昭和58年12月20日　森永エンジニアリング社長　→83/87
関合 治美　せきあい・はるよし　大正6年5月13日〜平成7年5月1日　日比谷総合設備専務　→94/96
関井 金五郎　せきい・きんごろう　大正9年3月28日〜平成17年4月16日　弁護士　日弁連副会長、埼玉弁護士会長　→03/05
関内 正一　せきうち・しょういち　明治30年3月〜昭和37年4月26日　衆院議員（自由党）　→昭和
関岡 喜六　せきおか・きろく　〜昭和55年5月2日

日立クレジット相談役・元社長　→80/82

関岡　賢一　せきおか・けんいち　〜昭和57年5月1日
荒川区長心得、曹洞宗竜沢寺住職　→80/82

関川　勝三郎　せきがわ・かつさぶろう　〜昭和46年4月9日　群馬県議会議長　→昭和

関川　進　せきかわ・すすむ　大正4年11月20日〜平成3年5月28日　中国新聞社顧問　→91/93

関川　常雄　せきがわ・つねお　大正11年10月14日〜平成11年7月4日　日本鋼管副社長　→97/99

関川　常与　せきかわ・つねとも　明治38年12月24日〜昭和63年4月12日　京極運輸商事常務　→88/90

関川　信夫　せきかわ・のぶお　大正9年1月2日〜昭和63年6月24日　駐ミュンヘン総領事　→88/90

関川　泰男　せきかわ・やすお　大正12年11月20日〜平成1年10月30日　山下新汽船（のちナビックスライン）常務、山新運輸社長　→88/90

関口　一郎　せきぐち・いちろう　大正7年3月10日〜平成1年10月20日　佐藤工業常務、佐藤道路監査役　→88/90

関口　英二　せきぐち・えいじ　明治29年〜昭和56年3月23日　航空機設計家　→80/82

関口　和　せきぐち・かのよ　〜平成20年1月13日　原水爆禁止日本国民会議事務局長　→06/08

関口　甲子男　せきぐち・きねお　〜昭和61年7月6日　佐久市議　→83/87

関口　清　せきぐち・きよし　昭和2年4月21日〜平成17年7月19日　ユアサコーポレーション会長　→03/05

関口　功次　せきぐち・こうじ　昭和2年10月14日〜平成10年5月12日　静岡朝日テレビ常務　→97/99

関口　コト　せきぐち・こと　〜平成2年3月17日　旧谷中村強制破壊最後の生き証人　→88/90

関口　五郎　せきぐち・ごろう　大正9年6月16日〜昭和2年11月11日　日本化学産業社長　→88/90

関口　三郎　せきぐち・さぶろう　〜平成3年5月16日　三菱レイノルズアルミニウム（のち三菱アルミニウム）取締役　→91/93

関口　三郎　せきぐち・さぶろう　大正2年5月1日〜平成6年2月2日　ニコン常務　→94/96

関口　三郎　せきぐち・さぶろう　大正4年6月7日〜昭和8年1月3日　日本石油取締役、東京鋪道社長　→94/96

関口　三四郎　せきぐち・さんしろう　〜昭和55年2月9日　全国計理士会連合会理事　→80/82

関口　志行　せきぐち・しこう　明治15年5月9日〜昭和33年12月21日　政治家、俳人　衆院議員（民政党）、前橋市長　→昭和

関口　慈為　せきぐち・じしん　明治22年11月24日　日光輪王寺前門跡　→昭和

関口　寿一　せきぐち・じゅいち　明治42年3月25日〜平成4年3月13日　神戸新聞社常務　→91/93

関口　次郎　せきぐち・じろう　明治42年10月21日〜

57年5月27日　北海道新聞常務　→80/82

関口　晴也　せきぐち・せいや　昭和7年10月21日〜平成5年6月28日　協同広告社社長　→91/93

関口　善次郎　せきぐち・ぜんじろう　明治42年5月26日〜昭和58年5月9日　宮田工業監査役　→83/87

関口　素臣　せきぐち・そしん　〜平成2年5月9日　葛飾区会議長　→88/90

関口　大吉郎　せきぐち・だいきちろう　大正14年11月10日〜平成18年12月16日　滋賀県議（自民党）　→06/08

関口　高次　せきぐち・たかじ　久久3年12月〜昭和9年6月8日　実業家　→昭和

関口　武士　せきぐち・たけし　大正11年3月25日〜平成9年5月2日　中央信託銀行社長　→97/99

関口　務　せきぐち・つとむ　大正11年1月26日〜平成14年10月16日　関口富美雄商店会長　→00/02

関口　鉄四郎　せきぐち・てつしろう　〜平成6年3月26日　千葉県議、千倉町長　→94/96

関口　トミノ　せきぐち・とみの　明治38年10月5日〜平成11年11月21日　仏所護念会教団会長　→88/90

関口　尚哉　せきぐち・なおや　大正14年4月12日〜平成14年4月5日　太平洋銀行会長、大蔵省官房審議官　→03/05

関口　直義　せきぐち・なおよし　大正5年3月2日〜平成8年2月14日　リケン副社長　→94/96

関口　八太郎　せきぐち・はちたろう　〜昭和61年12月16日　陸将　陸上自衛隊西部方面総監　→83/87

関口　八郎　せきぐち・はちろう　〜平成5年5月20日　日本蚕繊維工業会長　→91/93

関口　久美　せきぐち・ひさよし　大正11年7月14日〜平成13年10月19日　神官　姫路工業大学名誉教授　→00/02

関口　秀雄　せきぐち・ひでお　〜昭和59年8月20日　全国農業協同組合連合会副会長、全国販売農業協同組合連合会長　→83/87

関口　冨美雄　せきぐち・ふみお　〜昭和63年1月9日　関口冨美雄商店会長　→88/90

関口　文雄　せきぐち・ふみお　大正8年〜昭和61年10月22日　東洋通信機取締役　→83/87

関口　孫六郎　せきぐち・まごろくろう　〜昭和50年1月28日　鐘紡副社長　→昭和

関口　雅臣　せきぐち・まさおみ　昭和9年12月12日〜昭和60年12月20日　水産庁漁港部計画課長　→83/87

関口　実　せきぐち・みのる　大正12年10月12日〜平成4年11月20日　エフエム群馬社長　→88/90

関口　弥一　せきぐち・やいち　明治32年8月19日〜昭和1年1月20日　(株)関口組取締役会長、富山県議　→88/90

関口　康史　せきぐち・やすふみ　昭和16年1月18日〜平成5年10月23日　松屋常務　→91/93

関口　祐弘　せきぐち・ゆうこう　昭和14年2月12日〜平成17年2月9日　警察庁長官　→03/05

関口　良夫　せきぐち・よしお　大正15年8月22日〜平成23年3月17日　第一屋製パン常務　→09/11

関口　由三　せきぐち・よしぞう　〜昭和57年7月18日
警視庁南千住署長　「下山事件」発生時の警視庁捜査一課の担当主任　→80/82

関口　義久　せきぐち・よしひさ　〜平成11年8月26日
東北ネヂ製造会長　→97/99

関口　理郎　せきぐち・りろう　大正15年6月25日〜平成14年6月10日　気象庁気象研究所長　→00/02

関口　林三郎　せきぐち・りんざぶろう　〜昭和48年6月26日　群馬県公安委員長　→昭和

関口　六二　せきぐち・ろくじ　明治41年4月10日〜平成4年4月22日　日本食肉加工協会副理事長、高崎ハム会長　→91/93

関沢　修　せきざわ・おさむ　〜昭和58年8月30日
国鉄本社事業局参事、あどめでいあ・せんたー(株)企画部長　→83/87

関沢　乙吉　せきざわ・おときち　〜平成5年3月30日
日本緬羊協会会長　→91/93

関沢　元弘　せきざわ・もとひろ　大正7年11月9日〜平成10年8月21日　警察庁近畿管区警察局長、山形県警本部長　→97/99

釈氏　弥一郎　せきし・やいちろう　大正5年1月11日〜昭和63年3月3日　全日本海員組合副組合長、兵軍同盟会長　→88/90

関塚　正平　せきずか・しょうへい　明治39年3月22日〜昭和56年10月14日　全国納税貯蓄組合連合会副会長、多摩中央信用金庫会長　→80/82

関田　駒吉　せきだ・こまきち　明治8年1月3日〜昭和14年11月5日　海軍少将、郷土史家　→昭和（せきた・こまきち）

関田　伸男　せきた・のぶお　〜昭和61年2月10日
社会党北海道本部顧問、北洋木材工業会長　→83/87

関田　範雄　せきた・のりお　〜昭和57年11月19日
毎日新聞記者、中国に日本語教材を送る会理事　→80/82

関田　斎　せきた・ひとし　〜昭和60年2月22日
チェスコム秘書センター副社長　→83/87

関田　政雄　せきた・まさお　〜昭和63年5月1日
弁護士　日本弁護士連合会公害対策委員長　→88/90

世歌多　利吉　せきた・りきち　〜昭和45年10月3日
電機労連書記長　→昭和

関出　良平　せきた・りょうへい　明治45年7月3日〜昭和61年4月25日　ミヨシ油脂常務取締役　→83/87

関谷　順次　せきたに・じゅんじ　昭和9年6月6日〜平成6年9月24日　丸久専務　→94/96

関戸　新一　せきど・しんいち　大正8年1月1日〜平成8年11月23日　松竹専務　→94/96

関戸　寿夫　せきど・としお　大正14年10月10日〜昭和61年11月9日　川鉄鋼管監査役・元専務　→83/87

関戸　又勝　せきど・またかつ　〜平成5年6月13日
関戸恒産社長　→91/93

関戸　佳基　せきど・よしもと　〜平成20年5月27日
千年殖産社長、関戸家13代目当主　→06/08

関根　巌　せきね・いわお　明治42年1月17日〜平成11年8月12日　日本製粉常務　→97/99

関根　巌重　せきね・いわしげ　大正8年3月25日〜平成21年2月7日　日本勧業角丸証券社長　→09/11

関根　久蔵　せきね・きゅうぞう　明治27年12月20日〜昭和44年3月29日　参院議員(自民党)　→昭和

関根　小郷　せきね・こさと　明治38年12月3日〜平成5年9月30日　弁護士　最高裁判事　→91/93

関根　サヨ　せきね・さよ　〜昭和58年4月3日
北海道遺族会婦人部長　→83/87

関根　薫三郎　せきね・しげさぶろう　明治44年11月25日〜昭和61年8月17日　関根床用鋼板会長　→83/87

関根　昭二　せきね・しょうじ　昭和2年1月10日〜平成16年11月20日　嵐山町(埼玉県)町長　→03/05

関根　仁応　せきね・じんおう　〜昭和18年9月17日
東本願寺宗務顧問　→昭和

関根　新太郎　せきね・しんたろう　〜昭和61年1月14日
関根鋼材社長　→83/87

関根　仁平　せきね・じんぺい　明治42年1月15日〜平成7年5月19日　浦和土建工業会長　→94/96

関根　進　せきね・すすむ　大正3年4月3日〜平成18年9月1日　サッポロビール常務　→06/08

関根　静一郎　せきね・せいいちろう　明治36年1月6日〜昭和62年11月11日　大和銀行監査役、敷島印刷社長　→83/87

関根　誠二郎　せきね・せいじろう　昭和23年10月20日〜平成22年8月17日　日本郵政副社長、キヤノン取締役　→09/11

関根　善作　せきね・ぜんさく　〜昭和44年7月13日
三菱銀行副頭取　→昭和

関根　達浩　せきね・たつひろ　昭和9年5月18日〜平成8年9月15日　イトーヨーカ堂専務　→94/96

関根　太郎　せきね・たろう　明治42年7月19日〜平成4年8月23日　足利銀行社長　→91/93

関根　長三郎　せきね・ちょうざぶろう　大正7年8月25日〜平成12年9月9日　よみうりランド会長、日本テレビ取締役　→00/02

関根　豊作　せきね・とよさく　〜昭和7年10月6日
箱根丸船長　→昭和

関根　直幹　せきね・なおみき　大正15年1月1日〜平成13年7月15日　新日本セシオ社長　→00/02

関根　秀雄　せきね・ひでお　〜昭和62年10月3日
東京国税不服審判所次席国税審判官　→83/87

関根　潤行　せきね・ひろゆき　〜平成8年5月7日　YKK常務　→94/96

関根　二夫　せきね・ふたお　〜平成23年4月5日
津軽海峡フェリー社長　→09/11

I 政治・経済・社会篇　　　　　　　　　　　　　　　　　　　　　　　せきや

関根 正喜　せきね・まさき　昭和12年1月4日～平成23年11月26日　群馬県教育長　→09/11

関根 政司　せきね・まさじ　昭和11年11月17日～平成22年8月2日　三菱倉庫常務　→09/11

関根 政巳　せきね・まさみ　明治38年7月15日～昭和57年4月25日　群馬テレビ社長　→80/82

関根 学　せきね・まなぶ　大正12年10月26日～平成11年5月22日　松尾橋梁常務　→97/99

関根 通仲　せきね・みちなか　～平成8年1月24日　全国公平委員会連合会長　→94/96

関根 実　せきね・みのる　～昭和57年12月8日　港区議会議員　→80/82

関根 茂章　せきね・もしょう　大正14年9月8日～平成20年11月11日　嵐山町(埼玉県)町長　→06/08

関根 弥一郎　せきね・やいちろう　大正2年4月24日～平成6年8月29日　朝日新聞取締役　→94/96

関根 勇吉　せきね・ゆうきち　大正5年1月16日～昭和59年7月9日　三井鉱山常任監査役、日本スイス協会副会長、日米協会評議員　→83/87

関根 雄次　せきね・ゆうじ　明治33年8月8日～平成1年7月22日　東京銀行常務　→88/90

関根 義夫　せきね・よしお　大正12年1月1日～平成2年1月8日　徳力本店社長　→88/90

関根 龍雄　せきね・りゅうおう　～平成10年8月3日　僧侶　広島県文化財保護審議会委員　→97/99

関野 喜三　せきの・きぞう　昭和5年8月22日～昭和63年10月26日　トーヨーサッシ取締役　→88/90

関野 孝之助　せきの・こうのすけ　～昭和62年9月24日　関野不動産代表　→83/87

関野 昭治　せきの・しょうじ　昭和2年11月28日～平成12年8月10日　弁護士　オービック監査役、東京高検ált察事　→00/02

関野 忠義　せきの・ただよし　～平成13年1月30日　神奈川県議、藤沢市議　→00/02

関野 利夫　せきの・としお　昭和8年4月1日～平成4年11月14日　ナイガイ監査役　→91/93

関野 浩　せきの・ひろし　昭和21年8月5日～平成21年1月11日　日本経済新聞営業推進本部副本部長、日本経済社常務　→09/11

関野 靖武　せきの・やすたけ　～平成5年10月21日　東北新社副社長　→91/93

関野 行雄　せきの・ゆきお　～平成6年5月1日　日米会長　→94/96

関野 善之　せきの・よしゆき　～昭和57年10月15日　神奈川県足柄上郡中井町長　→80/82

関場 大資　せきば・だいすけ　昭和8年4月13日～平成4年10月15日　浦和地検検事正　→97/99

関原 孝治　せきはら・こうじ　大正5年2月5日～昭和61年7月22日　アンリツ常務　→83/87

関原 忠三　せきはら・ちゅうぞう　～昭和16年7月4日　産組中央金庫副理事長　→昭和

関原 久門　せきはら・ひさと　大正3年5月27日～平成12年1月1日　日新製糖専務　→00/02

関村 秋平　せきむら・あきへい　～昭和63年7月30日　松坂屋常務　→88/90

関本 篤　せきもと・あつし　明治43年1月2日～平成8年1月29日　大正海上火災保険(のち三井海上火災保険)常務　→94/96

関本 義一　せきもと・ぎいち　～昭和44年8月27日　東興社会長　→昭和

関本 桂三　せきもと・けいぞう　昭和7年9月19日～平成10年1月16日　伏見信用金庫(のち京都みやこ信用金庫)専務理事　→97/99

関本 純三　せきもと・じゅんぞう　～平成1年10月15日　関本常務　→88/90

関本 善三　せきもと・ぜんぞう　～昭和63年8月3日　ナチ精工社長　→88/90

関本 忠弘　せきもと・ただひろ　大正15年11月14日～平成19年11月11日　実業家　日本電気社長、国際社会経済研究所理事長　→06/08

関本 徳蔵　せきもと・とくぞう　明治35年3月22日～平成6年4月17日　東都水産社長　→94/96

関本 英夫　せきもと・ひでお　昭和17年3月14日～平成4年6月29日　文化シャッター社長　→91/93

関本 英勇　せきもと・ひでお　大正11年2月4日～平成1年6月24日　富岡町(福島県)町長　→88/90

関本 喜明　せきもと・よしあき　昭和2年8月12日～昭和57年7月23日　東興社社長　→80/82

関盛 吉雄　せきもり・よしお　～昭和51年12月31日　下水道事業団理事長　→昭和

関屋 綾子　せきや・あやこ　大正4年9月12日～平成14年10月13日　平和運動家　日本YWCA会長　→00/02

関谷 勝次　せきや・かつじ　～昭和60年12月19日　岐阜流通センター協同組合連合会専務理事　→83/87

関谷 勝利　せきや・かつとし　明治37年10月20日～昭和62年7月6日　衆院議員(自民党)　→83/87

関屋 庫二　せきや・くらじ　明治31年1月14日～平成2年12月31日　明和証券社長　→88/90

関屋 憲一　せきや・けんいち　～昭和61年10月10日　明治製菓取締役　→83/87

関谷 源吾　せきや・げんご　明治33年6月22日～昭和60年12月12日　東濃信用金庫会長　→83/87

関谷 幸吉　せきや・こうきち　～昭和60年12月14日　関谷理化硝子器械会長　→83/87

関谷 幸三　せきや・こうぞう　昭和11年10月11日～平成8年5月2日　東濃信用金庫理事長　→94/96

関谷 二郎　せきや・じろう　大正10年10月11日～平成6年5月11日　関谷機工会長　→94/96

「現代物故者事典」総索引（昭和元年～平成23年）　　　687

関谷 節郎　せきや・せつろう　昭和5年4月5日〜平成22年3月4日　トヨタ自動車専務、アラコ社長　→09/11

関谷 宗一　せきや・そういち　〜平成11年4月28日　白石市長、仙南信用金庫会長　→97/99

関谷 高雄　せきや・たかお　大正15年1月27日〜平成19年2月9日　長野県議（県政会）　→06/08

関屋 忠男　せきや・ただお　〜平成10年10月13日　住宅金融公庫理事　→97/99

関谷 辰夫　せきや・たつお　大正13年3月26日〜平成18年4月14日　十六銀行専務　→06/08

関屋 貞三郎　せきや・ていざぶろう　明治8年5月4日〜昭和25年6月10日　内務官僚、政治家　貴院議員（勅選）、宮内次官　→昭和

関矢 留作　せきや・とめさく　明治38年5月2日〜昭和11年5月15日　農民運動家　→昭和

関矢 尚一　せきや・なおいち　〜昭和44年7月5日　全国青果物卸売会長　→昭和

関屋 延雄　せきや・のぶお　大正15年〜平成14年9月24日　山之内製薬常務　→00/02

関谷 信夫　せきや・のぶお　大正2年5月27日〜平成13年5月26日　弁護士　関谷法律事務所代表、日弁連副会長　→00/02

関矢 延夫　せきや・のぶお　昭和10年2月14日〜平成13年12月30日　藍沢証券常務　→00/02

関谷 斗　せきや・はかる　明治40年1月16日〜平成4年2月27日　東洋高圧工業（のち三井東圧化学）常務　→91/93

関谷 明正　せきや・はるまさ　大正13年7月30日〜平成3年9月11日　日鉄商事常務　→91/93

関家 博　せきや・ひろし　明治23年11月16日〜昭和23年3月15日　労働運動家　→昭和

関屋 正彦　せきや・まさひこ　明治37年11月13日〜平成6年8月27日　日本聖公会司祭、立教英米学院校長、普連土学園校長　→94/96

関谷 正義　せきや・まさよし　〜昭和60年5月3日　丸三証券常務　→83/87

関屋 道郎　せきや・みちろう　昭和21年1月30日〜平成16年2月6日　アイネット副社長　→03/05

関家 三男　せきや・みつお　明治42年4月1日〜平成1年12月7日　ディスコ名誉会長　→88/90

関谷 勇三　せきや・ゆうぞう　明治45年3月11日〜平成7年12月9日　岐セン会長　→94/96

関谷 由忠　せきや・よしただ　〜平成22年11月13日　在ブラジル愛媛県人会会長　→09/11

関屋 竜吉　せきや・りゅうきち　明治19年7月2日〜昭和51年11月5日　教育行政家　→昭和

関角 連三　せきや・れんぞう　明治11年7月〜昭和6年8月10日　陸軍中将　→昭和

関山 義人　せきやま・ぎじん　明治43年1月19日〜平成8年3月2日　興論社名誉社主、奥州大学（のち富士大学）学長　→94/96

関山 道雄　せきやま・みちお　昭和5年10月25日〜平成10年1月21日　QUICK常務　→97/99

瀬口 武士　せぐち・たけし　昭和3年7月31日〜平成2年2月7日　大林組取締役　→88/90

瀬口 武文　せぐち・たけふみ　大正15年6月15日〜平成9年11月17日　瀬口電設社長　→97/99

瀬口 美章　せぐち・よしあき　〜昭和60年10月23日　片倉工業監査役　→83/87

瀬古 一郎　せこ・いちろう　大正2年2月6日〜平成6年9月7日　瀬古工業会長　→94/96

瀬古 新助　せこ・しんすけ　明治40年3月10日〜平成2年10月15日　中央開発会長、全国地質調査業厚生年金基金理事長、日本大学工学部教授　→88/90

世古 真臣　せこ・まおみ　大正15年1月8日〜平成17年11月11日　旭化成工業社長　→03/05

瀬古 保次　せこ・やすじ　明治20年8月〜昭和39年6月9日　貴院議員（勅選）　→昭和

背古 芳男　せこ・よしお　大正13年4月2日〜平成2年11月14日　太地町（和歌山県）町長　→88/90

世耕 弘一　せこう・こういち　明治26年3月30日〜昭和40年4月27日　政治家、学校経営者　衆議院議員（自民党）、経済企画庁長官、近畿大学総長・理事長　→昭和

世耕 政隆　せこう・まさたか　大正12年1月6日〜平成10年9月25日　参院議員（自民党）、自治相、近畿大学総長　→97/99

瀬越 喜作　せごし・きさく　〜昭和55年3月21日　シルバー精工相談役　→80/82

瀬崎 博義　せざき・ひろよし　昭和2年3月28日〜平成12年12月2日　衆議院議員（共産党）　→00/02

瀬島 基太郎　せじま・もとたろう　大正12年1月29日〜平成2年1月18日　塩野義製薬取締役　→88/90

瀬島 龍三　せじま・りゅうぞう　明治44年12月9日〜平成19年9月4日　陸軍中佐　伊藤忠商事会長、大本営参謀　→06/08

瀬下 英治　せじも・えいじ　明治37年11月11日〜昭和60年11月6日　三井物産常務、三井アルミナ製造社長　→83/87

瀬下 和男　せしも・かずお　大正9年12月8日〜平成18年12月20日　兼松常務　→06/08

瀬下 清　せじも・きよし　明治7年〜昭和13年9月24日　三菱銀行会長　→昭和（せした・きよし）

瀬下 駿太郎　せしも・しゅんたろう　大正3年7月10日〜平成6年11月9日　台糖ファイザー（のちファイザー製薬）常務　→94/96

瀬社家 力　せしゃけ・つとむ　明治36年7月15日〜昭和60年8月6日　日本ピストンリング社長　→83/87

瀬角 憲一　せすみ・けんいち　昭和11年9月25日〜平成15年9月30日　ダイハツディーゼル常務　→03/05

瀬田 敦之　せた・あつゆき　大正12年3月3日〜平成21年2月24日　アンリツ常務　→09/11

瀬田 稲生　せた・いねお　～昭和55年9月2日　三菱造船専務　→80/82

瀬津 巌　せつ・いわお　昭和12年3月2日～平成12年7月17日　瀬津雅陶堂社長　→00/02

説田 長彦　せつだ・おさひこ　大正9年3月30日～平成19年12月3日　シェル石油専務　→06/08

瀬戸 明　せと・あきら　大正11年5月28日～平成3年8月25日　日本精鉱社長　→91/93

瀬戸 勇　せと・いさむ　昭和6年7月8日～昭和62年8月28日　金沢市議　→83/87

瀬戸 亀男　せと・かめお　昭和11年2月6日～平成19年9月4日　篠山市長　→06/08

瀬戸 孝一　せと・こういち　大正8年6月25日～平成1年5月13日　福島県議（自民党）　→88/90

瀬戸 孝一　せと・こういち　大正12年8月22日～平成22年2月8日　オーエム製作所社長　→09/11

瀬戸 丈水　せと・じょうすい　昭和3年4月5日～平成4年4月23日　九州朝日放送専務　→91/93

瀬戸 新太郎　せと・しんたろう　明治44年5月1日～平成7年8月18日　（財）社会福祉振興・試験センター副会長、厚生省社会局施設課長　→94/96

瀬戸 尚　せと・たかし　明治40年4月22日～平成3年5月30日　唐津市長　→91/93

瀬戸 武　せと・たけし　昭和5年4月3日～平成14年6月8日　新神戸電機専務、日立化成工業取締役　→00/02

瀬戸 武治　せと・たけじ　大正15年1月5日～平成23年7月31日　サノヤス・ヒシノ明昌副社長　→09/11

瀬戸 翼　せと・たすく　～昭和41年3月27日　豊中市長　→昭和

瀬戸 忠信　せと・ただのぶ　大正11年7月18日～平成23年7月2日　日本ヴォーグ社創業者　→09/11

瀬戸 常蔵　せと・つねぞう　大正12年12月21日～昭和62年4月24日　北海道機船連会長、全国底曳漁連副会長、稚内商工会議所会頭　→83/87

勢渡 逞男　せと・としお　～平成4年3月7日　津別町（北海道）町長、北海道警北見警察署長　→91/93

瀬戸 利勝　せと・としかつ　昭和17年1月11日～平成19年7月8日　カルソニックカンセイ副社長　→06/08

瀬戸 直一　せと・なおいち　明治32年4月6日～平成2年2月16日　大和紡績相談役　→88/90

瀬戸 弥三次　せと・やそじ　明治29年～昭和59年1月8日　理研製油代表取締役、明大名誉教授、和光大名誉教授　→83/87

勢藤 源一郎　せとう・げんいちろう　大正10年10月7日～平成16年12月15日　福光信用金庫理事長　→03/05

勢藤 修三　せとう・しゅうぞう　～昭和60年6月2日　オリエンタルランド総務部長、毎日新聞政治部記者　→83/87

瀬藤 俊雄　せとう・としお　大正10年1月29日～平成8年5月12日　三菱重工業取締役、キャタピラー三菱（のち新キャタピラー三菱）常務　→94/96

瀬戸口 又　せとぐち・たすく　明治28年6月14日～昭和58年2月6日　日産生命保険相互会社社長　→83/87

瀬戸口 虎吉　せとぐち・とらきち　～昭和59年1月7日　垂水市議会議長　→83/87

瀬戸口 正昭　せとぐち・まさあき　昭和2年6月2日～平成10年4月15日　名古屋テレビ放送社長　→97/99

瀬戸口 龍治　せとぐち・りゅうじ　明治33年1月6日～昭和58年5月15日　森永製菓参与　→83/87

瀬戸山 孝一　せとやま・こういち　大正7年11月20日～平成22年11月1日　大蔵省印刷局長　→09/11

瀬戸山 三男　せとやま・みつお　明治37年1月7日～平成9年6月23日　衆院議員（自民党）、文相　→97/99

瀬長 亀次郎　せなが・かめじろう　明治40年6月10日～平成13年10月5日　政治家　日本共産党名誉幹部会委員、衆院議員　→00/02

瀬長 浩　せなが・ひろし　大正11年5月6日～平成9年10月21日　沖縄銀行会長、琉球政府副主席　→97/99

銭高 作太郎　ぜにたか・さくたろう　～昭和13年12月11日　銭高組社長　→昭和（ぜにだか・さくたろう）

銭高 善造　ぜにたか・ぜんぞう　安政7年1月27日～昭和7年4月13日　銭高組創業者　→昭和（ぜにだか・よしぞう）

銭高 輝之　ぜにたか・てるゆき　明治38年10月9日～昭和59年11月22日　銭高組会長　→83/87

銭高 久吉　ぜにたか・ひさきち　～昭和46年1月13日　銭高組相談役・会長　→昭和（ぜにだか・ひさきち）

瀬沼 伊兵衛　せぬま・いへえ　文久3年10月～昭和5年10月1日　衆院議員（立憲政友会）　→昭和

瀬沼 永真　せぬま・えいしん　大正6年3月10日～平成15年7月8日　僧侶　小平市長、延命寺住職　→03/05

瀬能 晃　せの・あきら　昭和16年1月11日～平成21年6月28日　北海道議（自民党）　→09/11

瀬野 栄次郎　せの・えいじろう　大正10年11月25日～平成23年3月1日　衆院議員（公明党）　→09/11

瀬野 昌巳　せの・まさみ　昭和3年3月3日～平成3年1月17日　グンゼ専務、ゼンセン同盟副会長　→91/93

瀬能 庚子松　せのう・かねまつ　～昭和57年1月8日　兼松商店取締役、大福機工専務　→80/82

瀬上 卓男　せのうえ・たくお　～平成2年3月2日　弁護士　仙台弁護士会副会長　→88/90

瀬上 政治　せのうえ・まさはる　大正2年9月25日～平成12年10月11日　ニチメン衣料社長、日綿実業取締役　→00/02

妹尾 晃　せのお・あきら　～昭和47年2月21日　弁護士　→昭和

妹尾 活夫　せのお・かつお　大正3年4月1日～平成19年9月4日　牧師　日本基督教団御影教会牧師　→09/11s

妹尾 キク　せのお・きく　～昭和55年8月21日　福岡商工会議所婦人会元会長、高光産業会長　→80/82

妹尾 義郎　せのお・ぎろう　明治22年12月16日〜昭和36年8月4日　仏教家, 社会運動家　→昭和

妹尾 幸士　せのお・こうし　昭和5年8月2日〜平成1年8月2日　名古屋中小企業投資育成会社常務総務部長, 愛知県支張事務所長　→88/90

妹尾 覚　せのお・さとる　〜昭和59年8月3日　久保田鉄工取締役　→83/87

妹尾 三郎　せのお・さぶろう　明治33年3月3日〜昭和57年2月13日　三菱重工業専務, 三菱原子力工業社長　→80/82

妹尾 重信　せのお・しげのぶ　〜昭和46年7月15日　大同生命専務　→昭和

妹尾 重穂　せのお・しげほ　大正3年9月21日〜昭和58年11月6日　ニチモウ社長　→83/87

瀬尾 武彦　せのお・たけひこ　〜平成18年10月29日　神官　前橋東照宮名誉宮司　→06/08

妹尾 正　せのお・ただし　明治45年〜平成7年1月18日　日本精神薄弱者福祉連盟理事　→94/96

妹尾 正　せのお・ただし　大正15年1月3日〜平成20年4月12日　東京会館常務　→06/08

妹尾 敏男　せのお・としお　大正5年6月1日〜平成11年3月22日　サンシャインシティ専務　→97/99

妹尾 俊徳　せのお・としのり　明治42年12月19日〜平成1年1月13日　神東塗料取締役, 東海塗料社長　→88/90

妹尾 知之　せのお・ともゆき　〜昭和59年11月5日　海軍中将　→83/87

妹尾 正知　せのお・まさちか　大正5年4月22日〜平成12年5月14日　鹿島常務　→00/02

妹尾 三男　せのお・みつお　〜昭和61年1月6日　協同組合米子コンピュータ・システム理事長　→83/87

妹尾 義徳　せのお・よしのり　昭和10年5月31日〜平成13年4月30日　熊本放送社長　→00/02

妹尾 禄郎　せのお・ろくろう　〜昭和62年5月5日　甘木商工会議所専務理事　→83/87

瀬之間 功　せのま・いさお　昭和2年8月2日〜平成14年10月29日　横浜市議(自民党)　→00/02

瀬端 正雄　せばた・まさお　明治43年9月10日〜昭和58年4月10日　野崎産業常務　→83/87

瀬辺 淳信　せべ・じゅんしん　〜平成5年1月23日　真宗大谷派審財院長, 瀬辺了泉寺住職, 愛知県仏教会会長　→91/93

瀬堀 エーブル　せほり・えーぶる　昭和4年11月7日〜平成15年10月12日　小笠原諸島・父島の欧米系住民　→03/05

瀬谷 重治　せや・じゅうじ　明治35年11月25日〜昭和63年1月20日　牧師　キリスト者平和交流委員会委員長　→88/90

瀬谷 誠一　せや・せいいち　明治39年1月20日〜昭和53年2月7日　東邦銀行頭取　→昭和

瀬谷 藤吉　せや・とうきち　〜昭和41年1月16日　日本コロンビア社長　→昭和

瀬谷 信之　せや・のぶゆき　〜昭和55年5月12日　協和電設専務, 電電公社中央電気通信学園長　→80/82

瀬谷 英行　せや・ひでゆき　大正8年2月28日〜平成20年12月16日　参院議員(社民党)　→06/08

瀬山 賢　せやま・けん　昭和6年9月10日〜平成4年6月25日　埼玉県議(自民党)　→91/93

瀬山 誠五郎　せやま・せいごろう　〜昭和52年7月19日　住友不動産会長　→昭和

世羅 勝也　せら・かつや　昭和17年3月8日〜平成16年12月6日　関西ペイント社長　→03/05

世良 俊彦　せら・としひこ　〜平成7年1月8日　電通ヤング・アンド・ルビカム常務　→94/96

瀬良 龍三　せら・りゅうぞう　〜昭和55年4月3日　紀伊産業常務, 元大阪銀行取締役　→80/82

世良 錬次　せら・れんじ　大正2年5月25日〜昭和59年12月25日　大阪日産自動車会長　→83/87

世良田 進　せらた・すすむ　〜昭和61年7月2日　弁護士　松竹・新橋演舞場顧問　→83/87

世利 健助　せり・けんすけ　〜昭和55年8月2日　粕屋郡志免町長　→80/82

善利 諦潤　せり・たいじゅん　〜昭和59年12月27日　浄土真宗本願寺派宗会議員　→83/87

羅川 正夫　せりかわ・まさお　大正8年1月15日〜平成14年4月4日　日本電研工業名誉会長　→00/02

芹口 賢二　せりぐち・けんじ　大正15年7月1日〜昭和63年4月20日　信越化学工業専務　→88/90

芹沢 勲　せりざわ・いさお　大正11年1月30日〜平成4年1月26日　中部鋼鈑専務　→91/93

芹沢 昭三　せりざわ・しょうぞう　昭和3年5月22日〜平成7年5月27日　伊東市長　→94/96

芹沢 総一郎　せりざわ・そういちろう　明治44年8月28日〜昭和15年12月10日　社会運動家　→昭和

芹沢 達治　せりざわ・たつじ　昭和10年3月8日〜平成8年6月2日　ハザマ常務　→94/96

芹沢 正雄　せりざわ・まさお　明治38年10月〜平成4年2月26日　山陽特殊製鋼常務　→91/93

芹沢 茂登子　せりざわ・もとこ　昭和5年〜平成10年9月　ダイヤル・サービスエグゼクティブ・アドバイザー　→97/99

芹沢 守利　せりざわ・もりとし　大正4年12月25日〜平成15年9月25日　京浜急行電鉄社長　→03/05

瀬脇 文寿　せわき・ふみひさ　〜昭和58年4月3日　川崎汽船取締役, 昭和石油取締役　→83/87

千　セン　⇒チョン

膳 桂之助　ぜん・けいのすけ　明治20年7月21日〜昭和26年11月25日　実業家　経済安定本部総務長官, 日本団体生命保険社長　→昭和

Ⅰ 政治・経済・社会篇　　　　　　　　　　　　　　　　　　　　　　　　　　　せんた

善 高明　ぜん・たかあき　大正13年10月23日〜平成2年3月11日　福岡県建設業協会副会長, 善工務店社長　→88/90

膳 タケ　ぜん・たけ　〜昭和12年10月22日　日本最初の保母　→昭和

千賀 康治　せんが・こうじ　明治25年9月〜昭和31年2月24日　衆議院議員(自由党)　→昭和

千賀 退三　せんが・たいぞう　大正15年12月17日〜平成13年8月14日　日本重化学工業会長　→00/02

千賀 恒一　せんが・つねいち　明治38年10月12日〜平成6年7月19日　兵機海運社長　→94/96

千賀 鉄也　せんが・てつや　明治42年4月27日〜平成10年4月8日　経団連常務理事　→97/99

泉海 節一　せんかい・せついち　〜昭和55年2月　部落解放同盟中央執行委員, 解放塾長　部落解放運動の先駆者　→80/82

仙川 東平　せんかわ・とうへい　〜平成7年12月18日　静岡県議(社会党)　→94/96

千家 遂彦　せんげ・かつひこ　大正7年11月4日〜平成19年11月6日　神官　出雲大社東京分祠長, 出雲大社権宮司　→06/08

千家 尊祀　せんげ・たかとし　大正2年3月30日〜平成14年4月17日　神官　出雲大社宮司, 出雲大社第83代国造　→00/02

千家 尊宣　せんげ・たかのぶ　〜昭和47年10月30日　神官　出雲大社教管長　→昭和(せんけ・そんせん)

千家 尊弘　せんげ・たかひろ　〜昭和15年5月22日　神官　神道大社教副管長　→昭和(せんけ・そんこう)

千家 尊有　せんげ・たかみち　〜昭和29年9月25日　神官　出雲大社教管長　→昭和(せんけ・そんゆう)

千家 尊統　せんげ・たかむね　明治18年6月15日〜昭和43年11月23日　神官　出雲大社宮司, 出雲大社第82代国造　→昭和(せんけ・そんとう)

千家 樹麿　せんげ・たつまろ　〜昭和55年5月22日　神官　出雲大社備宜, 出雲大社教大教正　→80/82

千家 啼麿　せんげ・てつまろ　昭和40年8月19日〜平成7年10月21日　国立公園協会名誉会長　→94/96

仙石 清　せんごく・きよし　〜昭和57年11月30日　北海道バス協会長　→80/82

千石 興太郎　せんごく・こうたろう　明治7年2月7日〜昭和25年8月22日　産業組合指導者　農相, 産業組合中央会会頭　→昭和

仙石 脩　せんごく・しゅう　大正6年3月30日〜平成4年7月25日　吾嬬製鋼所(のちトーア・スチール)取締役　→91/93

仙石 襄　せんごく・じょう　明治37年1月26日〜昭和60年3月6日　クラレ会長　→83/87

仙石 泰輔　せんごく・たいすけ　昭和11年12月4日〜平成9年12月31日　阪神高速道路公団理事　→97/99

仙石 健　せんごく・たけし　昭和4年6月13日〜昭和63年4月5日　東京急行電鉄取締役　→88/90

千石 剛賢　せんごく・たけよし　大正12年7月12日〜平成13年12月11日　イエスの方舟主宰　→00/02

千石 虎二　せんごく・とらじ　〜昭和40年11月18日　畜産振興事業団理事　→昭和

仙石 永博　せんごく・ながひろ　明治42年4月20日〜平成13年1月20日　住友倉庫社長　→00/02

仙石 秀男　せんごく・ひでお　大正6年8月19日〜平成7年4月29日　三和電気興業(のち三和大栄電気興業)社長　→94/96

千石 正乃夫　せんごく・まさのぶ　大正2年11月3日〜平成17年3月17日　山元町(宮城県)町長, 宮城県議　→03/05

仙石 政敬　せんごく・まさゆき　明治5年4月〜昭和10年9月16日　子爵　宮内官, 貴院議員　→昭和

仙石 貢　せんごく・みつぐ　安政4年6月2日〜昭和6年10月30日　政治家　満鉄総裁, 鉄道相, 衆院議員(憲政会)　→昭和

仙石 稔　せんごく・みのる　大正7年2月1日〜平成4年2月24日　ホクシン会長　→91/93

千石 龍一　せんごく・りゅういち　明治37年10月10日〜昭和5年9月3日　社会運動家　→昭和

千歳 竹三　せんざい・たけぞう　大正3年4月2日〜平成8年11月27日　千歳興産社長　→94/96

先崎 元彦　せんざき・もとひこ　大正12年10月1日〜平成5年1月23日　宇徳運輸専務　→91/93

千住 栄一　せんじゅ・えいいち　〜平成5年5月5日　日本勧業角丸証券(のち勧角証券)常務　→91/93

千秋 季隆　せんしゅう・すえたか　明治8年10月〜昭和16年5月12日　男爵　貴院議員　→昭和(せんしゅう・ときたか)

千住 門三　せんじゅう・もんざぶ　〜昭和55年12月14日　全国共済農業共同組合連合会副会長　→80/82

千田 勲　せんだ・いさお　昭和14年6月26日〜昭和62年2月12日　中日木装備社長　→83/87

千田 数雄　せんだ・かずお　〜昭和60年12月9日　新潟県原爆被害者の会会長, 日本原水爆被害者団体協議会代表理事　→83/87

善田 一雄　ぜんた・かずお　大正9年12月13日〜平成1年3月9日　京都美術倶楽部社長, 京都美術商協同組合理事長　→88/90

千田 勝彦　せんだ・かつひこ　明治30年1月3日〜昭和62年6月7日　鈴木商館会長　→83/87

千田 儀一郎　せんだ・ぎいちろう　明治43年4月16日〜昭和59年5月30日　ジェコー社長　→83/87

千田 金造　せんだ・きんぞう　大正5年1月28日〜平成2年10月17日　ホクシン会長, 兼松江商(のち兼松)常務　→88/90

千田 憲三　せんだ・けんぞう　明治23年1月7日〜昭和39

年1月12日　名鉄会長、東海テレビ会長　→昭和（ちだ・けんぞう）

善田 修一　ぜんだ・しゅういち　〜昭和60年12月1日　ホクトミ運輸取締役、サワイ内燃機工業取締役　→83/87

仙田 順　せんだ・じゅん　明治27年4月16日〜昭和63年4月6日　（株）舞鶴双葉寮理事長　→88/90

千田 穣一　せんだ・じょういち　大正5年11月14日〜平成1年6月17日　三菱銀行取締役、大日日本電線常務　→88/90

千田 巌　せんだ・たかし　大正2年2月8日〜昭和61年3月8日　日本紙パルプ商事取締役　→83/87

千田 徹　せんだ・とおる　昭和10年8月7日〜平成14年12月28日　安田生命保険常務　→03/05s

千田 徳寿　せんだ・とくひさ　〜平成11年11月15日　岩手県経済連会長　→00/02s

千田 登文　せんだ・とぶみ　弘化4年〜昭和4年4月16日　陸軍歩兵少佐　→昭和

千田 憲尚　せんだ・のりひさ　大正8年4月21日〜昭和63年9月2日　名倉運輸社長　→88/90

扇田 彦一　せんだ・ひこいち　明治44年4月21日〜平成10年6月27日　東京都水道局長、東洋大学工学部教授　→97/99

千田 稔　せんだ・みのる　昭和5年8月13日〜平成19年3月16日　富山県議（自民党）　→06/08

仙田 明一　せんだ・めいいち　〜平成15年9月3日　愛知県議　→03/05

千藤 三千造　せんとう・みちぞう　〜昭和44年4月25日　工業火薬協会会長　→昭和

千徳 光彦　せんとく・みつひこ　昭和12年5月23日〜平成20年12月17日　第一製薬常務　→06/08

善野 精吉　ぜんの・せいきち　〜昭和62年1月6日　日本繊維製品輸出組合専務理事、オーストラリアニチメン支配人　→83/87

仙波 安芸　せんば・あき　〜昭和40年10月8日　陸軍中将　→昭和

仙波 亥七　せんば・いしち　明治32年4月6日〜平成3年5月1日　日産ディーゼル販売社長　→91/93

仙波 正一　せんば・しょういち　大正7年1月26日〜平成8年3月28日　羽田ヒューム管社長　→94/96

仙波 信三郎　せんば・しんざぶろう　明治40年1月10日〜平成5年7月8日　羽田ヒューム管会長　→91/93

仙波 太郎　せんば・たろう　安政2年4月21日〜昭和4年2月19日　陸軍中将　衆院議員　→昭和

仙波 直貞　せんば・なおさだ　昭和5年4月12日〜平成23年4月23日　愛媛銀行専務　→09/11

仙波 正重　せんば・まさしげ　大正5年1月19日〜平成8年8月13日　仙波糖化工業取締役相談役　→88/90

仙波 義信　せんば・よしのぶ　昭和10年10月26日〜平成7年3月11日　羽田ヒューム管社長　→94/96

仙北屋 常治　せんぼくや・つねじ　〜昭和48年8月18日

安立計器社長　→昭和

千本木 正夫　せんぼんぎ・まさお　昭和23年〜平成16年1月28日　リブロ社長　→03/05

千間 武二　せんま・たけじ　大正2年10月3日〜昭和56年10月27日　興能信用金庫理事長、北陸地区信用金庫協会会長　→80/82

善村 良中　ぜんむら・りょうちゅう　〜昭和62年9月10日　僧侶　天台宗大僧正　→83/87

【そ】

鼠入 武夫　そいり・たけお　大正8年5月8日〜平成6年12月27日　日本精蠟社長　→94/96

宋 ソウ　⇒ソン

宗 功　そう・いさお　昭和7年〜平成17年2月25日　藤沢薬品工業常務　→03/05

宋 顔橋　そう・えんきょう　1963年〜2008年4月17日　北海道新華僑華人連合会副会長　→06/08

宗 勝海　そう・かつうみ　〜昭和32年6月3日　住友金属取締役　→昭和

宗 秋月　そう・しゅうげつ　明治31年2月24日〜昭和39年5月26日　社会運動家　熱海市長　→昭和

宗 知直　そう・ともなお　大正15年7月4日〜昭和63年5月15日　住金物産専務　→88/90

宗 展生　そう・のぶお　大正11年6月10日〜平成20年9月30日　北興化学工業社長　→06/08

相井 義男　そうい・よしお　大正8年12月16日〜平成23年8月11日　滋賀県議（自民党）、滋賀県農協中央会会長　→09/11

双菊 照佶　そうぎく・てるよし　昭和9年1月13日〜平成8年2月29日　内田洋行常務　→94/96

蔵島 吉郎　ぞうしま・きちろう　大正4年8月12日〜昭和61年4月21日　（株）蔵島代表取締役　→83/87

早田 和正　そうだ・かずまさ　〜昭和55年5月21日　アラビア石油専務　→80/82

早田 重成　そうだ・しげなり　大正2年1月25日〜平成14年7月27日　積水化成品工業常務、積水化学工業取締役　→00/02

左右田 実之助　そうだ・じつのすけ　〜平成3年10月25日　国民金融公庫監事、池袋信用組合常務理事　→91/93

早田 修一　そうだ・しゅういち　昭和18年5月17日〜平成13年7月10日　中部国際空港取締役、運輸省第五港湾建設局長　→00/02

左右田 信二郎　そうだ・しんじろう　〜昭和14年12月31日　左右田銀行取頭　→昭和

左右田 翠松　そうだ・すいしょう　文久2年〜昭和14年　実業家　→昭和

左右田 孝男　そうだ・たかお　大正2年3月30日〜平成3

I 政治・経済・社会篇 そえしま

年10月23日　日本イトン工業会長　→91/93

左右田 棟一　そうだ・とういち　～昭和43年6月12日
横浜新港倉庫会長　→昭和

左右田 俊夫　そうだ・としお　大正8年8月25日～昭和57年11月30日　横浜新港倉庫社長　→80/82

早田 俊之助　そうだ・としのすけ　大正15年12月20日～平成6年2月5日　長崎県議（自民党）　→94/96

早田 守　そうだ・まもる　昭和3年1月18日～平成19年9月19日　東洋建設専務　→06/08

早田 隆三　そうた・りゅうぞう　大正10年9月30日～平成7年9月13日　国鉄大阪鉄道管理局長、京都ステーションセンター社長　→94/96

走内 穆熙　そうち・きよひろ　～平成6年9月14日
日本油脂常務　→94/96

早出 好都　そうで・よしと　大正10年10月8日～平成11年8月10日　警察庁鑑識課長、静岡県警本部長、愛媛県警本部長　→97/99

宗ићん 重徳　そうの・しげよし　大正15年5月18日～平成14年6月14日　兵庫県出納長　→00/02

相馬 愛蔵　そうま・あいぞう　明治3年10月15日～昭和29年2月14日　実業家　中村屋創業者　→昭和

相馬 一郎　そうま・いちろう　明治36年11月29日～昭和14年11月13日　社会運動家　→昭和

相馬 一男　そうま・かずお　～昭和62年2月23日
新日本製鉄室蘭製鉄所労働部長、日鉄鋼機常務　→83/87

相馬 敬一　そうま・けいいち　大正12年1月2日～平成20年3月23日　第一証券社長　→06/08

相馬 省二　そうま・しょうじ　昭和5年2月7日～平成22年8月6日　ヤクルト本社副社長、リプソン社長　→09/11

相馬 正三　そうま・しょうぞう　大正3年10月25日～平成7年8月21日　住友化学工業専務、住友アルミニウム製錬会長　→94/96

相馬 助治　そうま・すけじ　明治44年3月20日～昭和59年10月28日　衆院議員（無所属）、参院議員（社会党）　→83/87

相馬 惣三郎　そうま・そうざぶろう　明治40年4月1日～平成5年1月18日　豊富町長　→91/93

相馬 武　そうま・たけし　昭和15年4月19日～平成14年7月26日　東洋クロス常務　→00/02

相馬 孟胤　そうま・たけたね　明治22年8月14日～昭和11年2月23日　子爵　式部官兼楽部長　→昭和

相馬 璋子　そうま・たまこ　～平成1年12月8日
宮内庁女官　→88/90

相馬 敏夫　そうま・としお　明治31年7月6日～昭和55年2月24日　明治製糖社長、大蔵省監査官、栃木県知事　→80/82

相馬 豊造　そうま・とよぞう　大正3年6月28日～平成18年8月13日　日本冷蔵常務　→06/08

相馬 信夫　そうま・のぶお　大正5年6月21日～平成9年10月6日　カトリック司教　日本カトリック名古屋教区

長　→97/99

相馬 半治　そうま・はんじ　明治2年7月8日～昭和21年1月7日　実業家　明治製糖社長、明治製菓会長　→昭和

相馬 平治　そうま・へいじ　明治41年7月8日～平成8年2月5日　シキボウ専務　→94/96

早馬 政光　そうま・まさみつ　～昭和55年11月1日
日清製粉監査役　→80/82

相馬 元治　そうま・もとはる　大正12年12月20日～平成20年5月23日　神奈川県議（自民党）、ソーマ交通社長　→06/08

相馬 安雄　そうま・やすお　～昭和32年5月5日
中村屋社長　→昭和

相馬 恵胤　そうま・やすたね　大正2年3月9日～平成6年1月4日　子爵　相馬食品会長、日本競馬会馬主連合会会長　→94/96

相馬 雪香　そうま・ゆきか　明治45年1月26日～平成20年11月8日　難民を助ける会会長、尾崎行雄記念財団副会長、国際MRA日本協会名誉会長　→06/08

相馬 六郎　そうま・ろくろう　～昭和49年4月30日
海軍中将　→昭和

宗宮 義正　そうみや・よしまさ　明治43年1月4日～平成14年3月31日　青木建設常務　→00/02

宗村 丑生　そうむら・うしお　～昭和24年8月8日
ハノイ総領事　→昭和

宗村 純夫　そうむら・すみお　昭和19年7月22日～平成21年11月23日　日本ハム副社長　→09/11

惣脇 春雄　そうわき・はるお　大正15年6月15日～平成14年5月2日　弁護士　奈良地家裁所長　→00/02

副島 有年　そえじま・ありとし　大正15年5月12日～平成11年4月21日　大蔵省関税局長、日本ヒルトンホテルグループ会長　→97/99

副島 梅太郎　そえじま・うめたろう　明治44年3月4日～平成17年12月22日　香梅創業者　→03/05

副島 和穂　そえじま・かずほ　大正9年4月14日～平成21年1月3日　法務省東京矯正管区長　→09/11

副島 勘三　そえじま・かんざぶ　昭和4年8月15日～平成22年2月27日　佐賀県共済連合会会長　→09/11

副島 茂　そえじま・しげる　明治37年12月3日～昭和58年4月9日　東海銀行取締役　→83/87

副島 次郎　そえじま・じろう　明治37年9月1日～平成2年9月10日　弁護士　スモン訴訟福岡弁護団長、高知地検検事正　→88/90

副島 静勇　そえじま・せいゆう　大正3年2月22日～平成1年9月7日　日本開発銀行監事　→88/90

副島 千八　そえじま・せんぱち　明治14年8月15日～昭和29年2月15日　商工省商務局長、貴院議員（勅選）、農相　→昭和

副島 大助　そえじま・だいすけ　～昭和49年4月19日
海軍中将　→昭和

副島 格　そえじま・ただし　昭和6年～平成20年5月19日

「現代物故者事典」総索引（昭和元年～平成23年）　693

安田火災海上保険常務　→06/08

副島　民彦　そえじま・たみひこ　大正6年10月22日～平成4年9月6日　日清製粉専務　→91/93

副島　綱雄　そえじま・つなお　～昭和16年11月27日
中支部振興理事　→昭和

副島　俊道　そえじま・としみち　昭和13年12月17日～平成13年5月16日　三井ホーム常務　→00/02

副島　春海　そえじま・はるみ　大正4年2月17日～昭和61年3月9日　大洋漁業専務　→83/87

副島　まち　そえじま・まち　～平成18年5月3日
兵庫県原爆被害者団体協議会理事長　→06/08

副島　道正　そえじま・みちまさ　明治4年10月14日～昭和23年10月13日　実業家, 政治家, 伯爵　貴院議員, IOC委員　→昭和

副島　八十六　そえじま・やそろく　～昭和25年2月20日
南洋企業社長　→昭和

副島　嘉豊　そえじま・よしとよ　～昭和60年9月25日
航空自衛隊西部航空方面隊司令官　→83/87

副島　陸郎　そえじま・ろくろう　～昭和58年6月7日
日清飼料専務, 日清ペットフード相談役　→83/87

添田　栄三　そえだ・えいぞう　大正7年8月20日～昭和58年11月13日　大阪製紙社長, レンゴウ監査役　→83/87

添田　一二　そえだ・かつじ　昭和9年4月29日～平成5年2月13日　シンワート常務　→91/93

添田　京介　そえだ・きょうすけ　昭和6年2月20日～平成13年9月30日　ニチレイ専務　→00/02

添田　蔵男　そえだ・くらお　～平成7年12月10日
第十一実栄証券(のち実栄証券)社長　→94/96

添田　敬一郎　そえだ・けいいちろう　明治4年8月28日～昭和28年10月20日　政治家　衆院議員(日本進歩党)　→昭和

添田　定一　そえだ・さだいち　明治25年10月～昭和9年5月26日　官吏, 実業家　→昭和

添田　滋　そえだ・しげる　～昭和29年10月28日
三菱地所取締役　→昭和

添田　寿一　そえだ・じゅいち　元治1年8月15日～昭和4年7月4日　銀行家, 大蔵官僚　日本興業銀行総裁, 大蔵次官, 報知新聞社社長　→昭和

副田　俊平　そえだ・しゅんぺい　～昭和42年8月8日
豊田紡織社長　→昭和

添田　高明　そえだ・たかあき　昭和10年5月12日～平成15年8月27日　茅ヶ崎市長　→03/05

副田　知規　そえだ・とものり　昭和19年10月17日～平成10年3月15日　文化タクシー社長, 小笹タクシー会長　→97/99

副田　修康　そえだ・のぶやす　昭和13年10月23日～平成7年5月2日　毎日案内広告社社長　→94/96

添田　久雄　そえだ・ひさお　大正7年2月10日～昭和61年6月27日　日本軽金属副社長　→83/87

添田　飛雄太郎　そえだ・ひゅうたろう　元治1年11月～昭和12年1月25日　衆院議員(革新倶楽部)　→昭和(そえだ・ひゅうたろう)

添田　宏夫　そえだ・ひろお　昭和22年11月20日～平成15年9月26日　日本債券信用銀行常務　→03/05

添田　正夫　そえだ・まさお　明治44年7月5日～平成1年7月13日　税理士　日本税理士会連合会会長　→88/90

添田　正一　そえだ・まさかず　～昭和55年10月24日
大林組元常務　→80/82

副田　正義　そえだ・まさよし　～平成16年1月6日
牧師　大泉バプテスト教会名誉牧師, 日本バプテスト連盟理事長　→03/05

添田　八尾亀　そえだ・やおき　～昭和57年8月15日
中間市長　→80/82

副田　芳子　そえだ・よしこ　明治37年8月13日～平成1年12月20日　尼僧　東寺真言宗大本山石山寺責任役員・執事, 宝性院住職　→88/90

添田　隆俊　そえだ・りゅうしゅん　明治38年5月20日～昭和62年1月22日　僧侶　高野山蓮華定院住職, 大僧正　→83/87

曽我　薫　そが・かおる　明治37年3月2日～昭和56年10月20日　福岡県議　→80/82(曾我　薫)

曽我　熊太郎　そが・くまたろう　明治36年12月20日～平成2年5月21日　兵庫県建設業協会会長, 王子建設会長　→88/90

曽我　興三　そが・こうぞう　大正13年9月1日～平成10年10月6日　産経新聞取締役総務局長　→97/99

曽我　茂夫　そが・しげお　大正12年1月18日～平成15年3月8日　東急観光専務　→03/05

曽我　祐邦　そが・すけくに　明治3年7月～昭和27年8月18日　貴院議員(子爵)　→昭和(曾我　祐邦)

曽我　祐準　そが・すけのり　天保14年12月25日～昭和10年11月30日　陸軍中将, 政治家, 子爵　枢密顧問官, 貴院議員(勅選)　→昭和(曾我　祐準)

曽我　忠雄　そが・ただお　昭和2年1月1日～昭和61年5月6日　日産コンクリート工業社長, 全国ヒューム管協同組合連合会会長　→83/87

曽我　剛　そが・つよし　昭和5年9月17日～平成13年9月25日　宮内庁東宮侍従長　→00/02

曽我　準一　そが・のりかず　～昭和62年6月9日
子爵　→83/87

曽我　道也　そが・みちや　大正6年10月15日～平成17年12月23日　ライオン常務　→03/05

曽我　光四郎　そが・みつしろう　昭和3年6月1日～平成22年12月12日　愛媛ダイハツ販売社長　→09/11

曽我　良彦　そが・よしひこ　～平成11年10月13日
沢藤電機常務　→97/99

曽我　力三　そが・りきぞう　～平成13年7月10日
神奈川県警本部長, 宮城県警本部長　→00/02

曽我　量深　そが・りょうじん　明治8年3月10日～昭和46

年6月20日　宗教家, 仏教学者　大谷大学学長　→昭和（曾我 量深）

曽我野 秀雄　そがの・ひでお　明治39年1月5日～昭和60年5月14日　神鋼商事相談役, 元神戸製鋼所副社長　→83/87

曽我部 昭　そがべ・あきら　昭和4年7月14日～平成6年7月22日　合鹿製紙社長　→94/96

曽我部 直治　そがべ・なおじ　～昭和57年11月9日　九頭竜産業株式会社社長　→80/82（曽我部 直治）

曽我部 久　そがべ・ひさし　明治45年5月13日～平成16年9月1日　警察庁関東管区警察局長　→03/05

曽我部 正実　そがべ・まさみ　明治40年9月24日～平成1年2月6日　大津地検検事正　→88/90

曽我辺 良次　そがべ・りょうじ　昭和12年5月28日～平成14年2月10日　鴨川市議　→00/02

十亀 史郎　そがめ・しろう　～昭和60年9月13日　三重県立小児心療センターあすなろ学園長　→83/87

十亀 盛次　そがめ・もりつぐ　昭和25年3月15日　住友銀行専務　→昭和

十川 照延　そがわ・てるのぶ　～平成22年3月17日　モラロジー研究所常務理事　→09/11

祖川 英彦　そがわ・ひでひこ　昭和17年5月3日～平成19年1月29日　日本高周波鋼業常務　→06/08

十川 正敏　そがわ・まさとし　大正9年3月16日～平成2年3月4日　ダイハツ工業常務　→88/90

曽木 重貴　そぎ・しげたか　明治19年2月～昭和32年11月8日　衆院議員（日本進歩党）　→昭和（曾木 重貴）

曽木 武光　そぎ・たけみつ　明治45年1月28日～平成5年3月11日　三菱製鋼副社長　→91/93

曽木 与吉　そぎ・よきち　～昭和7年2月8日　海軍少佐　→昭和（曾木 与吉）

即真 周湛　そくしん・しゅうたん　～昭和46年2月15日　天台座主, 大僧正　→昭和

祖堅 方政　そけん・ほうせい　大正6年3月25日～平成6年9月28日　東陽バス会長　→94/96

十河 一元　そごう・かずもと　大正14年11月13日～平成15年2月25日　日本ユニパックホールディング会長, 大昭和製紙社長, 日本興業銀行常務　→00/02

十河 清行　そごう・きよゆき　昭和56年2月14日　弁護士　→80/82

十河 信二　そごう・しんじ　明治17年4月14日～昭和56年10月3日　国鉄総裁　→80/82

十河 晟一　そごう・せいいち　～昭和63年1月24日　江商取締役　→88/90

曽雌 喬　そし・たかし　大正14年4月1日～平成12年1月9日　東宝副社長　→00/02

曽雌 久義　そし・ひさよし　昭和22年1月1日～平成15年1月21日　東京都議（公明党）　→03/05

曽志崎 誠二　そしざき・せいじ　～昭和45年10月29日　朝日銀行頭取　→昭和（曾志崎 誠二）

曽田 嘉伊智　そだ・かいち　慶応3年～昭和37年3月28日　福祉活動家　韓国孤児の父　→昭和（曾田 嘉伊智）

曽田 玄陽　そだ・げんよう　～昭和60年11月22日　曽田シャロレー牧場社長　→83/87

曽田 壮　そだ・さかん　明治43年1月20日～平成8年10月26日　日本専売公社理事, 日進印刷工業社長　→94/96

曽田 三郎　そだ・さぶろう　明治43年5月7日～平成11年3月27日　中央無線会長　→97/99

曽田 恒　そだ・つね　～平成20年7月5日　柏崎地域国際化協会会長　→06/08

曽田 義二郎　そだ・よしじろう　大正11年1月7日～平成11年6月22日　曽田香料会長　→97/99

曽谷 正　そたに・ただし　大正2年3月7日～昭和56年8月21日　丸正産業社長, ソマール工業社長　→80/82（曾谷 正）

曽束 章　そつか・あきら　大正11年5月2日～昭和62年11月22日　全国伸銅品問屋組合連合会会長, 東京都馬術連盟副会長　→83/87

袖井 開　そでい・ひらく　明治30年4月1日～昭和49年5月14日　社会運動家　→昭和

袖川 健　そでかわ・たけし　昭和4年5月18日～平成17年11月19日　新日本証券専務　→03/05

袖野 実　そでの・みのる　大正6年1月8日～昭和62年8月10日　袖野造船所社長, 日本小型船舶工業会長　→83/87

袖山 喜久雄　そでやま・きくお　明治35年6月20日～昭和35年1月30日　東洋レーヨン社長　→昭和

外川 善瑛　そとかわ・よしあき　昭和19年～平成8年11月1日　河村電器産業専務　→94/96

外島 英二　そとじま・えいじ　～昭和26年4月10日　高松高裁長官　→昭和

外海 忠吉　そとみ・ちゅうきち　～昭和52年10月1日　ニット工業組合理事長　→昭和

外海 銕次郎　そとみ・てつじろう　慶応2年5月～昭和8年4月7日　実業家　→昭和

曽祢 益　そね・えき　明治36年12月5日～昭和55年4月25日　政治家　民社党書記長, 衆院議員　→80/82（曾祢 益）

曽根 恵津広　そね・えつひろ　昭和24年4月14日～平成22年2月21日　静岡県議（自民党）　→09/11

曽根 清　そね・きよし　～平成22年8月20日　農業　鳴子の米プロジェクト作り手部会長　→09/11

曽根 桂子　そね・けいこ　大正15年～平成22年8月26日　SONEオーナー　→09/11

曽根 光造　そね・こうぞう　明治37年7月15日～昭和60年12月23日　東京都議　→83/87

曽根 晃平　そね・こうへい　大正14年3月10日～平成5年8月22日　東京消防庁消防総監　→91/93

曽根 貞雄　そね・さだお　昭和2年1月3日～平成21年12月月23日　大東港運創業者　→09/11

曽根 三郎　そね・さぶろう　昭和21年〜平成7年5月
樹木医　(有)曽根造園社長　→94/96

曽根 茂　そね・しげる　大正10年7月9日〜昭和58年3月12日　弘済美装社長、国鉄札幌鉄道局長　→83/87

曽根 清市　そね・せいいち　〜昭和60年2月25日
曽根工具製作所顧問・元社長　→83/87

曽根 誠三　そね・せいぞう　〜昭和5年8月21日
航空兵中佐　→昭和(曾根 誠三)

曽根 昂　そね・たかし　明治45年1月2日〜平成6年6月10日　東京特殊電線副社長　→94/96

曽根 有　そね・たもつ　〜平成3年1月17日
通信省電気試験所(のち工業技術院電子技術総合研究所)技師　→91/93

曽根 鉄二郎　そね・てつじろう　明治43年12月8日〜平成1年8月15日　京葉ガス専務　→88/90

曽根 敏夫　そね・としお　明治39年8月23日〜昭和63年5月23日　七十七銀行相談役・元常任監査役、宮城県出納長　→88/90

曽根 敏麿　そね・としまろ　大正15年3月24日〜昭和59年6月13日　雪印乳業常務・研究本部長　→83/87

曽根 直蔵　そね・なおぞう　〜平成5年3月3日
千葉銀行取締役　→91/93

曽根 博　そね・ひろし　大正12年9月21日〜平成22年6月3日　理研ビタミン社長　→09/11

曽祢 冬来　そね・ふゆき　〜昭和57年5月13日
住友海上火災保険取締役　→80/82(曾禰 冬来)

曽根 正喜　そね・まさき　大正15年7月29日〜昭和60年9月2日　ムーンバット常務　→83/87

曽根 幸雄　そね・ゆきお　〜昭和61年2月11日
大興物産取締役　→83/87

曽根 嘉年　そね・よしとし　明治43年11月3日〜平成15年10月22日　三菱自動車工業社長　→03/05

曽根田 郁夫　そねだ・いくお　大正14年2月1日〜平成7年5月6日　参院議員(自民党)　→94/96

曽根田 豊吉　そねだ・とよきち　〜平成11年10月27日
トスコ社長　→97/99

曽根原 至郎　そねはら・しろう　明治40年9月14日〜平成12年11月23日　第一銀行常務　→00/02

薗 実円　その・じつえん　〜昭和38年7月1日
僧侶　天台宗東北大本山・中尊寺貫主、大僧正　→昭和

園 成治　その・せいじ　昭和3年4月8日〜平成23年5月1日　京都市議(公明党)　→09/11

園 直龍　その・ちょくりゅう　〜昭和61年8月20日
立山電化工業代表取締役社長　→83/87

素野 福次郎　その・ふくじろう　大正1年8月27日〜平成16年4月12日　TDK社長　→03/05

爾 法岑　その・ほうしん　〜昭和60年2月1日
臨済宗東福寺派大本山東福寺執事長、芬陀院(ふんだいん)住職　→83/87

薗 勝昭　その・まさあき　昭和8年1月1日〜平成11年10月1日　パイオニア副社長　→97/99

曽野 勇二　その・ゆうじ　明治37年2月25日〜昭和60年8月22日　川崎汽船常務　→83/87

園池 実康　そのいけ・さねやす　安政4年12月4日〜昭和3年4月23日　子爵　宮中顧問官　→昭和

園生 経紀　そのう・つねのり　〜平成9年2月7日
新日軽取締役、日軽アーバンビルド常務　→97/99

園木 登　そのき・のぼる　明治34年8月〜昭和37年12月23日　参院議員(自民党)　→昭和(そのぎ・のぼる)

園口 忠男　そのぐち・ただお　大正2年4月21日〜平成1年8月6日　陸将　陸上自衛隊衛生学校長　→88/90

園 郁助　そのだ・いくすけ　〜昭和56年11月16日
竹中工務店元専務取締役　→80/82

園田 一郎　そのだ・いちろう　大正10年12月18日〜平成15年7月9日　三菱商事副社長　→03/05

園田 一男　そのだ・かずお　大正12年11月27日〜昭和59年1月18日　福岡県警防犯部長　→83/87

園田 一夫　そのだ・かずお　〜昭和60年12月22日
富士製鉄常務、日本電気冶金(のち日本電工)社長　→83/87

園田 清充　そのだ・きよみつ　大正8年10月6日〜昭和60年9月7日　参院議員(自民党)、国土庁長官　→83/87

園田 滋　そのだ・しげる　〜昭和15年2月7日
海軍中将　→昭和

園田 茂　そのだ・しげる　明治43年3月14日〜平成11年9月26日　熊本県会副議長　→97/99

園田 俊一　そのだ・しゅんいち　〜昭和38年1月28日
日本航空協会常任理事　→昭和

園田 晋　そのだ・しん　〜昭和50年7月23日
昭和発條社長　→昭和

園田 信一　そのだ・しんいち　大正15年3月20日〜昭和62年9月9日　日本電気精器エンジニアリング会長、日本電気精器常務　→83/87

園田 直　そのだ・すなお　大正2年12月11日〜昭和59年4月2日　政治家　衆院議員(自民党)、衆院副議長、外相　→83/87

園田 晟之助　そのだ・せいのすけ　〜昭和17年4月6日
陸軍少将　→昭和

園田 善三　そのだ・ぜんぞう　大正11年3月9日〜平成17年11月9日　日産自動車副社長　→03/05

園田 孝章　そのだ・たかあき　〜昭和6年6月13日
陸軍航空兵曹長　→昭和

薗田 武男　そのだ・たけお　〜平成9年2月5日
神官　神社本庁長老、秩父神社名誉宮司　→97/99

園田 太邑　そのだ・たむら　安政1年〜昭和3年10月22日
熊本県議　→昭和

薗田 忠光　そのだ・ちゅうこう　〜昭和60年9月26日
保護司　岩瀬山榴昌寺第25世住職　→83/87

I 政治・経済・社会篇　　　　　　　　　　　　　　　　　　　　　　　　　　　　そん

園田 亨　そのだ・とおる　大正13年6月25日〜平成9年12月29日　鉄建設副社長　→97/99

園田 寅男　そのだ・とらお　〜昭和58年9月9日　全国都市監査委員会副会長　→83/87

園田 展右　そのだ・のぶすけ　〜平成2年9月27日　福岡県議会事務局長　→88/90

園田 雅敏　そのだ・まさとし　〜平成5年12月13日　東京地裁判事補　→91/93

薗田 光威　そのだ・みつい　〜平成5年1月13日　ホマレ電池会長　→91/93

園田 実　そのだ・みのる　明治17年4月4日〜昭和12年10月8日　海軍少将、男爵　→昭和

薗部 和彦　そのべ・かずひこ　昭和3年1月22日〜昭和62年12月7日　丸紅取締役　→83/87

園部 恭平　そのべ・きょうへい　大正9年3月5日〜平成10年3月22日　東京都議（公明党）　→97/99

園部 孝　そのべ・たかし　昭和15年11月21日〜平成15年10月28日　三菱自動車工業会長　→03/05

薗村 泰彦　そのむら・やすひこ　大正10年11月30日〜平成6年5月22日　地下鉄互助会会長、帝都高速度交通営団総裁　→94/96

園山 勝久　そのやま・かつひさ　〜平成3年5月2日　ビッグサム専務、産経新聞出版局書籍編集長　→91/93

園山 裕　そのやま・ゆたか　大正13年11月5日〜平成16年9月11日　日立製作所副社長　→03/05

側島 四郎　そばじま・しろう　明治39年9月18日〜平成11年12月13日　久保田鉄工専務　→00/02s

側見 文夫　そばみ・ふみお　大正5年6月21日〜昭和62年2月2日　伊藤組土建専務営業本部長　→83/87

蘇武 忠雄　そぶ・ただお　大正6年12月18日〜平成23年5月25日　宮城第一信用金庫理事長　→09/11

祖父江 省念　そぶえ・しょうねん　明治38年9月18日〜平成8年1月2日　僧侶　有隣寺住職　→94/96

祖父江 文宏　そぶえ・ふみひろ　昭和15年1月24日〜平成14年6月1日　子どもの虐待防止ネットワークあいち理事長、晩学園園長　→00/02

祖父江 康光　そぶえ・やすみつ　昭和11年12月23日〜平成11年8月22日　名古屋トヨペット専務　→97/99

祖父江 譲　そぶえ・ゆずる　〜昭和56年7月4日　愛知県警察官　→80/82

曽布川 尚民　そぶかわ・ひさたみ　昭和12年10月1日〜平成23年11月7日　大学産業社長　→09/11

杣 勇　そま・いさむ　〜平成2年8月14日　昭和電機社相談役・元社長　→88/90

染井 孝照　そめい・たかひろ　昭和2年5月19日〜平成2年6月2日　僧侶　石光寺（浄土宗）住職、日本ぼたん協会副会長　→88/90

染木 順助　そめき・じゅんすけ　大正14年10月10日〜平成6年12月13日　北海道警察本部北見方面本部長、北海道綜合警備保障社長　→94/96

染野 義信　そめの・よしのぶ　大正7年6月26日〜平成19年　弁護士　日本大学名誉教授　→06/08

染谷 勲　そめや・いさお　大正4年3月23日〜平成19年12月31日　日本電気常務　→06/08

染谷 隆　そめや・たかし　〜昭和55年1月22日　鹿島建設主計部長　→80/82

染谷 恒夫　そめや・つねお　大正12年10月20日〜平成8年1月9日　東京公社住宅サービス社長、東京都財務局長・交通局長　→94/96

染谷 照雄　そめや・てるお　明治40年3月21日〜平成8年9月15日　岩井市長　→94/96

染谷 誠　そめや・まこと　大正7年3月3日〜平成4年1月22日　衆院議員（自民党）　→91/93

染谷 政志　そめや・まさし　〜昭和57年5月29日　歌志内市議　→80/82

染谷 昌宏　そめや・まさひろ　〜平成10年4月18日　でん六常務　→97/99

染谷 衛　そめや・まもる　大正5年1月2日〜平成5年1月21日　日本水産監査役　→91/93

染谷 盛一　そめや・もりいち　〜昭和55年2月28日　文京信用金庫理事長、元文京区議会議長　→80/82

染谷 吉次　そめや・よしじ　〜昭和2年6月10日　大審院判事　→昭和

曽山 克巳　そやま・かつみ　大正7年7月21日〜平成18年4月15日　郵政事務次官、NEC副社長、エフエムジャパン社長　→06/08

祖山 良一　そやま・りょういち　大正6年1月15日〜昭和57年7月17日　カシオ計算機常務　→80/82

反 一美　そり・かずみ　〜平成7年1月28日　世界長専務　→94/96

反町 脩二　そりまち・しゅうじ　昭和13年6月20日〜平成13年7月16日　南部化成常務　→00/02

反町 十郎　そりまち・じゅうろう　明治36年8月23日〜昭和57年10月28日　大東京火災海上保険監査役　→80/82

反町 芝郎　そりまち・しろう　明治33年3月18日〜平成5年7月19日　新潟証券取引所理事長、丸福証券相談役　→91/93

反町 誠一　そりまち・せいいち　大正6年5月3日〜平成2年12月4日　大東京火災海上保険取締役相談役　→88/90

反町 正喜　そりまち・まさき　大正11年3月17日〜昭和59年11月7日　NHK専務理事、共同ビルディング会長　→83/87

反町 茂作　そりまち・もさく　〜昭和37年7月2日　大東京火災海上会長　→昭和

曽和 平一　そわ・へいいち　明治45年2月15日〜平成5年7月24日　大阪府議（府民ク）　→91/93

宋 斗会　ソン・ドゥフェ　大正4年〜平成14年6月8日　浮島丸事件訴訟団代表　→00/02（そう・とかい）

「現代物故者事典」総索引（昭和元年〜平成23年）　　　697

尊田 耕吉　そんだ・こうきち　大正14年12月10日〜平成21年7月8日　三菱電機専務　→09/11

【た】

大 建二郎　だい・けんじろう　昭和15年2月4日〜平成15年2月5日　テクノポリマー社長　→03/05

田井 重信　たい・しげのぶ　明治40年8月30日〜平成3年11月30日　東芝タンガロイ常務　→91/93

田井 準一郎　たい・じゅんいちろう　大正10年6月11日〜平成13年11月23日　西武オールステート生命保険常務　→00/02

鯛 清七　たい・せいしち　〜昭和59年2月23日　関東分岐器社長　→83/87

大 総一郎　だい・そういちろう　明治40年1月19日〜平成17年12月8日　ダイカ社長　→03/05

代 篁　だい・たかむら　明治45年2月2日〜平成1年6月5日　埼玉県会議長　→88/90

台 武雄　だい・たけお　大正10年3月10日〜昭和59年1月21日　片倉チッカリン専務　→83/87

田井 為七　たい・ためしち　明治27年11月8日〜昭和49年12月30日　社会運動家　→昭和

田井 直治　たい・なおじ　明治34年1月5日〜平成5年11月15日　田井自動車工業会長　→91/93

田井 宏侑　たい・ひろゆき　昭和44年6月25日〜平成12年5月3日　三菱マテリアル常務　→00/02

鯛 康七　たい・やすひろ　昭和4年2月7日〜平成5年10月29日　同和不動産社長,同和火災海上保険常務　→91/93

大海 泰雄　だいかい・やすお　〜昭和55年4月11日　松阪商工会議所副会頭,株式会社ダイカイ会長　→80/82

大角 英男　だいかく・ひでお　大正8年11月11日〜平成4年1月19日　朝日生命保険常務　→91/93

大工原 亮　だいくばら・あきら　明治40年8月5日〜平成11年6月29日　グンゼ産業社長　→97/99

大源 実　だいげん・みのる　〜平成7年11月2日　部落解放同盟中央本部副委員長　→94/96

大胡 朝利　だいご・あさとし　〜昭和56年9月17日　野崎産業航空機部長　→80/82

醍醐 金武　だいご・かねたけ　〜平成9年1月22日　ダイゴ紙器会長　→97/99

大護 俊英　だいご・しゅんえい　大正2年2月1日〜平成5年1月29日　北本市長　→91/93

醍醐 政　だいご・ただし　明治40年3月6日〜昭和57年6月15日　弁護士　最高検検事　→80/82

太期 俊三　たいご・としぞう　明治43年4月5日　明治製菓出版社社長　→昭和

醍醐 安之助　だいご・やすのすけ　明治45年6月9日〜平成3年11月3日　東京都議会議長(自民党)　→91/93

大胡 良雄　だいご・よしお　〜平成18年2月17日　東芝精機(のち芝浦メカトロニクス)常務　→06/08

大幸 一郎　だいこう・いちろう　〜昭和61年7月16日　日本磁化工業社長,日刊工業新聞社社友　→83/87

大光寺 宏　だいこうじ・ひろし　大正11年9月26日〜平成17年3月5日　大同信号社長　→03/05

大黒 清治　だいこく・せいじ　大正2年2月27日〜平成2年3月10日　九薬会長　→88/90

大黒 清太郎　だいこく・せいたろう　明治34年10月26日〜平成2年4月13日　九薬創立者　→88/90

大黒 隆博　だいこく・たかひろ　昭和4年4月24日〜平成10年9月9日　九薬会長　→97/99

大聖寺 務　だいしょうじ・つとむ　明治42年11月9日〜平成1年4月28日　千代田火災海上保険取締役　→88/90

帯刀 芳正　たいと・よしまさ　〜昭和63年7月26日　(社)富山県貸金業協会名誉会長　→88/90

大東 清重　だいとう・きよしげ　大正8年9月14日〜平成8年9月26日　日本システムディベロップメント会長　→94/96

大藤 圭三　だいとう・けいぞう　明治43年2月19日〜昭和62年4月27日　三菱セメント(のち三菱鉱業セメント)常務　→83/87

泰道 照山　たいどう・しょうざん　明治40年1月2日〜昭和59年2月20日　エスエス製薬名誉会長,日経連常任理事,コスモ信用組合創業者　→83/87

大堂 他人　だいどう・たひと　〜昭和59年5月22日　日本身障者団体連合会副会長,岩手県盲人福祉協議会理事長　→83/87

大同 務　だいどう・つとむ　〜昭和59年5月13日　(株)大同社長　→83/87

大道 久之　たいどう・ひさゆき　文久3年〜昭和4年4月17日　神官　大阪天満宮宮司　→昭和

大東 宏　だいとう・ひろし　昭和27年7月13日〜平成13年1月16日　日本システムディベロップメント副社長　→00/02

大洞 有司　だいどう・ゆうじ　昭和14年3月12日〜平成17年5月3日　東邦化学工業専務　→03/05

大刀 豊　だいどう・ゆたか　大正3年〜平成10年1月10日　札幌市交通事業管理者　→97/99

大道 良太　だいどう・りょうた　明治12年7月14日〜昭和9年2月22日　鉄道院東京鉄道局長,東京法規出版会長　→昭和(おおみち・りょうた)

大道寺 和雄　だいどうじ・かずお　明治38年11月20日〜平成5年1月26日　弁護士　名古屋弁護士会会長,日本弁護士連合会副会長　→91/93

大道寺 小三郎　だいどうじ・こさぶろう　大正14年5月1日〜平成17年7月21日　みちのく銀行頭取　→03/05

大徳 正義　だいとく・まさよし　大正2年8月25日〜平成8年3月28日　大徳鋳機工業社長,ダイトク商事社長,日本鋳物工業会会長　→94/96

I　政治・経済・社会篇　　　　　　　　　　　　　　　　　　　　　　　　　　　　　　　　　　　　たかい

田井中 成介　たいなか・せいすけ　～平成1年11月20日
　殖産住宅相互取締役　→88/90
田井中 昇　たいなか・のぼる　～昭和62年4月24日
　炭坑夫　→83/87
大部 孫夫　だいぶ・まごだゆう　明治34年1月2日～平成8年8月22日　太陽生命保険社長　→97/99s
大松 幸吉　だいまつ・こうきち　～昭和2年1月8日
　新日本火災海上取締役　→昭和
大門 清造　だいもん・せいぞう　大正8年2月11日～平成7年8月13日　大門酒造会長、大阪府酒造組合理事長　→94/96
大門 正喜　だいもん・まさよし　明治40年1月9日～平成8年1月8日　近畿相互銀行（のち近畿銀行）副社長　→94/96
大門 義雄　だいもん・よしお　明治38年4月8日～昭和50年5月1日　労働運動家　全国一般合同労働組合協議会中央執行委員長　→昭和
大門 隆三　だいもん・りゅうぞう　明治25年5月26日～昭和38年12月3日　労働運動家　→昭和
平良 恵美子　たいら・えみこ　～平成11年3月17日
　歌手・安室奈美恵の母　→97/99
平良 玄康　たいら・げんこう　～昭和59年11月30日
　（宗）世界救世教参与　→83/87
平 兼武　たいら・けんぶ　明治44年5月15日～平成4年12月11日　パスコ会長　→91/93
平良 幸市　たいら・こういち　明治42年7月23日～昭和57年3月5日　政治家　沖縄県知事、沖縄社会大衆党委員長　→80/82
平良 重信　たいら・しげのぶ　昭和3年7月16日～平成21年7月2日　平良市長　→09/11
平良 新助　たいら・しんすけ　明治9年7月23日～昭和45年11月8日　アメリカ移民　→昭和
平良 盛三郎　たいら・せいさぶろう　昭和2年2月21日～平成18年11月1日　かりゆしホテル創業者　→06/08
平良 辰雄　たいら・たつお　明治25年4月6日～昭和44年4月11日　政治家　沖縄群島政府知事、沖縄社会大衆党委員長　→昭和
平 達也　たいら・たつや　大正15年4月3日～平成15年9月3日　三愛石油専務　→03/05
平良 朝清　たいら・ちょうせい　大正12年12月20日～平成15年8月27日　沖縄海邦銀行頭取　→03/05
平 肇　たいら・はじめ　大正3年11月10日～平成12年12月21日　下川町（北海道）町会議長　→00/02
平良 良松　たいら・りょうしょう　明治40年11月12日～平成2年3月19日　社会運動家、政治家　那覇市長　→88/90
大連 丁春　だいれん・ていしゅん　～平成5年2月17日
　高島常務　→91/93
田浦 直蔵　たうら・なおぞう　明治31年10月～昭和40年8月17日　参院議員（自民党）　→昭和

田浦 猶蔵　たうら・なおぞう　～昭和57年12月2日
　島原市議会議長　→80/82
田浦 長光　たうら・ながみつ　明治37年3月15日～平成1年8月13日　ダイハツ工業監査役　→88/90
妙中 正一　たえなか・しょういち　明治42年3月29日～昭和58年8月10日　妙中パイル織物会長、元和歌山県議会議長　→83/87
田尾 有海　たお・ありま　～昭和43年5月24日
　アリミノ化学社長、日本商工会議所評議員　→昭和
田尾 正　たお・ただし　大正2年1月23日～平成10年10月23日　雪印乳業副社長、農林中央金庫専務理事　→97/99
田尾 守三　たお・もりぞう　～平成15年10月7日
　鳥栖市長　→03/05
田尾 義治　たお・よしはる　大正11年5月3日～平成9年3月28日　レナウンルック社長　→97/99
田岡 一雄　たおか・かずお　大正2年3月28日～昭和56年7月23日　山口組組長　→80/82
田岡 照遍　たおか・しょうへん　～平成10年11月19日
　僧侶　高野山真言宗総務部長、延命寺住職　→97/99
田岡 フミ子　たおか・ふみこ　大正9年～昭和61年1月24日　故田岡一雄山口組3代目組長の妻　→83/87
田岡 頼彦　たおか・よりひこ　大正7年4月25日～昭和63年6月15日　日東電気工業取締役　→88/90
田岡本 政一　たおもと・せいいち　～昭和43年7月21日
　安立電気社長　→昭和
多賀 栄太郎　たが・えいたろう　明治43年10月27日～平成13年12月21日　品川区長　→80/82
田賀 一成　たが・かずしげ　昭和5年7月8日～平成21年9月3日　福井県議（無所属）　→09/11
多賀 喜一郎　たが・きいちろう　～平成2年12月10日
　長岡京市議会議長　→88/90
多賀 健次郎　たが・けんじろう　大正9年5月26日～平成8年5月28日　弁護士　関東弁護士会連合会理事長　→94/96
多賀 寿　たが・ひさし　大正0年7月29日-昭和02年0月24日　日立プラント建設社長　→83/87
多賀 寛　たが・ひろし　明治29年9月9日～昭和49年4月18日　浦賀船渠社長　→昭和
多賀 博　たが・ひろし　～昭和62年12月2日
　富山県陸運代表取締役社長　→83/87
田賀 正道　たが・まさみち　大正1年9月22日～平成10年6月18日　三菱モンサント化成取締役、菱化吉野石膏社長　→97/99
多賀 安郎　たが・やすろう　明治38年3月～平成14年5月31日　衆院議員（国民協同党）　→昭和
高井 岩男　たかい・いわお　昭和7年7月6日～平成22年3月30日　住友精密工業社長　→09/11
高井 英二　たかい・えいじ　昭和9年11月30日～平成16年7月25日　山九専務　→03/05

高井 亀一　たかい・かめいち　〜平成3年3月29日
　全国人権擁護委員連合会副会長　→91/93

高井 観海　たかい・かんかい　明治17年7月1日〜昭和28年1月9日　僧侶, 仏教学者　真言宗智山派管長　→昭和

高井 貫次　たかい・かんじ　大正9年8月11日〜平成4年2月13日　大阪建物(のちダイビル)常務　→91/93

高井 邦夫　たかい・くにお　昭和5年12月16日〜平成22年7月11日　野村証券専務, 日本合同ファイナンス社長　→09/11

高井 研次　たかい・けんじ　昭和4年3月3日〜平成17年3月13日　明治海運社長　→03/05

高井 宏次　たかい・こうじ　昭和15年7月6日〜平成20年7月21日　ユニプレス専務　→06/08

高井 潤三　たかい・じゅんぞう　大正10年7月21日〜平成9年1月14日　鴻池組専務　→97/99

高井 祥一　たかい・しょういち　大正3年2月9日〜平成14年10月3日　キリンビール常務, 近畿コカ・コーラボトリング社長　→00/02

高井 省吉　たかい・しょうきち　昭和21年10月17日〜平成14年3月9日　紀伊國屋書店副社長　→03/05s

高井 清次　たかい・せいじ　大正9年8月25日〜平成12年7月24日　弁護士, 浦和地裁判事　→00/02

高井 卓弥　たかい・たくや　昭和5年4月8日〜平成7年1月17日　大トー常務　→94/96

高井 恒昌　たかい・つねまさ　大正5年9月16日〜平成16年7月19日　千趣会創業者　→03/05

高井 利正　たかい・としまさ　〜昭和58年7月31日　東芝精機常務　→83/87

高井 冨太郎　たかい・とみたろう　明治40年〜平成3年10月27日　フジタカ会長　→91/93

高井 望　たかい・のぞむ　明治30年7月8日〜昭和62年6月28日　玉川大学名誉図書館長　→83/87

高井 昇　たかい・のぼる　大正9年〜平成17年3月29日　通天閣観光社長　→03/05

高井 秀雄　たかい・ひでお　明治40年9月1日〜昭和62年4月9日　三井金属鉱業取締役　→83/87

高井 誠　たかい・まこと　昭和9年7月5日〜平成3年4月3日　ミヨシ油脂常務　→91/93

高井 増市　たかい・ますいち　〜昭和58年1月30日　フェザー安全剃刀社長　→83/87

高井 守　たかい・まもる　昭和9年1月1日〜平成1年10月22日　シャチハタ工業取締役管理本部長　→88/90

高井 源雄　たかい・もとお　大正3年4月21日〜平成6年7月20日　高井製作所会長　→94/96

高井 祐太郎　たかい・ゆうたろう　明治39年5月23日〜平成6年2月4日　京浜工業所社長　→94/96

高井 慶和　たかい・よしかず　昭和3年4月29日〜平成10年7月15日　大同特殊鋼専務　→97/99

高井 義次　たかい・よしつぐ　〜昭和57年2月26日　天理教会本部員　→80/82

高井 義朗　たかい・よしろう　明治44年5月5日〜昭和60年10月27日　日本楽器製造監査役　→83/87

鷹居 頼明　たかい・よりあき　明治44年1月18日〜平成4年11月30日　横浜ゴム専務　→91/93

高井 立　たかい・りゅう　昭和3年2月4日〜平成2年1月15日　立建設社長　→88/90

高井 隆秀　たかい・りゅうしゅう　大正5年3月31日〜平成11年5月18日　僧侶　種智院大学名誉教授, 全日本仏教会会長, 真言宗山派管長　→97/99

高井 亮太郎　たかい・りょうたろう　明治29年4月26日〜昭和44年3月12日　実業家　原子力委員, 東京電力社長　→昭和

高石 昭　たかいし・あきら　昭和3年2月10日〜平成2年10月6日　日本カーボン副社長　→88/90

高石 明　たかいし・あきら　昭和8年9月10日〜平成14年4月11日　セイコー電子工業(のちセイコーインスツルメンツ)常務　→00/02

高石 和夫　たかいし・かずお　昭和28年1月4日〜平成20年12月17日　警視庁副総監　→06/08

高石 鶴見　たかいし・かずみ　〜昭和55年11月4日　千葉県・毎日新聞高石新聞店主　→80/82

高石 喜久夫　たかいし・きくお　明治41年1月27日〜昭和56年6月24日　清水建設常任監査役, 丸善不動産社長　→80/82

高石 弘貫　たかいし・こうかん　〜昭和62年12月1日　鉄心寺住職(第8世), 曹洞宗梅花流師範　→83/87

高石 幸三郎　たかいし・こうざぶろう　明治31年8月4日〜昭和61年1月28日　衆院議員(自民党), 川口市長　→83/87

高石 孝治　たかいし・こうじ　〜昭和62年11月9日　高石ガーデン社長　→83/87

高石 真五郎　たかいし・しんごろう　明治11年9月22日〜昭和42年2月25日　毎日新聞社長　→昭和

高石 千之　たかいし・ちゆき　明治43年3月29日〜平成6年10月25日　近鉄百貨店社長　→94/96

高石 晴夫　たかいし・はるお　〜昭和55年9月19日　毎日新聞社元航空部長, ソニー航務課運航グループ主任　→80/82

高石 弁治　たかいし・べんじ　〜昭和15年3月8日　中央電力社長　→昭和

高石 光男　たかいし・みつお　〜平成5年8月24日　日経総合印刷総合企画室室長, 日本経済新聞社印刷局印刷部第三部長　→91/93

高石 義雄　たかいし・よしお　〜昭和41年5月24日　大阪製鋼会長　→昭和

高泉 弘二郎　たかいずみ・こうじろう　昭和8年7月10日〜平成13年5月6日　岩手日報常務　→00/02

高泉 勝次　たかいずみ・しょうじ　〜平成5年9月17日　宮城県議, 米谷町長　→91/93

I 政治・経済・社会篇

たかおか

田垣内 政一　たがいと・まさかず　〜昭和59年2月21日　神習教大台ケ原大教会会長　→83/87

高岩 和雄　たかいわ・かずお　大正9年1月11日〜平成4年1月8日　千代田化工建設取締役　→91/93

高岩 勝也　たかいわ・かつや　大正13年11月1日〜平成4年8月29日　山陰中央新報販売社長，山陰中央新報社専務　→91/93

高岩 進　たかいわ・すすむ　明治42年11月3日〜昭和45年12月31日　社会運動家　→昭和

高岩 迪資　たかいわ・みちすけ　大正13年1月29日〜平成7年1月20日　道路施設サービス社長　→94/96

高内 良正　たかうち・りょうしょう　〜平成21年1月11日　僧侶　橘寺(天台宗)住職　→09/11

高江洲 義政　たかえす・よしまさ　昭和16年12月12日〜平成20年6月3日　沖縄県議(自民党)　→06/08

高江洲 義之　たかえす・よしゆき　昭和3年8月11日〜平成19年1月5日　東陽バス社長，沖縄県バス協会会長　→06/08

高雄 義堅　たかお・ぎけん　〜昭和47年8月20日　浄土真宗本願寺派寮頭　→昭和

高尾 京一　たかお・きょういち　明治43年3月28日〜平成4年10月30日　タカオ会長　→91/93

高尾 桂三　たかお・けいぞう　明治37年1月24日〜昭和56年11月3日　四国新聞社専務　→80/82

高尾 健一　たかお・けんいち　大正3年12月15日〜平成10年12月31日　東京都議(自民党)　→97/99

高尾 三郎　たかお・さぶろう　明治36年12月5日〜昭和58年7月21日　TDK常務取締役，磁気テープ工業会理事長　→83/87

高尾 繁造　たかお・しげぞう　〜昭和58年11月15日　川西機械製作所社長，川西航空機取締役　→83/87

高尾 善一郎　たかお・ぜんいちろう　明治38年2月18日〜昭和60年12月18日　神戸製鋼所取締役，大阪チタニウム製造取締役　→83/87

高尾 正　たかお・ただし　〜昭和47年6月27日　東京日産自販取締役　→昭和

高尾 勤　たかお・つとむ　明治43年9月5日〜平成17年1月4日　日本ピストリング副社長　→03/05

高尾 常彦　たかお・つねひこ　〜昭和63年7月17日　韓国人慰霊塔奉安会事務局長　→88/90

高尾 亨　たかお・とおる　明治9年11月25日〜昭和6年3月26日　外交官　→昭和

高尾 直三郎　たかお・なおさぶろう　〜昭和45年9月10日　日立製作所相談役　→昭和

高尾 久吉　たかお・ひさきち　〜昭和57年1月3日　東邦タール製品取締役相談役，元東邦ガス取締役　→80/82

高尾 実　たかお・まこと　昭和9年7月23日〜平成22年7月23日　河北新報専務　→09/11

高尾 正徳　たかお・まさのり　大正4年〜平成2年5月4日　島根ライトハウス理事長，日本盲人会連合会長　→88/90

高尾 正保　たかお・まさやす　大正8年2月9日〜平成4年3月13日　ライオン油脂(のちライオン)取締役　→91/93

高雄 靖　たかお・やすし　大正4年12月15日〜昭和58年12月12日　三菱総合研究所社長，元三菱銀行副頭取　→83/87

鷹尾 寛　たかお・ゆたか　大正2年6月25日〜平成6年10月31日　新日本証券社長　→94/96

高尾 芳太郎　たかお・よしたろう　〜昭和62年6月15日　琉球新報福岡支局長　→83/87

高尾 亮一　たかお・りょういち　明治43年11月25日〜昭和60年5月21日　宮内庁管理部長，山種美術財団評議員　→83/87

高岡 恵美子　たかおか・えみこ　昭和4年10月20日〜昭和57年3月16日　今半社長　→80/82

高岡 完治　たかおか・かんじ　昭和14年1月19日〜平成20年12月30日　国立公文書館館長　→06/08

高岡 清　たかおか・きよし　昭和6年9月7日〜平成23年12月18日　栗田工業社長　→09/11

高岡 貞夫　たかおか・さだお　昭和5年9月30日〜平成24年8月3日　北洋はえなわさし網協会会長，根室第一漁業生産組合組合長　→94/96

高岡 定吉　たかおか・さだきち　明治33年4月6日〜平成4年8月17日　日本染色協会会長　→91/93

高岡 定蔵　たかおか・さだぞう　〜平成5年2月12日　北海道拓殖銀行取締役　→91/93

高岡 舜正　たかおか・しゅんしょう　〜昭和62年3月6日　僧侶　天台宗大僧正，松尾寺住職　→83/87

高岡 史良　たかおか・しろう　昭和4年10月27日〜昭和59年10月30日　フジテック取締役，フジテックベネズエラ社長　→83/87

高丘 季昭　たかおか・すえあき　昭和4年1月14日〜平成8年3月13日　西友会長，ファミリーマート会長，セゾングループ代表幹事　→94/96

高岡 大輔　たかおか・だいすけ　明治34年9月15日〜平成4年7月10日　衆議院議員(自民党)　→91/93

高岡 隆光　たかおか・たかみつ　明治38年12月13日〜昭和57年7月14日　高松電気製作所取締役相談役　→80/82

高岡 忠弘　たかおか・ただひろ　明治32年4月〜昭和47年10月23日　衆院議員(民主党)　→昭和

高岡 智照　たかおか・ちしょう　明治29年4月22日〜平成6年10月22日　尼僧　祇王寺(真言宗大覚寺派)庵主　→94/96

高岡 達　たかおか・とおる　大正6年2月20日〜平成12年10月26日　証券投資信託協会会長，日興証券投資信託委託社長　→00/02

高岡 直吉　たかおか・なおきち　安政7年1月22日〜昭和17年9月1日　札幌市初代市長，鹿児島県知事　→昭和

高岡 奈良三　たかおか・ならぞう　大正4年8月7日〜平成2年2月8日　日本スピンドル製造取締役　→88/90

高岡 宣彦　たかおか・のぶひこ　大正15年11月24日〜平成11年3月16日　大成建設副社長　→97/99

高岡 春夫　たかおか・はるお　大正11年6月28日〜平成2年10月18日　プレス工業顧問・元専務　→88/90

高岡 弘三　たかおか・ひろぞう　大正10年7月17日〜昭和62年11月17日　熊本砿業代表取締役　→83/87

鷹岡 宏正　たかおか・ひろまさ　〜昭和62年2月24日　中央宣興取締役　→83/87

高岡 松尾　たかおか・まつお　大正5年4月18日〜平成23年6月18日　日産プリンス愛媛販売代表取締役　→09/11

高岡 克和　たかおか・よしかず　昭和8年9月26日〜平成5年4月29日　近畿銀行取締役　→91/93

高岡 芳美　たかおか・よしみ　昭和11年3月14日〜平成18年8月21日　千代田火災海上保険専務　→06/08

高岡 隆心　たかおか・りゅうしん　慶応2年12月15日〜昭和14年10月19日　僧侶　古義真言宗管長　→昭和

鷹谷 俊之　たかがい・しゅんし　明治24年12月1日〜昭和45年6月20日　僧侶（浄土真宗本願寺派）、仏教教育者　→昭和

高垣 勝次郎　たかがき・かつじろう　明治26年10月26日〜昭和42年4月30日　三菱商事社長　→昭和

高垣 金三郎　たかがき・きんざぶろう　明治44年8月〜平成12年10月3日　朝日新聞常務、大広社長　→00/02

高垣 純一　たかがき・じゅんいち　大正9年12月14日〜平成18年3月28日　四国電力常務　→06/08

高垣 善一　たかがき・ぜんいち　〜昭和41年5月31日　和歌山市長　→昭和

高垣 佑　たかがき・たすく　昭和3年7月7日〜平成21年5月24日　東京三菱銀行頭取、国際文化会館理事長　→09/11

高垣 忠雄　たかがき・ただお　明治41年9月19日〜平成6年5月31日　玉川機械金属（のち三菱伸銅）社長　→94/96

高垣 嘉雄　たかがき・としお　明治39年9月3日〜昭和61年9月15日　明治乳業名誉顧問・元副社長　→83/87

高垣 信之　たかがき・のぶゆき　明治33年12月16日〜昭和57年5月20日　日進電波社長　→80/82

高垣 厚　たかがき・ひろし　〜平成5年5月30日　三ツ星ベルト取締役　→91/93

高垣 弁次郎　たかがき・べんじろう　〜昭和42年7月17日　北日本製紙監査役　→昭和

高垣 守　たかがき・まもる　大正4年8月22日〜平成5年12月26日　神戸製鋼所取締役、日本エヤーブレーキ（のちナブコ）専務　→91/93

高垣 良一　たかがき・りょういち　明治37年5月17日〜平成4年8月9日　和歌山染工会長　→91/93

高門 嘉夫留　たかどう・かおる　昭和4年1月11日〜昭和62年2月6日　愛媛県青果農協連合会長、愛媛県議（自民党）　→83/87

高神 覚昇　たかがみ・かくしょう　明治27年10月28日〜昭和23年2月26日　僧侶（真言宗智山派）、仏教学者　→昭和

高川 謙二　たかがわ・けんじ　〜平成5年12月28日　中部善意銀行専務理事、愛知県民生部長、名城大学理事　→91/93

高川 謙介　たかがわ・けんすけ　明治45年6月6日〜昭和51年10月15日　理研コランダム社長、理研ノートン社長　→昭和（たかかわ・けんすけ）

高川 晋一　たかがわ・しんいち　大正10年3月31日〜昭和63年3月2日　三岐鉄道社長　→88/90

高木 章　たかぎ・あきら　〜昭和57年11月14日　IMCインダストリー・グループ・アンド・アソシエイツ（ファー・イースト）インコーポレーテッド社長　→80/82

高木 勇　たかぎ・いさむ　大正15年7月26日〜平成8年8月24日　トヨタ自動車北海道常務　→94/96

高木 一郎　たかぎ・いちろう　〜平成2年9月8日　新文化通信社、地方・小出版流通センター取締役　→88/90

高城 運七　たかぎ・うんしち　〜昭和61年5月19日　名古屋地裁所長　→83/87

高木 英一　たかぎ・えいいち　大正10年1月21日〜平成19年5月26日　キッセイ薬品工業副会長　→06/08

高木 英二　たかぎ・えいじ　〜昭和40年11月25日　ヤクルト専務　→昭和

高木 英二　たかぎ・えいじ　大正10年1月23日〜平成16年8月9日　清水建設専務　→03/05

高木 摂　たかぎ・おさむ　大正11年1月17日〜平成2年7月8日　太平洋海運常務　→88/90

高木 馨　たかぎ・かおる　大正7年7月20日〜平成3年7月29日　ナイガイ副社長　→91/93

高木 一夫　たかぎ・かずお　大正11年10月16日〜平成4年5月13日　丸善石油（のちコスモ石油）常務　→88/90

高木 和夫　たかぎ・かずお　大正8年1月18日〜平成4年12月15日　東京都議（共産党）　→91/93

高木 一正　たかぎ・かずまさ　〜昭和60年9月9日　日産自動車商品開発室車輛開発統括部主管・部長待遇　→83/87

高木 一見　たかぎ・かずみ　大正8年8月20日〜平成9年3月18日　毎日放送社長　→97/99

高木 一三　たかぎ・かずみ　大正13年10月19日〜平成20年5月29日　高木産業社長　→06/08

高木 兼吉　たかぎ・かねきち　〜昭和56年8月28日　猪子石土地区画整理組合長　→80/82

高木 幹二　たかぎ・かんじ　明治43年12月1日〜平成2年1月20日　徳山曹達常務　→88/90

高城 規一郎　たかぎ・きいちろう　明治2年11月12日〜昭和4年3月22日　鉱業技術者、実業家　→昭和

高木 菊蔵　たかぎ・きくぞう　大正3年1月20日〜平成4年6月21日　埼玉銀行（のち協和埼玉銀行）常務、富士倉庫運輸社長　→91/93

高木 吉之助　たかぎ・きちのすけ　明治30年3月〜昭和59年11月21日　衆院議員（自由党）　→83/87

高木 久新　たかぎ・きゅうしん　大正12年7月1日〜平成2年2月26日　シキボウ常務、敷島カンバス社長　→88/90

高木 久助　たかぎ・きゅうすけ　～平成11年8月10日
　広久葛本舗社長　→97/99

高木 清　たかぎ・きよし　大正15年9月5日～平成4年6月1日　東洋化学社長, 三菱ガス化学取締役　→91/93

鷹木 清　たかぎ・きよし　大正7年11月～昭和62年6月17日　日本電気硝子常任顧問・元専務取締役　→83/87

都木 清　たかぎ・きよし　～平成9年9月28日
　ハザマ常務　→97/99

高木 清允　たかぎ・きよちか　昭和5年5月4日～平成12年4月6日　下諏訪町(長野県)町長　→00/02

高木 金次　たかぎ・きんじ　明治31年3月20日～昭和42年6月21日　明治生命保険社長　→昭和

高木 邦子　たかぎ・くにこ　～昭和63年11月7日
　三笠宮崇仁親王妃の母　→88/90

高木 国三　たかぎ・くにぞう　～昭和55年11月17日
　堺商工会議所常任参与・元専務理事　→80/82

高木 粂太郎　たかぎ・くめたろう　慶応2年10月～昭和15年3月4日　衆議院議員(立憲民政党)　→昭和

高木 蔵吉　たかぎ・くらきち　～昭和15年6月7日
　弁護士　→昭和

高木 圭三　たかぎ・けいぞう　大正5年10月9日～平成14年2月6日　竹中工務店常務　→00/02

高木 慶太　たかぎ・けいた　昭和17年1月10日～平成13年12月11日　牧師　単立吹田聖書福音教会牧師　→00/02

高木 健　たかぎ・けん　昭和7年7月14日
　三菱信託会社信託部長　→昭和

高木 堅　たかぎ・けん　明治32年6月22日～昭和61年8月1日　日経連理事, 栃木県北運会社社長　→83/87

高木 玄　たかぎ・げん　大正11年8月11日～平成2年12月28日　日本国民年金協会理事長, 厚生事務次官　→88/90

高木 健一郎　たかぎ・けんいちろう　大正2年1月6日～昭和61年11月20日　三菱商事取締役, 三菱アルミニウム監査役　→83/87

高木 健吉　たかぎ・けんきち　～昭和27年2月27日
　二菱銀行社長　→昭和

高木 謙次　たかぎ・けんじ　～平成21年6月16日
　陸将　防衛庁技術研究本部技術開発官　→09/11

高木 健太郎　たかぎ・けんたろう　明治43年3月17日～平成2年9月24日　参院議員(公明党), 名古屋大学名誉教授, 名古屋市立大学名誉教授　→88/90

高木 耿　たかぎ・こう　～昭和55年1月8日
　日本化工社長, 京都府中小企業センター副理事長　→80/82

高木 浩二郎　たかぎ・こうじろう　～平成20年5月
　ラン育種家　→09/11s

高木 幸太郎　たかぎ・こうたろう　～昭和61年2月14日
　日本自動車工業会理事長　→83/87

高木 幸太郎　たかぎ・こうたろう　明治43年10月8日～平成4年10月25日　高木酒造社長, 福知山市議, 京都銀行取締役　→91/93

高木 作太　たかぎ・さくた　明治27年9月19日～昭和41年1月31日　実業家　三菱鉱業社長　→昭和

高木 作之　たかぎ・さくゆき　～平成15年2月14日
　空将　航空自衛隊　→03/05

高木 貞衛　たかぎ・さだえ　安政4年2月26日～昭和15年10月22日　広告代理業者　→昭和

高木 貞治　たかぎ・さだじ　大正2年9月1日～昭和62年11月18日　公認会計士, 歌人, 俳人　高木貞治公認会計士事務所代表　→83/87

高木 三郎　たかぎ・さぶろう　～昭和41年10月20日
　恩給審査会長　→昭和

高木 繁雄　たかぎ・しげお　～昭和61年3月2日
　東海銀行信託部庶務課長　→83/87

高木 茂幸　たかぎ・しげゆき　～昭和61年3月5日
　高松油脂会長　→83/87

高木 重兵衛　たかぎ・じゅうべえ　明治35年8月1日～平成1年1月29日　京都銀行副頭取　→88/90

高木 俊介　たかぎ・しゅんすけ　大正8年1月6日～平成13年8月10日　タカキベーカリー創業者, アンデルセン創業者　→00/02

高木 尚一　たかぎ・しょういち　～昭和58年11月24日
　(財)労働科学研究所常務理事　→83/87

高木 正一　たかぎ・しょういち　明治43年1月1日～昭和63年8月1日　蛇の目ミシン工業社長　→88/90

高木 譲二　たかぎ・じょうじ　大正3年2月23日～昭和63年11月20日　旭硝子取締役　→88/90

高木 四郎　たかぎ・しろう　大正8年5月10日～昭和60年11月10日　東京都議　→83/87

高木 真一　たかぎ・しんいち　～昭和42年3月13日
　東海銀行副頭取　→昭和

高城 申一郎　たかぎ・しんいちろう　大正15年1月27日～平成21年4月19日　住友不動産社長　→09/11

高木 信幸　たかぎ・しんこう　昭和9年8月11日～平成22年9月30日　東京都議(無所属)　→09/11

高木 甚二　たかぎ・じんじ　大正7年3月23日～平成14年8月31日　三重県議(自民党)　→00/02

高木 進　たかぎ・すすむ　明治35年5月27日～昭和61年4月2日　白石会長　→83/87

高木 直　たかぎ・すなお　昭和3年7月4日～平成10年7月14日　岐阜市助役　→97/99

高木 澄清　たかぎ・すみきよ　大正14年8月28日～平成20年12月2日　駒井鉄工社長　→06/08

高木 清市　たかぎ・せいいち　～昭和61年12月10日
　金井運輸取締役社長　→83/87

高木 善吉　たかぎ・ぜんきち　明治37年5月5日～昭和62年1月24日　協伸取締役, 武蔵野銀行取締役　→83/87

高木 惣吉　たかぎ・そうきち　明治26年11月10日～昭和54年7月27日　海軍少将, 軍事評論家　→昭和

高木 外夫　たかぎ・そとお　大正2年7月27日～平成14年

3月12日　住友商事専務, アジア・アフリカ文化財団理事長　→00/02

高木 第四郎　たかぎ・だいしろう　文久2年8月～昭和27年12月12日　衆院議員（立憲政友会）　→昭和

高木 大仙　たかぎ・だいせん　大正6年1月1日～昭和56年12月9日　日本放送出版協会常務, NHKアナウンス室長　→80/82

高木 泰澄　たかぎ・たいちょう　～昭和63年6月11日　僧侶　高野山真言宗総本山金剛峯寺宿老・大僧正　→88/90

高木 尊之　たかぎ・たかゆき　明治30年～昭和63年5月14日　弁護士　比治山女子短期大学理事長, 広島高検検事　→88/90

高木 竹男　たかぎ・たけお　～昭和43年12月21日　東邦ベスロン会長　→昭和

高木 武　たかぎ・たけし　明治16年8月9日～昭和49年3月2日　銀行家　→昭和

高木 武敬　たかぎ・たけよし　昭和15年3月31日～平成15年2月7日　十六リース社長, 十六銀行専務　→03/05

高木 正　たかぎ・ただし　明治33年1月5日～昭和59年4月16日　京都銀行会長　→83/87

高木 忠重　たかぎ・ただしげ　昭和24年～平成4年8月2日　北辰商品取締役　→91/93

高木 正　たかぎ・ただす　明治45年3月26日～平成12年4月1日　日立製作所常務, 日立化成工業社長　→00/02

高木 忠光　たかぎ・ただみつ　大正4年5月24日～昭和60年9月26日　小野薬品工業副社長　→昭和

高木 恒夫　たかぎ・つねお　大正2年7月10日～昭和61年9月13日　高木組会長, 九州水泳連盟会長, 福岡県水泳連盟会長　→83/87

高木 常七　たかぎ・つねしち　～昭和50年8月15日　最高裁判事　→昭和

高木 貞一郎　たかぎ・ていいちろう　昭和11年1月2日～平成6年1月1日　スズキ常務　→94/96

高木 貞作　たかぎ・ていさく　～昭和63年4月25日　高木精機製作所代表取締役社長　→88/90

高木 銕二　たかぎ・てつじ　～昭和60年3月7日　出光興産顧問, 元満州中央銀行理事　→83/87

高木 哲之助　たかぎ・てつのすけ　明治29年10月11日～昭和59年7月3日　愛知県議　→83/87

高城 照雄　たかぎ・てるお　大正14年4月1日～平成16年8月18日　豊和銀行常務　→03/05

高木 照雄　たかぎ・てるお　昭和2年1月8日～昭和62年3月22日　タカケンサンシャイン社長　→83/87

高木 藤次　たかぎ・とうじ　明治3年12月29日～昭和6年6月23日　実業家　→昭和

高木 黙鳳　たかぎ・どくほう　元治1年6月10日～昭和30年10月27日　僧侶　臨済宗永源寺派管長　→昭和

高木 利　たかぎ・としひこ　大正9年3月1日～平成2年12月17日　小田急不動産取締役　→88/90

高木 利彦　たかぎ・としひこ　大正13年1月13日～平成16年10月9日　徳倉建設副社長　→03/05

高木 復亨　たかぎ・なおみち　～昭和53年12月6日　帝人社長　→昭和（たかぎ・ふくりょう）

高木 直行　たかぎ・なおゆき　～昭和60年6月27日　東和サン機電取締役　→83/87

高木 信男　たかぎ・のぶお　大正11年6月5日～平成18年11月15日　東京特殊電線常務　→06/08

高木 紀重　たかぎ・のりしげ　～平成8年12月24日　美術通信社社主　→94/96

高城 元　たかぎ・はじめ　明治42年1月4日～平成1年15日　商工組合中央金庫名誉顧問・元理事長, 日刊工業新聞社長　→88/90

高木 一　たかぎ・はじめ　～平成5年9月19日　弁護士　最高検検事, 千葉地検検事正　→91/93

高木 光　たかぎ・ひかる　～平成5年12月9日　土呂久公害県外被害者の会会長　→91/93

高木 寿夫　たかぎ・ひさお　昭和2年11月7日～平成15年8月18日　大蔵省関東財務局長　→03/05

高木 寿之　たかぎ・ひさゆき　大正9年2月19日～平成5年5月27日　（社）日本臨床看護家政協会会長　→91/93

高木 英男　たかぎ・ひでお　明治36年6月28日～昭和61年12月22日　弁護士　愛知県議, 名古屋弁護士会副会長　→83/87

高木 広一　たかぎ・ひろいち　～昭和55年3月10日　駐ギリシャ大使, 駐パキスタン大使, 駐デンマーク大使　→80/82

高木 宏　たかぎ・ひろし　昭和2年3月6日～平成5年11月12日　ミカゲ金属社長, 非鉄金属リサイクル全国連合会副会長　→91/93

高木 博　たかぎ・ひろし　大正15年4月22日～平成8年6月29日　須賀川市長　→94/96

高木 広重　たかぎ・ひろしげ　大正12年2月15日～平成23年3月28日　富山県議（社民党）　→09/11

高木 広生　たかぎ・ひろなり　大正12年10月27日～平成4年2月15日　広島総合開発会長, 広島総合銀行専務　→91/93

高木 房夫　たかぎ・ふさお　昭和24年11月21日～平成21年9月17日　かわでん常務　→09/11

高木 武三郎　たかぎ・ぶさぶろう　明治33年9月15日～昭和59年5月26日　（福）上宮教会理事長, 献血供給事業団理事, 日本赤十字社社会部長　→83/87

高木 藤江　たかぎ・ふじえ　～昭和57年6月3日　広島被爆者　→80/82

高木 不二男　たかぎ・ふじお　～昭和46年11月3日　石岡市長　→昭和

高木 文雄　たかぎ・ふみお　大正8年4月6日～平成18年2月14日　弁護士　国鉄総裁, 大蔵事務次官　→06/08

高木 平三郎　たかぎ・へいざぶろう　大正8年7月30日～

平成11年5月18日　オリンパス光学工業常務　→97/99

高城 誠　たかぎ・まこと　大正3年2月3日～平成7年12月7日　東京精密社長　→94/96

高木 正明　たかぎ・まさあき　昭和9年8月31日～平成16年12月17日　タカギセイコー社長　→03/05

高木 正明　たかぎ・まさあき　昭和4年5月13日～平成18年1月4日　参院議員(自民党)、北海道・沖縄開発庁長官　→06/08

高木 正夫　たかぎ・まさお　明治23年1月～昭和48年1月26日　参院議員(緑風会)　→昭和

高木 正忠　たかぎ・まさただ　～昭和42年3月22日　四国電力会長　→昭和

高木 正年　たかぎ・まさとし　安政3年12月9日～昭和9年12月31日　衆院議員(民政党)　→昭和

高木 正延　たかぎ・まさのぶ　大正7年2月24日～平成10年9月30日　全国乗用自動車連合会副会長、イースタンモータース社長　→97/99

高木 益太郎　たかぎ・ますたろう　明治2年1月20日～昭和4年12月11日　衆院議員(民政党)　→昭和

高木 衛　たかぎ・まもる　明治43年1月15日～平成6年1月13日　日本電子常務　→94/96

高木 幹夫　たかぎ・みきお　～昭和41年8月14日　東京海上火災保険社長　→昭和

高木 幹夫　たかぎ・みきお　～昭和57年1月5日　ユニー取締役　→80/82

高木 光雄　たかぎ・みつお　昭和4年11月～昭和63年3月25日　全駐労中央執行委員長　→88/90

高木 基一　たかぎ・もといち　大正14年1月19日～平成14年2月5日　大日本印刷専務　→00/02

高木 盛久　たかぎ・もりひさ　大正7年10月25日～平成12年8月12日　日本テレビ社長　→00/02

高木 保男　たかぎ・やすお　大正12年9月20日～昭和62年4月23日　尾西毛糸紡績監査役　→83/87

高木 養根　たかぎ・やすもと　明治45年7月7日～平成11年1月9日　日本航空社長　→97/99

高木 志哲　たかぎ・ゆきのり　昭和23年2月1日－平成20年5月2日　アストホールディングス社長、アシハラ社長　→06/08

高木 裕　たかぎ・ゆたか　明治44年7月3日～平成15年5月11日　日本パイプ製造(のち住友鋼管)常務　→03/05

高木 洋　たかぎ・よう　明治43年2月6日～平成8年3月20日　石川銀行取締役相談役　→94/96

高木 美明　たかぎ・よしあき　昭和8年3月28日～平成10年2月11日　東京中小企業投資育成(株)専務　→97/99

高木 吉友　たかぎ・よしとも　大正13年1月25日～平成3年6月3日　忠実屋会長　→91/93

高木 善治　たかぎ・よしはる　昭和22年3月12日～平成11年2月20日　東雲堂社長　→97/99

高木 陸郎　たかぎ・りくろう　明治13年10月19日～昭和34年8月10日　日本国土開発会社社長　→昭和(たかぎ・むつろう)

高木 利平　たかぎ・りへい　明治9年10月～昭和6年9月6日　衆院議員(憲政会)　→昭和

高木 隆吉　たかぎ・りゅうきち　～昭和37年11月25日　鐘淵ディーゼル会長　→昭和

高木 亮孝　たかぎ・りょうこう　明治39年2月1日～昭和62年8月11日　僧侶　天台宗大僧正、那智山青岸渡寺代表役員　→83/87

高木 亮範　たかぎ・りょうはん　昭和60年5月30日　天台宗大僧正、泉蔵院住職、元比叡山高校校長　→83/87

高岸 常一　たかぎし・つねいち　明治29年2月8日～昭和63年3月31日　日書連相談役、(株)ユーゴ書店社長、小売全連副会長　→88/90

高岸 義雄　たかぎし・よしお　明治40年2月25日～昭和59年1月20日　近畿日本鉄道常務、防長交通社長　→83/87

高久 逸平　たかく・いっぺい　～昭和44年3月8日　高崎製紙取締役　→昭和(たかひさ・いっぺい)

高久 甚之助　たかく・じんのすけ　～昭和28年5月9日　交通公社参与　→昭和(たかひさ・じんのすけ)

高久 泰憲　たかく・たいけん　明治44年11月11日～平成7年9月17日　タカキュー創業者　→94/96

高久 治子　たかく・はるこ　大正9年10月27日～平成2年8月3日　タカキュー会長　→88/90

高草 洋太　たかくさ・ようた　～昭和55年8月15日　公社債引受協会専務理事、元日本銀行業務管理部長　→80/82

高口 政俊　たかくち・まさとし　～昭和42年2月11日　三井金属鉱業社長　→昭和

高窪 利一　たかくぼ・としかず　昭和5年4月24日～平成15年3月17日　弁護士　中央大学名誉教授　→03/05

高倉 篤麿　たかくら・あつまろ　明治13年2月～昭和39年2月1日　貴院議員(子爵)、伊勢神宮大宮司　→昭和

高倉 勇　たかくら・いさむ　～昭和46年1月24日　旭硝子常務　→昭和

高倉 一郎　たかくら・いちろう　大正4年1月3日～平成8年1月16日　セントラル硝子常務　→94/96

高倉 建　たかくら・けん　昭和7年6月9日～平成5年9月27日　大蔵省官房日本専売公社監理官、東京湾横断道路専務、商工組合中央金庫監事　→91/93

高倉 定助　たかくら・さだすけ　明治26年8月～昭和40年1月20日　衆院議員(改進党)　→昭和(たかくら・ていすけ)

高倉 伸一　たかくら・しんいち　～昭和57年11月18日　国鉄本社旅客局開発企画課長　→80/82

高倉 泰三　たかくら・たいぞう　大正13年4月19日～平成1年12月26日　日亜鋼業監査役　→88/90

タカクラ テル　明治24年4月14日～昭和61年4月2日　政治家、小説家、言語学者　日本共産党中央委員会顧問、衆院議員、参院議員　→83/87

高倉 徳太郎　たかくら・とくたろう　明治18年4月23日～昭和9年4月3日　神学者、牧師　→昭和

高倉 俊郎　たかくら・としお　昭和14年12月24日～平成11年11月9日　北陸鉄道専務　→97/99

高倉 寿子　たかくら・としこ　天保11年～昭和5年1月27日　女官　→昭和

高倉 光雄　たかくら・みつお　～平成4年9月3日　タカクラホテル福岡会長　→91/93

高倉 盛孝　たかくら・もりたか　～昭和62年8月18日　神官　新治神社外53社宮司、富山県神社庁副庁長、黒部市剣道協会長　→83/87

高倉 泰次　たかくら・やすじ　～平成3年9月20日　日東精工社長　→91/93

高倉 嘉行　たかくら・よしゆき　大正6年8月23日～平成11年4月21日　十条製紙専務　→97/99

高倉 義郎　たかくら・よしろう　～昭和63年10月23日　幸袋工作所会長　→88/90

高桑 治　たかくわ・おさむ　大正13年1月7日～平成19年1月8日　高桑美術印刷社長　→06/08

高桑 末秀　たかくわ・すえひで　大正2年3月31日～平成9年1月17日　協和広告常務　→97/99

高桑 直子　たかくわ・なおこ　～昭和63年3月11日　北海道マリッジ・カウンセリング・センター所長　→88/90

高桑 義和　たかくわ・よしかず　昭和4年4月25日～平成18年5月15日　京都府議（公明党）　→06/08

高桑 義高　たかくわ・よしたか　大正14年11月10日～平成18年5月17日　サッポロビール社長　→06/08

高坂 光夫　たかさか・みつお　昭和7年9月28日～平成9年1月9日　大機ゴム工業常務　→97/99

高崎 愛子　たかさき・あいこ　昭和5年4月23日～平成19年10月27日　太平洋観光札幌社長、北海道地方労働委員会経営者委員　→06/08

高崎 績　たかさき・いさお　大正8年11月14日～平成18年8月30日　大正海上火災保険専務　→06/08

高崎 勘八郎　たかさき・かんぱちろう　～平成1年7月4日　福岡広告協会副理事長　→88/90

高崎 正芳　たかさき・しょうほう　昭和4年10月2日～平成1年6月14日　僧侶　花園大学教授、布袋寺住職　→88/90

高崎 毅　たかさき・たけし　大正5年4月5日～昭和48年6月29日　牧師、教育家　東京神学大学学長　→昭和（たかさき・つよし）

高崎 毅志　たかさき・たけし　昭和14年1月27日～平成11年　牧師　日本基督教団栗平教会正教師　→00/02s

高碕 達之助　たかさき・たつのすけ　明治18年2月7日～昭和39年2月24日　実業家、政治家　東洋製罐創業者、衆院議員（自民党）、通産相　→昭和

高崎 太郎　たかさき・たろう　大正10年5月16日～昭和58年11月27日　ミツル産業専務、千葉県土地開発公社参

与　→83/87

高崎 伸夫　たかさき・のぶお　昭和3年9月12日～平成11年4月12日　東海カーボン専務　→97/99

高崎 信義　たかさき・のぶよし　大正14年7月6日～平成19年10月7日　北海道新聞専務　→06/08

高崎 文夫　たかさき・ふみお　大正9年2月29日～平成11年1月13日　三菱ガス化学専務　→97/99

高崎 正戸　たかさき・まさと　明治23年3月12日～昭和23年1月26日　農民運動家　→昭和

高崎 正吾　たかさき・まさみ　大正6年10月17日～平成20年10月22日　ノリタケカンパニーリミテド専務　→06/08

鷹崎 正見　たかさき・まさみ　～昭和51年8月25日　日本飛行機会長　→昭和

高崎 正義　たかさき・まさよし　大正13年7月22日～平成5年7月4日　日本地図センター理事長、国土地理院長　→91/93

高崎 益男　たかさき・ますお　～昭和62年10月27日　住友海上火災保険取締役　→83/87

高崎 泰　たかさき・やすし　～昭和63年9月20日　日紡取締役　→88/90

高崎 雪子　たかさき・ゆきこ　明治40年～平成7年8月16日　ルパン経営　→94/96

高崎 良輝　たかさき・よしてる　～平成12年6月15日　奈良県漁業協同組合連合会長、五条市会議長　→00/02

高碕 芳郎　たかさき・よしろう　大正8年8月30日～平成23年4月10日　東洋製罐社長　→09/11

高砂 稠夫　たかさご・しげお　大正12年1月10日～昭和59年5月20日　山科精工所常務　→83/87

高里 喜八郎　たかざと・きはちろう　～平成16年3月31日　沖縄テレビ監査役　→03/05

高沢 猛　たかざわ・いさむ　～昭和61年9月7日　日本ゼオン取締役　→83/87

高沢 英一　たかざわ・えいいち　大正5年7月4日～昭和63年10月31日　七尾商工会議所会頭、熊登信用金庫会長　→88/90

高沢 信一郎　たかざわ・しんいちろう　明治41年6月21日～平成10年4月17日　神官、神道研究家　神社本庁長老、明治神宮名誉宮司　→97/99

高沢 新七　たかざわ・しんしち　大正4年11月2日～平成19年12月15日　弁護士　名古屋地裁所長　→06/08

高沢 清治　たかざわ・せいじ　明治45年4月8日～平成17年2月3日　日本化学工業常務　→03/05

高沢 竹寿　たかざわ・たけじゅ　大正6年7月29日～平成10年1月11日　仙台市議　→97/99

高沢 寅雄　たかざわ・とらお　大正15年3月9日～平成15年2月24日　積水化学工業専務　→03/05

高沢 寅男　たかざわ・とらお　大正5年10月17日～平成11年8月5日　衆院議員、社会党副委員長　→97/99

高沢 義兼　たかざわ・よしかね　～平成10年1月23日

ビジョン専務　→97/99

高下 重平　たかした・じゅうへい　～昭和58年3月10日　大和市長　→83/87

高階 研一　たかしな・けんいち　～昭和42年10月4日　橿原神宮宮司　→昭和

高品 武彦　たかしな・たけひこ　大正11年1月12日～平成16年12月18日　防衛庁統合幕僚会議議長　→03/05

高品 浩　たかしな・ひろし　大正15年3月30日～平成6年8月8日　日本原燃副社長　→94/96

高品 増之助　たかしな・ますのすけ　～昭和57年5月17日　トインビー・市民の会代表理事、元東京商工会議所副会頭　→80/82

高階 瓏仙　たかしな・ろうせん　明治9年12月15日～昭和43年1月19日　僧侶　曹洞宗管長　→昭和

高芝 達　たかしば・すすむ　大正12年5月5日～平成17年11月28日　日本信販副社長　→03/05

高柴 忠雄　たかしば・ただお　～平成3年6月27日　明倫舎取締役　→91/93

高島 章　たかしま・あきら　昭和14年3月18日～平成22年6月10日　特許庁長官、富士通副会長　→09/11

高島 勇　たかしま・いさむ　明治37年11月1日～平成4年4月9日　富士パルプ社長　→91/93

高島 一雄　たかしま・かずお　～昭和39年11月30日　陸軍獣医中将　→昭和

高島 一雄　たかしま・かずお　大正3年12月1日～昭和57年5月18日　日本製鋼所監査役、北海道拓殖銀行専務　→80/82

高島 菊次郎　たかしま・きくじろう　明治8年5月17日～昭和44年1月29日　実業家　王子製紙社長　→昭和

高島 清晏　たかしま・きよやす　昭和4年3月21日～平成1年4月30日　東光ターミナル社長、東洋運輸社長、東洋埠頭取締役　→88/90

高島 国男　たかしま・くにお　大正13年8月6日～平成21年7月19日　世界思想社教学社創業者　→09/11

高島 浩一　たかしま・こういち　大正11年11月21日～平成12年3月23日　共英製鋼会長・CEO　→00/02

高島 幸三郎　たかしま・こうざぶろう　大正8年7月26日～平成12年12月1日　高島会長　→00/02

高嶋 公二　たかしま・こうじ　～昭和61年3月26日　日本アビオニクス専務　→83/87

高嶋 幸次　たかしま・こうじ　～昭和56年5月1日　標茶町（北海道）町長　→80/82

高島 広勝　たかしま・こうしょう　明治35年11月4日～昭和59年6月21日　真宗高田派宗務総長、真宗高田派本山専修寺代表役員、高田学苑理事長　→83/87

高島 昂三　たかしま・こうぞう　～昭和32年10月9日　肥後相互銀行社長　→昭和

高島 幸太吉　たかしま・こうたきち　明治21年2月16日～昭和46年10月2日　高島創業者　→昭和

高島 醇一　たかしま・じゅんいち　大正10年5月13日～昭和63年8月31日　レンゴー監査役　→88/90

高島 史路　たかしま・しろ　大正13年7月23日～平成21年9月18日　日本光電工業専務　→09/11

高島 嗣郎逸　たかしま・しろいつ　大正13年8月10日～平成22年10月7日　ビオフェルミン製薬常務　→09/11

高嶋 四郎雄　たかしま・しろお　大正3年2月5日～平成9年5月29日　伊勢湾海運会長・社長、日本港運協会会長　→97/99

高嶋 碩夫　たかしま・せきお　大正10年7月19日～平成10年1月14日　住友化学工業専務　→97/99

高島 節男　たかしま・せつお　大正4年5月5日～平成6年10月17日　三井金属鉱業社長、経済企画庁事務次官　→94/96

高島 千三　たかしま・せんぞう　～昭和56年7月12日　檜山管内今金町議会副議長　→80/82

高島 孝之　たかしま・たかゆき　昭和6年12月14日～昭和56年10月21日　博報堂取締役第二本部長　→80/82

高嶋 猛雄　たかしま・たけお　大正11年3月3日～平成1年10月3日　帯広信用金庫会長　→88/90

高島 武彦　たかしま・たけひこ　大正2年7月1日～平成13年11月17日　武田薬品工業専務　→00/02

高島 正　たかしま・ただし　明治45年6月3日～平成11年3月15日　三井金属常務　→97/99

高嶋 たつ江　たかしま・たつえ　～平成15年1月28日　日本カトリック正義と平和協議会運営委員　→03/05

高島 恒人　たかしま・つねと　～平成2年7月19日　神鋼商事監査役　→88/90

高島 照治　たかしま・てるじ　大正13年1月18日～平成18年3月17日　群馬県議（自民党）　→06/08

高嶋 俊郎　たかしま・としろう　～昭和61年2月4日　直方市議・市会議員　→83/87

高島 信之　たかしま・のぶゆき　昭和2年2月14日～平成22年6月18日　弁護士　高島法律事務所所長、日本ラグビー協会顧問　→09/11

高島 秀吉　たかしま・ひでよし　～昭和42年11月29日　日立市長　→昭和

高嶋 博　たかしま・ひろし　大正11年5月1日～平成11年4月8日　セントラル硝子常務　→97/99

高嶋 文雄　たかしま・ふみお　～昭和43年7月2日　弁護士　日本オリンピック委員　→昭和

高嶋 平介　たかしま・へいすけ　大正2年5月22日～平成18年2月24日　高嶋酒類食品会長、兵庫県自家用自動車協会会長　→06/08

高嶋 米峰　たかしま・べいほう　明治8年1月15日～昭和24年10月25日　宗教家、教育家、随筆家、評論家　東洋大学学長　→昭和

高島 正雄　たかしま・まさお　大正5年～平成8年11月24日　日興電機工業常務　→94/96

高島 正巳　たかしま・まさみ　昭和6年11月19日～平

たかしま

	18年4月20日　丸栄副社長　→06/08

高島　益郎　たかしま・ますお　大正8年10月6日〜昭和63年5月2日　外交官　最高裁判事, 駐ソ大使, 外務事務次官　→88/90

高島　満兎　たかしま・まと　明治42年10月28日〜昭和9年7月13日　社会運動家　→昭和

高島　道夫　たかしま・みちお　大正14年7月31日〜平成8年5月8日　静岡銀行常務　→94/96

高島　稔　たかしま・みのる　〜昭和62年2月7日　広貫堂産業(株)取締役　→83/87

高島　基江　たかしま・もとえ　〜昭和44年3月28日　東洋高圧会長　→昭和

高嶋　康男　たかしま・やすお　大正15年7月15日〜昭和61年6月25日　青木建設顧問・元取締役　→83/87

高嶋　雄三郎　たかしま・ゆうざぶろう　明治44年10月2日〜平成5年6月27日　舞台監督, 著述家　日本の松の緑を守る会常務理事　→91/93

高嶋　良昭　たかしま・よしあき　昭和24年1月1日〜平成22年8月18日　レンゴー取締役・常務執行役員　→09/11

高島　義雄　たかしま・よしお　〜昭和43年3月28日　毎日放送取締役, 技師長　→昭和

高島　芳雄　たかしま・よしお　大正2年7月17日〜平成9年3月13日　三協アルミニウム工業専務　→97/99

高嶋　義一　たかしま・よしかず　明治45年1月28日〜平成3年3月9日　北日本新聞社相談役, 高岡市教育委員長　→91/93

高嶋　善一　たかしま・よしかず　〜平成13年12月24日　福島県農協中央会長　→00/02

高島　好隆　たかしま・よしたか　〜平成5年7月22日　茨木市長　→91/93

高島　良忠　たかしま・よしただ　明治42年2月18日〜昭和60年3月14日　日本パイリーン顧問, 元大日本インキ化学工業常務　→83/87

高島　良一　たかしま・りょういち　大正8年3月1日〜平成14年6月18日　弁護士　獨協大学名誉教授　→00/02

高島　五十雄　たかす・いそお　明治42年10月4日〜平成7年8月21日　電気興業常務　→94/96

高須　栄治郎　たかす・えいじろう　大正7年3月2日〜平成2年1月7日　日栄運輸倉庫会長　→88/90

高洲　一美　たかす・かずみ　明治43年1月17日〜昭和61年12月14日　中国新聞社顧問　→83/87

高須　邦秀　たかす・くにひで　昭和11年6月21日〜平成2年1月31日　カンポウプラス取締役　→88/90

高洲　九郎　たかす・くろう　明治39年1月21日〜昭和56年3月8日　ゼネラル石油常務　→80/82

高須　敬　たかす・けい　〜平成12年4月30日　海将　防衛庁技術研究本部技術開発官　→00/02

高須　洪一郎　たかす・こういちろう　明治45年7月10日〜昭和61年9月9日　朝日工業社長, 日本空調衛生工事業協会長　→83/87

高須　四郎　たかす・しろう　明治17年10月27日〜昭和19年9月2日　海軍大将　→昭和

鷹巣　達次　たかす・たつじ　〜昭和55年3月1日　名古屋相互銀行多治見支店長　→80/82

高須　直彦　たかす・なおひこ　大正5年2月6日〜平成5年12月24日　昭和産業専務　→91/93

高洲　紀雄　たかす・のりお　明治38年2月11日〜平成2年5月14日　住友電気工業専務　→88/90

高須　日出夫　たかす・ひでお　大正9年11月9日〜昭和61年4月19日　リビア大使, 外務省外交史料館長　→83/87

高須　博　たかす・ひろし　昭和5年9月13日〜平成16年11月10日　日本配合飼料社長　→03/05

高須　儼明　たかす・よしあき　大正12年9月1日〜平成7年1月2日　日本海運社長　→94/96

高須賀　武夫　たかすか・たけお　大正2年8月18日〜昭和62年8月28日　高須賀商店社長, 石巻地区交通安全協会長　→83/87

高須賀　丈俊　たかすか・たけとし　大正9年1月15日〜平成23年9月5日　神鋼商事専務　→09/11

高杉　儀平　たかすぎ・ぎへい　〜昭和46年3月19日　新潟交通会長　→昭和

高杉　恭自　たかすぎ・きょうじ　大正5年9月25日〜平成7年11月26日　陸将　陸上自衛隊東北方面総監　→94/96

高杉　九馬一　たかすぎ・くめいち　〜昭和39年3月11日　三協汽船社長　→昭和

高杉　孝二郎　たかすぎ・こうじろう　〜昭和49年11月23日　千葉日報会長　→昭和 (たかすぎ・こうざぶろう)

高杉　茂治　たかすぎ・しげじ　〜昭和57年6月29日　栗山町(北海道)収入役　→80/82

高杉　秀吉　たかすぎ・しゅうきち　〜昭和47年7月22日　明治製菓会長　→昭和

高杉　晋一　たかすぎ・しんいち　明治25年3月1日〜昭和53年6月6日　実業家　三菱電機社長　→昭和

高杉　大生郎　たかすぎ・だいじゅうろう　昭和3年2月7日〜平成11年11月15日　オータックス創業者　→97/99

高杉　田鶴子　たかすぎ・たずこ　〜昭和59年12月24日　北海道婦人団体連絡協議会会長　→83/87

高杉　廸忠　たかすぎ・みちただ　大正14年8月16日〜平成12年5月27日　参院議員(社会党)　→00/02

高薄　豊次郎　たかすすき・とよじろう　明治34年4月25日〜昭和59年8月17日　室蘭市長　→83/87

高薄　登　たかすすき・のぼる　大正7年8月18日〜昭和62年11月20日　大成町(北海道)町長　→83/87

高砂　政郎　たかすな・まさろう　明治40年6月1日〜平成1年10月9日　塩尻市長　→88/90

高瀬　一太郎　たかせ・いちたろう　昭和4年8月9日〜平成22年9月11日　加須市長　→09/11

高瀬　岩雄　たかせ・いわお　〜昭和63年9月23日　高瀬木材会長　→88/90

高瀬　磐夫　たかせ・いわお　昭和9年8月8日〜平成13年7

月18日　高瀬味噌会長, 兵庫県味噌工業協同組合理事長　→00/02

高瀬 梅吉　たかせ・うめきち　明治6年9月～昭和7年11月29日　実業家　佐賀炭礦社長, 衆院議員（民政党）　→昭和

高瀬 一重　たかせ・かずしげ　昭和6年11月1日～平成15年5月17日　栃木県議（自民党）　→03/05

高瀬 喜左衛門　たかせ・きざえもん　大正12年1月22日～平成16年12月3日　会津若松市長　→03/05

高瀬 清　たかせ・きよし　明治34年10月12日～昭和48年8月7日　社会運動家　→昭和

高瀬 元　たかせ・げん　大正14年3月19日～平成20年5月31日　ハザマ副社長　→06/08

高瀬 恒徳　たかせ・こうとく　昭和53年10月22日　日本聖公会主教　→昭和

高瀬 庄一　たかせ・しょういち　明治33年11月9日～昭和61年7月11日　兵庫データシステム顧問, 兵庫相互銀行参与・元常務, 西脇市監査委員　→83/87

高瀬 正二　たかせ・しょうじ　大正1年9月13日～昭和62年8月11日　東芝専務, エヌ・エス・ジェイ社会長　→83/87

高瀬 信二　たかせ・しんじ　大正5年3月7日～平成13年10月10日　西脇市長　→00/02

高瀬 泰二　たかせ・たいじ　昭和16年～昭和62年3月21日　京都府学連委員長, 白樺（居酒屋・京都吉田山）経営　→83/87

高瀬 武市　たかせ・たけいち　～昭和56年6月19日　東京司法書士会相談役・元同会長　→80/82

高瀬 忠一　たかせ・ただいち　～平成6年4月2日　東洋ラジエーター監査役　→94/96

高瀬 忠和　たかせ・ただかず　昭和13年12月19日～平成19年8月12日　アグレックス社長　→06/08

高瀬 直智　たかせ・ただとも　昭和48年11月2日　駐クウェート大使　→昭和

高瀬 伝　たかせ・でん　明治31年12月6日～昭和44年4月27日　衆院議員（自民党）　→昭和

高瀬 浩　たかせ・ひろし　昭和7年8月2日～平成16年3月25日　三重交通常務　→03/05

高瀬 裕康　たかせ・ひろやす　昭和13年2月23日～平成21年3月3日　東急建設常務　→09/11

高瀬 文雄　たかせ・ふみお　大正10年～昭和63年7月6日　ニコン取締役　→88/90

高瀬 政忠　たかせ・まさただ　大正11年11月12日～平成18年7月10日　秋田魁新報社長　→06/08

高瀬 満雄　たかせ・みつお　昭和6年10月18日～平成19年8月21日　旭ダイヤモンド工業社長　→06/08

高瀬 盛信　たかせ・もりのぶ　昭和4年3月4日～昭和63年8月8日　信栄金型社長　→88/90

高瀬 芳彦　たかせ・よしひこ　～昭和61年10月7日　札幌市建設局理事・局長職　→83/87

高瀬 芳彦　たかせ・よしひこ　昭和8年3月22日～平成15年8月28日　和歌山県副知事　→03/05

高瀬 礼二　たかせ・れいじ　大正5年8月21日～平成23年4月4日　東京高検検事長　→09/11

高左右 隆之　たかそう・たかゆき　～昭和16年3月25日　民間航空界の草分　→昭和

高園 次雄　たかぞの・つぎお　～平成7年3月23日　ゼネラル物産（のちゼネラル石油）常務　→94/96

高田 昭義　たかだ・あきよし　昭和19年3月7日～平成11年6月25日　郵政省官房長　→97/99

高田 昭　たかだ・あきら　～昭和62年5月19日　間組取締役　→83/87

高田 昭　たかだ・あきら　昭和2年10月18日～平成4年6月3日　東海鋼材工業社長　→91/93

高田 章　たかだ・あきら　大正15年10月15日～平成17年11月6日　弁護士　明治学院大学名誉教授　→03/05

高田 勲　たかだ・いさお　昭和60年12月29日　高田商事取締役　→83/87

高田 伊三郎　たかだ・いさぶろう　明治40年1月1日～昭和62年6月27日　昭和アルミニウム相談役・元社長　→83/87

高田 勇　たかた・いさみ　明治41年9月16日～昭和58年11月13日　鳥取市長　→83/87

高田 一郎　たかだ・いちろう　～平成4年2月11日　刈谷市長　→91/93

高田 一郎　たかだ・いちろう　大正8年6月25日～平成11年10月29日　新内外綿常務　→97/99

高田 逸喜　たかた・いつき　明治25年9月25日～昭和63年8月5日　日本短資会長, 横浜正金銀行（のち東京銀行）頭取　→88/90

高田 耘平　たかだ・うんぺい　明治6年12月～昭和32年6月29日　衆院議員（日本進歩党）　→昭和

高田 英一　たかだ・えいいち　～平成3年12月27日　伊藤忠不動産常務　→91/93

高田 栄之輔　たかだ・えいのすけ　大正11年2月9日～平成1年11月16日　全国卸売酒販組合中央会相談役, 神戸酒類販売社長　→88/90

高田 一弥　たかだ・かずや　昭和3年8月8日～平成2年10月21日　日野自動車工業副社長　→88/90

高田 一也　たかだ・かずや　～昭和60年11月1日　大垣自動車センター社長　→83/87

高田 勝美　たかだ・かつみ　昭和14年1月1日～平成13年4月28日　大阪府議（無所属）　→00/02

高田 兼芳　たかだ・かねよし　大正8年3月22日～平成3年3月25日　福島県議（自民党）, 力産業社長　→91/93

高田 希一　たかだ・きいち　～平成9年11月14日　東海電波局管理局長　→97/99

高田 機一　たかだ・きいち　～昭和7年2月23日　歩兵第三十五聯隊附歩兵少佐　→昭和

たかた

高田 儀三郎　たかだ・ぎさぶろう　〜昭和45年7月25日
石原産業常務　→昭和

高田 儀三郎　たかだ・ぎさぶろう　〜昭和47年8月8日
大和自動車交通会長　→昭和

高田 久右衛門　たかだ・きゅうえもん　〜昭和13年4月20日　伊藤万商店監査役　→昭和（たかだ・きゅううえもん）

高田 久右衛門　たかだ・きゅうえもん　明治40年8月28日〜平成8年7月15日　伊藤万（のち住金物産）専務　→94/96

高田 喜代蔵　たかだ・きよぞう　〜平成7年1月12日
兵庫県議、神戸市議　→94/96

高田 清高　たかだ・きよたか　〜昭和60年2月12日
住宅都市整備公団九州支社管理部長　→83/87

高田 喜利子　たかだ・きりこ　〜昭和59年4月19日
金盃酒造会長　→83/87

高田 金次郎　たかだ・きんじろう　〜昭和60年4月14日
住友生命常務　→83/87

高田 恵　たかだ・けい　大正15年1月29日〜平成23年5月6日　久保田鉄工常務　→09/11

高田 景次　たかだ・けいじ　大正5年1月23日〜平成15年3月16日　秋田市長　→03/05

高田 圭造　たかだ・けいぞう　大正2年11月11日〜昭和63年8月21日　東洋ラジエーター常務　→88/90

高田 敬三　たかだ・けいぞう　大正8年8月15日〜平成12年10月20日　毎日新聞専務東京本社代表　→00/02

高田 桂造　たかだ・けいぞう　昭和5年1月5日〜平成14年5月21日　大昭和製紙副社長　→00/02

高田 賢一郎　たかだ・けんいちろう　昭和7年1月22日〜平成22年6月19日　高田工業所社長、北九州商工会議所会頭　→09/11

高田 源次　たかだ・げんじ　大正8年3月14日〜平成20年3月6日　太陽工藝工事専務　→06/08

高田 源治　たかだ・げんじ　〜平成1年1月13日
大同建設会長、寺井町（石川県）町議会議長　→88/90

高田 好胤　たかだ・こういん　大正13年3月30日〜平成10年6月22日　僧侶　薬師寺管主、法相宗管長　→97/99

高田 浩運　たかだ・こううん　明治25年3月〜昭和52年7月17日　参院議員（自民党）　→昭和（たかだ・こううん）

高田 小三郎　たかだ・こさぶろう　〜昭和59年7月20日
金底酒造社長、日本酒造組合中央会評議員　→83/87

高田 五郎　たかだ・ごろう　明治22年〜昭和48年11月20日　東京瓦斯社長　→昭和

高田 栄　たかだ・さかえ　〜昭和48年7月17日
海軍少将　→昭和

高田 貞男　たかだ・さだお　〜昭和25年7月9日
東京控訴院元大審院長　→昭和

高田 重雄　たかだ・しげお　〜昭和39年1月25日
北海道炭礦汽船社長　→昭和

I　政治・経済・社会篇

高田 成夫　たかだ・しげお　明治38年11月6日〜昭和59年11月9日　大阪セメント取締役　→83/87

高田 成己　たかた・しげき　〜昭和58年10月13日
太宰府市助役　→83/87

高田 成　たかだ・しげる　大正7年7月14日〜平成13年4月28日　川崎重工業常務　→00/02

高田 静男　たかだ・しずお　〜平成4年10月4日
中遠熱処理技研社長、サンヨー社長　→91/93

高田 重一郎　たかだ・じゅういちろう　昭和11年3月4日〜平成23年2月21日　タカタ社長　→09/11

高田 周蔵　たかた・しゅうぞう　明治45年2月12日〜平成10年7月16日　愛媛相互銀行社長　→97/99

高田 床三郎　たかだ・しょうざぶろう　明治35年10月5日〜昭和63年12月12日　日本電信電話公社釧路電話局長　→88/90

高田 昭二郎　たかた・しょうじろう　昭和2年2月4日〜平成23年9月3日　熊本県議（自民党）　→09/11

高田 四郎　たかだ・しろう　〜昭和57年8月17日
門司海難審判庁長　→80/82

高田 四郎　たかだ・しろう　明治2年3月21日〜平成18年6月17日　大阪商船三井船舶常務　→06/08

高田 治郎　たかだ・じろう　〜平成14年1月9日
日教組書記長、北海道議（社会党）　→00/02

高田 真快　たかだ・しんかい　昭和12年3月31日〜平成9年3月11日　僧侶　唐泉寺（真言宗）住職、江戸川不動尊山主　→97/99

高田 真光　たかだ・しんこう　大正7年1月15日〜平成6年8月6日　僧侶　吉祥寺住職、高野山真言宗大僧正　→94/96

高田 進　たかた・すすむ　大正13年1月25日〜平成17年3月21日　丸善石油常務　→03/05

田方 進　たかた・すすむ　明治35年7月〜昭和47年12月12日　参院議員（自由党）　→昭和

高田 澄子　たかだ・すみこ　〜昭和63年10月9日
砺波すいげつろうホテル取締役　→88/90

高田 善四郎　たかだ・ぜんしろう　明治35年6月24日〜平成2年3月22日　日本毛織監査役　→88/90

高田 宗一　たかだ・そういち　明治43年10月28日〜平成14年6月6日　川崎製鉄副社長　→00/02

高田 外治郎　たかだ・そとじろう　〜昭和62年10月22日
高田組（株）代表取締役社長　→83/87

高田 外次郎　たかだ・そとじろう　明治44年7月23日〜平成3年2月2日　安田火災海上保険常任監査役　→91/93

高田 隆雄　たかだ・たかお　明治42年2月13日〜平成1年3月11日　鉄道友の会副会長、汽車製造常務　→88/90

高田 敞　たかだ・たかし　大正5年9月19日〜昭和60年12月26日　鐘淵化学工業社長、塩化ビニール工業協会会長　→83/87

高田 堯　たかだ・たかし　〜平成7年9月26日
水場川水害訴訟原告団初代団長　→94/96

710　「現代物故者事典」総索引（昭和元年〜平成23年）

高田 隆友　たかた・たかとも　～昭和61年5月20日
　家庭薬配置長野県部会長　→83/87

高田 健雄　たかた・たけお　大正2年10月18日～平成2年2月4日　日本軽金属副社長　→88/90

高田 武　たかだ・たけし　昭和8年10月22日～平成7年2月23日　アプラス常務　→94/96

高田 忠雄　たかだ・ただお　大正3年11月27日～平成19年11月4日　登別市長、北海道議　→06/08

高田 賢　たかた・ただし　～平成4年4月5日
　帝国ホテル専務、京王プラザホテル会長　→91/93

高田 保　たかた・たもつ　～昭和25年1月3日
　大分市長　→昭和

高田 太郎　たかだ・たろう　大正6年～平成14年11月30日　武田薬品工業専務　→00/02

高田 団三郎　たかだ・だんざぶろう　大正8年11月2日～平成2年5月15日　空港専門大店代表取締役会長　→88/90

高田 忠一　たかだ・ちゅういち　明治42年10月5日～平成2年5月13日　婦人生活社常務　→88/90

高田 徳博　たかだ・とくひろ　昭和3年7月13日～平成20年1月12日　前田建設工業専務　→06/08

高田 利種　たかだ・としかず　大正8年1月15日～昭和62年10月25日　海軍少将　生化学工業社長　→83/87

高田 利治　たかだ・としはる　大正3年3月30日～平成16年11月5日　中日新聞常務　→03/05

高田 利彦　たかだ・としひこ　大正12年10月1日～平成14年3月5日　黎明書房社長　→00/02

高田 利吉　たかだ・としよし　昭和9年6月11日～平成5年3月15日　カナデン常務　→91/93

高田 富之　たかだ・とみゆき　明治45年3月26日～平成11年10月14日　衆院議員(社会党)　→97/99

高田 富与　たかだ・とみよ　明治25年5月11日～昭和41年10月17日　衆院議員(自民党)、札幌市長　→昭和

高田 豊作　たかだ・とよさく　～昭和56年8月26日
　鷹栖村(北海道)村長　→80/82

高田 直屹　たかだ・なおき　～昭和17年5月23日
　国策パルプ工業副社長、元王子製紙専務　→昭和

高田 直人　たかだ・なおと　大正11年2月20日～平成10年9月12日　マルタイ会長　→97/99

高田 なほ子　たかだ・なほこ　明治38年1月18日～平成5年5月19日　婦人運動家、退職婦人教職員全国連絡協議会長、参院議員(社会党)　→91/93

高田 信昭　たかだ・のぶあき　～昭和61年5月13日
　日華議員懇談会事務局長　→83/87

高田 昇　たかだ・のぼる　～平成3年2月6日
　新東ブレーター社長、新東工業常務　→91/93

高田 治尚　たかだ・はるよし　明治41年3月3日～昭和62年9月7日　弁護士　→83/87

高田 寿夫　たかだ・ひさお　明治43年11月17日～昭和61年10月25日　高田工業所創業者、日本棋院理事　→83/87

高田 寿美　たかだ・ひさみ　～平成13年9月21日
　高田工業所常務　→00/02

高田 秀穂　たかだ・ひでほ　大正3年5月3日～平成14年12月5日　立山黒部貫光社長、立山開発鉄道社長　→00/02

高田 博照　たかだ・ひろあき　大正9年10月9日～平成3年6月9日　オリエンタルランド常務　→91/93

高田 寛　たかだ・ひろし　明治32年1月15日～昭和54年5月3日　参院議員(緑風会)、はとバス会長　→昭和

高田 弘　たかだ・ひろし　明治44年9月22日～平成9年7月31日　協和発酵工業社長　→97/99

高田 浩令　たかだ・ひろよし　大正7年9月8日～平成1年8月6日　住友商事常務、住商建物社長　→88/90

高田 文平　たかだ・ぶんぺい　～昭和62年11月19日
　東京商工リサーチ専務　→83/87

高田 正夫　たかだ・まさお　～昭和57年6月20日
　日本船長協会会長、長良丸船長　→80/82

高田 正士　たかだ・まさし　大正5年11月29日～昭和61年11月18日　東京ビルサービス社長、東京建物取締役　→83/87

高田 昌彦　たかだ・まさひこ　～平成15年2月17日
　家の光協会会長、奈良県農業協同組合中央会長　→03/05

高田 正巳　たかだ・まさみ　明治43年6月20日～昭和56年7月13日　東京厚生年金会館館長、厚生次官　→80/82

高田 勝　たかだ・まさる　昭和10年10月24日～平成23年9月30日　高砂香料工業常務　→09/11

高田 光人　たかだ・みつと　～平成6年9月2日
　自治労共済事務理事　→94/96

高田 実　たかだ・みのる　大正6年1月2日～昭和63年8月20日　長崎県以西底曳漁業協同組合組合長、日本遠洋底曳網漁業信用基金協会副理事長、高田水産会長　→88/90

高田 宗昌　たかだ・むねまさ　昭和11年3月27日～平成22年1月2日　日本製粉常務　→09/11

高田 百喜　たかた・ももき　明治32年12月18日～昭和58年4月6日　小倉祇園人鼓振興会長、小倉商工会議所会頭、北九州市商工会議所副会頭　→83/87

高田 桃作　たかだ・ももさく　～平成3年3月16日
　東亜紡織取締役　→91/93

高田 弥市　たかだ・やいち　明治38年10月～昭和45年1月15日　衆院議員(自由党)　→昭和

高田 保男　たかだ・やすお　昭和8年1月30日～平成3年9月11日　古河電気工業取締役　→91/93

高田 安童　たかだ・やすとう　大正6年5月1日～平成13年9月14日　陸将　陸上自衛隊第4師団長　→00/02

高田 雄治　たかだ・ゆうじ　大正4年10月16日～平成9年1月30日　第一勧業銀行常務、東亜ペイント(のちトウペ)副社長　→97/99

高田 幸夫　たかだ・ゆきお　大正4年8月15日～平成1年11月23日　東邦チタニウム常務・監査役　→88/90

高田 ユリ　たかだ・ゆり　大正5年1月2日〜平成15年12月24日　消費者運動家　主婦連合会会長　→03/05

高田 義雄　たかた・よしお　大正5年10月9日〜昭和61年11月19日　大門町(富山県)町議、高田建設社長　→83/87

鷹田 吉憲　たかだ・よしのり　大正9年7月10日〜平成19年1月3日　北海道開発事務次官　→06/08

高田 嘉幸　たかだ・よしゆき　大正8年1月2日〜平成7年9月7日　ニットー会長　→94/96

高田 利市　たかだ・りいち　明治27年1月3日〜平成2年2月4日　(有)高田機業店社長　→88/90

高田 利喜造　たかた・りきぞう　明治34年12月17日〜昭和62年11月24日　リッキーコンタクトレンズ研究所社長　→83/87

高田 利七　たかだ・りしち　明治36年7月23日〜平成1年5月2日　昭栄会長　→88/90

高田 立也　たかた・りつや　昭和8年7月15日〜平成23年3月24日　熊本日日新聞総務局長　→09/11

高田 隆造　たかだ・りゅうぞう　明治37年3月1日〜平成8年2月6日　川崎航空機工業(のち川崎重工業)専務　→94/96

高田 亮一　たかだ・りょういち　明治42年11月30日〜平成7年3月14日　日野自動車工業会長　→94/96

高田 良作　たかだ・りょうさく　〜昭和43年2月8日　東北パルプ会長　→昭和

高田 和逸　たかだ・わいつ　明治28年6月2日〜昭和45年8月27日　社会運動家　→昭和

高谷 勇　たかたに・いさむ　大正3年4月11日〜昭和62年7月28日　九州牛乳輸送社長、佐賀カントリークラブ理事長　→83/87

高谷 勇　たかたに・いさむ　明治45年5月15日〜平成2年1月4日　大阪チタニウム製造常務　→88/90

高玉 司　たかだま・つかさ　〜昭和55年6月7日　港区議、都剣道連盟常任理事　→80/82

高千穂 正史　たかちほ・まさふみ　昭和8年8月17日〜平成17年4月29日　僧侶、随筆家　仏厳寺(浄土真宗本願寺派)住職　→03/05

高津 幸男　たかつ・さちお　大正12年2月12日〜平成11年11月10日　朝日新聞取締役、エレクトロニック・ライブラリー副社長　→97/99

高津 秀剛　たかつ・しゅうごう　昭和2年7月1日〜平成14年2月20日　オーエス社長、阪急電鉄常務　→00/02

高津 正道　たかつ・せいどう　明治26年4月20日〜昭和49年1月9日　社会運動家、評論家、政治家　衆院議員(社会党)　→昭和

高津 刈良　たかつ・つろう　〜昭和58年8月21日　社会福祉法人同胞互助会会長　→83/87

高津 環　たかつ・たまき　大正5年9月14日〜昭和60年12月4日　公証人　仙台地裁所長、東京高裁判事　→83/87

高津 輝夫　たかつ・てるお　大正17年7月25日〜平成11年3月22日　京都新聞広告局局次長　→97/99

高津 利生　たかつ・としなり　〜平成7年6月27日　開発電気専務　→94/96

高津 奈良男　たかつ・ならお　〜昭和43年9月13日　ビオフェルミン製薬社長　→昭和

高津 優　たかつ・ゆう　〜昭和32年1月14日　東京船舶常務　→昭和

高津 幸弘　たかつ・ゆきひろ　大正14年3月25日〜平成13年3月13日　日本発条常務　→00/02

高塚 寅男　たかつか・とらお　大正6年11月15日〜平成11年3月18日　日新火災海上保険専務　→97/99

高塚 栄朗　たかつか・よしあき　昭和11年9月19日〜平成1年10月12日　南海建設常務　→88/90

鷹司 和子　たかつかさ・かずこ　昭和4年9月30日〜平成1年5月26日　皇族　伊勢神宮祭主　→88/90

高槻 義信　たかつき・よしのぶ　〜昭和63年10月16日　日本速記協会副会長　→88/90

高次 三吉　たかつぐ・さんきち　〜昭和63年4月20日　福岡地裁所長　→88/90

高辻 武邦　たかつじ・たけくに　明治29年10月1日〜昭和38年3月21日　富山県知事、大阪府知事　→昭和

高辻 朋房　たかつじ・ともふさ　明治32年10月7日〜昭和61年11月21日　弁護士　福山人権擁護委員協議会会長　→83/87

高辻 宜麿　たかつじ・のぶまろ　〜昭和15年2月23日　子爵、大宮御所祇候　→昭和

高辻 正己　たかつじ・まさみ　明治43年1月19日〜平成9年5月20日　弁護士　法相、最高裁判事、内閣法制局長官　→97/99

高辻 安親　たかつじ・やすちか　〜平成16年10月17日　神官、連歌研究家　須佐神社宮司　→03/05

高綱 基裕　たかつな・もとひろ　昭和5年8月14日〜平成18年4月25日　ニチバン社長　→06/08

高寺 善右衛門　たかてら・ぜんうえもん　〜昭和61年10月5日　全国市区選挙管理委員会連合会会長　→83/87

高戸 顕隆　たかど・あきたか　大正4年8月12日〜平成23年7月10日　住友重機械工業常務、住友重機械エンパイロテック社長　→09/11

高戸 竹三　たかと・たけぞう　〜昭和56年1月22日　朝日生命取締役　→80/82

高戸 照夫　たかと・てるお　〜平成1年10月24日　日経映像取締役　→88/90

高堂 清　たかどう・きよし　昭和4年4月1日〜平成13年3月15日　大林組常務　→00/02

高堂 清一　たかどう・せいいち　〜昭和63年1月23日　高堂醤油代表取締役　→88/90

高藤 鉄雄　たかとう・てつお　昭和5年3月25日〜平成19年6月30日　三共社長　→06/08

高富 義一　たかとみ・ぎいち　〜昭和29年12月25日　焼津市長　→昭和

高鳥 昭憲　たかとり・あきのり　昭和31年11月30日～平成14年4月14日　経済産業省官房参事官　→00/02

高鳥 一司　たかとり・かずし　大正3年3月29日～昭和63年2月17日　松竹監査役、歌舞伎座事業副社長　→88/90

高鳥 賢司　たかとり・けんじ　大正14年1月10日～平成13年8月10日　新学社社長　→00/02

高取 伊好　たかとり・これよし　嘉永3年11月12日～昭和2年1月7日　実業家　高取鉱業社長　→昭和（たかとり・いこう）

高取 兵吉郎　たかとり・ひょうきちろう　明治34年6月24日～昭和56年12月23日　東京中央エージェンシー社長、万年社専務　→80/82

高梨 勝一　たかなし・かついち　大正9年6月30日～平成4年8月10日　中央魚類専務　→91/93

高梨 隼吉　たかなし・じゅんきち　大正4年2月9日～平成6年8月21日　扇屋本店（のち扇屋ジャスコ）専務　→94/96

高梨 省吾　たかなし・しょうご　大正7年1月3日～平成4年3月20日　東北特殊鋼社長　→91/93

高梨 壮夫　たかなし・たけお　～昭和39年7月4日　東京トヨペット会長、日本自動車連盟会長、元日銀理事　→昭和

高梨 二男　たかなし・つぐお　明治29年3月27日～昭和28年7月5日　社会運動家　東京都議、日本社会党中央委員　→昭和

高梨 仁三郎　たかなし・にさぶろう　明治37年4月12日～平成5年1月16日　東京コカ・コーラボトリング会長　→91/93

高梨 均　たかなし・ひとし　明治35年1月7日～平成1年9月19日　利根コカ・コーラボトリング副社長　→88/90

高梨 兵左衛門　たかなし・ひょうざえもん　～昭和39年1月25日　野田醬油創立者　→昭和（たかなし・へいざえもん）

高梨 兵左衛門（29代目）　たかなし・ひょうざえもん　明治35年8月26日～昭和63年8月24日　千秋社会長、東京コカ・コーラボトリング取締役、キッコーマン副社長　→88/90

高梨 正夫　たかなし・まさお　大正1年9月14日～平成3年7月4日　弁護士、海事補佐人、海事仲裁人　明治学院大学法学部教授　→91/93

高梨 公之　たかなし・まさゆき　大正4年3月2日～平成17年1月14日　弁護士　日本大学名誉総長　→03/05

高梨 悧一　たかなし・りいち　～昭和48年7月3日　石川島播磨重工業顧問　→昭和

高梨 亮太郎　たかなし・りょうたろう　昭和2年11月27日～平成15年10月12日　東邦亜鉛常務　→03/05

高鍋 徹男　たかなべ・てつお　大正3年5月4日～平成14年12月1日　飯塚市長　→00/02

高波 淳　たかなみ・あつし　～昭和56年12月12日　陸将　陸上自衛隊高射学校長　→80/82

高波 兼雄　たかなみ・かねお　明治36年6月20日～昭和57年12月20日　長野相互銀行会長　→80/82

高浪 多市郎　たかなみ・たいちろう　明治43年5月28日～平成15年7月7日　大豊建設常務　→03/05

高浪 卓造　たかなみ・たくぞう　大正8年1月5日～平成13年12月16日　東洋運搬機社長、日立造船副社長　→00/02

高成田 三郎　たかなりた・さぶろう　大正7年11月8日～平成6年11月6日　大日本印刷専務　→94/96

高西 正義　たかにし・まさよし　大正2年12月19日～平成12年10月10日　大成建設専務　→00/02

高根 敬　たかね・けい　大正10年1月29日～平成14年7月18日　中央魚類会長　→00/02

高根 政次郎　たかね・せいじろう　～昭和10年1月6日　官幣大社多賀神社宮司　→昭和

高根 靖　たかね・やすし　昭和11年4月15日～平成13年4月4日　三機工業専務　→00/02

高even 昭　たかの・あきら　明治3年2月26日～平成19年11月14日　宮城県議（自民党）　→06/08

高野 篤信　たかの・あつのぶ　大正10年6月24日～昭和62年8月25日　弁護士　名古屋弁護士会長　→83/87

高野 一夫　たかの・かずお　明治33年2月25日～昭和55年2月23日　参院議員（自民党）　→80/82

高野 勝一　たかの・かついち　明治43年11月26日～平成4年11月24日　日本パーカライジング専務　→91/93

高野 欣哉　たかの・きんや　～昭和58年8月9日　日本販売管理協会社長　→83/87

高野 国雄　たかの・くにお　昭和12年11月5日～平成12年4月6日　弁護士　高野国雄法律事務所長　→00/02

鷹野 啓次郎　たかの・けいじろう　～昭和47年10月27日　甲府市長　→昭和

高野 圭介　たかの・けいすけ　大正7年5月13日～平成4年1月22日　東邦生命保険取締役　→91/93

高野 源吉　たかの・げんきち　～昭和63年3月19日　高知県会議長　→88/90

高野 健次　たかの・けんじ　大正14年1月5日～平成12年1月29日　三井信託銀行専務　→00/02

高野 源進　たかの・げんしん　明治28年3月15日～昭和44年1月4日　広島県知事、警視総監　→昭和

高野 源蔵　たかの・げんぞう　明治32年10月28日～昭和61年6月25日　大日本水産会相談役　→83/87

高野 弘一　たかの・こういち　大正10年6月18日～平成59年10月29日　三造ビジネスコンサルタント専務、三井造船取締役　→83/87

高野 耕一　たかの・こういち　大正13年5月12日～平成22年1月13日　東京高裁部総括判事、大東文化大学教授　→09/11

高野 恒春　たかの・こうしゅん　～昭和42年4月17日　札幌テレビ副社長　→昭和

高野 幸子　たかの・さちこ　～平成8年1月18日　ジャパントルクス会長　→94/96

鷹野 重昌　たかの・しげよし　明治38年9月16日～昭和

たかの   I　政治・経済・社会篇

62年8月23日　富山紡績社長　→83/87

高野　静夫　たかの・しずお　大正14年4月26日～平成2年11月29日　西広常務　→88/90

高野　鎮雄　たかの・しずお　大正12年8月18日～平成4年1月19日　日本ビクター常務監査役　→91/93

高野　仁太郎　たかの・じんたろう　大正2年11月17日～平成18年11月5日　オリオンプレス社主　→06/08

高野　善一郎　たかの・ぜんいちろう　～昭和39年6月1日　日本教育テレビ副社長　→昭和

高野　高治　たかの・たかじ　大正2年～平成9年7月27日　佐渡とき保護会理事　→97/99

鷹野　孝徳　たかの・たかのり　明治40年2月10日～平成9年5月8日　鹿児島銀行頭取　→97/99

高野　多助　たかの・たすけ　～昭和3年9月23日　警視庁消防部長　→昭和

高野　忠衛　たかの・ただえ　明治19年～昭和45年12月15日　長野市長　→昭和（たかの・ちゅうえい）

高野　忠男　たかの・ただお　～昭和62年5月26日　兵庫県副知事、姫路市助役　→83/87

高野　正　たかの・ただし　昭和5年2月4日～平成18年6月5日　リンテック副社長　→06/08

高野　征　たかの・ただす　明治37年4月23日～平成11年3月21日　日亜鋼業専務　→97/99

鷹野　忠良　たかの・ただよし　大正6年8月24日～平成2年7月26日　タカノ（精密バネ工業）社長、長野県経営者協会副会長　→88/90

高野　達男　たかの・たつお　～平成17年8月22日　三菱樹脂本採用拒否訴訟原告　→03/05

高野　勉　たかの・つとむ　～昭和61年4月13日　高野デザインオフィス代表　→83/87

高野　務　たかの・つとむ　明治42年7月20日～昭和56年8月9日　日本道路協会名誉会長、建設省技監　→80/82

高野　弦雄　たかの・つるお　～昭和50年11月29日　国家公安委員　→昭和

高野　貞治　たかの・ていじ　～平成4年11月29日　タカノ会長　→91/93

高野　哲夫　たかの・てつお　昭和4年2月4日～平成4年11月14日　ミサワホーム常務　→91/93

高野　鉄雄　たかの・てつお　大正9年1月9日～平成6年2月11日　ジャパントルクス社長　→94/96

高野　藤吉　たかの・とうきち　明治43年8月1日～昭和63年2月15日　外交官　駐イタリア大使　→88/90

高野　時次　たかの・ときじ　明治37年11月3日～昭和58年10月30日　高野精密工業社長　→83/87

高野　俊栄　たかの・としえい　昭和4年5月9日～平成22年2月6日　自治労書記長、連合副会長　→09/11

高野　虎之助　たかの・とらのすけ　～昭和56年2月6日　小平市議　→80/82

高野　雅英　たかの・のりえ　～平成2年2月8日

日鉄鉱業専務　→88/90

高野　徳男　たかの・のりお　大正3年8月4日～平成6年12月8日　山陽電気工事（のちサンテック）常務　→94/96

高野　八郎　たかの・はちろう　昭和10年11月25日～平成12年7月17日　ナカバヤシ副社長　→00/02

高野　治郎　たかの・はるお　昭和8年9月20日～平成23年12月17日　読売新聞取締役販売局長　→09/11

高野　秀郎　たかの・ひでお　～平成4年1月12日　千葉県日経会会長　→91/93

高野　孫左衛門　たかの・まござえもん　明治32年5月～昭和43年2月25日　衆院議員、山梨中央銀行監査役　→昭和

高野　信　たかの・まこと　明治36年12月17日～昭和57年1月9日　テレビ朝日社長　→80/82

高野　正夫　たかの・まさお　大正10年5月10日～平成17年10月8日　岡谷鋼機専務　→03/05

高野　和雄　たかの・まさお　～昭和63年2月12日　大倉事業取締役、川奈ホテル監査役　→88/90

高野　正勝　たかの・まさかつ　～昭和55年1月22日　三菱鉱業取締役、九州炭鉱技術連盟副会長　→80/82

高野　昌治　たかの・まさはる　～平成3年11月3日　日本フエルト取締役　→91/93

高野　正博　たかの・まさひろ　大正5年3月18日～平成2年10月17日　中央公論社取締役・営業本部長　→88/90

高野　正美　たかの・まさみ　明治36年1月13日～昭和59年1月25日　東鉄工業専務取締役　→83/87

高野　正道　たかの・まさみち　昭和5年5月17日～平成22年4月26日　丸森町（宮城県）町長　→09/11

高野　昌保　たかの・まさやす　～平成10年3月21日　高野軽金社長、全国軽金属商協会副会長　→97/99

高野　光正　たかの・みつまさ　大正10年10月11日～昭和57年1月22日　野村ツーリストビューロー取締役、野村証券取締役　→80/82

高野　実　たかの・みのる　明治34年1月27日～昭和49年9月13日　労働運動家　総評事務局長　→昭和

高野　宗雄　たかの・むねお　明治40年12月1日～平成1年9月25日　魚津製作所社長、魚津市長　→88/90

高野　泰久　たかの・やすひさ　～平成19年4月21日　高野書店店主　→06/08

高野　祐宏　たかの・ゆうこう　昭和18年8月30日～平成1年6月2日　富山県議（自民党）、高野精密工業会長　→88/90

高野　征浩　たかの・ゆきひろ　～昭和60年10月31日　サントリー梓の森プラント工場長　→83/87

高野　与作　たかの・よさく　～昭和56年6月14日　興建産業会長、経済安定本部建設交通局長　→80/82

高野　嘉雄　たかの・よしお　昭和21年11月23日～平成23年9月13日　弁護士　奈良弁護士会会長、日本弁護士会連合会副会長　→09/11

高野　義雄　たかの・よしお　昭和9年5月26日～平成21年

I 政治・経済・社会篇　　　　　　たかはし

8月30日　東京スタイル社長　→09/11

高野 芳信　たかの・よしのぶ　～昭和63年10月13日
税理士，日本税理士共済会理事長　→88/90

高野 好久　たかの・よしひさ　～平成3年12月27日
共産党中央委員・中央宣伝局長　→91/93

高野 隆三　たかの・りゅうぞう　昭和9年8月15日～昭和62年9月17日　大光相互銀行監査役　→83/87

高野 亮俊　たかの・りょうしゅん　大正14年9月26日～平成18年1月3日　タカノホーム社長　→06/08

高野 六郎　たかの・ろくろう　明治17年9月3日～昭和35年12月15日　厚生省予防局長　→昭和

高野子 雅宣　たかのし・まさのぶ　大正7年10月8日～平成4年7月25日　日本開発銀行理事，共同石油専務　→91/93

鷹野原 長義　たかのはら・ながよし　明治38年10月10日～昭和53年4月15日　社会運動家　→昭和

高野山 利貞　たかのやま・としさだ　大正6年10月3日　全国青果卸売市場協会副会長，千葉県市場協会会長　→94/96

高羽 幾造　たかは・いくぞう　明治40年8月28日～昭和58年2月1日　東洋信用金庫理事長　→83/87

高場 市太郎　たかば・いちたろう　～平成5年2月1日　三菱鋼材(のち三菱製鋼)常務　→91/93

鷹羽 操　たかば・みさお　大正6年7月14日～平成21年9月29日　大府市長　→09/11

高萩 和行　たかはぎ・かずゆき　昭和13年7月10日～平成8年11月9日　協和エクシオ常務　→94/96

高橋 顕尚　たかはし・あきひさ　～昭和61年4月13日　尾西市議・市会議長，尾西毛織工業協同組合理事　→83/87

高橋 昭博　たかはし・あきひろ　昭和6年7月26日～平成23年11月2日　広島平和記念資料館館長，広島平和文化センター事業部長　広島原爆の語り部　→09/11

高橋 表美　たかはし・あきよし　大正4年2月8日～平成1年4月24日　興和不動産相談役，日本興業銀行取締役　→88/90

高橋 アキラ　たかはし・あきら　大正12年8月23日～平成19年1月8日　豊橋市長　→06/08

高橋 昭　たかはし・あきら　～昭和56年11月　NHK仙台放送局元副局長　→80/82

高橋 章　たかはし・あきら　大正4年9月14日～平成5年12月24日　大隈鉄工所(のちオークマ)取締役　→91/93

高橋 明　たかはし・あきら　～昭和49年10月13日　ウルグアイ大使　→昭和

高橋 朗　たかはし・あきら　昭和10年3月25日～平成18年8月14日　トヨタ自動車副社長，デンソー社長　→06/08

高橋 浅一　たかはし・あさいち　明治44年10月26日～平成5年4月28日　五洋建設専務　→91/93

高橋 篤　たかはし・あつし　大正11年7月28日～平成16年10月12日　日南町(鳥取県)町長　→03/05

高橋 篤茂　たかはし・あつしげ　昭和13年12月8日～平

成19年8月10日　クレディセゾン専務　→06/08

高橋 荒太郎　たかはし・あらたろう　明治36年10月19日～平成15年4月18日　松下電器産業会長　→03/05

高橋 郁郎　たかはし・いくろう　明治25年～昭和56年3月22日　日本園芸農業協同組合連合会専務理事　→80/82

高橋 勲　たかはし・いさお　昭和10年1月20日～平成15年9月25日　ナガワ会長　→03/05

高橋 徳　たかはし・いさお　明治37年9月20日～昭和62年4月3日　弁護士，栃木県地方労働委員会会長　→83/87

高橋 勇雄　たかはし・いさお　明治43年3月14日～昭和48年5月25日　倉敷市長　→昭和

高橋 勇　たかはし・いさむ　～昭和18年9月11日　東洋汽船社長　→昭和

高橋 勇　たかはし・いさむ　明治42年～平成2年11月5日　東映常務　→88/90

高橋 一夫　たかはし・いちお　大正9年9月9日～平成16年11月8日　山形県農協組合長，山形県信連会長　→03/05

高橋 一郎　たかはし・いちろう　大正3年4月18日～昭和62年1月9日　昭和産業専務，昭産商事社長　→83/87

高橋 一郎　たかはし・いちろう　明治38年3月20日～平成2年9月19日　磐城セメント(のち住友セメント)常務，東方建材会長　→88/90

高橋 一郎　たかはし・いちろう　明治41年3月28日～平成8年12月2日　福岡高検検事長，最高検次長検事　→94/96

高橋 一郎　たかはし・いちろう　昭和16年10月27日～平成22年12月11日　東急ストア社長　→09/11

高橋 逸　たかはし・いつ　～平成18年3月26日　高橋書店会長　→06/08

高橋 巌　たかはし・いわお　明治37年1月20日～昭和60年1月28日　ナガサキヤ取締役相談役・元社長　→83/87

高橋 巌　たかはし・いわお　大正3年3月30日～平成13年11月27日　東急車輛製造社長　→00/02

高橋 宇三郎　たかはし・うさぶろう　明治33年3月1日～平成1年8月16日　帝人製機監査役　→88/90

高橋 丑太郎　たかはし・うしたろう　大正5年9月27日～平成13年3月17日　昭和木材会長，北海道木材協会会長　→00/02

高橋 卯之助　たかはし・うのすけ　明治45年6月25日～昭和58年8月8日　日本塗装工業会長，建装工業社長　→83/87

高橋 卯之輔　たかはし・うのすけ　～昭和8年9月20日　高橋盛大堂主　→昭和

高橋 運太郎　たかはし・うんたろう　大正14年1月1日～平成19年4月13日　仙北信用組合理事長　→06/08

高橋 栄一　たかはし・えいいち　～平成6年1月17日　日韓経済協会専務理事，産経新聞社経済部次長　→94/96

高橋 英吉　たかはし・えいきち　明治31年1月～昭和56年5月14日　弁護士，衆院議員(自民党)　→80/82

高橋 栄治　たかはし・えいじ　昭和11年2月15日～平成5年8月22日　サンコール監査役　→91/93

たかはし　　　　　　　　　　　　　　　　　　　　　　　　　　Ⅰ　政治・経済・社会篇

高橋 栄治　たかはし・えいじ　昭和7年12月28日～平成19年9月10日　宮城県信用漁業協同組合連合会会長　→06/08

高橋 栄造　たかはし・えいぞう　昭和12年7月25日～平成4年5月13日　ナショナル住宅産業常務　→91/93

高橋 悦郎　たかはし・えつろう　～昭和56年12月26日　日本勧業銀行取締役　→80/82

高橋 円三郎　たかはし・えんざぶろう　明治27年9月26日～昭和31年6月4日　衆議院議員(自由党)　→昭和

高橋 修　たかはし・おさむ　昭和7年2月5日～平成5年6月22日　大阪港振興社長,大阪市収入役　→91/93

高橋 徹　たかはし・おさむ　～昭和57年3月25日　三井鉱山本店コークス事業部長　→80/82

高橋 嘉一郎　たかはし・かいちろう　～昭和43年10月4日　鹿島建設顧問　→昭和

高橋 画一郎　たかはし・かくいちろう　～昭和41年12月17日　日本硝子会長　→昭和

高橋 一夫　たかはし・かずお　大正12年9月13日～平成16年10月24日　中部日本放送社長　→03/05

高橋 和男　たかはし・かずお　～昭和58年8月14日　野村貿易取締役社長室長　→83/87

高橋 一誠　たかはし・かずとも　大正8年11月19日～平成19年11月19日　ユニチカ専務　→06/08

高橋 和也　たかはし・かずや　昭和8年1月17日～平成23年2月26日　日本たばこ産業取締役　→09/11

高橋 嘉太郎　たかはし・かたろう　嘉永5年2月～昭和3年12月18日　衆院議員(政友会)　→昭和(たかはし・よしたろう)

高橋 克章　たかはし・かつあき　昭和18年～平成7年9月9日　スコラ社長　→94/96

高橋 勝男　たかはし・かつお　昭和20年4月24日～平成17年7月8日　東京高裁判事　→03/05

高橋 勝雄　たかはし・かつお　明治44年10月25日～昭和63年11月11日　朝日生命保険取締役　→88/90

高橋 勝雄　たかはし・かつお　～平成5年4月27日　西松建設常務　→91/93

高橋 克彦　たかはし・かつひこ　昭和3年12月8日～平成10年2月14日　アーレスティ会長　→97/99

高橋 克己　たかはし・かつみ　大正11年11月30日～平成11年4月30日　日本電設工業専務　→97/99

高橋 要　たかはし・かなめ　大正2年3月21日～昭和62年4月11日　秋保国際ホテル社長,秋保温泉旅館組合長　→83/87

高橋 要　たかはし・かなめ　明治33年6月27日～平成1年9月16日　三洋証券相談役,大阪証券取引所理事長,大阪商工会議所副会頭　→88/90

高橋 嘉平　たかはし・かへい　平成4年12月13日　岡山地裁所長　→91/93

高橋 勘次郎　たかはし・かんじろう　大正3年7月26日～平成14年2月17日　日本電子専務　→00/02

高橋 喜一郎　たかはし・きいちろう　明治42年10月31日～平成13年9月16日　新庄市長　→00/02

高橋 義一郎　たかはし・ぎいちろう　～昭和56年4月13日　弁護士　東京弁護士会副会長　→80/82

高橋 菊夫　たかはし・きくお　明治41年12月17日～平成11年7月23日　川崎重工業常務　→97/99

高橋 儀三郎　たかはし・ぎさぶろう　～昭和47年12月15日　名港海運会長　→昭和

高橋 義四郎　たかはし・ぎしろう　～平成10年9月18日　山形県会副議長　→97/99

高橋 其三　たかはし・きぞう　明治11年12月～昭和9年11月23日　宮中顧問官　→昭和

高橋 吉弥　たかはし・きちや　～昭和57年10月14日　安田火災海上保険監査役　→80/82

高橋 喜之助　たかはし・きのすけ　大正9年6月21日～平成4年6月16日　新座市長,埼玉県議(自民党)　→91/93

高橋 公男　たかはし・きみお　大正15年11月3日～昭和61年12月30日　奈良交通社長,近畿日本鉄道監査役　→83/87

高橋 久二　たかはし・きゅうじ　昭和3年9月1日～平成18年8月21日　品川区長　→06/08

高橋 休四郎　たかはし・きゅうしろう　明治41年9月21日～昭和58年7月22日　高橋書店創業者　→83/87

高橋 恭三　たかはし・きょうぞう　～昭和62年4月2日　僧侶　昌源寺住職,黒川郡剣道連盟(宮城県)名誉会長　→83/87

高橋 喜好　たかはし・きよし　明治44年3月17日～平成2年1月20日　愛媛新聞社長　→88/90

高橋 潔　たかはし・きよし　明治28年1月16日～昭和36年12月29日　最高裁判事　→昭和

高橋 清　たかはし・きよし　大正15年6月30日～平成18年10月11日　昭和シェル石油会長,通商産業省通商政策局次長　→06/08

高橋 清人　たかはし・きよと　～昭和43年8月28日　東京都議(社会)　→昭和

高橋 欽哉　たかはし・きんや　～昭和12年10月21日　別府商工会議所会頭　→昭和

高橋 邦明　たかはし・くにあき　～昭和58年12月14日　日産自動車環境管理部長　→83/87

高橋 邦明　たかはし・くにあき　昭和11年11月27日～平成10年10月4日　鎌倉ハム会長　→97/99

高橋 邦雄　たかはし・くにお　明治43年7月25日～昭和63年8月26日　参議院議員(自民党),群馬県副知事　→88/90

高橋 邦忠　たかはし・くにただ　～昭和58年6月1日　石川ガスケット取締役経理部長　→83/87

高橋 熊次郎　たかはし・くまじろう　明治13年9月～昭和32年11月13日　参院議員(日本進歩党)　→昭和

高橋 熊次郎　たかはし・くまじろう　明治41年2月15日～昭和49年5月1日　労働運動家　全国漁船労働組合協議会議長　→昭和

高橋 くら子　たかはし・くらこ　明治40年4月2日～昭和

716　「現代物故者事典」総索引(昭和元年～平成23年)

13年7月9日　部落解放運動家　部落解放同盟長野県連委員長　→昭和

高橋　蔵司　たかはし・くらじ　明治25年11月11日〜平成7年1月15日　日本交通事業社長,(財)日本通訳協会会長　→94/96

高橋　啓　たかはし・けい　明治28年2月25日〜昭和43年5月22日　東北信用組合理事,参院議員(国民民主党)　→昭和

高橋　敬一　たかはし・けいいち　〜平成9年3月15日　京都市助役　→97/99

高橋　慶三　たかはし・けいぞう　昭和4年〜平成3年9月25日　ふるさと情報センター事務局長　→91/93

高橋　権一　たかはし・けんいち　大正1年11月25日〜昭和57年11月11日　日本油脂副社長,富士取引取締役　→80/82

高橋　賢一　たかはし・けんいち　大正3年3月31日〜平成11年6月4日　北海道議(自民党)　→97/99

高橋　顕詞　たかはし・けんし　大正15年10月20日〜平成5年8月1日　日本海事財団専務理事,運輸省船員中央労働委員会事務局長　→91/93

高橋　健児　たかはし・けんじ　大正2年7月13日〜平成9年1月17日　大成火災海上保険常務　→97/99

高橋　健助　たかはし・けんすけ　〜昭和49年6月11日　東亜パルプ社長　→昭和

高橋　健輔　たかはし・けんすけ　大正7年12月14日〜平成16年12月31日　宮城県議(自民党)　→03/05

高橋　賢介　たかはし・けんすけ　明治39年3月〜平成4年9月6日　ダイヤモンドホテル社長　→91/93

高橋　憲太郎　たかはし・けんたろう　明治34年4月25日〜昭和63年5月8日　川崎運送会長,日本貨物自動車運送協同組合連合会会長　→88/90

高橋　孝　たかはし・こう　昭和3年5月11日〜平成6年10月9日　神島化学工業常務　→94/96

高橋　宏一　たかはし・こういち　〜昭和60年12月31日　元北陸電力東町発電所所長　→83/87

高橋　弘　たかはし・こういち　大正12年1月20日〜昭和63年3月5日　ニチアス常務　→88/90

高橋　孝吉　たかはし・こうきち　大正4年9月20日〜昭和62年1月24日　神戸製鋼所相談役　→83/87

高橋　幸三郎　たかはし・こうざぶろう　〜昭和52年11月9日　原燃公社理事長　→昭和

高橋　弘次　たかはし・こうじ　昭和10年3月30日〜平成2年11月29日　千葉県議(無所属)　→88/90

高橋　浩一　たかはし・こういち　昭和3年4月28日〜平成15年2月12日　第一勧業銀行(のちみずほ銀行)副頭取　→03/05

高橋　浩二　たかはし・こうじ　大正12年2月11日〜平成21年5月31日　国鉄技師長　→09/11

高橋　恒三　たかはし・こうぞう　大正11年4月18日〜昭和63年12月26日　文化庁文化財保護部長　→88/90

高橋　鉱太郎　たかはし・こうたろう　大正5年7月10日〜昭和63年11月30日　合同石油開発社長　→88/90

高橋　是彰　たかはし・これあき　明治34年1月1日〜平成7年2月13日　大倉商事取締役　→94/96

高橋　是賢　たかはし・これかた　〜昭和24年3月17日　日本理化工業重役　→昭和

高橋　是清　たかはし・これきよ　嘉永7年7月27日〜昭和11年2月26日　政治家,財政家　首相,蔵相,政友会総裁　→昭和

高橋　是福　たかはし・これよし　明治14年6月〜昭和10年1月30日　実業家　帝劇座社長　→昭和(たかはし・これとみ)

高橋　五郎　たかはし・ごろう　大正13年11月25日〜平成16年11月17日　日本出版販売常務　→03/05

高橋　作一郎　たかはし・さくいちろう　〜昭和51年5月6日　愛媛相互銀行会長　→昭和

高橋　作治　たかはし・さくじ　〜昭和59年1月10日　興亜石油常務　→83/87

高橋　定栄　たかはし・さだえ　明治33年10月7日〜昭和62年11月10日　石川県議　→83/87

高橋　貞夫　たかはし・さだお　明治45年1月1日〜平成15年4月28日　日本精鉱社長　→03/05

高橋　貞樹　たかはし・さだき　明治38年3月8日〜昭和10年11月2日　社会運動家　→昭和

高橋　貞巳　たかはし・さだみ　昭和4年2月5日〜平成17年5月21日　三菱銀行副頭取　→03/05

高橋　覚　たかはし・さとる　大正2年8月1日〜平成8年12月2日　駐スペイン大使　→94/96

高橋　三郎　たかはし・さぶろう　〜昭和48年9月5日　電力中央研究所理事　→昭和

高橋　三郎　たかはし・さぶろう　明治32年10月19日〜昭和60年10月2日　東北放送設立発起人・元取締役会長　→83/87

高橋　三郎　たかはし・さぶろう　〜平成9年3月19日　電気化学工業常務　→97/99

高橋　三郎　たかはし・さぶろう　大正6年7月19日〜平成14年3月11日　日本長期信用銀行専務,日本銀行文書局長　→00/02

高橋　三郎　たかはし・さぶろう　大正9年10月20日〜平成22年6月24日　独立伝道者　高橋聖書集会主宰,「十字架の言」主筆　→09/11

高橋　佐門　たかはし・さもん　〜平成7年10月31日　旧制高等学校資料保存会専任幹事　→94/96

高橋　三吉　たかはし・さんきち　明治15年8月24日〜昭和41年6月15日　海軍大将　→昭和

高橋　三治　たかはし・さんじ　〜昭和62年5月9日　倉敷市で公害患者と家族の会会長,倉敷公害訴訟第一次原告団長　→83/87

高橋　重　たかはし・しげ　〜平成2年1月3日　高橋JIS研究所所長,日本工業標準調査会委員　→88/90

たかはし   I　政治・経済・社会篇

高橋 滋夫　たかはし・しげお　大正6年2月20日～平成2年11月2日　四国電気工事社長　→88/90

高橋 重男　たかはし・しげお　～昭和61年8月16日　日航機長　→83/87

高橋 重夫　たかはし・しげお　～平成8年12月8日　大阪府会副議長　→94/96

高橋 重雄　たかはし・しげお　～平成3年11月30日　ハネダユニテック社長,東京金属プレス工業会名誉会長　→91/93

高橋 茂夫　たかはし・しげお　昭和3年5月24日～平成18年2月16日　広島県出納長　→06/08

高橋 茂雄　たかはし・しげお　～平成2年7月27日　ホテルニューグランド常務　→88/90

高橋 成臣　たかはし・しげおみ　昭和21年8月30日～平成18年12月27日　郵政省北海道郵政局長　→06/08

高橋 重信　たかはし・しげのぶ　大正7年4月9日～昭和55年7月30日　衆院議員(社会党)　→80/82

高橋 滋　たかはし・しげる　昭和2年5月19日～平成4年11月8日　日比谷総合設備社長　→91/93

高橋 繁　たかはし・しげる　大正11年6月14日～平成19年3月23日　衆院議員(公明党)　→06/08

高橋 茂　たかはし・しげる　昭和10年10月24日～平成2年2月9日　八十二銀行取締役　→88/90

高橋 茂　たかはし・しげる　昭和22年8月15日～平成2年10月14日　細谷火工社長　→06/08

高橋 七郎　たかはし・しちろう　明治40年2月23日～平成1年7月7日　岐阜県信用農協連会長　→88/90

高橋 忍　たかはし・しのぶ　昭和7年5月13日～平成21年6月9日　荒川化学工業社長　→09/11

高橋 志馬市　たかはし・しまいち　明治40年1月5日～平成5年8月29日　西原衛生工業所社長　→91/93

高橋 司三治　たかはし・しみじ　明治36年11月20日～平成3年5月7日　毎日新聞西部本社編集局長,室蘭民報社長　→91/93

高橋 重威　たかはし・じゅうい　明治34年5月5日～昭和56年7月28日　日本海上工事顧問,福岡銀行頭取　→80/82

高橋 修一　たかはし・しゅういち　明治39年9月24日～平成9年1月27日　日高カントリー倶楽部会長　→97/99

高橋 舜一　たかはし・しゅんいち　～平成6年6月9日　共栄タンカー常務　→94/96

高橋 純一　たかはし・じゅんいち　昭和4年7月26日～平成23年8月15日　八戸信用金庫理事長　→09/11

高橋 諄一　たかはし・じゅんいち　大正14年2月24日～平成14年12月3日　富士写真フイルム専務　→00/02

高橋 俊吉　たかはし・しゅんきち　～昭和55年8月10日　荏原製作所専務　→80/82

高橋 順吉　たかはし・じゅんきち　明治38年3月30日～昭和60年6月20日　十六銀行会長,岐阜放送会長　→83/87

高橋 純次　たかはし・じゅんじ　昭和4年8月16日～平成13年9月14日　いすゞ自動車会長　→00/02

高橋 彰一　たかはし・しょういち　昭和3年8月31日～平成11年1月18日　津軽書房代表　→97/99

高橋 正一　たかはし・しょういち　昭和16年8月20日～平成12年4月3日　秋田県議(自民党)　→00/02

高橋 庄五郎　たかはし・しょうごろう　～平成12年8月21日　高庄社長,日本国際貿易促進協会常任理事　→00/02

高橋 祥治　たかはし・しょうじ　大正7年3月20日～平成18年10月1日　日本トムソン常務　→06/08

高橋 正二　たかはし・しょうじ　～昭和39年8月19日　八幡製鉄参与　自動電圧調整装置の発明者　→昭和

高橋 正四郎　たかはし・しょうしろう　大正4年9月28日～平成6年2月3日　北海道議(自民党)　→94/96

高橋 庄次郎　たかはし・しょうじろう　明治45年7月23日～平成7年3月25日　埼玉県議(自民党),蕨市長　→94/96

高橋 しゃうふ　たかはし・しょうふ　明治11年11月27日～昭和62年10月18日　長寿全国4位,東北では最高齢　→83/87

高橋 四郎　たかはし・しろう　～昭和56年12月11日　三井銀行常務　→80/82

高橋 四郎　たかはし・しろう　大正13年～平成9年8月24日　旭硝子常務　→97/99

高橋 次郎　たかはし・じろう　～平成1年3月31日　税理士,港区議会議長　→88/90

高橋 信一　たかはし・しんいち　～昭和51年11月1日　池上通信機社長　→昭和

高橋 信一　たかはし・しんいち　昭和25年2月5日～平成19年9月6日　福島県議(自民党)　→06/08

高橋 新一　たかはし・しんいち　明治45年1月6日～昭和63年8月19日　三陸運輸会長　→88/90

高橋 甚一　たかはし・じんいち　大正7年12月6日～平成2年9月21日　タカハシ社長,中央宝飾事業協同組合理事長,(社)日本ジュエリー協会長　→88/90

高橋 晋吾　たかはし・しんご　明治38年11月6日～昭和57年5月21日　十条製紙元専務　→80/82

高橋 信二　たかはし・しんじ　～昭和51年6月25日　高電工業社長,神理の会会長　→昭和

高橋 震治　たかはし・しんじ　～平成3年2月15日　武蔵野市会議長　→91/93

高橋 新七　たかはし・しんしち　～昭和61年11月11日　妙法産業会長,仙台市畳同業組合理事　→83/87

高橋 信三　たかはし・しんぞう　明治34年8月13日～昭和55年1月19日　毎日放送会長,毎日新聞社相談役　→80/82

高橋 真太郎　たかはし・しんたろう　～昭和45年10月1日　高橋建築事務所長,アジア救ライ協会理事　→昭和

高橋 進太郎　たかはし・しんたろう　明治35年12月18日～昭和59年6月5日　宮城県知事,行政管理庁長官,参院議

I　政治・経済・社会篇

たかはし

員（自民党）　→83/87

高橋 真八　たかはし・しんぱち　明治9年7月～昭和13年5月19日　陸軍中将　→昭和

高橋 真了　たかはし・しんりょう　～平成5年12月9日　僧侶　平等院住職、浄土宗開教振興協会顧問　→91/93

高橋 末吉　たかはし・すえきち　～平成10年9月14日　日本道路公団理事、仙台陸運局長、全日本トラック協会理事長　→97/99

高橋 季義　たかはし・すえよし　大正14年5月17日～平成18年8月14日　きんでん社長　→06/08

高橋 進　たかはし・すすむ　明治39年12月22日～昭和56年5月31日　出羽三山神社宮司　→80/82

高橋 進　たかはし・すすむ　～平成1年4月3日　狛江市議会議長　→88/90

高橋 進　たかはし・すすむ　昭和6年2月20日～平成18年6月29日　常磐興産社長　→06/08

高橋 清一　たかはし・せいいち　明治38年4月1日～平成4年3月3日　ゼニス菱光コンクリート（のちＺ・Ｒ・コンクリート）会長　→91/93

高橋 誠一　たかはし・せいいち　昭和20年7月8日～平成19年4月23日　ユアサ・フナショク専務　→06/08

高橋 清一郎　たかはし・せいいちろう　明治43年2月～昭和47年10月29日　衆院議員（自民党）　→昭和

高橋 精一郎　たかはし・せいいちろう　～平成47年4月24日　日本ミネチュアベアリング社長　→昭和

高橋 清悟　たかはし・せいご　明治28年1月2日～昭和58年2月14日　東洋護謨化学工業会長、三井物産常務　→83/87

高橋 城一　たかはし・せいじ　～昭和63年4月23日　日光二荒山神社（栃木県）名誉宮司　→88/90

高橋 清次　たかはし・せいじ　明治39年9月24日～昭和57年5月13日　東京都議（同志会）　→80/82

高橋 誠司　たかはし・せいじ　昭和16年11月2日～平成5年11月16日　誠和エンジニアリング社長　→91/93

高橋 清治郎　たかはし・せいじろう　～昭和32年12月7日　全国町村会副会長　→昭和

高橋 成通　たかはし・せいつう　～昭和59年4月1日　僧侶　高野山真言宗大僧正・北米開教総監、五智院住職　→83/87

高橋 静之助　たかはし・せいのすけ　明治44年6月19日～平成3年6月26日　北越銀行頭取　→91/93

高橋 銑一　たかはし・せんいち　～平成16年4月30日　千代田区長　→03/05

高橋 善悦　たかはし・ぜんえつ　大正4年11月2日～平成21年4月3日　宮城県公営企業管理者　→09/11

高橋 善之助　たかはし・ぜんのすけ　明治31年4月～平成3年5月20日　稚内信金相談役　→91/93

高橋 簞庵　たかはし・そうあん　文久1年8月28日～昭和12年12月12日　実業家、茶道研究家　三井合名理事　→昭和

高橋 双吾　たかはし・そうご　～昭和55年3月15日　岩手放送社長　→80/82

高橋 宗司　たかはし・そうじ　大正15年12月6日～昭和63年3月4日　安藤証券専務　→88/90

高橋 壮介　たかはし・そうすけ　～昭和58年7月12日　伊豆緑地常務、日本経済新聞社友、日本経済新聞社編集局庶務部長　→83/87

高橋 荘介　たかはし・そうすけ　大正4年10月27日～昭和60年1月31日　東海ゴム工業会長、日本ゴム工業会常任理事　→83/87

高橋 荘之輔　たかはし・そうのすけ　明治39年10月7日～平成3年2月13日　セントラル硝子常務　→91/93

高橋 大作　たかはし・だいさく　明治40年3月28日～昭和63年11月30日　成和産業代表取締役会長、広島県医薬品卸協同組合理事長　→88/90

高橋 他一　たかはし・たいち　～昭和60年10月24日　高岡市中田消防団長　→83/87

高橋 妙子　たかはし・たえこ　昭和29年12月30日～平成23年1月30日　駐韓国公使　→09/11

高橋 喬郎　たかはし・たかお　昭和2年7月5日～平成17年6月3日　川崎運送社長、全日本トラック協会会長　→03/05

高橋 孝　たかはし・たかし　明治45年4月20日～昭和62年3月12日　高橋商店社長　→83/87

高橋 孝　たかはし・たかし　昭和4年4月4日～平成2年12月8日　白水社社長、日本書籍出版協会常任理事　→88/90

高橋 孝　たかはし・たかし　～平成10年3月15日　弁護士　福岡地検事正　→97/99

高橋 隆　たかはし・たかし　昭和8年4月13日～平成12年4月21日　弁護士　秋田弁護士会会長　→00/02

高橋 隆徳　たかはし・たかのり　～昭和62年10月3日　吉田商事取締役、吉田工業常務理事・ファスナー第一製造部長　→83/87

高橋 高見　たかはし・たかみ　昭和3年12月23日～平成1年5月10日　ミネベア会長　→88/90

高橋 高望　たかはし・たかもち　昭和5年9月26日～昭和56年1月30日　衆院議員（民社党）　→80/82

高橋 誉冨　たかはし・たかよし　大正2年9月29日～平成15年5月13日　参院議員（自民党）、千葉県議　→03/05

高橋 卓治　たかはし・たくじ　～昭和63年5月27日　日本火災海上保険常務　→88/90

高橋 卓三　たかはし・たくぞう　～昭和60年4月12日　陸軍少将　→83/87

高橋 琢也　たかはし・たくや　弘化4年12月17日～昭和10年1月20日　農商務省山林局長、沖縄県知事、貴院議員　→昭和

高橋 威夫　たかはし・たけお　～平成2年9月15日　南満州鉄道文書課長、電通常務取締役　→88/90

高橋 竹生　たかはし・たけお　～昭和56年11月27日

「現代物故者事典」総索引（昭和元年～平成23年）　719

八女商工会議所会頭,酒造業高橋商店社長　→80/82

高橋 武夫　たかはし・たけお　大正10年～平成8年6月10日　大日本印刷専務　→94/96

高橋 武雄　たかはし・たけお　～昭和61年6月29日　杉並区(東京都)区議　→83/87

高橋 健　たかはし・たけし　大正8年3月29日～平成13年4月5日　イーグル工業専務　→00/02

高橋 剛　たかはし・たけし　大正7年2月18日～平成1年9月2日　よみうりランド専務　→88/90

高橋 猛　たかはし・たけし　～昭和61年10月24日　一宮タイムス社会長　→83/87

高橋 剛彦　たかはし・たけひこ　～昭和40年1月28日　東洋刃物社長　→昭和

高橋 武彦　たかはし・たけひこ　大正5年8月31日～昭和59年8月11日　NHK経営委員,毎日新聞社常務・論説主幹　→83/87

高階 武馬　たかはし・たけま　昭和8年9月12日～平成5年9月5日　平和生命保険常務　→91/93

高橋 壮成　たかはし・たけまさ　～昭和63年9月4日　栗駒の自然を守る会代表　→88/90

高橋 武美　たかはし・たけみ　昭和8年4月28日～平成22年9月13日　宮城県議(無所属)　→09/11

高橋 武巳　たかはし・たけみ　大正6年5月1日～平成16年4月30日　兼松江商副社長　→03/05

高橋 忠夫　たかはし・ただお　昭和4年7月29日～平成13年6月30日　北上電工社長,北上商工会議所会頭　→00/02

高橋 忠夫　たかはし・ただお　大正9年9月3日～平成17年8月4日　東急建設副社長　→03/05

高橋 正　たかはし・ただし　大正15年5月3日～昭和63年6月28日　富士薬品工業常任監査役　→88/90

高橋 良　たかはし・ただし　大正15年12月21日～平成10年2月1日　会計検査院局長　→97/99

高橋 直通　たかはし・ただみち　昭和3年4月22日～平成15年6月15日　凸版印刷専務　→03/05

高橋 辰一　たかはし・たついち　～昭和63年5月21日　仙台陸運局総務部長　→88/90

高橋 達男　たかはし・たつお　大正6年8月9日～昭和51年7月9日　高見沢電機社長　→昭和

高橋 達夫　たかはし・たつお　大正9年7月21日～平成9年8月31日　文化放送常務　→97/99

高橋 辰夫　たかはし・たつお　昭和3年11月23日～平成13年10月11日　衆院議員(自民党)　→00/02

高橋 龍雄　たかはし・たつお　明治26年8月14日～平成1年9月1日　三井銀行常務,東食会長　→88/90

高橋 達郎　たかはし・たつろう　大正5年8月10日～平成5年3月5日　大商証券(のち新日本証券)常務　→91/93

高橋 胤顕　たかはし・たねあき　～昭和62年1月9日　ホテルますや会長,鳴子温泉旅館組合長　→83/87

高橋 玉誑　たかはし・たまじ　～昭和42年12月7日　昭

和アルミ常務　→昭和

高橋 保　たかはし・たもつ　明治15年3月8日～昭和47年12月9日　実業家,政治家　昭和人絹社長,衆議員(立憲政友会)　→昭和

高橋 保　たかはし・たもつ　大正11年8月8日～平成12年8月6日　ミサワホーム副社長,東海銀行取締役　→00/02

高橋 太郎　たかはし・たろう　大正2年1月1日～昭和11年7月12日　陸軍歩兵少尉　2.26事件の青年将校の一人　→昭和

高橋 太郎　たかはし・たろう　～昭和56年1月31日　鳥取地家裁所長　→80/82

高橋 坦　たかはし・たん　明治26年1月29日～昭和61年1月8日　陸軍中将　→83/87

高橋 忠一　たかはし・ちゅういち　明治41年8月1日～昭和60年2月2日　日産自動車監査役　→83/87

高橋 忠治　たかはし・ちゅうじ　～昭和39年1月24日　山口市長　→昭和

高橋 忠介　たかはし・ちゅうすけ　大正4年9月20日～平成13年9月6日　ロイヤルホテル社長,住友銀行副頭取　→00/02

高橋 忠助　たかはし・ちゅうすけ　～昭和63年5月26日　高忠(商家)主人,大河原町公安委員長　→88/90

高橋 忠八　たかはし・ちゅうはち　明治42年3月19日～平成18年1月1日　水沢市長　→06/08

高橋 長五郎　たかはし・ちょうごろう　昭和5年2月22日～平成17年4月30日　丸善石油化学専務　→03/05

高橋 長治　たかはし・ちょうじ　明治30年5月21日～昭和56年12月11日　衆院議員　→80/82

高橋 朝次郎　たかはし・ちょうじろう　～昭和51年8月5日　麒麟麦酒取締役相談役　→昭和

高橋 長次郎　たかはし・ちょうじろう　大正12年11月13日～平成20年7月9日　青森県議(自民党),八戸漁業協組連会長　→06/08

高橋 長太郎　たかはし・ちょうたろう　明治31年1月10日～昭和32年5月27日　労働運動家　→昭和

高橋 孜　たかはし・つとむ　明治43年3月18日～平成7年11月9日　東洋紡績専務　→94/96

高橋 努　たかはし・つとむ　～平成10年12月31日　キッツ顧問,東京熱供給社長　→97/99

高橋 恒夫　たかはし・つねお　大正11年6月～平成19年8月25日　大分県警本部長　→06/08

高橋 常雄　たかはし・つねお　～昭和63年5月19日　北海道青色申告会連合会会長,札幌商工会議所名誉議員　→88/90

高橋 恒忠　たかはし・つねただ　大正9年10月1日～平成20年1月13日　富士銀行常務,日本紙業社長　→06/08

高橋 庸弥　たかはし・つねや　明治34年～昭和45年2月7日　日本ビー・シー・ジー社長,鳥取県知事　→昭和

高橋 定一　たかはし・ていいち　明治30年4月～昭和24年12月25日　衆院議員(民自党)　→昭和

高橋 禎一　たかはし・ていいち　明治32年7月27日～昭和62年5月27日　弁護士　衆院議員(自民党)　→83/87

高橋 貞三郎　たかはし・ていざぶろう　明治4年11月1日～昭和9年2月26日　実業家　→昭和

高橋 悌二　たかはし・ていじ　～平成4年5月6日　日本圧着端子製造社長　→91/93

高橋 禎二郎　たかはし・ていじろう　明治33年10月2日～昭和57年7月21日　東急百貨店相談役　→80/82

高橋 柢祐　たかはし・ていすけ　～平成21年8月19日　江戸清社長、横浜中華街発展会協同組合初代理事長　→09/11

高橋 鼎三　たかはし・ていぞう　大正1年11月20日～平成1年10月29日　住友林業取締役　→88/90

高橋 哲夫　たかはし・てつお　～昭和41年6月3日　理研鍛造社長　→昭和

高橋 哲郎　たかはし・てつお　大正10年2月27日～平成10年3月21日　日の本商事会長、学生援護会会長　→97/99

高橋 哲也　たかはし・てつや　大正10年9月12日～平成17年10月24日　大同特殊鋼専務　→03/05

高橋 輝雄　たかはし・てるお　～昭和60年11月9日　大阪府警察監官　→83/87

高橋 藤作　たかはし・とうさく　～平成10年2月8日　岩手県議　→97/99

高橋 藤平　たかはし・とうへい　～平成3年6月11日　ストラパック取締役　→91/93

高橋 亨　たかはし・とおる　～昭和62年2月6日　北日本警備(株)社長、八雲警察署長　→83/87

高橋 達　たかはし・とおる　大正14年～昭和60年12月8日　トヨタ自動車専務、トヨタテクニカルセンターUSA社長　→83/87

高橋 徹　たかはし・とおる　明治44年10月30日～昭和59年2月5日　三機工業常務　→83/87

高橋 徹　たかはし・とおる　大正15年8月26日～昭和60年8月12日　松村組営業本部副本部長・元取締役　→83/87

高橋 徹　たかはし・とおる　昭和12年6月30日～平成8年8月15日　光村印刷常務　→94/96

高橋 融　たかはし・とおる　～平成9年3月6日　名古屋簡易裁判所判事　→97/99

高橋 時男　たかはし・ときお　～平成3年11月23日　日本専売公社(のち日本たばこ産業)総務理事、日本通運常務　→91/93

高橋 時中　たかはし・ときなか　明治44年2月24日～平成2年4月21日　東京銀行取締役、カリフォルニア州東京銀行頭取　→88/90

高橋 徳十　たかはし・とくじゅう　明治34年3月3日～昭和62年4月5日　関東琺瑯釉薬(ほうろうゆうやく)会長、北陸エナメル工業会長　→83/87

高橋 得三　たかはし・とくぞう　明治43年10月27日～平成15年12月6日　安藤証券副社長　→03/05

高橋 徳太郎　たかはし・とくたろう　大正12年5月29日～平成9年12月26日　国立国会図書館副館長、日本図書館協会理事長　→97/99

高橋 念一　たかはし・としいち　昭和11年3月10日～平成18年1月19日　常磐興産専務　→06/08

高橋 歳雄　たかはし・としお　～昭和55年9月26日　松竹専務　→80/82

高橋 俊夫　たかはし・としお　大正2年9月5日～平成9年12月9日　東亜建設工業常務　→97/99

高橋 俊夫　たかはし・としお　大正7年3月15日～平成15年6月10日　長野運輸会長、平和観光タクシー会長　→03/05

高橋 敏夫　たかはし・としお　大正7年1月1日～昭和60年8月17日　阪神相互銀行副社長　→83/87

高橋 敏夫　たかはし・としお　大正2年6月26日～平成10年3月18日　武蔵野化学研究所名誉会長　→97/99

高橋 敏夫　たかはし・としお　大正14年4月11日～平成12年3月31日　日立工機常務　→00/02

高橋 敏雄　たかはし・としお　～昭和42年11月15日　群馬県知事　→昭和

高橋 利雄　たかはし・としお　大正8年10月12日～昭和58年7月16日　吉田工業、吉田商事副社長　→83/87

高橋 敏一　たかはし・としかず　大正10年5月31日～平成19年6月11日　ダイハツディーゼル社長　→06/08

高橋 寿常　たかはし・としつね　大正11年5月28日～平成8年2月8日　日本生命副社長　→94/96

高橋 敏之助　たかはし・としのすけ　～昭和45年10月28日　カネボウハリス相談役　→昭和

高橋 利典　たかはし・としのり　明治38年7月4日～昭和62年3月2日　三菱銀行銀座支店長、日新化工常務、ニッポン放送監査役　→83/87

高橋 俊英　たかはし・としひで　大正3年6月24日～昭和54年11月5日　公正取引委員会委員長　→昭和

高橋 利文　たかはし・としふみ　昭和25年2月3日～平成21年6月23日　東京高裁部総括判事　→09/11

高橋 利幸　たかはし・としゆき　大正8年3月10日－平成16年12月7日　五洋建設常務　→03/05

高橋 富雄　たかはし・とみお　～平成6年9月10日　日東紡績常務　→94/96

高橋 富太　たかはし・とみた　～平成7年9月6日　中央車輌製作所社長、中央キャリテック会長　→94/96

高橋 留二郎　たかはし・とめじろう　昭和6年6月22日～平成4年4月15日　塚本商事常務　→91/93

高橋 智子　たかはし・ともこ　～平成6年8月15日　ロビン店主　→94/96

高橋 とよ　たかはし・とよ　明治36年4月1日～昭和63年8月14日　鳴子ホテル会長　→88/90

高橋 豊吉　たかはし・とよきち　大正5年8月27日～平成9年6月10日　日立工機社長　→97/99

高橋 直真　たかはし・なおま　昭和6年11月17日～平

16年6月30日　東京都議（公明党）　→03/05

高橋 尚之　たかはし・なおゆき　明治42年2月17日～平成6年3月21日　日立家電副社長　→94/96

高橋 直行　たかはし・なおゆき　～昭和44年2月17日　日本酸素会長　→昭和

高橋 長秋　たかはし・ながあき　安政5年9月13日～昭和4年7月3日　実業家　肥後銀行頭取　→昭和

高橋 信行　たかはし・のぶゆき　昭和6年1月1日～平成17年7月22日　四国電力副社長　→03/05

高橋 登　たかはし・のぼる　大正11年5月1日～昭和61年6月30日　安田火災海上保険監査役　→83/87

高橋 典男　たかはし・のりお　大正4年11月10日～平成7年8月28日　日本農産工業常務　→94/96

高橋 礼久　たかはし・のりひさ　大正13年9月26日～平成16年12月27日　本州製紙専務　→03/05

高橋 令之　たかはし・のりゆき　大正9年12月15日～平成21年2月13日　神辺町（広島県）町長、広島県教育長　→09/11

高橋 博信　たかはし・はくしん　大正15年4月21日～平成9年　高橋建設会長　浮世絵収集家　→00/02s

高橋 一　たかはし・はじめ　大正8年1月23日～平成8年7月29日　丸善石油（のちコスモ石油）常務、丸善石油化学専務　→94/96

高橋 肇　たかはし・はじめ　大正13年9月25日～平成12年4月16日　日本冶金工業取締役、ナスステンレス社長　→00/02

高橋 甫　たかはし・はじめ　大正13年7月14日～平成2年11月5日　八戸グランドホテル社長　→88/90

高橋 甫　たかはし・はじめ　昭和9年2月23日～平成11年3月12日　北見信用金庫理事長　→97/99

高橋 八郎　たかはし・はちろう　～昭和62年5月5日　東北共同化学工業社長　→83/87

高橋 八郎　たかはし・はちろう　大正10年～昭和62年6月11日　三菱商事工作機械会長、日本工作機械販売協会会長　→83/87

高橋 はつみ　たかはし・はつみ　明治42年2月10日～平成3年9月30日　全国結核予防婦人団体連絡協議会会長　→91/93

高橋 花子　たかはし・はなこ　～昭和63年3月21日　ダイヤモンドホテル専務　→88/90

高橋 治雄　たかはし・はるお　大正4年12月24日～平成9年1月11日　日本郵船取締役、三菱鉱石輸送社長　→97/99

高橋 春夫　たかはし・はるお　～昭和62年8月5日　丸和青果代表取締役　→83/87

高橋 治則　たかはし・はるのり　昭和20年10月9日～平成17年7月18日　東京協和信用組合理事長、イ・アイ・イーインターナショナル社長　→03/05

高橋 春己　たかはし・はるみ　昭和6年3月17日～平成10年5月17日　広島県警広島中央署長　→97/99

高橋 張美　たかはし・はるみ　昭和62年1月27日

前原町観光協会（福岡県）常務理事　→83/87

高橋 半治郎　たかはし・はんじろう　～平成4年4月29日　松坂屋取締役　→91/93

高橋 半三　たかはし・はんぞう　～平成4年10月14日　福岡県議　→91/93

高橋 彦次郎　たかはし・ひこじろう　元治1年4月7日～昭和7年1月19日　実業家　→昭和

高橋 彦二郎　たかはし・ひこじろう　～昭和47年9月17日　名古屋穀物商取所理事長　→昭和

高橋 彦蔵　たかはし・ひこぞう　明治38年6月12日～平成12年5月20日　中部電力取締役、中部計器工業社長　→00/02

高橋 久男　たかはし・ひさお　～昭和58年3月14日　高橋カーテンウォール工業会長　→83/87

高橋 寿郎　たかはし・ひさお　昭和6年8月22日～平成2年10月9日　和光常務　→88/90

高橋 敬義　たかはし・ひさよし　大正8年4月22日～平成3年5月26日　弁護士　山形県弁護士会会長　→91/93

高橋 英明　たかはし・ひであき　大正10年2月1日～平成10年5月15日　大蔵省銀行局長　→97/99

高橋 秀一　たかはし・ひでいち　大正13年7月1日～平成22年3月3日　高橋工務店代表取締役　→09/11

高橋 英夫　たかはし・ひでお　明治38年4月1日～平成1年7月16日　大東町（島根県）町長、全国農業協同組合連合会副会長　→88/90

高橋 英夫　たかはし・ひでお　昭和5年1月18日～平成23年10月8日　中部電力常務　→09/11

高橋 英雄　たかはし・ひでお　大正12年1月2日～平成3年11月5日　日本海員掖済会会長、運輸省船員局長　→91/93

高橋 秀臣　たかはし・ひでおみ　元治1年4月～昭和10年11月14日　衆院議員（民政党）　→昭和

高橋 秀勝　たかはし・ひでかつ　～昭和59年7月5日　高橋製作所社長　→83/87

高橋 秀之助　たかはし・ひでのすけ　大正3年2月7日～平成2年2月15日　富士紡績常務　→88/90

高橋 英典　たかはし・ひでのり　大正13年9月20日～平成7年8月30日　朝日航洋副会長　→94/96

高橋 秀政　たかはし・ひでまさ　～昭和48年3月30日　日本セブンアップ飲料社長　→昭和

高橋 英弥　たかはし・ひでや　～昭和62年11月29日　日本火災海上保険副社長　→83/87

高橋 仁志　たかはし・ひとし　大正6年2月19日～昭和63年12月12日　中部電力常務、プラントサービス社長　→88/90

高橋 等　たかはし・ひとし　明治36年3月20日～昭和40年8月10日　法相、衆院議員（自民党）　→昭和

高橋 宏彰　たかはし・ひろあき　昭和20年3月25日～平成13年11月11日　JR西日本副社長　→00/02

高橋 弘篤　たかはし・ひろあつ　大正13年1月10日～平

成16年7月14日　建設事務次官, 本州四国連絡橋公団総裁　→03/05

高橋 広夫　たかはし・ひろお　大正8年9月13日～平成22年5月14日　三菱金属常務　→09/11

高橋 広吉　たかはし・ひろきち　～昭和30年12月3日　米沢市長　→昭和(たかはし・こうきち)

高橋 広吉　たかはし・ひろきち　明治42年5月15日～平成1年9月14日　日本水産取締役　→88/90

高橋 宏　たかはし・ひろし　～昭和57年8月23日　日本車輌製造社長　→80/82

高橋 宏　たかはし・ひろし　昭和4年4月29日～平成7年3月20日　北陸電力副社長　→94/96

高橋 宏　たかはし・ひろし　大正4年11月22日～平成7年9月14日　日産自動車副社長　→94/96

高橋 弘　たかはし・ひろし　昭和61年7月17日　高橋組代表取締役社長, 富山県建設業協会理事, 小矢部市建設業協同組合理事　→83/87

高橋 弘　たかはし・ひろし　大正13年5月26日～平成16年3月1日　愛三工業社長　→03/05

高橋 博　たかはし・ひろし　昭和9年7月19日～昭和60年10月19日　ビデオ・セラー・オーナー　→83/87

高橋 比呂志　たかはし・ひろし　～昭和62年5月19日　金蛇水神社宮司　→83/87

高橋 広治　たかはし・ひろじ　明治40年4月2日～昭和61年6月13日　日立化成工業常務, 日立コンデンサ社長　→83/87

高橋 恒祐　たかはし・ひろつぐ　～昭和44年6月21日　東芝セラミックス社長　→昭和

高橋 寛人　たかはし・ひろと　大正15年～昭和56年9月20日　宇部興産苅田セメント工場所長　→80/82

高橋 広幸　たかはし・ひろゆき　昭和21年9月8日～平成21年9月21日　福岡ダイエーホークス社長　→09/11

高橋 不二男　たかはし・ふじお　大正12年7月4日～平成6年11月25日　昭光通商社長　→94/96

高橋 富士男　たかはし・ふじお　明治40年3月2日～平成13年11月14日　宮城県議　→00/02

高橋 文恵　たかはし・ふみえ　明治44年11月22日～平成2年7月5日　弁護士　広島高裁判事　→88/90

高橋 文男　たかはし・ふみお　大正9年7月25日～平成13年11月14日　東京都競馬社長　→00/02

高橋 文一　たかはし・ぶんいち　大正8年1月8日～平成8年5月21日　西日本鉄道常務　→94/96

高橋 文五郎　たかはし・ぶんごろう　明治26年11月～昭和53年3月19日　参院議員(自民党)　→昭和

高橋 文明　たかはし・ぶんめい　～平成6年3月14日　弁護士　札幌家裁所長, 岡山家裁所長, 神戸家裁所長　→94/96

高橋 牧人　たかはし・まきと　昭和29年6月7日～平成13年5月25日　外務省在外公館課長　→00/02

高橋 良　たかはし・まこと　大正13年7月15日～平成18年6月10日　NHK専務理事・技師長　→06/08

高橋 政明　たかはし・まさあき　大正4年12月4日～平成15年11月7日　栗本鉄工所常務　→03/05

高橋 正秋　たかはし・まさあき　～平成14年3月25日　住友電設副社長　→00/02

高橋 政伊　たかはし・まさい　～昭和63年9月14日　東亜興業相談役　→88/90

高橋 真男　たかはし・まさお　～昭和40年12月26日　大協石油会長・元社長　→昭和

高橋 政雄　たかはし・まさお　～平成4年9月8日　北九州市議　→91/93

高橋 正男　たかはし・まさお　～平成2年6月26日　東芝労働組合中央副執行委員長　→88/90

高橋 正夫　たかはし・まさお　昭和4年3月11日～昭和27年5月1日　血のメーデー事件犠牲者　→昭和

高橋 正夫　たかはし・まさお　大正7年11月20日～昭和61年3月13日　日本新薬取締役　→83/87

高橋 正雄　たかはし・まさお　明治20年5月5日～昭和40年5月25日　金光教教監　→昭和

高橋 正賢　たかはし・まさかた　～平成16年12月5日　カネボウ常務　→03/05

高橋 正毅　たかはし・まさき　昭和21年9月7日～平成8年6月20日　弁護士　中国政務認定日本人弁護士第1号　→94/96

高橋 正己　たかはし・まさき　昭和3年2月10日～平成16年4月9日　東洋運搬機常務　→03/05

高橋 正吾　たかはし・まさご　大正7年1月5日～平成4年8月16日　新日本気象海洋会長, 海洋調査協会副会長　→91/93

高橋 昌　たかはし・まさし　大正3年1月25日～平成6年12月14日　三菱自動車販売(のち三菱自動車工業)常務　→94/96

高橋 正士　たかはし・まさし　大正9年1月11日～平成13年12月17日　京都ホテル社長　→00/02

高橋 正次　たかはし・まさじ　大正5年3月21日～平成13年6月7日　空将　航空自衛隊航空総司令官, テイアック副社長　→00/02

高橋 政次郎　たかはし・まさじろう　～平成8年5月1日　全国朝日新聞販売店連合会会長, 日本新聞販売協会会長　→94/96

高橋 正武　たかはし・まさたけ　大正11年3月30日～平成2年8月15日　高橋印刷社長　→88/90

高橋 正忠　たかはし・まさただ　明治17年6月2日～昭和42年3月22日　四国電力会長　→昭和

高橋 正人　たかはし・まさと　～昭和62年1月2日　重吉興業会長　→83/87

高橋 政知　たかはし・まさとも　大正2年9月4日～平成12年1月31日　オリエンタルランド社長　→00/02

高橋 正尚　たかはし・まさなお　大正5年10月10日～平

成14年11月15日　安田火災海上保険専務　→00/02

高橋 雅弘　たかはし・まさひろ　大正8年8月10日～平成4年7月12日　味の素取締役　→91/93

高橋 昌己　たかはし・まさみ　昭和13年7月26日～平成5年12月5日　カーマ副社長　→91/93

高橋 鼎　たかはし・まさみ　昭和7年1月23日～平成17年11月12日　ファルコバイオシステムズ副社長　→03/05

高橋 政行　たかはし・まさゆき　昭和15年1月12日～平成22年8月31日　農林水産事務次官、日本中央競馬会理事長　→09/11

高橋 正幸　たかはし・まさゆき　昭和7年12月23日～昭和63年5月31日　殖産住宅相互取締役建築部長　→88/90

高橋 正行　たかはし・まさゆき　明治39年5月28日～平成8年5月31日　川崎市収入役　→94/96

高橋 正之　たかはし・まさゆき　大正1年12月8日～平成2年11月8日　日野自動車販売常務　→88/90

高橋 政義　たかはし・まさよし　～平成23年11月16日　空知太神社をめぐる政教分離訴訟の原告　→09/11

高橋 正義　たかはし・まさよし　大正9年～平成5年1月13日　青思会議長　→91/93

高橋 勝　たかはし・まさる　大正6年7月4日～平成8年3月28日　三菱化工機常務　→94/96

高橋 優　たかはし・まさる　明治45年7月6日～平成8年12月19日　サガテレビ常務　→94/96

高橋 傑　たかはし・まさる　昭和5年6月3日～平成12年5月12日　本間組常務　→00/02

高橋 益久　たかはし・ますひさ　大正6年1月21日～平成15年3月15日　ダーバン社長　→03/05

高橋 真清　たかはし・ますみ　明治44年3月27日～昭和60年10月3日　弁護士　公安調査庁調査第二部長　→83/87

高橋 松吉　たかはし・まつきち　大正13年1月30日～平成12年6月6日　カネシメ高橋水産会長　→00/02

高橋 松三郎　たかはし・まつさぶろう　明治39年11月28日～昭和61年9月17日　日本経営協会理事長　→83/87

高橋 松蔵　たかはし・まつぞう　～昭和56年1月31日　ミノファーゲン製薬顧問　→80/82

高橋 衛　たかはし・まもる　明治36年2月26日～昭和61年4月26日　参院議員（自民党）、経済企画庁長官　→83/87

高橋 三男治　たかはし・みおじ　～平成23年9月4日　日本精工専務　→09/11

高橋 幹男　たかはし・みきお　明治44年11月14日～平成10年4月23日　弁護士　東京高裁部総括判事　→97/99

高橋 幹夫　たかはし・みきお　大正6年3月17日～平成1年11月28日　日本自動車連盟会長、警察庁長官　→88/90

高橋 操　たかはし・みさお　～平成6年9月28日　明治製菓専務　→94/96

高橋 巳寿衛　たかはし・みすえ　～平成13年7月21日　有紀書房社長　→00/02

高橋 通哉　たかはし・みちあき　大正14年1月25日～平成7年1月17日　藤沢薬品工業副社長　→94/96

高橋 道男　たかはし・みちお　明治38年2月18日～昭和44年8月7日　参院議員、天理教表統領　→昭和

高橋 通敏　たかはし・みちとし　大正3年3月18日～平成1年4月6日　駐エジプト大使　→88/90

高橋 道玄　たかはし・みちはる　明治43年3月19日～平成9年12月2日　弁護士　高橋道玄法律事務所長、松江地検検事正　→97/99

高橋 光雄　たかはし・みつお　～昭和50年1月19日　電源開発公社理事　→昭和

高橋 光雄　たかはし・みつお　昭和7年2月～平成22年1月14日　精工技研創業者　→09/11

高橋 光威　たかはし・みつたけ　慶応3年12月～昭和7年4月9日　衆院議員、「大阪新報」主筆　→昭和

高橋 満　たかはし・みつる　大正10年7月18日～平成4年2月17日　柏書房会長　→91/93

高橋 峯夫　たかはし・みねお　昭和12年1月3日～平成1年10月31日　明星工業監査役　→88/90

高橋 実　たかはし・みのる　昭和3年6月9日～昭和60年6月13日　サザエ食品社長　→83/87

高橋 実　たかはし・みのる　昭和10年9月25日～平成13年2月23日　神奈川県議（無所属）　→00/02

高橋 稔　たかはし・みのる　昭和8年11月27日～平成4年12月10日　宮城県議（社会党）、宮城県労評副議長　→91/93

高橋 睦雄　たかはし・むつお　昭和6年10月18日～平成1年7月26日　東京ガス理事　→88/90

高橋 元ーたかはし・もとお　～平成3年11月2日　北見市会議長　→91/93

高橋 基樹　たかはし・もとき　大正8年5月11日～平成18年9月7日　伊勢崎市長　→06/08

高橋 元四郎　たかはし・もとしろう　明治7年10月～昭和8年6月22日　衆院議員（民政党）、鹿沼印刷会社社長　→昭和

高橋 百　たかはし・ももち　～昭和48年8月8日　船舶振興ビル社長　→昭和

高橋 守彦　たかはし・もりひこ　大正9年7月21日～平成9年3月30日　名古屋倉庫社長、愛知電機専務　→97/99

高橋 守平　たかはし・もりへい　明治27年10月～昭和35年1月8日　衆院議員（日本進歩党）　→昭和

高橋 盛平　たかはし・もりへい　～昭和56年8月13日　福岡県宗像郡玄海町長、同町村会長　→80/82

高橋 盛吉　たかはし・もりよし　大正12年9月20日～平成19年7月23日　北上市長　→06/08

高橋 康　たかはし・やす　～平成6年8月25日　三井不動産販売常務　→94/96

高橋 康郎　たかはし・やすお　～昭和57年9月1日　フジランド常務　→80/82

高橋 泰雄　たかはし・やすお　明治20年2月～昭和42年9月6日　衆院議員（日本自由党）、浦和市長　→昭和

I 政治・経済・社会篇

たかはし

高橋 保夫　たかはし・やすお　大正1年9月11日～平成6年3月29日　銭高組副会長　→94/96

高橋 保雄　たかはし・やすお　昭和5年7月26日～平成11年11月3日　尾張精機常務　→97/99

高橋 泰和　たかはし・やすかず　昭和9年8月2日～平成8年1月29日　品川自煉瓦専務　→94/96

高橋 康　たかはし・やすし　～平成5年10月4日　レーザーテック副社長　→91/93

高橋 靖介　たかはし・やすすけ　～昭和52年8月13日　神戸発動機社長　→昭和

高橋 泰三　たかはし・やすぞう　～平成19年12月11日　日本配置家庭薬商業組合理事長　→06/08

高橋 康友　たかはし・やすとも　～平成2年1月4日　東亜興行会長　→88/90

高橋 泰治　たかはし・やすはる　昭和2年11月18日～平成3年1月27日　日本甜菜製糖常務　→91/93

高橋 泰彦　たかはし・やすひこ　～平成3年8月4日　ブラザー販売取締役　→91/93

高橋 保元　たかはし・やすもと　～昭和55年5月20日　共栄工業社長　→80/82

高橋 康之　たかはし・やすゆき　昭和12年7月1日～平成15年4月　北海道選管委員長, 北海道議（自民党）　→03/05

高橋 雄一　たかはし・ゆういち　～平成3年7月29日　鹿島美術財団常務理事　→91/93

高橋 雄一郎　たかはし・ゆういちろう　大正14年3月4日～平成13年3月24日　起立木工社長　→00/02

高橋 勇音　たかはし・ゆうおん　明治45年～平成6年1月31日　僧侶　浅間温泉神宮寺住職　→94/96

高橋 祐幸　たかはし・ゆうこう　大正2年2月1日～昭和62年3月11日　宮城県海外協会理事, 高友旅館主　→83/87

高橋 雄豺　たかはし・ゆうさい　明治22年11月3日～昭和54年8月26日　読売新聞副社長　→昭和

高橋 勇作　たかはし・ゆうさく　大正13年5月23日～昭和61年8月29日　昭和産業社長, 日本油脂協会会長　→83/87

高橋 佑治　たかはし・ゆうじ　昭和5年4月30日～平成12年1月9日　味の素取締役, 味の素サービス社長　→00/02

高橋 勇次　たかはし・ゆうじ　昭和5年11月13日～平成12年2月28日　弁護士　日本弁護士連合会副会長, 第一東京弁護士会会長　→00/02

高橋 雄次　たかはし・ゆうじ　明治29年4月～昭和61年4月2日　海軍少将　→83/87

高橋 雄二　たかはし・ゆうじ　明治33年4月3日～昭和58年11月23日　よみうりランド社長　→83/87

高橋 雄之助　たかはし・ゆうのすけ　明治40年5月20日～昭和58年1月24日　参院議員（自民党）, 北海道農協中央会長　→83/87

高橋 幸男　たかはし・ゆきお　昭和7年3月19日～平成14年8月5日　郵政省郵務局長, 日本電信電話常務　→00/02

高橋 幸定　たかはし・ゆきさだ　昭和3年3月13日～平成10年6月29日　岡山県議（自民党）　→97/99

高橋 豊　たかはし・ゆたか　昭和9年～平成16年7月16日　神鋼電機専務　→03/05

高橋 洋一　たかはし・よういち　大正10年11月12日～平成19年12月20日　日本無線常務　→06/08

高橋 洋児　たかはし・ようじ　昭和6年10月12日～平成12年11月27日　三菱アルミニウム常務　→00/02

高橋 洋介　たかはし・ようすけ　昭和16年8月28日～平成23年8月9日　岩手県副知事　→09/11

高橋 養之助　たかはし・ようのすけ　～昭和28年12月3日　渋沢倉庫常務　→昭和

高橋 吉昭　たかはし・よしあき　昭和22年3月10日～平成18年7月23日　フジ社長　→06/08

高橋 悦郎　たかはし・よしお　大正15年9月7日～平成14年1月26日　島根県副知事　→00/02

高橋 義雄　たかはし・よしお　明治42年1月12日～平成2年3月8日　防衛庁海上自衛隊幹部学校副校長　→88/90

高橋 義雄　たかはし・よしお　～平成16年7月3日　千葉県議　→03/05

高橋 吉雄　たかはし・よしお　大正10年3月25日～平成23年3月1日　シナネン社長　→09/11

高橋 節雄　たかはし・よしお　明治11年～昭和46年4月1日　海軍少将　松江市長　→昭和（たかはし・せつお）

高橋 喜一　たかはし・よしかず　大正13年7月25日～平成4年4月6日　有楽土地専務　→91/93

高橋 義数　たかはし・よしかず　～昭和57年9月25日　ニチメン常務　→80/82

高橋 芳一　たかはし・よしかず　～平成4年3月10日　（株）共同通信役員待遇・大阪支社長　→80/82

高橋 良輔　たかはし・よしすけ　昭和6年3月20日～昭和62年11月22日　日本製麻会長　→83/87

高橋 吉隆　たかはし・よしたか　明治41年4月1日～平成5年4月20日　朝日麦酒社長, 住友銀行副頭取　→91/93

高橋 義次　たかはし・よしつぐ　明治15年8月23日～昭和44年2月2日　弁護士, 政治家　衆院議員　→昭和

高橋 義信　たかはし・よしのぶ　元治1年5月5日～昭和4年11月28日　衆院議員（政友会）, 東京市議　→昭和

高橋 義信　たかはし・よしのぶ　昭和6年3月22日～平成12年4月29日　昭和の森エンタープライズ社長, 昭和飛行機工業常務　→00/02

高橋 義治　たかはし・よしはる　大正5年6月6日～昭和61年7月16日　イ・アイ・イ社長　→83/87

高橋 義博　たかはし・よしひろ　～昭和51年2月10日　大日精化工業社長　→昭和

高橋 良麿　たかはし・よしまろ　明治40年11月3日～平成3年2月20日　富山テレビ放送取締役相談役, 和歌山県知事　→91/93

高橋 義美　たかはし・よしみ　〜平成3年6月8日　東北重化学工業（のち日本重化学工業）取締役　→91/93

高橋 義行　たかはし・よしゆき　昭和11年1月2日〜平成20年10月25日　アシックス社長　→06/08

高橋 芳郎　たかはし・よしろう　昭和7年6月30日〜平成9年9月30日　東部重工業会長　→97/99

高橋 与平　たかはし・よへい　明治16年12月13日〜平成2年5月11日　吉池社長　→88/90

高橋 理一郎　たかはし・りいちろう　明治20年〜昭和19年2月16日　文部省建築課長　→昭和

高橋 力雄　たかはし・りきお　昭和12年3月31日〜平成12年10月10日　福島県民共済生活協同組合理事長　→00/02

高橋 竜太郎　たかはし・りゅうたろう　明治8年7月15日〜昭和42年12月22日　実業家、政治家　大日本麦酒社長、日商会頭、通産相　→昭和

高橋 隆天　たかはし・りゅうてん　昭和2年7月21日〜平成18年9月30日　僧侶　川崎大師平間寺44世貫首・中興第1世貫首　→06/08

高橋 良一　たかはし・りょういち　大正15年11月29日〜昭和62年4月12日　ドットウェル ビー・エム・エス代表取締役会長　→83/87

高橋 良吉　たかはし・りょうきち　〜昭和60年8月30日　札幌市中央警察署長　→83/87

高橋 良暢　たかはし・りょうちょう　〜昭和56年1月7日　天台宗参務、財務部長　→80/82

高橋 良平　たかはし・りょうへい　昭和10年4月28日〜平成8年4月22日　コスモ証券専務　→94/96

高橋 林蔵　たかはし・りんぞう　〜昭和61年3月16日　小金井市高齢者事業団会長　→83/87

高橋 和市　たかはし・わいち　明治35年4月27日〜平成1年1月10日　警視庁警察学校長　→88/90

高橋 渉　たかはし・わたる　明治24年7月15日〜昭和49年7月15日　労働運動家　東京府議　→昭和

高橋 渡　たかはし・わたる　明治37年5月1日〜昭和61年6月6日　電通客員・元副社長　→83/87

高橋 亘　たかはし・わたる　〜昭和48年8月28日　ブリヂストンタイヤ取締役　→昭和

高橋 亘　たかはし・わたる　〜平成4年6月15日　三木首相首席秘書官、下館市民病院院長　→91/93

高畠 寛我　たかはた・かんが　明治22年10月19日〜昭和56年12月17日　僧侶　浄土宗門主、総本山知恩院門跡　→80/82

高畑 邦博　たかはた・くにひろ　〜平成9年12月10日　ジブロ常務　→97/99

高畑 国光　たかはた・くにみつ　〜昭和59年12月25日　国鉄東北・上越新幹線総合指令本部長　→83/87

高畑 圭作　たかはた・けいさく　大正9年3月1日〜昭和59年10月17日　東洋紡常務、東洋紡不動産社長　→83/87

高畑 薫幸　たかはた・しげゆき　明治36年1月13日〜

成11年1月19日　東邦金属会長　→97/99

高畠 淳　たかはた・じゅん　昭和4年2月20日〜平成15年1月6日　福岡証券取引所専務理事　→03/05

高畑 誠一　たかはた・せいいち　明治20年3月21日〜昭和53年9月19日　日商会長　→昭和

高畑 長貞　たかはた・ながさだ　明治40年1月20日〜昭和56年6月30日　公認会計士、税理士　→80/82

高畑 秀雄　たかはた・ひでお　〜昭和60年10月12日　(株)日高商会代表取締役社長　→83/87

高畑 正一　たかはた・まさかず　大正2年6月29日〜平成14年10月19日　京都新聞副社長　→00/02

高畑 幸男　たかはた・ゆきお　大正3年7月1日〜平成5年4月23日　日本鋼管専務　→91/93

高畑 幸久　たかはた・ゆきひさ　〜昭和58年3月10日　日産生命保険相互常務　→83/87

高畠 亀太郎　たかばたけ・かめたろう　明治16年2月〜昭和47年9月23日　政治家、実業家　衆院議員、宇和島市長　→昭和

高畠 春二　たかばたけ・しゅんじ　〜昭和45年11月8日　弁護士　→昭和

高畠 譲二　たかばたけ・じょうじ　〜平成20年11月22日　日本肝臓病患者団体協議会事務局長　→06/08

高畠 成一　たかばたけ・せいいち　昭和2年8月25日〜平成16年11月27日　アサヒビール常務　→03/05

高畠 壮太郎　たかばたけ・そうたろう　〜平成3年5月16日　三井生命保険取締役　→91/93

高畠 昇　たかばたけ・のぼる　明治40年3月20日〜平成6年4月29日　福岡銀行専務、高田工業所専務　→94/96

高畠 平　たかばたけ・まさる　大正9年12月15日〜平成20年12月12日　住友軽金属工業専務　→06/08

高畠 素之　たかばたけ・もとゆき　明治19年1月4日〜昭和3年12月23日　社会思想家　→昭和

高畠 幸男　たかばたけ・ゆきお　明治44年1月3日〜平成3年5月13日　ダイセル化学工業専務、八千代倉庫社長　→91/93

高畠 嘉雄　たかばたけ・よしお　〜昭和44年4月9日　大林組専務取締役　→昭和

高畠 佳次　たかばたけ・よしじ　〜昭和50年8月20日　大生相互銀行社長　→昭和

高羽 麻雪　たかね・あさひ　〜昭和17年7月11日　陸軍少将　→昭和

高羽 秀雄　たかね・ひでお　〜昭和45年6月11日　東海テレビ専務　→昭和

高浜 一雄　たかま・かずお　大正3年9月4日〜昭和56年5月25日　三菱倉庫常務　→80/82

高浜 善右衛門　たかま・ぜんうえもん　〜昭和59年12月12日　住友倉庫取締役　→83/87

高浜 正志　たかま・まさし　昭和2年9月27日〜平成8年9月9日　長崎県議（社会党）　→94/96

高浜 雅己　たかはま・まさみ　〜昭和60年8月12日
　パイロット　日航ジャンボ機機長　→83/87

高浜 幸敏　たかはま・ゆきとし　大正9年9月25日〜平成16年8月10日　熊本県伝統工芸館初代館長　→03/05

高林 勇　たかばやし・いさむ　大正12年1月18日〜平成22年12月19日　とぴあ浜松農協代表理事組合長　→09/11

高林 克巳　たかばやし・かつみ　大正9年3月31日〜平成12年9月2日　東京高裁判事　→00/02

高林 康一　たかばやし・こういち　大正9年7月29日〜平成23年3月20日　運輸事務次官　→09/11

高林 浩一　たかばやし・こういち　昭和10年9月12日〜平成5年6月6日　小松建設工業監査役　→91/93

高林 茂男　たかばやし・しげお　明治36年9月5日〜昭和58年1月11日　弁護士　横浜弁護士会会長, 日弁連理事　→83/87

高林 敏巳　たかばやし・としみ　明治38年4月26日〜平成5年7月26日　三井金属社長　→91/93

高原 靖　たかはら・きよし　大正14年11月22日〜平成13年3月19日　三菱商事常務　→00/02

高原 茂樹　たかはら・しげき　大正11年2月9日〜平成21年12月23日　三井製糖専務　→09/11

高原 新造　たかはら・しんぞう　明治42年11月2日〜平成15年11月14日　神戸電鉄常務　→03/05

高原 須美子　たかはら・すみこ　昭和8年6月16日〜平成13年8月19日　経済評論家　経済企画庁長官, プロ野球セ・リーグ会長　→00/02

高原 太郎　たかはら・たろう　明治37年4月23日〜平成3年12月19日　弁護士　広島高裁長官　→91/93

高原 照男　たかはら・てるお　昭和6年4月11日〜平成16年8月8日　日清食品常務　→03/05

高原 友生　たかはら・ともお　大正14年3月8日〜平成21年12月4日　伊藤忠商事常務, CRCソリューションズ社長　→09/11

高原 英祐　たかはら・ひですけ　〜平成7年9月7日
　東邦タール製品社長　→94/96

高原 恕　たかはら・ひろし　大正4年2月8日〜平成7年12月4日　横河ブリッジ常務　→94/96

高原 文六　たかはら・ぶんろく　大正5年9月18日〜昭和62年1月21日　日本楽器製造相談役　→83/87

高原 正光　たかはら・まさみつ　明治44年11月18日〜昭和58年5月11日　徳山曹達副社長　→83/87

高原 基彰　たかはら・もとあき　昭和17年3月18日〜平成23年9月4日　ノリタケカンパニーリミテド副社長　→09/11

高原 勇太郎　たかはら・ゆうたろう　明治35年4月10日〜平成7年5月29日　ユニ・チャーム会長　→94/96

高原 芳夫　たかはら・よしお　〜昭和45年5月4日
　前田建設専務　→昭和

高原 美忠　たかはら・よしただ　明治25年3月16日〜平成1年6月12日　神官　八坂神社名誉宮司, 皇学館大学学長　→88/90

高樋 竹次郎　たかひ・たけじろう　明治35年8月20日〜昭和59年4月27日　黒石市長　→83/87

孝久 治助　たかひさ・じすけ　〜昭和59年12月19日
　三井生命取締役　→83/87

高秀 秀信　たかひで・ひでのぶ　昭和4年8月18日〜平成14年8月29日　横浜市長, 建設事務次官　→00/02

高平 公友　たかひら・きみとも　大正3年7月18日〜平成12年2月10日　参院議員(自民党)　→00/02

高平 重雄　たかひら・しげお　〜昭和63年8月28日
　高重建設代表取締役　→88/90

高広 章　たかひろ・あきら　昭和7年2月15日〜平成23年11月27日　大成建設専務　→09/11

高広 辰治　たかひろ・たつじ　明治37年11月28日〜平成1年10月25日　弁護士　東京銀行取締役, 日本輸出入銀行理事　→88/90

高藤 国太郎　たかふじ・くにたろう　明治37年3月28日〜平成१४年8月13日　高藤建設会長　→88/90

高藤 伝　たかふじ・つたえ　昭和8年7月10日〜平成5年4月19日　飛島建設常務, 日本大学教授　→91/93

高藤 常丸　たかふじ・つねまる　明治45年6月25日〜昭和60年12月10日　名古屋相互銀行常務　→83/87

高藤 豊一　たかふじ・とよいち　昭和61年3月15日
　高岡市議　→83/87

高渕 幸雄　たかぶち・ゆきお　昭和3年8月26日〜平成6年1月10日　八千代エンジニアリング常務　→94/96

高部 省吾　たかべ・しょうご　〜昭和55年7月11日
　日鉄建材相談役・前同社長　→80/82

高部 義信　たかべ・よしのぶ　〜平成7年3月11日
　研究社専務　→94/96

高幣 哲夫　たかへい・てつお　大正9年12月3日〜昭和61年5月18日　日本科学工業常務, 川崎重工業中央研究所副所長, 茨城大学工学部教授　→83/87

鷹架 武一　たかほこ・たけいち　昭和5年3月30日〜平成22年7月7日　鷹架工業社長, むつ商工会議所会頭　→09/11

高間 賢一　たかま・けんいち　昭和16年6月18日〜平成9年4月21日　奈良県議(自民党)　→97/99

高間 繁　たかま・しげる　明治35年7月12日〜平成1年3月16日　明星電気社長　→88/90

高間 猛　たかま・たけし　大正9年6月10日〜昭和60年9月20日　中央地所代表取締役副社長, 元東海銀行本店営業部住宅金融公庫長　→83/87

高間 完　たかま・たもつ　〜昭和55年1月10日
　海軍中将　→80/82

高間 千佐雄　たかま・ちさお　昭和21年2月4日〜平成12年12月26日　住友生命保険専務　→00/02

高間 勉　たかま・つとむ　大正2年9月21日〜昭和59年5月6日　函館空港ビルデング代表取締役専務, 函館商工会議所常議員　→83/87

高間 松吉　たかま・まつきち　明治31年2月～昭和45年4月14日　衆院議員（自由党）→昭和（高間 重吉 たかま・じゅうきち）

高曲 敏三　たかまがり・としぞう　～昭和55年11月2日　福岡県議，日本共産党福岡県委員，共産党福岡県議団長　→80/82

高松 章　たかまつ・あきら　大正14年12月19日～平成13年9月25日　KDD（のちKDDI）常務　→00/02

高松 旦　たかまつ・あきら　大正10年12月14日～平成22年8月16日　三楽専務　→09/11

高松 巌　たかまつ・いわお　大正3年4月30日～昭和59年10月17日　四国電気工事社長　→83/87

高松 敬治　たかまつ・けいじ　大正9年10月20日～平成1年8月27日　防衛施設庁長官，警察大学校長　→88/90

高松 健次郎　たかまつ・けんじろう　～昭和61年10月1日　常東用水土地改良区総代　→83/87

高松 孝一　たかまつ・こういち　大正1年11月18日～平成16年8月17日　北越製紙副社長　→03/05

高松 剛毅　たかまつ・ごうき　大正13年7月20日～平成18年9月18日　古河機械金属副社長　→06/08

高松 三郎　たかまつ・さぶろう　大正9年5月21日～昭和63年5月22日　塩釜地方卸売市場社長　→88/90

高松 昇司　たかまつ・しょうじ　大正3年2月14日～平成22年11月24日　北日本新聞印刷局長　→09/11

高松 精吾　たかまつ・せいご　～昭和55年8月25日　八女商工会議所副会頭，白花酒造相談役　→80/82

高松 清太夫　たかまつ・せいだゆう　大正11年7月8日～平成14年12月7日　兵庫県議（自民党）　→00/02

高松 洸　たかまつ・たけし　～昭和57年12月7日　小郡市議会議員　→80/82

高松 竹次　たかまつ・たけじ　明治39年5月16日～昭和63年5月7日　富良野市長　→88/90

高松 長三　たかまつ・ちょうぞう　明治17年7月～昭和30年1月12日　海軍主計少将　衆院議員（民政党）→昭和

高松 勉　たかまつ・つとむ　大正9年12月8日～平成5年1月19日　黒田精工取締役，東西機工代表取締役　→91/93

高松 利明　たかまつ・としあき　昭和10年10月15日～平成15年1月22日　三共専務　→03/05

高松 俊夫　たかまつ・としお　大正2年12月14日～平成16年4月28日　不二越社長，日本銀行国債局長　→03/05

高松 冨男　たかまつ・とみお　大正6年12月21日～平成15年5月7日　ダイドードリンコ創業者　→03/05

高松 信夫　たかまつ・のぶお　大正1年11月3日～昭和61年2月12日　住友ベークライト常務，住友化学工業取締役　→83/87

高松 秀登　たかまつ・ひでと　大正7年11月8日～平成8年12月16日　広島銀行専務　→94/96

高松 正朋　たかまつ・まさとも　～平成23年10月23日　日本棋院支部石川県連合会理事長　→09/11

高松 正道　たかまつ・まさみち　明治10年7月～昭和14年9月3日　衆院議員（無所属）→昭和

高松 光彦　たかまつ・みつひこ　大正12年10月10日～平成11年5月25日　産業教育センター理事長，高松組社長　→97/99

高松 光昌　たかまつ・みつまさ　大正14年5月15日～昭和62年4月26日　熊本県商工会連合会専務理事　→83/87

高松 実　たかまつ・みのる　昭和11年5月11日～平成3年12月28日　連合北海道会長　→91/93

高松 弥三郎　たかまつ・やさぶろう　明治43年3月27日～昭和61年7月9日　オーエム工業相談役　→83/87

高松 悠紀雄　たかまつ・ゆきお　昭和3年11月10日～平成4年5月18日　東洋ゴム海運副社長　→91/93

高松 与志雄　たかまつ・よしお　昭和2年3月26日～平成16年1月25日　興亜火災海上保険常務　→03/05

高松 力夫　たかまつ・りきお　～昭和62年9月23日　十条製紙取締役　→83/87

高松 隆之助　たかまつ・りゅうのすけ　昭和3年9月16日～平成9年4月29日　高松組社長　→97/99

高松 了秀　たかまつ・りょうしゅう　大正3年11月21日～平成3年2月19日　僧侶　高松学園理事長，飯田女子短期大学学長，善勝寺住職　→91/93

高松宮 喜久子　たかまつのみや・きくこ　明治44年12月26日～平成16年12月18日　高松宮宣仁親王妃，日本赤十字社名誉副総裁，高松宮妃癌研究基金名誉総裁　→03/05

高松宮 宣仁　たかまつのみや・のぶひと　明治38年1月3日～昭和62年2月3日　大正天皇第三皇男子　→83/87

高円宮 憲仁　たかまどのみや・のりひと　昭和29年12月29日～平成14年11月21日　三笠宮崇仁親王第三男子，日本サッカー協会名誉総裁，日加協会名誉総裁　→00/02

高丸 修　たかまる・おさむ　昭和5年2月28日～平成21年8月13日　旭川トヨタ自動車会長，旭川商工会議所会頭　→09/11

高見 一吉　たかみ・かずよし　大正3年5月15日～平成21年5月2日　クラボウ常務　→09/11

高見 喜久夫　たかみ・きくお　～昭和63年12月24日　富山フジカラー取締役　→88/90

高見 清　たかみ・きよし　大正12年2月16日～昭和61年6月19日　太平洋工業常任顧問・元専務　→83/87

田上 清　たがみ・きよし　～昭和60年8月8日　松竹取締役　→83/87

高見 三郎　たかみ・さぶろう　明治37年1月8日～昭和53年2月28日　政治家　文相，衆院議員（自民党）→昭和

高見 重雄　たかみ・しげお　～昭和46年4月4日　オーミケンシ社長　→昭和

高見 繁　たかみ・しげる　明治43年12月1日～平成8年8月13日　名光電気工事会長　→91/93

高見 詳治　たかみ・しょうじ　大正6年9月20日～平成4年7月15日　日本触媒常務　→91/93

高見 二郎　たかみ・じろう　～昭和61年4月13日　三井建設工業取締役，三井物産常務取締役　→83/87

鷹見 銑三　たかみ・せんぞう　～昭和58年8月4日
　キユーピー取締役　→83/87

田上 隆　たがみ・たかし　大正12年3月10日～平成23年4月4日　辰巳倉庫社長, 全国食糧保管協会会長　→09/11

田上 工　たかみ・たくみ　大正12年9月24日～平成7年4月23日　高圧ガス工業常務　→94/96

田上 辰雄　たがみ・たつお　～昭和55年7月9日
　日本ビルマ協会専務理事　→80/82

田上 束稲　たがみ・つかね　明治34年5月11日～昭和47年7月11日　日魯漁業会長　→昭和（たがみ・そくとう）

高見 務　たかみ・つとむ　昭和8年8月10日～平成6年7月23日　世界救世教諮問委員, 日進産業社長　→94/96

田上 信雄　たがみ・のぶお　昭和3年7月9日～平成15年7月3日　中国新聞取締役総合企画室長　→03/05

田上 秀行　たがみ・ひでゆき　～昭和61年11月11日
　日本割引短資専務　→83/87

高見 宏　たかみ・ひろし　～昭和45年2月6日
　松竹常務　→昭和

高見 宏　たかみ・ひろし　昭和2年12月8日～平成5年10月10日　鐘紡取締役　→91/93

高見 弘人　たかみ・ひろと　～平成16年8月7日
　夕刊デイリー新聞社長　→03/05

田上 文平　たがみ・ぶんぺい　大正10年2月22日～平成15年7月4日　松井建設常務　→03/05

高見 真佐太郎　たかみ・まさたろう　大正11年1月9日～平成4年1月25日　三井造船取締役　→91/93

高見 昌信　たかみ・まさのぶ　昭和8年11月29日～平成3年4月26日　清水建設取締役　→91/93

高見 勝　たかみ・まさる　昭和12年12月8日～平成21年1月16日　セコニック専務　→09/11

田上 勝　たがみ・まさる　～昭和42年11月1日
　東洋醸造常務取締役　→昭和

田上 松衛　たがみ・まつえ　明治33年1月10日～平成7年1月28日　社会運動家　参院議員（民社党）　→94/96

高見 之通　たかみ・ゆきみち　明治13年3月～昭和37年10月30日　衆院議員（日本進歩党）　→昭和（たかみ・しつう）

高見 嘉夫　たかみ・よしお　～昭和50年4月6日
　国際観光バス社長　→昭和

高見沢 勝世　たかみざわ・かつよ　～平成2年2月17日
　全国防犯協会連合会事務局長, 東北管区警察局公安部長　→88/90

高見沢 忠懇　たかみざわ・ただあき　～平成15年2月11日　峠の釜飯本舗おぎのやグループ社長　→03/05

高見沢 敏夫　たかみざわ・としお　大正14年3月1日～平成12年12月8日　高見沢サイバネティックス会長　→00/02

高見沢 宏　たかみざわ・ひろし　大正12年3月9日～平成3年2月20日　秩父商工会議所会頭, 秩父セメント常務　→91/93

高見沢 万吉　たかみざわ・まんきち　～昭和62年11月13日　宮崎県警本部長, 全日本トラック協会常務理事　→83/87

高御堂 節雄　たかみどう・せつお　昭和4年8月1日～平成4年4月18日　カノークス副社長　→91/93

高緑 助松　たかみどり・すけまつ　～昭和62年9月10日
　高緑海産代表　→83/87

高峰 秀海　たかみね・しゅうかい　明治26年4月19日～昭和60年3月9日　高野山真言宗管長　→83/87

高嶺 朝教　たかみね・ちょうきょう　明治1年12月15日～昭和14年1月12日　衆院議員（政友会）, 首里市長　→昭和

高嶺 朝慶　たかみね・ちょうけい　明治34年6月27日～昭和59年6月22日　島津製作所専務　→83/87

高嶺 明達　たかみね・めいたつ　明治41年11月8日～
　日本規格協会理事長, 元産業復興公団総裁　→昭和

高峰 義正　たかみね・よしまさ　～昭和60年10月28日
　シルバー樹脂工業（株）商品課長　→83/87

高嶺 嘉正　たかみね・よしまさ　大正2年8月25日～平成8年12月5日　小山機械工業会長　→94/96

高宮 兼　たかみや・かぬる　大正11年7月7日～昭和63年11月24日　武蔵副社長, 東京都商組合理事　→88/90

高宮 重克　たかみや・しげかつ　明治44年2月20日～平成4年9月8日　山丸証券社長　→91/93

高宮 正夫　たかみや・まさお　明治11年3月17日～平成19年10月16日　カルピス常務　→06/08

高宮 義諦　たかみや・よしあき　大正4年3月29日～平成5年7月8日　タカミヤ創業者　→91/93

高椋 秀夫　たかむく・ひでお　～昭和62年7月6日
　福岡銀行常任監査役　→83/87

高椋 正次　たかむく・まさじ　～昭和55年3月22日
　奈良市長　→80/82

高村 清　たかむら・きよし　大正8年1月5日～平成9年11月22日　防衛施設庁東京防衛施設局長, 小田急建設専務　→97/99

高村 謹一　たかむら・きんいち　明治14年12月30日～昭和8年3月20日　国家主義者　→昭和

高村 健一郎　たかむら・けんいちろう　大正9年7月14日～平成18年2月14日　日本専売公社総務理事　→06/08

高村 弘平　たかむら・こうへい　明治34年9月21日～平成1年9月28日　高村造園社長　→88/90

高村 権佐久　たかむら・ごんさく　大正8年5月8日～平成19年3月29日　山梨県議（自民党）　→06/08

高村 佐一　たかむら・さいち　明治45年2月15日～昭和62年4月4日　名古屋市建設業協会理事, 愛知県緑地工事工業協同組合理事長　→83/87

高村 正三　たかむら・しょうぞう　大正3年5月25日～平成5年4月21日　福岡県議（社会党）　→91/93

高村 庄太郎　たかむら・しょうたろう　～平成2年7月1日
　武田薬品工業顧問　→88/90

高村 甚平　たかむら・じんぺい　～昭和59年1月30日

芝浦製作所社長, 東京芝浦電気監査役　→83/87

高村 誠一　たかむら・せいいち　昭和2年3月2日〜平成10年1月30日　高知県議(自民党), ハイパープラザ社長　→97/99

高村 博　たかむら・ひろし　大正10年1月3日〜平成3年6月3日　東京濾器社長　→91/93

高村 信　たかむら・まこと　〜昭和61年12月7日　海上保安庁第九管区海上保安本部長　→83/87

高村 正明　たかむら・まさあき　〜昭和55年5月25日　安祥製作所社長　→80/82

高村 峰蔵　たかむら・みねぞう　〜昭和55年4月26日　奈良国立博物館次長　→80/82

高村 幸男　たかむら・ゆきお　大正3年11月28日〜平成3年4月29日　神戸信用金庫会長　→91/93

高村 善博　たかむら・よしひろ　大正2年10月8日〜平成3年6月5日　君津共同火力最高顧問, 通産省審議官, 電源開発理事　→91/93

高村 力弥　たかむら・りきや　明治44年11月17日〜昭和61年10月24日　名古屋市住宅供給公社監事, 村村観光社長, 名古屋市会議長　→83/87

高本 栄一　たかもと・えいいち　〜昭和60年9月15日　北方海域漁業権補償推進委員会代議員　→83/87

高本 善四郎　たかもと・ぜんしろう　明治44年8月11日〜平成19年12月7日　ダイトエレクトロン創業者　→06/08

高元 隆吉　たかもと・りゅうきち　明治44年4月15日〜昭和63年2月4日　北海道出納長　→88/90

高盛 一雄　たかもり・かずお　〜平成7年3月19日　シーアイ化成常務　→94/96

鷹森 均一　たかもり・きんいち　〜昭和58年12月11日　静岡銀行副頭取　→83/87

高森 邦夫　たかもり・くにお　昭和11年10月13日〜平成19年2月23日　青森放送副社長　→06/08

高森 五郎　たかもり・ごろう　明治26年11月24日〜昭和57年4月17日　神奈川電気会長　→80/82

鷹森 孝　たかもり・たかし　〜昭和43年4月27日　陸軍中将　→昭和

高森 信義　たかもり・のぶよし　〜昭和60年6月21日　北海製纜顧問・元常務取締役　→83/87

高守 文子　たかもり・ふみこ　〜平成9年5月13日　日本金型工業会中部支部常務理事　→97/99

高谷 覚蔵　たかや・かくぞう　明治32年1月1日〜昭和46年3月20日　社会運動家　→昭和

高谷 克己　たかや・かつみ　昭和9年8月8日〜平成19年3月15日　東洋クロス社長　→06/08

高屋 寛治　たかや・かんじ　大正7年3月18日〜平成8年3月5日　極東開発工業常務　→94/96

多賀谷 恵一　たがや・けいぞう　大正15年4月13日〜平成7年1月15日　テイセンクロス社長　→94/96

高谷 俊　たかや・しゅん　大正15年3月15日〜昭和63

多賀谷 真稔　たがや・しんねん　大正9年1月5日〜平成7年4月9日　衆院副議長(社会党)　→94/96

高谷 善三郎　たかや・ぜんざぶろう　〜昭和39年11月30日　第一製薬顧問　→昭和

高屋 猛　たかや・たけし　大正4年5月20日〜平成10年3月23日　大末建設副社長　→97/99

多賀谷 宏　たがや・ひろし　大正7年12月22日〜平成4年5月6日　大阪市議(自民党)　→91/93

多賀谷 学　たがや・まなぶ　昭和6年11月27日〜平成6年2月16日　東洋ゴム工業常務　→94/96

高谷 陽一　たかや・よういち　昭和2年9月1日〜平成16年9月3日　兼松副社長　→03/05

高安 邦義　たかやす・くによし　〜昭和62年1月23日　富山シルバーホーム(特別養護老人ホーム)事務長　→83/87

高安 文雄　たかやす・ふみお　〜昭和59年8月10日　淡文社常務　→83/87

高柳 栄二　たかやなぎ・えいじ　〜平成3年10月7日　明治生命保険取締役　→91/93

高柳 覚太郎　たかやなぎ・かくたろう　慶応3年10月〜昭和12年12月21日　衆院議員(革新倶楽部), 浜松市長　→昭和

高柳 勝二　たかやなぎ・かつじ　〜昭和59年4月12日　日本鉱業取締役　→83/87

高柳 克己　たかやなぎ・かつみ　昭和18年3月5日〜平成12年2月6日　日本金属取締役, 日本金属商事社長　→00/02

高柳 健次郎　たかやなぎ・けんじろう　明治32年1月20日〜平成2年7月23日　電子工学者　日本ビクター副社長　→88/90

高柳 五郎　たかやなぎ・ごろう　〜平成5年3月19日　日本火災海上保険専務　→91/93

高柳 重男　たかやなぎ・しげお　昭和3年3月3日〜平成8年2月18日　サンケイビル専務　→94/96

高柳 栄治　たかやなぎ・しげはる　〜昭和63年11月4日　東京製鋼専務　→88/90

高柳 正　たかやなぎ・しょう　明治34年9月10日〜平成2年4月28日　アサヒビール常務　→88/90

高柳 惣三　たかやなぎ・そうぞう　大正1年9月26日〜平成1年7月8日　住友重機械工業専務　→88/90

高柳 孝　たかやなぎ・たかし　大正15年10月28日〜平成9年3月22日　日産農林工業(のち兼松日産農林)専務　→97/99

高柳 武夫　たかやなぎ・たけお　〜昭和50年4月23日　十条キンバリー社長　→昭和

高柳 武　たかやなぎ・たけし　〜平成6年6月29日　毎日新聞社監査役　→94/96

高柳 忠夫　たかやなぎ・ただお　大正6年1月2日〜昭和

59年11月18日　東京証券会館社長,日本証券業協会副会長,国税庁次長　→83/87

高柳 寅次　たかやなぎ・とらじ　〜昭和56年7月16日
松井建設顧問,元専務　→80/82

高柳 増男　たかやなぎ・ますお　昭和17年3月22日〜平成15年5月6日　高柳音楽事務所社長　→03/05

高柳 松一郎　たかやなぎ・まついちろう　明治10年1月7日〜昭和11年3月10日　紡績連合会専務理事　→昭和(たかやなぎ・しょういちろう)

高柳 道夫　たかやなぎ・みちお　昭和4年12月5日〜平成17年3月31日　本州製紙常務　→03/05

高柳 幸雄　たかやなぎ・ゆきお　大正9年8月10日〜昭和60年1月31日　北海タイムス社長　→83/87

高柳 義政　たかやなぎ・よしまさ　〜昭和60年12月7日　(有)高柳石産代表取締役社長,富山土石協業組合副理事長,元富山市桜谷校下自治振興会長　→83/87

高山 晃　たかやま・あきら　大正7年3月29日〜平成12年7月17日　中京テレビ放送副社長,日本経済新聞名古屋支社長　→00/02

高山 晨　たかやま・あきら　昭和7年11月7日〜昭和63年2月24日　東京高裁判事　→88/90

高山 巌　たかやま・いわお　昭和7年9月25日〜平成17年9月28日　新潟県議(自民党),高山工業代表取締役　→03/05

高山 一夫　たかやま・かずお　大正6年6月9日〜平成7年12月20日　神奈川県農協中央会連合会会長　→94/96

高山 勝秀　たかやま・かつひで　〜昭和61年8月21日　東京銀行監査役,日本割引短資専務　→83/87

高山 亀夫　たかやま・かめお　〜昭和58年7月3日
陸軍少将　→83/87

高山 勘治　たかやま・かんじ　大正5年1月17日〜平成9年11月24日　総評副議長,全国金属労組委員長　→97/99

高山 義三　たかやま・ぎぞう　明治25年6月15日〜昭和49年12月6日　政治家,弁護士　京都市長,国立京都国際会館初代館長　→昭和

畠山 公迪　はたけやま・きみみち　〜昭和15年8月28日
陸軍中将　第十八師団長　→昭和(たかやま・こうとお)

高山 久蔵　たかやま・きゅうぞう　明治28年12月1日〜昭和33年12月7日　労働運動家　石炭協会理事長　→昭和

高山 金作　たかやま・きんさく　〜昭和60年2月21日
空知種苗代表取締役社主,元栗山町(北海道)町議・町会議長　→83/87

高山 熊雄　たかやま・くまお　大正5年7月30日〜平成9年11月26日　三菱地所専務　→97/99

高山 圭三　たかやま・けいぞう　文久2年5月7日〜昭和9年3月13日　実業家　堂島米取引所支配人　→昭和

高山 光一　たかやま・こういち　〜昭和59年1月24日
日本モーターサイクル協会モトクロス委員長,高山製作所社長　→83/87

高山 成雄　たかやま・しげお　大正5年5月27日〜平成22年7月25日　伯東創業者　→09/11

高山 惺　たかやま・しずか　〜平成13年2月2日
セ・エム・アッシュ代表　→00/02

高山 七郎　たかやま・しちろう　〜昭和63年11月23日
高山書店取締役会長　→88/90

高山 信武　たかやま・しのぶ　〜昭和62年10月16日
陸将　陸上自衛隊幕僚副長　→83/87

高山 治郎市　たかやま・じろいち　明治20年11月5日〜昭和52年3月1日　労働運動家　→昭和

高山 貴　たかやま・たかし　明治43年6月6日〜平成2年1月31日　神官　東京乃木神社名誉宮司,皇学館大学常務理事　→88/90

高山 敬　たかやま・たかし　昭和8年1月15日〜平成9年千葉県議(自民党)　→97/99

高山 武　たかやま・たけし　大正9年5月11日〜平成1年3月13日　東西アスファルト事業協同組合理事長　→88/90

高山 次彦　たかやま・つぐひこ　〜平成7年9月16日
エフエム岩手常務,読売新聞社ラジオテレビ部次長　→94/96

高山 協　たかやま・つとむ　昭和14年7月14日〜平成3年7月30日　高山プレス製作所社長　→91/93

高山 恒雄　たかやま・つねお　明治35年3月20日〜昭和59年6月8日　参院議員(民社党)　→83/87

高山 健　たかやま・つよし　昭和8年1月20日〜平成12年2月25日　高岳製作所常務　→00/02

高山 輝男　たかやま・てるお　〜平成2年5月17日
台湾郷友総連合会会長　→88/90

高山 輝夫　たかやま・てるお　昭和7年2月17日〜平成15年3月5日　三菱製鋼社長　→03/05

高山 透　たかやま・とおる　大正2年4月24日〜平成7年5月12日　三菱電機常務　→94/96

高山 登久太郎　たかやま・とくたろう　昭和3年〜平成15年6月15日　会津小鉄会長　→03/05

高山 利恵　たかやま・としえ　昭和11年6月9日〜平成15年11月25日　愛媛県議(自民党)　→03/05

高山 富夫　たかやま・とみお　平成45年8月27日
資生堂取締役　→昭和

高山 知己　たかやま・ともき　〜平成18年1月22日
BSフジ専務,フジテレビ執行役員　→06/08

高山 長幸　たかやま・ながゆき　慶応3年7月28日〜昭和12年1月19日　衆院議員,東洋拓殖会社総裁　→昭和

高山 昇　たかやま・のぼる　〜昭和25年10月20日
神社本庁顧問,京都伏見稲荷神社宮司　→昭和

高山 登　たかやま・のぼる　昭和7年2月24日〜平成10年5月13日　読売新聞電波本部総務　→97/99

高山 登　たかやま・のぼる　明治43年12月25日〜平成22年11月26日　大洋漁業副社長　→09/11

高山 晴行　たかやま・はるゆき　〜平成21年11月20日
海将　→09/11

高山 久生　たかやま・ひさお　昭和3年9月3日～平成11年1月13日　福岡県議（自民党）　→97/99

高山 秀夫　たかやま・ひでお　～昭和55年8月23日　都部落解放運動連合会委員長　→80/82

高山 広　たかやま・ひろし　明治40年12月9日～昭和58年8月28日　日本事務サービス会長, 日本証券金融副社長　→83/87

高山 浩司　たかやま・ひろし　昭和16年5月3日～平成20年12月24日　三和シヤッター工業副社長　→06/08

高山 平次郎　たかやま・へいじろう　明治30年10月5日～平成3年6月13日　弁護士　関東弁護士会連合会理事長, 東京弁護士会副会長　→91/93

高山 鳳介　たかやま・ほうすけ　昭和4年3月25日～平成18年6月12日　宇徳運輸常務　→06/08

高山 正男　たかやま・まさお　～昭和55年12月5日　ダイヤ糊工業社長　→80/82

高山 政子　たかやま・まさこ　～平成13年7月23日　ガールスカウト日本連盟会長　→00/02

高山 正行　たかやま・まさゆき　昭和3年6月25日～平成13年11月10日　日本広告社会長　→00/02

高山 檀　たかやま・まゆみ　昭和7年1月17日～平成11年8月21日　武蔵三鷹ケーブルテレビ会長, 伊勢丹常務　→97/99

高山 万司　たかやま・まんじ　明治42年5月17日～昭和62年12月20日　三和シヤッター社長, 日本シヤッター工業会名誉会長　→83/87

高山 元夫　たかやま・もとお　明治39年1月16日～昭和56年11月6日　東芝プラント建設社長　→80/82

高山 盛雄　たかやま・もりお　大正14年7月18日～平成5年4月19日　弁護士　ホリー会長, ミサワホーム監査役　→91/93

高山 行郎　たかやま・ゆきお　～昭和61年2月6日　高山書店社長　→83/87

高山 陽子　たかやま・ようこ　～平成14年11月25日　弁護士　高山陽子法律事務所所長　→00/02

高山 義雄　たかやま・よしお　明治43年2月26日～平成9年1月12日　三和銀行副頭取, 関西経済同友会代表幹事, みどり会長　→97/99

高山 与　たかやま・よし　明治45年5月8日～平成17年8月13日　東邦ガス常務　→03/05

高吉 重勝　たかよし・しげかつ　昭和2年5月1日～平成11年2月17日　千葉県議（自民党）　→97/99

高吉 清順　たかよし・せいじゅん　大正14年1月1日～平成20年5月2日　僧侶　善通寺（真言宗善通寺派総本山）法主　→06/08

高吉 友次　たかよし・ともじ　明治39年5月20日～平成11年3月31日　東海電極製造取締役, 発明協会理事長　→97/99

高良 嘉永　たから・かえい　明治40年9月10日～平成21年5月8日　那覇セントラルホテル創業者　→09/11

高良 一男　たから・かずお　～昭和58年3月12日　弁護士　→83/87

高良 清敏　たから・せいびん　昭和9年7月25日～平成21年7月10日　沖縄県教育長　→09/11

高良 憲福　たから・のりよし　～昭和57年5月7日　旭硝子元取締役　→80/82

宝田 寛一　たからだ・かんいち　昭和9年8月26日～平成7年4月7日　テレビ岩手専務　→94/96

財部 彪　たからべ・たけし　慶応3年4月7日～昭和24年1月13日　海軍大将　海相　→昭和

財部 とみ子　たからべ・とみこ　～昭和2年5月30日　前海相財部大将母堂　→昭和

財部 真幸　たからべ・まさき　明治43年10月8日～平成1年6月13日　日本ラグビーフットボール協会顧問, 日放社長　→88/90

田苅子 政太郎　たかりこ・まさたろう　明治42年7月8日～昭和58年11月24日　北海道議　→83/87

田川 淳　たがわ・きよし　大正14年～昭和63年7月15日　オリムピック社長　→88/90

田川 貞雄　たがわ・さだお　～平成15年7月4日　元・薬害ヤコブ病大津訴訟原告患者　→03/05

多川 乗俊　たがわ・じょうしゅん　～昭和59年7月16日　法相宗管長, 興福寺貫主　→83/87

田川 信一　たがわ・しんいち　大正7年3月18日～平成1年9月28日　電通九州支社長　→88/90

田川 資造　たがわ・すけぞう　～昭和47年10月14日　海軍中将　→昭和

田川 誠一　たがわ・せいいち　大正7年6月4日～平成14年8月7日　衆議院議員, 進歩党代表, 自治相　→09/11

田川 大吉郎　たがわ・だいきちろう　明治2年10月26日～昭和22年10月9日　政治家, ジャーナリスト　衆院議員（社会党）　→昭和

田川 融　たがわ・とおる　大正15年9月18日～平成7年8月26日　熊本県民テレビ会長　→94/96

田川 時彦　たがわ・ときひこ　～平成15年7月25日　東京都原爆被害者団体協議会会長　→03/05

多川 直次　たがわ・なおじ　大正9年4月12日～平成1年9月8日　多川製作所社長　→88/90

田川 博一　たがわ・ひろいち　大正10年6月13日～平成12年2月10日　文芸春秋副社長　→00/02

田川 博三　たがわ・ひろそう　～昭和59年10月25日　ステンレス協会専務理事　→83/87

田川 博敏　たがわ・ひろとし　昭和14年1月12日～平成11年2月28日　日本加工製紙常務　→97/99

田川 平三郎　たがわ・へいざぶろう　慶応4年3月～昭和26年2月17日　衆議院議員（憲政会）　→昭和

田川 平二郎　たがわ・へいじろう　明治42年12月28日～平成4年5月7日　日魯漁業常務　→91/93

田川 政夫　たがわ・まさお　昭和11年9月12日～平成12

年11月12日　中央信託銀行専務　→00/02

田川 勝　たがわ・まさる　大正13年12月1日～平成12年11月23日　長崎原子爆弾被害者対策協議会会長, 長崎市会議長　→00/02

田川 雄助　たがわ・ゆうすけ　～昭和57年1月17日　日本勧業銀行常任監査役, 三井東圧化学常任監査役　→80/82

多川 能弘　たがわ・よしひろ　昭和12年7月21日～平成9年9月21日　東洋紡取締役東京支社長, 東洋紡実業社長　→97/99

田川 亮三　たがわ・りょうぞう　大正8年3月8日～平成7年9月18日　三重県知事　→94/96

滝 昭広　たき・あきひろ　昭和18年2月26日～平成19年7月　滝定大阪社長　→06/08

滝 勇　たき・いさむ　～昭和38年2月8日　四国ガス会長　→昭和

多紀 頴信　たき・えいしん　大正9年6月5日～平成18年8月26日　僧侶　浄蓮華院住職, 天台宗務総長, 妙法門跡・執事長　→06/08

多木 遠征　たき・えんせい　～平成3年5月10日　別府鉄道会長, 製鉄化学工業(のち住友精化)常務, 多木製肥(のち多木化学)取締役　→91/93

滝 一男　たき・かずお　明治42年7月25日～平成2年5月5日　江南市農協組合長, 江南市長　→88/90

滝 喜久男　たき・きくお　大正9年2月7日～平成2年12月3日　御園座専務　→88/90

滝 清彦　たき・きよひこ　～昭和47年7月27日　鉄道弘済会長　→昭和

滝 鈞一郎　たき・きんいちろう　昭和13年4月8日～平成11年6月28日　滝定社長　→97/99

多木 久米次郎　たき・くめじろう　安政6年5月28日～昭和17年3月15日　実業家, 政治家　多木製肥所社長, 衆院議員(政友会), 貴院議員(多額納税)　→昭和

滝 定助　たき・さだすけ　明治2年1月15日～昭和7年10月27日　実業家　名古屋銀行頭取, 名古屋商工会議所副会頭　→昭和

滝 承天　たき・しょうてん　～昭和16年9月11日　智山派管長　→昭和

滝 照道　たき・しょうどう　明治45年1月～昭和59年7月30日　中央学院大教授, 全日本仏教会国際部長　→83/87

滝 清吉　たき・せいきち　明治39年9月21日～昭和59年4月6日　日本ヒューム管社長　→83/87

滝 多賀男　たき・たがお　～昭和57年2月4日　水明館会長, 日本国際観光旅館連盟副会長　→80/82

滝 隆朗　たき・たかろう　明治45年7月11日～平成23年7月28日　滝定名古屋名誉会長　→09/11

多紀 道忍　たき・どうにん　明治23年1月24日～昭和24年10月26日　僧侶(天台宗), 仏教音楽研究家　→昭和

滝 信四郎　たき・のぶしろう　慶応4年7月15日～昭和13年11月26日　実業家　滝兵商店社長　→昭和(たき・し

んしろう)

滝 昇　たき・のぼる　～昭和61年5月6日　萩市議・市会議長　→83/87

多紀 英夫　たき・ひでお　大正14年7月3日～平成18年1月23日　神鋼電機常務　→06/08

多木 英勝　たき・ひでかつ　大正2年4月29日～昭和58年12月5日　多木化学常務取締役　→83/87

滝 正明　たき・まさあき　大正2年5月29日～昭和60年11月26日　日東製粉社長・会長　→83/87

滝 正雄　たき・まさお　明治17年4月14日～昭和44年8月12日　貴院議員(勅選), 衆院議員(昭和会), 企画院総裁　→昭和

立木 勝　たき・まさる　明治39年8月2日～昭和62年4月13日　大分県社会福祉協議会長, 大分県知事　→83/87

滝 寛　たき・ゆたか　～平成4年3月10日　安浄寺住職, 真宗大谷派名古屋教務所教区会議長　→91/93

多木 燐太郎　たき・りんたろう　明治37年12月15日～平成4年9月18日　多木化学会長　→91/93

滝明 洋次郎　たきあき・ようじろう　大正9年5月22日～平成3年8月2日　青木建設常務　→91/93

滝井 アサ　たきい・あさ　明治17年4月28日～平成10年7月31日　日本最高齢者　→97/99

滝井 欽三　たきい・きんぞう　大正7年6月13日～平成5年2月14日　丸善石油(のちコスモ石油)常務　→91/93

滝井 敬三　たきい・けいぞう　昭和17年3月3日～平成2年8月11日　日本トレーディング専務　→88/90

滝井 治三郎　たきい・じさぶろう　明治23年5月19日～昭和48年12月11日　タキイ種苗会長　→昭和

滝井 利弥　たきい・としや　大正8年7月7日～平成8年6月11日　タキイ種苗会長　→94/96

滝井 平作　たきい・へいさく　明治40年6月3日～平成9年3月2日　中村屋専務　→97/99

滝井 禧吉　たきい・よしほ　昭和10年2月13日～平成22年2月9日　朝日新聞取締役, 北海道テレビ放送社長　→09/11

瀧井 義高　たきい・よしたか　大正4年2月25日～平成17年12月19日　衆院議員(社会党), 田川市長　→03/05

滝上 宗次郎　たきうえ・そうじろう　昭和27年～平成19年1月20日　産業エコノミスト　グリーン東京社長, 滝上産業研究所所長　→06/08

滝内 源蔵　たきうち・げんぞう　明治44年3月3日～平成1年10月30日　みの源会長　→88/90

滝内 正　たきうち・ただし　大正2年5月16日～平成18年6月11日　都城市長　→06/08

滝上 寿一　たきがみ・じゅいち　大正6年8月～平成12年11月23日　長瀞町(埼玉県)町長, 埼玉県出納長　→00/02

滝上 俊一　たきがみ・しゅんいち　大正8年7月15日～平成17年10月10日　滝上工業社長　→03/05

滝上 清次　たきがみ・せいじ　明治43年5月8日～平成11年10月25日　滝上工業社長　→97/99

滝上 隆司　たきがみ・たかし　大正14年10月2日～平成19年5月17日　小田急電鉄社長　→06/08

滝川 一三　たきかわ・いちぞう　明治44年11月11日～平成10年12月25日　鐘淵化学工業専務　→97/99

滝川 叡一　たきかわ・えいいち　大正12年9月7日～平成21年10月27日　東京高裁部総括判事，亜細亜大学国際関係学部教授　→09/11

滝川 円珠　たきかわ・えんじゅ　昭和6年2月3日～平成10年3月7日　弁護士　帝京大学法学部法律学科教授　→97/99

滝川 一雄　たきがわ・かずお　大正14年2月20日～平成21年4月30日　鐘紡専務　→09/11

滝川 勝二　たきかわ・かつじ　明治37年8月22日～平成5年11月28日　兵庫トヨタ自動車会長　→91/93

滝川 喜一郎　たきがわ・きいちろう　～昭和45年2月12日　滝川化学工業社長　→昭和

滝川 儀作　たきがわ・ぎさく　明治7年12月8日～昭和38年1月31日　実業家　→昭和

滝川 重郎　たきかわ・しげお　～昭和57年1月17日　弁護士　名古屋高裁判事　→80/82

滝川 秀音　たきがわ・しゅうおん　～昭和12年2月20日　知恩院常侍局長　→昭和

滝川 昭治　たきがわ・しょうじ　～昭和62年2月19日　中央証券取締役　→83/87

滝川 信次郎　たきかわ・しんじろう　大正4年5月26日～平成14年9月21日　中部電力副社長，中部冷熱社長　→00/02

滝川 春雄　たきかわ・はるお　大正7年4月20日～昭和54年11月23日　判事　大阪高等裁判所　→昭和

滝川 弘道　たきかわ・ひろみち　大正8年4月26日～平成15年6月12日　日本冶金工業常務　→03/05

滝川 福市　たきがわ・ふくいち　明治40年8月2日～平成18年4月9日　淡路信用金庫会長，洲本商工会議所会頭　→06/08

滝川 正久　たきがわ・まさひさ　大正7年8月2日～平成17年1月20日　駐スウェーデン大使　→03/05

滝川 松男　たきがわ・まつお　昭和2年2月6日～平成12年4月9日　滝川工業会長，加古川商工会議所会頭　→00/02

滝川 幹雄　たきがわ・みきお　大正7年1月6日～平成11年3月22日　弁護士　大阪高検検事長　→97/99

滝川 幸雄　たきがわ・ゆきお　～平成2年1月16日　日本債券信用銀行資本市場部顧問　→88/90

滝川 渉　たきかわ・わたる　昭和7年5月8日～平成3年8月27日　表富士観光社長，富士急行取締役　→91/93

滝口 栄蔵　たきぐち・えいぞう　昭和9年9月13日～平成6年11月25日　御宿町（千葉県）町長，千葉コンベンションビューロー理事　→94/96

滝口 参男　たきぐち・かずお　～昭和59年1月5日　不二家取締役　→83/87

滝口 紀元　たきぐち・きげん　～昭和63年4月3日　滝口製作所会長　→88/90

滝口 三郎　たきぐち・さぶろう　昭和8年4月9日～平成15年9月15日　三菱信託銀行専務　→03/05

滝口 重雄　たきぐち・しげお　～平成7年9月4日　昭和鉄工副社長　→94/96

滝口 重義　たきぐち・しげよし　～平成9年10月6日　山陽コカ・コーラボトリング社長　→97/99

滝口 純　たきぐち・じゅん　～昭和51年5月1日　全国共済農協連副会長　→昭和

滝口 丈夫　たきぐち・たけお　明治40年8月6日～平成14年9月21日　日本石油社長　→00/02

滝口 勲　たきぐち・つとむ　大正15年8月10日～平成5年5月27日　山本海苔店常務　→91/93

滝口 光夫　たきぐち・てるお　昭和11年7月24日～平成19年6月7日　ナカノフドー建設社長　→06/08

滝口 開　たきぐち・ひらく　大正7年5月12日～平成14年9月1日　三井建設専務　→00/02

滝口 弘　たきぐち・ひろし　明治45年6月3日～平成8年8月8日　興亜石油専務，日本LPガス協会会長　→94/96

滝口 征夫　たきぐち・まさお　～昭和42年11月17日　東洋ベアリング社長　→昭和

滝口 昌英　たきぐち・まさひで　明治35年3月30日～平成5年4月16日　東京銀行取締役　→91/93

滝口 庸一　たきぐち・よういち　昭和15年2月28日～平成6年8月10日　新潟県議（自民党）　→97/99s

滝口 義敏　たきぐち・よしとし　～平成4年7月8日　共同通信社常務理事　→91/93

滝口 吉良　たきぐち・よしかた　安政5年10月27日～昭和10年8月18日　衆議員（同志会），貴院議員（多額納税），防長銀行頭取　→昭和（たきぐち・よしろう）

滝口 義典　たきぐち・よしのり　～平成12年12月29日　陸将　陸上自衛隊武器補給処長　→00/02

滝沢 勇　たきざわ・いさむ　昭和5年4月10日～平成4年11月25日　東京都議（自民党）　→91/93

滝沢 至　たきざわ・いたる　昭和16年8月8日～平成10年3月12日　松本電鉄社長，長野エフエム放送社長　→97/99

滝沢 栄一郎　たきざわ・えいいちろう　～昭和40年6月30日　ライオン油脂常務　→昭和

滝沢 一男　たきざわ・かずお　大正15年9月30日～平成2年3月1日　殖産住宅相互取締役　→88/90

滝沢 数馬　たきざわ・かずま　明治44年8月9日～昭和61年10月19日　統一印刷（株）代表取締役社長　→83/87

滝沢 国夫　たきざわ・くにお　昭和2年12月15日～昭和63年10月17日　福島民友新聞専務　→88/90

滝沢 熊一　たきざわ・くまいち　大正5年7月3日～平成7年12月26日　科研羊化工（のち科研製薬）社長　→94/96

滝沢 慶一　たきざわ・けいいち　～昭和46年11月5日　市光工業取締役　→昭和

滝沢 賢太郎　たきざわ・けんたろう　大正4年1月2日～

昭和58年3月22日　三条市長　→83/87

滝沢 工　たきざわ・こう　〜昭和42年4月30日
日本鋼管常務、鋼管機械工業相談役　→昭和

滝沢 貞夫　たきざわ・さだお　昭和19年3月1日〜平成14年3月2日　滝沢ハム社長　→00/02

滝沢 敏　たきざわ・さとし　明治39年10月26日〜平成3年5月10日　全国共済農協連会長　→91/93

滝沢 左内　たきざわ・さない　明治36年〜昭和46年11月3日　クラリオン社長　→昭和

滝沢 三郎　たきざわ・さぶろう　大正12年8月4日〜平成16年6月9日　東洋紡会長、関経連副会長　→03/05

滝沢 七郎　たきざわ・しちろう　明治11年1月〜昭和38年1月11日　衆院議員(自由党)、大東信用金庫理事長　→昭和

滝沢 七郎　たきざわ・しちろう　明治40年8月1日〜昭和61年4月10日　東洋電機製造常務　→83/87

滝沢 伸一　たきざわ・しんいち　昭和7年2月5日〜平成23年5月28日　日本電設工業常務　→09/11

滝沢 荘二　たきざわ・そうじ　大正14年〜平成3年3月19日　公認会計士　太陽昭和監査法人代表社員　→91/93

滝沢 武　たきざわ・たけし　大正4年2月8日〜平成16年12月3日　滝沢ハム会長　→03/05

滝沢 達夫　たきざわ・たつお　明治44年5月21日〜平成2年3月14日　大和銀行取締役　→88/90

滝沢 知足　たきざわ・ちたる　明治44年2月15日〜平成6年11月12日　松本電気鉄道会長　→94/96

滝沢 勉　たきざわ・つとむ　大正8年2月7日〜平成5年9月28日　北海道議　→91/93

滝沢 利寿　たきざわ・としひさ　昭和6年7月20日〜平成8年11月20日　日本バルカー工業社長　→94/96

滝沢 利之　たきざわ・としゆき　〜昭和55年10月13日　日本バルカー工業社長　→80/82

滝沢 中　たきざわ・なか　明治41年2月24日〜平成2年2月24日　住友銀行常務、旧・安宅産業副社長　→88/90

滝沢 伸光　たきざわ・のぶみつ　〜平成11年12月12日　サンデン専務　→00/02s

滝沢 浜吉　たきざわ・はまきち　明治23年9月〜昭和35年4月30日　衆院議員(民主党)　→昭和

滝沢 秀夫　たきざわ・ひでお　明治32年3月26日〜昭和61年10月28日　日研化学会長、埼玉銀行取締役　→83/87

滝沢 正徳　たきざわ・まさのり　昭和6年8月1日〜平成8年11月12日　長野県信用組合理事長　→94/96

滝沢 勝　たきざわ・まさる　大正7年5月31日〜平成22年5月10日　日本バルカー工業取締役　→09/11

滝沢 武夫　たきざわ・ますお　〜昭和63年5月10日　上田商工会議所会頭、上田ガス社長　→88/90

滝沢 実　たきざわ・みのる　〜昭和61年7月14日　長野県農協組合会長　→83/87

滝沢 義夫　たきざわ・よしお　大正6年9月23日〜平成15年6月4日　倉敷市長　→03/05

滝下 松雄　たきした・まつお　〜平成17年8月12日　水俣漁民未認定患者の会会長　→03/05

滝瀬 敏朗　たきせ・としろう　昭和7年8月29日〜平成6年8月8日　東京都議(自民党)　→94/96

滝田 あゆち　たきた・あゆち　昭和7年〜平成17年1月6日　日航財団常務理事　→03/05

滝田 一成　たきた・いっせい　昭和5年4月22日〜平成13年7月29日　警察庁四国管区警察局長　→00/02

滝田 格司　たきた・かくじ　大正9年3月12日〜平成17年12月11日　千葉銀行専務、大蔵省官房地方課長　→03/05

滝田 勝三　たきた・かつぞう　明治43年2月8日〜平成2年4月28日　日立製作所取締役、元トキコ専務　→88/90

滝田 英彦　たきた・ひでひこ　昭和2年10月15日〜平成7年3月7日　パルコ常務　→94/96

滝田 実　たきた・みのる　大正1年12月15日〜平成12年12月9日　ゼンセン同盟名誉会長、同盟会長　→00/02

田北 陽一　たきた・よういち　大正6年2月21日〜平成3年6月25日　三井金属鉱業専務　→91/93

滝谷 庄三　たきたに・しょうぞう　〜昭和61年7月26日　ヤマタキ製糖会長　→83/87

滝谷 守　たきたに・まもる　〜昭和63年2月20日　ハワイアン・ホースト・インク社長　→88/90

滝寺 洋一　たきでら・よういち　大正13年11月23日〜平成18年2月23日　日本銀行統計局長、国際証券専務　→06/08

滝藤 準教　たきとう・じゅんきょう　明治38年3月3日〜昭和56年5月19日　僧侶　和宗総本山四天王寺長老、真光院住職　→80/82

滝藤 尊教　たきとう・そんきょう　大正11年6月8日〜平成22年12月8日　僧侶　和宗総本山四天王寺管長、四天王寺国際仏教大学学長　→09/11

滝野 勇　たきの・いさむ　〜平成25年1月1日　大日本製薬社長　→昭和

滝野 貫　たきの・かん　〜昭和57年3月5日　グンゼ元取締役・元監査役　→80/82

滝野 秀一　たきの・しゅういち　昭和32年6月11日〜平成21年10月5日　ドーン社長　→09/11

滝野 種一　たきの・たねいち　〜昭和42年3月31日　日本資料常務　→昭和

滝野 好暁　たきの・よしあき　〜昭和55年11月12日　国家消防本部長　→80/82

滝原 健之　たきはら・けんじ　〜平成2年7月24日　アマンド社長　→88/90

滝村 博　たきむら・ひろし　大正10年11月24日〜平成10年6月8日　津田工業会長　→97/99

滝本 昭男　たきもと・あきお　昭和11年9月7日〜平成9年11月16日　日本重化学工業常務、北海道東北開発公庫理事　→97/99

滝本 清　たきもと・きよし　大正4年4月14日～昭和61年5月2日　和歌山商工会議所会頭,紀北化学工業社長　→83/87

滝本 清八郎　たきもと・きよはちろう　～昭和46年5月2日　日本板硝子社長　→昭和

滝本 慈選　たきもと・じせん　～昭和55年11月14日　天台宗大僧正,比叡山竹林院住職　→80/82

滝本 誠海　たきもと・じょうかい　昭和8年～平成12年2月14日　僧侶,障害児教育家　南林寺(浄土真宗本願寺派)住職　→00/02

滝本 健夫　たきもと・たてお　大正12年5月28日～平成19年1月22日　淀川製鋼所専務　→06/08

滝本 常吉　たきもと・つねきち　～昭和61年9月12日　岩見沢市議,(医)恵仁会空知病院理事長　→83/87

滝本 徹　たきもと・とおる　～平成4年9月1日　アサツーインターナショナル副社長　→91/93

滝本 久雄　たきもと・ひさお　明治43年7月22日～平成20年2月7日　毎日新聞取締役中部本社代表　→06/08

滝本 博志　たきもと・ひろし　昭和20年7月26日～平成20年9月18日　山口銀行常務　→06/08

滝本 雅彦　たきもと・まさひこ　昭和22年1月22日～平成17年2月4日　弁護士　兵庫県弁護士会会長　→03/05

滝本 正彦　たきもと・まさひこ　大正11年9月16日～平成10年6月7日　神官　寒川神社名誉宮司　→97/99

滝本 秀　たきもと・まさる　昭和10年8月4日～平成19年1月28日　呉羽化学工業専務　→06/08

滝本 勝　たきもと・まさる　～昭和63年8月30日　大阪高検総務部長　→88/90

滝本 保幸　たきもと・やすゆき　～平成7年3月30日　向陽製作所会長　→94/96

滝山 養　たきやま・まもる　明治43年2月12日～平成21年4月7日　国鉄技師長,鹿島建設専務　→09/11

滝山 良一　たきやま・りょういち　～昭和16年7月20日　大阪市助役　→昭和

田久 孝翁　たきゅう・たかお　大正10年1月20日～平成20年6月5日　福島県議,昌平黌理事長　→06/08

滝脇 宏光　たきわき・ひろみつ　明治21年12月～昭和39年2月22日　貴院議員(子爵)　→昭和

宅 徳平　たく・とくへい　嘉永1年7月12日～昭和7年4月15日　実業家　→昭和

多久 幸雄　たく・ゆきお　大正6年9月23日～昭和62年8月1日　小林産業監査役　→83/87

宅島 実　たくしま・みのる　明治42年3月14日～平成3年3月23日　武蔵野銀行取締役　→91/93

田口 明　たぐち・あきら　明治41年8月5日～平成4年9月9日　開明会長,全日本文具協会相談役　→91/93

田口 一郎　たぐち・いちろう　大正12年2月26日～昭和63年9月2日　三井石油化学取締役,三井・デュポンフロロケミカル専務　→88/90

田口 右源太　たぐち・うげんた　明治36年7月16日～昭和45年4月4日　社会運動家　→昭和

田口 馬次　たぐち・うまじ　明治35年9月21日～昭和63年8月16日　福江市長　→88/90

田口 運蔵　たぐち・うんぞう　明治25年5月1日～昭和8年12月26日　社会運動家　→昭和

田口 易之　たぐち・えきし　明治16年～昭和40年2月13日　大分県知事,和歌山市長　→昭和(たぐち・やすゆき)

田口 一男　たぐち・かずお　大正14年5月11日～昭和58年5月1日　衆院議員(社会党)　→83/87

田口 喜一　たぐち・きいち　大正13年10月30日～平成19年10月4日　神岡町(岐阜県)町長　→06/08

田口 健二　たぐち・けんじ　昭和5年9月20日～平成18年1月18日　衆院議員(民主党)　→06/08

田口 重雄　たぐち・しげお　大正6年7月11日～昭和61年5月24日　兼松産業機械会長,兼松江商常務　→83/87

田口 純　たぐち・じゅん　明治37年2月11日～平成3年12月22日　三井不動産専務,三井本社清算人　→91/93

田口 正平　たぐち・しょうへい　～昭和13年5月28日　参天堂取締役　→昭和

田口 四郎　たぐち・しろう　～昭和55年12月19日　日刊工業広告社専務　→80/82

田口 二郎　たぐち・じろう　～昭和61年9月20日　弁護士　千葉県弁護士会会長,日弁連常務理事　→83/87

田口 伸一　たぐち・しんいち　～昭和58年3月16日　ニッポン放送総務局総務部特別職・元業務局ネットワーク部副部長　→83/87

田口 真二　たぐち・しんじ　明治37年4月28日～平成5年3月2日　平和不動産社長,東京証券取引所副理事長　→91/93

田口 弼一　たぐち・すけかず　～昭和28年10月20日　衆院書記官長　→昭和

田口 助太郎　たぐち・すけたろう　明治40年8月10日～昭和58年12月11日　衆院議員(民主自由党),産経映画社社長　→83/87

田口 進　たぐち・すすむ　～昭和62年3月10日　内閣広報官室放送一担当参事官補　→83/87

田口 精爾　たぐち・せいじ　明治6年～昭和3年1月　実業家　開明墨汁の発明者　→昭和

田口 誠治　たぐち・せいじ　明治39年3月4日～平成4年2月25日　衆院議員(社会党)　→91/93

田口 善一　たぐち・ぜんいち　昭和11年7月1日～平成6年3月6日　動力炉核燃料開発事業団広報室長　→94/96

田口 宗司　たぐち・たかし　昭和62年4月9日　長野県労働基準協会連合会常務理事　→83/87

田口 武夫　たぐち・たけお　～昭和60年6月27日　東京製鋼監査役　→83/87

田口 武夫　たぐち・たけお　明治39年4月3日～平成1年12月3日　日立製作所常務,日立テレコムテクノロジー社長　→88/90

田口 猛　たぐち・たけし　明治44年8月23日～平成4年11月17日　金沢地検検事正　→91/93

田口 達三　たぐち・たつぞう　明治16年11月3日～昭和42年3月6日　東都水産社長　→昭和

田口 環　たぐち・たまき　～昭和31年10月23日　大審院検事　→昭和

田口 長治郎　たぐち・ちょうじろう　明治26年6月～昭和54年5月4日　衆院議員,参院議員(自民党)　→昭和

田口 ツギ　たぐち・つぎ　明治36年10月19日～昭和9年8月19日　社会運動家　→昭和

田口 哲雄　たぐち・てつお　昭和15年～昭和61年3月11日　イトーヨーカ堂常務　→83/87

田口 鉄蔵(6代目)　たぐち・てつぞう　大正1年8月25日～平成4年3月18日　北仙醸造社長,秋田県商工会連合会会長,秋田県水災共済組合理事長　→91/93

田口 篤一郎　たぐち・とくいちろう　明治43年1月9日～昭和62年9月19日　第一水産会長　→83/87

田口 利夫　たぐち・としお　昭和7年1月2日～平成10年8月26日　西濃運輸会長　→97/99

田口 銀雄　たぐち・としお　大正14年9月12日～平成20年1月15日　東京中央競馬会理事　→06/08

田口 順三　たぐち・としぞう　大正3年12月10日～昭和62年10月10日　東洋水産常務　→83/87

田口 敏三　たぐち・としぞう　大正2年12月7日～平成16年8月25日　山村硝子常務　→03/05

田口 敏郎　たぐち・としろう　大正3年3月3日～平成11年8月22日　三井石油化学工業専務　→97/99

田口 彦美　たぐち・ひこみ　昭和10年5月21日～平成18年12月18日　東洋ラジエーター常務　→06/08

田口 久　たぐち・ひさし　～平成12年2月6日　日本輸送機常務,ニチユ水嶋産業社長　→00/02

田口 秀一　たぐち・ひでかず　明治41年2月25日～平成13年10月24日　興亜火災海上保険専務　→00/02

田口 博　たぐち・ひろし　平成20年3月4日　博展創業者　→06/08

田口 福太郎　たぐち・ふくたろう　大正12年7月13日～平成4年5月28日　西濃運輸会長　→91/93

田口 文次　たぐち・ぶんじ　慶応4年4月～昭和15年5月31日　衆院議員(政友会)　→昭和

田口 正秋　たぐち・まさあき　大正11年～昭和61年4月19日　中電工事監査役　→83/87

田口 縁般　たぐち・まさかず　～昭和60年9月14日　資生堂東京中央販売専務　→83/87

田口 政五郎　たぐち・まさごろう　明治27年2月3日～昭和39年2月8日　参院議員(自由党),明石市長　→昭和

田口 正巳　たぐち・まさみ　大正6年3月5日～平成15年3月11日　茨城県議(自民党)　→03/05

田口 三樹之進　たぐち・みきのしん　大正15年8月6日～平成6年1月23日　ブルドックソース常務　→94/96

田口 道信　たぐち・みちのぶ　昭和8年1月10日～昭和63年2月6日　湯浅商事常務　→88/90

田口 八重　たぐち・やえ　明治42年～平成21年2月24日　柊家仲居頭　→09/11

田口 豊　たぐち・ゆたか　～平成14年4月27日　税理士　日新製糖監査役　→00/02

田口 芳夫　たぐち・よしお　～昭和61年5月5日　(社)営繕協会常務理事　→83/87

田口 芳五郎　たぐち・よしごろう　明治35年7月20日～昭和53年2月23日　カトリック枢機卿　大阪教区大司教,英知大学初代学長　→昭和

田口 義輔　たぐち・よしすけ　～昭和55年3月20日　三龍社社長　→80/82

田口 吉太郎　たぐち・よしたろう　大正2年4月15日～平成13年1月4日　帝都ゴム社長　→00/02

田口 利八　たぐち・りはち　明治40年2月25日～昭和57年7月28日　実業家　西濃運輸創業者　→80/82

田口 亮太郎　たぐち・りょうたろう　～昭和58年9月5日　医師　名古屋新幹線公害訴訟原告団長,名古屋新幹線公害対策同盟連合会長　→83/87

田口 連三　たぐち・れんぞう　明治39年2月3日～平成2年3月14日　石川島播磨重工業社長,日本銀行参与　→88/90

田窪 甲子郎　たくぼ・こうしろう　大正13年11月13日～平成5年8月17日　東食常務　→91/93

田窪 輝記　たくぼ・てるき　昭和10年9月21日～平成3年9月25日　カスミ常務　→91/93

田窪 敏朗　たくぼ・としろう　昭和6年8月5日～平成17年6月1日　九州放送専務,西日本新聞北九州支社長　→03/05

田熊 一敞　たくま・かずひろ　明治43年12月25日～平成11年3月16日　ゼクセル専務,いすゞ自動車常務　→97/99

詫間 覚　たくま・さとる　昭和9年2月20日～平成12年1月29日　星和産業社長　→00/02

田熊 常吉　たくま・つねきち　明治5年2月8日～昭和28年12月22日　タクマ創立者　→昭和

詫摩 治利　たくま・はるとし　～昭和29年4月27日　大生相互社長　→昭和

多久美 邦男　たくみ・くにお　～平成3年6月11日　NHK美術センター会長,NHK札幌放送局長　→91/93

宅見 春雄　たくみ・はるお　明治34年2月23日～昭和48年12月19日　僧侶　西照寺住職,仏教大学教授　→昭和

宅見 勝　たくみ・まさる　昭和11年～平成9年8月28日　山口組若頭,宅見組組長　→97/99

宅美 由太郎　たくみ・よしたろう　～昭和59年7月6日　世界救世教参与　→83/87

内匠屋 栄　たくみや・さかえ　大正3年1月4日～昭和59年7月21日　クラヤ薬品会長　→83/87

田倉 仁三郎　たくら・にさぶろう　～平成4年6月29日

田倉繃帯工業会長　→91/93

田倉 八郎　たくら・はちろう　明治30年8月30日〜昭和56年7月12日　通信協会理事長　→80/82

田倉 秀雄　たくら・ひでお　明治38年1月15日〜平成10年5月28日　協栄火災海上保険専務　→97/99

多久和 儀之助　たくわ・ぎのすけ　〜昭和56年11月14日　佐賀県商工会連合会副会長、佐賀県商工政治連盟会長、多久市商工会議所　→80/82

武 覚円　たけ・かくえん　大正2年11月14日〜平成14年10月18日　僧侶　延暦寺法主職・大僧正、滋賀院門跡門主　→00/02

武 喜代治　たけ・きよじ　明治41年3月31日〜平成4年12月21日　イソライト工業社長　→91/93

武 邦保　たけ・くにやす　昭和8年12月5日〜平成14年7月23日　牧師　同志社女子大学教授、日本基督教団京都西大路教会牧師　→00/02

武 庸雄　たけ・つねお　昭和7年1月6日〜平成10年4月26日　三洋電機専務　→97/99

武 秀夫　たけ・ひでお　昭和22年9月21日〜昭和63年12月30日　桂和商事常務　→88/90

武 弘樹　たけ・ひろき　昭和19年1月16日〜平成21年3月24日　高砂香料工業社長　→09/11

竹 正直　たけ・まさなお　明治39年9月28日〜平成10年7月21日　ナショナル証券専務　→97/99

武 恭彦　たけ・やすひこ　昭和13年3月25日〜平成21年11月5日　鹿児島県議（自民党）　→09/11

武 和三郎　たけ・わさぶろう　明治4年2月〜昭和8年10月5日　実業家　東洋電機製造社長　→昭和

武井 明子　たけい・あきこ　〜平成3年11月14日　赤とんぼ店主　→91/93

武居 綾蔵　たけい・あやぞう　明治3年12月〜平成7年12月9日　実業家　→昭和

武居 功　たけい・いさお　明治39年〜平成10年9月12日　電源開発専務　→97/99

武井 一雄　たけい・かずお　昭和7年9月6日〜平成16年10月28日　帝人専務　→03/05

武井 一本　たけい・かずもと　〜昭和59年5月23日　学生援護会専務、元報知新聞東京本社販売局長　→83/87

武井 兼雄　たけい・かねお　大正11年3月30日〜平成14年10月20日　埼玉新聞社長　→00/02

竹井 清　たけい・きよし　〜平成1年8月15日　西鉄ライオンズ球団常務　→88/90

武井 群嗣　たけい・ぐんじ　〜昭和40年1月26日　全国防災協会最高顧問、厚生次官、山口県知事　→昭和（たけい・むれつぐ）

武井 艮介　たけい・ごんすけ　〜昭和59年5月24日　東京銀行取締役　→83/87

竹井 左馬之亮　たけい・さまのすけ　昭和6年5月14日〜平成23年4月15日　日南石油社長、宮崎県石油商業組合理事長　→09/11

武井 重雄　たけい・しげお　大正4年〜平成4年8月6日　神奈川県議　→91/93

武井 修三　たけい・しゅうぞう　大正12年9月23日〜平成7年8月16日　日本経済新聞取締役、テレビせとうち副社長　→94/96

竹井 真一　たけい・しんいち　昭和2年2月26日〜平成16年2月18日　三菱樹脂常務　→03/05

武井 大助　たけい・だいすけ　明治20年4月〜昭和47年3月30日　海軍主計中将　文化放送社長　→昭和

武井 隆啓　たけい・たかひろ　昭和9年2月22日〜平成15年3月11日　大平洋金属常務　→03/05

武居 哲太郎　たけい・てつたろう　〜昭和15年6月9日　名古屋鉄道局長　→昭和

武井 徳吉　たけい・とくよし　〜平成6年1月3日　ファミリー専務　→94/96

竹井 俊郎　たけい・としろう　〜昭和56年9月29日　ライオン株式会社相談役　→80/82

武井 登徳　たけい・とものり　明治28年7月17日〜昭和59年9月27日　第一証券常務　→83/87

武井 友也　たけい・ともや　大正14年2月9日〜平成13年5月19日　帝国石油社長　→00/02

武井 日進　たけい・にっしん　明治39年8月11日〜昭和58年3月18日　法華経寺貫主、全愛会議議長　→83/87

武井 信義　たけい・のぶよし　〜昭和55年6月21日　武井医科光器製作所会長、元厚生省薬事審議会委員　→80/82

武井 久夫　たけい・ひさお　昭和3年8月15日〜平成19年7月5日　松竹取締役　→06/08

武居 尚　たけい・ひさし　昭和3年11月1日〜平成6年6月9日　キリンビール常務　→94/96

武井 英夫　たけい・ひでお　明治37年10月17日〜平成3年10月8日　サッポロビール副社長　→91/93

竹井 博友　たけい・ひろとも　大正9年10月9日〜平成15年7月29日　地産会長、心泉社社長　→03/05

武井 正範　たけい・まさのり　大正2年12月11日〜昭和63年10月31日　阪急バス社長　→88/90

武井 勝　たけい・まさる　昭和17年1月3日〜平成14年7月7日　富士通専務　→

竹居 通男　たけい・みちお　明治43年〜平成4年12月23日　警視庁警察学校校長　→91/93

武井 保雄　たけい・やすお　昭和5年1月4日〜平成18年8月10日　武富士会長　→06/08

武井 善仁　たけい・よしと　大正8年11月3日〜昭和63年1月27日　日本果汁農協連監事、福岡県園芸農業協同組合連合会長　→88/90

武井 好信　たけい・よしのぶ　明治33年2月3日〜昭和60年3月19日　丸宏証券相談役・元社長、元石井精密工業専務　→83/87

武井 理三郎　たけい・りさぶろう　〜昭和32年8月1日　貯蓄増強中央委員長　→昭和

I　政治・経済・社会篇　　　　　　　　　　　　　　　　　　　　　　　　　たけうち

武石 栄三　たけいし・えいぞう　～平成4年3月3日　航空自衛隊幹部学校副校長　→91/93

武石 長男　たけいし・おさお　～平成1年11月12日　東一電機取締役　→88/90

武石 啓之助　たけいし・けいのすけ　昭和10年10月14日～平成11年5月14日　読売ゴルフ社長　→97/99

竹石 耕美　たけいし・こうび　大正6年9月15日～平成15年10月18日　僧侶　長谷寺住職、大善寺住職　→03/05

武石 哲夫　たけいし・てつお　昭和11年8月25日～平成7年11月12日　東急不動産ローン保証社長　→94/96

武石 喜幸　たけいし・よしゆき　昭和2年9月11日～平成3年2月14日　東芝総合研究所武石特別研究室長　→91/93

武市 亮　たけいち・あきら　昭和6年12月23日～平成19年8月29日　北九州コカ・コーラボトリング常務　→06/08

武市 一夫　たけいち・かずお　大正8年11月17日～平成11年12月14日　徳島県副知事、徳島市長　→97/99

武市 君子　たけいち・きみこ　～昭和63年11月7日　至光社社長　→88/90

武市 彰一　たけいち・しょういち　文久2年8月～昭和14年12月29日　衆院議員(無所属)、徳島市長　→昭和(たけち・しょういち)

竹市 房生　たけいち・ふさお　大正4年9月15日～平成12年11月9日　三協化成産業会長、中部ビニール卸協同組合理事長　→00/02

武市 匡豊　たけいち・まさとよ　大正9年7月3日～平成15年1月14日　エーザイ専務　→03/05

武市 恭信　たけいち・やすのぶ　大正6年1月7日～平成17年7月28日　徳島県知事、衆院議員(自民党)　→03/05

竹市 龍治　たけいち・りゅうじ　明治42年2月2日～平成15年4月27日　共同石油社長　→03/05

竹入 侑　たけいり・ただし　大正3年5月20日～平成3年2月26日　日立精工社長　→91/93

竹内 愛国　たけうち・あいこく　明治30年11月30日～昭和49年9月21日　社会運動家　→昭和

武内 彦郎　たけうち・あきひこ　昭和4年11月29日～平成16年4月8日　日本債券信用銀行副頭取　→03/05

竹内 明義　たけうち・あきよし　大正9年11月14日～平成23年8月13日　旭食品会長　→09/11

竹内 晃　たけうち・あきら　大正14年10月10日～平成11年3月6日　極洋常務　→97/99

竹内 晃　たけうち・あきら　大正7年1月21日～平成17年6月10日　日本鋼管副社長　→03/05

竹内 煌　たけうち・あきら　大正4年3月20日～平成10年9月30日　竹内型材研究所会長　→97/99

竹内 有一　たけうち・ありかず　大正2年6月5日～平成4年4月6日　東急不動産専務　→94/96

竹内 功　たけうち・いさお　大正8年7月8日～平成11年9月23日　富士電機工事常務　→97/99

竹内 勇　たけうち・いさむ　大正7年12月21日～平成18年6月23日　東陽通商(のち東陽テクニカ)専務　→06/08

竹内 伊知　たけうち・いち　大正15年4月13日～平成21年7月27日　小松市長　→09/11

竹内 一郎　たけうち・いちろう　～平成1年5月10日　竹内商会社長、名古屋飲食協同組合理事長　→88/90

竹内 伊八郎　たけうち・いはちろう　明治43年1月29日～平成2年10月8日　ヒガシマル醬油常勤監査役、伏見屋砿油会長　→88/90

武内 右近　たけうち・うこん　明治38年2月1日～昭和57年6月8日　上組監査役・元副社長　→80/82

竹内 浦次　たけうち・うらじ　～昭和57年3月23日　修養団常任顧問　→80/82

竹内 可吉　たけうち・かきち　明治22年2月28日～昭和23年12月29日　企画院総裁、貴院議員　→昭和

竹内 角次　たけうち・かくじ　～昭和33年11月1日　富士天然色写真社長　→昭和

武内 一夫　たけうち・かずお　明治43年4月3日　関西電力監査役　→昭和

武内 一男　たけうち・かずお　～平成19年7月2日　横関建設工業社長、全国森林土木建設業協会副会長　銀座の巨大雪だるま創始者　→06/08

竹内 佳三　たけうち・かぞう　～昭和56年9月7日　丸万証券常務　→80/82

竹内 嘉蔵　たけうち・かぞう　明治29年2月27日～平成3年4月13日　竹内木材社長、名古屋木材組合理事　→91/93

竹内 勝重　たけうち・かつしげ　明治42年12月27日～平成3年3月15日　ホンジュラス大使　→91/93

竹内 克巳　たけうち・かつみ　明治23年5月～昭和48年2月22日　衆院議員(社会党)　→昭和(竹内 克己)

竹内 亀次郎　たけうち・かめじろう　明治23年5月11日～平成3年4月8日　日立製作所副社長、青少年更生福祉センター理事長、矯生福祉会理事長　→91/93

竹内 貫三　たけうち・かんぞう　昭和6年9月25日～平成2年10月31日　日本洋蘭社長　→88/90

竹内 喜三郎　たけうち・きさぶろう　明治38年9月4日～平成1年3月7日　富士写真フイルム副社長　→88/90

竹内 強一郎　たけうち・きょういちろう　明治27年12月29日～平成1年7月2日　小松製作所専務　→88/90

竹内 潔　たけうち・きよし　大正9年10月4日～昭和59年8月21日　参院議員(自民党)　→83/87

竹内 清　たけうち・きよし　～昭和57年1月19日　労働省労基局主任中央労災補償監察官　→80/82

竹内 清　たけうち・きよし　大正13年5月20日～平成21年11月17日　神奈川県議(自民党)　→09/11

武内 清　たけうち・きよし　明治35年8月31日～昭和22年11月10日　社会運動家　→昭和

武内 清　たけうち・きよし　大正14年10月6日～平成1年11月27日　中京テレビ放送専務　→88/90

竹内 清晴　たけうち・きよはる　昭和24年1月17日～平成10年10月25日　神奈川県議(社民党)　→97/99

「現代物故者事典」総索引(昭和元年～平成23年)　　739

竹内 金太郎　たけうち・きんたろう　明治3年2月11日～昭和32年11月11日　弁護士　→昭和

竹内 金太郎　たけうち・きんたろう　～昭和40年2月9日　日本製薬, 葛原工業各会長　→昭和

竹内 金太郎　たけうち・きんたろう　明治38年11月14日～平成1年1月19日　東海電極製造（のち東海カーボン）専務　→88/90

竹内 啓治　たけうち・けいじ　大正2年6月20日～平成9年3月2日　住金鋼材工業会長　→97/99

竹内 景助　たけうち・けいすけ　大正10年2月1日～昭和42年　三鷹事件被告　→昭和

武内 慶太郎　たけうち・けいたろう　～昭和57年11月1日　名古屋市社会福祉審議会委員, 元名古屋市消防長, 西区長　→80/82

武内 研　たけうち・けん　～昭和62年6月16日　元・野市町（高知県）町会議員, 元・丸深園芸農協組合長　→83/87

竹内 健吾　たけうち・けんご　～平成2年1月31日　日車ワシノ製鋼取締役　→88/90

竹内 源蔵　たけうち・けんぞう　～昭和62年12月17日　日本電省システムズ社長　→83/87

竹内 源太郎　たけうち・げんたろう　～昭和53年9月13日　民主党顧問　→昭和

竹内 元平　たけうち・げんぺい　～昭和15年5月7日　大同炭礦理事　→昭和

武内 浩一郎　たけうち・こういちろう　明治29年5月15日～昭和61年11月19日　安田生命保険社長　→83/87

竹内 孝平　たけうち・こうへい　大正6年2月1日～平成2年5月29日　中部飼料常務　→88/90

竹内 孝也　たけうち・こうや　昭和5年6月26日～平成10年11月27日　鏡山酒造社長　→97/99

竹内 維茂　たけうち・これしげ　大正14年1月～平成9年　僧侶　真宗大谷派崇信教会主管者　→97/99

武内 五郎　たけうち・ごろう　昭和35年3月25日～昭和56年2月10日　参院議員（社会党）　→80/82

竹内 佐太郎　たけうち・さたろう　～昭和41年12月6日　台北高等法院長, 広島控訴院検事長　→昭和

竹内 三郎　たけうち・さぶろう　～昭和61年7月24日　千代田火災海上監査役　→83/87

竹内 三郎　たけうち・さぶろう　明治34年6月12日～平成1年1月8日　森永乳業取締役　→88/90

竹内 自益　たけうち・じえき　～昭和53年7月3日　三井倉庫社長　→昭和

竹内 慈観　たけうち・じかん　～昭和44年3月22日　僧侶　高野山金剛峯寺398世座主, 高野山真言宗管長　→昭和

竹内 重雄　たけうち・しげお　大正12年5月21日～平成21年8月27日　北海道議（社会党）　→09/11

武内 茂夫　たけうち・しげお　大正5年2月10日～平成12年1月19日　織田が浜訴訟原告団長, 愛媛県議　→00/02

竹内 繁喜　たけうち・しげき　大正9年11月9日～平成23年2月6日　イシイグループ各社社長　→09/11

竹内 重信　たけうち・しげのぶ　大正7年9月2日～平成21年4月9日　富山フューチャー開発社長, 婦中興業社長　→09/11

武内 重光　たけうち・しげみつ　～昭和46年2月8日　塚本総業副社長　→昭和

竹内 茂　たけうち・しげる　昭和17年9月4日～平成4年5月3日　加södir取締役　→91/93

竹内 七郎　たけうち・しちろう　明治39年11月23日～昭和49年10月29日　日本共産党幹部会委員　→昭和

竹内 十次郎　たけうち・じゅうじろう　大正12年3月8日～平成20年4月17日　新潟県議（社会党）　→06/08

武内 収太　たけうち・しゅうた　～昭和57年11月3日　市立函館博物館館長　→80/82

武内 重雄　たけうち・じゅうろう　大正9年5月9日～平成21年8月5日　新明和工業専務　→09/11

竹内 寿平　たけうち・じゅへい　明治41年10月11日～平成1年11月3日　弁護士　プロ野球コミッショナー, 検事総長, 法務事務次官　→88/90

竹内 淳　たけうち・じゅん　昭和5年9月13日～平成7年3月22日　不二越常務　→94/96

竹内 俊一　たけうち・しゅんいち　明治29年1月17日～昭和51年10月26日　実業家　→昭和

竹内 俊吉　たけうち・しゅんきち　明治33年2月5日～昭和61年11月8日　青森放送会長, 青森県知事, 衆議員（自民党）　→83/87

武内 俊二郎　たけうち・しゅんじろう　～昭和19年8月30日　陸軍中将　華北自動車工業社長　→昭和

武内 尚一　たけうち・しょういち　～昭和8年7月11日　東洋棉花社長　→昭和

竹内 昭二　たけうち・しょうじ　～平成4年6月11日　京急横浜自動車社長　→91/93

竹内 章時　たけうち・しょうじ　昭和15年12月28日～昭和63年11月27日　長野県議（無所属）, 昭和通信社社長　→88/90

竹内 庄次郎　たけうち・しょうじろう　大正13年2月29日～昭和60年8月6日　クラウンリーシング専務, 元日本債券信用銀行取締役　→83/87

竹内 四郎　たけうち・しろう　～昭和38年4月21日　報知新聞社長　→昭和

竹内 寿恵　たけうち・すえ　明治37年1月～昭和45年1月7日　実業家　婦人経済連盟理事長　→昭和（たけうち・としえ）

竹内 季雄　たけうち・すえお　～昭和56年8月3日　間組社長　→80/82

竹内 朴　たけうち・すなお　～平成8年2月19日　和光証券社長　→94/96

竹内 精一　たけうち・せいいち　大正14年3月1日～平成9年9月6日　茨城県副知事　→97/99

竹内 誠一　たけうち・せいいち　～平成9年11月28日　大日本電線（のち三菱電線工業）常務　→97/99

竹内 清次　たけうち・せいじ　～平成5年2月2日　藤野社長　→91/93

武内 征平　たけうち・せいへい　明治39年1月28日～昭和61年6月29日　防衛庁陸上幕僚副長，トヨタ自工常務　→83/87

竹内 清兵衛　たけうち・せいべい　明治44年11月5日～平成7年3月14日　高島屋副社長，高島屋サンローゼ相談役　→94/96

竹内 節雄　たけうち・せつお　明治37年9月15日～平成6年8月8日　愛知県議，津島市長　→94/96

武内 宗八（4代目）　たけうち・そうはち　大正9年6月28日～平成4年5月29日　武内プレス工業会長　→91/93

竹内 外茂　たけうち・そとしげ　明治42年6月18日～平成10年6月20日　名古屋鉄道副社長，国鉄常務理事　→97/99

竹内 孝義　たけうち・たかよし　昭和9年8月28日～平成8年8月6日　日立エーアイシー常務　→94/96

竹内 滝　たけうち・たき　～昭和63年11月12日　司グループ代表取締役副社長　→88/90

武内 武一　たけうち・たけいち　～昭和59年1月6日　日興証券常務　→83/87

竹内 武　たけうち・たけし　～平成17年1月27日　広島県原爆被害者団体協議会事務局次長　→03/05

竹内 猛　たけうち・たけし　～昭和59年8月13日　弁護士，松山地検検事正　→83/87

竹内 猛　たけうち・たけし　大正11年9月25日～平成16年11月2日　衆院議員（社民党）　→03/05

竹内 竹助　たけうち・たけすけ　～昭和42年1月8日　東急電鉄取締役　→昭和

武内 武寿　たけうち・たけとし　大正10年10月10日～昭和61年1月4日　宝幸畜産社長，元宝幸水産専務　→83/87

竹内 忠治　たけうち・ただはる　～昭和58年9月27日　全国市議会議長会会長，平安神宮総代　→83/87

竹内 忠光　たけうち・ただみつ　大正8年9月22日～平成9年5月18日　岡崎商工会議所副会頭，岡崎ニューグランドホテル会長　→97/99

竹内 千代蔵　たけうち・ちよぞう　～昭和62年3月11日　大阪造船所取締役木津川工場長　→83/87

竹内 司　たけうち・つかさ　～平成3年1月9日　蒲郡市長　→91/93

竹内 常男　たけうち・つねお　大正6年1月13日～平成5年6月19日　竹内工業会長　→91/93

武内 勁　たけうち・つよし　昭和2年2月7日～平成6年4月5日　東海テレビ放送専務　→94/96

武内 貞一　たけうち・ていいち　明治44年10月17日～平成17年1月27日　王子製紙専務　→03/05

竹内 鉄太郎　たけうち・てつたろう　明治44年7月5日～平成8年2月27日　住金物産常務　→94/96

武内 徹郎　たけうち・てつたろう　明治34年11月29日～昭和61年3月3日　富士紡績社長　→83/87

竹内 伝四郎　たけうち・でんしろう　～昭和63年11月30日　たけうち呉服店社長　→88/90

武内 徹　たけうち・とおる　慶応3年5月4日～昭和4年11月25日　陸軍中将　福井市長　～昭和（たけのうち・とおる）

竹内 秋男　たけうち・ときお　大正13年8月25日～平成23年11月7日　信濃町（長野県）町長　→09/11

竹内 徳治　たけうち・とくじ　～平成3年5月10日　香川県知事，日本長期信用銀行監査役　→91/93

竹内 寿明　たけうち・としあき　大正6年9月3日～平成16年12月28日　旭食品社長　→03/05

竹内 俊夫　たけうち・としお　～平成9年11月12日　殖産住宅相互常務　→97/99

竹内 敏雄　たけうち・としお　昭和7年2月18日～平成15年4月13日　クレディセゾン社長　→03/05

武内 俊三　たけうち・としぞう　大正6年10月21日～平成1年7月7日　雄鶏社社長，日本出版クラブ会長　→88/90

竹内 友治郎　たけうち・ともじろう　明治5年10月～昭和11年11月10日　衆院議員（立憲政友会）　→昭和（たけうち・ゆうじろう）

武内 豊誌　たけうち・とよし　～平成1年10月17日　北海道議，留萌商工会議所会頭　→88/90

竹内 虎雄　たけうち・とらお　～昭和39年11月7日　調布市長　→昭和

竹内 虎義　たけうち・とらよし　大正15年3月30日～昭和63年4月7日　宇佐開発社長，日本相撲連盟評議員　→88/90

竹内 直一　たけうち・なおかず　大正7年8月21日～平成13年12月16日　消費者運動家　日本消費者連盟創設者　→00/02

竹内 直之　たけうち・なおゆき　昭和5年10月28日～平成22年2月16日　新京成電鉄社長　→09/11

竹内 信光　たけうち・のぶみつ　昭和8年4月21日～平成10年12月8日　広島総合開発常務，広島総合銀行監査役　→97/99

武内 伸允　たけうち・のぶよし　昭和11年9月3日～平成12年7月6日　東洋信託銀行会長　→00/02

竹内 昇　たけうち・のぼる　～昭和57年8月8日　山崎帝国堂社長，極東通商社長　→80/82

竹内 昇　たけうち・のぼる　昭和13年～平成9年7月5日　日本無線理事　→97/99

竹内 則continue　たけうち・のりつぐ　大正7年～昭和61年11月29日　太平工業副社長　→83/87

竹内 春海　たけうち・はるみ　大正6年3月28日～平成17年8月20日　駐イタリア大使　→03/05

竹内 半寿　たけうち・はんじゅ　〜昭和45年9月29日　大洋漁業副社長　→昭和

竹内 彦太郎　たけうち・ひこたろう　明治37年10月16日〜平成3年9月8日　国際電信電話常務　→91/93

竹内 英男　たけうち・ひでお　明治39年7月15日〜平成6年10月23日　東食常務　→94/96

竹内 秀夫　たけうち・ひでお　大正6年4月1日〜平成15年5月4日　大鉄工業社長　→03/05

竹内 秀雄　たけうち・ひでお　明治43年10月5日〜平成6年12月17日　中山製鋼所常務　→94/96

竹内 日英　たけうち・ひよし　明治35年2月11日〜平成2年3月8日　豊和工業常務　→88/90

竹内 博毅　たけうち・ひろき　平成5年9月20日　アイシン機工名誉相談役、竹内精器会長　→91/93

竹内 広吉　たけうち・ひろきち　大正8年2月9日〜昭和60年2月9日　東洋ゴム工業専務　→83/87

竹内 弘　たけうち・ひろし　明治38年11月24日〜平成10年11月20日　有楽土地社長、大成建設副社長　→97/99

竹内 弘　たけうち・ひろし　大正13年3月2日〜平成17年3月5日　半田市長　→03/05

竹内 弘次　たけうち・ひろじ　大正3年7月2日〜平成17年9月10日　神戸電鉄常務　→03/05

竹内 拡充　たけうち・ひろみつ　〜昭和40年6月30日　理研コランダム社長　→昭和

竹内 弘　たけうち・ひろむ　大正8年12月31日〜平成2年11月21日　宮崎地検検事正　→88/90

竹内 武一郎　たけうち・ぶいちろう　〜昭和60年7月11日　岐阜県会議員、岐阜県農業会副会長　→83/87

竹内 福一　たけうち・ふくいち　〜昭和63年8月23日　深江金属工業相談役　→88/90

竹内 藤男　たけうち・ふじお　大正6年11月30日〜平成16年9月7日　茨城県知事、参議員　→03/05

竹内 文義　たけうち・ふみよし　〜昭和54年11月24日　ゼンセン同盟副会長　→昭和

竹内 鳳吉　たけうち・ほうきち　明治10年5月〜昭和6年4月17日　衆院議員　→昭和

竹内 誠　たけうち・まこと　〜昭和62年8月11日　弁護士　→83/87

竹内 正夫　たけうち・まさお　大正6年8月25日〜昭和60年7月17日　野村専務　→83/87

武内 正夫　たけうち・まさお　明治39年1月25日〜昭和8年10月4日　昭和電線電纜常務　→94/96

竹内 正和　たけうち・まさかず　昭和40年1月13日〜平成9年2月16日　豊田鉄工社長　→97/99

竹内 正治　たけうち・まさじ　大正2年11月1日〜昭和61年10月23日　日本経営協会副会長　→83/87

竹内 正年　たけうち・まさとし　昭和14年〜平成10年7月5日　キネマ旬報社長　→97/99

竹内 正道　たけうち・まさみち　明治42年9月27日〜

成3年7月5日　日本電波工業創業者　→91/93

竹内 亦三　たけうち・またそう　〜昭和60年10月16日　入善酒造合名会社代表社員　→83/87

竹内 真理子　たけうち・まりこ　大正15年〜平成12年9月　社会運動家　→00/02

竹内 通雄　たけうち・みちお　昭和12年3月8日〜平成14年5月14日　住友海上火災保険常務　→00/02

竹内 道雄　たけうち・みちお　大正10年3月17日〜平成16年2月27日　大蔵事務次官、東京証券取引所理事長　→03/05

武内 道雄　たけうち・みちお　昭和19年6月28日〜平成16年10月23日　西日本電信電話副社長　→03/05

竹内 通教　たけうち・みちのり　大正8年5月21日〜平成20年3月26日　伊万里市長　→06/08

竹内 宗雄　たけうち・むねお　〜昭和62年11月30日　元・猪位金村(福岡県)村議　→83/87

竹内 明太郎　たけうち・めいたろう　安政7年2月28日〜昭和3年3月23日　実業家、政治家　小松製作所創業者、衆院議員(政友会)　→昭和(たけのうち・あきたろう)

竹内 八重子　たけうち・やえこ　〜平成9年5月2日　サカエヤ会長　→97/99

建内 保興　たけうち・やすおき　大正4年12月20日〜平成23年1月7日　日本石油社長、石油連盟会長　→09/11

竹内 保資　たけうち・やすし　〜昭和56年1月5日　大同特殊鋼専務　→80/82

竹内 恭信　たけうち・やすのぶ　〜平成3年5月25日　ミヨシ油脂取締役・大阪支店長　→91/93

竹内 泰通　たけうち・やすみち　大正7年4月12日〜平成9年10月16日　山陽国策パルプ(のち日本製紙)常務　→97/99

竹内 泰道　たけうち・やすみち　〜平成11年1月25日　種苗家　北海道山林種苗共同組合理事長　→97/99

竹内 八十八　たけうち・やそはち　明治45年2月22日〜平成17年3月5日　愛知県議　→03/05

竹内 雄一　たけうち・ゆういち　明治36年5月28日〜平成2年1月31日　ホテルオークラ監査役、日本無線社長　→88/90

竹内 勇之助　たけうち・ゆうのすけ　〜昭和36年7月28日　茨城新聞社長　→昭和

竹内 庸　たけうち・よう　昭和2年9月1日〜平成6年2月13日　三菱アルミニウム取締役、茨城大学教授　→94/96

竹内 洋史　たけうち・ようし　昭和8年1月1日〜平成2年4月27日　イトーヨーカ堂常務　→88/90

竹内 羊蔵　たけうち・ようぞう　明治40年1月11日〜平成元年9月27日　日本キリスト教救癩協会理事、日本聖書協会理事長代理、山崎製パン監査役　→88/90

竹内 義男　たけうち・よしお　大正10年10月20日〜平成10年11月10日　京都府選管委員長、京都府議(新政会)　→97/99

竹内 良夫　たけうち・よしお　大正12年4月7日〜平成23

年8月9日　運輸省港湾局長，関西国際空港初代社長　→09/11

竹内 義一　たけうち・よしかず　昭和6年～平成17年8月29日　世界エスペラント学会名誉会員，日本エスペラント学会参与　→03/05

竹内 好高　たけうち・よしたか　～平成17年4月15日　日田信用金庫会長，日田商工会議所会頭　→03/05

竹内 美次　たけうち・よしつぐ　大正10年8月28日～平成18年8月6日　武田薬品工業副社長　→06/08

竹内 吉宣　たけうち・よしのぶ　昭和12年3月19日～平成15年8月1日　海老名市長　→03/05

竹内 義治　たけうち・よしはる　大正6年4月16日～昭和62年12月31日　豊中市長　→83/87

竹内 芳春　たけうち・よしはる　明治21年12月1日～平成22年3月12日　広済堂専務　→09/11

竹内 芳彦　たけうち・よしひこ　明治40年2月14日～平成4年6月5日　互栄社会長　→91/93

竹内 慶久　たけうち・よしひさ　明治43年7月9日～平成8年9月24日　三井建設副社長　→94/96

竹内 義博　たけうち・よしひろ　～平成3年6月8日　特殊ピストン製作所社長　→91/93

竹内 義正　たけうち・よしまさ　明治40年4月4日～昭和60年4月4日　公認会計士　東邦学園短大教授，中日新聞社会計監査人　→83/87

竹内 余所次郎　たけうち・よそじろう　慶応1年4月30日～昭和2年4月20日　社会運動家　→昭和

竹内 雷男　たけうち・らいお　明治43年12月16日～平成6年12月12日　豊島新聞社長，東京都議（社会党）　→94/96

武内 龍次　たけうち・りゅうじ　明治36年5月1日～平成11年9月24日　駐米大使　→97/99

竹内 良一　たけうち・りょういち　明治42年9月24日～平成11年10月28日　日本触媒化学工業常務　→97/99

竹内 良市　たけうち・りょういち　明治40年9月29日～昭和58年12月21日　東京電力常務，原子力環境整備センター理事長　→83/87

竹内 良恵　たけうち・りょうえ　～昭和63年6月2日　僧侶　札幌別院輪番，真宗大谷派管長　→88/90

竹内 和三郎　たけうち・わさぶろう　明治40年2月12日～平成2年3月24日　沖縄製粉社長　→88/90

竹浦 重一　たけうら・しげかず　昭和58年12月22日　(社)北海道計量協会専務理事　→83/87

竹尾 慶一　たけお・けいいち　大正14年12月23日～平成20年11月13日　百五銀行常務　→06/08

武尾 敬之助　たけお・けいのすけ　大正1年9月24日～平成11年12月6日　住友電気工業常務　→00/02s

竹尾 治右衛門（11代目）　たけお・じえもん　明治12年1月～昭和6年12月16日　実業家　→昭和（竹尾 治右衛門）

竹尾 志計子　たけお・しげこ　～昭和25年5月11日　女史長　→昭和

竹尾 勉　たけお・つとむ　昭和5年8月5日～平成3年4月14日　衆院決算委員会調査室長　→91/93

竹尾 義麿　たけお・よしまろ　明治9年2月～昭和9年7月13日　司法官　大邱地方法院長　→昭和

武岡 嘉一　たけおか・かいち　明治41年2月27日～平成1年10月12日　弁護士　国際善隣協会理事長　→88/90

武岡 吉平　たけおか・きちへい　大正5年12月10日～平成2年2月19日　新日本製鉄常務　→88/90

竹岡 国雄　たけおか・くにお　昭和57年5月12日　角川書店福岡営業所長　→80/82

竹岡 敬一　たけおか・けいいち　大正4年9月17日～平成20年4月1日　松下電器産業専務　→06/08

竹岡 憲一　たけおか・けんいち　明治41年2月10日～昭和49年3月8日　憲法調査会事務局長　→昭和

武岡 四郎　たけおか・しろう　明治32年～昭和63年3月11日　大林組取締役　→88/90

武岡 淳彦　たけおか・ただひこ　大正11年8月1日～平成12年2月1日　経営コンサルタント，陸将　武岡戦略経営研究所主宰　→00/02

武岡 敏明　たけおか・としあき　昭和11年6月14日～平成12年1月2日　ダイア建設副社長　→00/02

武岡 豊太　たけおか・とよた　元治1年7月～昭和6年6月19日　実業家　→昭和

竹岡 光夫　たけおか・みつお　～平成13年11月29日　能勢町ダイオキシン訴訟原告団長　→00/02

竹岡 稜一　たけおか・りょういち　明治42年10月12日～平成2年8月25日　ナショナル宣伝研究所社長　→88/90

竹ケ原 輔之夫　たけがはら・すけのぶ　～平成5年5月9日　東京都建設局長　→91/93

竹上 藤次郎　たけがみ・とうじろう　明治20年1月～昭和36年8月13日　実業家　京都商工会議所副会頭，衆院議員（政友会）　→昭和

竹上 半三郎　たけがみ・はんざぶろう　明治30年2月2日～昭和58年7月17日　弁護士　→83/87

竹上 正子　たけがみ・まさこ　～昭和37年6月26日　婦人矯風会副会頭　→昭和

竹川 毅一　たけかわ・きいち　明治41年11月14日～平成1年2月22日　日産建設専務　→88/90

竹川 達也　たけかわ・たつや　～昭和59年2月6日　古河マグネシウム取締役　→83/87

武川 敏郎　たけかわ・としろう　大正11年8月21日～昭和62年5月2日　大崎電気工業取締役　→83/87

武川 大文　たけがわ・ひろふみ　大正13年1月2日～平成6年12月3日　愛知県副知事　→94/96

武川 淑　たけかわ・よしお　昭和4年～平成9年6月18日　アカウンティングコンサルタント　日本リテイリングセンター　→97/99

武川 与之介　たけがわ・よのすけ　～昭和55年12月9日　日本小売業振興事業団副理事長　→80/82

竹岸 政則　たけぎし・まさのり　明治43年2月27日～平成49年11月14日　プリマハム創業者　→昭和

竹口 章　たけぐち・あきら　大正11年11月3日〜昭和59年9月30日　福助取締役　→83/87

竹口 博己　たけぐち・ひろき　昭和23年12月20日〜平成23年4月14日　熊本県議(公明党)　→09/11

竹厚 恥　たけこう・はつる　明治43年5月31日〜昭和56年8月23日　全日本船舶職員協会副会長, 日本水産副社長　→80/82

竹越 熊三郎　たけこし・くまさぶろう　〜平成2年11月25日　三菱金属常務, 千歳鉱山社長　→88/90

竹腰 洋一　たけこし・よういち　大正13年9月26日〜平成11年6月15日　国税庁主税局国際租税課長　→00/02s

竹崎 虎一　たけざき・とらいち　明治45年2月16日〜平成8年5月15日　日本製粉常務　→94/96

竹崎 瑞夫　たけざき・みずお　明治14年8月28日〜昭和36年9月7日　実業家　ダイハツ工業社長　→昭和

竹崎 友吉　たけざき・ゆうきち　〜昭和11年2月18日　日本飛行機会社取締役　→昭和

竹迫 常栄　たけさこ・つねしげ　明治32年3月4日〜平成6年8月27日　住友金属工業副社長　→94/96

竹迫 友一　たけさこ・ともいち　昭和2年5月25日〜平成16年7月21日　住友商事常務　→03/05

竹沢 五十衛　たけざわ・いそえ　明治45年3月20日〜平成5年4月7日　三菱重工業常務　→91/93

竹沢 脩　たけざわ・おさむ　昭和5年12月15日〜平成9年8月28日　国際興業副社長, 日本電建副社長　→97/99

武沢 謙二　たけざわ・けんじ　昭和2年8月21日〜平成12年　共同通信運動本部長　→00/02

武沢 彰　たけざわ・しょう　〜平成5年9月19日　丸運取締役　→91/93

竹沢 正三郎　たけざわ・しょうざぶろう　〜平成11年11月2日　日水製薬社長　→97/99

竹沢 勉　たけざわ・つとむ　昭和3年9月26日〜平成17年3月7日　岩崎通信機常務　→03/05

竹沢 博　たけざわ・ひろし　大正14年8月27日〜平成9年5月16日　山一證券常務, 内外証券(旧・徳田証券)専務, ユニバーサル・ファイナンス社長　→97/99

武沢 富士太郎　たけざわ・ふじたろう　大正5年2月23日〜平成13年9月5日　日本火災海上保険常務　→00/02

竹沢 雄一　たけざわ・ゆういち　昭和6年8月25日〜平成21年5月7日　日本金属工業常務　→09/11

武沢 柳之助　たけざわ・りゅうのすけ　〜平成2年10月14日　京都ホテル専務　→88/90

竹治 豊　たけじ・ゆたか　明治35年〜昭和13年4月13日　農民運動家　→昭和

竹重 真幸　たけしげ・さだゆき　〜平成5年6月19日　東海工業ミシン常務　→91/93

竹重 直彦　たけしげ・なおひこ　大正15年〜昭和59年3月28日　東急車輛製造取締役　→83/87

武重 正知　たけしげ・まさとし　明治35年6月10日〜昭和61年9月7日　東邦ガス取締役, 東邦理化工業社長　→

竹下 明弘　たけした・あきひろ　〜平成10年10月19日　丸八証券業務執行役員営業企画部長兼証券部長　→97/99

竹下 勇　たけした・いさむ　明治2年12月4日〜昭和24年7月6日　海軍大将　→昭和

竹下 逸夫　たけした・いつお　大正4年12月1日〜平成10年1月21日　日揮工事会長, 横浜化工機会長　→00/02s

竹下 一記　たけした・かずき　大正9年1月19日〜平成15年12月22日　郵政事務次官, 熊本県民テレビ社長　→03/05

竹下 勘右ヱ門　たけした・かんえもん　明治15年8月5日〜昭和38年7月23日　医師, 実業家　福井鉄道社長, 福井県医師会会長　→昭和(竹下 勘右衛門)

竹下 喜兵衛　たけした・きひょうえ　大正4年2月1日〜平成8年7月28日　愛知県議(自民党)　→94/96

竹下 賢一　たけした・けんいち　明治38年11月17日〜昭和62年12月10日　清水地所会長, 新住宅普及会監事, 清水建設取締役　→83/87

竹下 幸八郎　たけした・こうはちろう　〜昭和48年8月5日　米国日系人の市民権獲得運動家　→昭和

竹下 五郎　たけした・ごろう　〜平成5年7月30日　大阪府議　→91/93

竹下 貞雄　たけした・さだお　大正5年5月20日〜平成9年3月4日　三菱製鋼社長　→97/99

竹下 重人　たけした・しげと　大正11年9月26日〜平成17年2月6日　弁護士　→03/05

竹下 忠幸　たけした・ただゆき　〜昭和60年8月7日　トーヨーサッシ取締役形材販売部長　→83/87

竹下 綱　たけした・つな　明治25年11月7日〜昭和59年5月30日　東レ取締役, 木村化工機会長　→83/87

竹下 晃泰　たけした・てるやす　〜平成12年1月10日　マツダ産業社長, 東洋工業(のちマツダ)取締役　→00/02

竹下 伝吉　たけした・でんきち　明治35年3月25日〜昭和63年9月18日　弁護士　日中友好協会愛知県連名誉会長, 日中友好協会副会長　→88/90

竹下 虎之助　たけした・とらのすけ　大正13年8月6日〜平成20年12月16日　広島県知事　→06/08

竹下 日康　たけした・にちこう　〜昭和59年4月16日　僧侶　日蓮宗総本山・身延山久遠寺第89世法主　→83/87

竹下 登　たけした・のぼる　大正13年2月26日〜平成12年6月19日　政治家　衆院議員(自民党), 首相　→00/02

竹下 八郎　たけした・はちろう　〜昭和59年6月28日　竹八(竹八漬製造元)社長　→83/87

竹下 晴夫　たけした・はるお　昭和11年3月28日〜平成2年7月30日　日本電気関西支社支配人　→91/93

竹下 広人　たけした・ひろと　〜昭和55年9月23日　長崎新聞社相談役　→80/82

竹下 文雄　たけした・ふみお　明治42年8月20日〜平成4年4月25日　日本銀行監事, 東京証券取引所常務理事, 日

I　政治・経済・社会篇　　　　　　　　　　　　　　　　　　　　　　　　　　　　　　　　　　たけた

本証券アナリスト協会専務理事　→94/96

竹下 正明　たけした・まさあき　大正11年12月13日～昭和58年4月12日　大日精化工業常務、大日プラボード社長　→83/87

竹下 正治　たけした・まさはる　大正6年1月17日～平成8年7月10日　日本瓦斯監査役、キンセイマテック会長　→94/96

竹下 正彦　たけした・まさひこ　明治41年11月15日～平成14年4月23日　陸将　陸上自衛隊幹部学校長　→88/90

竹下 正房　たけした・まさふさ　大正5年9月3日～平成7年10月24日　日産火災海上保険専務　→94/96

竹下 幹郎　たけした・みきろう　大正13年3月16日～平成11年4月12日　福岡地下街開発社長　→97/99

竹下 通敬　たけした・みちよし　大正7年6月4日～平成17年3月12日　宮崎県議　→03/05

竹下 みな　たけした・みな　大正8年10月31日～平成15年1月18日　評論社創業者　→03/05

竹下 義雄　たけした・よしお　大正4年5月29日～平成3年4月14日　日本エヤーブレーキ取締役、ナブコダイーエンジン社長　→91/93

竹下 義政　たけした・よしまさ　～昭和48年10月15日　長崎地方海難審判所長　→昭和

竹下 与三一　たけした・よそいち　大正9年2月28日～昭和60年6月13日　セイレイ工業取締役相談役、元副社長　→83/87

竹下 利之右衛門　たけした・りのうえもん　～昭和56年1月20日　弁護士　長崎県選管委員長　→80/82

竹下 亮一　たけした・りょういち　大正2年8月20日～平成12年7月24日　佐賀県副知事　→00/02

竹島 昭久　たけしま・あきひさ　昭和9年～平成8年4月27日　日産プリンス大阪販売社長　→94/96

竹島 和雄　たけしま・かずお　～平成4年6月6日　東芝機械取締役　→91/93

武島 一義　たけしま・かずよし　～昭和50年6月30日　鳥取県知事　→昭和

竹島 勝益　たけしま・かつえき　明治44年1月31日～平成7年8月23日　富山相互銀行（のち富山第一銀行）専務　→94/96

竹嶋 久士　たけしま・くわし　昭和2年10月5日～平成9年8月22日　大分県警本部長　→97/99

竹島 千秋　たけしま・せんしゅう　～昭和62年4月26日　中央設備管理（株）相談役、富山県経済連総務課長　→83/87

竹島 武夫　たけしま・たけお　～平成2年8月9日　日本カーボン常務　→88/90

竹嶌 継夫　たけしま・つぎお　明治40年5月26日～昭和11年7月12日　陸軍歩兵中尉　2.26事件の青年将校の1人　→昭和（竹島 継夫）

竹島 登　たけしま・のぼる　大正3年10月20日～平成8年10月13日　ブリヂストン常務　→94/96

竹嶋 文夫　たけしま・ふみお　大正2年2月10日～平成7年2月7日　湘南信用金庫会長　→94/96

竹島 政義　たけしま・まさよし　昭和17年7月23日～平成16年5月17日　岩田屋取締役　→03/05

武嶋 嘉孝　たけしま・よしたか　明治41年5月23日～平成9年10月7日　富士写真フィルム専務　→97/99

武末 隆夫　たけすえ・たかお　大正2年10月28日～平成20年4月6日　三菱自動車販売常務　→06/08

武末 辰雄　たけすえ・たつお　～平成8年2月6日　皇宮警察本部長　→94/96

武末 浩之　たけすえ・ひろゆき　昭和12年9月3日～平成19年12月13日　新日本製鉄常務、三晃金属工業社長　→06/08

竹添 平一　たけぞえ・へいいち　～昭和57年6月14日　富山紡績取締役　→80/82

武田 彰雄　たけだ・あきお　～昭和55年2月3日　武田薬品工業副社長　→80/82

武田 亨　たけだ・あきら　大正7年11月17日～平成13年11月19日　公認会計士、税理士　日本税理士会連合会副会長　→00/02

武田 啓　たけだ・あきら　昭和2年9月18日～平成23年9月23日　ダイダン専務　→09/11

武田 彰　たけだ・あきら　～昭和57年8月2日　大日本紡績常務　→80/82

武田 明　たけだ・あきら　明治43年4月25日～平成10年10月27日　三菱油化専務　→97/99

武田 郁三郎　たけだ・いくさぶろう　昭和7年10月18日～平成20年12月25日　神奈川県議（社民党）　→06/08

武田 市三郎　たけだ・いちさぶろう　明治39年8月4日～昭和62年1月17日　ベースボールマガジン社会長　→83/87

竹田 一二　たけだ・いちじ　～昭和61年2月9日　吉川工業相談役　→83/87

武田 市朗　たけだ・いちろう　～昭和57年8月10日　東京急行電鉄取締役、前日本実業団陸上競技連合理事長　→80/82

竹田 宇市郎　たけだ・ういちろう　～平成4年7月24日　鷹匠　→91/93

竹田 栄三　たけだ・えいぞう　～昭和56年7月28日　スタンダード通信社（広告代理店）副社長　→80/82

竹田 鉄太郎　たけだ・えいたろう　明治36年4月14日～平成9年12月16日　名古屋鉄道副社長　→97/99

竹田 益州　たけだ・えきしゅう　明治29年7月10日～平成1年6月20日　僧侶　臨済宗建仁寺派管長　→88/90

武田 益祐　たけだ・えきゆう　～昭和45年7月26日　関西電力顧問　→昭和

竹田 京　たけだ・おさむ　～昭和61年2月21日　住友セメント専務　→83/87

武田 嘉市　たけだ・かいち　昭和4年11月21日～平成18年

たけた

年1月5日　三菱マテリアル専務　→06/08

武田 額三　たけだ・がくぞう　〜昭和3年5月9日
陸軍少将　→昭和

竹田 一夫　たけだ・かずお　〜平成2年12月7日
ピップフジモト専務　→88/90

竹田 和彦　たけだ・かずひこ　昭和2年4月28日〜平成18年12月26日　日本化薬社長　→06/08

竹田 勝雄　たけだ・かつお　〜昭和57年3月7日
大広常務、近畿案内広告社社長　→80/82

武田 勝治　たけだ・かつじ　大正7年11月13日〜平成15年1月10日　ダイセル化学工業常務　→03/05

武田 一三　たけだ・かつぞう　昭和4年10月13日〜平成12年11月24日　タケダスポーツ会長、二戸ロイヤルパレス社長　→00/02

武田 克己　たけだ・かつみ　大正8年12月13日〜昭和60年1月7日　日本水産取締役　→83/87

武田 克己　たけだ・かつみ　大正7年9月24日〜平成13年10月1日　日鉄ドラム常務　→00/02

武田 金処　たけだ・かねみつ　〜平成8年1月30日
富岡市長　→94/96

竹田 嘉兵衛　たけだ・かひょうえ　大正3年2月5日〜平成7年1月26日　竹田嘉兵衛商店社長、全国町並み保存連盟会長　→94/96

武田 寛一　たけだ・かんいち　〜平成2年12月15日
旭ダイヤモンド工業社長　→88/90

竹田 儀一　たけだ・ぎいち　明治27年3月24日〜昭和48年4月30日　厚相、衆院議員(民主党)　→昭和

武田 喜三　たけだ・きぞう　明治44年7月30日〜昭和62年1月5日　大同特殊鋼社長、新日本製鉄専務　→83/87

武田 公夫　たけだ・きみお　大正9年5月6日〜昭和61年12月10日　武田酒造社長　→83/87

武田 キヨ　たけだ・きよ　明治29年9月21日〜昭和29年3月14日　衆院議員(民主党)　→昭和

武田 恭一　たけだ・きょういち　明治45年1月10日〜平成12年1月29日　近畿電気工事社長　→00/02

竹田 清　たけだ・きよし　〜昭和60年10月15日
赤平市議　→83/87

竹田 清志　たけだ・きよし　〜昭和55年2月5日
児玉化学工業取締役総務部長　→80/82

竹田 清　たけだ・きよし　大正4年7月21日〜平成4年8月20日　味の素ゼネラルフーヅ社長　→91/93

竹田 銀次　たけだ・ぎんじ　大正11年1月11日〜平成19年2月3日　東洋製作所常務　→06/08

武田 邦雄　たけだ・くにお　大正5年2月23日〜平成18年2月22日　日本合成ゴム専務　→06/08

竹田 邦蔵　たけだ・くにぞう　明治43年4月15日〜平成4年2月20日　山形県議(自民党)　→91/93

武田 九平　たけだ・くへい　明治8年2月20日〜昭和7年11月29日　社会運動家　→昭和

武田 慶吉　たけだ・けいきち　大正7年9月27日〜昭和58年6月22日　青森ヤクルト販売社長、東北ニチイ社長　→83/87

武田 桂二郎　たけだ・けいじろう　〜平成6年8月21日
無名舎主宰、生協連合グリーンコープ名誉会長　→94/96

武田 啓介　たけだ・けいすけ　大正7年7月11日〜平成5年7月7日　国鉄常務理事　→91/93

武田 健一　たけだ・けんいち　明治40年1月27日〜平成3年4月14日　塩野義製薬専務、日本薬学会会頭　→91/93

竹田 現照　たけだ・げんしょう　大正13年1月8日〜平成18年4月18日　参院議員(社会党)　→06/08

武田 健介　たけだ・けんすけ　〜昭和32年7月6日
大日本セロファン社長　→昭和

武田 賢亮　たけだ・けんすけ　大正12年11月18日〜平成13年2月4日　秋田県議(自民党)　→00/02

竹田 憲正　たけだ・けんせい　明治39年4月〜昭和60年7月10日　文建書房社長　→83/87

武田 健二　たけだ・けんぞう　〜平成16年1月16日
立花商会(のち立花エレテック)専務　→03/05

武田 健三　たけだ・けんぞう　昭和12年3月28日〜平成16年10月24日　長谷工コーポレーション専務　→03/05

武田 憲之介　たけだ・けんのすけ　大正1年11月25日〜平成1年8月17日　日産自動車取締役、日産車体専務　→88/90

武田 恒　たけだ・こう　〜昭和58年11月3日
全国繊維商品取引所取引員協会連合会会長　→83/87

竹田 光二　たけだ・こうじ　明治38年9月1日〜昭和63年10月1日　(株)光文堂取締役会長　→88/90

竹田 弘太郎　たけだ・こうたろう　大正5年1月2日〜平成3年10月29日　名古屋鉄道会長、日商副会頭、日経連常任理事　→91/93

武田 五郎　たけだ・ごろう　大正11年7月30日〜平成22年1月13日　大洋漁業専務、大洋球団社長　→09/11

竹田 定祐　たけだ・さだすけ　大正3年1月26日〜平成8年12月8日　富士チタン工業社長　→94/96

武田 三郎　たけだ・さぶろう　文久2年7月13日〜昭和15年4月2日　陸軍中将　→昭和

武田 三郎　たけだ・さぶろう　〜平成9年1月9日
中央証券常務　→97/99

武田 三作　たけだ・さんさく　大正7年1月11日〜平成3年2月19日　東奥日報社常務編集局長　→91/93

竹田 繁　たけだ・しげる　大正14年11月9日〜平成16年5月23日　大木社長　→03/05

武田 純一　たけだ・じゅんいち　昭和7年10月3日〜平成10年2月9日　殖産銀行相談役・元副頭取　→97/99

武田 純輔　たけだ・じゅんすけ　〜昭和28年1月14日
丸宏証券社長　→昭和

竹田 春嶺　たけだ・しゅんれい　〜平成19年5月6日
僧侶　深広寺住職　→06/08

746　「現代物故者事典」総索引(昭和元年〜平成23年)

I　政治・経済・社会篇　　　　　　　　　　　　　　　　　　　　　　　　　　　たけた

武田 庄吉　たけだ・しょうきち　大正3年7月10日～平成3年3月30日　弁護士　札幌弁護士会会長，日弁連副会長　→91/93

竹田 四郎　たけだ・しろう　大正7年1月20日～平成21年1月29日　参院議員(社会党)　→09/11

武田 四郎　たけだ・しろう　大正10年10月13日～平成13年7月21日　島田理化工業専務　→00/02

竹田 二朗　たけだ・じろう　大正5年2月22日～平成9年10月20日　まねき食品会長，姫路駅ビル社長，姫路商工会議所会頭　→97/99

武田 信之助　たけだ・しんのすけ　明治31年6月1日～昭和57年2月20日　衆議院議員　→80/82

竹田 末治　たけだ・すえじ　～平成1年3月25日　山形県生活協同組合連合会会長，山形県労働者福祉協議会会長　→88/90

武田 清一郎　たけだ・せいいちろう　昭和4年6月23日～平成17年6月8日　大王製紙専務　→03/05

武田 清好　たけだ・せいこう　明治32年1月3日～平成3年6月7日　弁護士　大阪高裁判事，奈良県弁護士会会長　→91/93

竹田 静思　たけだ・せいし　～昭和63年6月14日　海将　防衛庁技術研究本部技術開発官　→88/90

竹多 正介　たけだ・せいすけ　～平成8年7月7日　神奈川県教育文化財団理事長　→94/96

武田 誠三　たけだ・せいぞう　大正4年10月26日～平成8年10月26日　農林事務次官　→94/96

武田 武夫　たけだ・たけお　明治45年7月20日～平成11年9月26日　新潟県議(自民党)　→97/99

竹田 田作　たけだ・たさく　～平成2年7月27日　海上保安大学校長　→88/90

竹田 直　たけだ・ただし　明治33年11月4日～平成9年7月26日　名古屋鉄道副社長　→97/99

武田 忠　たけだ・ただし　明治33年9月8日～昭和63年11月15日　世界貿易センタービルディング常務，関東タール製品社長　→88/90

竹田 辰一　たけだ・たついち　大正5年1月30日～平成5年8月18日　日光建設工業代表取締役，阪神馬主協会名誉会長　→91/93

武田 辰男　たけだ・たつお　大正5年7月1日～平成11年1月11日　テンヨ武田会長　→97/99

武田 達誓　たけだ・たつせい　～昭和42年10月27日　西本願寺総長　→昭和

武田 千明　たけだ・ちあき　大正11年11月7日～平成21年8月18日　長野信用金庫理事長　→09/11

武田 忠幸　たけだ・ちゅうこう　明治33年7月25日～昭和62年1月9日　北都交通会長，札幌市議　→83/87

竹田 聴洲　たけだ・ちょうしゅう　大正5年1月29日～昭和55年9月6日　僧侶　仏教大学教授，同志社大学教授　→80/82

武田 長兵衛(5代目)　たけだ・ちょうべえ　明治3年～昭和34年8月4日　実業家　武田薬品工業社長　→昭和

武田 長兵衛(6代目)　たけだ・ちょうべえ　明治38年4月29日～昭和55年9月1日　武田薬品工業会長，大阪商工会議所副会頭　→80/82(武田 長兵衛 たけだ・ちょうべえ)

武田 千代三郎　たけだ・ちよさぶろう　慶応3年4月24日～昭和7年5月26日　秋田県知事，青森県知事，神宮皇学館長　→昭和

竹田 恒徳　たけだ・つねよし　明治42年3月4日～平成4年5月11日　皇族　JOC委員長，IOC委員　→91/93

武田 貞助　たけだ・ていすけ　大正2年6月21日～平成14年9月13日　武田(株)会長　→00/02

竹田 鉄三　たけだ・てつぞう　明治34年5月8日～昭和62年11月19日　日本聖公会司祭，立教学院チャプレン(学校付司祭)　→83/87

武田 輝雄　たけだ・てるお　大正8年2月18日～平成6年9月28日　日本通信ネットワーク社長　→94/96

武田 光俊　たけだ・てるとし　昭和2年12月8日～平成7年9月12日　四電工常務　→94/96

竹田 徳義　たけだ・とくよし　～昭和58年1月25日　NHK経理局長，共同通信会館常務　→83/87

武田 紀　たけだ・とし　大正14年3月1日～平成22年1月5日　博愛園園長　→09/11

竹田 寿雄　たけだ・としお　明治43年4月12日～平成11年4月13日　大郷町(宮城県)町長　→97/99

武田 俊雄　たけだ・としお　～平成13年10月14日　住友電装専務　→00/02

武田 登志男　たけだ・としお　大正13年7月16日～平成12年11月23日　福岡空港ビルディング副社長，日本航空福岡支店長　→00/02

武田 敏信　たけだ・としのぶ　昭和43年5月9日　大和銀行常務　→昭和

武田 友宏　たけだ・ともひろ　昭和15年2月10日～平成17年6月5日　カヤバ工業常務　→03/05

竹田 稔幸　たけだ・ねんこう　～昭和48年10月20日　山九運輸機工常務　→昭和

武田 信昭　たけだ・のぶあき　昭和17年2月25日～平成5年9月10日　三井物産広報室次長　→91/93

武田 宣城　たけだ・のぶき　明治27年11月5日～昭和62年11月17日　三菱江戸川化学(のち三菱瓦斯化学)社長　→83/87

武田 信敬　たけだ・のぶたか　昭和5年12月17日～昭和59年2月14日　日本テレワーク社長，フジテレビジョン編成局長　→83/87

竹田 信人　たけだ・のぶと　大正15年1月12日～平成2年9月14日　博多ターミナルビル社長，国鉄九州総局長　→88/90

武田 信義　たけだ・のぶよし　大正6年8月30日～平成12年8月6日　住友重機械工業常務　→00/02

武田 治衛　たけだ・はるえ　明治44年3月28日～昭和56

たけた

年4月11日　日本信託銀行監査役　→80/82

武田　春太郎　たけだ・はるたろう　大正8年12月20日～平成22年9月21日　埼玉県議(自民党)　→09/11

武田　秀一　たけだ・ひでいち　明治11年9月3日～昭和14年5月6日　陸軍中将　→昭和(たけだ・しゅういち)

武田　秀雄　たけだ・ひでお　文久2年11月16日～昭和17年2月16日　海軍機関中将,実業家　→昭和

武田　英克　たけだ・ひでかつ　明治42年7月6日～平成5年12月21日　新日本証券専務　→91/93

竹田　博和　たけだ・ひろかず　大正11年11月4日～昭和59年4月29日　大成火災海上保険監査役・元常務　→83/87

竹田　寛　たけだ・ひろし　昭和5年5月16日～平成17年3月24日　陸将　陸上自衛隊中部方面総監　→03/05

武田　寛　たけだ・ひろし　昭和10年～平成13年2月27日　原水爆禁止広島県協議会事務局長,日本原水協担当常任理事　→00/02

武田　宏　たけだ・ひろし　大正8年12月1日～昭和59年2月22日　日進堂書店社長,愛知県書店協同組合理事長,日本書店組合連合会副会長　→83/87

武田　弘　たけだ・ひろし　大正11年5月12日～平成9年10月12日　日貿信社長　→97/99

武田　浩　たけだ・ひろし　大正13年9月29日～平成12年3月13日　日産建設専務　→00/02

武田　浩　たけだ・ひろし　昭和7年2月11日～平成22年4月4日　京都府教育次長　→09/11

武田　照　たけだ・ひろし　明治40年2月15日～平成8年9月26日　弁護士　第一東京弁護士会副会長,日弁連人権擁護委員長　→94/96

武田　照　たけだ・ひろし　～平成13年6月12日　埼玉県出納長　→00/02

武田　裕允　たけだ・ひろみつ　昭和5年6月20日～平成13年6月7日　千葉県議(公明党)　→00/02

武田　文男　たけだ・ふみお　～平成6年4月27日　東芝ケミカル常務　→94/96

武田　文雄　たけだ・ふみお　明治31年3月15日～平成4年9月30日　日本製鋼所取締役　→91/93

武田　麓　たけだ・ふもと　大正8年5月1日～平成18年10月13日　日本タングステン常務　→06/08

竹田　平一　たけだ・へいいち　～昭和24年3月28日　鳥取市長　→昭和

竹田　平八　たけだ・へいはち　明治42年9月14日～昭和59年1月15日　丸八木材代表取締役,全国木材組合連合会会長　→83/87

武田　正男　たけだ・まさお　明治43年5月7日～昭和63年10月15日　富士汽船社長,大阪商船三井船舶常務　→88/90

武田　政之助　たけだ・まさのすけ　大正3年6月12日～昭和56年5月19日　氷川商事社長,日本郵船取締役　→80/82

武田　正彦　たけだ・まさひこ　昭和2年7月15日～平成19年

I　政治・経済・社会篇

年2月15日　弁護士　ピエール・カルダンジャパン社長　→06/08

竹田　正巳　たけだ・まさみ　明治44年8月15日～昭和62年1月28日　大阪クマヒラ代表取締役,日本金庫鋼鉄家具商工業協同組合連合会会長　→83/87

竹田　正巳　たけだ・まさみ　～昭和59年11月17日　日本火災海上保険監査役　→83/87

竹田　真康　たけだ・まさやす　大正5年9月15日～昭和63年10月30日　竹田理化工業会長,日本発明振興協会理事　→88/90

竹田　正泰　たけだ・まさやす　明治29年3月29日～昭和44年5月23日　三井倉庫社長　→昭和

竹田　勝　たけだ・まさる　大正3年10月13日～平成5年12月8日　住金物産副社長　→91/93

武田　満作　たけだ・まんさく　明治40年9月17日～平成3年12月22日　第一勧業銀行相談役　→91/93

竹田　光宏　たけだ・みつひろ　昭和18年6月28日～平成23年8月12日　竹田印刷副社長　→09/11

武田　実　たけだ・みのる　～昭和59年11月16日　東京女子大事務局長,元三井金属鉱業秘書室長　→83/87

武田　実　たけだ・みのる　大正5年2月1日～平成1年5月19日　武田グループ会長　→88/90

武田　実　たけだ・みのる　大正11年3月28日～平成21年3月5日　駐アイルランド大使　→09/11

武田　穣　たけだ・みのる　昭和2年6月28日～平成7年1月17日　大毎広告社長　→94/96

竹田　黙雷　たけだ・もくらい　嘉永7年7月2日～昭和5年11月15日　僧侶　臨済宗建仁寺派管長　→昭和

武田　安　たけだ・やす　～昭和61年6月28日　丸万証券会長　→83/87

武田　容明　たけだ・やすあき　昭和7年7月15日～平成11年7月21日　東京ガス常務　→97/99

武田　康生　たけだ・やすお　大正9年3月12日～平成12年1月29日　川崎重工業専務,川重冷熱工業社長　→00/02

武田　裕夫　たけだ・やすお　昭和10年4月3日～平成9年8月8日　阪神百貨店常務　→97/99

竹田　靖久　たけだ・やすひさ　昭和3年4月1日～平成7年1月15日　コマツゼノア専務　→94/96

竹田　豊　たけだ・ゆたか　大正13年12月22日～平成7年4月16日　山口県議(社会党)　→94/96

武田　豊　たけだ・ゆたか　明治31年8月26日～昭和60年12月27日　明光証券相談役,北浜地所相談役・元社長　→83/87

武田　豊　たけだ・ゆたか　大正3年1月6日～平成16年2月15日　実業家　新日本製鉄社長,経団連副会長　→03/05

武田　与一　たけだ・よいち　明治34年9月10日～平成3年12月15日　埼玉銀行(のち協和埼玉銀行)取締役　→91/93

武田　義明　たけだ・よしあき　明治31年4月25日～昭和60年8月16日　札幌第一興産会長,札幌商工会議所議員会

顧問　→83/87

武田 良雄　たけだ・よしお　〜平成1年10月11日
全国じん肺患者同盟会会長　→88/90

竹田 芳一　たけだ・よしかず　明治35年8月10日〜平成4年11月25日　紀陽銀行常務　→91/93

竹田 芳三郎　たけだ・よしさぶろう　〜昭和60年1月5日
紋別商工会議所会頭　→83/87

武田 義蔵　たけだ・よしぞう　明治18年8月19日〜昭和56年7月6日　吉富製薬相談役、武田薬品工業相談役、水沢化学工業相談役　→80/82

武田 義三　たけだ・よしぞう　〜昭和50年5月28日
池田市長　→昭和

武田 善隆　たけだ・よしたか　〜昭和55年4月5日
清酒「千福」醸造元、(株)三宅本店専務取締役　→80/82

武田 至弘　たけだ・よしひろ　〜昭和63年2月17日
パルコプロモーション取締役　→88/90

竹田 吉文　たけだ・よしふみ　〜昭和61年4月24日
バイオマス技術者　→83/87

武田 与十郎　たけだ・よじゅうろう　明治37年1月15日〜昭和60年6月4日　日本醤油協会顧問、武田食糧会長　→83/87

武田 良行　たけだ・よしゆき　昭和10年10月12日〜平成22年4月6日　豊津観光開発社長　→09/11

武田 隆輔　たけだ・りゅうすけ　大正5年1月25日〜平成63年9月23日　博多港開発社長、福岡市助役　→88/90

竹田 龍三　たけだ・りゅうぞう　昭和4年7月11日〜平成12年8月1日　太陽神戸銀行常務　→00/02

武田 礼仁　たけだ・れいじ　大正13年3月22日〜昭和57年8月24日　奥村組専務、郵政省建築部長　→80/82

武田 錬　たけだ・れん　〜昭和60年1月16日
(株)守田専務取締役　→83/87

武田 六郎　たけだ・ろくろう　大正4年1月1日〜昭和61年11月18日　角田市農協組合長　→83/87

武谷 亜都興　たけたに・あつおき　昭和18年9月7日〜平成9年2月20日　現代書林社長　→97/99

武谷 甚太郎　たけたに・じんたろう　〜昭和51年2月28日　金沢市長　→昭和

竹谷 俊雄　たけたに・としお　昭和19年10月9日〜平成18年4月28日　日本経済新聞専務　→06/08

竹谷 博　たけたに・ひろし　昭和3年12月19日〜平成21年1月4日　島根県議(社会党)、島根県原爆被爆者協議会会長　→09/11

竹田宮 昌子　たけだのみや・まさこ　明治21年9月30日〜昭和15年3月8日　明治天皇第六皇女、竹田宮恒久親王妃　→昭和(昌子内親王 まさこないしんのう)

武智 昭典　たけち・あきよし　昭和3年10月2日〜平成17年12月19日　神官　石鎚本教名誉管長・大教主、石鎚神社名誉宮司　→03/05

武智 鼎　たけち・かなえ　明治24年2月19日〜昭和30年11月9日　伊予鉄道社長　→昭和

武智 完臣　たけち・さだおみ　〜平成1年12月27日
ラジオ福島取締役・業務局長　→88/90

武智 定一　たけち・さだかず　大正6年4月17日〜平成9年1月7日　東芝ケミカル社長　→97/99

武智 敏夫　たけち・としお　昭和13年3月14日〜平成11年10月2日　農林水産省食品流通局長　→97/99

武市 利美　たけち・としみ　安政5年4月17日〜昭和17年9月3日　実業家　→昭和

武智 弘　たけち・ひろし　昭和17年2月27日〜平成13年12月9日　北九州市議(自民党)　→00/02

武智 勝　たけち・まさる　〜昭和51年8月25日
台糖会長　→昭和

武市 森太郎　たけち・もりたろう　嘉永2年7月24日〜昭和6年11月16日　実業家　武市木材社長　→昭和

武知 勇記　たけち・ゆうき　明治27年7月10日〜昭和38年10月11日　政治家　衆院議員(自民党)、郵政相　→昭和

武津 和徳　たけつ・かずのり　昭和3年8月1日〜昭和61年9月17日　高木証券専務　→83/87

武津 八千穂　たけつ・やちほ　〜昭和6年3月26日
大阪府社難波神社々司　→昭和

竹鶴 政孝　たけつる・まさたか　明治27年6月20日〜昭和54年8月29日　ニッカウヰスキー創業者　→昭和

武富 明　たけとみ・あきら　大正10年2月21日〜平成23年8月8日　NHK専務理事　→09/11

武富 永一　たけとみ・えいいち　〜昭和24年3月27日
大成建設前会長　→昭和

武富 京子　たけとみ・きょうこ　大正15年〜平成13年9月30日　クラブみつばちママ　→00/02

武富 邦鼎　たけとみ・くにかね　嘉永5年11月〜昭和6年11月17日　海軍中将　→昭和

武富 時敏　たけとみ・ときとし　安政2年12月9日〜昭和13年12月22日　政治家　蔵相、貴院議員(勅選)　→昭和

武富 敏治　たけとみ・としはる　明治43年8月12日〜平成15年10月21日　三井松島産業社長　→03/05

武富 敏彦　たけとみ・としひこ　明治17年12月13日〜昭和39年8月21日　駐トルコ大使　→昭和

武富 敏幸　たけとみ・としゆき　昭和6年〜平成22年11月2日　九電工専務　→09/11

武富 登巳男　たけとみ・とみお　大正6年〜平成14年11月24日　兵士庶民の戦争資料館館長　→00/02

武富 済　たけとみ・わたる　明治12年4月〜昭和12年3月2日　弁護士　衆院議員(民政党)　→昭和

武永 昭彦　たけなが・あきひこ　〜平成11年12月30日
日経SP企画社長　→00/02s

竹永 勇　たけなが・いさむ　明治42年11月30日〜平成13年3月22日　広島市議(自民党)　→00/02

竹中 治　たけなか・おさむ　明治33年4月10日〜昭和42年4月15日　ジャパンライン社長　→昭和

竹中 馨　たけなか・かおる　〜昭和61年12月12日
竹中旅館社長　→83/87

竹中 喜満太　たけなか・きまた　大正1年9月17日〜昭和56年5月13日　公正取引委員会事務局長, 住友電気工業監査役　→80/82

竹中 久一　たけなか・きゅういち　〜平成7年2月28日　全国食肉事業協同組合連合会会長　→94/96

竹中 清　たけなか・きよし　〜昭和2年8月31日　毎日新聞社神戸支局長　→昭和

竹中 清　たけなか・きよし　〜昭和56年9月15日　大阪電気暖房副社長　→80/82

竹中 源太郎　たけなか・げんたろう　大正1年11月3日〜昭和63年3月21日　ユニチカ常任監査役　→88/90

竹中 玄鼎　たけなか・げんてい　大正8年7月3日〜平成22年11月17日　僧侶　臨済宗妙心寺派宗務総長, 平田寺住職, 花園学園理事長　→09/11

竹中 七郎　たけなか・しちろう　明治28年4月25日〜昭和34年7月23日　参院議員, 刈谷市長　→昭和

竹中 修一　たけなか・しゅういち　大正7年4月20日〜平成9年7月31日　衆院議員（自民党）, 青森ガス社長　→97/99

竹中 省吾　たけなか・しょうご　昭和17年8月2日〜平成18年12月2日　大阪高裁部総括判事　→06/08

竹中 庄三　たけなか・しょうぞう　明治32年3月8日〜昭和61年8月26日　内外切抜通信社会長　→83/87

竹中 節　たけなか・せつ　明治37年1月25日〜平成1年7月14日　和歌山県議, 富田川砂利（株）社長　→88/90

竹中 善五郎　たけなか・ぜんごろう　明治36年8月30日〜昭和56年8月11日　丸善竹中会長, 北海道中小企業団体中央会会長, 協同組合札幌繊維卸センター会長　→80/82

竹中 正　たけなか・ただし　明治44年7月10日〜平成2年5月5日　そごう常務　→88/90

竹中 正　たけなか・ただし　明治40年9月25日〜平成7年1月28日　横浜松坂屋社長, 松屋専務　→94/96

武永 正　たけなが・ただし　昭和4年3月2日〜平成9年3月30日　三菱モンサント化成（のち三菱化学）常務　→97/99

竹中 竜雄　たけなか・たつお　〜昭和63年4月20日　太平洋工業取締役　→88/90

竹中 保　たけなか・たもつ　大正14年2月23日〜昭和57年4月1日　日本紙パルプ商事専務　→80/82

竹中 恒三郎　たけなか・つねさぶろう　明治42年1月30日〜昭和62年10月21日　日本共産党名誉中央委員　→83/87

竹中 哲哉　たけなか・てつや　明治42年3月25日〜平成1年2月8日　久保田鉄工取締役, クボタハウス社長　→88/90

竹中 輝男　たけなか・てるお　昭和4年11月1日〜平成22年12月16日　四日市倉庫常務　→09/11

竹中 藤右衛門　たけなか・とうえもん　明治11年7月25日〜昭和40年12月27日　竹中工務店社長, 貴院議員　建築功労者　→昭和

竹中 所孝　たけなか・のぶたか　〜昭和61年6月12日　亀山八幡宮宮司, 神社本庁参与　→83/87

竹中 昇　たけなか・のぼる　明治41年5月1日〜昭和63年1月28日　竹中製作所会長, 日本ねじ工業協会副会長　→88/90

竹中 規雄　たけなか・のりお　大正11年9月2日〜平成2年9月25日　第百生命保険顧問, 元副社長　→88/90

竹中 治夫　たけなか・はるお　大正6年9月2日〜昭和62年6月26日　富士ゼロックス専務, がんの子供を守る会理事長　→83/87

竹中 博夫　たけなか・ひろお　大正11年3月23日〜平成1年12月12日　日本事務器社長, 日本電気常務　→88/90

竹中 正久　たけなか・まさひさ　昭和8年11月30日〜昭和60年1月27日　暴力団山口組組長　→83/87

竹中 美一　たけなか・みつかず　昭和6年5月28日〜昭和57年1月4日　滋賀相互銀行取締役　→80/82

竹中 実　たけなか・みのる　〜昭和60年11月20日　葛飾区（東京都）区議　→83/87

竹中 泰弘　たけなか・やすひろ　大正9年10月22日〜平成5年10月20日　竹中工務店顧問, 元監査役　→91/93

竹中 義男　たけなか・よしお　大正12年3月17日〜平成5年7月4日　陸将　日本マクドナルド営業本部顧問, 陸上自衛隊幹部学校長　→91/93

竹中 義雄　たけなか・よしお　〜平成15年12月9日　谷汲村（岐阜県）村長, 谷汲踊保存会長　→03/05

竹中 由次郎　たけなか・よしじろう　〜昭和61年10月6日　松尾神社総代代行　→83/87

竹中 正則　たけなか・よしのり　〜平成5年10月21日　三洋証券取締役　→91/93

竹中 良巳　たけなか・よしみ　昭和5年6月10日〜平成21年12月28日　豊田通商専務　→09/11

竹中 義郎　たけなか・よしろう　〜昭和63年1月9日　弁護士　大阪高裁判事　→88/90

竹中 錬一　たけなか・れんいち　明治44年3月1日〜平成8年12月31日　竹中工務店社長, 竹中不動産会長　→94/96

竹浪 春夫　たけなみ・はるお　大正8年4月13日〜平成12年7月9日　板柳町（青森県）町長　→00/02

武並 正也　たけなみ・まさや　大正11年9月12日〜平成1年7月19日　鹿児島地検検事正　→88/90

竹西 忠男　たけにし・ただお　昭和2年3月17日〜平成9年12月7日　味の素専務　→97/99

竹野 清次　たけの・せいじ　昭和3年2月15日〜平成4年10月7日　石川県議（自民党）　→91/93

竹野 照雄　たけの・てるお　〜昭和56年9月26日　大成建設専務, 大成設備社長　→80/82

竹野 弘之　たけの・ひろゆき　昭和9年7月21日〜平成21年8月17日　日本郵船歴史博物館長　→09/11

武野 義治　たけの・よしはる　明治44年10月31日〜平成1年6月19日　駐ブルガリア大使, 駐イスラエル大使

竹ノ内 白　たけのうち・あきら　昭和5年〜平成4年8月14日　太田紙販売常務　→91/93

竹之内 勲　たけのうち・いさお　〜昭和59年10月26日　陸将補　防衛庁技術本部第4研究所長　→83/87

竹ノ内 和夫　たけのうち・かずお　昭和2年10月4日〜平成9年7月11日　三和研磨工業会長　→97/99

竹内 一次　たけのうち・かずつぐ　慶応4年7月〜昭和2年9月18日　軍事探偵　→昭和

竹内 鼎　たけのうち・かなえ　〜平成3年3月28日　荻伏村(北海道)村長　→91/93

武内 甲子雄　たけのうち・かねお　明治31年10月4日〜昭和59年2月27日　人事興信所社長　→83/87

竹之内 邦春　たけのうち・くにはる　大正9年2月15日〜昭和60年1月20日　クノール食品社長, 味の素常務　→83/87

武内 才吉　たけのうち・さいきち　安政2年9月〜昭和3年8月30日　実業家　天津商工銀行頭取　→昭和

武内 作平　たけのうち・さくへい　慶応3年10月23日〜昭和6年11月8日　衆院議員(民政党)　→昭和

竹内 貞次　たけのうち・さだつぐ　〜平成2年3月20日　弁護士　大阪高裁部総括判事, 金沢家裁所長　→88/90

竹内 季一　たけのうち・すえいち　明治9年10月〜昭和11年1月25日　土木技師　鉄道院技師, 武蔵高等工科学校校長　→昭和

武内 孝之　たけのうち・たかゆき　明治43年3月26日〜平成2年4月11日　弁護士　福岡高検検事長　→88/90

竹内 悌三郎　たけのうち・ていざぶろう　明治8年10月1日〜昭和8年10月12日　実業家　安田銀行常務

竹野内 英夫　たけのうち・ひでお　明治30年2月2日〜平成1年10月13日　富士通常務　→88/90

竹内 類治　たけのうち・るいじ　明治5年〜昭和5年　技術者　ヤヨイ製帽技術部長　→昭和

竹腰 俊蔵　たけのこし・としぞう　〜昭和38年3月28日　群馬県知事　→昭和

竹腰 正己　たけのこし・まさわれ　明治4年8月20日〜昭和8年10月4日　男爵　貴院議員　→昭和

武信 光　たけのぶ・ひかる　大正3年2月12日〜昭和57年4月17日　三菱石油常務　→80/82

武信 弘隆　たけのぶ・ひろたか　昭和16年4月12日〜平成13年7月2日　山田市長　→00/02

武信 正吉　たけのぶ・まさよし　明治37年6月18日〜平成11年8月23日　西南運輸社長　→97/99

武則 一水　たけのり・いっすい　〜昭和58年1月5日　東広島市長　→83/87

竹葉 弥一郎　たけば・やいちろう　大正9年1月15日〜昭和60年11月12日　ユタカ建設工業社長, 元横浜髙島屋常務横浜店長　→83/87

竹橋 欣二　たけはし・きんじ　大正14年10月14日〜昭和62年10月18日　王子緑化社長　→83/87

竹鼻 竹之助　たけはな・たけのすけ　大正10年2月18日〜平成23年5月31日　青森県りんごジュース社長, 青森県りんご加工協会会長　→09/11

竹花 福太郎　たけはな・ふくたろう　明治38年5月25日〜平成3年11月1日　日本ゴルフ会会長　→91/93

武塙 祐吉　たけはな・ゆうきち　明治22年8月15日〜昭和39年4月3日　秋田市長, 秋田魁新報社長, ラジオ秋田社長　→昭和

竹林 繁男　たけばやし・しげお　〜昭和60年10月12日　(有)朝日衛生社代表取締役社長　→83/87

竹林 省吾　たけばやし・しょうご　大正11年10月8日〜平成23年5月2日　三井石油化学工業社長　→09/11

竹林 精一　たけばやし・せいいち　昭和7年4月〜平成8年6月4日　兵庫県警本部長, 元秋田県警本部長　→94/96

竹林 清三　たけばやし・せいぞう　明治40年6月11日〜平成7年3月16日　マツダ相談役・元副社長　→94/96

竹林 善次郎　たけばやし・ぜんじろう　明治33年10月24日〜昭和57年1月21日　青森日産自動車販売会長　→80/82

竹林 喬　たけばやし・たかし　〜昭和57年12月1日　民社党衆院事務長　→80/82

武林 東一　たけばやし・とういち　明治43年4月25日〜平成1年6月8日　三菱化工機取締役　→88/90

竹林 昇　たけばやし・のぼる　大正2年7月26日〜昭和59年10月5日　三重トヨタ自動車社長, 津商工会議所会頭　→83/87

竹林 益城　たけばやし・ますき　昭和8年3月20日〜平成18年11月26日　中外製薬常務　→06/08

竹原 勲　たけはら・いさお　明治1年1月21日〜平成10年6月22日　世界貿易センタービルディング社長　→97/99

竹原 喜久男　たけはら・きくお　大正14年10月25日〜平成11年12月19日　第一工業製薬常務, 第一化学工業社長　→00/02s

竹原 啓一　たけはら・けいいち　大正8年1月17日〜平成11年1月13日　竹原スプリング工業会長　→97/99

竹原 庄九郎　たけはら・しょうくろう　〜平成1年5月14日　丸善石油取締役, 丸善石油化学常務　→88/90

竹原 新治　たけはら・しんじ　昭和8年10月7日〜平成9年7月30日　太平洋証券副社長　→97/99

竹原 精太郎　たけはら・せいたろう　〜昭和55年9月5日　最高検次長検事　→80/82

竹原 セキ　たけはら・せき　明治11年1月11日〜昭和62年3月2日　全国第2位の長寿者　→83/87

竹原 荘治郎　たけはら・そうじろう　〜昭和3年9月19日　北浜株式界の立物　→昭和

竹原 治夫　たけはら・はるお　明治36年12月20日〜平成5年2月3日　三井銀行(のちさくら銀行)常任監査役　→91/93

嵩原 久男　たけはら・ひさお　大正2年11月17日〜平成6年3月23日　沖縄社会大衆党中執委員長, 沖縄県議　→94/96

竹原 秀三　たけはら・ひでぞう　明治45年3月1日～昭和56年2月4日　大阪府民信用組合理事長，吹田市教育委員会委員長　→80/82

竹原 樸一　たけはら・ぼくいち　嘉永5年4月～昭和5年6月19日　衆院議員（立憲政友会）　→昭和

竹原 光雄　たけはら・みつお　昭和2年1月2日～平成18年8月20日　日本軽金属副社長　→06/08

武樋 寅三郎　たけひ・とらさぶろう　大正3年3月1日～平成2年2月10日　東京国税局長，日本専売公社（のち日本たばこ）総務理事　→88/90

竹久 皎　たけひさ・あきら　大正3年1月15日～平成11年6月8日　岡山県議（自民党），勝央町（岡山県）町長　→97/99

武久 昌次　たけひさ・まさつぐ　～平成14年2月10日　日本学生航空連盟訓練部長・評議員　→00/02

竹平 栄次　たけひら・えいじ　大正2年4月20日～平成23年6月17日　立山アルミニウム工業創業者　→09/11

竹平 儀作　たけひら・ぎさく　大正12年9月7日～昭和61年8月20日　立山アルミ副社長，三精工業社長　→83/87

竹平 政太郎　たけひら・まさたろう　明治41年12月17日～平成15年6月23日　三協アルミニウム工業創業者　→03/05

武広 文雄　たけひろ・ふみお　大正9年1月6日～昭和60年10月3日　山一投資顧問会長，元山一証券副社長　→83/87

武部 英治　たけべ・えいじ　明治35年11月～昭和48年12月7日　衆院議員（改進党）　→昭和

武部 純三　たけべ・じゅんぞう　大正3年3月31日～平成13年4月30日　名古屋トランスポートセンター社長　→00/02

武部 孝　たけべ・たかし　昭和6年5月28日～平成4年3月11日　京成電鉄取締役　→91/93

竹部 俊雄　たけべ・としお　～昭和61年12月9日　僧侶　妙蓮寺住職（第14世），全国童話人協会同人　→83/87

武部 敏行　たけべ・としもと　昭和7年2月10日～平成21年2月28日　タカギセイコー常務　→09/11

武部 文　たけべ・ぶん　大正9年10月7日～平成13年4月24日　衆院議員（社会党）　→00/02

武部 正常　たけべ・まさつね　大正2年11月8日～平成14年7月8日　三菱ガス化学常務　→00/02

建部 仁彦　たけべ・まさひこ　明治44年10月8日～昭和59年4月2日　三井建設非常勤顧問・元副社長，建設省営繕局長　→83/87

建部 勝　たけべ・まさる　明治32年11月6日～平成1年6月19日　富士銀行取締役，エース商会社長　→88/90

武部 六蔵　たけべ・ろくぞう　明治26年1月1日～昭和33年1月19日　満州国国務院総務長官　→昭和

武正 総一郎　たけまさ・そういちろう　明治44年7月3日～平成13年3月23日　埼玉新聞取締役，埼玉県共済連会長　→00/02

武政 富雄　たけまさ・とみお　昭和5年7月26日～平成23年8月18日　奥村組専務　→09/11

竹増 喜一郎　たけます・きいちろう　～昭和63年1月17日　丸紅監査役　→88/90

竹俣 高敏　たけまた・たかとし　明治40年5月4日～平成3年10月30日　経済同友会顧問，トキコ社長　→91/93

竹松 勇　たけまつ・いさむ　昭和7年5月16日～平成12年1月24日　東京産業常務　→00/02

竹松 明徳　たけまつ・めいとく　大正5年1月11日～平成4年10月15日　明治製薬取締役　→91/93

武見 三郎　たけみ・さぶろう　～平成3年7月10日　電気化学工業常任顧問　→91/93

竹見 淳一　たけみ・じゅんいち　大正6年6月19日～平成15年5月23日　日本ガイシ社長，NHK経営委員長，日経連副会長　→03/05

武見 次郎　たけみ・じろう　明治39年1月30日～平成3年2月11日　静岡県自動車会議所相談役，静岡県トラック協会専務理事，静岡県交通安全協会監事　→91/93

武光 正一　たけみつ・しょういち　大正1年8月27日～平成6年12月23日　日本製鋼所専務　→94/96

武光 一　たけみつ・はじめ　～昭和49年5月10日　防府市長　→昭和

竹光 秀正　たけみつ・ひでまさ　大正2年9月4日～平成10年8月15日　全国酪農協会会長　→97/99

竹宮 帝次　たけみや・ていじ　大正12年～平成22年4月30日　米国海軍横須賀基地民事部長　→09/11

武宮 慶治　たけみや・よしはる　大正11年7月8日～平成3年12月25日　千代田生命専務　→91/93

武宮 雷吾　たけみや・らいご　～昭和58年8月4日　カトリック神父　札幌光星高校初代校長　→83/87

竹村 晃　たけむら・あきら　大正5年3月9日～昭和63年12月28日　日本無線常務，上田日本無線社長　→88/90

武村 一郎　たけむら・いちろう　昭和7年7月16日～平成63年8月29日　（福）ともえ会理事長，広島大学教育学部教授　→88/90

竹村 栄一　たけむら・えいいち　～平成15年1月12日　ハンセン病国家賠償請求訴訟原告　→03/05

竹村 寛一郎　たけむら・かんいちろう　～昭和63年8月28日　司牡丹酒造取締役　→88/90

竹村 吉右衛門　たけむら・きちえもん　明治33年10月11日～昭和59年6月7日　安田生命保険社長　→83/87

竹村 義徹　たけむら・ぎてつ　～昭和61年3月2日　弁護士　福島地家裁所長，千葉県弁護士会長　→83/87

竹村 教智　たけむら・きょうち　明治29年9月10日～平成2年4月26日　僧侶　真言宗智山派管長　→88/90

武村 銀一　たけむら・ぎんいち　大正12年11月2日～平成14年4月23日　京都ブライトンホテル会長，京都市経済局長　→00/02

竹村 健一　たけむら・けんいち　大正9年10月14日～平成5年5月7日　駒ケ根市長　→91/93

竹村　五郎　たけむら・ごろう　〜昭和59年10月30日
司牡丹酒造相談役　→83/87

竹村　茂昭　たけむら・しげあき　明治42年10月17日〜平成12年6月2日　岩崎建設会長、九州柔道協会名誉会長　→00/02

竹村　葆雄　たけむら・しげお　〜昭和60年10月15日
（株）山崎製作所生産管理部工事課長　→83/87

竹村　重武　たけむら・しげたけ　明治28年10月20日〜昭和57年1月29日　北陸電力常務、金沢工業高等専門学校名誉校長、日本私立高等専門学校協会会長　→80/82

竹村　七郎　たけむら・しちろう　〜昭和58年2月13日
芦森工業社長　→83/87

武邑　尚邦　たけむら・しょうほう　大正3年11月20日〜平成16年8月19日　浄土真宗本願寺派勧学寮寮頭、龍谷大学名誉教授、真教寺住職　→03/05

竹村　士郎　たけむら・しろう　昭和4年1月13日〜平成18年11月27日　ミロク会長　→06/08

竹村　卓　たけむら・たく　〜昭和61年2月16日
東京信用交換所会長、東信ビル会長　→83/87

竹村　武　たけむら・たけし　〜昭和55年2月6日
東洋繊維前社長　→80/82

竹村　辰男　たけむら・たつお　明治37年6月〜平成7年9月15日　日本鋼管専務、日本鋳造社長　→94/96

竹村　宙一　たけむら・ちゅういち　明治45年1月29日〜昭和57年1月19日　淀川製鋼所専務　→80/82

竹村　忠一　たけむら・ちゅういち　明治43年10月4日〜平成4年10月7日　大蔵省造幣局長　→91/93

竹村　恒緒　たけむら・つねお　昭和43年8月16日
凸版印刷重役　→昭和

竹村　恒夫　たけむら・つねお　大正11年2月11日〜平成16年1月13日　中国電気工事専務　→03/05

武村　貞一郎　たけむら・ていいちろう　〜昭和11年8月17日　東神倉庫会長　→昭和

武村　貞吉　たけむら・ていきち　大正8年3月15日〜昭和58年2月15日　北炭商事社長、北炭汽船取締役営業部長　→83/87

竹村　徹　たけむら・とおる　〜平成20年4月25日
水戸ホーリーホック社長　→06/08

竹村　俊夫　たけむら・としお　大正12年2月27日〜平成1年4月26日　カロリナ社長　→88/90

竹村　俊夫　たけむら・としお　昭和2年4月19日〜平成8年8月7日　社民党九州ブロック協議会議長、社会党福岡県連合幹事長、福岡県議　→94/96

竹村　敏男　たけむら・としお　平成10年1月7日〜平成13年　竹村製作所社長　→00/02

竹村　富弥　たけむら・とみや　昭和3年7月29日〜平成7年8月13日　民放労連委員長　→94/96

竹村　直己　たけむら・なおみ　大正7年2月2日〜昭和56年8月1日　高知相互銀行頭取、全国相互銀行協会理事　→80/82

竹村　奈良一　たけむら・ならいち　明治39年6月27日〜昭和53年11月17日　農民運動家　日農総本部書記長、衆院議員　→昭和

竹村　信夫　たけむら・のぶお　〜昭和63年8月4日
（株）ダスキン取締役マネジメントサービス事業本部長　→88/90

竹村　一　たけむら・はじめ　大正5年6月22日〜昭和60年7月17日　三一書房会長　→83/87

竹村　浜善　たけむら・はまよし　明治40年9月17日〜昭和58年11月19日　住友生命保険監査役　→83/87

武村　尚次　たけむら・ひさつぐ　〜昭和62年12月6日
朝日生命取締役　→83/87

竹村　弘　たけむら・ひろし　大正4年8月24日〜平成18年6月19日　日本工営専務　→06/08

竹村　幸雄　たけむら・ゆきお　大正5年4月23日〜平成10年11月19日　衆院議員（社会党）　→97/99

武村　良雄　たけむら・よしお　大正6年7月3日
飛行士　→昭和

竹村　芳一　たけむら・よしかず　〜平成16年10月25日
大機エンジニアリング社長　→03/05

竹村　良貞　たけむら・よしさだ　文久1年11月25日〜昭和15年6月9日　帝国通信社長、衆院議員（憲政会）　→昭和

竹村　好古　たけむら・よしひろ　〜平成6年10月20日
佐鳥オートマチクス常務　→94/96

竹本　国博　たけもと・くにひろ　大正14年8月31日〜平成8年6月10日　小野田セメント（のち秩父小野田）専務　→94/96

竹本　源也　たけもと・げんや　大正15年5月1日〜平成9年7月2日　JA北海道中央会常務理事　→97/99

竹本　幸之祐　たけもと・こうのすけ　昭和3年5月4日〜平成1年2月2日　日本映像企画社長　→88/90

竹本　卓寿　たけもと・さだとし　昭和21年11月16日〜平成20年5月16日　水島ガス社長、水島液化ガス社長　→06/08

竹本　重信　たけもと・しげのぶ　〜昭和63年10月21日
砺波工業監査役　→88/90

竹本　成之　たけもと・しげゆき　昭和9年12月23日〜平成23年6月7日　十条製紙常務　→09/11

武本　実三郎　たけもと・じつさぶろう　明治19年4月4日〜昭和47年1月24日　労働運動家　釧路市議　→昭和

竹本　伸一　たけもと・しんいち　昭和20年10月7日〜平成22年2月18日　商船三井常務執行役員　→09/11

竹本　武雄　たけもと・たけお　〜昭和38年7月11日
ブラジル移民の父　→昭和

武元　忠義　たけもと・ただよし　明治35年1月25日〜昭和62年5月23日　平和生命保険代表取締役相談役、日経連理事　→83/87

竹本　辰夫　たけもと・たつお　〜平成4年2月9日

竹本 長三郎　たけもと・ちょうざぶろう　明治43年5月28日～平成5年1月14日　竹本油脂会長、日本界面活性剤工業会理事　→91/93

竹本 哲一　たけもと・てついち　～昭和56年7月2日　全国労働者共済生活協同組合連合会専務理事　→80/82

竹本 十四　たけもと・とし　～昭和62年11月26日　竹本メリヤス代表、丸十取締役　→83/87

武本 成行　たけもと・なりゆき　明治44年1月20日～平成4年7月20日　川崎汽船取締役　→91/93

武本 寿　たけもと・ひさし　大正4年5月30日～昭和60年2月1日　滝沢鉄工所専務　→83/87

竹本 浩　たけもと・ひろし　大正14年6月23日～平成18年5月4日　横浜信用金庫理事長　→06/08

竹本 文明　たけもと・ふみあき　大正12年11月24日～平成13年7月11日　中国電気工事専務　→00/02

竹本 平一　たけもと・へいいち　～昭和58年2月21日　農business 米価審議会委員　→83/87

竹本 孫一　たけもと・まごいち　明治39年12月21日～平成14年5月30日　衆院議員(民社党)　→00/02

竹本 正一　たけもと・まさかず　大正6年6月1日～昭和59年7月15日　古河鉱業常務、古河興産社長　→83/87

竹本 真澄　たけもと・ますみ　大正2年6月29日～昭和62年9月30日　ノリタケカンパニーリミテド顧問、日東石膏社長　→83/87

竹本 学　たけもと・まなぶ　～平成7年10月26日　竹本社長、奈良県ニット協同組合理事　→94/96

竹本 実　たけもと・みのる　明治44年5月31日～平成3年3月8日　京都ダイカスト工業社長　→91/93

武元 裕　たけもと・ゆたか　昭和15年12月11日～平成6年6月21日　平和生命保険社長　→94/96

武本 龍典　たけもと・りゅうすけ　昭和3年12月10日～平成1年4月13日　岡山日日新聞常務　→88/90

竹本 良一　たけもと・りょういち　大正7年3月9日～平成6年5月21日　御津町(愛知県)町長　→94/96

竹本 和蔵　たけもと・わぞう　～昭和59年1月12日　日진汽船(のち新和海運)常務　→83/87

竹森 清　たけもり・きよし　～平成6年7月6日　中央書院社長、「中央公論」編集長　→94/96

竹森 澄江　たけもり・すみえ　～平成12年8月26日　中央書院社長　→00/02

竹森 久比　たけもり・ひさし　～昭和61年12月28日　五月書房相談役・元社長、合同出版社長　→83/87

竹森 満佐一　たけもり・まさいち　明治40年10月18日～平成2年11月9日　牧師　日本キリスト教団吉祥寺教会牧師、東京神学大学理事　→88/90

竹森 愷男　たけもり・やすお　～昭和61年1月6日　元葛飾区(東京都)区議・区会議員　→83/87

武谷 巌　たけや・いわお　明治39年8月5日～昭和56年

月6日　日本冷蔵常務　→80/82

竹谷 義一　たけや・ぎいち　大正10年1月3日～平成22年5月2日　山形県議(自民党)　→09/11

竹谷 源太郎　たけや・げんたろう　明治34年2月14日～昭和53年9月12日　衆院議員(民社党)　→昭和(たけに・げんたろう)

竹谷 親久　たけや・ちかひさ　～平成5年2月4日　鈴木シャッター工業取締役　→91/93

竹屋 津根子　たけや・つねこ　～昭和38年3月20日　典侍　→昭和

竹谷 年子　たけや・としこ　明治42年11月23日～平成9年8月29日　帝国ホテル宿泊部客室課チーフ・アテンダント　→97/99

竹屋 直太郎　たけや・なおたろう　昭和22年8月26日～平成14年4月12日　秋田県議(無所属)　→00/02

竹屋 春光　たけや・はるみつ　明治16年3月～昭和13年1月24日　貴院議員(子爵)　→昭和

竹安 猪三郎　たけやす・いさぶろう　大正11年10月11日～昭和61年8月28日　銭屋アルミニウム製作所会長　→83/87

武安 千春　たけやす・ちはる　明治35年4月29日～平成3年2月13日　日本セメント社長　→91/93

武安 啓之　たけやす・ひろゆき　大正9年10月30日～平成1年12月8日　海上保安庁第八管区海上保安本部長　→88/90

武山 勲　たけやま・いさお　昭和7年6月1日～平成11年9月24日　山本鋳造社長　→97/99

武山 一雄　たけやま・かずお　明治36年2月8日～平成6年1月3日　オリエンタル中村百貨店専務　→94/96

嶽山 幸一　たけやま・こういち　大正13年7月23日～昭和59年11月10日　太平洋興発監査役　→83/87

武山 七郎　たけやま・しちろう　～昭和58年1月24日　武山工業会長　→83/87

武山 準一　たけやま・じゅんいち　明治37年3月30日～昭和62年1月2日　武山鋳造取締役相談役、名古屋市議　→83/87

武山 募　たけやま・つのる　明治43年9月5日～平成3年4月4日　中央可鍛工業取締役、武山鋳造相談役　→91/93

竹山 悌四郎　たけやま・ていしろう　～昭和59年10月12日　東海電波527局放送部長　→83/87

嶽山 貞治郎　だけやま・ていじろう　明治38年5月9日～平成1年11月4日　滋賀銀行頭取　→88/90

武山 栄雄　たけやま・ひでお　明治44年9月24日～平成17年1月14日　日本重化学工業副社長　→03/05

武山 美鶴　たけやま・みつる　大正13年7月1日～昭和63年5月25日　中央可鍛工業社長　→88/90

竹山 祐太郎　たけやま・ゆうたろう　明治34年4月25日～昭和57年7月7日　政治家　衆院議員、建設相、静岡県知事　→80/82

竹山 百合人　たけやま・ゆりと　～平成18年11月17日

海将　海上自衛隊横須賀地方総監　→06/08

竹吉 俊二　たけよし・しゅんじ　昭和19年12月13日～平成18年8月2日　新日本瓦斯常務　→06/08

田子 一民　たご・いちみん　明治14年11月14日～昭和38年8月15日　政治家,内務官僚　衆議院議員(自民党),衆院議長,農相　→昭和

田子 勝弥　たご・かつや　～昭和18年12月23日　水産界功労者　→昭和

多胡 潔　たご・きよし　昭和7年12月10日～平成7年5月10日　名古屋木材常務　→94/96

多湖 実夫　たご・じつお　明治31年6月16日～昭和60年5月11日　ワシントンホテル社長,愛知医科大学理事長　→83/87

田子 奨　たご・すすむ　明治41年7月6日～平成11年5月5日　三菱信託銀行副社長　→97/99

田子 健　たご・たけし　～昭和45年3月4日　日商岩井専務　→昭和

田子 勉　たご・つとむ　大正9年3月30日～昭和63年5月9日　三菱商事常務,サウディ石油化学社長　→88/90

田子 富彦　たご・とみひこ　明治17年1月2日～昭和58年12月29日　日本工業倶楽部評議委員会会長,神戸製鋼所名誉顧問　→83/87

蛸 八郎右衛門　たこ・はちろうえもん　～昭和56年12月3日　千葉県議(社会党)　→80/82

田胡 秀雄　たご・ひでお　明治25年11月11日～昭和62年12月7日　山種証券専務,山種不動産社長　→83/87

多湖 央政　たご・ひろまさ　大正13年～平成10年6月12日　エームサービス取締役　→97/99

田子 義夫　たご・よしお　明治44年～平成10年10月9日　神鋼電機専務　→97/99

蛸井 元義　たこい・もとよし　明治29年～昭和17年　満州国協和会幹部　→昭和

田江 武彦　たごう・たけひこ　大正9年5月27日～平成6年3月13日　今井書店会長　→94/96

田向 幸男　たごう・ゆきお　平成5年10月22日　芦森工業監査役　→91/93

太宰 圭朗　だざい・けいろう　～昭和60年9月22日　日本ユニカー常務　→83/87

太宰 博邦　だざい・ひろくに　明治43年8月31日～平成6年11月4日　全国社会福祉協議会会長,厚生事務次官　→94/96

田才 嘉彦　たさい・よしひこ　昭和6年10月4日～昭和63年9月2日　新日鐵取締役　→88/90

田坂 鋭一　たさか・えいいち　大正9年6月30日～昭和58年9月17日　日本船舶振興会理事長,運輸省船舶局長　→83/87

田坂 敬三郎　たさか・けいざぶろう　明治44年8月15日～平成10年4月25日　今治市長,アイエン工業会長　→97/99

田坂 健三　たさか・けんぞう　大正14年8月2日～平成6年10月4日　川鉄商事常務　→94/96

田坂 貞雄　たさか・さだお　～昭和32年12月18日　弁護士　→昭和

田坂 茂忠　たさか・しげただ　明治28年2月17日～昭和61年11月17日　関西電力相談役,大阪市助役　→83/87

田坂 輝敬　たさか・てるよし　明治41年5月27日～昭和52年1月18日　新日本製鐵社長　→昭和(たさか・てるたか)

田坂 春　たさか・はじめ　大正7年5月28日～平成12年4月19日　愛媛県議(自民党),青木工業社長　→00/02

田阪 匡玄　たさか・まさはる　昭和4年1月7日～平成13年6月30日　新宮市長　→00/02

田坂 政養　たさか・まさよし　明治36年1月16日～昭和59年3月29日　新東洋土木会長,いすゞ自動車専務　→83/87

田坂 益夫　たさか・ますお　大正13年8月1日～平成11年9月29日　東京都副知事　→97/99

田坂 元祐　たさか・もとすけ　明治44年12月21日～昭和58年11月8日　吉富製薬顧問・元副社長　→83/87

田坂 八十八　たさか・やそはち　～昭和56年3月1日　陸軍中将　→80/82

田坂 栄美　たさか・よしみ　～昭和58年10月23日　建設省東北地方建設局長　→83/87

田崎 明　たざき・あきら　大正13年6月6日～平成1年11月11日　日本ビル・メンテナンス会長　→88/90

田崎 俊作　たさき・しゅんさく　昭和4年2月18日～平成23年4月26日　田崎真珠創業者　→09/11

田崎 武八郎　たざき・たけはちろう　～昭和16年1月19日　陸軍獣医中将,陸軍獣医学校長　→昭和

田崎 辰夫　たさき・たつお　～平成7年10月22日　長崎県議　→94/96

田沢 吉郎　たざわ・きちろう　大正7年1月1日～平成13年12月12日　衆院議員(自民党),農水相,防衛庁長官　→00/02

田沢 高三郎　たざわ・こうさぶろう　～平成10年10月25日　上田ハーロー社長　→97/99

田沢 重男　たざわ・しげお　明治35年11月23日～平成1年6月29日　水戸信用金庫名誉会長,茨城県信用金庫協会会長,全国信用金庫協会理事　→88/90

田沢 竜吉　たざわ・たつきち　明治37年5月1日～平成5年1月13日　日本通信工業社長　→91/93

田沢 俊郎　たざわ・としろう　～平成19年9月7日　行政書士　佐賀県行政書士会会長　→06/08

田沢 智治　たざわ・ともはる　昭和7年11月23日～平成18年11月21日　参院議員(自民党),法相　→06/08

田沢 豊弘　たざわ・とよひろ　～平成15年9月23日　宗教家　松緑神道大和山教主,新日本宗教団体連合会常任理事　→03/05

田沢 康三郎　たざわ・やすさぶろう　大正3年4月9日～

たさわ　　　　　　　　　　　　　　　　　　　　　　　　　Ⅰ　政治・経済・社会篇

平成9年1月22日　宗教家　松緑神道大和山教主，新日本宗教団体連合会名誉理事長　→97/99

田沢 好秋　たざわ・よしあき　〜平成4年2月24日　大同毛織(のちダイドーリミテッド)常務　→91/93

田治 林太郎　たじ・りんたろう　〜平成2年4月12日　(福)箱根恵明学園理事長，全国社会福祉協議会養護施設協議会長　→88/90

田近 耕次　たぢか・こうじ　昭和11年1月7日〜平成23年7月6日　公認会計士　監査法人トーマツ包括代表社員，デロイト・トウシュ・トーマツ共同会長　→09/11

田下 秋政　たした・あきまさ　〜昭和57年11月12日　日建住宅専務　→80/82

田実 渉　たじつ・わたる　明治35年3月25日〜昭和57年8月19日　三菱銀行頭取，国家公安委員　→80/82

田島 昭彦　たじま・あきひこ　〜昭和63年5月16日　弁護士　→88/90

田島 敦　たじま・あつし　大正2年9月14日〜平成9年9月30日　アイシン・ワーナー(のちアイシン・エィ・ダブリュ)副社長，アイシン精機取締役　→97/99

田島 一郎　たじま・いちろう　大正4年6月9日〜平成9年5月15日　アンリツ社長　→97/99

田島 一郎　たじま・いちろう　昭和3年6月17日〜平成20年10月29日　栃木県副知事　→06/08

田島 栄三　たじま・えいぞう　大正11年3月1日〜平成14年9月12日　丸善石油化学社長，三和銀行常務　→00/02

田島 和明　たじま・かずあき　〜昭和63年2月14日　共立地所代表，東京ビーシー(株)取締役　→88/90

田嶋 一雄　たしま・かずお　明治32年11月20日〜昭和60年11月19日　ミノルタカメラ創業者　→83/87

田島 和子　たじま・かずこ　〜平成8年4月17日　警視庁捜査第3課警部　→94/96

田島 勝太郎　たじま・かつたろう　明治12年8月〜昭和14年1月28日　衆院議員(立憲民政党)　→昭和

田島 兼重　たじま・かねしげ　大正11年10月15日〜平成3年2月17日　日本曹達常勤監査役　→91/93

田島 久三　たじま・きゅうぞう　明治44年7月2日〜昭和59年9月30日　北海道乳業社長，日本製酪協同組合理事長　→83/87

田島 喜代次　たじま・きよじ　明治45年2月29日〜平成6年11月28日　丸エム製作所相談役，元会長　→94/96

田島 清美　たじま・きよみ　明治42年3月15日〜平成20年3月28日　日本アルミニウム工業社長　→06/08

多島 啓一　たじま・けいいち　〜昭和55年10月12日　国労北陸地本委員長　→80/82

田島 恵三　たじま・けいぞう　大正15年1月7日〜平成11年6月16日　ジャックス常務　→97/99

田島 宏　たじま・こういち　大正7年4月10日〜平成12年3月23日　タジマツール会長　→00/02

田嶋 好文　たしま・こうぶん　明治42年11月〜昭和38年3月5日　衆院議員(自由党)　→昭和(田島 好文 たじま・よしふみ)

田島 小左衛門　たじま・こざえもん　〜昭和61年6月1日　名古屋大広案内代表取締役専務　→83/87

田島 貞衛　たじま・さだえ　明治42年10月1日〜昭和45年4月16日　農民運動家　→昭和

田島 貞之　たじま・さだゆき　〜昭和55年2月25日　住友化学工業取締役　→80/82

田島 重雄　たしま・しげお　〜平成9年9月2日　北辰工業社長，八戸金属工業センター理事長，八戸鉄工同組合理事長　→97/99

田島 静夫　たしま・しずお　〜平成4年7月10日　田島金型製作所社長　→91/93

田島 主一　たじま・しゅいつ　〜平成4年1月2日　日本セメント専務　→91/93

但馬 淳一郎　たじま・じゅんいちろう　明治43年〜平成9年11月27日　東京光学機械(のちトプコン)社長　→97/99

田島 順三　たじま・じゅんぞう　〜昭和40年1月18日　東京合金鋳造工業協同組合顧問　→昭和

田島 璋　たじま・しょう　明治38年2月26日〜平成11年11月28日　東武鉄道副社長　→97/99

田島 正一　たじま・しょういち　明治13年2月6日〜平成8年3月9日　ヤオハンジャパン副社長　→94/96

田島 章三　たしま・しょうぞう　〜昭和59年11月15日　ミノルタカメラ常務　→83/87

田島 尚三　たしま・しょうぞう　〜昭和62年10月1日　古河電気工業取締役，近江電線会長　→83/87

田島 震　たじま・しん　大正4年2月7日〜平成9年12月22日　ミツウロコ会長　→97/99

田島 瑞泰　たじま・ずいたい　明治42年2月25日〜昭和47年4月5日　僧侶，平和運動家　日本山妙法寺　→昭和

田島 奏　たじま・すすむ　〜昭和62年3月17日　機械電子検査検定協会参与，運輸省東京航空局羽田駐在航空機検査部　→83/87

田島 善次　たじま・ぜんじ　明治41年7月2日〜昭和39年12月4日　社会運動家　→昭和

田島 聰興　たじま・そうこう　〜平成9年7月23日　僧侶　高野山真言宗法印　→97/99

田島 惣三郎　たじま・そうざぶろう　明治25年10月18日〜昭和63年7月1日　ミヤコ楽器店会長　→88/90

田島 孝寛　たじま・たかひろ　明治39年2月17日〜平成6年7月22日　三井生命保険社長　→94/96

田島 健　たじま・たけし　明治39年4月11日〜平成5年9月14日　石原産業専務　→91/93

多島 達夫　たじま・たつお　大正11年10月15日〜平成12年12月27日　日本証券金融社長，日本開発銀行副総裁，日本銀行理事　→00/02

田島 保　たじま・たもつ　明治40年9月22日〜平成1年10月

月19日　三井倉庫専務　→88/90

田島　力　たじま・つとむ　〜平成1年9月21日
ダイヤ空調社長　→88/90

田島　利雄　たじま・としお　〜平成16年4月18日
曙ブレーキ工業常務　→03/05

田島　敏弘　たじま・としひろ　大正8年10月9日〜平成7年4月17日　富士重工業会長　→94/96

田嶋　豊明　たじま・とよあき　大正13年3月21日〜平成5年3月12日　エフエム北海道社長　→91/93

田島　仲寛　たじま・なかひろ　大正7年8月4日〜昭和62年4月18日　兼房刃物工業常務,兼房刃物販売常務　→83/87

田島　信雄　たじま・のぶお　大正3年10月16日〜昭和63年4月25日　神奈川県議(自民党)　→88/90

田島　春五郎　たじま・はるごろう　〜平成9年8月16日
トーバン工業会長　→97/99

田島　ひで　たじま・ひで　明治34年1月24日〜昭和51年1月12日　婦人運動家　衆議院議員(共産党)　→昭和

田島　斉　たじま・ひとし　明治18年1月12日〜平成11年1月13日　NTT移動通信網副社長　→97/99

田島　弘　たじま・ひろし　大正13年1月16日〜平成16年4月29日　弁護士　→03/05

田島　昊　たじま・ひろし　昭和13年7月19日〜平成21年12月26日　愛知県議(自民党)　→09/11

田島　房邦　たじま・ふさくに　明治15年10月〜昭和37年4月9日　衆院議員(民主党)　→昭和

田島　房太郎　たじま・ふさたろう　〜昭和30年4月19日
国際見本市協会理事　→昭和

田島　正男　たじま・まさお　明治39年2月1日〜平成11年10月4日　東京都住宅局長,東京都競馬常務　→97/99

田島　正雄　たじま・まさお　〜昭和37年8月17日
大阪商議所会頭　→昭和

田島　正巳　たじま・まさみ　大正6年12月12日〜平成14年5月28日　新日本空調社長　→00/02

田島　衛　たじま・まもる　大正10年2月23日〜昭和63年1月17日　衆院議員(新自由クラブ)　→88/90

田島　三男吉　たじま・みおきち　明治38年5月25日〜昭和59年6月14日　田幸紡繊相談役・元会長　→83/87

田島　道治　たじま・みちじ　明治18年7月2日〜昭和43年12月2日　宮内庁長官,貴院議員　→昭和(たじま・みちはる)

田嶋　恩　たじま・めぐみ　明治33年10月12日〜昭和60年4月23日　日本ファイリング会長,田嶋金属工業会長　→83/87

田嶋　義三　たしま・よしぞう　大正4年3月16日〜平成13年12月29日　ミノルタ常務　→00/02

田島　隆純　たじま・りゅうじゅん　明治25年1月9日〜昭和33年7月24日　僧侶,仏教学者　正真寺住職,大正大学教授　→昭和

田島　良一郎　たじま・りょういちろう　〜昭和60年4月

14日　福岡北ライオンズクラブ会長　→83/87

田島　良治　たじま・りょうじ　昭和8年4月4日〜平成9年7月24日　東邦生命保険副社長　→97/99

多治見　秀徳　たじみ・しゅうとく　〜昭和5年1月30日
大阪市議　→昭和

多治見　利典　たじみ・としのり　昭和23年4月30日〜平成19年8月26日　五洋建設常務執行役員　→06/08

多治見　博　たじみ・ひろし　〜昭和63年3月17日
多治見無線電機社長　→88/90

多治見　義長　たじみ・よしなが　大正4年9月27日〜昭和57年5月22日　水戸市助役,日本水泳連盟参与　→80/82

田下　政治　たしも・まさじ　明治19年6月〜昭和28年9月4日　衆院議員(無所属倶楽部)　→昭和(たした・まさはる)

田尻　愛義　たじり・あきよし　明治29年11月28日〜昭和50年10月29日　外交官　大東亜省次官　→昭和(たじり・なるよし)

田尻　薫　たじり・かおる　大正1年12月1日〜昭和62年10月19日　砂川市議　→83/87

田尻　京太　たじり・きょうた　〜昭和46年3月20日
田尻機械工業社長　→昭和

田尻　敬司　たじり・けいじ　昭和12年11月21日〜平成7年1月22日　不二家常務　→94/96

田尻　生五　たじり・せいご　〜昭和19年7月21日
北支那製鉄社長　→昭和

田尻　武夫　たじり・たけお　〜昭和6年7月2日
陸軍航空兵中尉　→昭和

田尻　毅　たじり・たけし　大正10年7月14日〜平成14年2月10日　室蘭菱雄社長　室蘭ルネッサンス運動事務局長　→00/02

田代　勇　たしろ・いさむ　〜平成3年3月28日
三幸実業社長　→91/93

田代　格　たしろ・いたる　〜昭和57年7月6日
海軍大佐　→80/82

田代　一正　たしろ・かずまさ　大正11年1月1日〜平成12年5月25日　防衛事務次官,平和相互銀行社長　→00/02

田代　皖一郎　たしろ・かんいちろう　明治14年10月1日〜昭和12年7月16日　陸軍中将　→昭和

田代　喜久雄　たしろ・きくお　大正6年4月22日〜平成5年5月14日　テレビ朝日社長　→91/93

田代　儀三郎　たしろ・ぎさぶろう　明治40年1月2日〜昭和39年2月27日　社会運動家　→昭和

田代　清英　たしろ・きよひで　大正11年1月12日〜平成3年9月24日　枕崎市長　→91/93

田代　三郎　たしろ・さぶろう　大正14年5月22日〜平成3年1月8日　西華産業顧問・元取締役　→91/93

田代　重夫　たしろ・しげお　〜平成6年11月22日
アプライド・マテリアルズ・ジャパン社長　→94/96

田代　茂基　たしろ・しげき　〜昭和60年9月18日

明治製菓取締役・薬品大阪支店長　→83/87

田代　茂樹　たしろ・しげき　明治23年12月5日～昭和56年8月8日　東レ名誉会長、(財)東レ科学振興会会長　→80/82

田代　重三　たしろ・しげぞう　～昭和47年8月18日　揖斐川電気工業会長　→昭和

田代　重右衛門　たしろ・じゅうえもん　嘉永7年1月2日～昭和7年12月14日　実業家　大日本紡績常務　→昭和

田代　純一　たしろ・じゅんいち　昭和8年2月25日～平成4年10月11日　山九常務　→91/93

田代　尚光　たしろ・しょうこう　明治36年3月1日～昭和63年12月2日　僧侶、華道家　融通念仏宗第62世管長、総本山大念仏寺法主、真養未生流家元　→88/90

田代　正治　たしろ・しょうじ　明治25年9月～昭和58年11月11日　衆院議員　→83/87

田代　捨己　たしろ・すてき　大正4年8月26日～平成15年4月4日　宇土市長　→03/05

田代　静治　たしろ・せいじ　昭和9年8月17日～昭和61年10月31日　熊本県農政部長　→83/87

田代　太治　たしろ・たいじ　～昭和55年11月6日　臨済宗大徳寺派船隣寺住職　→80/82

田代　毅　たしろ・たけし　大正6年11月24日～平成11年4月15日　住友信託銀行社長　→97/99

田代　次男　たしろ・つぎお　～平成5年1月7日　ブンリ相談役　→91/93

田代　広和　たしろ・ひろかず　昭和2年2月12日～平成1年5月4日　植村直己・帯広野外学校校長　→88/90

田代　寛　たしろ・ひろし　～昭和62年11月24日　日本電気システム建設会長　→83/87

田代　宏　たしろ・ひろし　～平成5年1月18日　日本労働組合総連合会副事務局長　→91/93

田代　宏　たしろ・ひろし　昭和8年11月23日～平成14年12月11日　蝶理常務　→00/02

田代　文久　たしろ・ふみひさ　明治33年12月5日～平成8年2月29日　衆院議員（共産党）　→94/96

田代　政雄　たしろ・まさお　～昭和26年1月3日　日動火災海上専務　→昭和

田代　正　たしろ・まさし　大正2年3月27日～昭和59年11月14日　日本興業銀行常任監査役、日本合成ゴム監査役、中小企業金融公庫理事　→83/87

田代　昌稔　たしろ・まさとし　昭和9年1月8日～平成2年5月5日　大淀学園理事長、エフエム宮崎取締役　→88/90

田代　政敏　たしろ・まさとし　昭和3年8月1日～平成2年10月17日　佐賀県議（自民党）　→88/90

田代　正美　たしろ・まさみ　昭和24年3月2日～平成16年5月12日　経済広報センター常務理事、21世紀政策研究所研究主幹　→03/05

田代　稔　たしろ・みのる　昭和2年12月1日～平成22年8月28日　アール・ケー・ビー毎日放送専務　→09/11

田代　靖英　たしろ・やすひで　大正15年9月18日～平成9年5月28日　三井建設常務　→97/99

田代　有　たしろ・ゆう　大正14年4月1日～平成19年3月29日　三菱重工業副社長　→06/08

田代　由紀男　たしろ・ゆきお　大正5年4月15日～平成9年8月22日　参議院議員（自民党）　→97/99

多津　白年　たず・あきとし　大正2年1月4日～平成4年5月22日　四国化成工業社長　→91/93

田杉　進一　たすぎ・しんいち　大正3年3月21日～平成6年7月24日　南海電気鉄道専務　→94/96

田付　千男　たつき・ゆきお　大正11年2月9日～昭和61年6月20日　伊藤忠商事取締役　→83/87

田隅　健三　たすみ・けんぞう　明治45年6月18日～昭和59年1月1日　大林組常務　→83/87

田面　栄一　たずら・えいいち　昭和5年1月9日～平成4年5月3日　上田ハーロー常務　→91/93

田副　敏郎　たぞえ・としろう　大正7年1月2日～平成19年6月5日　熊本バス社長　→06/08

多田　勇　ただ・いさむ　明治44年2月8日～平成2年3月12日　多田印刷会長、衆議院議員（自由党）　→88/90

多田　修　ただ・おさむ　昭和4年8月21日～平成18年11月22日　横河電機常務　→06/08

多田　和彦　ただ・かずひこ　大正8年9月24日～平成10年4月27日　東北電力副社長　→97/99

多田　基一　ただ・きいち　明治35年9月12日～平成10年9月21日　エフエム仙台会長　→97/99

多田　清　ただ・きよし　明治38年～平成3年7月19日　相互タクシー社長　越前大仏を建立　→91/93

多田　清志　ただ・きよし　明治42年4月1日～昭和61年4月26日　福井県農協五連会長、丸岡町農協（福井県）組合長、福井県議　→83/87

多田　剛三　ただ・こうぞう　～昭和48年12月7日　国際造機社長　→昭和

多田　繁　ただ・しげる　明治34年8月4日～平成6年9月24日　日本ペイント副社長　→94/96

多田　秀　ただ・しゅう　大正3年8月26日～昭和62年12月3日　岡山放送常務取締役　→83/87

多田　省吾　ただ・しょうご　昭和16年2月18日～平成22年9月4日　参議院議員（公明党）　→09/11

多田　昭三　ただ・しょうぞう　昭和3年6月16日～平成2年8月30日　伊藤万情報システム社長　→88/90

多田　信一　ただ・しんいち　大正12年3月24日～昭和63年11月10日　神奈川電機専務　→88/90

多田　進三　ただ・しんぞう　大正12年9月1日～平成10年2月27日　矢作建設工業副社長　→97/99

多田　進　ただ・すすむ　～平成4年1月5日　日高新報社長　→91/93

多田　俊　ただ・たかし　大正3年4月19日～平成4年9月15日　近畿車両副社長　→91/93

多田　孝俊　ただ・たかとし　明治45年2月15日～平成20

I 政治・経済・社会篇　　　　　　　　　　　　　　　　　　　　　　　　　たち

多田　義雄　ただ・よしお　明治41年7月29日～昭和62年2月19日　鹿島建設常務, 日本海上工事社長　→83/87

年7月10日　日本化成社長　→06/08

多田　武雄　ただ・たけお　明治23年10月7日～昭和28年3月3日　海軍少将　海軍次官　→昭和

多田　義雄　ただ・よしお　大正15年3月12日～平成10年8月25日　りんかい建設会長　→97/99

多田　保　ただ・たもつ　～昭和57年12月10日　陸軍中将　→80/82

多田　嘉之助　ただ・よしのすけ　明治44年8月15日～昭和62年6月2日　矢作製鉄副社長　→83/87

多田　貞治　ただ・ていじ　～昭和57年4月29日　合化労連副委員長, 富士フイルム労組委員長　→80/82

多田　礼吉　ただ・れいきち　明治16年9月3日～昭和31年5月13日　陸軍中将　技術院総裁　→昭和

多田　時子　ただ・ときこ　大正14年10月～平成12年12月2日　衆院議員（公明党）　→00/02

多田　令二　ただ・れいじ　～昭和59年7月28日　王子緑化取締役名古屋支店長, 元王子製紙春日井工場山林部長　→83/87

多田　督知　ただ・とくち　明治34年10月9日～昭和38年7月14日　陸軍大佐　→昭和

忠石　守雄　ただいし・もりお　大正15年4月19日～平成18年5月21日　文化放送取締役　→06/08

多田　敏孝　ただ・としたか　昭和10年2月19日～平成5年6月19日　駐コスタリカ大使　→91/93

祇樹　淳一　ただき・じゅんいち　大正15年11月6日～昭和62年11月8日　山形日立建機社長, 日立建機取締役　→83/87

多田　季良　ただ・としよし　明治35年6月18日～平成2年3月26日　講談社専務　→88/90

只木　和六　ただき・わろく　～昭和63年11月19日　宮城県議, 落合村（宮城県）村長　→88/90

多田　利義　ただ・としよし　昭和6年4月26日～平成15年9月17日　気象研究所長　→03/05

只左　英三　たださ・えいぞう　大正2年9月18日～平成14年3月30日　西日本相互銀行常務　→00/02

多田　留治　ただ・とめじ　明治41年7月8日～平成3年7月5日　社会運動家　日本共産党名誉幹部会委員　→91/93

只須　貞男　ただす・さだお　昭和6年1月17日～平成5年7月11日　関電工専務　→91/93

多田　駿　ただ・はやお　明治15年2月24日～昭和23年12月16日　陸軍大将　→昭和

忠田　兵造　ただた・へいぞう　～昭和38年10月10日　朝日新聞監査役　→昭和

多田　英親　ただ・ひでちか　大正3年6月22日～平成8年9月25日　松村組常務　→94/96

多田野　耕太　ただの・こうた　昭和9年7月1日～平成19年11月17日　兼松専務　→06/08

多田　兵衛　ただ・ひょうえ　～平成10年8月7日　京都府議, 舞鶴市議　→97/99

只野　直三郎　ただの・なおさぶろう　明治33年10月2日～昭和59年9月26日　衆院議員（日本人民党）　→83/87

多田　博　ただ・ひろし　昭和8年1月11日～平成5年7月1日　オイレス工業専務　→91/93

多田野　久　ただの・ひさし　昭和6年12月15日～平成20年11月10日　タダノ社長　→06/08

多田　正信　ただ・まさのぶ　大正1年9月20日～昭和57年2月16日　ソニー顧問, ソニー・テクトロニクス社長　→80/82

只野　裕一郎　ただの・ゆういちろう　大正7年3月9日～平成9年6月17日　七十七銀行専務, 七十七コンピューターサービス会長　→97/99

多田　光雄　ただ・みつお　大正7年11月19日～昭和62年3月26日　共産党北海道副委員長, 衆院議員　→83/87

多田野　益雄　ただの・ますお　～昭和46年5月1日　多田野鉄工所会長　→昭和

多田　貢　ただ・みつぐ　昭和7年3月5日～平成12年7月1日　中外製薬常務　→00/02

只野　義嗣　ただの・よしつぐ　昭和8年8月5日～平成11年5月22日　日本電子専務　→97/99

多田　満長　ただ・みつなが　明治19年4月14日～昭和26年2月9日　政治家　衆院議員　→昭和

只松　祐治　ただまつ・ゆうじ　大正9年6月28日～平成12年4月2日　社民党埼玉県連合常任顧問, 衆院議員（社会党）　→00/02

多田　稔　ただ・みのる　昭和7年1月22日～平成8年9月4日　鉄道共済会監事, 運輸省航空局次長　→94/96

多田羅　弘　たたら・ひろむ　明治40年3月25日～平成2年5月21日　百十四銀行取締役　→88/90

多田　守人　ただ・もりと　～昭和56年11月9日　日本割引短資会社会長　→80/82

多々良　松郎　たたら・まつお　明治42年12月10日～平成5年9月2日　豊商事社主　→91/93

多田　安雄　ただ・やすお　明治39年10月25日～平成5年2月6日　明治座監査役, 歌舞伎座専務　→91/93

館　三郎　たち・さぶろう　～平成8年9月1日　小網専務　→94/96

多田　保房　ただ・やすふさ　嘉永5年3月～昭和10年5月15日　陸軍少将　→昭和

館　俊一　たち・しゅんいち　～平成12年10月15日　大阪曹達（のちダイソー）専務, 帝人取締役　→00/02

多田　保政　ただ・やすまさ　昭和14年11月30日～平成23年12月15日　宍喰町（徳島県）町長　→09/11

多田　弥太郎　ただ・やたろう　昭和12年3月13日～平成8年6月26日　日本経済新聞社友　→94/96

館　準一郎　たち・じゅんいちろう　～昭和61年7月30日　朝日石綿工業常務　→83/87

多田　幸二　ただ・ゆきまさ　昭和2年8月31日～平成13年1月24日　サンドラッグ名誉会長　→00/02

「現代物故者事典」総索引（昭和元年～平成23年）　　759

立 武雄　たち・たけお　〜昭和39年9月14日
　住友海上火災常務　→昭和

舘 糾　たち・ただす　大正14年10月2日〜平成19年3月29日　鐘淵化学工業社長　→06/08

城 忠彦　たち・ただひこ　昭和4年3月31日〜平成21年8月22日　湯浅商事常務　→09/11

舘 哲二　たち・てつじ　明治22年5月10日〜昭和43年9月27日　内務次官、東京府知事、参院議員（自民党）　→昭和

舘 天山　たち・てんざん　明治38年6月25日〜平成7年11月1日　僧侶　駒沢大学副学長　→94/96

立 明正　たち・はるまさ　大正1年12月25日〜平成4年1月11日　共立社長、日本興業銀行常務、日本輸出入銀行理事　→91/93

舘 文子　たち・ふみこ　〜昭和62年9月23日
　僧侶　舘定山極性寺第35世坊守　→83/87

館 正直　たち・まさなお　〜平成7年2月8日
　山九専務　→94/96

立 正嘉　たち・まさよし　明治39年12月26日〜平成2年10月13日　日本銀行政策委員、山陰合同銀行頭取　→88/90

舘井 義一　たちい・ぎいち　〜昭和63年12月5日
　舘井鉄工所取締役会長　→88/90

立井 宗久　たちい・むねひさ　〜昭和62年11月20日
　デベロ工業社長　→83/87

立岡 勝之　たちおか・かつゆき　大正13年5月29日〜平成22年12月31日　埼玉県副知事　→09/11

立川 昭典　たちかわ・あきすけ　昭和3年11月24日〜平成1年3月4日　立川会長　→88/90

立川 兼雄　たちかわ・かねお　明治39年10月28日〜平成1年6月20日　出光興産専務　→88/90

立川 国三　たちかわ・くにぞう　〜昭和49年10月23日
　日興紡績社長　→昭和

立川 敏　たちかわ・さとし　明治41年8月24日〜昭和63年12月18日　日新製糖常務　→88/90

太刀川 正三郎　たちかわ・しょうざぶろう　大正3年4月27日〜平成2年4月12日　ソニー相談役・元常務　→88/90

立川 孟美　たちかわ・たけよし　大正4年7月12日〜平成9年9月18日　立川ブラインド工業創業者　→97/99

立川 直三郎　たちかわ・なおさぶろう　〜昭和40年3月17日　国産水産社長、小金井カントリークラブ理事長　→昭和

立川 政重　たちかわ・まさしげ　〜昭和57年9月5日
　サンケイ新聞ハウジングセンター本部長代理、サンケイハウジングサービス取締役業務部長　→80/82

立川 政弘　たちかわ・まさひろ　昭和2年10月15日〜平成4年2月17日　フジフューチャーズ会長　→91/93

立川 宗保　たちかわ・むねやす　大正2年6月15日〜平成12年12月27日　農林省糸局長、中央蚕糸協会会長　→00/02

立川 基　たちかわ・もとい　〜昭和49年1月10日
　農業機械化研理事長　→昭和

大刀川 幸夫　たちかわ・ゆきお　〜昭和55年11月30日
　森尾電機社長　→80/82

立川 豊　たちかわ・ゆたか　〜昭和49年8月9日
　立川会長　→昭和

立川 義則　たちかわ・よしのり　昭和4年1月2日〜平成9年7月24日　東洋製鋼専務　→97/99

舘野 一彦　たちの・かずひこ　〜平成2年12月21日
　日本信託銀行取締役　→88/90

立花 章　たちばな・あきら　〜昭和58年11月24日
　国際電電取締役大阪支社長　→83/87

立花 文子　たちばな・あやこ　明治43年6月1日〜平成22年10月14日　御花女将　→09/11

橘 一郎　たちばな・いちろう　大正3年1月15日〜昭和60年8月7日　富士通専務　→83/87

立花 和雄　たちばな・かずお　明治40年5月25日〜平成6年2月24日　御花会長　→94/96

立花 和郎　たちばな・かずお　大正11年3月25日〜平成20年3月17日　ライオン副社長　→06/08

橘 一三　たちばな・かずぞう　〜昭和57年3月24日
　弁護士　神戸弁護士会会長　→80/82

立花 一也　たちばな・かずや　昭和2年1月1日〜平成21年11月1日　岡山県議（共産党）　→09/11

橘 喜作　たちばな・きさく　昭和2年8月25日〜平成4年3月12日　タカラスタンダード取締役　→91/93

立花 清徳　たちばな・きよのり　〜昭和58年5月21日
　日本錬水専務　→83/87

立花 欣一　たちばな・きんいち　大正15年2月20日〜平成15年2月5日　関西汽船常務、日本旅客船協会会長　→03/05

橘 敬一　たちばな・けいいち　大正7年3月3日〜昭和58年1月14日　駐ヨルダン大使　→83/87

橘 堅太郎　たちばな・けんたろう　大正6年1月23日〜平成1年1月28日　京都府選挙管理委員、京都府議会議長　→88/90

立花 小一郎　たちばな・こいちろう　万延2年2月10日〜昭和4年2月15日　陸軍大将、男爵　貴院議員、福岡市長

橘 孝三郎　たちばな・こうざぶろう　明治26年3月8日〜昭和49年3月30日　農本主義者　→昭和

立花 秀吉　たちばな・しゅうきち　〜昭和31年6月13日
　磐城市長　→昭和

橘 俊道　たちばな・しゅんどう　大正6年8月6日〜平成1年4月28日　僧侶、時宗研究者　光福寺住職、時宗宗学林学頭、藤沢高等学校校長　→88/90

立花 真一　たちばな・しんいち　大正12年4月28日〜平成11年1月12日　はごろもフーズ副社長　→97/99

橘 清そ　たちばな・せいしち　明治30年11月29日〜昭和

I 政治・経済・社会篇

62年2月6日　タチバナグループ会長　→83/87

立花 説子　たちばな・せつこ　〜平成20年2月1日　仙台エス・オー・エス・モデルエージェンシー社長　→06/08

立花 大亀　たちばな・だいき　明治32年12月22日〜平成17年8月25日　僧侶　大徳寺（臨済宗）最高顧問・如意庵住職、花園大学学長　→03/05

橘 泰次　たちばな・たいじ　昭和10年11月6日〜平成5年11月2日　オカモト取締役大阪支店長、西日本オカモト社長　→91/93

橘 厨　たちばな・たかし　明治40年2月20日〜昭和63年10月27日　立花書房会長　→88/90

立花 隆　たちばな・たかし　大正5年4月25日〜平成10年11月3日　立花商会会長　→97/99

立花 種勝　たちばな・たねかつ　〜昭和59年6月8日　三井塩業取締役、霞会館常務理事　→83/87

橘 照雄　たちばな・てるお　明治42年2月11日〜平成元年12月19日　RKB毎日放送常務、九州電波監理局長　→88/90

立花 敏男　たちばな・としお　明治41年5月〜平成6年3月13日　共産党中央委員会顧問、衆院議員（共産党）　→94/96

立花 留治　たちばな・とめじ　大正5年2月27日〜平成7年6月25日　日立市長　→94/96

立花 寛治　たちばな・ともはる　安政4年9月5日〜昭和4年2月5日　伯爵　貴院議員　→昭和

橘 直治　たちばな・なおじ　明治41年11月15日〜平成9年9月10日　衆院議員、参院議員　→97/99

橘 徳香　たちばな・のりしか　昭和4年9月8日〜平成23年3月17日　埼玉新聞取締役編集局長　→09/11

橘 恒　たちばな・ひさし　〜平成9年12月18日　水資源開発公団徳山ダム建設所長　→97/99

橘 英雄　たちばな・ひでお　大正1年11月25日〜昭和58年10月7日　読売テレビ放送社長　→83/87

橘 弘　たちばな・ひろし　昭和7年3月13日〜平成9年7月17日　橘電装工業社長、ティーエスエム工業社長　→97/99

多智花 寛　たちばな・ひろし　〜平成15年6月5日　徳島県食品加工試験場長　→03/05

立花 博三　たちばな・ひろぞう　大正3年1月15日〜平成3年7月8日　山口新聞常務東京支社長　→91/93

立花 弘　たちばな・ひろむ　〜昭和60年5月21日　新和海運常務　→83/87

橘 富士雄　たちばな・ふじお　明治44年9月〜平成8年3月20日　南米銀行名誉会長　→94/96

立花 文勝　たちばな・ふみかつ　〜昭和55年8月22日　国鉄監査委員会委員　→80/82

橘 政夫　たちばな・まさお　大正7年〜昭和63年1月20日　西松建設監査役　→88/90

橘 正雄　たちばな・まさお　〜昭和56年5月9日　三修社常務　→80/82

橘 正雄　たちばな・まさお　大正4年9月19日〜昭和58年6月23日　日商岩井取締役　→83/87

橘 正忠　たちばな・まさただ　大正11年2月2日〜平成16年4月1日　国立京都国際会館館長　→03/05

橘 正憲　たちばな・まさのり　〜昭和2年3月13日　真宗興正寺総務　→昭和

立花 実　たちばな・みのる　明治37年9月13日〜平成12年8月1日　石川島播磨重工業常務、共栄タンカー常務　→00/02

立花 盛枝　たちばな・もりえ　明治25年9月7日〜昭和61年9月14日　パレスホテル専務取締役、ホテルグランドパレス副社長　→83/87

橘 盛行　たちばな・もりゆき　明治44年7月19日〜平成7年12月11日　弁護士　高松地方裁判所長、京都簡易裁判所判事　→94/96

立花 保夫　たちばな・やすお　大正1年8月31日〜昭和59年5月13日　トピー工業相談役・元会長　→83/87

立花 要一　たちばな・よういち　〜昭和30年1月1日　日本火災保険重役　→昭和

橘 好茂　たちばな・よししげ　大正2年2月1日〜昭和60年1月17日　鴻池組専務、大阪府公安委員　→83/87

橘 芳実　たちばな・よしみ　明治43年1月1日〜昭和63年4月12日　大日本スクリーン製造顧問、ディエス技研会長、島津製作所専務　→88/90

橘 善守　たちばな・よしもり　明治40年3月15日〜平成9年2月13日　国家公安委員、毎日新聞論説委員長　→97/99

橘 頼二　たちばな・よりじ　〜昭和55年8月28日　日本勧業銀行監査役　→80/82

立花 良介　たちばな・りょうすけ　〜昭和40年2月10日　新興キネマ社長、阪妻プロ社長　→昭和

立原 任　たちはら・じん　明治6年11月〜昭和6年12月16日　電気技術者　三菱電機常務　→昭和

舘村 三郎　たちむら・さぶろう　大正3年4月4日〜昭和62年10月6日　(株)太平電工代表取締役社長　→83/87

日月 紋次　たちもり・もんじ　明治43年11月20日〜平成10年2月7日　日立化成工業副社長、日立コンデンサ（のち日立エーアイシー）社長、日立化成商事社長　→97/99

辰井 梅吉　たつい・うめきち　明治2年4月12日〜昭和17年1月27日　新聞経営者　→昭和

辰馬 悦蔵　たつうま・えつぞう　明治25年12月2日〜昭和55年8月17日　辰馬悦蔵商店会長、辰馬考古資料館設立者　→80/82

辰馬 吉左衛門（13代目）　たつうま・きちざえもん　慶応4年5月5日〜昭和18年10月10日　辰馬本家酒造相談役、辰馬海火災保険社長　→昭和（辰馬 吉左衛門 たつま・きちざえもん）

辰馬 龍雄　たつうま・たつお　明治36年7月25日〜平成7年1月17日　辰馬育英会甲陽学院理事長、西宮市長　→94/96

辰馬 力　たつうま・ちから　明治29年1月23日～昭和56年8月9日　辰馬本家酒造社長、日本酒造組合中央会会長　→80/82

辰馬 寛男　たつうま・ひろお　昭和4年6月20日～平成15年6月16日　白鷹社長、辰馬考古資料館理事長　→03/05

辰馬 勇治郎　たつうま・ゆうじろう　～昭和19年1月12日　辰馬本家酒造社長　→昭和（たつま・ゆうじろう）

辰馬 吉男　たつうま・よしお　明治39年2月2日～平成1年6月15日　辰馬本家酒造会長、辰馬育英会会長、甲陽学院高等学校・中学校創設者　→88/90

辰尾 弥三次郎　たつお・やさじろう　～昭和63年10月27日　タータ商会取締役会長　→88/90

竜岡 一巳　たつおか・かずみ　大正6年11月4日～昭和62年7月23日　三井建設専務　→83/87

立岡 末雄　たつおか・すえお　大正1年12月15日～昭和60年7月4日　武田薬品工業専務　→83/87

竜岡 資久　たつおか・すけひさ　昭和44年4月25日～平成58年4月24日　東京高裁判事　→83/87

辰川 申治　たつかわ・しんじ　大正3年1月24日～昭和63年4月26日　北陸通信工業会長　→88/90

立川 常雄　たつかわ・つねお　明治45年3月25日～昭和58年5月15日　日本鉱業専務取締役　→83/87

田付 景一　たつけ・けいいち　明治40年6月24日～平成6年12月11日　駐イタリア大使　→94/96

田付 七太　たつけ・しちた　慶応3年9月1日～昭和6年5月31日　外交官、駐ブラジル大使　→昭和

田付 辰子　たつけ・たつこ　明治32年6月15日～昭和32年9月18日　通訳　外務省情報文化局事務官　→昭和（田付 たつ子）

田附 政次郎　たつけ・まさじろう　文久3年12月15日～昭和8年4月26日　実業家　綿糸布貿易の貢献者　→昭和

辰沢 延次郎　たつざわ・のぶじろう　慶応1年10月～昭和6年10月14日　実業家　→昭和

辰島 芳春　たつしま・よしはる　～昭和61年5月28日　福岡県議（社会党）　→83/87

龍田 市太郎　たつた・いちたろう　大正5年11月3日～平成9年1月9日　龍田紡績会長、姫路経協会長　→97/99

立田 清辰　たつた・きよたつ　昭和17年7月28日　住宅営団理事、元知事　→昭和

竜田 敬太郎　たつた・けいたろう　～昭和54年　姫路商工会議所会頭、竜田紡績経営者　→昭和

龍田 謙三　たつた・けんぞう　大正10年1月21日～平成1年12月27日　龍田紡績社長　→88/90

立田 時雄　たつた・ときお　昭和6年6月10日～平成16年1月2日　FDK社長　→03/05

龍野 周一郎　たつの・しゅういちろう　元治1年4月7日～昭和3年4月11日　政治家、衆院議員（立憲政友会）、益友社社長　→昭和

辰野 保　たつの・たもつ　昭和13年10月17日　弁護士　体協理事　→昭和

立野 徳治郎　たつの・とくじろう　明治12年～昭和11年1月31日　海軍中将　→昭和（立野 徳次郎）

龍野 富雄　たつの・とみお　大正15年1月22日～平成10年2月8日　丸紅社長　→97/99

竜野 昌之助　たつの・まさのすけ　～昭和37年12月4日　東北パルプ会長　→昭和

立野 密道　たつの・みつどう　～昭和60年11月3日　立野山円立寺第九世住職、元牧野小学校長　→83/87

立野 靖雄　たつの・やすお　昭和12年10月14日～昭和62年3月7日　室蘭市議　→83/87

立平 宣雄　たつひら・のぶお　大正13年10月21日～平成6年7月29日　石川テレビ放送会長　→94/96

辰巳 卯三郎　たつみ・うさぶろう　明治36年8月31日～昭和63年11月1日　タッタ電線相談役　→88/90

辰巳 栄一　たつみ・えいいち　明治28年1月19日～昭和63年2月17日　陸軍中将　偕行社会長　→88/90

辰巳 勝征　たつみ・かつゆき　昭和19年2月4日～平成13年3月13日　しがぎんアシスタントサービス社長、滋賀銀行取締役　→00/02

巽 啓吾　たつみ・けいご　昭和2年9月19日～平成5年8月5日　三和銀行副頭取　→91/93

巽 圭吾　たつみ・けいご　大正15年1月26日～平成14年12月24日　弘電社社長、三菱電機取締役　→00/02

巽 孝之丞　たつみ・こうのじょう　元治1年12月～昭和6年6月11日　横浜正金銀行専務　→昭和（たつみ・たかのじょう）

巽 悟朗　たつみ・ごろう　昭和10年7月18日～平成15年12月23日　光世証券創業者、大阪証券取引所社長　→03/05

辰巳 佐太郎　たつみ・さたろう　～平成2年1月25日　大阪府会議長、東大阪市長　→88/90

巽 茂徳　たつみ・しげのり　昭和9年7月30日～平成4年3月28日　東洋テック常務　→91/93

辰己 有　たつみ・たもつ　昭和22年10月9日～平成23年2月10日　モリ工業専務　→09/11

辰巳 富雄　たつみ・とみお　大正13年4月11日～平成8年2月9日　大丸常務　→94/96

辰巳 一　たつみ・はじむ　安政4年11月4日～昭和6年1月15日　海軍造船大佐　→昭和

辰巳 秀一　たつみ・ひでかず　～平成9年2月21日　鈴与常務　→97/99

巽 文蔵　たつみ・ぶんぞう　大正13年10月1日～平成12年4月18日　多津美織物社長、西陣織物館理事長　→00/02

巽 道明　たつみ・みちあき　大正7年2月5日～昭和60年12月22日　日鉄溶接工業副社長　→83/87

巽 盛三　たつみ・もりぞう　明治38年3月30日～平成2年11月8日　山陽放送社長　→88/90

巽 保彦　たつみ・やすひこ　昭和3年8月8日～平成9年1月15日　三和銀行常務　→97/99

辰巳 芳雄　たつみ・よしお　～昭和55年2月1日　大成建設常務、有楽土地社長　→80/82

Ⅰ　政治・経済・社会篇

辰巳　好春　たつみ・よしはる　大正10年～平成13年1月27日　京三電線専務　→00/02

立見　米市　たつみ・よねいち　明治32年～昭和23年6月28日　社会運動家　→昭和

巽　良乗　たつみ・りょうじょう　～昭和61年6月1日　僧侶　大峯山桜本坊長老　→83/87

辰村　直治　たつむら・なおはる　昭和2年6月26日～平成11年10月5日　辰村組(のち南海辰村建設)副社長　→97/99

竜村　基雄　たつむら・もとお　大正3年7月8日～平成8年6月12日　京阪電気鉄道副社長,京阪バス社長・会長　→94/96

辰村　米吉　たつむら・よねきち　～昭和3年7月1日　金沢商工会議所会頭　→昭和

立本　弥雄人　たつもと・やおと　大正9年1月27日～平成3年2月1日　三井楽町(長崎県)町長　→91/93

竜山　亨　たつやま・とおる　～昭和56年11月20日　僧侶　真宗大谷派宗議会議員　→80/82

竜山　万次　たつやま・ばんじつ　～昭和55年8月18日　十条製紙元常務　→80/82

伊達　秋雄　だて・あきお　明治42年1月1日～平成6年12月25日　弁護士　法政大学名誉教授　→94/96

楯　兼次郎　たて・かねじろう　大正2年5月23日～平成1年9月11日　衆院議員(社会党)　→88/90

伊達　廉夫　だて・きよお　～昭和62年1月28日　伊達町(北海道)町長　亘理伊達家17代当主　→83/87

伊達　邦美　だて・くによし　大正8年12月19日～平成16年4月14日　駐ブラジル大使　→03/05

伊達　公一　だて・こういち　昭和9年5月1日～平成9年6月24日　てんぐ会長,空港専門大店社長　→97/99

伊達　貞宗　だて・さだむね　～昭和57年11月9日　仙台市立博物館名誉館長　伊達家17代当主　→80/82

館　俊三　だて・しゅんぞう　明治29年6月～昭和39年4月6日　衆院議員(社会党)　→昭和(たち・しゅんぞう)

伊達　慎一郎　だて・しんいちろう　明治40年12月6日～平成6年10月11日　弁護士　島根県知事　→94/96

伊達　季雄　だて・すえお　～昭和60年12月21日　伊達製陶社長,万古陶磁器工業協同組合顧問・元理事長　→83/87

伊達　巽　だて・たつみ　明治27年11月22日～昭和63年8月31日　明治神宮名誉宮司　→88/90

伊達　篤郎　だて・とくろう　明治44年2月12日～平成19年5月26日　仙台市博物館館長　→06/08

舘　豊夫　たて・とよお　大正9年1月3日～平成10年4月9日　三菱自動車工業社長　→97/99

立石　卯一郎　たていし・ういちろう　～昭和61年12月4日　牧師　新小岩バプテスト教会名誉牧師　→83/87

館石　和夫　たていし・かずお　大正3年4月10日～昭和62年6月13日　静清信用金庫会長　→83/87

立石　一真　たていし・かずま　明治33年9月20日～平成

1年1月12日　オムロン創業者　→91/93

立石　謙二　たていし・けんじ　明治45年6月28日～昭和63年5月31日　島津製作所専務　→88/90

立石　謙輔　たていし・けんすけ　～昭和15年3月9日　名古屋控訴院長　→昭和

立石　朔　たていし・さく　～昭和15年6月7日　陸軍獣医大佐　→昭和

立石　定夫　たていし・さだお　昭和3年2月29日～平成7年6月8日　弁護士,歴史研究家　福山市長　→94/96

立石　信吉　たていし・しんきち　明治41年9月6日～昭和59年5月24日　旭タンカー会長　→83/87

立石　静一　たていし・せいいち　～昭和43年11月12日　埼玉社保協会長　→昭和

立石　泰輔　たていし・たいすけ　～昭和55年11月19日　協和広告非常勤顧問,元朝日放送専務,朝日新聞大阪本社業務局次長　→80/82

立石　孝雄　たていし・たかお　昭和7年11月2日～平成7年11月22日　オムロン会長　→94/96

立石　健　たていし・たけし　～平成1年3月1日　浜松市議会議長　→88/90

建石　辰治　たていし・たつじ　～平成4年9月8日　大阪府議,大阪府森林組合連合会長　→91/93

立石　種一　たていし・たねいち　～昭和30年10月25日　大審院検事　→昭和

立石　保　たていし・たもつ　昭和8年～昭和56年10月2日　ブリヂストンタイヤ熊本工場長　→80/82

立石　信郎　たていし・のぶお　～昭和42年1月7日　全国石油協会会長　→昭和

館石　基治　たていし・もとはる　～昭和62年12月18日　岩手県議　→83/87

立石　雄三　たていし・ゆうぞう　～昭和62年2月20日　伸樹社社長,｢ビデオジャーナル｣編集長　→83/87

立石　義雄　たていし・よしお　～平成2年1月11日　福岡県手師の会連合会長　→88/90

館内　三郎　たてうち・さぶろう　明治37年2月21日～昭和59年2月10日　東北経済連合会顧問,東北電力常務取締役　→83/87

舘内　四郎　たてうち・しろう　明治39年11月6日～平成1年4月7日　第一相互銀行社長　→88/90

楯岡　正毅　たておか・まさたけ　昭和11年10月14日～平成6年6月15日　新日鉄化学常務　→94/96

建川　美次　たてかわ・よしつぐ　明治13年10月3日～昭和20年9月9日　陸軍中将　駐ソ大使　→昭和

館田　嘉三郎　たてだ・かさぶろう　大正6年4月5日～平成19年8月9日　青森県信用組合理事長　→06/08

蓼沼　善四郎　たてぬま・ぜんしろう　大正15年1月20日～平成12年2月10日　霊友会運営会議議長　→00/02

館野　栄一　たての・えいいち　～昭和57年9月28日

舘野社長, 全国油脂販売業者連合会名誉会長　→80/82

立野 正一　たての・しょういち　〜平成7年6月6日
フランソア喫茶室創業者, ミレー書房創業者　→94/96

舘野 武男　たての・たけお　〜平成6年12月16日
栃木県会議長　→94/96

立野 哲雄　たての・てつお　昭和11年11月4日〜昭和63年2月21日　信栄製作所社長　→88/90

舘野 正宜　たての・まさよし　大正15年8月7日〜平成7年9月23日　青木建設常務　→94/96

舘野 豊　たての・ゆたか　大正14年3月20日〜平成8年12月17日　安田生命保険専務, 東洋大学理事　→94/96

立野 良郎　たての・よしろう　大正4年10月25日〜昭和63年8月2日　明和病院理事長, 新明和工業専務　→88/90

立野 留志子　たての・るしこ　〜平成21年10月27日
フランソア喫茶室社長　→09/11

館林 章　たてばやし・あきら　〜昭和60年9月28日
ニッポン放送技術局次長送信所長　→83/87

建林 静枝　たてばやし・しずえ　大正3年12月27日〜昭和63年2月7日　建林松鶴堂社長, 日本漢方生薬製剤協会副会長　→88/90

館林 千里　たてばやし・ちさと　昭和3年1月4日〜平成1年10月20日　社会党総務局長　→88/90

館林 宣夫　たてばやし・のぶお　明治43年11月5日〜昭和52年3月2日　厚生省環境衛生局長　→昭和

館林 三喜男　たてばやし・みきお　明治37年1月25日〜昭和51年10月22日　実業家, 政治家　衆院議員（自民党）→昭和

舘林 涼子　たてばやし・りょうこ　〜平成1年2月9日
中部主婦の会会長, 愛知県消費者保護審議会委員　→88/90

建田 快運　たてべ・かいうん　明治30年〜昭和62年4月23日　高野山宿老大僧正　→83/87

立部 瑞祐　たてべ・ずいゆう　明治44年1月3日〜平成11年11月13日　僧侶　真言宗御室派管長, 鎮国寺名誉住職, 仁和寺門跡　→97/99

建部 直文　たてべ・なおふみ　大正9年5月11日〜平成2年4月20日　エフエム北海道取締役相談役　→88/90

建部 由久雄　たてべ・ゆくお　〜平成7年7月24日
ダイヤ・ピーアール顧問・元社長　→94/96

立松 巌　たてまつ・いわお　明治36年9月20日〜平成11年8月12日　トヨタ車体社長　→97/99

立松 懐清　たてまつ・かいせい　明治20年8月5日〜昭和12年6月30日　弁護士　→昭和

立松 繁　たてまつ・しげる　昭和5年11月21日〜平成18年3月3日　中部日本放送専務　→06/08

立松 広康　たてまつ・ひろやす　明治39年6月3日〜昭和60年11月13日　日本毛織常務　→83/87

立松 正男　たてまつ・まさお　大正5年7月6日〜平成11年12月27日　東海銀行監査役　→97/99

舘盛 静光　たてもり・せいこう　大正3年4月21日〜平成

14年12月17日　相模原市長　→00/02

立山 方　たてやま・たもつ　〜昭和57年3月17日
北海道石炭鉱業連盟常任理事・事務局長　→80/82

竪山 利夫　たてやま・としお　〜昭和9年9月23日
飛行第七連隊附航大尉　→昭和

竪山 利邦　たてやま・としくに　〜昭和61年6月13日
川崎航空機工業取締役　→83/87

竪山 利忠　たてやま・としただ　明治40年1月15日〜平成5年12月6日　社会運動家　創価大学名誉教授　→91/93

竪山 利文　たてやま・としふみ　大正12年11月26日〜平成19年10月21日　労働運動家　民間連合会長, 全労済協会理事長　→06/08

竪山 博美　たてやま・ひろみ　昭和9年3月31日〜平成20年11月4日　南日本放送社長　→06/08

立脇 耕一　たてわき・こういち　明治28年〜昭和47年11月16日　古河電工常務, 古河化学工業社長　→昭和（たつわき・こういち）

帯刀 貞代　たてわき・さだよ　明治37年6月7日〜平成4年1月31日　婦人運動家, 婦人問題研究家　→88/90

帯刀 将人　たてわき・まさと　昭和10年3月14日〜平成21年6月1日　大分県副知事　→09/11

田藤 芳雄　たとう・よしお　昭和2年2月5日〜平成5年9月19日　伊勢丹取締役　→91/93

田所 鎌次郎　たどころ・かまじろう　明治41年3月24日〜平成2年9月5日　大林道路取締役　→88/90

田所 萌　たどころ・きざし　大正6年3月12日〜昭和60年2月18日　全国農業改良普及協会会長　→83/87

田所 邦雄　たどころ・くにお　明治31年6月2日〜昭和61年9月28日　魚国総本社社長　→83/87

田所 源七　たどころ・げんしち　〜昭和58年3月10日
田所商事相談役　→83/87

田所 怜　たどころ・さとし　〜昭和58年11月12日
日鉄鉱業社長　→83/87

田所 茂雄　たどころ・しげお　明治40年〜昭和20年
社会運動家　→昭和

田所 鷹一　たどころ・たかいち　〜昭和31年10月30日
日本ピストンリング社長　→昭和

田所 輝明　たどころ・てるあき　明治33年11月3日〜昭和9年11月19日　社会運動家　→昭和

田所 広泰　たどころ・ひろやす　明治43年9月28日〜昭和21年6月18日　思想運動家, 歌人　→昭和

田所 文雄　たどころ・ふみお　大正9年3月30日〜平成5年3月10日　郵政省電気通信監理官　→91/93

棚井 忠雄　たない・ただお　〜昭和51年3月6日
日本製粉会長　→昭和

田中 暉男　たなか・あきお　昭和2年11月29日〜平成13年3月31日　日本債券信用銀行副頭取　→00/02

田中 晃　たなか・あきら　昭和2年9月13日〜平成22年9月11日　東京都議（社会党）　→09/11

田中　明　たなか・あきら　大正11年9月21日～平成16年1月29日　稲畑産業専務　→03/05

田中　皓　たなか・あきら　昭和7年8月25日～平成10年5月19日　中京銀行常務　→97/99

田中　明雄　たなか・あけお　大正9年10月15日～平成11年12月1日　ショーワ会長　→00/02s

田中　敦　たなか・あつし　明治45年1月8日～平成10年10月24日　クラボウ社長　→97/99

田中　有久　たなか・ありひさ　大正9年8月25日～平成15年1月10日　旭ダイヤモンド工業社長　→03/05

田中　郁　たなか・いく　昭和3年8月5日～平成21年5月18日　片倉工業常務　→09/11

田中　伊久夫　たなか・いくお　大正9年7月15日～平成10年11月24日　NOK副社長　→97/99

田中　幾三郎　たなか・いくさぶろう　明治29年12月～昭和42年11月2日　弁護士　衆院議員（民社党）、民主法曹協会会長　→昭和

田中　幾三郎　たなか・いくさぶろう　明治38年4月22日～平成3年11月24日　東京連合証券社長　→91/93

田中　勲　たなか・いさお　大正15年～昭和59年11月13日　ロート製薬常務　→83/87

田中　績　たなか・いさお　明治42年～平成14年3月20日　海上保安庁職員　映画「喜びも悲しみも幾歳月」のモデル　→00/02

田中　勇雄　たなか・いさお　～昭和56年11月30日　神戸地裁所長　→80/82

田中　伊三次　たなか・いさじ　明治39年1月3日～昭和62年4月11日　政治家、弁護士　衆院議員、法相　→83/87

田中　勇　たなか・いさむ　明治38年1月20日～平成12年2月12日　日本エアシステム社長、東京急行電鉄副社長　→00/02

田中　一穂　たなか・いちお　大正7年4月15日～平成6年11月6日　阪田商会（のちサカタインクス）専務　→94/96

田中　市助　たなか・いちすけ　明治35年9月20日～平成6年11月27日　日本勧業銀行（のち第一勧業銀行）常務　→94/96

田中　一郎　たなか・いちろう　～昭和55年2月10日　信愛報恩会（社）会長　→80/82

田中　一郎　たなか・いちろう　～昭和56年6月14日　弁護士　名古屋家事審判所所長　→80/82

田中　一郎　たなか・いちろう　大正14年11月7日～平成17年10月28日　教育運動家　日教組委員長　→03/05

田中　逸平　たなか・いっぺい　明治15年～昭和9年9月15日　回教帰依者　大東文化学院教授　→昭和

田中　いと　たなか・いと　～昭和57年3月8日　愛知県議　→80/82

田中　巌　たなか・いわお　昭和56年5月31日　北海道議、北斗漁網社長　→80/82

田中　巌　たなか・いわお　大正11年10月12日～平成16年2月16日　読売新聞西部本社代表　→03/05

田中　右橘　たなか・うきつ　～昭和38年12月22日　大阪控訴院長　→昭和

田中　卯三郎　たなか・うさぶろう　～昭和39年4月22日　甲南汽船社長　→昭和

田中　宇七　たなか・うしち　～昭和50年7月19日　尾花沢市長　→昭和

田中　ウタ　たなか・うた　明治40年10月11日～昭和49年1月20日　社会運動家　→昭和

田中　栄一　たなか・えいいち　明治34年10月8日～昭和55年2月1日　日本武道館理事長、衆院議員（自民党）、警視総監　→80/82

田中　栄一　たなか・えいいち　～昭和60年5月15日　中野区（東京都）区議　→83/87

田中　栄一　たなか・えいいち　昭和6年2月17日～平成2年2月28日　愛知電機専務　→94/96

田中　英一郎　たなか・えいいちろう　昭和2年9月4日～昭和57年11月10日　三国コカ・コーラボトリング専務　→80/82

田中　英一郎　たなか・えいいちろう　大正11年12月9日～平成11年6月5日　長野県議（新県政会）　→97/99

田中　栄子　たなか・えいこ　大正11年2月27日～平成19年11月13日　青森県地域婦人団体連合会会長、全国結核予防婦人団体連絡協議会会長　→06/08

田中　永司　たなか・えいし　大正15年3月25日～平成19年12月9日　東京高裁総括判事　→06/08

田中　英昭　たなか・えいしょう　明治45年4月1日～平成5年11月8日　僧侶　曹洞宗審事院院長　→91/93

田中　栄蔵　たなか・えいぞう　明治42年7月13日～平成5年3月17日　オージック取締役相談役　→91/93

田中　栄八郎　たなか・えいはちろう　文久3年8月16日～昭和16年3月16日　実業家　日産化学工業社長　→昭和

田中　収　たなか・おさむ　～昭和59年10月30日　太平洋炭砿会長　→83/87

田中　修　たなか・おさむ　大正2年1月21日～平成18年2月22日　東レ副社長　→06/08

田中　織之進　たなか・おりのしん　明治44年2月27日～昭和53年3月2日　衆院議員（社会党）　→昭和

田中　案山子　たなか・かかし　昭和56年12月5日　いすゞ自動車監査役　→80/82

田中　覚　たなか・かく　大正7年2月15日～平成12年2月26日　新座市長　→00/02

田中　角栄　たなか・かくえい　大正7年5月4日～平成5年12月16日　政治家　首相　→91/93

田中　和明　たなか・かずあき　昭和4年1月26日～平成13年6月16日　三菱樹脂専務　→00/02

田中　一夫　たなか・かずお　～平成7年5月17日　田中鉄工会長　→94/96

田中　一雄　たなか・かずお　～昭和47年8月11日　浜田印刷機製造社長　→昭和

田中 一雄　たなか・かずお　大正7年9月28日～平成18年8月23日　八十二銀行常務　→06/08

田中 和夫　たなか・かずお　昭和2年1月2日～平成1年8月21日　堺市長　→88/90

田中 和夫　たなか・かずお　昭和3年12月4日～平成20年9月17日　日本ゼオン専務　→06/08

田中 和夫　たなか・かずお　昭和21年7月2日～平成23年7月18日　三陽商会社長　→09/11

田中 和郎　たなか・かずお　昭和4年4月19日～平成2年5月15日　富士紡績常務　→88/90

田中 和希　たなか・かずき　大正5年9月5日～昭和62年10月7日　内閣総理大臣官房参事官　→83/87

田中 一定　たなか・かずさだ　大正4年8月11日～昭和60年5月20日　日新製糖監査役・元常務　→83/87

田中 和彦　たなか・かずひこ　昭和4年11月19日～平成1年7月8日　弁護士　→88/90

田中 一広　たなか・かずひろ　明治42年11月1日～平成1年3月27日　新電元工業常務　→88/90

田中 和政　たなか・かずまさ　～平成10年1月13日　旺文社監査役・元常務　→97/99

田中 一也　たなか・かずや　昭和13年11月21日～平成23年1月14日　岡三証券常務　→09/11

田中 一幸　たなか・かずゆき　明治44年1月15日～平成11年3月14日　日本信号常務　→97/99

田中 勝治郎　たなか・かつじろう　昭和20年4月24日～平成20年11月27日　損害保険ジャパン専務, 損保ジャパンひまわり生命保険会長　→06/08

田中 勝介　たなか・かつすけ　平成3年9月5日　王子製紙常任監査役, 王子コーンスターチ専務　→91/93

田中 勝宣　たなか・かつのぶ　昭和2年10月8日～平成16年10月21日　協和醱酵工業専務　→03/05

田中 克己　たなか・かつみ　昭和36年1月3日～平成7年11月6日　松下通信工業社長, 住友銀行専務　→94/96

田中 香苗　たなか・かなえ　明治37年10月15日～昭和60年10月13日　新聞人　毎日新聞社長　→83/87

田中 金吉　たなか・かねきち　～昭和61年4月2日　飯塚市議　→83/87

田中 周允　たなか・かねのぶ　昭和6年8月17日～平成18年4月22日　三和銀行専務　→06/08

田中 貫一　たなか・かんいち　大正5年9月30日～平成9年7月27日　ニチモウ常務　→97/99

田中 貫之　たなか・かんし　大正4年～昭和61年4月2日　日本燐酸社長　→83/87

田中 寛次　たなか・かんじ　明治33年8月23日～昭和47年7月26日　新聞・放送経営者　神戸新聞社長　→昭和

田中 寛二　たなか・かんじ　～昭和55年4月27日　熊谷組顧問, 元建設省九州地方建設局長　→80/82

田中 韓治　たなか・かんじ　～平成15年4月4日　空将　→03/05

田中 完　たなか・かんぞう　明治19年1月20日～昭和

61年1月9日　三菱本社社長　→83/87

田中 寛造　たなか・かんぞう　～昭和38年11月23日　日本味噌社長　→昭和

田中 毅一　たなか・きいち　～昭和10年7月15日　飛行第五連隊長航大佐　→昭和

田中 義一　たなか・ぎいち　元治1年6月22日～昭和4年9月29日　陸軍大将, 政治家, 男爵　首相, 政友会総裁　→昭和

田中 義一　たなか・ぎいち　明治45年6月8日～昭和56年9月18日　大阪府議(自民党)　→80/82

田中 義一　たなか・ぎいち　昭和3年4月16日～平成5年2月6日　ユニシス社長　→91/93

田中 義一　たなか・ぎいち　昭和3年6月26日～平成19年7月5日　兵庫県信用農業協同組合連合会会長　→06/08

田中 義一　たなか・ぎいち　昭和9年9月22日～平成21年1月21日　大阪市議(自民党)　→09/11

田中 儀一郎　たなか・ぎいちろう　大正9年9月17日～平成11年1月5日　田中精密工業会長　→97/99

田中 菊治　たなか・きくじ　～昭和46年2月11日　恵庭市長　→昭和

田中 喜三　たなか・きぞう　昭和6年1月7日～平成22年6月1日　上幌岡市長　→09/11

田中 北郎　たなか・きたろう　～昭和63年4月27日　弁護士　京都府警五条署長　→88/90

田中 吉次　たなか・きちじ　～昭和56年4月14日　小田急電鉄取締役, 小田急ビル代行社長　→80/82

田中 九右衛門　たなか・きゅうえもん　～昭和31年5月14日　宝塚市長　→昭和

田中 久蔵　たなか・きゅうぞう　明治36年3月3日～平成6年3月26日　滋賀県会議長　→94/96

田中 久兵衛　たなか・きゅうべえ　明治36年3月8日～昭和55年5月4日　三井銀行会長　→80/82

田中 喜芳　たなか・きよし　明治27年11月26日～昭和59年12月11日　伊勢神宮少宮司　→83/87

田中 清　たなか・きよし　～昭和61年12月14日　永光電機監査役　→83/87

田中 清　たなか・きよし　明治38年2月26日～平成8年6月21日　イソライト工業社長　→94/96

田中 清　たなか・きよし　大正7年9月10日～平成10年1月5日　三菱地所常務　→97/99

田中 喜代治　たなか・きよじ　明治33年8月16日～平成5年2月20日　石川島播磨重工業常務　→91/93

田中 清玄　たなか・きよはる　明治39年3月5日～平成5年12月10日　田中技術開発社長, 総合人間科学研究会理事長　→91/93

田中 清文　たなか・きよふみ　明治5年10月～昭和26年10月3日　田中銀行頭取, 衆院議員, 貴院議員(多額)　→昭和

田中 金一　たなか・きんいち　～昭和61年3月7日　河北新報社社友　→83/87

田中 釣一　たなか・きんいち　明治41年2月20日～平成5年11月15日　富士急行常務　→91/93

田中 金次　たなか・きんじ　～平成21年2月19日　ジョージ店主　→09/11

田中 金太郎　たなか・きんたろう　明治40年3月18日～平成2年6月5日　荒川区会議長,日建工業社長　→88/90

田中 金太郎　たなか・きんたろう　～平成16年4月10日　島田事件対策協議会会長　→03/05

田中 銀之助　たなか・ぎんのすけ　明治6年1月20日～昭和10年8月27日　実業家　日本ラグビーの祖　→昭和

田中 国雄　たなか・くにお　～昭和43年6月2日　東京シャリング取締役会長　→昭和

田中 邦治　たなか・くにじ　明治16年10月～昭和35年2月4日　衆院議員(翼賛議員同盟),須坂市長　→昭和(たなか・くにはる)

田中 国重　たなか・くにしげ　明治2年12月17日～昭和16年3月9日　陸軍大将　→昭和

田中 邦三　たなか・くにぞう　大正14年11月9日～平成17年10月15日　品川白煉瓦社長　→03/05

田中 邦正　たなか・くにまさ　昭和4年5月5日～平成18年2月23日　新潟県教育長,新潟県書道協会会長　→06/08

田中 熊吉　たなか・くまきち　大正5年12月25日～平成20年2月7日　東京都議　→06/08

田中 啓一　たなか・けいいち　明治29年1月8日～昭和52年6月10日　衆院議員(自由党),参院議員(自民党)　→昭和

田中 慶一郎　たなか・けいいちろう　大正13年1月27日～平成4年12月3日　日之出汽船常務　→91/93

田中 啓二　たなか・けいじ　明治21年9月27日～平成17年10月19日　インテージ会長　→昭和

田中 恵次　たなか・けいじ　明治29年12月13日～昭和60年7月19日　(社)発明協会評議員,明治ナショナル工業会長　→83/87

田中 敬二　たなか・けいじ　昭和4年10月29日～平成23年8月12日　日本配合飼料常務　→09/11

田中 健一　たなか・けんいち　～平成2年10月10日　シーコム常務　→88/90

田中 健一　たなか・けんいち　明治41年2月18日～平成6年8月23日　シャープ常務,奈良県警察本部長　→94/96

田中 賢一　たなか・けんいち　～平成16年4月8日　清流社社長,下田市観光協会会長　→03/05

田中 源一　たなか・げんいち　～昭和58年10月9日　興国産業会長　→83/87

田中 源一　たなか・げんいち　～昭和63年6月16日　サンエツ金属名誉顧問　→88/90

田中 虔一郎　たなか・けんいちろう　大正5年4月1日～平成8年3月8日　セントラル硝子専務　→94/96

田中 健吉　たなか・けんきち　明治42年12月22日～昭和30年1月13日　社会運動家　協同党中央執行委員,衆院議員　→昭和

田中 兼五郎　たなか・けんごろう　明治44年8月26日～平成2年4月19日　陸上自衛隊東部方面総監　→88/90

田中 源三郎　たなか・げんざぶろう　昭和28年12月24日　運輸政務次官　→昭和

田中 健次　たなか・けんじ　大正4年1月4日～平成2年4月16日　日本農産工業専務　→88/90

田中 建治　たなか・けんじ　昭和14年1月21日～平成8年7月24日　安藤建設常務　→94/96

田中 謙次　たなか・けんじ　明治19年12月16日～平成13年4月30日　駐カザフスタン大使　→00/02

田中 賢次　たなか・けんじ　明治45年1月15日～平成6年2月13日　日刊工業新聞取締役大阪支社長　→94/96

田中 源二　たなか・げんじ　大正4年2月8日～平成8年2月15日　住倉工業社長　→94/96

田中 健二郎　たなか・けんじろう　昭和9年11月1日～平成12年12月15日　日清製油常務　→00/02

田中 健三　たなか・けんぞう　昭和6年6月28日～昭和61年7月11日　東京光学機械取締役　→83/87

田中 健三　たなか・けんぞう　明治32年4月24日～平成2年3月12日　日本印刷製鋼所専務　→88/90

田中 健三　たなか・けんぞう　大正12年～平成15年1月4日　千歳電気工業常務　→03/05

田中 健三　たなか・けんぞう　～昭和48年6月26日　立石電気常務　→昭和

田中 源太郎　たなか・げんたろう　大正4年10月25日～平成8年1月10日　田中建設会長,群馬県議(自民党)　→94/96

田中 健之助　たなか・けんのすけ　明治41年2月7日～平成5年1月9日　近畿日本ツーリスト社長,三重交通社長,近畿日本鉄道専務　→91/93

田中 源之助　たなか・げんのすけ　大正1年8月1日～平成16年2月12日　兵庫県議,伊丹市議　→03/05

田中 好　たなか・こう　明治19年12月～昭和31年5月14日　衆院議員(日本民主党)　→昭和(たなか・よしみ)

田中 幸　たなか・こう　～昭和59年1月9日　田中藍副社長　→83/87

田中 孔一　たなか・こういち　明治39年6月4日～平成16年4月6日　日産農林工業専務　→03/05

田中 孝一　たなか・こういち　明治43年6月21日～昭和63年12月2日　日本運輸会長,横浜通関会長　→88/90

田中 広一　たなか・こういち　～平成3年11月26日　日本信託銀行専務　→91/93

田中 幸三郎　たなか・こうざぶろう　安政2年3月1日～昭和3年5月15日　実業家　→昭和

田中 剛三郎　たなか・ごうざぶろう　明治41年～昭和59年6月4日　オーム社社長,電気科学技術奨励会理事長　→83/87

田中 康二　たなか・こうじ　大正11年11月19日～平成12年4月1日　東京会舘副社長　→00/02

田中 耕二　たなか・こうじ　〜平成8年6月21日
空将　航空自衛隊中部航空方面隊司令官　→94/96

田中 幸尚　たなか・こうしょう　昭和11年5月28日〜平成11年11月4日　松山市議(無所属)、愛媛県議(自民党)　→97/99

田中 広四郎　たなか・こうしろう　明治44年12月9日〜平成15年8月21日　大正製薬副社長　→03/05

田中 甲二郎　たなか・こうじろう　大正9年1月18日〜平成13年11月22日　三菱地所副社長　→00/02

田中 康三　たなか・こうぞう　〜昭和56年11月30日
日本油脂取締役、日油商事社長　→80/82

田中 甲三　たなか・こうぞう　昭和9年1月28日〜平成23年1月23日　住友電設社長　→09/11

田中 耕蔵　たなか・こうぞう　昭和6年8月22日〜昭和63年9月17日　東京ニュース通信専務　→88/90

田中 広太郎　たなか・こうたろう　明治21年11月4日〜昭和43年1月17日　大阪府知事　→昭和

田中 弘太郎　たなか・こうたろう　元治1年9月29日〜昭和13年6月5日　陸軍大将　→昭和

田中 耕太郎　たなか・こうたろう　慶応4年3月26日〜昭和14年11月9日　海軍中将　→昭和

田中 耕平　たなか・こうへい　〜平成14年5月31日
極東開発工業常務　→00/02

田中 香浦　たなか・こうほ　大正10年12月14日〜平成8年8月26日　国柱会会長　→94/96

田中 五郎　たなか・ごろう　明治44年5月7日〜平成14年5月13日　横河橋梁製作所常務、横河工事社長　→00/02

田中 佐一郎　たなか・さいちろう　昭和4年11月14日〜平成21年8月8日　室蘭民報取締役編集局長　→09/11

田中 栄　たなか・さかえ　昭和6年10月20日〜平成6年7月27日　日本鉄塔工業専務　→94/96

田中 作二　たなか・さくじ　〜昭和13年4月7日
住友金属工業常務　→昭和

田中 貞雄　たなか・さだお　明治44年9月15日〜昭和59年11月5日　大木(薬品卸会社)社長、大木製薬社長、ロート製薬専務　→83/87

田中 定雄　たなか・さだお　〜昭和56年7月20日
福岡県京都郡犀川町長　→80/82

田中 定雄　たなか・さだお　大正13年5月7日〜平成6年5月25日　愛知県議(共産党)　→94/96

田中 定吉　たなか・さだきち　明治37年2月25日〜昭和4年1月5日　衆院議員(政友会)　→昭和

田中 貞弘　たなか・さだひろ　大正11年2月1日〜平成56年11月2日　信越エンジニアリング社長、信越化学工業取締役　→80/82

田中 貞美　たなか・さだみ　平成4年12月30日
エスペランチスト護憲の会会長　→91/93

田中 貞一　たなか・さだゆき　明治34年9月8日〜平成4年7月23日　日本郵船監査役　→91/93

田中 佐太郎　たなか・さたろう　〜昭和57年4月14日
浅沼組常務　→80/82

田中 里子　たなか・さとこ　大正14年10月7日〜平成19年3月28日　女性運動家　地婦連事務局長　→06/08

田中 聡　たなか・さとし　〜平成20年1月10日
エフエム京都専務　→06/08

田中 哲　たなか・さとし　大正7年6月25日〜平成23年10月13日　エフエム山形社長、山形国際ドキュメンタリー映画祭実行委員会理事長　→09/11

田中 敏　たなか・さとし　大正6年3月28日〜平成17年8月24日　大projet海上火災保険常務　→03/05

田中 覚　たなか・さとる　明治42年12月15日〜平成14年8月10日　三重県知事、衆院議員　→00/02

田中 佐武郎　たなか・さぶろう　明治33年7月10日〜昭和56年9月29日　水平運動家　社会党三重県本部委員長、三重県議会副議長　→80/82

田中 三郎　たなか・さぶろう　大正5年9月5日〜平成8年1月3日　日清製粉常務　→94/96

田中 三松　たなか・さんまつ　明治38年7月22日〜平成4年11月16日　京都府議　→91/93

田中 子玉　たなか・しぎょく　明治39年9月29日〜昭和61年1月28日　テレビ西日本社長　→83/87

田中 重男　たなか・しげお　〜昭和63年9月14日
杏林製薬監査役　→88/90

田中 重男　たなか・しげお　〜平成14年7月23日
兼松デュオファスト(のち兼松日産農林)専務　→00/02

田中 重雄　たなか・しげお　昭和10年3月29日〜平成15年11月15日　大阪商船三井船舶常務　→03/05

田中 繁雄　たなか・しげお　〜昭和62年3月23日
万国社監査役,中部自転車競技会相談役　→83/87

田中 茂郎　たなか・しげお　昭和10年7月1日〜平成13年9月30日　大和証券取締役、日の出証券副社長　→00/02

田中 成年　たなか・しげとし　〜平成7年4月19日
芙蓉商事会長　→94/96

田中 重治　たなか・しげはる　大正9年10月20日〜平成14年6月11日　帝国ピストンリング専務　→00/02

田中 重彦　たなか・しげひこ　昭和13年7月19日〜平成15年3月5日　ライフ社長　→03/05

田中 茂穂　たなか・しげほ　明治44年9月15日〜昭和57年10月11日　参議院議員(自民党)　→80/82

田中 茂穂　たなか・しげほ　昭和6年9月21日〜平成17年10月7日　日新製鋼副社長　→03/05

田中 繁松　たなか・しげまつ　〜昭和51年2月26日
三井造船社長　→昭和

田中 茂光　たなか・しげみつ　〜昭和58年12月2日
ニチメン専務　→83/87

田中 茂光　たなか・しげみつ　大正10年10月12日〜平成21年1月27日　兼松常務　→09/11

田中 茂也　たなか・しげや　〜平成10年2月2日

I　政治・経済・社会篇　　　　　　　　　　　　　　　　　　　　　　　　　　　たなか

三重テレビ放送常務　→97/99
田中 重之　たなか・しげゆき　明治31年12月15日～昭和60年4月9日　石川県知事,長崎県知事　→83/87
田中 繁良　たなか・しげよし　明治34年3月20日～昭和60年2月4日　日本セメント取締役,日本エタニットパイプ社長　→83/87
田中 滋　たなか・しげる　昭和11年5月28日～平成23年7月17日　神戸製鋼所専務　→09/11
田中 茂　たなか・しげる　明治42年2月7日～昭和61年12月15日　日新製鋼常務,通産省通商雑貨局長　→83/87
田中 茂　たなか・しげる　明治40年1月17日～平成6年7月20日　佐賀県有明海漁連会長　→94/96
田中 治吾平　たなか・じごへい　明治20年12月26日～昭和48年5月9日　神道家　→昭和
田中 静壱　たなか・しずいち　明治20年10月1日～昭和20年8月24日　陸軍大将　→昭和
田中 七平　たなか・しちへい　明治34年11月23日～昭和59年8月15日　三菱日本重工業取締役　→83/87
田中 実五郎　たなか・じつごろう　～昭和4年11月26日　陸軍航空兵大尉　→昭和
田中 実三郎　たなか・じつさぶろう　大正6年10月25日～平成19年12月15日　和歌山県議(社会党)　→06/08
田中 実司　たなか・じつじ　明治27年10月18日～昭和55年11月6日　衆院議員(自由党)　→80/82
田中 柴夫　たなか・しばお　～昭和62年10月8日　北九州市議　→83/87
田中 しま　たなか・しま　～平成5年2月9日　オルゴ会長　→91/93
田中 舎身　たなか・しゃしん　文久2年12月3日～昭和9年9月2日　仏教運動家　大乗会創立者　→昭和
田中 寿一　たなか・じゅいち　～昭和42年10月17日　高圧ガス協会長　→昭和
田中 修吾　たなか・しゅうご　明治36年8月1日～平成8年12月15日　共栄火災海上保険社長　→94/96
田中 周二　たなか・しゅうじ　大正14年1月1日～平成23年10月23日　思文閣社主　→09/11
田中 修平　たなか・しゅうへい　大正7年1月1日～平成4年4月20日　ダイビル社長・会長　→91/93
田中 寿喜　たなか・じゅき　～昭和61年10月14日　筑後市助役,(福)明筑会監事　→83/87
田中 潤　たなか・じゅん　大正14年10月29日～平成1年1月19日　千住スプリンクラー社長,千住金属工業常務　→88/90
田中 駿一　たなか・しゅんいち　昭和8年1月29日～平成22年1月21日　日本鋳鉄管社長　→09/11
田中 淳一郎　たなか・じゅんいちろう　明治45年1月30日～平成1年6月5日　田中貴金属工業社長　→88/90
田中 順一郎　たなか・じゅんいちろう　昭和4年9月28日～平成22年1月10日　三井不動産副社長　→09/11
田中 純応　たなか・じゅんおう　昭和2年11月3日～平成10年12月4日　僧侶　真言宗御室派宗務総長,仁和寺執行長　→97/99
田中 純吉　たなか・じゅんきち　～昭和60年9月16日　東京銀行監査役　→83/87
田中 順吉　たなか・じゅんきち　～昭和58年1月29日　全国購買農業協同組合連合会会長　→83/87
田中 淳七郎　たなか・じゅんしちろう　昭和2年12月27日～平成2年5月7日　日本道路副社長　→88/90
田中 俊介　たなか・しゅんすけ　明治26年11月19日～昭和43年1月8日　生活活動家　灘神戸生協組合長,日本生協連会長　→昭和
田中 章一　たなか・しょういち　～昭和61年2月6日　丸三不動産商事代表取締役社長　→83/87
田中 正一　たなか・しょういち　～昭和61年1月16日　大東信用金庫監事　→83/87
田中 正一　たなか・しょういち　大正1年10月30日～平成14年12月29日　日商岩井会長　→00/02
田中 正一郎　たなか・しょういちろう　明治37年3月16日～平成5年1月22日　北日本銀行相談役　→91/93
田中 松月　たなか・しょうげつ　明治33年9月15日～平成5年5月7日　水平社運動家,僧侶　衆院議員(社会党),全国水平社中央委員　→91/93
田中 昭吾　たなか・しょうご　昭和5年2月23日～平成13年6月2日　常磐興産専務　→00/02
田中 省吾　たなか・しょうご　～昭和42年10月9日　横浜市助役,佐賀,香川各県知事　→昭和
田中 省三郎　たなか・しょうざぶろう　～昭和14年10月4日　陸軍少将　→昭和
田中 彰治　たなか・しょうじ　明治36年6月18日～昭和50年11月28日　政治家,実業家　衆院議員(自民党)　→昭和
田中 象二　たなか・しょうじ　大正9年4月20日～平成13年6月29日　陸上自衛隊北部方面総監　→00/02
田中 穣治　たなか・じょうじ　大正3年8月3日～平成20年11月10日　日創業者　→09/11s
田中 正二郎　たなか・しょうじろう　～平成3年3月1日　田中ビル会長　→91/93
田中 正佐　たなか・しょうすけ　明治41年11月2日～平成12年1月8日　東急百貨店社長,東急行電鉄専務　→00/02
田中 荘三　たなか・しょうそう　昭和8年12月8日～平成8年2月15日　日本触媒会長　→94/96
田中 正三　たなか・しょうぞう　大正2年11月28日～平成9年1月7日　川崎重工業常務,川崎エンジニアリング会長　→97/99
田中 正三　たなか・しょうぞう　～平成16年10月27日　青森県選管委員長,浪岡町議　→03/05
田中 正太郎　たなか・しょうたろう　～平成2年9月22日　共同通信社常務理事　→88/90
田中 正太郎　たなか・しょうたろう　明治35年1月5日～

「現代物故者事典」総索引(昭和元年～平成23年)　　　769

平成9年4月17日　宮地鉄工所常務　→97/99

田中 正太郎　たなか・しょうたろう　大正12年7月31日～平成19年10月17日　東京銀行副頭取　→06/08

田中 昭八郎　たなか・しょうはちろう　～昭和59年3月5日　日本テレビ放送網ネットワーク局次長　→83/87

田中 征平　たなか・しょうへい　昭和12年11月14日～平成16年6月6日　三菱自動車常務　→03/05

田中 四郎　たなか・しろう　大正13年8月23日～昭和61年11月9日　国際証券嘱託, 国際証券常務　→83/87

田中 四郎　たなか・しろう　明治41年6月15日～平成2年11月21日　山陽特殊製鋼社長, 富士製鉄取締役, 日鉄ライフ社長　→88/90

田中 四郎　たなか・しろう　大正3年6月14日～平成7年6月19日　東海銀行常務, ミリオンカードサービス社長　→94/96

田中 次郎　たなか・じろう　明治6年10月13日～昭和6年7月10日　官吏, 実業家　→昭和

田中 次郎　たなか・じろう　～昭和45年7月3日　田中鉱業社長　→昭和

田中 二朗　たなか・じろう　昭和4年7月27日～平成9年3月14日　セコニック専務　→97/99

田中 二郎　たなか・じろう　明治39年7月14日～昭和57年1月16日　弁護士　最高裁判事, 東京大学名誉教授　→80/82

田中 新一　たなか・しんいち　明治26年3月18日～昭和51年9月24日　陸軍中将　→昭和

田中 慎一郎　たなか・しんいちろう　明治44年11月12日～平成9年10月8日　十条製紙（のち日本製紙）副社長, 十条キンバリー（のちクレシア）社長　→97/99

田中 真一郎　たなか・しんいちろう　大正9年1月25日～昭和62年5月2日　山陽木材防腐会長　→83/87

田中 真弘　たなか・しんこう　大正6年6月15日～昭和57年8月15日　僧侶　信貴山真言宗管長　→80/82

田中 真三郎　たなか・しんざぶろう　大正14年5月16日～平成3年10月22日　ミュージックバード社長, エフエム東京専務, 郵政省電波監理局長　→91/93

田中 新造　たなか・しんぞう　昭和2年7月2日～平成7年6月22日　飛行船開発機構主宰, 飛行船研究会代表　→94/96

田中 伸太郎　たなか・しんたろう　昭和12年2月23日～平成5年4月26日　丸三証券取締役　→91/93

田中 真平　たなか・しんぺい　昭和3年1月30日～平成20年11月1日　美濃窯業常務　→06/08

田中 季男　たなか・すえお　明治32年4月1日～平成3年3月1日　兵庫相互銀行（のち兵庫銀行）常務　→91/93

田中 季雄　たなか・すえお　明治42年3月16日～昭和59年7月5日　国鉄苗穂工場長　→83/87

田中 季雄　たなか・すえお　明治41年5月26日～昭和60年4月18日　住友軽金属工業相談役・元会長・元社長, 元日本庭球協会会長　→83/87

田中 末次郎　たなか・すえじろう　～平成23年7月22日　京都府議　→09/11

田中 贊　たなか・すすむ　昭和16年1月17日～平成18年8月27日　日本信託銀行（のち三菱UFJ信託銀行）常務　→06/08

田中 清一　たなか・せいいち　明治25年9月3日～昭和48年11月27日　富士製作所社長, 参院議員（自民党）　→昭和

田中 清一　たなか・せいいち　明治44年1月5日～平成14年2月5日　森永乳業常務　→00/02

田中 精一　たなか・せいいち　明治44年4月26日～平成10年6月24日　中部電力社長, JR東海会長　→97/99

田中 誠一　たなか・せいいち　大正15年4月11日～平成15年4月8日　松山市長　→03/05

田中 誓一　たなか・せいいち　～昭和55年1月29日　東洋食品機械相談役, 東洋製缶元専務　→80/82

田中 清一郎　たなか・せいいちろう　明治41年1月10日～平成7年5月11日　安藤建設専務　→94/96

田中 誠吉　たなか・せいきち　～昭和38年3月1日　日産農林工業社長　→昭和

田中 誠二　たなか・せいじ　大正8年5月6日～平成10年4月11日　奈良交通社長　→97/99

田中 誠二　たなか・せいじ　明治43年9月30日～平成10年6月25日　大丸専務　→97/99

田中 誠二　たなか・せいじ　～平成17年5月11日　ユーシン常務執行役員　→03/05

田中 靖二　たなか・せいじ　昭和10年1月23日～平成20年3月9日　日本食品化工常務　→06/08

田中 清次郎　たなか・せいじろう　明治5年5月16日～昭和29年2月4日　満鉄調査部長・理事　→昭和

田中 清助　たなか・せいすけ　明治38年9月5日～平成1年3月23日　鐘紡取締役　→88/90

田中 星太郎　たなか・せいたろう　明治43年5月17日～昭和60年6月25日　東洋紡常務　→83/87

田中 千一　たなか・せんいち　昭和24年4月12日～平成20年5月18日　ランシステム社長　→06/08

田中 善一　たなか・ぜんいち　明治35年1月15日～昭和60年7月13日　近畿日本鉄道常務, 近畿映画劇場社長　→83/87

田中 善一　たなか・ぜんいち　～昭和60年9月3日　シャチハタ工業常務　→83/87

田中 仙次　たなか・せんじ　明治41年8月24日～平成17年9月16日　パイロット万年筆副社長　→03/05

田中 善次郎　たなか・ぜんじろう　大正14年1月11日～平成21年12月8日　タゼン社長　→09/11

田中 詮徳　たなか・せんとく　～昭和60年5月21日　宝塚市長　→83/87

田中 善立　たなか・ぜんりゅう　明治7年11月～昭和30年2月20日　政治家　衆院議員（立憲政友会）　→昭和

田中 創一　たなか・そういち　大正13年3月3日～平成11年1月11日　日本事務器社長　→97/99

田中 操三　たなか・そうぞう　〜昭和62年10月16日
東洋化学取締役　→83/87

田中 外次　たなか・そとじ　明治34年11月7日〜平成4年10月27日　住友金属鉱山社長　→91/93

田中 泰造　たなか・たいぞう　大正3年7月2日〜平成9年11月11日　鹿島建設常務　→97/99

田中 大三　たなか・だいぞう　大正10年10月20日〜平成8年8月17日　三重交通常務　→94/96

田中 太一　たなか・たいち　明治36年10月2日〜平成3年2月6日　近畿日本鉄道監査役　→91/93

田中 孝畝　たなか・たかお　〜平成19年11月21日
田中製氷冷蔵社長　→06/08

田中 高雄　たなか・たかお　大正13年2月12日〜平成7年1月12日　滋賀県議（自民党）　→94/96

田中 隆夫　たなか・たかお　大正10年10月27日〜昭和56年4月15日　三菱化成工業専務　→80/82

田中 孝　たなか・たかし　〜昭和42年8月31日
田中工業会長　→昭和

田中 孝　たなか・たかし　昭和6年2月25日〜平成14年5月21日　白洋舎常務　→00/02

田中 隆　たなか・たかし　明治41年6月20日〜昭和59年9月9日　弁護士、山形地裁所長　→83/87

田中 隆　たなか・たかし　大正8年9月3日〜平成20年1月4日　コープケミカル社長　→06/08

田中 隆造　たなか・たかぞう　明治41年5月4日〜平成1年3月3日　阪神電気鉄道会長　→88/90

田中 孝秀　たなか・たかひで　大正14年7月23日〜平成22年10月10日　住友精密工業社長　→09/11

田中 隆光　たなか・たかみつ　〜昭和56年4月10日
「登亭」創業者　→80/82

田中 卓次　たなか・たくじ　〜平成10年9月7日
神鋼電機常務　→97/99

田中 沢二　たなか・たくじ　〜昭和30年3月15日
立憲養正会総裁　→昭和

田中 卓也　たなか・たくや　大正6年9月14日〜平成11年3月28日　農林中央金庫理事　→97/99

田中 武夫　たなか・たけお　〜昭和42年1月11日
鉄道建設常務、元国鉄下関工事局長　→昭和

田中 武夫　たなか・たけお　大正1年12月〜昭和54年1月3日　衆院議員（社会党）　→昭和

田中 武雄　たなか・たけお　明治24年1月17日〜昭和41年4月30日　内務官僚　拓務次官　→昭和

田中 武雄　たなか・たけお　明治21年6月26日〜昭和45年2月26日　政治家　衆院議員　→昭和

田中 武雄　たなか・たけお　平成3年8月8日
第一工業製薬取締役　→91/93

田中 武雄　たなか・たけお　大正7年2月25日〜平成16年12月20日　油研工業専務　→03/05

田中 毅　たなか・たけし　〜平成3年10月1日

日本教職員団体連合会（のち全日本教職員連盟）中央執行委員長　→91/93

田中 武　たなか・たけし　昭和5年4月9日〜平成19年4月9日　イチケン社長　→06/08

田中 武巳　たなか・たけみ　昭和4年3月11日〜平成3年5月17日　アシックス専務　→91/93

田中 太次郎　たなか・たじろう　大正12年7月15日〜平成15年2月28日　田中産商グループ会長　→03/05

田中 忠彬　たなか・ただあき　大正11年10月10日〜昭和62年2月2日　西部石油社長　→83/87

田中 忠雄　たなか・ただお　明治44年11月20日〜昭和58年10月19日　日本電気相談役・元社長　→83/87

田中 忠雄　たなか・ただお　明治38年9月13日〜平成3年5月30日　宗教家　生長の家政治連合会長　→91/93

田中 直　たなか・ただし　〜昭和57年3月10日
自動車修理工場経営　川崎公害訴訟の原告　→80/82

田中 忠信　たなか・ただのぶ　明治41年10月9日〜昭和63年9月15日　キッコーナ社長，全国醤油工業協組連合会長　→88/90

田中 忠治　たなか・ただはる　昭和5年10月8日〜平成19年12月31日　テレビ大阪常務　→06/08

田中 忠良　たなか・ただよし　明治42年10月14日〜平成2年7月15日　東海カーボン専務　→88/90

田中 たつ　たなか・たつ　明治25年8月〜昭和60年8月30日　衆院議員（国民協同党）　→83/87

田中 達夫　たなか・たつお　明治42年10月14日〜昭和60年2月24日　日東タイヤ社長　→83/87

田中 龍夫　たなか・たつお　明治43年9月20日〜平成10年3月30日　衆院議員（自民党），通産相，山口県知事　→97/99

田中 達治　たなか・たつじ　昭和25年7月23日〜平成19年11月23日　筑摩書房取締役営業部長　→06/08

田中 辰治　たなか・たつじ　〜平成17年7月21日
品川燃料（のちシナネン）常務　→03/05

田中 辰郎　たなか・たつろう　大正5年10月18日〜平成10年4月30日　日本火災海上保険副社長　→97/99

田中 太兵衛　たなか・たへえ　〜平成14年6月27日
埼玉銀行（のちあさひ銀行）常務　→00/02

田中 民次郎　たなか・たみじろう　〜昭和47年2月7日
アジア石油副社長　→昭和

田中 保　たなか・たもつ　昭和4年4月15日〜平成11年12月1日　宮崎県議（自民党）　→97/99

田中 太郎　たなか・たろう　〜昭和55年5月25日
小野田セメント取締役中央研究所長，日本セメント技術協会専務理事　→80/82

田中 太郎　たなか・たろう　大正8年6月4日〜平成13年10月9日　田中本家博物館理事長，須坂市長　→00/02

田中 団治郎　たなか・だんじろう　大正6年2月14日〜平成12年2月8日　東京ソックス会長　→00/02

田中 千秋　たなか・ちあき　大正5年6月〜平成12年2月4

日　僧侶　高野山大学名誉教授、薬師寺住職　→00/02

田中 千里　たなか・ちさと　～昭和13年2月11日
阪和電鉄取締役、元知事　→昭和

田中 忠蔵　たなか・ちゅうぞう　～昭和55年2月4日
大牟田市長　→80/82

田中 忠蔵　たなか・ちゅうぞう　～明治30年9月25日～平成1年4月9日　河北新報取締役総務局長　→88/90

田中 長次　たなか・ちょうじ　大正10年4月16日～昭和61年6月2日　福徳相互銀行取締役　→83/87

田中 澄俊　たなか・ちょうしゅん　大正9年～平成20年4月10日　尼僧、華道家　光照院門跡、華道常磐未生流家元（5代目）　→06/08

田中 千代松　たなか・ちよまつ　明治14年2月～昭和4年12月2日　衆院議員（立憲政友党）　→昭和

田中 次男　たなか・つぎお　～昭和57年9月24日
日本製粉元専務　→80/82

田中 次夫　たなか・つぎお　明治44年11月29日～平成4年8月2日　大手興産（のちテクノ大手）社長　→91/93

田中 二夫　たなか・つぐお　明治41年5月23日～平成12年3月9日　西日本鉄道専務　→00/02

田中 塁　たなか・つとむ　～平成12年3月4日
警察庁東北管区警察局長、長野県警本部長　→00/02

田中 恒男　たなか・つねお　大正5年9月3日～昭和60年10月13日　住友軽金属工業常任監査役、日本アルミニウム工業常務取締役・監査役　→83/87

田中 恒雄　たなか・つねお　昭和8年7月2日～平成1年7月22日　大阪高検検事　→88/90

田中 常雄　たなか・つねお　大正5年6月21日～平成7年2月27日　田中屋13代目店主、祇園祭山鉾連合会長　→94/96

田中 庸夫　たなか・つねお　昭和10年2月7日～平成10年1月20日　日立製作所専務　→97/99

田中 経策　たなか・つねさく　大正5年3月11日～平成21年8月16日　富士急行会長　→09/11

田中 貫行　たなか・つらゆき　明治30年～昭和43年7月12日　鶴書房創業者　→昭和（たなか・かんこう）

田中 貞司　たなか・ていじ　昭和8年8月23日～平成17年1月15日　凸版印刷専務　→03/05

田中 貞次　たなか・ていじ　明治37年11月20日～昭和61年8月4日　富士製鉄（のち新日本製鉄）監査役、日鉄企業副社長　→83/87

田中 定一　たなか・ていじ　～平成2年12月12日
日本ビルサービス専務取締役、東京ビルメンテナンス協会副会長　→88/90

田中 貞造　たなか・ていぞう　～平成2年7月16日
東京都議、社会党都議団幹事長　→88/90

田中 哲　たなか・てつ　明治44年9月7日～平成2年10月14日　旭光学工業常務　→88/90

田中 鉄三郎　たなか・てつさぶろう　明治16年1月20日～昭和49年12月2日　満洲中央銀行総裁、朝鮮銀行総裁

→昭和

田中 輝昭　たなか・てるあき　昭和8年10月26日～昭和63年8月5日　フォスター電機専務　→88/90

田中 輝臣　たなか・てるおみ　大正8年2月23日～昭和63年6月15日　小田急百貨店副社長　→88/90

田中 輝美　たなか・てるみ　明治43年4月23日～昭和59年7月23日　日本双眼鏡工業会会長、旭光学工業会長　→83/87

田中 輝義　たなか・てるよし　昭和7年9月20日～平成19年7月7日　カトリック神父　西宮トラピスチヌ修道院付司祭　→06/08

田中 典次　たなか・てんじ　大正1年8月12日～平成15年5月24日　熊本県議　→03/05

田中 伝次　たなか・でんじ　明治40年6月5日～昭和60年5月12日　富士紡績常務　→83/87

田中 登一　たなか・とういち　～平成23年7月14日
陸将　陸上自衛隊東北方面総監　→09/11

田中 達　たなか・とおる　明治44年1月30日～昭和59年9月23日　室蘭ガス相談役・元社長　→83/87

田中 勅滋　たなか・ときしげ　～昭和57年4月19日
福岡県宗像郡玄海町前収入役　→80/82

田中 都吉　たなか・ときち　明治10年1月26日～昭和36年10月3日　外交官、新聞人　→昭和

田中 徳次郎　たなか・とくじろう　明治9年5月15日～昭和8年5月15日　実業家　→昭和

田中 徳次郎　たなか・とくじろう　明治27年8月20日～平成4年7月9日　東京海上火災保険社長　→91/93

田中 徳松　たなか・とくまつ　明治24年7月8日～昭和62年5月2日　日新製鋼会長　→83/87

田中 徳松　たなか・とくまつ　昭和8年9月25日～平成7年4月6日　ローバル会長　→94/96

田中 俊雄　たなか・としお　～平成4年8月31日
精硬クローム工業社長　→91/93

田中 敏夫　たなか・としお　大正12年12月14日～平成15年3月12日　北越製紙会長　→03/05

田中 稔男　たなか・としお　明治35年2月14日～平成5年3月29日　社会運動家　日本国際問題研究協会代表委員兼理事長、衆院議員　→91/93

田中 利勝　たなか・としかつ　明治30年3月12日～昭和36年11月2日　社会運動家　衆院議員　→昭和

田中 俊資　たなか・としすけ　大正4年8月16日～昭和61年3月11日　塚本総業（株）副社長、日新興業（株）社長　→83/87

田中 俊徳　たなか・としのり　～平成12年11月7日
協和コンサルタンツ常務　→00/02

田中 俊治　たなか・としはる　大正2年9月18日～平成2年3月20日　春日部市長　→88/90

田中 利治　たなか・としはる　大正6年9月14日～平成17年3月23日　三菱自動車工業会長　→03/05

田中 俊彦　たなか・としひこ　～平成10年4月1日

田中　敏彦　たなか・としひこ　～昭和58年9月5日
山九常務　→97/99

田中　敏彦　たなか・としひこ　～昭和58年9月5日
日産自動車車輌部長　→83/87

田中　敏仁　たなか・としひと　大正13年4月30日～平成1年10月14日　真柄建設専務　→88/90

田中　敏文　たなか・としふみ　明治44年11月9日～昭和57年12月20日　北海道知事　→80/82

田中　利道　たなか・としみち　大正14年3月25日～平成23年12月22日　丸紅副社長　→09/11

田中　俊也　たなか・としや　大正15年3月1日～昭和59年6月5日　古河電池専務　→83/87

田中　登美子　たなか・とみこ　～平成4年3月3日
シーピーユー監査役　→91/93

田中　富弥　たなか・とみや　大正14年7月7日～平成7年5月21日　第一法規出版社長　→94/96

田中　富彌　たなか・とみや　明治37年12月1日～昭和57年5月19日　サンケイスポーツランド相談役・元社長、サンケイ新聞専務、サンケイビル専務　→80/82

田中　知四郎　たなか・ともしろう　～昭和11年6月9日
大阪織物専務　→昭和

田中　知彦　たなか・ともひこ　昭和9年3月31日～平成8年8月3日　クラボウ専務　→94/96

田中　友道　たなか・ともみち　昭和40年11月13日
陸軍中将　→昭和

田中　豊興　たなか・とよおき　大正15年1月22日～昭和57年3月26日　スタジオアルタ専務、サンケイ新聞事務局長、フジテレビ事業局長　→80/82

田中　豊吉　たなか・とよきち　明治25年10月19日～昭和59年5月8日　田中産業会長　→83/87

田中　豊徳　たなか・とよのり　～平成1年12月2日
全日本鉄道労組総連合会総務部長　→88/90

田中　とら　たなか・とら　～昭和59年5月8日
妙蓮園会長　→83/87

田中　直治郎　たなか・なおじろう　明治38年5月8日～昭和53年1月2日　東京電力取締役相談役　→昭和（田中 直次郎）

田中　直通　たなか・なおみち　～昭和47年2月12日
安田生命社長　→昭和

田中　直　たなか・なおる　大正10年7月18日～平成18年4月10日　宮内庁侍従職侍従　→06/08

田中　長茂　たなか・ながしげ　明治24年6月11日～昭和44年9月14日　宮崎県知事　→昭和

田中　楢一　たなか・ならいち　明治36年9月13日～昭和48年7月25日　大阪市警視総監、大阪府副知事　→昭和

田中　斉　たなか・なりゆき　明治29年11月21日～昭和58年6月7日　西日本新聞社社長　→昭和

田中　日淳　たなか・にちじゅん　大正3年3月17日～平成22年7月18日　僧侶　日蓮宗管長（第48代）、池上本門寺貫首（第81世）　→09/11

田中　日晨　たなか・にっしん　～昭和59年8月31日
本門仏立宗講尊、元和光学園理事長　→83/87

田中　望　たなか・のぞむ　昭和11年10月7日～平成20年11月30日　大林道路専務　→06/08

田中　喜雄　たなか・のぶお　大正15年12月15日～平成5年8月23日　五光建設会長　→91/93

田中　信夫　たなか・のぶお　昭和4年7月2日～平成16年2月22日　トーメン専務　→03/05

田中　信雄　たなか・のぶお　昭和11年12月3日～平成15年8月14日　マミヤ・オーピー社長　→03/05

田中　伸樹　たなか・のぶき　昭和9年8月6日～平成20年1月5日　国際電気常務　→06/08

田中　信高　たなか・のぶたか　明治42年2月18日～平成17年7月4日　NEC常務　→03/05

田中　信英　たなか・のぶひで　大正5年12月18日～平成7年2月5日　大和高田市長、日進運送社長、奈良県議（自民党）　→94/96

田中　のぼる　たなか・のぼる　昭和14年3月27日～平成8年11月5日　京都市議（自民党）・議長　→94/96

田中　昇　たなか・のぼる　～昭和46年9月18日
三井アルミニウム工業常務　→昭和

田中　襄　たなか・のぼる　明治42年7月26日～平成11年8月25日　税理士　穴吹工務店常勤監査役、日本税理士会連合会副会長　→97/99

田中　教仁　たなか・のりひと　昭和6年11月24日～平成23年10月23日　神戸ポートピアホテル社長　→09/11

田中　経人　たなか・のりひと　明治38年2月8日～平成4年8月25日　リヒトラブ会長　→91/93

田中　紀義　たなか・のりよし　大正10年6月25日～平成14年11月17日　大成道路常務　→00/02

田中　一　たなか・はじめ　明治37年5月7日～平成1年4月2日　日刊建設通信新聞社社主、参院議員　→88/90

田中　元　たなか・はじめ　大正1年8月～昭和28年8月28日　衆院議員（自由党）　→昭和

田中　八郎　たなか・はちろう　大正8年11月2日～平成20年6月8日　福岡県議　→00/08

田中　初穂　たなか・はつほ　～平成10年8月30日
土呂久松尾等鉱害の被害者を守る会会長　→97/99

田中　はな　たなか・はな　大正1年8月～平成7年9月13日　田中角栄元首相夫人　→94/96

田中　治夫　たなか・はるお　大正10年2月11日～平成20年6月21日　ポプラ社社長、よい絵本の会世話人代表　→06/08

田中　半茶　たなか・はんちゃ　～昭和62年10月24日
僧侶、俳人　半茶山阿弥陀寺住職　→83/87

田中　彦佑　たなか・ひこすけ　～昭和61年6月11日
田中屋酒造社長、森永酒造副社長、福岡県酒造組合理事　→83/87

田中　彦蔵　たなか・ひこぞう　～昭和60年1月2日
在南京総領事、終戦連絡横須賀事務局長、日本商工会議所

理事　→83/87

田中　久生　たなか・ひさお　大正10年11月30日〜平成10年5月4日　東武鉄道専務　→97/99

田中　久雄　たなか・ひさお　昭和3年2月2日〜平成18年5月16日　日新製鋼常務　→06/08

田中　久勝　たなか・ひさかつ　昭和13年3月31日〜平成20年8月25日　コスモ石油常務　→06/08

田中　寿　たなか・ひさし　明治34年11月2日〜昭和59年1月19日　住友銀行取締役、伊藤万監査役　→83/87

田中　昶　たなか・ひさし　〜平成2年8月8日　日経SP企画取締役　→88/90

田中　久重　たなか・ひさしげ　大正5年2月7日〜昭和61年9月27日　東陶機器常務　→83/87

田中　久元　たなか・ひさもと　大正4年2月21日〜平成16年2月6日　信越化学工業常務　→03/05

田中　久泰　たなか・ひさやす　昭和8年9月26日〜平成9年11月13日　動力炉核燃料開発事業団理事、通産省仙台通商産業局長、太平洋興発常務　→97/99

田中　英篤　たなか・ひであつ　明治30年3月16日〜昭和59年4月2日　北越銀行頭取　→83/87

田中　秀夫　たなか・ひでお　〜昭和29年3月24日　帝国人絹取締役　→昭和

田中　秀夫　たなか・ひでお　大正4年8月30日〜平成3年2月18日　博多駅長、駅レンタカー九州社長　→91/93

田中　秀雄　たなか・ひでお　明治35年9月5日〜平成2年6月4日　大和紡績常務、高瀬染工場社長　→88/90

田中　秀雄　たなか・ひでお　明治36年6月27日〜平成2年9月12日　室蘭商工会議所専務理事　→88/90

田中　秀雄　たなか・ひでお　〜平成6年5月30日　京都ダイカスト工業専務　→94/96

田中　秀雄　たなか・ひでお　〜平成19年4月5日　彦根市文化協会理事　「京都府の歌」作詞者　→06/08

田中　秀勝　たなか・ひでかつ　昭和19年2月15日〜平成15年3月16日　新日本石油精製常務　→03/05

田中　秀孝　たなか・ひでたか　大正13年9月27日〜平成16年11月14日　協和銀行副頭取　→03/05

田中　秀信　たなか・ひでのぶ　〜昭和63年7月16日　天狗同義修養団本部長　→88/90

田中　秀典　たなか・ひでふみ　昭和15年11月5日〜平成23年4月28日　飯山市長　→09/11

田中　百畝　たなか・ひゃっぽ　明治34年12月1日〜昭和39年2月11日　実業家　→昭和

田中　浩一　たなか・ひろかず　明治29年1月11日〜平成21年5月5日　北国銀行常務　→09/11

田中　寛　たなか・ひろし　明治37年2月22日〜昭和56年7月12日　全但バス社長　→80/82

田中　宏　たなか・ひろし　大正12年3月17日〜平成19年11月11日　島津製作所専務　→06/08

田中　博　たなか・ひろし　慶応2年8月10日〜昭和32年6月15日　実業家　京都電燈社長、京都商工会議所会頭　→昭和

田中　博　たなか・ひろし　大正7年8月10日〜平成14年8月8日　福助専務　→00/02

田中　博　たなか・ひろし　大正11年9月10日〜平成17年11月19日　田中鋳物社長、川口商工会議所会頭、川口鋳物工業協同組合理事長　→03/05

田中　昊　たなか・ひろし　明治44年7月23日〜平成6年6月12日　滋賀県教育長、滋賀県教育会名誉会長　→94/96

田中　弘人　たなか・ひろと　〜昭和49年3月17日　駐インドネシア大使　→昭和

田中　宏尚　たなか・ひろひさ　昭和8年6月23日〜平成23年4月17日　農林水産事務次官　→09/11

田中　博秀　たなか・ひろひで　昭和4年7月10日〜平成6年12月6日　中京大学経済学部経済学科教授　→94/96

田中　弘義　たなか・ひろよし　大正5年4月25日〜平成4年12月8日　積水ハウス常務　→91/93

田中　殖一　たなか・ふいち　明治40年1月1日〜平成20年8月8日　徳島製粉創業者　→06/08

田中　房男　たなか・ふさお　大正2年10月4日〜平成16年10月25日　海上保安庁海上保安大学校長、海上保安庁第3管区海上保安本部長　→03/05

田中　藤雄　たなか・ふじお　〜昭和61年11月11日　大川市選挙管理委員長　→83/87

田中　史　たなか・ふびと　昭和11年7月8日〜平成13年7月11日　大蔵省審議官、池田銀行専務　→00/02

田中　文雄　たなか・ふみお　明治43年7月29日〜平成10年1月6日　王子製紙社長　→97/99

田中　文清　たなか・ふみきよ　明治38年4月17日〜平成11年5月24日　神官　石清水八幡宮名誉宮司、神社本庁長老　→97/99

田中　不破三　たなか・ふわぞう　明治34年12月28日〜平成6年3月8日　衆院議員（自由党）　→94/96

田中　平三郎　たなか・へいざぶろう　〜昭和6年10月1日　田中合名社長　→昭和

田中　平八郎　たなか・へいはちろう　〜昭和43年3月12日　自由書房社長　→昭和

田中　芳州　たなか・ほうしゅう　〜平成20年5月8日　相国寺専門道場師家　→06/08

田中　穂積　たなか・ほずみ　明治33年10月12日〜平成1年4月24日　塩野義製薬専務　→88/90

田中　穂積　たなか・ほずみ　昭和10年12月10日〜平成10年3月6日　富士製作所社長　→97/99（たなか・ほづみ）

田中　マサ　たなか・まさ　〜平成1年6月13日　新広業社取締役　→88/90

田中　政明　たなか・まさあき　文久3年12月〜昭和5年8月28日　陸軍主計総監　→昭和

田中　正哲　たなか・まさあき　大正15年4月22日〜平成1年1月14日　福岡銀行専務　→88/90

田中　政応　たなか・まさお　〜昭和57年1月9日

最高検検事　田中稔広島県副知事の父　→80/82

田中 正男　たなか・まさお　大正3年1月23日～平成12年12月7日　三菱化成工業専務　→00/02

田中 正夫　たなか・まさお　大正3年1月2日～昭和63年12月12日　伊藤忠商事相談役・元会長　→88/90

田中 正一　たなか・まさかず　大正1年11月25日～平成8年5月15日　野村証券投資信託委託専務　→94/96

田中 正金　たなか・まさかね　昭和3年7月2日～平成6年12月15日　東海興業専務　→94/96

田中 正樹　たなか・まさき　大正9年1月28日～平成4年12月21日　山形県議（自民党）　→91/93

田中 昌　たなか・まさし　大正7年5月17日～平成19年7月16日　秋田県議（自民党）、秋田県農業会議会長　→06/08

田中 昌司　たなか・まさじ　明治44年3月18日～平成14年6月11日　渋沢倉庫社長　→00/02

田中 政二　たなか・まさじ　～平成2年12月20日　大島応用化学工業相談役・元社長　→88/90

田中 正三　たなか・まさぞう　大正6年1月3日～昭和58年8月2日　函館ドック会長　→83/87

田中 昌太郎　たなか・まさたろう　～昭和39年2月25日　札幌控訴院検事長　→昭和

田中 正次　たなか・まさつぐ　大正9年1月26日～平成4年3月16日　北大阪急行電鉄社長　→91/93

田中 正年　たなか・まさとし　～昭和60年10月3日　小諸市会議長　→83/87

田中 正苗　たなか・まさなえ　～昭和58年10月8日　北海道議　→83/87

田中 正之輔　たなか・まさのすけ　明治22年12月23日～昭和44年10月18日　大同海運社長　→昭和

田中 正治　たなか・まさはる　～昭和46年1月13日　親和銀行副頭取　→昭和

田中 正治　たなか・まさはる　大正7年6月20日～平成10年8月11日　大同マルタ染工常務　→97/99

田中 正治　たなか・まさはる　昭和5年11月30日～平成15年12月6日　トヨタ自動車副社長、千代田火災海上保険会長、名古屋フィルハーモニー交響楽団理事長　→03/05

田中 正彦　たなか・まさひこ　～昭和62年11月3日　山科精工所社長　→83/87

田中 正博　たなか・まさひろ　大正15年7月18日～平成13年5月1日　東海カーボン常務　→00/02

田中 正博　たなか・まさひろ　昭和9年3月15日～平成18年10月13日　キヤノン専務　→06/08

田中 正文　たなか・まさふみ　大正2年10月29日～平成9年1月7日　全国信用連合協会会長　→97/99

田中 政美　たなか・まさみ　大正14年7月25日～平成20年10月6日　橘町漁協組合長、徳島県漁連会長　→06/08

田中 正巳　たなか・まさみ　大正6年6月12日～平成17年8月5日　衆院議員、参院議員（自民党）、厚相　→03/05

田中 政之　たなか・まさゆき　昭和23年1月27日～平成3年11月28日　ジャパン・オブ・ザ・ワールド社長　→91/93

田中 政義　たなか・まさよし　明治38年3月～平成10年1月3日　弁護士　東洋大学教授　→97/99

田中 勝　たなか・まさる　明治44年1月16日～昭和11年7月12日　陸軍砲兵中尉　2.26事件の青年将校の一人　→昭和

田中 勝　たなか・まさる　昭和3年3月9日～平成11年11月29日　淀川製鋼所常務　→97/99

田中 勝　たなか・まさる　大正15年6月9日～平成19年10月31日　御杖村（奈良県）村長、奈良県町村会長　→06/08

田中 益夫　たなか・ますお　大正15年5月28日～平成19年5月14日　関西ペイント社長　→06/08

田中 真寿夫　たなか・ますお　昭和9年2月21日～平成6年6月20日　三和倉庫常務　→94/96

田中 又兵エ　たなか・またべえ　明治32年3月21日～昭和59年5月13日　田中電工社長、小松電子会長　→83/87

田中 松太郎　たなか・まつたろう　文久3年8月3日～昭和24年3月10日　印刷技術家　→昭和

田中 松太郎　たなか・まつたろう　明治7年4月21日～昭和57年12月14日　長寿全国第3位　→80/82

田中 万一　たなか・まんいち　～昭和48年6月18日　最高検刑事部長　→昭和

田中 万逸　たなか・まんいつ　明治15年9月23日～昭和38年12月5日　政治家　衆院議員（自由党）　→昭和

田中 三千雄　たなか・みちお　大正12年9月1日～平成16年4月12日　青森県議（自民党）　→03/05

田中 迪之亮　たなか・みちのすけ　大正11年3月7日～平成21年11月21日　野村証券専務、朝日火災海上保険社長　→09/11

田中 道弘　たなか・みちひろ　昭和14年3月23日～平成1年1月25日　田中常社長　→88/90

田中 光顕　たなか・みつあき　天保14年9月25日～昭和14年3月28日　政治家、陸軍少将、伯爵　宮内相、学習院院長、警視総監　→昭和

田中 光顕　たなか・みつあき　昭和4年3月12日～平成4年9月25日　日本フィルハーモニー事務局長、文化放送ブレーン　→91/93

田中 光生　たなか・みつお　～平成12年12月31日　九州産業技術センター特別顧問、西日本プラント工業常務　→00/02

田中 三男　たなか・みつお　～昭和49年7月11日　駐トルコ大使　→昭和

田中 貢　たなか・みつき　明治24年10月～昭和36年12月21日　衆院議員（日本進歩党）、東洋大学教授　→昭和（たなか・みつぐ）

田中 冊　たなか・みつき　～平成5年11月1日　関電工取締役　→91/93

田中 光次　たなか・みつじ　大正10年6月1日～平成3年3月3日　日本鉄道建設公団理事、日本貨物検数協会副会長

→91/93

田中 光祐　たなか・みつすけ　～昭和48年12月20日
　陸上自衛隊東北方面総監　→昭和

田中 満利　たなか・みつとし　～平成2年9月28日
　精工化学監査役,三菱化工機常務,三菱銀行取締役　→
　88/90

田中 充　たなか・みつる　昭和8年4月5日～平成7年1月
　12日　東京都議(自民党)　→94/96

田中 満　たなか・みつる　～昭和55年6月17日
　全但タクシー社長,全但バス副社長　→80/82

田中 満　たなか・みつる　昭和4年～昭和61年6月16日
　太平工業取締役　→83/87

田中 実　たなか・みのる　～昭和60年10月20日
　東松山市長　→83/87

田中 実　たなか・みのる　昭和3年7月22日～平成1年10
　月4日　日産自動車常務　→88/90

田中 実　たなか・みのる　大正12年1月16日～平成3年6
　月4日　住建道路会長,住友建設副社長　→91/93

田中 実　たなか・みのる　昭和7年10月21日～平成9年9
　月10日　松坂屋専務　→97/99

田中 実　たなか・みのる　～平成13年10月24日
　菓匠三全会長　→00/02

田中 実　たなか・みのる　昭和8年11月27日～平成13年
　12月16日　東武鉄道専務　→00/02

田中 稔　たなか・みのる　大正12年12月19日～昭和61年
　4月4日　タテホ化学工業専務　→83/87

田中 稔　たなか・みのる　大正12年11月15日～平成2年9
　月1日　福島テレビ相談役　→88/90

田中 稔　たなか・みのる　昭和11年4月30日～平成7年1
　月22日　かろりーな専務,大興常務　→94/96

田中 稔　たなか・みのる　大正12年1月14日～平成19年3
　月3日　佐賀銀行頭取　→06/08

田中 稔　たなか・みのる　昭和6年3月30日～平成23年3
　月30日　広島県副知事　→09/11

田中 実義　たなか・みよし　昭和3年7月10日～平成18年
　1月20日　フジオーゼックス専務　→06/08

田中 巳代治　たなか・みよじ　～昭和47年10月3日
　最高検検事　→昭和

田中 もと　たなか・もと　～昭和39年6月7日
　社会医療事業家　→昭和

田中 求　たなか・もとめ　～昭和55年3月3日
　フジランド取締役　→80/82

田中 基義　たなか・もとよし　昭和2年12月2日～平成3
　年6月8日　第一中央汽船副社長　→91/93

田中 盛好　たなか・もりよし　～昭和63年3月15日
　利賀村(富山県)村長　→88/90

田中 弥四郎　たなか・やしろう　明治34年12月21日～平
　成1年4月5日　田中油糧工業会長,福岡県議(自民党)　→
　88/90

田中 康一　たなか・やすいち　～昭和62年11月22日
　西松組(のち西松建設)常務　→83/87

田中 保一郎　たなか・やすいちろう　大正12年1月10日
　～平成23年7月29日　東京都民銀行頭取　→09/11

田中 康夫　たなか・やすお　昭和3年3月9日～平成9年8
　月31日　日新電機社長,住友電気工業副社長　→97/99

田中 康夫　たなか・やすお　大正6年9月22日～平成11年
　6月10日　安宅産業(のち伊藤忠商事)専務　→97/99

田中 康夫　たなか・やすお　大正7年10月16日～平成16
　年8月27日　敷島製パン副社長　→03/05

田中 靖夫　たなか・やすお　～平成12年12月14日
　京都府議　→00/02

田中 保寿　たなか・やすじゅ　～昭和58年11月22日
　萱場工業顧問　→83/87

田中 康民　たなか・やすたみ　大正8年1月28日～平成22
　年2月8日　国立国会図書館局長・専門調査員　→09/11

田中 安治　たなか・やすはる　昭和2年9月9日～平成15
　年6月16日　福岡県農業大学校校長　→03/05

田中 靖麿　たなか・やすまろ　明治45年1月15日～昭和
　63年11月10日　全国護国神社会副会長,宮城県護国神社
　名誉宮司　→88/90

田中 康道　たなか・やすみち　～昭和56年2月2日
　弁護士　日本出版販売監査役　→80/82

田中 康義　たなか・やすよし　昭和7年11月8日～平成13
　年7月15日　サンメッセ会長　→00/02

田中 安郎　たなか・やすろう　大正8年11月8日～平成7
　年7月9日　合同製鉄常務　→94/96

田中 八千男　たなか・やちお　～昭和56年9月4日
　筑後市長　→80/82

田中 諭一郎　たなか・ゆいちろう　明治34年～昭和58年
　11月25日　静岡県柑橘試験場長　→83/87

田中 勇治郎　たなか・ゆうじろう　明治34年12月10日～
　平成3年2月18日　五条市長,全国市長会副会長　→91/93

田中 勇之進　たなか・ゆうのしん　明治37年8月1日～昭
　和41年12月7日　アナキスト　→昭和

田中 雄平　たなか・ゆうへい　大正7年5月9日～平成4年
　2月5日　藤田観光取締役相談役,ワシントンホテル会長,
　名古屋国際ホテル社長　→91/93

田中 幸夫　たなか・ゆきお　昭和4年2月12日～平成13年
　4月12日　名古屋フィルハーモニー交響楽団理事長,豊田
　自動織機製作所副会長　→00/02

田中 幸年　たなか・ゆきとし　明治40年～平成20年12月
　4日　太平洋戦争でジャワ島に渡り65年間残留　→06/08

田中 幸利　たなか・ゆきとし　明治36年12月15日～平成
　8年2月20日　読売テレビ常務　→94/96

田中 幸久　たなか・ゆきひさ　明治43年3月8日～平成
　61年1月31日　小西六写真工業顧問・元専務取締役　→
　83/87

田中 譲　たなか・ゆずる　明治7年8月～昭和9年5月16日
　実業家　衆院議員　→昭和

I 政治・経済・社会篇

田中 遜　たなか・ゆずる　元治1年9月16日〜昭和17年7月5日　伯爵　衆院議員（政友会）　→昭和（たなか・そん）

田中 富　たなか・ゆたか　大正12年3月30日〜平成15年3月2日　葉山町（神奈川県）町長　→03/05

田中 豊　たなか・ゆたか　〜昭和44年2月5日　大蔵次官，宝酒造社長　→昭和

田中 豊　たなか・ゆたか　〜昭和58年4月17日　鐘紡社長　→83/87

田中 豊　たなか・ゆたか　明治27年4月12日〜昭和63年5月16日　衆院議員　→88/90

田中 豊　たなか・ゆたか　明治35年1月23日〜平成6年11月2日　第一工業製薬社長　→94/96

田中 豊　たなか・ゆたか　〜平成13年8月5日　ヤマザキナビスコ専務　→00/02

田中 裕　たなか・ゆたか　大正13年7月28日〜平成5年3月3日　松下通信工業専務　→91/93

田中 胖　たなか・ゆたか　〜昭和59年9月29日　化学品検査協会顧問，元日本ゴム協会会長　→83/87

田中 陽一　たなか・よういち　大正10年10月23日〜平成13年7月30日　熊本放送専務　→00/02

田中 陽治　たなか・ようじ　昭和3年7月7日〜平成5年7月6日　太平製作所取締役　→91/93

田中 養達　たなか・ようたつ　明治18年6月〜昭和31年10月3日　衆院議員（興亜議員同盟）　→昭和

田中 要太郎　たなか・ようたろう　〜昭和56年3月7日　旭化成工業元常務，センコー副社長　→80/82

田中 義昭　たなか・よしあき　〜昭和55年2月24日　大洋漁業専務　→80/82

田中 義昭　たなか・よしあき　昭和10年8月10日〜平成3年7月10日　大陽酸素常務　→91/93

田中 義明　たなか・よしあき　昭和4年6月24日〜平成3年10月14日　興和道路社長，福岡県中小企業経営者協会会長　→91/93

田中 善昭　たなか・よしあき　昭和7年5月31日〜平成21年8月14日　ニフダイ創業者　→09/11

田中 芳明　たなか・よしあき　大正12年11月20日〜平成10年1月28日　三重県議　→97/99

田中 義男　たなか・よしお　〜昭和62年5月18日　宮崎県教科図書販売会社，宮崎図書会長　→83/87

田中 義男　たなか・よしお　明治34年1月13日〜平成7年7月7日　文部事務次官　→94/96

田中 義男　たなか・よしお　明治40年3月22日〜平成18年3月31日　陸将　防衛庁統合幕僚会議事務局長　→06/08

田中 義夫　たなか・よしお　明治42年3月31日〜平成10年6月9日　サンメッセ名誉会長・元社長，岐阜県大垣商工会議所副会頭　→97/99

田中 淑夫　たなか・よしお　大正6年6月12日〜平成17年12月4日　京三製作所社長　→03/05

田中 淑郎　たなか・よしお　昭和5年3月30日〜平成62年

田中 芳男　たなか・よしお　明治42年9月20日〜昭和63年12月31日　室蘭市議会議長　→88/90

田中 芳夫　たなか・よしお　大正1年10月19日〜昭和61年3月1日　流山市長　→83/87

田中 良男　たなか・よしお　明治32年5月21日〜昭和62年4月22日　東京放送副社長　→83/87

田中 良男　たなか・よしお　明治41年8月31日〜平成3年6月18日　畜産振興事業団理事長　→91/93

田中 良夫　たなか・よしお　〜平成4年9月10日　バンドー化学取締役　→91/93

田中 良雄　たなか・よしお　明治23年〜昭和39年10月7日　住友本社常務理事　→昭和

田中 義一　たなか・よしかず　〜平成5年4月21日　興亜火災海上保険専務　→91/93

田中 好一　たなか・よしかず　〜昭和56年7月9日　山陽木材防腐会長　→80/82

田中 義高　たなか・よしたか　〜平成9年2月13日　福島民報専務　→97/99

田中 祥隆　たなか・よしたか　大正3年11月10日〜平成4年4月20日　川崎重工業常務，石原造船所社長　→91/93

田中 義民　たなか・よしたみ　大正10年8月20日〜昭和57年8月15日　（財）国際見本市協会副理事長，大阪府出納長　→80/82

田中 嘉尚　たなか・よしなお　〜平成2年8月6日　メニコン会長　→88/90

田中 勝経　たなか・よしのり　明治25年7月8日〜昭和63年4月24日　長野電鉄社長　→88/90

田中 義人　たなか・よしひと　大正13年3月6日〜昭和61年10月28日　士別市議・市会議長　→83/87

田中 芳文　たなか・よしふみ　大正10年1月24日〜平成4年7月19日　中央信託銀行副社長　→91/93

田中 義三　たなか・よしみ　昭和23年7月23日〜平成19年1月1日　赤軍派活動家　日航機よど号ハイジャック事件の赤軍派メンバー　→06/08

田中 良之　たなか・よしゆき　昭和3年2月16日〜昭和61年10月11日　協和サービス代表取締役副社長，さつま司酒造代表取締役社長　→91/93

田中 米寿　たなか・よねひさ　大正8年4月27日〜昭和60年9月10日　三共生興取締役　→83/87

田中 理三郎　たなか・りさぶろう　大正5年7月25日〜平成11年8月18日　五洋建設専務　→97/99

田中 竜雨　たなか・りゅうう　〜平成21年6月30日　レオ社長　→09/11

田中 隆恵　たなか・りゅうえ　明治44年7月27日〜平成5年11月3日　僧侶　真言宗智山派宗務総長，金蔵院住職　→91/93

田中 隆吉　たなか・りゅうきち　明治26年7月9日〜昭和47年6月5日　陸軍少将　→昭和

田中 隆賢　たなか・りゅうけん　明治45年4月17日～昭和58年4月18日　大和高田市長　→83/87

田中 龍二　たなか・りゅうじ　～昭和57年2月1日　月星化成元副社長　→80/82

田中 隆三　たなか・りゅうぞう　元治1年10月～昭和15年12月6日　衆院議員(立憲民政党)、文相　→昭和

田中 隆三　たなか・りゅうぞう　昭和6年11月24日～平成13年12月15日　東洋物産常務　→00/02

田中 隆平　たなか・りゅうへい　大正3年4月19日～平成2年6月14日　大和重工社長　→88/90

田中 亮　たなか・りょう　～平成13年3月18日　神父　聖フランシスコ・ザベリオ学園理事長　→00/02

田中 良一　たなか・りょういち　昭和3年3月29日～平成9年10月17日　日本ファーネス工業社長、日本工業炉協会会長　→97/99

田中 良一　たなか・りょういち　昭和5年8月6日～平成12年9月5日　山形新聞常務編集局長　→00/02

田中 良次　たなか・りょうじ　明治39年3月4日～昭和61年2月26日　東海銀行取締役、御園座副社長　→83/87

田中 良助　たなか・りょうすけ　昭和11年7月22日～平成21年7月26日　東京証券取引所専務理事、平和不動産専務　→09/11

田中 良助　たなか・りょうすけ　～昭和61年1月2日　明治生命常務　→83/87

田中 良助　たなか・りょうすけ　昭和41年11月9日～平成4年1月20日　啓徳社会長　→91/93

田中 良典　たなか・りょうすけ　～平成10年10月3日　ジャパンメンテナンス常務　→97/99

田中 玲瓏　たなか・れいろう　～昭和62年5月26日　住宅新報社相談役・元副社長　→83/87

田中 六助　たなか・ろくすけ　大正12年1月23日～昭和60年1月31日　政治家　衆院議員(自民党)、自民党幹事長　→83/87

田中 六郎　たなか・ろくろう　昭和42年3月14日　日本石油常務　→昭和

田中 和一郎　たなか・わいちろう　明治21年12月～昭和25年4月8日　衆院議員(自由党)　→昭和

田中 和三郎　たなか・わさぶろう　～平成3年2月21日　日本コンクリート工業常務　→91/93

田中 超　たなか・わたる　大正12年8月2日～平成5年12月17日　思文閣会長　→91/93

田中 渡　たなか・わたる　大正2年10月26日～昭和61年12月2日　三菱地所取締役　→83/87

田中丸 吉次郎　たなかまる・きちじろう　大正5年3月1日～平成11年2月6日　佐賀玉屋社長　→97/99

田中丸 吉之助　たなかまる・きちのすけ　大正12年10月9日～平成3年6月24日　大和土地建物相談役、大和証券専務　→91/93

田中丸 重雄　たなかまる・しげお　～昭和57年3月15日　小倉玉屋会長　→80/82

田中丸 善一郎　たなかまる・ぜんいちろう　大正11年9月29日～平成2年5月18日　佐世保玉屋会長　→88/90

田中丸 善三郎　たなかまる・ぜんざぶろう　明治42年2月25日～平成6年6月2日　佐世保玉屋相談役　→94/96

田中丸 善次郎　たなかまる・ぜんじろう　明治39年3月3日～平成7年8月30日　佐賀玉屋相談役　→94/96

田中丸 善輔　たなかまる・ぜんすけ　明治38年6月5日～昭和61年9月9日　福岡玉屋相談役・元社長、日本百貨店協会副会長　→83/87

田中丸 善蔵　たなかまる・ぜんぞう　～昭和7年6月12日　福岡玉屋デパート社長　→昭和

田中丸 善八　たなかまる・ぜんぱち　～昭和48年2月6日　福岡玉屋相談役　→昭和

棚倉 吾一　たなくら・ごいち　大正10年4月29日～昭和57年1月17日　兵銀ファクター社長、兵庫相互銀行常務　→80/82

棚瀬 多喜雄　たなせ・たきお　明治4年3月14日～平成18年4月6日　牧師　方南町キリスト教会牧師　→06/08

棚田 勝次　たなだ・かつじ　明治38年6月15日～平成7年4月27日　三鳩会長、横浜輸出スカーフ施設協同組合理事長、日本輸出スカーフ等製造工業組合顧問　→94/96

棚田 政幸　たなだ・まさゆき　～平成11年6月25日　保護司　富山県議　→97/99

棚次 富一　たなつぐ・とみいち　大正4年10月25日～平成6年3月11日　東芝副社長　→94/96

棚野 誠幸　たなの・せいこう　大正5年12月25日～平成8年1月31日　弁護士　日弁連副会長、大阪弁護士会会長　→94/96

棚橋 和郎　たなはし・かずお　昭和2年5月9日～平成2年10月6日　日産自動車常務　→88/90

棚橋 一尚　たなはし・かずひさ　～平成10年2月25日　報知新聞社友、報知印刷社社長　→97/99

棚橋 幹一　たなはし・かんいち　大正3年1月21日～平成7年8月20日　日本化学工業社長　→94/96

棚橋 清　たなはし・きよし　大正3年10月26日～平成9年8月30日　トーメン常務　→97/99

棚橋 小虎　たなはし・ことら　明治22年1月14日～昭和48年2月20日　社会運動家　衆院議員、参院議員　→昭和

棚橋 貞雄　たなはし・さだお　明治32年9月13日～昭和20年3月10日　社会運動家　→昭和

棚橋 重平　たなはし・じゅうへい　～昭和60年10月29日　三井生命取締役、理研製鋼社長　→83/87

棚橋 正二　たなはし・しょうじ　大正2年4月27日～昭和60年12月15日　豊和工業取締役　→83/87

棚橋 泰助　たなはし・たいすけ　大正11年12月16日～平成22年4月17日　東京都議(社会党)　→09/11

棚橋 猛　たなはし・たけし　大正14年4月21日～昭和61年12月14日　日本製粉常務　→83/87

棚橋 寅五郎　たなはし・とらごろう　慶応2年9月4日～

昭和30年12月11日　実業家，工業化学者　日本化学工業創業者　→昭和

棚橋 雄一郎　たなはし・ゆういちろう　大正15年5月25日〜昭和58年3月22日　岡谷鋼機常務　→83/87

田辺 哲　たなべ・あきら　大正12年6月1日〜平成16年4月21日　宝酒造社長　→03/05

田辺 明　たなべ・あきら　大正13年7月18日〜昭和49年8月2日　東京高検検事　→昭和

田辺 伊佐雄　たなべ・いさお　大正14年5月1日〜平成6年8月23日　日本重化学工業常務，長岡技術科学大学名誉教授　→94/96

田辺 勇　たなべ・いさむ　明治42年4月5日〜平成8年12月9日　南海電気鉄道専務　→94/96

田辺 栄作　たなべ・えいさく　大正2年2月8日〜平成22年4月3日　新潟県議（社会党）　→09/11

田辺 英三　たなべ・えいぞう　明治43年3月16日〜昭和56年10月5日　第一火災海上保険副社長，日本生命保険取締役　→80/82

田辺 英三　たなべ・えいぞう　〜平成20年11月12日　茨城毎日広告社社長　→06/08

田辺 納　たなべ・おさむ　明治35年10月16日〜昭和55年5月19日　日本社会党大阪府本部顧問・元委員長　→80/82

田辺 脩　たなべ・おさむ　明治45年6月12日〜平成20年1月29日　宝酒造常務，工業技術院発酵研究所微生物応用第二部長　→06/08

田辺 加多丸　たなべ・かたまる　〜昭和26年3月13日　東宝会長　→昭和

田辺 義一　たなべ・ぎいち　〜昭和55年1月10日　弁理士　特許庁審判部長　→80/82

田辺 義道　たなべ・ぎどう　明治26年5月15日〜昭和41年11月25日　農民運動家，僧侶　→昭和

田辺 教一　たなべ・きょういち　明治22年12月28日　天理教教会本部本部員　→09/11

田辺 潔　たなべ・きよし　明治36年1月2日〜昭和8年2月14日（発見）　労働運動家　→昭和

田辺 金次郎　たなべ・きんじろう　〜昭和27年4月11日　田辺製薬専務　→昭和

田辺 国男　たなべ・くにお　大正2年9月24日〜平成17年12月19日　衆院議員（自民党），山梨県知事，総理府総務長官　→03/05

田辺 熊一　たなべ・くまいち　明治7年1月25日〜昭和15年4月17日　衆院議員（立憲政友会）　→昭和

田辺 健一　たなべ・けんいち　大正11年1月6日〜平成7年2月22日　芝浦製作所常務　→94/96

田辺 源三郎　たなべ・げんざぶろう　明治39年11月1日〜平成4年12月15日　田辺源社長，田辺薬品相談役　→91/93

田辺 孝三　たなべ・こうぞう　明治45年3月4日〜平成20年11月23日　山口県議（自民党）　→06/08

田辺 康平　たなべ・こうへい　大正7年5月10日〜平成12年10月28日　弁護士　西南学院大学法学部教授，福岡大学教授　→00/02

田辺 五兵衛　たなべ・ごへえ　明治41年3月18日〜昭和47年10月16日　実業家　→昭和

田辺 貞雄　たなべ・さだお　明治43年9月2日〜昭和62年7月18日　ユニチカ副社長　→83/87

田辺 定雄　たなべ・さだお　明治44年1月1日〜平成3年8月16日　トヨタビスタ岐阜取締役相談役，西濃運輸専務　→91/93

田部 三郎　たなべ・さぶろう　大正2年11月30日〜平成3年11月24日　新日本製鉄副社長　→91/93

田辺 三郎　たなべ・さぶろう　明治43年9月2日〜昭和62年9月15日　INAX社長　→83/87

田辺 繁雄　たなべ・しげお　〜昭和54年6月4日　厚生事務次官　→昭和

田辺 七六　たなべ・しちろく　明治12年3月1日〜昭和27年8月1日　政治家，実業家　衆院議員（日本進歩党）　→昭和

田辺 島太　たなべ・しまた　明治43年12月3日〜平成3年5月11日　田辺化学工業社長　→91/93

田辺 純一　たなべ・じゅんいち　大正11年10月23日〜平成22年7月8日　毎日放送副社長　→09/11

田辺 淳一郎　たなべ・じゅんいちろう　昭和12年9月3日〜平成15年3月25日　田辺製薬相談役　→03/05

田辺 淳平　たなべ・じゅんぺい　〜昭和29年4月23日　東洋繊維常務　→昭和

田辺 正一　たなべ・しょういち　大正3年5月16日〜平成11年11月17日　日本光学工業常務　→97/99

田辺 昇学　たなべ・しょうがく　昭和6年4月〜平成20年6月10日　建設省都市局公園緑地課長，日本公園緑地協会長　→06/08

田辺 正治　たなべ・しょうじ　大正3年6月12日〜平成4年11月13日　蝶理常務　→91/93

棚辺 四郎　たなべ・しろう　大正1年8月17日〜昭和58年6月21日　参院議員（自民党）　→83/87

田辺 誠一郎　たなべ・せいいちろう　昭和19年12月12日〜平成10年10月3日　田辺工業社長　→97/99

田辺 隆　たなべ・たかし　〜昭和28年11月10日　富士木材貿易社長　→昭和

田辺 武次　たなべ・たけじ　明治28年〜昭和38年11月5日　実業家　本州製紙社長　→昭和

田辺 正　たなべ・ただし　〜昭和33年8月18日　電気通信共済会理事長　→昭和

田辺 辰男　たなべ・たつお　昭和3年11月16日〜平成15年2月4日　日清紡績社長　→03/05

田辺 竜雄　たなべ・たつお　〜平成3年11月16日　日鉄鉱業名誉顧問，元監査役　→91/93

田辺 千代　たなべ・ちよ　〜昭和61年6月21日　日赤小樽市地区婦人奉仕団団長　→83/87

田部 長右衛門（22代目）　たなべ・ちょうえもん　明治11年1月～昭和31年6月11日　貴院議員（多額納税）　→昭和（田部 茂秋　たなべ・しげあき）

田部 長右衛門（23代目）　たなべ・ちょうえもん　明治39年3月29日～昭和54年9月15日　島根県知事、衆院議員　→昭和（田部 長右衛門）

田部 長右衛門（24代目）　たなべ・ちょうえもん　昭和13年7月22日～平成11年11月7日　山陰中央テレビ会長、山陰中央新報社会長　→97/99

田辺 恒貞　たなべ・つねさだ　大正12年11月18日～昭和58年10月1日　弁護士　第一東京弁護士会副会長　→83/87

田辺 哲夫　たなべ・てつお　昭和4年3月9日～平成7年8月8日　弁護士　参院議員（自民党）　→94/96

田辺 哲崖　たなべ・てつがい　明治35年2月13日～平成8年1月27日　弁護士、僧侶　長松寺（曹洞宗）住職　→94/96

田辺 鉄郎　たなべ・てつろう　～平成1年8月29日　山陽新聞社監査役　→88/90

田辺 輝一郎　たなべ・てるいちろう　～昭和61年4月10日　東芝機械取締役　→83/87

田辺 輝雄　たなべ・てるお　～昭和16年2月5日　日華紡社長　→昭和

田辺 輝幸　たなべ・てるゆき　昭和11年1月2日～昭和58年12月21日　ヒットユニオン社長、日本スポーツ用品工業協会常務理事　→83/87

田部 通　たなべ・とおる　明治32年4月1日～昭和59年7月1日　大阪建物常務取締役東京支店長　→83/87

田辺 敏明　たなべ・としあき　昭和15年7月14日～平成14年1月20日　駐ノルウェー大使　→00/02

田辺 俊彦　たなべ・としひこ　昭和12年5月23日～平成3年1月14日　中小企業庁次長　→91/93

田辺 留次郎　たなべ・とめじろう　明治39年2月14日～昭和60年11月17日　（株）田辺会長、八王子商工会議所会頭、八王子市議　→83/87

田鍋 友時　たなべ・ともじ　明治28年9月18日～平成21年6月19日　男性長寿世界一（113歳）　→09/11

田辺 友次郎　たなべ・ともじろう　～昭和32年4月9日　大阪工業奨励館長　→昭和

田辺 友太郎　たなべ・ともたろう　～昭和45年3月3日　北陸銀行頭取　→昭和

田辺 日草　たなべ・にっそう　～昭和12年12月19日　日蓮宗本山誕生寺貫主　→昭和

田辺 治雄　たなべ・はるお　～平成7年6月12日　千葉県議　→94/96

田辺 治通　たなべ・はるみち　明治11年10月17日～昭和25年1月30日　逓信官僚、政治家　逓信相、内相　→昭和

田辺 久　たなべ・ひさし　～平成19年8月30日　センチュリー21・ジャパン社長、東西アセットマネジメント会長　→06/08

田辺 広雄　たなべ・ひろお　大正14年1月15日～平成11年4月3日　衆院議員（自民党）　→97/99

田辺 紘　たなべ・ひろお　～昭和28年6月13日　富民協会理事　→昭和

田辺 浩子　たなべ・ひろこ　～昭和39年10月11日　日本結婚センター理事長、国際婦人協会副会長　→昭和

田辺 宏　たなべ・ひろし　昭和6年7月16日～平成6年4月15日　NHK文化センター常務、NHK広島放送局長　→94/96

田辺 普　たなべ・ひろし　明治42年2月7日～平成11年1月19日　エーザイ取締役、金沢大学薬学部教授　→97/99

田辺 博通　たなべ・ひろみち　大正11年3月3日～平成22年2月24日　国税庁長官　→09/11

田辺 弘　たなべ・ひろむ　明治42年11月7日～平成6年1月5日　日水コン会長　→94/96

田部 文一郎　たなべ・ぶんいちろう　明治40年9月5日～平成14年2月7日　三菱商事社長　→00/02

田辺 雅勇　たなべ・まさお　明治42年6月16日～平成6年1月4日　鐘淵化学工業常務　→94/96

田辺 政次　たなべ・まさつぐ　～昭和62年4月2日　大垣市議　→83/87

田部 正壮　たなべ・まさたけ　嘉永2年11月7日～昭和14年9月21日　陸軍中将　広島市長　→昭和（たなべ・せいそう）

田辺 将実　たなべ・まさみ　大正2年7月30日～平成2年3月27日　朝日石綿工業（のちアスク）社長　→88/90

田鍋 健　たなべ・まさる　大正1年10月21日～平成5年8月2日　積水ハウス会長　→91/93

田辺 守　たなべ・まもる　大正11年8月6日～平成18年7月22日　日本電装副会長　→06/08

田辺 三男治　たなべ・みおじ　～昭和59年5月7日　三協産業社長、元関西熱化学取締役　→83/87

田辺 宗英　たなべ・むねひで　明治14年12月17日～昭和32年3月18日　後楽園スタジアム社長　→昭和

田辺 元三郎　たなべ・もとさぶろう　大正2年9月29日～平成9年5月2日　東京田辺製薬社長　→97/99

田辺 盛武　たなべ・もりたけ　明治22年2月26日～昭和24年7月11日　陸軍中将　→昭和

田辺 譲　たなべ・ゆずる　明治20年8月～昭和27年1月1日　衆院議員（自由党）　→昭和

田部 芳　たなべ・よし　～昭和11年11月18日　大審院部長　→昭和

田部 芳生　たなべ・よしお　～昭和61年6月17日　三重電子計算センター常務取締役　→83/87

田辺 良実　たなべ・よしざね　大正4年11月21日～平成5年7月19日　神官　神社本庁参与、尾山神社宮司　→91/93

田辺 義助　たなべ・よしすけ　～昭和61年2月28日　東京相互銀行専務　→83/87

田辺 義敏　たなべ・よしとし　明治39年7月19日～平

13年4月17日　NHK初代技師長　→00/02

田辺 礼一　たなべ・れいいち　昭和8年5月22日～平成18年9月20日　紀伊国屋書店副会長　→06/08

田辺 緑朗　たなべ・ろくろう　～昭和47年11月23日　最高検検事　→昭和

棚町 五十吉　たなまち・いそきち　～昭和15年1月11日　海軍主計少将　→昭和

棚町 丈四郎　たなまち・じょうしろう　～昭和13年12月21日　名古屋地方裁判所検事正　→昭和

田波 幸男　たなみ・ゆきお　大正8年8月18日～昭和47年2月11日　衛生行政官　→昭和

棚村 寿男　たなむら・ひさお　昭和6年9月3日～平成10年8月22日　東海テレビ放送常務　→97/99

谷 育三　たに・いくぞう　昭和56年12月27日　東京都地方職業安定審議会会長、元東京都労働局長　→80/82

谷 勝一　たに・かついち　大正5年6月7日～平成2年1月13日　兵庫県相互銀行（のち兵庫銀行）取締役　→88/90

谷 勝馬　たに・かつま　大正8年5月24日～平成6年10月14日　ティアック社長　→94/96

谷 喜久治　たに・きくじ　～昭和59年9月23日　農水省道農業試験場長　→83/87

谷 清昭　たに・きよあき　昭和20年5月10日～平成21年3月5日　東洋建設専務執行役員　→09/11

谷 堯昭　たに・ぎょうしょう　明治34年11月14日～昭和61年6月23日　天台宗大僧正、比叡山妙音院住職、深大寺（天台宗別格本山）住職　→83/87

谷 清雄　たに・きよお　～昭和63年3月1日　富山漁業協同組合理事長　→88/90

谷 玉仙　たに・ぎょくせん　～平成1年10月1日　尼僧　東行庵庵主　→88/90

谷 碧　たに・きよし　明治44年9月10日～平成19年6月14日　リズム時計工業社長　→06/08

谷 玄昭　たに・げんしょう　昭和6年10月2日～平成21年7月14日　僧侶　深大寺（天台宗）住職　→09/11

谷 源治郎　たに・げんじろう　～昭和56年4月9日　全国乗用自動車連合会相談役、大阪トンボ交通会長　→80/82

谷 健造　たに・けんぞう　明治36年8月25日～昭和12年4月30日　農民運動家　→昭和

谷 弘一　たに・こういち　明治41年6月21日～昭和61年2月4日　塚本商事専務　→83/87

谷 耕月　たに・こうげつ　昭和6年10月22日～平成6年11月21日　正眼寺（臨済宗）住職、正眼短期大学学長、岐阜県仏教会名誉会長　→94/96

谷 伍平　たに・ごへい　大正5年10月1日～平成19年6月20日　北九州市長、国鉄常務理事　→06/08

谷 惰治　たに・しゅうじ　～昭和35年3月27日　日魯漁業社長　→昭和

谷 章運　たに・しょううん　大正6年7月20日～昭和62年9月20日　僧侶　中本山上善寺（浄土宗）方丈、浄土宗宗議会議員大阪代表　→83/87

谷 正二　たに・しょうじ　大正2年1月2日～平成17年4月25日　日魯漁業常務　→03/05

谷 治郎吉　たに・じろきち　～昭和9年8月29日　千疋屋主人　→昭和

谷 信一　たに・しんいち　大正6年3月14日～昭和55年9月6日　東海銀行頭取　→80/82

谷 真一　たに・しんいち　大正12年4月14日～昭和62年12月23日　京三製作所常務　→83/87

谷 新太郎　たに・しんたろう　大正4年1月27日～平成20年1月2日　駐ニカラグア大使　→06/08

谷 清一　たに・せいいち　～昭和45年8月17日　特種製紙会長　→昭和

谷 隆夫　たに・たかお　大正12年5月14日～平成8年8月21日　名古屋市助役　→97/99s

谷 たか子　たに・たかこ　～平成13年1月23日　ヤコブ病訴訟の初の原告　→00/02

谷 玉吉　たに・たまきち　明治35年2月2日～昭和62年4月29日　岩見沢市議会議長　→83/87

谷 務　たに・つとむ　大正14年1月27日～平成13年1月2日　松菱会長　→00/02

谷 哲二郎　たに・てつじろう　昭和24年8月7日～平成23年5月24日　ルミネ社長、JR東日本副社長　→09/11

谷 哲郎　たに・てつろう　～昭和49年2月5日　品川白煉瓦常務　→昭和

谷 鞆馬　たに・ともま　大正10年6月27日～平成15年1月19日　ティアック副社長　→03/05

谷 豊光　たに・とよみつ　～昭和42年3月17日　東西通信社会長　→昭和

谷 肇　たに・はじむ　大正12年3月14日～昭和59年4月17日　松菱社長　→83/87

谷 英男　たに・ひでお　～昭和61年6月14日　（財）日本勤労者旅行会専務理事　→83/87

谷 秀夫　たに・ひでお　明治45年3月17日～平成13年11月7日　大日本インキ化学工業専務　→00/02

谷 秀雄　たに・ひでお　大正10年11月30日～平成11年6月21日　キヤノンコピア販売社長　→97/99

谷 真翁　たに・まおう　～平成23年1月15日　日刊競馬新聞社会長　→09/11

谷 正雄　たに・まさお　大正13年11月16日～平成11年3月6日　北陸電力会長、北陸経済連合会会長　→97/99

谷 政二郎　たに・まさじろう　～昭和55年7月7日　浜松松菱百貨店会長、津松菱百貨店会長　→80/82

谷 昌博　たに・まさひろ　大正4年2月9日～昭和61年3月16日　日本ドクメンテーション協会監事　→83/87

たに

谷 正之　たに・まさゆき　明治22年2月9日〜昭和37年10月26日　外交官　外相, 駐米大使　→昭和
谷 勝　たに・まさる　大正15年3月9日〜平成22年9月16日　東京書籍専務　→09/11
谷 美津枝　たに・みつえ　〜平成21年4月2日　新潟消費者センター社長　→09/11
谷 光次　たに・みつじ　明治40年2月2日〜平成14年11月30日　弁護士　鳴門市長　→00/02
谷 盛規　たに・もりき　大正6年1月1日〜平成4年6月24日　駐ポルトガル大使　→91/93
谷 泰雄　たに・やすお　明治42年7月15日〜平成1年3月29日　僧侶　遍照院（真言宗）住職, 新宮市長　→88/90
谷 安司　たに・やすし　昭和8年1月20日〜平成19年3月25日　洲本市長　→06/08
谷 幸夫　たに・ゆきお　昭和9年10月17日〜平成5年1月16日　阿波銀行専務　→91/93
谷 洋一　たに・よういち　大正12年11月28日〜平成9年5月6日　東洋埠頭社長　→97/99
谷 洋一　たに・よういち　大正15年12月1日〜平成23年10月24日　衆院議員（自民党）, 農水相　→09/11
谷 龍太郎　たに・りゅうたろう　明治24年1月26日〜昭和49年1月25日　山陽新聞顧問　→昭和（谷 竜太郎）
谷 竜之助　たに・りゅうのすけ　〜昭和7年6月28日　熊本県学務部長　→昭和
谷合 勘重郎　たにあい・かんじゅうろう　明治44年8月3日〜平成5年3月1日　八南交通社長, 八王子商工会議所会頭, 八王子市議　→91/93
谷井 一作　たにい・いっさく　〜昭和51年1月4日　東京海上火災社長　→昭和
谷井 清信　たにい・きよのぶ　〜昭和59年10月1日　小樽市議　→83/87
谷井 二郎　たにい・じろう　〜昭和61年9月27日　富山県漁船保険組合専務理事　→83/87
谷井 毅夫　たにい・たけお　〜昭和56年4月27日　東芝空調器材社社長　→80/82
谷井 辰蔵　たにい・たつぞう　〜平成13年6月24日　東京控訴院判事　→昭和
谷井 保　たにい・たもつ　〜昭和16年2月23日　郵船重役　→昭和
谷井 康人　たにい・やすと　昭和9年4月14日〜平成20年11月20日　東洋製作所常務　→06/08
谷内 晶　たにうち・あきら　大正13年3月3日〜平成8年4月19日　品川燃料副社長　→94/96
谷内 一美　たにうち・かずみ　大正7年5月23日〜昭和62年4月30日　品川燃料専務　→83/87
谷内 乾岳　たにうち・けんがく　大正14年2月16日〜平成16年5月16日　僧侶　神護寺（高野山真言宗）住職　→03/05
谷内 清厳　たにうち・せいがん　〜昭和28年9月6日　真言宗神護寺住職, 元京大教授　→昭和

谷浦 広造　たにうら・ひろぞう　昭和6年7月24日〜平成14年3月18日　日阪製作所社長　→00/02
谷尾 清孝　たにお・きよたか　大正12年5月27日〜昭和63年10月7日　サンウエーブ工業常務　→88/90
谷尾 欽也　たにお・きんや　昭和8年11月28日〜平成11年6月20日　明治屋産業会長　→97/99
谷岡 勝美　たにおか・かつみ　〜昭和18年10月17日　上海海関長　→昭和
谷岡 恭也　たにおか・きょうや　大正1年9月6日〜平成4年3月1日　川崎重工業常務　→91/93
谷岡 幸平　たにおか・こうへい　昭和23年1月28日〜平成22年5月6日　損保ジャパン・クレジット社長　→09/11
谷岡 元太郎　たにおか・もとたろう　〜昭和55年5月16日　天理教教会本部員　→80/82
谷岡 良雄　たにおか・よしお　大正8年4月23日〜平成3年9月1日　昭和電線電機常務　→91/93
谷奥 龍巌　たにおく・りゅうげん　〜昭和55年6月30日　高野山真言宗権大僧正, ふげんえん常覚寺住職　→80/82
谷利 正典　たにかが・しょうすけ　大正2年3月21日〜平成8年9月5日　蝶理専務　→94/96
谷垣 繁光　たにがき・しげみつ　〜昭和60年12月19日　神戸市商店街連合会会長　→83/87
谷垣 専一　たにがき・せんいち　明治45年1月18日〜昭和58年6月27日　衆院議員（自民党）, 文相　→83/87
谷上 典之　たにがみ・のりゆき　昭和3年9月8日〜平成5年7月31日　香川県議（社会党）　→91/93
谷川 明　たにかわ・あきら　昭和2年2月10日〜平成22年7月8日　日本郵船専務, 新和海運社長　→09/11
谷川 輝　たにがわ・あきら　大正15年6月13日〜平成3年2月12日　弁護士　名古屋経済大学教授, 名古屋高検検事長　→91/93
谷川 巌　たにがわ・いわお　明治40年9月1日〜平成3年6月7日　八女商工会議所会頭, 八女市議　→91/93
谷川 梅雄　たにがわ・うめお　〜平成7年5月5日　砂金掘り伝承者　→94/96
谷川 栄一　たにがわ・えいいち　大正6年11月25日〜平成19年2月6日　福徳ビル会長　→06/08
谷川 悦次　たにかわ・えつじ　大正12年4月30日〜平成2年11月28日　日ノ丸自動車社長, 日本バス協会理事　→88/90
谷川 和子　たにかわ・かずこ　大正6年9月26日〜昭和62年4月10日　日本キリスト教婦人矯風会会頭　→83/87
谷川 潔　たにがわ・きよし　明治40年1月8日〜平成5年1月22日　新小倉ビル社長　→91/93
谷川 慶治郎　たにがわ・けいじろう　明治37年4月9日〜平成5年9月25日　日本新薬常務　→91/93
谷川 健児　たにがわ・けんじ　昭和20年9月15日〜平成20年12月26日　カイゲン専務　→06/08
谷川 憲正　たにがわ・けんしょう　大正12年10月29日〜

平成21年12月4日　僧侶　髙松寺(浄土真宗本願寺派)住職　→09/11

谷川　進　たにかわ・すすむ　明治40年2月27日〜昭和57年3月5日　谷川電機製作所会長、日本電力ケーブル付属品工業会副会長、日本架線金属工業会常任理事　→80/82

谷川　太門　たにかわ・たもん　〜昭和55年11月4日　全国木材協同組合連合会常務理事　→80/82

谷川　輝夫　たにがわ・てるお　昭和9年2月12日〜平成5年3月15日　スポーツニッポン新聞西部本社取締役制作局長　→91/93

谷川　富士　たにがわ・とみお　大正2年3月30日〜平成10年1月17日　東京三洋電機常務　→97/99

谷川　昇　たにかわ・のぼる　明治29年5月27日〜昭和30年2月28日　官僚、政治家　衆院議員(自由党)、内務省警保局長　→昭和

谷川　八郎　たにがわ・はちろう　明治40年6月16日〜平成5年10月22日　弁護士　→91/93

谷川　英雅　たにかわ・ひでまさ　昭和11年5月7日〜平成19年9月1日　北海道議(社会党)　→06/08

谷川　宏　たにかわ・ひろし　大正5年7月29日〜平成1年2月7日　日本舗道監査役、大蔵省関税局長　→88/90

谷川　正男　たにかわ・まさお　大正12年1月23日〜平成7年5月9日　川崎汽船常務　→94/96

谷川　正夫　たにかわ・まさお　明治42年6月10日〜昭和53年2月20日　中外炉工業創業者　〜昭和(たにかわ・まさお)

谷川　正太郎　たにかわ・まさたろう　〜昭和62年5月7日　東京都私立保育園連盟理事、東京自由保育園長　→83/87

谷川　茂庵　たにがわ・もあん　文久2年〜昭和15年　事業家　〜昭和

谷川　志夫　たにがわ・ゆきお　大正14年6月13日〜昭和61年9月7日　万有製薬専務、日本メルク万有社長　→83/87

谷川　義一　たにがわ・よしかず　〜平成13年1月9日　吉野熊野新聞会長、三重県議　→00/02

谷川　義行　たにがわ・よしゆき　〜平成4年10月23日　テレビ長崎専務　→91/93

谷川　利三郎　たにがわ・りさぶろう　大正6年12月6日〜平成18年4月17日　野村証券専務　→06/08

谷口　荒彦　たにぐち・あらひこ　〜平成2年1月11日　北九州青果(株)専務　→88/90

谷口　勇　たにぐち・いさむ　〜昭和58年2月9日　二葉タクシー社長、名古屋タクシー協会常任理事　→83/87

谷口　一郎　たにぐち・いちろう　昭和11年12月8日〜平成21年11月1日　三菱電機社長　→09/11

谷口　宇右衛門　たにぐち・うえもん　慶応2年4月〜昭和26年9月24日　衆院議員(立憲民政党)　→昭和

谷口　宇内　たにぐち・うない　昭和8年9月11日〜昭和62年8月6日　福井新聞代表取締役社長　→83/87

谷口　英一　たにぐち・えいいち　〜昭和60年1月15日　尾張旭瀬戸川特定土地区画整理組合(愛知県)理事長　→83/87

谷口　惺三郎　たにぐち・えいざぶろう　昭和9年8月1日〜平成3年9月22日　住友化学工業常務　→91/93

谷口　数木　たにぐち・かずき　〜平成1年8月31日　和歌山県議　→88/90

谷口　和仁　たにぐち・かずひと　大正13年5月11日〜昭和61年12月10日　箱崎ふ頭(株)常勤監査役、箱崎ユーティリティ常勤監査役　→83/87

谷口　勝太郎　たにぐち・かつたろう　大正4年10月26日〜平成13年8月19日　鉄建建設専務　→00/02

谷口　中　たにぐち・かなめ　大正2年12月23日〜平成20年4月29日　三菱重工業副社長　→06/08

谷口　喜一　たにぐち・きいち　〜昭和60年12月17日　元福沢村(富山県)村議　→83/87

谷口　義一　たにぐち・ぎいち　昭和6年3月30日〜平成20年4月30日　国分市長　→06/08

谷口　潔　たにぐち・きよし　大正4年2月24日〜平成7年11月23日　三菱商事取締役、朝日機材社長　→94/96

谷口　清　たにぐち・きよし　明治45年6月22日〜昭和46年10月18日　労働運動家　総評全国金属労働組合中央執行委員　→昭和

谷口　邦彦　たにぐち・くにひこ　昭和3年7月24日〜平成5年10月28日　フジタ取締役　→91/93

谷口　慶吉　たにぐち・けいきち　明治34年11月10日〜昭和46年11月14日　参院議員(自民党)　→昭和

谷口　健八　たにぐち・けんぱち　明治38年6月24日〜平成7年5月29日　三菱重工業常務　→94/96

谷口　謙郎　たにぐち・けんろう　大正3年10月27日〜平成6年5月22日　谷口会長　→94/96

谷口　弘一　たにぐち・こういち　大正13年1月6日〜平成6年4月21日　北海道消費者協会専務理事　→94/96

谷口　孝作　たにぐち・こうさく　昭和2年8月3日〜昭和61年11月12日　三和鋼材工業(株)専務取締役、北陸鉄工(株)取締役　→83/87

谷口　小太郎　たにぐち・こたろう　〜昭和7年3月1日　歩兵第三十五聯隊附歩兵少佐　→昭和

谷口　佐一　たにぐち・さいち　大正5年11月21日〜昭和61年3月16日　全国酪農業協同組合理事、兵庫県酪農業協同組合連合会長　→83/87

谷口　左紀雄　たにぐち・さきお　明治40年10月14日〜平成8年4月16日　髙島屋常務　→94/96

谷口　禎一　たにぐち・さだかず　昭和8年4月28日〜平成20年11月16日　駐ニュージーランド大使　→06/08

谷口　三郎　たにぐち・さぶろう　大正4年4月21日〜平成5年7月17日　神戸生糸社長　→91/93

谷口　茂雄　たにぐち・しげお　〜昭和27年3月5日　船舶公団総裁　〜昭和

谷口　繁樹　たにぐち・しげき　〜平成2年11月3日　ジャカルタ開発社長、日本インドネシア協会常務理事　→

88/90

谷口 繁義　たにぐち・しげよし　昭和5年12月3日～平成17年7月26日　財田川事件の元死刑囚　→03/05

谷口 茂栄　たにぐち・しげよし　明治41年5月3日～平成10年9月9日　東京高裁部総括判事, 仙台地裁所長, 長野地家裁所長　→97/99

谷口 治作　たにぐち・じさく　～昭和63年9月9日　金沢地検検事　→88/90

谷口 俊一　たにぐち・しゅんいち　～昭和57年1月30日　星野村(福岡県)村長　→80/82

谷口 尚司　たにぐち・しょうじ　昭和9年11月17日～平成7年11月6日　読売新聞広告局次長　→94/96

谷口 昭二　たにぐち・しょうじ　昭和2年4月9日～平成18年10月12日　綾部市長　→06/08

谷口 乗麟　たにぐち・じょうりん　～昭和61年5月1日　ルンビニ園理事長　→83/87

谷口 伸一　たにぐち・しんいち　～昭和58年5月31日　谷口機械社長　→83/87

谷口 進一　たにぐち・しんいち　～平成11年1月14日　光文社常務　→97/99

谷口 清右エ門　たにぐち・せいうえもん　～昭和61年7月3日　千代田物産専務取締役, 日本肥料公団富山営業所長　→83/87

谷口 静紀　たにぐち・せいき　明治41年4月2日～昭和57年4月7日　串間市長　→80/82

谷口 清太郎　たにぐち・せいたろう　大正11年12月16日～平成23年10月17日　名古屋鉄道社長, 名古屋商工会議所会頭　→09/11

谷口 清超　たにぐち・せいちょう　大正8年10月23日～平成20年10月28日　生長の家総裁　→06/08

谷口 節雄　たにぐち・せつお　～平成5年2月13日　フジ精機常務　→91/93

谷口 節郎　たにぐち・せつろう　昭和5年2月1日～平成12年5月18日　東洋インキ製造常務　→00/02

谷口 善太郎　たにぐち・ぜんたろう　明治32年10月15日～昭和49年6月8日　政治家, 作家　衆院議員, 日本共産党中央委員　→昭和

谷口 隆　たにぐち・たかし　昭和3年3月25日～平成18年9月10日　教育出版社長, 大日本印刷取締役　→06/08

谷口 隆志　たにぐち・たかし　昭和6年3月27日～平成22年9月14日　労働事務次官　→09/11

谷口 卓三　たにぐち・たくぞう　大正9年3月24日～平成12年11月23日　センコー常務　→00/02

谷口 武雄　たにぐち・たけお　～昭和56年2月24日　日本広告社社長, 日本広告協会理事　→80/82

谷口 健士　たにぐち・たけし　大正7年8月25日～平成2年1月1日　三菱商事取締役　→88/90

谷口 孟　たにぐち・たけし　～昭和44年9月25日　日本銀行副総裁　→昭和

谷口 禎男　たにぐち・ただお　昭和2年12月2日～平成8年　昭和精機工業社長　→97/99s

谷口 竜雄　たにぐち・たつお　～昭和56年10月7日　日本鉄屑備蓄協会事務理事, 回収鉄源利用促進協会専務理事　→80/82

谷口 恒夫　たにぐち・つねお　昭和16年4月22日～平成5年9月18日　自治省官房総務審議官　→91/93

谷口 輝子　たにぐち・てるこ　明治29年3月7日～昭和63年4月24日　生長の家白鳩会総裁　→88/90

谷口 篤造　たにぐち・とくぞう　大正9年9月10日～平成9年12月9日　兼松江商(のち兼松)名誉顧問・元副社長　→97/99

谷口 徳政　たにぐち・とくまさ　～昭和13年4月15日　大阪窯業セメント専務　→昭和

谷口 敏雄　たにぐち・としお　大正2年7月11日～昭和63年8月24日　日本工営副社長, 地すべり学会名誉会長　→88/90

谷口 利雄　たにぐち・としお　大正11年10月30日～平成15年3月2日　中日新聞常務　→03/05

谷口 利盛　たにぐち・としもり　～平成21年12月17日　谷口製作所社長　→09/11

谷口 留五郎　たにぐち・とめごろう　慶応3年2月18日～昭和17年3月15日　福岡県知事　→昭和

谷口 豊三郎　たにぐち・とよさぶろう　明治34年7月29日～平成6年10月26日　東洋紡績社長　→94/96

谷口 尚武　たにぐち・なおたけ　大正5年10月13日～平成13年7月7日　大林組副社長　→00/02

谷口 尚真　たにぐち・なおみ　明治3年3月17日～昭和16年10月30日　海軍大将　→昭和

谷口 成高　たにぐち・なりたか　～昭和60年10月28日　弁護士　富山県弁護士会長　→83/87

谷口 信一郎　たにぐち・のぶいちろう　～昭和59年3月17日　福岡銀行常務　→83/87

谷口 昇　たにぐち・のぼる　～昭和58年10月29日　日本鉱業取締役　→83/87

谷口 登　たにぐち・のぼる　～昭和62年5月18日　全労済富山県本部専務理事　→83/87

谷口 久次郎　たにぐち・ひさじろう　明治19年6月15日～昭和48年8月9日　滋賀県知事　→昭和

谷口 英香　たにぐち・ひでか　明治41年12月7日～昭和58年1月10日　吉原製油会長　→83/87

谷口 秀太　たにぐち・ひでた　大正13年9月28日～平成1年5月13日　間組専務　→88/90

谷口 秀太郎　たにぐち・ひでたろう　～昭和57年4月26日　東海市議会議長会会長　→80/82

谷口 広　たにぐち・ひろし　大正5年10月8日～平成16年7月28日　サントリー常務　→03/05

谷口 広志　たにぐち・ひろし　大正6年8月23日～平成2年7月21日　小熊秀雄協会副会長　→88/90

谷口 房雄　たにぐち・ふさお　大正4年10月4日～平成22

年6月24日　情報システム開発代表取締役　→09/11

谷口　房蔵　たにぐち・ふさぞう　万延2年1月5日～昭和4年4月8日　実業家　大阪合同紡績社長　→昭和

谷口　正夫　たにぐち・まさお　明治36年4月25日～昭和60年6月15日　電気化学工業会長　→83/87

谷口　正治　たにぐち・まさじ　大正2年10月1日～平成21年4月5日　ラオックス創業者、日本電気専門大型店協会会長　→09/11

谷口　正孝　たにぐち・まさたか　大正6年1月28日～平成6年6月25日　最高裁判事　→94/96

谷口　雅春　たにぐち・まさはる　明治26年11月22日～昭和60年6月17日　宗教家　生長の家創設者・総裁　→83/87

谷口　正義　たにぐち・まさよし　大正11年10月10日～平成12年1月9日　サノヤス常務　→00/02

谷口　三樹三郎　たにぐち・みきさぶろう　明治25年1月18日～昭和60年10月25日　兼松江商顧問・元社長　→83/87

谷口　巳三郎　たにぐち・みさぶろう　大正12年11月1日～平成23年12月31日　農業技術指導者　農業及び職業訓練センター理事長　→09/11

谷口　三十三　たにぐち・みそみ　昭和17年1月27日～平成12年12月16日　滋賀県議(自民党)　→00/02

谷口　実義　たにぐち・みよし　昭和3年11月15日～平成15年4月7日　鳥越製粉専務　→03/05

谷口　明三　たにぐち・めいぞう　明治33年10月14日～昭和62年10月9日　宮崎県知事、北海道開発庁事務次官　→83/87

谷口　弥三郎　たにぐち・やさぶろう　明治16年8月13日～昭和38年8月19日　参院議員(自民党)、久留米大学学長　→昭和

谷口　靖明　たにぐち・やすあき　昭和7年10月23日～昭和62年11月11日　伊藤万東京物資事業本部副本部長、住友銀行上野支店長　→昭和

渓口　泰麿　たにぐち・やすまろ　～平成4年11月3日　海将　海上自衛隊幹部学校長　→91/93

谷口　雄一郎　たにぐち・ゆういちろう　昭和5年6月12日～平成7年9月2日　東洋紡績専務　→94/96

谷口　寛　たにぐち・ゆたか　明治40年7月9日～平成6年10月3日　内閣官房副長官　→94/96

谷口　胖　たにぐち・ゆたか　～昭和62年5月7日　武蔵野銀行取締役　→83/87

谷口　好雄　たにぐち・よしお　明治43年3月28日～昭和59年3月6日　全国石油工業協同組合理事長、谷口石油社長　→83/87

谷口　芳太郎　たにぐち・よしたろう　大正5年11月23日～平成12年9月3日　滋賀県商工連合会会長、水口町(滋賀県)町会議長　→00/02

谷口　是巨　たにぐち・よしのり　大正11年2月2日～平成22年12月25日　衆院議員(公明党)　→09/11

谷口　義弘　たにぐち・よしひろ　～昭和55年7月23日　弁護士　日弁連理事　→80/82

谷国　博　たにくに・ひろし　～昭和61年4月28日　日本商工連盟事務局長、日本商工会議所理事　→83/87

谷黒　正二　たにぐろ・まさじ　大正2年6月13日～昭和62年10月29日　三井建設常務　→83/87

谷崎　英明　たにざき・ひであき　大正14年9月30日～平成15年1月12日　ラサ工業常務　→03/05

谷沢　悦子　たにざわ・えつこ　明治39年11月14日～平成7年1月13日　婦人経済連会長　→94/96

谷沢　重夫　たにざわ・しげお　～昭和57年10月9日　アラスカ常務取締役　→80/82

谷沢　繁雄　たにざわ・しげお　～平成6年2月3日　東信運送会長・元社長　→94/96

谷沢　潤一　たにざわ・じゅんいち　昭和4年～平成6年12月20日　不動産鑑定士　日本不動産鑑定協会常務理事　→94/96

谷沢　忠弘　たにざわ・ただひろ　昭和11年12月15日～平成16年3月18日　弁護士　高松地裁所長　→03/05

谷沢　保　たにざわ・たもつ　大正14年3月6日～平成19年1月10日　阪急電鉄専務　→06/08

谷沢　一　たにざわ・はじめ　明治44年4月26日～平成2年6月25日　藤田観光名誉顧問、日本ホテルレストランサービス技能協会会長　→88/90

谷沢　正一　たにざわ・まさいち　大正5年1月30日～平成4年12月11日　三ツ઀ఁ包装会長　→91/93

谷沢　康郎　たにざわ・やすお　大正14年8月16日～平成18年3月22日　苫小牧民報館社長　→06/08

谷下　福松　たにした・ふくまつ　～平成11年6月11日　北海道内男性最長寿者　→97/99

谷嶋　辰男　たにしま・たつお　～昭和60年8月4日　朝日生命成人病研究所理事、元朝日生命保険取締役　→83/87

谷島　常賢　たにしま・つねかた　～昭和43年2月16日　日本交通公社常務理事　→昭和

谷田　勇　たにだ・いさむ　～平成4年1月26日　陸軍中将　→91/93

谷田　五八士　たにた・いわじ　明治41年8月23日～平成4年4月21日　タニタ会長、タニタハウジングウェア会長　→91/93

谷田　三郎　たにだ・さぶろう　～昭和13年3月20日　大阪控訴院長　→昭和

谷田　繁太郎　たにだ・しげたろう　明治5年6月12日～昭和13年7月5日　陸軍中将　→昭和

谷田　志摩生　たにだ・しまお　～昭和11年12月1日　全国傷痍軍人聯合会会長　→昭和

谷田　俊二郎　たにだ・しゅんじろう　～昭和56年1月12日　京阪神不動産会長、日本中央競馬会馬主連合会顧問　→80/82

谷田　敏夫　たにだ・としお　～昭和55年8月20日

日本郵船顧問, 元三菱海運社長　→80/82

谷田　昇　たにだ・のぼる　大正5年1月11日～昭和59年2月12日　大同マルタ染工取締役　→83/87

谷田　文衛　たにだ・ふみえ　安政2年8月9日～昭和5年5月5日　陸軍中将　→昭和

谷多　喜麿　たにた・よしま　～昭和27年4月2日　朝鮮信託社長　→昭和

谷田　凉一　たにだ・りょういち　大正10年11月21日～平成16年8月14日　谷田製菓社長　→03/05

谷中　薫　たになか・かおる　～昭和44年2月16日　東京高裁判事　→昭和

谷野　伊蔵　たにの・いぞう　大正15年4月15日～平成10年11月14日　忠岡町(大阪府)町長　→97/99

谷野　稔　たにの・みのる　～昭和60年12月2日　アジア・ジャーナル社社長, 元サンケイ新聞横浜総局編集部次長　→83/87

谷野　安次郎　たにの・やすじろう　～昭和55年11月25日　東京芝浦電気専務　→80/82

谷畑　栄吉　たにはた・えいきち　大正8年12月9日～平成20年8月5日　鹿児島県議(社会党)　→06/08

谷端　義男　たにはた・よしお　大正15年7月27日～平成8年1月18日　浅川組専務　→94/96

谷林　徳太郎　たにばやし・とくたろう　～昭和17年1月18日　陸軍主計総監　→昭和

谷林　正敏　たにばやし・まさとし　明治33年1月1日～昭和63年5月19日　三菱商事監査役　→88/90

谷原　公　たにはら・いさお　明治17年9月～昭和57年11月6日　衆院議員(日本進歩党)　→80/82

谷原　義信　たにはら・よしのぶ　～昭和55年6月3日　上川管内愛別町議会議長　→80/82

谷藤　正三　たにふじ・しょうぞう　大正7年8月2日～昭和61年7月30日　谷藤機械工業会長　→83/87

谷藤　正三　たにふじ・しょうぞう　大正3年1月6日～平成16年6月3日　北海道開発事務次官　→03/05

谷藤　征得　たにふじ・せいとく　明治37年11月24日～昭和61年5月22日　秋田県議　→83/87

谷藤　昌二　たにふじ・まさじ　昭和5年12月10日～平成19年12月9日　秋田県議(自民党)　→06/08

渓間　秀典　たにま・しゅうてん　大正9年9月24日～平成1年7月1日　僧侶　青蓮山万福寺(浄土真宗西本願寺派)住職,(株)阪急ブレーブス社長　→88/90

谷間　寛　たにま・ひろし　昭和17年2月27日～昭和60年8月12日　公認会計士,税理士　谷間公認会計士事務所長　→83/87

谷松屋　露朝　たにまつや・ろちょう　慶応3年～昭和5年　大阪の道具商　→昭和

谷水　央　たにみず・ひろし　昭和9年9月10日～平成21年6月16日　福岡地裁所長　→09/11

谷光　秀夫　たにみつ・ひでお　昭和40年11月18日～平成58年4月25日　関東特殊製鋼専務　→83/87

谷村　英三郎　たにむら・えいざぶろう　昭和5年9月4日～平成8年1月17日　常磐興産専務　→94/96

谷村　英仲　たにむら・えいちゅう　～昭和60年9月24日　北陸郵政監察局富山支局次長　→83/87

谷村　錦一　たにむら・きんいち　大正4年2月～平成1年7月21日　生田スタジオ社長　→88/90

谷村　敬介　たにむら・けいすけ　～平成5年1月30日　大東京火災海上保険社長　→91/93

谷村　小五郎　たにむら・こごろう　明治41年1月31日～平成1年3月7日　産経新聞社取締役・大阪編集局長　→88/90

谷村　俊助　たにむら・しゅんすけ　明治33年4月23日～平成1年3月13日　兵庫相互銀行常務　→88/90

谷村　順蔵　たにむら・じゅんぞう　昭和45年2月16日　日東製粉相談役　→昭和

谷村　真一　たにむら・しんいち　明治45年1月26日～平成15年1月8日　マルタン会長　→03/05

谷村　高司　たにむら・たかし　大正5年5月5日～平成6年10月6日　日本水産常務　→94/96

谷村　隆　たにむら・たかし　大正13年9月11日～平成20年3月5日　ジェーシービー社長　→06/08

谷村　唯一郎　たにむら・ただいちろう　明治20年4月5日～昭和57年5月29日　弁護士　最高裁判事, 東京弁護士会会長　→80/82

谷村　直雄　たにむら・ただお　明治37年1月30日～平成1年6月19日　弁護士　渋谷区議　→88/90

谷村　豊太郎　たにむら・とよたろう　明治18年11月～昭和47年3月28日　海軍造兵中将,工学者　→昭和

谷村　久太郎　たにむら・ひさたろう　大正3年2月13日～平成10年2月28日　東レ常務　→97/99

谷村　弘　たにむら・ひろし　大正6年2月18日～平成18年4月7日　陸将　陸上自衛隊中部方面総監　→06/08

谷村　博　たにむら・ひろし　～昭和62年10月14日　日中東北開発協会専務理事　→83/87

谷村　裕　たにむら・ひろし　大正5年3月26日～平成8年10月22日　東証理事長, 公取委委員長, 大蔵事務次官　→94/96

谷村　正信　たにむら・まさのぶ　明治41年9月11日～平成2年4月22日　三協アルミニウム工業相談役　→88/90

谷村　光信　たにむら・みつのぶ　～昭和43年4月22日　日本新薬常務　→昭和

谷本　伊太郎　たにもと・いたろう　明治3年4月9日～昭和43年3月12日　実業家　→昭和

谷本　悦四郎　たにもと・えつしろう　明治30年8月1日～平成1年6月2日　岡三証券常務　→88/90

谷本　清　たにもと・きよし　明治42年6月27日～昭和61年9月28日　牧師　広島流川教会名誉牧師　→83/87

谷本　計三　たにもと・けいぞう　～昭和55年7月27日　海軍少将　→80/82

谷本　荘司　たにもと・しょうじ　明治43年9月5日～平成

1年4月26日　鳥羽市長　→88/90

谷本 仙一郎　たにもと・せんいちろう　～昭和55年12月7日　東京高裁判事　→80/82

谷本 大　たにもと・たかし　昭和7年5月15日～平成19年1月12日　ダスキン北陸社長　→06/08

谷本 巍　たにもと・たかし　昭和15年4月2日～平成16年6月13日　谷本物流会長、高知県海運組合理事長　→03/05

谷本 正　たにもと・ただし　～平成3年10月31日　開成印刷会長、東京都印刷工業組合相談役　→91/93

谷本 チサ　たにもと・ちさ　～平成23年5月4日　被爆者援護活動に尽くした谷本清牧師の妻　→09/11

谷本 敏明　たにもと・としあき　昭和7年10月25日～平成16年10月6日　メタルアート会長　→03/05

谷本 利千代　たにもと・としちよ　明治43年2月5日～平成13年6月15日　曽田香料会長、中央大学理事長　→00/02

谷本 正富　たにもと・まさとみ　大正11年9月4日～平成17年6月24日　和歌山県農協中央会・連合会会長　→03/05

谷本 正則　たにもと・まさのり　大正11年3月9日～平成3年12月26日　広島市会副議長　→91/93

谷本 守　たにもと・まもる　昭和3年1月25日～平成22年1月17日　鹿島専務　→09/11

谷本 実　たにもと・みのる　明治40年11月1日～平成18年6月22日　日本甜菜製糖常務　→06/08

谷本 盛雄　たにもと・もりお　大正7年10月9日～平成7年6月16日　日本火災海上保険常務　→94/96

谷元 好治　たにもと・よしはる　明治45年3月17日～平成13年7月14日　片倉チッカリン常務　→00/02

谷本 義盛　たにもと・よしもり　昭和38年11月9日～昭和62年8月9日　丸紅常務、アラビア石油常務　→83/87

谷本 理太郎　たにもと・りたろう　昭和4年10月1日～平成20年6月23日　高圧ガス工業副社長　→06/08

谷山 吉三郎　たにやま・きちさぶろう　明治43年8月3日～平成23年8月3日　谷山無線電機創業者　→09/11

谷山 謙祐　たにやま・けんすけ　～昭和55年3月7日　ハニーハイパー常務、オタライト副社長　→80/82

谷山 孝次　たにやま・こうじ　明治38年6月21日～平成2年2月25日　藤倉化成専務　→88/90

谷山 茂　たにやま・しげる　昭和13年11月11日～平成23年12月6日　谷山無線電機社長　→09/11

谷山 信之助　たにやま・しんのすけ　～昭和56年8月21日　墨田紙器工業同志会会長、前墨田区少年団体連合会会長　→80/82

谷山 隆　たにやま・たかし　大正1年12月10日～平成2年5月20日　大阪変圧器(のちダイヘン)専務　→88/90

谷山 竜男　たにやま・たつお　大正4年1月5日～平成4年10月23日　山下新日本汽船(のちナビックスライン)専務　→91/93

谷山 尚義　たにやま・なおよし　昭和12年～平成22年7月11日　集英社社長　→09/11

谷山 隆法　たにやま・りゅうほう　～昭和55年11月21日　吉祥寺住職　→80/82

谷利 修己　たにり・おさみ　昭和23年12月20日～平成22年2月20日　JFEシステムズ取締役専務執行役員　→09/11

田沼 繁夫　たぬま・しげお　昭和25年12月19日～平成10年4月27日　東京都議(共産党)　→97/99

田沼 文蔵　たぬま・ぶんぞう　大正7年1月16日～平成12年4月　グリーンハウス会長、日本フードサービス協会会長　→00/02

田沼 雅夫　たぬま・まさお　～平成1年10月13日　三越常務　→88/90

田沼 右二　たぬま・ゆうじ　大正10年5月27日～昭和57年5月2日　千葉テレビ放送取締役、サンケイ新聞東京本社ラ・テ報道部長　→80/82

多根 良尾　たね・よしお　明治38年7月15日～昭和61年8月15日　三城創業者　→83/87

種市 三次　たねいち・さんじ　～昭和61年7月13日　種市精機製作所社長　→83/87

種市 健　たねいち・たけし　明治41年2月13日～昭和36年2月27日　社会運動家　→昭和

種具 正二郎　たねぐ・しょうじろう　昭和7年2月28日～平成12年2月18日　陸将　陸上自衛隊東部方面総監　→00/02

種田 あい　たねだ・あい　～平成1年3月27日　愛隣保育園長　→88/90

種子田 右八郎　たねだ・うはちろう　文久3年12月～昭和7年11月20日　海軍造兵総監　→昭和

種子田 景雄　たねだ・かげお　～昭和59年1月16日　南日本新聞社長　→83/87

種田 錠之助　たねだ・じょうのすけ　～昭和7年2月3日　陸軍騎兵大佐　→昭和

種田 鉄馬　たねだ・てつま　明治40年12月20日～昭和40年5月31日　社会運動家　→昭和

種田 督二　たねだ・とくぞう　大正9年2月1日～平成17年3月28日　日本カタン社長　→03/05

種田 徳太郎　たねだ・とくたろう　～昭和55年3月27日　東北肥料社長　→80/82

種子田 秀実　たねだ・ひでみ　慶応3年12月29日～昭和11年4月25日　陸軍中将　→昭和

種田 芳郎　たねだ・よしろう　大正3年5月25日～平成2年6月28日　朝日工業社常務　→88/90

種田 竜　たねだ・りゅう　～昭和18年12月6日　化学工業統制会理事　→昭和

種谷 清三　たねたに・せいぞう　大正7年3月19日～平成11年10月2日　パラグアイ大使　→97/99

種谷 実　たねたに・みのる　昭和42年8月4日　鹿島建設常務、日大工学部教授、近畿大教授　→昭和

種継 新　たねつぐ・あらた　明治41年4月11日～平成12年

種村 佐孝　たねむら・すけたか　明治37年12月9日～昭和41年3月10日　陸軍大佐　→昭和

種村 省三　たねむら・せいぞう　大正5年7月15日～平成11年4月12日　シーキューブ社長　→97/99

種村 敏治　たねむら・としじ　大正8年9月16日～平成8年1月11日　ニットーサービス副社長、日本東興業副社長　→94/96

田野 勲　たの・いさお　～昭和56年9月25日　日本自転車輸出組合副理事長　→80/82

田野 栄三　たの・えいぞう　昭和6年7月24日～平成13年4月28日　コニシ専務　→97/99

田上 万寿男　たのうえ・ますお　大正9年4月18日～平成16年3月10日　日本工営社長　→03/05

田上 幸治　たのうえ・ゆきはる　大正5年3月14日～平成15年12月31日　日本トムソン専務　→03/05

田上 義春　たのうえ・よしはる　～平成14年7月7日　水俣病互助会会長　→00/02

田内 三吉　たのうち・さんきち　安政3年2月4日～昭和15年10月18日　陸軍少将　→昭和（たうち・さんきち）

田内 静三　たのうち・せいぞう　明治33年12月31日～昭和53年9月11日　東京国立博物館次長　→昭和（たうち・せいぞう）

田ノ口 正信　たのくち・しょうしん　～昭和61年7月7日　僧侶　明光寺住職、福岡市仏教会長　→83/87

田下 義明　たのしも・よしあき　昭和4年1月1日～平成14年3月21日　宮崎銀行専務　→00/02

頼母木 桂吉　たのもぎ・けいきち　慶応3年10月10日～昭和15年2月19日　政治家　東京市長、衆院議員（民政党）、逓信相　→昭和

田場 典正　たば・てんせい　大正6年3月28日～平成18年11月2日　琉球銀行頭取、那覇市商工会議所会頭　→06/08

田葉井 五郎　たばい・ごろう　～昭和55年11月24日　田葉井製作所社長　→80/82

田畑 新　たばた・あらた　明治32年4月8日～昭和62年11月13日　大同特殊鋼社長、大同製鋼副社長　→83/87

田畑 栄太郎　たばた・えいたろう　大正2年3月3日～平成10年4月16日　横手市長　→97/99

田端 義一　たばた・ぎいち　～昭和2年6月19日　泉陽銀行頭取　→昭和

田畑 賢修　たばた・けんしゅう　～昭和59年4月19日　鳳来寺山松高院住職、高野山真言宗大僧正　→83/87

田畑 賢住　たばた・けんじゅう　～平成9年6月30日　僧侶　円応寺住職　→97/99

田畑 健介　たばた・けんすけ　大正10年3月16日～平成1年7月31日　練馬区長　→88/90

田端 幸三郎　たばた・こうざぶろう　～昭和38年7月31日　弁護士　台湾総督府専売・殖産局長　→昭和

田畑 幸三郎　たばた・こうざぶろう　～昭和59年2月16日

函館市史編さん事務局編集長、函館図書館職員　→83/87

田畑 実利　たばた・さねとし　昭和2年3月30日～昭和62年10月26日　帝国ピストンリング監査役　→83/87

田畑 重治　たばた・しげじ　大正5年11月16日～昭和62年11月13日　（株）田畑園本店代表、富山県茶業組合長　→83/87

田端 信二　たばた・しんじ　明治44年9月27日～平成7年12月13日　野崎産業常務　→94/96

田畑 太三郎　たばた・たさぶろう　大正7年2月20日～平成9年4月19日　滋賀交通社長、滋賀県会副議長　→97/99

田畑 忠雄　たばた・ただお　大正7年10月7日～平成10年2月11日　宮城県議（社会党）　→97/99

田畑 忠治　たばた・ちゅうじ　～昭和55年7月14日　海外新聞普及社長、朝日新聞社友　→80/82

田端 ハナ　たばた・はな　～平成18年7月7日　平和祈願万国戦没者慰霊の会会長、引揚を記念する舞鶴全国友の会顧問、舞鶴市議　→06/08

田畑 晴郎　たばた・はるろう　昭和9年8月7日～平成16年9月26日　旭有機材工業社長　→03/05

田畑 久宣　たばた・ひさのぶ　明治31年4月1日～昭和56年9月22日　錦海塩業社長、日本塩工業会副会長　→80/82

田畑 弘　たばた・ひろし　大正2年4月21日～昭和62年3月30日　三一書房創業者　→83/87

田畑 政一郎　たばた・まさいちろう　大正13年2月15日～平成6年5月21日　衆院議員（社会党）　→94/96

田畑 益次郎　たばた・ますじろう　昭和2年8月12日～平成1年9月2日　タカラベルモント取締役　→88/90

田畑 嘉恵　たばた・よしえ　～昭和62年5月8日　甲州屋副社長　→83/87

田端 義一　たばた・よしかず　昭和23年7月11日～平成19年12月21日　熊本県議（無所属）　→06/08

田畑 良一　たばた・りょういち　大正5年3月20日～平成15年12月21日　陸将　→03/05

田林 幸治　たばやし・こうじ　～昭和62年7月23日　西部毎日広告社社長　→83/87

田林 利郎　たばやし・としろう　明治41年2月24日～平成7年1月21日　ナショナル証券会長・相談役　→94/96

田林 政吉　たばやし・まさきち　明治36年7月9日～昭和62年9月9日　日本長期信用銀行顧問・元副頭取、帝国石油顧問・元会長、日本リース顧問　→83/87

田林 宗貞　たばやし・むねさだ　～平成3年3月18日　大和薬品工業社長　→91/93

田原 勇　たはら・いさむ　大正9年5月15日～平成19年3月15日　福岡市議、料亭・稚加栄創業者　→06/08

田原 巌　たはら・いわお　明治43年10月21日～平成2年5月28日　東京特殊電線社長　→88/90

田原 英二　たはら・えいじ　～昭和55年2月15日　佐藤道路常務　→80/82

田原 修　たはら・おさむ　大正10年2月16日～平成23年4月

月17日　日本銀行監事, トーメン副社長　→09/11

田原 定明　たはら・さだあき　昭和9年3月12日～平成16年12月11日　資生堂専務　→03/05

田原 周仁　たはら・しゅうじん　～平成11年1月28日　僧侶, 漢詩人　臨済宗天竜寺派宗務本院宗務総長, 弘源寺住職　→97/99

田原 精二　たはら・せいじ　昭和13年3月9日～平成16年12月21日　内田洋行取締役　→03/05

田原 喬夫　たはら・たかお　～昭和58年3月12日　酒井工業社長, 酒井鉄工所常務　→83/87

田原 武雄　たはら・たけお　明治43年12月15日～昭和63年10月25日　参院議員(自民党)　→88/90

田原 武彦　たはら・たけひこ　大正2年1月31日～昭和61年11月16日　カルピス食品工業専務　→83/87

田原 敏雄　たはら・としお　～平成10年1月23日　十条キンバリー(のちクレシア)専務　→97/99

田原 敏弘　たはら・としひろ　明治28年7月10日～平成3年12月4日　公認会計士, 税理士　田原敏弘会計監査事務所長, 立正大学名誉教授　→91/93

田原 春次　たはら・はるじ　明治33年7月28日～昭和48年7月14日　社会運動家, 政治家　衆院議員(社会党)　→昭和

田原 久男　たはら・ひさお　明治43年5月1日～平成8年10月15日　新家工業常務　→94/96

田原 久雄　たはら・ひさお　昭和6年6月13日～平成15年8月20日　松下電器産業副社長　→03/05

田原 尚　たはら・ひさし　大正6年4月19日～平成16年2月10日　王子製紙名誉顧問, 本州製紙社長　→03/05

田原 不二三　たはら・ふじぞう　大正10年5月12日～平成3年9月4日　高等海難審判庁長官　→91/93

田原 法水　たはら・ほうすい　天保14年12月15日～昭和2年2月15日　僧侶　→昭和

田原 昌綱　たはら・まさつな　明治44年2月18日～平成7年1月26日　リコー常務　→94/96

田原 又蔵　たはら・またぞう　～平成6年10月16日　滋賀県議　→94/96

田原 保二　たはら・やすじ　明治42年6月15日～昭和60年8月25日　(社)建設コンサルタンツ協会会長, 日本構造橋梁研究所社長　→83/87

田原 豊　たはら・ゆたか　～昭和14年6月6日　三菱製紙会長　→昭和

田原 良知　たはら・よしとも　～昭和47年8月17日　三菱重工常務　→昭和

田原 吉昌　たはら・よしまさ　昭和4年6月12日～平成18年9月30日　シロウマサイエンス創業者　→06/08

田原 米子　たはら・よねこ　明治12年5月11日～平成17年4月18日　市川クリスチャンセンター・カルバリーチャペル補教師　→06/08s

田原 義衛　たばる・ぎえい　～昭和60年12月31日　弁護士　東京高裁判事, 岡山地裁所長, 裁判所書記官研修所長　→83/87

田平 英二　たびら・えいじ　昭和8年10月28日～平成20年7月5日　近畿日本ツーリスト社長　→06/08

田平 藤一　たびら・とういち　明治44年3月19日～平成11年8月1日　弁護士　鹿屋市長　→97/99

田平 宏　たひら・ひろし　明治41年12月11日～平成4年1月8日　弁護士　田平宏法律事務所所長, 日本バルカー工業相談役　→91/93

田伏 三之助　たぶせ・さんのすけ　明治45年4月20日～平成2年2月25日　小糸工業相談役・副社長　→88/90

田淵 綾男　たぶち・あやお　～昭和49年9月15日　東都春陽堂会長　→昭和

田淵 英一　たぶち・えいいち　～昭和57年10月15日　岩田屋元顧問　→80/82

田淵 清　たぶち・きよし　大正4年9月24日～平成4年7月25日　大阪機工(のちOKK)専務　→91/93

田渕 邦彦　たぶち・くにひこ　昭和10年1月13日～平成7年5月26日　三菱信託銀行専務　→94/96

田渕 勲二　たぶち・くんじ　大正15年1月19日～平成9年10月19日　参院議員(社会党), 総評副議長　→97/99

田淵 源四郎　たぶち・げんしろう　大正1年8月11日～平成3年9月12日　クラウン精機相談役　→91/93

田淵 光一　たぶち・こういち　明治33年2月～昭和47年5月3日　衆院議員(自由党)　→昭和

田淵 三郎　たぶち・さぶろう　大正1年10月5日～平成9年12月27日　田淵電機会長　→97/99

田渕 繁信　たぶち・しげのぶ　昭和3年2月13日～昭和63年4月16日　同和ビジネスサービス社長, 同和火災海上保険取締役　→88/90

田淵 寿郎　たぶち・じゅろう　明治23年3月3日～昭和49年7月10日　土木技師　名古屋市助役　→昭和

田淵 節也　たぶち・せつや　大正12年10月25日～平成20年6月26日　野村証券社長　→06/08

田渕 毅　たぶち・たけし　～平成11年7月5日　足利製紙(のち日本板紙)常務　→97/99

田淵 久　たぶち・ひさし　～昭和57年6月21日　中部善意銀行事務局長　→80/82

田淵 久　たぶち・ひさし　～平成7年4月4日　岡山市長　→94/96

田淵 方久　たぶち・まさひさ　大正14年～昭和60年11月15日　日本電工常務, 徳島合金鉄工場長　→83/87

田渕 実　たぶち・みのる　昭和12年2月8日～平成19年7月22日　アサヒビール副社長, ニッカウヰスキー社長　→06/08

田渕 康二　たぶち・やすじ　～平成5年12月3日　東洋経済新報社常務　→91/93

田渕 洋一　たぶち・よういち　昭和25年6月20日～平成21年1月24日　北海道議(自民党)　→09/11

田部 清　たべ・きよし　明治43年2月26日～昭和61年6月

20日　新大阪牛乳販売社長, 全国牛乳商業組合連合会会長　→83/87

田部 芳雄　たべ・よしお　大正7年11月27日〜平成17年8月10日　伊藤忠商事常務, 東洋パルプ副社長　→03/05

田部井 一郎　たべい・いちろう　大正5年2月28日〜平成19年7月27日　田部井建設会長　→06/08

田部井 純二　たべい・じゅんじ　昭和12年6月11日〜平成13年1月5日　福神専務　→00/02

田部井 俊夫　たべい・としお　〜昭和63年6月15日　日本長期信用銀行常務, 全国地方銀行協会常務理事　→88/90

田部井 良蔵　たべい・りょうぞう　大正3年12月4日〜昭和63年12月9日　昭興金属社長　→88/90

田保 収平　たぼ・しゅうへい　大正20年9月18日〜平成20年4月28日　大林組専務　→06/08

田保 常三　たぼ・つねぞう　明治35年11月7日〜昭和63年10月19日　日本レイヨン専務　→88/90

田有 勇　たまあり・いさむ　〜昭和48年5月15日　引揚船興安丸船長　→昭和

玉井 和彦　たまい・かずひこ　昭和10年1月5日〜平成9年2月27日　松尾橋梁専務　→97/99

玉井 菊雄　たまい・きくお　明治40年12月5日〜昭和62年3月4日　丸紅常務　→83/87

玉井 喬介　たまい・きょうすけ　明治18年11月22日〜昭和31年4月12日　実業家　→昭和

玉井 研造　たまい・けんぞう　昭和10年6月9日〜平成7年5月28日　トヨタ自動車専務　→94/96

玉井 幸一郎　たまい・こういちろう　昭和2年3月8日〜平成7年4月15日　三菱自動車工業副社長　→94/96

玉井 周吉　たまい・しゅうきち　明治12年9月〜昭和10年4月22日　実業家 中外商船社長　→昭和

玉井 潤次　たまい・じゅんじ　明治16年7月27日〜昭和33年12月27日　農民運動家, 弁護士 衆院議員(社会党)　→昭和

玉井 申二郎　たまい・しんじろう　〜平成2年12月2日　住友化学工業取締役, 田岡染料(のち田岡化学工業)社長　→88/90

玉井 直　たまい・すなお　大正4年12月27日〜平成4年6月26日　久留米ミルクプラント会長　→91/93

玉井 丹　たまい・たん　〜昭和32年7月11日　王子製紙取締役　→昭和

玉井 英章　たまい・ひであき　昭和25年〜平成23年6月11日　大阪高検次席検事　→09/11

玉井 英夫　たまい・ひでお　〜平成2年2月1日　九電工取締役　→88/90

玉井 英二　たまい・ひでじ　大正8年3月17日〜平成17年1月4日　三菱商事副社長, 明和産業社長　→03/05

玉井 広一　たまい・ひろかず　〜昭和59年12月1日　日本字消工業会会長, シードゴム工業相談役　→83/87

玉井 正彰　たまい・まさあき　〜昭和45年11月15日

鴻池組専務　→昭和

玉井 正寿　たまい・まさかず　大正7年1月5日〜昭和59年5月31日　経営コンサルタント　産業能率短大名誉教授　→83/87

玉井 磨輔　たまい・ますけ　〜昭和40年10月10日　満州重工業総務理事　→昭和

玉井 祐吉　たまい・ゆうきち　大正4年1月〜平成14年2月24日　衆院議員(労農党)　→00/02

玉井 洋吉　たまい・ようきち　昭和8年9月26日〜平成17年4月8日　玉井造船社長　→03/05

玉浦 峰治　たまうら・みねじ　大正5年3月8日〜昭和63年7月8日　福岡県議　→88/90

玉栄 エドワード・正一　たまえ・えどわーどしょういち　〜平成21年8月13日　沖縄クラブ会長, 南加県人会協議会会長　→09/11

玉岡 欣治　たまおか・きんじ　大正7年12月20日〜昭和64年1月5日　東和不動産社長　→88/90

玉置 賢二郎　たまおき・けんじろう　大正6年4月23日〜平成2年1月4日　立花商会専務　→88/90

玉置 光郎　たまおき・てるお　大正15年3月25日〜平成14年6月2日　安田火災海上保険常務　→00/02

玉垣 清三　たまがき・せいぞう　昭和14年10月31日〜平成21年2月6日　積水樹脂社長　→09/11

玉川 克己　たまかわ・かつみ　昭和4年9月25日〜平成7年4月27日　玉川製作所社長　→94/96

玉川 恵二郎　たまがわ・けいじろう　明治44年6月15日〜昭和63年12月6日　甲子園土地企業社長　→88/90

玉川 憲一　たまがわ・けんいち　大正13年3月5日〜平成63年7月15日　間組専務　→88/90

玉川 幸三　たまがわ・こうぞう　大正4年3月19日〜平成13年11月11日　長野市助役, 長野県選挙管理委員長　→00/02

玉川 秀一郎　たまがわ・しゅういちろう　明治39年3月24日〜昭和58年9月4日　鹿児島陸協名誉会長, セイカ食品会長　→83/87

玉川 順一　たまがわ・じゅんいち　〜昭和62年5月11日　内外物産社長, 内外観光社長, 留日福岡県中華総会会長　→83/87

玉川 琢治　たまがわ・たくじ　〜昭和56年6月9日　鐘紡常務　→80/82

玉川 忠一　たまがわ・ちゅういち　〜昭和60年11月9日　東京博善(株)社長　→83/87

玉川 長一郎　たまがわ・ちょういちろう　大正3年9月26日〜平成14年10月24日　ワコール常務　→00/02

玉川 力　たまがわ・つとむ　昭和2年9月15日〜平成10年12月13日　山之内製薬常務　→97/99

玉河 哲夫　たまがわ・てつお　昭和3年5月10日〜平成2年7月5日　共同石油副社長　→88/90

玉川 敏雄　たまがわ・としお　大正5年1月26日〜平成6年9月13日　東北電力取締役相談役　→94/96

玉川　秀雄　たまがわ・ひでお　大正9年9月6日～平成22年12月19日　京都府議（社会党）　→09/11

玉川　弘之　たまがわ・ひろゆき　大正3年9月13日～平成4年7月16日　東京銀行常務　→91/93

玉川　雄司　たまがわ・ゆうじ　～平成17年3月15日　健光園理事長　→03/05

玉川　善治　たまがわ・よしはる　昭和21年～平成22年6月11日　プロダクション人力舎社長　→09/11

田巻　明男　たまき・あきお　昭和8年12月29日～平成19年12月30日　税理士　田巻税務会計事務所所長、紋別商工会議所会頭　→06/08

玉置　明善　たまき・あきよし　明治41年8月8日～昭和56年6月2日　千代田化工建設会長・社長　→80/82

玉木　一介　たまき・いちすけ　～昭和59年12月27日　安田火災海上保険常任監査役　→83/87

玉置　一徳　たまき・いっとく　明治45年7月3日～昭和51年11月26日　衆院議員（民社党）　→昭和

瑞樹　英海　たまき・えいかい　～昭和63年6月20日　僧侶　慶徳山長保寺（天台宗）住職・大僧正　→88/90

玉置　英之助　たまき・えいすけ　～平成11年8月4日　日本専売公社（のち日本たばこ産業）総務理事　→97/99

玉置　和郎　たまき・かずお　大正12年1月1日～昭和62年1月25日　衆院議員（自民党）、総務庁長官、宗教政治研究会会長　→83/87

玉置　一也　たまき・かずや　昭和30年5月29日～平成23年9月15日　ウエスコ副社長　→09/11

玉置　恵三　たまき・けいぞう　明治36年2月26日～昭和60年10月13日　和歌山ターミナルビル社長、元和歌山商工会議所会頭　→83/87

玉置　敬三　たまき・けいぞう　明治40年3月2日～平成8年7月8日　東芝社長　→94/96

玉木　公　たまき・こう　大正14年2月5日～平成15年6月1日　三菱信託銀行専務　→03/05

田巻　甲　たまき・こう　～平成1年10月5日　燕市長　→88/90

玉置　三郎　たまき・さぶろう　～昭和48年6月9日　川崎重工業取締役　→昭和

玉置　三七郎　たまき・さんしちろう　～昭和55年1月10日　近畿麦酒卸売酒組合理事　→80/82

玉置　修吾郎　たまき・しゅうごろう　大正4年11月21日～平成14年9月27日　御坊市長　→03/05

玉置　純治郎　たまき・じゅんじろう　大正12年11月22日～昭和62年1月8日　三機工業会長　→83/87

環　昌一　たまき・しょういち　明治45年4月12日～平成5年3月8日　弁護士　最高裁判事　→91/93

玉置　正治　たまき・しょうじ　明治30年5月14日～平成2年10月30日　日本工営相談役・元副社長　→88/90

玉置　信一　たまき・しんいち　明治28年7月～昭和50年6月11日　衆院議員（自由党）　→昭和

玉木　進　たまき・すすむ　昭和7年5月28日～平成15年3月28日　日清食品副社長　→03/05

玉置　整三　たまき・せいぞう　大正5年4月14日～平成2年1月15日　昭南工業社長、和歌山県染色協会会長　→88/90

玉置　孝　たまき・たかし　昭和2年10月24日～平成12年10月19日　千葉銀行会長、日本銀行理事　→00/02

田蒔　孝正　たまき・たかまさ　～平成4年1月7日　全日本病院協会会長　→91/93

玉置　猛夫　たまき・たけお　大正3年7月1日～平成22年4月21日　参院議員（自民党）　→09/11

玉城　千秋　たまき・ちあき　昭和14年2月23日～平成23年3月26日　南海電気鉄道専務　→09/11

玉城　俊一　たまき・としかず　大正9年1月4日～平成3年7月17日　荘内銀行会長　→91/93

玉置　敏郎　たまき・としろう　昭和24年7月3日～平成20年6月5日　高圧ガス工業常務　→06/08

玉木　久夫　たまき・ひさお　昭和6年8月27日～平成13年5月20日　鳥取県議（自民党）　→00/02

玉置　英雄　たまき・ひでお　～昭和62年5月21日　住友商事監査役　→83/87

田牧　秀之　たまき・ひでゆき　昭和7年3月31日～平成2年5月28日　テザック常務　→88/90

玉置　宏　たまき・ひろし　大正12年8月12日～平成3年1月13日　三井物産取締役　→91/93

玉木　政利　たまき・まさとし　明治44年4月11日～平成2年4月14日　川崎航空機工業（のち川崎重工業）取締役、川崎食品産業社長　→88/90

玉木　正義　たまき・まさよし　～昭和55年12月17日　福岡県公安委員　→80/82

玉置　又治郎　たまき・またじろう　～昭和15年6月13日　玉置商店主　→昭和

玉木　泰男　たまき・やすお　明治43年8月22日～平成19年3月21日　横浜ゴム社長　→06/08

玉置　義雄　たまき・よしお　～昭和27年9月6日　汽車製造会社会長　→昭和

玉置　良直　たまき・よしなお　明治9年7月～昭和9年9月21日　衆院議員（政友本党）　→昭和

玉置　良之助　たまき・りょうのすけ　明治31年2月15日～昭和57年1月5日　近畿日本鉄道副社長　→80/82

玉木　六郎　たまき・ろくろう　大正5年4月23日～平成3年2月21日　大阪商船三井船舶常務、日本船主責任相互保険組合理事長　→91/93

玉腰　一男　たまこし・かずお　明治34年1月1日～平成1年6月9日　グランドタマコシ会長、愛知県納貯連副会長　→88/90

玉腰　卓司　たまこし・たくじ　昭和9年2月28日～昭和61年11月13日　タマ商会社長　→83/87

玉腰　常義　たまこし・つねよし　～昭和57年1月11日　愛知県議、江南市助役　→80/82

玉腰　利雄　たまこし・としお　～昭和60年12月6日

たますか　　　　　　　　　　　　　　　　　　　　　　　　Ⅰ　政治・経済・社会篇

グランドタマコシ常務　→83/87

玉塚　栄次郎（2代目）　たまずか・えいじろう　明治35年1月9日～昭和37年11月22日　実業家　玉塚証券会長→昭和（玉塚 栄次郎）

玉田　勝也　たまだ・かつや　昭和18年1月8日～平成17年8月23日　岐阜地家裁所長　→03/05

玉田　昇次郎　たまだ・しょうじろう　明治25年5月～昭和13年2月16日　香川県知事　→昭和

玉田　弥伊太　たまだ・やいた　～昭和10年4月26日　徳島商工会議所会頭　→昭和

玉田　美郎　たまだ・よしお　～平成1年8月26日　陸軍中将　→88/90

玉田　義美　たまだ・よしるま　大正6年1月15日～平成12年6月23日　神官　野田恵美須神社宮司, 大阪府教育長　→00/02

玉滝　義秀　たまたき・よしひで　～昭和23年1月9日　真言宗智山派大僧正　→昭和

玉池　清美　たまち・きよみ　昭和2年2月1日～平成16年11月29日　ザ・パック常務　→03/05

玉手　弘信　たまて・ひろのぶ　明治38年1月18日～昭和57年5月11日　日本毛織社長　→80/82

玉那覇　有祥　たまなは・ゆうしょう　昭和15年9月2日～平成18年4月18日　瑞穂酒造社長　→06/08

玉那覇　義明　たまなは・よしあき　～平成16年4月18日　アルゼンチン沖縄県人連合会会長　→03/05

玉生　亘弘　たまにゅう・のぶひろ　昭和13年9月21日～平成18年10月12日　日本火災海上保険専務執行役員　→06/08

玉野　富永　たまの・とみえ　～昭和55年6月18日　玉野製作所代表取締役　→80/82

玉野　ふい　たまの・ふい　～平成5年8月16日　玉野裁判の被告　→91/93

玉野　光男　たまの・みつお　～昭和58年12月1日　通商省工業技術院計量研究所長　→83/87

玉橋　市三　たまはし・いちぞう　明治16年6月～昭和2年5月3日　技術者　鉄道省勤任技師　→昭和

玉真　秀雄　たまま・ひでお　明治37年5月26日～昭和62年3月3日　清水建設常務　→83/87

玉宮　善次郎　たまみや・ぜんじろう　～昭和15年9月10日　東京飛行機取締役・前航空官　→昭和

玉村　栄二　たまむら・えいじ　～昭和56年4月30日　東京都建設局長, 三貴設計会社社長　→80/82

玉村　正夫　たまむら・まさお　大正12年11月15日～平成1年8月30日　玉村運輸会長, 大моск観光会長, 玉村印刷会長　→88/90

玉村　四一　たまむら・よいち　明治40年4月20日～昭和49年5月15日　弁護士　警視庁刑事部長　→昭和

玉護　覚明　たまもり・かくろう　昭和10年4月13日～平成4年12月12日　十六銀行常務　→91/93

玉屋　文男　たまや・ふみお　大正2年3月25日～平成9年11月9日　海難審判庁仙台地方海難審判理事所長　→97/99

玉屋　喜章　たまや・よしあき　明治12年2月1日～昭和31年10月17日　実業家　千葉合同無尽社長, 千葉商工会議所会頭, 参院議員（自由党）　→昭和

玉柳　実　たまやなぎ・みのる　明治36年10月～昭和35年3月15日　参院議員（自由党）　→昭和

玉利　薫　たまり・かおる　～昭和59年2月27日　宮崎地検検事正　→83/87

田丸　喜久治　たまる・きくじ　～平成7年1月1日　全国肢体不自由児・者父母の会連合会長　→94/96

田丸　道忍　たまる・どうにん　明治26年～昭和41年11月19日　西本願寺派総長, 築地本願寺輪番　→昭和

田丸　秀治　たまる・ひではる　大正3年4月20日～平成2年1月25日　電通社長　→88/90

田丸　征克　たまる・まさかつ　大正8年3月2日～平成18年12月22日　労働政策研究研修機構副所長　→06/08

田丸　実　たまる・みのる　大正5年2月23日～平成1年5月3日　東光園緑化会長, 日本造園建設業協会副会長　→88/90

溜島　武雄　たまるしま・たけお　明治38年3月24日～平成2年12月26日　日本生産性本部常務理事　→88/90

田万　広文　たまん・ひろふみ　明治39年5月17日～昭和61年5月9日　弁護士　衆院議員（民社党）　→83/87

民秋　徳夫　たみあき・のりお　大正9年1月1日～平成14年4月12日　向日市長　→00/02

民秋　史也　たみあき・ふみや　昭和13年6月10日～平成22年8月17日　モルテン社長　→09/11

田宮　嘉右衛門　たみや・かえもん　明治8年8月29日～昭和34年4月13日　実業家　播磨造船所社長　→昭和

田宮　重男　たみや・しげお　大正9年3月28日～平成14年4月12日　司法研修所長　→00/02

民谷　重中　たみや・しげなか　大正14年10月1日～平成22年9月15日　川本産業常務　→09/11

田宮　茂文　たみや・しげふみ　大正9年5月3日～昭和61年3月4日　日本原燃サービス専務, 元科学技術庁原子力局長　→83/87

田宮　新平　たみや・しんぺい　大正14年3月16日～昭和56年8月21日　仙台駅ターミナルビル社長　→80/82

田宮　高麿　たみや・たかまろ　昭和18年1月29日～平成7年11月30日　赤軍派活動家　共産同赤軍派軍事委員長　→94/96

田宮　鉄四郎　たみや・てつしろう　～平成11年6月15日　神鋼興産社長, 日本高周波鋼業専務　→97/99

田宮　正雄　たみや・まさお　大正12年1月20日～昭和62年9月22日　大阪放送監査役, サンケイビル取締役大阪支店長　→83/87

田宮　正臣　たみや・まさおみ　昭和18年9月18日～平成20年12月26日　ブルドックソース専務　→06/08

田宮　光雄　たみや・みつお　昭和9年8月4日～平成1年3月

792　「現代物故者事典」総索引（昭和元年～平成23年）

月21日　富士通常勤監査役　→88/90

田宮 義雄　たみや・よしお　明治38年5月15日～昭和63年11月2日　田宮模型会長　→88/90

田村 愛子　たむら・あいこ　～平成4年12月23日　愛知県母子寡婦福祉連合会名誉会長　→91/93

田村 晃　たむら・あきら　昭和17年～平成5年9月21日　公認会計士　中央新光監査法人京都事務所長　→91/93

田村 明　たむら・あきら　大正13年8月5日～平成6年5月24日　鹿島建設副社長　→94/96

田村 皓　たむら・あきら　大正14年8月30日～平成12年5月16日　国民金融公庫理事　→00/02

田村 朝雄　たむら・あさお　昭和14年8月4日～平成14年11月26日　埼玉県議（社会党）　→00/02

田村 勇雄　たむら・いさお　大正5年9月10日～平成17年4月19日　高知県園芸連会長　→03/05

田村 市郎　たむら・いちろう　慶応2年1月～昭和26年11月28日　実業家　→昭和

田村 五男　たむら・いつお　大正9年9月1日～昭和63年8月12日　弁護士　日本弁護士連合会常務理事　→88/90

田村 英三　たむら・えいぞう　大正11年10月20日～平成16年12月24日　田村電機製作所常務　→03/05

田村 乙彦　たむら・おとひこ　明治44年12月10日～昭和20年4月15日　社会運動家,詩人　→昭和

田村 嘉市郎　たむら・かいちろう　大正6年3月1日～昭和63年6月15日　日本合成化学工業常務　→88/90

田村 加寿雄　たむら・かずお　～平成6年8月14日　ヤシカ・ド・ブラジル社長　→94/96

田村 一也　たむら・かずや　～昭和55年8月28日　ラサ工業常務　→80/82

田村 克喜　たむら・かつき　明治39年2月8日～平成6年11月11日　神官　莒崎宮名誉宮司　→94/96

田村 勝人　たむら・かつんど　～昭和61年9月27日　日立金属取締役　→83/87

田村 貫一　たむら・かんいち　大正6年7月13日～平成22年4月16日　南都銀行常務　→09/11

田村 喜久次　たむら・きくじ　明治43年9月9日～平成1年6月11日　中央信託銀行監査役　→88/90

田村 義三郎　たむら・ぎさぶろう　明治35年～昭和57年10月4日　八戸鉄工所社長,八戸鉄工団地協同組合副理事長　→80/82

田村 喜八　たむら・きはち　大正5年6月25日～昭和61年4月12日　信越化学工業副社長,信越半導体社長,信越石英社長　→83/87

田村 恭一　たむら・きょういち　明治38年8月9日～平成6年5月19日　朝日放送専務　→94/96

田村 キヨノ　たむら・きよの　明治43年～平成10年11月10日　日吉館主人　→97/99

田村 清寿　たむら・きよひさ　～平成4年2月5日　住友電設顧問　→91/93

田村 毅陸　たむら・きろく　大正2年6月17日～平成2年5月13日　東陽相互銀行（のちつくば銀行）社長,日本専売公社理事総務部長　→88/90

田村 欣一　たむら・きんいち　昭和3年6月7日～平成6年8月6日　カンセイ社長　→94/96

田村 金太郎　たむら・きんたろう　～昭和61年12月15日　東海銀行検査役　→83/87

田村 邦夫　たむら・くにお　大正2年5月11日～昭和51年3月29日　田村電機製作所社長　→昭和

田村 敬一　たむら・けいいち　昭和3年12月2日～平成15年3月4日　ほくさん副社長　→03/05

田村 桂祐　たむら・けいすけ　～平成3年10月11日　西日本新聞社友・元論説委員,テレビ西日本取締役　→91/93

田村 啓三　たむら・けいぞう　～昭和56年8月14日　日本水産社長,日産生命保険会長　→80/82

田村 賢作　たむら・けんさく　明治37年7月5日～平成1年1月11日　参院議員（自民党）　→88/90

田村 源治　たむら・げんじ　明治28年11月15日～昭和63年6月16日　共同通信常務理事　→88/90

田村 謙治郎　たむら・けんじろう　～昭和16年11月10日　電気庁長官　→昭和

田村 堅三　たむら・けんぞう　～昭和43年6月26日　弁護士　→昭和

田村 源太郎　たむら・げんたろう　大正9年3月30日～平成12年1月9日　フジテレビ常務,長野放送専務　→00/02

田村 駒治郎（1代目）　たむら・こまじろう　慶応2年6月18日～昭和6年3月31日　実業家　田村駒創業者,貴院議員　→昭和（田村 駒治郎）

田村 駒治郎（2代目）　たむら・こまじろう　明治37年2月21日～昭和36年1月21日　実業家　松竹ロビンスオーナー　→昭和（田村 駒治郎）

田村 聡　たむら・さとし　昭和22年6月22日～平成18年1月6日　キングジム専務　→06/08

田村 茂照　たむら・しげてる　昭和5年10月2日～平成22年5月28日　山口県議（民社党）　→09/11

田村 秀策　たむら・しゅうさく　大正11年8月18日～平成16年8月1日　大阪高検検事長　→03/05

田村 修二　たむら・しゅうじ　大正12年12月28日～平成3年5月9日　芦品鉄工社長　→91/93

田村 修二　たむら・しゅうじ　明治39年10月25日～平成9年11月12日　秋田県議　→97/99

田村 祥三　たむら・しょうぞう　明治43年3月3日～昭和59年4月9日　日新電機常務　→83/87

田村 四郎　たむら・しろう　大正6年2月7日～平成15年10月19日　日本医薬品工業会長　→03/05

田村 志郎　たむら・しろう　昭和18年6月9日～平成20年3月14日　大林組常務　→06/08

田村 真一　たむら・しんいち　～昭和60年2月2日　東鋼取締役経理部長　→83/87

田村 新吉　たむら・しんきち　文久3年12月〜昭和11年11月9日　実業家,政治家　貴院議員(多額納税),衆院議員,神戸商業会議所会頭　→昭和

田村 真浄　たむら・しんじょう　〜昭和47年10月4日　日蓮宗僧正　→昭和

田村 新兵衛　たむら・しんべえ　〜昭和12年5月15日　綿ネル業界の耆宿　→昭和

田村 清一　たむら・せいいち　〜昭和61年10月27日　国労富山支部執行委員長　→83/87

田村 誠一　たむら・せいいち　〜昭和59年9月9日　弁護士　札幌調停協会連合会長　→83/87

田村 節三　たむら・せつぞう　明治43年11月3日〜平成6年6月1日　ヤンマー農機副社長　→94/96

田村 仙一郎　たむら・せんいちろう　大正6年9月28日〜平成4年8月19日　登別市長　→91/93

田村 善助　たむら・ぜんすけ　大正14年6月28日〜平成12年8月14日　寺田電機副会長,神奈川県異業種グループ連絡会議総議長　→00/02

田村 泰一　たむら・たいいち　大正15年2月14日〜平成22年11月25日　ダイイチ専務　→09/11

田村 隆夫　たむら・たかお　大正8年1月31日〜平成14年8月14日　大成建設常務　→00/02

田村 卓治　たむら・たくじ　〜平成14年5月19日　明治屋常務　→00/02

田村 卓三　たむら・たくぞう　昭和11年8月30日〜平成3年11月30日　丸大食品取締役　→91/93

田村 武雄　たむら・たけお　〜昭和47年9月9日　日本ペイント専務　→昭和

田村 健　たむら・たけし　〜昭和54年7月14日　日経連事務局長　→昭和

田村 忠雄　たむら・ただお　〜平成15年1月13日　神奈川県立青少年センター副館長　→03/05

田村 忠久　たむら・ただひさ　昭和12年7月13日〜平成4年7月15日　東和織物取締役　→91/93

田村 忠義　たむら・ただよし　〜昭和62年2月14日　元・富山市農協理事　→83/87

田村 多年男　たむら・たねお　昭和7年4月25日〜平成2年5月15日　不動建設取締役大阪本店長　→88/90

田村 為次郎　たむら・ためじろう　〜平成7年1月17日　東京都議(自民党)　→94/96

田村 保　たむら・たもつ　〜昭和28年8月1日　世田谷区長　→昭和

田村 太郎　たむら・たろう　明治37年11月23日〜昭和59年1月2日　大阪曹達社長　→83/87

田村 智範　たむら・ちはん　〜昭和6年7月15日　真言宗山階派管長大僧正　→昭和

田村 忠一郎　たむら・ちゅういちろう　大正8年8月30日〜昭和60年10月21日　ダイキン工業常務　→83/87

田村 千代一　たむら・ちよいち　〜昭和55年5月15日　弁護士　仙台高裁長官　→80/82

田村 剛　たむら・つよし　明治23年9月7日〜昭和54年9月4日　造園学者　国立公園協会名誉会長,日本モンキーセンター理事長　→昭和

田村 徳海　たむら・とくかい　〜昭和26年1月9日　四天王寺管長　→昭和

田村 得松　たむら・とくまつ　〜昭和37年7月6日　タムラ製作所会長　→昭和

田村 年雄　たむら・としお　明治37年〜昭和32年9月27日　講談社常務　→昭和

田村 俊行　たむら・としゆき　大正13年6月27日〜平成21年10月7日　住友生命保険常務　→09/11

田村 富十郎　たむら・とみじゅうろう　〜昭和57年8月9日　西多摩地区保護司会会長　→80/82

田村 外守　たむら・ともり　〜昭和62年2月13日　青葉神社宮司,富山県神社庁仙台市副支部長　→83/87

田村 虎一　たむら・とらいち　明治27年2月1日〜昭和58年7月11日　弁護士　衆院議員(自由党)　→83/87

田村 直臣　たむら・なおおみ　安政5年8月9日〜昭和9年1月7日　牧師　→昭和

田村 宣武　たむら・のぶたけ　〜昭和63年7月27日　陸軍中将　→88/90

田村 憲章　たむら・のりあき　〜昭和62年6月11日　八女市助役　→83/87

田村 宣明　たむら・のりあき　大正9年9月14日〜平成11年1月1日　警察大学校長,新潟県警本部長　→97/99

田村 八二　たむら・はちじ　慶応4年8月16日〜昭和4年8月31日　実業家　→昭和

田村 晴彦　たむら・はるひこ　昭和10年3月9日〜平成22年10月22日　清水建設常務　→09/11

田村 久夫　たむら・ひさお　大正3年3月21日〜平成6年1月21日　栗本鉄工所常務　→94/96

田村 英　たむら・ひで　〜昭和42年2月25日　茨木市長　→昭和

田村 秀昭　たむら・ひであき　昭和7年9月21日〜平成20年1月4日　空将　参議院議員(国民新党)　→06/08

田村 秀吉　たむら・ひできち　明治28年4月〜昭和30年10月9日　衆院議員(日本進歩党)　→昭和(たむら・ひでよし)

田村 秀治　たむら・ひでじ　〜昭和63年10月2日　駐サウジアラビア大使　→88/90

田村 英也　たむら・ひでや　大正8年5月12日〜平成15年9月21日　柳月製菓創業者　→03/05

田村 秀行　たむら・ひでゆき　明治28年〜昭和59年1月7日　山梨県警本部長　→83/87

田村 宏　たむら・ひろし　明治28年1月12日〜昭和57年3月25日　日貿信名誉顧問・元専務　→80/82

田村 博　たむら・ひろし　〜平成2年5月2日

電気興業監査役 →88/90

田村 潤　たむら・ひろし　～昭和57年10月18日
富山県土木部長　→80/82

田村 広信　たむら・ひろのぶ　大正1年10月13日～昭和38年4月21日　農民運動家　→昭和

田村 冨美夫　たむら・ふみお　大正15年11月16日～平成10年6月20日　巣鴨信用金庫理事長　→97/99

田村 文雄　たむら・ふみお　～昭和62年5月17日
三菱鉛筆専務　→83/87

田村 文吉　たむら・ぶんきち　明治19年9月22日～昭和38年6月26日　参院議員（緑風会）、北越製紙社長　→昭和

田村 文之助　たむら・ぶんのすけ　～昭和46年5月19日
北越製紙相談役　→昭和

田村 正敏　たむら・まさとし　昭和22年1月8日～平成10年9月25日　酪農業　日大全共闘書記長、勝手連代表　→97/99

田村 正美　たむら・まさとみ　～平成3年7月17日
東京ニュース会長　→91/93

田村 正寛　たむら・まさひろ　～昭和6年4月24日
旭人絹重役　→昭和

田村 正弘　たむら・まさひろ　～昭和60年10月3日
日本メクトロン常務取締役業務本部長　→83/87

田村 多　たむら・まさる　昭和11年1月31日～昭和59年6月18日　日本土建専務取締役　→83/87

田村 光雄　たむら・みつお　大正14年5月26日～昭和59年9月18日　第一製薬取締役、関東第一サービス代表取締役　→83/87

田村 稔　たむら・みのる　大正7年2月3日～昭和59年9月3日　全国道路利用者会議事務局長、建設省監察官、日本道路協会事務局長　→83/87

田村 富　たむら・みのる　明治27年10月3日～平成3年11月19日　弁護士　衆院議員　→91/93

田村 恵　たむら・めぐむ　昭和2年1月10日～昭和61年10月8日　日本ダクロシャムロック専務　→83/87

田村 弥一　たむら・やいち　～昭和57年8月23日
山一証券元監査役　→80/82

田村 保夫　たむら・やすお　昭和4年5月4日～平成18年11月27日　日本水産常務　→06/08

田村 靖　たむら・やすし　大正11年1月21日～平成18年5月20日　コマツ常務　→06/08

田村 敬男　たむら・ゆきお　昭和61年12月20日
京都障害者自立センター理事　→83/87

田村 征夫　たむら・ゆきお　～平成19年12月13日
ハワイ報知副社長　→06/08

田村 幸久　たむら・ゆきひさ　大正3年4月2日～平成2年8月9日　駐アルジェリア大使　→88/90

田村 豊　たむら・ゆたか　大正7年8月7日～平成14年5月22日　駐ポルトガル大使　→00/02

田村 羊三　たむら・ようぞう　～昭和56年5月27日

華北交通副総裁　→80/82

田村 養之助　たむら・ようのすけ　大正3年1月15日～平成15年11月24日　日本フエルト常務　→03/05

田村 義章　たむら・よしあき　昭和2年～平成6年8月24日　ホーチキ常務　→94/96

田村 嘉朗　たむら・よしお　昭和10年7月24日～昭和63年4月26日　建設省総務審議官　→88/90

田村 禎男　たむら・よしお　大正11年9月2日～平成1年8月30日　近畿ビルサービス副社長　→88/90

田村 良夫　たむら・よしお　昭和8年5月31日～平成19年4月22日　ダイハツディーゼル社長　→06/08

田村 吉貞　たむら・よしさだ　昭和11年3月7日～平成9年9月24日　コープケミカル社長　→97/99

田村 善重　たむら・よししげ　～平成6年4月8日
法政大学理事　→94/96

田村 至敏　たむら・よしとし　昭和16年5月4日～平成18年3月2日　鹿島建設常務執行役員　→06/08

田村 義正　たむら・よしまさ　昭和29年6月1日～平成60年3月6日　東洋建設専務　→83/87

田村 利一　たむら・りいち　明治42年8月15日～平成2年8月2日　東京都議（自民党）　→88/90

田村 良平　たむら・りょうへい　大正6年10月13日～平成7年12月16日　衆院議員（自民党）　→94/96

田室 数雄　たむろ・かずお　～平成4年5月24日
愛媛県中小企業情報センター所長・専務理事　→91/93

多米 浩　ため・ひろし　明治34年4月19日～昭和63年9月19日　調律師　多米楽器商会会長　→88/90

溜田 英　ためだ・すぐる　～平成1年12月10日
自治通信社代表取締役　→88/90

為成 養之助　ためなり・ようのすけ　～平成7年9月2日
弁護士　自由法曹団埼玉支部長　→94/96

為本 成輝　ためもと・しげき　昭和14年11月13日～平成11年2月8日　法務省官房審議官、東京拘置所長　→97/99

田茂井 勇治　たもい・ゆうじ　明治35年3月26日～昭和63年10月24日　網野信金理事長、丹後織物工業組合理事→88/90

玉生 孝久　たもう・たかひさ　大正13年3月1日～平成10年7月26日　衆院議員（自民党）　→97/99

田母神 利衛　たもがみ・としえ　明治41年9月15日～平成4年7月7日　愛知県農林部長、名古屋臨海鉄道社長　→91/93

多門 二郎　たもん・じろう　明治11年9月10日～昭和9年2月15日　陸軍中将　→昭和

田谷 憲重　たや・けんじゅう　大正8年7月13日～平成17年10月3日　水戸証券専務　→03/05

田谷 充実　たや・じゅうじつ　～昭和38年2月27日
石川県知事　→昭和

旅 三雄　たや・みつお　～昭和61年10月8日
牛勝畜産興業取締役副社長、伏木燃商取締役、みよし取締役　→83/87

田谷 芳重　たや・よししげ　明治43年5月28日～平成2年7月24日　日興産業会長、(社)キタン会副会長、名古屋ロータリークラブ会長　→88/90

多屋 良三　たや・りょうぞう　明治38年9月5日～平成11年10月16日　タツタ電線創業者　→97/99

田山 一雄　たやま・かずお　明治41年12月1日～昭和62年2月7日　武蔵野商工会議所(東京都)副会頭、三鷹工業社長　→83/87

田山 茂　たやま・しげる　～昭和46年3月9日　国会図書館専門調査員　→昭和

田山 誠一　たやま・せいいち　～昭和59年9月15日　沼津開発興業社長　→83/87

田山 太市郎　たやま・たいちろう　～平成7年7月1日　東京地検特捜資料課長　→94/96

田山 東虎　たやま・とうこ　明治41年10月15日～平成2年9月19日　東京都議(社会党)　→88/90

田山 正男　たやま・まさお　明治41年2月7日～昭和59年5月18日　三菱石油常務、東北石油社長　→83/87

田山 吉紀　たやま・よしずみ　昭和6年2月5日～平成9年4月11日　三共常務　→97/99

田結 穣　たゆい・みのる　～昭和52年6月28日　海軍中将　→昭和(たゆい・じょう)

多羅尾 次郎　たらお・じろう　明治37年8月15日～平成4年4月24日　三井銀行(のちさくら銀行)取締役、三井精機工業社長　→91/93

田利 清　たり・きよし　明治22年6月26日～昭和60年2月1日　弁護士　名古屋家裁所長　→83/87

垂井 一郎　たるい・いちろう　大正12年8月14日～平成22年5月16日　セコム社長　→09/11

垂井 清之助　たるい・せいのすけ　～昭和55年2月10日　南海電鉄監査役、和歌山商工会議所会頭、元和歌山県議　→80/82

垂石 義蔵　たるいし・よしぞう　大正3年11月4日～平成8年12月5日　タルイシ会長　→94/96

樽岡 彦三郎　たるおか・ひこさぶろう　明治37年2月7日～平成3年9月23日　樽岡石油社長、近松記念館理事長　→91/93

樽沢 武任　たるさわ・たけとう　大正6年1月13日～平成14年1月26日　弘南鉄道会長、東奥義塾高校理事長　→00/02

樽沢 正　たるさわ・ただし　～昭和55年6月5日　正木自動車代表取締役、足立区体育協会長　→80/82

足沢 禎吉　たるさわ・ていきち　大正9年12月18日～昭和56年4月9日　講談社副社長　→80/82

樽谷 清一　たるたに・きよかず　大正8年10月29日～平成17年7月3日　樽谷包装産業会長、尼崎市商工会議所会頭　→03/05

樽谷 紘一郎　たるたに・こういちろう　昭和15年3月16日～平成9年8月14日　山一証券監査役付部長・顧客相談室長　→97/99

垂水 克己　たるみ・かつみ　明治26年11月15日～昭和47年7月7日　最高裁判事、東京高裁長官　→昭和

垂水 健太郎　たるみ・けんたろう　大正3年11月14日～平成10年9月15日　安田火災海上保険常務　→97/99

垂水 公正　たるみず・きみまさ　昭和5年3月13日～平成21年2月21日　アジア開発銀行総裁、大蔵省関税局長　→09/11

樽本 太　たるもと・ふとる　昭和6年～昭和58年10月3日　キング取締役社長　→83/87

樽谷 小市　たるや・こいち　～昭和42年9月17日　大洋信用金庫理事長　→昭和

垂 泰蔵　たれ・たいぞう　大正3年3月20日～平成6年6月24日　神津製作所顧問、伊丹市議長　大阪国際空港騒音公害伊丹調停団連絡協議会代表世話人　→94/96

田和 安夫　たわ・やすお　明治34年8月25日～平成5年1月4日　日本紡績協会理事長　→91/93

多和田 守夫　たわだ・もりお　～昭和55年2月5日　中日本印刷専務・経理部長　→80/82

俵 幸　たわら・さち　大正1年7月31日～平成8年8月11日　三菱レイヨン専務　→94/96

俵 高雄　たわら・たかお　明治40年8月6日～平成6年4月28日　日本鉱業(のちジャパンエナジー)常務　→94/96

俵 次雄　たわら・つぎお　明治25年4月～昭和10年　社会運動家　→昭和

俵 信雄　たわら・のぶつぐ　～昭和48年1月15日　太平金属工業社長　→昭和

俵 孫一　たわら・まごいち　明治2年5月7日～昭和19年6月17日　官僚、政治家　衆院議員、商工相、民政党幹事長・政調会長　→昭和

俵木 滋　たわらぎ・しげる　大正8年3月10日～平成18年8月24日　大日本インキ化学工業常務　→06/08

俵田 明　たわらだ・あきら　明治17年11月13日～昭和38年3月21日　実業家　宇部興産創立者　→昭和

俵田 佐　たわらだ・たすく　大正1年11月8日～平成13年9月25日　山口県議(社民党)　→00/02

俵田 寛夫　たわらだ・ひろお　明治41年2月18日～平成2年6月17日　宇部興産副社長　→88/90

俵谷 岩一　たわらや・いわいち　～平成2年7月1日　川崎油工社長　→88/90

俵屋 文次　たわらや・ぶんじ　明治33年12月19日～昭和61年4月6日　大永紙通商社長　→83/87

団 伊能　だん・いのう　明治25年2月21日～昭和48年2月9日　実業家、政治家　プリンス自動車工業社長、参院議員(民主党)　→昭和

丹 悦太　たん・えつた　明治4年9月23日～昭和34年11月15日　社会運動家　→昭和

団 琢磨　だん・たくま　安政5年8月1日～昭和7年3月5日　実業家、財界人、男爵　三井合名会社理事長、日本工業倶楽部初代理事長、日本経済連盟会長　→昭和

旦 延繁　だん・のぶしげ　明治45年2月12日～平成7年11月

月7日　山下新日本汽船(のちナビックスライン)副社長　→94/96

旦 弘昌　だん・ひろすけ　大正11年10月7日～平成18年1月1日　大蔵省国際金融局長, 日本銀行理事　→06/08

丹下 滋三　たんげ・しげぞう　大正10年11月9日～平成14年4月28日　日東石膏常務　→00/02

丹下 重米　たんげ・じゅうべい　大正3年3月24日～昭和58年6月12日　日本紙運輸倉庫代表取締役社長　→83/87

丹下 恒一　たんげ・つねいち　大正3年2月1日～平成12年5月19日　蘇東興業社長　→00/02

丹下 茂十郎　たんげ・もじゅうろう　明治13年8月～昭和13年2月4日　衆院議員(政友会)　→昭和

丹下 能光　たんげ・よしみつ　大正12年～平成18年1月29日　古河電気工業常務　→06/08

丹下坂 宇良　たんげさか・うら　～昭和58年7月18日　家庭生活研究会(社)専務理事　→83/87

檀崎 喜作　だんざき・きさく　明治36年10月18日～平成5年2月23日　弁護士　仙台高裁判事　→91/93

反迫 春爾　たんさこ・はるじ　大正15年2月5日～平成14年1月9日　河合楽器製作所取締役　→00/02

丹沢 章浩　たんざわ・あきひろ　大正12年1月25日～平成19年1月25日　オリエンタルランド専務, 船橋商工会議所名誉顧問　→06/08

丹沢 三郎　たんざわ・さぶろう　～昭和62年12月3日　日本ダンロップ護謨(のち住友ゴム工業)常務　→83/87

丹沢 善利(2代目)　たんざわ・よしとし　明治24年2月3日～昭和44年5月17日　実業家　生盛薬館社長　→昭和(丹沢 善利)

丹治 一雄　たんじ・かずお　大正13年8月18日～平成18年12月6日　日東紡績常務, パラマウント硝子工業社長　→06/08

丹治 覚　たんじ・さとる　～昭和63年8月14日　台糖取締役　→88/90

丹治 三郎　たんじ・さぶろう　～昭和40年2月28日　三井物産常務　→昭和

丹治 正平　たんじ・しょうへい　～昭和60年5月28日　合成樹脂工業協会専務理事　→83/87

丹治 秀一　たんじ・ひでかず　大正15年7月2日～昭和63年6月21日　大阪ダイヤモンド工業取締役　→88/90

丹治 陸一　たんじ・みちかず　大正7年5月10日～平成1年8月8日　太平工業専務　→88/90

丹治 盛重　たんじ・もりしげ　～昭和59年4月4日　郡山市長　→83/87

檀上 栄之助　だんじょう・えいのすけ　大正10年1月2日～平成12年9月23日　世界貿易センタービルディング専務　→00/02

檀上 徹　だんじょう・てつと　大正13年4月28日～平成1年11月7日　広島銀行取締役　→88/90

丹生 守夫　たんしょう・もりお　昭和4年10月3日～平成1年5月28日　日本たばこ産業専務　→88/90

湛増 庸一　たんそ・よういち　明治19年4月～昭和16年5月14日　衆院議員(無所属)　→昭和(たんぞう・よういち)

反田 邦治　たんだ・くにはる　大正10年1月8日～昭和63年11月27日　反田産業汽船社長, 船主協会常任理事　→88/90

段谷 直樹　だんたに・なおき　～昭和56年7月13日　段谷産業副社長　→80/82

段谷 弘忠　だんたに・ひろただ　大正4年11月26日～平成6年6月15日　段谷産業会長　→94/96

団藤 六郎　だんどう・ろくろう　昭和5年11月14日～平成6年6月16日　東レ常務　→94/96

丹野 茂治　たの・しげじ　大正6年11月7日～昭和62年8月30日　山形県会議長(自民党, 山形)　→83/87

丹野 新作　たの・しんさく　～平成7年4月25日　磐城機械工業会長　→94/96

丹野 セツ　たの・せつ　明治35年11月3日～昭和62年5月29日　社会運動家　徳田・渡政会会長　→83/87

丹野 毅　たの・たけし　大正10年1月19日～平成19年7月30日　日立化成工業社長　→06/08

団野 武　だんの・たけし　大正2年4月29日～昭和57年1月9日　旭エンジニアリング会長, 元旭化成工業専務　→80/82

団野 弘之　だんの・ひろゆき　明治44年5月9日～平成12年7月9日　僧侶　龍宝寺(曹洞宗谷山)住職, 鶴見大学教授　→00/02

檀野 冨士雄　だんの・ふじお　～平成1年5月17日　クラレ常務　→88/90

丹野 正男　たの・まさお　大正1年10月18日～昭和60年12月21日　園池製作所社長　→83/87

丹野 実　たの・みのる　明治43年2月～昭和51年7月2日　衆院議員(国協党)　→昭和

檀野 義雄　だんの・よしお　明治42年1月15日～平成1年2月13日　湯浅電池取締役　→88/90

丹野 諒二　たの・りょうじ　大正4年7月26日～平成22年11月12日　宮城県民副知事　→09/11

檀野 礼助　だんの・れいすけ　明治8年8月～昭和15年3月20日　日魯漁業専務, 衆院議員(第一控室)　→昭和

淡輪 就直　たんのわ・なりただ　大正1年10月3日～平成12年4月29日　三井石油化学工業社長　→00/02

丹波 重蔵　たんば・じゅうぞう　～昭和57年6月13日　滋賀県土地改良事業団体連合会長, びわ湖放送取締役　→80/82

丹葉 節郎　たんば・せつろう　明治40年～平成6年2月21日　釧路ユネスコ協会会長　→94/96

丹波 恒夫　たんば・つねお　～昭和46年11月9日　丹波商会社長　→昭和

檀原 康男　だんばら・やすお　大正14年7月29日～平成2年9月17日　中野区議(自民党)・元区会議長　→88/90

【ち】

崔 東洵　チェ・ドンジュン　1923年8月〜2008年2月22日　福禄寿経営　札幌でのジンギスカンの普及に貢献　→06/08（さい・とうじゅん）

崔 文浩　チェ・ムンホ　昭和9年9月29日〜平成22年8月22日　三菱商事取締役ソウル支店長　→09/11（さい・ぶんこう）

千枝 陸郎　ちえだ・りくろう　明治43年6月26日〜平成2年10月7日　味の素顧問・元常務　→88/90

近 喜代一　ちか・きよいち　大正6年6月10日〜昭和48年5月23日　新潟水俣病被災者の会会長　→昭和

値賀 忠治　ちが・ちゅうじ　〜昭和56年12月22日　陸軍中将　日本無線常務　→80/82

近 泰人　ちか・やすと　大正15年8月21日〜平成4年11月11日　きんでん副社長　→91/93

近石 茂　ちかいし・しげる　大正14年2月5日〜平成3年7月13日　奥村組常務　→91/93

近岡 広　ちかおか・ひろし　大正15年5月17日〜平成9年10月4日　海難審判理事所長　→97/99

近岡 実　ちかおか・みのる　大正13年7月2日〜平成18年9月18日　日本興業銀行取締役　→06/08

千ケ崎 惣右衛門　ちがさき・そうえもん　大正4年11月5日〜平成5年7月30日　茨城県会議長　→91/93

近重 八郎　ちかしげ・はちろう　大正5年8月8日〜平成5年5月21日　テクノ菱和会長　→91/93

近角 常観　ちかずみ・じょうかん　明治3年3月24日〜昭和16年12月3日　僧侶（真宗大谷派）　→昭和

近角 真観　ちかずみ・しんかん　〜昭和56年3月1日　三菱鉱業常務、崎戸製塩社長　→80/82

近添 美豊　ちかぞえ・よしとよ　大正3年5月2日〜平成13年4月21日　土佐市長　→00/02

近谷 俊雄　ちかたに・としお　明治45年2月19日〜平成10年6月16日　広島市信用組合理事長、全国信用組合中央協会副会長　→97/99

近辻 宏帰　ちかつじ・こうき　昭和18年3月26日〜平成21年5月5日　佐渡トキ保護センター所長　→09/11

チカップ 美恵子　ちかっぷ・みえこ　昭和23年9月2日〜平成22年2月5日　アイヌ解放運動家、アイヌ文様刺繍家、エッセイスト　→09/11

近浪 英雄　ちかなみ・ひでお　〜昭和60年3月11日　日本コンベンションサービス相談役　→83/87

近間 一義　ちかま・かずよし　昭和18年1月14日〜平成18年5月20日　山口県議（自民党）　→06/08

近間 浩二郎　ちかま・こうじろう　大正8年7月2日〜昭和61年5月29日　西松建設取締役　→83/87

近間 忠一　ちかま・ちゅういち　大正6年12月3日〜昭和60年6月24日　山口県議（自民党）　→83/87

近松 二三　ちかまつ・にぞう　明治36年11月1日〜平成11年11月30日　羽田ヒューム管会長　→00/02s

近松 誉一　ちかまつ・よいち　〜平成23年8月28日　僧侶　真宗大谷派儀式指導研究所所長・宗議会議員　→09/11

近松 良之　ちかまつ・よしゆき　大正10年2月5日〜平成2年2月11日　（福）鉄research舎理事長、ひかりの子学園長、筑波大学教授　→88/90

千頭 清之　ちかみ・きよゆき　大正12年3月28日〜平成5年1月8日　サハリン石油開発協力社長、北海道電力副社長　→91/93

千頭 茂寿　ちかみ・しげかず　〜昭和6年6月17日　大阪電燈常務　→昭和（せんとう・しげかず）

千頭 暎臣　ちかみ・てるおみ　明治35年8月11日〜昭和58年2月27日　三菱信託銀行相談役・元社長　→83/87

近見 敏之　ちかみ・としゆき　昭和45年1月28日〜平成15年2月15日　久留米市長　→03/05

近見 正男　ちかみ・まさお　大正9年9月3日〜平成13年1月5日　西日本新聞北九州支社長　→00/02

千頭 衛　ちがみ・まもる　昭和13年9月24日〜平成2年11月5日　八千代田産業専務　→88/90

近森 茂八郎　ちかもり・もはちろう　〜昭和62年6月8日　近森（染呉服問屋）会長　→83/87

近森 行雄　ちかもり・ゆきお　大正14年2月22日〜平成19年2月13日　高知新聞取締役　→06/08

近山 与士郎　ちかやま・よしろう　昭和5年9月10日〜平成17年6月7日　長野ホテル犀北館会長　→03/05

力石 一男　ちからいし・かずお　明治44年7月22日〜平成10年7月30日　呉相互銀行会長　→97/99

力石 健次郎　ちからいし・けんじろう　大正5年8月6日〜平成7年2月9日　駐スイス大使　→94/96

力石 五郎　ちからいし・ごろう　大正4年11月28日〜平成9年1月28日　三菱商事副社長　→97/99

力石 雄一郎　ちからいし・ゆういちろう　明治9年6月30日〜昭和8年3月17日　長野県知事、大分県知事　→昭和（りきいし・ゆういちろう）

地京 武人　ちきょう・たけと　〜昭和45年3月15日　東京地裁判事　→昭和

千木良 清　ちぎら・きよし　〜平成11年8月14日　中越パルプ工業専務　→97/99

千金良 宗三郎　ちぎら・そうざぶろう　明治24年7月27日〜昭和60年5月19日　三菱銀行相談役　→83/87

千明 康　ちぎら・やすし　明治36年1月1日〜昭和61年7月19日　丸沼温泉ホテル会長、千明牧場主、日本中央競馬会運営審議会委員　→83/87

築 信夫　ちく・しのぶ　〜昭和58年1月19日　福岡地検検事正　→83/87

知久 健夫　ちく・たけお　〜昭和61年6月18日　豊田中央研究所取締役副社長　→83/87

知久 豊　ちく・ゆたか　大正11年6月27日〜平成21年3月

I　政治・経済・社会篇　　　　　　　　　　　　　　　　　　　　　　　　　　　　　　　　　　ちの

1日　はごろもフーズ副社長　→09/11

千種 達夫　ちぐさ・たつお　明治34年4月2日～昭和56年9月1日　弁護士，東京高裁判事　→80/82

千草 恒男　ちぐさ・つねお　明治41年7月30日～昭和58年1月25日　名古屋新幹線公害訴訟初代原告団長，名古屋新幹線公害対策連合会初代会長　→83/87

千種 仁子　ちぐさ・まさこ　～昭和19年2月1日　典侍　～昭和

筑紫 季彦　ちくし・すえひこ　～平成1年11月28日　明治製菓監査役　→88/90

筑瀬 章　ちくせ・あきら　大正3年10月23日～平成7年8月15日　阪神百貨店専務，阪神運送社長　→94/96

竹藤 太郎　ちくとう・たろう　大正12年8月1日～平成11年1月23日　岡山県議（自民党）　→97/99

竹馬 実　ちくば・みのる　昭和7年～平成9年5月14日　シーマ取締役，松下電器産業宣伝事業部長　→97/99

竹馬 準之助　ちくま・じゅんのすけ　明治39年10月18日～平成2年9月24日　竹馬産業会長・元社長，竹馬グループ名誉会長，神戸商工会議所副会頭　→88/90

千阪 智次郎　ちさか・ともじろう　慶応4年2月15日～昭和11年2月23日　海軍中将　～昭和（千坂 智次郎 ちさか・ともじろう）

地崎 昭宇　ちざき・あきいえ　昭和19年5月21日～平成20年11月20日　地崎工業社長，エフエム・ノースウエーブ会長，日刊スポーツ新聞北海道本社会長　→06/08

地崎 宇三郎（2代目）　ちざき・うさぶろう　明治30年1月2日～昭和26年6月29日　実業家，政治家，衆院議員（民主党），小樽新聞社長，地崎組社長　～昭和（地崎 宇三郎）

地崎 宇三郎（3代目）　ちざき・うさぶろう　大正8年7月21日～昭和62年11月11日　地崎工業社主，衆院議員（自民党），運輸相　→83/87（地崎 宇三郎）

知崎 喬　ちさき・たかし　大正1年11月27日～平成7年11月17日　中央電気工業会会長　→94/96

茞野 寿衛吉　ちさの・すえきち　明治41年6月9日～平成2年10月5日　北海道拓殖銀行常務，北海道電力監査役　→88/90

千知岩 春雄　ちじいわ・はるお　大正2年3月28日～平成5年12月4日　電通常務　→91/93

知識 隆雄　ちしき・たかお　～昭和57年9月23日　宮崎日日新聞社常務　→80/82

千島 勲　ちしま・いさお　～平成11年1月8日　弁護士，日弁連理事，埼玉弁護士会会長，熊谷市会議長　→97/99

千代 正直　ちしろ・まさなお　大正15年9月9日～平成15年11月21日　滋賀県農業協同組合中央会会長，全国農協中央会副会長　→03/05

千々和 太郎　ちぢわ・たろう　大正2年6月21日～平成6年9月21日　東洋建設専務　→00/02

遅塚 世六　ちずか・せろく　明治31年6月11日～昭和59年7月22日　国際観光会館常務，上智大同窓会ソフィア会会長　→83/87

千頭和 錬太郎　ちずわ・れんたろう　大正9年7月16日～平成14年10月1日　静岡県議（社会党）　→00/02

千田 明　ちだ・あきら　昭和12年2月14日～平成17年10月31日　胆沢町（岩手県）町長　→03/05

千田 啓一　ちだ・けいいち　昭和12年12月25日～平成21年10月6日　読売新聞販売局総務　→09/11

千田 孝信　ちだ・こうしん　大正15年1月22日～平成21年4月11日　僧侶，中尊寺貫首，観音寺名誉住職　→09/11

千田 修二　ちだ・しゅうじ　～昭和40年3月26日　三井建設社長　～昭和

智田 純行　ちだ・すみゆき　昭和9年11月28日～昭和60年7月3日　伊藤忠不動産取締役宅地事業部長　→83/87

千田 正　ちだ・ただし　明治32年4月28日～昭和58年2月5日　岩手県知事，参院議員　→83/87

千田 達彦　ちだ・たつひこ　昭和2年6月30日～昭和60年1月28日　羽後銀行取締役　→83/87

千田 哲朗　ちだ・てつろう　昭和9年2月25日～平成21年8月6日　ルシアン社長，京都経済同友会代表幹事　→09/11

千田 実　ちだ・みのる　大正13年10月2日～昭和60年10月19日　不動建設専務　→83/87

秩父宮 勢津子　ちちぶのみや・せつこ　明治42年9月9日～平成7年8月25日　秩父宮雍仁親王妃　→94/96

秩父宮 雍仁　ちちぶのみや・やすひと　明治35年6月25日～昭和28年1月4日　大正天皇第二皇男子　～昭和（秩父宮雍仁親王 ちちぶのみや・やすひとしんのう）

知名 洋二　ちな・ようじ　昭和11年7月27日～平成19年1月10日　リューセロ会長，沖縄県経営者協会会長　→06/08

知念 朝功　ちねん・ちょうこう　大正3年8月27日～昭和61年10月16日　オリオンビール会長，琉球政府行政副主席　→83/87

千野 七郎　ちの・しちろう　大正10年5月4日～昭和63年12月18日　チノー常勤監査役　→88/90

茅野 亮　ちの・たすく　昭和9年12月12日～平成22年5月4日　すかいらーく創業者　→09/11

千野 忠男　ちの・ただお　昭和9年1月21日～平成20年7月17日　大蔵省財務官，アジア開発銀行総裁　→06/08

千野 輝雄　ちの・てるお　～昭和60年9月16日　長野県酒造組合副会長　→83/87

知野 虎雄　ちの・とらお　大正8年3月1日～平成21年6月2日　衆院事務総長，会計検査院長　→09/11

茅野 秀世　ちの・ひでよ　昭和11年1月10日～平成6年5月12日　チノン社長　→94/96

茅野 弘　ちの・ひろし　大正12年7月22日～平成14年3月28日　チノン創業者　→00/02

茅野 三男　ちの・みつお　～昭和63年9月1日　北海道農業近代化協会副会長，北海道立中央農業試験場長　→88/90

千乃 裕子　ちの・ゆうこ　昭和9年1月26日〜平成18年10月25日　千乃正法創設者,パナウェーブ研究所創設者　→06/08

千野 宜時　ちの・よしとき　大正12年3月18日〜平成16年8月18日　大和証券会長　→03/05

茅根 煕昭　ちのね・ひろあき　昭和10年6月4日〜平成20年6月12日　朝日工業社長　→06/08

千葉 徳　ちば・あつし　〜昭和60年8月17日　根本建設代表取締役社長　→83/87

千葉 英三　ちば・えいぞう　大正14年5月26日〜平成8年3月3日　岩手県議(自民党)　→97/99s

千馬 治　ちば・おさむ　大正12年11月2日〜平成3年2月10日　尼信ビジネス・サービス社長,尼崎信用金庫常務理事　→91/93

千葉 一夫　ちば・かずお　大正14年4月19日〜平成16年9月14日　駐英大使　→03/05

千葉 一雄　ちば・かずお　昭和4年6月10日〜平成13年5月26日　関電工副社長　→00/02

千葉 清　ちば・きよし　昭和3年1月3日〜平成17年2月18日　白糠町(北海道)町長　→03/05

千葉 国男　ちば・くにお　昭和16年9月12日〜平成22年10月26日　参院議員(公明党),衆院議員(新進党)　→09/11

千葉 薫平　ちば・くんぺい　昭和10年3月18日〜平成2年3月16日　日本酒販売取締役福岡支社長　→88/90

千葉 健二郎　ちば・けんじろう　〜昭和11年5月30日　徳島放送局長　→昭和

千葉 源蔵　ちば・げんぞう　大正4年3月25日〜昭和63年9月21日　文芸春秋名誉会長　→88/90

千葉 堅弥　ちば・けんや　〜平成9年12月11日　石巻市長　→97/99

千葉 皓　ちば・こう　明治42年4月15日〜昭和59年1月20日　ブラジル大使　→83/87

千葉 剛太郎　ちば・ごうたろう　大正7年3月15日〜昭和58年2月8日　日邦汽船社長　→83/87

千葉 五朗　ちば・ごろう　〜昭和61年2月12日　東海銀行名古屋事務センター所長代理　→83/87

千葉 魁雄　ちば・さきお　昭和9年9月29日〜平成8年8月14日　岩手放送常務　→94/96

千葉 貞子　ちば・さだこ　明治36年7月23日〜平成9年9月13日　婦人之友社社長,自由学園理事　→97/99

千葉 三郎　ちば・さぶろう　明治27年1月25日〜昭和54年11月29日　政治家　労相,衆院議員(自民党)　→昭和

千葉 三二郎　ちば・さんじろう　〜昭和62年2月23日　千葉福寿園理事長,陸前バス社長　→83/87

千葉 茂　ちば・しげる　〜昭和49年8月15日　旧東芝製鋼社長　→昭和

千葉 七郎　ちば・しちろう　明治38年9月27日〜昭和62年12月9日　衆院議員(社会党)　→83/87

千葉 準　ちば・じゅん　昭和7年3月11日〜平成6年11月21日　住友生命保険専務　→94/96

千葉 俊一　ちば・しゅんいち　〜平成3年3月15日　陸別町(北海道)町長　→91/93

千葉 省一　ちば・しょういち　〜昭和63年9月18日　本吉町(宮城県)町長　→88/90

千葉 正治　ちば・しょうじ　大正11年8月20日〜平成20年8月29日　東武創業者　→06/08

千葉 宗八　ちば・そうはち　明治34年1月1日〜昭和59年6月17日　弁護士　東京弁護士会副会長,東京家裁参調会副会長　→83/87

千葉 大作　ちば・だいさく　〜平成10年1月22日　北海道議(社会党)　→97/99

千葉 隆資　ちば・たかすけ　〜平成2年9月8日　日本水産監査役　→88/90

千葉 忠雄　ちば・ただお　〜平成8年6月14日　北海道議　→94/96

千葉 正　ちば・ただし　大正2年12月12日〜平成4年2月14日　市光工業副社長　→91/93

千葉 達人　ちば・たつと　〜平成12年1月20日　神戸生糸常務　→00/02

千葉 達朗　ちば・たつろう　大正2年5月3日〜平成2年5月18日　朝日町(北海道)町長　→88/90

千葉 民蔵　ちば・たみぞう　明治45年〜平成3年5月28日　青森県議(社会党)　→91/93

千葉 千代世　ちば・ちよせ　明治40年4月6日〜平成3年3月10日　参院議員(社会党)　→88/90

千葉 禎太郎　ちば・ていたろう　弘化4年2月〜昭和6年4月21日　衆院議員(政友会),神国生命保険会社社長　→昭和

千葉 哲司　ちば・てつじ　〜平成4年10月12日　テクノ菱和取締役　→91/93

千葉 利雄　ちば・としお　大正15年10月4日〜平成21年2月5日　鉄鋼労連副委員長,連合政策委員長　→09/11

千葉 留三郎　ちば・とめさぶろう　明治32年1月5日〜昭和61年12月15日　山一漁業会長　→83/87

千葉 尚二　ちば・なおじ　明治40年7月26日〜平成2年6月28日　三菱銀行取締役,金商又一副社長,日本電子取締役　→88/90

千葉 徳穂　ちば・のりお　大正14年9月10日〜平成17年3月13日　築館町(宮城県)町長　→03/05

千葉 一　ちば・はじめ　明治43年11月18日〜平成7年4月28日　岩手県議(自民党)　→94/96

千葉 一　ちば・はじめ　昭和3年8月15日〜平成9年9月25日　北雄ラッキー会長　→97/99

千葉 新　ちば・はじめ　〜昭和57年6月28日　東伸製鋼監査役　→80/82

千葉 博　ちば・ひろし　大正2年3月3日〜平成16年8月22日　太産工業会長,発明振興協会理事長・会長　→03/05

I 政治・経済・社会篇　　　　　　　　　　　　　　　　　　　　　　　　　　　　　　　　　　　　　ちゆうかん

千葉 博　ちば・ひろし　昭和3年3月7日～平成18年7月21日　住友ベークライト常務　→06/08

千葉 文夫　ちば・ふみお　大正14年7月17日～平成19年9月26日　扶桑電通専務　→06/08

千葉 信　ちば・まこと　明治37年9月28日～昭和45年12月26日　参院議員(社会党)　→昭和(ちば・しん)

千葉 幹夫　ちば・みきお　昭和2年9月16日～平成22年8月22日　大成建設副社長　→09/11

千葉 三男　ちば・みつお　明治44年4月17日～平成2年10月19日　日本情報通信開発取締役、東京郵政監察局長　→88/90

千葉 宮次郎　ちば・みやじろう　明治5年1月～昭和8年5月6日　衆院議員(立憲政友会)　→昭和

千葉 元江　ちば・もとえ　明治42年1月15日～平成4年11月5日　青森市長、青森県副知事、青森テレビ相談役　→91/93

千葉 弥一郎　ちば・やいちろう　嘉永1年～昭和10年4月28日　新徴組隊士　→昭和

千葉 勇五郎　ちば・ゆうごろう　明治3年8月13日～昭和21年4月21日　牧師、神学者　→昭和

千葉 幸男　ちば・ゆきお　～平成18年4月27日　精養軒会長　→06/08

千葉 諭吉　ちば・ゆきち　大正10年5月30日～平成23年8月27日　千葉物流倉庫社長　→09/11

千葉 利喜弥　ちば・りきや　昭和7年6月9日～昭和62年3月23日　北海道労働金庫常務理事、北海道労金ビジネスサービス取締役　→83/87

千葉 陸郎　ちば・りくろう　～昭和56年10月26日　王子運輸倉庫専務　→80/82

千葉 立造　ちば・りつぞう　～昭和61年11月15日　葛飾区(東京都)区議　→83/87

千葉 了　ちば・りょう　明治17年～昭和38年11月8日　三重県知事,長野県知事,広島県知事　→昭和

千葉 良一　ちば・りょういち　大正5年2月14日～平成10年1月9日　丸運専務　→97/99

千葉 良導　ちば・りょうどう　明治15年1月15日～昭和31年5月20日　僧侶　金戒光明寺(浄土宗)住職、黒谷浄土宗初代管長　→昭和

千速 晃　ちはや・あきら　昭和10年3月6日～平成19年1月22日　新日本製鉄会長、日中経済協会会長　→06/08

千速 竹一　ちはや・たけいち　～昭和58年3月4日　宮崎県警本部長　→83/87

千早 正隆　ちはや・まさたか　明治43年4月23日～平成17年2月8日　海軍中佐、著述家　東京ニュース通信社常務　→06/08s

千原 昭義　ちはら・あきよし　昭和3年2月20日～平成8年2月6日　鹿児島放送副社長、朝日新聞西部本社企画室長　→94/96

千原 一夫　ちはら・かずお　大正13年9月28日～平成14年5月10日　日造船エンジニアリング社長　→00/02

千原 俊次　ちはら・としつぐ　～昭和61年4月13日　筑豊商業連合会理事、田川市人権養護委員　→83/87

千村 信次　ちむら・しんじ　～昭和56年7月7日　自民党政務調査会調査役　→80/82

地村 忠志　ちむら・ただし　～平成18年1月18日　飯野町(宮崎県)商工観光課長、宮崎県観光協会専務理事　→06/08

千守 教荘　ちもり・きょうそう　～昭和38年3月21日　壺阪寺住職(奈良県)　→昭和

茶円 三美　ちゃえん・みよし　大正3年10月15日～平成62年10月10日　銭高組専務　→83/87

茶木 豊子　ちゃき・とよこ　昭和22年～平成8年5月1日　自立塾代表　→94/96

茶谷 一男　ちゃたに・かずお　大正9年8月24日～平成19年6月14日　氷見市長　→06/08

茶谷 三郎　ちゃたに・さぶろう　昭和3年～平成5年8月24日　三菱電機東部コンピュータシステム社長　→91/93

茶谷 周次郎　ちゃたに・しゅうじろう　大正14年9月6日～昭和60年8月7日　東洋紡績社長、関西経済同友会代表幹事　→83/87

茶谷 順次　ちゃたに・じゅんじ　～昭和47年12月19日　日本鉄鋼会長　→昭和

茶谷 善作　ちゃだに・ぜんさく　明治27年1月2日～昭和63年6月7日　高田重工(株)常任監査役　→88/90

茶谷 徳松　ちゃたに・とくまつ　～昭和55年8月17日　泉大津市長、大阪府市長会長　→80/82

茶谷 政弘　ちゃたに・まさひろ　昭和8年12月31日～平成12年5月11日　茶谷産業社長　→00/02

茶谷 保三郎　ちゃたに・やすさぶろう　～昭和56年4月19日　津上会長　→80/82

茶谷 勇吉　ちゃたに・ゆうきち　～昭和60年4月2日　判事　名古屋高裁判事　→83/87

茶鍋 甫　ちゃなべ・はじめ　～昭和55年5月8日　長野県商工部長　→80/82

茶野 敬　ちゃの・たかし　大正15年9月24日～平成23年10月29日　カヤバ工業社長　→09/11

茶谷 潔　ちゃや・きよし　大正4年6月24日～平成7年4月21日　大洋漁業(のちマルハ)副社長　→94/96

茶山 克巳　ちゃやま・かつみ　大正12年2月15日～平成12年9月29日　東京都議(共産党)　→00/02

張 徳出　チャン・ドクチュル　明治38年7月7日～昭和63年2月19日　東洋救霊団主管牧師、(仮)愛神愛隣舎理事長　→88/90(ちょう・とくしゅつ)

忠 佐市　ちゅう・さいち　明治39年10月27日～平成3年1月9日　弁護士　日本大学教授　→91/93

中願寺 岩雄　ちゅうがんじ・いわお　～昭和60年9月1日　中願寺建設会長、元小郡市議　→83/87

中願寺 雄吉　ちゅうがんじ・ゆうきち　明治22年3月23日～平成15年9月28日　男性長寿世界一　→03/05

忠沢 保孔　ちゅうざわ・やすよし　昭和7年2月24日～平成8年4月15日　北海道新聞編集局次長兼地方部長　→97/99s

中条 清勝　ちゅうじょう・きよかつ　～昭和57年5月14日　日本金属顧問・元専務　→80/82

中条 弘毅　ちゅうじょう・こうき　大正12年1月2日～平成14年8月1日　大阪ガス副社長　→00/02

中条 庚子郎　ちゅうじょう・こうしろう　～昭和63年6月26日　日活監査役　→88/90

中条 武彦　ちゅうじょう・たけひこ　～平成5年12月27日　衆議院秘書会長、小沢一郎新生党代表幹事秘書　→91/93

中条 貞三　ちゅうじょう・ていぞう　～昭和59年6月13日　全日本鍵組合連合会副理事長　→83/87

中条 徳三郎　ちゅうじょう・とくさぶろう　明治35年2月7日～平成2年11月23日　荏原製作所取締役技師長、国士舘大学教授　→88/90

中条 晴夫　ちゅうじょう・はるお　明治39年3月27日～平成7年5月17日　百十四銀行頭取　→94/96

中条 正次　ちゅうじょう・まさじ　～昭和55年4月26日　青木建設顧問・前取締役　→80/82

中堂 観恵　ちゅうどう・かんけい　～昭和60年10月20日　海軍少将　南方軍参謀副長　→83/87

中堂 広　ちゅうどう・ひろし　～平成5年8月14日～平成3年10月19日　日産ディーゼル福岡販売会長　→91/93

中鉢 光雄　ちゅうばち・みつお　大正6年6月30日～平成6年10月9日　住友特殊金属常務　→94/96

中馬 馨　ちゅうま・かおる　明治37年11月20日～昭和46年11月8日　大阪市長　→昭和

中馬 猪之吉　ちゅうまん・いのきち　明治18年1月31日～昭和46年1月23日　参院議員（緑風会）、国分市長　→昭和（ちゅうま・いのきち）

中馬 辰猪　ちゅうまん・たつい　大正5年2月27日～平成22年4月18日　衆議院議員（自民党）、建設相　→09/11

中馬 操　ちゅうまん・みさお　明治35年5月21日～平成1年10月16日　帝国臓器製薬常務　→88/90

中力 功　ちゅうりき・いさお　～昭和46年9月20日　川崎重工顧問　→昭和

千代 忠央　ちよ・ただなか　昭和9年8月2日～平成19年6月21日　松伏町（埼玉県）町長、白水社取締役編集部長　→06/08

張　チョウ　⇒チャン

長 勇　ちょう・いさむ　明治28年1月19日～昭和20年6月23日　陸軍中将　→昭和

長 延連　ちょう・えんれん　明治14年～昭和19年4月22日　警視総監　→昭和

長 国雄　ちょう・くにお　～昭和56年4月5日　福岡県粕屋郡篠栗町議会議長　→80/82

張 敬三　ちょう・けいぞう　大正2年2月11日～平成13年11月5日　東洋製作所常務　→00/02

長 現寿　ちょう・げんじゅ　～昭和62年2月23日　僧侶　医王山松寺永福寺住職　→83/87

張 仁興　ちょう・じんこう　1930年11月7日～2008年3月31日　福新楼会長、福岡華僑総会会長　→06/08

長 高連　ちょう・たかつら　大正14年4月1日～平成23年9月17日　大林組常務、農林水産省北陸農政局長　→09/11

長 世吉　ちょう・つぎよし　明治17年2月～昭和38年10月8日　貴族院議員（勅選）、貴族院書記官長　→昭和（ちょう・せいきち）

長 亨　ちょう・とおる　大正3年9月15日～平成22年2月6日　三井物産常務、東洋エンジニアリング副会長　→09/11

長 得一　ちょう・とくいち　～昭和29年6月10日　東京書籍社長　→昭和

長 俊英　ちょう・としひで　大正5年2月18日～平成17年1月16日　米沢市長　→03/05

長 博　ちょう・ひろし　大正4年5月7日～平成11年11月4日　香住町（兵庫県）町長　→97/99

長 正路　ちょう・まさみち　明治43年1月～昭和59年4月22日　衆院議員（社会党）　→83/87

長 喜穂　ちょう・よしほ　～昭和4年8月14日　陸軍航空兵大尉　→昭和

長網 良晃　ちょうあみ・よしてる　昭和16年9月23日～平成13年1月5日　JR九州専務　→00/02

帖佐 裕　ちょうさ・ひろし　大正12年7月7日～平成7年1月6日　親和銀行取締役　軍歌「同期の桜」の作詞者　→94/96

帖佐 義行　ちょうさ・よしゆき　～平成1年5月27日　大阪総評議長　→88/90

長曽我部 浩　ちょうそかべ・ひろし　昭和8年5月22日～平成21年10月6日　オリックス証券社長　→09/11

長曽我部 勝　ちょうそかべ・まさる　～平成10年1月5日　神官　神社本庁長老、伊豆旦比古命神社名誉宮司　→97/99

長南 光一　ちょうなん・こういち　～昭和57年3月1日　東京相互銀行監査役　→80/82

長南 照夫　ちょうなん・てるお　昭和4年10月5日～昭和61年10月11日　宮内庁式部官　→83/87

長野 善三　ちょうの・ぜんぞう　明治33年9月9日～昭和61年4月24日　日本甜菜製糖相談役　→83/87

蝶野 照正　ちょうの・てるまさ　昭和4年1月8日～平成7年7月9日　山陽国策パルプ専務　→94/96

丁野 暁春　ちょうの・としはる　明治29年12月24日～平成2年2月6日　弁護士　大審院判事、松江地裁所長　→88/90

千代延 定良　ちよのぶ・さだよし　明治30年～昭和37年8月12日　江津市長　→昭和

千代延 尚資　ちよのぶ・たかすけ　昭和9年12月11日～平成18年7月4日　東レ常務　→06/08

千 龍夫　チョン・ヨンブ　昭和15年5月8日～平成16年1月11日　ハンセン病国家賠償訴訟の元原告　→03/05

I　政治・経済・社会篇　　　　　　　　　　　　　　　　　　　　　　　　　つかた

知里 ナミ　ちり・なみ　明治12年～昭和39年5月30日　アイヌ文化伝承者　→昭和
千輪 博　ちわ・ひろし　昭和12年2月27日～平成14年5月15日　豊田通商社長、トヨタ自動車専務　→00/02
珍田 捨巳　ちんだ・すてみ　安政3年12月24日～昭和4年1月16日　外交官、伯爵　侍従長、枢密顧問官　→昭和
珍田 昌哉　ちんだ・まさや　大正15年10月11日～平成4年12月25日　ヤナセ設備工業社長、ヤナセ取締役　→91/93

【つ】

津秋 篁　つあき・たかむら　明治42年6月28日～昭和63年12月21日　日本水産副社長　→88/90
津浦 嵩　つうら・たかし　昭和10年3月6日～平成22年5月19日　住友商事副社長　→09/11
津江 市作　つえ・いちさく　～昭和43年4月6日　日本百歳会会長　→昭和
津江 孝夫　つえ・たかお　大正14年12月21日～平成19年10月15日　神官　今宮戎神社名誉宮司　→06/08
柄 典之　つか・すけのぶ　大正13年1月18日～平成10年4月12日　芸陽信用金庫理事長、芸津町(広島県)町長　→97/99
塚尾 正和　つかお・まさかず　大正15年12月24日～平成21年9月10日　杉村倉庫社長　→09/11
津垣 昭夫　つがき・あきお　昭和2年3月5日～平成8年5月2日　鹿島建設専務　→94/96
塚越 覚市朗　つかごし・かくいちろう　明治38年5月12日～平成10年1月6日　揖斐川電気工業(のちイビデン)副社長　→97/99
塚越 順一郎　つかこし・じゅんいちろう　明治44年9月11日～平成8年12月18日　マミヤ光機(のちマミヤ・オービー)社長、石川島播磨重工業取締役　→94/96
塚越 輝夫　つかごし・てるお　大正8年11月9日～平成17年9月11日　群馬県議(自民党)　→03/05
塚越 虎男　つかごし・とらお　明治35年5月22日～昭和61年11月28日　会計検査院長　→83/85
塚越 誠　つかごし・まこと　大正元年12月10日～平成7年5月4日　三井建設副社長　→94/96
塚越 郁郎　つかごし・ゆういちろう　明治14年12月～昭和12年　書店主　東京図書雑誌小売業組合組長　→昭和
司 忠　つかさ・ただし　明治26年10月5日～昭和61年5月1日　東京流通センター会長、丸善社長、東京文化会館運営審議会会長　→83/87
塚崎 公俊　つかさき・きみとし　大正5年9月23日～平成18年2月22日　日本鋼管副社長　→06/08
塚崎 直義　つかざき・なおよし　明治14年5月10日～昭和32年3月26日　弁護士　最高裁判事、日弁連会長　→昭和(つかさき・なおよし)
塚田 篤　つかだ・あつし　～昭和59年9月19日　日本化学陶業社長　→83/87
塚田 攻　つかだ・おさむ　明治19年7月14日～昭和17年12月18日　陸軍大将　→昭和
塚田 欽一郎　つかだ・きんいちろう　大正7年7月7日～平成8年11月21日　トーエネック会長　→94/96
塚田 剛蔵　つかだ・ごうぞう　大正8年4月8日～平成7年8月26日　三井東圧化学常務　→94/96
塚田 公太　つかだ・こうた　明治18年9月27日～昭和41年6月9日　実業家　倉敷紡績社長　→昭和
塚田 実則　つかだ・さねのり　～昭和43年7月22日　東邦瓦斯相談役　→昭和
塚田 三史　つかだ・さんし　～昭和57年4月3日　海将　自衛隊中央病院副院長　→80/82
塚田 茂　つかだ・しげる　昭和7年1月3日～平成18年5月2日　トーハン取締役　→06/08
塚田 十一郎　つかだ・じゅういちろう　明治37年2月9日～平成9年5月23日　弁護士　参院議員、衆院議員、新潟県知事　→97/99
塚田 正三郎　つかだ・しょうざぶろう　大正3年3月26日～平成5年1月28日　阪田商会(のちサカタインクス)社長、住友化学工業専務　→91/93
塚田 庄平　つかだ・しょうへい　大正7年6月25日～平成3年3月20日　衆院議員(社会党)　→91/93
塚田 新市　つかだ・しんいち　大正3年12月10日～平成16年10月3日　串木野市長　→03/05
塚田 清一　つかだ・せいいち　安政2年～昭和9年11月1日　陸軍歩兵大佐　→昭和
塚田 大願　つかだ・だいがん　明治42年11月15日～平成7年12月14日　社会運動家　参院議員(共産党)　→94/96
塚田 武　つかだ・たけし　昭和15年8月26日～平成1年3月7日　弁護士　→88/90
塚田 恒雄　つかだ・つねお　昭和16年12月7日～平成16年6月19日　アコム専務　→03/05
塚田 敏夫　つかだ・としお　昭和9年2月24日～昭和63年12月22日　平谷村(長野県)村長　→88/90
塚田 俊治　つかだ・としはる　～昭和55年6月22日　佐藤工業相談役・元副社長　→80/82
塚田 豊明　つかだ・とよあき　明治35年2月13日～平成1年8月29日　みすず豆腐会長　→88/90
塚田 信勝　つかだ・のぶかつ　昭和13年10月3日～平成9年7月10日　読売新聞大阪本社論説委員長・調査研究室長　→97/99
塚田 一　つかだ・はじめ　昭和9年10月10日～平成21年9月28日　長野県議(緑ண会)　→09/11
塚田 晴雄　つかだ・はるお　大正9年12月25日～平成6年10月19日　三井生命保険常務　→94/96
塚田 浩　つかだ・ひろし　大正13年2月10日～平成17年10月16日　山陽特殊製鋼社長　→昭和
塚田 通明　つかだ・みちはる　明治42年11月～平成10年1月31日　山一証券常務　→97/99

塚田 実　つかだ・みのる　昭和4年10月26日～平成19年12月31日　農林水産省食品流通局長　→06/08

塚田 登　つかだ・みのる　～昭和60年12月19日　毎日新聞終身名誉職員、元山形毎日広告社社長　→83/87

塚田 豊　つかだ・ゆたか　昭和11年2月12日～平成22年7月12日　大和出版社長、大和書房副社長　→09/11

塚田 義和　つかだ・よしかず　大正14年2月17日～平成16年9月23日　京三製作所常務　→03/05

塚谷 悟　つかたに・さとる　大正3年8月1日～平成11年11月27日　札幌地検検事正、富山地検検事正、日本公証人連合会長　→00/02s

津金 修作　つがね・しゅうさく　大正5年7月14日～平成11年11月9日　大平洋金属常務　→97/99

津金 佑近　つがね・すけちか　～昭和53年8月7日　政治家　日本共産党中央委員・統一戦線部長　→昭和

津金 常知　つがね・つねとも　明治40年6月17日～平成13年8月28日　長野県議　→00/02

塚野 忠三　つかの・ちゅうぞう　～昭和55年1月17日　森林開発公団理事長、林野庁大阪営林局長　→80/82

塚野 英昭　つかの・ひであき　昭和2年12月14日～平成8年10月25日　大和生命保険専務　→94/96

塚野 正夫　つかの・まさお　～昭和57年6月4日　マムート鉱山開発社長、元三菱金属常務　→80/82

塚林 有明　つかばやし・ありあけ　明治45年2月20日～平成4年3月30日　小松電業所会長　→91/93

塚原 勝三郎　つかはら・かつさぶろう　明治34年12月6日～平成2年6月10日　ニチアス専務　→88/90

塚原 嘉藤　つかはら・かとう　明治14年10月～昭和5年11月13日　弁護士　衆院議員（政友本党）　→昭和（つかはら・よしふじ）

塚原 周造　つかはら・しゅうぞう　弘化4年4月20日～昭和2年9月14日　官僚、実業家　日本海員掖済会理事長　→昭和

塚原 俊平　つかはら・しゅんぺい　昭和22年3月12日～平成9年12月19日　衆院議員（自民党）、通産相、労相　→97/99

塚原 次郎　つかはら・じろう　昭和7年3月2日～平成12年3月27日　東洋電機製造社長、三和銀行常務　→00/02

塚原 大応　つかはら・だいおう　文久3年～昭和6年10月3日　僧侶　四天王寺貫主、大僧正　→昭和

塚原 頭　つかはら・つむり　～平成3年2月25日　福高観光開発専務　→91/93

塚原 徳応　つかはら・とくおう　明治40年1月10日～平成2年4月21日　僧侶　和宗総本山四天王寺管長　→88/90

塚原 俊雄　つかはら・としお　大正6年1月4日～平成5年6月25日　親和銀行常務　→91/93

塚原 俊郎　つかはら・としお　明治43年10月2日～昭和50年12月7日　政治家　衆院議員（自民党）、労相　→昭和

塚原 富衛　つかはら・とみえ　明治41年1月24日～平成10年　小さな親切運動本部代表　→00/02s

塚原 二四三　つかはら・にしぞう　明治20年4月3日～昭和41年1月10日　海軍大将　→昭和

束松 量三　つかまつ・りょうぞう　～昭和55年1月13日　日産自動車取締役・座間工場長　→80/82

津上 駿吉　つがみ・しゅんきち　昭和2年6月2日～平成13年5月14日　住友ケミカルエンジニアリング社長　→00/02

津上 退助　つがみ・たいすけ　～昭和49年7月14日　津上会長　→昭和

津上 雄三　つがみ・ゆうぞう　～昭和55年10月28日　住友化学工業常務　→80/82

塚本 相次良　つかもと・あいじろう　大正14年7月6日～昭和63年3月7日　鹿児島銀行頭取、鹿児島商工会議所会頭、JR九州監査役　→88/90

塚本 石五郎　つかもと・いしごろう　～昭和46年6月4日　国税庁関税部長　→昭和

塚本 一郎　つかもと・いちろう　大正9年7月26日～平成12年4月24日　国民金融公庫理事　→00/02

塚本 市郎　つかもと・いちろう　大正3年1月25日～平成15年3月20日　ツカモト社長　→03/05

塚本 卯三郎　つかもと・うさぶろう　～昭和6年9月24日　日本産業常務取締役　→昭和

塚本 英志　つかもと・えいし　昭和2年6月28日～平成3年4月13日　日本信販常務　→91/93

塚本 鶴郎　つかもと・かくろう　大正7年9月17日～平成13年7月2日　昭和飛行機工業社長　→00/02

塚本 和雄　つかもと・かずお　～昭和60年5月20日　小野田化学工業取締役　→83/87

塚本 清　つかもと・きよし　～昭和56年4月3日　小野田セメント元専務　→80/82

塚本 清　つかもと・きよし　大正15年3月11日～平成11年6月2日　ツカモト社長　→97/99

塚本 欣一　つかもと・きんいち　大正9年1月2日～昭和63年7月25日　森永製菓常務　→88/90

塚本 金一　つかもと・きんいち　大正1年8月25日～平成1年8月1日　愛知県議（民社党）　→昭和

塚本 金三　つかもと・きんぞう　明治37年1月18日～平成1年8月29日　安田信託銀行常務　→88/90

塚本 邦清　つかもと・くにきよ　昭和20年7月30日～平成13年12月3日　塚本総業副社長　→00/02

塚本 倉人　つかもと・くらと　明治45年2月10日～平成13年5月11日　甘木市長　→00/02

塚本 慶一　つかもと・けいいち　大正4年11月14日～平成18年4月12日　大阪商船三井船舶常務、日本沿海フェリー社長　→06/08

塚本 幸一　つかもと・こういち　大正9年9月17日～平成10年6月10日　実業家　ワコール会長、京都商工会議所名誉会頭　→97/99

塚本 孝次郎　つかもと・こうじろう　大正9年8月26日～昭和62年8月18日　昭和シェル石油取締役・元副社長

塚本 重頼　つかもと・しげより　大正2年7月24日～平成4年4月10日　弁護士　最高裁判事,中央大学名誉教授　→91/93

塚本 繁　つかもと・しげる　～平成2年1月27日　陸軍中野学校校友会会長　→88/90

塚本 重蔵　つかもと・じゅうぞう　明治22年2月20日～昭和54年2月21日　労働運動家　衆院議員,参院議員,豊中市長　→昭和(つかもと・しげぞう)

塚本 純子　つかもと・じゅんこ　大正11年～平成10年2月1日　ジュン(クラブ)経営　→97/99

塚本 信吉　つかもと・しんきち　大正10年1月2日～平成7年9月7日　コマニー会長　→94/96

塚本 清治　つかもと・せいじ　明治5年11月5日～昭和20年7月11日　内務次官,貴院議員(勅選)　→昭和

塚本 清三　つかもと・せいぞう　～昭和57年3月5日　塚本商事顧問・元取締役　→80/82

塚本 宗雪　つかもと・そうせつ　明治17年～昭和9年　実業家,茶人(裏千家)　→昭和

塚本 素山　つかもと・そざん　明治40年9月1日～昭和57年4月4日　塚本総業社長,創価学会顧問　→80/82

塚本 孝　つかもと・たかし　昭和8年8月17日～平成6年2月17日　滋賀県出納長　→94/96

塚本 健　つかもと・たけし　大正6年3月1日～平成9年12月24日　三井物産副社長　→97/99

塚本 武　つかもと・たけし　明治37年1月25日～平成9年3月23日　つかもと会長　→97/99

塚本 達子　つかもと・たつこ　昭和6年9月21日～平成12年5月3日　西鉄バス乗っ取り事件の犠牲者　→00/02

塚本 長三　つかもと・ちょうぞう　明治41年7月2日～平成6年9月5日　三菱信託銀行常務,ミヨシ油脂副社長　→94/96

塚本 勉　つかもと・つとむ　明治42年7月24日～平成3年10月3日　古河電気工業常務,岡野電線会長　→91/93

塚本 恒雄　つかもと・つねお　昭和8年1月23日～平成21年11月9日　鉄建建設副社長　→09/11

塚本 定一郎　つかもと・ていいちろう　～昭和43年11月15日　塚本商事社長　→昭和

塚本 徹　つかもと・てつお　昭和6年12月8日～平成13年3月19日　北陸電気工事常務　→00/02

塚元 亨　つかもと・とおる　～昭和56年8月11日　大蔵省金融検査官,国民相互銀行顧問　→80/82

塚本 俊雄　つかもと・としお　明治45年3月29日～平成2年9月1日　目黒区長　→88/90

塚本 友次郎　つかもと・ともじろう　大正5年4月28日～平成12年9月11日　東京海上火災保険常務・経理部長　→00/02

塚本 豊蔵　つかもと・とよぞう　明治40年9月29日～昭和59年1月23日　大井建興会長,佐藤工業専務　→83/87

塚本 虎二　つかもと・とらじ　明治18年8月2日～昭和48年9月9日　キリスト教伝道者,聖書学者　→昭和

塚本 二三　つかもと・にぞう　～昭和42年5月15日　東洋紡常務　→昭和

塚本 信男　つかもと・のぶお　明治44年10月22日～平成5年4月16日　六甲バター社長　→91/93

塚本 紀年　つかもと・のりとし　昭和15年11月21日～平成14年1月1日　東海パルプ常務　→00/02

塚本 肇　つかもと・はじめ　大正5年1月12日～平成4年9月23日　北海道議会副議長　→91/93

塚本 秀進　つかもと・ひでお　～昭和48年2月14日　塚本商事機械会長　→昭和

塚本 碩春　つかもと・ひろはる　大正7年6月20日～平成7年3月31日　川崎重工業常務　→94/96

塚本 ふじ　つかもと・ふじ　明治3年～昭和2年1月4日　婦人運動家　→昭和

塚本 冨士男　つかもと・ふじお　～昭和60年12月14日　弁護士　福岡高裁判事　→83/87

塚本 冨士夫　つかもと・ふじお　大正7年9月15日～平成18年6月16日　日本金属工業社長　→06/08

塚本 政雄　つかもと・まさお　大正9年6月19日～平成14年3月4日　駐ビルマ大使　→00/02

塚本 政登士　つかもと・まさとし　～昭和58年8月8日　陸上自衛隊北部方面総監　→83/87

塚本 明光　つかもと・みつてる　大正10年11月6日～平成8年11月13日　山口地検検事正　→94/96

塚本 充之　つかもと・みつゆき　～昭和61年3月6日　(株)まるしん代表取締役社長,(株)塚本ジムシステム代表取締役社長　→83/87

塚本 祐造　つかもと・ゆうぞう　大正6年6月5日～平成2年9月5日　センチュリリサーチセンタ相談役　→88/90

塚本 豊　つかもと・ゆたか　～平成1年12月29日　加賀電子取締役　→88/90

塚本 芳和　つかもと・よしかず　昭和5年5月26日～平成22年4月17日　電通常務,エレクトロニック・ライブラリ社長　→09/11

塚本 義隆　つかもと・よしたか　明治27年4月21日～昭和56年12月16日　同盟通信社大阪支社長,電通取締役　→80/82

塚本 良輝　つかもと・よしてる　～昭和55年5月24日　青木建設専務　→80/82

塚本 亮一　つかもと・りょういち　明治41年3月15日～平成12年7月8日　第一生命保険社長　→00/02

塚本 礼二　つかもと・れいじ　昭和3年8月16日～平成7年7月12日　オーツタイヤ専務　→94/96

塚本 廉三　つかもと・れんぞう　明治36年4月30日～平成5年8月26日　山津製陶会長,東濃鉄道取締役,日本陶業連盟会長　→91/93

津軽 義孝　つがる・よしたか　明治40年12月18日～平成6年8月22日　(財)日本博物館協会会長,馬の博物館館長

津川 イネ　つがわ・いね　明治8年4月3日～昭和61年5月21日　長寿日本一　→83/87

津川 清　つがわ・きよし　昭和10年7月16日～平成19年5月25日　水穂蒲鉾社長、徳島商工会議所会頭　→06/08

津川 武一　つがわ・たけいち　明治43年8月2日～昭和63年9月4日　政治家、評論家、医師　健生病院名誉院長、衆議院議員（共産党）　→88/90

津川 直一　つがわ・なおいち　大正4年10月10日～平成10年12月17日　北海道議　→97/99

津川 英夫　つがわ・ひでお　大正5年3月15日～平成12年8月27日　小田原エンジニアリング会長　→00/02

津川 正夫　つがわ・まさお　大正3年1月1日～昭和61年2月1日　小田原鉄工所相談役、小田原機器相談役　→83/87

津木 喜三郎　つぎ・きさぶろう　大正6年11月9日～昭和63年7月7日　合同酒精常務　→88/90

築 平二　つき・へいじ　～昭和39年11月17日　弁理士会副会長　→昭和

月江 冨治郎　つきえ・とみじろう　大正11年11月5日～平成22年12月12日　黒磯市長　→09/11

月川 忍　つきかわ・しのぶ　大正3年9月3日～平成2年9月30日　ヤクルト球団監査役、多摩ヤクルト販売会長　→88/90

月崎 馨　つきざき・かおる　～昭和45年4月16日　大阪化繊取引所理事長　→昭和

築地 一雄　つきじ・かずお　明治36年6月19日～平成10年2月17日　中国電力副社長、中国高圧コンクリート工業社長　→97/99

築島 信司　つきしま・しんじ　～昭和38年5月17日　川崎埠頭社長　→昭和

月田 彰英　つきだ・しょうえい　～平成9年1月15日　僧侶　浄土真宗東本願寺派本山東京本願寺執務長　→97/99

次田 大三郎　つぎた・だいさぶろう　明治16年3月18日～昭和35年9月15日　内務官僚、政治家　内務次官、茨城県知事、貴族院議員　→昭和

月田 哲雄　つきだ・てつお　大正15年9月13日～平成10年12月10日　熊本大同青果社長、熊本商工会議所会頭　→97/99

月田 藤三郎　つきだ・とうざぶろう　明治3年1月26日～昭和14年1月7日　農林行政官　農商務省耕地整理課長、東京農業大学理事長　→昭和

月成 勲　つきなり・いさお　万延1年11月14日～昭和12年12月16日　朝鮮新義州民団長、玄洋社社長　→昭和

月輪 賢隆　つきのわ・けんりゅう　明治21年5月25日～昭和44年8月25日　僧侶（浄土真宗本願寺派）、仏教学者　龍谷大学名誉教授　→昭和

築藤 鞆一　つきふじ・ともかず　～昭和50年11月9日　中国放送会長　→昭和

月村 正太郎　つきむら・しょうたろう　大正11年～平成

8年5月29日　東洋酸素常務　→94/96

月本 暎　つきもと・あき　～昭和60年5月30日　初代ミス日本　→83/87

月本 皎　つきもと・あきら　～昭和63年6月16日　太陽電線専務　→88/90

月本 堅四郎　つきもと・けんしろう　明治32年1月5日～昭和62年4月26日　名古屋相互銀行副社長　→83/87

築山 茂夫　つきやま・しげお　大正4年8月19日～平成2年8月1日　日立造船エンジニアリング取締役、東洋運搬機常務　→88/90

築山 閏二　つきやま・じゅんじ　～昭和62年11月2日　ダイハツ工業取締役、ダイハツ車体社長　→83/87

築山 定誉　つきやま・じょうよ　明治41年6月14日～平成4年6月7日　僧侶　金剛寺住職、真言宗豊山派管長　→91/93

築山 隆一　つきやま・たかいち　大正6年12月10日～平成12年11月14日　関西電力常務　→00/02

築山 哲雄　つきやま・てつお　大正4年11月21日～平成14年4月10日　小野田セメント（のち太平洋セメント）専務　→00/02

築山 正男　つきやま・まさお　大正6年～昭和58年6月22日　中電興業常務　→83/87

津久井 金四郎　つくい・きんしろう　～昭和5年7月30日　海軍大尉　→昭和

津久井 龍雄　つくい・たつお　明治34年2月4日～平成1年9月9日　国家主義者、政治評論家　→88/90

津久居 彦七　つくい・ひこしち　嘉永7年3月～昭和4年6月29日　佐野織物組合長、衆院議員、貴院議員　→昭和

津久居 平吉　つくい・へいきち　明治4年11月15日～昭和6年9月16日　陸軍歩兵少佐　→昭和

筑井 正義　つくい・まさよし　～昭和56年11月19日　オーシャン・エージ社長、元サンケイ新聞論説委員　→80/82

次家 幸徳　つぐいえ・ゆきのり　明治44年5月4日～平成3年12月2日　灘神戸生活協同組合（のち生活協同組合コープこうべ）組合長、日本生活協同組合連合会副会長　→91/93

机 里美　つくえ・さとみ　明治43年7月1日～平成9年4月14日　東京都議　→97/99

筑紫 熊七　つくし・くましち　文久3年1月～昭和19年1月21日　陸軍軍人　→昭和

筑紫 雄三　つくし・ゆうぞう　昭和6年10月17日～昭和60年10月28日　大阪機工取締役　→83/87

筑紫 六郎　つくし・ろくろう　～昭和39年5月4日　神戸生糸社長　→昭和

佃 和彦　つくだ・かずひこ　大正13年1月7日～平成4年12月20日　クラボウ監査役　→91/93

筑田 勝二　つくだ・かつじ　～昭和43年1月11日　日本ペイント会長　→昭和

佃 隆　つくだ・たかし　～昭和46年1月10日

I　政治・経済・社会篇

日本航空協会記録課長　→昭和

佃　近雄　つくだ・ちかお　昭和7年～平成15年4月27日　中東経済研究所理事長、国際貿易投資研究所理事長、海外経済協力基金副総裁　→03/05

佃　俊雄　つくだ・としお　明治41年10月11日～平成8年1月10日　関西電力専務、関電興業社長　→94/96

佃　利夫　つくだ・としお　大正5年2月27日～平成16年7月1日　日立造船副社長、日産建設社長　→03/05

佃　豊之　つくだ・とよゆき　～平成7年10月16日　ゼネラル石油精製(のちゼネラル石油)常務　→94/96

継田　房美　つぐた・ふさみ　～平成6年7月23日　世紀東急工業専務　→94/96

佃　正弘　つくだ・まさひろ　大正3年11月5日～平成9年1月9日　日本経済新聞専務　→97/99

佃　光雄　つくだ・みつお　大正2年2月19日～平成19年12月21日　ツクダ創業者、日本玩具資料館館長・理事長　→06/08

佃　良一　つくだ・りょういち　明治27年6月～昭和38年12月22日　衆院議員(民主党)　→昭和

筑土　龍男　つくど・たつお　大正5年12月20日～平成11年1月14日　神官　海上自衛隊幹部学校校長　→97/99

突永　清人　つくなが・きよと　～平成10年4月15日　帝人専務、帝人製機常務　→97/99

筑波　藤麿　つくば・ふじまろ　明治38年2月25日～昭和53年3月20日　神官、日本史学者、侯爵　靖国神社宮司　→昭和

即真　尊麿　つくま・そんのう　昭和6年1月2日～平成20年11月29日　僧侶　延暦寺副執行　→06/08(即真　尊麿)

津熊　正春　つくま・まさはる　大正5年11月10日～平成2年3月8日　近畿相互銀行監査役　→88/90

津久間　豊　つくま・ゆたか　大正11年1月18日～平成10年1月12日　丸紅専務　→97/99

津雲　国利　つくも・くにとし　明治26年10月18日～昭和47年11月4日　衆院議員(自由党)　→昭和

柘植　格　つげ・いたる　大正3年5月～平成14年2月24日　駐モンゴル大使　→00/02

柘植　欧貝　つげ・おうがい　大正3年8月17日～昭和63年10月11日　弁護士　名古屋弁護士会副会長　→88/90(拓植 欧外)

津下　綱平　つげ・こうへい　明治42年5月31日～平成12年1月16日　岡本理研ゴム副社長、カルピス取締役　→00/02

柘植　修一　つげ・しゅういち　昭和7年10月3日～平成9年3月3日　アビックヤマダ会長　→97/99

柘植　錠二　つげ・じょうじ　昭和8年10月5日～平成6年6月16日　弁護士　→94/96

柘植　進　つげ・すすむ　大正14年1月15日～平成14年9月24日　フジミインコーポレーテッド副社長　→00/02

柘植　平内　つげ・へいない　～平成6年4月28日　近鉄球団取締役　→94/96

柘植　正樹　つげ・まさき　大正9年2月6日～平成11年4月27日　アールケービー毎日放送常務、毎日新聞西部本社編集委員　→97/99

津下　満寿子　つげ・ますこ　～平成14年11月24日　ガールスカウト日本連盟会長　→00/02

津下　紋太郎　つげ・もんたろう　明治3年4月7日～昭和12年9月20日　実業家　→昭和(つした・もんたろう)

柘植　幸夫　つげ・ゆきお　大正10年11月24日～平成2年11月15日　西陣織工業組合副理事長、柘植織物社長　→88/90

都崎　正蔵　つざき・しょうぞう　大正4年11月6日～平成9年10月22日　日本鉱業(のちジャパンエナジー)常務　→97/99

津崎　尚武　つざき・なおたけ　明治15年5月～昭和37年8月29日　衆院議員(無所属倶楽部)　→昭和

辻　明　つじ・あきら　昭和8年9月30日～平成16年2月26日　シーキューブ社長　→03/05

辻　暎　つじ・あきら　明治3年11月28日～昭和5年9月17日　大陸浪人　→昭和

辻　一三　つじ・いちぞう　明治36年3月14日～平成1年9月6日　佐世保市長　→88/90

津司　市太郎　つし・いちたろう　明治27年5月21日～昭和45年1月8日　社会運動家、医師　→昭和

辻　一郎　つじ・いちろう　大正2年5月3日～平成10年3月8日　滋賀相互銀行副社長　→97/99

辻　巌　つじ・いわお　明治36年4月24日～平成16年5月7日　ロックペイント創業者　→03/05

辻　嘉一　つじ・かいち　大正6年12月8日～平成11年10月9日　三重交通取締役、御在所ロープウエイ社長　→97/99

辻　和子　つじ・かずこ　昭和2年3月～平成21年2月13日　芸者　田中角栄首相の愛人　→09/11

辻　一彦　つじ・かずひこ　大正13年12月10日～平成20年9月5日　衆院議員(民主党)　→06/08

辻　克直　つじ・かつなお　昭和6年10月29日～平成3年2月14日　岡地証券副社長、大和証券取締役　→91/93

辻　一水　つじ・かつみ　大正4年10月23日～平成21年10月31日　土佐鰹漁業協同組合長　→09/11

辻　嘉六　つじ・かろく　明治10年3月～昭和23年12月21日　実業家　日本化学産業代表取締役、政友会後援者　→昭和

辻　寛一　つじ・かんいち　明治38年10月8日～平成58年11月9日　衆院議員(自民党)、中日電機工業会長　→83/87

辻　喜久雄　つじ・きくお　昭和5年2月～平成7年4月23日　岐阜柳ケ瀬商店街振興組合連合会理事長、全国商店街振興組合連合会副理事長　→94/96

辻　喜代治　つじ・きよじ　明治41年3月17日～平成12年1月20日　三菱商事常務　→00/02

辻　欣一　つじ・きんいち　昭和2年2月9日～平成18年4月11日　中部事務機社長　→06/08

辻　敬一　つじ・けいいち　大正15年10月14日～平成2年2月22日　会計検査院院長、行政管理庁事務次官　→88/90

辻 奎子　つじ・けいこ　昭和5年～昭和60年8月2日　平和運動家　原爆記録映画を海外へ贈る運動をしつづけた被爆者　→83/87

辻 敬助　つじ・けいすけ　～昭和57年5月21日　弁護士　府中刑務所長　→80/82

辻 慶三　つじ・けいぞう　明治44年9月29日～平成5年9月27日　三和銀行専務　→91/93

辻 才次郎　つじ・さいじろう　大正4年3月13日～平成11年11月5日　辻木材会長，北海道商工会議所連合会副会頭，函館商工会議所会頭　→97/99

辻 貞男　つじ・さだお　大正7年5月30日～平成2年1月16日　辻建設会長　→88/90

辻 三次　つじ・さんじ　昭和7年4月28日～昭和61年11月15日　全国自動販売機協議会会長，ベンハー社長，ベンハー教育機器社長　→83/87

辻 茂夫　つじ・しげお　～平成3年1月29日　名古屋貨物運輸倉庫専務　→91/93

辻 繁治　つじ・しげじ　昭和9年11月11日～平成8年3月5日　トヨタ自動車専務　→94/96

辻 重巳　つじ・しげみ　明治44年4月7日～平成2年9月5日　東芝EMI常務　→88/90

辻 順二　つじ・じゅんじ　昭和23年5月25日～平成18年5月11日　KOA常務　→06/08

辻 正作　つじ・しょうさく　大正3年5月21日～平成2年9月12日　日鉄建材工業社長，新日本製鉄専務　→88/90

辻 昇平　つじ・しょうへい　～昭和60年12月4日　三井生命専務，東洋ファイバー社長　→83/87

辻 真　つじ・しん　大正11年1月21日～平成21年5月18日　三井物産常務　→09/11

辻 真一郎　つじ・しんいちろう　昭和12年9月5日～平成6年3月19日　岡三証券常務　→94/96

辻 慎司　つじ・しんじ　昭和3年8月5日～平成9年9月25日　クボタ建設会長　→97/99

辻 清次　つじ・せいじ　～昭和60年8月19日　坂口屋辻薬局店主　→83/87

辻 僊二　つじ・せんじ　大正8年5月9日～平成7年3月3日　沖電気工業常務　→94/96

辻 貴雄　つじ・たかお　～昭和57年3月10日　三重県弁護士会会長　→80/82

辻 章男　つじ・たかお　大正3年8月25日～平成2年11月17日　関西国際空港ビルディング顧問，大阪タクシー近代化センター会長，海上保安庁長官　→88/90

辻 孝　つじ・たかし　大正2年4月9日～平成10年3月4日　中部証券金融常務　→97/99

辻 正　つじ・ただし　明治34年12月20日～平成3年1月17日　日本電信電話公社理事，東京電気通信局長　→91/93

辻 辰三郎　つじ・たつさぶろう　大正5年7月23日～平成16年8月28日　弁護士　最高検事総長　→03/05

辻 達也　つじ・たつや　昭和15年8月19日～平成1年11月

辻　　つじ　20日　全国生命保険労働組合連合会中央執行委員長　→88/90

辻 忠右衛門　つじ・ちゅうえもん　弘化2年1月29日～昭和5年6月23日　実業家　→昭和

辻 輝次　つじ・てるじ　～平成4年4月25日　日本アジア投資専務　→91/93

津司 徳雄　つし・とくお　明治43年1月13日～平成2年9月21日　仁木町（北海道）町会議長　→88/90

辻 徳夫　つじ・とくお　大正11年12月6日～平成3年10月30日　太平洋証券社長　→91/93

辻 利明　つじ・としあき　大正6年12月28日～平成10年9月9日　丸果旭川青果卸売市場会長　→97/99

辻 俊彦　つじ・としひこ　昭和4年5月21日～昭和59年12月24日　長崎放送常務取締役　→83/87

辻 寅男　つじ・とらお　～昭和55年5月28日　南都銀行会長　→80/82

辻 直人　つじ・なおと　大正3年10月14日～平成9年7月31日　日東化学工業専務，旭電化工業専務，花王石けん常務　→97/99

辻 宣道　つじ・のぶみち　昭和5年12月7日～平成6年7月25日　牧師　静岡草深教会牧師，日本基督教団総会議長　→94/96

辻 英雄　つじ・ひでお　大正8年7月8日～平成17年11月29日　衆院議員（自民党）　→03/05

辻 秀夫　つじ・ひでお　～平成12年2月29日　日本油脂専務　→00/02

辻 秀樹　つじ・ひでき　昭和15年8月1日～平成13年5月16日　三精輸送機専務　→00/02

辻 兵吉　つじ・ひょうきち　明治8年11月～昭和26年2月23日　秋田銀行頭取，貴院議員（多額納税）　→昭和（つじ・へいきち）

辻 兵吉（5代目）　つじ・ひょうきち　大正15年5月28日～平成20年7月5日　辻兵会長，日本バスケットボール協会会長　→06/08

辻 博　つじ・ひろし　大正12年1月27日～平成19年3月10日　日本農薬専務　→06/08

辻 博通　つじ・ひろゆき　昭和2年5月10日～平成9年9月18日　伊藤忠商事取締役　→97/99

辻 文雄　つじ・ふみお　明治26年7月～昭和51年10月27日　洋画家　衆院議員（社会党）　→昭和

辻 真　つじ・まこと　明治31年2月11日～昭和60年4月5日　公認会計士　辻会計事務所長，セメダイン社長　→83/87

辻 誠　つじ・まこと　大正11年6月11日～平成5年9月15日　日本化学工業常務　→91/93

辻 誠　つじ・まこと　明治43年2月25日～平成20年6月8日　弁護士　日本弁護士連合会会長　→06/08

辻 正夫　つじ・まさお　大正2年1月1日～平成14年7月5日　三井東圧化学副社長　→00/02

辻 政信　つじ・まさのぶ　明治35年10月11日～昭和43年7月20日（死亡宣告）　陸軍大佐，政治家　衆院議員（無所

属)、参院議員(無所属クラブ)　→昭和

辻 又一郎　つじ・またいちろう　明治37年5月26日〜昭和62年1月31日　横浜東急ホテル社長　→83/87

辻 通三　つじ・みちぞう　明治40年3月31日〜平成8年10月10日　三洋化成工業専務　→94/96

辻 三雄　つじ・みつお　大正2年8月12日〜平成16年3月10日　公証人　札幌高裁判事　→03/05

辻 満男　つじ・みつお　〜昭和61年8月30日　和光不動産取締役　→83/87

辻 美代松　つじ・みよまつ　〜昭和56年5月2日　福岡県不動産団体連絡協議会会長、ツジホーム社長　→80/82

辻 保次　つじ・やすじ　大正3年1月23日〜平成16年1月7日　三菱ガス化学常務　→03/05

辻 弥兵衛　つじ・やへえ　大正4年5月4日〜平成8年6月26日　辻本店会長、全国商工会連合会会長　→94/96

辻 雄一郎　つじ・ゆういちろう　昭和7年1月15日〜平成11年8月4日　昭和飛行機工業専務　→97/99

辻 寛　つじ・ゆたか　文久1年10月〜昭和4年9月24日　衆院議員(憲政会)　→昭和(つじ・ひろし)

辻 豊　つじ・ゆたか　大正7年11月15日〜平成20年11月13日　朝日放送専務　→06/08

辻 洋三　つじ・ようぞう　昭和6年11月17日〜平成22年11月14日　西九州倉庫社長、佐世保商工会議所会頭　→09/11

辻 良雄　つじ・よしお　明治42年1月1日〜昭和55年11月30日　日商岩井社長　→80/82

辻 義文　つじ・よしふみ　昭和3年2月6日〜平成19年2月11日　日産自動車社長　→06/08

辻 喜正　つじ・よしまさ　大正11年1月20日〜平成6年2月4日　辻喜建設社長、琵琶湖を美しくする運動実践本部長　→88/90

辻 芳郎　つじ・よしろう　大正2年7月5日〜平成3年5月2日　峰山町(京都府)町長　→91/93

辻 与太夫　つじ・よだゆう　昭和4年8月5日〜平成22年3月24日　小浜市長　→09/11

辻 利右衛門　つじ・りえもん　天保15年5月24日〜昭和3年1月8日　宇治茶製造業者　→昭和

辻 良三　つじ・りょうぞう　大正6年1月20日〜昭和63年4月27日　ユニテック社長、蝶理常務　→88/90

辻 弥　つじ・わたる　明治45年5月22日〜平成5年2月3日　日本石油精製常務　→91/93

辻井 勘蔵　つじい・かんぞう　〜平成7年12月9日　辻井製作所会長　→94/96

辻井 賢治　つじい・けんじ　昭和4年8月4日〜平成7年11月3日　東海染工社長　→94/96

辻井 周太郎　つじい・しゅうたろう　〜昭和2年2月3日　堺市会議長　→昭和

辻井 重郎　つじい・じゅうろう　大正4年9月25日〜平成17年12月25日　辻井木材会長　→03/05

辻井 民之助　つじい・たみのすけ　明治26年6月3日〜昭和47年7月1日　労働運動家　衆院議員　→昭和

辻井 秀雄　つじい・ひでお　大正3年8月27日〜昭和62年1月30日　大成建設取締役　→83/87

辻井 博　つじい・ひろし　大正12年8月13日〜平成7年8月20日　新日本プロレスリング会長、テレビ朝日専務　→94/96

辻井 亮太郎　つじい・りょうたろう　〜昭和47年3月17日　川崎重工顧問　→昭和

辻尾 晃　つじお・あきら　大正13年12月14日〜平成20年9月17日　大阪府議(共産党)　→06/08

辻岡 秀和　つじおか・ひでかず　大正12年6月20日〜昭和61年9月2日　三洋電機常務　→83/87

辻角 政信　つじかど・まさのぶ　〜昭和62年7月5日　北陸銀行調査役　→83/87

辻川 治　つじかわ・おさむ　昭和2年10月22日〜平成14年3月17日　日本システムディベロップメント常務　→00/02

辻河 香　つじかわ・かおる　〜平成5年9月21日　医療ケースワーカー　授産施設グリーンハウス足助設立者　→91/93

辻川 熊市　つじかわ・くまいち　〜昭和56年5月5日　長崎県西彼杵郡西海町長　→80/82

辻川 利正　つじかわ・としただ　大正6年6月24日〜平成2年7月15日　広島高裁部総括判事　→88/90

辻木 修　つじき・おさむ　昭和11年4月24日〜平成11年1月31日　読売旅行専務　→97/99

辻阪 邦子　つじさか・くにこ　〜平成21年10月26日　吉本興業創業者・吉本せいの三女　→09/11

辻阪 昌一　つじさか・しょういち　大正3年4月21日〜昭和59年10月10日　吉本興業専務　→83/87

辻阪 信次郎　つじさか・しんじろう　明治18年1月〜昭和11年1月23日　実業家　大阪府議　→昭和

辻阪 美一　つじさか・みいち　〜昭和63年10月8日　住友海上火炎保険取締役　→88/90

辻田 アヤ　つじた・あや　明治11年〜昭和56年7月11日　篠栗新四国88ヶ所68番札所守り　→80/82

辻田 秀一郎　つじた・しゅういちろう　〜昭和56年11月23日　日本エス・ディー・シーシステム事業部長　→80/82

辻田 徹　つじた・とおる　大正15年12月15日〜平成15年11月7日　親和銀行頭取　→03/05

津下 富貴夫　つした・ふきお　大正11年7月25日〜昭和62年4月6日　西松建設専務　→83/87

辻中 一二三　つじなか・かずふみ　大正5年4月22日〜平成12年8月8日　弁護士　大阪弁護士会会長　→00/02

辻中 武男　つじなか・たけお　大正11年8月4日〜平成12年9月16日　正栄食品工業常務　→00/02

辻中 義雄　つじなか・よしお　〜昭和61年9月6日　象印マホービン取締役、毎日新聞大阪本社人事部長　→

辻野 耕二　つじの・こうじ　大正12年9月19日〜平成7年1月19日　住友生命保険常務、栄泉興産(のち栄泉不動産)副社長　→94/96

辻野 三郎　つじの・さぶろう　〜昭和12年6月13日　山口県総務部長　→昭和

辻野 三郎　つじの・さぶろう　大正3年6月5日〜平成4年3月23日　エジプト石油開発顧問、第一石油開発専務　→91/93

辻野 猛　つじの・たけし　昭和7年2月19日〜平成10年4月14日　ユーシーカード社長　→97/99

辻野 知宜　つじの・ともよし　大正10年3月2日〜平成12年4月17日　同和火災海上保険社長　→00/02

辻橋 和雄　つじはし・かずお　昭和5年6月2日〜平成6年6月1日　山陽石油化学副社長、旭化成工業取締役　→94/96

辻林 光市　つじばやし・こういち　大正8年11月23日〜平成21年4月8日　日本フエルト専務　→09/11

対馬 勝雄　つしま・かつお　明治42年11月15日〜昭和11年7月12日　陸軍歩兵中尉　2.26事件の青年将校の一人　→昭和

対馬 好次郎　つしま・こうじろう　大正14年10月2日〜平成13年8月14日　相模鉄道社長、横浜商工会議所名誉会頭　→00/02

津嶋 朔朗　つしま・さくろう　大正12年2月26日〜昭和61年5月18日　中部日本鉱業研究所代表取締役社長、日本PTA全国協議会長　→83/87

津島 寿一　つしま・じゅいち　明治21年1月1日〜昭和42年2月7日　政治家　蔵相、防衛庁長官、参院議員(自民党)　→昭和

対馬 修一　つしま・しゅういち　大正4年8月13日〜平成10年7月15日　大阪ガス常務　→97/99

対馬 昌平　つしま・しょうへい　昭和5年1月7日〜平成8年11月7日　青森銀行常務　→94/96

津島 仁田　つしま・じんでん　〜平成9年7月26日　僧侶　天台宗大僧正、蓮華院(天台宗)住職　→97/99

津嶋 孝　つしま・たかし　〜昭和62年5月4日　興津金属工業代表取締役　→83/87

津島 文治　つしま・ぶんじ　明治31年1月20日〜昭和48年5月6日　参院議員(自民党)、衆院議員(自民党)、青森県知事　→昭和

辻村 喜三郎　つじむら・きさぶろう　明治39年8月24日〜平成4年4月2日　滋賀県議会議長　→91/93

辻村 源衛門　つじむら・げんえもん　大正14年2月10日〜平成17年9月3日　黒村(奈良県)村長　→03/05

辻村 重治　つじむら・しげじ　大正6年8月27日〜平成18年5月5日　クロスランス名誉会長　→06/08

辻村 泰円　つじむら・たいえん　大正8年1月18日〜昭和53年5月26日　僧侶(真言宗)、仏教民族学者　→昭和

辻村 武久　つじむら・たけひさ　〜昭和19年7月16日　海軍少将　→昭和

辻村 寅次郎　つじむら・とらじろう　〜昭和51年10月8日　野村証券投資信託委託社長　→昭和

辻村 初来　つじむら・はつき　大正8年9月6日〜平成1年3月10日　宮内庁侍従職御用掛　→88/90

辻村 彦次郎　つじむら・ひこじろう　〜昭和51年5月11日　生長の家理事長　→昭和

辻本 懿　つじもと・あつし　〜昭和55年10月5日　日本警備保障監査役　→80/82

辻本 英一　つじもと・えいいち　明治33年〜昭和47年　福助足袋株式会社社長　→昭和

辻本 菊治　つじもと・きくじ　明治42年〜平成5年2月2日　大信販(のちアプラス)常務　→91/93

辻本 慶造　つじもと・けいぞう　〜昭和14年12月10日　日本巨人会長　→昭和

辻本 敬三　つじもと・けいぞう　明治32年8月5日〜平成1年7月30日　福助専務　→88/90

辻本 源治郎　つじもと・げんじろう　昭和4年4月26日〜平成6年3月11日　辻原商工社長、龍神総宮社祭主、庚申会代表役員　→94/96

辻本 善次　つじもと・ぜんじ　昭和5年2月15日〜昭和60年8月7日　東亜火災海上再保険取締役総務部長　→83/87

辻本 毅　つじもと・たけし　明治40年11月22日〜平成7年4月15日　川崎汽船取締役、飯野海運常務　→94/96

辻本 俊之　つじもと・としゆき　明治42年4月5日〜昭和63年9月9日　丸丹スポーツ用品代表取締役、愛知県スキー連盟副会長、全国運動用品小売商業組合連合会副理事長　→88/90

辻本 信千代　つじもと・のぶちよ　〜昭和55年1月10日　和歌山放送取締役、元日本ハム会長　→80/82

辻本 博　つじもと・ひろし　大正9年1月1日〜平成5年12月3日　福助社長　→91/93

辻本 正男　つじもと・まさお　昭和2年7月24日〜平成9年10月4日　信和化成社長　→97/99

辻本 正也　つじもと・まさなり　昭和2年4月26日〜平成17年12月18日　鹿島町(石川県)町長　→03/05

辻本 正義　つじもと・まさよし　〜昭和58年6月13日　大崎電気工業取締役　→83/87

辻本 満　つじもと・みつる　大正3年2月19日〜平成3年10月29日　鳥清食品会長、和歌山県食肉卸売事業協同組合理事長、日本ハム副社長　→91/93

辻本 稔　つじもと・みのる　大正11年12月15日〜平成13年1月22日　伊賀名張農協組合長、名張市会議長　→00/02

辻本 モト　つじもと・もと　〜昭和56年10月25日　室蘭わかすぎ・言泉学園園長　→80/82

辻元 八重　つじもと・やえ　〜昭和42年5月17日　全国地域婦人団体連絡協議会副会長　→昭和

辻本 好子　つじもと・よしこ　昭和23年〜平成23年6月18日　ささえあい医療人権センターCOML理事長　→09/11

辻森 弘之　つじもり・ひろし　昭和7年7月19日〜平成11

I 政治・経済・社会篇

年9月28日　大末建設会長　→97/99

辻森 良雄　つじもり・よしお　大正11年8月17日～平成23年5月30日　北陸鉄道副社長　→09/11

辻山 治平　つじやま・じへい　明治30年5月16日～昭和49年7月29日　茨城県知事　→昭和

津末 宗一　つすえ・そういち　明治34年10月7日～平成1年9月5日　菱華産業会長　→88/90

都築 五九男　つずき・いくお　～平成16年6月28日　東邦ガス副社長　→03/05

都築 伊七　つずき・いしち　～昭和49年11月5日　海軍中将　→昭和

都築 公男　つずき・きみお　大正7年8月8日～平成7年9月12日　東芝常務　→94/96

都築 清宏　つずき・きよひろ　昭和12年10月1日～平成17年1月17日　都築紡績社長　→03/05

都築 恵一　つずき・けいいち　大正13年10月8日～平成5年1月4日　東京トヨペット会長　→91/93

都築 研二　つずき・けんじ　昭和21年12月1日～平成20年7月6日　兵庫県議（共産党）　→06/08

都築 玄妙　つずき・げんみょう　明治37年1月18日～昭和63年10月2日　僧職　天台宗已講大僧正、善光寺名誉貫主　→88/90

都築 誠一　つずき・せいいち　～昭和61年8月10日　日本火災海上保険常任監査役　→83/87

続 平　つずき・たいら　～昭和56年7月8日　海将　→80/82

続 城　つずき・たけし　～昭和40年2月11日　住友化学専務　→昭和（つづき・たけし）

続 忠志　つずき・ただし　～平成3年10月13日　日教組副委員長　→91/93

続木 太郎　つずき・たろう　大正5年4月13日～平成7年6月26日　日本特殊パイプ社長、新城市議　→94/96

都築 智慧蔵　つずき・ちえぞう　明治42年12月2日～平成13年3月19日　宮城交通社長、宮城テレビ社長　→00/02

都築 近雄　つずき・ちかお　～昭和59年1月28日　全国喫茶業環境衛生同業組合連合会副会長　→83/87

都築 俊三郎　つずき・としさぶろう　大正5年3月26日～平成19年9月22日　後楽園スタヂアム専務、日本プロボウリング協会会長　→06/08

都築 知美　つずき・ともみ　昭和5年5月5日～平成3年7月16日　中京テレビ放送取締役放送審議室長　→91/93

都築 豊次郎　つずき・とよじろう　～昭和61年11月29日　丹南工業社長　→83/87

都築 寅松　つずき・とらまつ　～昭和56年10月10日　竹中商店常務　→80/82

筑木 二郎　つきき・にろう　大正4年12月20日～平成15年1月1日　千歳電気工業社長　→03/05

都築 弘吉　つずき・ひろよし　昭和7年4月25日～昭和62年1月10日　つばめ自動車常務　→83/87

都築 武一　つずき・ぶいち　明治34年11月23日～平成2年3月24日　都築電気工業社長　→88/90

続木 満那　つずき・まな　～昭和57年7月2日　日本製パン工業会理事、進々堂製パン会長　→80/82

都築 光春　つずき・みつはる　～昭和60年1月10日　（社）愛知県心身障害者雇用促進協会常務理事兼事務局長　→83/87

続 実　つずき・みのる　～昭和57年4月2日　三菱油化専務　→80/82

続木 義公　つずき・よしとも　～平成21年7月29日　愛知県議　→09/11

都築 好郎　つずき・よしろう　～昭和48年4月22日　日本編板技術協会理事長　→昭和

都築 力雄　つずき・りきお　明治42年11月3日～平成4年9月8日　中央ビルト工業社長　→91/93

都築 良平　つずき・りょうへい　明治41年～昭和57年7月17日　新日本紡績会長、都築紡績会長　→80/82

続 寿男　つずく・ひさお　大正6年9月13日～昭和61年1月10日　光洋精工専務　→83/87

都竹 巳年雄　つずく・みねお　昭和4年6月28日～平成16年11月6日　日産建設常務　→03/05

鼓 節夫　つずみ・せつお　昭和9年～平成6年8月22日　三菱マテリアル建材専務、三菱マテリアル取締役　→94/96

廿楽 幸次　つづら・こうじ　大正3年7月22日～昭和62年10月1日　住金和歌山鉱化相談役・元社長　→83/87

津々良 渉　つづら・わたる　～平成3年8月8日　五羊貿易社長、日本炭鉱労働組合書記長、日中友好協会常任理事　→91/93

津田 顕雄　つだ・あきお　大正11年11月27日～平成11年12月22日　税理士　日本テレビ共済会理事長　→00/02s

津田 昭　つだ・あきら　大正11年12月5日～平成19年12月9日　日本テレビ常務、バップ社長　→06/08

津田 一朗　つだ・いちろう　大正15年7月10日～平成13年4月17日　羽曳野市長　→00/02

津田 一郎　つだ・いちろう　大正11年2月22日～平成15年10月26日　東亜建設工業会長　→03/05

津田 一男　つだ・かずお　大正8年～昭和59年12月26日　中国新聞トラベルサービス社長、野球体育博物館競技者表彰委員会幹事、中国新聞取締役事業局長　→83/87

津田 一馬　つだ・かずま　～昭和60年9月20日　久留米市議　→83/87

津田 欣一　つだ・きんいち　～昭和62年9月2日　西日本新聞社社友・元開発局次長　→83/87

津田 敬一郎　つだ・けいいちろう　～昭和58年8月14日　福岡市議　→83/87

津田 孝二　つだ・こうじ　昭和4年2月16日～平成21年12月12日　中国電力常務　→09/11

津田 幸治　つだ・こうじ　昭和16年9月24日～平成8年1月15日　JR貨物常務　→94/96

つた   Ⅰ　政治・経済・社会篇

津田　公良　つだ・こうりょう　～昭和61年6月15日
　猿倉スキークラブ会長、元・呉東特定郵便局長会長、元・大沢野町(富山県)町議　→83/87

津田　止戈次　つだ・しかじ　明治39年12月2日～平成18年12月16日　東亜合成化学工業常務　→06/08

津田　静枝　つだ・しずえ　明治16年4月1日～昭和39年9月13日　海軍中将　→昭和

津田　実栄　つだ・じつえい　～平成2年9月2日
　僧侶　高野山大明王院住職　→88/90

津田　実雄　つだ・じつお　～昭和42年2月23日
　高野山真言宗管長、総本山金剛峯寺座主　→昭和

津田　信吾　つだ・しんご　明治14年3月29日～昭和23年4月18日　実業家　鐘紡社長　→昭和

津田　信二　つだ・しんじ　大正9年2月14日～平成7年8月24日　日本パイプ製造社長　→94/96

津田　真行　つだ・しんゆき　～昭和61年2月10日
　広島市助役　→83/87

津田　整一　つだ・せいいち　～昭和32年10月5日
　安田火災海上常務　→昭和

津田　隆治　つだ・たかじ　～昭和57年4月17日
　プロセス資材社長　→80/82

津田　高吉　つだ・たかよし　大正5年11月23日～平成6年10月2日　古河電気工業副社長　→94/96

津田　忠之　つだ・ただゆき　昭和19年4月5日～平成22年5月2日　タキヒヨー常務　→09/11

津田　二雄　つだ・つぐお　大正10年12月7日～平成21年10月27日　ハリマ共和物産社長　→09/11

津田　鶴治　つだ・つるじ　明治40年11月5日～平成3年7月7日　津田産業社長　→91/93

津田　鉄夫　つだ・てつお　大正8年7月24日～平成2年11月24日　中山製鋼所社長、新日本製鉄取締役　→88/90

津田　騰三　つだ・とうぞう　～昭和57年5月29日
　弁護士　→80/82

津田　時三郎　つだ・ときさぶろう　～昭和58年2月21日
　京都日日新聞社取締役業務局長　→83/87

津田　徳之助　つだ・とくのすけ　～昭和47年6月13日
　関西ペイント顧問　→昭和

津田　直次　つだ・なおじ　～平成14年5月24日
　住商コンピュータサービス(のち住商情報システム)専務　→00/02

津田　信基　つだ・のぶもと　大正5年7月13日～平成12年12月29日　神官　池田八坂神社宮司、神社本庁長老、長田神社名誉宮司　→00/02

津田　識義　つだ・のりよし　大正13年12月15日～平成2年4月25日　津田飯社長、全国納税貯蓄組合連合会理事　→88/90

津田　治男　つだ・はるお　昭和3年9月2日～平成22年8月7日　読売新聞大阪本社業務編集局長　→09/11

津田　はる子　つだ・はるこ　～昭和2年4月26日

　鉄道界慈母　→昭和

津田　久　つだ・ひさし　明治37年7月30日～平成14年6月9日　住友商事社長　→00/02

津田　久俊　つだ・ひさとし　大正14年3月16日～平成4年4月22日　高松組取締役　→91/93

津田　秀夫　つだ・ひでお　大正1年11月25日～平成11年5月19日　中国電力常務　→97/99

津田　弘　つだ・ひろし　～平成12年1月27日
　日研化学常務　→00/02

津田　博　つだ・ひろし　大正14年1月28日～平成9年10月23日　日本ガスケット社長　→97/99

津田　博　つだ・ひろし　大正1年10月24日～平成11年6月30日　鐘紡専務　→97/99

津田　弘孝　つだ・ひろたか　明治39年9月19日～昭和62年12月14日　(財)日本交通公社会長、(株)日本公通公社取締役相談役　→83/87

津田　文吾　つだ・ぶんご　大正7年4月24日～平成19年1月8日　神奈川県知事、テレビ神奈川会長　→06/08

津田　真　つだ・まこと　昭和62年7月2日
　大阪地裁判事　→83/87

津田　誠　つだ・まこと　大正12年10月21日～平成11年12月23日　日本工営専務　→00/02s

津田　昌男　つだ・まさお　昭和2年11月17日～平成4年11月4日　富士ゼロックス取締役　→91/93

津田　正夫　つだ・まさお　昭和2年4月17日～平成12年10月28日　神鋼電機取締役、神電商事社長　→00/02

津田　正三　つだ・まさかず　～平成5年1月18日
　ブルドックソース会長　→91/93

津田　正規　つだ・まさのり　～昭和19年3月22日
　福岡鉱山監督技師　→昭和

津田　正幸　つだ・まさゆき　大正15年3月4日～平成13年2月2日　大日本土木常務、水資源開発公団中部支社副支社長　→00/02

津田　満寿次　つだ・ますじ　～平成7年11月2日
　日本旅行会(のち日本旅行)常務　→94/96

津田　実　つだ・みのる　明治42年8月5日～平成11年5月24日　弁護士　法務事務次官　→97/99

津田　宗保　つだ・むねやす　～昭和9年6月6日
　大阪製鉄社長　→昭和

津田　守民　つだ・もりたみ　～昭和55年7月9日
　カネボウシルク相談役・元専務　→80/82

津田　幸彦　つだ・ゆきひこ　大正9年11月26日～平成10年1月9日　津田電線会長　→97/99

津田　美武　つだ・よしたけ　～昭和51年8月28日
　陸軍中将　→昭和

津田　芳太郎　つだ・よしたろう　明治42年8月1日～平成10年1月6日　日比谷商事(のちサンミック千代田)社長、国策パルプ(のち日本製紙)取締役　→97/99

津田　亮一　つだ・りょういち　大正6年1月1日～平成16

812　「現代物故者事典」総索引(昭和元年～平成23年)

年12月28日　エフエム東京社長　→03/05

津田　領造　つだ・りょうぞう　〜平成7年8月4日
北海道地図副社長　→94/96

津田　良太郎　つだ・りょうたろう　〜昭和56年1月30日
津田産業名誉会長, 関西合板流通研究会会長　→80/82

蔦江　悦夫　つたえ・えつお　大正8年10月24日〜昭和62年8月29日　蔦江商店社長, 加賀市教育委員長　→83/87

蔦木　盛之　つたき・もりゆき　〜昭和62年6月16日
蔦木鉄工所会長　→83/87

蔦沢　雪雄　つたざわ・ゆきお　大正8年12月15日〜昭和62年7月21日　日本ステンレス専務　→83/87

土岡　光郎　つちおか・みつろう　〜平成1年1月17日
広島県議, 広島相互銀行常務　→88/90

土金　賢三　つちかね・けんぞう　大正9年7月25日〜平成3年12月14日　警察庁刑事局長, 競馬保安会理事長　→91/93

土金　孝太郎　つちかね・こうたろう　明治38年10月20日〜平成7年6月19日　実業家　第一中央汽船社長　→94/96

土亀　憲一　つちかめ・けんいち　昭和17年6月3日〜平成23年12月26日　電気化学工業常務　→09/11

土川　清　つちかわ・きよし　大正11年3月29日〜平成1年7月5日　中越パルプ工業社長　→88/90

土川　修三　つちかわ・しゅうぞう　明治39年10月30日〜平成5年6月22日　弁護士　岐阜県出納長, 高山市長　→91/93

土川　善澂　つちかわ・ぜんちょう　元治1年9月4日〜昭和5年3月3日　僧侶(浄土宗)　知恩院住職　→昭和(土川善徴)

土川　正男　つちかわ・まさお　昭和12年9月5日〜平成19年4月7日　北越製紙常務　→06/08

土川　元夫　つちかわ・もとお　明治36年6月20日〜昭和49年1月27日　名古屋鉄道社長, 名鉄労組初代委員長, 名古屋商工会議所会頭　→昭和

土川　幸男　つちかわ・ゆきお　大正13年9月27日〜昭和62年5月15日　旭可鍛鉄社長, 日本ガイシ常務　→83/87

土倉　敬吾　つちくら・けいご　〜昭和56年11月26日
新エネルギー総合開発機構石炭鉱業合理化事業本部管理部長　→80/82

土倉　宗明　つちくら・そうめい　明治22年9月2日〜昭和47年6月16日　衆院議員(自由党)　→昭和(とくら・むねあき)

土倉　久男　つちくら・ひさお　昭和5年12月11日〜平成3年12月18日　ワイピーケー社長　→91/93

土子　猛　つちこ・たけし　明治44年3月4日〜平成1年4月29日　時事通信社取締役出版局長　→88/90

土崎　英利　つちざき・ひでとし　〜昭和59年11月17日
川崎重工業顧問, 川崎航空機工業専務　→83/87

土田　勇　つちだ・いさむ　〜平成4年11月9日
高島取締役　→91/93

土田　義一郎　つちだ・ぎいちろう　大正3年6月1日〜平成13年11月14日　松山地検検事正　→00/02

土田　国太郎　つちだ・くにたろう　明治22年6月28日〜昭和35年3月26日　参院議員(自民党)　→昭和

土田　国保　つちだ・くにやす　大正11年4月1日〜平成11年7月4日　警視総監　→97/99

土田　健二郎　つちだ・けんじろう　大正2年2月15日〜昭和60年7月19日　ナショナルクラウン社長, 日本王冠コルク工業連合会会長　→83/87

土田　健三　つちだ・けんぞう　昭和8年6月29日〜平成22年11月3日　三興製作所社長　→09/11

土田　宏造　つちだ・こうぞう　昭和10年2月17日〜平成5年10月19日　住友銀行専務　→91/93

土田　治五郎　つちだ・じごろう　〜昭和32年1月12日
三条市長　→昭和

土田　省一　つちだ・しょういち　〜昭和63年10月19日
土田建工代表取締役社長　→88/90

土田　正七郎　つちだ・しょういちろう　大正6年1月2日〜平成6年1月12日　極洋専務　→94/96

土田　荘助　つちだ・そうすけ　明治21年3月13日〜昭和37年8月25日　衆院議員(翼賛議員同盟), 日本競争馬生産者協会会長　→昭和

土田　泰三郎　つちだ・たいさぶろう　〜平成11年10月19日　高島屋日発工業専務　→97/99

土田　武雄　つちだ・たけお　〜昭和62年12月26日
小松製作所取締役　→83/87

土田　為助　つちだ・ためすけ　〜昭和58年12月8日
百五銀行常務　→83/87

土田　照吉　つちだ・てるきち　〜平成2年8月9日
土田鉄工所社長　→88/90

土田　晃透　つちだ・てるみち　大正10年8月22日〜平成20年10月20日　明治生命保険社長　→06/08

土田　俊雄　つちだ・としお　昭和5年1月6日〜昭和63年3月27日　リズム時計工業常務　→88/90

土田　久雄　つちだ・ひさお　大正4年3月30日〜平成3年5月23日　大東電材会長　→91/93

土田　兵吾　つちだ・ひょうご　〜昭和59年9月3日
陸軍少将　→83/87

土田　浩　つちだ・ひろし　昭和6年12月10日〜平成21年8月28日　六ケ所村(青森県)村長　→09/11

土田　正顕　つちだ・まさあき　昭和11年8月18日〜平成16年1月30日　東京証券取引所社長, 国税庁長官　→03/05

土田　政名　つちだ・まさな　昭和37年12月13日〜平成10年1月19日　三菱鉱業取締役, 新菱建設常務, 東洋酸素専務　→97/99

土田　正道　つちだ・まさみち　明治43年9月6日〜平成4年2月22日　キッコーマン常務　→91/93

土田　万助　つちだ・まんすけ　明治2年1月6日〜昭和17年6月15日　政治家, 農業指導者　貴院議員(多額)　→昭和

土田 巳之助　つちだ・みのすけ　〜昭和58年2月28日
　北海道議　→83/87

土田 康　つちだ・やす　大正5年9月1日〜平成9年12月10日　神奈川県原爆被災者の会会長　→97/99

土田 保三　つちだ・やすぞう　〜昭和49年7月5日
　三興製作所社長　→昭和

土田 豊　つちだ・ゆたか　〜昭和51年6月19日
　駐エジプト大使　→昭和

土田 要吉　つちだ・ようきち　明治44年9月2日〜平成11年7月24日　秋田県公営管理者　→00/02s

土田 芳男　つちだ・よしお　大正11年2月15日〜平成5年10月25日　昭和電線電纜会長　→91/93

土棚 森枝　つちだな・もりえ　〜昭和45年8月18日
　東洋パルプ専務　→昭和

土谷 虎之介　つちたに・とらのすけ　〜昭和48年4月15日
　浅野スレート取締役　→昭和（つちだに・とらのすけ）

土永 豊　つちなが・ゆたか　大正15年8月28日〜平成20年6月29日　マルシン化粧品店社長, 大阪府商店街連合会会長　→06/08

土橋 嘉兵衛　つちはし・かへえ　明治1年〜昭和22年
　道具商　→昭和

土橋 健二　つちはし・けんじ　昭和18年1月16日〜平成22年9月24日　陸将　陸上自衛隊第二師団長　→09/11

土橋 鍵次　つちはし・けんじ　〜昭和58年12月29日
　沖電気工業常務　→83/87

土橋 善一郎　つちはし・ぜんいちろう　明治35年4月5日〜昭和59年2月5日　三菱銀行取締役, 三菱電機監査役　→83/87

土橋 隆　つちはし・たかし　明治40年4月12日〜昭和60年11月5日　日新工業会長・元社長　→83/87

土橋 琢治　つちはし・たくじ　〜昭和55年10月18日
　海将　海上自衛隊教育航空集団司令官　→80/82

土橋 武士　つちはし・たけし　〜昭和56年11月8日
　(社)道中小企業会館理事長　→80/82

土橋 久男　つちはし・ひさお　大正10年9月21日〜平成23年7月25日　ニチメン常務　→09/11

土原 世冑　つちはら・せちゅう　〜平成11年5月8日
　僧侶　浄土真宗本願寺派総務　→97/99

土村 栄一　つちむら・えいいち　昭和2年10月15日〜平成9年10月26日　三重交通社長　→97/99

土持 治　つちもち・おさむ　〜昭和48年5月23日
　東京索道会長　→昭和

槌本 貞一　つちもと・ていいち　〜昭和52年11月4日
　恵庭市長　→昭和

土屋 昭　つちや・あきら　〜昭和62年5月29日
　誓立寺住職　→83/87

土屋 伊作　つちや・いさく　大正12年3月21日〜平成20年1月12日　土屋組社長, アジアクレー射撃連盟会長　→06/08

土屋 勇　つちや・いさむ　大正13年6月18日〜平成15年5月29日　静岡県議（自民党）　→03/05

土屋 巌　つちや・いわお　明治43年2月5日〜平成2年11月24日　正興電機製作所社長　→88/90

土屋 梅治　つちや・うめはる　大正9年11月22日〜平成16年10月27日　サイカン会長, 埼玉県商店街連合会会長　→03/05

土屋 馨　つちや・かおる　明治40年5月6日〜昭和63年9月25日　日本勧業銀行常務取締役, 日本鋼管監査役, 電気化学工業監査役　→88/90

土屋 碓生　つちや・かくお　〜昭和63年6月14日
　住友重機械工業常務, 日本化学機械製造副社長　→88/90

土屋 計雄　つちや・かずお　大正10年9月7日〜平成1年6月21日　第一ホテル会長　→88/90

土谷 一夫　つちや・かずお　〜昭和62年6月18日
　元・川北町（石川県）町議　→83/87

土屋 和美　つちや・かずみ　昭和13年1月7日〜平成8年4月5日　土屋組社長　→94/96

土屋 勝彦　つちや・かつひこ　大正15年10月11日〜平成7年1月31日　東洋運搬機常務　→94/96

土屋 勝美　つちや・かつみ　昭和13年5月26日〜平成9年12月5日　千葉県議（自民党）　→97/99

土屋 喜栄吉　つちや・きえきち　大正11年11月15日〜平成3年12月14日　旭電化工業取締役, 旭友産業社長　→91/93

土谷 敬成　つちや・けいせい　昭和2年7月16日〜平成17年3月15日　僧侶　獅子吼山珉徳寺住職, 金沢経済大学教授, 星陵中・高校長　→03/05

土屋 啓造　つちや・けいぞう　〜昭和28年12月23日
　十合百貨店社長　→昭和

土屋 計左右　つちや・けいそう　〜昭和48年11月30日
　第一ホテル社長　→昭和

土屋 慶之助　つちや・けいのすけ　昭和5年3月27日〜昭和62年8月31日　オーナンバ取締役　→83/87

土屋 源市　つちや・げんいち　明治21年7月1日〜昭和43年7月8日　衆院議員（進歩党）　→昭和

土屋 健蔵　つちや・けんぞう　昭和9年1月12日〜昭和61年2月4日　トーケン社長　→83/87

土屋 公献　つちや・こうけん　大正12年4月3日〜平成21年9月25日　弁護士　日本弁護士連合会会長　→09/11

土屋 香鹿　つちや・こうろく　明治39年8月28日〜平成18年11月26日　弁護士　福岡県知事　→06/08

土屋 栄　つちや・さかえ　〜平成1年8月24日
　大成道路常務　→88/90

土屋 栄　つちや・さかえ　〜平成4年2月11日
　陸軍少将　→91/93

土屋 主馬夫　つちや・しゅめお　大正2年11月8日〜平成8年1月12日　不二越専務　→94/96

土屋 順　つちや・じゅん　昭和18年3月15日〜平成23年3月

I　政治・経済・社会篇　　　　　　　　　　　　　　　　　　　　　　　　　　　　　　　　つちや

月9日　千葉銀行常務　→09/11

土屋　史郎　つちや・しろう　昭和16年2月27日〜平成13年3月17日　日本損害保険協会常務理事,安田火災海上保険副社長　→00/02

土屋　四郎　つちや・しろう　明治29年8月20日〜昭和56年7月25日　弁護士，札幌短期大学学長　→80/82

土屋　二郎　つちや・じろう　明治41年9月24日〜昭和59年6月8日　岐阜商工会議所副会頭，岐阜土地興業社長　→83/87

土屋　信二　つちや・しんじ　昭和7年6月8日〜平成16年11月17日　千代田インテグレ社長　→03/05

土屋　純雄　つちや・すみお　大正13年4月27日〜平成18年8月4日　静岡県議(自民党)　→06/08

土屋　精之　つちや・せいし　〜平成9年2月22日　東宝争議当時の組合闘争委員長　→97/99

土屋　善吉　つちや・ぜんきち　明治41年12月17日〜昭和61年3月12日　東洋電機製造顧問　→83/87

土屋　惣蔵　つちや・そうぞう　大正11年2月11日〜平成6年2月26日　三洋証券副社長　→94/96

土屋　タイ　つちや・たい　〜昭和58年4月12日　江戸川バス社長，関東バス社長，武蔵野バス社長　→83/87

土屋　隆夫　つちや・たかお　昭和5年10月9日〜平成16年3月15日　日本インキ化学工業常務　→03/05

土屋　孝志　つちや・たかし　大正12年3月12日〜平成11年2月12日　富士特殊紙業会長　→97/99

土屋　卓　つちや・たく　大正15年8月16日〜昭和60年9月14日　西湘リビング新聞社長，サンコーエイ社長　→83/87

土屋　猛奥　つちや・たけお　明治40年1月1日〜平成3年8月7日　山梨中央銀行取締役　→91/93

土屋　武則　つちや・たけのり　大正2年1月2日〜平成15年4月19日　中野市長　→03/05

土屋　唯男　つちや・ただお　大正6年2月10日〜平成19年3月27日　東映常務　→06/08

土屋　辰男　つちや・たつお　〜昭和62年10月29日　ナゴヤプラザホテル会長，輝山記念病院理事長　→83/87

土屋　次男　つちや・つぐお　大正10年7月1日〜昭和60年7月29日　敷島紡績副社長　→83/87

土屋　勉　つちや・つとむ　明治41年2月17日〜平成12年11月24日　ワシノ機器最高顧問，ワシノ機械社長，アマダワシノ社長　→00/02

土屋　禎三　つちや・ていぞう　昭和3年8月23日〜平成21年2月23日　東海アルミ箔社長　→09/11

土谷　徹雄　つちや・てつお　〜昭和55年12月12日　同和火災海上保険取締役　→80/82

土屋　俊三　つちや・としぞう　明治16年4月〜昭和25年11月6日　米穀肥料商，千葉県食糧営団理事長，参院議員(自民党)　→昭和(つちや・しゅんぞう)

土屋　利保　つちや・としやす　明治40年4月7日〜平成3年10月17日　神奈川県議(自民党)　→91/93

土屋　知太郎　つちや・ともたろう　〜昭和62年5月20日　甘糖化学産業取締役,通産省工業技術院東京工業試験所第五部長　→83/87

土屋　豊二　つちや・とよじ　明治43年12月12日〜平成8年2月5日　八十二銀行常務　→94/96

土屋　直一　つちや・なおいち　〜昭和63年1月20日　東芝タンガロイ監査役　→88/90

土屋　日就　つちや・にちじゅ　〜昭和62年5月10日　僧侶　本門法華宗大本山妙蓮寺第93世貫主　→83/87

土屋　信茂　つちや・のぶしげ　〜昭和61年12月17日　岐阜土地興業専務　→83/87

土屋　信民　つちや・のぶたみ　明治6年3月23日〜昭和8年5月21日　司法官　関東庁高等法院長　→昭和

土屋　倫正　つちや・のりまさ　〜平成3年5月23日　中外製薬専務　→91/93

土屋　八郎　つちや・はちろう　〜昭和60年6月27日　帯広少年院長　→83/87

土屋　晴史　つちや・はるふみ　昭和17年5月5日〜平成23年4月10日　大日本塗料常務　→09/11

土屋　晴義　つちや・はるよし　昭和8年7月6日〜平成21年10月9日　北洋銀行副頭取,日本銀行検査局長　→09/11

土屋　英夫　つちや・ひでお　〜昭和57年10月4日　川崎三菱自動車販売社長　→80/82

土屋　秀太　つちや・ひでた　昭和18年8月27日〜平成21年12月6日　ヤンマー常務　→09/11

土屋　斉　つちや・ひとし　明治40年12月14日〜平成15年7月23日　大垣共立銀行名誉会長　→03/05

土屋　博亮　つちや・ひろあき　大正12年2月14日〜平成17年5月12日　東芝機械専務　→03/05

土屋　裕子　つちや・ひろこ　〜平成4年4月20日　土屋電機会長　→91/93

土屋　広　つちや・ひろし　昭和13年11月6日〜平成19年3月10日　住友化学工業常務　→06/08

土屋　弘　つちや・ひろし　〜平成3年5月21日　曙出版社長　→91/93

土屋　文夫　つちや・ふみお　大正13年1月5日〜平成15年1月16日　全国共済農業協同組合連合会副会長　→03/05

土屋　正雄　つちや・まさお　大正4年8月19日〜平成7年3月22日　富士興産社長,通産省輸出振興部長　→94/96

土屋　政三　つちや・まさぞう　大正2年7月22日〜昭和62年6月17日　参議院法制局第3部長　→83/87

土屋　正敏　つちや・まさとし　〜昭和60年11月22日　富士チタン工業取締役　→83/87

土屋　正直　つちや・まさなお　明治14年1月〜昭和13年12月6日　子爵　三ツ輪銀行頭取　→昭和

土屋　正直　つちや・まさなお　大正8年4月12日〜平成7年3月22日　正興電機製作所会長　→94/96

土屋　優　つちや・まさる　大正4年2月10日〜平成7年2月2日　千葉県会副議長,土屋体育堂社長　→94/96

「現代物故者事典」総索引(昭和元年〜平成23年)　　815

槌谷 松太郎　つちや・まつたろう　〜昭和55年10月1日
　東京ガスケット工業社長　→80/82

土屋 光雄　つちや・みつお　昭和10年〜平成21年3月29日　札幌観光幌馬車社長　→09/11

土屋 満　つちや・みつる　大正15年2月3日〜平成1年7月17日　豊田紡織社長　→88/90

土屋 南夫　つちや・みなお　大正8年11月23日〜平成5年1月27日　駐ネパール大使　→91/93

土屋 寛　つちや・ゆたか　明治13年12月〜昭和25年11月12日　衆院議員(日本進歩党)、尾道市長　→昭和(つちや・かん)

土屋 陽三郎　つちや・ようざぶろう　大正3年6月16日〜平成11年1月6日　三洋証券会長　→97/99

土屋 義夫　つちや・よしお　明治36年1月16日〜昭和59年5月16日　ダイキン工業相談役・元社長　→83/87

土屋 芳雄　つちや・よしお　明治44年1月3日〜平成3年4月6日　弁護士　日弁連理事、東北弁護士会連合会会長　→91/93

土屋 芳雄　つちや・よしお　明治44年〜平成13年10月　憲兵　「戦犯の実録―半生の悔悟」の著者　→00/02

土屋 喜太郎　つちや・よしたろう　〜昭和44年6月12日　東洋紡織取締役　→昭和

土屋 佳照　つちや・よしてる　大正15年2月12日〜平成16年11月2日　鹿児島県知事、自治事務次官　→03/05

土屋 義彦　つちや・よしひこ　大正15年5月31日〜平成20年10月5日　参院議長、環境庁長官、埼玉県知事　→06/08

槌谷 芳郎　つちや・よしろう　〜平成1年10月18日　槌谷フードサービス社長　→88/90

槌谷 亨介　つちや・りょうすけ　〜昭和56年9月23日　北海道水産物荷主協会理事、三共槌谷商店社長　→80/82

土屋 良三　つちや・りょうぞう　昭和7年6月26日〜平成23年2月26日　北海道議(自民党)　→09/11

土山 宇三郎　つちやま・うさぶろう　明治36年11月24日〜昭和61年10月10日　道央信用組合理事、北海道議　→83/87

筒井 蛙声　つつい・あせい　〜昭和63年7月2日　マツダ取締役・材料研究部長　→88/90

筒井 伊逸　つつい・いいつ　〜昭和48年11月12日　大阪合同税理士会会長　→昭和

筒井 逸　つつい・いつ　大正7年8月15日〜平成12年3月22日　兵庫県議　→00/02

筒井 英俊　つつい・えいしゅん　〜昭和48年3月6日　東大寺202世別当　→昭和(つつい・ひでとし)

筒井 和夫　つつい・かずお　昭和7年4月〜平成21年1月23日　大成建設常務　→09/11

筒井 和臣　つつい・かずおみ　〜昭和63年4月10日　全国菓子工業組合連合会副理事長、埼玉県菓子工業協同組合理事長　→88/90

筒井 寛秀　つつい・かんしゅう　大正10年9月6日〜平成22年1月23日　僧侶　東大寺第212世別当、華厳宗管長　→09/11

筒井 菊雄　つつい・きくお　大正9年11月26日〜平成21年11月6日　日新副社長　→09/11

筒井 清　つつい・きよし　〜昭和55年3月25日　大日本製薬専務　→80/82

筒井 橡吉　つつい・けんきち　大正5年11月19日〜平成3年5月23日　東亜建設工業副社長、鶴見臨港鉄道社長　→91/93

筒井 堅太郎　つつい・けんたろう　〜平成2年11月1日　兼松監査役　→88/90

筒井 浩二　つつい・こうじ　〜昭和56年11月4日　日本勧業銀行取締役、高砂鉄工専務　→80/82

筒井 佐太郎　つつい・さたろう　明治29年11月13日〜平成3年6月22日　日新会長　→91/93

筒井 三郎　つつい・さぶろう　〜昭和62年5月6日　豊和機材(株)電機工事部長　→83/87

筒井 茂利　つつい・しげとし　〜平成17年　実業家　ベレン福岡県人会会長　→03/05

筒井 潤一郎　つつい・じゅんいちろう　明治36年3月25日〜平成1年5月14日　福岡銀行常任監査役　→88/90

筒井 順太郎　つつい・じゅんたろう　大正3年3月26日〜昭和60年9月30日　大阪伸線工業協同組合会長　→83/87

筒井 昌次　つつい・しょうじ　明治39年11月13日〜平成8年11月27日　兵庫県議、明石市議会議員　→94/96

筒井 高志　つつい・たかし　明治10年8月26日〜平成17年7月29日　レナウンルック社長　→03/05

筒井 竹雄　つつい・たけお　明治35年5月20日〜昭和43年9月15日　国家公務員共済組合連合会常務理事、防衛庁陸上幕僚長　→昭和

筒井 民次郎　つつい・たみじろう　明治8年11月〜昭和16年1月18日　衆院議員(立憲民政党)　→昭和

筒井 統一郎　つつい・とういちろう　明治44年4月18日〜平成11年4月4日　日本鋼管副社長、日本鋳造社長　→97/99

筒井 俊治　つつい・としはる　大正11年3月30日〜平成16年8月25日　日新会長　→03/05

筒井 留三　つつい・とめぞう　明治34年3月31日〜昭和61年11月22日　新興金属工業所会長、(財)広島青少年文化センター理事長　→83/87

筒井 春江　つつい・はるえ　〜昭和62年6月29日　劇団ホリホックアカデミー代表取締役　→83/87

筒井 久次郎　つつい・ひさじろう　〜昭和42年8月25日　三井鉱山専務　→昭和

筒井 英昌　つつい・ひでまさ　〜昭和59年1月21日　弁護士　大分・宮崎地裁判事　→83/87

筒井 正雄　つつい・まさお　明治15年1月8日〜昭和8年9月17日　陸軍中将　→昭和

筒井 康吉　つつい・やすよし　〜平成10年3月16日

I　政治・経済・社会篇　　　　　　　　　　　　　　　　　　　　　　　　　　　　つなしま

大浪運輸倉庫常務　→97/99
筒井 雄一郎　つつい・ゆういちろう　昭和4年～昭和62年2月11日　伊藤忠商事専務　→83/87
筒井 幸男　つつい・ゆきお　大正14年1月23日～昭和61年6月20日　電力中央研究所常務理事,中央電力協議会事務局長　→83/87
筒井 佳美　つつい・よしみ　大正1年9月19日～昭和63年1月6日　愛知県議(民社党,刈谷)　→88/90
筒井 良三　つつい・りょうぞう　昭和3年5月25日～平成21年8月4日　川崎重工業副社長,防衛庁技術研究本部長　→09/11
堤 昭夫　つつみ・あきお　昭和3年2月21日～昭和62年6月5日　山中グランドホテル代表取締役社長　→83/87
堤 厚　つつみ・あつし　明治41年10月7日～平成3年9月27日　北辰電機製作所常務,千葉工業大学教授　→91/93
堤 和正　つつみ・かずまさ　大正2年5月20日～昭和61年12月6日　日立冷熱相談役,大阪日立機販社長　→83/87
堤 勝彦　つつみ・かつひこ　～昭和57年11月26日　堤塾(精神薄弱者施設)塾長　→80/82
堤 邦子　つつみ・くにこ　昭和3年2月21日～平成9年6月17日　セゾンコーポレーション取締役・パリ支局長　→97/99
堤 三郎　つつみ・さぶろう　大正10年7月4日～昭和60年11月17日　関東特殊製鋼常務　→83/87
堤 清治郎　つつみ・せいじろう　～昭和30年9月30日　日魯漁業取締役　→昭和
堤 清六　つつみ・せいろく　明治13年2月15日～昭和6年9月12日　実業家　日魯漁業創立者,衆院議員(政友会)　→昭和
堤 隆一　つつみ・たかいち　大正15年3月30日～平成13年6月20日　大分県議(自民党)　→00/02
堤 滝三　つつみ・たきぞう　明治26年3月12日～昭和63年11月6日　松坂屋常務　→88/90
堤 工　つつみ・たくみ　～昭和60年10月14日　柳川・大川漁連監事　→83/87
堤 忠世　つつみ・ただよ　～昭和56年6月21日　西部ガスプロパン取締役社長　→80/82
堤 たち　つつみ・たち　～平成12年5月31日　宗教家　阿含宗副管長,平河出版社社長　→00/02
堤 鐶　つつみ・たまき　明治37年3月5日～平成7年5月18日　大阪ガス専務　→94/96
堤 任　つつみ・たもつ　～平成12年12月15日　双葉社常務,「漫画アクション」編集長　→00/02
堤 常　つつみ・つね　明治24年3月1日～昭和61年1月24日　岩波書店相談役・元会長　→83/87
堤 経長　つつみ・つねなが　～平成4年1月16日　東海開発社長　→91/93
堤 定次郎　つつみ・ていじろう　明治1年11月1日～昭和10年8月18日　官吏,実業家　五十銀行頭取　→昭和

堤 悌造　つつみ・ていぞう　～平成2年9月24日　京都簡裁判事　→88/90
堤 藤一　つつみ・とういち　明治35年1月2日～平成3年1月19日　神奈川中央交通副社長,運輸省新潟陸運局長　→91/93
堤 健郎　つつみ・としお　明治43年9月5日～平成9年12月1日　三井鉱山常務　→97/99
堤 利雄　つつみ・としお　明治42年8月20日～平成17年11月19日　大成建設専務,有楽土地社長　→03/05
堤 隆　つつみ・のぼる　明治22年5月～昭和22年2月27日　衆院議員(社会党)　→昭和(つつみ・たかし)
堤 穎雄　つつみ・ひでお　明治43年2月15日～平成10年10月12日　トヨタ車体社長,アイシン高丘名誉顧問　→97/99
堤 仁　つつみ・ひとし　～昭和57年7月31日　清水建設取締役　→80/82
堤 寛　つつみ・ひろし　明治44年11月15日～昭和61年1月11日　角栄建設専務取締役　→83/87
堤 不三雄　つつみ・ふさお　昭和8年1月10日～平成14年4月13日　エフエム北海道常務　→00/02
堤 他彦　つつみ・ほかひこ　～昭和14年9月27日　弁理士　関西特許弁理士界の長老　→昭和
堤 誠　つつみ・まこと　大正1年11月4日～昭和61年2月7日　東燃石油化学常務,東亜燃料工業常任監査役　→83/87
堤 正元　つつみ・まさもと　明治29年1月1日～昭和63年11月19日　三菱製紙監査役　→88/90
堤 操　つつみ・みさお　明治40年11月23日～昭和59年11月17日　歌人　「紫珠」主宰　→83/87
堤 康次郎　つつみ・やすじろう　明治22年3月7日～昭和39年4月26日　実業家,政治家　西武鉄道創立者,衆院議員長　→昭和
堤 陽太郎　つつみ・ようたろう　昭和8年1月26日～平成15年6月8日　東洋製罐常務　→03/05
津富 正孝　つとみ・まさたか　昭和9年3月30日～平成10年10月8日　旭電化工業取締役,鹿島ケミカル副社長　→97/99
綱 兼次郎　つな・かねじろう　～昭和58年6月6日　協和工業社長　→83/87
綱井 輝夫　つない・てるお　大正6年3月5日～平成13年5月29日　警察大学校校長　→00/02
綱木 秀松　つなき・ひでまつ　明治44年3月28日～平成3年4月15日　札幌花き園芸社長,日本花き卸売市場協会副会長,北海道市場協会副会長　→91/93
綱沢 利平　つなざわ・りへい　昭和42年6月2日～昭和60年10月22日　弁護士　東北弁護士会連合会長　→83/87
綱島 佳吉　つなじま・かきち　万延1年6月24日～昭和11年6月27日　牧師　→昭和
綱島 一三　つなしま・かずみ　～平成3年5月28日　綱島機械製作所会長　→91/93

綱島 建吉　つなしま・けんきち　大正11年2月18日〜平成12年4月5日　旭硝子常務, 触媒化成工業社長　→00/02

綱島 憲次　つなしま・けんじ　明治34年10月7日〜平成7年2月8日　埼玉県教育長　→94/96

綱島 正興　つなしま・せいこう　明治23年3月12日〜昭和43年5月28日　弁護士, 政治家, 社会運動家　衆議院議員（自民党）　→昭和

綱島 文雄　つなしま・ふみお　〜平成2年7月23日　綱島機械製作所副会長　→88/90

綱頭 正夫　つなどう・まさお　大正4年3月9日〜昭和58年12月21日　商船三井近海相談役・元社長　→83/87

都並 伊佐市　つなみ・いさいち　〜昭和56年10月19日　東京機械製作所監査役　→80/82

綱脇 龍妙　つなわき・りゅうみょう　明治9年1月24日〜昭和45年12月5日　僧侶　身延深敬園長・理事長, 日蓮宗大僧正, 大明寺（横須賀市）住職　→昭和（綱脇 竜妙）

津根 良　つね・りょう　明治26年10月26日〜昭和61年12月7日　津根精機会長, 関西特殊熱処理会長, 津根マシンツール会長　→83/87

常石 城熙　つねいし・せいき　昭和6年12月27日〜平成1年6月28日　ニチアス取締役　→88/90

常泉 彦三郎　つねいずみ・ひこさぶろう　大正2年9月25日〜昭和58年10月9日　泉自動車社長　→83/87

常岡 一郎　つねおか・いちろう　明治32年1月12日〜昭和64年1月2日　参院議員, 中心社主幹　→88/90

恒川 一夫　つねかわ・かずお　大正3年4月1日〜平成19年8月27日　愛知県出納長　→06/08

常川 清　つねかわ・きよし　〜昭和59年7月15日　熊本県福祉生活部長　→83/87

恒川 小三郎　つねかわ・こさぶろう　〜昭和16年2月1日　名古屋銀行頭取　→昭和

常川 清太郎　つねかわ・せいたろう　〜昭和62年7月12日　日本プロパンガス（株）取締役販売部長　→83/87

恒川 敏雄　つねかわ・としお　昭和60年9月8日　三河生物同好会長, 愛知県文化財保護指導委員　→83/87

恒川 稔朗　つねかわ・としお　大正15年8月22日〜平成13年1月1日　三五会長　→00/02

恒川 久太郎　つねかわ・ひさたろう　〜昭和60年7月10日　日本・チリ親善功労者　→83/87

恒川 政三　つねかわ・まさみ　〜昭和61年1月8日　三晃染色社長　→83/87

常木 建男　つねき・たつお　昭和6年5月26日〜昭和61年7月30日　ニッポン放送プロジェクト会社取締役, ニッポン放送制作部長　→83/87

経沢 崇泰　つねざわ・たかやす　昭和3年2月25日〜平成9年10月27日　シャープ常務　→97/99

常田 朝秀　つねだ・あさひで　〜昭和61年5月4日　東芝電子事業本部首席技監（役員待遇）　→83/87

常田 市之　つねだ・いちゆき　〜昭和61年5月18日　浜加積村（のち滑川市）村長, 滑川市助役　→83/87

常田 滋弥　つねだ・しげや　大正10年9月28日〜平成19年7月10日　寿工業社長　→06/08

恒田 信郎　つねだ・のぶろう　大正13年11月8日〜平成21年2月26日　はごろもフーズ専務　→09/11

恒田 文次　つねだ・ぶんじ　明治36年1月29日〜昭和45年11月13日　弁護士　青山学院大学法学部教授　→昭和

恒遠 顕　つねとう・あきら　昭和4年2月13日〜平成14年11月25日　パイロットグループホールディング社長　→00/02

恒任 民男　つねとう・たみお　大正8年3月7日〜平成8年6月1日　有楽通信社社長, 毎日新聞東京本社総務局次長　→94/96

常富 太郎　つねとみ・たろう　〜昭和59年5月10日　天竜工業取締役本社工場長　→83/87

恒成 昭俊　つねなり・あきとし　昭和6年7月15日〜平成11年11月11日　大同生命保険専務　→97/99

恒松 於菟二　つねまつ・おとじ　明治23年2月〜昭和45年1月9日　衆議院議員（日本進歩党）　→昭和

恒松 安夫　つねまつ・やすお　明治32年3月18日〜昭和38年5月20日　島根県知事　→昭和

恒松 良一郎　つねまつ・りょういちろう　大正6年5月31日〜平成16年12月6日　熊本県議　→03/05

常見 和正　つねみ・かずまさ　昭和12年11月15日〜平成18年3月13日　宇部興産会長　→06/08

常見 英夫　つねみ・ひでお　昭和4年11月10日〜平成15年2月2日　足利銀行頭取　→03/05

経本 壬寅　つねもと・じんえん　〜昭和63年6月30日　僧侶　真宗大谷派参務, 札幌別院輪番　→88/90

恒屋 匡介　つねや・きょうすけ　〜昭和61年10月30日　夕刊フクニチ新聞社常務　→83/87

津野 勇　つの・いさむ　明治43年10月10日〜昭和12年3月7日　労働運動家　→昭和

津野 一輔　つの・かずすけ　明治7年1月28日〜昭和3年2月24日　陸軍中将　陸軍次官　→昭和

津野 喜七　つの・きしち　昭和3年4月29日〜平成12年11月1日　津野本店会長, 郡山商工会議所会頭　→00/02

角井 信　つのい・しん　大正15年5月8日〜平成10年2月16日　テレビ埼玉社長　→97/99

角替 武　つのがえ・たけし　大正11年2月9日〜平成18年1月3日　日本航空常務, 日本アジア航空社長　→06/08

角田 勇　つのだ・いさむ　〜平成4年11月28日　間組（のちハザマ）取締役　→91/93

角田 栄八郎　つのだ・えいはちろう　大正14年11月25日〜平成15年2月25日　公認会計士, 税理士, 経営コンサルタント　角田税務会計事務所所長, 日本公認会計士協会副会長　→03/05

角田 和男　つのだ・かずお　大正5年3月21日〜昭和63年2月21日　古河電気工業専務　→88/90

角田 勝郎　つのだ・かつろう　明治45年6月17日〜平成

13年6月5日　三菱レイヨン常務　→00/02

角田　鼎　つのだ・かなえ　～平成11年6月27日　キャタピラー三菱(のち新キャタピラー三菱)常務　→97/99

角田　甲子男　つのだ・きねお　～昭和63年　税理士　→88/90

角田　儀平治　つのだ・ぎへいじ　明治39年7月29日～平成9年8月17日　社会運動家,弁護士　→97/99

角田　浩一　つのだ・こういち　昭和10年～平成8年7月2日　ソニー・インターナショナル社長　→94/96

津野田　是重　つのだ・これしげ　明治6年11月25日～昭和5年9月2日　陸軍少将　衆院議員(政友本党)　→昭和

角田　重信　つのだ・しげのぶ　昭和4年7月5日～平成6年12月11日　ツノダ名誉会長　→94/96

角田　栄　つのだ・しげる　大正2年3月27日～平成5年5月17日　奥村組専務　→91/93

角田　司馬太郎　つのだ・しめたろう　明治37年1月9日～昭和56年12月29日　ツノダ創業者　→80/82

角田　修　つのだ・しゅう　～昭和61年1月20日　クラレ取締役,クラレケミカル社長　→83/87

角田　真一　つのだ・しんいち　明治42年1月20日～平成4年4月19日　日本カーボン常任監査役　→91/93

角田　資敏　つのだ・すけとし　大正1年8月20日～平成11年11月29日　同和鉱業常務,秋田製錬社長　→00/02s

角田　武郎　つのだ・たけお　昭和62年12月11日　東邦チタニウム取締役　→83/87

角田　他十郎　つのだ・たじゅうろう　元治1年3月2日～昭和2年10月26日　大陸浪人　→昭和

角田　達郎　つのだ・たつお　昭和3年1月18日～平成18年2月20日　海上保安庁長官,JR西日本社長　→06/08

角田　俊直　つのだ・としなお　大正10年1月21日～平成14年4月27日　味の素副社長　→00/02

角田　俊郎　つのだ・としろう　～昭和40年1月6日　大阪建物常務　→昭和

津野田　知重　つのだ・ともしげ　大正6年2月1日～昭和62年7月26日　信濃毎日新聞社顧問　→83/87

角田　昇　つのだ・のぼる　大正2年12月13日～平成16年8月27日　菱食社長　→03/05

角田　彦三　つのだ・ひこぞう　大正12年10月2日～平成17年2月27日　渋沢倉庫社長　→03/05

角田　福太郎　つのだ・ふくたろう　～昭和42年7月17日　味の素技術顧問　→昭和

角田　昌司　つのだ・まさし　昭和9年5月2日～昭和63年3月12日　ツノダ自転車副社長　→88/90

角田　正治　つのだ・まさはる　大正2年3月9日～平成17年11月12日　東急建設専務　→03/05

津野田　泰彦　つのだ・やすひこ　大正7年4月23日～昭和61年12月28日　イームロ工業社長　→83/87

角田　勇一　つのだ・ゆういち　明治45年2月28日～平成10年9月15日　鳥取県議(自民党)　→97/99

角田　雄一　つのだ・ゆういち　昭和16年1月10日～平成20年9月19日　日立ハイテクノロジーズ執行役専務・取締役　→06/08

角田　幸夫　つのだ・ゆきお　大正13年7月14日～平成1年8月10日　日本油脂取締役,日本化学塗料社長　→88/90

角田　吉男　つのだ・よしお　～平成22年2月23日　稲川会会長　→09/11

角田　吉雄　つのだ・よしお　大正1年8月31日～平成11年3月29日　旭化成工業常務,旭ダウ社長　→97/99

角田　義隆　つのだ・よしたか　大正8年12月13日～昭和63年3月19日　石川島播磨重工業航空宇宙事業本部顧問,航空自衛隊幕僚長　→88/90

角田　両作　つのだ・りょうさく　明治40年10月15日～平成5年3月19日　角田貿易社長,全国中小貿易業連盟理事長　→91/93

角田　林兵衛　つのだ・りんべえ　明治33年12月11日～平成5年7月27日　福島トヨタ自動車社長,福島信用金庫理事,桑折町(福島県)町長　→91/93

角村　克己　つのむら・かつみ　明治34年7月1日～平成5年8月7日　札幌高裁長官,名古屋高裁長官　→91/93

津覇　実良　つは・みよし　明治33年7月10日～昭和61年8月12日　津覇車輛工業会長　→83/87

椿　克己　つばき・かつみ　大正6年7月1日～昭和60年4月15日　明治交通会社社長　→83/87

椿　克巳　つばき・かつみ　明治42年11月16日～昭和63年1月11日　互省製作所(株)代表,神奈川県工業振興協会長　→88/90

椿　菅太郎　つばき・かんたろう　～昭和43年3月21日　石岡市長　→昭和

椿　吉郎　つばき・きちろう　昭和14年12月6日～平成15年1月31日　いすゞ自動車専務　→03/05

椿　繁夫　つばき・しげお　明治43年5月13日～平成3年10月26日　労働運動家,政治家　全国金属委員長,参院議員(社会党)　→91/93

椿　蓁一郎　つばき・しんいちろう　嘉永3年～昭和10年9月10日　秋田県知事　→昭和(椿　蓁一郎)

椿　孝雄　つばき・たかお　大正10年3月16日～平成20年5月29日　医学書院会長　→06/08

椿　道生　つばき・みちお　～昭和62年3月8日　福岡地検飯塚支部長　→83/87

椿　道孝　つばき・みちたか　大正2年2月12日～昭和61年1月26日　三井松島産業監査役,元親和銀行常務　→83/87

椿　宜雄　つばき・よしお　～平成4年2月28日　大都常務,日産自動車野球部監督　→91/93

椿原　常太郎　つばきはら・つねたろう　～昭和56年8月26日　九州耐火煉瓦相談役・元社長　→80/82

椿原　正博　つばきはら・まさひろ　昭和6年6月24日～平成13年8月13日　セコム副会長,大阪府警本部長　→00/02

椿本　説三　つばきもと・せつぞう　明治23年4月22日～昭和41年1月13日　実業家　椿本興業創業者　→昭和

椿原 健督　つばはら・けんすけ　〜昭和61年12月29日　北海道ガス社長　→83/87

椿原 春雄　つばはら・はるお　明治40年4月19日〜平成8年4月9日　日本コカ・コーラ副社長　→94/96

鍔本 良男　つばもと・よしお　〜昭和58年2月2日　大広名古屋支社次長兼第一営業局長　→83/87

津原 武　つはら・たけし　明治1年10月〜昭和28年5月20日　衆院議員(翼賛議員同盟)　→昭和

粒良 喜三郎　つぶら・きさぶろう　〜平成4年9月3日　全労済常務理事　→91/93

坪井 一郎　つぼい・いちろう　大正8年10月9日〜平成2年12月4日　トリオ会長　→88/90

坪井 亀蔵　つぼい・かめぞう　明治33年12月16日〜平成2年3月23日　衆院議員(国民協同党), 浜北市長　→88/90

坪井 九八郎　つぼい・くはちろう　明治9年8月27日〜昭和3年10月7日　実業家, 男爵　貴族議員　→昭和

坪井 賢次　つぼい・けんじ　明治35年12月19日〜平成6年7月26日　明和ゴム工業会長　→94/96

坪井 幸市　つぼい・こういち　大正3年2月11日〜平成8年8月23日　松井建設常務　→94/96

坪井 光迥　つぼい・こうじゅん　〜昭和44年11月16日　金陵山大僧正　→昭和

坪井 滋憲　つぼい・しげのり　大正3年2月26日〜平成12年10月15日　光村印刷副社長　→00/02

坪井 俊映　つぼい・しゅんえい　大正3年10月2日〜平成22年9月6日　僧侶　浄土門主, 知恩院(浄土宗総本山)第87代門跡, 仏教大学名誉教授　→09/11

坪井 準二　つぼい・じゅんじ　明治45年5月2日〜昭和61年10月29日　国際興業副社長, 日本電建取締役　→83/87

坪井 総一郎　つぼい・そういちろう　昭和6年7月13日〜平成9年2月19日　山陽新聞取締役　→97/99

坪井 孚夫　つぼい・たかお　昭和5年5月8日〜平成20年5月5日　福島貸切自動車会長, 福島商工会議所会頭, 福島県商工会議所連合会会長　→06/08

坪井 敬　つぼい・たかし　大正3年1月17日〜平成1年7月26日　北越製紙副社長　→88/90

坪井 孝頼　つぼい・たかより　昭和12年10月7日〜平成14年8月8日　日本ポリケム社長, 日本ラグビー協会専務理事　→00/02

坪井 正　つぼい・ただし　大正11年4月21日〜平成19年12月31日　ニチレイ専務　→06/08

坪井 為次　つぼい・ためじ　大正5年2月14日〜昭和62年8月7日　日本メタノール自動車社長, 神奈川中央交通監査役　→83/87

坪井 東　つぼい・はじめ　大正4年5月1日〜平成8年7月5日　三井不動産会長　→94/96

坪井 秀雄　つぼい・ひでお　大正13年10月30日〜平成5年3月13日　東京工業品取引所常務理事　→91/93

坪井 万次　つぼい・まんぞう　〜昭和32年7月5日　福島電鉄社長　→昭和

坪井 満　つぼい・みつる　昭和9年5月17日〜平成11年12月3日　中村屋常務　→00/02s

坪内 享嗣　つぼうち・きょうじ　昭和2年12月1日〜昭和58年10月4日　国鉄常務理事　→83/87

坪内 薫正　つぼうち・しげまさ　昭和8年10月16日〜平成7年10月24日　フジタ専務　→94/96

坪内 利彦　つぼうち・としひこ　昭和18年5月11日〜平成5年10月20日　東京地検交通部長　→91/93

坪内 藤義　つぼうち・とみよし　大正6年8月18日〜平成14年4月4日　山口県議(民社党), 岩国市議　→00/02

坪内 肇　つぼうち・はじめ　大正2年11月14日〜平成20年10月10日　日本鋼管副社長　→06/08

坪内 八郎　つぼうち・はちろう　大正1年12月〜平成8年12月25日　衆院議員(自由党)　→97/99s

坪内 寿夫　つぼうち・ひさお　大正3年9月4日〜平成1年12月28日　佐世保重工業社長, 来島どつく社長, 函館どつく社長　→97/99

坪上 貞二　つぼがみ・ていじ　明治17年6月1日〜昭和54年5月28日　外交官　駐タイ大使　→昭和

坪川 蔵之助　つぼかわ・くらのすけ　大正5年10月10日〜平成7年12月7日　川尻町(広島県)町長　→94/96

坪川 賢一　つぼかわ・けんいち　〜昭和62年6月11日　(株)坪川昆布代表取締役　→83/87

坪川 信三　つぼかわ・しんぞう　明治42年11月13日〜昭和52年11月20日　衆院議員(自民党)　→昭和

坪倉 一郎　つぼくら・いちろう　大正7年1月2日〜平成2年8月17日　弁護士　京都府人事委員会委員長, 京都弁護士会長　→09/11

坪郷 進次　つぼごう・しんじ　大正9年3月18日〜昭和60年2月3日　福徳相互銀行常務　→83/87

壺阪 寿　つぼさか・ひさし　大正10年8月31日〜平成16年2月13日　山陽盃酒造社長　→03/05

坪田 一郎　つぼた・いちろう　昭和3年7月4日〜平成20年2月4日　北興化学工業常務　→06/08

坪田 五雄　つぼた・いつお　大正4年〜平成2年12月29日　暁教育図書社長, 図書教材協会副会長　→88/90

壺田 修　つぼた・おさむ　〜昭和56年2月9日　南海電気鉄道相談役・元社長　→80/82

坪田 譲二　つぼた・じょうじ　昭和10年11月4日〜平成9年4月16日　マンズワイン社長　→97/99

坪田 迅吾　つぼた・じんご　〜平成13年1月24日　ホンヤク出版社会長, あをばえんたぷらいず社長　→00/02

坪田 彦　つぼた・ひこ　大正12年11月29日〜平成3年12月30日　朝日放送取締役　→91/93

坪田 誠　つぼた・まこと　大正2年1月11日〜平成7年9月10日　熊野市長　→94/96

坪田 正男　つぼた・まさお　〜平成8年9月2日　びわの実文庫主宰　→94/96

坪田 旨弘　つぼた・むねひろ　〜昭和56年5月7日　セキサン工業社長　→80/82

坪沼 尚蔵　つぼぬま・しょうぞう　大正13年1月1日～平成9年5月6日　太陽神戸銀行(のちさくら銀行)常務　→97/99

坪根 市蔵　つぼね・いちぞう　～昭和60年12月24日　弘機商会社長　→83/87

坪野 光　つぼの・あきら　昭和2年10月10日～平成19年8月30日　神戸電鉄専務　→06/08

坪野 光男　つぼの・みつお　明治34年5月15日～昭和56年6月29日　神戸穀物商品取引所理事長,全国商品取引所連合会前会長　→80/82

坪野 米男　つぼの・よねお　大正9年7月4日～平成20年8月16日　弁護士　衆院議員(社会党),京都弁護士会会長　→06/08

坪原 喜三郎　つぼはら・きさぶろう　大正11年6月20日～平成21年3月2日　神官　伏見稲荷大社宮司,全国稲荷会会長　→09/11

坪谷 昭子　つぼや・あきこ　～平成21年4月30日　カルテのない薬害C型肝炎の全員救済を求める新潟の会副代表　→09/11

坪谷 浩一　つぼや・こういち　明治38年11月15日～昭和58年2月23日　拓銀常任監査役,地崎工業常務取締役　→83/87

坪谷 俊雄　つぼや・としお　大正13年2月20日～昭和62年11月23日　小樽市議　→83/87

坪山 照　つぼやま・あきら　大正10年9月25日～昭和58年9月5日　リョービ専務　→83/87

坪山 徳弥　つぼやま・とくや　明治23年11月～昭和45年12月28日　栃木県農協中央会会長,参院議員　→昭和

津曲 清海　つまがり・きよみ　大正11年3月27日～平成3年11月26日　三井生命保険常務　→91/93

津曲 純郎　つまがり・じゅんろう　～昭和58年4月5日　大蔵省関税中央分析所長　→83/87

津曲 穏雄　つまがり・やすお　明治45年2月2日～昭和58年10月17日　日本債券信用銀行常務　→83/87

津曲 義光　つまがり・よしみつ　昭和21年7月8日～平成23年11月27日　空将　防衛庁航空幕僚長　→09/11

妻木 繁雄　つまき・しげお　大正2年6月5日～平成2年3月27日　とうや湖農協組合(北海道)組合長,虻田町(北海道)町議　→88/90

妻木 松吉　つまき・まつきち　明治34年12月13日～昭和1年1月29日　説教強盗　→88/90

津村 敦史　つむら・あつふみ　昭和6年10月12日～平成23年11月6日　山九専務　→09/11

津村 和男　つむら・かずお　昭和4年11月1日～平成6年6月3日　三井農林社長　→94/96

津村 和夫　つむら・かずお　明治39年9月22日～平成2年4月4日　電気興業取締役　→88/90

津村 紀陵　つむら・きりょう　文久3年2月～昭和8年12月16日　野上軽便鉄道社長,貴院議員(多額)　→昭和

都村 健　つむら・けん　～昭和57年6月18日　通信合同社代表取締役,日芸信用組合理事　→80/82

津村 幸男　つむら・さちお　大正5年8月2日～平成1年11月17日　ツムラ取締役相談役　→88/90

津村 重孝　つむら・しげたか　明治44年7月1日～平成7年8月29日　ツムラ副社長　→94/96

津村 重熙　つむら・しげひろ　昭和3年11月13日～平成21年11月19日　東急不動産常務　→09/11

津村 重舎(1代目)　つむら・じゅうしゃ　明治4年7月5日～昭和16年4月28日　実業家,政治家　津村順天堂創業者,貴院議員　→昭和(津村 重舎)

津村 重舎(2代目)　つむら・じゅうしゃ　明治41年9月5日～平成9年7月12日　ツムラ会長　→97/99

都村 新次郎　つむら・しんじろう　明治42年2月18日～平成6年1月3日　駐ビルマ大使　→94/96

津村 隆　つむら・たかし　大正2年9月5日～昭和62年8月20日　三菱電機常務,ゼロックス専務　→83/87

津村 秀松　つむら・ひでまつ　昭和14年12月29日　大阪鉄工所社長　→昭和

津村 均　つむら・ひとし　～昭和38年7月19日　藤永田造船専務　→昭和

都村 耕久　つむら・やすひさ　大正15年2月13日～平成9年12月21日　日本冶金工業常務　→97/99

津村 善重　つむら・よししげ　大正7年3月19日～平成3年9月23日　アルミニウム合金全国連合会会長,東京軽金属工業協同組合理事長　→91/93

円谷 光衛　つむらや・みつえ　明治22年2月～昭和37年3月6日　衆院議員(自由党)　→昭和(つぶらや・みつえ)

津室 隆夫　つむろ・たかお　昭和4年1月15日～平成17年11月22日　大林組社長　→03/05

津室 暢夫　つむろ・のぶお　大正15年9月27日～平成3年6月23日　五味屋社長　→91/93

津元 光男　つもと・みつお　昭和3年6月10日～平成5年5月23日　藤倉電線常務　→91/93

津本 裕　つもと・ゆたか　大正11年9月17日～平成17年1月1日　安田生命保険専務　→03/05

津森 敬二　つもり・けいじ　～昭和61年3月6日　名古屋スポーツセンター社長,中日新聞社友　→83/87

津守 豊治　つもり・とよじ　明治41年4月10日　東芝社長　→昭和

津谷 裕貴　つや・ひろたか　昭和30年3月21日～平成22年11月4日　弁護士　秋田弁護士会会長　→09/11

津谷 正己　つや・まさみ　大正9年1月8日～平成3年9月3日　小樽信用金庫理事長　→91/93

津矢田 万里生　つやだ・まりお　大正8年9月21日～平成6年3月16日　福徳銀行専務　→94/96

津山 英吉　つやま・えいきち　明治10年7月21日～昭和9年8月30日　横浜正金銀行専務　→昭和

津山 禎敏　つやま・さだはる　昭和3年3月31日～平成3年6月18日　キャットアイ社長　→91/93

津山 滋　つやま・しげる　～昭和57年2月1日

日本化学工業所専務取締役　→80/82

津山 真二　つやま・しんじ　～昭和55年8月25日
大都魚類取締役　→80/82

津山 久雄　つやま・ひさお　～平成3年9月26日
奥尻村(北海道)村長　→91/93

津山 不二男　つやま・ふじお　大正2年10月1日～平成2年7月24日　日東工業顧問,日本専売公社理事・東京地方局長　→88/90

津山 正夫　つやま・まさお　大正7年3月19日～昭和63年8月15日　カリフォルニア・ファーストバンク会長,東京銀行専務　→88/90

露木 清　つゆき・きよし　大正2年1月5日～平成7年1月29日　伊勢丹会長,三菱銀行副頭取　→94/96

露木 高良　つゆき・たかよし　大正3年12月12日～平成17年10月12日　三菱石油常務　→03/05

露木 篤造　つゆき・とくぞう　大正3年9月6日～昭和58年11月11日　日本スピンドル製造会長,日経連理事　→83/87

露木 直彦　つゆき・なおひこ　大正15年1月15日～昭和63年9月14日　銀座天国社長,銀座通連合会副会長　→88/90

露木 寛　つゆき・ひろし　～昭和48年4月2日
日本ユネスコ協会連盟理事　→昭和

露口 達　つゆぐち・たつ　明治43年7月25日～平成6年7月15日　日清紡会長　→94/96

釣谷 俊彦　つりたに・としひこ　大正11年2月26日～昭和63年1月14日　釣谷導入線工業社長　→88/90

釣谷 義範　つりや・よしのり　昭和4年8月30日～平成8年1月27日　大日本コンサルタント副社長,砂防広報センター専門理事長　→94/96

鶴 五三　つる・いつみ　明治38年2月13日～昭和40年2月6日　労働運動家　→昭和

都留 勝利　つる・かつとし　明治37年12月3日～昭和51年2月15日　実業家　東京瓦斯取締役相談役　→昭和

鶴 喜代二　つる・きよじ　明治29年8月26日～昭和63年9月19日　正金相互銀行社長,福岡盲導犬協会名誉会長　→88/90

鶴 周六　つる・しゅうろく　大正6年7月2日～平成14年3月13日　NOK会長　→00/02

鶴 正吾　つる・しょうご　大正4年2月6日～平成10年7月22日　NOK会長　→97/99

鶴 真輔　つる・しんすけ　昭和11年3月～平成6年
韓国問題コンサルタント,翻訳家　有信(株)社長　→97/99s

都留 信郎　つる・のぶお　～昭和23年2月14日
東邦ガス社長　→昭和

水流 正彦　つる・まさひこ　大正12年9月1日～昭和59年12月6日　東京高検検事　→昭和

都留 松男　つる・まつお　大正3年10月8日～昭和58年11月27日　合同製鉄相談役,日本砂鉄鋼業社長　→83/87

津留 幹生　つる・みきお　昭和7年6月4日～平成21年4月23日　三井グリーンランド社長　→09/11

津留 雄三　つる・ゆうぞう　～昭和5年8月7日
海軍大佐　→昭和

敦井 栄吉　つるい・えいきち　明治21年5月28日～昭和59年8月8日　北陸瓦斯会長　→83/87

鶴井 穎三郎　つるい・えいざぶろう　昭和13年1月14日～平成5年6月15日　トーヨコ理研取締役　→91/93

敦井 益郎　つるい・ますろう　大正11年～平成10年2月18日　北陸瓦斯専務　→97/99

鶴江 嘉祝　つるえ・よしたか　～昭和61年3月22日
研究開発型企業育成センター常務理事　→83/87

鶴尾 勉　つるお・つとむ　昭和3年9月29日～平成8年5月24日　東芝ライテック社長　→94/96

鶴岡 和修　つるおか・かずのぶ　明治23年8月～昭和43年3月9日　(財)小田原少年園長,衆院議員(無所属)　→昭和 (つるおか・わしゅう)

鶴岡 清　つるおか・きよし　大正12年1月6日～平成13年5月28日　千葉日報取締役名誉相談役　→00/02

鶴岡 貞之　つるおか・さだゆき　明治20年2月11日～昭和28年10月19日　労働運動家　→昭和

鶴岡 千侭　つるおか・せんじん　明治40年6月2日～昭和62年7月8日　外交官　国連大使　→83/87

鶴岡 隆治　つるおか・たかはる　～昭和62年8月22日
油圧総業社長　→83/87

鶴岡 鶴吉　つるおか・つるきち　～昭和55年9月13日
八千代エンジニヤリング顧問　→80/82

鶴岡 徳蔵　つるおか・とくぞう　明治35年4月20日～昭和63年9月28日　東洋リース会長,東京重機顧問,西松建設取締役　→88/90

鶴岡 俊彦　つるおか・としひこ　昭和11年5月4日～平成20年7月14日　農林水産事務次官,農林漁業金融公庫総裁　→06/08

鶴岡 寅司　つるおか・とらじ　明治37年10月23日～昭和63年11月12日　東邦生命保険常務　→88/90

鶴岡 信道　つるおか・のぶみち　明治27年1月1日～昭和59年10月3日　海軍少将　→83/87

鶴岡 寛　つるおか・ゆたか　大正7年2月21日～平成9年11月19日　国際電信電話副社長　→97/99

鶴我 七蔵　つるが・しちぞう　大正3年2月1日～平成7年1月20日　駐ベネズエラ大使　→94/96

敦賀 達次郎　つるが・たつじろう　～昭和60年8月3日
北海道製薬協会副会長,共成製薬社長　→83/87

鶴川 一郎　つるかわ・いちろう　明治34年2月14日～平成3年8月21日　小田急バス会長,小田急電鉄取締役　→91/93

鶴崎 義男　つるさき・よしお　大正4年5月11日～平成22年2月22日　長崎県議　→09/11

鶴沢 輝弥　つるざわ・てるや　明治37年5月25日～平成3年5月26日　日本シール名誉会長　→91/93

鶴島 瑞夫　つるしま・みずお　〜昭和46年10月7日
共同印刷相談役　→昭和

鶴園 哲夫　つるぞの・てつお　大正4年5月28日〜平成18年4月11日　参院議員（社会党）　→06/08

鶴田 栄一　つるた・えいいち　大正13年11月23日〜平成17年4月30日　山梨県議　→03/05

鶴田 一白　つるた・かずしろ　大正14年11月20日〜平成20年5月23日　イーグル工業社長、NOK専務　→06/08

鶴田 勝巳　つるた・かつみ　〜平成6年6月13日
愛知県議　→94/96

鶴田 亀男　つるた・かめお　〜昭和55年11月23日
農林中央金庫理事　→80/82

鶴田 憲次　つるた・けんじ　〜昭和56年9月18日
ユネスコ国内委員会委員、鳥取県教育長　→80/82

鶴田 小夜子　つるた・さよこ　〜平成21年11月15日
最高検検事　→09/11

鶴田 鎮太郎　つるた・しずたろう　明治35年1月28日〜平成9年11月20日　東洋製作所社長　→97/99

鶴田 祥平　つるた・しょうへい　〜昭和59年11月3日
農林省畜産試験場長、日本ホルスタイン登録協会顧問　→83/87

鶴田 泰造　つるた・たいぞう　〜昭和60年3月13日
長崎自動車専務　→83/87

鶴田 勉　つるた・つとむ　大正15年3月21日〜平成17年7月17日　日本中央地所社長、東洋シャッター副社長　→03/05

鶴田 禎次郎　つるた・ていじろう　〜昭和14年12月22日
陸軍軍医中将　→昭和

鶴田 虎松　つるた・とらじろう　〜昭和55年10月30日
ジャパンライン取締役、日新汽船会長　→80/82

鶴田 信夫　つるた・のぶお　〜昭和18年5月28日
日本通運常務　→06/08

鶴田 治樹　つるた・はるき　昭和13年4月2日〜平成20年2月22日　高砂香料工業専務、東北大学理学部助教授　→06/08

鶴田 寿男　つるた・ひさお　〜昭和60年1月30日
ニツセキハウス工業監査役、玉屋常務　→83/87

鶴田 洋　つるた・ひろし　昭和22年5月1日〜平成2年3月13日　山梨日日新聞編集局次長　→88/90

鶴田 福一郎　つるた・ふくいちろう　明治35年9月4日〜昭和63年2月4日　鶴田石材会長、日本砕石協会会長　→88/90

鶴田 正戸　つるた・まさと　〜昭和57年12月3日
大都工業常務　→80/82

鶴田 三雄　つるた・みつお　大正10年1月18日〜昭和63年5月14日　松下電器産業専務・東京支社長　→88/90

鶴田 基一　つるた・もとひろ　大正2年9月21日〜平成13年1月19日　ユニチカ常務　→00/02

鶴田 豊　つるた・ゆたか　〜昭和58年12月31日
全国りんご協議会会長、日本果実加工取締役会長　→83/87

鶴田 尚正　つるた・よしのぶ　昭和13年1月3日〜平成21年12月27日　日本出版販売社長　→09/11

鶴谷 忠五郎　つるたに・ちゅうごろう　〜昭和11年12月17日　神戸鶴谷商会社長　→昭和

鶴谷 錬吉　つるたに・れんきち　〜平成9年10月19日
清水地所副社長　→97/99

鶴野 常次郎　つるの・つねじろう　大正14年1月7日〜平成17年11月2日　三菱石油取締役　→03/05

鶴野 正敬　つるの・まさよし　大正6年4月3日〜平成12年2月8日　住友セメント常務　→00/02

鶴羽 菊蔵　つるは・きくぞう　〜昭和63年12月2日
札幌刑務所所長　→88/90

鶴端 貞雄　つるはた・さだお　明治39年11月19日〜平成2年4月15日　西松建設常務　→88/90

鶴原 勇　つるはら・いさむ　〜昭和62年2月7日
鶴原液化ガス(有)取締役会長　→83/87

鶴原 貞一　つるはら・ていいち　〜昭和9年1月31日
日本航空輸送会社飛行士　→昭和

鶴間 豊治　つるま・とよじ　明治36年9月21日〜昭和61年4月26日　協和発酵工業常務、千代田開発社長　→83/87

鶴巻 辰次郎　つるまき・たつじろう　〜平成6年10月31日　新潟県議（社会党）　→94/96

鶴丸 明　つるまる・あきら　〜昭和56年2月16日
国鉄東唐津駅長　→80/82

鶴丸 尚義　つるまる・なおよし　〜昭和63年12月30日
江守相談役　→88/90

鶴見 市郎　つるみ・いちろう　大正5年10月10日〜平成10年12月7日　トーヨーカネツ常務　→97/99

鶴見 宜信　つるみ・ぎしん　〜昭和16年8月14日
陸軍大佐　日光町長　→昭和

鶴見 清彦　つるみ・きよひこ　大正6年3月11日〜平成51年11月17日　外交官　→昭和

鶴見 邦四郎　つるみ・くにしろう　〜昭和60年2月20日
三菱製紙取締役　→83/87

鶴見 憲　つるみ・けん　明治28年4月7日〜昭和59年8月18日　外交官　シンガポール総領事　→83/87

鶴見 照碩　つるみ・しょうせき　大正6年1月15日〜平成14年8月14日　僧侶　成田山新勝寺貫首　→00/02

鶴見 清一郎　つるみ・せいいちろう　〜平成13年4月3日
栃木県議　→00/02

鶴見 肇　つるみ・はじめ　昭和22年8月7日〜平成20年4月20日　農林中央金庫常務理事　→06/08

鶴見 平一郎　つるみ・へいいちろう　大正3年11月13日〜平成9年8月19日　東芝EMI常務　→97/99

鶴見 祐輔　つるみ・ゆうすけ　明治18年11月3日〜昭和48年11月1日　政治家、評論家、小説家　衆院議員、参院議員、厚相　→昭和

鶴海 良一郎　つるみ・りょういちろう　大正8年11月22日

日〜平成8年3月18日　住宅改良開発公社社長　→94/96

鶴本 多門　つるもと・たもん　大正1年12月12日〜平成5年5月27日　東邦チタニウム社長、日本鉱業（のち日鉱共石）常務　→91/93

鶴谷 亀三男　つるや・きみお　〜昭和56年3月19日　日産生命副社長　→80/82

津和 義昌　つわ・よしまさ　大正7年12月〜平成11年6月3日　住友金属工業常務　→97/99

津脇 喜代男　つわき・きよお　明治38年11月3日〜昭和55年4月25日　労働運動家　川崎市選管委員長、川崎市議、私鉄総連初代書記長　→80/82

【て】

鄭 永昌　てい・えいしょう　安政2年12月11日〜昭和6年12月3日　天津領事　→昭和

出井 松三　でい・まつぞう　大正3年8月12日〜平成11年2月1日　ヤマト徽章会長、全東京記章商工協同組合理事長　→97/99

貞家 克己　ていか・かつみ　大正12年9月13日〜平成15年11月17日　最高裁判事　→03/05

貞明皇后　ていめいこうごう　明治17年6月25日〜昭和26年5月17日　大正天皇皇后　→昭和

出川 雄二郎　でがわ・ゆうじろう　明治42年5月31日〜平成9年4月24日　日本電気常務　→97/99

出口 昭　でぐち・あきら　大正11年1月1日〜平成21年10月12日　栃木県議（自民党）　→09/11

出口 伊佐男　でぐち・いさお　明治36年〜昭和48年5月6日　宗教家　大本教総長　→昭和

出口 栄二　でぐち・えいじ　大正8年5月27日〜平成18年12月22日　宗教家　大本教総長　→06/08

出口 音平　でぐち・おとへい　〜昭和62年4月4日　行橋市議　→83/87

出口 王仁三郎　でぐち・おにさぶろう　明治4年7月12日〜昭和23年1月19日　宗教家　大本教聖師　→昭和

出口 勝啓　でぐち・かつひろ　〜平成8年3月5日　世界救世教理事　→94/96

出口 勝美　でぐち・かつみ　〜昭和55年8月8日　農林水産省農業土木試験場長　→80/82

出口 聖子　でぐち・せいこ　昭和10年2月19日〜平成13年4月29日　宗教家　大本教主（4代目）　→00/02

出口 光平　でぐち・こうへい　〜昭和56年8月13日　大本教誨司、日本社会福祉施設士会会長　→80/82

出口 常順　でぐち・じょうじゅん　明治33年11月7日〜平成6年3月3日　僧侶　四天王寺国際仏教大学名誉学長、和宗総本山四天王寺管長　→94/96

出口 進士　でぐち・しんじ　昭和6年9月12日〜平成14年6月20日　テレビ朝日取締役、テレビ朝日映像会長　→

00/02

出口 すみ　でぐち・すみ　明治16年2月3日〜昭和27年3月31日　宗教家　大本教教主（2代目）　→昭和（出口 澄子 でぐち・すみこ）

出口 虎雄　でぐち・とらお　〜平成1年11月17日　大本内事室長　→88/90

出口 直日　でぐち・なおひ　明治35年3月7日〜平成2年9月23日　大本教教主（3代目）　→88/90

出口 日出麿　でぐち・ひでまる　明治30年12月28日〜平成3年12月25日　大本教尊師・教主補、人類愛善会名誉総裁　→91/93

出口 広光　でぐち・ひろみつ　大正14年11月17日〜平成12年10月30日　参院議員（自民党）　→00/02

出口 政昭　でぐち・まさあき　昭和17年3月1日〜平成13年8月27日　三井道路常務　→00/02

出口 正夫　でぐち・まさお　〜平成6年6月5日　日本国連協会富山県本部監事、元・富山牛乳（株）常務取締役　→83/87

出口 三千麿　でぐち・みちまろ　〜昭和30年3月22日　大本教副総長　→昭和

出口 隆一　でぐち・りゅういち　大正10年6月18日〜平成6年12月23日　大崎電気工業常務　→94/96

出倉 芳雄　でくら・よしお　大正3年3月15日〜平成12年5月7日　恵庭市議会議長　→00/02

出崎 準一　でさき・じゅんいち　明治42年2月5日〜平成3年6月2日　つる家会長、国際観光日本レストラン協会名誉会長　→91/93

勅使河原 正三郎　てしがわら・しょうざぶろう　〜昭和58年11月14日　河合塾塾監、愛知県産業貿易館長　→83/87

勅使川原 巍　てしがわら・たかし　〜昭和59年3月1日　富士化学工業副社長、興和常務　→83/87

手嶋 章　てじま・あきら　明治39年5月6日〜昭和60年5月8日　出版輸送会社社長、全日本トラック協会副会長、元千代田区（東京都）区議・区会議長　→83/87

豊島 嘉造　てしま・かぞう　明治34年8月22日〜昭和59年10月3日　電源開発理事　→83/87

手島 季四郎　てじま・きしろう　昭和6年3月5日〜平成5年5月9日　菱光産業専務　→91/93

手島 剛毅　てじま・ごうき　明治22年11月24日〜昭和39年9月10日　社会運動家　大阪府議　→昭和

出島 権二　でじま・ごんじ　〜昭和63年7月1日　内灘村（石川県）村議　内灘闘争のリーダー　→88/90

手島 栄　てしま・さかえ　明治29年12月10日〜昭和38年4月18日　参院議員（自民党）　→昭和

手島 収造　てしま・しゅうぞう　〜平成16年6月19日　篭刑務所長　→83/87

豊嶋 章太郎　てしま・しょうたろう　〜昭和56年10月30日　愛媛県知事、岡山県知事　→80/82

手島 達郎　てしま・たつろう　大正8年10月7日〜平成6

手島 為蔵　てじま・ためぞう　明治45年4月18日～昭和60年11月27日　手島製作所社長、第一ネジ工業会長　→83/87

手嶋 恒二郎　てじま・つねじろう　明治39年2月12日～平成5年11月2日　千代田火災海上保険社長　→91/93（手島 恒二郎）

手島 知健　てしま・ともたけ　～昭和43年5月10日　三機工業社長　→昭和

手島 久治　てじま・ひさじ　～昭和62年11月9日　小西六写真工業取締役　→83/87

豊嶋 宏　てしま・ひろし　～平成16年4月16日　空将　航空自衛隊補給統制処長　→03/05

豊嶋 房太郎　てしま・ふさたろう　～昭和54年4月9日　陸軍中将　→昭和

手嶋 正之　てしま・まさゆき　昭和18年3月10日～平成17年5月8日　伊藤忠エネクス専務　→03/05

手島 雄二　てしま・ゆうじ　～昭和55年5月3日　日本鉄鋼連盟常務理事　→80/82

手嶋 幸雄　てしま・ゆきお　明治44年2月19日～平成1年6月18日　保土谷化学工業専務　→88/90

手島 冷志　てしま・れいし　昭和2年4月3日～平成17年4月9日　駐イタリア大使　→03/05

手島 六郎　てじま・ろくろう　昭和6年5月8日～平成5年8月22日　富士機械製造常務　→91/93

弟子丸 泰仙　でしまる・たいせん　明治3年11月29日～昭和57年4月30日　僧侶　曹洞宗ヨーロッパ開教総監、ヨーロッパ禅協会会長　→80/82

手代木 隆吉　てしろぎ・りゅうきち　明治17年1月1日～昭和42年3月31日　弁護士、政治家　衆院議員（日本進歩党）　→昭和

手塚 栄一　てづか・えいいち　～昭和60年1月30日　東京馬主協会名誉会長　→83/87

手塚 栄喜遂　てづか・えきなる　昭和2年1月14日～平成2年10月2日　手塚産機製作社長　→88/90

手塚 進一郎　てづか・しんいちろう　～平成19年8月3日　日本地主家主協会理事長　→06/08

手塚 真二　てづか・しんじ　～昭和63年6月21日　手塚工業代表取締役　→88/90

手塚 誠　てづか・せい　～昭和57年6月27日　小田原女子短大理事長、朝日観光社主　→80/82

手塚 猛昌　てづか・たけまさ　嘉永6年11月22日～昭和7年3月1日　実業家　→昭和

手塚 太郎　てづか・たろう　文久2年1月16日～昭和7年11月19日　司法官　長崎控訴院長、日本生命済生会理事　→昭和

手塚 長七　てづか・ちょうしち　明治43年6月21日～昭和61年10月23日　東都水産監査役　→83/87

手塚 千代吉　てづか・ちよきち　～昭和27年3月17日　日本高級塗料社長　→昭和

手塚 敏雄　てづか・としお　～昭和44年7月30日　川崎重工相談役・元会長　→昭和

手塚 朋明　てづか・ともあき　昭和19年3月18日～平成23年7月2日　サンケイビル副社長　→09/11

手塚 晴雄　てづか・はるお　明治40年10月9日～平成6年1月14日　手塚社長　→94/96

手塚 文蔵　てづか・ぶんぞう　明治30年12月29日～昭和63年11月16日　佐賀銀行頭取　→88/90

手塚 守　てづか・まもる　昭和9年4月7日～平成3年1月6日　トーア・スチール常務　→91/93

手塚 満雄　てづか・みつお　大正12年9月30日～平成18年1月11日　栃木県副知事　→06/08

手塚 実　てづか・みのる　昭和11年3月11日～平成12年1月22日　日本オーチス・エレベータ常務　→00/02

手塚 弥太郎　てづか・やたろう　大正8年2月21日～平成2年5月29日　川崎商工会議所会頭、東芝物流顧問　→88/90

出塚 祐助　でづか・ゆうすけ　～昭和13年4月24日　仙台通信局長　→昭和

手塚 良成　てづか・よしなり　大正7年4月15日～平成12年9月24日　海上保安庁長官、日本航空常務　→00/02

出竹 三郎　でたけ・さぶろう　大正11年～昭和62年4月2日　住友スリーエム常任監査役　→83/87

銕 靖司　てつ・しんじ　明治43年7月28日～平成7年11月29日　松尾橋梁専務　→94/96

鉄井 四郎　てつい・しろう　～平成9年11月29日　日本精線常務　→97/99

徹禅 無形　てつぜん・むけい　～平成6年6月12日　僧侶　活禅寺管長　→94/96

テッド新井　てっどあらい　昭和6年～平成19年2月5日　傭兵　ペルー軍事顧問　→06/08

鉄炮塚 瑞彦　てっぽうづか・みずひこ　昭和6年3月26日～平成2年1月24日　首都高速道路公団監事、和歌山県警本部長　→88/90

鉄村 和二郎　てつむら・かずじろう　昭和16年4月30日～平成19年7月16日　五洋建設社長　→06/08

出戸 芳成　でと・よしなり　明治36年10月18日～昭和61年11月18日　札幌フードセンター社長、サンドール北海道社長、北海道セルコ社長　→83/87

手登根 順一　てどこん・じゅんいち　大正13年5月10日～平成18年8月19日　沖縄タイムス常務　→06/08

手取 貞夫　てどり・さだお　大正9年9月9日～平成22年11月26日　北海製罐社長　→09/11

出野 孝義　での・たかよし　～平成5年11月11日　北海道出納長　→91/93

手納 幸三郎　てのう・こうざぶろう　～平成5年6月9日　ハーマンミラージャパン代表取締役　→91/93

出淵 勝次　でぶち・かつじ　明治11年7月25日～昭和22

年8月19日　外交官　貴院議員（勅選）、駐米大使　→昭和

出水 芳郎　でみず・よしろう　大正15年6月20日〜平成23年8月24日　東洋機械金属社長　→09/11

寺井 昭　てらい・あかし　昭和4年1月9日〜昭和63年8月4日　エヌ・テー・エヌ東洋ベアリング取締役　→88/90

寺井 庄治　てらい・しょうじ　大正14年3月8日〜昭和63年4月16日　住金大径鋼管社長　→88/90

寺井 昭治　てらい・しょうじ　昭和2年7月18日〜昭和63年2月9日　中部日本放送監査役　→88/90

寺井 種臣　てらい・たねおみ　〜昭和24年4月1日　大阪天満宮宮司　→昭和

寺井 種茂　てらい・たねしげ　大正15年11月27日〜平成1年11月16日　大阪天満宮宮司、大阪国学院理事長　→88/90

寺井 種長　てらい・たねなが　〜昭和43年7月1日　天満宮宮司　→昭和

寺井 電二　てらい・でんじ　〜昭和57年11月11日　日新製鋼元専務　→80/82

寺井 利夫　てらい・としお　〜昭和63年12月14日　ホンダ・オート富山取締役社長、全国ホンダ会副会長　→88/90

寺井 俊健　てらい・としたけ　〜昭和60年6月29日　日本聖公会東京教区司祭聖愛教会牧師　→83/87

寺井 信隆　てらい・のぶたか　大正11年1月27日〜平成23年1月17日　松山市議、愛媛県農業協同組合連合会会長、日本園芸農業協同組合連合会会長　→09/11

寺井 久　てらい・ひさし　大正6年11月19日〜昭和58年8月3日　愛知県住宅供給公社理事長、愛知県副知事　→83/87

寺井 久信　てらい・ひさのぶ　明治20年11月15日〜昭和33年11月30日　実業家　日本郵船社長　→昭和

寺井 久美　てらい・ひさよし　大正10年10月23日〜平成19年3月4日　海上保安庁長官　→06/08

寺井 英彦　てらい・ひでひこ　大正12年12月7日〜昭和59年9月21日　兼松江商参与　→83/87

寺井 弘之　てらい・ひろゆき　大正15年3月31日〜平成2年4月20日　別海町（北海道）町議、雪印乳業取締役　→88/90

寺井 ユキエ　てらい・ゆきえ　明治45年1月1日〜昭和62年3月22日　寺井監査役　→83/87

寺井 義守　てらい・よしもり　大正3年11月15日〜昭和60年7月22日　海将　海上自衛隊横須賀地方総監、海上自衛隊幹部学校長　→83/87

寺内 綾子　てらうち・あやこ　〜昭和4年8月17日　寺内毅雄氏夫人　→昭和

寺内 石与　てらうち・いしお　〜昭和55年1月10日　寺内会長　→80/82

寺内 監　てらうち・かん　明治40年5月25日〜平成1年9月1日　石川島播磨重工業社長、石川島汎用機械社長　→88/90

寺内 季一郎　てらうち・すえいちろう　大正11年10月27日〜平成7年1月11日　京都商工会議所副会頭、寺内相談役　→94/96

寺内 毅雄　てらうち・たけお　〜昭和4年8月17日　陸軍歩兵大尉　→昭和

寺内 信三　てらうち・のぶぞう　〜昭和62年2月10日　大阪市天王寺動物園長、大阪市動物園協会副会長　→83/87

寺内 寿一　てらうち・ひさいち　明治12年8月8日〜昭和21年6月12日　陸軍元帥、伯爵　陸相　→昭和

寺内 義雄　てらうち・よしお　大正5年8月23日〜昭和60年6月4日　寺内製作所社長　→83/87

寺内 良雄　てらうち・よしお　〜平成20年10月20日　全国抑留者補償協議会会長、シベリア立法推進会議代表　→06/08

寺内 竜太郎　てらうち・りゅうたろう　〜昭和60年8月12日　土浦市議　→83/87

寺浦 留三郎　てらうら・とめさぶろう　〜昭和55年8月26日　日本ケーブル・システム会長　→80/82

寺尾 昭夫　てらお・あきお　昭和3年12月17日〜平成7年4月4日　クラボウ常務　→94/96

寺尾 一郎　てらお・いちろう　明治34年5月2日〜平成2年10月18日　三菱商事副社長　→88/90

寺尾 今平　てらお・いまひら　大正11年6月9日〜平成8年6月20日　（財）よんでん文化振興財団常務理事、四電エンジニアリング専務　→94/96

寺尾 兼男　てらお・かねお　大正11年10月22日〜平成1年12月14日　広島エフエム放送常務、朝日新聞大阪本社電波報道部長　→88/90

寺尾 謙助　てらお・けんすけ　〜平成5年6月28日　クロサキ取締役　→91/93

寺尾 繁　てらお・しげる　大正12年9月9日〜平成10年12月20日　警察庁関東管区警察局長　→97/99

寺尾 正二郎　てらお・しょうじろう　昭和16年4月23日〜平成13年2月4日　サンケイメディアサービスメディア情報部長　→00/02

寺尾 善作　てらお・ぜんさく　〜昭和56年5月29日　太陽警備保障社長、元大阪府監査委員長　→80/82

寺尾 威夫　てらお・たけお　明治38年4月5日〜昭和49年5月25日　銀行家　大和銀行初代頭取、関西経済同友会代表幹事　→昭和

寺尾 道元　てらお・どうげん　大正3年10月13日〜平成5年7月13日　僧侶、詩人　光照寺（浄土真宗）住職　→91/93

寺尾 とし　てらお・とし　明治34年11月13日〜昭和47年1月30日　社会運動家　日本共産党員　→昭和

寺尾 文男　てらお・ふみお　大正6年10月12日〜平成19年2月15日　日本光学工業常務　→06/08

寺尾 文夫　てらお・ふみお　大正2年2月4日〜平成3年1月20日　日本合成化学工業社長、三菱化成取締役　→91/93

寺尾 楳栄　てらお・ぼくえい　〜平成10年10月27日

静岡地検検事正　→97/99

寺尾 誠　てらお・まこと　～昭和44年5月22日　日本コロムビア社長　→昭和

寺尾 正久　てらお・まさひさ　大正11年5月15日～平成21年1月8日　大成ロテック社長　→09/11

寺尾 光喜　てらお・みつき　大正12年7月12日～平成18年7月7日　徳島県農業協同組合中央会会長　→06/08

寺尾 実　てらお・みのる　明治38年～昭和19年　社会運動家　→昭和

寺尾 元実　てらお・もとみ　大正7年4月14日～平成1年9月22日　弁護士　名古屋弁護士会副会長　→88/90

寺尾 豊　てらお・ゆたか　明治31年1月23日～昭和47年11月27日　実業家、政治家　参院議員(自民党)　→昭和

寺尾 嘉夫　てらお・よしお　昭和8年2月5日～平成19年8月28日　熊谷組専務　→06/08

寺岡 恭次郎　てらおか・きょうじろう　～昭和55年3月4日　日本建築設備士協会副会長　→80/82

寺岡 謹平　てらおか・きんぺい　明治24年3月13日～昭和59年5月2日　海軍中将　→83/87

寺岡 洪平　てらおか・こうへい　～昭和35年6月14日　駐イラン大使　→昭和

寺岡 寿一　てらおか・じゅいち　明治36年1月5日～平成4年1月7日　弁護士　寺岡寿一法律事務所所長　→91/93

寺岡 晋　てらおか・すすむ　昭和5年5月25日～平成16年4月21日　山陽電気鉄道副社長　→03/05

寺岡 武治　てらおか・たけはる　大正4年7月7日～平成8年3月1日　寺岡精工会長　→94/96

寺岡 恒之　てらおか・つねゆき　大正11年5月5日～昭和61年10月29日　北陸電機製造代表取締役社長　→83/87

寺岡 敏行　てらおか・としゆき　昭和12年12月22日～平成5年6月29日　寺岡製作所取締役　→91/93

寺岡 福蔵　てらおか・ふくぞう　～昭和56年4月9日　由良海運会長、全国海運組合連合会理事　→80/82

寺岡 元明　てらおか・もとあき　昭和2年3月15日～平成4年7月8日　由良海運社長、由良船舶社長、中部沿海海運組合理事長　→91/93

寺岡 基之　てらおか・もとゆき　大正7年2月5日～平成17年1月5日　寺岡製作所会長　→03/05

寺岡 龍含　てらおか・りゅうがん　明治43年10月～平成6年7月24日　僧侶　福井大学名誉教授　→94/96

寺垣 猪三　てらがき・いぞう　明治13年6月1日　海軍中将　→昭和

寺門 精太郎　てらかど・せいたろう　大正3年～平成12年10月1日　日本運輸社長　→00/02

寺門 威彦　てらかど・たけひこ　大正2年8月4日～平成5年10月23日　東南アジア調査理事、警察庁東北管区警察局長　→91/93

寺上 正人　てらがみ・まさと　昭和3年1月10日～平成12年5月8日　庄原市長　→00/02

寺川 栄一　てらかわ・えいいち　大正3年12月17日～

成9年4月29日　中国放送専務　→97/99

寺川 昇　てらがわ・のぼる　～平成21年9月5日　愛媛県議　→09/11

寺川 文夫　てらかわ・ふみお　大正2年3月9日～平成10年1月2日　富士銀行常務　→97/99

寺口 克己　てらぐち・かつみ　大正12年2月8日～平成5年1月8日　紀陽銀行専務　→91/93

寺倉 襄　てらくら・のぼる　大正1年10月24日～平成21年11月29日　僧侶　同朋大学名誉教授、皆善寺住職　→09/11

寺越 文雄　てらこし・ふみお　～平成22年10月8日　寺越事件の被害者・寺越外雄さんの兄　→09/11

寺坂 伊佐夫　てらさか・いさお　～平成23年12月24日　函館バス社長、北海道バス協会会長　→09/11

寺崎 岩夫　てらさき・いわお　～昭和60年11月14日　男子専科寺崎代表取締役　→83/87

寺崎 源蔵　てらさき・げんぞう　大正8年9月10日～平成18年12月27日　ヤクルト本社常務、宮古ヤクルト販売会長　→06/08

寺崎 覚　てらさき・さとる　明治27年8月～昭和59年2月2日　衆議院議員(日本農民党)　→83/87

寺崎 次郎　てらさき・じろう　昭和9年8月27日～平成9年12月12日　大阪高裁部総括判事　→97/99

寺崎 太郎　てらさき・たろう　～昭和63年10月10日　外務事務次官　→88/90

寺崎 信子　てらさき・のぶこ　～昭和62年6月6日　秀宝建設代表取締役社長　→83/87

寺崎 政朝　てらさき・まさとも　大正8年10月10日～平成1年2月19日　北海道議(自民党)　→88/90

寺崎 正博　てらさき・まさひろ　大正3年3月18日～昭和60年7月27日　帝国石油監査役　→83/87

寺崎 正己　てらさき・まさみ　～昭和56年8月19日　日本銀行証券局長、鹿島建設監査役　→80/82

寺沢 市兵衛　てらさわ・いちべい　明治36年2月1日～平成7年4月23日　日本自動車工業会専務理事　→94/96

寺沢 一郎　てらさわ・いちろう　～昭和60年5月12日　日本勧業銀行取締役、新潟鉄工所常務　→83/87

寺沢 健治　てらさわ・けんじ　大正12年5月18日～平成1年3月17日　富士工務店顧問、アイシン精機専務　→88/90

寺沢 毅　てらさわ・たかし　大正15年8月19日～昭和62年5月27日　公庫住宅融資保証協会常務理事、国税不服審判所次長　→83/87

寺沢 信吉　てらさわ・のぶきち　～昭和55年1月28日　大宮市選挙管理委員長　→80/82

寺沢 光子　てらさわ・みつこ　大正15年4月25日～平成13年7月16日　東京高裁判事　→00/02

寺沢 八重子　てらさわ・やえこ　大正9年4月22日～平成1年4月20日　名古屋市地域婦人団体連絡協議会会長　→88/90

てらし　　　　　　　　　　　　　　　　　　　　　　Ｉ　政治・経済・社会篇

寺師 俊夫　てらし・としお　明治43年5月5日～平成1年4月27日　東海テレビ放送常務、東海テレビ事業社長　→88/90

寺下 岩蔵　てらした・いわぞう　明治39年3月15日～昭和55年4月19日　参院議員（自民党）　→80/82

寺下 力三郎　てらした・りきさぶろう　大正1年8月11日～平成11年7月30日　六ケ所村（青森県）村長　→97/99

寺嶋 伊丼雄　てらしま・いさお　大正9年7月4日～平成10年12月28日　根室市長　→97/99

寺島 一郎　てらしま・いちろう　～昭和62年11月29日　新川信用金庫理事長　→83/87

寺島 儀蔵　てらしま・ぎぞう　明治42年～平成13年12月4日　戦前旧ソ連に亡命した共産党員　→00/02

寺島 健　てらしま・けん　明治15年9月23日～昭和47年10月30日　海軍中将　貴院議員（勅選）、通信相　→昭和

寺島 兼次　てらしま・けんじ　～昭和56年3月8日　大和自動車交通常務取締役　→80/82

寺島 覚　てらしま・さとる　大正5年8月14日～平成16年3月12日　兼松江商専務、東京銀行常務　→03/05

寺嶋 衆蔵　てらしま・しゅうぞう　大正9年～平成62年1月14日　僧侶　養秀寺住職、高岡市中田小学校校長　→83/87

寺島 秀峰　てらしま・しゅうほう　～平成15年8月4日　行政書士、司法書士、土地家屋調査士　寺島コンサルタント社長、富山県行政書士会会長　→03/05

寺嵨 条次　てらしま・じょうじ　昭和16年12月8日～平成19年12月12日　若築建設専務　→06/08

寺島 誠一郎　てらじま・せいいちろう　明治3年9月9日～昭和4年5月18日　伯爵　貴院議員　→昭和

寺島 清吉　てらしま・せいきち　～昭和62年8月15日　寺島鉄工所代表　→83/87

寺嶋 宗一郎　てらしま・そういちろう　明治25年11月5日～昭和44年1月5日　農民運動家　枚方市長　→昭和

寺島 雄　てらしま・たけし　～昭和47年11月7日　三菱商事常務　→昭和

寺島 千代　てらしま・ちよ　明治32年～平成1年3月11日　「三嶋」女将　→88/90

寺嶋 伝一　てらしま・でんいち　～昭和47年4月13日　丸紅常務　→昭和

寺島 文夫　てらしま・ふみお　明治43年1月15日～昭和50年6月25日　文理書院創業者　「人生手帖」創刊者　→昭和（てらじま・ふみお）

寺島 正雄　てらしま・まさお　大正3年9月1日～平成12年8月29日　日本ヒューム管社長、日本セメント専務　→00/02

寺島 もと子　てらしま・もとこ　～昭和2年1月10日　寺島誠一郎伯母堂　→昭和

寺島 祐一　てらしま・ゆういち　明治45年12月26日　大審院判事　→昭和

寺島 優　てらしま・ゆうし　大正11年4月19日～平成4

年2月22日　朝日カルチャーセンター名古屋顧問・元社長、朝日新聞社社友　→91/93

寺島 宥治　てらしま・ゆうじ　～昭和62年7月25日　京都丸紅監査役　→83/87

寺島 隆太郎　てらしま・りゅうたろう　明治45年3月～昭和39年7月31日　衆院議員（自民党）　→昭和

寺園 勝志　てらぞの・かつし　明治34年7月25日～平成10年2月11日　鹿児島県知事、南日本放送会長　→97/99

寺田 秋夫　てらだ・あきお　大正6年10月19日～平成23年3月27日　五所川原市長　→09/11

寺田 浅雄　てらだ・あさお　～昭和60年1月16日　朝日新聞社友、元朝日学生新聞社社副社長　→83/87

寺田 一寿男　てらだ・いすお　大正13年5月17日～平成17年2月11日　北海道副知事　→03/05

寺田 市正　てらだ・いちまさ　明治9年4月～昭和33年8月21日　川内市長、衆院議員（日本進歩党）　→昭和

寺田 栄吉　てらだ・えいきち　明治35年3月29日～平成5年8月1日　衆院議員（民主党）、オーツタイヤ社長　→91/93

寺田 穎二　てらだ・えいじ　昭和6年6月27日～昭和62年10月3日　極洋専務　→83/87

寺田 悦男　てらだ・えつお　～平成18年10月12日　紀陽銀行専務　→06/08

寺田 馨　てらだ・かおる　大正10年7月1日～平成1年1月25日　愛知県警察本部長、青木建設常務　→88/90

寺田 薫　てらだ・かおる　大正14年8月11日～平成15年2月11日　日本信託銀行常務　→03/05

寺田 一彦　てらだ・かずひこ　昭和15年7月18日～平成23年9月20日　エンシュウ社長　→09/11

寺田 久弥　てらだ・きゅうや　大正13年11月2日～平成9年7月6日　大阪市総合計画局長、阪神高速道路公団理事　→97/99

寺田 鏡市　てらだ・きょういち　明治44年10月2日～平成8年10月29日　佐藤秀工務店（のち佐藤秀）社長・会長　→94/96

寺田 清　てらだ・きよし　明治40年6月8日～昭和62年2月13日　大和銀行副頭取、大和不動産社長、極洋会長　→83/87

寺田 清彦　てらだ・きよひこ　大正2年12月6日～平成4年6月13日　アイシン精機社長、(財)勤労センター憩の家理事長　→91/93

寺田 欣一　てらだ・きんいち　～平成1年10月13日　千葉県教育委員長、寺田本家社長　→88/90

寺田 金蔵　てらだ・きんぞう　大正9年9月15日～昭和60年6月8日　大同興業創業者　→83/87

寺田 熊雄　てらだ・くまお　大正1年9月12日～平成8年2月24日　弁護士　参院議員（社会党）、岡山市長　→94/96

寺田 元之助　てらだ・げんのすけ　～昭和29年3月7日　帝国産業社長　→昭和

寺田 豪延　てらだ・ごうえん　大正13年8月15日～平成

I　政治・経済・社会篇　　　　　　　　　　　　　　　　　てらまえ

17年11月22日　僧侶　両子寺(天台宗別格本山)住職　→03/05

寺田 畊三　てらだ・こうぞう　～昭和45年3月11日
大垣共立銀行会長　→昭和

寺田 重人　てらだ・しげと　～平成20年2月26日
ニチイ学館取締役相談役　→06/08

寺田 重三郎　てらだ・じゅうざぶろう　明治33年2月20日～平成4年1月1日　東京電力常務　→91/93

寺田 俊三　てらだ・しゅんぞう　昭和4年4月26日～平成21年6月14日　阪和興業専務　→09/11

寺田 順三　てらだ・じゅんぞう　大正11年10月6日～平成9年4月16日　ニチモ社長　→97/99

寺田 正一郎　てらだ・しょういちろう　大正1年10月28日～平成4年4月29日　帝国産業(のちテザック)取締役　→91/93

寺田 治郎　てらだ・じろう　大正4年11月4日～平成14年3月17日　最高裁長官　→00/02

寺田 甚吉　てらだ・じんきち　明治29年12月～昭和51年1月24日　和泉銀行頭取、貴院議員(勅選)　→昭和

寺田 甚与茂　てらだ・じんよも　嘉永6年10月～昭和6年11月23日　実業家　岸和田紡績社長、第五十一国立銀行頭取　→昭和

寺田 竹男　てらだ・たけお　～昭和56年10月23日
小池酸素工業取締役　→80/82

寺田 忠雄　てらだ・ただお　明治39年～平成5年7月3日
瀬戸信用金庫理事長　→91/93

寺田 楽　てらだ・たのし　大正2年9月17日～平成22年5月4日　武田薬品工業常務　→09/11

寺田 鴈次郎　てらだ・ていじろう　～昭和15年7月28日
三菱商事取締役　→昭和

寺田 七男　てらだ・ななお　～昭和56年9月26日
山梨中央銀行取締役、岡島百貨店相談役　→80/82

寺田 初夫　てらだ・はつお　明治43年12月11日～平成3年6月29日　黒部市長　→昭和

寺田 隼太　てらだ・はやた　明治33年1月13日～平成1年2月14日　石原産業監査役　→88/90

寺田 半三　てらだ・はんぞう　明治39年12月3日～昭和61年2月12日　中国放送専務　→83/87

寺田 宏　てらだ・ひろし　～昭和55年6月17日
日石不動産常務取締役　→80/82

寺田 博昌　てらだ・ひろまさ　昭和17年12月27日～平成9年7月10日　横河メンテック常務、横河ブリッジ取締役　→97/99

寺田 正博　てらだ・まさひろ　～平成21年10月29日
ティーム社長　→09/11

寺田 三千樹　てらだ・みちき　～平成5年9月29日
アサヒ薬局社長　→91/93

寺田 光郎　てらだ・みつお　明治45年2月23日～平成11年6月18日　戸田家旅館会長　→97/99

寺田 元吉　てらだ・もときち　安政2年3月24日～昭和6年4月8日　五十一銀行頭取　→昭和(てらだ・もとよし)

寺田 ヤス子　てらだ・やすこ　～昭和61年2月20日
日本ジスク工業社長　→83/87

寺田 保之助　てらだ・やすのすけ　明治37年6月23日～昭和61年10月12日　寺田倉庫社長,小杉会館会長　→83/87

寺田 良一　てらだ・りょういち　大正7年2月10日～平成22年6月10日　三菱鉱業セメント副社長　→09/11

寺田 良之助　てらだ・りょうのすけ　～昭和48年8月5日
三共常務　→昭和

寺谷 英太郎　てらたに・えいたろう　明治45年6月22日～平成11年2月17日　鳥取県会副議長　→97/99

寺谷 信一郎　てらたに・しんいちろう　大正2年12月12日～平成4年4月16日　ビオフェルミン製薬会長　→91/93

寺谷 卓三　てらたに・たくぞう　～昭和10年4月9日～平成10年9月6日　東亜建設工業専務　→97/99

寺戸 善之　てらど・よしゆき　明治32年8月22日～昭和63年3月24日　ユニロック会長　→88/90

寺中 慶二郎　てらなか・けいじろう　昭和3年11月19日～平成16年10月28日　タクマ副社長　→03/05

寺中 作雄　てらなか・さくお　明治42年11月6日～平成6年10月21日　日本視聴覚教育センター理事長　→94/96

寺西 清　てらにし・きよし　昭和6年5月6日～平成15年6月14日　湯浅町(和歌山県)町長　→03/05

寺西 与夫　てらにし・くみお　～昭和57年6月20日
日本精化監査役　→80/82

寺西 健二　てらにし・けんじ　～昭和59年10月8日
関西総合電子計算センター常務取締役　→83/87

寺西 五郎　てらにし・ごろう　明治43年11月7日～昭和56年5月6日　共同通信社常務理事　→80/82

寺西 咸夫　てらにし・しげお　～昭和57年1月4日
大阪電気暖房元取締役　→80/82

寺西 光治　てらにし・みつじ　大正8年1月16日～昭和62年11月5日　アシックス副社長　→83/87

寺沼 琢明　てらぬま・たくみょう　～平成2年2月28日
僧侶　時宗72世法主,清浄光寺住職　→88/90

寺野 宗孝　てらの・しゅうこう　～昭和60年10月28日
十禅山西光寺第19世住職　→83/87

寺野 清次郎　てらの・せいじろう　～昭和59年7月3日
大阪空港公害訴訟団豊中側事務局長　→83/87

寺畑 秀夫　てらはた・ひでお　大正14年5月23日～昭和63年4月11日　仙台いすゞモーター社長　→88/90

寺畑 光朗　てはた・みつあき　昭和6年8月23日～平成19年8月22日　日経印刷社長　→06/08

寺林 正則　てらばやし・まさのり　～昭和60年11月16日
(有)寺林商会代表取締役会長　→83/87

寺原 秀正　てらはら・ひでまさ　～平成9年10月5日
目黒化工相談役,三共常務　→97/99

寺前 三郎　てらまえ・さぶろう　～平成1年10月24日

正城金属工業所会長　→88/90

寺前 武雄　てらまえ・たけお　大正2年6月12日〜平成10年10月25日　北見市長　→97/99

寺松 尚　てらまつ・ひさし　昭和10年1月15日〜平成8年1月12日　社会福祉医療事業団副理事長　→94/96

寺見 守　てらみ・まもる　大正3年2月2日〜昭和64年1月5日　光風自転車社長,サイクリング協会常任理事　→88/90

寺村 五一　てらむら・ごいち　明治35年8月25日〜昭和52年10月31日　白水社会長　→昭和

寺村 荘治　てらむら・そうじ　大正12年〜平成10年2月10日　国際情報コンサルタント　テラムラ・インターナショナル社長　→97/99

寺村 孝夫　てらむら・たかお　昭和5年10月10日〜平成6年7月24日　全国共済農協連副会長,八幡市議　→94/96

寺村 尚　てらむら・たかし　大正2年9月18日〜平成5年5月13日　三井造船取締役　→91/93

寺村 伝三郎　てらむら・でんざぶろう　大正2年5月23日〜昭和61年11月13日　ブリヂストン常務　→83/87

寺村 寅三郎　てらむら・とらさぶろう　〜昭和32年8月31日　彦根商工会議所会頭　→昭和

寺村 秀雄　てらむら・ひでお　明治42年10月22日〜平成2年1月11日　全国販売農協連合会(のち全国農協連合会)常務理事　→88/90

寺本 斎　てらもと・いつき　明治34年8月9日〜昭和56年6月2日　衆院議員　→80/82

寺本 快俊　てらもと・かいしゅん　〜昭和43年2月25日　大僧正,高野山熊谷寺住職　→昭和

寺本 恪　てらもと・かく　〜昭和56年9月14日　東洋酸素相談役・元社長　→80/82

寺元 覚順　てらもと・かくじゅん　〜昭和63年3月12日　僧侶　真言宗智山派大僧正,長照寺住職　→88/90

寺本 清　てらもと・きよし　昭和15年8月8日〜平成17年4月6日　福岡銀行会長　→03/05

寺本 広作　てらもと・こうさく　明治40年8月29日〜平成4年4月7日　参院議員(自民党),熊本県知事,労働事務次官　→91/93

寺本 五郎　てらもと・ごろう　明治43年7月23日〜昭和63年5月4日　日本相互銀行取締役　→88/90

寺本 知　てらもと・さとる　大正2年9月13日〜平成8年2月7日　部落解放運動家,詩人　大阪府同和事業促進協議会会長,大阪人権博物館館長,豊中市議　→94/96

寺元 節子　てらもと・せつこ　昭和3年〜昭和31年9月11日　フランス留学中に殺された女性　→昭和

寺本 哲栄　てらもと・てつえい　明治45年〜平成7年4月6日　僧侶　浄土宗総本山知恩院執事長,華頂学園理事長,竹林寺住職　→94/96

寺本 滉　てらもと・ひろし　昭和12年1月25日〜平成22年10月29日　淡路屋社長　→09/11

寺本 松野　てらもと・まつの　大正5年〜平成14年7月3日　修道女,看護婦　聖母女子短期大学名誉教授　→00/02

寺本 雄造　てらもと・ゆうぞう　明治37年9月4日〜昭和62年8月30日　新中央工業社長,東京生命保険専務　→83/87

寺本 義男　てらもと・よしお　大正11年8月19日〜昭和61年11月16日　構造計画コンサルタント社長,宮地建設工業監査役　→83/87

寺山 興造　てらやま・こうぞう　昭和5年4月20日〜平成13年7月26日　ナカノコーポレーション専務　→00/02

寺山 七郎　てらやま・しちろう　昭和10年3月15日〜平成4年9月23日　高見沢電機製作所取締役　→91/93

寺山 伝三郎　てらやま・でんざぶろう　大正4年7月17日〜昭和63年4月17日　東京重機工業(のちJUKI)副社長　→88/90

寺山 敏保　てらやま・としやす　昭和8年4月18日〜平成20年5月12日　北海道教育長　→06/08

寺山 朔　てらやま・はじめ　〜昭和43年5月15日　太平洋炭礦社長　→昭和

寺山 房二　てらやま・ふさじ　大正2年5月8日〜昭和61年12月7日　森田ポンプ副社長　→83/87

照井 啓右　てるい・けいすけ　大正9年4月17日〜平成6年2月8日　東芝機械常務　→94/96

照井 善朝　てるい・よしとも　〜平成5年1月10日　青森県議(公明党)　→91/93

照沼 一夫　てるぬま・かずお　昭和12年7月7日〜平成13年2月21日　安田倉庫常務　→00/02

照沼 真文　てるぬま・まふみ　昭和7年7月29日〜平成4年2月11日　三菱マテリアル取締役　→91/93

照本 実　てるもと・みのる　〜平成1年12月18日　愛知県小型自動車整備振興会相談役,愛知県軽自動車協会顧問　→88/90

照屋 昇成　てるや・しょうせい　昭和2年5月7日〜平成20年12月22日　沖縄タイムス常務　→09/11s

照屋 知子　てるや・ともこ　〜平成22年10月12日　宝石のテルヤ社長　→09/11

照屋 盛通　てるや・もりみち　大正10年5月11日〜平成22年4月30日　那覇商工会議所専務理事,沖縄県公安委員長　→09/11

出羽 重遠　でわ・しげとお　安政2年12月17日〜昭和5年1月27日　海軍大将,男爵　→昭和

出羽 秀夫　でわ・ひでお　〜昭和58年5月20日　北海道身体障害者福祉協会副会長,北海道立真駒内養護学校校長　→83/87

田 健治郎　でん・けんじろう　安政2年2月8日〜昭和5年11月16日　通信官僚,政治家,男爵　衆院議員,貴院議員(勅選),通信相　→昭和

田 艇吉　でん・ていきち　嘉永5年9月6日〜昭和13年11月27日　衆院議員(自由党),住友総本店支配人　→昭和

田 英夫　でん・ひでお　大正12年6月9日〜平成21年11月13日　政治家,ジャーナリスト　社民連代表,参院議員　→09/11

I　政治・経済・社会篇　　　　　　　　　　　　　　　　　　　　　　　　　　　　　　　　　　とい

天牛 勇　てんぎゅう・いさむ　～昭和63年9月26日
　天牛本店社長　→88/90

天牛 新一郎　てんぎゅう・しんいちろう　明治25年11月25日～平成3年6月2日　古書店主　天牛書店創業者　→91/93

伝田 朴也　でんだ・なおや　～平成20年1月6日
　芹沢・井上文学館館長　→06/08

天日 光一　てんにち・こういち　明治31年5月21日～昭和50年9月24日　通産省東京商工局長　→昭和

天坊 裕彦　てんぼう・ひろひこ　明治40年1月7日～昭和59年3月23日　参院議員(自民党)、国鉄副総裁　→83/87

転法輪 奏　てんぽうりん・すすむ　昭和4年9月14日～平成10年10月3日　大阪商船三井船舶社長　→97/99

天満 芳太郎　てんま・よしたろう　明治34年1月28日～昭和44年9月6日　社会運動家　→昭和

【 と 】

土井 愛治　どい・あいじ　大正8年2月10日～平成5年5月21日　小田原少年院長、洗足学園大学教授　→91/93

土居 明夫　どい・あきお　明治29年6月30日～昭和51年5月10日　陸軍中将　大陸問題研究所所長　→昭和

土井 顕　どい・あきら　～昭和56年9月5日
　グンゼ産業常務取締役　→80/82

土井 晃　どい・あきら　大正8年1月2日～昭和60年7月1日　大和紙器社長、元レンゴー取締役　→83/87

土居 昭　どい・あきら　昭和5年10月30日～平成5年9月2日　中部日本放送報道局長　→91/93

土井 厚　どい・あつし　大正10年3月29日～平成15年4月30日　東洋電機製造社長　→03/05

土井 一郎　どい・いちろう　大正5年3月12日～平成7年1月1日　広島県議(自民党)　→94/96

土井 格明　どい・かくみょう　～平成10年8月27日
　僧侶　真言宗大覚寺派宿老、真言宗大覚寺派宗務総長　→97/99

土井 一夫　どい・かずお　昭和5年5月24日～昭和60年1月30日　コクヨ常務　→83/87

土井 完治　どい・かんじ　明治37年4月24日～平成10年7月17日　神戸新聞取締役、デイリースポーツ常務　→97/99

土井 喜美夫　どい・きみお　昭和18年9月28日～平成23年3月11日　石巻市長　→09/11

土居 君雄　どい・きみお　大正15年3月23日～平成2年10月2日　ドイ社長　→88/90

土井 清　どい・きよし　明治36年9月30日～平成1年12月24日　東武鉄道常務、東日本航空社長　→88/90

土井 彦　どい・げん　～昭和55年6月30日
　豊明町長　→80/82

土居 健造　どい・けんぞう　昭和4年8月24日～平成13年12月22日　東電通常務　→00/02

土井 幸之助　どい・こうのすけ　～平成3年1月26日
　東京光学機械(のちトプコン)監査役　→91/93

土井 権大　どい・ごんだい　明治12年11月～昭和13年2月1日　衆院議員　→昭和

土井 貞枝　どい・さだえ　明治43年12月18日～昭和62年5月20日　高台寺土井(料亭)代表取締役　→83/87

土井 定包　どい・さだかね　昭和3年7月27日～平成21年4月14日　大和証券社長　→09/11

土井 三吉　どい・さんきち　大正7年2月9日～昭和59年9月10日　鹿島建設監査役　→83/87

土井 重喜　どい・しげき　明治35年～平成13年9月11日
　土井産業会長　→00/02

土井 重治　どい・しげじ　大正1年9月11日～昭和62年12月2日　富山市会副議長　→83/87

土居 茂　どい・しげる　大正12年12月16日～平成17年2月9日　ニチアス常務　→03/05

土井 貲摩吉　どい・しまきち　明治45年4月11日～昭和59年1月25日　三井鉱山監査役、三井アルミニウム工業副社長　→83/87

土居 脩　どい・しゅうじ　～平成15年5月6日
　花と緑の農芸財団理事長　→03/05

土井 順　どい・じゅん　～昭和7年5月28日
　大阪府議　→昭和

土井 正三郎　どい・しょうざぶろう　明治40年12月23日～平成4年12月18日　三井信託銀行社長　→91/93

土井 章二　どい・しょうじ　～昭和63年11月16日
　広島県信用農業協同組合連合会常務理事　→88/90

土居 正典　どい・しょうすけ　大正4年10月16日～昭和62年9月7日　鹿島建設常務　→83/87

土井 正三　どい・しょうぞう　大正6年1月6日～昭和59年5月19日　大島造船社長、住友重機械工業副社長　→83/87

土井 晋一　どい・しんいち　大正14年8月19日～平成5年10月13日　東芝機械監査役　→91/93

土井 清一郎　どい・せいいちろう　大正15年1月24日～平成5年3月26日　土井志ば漬本舗会長　→91/93

土居 荘助　どい・そうすけ　昭和3年6月27日～平成22年8月21日　日本鋼管常務　→09/11

土肥 大四郎　どい・だいしろう　明治42年10月31日～平成11年1月26日　全国農業協同組合連合会副会長、秋田県農協五連会長、全国厚生農協連会長　→97/99

土井 卓夫　どい・たかお　大正15年5月1日～平成15年5月31日　品川白煉瓦常務　→03/05

土井 孝　どい・たかし　～平成3年1月3日
　土井精密ラップ会長　→91/93

土肥 孝政　どい・たかまさ　～昭和56年9月26日
　日立製作所九州支店長　→80/82

土井 武夫　どい・たけお　～平成8年12月24日

飛行機設計技師　川崎重工業航空宇宙事業部顧問, 名城大学教授　→94/96

土居 武雄　どい・たけお　大正5年1月5日〜平成4年9月10日　アイシン精機専務　→91/93

土井 健郎　どい・たけろう　大正3年7月8日〜平成8年1月29日　鉄建建設常務　→94/96

土井 正　どい・ただし　昭和10年6月30日〜平成5年6月23日　北洋銀行取締役　→91/93

戸井 忠重　とい・ただしげ　大正8年8月10日〜平成12年12月20日　兵庫県議（公明党）　→00/02

土井 辰雄　どい・たつお　明治25年12月22日〜昭和45年2月21日　カトリック枢機卿　東京大司教　→昭和

土肥 辰巳　どい・たつみ　大正5年7月8日〜平成11年1月2日　スタンレー電気副社長　→97/99

土居 統治　どい・とうじ　明治37年4月27日〜平成6年10月8日　新明和工業専務　→94/96

土居 徳一　どい・とくいち　〜昭和44年4月14日　大阪ガスビル社長　→昭和

土居 徳治　どい・とくじ　大正15年5月4日〜平成10年7月2日　中部UCCベンディング相談役, UCC上島珈琲専務　→97/99

土井 寿蔵　どい・としぞう　明治44年4月6日〜昭和61年12月14日　藤倉電線専務, 日本社会人野球協会理事　→83/87

土井 利与　どい・としとも　嘉永4年6月28日〜昭和4年1月2日　子爵　→昭和

土井 俊彦　どい・としひこ　大正2年3月19日〜昭和63年5月17日　ミズノ常務　→88/90

土井 智喜　どい・ともよし　大正2年2月23日〜昭和43年1月23日　運輸省船員局長, 海事産業研究所長　→昭和

土井 直作　どい・なおさく　明治33年11月1日〜昭和42年6月26日　政治家, 労働運動家　衆院議員（民社党）　→昭和

土井 登　どい・のぼる　明治34年10月6日〜平成2年10月26日　金沢市長　→88/90

土井 秀夫　どい・ひでお　大正14年5月9日〜平成8年11月19日　住友化学工業監査役, 住友アルミニウム製錬常務, 京都ダイカスト工業監査役　→94/96

土井 啓義　どい・ひろよし　〜平成9年10月30日　日本中央地所常務　→97/99

土居 平治　どい・へいじ　大正8年8月7日〜平成15年8月6日　土居燃料社長　→03/05

土井 正明　どい・まさあき　〜昭和44年6月1日　東京高裁判事　→昭和

土井 昌枝　どい・まさえ　〜平成11年2月26日　北九州人材銀行社長　→97/99

土居 正夫　どい・まさお　〜昭和50年10月30日　ジャパンライン社長　→昭和

土居 正雄　どい・まさお　大正1年10月21日〜昭和63年7月14日　第一中央汽船常務取締役, 第一船舶社長　→88/90

土井 雅子　どい・まさこ　〜平成19年10月22日　尼崎市のクボタ旧神崎工場周辺のアスベスト被害を初めて告発した　→06/08

土井 正治　どい・まさはる　明治27年5月1日〜平成9年5月3日　住友化学工業社長　→97/99

土肥 雅治　どい・まさはる　大正15年8月7日〜昭和58年3月13日　テイ・ビー・エス映画社取締役技術局長　→83/87

土井 正裕　どい・まさひろ　大正14年12月28日〜平成12年9月18日　大阪ガス常務　→00/02

土居 正実　どい・まさみ　〜平成16年11月23日　高知県議　→03/05

土井 賢　どい・まさる　昭和5年1月11日〜平成13年9月28日　共同印刷専務　→00/02

土居 万之助　どい・まんのすけ　明治40年9月8日〜平成5年10月30日　住友林業取締役　→91/93

土居 通秋　どい・みちあき　大正8年9月26日〜昭和62年7月17日　神戸製鋼所監査役, 神鋼興産社長　→83/87

土居 通夫　どい・みちお　大正11年10月20日〜昭和55年12月6日　ブリヂストン液化ガス常務　→80/82

土居 通博　どい・みちひろ　慶応4年4月24日〜昭和14年12月8日　土居銀行頭取, 貴院議員（多額）　→昭和

土居 守人　どい・もりと　明治45年4月11日〜昭和61年10月1日　三菱自動車工業専務　→83/87

土井 泰彦　どい・やすひこ　〜平成1年12月24日　アサヒコーポレーション取締役販売促進部長　→88/90

土居 靖周　どい・やすひろ　昭和3年11月20日〜平成16年2月28日　山陰中央テレビジョン放送会長　→03/05

土居 寧文　どい・やすぶみ　明治44年10月2日〜平成3年5月13日　大阪チタニウム製造社長, 住友金属工業専務　→91/93

土井 祐信　どい・ゆうしん　〜昭和42年7月18日　日ソ親善東京協会事務局長　→昭和

土井 良夫　どい・よしお　大正2年8月11日〜平成12年8月12日　和光証券常務　→00/02

土井 芳子　どい・よしこ　明治42年1月5日〜平成14年5月6日　婦人運動家, 消費者運動家　神戸市婦人団体協議会名誉会長, 霞ケ丘幼稚園理事長　→00/02

土居 芳久　どい・よしひさ　昭和2年1月7日〜平成5年11月24日　石川島播磨重工業副社長　→91/93

土居 義人　どい・よしひと　〜昭和61年3月2日　鋼管津機工社長　→83/87

土井 由之　どい・よしゆき　明治37年1月30日〜平成11年11月7日　昭和海運常務　→97/99

土井 良一　どい・りょういち　〜昭和56年4月13日　理研鋼機相談役・元社長　→80/82

土居 良喜　どい・りょうき　〜昭和62年8月14日　南国市十市漁協組合長　→83/87

土肥 良造　どい・りょうぞう　～昭和62年12月1日　共同通信シンガポール支局長　→83/87

外池 五郎三郎　といけ・ごろさぶろう　～昭和57年2月3日　柳屋本店会長　→80/82

樋泉 竹雄　といずみ・たけお　～平成5年11月26日　古河鉱業（のち古河機械金属）取締役　→91/93

戸井田 三郎　といだ・さぶろう　大正7年6月12日～平成8年10月13日　衆院議員（自民党），厚相　→94/96

戸井田 孝　といだ・たかし　昭和24年1月21日～平成22年4月24日　大日本印刷常務　→09/11

戸井田 実　といた・みのる　大正14年3月31日～平成7年12月31日　佐藤秀専務　→94/96

戸出 弥一郎　といで・やいちろう　明治45年2月15日～昭和61年6月28日　ホクセイアルミ常務　→83/87

土肥原 賢二　どいはら・けんじ　明治16年8月8日～昭和23年12月23日　陸軍大将，教育総監　奉天特務機関長　→昭和

土井良 延義　どいら・のぶよし　～平成10年4月21日　公認会計士　日本公認会計士協会常務理事，監査法人トーマツ代表社員　→97/99

藤 勝爽　とう・かつえい　明治19年5月～昭和11年7月12日　農業　衆院議員（政友会）　→昭和（ふじ・かつえ）

堂 源一　どう・げんいち　大正9年～平成13年2月15日　勝村建設常務　→00/02

藤 栄　とう・さかえ　～平成4年8月12日　福岡市鮮魚仲卸協同組合理事長，梅市水産代表取締役，豊和商事代表取締役　→91/93

東 胤驍　とう・たねたけ　～平成17年2月19日　東氏27代目当主　→03/05

藤 虎彦　とう・とらひこ　大正5年7月10日～平成6年1月15日　日本信号常務　→94/96

藤 良祐　とう・りょうすけ　大正3年3月24日～平成2年6月25日　大橋タクシー会長　→88/90

東井 三代次　とうい・みよつぐ　明治33年12月～平成10年8月2日　衆院議員（自由党）　→97/99

道井 幸夫　どうい・ゆきお　大正10年3月15日～平成8年8月18日　グンゼ産業社長　→94/96

東海 茂　とうかい・しげる　～昭和62年12月27日　大阪日刊スポーツ新聞社取締役，阪神朝日会会長　→83/87

東海 正次郎　とうかい・しょうじろう　～平成16年7月19日　青森県議　→03/05

東海 健生　とうかい・たけお　昭和22年7月31日～平成12年7月4日　文化シヤッター社長　→00/02

東海 安太郎　とうかい・やすたろう　～平成1年10月1日　伊勢信用金庫理事長　→88/90

堂垣内 尚弘　どうがきない・なおひろ　大正3年6月2日～平成16年2月2日　北海道知事　→03/05

東ケ崎 潔　とうがさき・きよし　明治28年9月24日～平成4年2月6日　ジャパンタイムズ社長　→91/93

銅金 剃一　どうがね・そういち　明治38年12月15日～昭和59年12月20日　住友生命保険副社長　→83/87

東川 隆雄　とうかわ・たかお　明治40年5月7日～昭和62年9月11日　日立造船エンジニアリング社長　→83/87

道官 俊克　どうかん・としかつ　昭和11年6月27日～平成8年3月29日　ナショナル住宅産業副社長　→94/96

当銀 秀保　とうぎん・ひでやす　大正14年12月24日～昭和61年9月28日　（社）北海道防災指導センター常務理事　→83/87

道工 隆三　どうく・りゅうぞう　明治34年1月1日～昭和63年5月27日　弁護士　大阪府地労委会長，大阪弁護士会副会長　→88/90

藤倉 一朗　とうくら・いちろう　明治44年9月23日～平成10年5月1日　三菱商事取締役，三菱鉱石輸送社長　→97/99

道家 斉次　どうけ・さいじ　明治25年4月8日～昭和49年12月25日　北海道相互銀行会長　→昭和

道家 斉一郎　どうけ・せいいちろう　明治21年6月～昭和17年3月28日　衆院議員（翼賛議員連盟），専修大学総長　→昭和（道家 斎一郎　どうけ・さいいちろう）

峠 延吉　とうげ・のぶきち　～昭和12年5月17日　貝島鉱業専務理事　→昭和

銅玄 克也　どうげん・かつや　～平成13年2月18日　日本商事（のちアズウェル）専務　→00/02

藤後 喜市　とうご・きいち　明治43年5月7日～平成6年8月1日　神崎町（兵庫県）町長，兵庫県議　→94/96

堂故 敏雄　どうこ・としお　明治27年8月21日～昭和39年7月18日　氷見市長　→昭和

東郷 一雄　とうごう・いちお　～平成3年6月26日　イーストホーム社長　→91/93

東郷 一郎　とうごう・いちろう　～昭和57年3月20日　徳島県副知事　→80/82

東郷 エヂ　とうごう・えじ　～昭和42年11月4日　東郷茂徳元外相夫人　→昭和

東郷 茂徳　とうごう・しげのり　明治15年12月7日～昭和25年7月23日　外交官，政治家　外相，貴院議員（勅選）　→昭和

東郷 静之介　とうごう・しずのすけ　～昭和17年1月22日　海軍少将　→昭和

東郷 二郎　とうごう・じろう　大正12年9月11日～平成7年11月18日　旭化成工業専務，新日本化学工業社長，全日本柔道連盟顧問　→94/96

十合 晋次　とうごう・しんじ　明治28年6月1日～昭和62年12月18日　岩崎電気社長，照明学会会長　→83/87

東光 孝子　とうこう・たかこ　大正4年12月12日～平成5年12月12日　阿波丸会世話人　→91/93

東郷 民安　とうごう・たみやす　大正5年5月1日～平成15年5月10日　殖産住宅相互会長　→03/05

十合 徳太郎　とうごう・とくたろう　明治12年11月11日　十合代表取締役　→昭和（そごう・とくたろう）

東郷 文彦　とうごう・ふみひこ　大正4年8月18日〜昭和60年4月9日　駐米大使　→83/87

東郷 平八郎　とうごう・へいはちろう　弘化4年12月22日〜昭和9年5月30日　海軍大将・元帥, 侯爵　→昭和

東郷 行泰　とうごう・ゆきやす　大正13年11月13日〜平成12年7月22日　トヨタ自動車販売常務　→00/02

東郷 隆次郎　とうごう・りゅうじろう　〜平成3年12月20日　山源証券会長　→91/93

濤崎 忍　とうさき・しのぶ　大正14年1月21日〜平成8年6月6日　川崎製鉄会長　→94/96

堂迫 尚聡　どうさこ・しょうそう　大正8年4月30日〜平成11年5月11日　新日本製鉄常務　→97/99

東沢 善常　とうざわ・ぜんつね　〜昭和63年2月21日　とうざわ印刷工芸取締役会長　→88/90

田路 朝一　とうじ・あさいち　〜昭和14年6月17日　陸軍中将　→昭和

田路 和稔　とうじ・かずとし　大正6年10月23日〜平成15年12月21日　日本高周波鋼業社長, 神戸製鋼所専務　→03/05

冬至 堅太郎　とうじ・けんたろう　〜昭和58年1月31日　文具店「とうじ」社長, 福岡留学生会顧問　→83/87

田路 誠作　とうじ・せいさく　〜平成9年10月4日　保土谷化学工業専務, 桂産業社長　→97/99

東条 卯作　とうじょう・うさく　明治25年2月1日〜昭和57年5月17日　東条会館会長, 日本写真文化協会名誉会長　→80/82

東条 カツ　とうじょう・かつ　明治24年〜昭和57年5月29日　東条英機元首相の妻　→80/82

東条 重男　とうじょう・しげお　大正11年8月3日〜平成11年2月22日　東条会館常務, 日本写真文化協会会長　→97/99

道城 重太郎　どうじょう・じゅうたろう　〜昭和55年2月6日　日本イエスキリスト教団顧問, 明石人丸教会牧師　→80/82

東城 祐美　とうじょう・すけよし　昭和3年4月1日〜平成17年4月14日　松井建設専務　→03/05

東条 錚　とうじょう・たかし　明治21年3月3日〜昭和45年6月13日　ワシントン靴店会長　→昭和

東条 卓三　とうじょう・たくぞう　〜昭和58年3月31日　石原産業常務, 近畿鉱山会会長　→83/87

東条 猛猪　とうじょう・たけい　明治43年1月29日〜平成3年5月23日　JR北海道会長　→91/93

東条 貞　とうじょう・ただし　明治18年2月〜昭和25年11月29日　衆議院議員(無所属倶楽部)　→昭和(とうじょう・さだ)

東条 達弥　とうじょう・たつや　昭和2年1月25日〜平成9年5月22日　ワシントン靴店社長　→97/99

東条 統治　とうじょう・とうじ　〜昭和50年10月10日　ワシントン靴店会長　→昭和

道正 友　どうしょう・とも　〜昭和57年9月20日　参院予算委員会調査室長　→80/82

東条 初彦　とうじょう・はつひこ　大正11年3月8日〜平成4年1月3日　三菱総合研究所専務　→91/93

東条 寿　とうじょう・ひさし　昭和7年1月4日〜平成22年7月11日　京都府京都文化博物館副館長　→09/11

東条 英機　とうじょう・ひでき　明治17年12月30日〜昭和23年12月23日　政治家, 陸軍大将　首相, 陸相, 内相　→昭和

東条 正良　とうじょう・まさよし　〜昭和57年10月12日　川島織物副社長　→80/82

東条 喜雄　とうじょう・よしお　〜昭和59年1月11日　東条機械代表取締役　→83/87

唐仁原 哲　とうじんばら・さとし　〜昭和62年8月23日　東京ガス常任監査役　→83/87

東瀬 武　とうせ・たけし　大正10年3月18日〜平成5年10月21日　センコー常務　→91/93

堂園 一郎　どうぞの・いちろう　大正11年3月25日〜平成16年8月24日　南日本放送社長　→03/05

任田 新治　とうだ・しんじ　明治42年5月〜昭和45年12月16日　参議院議員(自民党)　→昭和

東田 保　とうだ・たもつ　昭和7年1月13日〜平成16年12月24日　大阪府議(民主党)　→03/05

東谷 伝次郎　とうたに・でんじろう　明治27年12月1日〜昭和62年2月15日　日本コンクリート工業相談役, 飯能ゴルフ倶楽部会長, 会計検査院長　→83/87

東地 香一郎　とうち・こういちろう　昭和4年6月18日〜平成13年7月11日　日清製粉常務　→00/02

道地 三応　どうち・みつお　〜平成15年12月3日　公認会計士　日本公認会計士協会常務理事　→03/05

東田 政治　とうでん・まさはる　〜昭和57年7月14日　日産化学工業副社長　→80/82

藤堂 恭俊　とうどう・きょうしゅん　大正7年11月19日〜平成12年12月14日　僧侶　知恩院浄土宗大本山増上寺法主, 仏教大学名誉教授　→00/02

藤堂 定　とうどう・さだむ　昭和2年8月21日〜平成14年11月13日　仙台市助役　→00/02

藤堂 俊章　とうどう・しゅんしょう　大正3年1月1日〜平成9年5月7日　僧侶　浄土宗大本山善導寺第65世法主, 大僧正　→97/99

藤堂 真二　とうどう・しんじ　明治39年5月7日〜平成7年11月12日　弁護士, 元・判事　→94/96

藤堂 高成　とうどう・たかしげ　慶応3年2月12日〜平成5年10月23日　貴院議員, 男爵　→昭和(とうどう・たかなり)

藤堂 高英　とうどう・たかひで　〜昭和15年6月3日　陸軍中将　→昭和

藤堂 裕　とうどう・ゆたか　昭和7年12月15日〜平成14年1月10日　弁護士　公正取引委員会審判官　→00/02

藤堂 良譲　とうどう・よしのり　明治16年8月1日〜昭和22年8月21日　実業家　旭電化工業社長　→昭和

堂野 達也　どうの・たつや　明治37年10月13日～平成21年12月13日　弁護士　中央大学理事長、日本弁護士連合会会長　→09/11

東野 芳一　とうの・よしかず　～平成1年7月6日　東京アポロ会長　→88/90

堂之下 友克　どうのした・ともかつ　～平成18年5月3日　北海道建設新聞社長　→06/08

東畑 四郎　とうはた・しろう　明治40年11月6日～昭和55年10月21日　農林官僚、農政理論家　農業調査委員会理事長、全国食糧事業協同組合連合会会長、農林事務次官　→80/82

桃原 正賢　とうばる・せいけん　大正11年12月1日～平成16年6月22日　宜野湾市長、琉球政府立法院議員　→03/05

桃原 用行　とうばる・ようこう　～平成1年10月29日　沖縄県祖国復帰協議会会長　→88/90

藤平 典　とうへい・のり　～平成23年2月24日　平和運動家　日本原水爆被害者団体協議会代表委員　→09/11

当房 和明　とうぼう・かずあき　～昭和61年7月14日　豊明市教委教育次長　→83/87

東方田 金男　とうぼうた・かねお　～昭和43年12月4日　大阪製鋼取締役　→昭和

当真 嗣光　とうま・しこう　～昭和64年1月3日　東京沖縄県人会理事　→88/90

当間 重剛　とうま・じゅうごう　明治28年3月25日～昭和46年10月20日　政治家　琉球政府行政首席、那覇市長　→昭和

藤間 丈夫　とうま・たけお　昭和6年～平成6年5月16日　日本海圏経済研究会幹事　→94/96

藤間 忠顕　とうま・ただあき　～昭和55年12月30日　弁護士　広島高裁判事　→80/82

当真 嗣弘　とうま・つぐひろ　大正4年5月2日～平成4年5月27日　琉球放送社長　→91/93

堂前 孫三郎　どうまえ・まごさぶろう　明治18年9月2日～昭和38年10月2日　労働運動家　→昭和

等松 農夫蔵　とうまつ・のぶぞう　～昭和55年12月28日　公認会計士　等松・青木監査法人創設者、日本公認会計士協会会長　→80/82

東村 金之助　とうむら・きんのすけ　大正9年6月1日～平成9年3月6日　労働省労働基準局長　→97/99

当銘 由金　とうめ・ゆうきん　明治37年5月5日～平成15年4月6日　文教図書取締役相談役、久志村（沖縄県）村長　→03/05

百目鬼 用吉　どうめき・ようきち　大正6年2月4日～平成6年7月14日　助川電気工業社長　→94/96

道面 豊信　どうめん・とよのぶ　明治21年4月9日～昭和56年8月1日　味の素相談役　→80/82

堂本 駒基　どうもと・こまき　～昭和60年8月6日　札幌市森林組合長　→83/87

堂森 芳夫　どうもり・よしお　明治36年8月1日～昭和52年1月13日　衆院議員（社会党）　→昭和

東矢 謙一　とうや・けんいち　昭和5年～平成6年9月12日　経営コンサルタント　マネジメントシステムセンター社長　→94/96

東家 嘉幸　とうや・よしゆき　昭和2年10月1日～平成18年1月26日　衆院議員（自民党）、国土庁長官　→06/08

東山 円教　とうやま・えんきょう　明治31年3月24日～昭和59年5月15日　霊山寺真言宗管長、霊山寺（奈良）長老　→83/87（ひがしやま・えんきょう）

遠山 賀寿子　とおやま・かずこ　明治35年6月～平成13年12月25日　遠山家第16代当主　→00/02

遠山 琴一　とうやま・こといち　大正14年3月26日～平成3年10月1日　遠山鉄工所社長　→91/93

東山 紀之　とうやま・のりゆき　大正14年5月4日～平成17年10月8日　万有製薬社長、日本銀行理事　→03/05

頭山 秀三　とうやま・ひでぞう　明治40年～昭和27年7月21日　国家主義者　天行会会長、日本主義青年会議結成者、大政翼賛会参与　→昭和

頭山 満　とうやま・みつる　安政2年4月12日～昭和19年10月5日　国家主義者、右翼の総帥　→昭和

遠山 吉和　とうやま・よしかず　～平成11年8月11日　産経新聞常務・東京本社印刷局長　→97/99

堂湯 修　どうゆ・おさむ　大正10年～平成13年8月23日　ミズノ専務　→00/02

東浦 義彦　とうら・よしひこ　昭和10年4月7日～平成3年7月3日　中央発条副社長　→91/93

堂領 愛二　どうりょう・あいじ　昭和2年4月30日～平成63年9月6日　旭有機材工業専務　→88/90

堂領 英雄　どうりょう・ひでお　～平成6年11月27日　ダンロップトレッドサービス社長　→94/96

土江 隆夫　どえ・たかお　大正11年11月17日～平成5年1月18日　松下産業機器社長　→91/93

遠井 光雄　とおい・みつお　昭和2年3月22日～平成10年1月15日　茨城県議（自民党）　→97/99

遠坂 良　とおさか・りょういち　明治45年～昭和55年11月29日　労働運動家　ソ連問題調査センター代表　→80/82

遠田 すみ子　とおだ・すみこ　～昭和61年1月15日　元荒川区（東京都）区議、東京母の会連合会日暮里支部会長　→83/85

遠田 米吉　とおだ・よねきち　～昭和60年1月11日　元荒川区（東京都）区議　→83/85

遠間 武夫　とおま・たけお　明治45年6月18日～平成2年7月19日　日本自動車連盟副会長　→88/90

遠峰 律　とおみね・りつ　大正6年3月17日～平成4年5月26日　オリエント時計社長　→91/93

遠矢 忠　とおや・ただし　～昭和7年7月13日　歩兵第十六聯隊中隊長歩兵少佐　→昭和

遠山 景敏　とおやま・かげとし　大正4年4月25日～昭

とおやま　　　　　　　　　　　　　　　　　　　　　　　　　　Ⅰ　政治・経済・社会篇

和61年12月31日　日本電気硝子会長, 日本電気専務　→83/87

遠山 景光　とおやま・かげみつ　～昭和55年12月20日　千代田区（東京都）区長　→80/82

遠山 邦孝　とおやま・くにたか　大正12年1月29日～平成10年6月9日　遠山産業会長　→97/99

遠山 元一　とおやま・げんいち　明治23年7月21日～昭和47年8月9日　実業家　日興証券創業者, 東京証券取引所理事会議長　→昭和

遠山 光一　とおやま・こういち　明治41年9月14日～昭和58年11月23日　日本鋼管副社長　→83/87

遠山 孝三　とおやま・こうぞう　明治12年9月5日～昭和10年8月10日　実業家　内外紡績社長, 遠山商店代表　→昭和

遠山 作助　とおやま・さくすけ　大正8年9月11日～平成15年5月20日　新潟県議（自民党）　→03/05

遠山 信一郎　とおやま・しんいちろう　～昭和54年6月14日　自治庁次長　→昭和

遠山 新治　とおやま・しんじ　～平成18年5月25日　昭和プロダクション会長　→06/08

遠山 静一　とおやま・せいいち　～昭和42年4月1日　名古屋放送取締役, 津島染色整理取締役　→昭和

遠山 孝　とおやま・たかし　明治35年7月7日～昭和63年10月27日　朝日新聞社取締役　→88/90

遠山 武雄　とおやま・たけお　～昭和55年2月11日　理研計器監査役　→80/82

遠山 巽　とおやま・たつみ　～平成5年4月6日　福井新聞常務　→91/93

遠山 暉男　とおやま・てるお　明治26年9月～昭和32年1月11日　衆院議員（進歩党）　→昭和

遠山 俊雄　とおやま・としお　大正13年4月5日～平成2年12月12日　キグナス石油常務　→88/90

遠山 直道　とおやま・なおみち　～昭和48年3月5日　日興証券副社長　→昭和

遠山 登　とおやま・のぼり　～昭和56年6月15日　陸軍中将　→80/82

遠山 弘　とおやま・ひろし　大正8年2月5日～平成4年12月22日　京都市会副議長（公明党）　→91/93

遠山 房和　とおやま・ふさかず　大正10年2月4日～平成8年11月4日　蝶理副社長, 東レ取締役　→94/96

遠山 雄次　とおやま・ゆうじ　明治44年12月13日～平成5年1月3日　太平洋銀行非常勤監査役　→91/93

遠山 義夫　とおやま・よしお　明治41年3月10日～平成4年2月11日　中外社長　→91/93

遠山 芳夫　とおやま・よしお　～昭和58年10月20日　北越製紙取締役　→83/87

亨 仁　とおる・じん　～昭和55年4月27日　都下水局長　→80/82

栂 智雄　とが・ともお　大正14年2月21日～平成8年12月

22日　東洋建設常務　→94/96

栂 博　とが・ひろし　大正6年5月20日～平成9年8月12日　陸将　陸上自衛隊幹部学校長　→97/99

門叶 宗雄　とが・むねお　明治39年5月8日～昭和44年12月4日　防衛事務次官, 警視総監　→昭和

戸貝 正喜　とがい・まさのぶ　昭和23年～平成8年5月28日　日本インフラロジック社長　→94/96

渡海 元三郎　とかい・もとさぶろう　大正4年3月13日～昭和60年5月2日　衆院議員（自民党）, 自治相, 建設相　→83/87

戸賀崎 繁男　とがさき・しげお　明治44年7月5日～平成7年4月14日　東京ブラウス社主　→94/96

富樫 功　とがし・いさお　昭和17年2月2日～平成23年4月30日　ブリヂストン副社長　→09/11

富樫 凱一　とがし・がいいち　明治38年11月17日～平成5年4月21日　土木技師　海洋架橋調査会会長, 日本道路公団総裁　→91/93

冨樫 寛造　とがし・かんぞう　大正14年12月16日～平成3年2月12日　北海道新聞人事局次長　→91/93

富樫 久吉　とがし・きゅうきち　～昭和56年12月21日　大洋漁業顧問　→80/82

富樫 二郎　とがし・じろう　～平成6年12月4日　全国信用金庫協会常務理事, 全国信用金庫厚生年金基金常務理事　→94/96

冨樫 清二　とがし・せいじ　大正8年7月11日～平成17年10月12日　立山町（富山県）町長　→03/05

冨樫 総一　とがし・そういち　～昭和48年1月17日　中小企業退職金共済事業団理事長　→昭和

富樫 文也　とがし・ふみや　～昭和39年12月13日　三菱鉱業常務　→昭和

渡嘉敷 浩三　とかしき・こうぞう　～昭和62年10月21日　沖縄県信用漁業協同組合連合会会長　→83/87

渡嘉敷 健男　とかしき・たけお　大正8年9月15日～平成19年1月15日　渡嘉敷組社長, 沖縄県建設業協会副会長　→06/08

渡嘉敷 通夫　とかしき・みちお　昭和3年10月5日～平成12年7月27日　川崎製鉄取締役, 川鉄エンジニアリング社長　→00/02

戸叶 勝朗　とかの・かつあき　～平成4年9月16日　尾崎行雄記念財団常務理事, 日中対外交流協会専務理事　→91/93

戸叶 里子　とかの・さとこ　明治41年11月29日～昭和46年11月7日　政治家　衆院議員, 日本社会党婦人部長　→昭和

栂野 泰二　とがの・たいじ　大正15年1月3日～平成14年2月11日　弁護士　衆院議員（社会党）　→00/02

戸叶 武　とかの・たけし　明治36年2月11日～昭和57年12月25日　参院議員（社会党）　→80/82

栂野 明二郎　とがの・めいじろう　～昭和15年10月20日　日本醸造工業社長　→昭和

栂尾 祥雲　とがのお・しょううん　明治14年9月30日～昭和28年5月27日　僧侶（真言宗）、仏教学者　高野山大学学長　→昭和

戸上 一浩　とがみ・かずひろ　昭和12年12月1日～平成16年10月12日　津田駒工業社長　→03/05

戸上 第一郎　とがみ・だいいちろう　明治39年12月15日～平成2年1月4日　熊本県会議長、熊本陸上競技協会会長　→88/90

戸上 信文　とがみ・のぶふみ　明治28年5月13日～昭和42年8月9日　実業家　戸上電機製作所創業者　→昭和

戸上 一　とがみ・はじめ　大正13年5月24日～平成5年4月11日　戸上電機製作所社長　→91/93

砥上 峰次　とがみ・みねじ　～昭和56年9月3日　日清食品監査役・元専務　→80/82

十亀 幸雄　とがめ・ゆきお　昭和4年12月4日～平成10年3月24日　全国中央市場水産卸協会副会長、福岡魚市場会長　→97/99

外川 栄　とがわ・さかえ　～昭和61年4月21日　多摩市高齢者事業団常任理事、杉並区立浜田山小校長　→83/87

十川 鹿市　とがわ・しかいち　～昭和55年2月12日　十川ゴム製造所取締役副社長、十川産業取締役社長　→80/82

戸川 正悟　とがわ・しょうご　大正5年8月1日～平成11年12月6日　明治生命保険常務　→00/02s

十川 次郎　とがわ・じろう　～昭和38年6月7日　陸軍中将　→昭和

外川 晋吾　とがわ・しんご　大正7年8月3日～平成7年8月10日　判例タイムズ社名誉会長　→94/96

戸川 透　とがわ・とおる　大正13年2月29日～平成2年11月22日　三井銀行取締役　→88/90

外川 政雄　とがわ・まさお　～平成13年5月24日　天下茶屋初代主人　→00/02

土岐 銀次郎　とき・ぎんじろう　明治27年3月～昭和51年4月1日　埼玉県知事　→昭和

土岐 定一　とき・さだいち　明治41年3月23日～昭和59年7月28日　蚕糸砂糖類価格安定事業団理事　→83/87

鴇 昌清　とき・しょうせい　～昭和40年3月31日　真言宗豊山派管長　→昭和（とき・まさきよ）

土岐 次郎　とき・じろう　～昭和57年7月7日　小野薬品工業常務　→80/82

時 忠俊　とき・ただとし　～平成16年8月28日　海将　海上自衛隊横須賀地方総監　→03/05

土岐 達人　とき・たつんど　明治35年9月22日～昭和57年5月9日　建築家　鹿島建設専務、日本建築協会会長　→80/82

土岐 定応　とき・ていおう　～昭和39年12月15日　弁護士　→昭和

土岐 伝四郎　とき・でんしろう　～平成23年8月25日　リンゴ育種家　→09/11

土岐 矩通　とき・のりみち　大正4年2月27日～平成20年10月14日　ブラザー工業専務　→06/08

土岐 政夫　とき・まさお　明治25年4月1日～昭和40年3月5日　官僚　→昭和

土岐 政治　とき・まさじ　大正14年10月1日～平成16年3月7日　紀陽銀行常務　→03/05

土岐 坤　とき・まもる　大正9年5月29日～平成11年7月　土岐コーポレーション社長　→00/02s

時枝 守一　ときえだ・しゅいち　明治42年3月17日～平成7年11月27日　宇佐市長　→94/96

時枝 正之　ときえだ・まさゆき　明治39年7月4日～平成8年8月31日　東京製綱常務　→94/96

時枝 又衛　ときえだ・またえ　明治37年8月15日～平成14年1月11日　日新製鋼常務　→00/02

時岡 収次　ときおか・しゅうじ　明治36年12月16日～昭和62年10月18日　熊谷組代表取締役副社長、日本野球連盟顧問　→83/87

時岡 孝史　ときおか・たかし　～平成7年5月8日　原発反対福井県民会議代表委員　→94/96

時川 清　ときかわ・きよし　昭和4年10月31日～平成7年1月4日　関西汽船常務　→94/96

時国 益夫　ときくに・ますお　明治26年2月12日～平成1年9月1日　麒麟麦酒社長　→88/90

時国 康夫　ときくに・やすお　大正15年5月11日～平成10年8月11日　弁護士　広島高裁長官　→97/99

時実 秋穂　ときざね・あきほ　明治14年11月22日～昭和37年1月21日　岡山市長　→昭和（ときざね・しゅうい）

時実 隼太　ときざね・はやた　大正2年10月28日～平成11年1月27日　松下電器産業常務　→97/99

時沢 郁哉　ときざわ・いくや　～平成3年4月17日　山種産業専務　→91/93

時田 寛一　ときた・かんいち　～昭和38年9月9日　明治生命常務　→昭和

時田 健治郎　ときた・けんじろう　昭和7年8月3日～平成23年5月15日　北海道新聞取締役　→09/11

鴇田 権蔵　ときた・ごんぞう　～昭和56年3月19日　海軍主計少将　→80/82

時田 郇　ときた・じゅん　明治36年8月17日～平成2年11月29日　牧師　北海道大学名誉教授、日本藻類学会会長、札幌独立キリスト教会主管　→88/90

土岐田 誠一　ときた・せいいち　明治42年10月11日～平成6年10月13日　相鉄興業（のち相鉄ローゼン）常務、相鉄ビル管理（のち相鉄企業）取締役　→94/96

鴇田 豊蔵　ときた・とよぞう　大正14年9月10日～平成12年10月26日　宮城県森林組合連合会会長、仙台市議　→00/02

時田 信夫　ときた・のぶお　明治32年7月16日～平成2年1月7日　牧師　関東学院大学名誉教授、日本バプテスト

横浜教会名誉牧師　→88/90

時田 米蔵　ときた・よねぞう　〜平成3年2月21日
千葉県教育委員長　→91/93

鯨津 潮　ときつ・うしお　大正15年3月13日〜昭和60年10月21日　川鉄商事取締役　→83/87

時任 昌男　ときと・よしお　大正14年12月6日〜平成14年3月18日　宮崎県農協中央会会長　→00/02

時任 紀邦　ときとう・のりくに　昭和16年1月30日〜平成17年8月1日　フジ社長　→03/05

時任 正次郎　ときとう・まさじろう　昭和4年12月12日〜平成4年9月7日　矢作建設工業取締役　→91/93

研野 作一　とぎの・さくいち　明治28年4月〜平成4年1月4日　日本燃焼器具検査協会理事　→91/93

時野谷 暢　ときのや・のぶる　〜昭和60年10月20日
日機装取締役　→83/87

時乗 浩　ときのり・ひろし　昭和7年6月1日〜平成12年12月5日　竹中土木常務　→00/02

時久 義広　ときひさ・よしひろ　昭和2年10月20日〜平成14年10月24日　時久建設会長、全国生コンクリート工業組合連合会会長　→00/02

時松 健次　ときまつ・けんじ　〜昭和56年5月4日
四国化成工業取締役　→80/82

土器屋 武一　どきや・たけいち　明治41年4月20日〜平成3年2月5日　日立金属専務、日本工具製作所（のち日立ツール）社長　→91/93

常盤 恭一　ときわ・きょういち　昭和6年4月15日〜平成10年11月7日　テレビ新潟社長　→97/99

常盤 勝憲　ときわ・しょうけん　〜昭和63年11月11日
南法華寺（壺阪寺）（真言宗豊山派）長老　救ライ活動　→88/90

常盤 正雄　ときわ・まさお　明治40年3月1日〜昭和58年3月17日　浜松信用金庫会長　→83/87

常葉 雅文　ときわ・まさぶみ　昭和5年10月7日〜平成20年1月30日　富士川町（静岡県）町長　→06/08

常盤 光雄　ときわ・みつお　昭和2年1月15日〜平成20年12月28日　山梨県議（自民党）　→06/08

常盤 稔　ときわ・みのる　〜昭和56年4月21日
テレビ静岡監査役、清水銀行相談役　→80/82

常磐井 堯祺　ときわい・ぎょうき　明治38年11月26日〜平成4年5月8日　真宗高田派本山専修寺23代目法主、全日本仏教会会長　→91/93

常磐井 武季　ときわい・たけすえ　〜平成2年1月22日
福島大神宮第15代宮司　松前神楽継承者　→88/90

篤 浩　とく・ひろし　昭和11年3月29日〜平成10年1月26日　商工組合中央金庫理事　→97/99

徳井 悦郎　とくい・えつろう　〜昭和60年4月17日
朝日新聞名古屋・西部本社印刷局長　→83/87

徳井 由美　とくい・ゆみ　昭和38年5月〜平成5年1月
ダイヤコンサルタント主任技師　→91/93

徳植 和弘　とくうえ・かずひろ　昭和11年1月9日〜平成19年1月20日　明治製菓常務　→06/08

徳江 彰　とくえ・あきら　〜平成11年4月10日
日本酒類販売専務　→97/99

徳江 清太郎　とくえ・せいたろう　大正5年3月29日〜平成22年1月4日　東京電工社長　→09/11

徳江 亮宏　とくえ・りょうこう　〜昭和55年8月14日
天台宗大僧正・長﨟（ちょうろう）　→80/82

徳岡 毅　とくおか・たけし　明治44年12月25日〜昭和59年7月13日　四電技術コンサルタント相談役、四国電力常務　→83/87

徳川 家達　とくがわ・いえさと　文久3年7月11日〜昭和15年6月5日　公爵　徳川家第16代当主、貴院議長、日本赤十字社社長　→昭和

徳川 家正　とくがわ・いえまさ　明治17年3月23日〜昭和38年2月18日　貴院議員、駐トルコ大使　→昭和

徳川 喜和子　とくがわ・きわこ　〜平成9年8月21日
東京乗馬倶楽部会長　第15代将軍徳川慶喜の孫　→00/02s

徳川 圀斉　とくがわ・くになり　明治45年3月〜昭和61年7月20日　水戸徳川家14代当主、(財)水府明徳会会長　→83/87

徳川 圀順　とくがわ・くにゆき　明治19年12月13日〜昭和44年11月17日　貴院議長　→昭和

徳川 達孝　とくがわ・さとたか　慶応1年5月25日〜昭和16年2月18日　伯爵　侍従長、貴院議員　→昭和

徳川 武定　とくがわ・たけさだ　明治21年10月12日〜昭和32年11月29日　造船工学者、海軍軍人　海軍技術研究所所長　→昭和

徳川 為子　とくがわ・ためこ　明治30年5月10日〜平成1年5月3日　皇太后陛下のおば　→88/90

徳川 徳晴　とくがわ・とくはる　明治41年10月24日〜昭和60年6月30日　丸紅監査役　→83/87

徳川 喜翰　とくがわ・のぶもと　明治30年1月〜昭和13年5月10日　男爵　貴院議員　→昭和（とくがわ・のぶたか）

徳川 政俊　とくがわ・まさとし　昭和7年10月26日〜平成22年12月13日　長崎新聞取締役編集局長　→09/11

徳川 実枝子　とくがわ・みえこ　〜昭和8年4月25日
徳川慶光公の母君　→昭和

徳川 宗信　とくがわ・むねのぶ　昭和4年11月1日〜平成5年3月23日　一橋徳川家13代当主、茨城県酪農業協同組合連合会会長　→91/93

徳川 宗敬　とくがわ・むねよし　明治30年5月31日〜平成1年5月1日　神社本庁統理、日本博物館協会会長、参院議員（緑風会）　→88/90

徳川 幹子　とくがわ・もとこ　明治35年12月8日〜平成8年9月17日　社会運動家　茨城県婦人館初代理事長、全日本開拓者連盟婦人部長　→94/96

徳川 義親　とくがわ・よしちか　明治19年10月5日〜昭和51年9月6日　政治家、植物学者、侯爵　尾張徳川家19代

I 政治・経済・社会篇　　　　とくたけ

目当主, 貴院議員, 徳川林政史研究所創立者　→昭和

徳川 好敏　とくがわ・よしとし　明治17年7月24日～昭和38年4月17日　陸軍軍人, 飛行家, 男爵　→昭和

徳川 義知　とくがわ・よしとも　明治44年5月22日～平成5年4月14日　尾張徳川家第20代当主, 徳川黎明会会長　→91/93

徳川 義寛　とくがわ・よしひろ　明治39年11月7日～平成8年2月2日　宮内庁侍従長　→94/96

徳川 慶光　とくがわ・よしみつ　～平成5年2月6日　公爵　→91/93

徳義 三男　とくぎ・みつお　大正8年～昭和63年4月28日　日本バイオライト協会理事長, 広島県同胞援護財団会長理事, 広島県副知事　→88/90

徳沢 義夫　とくざわ・よしお　大正11年11月11日～平成13年12月27日　鳥取県議(社会党)　→00/02

禿氏 祐祥　とくし・ゆうしょう　明治12年6月24日～昭和35年9月3日　僧侶(浄土真宗本願寺派), 仏教学者, 書誌学者　→昭和

徳重 恵孝　とくしげ・よしたか　～昭和61年1月27日　警視庁捜査二課主任・警部補　→83/87

徳重 芳弘　とくしげ・よしひろ　昭和3年4月29日～平成18年12月27日　住友不動産専務　→06/08

徳島 一郎　とくしま・いちろう　～昭和48年2月19日　別府近鉄タクシー社長　→昭和

徳島 喜太郎　とくしま・きたろう　大正6年8月8日～平成6年12月26日　徳水(株)会長　→94/96

徳島 佐太郎　とくしま・さたろう　明治39年2月7日～昭和61年8月22日　産業振興社長, 日本鉄屑工業会名誉会長　→83/87

徳島 正　とくしま・ただし　大正10年9月22日～平成21年2月19日　糧友グループ社長　→09/11

徳島 光　とくしま・ひかる　～昭和57年3月11日　富士紡績取締役　→80/82

徳島 秀一　とくしま・ひでいち　大正13年10月9日～平成19年2月28日　日産化学工業会長　→06/08

徳末 知夫　とくすえ・ともお　大正3年8月22日～平成18年1月29日　帝人社長　→06/08

徳生 忠常　とくせい・ただつね　明治34年11月13日～平成11年4月27日　丸興(のちダイエーオーエムシー)専務　→97/99

徳宣 一郎　とくせん・いちろう　大正11年12月12日～平成7年1月7日　北陸銀行専務　→94/96

徳田 愛作　とくだ・あいさく　大正12年12月15日～平成2年2月22日　石塚硝子監査役・元常務, 石塚物流サービス社長　→88/90

徳田 明直　とくだ・あきなお　明治22年3月21日～平成21年5月30日　ニッセイ同和損害保険専務　→09/11

徳田 晃　とくだ・あきら　昭和5年8月23日～平成2年5月15日　エルカクエイ取締役　→88/90

徳田 球一　とくだ・きゅういち　明治27年9月12日～昭和28年10月14日　政治家　日本共産党書記長, 衆院議員　→昭和

徳田 錦泉　とくだ・きんせん　明治30年7月8日～平成1年4月5日　錦光社印刷(株)会長　→88/90

徳田 昻平　とくだ・こうへい　明治11年～昭和26年10月5日　実業家　徳田証券社長, 証券取引委員会委員長, 貴院議員　→昭和

徳田 定一　とくだ・さだいち　大正4年1月21日～平成7年2月24日　徳田酒造代表　→94/96

徳田 二郎　とくだ・じろう　明治37年10月21日～昭和63年5月3日　雪印乳業顧問, 東京雪印販売社長　→88/90

徳田 善一　とくだ・ぜんいち　昭和2年11月18日～平成7年8月13日　京都府議(自民党)　→94/96

徳田 たつ　とくだ・たつ　明治30年～平成1年9月6日　徳田球一日本共産党書記長の妻　→88/90

徳田 巽　とくだ・たつみ　昭和29年5月26日　東北電力理事　→昭和

徳田 悌二　とくだ・ていじ　～昭和55年11月30日　協和銀行常務, 大昭和製紙取締役　→80/82

徳田 友助　とくだ・ともすけ　～平成5年1月9日　徳洲会副理事長, 埼玉医療生活協同組合理事長　→91/93

徳田 二次郎　とくだ・にじろう　明治28年6月10日～平成6年1月4日　長寿日本一　→06/08

徳田 尚久　とくだ・のぶひさ　昭和9年1月30日～平成22年3月21日　五洋建設専務　→09/11

徳田 日出雄　とくだ・ひでお　昭和17年9月14日～平成9年1月18日　日本輸出入銀行外事審議役　→97/99

徳田 博夫　とくだ・ひろお　昭和5年4月1日～平成10年10月24日　中国銀行常務　→97/99

徳田 文雄　とくだ・ふみお　～平成9年4月13日　神鋼ファウドラー(のち神鋼パンテック)常務　→97/99

徳田 陽介　とくだ・ようすけ　～平成17年9月13日　日露交流に力を注いだ根室市職員　→06/08s

徳田 与吉郎　とくだ・よきちろう　明治39年11月15日～平成7年11月11日　衆院議員(自民党), 金沢市長　→94/96

得田 芳宏　とくだ・よしひろ　昭和15年9月17日～平成16年12月25日　松村組社長　→03/05

徳大寺 公弘　とくだいじ・きんひろ　文久3年8月14日～昭和12年1月4日　公爵　貴院議員　→昭和

徳大寺 実厚　とくだいじ・さねあつ　～昭和45年3月15日　掌典長, 平安神宮宮司　→昭和(とくだ・さねあつ)

徳大寺 則麿　とくだいじ・つねまろ　～昭和39年1月28日　三菱重工業取締役・神戸造船所長　→昭和(とくだいじ・のりまろ)

徳武 孝行　とくたけ・たかゆき　昭和14年9月13日～平成22年10月22日　東京特殊電線常務　→09/11

徳武 登志子　とくたけ・としこ　～平成21年6月19日　名古屋市教育委員長　→09/11

渡久地 健　とぐち・けん　昭和24年3月31日～平成15年12月1日　沖縄県議（自民党）　→03/05

戸口 当正　とぐち・とうせい　～平成7年6月28日　埼玉県議　→94/96

渡久地 政夫　とぐち・まさお　昭和6年4月～平成18年8月8日　沖縄観光速報社長　→06/08

徳富 義孝　とくとみ・ぎこう　大正9年4月24日～平成10年7月25日　僧侶　高野山密厳院住職、高野山真言宗務総長　→97/99

徳富 清長　とくとみ・きよなが　～平成5年5月24日　防衛大学校教授　→91/93

徳富 広次　とくとみ・ひろじ　～平成16年10月25日　佐賀県副知事　→03/05

徳富 正学　とくとみ・まさのぶ　～平成3年4月20日　三井鉱山取締役　→91/93

徳永 章　とくなが・あきら　大正15年9月1日～平成13年5月24日　日魯漁業常務　→00/02

徳永 功　とくなが・いさお　大正12年8月22日～平成17年6月25日　弁護士　函館地検検事正、奈良地検検事正　→03/05

徳永 栄一　とくなが・えいいち　～昭和57年1月8日　国際情報社元取締役編集部長　→80/82

徳永 悦太郎　とくなが・えつたろう　～平成4年5月7日　陸軍少佐　軍歌「空の神兵」のモデル　→91/93

徳永 一雄　とくなが・かずお　大正15年3月5日～平成15年5月22日　松井建設常務　→03/05

徳永 喜久子　とくなが・きくこ　～平成2年7月28日　婦人活動家　→88/90

徳永 研一　とくなが・けんいち　明治38年9月7日～昭和62年6月24日　三友機械製作所社長　→83/87

徳永 賢一　とくなが・けんいち　昭和6年11月4日～平成20年6月18日　弁護士　徳永法律事務所長、福岡県弁護士会会長　→06/08

徳永 孔陽　とくなが・こうよう　～昭和41年7月18日　日本特殊化学工業社長　→昭和

徳永 参二　とくなが・さんじ　明治16年～昭和10年9月28日　社会運動家　→昭和

徳永 実男　とくなが・じつお　明治37年12月20日～平成1年9月27日　美の鶴酒造会長　→88/90

徳永 昌一　とくなが・しょういち　昭和5年10月16日～平成7年8月24日　新大協和石油化学（のち東ソー）常務、震共同事業社長　→94/96

徳永 正次　とくなが・しょうじ　大正1年12月4日～昭和62年4月1日　弁護士　滋賀弁護士会会長、大阪高検検事　→83/87

徳永 晋作　とくなが・しんさく　～昭和49年12月22日　日本車両製造副社長　→昭和

徳永 誠一　とくなが・せいいち　～昭和56年2月15日　徳永屋本店社長、全国蒲鉾水産加工業協同組合連合会理事　→80/82

徳永 正報　とくなが・せいほう　明治34年2月1日～昭和41年3月4日　労働運動家　→昭和

徳永 大三　とくなが・だいぞう　～平成4年9月16日　トーテックアメニティ常務　→91/93

徳永 多加子　とくなが・たかこ　～平成1年2月5日　大阪府議　→88/90

徳永 武久　とくなが・たけひさ　～平成13年5月25日　帝人常務執行役員　→00/02

徳永 忠臣　とくなが・ただおみ　昭和14年12月22日～平成13年3月25日　新日本証券専務　→00/02

徳永 太郎　とくなが・たろう　明治41年2月22日～平成5年11月9日　駐チェコスロバキア大使　→91/93

徳永 久次　とくなが・ひさつぐ　明治42年3月29日～平成11年8月14日　通産事務次官、石油公団総裁、新日本製鉄副社長　→97/99

徳永 博　とくなが・ひろし　大正11年5月21日～平成1年11月16日　徳永貿易会長　→88/90

徳永 博司　とくなが・ひろし　昭和10年2月11日～平成13年3月2日　興亜火災海上保険専務　→00/02

徳永 正勝　とくなが・まさかつ　明治39年1月7日～平成6年3月31日　湯浅電池（のちユアサコーポレーション）常務　→94/96

徳永 正利　とくなが・まさとし　大正2年8月25日～平成2年9月23日　参院議員（自民党）　→88/90

徳永 正憲　とくなが・まさのり　大正3年9月23日～平成8年8月17日　サンスター取締役　→94/96

徳永 雅洋　とくなが・まさひろ　昭和6年6月18日～平成22年2月9日　タダノ常務　→09/11

徳永 勝　とくなが・まさる　大正5年1月30日～平成10年12月22日　新京成電鉄会長　→97/99

徳永 光昭　とくなが・みつあき　昭和19年3月25日～平成21年1月19日　広島県議（自民党）　→09/11

徳永 恕　とくなが・ゆき　明治20年11月21日～昭和48年1月1日　社会事業家　二葉保育園園長　→昭和

徳永 芳治郎　とくなが・よしじろう　～昭和28年11月15日　徳永硝子社長　→昭和

徳永 芳弘　とくなが・よしひろ　昭和11年11月26日～平成23年9月16日　極東開発工業社長　→09/11

徳永 好行　とくなが・よしゆき　～昭和37年5月4日　北条市長　→昭和

徳永 芳郎　とくなが・よしろう　昭和19年5月11日～平成9年3月22日　経済企画庁経済研究所次長　→97/99

徳永 理一　とくなが・りいち　昭和3年10月16日～平成9年4月27日　トーア紡常務、トーアレディース社長　→97/99

徳永 隆信　とくなが・りゅうしん　大正15年3月24日～平成8年6月16日　大木建設社長　→94/96

戸国 盛男　とくに・もりお　～昭和63年3月15日　日本地所常務　→88/90

I 政治・経済・社会篇

徳根 吉郎　とくね・よしお　〜昭和55年10月12日
　日本セメント相談役・元会長　→80/82

徳納 浩　とくのう・ひろし　大正8年1月9日〜昭和62年6月1日　宇島製作所会長、豊前市鉄工業協会会長　→83/87

徳久 茂　とくひさ・しげる　大正10年2月24日〜平成16年3月25日　駐ベルギー大使　→03/05

徳久 嘉一　とくひさ・よしかず　〜昭和61年8月28日
　読売広告社常務　→83/87

徳弘 英策　とくひろ・えいさく　昭和15年10月2日〜平成18年7月27日　つばさ証券副社長　→06/08

徳弘 勢也　とくひろ・せいや　大正11年10月17日〜平成23年11月28日　千代田化工建設副社長　→09/11

徳淵 市記　とくぶち・いちき　〜昭和56年12月4日
　旭コンクリート工業総務部長・元常務　→80/82

徳間 敬太郎　とくま・けいたろう　大正12年1月1日〜平成23年8月21日　ヨコオ社長　→09/11

徳間 正雄　とくま・まさお　大正7年3月9日〜平成9年11月21日　神奈川県議（社会党）　→97/99

徳増 須磨夫　とくます・すまお　大正12年7月31日〜平成20年9月10日　三井住友海上火災保険社長、三井住友海上福祉財団理事長　→06/08

徳増 秀一　とくます・ひでいち　明治40年10月20日〜昭和63年3月17日　北海道農業共済連会長　→88/90

徳丸 幸助　とくまる・こうすけ　大正2年8月6日〜平成23年3月29日　大昭和製紙副社長　→09/11

徳水 乾堂　とくみず・けんどう　〜昭和11年12月8日
　陸軍大佐　→昭和

徳光 健一　とくみつ・けんいち　大正10年4月22日〜昭和59年4月13日　日本鋼管技監　→83/87

徳光 コウ　とくみつ・こう　〜昭和48年6月15日
　花外楼三代目女将　→昭和

徳光 輝雄　とくみつ・てるお　〜昭和56年12月17日
　（財）東京厚生年金会館副館長　→80/82

徳光 博文　とくみつ・ひろぶみ　大正3年5月28日〜平成3年8月30日　日本ビクター　副社長　→91/93

徳村 政秀　とくむら・せいしゅう　〜昭和63年12月22日
　沖縄県書店商業組合理事長　→88/90

徳毛 宜策　とくも・ぎさく　大正8年9月29日〜平成17年4月8日　広島県議（共産党）　→03/05

得本 輝人　とくもと・てるひと　昭和16年7月18日〜平成4年5月4日　金属労協議長、自動車総連会長、国際労働財団理事長　→09/11

徳本 弘　とくもと・ひろむ　昭和3年8月30日〜平成7年12月9日　京都府議（自民党）　→94/96

徳矢 哲男　とくや・てつお　〜昭和63年2月3日
　村事業務、住宅・都市整備公団首都圏都市開発本部事業第二部長　→88/90

徳安 昭弥　とくやす・あきのぶ　昭和2年2月7日〜平成1年5月24日　アスク取締役　→88/90

徳安 健太郎　とくやす・けんたろう　明治40年1月12日〜平成3年11月18日　全国農業改良普及協会名誉会長、大日本農会長、日本特殊農産物協会理事長　→91/93

徳安 実蔵　とくやす・じつぞう　明治33年2月13日〜昭和63年2月7日　政治家　衆院議員（自民党）、郵政相　→88/90

徳山 二郎　とくやま・じろう　大正8年12月4日〜平成12年10月14日　国際ビジネスコンサルタント　野村総合研究所副社長　→00/02

徳山 正人　とくやま・まさと　大正4年7月22日〜平成5年7月4日　（財）教科書研究センター顧問、文部省初等教育課長　→91/93

徳山 又助　とくやま・またすけ　〜昭和19年6月22日
　陸軍中将　→昭和

都倉 栄二　とくら・えいじ　大正4年1月27日〜平成12年7月4日　駐イスラエル大使、駐スウェーデン大使　→00/02

戸倉 嘉市　とくら・かいち　〜昭和55年4月10日
　弁護士　東京弁護士会長、大成高校理事長　→80/82

都倉 覚　とくら・さとる　大正7年8月30日〜平成10年9月24日　大木建設常務　→97/99

徳倉 修三　とくら・しゅうぞう　大正1年11月11日〜平成5年3月2日　大成化工社長、徳倉建設監査役　→91/93

土蔵 清太郎　とくら・せいたろう　〜昭和37年
　北海道入植者　→昭和

戸倉 惣太郎　とくら・そうたろう　〜昭和44年6月3日
　安田火災海上保険社長　→昭和

利告 洋昿　とくら・ひろあき　昭和2年3月25日〜平成3年2月13日　利昌工業副社長　→91/93

土倉 冨士雄　どくら・ふじお　明治41年11月1日〜昭和58年7月31日　カルピス食品工業相談役　→83/87

徳倉 正志　とくら・まさし　大正8年5月30日〜平成11年3月28日　徳倉建設会長　→97/99

戸倉 又雄　とくら・またお　大正2年2月10日〜平成16年11月　神奈川県議（民社党）　→03/05

戸倉 康允　とくら・やすのぶ　昭和10年11月14日〜平成19年1月17日　テレビ朝日専務　→06/08

徳楽 照平　とくらく・しょうへい　〜昭和63年10月1日
　堀松村（石川県）村長　→88/90

戸栗 亨　とぐり・とおる　〜平成19年10月14日
　実業家、戸栗美術館理事長、三和実業会長　→06/08

都甲 徠　とごう・きたる　〜平成3年2月17日
　陸軍少将　→91/93

土光 敏夫　どこう・としお　明治29年9月15日〜昭和63年8月4日　実業家　日本原子力事業会会長、経団連名誉会長、石川島播磨重工業社長　→88/90

床田 健三　とこだ・けんぞう　昭和18年5月29日〜平成9年7月31日　大阪市議（自民党）　→97/99

床次 秋子　とこなみ・あきこ　〜昭和2年5月16日
　床次竹二郎令嬢　→昭和

「現代物故者事典」総索引（昭和元年〜平成23年）　841

床次 竹二郎　とこなみ・たけじろう　慶応2年12月1日～昭和10年9月8日　政治家　内相,鉄道相,通信相　→昭和

床波 忠和　とこなみ・ただかず　昭和5年9月18日～平成19年3月16日　シナネン社長　→06/08

床次 八重　とこなみ・やえ　～昭和63年10月24日　(福)聖友ホーム理事長　→88/90

常世田 忠蔵　とこよだ・ちゅうぞう　明治34年3月25日～昭和60年12月17日　ヤマサ醤油常務取締役　→83/87

所 敬之　ところ・けいし　明治33年10月30日～平成8年4月21日　関電工社長　→94/96

所 俊光　ところ・としみつ　大正13年12月3日～昭和63年10月12日　昭和電線電機社長　→88/90

所 寅雄　ところ・とらお　大正3年9月13日～平成13年11月26日　共立建設社長　→00/02

所 秀雄　ところ・ひでお　大正7年6月19日～平成19年4月9日　ゲン・コーポレーション社長,長良川を愛する会代表世話人　→06/08

所 藤雄　ところ・ふじお　明治42年4月25日～平成6年3月23日　名鉄運輸相談役・元常務,信州名鉄運輸副社長,四国名鉄運輸会長　→94/96

所 正彦　ところ・まさひこ　～昭和63年11月5日　税理士　所正彦税理士事務所長,中川税務署長　→88/90

所 美都子　ところ・みつこ　昭和14年1月3日～昭和43年1月27日　反戦運動家　→昭和

所 光弘　ところ・みつひろ　～昭和63年2月20日　岐阜県経営者協会専務理事　→88/90

野老山 幸風　ところやま・こうふう　～昭和56年6月24日　警視庁初代広報課長　→80/82

土佐 忠敏　とさ・ただとし　～昭和59年9月25日　天理教表統領,奈良県ラグビー協会長　→83/87

土佐 門之助　とさ・もんのすけ　明治40年7月5日～昭和62年1月30日　土佐漁業部社長,北太平洋鮭鱒漁協組合長　→83/87

戸佐 康信　とさ・やすのぶ　～昭和61年2月28日　とさ取締役会長　→83/87

土佐 義和　とさ・よしかず　昭和2年～平成23年3月31日　カトリック神父,版画家　→09/11

戸坂 馨　とさか・かおる　昭和17年3月15日～平成19年2月28日　NECエレクトロニクス社長　→06/08

登坂 重次郎　とさか・じゅうじろう　大正2年4月3日～平成9年3月22日　政治家　衆院議員(自民党)　→97/99

登坂 又蔵　とさか・またぞう　昭和19年3月3日　米沢市長,山形県議　→昭和

登坂 良作　とさか・りょうさく　～昭和57年11月11日　弁護士　函館市長　→80/82

戸崎 誠喜　とざき・せいき　明治43年3月18日～平成18年7月3日　伊藤忠商事社長　→06/08

戸沢 明　とざわ・あきら　昭和3年2月2日～平成9年1月11日　日之出商事社長,北海道商店街振興組合連合会理事長　→97/99

戸沢 喜代司　とざわ・きよじ　大正6年2月～平成5年1月11日　高崎ハム副会長　→91/93

戸沢 健吉　とざわ・けんきち　大正5年1月12日～平成2年11月22日　日野自動車工業専務　→88/90

戸沢 重雄　とざわ・しげお　～昭和58年2月18日　大審院検事　→83/87

戸沢 武　とざわ・たけし　明治40年4月27日～平成15年9月2日　三和シヤッター工業専務　→03/05

戸沢 民十郎　とざわ・たみじゅうろう　明治11年5月～昭和27年9月23日　衆議院議員(立憲民政党)　→昭和(戸沢民十部　とざわ・みとべ)

戸沢 仁三郎　とざわ・にさぶろう　明治22年2月13日～昭和49年4月5日　生協活動家　日本生活協同組合同盟中央委員　→昭和

戸沢 政方　とざわ・まさかた　大正8年5月4日～平成17年2月14日　衆院議員(自民党)　→03/05

戸沢 三雄　とざわ・みつお　大正12年2月2日～平成5年4月11日　テルモ社長　→91/93

戸沢 盛男　とざわ・もりお　明治34年2月～昭和29年7月12日　佐賀県知事　→昭和

戸沢 義晴　とざわ・よしはる　～昭和60年9月17日　柏そごう取締役　→83/87

戸沢 芳郎　とざわ・よしろう　明治44年1月2日～平成3年5月15日　安田信託銀行社長　→91/93

戸敷 繁樹　とじき・しげき　昭和3年7月20日～平成3年1月5日　佐土原町(宮崎県)町長　→91/93

利重 吉徳　とししげ・よしのり　～昭和60年10月1日　リライアンス社長　→83/87

年澄 清　としずみ・きよし　大正7年3月14日～平成18年12月13日　宮崎銀行相談役　→06/08

土志田 勇　としだ・いさむ　～平成20年1月3日　和枝福祉会会長　米軍ジェット機墜落事故被害者の父　→06/08

土志田 和枝　としだ・かずえ　～昭和57年1月26日　米軍ジェット機墜落事故被害者　→80/82

土志田 征一　としだ・せいいち　昭和15年11月30日～平成19年10月11日　日本経済研究センター理事長,経済企画庁調整局長　→06/08

土志田 保則　としだ・やすのり　明治41年3月31日～平成11年5月27日　相鉄ローゼン社長,相模鉄道副社長　→97/99

歳原 数太郎　としはら・かずたろう　～昭和30年2月18日　昭和護謨社長　→昭和

戸嶋 英二　としま・えいじ　昭和6年11月4日～平成2年7月15日　大村市長　→88/90

戸嶋 謹也　としま・きんや　大正2年6月18日～昭和62年8月10日　ブリヂストンフローテック会長,ブリヂストン取締役　→83/87

外島 健吉　としま・けんきち　明治35年6月30日～平成

I　政治・経済・社会篇　　　　　　　　　　　　　　　　　　　　とた

6年1月23日　神戸製鋼所相談役・元社長・元会長　→94/96

戸嶋　貞年　としま・さだとし　大正5年2月27日～平成16年7月6日　中電工専務　→03/05

冨島　弘次　とじま・ひろつぐ　昭和7年10月26日～平成2年6月8日　津山証券専務　→88/90

豊島　元彦　としま・もとひこ　大正6年4月19日～平成22年11月11日　住友重機械工業専務　→09/11

利光　学一　としみつ・がくいち　～昭和36年12月30日　小田急電鉄社長　→昭和

利光　一久　としみつ・かずひさ　大正2年10月9日～平成1年5月3日　三菱重工業常務　→88/90

利光　達三　としみつ・たつぞう　大正9年4月23日～平成6年11月5日　小田急電鉄会長　→94/96

利光　鶴松　としみつ・つるまつ　文久3年12月31日～昭和20年7月4日　実業家,政治家　小田急電鉄創業者,衆院議員(立憲政友会)　→昭和

利光　松男　としみつ・まつお　大正12年11月23日～平成16年11月9日　日本航空社長　→03/05

利光　洋一　としみつ・よういち　～昭和42年2月23日　小田急電鉄副社長　→昭和

年森　靖　としもり・やすし　大正5年9月24日～平成6年8月12日　リケン社長　→94/96

利谷　求　としや・もとむ　昭和6年10月6日～平成1年12月10日　富士工業専務,日本興業銀行常務　→88/90

鳥巣　正之　とす・まさゆき　～昭和57年10月13日　昭和電工常務　→80/82

戸塚　正二　とづか・しょうじ　昭和2年1月3日～昭和60年4月21日　名古屋地家裁豊橋支部判事　→83/87

戸塚　忠男　とづか・ただお　昭和13年11月12日～平成12年　オーム電機社長　→00/02

戸塚　安昭　とづか・やすあき　大正3年3月27日～平成21年10月3日　三井東圧化学専務　→09/11

戸田　敦　とだ・あつし　～平成4年5月5日　(社)全国環境衛生同業組合中央会理事　→91/93

戸田　到　とだ・いたる　～平成2年7月3日　日鉄電設工業社長　→88/90

戸田　氏共　とだ・うじたか　嘉永7年6月29日～昭和11年2月17日　伯爵　式部長官　→昭和

戸田　氏忠　とだ・うじただ　～昭和12年1月15日　伯爵　→昭和

戸田　栄造　とだ・えいぞう　大正11年4月21日～平成21年2月11日　マツダ運industries社長　→09/11

戸田　鋭之助　とだ・えいのすけ　～昭和16年9月28日　旧大垣藩家老　→昭和

戸田　演治　とだ・えんじ　大正2年12月5日～昭和61年1月23日　戸演織物会長,丹後織物工業組合理事長　→83/87

戸田　一夫　とだ・かずお　大正11年4月19日～平成18年10月21日　北海道電力社長,北海道経連名誉会長　→06/08

戸田　和夫　とだ・かずお　～昭和57年1月12日　聴涛館社長,浜松市観光協会会長,浜松旅館協同組合組合長　→80/82

戸田　勝利　とだ・かつとし　明治37年10月28日～昭和59年6月7日　トーメン専務　→83/87

戸田　金造　とだ・きんぞう　明治39年8月10日～昭和60年12月28日　扶桑薬品工業監査役　→83/87

戸田　慶二　とだ・けいじ　～昭和55年3月14日　三井金属鉱業取締役　→80/82

戸田　謙　とだ・けん　大正13年5月9日～平成17年3月26日　弁護士　戸田総合法律事務所長,日本弁護士連合会副会長　→03/05

戸田　憲吾　とだ・けんご　大正8年6月20日～平成7年2月7日　日本電装社長　→94/96

戸田　浩次　とだ・こうじ　昭和1年12月26日～平成5年9月18日　戸田工業副社長　→91/93

戸田　耕資　とだ・こうすけ　～昭和59年6月21日　日本バスコン会社常務　→83/87

戸田　弘如　とだ・こうにょ　～平成14年12月9日　僧侶　千本えんま堂住職　→03/05s

戸田　栄　とだ・さかえ　明治37年4月18日～平成6年4月9日　戸田超耐火物会長　→94/96

戸田　注連雄　とだ・しめお　大正3年10月17日～平成11年7月7日　富士ロビン専務　→97/99

戸田　城聖　とだ・じょうせい　明治33年2月11日～昭和33年4月2日　宗教家　創価学会第2代会長　→昭和

戸田　尚三　とだ・しょうぞう　大正2年10月17日～昭和58年3月28日　扶桑薬品工業取締役　→83/87

戸田　昭三　とだ・しょうぞう　～平成23年8月24日　キャステム創業者　→09/11

戸田　新　とだ・しん　～昭和59年11月3日　名古屋相互銀行常務　→83/87

杜多　信雄　とだ・しんゆう　～昭和61年10月31日　僧侶　天台宗宗務総長・大僧正,法蔵院住職　→83/87

戸田　精治　とだ・せいじ　～昭和20年9月　学徒動員　→昭和

戸田　清三　とだ・せいぞう　昭和9年10月4日～昭和62年8月22日　フマキラー常務　→83/87(とだ・せいそう)

戸田　武雄　とだ・たけお　明治42年3月11日～平成10年5月25日　大倉工業常務　→97/99

戸田　武俊　とだ・たけとし　大正3年9月24日～昭和62年8月27日　動物愛護協会理事,日本ユニパック常任監査役　→83/87

戸田　忠雄　とだ・ただお　～昭和12年9月3日　子爵　旧足利藩主　→昭和

戸田　忠良　とだ・ただよし　明治41年7月16日～平成16年9月22日　日本曹達常務　→03/05

戸田　恒美　とだ・つねみ　～平成15年1月8日　日教組書記長　→03/05

とた　　　　　　　　　　　　　　　　　　　　　　　　　Ⅰ　政治・経済・社会篇

戸田 つる　とだ・つる　〜昭和57年9月13日
　消費科学連合会副会長　→80/82

戸田 徳之助　とだ・とくのすけ　〜昭和41年7月29日
　原田積善会理事長　→昭和

戸田 華子　とだ・はなこ　明治42年6月〜平成15年5月10日、旧・皇族　→03/05

戸田 弘　とだ・ひろむ　大正3年4月9日〜昭和55年3月25日　最高裁判事　→80/82

戸田 博之　とだ・ひろゆき　昭和11年1月23日〜平成21年6月29日　西武鉄道社長　→09/11

戸田 福三郎　とだ・ふくさぶろう　明治42年10月9日〜昭和59年9月25日　(財)砂防・地すべり技術センター理事長, 日産建設専務　→83/87

戸田 文司　とだ・ぶんじ　明治40年1月10日〜昭和61年11月15日　全国厚生農業協同組合連合会会長, 新潟県議会議長　→83/87

戸田 昌男　とだ・まさお　昭和10年4月2日〜平成19年3月25日　スズキ社長　→06/08

戸田 正直　とだ・まさなお　明治40年1月8日
　日本弁護士連合会常任理事, 元法務省人権擁護局長　→昭和

戸田 勝　とだ・まさる　大正4年5月29日〜平成12年10月26日　弁護士　大阪高裁判事　→00/02

戸田 通直　とだ・みちなお　〜昭和2年2月23日
　大蔵省営繕管財局技師　→昭和

戸田 満　とだ・みつる　大正12年6月4日〜昭和58年12月31日　旭電化工業監査役, 元日本農薬常務　→83/87

戸田 保忠　とだ・やすただ　大正13年12月18日
　漁業組合聯合会会長, 元農林次官　→昭和

戸田 康英　とだ・やすひで　明治44年〜昭和52年4月2日
　東宮侍従長　→昭和

戸田 康巳　とだ・やすみ　大正12年3月21日〜平成9年10月3日　全国製麺協同組合連合会会長, 岩手県議(無所属)　→97/99

戸田 豊　とだ・ゆたか　明治44年6月25日〜昭和61年3月31日　(株)日本システムディベロップメント常勤監査役, サンケイ新聞編集局次長　→83/87

戸田 要造　とだ・ようぞう　〜昭和56年1月13日
　水島ガス相談役・元社長, 元東邦ガス専務　→80/82

戸田 禎忠　とだ・よしただ　大正14年8月19日〜平成5年7月10日　奥村組専務　→91/93

戸田 由美　とだ・よしみ　明治19年6月〜昭和40年7月23日　衆議院議員(国民同盟), 大宮市長　→昭和

戸田 利兵衛(2代目)　とだ・りへえ　明治19年1月5日〜昭和56年3月28日　戸田建設社長　→80/82

戸田 録郎　とだ・ろくろう　〜昭和56年11月2日
　福岡市断酒会の会長　→80/82

戸高 正一　とだか・しょういち　〜昭和62年10月16日
　日研プロダクト社長　→83/87

戸高 勝　とだか・まさる　〜平成4年10月5日
　戸高製作所会長　→91/93

戸田沢 和男　とだざわ・かずお　昭和11年8月11日〜平成10年1月20日　八千代銀行常務　→97/99

戸舘 博　とだて・ひろし　大正7年2月26日〜平成18年12月31日　キッコーマン常務　→06/08

戸谷 和夫　とたに・かずお　大正8年8月26日〜平成21年3月19日　松坂屋副社長　→09/11

戸谷 深造　とたに・しんぞう　大正11年6月19日〜平成24年2月14日　日本電装専務　→88/90

戸谷 徳一　とだに・とくいち　大正9年4月20日〜平成13年5月8日　富山県信用農業協同組合連合会長　→00/02

戸谷 徳潤　とたに・とくじゅん　〜平成7年9月25日
　警察庁通信局長　→94/96

土地 次郎　とち・じろう　昭和2年〜昭和60年7月12日
　イトマンエージェンシー相談役, 伊藤萬取締役　→83/87

栃木 勝治　とちぎ・かつじ　〜昭和55年3月10日
　三菱金属取締役・尾去沢鉱業所長　→80/82

樽木 航五郎　とちぎ・こうごろう　〜昭和14年10月8日
　大株常務理事　→昭和

栃崎 博孝　とちさき・ひろたか　〜昭和62年2月15日
　和歌山県部落解放運動連合会委員長, 全国部落解放運動連合会副委員長　→83/87

栃沢 助造　とちざわ・すけぞう　明治42年3月5日〜平成1年11月10日　NHK専務理事　→88/90

栃谷 一成　とちや・いっせい　明治16年9月27日〜昭和62年4月3日　雪印乳業常務取締役　→83/87

栃内 一彦　とちない・かずひこ　大正3年8月28日〜平成21年11月8日　海上保安庁長官, 日本航空開発社長　→09/11

栃内 曽次郎　とちない・そじろう　慶応2年6月8日〜昭和7年7月12日　海軍大将　連合艦隊司令長官, 貴院議員(勅選)　→昭和(栃内　曾次郎　とちない・そうじろう)

栃内 健男　とちない・たけお　大正14年9月16日〜昭和61年7月11日　札幌市青少年婦人活動協会理事長, 札幌市収入役　→83/87

栩野 九爾明　とちの・くにあき　大正12年5月22日〜平成4年4月19日　和歌山県議(自民党)　→00/02

杤村 一郎　とちむら・いちろう　大正13年1月5日〜平成21年1月25日　トーメン専務　→09/11

戸塚 巌　とつか・いわお　〜昭和59年9月2日
　東玉会長　→83/87

戸塚 金郎　とつか・きんろう　大正13年5月1日〜平成10年1月26日　食糧庁次長, 日本穀物検定協会理事長　→97/99

戸塚 九一郎　とつか・くいちろう　明治24年3月27日〜昭和48年10月13日　衆院議員(自由党), 建設相　→昭和

戸塚 元一郎　とつか・げんいちろう　大正3年2月15日〜平成4年11月5日　飯野海運社長, 川崎汽船常務　→91/93

戸塚 健蔵　とつか・けんぞう　大正7年1月3日〜平成19

844　「現代物故者事典」総索引(昭和元年〜平成23年)

I 政治・経済・社会篇

年3月11日　東玉会長,岩槻市議　→06/08

戸塚 栄　とつか・さかえ　明治43年7月1日～平成8年3月19日　旭コンクリート工業社長　→94/96

戸塚 忠雄　とつか・ただお　～平成11年5月6日　戸塚製帽所会長,全日本帽子協会常任理事　→97/99

戸塚 一　とつか・はじめ　大正5年11月30日～平成20年6月23日　長野県議　→06/08

戸塚 宏　とつか・ひろし　大正8年10月20日～平成17年9月26日　静岡県議(自民党)　→03/05

戸塚 文卿　とつか・ぶんけい　明治25年2月11日～昭和14年8月17日　カトリック司祭,医師,著述家　→昭和

戸塚 道太郎　とつか・みちたろう　明治23年4月21日～昭和41年3月6日　海軍中将　→昭和

戸塚 隆三郎　とつか・りゅうざぶろう　～昭和10年6月7日　陸軍一等軍医正　→昭和

戸次 義一　とつぎ・ぎいち　大正12年10月6日～平成7年7月7日　僧侶　西山町(新潟県)町長,東本願寺教導　→97/99s

鳥取 綱太郎　とっとり・つなたろう　大正8年12月20日～平成18年3月2日　四国コカ・コーラボトリング社長　→06/08

土手 守吉　どて・もりきち　～平成8年2月25日　科研化学(のち科研製薬)社長　→94/96

百々 貞雄　どど・さだお　明治41年5月27日～昭和63年3月13日　椿本チエイン副社長　→88/90

十時 昌　ととき・あきら　大正9年3月7日～平成4年2月5日　日本能率協会会長　→91/93

十時 雅　ととき・ただし　大正13年5月28日～平成13年1月8日　東亜精機工業社長　→00/02

十時 健彦　ととき・つよひこ　明治41年4月14日～平成9年6月18日　中村屋社長　→97/99

十時 柾秀　ととき・まさひで　大正2年1月1日～昭和59年8月3日　電通PRセンター社長,電通PR局長　→83/87

十時 由松　ととき・よしまつ　～平成4年2月15日　ニッポー物流サービス会長　→91/93

等々力 達　とどりき・いたる　大正15年12月8日～平成22年3月31日　工業技術院長,三洋電機専務　→09/11

等々力 英男　とどりき・ひでお　大正3年1月25日～平成4年5月6日　新潟トヨタ自動車会長　→91/93

等々力 森造　とどりき・もりぞう　明治5年～昭和16年4月1日　陸軍中将　→昭和(等々力 森蔵　とどりき・しんぞう)

轟 英　とどろき・えい　大正11年5月10日～平成12年2月12日　日本油脂専務　→00/02

轟 和寛　とどろき・かつひろ　昭和9年3月16日～平成6年5月3日　京王プラザホテル専務,京王プラザホテル札幌常務　→94/96

轟 国生　とどろき・くにお　～平成4年7月17日　紀ノ国屋常務　→91/93

轟 敬一郎　とどろき・けいいちろう　大正15年5月5日～

平成10年4月30日　日本勧業角丸証券(のち勧角証券)常務　→97/99

轟 謙次郎　とどろき・けんじろう　～昭和55年8月19日　第一復建社長,日本技術士会九州支部長,建設コンサルタント協会九州支部長　→80/82

轟 憲太郎　とどろき・けんたろう　大正5年7月28日～昭和61年8月21日　信濃電気製錬相談役・元社長,東京音楽文化協会専務理事　→83/87

轟 英俊　とどろき・ひでとし　～昭和63年7月4日　住宅情報社社長　→88/90

等々力 宏　とどろき・ひろし　昭和3年3月15日～平成3年11月20日　万正社社長,新聞案内広告協会会計監事　→91/93

等々力 正殻　とどろき・まさたけ　～昭和46年10月5日　ミツウロコ取締役　→昭和

十七 巳之助　とな・みのすけ　明治43年7月11日～平成2年10月1日　大阪空港公害訴訟原告団代表　→88/90

渡名喜 元完　となき・げんがん　明治17年～平成9年1月24日　男性長寿日本一　→97/99

渡名喜 藤子　となき・ふじこ　大正12年4月18日～平成17年6月9日　沖縄県議(民政クラブ),沖縄かしこい消費者の会会長　→03/05

砺波 信　となみ・のぶ　～昭和61年10月6日　トナミ祥龍堂取締役　→83/87

戸沼 道郎　とぬま・みちお　大正11年12月29日～平成14年12月20日　三井建設副社長　→00/02

利根 忠義　とね・ただよし　～昭和58年3月22日　小西六写真工業常務　→83/87

刀祢 太郎　とね・たろう　～昭和60年2月22日　大日本印刷専務　→83/87

刀根 博三　とね・ひろぞう　～平成2年10月30日　東洋ゴム工業常務　→88/90

利根川 明　とねがわ・あきら　昭和3年11月3日～平成5年10月18日　日商岩井専務　→91/93

利根川 武　とねがわ・たけし　明治38年7月30日～平成5年5月14日　日本ゼオン常務　→91/93

利根川 政次　とねがわ・まさじ　大正13年9月11日～平成23年7月9日　利根川印刷社長　→09/11

戸根木 長之助　とねぎ・ちょうのすけ　～昭和40年4月19日　外務省アジア局参事官　→昭和

利根田 康年　とねだ・やすとし　大正15年7月19日～平成14年6月9日　埼玉県議(自民党)　→00/02

刀祢館 正雄　とねだち・まさお　明治21年4月～昭和18年1月27日　新聞経営者　→昭和(刀弥館 正雄)

刀祢館 正也　とねだち・まさや　昭和3年11月～昭和53年1月8日　衆院議員(新自由クラブ)　→昭和(刀禰館 正也)

戸野 琢磨　との・たくま　～昭和60年5月10日　造園設計家　→83/87

戸野 秀夫　との・ひでお　～昭和59年12月26日

外池 重昭　とのいけ・しげあき　昭和11年11月16日〜平成10年5月3日　中京サンパック社長、中京コカ・コーラボトリング常務　→97/99

外池 簾治　とのいけ・れんじ　大正2年1月9日〜平成2年11月20日　弁護士　神奈川県議　→88/90

土上 三之丞　どのうえ・さんのじょう　〜平成17年8月13日　間組（ハザマ）専務　→03/05

登内 勲　とのうち・いさお　明治40年10月5日〜平成5年12月17日　長野県選管委員長、伊那市助役　→91/93

外岡 佐近　とのおか・さこん　明治44年6月20日〜平成17年7月11日　茨城県議、茨城県農協中央会長　→03/05

殿岡 正次　とのおか・しょうじ　〜平成9年6月29日　興国化学工業（のちアキレス）常務　→97/99

殿岡 利男　とのおか・としお　明治42年1月1日〜昭和7年3月29日　アキレス社長　→80/82

殿岡 憲正　とのおか・のりまさ　平成8年3月15日〜平成8年9月24日　小田急不動産常務　→94/96

殿岡 利助（3代目）　とのおか・りすけ　明治16年10月8日〜昭和27年12月26日　アキレス創業者、参院議員（民主党）　→昭和（殿岡 利助）

外崎 千代吉　とのさき・ちよきち　明治30年〜昭和49年5月14日　五所川原市初代市長、衆院議員　→昭和（とのざき・ちよきち）

土濃塚 イマ　とのづか・いま　明治45年1月6日〜平成2年3月9日　秋田県地域婦人団体連絡協議会長、北秋田郡連合婦人会長　→88/90

殿田 孝次　とのだ・こうじ　明治37年2月〜昭和24年9月10日　衆院議員（自由党）　→昭和

百橋 恵章　どのはし・えしょう　〜昭和61年2月13日　僧侶　西光寺26世住職　→83/87

殿前 泰　とのまえ・ゆたか　〜昭和57年4月14日　ゼネラル石油監査役　→80/82

外村 宇兵衛（5代目）　とのむら・うへい　〜昭和56年4月7日　御幸毛織名誉顧問・元社長・会長　→80/82

殿村 茂元　とのむら・しげもと　大正15年10月5日〜平成18年9月28日　ユニチカ副社長　→06/08

殿村 高司　とのむら・たかし　大正15年11月9日〜平成14年8月11日　福砂屋社長　→00/02

殿村 利正　とのむら・としまさ　〜昭和61年6月17日　阪神容器（株）薬品部長、大東交易（株）取締役薬品製造部長　→83/87

殿村 秀雄　とのむら・ひでお　〜昭和44年4月18日　エッソ・スタンダード石油相談役　→昭和

外村 良二　とのむら・りょうじ　〜昭和57年5月16日　蝶理常務　→80/82

戸羽 一男　とば・かずお　昭和7年3月22日〜平成16年5月6日　岩手県議（自民党）　→03/05

鳥羽 嘉寿夫　とば・かずお　〜平成5年12月21日　赤穂市長　→91/93

鳥羽 正悟　とば・しょうご　昭和6年7月27日〜昭和61年12月10日　伏見信用ビジネスサービス常務、伏見信用金庫常勤監事　→83/87

土橋 一吉　どばし・かずよし　明治41年5月1日〜昭和57年12月17日　労働運動家　日本共産党中央委員会顧問、衆院議員　→80/82

土橋 勝馬　どばし・かつま　〜昭和58年5月1日　三興証券取締役　→83/87

土橋 金蔵　どばし・きんぞう　大正10年2月11日〜平成4年3月13日　日書連相談役、金港堂社長、日書連副会長　→91/93

土橋 四郎　どばし・しろう　大正1年10月11日〜平成8年4月26日　産経新聞取締役　→94/96

土橋 篤太郎　どばし・とくたろう　明治32年4月8日〜平成3年6月21日　三和広告社社長　→91/93

土橋 俊雄　どばし・としお　〜平成19年7月12日　新聞労連委員長　→06/08

土橋 日出男　どばし・ひでお　大正14年1月1日〜平成23年10月19日　旭ダイヤモンド工業常務　→09/11

鳥羽瀬 保道　とばせ・ほどう　〜昭和57年2月24日　僧侶　曹洞宗九州本山大慈禅寺第95代住職・大教師　→80/82

鳥羽田 煕　とばた・ひろし　大正5年3月5日〜平成3年6月24日　三洋化成工業社長　→91/93

登原 久美子　とはら・くみこ　明治28年〜昭和59年3月22日　サロン経営者　→83/87

戸張 幸孝　とばり・ゆきたか　昭和8年12月15日〜平成10年9月23日　帝人製機社長　→97/99

土肥 勲　どひ・いさお　大正7年12月15日〜平成1年2月13日　三菱金属常務　→88/90

土肥 一夫　どひ・かずお　明治43年10月25日　海軍中佐　大本営参謀　→88/90

土肥 亀雄　どひ・かめお　大正8年11月1日〜平成12年12月14日　日本パワーファスニング会長　→00/02

土肥 貞喜　どひ・さだよし　大正15年12月19日〜平成3年5月6日　粟村製作所専務　→91/93

土肥 武夫　どひ・たけお　明治44年2月11日〜平成15年5月23日　日本通運専務　→03/05

土肥 東一郎　どひ・とういちろう　〜昭和56年7月28日　中央会計事務所（監査法人）代表者　→80/82

土肥 弘明　どひ・ひろあき　大正7年11月12日〜平成7年7月12日　土肥研磨工業会長　→94/96

土肥 正彦　どひ・まさひこ　大正2年〜平成4年2月29日　万有製薬監査役　→91/93

土肥 稔　どひ・みのる　〜平成17年6月3日　大成建設常務　→03/05

土肥 米之　どひ・よねゆき　明治31年3月20日〜平成2年7月24日　弁護士　鳥取県知事、愛媛県知事、広島県公安委員長　→88/90

I 政治・経済・社会篇　　　　　とみおか

土肥 頼継　どひ・よりつぐ　〜昭和13年1月9日
　彰義隊唯一の生存者　→昭和

戸引 達　とびき・とおる　〜昭和60年1月5日
　国立国会図書館専門調査員　→83/87

飛島 繁　とびしま・しげし　明治40年1月10日〜昭和61年2月1日　飛島組社長, 衆院議員(自由党), 藤沢市長　→83/87

飛島 定城　とびしま・ていじょう　明治37年2月6日〜平成7年6月30日　福島民報名誉会長　→94/96

飛島 斉　とびしま・ひとし　大正1年10月2日〜平成18年4月11日　飛島建設社長　→06/08

飛島 博治　とびしま・ひろじ　〜昭和55年2月14日
　飛島建設顧問・元常務　→80/82

飛島 文吉　とびしま・ぶんきち　明治9年11月30日〜昭和14年3月10日　飛島組創立者　→昭和

飛嶋 亮　とびしま・まこと　大正7年6月15日〜平成17年10月29日　飛島建設副会長　→03/05

飛田 勇　とびた・いさむ　〜昭和50年11月17日
　千葉興銀頭取　→昭和

飛野 勇　とびの・いさむ　大正7年3月10日〜平成12年3月21日　久保田鉄工専務　→00/02

飛松 与次郎　とびまつ・よじろう　明治22年2月26日〜昭和28年9月10日　社会運動家　→昭和

戸部 亮　とべ・あきら　大正12年8月30日〜平成6年10月17日　シャープ副社長　→94/96

戸部 卯吉　とべ・うきち　大正4年1月2日〜平成1年12月19日　苫小牧市会議長, 民社党北海道連委員長　→88/90

戸辺 勝利　とべ・かつとし　大正7年11月24日〜昭和61年7月8日　ニップン飼料社長, 日本製粉常務　→83/87

戸辺 勝之　とべ・かつゆき　〜昭和57年3月4日
　モービル石油相談役　→80/82

戸辺 敬　とべ・けい　昭和3年9月27日〜平成16年12月21日　千葉県議(自民党)　→03/05

戸部 武志　とべ・たけし　大正10年8月24日〜平成6年4月23日　中国銀行専務　→94/96

戸部 智弘　とべ・ともひろ　大正12年1月2日〜平成10年8月1日　北海道開発庁事務次官　→97/99

戸部 良祐　とべ・りょうすけ　明治8年7月〜昭和9年12月19日　政治家　衆院議員(立憲民政党)　→昭和

戸部田 巧　とべた・たくみ　大正8年3月30日〜昭和63年11月7日　丸福商事社長, 福岡卸センター理事長　→88/90

戸堀 善一　とぼり・ぜんいち　〜昭和57年2月20日
　岩崎通信機取締役　→80/82

戸松 健晋　とまつ・かつあき　大正8年12月7日〜平成15年3月1日　日鉄鉱業専務　→03/05

戸松 啓真　とまつ・けいしん　大正5年9月14日〜平成12年12月28日　僧侶　浄土宗大本山光明寺111世法王, 大正大学名誉教授　→00/02

戸祭 文造　とまつり・ぶんぞう　安政6年10月〜昭和10年1月30日　海軍軍医総監　→昭和

苫米地 義三　とまべち・ぎぞう　明治13年12月25日〜昭和34年6月29日　政治家, 実業家　衆院議員, 運輸相, 内閣官房長官　→昭和

苫米地 功吉　とまべち・こうきち　大正9年8月24日〜平成5年7月26日　日本ビクター常務　→91/93

苫米地 次男　とまべち・つぎお　明治37年12月3日〜平成5年3月15日　大永紙通商会長　→91/93

苫米地 穣　とまべち・ゆたか　昭和57年11月23日
　日本原子力産業会議総務部長　→80/82

泊 宝徳　とまり・ほうとく　明治41年7月18日〜昭和61年2月10日　加世田市長　→83/87

泊谷 裕夫　とまりや・やすお　大正10年8月10日〜平成3年10月5日　衆院議員(社会党)　→91/93

登丸 福寿　とまる・ふくじゅ　〜平成7年9月24日
　(社福)はるな郷郷長　→94/96

都丸 芳男　とまる・よしお　明治39年2月16日〜平成1年12月27日　大林組取締役　→88/90

富 敦治　とみ・あつはる　大正3年1月6日〜平成16年8月28日　三菱重工業取締役　→03/05

富 松清　とみ・まつきよ　〜平成23年8月17日
　京都府議　→09/11

富井 一二　とみい・いちじ　大正14年10月2日〜平成5年8月14日　野沢温泉村(長野県)村長　→91/93

富井 一雄　とみい・かずお　明治41年8月14日〜平成10年2月8日　ユニチカ名誉顧問・元社長　→97/99

富井 金三郎　とみい・きんざぶろう　明治34年2月10日〜昭和58年4月2日　旭日電気工業会長　→83/87

冨井 正晴　とみい・まさはる　〜昭和56年1月23日
　阪急タクシー社長, 元阪神電鉄取締役　→80/82

富井 義郎　とみい・よしろう　大正12年1月1日〜平成16年12月29日　国鉄常務理事, 国際観光会館副社長　→03/05

富家 友直　とみいえ・ともなお　大正15年1月13日〜昭和61年5月4日　東亜建設工業常務　→83/87

冨内 惰　とみうち・おさむ　大正15年3月1日〜平成16年9月13日　三重県農協中央会長　→03/05

冨江 俊夫　とみえ・としお　大正7年11月28日〜平成12年10月15日　岩谷産業専務　→00/02

富尾 賢治　とみお・けんじ　大正14年3月8日〜昭和62年7月25日　カネボウ化成副社長, 鐘紡常務　→83/87

冨岡 晟　とみおか・あきら　〜昭和56年9月18日
　大和紡績取締役　→80/82

富岡 一正　とみおか・かずまさ　〜昭和62年9月15日
　岡山県警察学校長　→83/87

富岡 吉兵衛　とみおか・きちべえ　明治36年11月4日〜平成4年1月23日　徳陽相互銀行(のち徳陽シティ銀行)専務　→91/93

富岡 潔　とみおか・きよし　昭和5年7月24日〜平成16年11月3日　稲畑産業常務　→03/05

とみおか

富岡 健一 とみおか・けんいち 昭和5年7月29日〜平成8年9月29日 弁護士 富岡法律特許事務所所長、名古屋弁護士会会長 →94/96

富岡 定俊 とみおか・さだとし 明治30年3月8日〜昭和45年12月7日 海軍少将、男爵 海軍軍令部第一部長、史料調査会理事長 →昭和

富岡 茂男 とみおか・しげお 〜昭和46年2月25日 丸紅飯田理事 →昭和

富岡 淳一郎 とみおか・じゅんいちろう 昭和9年3月29日〜平成8年9月7日 熊本日日新聞社常務 →94/96

富岡 彰一 とみおか・しょういち 〜平成1年2月20日 高崎製紙常務 →88/90

冨岡 昭一 とみおか・しょういち 〜昭和55年10月9日 ナショナル電送機器販売副社長 →80/82

冨岡 正造 とみおか・しょうぞう 大正11年1月16日〜平成8年3月5日 新潟総合テレビ常務、産経新聞電波企画室長 →94/96

冨岡 唯一 とみおか・ただいち 大正10年6月24日〜平成17年5月30日 日本重化学工業社長 →03/05

冨岡 富男 とみおか・とみお 〜平成6年11月16日 日本通運常務 →94/96

冨岡 弘 とみおか・ひろし 明治43年7月11日〜平成7年10月3日 コニカ社長 →94/96

冨岡 松之助 とみおか・まつのすけ 〜昭和63年8月18日 荒川区戦没者遺族会長、荒川区議会議長 →88/90

冨岡 美都夫 とみおか・みつお 大正11年10月30日〜平成8年8月18日 日本高周波鋼業専務 →94/96

冨岡 盛彦 とみおか・もりひこ 〜昭和49年9月9日 富岡八幡宮司 →昭和

冨岡 良平 とみおか・りょうへい 大正11年5月20日〜平成11年5月25日 高等海難審判庁長官 →97/99

冨尾木 惣一 とみおぎ・そういち 明治41年12月4日〜平成4年8月18日 東洋埠頭社長 →91/93

富川 和紀 とみかわ・かずのり 昭和10年4月5日〜平成20年5月24日 三建設備工業副社長 →06/08

富崎 辰巳 とみさき・たつみ 明治39年11月3日〜平成1年9月20日 佐賀県議会副議長 →88/90

冨沢 喜四郎 とみざわ・きしろう 昭和8年9月25日〜平成15年9月17日 佐伯建設工業常務 →03/05

冨沢 桂堂 とみざわ・けいどう 〜昭和43年9月3日 鎌倉円覚寺塔頭 →昭和

冨沢 拳二 とみざわ・けんじ 明治35年7月31日〜平成2年1月8日 兵庫銀行常務 →88/90

富沢 光治郎 とみざわ・こうじろう 〜昭和60年11月22日 仙台市一番町1丁目柳町会会長、仙台市民生委員会副会長 →83/87

冨沢 松司 とみざわ・しょうじ 〜昭和56年1月5日 陸将 防衛庁統合幕僚会議事務局長 →80/82

冨沢 新太郎 とみざわ・しんたろう 明治39年11月10日〜平成5年10月8日 日新火災海上保険社長・会長 →91/93

冨沢 泰一 とみざわ・たいいち 昭和7年11月9日〜平成17年10月8日 大分県議（自民党） →03/05

冨沢 仁 とみざわ・ひとし 〜昭和37年5月29日 多摩青果社長 →昭和

冨沢 正秋 とみざわ・まさあき 〜平成18年4月5日 ユージン社長 →06/08

冨沢 正夫 とみざわ・まさお 大正13年2月28日〜平成1年2月3日 朝日新聞社経理部長、朝日折込広告専務 →88/90

冨沢 政鑒 とみざわ・まさみ 明治43年8月23日〜昭和55年2月7日 多摩市長 →80/82

冨沢 幹太郎 とみざわ・みきたろう 大正9年12月10日〜平成21年12月8日 サンフレッセ創業者 →09/11

冨沢 操 とみざわ・みさお 大正7年5月7日〜昭和58年11月9日 東京都建設業信用組合代表理事、東京都公害局長 →83/87

冨重 仁三郎 とみしげ・にさぶろう 〜昭和56年1月24日 福岡銀行常務 →80/82

冨重 泰行 とみしげ・やすゆき 昭和4年12月25日〜平成22年5月9日 福岡銀行専務 →09/11

冨島 一夫 とみしま・かずお 明治39年9月5日〜平成11年1月7日 昭和監査法人創立者 →97/99

冨塚 圭介 とみずか・けいすけ 昭和10年12月2日〜平成22年8月3日 山形地裁総括判事 →09/11

冨塚 孝吉 とみずか・こうきち 〜昭和49年8月8日 松竹映画劇場社長 →昭和

冨塚 光雄 とみずか・みつお 大正13年10月25日〜平成1年10月4日 日本ホームズ社長 →88/90

富田 愛次郎 とみた・あいじろう 明治18年12月〜昭和29年11月3日 広島県知事 →昭和

富田 明子 とみた・あきこ 明治42年11月17日〜平成6年11月20日 国際ソロプチミスト名古屋初代会長 →94/96

富田 明 とみた・あきら 〜昭和60年1月14日 住友重機械工業技監 →83/87

富田 勇 とみた・いさむ 昭和12年11月6日〜平成18年7月6日 運輸省第五港湾建設局長、大本組常務 →06/08

冨田 一郎 とみた・いちろう 〜平成7年2月1日 東亜道路工業常務 →94/96

富田 稲蔵 とみた・いなぞう 大正8年3月4日〜昭和63年2月27日 ニュー新橋ビル自治会長、新橋商事取締役会長 →88/90

富田 岩芳 とみた・いわお 大正13年7月15日〜平成23年6月6日 公認会計士 等松・青木監査法人創設者・包括代表社員 →09/11

富田 英二 とみた・えいじ 昭和7年2月26日〜平成4年2月5日 大同興産社長、大同生命保険取締役 →91/93

富田 喜作 とみた・きさく 〜昭和46年7月11日 弁護士 国家公安委員、第一東京弁護士会会長 →昭和

I 政治・経済・社会篇

とみた

富田 健治　とみた・けんじ　明治30年11月1日〜昭和52年3月23日　内務官僚,政治家　内閣書記官長,貴院議員,衆院議員(自民党)　→昭和

富田 愿之助　とみた・げんのすけ　元治1年12月〜昭和2年3月8日　衆議院議員(政友本党)　→昭和

富田 幸左衛門　とみた・こうざえもん　〜昭和55年11月18日　アジア航測副社長　→80/82

富田 敦純　とみた・こうじゅん　明治8年5月2日〜昭和30年7月29日　僧侶　真言宗豊山派管長　→昭和(とみた・じょじゅん)

富田 幸次郎　とみた・こうじろう　明治5年11月1日〜昭和13年3月23日　政治家,ジャーナリスト　衆院議長(民政党),高知新聞社長・主筆　→昭和

富田 耕造　とみた・こうぞう　大正9年1月3日〜平成8年1月21日　河北新報社専務　→94/96

富田 悟　とみた・さとる　昭和5年12月8日〜平成20年2月18日　日本ビクター常務　→06/08

富田 重助　とみた・しげすけ　〜昭和8年5月15日　実業家　名古屋電気鉄道社長　→昭和

富田 繁蔵　とみた・しげぞう　明治33年3月〜昭和21年12月27日　労働運動家　→昭和

富田 茂治　とみた・しげはる　大正12年12月18日〜平成3年2月10日　埼玉県議(公明党)　→91/93

富田 俊三　とみだ・しゅんぞう　〜平成3年11月17日　名古屋商工会議所理事・事務局長　→91/93

富田 潤太郎　とみた・じゅんたろう　明治36年9月1日〜平成2年2月16日　東邦ガス専務,合同ガス社長　→88/90

富田 昇明　とみた・しょうめい　〜昭和56年10月4日　新宿区議　→80/82

富田 次郎右衛門　とみた・じろえもん　〜昭和43年11月21日　王子製紙顧問　→昭和

富田 晋平　とみた・しんぺい　明治44年1月1日〜平成5年7月14日　三井物産常務,イラン化学開発社長　→91/93

富田 進　とみた・すすむ　〜平成2年12月17日　富田邦文社社長　→88/90

富田 釈夫　とみた・すてお　大正14年9月1日〜平成21年2月6日　岩谷産業専務　→09/11

富田 清之助　とみた・せいのすけ　大正4年4月8日〜昭和56年12月1日　毎日放送副社長　→80/82

富田 孝　とみた・たかし　大正8年6月29日〜平成2年2月4日　日車不動産常務　→88/90

富田 武一　とみた・たけいち　〜昭和45年9月22日　西武化学専務　→昭和

富田 武彦　とみた・たけひこ　〜昭和9年11月30日　住友倉庫取締役　→昭和

富田 匡徳　とみた・ただのり　明治28年9月9日〜昭和46年3月27日　中国電力副社長　→昭和(とみた・まさのり)

富田 種蔵　とみた・たねぞう　大正5年5月19日〜平成10年9月11日　第一火災海上保険常務　→97/99

富田 環　とみた・たまき　明治44年1月24日〜平成2年12月10日　豊田工機最高顧問　→88/90

富田 坦治　とみた・たんじ　〜昭和56年4月24日　本州製紙副社長　→80/82

富田 忠次郎　とみた・ちゅうじろう　明治44年2月11日〜平成4年9月20日　たち吉会長　→91/93

富田 徹郎　とみた・てつろう　昭和8年6月4日〜平成20年7月7日　郵政省郵務局長,フジテレビ専務,エフシージー総合研究所社長　→06/08

富田 照　とみた・てらす　明治25年3月〜昭和32年3月13日　衆院議員(民主自由党)　→昭和(富田 照 とみた・あきら)

富田 道毅　とみた・どうこう　明治42年〜平成16年4月25日　僧侶　宝仙寺(真言宗豊山派)第52世住職,宝仙学園名誉理事長　→03/05

富田 敏彦　とみた・としひこ　〜昭和56年12月7日　海将　海上自衛隊第一術科学校長　→80/82

富田 寿之　とみた・としゆき　明治44年10月16日〜昭和56年5月9日　佐賀県議　→80/82

富田 朝彦　とみた・ともひこ　大正9年7月3日〜平成15年11月13日　宮内庁長官　→03/05

富田 直　とみた・なおゆき　明治33年4月20日〜昭和62年10月31日　東京都議会議長(自民党)　→83/87

富田 彦吉　とみた・ひこよし　〜昭和38年3月19日　名古屋市議　→昭和

富田 秀雄　とみた・ひでお　大正7年4月18日〜平成2年2月11日　大洋フェリー社長　→88/90

富田 秀人　とみた・ひでと　大正14年7月31日〜平成15年12月13日　共同通信常務監事　→03/05

富田 秀康　とみた・ひでやす　昭和12年10月11日〜平成16年6月20日　福井銀行常務　→03/05

富田 寛　とみた・ひろし　〜昭和55年5月28日　山喜産業社長　→80/82

富田 宏　とみた・ひろし　昭和5年12月8日〜平成6年7月3日　富士銀行常務　→94/96

富田 広　とみた・ひろし　大正11年9月29日〜昭和63年9月9日　明治屋専務・札幌支店長　→88/90

富田 弘　とみた・ひろし　昭和7年2月16日〜昭和61年7月18日　東京製綱取締役土浦工場長　→83/87

富田 藤雄　とみた・ふじお　大正8年10月25日〜平成15年12月10日　中央証券会長　→03/05

富田 政一　とみた・まさいち　明治43年8月10日〜平成10年10月8日　公認会計士　ニッタ常務　→97/99

富田 政男　とみた・まさお　〜平成8年1月19日　埼玉県議　→94/96

富田 正男　とみた・まさお　大正8年4月10日〜平成15年11月7日　トミタ社長　→03/05

富田 正孝　とみた・まさたか　〜昭和13年6月5日　陸軍少将　→昭和

富田 昌寿　とみた・まさとし　大正5年1月26日〜昭和59

「現代物故者事典」総索引(昭和元年〜平成23年)　849

年10月31日　三菱鉱業セメント取締役, 三菱石油開発常務　→83/87

冨田 正典　とみた・まさのり　大正4年8月25日〜平成16年9月20日　弁護士 大阪高検検事長　→03/05

富田 松彦　とみた・まつひこ　〜昭和5年10月24日　台湾財務局長　→昭和

富田 三男　とみた・みつお　明治44年11月3日〜平成7年2月10日　ダイキン工業専務　→94/96

冨田 満　とみた・みつる　明治16年11月5日〜昭和36年1月15日　牧師 日本基督教団初代総理　→昭和

冨田 穣　とみた・みのる　明治42年6月26日〜平成7年10月17日　大阪証券取引所理事長, コスモ証券社長, 大和銀行常務　→94/96

富田 保治　とみた・やすじ　明治37年12月22日〜平成1年10月9日　富士興業社長, 京都市社会教育振興財団理事, 京都産業大学監事　→88/90

富田 保蔵　とみた・やすぞう　明治36年12月11日〜平成5年10月19日　日新電機取締役　→91/93

富田 雄七　とみた・ゆうしち　明治41年4月24日〜昭和59年12月13日　小松ゼノア専務　→83/87

冨田 幸男　とみた・ゆきお　大正14年11月29日〜平成12年6月5日　日本紙業(のち日本板紙)専務　→00/02

冨田 洋一　とみた・よういち　昭和9年1月14日〜平成23年2月12日　トーモク副社長　→09/11

冨田 吉一　とみた・よしいち　〜平成4年8月31日　興和取締役　→91/93

冨田 喜雄　とみた・よしお　〜昭和62年5月11日　柊社長, 名古屋高検察事務官　→83/87

冨田 喜文　とみた・よしぶみ　〜昭和48年3月13日　住友化学工業取締役　→昭和

富谷 彰介　とみたに・しょうすけ　大正5年4月1日〜昭和60年10月1日　日本缶詰検査協会理事長, 農林省園芸局長　→83/87

富谷 鉎太郎　とみたに・せいたろう　安政3年10月5日〜昭和11年5月5日　大審院長, 明治大学学長　→昭和(とみや・しょうたろう)

冨塚 勇　とみつか・いさむ　昭和11年7月6日〜平成23年3月25日　ビクターエンタテインメント社長, 日本レコード協会会長　→09/11

富所 利夫　とみどころ・としお　昭和12年1月15日〜平成4年3月27日　富士銀行常任監査役　→91/93

冨所 義信　とみどころ・よしのぶ　明治34年6月7日〜平成16年6月3日　旭有機材工業社長　→88/90

富永 在寛　とみなが・ありひろ　〜昭和61年11月1日　製鉄化学工業常務　→83/87

富長 覚夢　とみなが・かくむ　明治28年9月1日〜昭和63年12月31日　僧侶, 詩人 大谷大学教授　→88/90

富永 和男　とみなが・かずお　大正12年3月16日〜平成15年12月4日　富永貿易社長　→03/05

富永 嘉蔵　とみなが・かぞう　明治42年7月25日〜昭和62年1月14日　オリムピア製菓社長, 全国飴菓子工業協同組合常任理事, 日本チョコレート工業協同組合常務理事　→83/87

富永 克巳　とみなが・かつみ　明治43年3月29日〜昭和61年9月15日　近畿コカ・コーラボトリング社長, キリンビール取締役　→83/87

富永 寛二　とみなが・かんじ　大正6年11月10日〜平成17年12月1日　オリオンビール社長　→03/05

富永 恭次　とみなが・きょうじ　明治25年1月2日〜昭和35年1月14日　陸軍中将　→昭和

富永 五郎　とみなが・ごろう　明治37年12月4日〜昭和62年10月2日　東亜国内航空社長, 日本航空専務　→83/87

富永 シヅ　とみなが・しず　明治42年1月28日〜平成18年5月23日　富永グループ創業者　→06/08

冨永 俊治　とみなが・しゅんじ　明治39年3月23日〜平成6年1月22日　日本鉱業(のちジャパンエナジー)取締役　→94/96

富永 昌三　とみなが・しょうぞう　〜昭和56年4月15日　海軍少将 呉鎮守府人事部長　→80/82

冨永 正三　とみなが・しょうぞう　大正3年〜平成14年1月13日　中国帰還者連絡会会長　→00/02

富永 静吾　とみなが・せいご　明治32年5月20日〜平成7年2月13日　旭光学工業相談役・元常務　→94/96

富永 正蔵　とみなが・せいぞう　〜平成10年12月28日　オリムピア製菓社長　→97/99

冨永 誠美　とみなが・せいみ　大正5年3月3日〜平成9年1月23日　日本交通科学協議会名誉会長, 警察大学校長　→97/99

富永 武　とみなが・たけし　大正10年4月14日〜平成8年3月4日　田辺製薬副社長　→94/96

富永 武彦　とみなが・たけひこ　大正5年12月2日〜平成15年7月25日　出光興産副社長　→03/05

富永 達夫　とみなが・たつお　大正6年1月9日〜平成8年7月14日　旭硝子専務　→94/96

富永 恒吉　とみなが・つねきち　大正15年〜平成8年5月3日　岡本理研ゴム(のちオカモト)専務, 不二ラテックス副社長　→94/96

富永 恒二　とみなが・つねじ　〜昭和55年3月26日　福岡倉庫社長, 元福岡青年会議所理事長　→80/82

富永 利久　とみなが・としひさ　大正9年1月7日〜平成20年3月29日　和光証券副社長, 和光経済研究所社長　→06/08

富永 富一郎　とみなが・とみいちろう　〜昭和58年1月16日　鳥取県警本部長　→83/87

富永 信政　とみなが・のぶまさ　〜昭和18年11月8日　陸軍大将　→昭和

富永 典夫　とみなが・のりお　昭和11年11月4日〜平成1年6月30日　日本製箔専務　→88/90

富永 寛　とみなが・ひろし　大正8年〜平成8年1月12日　福岡製紙(のち本州製紙)社長　→94/96

I　政治・経済・社会篇　　　　　　　　　　　　　　　　　　　　　　　　　　　　とみやま

富永 弘　とみなが・ひろし　～平成12年1月28日
　大洋漁業（のちマルハ）副社長　→00/02

富永 寛　とみなが・ひろし　明治43年9月12日～平成5年12月24日　東急車両製造副社長　→91/93

富永 勝　とみなが・まさる　～平成3年6月11日
　全国軍恩未受給者連盟会長　→91/93

富永 守之　とみなが・もりゆき　大正3年6月22日～昭和63年5月4日　三菱重工常務, 三菱農機社長　→88/90

富永 安　とみなが・やすし　大正13年3月4日～平成23年1月27日　熊本放送専務　→09/11

富永 義　とみなが・よし　大正7年1月16日～平成7年11月6日　パイロット万年筆副社長　→94/96

富永 義昭　とみなが・よしあき　昭和11年11月5日～平成6年5月3日　福岡運輸社長, 東京大学理学部講師　→94/96

富永 能雄　とみなが・よしお　昭和37年4月8日
　東北特殊鋼社長　→昭和

富永 令一　とみなが・れいいち　明治38年2月23日～昭和62年7月15日　電通専務取締役, 電通コーテック社長　→83/87

富永 和作　とみなが・わさく　～平成4年5月16日
　狛江市長　→91/93

富永 和郎　とみなが・わろう　明治36年2月19日～昭和62年10月1日　安川電機製作所副社長　→83/87

富成 襄　とみなり・のぼる　昭和2年7月20日～平成14年11月24日　ダイナベクター社長, 東京都立大学教授　→00/02

冨貫 秀一　とみぬき・しゅういち　昭和16年1月26日～平成13年6月25日　丸紅建材リース社長, 丸紅専務　→00/02

富久 宏太郎　とみひさ・こうたろう　大正8年5月31日～平成3年1月8日　東洋ゴム工業取締役　→91/93

富久 信介　とみひさ・しんすけ　～平成12年3月8日
　日比谷線脱線事故で死亡した高校生　→00/02

富久 力松　とみひさ・りきまつ　明治31年3月23日～昭和63年12月28日　東洋ゴム工業社長　→88/90

富増 訓一郎　とみます・くんいちろう　昭和13年6月25日～平成10年2月27日　伏見信用金庫理事　→97/99

冨松 四郎　とみまつ・しろう　明治42年10月8日～昭和61年1月18日　触媒化成工業社長　→83/87

冨松 規行　とみまつ・のりゆき　～平成9年12月16日
　日本ドライケミカル社長　→97/99

冨満 通哉　とみみつ・みちや　明治41年12月1日～平成5年7月23日　神鋼電機社長　→91/93

富村 和雄　とみむら・かずお　昭和2年1月8日～平成2年9月19日　古河電気工業顧問・元監査役　→88/90

富本 信太郎　とみもと・のぶたろう　明治42年2月8日～昭和63年3月29日　明星工業会長, 明星不動産社長　→88/90

富森 太郎　とみもり・たろう　～昭和56年4月11日
　東京テアトル常務取締役　→80/82

富森 輝彦　とみもり・てるひこ　大正10年6月28日～昭和63年4月13日　青島グランドホテル社長, エフエム宮崎取締役　→88/90

冨谷 勇　とみや・いさむ　大正9年9月2日～平成4年10月24日　ダイヘン専務　→91/93

冨谷 勝男　とみや・かつお　昭和16年12月8日～平成12年4月9日　大京管理取締役, かろりーな常務　→00/02

冨谷 照子　とみや・てるこ　～昭和60年11月5日
　桜明荘（料亭）おかみ　→83/87

冨谷 晴一　とみや・はるいち　大正6年2月27日～平成10年9月20日　ホクレン副会長　→97/99

冨谷 浩　とみや・ひろし　～平成8年1月16日
　関西経済連合会常務理事　→94/96

冨安 猪三郎　とみやす・いさぶろう　～昭和58年10月9日
　冨安合名会社代表社員, 福岡県酒造組合相談役　→83/87

冨安 三郎　とみやす・さぶろう　～昭和53年11月12日
　西日本新聞社長　→昭和

冨安 四郎右エ門　とみやす・しろうえもん　～昭和61年6月21日　冨安合名会社社長　利き酒の名人　→83/87

冨安 誠一郎　とみやす・せいいちろう　大正14年3月1日～平成13年2月19日　クンチョウ酒造会長　→00/02

冨安 直助　とみやす・なおすけ　大正7年9月6日～平成9年10月27日　九州電力副社長　→97/99

冨安 保太郎　とみやす・やすたろう　元治1年5月6日～昭和6年10月26日　穂高銀行頭取, 衆院議員（立憲政友会）, 貴院議員（多額納税）　→昭和

冨安 豊　とみやす・ゆたか　～平成1年1月10日
　クンチョウ酒造会長　→88/90

富山 英太郎　とみやま・えいたろう　～昭和47年2月3日
　新日本製鉄顧問　→昭和

富山 修　とみやま・おさむ　～昭和57年12月15日
　弁護士　西南大学教授　→80/82

富山 栄　とみやま・さかえ　昭和2年3月31日～平成18年3月3日　日清製粉常務　→06/08

富山 次郎　とみやま・じろう　昭和4年11月5日～平成6年1月3日　イソライト工業専務　→94/96

富山 二郎　とみやま・じろう　明治26年11月19日～昭和59年1月5日　弁護士　ビオフェルミン製薬相談役兼顧問・元会長, 神戸弁護士会副会長　→83/87

冨山 二郎　とみやま・じろう　大正5年11月16日～平成2年1月29日　飛島建設取締役　→88/90

冨山 新一　とみやま・しんいち　明治41年8月12日～昭和58年4月6日　ライオン常任顧問, 市川市教育委員　→83/87

富山 富一　とみやま・とみいち　大正9年8月4日～平成18年2月25日　中央ビルディング会長　→06/08

富山 浩之　とみやま・ひろゆき　～平成9年11月10日
　旭国際浜村温泉ゴルフ倶楽部総支配人, 鳥取県議　→97/99

「現代物故者事典」総索引（昭和元年～平成23年）　　851

富山 政太郎　とみやま・まさたろう　～平成3年8月7日　野村証券監査役　→91/93

富山 允就　とみやま・まさなり　昭和3年7月30日～平成17年11月7日　トミー社長　→03/05

冨吉 栄二　とみよし・えいじ　明治32年7月6日～昭和29年9月26日　政治家　衆院議員(社会党)　→昭和

富和 宗一　とみわ・むねかず　明治43年3月14日～平成3年2月5日　近畿日本鉄道社長　→91/93

戸村 一作　とむら・いっさく　明治42年5月29日～昭和54年11月2日　社会運動家,彫刻家　三里塚芝山連合空港反対同盟委員長,成田市議　→昭和

戸村 大蔵　とむら・おおくら　明治30年～平成1年1月17日　黒羽町(栃木県)町長　→88/90

外村 次郎　とむら・じろう　大正12年6月10日～平成13年6月16日　大垣共立銀行頭取　→00/02

戸村 政博　とむら・まさひろ　大正12年2月3日～平成15年2月21日　牧師　日本基督教団日本堤伝道所センター牧師　→03/05

戸村 盛雄　とむら・もりお　明治40年1月23日～平成2年3月27日　東京温泉社長,陸軍南方作戦主任参謀　→88/90

戸村 義一　とむら・よしかず　明治41年8月1日～平成2年12月12日　新神戸電機会長・元社長,日本電解社長　→88/90

戸村 喜哉　とむら・よしや　大正2年8月25日～平成11年1月27日　旭硝子専務　→97/99

戸室 成樹　とむろ・しげじゅ　大正14年3月～平成3年11月29日　日本銀行政策委員,中小企業事業団理事　→91/93

留岡 信　とめおか・あきら　大正12年～平成9年9月7日　ハザマ取締役,ハザマサービス社長　→97/99

留岡 幸助　とめおか・こうすけ　元治1年3月4日～昭和9年2月5日　社会事業家,牧師,教誨師　北海道家庭学校創立者　→昭和

留岡 満朗　とめおか・みつお　大正12年1月3日～平成17年2月28日　大日本電線専務　→03/05

留岡 幸男　とめおか・ゆきお　明治27年～昭和56年5月3日　弁護士　北海道庁長官,警視総監　→80/82

塘 恒夫　とも・つねお　大正9年9月19日～昭和62年2月27日　三井不動産建設相談役,運輸省第三港湾建設局長　→83/87

友井 章　ともい・あきら　昭和3年5月3日～平成2年11月18日　ニチメン衣料社長,ニチメン取締役　→88/90

友石 進　ともいし・すすむ　大正4年1月6日～平成15年6月22日　三菱信託銀行専務　→03/05

友浦 栄二　ともうら・えいじ　昭和7年4月1日～平成23年7月13日　国税庁札幌国税局長,JR東日本常務　→09/11

友枝 多三　ともえだ・たぞう　～昭和55年12月16日　富士紡績常務　→80/82

友枝 宗光　ともえだ・むねみつ　大正13年2月11日～昭和62年1月16日　エーザイ常務,金沢大薬学部教授　→83/87

友岡 春夫　ともおか・はるお　昭和3年2月10日～平成17年1月28日　大分県議(自民党)　→03/05

友金 信雄　ともがね・のぶお　大正11年4月19日～平成17年7月13日　宝塚市長　→03/05

友清 利夫　ともきよ・としお　～昭和56年9月14日　甘木市助役,朝倉郡三輪町教育委員長　→80/82

友清 英雄　ともきよ・ひでお　大正4年12月28日～平成6年2月10日　徳山曹達専務　→94/96

友貞 健太郎　ともさだ・けんたろう　大正10年11月4日～昭和61年2月24日　三井造船監査役　→83/87

友貞 甚輔　ともさだ・じんすけ　～昭和49年12月14日　関西汽船社長　→昭和

友沢 璟爾　ともさわ・しゅうじ　大正9年5月27日～平成19年7月27日　中部日本放送副社長　→06/08

友沢 延彦　ともさわ・のぶひこ　昭和7年1月29日～平成1年8月30日　タカラブネ顧問,立石電機専務　→88/90

友沢 和一郎　ともざわ・わいちろう　大正感38年12月31日～昭和63年11月14日　全国農業協同組合連合会副会長　→88/90

友末 明洋　ともずえ・あきなだ　大正9年～昭和63年5月8日　淡路観光開発常務,川崎重工業取締役　→88/90

友末 洋治　ともずえ・ようじ　明治33年7月5日～昭和41年10月23日　首都圏整備協会会長,茨城県知事　→88/90

友田 久米治　ともだ・くめじ　～昭和38年10月18日　全国人権擁護委員連合会副会長　→昭和

友田 滋　ともだ・しげる　昭和18年8月5日～平成20年9月13日　住友信託銀行取締役専務執行役員　→06/08

友田 順治　ともだ・じゅんじ　明治45年6月21日～平成16年3月19日　日本鋼管専務,日本鋳造社長　→03/05

友田 信　ともだ・しん　明治43年8月2日～平成12年5月16日　文化放送社長,産経新聞専務　→00/02

友田 壮一　ともだ・そういち　大正3年2月23日～平成12年2月5日　友田酒造代表,兵庫県議(自民党)　→00/02

友田 昇　ともだ・のぼる　昭和6年11月8日～平成17年9月25日　福島県副知事　→03/05

友田 三八二　ともだ・みやじ　明治38年8月22日～平成14年2月9日　横河電機製作所社長　→00/02

友竹 理貞　ともたけ・みちさだ　昭和13年9月2日～平成15年1月15日　和光証券専務　→03/05

友近 美晴　ともちか・よしはる　～昭和55年3月26日　陸軍少将　→80/82

戸本 貢　ともと・みつぎ　大正2年1月4日～昭和58年2月8日　岐阜市助役　→83/87

友永 重雄　ともなが・しげお　明治37年3月2日～昭和63年8月13日　日產農林工業社長,丸運社長　→88/90

朝長 厳　ともなが・つよし　明治44年9月20日～昭和58年12月31日　日本冷蔵社長,経団連理事　→83/87

友永 信夫　ともなが・のぶお　明治39年7月12日～昭和63年12月20日　関西電力専務,関電産業会長　→88/90

朝長 正男　ともなが・まさお　〜昭和58年4月11日
　千刈興産社長、元江商常務　→83/87

朝長 正軌　ともなが・まさのり　〜平成11年10月21日
　ジェーシービー社長、三和銀行専務　→97/99

朝永 洋二　ともなが・ようじ　昭和2年9月29日〜平成14年8月9日　アマダ専務　→00/02

友成 一夫　ともなり・かずお　大正15年5月19日〜昭和63年3月13日　浦臼町(北海道)町長　→88/90

友成 亨　ともなり・とおる　〜平成10年7月1日
　電子応用社長　→97/99

友成 豊　ともなり・ゆたか　昭和5年10月2日〜平成1年11月9日　日本たばこ産業常務　→88/90

友野 勝雄　ともの・かつお　〜昭和38年2月6日
　参議院秘書室長　→昭和

友野 欽一　ともの・きんいち　〜昭和4年9月27日
　三井物産監督役　→昭和

友野 隆　ともの・たかし　大正15年9月19日〜平成21年11月15日　福岡県教育長　→09/11

友野 尚文　ともの・なおふみ　大正14年3月6日〜平成7年1月22日　友野工業社長　→94/96

伴野 正美　ともの・まさみ　大正2年7月12日〜昭和60年8月20日　日立電子エンジニアリング相談役・元社長　→83/87

友納 昭智　とものう・あきとも　昭和6年8月29日〜平成3年9月18日　甘木市長　→91/93

友納 健　とものう・たけし　昭和42年9月16日〜昭和58年6月18日　福岡県議、福岡県糸島郡農協組合長　→83/87

友納 武人　とものう・たけと　大正3年9月12日〜平成11年11月15日　衆院議員(自民党)、千葉県知事　→97/99

友納 一　とものう・はじめ　〜平成10年3月24日
　ユニード(のちダイエー)常務　→97/99

友納 春樹　とものう・はるき　昭和2年3月1日〜平成12年12月18日　国際航業会長、京セラ副社長　→00/02

塘林 虎五郎　ともばやし・とらごろう　慶応2年11月3日〜昭和7年11月2日　社会事業家　→昭和(とうりん・とらごろう)

友藤 哲夫　ともふじ・てつお　大正7年9月24日〜昭和62年3月1日　特許紙器社長、日本専売公社総務理事　→83/87

友部 正之介　ともべ・しょうのすけ　〜平成4年10月5日　旭工業所会長　→91/93

友部 泉蔵　ともべ・せんぞう　〜昭和16年4月1日
　和歌山県知事　→昭和

友松 円諦　ともまつ・えんたい　明治28年4月1日〜昭和48年11月16日　宗教家、仏教学者　全日本仏教会初代事務総長、神田寺名誉主管、大正大学教授　→昭和

友松 建吾　ともまつ・けんご　昭和4年5月5日〜平成15年4月3日　古河電気工業社長　→03/05

友松 諦道　ともまつ・たいどう　大正8年11月20日〜平成13年1月28日　僧侶　神田寺住職、全日本私立幼稚園連合会会長　→00/02

友光 恒　ともみつ・つね　明治44年9月24日〜平成6年11月25日　上尾市長　→94/96

友森 清晴　とももり・きよはる　〜平成1年
　陸軍西部軍兼第十六方面軍参謀副長　「日露戦史」の著者　→88/90

友山 誠治　ともやま・せいじ　昭和16年11月28日〜平成20年7月16日　三和シャッター工業取締役、三和エクステリア社長　→06/08

十森 憲二郎　ともり・けんじろう　大正2年〜昭和58年12月23日　富士通興業社長、富士通嘱託　→83/87

土門 ミヨ　どもん・みよ　昭和59年9月5日
　北門館(旅館)創業者　→83/87

戸谷 鋠三　とや・しんぞう　〜昭和56年5月4日　東京ラヂエーター製造監査役　→80/82

戸谷 惣三郎　とや・そうざぶろう　〜昭和11年11月24日　松坂屋監査役　→昭和

戸谷 実　とや・みのる　〜平成11年1月20日
　愛媛朝日テレビ常務　→97/99

戸谷 佳永　とや・よしなが　〜昭和62年11月27日　神戸電波会長、兵庫県電機会会長　→83/87

鳥屋尾 積　とやお・つもる　〜平成22年11月6日
　富士電機常務　→09/11

鳥谷部 孝志　とやべ・たかし　大正13年2月4日〜平成17年5月19日　青森県議(社会党)　→03/05

外山 岩太　とやま・いわた　〜昭和61年10月30日
　千代田区連合会長寿会(東京都)会長　→83/87

外山 英二郎　とやま・えいじろう　大正5年10月3日〜平成7年2月1日　日清製粉常務、オリエンタル酵母工業社長　→94/96

外山 英介　とやま・えいすけ　昭和14年10月18日〜平成21年5月8日　カルソニックカンセイ常務　→09/11

外山 和彦　とやま・かずひこ　昭和5年1月5日〜平成3年8月8日　松下電器産業常務　→91/93

外山 喜太郎　とやま・きたろう　〜昭和56年4月20日
　外山商店会長、名古屋家庭裁判所調停委員　→80/82

外山 茂　とやま・しげる　明治44年10月7日〜平成9年5月7日　日本銀行理事　→97/99

外山 四郎　とやま・しろう　昭和6年3月15日〜平成10年8月19日　アール・エフ・ラジオ日本社長　→97/99

外山 新吉　とやま・しんきち　〜平成16年11月7日
　言問会長　→03/05

外山 善一　とやま・ぜんいち　大正5年2月25日〜平成2年1月28日　東海カーボン常務　→88/90

外山 大一　とやま・だいいち　大正7年9月26日〜平成18年6月25日　古河電気工業副社長　→97/99

外山 保　とやま・たもつ　明治42年4月25日〜平成3年9月5日　日産プリンス自動車販売(のち日産自動車販売)

外山 知三　とやま・ともぞう　～昭和38年3月9日
　三井銀行取締役　→昭和

外山 豊造　とやま・とよぞう　～昭和12年2月15日
　陸軍中将　→昭和

外山 八郎　とやま・はちろう　大正2年5月22日～平成8年1月19日　ナショナル・トラスト運動家　天神崎保全市民協議会専務理事　→94/96

外山 半三　とやま・はんぞう　昭和6年10月8日～平成19年11月27日　豊明市長、愛知県議(自民党)　→06/08

外山 弘　とやま・ひろし　大正10年3月24日～平成2年1月15日　住友商事副社長、中小企業庁長官　→88/90

外山 正夫　とやま・まさお　大正2年1月10日～平成3年6月24日　川崎航空機工業(のち川崎重工業)常務、川崎興産社長　→91/93

外山 正和　とやま・まさかず　昭和2年11月1日～平成11年5月18日　全国農業協同組合中央会常務理事　→97/99

外山 温良　とやま・やすよし　～昭和57年9月12日
　新エネルギー総合開発機構理事　→80/82

豊泉 一　とよいずみ・はじめ　大正15年1月1日～平成5年7月11日　日本酸素常務、日酸商事会長　→91/93

豊泉 英雄　とよいずみ・ひでお　大正10年1月20日～平成18年2月25日　埼玉県議　→06/08

土肥下 欽子　どひした・きんこ　昭和4年3月16日～平成23年12月22日　石川県議(自民党)　→09/11

豊生 才治郎　とよお・さいじろう　～昭和57年7月22日
　西川産業相談役　→80/82

豊岡 公之　とよおか・きみゆき　～昭和38年8月
　農夫　→昭和

豊岡 圭資　とよおか・きよすけ　明治13年2月～昭和14年3月22日　子爵　貴院議員　→昭和(とよおか・けいすけ)

豊岡 三郎　とよおか・さぶろう　明治37年6月14日～平成6年4月11日　六甲バター専務　→94/96

豊岡 島男　とよおか・しまお　～昭和60年11月20日
　豊前市議　→83/87

豊岡 正和　とよおか・まさかず　～昭和61年9月8日
　三井物産工作機械社長　→83/87

豊岡 泰徳　とよおか・やすのり　～平成2年7月19日
　テレビユー山形取締役営業局長、東京放送人事労政局付次長　→88/90

豊岡 義則　とよおか・よしのり　～昭和55年10月17日
　東邦電気工事会長、元新宿区議　→80/82

豊岡 隆治　とよおか・りゅうじ　昭和18年9月2日～平成17年1月8日　アライドマテリアル常務　→03/05

豊川 正男　とよかわ・まさお　大正2年3月27日～昭和43年8月30日　新聞経営者　→昭和

豊川 良之助　とよかわ・りょうのすけ　～昭和60年3月24日　東京五日市カントリー倶楽部社長　→83/87

豊城 優　とよき・まさる　昭和2年8月12日～平成10年5月15日　日野オフセット印刷専務　→97/99

豊蔵 亨　とよくら・とおる　大正3年2月22日～昭和62年11月23日　東京メディア・サービス社長、熊本鉄道管理局長　→83/87

豊崎 昇　とよさき・のぼる　明治37年2月9日～平成8年9月19日　すゞ陽グループ会長　→94/96

豊沢 一男　とよざわ・かずお　昭和5年8月31日～平成20年11月4日　福岡県議(県政クラブ)　→06/08

豊沢 豊雄　とよざわ・とよお　明治40年6月22日～平成22年2月11日　衆院議員(国民協同党)、発明学会会長　→09/11

豊吉 誠一郎　とよし・せいいちろう　大正12年1月～平成9年12月19日　三菱アセテート常務　→97/99

豊島 朗　とよしま・あきら　大正4年8月9日～平成8年5月1日　サンド薬品副社長　→94/96

豊島 一郎　とよしま・いちろう　～昭和61年5月16日
　東海銀行公務部調査役　→83/87

豊島 一郎　とよしま・いちろう　昭和5年4月7日～平成1年10月29日　国際協力事業団大阪国際研修センター所長　→88/90

豊島 英次郎　とよしま・えいじろう　大正14年8月10日～平成10年12月6日　弁護士　名古屋高検検事長　→97/99

豊島 久七　とよしま・きゅうしち　～昭和45年5月21日
　大阪三品取引所理事長　→昭和

豊島 久太郎　とよしま・きゅうたろう　～昭和45年12月21日　大阪三品取引所理事　→昭和

豊島 清　とよしま・きよし　～昭和56年3月26日
　ほくさん副社長　→80/82

豊島 順吉　とよしま・じゅんきち　～昭和36年7月2日
　大日本製薬顧問　→昭和

豊島 泰三　とよしま・たいぞう　～平成3年12月8日
　牧野総本店会長　田中角栄のそっくりさん　→91/93

豊島 勉　とよしま・つとむ　昭和3年11月26日～平成17年11月30日　東武鉄道副社長　→03/05

豊島 寿郎　とよしま・としろう　大正14年1月10日～平成18年9月16日　東亜合成化学常務　→06/08

豊島 直通　とよしま・なおみち　明治4年12月18日～昭和5年10月14日　司法官　大審院刑事部長　→昭和

豊島 中　とよしま・なか　～昭和42年1月22日
　亜南産業代表取締役　→昭和

豊島 半七(5代目)　とよしま・はんしち　昭和4年12月5日～平成22年12月2日　豊島社長、一宮商工会議所会頭　→09/11

豊島 福増　とよしま・ふくぞう　～平成17年12月1日
　新潟県花卉球根農業協同組合長　→03/05

豊島 槙生　とよしま・まきお　昭和12年7月11日～平成21年1月3日　住友信託銀行常務　→09/11

豊島 雅衛　とよしま・まさえ　昭和3年4月29日～平成4年7月20日　旭川電気軌道社長、北海道バス協会副会長理

事　→91/93

豊洲　六郎　とよす・ろくろう　明治42年4月30日～昭和60年4月26日　豊洲製菓社長、(株)とよす社長　→83/87

豊住　慶夫　とよすみ・よしお　昭和4年1月1日～平成12年11月4日　協和銀行(のちあさひ銀行)取締役、河西工業常務　→00/02

豊田　愛子　とよだ・あいこ　明治33年～昭和51年　トヨタグループの始祖・豊田佐吉の一人娘　→昭和

豊田　彰夫　とよだ・あきお　大正12年3月20日～平成14年12月7日　日鉄建材工業社長、新日本製鉄専務　→00/02

豊田　昭　とよだ・あきら　大正9年6月14日～平成4年4月2日　日本放送教育協会理事長　→91/93

豊田　浅子　とよだ・あさこ　明治11年～昭和11年　豊田佐吉の妻　→昭和

豊田　淳　とよた・あつし　昭和10年～平成13年6月2日　ダイハツ工業常務　→00/02

豊田　伊久雄　とよた・いくお　昭和2年8月15日～平成20年11月4日　大竹市長　→06/08

豊田　収　とよだ・おさむ　明治15年11月～昭和44年7月24日　衆院議員(日本進歩党)　→昭和

豊田　薫　とよだ・かおる　～平成4年7月20日　住友商事常務　→91/93

豊田　寿子　とよだ・かずこ　大正9年4月16日～平成14年9月28日　豊田ボランティア協会名誉会長　豊田英二トヨタ自動車最高顧問の妻　→00/02

豊田　勝蔵　とよだ・かつぞう　明治15年12月～昭和14年11月23日　福井県知事、樺太庁長官　→昭和

豊田　喜一郎　とよだ・きいちろう　明治27年6月11日～昭和27年3月27日　実業家　トヨタ自動車工業創業者　→昭和

豊田　吉蔵　とよだ・きちぞう　～昭和56年4月3日　ユニチカ元専務取締役　→80/82

豊田　恭三　とよだ・きょうぞう　明治39年11月22日～平成13年11月28日　日平産業社長、丸紅常務　→00/02

豊田　勤治　とよだ・きんじ　大正8年4月～平成11年5月30日　厚生省薬務局審議官、東京医薬品工業協会理事長　→97/99

豊田　邦三郎　とよだ・くにさぶろう　大正2年6月2日～昭和63年9月24日　大和銀行常務、永大産業副社長　→88/90

豊田　隈雄　とよだ・くまお　明治34年～平成7年2月23日　海軍大佐　→94/96

豊田　幸吉郎　とよだ・こうきちろう　大正8年4月15日～平成13年6月29日　豊田自動織機製作所専務　→00/02

豊田　佐吉　とよだ・さきち　慶応3年2月14日～昭和5年10月30日　実業家、発明家　豊田紡織創業者　→昭和

豊田　佐助　とよだ・さすけ　～昭和37年11月27日　トヨタ自動車相談役、菊井織布会長　→昭和

豊田　重太郎　とよだ・しげたろう　大正10年1月23日～平成8年5月20日　成和環境会長　→94/96

豊田　重穂　とよだ・しげほ　大正2年1月23日～平成4年10月30日　埼玉県教育長、浦市教育委員長　→91/93

豊田　茂　とよだ・しげる　大正11年4月2日～平成15年6月20日　国際証券副社長　→03/05

豊田　茂　とよだ・しげる　大正4年6月13日～平成21年11月26日　新日本製鉄副社長　→09/11

豊田　舜次　とよだ・しゅんじ　昭和2年2月11日～平成12年11月30日　袋井市長　→00/02

豊田　順介　とよだ・じゅんすけ　昭和9年9月9日～平成17年7月11日　遠州トラック社長　→03/05

豊田　正一　とよた・しょういち　～昭和61年1月20日　豊田水産加工会長、盈進学園理事長　→83/87

豊田　二郎　とよだ・じろう　明治34年1月3日～平成1年10月2日　朝日生命保険常務　→88/90

豊田　信吉郎　とよだ・しんきちろう　大正13年3月13日～平成8年8月29日　豊田紡織社長　→94/96

豊田　善一　とよだ・ぜんいち　大正13年1月2日～平成16年11月1日　野村証券社長、国際証券社長　→03/05

豊田　副武　とよだ・そえむ　明治18年5月22日～昭和32年9月22日　海軍大将　→昭和

豊田　大吉郎　とよだ・だいきちろう　大正9年12月2日～平成22年8月6日　豊田通商会長　→09/11

豊田　達治　とよだ・たつじ　～平成6年1月31日　花王石鹸(のち花王)常務　→94/96

豊田　保　とよだ・たもつ　大正3年2月23日～平成16年7月7日　ライオン歯磨専務　→03/05

豊田　太郎　とよた・たろう　～昭和56年3月12日　東京地裁判事、豊陽興産会長　→80/82

豊田　貞次郎　とよだ・ていじろう　明治18年8月7日～昭和36年11月21日　海軍大将、政治家、実業家　貴院議員(勅選)、外相、日本製鉄社長　→昭和

豊田　丁三　とよだ・ていぞう　大正3年6月28日～平成9年2月2日　日立メディコ常務　→97/99

豊田　富三　とよだ・とみぞう　大正13年8月2日～平成5年4月2日　豊田合成監査役　→91/93

豊田　知雄　とよだ・ともお　～平成22年9月9日　僧侶　丈六寺住職　→09/11

豊田　豊吉　とよだ・とよきち　明治23年2月～昭和18年11月11日　衆院議員(翼賛政治会)　→昭和

豊田　二十子　とよだ・はたこ　明治34年～昭和59年7月20日　豊田喜一郎トヨタ自動車工業社長の妻　→83/87

豊田　秀顕　とよだ・ひであき　～昭和44年11月20日　大日本インキ専務　→昭和

豊田　浩　とよだ・ひろし　昭和13年3月7日～平成7年4月9日　さが美専務　→94/96

豊田　博司　とよだ・ひろし　～昭和29年12月29日　日立化工社長　→昭和

豊田　真　とよだ・まこと　昭和6年2月15日～平成16年9

月15日　ニチアス常務　→03/05

豊田 誠　とよだ・まこと　大正7年5月30日〜平成13年5月15日　明治乳業常務　→00/02

豊田 雅孝　とよだ・まさたか　明治31年9月5日〜平成3年2月14日　参院議員（自民党）　→91/93

豊田 正孝　とよだ・まさたか　昭和14年〜平成19年1月7日　富士物流常務　→06/08

豊田 正義　とよだ・まさよし　〜昭和56年4月16日　京都新聞社監査役、滋賀日日新聞社社長　→80/82

豊田 守　とよだ・まもる　昭和7年10月5日〜平成8年1月24日　東京特殊電線常務　→94/96

豊田 実　とよだ・みのる　〜昭和50年4月18日　北茨城市長　→昭和

豊田 実　とよだ・みのる　昭和14年1月20日〜平成13年8月8日　日本鉄道建設公団総裁、運輸事務次官　→00/02

豊田 稔　とよだ・みのる　大正5年8月3日〜平成4年12月15日　アイシン精機社長　→91/93

豊田 連　とよだ・むらじ　大正11年10月26日〜昭和61年8月16日　博報堂監査役・元専務取締役　→83/87

豊田 芳男　とよだ・よしお　大正1年10月16日〜平成2年11月15日　富士電気化学取締役　→88/90

豊田 佳徳　とよだ・よしのり　昭和7年8月28日〜平成15年4月17日　鹿島建設専務　→03/05

豊田 良穂　とよだ・よしほ　〜昭和57年2月22日　日本電子専務　→80/82

豊田 能也　とよだ・よしや　昭和17年1月12日〜平成13年2月26日　丸紅常務　→00/02

豊田 利三郎　とよだ・りさぶろう　明治17年3月5日〜昭和27年6月3日　実業家　豊田自動織機製作所初代社長、トヨタ自動車工業初代社長　→昭和

豊田 良平　とよだ・りょうへい　大正9年〜平成14年10月10日　大阪屋証券副社長　→00/02

豊永 幸三　とよなが・こうぞう　明治44年1月3日〜昭和62年3月3日　十条製紙相談役　→83/87

豊永 権二　とよなが・ごんじ　大正10年9月24日〜昭和63年5月26日　豊永工務店社長、日本大学理事　→88/90

豊永 常代　とよなが・つねよ　明治27年5月21日〜平成20年2月22日　長寿日本一（113歳）　→06/08

豊原 英三　とよはら・えいぞう　大正3年3月23日〜平成3年10月28日　巴サービス社会長　→91/93

豊原 五郎　とよはら・ごろう　明治36年4月13日〜昭和7年6月15日　社会運動家　→昭和

豊原 清作　とよはら・せいさく　〜昭和24年9月9日　弁護士　第一東京弁護士会長　→昭和

豊原 大潤　とよはら・だいじゅん　明治41年11月27日〜平成7年1月17日　僧侶　西福寺住職、浄土真宗本願寺派宗務総長　→94/96

豊原 道也　とよはら・みちや　昭和55年12月24日　花月園観光取締役、元山梨県知事　→80/82

豊原 義正　とよはら・よしまさ　大正14年8月6日〜昭和58年2月22日　住友商事大阪機電業務本部長補佐・理事　→83/87

豊原 廉次郎　とよはら・れんじろう　大正4年6月11日〜平成5年4月18日　鉄道弘済会会長　→91/93

豊平 良一　とよひら・りょういち　昭和9年4月18日〜平成17年7月2日　沖縄タイムス社長　→03/05

豊平 良顕　とよひら・りょうけん　明治37年11月13日〜平成2年1月27日　沖縄タイムス最高顧問　→88/90

豊福 威彦　とよふく・たけひこ　〜平成4年8月22日　栄研化学取締役　→91/93

豊福 親治　とよふく・ちかはる　大正15年7月28日〜平成17年9月15日　ミサワホーム副社長　→03/05

豊福 敏生　とよふく・としたか　大正6年8月28日〜平成4年12月26日　日本冷蔵（のちニチレイ）専務　→91/93

豊福 安雄　とよふく・やすお　明治40年3月15日〜平成3年2月25日　福岡相互銀行（のち福岡シティ銀行）専務　→91/93

豊福 保次　とよふく・やすじ　明治36年9月3日〜平成3年10月31日　片倉工業専務　→91/93

豊辺 新作　とよべ・しんさく　文久2年5月26日〜昭和2年3月22日　陸軍中将　→昭和

豊丸 勝人　とよまる・かつんど　〜昭和62年1月20日　フジタ建物専務取締役福岡支店長　→83/87

豊水 道祐　とよみず・みちすけ　大正4年2月22日〜平成3年5月5日　東京高裁判事　→91/93

豊村 成一　とよむら・せいいち　〜平成16年3月9日　長崎県議（自民党）　→03/05

豊本 儀作　とよもと・ぎさく　〜昭和62年10月9日　豊本ソーイング代表　→83/87

豊本 耕作　とよもと・こうさく　昭和4年6月23日〜平成62年2月17日　豊本鉄工所代表取締役社長　→83/87

豊本 正雄　とよもと・まさお　〜昭和61年9月14日　日本プリント工場取締役　→83/87

虎石 龍雄　とらいし・たつお　大正5年1月10日〜平成7年8月22日　理研ピストンリング工業（のちリケン）常務　→94/96

虎島 和夫　とらしま・かずお　昭和3年1月6日〜平成17年11月1日　衆院議員（自民党）、防衛庁長官　→03/05

鳥居 市松　とりい・いちまつ　明治38年9月28日〜平成12年1月8日　名港海運会長　→00/02

鳥居 一守　とりい・かずもり　昭和6年2月14日〜平成14年8月30日　東亜建設工業副社長　→00/02

鳥居 功治　とりい・かつや　昭和10年2月25日〜平成13年12月1日　トリイ会長　→00/02

鳥居 菊造　とりい・きくぞう　〜昭和50年10月31日　相模鉄道会長　→昭和

鳥居 喜三郎　とりい・きさぶろう　〜平成4年9月15日　トリイ会長　→91/93

鳥居 君子　とりい・きみこ　〜昭和56年4月5日

I 政治・経済・社会篇

とりこえ

銀座トリヰ社長 →80/82

鳥居 慶太郎 とりい・けいたろう 大正3年10月8日～昭和63年2月19日 芦森工業社長 →88/90

鳥居 敬誉 とりい・けいよ ～昭和62年3月20日 僧侶 真言宗豊山派大僧正・21世管長, 総本山長谷寺75世座主 →83/87

鳥居 光太郎 とりい・こうたろう ～平成10年3月26日 富士電機工事社長 →97/99

鳥居 三郎 とりい・さぶろう 明治37年5月8日～平成1年5月24日 鳥居薬品副社長 →88/90

鳥居 重雄 とりい・しげお 大正11年5月3日～平成1年11月1日 西湖堂製パン会長 →88/90

鳥居 重樹 とりい・しげき 明治30年7月8日～昭和51年4月27日 社会運動家 →昭和

鳥居 賤夫 とりい・しずお 大正13年3月21日～平成14年3月11日 日本ステンレス(のち住友金属工業)副社長 →00/02

鳥居 十一郎 とりい・じゅういちろう 大正10年7月19日～平成2年2月17日 中央証券取締役 →88/90

鳥居 昇一 とりい・しょういち 大正15年8月28日～平成13年9月11日 中日本鋳工会長 →00/02

鳥居 正一郎 とりい・しょういちろう 大正2年1月4日～平成4年2月21日 阪急百貨店社長 →91/93

鳥居 史郎 とりい・しろう 明治40年5月26日～平成6年2月4日 小浜市長 →94/96

鳥井 信一郎 とりい・しんいちろう 昭和13年1月22日～平成16年7月5日 サントリー社長, 関西経済連合会副会長 →昭和

鳥井 信治郎 とりい・しんじろう 明治12年1月30日～昭和37年2月20日 実業家 サントリー創業者 →昭和

鳥井 玻 とりい・すすむ ～昭和57年12月31日 東芝取締役 →80/82

鳥井 直 とりい・すなお 大正4年10月13日～昭和63年11月13日 旭化成工業常務 →88/90

鳥居 清一郎 とりい・せいいちろう ～昭和62年12月23日 鳥居ビル社長 →83/87

鳥居 清三郎 とりい・せいざぶろう 大正11年11月11日～平成15年3月23日 神官 下鴨神社宮司 →03/05

鳥居 清次 とりい・せいじ ～昭和44年6月17日 全日空顧問 →昭和

鳥居 孝 とりい・たかし 大正12年4月1日～平成22年7月26日 鳥居薬品社長 →09/11

鳥井 惟喜 とりい・ただき 明治37年5月22日～平成1年9月13日 国鉄副技師長 →88/90

鳥居 篤治郎 とりい・とくじろう 明治27年8月12日～昭和45年9月11日 日本盲人会連合副会長, 京都ライトハウス創設者 →昭和

鳥居 規之 とりい・のりゆき 明治34年12月19日～平成1年2月26日 帝人常務 →88/90

鳥井 春子 とりい・はるこ ～平成22年10月1日 サントリーの実質的な大株主 →09/11

鳥居 秀一 とりい・ひでいち ～平成10年6月25日 林野庁東京営林局長 →97/99

鳥居 宏 とりい・ひろし ～昭和56年8月18日 鳥居薬品専務 →80/82

鳥居 弘 とりい・ひろむ 明治43年7月2日～平成5年4月2日 三和シャッター工業取締役 →91/93

鳥居 政夫 とりい・まさお 明治45年2月15日～昭和62年2月12日 鳥居運送社長 →83/87

鳥居 巳三 とりい・みぞう ～昭和57年5月9日 浜中町(北海道)町長 →80/82

鳥井 道夫 とりい・みちお 大正12年1月22日～平成23年2月6日 サントリー副会長 →09/11

鳥井 実 とりい・みのる 昭和3年10月8日～平成8年9月1日 市光工業常務 →94/96

鳥居 保治 とりい・やすじ 明治42年3月31日～平成8年3月9日 三井石油化学工業社長, 日本プラスチック工業連盟名誉会長 →94/96

鳥井 隆二 とりい・りゅうじ ～昭和55年3月30日 日産自動車調査部部長待遇 →80/82

鳥海 一郎 とりうみ・いちろう 大正7年7月4日～平成6年5月6日 千葉トヨタ自動車社長 →94/96

鳥海 和男 とりうみ・かずお 昭和5年7月12日～平成15年3月26日 クレディセゾン社長 →03/05

鳥海 鴻 とりうみ・ひろし 大正13年6月12日～平成16年7月17日 東京重機工業常務 →03/05

鳥海 博 とりうみ・ひろし 大正2年10月18日～平成11年1月10日 神奈川県議 →97/99

鳥海 正義 とりうみ・まさよし 昭和10年10月8日～平成22年12月28日 日商岩井副社長, 中央毛織社長 →09/11

鳥尾 敬孝 とりお・あつたか 昭和8年9月4日～平成2年10月18日 ポリドール常務 →88/90

鳥尾 鶴代 とりお・つるよ 明治45年5月12日～平成3年12月28日 元・鳥尾敬光子爵夫人 →91/93

鳥尾 四一夫 とりお・よぶお 大正14年7月1日～平成8年3月2日 日新専務 →94/96

鳥飼 正二 とりかい・しょうじ ～平成1年11月8日 鈴木書店専務, 東京教学社長 →88/90

鳥飼 秀男 とりかい・ひでお 明治41年9月13日～昭和60年12月2日 朝日新聞社友, 大阪日刊スポーツ新聞社相談役・元社長 →83/87

鳥川 美光 とりかわ・よしてる 昭和11年4月8日～平成13年12月3日 日本システムディベロップメント社長 →00/02

鳥越 出雲 とりごえ・いずみ 昭和22年1月11日～平成9年2月16日 神官 八坂神社宮司, 佐賀県議(自民党) →97/99

鳥越 熊衛 とりごえ・くまえ ～昭和56年12月31日 東海カーボン社長, 東海高熱工業相談役 →80/82

とりこえ　　　　　　　　　　　　　　　　　　　　　Ⅰ　政治・経済・社会篇

鳥越　繁喜　とりごえ・しげき　大正3年3月31日～平成19年7月3日　鳥越製粉会長、カネニ社長　→06/08

鳥越　正道　とりごえ・しょうどう　大正11年10月20日～平成14年10月19日　僧侶　真言宗神泉苑名誉住職　→00/02

鳥越　進　とりごえ・すすむ　昭和7年1月8日～平成19年7月25日　三井生命保険常務　→06/08

鳥越　俊雄　とりごえ・としお　大正5年7月28日～平成2年3月30日　鳥越製粉専務　→88/90

鳥越　浩　とりごえ・ひろし　大正13年11月18日～平成23年3月10日　岡山県議(自民党)、シンコー電器代表取締役　→09/11

鳥越　瑞益　とりごえ・みずえき　大正15年8月23日～平成15年1月22日　福岡県議(社民党)　→03/05

鳥越　麗正　とりごえ・れいせい　明治40年1月20日～昭和64年1月7日　公認会計士　滝沢鉄工所監査役　→88/90

鳥崎　昭二　とりさき・しょうじ　昭和2年2月15日～昭和62年4月11日　三菱石油常務　→83/87

鳥沢　信俊　とりざわ・のぶとし　明治39年7月5日～平成3年5月27日　喜久屋会長、名古屋商議所小売部会副会長、全国地下商店会連合副会長　→91/93

鳥沢　治己　とりさわ・はるみ　～平成3年8月12日　明電舎常務　→91/93

鳥栖　越山　とりす・えつざん　～昭和9年3月28日　昌林寺(東京滝野川)住職　→昭和

鳥巣　良治　とりす・よしはる　～昭和61年1月13日　日本気化器製作所取締役　→83/87

部田　政明　とりた・まさあき　～昭和61年2月6日　岐阜柳ケ瀬商店街振興組合連合会理事長　→83/87

鳥田　泰煕　とりた・やすひろ　大正6年9月19日～平成8年8月19日　神鋼商事常務　→94/96

鳥谷　好夫　とりたに・よしお　大正15年7月16日～平成1年5月5日　三信化工社長、三井石油化学工業常務　→88/90

鳥野　幸次　とりの・こうじ　昭和36年4月18日　宮内庁御用掛　→昭和

鳥畠　徳次郎　とりばたけ・とくじろう　明治26年1月7日～昭和44年12月25日　参院議員(自民党)　→昭和

鳥浜　トメ　とりはま・とめ　明治35年～平成4年4月22日　特攻の語り部　→91/93

鳥宮　実玄　とりみや・じつげん　大正15年1月2日～平成20年6月10日　僧侶　石川県教育次長、以覚寺(真宗大谷派)住職　→06/08

鳥本　由男　とりもと・よしお　大正2年2月15日～昭和61年12月30日　三重県農協中央会会長　→83/87

鳥谷　寅雄　とりや・とらお　明治37年2月19日～昭和62年12月16日　国際ビルサービス会長　→83/87

部谷　誠則　とりや・まさのり　大正15年8月24日～昭和58年12月26日　東興機械製作所社長、東陽カナエ社長　→83/87

鳥山　昭好　とりやま・あきよし　～平成19年10月14日　磐田市議,JA遠州中央経営管理委員会会長　→06/08

鳥山　晃　とりやま・あきら　昭和6年10月15日～平成13年4月28日　マツダ取締役　→00/02

鳥山　武男　とりやま・たけお　明治44年12月1日～平成10年6月14日　テザック専務　→97/99

鳥山　泰雄　とりやま・やすお　～昭和61年8月9日　日新火災海上常務　→83/87

鳥山　義見　とりやま・よしみ　昭和5年3月14日～平成8年3月10日　国際交流基金非常勤理事　→94/96

都渡　正淳　とわたり・まさあつ　昭和11年8月13日～平成11年11月10日　菊竹金文堂会長　→97/99

都渡　正義　とわたり・まさよし　～昭和61年6月11日　菊竹金文堂会長、福岡県書店商業組合理事長　→83/87

道下　芳雄　どんけ・よしお　～昭和40年10月24日　国鉄厚生局長　→昭和

問谷　荒祐　とんたに・あらすけ　昭和3年1月24日～平成9年10月14日　ゼンセン同盟副会長　→97/99

頓野　孝夫　とん の・たかお　～昭和55年9月21日　日製産業社相談役、元日立製作所常務　→80/82

【な】

名池　和男　ないけ・かずお　～昭和60年8月12日　松下鈴木副社長、伊藤忠商事参与　→83/87

名出　良作　ないで・りょうさく　大正3年11月3日～昭和61年1月25日　阪和興業副会長　→83/87

内藤　厚徳　ないとう・あつよし　昭和8年11月26日～平成19年9月11日　杵屋社長、兵庫県菓子工業組合副理事長　→06/08

内藤　勇　ないとう・いさむ　大正8年～平成3年4月14日　神戸製鋼所監査役　→91/93

内藤　逸策　ないとう・いっさく　明治36年1月14日～昭和58年7月19日　東京焼結金属設立者・相談役　→83/87

内藤　円治　ないとう・えんじ　～昭和50年11月30日　日東紡績社長　→昭和

内藤　大炊　ないとう・おおい　～昭和56年12月15日　甘木市美奈宜神社宮司、甘木市選挙管理委員　→80/82

内藤　治　ないとう・おさむ　大正12年9月6日～平成22年1月25日　帝国繊維副社長　→09/11

内藤　一男　ないとう・かずお　明治44年5月3日～平成2年2月15日　三菱重工業副社長、三菱原子力工業会長　→88/90

内藤　勝義　ないとう・かつよし　大正2年4月22日～昭和62年9月4日　日本粉末冶金相談役・元社長　→83/87

内藤　桂　ないとう・かつら　大正5年12月1日～平成21年10月30日　日本高周波鋼業副社長　→09/11

内藤 義一　ないとう・ぎいち　明治31年10月27日～平成9年2月6日　日本セメント取締役, アサノスレート常務　→97/99

内藤 久一郎　ないとう・きゅういちろう　明治38年3月12日～平成1年10月20日　衆院議員（立憲民政党）→88/90

内藤 啓三郎　ないとう・けいさぶろう　昭和4年3月30日～昭和58年11月26日　内藤電誠工業社長　→83/87

内藤 健　ないとう・けん　昭和7年5月11日～平成16年4月10日　参院議員（自民党）　→03/05

内藤 憲　ないとう・けん　～昭和25年1月22日　日本鋼管造船所長　→昭和

内藤 広作　ないとう・こうさく　～昭和55年5月24日　内藤醸造社長　→80/82

内藤 好二　ないとう・こうじ　明治38年5月5日～昭和63年9月1日　内藤一水社会長　→88/90

内藤 幸次　ないとう・こうじ　大正14年11月5日～平成15年12月10日　エーザイ専務　→03/05

内藤 昂太郎　ないとう・こうたろう　昭和17年9月11日～平成13年8月21日　スズキ専務　→00/02

内藤 五八　ないとう・ごはち　明治40年2月3日～昭和60年1月17日　神鋼電機副社長, 神鋼車輌会長　→83/87

内藤 定雄　ないとう・さだお　大正5年9月1日～昭和60年3月20日　日本基礎工業取締役, 元鹿島建設取締役　→83/87

内藤 三郎　ないとう・さぶろう　明治24年7月～昭和16年8月8日　内務官僚　→昭和

内藤 三郎　ないとう・さぶろう　明治38年2月15日～平成5年3月23日　弁護士　名古屋弁護士会副会長　→91/93

内藤 三郎　ないとう・さぶろう　大正14年6月8日～平成22年4月7日　前田道路専務　→09/11

内藤 繁蔵　ないとう・しげぞう　大正14年1月13日～平成10年5月18日　住友電設常務　→97/99

内藤 重治　ないとう・しげはる　大正6年3月23日～平成17年9月3日　山梨県農協中央会会長, 山梨県経済事業連合会長　→03/05

内藤 実　ないとう・じつ　大正15年5月4日～平成11年10月6日　徳倉建設専務　→97/99

内藤 重郎　ないとう・じゅうろう　昭和4年1月3日～平成15年5月18日　内藤ハウス会長, 山梨県商工会連合会会長　→03/05

内藤 駿次　ないとう・しゅんじ　～平成1年10月7日　電気文化会館相談役, 三河ビル社長　→88/90

内藤 正一　ないとう・しょういち　～昭和14年11月25日　陸軍中将　→昭和

内藤 甚一　ないとう・じんいち　～平成4年12月14日　安田火災海上保険監査役　→91/93

内藤 新一郎　ないとう・しんいちろう　安政4年4月～昭和10年12月6日　陸軍中将　→昭和

内藤 真恭　ないとう・しんきょう　～昭和61年12月9日　僧侶　天台真盛宗宗務総長　→83/87

内藤 伸吾　ないとう・しんご　昭和8年1月3日～平成13年5月14日　電業社機械製作所常務　→00/02

内藤 真作　ないとう・しんさく　大正14年7月26日～平成9年3月31日　富山テレビ放送社長　→97/99

内藤 資忠　ないとう・すけただ　明治36年4月23日～昭和60年3月9日　内藤建築事務所会長, 京大ラグビー部OB会関西支部長　→83/87

内藤 進　ないとう・すすむ　～昭和55年11月25日　愛労評議員長, 全金愛知地本委員長　→80/82

内藤 正之　ないとう・せいし　明治43年8月18日～平成16年10月31日　日立電線社長・会長　→94/96

内藤 整治　ないとう・せいじ　昭和24年6月14日～平成16年10月9日　三菱証券常務執行役員　→03/05

内藤 聖二　ないとう・せいじ　昭和13年11月16日～平成7年8月6日　竹中不動産常務　→94/96

内藤 節治　ないとう・せつじ　大正15年11月1日～平成17年11月12日　加西市長　→03/05

内藤 大典　ないとう・だいすけ　昭和3年2月28日～平成17年8月1日　サガテレビ副社長　→03/05

内藤 隆　ないとう・たかし　～昭和48年9月11日　前農林省審議官　→昭和

内藤 隆　ないとう・たかし　明治26年11月～昭和54年7月22日　衆院議員（自民党）　→昭和

内藤 孝人　ないとう・たかと　昭和8年10月23日～平成13年5月2日　東洋テック常務　→00/02

内藤 隆福　ないとう・たかとみ　明治38年5月15日～平成21年7月8日　オリンパス光学工業社長　→09/11

内藤 丈夫　ないとう・たけお　大正15年1月5日～平成3年2月22日　東京高裁部総括判事　→91/93

内藤 武夫　ないとう・たけお　昭和4年3月28日～平成10年11月10日　亀岡商工会議所会頭, 亀岡市教育委員会委員長　→97/99

内藤 威　ないとう・たけし　～昭和58年4月30日　ヤクルト球団常務　→83/87

内藤 武　ないとう・たけし　大正9年12月12日～平成18年1月13日　駐メキシコ大使　→06/08

内藤 正　ないとう・ただし　明治44年7月16日～平成6年10月10日　大豊建設会長　→94/96

内藤 達雄　ないとう・たつお　明治45年5月10日～平成5年12月13日　エーザイ会長　→91/93

内藤 為三郎　ないとう・ためさぶろう　～昭和5年7月31日　実業家　→昭和

内藤 潮邦　ないとう・ちょうほう　明治45年6月1日～平成4年10月15日　僧侶　名古屋芸術大学教授, 妙伝寺（日蓮宗）貫主　→91/93

内藤 庸男　ないとう・つねお　明治40年3月29日～昭和59年9月27日　弁護士　秋田弁護士会長, 秋田テレビ取締役　→83/87

内藤 敏男　ないとう・としお　～昭和55年1月10日

三菱アセテート顧問,元日本専売公社理事・審査部長　→80/82

内藤 敏男　ないとう・としお　大正3年1月6日〜昭和63年9月10日　豊田信用金庫会長　→88/90

内藤 敏夫　ないとう・としお　大正13年7月25日〜平成20年6月26日　日東精工常務　→06/08

内藤 利紀　ないとう・としき　明治44年〜昭和58年4月10日　保谷市長　→83/87

内藤 利邦　ないとう・としくに　昭和15年11月5日〜平成23年11月10日　オリエンタル酵母工業社長　→09/11

内藤 友明　ないとう・ともあき　明治27年12月〜平成4年3月14日　衆院議員(自民党),新湊市長　→91/93

内藤 知周　ないとう・ともちか　大正3年11月20日〜昭和49年5月16日　社会運動家　→昭和

内藤 豊作　ないとう・とよさく　明治42年9月5日〜平成21年11月15日　第四銀行専務　→09/11

内藤 豊次　ないとう・とよじ　明治22年8月15日〜昭和53年3月20日　実業家，エーザイ社長　→昭和

内藤 登　ないとう・のぼる　大正12年3月10日〜平成20年9月8日　韮崎市長　→06/08

内藤 範夫　ないとう・のりお　〜平成17年11月11日　共同酸素(のちエア・ウォーター)社長　→03/05

内藤 半三　ないとう・はんぞう　明治43年6月7日〜平成1年12月17日　日立化成工業専務,富士ファイバーグラス社長　→88/90

内藤 久夫　ないとう・ひさお　昭和17年10月4日〜平成18年7月30日　東京電力副社長　→06/08

内藤 久邦　ないとう・ひさくに　大正15年9月28日〜平成23年1月5日　旧旧向延岡藩内藤家第18代当主　→09/11

内藤 久寛　ないとう・ひさひろ　安政6年7月22日〜昭和20年1月29日　実業家,政治家　日本石油創業者,貴院議員(勅選),衆院議員(進歩党)　→昭和

内藤 秀男　ないとう・ひでお　〜昭和60年10月14日　衆院議事部長　→83/87

内藤 博司　ないとう・ひろし　大正2年11月5日〜昭和61年12月24日　だるま会長,内藤食品社長　→83/87

内藤 寛人　ないとう・ひろと　〜平成15年12月3日　住友スリーエム常務　→03/05

内藤 文治良　ないとう・ぶんじろう　明治22年2月1日〜昭和3年5月22日　実業家　山梨県議　→昭和(内藤 文治郎)

内藤 誠明　ないとう・まさあき　大正4年10月22日〜平成4年10月19日　内藤証券会長　→91/93

内藤 正夫　ないとう・まさお　大正6年8月11日〜平成2年5月19日　富士紡績専務　→88/90

内藤 政潔　ないとう・まさきよ　〜昭和6年9月30日　子爵,旧湯谷藩主　→昭和

内藤 政次郎　ないとう・まさじろう　大正2年10月18日〜平成3年7月18日　日立家電販売副社長　→91/93

内藤 正久　ないとう・まさひさ　大正13年7月13日〜平成13年6月29日　宇都宮地裁所長　→00/02

内藤 昌弘　ないとう・まさひろ　〜平成8年9月13日　桑名市助役　→94/96

内藤 政道　ないとう・まさみち　明治36年10月28日〜平成7年3月10日　宮内庁式部副長　→94/96

内藤 雅喜　ないとう・まさよし　明治44年11月15日〜昭和63年12月3日　東洋エンジニアリング会長　→88/90

内藤 道成　ないとう・みちなり　昭和8年1月3日〜平成18年10月15日　兵庫県議(自民党)　→06/08

内藤 光夫　ないとう・みつお　〜昭和55年12月8日　税理士　日税連専務理事,東京税理士会副会長　→80/82

内藤 三雄　ないとう・みつお　〜昭和56年10月30日　日本ハリストス正教会長・司祭　→80/82

内藤 盈成　ないとう・みつなり　大正9年11月10日〜平成17年4月2日　山梨県議　→03/05

内藤 盛秋　ないとう・もりあき　明治38年10月30日〜平成10年4月23日　山梨中央銀行専務　→97/99

内藤 泰子　ないとう・やすこ　昭和7年〜昭和57年8月30日　動乱のカンボジアから奇跡の生還をした元カンボジア外交官の妻　→80/82

内藤 保広　ないとう・やすひろ　明治32年11月15日〜昭和50年6月9日　日本貿易振興会専務理事,広島商科大学教授　→昭和

内藤 祐次　ないとう・ゆうじ　大正9年8月3日〜平成17年10月11日　エーザイ社長,内藤記念科学振興財団理事長　→03/05

内藤 裕治　ないとう・ゆうじ　〜平成14年5月19日　批評空間社長,「批評空間」編集長　→00/02

内藤 頼博　ないとう・よりひろ　明治41年3月12日〜平成12年12月5日　弁護士　学習院名誉院長,多摩美術大学名誉理事長,名古屋高裁長官　→00/02

内藤 良平　ないとう・りょうへい　大正5年3月17日〜平成8年12月21日　衆院議員(社会党)　→94/96

内藤 連三　ないとう・れんぞう　〜平成13年8月27日　矢作川沿岸水質保全対策協議会事務局長　→00/02

内藤 録郎　ないとう・ろくろう　〜昭和57年9月5日　熊谷道路専務　→80/82

名尾 耕作　なお・こうさく　明治42年1月26日〜平成8年5月14日　牧師　日本ルーテル教団名誉議長,日本ルーテル神学大学教授　→94/96

名尾 良辰　なお・よしたつ　〜昭和42年11月9日　秋田県知事　→昭和

名尾 良孝　なお・りょうこう　大正6年3月18日〜平成3年5月6日　参院議員(自民党)　→91/93

直井 喜一　なおい・きいち　昭和5年2月26日〜平成3年4月25日　松屋常務　→91/93

直井 勇市　なおい・ゆういち　〜昭和61年9月22日　北関東サンケイ連合会会長,サンケイ春秋会会長,茨城県サンケイ会会長　→83/87

直井 良輔　なおい・りょうすけ　昭和16年2月18日～平成4年6月2日　立川ブラインド工業取締役　→91/93

直江 新一　なおえ・しんいち　～昭和56年10月24日　ギンザコア社長, 丸江藤屋会長　→80/82

直江 澄寛　なおえ・すみひろ　大正13年7月～昭和59年3月6日　公団共有船主協会常務理事, 運輸省福祉課長　→83/87

直江 利武　なおえ・としたけ　～昭和63年11月25日　水橋商工会会長, やまり薬品代表取締役社長　→88/90

直江 晴男　なおえ・はるお　明治43年2月19日～昭和62年6月30日　静岡茶市場社長　→83/87

直江 良昭　なおえ・よしあき　昭和4年3月27日～平成17年1月27日　福島県出納長　→03/05

直木 太一郎　なおき・たいちろう　明治32年1月13日～昭和62年11月2日　神港倉庫相談役, 神戸経済同友会代表幹事　→83/87

直木 政之介　なおき・まさのすけ　慶応4年1月14日～昭和13年12月2日　実業家　日本燐寸製造会社社長　→昭和

直野 光晴　なおの・みつはる　～昭和61年3月25日　渋谷区（東京都）区議　→83/87

直野 良平　なおの・りょうへい　～昭和56年6月30日　ボーソー油脂相談役, 元全国米油工業協同組合理事長　→80/82

直林 孝庸　なおばやし・こうよう　～昭和63年2月20日　僧侶　浄究寺（浄土真宗本願寺派）住職, 龍谷大学文学部教授　→88/90

直山 元珠　なおやま・げんしゅ　～昭和61年7月21日　臨済宗南禅寺派宗務総長　→83/87

直山 与二　なおやま・よじ　明治29年3月25日～昭和48年11月15日　石川製作所社長, 北日本紡績会長　→昭和（なおやま・ともじ）

仲 勲　なか・いさお　昭和7年1月2日～平成6年4月22日　京都府立農業大学校長　→94/96

仲 栄吉　なか・えいきち　～昭和55年1月8日　熊野屋社長　→80/82

中 賢作　なか・けんさく　～昭和62年11月30日　宇奈月町（富山県）町長, 富山県市町村職員年金者連盟副会長　→83/87

中 貞男　なか・さだお　明治34年4月19日～昭和62年1月28日　新潟鉄工所社長, 日本勧業銀行取締役　→83/87

仲 茂　なか・しげる　大正2年5月26日～昭和63年3月11日　倉敷紡績取締役, 三陽商会専務　→88/90

中 助松　なか・すけまつ　明治36年10月～昭和28年7月31日　衆院議員（自由党）　→昭和

仲 武雄　なか・たけお　明治32年11月7日～平成6年9月19日　弁護士　大分県弁護士会会長　→94/96

中 俊一　なか・としかず　明治45年1月28日～平成4年2月1日　住友金属鉱山常務　→91/93

中 利太郎　なか・としろう　大正14年1月31日～平成5年11月23日　弁護士　市川市建築紛争調停委員会委員, 横浜地裁判事　→91/93

仲 信夫　なか・のぶお　～昭和62年6月11日　舞鶴市議　→83/87

中 久信　なか・ひさのぶ　昭和5年9月22日～平成21年8月13日　日立物流社長　→09/11

中 均　なか・ひとし　～昭和56年7月27日　昭和軽金属工業会長　→80/82

仲 洋　なか・ひろし　明治34年10月8日～昭和64年1月1日　三菱製紙取締役　→88/90

中 博光　なか・ひろみつ　明治41年6月1日～平成13年8月13日　ナカ工業会長　→00/02

中 正夫　なか・まさお　～昭和38年6月21日　関西飛行協会事務局長　→昭和

仲 正男　なか・まさお　大正2年2月3日～平成2年2月22日　ヤマハ発動機常務　→88/90

長井 明見　ながい・あけみ　～昭和58年9月6日　タカラスタンダード顧問　→83/87

永井 厚　ながい・あつし　大正8年4月1日～平成18年11月16日　日立マクセル社長　→06/08

永井 一三　ながい・いちぞう　明治38年9月25日～昭和60年12月28日　弁護士　東北弁護士会連合会会長　→83/87

中井 一郎　なかい・いちろう　明治40年4月6日～平成10年9月18日　小田原市長, 全国市長会会長　→97/99

永井 五三　ながい・いつぞう　大正8年3月15日～平成5年8月11日　知立市長, 知立市社会福祉協議会会長　→91/93

永井 稲秀　ながい・いなひで　明治35年6月24日～平成1年10月7日　長崎船舶装備社長　→88/90

仲井 巌　なかい・いわお　～昭和58年9月13日　門真市選挙管理委員会委員長　→83/87

永井 英三　ながい・えいぞう　大正1年10月28日～平成1年6月6日　日立電線取締役, 東北ゴム社長　→88/90

中居 英太郎　なかい・えいたろう　大正6年9月27日～平成19年1月2日　衆院議員（社会党）, 宮古市長　→06/08

永井 恵美太　ながい・えみた　～昭和59年1月9日　弁護士　第一東京弁護士会副会長　→83/87

永井 嘉吉　ながい・かきち　明治33年10月20日～昭和58年12月1日　新東工業会長, 中部産業連盟会長　→83/87

中井 一夫　なかい・かずお　大正15年7月28日～昭和63年1月11日　紋別市議, 鈴蘭保育園長　→88/90

中井 一夫　なかい・かずお　明治39年9月28日～平成2年12月3日　日産生命保険取締役　→88/90

中井 一夫　なかい・かずお　明治22年11月20日～平成3年10月18日　弁護士　衆院議員（自民党）　→91/93

永井 一夫　ながい・かずお　明治39年6月25日～平成4年11月30日　ウシオ電機監査役　→91/93

永井 勝次郎　ながい・かつじろう　明治34年～昭和62年12月31日　衆院議員（社会党）, 社会党副委員長　→83/87

永井 勝三　ながい・かつぞう　大正3年12月6日～平成4

なかい　　　　　　　　　　　　　　　　　　　　　　　　Ⅰ　政治・経済・社会篇

年4月5日　東芝専務　→91/93

中井 勝利　なかい・かつとし　明治42年2月25日～平成7年10月21日　立山アルミニウム工業専務　→94/96

永井 亀一　ながい・かめいち　～平成6年5月10日　毎日新聞監査役　→94/96

永井 来　ながい・きたる　明治10年1月～昭和9年2月14日　陸軍中将　→昭和

永井 熙八　ながい・きはち　～昭和14年12月24日　大日本麦酒顧問　→昭和

永井 淳　ながい・きよし　～昭和61年6月5日　岩崎通信機顧問・元取締役　→83/87

永井 淳　ながい・きよし　昭和4年3月29日～平成20年2月16日　東芝常務　→06/08

永井 清　ながい・きよし　～昭和15年6月6日　間島網領事　→昭和

永井 清　ながい・きよし　～昭和57年7月26日　釧路埠頭社長、三菱鉱業札幌支店長　→80/82

中井 喜代太　なかい・きよた　～昭和56年8月11日　東京都出納長　→80/82

永井 金次郎　ながい・きんじろう　明治7年5月3日～昭和2年4月3日　樺太庁長官、高知県知事　→昭和

永井 国男　ながい・くにお　明治41年2月6日～平成2年6月29日　農林中央金庫理事、協同乳業社長　→88/90

永井 邦夫　ながい・くにお　大正4年3月25日～平成9年11月3日　オルガノ社長、東ソー副社長　→97/99

永井 国太郎　ながい・くにたろう　大正3年3月31日～平成19年8月24日　理研香料工業社長、東京薬科大学理事長　→06/08

長井 群吉　ながい・ぐんきち　～昭和2年5月21日　海軍少将　→昭和

永井 啓　ながい・けい　～昭和14年11月30日　第一銀行監査役　→昭和

永井 憲　ながい・けん　昭和21年11月17日～平成8年10月16日　ケーヨー社長　→94/96

中井 源吉　なかい・げんきち　明治38年9月10日～平成3年8月18日　日本ツール社長、中井工業相談役　→91/93

中井 謙作　なかい・けんさく　昭和10年5月20日～平成23年12月4日　立花エレテック専務　→09/11

永井 憲治　ながい・けんじ　～平成1年7月1日　東芝シリコーン取締役　→88/90

長井 謙介　ながい・けんすけ　昭和6年9月19日～平成6年9月20日　浅川組会長　→94/96

永井 五一郎　ながい・ごいちろう　大正7年8月31日～平成20年11月16日　三菱アルミニウム社長　→06/08

永井 幸一　ながい・こういち　大正14年3月20日～平成6年9月7日　日本専売公社総務理事、日本通運常務　→94/96

永井 幸喜　ながい・こうき　大正6年11月23日～平成23年12月4日　ケーヨー創業者、千葉商工会議所副会頭

09/11

中井 幸太郎　なかい・こうたろう　～平成7年12月2日　中井証券社長、大阪穀物取引所（のち関西農産商品取引所）理事長　→94/96

永井 幸太郎　ながい・こうたろう　明治20年4月4日～昭和58年1月23日　日商社長、貿易庁長官　→83/87

中井 古満雄　なかい・こまお　～昭和55年10月16日　西銀座デパート社長　→80/82

長井 五郎　ながい・ごろう　大正14年3月31日～平成6年7月29日　埼玉県教育長　→94/96

長井 策一郎　ながい・さくいちろう　明治39年1月30日～平成3年2月9日　鹿島建設常務　→91/93

中井 理　なかい・さとる　昭和7年7月11日～平成10年9月28日　富山化学工業常務　→97/99

長井 実博　ながい・さねひろ　大正2年12月20日～平成1年11月9日　本州製紙専務　→88/90

長井 実行　ながい・さねゆき　明治36年10月6日～平成4年9月30日　運輸省近畿海運局長　→昭和

永井 三郎　ながい・さぶろう　明治41年9月23日～昭和58年1月1日　アラスカパルプ監査役・元社長　→83/87

永井 三郎　ながい・さぶろう　明治29年12月13日～平成2年8月21日　日本YMCA同盟名誉主事　→88/90

中井 三郎兵衛　なかい・さぶろべえ　嘉永4年12月～昭和7年3月27日　実業家　中井商店社長、京都府議　→昭和

中井 三之助　なかい・さんのすけ　～昭和17年6月4日　中井商店（洋紙商）社長　→昭和

中井 三之助　なかい・さんのすけ　～昭和61年9月27日　東産工業所会長、土岐市議会議長　→83/87

中井 成和　なかい・しげかず　～昭和56年5月19日　NHK経営企画室長　→80/82

中井 茂　なかい・しげる　大正6年5月26日～平成8年4月12日　ユニチカ専務　→94/96

永井 繁　ながい・しげる　～昭和44年12月26日　大蔵省造幣局長　→昭和

永井 思無邪　ながい・しむや　～昭和55年9月21日　住友商事取締役福岡支店長、渡辺鉄工所専務　→80/82

長井 純一　ながい・じゅんいち　昭和2年9月1日～平成5年12月18日　日本精工常務　→91/93

永井 準一郎　ながい・じゅんいちろう　～昭和30年2月21日　大分県知事、千葉市長　→昭和

永井 純一郎　ながい・じゅんいちろう　明治40年12月～平成15年9月29日　参院議員（社会党）　→03/05

永井 尚一　ながい・しょういち　～昭和46年12月6日　富士フイルム監査役、日本製鋼所監査役、元三井銀行取締役　→昭和

永井 正一郎　ながい・しょういちろう　大正2年5月13日～昭和63年11月12日　金沢中央ビルディング社長　→88/90

長井 敵三郎　ながい・しょうざぶろう　大正9年～平成

14年3月29日　日本食品化工常務　→00/02

永井 庄治郎　ながい・しょうじろう　～昭和56年8月12日　扶桑海運社長, 元全国内航輸送海運組合理事長　→80/82

永井 昭三　ながい・しょうぞう　～昭和62年10月13日　中央区(東京都)区議, 晴海団地自治会長　→83/87

永井 四郎　ながい・しろう　大正6年11月7日～平成3年3月26日　三井物産常務, 三国コカ・コーラボトリング顧問　→91/93

永井 仭九郎　ながい・じんくろう　～昭和57年3月21日　公共広告機構専務理事, 元電通常務　→80/82

中井 真二　なかい・しんじ　昭和5年11月26日～平成10年5月3日　興亜火災海上保険常務　→97/99

仲井 真二　なかい・しんじ　大正9年9月25日～昭和63年8月3日　泉大津市長　→88/90

仲井 末吉　なかい・すえきち　～昭和56年7月5日　吉本興業興行部長　→80/82

中井 進　なかい・すすむ　明治42年2月14日～昭和62年2月24日　本州製紙専務　→83/87

長井 澄　ながい・すみ　～昭和51年6月28日　水戸地裁所長　→昭和

中井 澄子　なかい・すみこ　～平成20年2月7日　日本遺族会会長　→06/08

永井 静　ながい・せい　～昭和30年2月24日　富士電機監査役　→昭和

中井 精一　なかい・せいいち　明治36年3月3日～平成8年8月25日　富山化学工業常務　→94/96

永井 誠一　ながい・せいいち　昭和5年5月14日～平成6年10月13日　北海道東北開発公庫理事　→94/96

永井 精一郎　ながい・せいいちろう　～昭和48年4月9日　名古屋貿易会会長　→昭和

中井 清次　なかい・せいじ　～昭和56年12月8日　山陽特殊製鋼常務　→80/82

中井 清次　なかい・せいじ　～昭和63年10月26日　富山交通相談役　→88/90

永井 勢二　ながい・せいじ　昭和12年1月16日～平成13年7月8日　タキヒヨー専務　→00/02

永井 清次　ながい・せいじ　～昭和26年8月30日　昭和電工社長　→昭和

中井 善一　なかい・ぜんいち　大正13年3月5日～昭和62年1月10日　武田薬品工業監査役　→83/87

永井 仙吉　ながい・せんきち　明治30年7月30日～昭和62年1月27日　日興証券副社長, 日興投資信託委員会会長　→83/87

中井 善次郎　なかい・ぜんじろう　～昭和57年12月1日　ミノルタカメラ販売取締役相談役, 小浜信用金庫理事長　→80/82

永井 孝夫　ながい・たかお　～昭和62年2月1日　ニッタン技術顧問　→83/87

永井 孝夫　ながい・たかお　大正15年2月23日～平成5年

10月12日　永井海苔社長　→91/93

永井 高夫　ながい・たかお　昭和3年1月4日～平成6年2月8日　伊勢原市長　→94/96

中井 隆　なかい・たかし　大正9年8月8日～平成3年8月7日　福岡スバル自動車会長　→91/93

中井 武夫　なかい・たけお　大正13年6月23日～平成19年6月22日　日産化学工業社長　→06/08

中井 武雄　なかい・たけお　明治41年11月6日～平成7年6月18日　中京相互銀行(のち中京銀行)副頭取　→94/96

永井 健雄　ながい・たけお　大正8年6月14日～平成15年3月10日　三菱商事常務　→03/05

永井 武　ながい・たけし　昭和14年7月19日～平成19年6月5日　東洋通信機専務　→06/08

中井 猛夏　なかい・たけなつ　大正13年8月6日～平成1年10月20日　住友不動産顧問, 姫路市助役, 自治省文書課長　→88/90

中井 武彦　なかい・たけひこ　大正2年9月25日～平成12年12月21日　三井不動産副社長　→00/02

永井 太三郎　ながい・たさぶろう　～昭和43年6月4日　弁護士　→昭和

仲井 弼　なかい・たすく　明治31年4月18日～昭和62年9月18日　弁護士, 神戸地裁判事　→83/87

永井 忠男　ながい・ただお　昭和2年12月18日～平成4年2月27日　東京ナガイ社長　→91/93

永井 正　ながい・ただし　大正11年4月4日～平成14年11月29日　三井ホーム社長, 三井不動産専務　→00/02

仲井 忠治　なかい・ただはる　明治41年2月5日～昭和58年12月14日　公認会計士　全日本会計士会名誉会長　→83/87

永井 達二　ながい・たつじ　昭和2年9月17日～平成3年4月3日　高愛社長, ニチメン取締役　→91/93

中井 忠一　なかい・ちゅういち　～昭和57年12月22日　東罐興業元社長, 東洋製罐元取締役　→80/82

長井 長一　ながい・ちょういち　明治32年11月12日～昭和60年11月1日　浅川組会長　→83/87

中井 勉　なかい・つとむ　昭和7年3月2日～平成21年5月24日　高根村(岐阜県)村長　→09/11

永井 鶴二　ながい・つるじ　昭和10年10月20日～平成8年3月21日　群馬県議(自民党), 永井酒造社長　→94/96

長井 秋穂　ながい・ときお　～平成7年10月19日　山口市長　→94/96

中井 徳次郎　なかい・とくじろう　明治40年5月29日～平成3年12月18日　衆院議員(社会党)　→91/93

長井 俊朗　ながい・としあき　昭和27年4月9日～平成12年7月31日　キャディックス・グループ創業者　→00/02

中井 敏雄　なかい・としお　明治34年3月19日～昭和61年11月　富山化学工業創業者　→83/87

永井 登志彦　ながい・としひこ　平成2年9月10日～平成14年12月30日　弁護士　福岡高裁部総括判事　→00/02

中井 敏光　なかい・としみつ　明治40年3月30日～平

なかい

11年7月4日　ムサシ電機計器製作所社長　→97/99

永井 富次郎　ながい・とみじろう　大正9年7月11日～平成15年4月4日　日本電子計算社長　→03/05

中居 直二　なかい・なおじ　明治39年2月1日～昭和59年4月27日　日本軽金属常務　→83/87

中井 信夫　なかい・のぶお　明治41年5月3日～平成16年12月13日　薬剤師　大阪府議、全国都道府県議会議長会長　→03/05

長井 延夫　ながい・のぶお　昭和8年3月25日～平成13年10月15日　近畿日本鉄道専務　→00/02

永井 信哉　ながい・のぶや　平成11年10月11日～平成7年12月24日　三井東圧化学常務、三井サイテック会長　→94/96

永井 昇　ながい・のぼる　明治43年3月22日～昭和63年12月27日　海将　海上自衛隊幹部学校長　→88/90

長井 登　ながい・のぼる　昭和4年1月4日～平成14年4月15日　日本道路常務　→00/02

永井 典彦　ながい・のりひこ　大正4年7月23日～平成15年1月21日　大阪商船三井船舶社長　→03/05

永井 一　ながい・はじむ　明治44年1月31日～平成11年4月10日　永井合成樹脂工業社長　→97/99

永井 基　ながい・はじむ　～平成7年7月24日　住友軽金属工業専務　→94/96

中井 一　なかい・はじむ　大正15年1月1日～平成13年7月23日　三洋電機専務　→00/02

永井 元　ながい・はじめ　～平成5年1月18日　長崎市立永井記念館長　→91/93

永井 八津次　ながい・はつじ　～昭和45年8月15日　光永石油社長　→昭和

中井 春雄　なかい・はるお　明治44年5月18日～平成3年4月4日　日本水産社長　→91/93

中井 秀雄　なかい・ひでお　～昭和42年7月11日　東急車輌専務　→昭和

永井 秀一　ながい・ひでかず　昭和12年1月15日～平成20年7月30日　勧角証券専務　→06/08

中井 英俊　なかい・ひでとし　～平成10年5月18日　和歌山放送専務　→97/99

中井 倭人　なかい・ひとり　～昭和61年5月13日　製鉄工業新聞社社長　→83/87

永井 宏　ながい・ひろし　～昭和59年7月14日　大協石油潤滑油部長　→83/87

永井 浩　ながい・ひろし　昭和3年8月31日～平成19年3月29日　海上保安庁長官　→06/08

永井 博　ながい・ひろし　大正12年5月16日～昭和62年2月5日　田無市助役　→83/87

永井 博　ながい・ひろし　大正12年1月6日～平成7年1月16日　西武運輸社長　→94/96

永井 煕　ながい・ひろし　～昭和62年8月24日　日本教育公務員弘済会長、茨城県生活協同組合連合会長

→83/87

永井 啓之　ながい・ひろゆき　昭和21年～平成1年6月　労働運動家　→88/90

永井 藤治　ながい・ふじはる　大正6年9月10日～昭和61年1月31日　東洋漢方取締役相談役　→83/87

中井 武兵衛　なかい・ぶへえ　大正13年7月13日～平成13年1月3日　箕面市長　→00/02

永井 雅夫　ながい・まさお　明治31年7月27日～昭和62年7月13日　東海カーボン常務、炭研精工相談役　→83/87

中井 正一　なかい・まさかず　大正2年2月21日～平成5年7月30日　北国銀行頭取　→91/93

長井 正次　ながい・まさつぐ　～昭和59年11月14日　ポニー電機会長　→83/87

永井 正恒　ながい・まさつね　明治29年10月16日～昭和58年2月19日　弁護士　名古屋弁護士会長　→83/87

永井 正史　ながい・まさふみ　～平成7年11月25日　京都府議、園部町長　→94/96

中井 正美　なかい・まさみ　明治38年5月15日～平成12年7月11日　三和銀行専務、東洋ホテル社長　→00/02

中井 正巳　なかい・まさみ　大正12年1月25日～平成22年11月1日　三井不動産副社長　→09/11

永井 松三　ながい・まつぞう　明治10年3月5日～昭和32年4月19日　外交官　→昭和

仲井 光夫　なかい・みつお　昭和5年3月13日～平成19年2月6日　松下電器産業専務　→06/08

中井 光次　なかい・みつじ　明治25年10月25日～昭和43年4月9日　参院議員（民主党）、大阪市長　→昭和

中井 実　なかい・みのる　～昭和62年2月21日　ミカド工業（株）社長,(株)ミカド電機専務取締役　→83/87

中井 宗夫　なかい・むねお　大正9年7月13日～平成21年6月23日　弁護士　あんしん財団理事長　→09/11

永井 元雄　ながい・もとお　昭和63年10月25日　輪島市長　→88/90

永井 靖郎　ながい・やすろう　昭和6年8月10日～平成16年2月27日　植木組専務　→03/05

永井 弥太郎　ながい・やたろう　大正12年3月5日～平成19年3月21日　三菱レイヨン社長　→06/08

中井 養一　なかい・よういち　明治45年1月5日～平成4年5月26日　三井不動産専務　→91/93

中井 善夫　なかい・よしお　大正15年4月16日～平成3年12月1日　川崎重工業相談役　→91/93

永井 良男　ながい・よしお　～昭和63年6月30日　トヨタカローラ愛豊取締役　→88/90

永井 良樹　ながい・よしき　昭和4年2月11日～平成17年11月24日　ユアサコーポレーション専務　→03/05

永井 義凞　ながい・よしひろ　～昭和55年10月5日　トーメン常務　→80/82

永井 利正　ながい・りしょう　～昭和59年10月18日

真宗大谷派南米開教監督、ブラジル別院南米本願寺輪番　→83/87

中井 龍瑞　なかい・りゅうずい　明治24年〜昭和46年10月8日　僧侶　高野山真言宗管長、金剛峯寺座主　→昭和

長井 隆三　ながい・りゅうぞう　大正6年11月20日〜昭和59年11月14日　住友重機工業常務　→83/87

永井 柳太郎　ながい・りゅうたろう　明治14年4月16日〜昭和19年12月4日　政治家、評論家、戯曲家　衆院議員（翼賛政治会）、逓信相　→昭和

永井 良一　ながい・りょういち　昭和13年3月24日〜平成23年7月20日　群馬県議（民主党）　→09/11

中井 竜三　なかい・りょうぞう　〜昭和57年4月20日　大阪ガス取締役　→80/82

永井 亮三　ながい・りょうぞう　明治38年10月15日〜平成11年10月27日　理研ビニル工業社長　→97/99

中井 励作　なかい・れいさく　明治12年1月3日〜昭和43年2月18日　官僚、実業家　日本製鉄初代社長　→昭和

中井川 浩　なかいがわ・ひろし　明治33年9月〜昭和24年11月3日　衆院議員（日本進歩党）　→昭和

永池 国雄　ながいけ・くにお　大正9年1月30日〜平成11年10月19日　中部相互銀行社長、中日本リース社長　→97/99

中池 利男　なかいけ・としお　大正7年3月15日〜平成20年2月15日　福岡高裁判事　→06/08

永石 正孝　ながいし・まさたか　〜昭和43年9月5日　全日本航空事業連合会専務理事　→昭和

永石 元夫　ながいし・もとお　昭和2年2月11日〜平成20年11月10日　ニッチツ社長　→06/08

中泉 益雄　なかいずみ・ますお　〜平成1年3月25日　大映常務、京都太秦撮影所長　→88/90

中市 彩也　なかいち・さいや　大正10年1月14日〜平成12年2月18日　郵政省簡易保険局長　→00/02

中出 伝二郎　なかいで・でんじろう　昭和13年11月4日〜平成11年12月28日　フジテレビ専務　→97/99

中出 泰夫　なかいで・やすお　大正15年6月8日〜平成19年9月17日　旭硝子副社長、旭ファイバーグラス社長　→06/08

仲井間 宗一　なかいま・そういち　明治24年3月13日〜昭和40年12月2日　弁護士　衆院議員（日本進歩党）　→昭和

中岩 夘三郎　なかいわ・うさぶろう　〜昭和63年3月17日　船橋木材会長　→88/90

中内 切　なかうち・いさお　大正11年8月2日〜平成17年9月19日　ダイエーグループ創業者、中内学園理事長　→03/05

中内 鉉一郎　なかうち・げんいちろう　明治27年7月24日〜昭和59年12月23日　藤倉航装取締役会長　→83/87

仲内 憲治　なかうち・けんじ　〜昭和46年2月10日　駐アフガニスタン大使、千葉県公安委員　→昭和

中内 力　なかうち・つとむ　明治45年7月20日〜平成13年11月22日　高知県知事　→00/02

中内 俊三　なかうち・としみ　昭和17年6月10日　中央住宅社長　→03/05

中内 秀雄　なかうち・ひでお　昭和45年3月11日　ダイエー会長　→昭和

中内 広　なかうち・ひろし　明治42年3月19日〜平成12年3月21日　京都府議、共産党京都府委員会副委員長　→00/02

仲内 稔　なかうち・みのる　大正10年3月12日〜平成17年5月30日　大阪府議　→03/05

長浦 志郎　ながうら・しろう　昭和6年5月7日〜平成4年11月13日　名古屋テレビ放送常務　→91/93

中浦 芳人　なかうら・よしと　大正8年2月18日〜昭和63年9月12日　ナカウラ会長　→昭和

中江 温　なかえ・おん　明治35年1月2日〜昭和61年12月9日　トヨタ自動車販売（のちトヨタ自動車）専務　→83/87

永江 一夫　ながえ・かずお　明治35年2月1日〜昭和55年4月23日　政治家　衆院議員、農相、民社党副委員長　→80/82

長江 桂　ながえ・かつら　〜昭和62年3月10日　国労名古屋地本委員長　→83/87

長江 亀市　ながえ・かめいち　〜昭和59年9月5日　正喜工業社長、大日金属工業関連協同組合副理事長　→83/87

永江 賢吉　ながえ・けんきち　大正5年6月12日〜平成2年7月17日　八幡製鉄（のち新日本製鉄）取締役　→88/90

長江 弘介　ながえ・こうすけ　大正13年9月29日〜平成4年7月13日　東洋建設常務　→94/96

中江 実孝　なかえ・さねたか　〜平成7年12月23日　沖縄県議、奄美郡島政府知事　→94/96

長江 秀進　ながえ・しゅうしん　大正3年2月7日〜昭和61年10月5日　長江商事不動産部代表、富山県宅地建物取引業協会副会長　→83/87

永江 純一郎　ながえ・じゅんいちろう　〜昭和56年10月27日　共同通信会館取締役　→80/82

長江 信一　ながえ・しんいち　〜昭和47年7月9日　三井物産取締役　→昭和

中江 新十郎　なかえ・しんじゅうろう　〜昭和57年7月7日　市新社長、堺商工会議所副会頭　→80/82

永江 卓二　ながえ・たくじ　明治44年5月30日〜平成4年2月10日　三池食品社長　→91/93

長柄 常次郎　ながえ・つねじろう　大正4年10月1日〜昭和63年3月5日　長柄製作所社長　→88/90

中江 利郎　なかえ・としろう　〜昭和56年9月10日　日本乳製品技術協会理事長　→80/82

中江 範親　なかえ・のりちか　大正4年3月16日〜平成15年4月16日　川崎重工業常務　→03/05

中江 源　なかえ・はじめ　明治23年2月5日〜昭和61年5月31日　弁護士　京都弁護士会会長　→83/87

中江 二三雄　なかえ・ふみお　明治32年9月29日～昭和59年5月10日　関西電力取締役、東光精機社長　→83/87
中江 平次郎　なかえ・へいじろう　大正8年8月24日～平成11年1月31日　総評大阪地評議長　→97/99
永江 真郷　ながえ・まさと　～昭和44年5月1日　福岡銀行顧問　→昭和
永栄 穣　ながえ・みのる　～昭和60年11月30日　北銀ビジネス・サービス(株)総務部長　→83/87
中江 八束　なかえ・やつか　大正5年9月14日～平成13年10月26日　佐賀県議(自民党)　→00/02
永江 隆三　ながえ・りゅうぞう　～昭和62年2月2日　博多小売酒販組合顧問、福岡市議会副議長、福岡市選挙管理委員長　→83/87
長尾 明徳　ながお・あきのり　昭和8年11月12日～平成10年12月12日　理研ビタミン専務　→97/99
中尾 荒雄　なかお・あらお　大正4年～平成15年1月23日　千代田化工建設常務　→03/05
中尾 勇　なかお・いさむ　～昭和22年10月12日　農林省林野局長官　→昭和
中尾 勇　なかお・いさむ　～昭和55年9月9日　下関ふぐ加工出荷協同組合理事長、下関ふく連盟顧問　→80/82
長尾 一郎　ながお・いちろう　昭和7年12月1日～平成8年2月21日　甲子園土地企業常務　→94/96
長尾 逸男　ながお・いつお　明治44年10月9日～昭和58年11月19日　鹿島建設専務　→83/87
長尾 英一　ながお・えいいち　明治44年10月5日～平成4年1月16日　川崎汽船専務、神戸桟橋社長　→91/93
長尾 修　ながお・おさむ　大正1年12月15日～平成9年4月17日　大豊建設専務　→97/99
長尾 薫　ながお・かおる　～昭和57年2月22日　橿原神宮宮司　→80/82
永尾 和俊　ながお・かずとし　昭和5年8月3日～平成22年9月3日　白ハト食品工業創業者　→09/11
中尾 勝男　なかお・かつお　明治34年2月5日～昭和29年8月22日　社会運動家　→昭和
長尾 勝也　ながお・かつや　～昭和58年11月28日　川丈(合名会社)会長、元福岡市議　→83/87
長尾 勝行　ながお・かつゆき　大正10年3月11日～平成8年4月15日　西芝電機常務　→94/96
長尾 貫一　ながお・かんいち　明治45年3月16日～昭和56年8月7日　丸三証券会長　→80/82
長尾 喜久男　ながお・きくお　昭和4年6月5日～平成12年12月18日　中部経済新聞社長　→97/99
長尾 義典　ながお・ぎてん　～昭和42年1月27日　高野山真言宗教学部長　→昭和
中尾 清澄　なかお・きよと　昭和9年1月5日～昭和60年12月19日　佐賀新聞社長　→83/87
長尾 欽三　ながお・きんぞう　大正14年11月29日～平成

7年8月19日　日本ケミコン常務　→94/96
中尾 都昭　なかお・くにあき　明治27年4月6日～昭和55年9月9日　佐賀新聞社社長　→80/82
長尾 クニ子　ながお・くにこ　昭和13年～平成16年3月12日　医療と裁判を考える会代表　→03/05
長尾 賢一　ながお・けんいち　大正3年4月15日～平成5年3月15日　長尾製作所会長　→91/93
中尾 堅一郎　なかお・けんいちろう　大正13年～平成21年7月10日　中尾松泉堂社長　→09/11
中尾 健吉　なかお・けんきち　～昭和56年8月23日　大洋漁業常務　→80/82
中尾 研作　なかお・けんさく　～昭和59年12月13日　三菱鉱業セメント取締役、苫小牧港開発常務　→83/87
中尾 賢次　なかお・けんじ　大正8年3月14日～平成7年8月9日　駐東ドイツ大使　→94/96
中尾 堅正　なかお・けんせい　～昭和47年10月2日　宗教家　→昭和
長尾 孝一　ながお・こういち　大正11年7月9日～平成5年4月17日　京阪神不動産社長　→91/93
長尾 幸太郎　ながお・こうたろう　大正12年5月9日～平成11年11月1日　サンケイスポーツ新聞専務　→97/99
中尾 是正　なかお・これまさ　大正10年10月27日～平成17年9月21日　グラフ社社長　→03/05
中尾 幸雄　なかお・さちお　明治28年11月3日～平成10年10月4日　ゼネラル石油社長　→97/99
中尾 重俊　なかお・しげとし　明治45年7月21日～平成1年2月7日　東和織物社長　→88/90
長尾 茂　ながお・しげる　～昭和60年7月22日　松下屋呉服店社長、名古屋地下街取締役　→83/87
長尾 静雄　ながお・しずお　明治28年5月17日～平成1年2月9日　東北パルプ取締役　→88/90
中尾 恕　なかお・しのぶ　大正7年8月28日～昭和59年3月28日　藤倉ゴム工業取締役　→83/87
中尾 昇司　なかお・しょうじ　大正12年9月21日～平成6年12月14日　神戸新聞取締役編集局長、デイリースポーツ常務　→94/96
中尾 正二郎　なかお・しょうじろう　大正2年2月1日～平成5年5月29日　新和海運監査役　→91/93
長尾 譲次郎　ながお・じょうじろう　明治38年12月2日～昭和60年12月31日　大阪建物常務　→83/87
長尾 正三　ながお・しょうそう　明治42年～昭和63年5月4日　三原市長　→88/90
長尾 正文　ながお・しょうぶん　～昭和61年1月26日　全国傷痍軍人会副会長、愛知県傷痍軍人会会長　→83/87
中尾 新一　なかお・しんいち　明治31年5月30日～昭和33年7月5日　農民運動家　→昭和
長尾 新九郎　ながお・しんくろう　明治24年4月16日～昭和43年5月15日　徳島市長　→昭和
中尾 新六　なかお・しんろく　～昭和46年2月23日　住友化学工業常務　→昭和

中尾 新六　なかお・しんろく　大正10年～平成3年10月26日　コンビ会長　→91/93

中尾 進　なかお・すすむ　大正11年2月21日～平成16年6月8日　湯浅商事常務　→03/05

中尾 淳　なかお・すなお　昭和7年7月11日～平成5年9月28日　岡谷電機産業取締役　→91/93

中尾 純利　なかお・すみとし　明治36年2月25日～昭和35年4月26日　東京国際空港長　→昭和

中尾 誠郎　なかお・せいろう　大正14年7月5日～平成21年11月7日　神戸製鋼所常務　→09/11

中尾 荘兵衛　なかお・そうべい　～昭和55年2月13日　香椎公民館長、福岡県教育長　→80/82

中尾 武　なかお・たけし　大正13年10月24日～平成13年12月17日　富士電機社長　→00/02

中尾 忠雄　なかお・ただお　大正8年1月19日～昭和61年11月12日　筒中プラスチック工業相談役、住友ベークライト副社長　→83/87

長尾 忠男　ながお・ただお　明治36年8月2日～昭和51年12月13日　神奈川中央交通社長　→昭和

中尾 竜彦　なかお・たつひこ　昭和60年4月4日　文教綜合サービス社長、元文部省教育施設部長　→83/87

中尾 龍秀　なかお・たつひで　昭和45年5月11日　セメント協会専務理事　→昭和

長尾 有　ながお・たもつ　明治32年8月10日～昭和49年9月7日　農民運動家　→昭和

中尾 哲二郎　なかお・てつじろう　～昭和56年9月17日　松下電器産業技術副社長　→80/82

仲尾 照光　なかお・てるみつ　～平成11年9月3日　日本経営管理協会副理事長・九州支会長、西日本経営管理センター代表理事　→97/99

中尾 俊明　なかお・としあき　昭和8年1月3日～昭和63年12月19日　スタンダード石油大阪発売所社長　→88/90

中尾 敏男　なかお・としお　大正4年1月2日～昭和58年7月13日　而至歯科工業社長、日本歯科材料工業協同組合理事長、中央薬事審議会委員　→83/87

中尾 富三郎　なかお・とみさぶろう　大正14年8月27日～平成20年8月10日　グラフテック専務　→06/08

中尾 智三郎　なかお・ともさぶろう　大正10年3月31日～平成21年11月15日　東京タングステン社長　→09/11

長尾 トリ　ながお・とり　～平成11年4月3日　川丈旅館主　→97/99

長尾 仁平　ながお・にへい　大正4年9月24日～平成5年6月12日　岩手県議、山though農協組合長　→91/93

中尾 暢夫　なかお・のぶお　～昭和58年8月29日　宇部市収入役　→83/87

長尾 肇　ながお・はじめ　～昭和60年3月14日　陸将補　防衛庁調達実施本部副本部長　→83/87

長尾 春光　ながお・はるみつ　明治43年1月20日～昭和62年10月3日　第一ボデー社長、広島エフエム放送取締役, 広陵学園常任理事　→83/87

長尾 半平　ながお・はんぺい　慶応1年7月28日～昭和11年6月20日　鉄道技師・官吏、禁酒運動家　鉄道院理事、衆院議員（立憲民政党）　→昭和

長尾 彦一　ながお・ひこいち　～昭和42年7月19日　丸三証券相談役　→昭和

中尾 秀嗣　なかお・ひでつぐ　大正3年2月2日～平成5年6月27日　日新製鋼取締役　→91/93

中尾 寛　なかお・ひろし　～平成6年8月15日　勝星産業専務　→94/96

中尾 宏　なかお・ひろし　大正13年5月19日～平成4年7月12日　衆院議員（自民党）　→91/93

中尾 弘　なかお・ひろし　大正3年8月28日～平成4年12月8日　松村組副社長　→91/93

中尾 玄　なかお・ふかし　大正3年3月9日～昭和61年4月17日　四国コカコーラ顧問、十条製紙専務　→83/87

長尾 文吉　ながお・ぶんきち　大正3年12月10日～平成13年11月23日　自治労委員長　→00/02

中尾 文策　なかお・ぶんさく　明治36年4月5日～平成3年2月25日　矯正協会長、法務省矯正局長　→91/93

長尾 文次郎　ながお・ぶんじろう　～昭和44年6月15日　弁護士　→昭和

長尾 正勝　ながお・まさかつ　大正3年10月3日～平成4年11月24日　新電元工業社長　→91/93

中尾 雅春　なかお・まさはる　明治37年2月21日～平成1年4月4日　川鉄鋼管社長、川崎製鉄取締役　→88/90

長尾 昌幸　ながお・まさゆき　昭和5年10月4日～昭和61年4月13日　日本経済新聞社企画委員　→83/87

中尾 満寿夫　なかお・ますお　明治43年4月25日～平成3年1月27日　日本銀行国庫局長, 日本債券信用銀行副頭取　→91/93

中尾 益朗　なかお・ますろう　大正12年10月28日～平成15年4月11日　帝人副会長　→03/05

長尾 光明　ながお・みつあき　～平成19年12月13日　多発性骨髄腫の患者として初めて労災認定を受けた、元原発労働者　→06/08

中尾 光信　なかお・みつのぶ　～昭和41年3月16日　小松建設副社長　関門トンネルの功労者　→昭和

長尾 基　ながお・もとい　大正5年1月25日～平成19年9月5日　第一中央汽船社長　→06/08

長尾 洋祐　ながお・ようすけ　昭和18年12月10日～平成1年2月8日　モニ社長, アクト・ワン社長、松下屋呉服店社長　→88/90

中尾 義昭　なかお・よしあき　明治45年7月27日～昭和58年3月19日　筑後市長　→83/87

中尾 善一　なかお・よしかず　明治40年6月3日～平成3年6月3日　太平工業社長、秋田市工業団地理事長　→91/93

中尾 義隆　なかお・よしたか　明治36年6月8日～昭和62年3月27日　トクホン本舗副会長　→83/87

長尾 剛孝　ながお・よしたか　～昭和55年9月18日

コパカバナ（赤坂のナイトクラブ）社長　→80/82
中尾 嘉伸　なかお・よしのぶ　昭和9年12月27日～平成21年6月27日　津山市長　→09/11
中尾 善宣　なかお・よしのり　明治44年10月14日～平成10年12月30日　中尾フィルター工業社長　→97/99
中尾 芳徳　なかお・よしのり　大正14年9月8日～平成5年8月12日　山之内製薬常務　→91/93
長尾 吉郎　ながお・よしろう　昭和2年10月30日～平成19年2月11日　多木化学専務　→06/08
長尾 芳郎　ながお・よしろう　明治35年1月5日～昭和62年8月10日　名鉄百貨店会長　→83/87
長尾 良吉　ながお・りょうきち　明治3年10月26日～昭和12年1月22日　実業家　鐘淵紡績社長　→昭和
中尾 渉　なかお・わたる　大正10年10月22日～昭和59年4月8日　和泉金属工業会長　→83/87
永岡 了　ながおか・あきら　明治45年5月23日～平成11年5月9日　東京証券社長、日興証券専務　→97/99
長岡 篤　ながおか・あつし　～昭和61年1月21日　警察庁中国管区警察局長　→83/87
長岡 栄吉　ながおか・えいきち　明治36年6月22日～平成4年3月22日　京阪電気鉄道副社長　→91/93
長岡 英三　ながおか・えいぞう　～昭和58年2月21日　富士汽船社長　→83/87
長岡 栄太郎　ながおか・えいたろう　～昭和55年7月22日　三重県議、自民党三重県連幹事長　→80/82
長岡 外史　ながおか・がいし　安政5年5月13日～昭和8年4月21日　陸軍中将　陸軍省軍務局長、衆院議員（新正倶楽部）　→昭和
長岡 和宏　ながおか・かずひろ　昭和14年8月14日～平成7年4月6日　いすゞ自動車取締役、横浜いすゞモーター社長　→94/96
長岡 喜十郎　ながおか・きじゅうろう　～昭和31年2月19日　芦屋市長　→昭和
長岡 邦　ながおか・くに　昭和6年9月12日～昭和62年10月31日　弁護士　東京弁護士会副会長　→83/87
長岡 慶信　ながおか・けいしん　明治21年9月18日～昭和49年7月2日　僧侶　真言宗豊山派管長　→昭和
永岡 孝二　ながおか・こうじ　明治37年9月1日～昭和60年8月5日　近畿日本鉄道副社長、近鉄百貨店監査役　→83/87
永岡 茂治　ながおか・しげはる　昭和6年1月5日～平成15年8月24日　郵政省郵務局長　→03/05
永岡 茂之　ながおか・しげゆき　明治43年10月16日～平成4年9月28日　名張市長　→91/93
長岡 秀善　ながおか・しゅうぜん　～平成8年5月11日　高野山真言宗総本山金剛峯寺寺務検校執行法印　→94/96
長岡 省吾　ながおか・しょうごう　～昭和48年2月1日　広島原爆資料館初代館長　→昭和
長岡 二郎　ながおか・じろう　～昭和61年1月6日　東海銀行外国部大阪副部長　→83/87

長岡 外祐　ながおか・そとゆう　大正2年2月8日～昭和63年1月15日　高岡市会議長　→88/90
長岡 毅　ながおか・たけし　大正10年10月20日～平成16年9月2日　日本通運社長　→03/05
中岡 保　なかおか・たもつ　大正2年5月5日～昭和63年6月7日　日本軽金属相談役、荒川水力電気社長　→88/90
長岡 哲次　ながおか・てつじ　昭和22年7月26日～平成23年2月6日　東京高裁部総括判事　→09/11
長岡 寅雄　ながおか・とらお　大正15年4月16日～平成10年1月10日　北海道議（社会党）　→97/99
長岡 信捷　ながおか・のぶやす　～昭和47年11月13日　日本善行会副会長　→昭和
長岡 徳行　ながおか・のりゆき　～昭和49年1月4日　太平製作所会長　→昭和
長岡 治男　ながおか・はるお　～昭和51年5月22日　理化学研究所理事長　→昭和
長岡 春一　ながおか・はるかず　明治10年1月16日～昭和24年1月30日　外交官　→昭和（ながおか・しゅんいち）
中岡 秀蔵　なかおか・ひでぞう　～昭和58年11月12日　島原市長　→83/87
永岡 文男　ながおか・ふみお　明治35年10月15日～平成3年2月7日　藤田組（フジタ）副社長　→91/93
長岡 巻太郎　ながおか・まきたろう　～昭和63年3月4日　京都府議、綾部市議　→88/90
長岡 誠　ながおか・まこと　～昭和57年3月2日　綾部市長　→80/82
長岡 正男　ながおか・まさお　明治30年7月7日～昭和49年11月20日　日本光学工業社長　→昭和
長岡 正司　ながおか・まさし　明治8年5月19日～平成16年8月26日　グンゼ社長　→03/05
長岡 道保　ながおか・みちやす　昭和2年3月10日～平成1年5月28日　栄ガスビル常務、東邦ガス取締役　→88/90
永岡 光治　ながおか・みつじ　大正2年6月13日～平成6年5月1日　宇佐市長、参院議員（社会党）　→94/96
長岡 睦　ながおか・むつみ　～昭和57年1月7日　東京都住宅局長　→80/82
中岡 靖忠　なかおか・やすただ　昭和7年8月24日～平成56年5月21日　労働省大臣官房統計情報部情報処理課長　→80/82
中岡 弥高　なかおか・やたか　明治15年1月1日～昭和50年1月21日　陸軍中将　東京市議　→昭和
永岡 洋治　ながおか・ようじ　明治25年12月24日～平成17年8月1日　衆院議員（自民党）　→03/05
長岡 洋三　ながおか・ようぞう　大正6年6月15日～平成6年12月28日　積水化学工業専務　→94/96
長岡 隆一郎　ながおか・りゅういちろう　明治17年1月15日～昭和38年11月1日　弁護士　貴院議員（勅選）、満州国国務院総務庁長　→昭和
永長 佐京　ながおさ・さきょう　明治41年1月20日～昭

和50年2月22日　第一家庭電器会長　→昭和（ながなが・さきょう）

中貝　宗雄　なかがい・としお　大正14年11月6日～平成2年11月21日　兵庫県議（自民党）　→88/90

中垣　国男　なかがき・くにお　明治44年6月24日～昭和62年4月2日　自民党顧問、衆院議員、法相　→83/87

中垣仙吾郎　なかがき・せんごろう　～昭和60年9月11日　海軍主計少将　→83/87

中垣　等　なかがき・ひとし　～昭和56年12月11日　北野町（福岡県）町長　→80/82

中垣　又彦　なかがき・またひこ　大正12年1月22日～平成5年1月8日　名古屋市議（社会党）　→91/93

中兼　謙吉　なかがね・けんきち　～昭和63年4月16日　弁護士　判事　→88/90

中金　義男　なかがね・よしお　大正3年8月2日～平成17年4月16日　東京都議（社会党）　→03/05

中神　昌平　なかがみ・しょうへい　～平成5年10月18日　栄研化学常務　→91/93

中上　尭　なかがみ・たかし　昭和5年11月22日～平成8年12月14日　M&A社長　→94/96

中神　忠雄　なかがみ・ただお　～昭和46年7月11日　電源開発理事　→昭和

仲上忠一郎　なかがみ・ちゅういちろう　明治37年5月28日～平成6年3月18日　中電ビル社長、中部電力監査役　→94/96

中紙　輝一　なかがみ・てるかず　大正11年11月18日～平成4年8月19日　酪農家、作家　→91/93

仲上　正信　なかがみ・まさのぶ　大正15年3月4日～平成11年11月18日　日鉄鉱業社長　→97/99

永仮　政夫　ながかり・まさお　大正8年11月21日～平成3年3月2日　東都輸送社長、城西読売会会長　→91/93

中川　彰　なかがわ・あきら　大正6年10月18日～昭和60年10月23日　中川無線電機会長　→83/87

中川　朗　なかがわ・あきら　昭和6年3月24日～平成13年5月22日　日工フォーラム社長、日本工業新聞取締役、サンケイ新聞編集局次長　→00/02

中川　淳　なかがわ・あつし　明治40年3月15日～平成11年12月27日　大阪府警本部長　→00/02s

中川　イセ　なかがわ・いせ　明治34年8月26日～平成19年1月1日　網走市議、網走監獄保存財団理事長　→06/08

中川　一郎　なかがわ・いちろう　大正14年3月9日～昭和58年1月9日　政治家　衆院議員（自民党）、農水相、科学技術庁長官　→83/87

中川　一郎　なかがわ・いちろう　明治42年6月28日～平成7年1月10日　弁護士　日本税法学会理事長　→94/96

中川　弌郎　なかがわ・いちろう　～昭和55年3月4日　京都ゑびす神社・地主神社名誉宮司　→80/82（中川　弌郎）

中川　巖　なかがわ・いわお　大正5年10月18日～昭和62年3月16日　東海カーボン取締役　→83/87

中川　英二　なかがわ・えいじ　大正13年9月13日～平成21年12月15日　海将　→09/11

中川　英造　なかがわ・えいぞう　明治41年3月23日～平成11年10月14日　テレビ朝日社長　→97/99

中川　修　なかがわ・おさむ　～平成19年11月12日　巴工業社長　→06/08

中川　音治　なかがわ・おとじ　大正13年2月5日～平成11年6月16日　東川町（北海道）町長　→97/99

中川　嘉一　なかがわ・かいち　大正13年8月8日～平成17年1月29日　兵庫県議（自民党）　→03/05

中河　和夫　なかがわ・かずお　大正5年1月1日～平成10年3月20日　大豊建設副会長　→97/99

中川　一夫　なかがわ・かずお　～昭和58年9月20日　長浜給食協同組合理事　→83/87

中川　和次　なかがわ・かずつぐ　大正8年2月28日～平成5年7月28日　ハザマ取締役　→91/93

長川　和弘　ながかわ・かずひろ　昭和9年11月3日～平成11年2月6日　東証コンピュータシステム社長　→97/99

中川　和行　なかがわ・かずゆき　大正7年12月15日～平成9年1月28日　三陽電機製作所社長　→97/99

中川　鼎　なかがわ・かなえ　～昭和53年7月30日　弁護士　日弁連副会長　→昭和（なかがわ・てい）

中川　嘉兵衛　なかがわ・かへえ　大正8年9月1日～昭和63年11月8日　京都銘木協同組合理事長　→88/90

中川　寛治　なかがわ・かんじ　明治30年3月～昭和59年11月29日　衆院議員（進歩党）、小川温泉会長　→83/87

中川　貫道　なかがわ・かんどう　明治43年6月22日～昭和61年7月16日　臨済宗建長寺派管長、建長寺住職　→83/87

中川　毅一　なかがわ・きいち　昭和5年1月5日～平成12年11月15日　名古屋銀行専務　→00/02

中川　喜久夫　なかがわ・きくお　大正10年3月1日～平成16年8月19日　上市町（富山県）町長　→03/05

中川喜次郎　なかがわ・きじろう　～昭和57年1月15日　照国海運社長、中川海運社長　→80/82

中川　清　なかがわ・きよし　～昭和55年7月4日　北海道夕張郡長沼町長　→80/82

中川　清　なかがわ・きよし　明治41年4月22日～昭和62年1月24日　日鉄建材工業常務　→83/87

中川　喜代造　なかがわ・きよぞう　～昭和44年5月29日　中央毛織会長　→昭和

中川　熊蔵　なかがわ・くまぞう　明治35年10月10日～平成3年3月30日　阪奈信用金庫会長　→91/93

中川　恵一　なかがわ・けいいち　大正4年7月19日～平成3年12月15日　三井信託銀行常務、新和光投資信託委託査役　→91/93

中川源一郎　なかがわ・げんいちろう　明治25年4月15日～昭和36年8月25日　衆院議員（自由党）　→昭和

中川　健吉　なかがわ・けんきち　大正8年3月30日～平成16年2月1日　浦和市長　→03/05

中川 憲次　なかがわ・けんじ　昭和9年2月9日～平成11年9月7日　中国新聞システム開発社長、中国新聞取締役　→97/99

中川 健三　なかがわ・けんぞう　昭和13年6月12日～平成11年5月5日　昭和プラスチックス社長　→97/99

中川 健蔵　なかがわ・けんぞう　明治8年7月16日～昭和19年6月26日　台湾総督、貴院議員　→昭和

中川 謙三　なかがわ・けんぞう　～昭和11年1月25日　大阪万年社専務　→昭和

中川 浩安　なかがわ・こうあん　大正9年～平成11年5月4日　僧侶　薬王山宝地院21世住職、知恩院(浄土宗)顧問　→97/99

中川 幸一　なかがわ・こういち　明治36年12月21日～平成17年1月12日　京浜急行電鉄社長　→03/05

中川 晃一　なかがわ・こういち　～平成5年3月8日　生産技術コンサルタント　→91/93

中川 耕三　なかがわ・こうぞう　大正3年10月6日～平成16年2月3日　西芝電機社長　→03/05

中川 孝太郎　なかがわ・こうたろう　～昭和12年8月23日　法曹界の長老　→昭和

中川 幸太郎　なかがわ・こうたろう　万延1年12月～昭和15年8月1日　衆院議員(革新倶楽部)　→昭和

中川 幸平　なかがわ・こうへい　明治23年8月～昭和44年8月9日　参議院議員(自民党)　→昭和

中川 五郎　なかがわ・ごろう　昭和3年10月5日～昭和62年9月29日　丸紅常務　→83/87

中川 三郎　なかがわ・さぶろう　昭和60年8月28日　筒中セルロイド(のち筒中プラスチック工業)社長　→83/87

中川 重二　なかがわ・しげじ　～昭和55年1月16日　中央漁業調整審議会委員、東日本さば釣漁業生産調整組合理事長　→80/82

中川 繁尚　なかがわ・しげなお　～昭和57年10月26日　庄原市長　→80/82

中川 重春　なかがわ・しげはる　明治23年6月16日～昭和38年11月5日　衆院議員(民主党)、男鹿市長　→昭和

中川 重哉　なかがわ・しげや　大正7年1月5日～平成7年11月21日　桑名市長　→94/96

中川 繁　なかがわ・しげる　～昭和24年7月5日　明治製菓社長　→昭和

中川 実明　なかがわ・じつみょう　～昭和55年8月29日　僧侶　真宗高田派宗務総長　→80/82

中川 重吉　なかがわ・じゅうきち　明治33年1月7日～昭和38年3月27日　労働運動家　→昭和

中川 修治　なかがわ・しゅうじ　～昭和56年8月26日　播州ステーション開発常務、元国鉄大阪駅長　→80/82

中川 順一郎　なかがわ・じゅんいちろう　昭和9年6月3日～平成2年7月19日　中津製作所社長　→88/90

中川 俊思　なかがわ・しゅんし　明治36年1月20日～昭和48年11月30日　政治家　衆院議員(自民党)　→昭和

中川 庄一　なかがわ・しょういち　昭和5年1月16日～平成20年5月20日　三星運輸社長、美幌商工会議所会頭　→06/08

中川 昭一　なかがわ・しょういち　昭和28年7月19日～平成21年10月3日　衆院議員(自民党)、財務相、金融相　→09/11

中川 昭一　なかがわ・しょういち　昭和7年5月18日～平成22年9月30日　東急エージェンシー専務　→09/11

中川 昇三　なかがわ・しょうぞう　昭和6年11月30日～平成14年9月23日　衛星チャンネル社長、朝日新聞名古屋本社編集局長　→00/02

中川 二郎　なかがわ・じろう　大正7年10月7日～平成14年6月24日　西日本新聞専務、西日本新聞広告社社長　→00/02

中川 信　なかがわ・しん　～昭和17年7月29日　日鉄鉱業常務　→昭和

中川 新一　なかがわ・しんいち　大正9年1月9日～昭和48年12月11日　労働運動家　国労委員長　→昭和

中川 信次　なかがわ・しんじ　～平成1年6月2日　若草ホーム産業社長　→88/90

中川 真次　なかがわ・しんじ　～平成13年4月24日　東北新社副社長　→00/02

中川 末吉　なかがわ・すえきち　明治7年11月6日～昭和34年4月9日　実業家　古河電気工業社長、日本軽金属社長　→昭和

中川 捨蔵　なかがわ・すてぞう　大正4年5月20日～平成4年10月30日　近畿銀行専務　→91/93

中川 順　なかがわ・すなお　大正8年9月29日～平成22年5月22日　テレビ東京社長、日本経済新聞専務　→09/11

中川 整　なかがわ・せい　～昭和48年3月30日　第一建設工業監査役　→昭和

中川 清吾　なかがわ・せいご　～昭和56年8月6日　日本郵船監査役　→80/82

中川 善一　なかがわ・ぜんいち　～昭和49年6月19日　大正相互銀行社長　→昭和

中川 善兵衛　なかがわ・ぜんべい　～昭和61年1月22日　中善工業(株)創立者　→83/87

中川 宋淵　なかがわ・そうえん　明治40年3月19日～昭和59年3月11日　僧侶、俳人　龍沢寺(臨済宗妙心寺派円通山)第10世住職　→83/87

中川 健　なかがわ・たけし　大正15年9月28日～平成10年9月8日　三菱事務機械社長　→97/99

中川 赳　なかがわ・たけし　明治44年2月22日～平成3年3月20日　明治製菓会長　→91/93

中川 武信　なかがわ・たけし　明治38年11月15日～昭和63年5月7日　相車輛会長、日本自動車整備振興会連合会副会長　→88/90

中川 龍夫　なかがわ・たつお　大正15年7月11日～平成5年4月26日　中央信託銀行常任監査役、関西広済堂取締役

→91/93

中川 種治郎　なかがわ・たねじろう　～昭和60年6月26日　豊中市長　→83/87

中川 長一郎　なかがわ・ちょういちろう　～平成9年5月10日　中川工作所会長, シンコー会長　→97/99

中川 千代治　なかがわ・ちよじ　～昭和47年2月25日　宇和島市長　→昭和

中川 珍懐　なかがわ・ちんかい　明治13年～昭和13年　表道具師, 道具屋　→昭和

中川 常治　なかがわ・つねじ　大正13年3月23日～平成6年9月17日　東京都議(新自由クラブ)　→94/96

中川 常治　なかがわ・つねはる　明治44年2月21日～平成6年1月5日　倉敷紡績(のちクラボウ)専務　→94/96

中川 哲雄　なかがわ・てつお　～昭和63年7月30日　富山県山林協会事務局長　→88/90

中川 照子　なかがわ・てるこ　大正7年9月9日～平成19年11月22日　理工学社社長　→06/08

中川 晃成　なかがわ・てるしげ　明治38年8月14日～平成7年11月16日　日本航空電子工業社長, 日本電気専務　→94/96

中川 董治　なかがわ・とうじ　明治44年10月9日～平成7年12月4日　日本金属専務, 警察庁関東管区警察局長　→94/96

中川 俊雄　なかがわ・としお　昭和9年7月11日～平成9年6月19日　チノー副社長　→97/99

中川 俊哉　なかがわ・としや　～昭和47年6月8日　関経協専務理事　→昭和

中川 寿朗　なかがわ・としろう　～昭和61年1月18日　愛知県足助事務所長　→83/87

中川 利若　なかがわ・としわか　昭和2年10月3日～平成23年4月11日　北海道副知事, 北海道中央バス社長　→09/11

中川 トミ　なかがわ・とみ　明治39年～平成18年10月11日　ブラジル第1回移民の最後の生存者　→06/08

中川 豊三郎　なかがわ・とよさぶろう　明治33年10月～昭和57年8月11日　光生館社長　→80/82

中川 虎三　なかがわ・とらぞう　明治8年11月7日～平成6年3月10日　防衛施設庁東京防衛施設局長　→94/96

仲川 寅造　なかがわ・とらぞう　～昭和42年8月23日　全233連副会長, 新潟経済連会長　→昭和

中川 直木　なかがわ・なおき　大正2年9月20日～平成12年1月16日　行田市長　→00/02

中川 仲蔵　なかがわ・なかぞう　明治32年9月7日～昭和64年1月7日　日本軽金属社長　→88/90

中川 日止　なかがわ・にっし　明治19年8月18日～昭和51年3月11日　僧侶　顕本法華宗管長　→昭和

中川 望　なかがわ・のぞむ　明治8年3月15日～昭和39年4月1日　貴院議員(勅選), 大阪府知事　→昭和

中川 延郎　なかがわ・のぶしろう　明治36年2月11日～昭和62年6月23日　中川ヒューム管工業会長, 全国ヒューム管協会長　→83/87

中川 一　なかがわ・はじむ　大正14年1月2日～平成3年10月23日　弁護士　札幌高検検事長　→91/93

中川 一　なかがわ・はじむ　大正15年8月17日～平成22年10月16日　新日本製鉄副社長　→09/11

中川 元　なかがわ・はじめ　大正1年8月19日～平成16年2月5日　森永製菓副社長, 三菱銀行取締役　→03/05

中川 晴男　なかがわ・はるお　～昭和57年12月30日　大浪運輸倉庫社長　→80/82

中川 寿　なかがわ・ひさし　明治39年10月30日～昭和62年12月6日　伊藤忠燃料相談役・元社長　→83/87

中川 久任　なかがわ・ひさとう　大正4年5月20日～昭和10年7月14日　伯爵　貴院議員, 国光生命保険社長　→昭和

中川 久尚　なかがわ・ひさなお　大正12年7月30日～平成17年8月12日　富山県議(自民党)　→03/05

中側 尚英　なかがわ・ひさひで　大正6年4月15日～昭和63年11月5日　辰村組会長　→88/90

中川 久行　なかがわ・ひさゆき　昭和10年3月11日～平成19年10月8日　日特建設社長　→06/08

中川 英夫　なかがわ・ひでお　大正6年12月16日～平成7年12月17日　スバル興業会長　→88/90

中川 英雄　なかがわ・ひでお　大正10年1月20日～昭和61年8月28日　シールエンド社長　→88/90

中川 秀夫　なかがわ・ひでお　大正9年2月27日～平成16年7月12日　北海道急行運輸代表, メディア・クラフト会長, アムール・トレーディング理事長　→03/05

中川 秀人　なかがわ・ひでと　昭和17年9月3日～平成20年5月19日　アドソル日進社長　→06/08

中川 浩　なかがわ・ひろし　大正4年9月22日～平成6年5月9日　三菱製紙常務　→94/96

中川 弘　なかがわ・ひろむ　昭和6年7月30日～平成10年7月17日　セブン-イレブン・ジャパン常務　→97/99

中川 裕之　なかがわ・ひろゆき　大正14年3月27日～平成20年2月17日　住友電設常務　→06/08

中川 不器男　なかがわ・ふきお　～昭和42年10月13日　トヨタ自動車工業社長　→昭和(なかがわ・ぶきお)

仲川 房次郎　なかがわ・ふさじろう　明治28年6月～昭和32年6月6日　衆院議員(自民党)　→昭和

中川 平太夫　なかがわ・へいだゆう　大正4年3月18日～昭和62年6月14日　福井県知事, 福井県農協五連名誉会長　→83/87

中川 芳泉　なかがわ・ほうせん　～平成3年7月10日　時成社社長　→91/93

中川 亮　なかがわ・まこと　昭和12年3月9日～平成23年8月7日　大成建設専務　→09/11

中川 政男　なかがわ・まさお　～昭和63年6月3日　明石ステーションセンター取締役社長, 国鉄関西鉄道学園長　→88/90

中川　正男　なかがわ・まさお　明治41年8月6日〜昭和59年7月18日　東洋建設常務　→83/87

中川　正男　なかがわ・まさお　大正13年4月20日〜平成11年3月14日　北海道新聞専務，北海道文化放送会長　→97/99

中川　正夫　なかがわ・まさお　明治36年12月26日〜昭和60年5月12日　日本製粉常務，ニッブン飼料社長　→83/87

中川　正典　なかがわ・まさすけ　大正3年10月26日〜平成9年10月10日　日新製鋼副社長　→97/99

中川　正輔　なかがわ・まさすけ　大正12年2月21日〜平成5年1月21日　JR九州会長　→91/93

中川　昌利　なかがわ・まさとし　昭和11年5月13日〜平成16年2月10日　東レ常務　→03/05

中川　昌長　なかがわ・まさなが　大正10年11月8日〜昭和60年7月23日　白屋社長　→83/87

中川　勝　なかがわ・まさる　大正9年6月10日〜平成13年12月16日　山口県議（社会党）　→00/02

中川　舛男　なかがわ・ますお　大正7年11月5日〜平成13年7月27日　十八銀行常務　→00/02

中川　真澄　なかがわ・ますみ　〜昭和55年9月2日　日本粉末冶金工業会専務理事　→80/82

中川　真澄　なかがわ・ますみ　昭和10年10月21日〜平成19年4月20日　三菱マテリアル常務　→06/08

中川　又一　なかがわ・またいち　〜平成16年2月5日　陸将　→03/05

中川　松治郎　なかがわ・まつじろう　〜昭和55年12月20日　東洋キャリア工業元会長　→80/82

中川　衛　なかがわ・まもる　〜平成3年10月5日　弁護士　広島家裁所長　→91/93

中川　満雄　なかがわ・みつお　昭和3年7月1日〜平成22年7月22日　川崎製鉄常務　→09/11

中川　実　なかがわ・みのる　昭和4年2月13日〜平成17年6月4日　山崎製パン常務　→03/05

中川　明八　なかがわ・めいはち　〜昭和10年3月3日　大審院検事　→昭和

中川　以良　なかがわ・もちなが　明治33年1月29日〜平成9年10月24日　四国電力社長，参院議員　→97/99

中川　茂兵衛　なかがわ・もへえ　〜平成3年8月25日　福田組常務　→91/93

中川　安明　なかがわ・やすあき　昭和3年4月20日〜平成20年8月23日　文明堂総本店会長　→06/08

中川　懐春　なかがわ・やすはる　明治40年1月7日〜平成7年2月5日　松下冷機取締役相談役　→94/96

中川　弥八　なかがわ・やはち　〜昭和56年8月20日　長崎市消防団長　→80/82

中川　友吉　なかがわ・ゆうきち　昭和5年2月5日〜平成6年4月10日　読売新聞大阪本社取締役・論説委員長　→94/96

中川　祐俊　なかがわ・ゆうしゅん　大正2年5月18日〜平成17年8月28日　僧侶　真言宗豊山派管長，総本山長谷寺化主　→03/05

仲川　幸男　なかがわ・ゆきお　大正5年9月15日〜平成20年10月18日　参院議員（自民党），日本川柳協会初代会長　→06/08

中川　良昭　なかがわ・よしあき　昭和6年10月4日〜平成5年2月26日　ダイハツディーゼル取締役　→91/93

中川　芳次郎　なかがわ・よしじろう　〜昭和32年4月7日　三井不動産取締役　→昭和

中川　吉造　なかがわ・よしぞう　明治4年4月6日〜昭和17年8月1日　土木技術者　内務技監　→昭和

中川　義隆　なかがわ・よしたか　昭和7年9月4日〜平成9年1月15日　東奥日報取締役　→97/99

中川　良比古　なかがわ・よしひこ　〜平成8年12月16日　富貴堂会長　→94/96

中川　吉広　なかがわ・よしひろ　〜昭和60年9月19日　東北中川工業社長　→83/87

中河　芳美　なかがわ・よしみ　昭和4年1月28日〜平成3年8月25日　藤橋村（岐阜県）村長　→91/93

中川　嘉美　なかがわ・よしみ　昭和8年9月17日〜平成17年12月7日　衆議院議員（公明党），参院議員　→03/05

中川　楽水　なかがわ・よしみ　〜昭和55年2月9日　日本自動車販売常任監査役　→80/82

中川　儀郎　なかがわ・よしろう　大正13年10月1日〜昭和63年7月1日　東京都議（自民党）　→88/90

中川　理一　なかがわ・りいち　〜昭和57年4月18日　西春日井郡春日村長　→80/82

中川　利吉　なかがわ・りきち　明治32年12月18日〜昭和58年12月21日　中川電化産業取締役相談役　→83/87

中川　利三郎　なかがわ・りさぶろう　大正9年2月28日〜平成9年4月22日　衆院議員（共産党）　→97/99

中川　良一　なかがわ・りょういち　大正2年4月27日〜平成10年7月30日　エンジニア　日産自動車専務　→97/99

中川　良一　なかがわ・りょういち　大正15年3月20日〜平成20年7月31日　西日本銀行常務　→06/08

中川　良一　なかがわ・りょういち　昭和20年6月12日〜平成23年6月24日　総務省総務審議官，統計センター理事長　→09/11

中川　良吉　なかがわ・りょうきち　〜昭和56年9月2日　日本銀行監事，愛知用水公団理事　→80/82

中川　林三　なかがわ・りんぞう　〜昭和63年10月22日　大泉荘代表取締役　→88/90

中川路　忠男　なかかわじ・ただお　大正14年2月8日〜昭和62年9月30日　住友商事理事　→83/87

中川原　捨三　なかがわら・すてぞう　〜昭和56年5月18日　利尻町議会議長　→80/82

中川原　正典　なかがわら・まさのり　大正4年2月28日〜昭和63年1月6日　北海道相互銀行常務　→88/90

中河原　正通　なかがわら・まさみち　大正7年8月19日

～平成12年4月16日　神崎製紙（のち王子製紙）常務　→00/02

中川原 儀雄　なかがわら・よしお　大正14年3月23日～平成17年11月29日　青森県農協四連会長、十和田市農協組合長　→03/05

長木 一　ながき・はじめ　大正11年8月5日～平成15年5月15日　愛知県議（自民党）、愛知県漁業協同組合連合会長　→03/05

永樹 広次　ながき・ひろじ　～昭和56年1月13日　（社）日本燐寸工業会元理事長　→80/82

中木 平三郎　なかき・へいざぶろう　大正3年10月23日～平成16年6月24日　北海道拓殖バス会長　→03/05

長岐 靖隆　ながき・やすたか　大正10年5月16日～平成14年1月16日　千葉電気工業副社長　→00/02

中北 伊助　なかきた・いすけ　～昭和46年7月19日　中北薬品社長　→昭和

中桐 正志　なかぎり・まさし　明治41年11月22日～昭和63年10月11日　サンケイビル常務取締役　→88/90

中久喜 俊世　なかくき・としよ　～昭和55年4月23日　宮城地家裁所長　→80/82

中口 卯吉　なかぐち・うきち　明治23年3月5日～平成3年2月24日　弁護士　神戸弁護士会副会長　→91/93

中口 乾吉郎　なかぐち・けんきちろう　大正14年～平成4年4月24日　日本バルカー工業常務、バルカー興産社長　→91/93

中久保 卓治　なかくぼ・たくじ　大正9年5月5日～平成10年12月5日　新興通信建設顧問・元会長、日本電信電話公社理事　→97/99

長久保 俊夫　ながくぼ・としお　明治29年3月22日～昭和58年11月24日　関東建設相談役、建設省近畿地方建設局長　→83/87

中久保 正夫　なかくぼ・まさお　明治35年6月23日～昭和63年3月1日　税理士、公認会計士　北海道税理士会顧問・元会長　→88/90

長倉 栄　ながくら・さかえ　明治44年7月7日～平成1年6月29日　読売新聞専務　→88/90

中倉 貞重　なかくら・さだしげ　明治34年3月11日～昭和63年11月20日　弁護士　福岡高裁判事　→88/90

永倉 三郎　ながくら・さぶろう　明治43年2月25日～平成5年10月20日　九州電力会長　→91/93

永倉 真一郎　ながくら・しんいちろう　昭和2年2月26日～昭和63年7月20日　（株）佐電工社長、佐賀県教育委員　→88/90

長倉 竹男　ながくら・たけお　大正13年5月23日～昭和60年5月17日　神鋼電機常務　→83/87

長倉 貞　ながくら・ただし　明治41年11月11日～平成10年1月17日　千代田生命常務　→97/99

長倉 辰夫　ながくら・たつお　～昭和57年7月19日　静岡中小企業振興公社専務理事　→80/82

中倉 俊夫　なかくら・としお　～昭和55年1月21日　市原亀之助商店会長、元伊藤万副社長　→80/82

長倉 孫三　ながくら・まごぞう　明治45年6月15日～平成13年12月11日　群馬県農協中央会長　→00/02

永倉 芳郎　ながくら・よしろう　大正15年4月3日～平成13年6月22日　永倉精麦社長、沼津通運倉庫社長、沼津商工会議所会頭　→00/02

中倉 礼次郎　なかくら・れいじろう　昭和3年11月10日～平成12年10月10日　大昭和製紙常務　→00/02

中畔 達夫　なかぐろ・たつお　～平成20年3月30日　JA和歌山中央会会長、JA和歌山連合会会長、日本農業新聞副会長　→06/08

中畔 登鬼男　なかぐろ・ときお　～平成4年9月10日　日本エヤーブレーキ（のちナブコ）社長　→91/93

仲子 隆　なかこ・たかし　明治25年11月～昭和33年1月5日　衆院議員、参院議員（国民民主党）　→昭和

中小路 茂次　なかこうじ・しげじ　昭和2年6月2日～平成3年6月30日　アサヒビール専務　→91/93

中小路 宗康　なかこうじ・むねやす　～平成2年3月9日　神官　長岡天満宮名誉宮司　→88/90

長越 昭一　ながこし・しょういち　昭和17年6月18日～平成15年12月2日　北日本新聞相談役　→03/05

長越 藤一郎　ながこし・とういちろう　～昭和63年7月26日　日本配置家庭薬商業組合監事　→88/90

中込 武久　なかごみ・たけひさ　昭和16年12月1日～平成12年10月15日　山梨日日新聞取締役富士吉田総支社長　→00/02

中込 良吉　なかごみ・りょうきち　大正5年8月17日～平成1年12月20日　会計検査院第一局長　→88/90

中込 末次郎　なかごめ・すえじろう　明治45年3月4日～平成23年3月20日　東亜建設工業会長　→09/11

中込 闓　なかごめ・ただし　明治42年6月23日～平成2年6月6日　三井化学工業（のち三井東圧化学）取締役　→88/90

中込 陑尚　なかごめ・のりより　明治44年8月27日～昭和58年11月22日　弁護士　→83/87

中込 隆造　なかごめ・りゅうぞう　大正14年8月31日～平成23年10月16日　竹中工務店副社長　→09/11

仲座 方秀　なかざ・ほうしゅう　大正9年11月18日～平成23年6月20日　沖縄タイムス社長　→09/11

長坂 一雄　ながさか・かずお　大正10年2月10日～平成23年3月11日　雄山閣出版社長　→09/11

長坂 研介　ながさか・けんすけ　明治3年10月～昭和2年4月27日　陸軍中将　→昭和

長坂 貞徳　ながさか・さだのり　～平成4年8月28日　草思社社長　→91/93

長坂 三治　ながさか・さんじ　～平成23年11月23日　土庄町（香川県）町議、廃棄物対策豊島住民会議議長　→09/11

長坂 昭　ながさか・しょうじ　昭和2年5月27日～平成18年4月8日　丸彦紡績社長、日本綿スフ織物工業組合連

合会副会長 →06/08

長坂 善四郎 ながさか・ぜんしろう 昭和8年10月4日～平成10年7月13日 明和産業社長、三菱商事常務 →97/99

永坂 隆一 ながさか・たかいち ～平成20年4月21日 大浜燃料会長、碧岡商工会議所会頭 →06/08

長坂 秀雄 ながさか・ひでお 昭和17年12月1日～平成14年8月16日 北陸電力常務 →00/02

長崎 英造 ながさき・えいぞう 明治14年8月13日～昭和28年4月29日 財界人 日本証券投資協会長、日本石油社長 →昭和

長崎 国男 ながさき・くにお 昭和19年7月9日～平成19年11月12日 静岡県議(平成21) →06/08

中崎 三郎 なかざき・さぶろう 昭和3年3月10日～昭和59年1月8日 千代田化工建設取締役・川崎工場長 →83/87

中崎 重嗣 なかざき・しげつぐ ～昭和61年5月10日 徳陽相銀常務 →83/87

長崎 準一 ながさき・じゅんいち 大正3年4月14日～平成6年11月18日 日本電気硝子社長 →94/96

中崎 昭一 なかざき・しょういち 昭和2年1月6日～平成15年3月4日 北海道議(自民党) →03/05

中崎 正一 なかざき・しょういち 大正6年7月13日～平成13年5月20日 三協アルミニウム工業副社長 →00/02

長崎 省吾 ながさき・しょうご ～昭和12年2月6日 宮中顧問官 →昭和

長崎 正造 ながさき・しょうぞう 大正2年1月8日～平成6年5月30日 東京海上火災保険副社長 →94/96

中崎 正六 なかざき・しょうろく 大正6年1月16日～昭和62年4月22日 東邦化学工業相談役 →83/87

長崎 勉 ながさき・すすむ 明治41年5月3日～昭和62年9月23日 九州耐火煉瓦社長 →83/87

長崎 誠三 ながさき・せいぞう 大正12年3月～平成11年12月9日 アグネ技術センター社長、東北大学助教授 →97/99

長崎 清兵衛 ながさき・せいべえ 昭和10年5月22日～平成16年4月9日 富山糧穀会長 →03/05

長崎 惣之助 ながさき・そうのすけ 明治29年6月25日～昭和37年11月7日 国鉄総裁(3代目) →昭和

長崎 泰三 ながさき・たいぞう 大正3年1月26日～平成3年1月13日 石井精密工業社長 →91/93

長崎 巍 ながさき・たかし 大正2年10月25日～平成15年2月8日 牧師 日本基督教団原原教会名誉牧師 →03/05

中崎 千恵 なかざき・ちえ ～昭和61年1月3日 東邦化学工業取締役 →83/87

中崎 敏 なかざき・とし 明治33年11月27日～昭和38年5月17日 衆院議員(民社党) →昭和

永崎 友吉 ながさき・ともきち ～昭和63年3月2日 美川自動車社長 →88/90

長崎 弘 ながさき・ひろし 大正7年8月11日～平成21年

4月20日 駐コロンビア大使 →09/11

長崎 守一 ながさき・もりかず ～昭和43年6月6日 陸軍少将 →昭和

中崎 洋介 なかざき・ようすけ 昭和10年1月8日～平成8年2月29日 岡部取締役 →94/96

長崎 義雄 ながさき・よしお ～昭和61年4月16日 長崎土石(株)代表取締役社長 →83/87

永作 忠一 ながさく・ただいち 明治43年10月5日～平成12年3月9日 経営コンサルタント 住友ゴム工業取締役 →00/02

永作 満 ながさく・みつる ～平成19年7月30日 三重県立博物館館長 →06/08

長迫 令爾 ながさこ・れいじ 昭和2年8月1日～平成21年5月11日 アルプス物流社長 →09/11

中里 赫治 なかざと・かくや 昭和17年6月13日～昭和59年9月18日 総務庁統計局労働力統計課長 →83/87

中里 喜一 なかざと・きいち 明治45年7月16日～平成13年1月21日 江戸川区長 →00/02

中里 慶三 なかざと・けいぞう 昭和16年10月28日～平成15年8月16日 北海道議(自民党) →03/05

中里 光三郎 なかざと・こうざぶろう 大正14年10月28日～平成8年1月17日 中里建設社長、日本ボクシングコミッション事務局長 →94/96

中里 定助 なかざと・さだすけ 大正15年8月29日～平成17年11月5日 富士重工業常務 →03/05

中里 昌競 なかざと・しょうきょう ～昭和42年4月24日 僧侶、日本画家 日光中輪王寺支院日増院住職、権大僧正 →昭和

中里 太明 なかざと・たいめい 昭和2年5月15日～平成13年5月16日 神奈川県出納室 →00/02

永里 高雄 ながさと・たかお ～昭和45年5月18日 日窒鉱業会長 →昭和

中里 直己 なかざと・なおき 大正7年4月20日～平成14年11月26日 東京部品工業社長 →00/02

中里 門 なかざと・もん 昭和21年8月30日～平成23年8月16日 陸前高田市長 →09/11

中里 博 なかざと・ひろし 大正14年2月2日～平成10年11月29日 ドリコ社長、全国鐅井協会副会長 →97/99

仲里 博 なかざと・ひろし ～平成1年1月30日 琉球銀行常務取締役 →88/90

中里 勇吉 なかざと・ゆうきち 明治40年1月4日～平成8年12月28日 東松山市長 →97/99s

長沢 巌 ながさわ・いわお ～平成19年1月16日 (福)牧ノ原やまぼと学園創設者 →06/08

長沢 栄一郎 ながさわ・えいいちろう 明治31年12月3日～昭和55年1月10日 戸田建設副社長 →80/82

長沢 一男 ながさわ・かずお ～平成5年2月4日 全国福祉医療施設協議会長、(福)信愛報恩会常務理事 →91/93

長沢 一夫　ながさわ・かずお　～昭和40年10月25日
　本州化学工業取締役会長　→昭和

仲ізawa 勝美　なかざわ・かつみ　～平成18年1月1日
　上野村(群馬県)村議　日航ジャンボ機墜落事故現場・御巣鷹の尾根の山守　→06/08

長沢 貫一　ながさわ・かんいち　～昭和56年8月26日
　陸軍少将　→80/82

中沢 喜一　なかざわ・きいち　大正4年5月1日～平成1年11月27日　風連町(北海道)町長　→88/90

中沢 恭太郎　なかざわ・きょうたろう　～昭和62年5月23日　安田信託銀行常務　→83/87

中沢 淳　なかざわ・きよし　大正13年9月18日～平成12年11月14日　鹿島道路副社長　→00/02

中沢 純　なかざわ・きよし　～昭和55年11月23日
　日和産業常務　→80/82

長沢 清人　ながさわ・きよと　～昭和56年1月31日
　日本団体生命保険副社長　→80/82

長沢 小一郎　ながさわ・こいちろう　～昭和43年6月18日　日本食堂常務　→昭和

長沢 康　ながさわ・こう　～昭和48年10月27日
　日進産業社長　→昭和

長沢 浩　ながさわ・こう　明治33年12月29日～昭和42年4月17日　防衛庁海上幕僚長　→昭和

長沢 光一　ながさわ・こういち　昭和4年2月13日～平成17年10月19日　安藤建設社長　→03/05

中沢 孝吉　なかざわ・こうきち　明治41年5月27日～平成6年7月6日　西濃運輸常務、トヨタカローラ岐阜会長　→94/96

中沢 弘三　なかざわ・こうぞう　明治43年7月13日～平成14年12月19日　日本精工常務　→00/02

中沢 五郎　なかざわ・ごろう　～昭和56年5月30日
　旭化成工業専務　→80/82

中沢 三郎　なかざわ・さぶろう　明治41年3月30日～昭和63年10月25日　松下精工常務　→88/90

中沢 重一　なかざわ・しげかず　大正10年11月8日～平成9年4月23日　東大垣市長　→97/99

長沢 修太郎　ながさわ・しゅうたろう　明治40年12月1日～昭和59年7月20日　三和銀行取締役　→83/87

中沢 周平　なかざわ・しゅうへい　明治40年3月26日～平成2年2月17日　日産生命保険常務　→88/90

長沢 昇三　ながさわ・しょうぞう　～昭和53年11月29日
　三井物産相談役　→昭和

長沢 二郎　ながさわ・じろう　明治44年12月5日～平成1年11月20日　王子製紙取締役、北越製紙取締役、日伯紙パルプ資源開発副社長　→88/90

長沢 新一　ながさわ・しんいち　大正4年7月27日～平成3年11月19日　日立電子常務　→91/93

長沢 真平　ながさわ・しんぺい　～昭和56年11月26日
　江ノ電百貨店常務、小田急百貨店取締役　→80/82

中沢 誠一　なかざわ・せいいち　～平成19年11月12日
　ペシェ・ミニョン社長　→06/08

長沢 征一郎　ながさわ・せいいちろう　大正3年11月22日～平成8年12月27日　シチズン時計常務　→94/96

長沢 誠二　ながさわ・せいじ　昭和19年4月20日～平成15年9月11日　川崎汽船専務　→03/05

長沢 精宣　ながさわ・せいせん　～昭和60年11月28日
　長沢出版社社長　→83/87

長沢 精三　ながさわ・せいぞう　大正3年8月20日～平成19年2月20日　東芝機械常務　→06/08

中沢 泰助　なかざわ・たいすけ　～昭和60年12月4日
　テイサン相談役・元常務　→83/87

長沢 太一　ながさわ・たいち　明治30年9月29日～平成3年3月7日　諏訪丸光会長、日本百貨店協会理事　→91/93

中沢 武夫　なかざわ・たけお　～昭和58年3月10日
　近畿相互銀行取締役　→83/87

長沢 武　ながさわ・たけし　大正2年8月7日～平成3年7月31日　建材試験センター理事長　→91/93

長沢 猛　ながさわ・たけし　昭和5年3月22日～平成23年9月5日　サッポロビール副社長　→09/11

中沢 佑　なかざわ・たすく　明治27年6月28日～昭和52年12月21日　海軍中将　→昭和(なかざわ・ゆう)

中沢 忠雄　なかざわ・ただお　明治40年3月23日～昭和61年1月2日　エフエム長崎社長　→83/87

中沢 董夫　なかざわ・ただお　大正3年6月27日～平成9年1月7日　ライオン油脂(のちライオン)常務　→97/99

長沢 立子　ながさわ・たつこ　～平成20年6月16日
　日本ユニ・エージェンシー社長　→06/08

中沢 辰治　なかざわ・たつじ　～昭和62年9月13日
　中沢産業会長　→83/87

長沢 太郎　ながさわ・たろう　大正5年3月7日～平成19年11月5日　森永乳業専務、岐阜大学教授　→06/08

中沢 忠蔵　なかざわ・ちゅうぞう　大正6年6月30日～平成15年3月31日　信越化学工業常務　→03/05

中沢 忠造　なかざわ・ちゅうぞう　～昭和61年2月8日
　丸正取締役　→83/87

長沢 千代造　ながさわ・ちよぞう　明治26年～昭和47年10月31日　全日本広告連専務理事　→昭和

中沢 通理　なかざわ・つうり　明治39年7月18日～平成4年3月17日　石油資源開発常務、日本石油開発常務　→91/93

中沢 勤　なかざわ・つとむ　昭和5年1月8日～平成14年2月12日　STT開発社長　→00/02

長沢 力　ながさわ・つとむ　大正8年3月8日～昭和60年6月29日　日魯漁業副社長、農林中央金庫常務理事　→83/87

長沢 恒一郎　ながさわ・つねいちろう　～平成8年11月7日　三和倉庫副社長　→94/96

長沢 透　ながさわ・とおる　～昭和63年3月12日

なかさわ　　　　　　　　　　　　　　　　　　　　　　　　　　　　Ⅰ　政治・経済・社会篇

東京都議, 江戸川区会議長　→88/90

永沢 徳玄　ながさわ・とくげん　～昭和22年9月22日　寛永寺住職　→昭和

中沢 徳治郎　なかざわ・とくじろう　明治34年6月13日～平成1年5月28日　日和産業社長　→88/90

中沢 俊雄　なかざわ・としお　～昭和57年4月23日　大阪都ホテル社長　→80/82

長沢 利治　ながさわ・としはる　～平成12年11月4日　大阪市議　→00/02

長沢 留治　ながさわ・とめじ　～昭和62年12月6日　日本フェルト監査役　→83/87

永沢 豊晶　ながさわ・とよあき　昭和20年7月10日～平成9年8月30日　東京都議(公明)　→97/99

中沢 豊文　なかざわ・とよふみ　昭和13年8月6日～平成15年11月21日　ニチアス専務　→03/05

中沢 寅次郎　なかざわ・とらじろう　～平成5年5月8日　シベリアを語る会会長　→91/93

長沢 直太郎　ながさわ・なおたろう　～昭和42年12月26日　海軍中将　→昭和

中沢 直之　なかざわ・なおゆき　昭和7年3月28日～平成9年6月28日　九州電力常務　→97/99

中沢 日襄　なかざわ・にちじょう　～昭和57年4月30日　法華宗大僧正・元管長　→80/82

中沢 治男　なかざわ・はるお　～平成6年2月6日　徳山曹達常務　→94/96

中沢 広　なかざわ・ひろし　～平成1年7月18日　端野町(北海道)町長　→88/90

長沢 宏　ながさわ・ひろし　昭和4年7月31日～平成9年2月11日　三井信託銀行専務　→97/99

長沢 不二男　ながさわ・ふじお　大正15年3月30日～平成19年5月23日　竹中土木社長　→06/08

中沢 弁次郎　なかざわ・べんじろう　明治24年7月7日～昭和21年11月28日　農民運動家　→昭和

長沢 誠　ながさわ・まこと　大正3年4月1日～平成16年3月15日　松井建設常務　→03/05

中沢 正朗　なかざわ・まさあき　昭和10年3月10日～平成13年12月13日　三益半導体工業社長　→00/02

中沢 昌雄　なかざわ・まさお　明治40年8月5日～平成3年1月8日　サンケン電気顧問・元専務　→91/93

中沢 正夫　なかざわ・まさお　明治36年1月16日～昭和61年12月20日　日本曹達専務　→83/87

長沢 正夫　ながさわ・まさお　明治44年3月25日～平成16年5月3日　野村証券専務, 証券投資信託協会会長　→03/05

長沢 正雄　ながさわ・まさお　大正11年3月24日～平成2年2月9日　クミアイ化学工業相談役・元専務　→88/90

中沢 正史　なかざわ・まさふみ　～平成20年10月11日　山梨県出納局長　→06/08

長沢 正弥　ながさわ・まさや　大正13年12月21日～平成

9年3月25日　丸紅常務, 長栄重工会長　→97/99

長沢 正行　ながさわ・まさゆき　～昭和59年2月5日　(株)ほるぶ取締役相談役・元副社長　→83/87

中沢 正良　なかざわ・まさよし　昭和20年2月10日～平成18年12月7日　NTTドコモ四国社長　→06/08

中沢 三夫　なかざわ・みつお　～昭和55年11月29日　陸軍中将　→80/82

中沢 茂一　なかざわ・もいち　明治45年5月5日～平成16年11月20日　衆院議員(社会党)　→03/05

中沢 靖　なかざわ・やすし　昭和4年8月16日～平成16年4月27日　東京東信用金庫会長　→03/05

中沢 泰彦　なかざわ・やすひこ　昭和17年6月28日～平成7年4月17日　東栄リーファーライン常務　→94/96

中沢 勇　なかざわ・ゆう　～昭和48年3月22日　丸井常務　→昭和

中沢 幸夫　なかざわ・ゆきお　大正14年11月11日～平成12年10月10日　そごう副社長　→00/02

中沢 豊　なかざわ・ゆたか　昭和4年12月21日～平成7年1月14日　三井信託銀行専務　→94/96

長沢 力男　ながさわ・りきお　～平成3年4月2日　福博木型工場社長, 九州木型協議会会長　→91/93

長沢 竜祥　ながさわ・りゅうしょう　～昭和57年9月12日　高野山真言宗大僧正, 高野山正智院住職　→80/82

長沢 竜三　ながさわ・りゅうぞう　～昭和55年12月1日　富士銀行検査役　→80/82

長沢 良　ながさわ・りょう　～昭和56年5月22日　国際興業副社長, 秋北バス社長　→80/82

中沢 礼三　なかざわ・れいぞう　大正4年11月28日～平成8年6月24日　新日本証券専務, 太陽投信委託社長　→94/96

中路 島雄　なかじ・しまお　明治33年12月21日～平成2年8月19日　牧師　日本基督教団扇町教会名誉牧師, 大阪基督教連合会会長　→88/90

中路 正　なかじ・ただし　明治44年5月26日～昭和63年1月11日　日本精工常務　→88/90

中治 信夫　なかじ・のぶお　昭和2年11月14日～平成2年2月25日　姫路市議, 兵庫県ラグビー協会会長, 兵庫県卓球協会会長　→06/08

中路 雅弘　なかじ・まさひろ　大正15年7月14日～平成14年1月14日　衆院議員(共産党)　→00/02

中地 勇栄　なかじ・ゆうえい　～昭和44年12月18日　大日本水産会相談役　→昭和

中島 章雄　なかじま・あきお　～平成4年8月22日　銀座三河屋本店代表取締役　→91/93

中島 彰　なかじま・あきら　～平成3年3月21日　興亜火災海上保険常務　→91/93

中島 章　なかじま・あきら　～昭和45年10月29日　安藤電機社長　→昭和

中島 明　なかじま・あきら　大正12年12月8日～昭和60

年10月17日　富士通常任顧問,元東京銀行常務　→83/87

中島　亮　なかじま・あきら　明治34年9月15日～昭和62年8月17日　東京日産自動車販売相談役・元社長　→83/87

長島　敦　ながしま・あつし　大正7年3月17日～平成16年10月15日　最高裁判事　→03/05

中島　あや　なかじま・あや　～昭和61年11月25日　中島電陽社取締役　→83/87

永島　勲　ながしま・いさお　大正5年9月9日～平成6年8月29日　京王百貨店社長　→94/96

中島　巌　なかじま・いわお　明治33年9月12日～昭和56年3月8日　衆議院議員(社会党),信南交通社長　→80/82

中島　石雄　なかじま・いわお　～昭和6年3月26日　東京控訴院検事　→昭和

中嶋　巌　なかじま・いわお　大正15年8月28日～平成3年5月12日　近畿広告社社長　→91/93

中嶋　巌　なかじま・いわお　大正8年5月9日～平成7年12月16日　トーメン常務　→94/96

長島　磐夫　ながしま・いわお　大正13年8月16日～平成18年3月15日　日本スピンドル製造常務　→06/08

中島　栄一　なかじま・えいいち　昭和6年～平成21年10月2日　三共常務　→09/11

中嶋　栄治　なかじま・えいじ　大正8年12月28日～平成23年12月31日　多摩中央信用金庫理事長　→09/11

中嶋　英二　なかじま・えいじ　昭和6年4月11日～平成19年5月22日　兼松常務,兼松日産農林常務　→06/08

中島　栄三　なかじま・えいぞう　昭和7年3月18日～平成20年4月17日　三興製作所常務　→06/08

中島　理　なかじま・おさむ　大正11年～平成18年10月30日　日立チェン社長　→06/08

長島　修　ながしま・おさむ　大正9年6月18日～平成10年6月14日　四国電力常務,四電エンジニアリング社長　→97/99

中島　音松　なかしま・おとまつ　～平成3年3月28日　雲海酒造会長　→91/93

中島　覚衛　なかじま・かくえ　～昭和30年1月26日　片倉工業社長　→昭和

長島　和夫　ながしま・かずお　明治43年9月27日～平成13年3月16日　日商岩井常務　→00/02

長島　和彦　ながしま・かずひこ　昭和10年2月21日～昭和63年10月28日　ナショナル証券専務,大蔵省審議官,富山県副知事　→88/90

中嶋　勝一　なかじま・かついち　明治25年9月23日～昭和40年9月27日　衆院議員(民自党)　→昭和(なかじま・かついち)

中島　勝美　なかじま・かつみ　昭和13年2月10日～平成22年1月2日　雲海酒造社長,宮崎商工会議所会頭　→09/11

中島　莞爾　なかじま・かんじ　大正1年10月～昭和11年7月12日　陸軍工兵少尉　2.26事件の青年将校の一人　→昭和

中嶋　儀一郎　なかじま・ぎいちろう　大正2年7月17日～平成6年1月30日　日商岩井監査役　→94/96

永島　菊三郎　ながしま・きくさぶろう　明治38年8月4日～平成4年10月5日　住友金属工業取締役　→91/93

中嶋　喜久治　なかじま・きくじ　大正1年12月～平成4年12月28日　トーキン専務　→91/93

中嶋　喜久八　なかじま・きくはち　～昭和61年5月15日　(財)福岡県LPガス協会長,中嶋プロパン瓦斯社長　→83/87

中島　義晃　なかじま・ぎこう　～平成19年12月31日　僧侶　黄檗宗宗務総長　→06/08

長島　吉次郎　ながしま・きちじろう　～昭和27年4月5日　日渇鉄工社長　→昭和

中島　乙未平　なかじま・きみへい　～昭和58年2月6日　富士重工業相談役　→83/87

中島　暁　なかじま・きょう　大正5年9月30日～平成13年2月22日　高知新聞名誉顧問　→00/02

長島　恭助　ながしま・きょうすけ　明治34年9月17日～平成4年9月22日　あさひ銀行取締役相談役　→91/93

永島　行善　ながしま・ぎょうぜん　～昭和61年7月5日　僧侶　観心寺(高野山真言宗)住職　→83/87

中島　喜代一　なかじま・きよかず　～昭和22年7月20日　中島飛行機社長　→昭和

長島　潔　ながしま・きよし　～昭和48年11月12日　第一生命保険専務　→昭和

長嶋　喜代治　ながしま・きよじ　～昭和56年3月12日　胆振管内豊浦町議会議長　→80/82

中島　清光　なかじま・きよみつ　大正5年6月7日～平成21年6月6日　大和証券副社長　→09/11

長島　銀蔵　ながしま・ぎんぞう　明治34年11月～昭和59年9月8日　参院議員(自民党)　→83/87

中島　邦男　なかじま・くにお　～平成23年4月26日　アジア石油専務　→09/11

中島　邦利　なかじま・くにとし　～昭和59年7月22日　大阪ガス監査役　→83/87

中島　久万吉　なかじま・くまきち　明治6年7月24日～昭和35年4月25日　政治家,実業家,男爵　貴院議員,商工相,日本工業倶楽部専務理事　→昭和

長島　敬一　ながしま・けいいち　～平成18年9月14日　行政書士　埼玉県行政書士会会長　→06/08

中島　慶次　なかじま・けいじ　明治27年9月20日～昭和48年10月16日　実業家　王子製紙社長　→昭和

中島　桂太郎　なかじま・けいたろう　～昭和61年3月13日　全化同盟常任顧問,元書記長　→83/87

中島　慶之輔　なかじま・けいのすけ　～平成3年3月30日　(株)ナック社長　→91/93

中島　今朝吾　なかじま・けさご　明治15年6月15日～昭和20年10月28日　陸軍中将　第16師団長　→昭和

中島　袈裟重　なかじま・けさしげ　～平成1年11月12日　共栄火災海上保険取締役　→88/90

長島 源　ながしま・げん　昭和11年3月4日～平成5年9月14日　京葉銀行常務　→91/93

中島 憲一　なかしま・けんいち　昭和6年9月4日～平成15年6月6日　西部ガス常務　→03/05

長島 健一　ながしま・けんいち　大正10年7月28日～平成11年12月18日　バンドー化学専務,神戸銀行常務　→00/02s

中島 憲五　なかじま・けんご　昭和21年6月22日～平成22年4月21日　横浜市議(民主党)　→09/11

中島 健仁　なかしま・けんじ　昭和30年6月8日～平成19年7月18日　弁護士　近畿大学法科大学院教授　→06/08

中島 憲治　なかしま・けんじ　明治41年9月24日～平成5年1月6日　群馬県議,榛名町長　→91/93

中島 賢司　なかじま・けんじ　大正12年9月6日～平成6年12月10日　青木建設副社長　→94/96

永島 健司　ながしま・けんじ　大正11年9月11日～平成19年1月14日　長瀬産業常務　→06/08

中島 健介　なかじま・けんすけ　昭和4年7月1日～平成17年4月11日　柳川観光開発会長,柳川市観光協会名誉会長　→03/05

中島 賢蔵　なかじま・けんぞう　明治37年11月5日～昭和43年8月11日　山梨県知事,天理市長　→昭和

中島 源太郎　なかじま・げんたろう　昭和4年2月11日～平成4年2月7日　衆院議員(自民党),文相　→91/93

中島 宏一　なかじま・こういち　昭和17年7月22日～平成18年7月3日　住友商事常務　→06/08

長島 公佑　ながしま・こうすけ　大正9年11月30日～平成15年11月19日　長島商事会長,長島美術館館長　→03/05

中島 佐久郎　なかじま・さくろう　～昭和61年9月8日　豊前市議　→83/87

中島 貞男　なかじま・さだお　大正14年～平成5年9月21日　タムラ製作所取締役　→91/93

中島 敏　なかじま・さとし　大正1年10月20日～平成10年1月20日　綜研化学社長　→97/99

中島 三郎　なかじま・さぶろう　明治36年10月22日～平成6年8月16日　啓芳堂製薬会長　→94/96

中島 重雄　なかじま・しげお　～昭和55年2月14日　大成建設元常務取締役　→80/82

中島 茂喜　なかじま・しげき　明治42年2月～昭和48年11月26日　衆院議員(自民党)　→昭和(なかじま・しげき)

長島 茂久　ながしま・しげひさ　大正2年12月18日～平成11年8月19日　第一屋製パン専務　→97/99

中島 滋太郎　なかじま・しげたろう　～昭和24年8月30日　日本郵船専務　→昭和

中島 茂　なかじま・しげる　～昭和45年5月30日　電通副社長　→昭和

中島 茂　なかじま・しげる　明治40年1月20日～平成18年12月16日　アロカ社長,日本無線専務　→06/08

中嶋 静恵　なかじま・しずえ　～平成3年1月2日

社会運動家　→91/93

永島 静　ながしま・しずか　明治43年1月1日～平成11年7月31日　小田急建設専務　→97/99

中島 守一　なかじま・しゅいち　昭和6年3月28日～平成20年2月10日　阿寒町(北海道)町長　→06/08

中島 寿一　なかじま・じゅいち　大正7年8月29日～平成3年4月19日　岩手銀行常務　→91/93

中島 周策　なかじま・しゅうさく　～昭和45年1月17日　川崎市議会議長　→昭和

中島 準　なかじま・じゅん　昭和3年11月28日～平成9年1月16日　東京ガス専務　→97/99

中島 純一　なかじま・じゅんいち　～昭和63年9月28日　東芝ケミカル常務　→88/90

中島 俊作　なかじま・しゅんさく　～昭和45年12月27日　呉羽ゴム工業社長　→昭和

中島 純三郎　なかじま・じゅんざぶろう　～昭和50年11月21日　日本金属工業社長　→昭和

中嶋 舜司　なかじま・しゅんじ　～昭和56年3月11日　立川市長,東京都市長会会長　→80/82

中島 俊蔵　なかじま・しゅんぞう　明治37年7月7日～平成4年2月13日　大和銀行専務,日本金属工業監査役　→91/93

中島 順之助　なかじま・じゅんのすけ　明治42年3月13日～平成2年1月30日　日本石油常務,日本石油精製社長,石油連盟会長　→88/90

中島 昌一　なかじま・しょういち　大正10年～平成3年11月15日　第一勧業銀行専務　→91/93

中島 正一　なかじま・しょういち　明治40年11月3日～平成7年1月22日　出版文化国際交流会副会長　→94/96

中島 昭二　なかじま・しょうじ　平成2年～平成7年3月15日　セントラルファイナンス常務　→94/96

中嶋 丈七　なかじま・じょうしち　明治42年12月3日～平成5年4月26日　極東貿易常務　→91/93

中島 次郎　なかしま・じろう　～昭和57年8月9日　愛知県雇用開発協会事務局長,元愛知県文化会館図書部長　→80/82

中島 治郎　なかしま・じろう　～昭和60年9月14日　関門商品取引所理事長　→83/87

中島 四郎　なかしま・しろう　明治40年5月19日～昭和62年1月28日　セーラー万年筆会長　→83/87

中島 二郎　なかしま・じろう　大正14年9月～平成15年8月15日　警視庁副総監　→03/05

長嶋 次郎　ながしま・じろう　昭和2年9月30日～平成16年7月28日　静岡銀行常務　→03/05

中島 信一　なかじま・しんいち　～平成2年12月9日　東洋高圧工業取締役　→88/90

中島 進治　なかじま・しんじ　～昭和26年8月28日　日本無線前社長　→昭和

永島 新二　ながしま・しんじ　昭和10年4月3日～平成11年5月7日　牧師　日本ハリストス正教会教団首座主教

→97/99

中島　末治郎　なかじま・すえじろう　明治32年9月10日〜平成2年11月16日　四日市木材市場社長,関西茶業協議会会長　→88/90

中島　資朋　なかじま・すけとも　〜昭和17年6月12日　海軍中将　→昭和

中島　祐文　なかじま・すけぶみ　〜昭和58年3月6日　毎日新聞社,スポーツニッポン新聞社監査役,毎日球団常務　→83/87

中島　進　なかじま・すすむ　大正3年9月22日〜昭和62年7月15日　札幌国税局長　→83/87

中島　澄男　なかじま・すみお　大正14年3月26日〜平成21年12月22日　宮崎沖電気社長　→09/11

中島　成　なかじま・せい　〜平成1年11月1日　北海道炭砿汽船専務　→88/90

中島　征一　なかじま・せいいち　〜平成3年2月27日　日本勧業証券（のち勧角証券）専務　→91/93

中島　成功　なかじま・せいこう　明治19年7月6日〜昭和45年7月17日　高知新聞社長　→昭和

中島　静思　なかじま・せいし　大正8年10月31日〜平成10年3月31日　三晃金属工業常務　→97/99

中島　清助　なかじま・せいすけ　明治31年〜昭和57年4月14日　青森県議会議長　→80/82

中島　征帆　なかじま・せいはん　〜昭和54年4月1日　日本電算機社長　→昭和

中島　泉二郎　なかじま・せんじろう　大正13年3月5日〜平成1年9月10日　空将　航空自衛隊総隊司令官,ダイセル化学工業顧問　→88/90

中島　宗一　なかじま・そういち　〜昭和56年7月18日　国会図書館立法考査局長　→80/82

中島　泰祐　なかじま・たいすけ　大正2年11月27日〜平成6年9月10日　太平工業社長,新日本製鉄専務　→94/96

中島　泰祐　なかじま・たいすけ　明治40年7月24日〜平成17年9月5日　明和産業専務　→03/05

永島　孝雄　ながしま　たかお　明治44年11月2日　昭和17年10月9日　社会運動家　→昭和

長島　隆　ながしま・たかし　大正10年9月7日〜平成5年3月19日　神戸市市民局長,神戸地下街社長　→91/93

中島　隆之　なかじま・たかゆき　明治35年12月9日〜昭和61年5月19日　朝日広告社長,河出書房新社社長　→83/87

中島　琢之　なかじま・たくし　明治18年3月29日〜昭和31年7月15日　津山市長,衆院議員　→昭和（なかじま・たかゆき）

中島　卓児　なかじま・たくじ　大正7年7月1日〜平成1年7月22日　青森家裁所長　→88/90

中島　竹郎　なかじま・たけお　〜平成5年5月2日　東海カーボン取締役　→91/93

中島　武夫　なかじま・たけお　〜昭和61年1月9日　明治生命取締役,明光サービス社長　→83/87

長島　武夫　ながしま・たけお　大正2年11月4日〜平成4年9月28日　日東紡績社長　→91/93

中島　武　なかじま・たけし　明治39年5月1日〜平成7年10月1日　北九州市議　→94/96

中島　威　なかじま・たけし　大正4年4月15日〜平成13年3月4日　東京重機工業社長　→00/02

中島　健　なかじま・たけし　大正13年1月17日〜平成2年1月24日　三井信託銀行社長,信託協会会長　→88/90

中島　武　なかじま・たけし　明治39年7月13日〜昭和55年12月10日　地崎道路社長,首都高速道路公団理事　→80/82

中島　忠夫　なかじま・ただお　大正3年10月1日〜平成8年4月17日　オーエヌ技研会長　→94/96

永島　忠雄　ながしま　ただお　〜平成3年2月21日　三菱海運（のち日本郵船）専務,三菱銀行取締役　→91/93

長島　忠雄　ながしま・ただお　明治42年12月20日〜平成13年3月1日　東京電力社長　→00/02

中島　正　なかじま・ただし　〜昭和61年1月6日　日新製鋼副社長,日本鉄板社長　→83/87

中嶋　忠博　なかじま・ただひろ　〜平成17年3月24日　シェル石油（のち昭和シェル石油）常務　→03/05

長島　忠恕　ながしま・ただひろ　大正11年9月4日〜昭和62年8月10日　日本ビルヂング協会連合会専務理事,住宅・都市整備公団監事　→83/87

中島　辰猪　なかじま・たつい　明治36年(?)〜昭和7年2月12日　社会運動家,医師　→昭和

長島　達雄　ながしま・たつお　大正4年1月22日〜平成5年3月25日　瀬味証券印刷会長　→91/93

中島　達二　なかじま・たつじ　大正15年3月2日〜平成13年3月18日　日本板硝子社長　→00/02

中島　辰次郎　なかじま・たつじろう　大正5年3月〜平成1年6月22日　陸軍特務機関員　→88/90

中島　達敬　なかじま・たつのり　〜昭和57年11月2日　弁護士　国鉄青函局長　→80/82

中島　為吉　なかじま・ためきち　明治26年1月28日〜昭和60年6月9日　金山証券社長　→83/87

中島　太郎　なかじま・たろう　〜昭和48年3月16日　衆院議員　→昭和

中島　湛海　なかじま・たんかい　大正4年4月3日〜平成18年10月28日　僧侶　革堂行願寺（天台宗）住職,天台宗大僧正　→06/08

中島　親孝　なかじま・ちかたか　明治38年〜平成4年5月31日　海軍中佐　→91/93

中島　知久平　なかじま・ちくへい　明治17年1月1日〜昭和24年10月29日　実業家,政治家　中島飛行機創業者,衆院議員（政友会）,鉄道相　→昭和

中島　知利　なかじま・ちとし　昭和21年8月9日〜平成14年8月29日　オリエントコーポレーション専務　→00/02

中嶋 忠三郎　なかじま・ちゅうざぶろう　明治33年9月4日～平成10年1月18日　弁護士　西部バス社長　→97/99

中島 二男　なかしま・つぎお　～平成6年7月12日　富士商工社長, 佐世保機械金属工業協同組合理事長　→94/96

中島 努　なかしま・つとむ　昭和8年3月10日～平成22年2月21日　東邦ガス副社長　→09/11

中島 常雄　なかじま・つねお　大正2年2月27日～平成1年3月11日　兵庫県議, 尼崎市教育委員長　→88/90

中島 悌一　なかじま・ていいち　大正5年8月2日～平成8年12月30日　丸紅副社長, 太陽毛糸紡績会長　→97/99s

長島 貞治　ながしま・ていじ　大正15年～平成13年9月13日　帝国ピストンリング専務, 日本精工取締役　→00/02

中島 徹三　なかじま・てつぞう　明治36年2月22日～昭和63年3月24日　中央労働委員会会長代理, 読売新聞政経部長　→88/90

中島 鉄蔵　なかじま・てつぞう　明治19年10月12日～昭和24年7月25日　陸軍中将　→昭和

中島 鉄平　なかじま・てっぺい　～昭和11年11月1日　大蔵省専売局長官　→昭和

中島 董一郎　なかじま・とういちろう　明治16年8月22日～昭和48年12月19日　実業家　キユーピー創業者, 中島董商店創業者　→昭和

中島 登二　なかじま・とうじ　～昭和44年1月7日　日本鋼管常務　→昭和

中島 時雄　なかじま・ときお　～昭和62年12月23日　三菱倉庫取締役　→83/87

中島 得二　なかじま・とくじ　～昭和62年4月4日　雇用促進事業団理事兼九州支部長　→83/87

中島 徳松　なかじま・とくしょう　明治45年2月1日～平成3年4月9日　朝日興業社長　→91/93

中島 徳太郎　なかじま・とくたろう　明治14年1月2日～昭和30年8月9日　貴族院議員, 加賀製紙社長　→昭和(なかじま・とくたろう)

中島 徳太郎　なかじま・とくたろう　大正2年6月23日～平成15年2月27日　中島商店会長　→03/05

長島 徳太郎　ながじま・とくたろう　明治43年4月25日～平成6年6月7日　税理士, 中小企業診断士　全国納税貯蓄組合連合会理事長, 東京局管内納税貯蓄組合連合会副会長　→94/96

永嶋 利秋　ながしま・としあき　大正4年9月13日～昭和60年1月6日　東洋建設常務　→83/87

中島 俊夫　なかじま・としお　大正8年2月10日～平成11年4月5日　益田市漁協組合長　→97/99

中島 粛夫　なかじま・としお　～昭和30年1月17日　日本特殊鋼取締役　→昭和

中島 俊郎　なかじま・としお　～昭和61年2月26日　日本郵船取締役　→83/87

中島 敏男　なかじま・としお　～平成10年8月7日　すみれホテル社長　→97/99

中島 利男　なかじま・としお　～昭和60年10月6日　兵庫県経営者協会理事事務局長　→83/87

中島 敏次郎　なかじま・としじろう　大正14年9月2日～平成23年12月13日　駐中国大使, 最高裁判事　→09/11

中島 利春　なかじま・としはる　昭和3年9月15日～平成1年2月12日　忠実屋取締役　→88/90

中嶋 俊治　なかじま・としはる　大正15年5月30日～平成1年9月10日　瀬戸内海放送専務　→88/90

中島 俊之　なかじま・としゆき　大正5年6月19日～平成7年7月3日　日本無線専務　→94/96

中島 敏行　なかじま・としゆき　～平成4年2月28日　日産京浜サービスセンター常務　→91/93

中島 利幸　なかじま・としゆき　大正12年4月18日～昭和62年6月7日　日石プラスチック社長, 日本石油化学取締役開発部長　→83/87

中島 富夫　なかじま・とみお　昭和3年11月28日～平成12年7月3日　自動車部品工業社長, いすゞ自動車専務　→00/02

長島 富男　ながしま・とみお　～昭和56年2月15日　オーヤマ照明監査役, 朝日照明社長　→80/82

中島 友司　なかじま・ともじ　～昭和55年2月17日　弁護士　高松地検検事正　→80/82

中島 豊成　なかじま・とよしげ　～昭和62年2月12日　岡谷市議　→83/87

永島 豊次郎　ながしま・とよじろう　明治40年3月5日～平成3年1月27日　東洋インキ製造社長　→91/93

中島 寅次郎　なかじま・とらじろう　大正14年1月3日～平成5年2月6日　フェアレーンズ社長, 小名浜カントリー倶楽部理事長　→91/93

中島 尚俊　なかじま・なおとし　昭和22年2月11日～平成23年9月　JR北海道社長　→09/11

長島 直彦　ながしま・なおひこ　～平成15年8月6日　山梨県出納長　→03/05

中島 尚文　なかじま・なおふみ　～昭和62年3月16日　会計検査院第三局長,(医)芙蓉会理事　→83/87

中島 直臣　なかじま・なおみ　大正5年12月16日～平成17年8月15日　陸将　陸上自衛隊西部方面総監　→03/05

中島 治　なかじま・なおる　大正8年5月5日～平成4年3月24日　福留ハム会長, 広島食肉市場社長　→91/93

中島 信男　なかじま・のぶお　～昭和57年10月30日　岐阜信用金庫会長, 全国信用金庫協会理事　→80/82

中島 昇　なかじま・のぼる　～昭和40年8月7日　三井石油化学常務　→昭和

長嶋 登　ながしま・のぼる　大正15年12月5日～平成10年2月24日　神戸市議　→97/99

長島 肇　ながしま・はじめ　～昭和63年6月1日　北海道空港取締役　→88/90

I 政治・経済・社会篇

なかしま

長島 毅　ながしま・はたす　明治13年6月8日～昭和23年3月18日　司法官僚　大審院長　→昭和

中島 隼人　なかじま・はやと　～昭和62年8月21日　三井物産取締役、三井石油開発副社長　→83/87

中嶋 晴雄　なかじま・はるお　大正7年4月10日～平成21年11月23日　国税庁次長　→09/11

長島 晴雄　ながしま・はるお　大正8年3月30日～平成9年9月24日　神戸新聞常務　→97/99

中島 繁次郎　なかじま・はんじろう　～昭和48年9月26日　十條製紙専務　→昭和

中島 万里　なかじま・ばんり　大正5年10月25日～平成3年7月12日　大陽酸素常務　→91/93

中嶋 彦右衛門　なかじま・ひこえもん　～平成12年3月1日　滋賀県会副議長　→00/02

中島 久夫　なかしま・ひさお　～昭和58年10月9日　愛知県遺族連合会副会長　→83/87

中島 久雄　なかじま・ひさお　昭和2年2月20日～平成12年6月3日　協和銀行常務　→00/02

中島 秀昭　なかじま・ひであき　～昭和55年5月17日　神奈川県津久井郡城山町長　→80/82

中島 秀夫　なかじま・ひでお　～昭和61年1月31日　NHK文化センター名古屋支社長、元NHK名古屋放送局副局長　→83/87

中島 英夫　なかじま・ひでお　大正9年10月～昭和63年4月17日　衆院議員（社会党）　→88/90

中島 秀和　なかじま・ひでかず　昭和10年10月25日～平成5年6月13日　万年社取締役　→91/93

中島 一　なかじま・ひとし　大正12年4月16日～平成5年10月2日　マツダ専務　→91/93

中島 均　なかじま・ひとし　～昭和57年9月14日　東海銀行取締役　→80/82

中島 長久　なかじま・ひさひ　大正5年～昭和61年12月2日　新日鉄取締役、日鉄鋼機社長　→83/87

中島 寛　なかじま・ひろし　昭和13年3月13日～平成10年10月6日　宝幸水産社長　→97/99

中島 弘　なかじま・ひろし　昭和11年4月30日～平成6年3月4日　トーヨーカネツ副社長　→94/96

中嶋 宏　なかじま・ひろし　昭和2年9月7日～平成16年5月9日　日本精工常務、早稲田大学理事　→03/05

中嶋 弘　なかじま・ひろし　昭和44年3月21日～平成6年4月19日　浅沼組専務、千葉県民共済相談役理事　→94/96

中嶋 浩　なかじま・ひろし　～平成13年4月12日　新潟鉄工所常務　→00/02

中島 弘次郎　なかしま・ひろじろう　明治41年3月3日～昭和58年4月22日　旭可鍛鉄社長　→83/87

中島 福三郎　なかしま・ふくさぶろう　明治41年3月25日～平成9年8月29日　そごう副社長、日本銀行検査部長　→97/99

長島 藤夫　ながしま・ふじお　大正13年1月1日～平成2年5月17日　東京応化工業取締役・元専務　→88/90

中島 武八　なかしま・ぶはち　～昭和60年9月3日　日本科学技術振興財団事務本部副参事　→83/87

長島 文夫　ながしま・ふみお　大正13年9月29日～平成1年8月11日　紀南信用組合理事長　→88/90

中島 平次郎　なかしま・へいじろう　明治40年1月24日～平成13年10月30日　東都水産専務　義太夫かるたを自費出版　→00/02

中島 鵬六　なかしま・ほうろく　明治18年2月～昭和6年2月17日　衆院議員（立憲政友会）　→昭和（なかじま・ほうろく）

中島 誠　なかじま・まこと　～平成9年3月7日　池田銀行専務　→97/99

中島 孚　なかじま・まこと　明治44年8月8日～昭和58年10月20日　三菱金属取締役　→83/87

中島 正明　なかじま・まさあき　昭和1年11月5日～昭和59年7月9日　鉄興社常務　→83/87

中嶋 正昭　なかじま・まさあき　昭和3年12月2日～平成8年10月15日　牧師　日本基督教協議会議長　→94/96

中島 正男　なかじま・まさお　大正4年5月2日～平成9年9月4日　千代田生命保険社長　→97/99

中島 正夫　なかじま・まさお　大正15年4月19日～平成2年3月1日　多木化学監査役　→88/90

長島 真佐雄　ながしま・まさお　大正5年1月12日～平成1年3月18日　キリンビール常務　→88/90

中島 正樹　なかじま・まさき　明治38年11月22日～平成8年4月5日　三菱総合研究所相談役　→94/96

中島 正武　なかじま・まさたけ　明治3年9月10日～昭和6年2月23日　陸軍中将　→昭和

中島 正舒　なかじま・まさのぶ　大正7年8月19日～昭和63年6月1日　北海道東北開発公庫副総裁、石狩開発会長　→88/90

長嶋 正久　ながしま・まさひさ　～昭和45年8月24日　日本甘蔗糖工業会会長　→昭和

中島 正保　なかじま・まさやす　～昭和48年4月18日　日邦汽船社長　→昭和

中島 正義　なかじま・まさよし　明治42年7月29日～平成3年12月25日　アサヒビール社長　→91/93

中島 正義　なかじま・まさよし　～平成23年2月15日　阪神淡路大震災1・17のつどい創始者、日本がん楽会副会長　→09/11

中島 真人　なかじま・まひと　昭和10年1月1日～平成20年5月18日　参院議員（自民党）　→06/08

中島 操　なかじま・みさお　～昭和13年3月31日　陸軍少将　→昭和

中島 美智子　なかしま・みちこ　～平成5年7月6日　日本肝臓病患者団体協議会副会長、九州肝炎友の会会長　→91/93

中島 道雄　なかじま・みちお　明治36年2月22日～昭和58年5月10日　RKB毎日放送相談役　→83/87

「現代物故者事典」総索引（昭和元年～平成23年）　881

中島 迪男　なかじま・みちお　大正15年4月29日〜平成18年8月11日　シチズン時計社長　→06/08

中島 通子　なかじま・みちこ　昭和10年9月9日〜平成19年7月30日　弁護士　働く女性のための弁護団共同代表、中島通子法律事務所　→06/08

中島 道治　なかじま・みちはる　昭和4年9月25日〜平成3年12月10日　繊維労連副委長　「わがガン生活の断章」の著者　→91/93

中島 道文　なかじま・みちふみ　明治37年11月8日〜平成8年2月7日　川崎製鉄専務　→94/96

中島 三男　なかじま・みつお　〜平成16年1月11日　川本産業専務　→03/05

中嶋 貢　なかじま・みつぐ　昭和5年4月14日〜平成18年3月12日　サッポロビール副社長　→06/08

中嶋 光矢　なかじま・みつや　明治36年7月2日〜平成1年11月10日　日本短波放送社長　→88/90

中嶋 爾　なかじま・みつる　大正10年11月29日〜平成16年9月1日　日本触媒社長　→03/05

長嶋 光　ながしま・みつる　〜平成5年3月3日　安田火災海上保険取締役　→91/93

中島 咸人　なかじま・みなと　大正15年4月2日〜平成22年4月13日　信南交通社長、飯田商工会議所会頭　→09/11

中島 村太郎　なかじま・むらたろう　〜昭和46年7月16日　帝人副社長　→昭和

中島 茂七　なかじま・もしち　〜昭和2年5月12日　米界猛者　→昭和

中島 元男　なかじま・もとお　〜平成2年7月26日　富士電気化学取締役　→88/90

中島 資皓　なかじま・もとひろ　昭和6年7月27日〜平成23年8月23日　東洋経済新報社社長　→09/11

中島 守利　なかじま・もりとし　明治10年10月15日〜昭和27年1月28日　衆院議員（自由党）　→昭和（なかじま・もりとし）

中島 弥団次　なかじま・やだんじ　明治19年6月13日〜昭和37年12月21日　衆院議員（進歩党）　→昭和

中島 雄一　なかじま・ゆういち　大正10年6月13日〜平成20年10月4日　中島董商店社長、キユーピー会長　→06/08

永島 雄治　ながしま・ゆうじ　〜昭和28年3月22日　三井物産重役　→昭和

中島 勇三　なかじま・ゆうぞう　明治44年12月9日〜平成14年2月13日　高崎製紙常務　→00/02

中島 幸男　なかじま・ゆきお　昭和3年1月1日〜平成9年7月11日　日本セメント専務　→97/99

中島 幸基　なかじま・ゆきもと　昭和41年10月10日　電通常務取締役　→昭和

中島 譲　なかじま・ゆずる　〜昭和55年3月9日　経済界常務取締役　→80/82

仲島 与一　なかしま・よいち　明治43年4月17日〜昭和58年11月8日　ブリヂストンタイヤ顧問・元副社長　→83/87

中島 洋次郎　なかじま・ようじろう　昭和34年7月16日〜平成13年1月6日　衆議院議員（自民党）　→00/02

永島 洋太郎　ながしま・ようたろう　大正2年10月28日〜昭和58年8月8日　日興証券投資信託委員会長、三菱銀行常務　→83/87

中島 義男　なかじま・よしお　昭和8年12月9日〜平成18年6月30日　理研計器社長　→06/08

中島 孝信　なかじま・よしのぶ　〜平成5年1月30日　大阪高裁判事、広島地裁所長　→91/93

中島 義治　なかじま・よしはる　〜昭和39年10月4日　日本製粉社長　→昭和

中島 好弘　なかじま・よしひろ　大正13年10月30日〜平成12年8月24日　日産化学工業常務　→00/02

中島 与曽八　なかじま・よそはち　慶応4年2月19日〜昭和4年10月6日　海軍機関中将　→昭和（中島 与曾八）

中島 四十八　なかじま・よそや　大正4年12月8日〜平成15年5月21日　小糸製作所常務　→03/05

中島 理一　なかじま・りいち　〜昭和58年3月3日　大和紡績常務　→83/87

中島 陸馬　なかじま・りくま　明治38年6月8日〜平成1年4月19日　高知県議（社会党）　→88/90

長島 隆二　ながしま・りゅうじ　明治11年11月29日〜昭和15年10月8日　衆院議員（無所属）　→昭和

中島 隆太郎　なかじま・りゅうたろう　明治44年3月31日〜平成10年11月1日　日本ペイント名誉顧問・元社長　→97/99

中島 良吾　なかじま・りょうご　昭和6年3月16日〜平成2年11月22日　（財）自然公園美化管理財団専務理事、環境庁審議官　→88/90

中島 霊円　なかじま・れいえん　〜昭和10年6月3日　文部書記官　→昭和

長島 鷲太郎　ながしま・わしたろう　慶応4年4月8日〜昭和9年7月27日　弁護士　衆院議員（政友会）、日本曹達工業社長　→昭和

中条 章　なかじょう・あきら　大正7年6月12日〜平成7年9月4日　東邦理化工業社長　→94/96

中城 イマ　なかじょう・いま　明治37年1月12日〜平成14年4月29日　多摩同胞会理事長　→00/02

中条 省吾　なかじょう・しょうご　明治43年6月30日〜昭和63年3月10日　クラレ取締役　→88/90

仲条 進　なかじょう・すすむ　昭和6年11月20日〜平成5年7月25日　山梨いすゞ自動車社長、長野油送社長、鈴与常務　→91/93

仲条 誠三　なかじょう・せいぞう　大正13年1月26日〜昭和63年1月6日　東京汽船副社長　→88/90

中条 是龍　なかじょう・ぜりゅう　〜昭和59年4月17日　日蓮宗本山日本寺貫首、大本山清澄寺別当　→83/87

長洲 一二　ながす・かずじ　大正8年7月28日〜平成11年

5月4日　政治家,経済学者　神奈川県知事　→97/99

中須 忠雄　なかす・ただお　明治42年1月1日～平成9年1月11日　佐藤工業副社長,勧業銀行取締役　→97/99

中須 幹夫　なかす・もとお　大正4年12月6日～平成19年11月28日　全国朝日放送常務,静岡県民放送社長　→06/08

中須 義男　なかす・よしお　明治40年2月15日～平成2年2月27日　高砂市長　→88/90

永末 英一　ながすえ・えいいち　大正7年1月2日～平成6年7月10日　政治家　衆院議員(民社党),民社党委員長　→94/96

永末 千尋　ながすえ・ちひろ　昭和10年7月24日～平成13年5月25日　ハザマ常務　→00/02

永末 嘉浩　ながすえ・よしひろ　昭和8年2月24日～平成18年9月10日　三井建設専務　→06/08

中杉 久治郎　なかすぎ・きゅうじろう　～昭和55年11月15日　海軍少将　→80/82

中杉 徳兵衛　なかすぎ・とくべい　明治31年3月27日～平成2年12月3日　浪速金液会長,名古屋市議　→88/90

中筋 勲　なかすじ・いさお　昭和8年11月20日～平成1年1月10日　日本酸素取締役　→88/90

中筋 政治　なかすじ・まさじ　～平成3年10月24日　森永製菓取締役　→91/93

永積 寅彦　ながずみ・とらひこ　明治35年2月23日～平成6年8月9日　宮内庁掌典長　→94/96

長瀬 英一　ながせ・えいいち　明治32年5月6日～昭和54年7月11日　香川県知事,和洋女子大学学長　→

中瀬 栄太郎　なかせ・えいたろう　昭和61年11月19日　宇奈月町(富山県)町議,黒部川左岸土地改良区副理事長　→83/87

長瀬 英之助　ながせ・えいのすけ　大正13年2月1日～平成17年5月3日　長瀬産業常務　→03/05

長瀬 芳　ながせ・かおる　昭和5年6月24日～平成9年10月12日　日本農産工業専務　→97/99

長瀬 一行　ながせ・かずゆき　～昭和57年4月14日　岐阜紙器会社社長　→80/82

長瀬 幸三　ながせ・こうぞう　～平成10年10月1日　ナガセ会長　→97/99

長瀬 繁松　ながせ・しげまつ　大正8年12月17日～平成6年6月4日　東海カーボン常務,東海高熱工業副社長　→94/96

長瀬 舜造　ながせ・しゅんぞう　大正7年9月22日～平成16年5月11日　キョーラク会長　→03/05

長瀬 正左衛門　ながせ・しょうざえもん　～昭和59年1月9日　甲府市議会議長　→83/87

長瀬 彰después　ながせ・しょうぞう　大正7年2月5日～平成18年5月31日　長瀬産業社長,IMAGICA社長　→06/08

長瀬 真一　ながせ・しんいち　昭和7年1月23日～平成10年10月2日　ナイス日栄専務　→97/99

長瀬 誠造　ながせ・せいぞう　～昭和57年1月6日

長瀬産業社長　→80/82

長瀬 清澄　ながせ・せいちょう　大正2年4月16日～昭和62年8月22日　弁護士　大阪高裁判事　→83/87

長瀬 宗趙　ながせ・そうちょう　元治1年～昭和12年　実業家,茶人　→昭和

永瀬 高夫　ながせ・たかお　大正5年2月16日～昭和62年5月2日　東海ゴム工業取締役　→83/87

長瀬 孝貞　ながせ・たかさだ　大正3年6月27日～平成1年8月8日　川口商工会議所会頭,永幸工場会長　→88/90

永瀬 隆　ながせ・たかし　大正7年2月20日～平成23年6月21日　陸軍通訳　クワイ河平和基金代表　→09/11

中陳 猛　なかぜ・たけし　大正4年9月14日～平成9年9月25日　北陸銀行専務,堤商事社長　→97/99

長瀬 恒雄　ながせ・つねお　大正6年1月9日～平成18年6月29日　日本交通公社社長　→06/08

長瀬 貞一　ながせ・ていいち　～平成14年11月14日　飼料配給社長,元農林次官　→昭和

長瀬 徳太郎　ながせ・とくたろう　～昭和47年12月13日　東洋現像所社長　→昭和

長瀬 敏夫　ながせ・としお　～平成9年1月14日　ホープ精機常務　→97/99

長瀬 富郎　ながせ・とみろう　明治38年2月27日～昭和63年12月23日　花王石鹸社長　→88/90

永瀬 寅吉　ながせ・とらきち　明治40年7月17日　川口市長　→昭和

中瀬 浜　なかせ・のぼる　明治29年3月6日～昭和58年9月17日　海軍少将　→83/87

中瀬 久雄　なかせ・ひさお　昭和6年1月11日～平成15年12月26日　ルック副社長　→03/05

中瀬 秀夫　なかせ・ひでお　大正9年8月1日～平成3年1月7日　日清紡会長　→91/93

長瀬 秀吉　ながせ・ひできち　明治25年9月6日～昭和59年11月8日　弁護士　第二東京弁護士会会長　→83/87

中瀬 宏通　なかせ・ひろみち　大正13年7月6日～平成6年6月22日　公認会計士　日本公認会計士協会会長　→94/96

永瀬 誠　ながせ・まこと　昭和21年1月17日～平成4年4月8日　総理府社会保障制度審議会事務局総務課長　→91/93

永瀬 允　ながせ・まさよし　昭和9年11月27日～平成22年3月9日　東陶機器専務　→09/11

長瀬 六郎　ながせ・ろくろう　～昭和37年10月17日　花王油脂社長　→昭和

中曽 演二　なかそ・えんじ　昭和5年～昭和62年12月13日　東急パーキングシステムズ社長,東急車輌製造取締役　→83/87

長添 雅信　ながそえ・まさのぶ　～平成10年9月12日　陸将補　陸上自衛隊第2混成団長　→97/99

中曽根 吉太郎　なかそね・きちたろう　大正3年7月10日

～平成2年6月23日　古久松木材会長, 全国木材組合連合会副会長　→88/90

仲宗根 源和　なかそね・げんわ　明治28年10月6日～昭和53年10月18日　社会運動家　沖縄民主同盟委員長　→昭和

仲宗根 繁　なかそね・しげる　～平成22年5月27日　沖縄県教育長　→09/11

仲宗根 陽　なかそね・ひかる　～平成21年11月　あじさい音楽村主宰　→09/11

中園 熊一　なかぞの・くまいち　～昭和60年12月7日　久留米中央魚市場専務, 久留米中央卸売市場運営審議会委員, 元久留米魚類仲買協同組合理事長　→83/87

中園 原一　なかぞの・げんいち　～昭和55年10月7日　高知地家裁所長　→80/82

中園 等　なかぞの・ひとし　明治33年2月5日～平成11年1月17日　税理士　日本税理士会連合会相談役・元副会長, 九州北部税理士会名誉会長　→97/99

中園 雅好　なかぞの・まさよし　大正14年5月20日～平成17年3月26日　中園久太郎商店会長　→03/05

中園 盛孝　なかぞの・もりたか　～昭和18年9月1日　陸軍中将　→昭和

永多 昭　ながた・あきら　昭和7年7月29日～平成16年8月27日　コマツ常務　→03/05

永田 明　ながた・あきら　昭和4年7月9日～平成4年7月18日　広島市議会議長(自民党)　→91/93

永田 浅雄　ながた・あさお　～平成1年12月13日　愛知県議　→88/90

永田 浅三郎　ながた・あささぶろう　明治35年7月25日～昭和63年2月21日　フジヤ社長　→88/90

永田 育男　ながた・いくお　昭和4年2月13日～平成12年4月14日　ナガタ社長, 丸八会顧問　→00/02

永田 行男　ながた・いくお　～昭和60年12月1日　旭一シャイン工業専務　→83/87

永田 一策　ながた・いっさく　昭和2年12月25日～平成11年1月7日　永田園芸代表取締役, 日本観葉植物代表取締役　→97/99

中田 栄太郎　なかだ・えいたろう　明治19年1月～昭和52年5月9日　衆院議員(国民協同党)　→昭和(なかた・えいたろう)

永田 英太郎　ながた・えいたろう　明治44年11月4日～平成14年　栃木市長　→03/05s

永田 悦雄　ながた・えつお　大正12年9月28日～平成6年12月2日　熊本県議(自民党)　→94/96

中田 乙一　なかた・おとかず　明治43年8月29日～平成11年12月28日　三菱地所社長　→97/99

永田 音松　ながた・おとまつ　～昭和60年12月12日　(株)永田取締役会長　→83/87

中田 角市　なかた・かくいち　～平成23年2月13日　土佐鰹漁業協同組合組合長　→09/11

中田 格郎　なかた・かくろう　～平成13年4月30日　ラヂオプレス理事長　→00/02

永田 一世　ながた・かずよ　～昭和58年8月25日　東京都信用金庫協会業務部長　→83/87

長田 勝栄　ながた・かつえい　～昭和61年1月31日　国労札幌地本運輸協議会議長　→83/87

永田 勝久　ながた・かつひさ　昭和17年4月20日～平成23年8月4日　三井倉庫常務　→09/11

永田 亀昭　ながた・かめあき　大正11年9月17日～平成10年12月29日　上山市長　→97/99

中田 亀之助　なかた・かめのすけ　～昭和63年12月8日　京都府議(社会党)　→88/90

永田 規矩夫　ながた・きくお　～昭和63年3月14日　富士火災海上保険副社長　→88/90

中田 久蔵　なかだ・きゅうぞう　大正6年11月17日～平成12年7月22日　新潟冷蔵社長, 新潟テレビ21社長, 新潟商工会議所連合会会頭　→00/02

中田 金太　なかだ・きんた　昭和6年4月1日～平成19年6月1日　飛騨庭石社長, 高山ランド社長　→06/08

永田 国夫　ながた・くにお　大正8年3月30日～昭和62年4月9日　横浜製糖(のち三井製糖)専務　→83/87

永田 圭一　ながた・けいいち　～昭和56年9月3日　最高検検事, 京都市警本部長　→80/82

中田 圭吉　なかだ・けいきち　昭和8年9月5日～平成14年10月8日　千葉県商工労働部長, エフエムサウンド千葉社長　→00/02

中田 健二　なかた・けんじ　昭和7年9月18日～平成21年11月4日　大東京火災海上保険常務　→09/11

永田 功　ながた・こういち　～平成9年2月11日　酪農家　松阪肉牛生産者の会会長, 松阪肉牛協会理事　→97/99

永田 孝一　ながた・こういち　大正14年2月10日～平成18年10月8日　札幌通運社長　→06/08

中田 幸吉　なかだ・こうきち　大正4年12月7日～昭和55年9月18日　富山県知事　→80/82

中田 貞雄　なかた・さだお　大正13年12月11日～平成17年8月2日　ナカタ・マックコーポレーション会長　→03/05

中田 貞弘　なかた・さだひろ　～昭和61年1月1日　東中野地所(有)社長　→83/87

中田 悟　なかた・さとる　大正13年1月8日～平成16年3月30日　京阪電気鉄道専務　→03/05

中田 三次郎　なかた・さんじろう　大正11年10月1日～平成8年8月7日　門真市長　→94/96

中田 繁夫　なかた・しげお　大正13年9月21日～平成17年12月1日　北海道議(社会党)　→03/05

中田 繁次　なかだ・しげじ　明治31年2月28日～昭和59年11月16日　東北電気工事社長　→83/87

永田 稠　ながた・しげし　明治14年12月30日～昭和48年

1月2日　移民事業家　日本力行会会長　→昭和（ながた・ちょう）

中田 重孝　なかだ・しげたか　〜昭和63年8月19日　パーム工業取締役会長　→88/90

長田 実玄　ながた・じつげん　〜昭和57年8月22日　真言宗大僧正、四国88カ所第70番札所七宝山持宝院本山寺住職　→80/82

中田 重治　なかだ・じゅうじ　明治3年10月3日〜昭和14年9月24日　キリスト教伝道者　日本ホーリネス教会創立者　→昭和

中田 修蔵　なかだ・しゅうぞう　〜昭和60年9月16日　九州ネオン電機会長　→83/87

永田 順　ながた・じゅん　〜昭和39年6月10日　大阪商船専務　→昭和

中田 俊一　なかだ・しゅんいち　〜昭和43年10月9日　プラチナ万年筆社長　→昭和

仲田 順海　なかた・じゅんかい　〜昭和43年4月3日　品川寺住職　→昭和

中田 正一　なかた・しょういち　明治39年10月〜平成3年10月27日　「風の学校」主宰　→91/93

中田 聖観　なかた・しょうかん　大正6年6月20日〜平成22年7月30日　僧侶　新薬師寺貫主　→09/11

永田 昌縄　ながた・しょうしゃく　〜昭和50年7月25日　北海道拓殖銀行頭取　→昭和

中田 慎一　なかた・しんいち　〜平成5年8月28日　弁護士　日本公証人連合会副会長　→91/93

中田 信二　なかだ・しんじ　昭和31年11月27日〜平成21年12月30日　サコス社長　→09/11

永田 仁助　ながた・じんすけ　文久3年3月22日〜昭和2年3月10日　実業家　浪速銀行頭取、貴院議員（勅選）　→昭和（ながた・にすけ）

中田 新三　なかた・しんぞう　大正10年8月6日〜平成2年6月1日　中田社長、京都織物卸商業組合副理事長　→88/90

永田 新之允　ながた・しんのじょう　〜昭和46年6月21日　岩国市長　岩国市名誉市民　→昭和

永田 水甫　ながた・すいほ　昭和9年〜平成7年8月10日　弁護士　岡崎女子短期大学長、清光学園理事長　→94/96

中田 末男　なかだ・すえお　明治42年10月9日〜平成9年1月10日　旭旺印刷会長　→97/99

中田 祐夫　なかだ・すけお　明治35年6月26日〜昭和59年2月23日　中田印刷社長、大阪府警監　→83/87

永田 年　ながた・すすむ　明治30年4月5日〜昭和56年12月31日　電源開発（株）理事　→80/82

永田 清一　ながた・せいいち　〜平成3年10月12日　全国石製品工業協組連合会長、岡崎市会議長　→91/93

中田 清兵衛　なかだ・せいべえ　明治9年〜昭和45年5月26日　実業家　北陸銀行初代頭取　→昭和（なかた・せいべえ）

中田 清兵衛　なかだ・せいべえ　明治37年9月28日〜平成1年12月16日　ナカダ薬品会長、北陸銀行会長・頭取　→88/90

中田 善作　なかた・ぜんさく　〜昭和55年11月27日　帝国産業元専務　→80/82

永田 善三郎　ながた・ぜんざぶろう　明治18年6月〜昭和25年12月6日　衆院議員（立憲民政党）　→昭和

中田 大三　なかだ・だいぞう　大正3年6月7日〜平成10年3月25日　神戸電鉄社長　→97/99

仲田 隆明　なかた・たかあき　昭和18年12月24日〜平成16年8月19日　弁護士　→03/05

永田 敬生　なかた・たかお　明治44年9月1日〜平成10年2月9日　日立造船社長　→97/99

永田 節　ながた・たかし　明治35年11月〜平成2年10月29日　衆院議員（自由党）　→88/90

永田 尚久　ながた・たかひさ　大正10年3月19日〜昭和58年8月3日　北海道拓殖銀行専務　→83/87

中田 威夫　なかた・たけお　大正14年11月〜平成2年9月25日　地人書館社長　→88/90

中田 武雄　なかた・たけお　大正7年4月26日〜平成19年8月19日　いわき市長、福島県議（自民党）　→06/08

中田 毅　なかた・たけし　大正14年3月21日〜平成4年12月18日　日研化学取締役　→91/93

中田 武治　なかた・たけじ　大正7年4月3日〜平成13年9月25日　秋木製綱社長　→00/02

永田 武彦　ながた・たけひこ　大正10年12月23日〜平成16年11月9日　埼玉銀行副頭取　→03/05

永田 忠章　ながた・ただあき　大正11年8月13日〜平成7年2月11日　毎日新聞社常務　→94/96

仲田 忠雄　なかた・ただお　昭和3年8月9日〜平成22年10月2日　仲田電機社長、加西商工会議所会頭　→09/11

仲田 立男　なかた・たつお　大正11年1月2日〜平成9年12月8日　清水建設専務　→97/99

永田 達雄　ながた・たつお　大正13年2月5日〜平成5年10月31日　三重銀行専務　→91/93

永田 龍大　ながた・たつお　大正5年12月30日〜平成9年4月13日　陸将　陸上自衛隊第6師団長　→97/99

永田 民生　ながた・たみお　大正6年12月19日〜平成6年11月29日　西部ガス常務　→94/96

中田 保　なかだ・たもつ　明治40年10月20日〜昭和63年8月11日　富山テレビ社長　→88/90

永田 太郎　ながた・たろう　明治38年6月2日〜平成1年5月2日　機械工業（のち住友重機械工業）専務　→88/90

中田 長四郎　なかだ・ちょうしろう　明治40年8月24日〜平成2年12月9日　弁護士　→88/90

永田 努　ながた・つとむ　昭和2年10月30日〜平成9年1月19日　四電工常務　→97/99

永田 力　ながた・つとむ　大正2年〜平成11年7月28日　国際航業常務　→97/99

中田 貞治　なかだ・ていじ　明治38年8月11日〜平成3年

1月2日　中田金商会長　→91/93

永田 哲一　ながた・てついち　～平成3年2月10日
安田火災海上保険取締役　→91/93

中田 哲郎　なかだ・てつお　昭和5年8月24日～平成10年12月31日　日本紙パルプ商事専務　→97/99

中田 徹夫　なかだ・てつお　～平成16年5月2日
明治生命保険常務　→03/05

永田 鉄山　ながた・てつざん　明治17年1月14日～昭和10年8月12日　陸軍中将　陸軍軍務局長　→昭和

中田 鉄治　なかた・てつじ　大正15年4月1日～平成15年9月10日　夕張市長　→03/05

永田 哲三　ながた・てつぞう　～昭和56年2月25日
住友銀行専務, 銀泉相談役　→80/82

中田 哲也　なかた・てつや　昭和8年1月27日～平成3年5月8日　ダイソー取締役　→91/93

中田 藤三郎　なかた・とうざぶろう　～昭和42年3月5日
オートボールペン工業会長　→昭和

中田 時懋　なかた・ときしげ　～昭和2年1月13日
陸軍中将　→昭和

永田 徳郎　ながた・とくろう　明治44年1月17日～平成14年2月12日　ヤクルト常務　→00/02

中田 敏夫　なかた・としお　～昭和63年2月15日
日動火災海上保険専務　→88/90

中田 寿　なかだ・としお　大正13年5月18日～平成13年3月9日　埼玉銀行専務　→00/02

中田 敏夫　なかた・としろう　明治43年～昭和63年7月21日　電通総務局長, 満鉄承継監理部長　→88/90

中田 豊一　なかた・とよかず　大正3年2月1日～昭和58年12月17日　藤沢メディカルサプライ社長, 藤沢薬品工業専務　→83/87

中田 豊三郎　なかだ・とよさぶろう　～昭和61年1月30日　(有)中田鉄工所取締役　→83/87

中田 豊千代　なかだ・とよちよ　明治34年1月1日～平成7年1月30日　駐中華民国特命全権公使　→94/96

中田 寅一　なかた・とらいち　明治38年11月4日～昭和61年7月25日　中田建設工業会長, 尼崎商工会議所副会頭　→83/87

中田 直人　なかた・なおと　昭和6年1月24日～平成21年2月3日　弁護士　茨城大学人文学部教授　→09/11

中田 直敏　なかた・なおとし　大正4年1月22日～平成5年11月23日　大館製作所会長, 秋田県会議長　→91/93

永田 尚久　ながた・なおひさ　昭和13年7月7日～平成12年2月22日　総合研究開発機構理事, 自治大学校副校長　→00/02

中田 肇太　なかた・はじめ　昭和2年3月30日～平成18年4月9日　大日本印刷常務　→06/08

永田 八郎　ながた・はちろう　～平成3年10月6日
中国電力副社長　→91/93

中田 初雄　なかた・はつお　大正4年2月15日～平成1年6月2日　秋田県会議長(自民党)　→88/90

永田 彦太郎　ながた・ひこたろう　～昭和23年10月25日
石炭協会専務理事　→昭和

中田 久雄　なかた・ひさお　大正6年10月1日～平成13年3月20日　産経新聞常務　→00/02

名方 寿雄　なかた・ひさお　大正4年11月23日～平成15年3月2日　ダイセル化学工業専務　→03/05

永田 久延　ながた・ひさのぶ　～平成3年11月5日
日本広告主協会専務理事　→91/93

永田 久光　ながた・ひさみつ　大正10年4月14日～昭和50年5月17日　ジャパーク社長　→昭和

永田 寿康　ながた・ひさやす　昭和44年9月2日～平成21年1月3日　衆院議員(民主党)　→09/11

中田 英夫　なかた・ひでお　大正10年1月25日～平成4年11月27日　明治乳業常勤監査役　→91/93

中田 秀夫　なかた・ひでお　～昭和57年5月14日
日本印刷工業会副会長, 昌栄印刷社長　→80/82

中田 秀雄　なかた・ひでお　平成12年10月26日～平成21年9月2日　新内外綿社長　→09/11

長田 英夫　ながた・ひでお　大正10年2月5日～平成14年2月3日　読売新聞広告局次長　→00/02

永田 秀次郎　ながた・ひでじろう　明治9年7月23日～昭和18年9月17日　内務官僚, 政治家, 俳人　貴院議員, 拓相, 鉄道相　→昭和

中田 百畝　なかた・ひゃっぽ　～昭和39年2月11日
京浜急行電鉄社長　→昭和

永田 裕子　ながた・ひろこ　～昭和60年12月11日
東京家裁調停委員　→83/87

永田 洋子　ながた・ひろこ　昭和20年2月8日～平成23年2月5日　新左翼運動家　連合赤軍事件の死刑囚　→09/11

永田 博　ながた・ひろし　昭和5年3月12日～平成11年5月12日　三重県議(公明党)　→97/99

中田 文夫　なかだ・ふみお　昭和9年1月19日～平成14年12月12日　クボタ専務　→00/02

永田 雅一　ながた・まさいち　明治39年1月21日～昭和60年10月24日　映画プロデューサー　日本テレビ放送網取締役, 大映社長, 大毎オリオンズオーナー　→83/87

中田 正雄　なかた・まさお　～昭和57年8月2日
北海道農業機械工業会専務理事　→80/82

永田 正夫　ながた・まさお　昭和6年3月25日～平成15年4月16日　カネボウ社長　→03/05

中田 正子　なかた・まさこ　明治43年12月1日～平成14年10月15日　弁護士　鳥取県弁護士会会長　→00/02

中田 政次　なかた・まさじ　～昭和48年6月8日
大洋漁業常務　→昭和

中田 正成　なかだ・まさなり　大正14年1月2日～平成22年11月23日　三菱鉱業セメント副社長　→09/11

永田 正全　ながた・まさはる　大正1年9月6日～平成22年2月17日　阪急電鉄副社長　→09/11

I　政治・経済・社会篇　　　　　　　　　　　　　　　　　　　　　　　　　　　なかたけ

永田　昌久　　ながた・まさひさ　　昭和15年3月22日～平成21年12月2日　日本製鋼所社長　→09/11

中田　政美　　なかた・まさみ　　明治34年1月20日～昭和51年7月15日　衆院議員（自由党）→昭和

永田　正義　　ながた・まさよし　　明治44年3月13日～平成7年8月26日　人吉市長　→94/96

長田　幹雄　　ながた・みきお　　～平成9年4月10日　岩波書店専務　→97/99

中田　満夫　　なかた・みつお　　大正14年8月19日～平成12年3月31日　九州電力副社長　→00/02

永田　光容　　ながた・みつひろ　　大正9年12月14日～平成12年1月5日　鹿児島銀行常務　→00/02

中田　実　　なかた・みのる　　～昭和7年7月20日　陸軍航空兵中尉　→昭和

中田　実　　なかた・みのる　　昭和20年8月29日～平成20年10月23日　久光製薬常務　→06/08

中田　稔人　　なかた・みのる　　昭和6年2月1日～平成17年8月19日　RKB毎日放送常務　→03/05

長田　稔　　ながた・みのる　　昭和4年1月2日～平成23年6月8日　滋賀県議（自民党）→09/11

仲田　睦男　　なかた・むつお　　明治43年9月5日～平成13年12月14日　北部製糖社長、オキコ社長　→00/02

永田　元雄　　ながた・もとお　　昭和6年1月1日～平成2年2月24日　山一証券専務　→88/90

永田　元吉　　ながた・もときち　　～昭和56年8月30日　大同機械製作所相談役　→80/82

永田　八重雄　　ながた・やえお　　～昭和61年3月10日　永田園会長、元神戸市議　→83/87

永田　康夫　　ながた・やすお　　大正14年1月26日～平成4年2月15日　十島村（鹿児島県）村長　→91/93

永田　保一　　ながた・やすかず　　昭和2年8月25日～昭和61年5月11日　東邦チタニウム監査役、日鉱石油販売監査役　→83/87

永田　安太郎　　ながた・やすたろう　　明治28年7月～昭和30年5月13日　衆院議員（民主党）→昭和

永田　康彦　　ながた・やすひこ　　～昭和56年7月22日　横浜信用金庫専務理事　→80/82

永田　泰彦　　ながた・やすひこ　　大正12年1月3日～平成4年2月25日　ヤクシン相談役　→91/93

仲田　祐一　　なかた・ゆういち　　明治43年6月23日～平成5年9月21日　ビジョン名誉会長　→91/93

中田　幸雄　　なかだ・ゆきお　　大正14年1月25日～昭和61年9月18日　（株）中田食品代表取締役　→83/87

永田　致直　　ながた・ゆきなお　　明治45年2月15日～平成16年2月15日　鹿児島信用金庫会長　→03/05

永田　洋二郎　　ながた・ようじろう　　昭和5年1月26日～平成1年2月19日　サン・シッピング社長、山下新日本汽船取締役　→88/90

長田　与作　　ながた・よさく　　～昭和62年10月4日　長田木材監査役　→83/87

中田　吉雄　　なかた・よしお　　明治39年10月30日～昭和60年5月1日　参院議員（社会党）→83/87

中田　慶雄　　なかた・よしお　　昭和5年11月20日～平成23年5月1日　日本国際貿易促進協会副会長　→09/11

仲田　良夫　　なかた・よしお　　～平成8年12月15日　健康保険組合連合会理事　→94/96

永田　良雄　　ながた・よしお　　昭和6年5月5日～平成10年8月22日　参院議員（自民党）→97/99

中田　義算　　なかた・よしかず　　～昭和26年11月4日　日本鋼管重役　→昭和

永田　義人　　ながた・よしと　　大正5年11月6日～平成4年月17日　日東電工専務　→91/93

永田　芳久　　ながた・よしひさ　　明治36年11月13日～昭和63年10月26日　昭和炭酸副社長、昭和電工取締役　→88/90

中田　義正　　なかた・よしまさ　　明治40年7月3日～昭和63年8月16日　弁護士　→88/90

永田　良之　　ながた・よしゆき　　昭和6年3月29日～平成5年12月19日　博多大丸常務　→91/93

永田　亮一　　ながた・りょういち　　明治44年9月26日～平成9年1月13日　衆院議員（自民党）→97/99

永田　良一郎　　ながた・りょういちろう　　大正14年1月3日～平成12年6月12日　永田良介商店会長、全国家具連合会長　→00/02

中田　良運　　なかだ・りょううん　　～昭和63年3月3日　五郎八代表取締役社長　→88/90

中田　亮吉　　なかた・りょうきち　　明治43年8月16日～平成13年12月19日　建築家　日総建社長　→00/02

永田　亮吉　　ながた・りょうきち　　大正15年5月10日～平成9年7月18日　浅沼組常務　→97/99

中田　吉右　　なかた・よしお　　明治19年9月～昭和46年5月11日　衆院議員（自由党）→昭和

永田　陵資　　ながた・りょうすけ　　昭和4年12月8日～平成7年10月21日　前田道路副社長　→94/96

永田　良平　　ながた・りょうへい　　～平成23年9月14日　空将　→09/11

中田　岷郎　　なかた・ろくろう　　明治15年4月～昭和32年8月12日　衆院議員（第一控室）→昭和（なかた・ろくろう）

中台　順吉　　なかだい・じゅんきち　　文久3年9月～昭和9年1月31日　海軍主計中将　→昭和

中平　馬之丞　　なかだいら・うまのじょう　　明治39年9月9日～昭和63年12月28日　日本甜菜糖取締役　→88/90

長滝　一雄　　ながたき・かずお　　明治33年～昭和50年11月11日　宗教家　日蓮系殉教衆青年党（死なう団）幹部　→昭和

永竹　浩洋　　ながたけ・こうよう　　明治40年10月28日～昭和63年11月25日　佐賀県経営者協会専務理事　→88/90

中武　清雄　　なかたけ・すがお　　昭和4年8月20日～平成19年5月26日　宮崎銀行常務　→06/08

長竹 寅治　ながたけ・とらじ　明治36年4月21日～昭和59年9月12日　足利市長　→83/87

長竹 信行　ながたけ・のぶゆき　明治43年1月30日～平成19年1月29日　タツタ電線専務　→06/08

中楯 市郎　なかだて・いちろう　昭和22年9月18日～平成11年1月17日　セザール常務　→97/99

中谷 厚信　なかたに・あつのぶ　大正7年7月18日～平成16年2月12日　イトマン常務　→03/05

中谷 巌　なかたに・いわお　明治44年11月26日～平成1年2月11日　中谷運輸会長　→88/90

中谷 一雄　なかたに・かずお　明治31年9月3日～昭和61年12月11日　三菱銀行頭取　→83/87

中谷 一雄　なかたに・かずお　～昭和62年10月14日　日東紡績監査役　→83/87

中谷 勘作　なかたに・かんさく　～昭和6年7月27日　陸軍少将　→昭和

鑪 含雄　ながたに・がんゆう　明治29年1月27日～昭和39年10月2日　僧侶,宗教教育者　真宗大谷派(東本願寺)宗務総長,大谷大学教授,西念寺住職　→昭和

中谷 岸造　なかたに・きしぞう　昭和8年1月5日～平成12年5月14日　室戸市長　→00/02

中谷 浩治　なかたに・こうじ　大正13年9月15日～平成19年12月28日　徳島県議(自民党),中谷医院長　→06/08

中谷 作次　なかたに・さくじ　大正5年～平成23年1月18日　新聞文化資料館長　→09/11

中谷 貞頼　なかたに・さだより　明治20年2月～昭和29年11月21日　衆院議員(立憲政友会)　→昭和

中谷 秀　なかたに・しゅう　明治18年～昭和48年9月11日　鳥取県知事　→昭和

中谷 正三　なかたに・しょうぞう　大正3年1月2日～平成7年10月2日　丸善石油(のちコスモ石油)専務　→94/96

永谷 涼　ながたに・すずし　明治44年1月23日～平成6年1月28日　瀬戸信用金庫会長　→94/96

中谷 外秋　なかたに・そとあき　大正14年11月13日～平成18年8月24日　日進電子工業社長,婦中町(富山県)町議　→06/08

中谷 武世　なかたに・たけよ　明治31年7月1日～平成2年10月24日　日本アラブ協会会長,衆院議員(無所属倶楽部)　→88/90

中谷 保　なかたに・たもつ　昭和39年12月10日　安全自動車会長,山王ホテル社長　→昭和

中谷 太郎　なかたに・たろう　大正10年1月24日～昭和59年7月26日　東亜特殊電機会長　→83/87

中谷 千代　なかたに・ちよ　～平成6年4月22日　中谷総業会長,中谷商工会長　→94/96

中谷 鉄也　なかたに・てつや　大正15年5月1日～平成4年3月20日　弁護士　中谷鉄也法律事務所所長,衆院議員(社会党)　→91/93

長谷 輝義　はせ・てるよし　大正12年10月3日～平成14年5月15日　旭建設社長,若築建設常務　→00/02

中谷 昇　なかたに・のぼる　昭和17年2月2日～平成4年5月12日　旭ホームズ専務　→91/93

永谷 晴子　ながたに・はるこ　明治42年4月9日～平成15年2月13日　生活研究家　日本生活協同組合連合会理事,コープこうべ相談役　→03/05

仲谷 英郎　なかたに・ひでお　昭和12年8月27日～平成18年7月27日　NTN常務　→06/08

中谷 浩雄　なかたに・ひろお　大正9年6月15日～平成12年11月21日　神鋼フアウドラー常務　→00/02

中谷 宏　なかたに・ひろし　昭和2年8月9日～平成3年12月28日　そごう副社長　→91/93

永谷 博　なかたに・ひろし　昭和4年9月30日～平成23年5月26日　永谷園社長　→09/11

中谷 孫一　なかたに・まごいち　～平成7年11月2日　石原産業常務　→94/96

仲谷 勝　なかたに・まさる　昭和20年7月23日～平成18年7月20日　ニチメン専務　→06/08

中谷 茂一　なかたに・もいち　明治39年8月20日～平成3年4月30日　近畿日本鉄道常務,大日本土木会長　→91/93

中谷 安治　なかたに・やすじ　～昭和57年5月19日　奈良県総合卸商業団地協同組合理事長　→80/82

中谷 泰久　なかたに・やすひさ　大正11年11月15日～平成12年7月28日　和歌山県議　→00/02

中谷 安正　なかたに・やすまさ　～昭和56年5月22日　住友ベークライト会社顧問　→80/82

中谷 寛　なかたに・ゆたか　～昭和61年1月12日　バンドー化学顧問,元常務　→83/87

中谷 洋一　なかたに・よういち　昭和6年1月8日～平成3年5月3日　中谷公認会計士税理士事務所長　→91/93

永谷 嘉男　ながたに・よしお　大正12年5月16日～平成17年12月28日　永谷園創業者　→03/05

中谷 義也　なかたに・よしや　大正12年3月9日～平成7年3月25日　三菱電機専務　→94/96

中谷 良吉　なかたに・りょうきち　大正9年2月29日～平成8年7月30日　グンゼ常務　→94/96

中谷 林之助　なかたに・りんのすけ　～昭和56年10月18日　横河橋梁製作所専務　→80/82

長渡 行雄　ながたり・ゆきお　大正6年5月16日～平成19年6月27日　日義村(長野県)村長　→06/08

中地 熊造　なかち・くまぞう　明治38年2月10日～昭和57年11月7日　労働運動家　同盟初代会長,全日海組合長　→80/82

仲地 唯彦　なかち・ただひこ　大正13年9月1日～平成13年5月31日　日本鉱業取締役,東邦チタニウム副社長　→00/02

仲地 政夫　なかち・まさお　昭和5年～平成15年9月8日　日本国連協会駐米代表　→03/05

中津 竹造　なかつ・たけぞう　明治11年12月1日～昭和33年3月18日　社会運動家　→昭和

中津 勉　なかつ・つとむ　昭和27年12月4日～平成23年

I　政治・経済・社会篇　　　　　　　　　　　　　　　　　　　　　　　　　　　　　　　　　なかとみ

11月24日　JEUGIA社長　→09/11

永津 利正　ながつ・としまさ　～平成7年12月30日　三菱倉庫副社長　→94/96

中津 友邦　なかつ・ともくに　～昭和63年11月7日　東急住生活研究所代表取締役所長　→88/90

中津 靖夫　なかつ・やすお　昭和12年4月25日～平成19年3月2日　弁護士　関東弁護士連合会理事長　→06/08

中津井 真　なかつい・まこと　明治36年4月1日～昭和61年9月29日　参院議員（自民党）、広島県議会議長　→83/87

長塚 明利　ながつか・あきとし　昭和2年～平成16年6月18日　函館グロリア会創設者、「グロリア」編集発行人　→03/05

中塚 英一郎　なかつか・えいいちろう　～昭和59年9月20日　日本専売公社監事　→83/87

中塚 誠一　なかつか・せいいち　大正15年2月15日～平成10年9月16日　富士紡績取締役、フジボウアパレル会長　→97/99

中塚 武司　なかつか・たけし　大正15年11月13日～平成20年10月30日　いすゞ自動車専務、車体工業社長　→06/08

中塚 富之助　なかつか・とみのすけ　～昭和51年8月7日　秋田放送社長　→昭和

中塚 一　なかつか・はじめ　大正3年2月5日～平成9年12月16日　三桜工業副社長　→97/99

中塚 正人　なかつか・まさと　昭和18年2月20日～平成19年1月3日　岡山県議（自民党）　→06/08

中塚 良太郎　なかつか・りょうたろう　大正6年1月7日～平成16年11月26日　全日空ビルディング会長　→03/05

中司 清　なかつかさ・きよし　明治33年10月21日～平成2年5月1日　鐘淵化学工業名誉会長　→88/90

中津川 繁雄　なかつがわ・しげお　大正3年1月1日～平成6年3月7日　静岡県議、鴻池拓植社長、日東冷蔵社長　→94/96

中辻 修　なかつじ・おさむ　昭和11年7月7日～平成16年4月6日　野崎印刷紙業常務　→03/05

中辻 一馬　なかつじ・かずま　昭和5年6月18日～平成7年6月10日　共栄タンカー社長　→94/96

中辻 喜三夫　なかつじ・きさお　大正12年12月19日～平成14年3月3日　奈良県議（自民党）　→03/05

中坪 肇　なかつぼ・はじめ　昭和13年1月1日～平成9年7月16日　本間組常務　→97/99

中坪 八重蔵　なかつぼ・やえぞう　～昭和37年12月5日　毎日新聞取締役　→昭和

永妻 信夫　ながつま・のぶお　～平成4年11月1日　シンポ印刷社長　→91/93

中津海 省一　なかつみ・しょういち　～昭和42年1月8日　汽車製造株式会社相談役　→昭和

永露 政夫　ながつゆ・まさお　～平成14年3月15日　福岡県議　→00/02

長手 功　ながて・いさお　昭和8年1月6日～平成1年11月22日　大正海上火災保険取締役　→88/90

中出 芳雄　なかで・よしお　明治35年12月24日～平成7年4月2日　協和発酵工業常務、国税庁福岡国税局長　→94/96

長手 米吉　ながて・よねきち　明治36年11月28日～昭和59年11月4日　芦森工業社長　→83/87

永戸 一朗　ながと・いちろう　大正13年1月2日～平成8年1月30日　銀泉副社長、住友銀行取締役　→94/96

長門 清　ながと・きよし　大正4年2月2日～平成5年2月13日　ニチアス常務　→91/93

長戸 啓太郎　ながと・けいたろう　大正5年3月30日～平成17年12月1日　中央信託銀行会長　→03/05

長渡 惣之助　ながと・そうのすけ　～平成6年1月21日　バンドー化学取締役　→94/96

中土居 浩二　なかどい・ひろじ　昭和4年7月8日～平成20年3月25日　三井倉庫専務　→06/08

長藤 公太　ながとう・こうた　～昭和62年2月5日　毎日新聞社終身名誉職員、アジア救ライ協会理事　→83/87

中藤 テツ子　なかとう・てつこ　～昭和61年1月24日　ナカトウ会長　→83/87

中戸川 武　なかとがわ・たけし　大正2年5月10日～昭和62年4月30日　新神戸電機副社長、日立化成工業常務　→83/87

永富 惇猷　ながとみ・あつみち　昭和14年3月3日～平成16年1月23日　リコー取締役　→03/05

中冨 逸郎　なかとみ・いつろう　昭和10年9月20日～平成15年5月30日　陸将　防衛庁技術研究本部技術開発官　→03/05

永富 清　ながとみ・きよし　大正3年10月20日～平成19年3月5日　日清製油副社長、日本油脂協会会長　→06/08

中冨 慶介　なかとみ・けいすけ　明治42年5月26日～平成1年2月6日　宇部化学工業常務取締役　→88/90

中冨 弘堂　なかとみ・こうどう　～平成9年2月2日　久光製薬専務　→97/99

中冨 二六　なかとみ・じろく　明治41年4月24日～平成13年5月26日　久光製薬副社長　→00/02

永富 正　ながとみ・ただし　～平成3年3月17日　菱和工業社長　→91/93

中冨 鉄之助　なかとみ・てつのすけ　～平成4年2月20日　添田町（福岡県）町長　→91/93

永冨 信太　ながとみ・のぶた　～平成7年1月8日　東洋空機製作所会長　→94/96

長冨 久　ながとみ・ひさし　～昭和54年9月4日　最高検次長検事　→昭和

中冨 正義　なかとみ・まさよし　明治38年10月23日～平成23年11月23日　久光製薬社長　→09/11

中冨 義夫　なかとみ・よしお　明治44年4月30日～平成8年5月10日　吉富製薬社長　→94/96

永留 小太郎　ながとめ・しょうたろう　～昭和5年12月22日　川崎造船所専務　→昭和

永友 一美　ながとも・いちみ　昭和12年11月10日～平成20年7月15日　宮崎県議(自民党)　→06/08

長友 清一　ながとも・せいいち　～昭和55年5月22日　長友式ふ卵器考案者　→80/82

長友 武男　ながとも・たけお　明治39年7月26日～平成17年5月4日　宮崎銀行常務　→03/05

長友 貞蔵　ながとも・ていぞう　昭和5年5月28日～平成6年5月3日　宮崎市長　→94/96

長友 浪男　ながとも・なみお　大正2年5月6日～平成11年10月24日　北海道副知事　→97/99

長友 和夫　ながとも・むつお　大正8年1月2日～平成4年3月31日　三菱商事取締役　→91/93

長友 安盛　ながとも・やすもり　大正4年10月20日～平成20年4月21日　宮崎県農協中央会会長　→06/08

長戸路 政司　ながとろ・まさじ　明治17年12月10日～昭和38年6月3日　弁護士　千葉敬愛経済大学学長　→80/82(ながとろ・まさし)

中並 高人　なかなみ・たかと　明治45年7月11日～昭和63年4月20日　中並組(建設業)社長, 飯塚市柔道協会長　→88/90

中西 亮　なかにし・あきら　昭和3年2月15日～平成6年4月　中西印刷社長　→94/96

中西 公　なかにし・いさお　昭和15年3月1日～平成21年6月24日　ジェーシービー社長, 三和銀行副頭取　→09/11

中西 一郎　なかにし・いちろう　大正4年3月29日～平成4年11月18日　参院議員(自民党)　→91/93

中西 五男　なかにし・いつお　昭和11年3月7日～平成17年8月3日　ニイタカ会長　→03/05

中西 伊之助　なかにし・いのすけ　明治26年2月7日～昭和33年9月1日　社会主義運動家, 小説家　→昭和

中西 牛郎　なかにし・うしお　安政6年1月18日～昭和5年10月18日　宗教思想家　扶桑教大教正　→昭和

中西 雄幸　なかにし・おさち　昭和8年5月7日～平成13年11月27日　和歌山県議(自民党), 貴志川町長　→00/02

中西 嘉三郎　なかにし・かさぶろう　大正8年3月20日～平成21年3月25日　富士通取締役　→09/11

中西 一貴　なかにし・かずたか　昭和8年9月20日～昭和58年7月19日　住友銀行取締役・本店支配人　→83/87

中西 紀久雄　なかにし・きくお　昭和7年2月6日～平成3年9月10日　東日本総合信用監査役, 第一相互銀行(のち太平洋銀行)監査役　→91/93

中西 喜知次　なかにし・きちじ　～平成4年6月14日　大阪医薬品卸商組合理事長, ドーエーメディックス相談役　→91/93

中西 啓介　なかにし・けいすけ　昭和16年2月6日～平成14年1月27日　衆院議員(保守党), 防衛庁長官　→00/02

中西 敬太郎　なかにし・けいたろう　明治34年12月25日～平成2年3月12日　大和銀行常務, 三光汽船副社長　→

中西 月竜　なかにし・げつりゅう　～昭和42年4月2日　松山市議会議長　→昭和

中西 健次　なかにし・けんじ　明治41年5月29日～平成11年3月29日　高砂香料工業社長　→97/99

中西 賢治　なかにし・けんじ　昭和20年10月18日～平成22年1月12日　京都市議(公明党)　→09/11

中西 健三　なかにし・けんぞう　大正8年1月2日～平成6年6月8日　川鉄商事常務, 川鉄甲南スチールセンター社長　→94/96

中西 功　なかにし・こう　明治43年9月18日～昭和48年5月18日　社会運動家, 政治家, 中国研究家　参院議員(共産党)　→昭和

中西 秩　なかにし・さとる　昭和4年4月12日～平成10年2月3日　東亜建設工業副社長　→97/99

仲西 三良　なかにし・さぶろう　明治23年3月～昭和31年12月6日　衆院議員(日本進歩党)　→昭和

中西 重則　なかにし・しげのり　～平成17年5月25日　宿毛市長　→03/05

中西 七蔵　なかにし・しちぞう　～平成11年7月22日　三菱長崎機工社長　→97/99

中西 修治　なかにし・しゅうじ　明治41年10月5日～平成4年12月7日　東芝副社長　→91/93

仲西 修二　なかにし・しゅうじ　大正2年9月19日～平成18年7月31日　日本特殊塗料常務　→06/08

中西 淳　なかにし・じゅん　～昭和60年10月23日　(株)アキレス商会代表取締役　→83/87

仲西 二郎　なかにし・じろう　大正9年6月3日～平成22年7月31日　大阪高裁部総括判事　→09/11

中西 信吉　なかにし・しんきち　～平成5年1月24日　日本中央競馬会理事　→91/93

仲西 清市　なかにし・せいいち　大正10年8月22日～平成16年3月7日　コープケミカル専務　→83/87

中西 善輔　なかにし・ぜんすけ　～平成1年2月3日　奈良新聞社専務　→88/90

中西 孝雄　なかにし・たかお　～昭和61年4月4日　豊前市農協理事, 元豊前市議　→83/87

中西 孝雄　なかにし・たかお　昭和8年10月12日～平成22年6月17日　日興証券専務　→09/11

中西 威　なかにし・たけし　大正4年7月3日～昭和63年7月15日　サンビミ監査役　→88/90

中西 辰夫　なかにし・たつお　大正9年10月12日～昭和63年11月26日　北海道電力専務, 北海道用地常務　→88/90

中西 珠子　なかにし・たまこ　大正8年3月19日～平成20年4月3日　参院議員(公明党)　→06/08

仲西 為義　なかにし・ためよし　明治37年3月26日～昭和63年5月15日　呉造船所常務　→88/90

仲西 太郎　なかにし・たろう　大正12年12月21日～平成9年10月2日　日本特殊塗料社長　→97/99

88/90

中西 蔦生　なかにし・つたお　～平成8年2月25日
三菱鉱業(のち三菱マテリアル)常務　→94/96

中西 勤　なかにし・つとむ　昭和9年2月11日～平成20年4月21日　嵐山観光ホテル社長,京都府旅館生活衛生同業組合理事長　→06/08

中西 勉　なかにし・つとむ　大正2年3月3日～昭和58年7月26日　公認会計士　日大生産工学部教授　→83/87

中西 恒次　なかにし・つねじ　昭和15年12月20日～平成11年1月3日　サニー常務　→97/99

中西 貞次郎　なかにし・ていじろう　～平成1年3月9日
大同生命監査役　→88/90

中西 輝彦　なかにし・てるひこ　大正15年10月11日～平成10年11月2日　メタルアート社長,日商岩井常務　→97/99

中西 照彦　なかにし・てるひこ　大正15年1月2日～平成11年8月4日　三重県議　→97/99

中西 伝一　なかにし・でんいち　～昭和57年3月11日
ミノルタカメラ常務　→80/82

中西 徹　なかにし・とおる　大正15年7月17日～平成10年3月4日　京阪百貨店会長　→97/99

中西 敏憲　なかにし・としかず　明治27年3月9日～昭和57年10月6日　衆議院議員(進歩党),武生市長　→80/82

中西 知三　なかにし・ともぞう　昭和2年10月9日～平成8年11月26日　不二製油専務　→94/96

中西 虎之助　なかにし・とらのすけ　慶応2年6月～昭和15年12月13日　印刷事業家　→昭和

中西 伸雄　なかにし・のぶお　昭和10年1月14日～平成18年11月8日　和歌山県出納官　→06/08

中西 延吉　なかにし・のぶよし　明治44年1月11日～平成12年1月15日　中西製作所社長　→00/02

中西 憲男　なかにし・のりお　大正12年10月27日～平成16年7月2日　栗本鉄工所常務　→03/05

中西 彦四郎　なかにし・ひこしろう　～平成2年8月16日
毎日新聞東京社会事業団事務局長　→88/90

中西 彦二郎　なかにし・ひこじろう　～昭和57年2月10日　弁護士　東京高裁総括判事　→80/82

中西 久雄　なかにし・ひさお　昭和2年1月29日～平成5年8月6日　愛媛県議(自民党),松山学院理事長　→91/93

中西 久　なかにし・ひさし　明治34年9月9日～平成2年11月5日　日本郵船常務,日本ドーバー社長　→88/90

中西 尚　なかにし・ひさし　～昭和62年7月29日
神東塗料取締役　→83/87

中西 秀人　なかにし・ひでと　～昭和59年8月13日
溶接業　南米大陸自転車横断の冒険サイクリスト　→83/87

中西 秀利　なかにし・ひでとし　～昭和59年10月17日
北海道議　→83/87

中西 兵二　なかにし・ひょうじ　～昭和57年4月22日
日本不動産鑑定協会副会長　→80/82

中西 宏　なかにし・ひろし　大正15年8月30日～昭和61年1月5日　東海興業会長　→83/87

中西 弘　なかにし・ひろし　昭和8年8月21日～平成3年12月5日　武田薬品工業取締役　→91/93

中西 博温　なかにし・ひろはる　昭和16年12月9日～平成9年12月16日　鼓月社長　→97/99

中西 正一　なかにし・まさかず　～平成3年9月12日
日本コンクリート工業常務　→91/93

中西 正直　なかにし・まさなお　～昭和61年11月11日　川崎車両(のち川崎重工業)常務　→83/87

中西 正儀　なかにし・まさのり　～昭和55年4月13日
佐藤工業顧問・元取締役　→80/82

中西 正巳　なかにし・まさみ　大正6年4月20日～平成16年2月17日　産経新聞常務　→03/05

中西 幹育　なかにし・みきやす　大正13年4月15日～平成6年9月19日　畜産技術協会副会長　→94/96

中西 美智夫　なかにし・みちお　大正12年9月12日～平成15年4月16日　吉富製薬常務　→03/05

中西 美世　なかにし・みよ　大正4年4月10日～平成19年2月15日　鼓月創業者　→06/08

中西 美代蔵　なかにし・みよぞう　大正14年5月10日～平成4年4月25日　八千代社長　→00/02

中西 用徳　なかにし・もちよし　明治3年1月1日～昭和10年12月9日　司法官　大審院部長　→昭和(なかにし・ようとく)

中西 泰男　なかにし・やすお　大正1年8月24日～平成9年10月11日　国税庁次長,東京証券取引所副理事長　→97/99

中西 猷淳　なかにし・ゆうじゅん　～昭和53年10月29日　実相院門跡　→昭和

中西 幸雄　なかにし・ゆきお　大正5年1月3日～昭和63年7月31日　日塗不動産社長,大日本塗料取締役　→88/90

中西 豊　なかにし・ゆたか　明治34年11月20日～平成3年8月24日　京阪神急行電鉄(のち阪急電鉄)常務　→91/93

中西 陽一　なかにし・よういち　大正6年9月23日～平成6年2月2日　石川県知事　→94/96

中西 義雄　なかにし・よしお　大正11年12月14日～昭和59年5月4日　部落解放運動家　全国部落解放運動連合会書記長　→83/87

中西 芳五郎　なかにし・よしごろう　～平成9年9月7日
大東鋼機会長　→97/99

中西 林一郎　なかにし・りんいちろう　明治36年6月25日～昭和58年11月20日　ダイアド会長　→83/87

中西 六三郎　なかにし・ろくさぶろう　慶応2年1月27日～昭和5年2月3日　司法官,弁護士　衆院議員(第1控室会)　→昭和

中庭 一彦　なかにわ・かずひこ　昭和4年1月5日～平成10年1月30日　中国セルラー電話社長　→97/99

中沼 督　なかぬま・あつし　昭和32年9月19日～平成23年12月14日　中沼アートスクリーン社長　→09/11

なかぬま

永沼 運造　ながぬま・うんぞう　〜昭和56年11月30日
利根産業社長、行田商工会議所会頭　→80/82

永沼 一衛　ながぬま・かずえ　昭和13年3月25日〜平成10年10月8日　三菱自動車工業取締役　→97/99

長沼 国男　ながぬま・くにお　大正13年10月22日〜平成1年1月17日　開拓社社長　→88/90

永沼 倉次郎　ながぬま・くらじろう　明治28年9月5日〜昭和63年11月3日　利根産業会長、利根建材工業会長　→88/90

長沼 弘毅　ながぬま・こうき　明治39年11月21日〜昭和52年4月27日　大蔵官僚、評論家、随筆家、推理小説研究家　大蔵事務次官　→昭和

長沼 権一　ながぬま・ごんいち　明治20年9月〜昭和27年4月26日　衆院議員（無所属倶楽部）　→昭和（ながぬま・けんいち）

永沼 繁　ながぬま・しげる　〜昭和62年10月3日
塩釜市議会議長　→83/87

長沼 徹　ながぬま・とおる　大正2年2月15日〜平成9年1月2日　日本専売公社理事、日本紙工社長　→97/99

永沼 憲男　ながぬま・のりお　大正11年9月1日〜平成10年7月30日　東急鯱バス会長　→97/99

長沼 典郷　ながぬま・のりさと　大正1年9月8日〜平成14年12月11日　大林道路社長　→00/02

長沼 憲彦　ながぬま・のりひこ　昭和9年12月8日〜平成20年6月4日　留萌市長　→06/08

長沼 秀勝　ながぬま・ひでかつ　〜昭和61年1月27日
帯広市議、社会党帯広総支部副委員長　→83/87

永沼 秀文　ながぬま・ひでふみ　慶応2年10月〜昭和14年2月1日　陸軍中将　→昭和

長沼 冨士男　ながぬま・ふじお　大正12年10月10日〜平成21年9月23日　佐賀県出納長、佐賀共栄銀行会長、佐賀商工会議所会頭　→09/11

永沼 正吉　ながぬま・まさよし　大正14年6月22日〜平成17年1月10日　埼玉県議（自民党）　→08/11

長沼 妙文　ながぬま・みょうこう　明治22年12月25日〜昭和32年9月10日　宗教家　立正佼成会創始者　→昭和

長沼 基之　ながぬま・もとゆき　大正12年11月10日〜平成14年4月7日　立正佼正会初代理事長、庭野平和財団理事長　→00/02

長沼 与三　ながぬま・よぞう　〜昭和61年7月20日
富山石油常務取締役　→83/87

中根 巌　なかね・いわお　〜昭和57年9月29日
日本ボーイスカウト東京連盟理事長、元ボーイスカウト日本連盟理事　→80/82

中根 勝之助　なかね・かつのすけ　昭和6年3月27日〜平成4年6月6日　日車ワシノ製鋼社長　→91/93

中根 環堂　なかね・かんどう　明治9年8月24日〜昭和34年11月18日　僧職　鶴見女子短期大学学長、曹洞宗宗務総長　→昭和

中根 栄　なかね・さかえ　〜昭和17年3月25日

電通監査役編輯長　→昭和

中根 貞彦　なかね・さだひこ　明治11年2月4日〜昭和39年1月24日　銀行家　三和銀行初代頭取　→昭和

中根 茂　なかね・しげる　〜昭和56年10月31日
民社党愛知県連書記長　→80/82

中根 俊二　なかね・しゅんじ　昭和6年9月3日〜平成15年7月25日　大阪新聞社社長　→03/05

中根 新一　なかね・しんいち　〜平成5年6月23日
陸将　住友金属工業顧問、陸上自衛隊武器補給処長　→91/93

長根 進午　ながね・しんご　〜昭和61年6月24日
富士見市長　→83/87

中根 直　なかね・すなお　明治43年2月12日〜平成9年2月18日　美和ロック社長　→97/99

中根 孝　なかね・たかし　明治34年1月5日〜昭和60年1月27日　横浜ゴム社長　→83/87

中根 孝登　なかね・たかと　〜昭和61年12月5日
保ება司　→83/87

中根 武夫　なかね・たけお　明治37年1月9日〜平成4年12月24日　京都市助役　→91/93

中根 時五郎　なかね・ときごろう　明治41年4月24日〜平成17年11月25日　三重県議　→03/05

中根 元　なかね・はじめ　〜昭和59年5月12日
三井鉱山常務　→83/87

中根 英郎　なかね・ひでろう　〜昭和57年2月25日
日動火災海上保険社長　→80/82

中根 正己　なかね・まさみ　〜昭和57年11月15日
駐コロンビア大使　→80/82

中根 麟之助　なかね・りんのすけ　明治44年1月28日〜平成7年2月17日　毎日新聞社専務、毎日広告社社長　→94/96

中野 明　なかの・あきら　大正15年1月22日〜平成8年3月8日　参院議員（公明党）、衆院議員（公明党）　→94/96

長野 朗　ながの・あきら　明治21年4月3日〜昭和50年　国家主義者　全国郷村会議中央委員長　→昭和

中野 敦夫　なかの・あつお　昭和7年〜平成10年8月29日
栗田工業常務　→97/99

長野 厚　ながの・あつし　昭和19年8月8日〜平成15年12月20日　大分合同新聞専務　→03/05

永野 勇　ながの・いさむ　明治37年8月17日〜平成5年9月20日　九州電気工事社長　→91/93

中野 市衛　なかの・いちえ　〜昭和57年5月9日
下館化工社長　→80/82

永野 一郎　ながの・いちろう　明治44年2月21日〜平成14年5月10日　大阪製鎖造機常務　→00/02

永野 厳雄　ながの・いつお　大正7年3月20日〜昭和56年10月8日　参院議員（自民党）、広島県知事　→80/82

中野 宇一　なかの・ういち　〜昭和41年6月12日
東海テレビ副社長　→昭和

中野 英賢　なかの・えいけん　昭和8年8月12日～平成14年2月26日　僧侶　天台宗大僧正、延暦寺観樹院住職　→00/02

中野 栄三郎　なかの・えいざぶろう　明治20年4月18日～昭和63年7月9日　キッコーマン社長　→88/90

永野 修身　ながの・おさみ　明治13年6月15日～昭和22年1月5日　海軍元帥　海相、海軍軍令部総長　→昭和

永野 治　ながの・おさむ　明治44年10月9日～平成10年2月22日　石川島播磨重工業副社長　→97/99

中野 乙吉　なかの・おときち　明治43年4月1日～平成4年4月9日　新潟交通社長　→91/93

中野 一夫　なかの・かずお　～昭和61年7月22日　ナカノ取締役会長　→83/87

永野 一男　ながの・かずお　昭和27年8月1日～昭和60年6月18日　豊田商事グループ総帥　→83/87

永野 一彦　ながの・かずひこ　明治42年1月23日～平成19年7月15日　三菱商事常務　→06/08

仲野 和也　なかの・かずや　～平成4年2月23日　コージツ常勤監査役　→91/93

長野 勝明　ながの・かつあき　大正12年7月23日～平成18年9月1日　尾鷲市長　→06/08

中野 貫一　なかの・かんいち　弘化3年9月8日～昭和3年2月25日　実業家　中野興業社長、衆院議員（憲政会）　→昭和

中野 皓司　なかの・かんじ　大正14年8月23日～平成13年5月5日　中野林業社長、奈良県公安委員長　→00/02

長野 紀一　ながの・きいち　大正11年2月11日～平成2年4月13日　近畿リース社長　→88/90

中野 吉蔵　なかの・きちぞう　明治40年9月28日～平成16年2月16日　オリンパス常務　→03/05

中野 公義　なかの・きみよし　明治42年7月15日～平成17年7月30日　警察大学校校長　→昭和

中野 清　なかの・きよし　昭和11年2月1日～平成4年11月20日　大洋漁業取締役　→91/93

中野 清　なかの・きよし　大正4年9月3日～平成10年2月1日　新潟県議（自民党）　→97/99

中野 清　なかの・きよし　昭和15年7月6日～平成20年4月8日　大阪府議（自民党）　→06/08

中野 喜代二　なかの・きよじ　大正11年4月8日～平成6年1月27日　日本紙業常務　→94/96

長野 潔　ながの・きよし　～昭和45年3月18日　弁護士　第一東京弁護士会長　→昭和

中野 精紀　なかの・きよのり　大正5年2月6日～昭和61年5月26日　三井石油化学工業社長、石油化学工業会副会長　→83/87

中野 錦一　なかの・きんいち　昭和12年3月14日～平成10年5月15日　住友大阪セメント常務　→97/99

長野 金城　ながの・きんき　明治35年10月5日～平成4年4月25日　川崎製鉄顧問・元常務　→83/87

中野 金次郎　なかの・きんじろう　明治15年5月20日～昭和32年10月30日　興亜火災海上社長　→昭和

長野 国助　ながの・くにすけ　明治20年6月11日～昭和46年4月12日　弁護士　日弁連会長、全国人権擁護委員連合会会長　→昭和

中野 邦弘　なかの・くにひろ　明治44年1月23日～平成1年3月19日　大同特殊鋼専務　→88/90

中野 庫吉　なかの・くらきち　大正8年4月28日～平成13年2月21日　若宮商事会長、埼玉県議（自民党）　→00/02

中野 啓一　なかの・けいいち　明治40年2月15日～昭和62年5月29日　東洋建設顧問　→83/87

永野 健治　ながの・けんじ　昭和5年3月2日～平成16年2月6日　富士通ゼネラル専務　→03/05

中野 顕文　なかの・けんぶん　～昭和56年3月1日　日蓮聖人御入滅霊場・日蓮宗大坊本行寺住職　→80/82

中野 幸一　なかの・こういち　～昭和44年10月6日　大昭和製紙常任監査役　→昭和

中野 孝三郎　なかの・こうざぶろう　昭和2年7月19日～平成7年2月3日　キッコーマン社長　→94/96

中野 耕三郎　なかの・こうざぶろう　大正12年6月8日～平成11年11月19日　コクヨ専務　→97/99

中野 曠三　なかの・こうぞう　大正15年9月4日～平成20年9月22日　日本テレビ放送網専務　→06/08

長野 耕造　ながの・こうぞう　明治43年10月5日～平成20年11月4日　中外鉱業社長、三井金属鉱業常務　→06/08

中野 孝太郎　なかの・こうたろう　大正4年4月3日～平成20年10月6日　新日本製鉄常務、日鉄商事社長　→06/08

中野 才次　なかの・さいじ　～昭和12年3月19日　佐賀市助役　→昭和

永野 貞　ながの・さだ　～昭和62年10月23日　（財）国際看護交流協会常務理事　→83/87

中野 定吉　なかの・さだきち　明治36年12月8日～昭和62年6月3日　飛島建設副社長　→83/87

中野 左苗　なかの・さなえ　～平成10年6月29日　日本新薬常務　→97/99

中野 三郎　なかの・さぶろう　大正10年1月7日-平成11年10月16日　三菱重工業常務　→97/99

仲野 三郎　なかの・さぶろう　大正15年4月15日～平成6年2月9日　京都タワー常務　→94/96

永野 重雄　ながの・しげお　明治33年7月15日～昭和59年5月4日　実業家、財界人　日本商工会議所会頭、新日本製鉄取締役名誉会長　→83/87

永野 茂門　ながの・しげと　大正11年6月28日～平成22年1月4日　参院議員（自由党）、法相　→09/11

永野 重治　ながの・しげはる　明治6年7月3日　海軍大尉　→昭和

中野 重美　なかの・しげみ　明治42年10月5日～平成3年8月9日　中電工社長、修道学園理事長　→91/93

中野 茂　なかの・しげる　昭和7年2月16日～昭和60年8月25日　浜井産業取締役総務部長　→83/87

なかの　　　　　　　　　　　　　　　　　　　　　　　　　　　　Ⅰ　政治・経済・社会篇

中野　茂　なかの・しげる　大正1年11月25日～昭和61年12月8日　北日本放送常務　→83/87

中野　静夫　なかの・しずお　明治24年8月16日～昭和41年3月29日　帝国化工会長　→昭和

中野　シツ　なかの・しつ　明治27年1月1日～平成19年8月19日　長寿日本一（113歳）　→06/08

中野　修一　なかの・しゅういち　～平成5年3月7日　東洋運搬機常務　→91/93

長野　重右衛門　ながの・じゅうえもん　明治31年7月1日～昭和32年6月13日　政治家　衆院議員（民主党）　→昭和

中野　周治　なかの・しゅうじ　～昭和56年5月19日　住宅新報社会長　→80/82

中野　純　なかの・じゅん　昭和6年1月5日～平成22年9月7日　朝日新聞取締役西部本社代表　→09/11

中野　淳一　なかの・じゅんいち　昭和13年11月8日～平成19年8月23日　野村不動産ホールディングス社長、野村証券専務　→06/08

中野　順平　なかの・じゅんぺい　～昭和60年7月20日　日本陶管取締役相談役、元全国モザイクタイル工業組合副理事長　→83/87

中野　正一　なかの・しょういち　大正3年4月5日～平成2年7月30日　西部石油社長、経済企画事務次官　→88/90

中野　穰介　なかの・じょうすけ　大正12年10月28日～平成1年7月31日　ダイハツ工業取締役　→88/90

中野　四郎　なかの・しろう　明治40年1月25日～昭和60年10月21日　衆院議員（自民党）、国土庁長官　→83/87

中野　支朗　なかの・しろう　～昭和60年12月23日　中部物産社長、元愛知県食品衛生協会会長　→83/87

長野　士郎　ながの・しろう　大正6年10月2日～平成18年12月5日　岡山県知事、自治事務次官　→06/08

中野　四郎太　なかの・しろうた　～昭和39年11月8日　新潟交通社長　→昭和

中野　仁　なかの・じん　大正10年1月16日～平成19年11月17日　中京銀行頭取　→06/08

中野　信吾　なかの・しんご　～昭和8年1月14日　大日本石油工業取締役会長　→昭和

中野　真吾　なかの・しんご　～昭和37年9月3日　門司市長　→昭和

中野　森蔵　なかの・しんぞう　～昭和49年9月26日　古河鋳造会長　→昭和

長野　捨吉　ながの・すてきち　～昭和11年11月2日　陸軍主計少将　→昭和

長埜　盛　ながの・せい　～昭和46年4月5日　茨城キリスト大学長　→昭和

中野　誠一　なかの・せいいち　明治44年3月14日～昭和62年2月17日　ニチボー（のちユニチカ）常務　→83/87

中野　正剛　なかの・せいごう　明治19年2月12日～昭和18年10月27日　政治家、ジャーナリスト　東方会総裁、衆院議員（無所属）　→昭和

中野　誠司　なかの・せいじ　～平成18年8月　鯨・烈山砲戦友会会長　インパール作戦・烈部隊の生還者　→06/08

中野　清治郎　なかの・せいじろう　明治30年9月20日～平成5年6月24日　公認会計士　中野公認会計士事務所会長、伏見信用金庫理事長　→91/93

仲野　清次郎　なかの・せいじろう　昭和5年3月30日～平成12年2月28日　出羽桜酒造社長　→00/02

中野　節朗　なかの・せつろう　～平成3年3月18日　夕刊フクニチ新聞社社長　→91/93

長野　善五郎　ながの・ぜんごろう　安政4年～昭和6年12月10日　実業家　二十三銀行頭取　→昭和

中野　太一郎　なかの・たいちろう　大正5年12月16日～昭和63年8月5日　四国興業社長、百十四銀行常務　→88/90

中野　太平　なかの・たいへい　大正4年4月20日～平成4年3月1日　出光興産専務　→91/93

長野　高一　ながの・たかいち　明治26年3月19日～昭和49年3月1日　衆院議員（日本進歩党）　→昭和

中野　隆史　なかの・たかし　昭和10年1月2日～平成15年2月14日　三菱ガス化学常務　→03/05

永野　宗　ながの・たかし　大正3年12月8日～平成2年1月10日　河北新報社販売部長、宮城テレビ常務、三陸河北新報社常務　→88/90

中野　孝行　なかの・たかゆき　大正9年10月4日～平成14年12月16日　高田機工会長　→00/02

中野　武男　なかの・たけお　～昭和57年2月3日　日刊工業新聞社顧問、元取締役事業局長　→80/82

中野　武雄　なかの・たけお　明治34年4月3日～昭和44年6月28日　衆院議員（自由党）　→昭和

中野　武雄　なかの・たけお　明治36年10月16日～昭和4年4月18日　ジュジュ化粧品会長、日本化粧品工業連合会代表幹事　→91/93

中野　武雄　なかの・たけお　大正3年10月21日～平成6年4月1日　日本スピンドル製造専務　→94/96

中野　猛雄　なかの・たけお　明治16年11月～昭和25年8月27日　衆院議員（立憲政友会）　→昭和

永野　健　ながの・たけし　大正12年3月17日～平成20年5月12日　三菱マテリアル会長、日本経済団体連合会名誉会長　→06/08

永野　武　ながの・たけし　大正15年1月16日～平成16年6月17日　日本フエルト専務　→03/05

中野　武四郎　なかの・たけしろう　明治44年3月28日～平成15年10月10日　小網常務、東京コカ・コーラボトリング取締役、全国卸売酒販組合中央会会長　→03/05

中野　太三郎　なかの・たさぶろう　～昭和16年11月10日　東拓理事　→昭和

中野　忠夫　なかの・ただお　大正11年11月4日～昭和61年1月14日　松下冷機取締役　→83/87

中野　正　なかの・ただし　昭和9年8月28日～平成22年8月

月1日　ニチメン専務　→09/11

中野 矯次　なかの・ただじ　～昭和56年8月15日
　日本団体生命保険取締役関西営業局長　→80/82

永野 正　ながの・ただし　～平成4年12月14日
　三井信託銀行常務, 三井不動産取締役　→91/93

長野 正　ながの・ただし　明治45年3月31日～昭和54年6月16日　大分合同新聞社長　→昭和

中野 尹亮　なかの・ただすけ　大正9年5月7日～平成10年1月15日　神官　神社本庁理事, 北海道神社庁長　→97/99

中野 忠俊　なかの・ただとし　昭和12年1月28日～平成5年3月13日　東京特殊電線常務　→91/93

中野 達雄　なかの・たつお　昭和3年6月8日～平成14年6月11日　読売テレビ放送社長　→00/02

中野 辰弥　なかの・たつや　大正8年11月5日～平成18年8月26日　さかえ屋創業者　→06/08

中野 種一郎　なかの・たねいちろう　明治9年9月～昭和49年1月24日　衆院議員(立憲政友会), 近畿放送会長　→昭和

中野 千歳　なかの・ちとせ　明治41年8月7日～平成17年2月25日　あゆみグループ(原爆孤児の会)世話人　原爆孤児の母　→03/05

中野 忠太郎　なかの・ちゅうたろう　～昭和14年9月30日　日本石油取締役　→昭和

永野 長平　ながの・ちょうへい　大正15年2月9日～平成19年5月22日　国際航業取締役　→06/08

永野 鎮雄　ながの・ちんゆう　明治41年7月25日～昭和57年12月7日　僧侶　浄土真宗本願寺派監正局長, 参院議員(自民党)　→80/82

中野 次雄　なかの・つぎお　明治43年6月27日～平成4年10月13日　大阪高裁長官　→97/99

長野 恒保　ながの・つねやす　大正10年11月26日～平成11年1月27日　西松建設常務　→97/99

長野 悌介　ながの・ていすけ　明治34年8月1日～平成4年9月25日　東洋製作所社長　→94/96

中野 哲夫　なかの・てつお　明治41年6月7日～昭和61年3月24日　東北開発会社副総裁　→83/87

中野 徹雄　なかの・てつお　昭和2年1月1日～平成18年12月16日　厚生省薬務局長, 協和醸酵工業副社長　→06/08

永野 宕　ながの・とおる　昭和5年6月30日～平成5年6月9日　オルガノ常務　→91/93

中野 俊雄　なかの・としお　大正14年1月5日～平成1年3月30日　野中建設社長, 長崎新聞社取締役　→88/90

中野 敏夫　なかの・としお　～昭和62年7月17日　陸将　陸上自衛隊第1管区総監　→83/87

中野 敏雄　なかの・としお　明治31年11月22日～平成4年11月1日　武雄市長, 貴族議員　→97/99

中野 利雄　なかの・としお　～昭和59年7月13日　丸彦渡辺建設監査役　→83/87

永野 俊雄　ながの・としお　明治36年8月15日～平成2年1月31日　五洋建設社長　→88/90

中野 利恭　なかの・としちか　～平成4年2月2日　セントラル硝子常務, 三井物産取締役　→91/93

仲野 俊正　なかの・としまさ　昭和11年1月24日～昭和62年2月24日　メイキコウ常務　→83/87

中野 富彦　なかの・とみひこ　昭和7年7月24日～平成9年3月27日　ヤマナカ社長　→97/99

中野 友雄　なかの・ともお　大正5年2月10日～平成22年4月22日　北海道電力社長, 北海道経済同友会代表幹事　→09/11

中野 友礼　なかの・とものり　明治20年2月1日～昭和40年12月10日　実業家　日本曹達創業者　→昭和

中野 寅吉　なかの・とらきち　明治12年4月～昭和37年7月5日　衆院議員(新自由党)　→昭和

中野 寅次郎　なかの・とらじろう　元治1年9月～昭和15年4月21日　自由民権家　衆院議員　→昭和

中野 寅蔵　なかの・とらぞう　～昭和59年11月29日　千代田火災海上保険専務　→83/87

中野 直枝　なかの・なおえ　慶応4年2月16日～昭和35年7月6日　海軍中将　→昭和

長野 長広　ながの・ながひろ　明治25年4月～昭和40年3月23日　衆院議員(自由党)　→昭和

中野 なぎ　なかの・なぎ　～昭和60年9月19日　浜松ダイハツ代表取締役　→83/87

中野 並助　なかの・なみすけ　明治16年～昭和30年5月23日　弁護士　検事総長　→昭和(なかの・へいすけ)

中野 信夫　なかの・のぶお　明治43年9月1日～平成22年1月16日　社会運動家, 医師　中野眼科診療所所長, 京都府保険医協会名誉理事　→09/11

中野 信雄　なかの・のぶお　～昭和56年3月31日　臨港製鉄社長　→80/82

長野 信蔵　ながの・のぶぞう　～昭和60年11月23日　行橋市議　→83/87

長野 法夫　ながの・のりお　大正15年3月2日～平成11年4月12日　弁護士　日本弁護士連合会副会長, 第一東京弁護士会会長　→97/99

中埜 肇　なかの・はじむ　大正11年3月31日～昭和60年8月12日　阪神電気鉄道専務, 阪神タイガース社長　→83/87

中野 一　なかの・はじめ　大正3年6月28日～平成6年1月4日　群馬テレビ社長　→94/96

中埜 半左衛門　なかの・はんざえもん　明治21年2月～昭和32年10月3日　衆院議員(進歩党)　→昭和

中野 彦三郎　なかの・ひこさぶろう　大正9年8月16日～平成23年8月11日　広島共和物産創業者　→09/11

中野 寿高　なかの・ひさたか　明治44年6月5日～昭和60年11月23日　メイキコウ会長, 愛知県経営者協会理事　→83/87

中野 久光　なかの・ひさみつ　大正8年6月16日～平成23年3月24日　不二越常務　→09/11

中野 英男　なかの・ひでお　明治37年3月25日〜昭和61年2月3日　トリオ相談役・元社長　→83/87

中野 英雄　なかの・ひでお　〜平成1年1月11日　登米地域食品衛生協会長, 宮城県ホルスタイン協会長　→88/90

長野 日出生　ながの・ひでお　昭和7年7月22日〜平成23年3月30日　福岡銀行専務　→09/11

長野 英麿　ながの・ひでまろ　大正9年2月16日〜平成5年3月13日　日本航空常任顧問　→91/93

中野 英光　なかの・ひでみつ　明治23年〜昭和57年3月19日　陸軍中将　→昭和

中野 秀幸　なかの・ひでゆき　昭和4年3月2日〜昭和63年6月20日　ダイクレ常務　→88/90

中野 人士　なかの・ひとし　明治42年1月20日〜平成8年11月18日　学習研究社専務, 図書教材協会会長　→94/96

中野 平治　なかの・ひらじ　大正2年4月1日〜平成20年3月21日　愛知時計電機常務　→06/08

中野 寛　なかの・ひろし　大正11年3月21日〜平成1年12月26日　日通商事社長　→88/90

中野 寛　なかの・ひろし　大正5年11月29日〜平成8年12月3日　日本ゼオン副社長　→94/96

中野 宏　なかの・ひろし　明治39年3月21日〜昭和63年1月18日　日本鋼管副社長, 日本鉄鋼協会会長　→88/90

永野 浩　ながの・ひろし　大正10年3月24日〜平成12年7月2日　愛媛朝日テレビ社長, 伊予鉄道会長, 日本民営鉄道協会副会長　→00/02

長野 裕　ながの・ひろし　大正11年2月17日〜平成19年4月12日　国立国会図書館副館長, 武蔵野短期大学学長　→06/08

長野 熙　ながの・ひろし　大正5年10月11日〜昭和63年2月22日　出光興産顧問・元取締役徳山製油所長, 出光タンカー社長　→88/90

中野 寛孝　なかの・ひろたか　大正8年3月14日〜平成22年3月13日　アイカ工業社長　→09/11

中野 裕宇　なかの・ひろたか　〜昭和60年7月23日　北海道開発問題研究調査会常務理事　→83/87

永野 福寿　ながの・ふくじゅ　大正6年10月18日〜平成17年3月29日　相愛創業者　→03/05

長野 文昭　ながの・ふみあき　昭和13年1月15日〜平成9年1月8日　総務庁近畿管区行政監察局長　→97/99

中野 二三夫　なかの・ふみお　昭和9年1月1日〜平成21年12月1日　CRC研究所副社長　→09/11

中野 文司　なかの・ふみじ　明治41年6月30日〜昭和60年12月6日　日本セメント専務, 日本イトン工業社長　→83/87

中野 文門　なかの・ぶんもん　明治34年3月30日〜昭和63年10月9日　参院議員(自民党)　→88/90

中野 邦一　なかの・ほういち　明治17年10月25日〜昭和40年4月13日　衆院議員(第一控室), 新潟県知事　→昭和 (なかの・くにかず)

中野 信　なかの・まこと　〜平成6年3月16日

三菱重工業副社長, キャタピラー三菱 (のち新キャタピラー三菱) 社長　→94/96

長野 孚　ながの・まこと　〜昭和56年9月5日　全日本珈琲協会理事　→80/82

長野 正明　ながの・まさあき　大正11年7月〜平成5年6月22日　行政管理庁中部管区行政監察局長　→91/93

中野 正司　なかの・まさし　〜昭和48年9月21日　兼松江商専務　→昭和

長野 昌隆　ながの・まさたか　〜昭和59年1月18日　大蔵省印刷局研究所長, 千葉大学短期大学部教授　→83/87

中野 正永　なかの・まさなが　〜昭和37年9月7日　大阪銀行頭取　→昭和

中野 正彦　なかの・まさひこ　大正2年7月26日〜平成13年2月25日　北海道林務部長, 岩倉組土建社長　→00/02

長野 政彦　ながの・まさひこ　昭和3年2月19日〜平成9年6月26日　全国魚卸売市場連合会会長, 福岡県魚市場社長　→97/99

永野 正路　ながの・まさみち　安政6年〜昭和13年2月27日　司法官　→昭和

長野 正義　ながの・まさよし　明治33年〜平成12年11月10日　横須賀市長　→00/02

長野 賢　ながの・まさる　〜昭和60年8月29日　井筒屋デパート監査役　→83/87

中埜 又左エ門　なかの・またざえもん　大正11年8月19日〜平成14年5月19日　ミツカングループ本社社長　→00/02

中野 学　なかの・まなぶ　昭和6年6月25日〜平成8年7月22日　西日本新聞取締役論説委員長　→94/96

中野 衛　なかの・まもる　昭和7年11月5日〜平成7年7月30日　前田道路専務　→94/96

永野 護　ながの・まもる　明治23年9月5日〜昭和45年1月3日　政治家　参院議員(自民党), 運輸相, 丸宏証券会長　→昭和

中野 幹隆　なかの・みきたか　昭和18年〜平成19年1月14日　哲学書房社主　→06/08

中野 貢　なかの・みつぎ　明治43年5月24日〜平成12年11月17日　東亜電波工業社長　→00/02

永野 光哉　ながの・みつや　昭和4年12月3日〜平成23年3月1日　熊本日日新聞社長　→09/11

中野 弥一郎　なかの・やいちろう　大正9年7月28日〜平成21年10月25日　陸軍衛生隊伍長　タイ残留日本兵　→09/11

中野 康男　なかの・やすお　昭和2年9月1日〜平成18年5月11日　大和製紙副社長　→06/08

長野 康義　ながの・やすよし　〜昭和56年2月7日　鴻池組専務　→80/82

永野 有喜　ながの・ゆうき　〜昭和37年5月11日　千代田光学会長　→昭和

仲野 幸生　なかの・ゆきお　〜昭和48年2月9日

明治製糖専務　→昭和
永野 幸人　ながの・ゆきと　〜平成15年1月23日　大日本猟友会会長　→03/05
中野 譲　なかの・ゆずる　明治44年12月1日〜平成4年3月4日　富山化学工業会長　→91/93
中野 泰　なかの・ゆたか　大正9年〜昭和56年10月19日　最高検事務局長　→80/82
永野 豊　ながの・ゆたか　〜昭和63年1月12日　学習研究社取締役広告宣伝局長　→88/90
中野 与作　なかの・よさく　〜平成7年6月27日　北海道議(社会党)、上砂川町長　→94/96
中野 佳篤　なかの・よしあつ　大正12年4月30日〜平成9年11月14日　宮崎県警本部長　→97/99
中野 善雄　なかの・よしお　〜昭和60年11月26日　日本い業技術協会長、元広島県立農業試験場長　→83/87
永野 義雄　ながの・よしお　〜昭和62年11月7日　北九州市議　→83/87
永野 芳治　ながの・よしじ　〜平成5年1月18日　プレス工業常務　→91/93
中野 喜介　なかの・よしすけ　〜昭和47年1月23日　立川商工会議所会頭　→昭和
中野 良知　なかの・よしとも　大正7年1月23日〜平成21年4月19日　日本光学工業副社長　→09/11
中野 義徳　なかの・よしのり　〜平成23年1月26日　邦楽と舞踊出版社社長　→09/11
中野 由己　なかの・よしみ　〜昭和43年9月22日　船舶整備公団理事　→昭和
仲野 義見　なかの・よしみ　明治32年6月27日〜平成1年2月12日　パイオニア音響常務　→88/90
仲野 至道　なかの・よしみち　大正2年12月1日〜平成15年4月22日　富士インダストリーズ創業者　→03/05
中野 義郎　なかの・よしろう　大正14年9月29日〜昭和60年10月19日　大林組常務　→83/87
中野 与之助　なかの・よのすけ　明治20年8月12日・昭和49年6月24日　宗教家　三五教教祖、精神文化国際機構総裁　→昭和
長野 利平　ながの・りへい　明治42年9月18日〜平成4年7月13日　久保田鉄工(のちクボタ)副社長　→91/93
中野 龍二　なかの・りゅうじ　昭和7年7月4日〜平成17年7月21日　新日本製鉄副社長　→03/05
長野 柳二　ながの・りゅうじ　昭和7年10月20日〜平成8年8月4日　加地テック常務　→94/96
中野 竜三　なかの・りゅうぞう　大正12年2月26日〜平成21年11月9日　京都市議(自民党)　→09/11
永野 量　ながの・りょう　〜平成13年2月4日　通商産業省(のち経済産業省)東京通産局長、商工中金理事　→00/02
仲野 良俊　なかの・りょうしゅん　〜昭和63年1月6日　僧侶　真宗教学研究所長、専念寺(真宗大谷派)住職　→88/90

中野 林吉　なかの・りんきち　大正3年1月21日〜平成2年9月1日　INAX常務　→88/90
中濃 教篤　なかのう・きょうとく　大正13年3月30日〜平成15年4月30日　僧侶、宗教評論家　領玄寺住職、アジア仏教徒平和会議日本センター理事長、日蓮宗現代宗教研究所長　→03/05
中ノ瀬 幸吉　なかのせ・こうきち　明治33年3月10日〜昭和49年2月20日　労働運動家　神戸市議　→昭和
仲橋 喜三郎　なかはし・きさぶろう　明治33年6月2日〜昭和45年2月1日　労働運動家　→昭和
中橋 敬次郎　なかはし・けいじろう　大正11年3月14日〜平成6年6月17日　国土庁事務次官、国税庁長官　→94/96
長橋 進　ながはし・すすむ　大正14年10月10日〜昭和58年5月20日　人事院事務総長　→83/87
中橋 董　なかはし・ただし　〜昭和63年3月5日　石川県酒販協同組合連合会副会長　→88/90
中橋 徳五郎　なかはし・とくごろう　文久1年9月10日〜昭和9年3月25日　政治家、実業家　内相、商工相、文相　→昭和
中橋 久一　なかはし・ひさかず　大正3年6月26日〜昭和59年11月17日　日和産業監査役　→83/87
長橋 尚　ながはし・ひさし　大正11年1月15日〜平成6年3月30日　中部電力副社長、通商産業省公益事業局長　→94/96
中橋 久信　なかはし・ひさのぶ　大正14年10月9日〜平成12年1月10日　日和産業社長　→00/02
中橋 久治　なかはし・ひさはる　大正5年10月2日〜平成23年11月21日　日和産業社長　→09/11
中橋 武一　なかはし・ぶいち　明治23年2月27日〜昭和38年7月8日　実業家　→昭和
中橘 兵次　なかはし・へいじ　大正13年3月25日〜平成3年7月12日　荏原製作所常務　→91/93
中橋 基明　なかはし・もとあき　明治40年9月25日〜昭和11年7月12日　陸軍歩兵中尉　2.26事件の青年将校の1人　→昭和
中橋 康雄　なかはし・やすお　〜昭和61年3月1日　(宗)世界救世教参与　→83/87
中橋 勇一　なかはし・ゆういち　昭和23年〜平成23年7月14日　コンサルタント　プランニングネットワーク東北理事　→09/11
中橋 龍一　なかはし・りゅういち　大正14年9月10日〜平成19年9月21日　東レ常務、蝶理副社長　→06/08
中畑 勇　なかはた・いさむ　大正7年9月1日〜平成18年2月14日　園芸研究家　中畑バラ園園主　→06/08
中畑 数一　なかはた・かずいち　〜昭和55年12月31日　宇和島市闘牛運営審議会顧問　井上靖の小説「闘牛」のモデル　→80/82
中畑 栄　なかはた・さかえ　〜昭和6年7月24日

外務省書記官　→昭和

長畑 博　ながはた・ひろし　明治42年12月11日～昭和63年12月19日　北海道農業共済組合連合会会長　→88/90

永幡 泰男　ながはた・やすお　明治42年9月27日～平成1年5月20日　甲南興業（旧・家族亭）会長　→88/90

中畑 義生　なかはた・よしお　明治42年3月25日～平成8年9月4日　宇和島観光闘牛協会会長，愛媛県会議長　→94/96

長畑 良雄　ながはた・よしお　昭和12年～平成19年8月14日　十和田湖町（青森県）町議，青森県畜産農協連合会会長　→06/08

中畑 義愛　なかはた・よしちか　明治43年8月15日～平成3年7月14日　電通社長，日本広告業協会会長　→91/93

永幡 寮一　ながはた・りょういち　～昭和15年3月28日　陸軍少将　→昭和

中鉢 常正　なかばち・つねまさ　～昭和53年11月19日　日本ゼオン社長　→昭和

中鉢 磨理子　なかばち・まりこ　昭和21年～平成6年1月11日　中鉢（クラブ）女将　→94/96

な

中浜 明　なかはま・あきら　～昭和58年10月23日　酪農家　ジョン万次郎の孫　→83/87

長浜 清彦　ながはま・きよひこ　～昭和59年10月30日　東洋紡常務　→83/87

中浜 軍治　なかはま・ぐんじ　～昭和56年3月3日　吾嬬製鋼所会長，元日本鋼管常務　→80/82

長浜 洪三　ながはま・こうぞう　大正3年11月26日～平成12年6月20日　森永乳業副社長　→00/02

長浜 実雄　ながはま・じつお　～昭和62年12月1日　日ソ協会福岡県連合会事務局長　→83/87

中浜 鶴男　なかはま・つるお　～昭和61年7月13日　日本ステンレス専務，日ス商事社長，住金ステンレス鋼管社長　→83/87

仲浜 藤治　なかはま・とうじ　明治33年3月2日～昭和8年7月26日　労働運動家　日本労働総同盟中央委員　→昭和（中浜 藤治）

長浜 時雄　ながはま・ときお　明治28年～昭和61年8月26日　神戸市助役，久保田鉄工監査役　→83/87

長浜 豊人　ながはま・とよと　～昭和59年11月7日　保土谷化学工業取締役　→83/87

長浜 弘　ながはま・ひろし　大正7年11月3日～平成18年8月31日　エフエム沖縄会長，琉球バス社長　→06/08

長浜 正雄　ながはま・まさお　大正5年10月12日～平成17年1月31日　国鉄常務理事，鉄建建設副社長　→03/05

長浜 守　ながはま・まもる　昭和5年7月1日～平成2年8月27日　岩手放送取締役　→88/90

長浜 道夫　ながはま・みちお　明治43年10月31日～昭和60年11月10日　NHK理事，NHK文化センター社長　→83/87

長浜 恵　ながはま・めぐむ　～昭和60年7月25日　（社）茗渓会常務理事事務局長　→83/87

長浜 泰雄　ながはま・やすお　大正5年3月27日～平成23年1月14日　新潟県議　→09/11

長浜 良三　ながはま・りょうぞう　大正6年11月12日～昭和59年3月16日　日立電子社長，テレビジョン学会会長　→83/87

中林 京一　なかばやし・きょういち　～昭和61年2月18日　（株）北陸アサヒ取締役　→83/87

中林 健自　なかばやし・けんじ　大正6年2月25日～平成7年5月1日　東海テレビ専務　→94/96

中林 貞男　なかばやし・さだお　明治40年10月8日～平成14年3月10日　生協活動家　日本生活協同組合連合会名誉顧問　→00/02

中林 仁一郎　なかばやし・じんいちろう　明治24年～昭和35年3月24日　丸物百貨店創業者　→昭和

中林 進　なかばやし・すすむ　～平成12年11月1日　大阪府議　→00/02

中林 恒治　なかばやし・つねじ　明治37年12月16日～平成14年2月20日　西華産業社長　→00/02

中林 敏彦　なかばやし・としひこ　～平成4年9月18日　日伯毎日新聞社会長　→91/93

中林 ひさみ　なかばやし・ひさみ　大正3年10月5日～昭和62年10月26日　丸恵社長　→83/87

中林 博　なかばやし・ひろし　昭和6年1月16日～平成23年5月2日　三重県出納長　→09/11

中林 雅夫　なかばやし・まさお　大正12年1月1日～平成9年2月13日　丸栄会長　→97/99

中林 増美　なかばやし・ますみ　～平成22年4月28日　全日本不動産協会理事長　→09/11

中林 義郎　なかばやし・よしろう　大正8年2月27日～平成6年9月6日　三井鉱山取締役，三井鉱山海外開発社長　→94/96

中原 功　なかはら・いさお　大正11年9月5日～平成8年1月18日　東急ストア会長　→94/96

中原 いと　なかはら・いと　～平成5年10月17日　（福）新日本友の会理事長　→91/93

中原 一成　なかはら・かずなり　明治40年4月1日～昭和62年8月18日　京浜急行電鉄取締役　→83/87

中原 一山　なかはら・かずのぶ　大正8年10月1日～平成9年11月21日　日興証券専務　→97/99

永原 周広　ながはら・かねひろ　明治42年5月15日～平成1年6月8日　大成建設常務　→88/90

中原 嘉之吉　なかはら・かのきち　大正13年12月30日～平成9年11月6日　長野県議（社会党）　→97/99

中原 乾二　なかはら・かんじ　～昭和48年3月24日　カーボンブラック協会専務理事　→昭和

中原 喜三郎　なかはら・きさぶろう　～昭和60年7月9日　中原建設社主，元長崎県建設業協会副会長　→83/87

中原 久章　なかはら・きゅうしょう　～平成4年2月15日　僧侶　浄土真宗本願寺派中央仏教学院事務局長，保福寺

住職　→91/93

中原 清　なかはら・きよし　～昭和55年11月11日
中原採種場取締役会長　→80/82

中原 啓一　なかはら・けいいち　大正8年4月1日～平成17年7月20日　富士通取締役　→03/05

中原 慶蔵　なかはら・けいぞう　～平成8年1月10日
商品市況研究所専務　→94/96

中原 健次　なかはら・けんじ　明治29年5月14日～昭和53年5月6日　労働運動家, 政治家, 衆院議員, 労農党書記長　→昭和

永原 剛二郎　ながはら・ごうじろう　昭和8年9月11日～平成10年9月24日　高島屋専務　→97/99

中原 三郎　なかはら・さぶろう　～平成9年1月26日
三菱レイヨン常務　→97/99

中原 茂樹　なかはら・しげき　大正12年1月24日～昭和63年9月15日　(財)関東電気保安協会専務理事　→88/90

中原 繁登　なかはら・しげと　～昭和57年3月8日
西日本新聞社社友, 元九州朝日放送常務取締役　→80/82

中原 淳　なかはら・じゅん　昭和2年11月10日～平成20年1月9日　山鹿市長　→06/08

中原 省三　なかはら・しょうぞう　～昭和48年3月11日
三菱化成常務　→昭和

中原 丈太　なかはら・じょうた　～昭和56年10月5日
西部ガス副社長, 西部ガス・プロパン相談役　→80/82

長原 仁爾　ながはら・じんじ　大正13年7月9日～昭和61年3月7日　商工中金健康保険組合理事長, 商工中金理事　→83/87

仲原 善一　なかはら・ぜんいち　明治38年11月6日～昭和55年4月4日　参院議員(自民党)　→80/82

中原 隆雄　なかはら・たかお　昭和6年9月11日～平成21年1月7日　紀陽銀行頭取　→09/11

中原 健夫　なかはら・たけお　大正8年6月26日～平成3年8月20日　山口県議(自民党)　→91/93

中原 剛　なかはら・たけし　明治43年12月11日～平成20年5月6日　中原証券社長　→06/08

中原 蹟　なかはら・ただし　大正3年7月30日～平成4年11月25日　警視総監, 日本道路交通情報センター理事長　→91/93

中原 貞三郎　なかはら・ていざぶろう　安政6年1月14日～昭和2年12月4日　土木技術者　→昭和

中原 悌次郎　なかはら・ていじろう　～昭和56年4月24日　自動車部品製造社長　→80/82

中原 哲男　なかはら・てつお　明治39年1月24日～平成10年4月3日　北海道拓殖銀行会長　→97/99

仲原 利男　なかはら・としお　明治43年7月9日～昭和62年5月8日　高島屋専務　→83/87

中原 利丸　なかはら・としまる　～平成13年1月22日
熊本県酪農業協同組合連合会会長　→00/02

中原 俊光　なかはら・としみつ　大正10年7月2日～平成

16年2月11日　芦森工業社長　→03/05

中原 延平　なかはら・のぶへい　明治23年5月23日～昭和52年2月25日　実業家　東亜燃料工業創業者　→昭和

中原 一　なかはら・はじめ　昭和15年～昭和52年2月
革労協書記局員　→昭和

中原 久男　なかはら・ひさお　～昭和62年12月19日
帝人取締役, 東京麻糸紡績社長　→83/87

中原 久男　なかはら・ひさお　～平成7年6月20日
かをり商事常務　→94/96

中原 英典　なかはら・ひでのり　大正4年11月24日～昭和54年10月22日　国立国会図書館専門調査員, 警察庁中部管区警察局長　→昭和

中原 裕　なかはら・ひろし　大正6年3月15日～平成1年11月21日　鶴屋百貨店会長, 熊本商工会議所会頭　→88/90

中原 宥亘　なかはら・ひろのぶ　昭和12年4月14日～平成7年8月17日　弘電社常務　→94/96

中原 不二男　なかはら・ふじお　大正4年1月15日～昭和61年10月25日　同興紡績社長　→83/87

中原 文夫　なかはら・ふみお　～昭和57年2月24日
黒崎窯業専務　→80/82

中原 昌孝　なかはら・まさたか　～昭和61年2月18日
鐘紡取締役　→83/87

中原 光信　なかはら・みつのぶ　大正11年～平成15年7月12日　日越貿易会顧問　→03/05

永原 稔　ながはら・みのる　大正10年4月21日～平成18年12月17日　衆院議員(新自由クラブ), 静岡県副知事　→06/08

中原 義正　なかはら・よしまさ　～昭和19年2月23日
海軍中将　→昭和

長久 俊三　ながひさ・しゅんそう　大正5年2月9日～平成1年9月23日　東京ガス常務, 東京ガス不動産社長　→88/90

長久 正雄　ながひさ・まさお　明治45年4月25日～昭和58年6月29日　日本飛行機相談役・元社長　→83/87

中平 和夫　なかひら・かずお　大正13年11月25日～平成10年5月13日　高知県議(自民党)　→97/99

中平 和水　なかひら・かずみ　大正13年8月27日～平成5年12月29日　日本レジャーカードシステム会長, 警視庁刑事局長　→91/93

中平 元量　なかひら・げんりょう　～昭和14年11月4日
陸軍少将　→昭和

中平 幸典　なかひら・こうすけ　昭和14年1月30日～平成21年9月23日　大蔵省財務官　→09/11

中平 正一　なかひら・しょういち　大正8年4月22日～平成17年8月28日　札幌通運会長　→03/05

中平 千三郎　なかひら・せんざぶろう　大正13年2月20日～平成13年3月27日　友隣社社長, 東京大学出版会名誉顧問　→00/02

中平 常太郎　なかひら・つねたろう　～昭和39年7月19日　参院議員, 宇和島市長　→昭和

なかひら　　　　　　　　　　　　　　　　　　　　　Ⅰ　政治・経済・社会篇

中平 信男　なかひら・のぶお　昭和2年7月20日〜平成18年11月11日　石原産業常務　→06/08

中平 宏　なかひら・ひろし　大正14年12月24日〜平成4年5月29日　トーカロ社長、高温学会副会長　→91/93

中平 博　なかひら・ひろし　明治45年5月25日〜平成10年1月2日　弁護士　日本弁護士連合会副会長、高知県会議長、高知弁護士会会長　→97/99

中平 正明　なかひら・まさあき　明治39年8月16日〜平成15年1月31日　高知新聞取締役編集局長、高知放送常務　→03/05

中平 実　なかひら・みのる　〜平成15年9月24日　徳島県議、木頭村（徳島県）村長　→03/05

中平 幹運　なかひら・よしかず　昭和2年9月15日〜平成18年10月5日　西土佐村（高知県）村長　→06/08

中武 靖夫　なかぶ・やすお　大正10年6月13日〜平成8年2月25日　弁護士　大阪大学名誉教授、大阪高裁判事　→94/96

中福 実　なかふく・みのる　〜昭和63年8月19日　富山県生産性本部専務理事　→88/90

長藤 友三郎　ながふじ・ともさぶろう　明治36年6月10日〜平成6年3月27日　万年社社長、大阪産業大学理事長　→94/96

中部 幾次郎　なかべ・いくじろう　慶応2年1月4日〜昭和21年5月19日　実業家　林兼商店創業者、貴院議員（勅選）　→昭和

中部 一次郎　なかべ・いちじろう　昭和6年10月31日〜平成20年7月25日　林兼産業社長　→06/08

中部 悦良　なかべ・えつろう　明治28年9月20日〜昭和37年11月1日　実業家　長崎放送社長、大洋漁業副社長、長崎商工会議所会頭　→昭和

中部 兼市　なかべ・かねいち　明治25年2月15日〜昭和28年3月25日　大洋漁業社長　→昭和（なかべ・けんいち）

中部 兼次郎　なかべ・かねじろう　大正3年11月3日〜昭和57年10月18日　大洋漁業常務、泰東製綱相談役　→80/82

中部 慶次郎　なかべ・けいじろう　昭和8年2月23日〜平成19年9月17日　マルハ社長、横浜ベイスターズオーナー　→06/08

中部 謙吉　なかべ・けんきち　明治29年3月25日〜昭和52年1月14日　大洋漁業社長、大洋球団オーナー、大日本水産会会長　→昭和

中部 謙次郎　なかべ・けんじろう　大正13年7月7日〜平成14年12月10日　大洋漁業常務、神奈川工科大学理事長　→00/02

中部 長次郎　なかべ・ちょうじろう　大正10年9月28日〜平成21年3月11日　大洋漁業常務、長崎放送社長、長崎商工会議所会頭　→09/11

中部 藤次郎　なかべ・とうじろう　大正15年8月27日〜昭和62年1月29日　大洋漁業常務社長　→83/87

中部 文治郎　なかべ・ぶんじろう　大正5年5月31日〜昭和42年1月5日　林兼造船社長　→昭和

中部 利三郎　なかべ・りさぶろう　明治34年3月11日〜昭和45年3月6日　大洋漁業副社長　→昭和

中別府 弘　なかべっぷ・ひろし　〜昭和60年8月12日　日本金銭機械取締役電子機器事業部長　→83/87

中坊 忠治　なかぼう・ただはる　〜昭和51年11月24日　弁護士　京都弁護士会会長　→昭和

長堀 健治　ながほり・けんじ　大正11年10月30日〜平成17年6月16日　青木信用金庫会長、武南学園理事長　→03/05

中堀 孝志　なかほり・たかし　明治44年2月12日〜平成17年8月15日　島津製作所常務　→03/05

長堀 千代吉　ながほり・ちよきち　〜昭和57年1月10日　川口市長、青木信用金庫相談役　→80/82

中堀 由希子　なかほり・ゆきこ　〜平成5年1月12日　骨髄移植普及のテレビCMに出演　→91/93

長堀 和一　ながほり・わいち　明治34年11月17日〜昭和60年10月21日　小田急電鉄取締役　→83/87

名嘉真 武美智　なかま・たけみち　昭和8年9月23日〜平成17年6月2日　沖縄スバル自動車社長、沖縄県軽自動車協会会長　→03/05

仲摩 佑　なかま・たすく　大正13年4月1日〜平成12年1月7日　中国電力常務　→00/02

中間 俊範　なかま・としのり　大正4年3月20日〜平成2年12月16日　えびの市長　→88/90

中摩 正照　なかま・まさてる　〜昭和57年4月20日　東京商工会議所千代田支部事務長　→80/82

中牧 秀明　なかまき・ひであき　〜平成10年8月18日　ディスコ専務　→97/99

中牧 光雄　なかまき・みつお　昭和13年4月18日〜平成15年12月5日　新来島どっく社長　→03/05

中俣 貢　なかまた・みつぐ　昭和8年4月4日〜平成7年4月24日　岡野バルブ製造監査役　→94/96

中町 潔　なかまち・きよし　〜平成4年12月1日　東洋電機通信工業（のち東電通）常務　→91/93

長松 篤棐　ながまつ・あつすけ　元治1年4月15日〜昭和16年4月16日　植物生理学者、実業家、男爵　学習院教授、東京火災保険社長、貴院議員　→昭和（長松 篤斐 ながまつ・とくひ）

永松 集　ながまつ・あつめ　大正8年9月8日〜平成7年4月24日　九州パナソニックエンジニアリング会長　→94/96

永松 一郎　ながまつ・いちろう　明治36年1月13日〜平成8年4月14日　神戸少年鑑別所所長、神戸常盤短期大学教授　→94/96

永松 英二　ながまつ・えいじ　大正9年4月22日〜昭和59年6月18日　全農常務理事、科学飼料研究所社長　→83/87

永松 和彦　ながまつ・かずひこ　昭和3年5月2日〜昭和61年4月22日　日新火災海上保険社長　→83/87

中松 作太郎　なかまつ・さくたろう　〜昭和59年3月17日　東邦生命常務　→83/87

中松 潤之助　なかまつ・じゅんのすけ　〜昭和48年3月

20日　弁護士　日弁連会長　→昭和

長松 宗太　ながまつ・そうた　大正3年10月26日〜平成19年3月10日　第一勧業銀行常務　→06/08

永松 喬　ながまつ・たかし　明治43年12月9日〜平成17年5月26日　トーヨーカネツ専務　→03/05

永松 辰実　ながまつ・たつみ　〜昭和63年4月18日　福岡簡裁判事　→88/90

永松 利熊　ながまつ・としくま　〜昭和30年1月13日　興銀監査役　→昭和

永松 昇　ながまつ・のぼる　〜昭和50年8月18日　ヤクルト社長　→昭和

永松 初馬　ながまつ・はつま　大正14年2月3日〜平成3年9月30日　山口県原爆被爆者援護福社会館ゆだ苑理事長, 山口県被団協副会長　→91/93

中松 真郷　なかまつ・まさと　〜昭和27年10月4日　日鉄社長　→昭和

永松 孝信　ながまつ・よしのぶ　明治42年3月2日〜昭和62年4月6日　住友ベークライト社長, 住友化学工業副社長　→83/87

中山 正則　なかまや・まさのり　〜昭和46年11月9日　丸石工業会長, 元石川島播磨重工常務　→昭和

中丸 博信　なかまる・ひろのぶ　昭和8年9月19日〜平成15年9月19日　東亜道路工業専務　→03/05

永見 一義　ながみ・かずよし　昭和15年1月5日〜平成17年2月7日　日本コンピューター・システム専務　→03/05

永見 昌司　ながみ・しょうじ　大正5年6月8日〜平成14年4月9日　警察庁近畿管区警察局長, 兵庫県警本部長　→00/02

長見 正三　ながみ・しょうぞう　〜昭和55年7月24日　化成ヘキスト社長, ヘキストジャパン専務　→80/82

永見 子之吉　ながみ・ねのきち　明治43年6月16日〜平成14年5月21日　関東天然瓦斯開発常務　→00/02

永見 鋒雄　ながみ・ほうゆう　昭和7年6月8日〜平成5年11月25日　小林記録紙常務　→91/93

永見 善之　ながみ・よしゆき　明治30年〜昭和58年3月19日　名古屋エラスチック製砥会長　→83/87

中御門 経民　なかみかど・つねたみ　明治26年5月13日〜平成1年12月31日　人事院人事官, 貴族院議員　→88/90

中御門 経恭　なかみかど・つねやす　明治21年10月〜昭和29年2月28日　貴院議員(侯爵)　→昭和

中上川 三郎治　なかみがわ・さぶろうじ　〜昭和28年11月30日　鐘紡監査役　→昭和

中上川 彦一郎　なかみがわ・ひこいちろう　大正6年7月6日〜昭和63年2月9日　東芝監査役, 三井銀行任監査役　→88/90

中溝 昭平　なかみぞ・しょうへい　〜昭和55年6月6日　つるかわ学園(社会福祉法人)園長, 駒沢女子短大教授　→80/82

中道 悦郎　なかみち・えつろう　〜昭和57年11月11日

ナカミチ取締役会長　→80/82

中道 銀治　なかみち・ぎんじ　明治38年10月18日〜昭和62年3月28日　富山テレビ放送(株)監査役　→83/87

中道 真蔵　なかみち・しんぞう　昭和9年3月21日〜平成23年8月17日　山善社長　→09/11

中路 武雄　なかみち・たけお　〜平成11年6月28日　日本電工常務　→97/99

中道 達治　なかみち・たつじ　明治38年9月20日〜平成3年11月16日　ブリヂストンタイヤ常務　→91/93

中道 延一　なかみち・のぶいち　明治36年5月5日〜昭和59年11月1日　三菱鉱業常務　→83/87

中道 昌喜　なかみち・まさよし　大正7年10月27日〜平成19年1月15日　中道機械創業者　→06/08

中道 益平　なかみち・ますへい　明治40年5月29日〜昭和53年5月18日　光道園理事, 福井県盲人協会会長　→昭和

中道 峰夫　なかみち・みねお　明治39年3月7日〜平成11年12月10日　国土総合建設社長, 運輸省港湾局長　→97/99

中光 友彦　なかみつ・ともひこ　〜平成7年4月2日　住銀アメックス・サービス社長　→94/96

中南 通夫　なかなみ・みちお　明治44年9月4日〜平成2年8月23日　川崎重工業専務, 川重商事社長, 川重防災工業社長　→88/90

長嶺 秋夫　ながみね・あきお　明治41年8月29日〜平成14年10月29日　琉球政府立法院議員　→00/02

長峰 一造　ながみね・いちぞう　大正14年9月28日〜平成20年7月1日　青森県議(無所属), 青森県りんご協会会長　→06/08

長嶺 一郎　ながみね・いちろう　大正14年4月1日〜昭和62年4月28日　琉球新報社常務　→83/87

永嶺 源吾　ながみね・げんご　〜昭和52年1月10日　東芝機械社長　→昭和

長峰 正　ながみね・ただし　明治41年1月5日〜平成1年5月28日　テイチク代表取締役専務　→88/90

長嶺 正　ながみね・ただし　大正12年12月18日〜平成23年1月22日　上組社長　→09/11

長峰 忠治郎　ながみね・ちゅうじろう　大正15年5月25日〜平成16年8月18日　富士銀行専務　→03/05

長嶺 豊明　ながみね・とよあき　〜平成5年1月24日　東洋電機製造常務　→91/93

長嶺 隼雄　ながみね・はやお　昭和18年11月23日〜昭和62年9月29日　髙田クーパービジョン社長　→83/87

長嶺 彦昌　ながみね・ひこしょう　明治41年12月20日〜平成2年1月3日　琉球新報社長　→88/90

永峰 正樹　ながみね・まさき　明治45年1月5日〜平成1年3月10日　共同通信常務理事, 電通取締役　→88/90

中宮 久雄　なかみや・ひさお　大正13年4月3日〜平成17年12月13日　森八会長　→03/05

中牟田 栄蔵　なかむた・えいぞう　大正9年10月17日〜

平成9年7月18日　岩田屋社長　→97/99

中牟田 勝弘　なかむた・かつひろ　～昭和61年2月15日
花福社長、福岡市緑と花の会会長、福岡花商協同組合理事長　→83/87

中牟田 喜一郎　なかむた・きいちろう　大正4年9月15日～平成20年10月18日　岩田屋社長、日本テニス協会会長　→06/08

中牟田 喜久雄　なかむた・きくお　明治38年11月3日～平成17年6月9日　岩久興産名誉会長、岩田屋取締役　→03/05

中牟田 喜兵衛（2代目）　なかむた・きひょうえ　明治24年10月29日～昭和55年1月28日　岩田屋会長　→80/82

中牟田 順一朗　なかむた・じゅんいちろう　昭和11年7月24日～平成11年8月11日　岩田屋常務、熊本岩田屋社長　→97/99

長宗 貫一　ながむね・かんいち　～昭和58年12月2日　横浜ゴム常務　→83/87

長宗 純　ながむね・じゅん　～昭和62年5月20日　弁護士、秋田地検検事正　→83/87

長宗 泰造　ながむね・たいぞう　～昭和61年3月5日　厚徳社長、全日本印刷工業組合連合会会長　→83/87

中村 愛作　なかむら・あいさく　～昭和28年7月22日　日本パルプ工業会長　→昭和

中村 彰男　なかむら・あきお　昭和9年4月15日～平成1年1月16日　共栄タンカー取締役　→88/90

中村 昭雄　なかむら・あきお　昭和5年3月10日～平成4年4月5日　静岡県議（自民党）　→91/93

中村 明人　なかむら・あきじ　～平成20年11月1日　ブイ・アール・テクノセンター社長、川崎重工業航空宇宙カンパニーバイスプレジデント　→06/08

中村 晃　なかむら・あきら　昭和6年1月27日～平成17年7月14日　北海道国際航空社長　→03/05

中村 彰　なかむら・あきら　大正12年10月7日～平成14年7月8日　東邦化学工業専務　→00/02

中村 彰　なかむら・あきら　昭和5年5月29日～平成19年10月15日　パイロットコーポレーション専務　→06/08

中村 昭　なかむら・あきら　昭和3年12月16日～平成4年3月22日　河北新報取締役　→91/93

中村 明人　なかむら・あけと　明治22年4月11日～昭和41年9月12日　陸軍中将　→昭和

中村 新　なかむら・あらた　大正6年9月19日～平成18年2月28日　東京放送取締役　→06/08

中村 有慶　なかむら・ありよし　大正13年3月17日～平成10年7月7日　筑邦銀行取締役、ウエスタンリース社長　→97/99

中村 伊一　なかむら・いいち　大正9年4月15日～平成17年4月14日　ワコール副社長、京都証券取引所理事長　→03/05

中村 庸　なかむら・いさお　大正6年10月22日～昭和60年2月16日　通信放送設備社長、電気興業取締役　→83/87

中村 勇　なかむら・いさむ　～平成9年8月10日　日新火災海上保険常務、東京海上火災保険取締役　→97/99

中村 市次　なかむら・いちじ　大正7年11月16日～平成19年12月12日　加名市社長、中部石川県人会名誉会長　→06/08

中村 一郎　なかむら・いちろう　～昭和61年4月14日　駒井鉄工所常務　→83/87

中村 一郎　なかむら・いちろう　大正8年1月3日～昭和62年10月28日　真生工業会長・元社長　→83/87

中村 一郎　なかむら・いちろう　～昭和63年6月19日　山口県農協中央会専務理事、山口県田布施町農協組合長　→88/90

中村 一郎　なかむら・いちろう　明治41年12月21日～平成11年11月24日　三菱鉱業常務　→97/99

中村 一郎　なかむら・いちろう　大正15年2月3日～平成23年10月17日　第一勧業銀行会長　→09/11

中村 イツ　なかむら・いつ　～昭和60年8月30日　東京都社会福祉協議会理事　→83/87

中村 一作　なかむら・いっさく　大正6年～昭和51年1月28日　弁護士　日弁連副会長　→昭和

中村 一策　なかむら・いっさく　明治33年～昭和41年12月22日　日本勧業銀行頭取　→昭和

中村 巌　なかむら・いわお　昭和9年7月30日～平成9年12月15日　衆議院議員（公明党）　→97/99

中村 岩夫　なかむら・いわお　～昭和56年3月6日　中村製作所会長　→80/82

中村 磐　なかむら・いわお　昭和8年11月6日～平成5年10月22日　第一セメント常務　→91/93

中村 宇一郎　なかむら・ういちろう　～昭和60年7月7日　田川商工会議所会頭　→83/87

中村 梅吉　なかむら・うめきち　明治34年3月19日～昭和59年8月4日　政治家　衆議院議長、法相　→83/87

中村 英一　なかむら・えいいち　～昭和63年5月6日　東芝第一生命ビル管理社長、東芝建設部長　→88/90

中村 栄助　なかむら・えいすけ　嘉永2年2月3日～昭和13年9月17日　衆院議員（政友会）　→昭和

中村 英明　なかむら・えいみょう　～昭和60年10月4日　成覚寺30代住職　→83/87

中村 欧介　なかむら・おうすけ　～平成20年11月7日　弁護士　→09/11s

中村 修　なかむら・おさむ　～昭和42年10月21日　三井倉庫常務取締役　→昭和

中村 音一　なかむら・おといち　～昭和62年9月6日　柳川市議、福岡県相撲連盟副会長　→83/87

中村 嘉一　なかむら・かいち　大正6年11月8日～平成15年3月27日　山梨農協中央会会長　→03/05

中村 薫　なかむら・かおる　大正12年6月3日～平成19年9月22日　伊藤忠商事副社長　→06/08

中村 学二　なかむら・がくじ　大正3年5月25日～平成13

年12月11日　丸善石油化学専務,三和銀行常務　→00/02

中村　嘉寿　なかむら・かじゅ　明治13年11月～昭和40年12月30日　衆院議員(民主自由党)　→昭和(なかむら・よしとし)

中村　雅真　なかむら・がしん　嘉永7年3月～昭和18年2月21日　貴院議員(多額納税)　→昭和

中村　一雄　なかむら・かずお　大正15年1月4日～昭和63年12月25日　部落解放同盟中央委員・滋賀県連合会委員長　→88/90

中村　一雄　なかむら・かずお　大正5年1月2日～平成20年12月17日　僧侶　雲昌寺住職　→06/08

中村　一敏　なかむら・かずとし　～昭和61年10月7日　旭化研専務　→83/87

中村　一利　なかむら・かずとし　昭和22年8月31日～平成21年8月22日　福岡銀行専務,熊本ファミリー銀行頭取　→09/11

中村　一治　なかむら・かずはる　大正7年1月1日～平成5年12月29日　トヨトミ(旧・豊臣工業)会長,日本ガス石油機器工業会副会長　→91/93

仲村　和平　なかむら・かずひら　昭和11年12月1日～平成14年9月1日　八千代市長　→00/02

中村　一正　なかむら・かずまさ　大正2年5月28日～昭和58年1月26日　税理士　中村税務会計事務所代表,「税をよむ川柳」研究会主宰,東京国税局税務相談室長　→83/87

中村　勝一　なかむら・かついち　昭和13年12月27日～平成21年1月14日　三菱石油副社長　→09/11

中村　勝男　なかむら・かつお　明治40年1月29日～昭和59年10月28日　中部日本放送副社長　→83/87

中村　勝夫　なかむら・かつお　昭和9年12月10日～平成4年10月4日　双葉電子工業常務　→91/93

中村　勝五郎(3代目)　なかむら・かつごろう　～平成5年6月27日　中央競馬主催者協議会連合会会長　→91/93

中村　勝二　なかむら・かつじ　～昭和61年10月14日　中村塗装店社長,日本塗装工業会会長　→83/87

中村　克巳　なかむら・かつみ　昭和5年3月2日～平成12年2月5日　常滑市長　→00/02

中村　勝美　なかむら・かつみ　大正6年1月9日～平成11年3月26日　伊藤組専務,札幌市教育長　→97/99

中村　勝哉　なかむら・かつや　昭和6年11月16日～平成17年11月6日　晶文社専務　→03/05

中村　克郎　なかむら・かつろう　昭和9年4月29日～平成7年4月7日　トヨタ自動車常務　→昭和

中村　金夫　なかむら・かねお　大正11年10月26日～平成11年2月21日　日本興業銀行頭取　→97/99

中村　兼久　なかむら・かねひさ　大正10年2月11日～平成昭和63年5月2日　高山町(鹿児島県)町長　→88/90

仲村　亀助　なかむら・かめすけ　～平成14年2月26日　沖縄ハワイ協会名誉会長　→00/02

仲村　亀二　なかむら・かめに　明治27年10月3日～平成16年5月20日　男性長寿日本一　→03/05

中村　寛一　なかむら・かんいち　大正11年5月25日～平成22年2月23日　百十四銀行専務　→09/11

中村　貫之　なかむら・かんし　明治21年10月～昭和58年12月31日　貴院議員(男爵)　→83/87

中村　寛之助　なかむら・かんのすけ　昭和3年6月11日～平成22年3月31日　協和発酵工業社長　→09/11

中村　紀一　なかむら・きいち　昭和4年2月10日～平成10年8月26日　東京放送常務　→97/99

中村　喜一郎　なかむら・きいちろう　大正3年5月5日～平成6年12月25日　日本空調衛生工事協会会長,三機工業専務　→94/96

中村　菊三　なかむら・きくぞう　明治36年12月10日～平成1年1月17日　青森テレビ会長　→88/90

中村　喜四郎(1代目)　なかむら・きしろう　明治43年11月15日～昭和46年12月21日　参院議員(自民党)　→昭和(中村　喜四郎)

中村　吉次郎　なかむら・きちじろう　～平成1年12月14日　全国農民総連盟委員長　→88/90

中村　吉松　なかむら・きちまつ　明治44年8月1日～平成4年9月16日　中村電機製作所会長　→91/93

中村　来内　なかむら・きない　明治27年6月17日～昭和60年5月13日　青梅市長　→83/87

中村　久二　なかむら・きゅうじ　～平成2年2月11日　太宰府町(福岡県)町長　→88/90

中村　亨三　なかむら・きょうぞう　大正6年6月22日～平成19年11月30日　十和田市長　→06/08

中村　京太郎　なかむら・きょうたろう　明治13年3月25日～昭和39年12月24日　盲人教育者　→昭和

中村　清　なかむら・きよし　～平成2年8月6日　山陽パルプ(のち山陽国策パルプ)専務　→88/90

中村　清　なかむら・きよし　明治36年5月25日～平成5年11月15日　衆院議員(自由党)　→91/93

中村　喜代嗣　なかむら・きよつぐ　～平成8年7月12日　郵政省簡易保険局次長,協栄生命保険専務　→94/96

中村　清彦　なかむら・きよひこ　大正10年7月23日～平成6年4月10日　日本信託銀行常務　→94/96

中村　欣　なかむら・きん　昭和4年2月24日～平成3年6月6日　朝日新聞社常務　→91/93

中村　金一郎　なかむら・きんいちろう　大正6年7月1日～平成2年3月25日　丸八証券会長,日本証券業協会副会長　→88/90

中村　忻治　なかむら・きんじ　昭和3年2月21日～平成19年3月19日　日本金属社長　→06/08

中村　欣平　なかむら・きんぺい　昭和4年11月30日～昭和60年4月22日　中村味噌代表取締役,宇都宮グランドホテル代表取締役,全国味噌工業組合理事　→83/87

中村　金平　なかむら・きんぺい　昭和52年3月2日　若築建設社長　→昭和

中村　欽哉　なかむら・きんや　昭和6年8月5日～平成8年9月24日　真柄建設常務　→94/96

中村 楠雄　なかむら・くすお　明治35年3月20日～昭和60年6月28日　鳥羽水族館名誉館長　→83/87

中村 国一　なかむら・くにいち　明治41年11月30日～平成2年6月18日　中兼会長、日本ハードボード工業（のちニチハ）会長　→88/90

中村 国雄　なかむら・くにお　大正9年10月31日～平成4年10月5日　近鉄モータース社長　→91/93

中村 圀男　なかむら・くにお　～平成4年10月14日　共同紙業代表取締役　→91/93

中村 邦臣　なかむら・くにおみ　大正9年10月13日～平成18年1月24日　香春町（福岡県）町長、福岡県議（社会党）　→06/08

中村 啓一　なかむら・けいいち　大正12年8月30日～昭和62年7月7日　参院議員（自民党、北海道）　→83/87

中村 敬止　なかむら・けいし　大正15年4月21日～平成12年7月8日　三菱商事常務　→00/02

中村 契勝　なかむら・けいしょう　～昭和2年11月4日　天台宗管長延暦寺座主　→昭和

中村 啓次郎　なかむら・けいじろう　慶応3年10月～昭和12年5月22日　衆院議員　→昭和

中村 慶介　なかむら・けいすけ　大正2年4月2日～平成15年4月19日　山陽国策パルプ専務　→03/05

中村 敬允　なかむら・けいすけ　～平成2年5月28日　昭島市長　→88/90

中村 敬之進　なかむら・けいのしん　明治28年9月9日～昭和53年4月12日　厚生事務次官、大中物産社長　→昭和

中村 健　なかむら・けん　～昭和47年12月18日　日立プラント建設取締役　→昭和

中村 憲　なかむら・けん　昭和9年4月25日～平成13年4月11日　広島市信用組合理事長　→00/02

中村 健一　なかむら・けんいち　大正4年12月24日～平成13年1月23日　朝日石綿工業専務　→00/02

中村 賢一　なかむら・けんいち　～平成9年6月5日　帝国自動車工業（のち日野車体工業）社長　→97/99

中村 虔一　なかむら・けんいち　～平成6年1月29日　日本防災システム協会常務理事　→94/96

中村 賢一郎　なかむら・けんいちろう　～昭和16年11月22日　帝室林野局試験場長　→昭和

中村 健児　なかむら・けんじ　～昭和60年8月12日　栗田整備常務　→83/87

中村 健治　なかむら・けんじ　大正5年6月29日～平成1年1月27日　山九社長　→88/90

中村 健二　なかむら・けんじ　～平成6年2月6日　埼群いすゞモーター専務　→94/96

中村 健二　なかむら・けんじ　大正6年1月2日～平成17年12月10日　鉄道弘済会理事、総合福祉センター弘済学園園長　→09/11

中村 元治　なかむら・げんじ　昭和3年9月8日～平成2年4月19日　伊豆急行監査役　→88/90

中村 鍵寿　なかむら・けんじゅ　～昭和40年9月10日　天台寺門宗管長　→昭和

中村 建城　なかむら・けんじょう　～昭和50年10月6日　国民金融公庫総裁　→昭和

中村 健二郎　なかむら・けんじろう　大正15年8月7日～平成15年2月13日　桜護謨社長　→03/05

中村 憲次郎　なかむら・けんじろう　明治44年5月21日～平成2年5月11日　明治乳業取締役　→88/90

中村 健三　なかむら・けんぞう　大正12年10月1日～平成23年9月11日　三菱自動車工業副社長　→09/11

中村 元督　なかむら・げんとく　～昭和39年7月11日　日本団体生命保険監査役、元日本工業倶楽部常務理事　→昭和

中村 健也　なかむら・けんや　大正2年～平成10年8月11日　トヨタ自動車顧問　国産高級車・クラウンの生みの親　→97/99

中村 健郎　なかむら・けんろう　大正15年5月4日～昭和58年11月3日　日本工営副社長　→83/87

中村 公一　なかむら・こういち　～昭和26年10月6日　佐世保船舶常務　→昭和

中村 紘一　なかむら・こういち　昭和16年2月16日～平成11年11月14日　ダイダン常務　→97/99

中村 康一郎　なかむら・こういちろう　～平成8年3月21日　海将　自衛隊横須賀地区病院院長　→94/96

中村 弘海　なかむら・こうかい　大正14年6月21日～平成20年11月30日　衆院議員（自民党）　→06/08

中村 光吉　なかむら・こうきち　～昭和3年8月29日　神戸国際汽船取締　→昭和

中村 幸教　なかむら・こうきょう　大正9年1月9日～平成12年9月23日　石川県議（自民党）　→00/02

中村 幸次　なかむら・こうじ　～昭和56年12月28日　民社党三重県連副委員長　→80/82

中村 孝次郎　なかむら・こうじろう　大正9年5月9日～平成23年2月5日　静岡新聞取締役　→09/11

中村 幸次郎　なかむら・こうじろう　～昭和43年11月17日　弁護士　→昭和

中村 幸助　なかむら・こうすけ　～昭和13年9月10日　三井物産取締役　→昭和

中村 孔成　なかむら・こうせい　～昭和55年4月14日　中央製乳会長、愛知県食品衛生協会長　→80/82

中村 公三　なかむら・こうぞう　大正7年9月28日～昭和61年3月24日　山九（輸送機器製造）社長　→83/87

中村 晃三　なかむら・こうぞう　～昭和59年12月19日　新東洋専務　→83/87

中村 鉱太　なかむら・こうた　～昭和59年7月9日　日魯漁業専務　→83/87

中村 孝太郎　なかむら・こうたろう　明治14年8月28日～昭和22年8月29日　陸軍大将　陸相　→昭和

中村 幸八　なかむら・こうはち　明治31年12月～昭和41

年11月18日　衆院議員（自民党）　→昭和

中村 幸平　なかむら・こうへい　昭和9年8月8日〜平成3年6月11日　三重テレビ放送取締役・報道制作技術局長　→91/93

中村 康隆　なかむら・こうりゅう　明治39年4月28日〜平成20年5月8日　僧侶　浄土門主、知恩院（浄土宗総本山）第86代門跡、大正大学名誉教授　→06/08

中村 小弥太　なかむら・こやた　大正2年4月22日〜平成7年7月1日　三菱アルミニウム副社長、三菱化成（のち三菱化学）取締役　→94/96

中村 是公　なかむら・これきみ　慶応3年11月25日〜昭和2年3月1日　東京市長、鉄道院総裁、貴院議員（勅選）　→昭和（なかむら・ぜこう）

中村 五郎　なかむら・ごろう　明治44年2月16日〜平成7年3月19日　万有製薬常務　→94/96

中村 伍郎　なかむら・ごろう　〜昭和58年7月6日　海軍中将　→83/87

仲村 権五郎　なかむら・ごんごろう　明治23年12月25日〜昭和40年9月23日　北米移民指導者　→昭和

中村 榊　なかむら・さかき　明治37年2月15日〜平成3年5月3日　新興印刷製本（株）社長、全印健保名誉理事長　→91/93

中村 作次郎　なかむら・さくじろう　〜昭和57年7月12日　千葉県選挙管理委員会委員長、元日本弁護士連合会常務理事　→80/82

中村 貞男　なかむら・さだお　〜平成23年7月3日　長崎県議（社会党）　→09/11

中村 貞夫　なかむら・さだお　明治34年11月18日〜昭和60年9月23日　三井銀行取締役、ブラザー工業監査役　→83/87

中村 貞夫　なかむら・さだお　大正6年4月1日〜平成19年1月24日　伊藤忠商事副社長、栗田工業社長　→06/08

中村 貞和　なかむら・さだかず　昭和2年2月18日〜平成13年10月12日　北海道新聞常勤監査役　→00/02

中村 悟　なかむら・さとる　〜平成14年5月26日　植村直己・帯広野外学校長、おびひろ動物園長　→00/02

中村 参蔵　なかむら・さんぞう　大正2年3月2日〜平成14年7月18日　三豊製作所社長　→00/02

中村 三之丞　なかむら・さんのじょう　明治27年9月18日〜昭和54年7月8日　運輸相、衆議院議員（改進党）　→昭和

中村 治一郎　なかむら・じいちろう　〜昭和32年6月7日　日商監査役　→昭和

中村 重雄　なかむら・しげお　〜平成1年11月28日　北海新聞社社友、北海道PR通信社社長　→88/90

中村 茂夫　なかむら・しげお　大正11年5月15日〜平成23年5月29日　栗田工業専務　→09/11

中村 重一　なかむら・しげかず　昭和11年8月2日〜平成19年8月29日　日本硝子専務　→06/08

中村 茂毅　なかむら・しげき　平成14年7月11日〜平成7年7月26日　ダイワボウ情報システム常務　→94/96

中村 茂富　なかむら・しげとみ　明治30年7月26日〜平成2年3月4日　東電不動産管理相談役・元会長、関東配電（のち東京電力）取締役　→88/90

中村 重信　なかむら・しげのぶ　大正7年2月2日〜平成3年2月15日　香川県議　→91/93

中村 茂彦　なかむら・しげひこ　明治44年3月1日〜平成14年11月19日　阪田商会社長　→00/02

中村 茂　なかむら・しげる　明治44年8月31日〜昭和60年5月25日　駐ブラジル大使　→83/87

中村 茂　なかむら・しげる　〜昭和62年4月9日　大洋食品（株）代表取締役専務　→83/87

中村 茂　なかむら・しげる　〜平成8年5月9日　中村科学機器会長　→94/96

中村 治三郎　なかむら・じさぶろう　〜昭和62年7月7日　ニュープリンティング取締役会長　→83/87

中村 静尾　なかむら・しずお　明治28年11月30日〜昭和61年5月5日　（財）中村積善会専務理事、銀座貿易会長　→83/87

中村 静夫　なかむら・しずお　明治41年2月14日〜昭和43年3月1日　高松琴平電鉄社長　→昭和

中村 静雄　なかむら・しずお　〜平成7年10月10日　東日本観光バス常務　→94/96

中村 倭文夫　なかむら・しずお　〜平成11年3月8日　有機合成薬品工業専務、日本化薬取締役　→97/99

中村 七三　なかむら・しちぞう　大正7年5月3日〜平成13年2月20日　称徳館館長、糸屋代表、岩手県公安委員長　→00/02

中村 十作　なかむら・じっさく　慶応3年1月18日〜昭和18年1月22日　農民運動家　→昭和（なかむら・じゅうさく）

中村 至信　なかむら・しのぶ　〜平成5年4月26日　朝日新聞監査役　→91/93

中村 寿一　なかむら・じゅいち　明治25年5月〜昭和31年1月6日　挙母市長　→昭和（なかむら・としかず）

中村 周　なかむら・しゅう　〜昭和63年7月13日　東日エアトルク販売社長、東日製作所取締役　→88/90

中村 重光　なかむら・じゅうこう　明治43年9月24日〜平成10年9月5日　衆院議員（社会党）　→97/99

中村 周二　なかむら・しゅうじ　明治44年5月11日〜昭和63年1月1日　伊勢原市長　→88/90

中村 重治郎　なかむら・じゅうじろう　昭和2年10月14日〜平成17年3月5日　東急百貨店専務　→03/05

中村 修三　なかむら・しゅうぞう　大正14年9月24日〜平成1年10月5日　東京高裁部総括判事　→88/90

中村 重兵衛　なかむら・じゅうべえ　〜昭和44年5月5日　日本一の長生者　→昭和

中村 寿之助　なかむら・じゅのすけ　明治31年〜昭和44年6月10日　開隆堂出版創業者　→昭和（なかむら・としのすけ）

中村 純一　なかむら・じゅんいち　明治34年10月28日〜

昭和60年10月2日　衆院議員(民主自由党)、宇和島市長　→83/87

中村 純一　なかむら・じゅんいち　大正4年3月13日～平成18年12月3日　福岡市議(福政会)　→06/08

中村 駿一郎　なかむら・しゅんいちろう　昭和9年3月25日～平成15年8月16日　五洋建設常務　→03/05

中村 純九郎　なかむら・じゅんくろう　嘉永6年7月～昭和22年12月18日　内務官僚、広島県知事、貴院議員(勅選)　→昭和

中村 淳晤　なかむら・じゅんご　昭和16年6月27日～平成9年12月7日　僧侶　光恩寺(真宗大谷派)住職　→97/99

中村 舜二　なかむら・しゅんじ　～昭和39年8月3日　東京動物協会副会長　→昭和

中村 淳治　なかむら・じゅんじ　昭和5年4月23日～平成22年11月19日　黒石市長　→09/11

永村 俊次　ながむら・しゅんじ　大正10年9月25日～平成18年2月20日　熊本銀行頭取　→06/08

中村 偆治郎　なかむら・しゅんじろう　明治37年12月30日～平成5年4月27日　間組常務　→91/93

中村 準佑　なかむら・じゅんすけ　昭和5年3月15日～平成13年8月9日　新耕産業社長、寧楽美術館長　→00/02

中村 順造　なかむら・じゅんぞう　明治43年9月26日～昭和44年2月1日　参院議員(社会党)　→昭和

中村 俊郎　なかむら・しゅんろう　～昭和57年10月4日　日本勧業角丸証券常務、埼央証券社長　→80/82

中村 昭一　なかむら・しょういち　昭和9年11月10日～平成2年3月23日　駐タンザニア大使　→88/90

中村 庄吉　なかむら・しょうきち　～昭和62年9月23日　サンスター常務　→83/87

中村 正二　なかむら・しょうじ　大正1年9月22日～平成14年2月16日　三菱化工機専務　→00/02

中村 正二　なかむら・しょうじ　大正2年1月18日～平成14年3月24日　内田洋行専務　→00/02

中村 正次郎　なかむら・しょうじろう　明治41年1月2日～平成2年11月16日　大同生命取締役、大阪庶民信用組合理事長　→88/90

中村 昌信　なかむら・しょうしん　～昭和61年10月19日　僧侶　大慈院(曹洞宗)住職、永平寺(曹洞宗大本山)侍者　→83/87

中村 昭三　なかむら・しょうぞう　平成2年8月12日～昭和8年1月18日　柏崎商工会議所相談役、中村石油社長、柏崎市会議長　→94/96

中村 正三　なかむら・しょうぞう　大正13年9月6日～昭和61年4月22日　石川島造船化工機取締役　→83/87

中村 昌平　なかむら・しょうへい　～昭和60年5月15日　安田火災海上保険監査役　→83/87

中村 四郎　なかむら・しろう　～昭和7年1月25日　歩兵第七十三聯隊附歩兵少佐　→昭和

中村 四郎　なかむら・しろう　～昭和55年4月21日　市光工業取締役伊勢原製鉄所長　→80/82

中村 四郎　なかむら・しろう　明治28年11月12日～平成1年2月3日　徳島県知事、宮内省警衛局長　→88/90

中村 四郎　なかむら・しろう　大正13年9月8日～平成17年2月1日　運輸事務次官、営団地下鉄総裁　→03/05

中村 次郎　なかむら・じろう　～昭和58年1月1日　福岡市議、福岡川柳作家協会会長　→83/87

中村 治朗　なかむら・じろう　大正3年2月20日～平成5年8月24日　弁護士　最高裁判事　→91/93

中村 治郎　なかむら・じろう　大正12年9月26日～平成7年6月9日　兼松江商(のち兼松)常務　→94/96

中村 晋　なかむら・しん　大正7年2月2日～昭和59年1月3日　熊本県議、社会党熊本県本部委員長　→83/87

中村 仁　なかむら・じん　昭和16年2月20日～平成16年10月20日　弁護士　北海道弁護士連合会理事長　→03/05

中村 仁　なかむら・じん　大正12年5月5日～平成23年7月2日　最上町(山形県)町長　→09/11

中村 新一　なかむら・しんいち　大正11年1月6日～平成10年7月14日　住友セメント専務　→97/99

中村 新一　なかむら・しんいち　昭和22年1月2日～平成19年9月10日　中部経済新聞社長　→06/08

中村 晋一郎　なかむら・しんいちろう　昭和4年10月10日～平成9年1月6日　九州電力副社長　→97/99

中村 新三郎　なかむら・しんざぶろう　～昭和56年9月7日　銀座四丁目町会、銀友会書記　→80/82

中村 伸太郎　なかむら・しんたろう　大正9年3月～平成13年9月30日　中三創業者　→00/02

中村 震太郎　なかむら・しんたろう　明治30年7月4日～昭和6年6月26日　陸軍少佐　→昭和

中村 甚哉　なかむら・じんや　明治36年1月2日～昭和20年8月20日　水平社運動家　→昭和

中村 末吉　なかむら・すえきち　～昭和56年2月11日　中央医科薬品社長　→80/82

中村 末吉　なかむら・すえきち　～平成7年12月11日　中富織物会長、蔣商工会議所会頭　→94/96

中邨 末吉　なかむら・すえきち　～昭和56年4月23日　中国工業技術協会常務理事、元尾市助役　→80/82

中村 祐三　なかむら・すけみつ　大正11年10月22日～平成14年9月11日　会計検査院事務総局次長　→00/02

中村 進　なかむら・すすむ　大正2年5月7日～昭和59年3月21日　日本実業出版社長　→83/87

中村 進　なかむら・すすむ　大正2年11月23日～平成2年8月21日　日本重化学工業常務　→88/90

中村 進　なかむら・すすむ　大正8年5月26日～平成17年11月3日　日本銀行理事、日本輸出入銀行副総裁、日本共同証券財団理事長　→03/05

中村 晴一　なかむら・せいいち　～昭和56年7月28日　月星化成社長　→80/82

中村 晴一　なかむら・せいいち　大正5年11月18日～平成3年1月2日　極洋顧問、元専務　→91/93

中村 精一　なかむら・せいいち　明治10年8月29日〜昭和12年8月8日　実業家　→昭和

中村 清一郎　なかむら・せいいちろう　〜昭和59年6月20日　三菱造船監査役　→83/87

中村 精吾　なかむら・せいご　昭和14年6月18日〜平成16年8月6日　共同通信常務理事　→03/05

中村 清三郎　なかむら・せいざぶろう　明治24年7月〜昭和50年4月　書店主　→昭和

中村 誠　なかむら・せいじ　〜昭和42年4月9日　日本ユネスコ協会連盟理事, 糖業協会常務理事　→昭和

仲村 善栄　なかむら・ぜんえい　大正6年7月20日〜平成22年5月5日　漁師　→09/11

中村 千次郎　なかむら・せんじろう　大正7年5月4日〜平成5年5月30日　東洋鋼鈑常務　→91/93

中村 仙太郎　なかむら・せんたろう　明治37年5月19日〜平成6年9月12日　中村建設社長　→昭和

中村 惣治　なかむら・そうじ　〜昭和56年3月26日　三井埠頭会長, 日本港運協会常務理事　→80/82

中村 荘十郎　なかむら・そうじゅうろう　〜昭和56年9月9日　福岡高裁判事　→80/82

中村 宗四郎　なかむら・そうしろう　大正3年10月3日〜昭和62年4月6日　長野県中小企業団体中央会会長　→83/87

中村 祖順　なかむら・そじゅん　〜昭和58年7月15日　臨済宗大徳寺派管長, 大徳寺住職　→83/87

中村 外雄　なかむら・そとお　大正14年11月1日〜平成22年6月13日　北陸鉄道労働組合執行委員長, 石川県労働金庫理事長　→09/11

中村 太以記　なかむら・たいき　昭和18年12月5日〜平成12年1月24日　両毛システムズ社長　→00/02

中村 泰士　なかむら・たいし　昭和3年2月9日〜昭和61年8月7日　テイサン常務　→83/87

中村 大次郎　なかむら・だいじろう　〜昭和51年4月17日　大川市長　→昭和

中村 大助　なかむら・だいすけ　〜昭和55年10月6日　三洋証券顧問, 元副社長　→80/82

中村 泰三　なかむら・たいぞう　昭和6年3月30日〜平成10年3月12日　駐マレーシア大使　→97/99

中村 泰三　なかむら・たいぞう　明治41年8月29日〜平成12年1月18日　百五銀行専務　→00/02

中村 大造　なかむら・たいぞう　大正9年7月25日〜昭和62年5月6日　全日空社長, 運輸事務次官　→83/87

中村 泰祐　なかむら・たいゆう　明治19年5月7日〜昭和29年1月3日　僧侶　臨済宗建仁寺派管長　→昭和

中村 髙一　なかむら・たかいち　明治30年7月31日〜昭和56年7月27日　政治家, 弁護士　衆院副議長, 衆院議員（社会党）　→80/82

中村 峻　なかむら・たかし　大正8年10月11日〜昭和58年1月15日　アサノボール社長, 日本セメント常務　→83/87

中村 卓　なかむら・たかし　明治45年1月1日〜平成9年5月10日　日本交通協会会長, 国鉄常務理事　→97/99

中村 隆　なかむら・たかし　〜昭和61年6月28日　税理士　九州北部税理士会員　→83/87

中村 隆　なかむら・たかし　〜昭和62年5月24日　大阪税関伊丹空港税関支署次長　→83/87

中村 隆　なかむら・たかし　大正14年7月27日〜平成8年8月1日　釧路パシフィックホテル会長, 釧路市議　→94/96

中村 隆則　なかむら・たかのり　大正4年11月25日〜平成7年12月4日　宮崎市長　→94/96

中村 拓道　なかむら・たくどう　明治44年〜昭和49年5月28日　衆議院議員, 八戸市長　→昭和

中村 卓彦　なかむら・たくひこ　昭和3年1月31日〜平成7年3月10日　労働運動家　鉄鋼労連委員長　→94/96

中村 竹夫　なかむら・たけお　明治44年6月20日〜平成17年10月31日　伊藤忠燃料社長　→03/05

中村 武男　なかむら・たけお　昭和4年4月3日〜平成9年10月29日　旭有機材工業専務　→97/99

中村 猛夫　なかむら・たけお　大正15年3月19日〜昭和60年3月30日　東京都社会福祉協議会副会長兼常務理事, 東京都生活文化局長

中村 健　なかむら・たけし　昭和7年2月19日〜平成12年12月13日　福岡県副知事　→00/02

中村 武　なかむら・たけし　明治25年6月8日〜昭和63年4月19日　弁護士　中央大学教授　→88/90

中村 武　なかむら・たけし　大正14年6月29日〜平成4年6月18日　イトマン取締役　→91/93

中村 猛　なかむら・たけし　大正1年9月16日〜平成12年9月27日　日本カーバイド工業専務　→00/02

中村 武彦　なかむら・たけひこ　大正1年10月13日〜平成17年9月30日　右翼活動家　直毘塾塾長　→03/05

中村 武嘉　なかむら・たけよし　明治44年11月9日〜昭和63年5月26日　社会工学研究所副社長, 同盟通信記者　→88/90

中村 佐　なかむら・たすく　大正2年11月20日〜平成2年12月20日　東芝鋼管社長　→88/90

中村 忠雄　なかむら・ただお　〜昭和56年5月30日　龍ケ崎市長　→80/82

中村 忠和　なかむら・ただかず　大正11年10月5日〜平成12年7月4日　福岡県議（自民党）　→00/02

中村 正　なかむら・ただし　昭和5年6月10日〜平成2年7月25日　中央物産取締役　→88/90

中村 直　なかむら・ただし　大正1年11月27日〜平成8年8月3日　岩手県知事, 衆議院議員（自民党）　→94/96

中村 辰男　なかむら・たつお　大正5年12月25日〜平成1年5月25日　長野鍛工社長　→88/90

中村 辰五郎　なかむら・たつごろう　〜平成2年7月25日　東京通商産業局長　→88/90

中村 辰二　なかむら・たつじ　明治40年8月20日〜昭和61年12月30日　明電舎常務, 東海大学教授　→83/87

中村 達四郎　なかむら・たつしろう　大正6年1月8日～平成4年12月19日　MK石油社長, エムケイ社長　→91/93

中村 種子　なかむら・たねこ　明治40年12月14日～平成15年3月20日　上七軒お茶屋協組代表理事, 上七軒お茶屋歌舞会会長　→03/05

中村 太八郎　なかむら・たはちろう　慶応4年2月20日～昭和10年10月17日　普選運動家　→昭和

中村 民治　なかむら・たみじ　昭和7年9月18日～平成22年12月21日　毎日新聞取締役　→09/11

中村 為嗣　なかむら・ためつぐ　～昭和28年9月21日　住友金属工業副社長　→昭和

中村 保　なかむら・たもつ　明治45年3月15日～平成10年1月17日　茨城県議　→97/99

中村 太郎　なかむら・たろう　～昭和27年9月1日　台湾電力理事　→昭和

中村 太郎　なかむら・たろう　大正7年1月2日～平成23年4月22日　参院議員(自民党), 労相　→09/11

中村 千栄　なかむら・ちえい　昭和3年1月3日～昭和62年10月19日　デーリー東北新聞常務　→83/87

中村 智恵子　なかむら・ちえこ　～昭和61年9月22日　中謙会長　→83/87

中村 忠三　なかむら・ちゅうぞう　大正13年1月24日～平成5年4月18日　弁護士　帝人取締役　→91/93

中村 長八　なかむら・ちょうはち　慶応1年8月2日～昭和15年3月14日　カトリック司祭　ブラジル伝道の神父　→昭和

中村 千代松　なかむら・ちよまつ　慶応3年2月15日～昭和16年8月4日　衆院議員(立憲国民党), 秋田毎日新聞社長　→昭和

中村 勉　なかむら・つとむ　昭和3年3月20日～平成19年4月6日　長万部町(北海道)町長　→06/08

中村 力　なかむら・つとむ　～平成11年7月20日　世界救世主之光教団最高顧問, 世界救世教総長　→97/99

中村 恒夫　なかむら・つねお　昭和13年5月13日～平成14年5月19日　山一証券常務　→00/02

中村 常雄　なかむら・つねお　明治43年5月19日～平成15年7月25日　佐世保重工業社長　→03/05

中村 恒久　なかむら・つねひさ　～昭和59年11月18日　三菱重工業取締役　→83/87

中村 恒易　なかむら・つねやす　平成15年3月5日～平成20年11月6日　山口県副知事　→06/08

長村 貞一　なかむら・ていいち　明治41年3月9日～平成16年4月23日　特許庁長官　→03/05

中村 悌次　なかむら・ていじ　大正8年9月24日～平成22年7月23日　海将　防衛庁海上幕僚長　→09/11

中村 禎二　なかむら・ていじ　明治36年2月9日～平成3年6月9日　参院議員(自民党)　→91/93

中村 訂太朗　なかむら・ていたろう　～昭和56年8月8日　電気興業監査役　→80/82

中村 哲　なかむら・てつ　明治43年2月7日～平成59年10月24日　吉原製油社長　→83/87

中村 鉄　なかむら・てつ　昭和15年4月12日～平成22年2月2日　電通副社長　→09/11

中村 哲夫　なかむら・てつお　明治40年4月14日～平成8年10月15日　弁護士　仙台高検検事長　→94/96

仲村 哲夫　なかむら・てつお　～平成20年7月9日　新潟県総合生活協同組合理事長　→06/08

中村 鉄三郎　なかむら・てつさぶろう　～昭和42年11月3日　日興証券監査役　→昭和

中村 鉄也　なかむら・てつや　大正3年9月11日～平成19年4月2日　日商岩井専務　→06/08

中村 輝男　なかむら・てるお　～昭和55年5月22日　稲沢市議　→80/82

中村 輝夫　なかむら・てるお　大正8年10月8日～昭和54年6月15日　終戦後もフィリピンにいた台湾高砂族出身日本兵　→昭和

中村 光雄　なかむら・てるお　昭和2年8月3日～平成22年6月5日　菱中建設社長, 苫小牧商工会議所会頭　→09/11

中村 照夫　なかむら・てるお　大正15年6月18日～平成14年7月7日　中央電気工業社長　→00/02

中村 輝彦　なかむら・てるひこ　～昭和56年6月26日　日本車輛製造相談役・元副社長　→80/82

中村 輝彦　なかむら・てるひこ　大正8年8月27日～平成19年2月7日　駐サウジアラビア大使　→06/08

中村 照人　なかむら・てるひと　昭和24年10月1日～平成21年12月28日　山梨市長　→09/11

中村 輝元　なかむら・てるもと　大正11年2月11日～平成9年11月9日　小倉興産常務　→97/99

中村 天風　なかむら・てんぷう　明治9年～昭和43年12月1日　天風会総裁　→昭和

中村 東助　なかむら・とうすけ　昭和2年11月24日～平成4年8月9日　テレビ宮崎専務　→91/93

中村 藤兵衛　なかむら・とうべえ　～昭和24年11月30日　衆院書記官長　→昭和

中村 亨　なかむら・とおる　～昭和56年4月2日　日立製作所那珂工場長　→80/82

中村 透　なかむら・とおる　昭和11年10月12日～平成15年12月7日　山九常務　→03/05

中村 時雄　なかむら・ときお　大正4年6月12日～平成13年3月20日　衆院議員(民社党), 松山市長　→00/02

中村 登喜生　なかむら・ときお　～昭和64年1月1日　昭和アルミニウム常務　→88/90

中村 登喜子　なかむら・ときこ　～平成12年3月24日　丹沢ホーム創設者　→00/02

中村 時周　なかむら・ときのり　～昭和55年12月26日　日本鋳物工業会副会長, 川口商工会議所会頭　→80/82

中村 徳三郎　なかむら・とくさぶろう　明治33年3月4日～昭和63年11月11日　太平洋海運専務　→88/90

中村 徳憲　なかむら・とくのり　～平成61年3月18日

I　政治・経済・社会篇

(株)中根商店取締役,富山青果物商業(協)青色申告会々長　→83/87

中村　俊男　なかむら・としお　明治43年1月7日～平成10年12月23日　三菱銀行頭取　→97/99

中村　俊夫　なかむら・としお　明治31年7月～昭和59年7月7日　弁護士　衆院議員(民主党)　→83/87

中村　俊夫　なかむら・としお　大正10年3月31日～平成2年7月18日　日本電気計器検定所理事長,日本自動車工業会専務理事　→88/90

中村　利男　なかむら・としお　大正15年6月19日～平成16年7月5日　松下電工常務　→03/05

長村　登志雄　ながむら・としお　大正15年3月26日～平成9年2月2日　東京銀行(のち東京三菱銀行)副頭取　→97/99

中村　利孝　なかむら・としたか　明治34年9月24日～昭和61年1月11日　南海電気鉄道常務　→83/87

中村　利次　なかむら・としつぐ　大正6年3月3日～昭和55年9月1日　参院議員(民社党)　→80/82

中村　敏彦　なかむら・としひこ　昭和13年9月12日～平成12年2月26日　日本ギア工業社長　→00/02

中村　敏之　なかむら・としゆき　大正13年10月12日～昭和62年3月23日　大日本塗料社長　→83/87

中村　藤太夫　なかむら・とだお　昭和9年4月1日～平成13年2月12日　滋賀県議(自民党)　→00/02

中村　登音夫　なかむら・とねお　明治34年3月24日～昭和44年5月8日　弁護士　第二東京弁護士会副会長　→昭和

中村　富郎　なかむら・とみろう　大正3年12月16日～平成14年12月16日　三菱商事取締役　→昭和

中村　留男　なかむら・とめお　大正7年9月28日～平成8年2月24日　中村留精密工業会長　→94/96

中村　止　なかむら・とめる　～昭和47年9月1日　水俣市長　→昭和

中村　友一　なかむら・ともいち　～昭和55年3月18日　弁護士　神戸地裁判事　→80/82

中村　友治　なかむら・ともはる　大正14年7月26日～平成0年10月12日　三井信託銀行専務　→94/96

中村　豊一　なかむら・とよいち　明治28年8月11日～昭和46年4月23日　弁護士　駐フィンランド公使　→昭和(なかむら・とよかず)

中村　豊四郎　なかむら・とよしろう　～昭和39年11月22日　鉄道弘済会専務理事　→昭和

中村　寅太　なかむら・とらた　明治35年8月3日～昭和53年2月14日　政治家　衆院議員(自民党)　→昭和

中村　直吉　なかむら・なおきち　～昭和14年1月20日　神戸取引所常務理事　→昭和

中村　直人　なかむら・なおと　大正10年9月14日～平成16年9月20日　新日本製鉄取締役,太平洋工業副社長　→03/05

中村　長芳　なかむら・ながよし　大正13年9月19日～平成19年10月18日　太平洋クラブオーナー　→06/08

中村　波男　なかむら・なみお　明治44年9月28日～平成7年7月12日　参院議員(社会党)　→94/96

中村　信男　なかむら・のぶお　大正5年2月16日～昭和58年10月18日　サンビシ会長,サンビシ食品顧問　→83/87

中村　信夫　なかむら・のぶお　明治38年5月15日～平成1年10月31日　大蔵省印刷局製造部長,千葉大学教授　→88/90

中村　信以　なかむら・のぶしげ　明治8年1月3日～昭和37年1月1日　書店主　→昭和(なかむら・のぶい)

中村　信敏　なかむら・のぶとし　～昭和53年11月17日　弁護士　東京高検刑事部長　→昭和

中村　昇　なかむら・のぼる　大正3年2月4日～平成11年1月29日　国際電気社長　→97/99

中村　昇　なかむら・のぼる　昭和19年10月6日～平成22年2月24日　京セラ会長　→09/11

中村　紀夫　なかむら・のりお　昭和16年2月11日～平成20年9月1日　横河電機常務　→06/08

中村　惠人　なかむら・のりと　～平成3年6月9日　精工舎専務　→91/93

中村　一　なかむら・はじめ　明治35年11月20日～昭和63年1月11日　中村水産社長,東日本いか釣漁業協会会長,北洋はえなわ・さし網協会副会長　→88/90

中村　肇　なかむら・はじめ　～昭和55年2月12日　陸軍少将　→80/82

中村　肇　なかむら・はじめ　～平成2年6月16日　近鉄球団代表　→88/90

中村　肇　なかむら・はじめ　昭和8年3月10日～平成10年10月28日　京葉銀行頭取　→97/99

中村　八郎　なかむら・はちろう　明治29年9月30日～昭和61年5月28日　三和銀行常務,日本タイプライター取締役　→83/87

中村　晴子　なかむら・はるこ　～昭和60年6月20日　横浜家裁調停委員　→83/87

中村　春二　なかむら・はるじ　～昭和58年10月20日　安田火災海上保険監査役　→83/87

中村　治文　なかむら・はるふみ　昭和3年12月11日～平成14年6月26日　日本ケミファ社長　→00/02

中村　久雄　なかむら・ひさお　～平成5年5月11日　小笠原プレシジョンラボラトリー専務　→91/93

中村　寿夫　なかむら・ひさお　昭和2年1月28日～平成18年11月6日　川崎化成工業専務　→06/08

中村　尚夫　なかむら・ひさお　大正12年11月17日～平成20年6月25日　クラレ社長　→06/08

中邑　久也　なかむら・ひさや　昭和16年6月5日～平成15年4月14日　渋沢倉庫常務　→03/05

中村　英男　なかむら・ひでお　明治37年5月25日～昭和63年2月14日　衆院議員(社会党),参院議員　→88/90

中村　秀男　なかむら・ひでお　明治36年5月14日～平成1年11月24日　公認会計士,弁理士,税理士　日本税理士協

会副会長　→88/90

中村 秀男　なかむら・ひでお　大正13年7月22日～平成12年5月9日　森組専務　→00/02

中村 秀雄　なかむら・ひでお　明治35年6月13日～平成2年2月13日　岡三証券取締役　→88/90

中村 日出男　なかむら・ひでお　大正5年9月9日～平成11年12月13日　協和電設社長　→00/02s

中村 秀臣　なかむら・ひでおみ　～平成8年7月30日　東邦金属会長　→94/96

中村 秀吉　なかむら・ひできち　～昭和62年3月23日　中村製作所社長　→83/87

中村 英紹　なかむら・ひでつぐ　～昭和58年1月15日　東新プレス工業社長　→83/87

中村 秀人　なかむら・ひでと　～昭和56年12月8日　経済同友会常務理事、元東北経済連合会常務理事　→80/82

中村 秀之助　なかむら・ひでのすけ　昭和8年5月28日～平成9年11月25日　ブルドックソース常務　→97/99

中村 秀信　なかむら・ひでのぶ　昭和11年3月10日～平成2年7月12日　三協アルミニウム工業常勤監査役、三協工機(株)監査　→88/90

中村 英彦　なかむら・ひでひこ　昭和6年5月12日～平成7年9月4日　大和設備工事常務　→94/96

中村 博吉　なかむら・ひろきち　～昭和27年7月3日　東北電力理事　→昭和

中村 宏　なかむら・ひろし　～昭和42年6月23日　中部電力常務、中電興業社長　→昭和

中村 宏　なかむら・ひろし　～昭和60年1月22日　中国企業常務、元中国電力広報室部長　→83/87

中村 弘　なかむら・ひろし　大正8年6月20日～平成8年11月21日　住金物産常務　→94/96

中村 弘　なかむら・ひろし　昭和7年2月24日～平成10年2月13日　宝船常務　→97/99

中村 浩　なかむら・ひろし　～平成4年6月21日　昭和石油(のち昭和シェル石油)専務　→91/93

中村 碩志　なかむら・ひろし　昭和7年11月3日～平成16年10月6日　住友大阪セメント専務　→03/05

中村 博　なかむら・ひろし　大正14年10月20日～平成3年5月17日　高松信用金庫常務理事　→91/93

中村 博　なかむら・ひろし　大正11年11月17日～平成11年1月24日　人事院職員局長、国士舘大学法学部教授　→97/99

中村 博　なかむら・ひろし　大正15年10月21日～平成17年9月10日　和歌山県議(共産党)　→03/05

中村 陽志　なかむら・ひろし　～平成14年5月26日　共栄火災海上保険常務　→00/02

中村 豁　なかむら・ひろし　大正10年5月23日～昭和62年8月12日　東福製粉監査役、トーフク専務　→83/87

仲村 宏　なかむら・ひろし　大正12年4月25日～平成1年3月8日　大同水産社長、極洋常務　→88/90

中村 広次　なかむら・ひろじ　明治36年7月23日～昭和60年3月29日　兵庫県建設協会常務理事、中村建設会長　→83/87

中村 啓正　なかむら・ひろしげ　大正8年5月15日～平成17年12月27日　東都水産社長　→03/05

中村 博繁　なかむら・ひろしげ　昭和4年10月12日～平成4年6月3日　日亜鋼業取締役相談役　→91/93

中村 博胤　なかむら・ひろたね　～平成11年8月　社会保険労務士　→00/02s

中村 博敏　なかむら・ひろとし　～昭和58年10月23日　三菱重工業相模原製作所副所長　→83/87

中村 博政　なかむら・ひろまさ　昭和4年7月29日～平成20年11月18日　トヨタカローラ鹿児島会長　→06/08

中村 博正　なかむら・ひろまさ　明治43年1月21日～平成1年11月12日　住宅金融公庫理事　→88/90

中村 弘道　なかむら・ひろみち　～平成42年2月6日　黄檗宗五十四代管長　→昭和

中村 博光　なかむら・ひろみつ　～昭和60年10月13日　中村印刷業(株)専務取締役　→83/87

中村 弘　なかむら・ひろむ　大正14年5月28日～平成14年8月5日　日本舗道専務　→00/02

中村 洋六　なかむら・ひろむ　大正8年10月16日～昭和59年12月21日　丸全昭和運輸専務、国際埠頭社長　→83/87

中村 福治　なかむら・ふくじ　～昭和63年2月10日　丸和製作所社長　→88/90

中村 不二男　なかむら・ふじお　明治24年2月～昭和16年5月9日　衆院議員(立憲民政党)　→昭和

中村 文夫　なかむら・ふみお　明治25年2月28日～昭和57年9月20日　日本板硝子社長　→80/82

中村 文夫　なかむら・ふみお　～平成2年11月14日　小松製作所取締役　→88/90

中村 文彦　なかむら・ふみひこ　昭和6年6月14日～平成15年2月5日　西部日刊スポーツ新聞社長　→03/05

中村 文治　なかむら・ぶんじ　昭和9年1月7日～平成11年12月14日　ヤマタネ社長、日本コメ市場社長、全米商連協同組合理事長　→97/99

中村 平四郎　なかむら・へいしろう　～平成7年4月20日　弁護士　福岡高裁部総括判事　→94/96

中村 信　なかむら・まこと　大正12年10月30日～平成2年5月14日　福岡県議(農政連)、糸島郡農協組合(福岡県)組合長　→88/90

中村 政衛　なかむら・まさえ　大正3年7月15日～平成15年3月13日　青森県議　→03/05

中村 政夫　なかむら・まさお　～昭和49年4月22日　旭硝子専務　→昭和

中村 正男　なかむら・まさお　大正11年2月15日～昭和60年6月1日　高砂チエン社長、元高砂鉄工常務　→83/87

中村 正夫　なかむら・まさお　～平成6年6月6日　弁護士　佐賀地検検事正、日本公証人連合会会長　→94/96

中村 正雄　なかむら・まさお　〜昭和14年12月25日
陸軍中将　→昭和

中村 正雄　なかむら・まさお　〜昭和29年2月4日
松尾鉱業社長　→昭和

中村 正雄　なかむら・まさお　大正2年8月29日〜平成6年11月30日　日新火災海上保険専務　→94/96

中村 正雄　なかむら・まさお　大正3年2月13日〜平成14年4月4日　衆議院議員(民社党)　→00/02

中村 正勝　なかむら・まさかつ　〜昭和56年11月12日
同和ステンレス社長　→80/82

中村 正樹　なかむら・まさき　大正9年3月31日〜昭和45年3月18日　国鉄四国支社長　→昭和

中村 正清　なかむら・まさきよ　昭和6年1月28日〜平成7年8月7日　ニチモウ会長　→94/96

中村 正　なかむら・まさし　〜平成17年5月5日
東京都議(社会党)　→03/05

中村 政代　なかむら・まさしろ　〜昭和61年12月7日
松下マイクロ電池専務　→83/87

中村 正人　なかむら・まさと　大正9年1月5日〜平成17年7月23日　製鉄化学工業(のち住友精化)常務　→03/05

中村 昌一　なかむら・まさなり　昭和18年11月23日〜平成20年8月9日　千葉県議(自民党)　→09/11s

中村 正治　なかむら・まさはる　大正3年1月19日〜平成5年3月16日　新明和工業常務　→91/93

中村 正治　なかむら・まさはる　大正12年8月26日〜平成7年7月6日　興人専務　→94/96

中村 全宏　なかむら・まさひろ　〜昭和55年2月8日
丸全昭和運輸会長　→80/82

中村 真通　なかむら・まさみち　昭和3年〜昭和61年5月20日　石川島播磨重工業理事第2機械事業本部工業炉環境装置事業部長　→83/87

中村 正光　なかむら・まさみつ　昭和3年8月15日〜昭和62年9月1日　大日本土木東京支社長　→83/87

中村 正幸　なかむら・まさゆき　〜昭和43年7月21日
日通総合研究所副所長　→昭和

中村 正義　なかむら・まさよし　〜平成3年11月26日
東京労働金庫相談役　→91/93

中村 勝　なかむら・まさる　昭和28年3月18日〜平成23年3月27日　三重県議(新政みえ)　→09/11

中村 益男　なかむら・ますお　大正9年8月30日〜平成2年11月12日　大日本倉庫社長、大日本印刷常務　→88/90

中村 真澄　なかむら・ますみ　昭和9年11月3日〜平成19年2月9日　宮崎中央農業協同組合会長　→06/08

中村 又一　なかむら・またいち　明治23年10月〜昭和46年2月22日　弁護士　衆院議員(改進党)　→昭和

中村 又七郎　なかむら・またしちろう　明治17年1月〜昭和38年6月7日　衆院議員(無所属倶楽部)　→昭和

中村 又三　なかむら・またぞう　大正7年2月14日〜平成18年4月3日　浜松酒造社長　→06/08

中村 松雄　なかむら・まつお　〜昭和62年12月25日
鐘紡取締役　→83/87

中村 松之助　なかむら・まつのすけ　大正8年4月18日〜平成20年6月21日　中村薬局主人　→06/08

中村 稀彦　なかむら・まれひこ　〜昭和57年6月23日
上海市に日本文庫を作る会会長、日中友好協会久居支部長　→80/82

中村 万一　なかむら・まんいち　〜昭和57年6月10日
福岡熱供給社長、福岡流通センター社長、元日商岩井九州地区支配人　→80/82

中村 三男吉　なかむら・みおきち　〜昭和46年10月16日
日本鋼管副社長　→昭和

中村 瑞夫　なかむら・みずお　昭和5年8月18日〜昭和62年1月4日　国立国会図書館専門調査員、自治省消防大学校長　→83/87

中村 己知男　なかむら・みちお　昭和4年1月3日〜平成1年6月23日　タムラ製作所監査役・元専務　→88/90

中村 道太郎　なかむら・みちたろう　〜平成1年11月22日　山田市長　→88/90

中村 三男　なかむら・みつお　明治33年9月13日〜平成1年3月22日　豊年製油常務取締役、杉山産業化学研究所専任理事　→88/90

中村 三次　なかむら・みつぎ　明治40年1月28日〜昭和62年1月28日　公認会計士　日本公認会計士協会常任理事　→83/87

中村 税　なかむら・みつぐ　〜昭和40年11月26日
小松製作所社長　→昭和

中村 三五郎　なかむら・みつごろう　〜昭和32年11月23日　中日ドラゴンズ取締役、セ・リーグ初代理事長　→昭和

中村 美之一郎　なかむら・みのいちろう　大正15年9月24日〜平成62年10月11日　ホテルニューオークラ社長、東京都旅館環境衛生同業組合小岩支部長　→83/87

中村 実　なかむら・みのる　〜昭和47年1月24日
大洋漁業専務　→昭和

中村 実　なかむら・みのる　〜昭和53年10月20日
前静岡銀行頭取　→昭和

中村 実　なかむら・みのる　〜昭和55年1月20日
博多人形商工業協同組合長　→80/82

中村 実　なかむら・みのる　〜昭和60年11月5日
ユニテ相談役、ユニテ総業監査役、元武蔵野銀行監査役　→83/87

中村 実　なかむら・みのる　大正11年5月13日〜平成18年4月6日　ダイダン常務　→06/08

中村 稔　なかむら・みのる　大正4年10月2日〜昭和59年10月11日　大日金属工業取締役　→83/87

中村 稔　なかむら・みのる　昭和3年10月17日〜平成16年11月23日　福知山市長　→03/05

中村 稔　なかむら・みのる　大正13年10月8日〜平成23年10月21日　三井物産副社長　→09/11

仲村 実　なかむら・みのる　昭和12年6月15日〜平成21年11月6日　南都銀行常務　→09/11

中村 宗明　なかむら・むねあき　昭和7年2月1日〜平成4年8月19日　広島ホームテレビ監査役　→91/93

中村 元治郎　なかむら・もとじろう　明治24年11月〜昭和43年7月21日　衆院議員(第一議員倶楽部)　→昭和（なかむら・げんじろう）

中村 基孝　なかむら・もとたか　明治38年12月31日〜平成7年11月16日　三菱商事専務,富士コカ・コーラボトリング会長　→94/96

中村 元治　なかむら・もとはる　明治32年〜昭和57年9月1日　大分県知事,全日本火災共済協同組合連合会会長　→80/82

中村 素彦　なかむら・もとひこ　昭和4年8月10日〜平成11年8月24日　富士写真フィルム取締役　→97/99

中村 基光　なかむら・もとみつ　〜昭和62年1月4日　日之出広告社社長　→83/87

中村 守雄　なかむら・もりお　大正15年12月9日〜平成7年5月28日　防衛庁陸上幕僚長　→94/96

中村 守治　なかむら・もりじ　明治43年1月3日〜平成7年5月25日　日本電装専務　→94/96

中村 八重子　なかむら・やえこ　明治38年7月29日〜平成11年1月2日　社会事業家　大阪水上隣保館理事長,山崎学園理事長　→97/99

中村 弥左衛門　なかむら・やざえもん　〜昭和32年8月16日　福江市長　→昭和

中村 安雄　なかむら・やすお　大正10年12月〜平成15年5月9日　警察庁中部管区警察局長　→03/05

中村 康雄　なかむら・やすお　〜昭和55年11月6日　筋ジストロフィーの中学生　→80/82

中村 康治　なかむら・やすじ　大正9年10月14日〜平成4年3月8日　動力炉核燃料開発事業団理事　→91/93

中村 安次郎　なかむら・やすじろう　昭和14年8月26日　新潟県知事　→昭和

中村 安孝　なかむら・やすたか　大正15年1月15日〜平成2年9月29日　名著出版社長　→88/90

中村 安太郎　なかむら・やすたろう　〜平成1年12月31日　日本製鋼所常務　→88/90

中村 泰弘　なかむら・やすひろ　大正12年1月5日〜平成16年11月7日　日本紙業常務　→03/05

中村 静嘉　なかむら・やすよし　安政7年2月〜昭和11年6月18日　海軍少将,実業家　太平生命保険社長　→昭和

中村 弥之助　なかむら・やのすけ　大正5年10月24日〜昭和62年8月21日　トーメン専務　→83/87

中村 裕子　なかむら・ゆうこ　〜平成1年3月17日　(株)ビバン代表取締役　→88/90

中村 有光　なかむら・ゆうこう　昭和2年9月22日〜平成2年10月21日　(財)NHKエンジニアリングサービス理事長,NHK事務局長・技師長　→88/90

中村 有次　なかむら・ゆうじ　昭和63年1月7日〜平

富山石油取締役営業部長　→88/90

中村 雄次　なかむら・ゆうじ　大正6年12月13日〜平成4年3月22日　中部電力副社長,中電興業社長　→91/93

中村 雄二　なかむら・ゆうじ　昭和2年11月18日〜平成10年1月22日　大成ロテック会長　→97/99

中村 雄次郎　なかむら・ゆうじろう　嘉永5年2月28日〜昭和3年10月20日　陸軍中将,男爵　枢密顧問官,満鉄総裁,貴院議員(勅撰)　→昭和

中村 悠紀子　なかむら・ゆきこ　昭和22年〜昭和60年8月12日　画家・小磯良平の絵画モデル　→83/87

中村 順英　なかむら・ゆきひで　昭和24年4月19日〜平成22年12月5日　弁護士,弁理士　日弁連副会長　→09/11

中村 豊　なかむら・ゆたか　〜昭和46年1月20日　日通専務　→昭和

中村 豊　なかむら・ゆたか　大正8年3月16日〜昭和59年7月29日　日本海汽船取締役相談役・元社長　→83/87

中村 豊　なかむら・ゆたか　明治35年2月28日〜昭和62年8月31日　常磐興産社長　→83/87

中村 豊　なかむら・ゆたか　明治43年1月20日〜平成2年11月2日　田辺製薬取締役　→88/90

中村 豊　なかむら・ゆたか　大正13年6月1日〜平成3年5月2日　大正海上火災保険(のち三井海上火災保険)取締役　→91/93

中村 豊　なかむら・ゆたか　明治43年9月4日〜平成15年1月21日　福井銀行専務　→03/05

中村 弓男　なかむら・ゆみお　昭和8年11月21日〜平成4年5月25日　郵政研究所附属資料館長　→88/90

中村 庸　なかむら・よう　〜昭和28年11月25日　鐘紡監査役　→昭和

中村 庸一郎　なかむら・よういちろう　明治29年5月20日〜昭和58年11月13日　衆院議員(自民党),桜護謨会長　→83/87

中村 陽宇　なかむら・ようう　〜昭和59年1月15日　(宗)大本本部参議　→83/87

中村 利　なかむら・よし　明治39年9月26日〜昭和63年12月7日　九州電力監査役　→83/87

中村 義夫　なかむら・よしお　〜昭和57年7月23日　弁護士　梅田事件　→80/82

中村 芳男　なかむら・よしお　大正1年12月10日〜平成2年8月8日　自然保護運動家　全国自然保護連合初代理事長,丹沢ホーム創設者　→88/90

中村 良夫　なかむら・よしお　大正7年9月8日〜平成6年12月3日　本田技研工業常務　→94/96

中村 禧夫　なかむら・よしお　昭和14年10月22日〜平成7年1月17日　中謙社長　→94/96

中村 芳二郎　なかむら・よしじろう　大正10年12月22日〜平成12年9月20日　松江市長　→00/02

中村 義治　なかむら・よしはる　大正15年2月10日〜平成16年12月3日　教文館社長　→03/05

中村 義彦　なかむら・よしひこ　大正8年5月16日〜平

1年1月13日　TDKサービス,TDK取締役　→88/90

中村 美彦　なかむら・よしひこ　〜昭和57年11月2日　東京愛国学園短期大学教授,トヨタ車体常務　→80/82

中村 義久　なかむら・よしひさ　昭和6年4月15日〜平成3年5月18日　東洋高砂乾電池取締役　→91/93

中村 至宏　なかむら・よしひろ　昭和5年10月14日〜平成17年1月21日　丸全昭和運輸社長　→03/05

中村 芳浩　なかむら・よしひろ　〜平成3年9月16日　白馬出版社長　→91/93

中村 芳平　なかむら・よしへい　〜昭和63年8月14日　片倉工業取締役　→88/90

中村 善昌　なかむら・よしまさ　昭和15年〜平成16年10月7日　北京光耀国際投資諮詢有限公司董事長・総経理　→03/05

中村 義麿　なかむら・よしまろ　〜昭和60年12月20日　福岡県交通安全協会副会長,北九州市交通安全協会連絡協議会長　→83/87

中村 吉之　なかむら・よしゆき　〜昭和58年8月15日　日本重化学工業相談役,日本ミルガイド取締役社長　→83/87

中村 義郎　なかむら・よしろう　明治30年9月20日〜昭和62年1月14日　弁護士　合同酒精監査役,函館地裁検事正　→83/87

中村 米平　なかむら・よねへい　〜昭和46年7月16日　三井物産元常務　→昭和

中村 利器男　なかむら・りきお　〜昭和60年6月27日　日本貿易振興会ハンブルグ事務所長　→83/87

中村 利器太郎　なかむら・りきたろう　〜昭和15年12月13日　三越会長　→昭和

中村 隆一　なかむら・りゅういち　明治31年4月12日〜平成4年6月27日　日立金属社長　→91/93

中村 隆一　なかむら・りゅういち　昭和5年3月9日〜平成21年7月26日　辰巳出版グループ専務　→09/11

仲村 隆正　なかむら・りゅうしょう　〜平成3年6月11日　僧侶　高野山(真言宗)人僧正・定額位,高倉寺・宝積院住職　→91/93

中村 龍平　なかむら・りゅうへい　大正5年5月20日〜昭和20年3月29日　陸将　統合幕僚会議議長　→06/08

中村 良一　なかむら・りょういち　明治41年8月7日〜平成12年12月21日　中部ガス名誉顧問　→00/02

中村 亮治　なかむら・りょうじ　大正4年2月21日〜平成6年4月25日　近鉄エクスプレス社長　→94/96

中村 良次　なかむら・りょうじ　昭和42年3月4日〜平成14年1月18日　宇部興産専務　→00/02

中村 良治　なかむら・りょうじ　明治41年9月11日〜昭和60年8月14日　日本電池取締役研究部長　→83/87

中村 良三　なかむら・りょうぞう　明治11年7月26日〜昭和20年3月1日　海軍大将　→昭和

中村 良三　なかむら・りょうぞう　〜昭和61年5月10日　サンスター技研(株)相談役　→83/87

中村 良三　なかむら・りょうぞう　昭和9年10月16日〜平成14年2月23日　日本無線専務　→00/02

中村 良三　なかむら・りょうぞう　昭和2年9月8日〜平成18年1月31日　広島県議(県民連合)　→06/08

中村 玲一　なかむら・れいいち　昭和6年1月21日〜平成15年3月5日　日本ギア工業常務　→03/05

中村 六一郎　なかむら・ろくいちろう　大正10年9月23日〜昭和62年9月3日　東洋曹達工業取締役,南九州化学工業社長　→83/87

中村 右衛門　なかむら・わうえもん　大正14年7月15日〜平成18年10月24日　中和商店社長,徳島県教育委員長　→06/08

仲本 朝夫　なかもと・あさお　〜平成18年11月21日　沖縄建設新聞創業者,建設新聞出版会長　→06/08

中本 勇　なかもと・いさむ　明治36年5月11日〜昭和59年4月1日　住建産業創業者　→83/87

中本 金太郎　なかもと・きんたろう　大正13年1月26日〜平成18年10月7日　広島県議(自民党)　→06/08

中本 源一　なかもと・げんいち　〜昭和32年4月8日　柳井市長　→昭和

中本 貞実　なかもと・さだみ　昭和6年5月26日〜平成19年10月25日　岐阜県議(自民党)　→06/08

中本 薫男　なかもと・しげお　明治43年8月27日〜昭和58年11月2日　中本商事,日本製麻社長　→83/87

中本 重夫　なかもと・しげお　大正8年2月19日〜平成11年6月7日　有田市長　→97/99

中本 誠一　なかもと・せいいち　昭和5年8月24日〜昭和60年8月12日　国民金融公庫理事　→83/87

中本 孝　なかもと・たかし　昭和16年10月31日〜平成15年9月2日　駐ギリシャ大使　→03/05

中本 辰夫　なかもと・たつお　大正2年9月19日〜平成2年8月15日　山陰中央新報取締役論説主幹　→88/90

中本 利夫　なかもと・としお　昭和4年5月24日〜平成20年5月1日　ウッドワン名誉会長　→06/08

中本 仲一　なかもじ・なかいち　大正2年6月30日〜平成1年6月4日　日本製麻取締役　→88/90

長本 信頼　ながもと・のぶより　大正11年7月29日〜平成15年1月10日　兵庫県議　→03/05

中本 春一　なかもと・はるいち　大正5年2月20日〜平成4年2月13日　中本商事社長　→91/93

中本 正徳　なかもと・まさのり　〜昭和55年12月27日　太陽工藤工事常務取締役　→80/82

中本 ムツ子　なかもと・むつこ　昭和3年1月30日〜平成23年4月28日　アイヌ文化伝承者　千歳アイヌ文化伝承保存会会長　→09/11

中森 幾之進　なかもり・いくのしん　明治37年〜昭和56年12月6日　日本基督教団山谷伝導所牧師　→80/82

中森 英三　なかもり・えいぞう　〜昭和55年6月21日　興亜火災海上保険常務　→80/82

仲森 清　なかもり・きよし　明治43年2月10日～平成11年7月27日　積水化学工業専務　→97/99

中森 季雄　なかもり・すえお　～昭和63年2月23日　白水社相談役　→88/90

仲森 孝　なかもり・たかし　昭和6年1月14日～平成19年12月28日　三重県農協中央会会長, 三重県経済農協連会長　→06/08

永森 隆　ながもり・たかし　大正13年9月1日～昭和58年3月31日　高愛副社長, ニチメン取締役　→83/87

永森 忠幸　ながもり・ただゆき　明治34年4月1日～昭和58年11月6日　永森電機社長　→83/87

中森 勉　なかもり・つとむ　～昭和59年1月15日　上野市社会事業協会理事長, 東海保護司連盟副会長, 三重県議　→83/87

中森 蒔人　なかもり・まきと　大正12年12月14日～平成16年12月13日　ほるぷ創業者　→03/05

永森 実　ながもり・みのる　～昭和62年5月22日　永森家具代表取締役社長　→83/87

永盛 義夫　ながもり・よしお　明治43年1月2日～昭和58年1月5日　空将　→83/87

仲谷 勇　なかや・いさむ　～平成6年1月6日　日本製粉取締役　→94/96

中谷 勝紀　なかや・かつのり　～平成2年6月26日　運輸省四国海運局長, ヤンマーディーゼル取締役　→88/90

長屋 兼三郎　ながや・かねさぶろう　～昭和56年7月12日　長屋印刷会長, 東桜ビル社長　→80/82

長屋 喜一　ながや・きいち　～平成5年6月6日　東京文理科大学教授, 専修大学教授　→91/93

中谷 権太　なかや・ごんた　大正2年12月18日～平成15年8月5日　青森県議(自民党)　→03/05

中家 左三　なかや・さぞう　大正7年1月12日～平成2年8月8日　コニカ常務　→88/90

中谷 定吉　なかや・さだきち　明治38年7月1日～平成1年3月19日　ダイヘン専務, 住友銀行取締役　→88/90

仲矢 茂長　なかや・しげひさ　昭和4年6月25日～平成1年3月20日　沖電気工業専務　→88/90

長屋 茂　ながや・しげる　明治32年2月～昭和53年7月6日　参院議員(自民党)　→昭和

仲谷 新治　なかや・しんじ　明治26年9月20日～昭和61年12月24日　新潟鉄工所取締役　→83/87

中矢 敬志　なかや・たかし　昭和20年4月28日～平成1年5月12日　明屋書店社長　→97/99

永谷 赳夫　ながや・たけお　大正8年3月29日～昭和59年11月24日　三井銀行常任監査役　→83/87

中屋 保　なかや・たもつ　～平成6年1月25日　日本ポルトガル協会常任理事　→94/96

長屋 千棟　ながや・ちむね　明治23年1月5日～昭和45年8月25日　航海士, 海難審判官　→昭和

仲矢 虎夫　なかや・とらお　～昭和57年11月10日　日本エスカップ協会副会長　→80/82

中屋 則哲　なかや・のりあき　慶応3年6月13日～昭和5年4月28日　陸軍中将　→昭和(なかや・のりてつ)

中屋 則直　なかや・のりなお　～平成3年5月22日　日本製粉常務　→91/93

中谷 治雄　なかや・はるお　～昭和57年7月17日　(株)伊藤組専務取締役　→80/82

長屋 弘道　ながや・ひろみち　昭和26年8月5日～平成20年4月9日　高知県平和運動センター議長　→06/08

中谷 文義　なかや・ふみよし　昭和3年5月28日～平成17年6月20日　積丹町(北海道)町長　→03/05

永屋 昌朝　ながや・まさとも　大正5年3月31日～平成10年1月18日　旭化成工業専務　→97/99

中谷 保平　なかや・やすへい　大正2年3月16日～昭和61年3月19日　安全自動車(株)代表取締役会長, 元日本自動車機械工具協会会長　→83/87

仲谷 義明　なかや・よしあき　大正14年10月27日～昭和63年11月18日　愛知医科大学理事長, ナゴヤ球場社長, 愛知県知事　→88/90

長屋 佳彦　ながや・よしひこ　昭和16年4月29日～平成5年3月29日　東京銀行取締役　→91/93

中屋敷 博　なかやしき・ひろし　大正11年9月15日～平成20年6月5日　雫石町(岩手県)町長　→06/08

永安 明　ながやす・あきら　大正3年12月5日～平成3年8月23日　日本国土開発嘱託, トーメン常務　→91/93

中安 閑一　なかやす・かんいち　明治28年4月5日～昭和59年1月31日　実業家　宇部興産社長　→83/87

中安 信三郎　なかやす・しんざぶろう　万延1年7月～昭和7年11月26日　衆院議員(立憲同志会)　→昭和

永安 晋次郎　ながやす・しんじろう　明治6年1月～昭和10年2月19日　海軍主計中将　→昭和

中安 信丸　なかやす・のぶまる　明治40年4月11日～平成4年3月26日　宇部興産ビル社長, 宇部興産副社長, 宇部商工会議所名誉会頭　→91/93

中安 均　なかやす・ひとし　昭和3年9月18日～平成20年1月5日　荏原製作所常務, 国税庁仙台国税不服審判所長　→06/08

中安 正衛　なかやす・まさえ　大正2年6月22日～平成11年4月11日　秋田テレビ社長　→97/99

中安 道治　なかやす・みちはる　昭和3年1月4日～平成12年10月22日　宇部興産会長　→00/02

永易 良雄　ながやす・よしお　大正10年4月29日～平成10年5月12日　三菱重工業常務　→97/99

中安 米蔵　なかやす・よねぞう　明治45年1月24日～平成8年5月13日　建設省技監, 日本道路副社長　→94/96

中山 あおい　なかやま・あおい　～昭和37年9月5日　天理教真柱夫人　→昭和

中山 章　なかやま・あきら　～平成8年1月18日　古河マグネシウム常務　→94/96

永山 明　ながやま・あきら　～昭和57年12月30日

セントラル硝子専務　→80/82

永山 東　ながやま・あずま　〜平成21年11月3日　志布志事件で無罪判決を受けた永山トメ子さんの夫　→09/11

中山 敦雄　なかやま・あつお　昭和8年7月13日〜平成11年3月20日　熊谷組専務　→97/99

永山 在兼　ながやま・ありかね　明治22年〜昭和20年　北海道庁土木担当官　→昭和

中山 育雄　なかやま・いくお　大正5年9月24日〜昭和61年7月10日　中山製鋼所相談役・元社長　→83/87

中山 幾太郎　なかやま・いくたろう　〜昭和39年2月18日　尾道市長　→昭和

中山 イサ　なかやま・いさ　〜昭和52年5月25日　女性長寿日本一　→昭和

中山 一郎　なかやま・いちろう　〜平成2年12月24日　弁護士　東京地裁判事　→88/90

中山 一郎　なかやま・いちろう　明治40年7月3日〜平成7年6月11日　日本軽金属社長　→94/96

中山 一成　なかやま・いっせい　昭和5年2月14日〜昭和58年12月1日　運輸省大臣官房情報管理部情報処理課システム分析室長　→83/87

中山 栄一　なかやま・えいいち　明治28年10月〜昭和51年8月21日　衆院議員(自民党)　→昭和

中山 英一　なかやま・えいいち　大正15年〜平成22年7月8日　部落解放同盟県連書記長　→09/11

中山 栄子　なかやま・えいこ　〜昭和2年2月20日　昭憲皇太后掌侍奉仕　→昭和

中山 悦治　なかやま・えつじ　明治16年7月15日〜昭和26年12月25日　実業家　→昭和

中山 修　なかやま・おさむ　大正12年5月10日〜平成22年4月13日　中越運送創業者　→09/11

中山 主計　なかやま・かずえ　大正7年3月3日〜昭和63年7月27日　林原総合研究所副社長、林原(株)相談役　→88/90

仲山 和男　なかやま・かずお　〜昭和62年5月23日　東京計算サービス取締役システム部長　→83/87

中山 和人　なかやま・かずと　大正9年2月5日〜平成11年5月16日　東芝首都圏ライフエレクトロニクス社長　→97/99

中山 和彦　なかやま・かずひこ　昭和21年12月16日〜平成23年2月15日　損保ジャパン専務執行役員　→09/11

中山 一三　なかやま・かずみ　明治44年3月31日〜平成14年1月24日　福岡中央銀行社長　→00/02

永山 一己　ながやま・かずみ　大正2年9月5日〜昭和46年5月11日　下津井電鉄社長、岡山県議　→昭和 (永山一巳)

中山 克己　なかやま・かつみ　明治34年10月1日〜昭和62年3月14日　建築家　中山克建築設計事務所名誉会長　→83/87

中山 喜久松　なかやま・きくまつ　〜昭和27年10月17日

公正取引委員会委員長　→昭和

中山 吉次　なかやま・きちじ　明治39年12月21日〜昭和63年11月4日　西松建設常務　→88/90

中山 久治　なかやま・きゅうじ　〜昭和60年5月28日　北海道家畜商業協同組合連合会専務理事　→83/87

中山 清　なかやま・きよし　明治39年7月10日〜平成1年4月20日　好文堂書店社長、金文会名誉会長　→88/90

中山 国男　なかやま・くにお　明治45年7月28日〜平成9年2月7日　三井石油化学工業常務　→97/99

中山 邦夫　なかやま・くにお　大正11年12月20日〜平成23年2月12日　薩摩酒造取締役支配人　→09/11

中山 健市　なかやま・けんいち　〜平成20年3月2日　高知港運代表取締役、四国港運協会会長　→06/08

中山 玄秀　なかやま・げんしゅう　明治12年1月7日〜昭和34年11月9日　僧侶　天台座主　→昭和

中山 健三　なかやま・けんぞう　大正5年6月30日〜平成9年2月4日　日研化学常務　→97/99

中山 玄雄　なかやま・げんゆう　明治35年6月28日〜昭和52年11月7日　僧侶、仏教音楽研究家　天台宗探題　→昭和

中山 孝市　なかやま・こういち　明治38年8月23日〜平成16年1月5日　昭和電工専務　→03/05

中山 幸市　なかやま・こういち　明治33年12月5日〜昭和43年10月27日　太平グループ創立者　→昭和

中山 孝治　なかやま・こうじ　〜昭和59年1月2日　日本勧業銀行理事　→83/87

中山 公平　なかやま・こうへい　〜昭和59年12月4日　近畿電気印刷会長、元電公社総務理事　→83/87

永山 公明　ながやま・こうめい　〜昭和46年11月23日　山形テレビ相談役　→昭和

中山 貞夫　なかやま・さだお　大正9年4月21日〜平成18年1月15日　東亜道路工業社長　→06/08

中山 定義　なかやま・さだよし　明治38年8月16日〜平成7年1月16日　防衛庁海上幕僚長　→94/96

中川 哲　なかやま・さとし　昭和12年3月24日〜平成20年12月5日　三井東圧化学専務　→06/08

中山 諭　なかやま・さとし　昭和8年3月4日〜昭和58年7月7日　公認会計士　マネージメントサービス研究所所長、中山諭事務所所長　→83/87

中山 智　なかやま・さとる　〜平成10年6月19日　理研ステンレス社長　→97/99

中山 了　なかやま・さとる　大正9年2月10日〜平成14年12月27日　中日ドラゴンズ社長、中日新聞専務　→00/02

中山 佐之助　なかやま・さのすけ　明治9年2月〜昭和15年12月10日　福岡県知事　→昭和

中山 三郎　なかやま・さぶろう　明治36年8月1日〜昭和61年12月2日　山陽ドラム缶工業社長、海軍技術大佐　→83/87

中山 三郎平　なかやま・さぶろうべい　明治43年9月23

中山 恵嗣　なかやま・しげじ　昭和17年10月20日～平成23年1月4日　奥村組常務　→09/11

中山 重隆　なかやま・しげたか　～昭和46年11月22日　中山製鋼相談役　→昭和

中山 重幸　なかやま・しげゆき　～平成11年1月10日　木村コーヒー（のちキーコーヒー）専務　→97/99

中山 繁　なかやま・しげる　～昭和42年9月11日　下妻市長　→昭和

永山 修一　ながやま・しゅういち　昭和8年3月22日～平成7年9月1日　ニチメン専務　→94/96

永山 省　ながやま・しょう　～平成1年6月23日　東瀬棚町（北海道）町長　→88/90

中山 正善　なかやま・しょうぜん　明治38年4月23日～昭和42年11月14日　天理教真柱（2代目）　→昭和

中山 次郎　なかやま・じろう　明治33年7月10日～平成9年6月12日　通信省電務局長　→97/99

中山 二郎　なかやま・じろう　明治42年1月2日～昭和62年6月4日　国際証券顧問、野村証券常務　→83/87

中山 信一郎　なかやま・しんいちろう　明治44年2月10日～平成11年7月31日　弁護士　北海道議　→97/99

中山 真吾　なかやま・しんご　大正9年7月1日～平成12年7月26日　千葉銀行専務　→00/02

中山 末吉　なかやま・すえきち　～昭和42年1月27日　高石市長　→昭和

中山 晋　なかやま・すすむ　～平成4年7月8日　日本基礎技術会長　→91/93

中山 誠記　なかやま・せいき　～昭和42年12月4日　農林省農業総合研究所所得室長　→昭和

中山 誠治　なかやま・せいじ　明治36年10月23日～昭和63年12月7日　第一銀行取締役　→88/90

中山 仙三　なかやま・せんぞう　大正1年9月9日～平成3年7月10日　向日市長　→91/93

中山 仙造　なかやま・せんぞう　～昭和41年6月23日　カルピス食品副社長　→昭和

中山 仙造　なかやま・せんぞう　～昭和58年11月4日　ミクロン電気社長、神奈川工業人クラブ理事　→83/87

中山 素平　なかやま・そへい　明治39年3月5日～平成17年11月19日　銀行家　日本興業銀行頭取、経済同友会代表幹事、国際大学理事長　→03/05

中山 大五郎　なかやま・だいごろう　大正6年2月25日～昭和60年3月15日　日本専門店会連盟理事長、札幌商工会議所副会頭、なかやま（株）会長　→83/87

中山 太一　なかやま・たいち　明治14年11月17日～昭和31年10月18日　実業家　中山文化研究所社長　→昭和

中山 隆夫　なかやま・たかお　昭和13年3月24日～平成23年6月20日　北陸放送専務　→09/11

仲山 隆雄　なかやま・たかお　昭和5年8月26日～平成

中山 喬　なかやま・たかし　明治45年6月28日～昭和62年10月1日　清水建設常務　→83/87

中山 卓郎　なかやま・たくろう　大正13年3月12日～平成16年4月15日　丸紅副社長　→03/05

永山 武臣　ながやま・たけおみ　大正14年8月30日～平成18年12月13日　松竹会長、歌舞伎座会長、新橋演舞場会長　→06/08

中山 武義　なかやま・たけよし　明治40年5月18日～平成1年12月31日　日本製粉常務　→88/90

中山 正　なかやま・ただし　大正6年11月10日～平成7年10月30日　常陽銀行専務　→94/96

永山 忠則　ながやま・ただのり　明治30年10月14日～昭和59年6月13日　衆院議員（自民党）、自治相　→83/87

永山 忠彦　ながやま・ただひこ　昭和13年9月8日～平成16年9月28日　弁護士　白鷗大学法科大学院教授　→03/05

中山 達明　なかやま・たつあき　大正13年4月28日～平成3年3月30日　藤田観光工営社長　→91/93

中山 達雄　なかやま・たつお　昭和6年3月23日～昭和60年10月26日　三井物産大阪支店有機精密化学品部長　→83/87

中山 龍夫　なかやま・たつお　大正5年3月16日～平成20年6月13日　川崎製鉄常務　→06/08

中山 玉千代　なかやま・たまちよ　～昭和49年11月3日　天理教婦人会長　→昭和

中山 為信　なかやま・ためのぶ　～昭和36年6月28日　天理教内統領　→昭和

中山 常三郎　なかやま・つねさぶろう　大正6年12月29日～平成11年3月25日　加商常務　→97/99

中山 常次郎　なかやま・つねじろう　明治44年2月15日～昭和8年9月15日　社会運動家　→昭和

中山 哲夫　なかやま・てつお　昭和2年8月5日～平成5年4月6日　三菱信託銀行取締役　→91/93

中山 照雄　なかやま・てるお　明治43年5月25日～平成6年10月23日　日本興業社長　→94/96

永山 時雄　ながやま・ときお　明治45年2月11日～平成11年7月11日　昭和シェル石油会長　→97/99

中山 利生　なかやま・としお　大正14年3月16日～平成16年9月30日　衆院議員（自民党）、防衛庁長官　→03/05

中山 俊彦　なかやま・としひこ　昭和57年7月8日　苅田町（福岡県）町長、中山医院長　→80/82

中山 敏之　なかやま・としゆき　昭和15年12月6日～平成18年7月10日　ユーエスシー会長　→06/08

中山 豊雄　なかやま・とよお　～昭和60年12月8日　日刊建設新聞社長　→83/87

中山 豊士　なかやま・とよし　明治45年2月24日～平成2年3月10日　札幌市会議員　→88/90

長山 直厚　ながやま・なおあつ　明治20年～昭和3年10月19日　社会運動家　→昭和

I　政治・経済・社会篇　　　　　　　　　　　　　　　　　　　　なかやま

中山 憲雄　なかやま・のりお　昭和4年9月21日〜平成12年3月25日　メルサ社長　→00/02

永山 則夫　ながやま・のりお　昭和24年6月27日〜平成9年8月1日　小説家　連続射殺事件(108号事件)の犯人　→00/02s

中山 典登　なかやま・のりと　大正11年10月3日〜平成9年2月13日　日産建設常務　→97/99

中山 典村　なかやま・のりむら　昭和4年1月2日〜平成12年8月22日　テレビ山梨社長　→00/02

中山 一　なかやま・はじめ　〜昭和57年9月24日　東京都議(社会党)　→80/82

中山 一　なかやま・はじめ　大正11年4月1日〜昭和62年2月12日　中山産業社長、燕商工会議所(新潟県)副会頭、日本金属洋食器工業組合理事長　→83/87

中山 春夫　なかやま・はるお　〜平成13年9月18日　大阪証券取引所常任理事　→00/02

永山 東雄　ながやま・はるお　大正10年8月1日〜平成5年3月30日　鹿児島テレコール社長、南日本新聞社長　→91/93

中山 晴久　なかやま・はるひさ　大正13年8月11日〜平成8年4月26日　弁護士　大阪弁護士会副会長　→94/96

中山 治秀　なかやま・はるひで　大正15年11月18日〜平成17年10月24日　群馬県議(自民党)、松井田町(群馬県)町長　→03/05

中山 晴之　なかやま・はるゆき　〜昭和61年7月18日　京阪神読売会長　→83/87

永山 久男　ながやま・ひさお　大正15年8月3日〜平成20年1月25日　岡山プラザホテル社長　→06/08

永山 久也　ながやま・ひさや　昭和11年5月17日〜平成18年3月15日　下津井電鉄社長　→06/08

中山 秀夫　なかやま・ひでお　〜平成7年8月10日　弁護士　京都弁護士会副会長　→94/96

中山 秀雄　なかやま・ひでお　大正4年6月23日〜平成12年1月28日　サン・クロレラ社長　→00/02

中山 英士　なかやま・ひでし　〜昭和61年1月1日　東北日新硝子社長、元全国複層硝子工業会東北支部長　→83/87

中山 秀治　なかやま・ひでじ　大正7年3月30日〜平成3年2月1日　神戸銀行取締役　→91/93

中山 均　なかやま・ひとし　明治19年〜昭和41年12月6日　静岡銀行頭取　→昭和

中山 広吉　なかやま・ひろきち　明治29年4月1日〜昭和62年3月19日　建築家　郵政省初代建築部長　→83/87

中山 博策　なかやま・ひろさく　明治35年5月15日〜昭和61年6月10日　山根短資社長　→83/87

中山 寛　なかやま・ひろし　〜昭和62年4月10日　千代田区選挙管理委員会(東京都)委員、千代田区(東京都)区議　→83/87

中山 寛　なかやま・ひろし　大正2年4月15日〜平成12年5月8日　栗田工業常務　→00/02

中山 博史　なかやま・ひろし　〜昭和56年6月11日　三菱銀行参与・審査第一部長　→80/82

中山 博二　なかやま・ひろじ　〜昭和61年1月31日　ガ島会会長、西宮剣錬会長　→83/87

中山 福蔵　なかやま・ふくぞう　明治20年6月〜昭和53年10月13日　衆院議員、参院議員(自民党)　→昭和

中山 富士　なかやま・ふじ　〜昭和60年6月21日　全日本仏教会常任理事、日本仏教鑽仰会理事、浄土真宗法善寺住職　→83/87

中山 豊一　なかやま・ほういち　〜昭和60年11月11日　小矢部市議　→83/87

中山 真　なかやま・まこと　大正7年11月14日〜平成1年7月22日　浜中町(北海道)町長　→88/90

中山 真　なかやま・まこと　大正11年11月1日〜平成20年5月3日　北越銀行頭取　→06/08

中山 マサ　なかやま・まさ　明治24年1月11日〜昭和51年10月11日　厚相、衆院議員(自民党)　→昭和

中山 昌生　なかやま・まさお　〜昭和48年7月17日　トーメン常務　→昭和

仲山 昌一　なかやま・まさかず　昭和11年2月13日〜平成11年2月26日　日本高周波鋼業副社長　→97/99

中山 昌樹　なかやま・まさき　明治19年4月10日〜昭和19年4月2日　宗教家、翻訳家、文学者　→昭和

中山 正志　なかやま・まさし　昭和8年9月27日〜平成19年5月11日　フジコピアン専務　→06/08

中山 正人　なかやま・まさと　明治44年3月10日〜平成1年11月23日　東京鉄鋼常務　→88/90

中山 正信　なかやま・まさのぶ　大正13年12月17日〜平成1年5月20日　天理教会本部本部員・元内統領　→88/90

中山 雅彦　なかやま・まさひこ　〜昭和61年9月1日　日産化学工業取締役　→83/87

中山 正巳　なかやま・まさみ　明治38年2月18日〜平成14年5月12日　日本コロムビア社長、勧業銀行常務　→00/02

中山 政康　なかやま・まさやす　〜昭和56年1月21日　陸軍中将　→80/82

中山 勝　なかやま・まさる　大正4年2月25日〜昭和63年2月18日　ゼンチク常務　→88/90

中山 又次郎　なかやま・またじろう　〜昭和56年12月1日　内灘村(石川県)村長　→80/82

中山 松一　なかやま・まついち　〜昭和45年3月2日　日本土地家屋調査士会連合会長　→昭和

中山 守　なかやま・まもる　大正9年9月30日〜平成2年1月18日　日本石油化学取締役、元日本合成樹脂社長　→88/90

中山 道之佑　なかやま・みちのすけ　〜昭和53年　白水貿易社長　→昭和

長山 三男　ながやま・みつお　〜昭和48年12月10日　日本開発銀行技術顧問　→昭和

永山 盛康　ながやま・もりやす　大正6年2月10日〜平成19年6月6日　ユニチカ常務　→06/08

長山 泰憲　ながやま・やすのり　〜昭和56年3月25日　日商専務, 日商岩井顧問　→80/82

中山 安弘　なかやま・やすひろ　大正15年1月17日〜平成11年3月2日　中山鉄工所会長　→97/99

中山 安弘　なかやま・やすひろ　昭和12年1月1日〜平成23年1月31日　青森県議（自民党）　→09/11

中山 保郎　なかやま・やすろう　大正9年4月20日〜平成9年3月20日　横浜松坂屋会長　→97/99

中山 佑　なかやま・ゆう　〜平成5年7月28日　三井信託銀行常務, 藤田観光常務　→91/93

中山 幸雄　なかやま・ゆきお　昭和14年7月20日〜平成5年2月7日　藤沢薬品工業大阪広報室長　→91/93

中山 庸一　なかやま・よういち　〜平成2年9月26日　十勝毎日新聞社東京支社長　→88/90

中山 洋祐　なかやま・ようすけ　昭和8年2月8日〜平成7年5月28日　ミリオンカード・サービス常務　→94/96

中山 与志夫　なかやま・よしお　明治44年12月9日〜平成13年1月10日　朝日村（新潟県）村長　「ニイガタ首長国連邦」代表　→00/02

中山 吉一　なかやま・よしかず　昭和9年5月13日〜平成9年6月7日　琉球銀行頭取　→97/99

中山 慶一　なかやま・よしかず　明治39年4月29日〜昭和60年6月25日　天理教表統領　→83/87

中山 善喜　なかやま・よしき　昭和8年11月20日〜平成12年2月1日　岡山県議（民主クラブ）　→00/02

中山 好三　なかやま・よしぞう　大正8年〜昭和57年10月8日　日興証券会長, 東京証券取引所理事会議長　→80/82

中山 嘉英　なかやま・よしひで　大正14年3月30日〜平成9年9月30日　伊藤忠商事副社長　→97/99

中山 吉秀　なかやま・よしひで　〜平成10年8月6日　千葉県立関宿城博物館長　→97/99

中山 賀弘　なかやま・よしひろ　〜平成7年7月11日　中山金属会長　→94/96

中山 賀博　なかやま・よしひろ　大正3年1月30日〜平成15年7月21日　駐フランス大使　→03/05

中山 善郎　なかやま・よしろう　大正3年2月12日〜平成8年1月25日　コスモ石油社長　→94/96

長山 頼正　ながやま・よりまさ　大正2年2月6日〜平成11年1月28日　弁護士　山口地検検事正, 鹿児島地検検事正　→94/96

中山 律子　なかやま・りつこ　大正6年〜平成5年4月9日　中山商事会長　→91/93

中山 龍次　なかやま・りゅうじ　大正7年1月1日〜昭和37年6月29日　NHK常務理事, 十日町市長　→昭和（中山 竜次）

中山 良太郎　なかやま・りょうたろう　大正12年3月1日〜平成昭和63年4月4日　中山福（株）社長　→88/90

中山 理々　なかやま・りり　明治28年5月20日〜昭和56

年7月27日　日本仏教鑽仰会理事長, 真宗大谷派宗議会議員　→80/82

中山 励逸　なかやま・れいいつ　〜昭和44年7月26日　日本アルミ相談役　→昭和

長与 太郎　ながよ・たろう　〜昭和63年3月28日　清泉ファミリー社長　→88/90

長与 道夫　ながよ・みちお　大正6年7月12日〜平成8年12月16日　共同通信社常務理事　→94/96

永吉 寛二　ながよし・かんじ　〜昭和55年4月25日　日本金属工業常務取締役, 相模原製造所長　→80/82

永由 君人　ながよし・きみと　〜平成9年6月17日　共同通信社ラジオ・テレビ局長, 松下電送常務　→97/99

永由 寿一　ながよし・じゅいち　〜平成8年12月18日　八ヶ根工業社長　→94/96

永由 武秋　ながよし・たけあき　〜平成4年10月13日　時事通信社取締役　→91/93

永吉 凱　ながよし・たのし　大正10年3月23日〜平成17年3月17日　大分県議（自民党）, 西の誉銘醸社長　→03/05

仲吉 朝興　なかよし・ちょうこう　明治39年1月14日〜平成2年4月23日　沖縄相互銀行（のち沖縄海邦銀行）頭取　→88/90

仲吉 良光　なかよし・りょうこう　明治20年5月23日〜昭和49年3月1日　首里市長　→昭和

仲吉 良新　なかよし・りょうしん　昭和6年8月18日〜平成3年10月9日　労働運動家　自治労副委員長　→91/93

長柄 朝　ながら・とも　昭和7年3月16日〜平成22年3月17日　高松町（石川県）町長　→09/11

半井 清　なからい・きよし　明治21年3月31日〜昭和57年3月1日　横浜市長　→80/82

永礼 達造　なかれい・たつぞう　大正9年5月1日〜平成8年4月5日　津山市長, 岡山県議　→94/96

長川 一雄　ながわ・いちゆう　明治42年〜昭和60年12月5日　真宗大谷派大谷専修学院長, 行徳庵主　→83/87

名川 侃市　ながわ・かんいち　明治16年6月〜昭和19年8月19日　衆院議員（同交会）　→昭和

奈川 敏雄　ながわ・としお　大正11年2月20日〜平成17年9月12日　日本インター常務　→03/05

名川 保男　ながわ・やすお　〜昭和50年5月25日　国家公安委員　→昭和

名川 嘉信　ながわ・よしのぶ　昭和4年7月26日〜平成17年6月19日　ユニバーサル証券専務　→03/05

中脇 久雄　なかわき・ひさお　昭和3年1月21日〜昭和63年10月21日　積水樹脂専務　→88/90

棚野 厳　なぎの・いつき　〜昭和57年1月28日　陸軍屯田中将　→80/82

南雲 明久　なぐも・あきひさ　昭和11年8月28日〜平成16年7月25日　警察庁刑事局捜査第一課長　→03/05

南雲 克雄　なぐも・かつお　昭和5年11月〜昭和60年10月14日　南雲堂（出版社）社長　→83/87

Ⅰ　政治・経済・社会篇

名雲　賢　なぐも・けん　〜昭和61年4月13日　三井建設取締役　→83/87

南雲　順一　なぐも・じゅんいち　明治44年7月13日〜平成11年3月12日　新潟県議（自民党）、六日町町長　→00/02s

南雲　四郎　なぐも・しろう　昭和6年2月13日〜平成9年12月19日　川崎汽船会長　→97/99

南雲　正朔　なぐも・せいさく　明治36年1月〜昭和29年4月7日　衆議院議員（日本進歩党）　→昭和

南雲　清太郎　なぐも・せいたろう　明治17年〜昭和47年11月28日　南雲堂創業者　→昭和

南雲　達衛　なぐも・たつえい　大正10年9月28日〜平成12年5月9日　新潟県出納長、テレビ新潟社長　→00/02

南雲　忠一　なぐも・ちゅういち　明治20年3月25日〜昭和19年7月8日　海軍大将　→昭和

名倉　忠　なくら・ただし　〜平成3年10月3日　名倉工業所社長　→91/93

名倉　康修　なぐら・やすのぶ　昭和3年8月7日〜平成19年10月26日　経営コンサルタント　（株）販売開発研究所代表取締役会長、日華関西協会理事長、中華民国国際工商経営研究社名誉理事　→06/08

名越　愛徳　なごし・あいとく　〜昭和7年3月29日　下志津飛行学校教官、航空兵大尉　→昭和（なごえ・あいとく）

名越　隆正　なごし・たかまさ　大正11年5月5日〜平成17年1月27日　島根県議（自民党）　→03/05

名越　由隆　なごし・よしたか　大正13年2月24日〜平成23年2月19日　大日本製薬専務　→09/11

名越　亮一　なごし・りょういち　〜昭和58年7月7日　徳島地検検事正、金沢地検検事正　→83/87

名児耶　梅三郎　なごや・うめさぶろう　〜昭和5年1月1日　大審院判事　→昭和

名児耶　馨　なごや・かおる　〜平成2年12月28日　神戸製鋼所取締役　→88/90

名越　圭作　なごや・けいさく　〜昭和63年10月17日　明治製革取締役　→88/90

名古屋　誠吉　なごや・せいきち　大正7年1月1日〜平成4年7月28日　東京都議（公明党）　→91/93

名越　操　なごや・みさお　昭和5年〜昭和61年6月14日　「ヒロシマ母の記」を出版した被爆者　→83/87

名坂　通泰　なさか・みちやす　明治44年8月18日〜昭和61年2月28日　石川島播磨重工業常務　→83/87

梨岡　輝彦　なしおか・てるひこ　大正14年10月11日〜平成3年7月19日　弁護士　大阪高裁判事　→91/93

梨木　作次郎　なしき・さくじろう　明治40年9月24日〜平成5年4月9日　弁護士、社会運動家　衆議院議員（共産党）　→91/93

梨田　精　なしだ・きよし　明治45年1月29日〜平成12年11月25日　浜田市長　→00/02

梨羽　時起　なしは・ときおき　嘉永3年8月19日〜昭和3年10月24日　海軍中将, 男爵　貴院議員　→昭和（なしば・ときおき）

名島　茂樹　なじま・しげき　大正2年6月13日〜平成23年1月6日　帝人製機専務　→09/11

梨本　伊都子　なしもと・いつこ　明治15年2月2日〜昭和51年8月19日　元皇族・梨本守正氏夫人　→昭和（なしもと・いとこ）

梨本　静　なしもと・しずか　大正11年1月21日〜平成14年10月8日　帝国ピストンリング社長, 富士銀行常務　→00/02

梨本　哲雄　なしもと・てつお　昭和5年6月7日〜平成21年5月11日　僧侶　法円寺住職, 浄土真宗仏光寺派宗務総長　→09/11

梨本　操　なしもと・みさお　大正14年12月18日〜平成5年11月27日　新潟製氷冷凍社長　→91/93

梨本　守正　なしもと・もりまさ　明治7年3月9日〜昭和26年1月1日　皇族, 陸軍元帥　→昭和

那須　章弥　なす・あきや　明治14年〜昭和9年5月2日　土木技術者　→昭和

那須　薫正　なす・しげまさ　大正9年2月1日〜平成6年6月4日　那須電機鉄工社長　→94/96

那須　重治　なす・じゅうじ　明治44年1月15日〜昭和58年10月9日　灘神戸生協組合長, 粟村金属工業相談役　→83/87

那須　璋右　なす・しょうぞう　〜昭和56年2月22日　丸三証券常務　→80/82

那須　隆　なす・たかし　〜平成20年1月24日　那須与一伝承館初代名誉館長　弘前大教授夫人殺害事件の元被告　→06/08

那須　丈士　なす・たけし　昭和11年7月25日〜平成16年8月2日　住友建設専務　→03/05

奈須　俊和　なす・としかず　昭和15年10月26日〜平成2年5月10日　国際エネルギー機関情報・緊急時システム局長　→88/90

那須　仁九朗　なす・にくろう　明治29年11月20日〜昭和63年11月7日　那須電機鉄工創業者　→88/90

那須　信雄　なす・のぶお　大正7年2月21日〜昭和63年1月23日　日本電池会長　→88/90

那須　秀雄　なす・ひでお　昭和7年11月29日〜平成21年2月1日　和歌山県議（自民党）　→09/11

那須　弘　なす・ひろし　昭和7年12月16日〜平成12年4月3日　新日本商品会長　→00/02

那須　正男　なす・まさお　明治41年4月7日〜平成21年1月13日　東根市長　→09/11

那須　正武　なす・まさたけ　大正6年7月27日〜平成2年12月30日　愛知県米穀協会会長　→88/90

那須　正信　なす・まさのぶ　明治44年1月9日〜平成8年2月16日　北海道副知事　→94/96

那須　義雄　なす・よしお　〜平成5年11月14日　陸軍少将　陸軍省兵務局長・大本営参謀　→91/93

「現代物故者事典」総索引（昭和元年〜平成23年）　919

名須川 秀二　なすかわ・しゅうじ　明治30年10月24日～平成3年12月22日　日本鋪道会会長,日本道路建設業協会会長　→91/93

奈須野 俊広　なすの・としひろ　昭和24年8月24日～平成19年1月8日　ファンケル常務執行役員　→06/08

南須原 静也　なすはら・しずや　明治43年1月12日～平成2年12月8日　三井倉庫社長　→88/90

名田 堅太郎　なだ・けんたろう　昭和4年1月25日～平成5年8月7日　江本工業社長,三菱化成常務　→91/93

名田 善一郎　なだ・ぜんいちろう　大正6年10月19日～昭和62年5月10日　丸愛社長　→83/87

名田 秀次　なだ・ひでじ　大正11年2月28日～平成10年1月6日　マルアイ会長　→97/99

労網 宏　なたあみ・ひろし　大正13年7月30日～平成2年2月12日　二宮産業副会長　→88/90

灘尾 弘吉　なだお・ひろきち　明治32年12月21日～平成6年1月22日　衆議院議長(自民党),文相,厚相　→94/96

灘岡 秀親　なだおか・ひでちか　～昭和59年10月22日　弁護士　日弁連副会長　→83/87

灘本 愛慈　なだもと・あいじ　～平成4年2月17日　僧侶　浄土真宗本願寺派勧学　→91/93

長束 孝　なつか・たかし　大正12年3月4日～平成6年2月23日　中部近鉄百貨店社長　→94/96

長束 正之　なつか・まさゆき　大正2年1月15日～平成22年2月26日　福岡市助役　→09/11

夏川 嘉久次　なつかわ・かくじ　明治31年8月18日～昭和34年4月8日　実業家　近江絹糸紡績社長・会長　→昭和

夏川 浩　なつかわ・ひろし　昭和5年9月16日～平成15年11月13日　オーミケンシ社長　→03/05

夏川 文二郎　なつかわ・ぶんじろう　昭和4年8月2日～平成10年1月22日　TOTO顧問・元常務　→97/99

夏川 要三　なつかわ・ようぞう　大正9年5月12日～昭和60年5月15日　オーミケンシ監査役,(学)近江育英会理事長　→83/87

夏原 平次郎　なつはら・へいじろう　大正8年5月30日～平成22年6月19日　平和堂創業者,彦根商工会議所会頭　→09/11

夏堀 源三郎　なつぼり・げんざぶろう　明治20年4月～昭和37年7月20日　衆院議員(自民党),八戸商工会議所会頭　→昭和

夏堀 正三　なつぼり・しょうぞう　明治34年～平成1年10月3日　デーリー東北新聞社長　→88/90

夏堀 悌二郎　なつぼり・ていじろう　明治28年～昭和42年12月2日　八戸市長　→昭和

夏堀 二三雄　なつぼり・にさお　～平成16年6月1日　共同石油(のちジャパンエナジー)常務　→03/05

夏目 明弘　なつめ・あきひろ　昭和4年12月13日～平成6年2月23日　大和ファイナンス社長　→94/96

夏目 嘉一　なつめ・かいち　大正12年5月13日～平成19年4月5日　日産火災海上保険専務　→06/08

夏目 幸一郎　なつめ・こういちろう　明治44年12月13日～平成3年1月25日　(株)夏目社長,長野県商工会議所連合会会長　→91/93

夏目 重雄　なつめ・しげお　大正8年8月10日～昭和62年12月10日　ニッポン放送常勤監査役　→83/87

夏目 高男　なつめ・たかお　昭和19年3月20日～平成20年1月18日　駐バーレーン大使　→06/08

夏目 忠雄　なつめ・ただお　明治41年9月8日～平成9年9月30日　参院議員(自民党)　→97/99

夏目 忠也　なつめ・ちゅうや　大正6年7月31日～平成18年7月30日　第三相互銀行常務　→97/99

夏目 輝次　なつめ・てるじ　～昭和55年4月30日　日之出汽船相談役・元会長　→80/82

夏目 仲次　なつめ・なかじ　～昭和56年5月16日　名古屋地裁判事　→80/82

夏目 久男　なつめ・ひさお　～平成11年4月5日　530運動総連合会幹事　ゴミゼロ(530)運動の提唱者　→97/99

夏目 昌　なつめ・まさし　～平成5年3月28日　大阪国際フェスティバル協会事業部長　→91/93

夏目 勇三　なつめ・ゆうぞう　昭和9年4月15日～平成21年6月10日　夏目光学社長　→09/11

棗田 常義　なつめだ・つねよし　昭和5年4月12日～平成8年5月2日　日本経済新聞社社長　→94/96

名東 紀代子　なとう・きよこ　～平成9年6月5日　英国で心臓移植手術を受けた　→97/99

名取 栄三郎　なとり・えいざぶろう　昭和6年4月24日～平成9年9月5日　沼津信用金庫会長　→97/99

名取 栄之助　なとり・えいのすけ　大正13年12月27日～平成6年4月28日　トーメン常務,セントラルリース専務　→94/96

名取 和久　なとり・かずひさ　昭和9年2月26日～平成15年9月13日　山梨県議(改革クラブ)　→03/05

名取 木之助　なとり・きのすけ　明治39年9月7日～平成1年9月1日　富士電機監査役　→88/90

名取 小一　なとり・こいち　昭和5年7月24日～平成17年1月24日　なとり会長・社長　→06/08

名取 忠夫　なとり・ただお　明治42年2月8日～平成4年11月19日　名寄市長　→91/93

名取 忠彦　なとり・ただひこ　明治31年11月26日～昭和52年2月20日　山梨中央銀行会長,甲府商工会議所会頭　→昭和

名取 忠愛　なとり・ちゅうあい　慶応2年10月～昭和23年8月21日　山梨貯蓄銀行頭取,貴院議員(多額)　→昭和(なとり・ただよし)

名取 夏司　なとり・なつじ　明治11年～昭和14年3月11日　帝国生命専務　→昭和

名取 史男　なとり・ふみお　～昭和63年1月6日　東洋火災海上保険常務　→88/90

名取 政造　なとり・まさぞう　明治41年2月28日～昭和

59年12月10日　東芝専務　→83/87

名取 光男　なとり・みつお　～昭和56年7月29日
なとり商会社長, なとり食品販売社長　→80/82

名取 和作　なとり・わさく　明治5年4月28日～昭和34年6月4日　富士電機製造社長, 貴院議員(勅選)　→昭和

七井 永寿　なない・えいじゅ　～平成2年5月20日
日産化学工業取締役　→88/90

七海 久　ななうみ・ひさし　明治38年1月3日～昭和59年6月10日　森永乳業専務　→83/87

七海 又三郎　ななうみ・またさぶろう　明治16年7月14日～昭和47年5月20日　新聞経営者　→昭和

七尾 正一　ななお・しょういち　大正8年1月7日～平成2年2月1日　昭光通商取締役　→88/90

七尾 晶一朗　ななお・しょういちろう　昭和11年8月18日～平成10年10月　氷見市長　→00/02s

七沢 清助　ななさわ・せいすけ　明治6年～昭和42年2月28日　長野市長, 長野信用金庫理事長　→昭和

浪花 剛　なにわ・つよし　大正13年2月9日～平成22年11月19日　なにわ書房創業者　→09/11

浪花 米太郎　なにわ・よねたろう　大正3年8月7日～平成6年8月23日　同和火災海上保険常務　→94/96

南波佐間 豊　なばさま・ゆたか　明治39年2月17日～平成4年12月26日　全日本海員組合長　→91/93

並河 純　なびか・じゅん　大正15年7月1日～昭和62年5月19日　山陰酸素工業社長, 安来市商工会議所会頭　→83/87

鍋倉 春彦　なべくら・はるひこ　～昭和17年8月13日
十五銀行取締役　→昭和

鍋沢 誠三　なべさわ・せいぞう　大正5年9月26日～昭和62年1月21日　川崎化成工業常務　→83/87

鍋島 桂次郎　なべしま・けいじろう　万延1年5月～昭和8年1月30日　外交官　貴院議員(勅選), 駐ベルギー公使　→昭和

鍋島 茂明　なべしま・しげあき　～昭和51年1月13日
海軍中将　→昭和(なべしま・しげおき)

鍋島 態道　なべしま・たいどう　明治13年6月24日～昭和33年4月6日　大日本水産会長　→昭和(鍋島 熊道 なべしま・くまみち)

鍋島 綱利　なべしま・つなとし　～昭和44年9月26日
住友電気工業社長　→昭和

鍋島 朝純　なべしま・ともずみ　大正3年3月14日～昭和63年5月4日　祐徳稲荷神社宮司　→88/90

鍋島 直顕　なべしま・なおあき　～平成1年10月25日
霞興産社長　→88/90

鍋島 直明　なべしま・なおあきら　明治2年12月25日～昭和12年11月19日　陸軍少将, 男爵　貴院議員　→昭和(なべしま・なおあき)

鍋島 直縄　なべしま・なおただ　明治22年5月6日～昭和14年4月29日　貴院議員(子爵)　→昭和

鍋島 直紹　なべしま・なおつぐ　明治45年5月19日～昭和

鍋島 直映　なべしま・なおみつ　明治5年7月17日～昭和18年12月7日　侯爵　貴院議員　→昭和(なべしま・なおてる)

鍋島 直要　なべしま・なおもと　昭和10年12月14日～平成20年6月27日　鍋島家第14代当主, インペリアル・エンタープライズ代表取締役　→06/08

鍋島 栄子　なべしま・ながこ　安政2年5月18日～昭和16年1月3日　社会事業家　日本赤十字社篤志看護婦人会会長　→昭和

鍋島 隆潤　なべしま・りゅうにん　～平成1年11月24日
僧侶　本吉山清水寺(天台宗)住職, 天台宗九州西教区教学布教研究所長　→88/90

鍋島 陸郎　なべしま・ろくろう　～昭和58年3月27日
宮内省式部官　→83/87

鍋田 三郎　なべた・さぶろう　大正15年3月5日～昭和62年3月6日　第一地所社長, 第一製薬取締役生産管理部長　→83/87

鍋谷 章吾　なべたに・しょうご　～昭和62年8月17日
農水省石川食糧事務所検査部長　→83/87

鍋谷 正行　なべたに・まさゆき　～昭和61年6月8日
日本海開発(株)代表取締役, あづみ文学会会長, 滑川市ふるさと会会長　→83/87

鍋谷 三明　なべたに・みつあき　昭和10年2月5日～平成19年10月3日　昭和シェル石油常務　→06/08

鍋野 一男　なべの・かずお　～昭和59年9月24日
鍋野毛織会長　→83/87

鍋山 貞親　なべやま・さだちか　明治34年9月1日～昭和54年8月18日　社会主義運動家, 政治評論家　世界民主研究所代表理事, 日本共産党指導者　→昭和

生井 清　なまい・きよし　～昭和62年1月12日
空将補　→83/87

生江 孝之　なまえ・たかゆき　慶応3年11月2日～昭和32年7月31日　宗教家, キリスト教社会事業家　→昭和

鯰田 大造　なまずだ・だいぞう　大正9年7月15日～平成13年9月3日　報知新聞社副社長, 報知印刷社長　→00/02

生田目 修　なまため・おさむ　大正13年8月24日～平成11年6月20日　防衛庁航空幕僚長　→97/99

生天目 忠夫　なまため・ただお　昭和8年9月20日～平成15年11月27日　裁判官弾劾裁判所事務局長　→03/05

鉛 市兵衛　なまり・いちべえ　文久2年2月～昭和2年7月5日　実業家　堺商業会議所理事, 堺市議　→昭和

鉛 好一　なまり・こういち　昭和2年7月31日～平成1年4月15日　神鋼リース常務営業本部長, 神戸製鋼所理事　→88/90

浪江 虔　なみえ・けん　明治43年5月21日～平成11年1月28日　日本図書館協会顧問, 私立鶴川図書館長　→97/99

浪江 正房　なみえ・まさふさ　大正5年3月10日～昭和63

浪岡　弥一郎　なみおか・やいちろう　明治43年9月13日～平成13年4月16日　森永乳業常務　→00/02

浪岡　洋一　なみおか・よういち　昭和4年10月2日～昭和61年8月28日　国土庁官房審議官　→83/87

浪川　岩次郎　なみかわ・いわじろう　～昭和43年5月23日　近江兄弟社社長　→昭和

濤川　馨一　なみかわ・けいいち　大正4年3月7日～平成22年2月11日　陸将　陸上自衛隊東北方面総監　→09/11

並川　健一郎　なみかわ・けんいちろう　大正11年6月7日～平成2年12月3日　京都市収入役　→88/90

並河　貞子　なみかわ・さだこ　～昭和43年9月20日　島根県婦人会長　→昭和

並河　孝　なみかわ・たかし　明治30年1月6日～平成1年3月1日　大阪チタニウム常務、甲南大学理学部教授　→88/90

並河　直広　なみかわ・なおひろ　～昭和2年7月9日　台湾総督府図書館長、内務次官　→昭和

並川　弘之　なみかわ・ひろゆき　大正14年4月1日～平成2年9月25日　同和電算サービス社長、同和火災海上保険取締役　→88/90

並川　安幸　なみかわ・やすゆき　明治35年10月21日～平成1年5月11日　日本ガスケット相談役・元会長　→88/90

並川　義隆　なみかわ・よしたか　明治31年4月11日～昭和50年1月2日　滋賀県知事　→昭和

並木　昭夫　なみき・あきお　昭和2年5月31日～平成14年6月25日　日本橋梁会長、建設省技術参事官　→00/02

並木　啓一　なみき・けいいち　大正10年11月25日～平成4年2月25日　パイロット万年筆常務　→91/93

並木　貞人　なみき・さだと　明治42年11月5日～平成17年11月7日　第一興産社長、東京商店街連合会会長　→03/05

並木　周一　なみき・しゅういち　大正2年12月18日～昭和61年3月20日　東京都議（自民党）　→83/87

並木　四郎　なみき・しろう　大正3年1月15日～平成4年6月8日　宮内庁書陵部長　→91/93

並木　清作　なみき・せいさく　～昭和60年12月21日　並木薬品（株）会長　→83/87

並木　武雄　なみき・たけお　明治38年2月13日～昭和63年5月26日　大塚巧芸社社長　→88/90

波木　周和　なみき・ちかかず　～平成1年1月30日　共英製鋼監査役　→88/90

並木　伝吉　なみき・でんきち　明治37年9月28日～昭和61年5月30日　東京麺業社長　→83/87

並木　直邦　なみき・なおくに　大正13年1月30日～平成9年3月14日　日本輸出入銀行理事、鈴木金属工業専務　→97/99

並木　裕　なみき・ひろし　明治36年5月25日～平成10年1月6日　日本電設工業社長、日本信号社長　→97/99

並木　芳雄　なみき・よしお　明治41年4月～昭和50年1月

19日　衆院議員（自民党）　→昭和

並木　芳賢　なみき・よしかた　大正10年2月4日～昭和62年2月18日　弘済食品社長、鉄道弘済会理事　→83/87

並木　義隆　なみき・よしたか　～昭和50年1月2日　滋賀県知事　→昭和

並里　安博　なみさと・やすひろ　昭和4年5月19日～昭和63年5月10日　本部町（沖縄県）町長　→88/90

並田　勇　なみだ・いさむ　大正9年12月26日～昭和63年11月18日　西研工業会長　→88/90

並松　武雄　なみまつ・たけお　～平成9年7月9日　きもと常務　→97/99

並山　秀也　なみやま・しゅうや　大正13年2月10日～平成2年1月10日　日本電池監査役　→88/90

名村　源之助　なむら・げんのすけ　明治11年2月13日～昭和43年7月18日　名村造船所創業者　→昭和

名村　純雄　なむら・すみお　大正10年～平成9年3月6日　熊谷組専務　→97/99

名村　源　なむら・はじむ　明治43年10月4日～平成10年2月14日　日本造船工業会副会長、名村造船所会長　→97/99

名村　洋一郎　なむら・よういちろう　大正10年9月21日～平成4年6月21日　三菱銀行常勤監査役、東京霞ケ関信用組合理事長　→91/93

行方　要　なめかた・かなめ　～昭和55年5月2日　仙台市議　→80/82

行方　孝吉　なめかた・こうきち　～昭和28年8月2日　朝日生命社長　→昭和

滑川　瑞　なめかわ・まこと　明治40年10月1日～平成3年2月6日　名村造船所専務　→91/93

行田　定之助　なめだ・さだのすけ　大正5年1月2日～昭和61年12月23日　岐阜車体工業取締役会長　→83/87

納谷　貞夫　なや・さだお　明治42年9月20日～昭和59年3月14日　福助取締役　→83/87

納谷　長三郎　なや・ちょうざぶろう　～昭和56年1月22日　泉大津市長　→80/82

納谷　良一　なや・りょういち　明治40年5月18日～昭和60年1月29日　大阪セメント常務　→83/87

名雪　健一　なゆき・けんいち　～平成1年11月29日　自治省消防研究所第三研究部長　→88/90

奈良　愛治郎　なら・あいじろう　明治39年3月10日～平成6年8月25日　川崎重工常務、川崎エンジニアリング社長　→94/96

奈良　晃　なら・あきら　～昭和39年1月5日　陸軍中将　→昭和

奈良　一男　なら・かずお　～昭和55年4月3日　大阪ガス取締役　→80/82

奈良　一機　なら・かずき　昭和16年1月27日～平成22年5月2日　福井市副市長　→09/11

奈良　和麿　なら・かずまろ　昭和7年5月13日～平成20年

奈良 重三郎　なら・じゅうざぶろう　明治39年12月～昭和61年9月12日　丸一興業会長　→83/87

奈良 武師　なら・たけし　大正3年10月27日～平成12年5月21日　奈良建設会長　→00/02

奈良 武次　なら・たけじ　慶応4年4月6日～昭和37年12月21日　陸軍大将、男爵　侍従武官長、枢密顧問官、軍人援護会会長　→昭和

奈良 常五郎　なら・つねごろう　明治42年6月2日～昭和61年4月15日　日本キリスト教海外医療協力会総主事　→83/87

奈良 輝男　なら・てるお　～昭和55年8月23日　日本精工専務取締役・生産本部長　→80/82

奈良 敏正　なら・としまさ　大正9年7月1日～平成2年1月16日　青森ケーブルテレビ社長　→88/90

奈良 友雄　なら・ともお　～平成7年5月23日　東京都議（自民党）　→94/96

奈良 延幸　なら・のぶゆき　～昭和57年9月10日　芽室町（北海道）町議　→80/82

奈良 博　なら・ひろし　～平成21年1月30日　サハリン日本人会・北海道人会会長　→09/11

奈良 洋　なら・ひろし　昭和7年12月21日～平成21年4月30日　秋田魁新報専務　→09/11

奈良 真光　なら・まさみつ　大正10年8月1日～平成10年10月12日　鹿島副社長　→97/99

奈良 光雄　なら・みつお　大正15年7月8日～平成18年7月4日　秋田県議（共産党）　→06/08

奈良井 仁一　ならい・じんいち　昭和7年6月22日～平成20年1月12日　テレビ朝日常務、広島ホームテレビ副社長　→06/08

楢岡 治　ならおか・いさお　大正5年10月13日～平成7年7月18日　帝国石油専務　→94/96

楢岡 末造　ならおか・すえぞう　大正2年10月31日～平成7年12月31日　青葉市長　→94/96

楢岡 力　ならおか・つとむ　～昭和57年10月19日　菱光証券相談役・元同社長、元三菱銀行参与　→80/82

楢岡 貞龍　ならおか・ていりゅう　大正13年2月19日～平成9年5月13日　僧侶　秋田県議（自民党）　→97/99

楢木 哲三　ならき・てつぞう　～昭和57年11月16日　日本コロムビア取締役　→80/82

楢木 博　ならき・ひろし　大正13年2月22日～平成12年7月22日　空研工業社長　→00/02

楢崎 猪太郎　ならざき・いたろう　元治2年2月20日～昭和7年9月22日　労働運動家　日本海員組合初代会長　→昭和

楢崎 一光　ならざき・いっこう　大正7年6月3日～平成8年7月20日　僧侶　永平寺副貫首、瑞応寺住職　→94/96

楢崎 猪敏　ならざき・いとし　～昭和61年3月28日　全日本海員組合顧問　→83/87

楢崎 角一　ならさき・かくいち　明治31年10月15日～平成1年10月3日　メイワ社長、日本繊維輸入組合理事　→88/90

楢崎 四郎　ならさき・しろう　大正4年4月22日～昭和60年6月26日　兵庫県副知事、兵庫県立近代美術館長　→83/87

楢崎 英男　ならさき・ひでお　大正10年7月10日～平成10年2月12日　通産省工業技術院東京工業試験所（のち工技院物質工学工業技術研究所）所長　→97/99

楢崎 真純　ならさき・ますみ　大正11年10月31日～平成21年12月23日　豊田通商常務　→09/11

奈良橋 一郎　ならはし・いちろう　明治44年～昭和63年1月28日　弁理士　国際民間航空機関ICAO日本代表　→88/90

楢橋 進　ならはし・すすむ　昭和9年6月3日～平成2年1月11日　衆院議員（自民党）　→88/90

楢橋 渡　ならはし・わたる　明治35年3月22日～昭和48年11月17日　政治家、弁護士　衆院議員、運輸相、国民民主党最高顧問　→昭和

楢林 愛朗　ならばやし・よしろう　大正9年4月4日～平成12年7月7日　科学技術庁計画局長　→00/02

楢原 啓蔵　ならはら・けいぞう　～昭和30年12月22日　王子製紙専務　→昭和

奈良原 大助　ならはら・だいすけ　大正1年11月15日～平成9年1月15日　日本通運常務　→97/99

奈良原 基　ならはら・もとい　明治42年2月1日～昭和58年2月25日　北海道陸運協会会長　→83/87

楢原 義男　ならはら・よしお　～平成2年8月24日　最高検検事　→88/90

楢原 良一郎　ならはら・りょういちろう　～昭和51年5月22日　古河鉱業社長　→昭和

奈良部 俊雄　ならべ・としお　大正13年2月12日～平成23年2月21日　鹿島建設常務　→09/11

楢山 大典　ならやま・だいてん　大正3年5月18日～平成10年12月21日　僧侶　法光寺住職、駒沢大学理事、曹洞宗宗務部長　→97/99

成合 国靖　なりあい・くにやす　大正3年12月12日～平成1年4月18日　関東特殊製鋼副社長　→88/90

成相 善十　なりあい・ぜんじゅう　大正4年12月4日～平成10年11月10日　参院議員（自民党）　→97/99

成伯 成作　なりさく　明治45年4月10日～昭和63年10月9日　成伯鑿泉工業（株）代表取締役社長、（株）サンシャイン興産取締役　→88/90

成伯 政次郎　なりき・まさじろう　～昭和60年10月9日　立山代行運転監査役　→83/87

成清 秀雄　なりきよ・ひでお　～平成2年1月31日　神奈川日産自動車取締役　→88/90

成沢 猛　なりさわ・たけし　明治42年3月17日～平成12年6月24日　新潟日報取締役論説委員長　→00/02

成沢 浪男　なりさわ・なみお　明治38年1月12日～平成2年11月3日　ヤマト運輸常務　→88/90

成沢 芳雄　なりさわ・よしお　大正5年3月4日〜昭和63年4月18日　ナルス社長、新潟県スーパーマーケット協会会長　→88/90

成重 光真　なりしげ・みつま　明治31年9月〜昭和55年10月4日　衆議院議員(社会革新党)　→80/82

成嶋 肇　なりしま・はじめ　〜平成10年7月1日　日本遺族会理事　→97/99

成田 一郎　なりた・いちろう　〜昭和34年7月4日　参議院議員、東和海運社長　→昭和

成田 一豊　なりた・いつとよ　〜平成20年4月14日　テレビ大分常務　→06/08

成田 栄一　なりた・えいいち　明治44年3月5日〜平成11年8月4日　ナショナル証券社長　→97/99

成田 薫　なりた・かおる　明治42年12月19日〜平成22年3月26日　弁護士　名古屋高裁判事、日本尊厳死協会会長　→09/11

成田 剛雄　なりた・かたお　明治35年3月8日〜昭和63年11月11日　高砂香料工業常務　→88/90

成田 勝四郎　なりた・かつしろう　〜昭和57年10月26日　駐西ドイツ大使　→80/82

成田 克之　なりた・かつゆき　昭和13年12月23日〜平成6年1月11日　ナリタ機械工業社長

成田 きん　なりた・きん　明治25年8月1日〜平成12年1月23日　双子の長寿姉妹　→00/02

成田 佐太郎　なりた・さたろう　昭和2年3月31日〜平成17年10月22日　車力村(青森県)村長　→03/05

成田 重右衛門　なりた・じゅうえもん　大正5年12月25日〜平成1年2月5日　秋田県議　→88/90

成田 誠五　なりた・せいご　明治43年10月11日〜昭和61年8月28日　東芝クレジット社長、東芝住宅産業社長、東芝商事社長　→83/87

成田 清治　なりた・せいじ　大正2年9月30日〜昭和59年12月16日　三楽オーシャン常務　→83/87

成田 釪一　なりた・せんいち　大正11年9月2日〜平成12年3月11日　成田製陶所会長、瀬戸商工会議所名誉会頭　→00/02

成田 善吉　なりた・ぜんきち　昭和3年4月19日〜平成3年10月20日　豊平製鋼監査役　→91/93

成田 大兆　なりた・だいちょう　〜昭和50年8月29日　曹洞宗大教師　→昭和

成田 努　なりた・つとむ　明治25年9月26日〜昭和50年1月7日　新東京国際空港公団初代総裁　→昭和

成田 恒夫　なりた・つねお　昭和7年2月7日〜平成9年1月5日　古久根建設専務　→97/99

成田 貞寛　なりた・ていかん　〜平成8年5月28日　僧侶　仏教大学名誉教授　→94/96

成田 哲男　なりた・てつお　〜昭和62年10月3日　河北新報社編集局長　→83/87

成田 哲朗　なりた・てつろう　昭和7年3月31日〜平成20年6月30日　秋田県営企業管理者、秋田県信用組合理事長　→06/08

成田 篤郎　なりた・とくろう　明治27年12月5日〜平成1年5月13日　弁護士　日本弁護士連合会副会長、東北弁護士連合会会長　→88/90

成田 富治郎　なりた・とみじろう　大正6年2月28日〜平成13年2月28日　日産農林工業社長　→00/02

成田 知巳　なりた・ともみ　大正1年9月15日〜昭和54年3月9日　政治家　衆院議員、日本社会党委員長　→昭和

成田 虎之助　なりた・とらのすけ　大正6年6月18日〜平成2年10月20日　みちのく銀行常務　→88/90

成田 直一郎　なりた・なおいちろう　明治11年3月〜昭和10年1月10日　衆院議員(政友本党)　→昭和

成田 林　なりた・はやし　大正1年12月4日〜平成5年4月28日　成田製作所会長　→91/93

成田 久夫　なりた・ひさお　昭和9年12月22日〜平成3年4月5日　西武建設常務、建設省河川局砂防部長　→91/93

成田 尚武　なりた・ひさたけ　昭和17年5月5日〜平成20年12月6日　北陸電力副社長、ケーブルテレビ富山社長　→06/08

成田 英夫　なりた・ひでお　〜平成2年10月14日　吉just機械金属専務　→88/90

成田 広男　なりた・ひろお　大正14年11月20日〜平成7年6月19日　名瀬市長　→94/96

成田 弘　なりた・ひろし　昭和2年〜平成17年3月　秋田県果樹試験場　→06/08s

成田 浩　なりた・ひろし　大正4年8月28日〜平成7年12月8日　東京電力副社長　→94/96

成田 芳髄　なりた・ほうずい　明治38年2月〜平成10年1月22日　僧侶　曹洞宗管長、曹洞宗大本山総持寺貫主　→97/99

成田 正峰　なりた・まさたか　慶応元年2月〜昭和17年8月24日　陸軍中将　→昭和(成田 正峯 なりた・まさみね)

成田 正信　なりた・まさのぶ　〜平成7年2月17日　東芝精機社長　→94/96

成田 実　なりた・みのる　大正12年1月1日〜平成10年9月22日　山陽コカ・コーラボトリング社長　→97/99

成田 安賢　なりた・やすかた　〜平成16年5月26日　共同通信専務　→03/05

成田 安正　なりた・やすまさ　〜平成4年6月16日　日中孤児問題連絡協会会長　→91/93

成田 豊　なりた・ゆたか　昭和4年9月19日〜平成23年11月20日　電通社長、電通グループ会長、日本広告業協会長　→09/11

成田 芳穂　なりた・よしほ　大正15年7月17日〜昭和62年1月16日　山一証券副社長　→83/87

成田 米蔵　なりた・よねぞう　〜昭和27年6月17日　東海銀行監査　→昭和

成塚 満　なりつか・みつる　昭和8年5月25日〜昭和61年7月2日　リビング住販代表取締役会長　→83/87

I　政治・経済・社会篇

成富 憲次郎　なりとみ・けんじろう　昭和10年2月3日〜平成12年1月24日　大豊建設常務　→00/02

成富 信夫　なりとみ・のぶお　〜昭和52年7月24日　弁護士、日弁連会長　→昭和

成松 馨　なりまつ・かおる　〜昭和49年11月4日　共同倉庫社長　→昭和

成松 啓二　なりまつ・けいじ　大正15年10月23日〜平成23年8月22日　関西電力副社長　→09/11

成松 正隆　なりまつ・まさたか　昭和7年2月17日〜平成13年8月24日　西日本新聞編集局整理本部長　→00/02

成吉 競　なりよし・きそう　明治33年3月14日〜昭和58年2月4日　日本無線相談役・元社長　→83/87

成吉 重春　なりよし・しげはる　〜昭和61年11月1日　春日市民生委員、春日市ボーイ・ガールスカウト連絡協議会会長、春日市小倉区長　→83/87

成井 英夫　なるい・ひでお　昭和27年9月23日〜平成19年6月26日　白河市長　→06/08

成井 正美　なるい・まさみ　大正10年10月30日〜平成11年3月14日　福島県議（自民党）　→00/02s

成石 勘三郎　なるいし・かんざぶろう　明治13年2月15日〜昭和6年1月3日　大逆事件に連坐　→昭和

成尾 克彦　なるお・かつひこ　昭和11年5月4日〜平成16年4月6日　きんでん副社長　→03/05

鳴尾 源蔵　なるお・げんぞう　明治43年7月18日〜平成2年7月17日　ダイダン副社長　→88/90

鳴尾 正太郎　なるお・しょうたろう　大正1年10月11日〜平成10年2月5日　松尾橋梁常務　→97/99

成毛 鉄二　なるけ・てつじ　大正5年1月24日〜平成3年　公証人　→91/93

成毛 基雄　なるげ・もとお　明治7年1月〜昭和25年2月20日　奈良県知事　→昭和（なるも・もとお）

鳴坂 健二　なるさか・けんじ　明治40年7月30日〜昭和5年6月13日　山陽電気鉄道社長　→91/93

成沢 慎一　なるさわ・しんいち　明治36年1月27日〜平成3年10月28日　日本ゴム協会長　→91/93

成島 昭　なるしま・あきら　昭和5年1月2日〜平成23年2月3日　三井建設副社長　→09/11

成島 勇　なるしま・いさむ　明治24年5月〜昭和31年2月11日　衆院議員（民主党）　→昭和

成瀬 勇　なるせ・いさむ　〜昭和57年5月23日　安田火災海上保険常任監査役　→80/82

成瀬 開造　なるせ・かいぞう　〜平成2年12月22日　世界救世教相談役　→88/90

成瀬 久蔵　なるせ・きゅうぞう　〜平成4年2月6日　太陽鉄工監査役　→91/93

成瀬 清男　なるせ・きよお　〜平成7年1月28日　協豊製作所社長、豊田商工会議所会頭　→94/96

成瀬 清弘　なるせ・きよひろ　明治40年1月16日〜平成16年2月21日　富山電気鉄道社長　→03/05

成瀬 俊介　なるせ・しゅんすけ　〜昭和4年12月9日　ペルシア駐剳代理公使　→昭和

成瀬 省一　なるせ・しょういち　〜昭和27年1月30日　成瀬証券社長　→昭和

成瀬 澄　なるせ・すみ　〜昭和47年10月28日　山之内製薬取締役　→昭和

成瀬 隆祐　なるせ・たかすけ　〜平成5年1月10日　甲府信用金庫専務理事　→91/93

成瀬 武雄　なるせ・たけお　大正10年7月16日〜平成2年9月13日　江南市議・元市会議員　→88/90

成瀬 竜雄　なるせ・たつお　〜昭和42年3月15日　東洋通信機副社長　→昭和

成瀬 達　なるせ・とおる　〜昭和26年8月16日　貴族院書記官長、阪神電気鉄道社長　→昭和

成瀬 幡治　なるせ・ばんじ　明治43年12月17日〜平成4年12月3日　参院議員（社会党）　→91/93

成瀬 久隆　なるせ・ひさたか　昭和11年5月6日〜平成12年10月1日　春本鉄工常務　→00/02

成瀬 弘　なるせ・ひろむ　〜平成22年6月23日　テストドライバー　トヨタ自動車の伝説のテストドライバー　→09/11

成瀬 弁晧　なるせ・べんこう　大正5年1月2日〜平成4年8月6日　僧侶　円輪寺（浄土宗）住職、東海学園理事長、東海学園女子短期大学学長　→91/93

成瀬 正雄　なるせ・まさお　〜昭和24年8月23日　子爵　→昭和

成瀬 雄吾　なるせ・ゆうご　明治29年7月14日〜昭和61年1月15日　第一火災海上保険社長、三井本社常務理事　→83/87

成瀬 庸一　なるせ・よういち　大正12年9月23日〜平成21年9月17日　黒崎窯業専務　→09/11

成瀬 良明　なるせ・よしあき　大正12年6月21日〜平成60年6月18日　フジ磁工会長　→83/87

成瀬 隆蔵　なるせ・りゅうぞう　安政3年〜昭和17年2月1日　実業家　三井同族会理事、大阪商業学校校長　→昭和

成瀬 亘　なるせ・わたる　大正11年3月9日〜平成10年2月7日　日本電工常務　→97/99

鳴滝 紫麿　なるたき・むらまろ　明治7年9月〜昭和10年10月3日　陸軍中将　→昭和

成智 寿朗　なるち・ひさろう　〜平成2年3月7日　千葉地・家裁所長　→88/90

鳴戸 道郎　なると・みちお　昭和10年3月19日〜平成21年7月14日　富士通副会長　→09/11

成実 主計　なるみ・かずえ　〜平成4年3月9日　日仙電線商事社長　→91/93

成実 清隆　なるみ・きよたか　大正5年2月18日〜平成14年1月22日　日本特殊陶業専務　→00/02

鳴海 国博　なるみ・くにひろ　昭和10年2月5日〜平成9年7月7日　近畿管区警察局長　→97/99

成見 憲治　なるみ・けんじ　昭和12年11月3日〜平成23年4月3日　愛媛県議(民主党)　→09/11

鳴海 孝四郎　なるみ・こうしろう　〜昭和57年2月6日　北酒販顧問　→80/82

鳴海 貞蔵　なるみ・ていぞう　明治35年8月28日〜平成1年1月22日　全国飲食業環境衛生同業組合連合会理事長　→88/90

鳴海 文四郎　なるみ・ぶんしろう　明治11年10月〜昭和8年2月28日　衆院議員(政友会)　→昭和

成宮 新治　なるみや・しんじ　〜平成14年8月1日　小杉産業専務　→00/02

成宮 惣五郎　なるみや・そうごろう　明治34年9月7日〜昭和63年12月26日　ナルミヤ代表取締役会長　→88/90

成宮 文二　なるみや・ぶんじ　明治44年7月9日〜昭和62年2月22日　星和地所相談役,日本生命専務　→83/87

名和 顕忠　なわ・あきただ　〜平成3年1月27日　神官　名和神社宮司　→91/93

名和 武　なわ・たけし　〜昭和47年6月22日　海軍技術中将　旭機電会長　→昭和

名和 友哉　なわ・ともや　大正10年10月9日〜昭和59年8月17日　日本ユニパック専務　→83/87

縄 平祐　なわ・へいすけ　明治45年2月23日〜昭和61年7月16日　石川県公安委員長,小松商工会議所常議員　→83/87

名和 又八郎　なわ・またはちろう　文久3年12月22日〜昭和3年1月12日　海軍大将　→昭和

奈波 美文　なわ・よしふみ　大正4年2月6日〜平成16年1月21日　近畿日本鉄道専務　→03/05

縄岡 修三　なわおか・しゅうぞう　明治40年6月24日〜平成1年10月11日　八木アンテナ社長　→88/90

縄田 国武　なわた・くにたけ　昭和2年2月11日〜平成23年1月5日　国鉄副総裁　→09/11

縄田 譲二　なわた・じょうじ　大正14年12月1日〜昭和59年8月25日　雪印食品専務　→83/87

縄田 正博　なわた・まさひろ　昭和12年9月6日〜平成10年11月8日　セントラル硝子常務　→97/99

名和田 豊　なわた・ゆたか　明治40年8月8日〜平成10年3月23日　山口県議　→97/99

縄野 匡邦　なわの・まさくに　大正9年2月28日〜平成16年2月24日　三菱ガス化学副社長　→03/05

縄船 友市　なわふね・ともいち　昭和8年2月11日〜平成18年3月11日　日新火災海上保険社長　→06/08

南尾 力蔵　なんお・りきぞう　〜昭和61年6月10日　世界救世教教主室次長　→83/87

南館 陸奥夫　なんかん・むつお　〜昭和56年9月15日　弁護士　神戸地検公判部長　→80/82

南郷 三郎　なんごう・さぶろう　明治11年〜昭和50年10月2日　日綿実業相談役,ジャパン・ゴルフ・アソシエーション初代チェアマン　→昭和

南郷 茂章　なんごう・しげあき　〜昭和13年7月18日　海軍少佐　→昭和

南条 昱眩　なんじょう・いくげん　〜平成7年1月5日　僧侶　千代田女学園高等学校・中学校校長,浄土真宗本願寺派法重寺住職　→94/96

南条 恭　なんじょう・きょう　〜昭和55年1月7日　東日本放送相談役　→80/82(南條 恭)

南条 清　なんじょう・きよし　大正4年10月13日〜平成5年10月23日　南条設備工業会長　→91/93

南条 三四郎　なんじょう・さんしろう　昭和3年1月2日〜平成22年1月17日　長崎県議(自民党)　→09/11

南条 正記　なんじょう・せいき　〜昭和60年8月31日　古川市議　→83/87

南条 隆弘　なんじょう・たかひろ　大正5年11月〜平成15年4月19日　警察庁警視監　→03/05

南条 徳男　なんじょう・とくお　明治28年7月7日〜昭和49年11月1日　弁護士　衆院議員(自民党)　→昭和

南条 友洋　なんじょう・ともひろ　昭和17年7月9日〜平成14年6月21日　北越メタル専務　→00/02

南条 正男　なんじょう・まさお　昭和4年2月21日〜平成7年6月27日　共立出版社長　→94/96

南条 幸雄　なんじょう・ゆきお　昭和8年9月22日〜平成8年3月19日　協伸社長,武蔵野銀行取締役　→94/96

南田 忠人　なんだ・ただと　明治40年6月10日〜平成4年10月3日　岡山県議(自民党)　→91/93

南洞 頼中　なんとう・らいちゅう　明治32年7月8日〜平成5年12月25日　僧侶　天台宗別格本山毛越寺貫主　→91/93

南日 達郎　なんにち・たつお　大正10年10月24日〜平成13年11月26日　三菱電機常務,日本建鉄社長　→00/02

南日 務　なんにち・つとむ　大正13年10月2日〜平成13年2月2日　住友倉庫常務　→00/02

南日 恒夫　なんにち・つねお　〜昭和62年3月11日　日本テレビ総合計画室参与　→83/87

南野 伍朗　なんの・ごろう　大正14年10月10日〜平成20年11月26日　タツタ電線専務　→06/08

南野 輝胤　なんの・てるたね　明治39年3月25日〜平成3年3月18日　南野建設会長　→91/93

難波 晶　なんば・あきら　〜昭和46年1月29日　日本中央競馬会常務理事　→昭和

難波 喜久寿　なんば・きくじゅ　〜昭和61年1月13日　東京鍛工所社長　→83/87

難波 清人　なんば・きよと　明治21年8月28日〜昭和15年10月11日　衆院議員(昭和会)　→昭和

南波 建治　なんば・けんじ　大正7年8月10日〜昭和61年9月22日　日本石油化学常務　→83/87

難波 康二　なんば・こうじ　昭和8年1月11日〜平成21年12月28日　旭化成工業副社長　→09/11

難波 貞夫　なんば・さだお　明治32年10月17日〜平成4年3月15日　弁護士　難波法律事務所所長,神戸弁護士会会長,日本弁護士連合会常務理事　→91/93

難波 敏　なんば・さとし　～平成16年4月5日
日本ヘラルド映画副社長　→03/05

難波 茂三　なんば・しげぞう　大正8年2月1日～平成17年8月6日　難波プレス工業会長、児島商工会議所副会頭　→03/05

難波 静男　なんば・しずお　大正6年3月20日～平成7年5月25日　日阪製作所取締役相談役　→94/96

南波 正吉　なんば・しょうきち　大正14年9月26日～平成7年1月24日　古河アルミニウム工業（のち古河電気工業）常務　→94/96

難波 捷吾　なんば・しょうご　明治37年7月14日～平成4年4月13日　国際電信電話常務　→91/93

南波 彰三　なんば・しょうぞう　明治39年7月22日～平成5年5月11日　富士紡績取締役　→91/93

難波 二郎　なんば・じろう　～昭和43年12月5日
金万証券社長　→昭和

難波 経一　なんば・つねかず　明治34年1月11日～昭和61年2月22日　山陽パルプ社長、関東ラグビー協会会長　→83/87

難波 直愛　なんば・なおちか　昭和14年5月1日～平成22年10月9日　三菱重工業副社長　→09/11

難波 八郎　なんば・はちろう　大正11年4月13日～平成7年11月15日　住友金属鉱山専務　→94/96

難波 英夫　なんば・ひでお　明治21年2月5日～昭和47年3月7日　社会運動家　部落解放同盟中央委員　→昭和

難波 政彦　なんば・まさひこ　明治43年6月25日～平成11年8月21日　日産建設常務　→97/99

難波 正彦　なんば・まさひこ　大正3年9月8日～平成21年3月26日　三菱レイヨン専務、日本化学工業社長　→09/11

難波 理夫　なんば・みちお　昭和29年1月19日～平成23年10月6日　前沢化成工業社長　→09/11

難波 康訓　なんば・やすのり　大正12年8月31日～昭和60年8月10日　帝人取締役、帝人アセテート社長　→83/87

難波 理平　なんば・りへい　明治32年1月30日～昭和60年2月7日　弁護士　農林省畜産局長　→83/87

難波 留一　なんば・りゅういち　明治33年1月3日～昭和59年12月1日　ニチメン常務　→83/87

難波 良太郎　なんば・りょうたろう　～昭和31年2月13日　神戸発動機社長　→昭和

南波 礼吉　なんば・れいきち　～昭和28年6月2日
東京証取顧問　→昭和

南原 勇一郎　なんばら・ゆういちろう　大正13年3月21日～平成17年1月5日　福岡市議（自民党）　→03/05

南部 麒次郎　なんぶ・きじろう　明治2年9月24日～昭和24年5月1日　工学者、陸軍中将　→昭和

南部 球吾　なんぶ・きゅうご　安政2年9月5日～昭和3年11月4日　鉱山技術者　→昭和

南部 清　なんぶ・きよまつ　～昭和55年12月20日
静岡県警巡査部長　→80/82

南部 圭三　なんぶ・けいぞう　昭和2年10月14日～平成2年11月6日　光グラビア印刷社長、光印刷会長　→88/90

南部 賢二郎　なんぶ・けんじろう　明治40年8月28日～昭和61年8月23日　関西ペイント専務　→83/87

南部 三郎　なんぶ・さぶろう　大正9年6月5日～平成18年4月20日　国土地理院院長、東急建設専務　→06/08

南部 鎮雄　なんぶ・しずお　明治41年2月19日～昭和58年10月20日　東京衡機製造所相談役・元社長　→83/87

南部 辰丙　なんぶ・しんぺい　安政3年4月10日～昭和6年2月21日　陸軍中将　→昭和

南部 誠治　なんぶ・せいじ　～昭和56年7月1日
山陽電鉄社長、関西鉄道協会副会長　→80/82

南浮 二雄　なんぶ・つぐお　明治40年2月22日～昭和58年4月19日　江商（のち兼松江商）常務　→83/87

南部 常次郎　なんぶ・つねじろう　～昭和8年2月6日
内務省技師　→昭和

南部 哲也　なんぶ・てつや　大正4年5月7日～平成9年1月18日　日本住宅公団（のち住宅・都市整備公団）総裁　→97/99

南部 利昭　なんぶ・としあき　昭和10年9月16日～平成21年1月7日　靖国神社宮司、南部恒産社長　→09/11

南部 利淳　なんぶ・としあつ　明治17年6月～平成5年1月1日　伯爵　→昭和

南部 利英　なんぶ・としひで　明治40年9月19日～昭和55年12月15日　日本赤十字社常任理事、旧南部藩44代当主　→80/82

南部 信次郎　なんぶ・のぶじろう　～昭和57年3月23日
昭和飛行機工業専務　→80/82

南部 信克　なんぶ・のぶなり　～昭和60年11月25日
旧南部藩（青森県・八戸）第13代当主　→83/87

南部 農夫治　なんぶ・のぶはる　明治42年2月24日～昭和61年9月23日　北海道労働協会理事長、北海労働金庫理事　→83/87

南部 浩　なんぶ・ひろし　明治44年9月22日～平成10年3月22日　三菱樹脂専務　→97/99

南部 政二　なんぶ・まさじ　明治39年1月3日～昭和62年7月4日　東亜燃料工業社長　→83/87

南部 昌也　なんぶ・まさや　大正8年10月5日～平成1年11月11日　エムケイ社長　→88/90

南部 瑞子　なんぶ・みずこ　～昭和55年10月30日
旧南部藩当主利英氏夫人　→80/82

南部 光臣　なんぶ・みつおみ　元治2年2月25日～昭和6年7月3日　男爵　宮中顧問官、貴院議員　→昭和

南部 佳栄　なんぶ・よしひで　～昭和63年10月18日
陸軍少将　→88/90

南保 貞次　なんほ・さだつぐ　明治13年2月10日～
陸軍少将　→昭和

南坊 平造　なんぼう・へいぞう　明治31年7月9日～平成4年8月17日　日本化薬取締役・共和レザー常務　→91/93

南谷 幸信　なんや・ゆきのぶ　〜昭和59年9月30日
　グランドタマコシ常務取締役、元一宮署長　→83/87
南陽 禹範　なんよう・うはん　〜昭和60年6月3日
　南陽鋳造社長、南陽鉄工社長　→83/87
南里 国彦　なんり・くにひこ　大正5年〜平成8年2月5日
　日立マクセル常務　→94/96
南里 孝　なんり・たかし　〜昭和57年8月12日
　西鉄企画部長、井筒屋常任監査役　→80/82
南里 琢一　なんり・たくいち　安政6年1月〜昭和13年4月14日　衆院議員（政友本党）　→昭和
南里 卓志　なんり・たくし　昭和6年4月1日〜平成18年8月31日　牧師　→06/08
南里 竹一　なんり・たけいち　〜昭和48年4月5日
　石川島播磨重工業取締役　→昭和
南里 辰次　なんり・たつじ　〜昭和40年7月11日
　三菱製鋼会長、元三菱鋼材社長　→昭和
南里 寿治　なんり・としはる　昭和4年11月30日〜昭和62年5月29日　札幌市常勤監査委員　→83/87

【 に 】

新居 勝雄　にい・かつお　昭和12年3月15日〜平成5年12月14日　連合徳島会長　→91/93
新居 金夫　にい・かねお　大正3年11月11日〜平成4年1月4日　セコム取締役、住友海上火災保険機械計算部長　→91/93
新居 健三　にい・けんぞう　大正15年9月2日〜平成10年4月9日　清水建設副社長　→97/99
二井 秀雄　にい・ひでお　大正11年7月29日〜平成6年11月17日　淀川電機製作所社長　→94/96
新岡 庸一　にいおか・よういち　昭和12年3月16日〜平成15年9月3日　日本火災海上保険常務　→03/05
新垣 長栄　にいがき・ちょうえい　大正4年6月17日〜平成12年12月31日　岩崎電気社長　→91/93
新川 俊三　にいかわ・しゅんぞう　大正1年12月1日〜昭和63年6月21日　全国民生児童委員協議会副会長、秋田県民生児童委員協議会会長　→88/90
新川 輝隆　にいかわ・てるたか　大正3年4月1日〜平成13年2月8日　日中友好道民運動連絡会議会長、北海道議（社会党）　→00/02
新国 康彦　にいくに・やすひこ　〜昭和63年1月12日
　中央労働委員会事務局長、全国社会福祉協議会事務局長　→88/90
新倉 敬介　にいくら・けいすけ　明治43年9月10日〜平成1年1月25日　東京都競馬会社相談役、東京都議会議員長　→88/90
新倉 秀作　にいくら・しゅうさく　〜昭和55年7月16日
　山種米穀専務　→80/82

新倉 達　にいくら・とおる　〜平成1年3月15日
　八雲堂書店社長　→88/90
新倉 尚文　にいくら・なおふみ　昭和5年3月8日〜平成21年3月31日　大和自動車交通社長　→09/11
新倉 文郎　にいくら・ふみお　〜昭和36年6月1日
　大和自動車社長　→昭和
新倉 三季　にいくら・みすえ　大正9年5月9日〜平成11年1月13日　内田洋行常務　→97/99
新坂 力雄　にいさか・りきお　〜昭和43年7月23日
　名電広告社長　→昭和
新作 義信　にいさく・よしのぶ　〜昭和60年12月7日
　松井建設取締役　→83/87
新里 忠一　にいさと・ちゅういち　〜昭和56年1月29日
　共同印刷・共同製本監査役　→80/82
新里 文哲　にいさと・ぶんてつ　大正4年8月1日〜平成12年8月29日　沖電気工業専務、沖電線社長　→00/02
新沢 悦二　にいざわ・えつじ　大正10年4月28日〜平成3年9月4日　シンワート会長　→91/93
新島 章男　にいじま・あきお　明治31年〜昭和37年9月13日　朋文堂社長　→昭和
新島 一紀　にいじま・かずのり　〜平成3年4月24日
　ツヴァイ社長、ジャスコ参与、結婚情報サービス協議会理事長　→91/93
新島 信夫　にいじま・のぶお　〜昭和56年4月28日
　海軍少将　東条会館取締役　→80/82
新島 久夫　にいじま・ひさお　昭和9年9月27日〜平成8年9月25日　トーヨーコーケン会長　→94/96
新島 幸雄　にいじま・ゆきお　明治41年3月18日〜昭和61年2月6日　飛島道路社長、飛島建設副社長　→83/87
新妻 イト　にいずま・いと　明治23年8月5日〜昭和38年7月15日　社会運動家　衆院議員、労働省婦人少年局初代婦人課長、緑十字社理事長　→昭和
新妻 賢二　にいずま・けんじ　昭和10年2月10日〜平成19年1月23日　アマチュア無線家　北電工業会長、アマチュア無線災害通信ネットワーク釧路会長　→06/08
新妻 浩　にいずま・ひろし　〜昭和56年7月25日
　近鉄モータース前社長　→80/82
新関 昌弘　にいぜき・まさひろ　大正13年2月5日〜昭和63年4月7日　丸八やたら漬社長　→88/90
新関 八洲太郎　にいぜき・やすたろう　明治30年4月2日〜昭和53年5月30日　実業家　三井物産社長　→昭和
新関 善久　にいぜき・よしひさ　昭和20年1月6日〜平成11年1月15日　山形県議（自民党）　→97/99
仁井田 甲斐　にいだ・かい　〜昭和61年3月18日
　東洋製作所常務　→83/87
仁井田 秀穂　にいだ・ひでお　〜昭和60年12月19日
　弁護士　東京高裁判事　→83/87
新舘 正昭　にいだて・まさあき　昭和9年1月10日〜平成8年1月19日　京葉瓦斯常務　→94/96

I　政治・経済・社会篇　　にえかわ

新津 浩一　にいつ・こういち　大正2年5月11日～平成3年11月13日　八十二銀行副頭取　→91/93

新津 長　にいつ・つかさ　～昭和56年6月13日　紋別町(北海道)町長　→80/82

新津 利秋　にいつ・としあき　明治44年3月10日～平成2年10月26日　日本郵船常務,大平洋商船副社長　→88/90

新津 義雄　にいつ・よしお　大正11年6月22日～平成23年12月27日　丸新社長,テレビ新潟放送網社長　→09/11

新妻 太郎　にいつま・たろう　～昭和63年2月11日　仙台家裁所長,仙台高裁判事　→88/90

新妻 力丸　にいつま・りきまる　大正3年3月11日～平成18年9月8日　横浜市議(社会党)　→06/08

新名 順次　にいな・じゅんじ　明治38年1月20日～平成2年1月18日　臼杵市長　→88/90

新名 直　にいな・なおし　～平成5年1月31日　宮崎県議　→91/93

新名 登　にいな・のぼる　大正6年10月9日～平成3年2月5日　茨城県議会議長(自民党)　→91/93

新名 秀雄　にいな・ひでお　昭和5年12月7日～平成20年12月2日　小平町(北海道)町長　→06/08

新沼 浩　にいぬま・ひろし　大正15年7月13日～平成23年8月19日　北海道議(自民党),北海民友新聞社長　→09/11

新野 進一郎　にいの・しんいちろう　明治43年3月2日～平成2年6月30日　伊予鉄道相談役　→88/90

新納 真人　にいの・まびと　大正10年1月17日～平成20年8月23日　鐘淵化学工業会長　→06/08

新野 容介　にいの・ようすけ　昭和4年11月7日～平成年11月23日　関川村(新潟県)村長　→88/90

新実 大一郎　にいのみ・だいいちろう　昭和18年1月1日～平成22年4月12日　矢作建設工業専務　→09/11

新原 重雄　にいはら・しげお　明治41年3月11日～平成6年2月17日　太平工業常務　→94/96

新部 利夫　にいべ・としお　大正7年12月23日～平成3年5月23日　太陽生命投資顧問社長,大和証券専務　→91/93

新部 幹夫　にいべ・みきお　～昭和61年2月21日　栃木サンケイ行革同友会長,関東信越国税局管内法人会連合会副会長　→83/87

新美 瑛　にいみ・えい　明治41年8月30日～平成8年1月16日　ニュウボーン本社長,栄町商店街振興組合理事長　→94/96

新実 健郎　にいみ・けんろう　昭和5年10月19日～平成7年10月31日　弁理士,弁理士会副会長　→94/96

新見 俊介　にいみ・しゅんすけ　～昭和60年5月11日　東京高裁判事　→83/87

新実 善一　にいみ・ぜんいち　～昭和58年1月25日　ニイミ洋食器店会長,東京商工会議所常議員・同台東支部長　→83/87

新美 惣右衛門　にいみ・そうえもん　大正13年12月25日～平成7年3月26日　愛知県交通安全協会常任理事・碧南支部長,三光陸運社長　→94/96

新美 雅臣　にいみ・たかおみ　大正9年9月11日～平成13年11月26日　日立製作所副社長　→00/02

新美 隆　にいみ・たかし　昭和22年4月15日～平成18年12月20日　弁護士　島根大学法科大学院教授　→06/08

新美 春之　にいみ・はるゆき　昭和11年4月5日～平成23年12月8日　昭和シェル石油会長・社長　→09/11

新見 政一　にいみ・まさいち　明治20年2月14日～平成5年4月2日　海軍中将　→91/93

新美 三男　にいみ・みつお　昭和4年7月29日～平成21年8月19日　スズケン副社長　→09/11

新村 和雄　にいむら・かずお　昭和2年1月2日～平成13年8月3日　東海汽船社長,日本興業銀行常務　→00/02

新村 勝由　にいむら・かつよし　昭和5年4月28日～平成23年1月3日　日本医療事務センター社長　→09/11

新村 啓　にいむら・さとる　昭和4年9月21日～平成12年1月7日　三菱石油常務　→00/02

新村 長次郎　にいむら・ちょうじろう　～昭和55年9月12日　新村印刷会長,元全日本印刷工業組合連合会会長　→80/82

新村 巳喜次　にいむら・みきじ　大正3年12月2日～昭和63年2月21日　日本青果物輸入安全推進協会会長　→88/90

新村 佳久　にいむら・よしひさ　昭和11年3月12日～平成年1月21日　山洋電気取締役　→83/87

新家 猛　にいや・たけし　～昭和55年7月17日　弁護士　ブリヂストンタイヤ監査役　→80/82

新谷 正夫　にいや・まさお　大正2年1月1日～平成20年5月22日　弁護士　名古屋高検事長,中央更生保護審査会委員長　→06/08

新山 定正　にいやま・さだまさ　大正7年8月20日～平成16年1月9日　荏原製作所会長　→03/05

新山 春雄　にいやま・はるお　明治35年3月21日～昭和61年2月13日　プリンス自動車工業副社長,栃木富士産業取締役　→83/87

新山 半治郎　にいやま・はんじろう　～平成5年1月10日　新日鉄化学常務　→91/93

新山 義雄　にいやま・よしお　明治39年12月13日～昭和60年11月20日　ホクセイアルミニウム社長　→83/87

新山 六郎　にいやま・ろくろう　～平成4年11月21日　東海銀行監査役,中部日本放送監査役　→91/93

新納 太郎　にいろ・たろう　明治38年6月14日～平成10年9月8日　八千代銀行会長　→97/99

丹生 藤吉　にう・とうきち　明治36年1月31日～昭和58年6月18日　税理士　弁理士会理事　→83/87

丹生 誠忠　にう・まさただ　明治41年10月15日～平成11年7月12日　陸軍歩兵中尉　2.26事件の青年将校　→昭和(にぶ・まさただ)

牲川 悦三　にえがわ・えつぞう　～昭和45年8月3日

贄川 正二　にえかわ・まさつぐ　三菱重工常務　→昭和（せいかわ・えつぞう）

贄川 正二　にえかわ・まさつぐ　～昭和57年1月24日　新昌船舶社長, 元新和興業社長　→80/82

仁尾 勝男　にお・かつお　～平成4年9月17日　陸奥新報社長　→91/93

仁尾 惟茂　にお・これしげ　嘉永1年12月28日～昭和7年4月11日　貴院議員（勅選）, 専売局長官　→昭和

仁賀 利一　にが・りいち　明治38年2月20日～平成10年6月4日　帝人製機常務　→97/99

二階 賢　にかい・けん　明治28年2月20日～平成4年2月25日　南海電気鉄道専務　→91/93

二階 重人　にかい・しげと　大正4年12月24日～平成14年11月14日　駐トルコ大使, 富士銀行顧問　→00/02

二階 信一　にかい・しんいち　～平成4年12月18日　弁護士　福岡高裁判事　→91/93

二階 盛　にかい・せい　明治44年12月23日～平成17年7月31日　鹿島建設副社長　→03/05

二階堂 暹　にかいどう・あきら　昭和5年3月11日～平成18年9月16日　二階堂酒造社長　→06/08

二階堂 喜代一　にかいどう・きよいち　～平成8年12月13日　千載電気工業専務　→94/96

二階堂 源六　にかいどう・げんろく　明治36年1月25日～昭和6年5月20日　伊藤忠商事常務, 伊藤忠運輸倉庫（のち伊藤忠倉庫）社長　→94/96

二階堂 進　にかいどう・すすむ　明治42年10月16日～平成12年2月3日　衆院議員（自民党）, 自民党最高顧問　→00/02

二階堂 綱男　にかいどう・つなお　～平成5年6月24日　シベリア強制労働保障請求訴訟の原告　→91/93

二階堂 哲朗　にかいどう・てつろう　～昭和49年5月20日　大竹市長　→昭和

二階堂 輝男　にかいどう・てるお　～昭和57年10月20日　宮田工業取締役　→80/82

二階堂 富作　にかいどう・とみさく　～昭和6年12月15日　佐賀地方裁判所長　→昭和

二階堂 靖矩　にかいどう・やすのり　～昭和57年1月22日　多摩電気工業専務　→80/82

二階堂 義孝　にかいどう・よしたか　～昭和57年8月12日　河北新報社常務取締役　→80/82

二上 卯一　にかみ・ういち　明治45年6月2日～平成14年8月15日　高岳製作所専務　→00/02

二木 宏二　にき・こうじ　昭和5年6月4日～平成8年3月4日　日本リサーチセンター社長　→94/96

仁木 次郎　にき・じろう　～昭和32年11月12日　丸紅飯田監査役　→昭和

仁木 清二郎　にき・せいじろう　昭和13年3月23日～平成10年6月2日　東京都議（自民党）　→97/99

仁木 達　にき・とおる　大正3年2月11日～昭和63年11月9日　雪印乳業取締役技術研究所長　→88/90

二木 伸幸　にき・のぶゆき　昭和6年9月17日～平成12年6月27日　三幸商店社長, 北海道イゲタロイ販売社長　→00/02

二木 富美子　にき・ふみこ　～平成22年6月15日　警察官　東京五輪の女子選手村で婦人警備隊長を務める　→09/11

二木 実　にき・みのる　昭和8年4月22日～平成23年2月15日　郵政省簡易保険局長, 日本電気専務　→09/11

二木 茂一郎　にき・もいちろう　～昭和60年5月7日　三菱倉庫取締役　→83/87

二木 泰雄　にき・やすお　明治41年6月15日～平成8年7月4日　アラスカパルプ常務　→94/96

仁木 可也　にき・よしや　昭和2年2月23日～平成13年12月21日　中国電力副社長　→00/02

仁木島 賢一　にきしま・けんいち　明治37年7月2日～平成4年11月11日　仁木島商事会長　→91/93

二河 洋一　にこう・よういち　大正2年3月22日～平成9年1月19日　日新汽船（のちシーコム）専務, ジャパンライン（のちナビックスライン）取締役　→97/99

西 昭　にし・あきら　昭和6年11月11日～平成1年8月10日　大鵬薬品工業副社長　→88/90

西 朝彦　にし・あさひこ　～昭和57年7月24日　関西経営管理協会社長, 日本経営開発協会社長　→80/82

西 済　にし・いつき　明治17年10月18日～昭和56年4月27日　十条製紙社長　→80/82

西 英太郎　にし・えいたろう　元治1年9月3日～昭和5年8月4日　衆院議員（立憲民政党）　→昭和

西 勘治　にし・かんじ　明治37年2月10日～平成7年11月23日　日本重化学工業専務　→94/96

西 清　にし・きよし　明治38年1月22日～平成1年10月2日　日立家電販売社長　→88/90

西 邦大　にし・くにお　～平成11年2月7日　アスキー会長, 須磨学園理事長　→97/99

西 圭一　にし・けいいち　大正2年7月20日～平成13年10月2日　北興化学工業社長　→00/02

西 佐久一　にし・さくいち　～昭和63年9月13日　雪印乳業常務　→88/90

西 貞夫　にし・さだお　大正11年2月2日～平成17年1月16日　農水省野菜試験場長　→03/05

西 正一　にし・しょういち　～平成元年2月12日　東京スタイル専務　→83/87

西 紳六郎　にし・しんろくろう　万延1年9月28日～昭和8年10月16日　海軍中将, 男爵　宮中顧問官　→昭和

西 捨三　にし・すてぞう　明治28年8月14日～昭和59年5月3日　富士精器社長, 世田谷社会福祉協議会会長　→83/87

西 淳　にし・すなお　大正9年5月19日～平成10年9月6日　滲透工業会長　→97/99

西 善二　にし・ぜんじ　明治45年2月24日～平成3年5月9

I 政治・経済・社会篇　　　　　　　　　　　　　　　　　　にしお

日　ユニチカ常務　→91/93

西　泰輔　にし・たいすけ　～平成14年7月26日
HOYA常務　→00/02

西　大助　にし・だいすけ　～昭和11年10月30日
日本電業監査役　→昭和

西　泰蔵　にし・たいぞう　明治31年2月23日～昭和59年11月28日　北陸文化ホテル社長, 北陸電力副社長　→83/87

西　達　にし・とおる　～昭和58年5月30日
プレス点検センター社長　→83/87

西　利応　にし・としお　明治40年2月14日～平成10年1月31日　日本勧業証券(のち勧角証券)常務　→97/99

西　直彦　にし・なおひこ　大正5年2月5日～昭和62年2月5日　住友ウオールシステム特別顧問, 日本野球近畿連盟会長, 日本オペラ振興会理事長　→83/87

西　春彦　にし・はるひこ　明治26年4月29日～昭和61年9月20日　駐英大使, 外務事務次官, ホテルニューグランド会長　→83/87

西　弘　にし・ひろし　大正9年3月23日～昭和61年5月16日　アドメディアセンター代表取締役会長　→83/87

西　弘　にし・ひろし　大正12年5月3日～平成10年8月28日　弘電社副社長　→97/99

西　雅雄　にし・まさお　明治29年4月24日～昭和19年4月16日　社会運動家　→昭和

西　昌辰　にし・まさたつ　昭和8年～昭和61年9月9日
象印マホービン監査室部長　→83/87

西　益良　にし・ますら　～平成4年2月2日
日本フィルコン常務　→91/93

西　要之助　にし・ようのすけ　大正6年1月13日～平成11年1月16日　十八銀行常務　→97/99

西　義顕　にし・よしあき　～昭和42年7月23日
満鉄参事　→昭和

西　義一　にし・よしかず　明治11年1月1日～昭和16年4月15日　陸軍大将　→昭和

西　義正　にし・よしまさ　大正12年3月2日～平成20年3月31日　小田急建設常務　→06/08

西　礼次郎　にし・れいじろう　昭和9年12月18日～平成5年3月22日　日立ツール常務　→91/93

西荒井　猛　にしあらい・たけし　大正13年4月29日～平成10年12月5日　京都新聞常任監査役　→97/99

西井　昭　にしい・あきら　昭和2年12月16日～平成20年4月11日　日本電電公社総務理事, 日本船舶通信社長　→06/08

西井　潔　にしい・きよし　～昭和19年1月29日
中央航空研究所第1部長　→昭和

西井　哲朗　にしい・てつお　大正15年2月5日～平成15年6月10日　西井塗料産業会長　→03/05

西居　浩　にしい・ひろし　大正7年1月1日～平成8年3月30日　淀川製鋼所常務　→94/96

西居　義雄　にしい・よしお　明治42年8月23日～平成6年4月8日　滋賀県議, 松喜屋社長　→94/96

西井　芳太郎　にしい・よしたろう　～平成9年1月18日
大阪府議　→97/99

西井　良晴　にしい・よしはる　昭和2年9月21日～平成6年8月5日　堺商事会長　→94/96

西池　成輝　にしいけ・なりてる　明治26年9月17日～昭和59年3月9日　住友機械専務, 住友倉庫常務, 大成海運会長　→83/87

西五辻　文仲　にしいつつじ・あやなか　安政6年1月7日～昭和10年4月17日　男爵　貴院議員　→昭和

西内　昭彦　にしうち・あきひこ　大正7年11月23日～平成16年2月15日　石原産業専務　→03/05

西内　彬　にしうち・あきら　昭和7年7月17日～平成21年1月11日　国税庁広島国税局長　→09/11

西内　春生　にしうち・はるき　大正8年2月10日～平成16年2月11日　高知県日中友好協会名誉会長, 南建会長　→03/05

西海　悦史　にしうみ・よしちか　昭和17年4月11日～平成6年8月18日　三輪精機社長, 埼玉産業人クラブ会長, 日本産業人クラブ連合会監事　→94/96

西浦　宇吉　にしうら・うきち　明治15年12月16日～昭和33年4月11日　社会運動家　名古屋市議　→昭和

西浦　三郎　にしうら・さぶろう　大正9年3月31日～平成15年10月28日　富山県議(社会党)　→03/05

西浦　保　にしうら・たもつ　～平成8年2月15日
税理士　日本税理士会連合会副会長, 近畿税理士会会長　→94/96

西浦　直子　にしうら・なおこ　～昭和59年8月15日
西浦精機会長　→83/87

西浦　勝　にしうら・まさる　大正2年～平成4年9月6日
大阪屋証券(のちコスモ証券)常務　→91/93

西江　三千子　にしえ・みちこ　～昭和57年6月18日
左手で仏画を描き続けた三重苦の主婦　→80/82

西尾　愛治　にしお・あいじ　明治35年8月1日～平成2年4月30日　鳥取県知事, 日本海外協会理事　→88/90

西尾　晃　にしお・あきら　昭和2年～平成6年6月20日　公認会計士, 税理士　西尾会計事務所所長, 西尾レントオール社長　→94/96

西尾　明　にしお・あきら　大正15年2月22日～平成2年4月30日　日本合成ゴム常務　→88/90

西尾　明　にしお・あきら　昭和22年～平成3年11月6日
石垣食品専務　→91/93

西尾　出　にしお・いずる　大正13年10月14日～平成4年5月12日　日本ナレッジインダストリ社長, 東海大学工学部教授　→91/93

西尾　音吉　にしお・おときち　明治42年7月10日～昭和8年2月9日　農民運動家　→昭和

西尾　一雄　にしお・かずお　大正13年4月18日～平成22年1月29日　高知県議(自民党), 高知県出納兼　→09/11

西尾　和久　にしお・かずひさ　大正15年4月8日～平成7年

にしお

年7月2日　国際観光顧問,箱根ハイランドホテル常務・総支配人　→94/96

西尾 慶太郎　にしお・けいたろう　〜昭和57年3月10日　亀の子束子西尾商店社長　→80/82

西尾 憲治　にしお・けんじ　〜昭和60年1月22日　奥村組専務　→83/87

西尾 賢三　にしお・けんぞう　昭和4年8月22日〜平成10年10月12日　西尾社長　→97/99

西尾 貢一　にしお・こういち　明治40年11月28日〜平成11年4月16日　弁護士　西尾法律事務所所長,京都地裁所長　→97/99

西尾 幸之助　にしお・こうたろう　〜昭和17年1月3日　関西基督教界長老　→昭和

西尾 暁　にしお・さとし　昭和12年2月5日〜平成18年12月13日　日本ケミコン副社長　→06/08

西尾 知　にしお・さとる　大正10年9月9日〜平成15年9月10日　丸紅専務,丸紅建材リース会長　→03/05

西尾 三次　にしお・さんじ　大正7年3月31日〜昭和63年2月23日　司法書士　石川県司法書士会長　→88/90

西尾 昭二郎　にしお・しょうじろう　昭和2年5月19日〜平成22年7月3日　大広専務,朝日新聞大阪本社広告局長　→09/11

西尾 治郎平　にしお・じろうへい　明治40年8月22日〜平成3年1月28日　農民運動家　→91/93

西尾 末広　にしお・すえひろ　明治24年3月28日〜昭和56年10月3日　政治家　民社党初代委員長,衆院議員　→80/82

西尾 漸　にしお・すすむ　大正11年9月25日〜平成13年6月10日　ゼネラル常務　→00/02

西尾 清治　にしお・せいじ　〜昭和63年10月18日　西尾工業会長　→88/90

西尾 善吉郎　にしお・ぜんきちろう　大正8年11月27日〜平成10年2月16日　福岡地検次席正　→97/99

西尾 峯　にしお・たかし　昭和3年8月22日〜平成11年11月27日　高岳製作所専務　→00/02s

西尾 毅　にしお・たけし　大正9年5月28日〜昭和63年7月20日　セントラル石油瓦斯社長,岩谷産業副社長　→88/90

西尾 武喜　にしお・たけよし　大正14年1月10日〜平成18年8月29日　名古屋市長　→06/08

西尾 正　にしお・ただし　大正13年8月26日〜平成8年1月8日　京都府議(自民党)　→94/96

西尾 辰雄　にしお・たつお　大正5年11月20日〜昭和58年12月8日　奥村組常務　→83/87

西尾 哲夫　にしお・てつお　大正8年1月20日〜平成15年12月6日　日本リース会長　→03/05

西尾 寿男　にしお・としお　明治33年1月8日〜平成2年10月29日　日本交通公社社長　→88/90

西尾 寿造　にしお・としぞう　明治14年10月31日〜昭和35年10月26日　陸軍大将　→昭和

西尾 長光　にしお・ながみつ　昭和4年2月18日〜平成16年3月24日　セイコーマート社長,札幌商工会議所連合会会頭　→03/05

西尾 信篤　にしお・のぶあつ　大正12年8月14日〜平成12年7月26日　五条市長　→00/02

西尾 昇　にしお・のぼる　〜昭和61年9月23日　世田谷区(東京都)区議　→83/87

西尾 矩一　にしお・のりいち　〜昭和60年9月12日　西尾建設社長,多治見建設業会会長　→83/87

西尾 沼富　にしお・はるとみ　昭和3年2月6日〜平成21年8月18日　鳥取市長　→09/11

西尾 彦朗　にしお・ひころう　明治32年〜昭和61年2月5日　中津川市長　→83/87

西尾 兵衛　にしお・ひょうえ　大正3年6月29日〜平成13年3月11日　大成プレハブ社長　→00/02

西尾 文治　にしお・ぶんじ　昭和7年11月21日〜平成18年2月2日　三重県議(自民党)　→06/08

西尾 政明　にしお・まさあき　〜昭和60年8月17日　カリモク家具販売代表取締役副社長　→83/87

西尾 正男　にしお・まさお　〜昭和44年12月27日　中井取締役　→昭和

西尾 正巳　にしお・まさみ　昭和8年9月3日〜平成11年6月23日　名古屋三越専務　→97/99

西尾 正也　にしお・まさや　大正15年11月26日〜平成10年3月26日　大阪市長　→97/99

西尾 優　にしお・まさる　大正11年1月24日〜平成21年11月15日　鳥取市長　→09/11

西尾 道徳　にしお・みちのり　大正6年2月25日〜昭和63年5月6日　恵那市長　→88/90

西尾 稔　にしお・みのる　大正9年10月21日〜平成14年9月22日　ナショナル住宅産業会長,松下電工専務　→00/02

西尾 六七　にしお・むな　明治42年9月25日〜平成13年2月5日　北海道議(自民党)　→00/02

西尾 絞夫　にしお・やすお　大正5年1月2日〜平成13年3月25日　鳥取銀行常務　→00/02

西尾 泰昌　にしお・やすまさ　昭和4年1月12日〜平成3年3月6日　HOYA取締役　→91/93

西尾 祥雄　にしお・よしお　大正3年5月9日〜平成12年5月11日　関電工会長　→00/02

西尾 嘉通　にしお・よしみち　〜昭和61年4月22日　芳寿園養護老人ホーム園長　→83/87

西尾 敬進　にしお・よしゆき　大正14年3月5日〜平成4年6月3日　姫路商工会議所専務理事　→91/93

西尾 礼二　にしお・れいじ　大正4年4月23日〜平成3年月26日　三菱金属鉱業(三菱マテリアル)常務　→91/93

西大立目 信雄　にしおおたちめ・のぶお　明治36年6月8日〜平成5年9月23日　青梅電機社長　→91/93

西岡 昭彦　にしおか・あきひこ　昭和9年10月12日〜平成15年2月17日　パナホーム社長　→03/05

西岡 巌　にしおか・いわお　〜昭和60年5月28日　東久留米市議・市会議長　→83/87

西岡 勝次　にしおか・かつじ　明治42年4月6日〜平成4年3月30日　熊本県議　→91/93

西岡 公夫　にしおか・きみお　昭和21年4月21日〜平成13年10月18日　長崎県議（自民党）　→00/02

西岡 潔　にしおか・きよし　昭和4年6月5日〜平成2年7月26日　富田林市長　→88/90

西岡 国三郎　にしおか・くにさぶろう　〜昭和60年3月20日　横浜囲碁会館代表取締役　→83/87

西岡 敬一　にしおか・けいいち　昭和4年10月5日〜平成16年10月5日　三和倉庫専務　→03/05

西岡 京治　にしおか・けいじ　昭和8年〜平成4年3月21日　農業技術指導者　→91/93

西岡 茂　にしおか・しげる　大正15年1月1日〜平成4年6月3日　キヤノン専務　→91/93

西岡 治郎　にしおか・じろう　大正3年6月18日〜平成19年7月5日　高知県議（自民党）　→06/08

西岡 清二郎　にしおか・せいじろう　昭和4年3月26日〜平成5年11月24日　那須電機鉄工専務　→91/93

西岡 健夫　にしおか・たけお　大正5年2月23日〜昭和60年10月15日　日産化学工業取締役　→83/87

西岡 武夫　にしおか・たけお　昭和11年2月12日〜平成23年11月5日　参院議員（民主党）、衆院議員（新進党）、参院議長　→09/11

西岡 竹次郎　にしおか・たけじろう　明治23年5月28日〜昭和33年1月14日　政治家、新聞人、長崎県知事、衆院議員（政友会）、長崎民友新聞社長　→昭和

西岡 多三郎　にしおか・たさぶろう　明治36年12月2日〜平成6年6月18日　帝国産業（のちテザック）専務　→94/96

西岡 忠美　にしおか・ただよし　大正9年5月2日〜昭和16年4月12日　オリエンタル酵母工業顧問・元取締役　→83/87

西岡 辰造　にしおか・たつぞう　〜昭和39年12月28日　高島屋専務　→昭和

西岡 徳寿　にしおか・とくひさ　大正12年9月6日〜平成15年4月28日　福岡高裁総括判事　→03/05

西岡 ハル　にしおか・はる　明治38年12月21日〜昭和58年11月30日　参院議員（自民党）、長崎民友社長　→83/87

西岡 英夫　にしおか・ひでお　大正9年1月13日〜平成8年9月25日　積水樹脂会長　→94/96

西岡 広吉　にしおか・ひろきち　明治26年9月2日〜昭和36年3月22日　岡山県知事、福岡県知事　→昭和

西岡 宏　にしおか・ひろし　〜平成12年12月17日　日本紡績協会専務理事　→00/02

西岡 冨仁雄　にしおか・ふじお　大正14年12月4日〜平成11年9月18日　日立造船専務、アタカ工業副社長　→97/99

西岡 芬栄　にしおか・ふんえい　〜昭和62年3月24日　僧侶　臨済宗円覚寺派塔頭、如意庵住職　→83/87

西岡 勝　にしおか・まさる　昭和5年〜平成8年3月1日　東芝常務、共同建物社長　→94/96

西岡 光子　にしおか・みつこ　大正4年6月1日〜平成8年1月23日　弁護士　東北弁護士会連合会会長　→94/96

西岡 実　にしおか・みのる　〜昭和42年7月15日　富田林市長　→昭和

西岡 稔　にしおか・みのる　〜平成3年2月25日　大分地家裁所長　→91/93

西岡 義憲　にしおか・よしのり　明治38年5月25日〜平成10年9月20日　西彦会長　→97/99

西岡 吉春　にしおか・よしはる　明治43年3月6日〜平成13年1月7日　宇部興産専務　→00/02

西岡 芳光　にしおか・よしみつ　〜昭和63年5月6日　光機械製作所会長　→88/90

西貝 恒夫　にしがい・つねお　〜昭和61年7月12日　板橋区高齢者事業団（東京都）常務理事、板橋区（東京都）衛生部長　→83/87

西垣 栄一　にしがき・えいいち　大正8年5月28日〜昭和58年3月21日　全国北洋材協同組合連合会理事長、西垣林業会長　→83/87

西垣 欽二　にしがき・きんじ　昭和6年10月10日〜平成16年9月30日　日新電機専務　→03/05

西垣 浩司　にしがき・こうじ　昭和13年6月22日〜平成23年3月2日　日本電気社長　→09/11

西垣 立也　にしがき・たつや　〜平成6年10月11日　弁護士　日弁連理事、大阪弁護士会副会長　→94/96

西垣 秀正　にしがき・ひでまさ　大正2年1月11日〜平成18年3月8日　警察庁保安局交通指導部長、大分県警本部長、日本ビクター専務　→06/08

西垣 武一　にしがき・ぶいち　明治34年4月6日〜昭和42年8月2日　広告事業家、新聞資料収集家　→昭和

西垣 道夫　にしがき・みちお　〜昭和60年11月30日　弁護士　自由人権協会理事　→83/87

西垣 睦昭　にしがき・むつあき　〜平成6年1月26日　東芝東日本ライフエレクトロニクス社長　→94/96

西方 喜平　にしかた・きへい　〜平成2年6月16日　残島村（福岡県）村長　→88/90

西片 義保　にしかた・ぎほう　大正11年〜平成18年11月29日　僧侶　臨済宗妙心寺派管長、妙心寺住職　→06/08

西方 国治　にしかた・くにはる　大正5年4月17日〜平成5年12月18日　東京都会副議長　→91/93

西方 千里三郎　にしかた・ちりさぶろう　〜平成3年10月22日　フクニチ新聞社取締役　→91/93

西方 正直　にしかた・まさなお　大正9年7月9日〜平成12年7月4日　駐トリニダードトバゴ大使　→00/02

西門 溜　にしかど・たまる　昭和2年3月6日〜平成20年10月9日　サントリー常務　→06/08

西上 巳寿雄　にしがみ・みすお　昭和16年3月5日～平成18年9月18日　保安工業常務　→06/08

西川 顕　にしかわ・あきら　大正7年7月19日～平成9年1月20日　オリジン電気社長, 富士銀行取締役　→97/99

西川 明　にしかわ・あきら　大正5年7月12日～昭和59年7月20日　久保田鉄工常務　→83/87

西川 朝治　にしかわ・あさはる　～昭和56年7月22日　田辺製薬取締役　→80/82

西川 功　にしかわ・いさお　～昭和63年7月9日　ミリオン自動車工業社長　→88/90

西川 勇　にしかわ・いさむ　昭和3年9月23日～平成17年12月14日　警察庁四国管区警察局長　→03/05

西川 伊次郎　にしかわ・いじろう　明治42年11月20日～昭和61年9月21日　長野県議, 上田商工信用組合理事長　→83/87

西川 一兵　にしかわ・いっぺい　大正11年1月1日～平成3年2月15日　西川ゴム工業会長　→91/93

西川 伊之助　にしかわ・いのすけ　明治44年1月28日～平成8年12月7日　弁護士　青森地検検事正　→94/96

西川 卯之助　にしかわ・うのすけ　～昭和56年11月1日　ニチボー監査役　→80/82

西川 格太郎　にしかわ・かくたろう　大正4年5月25日～平成2年1月1日　サッポロビール取締役　→88/90

西川 一三　にしかわ・かずみ　大正7年9月17日～平成20年2月7日　太平洋戦争中の西域潜入特務調査工作員　→06/08

西川 貫一　にしかわ・かんいち　大正5年2月2日～平成6年1月27日　宮崎県議（自民党）　→94/96

西川 鑑海　にしかわ・かんかい　大正4年4月1日～平成1年2月21日　僧侶　本法寺（日蓮宗）住職, 日中友好宗教者懇話会理事　→88/90

西川 起一　にしかわ・きいち　大正15年6月15日～平成21年4月14日　青森県警本部長　→09/11

西川 潔　にしかわ・きよし　大正12年3月24日～昭和63年8月4日　宇都宮地裁所長　→88/90

西川 澄　にしかわ・きよし　大正12年3月1日～平成22年11月22日　西川計測社長　→09/11

西川 清　にしかわ・きよし　昭和13年6月7日～平成17年7月6日　パーク24社長　→03/05

西川 清次　にしかわ・きよつぐ　～平成12年7月7日　山口県警本部長　→00/02

西川 金一　にしかわ・きんいち　～平成5年3月11日　山一電機常務　→91/93

西川 謙一郎　にしかわ・けんいちろう　明治43年9月19日～平成6年9月27日　山種産業社長, 東京団地倉庫社長　→94/96

西川 謙次　にしかわ・けんじ　大正4年4月10日～平成3年4月11日　四国化成工業会長　→91/93

西川 元泰　にしかわ・げんたい　～昭和58年10月30日　神宮司庁頒布部長　→83/87

西川 光二郎　にしかわ・こうじろう　明治9年4月29日～昭和15年10月22日　社会主義者, 修養家　「自働道話」主宰　→昭和

西川 幸太郎　にしかわ・こうたろう　大正2年6月25日～平成23年12月19日　住江織物常務　→09/11

西川 公平　にしかわ・こうへい　大正14年9月11日～昭和61年10月16日　西川ゴム工業社長, 広島市教育委員　→83/87

西川 五郎　にしかわ・ごろう　明治44年10月1日～平成11年2月14日　西川産業会長　→97/99

西川 貞一　にしかわ・さだいち　明治35年2月27日～平成3年9月25日　宇部時報社相談役, 衆院議員（自由党）　→91/93

西川 三郎　にしかわ・さぶろう　～昭和61年3月19日　三久建設取締役社長　→83/87

西川 三次　にしかわ・さんじ　明治35年4月8日～昭和62年9月10日　弁護士　札幌国税局長, 北海道副知事　→83/87

西川 参次　にしかわ・さんじ　～昭和60年3月28日　鐘紡顧問・元取締役　→83/87

西川 昌　にしかわ・しょう　～昭和59年2月19日　東京電力監査役　→83/87

西川 正二　にしかわ・しょうじ　大正2年6月20日～平成4年7月19日　ユニチカ取締役　→91/93

西川 正次郎　にしかわ・しょうじろう　大正2年9月23日～平成1年2月2日　第一勧業銀行相談役　→88/90

西川 正三　にしかわ・しょうぞう　～昭和60年2月24日　丸紅常務　→83/87

西川 次郎　にしかわ・じろう　～昭和57年11月30日　在ポートランド総領事　→80/82

西川 次郎　にしかわ・じろう　明治45年4月28日～昭和62年8月11日　中央区議会議長　→83/87

西川 次郎　にしかわ・じろう　大正5年5月1日～平成6年3月17日　古河機械金属社長　→94/96

西川 甚五郎（13代目）　にしかわ・じんごろう　明治35年10月～昭和42年5月16日　実業家, 政治家　西川産業社長, 参院議員（自民党）　→昭和

西川 祐男　にしかわ・すけお　～平成3年9月21日　東京オイレスメタル工業取締役　→91/93

西川 助太郎　にしかわ・すけたろう　大正10年11月5日～平成5年4月28日　阪神電気鉄道専務　→91/93

西川 進　にしかわ・すすむ　昭和18年3月30日～平成10年7月19日　新潟県議（自民党）　→97/99

西川 精開　にしかわ・せいかい　～平成2年11月6日　弁護士　日本公証人連合会理事長, 元佐賀地検検事正, 高知地検検事　→88/90

西川 清太郎　にしかわ・せいたろう　～昭和56年11月7日　大阪屋食堂社長　→80/82

西川 外吉　にしかわ・そときち　～昭和43年6月16日　金沢商工会議所会頭, 西川物産会長　→昭和

I　政治・経済・社会篇　　　　　　　　　　　　　　　　　にしかわ

西川 外次郎　にしかわ・そとじろう　大正14年11月14日〜平成10年4月5日　北国新聞常務、テレビ金沢専務　→00/02s

西川 孝　にしかわ・たかし　〜平成19年10月14日　通天閣観光取締役営業部長　→06/08

西川 隆二　にしかわ・たかじ　〜平成22年5月24日　ニシカワ食品会長、全日本パン協同組合連合会会長　→09/11

西川 武四郎　にしかわ・たけしろう　〜昭和55年12月12日　江商社長　→80/82

西川 忠　にしかわ・ただし　昭和2年1月18日〜平成22年9月28日　日本鋼管常務　→09/11

西川 忠信　にしかわ・ただのぶ　大正11年7月4日〜平成1年6月13日　協和建設工業社長　→88/90

西川 忠彦　にしかわ・ただひこ　昭和13年7月19日〜平成23年1月6日　長崎県議（自民党）　→09/11

西川 達明　にしかわ・たつあき　〜昭和55年11月21日　三菱モンサント化成社長　→80/82

西川 達雄　にしかわ・たつお　大正3年6月6日〜平成18年4月29日　弁護士、滋賀大学名誉教授　→06/08

西川 忠一郎　にしかわ・ちゅういちろう　明治43年6月3日〜平成3年5月1日　オリエント時計社長　→91/93

西川 忠次郎　にしかわ・ちゅうじろう　大正12年3月26日〜平成22年11月1日　ソーダニッカ常務　→09/11

西川 哲三郎　にしかわ・てつさぶろう　明治34年2月6日〜平成4年4月17日　日本配合飼料常務、西川畜産奨学財団理事長　→91/93

西川 徳男　にしかわ・とくお　昭和3年3月13日〜平成14年10月　大阪府議（民主党）　→03/05s

西川 寿英　にしかわ・としひで　大正13年2月9日〜平成18年7月27日　第一勧業銀行専務、ユーシーカード社長　→06/08

西川 俊元　にしかわ・としもと　〜昭和55年1月15日　ボーイスカウト日本連盟参与・同福岡21団育成会長　→80/82

西川 知義　にしかわ・ともよし　明治45年2月1日〜昭和58年8月8日　日新電機相談役・元副社長　→83/87

西川 豊蔵　にしかわ・とよぞう　明治42年9月11日〜平成16年6月20日　島津製作所専務、日本エスペラント学会理事長　→03/05

西川 虎次郎　にしかわ・とらじろう　慶応3年9月1日〜昭和19年8月18日　陸軍中将　→昭和

西川 虎次郎　にしかわ・とらじろう　明治35年4月22日〜昭和56年7月23日　住友化学工業専務、田岡化学工業社長　→80/82

西川 虎之助　にしかわ・とらのすけ　安政2年1月16日〜昭和4年1月22日　化学技術者、大日本人造肥料技師長　→昭和

西川 昇　にしかわ・のぼる　明治43年4月14日〜平成6年5月31日　日本水産副社長　→94/96

西川 昇　にしかわ・のぼる　昭和11年3月1日〜平成17年6月28日　伊藤忠商事副社長　→03/05

西川 登　にしかわ・のぼる　大正13年12月16日〜昭和61年2月23日　豊田通商副社長、中部経済同友会代表幹事　→83/87

西川 則隆　にしかわ・のりたか　大正12年6月18日〜平成2年11月7日　南海毛糸紡績会長　→88/90

西川 幡之助　にしかわ・はんのすけ　〜昭和57年6月10日　清水建設監査役　→80/82

西川 英夫　にしかわ・ひでお　明治44年11月22日〜平成12年11月12日　東京建物社長　→00/02

西川 秀男　にしかわ・ひでお　昭和6年〜平成18年3月10日　岩波書店取締役、21世紀情報出版研究所長、電子ブックコミッティー代表幹事　→06/08

西川 仁啓　にしかわ・ひとひろ　昭和3年2月20日〜平成7年5月13日　再春館製薬会長、九州警備保障会長　→94/96

西川 裕夫　にしかわ・ひろお　大正10年4月〜昭和61年3月15日　埼玉県副知事　→83/87

西川 宏　にしかわ・ひろし　大正9年11月6日〜平成20年7月13日　西日本鉄道専務　→06/08

西川 広　にしかわ・ひろし　大正9年1月3日〜昭和63年2月　神鋼電機社長　→88/90

西川 広司　にしかわ・ひろし　大正12年3月8日〜平成10年10月9日　電響社常務　→97/99

西川 浩　にしかわ・ひろし　〜平成40年3月28日　商工省物価局長官　→昭和

西川 浩　にしかわ・ひろし　〜平成16年11月20日　西川帽子店店主　→03/05

西川 福三郎　にしかわ・ふくさぶろう　大正1年11月17日〜平成8年9月18日　日本車両製造常務　→94/96

西川 文子　にしかわ・ふみこ　明治15年4月2日〜昭和35年1月23日　婦人運動家　→昭和

西川 政一　にしかわ・まさいち　明治32年9月5日〜昭和61年6月4日　日商岩井社長、日本バレーボール協会名誉会長　→83/87

西川 政一　にしかわ・まさいち　大正3年12月6日〜平成2年5月4日　滋賀県議　→88/90

西川 昌夫　にしかわ・まさお　明治39年2月16日〜平成4年4月21日　西川総業会長、参院議員（民主自由党）　→91/93

西川 昌雄　にしかわ・まさお　明治38年3月28日〜昭和61年6月15日　豊田合成会長　→83/87

西川 道夫　にしかわ・みちお　明治41年7月10日〜平成5年6月22日　西川会長　→91/93

西川 実　にしかわ・みのる　昭和7年10月15日〜平成8年10月9日　大阪西川社長　→94/96

西川 睦郎　にしかわ・むつろう　昭和3年9月27日〜平成4年4月15日　サカエ電機社長、古川電機製作所取締役　→91/93

西川 元一郎　にしかわ・もといちろう　〜平成10年5月

にしかわ

西川 義雄　にしかわ・よしお　大正4年5月30日〜平成16年3月11日　ユニー会長　→03/05

西川 芳夫　にしかわ・よしお　大正5年3月20日〜平成10年1月22日　日本炭酸社長　→97/99

西川 芳雄　にしかわ・よしお　〜昭和47年10月4日　福島県警本部長　→昭和

西川 美数　にしかわ・よしかず　明治40年11月12日〜昭和63年6月1日　弁護士　東洋大学法学部教授、東京高裁部総括判事　→88/90

西川 美伯　にしかわ・よしのり　大正13年8月14日〜平成10年9月4日　西川計測副社長　→97/99

西川 力一　にしかわ・りきいち　明治42年1月1日〜平成7年3月10日　弁護士　名古屋高裁民事部総括判事　→94/96

西川 隆造　にしかわ・りゅうぞう　〜昭和42年6月28日　一新社代表取締役　→昭和

西川 良三　にしかわ・りょうぞう　大正8年7月11日〜昭和63年9月20日　滋賀県体育協会会長、滋賀県副知事　→88/90

西木 恒義　にしき・つねよし　昭和13年12月3日〜平成14年4月16日　日立金属常務　→00/02

西木 利吉　にしき・りきち　明治39年9月20日〜平成5年5月16日　日本伝導精機(のち日伝)社長　→91/93

錦織 登美夫　にしきおり・とみお　大正8年11月3日〜平成20年1月22日　東洋館出版社創業者　→06/08

錦島 正一　にしきじま・しょういち　〜昭和61年3月10日　秋田製錬専務、同和興産監査役　→83/87

西北 勝重　にしきた・かつしげ　大正1年8月21日〜平成4年2月26日　串間市長　→91/93

錦田 知純　にしきだ・ともずみ　大正6年8月9日〜平成3年9月30日　朝日化学工業社長、住友化学工業専務　→91/93

西木戸 岩松　にしきど・いわまつ　〜平成3年1月4日　ホクレン常務理事　→91/93

錦戸 弦一　にしきど・げんいち　大正12年1月7日〜平成23年3月31日　宮城県議(民主党)　→09/11

錦戸 龍郎　にしきど・たつろう　〜昭和62年10月21日　古川市議　→83/87

西口 勇　にしぐち・いさむ　昭和20年4月2日〜平成23年7月26日　守口市長　→09/11

西口 栄一　にしぐち・えいぞう　大正2年8月16日〜昭和61年8月5日　奈良県議(自民党、生駒)、自民党奈良県連会長　→83/87

西口 和夫　にしぐち・かずお　昭和27年1月24日〜平成15年8月24日　連合青森会長　→03/05

西口 公教　にしぐち・こうきょう　大正1年12月19日〜平成4年2月13日　僧侶　真言宗国分寺派管長、大本山国分寺68世座主、全日本仏教会顧問　→91/93

西口 敏　にしぐち・としお　〜昭和56年12月29日　三井銀行取締役、東都銀行頭取　→80/82

西口 正男　にしぐち・まさお　昭和12年9月14日〜昭和62年10月16日　中越段ボール専務　→83/87

西口 紋太郎　にしぐち・もんたろう　〜平成3年12月9日　奈良県議　→91/93

西口 利平　にしぐち・りへい　明治3年5月〜昭和7年12月2日　製網機械発明者　三重製網社長　→昭和

西久保 弘道　にしくぼ・ひろみち　文久3年5月15日〜昭和5年7月8日　剣道範士　貴院議員(勅選)、東京市長、警視総監　→昭和

西久保 良行　にしくぼ・よしゆき　〜昭和26年9月28日　東京地裁所長　→昭和

西小路 亀次郎　にしこうじ・かめじろう　〜平成11年2月19日　京都市最高齢(96歳)の双子兄弟　→97/99

錦織 彦七　にしごおり・ひこしち　明治39年4月15日〜昭和16年9月9日　社会運動家　→昭和(にしごうり・ひこしち)

錦織 久良子　にしごり・くらこ　明治22年〜昭和24年2月6日　世界平和母性協会会長　→昭和

西阪 善治　にしざか・ぜんじ　大正7年6月15日〜平成4年5月7日　社会党奈良県本部委員長、奈良県議(社会党)　→91/93

西崎 憲司　にしざき・けんじ　〜昭和56年4月16日　カンボジア難民救済ボランティア　→80/82

西崎 五郎　にしざき・ごろう　大正9年11月30日〜昭和63年7月28日　内外衣料製品常務　→88/90

西崎 鎮夫　にしざき・しずお　〜昭和27年4月9日　石川島重工重役　→昭和

西崎 彰一　にしざき・しょういち　昭和5年9月16日〜平成4年7月15日　日本鍛工常務　→91/93

西崎 太郎　にしざき・たろう　〜昭和56年6月17日　東京芝浦電気顧問、郵政省電波技術審議会会長　→80/82

西崎 定吉　にしざき・ていきち　昭和55年7月13日　板橋ナショナル販売名誉会長、千葉ナショナル製品販売会長　→80/82

西崎 哲郎　にしざき・てつろう　昭和7年1月7日〜平成17年11月8日　内外衣料製品専務　→03/05

西崎 恵　にしざき・めぐむ　明治36年7月22日〜昭和38年9月7日　文部事務次官　→昭和(にしざき・けい)

西崎 保三　にしざき・やすぞう　大正2年2月28日〜平成2年8月31日　内外衣料製品会長　→88/90

西里 龍夫　にしさと・たつお　明治40年3月17日〜昭和62年8月20日　社会運動家　日本共産党名誉熊本県委員長　→83/87

西沢 章夫　にしざわ・あきお　昭和6年11月2日〜平成5年4月8日　リクルート陸上部長　→91/93

西沢 瞳　にしざわ・あきら　〜昭和58年8月4日　西沢経営研究所長、日本マンパワー顧問　→83/87

西沢 篤志　にしざわ・あつし　明治43年4月15日〜平成16年2月9日　山陽パルプ副社長　→03/05

西沢 治　にしざわ・おさむ　大正1年11月5日～昭和63年5月23日　大林組常務　→88/90

西沢 喜太郎　にしざわ・きたろう　明治38年9月27日～平成6年8月17日　西沢相談役, 日本スポーツ用品工業協会会長　→94/96

西沢 公慶　にしざわ・きみよし　大正13年3月20日～平成10年11月20日　レイク会長, 大蔵省銀行局検査部長　→97/99

西沢 浩仙　にしざわ・こうせん　～昭和35年2月19日　曹洞宗宗務総長　→昭和

西沢 孝太郎　にしざわ・こうたろう　明治31年7月12日～昭和62年2月7日　東京都民銀行取締役　→83/87

西沢 権一郎　にしざわ・ごんいちろう　明治39年12月5日～昭和55年12月31日　長野県知事　→80/82

西沢 貞文　にしざわ・さだふみ　明治42年3月30日～平成17年11月7日　日本火災海上保険専務　→03/05

西沢 重光　にしざわ・しげみつ　昭和13年～平成20年3月8日　片倉工業常務　→06/08

西沢 滋　にしざわ・しげる　昭和18年5月9日～平成23年4月2日　ダイダン常務　→09/11

西沢 潤一　にしざわ・じゅんいち　大正14年1月1日～平成16年3月11日　東京都民銀行専務　→03/05

西沢 正三郎　にしざわ・しょうざぶろう　大正7年1月13日～平成4年7月17日　滋賀県議会議長(自民党)　→91/93

西沢 信一　にしざわ・しんいち　～昭和60年12月25日　等松・青木監査法人相談役　→83/87

西沢 進　にしざわ・すすむ　昭和7年1月1日～平成14年12月29日　積水化学工業常務　→00/02

西沢 隆二　にしざわ・たかじ　明治36年11月18日～昭和51年9月18日　社会運動家, 詩人　→昭和

西沢 勇　にしざわ・たけし　明治42年11月23日～昭和58年2月14日　中日新聞社相談役　→83/87

西沢 典毅　にしざわ・つねき　昭和19年6月2日～平成32年11月1日　日刊スポーツ新聞編集局整理部長　→88/90

西沢 哲四郎　にしざわ・てつしろう　～昭和60年8月22日　衆議院法制局長　→83/87

西沢 徳治郎　にしざわ・とくじろう　～昭和55年1月19日　西沢商事会長　→80/82

西沢 俊治　にしざわ・としはる　昭和12年1月27日～平成13年11月25日　豊田合成専務　→00/02

西沢 富夫　にしざわ・とみお　大正2年7月7日～昭和60年11月7日　共産党幹部会副委員長　→83/87

西沢 直喜　にしざわ・なおき　明治44年11月10日～昭和61年8月1日　西光特殊電線会長　→83/87

西沢 弘　にしざわ・ひろむ　～平成7年8月6日　三菱自動車販売(のち三菱自動車工業)常務　→94/96

西沢 藤生　にしざわ・ふじを　～昭和56年4月12日　大林組常務　→80/82

西沢 文雄　にしざわ・ふみお　～昭和58年11月13日　全農常務理事, 東亜農薬社長　→83/87

西沢 正泰　にしざわ・まさやす　大正8年3月23日～平成1年3月16日　安川電機製作所専務　→88/90

西沢 正信　にしざわ・まさよし　～昭和62年9月25日　信濃マツダ会長, 長野県軽自動車協会会長　→83/87

西沢 盛永　にしざわ・もりえ　大正14年11月19日～平成14年8月18日　長野県議(県政会)　→00/02

西沢 行明　にしざわ・ゆきはる　昭和9年2月1日～平成11年5月24日　北海道新聞編集局調査研究室専門委員　→97/99

西沢 吉彦　にしざわ・よしひこ　昭和2年9月22日～平成10年1月10日　住友化学工業専務　→97/99

西芝 透　にしば・とおる　～平成23年9月8日　紀陽銀行常務　→09/11

西嶋 東　にしじま・あずま　明治37年12月22日～平成5年7月10日　三井物産常務　→91/93

西島 五千加　にしじま・いほちか　～昭和62年8月31日　日産火災海上保険専務, 中央大学理事　→83/87

西嶋 和由　にしじま・かずよし　昭和21年1月20日～平成19年12月12日　日本ブラスト常務　→06/08

西島 国造　にしじま・くにぞう　～昭和55年3月13日　帝都高速度交通営団理事　→80/82

西嶋 重忠　にしじま・しげただ　明治44年～平成18年12月9日　北スマトラ石油常務　インドネシア独立に関与　→06/08

西島 実夫　にしじま・じつお　大正7年8月2日～昭和62年10月10日　小西酒造常務　→83/87

西島 助義　にしじま・すけよし　弘化4年9月3日～昭和8年2月8日　陸軍中将, 男爵　→昭和

西嶋 輝彦　にしじま・てるひこ　大正9年5月26日～平成7年11月19日　三菱重工業常務　→94/96

西島 輝行　にしじま・てるゆき　大正7年11月14日～平成18年10月29日　東芝副社長　→06/08

西嶋 直巳　にしじま・なおみ　明治32年10月27日～平成3年5月20日　三菱鉱業(のち三菱マテリアル)社長, 三菱建設社長　→91/93

西島 英夫　にしじま・ひでお　～昭和55年12月30日　トピーファスナー工業社長　→80/82

西島 正雄　にしじま・まさお　～平成7年3月1日　豊橋工倶西島鉄工所代表, 豊橋商工会議所鉄工業部会長　→94/96

西島 雅弼　にしじま・まさすけ　大正9年3月9日～平成12年12月8日　日本化成常務　→00/02

西島 芳二　にしじま・よしじ　明治40年3月22日～昭和62年10月12日　弁護士　朝日新聞論説主幹　→83/87

西津 覚　にしず・さとる　昭和18年5月28日～平成15年2月2日　長崎県議(自民党)　→03/05

西塚 定一　にしずか・さだいち　明治43年2月～昭和59年10月10日　巌南堂書店(古書店)社長　→83/87

西瀬戸 孝範　にしせと・たかのり　大正6年3月30日～平成3年9月30日　日鉄建材工業副社長, 新日本製鉄監査役

→91/93

西田 愛之助 にしだ・あいのすけ 明治35年11月2日～平成1年7月12日 足利銀行常務 →88/90

西田 安正 にしだ・あんせい 大正8年12月17日～平成20年9月10日 富士化学工業社長,富山県議(自民党) →06/08

西田 郁平 にしだ・いくへい 明治15年2月～昭和31年8月11日 衆院議員(翼賛議員同盟) →昭和

西田 猪之輔 にしだ・いのすけ ～昭和14年12月10日 満洲電信電話常務 →昭和

西田 岩市 にしだ・いわいち ～昭和61年6月16日 新宿百貨愛好会理事長 →83/87

西田 梅政 にしだ・うめまさ ～昭和60年9月29日 北清社代表取締役会長,元富山県ビルメンテナンス協会会長 →83/87

西田 栄一 にしだ・えいいち 大正11年9月29日～平成3年5月12日 大建工業専務 →91/93

西田 栄三 にしだ・えいぞう 明治2年2月22日～平成12年1月20日 入江泰吉記念写真美術財団理事長,奈良市長 →00/02

西田 馨 にしだ・かおる 大正8年2月11日～平成6年11月17日 山武ハネウエル副社長 →94/96

西田 克範 にしだ・かつのり 昭和28年8月23日～平成23年8月1日 月島機械常務 →09/11

西田 嘉兵衛 にしだ・かへえ 明治42年6月17日～平成5年2月7日 西田会長,東京繊維商品取引所理事長 →91/93

西田 健一 にしだ・けんいち 昭和8年3月13日～平成2年7月7日 トーヨーサッシ取締役 →88/90

西田 健一 にしだ・けんいち 昭和15年3月5日～平成20年10月1日 丸紅専務 →06/08

西田 健太郎 にしだ・けんたろう 明治27年3月25日～昭和8年10月16日 労働運動家 →昭和

西田 公一 にしだ・こういち 大正14年2月27日～平成12年12月22日 弁護士 第二東京弁護士会会長 →00/02

西田 公二 にしだ・こうじ 昭和2年1月4日～平成4年11月26日 大東運輸社長 →91/93

西田 小太郎 にしだ・こたろう 明治33年8月15日～昭和62年12月3日 京阪煉炭工業(のちケイハン)会長 →83/87

西田 貞雄 にしだ・さだお 大正5年8月17日～平成4年12月21日 埼玉慈恵病院理事長,埼玉県議 →91/93

西田 貞治 にしだ・さだはる ～昭和57年6月11日 第一製薬常務 →80/82

西田 幸子 にしだ・さちこ 大正15年2月28日～平成4年1月27日 ハッピー社長 →91/93

西田 三郎 にしだ・さぶろう ～昭和57年7月30日 西田三郎商店社長,元大阪穀物取引所理事 →80/82

西田 繁 にしだ・しげいち 昭和11年1月3日～平成20年10月27日 長大創業者 →06/08

西田 重一 にしだ・しげかず ～昭和60年4月3日 宇都宮二荒山神社名誉宮司,栃木県神社庁参与 →83/87

西田 周吉 にしだ・しゅうきち 明治6年11月23日～昭和9年10月31日 実業家 三重県議 →昭和

西田 俊吉 にしだ・しゅんきち 明治42年12月4日～平成14年4月19日 三菱商事副社長,三菱軽金属工業会長 →00/02

西田 俊策 にしだ・しゅんさく 大正12年2月11日～平成17年12月21日 東洋建設副社長 →03/05

西田 純策 にしだ・じゅんさく ～昭和62年3月30日 マルジン畜産社長,中央通り商栄会理事 →83/87

西田 正四郎 にしだ・しょうしろう 大正4年7月21日～昭和61年8月16日 中電プラント社長 →83/87

西田 信一 にしだ・しんいち 明治35年10月15日～平成15年4月10日 参院議員(自民党),北海道開発庁長官,科学技術庁長官 →03/05

西田 真一郎 にしだ・しんいちろう ～昭和61年1月11日 大成建設取締役 →83/87

西田 季隆 にしだ・すえたか 大正5年4月24日～平成4年1月18日 日本事務機器流通団体連合会副会長,サンコー社長 →91/93

西田 誠一 にしだ・せいいち ～平成3年12月26日 三越取締役 →91/93

西田 誠哉 にしだ・せいや 大正10年4月25日～平成15年8月20日 駐イタリア大使 →03/05

西田 善一 にしだ・ぜんいち ～昭和56年4月25日 大津市長,大津商工会議所会頭 →80/82

西田 隆男 にしだ・たかお 明治34年10月12日～昭和42年9月21日 政治家 参院議員(自民党),労相 →昭和

西田 堯 にしだ・たかし 大正4年12月8日～平成16年12月19日 同和鉱業社長 →03/05

西田 匠 にしだ・たくみ 明治33年11月10日～昭和59年4月14日 テレビ熊本取締役 →83/87

西田 猛 にしだ・たけし 昭和30年8月5日～平成18年6月8日 衆院議員(自民党) →06/08

西田 匡 にしだ・ただす 大正13年8月3日～平成7年10月13日 小野田セメント(のち秩父小野田)副会長 →94/96

西田 太子雄 にしだ・たねお 大正13年11月8日～平成8年8月30日 三重県議(県政会),ホテル湯の本社長 →94/96

西田 為敏 にしだ・ためとし 大正13年1月～平成16年9月17日 日淡タイル工業社長 →03/05

西田 太郎 にしだ・たろう ～昭和38年10月4日 勧銀総裁 →昭和

西田 千秋 にしだ・ちあき ～昭和56年11月23日 松下精工社長 →80/82

西田 智明 にしだ・ちあき 昭和6年1月1日～平成12年4月5日 高田機工専務 →00/02

西田 恒男　にしだ・つねお　〜昭和61年1月15日
シーケーディ常務　→83/87

西田 恒夫　にしだ・つねお　明治11年7月〜昭和9年9月14日　陸軍中将　→昭和

西田 常男　にしだ・つねお　昭和12年6月20日〜平成17年11月2日　タクマ社長　→03/05

西田 常三郎　にしだ・つねさぶろう　明治13年8月15日〜昭和15年6月6日　元山毎日新聞社長　→昭和

西田 哲夫　にしだ・てつお　大正7年3月26日〜平成9年1月27日　北興化学工業常務　→97/99

西田 暎彦　にしだ・てるひこ　〜平成7年8月5日
安田倉庫取締役, 日本アイ・ビー・エム常務　→94/96

西田 天香　にしだ・てんこう　明治5年2月10日〜昭和43年2月29日　宗教家　一燈園創始者, 参院議員（緑風会）　→昭和

西田 豊彦　にしだ・とよひこ　〜平成9年12月20日
海上保安庁次長　→97/99

西田 信春　にしだ・のぶはる　明治36年1月12日〜昭和8年2月11日　社会運動家　→昭和

西田 八郎　にしだ・はちろう　大正11年2月14日〜平成21年9月26日　衆議院議員（民社党）　→09/11

西田 ハル　にしだ・はる　明治38年7月8日〜昭和20年3月26日　労働運動家, 水平社運動家　→昭和

西田 治雄　にしだ・はるお　〜平成15年10月30日
日立物流副社長　→03/05

西田 晴夫　にしだ・はれお　昭和25年〜平成23年3月4日
相場師　→09/11

西田 秀人　にしだ・ひでと　大正12年8月17日〜昭和60年2月23日　安宅産業取締役　→83/87

西田 博　にしだ・ひろし　昭和13年3月31日〜平成20年5月11日　ケー・エフ・シー専務　→06/08

西田 誠　にしだ・まこと　大正12年2月19日〜平成20年11月19日　宇土市長, 西田鉄工会長　→06/08

西田 正純　にしだ・まさずみ　大正14年7月9日〜平成23年1月15日　十八銀行常務　→09/11

西田 雅則　にしだ・まさのり　昭和10年11月17日〜平成3年4月13日　日瀝化学工業取締役　→91/93

西田 政義　にしだ・まさよし　〜平成11年9月16日
生化学工業専務　→97/99

西田 又衛　にしだ・またえ　〜昭和62年3月2日
北国銀行取締役　→83/87

西田 税　にしだ・みつぎ　明治34年10月3日〜昭和12年8月19日　国家主義者, 陸軍少尉　→昭和（にしだ・みつぐ）

西田 実　にしだ・みのる　昭和40年2月10日〜平成8年12月16日　額部製作所会長　→94/96

西田 安逸　にしだ・やすいつ　明治33年〜昭和45年3月9日　青森銀行頭取　→昭和（にしだ・あんいつ）

西田 穣　にしだ・ゆたか　大正14年9月28日〜平成19年5月24日　東京銀行専務　→06/08

西田 洋介　にしだ・ようすけ　〜昭和62年2月15日
西田幸樹園専務取締役, 西友民謡会長　→83/87

西田 陽太郎　にしだ・ようたろう　昭和7年2月18日〜平成23年12月17日　宇部興産専務, テレビ山口社長　→09/11

西田 芳夫　にしだ・よしお　明治33年11月27日〜昭和63年10月20日　日本火災海上保険常務取締役　→88/90

西田 喜永　にしだ・よしなが　〜昭和57年7月1日
国際観光会館常務　→80/82

西田 吉宏　にしだ・よしひろ　昭和9年7月29日〜平成19年11月19日　参院議員（自民党）　→06/08

西田 義三　にしだ・よしみ　大正4年6月20日〜平成7年3月22日　ダイハツディーゼル常務　→94/96

西高辻 信貞　にしたかつじ・のぶさだ　大正9年12月9日〜昭和62年2月25日　太宰府天満宮名誉宮司　→83/87

西館 仁　にしたて・ひとし　明治36年5月3日〜平成4年10月3日　社会運動家　日本共産党中央委員　→91/93

西谷 金蔵　にしたに・きんぞう　安政5年8月18日〜昭和8年12月15日　実業家　衆議院（政友会）, 山陰製糸社長, 鳥取県蚕糸業同業組合連合会会長　→昭和

西谷 俊三　にしたに・しゅんぞう　〜昭和61年7月21日
キリンビール取締役　→83/87

西谷 真一　にしたに・しんいち　大正4年1月2日〜平成2年10月7日　三井東圧化学理事　→88/90

西谷 定一　にしたに・ていいち　大正12年12月26日〜平成20年1月7日　東邦ガス社長　→06/08

西谷 正行　にしたに・まさゆき　大正8年6月22日〜平成8年2月20日　西谷陶業社長　→94/96

西辻 孝吉　にしつじ・こうきち　〜昭和59年7月11日
弁護士　熊本地裁八代支部長　→83/87

西辻 豊　にしつじ・ゆたか　昭和8年2月8日〜平成20年3月18日　東洋ラジエーター専務　→06/08

西出 志郎　にしで・しろう　明治34年12月3日〜昭和58年7月30日　京福電気鉄道社長　→83/87

西出 宗一　にしで・そういち　明治34年9月24日〜昭和63年7月26日　石川県農協連共通会長, 石川県議　→88/90

西藤 五郎　にしとう・ごろう　〜平成5年1月17日
三田市長　→91/93

仁科 哲　にしな・あきら　大正4年4月25日〜平成9年4月3日　弁護士　仁科哲法律事務所所長, 日本国際法律家協会事務局長　→97/99

仁科 勲　にしな・いさお　大正3年12月4日〜平成4年3月16日　三菱自動車工業副社長　→91/93

仁科 五郎　にしな・ごろう　大正2年4月27日〜昭和62年4月26日　日本ホテル相談役, 日本交通公社取締役　→83/87

西中 卯吉　にしなか・うきち　大正4年2月7日〜平成20年3月27日　共同印刷専務　→06/08

西中 和光　にしなか・かずみつ　昭和11年12月23日〜平成21年5月13日　エヌ・イー・オー代表取締役, 虎仙会幹

事長　→09/11

西中 研介　にしなか・けんすけ　～昭和63年2月3日
大丸取締役, 大丸ピーコック専務　→88/90

西中 孝次　にしなか・たかつぐ　大正14年2月5日～平成6年2月22日　名古屋学院大学名誉理事長　→94/96

西野 嘉一郎　にしの・かいちろう　明治37年8月21日～平成15年1月14日　芝浦製作所(のち芝浦メカトロニクス)社長　→03/05

西野 一夫　にしの・かずお　大正7年6月10日～平成17年2月24日　東宝副社長　→03/05

西野 和男　にしの・かずお　～昭和61年12月25日
岡谷鋼機取締役　→83/87

西野 清　にしの・きよし　明治43年12月2日～平成10年1月27日　近畿相互銀行(のち近畿銀行)専務　→97/99

西納 楠太郎　にしの・くすたろう　明治31年1月20日～昭和16年(?)　農民運動家　→昭和

西野 邦三郎　にしの・くにさぶろう　～昭和37年2月7日
八州光学元社長　→昭和

西野 元　にしの・げん　明治8年11月29日～昭和25年8月3日　枢密院顧問官, 十五銀行頭取　→昭和

西野 源　にしの・げん　～平成13年11月9日
(福)日本ヘレンケラー財団理事長, 毎日新聞大阪社会事業団常務理事　→00/02

西野 孝一　にしの・こういち　大正4年1月1日～平成10年2月13日　西野商事社長　→97/99

西野 三郎　にしの・さぶろう　～昭和57年1月21日
昭和石油常務　→80/82

西野 重孝　にしの・しげたか　明治36年10月16日～平成5年3月17日　宮内庁侍医長　→91/93

西野 秀映　にしの・しゅうえい　～昭和62年9月26日
僧侶　天台宗京都教区布教師会長・大僧正　→83/87

西野 襄　にしの・じょう　～昭和57年5月24日
広島東洋カープ代表　→80/82

西野 譲介　にしの・じょうすけ　大正9年2月29日～平成4年11月29日　西野商事社長, 愛鷹カントリー倶楽部社長　→91/93

西野 新兵衛　にしの・しんべえ　明治37年12月1日～昭和58年10月27日　名古屋三菱自動車販売会長, 愛知県交通安全協会副会長　→83/87

西野 末造　にしの・すえぞう　～昭和63年3月31日
西野組会長　→88/90

西野 清光　にしの・せいこう　～平成15年8月6日
経営コンサルタント　日本経営士会富山県会長　→03/05

西野 武彦　にしの・たけひこ　明治33年6月14日～平成4年3月20日　富士銀行常務, 日本鋳造社長　→91/93

西野 常人　にしの・つねお　明治33年8月3日～平成6年10月6日　日清製粉専務　→94/96

西野 定　にしの・ていいち　昭和43年1月14日
海軍主計中将　→昭和

西野 悌二　にしの・ていじ　大正4年4月16日～平成17年6月15日　北海道新聞常務, 北海道文化放送専務　→03/05

西野 藤助　にしの・とうすけ　明治11年12月～昭和9年9月18日　実業家　福井人絹取引所初代理事長　→昭和

西野 敏克　にしの・としかつ　昭和16年11月27日～平成20年6月14日　大林組専務　→06/08

西野 富蔵　にしの・とみぞう　～昭和56年10月10日
京都市議, 京都外国語大学理事　→80/82

西野 知彦　にしの・ともひこ　～平成12年12月27日
日本経済新聞アメリカ総局長, QUICK専務　→00/02

西野 春男　にしの・はるお　大正10年3月1日～平成15年6月23日　愛知三菱自動車販売会長・社長　→03/05

西野 久　にしの・ひさし　～昭和55年12月10日
ミノルタカメラ伊丹工場長　→80/82

西野 誠　にしの・まこと　大正2年10月1日～平成8年1月4日　静岡銀行常務　→94/96

西野 政男　にしの・まさお　大正13年8月30日～平成14年4月14日　新潟県議(自民党)　→00/02

西野 巳之吉　にしの・みのきち　大正6年7月15日～平成4年12月27日　富山化学工業取締役　→91/93

西野 稔　にしの・みのる　大正10年10月16日～平成22年12月23日　福江市長　→09/11

西野 快雄　にしの・よしお　～昭和56年2月19日
大神教管長　→80/82

西野 吉一　にしの・よしかず　大正3年6月12日～平成2年4月8日　北海道議　→88/90

西野 義次　にしの・よしつぐ　昭和12年2月5日～平成14年12月3日　ペンタックス常務　→00/02

西野 義彦　にしの・よしひこ　明治9年9月21日～平成20年8月19日　徳山曹達専務　→06/08

西野 米太郎　にしの・よねたろう　明治35年3月10日～昭和58年1月26日　大阪府議　→83/87

西ノ内 松子　にしのうち・まつこ　明治44年11月30日～平成12年6月16日　相撲茶屋・河平女将　第32代横綱・玉錦夫人　→00/02

西洞院 信斎　にしのとういん・のぶむね　～昭和11年8月23日　子爵　→昭和(にしのとういん・のぶおき)

西宮 豊　にしのみや・ゆたか　大正9年12月18日～平成16年8月31日　日本サーボ社長　→03/05

西野目 悦次　にしのめ・えつじ　昭和12年11月24日～平成10年5月30日　西野目産業社長, 雲峡観光協会会長　→97/99

西橋 外男　にしはし・そとお　～昭和17年6月15日
旭シルク代表取締役　→昭和

西橋 義一　にしはし・よしかず　明治42年2月23日～平成18年11月16日　羽咋市長, 能登織物社長　→06/08

西端 行雄　にしばた・ゆきお　大正5年10月12日～昭和57年11月22日　ニチイ社長　→80/82

西畑 豊　にしはた・ゆたか　明治41年7月19日～平成9年11月18日　クラボウ専務　→97/99

西浜 広太郎　にしはま・こうたろう　～昭和27年1月7日　東京機械製作所常務　→昭和

西浜 孝　にしはま・たかし　昭和2年6月12日～平成17年10月25日　理研ビニル工業常務　→03/05

西浜 二男　にしはま・つぎお　大正14年1月22日～平成10年1月10日　東京都議（社会党）　→97/99

西林 敏彦　にしばやし・としひこ　大正15年8月16日～昭和62年4月16日　西林パン社長　→83/87

西林 緑郎　にしばやし・ろくろう　明治41年～平成11年3月14日　柏原機械製作所社長　→97/99

西原 明　にしはら・あきら　昭和4年3月12日～平成21年4月18日　牧師　東京自殺防止センター副理事長　→09/11

西原 市郎　にしはら・いちろう　明治34年6月3日～昭和58年9月26日　浦賀重工業（のち住友重機械工業）副社長　→83/87

西原 一策　にしはら・いっさく　明治26年4月18日～昭和20年1月23日　陸軍中将　仏印派遣監視委員会団長　→昭和

西原 英次　にしはら・えいじ　明治42年8月20日～平成5年12月30日　宮内庁管理部長　→91/93

西原 亀三　にしはら・かめぞう　明治6年6月3日～昭和29年8月22日　実業家，政治家　→昭和

西原 貫治　にしはら・かんじ　～昭和50年9月11日　陸軍中将　→昭和

西原 金次郎　にしはら・きんじろう　大正10年2月4日～平成22年3月4日　群馬テレビ専務　→09/11

西原 堅　にしはら・けん　大正3年8月15日～平成3年3月15日　東陶機器常務　→97/99

西原 茂太郎　にしはら・しげたろう　明治5年1月～昭和10年12月21日　陸軍中将　→昭和

西原 脩三　にしはら・しゅうぞう　～昭和40年12月14日　西原衛生工業所会長　→昭和

西原 滝男　にしはら・たきお　～平成2年1月21日　愛媛県印工組合顧問，元理事長　→88/90

西原 為五郎　にしはら・ためごろう　明治3年8月～昭和2年2月20日　陸軍少将　→昭和

西原 千久人　にしはら・ちくと　大正3年2月28日～昭和62年10月20日　広島銀行専務　→83/87

西原 貞　にしはら・てい　明治37年7月17日～昭和47年9月14日　農民運動家　土佐市会議長　→昭和

西原 直廉　にしはら・なおかど　明治45年4月15日～昭和62年2月11日　第一火災海上保険相談役・元社長，第一ホテル取締役，大蔵省理財局長　→昭和

西原 直登　にしはら・なおと　大正5年9月3日～平成13年6月3日　経済リポート社長　→00/02

西原 好　にしはら・よしみ　～昭和62年12月1日　ブリヂストン取締役　→83/87

西広 整輝　にしひろ・せいき　昭和5年6月24日～平成7年12月4日　防衛事務次官　→94/96

西広 秀子　にしひろ・ひでこ　～平成16年2月19日

巻き網船御嶽丸船主，銚子市名誉参与員　「澪つくし」のモデル　→03/05

西部 勲　にしべ・いさお　大正13年11月10日～昭和58年6月6日　鹿島建設取締役札幌支店担当　→83/87

西部 了　にしべ・さとる　～昭和57年2月15日　大日本製薬専務　→80/82

西部 祐平　にしべ・ゆうへい　明治38年12月28日～平成3年7月5日　共栄機械社長　→91/93

西部 吉章　にしべ・よしあき　大正4年2月14日～昭和62年8月20日　東洋現像所（のちIMAGICA）専務　→83/87

西堀 清八　にしぼり・せいはち　明治3年7月20日～昭和1年4月13日　安田火災海上取締役　→88/90

西堀 節三　にしぼり・せつぞう　大正13年2月5日～平成20年3月5日　三菱重工業常務　→06/08

西堀 武　にしぼり・たけし　～平成2年8月16日　滋賀県会議長，八日市町長　→88/90

西堀 正弘　にしぼり・まさひろ　大正7年11月14日～平成18年7月1日　国連大使　→06/08

西牧 興　にしまき・こう　大正13年2月12日～昭和63年8月18日　日立造船技術研究所所長　→88/90

西牧 博徳　にしまき・ひろのり　昭和13年12月23日～平成9年7月28日　大阪商船三井船舶専務　→97/99

西巻 義信　にしまき・よしのぶ　大正11年6月18日～昭和63年6月27日　石原産業専務　→88/90

西俣 敬次郎　にしまた・けいじろう　大正8年10月6日～平成10年8月11日　昭和海運常務　→97/99

西俣 信比古　にしまた・のぶひこ　大正3年9月20日～平成11年3月16日　弁護士　広島高裁判事　→97/99

西松 一男　にしまつ・かずお　～昭和55年7月20日　西松建設専務　→80/82

西松 義市　にしまつ・ぎいち　～昭和56年5月10日　日本撚糸工業組合連合会副理事長　→80/82

西松 浩一　にしまつ・こういち　～昭和55年4月2日　寺田紡績社長，元ユニチカ専務　→80/82

西松 醇厚　にしまつ・じゅんこう　～昭和49年10月7日　西松不動産社長　→昭和

西松 直吉　にしまつ・なおきち　明治38年12月27日～平成3年11月27日　日本紙パルプ商事常務　→91/93

西松 三好　にしまつ・みよし　明治31年10月6日～昭和46年10月22日　西松建設社長　→昭和

西松 康友　にしまつ・やすとも　～平成3年10月8日　西松建設常務　→91/93

西見 啓　にしみ・さとる　大正15年9月23日～平成15年9月30日　吉井町（福岡県）町長　→03/05

西見 茂　にしみ・しげる　～昭和45年10月7日　鷺宮製作所社長　→昭和

西峰 利清　にしみね・としきよ　大正14年3月29日～平成9年3月5日　和歌山銀行専務　→97/99

西峰 三景　にしみね・みかげ　～平成3年7月8日

東京出版サービスセンター専務　→91/93

西宮 重和　にしみや・しげかず　明治43年7月29日～平成17年7月8日　ナショナル住宅建材社長、松下電器産業常務　→03/05

西宮 保　にしみや・たもつ　昭和3年2月2日～平成20年7月20日　日本トムソン専務　→06/08

西宮 一　にしみや・はじめ　大正10年8月1日～平成7年1月7日　駐エクアドル大使　→94/96

西宮 弘　にしみや・ひろし　明治39年5月14日～平成15年11月22日　衆院議員(社会党)、宮城県副知事　→03/05

西牟田 兼雄　にしむた・かねお　～昭和60年9月17日　小型船舶関連事業協議会会長、藤倉航装社長　→83/87

西宗 茂二　にしむね・しげじ　～昭和26年9月11日　大日本セルロイド前社長　→昭和

西宗 康夫　にしむね・やすお　～平成3年7月12日　東亜紡織常務　→91/93

西村 晃　にしむら・あきら　大正15年1月11日～平成6年2月20日　トキメック会長　→94/96

西村 昭　にしむら・あきら　昭和10年11月20日～平成4年5月6日　大東市長　→91/93

西村 章　にしむら・あきら　明治38年12月19日～昭和63年12月7日　静岡新聞社取締役・編集局長　→88/90

西村 朗　にしむら・あきら　昭和10年9月17日～平成16年5月21日　住友倉庫専務　→03/05

西村 伊一　にしむら・いいち　明治40年2月21日～平成13年12月17日　武田薬品工業副社長　→00/02

西村 育雄　にしむら・いくお　大正13年1月2日～平成12年5月23日　マンダム社長　→00/02

西村 勇夫　にしむら・いさお　～昭和46年2月9日　東洋交通社長　→昭和

西村 市三　にしむら・いちぞう　昭和10年7月30日～平成16年4月25日　住友電設副社長　→03/05

西村 一郎　にしむら・いちろう　～平成10年12月17日　日本広告社会長　→97/99

西村 逸夫　にしむら・いつお　大正4年1月1日～平成4年2月23日　駿河屋専務　→91/93

西村 栄一　にしむら・えいいち　明治37年3月8日～昭和46年4月27日　政治家　民社党委員長、衆院議員(民社党)　→昭和

西村 英一　にしむら・えいいち　明治30年8月28日～昭和62年9月15日　政治家　自民党副総裁、衆院議員、厚相　→83/87

西村 英二　にしむら・えいじ　～昭和46年7月29日　サクラパレス専務　→昭和

西村 永治郎　にしむら・えいじろう　明治35年4月14日～平成4年3月21日　西村証券社長、永和化成工業社長、京都証券業協会副会長　→91/93

西村 薫　にしむら・かおる　～昭和36年12月25日　日本合成化学社長　→昭和

西村 角治郎　にしむら・かくじろう　明治44年6月25日～平成5年11月4日　小杉産業常務　→91/93

西村 和男　にしむら・かずお　昭和2年8月17日～平成8年2月5日　商工組合中央金庫理事　→94/96

西村 勝三　にしむら・かつぞう　～昭和59年3月28日　さいか屋常務　→83/87

西村 寛治　にしむら・かんじ　～昭和44年11月26日　四国電力常務　→昭和

西村 喜八郎　にしむら・きはちろう　明治40年2月1日～平成6年11月30日　昭和海運常務、日之出汽船常務　→94/96

西村 恭一　にしむら・きょういち　昭和2年8月17日～平成21年1月11日　ワコール常務　→09/11

西村 淳　にしむら・きよし　～平成10年5月3日　運輸省航空事故調査委員会委員　→97/99

西村 清俊　にしむら・きよとし　～平成10年11月28日　全国共済水産業協同組合連合会会長代理、日本寮歌振興会常任委員　→97/99

西村 清治　にしむら・きよはる　大正14年4月27日～平成13年8月25日　弁護士　大阪高裁部総括判事　→00/02

西村 熊雄　にしむら・くまお　明治32年1月27日～昭和55年11月12日　外交官　駐仏大使　→80/82

西村 ケイ子　にしむら・けいこ　～昭和58年5月4日　滝川市議、滝川消費者協会会長、北海道主婦会連絡協議会会長　→83/87

西村 啓造　にしむら・けいぞう　～昭和30年2月18日　古河電気工業社長　→昭和

西村 慶三　にしむら・けいぞう　～昭和61年11月6日　東京肥料(のちコープケミカル)社長　→83/87

西村 健　にしむら・けん　昭和6年12月13日～平成9年10月13日　東レエンジニアリング会長、東レ副社長　→97/99

西村 源一　にしむら・げんいち　大正4年7月21日～平成10年11月2日　柊家会長、国際観光旅館連盟常任相談役　→97/99

西村 健二　にしむら・けんじ　昭和4年7月11日～平成8年3月20日　日本車輌製造常務　→94/96

西村 健次郎　にしむら・けんじろう　明治44年8月30日～平成15年10月31日　農林事務次官、日本冷蔵(のちニチレイ)副社長　→03/05

西村 健三　にしむら・けんぞう　大正10年6月18日～平成5年12月14日　キャタピラー三菱(のち新キャタピラー三菱)常務、サクラクレパス監査役　→91/93

西村 玄篤　にしむら・げんとく　大正2年5月25日～平成9年2月17日　千葉県議、千葉県医師会顧問　→97/99

西村 研郎　にしむら・けんろう　～昭和57年3月9日　山口銀行監査役　→80/82

西村 宏一　にしむら・こういち　大正9年7月20日～平成12年11月26日　弁護士　福岡高裁長官、東海大学法学部

教授　→00/02

西村 耕一　にしむら・こういち　昭和15年12月15日～平成22年5月21日　日本経済新聞大阪本社販売局管理部長　→09/11

西村 宏四郎　にしむら・こうしろう　明治42年8月27日～昭和59年9月15日　東海銀行専務　→83/87

西村 幸二郎　にしむら・こうじろう　明治28年12月16日～昭和60年7月23日　日本ベークライト社長　→83/87

西村 孝太郎　にしむら・こうたろう　～昭和57年11月1日　安川電機製作所常務　→80/82

西村 小次郎　にしむら・こじろう　～昭和19年5月31日　三井鉱山常務　→昭和

西村 祭喜　にしむら・さいき　明治25年10月23日～昭和45年6月17日　労働運動家　→昭和

西村 定治　にしむら・さだじ　明治42年8月29日～昭和63年12月13日　丸正社長　→88/90

西村 定治　にしむら・さだはる　大正2年2月5日～昭和62年8月5日　日栄住宅資材会長、東京木材相互市場会長、城南木材市場会長　→83/87

西村 法　にしむら・さだむ　～昭和56年8月28日　東京高裁部総括判事　→80/82

西村 禎之　にしむら・さだゆき　～平成3年9月5日　奈良県議　→91/93

西村 敏　にしむら・さとし　大正11年8月14日～平成17年5月2日　大東紡織社長　→03/05

西村 三郎　にしむら・さぶろう　～昭和57年1月16日　福岡市議　→80/82

西村 成生　にしむら・しげお　～平成8年1月13日　動力炉核燃料開発事業団総務部次長　→94/96

西村 繁男　にしむら・しげお　明治38年10月13日～昭和64年1月4日　三井物産監査役　→88/90

西村 繁雄　にしむら・しげお　大正8年2月23日～昭和64年1月4日　ヂーゼル機器取締役、ヂーゼル機器販売常務　→88/90

西村 重興　にしむら・しげおき　昭和18年～平成4年11月　公認会計士　→91/93

西村 茂広　にしむら・しげひろ　大正11年11月30日～平成15年9月27日　フォスター電機創業者　→03/05

西村 重行　にしむら・しげゆき　～昭和57年9月26日　東洋バルヴ代表取締役専務、管財人代理　→80/82

西村 茂　にしむら・しげる　明治42年4月13日～平成2年5月25日　三菱レイヨン取締役　→88/90

西村 治三郎　にしむら・じさぶろう　明治37年4月15日～平成14年5月5日　神戸トヨペット会長　→00/02

西村 実造　にしむら・じつぞう　明治27年4月19日～昭和25年8月7日　埼玉県知事　→昭和（にしむら・さねぞう）

西村 俊一　にしむら・しゅんいち　～昭和57年8月29日　サクラクレパス会長、大阪商工会議所副会頭、NHK経営委員　→80/82

西村 淳一　にしむら・じゅんいち　昭和26年5月5日～平

成21年12月3日　アイシン精機専務　→09/11

西村 俊治　にしむら・しゅんじ　～平成22年4月23日　実業家　ジャクト創業者　→09/11

西村 純平　にしむら・じゅんぺい　明治34年11月10日～昭和58年8月24日　日本貿易振興会理事長　→83/87

西村 彰一　にしむら・しょういち　明治31年～昭和33年11月24日　衆院議員（社会党）、富山県知事　→昭和

西村 尚治　にしむら・しょうじ　明治44年2月1日～平成9年10月15日　参院議員（自民党）、沖縄開発庁長官　→97/99

西村 庄二　にしむら・しょうじ　昭和7年9月23日～昭和60年8月12日　阪急百貨店取締役・有楽町阪急店長　→83/87

西村 二郎　にしむら・じろう　昭和5年4月5日～平成8年3月26日　京都新聞社常務　→94/96

西村 二郎　にしむら・じろう　明治36年10月28日～平成11年12月30日　新潟日報社長、新潟放送会長　→97/99

西村 伸一　にしむら・しんいち　～平成7年9月24日　九州公安調査局長　→94/96

西村 慎一　にしむら・しんいち　昭和6年5月6日～平成17年4月17日　北海道議（無所属）　→03/05

西村 伸一郎　にしむら・しんいちろう　昭和19年1月24日～平成23年7月19日　土佐清水市長　→09/11

西村 信二　にしむら・しんじ　昭和2年2月9日～平成11年8月9日　藤沢薬品工業常務　→97/99

西村 新次　にしむら・しんじ　～昭和61年4月30日　田川市議、田川地区防災協会長　→83/87

西村 信次郎　にしむら・しんじろう　～平成5年6月7日　東北ナイロン協業組合理事長、西村靴下工業社長、日本靴下工業組合連合会理事長　→91/93

西村 進　にしむら・すすむ　明治45年1月14日～平成8年5月9日　ニチメン常務　→94/96

西村 進　にしむら・すすむ　明治37年11月16日～平成10年3月27日　北興化学工業社長　→97/99

西村 住雄　にしむら・すみお　昭和9年9月7日～平成5年5月22日　福徳銀行取締役　→91/93

西村 清一　にしむら・せいいち　明治41年10月20日～平成3年4月26日　旭電化工業取締役　→91/93

西村 精一　にしむら・せいいち　大正14年9月9日～平成3年5月9日　帝人監査役　→91/93

西村 精二　にしむら・せいじ　大正15年1月28日～平成4年3月17日　栃木県労働組合会議長　→91/93

西村 関一　にしむら・せきかず　明治33年6月4日～昭和54年8月15日　牧師、政治家　日本基督教団堅田協会牧師、衆院議員（社会党）、参院議員　→昭和（にしむら・かんいち）

西村 節朗　にしむら・せつろう　明治41年3月16日～平成9年8月23日　能代市長、秋田県議　→97/99

西村 善四郎　にしむら・ぜんしろう　明治42年9月6日～平成5年12月24日　三井銀行取締役　→91/93

西村 聡　にしむら・そう　～昭和46年3月5日
　ライオン油脂常任顧問　→昭和

西村 壮一　にしむら・そういち　昭和6年3月11日～平成14年9月16日　大阪府副知事,大阪薬科大学理事長　→00/02

西村 大治郎　にしむら・だいじろう　大正7年1月13日～平成19年3月15日　千吉会長,京都織物卸商業組合初代理事長,京都産業会館理事長　→06/08

西村 高兄　にしむら・たかえ　～昭和63年7月5日
　台湾台北州知事　→88/90

西村 隆司　にしむら・たかし　昭和6年11月18日～平成2年7月5日　藤井常務　→88/90

西村 卓夫　にしむら・たくお　昭和9年4月21日～昭和63年8月15日　日本リビング社長　→88/90

西村 琢磨　にしむら・たくま　明治22年9月15日～昭和26年6月11日　陸軍中将　→昭和

西村 武臣　にしむら・たけおみ　大正2年9月11日～平成10年5月10日　富士車輌専務　→97/99

西村 武　にしむら・たけし　～平成4年2月10日
　日本不動産鑑定協会理事,日本不動産研究所大阪支所支所長　→91/93

西村 忠雄　にしむら・ただお　大正13年11月4日～平成21年8月30日　泉州電業社長　→09/11

西村 忠行　にしむら・ただゆき　昭和11年～平成7年6月22日　弁護士　東播中央法律事務所長　→94/96

西村 保　にしむら・たもつ　～昭和60年11月11日
　日本製鋼所常務　→83/87

西村 太郎　にしむら・たろう　大正4年1月4日～平成62年11月4日　ミネベア相談役　→83/87

西村 丹治郎　にしむら・たんじろう　慶応2年10月2日～昭和12年12月20日　衆院議員(民政党)　→昭和

西村 次男　にしむら・つぎお　昭和2年3月3日～平成6年8月27日　名古屋市議(自民党)　→94/96

西村 勉　にしむら・つとむ　昭和2年12月28日～平成17年4月26日　京都府議(自民党)　→03/05

西村 恒三郎　にしむら・つねさぶろう　大正4年11月30日～平成8年7月11日　住友重機械工業社長　→94/96

西村 常次郎　にしむら・つねじろう　～昭和60年8月25日　日本製鋼所取締役　→83/87

西村 常三　にしむら・つねぞう　明治34年11月1日～平成1年12月29日　京都トヨペット会長　→88/90

西村 銕次郎　にしむら・てつじろう　明治38年8月28日～平成9年9月10日　そごう副社長,そごう商事社長　→97/99

西村 鉄三　にしむら・てつぞう　明治26年11月27日～昭和63年10月13日　三和銀行監査役　→88/90

西村 伝　にしむら・でん　～平成7年7月10日
　岡三証券専務　→94/96

西村 藤市　にしむら・とういち　明治37年7月4日～平成2年1月26日　花き京都地方卸売市場京都生花会長,日本

市場協会会長　→88/90

西村 時夫　にしむら・ときお　～平成16年10月2日
　国立駿河療養所入所者自治会長　→03/05

西村 敏雄　にしむら・としお　明治43年7月30日～平成2年9月2日　函館市会議長,花びしホテル代表取締役　→88/90

西村 敏雄　にしむら・としお　明治41年2月29日～平成7年1月26日　三井金属常務　→94/96

西村 敏一　にしむら・としかず　大正10年12月5日～平成19年12月11日　泉州電業社長　→06/08

西村 敏資　にしむら・としすけ　～平成18年1月19日
　山喜常務　→06/08

西村 敏寛　にしむら・としひろ　昭和8年8月15日～平成7年1月22日　日本セメント専務　→94/96

西村 利郎　にしむら・としろう　昭和8年4月10日～平成18年10月21日　弁護士　西村ときわ法律事務所創業者　→06/08

西村 友四郎　にしむら・ともしろう　～昭和6年9月5日
　海事大尉　→昭和

西村 友裕　にしむら・ともひろ　昭和5年8月10日～平成13年5月22日　朝日新聞西部本社編集局長,福岡朝日ビル社長　→00/02

西村 寅輔　にしむら・とらすけ　大正12年10月26日～平成3年3月25日　猪苗代町(福島県)町長,福島県議(自民党)　→91/93

西村 直次郎　にしむら・なおじろう　大正2年3月30日～平成13年3月9日　岩谷産業常務　→00/02

西村 直己　にしむら・なおみ　明治38年10月8日～昭和55年7月28日　防衛庁長官,衆院議員(自民党)　→80/82

西村 長安　にしむら・ながやす　大正5年4月30日～平成11年12月25日　百十四銀行常務　→00/02s

西村 七夫　にしむら・ななお　～昭和60年11月29日　大阪ガス常務　→83/87

西村 仁三郎　にしむら・にさぶろう　大正4年8月15日～昭和63年12月21日　中越木材代表取締役会長　→88/90

西村 日地　にしむら・にちじ　大正5年11月7日～昭和62年5月4日　僧侶　本門仏立宗第18世講有,宥清寺住職　→83/87

西村 日淳　にしむら・にちじゅん　～昭和31年1月6日
　本門仏立宗前管長　→昭和

西村 延一　にしむら・のぶいち　大正6年3月18日～昭和62年11月30日　大陽酸素相談役・元専務　→83/87

西村 信夫　にしむら・のぶお　明治41年4月15日～平成9年9月2日　日本生命常務,日生球場社長　→94/96

西村 登　にしむら・のぼる　大正5年8月28日～平成5年9月20日　アールエフラジオ日本常務,テレビ神奈川常務　→91/93

西村 肇　にしむら・はじめ　昭和2年～平成7年8月21日
　三菱鉛筆常務　→94/96

西村 ハツヱ　にしむら・はつえ　～平成17年4月12日

レラの会会長　→03/05

西村 温樹　にしむら・はるき　大正15年8月29日～昭和62年4月9日　大日本製薬取締役　→83/87

西村 半次郎　にしむら・はんじろう　明治34年11月1日～昭和62年8月14日　住友信託銀行社長　→83/87

西村 光　にしむら・ひかる　昭和11年9月19日～平成11年6月21日　川鉄商事常務　→97/99

西村 彦次　にしむら・ひこじ　大正9年10月26日～平成15年1月25日　マンダム社長　→03/05

西村 久雄　にしむら・ひさお　明治40年1月2日～平成1年11月23日　根室市長　→88/90

西村 久勝　にしむら・ひさかつ　昭和2年3月31日～平成10年11月8日　滋賀県議(自民党)　→97/99

西村 久　にしむら・ひさし　昭和3年9月15日～平成20年9月24日　空港施設副社長

西村 久之　にしむら・ひさゆき　明治26年9月～昭和39年2月4日　衆院議長(自民党)、西村物産社長　→昭和

西村 均　にしむら・ひとし　昭和17年9月10日～平成20年4月1日　伊藤忠食品副社長　→06/08

西村 寛　にしむら・ひろし　～平成6年12月6日　山口県議　→94/96

西村 宏　にしむら・ひろし　昭和18年8月15日～平成6年4月13日　京都府議(自民党)　→94/96

西村 福三郎　にしむら・ふくさぶろう　大正2年2月～平成13年2月24日　高知県出納長　→00/02

西村 房雄　にしむら・ふさお　～昭和63年8月5日　直方市長　→88/90

西村 平三　にしむら・へいぞう　大正4年5月11日～昭和61年5月15日　日本ドリーム観光監査役、日本板硝子常務　→83/87

西村 法昭　にしむら・ほうしょう　～昭和62年8月8日　真照寺(浄土真宗本願寺派)住職、全国私立保育所連盟会長　→83/87

西村 信　にしむら・まこと　～平成12年11月3日　ニシムラ社長　→00/02

西村 政一　にしむら・まさいち　明治35年10月14日～平成1年12月30日　銀鳥産業取締役相談役、名古屋文具紙製品卸商業協組理事長　→88/90

西村 正男　にしむら・まさお　昭和3年12月20日～平成5年11月16日　八幡市長　→91/93

西村 正雄　にしむら・まさお　大正9年3月15日～昭和56年12月26日　島藤建設工業社長、三菱銀行取締役　→80/82

西村 正雄　にしむら・まさお　昭和7年11月18日～平成18年8月1日　日本興業銀行頭取　→06/08

西村 正喜　にしむら・まさき　～昭和63年1月16日　松代商工会議所会頭　→88/90

西村 昌史　にしむら・まさし　大正13年2月24日～平成13年12月3日　アイシン・エィ・ダブリュ社長　→00/02

西村 正志　にしむら・まさし　～昭和32年8月15日

住友海上火災専務　→昭和

西村 正孝　にしむら・まさたか　昭和6年7月9日～平成20年3月13日　古野電気専務　→06/08

西村 政太郎　にしむら・まさたろう　大正2年1月8日～平成18年8月13日　不二製油社長　→06/08

西村 正二　にしむら・まさつぐ　～昭和56年11月11日　和歌山放送取締役、和歌山トヨタ自動車取締役会長　→80/82

西村 正己　にしむら・まさみ　明治37年10月3日～平成4年9月3日　大和証券専務、大和証券投資信託委託社長、証券投資信託協会会長　→91/93

西村 正巳　にしむら・まさみ　大正6年1月19日～平成9年5月6日　日商岩井副会長　→97/99

西村 正幸　にしむら・まさゆき　大正9年1月5日～平成10年2月9日　鹿島建設取締役、鹿島道路社長　→97/99

西村 正義　にしむら・まさよし　大正12年2月11日～昭和63年10月25日　太平洋証券顧問、公社債引受協会常務理事　→88/90

西村 幹夫　にしむら・みきお　昭和8年8月27日～平成5年10月4日　明和産業取締役　→91/93

西村 三好　にしむら・みよし　大正3年3月27日～平成19年7月5日　住友鋼管社長　→06/08

西村 康雄　にしむら・やすお　昭和6年10月9日～平成14年3月27日　日本国有鉄道清算事業団理事長、運輸省航空局長　→00/02

西村 保孝　にしむら・やすたか　～平成8年2月20日　日本電子計算機専務　→94/96

西村 泰治　にしむら・やすはる　明治41年1月5日～昭和63年8月31日　沢の鶴会長、百万石酒造社長　→88/90

西村 胖　にしむら・ゆたか　明治33年7月13日～平成6年3月21日　山陽電気鉄道副社長

西村 好江　にしむら・よしえ　～平成1年6月20日　全国婦人相談員連絡協議会会長　→88/90

西村 義雄　にしむら・よしお　～昭和56年11月28日　中部経済連合会顧問　→80/82

西村 吉夫　にしむら・よしお　～昭和9年12月5日　新嘉坡日本人会長　→昭和

西村 良男　にしむら・よしお　大正3年11月11日～平成2年4月15日　日亜鋼業社長　→88/90

西村 芳三　にしむら・よしぞう　大正14年10月27日～平成8年2月12日　ユニチカ常務　→94/96

西村 嘉倫　にしむら・よしのり　大正4年10月31日～昭和61年9月16日　北海道水産物荷主協会副会長、根室商工会議所副会頭、ウロコ冷凍代表取締役　→83/87

西村 良光　にしむら・よしみつ　～昭和62年5月26日　(宗)世界救世教理事　→83/87

西村 力弥　にしむら・りきや　明治42年10月22日～昭和60年5月6日　衆院議員(社会党)　→83/87

西村 利平　にしむら・りへい　大正1年11月21日～昭

59年9月28日　三井東圧化学専務、三井日曹ウレタン社長　→83/87

西村 龍介　にしむら・りょうすけ　明治36年3月6日～平成1年5月13日　写真化学者　小西六写真工業社長、東京工芸大学理事長　→88/90

西銘 順治　にしめ・じゅんじ　大正10年11月5日～平成13年11月10日　衆院議員(自民党)、沖縄県知事　→00/02

西銘 登　にしめ・のぼる　大正12年5月20日～昭和61年8月2日　琉球造船社長　→83/87

西本 敦　にしもと・あつし　大正13年1月21日～昭和37年4月29日　平和活動家、僧侶　→昭和

西本 瑛一郎　にしもと・えいいちろう　～平成16年1月27日　西本組(のち三井住友建設)社長　→03/05

西本 寛一　にしもと・かんいち　明治34年12月14日～昭和46年8月1日　日弁連常務理事、愛知学院大学教授　→昭和

西本 貫一　にしもと・かんいち　大正4年6月29日～平成17年8月27日　ノーリツ鋼機創業者　→03/05

西本 建治　にしもと・けんじ　昭和14年5月～平成22年2月27日　東洋シヤッター副社長　→09/11

西本 憲二　にしもと・けんじ　～昭和48年11月26日　住友銀行常任監査役　→昭和

西本 浩二　にしもと・こうじ　昭和14年5月16日～平成15年10月8日　自動車部品工業常務　→03/05

西本 修吉　にしもと・しゅうきち　～昭和60年2月4日　生命保険協会理事・事務局長　→83/87

西本 順一　にしもと・じゅんいち　昭和6年2月18日～平成18年9月25日　名古屋市議(自民党)　→06/08

西本 正三　にしもと・しょうぞう　大正3年4月24日～昭和55年12月22日　高知放送社長　→80/82

西本 輝男　にしもと・てるお　昭和18年7月31日～平成18年5月24日　山口県議(自民党)　→06/08

西元 利盛　にしもと・としもり　明治41年4月15日～昭和59年4月20日　毎日新聞終身名誉職員・元政治部長、名古屋放送専務　→83/87

西本 昇　にしもと・のぼる　～昭和64年1月2日　公認会計士　→88/90

西本 博好　にしもと・ひろよし　昭和17年3月1日～平成16年2月21日　西川ゴム工業常務　→03/05

西元 文平　にしもと・ぶんぺい　大正6年8月28日～平成20年2月29日　日立建機常務　→06/08

西本 正夫　にしもと・まさお　大正11年12月18日～昭和63年1月14日　多田野鉄工所副社長　→88/90

西本 泰　にしもと・ゆたか　明治43年3月15日～平成4年1月23日　神官　住吉大社名誉宮司　→91/93

西本 豊　にしもと・ゆたか　昭和5年1月14日～平成22年10月9日　クラレ専務　→09/11

西本 洋之助　にしもと・ようのすけ　昭和8年3月23日～平成10年5月19日　日本精線常務　→97/99

西本 竜三　にしもと・りゅうぞう　～昭和46年11月11日　三菱石油常務、石油連盟副会長　→昭和

西森 南晴　にしもり・あけはる　～昭和44年8月18日　太陽火災海上社長　→昭和

西森 馨　にしもり・かおる　～平成10年3月4日　東京国立博物館次長　→97/99

西森 勤　にしもり・すすむ　大正11年11月16日～平成15年8月30日　愛媛県経済農業協同組合連合会長　→03/05

西森 哲夫　にしもり・てつお　明治43年2月10日～平成6年12月24日　三井建設副社長　→94/96

西山 昭　にしやま・あきら　大正2年11月1日～昭和63年1月23日　駐韓国大使　→88/90

西山 朝太郎　にしやま・あさたろう　～昭和46年10月29日　デイリースポーツ取締役　→昭和

西山 厚　にしやま・あつし　～昭和57年12月18日　原子燃料工業専務　→80/82

西山 勲　にしやま・いさお　明治32年2月13日～昭和60年11月19日　旭川信用金庫会長　→83/87

西山 磐　にしやま・いわお　明治36年9月7日～平成11年9月18日　大阪ガス会長　→97/99

西山 栄　にしやま・えいいち　明治42年12月21日～昭和60年4月2日　第一生命保険専務　→83/87

西山 栄蔵　にしやま・えいぞう　明治43年2月5日～平成5年11月6日　フジテレビ常務　→91/93

西山 要　にしやま・かなめ　明治44年9月24日～平成18年12月3日　弁護士　→06/08

西山 亀七　にしやま・かめしち　明治15年5月15日～昭和43年4月26日　参院議員(自由党)　→昭和

西山 勘次郎　にしやま・かんじろう　～平成7年10月31日　滋賀県議、愛知川町長　→94/96

西山 喜一郎　にしやま・きいちろう　～昭和55年6月12日　日本共同証券財団事務局長　→80/82

西山 公夫　にしやま・きみお　昭和3年7月29日～平成2年8月6日　井原市長　→88/90

西山 清　にしやま・きよし　～昭和57年10月17日　大正相互銀行常任監査役　→80/82

西山 敬次郎　にしやま・けいじろう　大正11年10月31日～昭和63年1月15日　衆院議員(自民党)　→88/90

西山 公昭　にしやま・こうしょう　昭和8年～平成12年3月4日　僧侶　長延寺(浄土真宗本願寺派)住職　→00/02

西山 幸太郎　にしやま・こうたろう　大正7年3月18日～平成9年1月17日　丸石自転車社長　→97/99

西山 三郎　にしやま・さぶろう　～平成3年7月19日　レンゴー取締役　→91/93

西山 茂一　にしやま・しげいち　～平成5年12月24日　伊予銀行取締役　→91/93

西山 蕃　にしやま・しげる　大正10年9月24日～昭和60年9月5日　久保田鉄工常務　→83/87

西山 静　にしやま・しずか　大正13年12月21日～平成22年4月4日　東京商工リサーチ社長　→09/11

I　政治・経済・社会篇　　　　　　　　　　　　　　　　　　　　　　　にしわき

西山 祥二　にしやま・しょうじ　明治35年7月30日～昭和63年4月13日　日本専売公社理事、有機合成薬品工業社長　→88/90

西山 昭三　にしやま・しょうぞう　昭和2年5月3日～平成8年10月26日　チノー専務　→94/96

西山 四郎　にしやま・しろう　～昭和55年9月13日　関西テレビ放送常務　→80/82

西山 精一　にしやま・せいいち　大正9年1月5日～平成2年12月14日　アイワ常務　→88/90

西山 精一　にしやま・せいいち　昭和4年1月31日～平成19年2月5日　住友不動産常務　→06/08

西山 孝　にしやま・たかし　大正13年3月21日～平成14年7月25日　豊田市長　→00/02

西山 孝純　にしやま・たかずみ　昭和39年～平成9年11月　カレン族の義勇兵　→97/99

西山 竹治　にしやま・たけじ　～昭和56年11月16日　日東精工社長　→80/82

西山 武典　にしやま・たけすけ　大正11年1月3日～平成12年2月9日　共同通信常務理事・編集主幹　→00/02

西山 健彦　にしやま・たけひこ　昭和8年1月21日～平成3年8月28日　駐EC大使　→91/93

西山 忠蔵　にしやま・ちゅうぞう　～平成9年1月26日　シーキューブ常務　→97/99

西山 勉　にしやま・つとむ　明治18年4月18日～昭和35年9月21日　外交官　→昭和

西山 伝平　にしやま・でんぺい　明治34年10月4日～平成6年1月24日　西山鋼業会長、明治鋼業会長、明治通商会長　→94/96

西山 徳四郎　にしやま・とくしろう　～平成8年12月4日　佐賀県議　→94/96

西山 登世雄　にしやま・としお　昭和4年8月3日～平成18年10月9日　東武動物公園初代園長　→06/08

西山 光　にしやま・ひかる　昭和3年5月27日～平成14年7月31日　道新オフセット社長　→00/02

西山 久信　にしやま・ひさのぶ　大正12年1月6日～平成19年10月3日　日本鋼管専務　→06/08

西山 秀吉　にしやま・ひできち　～平成1年1月22日　埼玉銀行取締役、蛇の目ミシン工業取締役　→88/90

西山 秀尚　にしやま・ひでたか　大正13年6月9日～平成21年9月21日　京都府議(共産党)　→09/11

西山 広喜　にしやま・ひろき　大正12年3月31日～平成17年2月24日　日本政治文化研究所理事長　→03/05

西山 博　にしやま・ひろし　～昭和62年5月2日　西日本新聞社社友・元開発委員会委員　→83/87

西山 洋　にしやま・ひろし　大正10年11月24日～平成21年9月22日　川六会長　→09/11

西山 富佐太　にしやま・ふさた　明治22年7月18日～昭和47年8月7日　衆院議員(民主党)　→昭和

西山 平四郎(7代目)　にしやま・へいしろう　大正14年9月28日～平成21年1月11日　長野県議(県政会)、金具屋ホテル社長　→09/11

西山 正夫　にしやま・まさお　大正10年8月～平成7年9月29日　労働省北海道労働基準局長　→94/96

西山 方富　にしやま・まさとみ　大正3年10月31日～昭和62年4月12日　井村屋製菓相談役・元社長　→83/87

西山 正彦　にしやま・まさひこ　大正13年2月1日～平成18年1月27日　佐賀県議(自民党)　→06/08

西山 正英　にしやま・まさひで　大正11年8月21日～昭和62年5月23日　京都府議(自民党)　→83/87

西山 満　にしやま・みつる　大正3年12月1日～平成4年2月25日　中国銀行監査役　→91/93

西山 泰　にしやま・やすし　～昭和62年10月6日　新通顧問　→83/87

西山 弥太郎　にしやま・やたろう　明治26年8月5日～昭和41年8月10日　実業家　川崎製鉄社長　→昭和

西山 雄一　にしやま・ゆういち　明治35年4月8日～平成2年1月14日　興人社長　→88/90

西山 利平　にしやま・りへい　明治42年12月28日～平成4年10月22日　高知商工会議所会頭　→91/93

西山 竜　にしやま・りょう　～平成2年12月10日　日本警察犬協会専務理事　→88/90

二条 あかね　にじょう・あかね　～平成21年2月2日　修道女　→09/11

二条 厚基　にじょう・あつもと　明治16年6月14日～昭和2年9月11日　公爵　貴院議員　→昭和

二条 秀淳　にじょう・しゅうじゅん　～昭和61年2月3日　真宗誠照寺派28代法主　→83/87

二条 秀政　にじょう・しゅうせい　昭和9年4月9日～平成13年10月7日　僧侶　浄土真宗誠照寺派本山法主、福井工業大学教授　→00/02

二条 弥基　にじょう・たねもと　明治43年6月19日～昭和60年8月28日　公爵　伊勢神宮神宮司庁大宮司、貴族院議員　→83/87

二条 正麿　にじょう・まさまろ　明治5年1月9日～昭和4年2月18日　男爵　貴院議員　→昭和(二条 正磨　にじょう・しょうま)

二条 基弘　にじょう・もとひろ　安政6年10月25日～昭和3年4月4日　公爵　貴院議員、宮中顧問官　→昭和

西依 祥一　にしより・しょういち　大正8年5月24日～平成10年10月26日　中部電力取締役　→97/99

西脇 尚一　にしわき・しょういち　昭和3年4月7日～平成21年2月11日　京都市議(自民党)　→09/11

西脇 晋　にしわき・しん　明治15年1月～昭和8年12月19日　衆院議員(民政党)　→昭和(にしわき・すすむ)

西脇 仁蔵　にしわき・じんぞう　明治45年2月12日～平成6年3月14日　日産生命保険取締役　→94/96

西脇 親雄　にしわき・ちかお　明治39年2月20日～昭和62年1月11日　三井金属鉱業常務　→83/87

西脇 親　にしわき・ちかし　～昭和56年8月7日　神戸銀行専務　→80/82

西脇 敏雄　にしわき・としお　明治39年6月21日～平成14年5月25日　東亜合成化学工業社長　→00/02

西脇 等　にしわき・ひとし　～昭和61年3月26日　荻窪ステーションビル社長、国鉄仙台新幹線工事局長　→83/87

西脇 正由喜　にしわき・まさゆき　明治43年6月13日～平成3年1月8日　日産火災海上保険専務　→91/93

西脇 三樹雄　にしわき・みきお　明治43年8月27日～昭和62年7月23日　日鉄鉱業専務　→83/87

西脇 実　にしわき・みのる　大正15年10月31日～平成4年11月15日　日本重化学工業常務　→91/93

西脇 宗之　にしわき・むねゆき　～平成4年8月1日　マルニシビル社長、名古屋穀物商品取引所会長　→91/93

西脇 芳夫　にしわき・よしお　明治44年2月11日～昭和63年2月19日　花王石鹸専務　→88/90

西脇 由兵衛　にしわき・よしべえ　～昭和59年3月10日　西脇(株)会長、元名古屋脇地卸商協組理事長、元名古屋本通問屋協組理事長　→83/87

似田 博　にた・ひろし　明治38年10月5日～平成2年1月12日　第一通商(のち三井物産)社長　→88/90

仁田坂 功　にたさか・いさお　昭和28年8月7日～平成22年7月17日　イフジ産業常務　→09/11

仁谷 正雄　にたに・まさお　明治39年10月8日～昭和62年8月29日　富士銀行常務　→83/87

二谷 芳夫　にたに・よしお　明治44年7月8日～平成5年12月28日　東芝常務　→91/93

新田見 賢五　にたみ・けんご　大正9年9月17日～平成2年6月23日　新潟製氷冷凍社長　→88/90

二町 三郎　にちょう・さぶろう　～平成14年12月23日　鹿児島県議(自民党)、串木野市観光協会長　→00/02

日種 日誠　にっしゅ・にちじょう　～昭和62年1月8日　僧侶　法華宗大本山本能寺131世大管正　→83/87

新田 宇一郎　にった・ういちろう　明治29年3月5日～昭和40年8月22日　新聞・放送経営者　読売テレビ放送副社長、朝日新聞取締役　→昭和

新田 嘉一　にった・かいち　～昭和57年3月26日　留萌管内天塩町議会議長　→80/82

新田 和男　にった・かずお　昭和2年6月21日～昭和62年6月25日　読売新聞整理部長　→昭和

新田 清　にった・きよし　～昭和61年12月23日　(株)西野商店取締役表材部長　→83/87

仁田 圀雄　にった・くにお　～昭和47年11月7日　住友軽金属工業副社長　→昭和

新田 圭仁　にった・けいじ　明治42年8月27日～昭和8年12月13日　宇部市長　→94/96

新田 謙治郎　にった・けんじろう　昭和11年1月5日～平成17年8月12日　NEC専務　→03/05

新田 庚一　にった・こういち　大正9年10月16日～昭和58年10月2日　地域振興整備公団副総裁　→83/87

新田 七五郎　にった・しちごろう　～昭和61年9月27日　横浜銀行取締役　→83/87

新田 嗣治朗　にった・しちろう　大正9年5月24日～平成11年12月27日　日本海ガス社長　→97/99

新田 俊哉　にった・しゅんや　昭和2年6月25日～平成12年4月14日　広島県議(自民党)　→00/02

仁田 正助　にった・しょうすけ　～昭和45年6月22日　日米親善功労者　→昭和

新田 新作　にった・しんさく　明治37年4月1日～昭和31年6月25日　明治座社長　→昭和

新田 祐一　にった・すけかず　大正8年9月12日～平成13年3月5日　新田事務所代表取締役、ニッタ社長　→00/02

仁田 竹一　にった・たけいち　明治27年2月～昭和51年6月14日　参院議員(自民党)　→昭和

新田 長生　にった・たけお　大正3年12月9日～平成17年3月5日　ニッタ社長　→03/05

新田 忠　にった・ただし　大正1年9月17日～昭和63年1月24日　新田鋼材社長　→88/90

新田 忠純　にった・ただずみ　安政3年11月18日～昭和6年1月21日　貴院議員(男爵)　→昭和

新田 長次郎　にった・ちょうじろう　安政4年5月29日～昭和11年7月17日　実業家、社会事業家　新田ベニヤ製造所長、松山高商創立者　→昭和

新田 長三　にった・ちょうぞう　～昭和39年11月18日　新田帯革製造会長　→昭和

新田 富夫　にった・とみお　昭和7年11月20日～平成14年1月8日　東海社長　100円ライターを開発　→00/02

新田 彦蔵　にった・ひこぞう　明治27年10月10日～昭和35年11月23日　農民運動家、部落解放運動家　→昭和

新田 広中　にった・ひろなか　大正5年8月27日～昭和45年5月13日　北国銀行常任監査役　→88/90

新田 松江　にった・まつえ　明治38年7月21日～平成6年5月6日　明治座相談役・元会長　→94/96

新田 宗雄　にった・むねお　明治38年8月1日　関東配電社長　→昭和

新田 勇造　にった・ゆうぞう　大正11年3月3日～昭和58年7月3日　ユニ・チャーム常任監査役・元常務　→83/87

新田 義介　にった・よしすけ　明治34年8月31日～平成5年1月9日　豊浦町長、山口県議　→91/93

新田 由太郎　にった・よしたろう　～昭和63年11月30日　新田組専務　→88/90

新田 義実　にった・よしみ　明治27年3月24日～平成4年11月6日　明和産業社長、東京産業社長、三菱商事取締役　→91/93

入戸野 昭造　にっとの・しょうぞう　昭和7年8月30日～平成1年11月27日　ミサワリゾート常務、ミサワホーム取締役　→昭和

任都栗 司　にとぐり・つかさ　～昭和63年12月11日　広島市議会議長　→88/90

似鳥 幾久栄　にとり・きくえ　～昭和60年10月22日

Ⅰ　政治・経済・社会篇

江戸川区議　→83/87

似鳥 義雄　にとり・よしお　～平成1年7月12日
ニトリ代表取締役会長　→88/90

蜷川 彰夫　になががわ・あやお　～昭和62年1月5日
僧侶　同朋幼稚園長，称永寺住職　→83/87

蜷川 菊次郎　にながわ・きくじろう　～昭和60年11月2日　滑川市土木課長　→83/87

蜷川 次雄　にながわ・つぎお　～平成2年9月17日
東芝ツーリスト社長　→88/90

仁野 賢治　にの・けんじ　～平成2年3月15日
弁護士　→88/90

二宮 亮　にのみや・あきら　大正3年10月8日～平成18年12月1日　竹中工務店副社長　→06/08

二宮 一郎　にのみや・いちろう　昭和5年3月30日～平成4年4月24日　極東石油工業取締役　→91/93

二宮 和男　にのみや・かずお　大正12年～昭和60年3月9日　日本共産党中央委員・大分県委員長　→83/87

二宮 兼一　にのみや・かねいち　明治31年4月5日～平成8年3月12日　愛媛文華figures館長，文化財保護協会名誉会長，愛知県木材協会会長　→94/96

二宮 謙　にのみや・けん　～昭和59年7月19日
駐パナマ公使　→83/87

二宮 顕次郎　にのみや・けんじろう　明治36年2月27日～平成4年5月9日　飛行神社社主，マルニ社長　→91/93

二宮 謙三　にのみや・けんぞう　明治45年3月15日～昭和58年4月27日　不二サッシ会長　→83/87

二宮 重雄　にのみや・しげお　～平成8年5月28日
二宮会計事務所会長，大蔵省四国財務局長　→94/96

二宮 昭一　にのみや・しょういち　昭和2年5月1日～平成21年8月16日　富士通専務，ビーエフユー会長　→09/11

二宮 章悟　にのみや・しょうご　昭和11年9月7日～平成18年8月6日　大日本塗料常務　→06/08

二宮 四郎　にのみや・しろう　明治39年1月23日～平成4年11月7日　熊谷組常務　→91/93

二宮 新　にのみや・しん　～昭和32年10月11日
浅野物産社長　→昭和

二宮 信也　にのみや・しんや　大正11年1月2日～平成4年9月17日　アンフィニ広島社長　→91/93

二宮 泰輔　にのみや・たいすけ　大正12年12月15日～平成4年10月19日　明治乳業取締役　→91/93

二宮 尊基　にのみや・たかもと　～昭和59年11月25日
共栄タンカー顧問　→83/87

二宮 武夫　にのみや・たけお　明治44年12月18日～昭和58年1月20日　大分県労働金庫理事長，衆院議員（社会党）　→83/87

二宮 忠八　にのみや・ちゅうはち　慶応2年6月9日～昭和11年4月8日　大阪製薬社長　人力飛行機発明者　→昭和

二宮 輝彦　にのみや・てるひこ　昭和3年1月3日～平成20年5月8日　小野田セメント常務　→06/08

二宮 敏明　にのみや・としあき　昭和4年10月26日～平成17年5月8日　大阪市助役　→03/05

二宮 敏夫　にのみや・としお　～平成2年8月22日
平和相互銀行会長，第一銀行常務，石川島播磨重工業監査役　→88/90

二宮 信親　にのみや・のぶちか　大正11年1月21日～平成3年11月4日　RFラジオ日本取締役，読売新聞社出版局長　→91/93

二宮 治重　にのみや・はるしげ　明治12年2月17日～昭和20年2月17日　陸軍中将　文相　→昭和

二宮 寿　にのみや・ひさし　～平成8年7月2日
吉川工業副社長　→94/96

二宮 藤男　にのみや・ふじお　昭和27年3月18日～平成16年10月9日　大王製紙常務　→03/05

二宮 文彦　にのみや・ふみひこ　明治45年6月2日～平成1年5月15日　日産化学工業取締役　→88/90

二宮 文造　にのみや・ぶんぞう　大正9年1月1日～平成18年1月27日　参院議員（公明党），公明党副委員長　→06/08

二宮 正彰　にのみや・まさあき　～昭和56年5月16日
生国魂神社名誉宮司，神社本庁長老　→80/82

二宮 正彦　にのみや・まさひこ　昭和5年9月11日～平成1年4月2日　生国魂神社宮司，大阪府神社庁理事，大阪芸文協会会長　→88/90

二宮 正義　にのみや・まさよし　大正7年11月26日～昭和57年4月22日　山陽国策パルプ社長　→80/82

二宮 峰男　にのみや・みねお　～昭和2年3月18日
三井銀行監査役　→昭和

二宮 実　にのみや・みのる　大正3年1月30日～平成21年6月10日　広島信用金庫理事長　→09/11

二宮 安蔵　にのみや・やすぞう　大正3年3月18日～昭和63年11月8日　富士通常務，ファコム・ハイタック社長　→88/90

二宮 安徳　にのみや・やすのり　明治37年10月7日～昭和61年6月16日　土岐市名誉市民，土岐市長　→83/87

二宮 喜治　にのみや・よしはる　大正9年9月1日～平成11年6月26日　弁護士　札幌弁護士会会長，日弁連副会長　→97/99

二宮 善基　にのみや・よしもと　明治37年11月23日～昭和59年10月9日　東洋曹達工業社長　→83/87

丹生 義孝　にぶ・よしたか　明治39年2月19日～平成8年6月19日　弁護士　→94/96

仁分 百合人　にぶん・ゆりと　明治41年6月21日～昭和59年10月12日　弁護士　札幌高裁長官　→83/87

仁瓶 久男　にべ・ひさお　～昭和55年1月21日
清水建設元常務，建設業退職金共済組合理事長　→80/82

二瓶 愛蔵　にへい・あいぞう　～平成5年6月9日
公益法人協会常務理事　→91/93

二瓶 栄吾　にへい・えいご　～昭和56年1月26日
北海道議　→80/82

二瓶 清美　にへい・きよみ　昭和2年7月7日〜平成19年6月20日　平田村(福島県)村長　→06/08

二瓶 孝行　にへい・たかお　大正14年〜平成6年2月　ホノルル酒造製氷会社副社長　→94/96

二瓶 保　にへい・たもつ　明治45年4月14日〜平成8年5月26日　東日本放送社長　→94/96

二瓶 哲次　にへい・てつじ　〜昭和39年12月9日　東京都江東区長　→昭和

二瓶 寿　にへい・ひさし　〜昭和55年5月17日　第一中央汽船専務　→80/82

二瓶 正徳　にへい・まさのり　〜昭和59年8月28日　海難審判理事所所長　→83/87

二瓶 万代子　にへい・まよこ　大正4年〜平成7年2月25日　小金井老後問題研究会代表　→94/96

二瓶 光夫　にへい・みつお　昭和24年12月3日〜平成23年4月20日　モスフードサービス専務　→09/11

二瓶 泰次郎　にへい・やすじろう　明治20年10月〜昭和38年8月4日　貴院議員(多額)　→昭和

二瓶 幸夫　にへい・ゆきお　〜平成23年9月30日　駒井鉄工常務　→09/11

二瓶 豊　にへい・ゆたか　〜昭和55年6月27日　浦賀重工業社長　→80/82

二瓶 嘉三　にへい・よしぞう　明治41年9月9日〜昭和60年8月19日　朝日生命保険取締役　→83/87

二瓶 好美　にへい・よしみ　昭和7年3月31日〜平成6年3月18日　岩倉建設会長　→94/96

仁瓶 廉三　にへい・れんぞう　大正8年7月23日〜平成14年10月18日　川崎重工業副社長　→00/02

二村 和男　にむら・かずお　明治4年6月25日〜平成4年12月22日　冨士工業常務　→91/93

二村 賢一　にむら・けんいち　昭和4年6月26日〜平成6年12月18日　カノークス専務　→94/96

乳井 建一　にゅうい・けんいち　明治44年12月7日〜平成8年1月19日　三井生命保険副社長　→94/96

入村 誠　にゅうむら・まこと　明治28年10月25日〜平成3年12月1日　上越商会相談役、新井市長　→91/93

仁礼 景輝　にれい・かげてる　〜昭和55年6月17日　元高輪台郵便局長　→80/82

楡井 敬　にれい・けい　大正7年6月9日〜平成4年9月12日　野村証券常務　→91/93

仁礼 信愛　にれい・のぶちか　大正15年11月21日〜平成12年7月15日　電通九州支社長、アド電通大阪社長　→00/02

丹羽 有得　にわ・ありとく　〜平成5年2月23日　鷹匠　名古屋市東山動物園飼育主任　→91/93

丹羽 市太郎　にわ・いちたろう　〜昭和12年8月22日　労働運動家　→昭和

丹羽 一衛　にわ・かずえ　大正4年3月29日〜平成2年11月10日　都ホテル取締役相談役　→88/90

丹羽 周夫　にわ・かねお　明治28年8月27日〜昭和54年3月21日　三菱造船社長　→昭和

丹羽 久二　にわ・きゅうじ　明治43年1月16日〜平成1年3月4日　朝日新聞社取締役　→88/90

丹羽 久章　にわ・きゅうしょう　大正3年10月31日〜昭和60年8月23日　衆院議員(自民党)　→83/87

丹羽 喬四郎　にわ・きょうしろう　明治37年3月30日〜昭和53年3月30日　内務官僚,政治家　衆院議員(自民党),運輸相　→昭和

丹羽 五郎　にわ・ごろう　明治23年7月28日〜昭和33年11月29日　参院議員(無所属)　→昭和

丹羽 七郎　にわ・しちろう　明治18年3月31日〜昭和10年7月7日　内務次官　→昭和

丹羽 昭三　にわ・しょうぞう　昭和2年10月4日〜平成6年4月4日　愛知県議(無所属)　→94/96

丹羽 史朗　にわ・しろう　大正11年6月17日〜平成10年4月17日　内外電機会長　→97/99

丹羽 孝　にわ・たかし　昭和2年2月22日〜平成16年3月18日　岩倉市長　→03/05

丹羽 武男　にわ・たけお　明治40年10月9日〜昭和61年12月18日　高島屋取締役、高島屋工作所社長　→83/87

丹羽 武夫　にわ・たけお　明治44年6月21日〜平成8年3月6日　足利銀行常務　→94/96

丹羽 正　にわ・ただし　〜昭和62年2月23日　オンキョー監査役　→83/87

丹羽 忠治　にわ・ただはる　〜平成10年12月13日　大隈鉄工所(のちオークマ)取締役、大隈豊和機械常務　→97/99

丹羽 太郎　にわ・たろう　大正6年7月10日〜平成2年12月1日　加子母村(岐阜県)村長,公有林野全国協議会副会長　→88/90

丹羽 勉　にわ・つとむ　昭和10年2月26日〜平成5年2月24日　愛知県議(自民党)　→91/93

二羽 哲郎　にわ・てつろう　〜平成7年4月18日　二羽歯切社長　→94/96

丹羽 照高　にわ・てるたか　昭和8年11月2日〜平成3年5月24日　日本特殊陶業監査役　→91/93

丹羽 豊一　にわ・とよいち　〜昭和61年9月27日　尾西市長,愛知県議　→83/87

丹羽 直樹　にわ・なおき　〜平成19年8月17日　日本相互証券常務　→06/08

丹羽 昇　にわ・のぼる　〜昭和47年12月4日　日本基督教社会事業同盟理事長　→昭和

丹羽 昇　にわ・のぼる　〜平成1年9月2日　(財)愛知県福利協会長,(社)全国内職あっせん団体連合会長　→88/90

丹羽 肇　にわ・はじむ　大正14年〜平成15年1月19日　日本鋳造常務　→03/05

丹羽 春夫　にわ・はるお　明治42年3月14日〜平成20年

丹羽 英夫　にわ・ひでお　〜昭和56年5月29日
　佐野安船渠会長　→80/82

丹羽 秀太郎　にわ・ひでたろう　〜昭和58年12月26日
　鐘紡顧問・元取締役　→83/87

丹羽 彪吉　にわ・ひょうきち　明治18年1月〜昭和25年4月10日　日本金属工業社長、衆院議員（自由党）　→昭和（にわ・とらきち）

丹羽 兵助　にわ・ひょうすけ　明治44年5月15日〜平成2年11月2日　衆院議員（自民党）、労相　→88/90

丹羽 文雄　にわ・ふみお　〜平成3年1月12日
　世界初の気球による太平洋単独横断に挑戦　→91/93

丹羽 丹　にわ・まこと　大正4年1月7日〜平成16年8月6日　三菱化成工業副社長　→03/05

丹羽 雅次郎　にわ・まさじろう　大正5年3月2日〜平成6年5月20日　水産庁長官　→94/96

丹羽 正治　にわ・まさはる　明治44年4月19日〜平成4年1月11日　松下電工名誉会長　→91/93

丹羽 保次郎　にわ・やすじろう　明治26年4月1日〜昭和50年2月28日　電気工学者　東京電機大学長、日本電気常務　→昭和

丹羽 義一　にわ・よしいち　明治36年11月23日〜昭和62年9月3日　神官　長鋳神社宮司、岐阜県教育委員会委員長　→83/87

丹羽 義雄　にわ・よしお　明治39年8月25日〜平成2年4月19日　日本製粉常務　→88/90

丹羽 芳雄　にわ・よしお　明治37年6月15日〜昭和60年10月29日　永柳工業会長、全国コルク同業会会長、日本ポルトガル協会常任理事　→83/87

丹波 義夫　にわ・よしお　昭和12年11月9日〜平成4年5月29日　山一証券副社長　→91/93

丹羽 吉輔　にわ・よしすけ　大正7年8月21日〜平成8年11月5日　丹羽幸会長、丹羽幸商事会長、丹裳会会長　→94/96

丹羽 美信　にわ・よしのぶ　大正3年11月24日〜昭和63年11月7日　日本経済広告社長　→88/90

丹羽 芳道　にわ・よしみち　大正8年1月30日〜昭和57年10月20日　日本ハム専務取締役東京支社長、日本ハム球団社長　→80/82

丹羽 良一　にわ・りょういち　大正15年1月22日〜平成4年8月8日　丹羽鉄会長　→94/96

丹羽 廉芳　にわ・れんぽう　明治38年2月23日〜平成5年9月7日　禅師　永平寺（曹洞宗大本山）77世貫首、曹洞宗管長　→91/93

丹羽口 徹吉　にわぐち・てつきち　〜昭和59年1月10日
　警察庁科学警察研究所法科学第一部長　→83/87

庭田 尚三　にわた・しょうぞう　明治22年9月29日〜昭和55年4月9日　海軍技術中将　三井造船常務　→80/82

庭植 咲雄　にわとこ・さきお　昭和9年7月29日〜平成5年11月1日　テレビ金沢取締役編成局長　→91/93

庭野 正之助　にわの・しょうのすけ　大正3年3月25日〜平成16年1月11日　日本鉱業社長　→03/05

庭野 日敬　にわの・にっきょう　明治39年11月15日〜平成11年10月4日　宗教家　立正佼成会開祖　→97/99

庭山 四郎　にわやま・しろう　大正2年3月10日〜昭和61年11月21日　弁護士　北海道自由人権協会代表理事　→83/87

庭山 康徳　にわやま・やすのり　大正3年5月31日〜平成10年12月29日　新潟県越山会会長、越後交通会長　→97/99

【ぬ】

縫谷 幸治　ぬいや・こうじ　大正1年11月26日〜昭和59年11月6日　芙蓉総合リース社長、丸紅監査役　→83/87

額賀 大興　ぬかが・ひろおき　明治39年4月5日〜平成2年1月8日　神官　日光東照宮宮司　→88/90

額賀 大成　ぬかが・ひろなり　大正8年5月22日〜平成3年11月10日　神官　香取神宮宮司、千葉県神社庁長　→91/93

額賀 誠　ぬかが・まこと　〜昭和57年12月22日
　太陽製薬専務　→80/82

額田 坦　ぬかだ・ひろし　明治28年9月5日〜昭和51年9月21日　陸軍中将　→昭和（ぬかだ・たん）

糠谷 忠久　ぬかや・ただひさ　〜平成4年11月11日
　進和常務　→91/93

貫塩 喜蔵　ぬきしお・きぞう　明治41年7月1日〜昭和60年8月9日　アイヌ解放運動家　白糠町（北海道）町議　→83/87

貫名 貞夫　ぬきな・さだお　大正8年10月10日〜平成9年6月4日　丸紅専務　→97/99

貫名 日諦　ぬきな・にったい　〜平成22年12月13日
　僧侶　法華宗本門流大本山本興寺第132世貫首　→09/11

抽那 安就　ぬきな・やすなり　大正6年5月17日〜平成17年2月8日　新日本製鉄副社長、日鉄建材工業社長　→03/05

貫場 一夫　ぬきば・かずお　〜昭和60年8月28日
　貫場瓦工務店代表、元大沢野町（富山県）町議　→83/87

貫井 清憲　ぬくい・きよのり　明治25年4月28日〜昭和59年8月3日　神泉村（埼玉県）村長、衆院議員（自由党）、武蔵野銀行取締役　→83/87

温井 申六　ぬくい・しんろく　大正9年4月17日〜平成3年8月10日　北国新聞社専務　→91/93

貫井 民治　ぬくい・たみじ　大正2年9月18日〜昭和61年8月30日　三菱伸銅（旧・玉川機械金属）相談役・元社長　→83/87

温品 謙二　ぬくしな・けんじ　大正10年12月8日〜昭和63年10月19日　三洋化成工業副社長　→88/90

温品 秀雄　ぬくしな・ひでお　大正12年9月13日～平成4年3月14日　日本無線取締役　→91/93

温水 三郎　ぬくみ・さぶろう　明治38年10月3日～昭和51年10月22日　参院議員(自民党)　→昭和(ぬくみず・さぶろう)

布江 実　ぬのえ・みのる　昭和9年12月23日～平成23年12月31日　三井海上火災保険専務　→09/11

布上 俊雄　ぬのかみ・としお　～昭和61年11月17日　日之出文具代表　→83/87

布川 角左衛門　ぬのかわ・かくざえもん　明治34年10月13日～平成8年1月29日　筑摩書房顧問　→94/96

布川 福雄　ぬのかわ・ふくお　～昭和62年1月25日　東京商工会議所総務部長　→83/87

布谷 憲治　ぬのたに・けんじ　明治41年8月15日～昭和63年2月20日　弁護士　名古屋高裁部総括判事　→88/90

布村 一郎　ぬのむら・いちろう　明治45年3月5日～平成12年6月24日　北陸銀行常務　→00/02

布村 昇朔　ぬのむら・しょうさく　～昭和60年10月30日　佐藤道路北陸支店次長兼新潟営業所長、元建設省北陸地方建設局道路部道路管理課長　→83/87

布村 寛　ぬのむら・ひろし　明治31年9月25日～昭和62年1月9日　日本電設工業副会長、弘栄社社長　→83/87

布目 幹次　ぬのめ・かんじ　～昭和59年12月18日　日本陶磁器輸出組合理事、名古屋貿易商会会長　→83/87

布目 清満　ぬのめ・きよみつ　昭和57年7月5日　三井精機工業社長　→80/82

布目 芳一　ぬのめ・よしかず　明治41年3月28日～昭和16年10月3日　労働運動家　→昭和

奴間 金蔵　ぬま・きんぞう　大正12年12月3日～平成17年2月8日　積水ハウス常務　→03/05

沼賀 健次　ぬまが・けんじ　明治41年3月30日～昭和63年5月5日　高崎市長、上武大学副学長　→88/90

沼倉 武志　ぬまくら・たけし　昭和7年6月22日～平成11年6月10日　北海タイムス常務　→97/99

沼崎 欣二　ぬまざき・きんじ　大正13年11月29日～昭和61年1月18日　日立ハイソフト社長、元台湾日立社長　→83/87

沼崎 弥太郎　ぬまざき・やたろう　昭和4年7月23日～平成21年5月12日　エスイーシー社長　→09/11

沼沢 喜市　ぬまざわ・きいち　明治40年6月1日～昭和55年2月18日　カトリック神父　南山大学名誉教授　→80/82

沼尻 正男　ぬまじり・まさお　～昭和57年11月30日　茨城県新治郡桜村村長　→80/82

沼尻 実　ぬまじり・みのる　～昭和58年3月15日　スタンレー電気取締役　→83/87

沼田 明　ぬまた・あきら　明治43年6月30日～平成8年2月3日　花王石鹸(のち花王)会長　→94/96

沼田 一郎　ぬまた・いちろう　大正10年3月30日～平成19年11月4日　河北新報大阪支社長・編集委員　→06/08

沼田 市郎　ぬまた・いちろう　明治32年3月8日～昭和50年3月5日　農民運動家　→昭和

沼田 恵範　ぬまた・えはん　明治30年4月12日～平成6年5月5日　ミツトヨ創業者、仏教伝道協会会長　→94/96

沼田 嘉一郎　ぬまた・かいちろう　明治11年8月～昭和12年11月12日　衆院議員(立憲政友会)　→昭和

沼田 吉蔵　ぬまた・きちぞう　昭和3年3月9日～平成13年1月9日　丸石沼田商店社長、青森県経営者協会会長、青森県商工会議所連合会会長　→00/02

沼田 喜三雄　ぬまた・きみお　～平成20年11月10日　公安調査庁研修所長　→06/08

沼田 清　ぬまた・きよし　～昭和60年8月12日　浪速機械工業社長　→83/87

沼田 恵之助　ぬまた・けいのすけ　～昭和63年3月8日　製粉会館会長、製粉協会理事相談役　→88/90

沼田 繁　ぬまた・しげる　昭和9年6月2日～平成14年5月21日　オリジナル設計常務　→00/02

沼田 鈴子　ぬまた・すずこ　大正12年7月30日～平成23年7月12日　広島原爆の語り部　→09/11

沼田 誠司　ぬまた・せいじ　大正7年6月27日～平成4年4月29日　アマノ専務　→91/93

沼田 多稼蔵　ぬまた・たかぞう　明治25年4月18日～昭和36年11月15日　陸軍中将　→昭和(ぬまた・たけぞう)

沼田 卓郎　ぬまた・たくろう　明治44年3月28日～平成12年12月29日　日本石油輸送社長　→00/02

沼田 武　ぬまた・たけし　大正11年12月21日～平成23年11月26日　千葉県知事　→09/11

沼田 辰喜　ぬまた・たつき　大正4年3月13日～平成1年5月30日　利根ボーリング取締役会長　→88/90

沼田 徳重　ぬまた・とくしげ　～昭和14年8月12日　陸軍中将　→昭和

沼田 昇　ぬまた・のぼる　大正11年2月5日～平成18年2月28日　片倉チッカリン専務　→06/08

沼田 一　ぬまた・はじめ　明治36年1月5日～平成3年2月22日　熊本県会議長、全国都道府県会議長会副会長　→91/93

沼田 寛　ぬまた・ひろし　大正15年6月2日～平成23年4月14日　河北新報取締役広告局長　→09/11

沼田 博　ぬまた・ひろし　大正7年～昭和60年6月20日　神鋼鋼線工業顧問、元取締役　→83/87

沼田 正夫　ぬまだ・まさお　～昭和62年8月2日　北日本新聞社社友、(株)西本北陽堂社長室長　→83/87

沼田 正種　ぬまた・まさたね　大正2年4月3日～平成4年11月5日　国産電機社長　→00/02

沼田 実　ぬまた・みのる　大正10年10月5日～平成4年1月22日　キヤノン取締役　→91/93

沼田 元宏　ぬまた・もというひ　明治37年12月1日～平成4年3月12日　伊東市長　→91/93

沼田 安　ぬまた・やすし　～平成4年8月28日

ウ飼いのウミウ捕獲者　→91/93

沼田 靖行　ぬまた・やすゆき　大正7年10月5日～平成1年8月12日　東レ副社長　→88/90

沼田 恵照　ぬまた・よしてる　昭和11年11月2日～平成11年5月4日　ミツトヨ社長　→97/99

沼田 敬有　ぬまた・よしなお　～昭和56年10月18日　岡谷電機産業相談役・前社長　→80/82

沼野 達二　ぬまの・たつじ　大正12年2月14日～平成15年8月24日　グンゼ産業常務　→03/05

沼部 園春　ぬまべ・そのはる　明治39年7月20日～平成10年1月14日　農林中央金庫理事　→97/99

沼里 運吉　ぬまり・うんきち　～平成2年8月26日　東京地検刑事部長,日本大学常務理事　→88/90

沼本 実　ぬもと・みのる　明治32年1月5日～平成8年6月29日　日本航空電子工業会長　→94/96

塗木 春志　ぬるき・はるし　～平成3年6月22日　鹿児島県農業協同組合中央会会長　→91/93

【ね】

根井 基雄　ねい・もとお　昭和10年～平成7年4月　佐倉神門開発　→94/96

根尾 芳郎　ねお・よしろう　明治45年2月16日～昭和62年5月3日　住友商事常務　→83/87

根上 章　ねがみ・あきら　昭和18年11月6日～平成19年4月22日　キリンビール常務　→06/08

根上 耕一　ねがみ・こういち　～平成1年4月20日　(社)日本事務能率協会理事長　→88/90

根木 純一　ねぎ・じゅんいち　～昭和15年7月7日　海軍大佐　→昭和

根岸 巌　ねぎし・いわお　～昭和58年4月2日　日本放送協会参与,科学放送振興協会副理事長　→83/87

根岸 英治　ねぎし・えいじ　昭和8年7月3日‐平成8年1月24日　協和埼玉銀行常務　→94/96

根岸 国義　ねぎし・くによし　～昭和39年10月8日　駐エチオピア大使　→昭和

根岸 重男　ねぎし・しげお　～平成5年12月20日　日本百貨店協会常務理事　→91/93

根岸 昌一　ねぎし・しょういち　～平成2年8月1日　東大和市長　→88/90

根岸 隆　ねぎし・たかし　大正4年4月10日～平成17年10月4日　キッコーマン常務　→03/05

根岸 忠雄　ねぎし・ただお　大正6年9月7日～平成12年6月11日　大塚製作所会長　→00/02

根岸 只吉　ねぎし・ただきち　～平成5年6月23日　日東紡績取締役　→91/93

根岸 哲男　ねぎし・てつお　～昭和58年12月1日　警視庁警備部理事官　→83/87

根岸 敏雄　ねぎし・としお　～昭和57年6月29日　交通公社トラベランド興業専務,元日本交通公社取締役　→80/82

根岸 春吉　ねぎし・はるきち　明治45年1月23日～平成6年2月26日　平和信用組合理事長　→94/96

根岸 正男　ねぎし・まさお　大正14年3月31日～平成10年7月9日　富士興産専務　→97/99

根岸 正雄　ねぎし・まさお　明治45年4月25日～平成2年4月1日　ヤマト軌工業社長　→88/90

根岸 茂　ねぎし・もきち　～昭和58年3月28日　日本演劇衣裳社長　→83/87

根來 幸次郎　ねごろ・こうじろう　明治44年2月13日～平成19年9月13日　国鉄副技師長,東鉄工業社長　→06/08

根来 昭仁　ねごろ・しょうじん　～昭和60年12月4日　福岡県教育庁文化課技術主査　→83/87

根来 玄忠　ねごろ・はるただ　大正5年10月14日～平成19年12月20日　三共常務　→06/08

根来 広平　ねごろ・ひろへい　大正14年9月11日～平成9年1月8日　東京製網取締役,東網橋梁社長　→97/99

子島 操　ねじま・みさお　大正13年12月7日～平成22年3月16日　ときわ相互銀行常務　→09/11

根津 栄一　ねず・えいいち　大正13年10月20日～平成10年11月21日　日本経済新聞社友　→97/99（ねづ・えいいち）

根津 嘉一郎（1代目）　ねず・かいちろう　万延1年6月15日～昭和15年1月4日　実業家,政治家　根津コンツェルン総帥,東武グループ創立者,衆院議員(憲政会)　→昭和（根津 嘉一郎）

根津 嘉一郎（2代目）　ねず・かいちろう　大正2年9月29日～平成14年2月15日　東武鉄道社長　→00/02

根津 啓吉　ねず・けいきち　～昭和29年12月4日　東武鉄道取締役　→昭和

根津 重雄　ねず・しげお　大正5年11月28日～昭和58年1月4日　前田建設工業専務　→83/87

根津 武義　ねず・たけよし　大正9年6月28日～平成63年10月7日　太平洋興発社長　→88/90

根津 哲夫　ねず・てつお　大正5年12月1日～昭和63年12月3日　箕面市教育長,全国高校体育連盟会長　→88/90

根津 一　ねず・はじめ　万延1年5月2日～昭和2年2月18日　陸軍少佐　東亜同文書院初代院長　→昭和

子野日 誠　ねのひ・まこと　大正10年8月19日～昭和61年12月24日　広島ホームテレビ監査役　→83/87

根道 広吉　ねみち・ひろきち　～昭和32年1月15日　駐コロンビア公使　→昭和

根村 隆賢　ねむら・りゅうけん　～昭和56年2月15日　日光山輪王寺本堂執行教光院住職,天台宗大僧正　→80/82

根村 隆成　ねむら・りゅうじょう　昭和3年11月1日～昭

和56年11月23日　栃木新聞社社長　→80/82

根本　昭雄　ねもと・あきお　〜平成20年2月1日
神父　聖フランシスケアセンター責任者　→06/08

根元　嘉信　ねもと・かしん　大正15年12月16日〜平成3年4月24日　日本油脂専務　→91/93

根本　勝英　ねもと・かつひで　昭和2年6月15日〜平成1年3月9日　常陽新聞常務　→88/90

根本　寛四郎　ねもと・かんしろう　明治45年4月23日〜平成5年2月17日　進和社長　→91/93

根本　喜太郎　ねもと・きたろう　大正10年10月17日〜平成23年11月7日　三菱化成工業常務　→09/11

根本　軍四郎　ねもと・ぐんしろう　昭和12年1月26日〜平成10年3月2日　電通常務　→97/99

根本　恵六郎　ねもと・けいろくろう　〜平成5年11月30日　キング・フィーチャーズ・シンジケート極東代表　→91/93

根本　茂　ねもと・しげる　明治25年1月31日〜昭和56年11月18日　川崎商工会議所会頭、日本鋼管取締役、川崎市議　→80/82

根本　甚市　ねもと・じんいち　大正14年3月19日〜平成16年7月19日　那珂湊市長、茨城県議(自民党)　→03/05

根本　真儀　ねもと・しんぎ　〜昭和48年11月20日　名古屋高検事務局長　→昭和

根本　祐隆　ねもと・すけたか　大正3年3月10日〜平成3年4月8日　中小企業金融公庫理事　→91/93

根本　祐彦　ねもと・すけひこ　大正6年5月20日〜平成5年11月2日　警察庁近畿管区警察局長　→91/93

根本　聖道　ねもと・せいどう　〜昭和56年10月28日　新井薬師梅照院前貫主大僧正、中野区教育委員　→80/82

根本　忠雄　ねもと・ただお　大正9年11月1日〜平成23年1月3日　田村電機製作所常務　→09/11

根本　義　ねもと・ただし　明治44年3月9日〜平成3年5月17日　東洋アルミニウム会長　→91/93

根本　正　ねもと・ただし　嘉永4年10月9日〜昭和8年1月5日　政治家、禁酒運動家　衆院議員(政友会)、日本禁酒同盟顧問　→昭和

根本　正　ねもと・ただし　昭和5年10月20日〜平成2年7月4日　全国社交業環境衛生同業組合連合会会長、根本観光グループ会長　→88/90

根本　保　ねもと・たもつ　〜昭和56年2月14日　三菱製鋼監査役　→80/82

根本　恒治　ねもと・つねじ　大正6年1月25日〜平成18年12月14日　日本鋼管専務　→06/08

根本　豊秀　ねもと・とよひで　〜平成11年8月29日　台湾料理店・龍園創業者　→97/99

根本　博勝　ねもと・ひろかつ　大正13年10月1日〜昭和63年12月28日　宇徳運輸常務　→88/90

根本　大　ねもと・ひろし　大正8年12月14日〜平成2年11月10日　住友商事取締役　→88/90

根本　博　ねもと・ひろし　明治24年6月6日〜昭和41年5月24日　陸軍中将　→昭和

根本　博　ねもと・ひろし　大正6年7月3日〜昭和55年5月7日　駐パキスタン大使　→80/82

根本　文夫　ねもと・ふみお　大正9年4月14日〜平成4年2月12日　ヤマハ発動機専務　→91/93

根本　正夫　ねもと・まさお　大正8年9月28日〜平成14年3月9日　豊田合成社長、トヨタ自動車専務　→00/02

根本　昌巳　ねもと・まさみ　大正4年6月4日〜平成1年9月7日　日本ブレーキ工業社長　→88/90

根本　松男　ねもと・まつお　明治29年3月5日〜昭和58年7月26日　弁護士　大審院判事　→83/87

根本　守　ねもと・まもる　大正6年4月14日〜平成1年12月26日　日活社長、大蔵省財務調査官　→88/90

根本　通俊　ねもと・みちとし　昭和3年10月29日〜昭和61年10月22日　サッポロビール取締役　→83/87

根本　峰好　ねもと・みねよし　明治45年1月23日〜平成8年2月7日　旺文社副社長、日本英語教育協会理事長　→94/96

根本　龍太郎　ねもと・りゅうたろう　明治40年5月25日〜平成2年3月19日　衆院議員(自民党)、建設相　→88/90

根守　健一　ねもり・けんいち　大正8年6月〜平成11年5月1日　北海道人事委員会委員長　→97/99

根守　順次郎　ねもり・じゅんじろう　大正15年11月24日〜平成17年5月17日　リンテック常務　→03/05

【の】

野　杉三　の・すぎぞう　〜昭和60年12月2日　伏木信用農協組合長、(学)伏木中央学園理事長　→83/87

脳円坊　茂　のうえんぼう・しげる　〜昭和60年3月21日　素盞雄神社(荒川区)宮司、東部柔道連盟理事　→83/87

納賀　雅友　のうが・まさとも　〜昭和46年4月26日　船舶運営会理事長、山下汽船社長　→昭和

能条　彬　のうじょう・あきら　大正15年4月9日〜昭和62年4月6日　日本郵便逓送会社常務、近畿郵政局長　→83/87

能田　隆行　のうだ・たかゆき　大正7年〜平成3年9月3日　上組取締役　→91/93

納冨　小次郎　のうとみ・こじろう　〜昭和61年12月21日　司法書士　福岡県司法書士会名誉会長、日本司法書士会連合会相談役　→83/87

納冨　夜歌男　のうとみ・よかお　〜平成23年2月16日　博多仁和加振興会副会長　→09/11

南野　京右　のうの・きょうすけ　昭和10年12月16日〜平成23年10月8日　長門市長　→09/11

濃野　耕造　のうの・こうぞう　昭和11年1月12日〜平成10年6月29日　オンワード樫山副社長　→97/99

南野　勝一　のうの・しょういち　明治37年7月17日〜平

成4年8月19日　関東自動車工業社長、三井銀行（のちさくら銀行）常務　→91/93

能松 佐太郎　のうまつ・さたろう　明治37年12月2日～昭和63年11月22日　能松石油代表取締役会長　→88/90

能見 愛太郎　のうみ・あいたろう　明治3年9月～昭和7年7月10日　実業家　→昭和

野海 朝象　のうみ・あさぞう　～昭和45年1月2日　沖電気工事会長、元沖電気専務　→昭和

能美 脩　のうみ・おさむ　明治39年12月3日～昭和61年4月8日　コーラル音響（株）社長、住友特殊金属常務　→83/87

能美 正　のうみ・ただし　大正4年7月6日～平成23年7月24日　能美防災社長　→09/11

能美 汎満　のうみ・ひろみつ　大正9年8月31日～平成15年9月16日　能美防災専務　→03/05

能村 龍太郎　のうむら・りょうたろう　大正11年5月29日～平成18年1月19日　太陽工業創業者　→06/08

野垣内 章　のがいと・あきら　大正15年1月3日～平成14年2月14日　近鉄航空貨物副社長　→00/02

野垣内 三郎　のがいと・さぶろう　明治40年9月10日～昭和59年10月11日　久居市長　→83/87

野上 秋太郎　のがみ・あきたろう　明治43年11月17日～昭和63年10月3日　富士通アインテック社長、富士通取締役　→88/90

野上 章　のがみ・あきら　～昭和48年4月10日　東洋運搬機顧問　→昭和

野上 勲　のがみ・いさお　昭和6年7月25日～平成17年10月2日　太平工業副社長　→03/05

野上 一彦　のがみ・かずひこ　大正12年10月9日～昭和61年12月1日　東福製粉社長、製粉協会理事　→83/87

野上 義一　のがみ・ぎいち　大正2年1月5日～平成17年3月3日　三浦市長　→03/05

野上 清光　のがみ・きよみつ　～平成3年9月29日　日世副会長　→91/93

野上 元　のがみ・げん　大正4年1月1日～昭和47年11月19日　労働運動家　参院議員（社会党）、全逓委員長　→昭和

野上 堅五郎　のがみ・けんごろう　～平成6年7月8日　全国森林組合連合会理事、福岡県森林組合連合会会長　→94/96

野上 定平　のがみ・さだへい　大正6年6月7日～昭和58年10月30日　三菱電機顧問・元常務　→83/87

野上 資良　のがみ・すけよし　明治29年1月11日～昭和58年5月17日　富山県議　→83/87

野上 進　のがみ・すすむ　明治34年1月～昭和40年12月21日　参院議員、九州産業交通社長　→昭和

野上 辰之助　のがみ・たつのすけ　～昭和42年4月27日　野上鉱業会長　→昭和

野上 藤三郎　のがみ・とうざぶろう　大正3年8月30日～平成7年8月27日　綜合自動車会長　→94/96

野上 正人　のがみ・まさと　昭和12年2月15日～平成14年3月7日　ヤナセ専務　→00/02

野上 萬一　のがみ・まんいち　明治44年7月18日～平成17年10月17日　岩崎通信機常務　→03/05

野木 貞雄　のぎ・さだお　大正10年2月14日～平成16年12月19日　チッソ社長　→03/05

野木 新一　のぎ・しんいち　～昭和43年5月1日　最高検検事　→昭和

能木 貞治　のぎ・ていじ　大正12年2月23日～平成11年10月30日　明電舎常務、国鉄副技師長　→97/99

野木 緑　のぎ・みどり　大正6年9月21日～平成13年7月12日　江ノ島電鉄社長　→00/02

野切 賢一　のぎり・けんいち　大正3年12月12日～平成1年3月19日　弁護士　野切法律事務所長、日本弁護士連合会副会長、札幌弁護士会会長　→88/90

野際 正一郎　のぎわ・しょういちろう　明治36年1月1日～昭和63年2月10日　コクヨ顧問・元専務　→88/90

野草 平十郎　のぐさ・へいじゅうろう　大正2年6月19日～平成11年5月6日　尼崎市長　→97/99

野口 愛次郎　のぐち・あいじろう　明治35年10月2日～昭和62年3月8日　清水地所相談役、清水建設常務取締役　→83/87

野口 明彦　のぐち・あきひこ　大正4年5月9日～平成10年9月6日　三井生命保険常務　→97/99

野口 晃　のぐち・あきら　～昭和56年2月27日　東京都清掃局長　→80/82

野口 晃　のぐち・あきら　大正8年5月30日～平成15年4月7日　住友信託銀行専務　→03/05

野口 章　のぐち・あきら　～昭和61年6月25日　アド電通総務部長　→83/87

野口 朗　のぐち・あきら　大正2年11月20日～昭和63年7月14日　チッソ副社長　→88/90

野口 伊織　のぐち・いおり　～平成13年4月22日　ジャズ喫茶経営者　→00/02

野口 一三　のぐち・いちぞう　明治45年5月7日～平成19年5月13日　いすゞ自動車専務　→06/08

野口 英一　のぐち・えいいち　昭和3年6月6日～昭和63年6月5日　京都市食肉協同組合相談役　→88/90

野口 英一　のぐち・えいいち　明治41年8月1日～平成10年12月24日　日本通運専務、日本海運社長、日本ガテックス社長　→97/99

野口 栄三郎　のぐち・えいざぶろう　明治18年12月23日～昭和43年6月28日　実業家　→昭和

野口 英史　のぐち・えいじ　昭和4年7月26日～昭和54年12月26日　山梨放送社長、山梨日日新聞社長　→昭和（のぐち・えいし）

野口 悦夫　のぐち・えつお　～昭和56年9月22日　住友化学工業常務、広栄化学工業社長　→80/82

野口 岡治　のぐち・おかじ　大正13年9月21日～平成8年8月20日　富津市長、千葉県議（自民党）　→94/96

野口 治　のぐち・おさむ　大正3年5月21日～昭和62年1月31日　キッコーマン常務　→83/87

野口 開精　のぐち・かいせい　昭和4年10月～平成8年6月26日　信明商事社長, 川崎信用金庫常務理事　→94/96

野口 和夫　のぐち・かずお　明治45年6月2日～平成2年5月9日　大阪府議(自民党)　→88/90

野口 一馬　のぐち・かずま　大正11年3月3日～昭和61年8月23日　全国住宅生活協同組合連合会理事長, 総評副議長, 炭労副委員長　→83/87

野口 勝太郎　のぐち・かつたろう　明治41年2月29日～昭和60年2月19日　日鍛バルブ専務　→83/87

野口 兼太郎　のぐち・かねたろう　明治33年5月18日～平成8年1月28日　協和銀行(のちあさひ銀行)常務　→94/96

野口 兼泰　のぐち・かねやす　～平成5年1月13日　三菱電機取締役　→91/93

野口 かよ　のぐち・かよ　明治40年7月8日～平成14年3月3日　山梨日日新聞名誉会長　→03/05s

野口 寛司　のぐち・かんし　大正14年12月19日～平成16年8月5日　長崎県酒販理事長　→03/05

野口 喜一郎　のぐち・きいちろう　明治21年9月18日～昭和47年2月11日　実業家　→昭和

野口 菊太　のぐち・きくた　明治31年4月2日～昭和36年1月30日　農民運動家　→昭和

野口 菊水　のぐち・きくみ　～平成1年2月15日　東伸製鋼取締役　→88/90

野口 喜蔵　のぐち・きぞう　大正15年6月25日～平成15年3月16日　青森地家裁所長　→03/05

野口 公義　のぐち・きみよし　明治41年2月18日～平成14年8月31日　蝶理常務　→00/02

野口 恭一郎　のぐち・きょういちろう　～平成22年10月7日　竹書房創業者　→09/11

野口 清　のぐち・きよし　大正6年11月21日～平成6年12月9日　安藤建設常務　→94/96

野口 敬身　のぐち・けいしん　～昭和26年12月5日　第一製菓重役　→昭和

野口 啓太郎　のぐち・けいたろう　大正14年10月14日～平成19年8月16日　トーメン常務　→06/08

野口 堅三郎　のぐち・けんざぶろう　～平成3年9月13日　埼玉県議, 埼玉県遺族連合会長　→91/93

野口 健太郎　のぐち・けんたろう　大正8年4月22日～平成5年8月21日　日本火災海上保険専務　→91/93

野口 幸一　のぐち・こういち　昭和4年8月13日～平成5年10月29日　衆院議員(社会党)　→91/93

野口 小太郎　のぐち・こたろう　明治37年8月23日～平成1年8月7日　北海道新聞専務　→88/90

野口 五郎　のぐち・ごろう　大正12年4月13日～昭和57年12月4日　タカラブネ創業者　→80/82

野口 貞夫　のぐち・さだお　大正5年2月4日～平成14年2月17日　埼玉県議(自民党), 庄和町(埼玉県)町長　→00/02

野口 静雄　のぐち・しずお　～昭和63年6月17日　トラヤチェーン取締役会長　→88/90

野口 遵　のぐち・したがう　明治6年7月26日～昭和19年1月15日　実業家　日窒コンツェルン創設者　→昭和

野口 次八　のぐち・じはち　～昭和56年2月11日　夕刊新佐賀新聞社長, 元『西広』佐賀支社長　→80/82

野口 俊一　のぐち・しゅんいち　昭和27年7月19日～平成21年7月10日　ザ・トーカイ常務執行役員　→09/11

野口 昇市郎　のぐち・しょういちろう　明治43年1月2日～平成3年7月3日　旭ロール社長, 旭エンボスメタル社長　→91/93

野口 正二郎　のぐち・しょうじろう　大正2年10月26日～平成6年8月31日　合同酒精社長　→94/96

野口 正蔵　のぐち・しょうぞう　～昭和30年2月16日　三菱化成常務　→昭和

野口 正造　のぐち・しょうぞう　～昭和43年4月9日　労働省顧問, 元中小企業退職金共済事業団理事長　→昭和

野口 仁　のぐち・じん　昭和22年7月5日～平成23年4月13日　愛媛県議(社民党)　→09/11

野口 誠一郎　のぐち・せいいちろう　明治43年11月15日～昭和59年6月10日　北の誉酒造社長, 日本ボブスレートボガニング連盟副会長　→83/87

野口 正名　のぐち・せいめい　～昭和40年3月5日　日本ペイント常務　→昭和

野口 専太郎　のぐち・せんたろう　～昭和29年1月5日　東芝常務　→昭和

野口 詮太郎　のぐち・せんたろう　明治3年11月～昭和9年9月10日　陸軍軍医監　→昭和

野口 泰三　のぐち・たいぞう　大正8年8月16日～平成4年1月4日　丸紅常務, 大阪市教育委員長　→91/93

野口 卓男　のぐち・たかお　大正9年1月18日～平成21年4月16日　東京光学機械専務　→09/11

野口 隆康　のぐち・たかやす　～平成18年2月2日　九州ダンボール会長, 久留米商工会議所副会頭　→06/08

野口 卓　のぐち・たく　昭和27年9月28日～平成15年11月12日　セントラルサービスシステム社長　→03/05

野口 竹次郎　のぐち・たけじろう　～昭和60年7月9日　福岡県漬物協同組合理事, 野口漬物店代表　→83/87

野口 忠夫　のぐち・ただお　明治44年3月25日～平成7年7月28日　衆院議員(社会党)　→94/96

野口 忠夫　のぐち・ただお　昭和6年4月1日～平成17年12月21日　佐賀新聞常務　→06/08s

野口 正　のぐち・ただし　昭和2年5月21日～平成17年1月4日　高松電気製作所常務　→03/05

野口 常樹　のぐち・つねき　昭和15年2月19日～平成15年9月13日　大崎電気工業常務　→03/05

野口 鶴吉　のぐち・つるきち　明治36年3月18日～平成15年1月22日　松竹顧問　→03/05

野口 照雄　のぐち・てるお　大正6年11月5日～平成7年7月27日　興亜石油社長　→94/96

野口 照久　のぐち・てるひさ　大正13年10月22日～平成23年3月15日　山之内製薬副社長, ゲノム創薬フォーラム代表, テノックス研究所所長　→09/11

野口 伝兵衛　のぐち・でんべえ　明治30年3月5日～昭和20年1月6日　農民運動家　→昭和

野口 敏雄　のぐち・としお　明治39年2月13日～平成6年2月13日　日本生産性本部理事, 和泉短期大学学長　→94/96

野口 敏雄　のぐち・としお　明治44年1月18日～平成8年11月18日　土浦市長　→94/96

野口 俊彦　のぐち・としひこ　大正13年4月25日～昭和61年10月8日　日立造船常務　→83/87

野口 俊宏　のぐち・としひろ　昭和12年2月19日～平成2年3月15日　いすゞ販売金融取締役　→88/90

野口 敏正　のぐち・としまさ　～昭和57年1月9日　気象庁天気相談所長　→80/82

野口 虎雄　のぐち・とらお　大正11年9月19日～平成11年10月4日　野口精機会長　→97/99

野口 日主　のぐち・にちしゅ　慶応2年12月24日～昭和6年7月26日　僧侶　→昭和

野口 信夫　のぐち・のぶお　～昭和55年10月1日　(株)エフ元社長　→80/82

野口 甫　のぐち・はじめ　大正12年2月8日～平成19年1月17日　岡谷組社長, 岡谷商工会議所会頭　→06/08

野口 八郎　のぐち・はちろう　明治45年4月15日～平成5年5月4日　九州耐火煉瓦副社長, そごう監査役　→91/93

野口 隼人　のぐち・はやと　大正9年2月10日～平成14年5月12日　富士モータース会長　→00/02

野口 ハルヨ　のぐち・はるよ　～昭和61年11月2日　野口建設取締役　→83/87

野口 尚孝　のぐち・ひさたか　大正10年3月17日～昭和60年5月10日　三機工業顧問・元専務, 三機販売社長　→83/87

野口 英昭　のぐち・ひであき　昭和42年3月17日～平成18年1月18日　エイチ・エス証券社長　→06/08

野口 秀雄　のぐち・ひでお　昭和2年11月25日～平成8年11月16日　興人社長　→94/96

野口 秀次　のぐち・ひでじ　大正7年12月1日～平成21年12月28日　野口観光創業者　→09/11

野口 諞一　のぐち・ひろいち　明治24年10月22日～平成3年1月10日　岡谷組会長　→91/93

野口 博　のぐち・ひろし　昭和12年1月20日～平成4年4月26日　三重銀行取締役　→91/93

野口 博司　のぐち・ひろじ　昭和4年10月14日～平成15年9月3日　北海道新聞取締役　→88/90

野口 正秋　のぐち・まさあき　大正1年11月18日～平成9年6月19日　トヨタ自動車工業(のちトヨタ自動車)専務　→97/99

野口 正明　のぐち・まさあき　昭和19年8月10日～平成15年10月18日　富士機工常務　→03/05

野口 正雄　のぐち・まさお　～昭和59年11月4日　大日物産常務, 元大日金属工業取締役　→83/87

野口 正雄　のぐち・まさお　大正2年5月3日～平成7年1月7日　鐘紡取締役, 鐘紡倉庫(のちカネボウ物流)社長　→94/96

野口 正喜　のぐち・まさき　大正11年9月5日～平成7年10月3日　茨城県議(無所属)　→94/96

野口 政吉　のぐち・まさきち　～昭和49年2月9日　戸田市長　→昭和

野口 賢明　のぐち・まさみつ　昭和9年～平成22年4月27日　僧侶　正源寺住職, 丸元食品社長　→09/11

野口 道也　のぐち・みちなり　明治44年9月17日～平成2年5月30日　群馬銀行専務, 前橋信用金庫理事長　→88/90

野口 保固　のぐち・やすかた　明治38年7月10日～平成7年4月16日　住友ベークライト社長, 住友化学工業専務　→94/96(のぐち・やすたか)

野口 安左衛門　のぐち・やすざえもん　明治43年1月4日～平成3年7月18日　野口(株)会長, 祇園祭鯉山保存会理事長　→91/93

野口 泰良　のぐち・やすよし　昭和6年11月28日～平成22年2月7日　近畿日本ツーリスト副社長　→09/11

野口 弥三　のぐち・やぞう　～昭和28年4月18日　第一銀行常務　→昭和

野口 勇二郎　のぐち・ゆうじろう　大正3年2月2日～平成7年1月3日　駒井鉄工常務　→94/96

野口 裕　のぐち・ゆたか　～平成7年6月16日　香川県議, 高松市会議長　→94/96

野口 裕　のぐち・ゆたか　昭和5年9月9日～平成10年12月5日　サンスポ開発社長, 産経新聞運動部部長　→97/99

野口 洋一　のぐち・よういち　大正15年8月11日～平成15年1月27日　東金市長　→03/05

野口 陽一　のぐち・よういち　昭和3年3月8日～昭和63年10月29日　日本海社長　→88/90

野口 義夫　のぐち・よしお　明治38年6月6日～平成5年4月6日　テレビ西日本取締役相談役, 西日本新聞社社長　→91/93

野口 能夫　のぐち・よしお　明治40年3月30日～平成10年10月15日　豊年製油専務　→97/99

野口 良男　のぐち・よしお　～平成2年12月12日　川奈ホテル取締役料理長　→88/90

野口 能毅　のぐち・よしき　万延1年8月～昭和15年5月22日　佐賀市長　→昭和(のぐち・よしたけ)

野口 能信　のぐち・よしのぶ　～昭和55年10月27日　日綿実業常務　→80/82

野口 米満　のぐち・よねみつ　～昭和62年8月30日　日本配置家庭薬商業組合理事長　→83/87

野口 利太郎　のぐち・りたろう　～平成2年10月18日

明電舎取締役 →88/90

野久保 秀三 のくぼ・ひでぞう 明治37年9月15日〜平成6年4月3日 富士銀行取締役、東京都新宿副都心建設公社理事 →94/96

野倉 万治 のぐら・まんじ 明治15年1月24日〜昭和17年12月 労働運動家 →昭和

野坂 和彦 のさか・かずひこ 昭和3年12月12日〜平成5年9月28日 秩父セメント社長 →91/93

野坂 寛治 のさか・かんじ 〜昭和40年4月1日 米子市長 →昭和

野坂 喜代志 のさか・きよし 〜昭和60年12月2日 山下汽船専務 →83/87

野坂 邦史 のさか・くにし 昭和9年1月7日〜平成8年11月30日 国際電信電話副社長 →94/96

野坂 浩賢 のさか・こうけん 大正13年9月17日〜平成16年4月18日 衆院議員(社民党)、建設相、内閣官房長官 →03/05

野坂 作五郎 のさか・さくごろう 〜昭和55年8月18日 釧路市助役 →80/82

野坂 参三 のさか・さんぞう 明治25年3月30日〜平成5年11月14日 政治家 日本共産党議長、参院議員、衆院議員 →91/93

野坂 静雄 のさか・しずお 明治41年6月22日〜昭和60年4月5日 市民運動家 高知県窪川町郷土をよくする会会長 →83/87

野阪 俊二 のさか・しゅんじ 昭和10年12月8日〜平成7年12月31日 京セラ顧問 →94/96

野坂 陞三 のさか・しょうぞう 大正4年5月23日〜昭和60年11月29日 山陰放送取締役顧問、BSS企画社長 →83/87

野坂 格 のさか・ただし 大正5年5月11日〜昭和60年11月16日 福井県経営者協会会長、福井経編興業社長、福井県公安委員 →83/87

野坂 元臣 のさか・もとおみ 〜平成15年9月16日 神官 厳島神社権宮司 →03/05

野坂 龍 のさか・りょう 明治29年9月28日〜昭和46年8月10日 日本共産党名誉中央委員 →昭和

野崎 勲 のざき・いさお 昭和17年9月10日〜平成16年3月14日 創価学会副会長 →03/05

野崎 栄作 のざき・えいさく 大正5年10月22日〜昭和62年4月16日 加賀通信工業社長 →83/87

野崎 悦宏 のざき・えつひろ 昭和5年1月1日〜昭和60年6月23日 東京地裁判事 →83/87

野崎 克己 のざき・かつみ 昭和3年11月1日〜平成16年4月28日 TDCソフトウェアエンジニアリング創業者 →03/05

野崎 キミエ のざき・きみえ 〜昭和55年10月3日 関西新聞発送協力会大阪輸送サービス株式会社社長 →80/82

野崎 喜代治 のざき・きよじ 〜平成2年10月23日 日本ゼオン専務 →88/90

野崎 清敏 のざき・きよとし 大正9年9月9日〜平成3年1月3日 三菱地所常任顧問・元副社長 →91/93

野崎 欣一郎 のざき・きんいちろう 大正11年1月16日〜昭和50年4月1日 滋賀県知事 →昭和

野崎 金衛 のざき・きんえい 〜昭和42年11月20日 住友倉庫顧問 →昭和

野崎 幻庵 のざき・げんあん 安政4年〜昭和16年 中外商業新聞社長、三越百貨店社長 →昭和

野崎 源三郎 のざき・げんざぶろう 明治40年3月27日〜昭和61年12月29日 鴻巣市長 →83/87

野崎 治三郎 のざき・じさぶろう 〜昭和62年1月31日 荒川区(東京都)区議 →83/87

野崎 城之助 のざき・じょうのすけ 大正2年7月25日〜平成11年2月4日 積水化学工業専務 →97/99

野崎 次郎 のざき・じろう 昭和6年9月18日〜平成7年5月4日 日本酸素社長 →94/96

野崎 正剛 のざき・せいご 昭和6年5月3日〜平成1年9月 大蔵省印刷局長 →88/90

能崎 清次 のざき・せいじ 大正4年2月16日〜平成18年5月3日 能崎物産会長 →06/08

野崎 清二 のざき・せいじ 明治30年4月28日〜昭和37年10月15日 部落解放運動家 →昭和

野崎 隆也 のざき・たかや 〜昭和62年5月6日 電通総合計画室法務部長 →83/87

野崎 辰男 のざき・たつお 大正13年6月29日〜平成2年7月26日 安田火災海上保険副社長 →09/11

野崎 達三 のざき・たつぞう 昭和5年1月4日〜平成18年4月17日 野崎印刷紙業社長 →06/08

野嵜 民夫 のざき・たみお 〜平成23年9月4日 テレビ愛知副社長 →09/11

野嵜 長二 のざき・ちょうじ 〜昭和60年4月16日 豊田中央研究所取締役 →83/87

野崎 俊夫 のざき・としお 昭和41年11月9日〜平成16年2月28日 常磐交通自動車社長 →03/05

野崎 利夫 のざき・としお 明治41年4月4日〜平成1年4月11日 中日新聞社参与 →88/90

野崎 利夫 のざき・としお 昭和16年10月13日〜平成21年7月4日 日本郵船飛鳥船長 →09/11

野崎 信義 のざき・のぶよし 明治43年9月22日〜平成12年9月22日 豊和工業名誉会長 →00/02

野崎 弘明 のざき・ひろあき 〜平成18年12月31日 日本生活協同組合連合会常務理事 →06/08

野崎 博通 のざき・ひろみち 大正11年2月25日〜平成22年10月24日 大和証券常務、センチュリー証券社長 →09/11

野崎 政之助 のざき・まさのすけ 明治33年5月31日〜昭和56年7月15日 野崎印刷紙業社長 →80/82

野崎 理夫 のざき・みちお 明治42年6月13日〜昭和63年4月7日 常磐交通自動車会長 →88/90

野崎 光三　のざき・みつぞう　〜昭和63年6月22日　ダイジェット工業取締役　→88/90

野崎 芳雄　のざき・よしお　大正4年3月21日〜平成3年5月17日　運輸省東北海運局長　→91/93

野崎 竜七　のざき・りゅうしち　〜昭和26年6月30日　ダイヤモンド社長　→昭和

野沢 秋男　のざわ・あきお　大正14年9月21日〜平成4年10月29日　東京都風月堂会長　→91/93

野沢 栄寿　のざわ・えいじゅ　〜昭和61年6月19日　東京都中央卸売市場長,協同出版取締役　→83/87

野沢 一夫　のざわ・かずお　〜平成5年11月11日　函館どつく取締役　→91/93

野沢 勝一　のざわ・かついち　〜昭和62年7月27日　辰野町(長野県)町議会副議長　→83/87

野沢 勝俊　のざわ・かつとし　〜昭和62年5月11日　林村(富山県)村長,砺波市助役　→83/87

野沢 清志　のざわ・きよし　大正11年8月14日〜平成22年12月28日　日本原燃社長,東京電力常務　→09/11

野沢 清人　のざわ・きよんど　明治40年7月〜昭和34年10月18日　衆院議員(自民党)　→昭和(のざわ・きよひと)

野沢 謹五　のざわ・きんご　昭和10年8月13日〜平成17年3月21日　セコム上信越社長・創業者　→03/05

野沢 涓　のざわ・けん　昭和8年6月26日〜平成17年9月22日　弁護士　→03/05

野沢 幸三郎　のざわ・こうざぶろう　明治37年11月4日〜昭和59年12月23日　ノザワ会長　→83/87

野沢 重雄　のざわ・しげお　大正2年8月10日〜平成13年12月28日　協和社長　→00/02

野沢 忍　のざわ・しのぶ　昭和6年7月16日〜平成10年5月25日　常陽新聞会長　→97/99

野沢 潤　のざわ・じゅん　〜昭和56年5月1日　日本農産工業監査役　→80/82

野沢 新次　のざわ・しんじ　〜平成6年1月3日　東京消防庁人事教養部長　→94/96

野沢 剛　のざわ・たけし　大正14年8月8日〜平成23年12月10日　青森県議(無所属)　→09/11

野沢 武蔵　のざわ・たけぞう　〜平成3年8月21日　いわき民報会長,福島県議　→91/93

野沢 哲夫　のざわ・てつお　昭和11年9月22日〜平成6年9月12日　北信土建社長　→83/87

野沢 東三郎　のざわ・とうざぶろう　大正6年6月1日〜平成1年5月22日　豊橋魚市場社長　→88/90

能沢 徳次郎　のざわ・とくじろう　明治30年4月26日〜昭和62年12月28日　黒部市信用農協理事　→83/87

野沢 久夫　のざわ・ひさお　〜昭和61年9月7日　日本気化器製作所取締役,日気サービス社長　→83/87

野沢 弘　のざわ・ひろし　昭和2年1月12日〜平成15年1月

月26日　豊田合成副社長　→03/05

野沢 正文　のざわ・まさふみ　大正7年11月27日〜平成1年6月27日　東京都民銀行常務　→88/90

野沢 密厳　のざわ・みつごん　昭和11年5月27日〜平成9年8月6日　僧侶　信貴山真言宗管長　→97/99

野沢 密全　のざわ・みつぜん　〜昭和46年11月11日　信貴山玉蔵院管長　→昭和

野沢 茂利二　のざわ・もりじ　大正11年3月19日〜平成4年4月29日　丸紅専務　→91/93

野沢 隆一　のざわ・りゅういち　明治35年5月28日〜平成3年3月31日　共同テレビニュース社長,信越放送社長　→91/93

野地 嘉平　のじ・かへい　〜昭和56年8月26日　陸軍中将　→80/82

野地 紀一　のじ・きいち　明治41年7月24日〜昭和63年12月7日　清水建設会長　→88/90

野路 慶三　のじ・けいぞう　明治25年1月14日〜昭和58年10月7日　東京芝浦電気専務,三井銀行取締役　→83/87

野路 正也　のじ・まさや　昭和3年6月8日〜平成23年1月21日　日本製鋼所副社長　→09/11

野嶋 績　のじま・いさお　大正9年11月14日〜平成4年5月29日　阪神内燃機工業社長　→91/93

野島 寛治　のじま・かんじ　〜昭和56年8月23日　野島経営開発研究所所長,(社)日本経営士会理事　→80/82

野島 肖五　のじま・しょうご　大正9年9月27日〜平成12年10月22日　日揮専務　→00/02

能島 進　のじま・すすむ　〜昭和12年12月1日　大阪電報通信社長　→昭和

野島 武雄　のじま・たけお　明治41年〜平成12年10月11日　奥村組常務　→00/02

能島 恒二　のじま・つねじ　大正2年3月22日〜昭和63年5月18日　王子製紙常務　→88/90

野嶋 寿男　のじま・としお　〜昭和55年10月17日　網走管内調子府村長,調子府町議会議長　→80/82

野島 富雄　のじま・とみお　明治45年2月22日〜昭和62年8月7日　新潟鉄工所相談役　→83/87

野島 宝与　のじま・とみよ　〜昭和55年12月3日　関東自動車工業専務取締役,神奈川県経営者協会副会長　→80/82

野島 智之　のじま・ともゆき　昭和13年8月6日〜平成6年7月14日　グリーンアンドブルーファッション常務,三陽商会取締役　→94/96

野島 虎治　のじま・とらはる　大正13年4月20日〜平成3年4月22日　アイ・エヌ・エー新土木研究所会長,建設省土木研究所ダム部長　→91/93

野島 正康　のじま・まさやす　大正4年1月21日〜昭和61年1月3日　積水ハウス副社長　→83/87

野島 正義　のじま・まさよし　〜昭和56年6月24日　東京芝浦電気顧問,元科学技術庁科学審議官　→80/82

野尻　旦　のじり・あきら　昭和7年4月24日〜平成11年12月25日　住友軽金属工業専務　→97/99

野尻　岩次郎　のじり・いわじろう　安政5年3月〜昭和4年9月5日　衆院議員（政友会）　→昭和

野尻　収　のじり・おさむ　明治30年〜昭和57年5月18日　弁護士　高松高検検事長　→80/82

野尻　善次郎　のじり・ぜんじろう　〜昭和61年1月3日　三菱倉庫専務　→83/87

野尻　徹郎　のじり・てつろう　大正15年2月15日〜平成18年9月25日　日本テトラポッド常務　→06/08

野尻　徳雄　のじり・とくお　明治41年10月31日〜平成4年11月22日　陸上自衛隊東部方面総監　→91/93

野尻　陽一　のじり・よういち　昭和11年7月30日〜平成9年3月29日　鹿島副社長　→97/99

野津　克巳　のず・かつみ　大正6年1月16日〜平成14年9月13日　カバヤ食品会長，岡山日日新聞会長　→00/02

野津　聖　のず・きよし　大正12年10月12日〜平成3年3月7日　防衛庁衛生局長　→91/93

野津　民夫　のず・たみお　昭和4年12月7日〜平成12年3月14日　日本アルミ社長，住友軽金属工業常務　→00/02

野津　親男　のず・ちかお　大正10年7月19日〜平成20年1月22日　鹿児島三大行事保存会会長　→06/08

野津　務　のず・つとむ　明治27年7月6日〜昭和58年8月20日　弁護士　中央大学名誉教授　→83/87

野津　徹信　のず・てつのぶ　昭和12年1月21日〜平成12年4月8日　帝国ピストンリング常務　→00/02

野津　久重　のず・ひさしげ　大正10年9月9日〜平成2年2月18日　名古屋鉄道取締役，名鉄協商会長　→88/90

野津　康雄　のず・やすお　明治44年5月1日〜昭和62年7月　岡山日日新聞社長　→83/87

野末　寛善　のずえ・ひろよし　〜昭和44年8月29日　東洋デルマック会長　→昭和

野瀬　七郎平　のぜ・しちろうべい　〜昭和30年2月28日　江商社長　→昭和

能勢　荘吉　のせ・そうきち　〜昭和63年10月26日　中央労働委員会経営者側委員，日本石炭鉱業経営者協議会専務理事　→88/90

野瀬　高生　のせ・たかお　明治40年8月20日〜昭和60年7月4日　弁護士　神奈川県公安委員長，横浜地裁所長代行　→83/87

野瀬　広隆　のせ・ひろたか　〜平成5年2月19日　西日本新聞社社友・元筑豊総局長　→91/93

能勢　昌雄　のせ・まさお　〜昭和37年2月9日　百貨店協会専務理事　→昭和

野瀬　正儀　のせ・まさのり　昭和44年2月16日〜平成14年7月17日　関西電力専務，電源開発会社副総裁　→00/02

野瀬　康　のせ・やすし　大正11年9月17日〜平成3年12月28日　名古屋電気副社長　→91/93

野宗　英一郎　のそ・えいいちろう　〜昭和62年9月29日　中央区長　→83/87

野副　重一　のぞえ・じゅういち　慶応1年9月〜昭和2年4月1日　弁護士　衆院議員（政友会）　→昭和（のぞえ・しげかず）

野副　昌徳　のぞえ・まさのり　〜昭和56年11月2日　陸軍中将　→80/82

野曽原　秀尚　のそはら・ひであき　大正13年8月18日〜平成8年5月27日　弁護士　広島高裁判事　→94/96

野田　愛子　のだ・あいこ　大正13年7月5日〜平成22年6月19日　札幌高裁長官　→09/11

野田　章　のだ・あきら　大正2年7月6日〜平成11年11月21日　総理府統計局長　→97/99

野田　郷　のだ・あきら　昭和2年8月12日〜平成23年12月5日　諫早市長　→09/11

野田　郁也　のだ・いくや　明治44年6月2日〜平成4年3月22日　ハリマセラミック社長，新日鉄常務・釜石製鉄所長　→91/93

野田　市郎　のだ・いちろう　〜昭和62年8月2日　富山市社会教育推進協議会長　→83/87

野田　稲久　のだ・いねひさ　明治34年2月9日〜平成1年1月13日　オリエンタル酵母工業社長　→88/90

野田　岩次郎　のだ・いわじろう　明治30年2月15日〜昭和63年12月15日　ホテルオークラ名誉会長　→88/90

野田　卯一　のだ・ういち　明治36年9月10日〜平成9年1月29日　衆院議員（自民党），建設相　→97/99

野田　卯太郎　のだ・うたろう　嘉永6年11月21日〜昭和2年2月23日　政治家，実業家　衆院議員（政友会），通信相，商工相　→昭和

野田　英二　のだ・えいじ　大正5年11月10日〜平成15年7月6日　戸田村（静岡県）村長　→03/05

野田　和郎　のだ・かずろう　大正2年5月1日〜平成7年3月10日　西松建設常務　→94/96

野田　勝幸　のだ・かつゆき　昭和14年12月6日〜平成14年6月21日　日金スチール社長，日本金属常務　→00/02

野田　喜一　のだ・きいち　明治44年8月24日〜昭和63年11月30日　オルガノ相談役　→88/90

野田　喜作　のだ・きさく　〜平成3年7月3日　静岡銀行取締役　→91/93

野田　喜三郎　のだ・きさぶろう　明治45年3月22日〜昭和59年3月1日　菱食会長　→83/87

野田　貴太郎　のだ・きたろう　大正14年9月7日〜昭和63年3月7日　ノダキ社長，ノダキ興産取締役　→88/90

野田　清　のだ・きよし　〜昭和49年3月29日　海軍中将　→昭和

野田　清武　のだ・きよたけ　明治34年2月15日〜昭和38年5月13日　徳島県知事　→昭和

野田　銀治郎　のだ・ぎんじろう　〜昭和62年9月18日　（株）ノダキ取締役会長　→83/87

野田，グロリア・テル　のだ,ぐろりあ・てる　〜昭和61年4月26日　ホテルオークラ・インテリアデコレーション・アドバイザー　→83/87

I 政治・経済・社会篇　　　　　　　　　　　　　　　　　　　　　　　　　　　　　　のた

野田 健吉　のだ・けんきち　昭和7年1月3日～昭和61年4月28日　中野組取締役　→83/87

野田 憲策　のだ・けんさく　～昭和63年3月14日　三菱鉱業セメント監査役　→88/90

野田 研助　のだ・けんすけ　大正3年12月6日～平成10年6月15日　京都新聞社友・元専務　→97/99

野田 健蔵　のだ・けんぞう　大正15年5月9日～昭和61年11月29日　興亜火災海上保険取締役　→83/87

野田 孝　のだ・こう　明治34年8月20日～昭和59年9月23日　阪急百貨店取締役会長, 経団連常任理事, 日本百貨店協会会長　→83/87

野田 幸一　のだ・こういち　～平成9年1月1日　グンゼ取締役, グンゼ産業常務　→97/99

野田 幸男　のだ・さちお　～昭和60年7月21日　全国特定郵便局長会副会長　→83/87

野田 実治　のだ・さねはる　～昭和56年7月26日　大津地検検事正　→80/82

野田 重明　のだ・しげあき　大正4年3月31日～平成9年3月12日　カヤバ工業常務　→97/99

野田 茂　のだ・しげる　大正12年9月12日～昭和63年10月19日　不二精工社長　→88/90

野田 次三　のだ・じさぶ　明治36年10月22日～平成7年11月19日　諫早市長　→94/96

野田 順一　のだ・じゅんいち　昭和2年11月16日～平成2年1月5日　タムラ製作所専務　→88/90

野田 俊作　のだ・しゅんさく　明治21年5月14日～昭和43年7月27日　衆院議員(政友会), 参院議員(自民党)　→昭和

野田 順二　のだ・じゅんじ　明治41年～平成4年8月13日　関西電力常務, 大阪変圧器(のちダイヘン)副社長　→91/93

野田 俊介　のだ・しゅんすけ　～平成7年8月23日　エム・アイ・シー社長　→94/96

野田 昇治　のだ・しょうじ　大正15年3月17日～平成7年2月7日　松竹梅酒造社長　→94/96

野田 庄平　のだ・しょうへい　大正2年8月1日～昭和58年8月5日　関東天然瓦斯開発会社監査役　→83/87

野田 信一　のだ・しんいち　大正15年8月12日～平成9年1月13日　ピープル社長　→97/99

野田 新一　のだ・しんいち　～昭和46年9月25日　関西情報センター専務理事　→昭和

野田 助嗣　のだ・すけつぐ　昭和21年3月1日～平成23年6月1日　松竹専務　→09/11

野田 鈴男　のだ・すずお　大正14年4月10日～平成22年11月17日　ブラザー工業専務　→09/11

野田 純生　のだ・すみお　大正12年4月14日～平成13年8月16日　弁護士, 東日本旅客鉄道監査役　→00/02

野田 清二　のだ・せいじ　昭和11年9月19日～平成2年8月9日　電力労連書記長　→88/90

野田 清四郎　のだ・せいしろう　大正15年～平成12年8月13日　日新電機常務, 日新エンジニアリング会長　→00/02

野田 誠三　のだ・せいぞう　明治28年2月11日～昭和53年3月28日　阪神電鉄会長, 大阪タイガースオーナー　→昭和

野田 清之助　のだ・せいのすけ　明治41年1月7日～昭和60年12月6日　日本レイヨン副社長, ユニチカパークシャー社長　→83/87

野田 大造　のだ・だいぞう　～昭和55年6月4日　日本食品化工会長　→80/82

野田 孝也　のだ・たかや　昭和12年1月7日～平成11年2月1日　電通専務　→97/99

野田 武夫　のだ・たけお　明治28年2月8日～昭和47年6月7日　衆院議員(自民党), 自治相　→昭和

野田 武夫　のだ・たけお　～昭和55年11月28日　大木町(福岡県)町長　→80/82

野田 竹直　のだ・たけなお　～昭和55年2月22日　本州製紙専務　→80/82

野田 武義　のだ・たけよし　昭和2年6月7日～平成17年5月8日　釜石市長, 岩手県議(無所属)　→03/05

野田 辰二　のだ・たつじ　大正5年12月4日～平成5年7月30日　日本スピンドル製造専務　→91/93

野田 為範　のだ・ためのり　～昭和60年4月7日　大蔵省長崎税関長　→83/87

野田 親則　のだ・ちかのり　大正6年3月17日～平成18年1月18日　日本航空専務　→06/08

野田 知津子　のだ・ちづこ　～昭和55年8月17日　野田合板代表取締役　→80/82

野田 忠二郎　のだ・ちゅうじろう　明治41年4月1日～平成4年11月10日　阪神電気鉄道社長　→91/93

野田 鶴雄　のだ・つるお　明治8年1月24日～昭和11年1月9日　海軍造兵中将　→昭和

野田 底司　のだ・ていじ　明治33年9月4日～昭和63年8月26日　弁護士, 名古屋控訴院部長, 瑞穂短期大学教授　→88/90

野田 哲造　のだ・てつぞう　明治24年6月21日～平成4年7月30日　住友銀行専務・会長　→91/93

野田 哲郎　のだ・てつろう　大正13年1月30日～平成18年1月28日　安川電機常務　→06/08

野田 東一　のだ・とういち　～平成9年1月19日　三菱金属鉱業(のち三菱マテリアル)常務　→97/99

野田 朝夫　のだ・ときお　明治41年9月23日～平成11年1月31日　大成火災海上保険社長, 古河鉱業常務　→97/99

野田 敏夫　のだ・としお　大正15年5月31日～平成6年8月31日　大阪チタニウム製造副社長　→94/96

野田 利根夫　のだ・とねお　大正2年10月7日～平成8年12月3日　富士ゼロックス専務, 三井銀行(のちさくら銀行)常務　→94/96

野田 豊司　のだ・とよし　昭和5年9月8日～平成20年2月16日　明鏡舎副社長　→06/08

野田 英男　のだ・ひでお　〜平成1年11月26日
弁護士　福岡高等検察庁刑事部長　→88/90

野田 英雄　のだ・ひでお　〜昭和57年7月7日
野田市兵衛商店社長、野田市電子社長　→80/82

野田 秀助　のだ・ひですけ　明治33年1月14日〜昭和62年2月13日　三井造船専務、昭和飛行機工業社長　→83/87

野田 侔　のだ・ひとし　昭和12年2月14日〜平成6年2月20日　福岡県建築士事務所協会常任理事、春野建設社長　→94/96

野田 兵衛　のだ・ひょうえ　〜昭和56年11月24日
熊本国税局長、福島交通専務　→80/82

野田 浩　のだ・ひろし　明治45年2月10日〜平成1年9月22日　大同製鋼（のち大同特殊鋼）常務　→88/90

野田 博　のだ・ひろし　〜昭和55年8月16日
松竹梅酒造社長　→80/82

野田 文一郎　のだ・ぶんいちろう　明治5年3月〜昭和35年3月9日　弁護士　神戸市長、衆院議員（翼賛議員同盟）　→昭和

野田 勝彦　のだ・まさひこ　昭和2年8月13日〜平成2年11月2日　来島興産社長　→88/90

野田 正久　のだ・まさひさ　大正8年2月23日〜平成14年11月15日　住友セメント専務　→00/02

野田 三蔵　のだ・みつぞう　〜昭和13年5月13日
陸軍少将　→昭和

野田 茂吉　のだ・もきち　〜昭和62年11月8日
九州硬化工業社長、日本硬質クロム工業専務理事、全国鍍金工業組合連合会理事　→83/87

野田 康男　のだ・やすお　〜平成18年11月26日
報知新聞常務　→06/08

野田 靖　のだ・やすし　大正15年〜平成3年6月6日
アイカインテリア工業社長、アイカ工業常務　→91/93

野田 泰宏　のだ・やすひろ　〜平成16年5月30日
大成ロテック常務　→03/05

野田 豊　のだ・ゆたか　明治28年12月26日〜昭和47年3月18日　野田経済研究所会長、専修大学理事　→昭和

野田 嘉雄　のだ・よしお　明治45年1月31日〜昭和58年11月19日　日本金属常任顧問・元専務　→83/87

野田 善貴世　のだ・よしきよ　〜昭和7年2月9日
陸軍航空兵少佐　→昭和

野田 良晴　のだ・よしはる　昭和19年8月19日〜平成19年10月　牧師　松島伝道所牧師、錦織教会牧師　→09/11s

野田 力三　のだ・りきぞう　明治38年2月24日〜昭和61年6月13日　野田合板社長　→83/87

野田 律太　のだ・りつた　明治24年9月12日〜昭和23年3月16日　労働運動家　→昭和

野田 良吉　のだ・りょうきち　大正15年9月15日〜平成22年5月30日　第一製薬専務　→09/11

野田 良治　のだ・りょうじ　〜昭和43年6月23日
外交官　→昭和

野田 六左衛門　のだ・ろくざえもん　明治27年8月15日〜平成1年8月17日　今津酒造会長、貴族院議員　→88/90

野知 浩之　のち・ひろゆき　明治41年7月2日〜平成6年9月9日　参院議員（自民党）　→94/96

野寺 哲二郎　のでら・てつじろう　明治35年1月5日〜昭和59年12月4日　日本自動車車体工業会顧問・元専務理事　→83/87

能登 一郎　のと・いちろう　昭和36年〜平成9年4月26日
牧師　→00/02s

能登 和夫　のと・かずお　昭和6年3月24日〜平成6年8月28日　三笠市長　→94/96

能登 作次郎　のと・さくじろう　〜昭和59年10月12日
旭川三井石炭販売会長、深川地方卸売市場会長　→83/87

能登 三之助　のと・さんのすけ　大正5年〜平成14年9月20日　北海道出納長　→00/02

能登 武　のと・たけし　大正6年12月4日〜平成9年8月21日　ホクレン常務　→97/99

能登 常一　のと・つねかず　大正12年4月18日〜平成3年4月13日　佐藤道路社長、佐藤工業常務　→91/93

能登 哲也　のと・てつや　昭和9年1月9日〜平成10年5月10日　大津地検検事正　→97/99

能登 知也　のと・ともや　昭和6年7月5日〜平成10年6月6日　富士急行常務　→97/99

能登 義夫　のと・よしお　大正8年10月22日〜平成10年5月10日　全国木材協同組合連合会副会長　→97/99

野殿 弘行　のどの・ひろゆき　〜平成10年9月21日
全日本郵政労働組合委員長　→97/99

野仲 伊熊　のなか・いくま　〜昭和61年4月16日
東亜合成化学工業常務　→83/87

野中 市松　のなか・いちまつ　〜昭和56年6月23日
日本石鹸洗剤工業組合理事長、ニッサン石鹸社長　→80/82

野中 勝美　のなか・かつみ　〜平成15年6月15日
熊本県原爆被害者団体協議会会長　→03/05

野中 義孝　のなか・ぎこう　大正13年5月6日〜平成1年1月23日　僧侶　金剛峯寺（高野山真言宗）塔頭、本王院住職　→88/90

野中 清　のなか・きよし　明治5年8月〜昭和38年2月12日　大蔵官僚　→昭和

野中 賢三　のなか・けんぞう　明治4年5月8日〜平成8年8月17日　大日本インキ化学工業専務　→94/96

野中 春三　のなか・しゅんぞう　〜昭和35年6月6日
西日本鉄道社長　→昭和

野中 四郎　のなか・しろう　明治36年10月27日〜昭和11年2月29日　陸軍大尉　2.26事件の青年将校の一人　→昭和

野中 誠之　のなか・せいし　明治13年12月26日〜昭和32年1月14日　社会運動家　→昭和

野中 清治　のなか・せいじ　〜昭和62年12月3日

I 政治・経済・社会篇

富山保護区保護司会長　→83/87

野中 忠夫　のなか・ただお　～昭和58年9月2日
中部地方更生保護委員会委員長　→83/87

野中 綱雄　のなか・つなお　大正6年2月3日～平成7年12月11日　商工組合中央金庫理事　→94/96

野中 晶三郎　のなか・てるさぶろう　大正12年1月12日～平成15年7月21日　三菱製紙常務　→03/05

野中 輝三　のなか・てるぞう　大正4年7月18日～平成2年6月22日　日新火災海上保険常務　→88/90

野中 冨雄　のなか・とみお　明治45年1月18日～平成10年5月2日　北海道議　→97/99

野中 花　のなか・はな　～昭和61年9月30日
バー経営,元・女優　→83/87

野中 正美　のなか・まさよし　～平成16年7月2日
読広広告社常務　→03/05

野中 万助　のなか・まんすけ　～昭和6年7月16日
明治製革社長　→昭和

野中 光治　のなか・みつじ　明治40年～昭和44年1月16日　広島地検検事正　→昭和（のなか・こうじ）

野中 洋一　のなか・よういち　昭和19年～平成22年5月17日　丸善石油化学社長　→09/11

野並 茂吉　のなみ・もきち　明治21年～昭和40年12月6日　崎陽軒社長　→昭和

野々垣 柳治　ののがき・りゅうじ　昭和8年1月11日～平成9年8月13日　日刊工業新聞常務　→97/99

野々川 美寿子　ののがわ・みずこ　～昭和62年7月14日
日本メナード化粧品副社長　→83/87

野々口 紀道　ののぐち・のりみち　昭和15年1月3日～平成23年8月22日　安田生命保険常務　→09/11

野々田 公義　ののだ・きみよし　大正10年11月16日～平成18年11月20日　神鋼商事常務　→06/08

野宮 初枝　ののみや・はつえ　明治31年1月24日～昭和53年4月2日　平和運動家　婦人国際平和自由連盟日本支部会長,日本基督教婦人矯風会理事　→昭和（のみや・はつえ）

野々村 宗逸　ののむら・そういつ　～平成6年2月10日
住宅都市整備公団常任参与　→94/96

野々村 政也　ののむら・まさや　安政2年6月22日～昭和5年4月24日　実業家　日本銀行株式局長,鴻池銀行監査役　→昭和

野々山 広三郎　ののやま・こうざぶろう　明治32年1月4日～昭和60年8月8日　サッポロビール会長　→83/87

野々山 啓　ののやま・さとる　昭和3年4月5日～平成19年7月18日　愛知県議（自民党）　→06/08

野々山 道生　のやま・みちお　昭和9年11月27日～平成15年1月22日　杉田エース監査役,住友銀行常任監査役　→03/05

野萩 春元　のはぎ・はるもと　大正7年2月8日～平成9年9月11日　オリエンタル酵母工業社長,日清製粉専務　→97/99

野萩 康雄　のはぎ・やすお　明治38年6月27日～平成4年2月8日　キンカ堂会長　→91/93

野畑 二郎　のばた・じろう　～平成22年3月9日
野畑証券社長　→09/11

野畑 彦蔵　のばた・ひこぞう　明治28年4月7日～平成3年7月20日　門司港運会長,日本港運協会副会長　→91/93

野原 覚　のはら・かく　明治43年2月1日～平成11年4月6日　衆院議員（社会党）　→97/99

野原 健一　のはら・けんいち　～昭和55年1月29日
和歌山県商工業協同組合理事長,日本漆器協同組合連合会理事　→80/82

野原 弘吉　のはら・こうきち　大正8年10月31日～平成19年10月3日　野原産業社長　→06/08

野原 産治郎　のはら・さんじろう　昭和60年7月16日
三井物産取締役　→83/87

野原 正作　のはら・しょうさく　大正3年1月27日～昭和58年12月22日　俳人　シチズン時計取締役　→83/87

野原 甚一　のはら・じんいち　～昭和56年1月13日
トナミ運輸相談役・元社長　→80/82

野原 新太郎　のはら・しんたろう　昭和59年4月27日
渡辺製菓社長　→83/87

野原 信郎　のはら・のぶお　明治45年2月15日～平成6年10月23日　古河電気工業専務　→94/96

野原 信高　のはら・のぶたか　～平成17年8月24日
利賀そばを初めて商品化　→06/08s

野原 正勝　のはら・まさかつ　明治39年3月16日～昭和58年2月10日　衆院議員,労相　→83/87

野原 陽一　のはら・よういち　大正12年12月8日～平成16年9月9日　帝人製機社長,帝人常務　→03/05

野平 みつ　のひら・みつ　～昭和56年9月16日
街の空きかん拾いを続けたおばあさん　→80/82

信井 斉蔵　のぶい・せいぞう　～昭和55年10月21日
全国電気販売生活協同組合理事長,全国ラジオ電気組合連合会会長　→80/82

信氏 良古　のぶうじ・りょうきち　～昭和56年3月25日
陸軍中将　→80/82

延賀 彧彦　のぶか・あやひこ　昭和22年10月7日～平成21年8月6日　日本丸天醤油社長　→09/11

延賀 喜信　のぶか・よしのぶ　大正10年9月15日～平成1年4月4日　日本丸天醤油社長,全国醤油醸造協同組合理事長　→88/90

信国 淳　のぶくに・あつし　～昭和55年2月5日
僧侶　真宗大谷派大谷専修学院長　→80/82

信沢 喜代司　のぶさわ・きよじ　大正7年1月18日～平成20年2月16日　日本通運専務,ジェイアールバス関東社長　→06/08

信沢 利世　のぶさわ・としよ　～昭和59年12月9日
海外鉄道技術協力協会常務理事,元国鉄外務部長　→83/87

延島 英一　のぶしま・えいいち　明治35年6月30日～昭

和44年7月6日　アナキスト, 評論家　→昭和

信田 富夫　のぶた・とみお　～昭和60年9月18日
ライトパブリシティ会長　→83/87

野淵 三治　のぶち・さんじ　～昭和46年8月11日
日本碍子相談役・元社長　→昭和

信藤 孝三　のぶとう・こうぞう　～平成5年3月28日
日立造船専務　→91/93

延藤 良亮　のぶとう・ごんすけ　明治38年9月2日～昭和59年7月25日　リョービ監査役　→83/87

延藤 禎佑　のぶとう・ていすけ　大正6年7月1日～昭和61年10月11日　芦森工業相談役・元副社長　→83/87

信原 明　のぶはら・あきら　明治45年1月25日～平成11年4月8日　行政管理庁中部管区行政監察局長, 行政管理庁東北管区行政監察局長　→97/99

延原 邦治　のぶはら・くにじ　昭和9年9月27日～平成18年2月2日　山陰放送常務　→06/08

延原 通良　のぶはら・つうりょう　明治43年12月8日～昭和62年4月27日　ジュジュ化粧品相談役・元専務　→83/87

信原 利通　のぶはら・としみち　～昭和60年12月13日
造福祉園(広島)理事長　→83/87

信原 尚武　のぶはら・なおたけ　昭和15年7月14日～平成20年9月19日　産経新聞常務　→06/08

信正 義雄　のぶまさ・よしお　明治30年8月23日～昭和60年12月2日　弁護士　衆院議員(自由党), 滋賀弁護士会長　→83/87

信元 安貞　のぶもと・やすさだ　大正9年8月19日～平成15年5月8日　曙ブレーキ工業名誉会長, 日本自動車部品工業会長　→03/05

野辺 一郎　のべ・いちろう　大正13年1月26日～平成17年6月9日　東京高検刑事部長　→03/05

野部 晃司　のべ・こうじ　昭和3年4月29日～平成9年9月23日　東京田辺製薬本社　→94/96

野辺 游吉　のべ・ゆうきち　明治32年3月15日～平成2年4月4日　日本ビクター常務　→88/90

延沢 定雄　のべざわ・さだお　～昭和60年10月16日
ミユキ化成工業会長　→83/87

延谷 俊雄　のべたに・としお　大正5年4月8日～平成8年1月29日　富山化学工業常務　→94/96

野辺地 天馬　のべち・てんま　明治18年1月7日～昭和40年4月24日　牧師, 童話作家, 口演童話家　→昭和

登 博　のぼり・ひろし　昭和13年8月24日～平成23年10月17日　神鋼商事常務　→09/11

野間 海造　のま・かいぞう　明治31年9月28日～昭和62年5月15日　弁護士　東京帝大教授, 上智大教授　→83/87

野間 恭一郎　のま・きょういちろう　～昭和12年12月18日　三菱商事取締役　→昭和

野間 惟道　のま・これみち　昭和12年11月26日～昭和62年6月10日　出版人　講談社社長　→83/87

野間 佐和子　のま・さわこ　昭和18年7月27日～平成23

年3月30日　講談社社長　→09/11

野間 省一　のま・しょういち　明治44年4月9日～昭和59年8月10日　出版人　講談社名誉会長, 日本書籍出版協会会長　→83/87

野間 四郎　のま・しろう　～昭和44年1月14日
日本化学常務　→昭和

野間 保　のま・たもつ　昭和2年3月7日～平成3年11月2日　築地魚市場専務　→91/93

野間 忠蔵　のま・ちゅうぞう　～平成2年9月21日
北海道管区行政監察局長　→88/90

野間 千代三　のま・ちよぞう　大正8年6月～昭和52年1月26日　衆院議員(社会党)　→昭和

野間 浩　のま・ひろし　～昭和62年12月19日
テレビ西日本常務取締役, 西日本新聞社社友　→83/87

野間 正秋　のま・まさあき　明治32年12月9日～平成1年1月10日　弁護士　京都地方労働基準審議会長　→88/90

野間口 兼雄　のまぐち・かねお　慶応2年2月14日～昭和18年12月24日　海軍大将　→昭和

野間口 利視　のまぐち・としみ　～平成1年8月11日
筑後市会議長　→88/90

野間口 英喜　のまぐち・ひでき　明治36年3月28日～昭和46年5月8日　東京航空食品会長, 東京空港サービス社長　→83/87

野見 千吉　のみ・せんきち　大正2年10月28日～平成6年2月4日　田辺市長　→94/96

野溝 勝　のみぞ・まさる　明治31年11月15日～昭和53年8月22日　農民運動家, 政治家　衆院議員, 参院議員　→昭和

野見山 佐一　のみやま・さいち　～平成1年9月5日
福岡県議, 全国老人クラブ連合会副会長　→88/90

野見山 栄　のみやま・さかえ　～昭和59年8月16日
日鉄鉱業常務, 九州鉱山保安センター所長　→83/87

野見山 次右ヱ門　のみやま・じえもん　明治35年2月10日～昭和59年2月9日　協和商会監査役・創業者　→83/87

野見山 真一　のみやま・しんいち　～昭和55年12月18日　大野城市行政区長会会長　→80/82

野見山 清造　のみやま・せいぞう　明治38年3月10日～昭和56年9月7日　衆院議員(自民党)　→80/82

野見山 勉　のみやま・つとむ　明治44年8月10日～平成9年2月5日　日本貿易振興会理事長　→97/99

許山 秀哉　のみやま・ひでや　大正12年9月7日～平成2年11月15日　古賀町(福岡県)町長　→88/90

野見山 可邦　のみやま・よしくに　～平成3年11月12日
不動建設常務　→91/93

野村 彬　のむら・あきら　大正11年3月12日～平成8年7月30日　松村組常務　→94/96

野村 五男　のむら・いつお　昭和16年12月2日～平成22年9月23日　参院議員(自民党)　→09/11

能村 磐夫　のむら・いわお　明治7年4月～昭和8年6月9

日　陸軍中将　→昭和

乃村 英一　のむら・えいいち　〜昭和57年5月22日
POP広告協会理事長, 乃村工芸社会長　→80/82

野村 英一　のむら・えいいち　明治41年10月21日〜平成10年3月20日　帝国石油社長　→97/99

能邨 英士　のむら・えいし　昭和7年〜平成20年5月13日　僧侶　真宗大谷派宗務総長, 勝光寺住職, 真宗大谷学園理事長　→06/08

野村 音次郎　のむら・おとじろう　大正6年8月21日〜平成14年1月11日　白梅酒造社長　→00/02

野村 かつ子　のむら・かつこ　明治43年11月26日〜平成22年8月21日　消費者運動家　→09/11

野村 勝彦　のむら・かつひこ　明治11年4月3日〜平成18年4月23日　阪神内燃機工業専務　→06/08

野村 嘉六　のむら・かろく　明治6年8月10日〜昭和27年1月17日　弁護士, 政治家　衆院議員(翼賛議員同盟)　→昭和

野村 義一　のむら・ぎいち　大正3年10月20日〜平成20年12月28日　北海道ウタリ協会理事長, アイヌ無形伝承保存会会長, 白老町(北海道)町議　→06/08

野村 菊雄　のむら・きくお　昭和10年5月19日〜昭和63年9月11日　京セラ取締役商品事業本部副本部長　→88/90

野村 菊之助　のむら・きくのすけ　〜昭和11年10月11日　大日本紡績取締役　→昭和

野村 喜次郎　のむら・きじろう　〜昭和55年5月15日
TNC企画常務取締役　→80/82

野村 吉三郎　のむら・きちさぶろう　明治10年12月16日〜昭和39年5月8日　海軍大将, 外交官, 政治家　外相, 駐米大使, 枢密顧問官　→昭和

野村 儀平　のむら・ぎへい　〜平成4年7月13日
諫早市長, 岐阜県知事　→91/93

野村 清臣　のむら・きよおみ　〜昭和56年1月16日
共立社長　→80/82

野村 清　のむら・きよし　大正13年5月1日〜平成9年12月8日　税理士　日本税理士会連合会副会長　→97/99

野村 均　のむら・きんいち　明治36年7月8日〜昭和58年6月22日　弁護士　名古屋弁護士会長, 愛知県地方労働委員会会長　→83/87

野村 銀二郎　のむら・ぎんじろう　大正12年11月27日〜昭和63年6月28日　高岡通運常務　→88/90

野村 邦夫　のむら・くにお　昭和18年3月27日〜平成11年8月31日　ブリヂストン常務　→97/99

野村 慶一　のむら・けいいち　大正1年11月25日〜平成9年3月5日　チチヤス乳業名誉会長　→97/99

野村 恵二　のむら・けいじ　明治44年1月9日〜平成10年2月7日　野村生命保険社長　→97/99

野村 元七　のむら・げんごろう　〜昭和29年2月14日
野村銀行頭取　→昭和

野村 権作　のむら・けんさく　大正3年8月11日〜平成18年6月3日　北海道議(自民党)　→06/08

野村 憲司　のむら・けんし　大正5年1月10日〜平成14年3月12日　ひまわり乳業会長, 高知県議(自民党)　→00/02

野村 健治　のむら・けんじ　〜昭和60年11月23日
野村土建(株)会長, 野村土石販売(株)会長　→83/87

野村 健二　のむら・けんじ　昭和6年8月5日〜平成2年7月30日　ニチアス取締役　→88/90

野村 源太郎　のむら・げんたろう　大正2年9月28日〜昭和62年7月15日　武蔵野銀行監査役　→83/87

野村 行一　のむら・こういち　明治17年2月4日〜昭和32年7月29日　東宮大夫　→昭和

野村 幸祐　のむら・こうすけ　明治35年1月25日〜平成3年4月27日　山口放送会長　→91/93

野村 五兵　のむら・ごへい　〜昭和61年1月16日
沼田金属工業会長, 三峰住宅会長　→83/87

野村 宰平　のむら・さいへい　大正14年8月8日〜平成8年2月12日　東レ副社長　→94/96

野村 佐太男　のむら・さたお　明治36年1月24日〜昭和55年7月30日　弁護士　名古屋高検事長　→80/82

野村 里美　のむら・さとみ　〜平成2年6月8日
新浜不動産社長, 香椎やろう会長, 香椎商工連盟副会長　→88/90

野村 三郎　のむら・さぶろう　〜平成7年6月7日
南武社長　→94/96

野村 治一良　のむら・じいちろう　明治8年12月23日〜昭和40年12月7日　日本海汽船社長　→昭和

野村 重基　のむら・しげき　〜平成1年11月28日
クラレ取締役　→88/90

野村 重一　のむら・じゅういち　明治33年2月15日〜平成4年12月31日　日本信号常務　→91/93

野村 秋介　のむら・しゅうすけ　昭和10年2月14日〜平成5年10月20日　右翼活動家　風の会代表, 大悲会会長　→91/93

野村 隼一　のむら・じゅんいち　大正6年5月18日〜昭和60年10月13日　日比谷総合設備社長, 元日本電信電話公社理事　→83/87

野村 順一郎　のむら・じゅんいちろう　大正12年12月8日〜平成16年4月9日　関西電力副社長　→03/05

野村 昌委　のむら・しょうい　〜昭和28年5月2日
昭和電工常務　→昭和

野村 正三郎　のむら・しょうざぶろう　大正1年8月3日〜平成2年3月10日　読売新聞取締役　→88/90

野村 昭治　のむら・しょうじ　〜昭和55年7月14日
東京電力労組委員長　→80/82

野村 二郎　のむら・じろう　〜平成2年10月19日
日本気化器製作所取締役　→88/90

野村 信一　のむら・しんいち　大正8年1月26日〜昭和63年8月15日　日興証券取締役, 日興ビルディング社長　→88/90

野村 末一　のむら・すえいち　〜昭和50年9月28日
　三井東庄社長　→昭和

野邑 末次　のむら・すえつぐ　明治42年3月31日〜平成15年1月8日　海将　防衛庁技術研究本部船舶担当開発官　→03/05

野村 純孝　のむら・すみたか　大正2年3月26日〜平成20年3月17日　僧侶　立命館大学名誉教授、法光寺住職　→06/08

野村 宣　のむら・せん　〜昭和42年12月3日
　茅ケ崎市長　→昭和

野村 専太郎　のむら・せんたろう　明治34年2月7日〜平成3年10月15日　小田急建設会長、衆院議員（自由党）　→91/93

野村 孝志　のむら・たかし　〜昭和56年1月26日
　自民党鹿児島県連事務局長　→80/82

野村 隆　のむら・たかし　〜平成2年9月16日
　日本無線取締役　→88/90

野村 武雄　のむら・たけお　〜昭和55年9月12日
　丸興常任監査役　→80/82

野村 馬　のむら・たけし　〜昭和55年5月24日
　愛媛県副知事、元愛媛放送社長　→80/82

能村 正　のむら・ただし　大正4年12月8日〜平成2年1月9日　日本輸送機専務　→88/90

野村 忠司　のむら・ただし　昭和7年6月27日〜平成9年5月4日　ヤマト運輸取締役　→97/99

野村 珠雄　のむら・たまお　明治39年3月21日〜平成9年9月17日　上原成商事副社長　→06/08

野村 千古　のむら・ちふる　大正13年6月27日〜平成10年6月28日　野村工業会長　→97/99

野村 忠策　のむら・ちゅうさく　昭和8年3月17日〜平成2年8月17日　駐コスタリカ大使　→88/90

野村 貞一　のむら・ていいち　明治44年2月18日〜平成1年11月11日　片倉チッカリン常務　→88/90

野村 貞一　のむら・ていいち　明治42年10月4日〜平成12年10月7日　呉羽化学工業副社長　→00/02

野村 照子　のむら・てるこ　大正12年3月〜平成8年1月9日　福岡県中国残留婦人交流の会事務局長　→94/96

野村 徳七　のむら・とくしち　明治11年8月7日〜昭和20年1月15日　実業家　野村財閥創始者、貴院議員（勅選）　→昭和

野村 利資　のむら・としか　昭和3年〜昭和61年3月4日　伊藤万監査役　→83/87

野村 敏之　のむら・としゆき　大正7年8月5日〜昭和63年6月25日　福徳相互銀行社長　→88/90

野村 留吉　のむら・とめきち　〜昭和55年4月27日
　海軍少将　→80/82

野村 直邦　のむら・なおくに　明治18年5月15日〜昭和48年12月12日　海軍大将　海相　→昭和

野村 尚武　のむら・なおたけ　大正14年5月9日〜平成

年9月4日　日昇館社長, 京都観光旅館連盟会長　→97/99

野村 直晴　のむら・なおはる　昭和8年12月11日〜平成62年5月17日　野村社長　→83/87

野村 仲三郎　のむら・なかさぶろう　大正14年1月21日〜平成16年12月24日　鈴鹿市長　→03/05

野村 春年　のむら・はるとし　明治45年1月18日〜昭和63年7月23日　野村産業会長　→88/90

野村 長　のむら・ひさし　大正9年3月29日〜平成9年5月12日　東陽テクニカ会長　→97/99

野村 秀雄　のむら・ひでお　明治32年12月2日〜昭和28年8月15日　社会運動家　→昭和

野村 秀雄　のむら・ひでお　明治21年1月8日〜昭和39年6月20日　NHK会長、朝日新聞社代表取締役　→昭和

野村 浩志　のむら・ひろし　〜平成16年4月29日
　弁護士　→03/05

野村 周史　のむら・ひろし　〜昭和62年1月30日
　大阪国際フェリー会長、東邦産商会長　→83/87

野村 弘　のむら・ひろみ　大正4年3月5日〜平成1年3月29日　日本ゴム工業会専務理事　→88/90

野村 福之助　のむら・ふくのすけ　明治45年1月1日〜平成4年8月5日　伊藤忠商事副社長、伊藤忠燃料会長　→91/93

野村 文英　のむら・ふみひで　昭和9年4月13日〜平成23年3月24日　野村証券常務　→09/11

野村 勉四郎　のむら・べんしろう　明治44年4月15日〜平成21年12月11日　サッポロビール副社長　→09/11

野村 正男　のむら・まさお　〜平成4年2月27日
　三菱鉱業（のち三菱マテリアル）取締役　→91/93

野村 正雄　のむら・まさお　明治43年9月20日〜昭和52年12月24日　北陸電気工業創業者　→昭和

野村 正治　のむら・まさじ　〜昭和57年9月21日
　大同製鋼不動産社長、元大同製鋼専務、元東海銀行専務　→80/82

野村 雅太郎　のむら・まさたろう　〜昭和61年2月3日
　名古屋観光ホテル常務取締役　→83/87

野村 政洋　のむら・まさひろ　昭和25年1月1日〜平成18年4月2日　フレンテ常務　→06/08

野村 正巳　のむら・まさみ　〜平成4年2月4日
　全国護国神社会長　→91/93

野村 益三　のむら・ますぞう　明治8年3月〜昭和34年12月25日　子爵　貴院議員　→昭和

野村 又兵衛　のむら・またべえ　大正10年3月4日〜平成12年7月13日　和歌山県公安委員長　→00/02

野村 道夫　のむら・みちお　〜平成13年6月6日
　芦浜原発阻止闘争本部幹事長、南島町（三重県）町議　→00/02

野村 光治　のむら・みつじ　〜昭和56年3月15日
　弁護士　神戸弁護士会副会長　→80/82

野村 光正　のむら・みつまさ　明治34年3月1日〜昭和58

I 政治・経済・社会篇

年5月26日 ホテル・ニューグランド社長 →83/87

野村 茂久馬 のむら・もくま 明治2年12月28日～昭和35年2月11日 実業家 高知鉄道社長、貴院議員(多額) →昭和

野村 素介 のむら・もとすけ 天保13年5月18日～昭和2年12月23日 官僚、政治家、男爵 元老院議官、貴院議員(勅選) →昭和

野村 恭雄 のむら・やすお ～昭和55年4月17日 陸軍少将 ジェコー社長 →80/82

野村 安太郎 のむら・やすたろう ～昭和55年7月4日 東京読売会名誉会長、白鳳会会長 →80/82

能村 幸雄 のむら・ゆきお 大正11年4月29日～昭和61年8月2日 弁護士 東京第二弁護士会副会長 →83/87

野村 幸男 のむら・ゆきお ～平成6年12月14日 静岡県議(無所属) →94/96

野村 幸正 のむら・ゆきまさ 昭和21年8月16日～平成11年2月18日 高知さんさんテレビ社長 →97/99

野村 裕 のむら・ゆたか 明治45年10月14日～平成22年7月16日 弁護士 滋賀弁護士会会長 →09/11

野村 洋三 のむら・ようぞう 明治3年1月20日～昭和40年3月24日 実業家 ホテル・ニューグランド会長 →昭和

野村 義男 のむら・よしお ～昭和63年7月12日 文化庁著作権審議会副会長、著作権資料協会顧問 →88/90

野村 芳禾 のむら・よしか 昭和11年2月21日～平成23年11月17日 王子製紙常務 →09/11

野村 佳子 のむら・よしこ 大正11年～平成15年11月29日 野村生涯教育センター創設者 →03/05

野村 良敏 のむら・よしとし 明治45年4月26日～昭和63年7月7日 小田急建設常務 →88/90

野村 嘉成 のむら・よしなり ～平成6年2月21日 宮崎県公安委員長、日向興産社長 →94/96

能村 義則 のむら・よしのり ～平成18年8月20日 連合富山副会長 →06/08

野村 好久 のむら・よしひさ 明治44年1月18日～平成17年12月14日 高知通運社長、高知県交通安全協会会長 →03/05

乃村 義博 のむら・よしひろ 昭和24年3月3日～平成23年1月4日 乃村工芸社社長 →09/11

野村 与曽市 のむら・よそいち 明治22年10月15日～昭和50年1月12日 実業家 →昭和(野村 与曾市)

野村 隆一 のむら・りゅういち 大正12年10月21日～平成18年11月20日 京都市収入役 →06/08

野村 龍太郎 のむら・りゅうたろう 安政6年1月25日～昭和18年9月18日 鉄道事業家、鉄道技師 満鉄総裁・社長 →昭和

乃村 竜澄 のむら・りゅうちょう 明治17年～昭和52年12月30日 僧侶 真言宗大覚寺門跡 →昭和

野村 了介 のむら・りょうすけ 明治40年3月27日～平成2年12月13日 リョーサン専務 →88/90

野村 麗子 のむら・れいこ ～昭和60年7月5日 ラテンアメリカ婦人協会役員 →83/87

野村 昭継 のもと・あきつぐ 昭和9年12月21日～平成8年5月14日 高砂鉄工社長 →94/96

野本 宇兵衛 のもと・うべえい 明治35年9月20日～昭和62年1月9日 日本中央競馬会理事 →83/87

野本 英一 のもと・えいいち 昭和2年2月6日～平成7年7月5日 オフィスエルアンドジー代表取締役、第一企画副社長 →94/96

野本 遠吉 のもと・えんきち 大正13年6月8日～平成23年3月20日 愛媛新聞取締役販売局長 →09/11

野本 亀雄 のもと・かめお ～平成6年5月4日 農林水産省農事試験場長 →94/96

野本 吉兵衛 のもと・きちべえ 明治31年6月13日～昭和59年3月19日 八幡浜市長、衆院議員 →83/87

野本 恭八郎 のもと・きょうはちろう 嘉永5年10月24日～昭和11年12月4日 社会事業家 新潟県議 →昭和

野本 国彦 のもと・くにひこ 明治10年5月8日～昭和4年9月13日 警察大学校副校長 →94/96

野本 茂 のもと・しげる 明治45年1月～平成4年6月17日 愛媛放送社長 →91/93

野本 品吉 のもと・しなきち 明治26年3月～昭和43年1月28日 衆院議員、参院議員(自民党) →昭和

野本 孝清 のもと・たかきよ ～平成1年1月 アベノスタンプコイン社 →88/90

野本 武一 のもと・たけいち 明治45年3月12日～昭和49年6月27日 部落解放運動家 埼玉県議(社会党) →昭和

野元 驍 のもと・たけし 嘉永6年8月23日～昭和2年2月14日 実業家 浪速銀行頭取 →昭和(のもと・ぎょう)

野元 為輝 のもと・ためき 明治27年～昭和62年12月19日 海軍少将 →83/87

野本 冨一 のもと・とみいち 大正10年7月30日～平成11年12月27日 大阪熱処理会長、関西経済同友会幹事、西宮商工会議所副会頭 →00/02s

野本 信男 のもと・のぶお 大正3年8月14日～昭和56年7月21日 野本製作所社長 →80/82

野本 登 のもと・のぼる ～昭和63年10月20日 行橋市市議会長 →88/90

野守 久雄 のもり・ひさお ～昭和57年3月10日 日本エクスラン工業副社長、住友化学工業取締役 →80/82

野谷 博司 のや・ひろし 大正2年12月10日～平成5年8月11日 神奈川県公安委員長 →91/93

野依 金城 のより・かねき ～昭和57年12月3日 鐘淵化学工業専務 →80/82

野依 三郎 のより・さぶろう 明治44年10月11日～平成1年10月9日 エキスポランド専務、阪急交通社常務 →88/90

野依 辰治 のより・たつじ ～昭和15年3月2日

三井生命取締役会長　→昭和

則井 万寿雄　のりい・ますお　明治12年10月24日～昭和11年10月16日　弁護士　衆議院議員(立憲政友会)　→昭和

則尾 ミツ　のりお・みつ　～昭和61年2月3日
(財)則尾ミツ育英会理事　→83/87

法月 惣次郎　のりずき・そうじろう　明治45年～平成7年3月12日　法月技研代表　パラボナアンテナ製作者　→94/96

乗杉 恒　のりすぎ・ひさし　明治43年2月18日～平成1年1月12日　東京社会保険協会副会長、ヤナセ専務　→88/90

乗杉 寿慶　のりすぎ・ひさよし　～昭和27年4月5日
大和汽船社長　→昭和

乗杉 恂　のりすぎ・まこと　大正9年1月1日～平成16年2月10日　東亜建設工業社長　→03/05

乗添 利光　のりぞえ・としみつ　明治35年12月31日～平成5年4月21日　川崎製鉄副社長、川鉄商事社長　→91/93

車田 利夫　のりた・としお　大正11年5月20日～平成3年7月14日　ノリタ光学会長　→91/93

乗田 道雄　のりた・みちお　～昭和57年10月20日
運輸省海難審判理事所首席理事官　→80/82

則武 敬一　のりたけ・けいいち　大正8年1月2日～平成18年4月12日　岡山県議　→06/08

則武 弘　のりたけ・ひろし　～昭和57年8月8日
東海テレビ放送常務　→80/82

則武 宗男　のりたけ・むねお　大正14年7月18日～平成13年6月18日　INAX専務　→00/02

則信 良春　のりのぶ・よしはる　大正9年5月8日～平成17年5月18日　向島町(広島県)町長　→03/05

乗松 茂　のりまつ・しげる　～平成8年1月2日
愛媛県立美術館長、ユネスコ国内委員　→94/96

乗松 要作　のりまつ・ようさく　昭和8年12月8日～平成9年5月8日　名古屋テレビ放送常務　→97/99

法水 進　のりみず・すすむ　昭和7年3月20日～平成12年7月10日　矢作建設工業常務　→00/02

則元 卯太郎　のりもと・うたろう　明治24年11月～昭和19年7月16日　衆院議員(翼賛政治会)　→昭和

則元 由庸　のりもと・なおつね　文久2年2月～昭和6年8月6日　弁護士　衆院議員(民政党)、長崎日日新聞社長　→昭和 (のりもと・よしつね)

法安 章　のりやす・あきら　～昭和63年2月2日
警視庁千住署巡査部長　→88/90

野呂 京一　のろ・きょういち　大正11年～平成14年1月29日　芝浦製作所常務　→00/02

野呂 恭一　のろ・きょういち　大正8年11月30日～平成7年3月6日　衆院議員(自民党)　→94/96

野呂 潔　のろ・きよし　昭和4年2月13日～昭和62年12月10日　炭労委員長　→83/87

野呂 金悦　のろ・きんえつ　昭和22年9月29日～平成9年4月18日　秋田県議(社民党)　→97/99

野呂 幸進　のろ・こうしん　～平成11年6月10日
僧侶　教安寺住職、浄土宗大本山増上寺執事長　→97/99

野呂 彦太郎　のろ・ひこたろう　～昭和57年11月24日
近江屋写真用品会社社長　→80/82

野呂 豊　のろ・ゆたか　大正14年6月4日～平成2年11月15日　プラス・テク専務　→88/90

野渡 米子　のわたり・よねこ　～平成5年5月12日
ステーツサイド商会会長　→91/93

【は】

灰岡 偉夫　はいおか・ひでお　大正15年8月16日～平成23年10月12日　小糸工業副社長　→09/11

梅戸 勝恵　ばいど・しょうえ　大正14年6月17日～平成18年9月6日　日之影町(宮崎県)町長　→06/08

拝藤 聖雄　はいとう・まさお　～平成23年7月21日
積水化成品工業常務　→09/11

灰原 茂雄　はいばら・しげお　大正4年4月7日～平成12年3月18日　労働運動家　三井三池労働組合書記長、炭労事務局長　→00/02

生原 優　はいばら・まさる　大正13年9月26日～平成18年3月13日　牧師　日本基督教団本郷中央教会牧師　→06/08

波江野 繁　はえの・しげく　明治31年5月19日～平成2年12月12日　日亜鋼業会長　→88/90

芳賀 章　はが・あきら　～平成10年1月17日
芳賀書店社長　→97/99

芳賀 貞政　はが・さだまさ　～昭和62年1月26日
弁護士　大審院検事　→83/87

芳賀 正三　はが・しょうぞう　大正5年7月1日～平成4年10月27日　NEC監査役　→91/93

芳賀 詔八郎　はが・しょはちろう　～平成22年5月12日　カンバセーションアンドカムパニー代表取締役　→09/11

羽賀 征治　はが・せいじ　昭和15年2月24日～平成16年8月19日　日本特殊陶業社長　→03/05

羽賀 孝　はが・たかし　昭和2年7月4日～平成23年10月4日　丸大食品社長　→09/11

芳賀 武　はが・たけし　明治33年～昭和63年3月
社会運動家　→88/90

芳賀 津二彦　はが・つじひこ　～昭和59年6月22日
日産汽船副社長　→83/87

芳賀 敏夫　はが・としお　～昭和56年12月9日
和寒町(北海道)町長　→80/82

芳賀 富蔵　はが・とみぞう　大正14年5月17日～平成13年11月30日　ニップン飼料社長、日本製粉取締役　→00/02

羽賀 正義　はが・まさよし　明治37年5月25日～平成2年

I 政治・経済・社会篇　　はきわら

2月3日　東洋建設社長　→88/90
芳賀 貢　はが・みつぐ　明治41年1月13日～平成17年6月14日　衆議院議員(社会党)　→03/05
垪 稔　はが・みのる　明治38年10月24日～平成1年8月17日　第一火災海上保険常務, 日本生命保険監査役　→88/90
芳賀 勇一　はが・ゆういち　～昭和62年6月23日　スズキ自販北海道常務　→83/87
芳賀 善広　はが・よしひろ　～昭和56年10月6日　芳賀ビル総業会長　→80/82(芳賀 善廣)
芳賀 龍臥　はが・りゅうが　～平成16年9月5日　総会屋, 経営コンサルタント　→03/05
博田 裕久　はかた・ひろひさ　～昭和60年8月1日　博報堂インターナショナルセンター国際営業局長　→83/87
博多 良祐　はかた・りょうすけ　昭和8年9月～平成18年1月15日　ゲイバー・のり平店主　→06/08
袴 次夫　はかま・つぎお　昭和4年4月3日～平成3年1月27日　日本紙パルプ商事常務　→91/93
袴田 邦男　はかまだ・くにお　明治43年1月4日～平成6年3月4日　大同特殊鋼会長　→94/96
袴田 里見　はかまだ・さとみ　明治37年8月11日～平成2年5月10日　日本共産党副委員長　→88/90
袴田 清治　はかまだ・せいじ　～平成18年6月6日　劉連仁生還記念碑を伝える会名誉顧問　→06/08
袴田 静次　はかまだ・せいじ　大正5年10月6日～平成3年3月14日　ライオン油脂(のちライオン)常務　→91/93
袴田 恒夫　はかまだ・つねお　明治45年1月19日～平成13年7月29日　横河橋梁製作所常務　→00/02
袴田 陸奥男　はかまだ・むつお　大正1年10月12日～平成3年9月　モスクワ極東研究所学術勤務員顧問　→91/93
葉上 照澄　はがみ・しょうちょう　明治36年8月15日～平成1年3月7日　比叡山延暦寺長臈・滋賀門院跡　→88/90
萩尾 数美　はぎお・かずみ　～昭和63年9月3日　嘉飯山自転車組合理事長　→88/90
萩尾 千秋　はぎお・ちあき　～昭和59年1月3日　日本海薬品社長　→83/87
萩沢 清彦　はぎざわ・きよひこ　大正13年10月1日～平成17年4月30日　弁護士　成蹊大学名誉教授, 中央労働委員会会長　→03/05
萩沢 辰雄　はぎざわ・たつお　昭和3年11月20日～平成6年4月11日　大末建設常務　→94/96
萩沢 政吉　はぎざわ・まさきち　～昭和56年2月15日　全日本薬種商協会常任相談役　→80/82
萩下 長三　はぎした・ちょうぞう　～昭和60年8月31日　高志工芸社長, 高志画廊主事　→83/87
萩島 武夫　はぎしま・たけお　大正8年12月10日～平成7年2月4日　防衛庁衛生局長　→94/96
萩野 郷一　はぎの・ごういち　昭和9年7月3日～平成18年

年5月7日　高知県議(共産党)　→06/08
萩野 末吉　はぎの・すえきち　万延1年9月1日～昭和15年2月13日　陸軍中将　→昭和
萩野 由夫　はぎの・よしお　～昭和62年11月18日　三菱鉱業(のち三菱鉱業セメント)取締役　→83/87
萩野谷 清　はぎのや・きよし　昭和12年10月11日～平成5年6月28日　市光工業取締役　→91/93
萩野谷 康太郎　はぎのや・こうたろう　明治44年8月31日～平成10年7月21日　沖電気工事社長, 沖電気工業常務　→97/99
萩原 耕治　はぎはら・こうじ　明治39年1月30日～平成12年5月3日　伊藤忠商事常務　→00/02
萩原 祥蔵　はぎはら・しょうぞう　大正4年6月29日～平成2年10月6日　枚方近鉄百貨店社長, 京都近鉄百貨店専務　→88/90
萩原 清治郎　はぎはら・せいじろう　明治39年6月～昭和62年8月11日　全国出納長会会長, 奈良県出納長　→83/87
萩原 善之助　はぎはら・ぜんのすけ　大正9年10月24日～平成14年7月29日　萩原農場長, 全国商工会連合会会長　→00/02
萩原 虎雄　はぎはら・とらお　明治39年2月3日～平成4年4月8日　弁護士　東京造幣局長, 日本専売公社監事　→91/93
萩原 武美雄　はぎはら・ふみお　昭和2年10月4日～平成12年6月21日　日本たばこ産業常務, 吉富製薬副社長　→00/02
萩原 行夫　はぎはら・ゆきお　～平成13年6月4日　阪神大震災支援金性差別訴訟の原告　→00/02
萩元 たけ子　はぎもと・たけこ　明治33年2月～昭和56年4月19日　衆院議員(社会党)　→80/82
萩本 良房　はぎもと・よしふさ　大正8年11月26日～平成4年2月8日　ブリヂストン取締役　→91/93
萩山 巌　はぎやま・いわお　昭和16年8月5日～平成13年12月8日　静岡県議(公明党)　→00/02
萩山 清　はぎやま・きよし　大正4年4月8日　平成18年1月20日　愛媛県経済農協連会長　→06/08
羽明 省三　はきら・しょうぞう　～平成23年5月25日　連合大分会長　→09/11
羽切 松雄　はきり・まつお　大正2年～平成9年1月　海軍中尉　静岡県議　→00/02s
萩原 栄松　はぎわら・えいまつ　～昭和55年9月5日　北海道原爆被害者団体協議会会長　→80/82
萩原 一男　はぎわら・かずお　大正11年8月22日～平成15年9月2日　萩原建設工業会長　→03/05
萩原 籌夫　はぎわら・かずお　明治2年10月9日～昭和10年9月27日　実業家　朝鮮新聞社主　→昭和
萩原 員振　はぎわら・かずとし　～昭和12年10月7日　子爵　→昭和
萩原 勘二郎　はぎわら・かんじろう　～昭和61年5月13

日　荒川区（東京都）区議・区会議長　→83/87

萩原 吉太郎　はぎわら・きちたろう　明治35年12月25日～平成13年8月8日　北炭社長、札幌テレビ社長　→00/02

萩原 清計　はぎわら・きよかず　大正12年11月18日～平成13年10月24日　岩手日日新聞常務　→00/02

萩原 健二　はぎわら・けんじ　明治44年8月7日～平成23年1月15日　トナミ運輸社長　→09/11

萩原 憲三　はぎわら・けんぞう　明治40年7月9日～平成21年12月6日　電気興業社長　→09/11

萩原 興吉　はぎわら・こうきち　大正13年2月6日～平成22年12月29日　日本鋼管専務　→09/11

萩原 惟昭　はぎわら・これあき　昭和2年10月29日～平成18年6月4日　大林組副社長　→06/08

萩原 晴二　はぎわら・せいじ　昭和7年6月23日～平成12年2月24日　横浜ゴム会長　→00/02

萩原 荘五　はぎわら・そうご　昭和56年3月31日　安田火災専務　→80/82

萩原 大栄　はぎわら・だいえい　～昭和61年12月14日　僧侶　妙心寺派智恩寺（臨済宗）住職　→83/87

萩原 大介　はぎわら・だいすけ　明治37年1月20日～昭和61年11月9日　勝村建設顧問　→83/87

萩原 健雄　はぎわら・たけお　～平成7年7月11日　同和火災海上保険常務　→94/96

萩原 猛　はぎわら・たけし　大正10年6月30日～昭和59年2月1日　竹中工務店取締役　→83/87

萩原 忠臣　はぎわら・ただおみ　明治43年12月15日～平成23年2月25日　萩原電気創業者　→09/11

萩原 辰郎　はぎわら・たつお　明治37年4月14日～平成5年5月16日　東京都副知事　→91/93

萩原 達二　はぎわら・たつじ　大正15年3月4日～平成7年3月22日　法政大学監事・評議員、三共光学工業社長　→94/96

萩原 太郎　はぎわら・たろう　大正13年10月9日～平成12年4月4日　弁護士　東京家裁所長　→00/02

萩原 忠治　はぎわら・ちゅうじ　～昭和55年7月25日　はぎ保育園園長　→80/82

萩原 徹　はぎわら・とおる　明治39年5月25日～昭和54年10月13日　外務省条約局長　→80/82

萩原 寿雄　はぎわら・としお　明治29年4月～昭和56年9月5日　衆院議員（国協党）、湘南養鶏社長　→80/82

萩原 寿雄　はぎわら・としお　大正9年10月1日～平成19年8月22日　大阪家裁所長　→06/08

萩原 利男　はぎわら・としお　～平成3年2月10日　ソニー豊里常務　→91/93

萩原 留次郎　はぎわら・とめじろう　～昭和63年10月18日　ウイング大門店社長　→88/90

萩原 朋正　はぎわら・ともまさ　～昭和63年3月1日　豊年製油取締役　→88/90

萩原 直三　はぎわら・なおぞう　大正5年12月16日～平成10年2月24日　法務省人権擁護局局長　→97/99

萩原 長幸　はぎわら・ながゆき　大正14年6月25日～平成21年11月12日　日本鉱業常務　→09/11

萩原 信夫　はぎわら・のぶお　大正3年9月7日～平成11年8月4日　東洋鋼鈑常務　→97/99

萩原 昇　はぎわら・のぼる　明治42年3月23日～平成5年5月9日　日本専売公社理事、東京自働機械製作所社長　→91/93

萩原 彦三　はぎわら・ひこぞう　～昭和42年10月15日　拓務次官　→昭和

萩原 平人　はぎわら・ひらと　～昭和56年4月2日　ジェトロ参与　→80/82

萩原 弘　はぎわら・ひろし　～昭和60年10月19日　安中市長　→83/87

萩原 福三　はぎわら・ふくぞう　大正13年6月8日～平成22年8月29日　読売新聞西部本社総務局長　→09/11

萩原 文二　はぎわら・ぶんじ　明治18年2月15日～平成23年8月1日　日野自動車副社長　→09/11

萩原 平八郎　はぎわら・へいはちろう　明治38年6月29日～昭和59年6月16日　鈴与名誉相談役・元専務、鈴与倉庫専務　→83/87

萩原 正清　はぎわら・まさきよ　嘉永6年3月9日～昭和2年9月27日　農民運動家　→昭和

萩原 政治郎　はぎわら・まさじろう　～昭和55年4月9日　大信販会長、全日本小売商団体連合会副会長　→80/82

萩原 昌浩　はぎわら・まさひろ　～昭和60年12月28日　サイマレック社長　→83/87

萩原 町子　はぎわら・まちこ　～平成6年2月18日　三共出版社長　→94/96

萩原 基由　はぎわら・もとよし　大正10年11月21日～平成8年8月1日　鹿児島新報取締役編集局長　→94/96

萩原 康雄　はぎわら・やすお　明治39年10月10日～平成3年1月24日　東京ガス専務　→91/93

萩原 幽香子　はぎわら・ゆかこ　明治44年4月11日～平成19年10月10日　参院議員（民社党）　→06/08

萩原 幸雄　はぎわら・ゆきお　大正12年10月～昭和53年11月29日　衆院議員（自民党）　→昭和（はぎわら・さちお）

萩原 好夫　はぎわら・よしお　～平成11年5月9日　八ッ場ダム建設をめぐる住民運動のリーダー　→97/99

萩原 義一　はぎわら・よしかず　～昭和55年6月14日　桜井市長　→80/82

萩原 善則　はぎわら・よしのり　大正14年9月19日～平成17年2月12日　富国生命保険専務　→03/05

朴 春琴　パク・チュングム　1891年4月17日～1973年3月31日　政治家　衆院議員　→昭和（ぼく・しゅんきん）

朴 敬元　パク・チョンウォン　1897年6月24日～1933年8月7日　飛行家　朝鮮人初の女性飛行家　→昭和（ぼく・けいげん）

I　政治・経済・社会篇　　　　　　　　　　　　　　　　　　　　　　　　　　　はしかわ

朴　玟奎　　バク・ミンギュ　～2006年11月21日　長崎県朝鮮人被爆者協議会会長　→06/08

伯田　二郎　　はくた・じろう　～昭和59年5月28日　石油荷役顧問, 山陽ドラム社長　→83/87

伯谷　恵一　　はくたに・けいいち　明治27年9月11日～昭和63年11月15日　杉村倉庫常務　→88/90

白戸　勝　　はくと・まさる　大正14年7月1日～平成20年7月14日　帝国臓器製薬専務　→06/08

白野　実　　はくの・みのる　～昭和61年7月20日　都下毎日連合会最高顧問, 毎日新聞国立販売所長　→83/87

羽倉　信也　　はぐら・のぶや　大正8年1月17日～平成16年4月12日　第一勧業銀行頭取　→03/05

土倉　弘　　はくら・ひろし　昭和8年3月6日～平成11年1月29日　ヤナセ監査役・元専務　→97/99

箱崎　賞　　はこざき・すすむ　昭和7年8月1日～平成8年4月24日　毎日放送専務　→94/96

箱崎　秀夫　　はこざき・ひでお　大正10年11月6日～平成15年1月12日　箱崎庄吉商店社長, 花巻商工会議所副会頭　→03/05

箱崎　文応　　はこざき・ぶんのう　明治25年4月7日～平成2年2月6日　僧侶　天台宗大僧正, 比叡山延暦寺長寿院住職　→88/90

箱崎　文弥　　はこざき・ぶんや　明治23年12月27日～昭和59年11月19日　福島相互銀行社長　→83/87

箱嶋　勘之祐　　はこしま・かんのすけ　～昭和62年2月27日　福岡銀行取締役　→83/87

箱田　文夫　　はこだ・ふみお　大正9年4月21日～平成9年9月14日　大阪府議　→97/99

箱根　宏　　はこね・ひろし　大正8年7月5日～昭和62年10月6日　土浦市長　→83/87

運　寿雄　　はこび・としお　大正12年10月1日～平成7年12月13日　関電工相談役　→94/96

箱山　顕一　　はこやま・けんいち　昭和9年3月17日～平成1年12月16日　パイオニア取締役特機事業本部次長　→88/90

架谷　憲治　　はさたに・けんじ　明治41年7月28日～平成7年12月26日　石川トヨタ自動車社長　→94/96

狭間　勇　　はざま・いさむ　大正14年6月10日～平成9年8月19日　三井建設専務　→97/99

間　孔太郎　　はざま・こうたろう　～昭和57年4月10日　中津川市長　→80/82

挟間　茂　　はざま・しげる　明治26年3月24日～昭和62年12月3日　内務次官, 日本住宅公団総裁, 日本出版会会長　→83/87

間　四郎　　はざま・しろう　～昭和51年2月10日　三菱化工機社長　→昭和

間　二郎　　はざま・じろう　大正5年10月23日～平成2年6月8日　日中友好文化経済技術協力九全国会長, 中国・遼寧省名誉顧問, ケイ・アイ・シー顧問　→88/90

挟間　宗晴　　はざま・そうせい　大正15年5月4日～平成6年5月

間　九　　僧侶　妙興寺(臨済宗)住職　→94/96

陌間　輝　　はざま・てる　大正11年2月11日～平成18年11月4日　神奈川県副知事　→06/08

間　平馬　　はざま・へいま　～平成7年2月9日　ハザマ顧問・元常務　→94/96

狭間　嘉明　　はざま・よしあき　～平成13年12月8日　革労協最高幹部　→00/02

間　芳久　　はざま・よしひさ　大正3年12月5日～平成9年6月1日　奈良県議(自民党)　→97/99

狭　頼年　　はざま・よりとし　大正13年1月18日～平成1年4月12日　台糖常務　→88/90

枦　勝重　　はし・かつしげ　昭和24年1月1日～平成22年1月13日　ベスト電器常務　→09/11

枦　庄吉　　はし・しょうきち　大正11年8月11日～平成18年2月4日　鹿児島県議(自民党)　→06/08

橋　尚男　　はし・ひさお　昭和5年1月19日～平成9年1月15日　住友倉庫専務　→97/99

橋井　次策　　はしい・じさく　昭和6年1月13日～平成18年1月9日　大栄太源常務　→06/08

橋井　真　　はしい・まこと　明治35年3月18日～昭和52年11月1日　東京計器製作所社長, 日銀政策委員　→昭和

橋井　政二　　はしい・まさじ　～昭和58年10月16日　「天政」店主　→83/87

橋浦　一角　　はしうら・いっかく　明治33年12月26日～昭和63年6月4日　山人橋浦精麦工場取締役会長　→88/90

橋浦　武四郎　　はしうら・たけしろう　～昭和62年1月31日　名取市議会議長　→83/87

橋浦　時雄　　はしうら・ときお　明治24年6月21日～昭和44年2月10日　社会運動家　→昭和

橋浦　彦三　　はしうら・ひこそ　明治39年10月13日～昭和62年12月5日　不二越常務取締役　→83/87

箸尾　恭之助　　はしお・きょうのすけ　～昭和61年11月20日　日本紡績協会常務理事　→83/87

橋岡　八郎　　はしおか・はちろう　明治25年3月17日～昭和58年10月19日　九州電工相談役・元社長　→83/87

羽鹿　昭士　　はじか・あきお　昭和9年9月17日～平成13年1月11日　小田急建設常務　→00/02

橋上　保　　はしがみ・たもつ　～昭和24年11月26日　参院議員　→昭和

橋上　保久　　はしがみ・やすひさ　大正7年7月16日～平成12年1月22日　日商興産社長, 日本青年会議所会頭　→00/02

橋上　義雄　　はしがみ・よしお　明治38年5月1日～平成4年12月13日　大阪府農業協同組合中央会会長, 大阪府議　→91/93

橋ケ谷　金次　　はしがや・きんじ　大正10年2月6日～平成21年11月26日　静岡県漁連合会会長　→09/11

橋川　保　　はしかわ・たもつ　明治34年11月11日～昭和59年5月14日　運輸省第二港湾建設局長, 東亜建設工業常務取締役　→83/87

「現代物故者事典」総索引(昭和元年～平成23年)　　971

橋川 真巳　はしかわ・まさみ　大正14年1月3日〜平成18年1月2日　大東紡織社長　→06/08

橋口 收　はしぐち・おさむ　大正10年9月8日〜平成17年7月13日　国土事務次官、公正取引委員会委員長、広島銀行頭取　→03/05

橋口 栄　はしぐち・さかえ　明治41年7月25日〜昭和62年3月15日　中野組取締役　→83/87

橋口 重則　はしぐち・しげのり　明治30年10月26日〜昭和58年2月1日　宮崎銀行相談役　→83/87

橋口 俊也　はしぐち・しゅんや　大正15年11月8日〜平成2年12月12日　電通副社長　→88/90

橋口 史郎　はしぐち・しろう　〜平成11年12月11日　学研クレジット会長　→97/99

橋口 隆　はしぐち・たかし　大正2年10月1日〜平成17年2月21日　衆院議員(自民党)　→03/05

橋口 次男　はしぐち・つぐお　大正7年8月29日〜平成7年2月27日　人事院関東事務局長　→94/96

橋口 弘　はしぐち・ひろし　〜昭和63年3月12日　丸友社長　→88/90

橋口 正幸　はしぐち・まさゆき　〜昭和44年12月23日　京阪電鉄監査役　→昭和

橋口 吉之　はしぐち・よしゆき　大正5年10月30日〜平成12年7月10日　日本鉱業副社長　→00/02

箸蔵 善龍　はしくら・ぜんりゅう　嘉永5年4月18日〜昭和3年11月1日　僧侶　真言宗小野派管長、箸蔵寺住職　→昭和

箸蔵 達郎　はしくら・たつお　昭和2年12月5日〜平成21年12月18日　帝都高速度交通営団理事　→09/11

橋爪 勇　はしづめ・いさむ　大正2年10月28日〜昭和60年6月3日　日本甜菜製糖顧問・元常務　→83/87

橋爪 一男　はしづめ・かずお　〜昭和43年5月12日　安立電気副社長　→昭和

橋爪 克己　はしづめ・かつみ　〜昭和58年1月11日　鐘紡特別顧問、横浜銀行顧問　→83/87

橋爪 儀八郎　はしづめ・ぎはちろう　〜昭和60年4月12日　大田区長　→83/87

橋爪 潔　はしづめ・きよし　〜昭和63年2月7日　石川興産社長　→88/90

橋爪 金吉　はしづめ・きんきち　明治43年8月23日〜昭和46年8月5日　東洋ベアリング販売副社長　→83/87

橋詰 聡　はしづめ・さとし　明治43年6月9日〜昭和55年11月8日　黒部川電力社長、北陸電力常務　→80/82

橋爪 志づ乃　はしづめ・しづの　大正7年〜平成20年1月27日　平和の語り部　→06/08

橋爪 捨三郎　はしづめ・すてさぶろう　慶応3年11月4日〜昭和5年9月15日　実業家　鐘淵紡績副社長　→昭和

橋詰 武勇　はしづめ・たけお　大正14年8月30日〜平成22年2月22日　高知市議(社会党)、新社会党高知県本部委員長　→09/11

橋爪 辰雄　はしづめ・たつお　明治37年2月6日〜昭和58年2月10日　日本油脂常務取締役　→83/87

橋爪 則正　はしづめ・のりまさ　〜平成4年4月10日　三交興業専務　→91/93

橋詰 博　はしづめ・ひろし　〜平成21年11月14日　九州通信ネットワーク常務　→09/11

橋爪 正喜　はしづめ・まさき　〜平成1年3月6日　和染工業社長　→88/90

橋詰 又一郎　はしづめ・またいちろう　明治41年1月2日〜昭和62年9月8日　民社党福岡県連副委員長、日本海外協会副会長　→83/87

橋爪 幸紀　はしづめ・ゆきのり　昭和2年2月11日〜平成13年9月3日　宝幸水産常務　→00/02

橋爪 良儀　はしづめ・よしのり　〜昭和61年8月10日　橋爪鉄工所代表　→83/87

橋爪 義守　はしづめ・よしもり　大正14年4月22日〜平成21年8月14日　石川県議(社会党)　→09/11

橋爪 由也　はしづめ・よしや　〜昭和45年12月10日　大船渡市長　→昭和

橋爪 良恒　はしづめ・りょうこう　昭和2年10月18日〜平成14年12月14日　僧侶　高崎白衣観音慈眼院住職　→00/02

橋爪 良全　はしづめ・りょうぜん　昭和57年7月6日　高野山真言宗宿老大僧正、観音山峰之坊慈眼院住職　→80/82

橋田 喜一郎　はしだ・きいちろう　明治43年4月7日〜平成23年10月12日　日野町(滋賀県)町長、日野薬品工業社長　→09/11

橋田 小三郎　はしだ・こさぶろう　〜昭和61年8月21日　日本喉頭摘出者団体連合会副会長、阪喉会名誉理事長　→83/87

端部 泰三　はしだ・たいぞう　大正15年4月3日〜平成20年11月2日　富士銀行頭取　→06/08

橋田 泰雄　はしだ・やすお　昭和5年4月1日〜平成16年6月17日　住友金属鉱山専務　→03/05

橋田 幸重　はしだ・ゆきしげ　大正14年3月20日〜平成16年3月25日　日本テトラポッド常務　→03/05

橋戸 幸蔵　はしど・こうぞう　大正5年3月1日〜昭和58年4月28日　大成建設専務　→83/87

橋中 千蔵　はしなか・ちよぞう　明治42年2月〜平成4年11月23日　神奈川県会議長　→91/93

端野 いせ　はしの・いせ　明治32年〜昭和56年7月1日　歌謡曲「岸壁の母」のモデル　→80/82

橋野 弘貞　はしの・ひろさだ　大正9年11月1日〜平成17年2月21日　富士電機工事社長　→03/05

橋野 安正　はしの・やすまさ　大正4年6月7日〜平成10年6月29日　サッポロビール副社長　→97/99

橋場 儀作　はしば・ぎさく　大正8年3月17日〜平成16年1月30日　共同通信常務理事　→03/05

羽柴 茂宏　はしば・しげひろ　大正8年12月21日～平成8年9月23日　日本高周波鋼業常務　→94/96

橋場 正一　はしば・しょういち　～昭和56年4月12日　旭川市農業委員会会長、元北農中央会副会長、元ホクレン副会長　→80/82

橋場 進　はしば・すすむ　～昭和59年6月4日　兼松江商カナダ社長、兼松江商東京本部業務推進部長　→83/87

羽柴 忠雄　はしば・ただお　大正7年2月15日～平成12年4月3日　大蔵省印刷局長　→00/02

羽柴 昇　はしば・のぼる　大正4年6月16日～平成9年9月11日　高松電気製作所（のちエナジーサポート）社長、日本ガイシ常務　→97/99

橋場 由之　はしば・よしゆき　～昭和59年7月19日　兼松江商常務　→83/87

土師原 穆秀　はしはら・ぼくしゅう　明治10年8月29日～昭和12年1月13日　僧侶　浄土寺住職　→昭和

橋間 克己　はしま・かつみ　大正4年7月10日～昭和61年10月10日　（株）サン海苔代表取締役社長、佐賀県有明海区漁業調整委員会副会長　→83/87

橋村 英佑　はしむら・えいすけ　～昭和37年7月13日　華厳宗宗会議長　→昭和

橋村 万喜雄　はしむら・まきお　昭和3年5月4日～平成8年2月27日　東京都出納長　→94/96

橋本 愛子　はしもと・あいこ　～昭和56年10月15日　福岡市母子福祉会理事長　→80/82

橋本 明　はしもと・あきら　明治41年～平成10年8月26日　技術コンサルタント　橋本技術士事務所所長　→97/99

橋本 勲　はしもと・いさお　～平成9年1月15日　日東製粉常務、日本紅茶社長　→97/99

橋本 勇　はしもと・いさむ　大正15年8月20日～平成1年9月14日　愛知県議（自民党）　→88/90

橋本 一郎　はしもと・いちろう　明治44年7月16日～平成17年4月20日　フジクラ会長　→03/05

橋本 巌　はしもと・いわお　～昭和56年8月16日　東洋興産社長　→80/82

橋本 礒　はしもと・いわお　～平成16年3月18日　ユニチカ常務　→03/05

橋本 丑恵　はしもと・うしえ　大正11年12月26日～平成14年11月6日　福島県議（自民党）　→00/02

橋本 梅太郎　はしもと・うめたろう　～昭和13年10月24日　浅野物産副社長　→昭和

橋本 運平　はしもと・うんぺい　大正2年2月13日～平成3年6月14日　日本合成化学工業常任監査役　→91/93

橋本 栄一　はしもと・えいいち　明治42年9月7日～平成20年8月12日　三井物産会長　→06/08

橋本 永助　はしもと・えいすけ　明治40年4月8日～昭和62年5月20日　丸一証券社長　→83/87

橋本 栄太郎　はしもと・えいたろう　明治32年8月10日～昭和61年5月25日　桜橋紙工業（株）代表取締役会長　→83/87

橋本 治　はしもと・おさむ　～昭和55年3月30日　三興製作所顧問・元副社長　→80/82

橋本 薫　はしもと・かおる　明治42年3月18日～昭和61年10月15日　加商顧問、元副社長、日本乾果物輸入協会会長、日本菓子貿易協会副会長　→83/87

橋本 一男　はしもと・かずお　～平成4年5月4日　神東塗料常務　→91/93

橋本 一男　はしもと・かずお　大正15年8月17日～平成13年9月23日　横浜市議（社会党）　→00/02

橋本 和雄　はしもと・かずお　～昭和57年12月14日　三井生命保険取締役　→80/82

橋本 一俊　はしもと・かずとし　昭和35年～昭和54年11月　進行性筋ジストロフィー患者　→昭和

橋本 和幸　はしもと・かずゆき　～昭和59年10月1日　三重県企画調整部長　→83/87

橋本 克巳　はしもと・かつみ　～平成3年10月15日　新興産業常務　→91/93

橋本 勝己　はしもと・かつみ　昭和12年10月15日～平成8年2月17日　コスモ証券常務　→94/96

橋本 寛一　はしもと・かんいち　～昭和56年4月7日　日本石油顧問　→80/82

橋本 寛児　はしもと・かんじ　大正4年3月29日～平成5年7月3日　吉富製薬常務　→91/93

橋本 喜久夫　はしもと・きくお　昭和5年3月23日～平成23年11月28日　山形県議（市民党）　→09/11

橋本 菊雄　はしもと・きくお　～平成5年3月13日　大和製衡取締役　→91/93

橋本 喜作　はしもと・きさく　明治8年11月23日～昭和14年9月29日　大阪港土地社長　→昭和

橋本 久一　はしもと・きゅういち　～平成4年10月20日　大和運輸（のちヤマト運輸）専務　→91/93

橋本 京一郎　はしもと・きょういちろう　～平成4年8月16日　税理士　日本税理士会連合会副会長　→91/93

橋本 凝胤　はしもと・ぎょういん　明治30年4月28日～昭和53年3月25日　僧侶、仏教学者　薬師寺長老、法相宗管長　→昭和

橋本 清　はしもと・きよし　明治44年9月12日～昭和58年6月11日　東京銀行常務　→83/87

橋本 清太　はしもと・きよた　大正2年10月18日～平成10年2月19日　PL教団理事長　→97/99

橋本 欣五郎　はしもと・きんごろう　明治23年2月19日～昭和32年6月29日　陸軍大佐　衆院議員（無所属倶楽部）　→昭和

橋本 勲爾　はしもと・くんじ　～昭和58年2月27日　三楽オーシャン取締役　→83/87

橋本 圭三郎　はしもと・けいざぶろう　慶応1年9月23日～昭和34年2月14日　大蔵官僚、実業家　大蔵次官、日本

石油社長、貴院議員(勅選) →昭和

橋本 健　はしもと・けん　〜平成22年4月10日
　兵庫県警警部　→09/11

橋本 健一　はしもと・けんいち　〜昭和55年4月11日
　日工精機社長　→80/82

橋本 憲一　はしもと・けんいち　〜平成3年1月1日
　天満屋常務　→91/93

橋本 謙吉　はしもと・けんきち　〜平成5年9月22日
　安田火災海上保険常務　→91/93

橋本 乾三　はしもと・けんぞう　〜昭和58年1月21日
　弁護士　仙台高検検事長　→83/87

橋本 孝一郎　はしもと・こういちろう　大正15年2月20日〜平成14年11月19日　参院議員(民社党)、全国電力労働組合連合会会長　→00/02

橋本 康三郎　はしもと・こうざぶろう　大正8年10月12日〜平成19年5月24日　リノール油脂社長　→06/08

橋本 幸八郎　はしもと・こうはちろう　嘉永4年9月1日〜昭和5年1月20日　岐阜県議、明知町長　→昭和

橋本(觜本) 五郎　はしもと・ごろう　大正8年9月15日〜平成21年6月8日　住友精化常務　→09/11

橋本 昶　はしもと・さかん　〜昭和62年12月1日
　第一製薬取締役生産部長　→83/87

橋本 祐子　はしもと・さちこ　明治42年2月8日〜平成7年10月6日　アンリー・デュナン教育研究所創立者、日本赤十字社青少年課長　→94/96

橋本 敏　はしもと・さとし　昭和14年2月26日〜平成9年4月18日　弁護士　和歌山弁護士会会長　→97/99

橋本 実斐　はしもと・さねあや　明治24年3月〜昭和51年10月9日　貴院議員(伯爵)　→昭和

橋本 実穎　はしもと・さねひで　慶応3年10月10日〜昭和6年5月12日　伯爵　→昭和(はしもと・さねえい)

橋本 三司　はしもと・さんじ　〜昭和58年3月16日
　三啓会長　→83/87

橋本 繁蔵　はしもと・しげぞう　明治40年7月15日〜昭和58年9月11日　参院議員(自民党)　→83/87

橋本 重能　はしもと・しげのり　〜昭和58年9月20日
　東京製綱元専務　→83/87

橋本 実春　はしもと・じっしゅん　明治38年3月25日〜平成6年8月19日　税理士　広島国税局長、神鋼商事専務　→94/96

橋本 十一郎　はしもと・じゅういちろう　〜平成4年3月19日　新潟水俣病被災者の会会長　→91/93

橋本 収二郎　はしもと・しゅうじろう　明治36年1月18日〜昭和62年5月27日　ダイハツ工業社長　→83/87

橋本 重輔　はしもと・じゅうすけ　大正10年1月29日〜平成6年10月8日　第一セメント相談役　→94/96

橋本 修堂　はしもと・しゅうどう　〜昭和57年3月22日
　臨済宗相国寺派宗務総長、相国寺塔頭林光院住職　→80/82

橋本 順　はしもと・じゅん　〜平成8年7月17日

弁護士　日本弁護士連合会副会長　→94/96

橋本 惇吉　はしもと・じゅんきち　明治41年12月28日〜平成9年3月26日　福島銀行社長　→97/99

橋本 正一　はしもと・しょういち　明治45年2月6日〜昭和53年7月21日　近畿車輛社長　→昭和

橋本 正次　はしもと・しょうじ　〜昭和55年7月17日
　松竹芸能取締役　→80/82

橋本 正二　はしもと・しょうじ　〜昭和63年11月25日
　東京貿易会専務理事　→88/90

橋本 正二　はしもと・しょうじ　大正2年1月2日〜平成9年2月4日　鹿島副社長　→97/99

橋本 聖準　はしもと・しょうじゅん　明治38年8月30日〜平成6年6月24日　東大寺長老　→94/96

橋本 昌三　はしもと・しょうぞう　〜昭和55年4月14日
　海外製鉄原料委員会事務局長、新日本製鉄資源調査室長　→80/82

橋本 昭三　はしもと・しょうぞう　昭和3年5月16日〜平成12年10月13日　トスコ常務　→00/02

橋本 二郎　はしもと・じろう　昭和27年9月〜昭和52年3月14日　衆院議員(国協党)　→昭和

橋元 四郎平　はしもと・しろうへい　大正12年4月13日〜平成21年8月1日　最高裁判事　→09/11

橋本 信　はしもと・しん　昭和8年8月22日〜平成1年11月12日　堺共同火力常務　→88/90

橋本 真吉　はしもと・しんきち　明治34年2月22日〜昭和59年2月9日　日立建機社長、日立製作所副社長　→83/87

橋本 新造　はしもと・しんぞう　〜昭和59年7月1日
　橋本七度煎社長　→83/87

橋本 清吉　はしもと・せいきち　明治31年8月14日〜昭和30年7月2日　衆院議員(改進党)　→昭和

橋本 清治　はしもと・せいじ　大正5年7月25日〜平成12年8月2日　日本パーカライジング専務　→00/02

橋本 征四郎　はしもと・せいしろう　〜平成21年10月23日　西濃信用金庫理事長　→09/11

橋本 清之助　はしもと・せいのすけ　明治27年2月9日〜昭和56年7月10日　貴院議員(勅選)　→80/82

橋本 宗美　はしもと・そうび　弘化4年〜昭和4年
　製菓商　→昭和

橋本 敬　はしもと・たかし　昭和13年9月1日〜平成1年11月1日　日本評論社社長　→88/90

橋本 隆年　はしもと・たかとし　大正8年12月3日〜平成13年10月13日　三菱重工業常務　→00/02

橋本 敬之　はしもと・たかゆき　大正8年5月30日〜平成4年12月14日　ニッカウヰスキー社長　→91/93

橋本 内匠　はしもと・たくみ　明治42年3月29日〜平成13年8月12日　橋本産業会長　→00/02

橋本 武　はしもと・たけし　明治37年12月19日〜平成10年2月12日　九州電力副社長、九州交響楽団理事長　→97/99

橋本 武人　はしもと・たけと　明治31年9月19日〜平成6

橋本 雄彦　はしもと・たけひこ　明治35年12月4日〜平成2年6月15日　弁護士　→88/90

橋本 忠重　はしもと・ただしげ　〜平成20年7月31日　警視庁警察学校長　→06/08

橋本 忠春　はしもと・ただはる　〜平成9年11月30日　徳島県副知事　→97/99

橋本 忠正　はしもと・ただまさ　大正8年10月11日〜昭和59年8月13日　NHK専務理事　→83/87

橋本 達雄　はしもと・たつお　昭和2年2月6日〜平成8年9月7日　全国農業協同組合連合会副会長　→94/96

橋本 辰二郎　はしもと・たつじろう　慶応4年5月〜昭和26年4月12日　国洋汽船社長，貴院議員（多額）　→昭和

橋本 辰二郎　はしもと・たつじろう　昭和15年10月3日〜平成19年2月10日　東京都議（公明党）　→06/08

橋本 環　はしもと・たまき　〜平成6年9月12日　松尾育英会理事　→94/96

橋本 保　はしもと・たもつ　明治32年12月25日〜昭和60年6月22日　東亜火災海上再保険社長　→83/87

橋本 智一　はしもと・ちいち　大正12年2月28日〜平成7年1月15日　親和銀行常務　→94/96

橋本 忠司　はしもと・ちゅうじ　明治31年3月9日〜昭和60年9月12日　蝶理社長　→83/87

橋本 智有正　はしもと・ちゅうじょう　〜昭和56年11月13日　阿山町（三重県）町長，三重県町村会副会長　→80/82

橋本 次男　はしもと・つぎお　〜平成5年11月4日　大東京火災海上保険取締役　→91/93

橋本 勉　はしもと・つとむ　〜平成17年9月6日　いぶり中央漁協初代組合長　→03/05

橋本 綱彦　はしもと・つなひこ　大正12年3月28日〜平成19年3月7日　富士通常務，富士通電装社長　→06/08

橋本 常一郎　はしもと・つねいちろう　明治38年10月30日〜昭和58年12月27日　長谷虎紡績会長，羽島ロータリークラブ会長　→83/87

橋本 恒雄　はしもと・つねひこ　〜昭和55年12月14日　同興紡績社長　→80/82

橋本 哲　はしもと・てつ　昭和57年9月29日　十三信用金庫相談役・元理事長，元野村銀行専務　→80/82

橋本 哲雄　はしもと・てつお　昭和23年3月21日〜平成22年5月11日　毎日新聞編集制作総センター編集部長　→09/11

橋本 鉄彦　はしもと・てつひこ　明治37年5月5日〜平成13年4月9日　吉本興業社長　→00/02

橋本 徹馬　はしもと・てつま　明治23年2月4日〜平成4年5月19日　右翼活動家　→88/90

橋本 照　はしもと・てらす　昭和8年4月9日〜平成1年6月10日　サンデイリー社長，ヤマナカ取締役　→88/90

橋本 照雄　はしもと・てるお　〜昭和55年7月3日　湯浅商事元専務　→80/82

橋本 東十郎　はしもと・とうじゅうろう　明治37年11月1日〜平成1年8月8日　弁護士　日本公証人連合会会長，最高検検事　→88/90

橋本 道淳　はしもと・どうじゅん　明治31年2月20日〜平成5年1月8日　読売新聞社専務・事業本部長　→91/93

橋本 富喜良　はしもと・ときすけ　明治34年1月7日〜昭和47年5月12日　労働運動家　社会党中央委員　→昭和

橋本 独山　はしもと・どくさん　明治2年6月11日〜昭和13年8月15日　僧侶　臨済宗相国寺派管長　→昭和（はしもと・どくざん）

橋元 徳二　はしもと・とくじ　明治44年1月16日　大日本製糖副社長　→昭和

橋本 徳太郎　はしもと・とくたろう　明治45年3月7日〜平成10年3月25日　読売新聞地方部長，福島中央テレビ常務　→97/99

橋本 敏男　はしもと・としお　明治44年8月26日〜昭和52年12月28日　日本工営社長　→昭和

橋本 利夫　はしもと・としお　大正10年5月22日〜昭和58年12月5日　近畿総合商事社長，近畿相互銀行監査役　→83/87

橋本 利一　はしもと・としかず　大正10年3月18日〜平成17年3月31日　通産省通商産業審議官，資源エネルギー庁長官，石油公団総裁　→03/05

橋本 俊彦　はしもと・としひこ　大正5年10月13日〜昭和61年2月11日　明治製菓常任監査役　→83/87

橋本 登美三郎　はしもと・とみさぶろう　明治34年3月5日〜平成2年1月19日　政治家　衆院議員（自民党），運輸相　→88/90

橋本 富三郎　はしもと・とみさぶろう　明治19年6月8日〜昭和30年5月3日　合同新聞社長，岡山市長　→昭和

橋本 虎之助　はしもと・とらのすけ　明治16年6月6日〜昭和27年1月26日　陸軍中将　→昭和

橋本 仲介　はしもと・なかすけ　明治44年2月14日〜平成8年1月2日　日商岩井副社長　→94/96

橋本 長俊　はしもと・ながとし　〜昭和16年11月17日　子爵　→昭和

橋本 南海男　はしもと・なみお　大正11年1月8日〜平成9年12月11日　沖電気工業社長　→97/99

橋本 肇　はしもと・はじめ　〜昭和30年8月21日　東京機器工業専務　→昭和

橋本 八右衛門（7代目）　はしもと・はちうえもん　明治37年6月17日〜昭和56年7月26日　八戸商工会議所会頭，八戸酒類社長　→80/82（橋本 八右衛門　はしもと・はちえもん）

橋本 八右衛門（8代目）　はしもと・はちうえもん　昭和16年7月19日〜平成22年1月13日　八戸酒類社長，青森県公安委員長　→09/11

橋本 治雄　はしもと・はるお　〜昭和56年6月16日

東芝化学工業社長　→80/82

橋本　彦七　はしもと・ひこしち　～昭和47年9月12日
水俣市長　→昭和

橋本　寿　はしもと・ひさし　昭和23年3月16日～平成14年5月18日　六ケ所村（青森県）村長　→00/02

橋本　尚行　はしもと・ひさゆき　昭和5年12月24日～平成16年11月18日　西日本鉄道社長　→03/05

橋本　英鉄　はしもと・ひでかね　昭和1年12月31日～平成15年4月5日　秋田酒販社長、秋田県卸酒販組合理事長　→03/05

橋本　英親　はしもと・ひでちか　明治32年3月28日～平成5年1月6日　藤永田造船所（のち三井造船）副社長　→91/93

橋本　秀信　はしもと・ひでのぶ　～平成3年8月19日
陸軍中将　→91/93

橋本　百郎　はしもと・ひゃくろう　明治45年3月3日～平成2年2月4日　愛知マツダ社長　→88/90

橋本　弘　はしもと・ひろし　大正13年10月20日～平成5年3月22日　東光証券（のちユニバーサル証券）取締役　→91/93

橋本　弘　はしもと・ひろし　明治45年1月25日～平成16年3月16日　全薬工業創業者　→03/05

橋本　博　はしもと・ひろし　大正2年11月25日～昭和63年1月30日　東京放送副社長、毎日新聞政治部副部長　→88/90

橋本　博治　はしもと・ひろじ　昭和5年1月6日～平成22年2月22日　日立電線社長　→09/11

橋本　弘　はしもと・ひろむ　大正5年2月28日～平成10年3月7日　住友重機械工業常務　→97/99

橋本　文夫　はしもと・ふみお　～昭和61年1月24日
清水建設常務　→83/87

橋本　信　はしもと・まこと　～平成6年2月19日
塩水港精糖常務　→94/96

橋本　真　はしもと・まこと　明治45年5月31日～昭和61年7月13日　古今書院会長　→83/87

橋本　正　はしもと・まさ　大正3年4月30日～平成10年12月7日　日本ユニセフ協会専務理事　橋本龍太郎元首相の母　→97/99

橋元　正明　はしもと・まさあき　嘉永6年12月29日～昭和44年3月31日　海軍中将、男爵　→昭和

橋本　正明　はしもと・まさあき　～平成4年7月15日
福岡通訳協会名誉会長、在福岡米領事館主席領事補佐官　→91/93

橋本　正枝　はしもと・まさえ　明治34年2月24日～平成1年10月8日　富士コカ・コーラボトリング会長、三菱商事常務　→88/90

橋本　正雄　はしもと・まさお　昭和5年6月10日～平成2年2月15日　国際証券参与、国際投資顧問取締役　→88/90

橋本　正勝　はしもと・まさかつ　～昭和47年2月3日
陸上自衛隊北部総監　→昭和

橋元　雅司　はしもと・まさし　昭和5年3月14日～平成19年8月13日　国鉄副総裁、日本貨物鉄道社長　→06/08

橋本　政知　はしもと・まさじ　明治42年5月17日～昭和59年3月4日　三井埠頭常務、三井物産社友　→83/87

橋本　正誉　はしもと・まさたか　～平成3年2月7日
北海道議　→91/93

橋本　正武　はしもと・まさたけ　～昭和58年7月12日
秋田営林局長、日本林業協会理事　→83/87

橋元　正輝　はしもと・まさてる　明治20年4月～昭和14年4月17日　男爵　貴院議員　→昭和

橋本　正智　はしもと・まさとし　明治44年2月15日～昭和62年6月20日　ゼネラル石油副社長　→83/87

橋本　正治　はしもと・まさはる　明治6年5月17日～昭和31年10月8日　山口県知事、札幌市長、呉市長　→昭和（はしもと・しょうじ）

橋本　正久　はしもと・まさひさ　大正3年11月24日～平成6年3月8日　海将　海上自衛隊大湊地方総監　→94/96

橋本　正人　はしもと・まさひと　大正3年1月1日～平成4年9月8日　オーエス常務　→91/93

橋本　正道　はしもと・まさみち　明治41年5月29日～昭和63年12月10日　三楽常務　→88/90

橋本　正之　はしもと・まさゆき　大正1年12月16日～昭和51年9月9日　山口県知事　→昭和

橋本　増郎　はしもと・ますじろう　明治8年4月28日～昭和19年1月18日　実業家　自動車工業の草分け　→昭和

橋本　末　はしもと・まつ　～昭和10年6月26日
飛行第二聯隊附航大尉　→昭和

橋本　守　はしもと・まもる　昭和14年1月7日～平成8年9月12日　東京銀行（のち東京三菱銀行）常務　→94/96

橋本　守　はしもと・まもる　昭和2年3月9日～平成21年7月19日　初亀醸造会長　→09/11

橋本　万右衛門（3代目）　はしもと・まんえもん　～昭和25年12月25日　実業家　参院議員（民主党）　→昭和（橋本 万右衛門）

橋本　道男　はしもと・みちお　～昭和61年10月8日
（有）橋本印刷所専務、静岡県印工組副理事長　→83/87

橋本　道夫　はしもと・みちお　大正13年10月29日～平成20年4月14日　環境庁大気保全局長、筑波大学社会医学系教授　→06/08

橋本　道之助　はしもと・みちのすけ　大正5年3月7日～平成13年3月24日　橋本化成社長　→00/02

橋本　道彦　はしもと・みちひこ　大正4年1月3日～平成6年7月18日　帝都高速度交通営団理事、（財）地下鉄互助会理事長　→94/96

橋本　峰雄　はしもと・みねお　大正13年9月1日～昭和59年3月7日　僧侶　神戸大学文学部教授、法然院貫主　→83/87

橋本　睦　はしもと・むつみ　昭和7年3月28日～平成11年5月14日　住友商事副社長　→97/99

橋本　恵　はしもと・めぐみ　～昭和62年4月6日

日本貨物急送社長　→83/87

橋本 以行　はしもと・もちつら　明治42年10月14日〜平成12年10月25日　神官　梅宮大社名誉宮司　→00/02

橋本 盛三郎　はしもと・もりさぶろう　明治43年5月31日〜平成5年4月18日　弁護士　神戸地裁尼崎支部長　→91/93

橋本 安雄　はしもと・やすお　〜昭和61年5月28日　日栄商事会長　→83/87

橋本 保雄　はしもと・やすお　昭和6年11月8日〜平成18年8月11日　ホテルオークラ副社長　→06/08

橋本 安司　はしもと・やすし　昭和13年12月17日〜平成6年1月6日　福島県議（自民党）　→94/96

橋本 靖正　はしもと・やすまさ　昭和16年3月19日〜平成21年1月26日　毎日新聞取締役大阪本社副代表、スポーツニッポン新聞社副社長大阪代表　→09/11

橋本 八十彦　はしもと・やそひこ　昭和7年9月12日〜平成12年5月2日　川崎汽船専務、第一勧業銀行取締役　→00/02

橋本 弥平　はしもと・やへい　大正2年2月15日〜平成14年12月22日　兼松江商副会長　→00/02

橋本 勇一　はしもと・ゆういち　〜昭和56年10月28日　(株)橋本会長　→80/82

橋本 祐一　はしもと・ゆういち　大正8年1月20日〜平成4年2月8日　橋本製薬代表、日本学校薬剤師会副会長、福岡県学校薬剤師会会長　→91/93

橋本 祐七　はしもと・ゆうしち　〜昭和60年3月16日　八王子市議　→83/87

橋本 雄飛太郎　はしもと・ゆうひたろう　大正4年8月7日〜平成7年6月4日　栃木県議（自民党）　→94/96

橋本 幸雄　はしもと・ゆきお　明治37年9月8日〜平成1年1月27日　日本建鉄社長　→88/90

橋本 幸雄　はしもと・ゆきお　〜平成3年7月21日　アラビア石油参事役、富士石油理事　→91/93

橋本 洋一郎　はしもと・よういちろう　昭和10年4月1日〜平成20年7月13日　大分合同新聞専務　→06/08

橋本 暘治　はしもと・ようじ　昭和8年4月16日〜平成19年9月5日　アサツーディ・ケイ副社長　→06/08

橋本 吉郎　はしもと・よしお　大正7年10月15日〜平成15年8月30日　日魯漁業専務　→03/05

橋本 芳雄　はしもと・よしお　明治41年7月15日〜平成12年10月7日　小田急百貨店専務、小田急不動産専務、江ノ島鎌倉観光社長　→00/02

橋本 喜典　はしもと・よしのり　大正13年4月1日〜昭和61年1月23日　近鉄百貨店社長　→83/87

橋本 芳久　はしもと・よしひさ　〜平成3年5月28日　野村バブコックアンドブラウン常勤監査役　→91/93

橋本 至弘　はしもと・よしひろ　昭和9年12月28日〜平成21年3月16日　ファナック副社長　→09/11

橋本 善文　はしもと・よしふみ　大正4年1月3日〜平成19年10月13日　近畿日本鉄道副社長　→06/08

橋本 竜一　はしもと・りゅういち　〜昭和43年3月30日　広島銀行会長　→昭和

橋本 隆太郎　はしもと・りゅうたろう　〜昭和9年11月28日　工場世界社社長　→昭和

橋本 龍太郎　はしもと・りゅうたろう　昭和3年12月7日〜平成1年12月18日　健康保険組合連合会理事　→88/90

橋本 龍太郎　はしもと・りゅうたろう　昭和12年7月29日〜平成18年7月1日　政治家　首相、自民党総裁、衆院議員（自民党）　→06/08

橋本 竜一　はしもと・りょういち　〜平成18年11月1日　（福）至誠学舎理事長　→06/08

橋本 龍伍　はしもと・りょうご　明治39年6月2日〜昭和37年11月21日　政治家　衆院議員（自民党）、厚相　→昭和（橋本 竜伍）

橋本 良治　はしもと・りょうじ　大正10年9月17日〜平成7年6月18日　国立国会図書館支部上野図書館長　→94/96

橋本 良平　はしもと・りょうへい　〜昭和60年9月26日　はしもとフードセンター社長　→83/87

橋本 礼造　はしもと・れいぞう　昭和8年1月12日〜平成15年12月26日　シスメックス会長　→03/05

橋本 錬太郎　はしもと・れんたろう　大正3年10月2日〜平成1年10月13日　国鉄公安本部長、秋田臨海鉄道社長　→88/90

橋本 和太八　はしもと・わたはち　明治29年11月18日〜平成10年10月4日　橋本商会会長　→97/99

橋森 努　はしもり・つとむ　大正15年10月10日〜平成8年5月13日　東芝タンガロイ取締役、タンガロイ物流社長　→94/96

橋谷 信一　はしや・しんいち　明治36年1月11日〜昭和63年12月12日　日本石油精製常務、日本石油取締役　→88/90

橋谷 亮助　はしや・りょうすけ　大正2年5月15日〜平成5年4月25日　月島食品工業創業者　→91/93

端山 孝　はしやま・たかし　昭和5年7月11日〜平成19年4月6日　マスプロ電工創業者　→06/08

馬生 天都之助　ばしょう・てつのすけ　明治45年3月16日〜昭和48年8月29日　全国電器小売商組連合会長　→昭和（馬生天 都之助　ばしょうてん・みやこのすけ）

柱松 青巒　はしらまつ・せいらん　昭和4年〜平成22年11月8日　僧侶　善龍寺住職、浄土真宗本願寺派総務、武蔵野女子学院理事長　→09/11

蓮井 滋　はすい・しげる　大正12年8月27日〜平成5年9月7日　大洋漁業取締役　→91/93

蓮池 公咲　はすいけ・きみさき　〜昭和43年1月14日　畜産振興事業団理事長　→昭和

蓮江 信行　はすえ・のぶゆき　〜昭和48年5月20日　日本身障者連常任理事　→昭和

蓮尾 先四　はすお・せんし　〜昭和62年6月28日　多福寺（真宗大谷派）住職　→83/87

蓮生 善隆　はすお・ぜんりゅう　大正4年1月28日〜平成

I　政治・経済・社会篇

はすぬま

17年1月12日　僧侶　与田寺住職,大本山随心院門跡　→03/05

蓮沼 蕃　はすぬま・しげる　明治16年3月26日～昭和29年2月20日　陸軍大将　→昭和

蓮沼 健　はすぬま・たけし　大正9年11月5日～昭和58年3月2日　積水化学工業常務　→83/87

蓮沼 長蔵　はすぬま・ちょうぞう　～昭和61年1月8日　(株)山長土地代表取締役　→83/87

蓮沼 門三　はすぬま・もんぞう　明治15年2月22日～昭和55年6月6日　社会教育家　(財)修養団創立者・主幹　→80/82

蓮見 重治　はすみ・しげはる　明治29年12月2日～昭和63年1月26日　弁護士　仙台高裁判事,東北学院大学法学部教授　→88/90

蓮見 昌之　はすみ・しょうじ　昭和11年5月23日～平成21年8月3日　僧侶　草津東高等学校校長,大德寺住職　→09/11

羽澄 伸　はずみ・しん　昭和6年1月1日～平成11年8月16日　丸万証券(のち東海丸万証券)専務　→97/99

荷見 晋　はすみ・すすむ　～平成4年6月8日　三井不動産常勤監査役　→91/93

羽澄 光彦　はずみ・みつひこ　昭和6年5月4日～昭和58年11月20日　外務省中南米局長　→83/87

蓮見 安雄　はすみ・やすお　～昭和63年4月18日　第一火災海上保険常務取締役　→88/90

荷見 安　はすみ・やすし　明治24年4月6日～昭和39年2月22日　全国農協中央会初代会長　→昭和

蓮見 幸雄　はすみ・ゆきお　～昭和57年12月28日　駐モロッコ大使　→80/82

蓮本 英信　はすもと・ひでのぶ　昭和22年1月1日～平成23年3月28日　小松精練社長　→09/11

長谷 清　はせ・きよし　～昭和61年2月13日　広島建設工業社長　→83/87

長谷 定雄　はせ・さだお　大正4年7月17日～平成18年11月8日　黒壁社長,長谷ビル会長,京都いのちの電話常任理事　→06/08

長谷 暁　はせ・さとし　大正12年7月30日～昭和61年4月13日　旭通信社監査役・元専務　→83/87

長谷 秀一　はせ・しゅういち　～昭和60年1月8日　富山県教組委員長,富山県労協副議長,富山県労働者福祉事業協会理事長　→83/87

長谷 信一　はせ・しんいち　大正9年3月25日～平成3年1月7日　葵交通会長,エクセルバス会長,北海道乗用自動車協会会長　→91/93

長谷 慎一　はせ・しんいち　明治41年4月20日～昭和61年12月16日　日本半導体研究振興会理事長　→83/87

長谷 真三郎　はせ・しんざぶろう　～昭和60年7月7日　海軍少将　戦艦伊勢艦長　→83/87

長谷 績潤　はせ・せきじゅん　大正10年8月21日～昭和61年5月15日　長谷虎紡績副社長,日本紡績協会監事

長谷 善二郎　はせ・ぜんじろう　昭和2年7月3日～平成14年9月1日　豊田合成副社長　→00/02

長谷 孝彦　はせ・たかひこ　明治43年～平成9年3月7日　大連会名誉会長　→97/99

長谷 利勝　はせ・としかつ　大正6年12月27日～平成10年1月4日　松下電工常務　→97/99

長谷 敏司　はせ・としつか　明治36年2月23日～平成3年4月22日　八芳園社長,長谷観光社長　→91/93

長谷 外余男　はせ・とよお　～昭和48年8月15日　熱田神宮名誉宮司　→昭和

長谷 虎治　はせ・とらじ　大正3年2月15日～平成16年3月2日　長谷虎紡績社長　→03/05

長谷 晴男　はせ・はるお　大正6年10月25日～平成12年9月15日　熱田神宮権宮司,皇學館大学教授,神社本庁祭式講師　→00/02

土師 半六　はぜ・はんろく　～平成8年11月27日　堺市長　→94/96

長谷 正行　はせ・まさゆき　大正4年11月15日～平成10年5月11日　神戸新聞専務,サンテレビ専務,星電社長　→97/99

長谷 益太郎　はせ・ますたろう　大正15年11月26日～平成10年10月3日　長谷虎紡績副会長　→97/99

長谷 稔　はせ・みのる　～昭和60年8月18日　日本綿糸布輸出組合常務理事　→83/87

波瀬 義雄　はせ・よしお　大正4年7月2日～昭和59年3月19日　霊波之光教会教祖　→83/87

長谷井 輝夫　はせい・てるお　大正7年11月1日～昭和63年4月12日　幸福相互銀行副社長　→88/90

長谷尾 燕爾　はせお・えんじ　大正6年10月21日～平成20年7月17日　三菱商事副社長　→06/08

長谷川 顕　はせがわ・あきら　平成6年2月25日　ジャパンセールス・プロモーション社長　赤い羽根共同募金の発案者　→94/96

長谷川 章　はせがわ・あきら　昭和17年10月10日～平成18年1月28日　宮城県議(自民党)　→06/08

長谷川 功　はせがわ・いさお　～昭和60年6月5日　東京ヘレンケラー協会点字図書館長,点字毎日編集長　→83/87

長谷川 伊三郎　はせがわ・いさぶろう　～昭和62年10月20日　ライト工業(株)研究所長　→83/87

長谷川 一郎　はせがわ・いちろう　～昭和59年3月12日　日刊工業新聞社工務局活版部主任　→83/87

長谷川 一郎　はせがわ・いちろう　明治36年8月1日～平成5年11月3日　弁護士　山口県弁護士会会長,下関市会議長　→91/93

長谷川 いと　はせがわ・いと　～昭和55年11月20日　相撲サービス会社15番経営　→80/82

長谷川 岩男　はせがわ・いわお　大正15年12月1日～平成23年6月8日　中国電力常務　→09/11

長谷川　栄一　はせがわ・えいいち　昭和4年12月11日～平成10年9月27日　九州高原開発社長　→97/99

長谷川　英吉　はせがわ・えいきち　大正5年3月7日～平成21年3月30日　川崎市議　→09/11

長谷川　栄治　はせがわ・えいじ　明治43年5月4日～平成3年11月16日　ささ加会長，日本洋傘振興協議会副会長，名古屋洋傘ショール商工業協同組合理事長　→91/93

長谷川　映太郎　はせがわ・えいたろう　明治44年3月8日～平成7年1月23日　鎌倉書房会長　→94/96

長谷川　遠四郎　はせがわ・えんしろう　大正2年3月28日～平成11年11月25日　アサヒビール常務，ニッカウヰスキー常務　→97/99

長谷川　薫　はせがわ・かおる　～平成7年12月22日　川鉄鋼板副社長，川鉄商事専務　→94/96

長谷川　薫　はせがわ・かおる　大正13年4月15日～平成16年1月9日　レンゴー社長　→03/05

長谷川　一夫　はせがわ・かずお　大正15年3月21日～平成7年4月24日　大真空創業者　→94/96

長谷川　兼太郎　はせがわ・かねたろう　～昭和56年2月28日　名古屋大学技術員　ムラージュ（皮膚病のろう模型）製作者　→80/82

長谷川　勘一郎　はせがわ・かんいちろう　～昭和42年3月27日　汽車製造取締役　→昭和

長谷川　勘三　はせがわ・かんぞう　大正7年1月11日～平成3年11月29日　ヤエガキ酒造会長　→91/93

長谷川　吉三郎　はせがわ・きちさぶろう　～昭和42年11月30日　山形銀行顧問　→昭和

長谷川　吉内　はせがわ・きちない　大正3年8月4日～平成5年10月22日　殖産相互銀行社長　→91/93

長谷川　吉郎　はせがわ・きちろう　大正2年10月31日～平成7年5月16日　山形銀行会長　→94/96

長谷川　久一　はせがわ・きゅういち　明治17年1月～昭和20年　内務官僚　東京府知事　→昭和

長谷川　健　はせがわ・きよし　明治42年6月10日～平成20年5月30日　住友海上火災保険常務　→06/08

長谷川　清　はせがわ・きよし　明治16年5月7日～昭和45年9月2日　海軍大将　→昭和

長谷川　清　はせがわ・きよし　大正3年10月16日～平成14年8月28日　鋼材倶楽部専務理事，日本鉄鋼輸出組合専務理事　→00/02

長谷川　穆　はせがわ・きよし　～平成12年9月15日　弁理士　弁理士会会長　→00/02

長谷川　瀏　はせがわ・きよし　～昭和55年3月17日　弁護士　検察研究所長　→80/82

長谷川　清巳　はせがわ・きよみ　～平成21年1月16日　日中共同建設桜友誼林保存協会会長　中国各地に桜を植樹　→09/11

長谷川　錦一　はせがわ・きんぞう　明治42年8月23日～昭和60年4月10日　（社）日本船舶電装協会会長　→83/87

長谷川　銈五郎　はせがわ・けいごろう　慶応3年11月11日～昭和6年11月30日　実業家　→昭和

長谷川　健一　はせがわ・けんいち　明治42年3月16日～昭和60年8月5日　朝日新聞常務，朝日カルチャーセンター社長　→83/87

長谷川　謙浩　はせがわ・けんこう　大正5年6月8日～平成6年11月12日　川崎重工業社長　→94/96

長谷川　謙二　はせがわ・けんじ　大正6年8月3日～平成17年11月3日　関東天然瓦斯開発社長　→03/05

長谷川　鍵二　はせがわ・けんじ　明治45年4月30日～平成9年2月16日　川崎重工業副社長　→97/99

長谷川　元三　はせがわ・げんぞう　～昭和61年3月2日　三菱倉庫取締役・監査役　→83/87

長谷川　候　はせがわ・こう　明治39年9月10日～昭和59年4月4日　東武鉄道専務・技術顧問　→83/87

長谷川　浩　はせがわ・こう　明治40年8月6日～昭和59年2月25日　社会運動家　日本共産党政治局員，労働運動研究所代表理事，統一労働者党全国委員　→83/87

長谷川　鴻　はせがわ・こう　～平成17年5月11日　三宅村（東京都）村長　→03/05

長谷川　庚子　はせがわ・こうし　～昭和45年11月12日　救世軍司令官　→昭和

長谷川　鉱三　はせがわ・こうぞう　大正9年1月30日～平成14年8月12日　名古屋油糧社長，新日本家庭料理研究会会長　→00/02

長谷川　小太郎　はせがわ・こたろう　～平成6年5月26日　日本交通公社取締役，交通公社トラベランド社長　→94/96

長谷川　五郎　はせがわ・ごろう　大正10年～平成3年4月3日　長谷川工務店（のち長谷工コーポレーション）取締役　→91/93

長谷川　才蔵　はせがわ・さいぞう　明治39年12月10日～昭和57年8月20日　はせがわ会長　→80/82

長谷川　策三　はせがわ・さくぞう　明治43年7月3日～平成1年12月8日　三越取締役　→88/90

長谷川　佐幸　はせがわ・さこう　昭和4年3月10日～平成5年6月12日　八重洲無線会長　→91/93

長谷川　貞吉　はせがわ・さだきち　～昭和48年11月21日　三井セメント社長　→昭和

長谷川　茂夫　はせがわ・しげお　昭和6年10月6日～平成2年6月4日　海上保安庁第七管区海上保安本部関門海峡海上交通センター所長　→88/90

長谷川　重造　はせがわ・しげぞう　大正10年2月19日～平成2年2月18日　三菱建設取締役・元副社長，大成建設常務　→88/90

長谷川　茂　はせがわ・しげる　～昭和59年9月25日　陸上自衛隊第10師団長　→83/87

長谷川　茂　はせがわ・しげる　大正8年12月8日～昭和59年12月4日　新京成電鉄専務　→83/87

長谷川　茂　はせがわ・しげる　明治42年11月24日～平成13年7月4日　関西汽船社長，日本旅客船協会会長　→

はせかわ　　　　　　　　　　　　　　　　　　　　　　　　　Ⅰ　政治・経済・社会篇

長谷川　鎮市　はせがわ・しずいち　明治30年5月17日～昭和61年1月30日　中日本観光グループ各社社長，犬山青果地方卸売市場社長　→83/87

長谷川　重三郎　はせがわ・じゅうざぶろう　明治41年11月5日～昭和60年3月4日　第一勧業銀行相談役　→83/87

長谷川　俊一　はせがわ・しゅんいち　明治45年3月17日～平成1年9月16日　東京大田魚市場顧問，東京都水産常務　→88/90

長谷川　正一　はせがわ・しょういち　大正12年1月1日～平成8年10月13日　紙の博物館館長，王子製紙取締役　→94/96

長谷川　章雲　はせがわ・しょううん　～昭和27年2月23日　京浜急行重役　→昭和

長谷川　正五　はせがわ・しょうご　明治14年2月～昭和9年5月2日　実業家　汽車製造社長　→昭和

長谷川　丈作　はせがわ・じょうさく　大正12年11月～平成5年11月1日　東京相互銀行社長　→91/93

長谷川　正三郎　はせがわ・しょうざぶろう　～昭和57年5月30日　（財）日本労働文化協会専務理事，(財)動脈硬化予防研究会専務理事　→80/82

長谷川　正三　はせがわ・しょうぞう　大正3年2月23日～昭和59年8月7日　衆院議員（社会党）　→83/87

長谷川　正三　はせがわ・しょうぞう　大正7年9月19日～平成13年7月7日　長谷川香料社長　→00/02

長谷川　時令　はせがわ・じれい　明治44年12月2日～昭和61年11月18日　名古屋市議　→83/87

長谷川　四郎　はせがわ・しろう　明治38年1月7日～昭和61年8月7日　衆院議員（自民党），建設相　→83/87

長谷川　信　はせがわ・しん　大正7年12月4日～平成2年10月28日　参院議員（自民党），法相　→88/90

長谷川　仁　はせがわ・じん　大正8年4月13日～平成6年3月11日　参院議員（自民党）　→94/96

長谷川　新一　はせがわ・しんいち　～昭和56年11月18日　宇部興産専務　→80/82

長谷川　進一　はせがわ・しんいち　明治44年9月1日～昭和62年10月31日　愛国学園理事，ハセガワ企業社長，小岩信用金庫監事　→83/87

長谷川　進一　はせがわ・しんいち　明治35年7月1日～平成7年8月30日　ジャパンタイムズ顧問　→94/96

長谷川　新作　はせがわ・しんさく　～昭和59年1月21日　名古屋海洋少年団長　→83/87

長谷川　真成　はせがわ・しんじょう　～平成1年1月23日　名古屋市中区長，東海学園理事　→88/90

長谷川　新太郎　はせがわ・しんたろう　大正2年11月3日～平成1年5月10日　安田火災海上保険取締役　→88/90

長谷川　晋也　はせがわ・しんや　昭和4年1月12日～平成3年8月28日　東急ホテルサービス常務，東急ホテルチェーン取締役　→91/93

長谷川　末吉　はせがわ・すえよし　大正6年7月3日～平成21年7月1日　ハリマ化成創業者　→09/11

長谷川　進　はせがわ・すすむ　明治40年2月5日～平成3年4月12日　青森県信用組合理事長　→91/93

長谷川　捨吉　はせがわ・すてきち　～平成3年1月26日　美国町（北海道）町長　→91/93

長谷川　誠一　はせがわ・せいいち　～昭和61年10月17日　東洋ゼンマイ社長，中越ゼンマイ社長　→83/87

長谷川　省吾　はせがわ・せいご　昭和4年9月25日～平成19年2月8日　北越銀行専務　→06/08

長谷川　成二　はせがわ・せいじ　～平成9年3月18日　弁護士　高松高裁長官　→97/99

長谷川　善吾　はせがわ・ぜんご　明治42年2月12日～平成6年2月11日　平野金属（のちヒラノテクシード）社長　→94/96

長谷川　銑三　はせがわ・せんぞう　～昭和47年9月10日　日立造船取締役　→昭和

長谷川　善務　はせがわ・ぜんむ　～昭和49年10月15日　浄華院法主　→昭和

長谷川　泰造　はせがわ・たいぞう　昭和18年～平成13年12月22日　弁護士　全日本障害者乗馬連絡協議会会長　→00/02

長谷川　大造　はせがわ・だいぞう　明治41年10月2日～昭和57年4月25日　山口県議，民社党山口県連委員長　→80/82

長谷川　太一郎　はせがわ・たいちろう　～昭和43年11月25日　最高裁判事，明治大学理事長　→昭和

長谷川　峻　はせがわ・たかし　明治45年4月1日～平成4年10月9日　政治家　衆院議員（自民党，宮城2区），労相　→91/93

長谷川　孝之　はせがわ・たかゆき　大正15年1月27日～平成22年10月18日　焼津市長　→09/11

長谷川　武夫　はせがわ・たけお　大正8年12月11日～平成4年12月12日　三菱総合研究所取締役　→91/93

長谷川　武　はせがわ・たけし　大正8年1月17日～平成7年7月28日　大末建設社長，チッソ専務，三和銀行取締役　→94/96

長谷川　武彦　はせがわ・たけひこ　大正3年2月11日～昭和58年10月31日　長谷工コーポレーション創業者　→83/87

長谷川　忠男　はせがわ・ただお　大正13年12月5日～平成2年1月1日　興和産業社長，京都ビルディング協会会長　→88/90

長谷川　忠雄　はせがわ・ただお　大正4年4月4日～平成14年1月25日　朝日ナショナル照明社長　→00/02

長谷川　忠義　はせがわ・ただよし　昭和2年8月16日～平成20年1月7日　神戸市議（自民党新政会）　→06/08

長谷川　辰男　はせがわ・たつお　～昭和63年2月1日　名古屋相互銀行取締役　→88/90

長谷川　龍雄　はせがわ・たつお　大正5年2月8日～平成20年4月29日　トヨタ自動車専務　→06/08

長谷川　種雄　はせがわ・たねお　明治31年11月8日～昭

長谷川 為治　はせがわ・ためじ　～昭和13年5月7日　大蔵省造幣局長　→昭和

長谷川 為美　はせがわ・ためよし　昭和2年11月30日～平成16年11月21日　福岡県議(社民党)　→03/05

長谷川 保　はせがわ・たもつ　明治36年9月3日～平成6年4月29日　社会福祉事業家,政治家　聖隷福祉事業団創始者,聖隷学園理事長,衆院議員(社会党)　→94/96

長谷川 太郎　はせがわ・たろう　昭和6年2月16日～平成22年2月22日　日本通運常務　→09/11

長谷川 太郎吉　はせがわ・たろきち　～昭和24年6月7日　東海鋼業会長　→昭和

長谷川 長治　はせがわ・ちょうじ　～昭和57年8月26日　科研化学社長・会長　→80/82

長谷川 庸夫　はせがわ・つねお　～昭和58年5月23日　整水工業社長　→83/87

長谷川 常太郎　はせがわ・つねたろう　～昭和42年4月26日　日本公証人連合会会長　→昭和

長谷川 テル　はせがわ・てる　明治45年3月7日～昭和22年1月14日　エスペランティスト,反戦活動家　→昭和

長谷川 透　はせがわ・とおる　昭和11年2月26日～平成22年7月16日　クボタ常務　→09/11

長谷川 徳次　はせがわ・とくじ　明治41年8月2日～平成3年1月23日　三菱アルミニウム相談役　→91/93

長谷川 徳次　はせがわ・とくじ　大正3年1月30日～平成6年3月5日　神奈川中央交通副社長,神奈中ハイヤー会長　→94/96

長谷川 俊雄　はせがわ・としお　～昭和60年9月7日　日本リフトサービス社長,元日盛通信社社長　→83/87

長谷川 敏三　はせがわ・としぞう　大正2年10月23日～平成4年9月11日　日本中国友好協会参与,呉山貿易商社顧問　→91/93

長谷川 俊政　はせがわ・としまさ　～昭和61年8月6日　富山県労働金庫理事長,富山県労協議長　→83/87

長谷川 敏之　はせがわ・としゆき　大正3年3月1日～昭和62年3月1日　ラジオン・タイマー社長　→83/87

長谷川 富治　はせがわ・とみじ　～昭和62年2月7日　渋谷区円山本通町会(東京都)会長,東京都旅館環境衛生同業組合副理事長　→83/87

長谷川 信和　はせがわ・のぶかず　昭和5年1月21日～平成21年6月26日　立花商会専務　→09/11

長谷川 周重　はせがわ・のりしげ　明治40年8月8日～平成10年1月3日　住友化学社長　→97/99

長谷川 式信　はせがわ・のりのぶ　～昭和56年5月17日　東急ホテルチェーン取締役,銀座東急ホテル総支配人　→80/82

長谷川 初音　はせがわ・はつね　明治23年5月15日～昭和57年2月18日　牧師　神戸女学院宗教主事　→80/82

長谷川 治良　はせがわ・はるよし　～昭和55年3月21日　陸軍中将　花王石鹸取締役　→80/82

長谷川 久夫　はせがわ・ひさお　明治44年6月13日～平成16年8月20日　湯浅商事専務　→03/05

長谷川 久勇　はせがわ・ひさお　～昭和55年7月29日　東京都足立区長　→80/82

長谷川 英夫　はせがわ・ひでお　大正7年4月8日～昭和58年2月6日　日本軽金属専務,日軽商事社長　→83/87

長谷川 英夫　はせがわ・ひでお　大正4年9月27日～平成1年11月25日　長谷川時計店会長　→88/90

長谷川 仁　はせがわ・ひとし　昭和9年12月11日～平成4年12月3日　武藤工業常務　→91/93

長谷川 寛雄　はせがわ・ひろお　明治39年11月12日～平成5年7月13日　兵庫銀行会長　→91/93

長谷川 演　はせがわ・ひろし　～昭和56年10月26日　日本酸素副社長　→80/82

長谷川 寛　はせがわ・ひろし　明治19年12月23日～昭和41年11月23日　社会運動家,弁護士　→昭和

長谷川 広澄　はせがわ・ひろすみ　大正4年7月28日～平成14年7月10日　さが美副社長　→00/02

長谷川 弘之助　はせがわ・ひろのすけ　明治40年3月9日～平成2年12月13日　富士紡績常務　→88/90

長谷川 弘道　はせがわ・ひろみち　昭和14年5月15日～平成18年3月14日　角川ホールディングス常務　→06/08

長谷川 鳳元　はせがわ・ほうげん　～昭和57年4月28日　日蓮宗照遠寺住職,平和公園墓地委員会理事　→80/82

長谷川 真喜雄　はせがわ・まきお　～昭和58年1月20日　松屋専務　→83/87

長谷川 正明　はせがわ・まさあき　～昭和55年12月17日　弁護士　日本調停協会連合会副会長　→80/82

長谷川 正男　はせがわ・まさお　大正2年3月27日～平成2年2月16日　日本精工会長　→88/90

長谷川 正孝　はせがわ・まさたか　～昭和50年7月10日　焼津市長　→昭和

長谷川 政友　はせがわ・まさとも　明治43年11月20日～昭和55年3月14日　衆院議員(民主党)　→80/82

長谷川 昌彦　はせがわ・まさひこ　明治43年9月11日～平成10年11月16日　京成百貨店社長,三井信託銀行専務　→97/99

長谷川 雅宏　はせがわ・まさひろ　～平成6年3月3日　長谷川鋳工所名誉会長　→94/96

長谷川 又二郎　はせがわ・またじろう　明治43年10月2日～昭和58年12月24日　東食社長　→83/87

長谷川 真弘　はせがわ・まひろ　昭和12年6月2日～平成17年12月13日　御園社長　→03/05

長谷川 万吉　はせがわ・まんきち　～昭和56年1月5日　角万社長　→80/82(長谷川 萬吉)

長谷川 万治　はせがわ・まんじ　～昭和51年12月6日　3年連続長者番付日本一　→昭和

長谷川 操　はせがわ・みさお　昭和3年12月8日～平成15年7月14日　日刊スポーツ新聞社長　→03/05

長谷川 通也　はせがわ・みちや　昭和10年3月10日～平成12年7月15日　わたらせ渓谷鉄道社長　→00/02

長谷川 光雄　はせがわ・みつお　大正2年7月7日～平成19年12月25日　大阪変圧器社長　→06/08

長谷川 美好　はせがわ・みよし　～平成17年11月15日　菊師　→03/05

長谷川 元一　はせがわ・もとかず　大正11年12月4日～昭和58年6月10日　東京帽子常務　→83/87

長谷川 安次郎　はせがわ・やすじろう　～昭和55年10月16日　出光興産顧問　→80/82

長谷川 泰彦　はせがわ・やすひこ　昭和2年1月4日～平成20年10月1日　日本通運専務, 日通商事社長　→06/08

長谷川 祐介　はせがわ・ゆうすけ　大正14年10月23日～平成2年12月19日　福島県議(民社党)　→88/90

長谷川 幸雄　はせがわ・ゆきお　明治42年12月8日～平成2年7月18日　朝日国際ツーリスト社長, 朝日新聞東京本社事業部長　→88/90

長谷川 行男　はせがわ・ゆきお　昭和13年9月12日～平成20年10月9日　日本興業銀行常務　→06/08

長谷川 与一　はせがわ・よいち　～昭和59年1月22日　美瑛町(北海道)町議会副議長　→83/87

長谷川 洋三　はせがわ・ようぞう　大正3年11月6日～平成4年11月10日　森田理論学習運動家　生活の発見会名誉会長　→91/93

長谷川 義雄　はせがわ・よしお　明治6年8月8日～昭和5年1月23日　西鮮日日新聞創刊者　→昭和

長谷川 芳正　はせがわ・よしまさ　昭和14年1月21日～平成19年6月8日　日清紡常務　→06/08

長谷川 芳郎　はせがわ・よしろう　昭和3年～平成9年7月19日　オリエンタルランド専務　→97/99

長谷川 竜一　はせがわ・りゅういち　大正9年8月15日～平成12年2月4日　山之内製薬常務　→00/02

長谷川 隆三　はせがわ・りゅうぞう　昭和5年1月22日～平成13年7月2日　日本電子常務　→00/02

長谷川 隆太郎　はせがわ・りゅうたろう　明治42年7月19日～平成12年6月23日　佐世保重工業会長　→00/02

長谷川 良吉　はせがわ・りょうきち　～昭和59年1月4日　富士紡績常務　→83/87

長谷川 良司　はせがわ・りょうじ　～昭和57年1月1日　朝日東海ビル管理・八重洲ビルディング顧問, 元東海銀行常務取締役　→80/82

長谷川 録太郎　はせがわ・ろくたろう　大正3年11月24日～平成13年11月25日　成田市長　→00/02

長谷川 和二彦　はせがわ・わにひこ　明治32年11月30日～昭和60年1月17日　日本製粉特別顧問・元社長　→83/87

長谷場 辰夫　はせば・たつお　～平成7年1月26日　協和発酵常務　→94/96

長谷部 儀助　はせべ・ぎすけ　～平成16年2月10日　長野県労働組合評議会議長　→03/05

長谷部 清　はせべ・きよし　～平成5年8月3日　陸将　陸上自衛隊東北方面総監　→91/93

長谷部 衡二　はせべ・こうじ　大正14年5月1日～平成3年5月12日　住友商事常務　→91/93

初瀬部 候正　はせべ・こうしょう　～平成18年8月18日　僧侶, 郷土史家　宝性寺住職　→06/08

長谷部 茂雄　はせべ・しげお　～平成5年7月17日　新宿折込広告社会長　→91/93

長谷部 七郎　はせべ・しちろう　大正13年3月19日～昭和51年10月5日　衆院議員(社会党)　→昭和

長谷部 忠士　はせべ・ただし　大正11年6月15日～平成10年6月12日　福岡県議　→97/99

長谷部 忠孝　はせべ・ただよし　大正11年7月30日～平成4年10月28日　東洋証券取締役　→91/93

長谷部 照正　はせべ・てるまさ　明治43年4月27日～平成18年8月7日　日興証券副社長　→06/08

長谷部 半平　はせべ・はんぺい　明治39年12月15日～昭和64年1月1日　蒲郡市長　→88/90

長谷部 秀見　はせべ・ひでみ　大正2年6月23日～平成12年6月12日　美深町(北海道)町長　→00/02

長谷部 広子　はせべ・ひろこ　明治31年7月～昭和52年6月18日　参院議員(無所属クラブ)　→昭和

長谷部 茂吉　はせべ・もきち　明治39年10月29日～平成8年3月11日　弁護士　東京地裁所長, 東洋大学教授　→94/96

長谷部 理叡　はせべ・りえい　～昭和14年9月21日　陸軍歩兵大佐　→昭和

長谷部 亮二　はせべ・りょうじ　大正4年8月19日～平成8年8月18日　鹿島常務　→94/96

長谷見 藤三郎　はせみ・とうざぶろう　～昭和55年8月27日　関東電化工業会社常務　→80/82

長谷山 包子　はせやま・かねこ　大正4年2月10日～平成16年7月28日　秋田県教育委員長　→94/96

長谷山 行毅　はせやま・こうき　明治41年3月10日～昭和52年11月23日　弁護士　秋田テレビ会長, 参院議員(自民党)　→昭和(はせやま・ゆきたけ)

枦山 徹夫　はぜやま・てつお　～平成5年9月26日　陸将　陸上自衛隊航空学校長　→91/93

秦 章　はた・あきら　～昭和62年1月9日　サンケイ新聞大阪連合サンケイ会常任理事　→83/87

馬田 勇　ばだ・いさむ　～平成11年3月8日　住友金属鉱山専務　→97/99

秦 逸三　はた・いつぞう　明治13年12月14日～昭和19年5月25日　実業家, 技術者　帝国人造絹糸常務, 第二帝国人造絹糸社長　→昭和

秦 巌夫　はた・いわお　明治42年1月9日～昭和59年9月24日　北海道空港社長, 日経連常任理事　→83/87

畑 栄一　はた・えいいち　大正3年3月11日～平成14年3月15日　住友軽金属工業常務　→00/02

I 政治・経済・社会篇

畑 英太郎　はた・えいたろう　明治5年7月25日〜昭和5年5月31日　陸軍大将　関東軍司令官　→昭和

秦 慧玉　はた・えぎょく　明治29年3月25日〜昭和60年1月2日　僧侶　曹洞宗管長、曹洞宗大本山永平寺76世貫首　→83/87

畑 改一　はた・かいいち　〜昭和61年4月2日　藤沢薬品工業常務　→83/87

羽田 一利　はだ・かずとし　明治39年9月23日〜昭和59年1月27日　大阪倉鋼（のち合同製鉄）取締役　→83/87

畑 勝治　はた・かつじ　大正7年7月26日〜昭和63年12月14日　大陽酸素顧問・元取締役　→88/90

籏 克巳　はた・かつみ　〜昭和56年5月17日　籏興行社長　→80/82

秦 清員　はた・きよかず　〜昭和62年5月13日　福岡県身障者福祉協会副理事長、飯塚市身障者福祉協会連合会長　→83/87

秦 浄　はた・きよし　大正8年6月15日〜平成17年10月26日　住友軽金属工業常務　→03/05

秦 清之　はた・きよし　昭和55年10月3日　大阪薬科大学教授　→80/82

波多 錦一　はた・きんいち　大正8年1月8日〜昭和63年4月16日　波多製作所会長、福光信用金庫理事　→88/90

畑 敬　はた・けい　〜昭和57年10月12日　山形新聞常務取締役・東京支社長　→80/82

畑 幸志　はた・こうじ　〜昭和60年1月6日　畑竜商事社長　→83/87

畑 三郎　はた・さぶろう　〜昭和43年5月1日　足立区議　→昭和

畑 茂太郎　はた・しげたろう　大正12年4月16日〜平成17年7月29日　松栄堂社長　→03/05

秦 重徳　はた・しげのり　明治40年2月25日〜平成2年1月3日　弁護士　→88/90

秦 茂実　はた・しげみ　〜昭和56年5月3日　福岡市議会議員、香椎地区発展期成会会長　→80/82

羽田 茂儀　はだ・しげよし　昭和61年5月10日　羽田印刷所代表　→83/87

畑 茂　はた・しげる　〜昭和16年7月21日　海運中央統制輸送組合専務理事　→昭和

秦 順治　はた・じゅんじ　〜昭和47年3月18日　田辺製薬取締役　→昭和

畑 俊六　はた・しゅんろく　明治12年7月26日〜昭和37年5月10日　陸軍大将・元帥　陸相　→昭和

秦 真次　はた・しんじ　明治12年5月4日〜昭和25年2月24日　陸軍中将　→昭和

羽田 右　はだ・すすむ　昭和7年11月27日〜平成20年8月4日　明治乳業常務　→06/08

秦 設爾　はた・せつじ　明治42年10月29日〜平成9年2月20日　九州銀行会長　→97/99

畑 惣一郎　はた・そういちろう　明治45年1月13日〜平成3年7月23日　畑惣一郎商店社長、仙台市会議長　→91/93

畑 荘太郎　はた・そうたろう　〜昭和58年4月17日　住友倉庫元専務　→83/87

畑 孝夫　はた・たかお　大正6年4月25日〜平成7年1月20日　フジテック専務　→94/96

畑 隆司　はた・たかし　〜平成21年7月16日　トヨタ自動車常務役員　→09/11

秦 武彦　はた・たけひこ　大正12年6月18日〜平成12年7月26日　アンリツ常務　→00/02

羽田 辰男　はだ・たつお　昭和3年4月10日〜平成20年10月7日　弁護士　→09/11s

畑 太郎　はた・たろう　大正3年5月2日〜平成8年7月27日　（株）文理会長、ミスズ製本社長、日本教育科学研究所理事長　→94/96

秦 豊助　はた・とよすけ　明治5年8月27日〜昭和8年2月4日　内務官僚、政治家　拓務相、衆議院議員（政友会）、徳島県知事　→昭和

秦 彦三郎　はた・ひこざぶろう　明治23年10月15日〜昭和34年3月20日　陸軍中将　関東軍参謀長　→昭和

畑 弘能　はた・ひろよし　昭和10年4月22日〜平成7年12月11日　三菱化学専務　→94/96

秦 不二雄　はた・ふじお　大正9年10月4日〜平成6年2月21日　名古屋高裁総括判事　→94/96

羽田 武嗣郎　はた・ぶしろう　明治36年4月28日〜昭和54年8月8日　衆院議員（自民党）　→昭和（はねだ・たけしろう）

畑 文男　はた・ふみお　〜平成18年6月28日　埼玉県議　→06/08

畑 正志　はた・まさし　〜昭和2年7月29日　航空兵少佐　→昭和

畑 稔　はた・みのる　〜平成6年11月25日　鋼管ドラム社長・会長　→94/96

波多 宗高　はた・むねたか　〜平成3年2月14日　東京高検検事　→91/93

秦 明友　はた・めいゆう　明治38年4月22日〜昭和58年12月10日　大宮市長　→83/87

畑 桃作　はた・ももさく　明治29年7月〜昭和24年3月5日　衆院議員（政友会）　→昭和（はた・とうさく）

畑 和　はた・やわら　明治43年9月29日〜平成8年1月26日　弁護士　埼玉県知事、衆院議員（社会党）　→94/96

秦 豊　はた・ゆたか　大正14年2月6日〜平成15年7月29日　政治家、元・アナウンサー　参院議員（民社党）　→03/05

波多 芳雄　はた・よしお　大正2年5月11日〜平成11年2月17日　福山共同機工社長　→97/99

羽田 義知　はた・よしとも　明治35年4月20日〜平成6年5月3日　長野県会議長（自民党）　→94/96

馬田 善巳　ばだ・よしみ　大正4年5月29日〜平成12年8月19日　山一証券副社長　→00/02

畑 好郎　はた・よしろう　〜昭和62年6月24日
　上田自動車学校取締役相談役, 上田市助役　→83/87
秦 米造　はた・よねぞう　明治24年4月24日〜昭和54年5月28日　日本コロムビア社長　→昭和
秦 龍勝　はた・りゅうしょう　〜昭和61年9月25日
　僧侶　法照寺(浄土真宗大谷派)住職　→83/87
秦 隆真　はた・りゅうしん　〜昭和50年7月6日
　仏教社会事業研究所長　→昭和
畑 良一　はた・りょういち　〜昭和44年9月27日
　野崎産業会長　→昭和
羽田 良太郎　はた・りょうたろう　〜昭和55年2月12日
　北海道読売会名誉会長　→80/82
畑 良太郎　はた・りょうたろう　慶応3年2月〜昭和12年4月5日　外交官　駐ブラジル公使, 駐スウェーデン公使　→昭和
秦 亘　はた・わたる　明治37年〜平成2年7月17日
　弁護士　福岡高裁判事　→88/90
波多江 彰　はたえ・あきら　〜平成22年7月24日
　帝国通信工業常務執行役員　→09/11
波多江 市造　はたえ・いちぞう　〜昭和57年5月19日
　陸軍技術中将　→80/82
畑江 五郎　はたえ・ごろう　〜昭和55年11月9日
　港区南麻布米軍施設建設反対同盟執行部長　→80/82
波多江 文男　はたえ・ふみお　〜平成10年5月24日
　川口屋(のちユニック)常務　→97/99
波多江 康郎　はたえ・やすろう　〜昭和57年3月16日
　住友スリーエム取締役　→80/82
幡掛 正浩　はたかけ・せいこう　大正2年7月26日〜平成18年1月14日　神官　伊勢神宮少宮司, 伊勢神宮崇敬会理事長　→06/08
播上 英次郎　はたがみ・えいじろう　明治45年1月17日〜平成12年3月13日　産経新聞専務, 関西テレビ放送副社長, 岡山放送社長　→00/02
畠中 徳蔵　はたけなか・とくぞう　大正4年3月1日〜平成1年3月7日　四国銀行常務　→88/90
畠山 勇　はたけやま・いさむ　大正14年9月15日〜平成2年5月18日　安田信託銀行常務　→88/90
畠山 一清　はたけやま・いっせい　明治14年12月28日〜昭和46年11月17日　実業家　荏原製作所創業者, 貴院議員(勅選)　→昭和
畠山 喜久治　はたけやま・きくじ　明治45年2月14日〜昭和62年5月31日　宮城県経済農協連合会専務理事　→83/87
畠山 成伸　はたけやま・しげのぶ　〜平成6年2月9日
　大阪高裁部総括判事　→94/96
畠山 蕃　はたけやま・しげる　昭和12年3月18日〜平成7年6月1日　防衛庁事務次官　→94/96
畠山 正光　はたけやま・せいこう　明治37年〜平成12年1月11日　オオハクチョウ保護運動　→00/02

畠山 清二　はたけやま・せいじ　大正11年3月28日〜昭和63年6月7日　荏原製作所社長　→88/90
畠山 正　はたけやま・ただす　大正1年8月8日〜平成6年12月22日　通産省官房審議官, 防衛大学校名誉教授　→94/96
畠山 龍熙　はたけやま・たつひろ　大正13年11月15日〜平成7年5月8日　僧侶　高田学苑長, 正福寺住職　→94/96
畠山 力　はたけやま・ちから　大正15年4月30日〜平成16年8月17日　大陽酸素専務　→03/05
畠山 勉　はたけやま・つとむ　昭和11年11月15日〜平成9年10月11日　東京スペクトロン会長　→97/99
畠山 鶴吉　はたけやま・つるきち　〜昭和48年5月31日
　つるやホテル社長　→昭和
畠山 輝明　はたけやま・てるあき　大正5年2月16日〜昭和58年1月21日　ニチバン常務取締役　→83/87
畠山 利昭　はたけやま・としあき　大正12年12月30日〜平成17年11月3日　日特建設社長　→03/05
畠山 不器　はたけやま・ふき　〜昭和56年5月12日
　信和産業会長, 荏原製作所取締役・現顧問　→80/82
畠山 正子　はたけやま・まさこ　〜平成17年6月29日
　割烹八百政女将, 八百政ビル社長　→03/05
畠山 政幸　はたけやま・まさゆき　昭和10年10月30日〜平成4年5月16日　札幌テレビ放送取締役総務局長　→91/93
畠山 松治郎　はたけやま・まつじろう　明治27年12月15日〜昭和20年12月28日　農民運動家　→昭和
畠山 保雄　はたけやま・もりお　昭和7年12月15日〜平成23年9月17日　弁護士　→09/11
畠沢 喜一　はたざわ・きいち　明治45年2月27日〜平成12年2月7日　仙台地裁所長　→00/02
畠沢 恭一　はたざわ・きょういち　大正2年2月16日〜昭和63年10月4日　秋田県議(無所属), 秋田県体育協会長　→88/90
畑地 昭祖　はたじ・あきのり　昭和5年11月17日〜平成6年12月3日　福岡家地裁判事　→94/96
畑下 きく以　はたした・きくい　〜昭和62年6月25日
　三進運送取締役　→83/87
畑尻 保　はたじり・たもつ　〜平成19年5月16日
　山形県警本部長　→06/08
畑瀬 信行　はたせ・のぶゆき　昭和13年1月5日〜平成4年4月27日　札幌高裁判事　→91/93
畑田 昌福　はただ・しょうふく　明治30年6月26日〜昭和51年7月14日　新潟県知事　→昭和
畑中 和文　はたなか・かずふみ　昭和15年8月27日〜平成6年9月14日　住友銀行取締役名古屋支店長　→94/96
畑中 国三　はたなか・くにぞう　〜平成20年11月6日
　きのこ会初代会長　→06/08
畑中 健二　はたなか・けんじ　大正8年10月13日〜平成19年8月27日　日興証券専務　→06/08
畑中 浩三　はたなか・こうぞう　明治42年7月13日〜昭

畑中 定一　はたなか・さだいち　明治42年8月30日〜昭和56年3月13日　読売新聞大阪本社専務　→80/82

畑中 譲太郎　はたなか・じょうたろう　大正3年3月2日〜平成6年3月17日　大阪府議（自民党）　→94/96

畑中 二郎　はたなか・じろう　明治44年9月27日〜平成3年1月13日　ユアサ産業副社長　→91/93

畠中 季隆　はたなか・すえたか　明治36年1月7日〜昭和57年11月24日　南日本放送会長、共同通信社放送協議会会長　→80/82

畑中 直　はたなか・すなお　大正2年8月15日〜平成4年2月12日　北九州市助役　→91/93

畠中 大輔　はたなか・だいすけ　明治35年1月18日〜昭和62年12月31日　東京航空計器社長　→83/87

畑中 辰夫　はたなか・たつお　大正11年4月1日〜昭和58年8月11日　名鉄クリーニング副社長、名鉄中部支配人　→83/87

畠中 達夫　はたなか・たつお　大正10年1月3日〜平成17年6月5日　警察大学校校長　→03/05

畠中 稔美　はたなか・としみ　〜昭和59年4月6日　化学工業日報社副社長　→83/87

畑中 英雄　はたなか・ひでお　〜昭和47年3月15日　竹中工務店専務　→昭和

畠中 仁　はたなか・ひとし　大正15年7月3日〜平成21年2月18日　福岡県議（無所属）　→09/11

畠中 博　はたなか・ひろし　明治18年7月13日〜昭和42年3月12日　牧師　神戸女学院名誉院長　→昭和

畑中 喜吉　はたなか・よしきち　大正14年〜平成8年5月20日　松村組常務　→94/96

畑中 祺弘　はたなか・よしひろ　昭和8年5月8日〜平成9年7月7日　グローリー工業常務　→97/99

波谷 守之　はだに・もりゆき　昭和4年11月〜平成6年11月2日　波谷組（暴力団・旧菅谷組系）組長　波谷事件　→94/96

秦野 章　はたの・あきら　明治44年10月10日〜平成14年11月6日　政治家、政治評論家　参院議員（自民党）、法相、警視総監　→00/02

幡野 栄一　はたの・えいいち　〜平成3年7月7日　東京都人事委員会事務局長、東京鉄鋼埠頭常務　→91/93

波多野 一雄　はたの・かずお　明治43年10月16日〜平成14年3月31日　住友銀行副頭取　→00/02

畑野 鏡三　はたの・きょうぞう　大正8年7月21日〜昭和63年9月25日　畑野木材工業社長、足助特殊合板社長　→88/90

羽田野 孝貴　はたの・こうき　〜昭和53年5月13日　大分放送社長　→昭和

波多野 貞夫　はたの・さだお　明治14年5月〜昭和17年1月7日　工学者、海軍中将　→昭和

波多野 早苗　はたの・さなえ　大正5年6月9日〜平成9年5月28日　スルガ銀行常務、シャープ常勤監査役　→97/99

波多野 静夫　はたの・しずお　明治43年8月10日〜平成9年11月20日　福岡市助役、福岡県出納長　→97/99

波多野 承五郎　はたの・しょうごろう　安政1年11月27日〜昭和4年9月16日　実業家　朝野新聞社長、衆院議員　→昭和

波多野 庄平　はたの・しょうへい　明治40年7月29日〜平成12年10月10日　シーアイ化成社長　→00/02

羽田野 次郎　はたの・じろう　明治36年2月〜昭和63年4月29日　インタープリンツ会長、衆院議員　→88/90

籏野 次郎　はたの・じろう　〜平成9年10月20日　市民防災研究所所長　→97/99

旗野 進一　はたの・しんいち　明治44年9月20日〜平成1年6月18日　衆院議員（自民党）　→88/90

畑野 スミ　はたの・すみ　〜平成9年9月24日　北海道議　→97/99

波田野 静治　はたの・せいじ　大正8年1月9日〜昭和59年10月3日　ビデオリサーチ社長　→83/87

波多野 高行　はたの・たかゆき　〜平成3年4月21日　本州製紙取締役　→91/93

羽田野 忠文　はたの・ちゅうぶん　大正6年3月17日〜平成16年3月17日　弁護士　衆院議員（自民党）　→03/05

羽田野 哲夫　はたの・てつお　明治38年2月16日〜平成5年4月5日　高島屋専務　→91/93

波多野 則三郎　はたの・のりさぶろう　〜昭和40年4月10日　東京都労委使用者側委員、日本労働研究所理事　→昭和

波多野 東一　はたの・はるかず　〜昭和56年9月13日　門司税関監査部長　→80/82

波多野 秀雄　はたの・ひでお　大正12年11月18日〜平成1年11月7日　挾間町農協組合長、大分県議（自民党）　→88/90

波多野 正憲　はたの・まさのり　〜平成13年10月21日　緒方町（大分県）町長　→00/02

波多野 正彦　はたの・まさひこ　大正8年1月7日〜平成23年12月14日　日機装社長　→09/11

波多野 真隆　はたの・またか　大正12年10月31日〜昭和59年2月10日　三菱モンサント化成常務　→83/87

波多野 元二　はたの・もとじ　〜昭和56年10月15日　国際自動車社長　→80/82

波多野 八三郎　はたの・やさぶろう　〜昭和27年6月17日　鐘紡化学取締役　→昭和

波多野 保二　はたの・やすじ　〜昭和40年2月8日　日本海運協会理事　→昭和

秦野 裕　はたの・ゆたか　昭和15年3月31日〜平成9年8月17日　帝都高速度交通営団副総裁、海上保安庁長官　→97/99

波多野 義彦　はたの・よしひこ　〜昭和16年7月25日　陸軍中将　→昭和

波多野 龍吉　はたの・りゅうきち　明治45年5月20日〜

平成4年12月14日　ハタノ工業社長, 中央大学理事　→91/93

波多野 林一　はたの・りんいち　明治19年12月～昭和37年1月7日　実業家　参院議員（緑風会）　→昭和

畑林 貞信　はたばやし・さだのぶ　～昭和59年9月25日　司法書士　日本司法書士会連合会常任理事, 元愛知県司法書士会副会長　→83/87

畑部 政勝　はたべ・まさかつ　大正3年4月21日～昭和63年1月31日　東洋電機社長　→88/90

畑守 三四治　はたもり・みよじ　～昭和57年5月18日　弁護士　敦賀市長　→80/82

幡谷 仙三郎　はたや・せんざぶろう　～昭和56年6月27日　茨城県商工信用組合理事長　→80/82

幡谷 仙次郎　はたや・せんじろう　～昭和39年1月17日　鹿島参宮通運社長　→昭和

幡谷 豪男　はたや・ひでお　昭和4年8月23日～平成22年8月6日　堺市長　→09/11

畑谷 正実　はたや・まさみ　～平成11年5月18日　建設省技監　→97/99

畑谷 光代　はたや・みつよ　大正8年1月7日～平成13年7月14日　保育問題研究家　→00/02

畑山 栄三　はたやま・えいぞう　明治35年9月4日～平成3年1月8日　畑山製衡所会長, 和歌山商工会議所副会頭　→91/93

畑山 四男美　はたやま・しおみ　明治17年7月13日～昭和46年8月8日　弁護士　福岡県知事, 福島県知事　→昭和

畑山 墨子　はたやま・すみこ　～平成23年10月14日　高知県中国帰国者の会会長　戦争体験の語り部　→09/11

畑山 新信　はたやま・にいのぶ　大正10年5月15日～平成12年12月2日　岩手県出納長, エフエム岩手社長　→00/02

畑山 充　はたやま・みつる　～昭和63年4月16日　暴力団幹部　八大産業社長宅人質殺害事件犯人　→88/90

八馬 仙蔵　はちうま・せんぞう　明治36年1月8日～平成4年3月8日　丸紅顧問, 南洋物産社長　→91/93

馬 安二良　はちうま・やすじろう　～昭和56年5月17日　八馬汽船相談役, 多聞酒造顧問　→80/82

バチェラー 八重子　ばちぇらー・やえこ　明治17年6月13日～昭和37年4月29日　キリスト教伝道者, 歌人　→昭和（ばちぇらー・やえこ）

八岡 泰三　はちおか・たいぞう　～昭和58年4月8日　サントリー山崎ディスティラリー工場長　→83/87

八条 隆正　はちじょう・たかまさ　明治16年6月～昭和25年3月3日　貴院議員（子爵）　→昭和

蜂須賀 憲男　はちすか・のりお　大正11年3月27日～平成14年5月5日　弁護士　愛知県収用委員会委員長, 名古屋弁護士会副会長　→00/02

蜂須賀 正韶　はちすか・まさあき　明治4年3月8日～昭和7年12月31日　政治家, 侯爵　貴院副議長　→昭和

八戸 信三　はちのへ・しんぞう　明治39年6月10日～平成7年4月4日　日立工機専務　→94/96

八藤 東禧　はちふじ・とうき　明治42年9月17日～平成2年1月10日　国際衛星通信協会会長, 国際電信電話顧問・元副社長　→88/90

八星 明　はちぼし・あきら　大正13年2月25日～平成3年5月7日　いすゞ販売金融相談役　→91/93

八星 泰　はちぼし・ひろし　大正6年10月22日～平成13年6月16日　呉羽化学工業取締役, 呉羽プラスチックス社長　→00/02

八幡 一郎　はちまん・いちろう　明治33年1月28日～昭和63年2月20日　東京都知識階級職業紹介所長　→88/90

八村 信三　はちむら・のぶぞう　明治41年12月29日～平成2年6月2日　鳥取銀行会長, 鳥取県商工会議所連合会会長　→88/90

蜂谷 貫治　はちや・かんじ　～平成1年4月22日　電気通信共済会常務理事, 公労委関東地方調停員　→88/90

蜂谷 茂雄　はちや・しげお　明治32年12月8日～平成4年2月10日　日新製鋼副社長　→91/93

蜂谷 正毅　はちや・せいき　大正4年7月26日～平成20年1月23日　河北新報常務　→06/08

蜂谷 達海　はちや・たつみ　～昭和62年6月27日　大和証券取締役, 日の出証券専務　→83/87

蜂谷 輝雄　はちや・てるお　明治28年10月4日～昭和54年7月2日　駐ビルマ公使　→昭和

蜂谷 初四郎　はちや・はつしろう　明治27年6月20日～昭和55年12月10日　蜂谷工業社長, 岡山県議　→80/82

蜂屋 正之　はちや・まさゆき　大正7年4月15日～平成9年8月17日　岩ός産業副社長　→97/99

蜂屋 可治　はちや・よしはる　～昭和58年11月21日　川俣精機社長　→83/87

八山 誠　はちやま・まこと　昭和9年5月19日～平成9年3月23日　全通運本部委員長, 連合北海道副会長　→97/99

鉢呂 義雄　はちろ・よしお　昭和61年12月19日　高岡地域地場産業センター事務局長　→83/87

八家 要　はっか・かなめ　明治43年7月8日～平成8年1月31日　山陽特殊製鋼専務, 神戸銀行（のちさくら銀行）常務　→94/96

八角 道夫　はっかく・みちお　大正13年1月31日～平成22年5月9日　新和海運社長　→09/11

廿日出 彪　はつかで・ひろし　明治34年4月～昭和22年10月19日　興誠学園創立者, 衆院議員　→昭和（廿日出 彪　はつかで・ほう）

初崎 正純　はつざき・まさずみ　～昭和60年2月8日　僧侶　真言宗大覚寺法泉院住職, ペラデニア大学（スリランカ）名誉教授　→83/87

初沢 秀夫　はつざわ・ひでお　昭和15年9月21日～平成15年9月18日　弘報社常務　→03/05

初瀬 辰治　はつせ・たつじ　大正5年1月26日～平成13年8月13日　東洋製罐常務　→00/02

初瀬 行雄　はつせ・ゆきお　大正14年8月10日～平成11

I 政治・経済・社会篇　　はつとり

年2月26日　初瀬電材会長, 福島県教育委員長　→97/99

八田 諦　はった・あきら　昭和8年7月2日～平成14年3月26日　京都新聞常務　→00/02

八田 一郎　はった・いちろう　明治43年2月27日～平成7年12月26日　昭和海運常務　→94/93

八田 卯一郎　はった・ういちろう　明治36年9月10日～平成1年4月20日　弁護士　静岡地・家裁所長, 国税不服審判所長　→88/90

初田 数衛　はつた・かずえ　～昭和58年6月29日　日本ステンレス常務　→83/87

八田 義一　はった・ぎいち　昭和2年1月23日～平成16年3月25日　旭化成専務　→03/05

八田 公雄　はった・きみお　大正12年8月5日～平成13年5月23日　石川島建材工業社長　→00/02

八田 邦次　はった・くにじ　～昭和58年1月1日　松下電工代表取締役　→83/87

八田 恒平　はった・こうへい　大正7年12月18日～平成17年5月16日　大和副会長, 金沢ニューグランドホテル社長, 北陸経済調査会理事長　→03/05

八田 貞義　はった・さだよし　明治42年9月8日～昭和61年12月20日　衆院議員(自民党, 福島2区), 日本医大教授　→83/87

八太 舟三　はった・しゅうぞう　明治19年12月～昭和9年1月30日　アナキスト　→昭和

八田 宗吉　はった・そうきち　明治7年10月～昭和13年1月16日　衆院議員(政友会)　→昭和(はった・むねきち)

八田 竹男　はった・たけお　大正3年9月15日～平成3年8月6日　吉本興業社長　→91/93

八田 剛　はった・つよし　～昭和62年5月7日　アイワ印刷(株)社長, 日軽印金社　→83/87

八太 利勝　はった・としかつ　昭和4年12月22日～平成3年4月11日　在バルセロナ総領事　→91/93

八田 豊明　はった・とよあき　大正2年11月10日～平成11年8月14日　熊谷組専務　→97/99

八田 嘉明　はった・よしあき　明治12年9月14日～昭和39年4月26日　日本商工会議所会頭, 貴院議員(勅選), 商工相　→昭和

八反田 角一郎　はったんだ・かくいちろう　明治34年11月6日～昭和54年12月28日　読売テレビ社長, 読売新聞大阪本社最高顧問　→昭和

服部 一三　はっとり・いちぞう　嘉永4年2月11日～昭和4年1月24日　貴院議員(勅選), 兵庫県知事, 文部省書記官　→昭和

服部 一郎　はっとり・いちろう　～昭和30年4月16日　三菱商事相談役　→昭和

服部 一郎　はっとり・いちろう　昭和7年2月27日～平成62年5月26日　セイコー電子工業社長, セイコーエプソン社長, 服部セイコー取締役　→83/87

服部 一郎　はっとり・いちろう　大正1年9月9日～平成6年12月28日　日新製鋼専務, 月星海運社長　→94/96

服部 一郎　はっとり・いちろう　大正15年3月15日～平成10年5月9日　京葉ビル社長, かねもり(のちミネベア)常務　→97/99

服部 岩吉　はっとり・いわきち　明治18年11月～昭和40年11月24日　衆院議員(日本自由党), 滋賀県知事　→昭和

服部 梅治　はっとり・うめじ　～昭和55年8月28日　東レ元常務　→80/82

服部 英明　はっとり・えいめい　明治12年3月～昭和27年12月31日　衆院議員(翼賛議員同盟)　→昭和(はっとり・ひであき)

服部 修　はっとり・おさむ　大正14年11月1日～昭和61年3月11日　扶桑工機社長, 桑名商工会議所副会頭　→83/87

服部 一夫　はっとり・かずお　明治42年12月5日～平成2年12月26日　名古屋市収入役　→88/90

服部 一雄　はっとり・かずお　～昭和37年5月6日　亀山市長　→昭和

服部 和彦　はっとり・かずひこ　昭和12年11月24日～平成12年7月18日　大阪魚市場常務　→00/02

服部 勝雄　はっとり・かつお　～昭和43年7月9日　芝浦製作所会長　→昭和

服部 勝威　はっとり・かつたけ　～平成4年2月8日　三菱経済研究所常任理事　→91/93

服部 勝吉　はっとり・かつよし　～昭和15年4月19日　大阪鉄工所取締役　→昭和

服部 勝吉　はっとり・かつよし　～平成2年9月6日　文化庁文化財保護部建造物課長, 文化財保護審議会第二専門調査会委員　→88/90

服部 毅一　はっとり・きいち　大正6年11月20日～平成11年10月25日　焼津市長　→97/99

服部 恭寿　はっとり・きょうじゅ　～昭和55年2月29日　真宗高田派宗務総長, 慈教寺住職　→80/82

服部 潔　はっとり・きよし　～昭和28年7月16日　日立運輸社長　→昭和

服部 清　はっとり・きよし　～平成7年3月7日　京葉ガス専務　→94/96

服部 清　はっとり・きよし　明治42年1月1日～平成19年1月31日　中日本興業社長　→06/08

服部 清成　はっとり・きよしげ　大正9年1月11日～平成4年8月5日　伊藤伊会長　→91/93

服部 金太郎　はっとり・きんたろう　万延1年10月9日～昭和9年3月1日　実業家　服部時計店創業者, 貴院議員(勅選)　→昭和

服部 邦雄　はっとり・くにお　大正11年4月1日～平成1年4月15日　ブリヂストン社長　→88/90

服部 桂三　はっとり・けいぞう　大正10年3月4日～平成3年7月10日　会計検査院第一局長, 国家公務員等共済組合連合会常務理事　→91/93

は

「現代物故者事典」総索引(昭和元年～平成23年)　　987

服部 憲一　はっとり・けんいち　明治40年9月13日～平成7年11月3日　高岳製作所専務　→94/96

服部 賢準　はっとり・けんじゅん　～昭和55年4月1日　子供の家保育園長、明忠院住職　→80/82

服部 謙三　はっとり・けんぞう　大正13年2月17日～平成16年1月16日　昭和高分子専務　→03/05

服部 玄三　はっとり・げんぞう　～昭和39年2月6日　服部時計店会長　→昭和

服部 謙太郎　はっとり・けんたろう　大正8年4月6日～昭和62年9月1日　実業家　服部セイコー会長　→83/87

服部 公平　はっとり・こうへい　大正4年8月7日～平成9年3月30日　安田火災海上保険常務　→97/99

服部 貞治　はっとり・さだじ　明治42年11月26日～平成8年8月10日　兼松取締役、船橋製鋼社長　→94/96

服部 訓之　はっとり・さとし　～平成22年4月16日　光タクシー会長、日本ジャーナリスト同盟顧問　→09/11

服部 重信　はっとり・しげのぶ　明治42年10月18日～平成14年4月10日　三菱セメント常務　→00/02

服部 静夫　はっとり・しずお　明治38年11月19日～平成1年11月12日　映画プロデューサー、映画監督　大映常務　→88/90

服部 周八郎　はっとり・しゅうはちろう　～平成5年9月2日　矢作建設工業常務　→91/93

服部 俊一　はっとり・しゅんいち　明治38年2月3日～平成3年1月8日　大日本紡績（のちユニチカ）取締役　→91/93

服部 順五　はっとり・じゅんご　明治42年2月24日～平成7年8月2日　武田薬品工業専務　→94/96

服部 庄右衛門　はっとり・しょうえもん　～昭和61年4月12日　三重県議　→83/87

服部 正次　はっとり・しょうじ　明治33年5月28日～昭和49年7月29日　実業家　服部時計店社長　→昭和

服部 治郎　はっとり・じろう　～昭和61年4月4日　全金同盟愛知地方金属副委員長　→83/87

服部 真一　はっとり・しんいち　大正13年11月25日～平成8年6月19日　岡谷鋼機専務　→94/96

服部 仁一　はっとり・じんいち　大正5年7月25日～平成5年10月14日　日興酸素専務　→91/93

服部 信吾　はっとり・しんご　昭和17年7月21日～平成62年4月25日　参院議員（公明党）　→83/87

服部 新咲　はっとり・しんさく　～昭和60年9月16日　日産サニー宮崎販売社長　→83/87

服部 誠一郎　はっとり・せいいちろう　大正8年5月30日～平成6年7月18日　服部紙商事会長　→94/96

服部 誠太郎　はっとり・せいたろう　～昭和55年2月26日　世界銀行理事、ナショナル・ウェストミンスター銀行顧問　→80/82

服部 岱三　はっとり・たいぞう　～昭和56年1月8日　日本ポリドール社長　→80/82

服部 泰造　はっとり・たいぞう　大正8年10月7日～平成21年12月8日　三重交通副社長　→09/11

服部 高顕　はっとり・たかあき　大正1年10月1日～平成5年3月24日　最高裁判官　→91/93

服部 孝一　はっとり・たかかず　大正14年7月10日～平成21年5月27日　日本商事社長　→09/11

服部 孝　はっとり・たかし　昭和4年1月12日～平成4年3月4日　中日新聞東京本社製作工程管理委員会顧問、中日新聞客員　→91/93

服部 卓　はっとり・たかし　大正3年7月4日～平成10年1月14日　弁護士　熊本地検検事正　→97/99

服部 卓四郎　はっとり・たくしろう　明治34年1月2日～昭和35年4月30日　陸軍大佐　史実研究所所長　→昭和

服部 武夫　はっとり・たけお　～昭和61年3月25日　尼崎工業会専務理事　→83/87

服部 竹治　はっとり・たけじ　～平成9年1月10日　元・第五福竜丸乗組員　→97/99

服部 正　はっとり・ただし　大正11年4月9日～平成5年6月21日　三井物産取締役　→91/93

服部 達也　はっとり・たつや　昭和3年4月12日～昭和63年1月15日　第一生命保険常任監査役　→88/90

服部 親行　はっとり・ちかゆき　～昭和42年3月7日　国際キリスト教学連日本代表　→昭和

服部 恒男　はっとり・つねお　昭和19年11月26日～平成18年10月29日　山形新聞社主、山形放送常勤監査役　→06/08

服部 恒雄　はっとり・つねお　昭和5年3月17日～平成13年1月10日　宮沢喜一衆院議員秘書　→00/02

服部 常雄　はっとり・つねお　～昭和60年8月12日　元渕上商事取締役経理部長　→83/87

服部 経治　はっとり・つねはる　昭和8年1月17日～平成16年1月3日　関西国際空港社長、運輸事務次官　→03/05

服部 哲也　はっとり・てつや　大正15年1月14日～平成5年4月8日　藤沢薬品工業取締役　→91/93

服部 亨　はっとり・とおる　～昭和55年10月16日　日立造船取締役、日立造船エンジニアリング社長　→80/82

服部 徳郎　はっとり・とくろう　～昭和63年3月4日　大垣水産青果会長　→88/90

服部 利明　はっとり・としあき　昭和4年1月26日～平成14年7月11日　名古屋市議　→00/02

服部 利一　はっとり・としかず　昭和5年3月25日～平成6年12月14日　相鉄企業社長,相模鉄道常勤監査役　→94/96

服部 敏治　はっとり・としはる　昭和5年1月11日～平成2年4月29日　三菱鉛筆常務　→88/90

服部 敏幸　はっとり・としゆき　大正2年8月10日～平成20年8月20日　講談社会長、日本書籍出版協会理事長、アジア太平洋出版連合会名誉会長　→06/08

服部 敏郎　はっとり・としろう　明治32年7月22日～平成4年5月24日　岡崎信用金庫名誉会長　→91/93

服部 友信　はっとり・とものぶ　〜昭和62年2月27日
小矢部市代表監査委員　→83/87

服部 長泰　はっとり・ながやす　明治42年4月22日〜平成8年7月30日　ニチアス常務　→94/96

服部 楢蔵　はっとり・ならぞう　明治42年3月11日〜昭和62年3月18日　服部タクシー社長、奈良日日新聞取締役相談役　→83/87

服部 一　はっとり・はじめ　明治39年10月7日〜平成1年9月10日　蝶理取締役　→88/90

服部 浜次　はっとり・はまじ　明治11年2月28日〜昭和20年6月8日　社会運動家　→昭和

服部 早志　はっとり・はやし　大正7年7月12日〜平成8年11月13日　明治生命保険常務、松本組副社長　→94/96

服部 春二　はっとり・はるじ　〜昭和60年11月17日
日本鉱業取締役　→83/87

服部 春義　はっとり・はるよし　大正14年1月17日〜昭和62年5月3日　（株）丸一専務　→83/87

服部 比左治　はっとり・ひさじ　大正2年1月29日〜昭和63年2月16日　駐バチカン大使　→88/90

服部 英男　はっとり・ひでお　昭和2年8月23日〜平成18年10月26日　住商リース専務　→06/08

服部 平義　はっとり・ひらよし　〜昭和47年1月6日
亀山市長　→昭和

服部 弘　はっとり・ひろし　昭和5年5月2日〜平成19年5月21日　カネボウ常務　→06/08

服部 弘　はっとり・ひろし　大正11年5月27日〜平成22年3月22日　中部電力副社長　→09/11

服部 浩　はっとり・ひろし　〜昭和46年11月15日
日新製鋼専務　→昭和

服部 博　はっとり・ひろし　明治40年11月1日〜平成9年11月17日　日本ガイシ常務　→97/99

服部 冨士雄　はっとり・ふじお　〜昭和55年1月1日
大阪府出納長、全国信用保証協会連合会会長　→80/82

服部 太　はっとり・ふとし　昭和11年12月1日〜平成23年12月18日　ユー・エス・エス会長　→00/11

服部 豊二　はっとり・ぶんじ　〜昭和62年2月10日
元・富山市公会堂館長　→83/87

服部 正　はっとり・まこと　大正15年8月7日〜昭和58年1月29日　構造計画研究所所長、社団法人ソフトウエア産業振興協会会長　→83/87

服部 正明　はっとり・まさあき　昭和8年2月〜昭和8年3月23日　司法官　広島地裁検事正　→昭和

服部 征夫　はっとり・まさお　昭和60年8月12日
鹿島建設重役待遇理事　→83/87

服部 正夫　はっとり・まさお　明治41年7月8日〜平成1年2月13日　朝日新聞社監査役、宮本商行社長　→88/90

服部 正夫　はっとり・まさお　〜平成17年12月27日
名古屋アメリカンセンター副館長　→03/05

服部 正雄　はっとり・まさお　明治41年7月20日〜昭和60年5月4日　日本農産工業常務　→83/87

服部 雅一　はっとり・まさかず　昭和8年11月11日〜平成5年10月19日　内海造船取締役　→91/93

服部 昌史　はっとり・まさし　〜平成9年5月12日
ミサワホーム取締役　→97/99

服部 正敏　はっとり・まさとし　昭和14年11月29日〜平成13年8月28日　大阪府代表監査委員、大阪府教育長　→00/02

服部 真彦　はっとり・まさひこ　〜昭和17年7月13日
陸軍中将　→昭和

服部 雅光　はっとり・まさみつ　大正14年3月11日〜平成18年7月12日　新日本理化社長　→06/08

服部 正也　はっとり・まさや　大正7年10月13日〜平成11年11月29日　ルワンダ名誉総領事、世界銀行副総裁　→97/99

服部 勝　はっとり・まさる　大正8年5月5日〜平成17年12月29日　日立造船会長　→03/05

服部 満太郎　はっとり・まんたろう　〜平成2年3月8日　岐阜県商店街振興組合連合会理事長、岐阜市商店街振興組合連合会理事長、丸旗社長　→88/90

服部 道徳　はっとり・みちのり　大正15年3月24日〜平成18年9月21日　日本写真印刷専務　→06/08

服部 光孝　はっとり・みつたか　大正14年5月27日〜平成19年11月13日　愛知県議（自民党）　→06/08

服部 峰雪　はっとり・みねゆき　昭和3年〜平成5年12月29日　不二越取締役　→91/93

服部 麦生　はっとり・むぎお　明治38年9月28日〜昭和24年3月5日　日本共産党中央委員候補　→昭和

服部 元三　はっとり・もとぞう　明治38年1月1日〜平成1年7月27日　川崎汽船社長　→88/90

服部 盛栄　はっとり・もりひで　明治43年1月3日〜平成12年5月10日　三菱商事副社長、富士コカ・コーラボトリング社長　→00/02

服部 安司　はっとり・やすし　大正4年7月21日〜平成23年3月9日　衆院議員（自民党）、参院議員、郵政相　→09/11

服部 幸道　はっとり・ゆきみち　昭和10年8月3日〜平成22年12月26日　稲沢市長　→09/11

服部 豊　はっとり・ゆたか　明治41年10月27日〜昭和58年12月15日　三成紙器（株）会長、レンゴー専務　→83/87

服部 豊　はっとり・ゆたか　〜平成3年11月3日
愛知ミサワホーム社長　→91/93

服部 庸一　はっとり・よういち　昭和3年6月27日〜平成5年5月9日　イベント・プロデューサー　電通常務　→91/93

服部 由一　はっとり・よしいち　〜平成3年2月23日　名古屋市中央卸売市場協会顧問、中部水産社長・元会長　→91/93

服部 吉雄　はっとり・よしお　昭和18年8月9日〜平成19年5月3日　カンセキ創業者　→06/08

はつとり　　　　　　　　　　　　　　　　　　　　　　　Ⅰ　政治・経済・社会篇

服部 敬雄　はっとり・よしお　明治32年12月10日〜平成3年3月14日　山形新聞社社主・社長, 山形放送社長, 山形交通会長　→91/93

服部 芳春　はっとり・よしはる　大正5年3月21日〜昭和62年12月26日　服部家具店社長　→83/87

服部 良助　はっとり・りょうすけ　大正7年2月13日〜昭和60年10月22日　コーワ社長, 光和紡績社長, 中京テレビ放送取締役　→83/87

服部 六郎　はっとり・ろくろう　大正4年5月11日〜平成19年12月7日　ブリヂストン専務　→06/08

初見 盈五郎　はつみ・みつごろう　〜昭和40年8月3日　日本航空協会常任理事　→昭和

初村 誠一　はつむら・せいいち　大正14年3月15日〜平成2年8月17日　長崎県議(自民党)　→00/02

初村 滝一郎　はつむら・たきいちろう　大正2年11月5日〜平成17年7月30日　参院議員(自民党), 労相　→03/05

初村 与左吉　はつむら・よさきち　明治38年2月13日〜昭和63年5月19日　初村第一倉庫取締役会長　→88/90

波戸 米治　はと・よねじ　大正9年5月4日〜平成11年11月30日　東京都港湾局長, 東京都競馬常務　→00/02s

羽藤 栄市　はとう・えいいち　明治36年6月25日〜昭和60年11月22日　衆院議員(社会党), 今治市長, 愛媛県副知事　→83/87

鳩貝 充　はとがい・みつる　昭和15年7月15日〜平成63年2月27日　下妻市長　→88/90

波床 健蔵　はとこ・けんぞう　昭和11年3月25日〜平成19年6月17日　阪和興業専務　→06/08

鳩山 威一郎　はとやま・いいちろう　大正7年11月11日〜平成5年12月19日　参院議員(自民党), 外相　→91/93

鳩山 一郎　はとやま・いちろう　明治16年1月1日〜昭和34年3月7日　政治家　首相, 自民党初代総裁, 衆院議員　→昭和

羽鳥 治良松　はとり・じろうまつ　大正1年8月28日〜平成10年3月6日　大和設備工事社長　→97/99

羽鳥 司　はとり・つかさ　〜昭和55年10月12日　防衛大学校助教授　→80/82

羽鳥 久雄　はとり・ひさお　明治31年6月18日〜平成7年11月11日　群馬銀行相談役　→94/96

羽鳥 秀二　はとり・ひでじ　大正6年3月18日〜平成4年11月17日　ムサシ社長　→91/93

羽鳥 裕公　はとり・やすまさ　大正6年2月27日〜平成2年7月7日　日本アルミニウム工業社長, 住友軽金属工業常務　→88/90

花井 源兵衛　はない・げんべえ　〜昭和12年3月21日　東京府会議長　→昭和

花井 四郎　はない・しろう　〜平成10年8月18日　宝酒造取締役　→97/99

花井 善吉　はない・ぜんきち　〜昭和7年6月5日　朝顔栽培研究所　→昭和

花井 孝久　はない・たかひさ　明治44年5月13日〜平成11年1月30日　三井海上火災保険名誉顧問・元社長　→97/99

花井 卓蔵　はない・たくぞう　慶応4年6月12日〜昭和6年12月3日　弁護士, 政治家　衆院議員(正交倶楽部), 貴院議員(勅選)　→昭和

花井 正八　はない・まさや　大正1年8月1日〜平成7年6月10日　トヨタ自動車会長　→94/96

花井 嘉夫　はない・よしお　明治33年7月13日〜平成6年12月11日　神鋼パンテック社長　→94/96

花井 喜俊　はない・よしとし　昭和10年8月4日〜平成16年8月7日　花井会長　→03/05

花井 頼三　はない・らいぞう　〜昭和44年10月22日　三井建設会長　→昭和

花岡 岩雄　はなおか・いわお　〜昭和44年10月8日　全国中小企業団体総連会長　→昭和

花岡 薫　はなおか・かおる　明治36年10月4日〜昭和61年11月29日　国際電信電話(のちKDD)常務　→83/87

花岡 金郎　はなおか・きんろう　大正7年11月7日〜平成2年5月27日　ハナマルキ会長　→88/90

花岡 茂　はなおか・しげる　昭和23年10月27日〜平成13年6月12日　花岡車輌社長　→00/02

花岡 信平　はなおか・しんぺい　昭和3年11月29日〜平成15年9月19日　日本高速通信社長, 住友銀行副頭取　→03/05

花岡 仙鳳　はなおか・せんぽう　〜昭和63年6月23日　全国学校法人幼稚園連合会副会長　→88/90

花岡 隆治　はなおか・たかはる　大正6年8月28日〜平成8年3月12日　弁護士　日弁連副会長　→94/96

花岡 俊夫　はなおか・としお　〜昭和56年1月21日　日本団体生命保険相談役・元会長　→80/82

花岡 敏夫　はなおか・としお　明治7年9月28日〜昭和12年7月31日　弁護士　東京弁護士会会長　→昭和

花岡 伸生　はなおか・のぶお　昭和14年10月18日〜昭和62年2月12日　ファナック常務取締役, ファナックUSAコーポレーション社長　→83/87

花岡 宏　はなおか・ひろし　大正10年〜平成1年4月4日　花岡車輌社長　→88/90

花岡 満　はなおか・みつる　昭和11年12月10日〜平成4年2月16日　北沢バルブ常務　→91/93

花岡 実　はなおか・みのる　〜昭和55年1月20日　三菱化工機監査役・元専務　→80/82

花岡 実　はなおか・みのる　〜昭和55年7月24日　山一証券副社長　→80/82

花岡 弥六　はなおか・やろく　明治37年11月〜昭和61年9月5日　電気化学工業社長　→83/87

羽中田 金一　はなかた・きんいち　明治40年2月23日〜平成3年10月25日　弁護士　名古屋高検審事長　→91/93

花形 澄　はながた・ちょう　大正8年1月10日〜平成13年6月6日　東京電気工務所社長　→00/02

花川 鉄夫　はなかわ・てつお　昭和9年9月1日〜平成10年

I　政治・経済・社会篇　　　　　　　　　　　　　　　　　　　　　　　　　　　　　　　はなふさ

花□□　9月27日　北海道テレビ放送取締役，エイチ・テー・ビー映像社長　→97/99
花川　俊雄　はなかわ・としお　～平成15年7月23日　北海道鮭鱒漁業協同組合長，大樹漁協組合長　→03/05
花木　充夫　はなき・みつお　昭和5年6月13日～平成22年8月12日　近畿通信建設社長　→09/11
花崎　丈治　はなざき・たけじ　～平成4年12月20日　渋谷区議会議長　→91/93
花崎　利義　はなざき・としよし　明治32年8月17日～平成6年10月8日　住友海上火災保険社長　→94/96
花崎　米太郎　はなさき・よねたろう　明治31年9月29日～昭和59年9月18日　木津信用組合名誉会長，大阪木津市場会長　→83/87
花沢　三郎　はなざわ・さぶろう　昭和11年4月1日～平成20年11月11日　千葉県議（自民党）　→06/08
花沢　亨　はなざわ・とおる　明治40年4月1日～平成10年1月2日　千葉県議　→97/99
花沢　友男　はなざわ・ともお　昭和7年1月24日　飛行第六聯隊中隊長航空兵少佐　→昭和
花沢　昇　はなざわ・のぼる　大正8年6月21日～平成7年3月19日　仙台梱包運搬社長，日本梱包運輸倉庫専務　→94/96
葉梨　新五郎　はなし・しんごろう　明治34年2月20日～昭和31年3月27日　政治家　衆院議員（自由党）　→昭和
花島　幸一　はなじま・こういち　～昭和40年5月18日　海軍中将　→昭和
花島　惣太郎　はなしま・そうたろう　～昭和55年9月10日　楠原輸送社長，横浜港運運営会副会長，横浜沿岸荷役協会長　→80/82
花島　直　はなじま・なお　～昭和62年3月15日　花島精肉店代表，元・福野町（富山県）町議　→83/87
花城　健治　はなしろ・けんじ　昭和10年3月1日～平成11年10月18日　沖縄県教職員組合副委員長　→97/99
花園　憲一　はなぞの・けんいち　大正13年2月15日～平成16年7月21日　炭労九州地方本部副委員長　→03/05
華園　真淳　はなぞの・しんじゅん　明治17年8月3日～昭和50年11月22日　僧侶　浄土真宗興正寺派門主　→昭和
花田　和彦　はなだ・かずひこ　昭和22年12月19日～平成22年7月31日　共同印刷専務　→09/11
花田　勝雄　はなだ・かつお　～昭和58年4月3日　壮瞥町（北海道）町長　→83/87
花田　菊造　はなだ・きくぞう　～昭和35年11月4日　芝浦精糖会長　→昭和
花田　迎造　はなだ・げいぞう　～昭和22年8月12日　飯野海運社長　→昭和
花田　傑四　はなだ・けつし　大正3年8月6日～平成2年9月18日　飯野不動産社長，飯野海運専務　→88/90
花田　惟孝　はなだ・これたか　大正11年8月2日～平成4年8月4日　内閣調査官　→91/93

花田　才蔵　はなだ・さいぞう　～昭和25年10月15日　三楽酒造会長　→昭和
花田　茂　はなだ・しげる　～昭和56年2月28日　福岡県宗像郡津屋崎町議会議長　→80/82
花田　収悦　はなだ・しゅうえつ　昭和15年1月7日～平成1年10月9日　日本電信電話ソフトウェア研究所長　→88/90
花田　新太郎　はなだ・しんたろう　大正9年～平成18年9月11日　福岡県議　→06/08
花田　隆　はなだ・たかし　大正14年11月5日～平成23年2月13日　山陽コカ・コーラボトリング専務　→09/11
花田　武人　はなだ・たけと　～昭和63年10月13日　北九州市議，若松市議会議長　→88/90
花田　辰信　はなだ・たつのぶ　～昭和61年11月16日　京都新聞社社友・中央販売所長，日本新聞販売会会長　→83/87
花田　仲之助　はなだ・ちゅうのすけ　万延1年6月10日～昭和20年1月2日　陸軍人，社会教育家　報徳会創立者　→昭和（はなだ・なかのすけ）
花田　二百　はなだ・つぎお　明治35年4月27日～昭和59年3月4日　福岡県議　→83/87
花田　敏夫　はなだ・としむ　昭和10年12月26日～平成12年1月4日　連合青森会長　→00/02
花田　寅太　はなだ・とらた　～昭和62年10月20日　福岡銀行事務企画部副部長　→83/87
花田　徳行　はなだ・のりゆき　大正10年10月10日～平成10年2月7日　西日本新聞専務　→97/99
花田　正夫　はなだ・まさお　明治37年～昭和62年9月26日　宗教家　一道会館主管　→83/87
花田　政次　はなだ・まさじ　～昭和57年8月21日　博多ステーションビル常務　→80/82
花田　政春　はなだ・まさはる　明治25年3月27日～昭和58年9月1日　大蔵省専売局長官　→83/87
花田　実　はなだ・みのる　昭和7年1月10日～平成4年4月4日　岐阜銀行頭取　→91/93
花田　宗夫　はなだ・むねお　昭和16年8月21日～平成14年1月28日　朝日生命保険専務　→00/02
花田　緑朗　はなだ・ろくろう　～昭和58年9月3日　サッポロビール取締役　→83/87
花野　昭男　はなの・あきお　昭和19年6月15日～平成18年9月23日　大蔵省造幣局長，全国信用協同組合連合会理事長　→06/08
花野　吉平　はなの・きちへい　明治45年3月2日～平成3年4月24日　大和団地専務　→91/93
花畑　集　はなばた・しゅう　大正14年9月20日～平成21年2月18日　九州電気工事専務　→09/11
花房　三郎　はなぶさ・さぶろう　明治43年1月1日～平成16年1月29日　鉄建建設副社長　→03/05
花房　太郎　はなぶさ・たろう　明治6年4月19日～昭和

年8月22日　海軍少将,子爵　貴院議員　→昭和

花房　昇　はなふさ・のぼる　大正11年3月16日～平成16年5月28日　神官　宇治神社宮司,神社本庁参与　→03/05

花房　満三郎　はなふさ・みつさぶろう　～昭和43年3月20日　文芸春秋監査役　→昭和

花淵　精一　はなぶち・せいいち　～昭和45年5月5日　東京高裁判事　→昭和

花巻　三五郎　はなまき・さんごろう　～昭和58年2月14日　大野町町議会議長(北海道),花巻商店代表取締役　→83/87

花桝　智勝　はなます・ちしょう　～昭和42年6月5日　大僧正,仁和寺第40代門跡,真言宗御室派管長　→昭和

花見　薫　はなみ・かおる　明治43年～平成14年7月11日　鷹匠　諏訪流(16代目),宮内庁埼玉鴨場長　→00/02

花村　理　はなむら・おさむ　大正13年10月23日～平成12年6月16日　井関農機副社長,ミネチュアベアリング専務,日興証券常務　→00/02

花邑　晃慧　はなむら・こうえい　～昭和63年9月3日　僧侶　真宗大谷派参務　→88/90

花村　樹昌　はなむら・しげまさ　明治41年3月15日～平成11年10月2日　高見産業会長,飯塚商工会議所常任最高顧問,福岡県会議長　→97/99

花村　淳介　はなむら・じゅんすけ　～昭和46年2月25日　島津製作所常務　→昭和

花村　四郎　はなむら・しろう　明治24年8月30日～昭和38年7月1日　政治家,弁護士　衆院議員(自民党),法相　→昭和

花村　信平　はなむら・しんぺい　大正8年3月8日～平成15年7月2日　日本電工社長,特許庁総務部長　→03/05

花村　仁八郎　はなむら・にはちろう　明治41年3月30日～平成9年1月4日　財界人　経団連事務総長,日本航空会長　→97/99

花村　兵一　はなむら・ひょういち　～昭和55年7月15日　丸石自転車社長,日本自転車工業会理事長　→80/82

花村　美樹　はなむら・みき　明治27年2月20日～昭和62年7月6日　弁護士　愛知大学教授　→83/87

花村　満豊　はなむら・みつとよ　昭和3年4月23日～平成11年3月21日　日本栄養士会専務理事　→97/99

花本　美雄　はなもと・よしお　大正11年7月3日～平成14年4月10日　鳥取県議(自民党)　→00/02

花谷　正　はなや・ただし　明治27年1月5日～昭和32年8月28日　陸軍中将　→昭和

華山　親義　はなやま・ちかよし　明治33年9月～昭和47年8月10日　衆院議員(社会党)　→昭和

花輪　桂　はなわ・かつら　明治42年10月12日～平成8年2月5日　東京繊維商品取引所(のち東京工業品取引所)常務理事　→94/96

花輪　五郎　はなわ・ごろう　～平成4年3月11日　柏そごう常勤監査役,中外鉱業専務　→91/93

花輪　三次郎　はなわ・さんじろう　～昭和38年6月30日

東京高裁判事　→昭和

塙　四郎　はなわ・しろう　～平成9年12月14日　東洋鋼鈑常務　→97/99

塙　瑞比古　はなわ・みずひこ　明治35年1月22日～昭和62年3月15日　笠間稲荷神社宮司・名誉宮司　→83/87

塙　雄太郎　はなわ・ゆうたろう　～昭和28年12月16日　三井造船社長　→昭和

波爾　荘　はに・さかえ　～平成20年11月20日　神官　愛媛県護国神社宮司　→06/08

羽仁　路之　はに・みちゆき　明治24年11月25日～昭和55年7月12日　三菱金属鉱業社長,三菱鉱業社長　→80/82

羽仁　六郎　はに・ろくろう　～昭和8年6月15日　海軍少将　→昭和

埴田　清勝　はにた・きよかつ　明治45年7月11日～昭和61年3月6日　日本鋼管副社長　→83/87

埴原　正直　はにはら・まさなお　明治9年8月25日～昭和9年12月20日　外交官　駐米大使　→昭和

埴原　弓次郎　はにはら・ゆみじろう　～昭和13年5月8日　昭和石炭取締役　→昭和

埴渕　一　はにぶち・はじめ　昭和3年11月13日～平成13年6月1日　キョーエイ創業者　→00/02

羽生　三七　はにゅう・さんしち　明治37年1月13日～昭和60年12月30日　社会運動家,政治家　参院議員(社会党)　→83/87

羽生　成延　はにゅう・しげのぶ　～平成5年5月15日　オオバ取締役　→91/93

羽生　紀夫　はにゅう・のりお　大正14年8月30日～平成19年8月19日　浜松ホトニクス監査役　→06/08

羽生　誠　はにゅう・まこと　大正14年11月30日～平成13年9月26日　共栄タンカー専務　→00/02

羽生　雅則　はにゅう・まさのり　明治22年12月10日～昭和46年8月8日　内務次官　→昭和

羽生　瑞枝　はにゅう・みずえ　明治34年12月22日～平成18年8月26日　みづえ保育園創設者　→06/08

羽生田　源三　はにゅうだ・げんぞう　～昭和62年2月27日　八光電機製作所相談役,長野県貿易協会会長　→83/87

羽生田　三郎　はにゅうだ・さぶろう　～平成10年10月31日　羽生田鉄工会長　→97/99

羽入田　武久　はにゅうだ・たけひさ　昭和20年3月1日～平成18年1月30日　加藤産業専務　→06/08

馬庭　欣之助　ばにわ・きんのすけ　大正14年～平成6年1月17日　藤倉ゴム工業取締役　→94/96

埴原　義秋　はにわら・よしあき　明治44年11月20日～昭和64年1月3日　京三製作所専務　→88/90

羽子岡　勇　はねおか・いさむ　明治44年6月23日～平成12年2月10日　三菱レイヨン専務,日東化学工業社長　→00/02

塙坂　治郎五郎　はねさか・じろごろう　大正13年10月11日～平成5年4月21日　橋本市長,和歌山県議　→91/93

羽田　恵助　はねだ・けいすけ　～昭和55年11月2日

はは　　　　　　　　　　　　　　　　　　　　　　　　　　　Ｉ　政治・経済・社会篇

丸ヨ池内会長　→80/82

馬場 英雄　ばば・ひでお　〜平成5年11月12日
オリンピック副社長　→91/93

馬場 秀夫　ばば・ひでお　明治34年9月〜昭和54年6月4日　衆院議員（社会党）　→昭和

馬場 均　ばば・ひとし　〜昭和60年6月23日
タイ明電舎社長　→83/87

馬場 文夫　ばば・ふみお　大正6年2月20日〜平成10年6月4日　三菱電機取締役,菱電エンジニアリング社長　→97/99

馬場 文雄　ばば・ふみお　〜平成6年10月19日
日本ホテル・レストランサービス技能協会常任相談役,日比谷松本楼常務　→94/96

馬場 文人　ばば・ふみと　昭和9年9月18日〜平成14年4月7日　大分県議（自民党）　→00/02

馬場 兵吉　ばば・へいきち　明治27年9月13日〜平成5年7月5日　日立機電工業社長　→91/93

馬場 正顕　ばば・まさあき　昭和13年4月28日〜平成5年12月31日　毎日企画センター取締役,毎日新聞広告開発本部委員　→91/93

馬場 政吉　ばば・まさきち　明治42年11月4日〜平成12年11月26日　長崎トヨペット会長,馬場企業グループ会長　→00/02

馬場 正敬　ばば・まさよし　大正7年10月14日〜平成5年7月9日　内田橋住宅会長,東海住宅宅地経営協会理事長　→91/93

馬場 勝　ばば・まさる　大正9年9月23日〜平成2年8月5日　鹿島市長　→88/90

馬場 美詩子　ばば・みしこ　〜昭和61年5月5日
紅血の集い会長,ひめゆり友の会会長　→83/87

羽場 光明　はば・みつあき　昭和17年6月14日〜平成19年10月1日　タカギセイコー社長　→06/08

馬場 三雄　ばば・みつお　〜平成2年5月11日
福銀投資顧問常務　→88/90

馬場 三則　ばば・みつのり　昭和14年9月10日〜平成9年11月5日　熊本県議（自民党）　→97/99

馬場 元治　ばば・もとはる　大正11年12月21日〜昭和43年6月23日　政治家,弁護士　衆院議員（自民党）　→昭和

馬場 保雄　ばば・やすお　〜昭和56年1月21日
陸軍中将　→80/82

馬場 融造　ばば・ゆうぞう　明治36年1月11日〜平成11年5月6日　西日本鉄道専務　→97/99

馬場 吉衛　ばば・よしえ　大正10年7月10日〜平成23年10月22日　横田めぐみさん等被拉致日本人救出新潟の会会長　→09/11

馬場 良夫　ばば・よしお　〜昭和60年4月6日
ブリヂストンサイクル神奈川販売会長　→83/87

馬場 義続　ばば・よしつぐ　明治35年11月3日〜昭和52年2月24日　司法官　検事総長　→昭和

馬場内 貢　ばばうち・みつぐ　昭和4年4月25日〜昭和62年11月13日　ヤマサ醬油取締役総務部長　→83/87

馬場崎 哲　ばばさき・さとし　大正5年10月21日〜平成13年12月4日　三菱電機常務　→00/02

馬場園 修三　ばばぞの・しゅうぞう　大正3年2月2日〜昭和61年6月15日　八洲興業社長,八洲鉄工社長,三進工業社長　→83/87

土生 英二　はぶ・えいじ　〜昭和62年1月7日
朝日放送取締役　→83/87

土生 恒雄　はぶ・つねお　昭和13年12月2日〜平成14年6月18日　川崎汽船常務　→00/02

土生 照子　はぶ・てるこ　昭和6年〜平成13年7月17日
弁護士　日弁連情報問題対策委員長　→00/02

土生 秀治　はぶ・ひではる　〜昭和59年1月16日
陸軍少将　→83/87

羽生 能太郎　はぶ・よしたろう　明治39年3月25日〜昭和52年12月31日　新聞経営者　→昭和

羽深 知治　はぶか・ともじ　明治40年8月10日〜平成4年1月8日　新潟鉄工所専務　→91/93

羽太 弘一　はぶと・ひろいち　大正6年5月14日〜平成19年10月9日　第一生命保険専務　→06/08

浜 明　はま・あきら　大正3年1月13日〜昭和62年11月15日　日新製糖取締役　→83/87

浜 巌　はま・いわお　〜平成9年6月26日
北海道警北方面本部長　→97/99

浜 清　はま・きよし　大正6年12月19日〜平成20年2月21日　三菱商事常務　→06/08

浜 清庸　はま・きよつね　大正8年2月17日〜昭和63年11月21日　三菱製紙常務　→88/90

浜 広一　はま・こういち　大正8年10月22日〜平成17年12月11日　セイコーエプソン副社長　→03/05

浜 伸二　はま・しんじ　大正9年3月2日〜平成11年1月8日　千代田生命保険専務　→97/99

浜 忠次郎　はま・ちゅうじろう　明治30年6月〜昭和9年9月7日　千代田生命会長　→昭和

浜 禎一　はま・ていいち　大正12年1月2日〜平成9年4月26日　佐伯建設工業会長　→97/99

浜 鉄夫　はま・てつお　大正3年8月17日〜平成19年6月6日　ヤマトインテック会長,松本商工会議所会頭　→06/08

浜 光彦　はま・てるひこ　昭和2年〜昭和63年12月31日　三井三池製作所常務　→88/90

浜 弘　はま・ひろむ　明治37年4月22日〜平成10年7月1日　東洋運搬機常務　→97/99

浜 平右衛門　はま・へいうえもん　明治38年6月22日〜昭和61年3月1日　関東鉄道会長　→83/87

浜 平右衛門　はま・へいえもん　明治15年4月〜昭和24年4月25日　貴院議員（多額）　→83/87

浜 正雄　はま・まさお　明治38年1月30日〜昭和61年4月9日　九州・山口経済連合会顧問・元理事長　→83/87

994 「現代物故者事典」総索引（昭和元年〜平成23年）

全国社会福祉協議会副会長, 元東京都総務局長 →80/82

羽田 孝夫　はねだ・たかお　昭和7年4月25日〜平成23年5月6日　福島民報専務　→09/11

羽田 寅吉　はねた・とらきち　〜昭和60年9月4日　羽田工業所社長, 福島工業人クラブ監事　→83/87

羽根田 広　はねだ・ひろし　〜昭和46年10月14日　大日本塗料監査役　→昭和

羽田 宏　はねだ・ひろし　大正12年2月22日〜平成22年5月3日　湧別町(北海道)町長　→09/11

羽野 瑛　はの・あきら　大正10年6月20日〜平成11年3月27日　鹿児島新報社長　→97/99

埴野 佳子　はの・よしこ　〜平成8年2月29日　富山市議, 希望の会代表　→94/96

馬場 有政　ばば・ありまさ　明治43年3月5日〜昭和60年2月17日　通産省工業技術院長, 燃料協会会長　→83/87

馬場 勇　ばば・いさむ　明治43年2月26日〜昭和49年1月11日　近畿日本ツーリスト副社長, 近鉄航空貨物社長　→昭和

馬場 一郎　ばば・いちろう　〜平成5年4月20日　青人社社長, 平凡社常務　→91/93

馬場 いよ　ばば・いよ　〜昭和56年10月19日　名古屋市議　→80/82

馬場 梅吉　ばば・うめきち　明治45年2月21日〜昭和58年5月9日　富士工会長　→83/87

馬場 鋭一　ばば・えいいち　明治12年10月5日〜昭和12年12月21日　財政家, 政治家　蔵相, 文相, 貴院議員　→昭和

馬場 嘉市　ばば・かいち　明治25年6月〜昭和60年2月14日　牧師, 聖書学者　日本キリスト教団千葉本町教会名誉牧師　→83/87

馬場 一樹　ばば・かずき　〜昭和19年3月30日　門司市長　→昭和

馬場 勝彦　ばば・かつひこ　昭和16年8月1日〜平成16年12月13日　東家社長, 盛岡市民福祉バンク会長, いきいき牧農理事長　→03/05

馬場 恭一　ばば・きょういち　〜昭和31年6月29日　三井本社監査役　→昭和

馬場 清　ばば・きよし　明治45年2月10日〜昭和59年11月2日　加納鉄鋼常務　→83/87

馬場 金三郎　ばば・きんざぶろう　大正2年10月8日〜平成11年11月13日　中国電力常務　→97/99

馬場 健二　ばば・けんじ　昭和5年7月4日〜平成7年11月5日　古賀電気工業取締役　→94/96

馬場 愿治　ばば・げんじ　万延1年8月14日〜昭和15年11月3日　司法官僚, 弁護士　→昭和

馬場 賢太郎　ばば・けんたろう　明治43年8月16日〜平成10年12月15日　飯野海運専務, 川崎汽船取締役　→97/99

馬場 幸三郎　ばば・こうざぶろう　大正15年10月21日〜平成15年12月24日　シャープ中央研究所磁性材料研究部長　→03/05

馬場 幸太郎　ばば・こうたろう　大正14年3月21日〜平成19年12月16日　日本甜菜製糖社長　→06/08

馬場 鋼太郎　ばば・こうたろう　大正3年6月10日〜平成7年11月21日　関東鉄鋼社長　→94/96

馬場 惟保　ばば・これやす　〜昭和47年3月23日　豊橋鉄道顧問　→昭和

馬場 貞夫　ばば・さだお　昭和9年1月26日〜平成18年12月8日　横浜市助役　→06/08

羽場 慈温　はば・じおん　大正3年3月2日〜平成3年3月19日　僧侶　天台宗宗議会議長　→91/93

馬場 重記　ばば・しげき　〜昭和45年3月29日　弁護士　東京弁護士会長　→昭和

馬場 茂治　ばば・しげはる　明治35年8月14日〜平成4年1月17日　ナショナル田林証券(のちナショナル証券)会長　→91/93

馬場 貸　ばば・すすむ　明治42年1月2日〜平成2年2月27日　日本生命保険取締役, 日生住宅常務　→88/90

馬場 崧　ばば・たかし　〜平成4年3月2日　NPC商会常務　→91/93

馬場 チミ　ばば・ちみ　〜昭和48年5月24日　大阪主婦之会会長　→昭和

馬場 二葉　ばば・つぎのぶ　〜昭和60年7月4日　日本食品油脂検査協会理事長, 元食糧庁次長　→83/87

馬場 常治　ばば・つねはる　明治39年5月5日〜昭和60年10月23日　内閣官房参事官　→83/87

馬場 禎一　ばば・ていじ　明治43年12月28日〜昭和39年6月7日　全日本海員組合中央闘争委員会副委員長　→昭和

馬場 光雄　ばば・てるお　明治38年9月24日〜平成5年7月8日　東京証券取引所常務理事　→91/93

馬場 東作　ばば・とうさく　明治42年5月24日〜平成6年8月30日　弁護士　馬場東作法律事務所所長　→94/96

馬場 俊明　ばば・としあき　昭和10年7月25日〜平成22年6月18日　日本海テレビジョン社長　→09/11

馬場 敏明　ばば・としあき　昭和10年2月27日〜平成20年11月13日　中国新聞製作局次長・技術研究室長　→06/08

馬場 俊光　ばば・としみつ　昭和7年10月10日〜平成2年5月8日　沖縄タイムス取締役総務局長　→88/90

馬場 俊行　ばば・としゆき　昭和18年7月13日〜平成2年1月16日　法務省刑事局青少年課長, 東京地検特捜部副部長　→88/90

馬場 富　ばば・とみ　大正14年1月15日〜平成20年3月4日　参院議員(公明党)　→06/08

馬場 富一郎　ばば・とみいちろう　〜平成6年2月1日　山加証券常務　→94/96

馬場 豊彦　ばば・とよひこ　〜昭和60年1月10日　神奈川県土地区画整理協会会長, 元神奈川県土木部長　→83/87

馬場 信之　ばば・のぶゆき　〜昭和55年10月21日

浜 洋治　はま・ようじ　明治38年4月25日～昭和62年2月14日　片倉工業監査役　→83/87

羽馬 慶久　はま・よしひさ　昭和3年1月7日～昭和62年5月14日　名古屋市住宅管理公社監事, 名古屋市建築局長　→83/87

浜 良一　はま・りょういち　大正6年2月14日～昭和59年5月20日　新興産業常務　→83/87

浜井 憲一　はまい・けんいち　～昭和29年3月27日　本州製紙取締役　→昭和

浜井 信三　はまい・しんぞう　明治38年5月28日～昭和43年2月26日　広島市長　→昭和

浜尾 清範　はまお・きよのり　大正4年3月5日～平成14年5月22日　広島総合銀行専務　→00/02

浜尾 文郎　はまお・ふみお　昭和5年3月9日～平成19年11月8日　カトリック枢機卿　バチカン移住・移動者司牧評議会議長　→06/08

浜岡 五雄　はまおか・いつお　～昭和14年2月24日　日銀監事　→昭和

浜岡 光哲　はまおか・こうてつ　嘉永6年5月29日～昭和11年12月6日　実業家, 政治家　京都日出新聞社長, 衆院議員　→昭和

浜岡 淳　はまおか・すなお　～昭和60年8月5日　陸将　陸上自衛隊札幌地区病院長　→83/87

浜岡 虎雄　はまおか・とらお　～平成15年4月30日　あみの福祉会理事長, 京都府議　→03/05

浜川 金兵衛　はまかわ・きんべえ　大正1年9月26日～平成12年3月7日　高知県会副議長　→00/02

浜川 才治朗　はまかわ・さいじろう　大正4年3月29日～平成18年8月30日　釜石市長　→06/08

浜川 友十朗　はまかわ・ともじゅうろう　～昭和56年9月5日　三菱倉庫相談役・元社長　→80/82

浜川 信雄　はまかわ・のぶお　大正15年8月11日～平成1年9月20日　三菱倉庫常務　→88/90

浜川 博　はまかわ・ひろし　～昭和56年10月4日　大博多カントリークラブ支配人　→80/82

浜口 巖根　はまぐち・いわね　明治30年9月21日～昭和51年11月8日　銀行家　日本長期信用銀行頭取　→昭和

浜口 雄幸　はまぐち・おさち　明治3年4月1日～昭和6年8月26日　政治家, 財政家　首相, 立憲民政党初代総裁　→昭和

浜口 雄彦　はまぐち・かつひこ　明治29年8月24日～昭和51年10月5日　銀行家　東京銀行頭取　→昭和

浜口 喜右衛門　はまぐち・きえもん　～昭和49年2月3日　銚子醤油社長　→昭和

浜口 吉兵衛　はまぐち・きちべえ　明治25年4月23日～昭和50年6月26日　第一生命保険社長　→昭和

浜口 儀兵衛（10代目）　はまぐち・ぎへえ　明治7年4月24日～昭和37年1月31日　ヤマサ醤油社長　→昭和（浜口 梧洞　はまぐち・ごどう）

浜口 儀兵衛（11代目）　はまぐち・ぎへえ　明治36年5月1日～昭和62年2月23日　ヤマサ醤油相談役・元社長　→83/87（浜口 儀兵衛　はまぐち・ぎへい）

浜口 玄吉　はまぐち・げんきち　～平成13年8月24日　海将　海上自衛隊舞鶴地方総監　→00/02

浜口 弘三　はまぐち・こうぞう　大正10年1月16日～昭和63年5月10日　宮部鉄工社長, 滋賀県バルブ事業協同組合連合会理事長　→88/90

浜口 駒次郎　はまぐち・こまじろう　安政5年2月5日～昭和12年3月11日　浜口汽船社長　→昭和

浜口 五郎　はまぐち・ごろう　大正1年9月24日～昭和61年11月21日　ヤマサ醤油取締役, 日本ゴルフ協会理事　→83/87

浜口 幸彦　はまぐち・さちひこ　昭和16年5月20日～平成14年5月24日　松下寿電子工業社長　→00/02

浜口 二郎　はまぐち・じろう　大正3年5月14日～昭和63年10月14日　保谷化学工業常務, 保土谷エンジニアリング社長　→88/90

浜口 清六郎　はまぐち・せいろくろう　～平成4年1月12日　弁護士　新潟地方裁判所長　→91/93

浜口 孝知　はまぐち・たかとも　～平成12年3月6日　陸将　→00/02

浜口 担　はまぐち・たん　～昭和14年10月2日　キリンビール監査役　→昭和

浜口 矩一　はまぐち・のりいち　大正4年10月21日～平成6年11月25日　和歌山県議（社会党）　→94/96

浜口 八郎　はまぐち・はちろう　大正1年9月10日～平成1年10月25日　浜長会長, 高知商工会議所観光部会長　→88/90

浜口 晴敏　はまぐち・はるとし　昭和15年2月11日～平成17年1月22日　大阪市議（公明党）　→03/05

浜口 幹三郎　はまぐち・みきさぶろう　明治36年5月2日～昭和63年1月18日　浅沼組専務, 浅沼興産社長　→88/90

浜口 光輝　はまぐち・みつてる　大正4年9月9日～平成22年7月16日　浦河町（北海道）町長　→09/11

浜口 光彦　はまぐち・みつひこ　大正14年11月10日～平成4年12月11日　鳥羽市長, 日本アイ・ビー・エム副社長　→91/93

浜口 峯雄　はまぐち・みねお　～昭和62年12月15日　鉄道研究社会長　→83/87

浜口 八重　はまぐち・やえ　大正3年～平成12年5月13日　霊友会会長　→00/02

浜口 熊嶽　はまぐち・ゆうがく　明治11年～昭和18年12月22日　霊術家　→昭和（浜口 熊岳　はまぐち・くまたけ）

浜窪 章　はまくぼ・あきら　～平成20年11月12日　自治労高知本部委員長, 高知県職員労働組合委員長　→06/08

浜窪 昌彦　はまくぼ・まさひこ　昭和15年8月21日～平成21年7月27日　高知県鰹鮪漁協組合長　→09/11

はまさか

浜坂 助一　はまさか・すけいち　明治40年12月28日〜昭和58年1月6日　大同工業取締役　→83/87

浜崎 清　はまざき・きよし　〜平成5年10月18日　日本ガイシ監査役　→91/93

浜崎 健吉　はまざき・けんきち　〜昭和14年1月9日　堂島米穀取引所理事長　→昭和

浜崎 憲三　はまさき・けんぞう　大正13年9月17日〜平成15年6月24日　鹿児島県議(自民党)　→03/05

浜崎 健三　はまさき・けんぞう　平成14年2月11日　生化学工業常務　→00/02

浜崎 定吉　はまさき・さだきち　明治4年1月〜昭和9年10月29日　実業家　大阪株式取引所理事長　→昭和

浜崎 清喜　はまさき・せいき　〜平成2年6月14日　富士建物管理社長　→88/90

浜崎 照三　はまさき・てるぞう　〜平成14年2月12日　オーツタイヤ専務　→00/02

浜崎 直之　はまさき・なおゆき　大正8年2月3日〜平成5年10月6日　浜崎水産社長, 日本遠洋底曳網漁業協会会長　→91/93

浜崎 仁　はまさき・ひとし　大正5年7月〜平成20年7月2日　富山県警本部長, 警視庁防犯部長　→06/08

浜崎 三鶴　はまさき・みつる　〜平成23年3月14日　熊本県議　→09/11

浜里 久雄　はまさと・ひさお　昭和5年1月31日〜平成5年3月21日　三菱瓦斯化学常務　→91/93

浜島 重一　はまじま・じゅういち　大正7年5月25日〜平成8年5月14日　豊明市長　→94/96

浜島 昇　はましま・のぼる　〜昭和38年9月17日　日本光学工業社長　→昭和

浜島 冨士雄　はましま・ふじお　明治39年12月〜昭和57年7月22日　中島製作所社長　→80/82 (浜島 富士雄)

浜条 好男　はまじょう・よしお　大正9年7月25日〜平成1年3月21日　三重県議(自民党)　→88/90

浜津 良勝　はまず・よしかつ　明治41年〜昭和25年5月16日　社会運動家　→昭和

浜田 彪　はまだ・あきら　〜昭和13年11月7日　三菱重工業会長　→昭和

浜田 秋朗　はまだ・あきろう　大正11年10月7日〜平成23年9月24日　山陰合同銀行専務　→09/11

浜田 市太郎　はまだ・いちたろう　大正10年9月1日〜平成2年11月13日　農林中央金庫監事, 保土谷化学工業監査役　→88/90

浜田 五十吉　はまだ・いとよし　明治43年4月16日〜昭和4年8月28日　浜田プレス工芸社長, 大阪プレス金属工業会長　→91/93

浜田 栄一　はまだ・えいいち　大正4年7月15日〜平成23年4月13日　大気社副社長　→09/11

浜田 英二　はまだ・えいじ　大正12年12月11日〜平成6年7月2日　信盛電機社長　→94/96

浜田 栄繁　はまだ・えいしげ　〜平成4年5月17日　日本珊瑚商工協同組合理事長　→91/93

浜田 鉄之助　はまだ・えいのすけ　昭和2年5月26日〜平成18年3月27日　住友大阪セメント会長　→06/08

浜田 一久　はまだ・かずひさ　昭和13年2月12日〜平成13年2月13日　協和シール工業社長　→00/02

浜田 喜佐雄　はまだ・きさお　明治35年3月7日〜昭和61年1月25日　ジャパンライン専務　→83/87

浜田 吉次郎　はまだ・きちじろう　〜昭和42年3月7日　海軍中将　ニューギニア民政府総監　→昭和

浜田 金太郎　はまだ・きんたろう　〜平成5年8月10日　三井鉱山常務　→91/93

浜田 国太郎　はまだ・くにたろう　明治6年10月25日〜昭和33年3月15日　労働運動家　日本海員組合組合長　→昭和

浜田 国松　はまだ・くにまつ　慶応4年3月10日〜昭和14年9月6日　政治家　衆院議員, 政友会総務　→昭和

浜田 憲一郎　はまだ・けんいちろう　〜平成23年8月28日　日本郵政政務　→09/11

浜田 幸一　はまだ・こういち　〜昭和62年3月3日　東京都中央卸売市場管理部長　→83/87

浜田 耕一　はまだ・こういち　昭和8年5月18日〜平成19年12月12日　弁護士　高知弁護士会会長　→06/08

浜田 耕一　はまだ・こういち　大正14年11月28日〜平成21年6月16日　四国銀行頭取　→09/11

浜田 幸治　はまだ・こうじ　明治43年9月16日〜平成1年3月25日　東洋鋼板常務　→88/90

浜田 耕助　はまだ・こうすけ　〜平成8年1月26日　西淀川公害訴訟原告団長　→94/96

浜田 小弥太　はまだ・こやた　大正6年3月26日〜平成5年2月12日　ビオフェルミン製薬専務　→91/93

浜田 三郎　はまだ・さぶろう　明治32年1月1日〜昭和61年9月15日　日本火災海上保険副社長　→83/87

浜田 重雄　はまだ・しげお　大正6年11月5日〜平成5年8月28日　コマ・スタジアム取締役, コマ興業社長　→91/93

浜田 成政　はまだ・しげまさ　〜昭和55年7月27日　大阪府教育長　→80/82

浜田 成達　はまだ・しげみち　明治40年3月11日〜平成12年7月26日　朝日生命保険副社長　→00/02

浜田 潤一郎　はまだ・じゅんいちろう　〜平成1年8月28日　奈良県議　→88/90

浜田 順治　はまだ・じゅんじ　昭和2年6月12日〜平成15年7月16日　北九州市議(自民党)　→03/05

浜田 恂二郎　はまだ・じゅんじろう　昭和9年1月4日〜平成21年6月20日　朝日生命保険専務　→09/11

浜田 昇一　はまだ・しょういち　〜昭和57年3月30日　朝日広告社監査役　→80/82

浜田 申一　はまだ・しんいち　明治41年6月1日〜平成4

I 政治・経済・社会篇　　　　　　　　　　　　　　　　　　　　　　　　　　　　はまな

年9月17日　十条製紙専務　→91/93

浜田 静亮　はまだ・せいすけ　昭和2年5月3日〜平成8年10月24日　東映専務　→94/96

浜田 幸雄　はまだ・たかお　明治31年8月1日〜昭和49年3月23日　衆院議員（自民党）　→昭和（はまだ・ゆきお）

浜田 隆　はまだ・たかし　大正8年4月9日〜平成7年9月30日　竜名館社長　→94/96

浜田 卓二　はまだ・たくじ　大正8年2月20日〜昭和60年4月15日　いすゞ自動車常務、東都いすゞモーター社長　→83/87

浜田 武夫　はまだ・たけお　大正11年2月5日〜平成6年3月21日　伊藤忠燃料専務　→94/96

浜田 正　はまだ・ただし　〜昭和46年12月10日　全国まき網漁業協会長、日本水産資源保護協会長　→昭和

浜田 辰夫　はまだ・たつお　〜昭和56年11月25日　濱田製作所社長　→80/82（濱田 辰夫）

浜田 竜信　はまだ・たつのぶ　〜昭和62年5月2日　千葉地検検事正　→83/87

浜田 常治郎　はまだ・つねじろう　〜平成4年3月20日　浜屋会長　→91/93

浜田 鶴雄　はまだ・つるお　昭和11年8月26日〜昭和62年2月10日　三共電機産業社長、三冷工業社長　→83/87

浜田 輝男　はまだ・てるお　昭和16年4月1日〜平成12年7月14日　北海道国際航空社長、北海スターチック会長　→00/02

浜田 藤市　はまだ・とういち　〜昭和49年6月28日　三菱地所副社長　→昭和

浜田 直利　はまだ・なおとし　〜平成5年5月18日　成和倉庫社長　→91/93

浜田 昇　はまだ・のぼる　大正8年12月16日〜平成5年7月10日　運輸省船舶技術研究所所長、日本舶用機器開発協会理事長　→91/93

浜田 範義　はまだ・のりよし　〜平成6年2月28日　日本鰹鮪漁業協同組合連合会副会長、串本野市漁協組合長　→94/96

浜田 初次郎　はまだ・はつじろう　明治7年5月25日〜昭和28年4月29日　印刷技術家　→昭和

浜田 日吉　はまだ・ひよし　〜昭和45年1月30日　石川島播磨重工取締役　→昭和

浜田 浩　はまだ・ひろし　〜平成12年5月22日　高島屋日発工業常務　→00/02

浜田 浩志　はまだ・ひろし　大正14年10月29日〜平成22年10月5日　延楽社長　→09/11

浜田 博　はまだ・ひろし　明治43年9月4日〜平成14年10月19日　弁護士、滋賀弁護士会会長　→00/02

浜田 裕之　はまだ・ひろゆき　〜昭和57年11月24日　大阪同盟会長、日立造船労組桜島支部委員長　→80/82

浜田 文平　はまだ・ぶんぺい　大正10年12月〜平成20年12月7日　高知県議　→06/08

浜田 正雄　はまだ・まさお　昭和5年5月21日〜平成10年5月28日　京葉銀行頭取　→97/99

浜田 正信　はまだ・まさのぶ　明治36年6月18日〜昭和44年5月22日　淀川製鋼所社長、衆院議員　→昭和

浜田 正久　はまだ・まさひさ　〜昭和56年11月4日　淀川製鋼所専務　→80/82

浜田 昌弥　はまだ・まさや　大正5年6月17日〜平成2年2月14日　バンドー化学取締役、バンドー興産代表取締役　→88/90

浜田 満寿次　はまだ・ますじ　明治34年8月13日〜平成4年11月30日　浜田重工取締役相談役　→91/93

浜田 満夫　はまだ・みつお　〜平成19年12月2日　室戸市長　→06/08

浜田 光人　はまだ・みつと　大正1年11月〜昭和63年1月31日　衆院議員（社会党）　→88/90

浜田 稔　はまだ・みのる　〜昭和62年4月18日　台東区文化・スポーツ振興財団（東京都）常務理事、台東区（東京都）教育長　→83/87

浜田 康男　はまだ・やすお　平成10年6月16日　ニッパン取締役、東洋富士製作所社長　→97/99

浜田 泰行　はまだ・やすゆき　昭和13年1月1日〜平成11年1月30日　日新製鋼社長　→97/99

浜田 祐次　はまだ・ゆうじ　昭和7年2月4日〜平成6年8月19日　目黒区議（自民党）　→94/96

浜田 祐生　はまだ・ゆうせい　〜昭和61年1月2日　昭和四日市石油常務　→83/87

浜田 勇三　はまだ・ゆうぞう　〜昭和40年1月28日　安田銀行専務　→昭和

浜田 幸夫　はまだ・ゆきお　〜平成22年4月26日　厚生労働省香川労働局長　→09/11

浜田 義雄　はまだ・よしお　明治38年11月18日〜平成4年3月8日　浜田印刷会長、徳島県印刷工業組合理事長　→91/93

浜田 義一　はまだ・よしかず　大正6年7月8日〜平成1年9月15日　桃李境会長、熱海市立図書館長　→88/90

浜田 好一　はまだ・よしかず　昭和47年8月10日　伊勢原市長　→昭和

浜田 吉治　はまだ・よしはる　〜昭和63年1月30日　東京読売会会長、読売新聞全国販売連合会長協議会理事、読売新聞新宿販売所長　→88/90

浜田 義光　はまだ・よしみつ　明治35年4月20日〜昭和62年3月22日　東京ダイヤモンド工具製作所社長、ダイヤモンド工業協会名誉会長　→83/87

浜田 頼三　はまだ・らいぞう　〜平成12年2月9日　安田信託銀行常務　→00/02

浜地 文平　はまち・ぶんぺい　明治26年2月22日〜昭和61年6月21日　衆院議員（自由党）　→83/87

浜津 稔　はまつ・みのる　昭和16年9月19日〜平成11年10月30日　筑邦銀行常務　→97/99

浜名 一雄　はまな・かずお　〜昭和59年1月5日

群馬県議 →83/87

浜名 寛祐 はまな・かんゆう 元治1年5月5日～昭和13年2月23日 陸軍主計少将 →昭和

浜名 儀三 はまな・ぎぞう 明治41年3月26日～平成8年12月22日 弁護士 千葉県議、木更津市長、木更津食品卸売センター社長 →94/96

浜名 三郎 はまな・さぶろう 昭和3年7月23日～平成1年11月15日 世界長商事社長 →88/90

浜名 忠雄 はまな・ただお 明治43年1月25日～平成19年12月4日 相馬市長 →06/08

浜名 次雄 はまな・つぎお 明治39年8月25日～昭和58年9月28日 埼玉日産自動車取締役相談役・元社長 →83/87

浜名 光雄 はまな・みつお 大正15年4月13日～平成4年7月18日 フジテック専務 →91/93

浜中 英二 はまなか・えいじ 大正7年1月31日～昭和59年9月7日 警察庁近畿管区警察局長 →83/87

浜中 重太郎 はまなか・じゅうたろう 大正2年1月14日～平成2年11月15日 浜中製鎖工業相談役・元社長 →88/90

浜中 正博 はまなか・しょうじ 大正2年4月30日～平成7年1月14日 十条製紙社長（のち日本製紙）副社長、十条板紙社長 →94/96

浜中 季一 はまなか・すえかず 大正7年1月1日～昭和60年5月29日 在釜山総領事 →83/87

浜中 登 はまなか・のぼる 明治39年10月14日～平成11年9月16日 日本配合飼料社長 →97/99

浜中 正男 はまなか・まさお ～昭和62年6月3日 湯浅電池顧問、海上自衛隊横須賀地方総監部幕僚長 →83/87

浜中 雪雄 はまなか・ゆきお 大正10年2月20日～平成4年11月9日 興亜火災海上保険取締役 →91/93

浜中 義忠 はまなか・よしただ ～昭和57年11月7日 兼松（兼松江商の前身）元専務 →80/82

浜西 鉄雄 はまにし・てつお 大正15年3月2日～昭和62年11月21日 衆院議員（社会党）、全逓地本委員長 →83/87

浜根 康夫 はまね・やすお 明治44年12月7日～平成8年12月26日 尾道造船社長 →94/96

浜野 和彦 はまの・かずひこ 大正3年12月29日～平成21年12月7日 三菱製鋼副社長 →09/11

浜野 規矩雄 はまの・きくお ～昭和41年1月5日 （財）藤楓協会理事長 →昭和

浜野 清 はまの・きよし ～昭和61年1月26日 服部セイコー常務、精工舎専務 →83/87

浜野 邦喜 はまの・くによし 大正9年9月17日～平成12年3月30日 定山渓グランドホテル会長、万世閣会長 →00/02

浜野 敬之 はまの・けいし 昭和5年9月15日～平成14年10月9日 浜野皮革工芸会長 天皇陛下のボロの指南役

→00/02

浜野 堅照 はまの・けんしょう 大正15年2月11日～平成16年11月18日 僧侶 西新井大師総持寺貫主 →03/05

浜野 茂 はまの・しげる ～昭和57年5月30日 日本染色協会名誉会長、元新宿ステーションビルディング社長 →80/82

浜野 準一 はまの・じゅんいち 昭和2年7月22日～平成18年4月6日 アビリット会長 →06/08

浜野 信一 はまの・しんいち ～昭和37年3月11日 東京鉄道局長 →昭和

浜野 清吾 はまの・せいご 明治31年4月28日～平成2年6月24日 労働運動家 王子運送会長、衆院議員（自民党）、法相 →88/90

浜野 剛 はまの・たけし 大正15年1月25日～平成16年8月24日 衆院議員（自民党） →03/05

浜野 達爾 はまの・たつじ 大正4年6月28日～平成14年8月19日 市川毛織常務 →00/02

浜野 毅 はまの・つよし 大正3年10月10日～平成1年10月19日 東芝副社長、東芝商事社長 →88/90

浜野 春男 はまの・はるお 大正7年3月28日～平成10年12月26日 丸亀市議、香川県漁業協同組合連合会会長 →97/99

浜野 正敏 はまの・まさとし 昭和24年2月5日～平成22年8月23日 ダイニック専務 →09/11

浜野 元継 はまの・もとつぐ ～昭和58年1月17日 全国火薬類保安協会副会長、元通産省審議官、元東大工学部講師 →83/87

浜野 弥一 はまの・やいち ～昭和53年8月5日 日本NCR社長 →昭和

浜野 由貴子 はまの・ゆきこ ～平成22年1月4日 定山渓グランドホテル社長、萬世閣取締役 →09/11

浜野 義雄 はまの・よしお 明治45年3月25日～平成9年1月6日 能代信用金庫理事長、浜野木材工業会長 →97/99

ハマの メリー はまのめりー ～平成17年1月17日 横浜の名物老女 →06/08s

浜橋 伸尚 はまはし・のぶひさ 昭和7年1月9日～平成9年3月12日 関西ペイント常務 →97/99

浜橋 文作 はまはし・ぶんさく 明治18年6月3日～昭和38年10月5日 労働運動家 →昭和

浜渕 節夫 はまぶち・せつお 昭和11年12月13日～平成13年5月7日 京阪神エルマガジン社長、神戸新聞情報科学研究所長 →00/02

浜辺 一彦 はまべ・かずひこ 昭和8年2月18日～平成1年7月15日 京都府立図書館長 →88/90

浜辺 正剛 はまべ・まさかた 大正15年4月14日～平成20年8月23日 三菱樹脂社長、三菱化成工業副社長 →06/08

浜村 和明 はまむら・かずあき 平成17年9月2日～平成12年10月23日 不動産中央情報センター社長 →00/02

浜村 キセ　はまむら・きせ　〜昭和59年10月4日
　長崎の最高齢被爆者　→83/87

浜村 謙一郎　はまむら・けんいちろう　大正7年8月21日
　〜平成18年9月18日　上田信用金庫理事長　→06/08

浜村 仙三郎　はまむら・せんざぶろう　〜昭和59年8月
　28日　北海道議　→83/87

浜村 慶威　はまむら・よしたけ　大正12年1月8日〜平成
　20年4月19日　大和銀行常務　→06/08

浜本 悦二郎　はまもと・えつじろう　昭和3年12月15日
　〜平成4年4月18日　西武建設社長,日本ログハウス協会
　会長　→91/93

浜本 一夫　はまもと・かずお　明治37年4月15日〜昭和
　59年1月4日　最高検公判部長　→83/87

浜本 清　はまもと・きよし　大正5年4月8日〜平成10年3
　月7日　堂島鋼業会長　→97/99

浜本 公二　はまもと・こうじ　〜昭和63年8月19日
　富山県富山土木事務所長,辻建設監査役　→88/90

浜本 浩次　はまもと・こうじ　〜平成3年10月17日
　長崎県議(民社党)　→91/93

浜元 重一　はまもと・しげいち　大正14年6月10日〜昭
　和61年9月4日　(株)浜元鉄工所代表取締役社長,(株)セ
　イキ代表取締役社長　→83/87

浜本 俊一　はまもと・しゅんいち　明治40年2月9日〜平
　成16年4月4日　大阪ガス副社長　→03/05

浜本 純一　はまもと・じゅんいち　〜平成10年5月31日
　和歌山県議　→97/99

浜本 隆　はまもと・たかし　大正12年7月5日〜平成21年
　10月25日　西部ガス専務　→09/11

浜本 信一　はまもと・のぶかず　大正13年2月15日〜平
　成10年1月4日　川鉄商事専務　→97/99

浜本 房蔵　はまもと・ふさぞう　〜昭和15年6月29日
　鳥取市会議長　→昭和

浜本 万三　はまもと・まんぞう　大正9年9月9日〜平成
　20年1月21日　参院議員(社会党),労相　→06/08

浜本 康佑　はまもと・やすすけ　昭和10年2月6日〜平成2
　年2月16日　駐スリランカ大使　→88/90

浜本 勇治　はまもと・ゆうじ　〜昭和57年12月3日
　愛知県知多郡南知多町長　→80/82

浜本 幸生　はまもと・ゆきお　昭和4年〜平成11年11月4
　日　水産庁漁業調整官　→97/99

浜本 幸男　はまもと・ゆきお　大正14年8月27日〜平成
　19年6月6日　テレビ和歌山専務　→06/08

浜本 幸滋　はまもと・ゆきよし　大正11年2月22日〜昭
　和58年4月26日　シントーファミリー監査役・元社長,神
　東塗料取締役　→83/87

浜森 辰雄　はまもり・たつお　大正5年2月9日〜平成21
　年9月4日　稚内市長,北海道議　→09/11

浜家 熊雄　はまや・くまお　〜昭和60年4月27日
　弁護士　→83/87

浜谷 信雄　はまや・のぶお　昭和11年9月〜昭和56年2月
　不動産業　→80/82

浜谷 理吉郎　はまや・りきちろう　〜昭和10年2月18日
　禁酒運動の先覚者,国民禁酒会並に大阪禁酒会講師　→
　昭和

浜脇 嘉祐　はまわき・よしすけ　昭和7年11月21日〜平
　成9年4月3日　アマノ専務　→97/99

羽牟 慶太郎　はむ・けいたろう　〜昭和63年6月13日
　日本航空電子工業常務　→88/90

羽室 亀太郎　はむろ・かめたろう　文久1年〜昭和16年7
　月29日　実業家　比叡山鉄道初代社長　→昭和

羽室 清　はむろ・きよし　明治34年10月12日〜平成9年2
　月8日　綾部市長　→97/99

葉室 頼昭　はむろ・よりあき　昭和2年1月3日〜平成21
　年1月3日　神官,医師　春日大社宮司,大野記念病院名誉
　理事長　→09/11

早川 章　はやかわ・あきら　昭和8年5月2日〜平成15年
　11月4日　運輸省地域交通局長,日本アジア航空副社長
　→03/05

早川 亮　はやかわ・あきら　明治37年2月10日〜平成6年
　11月21日　兵庫トヨタ自動車監査役　→94/96

早川 勇　はやかわ・いさむ　大正7年9月10日〜平成9年4
　月2日　トーメン常務　→97/99

早川 岩吉　はやかわ・いわきち　明治38年10月17日〜昭
　和63年3月16日　品川自動車教習所社長　→88/90

早川 一夫　はやかわ・かずお　明治10年10月20日〜平成
　13年3月19日　足利市長　→00/02

早川 和夫　はやかわ・かずお　大正13年〜平成3年4月3
　日　松坂屋取締役　→91/93

早川 和夫　はやかわ・かずお　昭和2年1月2日〜平成11
　年10月23日　札幌銀行常務　→97/99

早川 勝夫　はやかわ・かつお　〜昭和55年6月27日
　弁護士　奈良地検検事正　→80/82

早川 克巳　はやかわ・かつみ　大正7年12月10日〜昭和62
　年2月18日　三協社長,金星工業社長,豊三物流社長　→
　83/87

早川 吉三　はやかわ・きちぞう　大正14年12月2日〜平
　成10年9月17日　佐野市長　→97/99

早川 清　はやかわ・きよし　明治45年7月28日〜平成5年
　7月9日　出版人,演劇評論家　早川書房会長　→91/93

早川 国次　はやかわ・くにじ　〜昭和62年4月3日
　農業改良専門技術員　→83/87

早川 倉治　はやかわ・くらじ　〜平成2年2月11日
　海軍少将　→88/90

早川 健次　はやかわ・けんじ　〜昭和56年5月6日
　日本航空取締役,日本特殊陶業監査役　→80/82

早川 憲造　はやかわ・けんぞう　〜昭和55年1月23日
　協生同和証券専務　→80/82

早川 斉平　はやかわ・さいへい　〜昭和57年7月29日
　ビスポークハヤカワ社長,元全国洋服組合専務理事　→

早川　貞正　はやかわ・さだまさ　〜昭和55年6月2日
横浜ゴム元取締役　→80/82

早川　三郎　はやかわ・さぶろう　明治21年4月8日〜昭和48年4月19日　内務官僚　警視総監　→昭和

早川　三郎　はやかわ・さぶろう　明治40年11月20日〜昭和58年1月10日　藤沢薬品工業会長，日本製薬工業協会会長，関西経済連合会常任理事　→83/87

早川　重雄　はやかわ・しげお　大正11年1月14日〜平成10年7月18日　近畿日本鉄道専務　→97/99

早川　茂　はやかわ・しげる　大正14年8月11日〜平成13年2月17日　松下電器産業専務　→00/02

早川　純一　はやかわ・じゅんいち　大正11年9月13日〜平成16年6月10日　常陽銀行副会長　→03/05

早川　慎一　はやかわ・しんいち　明治29年3月〜昭和44年10月23日　参院議員（緑風会）

早川　進　はやかわ・すすむ　大正12年1月1日〜平成18年6月10日　アラスカパルプ社長　→06/08

早川　崇　はやかわ・たかし　大正5年8月21日〜昭和57年12月7日　政治家　衆院議員（自民党），労相，厚相　→80/82

早川　武夫　はやかわ・たけお　大正3年10月2日〜平成18年3月10日　弁護士　神戸大学名誉教授　→06/08

早川　忠篤　はやかわ・ただあつ　〜昭和44年4月27日　倉吉市長　→昭和

早川　種三　はやかわ・たねぞう　明治30年6月6日〜平成3年11月10日　仙台放送社長，日本建鉄管財人　→91/93

早川　智恵子　はやかわ・ちえこ　昭和6年8月16日〜平成2年6月13日　心身障害児教育運動　→88/90

早川　勉　はやかわ・つとむ　〜昭和46年7月12日　十条製紙取締役　→昭和

早川　悌助　はやかわ・ていすけ　大正14年6月26日〜平成8年7月13日　ティーコムコーポレーション社長　→94/96

早川　鉄治　はやかわ・てつや　文久3年5月25日〜昭和16年6月5日　外務省政務局長，衆議院議員（同志会）　→昭和
（早川　鉄治　はやかわ・てつじ）

早川　徳次　はやかわ・とくじ　明治14年10月14日〜昭和17年11月29日　実業家　東京地下鉄道社長　→昭和

早川　徳次　はやかわ・とくじ　明治26年11月13日〜昭和55年6月24日　シャープ会長　→80/82

早川　朋介　はやかわ・ともすけ　〜昭和61年4月21日　新出光石油常務福岡支店長　→83/87

早川　昇　はやかわ・のぼる　〜昭和45年8月11日　王子製紙専務　→昭和

早川　登　はやかわ・のぼる　大正14年5月2日〜平成7年6月11日　西原環境衛生研究所相談役・元社長　→94/96

早川　典夫　はやかわ・のりお　明治41年6月2日〜昭和63年1月23日　高等海難審判庁長官　→88/90

早川　元　はやかわ・はじめ　〜昭和45年8月4日　ボルネオ民政府長官　→昭和

早川　八雄　はやかわ・はちお　大正3年1月8日〜平成1年7月13日　中部飼料常勤監査役，スマック社長　→88/90

早川　伴七郎　はやかわ・ばんしちろう　〜昭和59年1月24日　全国豆腐油揚商工連合会会長　→83/87

早川　正篤　はやかわ・まさあつ　昭和18年3月21日〜平成20年12月14日　バンダイ専務　→06/08

早川　正司　はやかわ・まさし　大正4年1月21日〜昭和60年10月21日　豊和工業取締役　→83/87

早川　正俊　はやかわ・まさとし　昭和8年6月20日〜平成9年4月15日　CKD常務　→97/99

早川　方富　はやかわ・まさとみ　昭和5年4月20日〜平成19年6月11日　三重テレビ放送副社長　→06/08

早川　勝　はやかわ・まさる　明治37年4月19日〜昭和54年2月5日　実業家　日経連専務理事　→昭和

早川　茂一郎　はやかわ・もいちろう　明治36年10月13日〜平成1年2月3日　愛知木材相談役・元会長　→88/90

早川　豊　はやかわ・ゆたか　〜昭和56年9月5日　東京流通センター取締役，元東京都監査事務局長　→80/82

早川　義男　はやかわ・よしお　明治36年12月1日〜平成1年12月8日　高等海難審判庁長官　→88/90

早川　義郎　はやかわ・よしお　明治29年6月15日〜昭和61年10月17日　東京鉄鋼取締役　→83/87

早川　義一　はやかわ・よしかず　〜平成23年6月21日　尼崎市のクボタ旧神崎工場周辺のアスベスト被害を初めて告発した　→09/11

早川　義彦　はやかわ・よしひこ　明治42年9月7日〜平成8年3月23日　弁護士　日弁連副会長，広島県議　→94/96

早川　理久　はやかわ・りきゅう　明治45年7月9日〜平成12年3月27日　福島県議（自民党）　→00/02

早川　龍介　はやかわ・りゅうすけ　嘉永6年8月12日〜昭和8年9月22日　衆院議員（憲政会）　→昭和

早坂　久之助　はやさか・きゅうのすけ　明治16年9月14日〜昭和34年8月3日　カトリック司教　長崎純心聖母会創立者　→昭和

早坂　宏太郎　はやさか・こうたろう　大正2年11月20日〜昭和63年5月14日　自動車機器監査役・元専務　→88/90

早坂　順一郎　はやさか・じゅんいちろう　明治33年4月4日〜昭和56年1月22日　徳陽相互銀行社長，東北放送社長　→80/82

早坂　太吉　はやさか・たきち　昭和10年11月〜平成18年1月25日　最上恒産会長　→06/08

早坂　力　はやさか・ちから　明治20年9月20日〜昭和38年5月20日　実業家　→昭和

早坂　冬喜　はやさか・ふゆき　明治37年1月27日〜平成4年5月5日　三井物産取締役，東洋通信工業相談役　→91/93

早坂　正吉　はやさか・まさきち　明治44年1月20日〜平成6年8月21日　北海道農協中央会長　→94/96

早坂　養之助　はやさか・ようのすけ　明治44年12月18日

早坂 義雄　はやさか・よしお　〜平成20年12月29日
　樹木医　宮城県樹木医会会長　→06/08

早崎 清香　はやさき・きよか　大正14年7月11日〜平成3年10月7日　東郷町(鹿児島県)町長　→91/93

早崎 貞俊　はやさき・さだとし　昭和2年9月10日〜平成11年10月4日　共同通信取締役　→97/99

林 愛三　はやし・あいぞう　大正10年2月27日〜昭和62年7月2日　日本航空電子工業専務　→83/87

林 彰　はやし・あきら　大正13年10月13日〜平成4年7月1日　神鋼電機取締役　→91/93

林 暘　はやし・あきら　昭和16年12月23日〜平成16年4月19日　駐インド大使　→03/05

林 功　はやし・いさお　〜昭和57年11月17日
　日本油脂取締役　→80/82

林 勇　はやし・いさむ　昭和1年12月27日〜平成15年4月10日　長崎県議(無所属)　→03/05

林 至　はやし・いたる　大正8年9月23日〜昭和64年1月6日　高等海難審判庁長官　→88/90

林 市蔵　はやし・いちぞう　慶応3年11月28日〜昭和27年2月21日　大阪府知事　→昭和

林 一郎　はやし・いちろう　明治38年1月25日〜平成8年3月8日　大明社長,北海道工業大学教授　→94/96

林 一郎　はやし・いちろう　大正11年1月1日〜平成11年1月3日　名豊ビル相談役・元社長,名鉄百貨店常務　→97/99

林 逸郎　はやし・いつろう　明治25年9月5日〜昭和40年2月5日　弁護士　→昭和

林 巌　はやし・いわお　〜平成8年1月5日
　千葉県議　→94/96

林 歌子　はやし・うたこ　元治1年12月14日〜昭和21年3月24日　社会事業家,婦人運動家　大阪矯風会創立者,日本基督教婦人矯風会第5代会頭　→昭和

林 英俊　はやし・えいしゅん　〜昭和10年4月
　農民運動家,部落解放運動家,僧侶　→昭和

林 栄助　はやし・えいすけ　〜昭和6年7月13日
　日本橋梁専務　→昭和

林 治　はやし・おさむ　明治33年8月5日〜昭和58年9月17日　広島テレビ専務,福山商工会議所会頭　→83/87

林 修　はやし・おさむ　大正13年12月23日〜平成7年1月23日　協和ガス会長,高圧ガス工業監査役　→94/96

林 嘉一　はやし・かいち　〜昭和57年3月11日
　共栄社(農機具メーカー)社長　→80/82

林 馨　はやし・かおる　明治42年4月4日〜平成20年7月11日　駐ウルグアイ大使　→06/08

林 薫　はやし・かおる　〜平成3年7月1日
　住友電設専務　→91/93

林 覚雅　はやし・かくが　大正14年2月14日〜平成1年9月3日　僧侶　南蔵院名誉住職　→88/90

林 一男　はやし・かずお　明治43年3月7日〜平成11年8月19日　湯浅電池常務　→97/99

林 一夫　はやし・かずお　明治33年10月12日〜昭和53年7月14日　帝国石油社長　→昭和

林 一夫　はやし・かずお　明治28年5月5日〜平成1年8月26日　在京和歌山県人会名誉会長,大倉商事OB会会長,内外施設工業会長　→88/90

林 一雄　はやし・かずお　大正11年3月24日〜平成5年4月13日　段谷産業監査役　→91/93

林 数夫　はやし・かずお　昭和4年8月6日〜平成20年1月21日　日本電線工業専務　→06/08

林 和夫　はやし・かずお　昭和58年9月25日
　林電工社長　→83/87

林 一二　はやし・かずじ　明治36年12月14日〜昭和62年2月18日　林一二会長　→83/87

林 一彦　はやし・かずひこ　大正9年3月1日〜平成21年7月4日　大阪魚市場副社長　→09/11

林 勝　はやし・かつ　〜平成14年2月1日
　北海道議(自民党)　→00/02

林 勝治　はやし・かつじ　〜昭和62年6月12日
　泉証券取締役大阪引受部長　→83/87

林 勝寿　はやし・かつとし　明治36年9月25日〜平成7年7月18日　関西テレビ専務　→94/96

林 克己　はやし・かつみ　明治44年6月11日〜平成5年2月14日　十勝毎日新聞会長　→91/93

林 勝美　はやし・かつみ　昭和62年9月24日
　林金属産業取締役会長　→83/87

林 桂　はやし・かつら　明治13年11月15日〜昭和36年3月1日　陸軍中将　→昭和

林 桂　はやし・かつら　〜昭和57年9月14日
　可児市長　→80/82

林 鼎　はやし・かなえ　明治44年2月13日〜平成4年1月23日　全国厚生農協連理事,岐阜県農業協同組合中央会会長　→91/93

林 金翁　はやし・かねお　〜平成3年5月14日
　武蔵野銀行取締役　→91/93

林 協　はやし・かのお　〜平成4年8月16日
　那須アルミニウム工業(のち日本軽金属)社長　→91/93

林 亀一　はやし・かめいち　昭和7年5月14日〜平成10年6月15日　大林道路専務　→97/99

林 喜一　はやし・きいち　大正15年10月8日〜平成19年10月23日　大和証券副社長　→06/08

林 儀作　はやし・ぎさく　明治16年2月〜昭和10年1月20日　実業家,新聞記者　衆院議員(政友会)　→昭和

林 吉蔵　はやし・きちぞう　〜平成2年5月29日
　滋賀県議　→88/90

林 紀念男　はやし・きねお　〜昭和45年10月18日

はやし

日本自動車タイヤ協会専務理事　→昭和

林 亀八郎　はやし・きはちろう　明治44年7月27日〜平成9年10月7日　豊田工機専務　→97/99

林 喜真男　はやし・きまお　〜昭和56年7月18日　元国鉄門司機関区長　→80/82

林 九思　はやし・きゅうし　大正15年9月21日〜昭和61年7月9日　日立コンデンサ常務　→83/87

林 久二　はやし・きゅうじ　〜昭和56年10月30日　弁護士　日本弁護士連合会副会長　→80/82

林 久治郎　はやし・きゅうじろう　明治15年10月17日〜昭和39年7月23日　外交官　→昭和

林 暁宇　はやし・ぎょうう　大正12年4月17日〜平成19年4月29日　僧侶　具名舎主宰　→06/08

林 鏡治　はやし・きょうじ　大正15年11月25日〜平成21年7月6日　名古屋市議　→09/11

林 潔　はやし・きよし　〜昭和56年5月11日　深川市教育委員長　→80/82

林 清　はやし・きよし　明治42年1月2日〜昭和63年11月16日　山下新日本汽船常務,玉井商船副社長　→88/90

林 清　はやし・きよし　〜平成1年2月15日　朝日新聞西部本社業務局次長　→88/90

林 清人　はやし・きよと　〜平成2年7月3日　阪神相互銀行(のち阪神銀行)取締役　→88/90

林 清見　はやし・きよみ　〜平成17年4月26日　静岡ガス常務,清水郷土史研究会会長　→03/05

林 毅陸　はやし・きろく　明治5年5月1日〜昭和25年12月17日　枢密顧問官,慶応義塾大学学長,衆議員(立憲政友会)　→昭和

林 欣一　はやし・きんいち　〜昭和58年11月8日　スーパー・ホクホー代表取締役社長　→83/87

林 欽二　はやし・きんじ　昭和3年9月7日〜昭和63年5月29日　宝星産業(株)社長,福岡県ヨット連盟副会長　→88/90

林 熊太郎　はやし・くまたろう　〜平成10年4月25日　大東紡績専務　→97/99

林 軍一　はやし・ぐんいち　大正3年10月3日〜平成10年3月18日　林テレンプ会長,林美術財団理事長　→97/99

林 啓司　はやし・けいじ　大正11年11月28日〜平成2年11月5日　苫小牧信用金庫理事長　→88/90

林 敬三　はやし・けいぞう　明治40年1月8日〜平成3年11月12日　日本赤十字社名誉社長,防衛庁統幕議長　→91/93

林 慶之助　はやし・けいのすけ　明治41年3月28日〜平成2年8月3日　全国青色申告会総連合名誉会長,(株)林慶会長,政府税制調査委員　→88/90

林 賢一　はやし・けんいち　〜昭和54年　在日朝鮮人三世の中学生　→昭和

林 賢材　はやし・けんざい　明治33年6月19日〜平成7年9月1日　三井託銀行社長　→94/96

林 源作　はやし・げんさく　明治44年5月2日〜平成5年7月13日　日本鋼管常務,横浜ヨット社長　→91/93

林 健次郎　はやし・けんじろう　〜昭和55年1月18日　北海道最後の屯田兵　→80/82

林 健三　はやし・けんぞう　〜昭和55年4月21日　菱重連鋳サービス専務　→80/82

林 五一　はやし・ごいち　〜平成3年3月7日　林農園会長　→91/93

林 好次　はやし・こうじ　明治28年10月〜昭和34年12月4日　衆院議員(改進党)　→昭和

林 皓司　はやし・こうじ　大正7年6月〜平成11年3月1日　日産プリンス自動車販売社長　→97/99

林 豪信　はやし・ごうしん　〜平成21年3月7日　僧侶　善光寺威徳院住職,善光寺事務局長　→09/11

林 幸平　はやし・こうへい　明治13年4月〜昭和9年10月26日　実業家　→昭和

林 康平　はやし・こうへい　大正11年10月20日〜平成2年6月9日　警察庁中国管区警察局長　→88/90

林 伍作　はやし・ごさく　〜昭和12年4月2日　林伍作商会社長　→昭和

林 五郎　はやし・ごろう　〜昭和56年11月28日　東京都清掃局長　→80/82

林 五郎　はやし・ごろう　大正9年10月28日〜平成5年2月24日　日本紙業常務　→91/93

林 権助　はやし・ごんすけ　安政7年3月2日〜昭和14年6月27日　外交官,男爵　枢密顧問官,宮内省式部長官,駐英大使　→昭和

林 佐市　はやし・さいち　〜昭和42年4月24日　初代大阪天王寺動物園長　→昭和

林 逍　はやし・さすが　昭和3年2月2日〜平成11年11月18日　宿毛市長　→97/99

林 定一　はやし・さだいち　〜昭和57年3月27日　住友生命保険監査役　→80/82

林 貞次　はやし・さだつぐ　〜平成11年6月30日　いすゞ自動車常務　→97/99

林 三郎　はやし・さぶろう　明治40年8月14日〜昭和46年4月7日　労働運動家　→昭和

林 三郎　はやし・さぶろう　大正4年4月16日〜昭和61年11月15日　長野県議(自民党,中野)　→83/87

林 三郎　はやし・さぶろう　大正8年12月13日〜昭和62年5月10日　東洋運搬機取締役　→83/87

林 三郎　はやし・さぶろう　大正11年5月29日〜平成3年12月28日　東燃取締役,キグナス石油常任監査役　→91/93

林 三蔵　はやし・さんぞう　明治42年1月18日〜平成7年11月25日　千葉市会議長　→94/96

林 塩　はやし・しお　明治37年10月〜平成4年5月8日　参院議員(第二院クラブ),日本看護連盟会長　→91/93

林 重雄　はやし・しげお　～昭和62年7月6日
　北陸医療器代表取締役社長　→83/87

林 茂夫　はやし・しげお　大正14年12月5日～平成12年5月25日　三協アルミニウム工業副社長　→00/02

林 重和　はやし・しげかず　昭和3年1月27日～平成1年1月13日　三菱鉱業セメント参与　→88/90

林 茂樹　はやし・しげき　昭和7年3月14日～平成22年6月22日　日本国土開発常務　→09/11

林 茂孝　はやし・しげたか　昭和10年2月10日～平成11年7月26日　ヒューテックノオリン社長　→97/99

林 重治　はやし・しげはる　～平成9年9月28日
　東海電気工事(のちトーエネック)専務　→97/99

林 繁春　はやし・しげはる　大正9年4月28日～平成2年8月28日　前田建設工業常務　→88/90

林 重元　はやし・しげもと　大正4年4月14日～昭和61年12月16日　ハヤシマン会長　→83/87

林 重之　はやし・しげゆき　～昭和62年12月3日
　京都府警総務部長・警視長　→83/87

林 滋　はやし・しげる　昭和15年10月25日～平成21年4月19日　東京特殊電線常務　→09/11

林 茂　はやし・しげる　明治38年11月18日～昭和60年10月13日　日本石油取締役、日本石油化学専務　→83/87

林 茂　はやし・しげる　～平成2年7月30日
　中外製薬常務　→88/90

林 茂　はやし・しげる　～平成17年2月18日
　高田工業所専務　→03/05

林 静　はやし・しずか　明治43年2月20日～平成10年2月18日　キャタピラー三菱、三菱重工業副社長　→97/99

林 七六　はやし・しちろく　明治8年9月～昭和25年2月9日　衆院議員(立憲政友会)、岡谷市長　→昭和

林 十一郎　はやし・じゅういちろう　大正13年12月2日～平成10年1月29日　五泉市長　→97/99

林 重治　はやし・じゅうじ　～平成6年1月14日
　春日井市長　→94/96

林 修二　はやし・しゅうぞう　明治43年1月1日～平成1年6月21日　弁護士　著作権審議会会長、内閣法制局長官　→88/90

林 十蔵　はやし・じゅうぞう　～平成7年4月24日
　ハヤシ会長　→94/96

林 醇一　はやし・じゅんいち　～平成16年2月22日
　東宝芸能副社長　→03/05

林 順一　はやし・じゅんいち　昭和23年10月15日～平成9年9月10日　福井県議(自民党)　→97/99

林 淳司　はやし・じゅんじ　昭和8年8月4日～平成12年3月21日　川崎重工業副社長、運輸事務次官　→00/02

林 昇一　はやし・しょういち　～平成10年8月11日
　日刊工業新聞大阪支社総務部長・経理部長、日刊工業関西広告社社長　→97/99

林 将治　はやし・しょうじ　～昭和40年2月14日
　台湾電力理事　→昭和

林 昌治　はやし・しょうじ　明治30年6月16日～平成3年6月17日　国分市長　→91/93

林 正二　はやし・しょうじ　～昭和55年7月22日
　林化成会長、林産業会長　→80/82

林 正二　はやし・しょうじ　大正2年7月31日～平成12年7月22日　ミズノ副社長　→00/02

林 譲治　はやし・じょうじ　明治22年3月24日～昭和35年4月5日　政治家、俳人　衆院議長、副総理、自由党幹事長　→昭和

林 正治郎　はやし・しょうじろう　大正12年6月5日～平成12年11月4日　レナウン専務　→00/02

林 省三　はやし・しょうぞう　大正7年12月2日～平成18年1月10日　北海道信用農協連会長　→06/08

林 正蔵　はやし・しょうぞう　～昭和56年6月25日
　日本硫安工業協会専務理事　→80/82

林 浄造　はやし・じょうぞう　明治40年2月10日～平成5年9月21日　住友機械工業(のち住友重機械工業)取締役　→91/93

林 庄太郎　はやし・しょうたろう　明治40年8月30日～昭和59年5月1日　永田鉄工会長　→83/87

林 正太郎　はやし・しょうたろう　大正1年7月31日～平成13年4月19日　川鉄商事専務　→00/02

林 正之助　はやし・しょうのすけ　明治32年1月23日～平成3年4月24日　吉本興業会長、大成土地社長　→91/93

林 正平　はやし・しょうへい　大正1年9月10日～平成3年3月4日　日揮副社長、日本アマチュアレスリング協会会長　→91/93

林 志朗　はやし・しろう　昭和18年2月22日～平成17年8月23日　片倉チッカリン常務　→03/05

林 新二　はやし・しんじ　大正9年1月20日～昭和63年2月1日　岩崎通信機(株)代表取締役社長　→88/90

林 信二郎　はやし・しんじろう　明治36年7月28日～平成2年8月27日　シャディ会長　→88/90

林 伸太郎　はやし・しんたろう　大正5年8月30日～昭和59年4月29日　東海精機社長、磐田商工会議所副会頭　→83/87

林 信太郎　はやし・しんたろう　大正10年8月7日～平成20年8月28日　通産省立地公害局長、ジャスコ副会長、日中人材交流協会代表　→06/08

林 甚之丞　はやし・じんのじょう　明治18年～昭和35年3月17日　実業家　→昭和

林 中　はやし・すなお　～昭和56年5月2日
　クラウンレコード監査役、クラウン音楽出版監査役　→80/82

林 清一　はやし・せいいち　昭和59年9月30日
　林機械代表取締役　→83/87

林 清一　はやし・せいいち　～昭和63年6月16日
　ニチバン常務　→88/90

林 清三郎　はやし・せいざぶろう　～平成6年7月1日

樫山(のちオンワード樫山)専務 →94/96

林 静三郎　はやし・せいざぶろう　大正14年11月29日〜昭和62年8月24日　日本油脂常務・医薬開発室長　→83/87

林 清次　はやし・せいじ　大正13年8月28日〜昭和63年6月6日　新家工業監査役　→88/90

林 誠次　はやし・せいじ　〜昭和48年6月14日　大都魚類社長　→昭和

林 盛四郎　はやし・せいしろう　〜昭和57年6月20日　東京ガス専務、北海道ガス取締役　→80/82

林 成亮　はやし・せいすけ　明治42年2月26日〜昭和63年12月30日　東洋大学常務理事、安田生命常務　→88/90

林 是晋　はやし・ぜしん　昭和22年7月2日〜平成4年2月24日　僧侶　身延山短期大学教授、瑞場坊住職、了円坊住職　→91/93

林 善　はやし・ぜん　〜昭和58年9月25日　日本軽金属常務　→83/87

林 銑十郎　はやし・せんじゅうろう　明治9年2月23日〜昭和18年2月4日　陸軍大将, 政治家　首相, 陸軍　→昭和

林 善次郎　はやし・ぜんじろう　昭和3年5月23日〜平成15年4月1日　秋田魁新報会長　→03/05

林 仙輔　はやし・せんすけ　文久3年8月〜昭和10年1月30日　衆院議員(立憲政友会)

林 善助　はやし・ぜんすけ　明治40年2月15日〜昭和62年11月8日　福岡高裁判事　→83/87

林 専三　はやし・せんぞう　〜昭和43年2月20日　東山企業社長　→昭和

林 十海一　はやし・そういち　〜昭和60年2月11日　大江工業監査役, 長府大江工業会長　→83/87

林 大幹　はやし・たいかん　大正11年2月23日〜平成16年7月11日　衆院議員(自民党), 環境庁長官　→03/05

林 大作　はやし・だいさく　明治38年〜昭和60年11月26日　衆院議員(社会党), 日本自転車振興会連合会顧問　→83/87

林 大俊　はやし・だいしゅん　〜昭和63年6月13日　僧侶　覚王山日泰寺代表役員　→88/90

林 大造　はやし・たいぞう　大正11年3月21日〜昭和54年11月9日　日本輸出入銀行海外投資研究所長　→昭和

林 大八　はやし・だいはち　明治17年9月15日〜昭和7年3月1日　陸軍少将　→昭和

林 大鳳　はやし・たいほう　昭和59年7月15日　国労中央委員長, 社会党京都府本部副委員長　→83/87

林 孝昭　はやし・たかあき　昭和2年3月9日〜平成2年6月11日　日本甜菜製糖監査役　→88/90

林 孝一　はやし・たかいち　大正2年7月29日〜平成12年8月10日　東洋亜鉛会長　→00/02

林 隆善　はやし・たかよし　大正8年3月22日〜平成1年3月31日　都市施設サービス社長, 日本住宅公団理事・首都圏宅地開発本部長　→88/90

林 琢己　はやし・たくみ　〜平成13年1月20日　ヤコブ病の訴訟原告　→00/02

林 武一　はやし・たけいち　〜昭和48年11月28日　中労委公益委員　→昭和

林 武次　はやし・たけじ　大正3年1月21日〜平成7年1月8日　日本信号社長　→94/96

林 健彦　はやし・たけひこ　大正7年12月28日〜平成16年2月17日　昭和アルミニウム会長　→03/05

林 武彦　はやし・たけひこ　大正15年1月20日〜平成11年10月9日　福岡県議(社民党)　→97/99

林 武彦　はやし・たけひこ　大正13年11月10日〜平成17年8月21日　立山アルミニウム副社長, 大栄アルミ工業創業者　→03/05

林 忠雄　はやし・ただお　大正12年6月28日〜平成10年5月11日　自治事務次官　→97/99

林 忠雄　はやし・ただお　大正14年11月13日〜平成16年7月9日　千葉テレビ放送常務　→03/05

林 整　はやし・ただし　明治44年6月3日〜平成5年1月15日　三菱地所監査役　→91/93

林 闊　はやし・ただし　〜昭和50年8月10日　参院選糸山派・総括主宰者　→昭和

林 規　はやし・ただす　明治44年9月20日〜平成6年1月4日　三菱樹脂社長　→94/96

林 忠崇　はやし・ただたか　嘉永1年7月28日〜昭和16年1月22日　旧請西藩主　→昭和

林 忠康　はやし・ただやす　大正14年12月22日〜昭和63年7月14日　弁護士　→88/90

林 忠行　はやし・ただゆき　〜平成23年8月18日　ブラジル富山県人会会長　→09/11

林 忠美　はやし・ただよし　〜昭和44年12月26日　白十字会長　→昭和

林 辰衛　はやし・たつえ　大正5年3月25日〜平成15年10月4日　群馬県議　→03/05

林 達夫　はやし・たつお　明治35年4月30日〜平成4年6月17日　大同製鋼(のち大同特殊鋼)副社長　→91/93

林 達声　はやし・たっせい　昭和58年11月24日　平和運動家　日本山妙法寺僧侶　→83/87

林 達郎　はやし・たつろう　昭和4年4月7日〜平成2年8月6日　浜松ホトニクス取締役, 浜松医科大学客員教授　→88/90

林 民雄　はやし・たみお　〜昭和11年11月11日　日本郵船専務　→昭和

林 有　はやし・たもつ　明治40年2月16日〜平成7年1月27日　カナデン社長　→94/96

林 太郎　はやし・たろう　明治37年11月3日〜昭和60年1月8日　大正海上火災保険会長, 三井銀行常務　→83/87

林 坦　はやし・たん　明治44年3月1日〜昭和60年11月23日　空港施設社長, 海上保安庁長官　→83/87

林 湛樹　はやし・たんじゅ　昭和3年3月9日〜平成12年1月29日　僧侶　願生寺住職, 近畿大学教養学部教授　→

00/02

林 千秋　はやし・ちあき　～昭和58年4月15日
　住友商事専務　→83/87

林 主税　はやし・ちから　大正11年12月25日～平成22年9月26日　日本真空技術社長　→09/11

林 千丈　はやし・ちひろ　大正10年3月31日～平成6年5月19日　三菱倉庫常務　→94/96

林 津恵　はやし・つえ　～昭和63年4月24日
　被爆者鎮魂の桜を植樹　→88/90

林 嗣夫　はやし・つぎお　昭和3年～平成2年
　牧師　横浜海岸教会牧師　→88/90

林 常次郎　はやし・つねじろう　～平成2年1月10日
　京都中央市場青果卸売協同組合名誉会長、京都中央信用金庫監事　→88/90

林 恒孝　はやし・つねたか　大正2年1月19日～平成4年8月20日　島根県公安委員長、大田市長　→91/93

林 恒徳　はやし・つねのり　大正9年1月17日～平成5年10月28日　川鉄商事専務　→91/93

林 つる　はやし・つる　大正7年9月5日～昭和63年4月25日　亀印製菓社長　→88/90

林 貞四郎　はやし・ていしろう　～平成1年7月1日
　北海道議　→88/90

林 定祐　はやし・ていすけ　大正10年1月16日～平成10年4月23日　住友商事専務　→97/99

林 哲夫　はやし・てつお　明治44年12月30日～昭和59年5月27日　小樽都市開発公社専務取締役、三菱地所顧問　→83/87

林 鉄也　はやし・てつや　昭和8年12月3日～平成9年7月3日　市川毛織専務　→97/99

林 輝一　はやし・てるいち　大正8年9月9日～平成18年3月19日　日本紙業社長　→06/08

林 輝人　はやし・てるひと　～昭和7年10月20日
　歩兵第五十九聯隊附歩兵少佐　→昭和

林 輝達　はやし・てるみち　大正14年11月26日～平成4年12月27日　住友信託銀行副会長　→91/93

林 藤之輔　はやし・とうのすけ　大正12年12月14日～昭和62年8月6日　最高裁判所判事、日弁連常務理事　→83/87

林 同茂　はやし・どうも　大正13年11月3日～昭和56年12月27日　ロンシヤン社長　→80/82

林 徹　はやし・とおる　明治25年12月3日～昭和60年2月28日　総社市長　→83/87

林 篤二　はやし・とくじ　大正13年9月17日～平成9年11月26日　スポーツニッポン新聞西部本社社長、毎日新聞社友　→97/99

林 徳太郎　はやし・とくたろう　～昭和5年1月12日
　三井物産取締役　→昭和

林 徳之輔　はやし・とくのすけ　大正5年3月3日～平成15年9月6日　坂戸市長　→03/05

林 利明　はやし・としあき　昭和6年6月18日～昭和63年2月29日　林カメラ社長、三和スポーツ社長　→88/90

早矢仕 利雄　はやし・としお　～平成7年2月8日
　開発土木コンサルタント社長　→94/96

林 利勇　はやし・としお　明治41年10月8日～平成16年9月18日　ヒューテクノオリン社長　→03/05

林 寿一　はやし・としかず　～平成1年9月27日
　大森機械工業取締役　→88/90

林 寿二　はやし・としじ　明治40年6月28日～平成9年5月3日　弁護士　国学院大学教授　→97/99

林 俊範　はやし・としのり　大正15年11月15日～平成2年3月8日　日本貿易会常務理事、伊藤忠商事専務　→88/90

林 寿彦　はやし・としひこ　昭和5年12月7日～平成22年10月25日　広島国際青少年協会総主事　→09/11

林 利博　はやし・としひろ　～昭和55年3月3日
　北海道議　→80/82

林 俊光　はやし・としみつ　～昭和57年11月19日
　(株)真утに代表取締役会長、(株)千代田アド監査役　→80/82

林 敏老　はやし・としろう　～平成3年10月21日
　山九常務　→91/93

林 友治　はやし・ともはる　大正3年8月1日～昭和60年3月19日　王子製袋会長、全国米麦紙袋協議会長　→83/87

林 知彦　はやし・ともひこ　～平成11年1月23日
　在ウィニペグ総領事　→97/99

林 とら　はやし・とら　明治42年1月13日～昭和60年11月30日　山口県連合婦人会長、下関市連合婦人会長　→83/87（林 トラ）

林 虎雄　はやし・とらお　～昭和45年9月8日
　日本電装相談役　→昭和

林 虎雄　はやし・とらお　明治35年7月15日～昭和62年8月29日　長野県知事、参院議員（社会党）　→83/87

林 直一郎　はやし・なおいちろう　～昭和61年1月5日
　北カリフォルニア日本商工会議所会頭　→83/87

林 直温　はやし・なおはる　～平成3年5月7日
　愛知県菓子工業組合理事長、三協製菓社長　→91/93

林 仙之　はやし・なりゆき　明治10年1月5日～昭和19年5月31日　陸軍大将　→昭和

林 信男　はやし・のぶお　～平成5年8月20日
　阪田商会（のちサカタインクス）専務　→91/93

林 信夫　はやし・のぶお　～昭和47年11月16日
　茨城県知事、宮城県知事　→昭和

林 信雄　はやし・のぶお　明治32年5月5日～昭和49年12月1日　弁護士、政治家　衆院議員（自由党）　→昭和

林 昇　はやし・のぼる　大正12年8月6日～平成17年9月15日　東海パルプ社長　→03/05

林 紀男　はやし・のりお　昭和15年8月21日～平成12年11月3日　あおぎんリース社長　→00/02

はやし

林 徳一　はやし・のりかず　昭和4年3月4日～昭和63年4月18日　トーメン土地開発取締役相談役, トーメン取締役　→88/90

林 憲禎　はやし・のりさだ　大正14年7月10日～平成6年4月7日　太陽石油常務　→94/96

林 八郎　はやし・はちろう　大正3年9月25日～昭和11年7月13日　陸軍歩兵少尉　2.26事件の青年将校の一人　→昭和

林 ハナ　はやし・はな　明治15年4月13日～昭和56年6月12日　テレビ小説「おはなはん」のモデル　→80/82

林 半一郎　はやし・はんいちろう　～平成3年8月30日　日本毛織常務　→91/93

林 寿夫　はやし・ひさお　明治14年5月2日～昭和38年12月21日　南洋庁長官　→昭和（はやし・としお）

林 寿　はやし・ひさし　～昭和58年12月10日　海光社取締役会長, 日本発明振興会理事　→83/87

林 英夫　はやし・ひでお　昭和62年6月26日　京都府茶協同組合参事, 奈良行政監察局長　→83/87

林 英夫　はやし・ひでお　大正7年5月18日～平成3年6月25日　三井観光開発専務　→91/93

林 秀七　はやし・ひでしち　～昭和39年1月18日　大日本紡績常任監査役　→昭和

林 均　はやし・ひとし　～平成8年6月19日　光文社取締役　→94/96

林 百郎　はやし・ひゃくろう　明治45年6月20日～平成4年6月1日　弁護士　衆院議員（共産党）　→91/93

林 宏昭　はやし・ひろあき　昭和16年11月17日～平成8年5月22日　オリンピックスポーツ常務　→94/96

林 裕章　はやし・ひろあき　昭和17年9月3日～平成17年1月3日　吉本興業会長　→03/05

林 弘一　はやし・ひろいち　昭和9年8月23日～平成6年4月11日　積水樹脂専務　→94/96

林 宏　はやし・ひろし　昭和6年8月11日～平成14年12月16日　三菱信託銀行社長　→00/02

林 宏　はやし・ひろし　～平成17年9月21日　佐鳥電機専務　→03/05

林 弘　はやし・ひろし　昭和8年6月5日～平成8年7月12日　四電工常務　→94/96

林 大　はやし・ひろし　昭和12年1月11日～平成19年1月23日　東京銀行常務, 東京信託銀行社長　→06/08

林 博　はやし・ひろし　大正15年3月26日～昭和63年8月19日　北陸ファイリング社長, 日商産業　→88/90

林 博　はやし・ひろし　大正6年7月11日～平成6年5月4日　弁護士　衆院議員（自民党）　→94/96

林 弘高　はやし・ひろたか　～昭和46年6月27日　吉本興業社長　→昭和

林 寛之　はやし・ひろゆき　～昭和61年12月1日　石川島重工業常務, 石川島コーリング専務　→83/87

林 不二雄　はやし・ふじお　～平成3年12月14日　駐エルサルバドル大使　→91/93

林 藤之輔　はやし・ふじのすけ　～昭和28年10月4日　阪急野球社長　→昭和

林 文雄　はやし・ふみお　～昭和22年7月18日　厚生技官　→昭和

林 文雄　はやし・ふみお　～昭和54年9月9日　四恩学園理事長　→昭和

林 文子　はやし・ふみこ　～昭和61年3月9日　みのや陶器店取締役　→83/87

林 文左衛門　はやし・ぶんざえもん　明治28年5月28日～昭和59年5月17日　河文会長　→83/87

林 平四郎　はやし・へいしろう　安政4年11月～昭和16年12月11日　衆院議員　→昭和

林 平次郎　はやし・へいじろう　文久1年4月15日～昭和6年11月30日　実業家　六合館館主　→昭和

林 平馬　はやし・へいま　明治16年11月6日～昭和47年3月19日　衆院議員（民主党）　→昭和

林 鳳一郎　はやし・ほういちろう　～昭和60年6月21日　泰明商会社長　→83/87

林 マサ　はやし・まさ　昭和18年12月～平成21年10月27日　常盤会館会長　→09/11

林 正記　はやし・まさき　大正6年4月1日～昭和61年10月20日　ホウスイ取締役　→83/87

林 正次　はやし・まさじ　昭和10年3月25日～平成1年6月22日　山田金属工業所社長　→88/90

林 正治　はやし・まさじ　～平成2年3月20日　郵政審議会専門委員　お年玉はがき考案者　→88/90

林 政弘　はやし・まさひろ　～平成2年6月4日　ハヤシ鋳造所社長　→88/90

林 正己　はやし・まさみ　大正9年1月7日～平成6年10月12日　指月電機製作所専務　→94/96

林 正三　はやし・まさみ　～平成8年2月8日　毎日新聞社常務　→94/96

林 正巳　はやし・まさみ　大正2年4月3日～平成18年1月5日　十勝毎日新聞会長　→06/08

林 増造　はやし・ますぞう　～平成9年11月9日　明治商事（のち明治製菓）常務　→97/99

林 真帆　はやし・まほ　大正14年4月5日～平成19年9月7日　日東紡績社長　→06/08

林 三夫　はやし・みつお　～平成10年9月13日　弁護士　神戸弁護士会副会長　→97/99

林 貢　はやし・みつぐ　～平成5年3月14日　東海電子熱錬会長　→91/93

林 光朝　はやし・みつとも　明治36年6月5日～昭和62年12月19日　大建工業副社長　→83/87

林 満　はやし・みつひろ　昭和10年4月24日～平成7年8月13日　研創社長　→94/96

林 省三　はやし・みつみ　～昭和55年3月19日

愛知県共済連会長, 稲沢農協組合長　→80/82

林 実　はやし・みのる　～昭和57年7月6日
長崎刑務所長　→80/82（林 實）

林 実　はやし・みのる　大正11年7月29日～平成10年6月8日　豊中市長　→97/99

林 稔　はやし・みのる　昭和17年9月16日～平成21年10月10日　アイシン精機副社長　→09/11

林 群喜　はやし・むれよし　～昭和15年4月15日
陸軍大佐　内閣情報官　→昭和

林 茂士彦　はやし・もしひこ　昭和2年1月1日～平成17年5月20日　森永製菓副社長　→03/05

林 基次　はやし・もとつぐ　大正6年5月7日～平成12年11月19日　電源開発理事, 開発計算センター社長　→00/02

林 守雄　はやし・もりお　～平成8年3月11日
ダイハツ工業参与・研究部長, 千曲製作所専務　→94/96

林 弥一郎　はやし・やいちろう　～平成11年8月14日
陸軍軍人　日中平和友好会会長　→97/99

林 弥三吉　はやし・やさきち　明治9年4月8日～昭和23年8月31日　陸軍中将　→昭和

林 泰　はやし・やすし　明治41年12月8日～昭和63年7月1日　山陽特殊製鋼社長　→88/90

林 安繁　はやし・やすしげ　～昭和23年3月3日
宇治電力社長　→昭和

林 康彦　はやし・やすひこ　昭和58年1月24日
カネミ倉庫常務取締役総務部長　→83/87

林 寧寿　はやし・やすひさ　昭和58年5月28日
ソ連東欧貿易会専務理事, 日ソ経済人懇話会代表幹事　→83/87

林 弥生　はやし・やよい　明治36年～昭和61年1月26日　平牧村（岐阜県）村長, 岐阜県連合婦人会会長　→83/87

林 逎　はやし・ゆう　大正13年5月19日～平成6年2月11日　参院議員（自民党）, 労相　→94/96

林 宥治　はやし・ゆうじ　～昭和56年12月17日
兵庫相互銀行顧問・元副社長, 元高松相互銀行社長　→80/82

林 勇太郎　はやし・ゆうたろう　大正3年1月30日～平成1年6月16日　小杉産業八王子工場取締役会長　→88/90

林 雪次　はやし・ゆきじ　明治26年8月5日～昭和49年3月21日　農民運動家　→昭和

林 裕　はやし・ゆたか　昭和6年8月30日～平成13年1月25日　第一勧業銀行副頭取　→00/02

林 陽一　はやし・よういち　大正9年7月7日～平成22年10月15日　海上保安庁次長, 全日本空輸専務　→09/11

林 要一郎　はやし・よういちろう　明治36年9月1日～平成5年12月18日　片倉工業常務　→91/93

林 義栄　はやし・よしえい　大正10年1月1日～平成2年1月8日　林隆敏商店社長, 中部ソーダ販売同業会副会長　→88/90

林 義夫　はやし・よしお　大正7年12月3日～平成1年11月6日　日本信号取締役　→88/90

林 良雄　はやし・よしお　明治41年9月5日～平成12年5月7日　萩信用金庫理事長, 萩市会議長, 山口県公安委員長　→00/02

林 良一　はやし・よしかず　大正6年8月1日～平成11年5月26日　新北九州信用金庫会長, 九州北部信用金庫協会会長　→97/99

林 良和　はやし・よしかず　昭和8年～昭和61年10月12日　石油資源開発取締役海外副本部長　→83/87

林 義二　はやし・よしじ　～昭和63年8月5日
マルサン社長, 東海ユニー相談役　→88/90

林 佳介　はやし・よしすけ　明治33年7月18日～昭和62年11月9日　下関倉庫社長, サンデン交通会長, 衆院議員（日本進歩党）　→83/87

林 義博　はやし・よしひろ　昭和11年12月22日～平成14年9月8日　長崎県議（自民党）　→00/02

林 良広　はやし・よしひろ　大正9年7月13日～平成14年3月21日　福岡相互銀行常務　→00/02

林 義政　はやし・よしまさ　明治43年12月10日～昭和63年7月1日　空知交通社長, 芦別市議会議長　→88/90

林 吉之　はやし・よしゆき　大正2年1月27日～平成4年3月6日　キヤノン常務　→91/93

林 頼三郎　はやし・らいざぶろう　明治11年9月6日～昭和33年5月7日　大審院長, 貴院議員（勅選）, 中央大学総長　→昭和

林 利平　はやし・りへい　～昭和43年2月11日
広島瓦斯会長　→昭和

林 隆吉　はやし・りゅうきち　大正9年3月11日～平成13年6月24日　富士急不動産社長, 産経新聞特派員　→00/02

林 柳三郎　はやし・りゅうざぶろう　昭和17年4月5日
陸軍中将　→昭和

林 量一　はやし・りょういち　大正6年8月1日～昭和63年3月7日　テレビ高知会長　→88/90

林 亮海　はやし・りょうかい　明治38年3月31日～平成10年10月19日　真言宗豊山派宗務総長, 練馬区議会議長　→97/99

林 良輔　はやし・りょうすけ　昭和3年1月1日～平成16年10月2日　住友セメント常務　→03/05

林 鏹蔵　はやし・りょうぞう　明治38年7月23日～平成2年6月11日　林紙産業会長, 名古屋商工会議所参与　→88/90

林 霊法　はやし・れいほう　明治39年9月29日～平成12年3月7日　僧侶　養林寺住職, 知恩寺（浄土宗大本山）法主, 東海学園女子短期大学学長　→00/02

林 蓮　はやし・れん　明治14年4月～昭和25年3月26日　衆院議員（民主党）　→昭和

林 路一　はやし・ろいち　明治23年8月～昭和13年6月27日　衆院議員（第一議員倶楽部）　→昭和（はやし・みちかず）

林 渉　はやし・わたる　昭和4年7月13日～平成23年1月5

林田 敦　はやしだ・あつし　大正15年4月2日～平成23年4月29日　美郷町(宮崎県)町長　→09/11

林田 亀太郎　はやしだ・かめたろう　文久3年8月15日～昭和2年12月1日　衆院議員(政友会),衆院書記官長　→昭和

林田 州央　はやしだ・くにお　大正13年7月11日～昭和62年11月5日　共栄タンカー社長　→83/87

林田 作之進　はやしだ・さくのしん　明治38年2月7日～平成12年5月12日　テレビ長崎社長,長崎県会議長　→00/02

林田 重雄　はやしだ・しげお　～昭和61年2月4日　日本身体障害者団体連合会評議員　→83/87

林田 正一　はやしだ・しょういち　大正13年10月22日～平成7年12月9日　林田産業交通社長　→94/96

林田 スエ子　はやしだ・すえこ　明治38年2月10日～昭和20年3月27日　農民運動家　→昭和

林田 武　はやしだ・たけし　大正15年2月11日～平成22年4月4日　親和土建社長,長崎県中小企業団体中央会会長　→09/11

林田 親夫　はやしだ・ちかお　～平成3年10月2日　税理士　→91/93

林田 哲雄　はやしだ・てつお　明治32年10月6日～昭和33年2月14日　農民運動家　全農中央委員,日農愛媛県連会長,衆院議員(社会党)　→昭和

林田 春野　はやしだ・はるの　明治45年4月20日～平成22年3月16日　紅乙女酒造社長　→09/11

林田 博行　はやしだ・ひろゆき　明治40年11月21日～平成15年5月8日　紅乙女酒造会長,若竹屋酒造場会長　→03/05

林田 亮　はやしだ・まこと　～平成9年7月8日　東京拘置所所長　→97/99

林田 益太郎　はやしだ・ますたろう　大正14年11月20日～昭和60年12月8日　宇都宮地・家裁栃木支部長　→83/87

林田 守保　はやしだ・もりやす　大正2年1月2日～平成15年1月7日　農場経営者　てつや農場長,福岡県田主丸町郷土会顧問　→03/05

林田 泰男　はやしだ・やすお　大正13年1月31日～昭和61年7月2日　住倉興産社長,住友倉庫専務　→83/87

林田 耕臣　はやしだ・やすおみ　大正2年3月19日～平成8年12月1日　弁護士　東京第二弁護士会副会長　→94/96

林田 悠紀夫　はやしだ・ゆきお　大正4年11月26日～平成19年11月11日　参院議員(自民党),法相,京都府知事　→06/08

林田 陽一郎　はやしだ・よういちろう　昭和2年1月24日～平成8年8月13日　西鉄運輸会長,西日本鉄道取締役　→94/96

林原 嘉武　はやしばら・よしたけ　明治37年6月28日～平成2年12月15日　鳥取県漁連会長,鳥取県会議長　→88/90

林原 竜吉　はやしばら・りゅうきち　大正7年2月2日～昭和62年7月3日　毎日新聞社社友・元取締役東京本社編集局長　→83/87

林部 忠次　はやしべ・ちゅうじ　～平成4年5月21日　大阪ガス常務,近畿海運社長　→91/93

早嶋 喜一　はやしま・きいち　明治33年12月28日～昭和41年2月4日　旭屋創業者,産業経済新聞社長　→昭和

早島 鏡正　はやしま・きょうしょう　大正11年9月21日～平成12年4月28日　僧侶　東京大学名誉教授,宣正寺(浄土真宗本願寺派)住職　→00/02

早嶋 健　はやしま・たけし　昭和2年9月3日～平成17年12月25日　旭屋書店社長　→03/05

林屋 亀次郎　はやしや・かめじろう　明治19年9月9日～昭和55年5月4日　FM東京会長,参院議員(自民党)　→80/82

林屋 清次郎　はやしや・せいじろう　明治44年10月15日～昭和58年1月25日　住友海上火災保険取締役　→83/87

林屋 友次郎　はやしや・ともじろう　明治19年5月15日～昭和28年12月21日　実業家,仏教学者　→昭和

林山 徳一　はやしやま・とくいち　～平成9年7月30日　京都電子計算常務　→97/99

早瀬 かず椰　はやせ・かずや　～平成16年2月3日　シャンソンパブ・アダムスオーナー　→03/05

早瀬 要　はやせ・かなめ　明治35年6月20日～平成1年8月30日　朝日生命保険常務　→88/90

早瀬 金太郎　はやせ・きんたろう　大正2年11月17日～平成3年6月18日　ムラサキヤ社長,全国糀業小売連盟会長　→91/93

早瀬 鎮雄　はやせ・しずお　～昭和50年2月26日　日興証券社長　→昭和

早瀬 太郎三郎　はやせ・たろさぶろう　～昭和43年5月30日　東洋ベアリング顧問　→昭和

早瀬 常雄　はやせ・つねお　大正3年1月1日～平成6年12月9日　東京日産自動車販売常務　→94/96

早瀬 春子　はやせ・はるこ　～昭和60年3月1日　保護司　白菊荘(婦人保護施設)主任指導員　→83/87

早瀬 秀夫　はやせ・ひでお　～昭和17年8月1日　陸軍少将　→昭和

早田 伝之助　はやた・でんのすけ　～昭和58年1月29日　桑折町(福島県)町長　→83/87

早津 清二　はやつ・せいじ　～平成3年10月25日　帝国臓器製薬常務　→91/93

早野 恭二　はやの・きょうじ　～平成2年11月7日　田辺製薬常務　→88/90

早野 尚治　はやの・しょうじ　～昭和57年3月19日　東金市長　→80/82

早野 真隆　はやの・しんりゅう　大正14年2月23日～平成7年4月4日　北陸銀行専務,津田駒工業取締役　→94/96

早野 豊　はやの・ゆたか　大正9年3月31日～昭和60年12月11日　三井石油開発顧問・元専務　→83/87

早藤 茂　はやふじ・しげる　大正11年3月25日～平成18年10月3日　滋賀県議（自民党）　→06/08

早山 洪二郎　はやま・こうじろう　明治36年5月14日～平成2年6月16日　関東砿油会長、昭和石油社長　→88/90

早麻 崎蔵　はやま・さきぞう　～昭和58年6月22日　福岡市議　→83/87

羽山 茂樹　はやま・しげき　～平成17年1月12日　ゴマブックス会長　→03/05

葉山 峻　はやま・しゅん　昭和8年5月1日～平成22年3月13日　衆院議員（民主党）、藤沢市長　→09/11

葉山 太一　はやま・たいち　明治31年3月5日～昭和62年9月23日　東洋カーボン社長　→83/87

羽山 忠弘　はやま・ただひろ　大正3年5月12日～平成11年11月24日　仙台高検検事長　→97/99

葉山 利行　はやま・としゆき　～平成17年8月2日　長崎原爆被災者協議会会長、日本原水爆被害者団体協議会代表理事　→03/05

早山 弘　はやま・ひろし　～昭和55年11月1日　昭和四日市石油社長　→80/82

早山 与三郎　はやま・よさぶろう　明治2年8月10日～昭和17年3月4日　実業家　早山石油創業者　→昭和

端山 義男　はやま・よしお　明治44年3月5日～平成3年1月11日　全日本薬種商協会会長、大阪府薬種商協会会長　→91/93

速水 篤　はやみ・あつし　昭和4年3月8日～平成22年9月12日　千代田火災海上保険専務　→09/11

速見 魁　はやみ・いさお　昭和3年8月10日～平成3年3月8日　衆院議員（社会党）　→91/93

速水 国彦　はやみ・くにひこ　～昭和55年12月11日　日本精蠟元常務　→80/82

速水 健太郎　はやみ・けんたろう　明治43年3月28日～平成6年5月8日　ニュー・トーキョー副社長　→94/96

速水 太郎　はやみ・たろう　昭和11年12月31日　山陽中央水電社長　→昭和

速水 武次郎　はやみ・ぶじろう　～昭和56年11月19日　オーエム製作所専務　→80/82

速水 優　はやみ・まさる　大正14年3月24日～平成21年5月16日　日本銀行総裁、日商岩井社長、聖学院大学名誉理事長　→09/11

速水 守男　はやみ・もりお　大正14年3月1日～平成14年9月13日　シチズン時計副社長　→00/02

早水 清　はやみず・きよし　大正14年4月28日～平成22年10月22日　旭化成工業常務　→09/11

速水 健司　はやみず・けんじ　明治38年12月27日～平成2年8月30日　ハヤミズ家具センター会長　→88/90

早水 義一　はやみず・よしかず　～昭和63年11月18日　早水薬品商会代表　→88/90

速水 義孝　はやみず・よしたか　～平成12年9月24日　核燃料サイクル開発機構新型転換炉ふげん発電所技術主席、動力炉核燃料開発事業団ふげん発電所長　→00/02

早水 善彦　はやみず・よしひこ　昭和2年10月23日～平成19年4月15日　関東電化工業常務　→06/08

原 憲　はら・あきら　～平成2年9月3日　日本火災海上保険常務　→88/90

原 在修　はら・ありなお　大正11年4月1日～平成17年3月18日　夕刊京都社長　→03/05

原 育夫　はら・いくお　～昭和55年2月24日　調布市立図書館名誉館長、調布市文化財専門委員　→80/82

原 一造　はら・いちぞう　大正3年1月11日～平成19年7月18日　原産業社長、山梨県体育協会名誉会長　→06/08

原 一郎　はら・いちろう　大正14年3月12日～平成5年10月8日　日本電池取締役　→91/93

原 一平　はら・いっぺい　明治37年9月27日～昭和59年8月15日　明治生命理事　→83/87

原 犬若　はら・いぬわか　～昭和60年12月22日　福岡商工会議所専務理事、福岡市総務局長　→83/87

原 梅三郎　はら・うめさぶろう　～昭和44年8月10日　日伯協会理事　→昭和

原 栄吉　はら・えいきち　大正8年6月11日～平成9年11月1日　駐インド大使　→97/99

原 栄作　はら・えいさく　明治12年11月5日～昭和33年4月4日　衆院議員（無所属倶楽部）　→昭和

原 馨　はら・かおる　明治33年7月21日～昭和61年1月25日　駐ニュージーランド大使　→83/87

原 薫　はら・かおる　明治40年1月6日～平成6年2月11日　古河電気工業専務、東京特殊電線会長　→94/96

原 和夫　はら・かずお　明治3年3月27日～平成10年1月8日　北海道放送専務　→97/99

原 和雄　はら・かずお　～昭和58年6月21日　弁護士　函館家裁所長　→83/87

原 収威　はら・かずのぶ　～昭和61年2月20日　明治屋食品工場収締役、元明治屋常務　→83/87

原 和哉　はら・かずや　昭和5年12月28日～平成10年5月19日　熊本ファミリー銀行会長　→97/99

原 勝臣　はら・かつおみ　大正15年8月23日～平成19年1月19日　中日新聞名古屋本社取締役　→06/08

原 勝亮　はら・かつすけ　明治37年8月13日～平成1年2月26日　海将補　海上自衛隊呉地方総監　→88/90

原 喜久男　はら・きくお　～平成4年4月4日　日本鳥類保護連盟専門委員　→91/93

原 菊男　はら・きくお　大正11年8月12日～平成19年4月12日　日本カーバイド工業社長　→06/08

原 菊太郎　はら・きくたろう　明治22年11月10日～昭和47年5月7日　徳島県知事、徳島市長　→昭和

原 喜三郎　はら・きさぶろう　明治43年2月28日～平成16年4月5日　日本水産副社長　→03/05

原 義介　はら・ぎすけ　〜昭和13年3月10日
　大審院判事　→昭和

原 吉平　はら・きちへい　明治33年1月15日〜昭和61年5月30日　ジェトロ理事長, ユニチカ会長　→83/87

原 久一郎　はら・きゅういちろう　〜昭和61年8月13日
　大蔵省印刷局長　→83/87

原 杏三　はら・きょうぞう　明治45年5月30日〜平成20年7月19日　ユニモール社長　→06/08

原 清　はら・きよし　明治40年4月15日〜平成2年10月18日　朝日放送会長　→88/90

原 皎　はら・きよし　昭和3年3月7日〜昭和63年1月19日　高知県議 (自民党, 高知), エヌ・シー・ビー会長　→88/90

原 清重　はら・きよしげ　大正13年3月10日〜昭和63年8月22日　北海道議 (社会党)　→88/90

原 錦吾　はら・きんご　慶応3年3月26日〜昭和11年4月13日　日本共立火災会長　→昭和

原 邦夫　はら・くにお　昭和6年11月25日〜平成4年8月30日　大成火災海上保険常務　→91/93

原 邦造　はら・くにぞう　明治16年6月19日〜昭和33年3月30日　実業家　愛国生命社長, 明治製糖社長, 日本航空初代会長　→昭和

原 邦道　はら・くにみち　明治23年12月11日〜昭和51年10月10日　日本長期信用銀行初代頭取　→昭和

原 敬一　はら・けいいち　〜平成8年5月1日
　西日本新聞熊本総局長　→94/96

原 奎一　はら・けいいち　大正9年8月5日〜平成15年1月31日　大阪商船三井船舶専務　→03/05

原 圭三　はら・けいぞう　大正14年4月〜平成19年1月15日　三菱重工業長崎造船所職員　長崎原爆による三菱系工場の犠牲者名簿を作成　→06/08

原 敬太郎　はら・けいたろう　明治18年10月13日〜昭和38年1月13日　海軍中将　→昭和

原 慶邦　はら・けいほう　明治34年11月28日〜昭和57年9月23日　安田生命保険専務　→80/82

原 謙吉　はら・けんきち　大正6年1月29日〜平成9年10月2日　東宝常務　→97/99

原 賢五　はら・けんご　大正11年8月24日〜平成20年4月15日　蝶理常務　→06/08

原 健三郎　はら・けんざぶろう　明治40年2月6日〜平成16年11月6日　衆院議員 (自民党)　→03/05

原 健三　はら・けんぞう　大正7年3月30日〜平成16年9月9日　三洋電機常務　→03/05

原 研三　はら・けんぞう　大正3年1月15日〜平成6年11月3日　伊予銀行専務　→94/96

原 堅太郎　はら・けんたろう　〜昭和61年12月9日
　メリーチョコレートカムパニー社長　→83/87

原 孝吉　はら・こうきち　明治17年10月24日〜昭和43年9月23日　衆院議員 (民自党)　→昭和

原 康治郎　はら・こうじろう　〜昭和15年12月16日
　松江地方検事正　→昭和

原 耕三　はら・こうぞう　〜昭和43年9月6日
　三菱重工常務　→昭和

原 剛三　はら・こうぞう　〜平成19年5月14日
　静岡県漁業協同組合連合会会長, 由比港漁業協代表理事組合長　→06/08

原 公平　はら・こうへい　大正2年3月31日〜平成3年1月13日　森永製菓取締役　→91/93

原 駒吉　はら・こまきち　〜昭和61年5月21日
　谷口石油顧問・元専務　→83/87

原 五郎　はら・ごろう　〜昭和15年10月31日
　海軍中将　→昭和

原 貞雄　はら・さだお　〜昭和58年8月10日
　三喜電興専務　→83/87

原 敏　はら・さとし　大正15年8月6日〜平成11年3月8日　岡山日報社長　→97/99

原 覚　はら・さとる　大正2年9月25日〜平成9年5月23日　保土谷化学工業社長・会長, 日本興業銀行常務　→97/99

原 三郎　はら・さぶろう　明治43年7月13日〜平成3年3月27日　大蔵省印刷局長, サントリー専務　→91/93

原 三渓　はら・さんけい　慶応4年8月23日〜昭和14年8月16日　実業家, 美術収集家　原合名会社社長, 横浜興信銀行頭取　→昭和

原 三治　はら・さんじ　大正12年1月15日〜平成1年1月28日　日本リースオート会長, 日本リース副社長　→88/90

原 重司　はら・しげし　大正11年5月17日〜昭和63年1月13日　日本プラント建設取締役　→88/90

原 重徳　はら・しげのり　〜昭和60年2月3日
　中日新聞社客員・元監査役　→83/87

原 茂　はら・しげる　大正2年1月26日〜平成9年12月1日　衆議院議員 (社会党)　→97/99

原 茂　はら・しげる　大正9年1月8日〜平成19年12月23日　労働運動家　日本炭鉱労働組合中央本部委員長　→06/08

原 志免太郎　はら・しめたろう　明治15年〜平成3年6月18日　医師　香椎原病院名誉医院長　→91/93

原 脩次郎　はら・しゅうじろう　明治4年5月14日〜昭和9年3月6日　実業家, 政治家　鉄道相, 拓務相, 衆院議員 (民政党)　→昭和 (原 修次郎)

原 正一　はら・しょういち　〜昭和42年9月22日
　神奈川県議　→昭和

原 荘一郎　はら・しょういちろう　〜平成13年9月18日
　朝日石綿工業 (のちエーアンドエーマテリアル) 副社長　→00/02

原 庄吉　はら・しょうきち　〜昭和62年11月1日
　江別市議　→83/87

原 昌平　はら・しょうへい　大正11年8月17日〜平成14年8月3日　三菱商事取締役, サンクス社長　→00/02

原 象平　はら・しょうへい　大正8年4月1日〜平成6年3月26日　日本協栄証券会長　→94/96

原 四郎　はら・しろう　明治41年2月15日～平成1年2月15日　読売新聞副社長　→88/90

原 次郎　はら・じろう　明治28年6月1日～昭和63年5月1日　武州ガス会長, 日本ガス協会理事　→88/90

原 二郎　はら・じろう　明治45年7月17日～平成1年5月7日　雪印乳業常務, 雪印物産社長　→88/90

原 信一　はら・しんいち　昭和11年9月15日～平成20年5月5日　原信ナルスホールディングス社長　→06/08

原 進　はら・すすむ　大正4年10月7日～昭和57年2月2日　神鋼陸運会長　→80/82

原 進　はら・すすむ　大正9年2月10日～平成13年2月6日　千葉県教育委員長, 富山町(千葉県)町長　→00/02

原 捨思　はら・すてし　明治24年6月～昭和51年2月2日　衆院議員(自民党)　→昭和

原 寿満夫　はら・すまお　大正6年11月22日～平成23年1月26日　陸将　陸上自衛隊陸上幕僚監部第五部長　→09/11

原 純夫　はら・すみお　明治44年3月7日～平成9年10月30日　弁護士　東京銀行頭取, 国税庁長官　→97/99

原 澄治　はら・すみじ　明治11年7月23日～昭和43年1月4日　実業家, 社会事業家　倉敷紡績取締役, 中国民報社主　→昭和(はら・ちょうじ)

原 盛一　はら・せいいち　昭和22年1月4日～平成17年9月7日　秋田県議(自民党)　→03/05

原 精一　はら・せいいち　明治42年1月25日～平成6年1月18日　沼津市長　→94/96

原 精二　はら・せいじ　昭和8年10月2日～平成16年12月1日　日立電線社長　→03/05

原 整郎　はら・せいろう　昭和3年1月16日～平成12年1月31日　イビデン副社長, イビデン電子工業社長　→00/02

原 善一郎　はら・ぜんいちろう　明治25年4月21日～昭和12年8月6日　実業家　→昭和

原 善三郎　はら・ぜんさぶろう　明治39年11月6日～昭和59年9月11日　協和広告常務取締役　→83/87

原 惣兵衛　はら・そうべえ　明治24年1月～昭和25年1月30日　衆院議員(日本進歩党)　→昭和

原 喬　はら・たかし　昭和13年2月8日～平成9年3月1日　竹中工務店常務　→97/99

原 彪　はら・たけし　明治37年10月～昭和29年1月23日　政治家　衆院議員(改進党)　→昭和

原 武　はら・たけし　明治7年9月21日～昭和16年9月3日　横浜銀行取締役　→03/05

原 正　はら・ただし　～昭和48年3月4日　日本通運取締役　→昭和

原 正　はら・ただし　～昭和63年5月9日　七十七銀行常任監査役　→88/90

原 正　はら・ただし　大正4年1月21日～平成8年10月21日　神戸新聞社常務　→94/96

原 忠彦　はら・ただひこ　昭和5年8月30日～平成6年10月1日　第一生命保険専務　→94/96

原 忠実　はら・ただみ　大正2年12月30日～平成2年2月13日　鳥栖市長　→88/90

原 達志　はら・たつし　昭和12年6月27日～平成20年12月30日　堺化学工業副社長　→06/08

原 胤昭　はら・たねあき　嘉永6年2月2日～昭和17年2月23日　キリスト教社会事業家, 教誨師　→昭和

原 玉重　はら・たましげ　明治29年7月5日～昭和58年7月31日　弁護士　衆議院議員(自由党)　→83/87

原 為雄　はら・ためお　明治33年9月30日～昭和58年1月20日　毎日新聞社専務取締役, 東京放送監査役　→83/87

原 太郎　はら・たろう　明治27年12月12日～昭和60年3月10日　日本郵船常務, 東京船舶社長　→83/87

原 千秋　はら・ちあき　明治43年9月7日～昭和63年1月2日　大阪機工会長, 大和銀行専務　→88/90

原 周茂　はら・ちかしげ　大正1年12月24日～平成22年10月25日　日本コンクリート工業社長　→09/11

原 忠一　はら・ちゅういち　～昭和39年2月17日　海軍中将　→昭和

原 忠三　はら・ちゅうぞう　大正6年3月24日～平成16年12月15日　甲府市長, 山梨県議　→03/05

原 忠平　はら・ちゅうへい　明治40年9月11日～昭和61年12月28日　全国林業改良普及協会副会長　→83/87

原 長一　はら・ちょういち　大正3年11月3日～昭和60年6月22日　弁護士　第二東京弁護士会副会長　→83/87

原 長栄　はら・ちょうえい　明治40年7月13日～昭和62年5月11日　弁護士　越山会会長, 原法律事務所長　→83/87

原 彊　はら・つとむ　明治44年10月13日～平成10年8月5日　帝人副社長　→97/99

原 勉　はら・つとむ　大正13年12月15日～平成6年2月1日　新興産業常務　→94/96

原 恒太郎　はら・つねたろう　安政6年6月～昭和11年11月2日　宮中顧問官　→昭和

原 鉷三郎　はら・てつさぶろう　～昭和12年1月12日　王子製紙監査役　→昭和

原 徹郎　はら・てつろう　～昭和61年10月1日　国立国会図書館専門調査員　→83/87

原 亨　はら・とおる　大正4年1月～昭和57年2月14日　川鉄商事副社長　→80/82

原 徹　はら・とおる　大正14年2月24日～平成10年4月12日　防衛事務次官　→97/99

原 俊夫　はら・としお　～昭和58年10月30日　千代田火災海上保険監査役　→83/87

原 俊夫　はら・としお　～昭和61年11月23日　石油化学工業協会参事企画第一部長　→83/87

原 利貞　はら・としさだ　～平成3年5月7日　大日本印刷(株)研究所所長　→91/93

原 利行　はら・としゆき　大正12年1月19日～平成16年12月3日　熊本県農協中央会会長, 人吉市議　→03/05

原 俊郎　はら・としろう　昭和2年2月10日〜平成17年12月25日　ニチレイ専務　→03/05

原 富一郎　はら・とみいちろう　大正6年10月17日〜昭和56年2月11日　九州商船社長　→80/82

原 乙未生　はら・とみお　明治28年〜平成2年11月16日　陸軍中将　日本兵器工業会常任理事　→88/90

原 虎一　はら・とらいち　明治30年11月16日〜昭和47年7月3日　政治家, 労働運動家　参院議員, 総同盟総主事　→昭和

原 直弘　はら・なおひろ　昭和17年4月9日〜平成17年11月2日　ニチレイ常務　→03/05

原 直文　はら・なおふみ　昭和4年10月9日〜平成5年11月26日　新明和工業常勤監査役　→91/93

原 日認　はら・にちにん　〜昭和63年2月29日　僧侶　日蓮本宗管長, 本山要法寺49世貫首　→88/90

原 信一　はら・のぶいち　明治40年11月24日〜平成5年9月1日　ダイハツ工業最高顧問・元専務, 三和銀行常務　→91/93

原 昇　はら・のぼる　大正2年11月16日〜平成2年1月22日　千曲錦酒造会長, 佐久セントラルホテル社長　→88/90

原 彦三　はら・ひこぞう　〜平成3年4月26日　日本新薬常務　→91/93

原 久夫　はら・ひさお　大正9年3月12日〜平成20年8月14日　伊那市長　→06/08

原 英夫　はら・ひでお　昭和5年6月12日〜平成5年5月6日　RKB毎日放送常務　→91/93

原 秀男　はら・ひでお　大正6年9月26日〜平成12年3月13日　弁護士　第一東京弁護士会副会長　→00/02

原 秀熊　はら・ひでくま　〜昭和57年11月24日　第一電工会長・前社長　→80/82

原 彰　はら・ひょう　明治27年11月24日〜昭和50年12月17日　政治家　衆院議員(社会党)　→昭和

原 弘　はら・ひろし　〜昭和49年8月14日　清水銀行頭取　→昭和

原 弘　はら・ひろし　昭和60年11月2日　原製作所社長, 東京筆記用具工業組合理事長　→83/87

原 博　はら・ひろし　〜昭和43年4月29日　八幡製鉄審議役　→昭和

原 豁　はら・ひろし　明治44年4月30日〜平成5年5月15日　北陸電力常務　→91/93

原 浩胤　はら・ひろつぐ　大正8年7月12日〜平成9年2月25日　大崎電気工業常務　→97/99

原 夫次郎　はら・ふじろう　明治8年6月14日〜昭和28年11月26日　政治家, 官僚　衆院議員, 島根県知事　→昭和

原 文兵衛　はら・ぶんべえ　大正2年4月29日〜平成11年9月7日　参議院議長(自民党), 警視総監　→97/99

原 正男　はら・まさお　大正4年5月5日〜昭和63年2月27日　新興機械会長　→88/90

原 正夫　はら・まさお　〜昭和55年5月23日　日本信号取締役国鉄営業部長　→80/82

原 正雄　はら・まさお　大正8年9月19日〜平成20年10月7日　帝国ホテル社長　→06/08

原 政司　はら・まさし　〜昭和50年5月18日　農業機械化学研究所理事長　→昭和

原 正二　はら・まさじ　大正4年7月5日〜平成9年5月5日　学習研究社常務　→97/99

原 正彦　はら・まさひこ　大正14年2月9日〜昭和60年6月19日　前田道路取締役　→83/87

原 正巳　はら・まさみ　昭和5年2月20日〜平成18年5月8日　神奈川県議(自民党)　→06/08

原 雅光　はら・まさみつ　大正10年2月15日〜平成13年7月11日　日本電産コパル電子副社長　→00/02

原 正義　はら・まさよし　〜昭和62年2月21日　墨田区(東京都)区議　→83/87

原 正義　はら・まさよし　大正13年8月17日〜平成21年6月2日　神奈川県副知事　→09/11

原 増司　はら・ますじ　明治35年1月25日〜平成1年12月24日　弁護士, 弁理士　東京高裁判事　→88/90

原 真澄　はら・ますみ　元治2年3月〜昭和22年6月17日　衆院議員(政友会)　→昭和(原 直澄 はら・まさずみ)

原 守　はら・まもる　〜平成3年12月5日　陸軍次官　→91/93

原 万一郎　はら・まんいちろう　〜昭和44年8月7日　九州商船社長　→昭和

原 万吉　はら・まんきち　〜昭和46年3月25日　三菱信託銀行監査役　→昭和

原 道男　はら・みちお　〜昭和46年9月13日　原書房社長　→昭和

原 実　はら・みのる　昭和7年6月24日〜平成20年1月28日　文化学園理事・文化出版局局長　→06/08

原 稔　はら・みのる　大正3年3月8日〜平成11年3月16日　日本化薬常務, 三光化学工業社長　→97/99

原 明太郎　はら・めいたろう　大正2年12月8日〜平成5年6月26日　鹿島建設副会長　→91/93

原 守良　はら・もりよし　大正2年11月8日〜昭和61年3月21日　グンゼ産業取締役　→83/87

原 役治　はら・やくじ　明治44年4月27日〜平成15年1月10日　北越メタル社長　→03/05

原 安三郎　はら・やすさぶろう　明治17年3月1日〜昭和57年10月21日　実業家　日本化薬会長　→80/82

原 保治郎　はら・やすじろう　昭和12年10月15日〜平成18年5月14日　岐阜県議(自民党)　→06/08

原 保太郎　はら・やすたろう　弘化4年7月〜昭和11年11月2日　山口県知事, 貴院議員(勅選)　→昭和

原 安正　はら・やすまさ　〜昭和60年11月27日　光文館会長　→83/87

原 勇策　はら・ゆうさく　大正3年3月31日〜平成11年3月28日　東芝タンガロイ常務　→97/99

原 勇志　はら・ゆうし　明治35年11月9日～平成1年1月9日　福博総合印刷会長、福博印刷会長　→88/90

原 幸夫　はら・ゆきお　大正2年8月2日～昭和61年7月26日　三菱化工機技術顧問・元専務　→83/87

原 幸夫　はら・ゆきお　明治41年9月22日～平成2年8月19日　中国工業会長　→88/90

原 行夫　はら・ゆきお　大正6年8月9日～平成3年2月20日　北野建設専務　→91/93

原 義夫　はら・よしお　～昭和61年8月26日　横浜商工会議所専務理事　→83/87

原 義信　はら・よしのぶ　明治37年3月10日～昭和60年7月7日　桜島埠頭会長　→83/87

原 嘉道　はら・よしみち　慶応3年2月18日～昭和19年8月7日　法学者、政治家、弁護士　中央大学総長、枢密院議長、法相　→昭和

原 良宗　はら・よしむね　大正4年3月9日～平成16年9月22日　平田市長、島根県議　→03/05

原 龍一　はら・りゅういち　大正5年2月1日～平成6年7月29日　秋田県議（自民党）　→94/96

原 亮一郎　はら・りょういちろう　明治2年2月12日～昭和10年10月9日　実業家　東京書籍会長　→昭和

原 良三郎　はら・りょうざぶろう　～昭和43年2月9日　横浜商工会議所会頭　→昭和

原 六郎　はら・ろくろう　天保13年11月9日～昭和8年11月14日　銀行家　第百立銀行頭取、横浜正金銀行頭取　→昭和

原井 克己　はらい・かつみ　～平成3年9月5日　弁護士　兵庫県議　→91/93

原井 行彦　はらい・ゆきひこ　昭和2年4月22日～平成16年9月22日　関西テレビ放送専務　→03/05

秋川 義男　はらいかわ・よしお　～昭和56年7月3日　日興証券副社長　→80/82

原岡 武城　はらおか・たけし　大正5年1月17日～平成18年2月11日　丸紅副社長　→06/08

原岡 正敏　はらおか・まさとし　大正7年7月14日～平成20年10月21日　日立金属専務、日本工具製作所社長　→06/08

原口 要　はらぐち・かなめ　嘉永4年5月25日～昭和2年1月23日　鉄道技術者　→昭和

原口 徠　はらぐち・きたる　明治16年10月～昭和11年4月22日　銀行家、男爵　勧業銀行常務理事　→昭和（はらぐち・らい）

原口 清司　はらぐち・きよし　明治37年11月12日～平成4年5月8日　富士商事社長　→91/93

原口 幸市　はらぐち・こういち　昭和15年11月24日～平成21年10月4日　国連大使、宮内庁式部官長　→09/11

原口 貞男　はらぐち・さだお　昭和2年8月10日～平成18年8月1日　宮崎県議（自民党）　→06/08

原口 純允　はらぐち・すみちか　明治31年2月14日～昭和55年3月23日　鹿児島酸素社長、衆院議員（無所属倶楽部）　→80/82

原口 高　はらぐち・たかし　大正15年4月18日～平成10年7月14日　ミツミ電機社長　→97/99

原口 忠興　はらぐち・ただおき　昭和8年7月11日～平成23年12月13日　住友生命保険会長　→09/11

原口 忠次郎　はらぐち・ちゅうじろう　明治22年11月12日～昭和51年3月22日　神戸市長、日本港湾協会名誉会長　→昭和

原口 利一　はらぐち・としかず　大正8年12月7日～平成2年1月10日　ハリカ社長　→88/90

原口 信夫　はらぐち・のぶお　明治45年3月15日～平成9年1月6日　丸東産業社長　→97/99

原口 初太郎　はらぐち・はつたろう　明治9年1月～昭和24年4月30日　衆院議員（同交会）、貴院議員　→昭和

原口 久人　はらぐち・ひさと　大正11年3月2日～平成13年12月8日　福岡県議（自民党）、久留米興業社長　→00/02

原口 聞一　はらぐち・ぶんいち　明治6年9月23日～昭和10年6月12日　満州開発者、実業家　→昭和

原口 元六　はらぐち・もとろく　～昭和56年5月19日　原口炭鉱主　→80/82

原口 安雄　はらぐち・やすお　～昭和60年6月25日　日本水産常務　→83/87

原口 幸隆　はらぐち・ゆきたか　大正6年12月7日～昭和54年3月15日　労働運動家　総評議長　→昭和

原口 行光　はらぐち・ゆきみつ　大正13年8月25日～平成18年4月28日　八街市長　→06/08

原口 栄弘　はらぐち・よしひろ　大正14年3月30日～平成22年1月4日　川崎町（福岡県）町長、全国町村議会議長会会長　→09/11

原口 六哉　はらぐち・ろくや　～昭和61年6月27日　共同通信社役員待遇・経済通信局業務部長　→83/87

原国 政良　はらくに・まさよし　大正13年5月20日～平成13年11月12日　琉球銀行副頭取　→00/02

原後 山治　はらご・さんじ　大正15年1月1日～平成20年8月25日　弁護士　→06/08

原後 雄太　はらご・ゆうた　昭和33年3月9日～平成17年7月　NGO活動家　明治学院大学経済学部助教授　→03/05

原崎 百子　はらさき・ももこ　昭和9年8月13日～昭和53年8月10日　「わが涙よ わが歌となれ」の著者　→昭和（はらさき・ももこ）

原沢 亥久雄　はらさわ・いくお　～平成6年10月5日　世界救世教任理事　→94/96

原科 恭一　はらしな・きょういち　明治39年2月21日～平成7年2月22日　日産ディーゼル工業社長　→94/96

原科 保之　はらしな・やすゆき　明治37年9月1日～昭和58年10月29日　京都ダイカスト工業社長　→83/87

原島 至　はらしま・いたる　昭和12年1月23日～平成16年4月24日　昭和電線電機常務　→03/05

原島 克孝　はらしま・かつたか　大正2年12月8日〜平成11年7月15日　大日本製薬副社長　→97/99

原島 宏治　はらしま・こうじ　明治42年12月4日〜昭和39年12月9日　宗教家, 政治家　公明党初代委員長, 参院議員, 創価学会理事長　→昭和

原島 嵩　はらしま・たかし　昭和13年11月10日〜平成20年7月6日　創価学会教学部長, 聖教新聞論説主幹　→06/08

原島 保　はらしま・たもつ　大正2年1月1日〜平成1年3月31日　日本セメント会長　→88/90

原島 康雄　はらしま・やすお　〜昭和61年4月7日　公認会計士, 税理士　日本税理士会連合会専務理事　→83/87

原園 正教　はらぞの・まさのり　〜昭和62年11月26日　三原市議（公明党）　→83/87

原田 愛助　はらだ・あいすけ　明治37年1月23日〜昭和60年2月12日　東洋護膜化学工業取締役, 元埼玉銀行取締役　→83/87

原田 昭　はらだ・あきら　昭和5年11月21日〜昭和63年10月23日　弁護士　日本弁護士連合会常務理事, 神戸弁護士会長　→88/90

原田 昭　はらだ・あきら　昭和3年11月19日〜平成9年11月21日　長崎県議（自民党）　→97/99

原田 章　はらだ・あきら　明治45年5月24日〜平成13年10月9日　警察大学校校長, 福岡県警本部長　→00/02

原田 明　はらだ・あきら　大正9年3月5日〜平成16年8月29日　松下電器産業副社長, 通産省通商局長　→03/05

原田 維織　はらだ・いおり　明治13年〜昭和28年11月14日　栃木県知事　→昭和

原田 勇　はらだ・いさむ　大正8年5月1日〜平成13年4月9日　佐賀県議（社会党）　→00/02

原田 一郎　はらだ・いちろう　〜昭和46年3月6日　三井金属鉱業常務　→昭和

原田 逸郎　はらだ・いつろう　〜平成16年7月20日　三井三池開発（のち三井グリーンランド）社長　→03/05

原田 梅治　はらだ・うめじ　大正2年2月20日〜平成22年9月19日　豊田自動織機専務　→09/11

原田 栄一　はらだ・えいいち　明治44年6月20日〜平成63年3月9日　留萌市長　→88/90

原田 修　はらだ・おさむ　〜昭和62年8月18日　大阪高裁判事　→83/87

原田 音治郎　はらだ・おとじろう　明治37年6月7日〜平成2年6月15日　東芝放射線（のち東芝メディカル）社長　→88/90

原田 改三　はらだ・かいぞう　大正3年3月31日〜平成13年6月3日　北条市長, 愛媛県議　→00/02

原田 嘉一　はらだ・かいち　大正4年10月3日〜平成4年2月18日　江東電気社長, 日本ガラス技術研究会会長　→91/93

原田 薫　はらだ・かおる　大正4年7月14日〜平成13年6月24日　龍野市長　→00/02

原田 薫　はらだ・かおる　大正11年3月14日〜平成14年9月6日　長崎県議（自民党）　→00/02

原田 香　はらだ・かおる　〜平成1年5月3日　日平産業常務　→88/90

原田 芳　はらだ・かおる　〜昭和56年5月18日　住友金属工業専務, 住友大径鋼管社長　→80/82

原田 覚一郎　はらだ・かくいちろう　明治45年3月8日〜平成13年7月4日　日本学生航空連盟教育訓練部長　日本グライダー界の草分け　→00/02

原田 一雄　はらだ・かずお　大正6年7月20日〜平成9年2月1日　鳥取県公安委員長, 鳥取県会議長（自民党）　→97/99

原田 一隆　はらだ・かずたか　明治43年4月28日〜平成5年9月2日　弁護士　熊本家裁所長　→91/93

原田 一春　はらだ・かずはる　明治35年4月10日〜昭和58年4月19日　日本気化器製作所社長　→83/87

原田 一実　はらだ・かずみ　大正4年7月10日〜平成23年11月13日　青森県議（自民党）　→09/11

原田 勝弘　はらだ・かつひろ　昭和16年5月27日〜平成17年4月16日　警察庁関東管区警察局長　→03/05

原田 鼎　はらだ・かなえ　大正3年5月11日〜平成4年11月9日　新日本製鉄副社長　→91/93

原田 嘉平　はらだ・かへい　〜平成3年5月22日　日本勧業銀行（のち第一勧業銀行）常任監査役　→91/93

原田 香留夫　はらだ・かるお　大正9年3月30日〜平成15年6月20日　弁護士　→03/05

原田 黄実穂　はらだ・きみお　大正9年6月11日〜平成23年10月26日　中国銀行常務　→09/11

原田 公敬　はらだ・きみよし　〜平成14年7月21日　日本トムソン常務　→00/02

原田 謹次　はらだ・きんじ　大正15年8月8日〜平成16年3月19日　東ソー副社長　→03/05

原田 金之祐　はらだ・きんのすけ　嘉永7年3月22日〜昭和9年5月22日　実業家　京城商業会議所初代会頭　→昭和（原田 金之助）

原田 熊雄　はらだ・くまお　明治21年1月7日〜昭和21年2月26日　政治家, 男爵　貴院議員　→昭和

原田 啓　はらだ・けい　大正10年6月4日〜平成5年5月17日　大海上火災（のち三井海上火災）常務　→91/93

原田 啓一　はらだ・けいいち　大正12年11月21日〜昭和63年7月13日　第一熱原社長, 帯広地方石油業協同組合顧問　→88/90

原田 恵伍　はらだ・けいご　明治34年8月5日〜平成1年5月日　東北特殊鋼社長　→88/90

原田 啓次　はらだ・けいじ　昭和6年10月5日〜昭和63年6月28日　東京焼結金属取締役　→88/90

原田 慶司　はらだ・けいじ　明治41年5月2日〜平成3年7月20日　川崎製鉄専務, 川鉄リース社長　→91/93

原田 健　はらだ・けん　〜昭和48年9月18日

原田 憲　はらだ・けん　大正8年2月12日〜平成9年1月29日　衆院議員(自民党),運輸相,郵政相　→97/99

原田 源　はらだ・げん　〜昭和60年11月29日
原田伸銅所会長　→83/87

原田 源三郎　はらだ・げんざぶろう　明治37年2月16日〜平成7年11月2日　日本磁力選鉱相談役名誉会長　→94/96

原田 健治　はらだ・けんじ　大正1年9月20日〜平成2年10月25日　極東石油工業社長,三井物産石油会長　→88/90

原田 健二郎　はらだ・けんじろう　大正7年3月23日〜平成7年6月14日　鹿児島県議(自民党)　→94/96

原田 謙三　はらだ・けんぞう　昭和3年6月24日〜平成18年4月24日　同和鉱業社長　→06/08

原田 健之亮　はらだ・けんのすけ　明治41年5月10日〜昭和59年2月22日　大阪朝日会会長,京都日経会会長　→83/87

原田 鉱一　はらだ・こういち　明治44年8月29日〜平成6年2月7日　協和銀行(のちあさひ銀行)取締役,大和建設社長　→94/96

原田 晃治　はらだ・こうじ　昭和27年1月2日〜平成15年1月25日　法務省官房審議官　→03/05

原田 孝三　はらだ・こうぞう　大正8年5月4日〜平成14年3月3日　防府市長,山口県議　→00/02

原田 貞憲　はらだ・さだのり　〜昭和48年4月22日
陸軍少将　→昭和

原田 敏　はらだ・さとし　〜平成9年8月15日
(株)酔心会長　→97/99

原田 聖　はらだ・さとる　〜平成5年11月28日
協和発酵取締役　→91/93

原田 佐之治　はらだ・さのじ　明治7年3月26日〜昭和11年11月20日　衆院議員(民政党)　→昭和(はらだ・さのはる)

原田 三郎　はらだ・さぶろう　明治40年12月3日〜平成5年2月28日　鶴屋會長,九州銘菓協会会長　→91/93

原田 三郎　はらだ・さぶろう　大正6年8月25日〜平成8年1月1日　ニチメン常務　→91/93

原田 三左衛門　はらだ・さんざえもん　〜昭和26年10月13日　豊年製油社長　→昭和

原田 鹿三　はらだ・しかぞう　明治43年3月12日〜平成5年1月27日　福岡県議(自民党)　→91/93

原田 鹿太郎　はらだ・しかたろう　明治22年11月6日〜昭和45年7月29日　弁護士　神戸弁護士会会長　→昭和

原田 繁男　はらだ・しげお　昭和4年9月24日〜平成14年　経営コンサルタント　ヒューマンコンサルティング研究所所長　→03/05s

原田 繁蔵　はらだ・しげぞう　〜昭和29年4月23日
京都地裁所長　→昭和

原田 茂　はらだ・しげる　明治37年12月18日〜平成5年1月12日　丸紅常務　→91/93

原田 茂　はらだ・しげる　〜平成6年8月6日
伊良湖港湾観光センター社長　→94/96

原田 修一　はらだ・しゅういち　大正4年11月7日〜平成5年12月8日　三菱化工機取締役　→91/93

原田 十衛　はらだ・じゅうえ　文久1年12月27日〜昭和16年8月7日　衆院議員(立憲政友会)　→昭和

原田 周三　はらだ・しゅうぞう　大正13年10月2日〜平成15年7月30日　島根銀行頭取　→03/05

原田 正二　はらだ・しょうじ　昭和9年1月2日〜平成4年11月2日　高田工業所常務　→91/93

原田 昇左右　はらだ・しょうぞう　大正12年7月15日〜平成18年7月2日　衆院議員(自民党),建設相　→06/08

原田 四郎　はらだ・しろう　大正13年6月25日〜平成21年10月29日　下川町(北海道)町長　→09/11

原田 次郎　はらだ・じろう　〜平成1年12月20日
陸軍中将　→88/90

原田 次郎　はらだ・じろう　大正11年1月7日〜平成13年8月20日　原田工業社長　→00/02

原田 二郎　はらだ・じろう　嘉永2年10月10日〜昭和5年5月5日　実業家　鴻池財閥経営者,原田積善会創設者　→昭和

原田 四郎作　はらだ・しろさく　明治44年5月7日〜平成3年4月9日　大東広告会社,神奈川毎日広告社社長,広告業協会理事　→91/93

原田 仁一郎　はらだ・じんいちろう　昭和5年4月8日〜平成10年1月6日　ハラチュウ社長　→97/99

原田 真三　はらだ・しんぞう　大正6年2月9日〜平成12年10月7日　大成建設専務　→00/02

原田 慎太郎　はらだ・しんたろう　昭和16年2月19日〜平成18年4月4日　宗像市長　→06/08

原田 末太郎　はらだ・すえたろう　〜平成2年3月9日
青森毎日広告社社長　→88/90

原田 菅雄　はらだ・すげお　明治40年5月6日〜昭和63年10月13日　陸将　防衛庁技術研究本部技術開発官　→88/90

原田 澄教　はらだ・すみのり　大正10年1月13日〜平成4年8月22日　鹿児島県議(社会党)　→91/93

原田 誠一　はらだ・せいいち　〜昭和57年7月27日
原田商事社長,関西経済同友会幹事,大阪工業会理事　→80/82

原田 井二　はらだ・せいじ　〜昭和63年9月30日
留萌新聞社長,留萌市議　→88/90

原田 節子　はらだ・せつこ　〜平成7年9月4日
アットホーム専務　→94/96

原田 善太郎　はらだ・ぜんたろう　〜昭和57年2月2日
(株)原田組代表取締役会長,前福岡県建設業協会会長　→80/82

原田 外吉　はらだ・そときち　大正2年9月10日〜昭和62年11月7日　留萌新聞社長　→83/87

I　政治・経済・社会篇

は

原田 隆夫　はらだ・たかお　昭和6年6月8日〜平成15年1月30日　ホンダ専務　→03/05

原田 高臣　はらだ・たかおみ　〜昭和63年3月31日　田辺製薬代表取締役　→88/90

原田 武夫　はらだ・たけお　明治39年6月3日〜平成4年6月14日　徳島県議(自民党)　→91/93

原田 武夫　はらだ・たけお　大正5年〜平成17年10月22日　留萌新聞創業者　→03/05

原田 武雄　はらだ・たけお　大正10年11月15日〜平成12年3月7日　オリエンタル建設社長　→00/02

原田 武子　はらだ・たけこ　明治28年〜昭和23年　教育者　→昭和

原田 毅　はらだ・たけし　明治40年3月19日〜昭和61年7月5日　大丸常務、博多大丸社長　→83/87

原田 武彦　はらだ・たけひこ　大正10年7月20日〜昭和62年3月25日　弁護士　名古屋弁護士協同組合理事長、日本弁護士連合会副会長　→83/87

原田 助　はらだ・たすく　文久3年11月10日〜昭和15年2月21日　宗教家、神学者　→昭和(はらだ・たすけ)

原田 巽　はらだ・たつみ　明治42年3月25日〜昭和60年7月19日　東洋曹達工業副社長　→83/87

原田 龍弥　はらだ・たつや　昭和5年9月19日〜平成10年11月12日　ファイザー製薬専務　→97/99

原田 立　はらだ・たつる　大正15年7月6日〜平成12年5月4日　参院議員(公明党)　→00/02

原田 鎮治　はらだ・ちんじ　万延1年10月7日〜昭和6年12月28日　実業家、鉱山技術者　三菱製鉄会長　→昭和

原田 伝　はらだ・つたえ　明治44年3月〜平成4年3月10日　警視庁防犯部長、山形県警本部長　→91/93

原田 勉　はらだ・つとむ　大正3年8月31日〜昭和60年4月22日　(株)酔心会長　→83/87

原田 恒雄　はらだ・つねお　大正2年3月7日〜平成16年1月30日　アサヒビール副社長　→03/05

原田 常雄　はらだ・つねお　明治39年12月21日〜平成12年11月13日　東芝専務　→00/02

原田 常治　はらだ・つねじ　明治36年4月26日〜昭和52年8月23日　婦人生活社会長　→昭和

原田 つゆ　はらだ・つゆ　明治40年9月5日〜平成7年12月1日　千鳥屋グループ会長　→94/96

原田 貞介　はらだ・ていすけ　元治2年3月7日〜平成12年9月30日　内務技監　→昭和

原田 哲治　はらだ・てつじ　昭和10年〜昭和61年10月4日　ワシノ工機常務、ワシノ機械取締役　→83/87

原田 輝圀　はらだ・てるくに　明治45年2月11日〜平成2年3月14日　新日鉄化学専務　→88/90

原田 東作　はらだ・とうさく　昭和16年4月5日〜平成16年4月5日　富士銀行副頭取　→03/05

原田 利夫　はらだ・としお　昭和3年9月30日〜平成21年12月22日　合同製鉄社長　→09/11

原田 利勝　はらだ・としかつ　昭和13年2月10日〜平成19年6月11日　明和地所創業者　→06/08

原田 俊彦　はらだ・としひこ　大正9年1月3日〜平成11年9月7日　東京海上火災保険専務　→97/99

原田 富一　はらだ・とみいち　明治35年1月1日〜昭和60年3月29日　昭和アルミニウム社長　→83/87

原田 直二　はらだ・なおじ　明治38年4月11日〜平成7年12月13日　東京銀行常務　→94/96

原田 直恭　はらだ・なおやす　大正5年11月26日〜平成10年4月18日　高崎製紙社長　→97/99

原田 憲明　はらだ・のりあき　〜昭和57年1月2日　ハニーファイバー社長　→80/82

原田 春太郎　はらだ・はるたろう　昭和2年1月9日〜平成6年7月31日　第一屋製パン専務　→94/96

原田 英雄　はらだ・ひでお　大正8年5月11日〜昭和60年8月1日　住友軽金属工業常任監査役・元専務　→83/87

原田 等　はらだ・ひとし　昭和4年5月27日〜昭和61年10月2日　トーシキインテリア常務　→83/87

原田 浩　はらだ・ひろし　大正9年11月7日〜昭和59年1月18日　千代田化工建設取締役、千代田工商常務　→83/87

原田 博司　はらだ・ひろし　明治44年9月27日〜昭和62年11月8日　広島高裁判事　→83/87

原田 裕隆　はらだ・ひろたか　〜昭和60年4月5日　鉄道日本社副社長、自動車工学編集長　→83/87

原田 弘久　はらだ・ひろひさ　昭和8年〜平成13年4月12日　滝定専務　→00/02

原田 文夫　はらだ・ふみお　大正6年11月10日〜平成2年8月4日　共栄タンカー常務　→88/90

原田 文也　はらだ・ぶんや　大正5年4月18日〜平成12年12月12日　茅野市長　→00/02

原田 正男　はらだ・まさお　明治41年2月15日〜平成4年4月21日　北海道共済連会長、美唄市議　→91/93

原田 正紀　はらだ・まさき　昭和2年2月11日〜平成10年11月29日　日本製麻専務　→97/99

原田 政次郎　はらだ・まさじろう　〜平成10年2月8日　阪田商会(のちサカタインクス)常務　→97/99

原田 正俊　はらだ・まさとし　昭和3年8月28日〜平成2年7月2日　商工中金監事　→88/90

原田 正直　はらだ・まさなお　〜平成10年1月22日　山口県議、玖珂町(山口県)町長　→97/99

原田 正大　はらだ・まさひろ　〜平成3年8月30日　商工中金理事　→91/93

原田 正美　はらだ・まさみ　昭和11年9月27日〜平成4年12月10日　クボタ常務　→91/93

原田 松江　はらだ・まつえ　明治34年1月26日〜昭和63年11月29日　三美社長　→88/90

原田 衛　はらだ・まもる　〜昭和58年11月7日　東京流通センター社長、元福岡通産局長　→83/87

原田 光枝　はらだ・みつえ　大正6年1月26日〜　梨本宮守正王殿下の御生母　→昭和

原田 光博　はらだ・みつひろ　昭和13年7月6日～平成20年6月6日　千鳥饅頭総本舗会長　→06/08

原田 稔　はらだ・みのる　昭和5年12月19日～平成4年9月1日　婦人生活社社長, 日本雑誌協会常務理事　→91/93

原田 睦民　はらだ・むつたみ　大正13年6月25日～平成18年5月18日　全国農業協同組合中央会会長, 広島県議　→06/08

原田 棟　はらだ・むなぎ　～昭和57年2月28日　陸軍少将　→80/82

原田 安雄　はらだ・やすお　大正10年3月9日～平成21年10月4日　大明電話工業社長　→09/11

原田 泰陽　はらだ・やすはる　～平成20年6月16日　シマヤ会長　→06/08

原田 保房　はらだ・やすふさ　明治42年3月5日～昭和62年7月29日　田川市助役　→83/87

原田 祐幸　はらだ・ゆうこう　～昭和56年10月15日　(財)全国法人会総連合監事, 世田谷法人会副会長　→80/82

原田 雄二郎　はらだ・ゆうじろう　大正10年6月4日～平成13年7月18日　協和発酵常務　→00/02

茨田 勇三　はらだ・ゆうぞう　昭和3年1月8日～平成2年10月31日　日本精線専務　→88/90

原田 侑佳　はらだ・ゆか　昭和48年2月～平成12年1月30日　骨髄バンク運動の推進に尽力　→00/02

原田 幸衛　はらだ・ゆきえ　～昭和60年11月27日　渋谷区(東京都)区議・区会議長　→83/87

原田 之稔　はらだ・ゆきとし　～平成4年4月7日　全日本精神薄弱者育成会専務理事　→91/93

原田 裕　はらだ・ゆたか　昭和6年3月13日～平成6年10月1日　川島織物常務　→94/96

原田 与作　はらだ・よさく　明治33年4月10日～昭和54年2月2日　札幌市長　→昭和

原田 善明　はらだ・よしあき　～昭和61年4月4日　山形商工会議所専務理事　→83/87

原田 義久　はらだ・よしひさ　～平成4年4月5日　名古屋商工会議所専務理事, 名古屋商工会館社長　→91/93

原田 龍蔵　はらだ・りゅうぞう　大正14年11月24日～平成2年3月9日　共立常務　→88/90

原田 龍平　はらだ・りゅうへい　明治35年9月28日～昭和62年9月15日　酉島製作所会長　→83/87

原田 良造　はらだ・りょうぞう　大正2年9月1日～平成2年2月11日　三楽オーシャン(のち三楽)取締役　→88/90

原田 亮裕　はらだ・りょうゆう　～昭和60年3月15日　秋葉総本殿可睡斎第53代斎主　→83/87

原田 六郎　はらだ・ろくろう　～昭和11年2月9日　原田汽船社長　→昭和

原武 貢　はらたけ・みつぐ　大正2年1月9日～平成12年7月8日　福岡県議　→00/02

原谷 一郎　はらたに・いちろう　～平成6年8月18日　グンゼ会長, 郡是産業(のちグンゼ産業)社長　→94/96

原谷 敬吾　はらたに・けいご　明治44年9月20日～平成11年1月22日　北陸電力社長　→97/99

原野 栄一　はらの・えいいち　昭和5年2月16日～平成8年2月3日　産経新聞専務大阪代表　→94/96

原野 律郎　はらの・りつろう　～昭和55年12月29日　高圧ガス保安協会理事, 元通産省広島通産局長　→80/82

孕石 元照　はらみいし・もとてる　明治2年12月29日～昭和9年9月25日　神戸造船所長　→昭和(はらみいし・げんしょう)

原山 義三　はらやま・ぎぞう　明治28年4月16日～昭和62年12月28日　呉市議, 呉糧配協同組合理事長　→83/87

原山 袈裟次郎　はらやま・けさじろう　大正15年5月19日～平成11年6月25日　三協精機製作所社長　→97/99

原山 柳太郎　はらやま・りゅうたろう　～昭和55年9月20日　神奈川相互銀行社長　→80/82

針生 邦二　はりう・くにじ　大正15年3月19日～平成2年1月14日　針生印刷(株)社長, 宮城県印刷工業組合副理事長　→88/90

針谷 俶司　はりがい・よしじ　昭和7年7月22日～平成16年9月14日　群馬県議(自民党)　→03/05

張替 恒男　はりかえ・つねお　大正8年6月12日～昭和60年9月20日　ペンギンライター代表取締役社長, 日本喫煙具協会会長　→83/87

針谷 善吉　はりがや・ぜんきち　昭和11年2月7日～平成7年1月29日　弁護士　古河市長　→94/96

針木 フサエ　はりき・ふさえ　明治42年1月21日～平成4年7月24日　主婦連合会副会長　→91/93

針田 幸一　はりた・こういち　～昭和61年4月8日　高岡市衛生公社専務取締役, クリーン産業取締役社長, 富山県環境保全協会副会長　→83/87

播野 林太郎　はりの・りんたろう　大正5年～平成2年5月25日　タマノ井酢社長　→88/90

針場 広夫　はりば・ひろお　昭和6年1月1日～平成3年10月19日　西日本新聞取締役広告局長　→91/93

播磨 伊之助　はりま・いのすけ　明治40年8月10日～平成1年5月17日　シスコ会長, 全日本菓子工業協同組合連合会副理事長　→88/90

播磨 鼎一　はりま・ていいち　大正5年8月13日～昭和59年3月29日　マルハ電機社長, 中部電子部品流通業協議会会長　→83/87

播磨 雅雄　はりま・まさお　大正10年2月16日～平成3年6月7日　建設業振興基金監事, 日本住宅公団(のち住宅・都市整備公団)理事　→91/93

播磨 六郎　はりま・ろくろう　昭和4年11月22日～平成11年11月28日　大塚食品会長　→00/02s

播本 格一　はりもと・かくいち　明治44年6月19日～平成11年5月22日　弁護士　静岡家裁所長　→97/99

針谷 直道　はりや・なおみち　～昭和61年2月18日　(社)歴史と自然をまもる会事務局長　→83/87

はる　　　　　　　　　　　　　　　　　　　　　　　　　　　　Ⅰ　政治・経済・社会篇

春彦一　はる・ひこいち　明治33年9月27日～昭和40年11月2日　東京都副知事,岩手県知事　→昭和
春木和夫　はるき・かずお　明治43年11月16日～平成8年11月18日　春木商店社長　→94/96
春木栄　はるき・さかえ　明治32年5月23日～平成12年10月25日　富士写真フイルム社長　→00/02
春木繁一　はるき・しげいち　大正7年12月19日～平成11年1月30日　エヌ・テー・エヌ東洋ベアリング常務　→97/99
春木猛　はるき・たけし　明治42年11月～平成6年1月31日　青山学院大学法学部教授　青学大女子学生暴行　→94/96
春木周生　はるき・ちかお　大正3年12月4日～平成19年12月5日　三重銀行常務　→06/08
春木義男　はるき・よしお　大正4年8月13日～昭和61年5月16日　東京眼鏡卸協同組合理事長　→83/87
春木良太　はるき・りょうた　昭和4年8月16日～平成11年1月3日　德倉建設常務　→97/99
春田一男　はるた・かずお　～昭和55年2月17日　旭メディカル専務　→80/82
春田健一　はるた・けんいち　～昭和57年1月30日　牛島神社名誉宮司　→80/82
春田定雄　はるた・さだお　～昭和27年5月6日　東京弁護士会会長　→昭和
春田修三　はるた・しゅうぞう　～平成22年10月21日　春田呉服店社長　→09/11
春田政三　はるた・まさぞう　大正6年8月22日～昭和62年11月19日　中外商工会長　→83/87
春田陽三　はるた・ようぞう　大正12年3月10日～平成13年9月15日　ハルタ会長,鹿児島商工会議所特別相談役　→00/02
春田余咲　はるた・よさく　明治28年3月26日～平成2年3月11日　ハルタ製靴会長,全日本覆物団体協議会会長　→88/90
春田良晴　はるた・よしはる　昭和4年2月24日～平成3年7月22日　三井三池化工機会長,三井鉱山常務　→91/93
春田義正　はるた・よしまさ　大正7年8月11日～昭和62年10月5日　僧侶　泉龍寺(真宗大谷派)21世住職　→83/87
春名和雄　はるな・かずお　大正8年3月15日～平成14年3月3日　丸紅社長　→00/02
春名勝　はるな・まさる　大正5年4月1日～平成2年6月14日　ニチイ常務　→88/90
春永孚　はるなが・まこと　～昭和59年9月25日　福岡県議,全国朝日新聞販売連合会長　→83/87
春野鶴子　はるの・つるこ　大正4年1月2日～平成元年12月8日　消費者運動家,婦人運動家　主婦連合会副会長　→80/82
春本利雄　はるもと・としお　昭和4年1月15日～平成62年11月19日　春本鉄工所会長　→83/87

春元隆二　はるもと・りゅうじ　～昭和58年11月20日　同和火災海上保険常務　→83/87
春山一郎　はるやま・いちろう　大正14年10月26日～平成3年5月5日　梓設計社長,新東京国際空港公団理事　→91/93
春山定　はるやま・さだむ　明治33年～昭和49年7月10日　朝日生命社長　→昭和
春山秀雄　はるやま・ひでお　明治41年3月6日～昭和58年2月23日　旭相互銀行社長　→83/87
春山広輝　はるやま・ひろてる　～平成9年6月23日　全日本手をつなぐ育成会理事長　→97/99
春山泰雄　はるやま・やすお　明治39年4月4日～昭和62年6月17日　日刊スポーツ新聞社取締役編集局長,日刊スポーツOB会会長,東京運動記者クラブ会友　→83/87
春山洋一　はるやま・よういち　～平成4年8月1日　丸運取締役　→91/93
春山力蔵　はるやま・りきぞう　～昭和43年4月9日　都町会連合会副会長　→昭和
伴篤　ばん・あつし　～平成20年4月6日　国税庁金沢国税局長　→06/08
伴一郎　ばん・いちろう　～昭和60年10月22日　コスモ取締役本部長　→83/87
伴和夫　ばん・かずお　大正7年9月3日～平成21年10月5日　くらしの友グループ会長　→09/11
伴和之　ばん・かずゆき　～平成12年1月6日　エイチイーシー常務　→00/02
伴義台　ばん・ぎたい　明治26年3月15日～昭和60年6月9日　浄土宗西山深草派管長・総本山誓願寺法主　→83/87
伴重行　ばん・しげゆき　～平成3年9月30日　愛のペンダント推進本部会長　→91/93
伴恂三　ばん・じゅんぞう　明治43年7月14日～昭和61年10月8日　高岳製作所顧問・元取締役　→83/87
伴正一　ばん・しょういち　大正13年1月1日～平成13年5月26日　弁護士　在中国大使館公使,青年海外協力隊事務局長　→00/02
伴章二　ばん・しょうじ　昭和3年11月21日～平成12年4月7日　豊田合成社長　→00/02
伴孝　ばん・たかし　昭和5年1月11日～平成12年3月20日　東奥日報常務　→00/02
伴恒雄　ばん・つねお　明治22年1月15日～平成元年9月27日　小西酒造専務　→88/90
番徹夫　ばん・てつお　明治42年10月19日～昭和63年11月28日　駐ベルー大使　→88/90
播照男　ばん・てるお　昭和3年3月14日～平成14年10月11日　福島民友新聞常務　→00/02
伴照雄　ばん・てるお　昭和5年1月1日～平成13年12月25日　日本経済新聞社友　→00/02
伴俊雄　ばん・としお　～平成3年2月26日　日本製箔常務　→91/93

1018　「現代物故者事典」総索引(昭和元年～平成23年)

伴 信雄　ばん・のぶお　大正8年3月31日～平成16年9月20日　電通PRセンター社長、日本PR協会理事長　→03/05

伴 治夫　ばん・はるお　大正11年2月18日～平成15年7月22日　日本通運専務　→03/05

伴 秀男　ばん・ひでお　昭和12年12月11日～平成10年8月15日　丸全昭和運輸専務　→97/99

伴 房雄　ばん・ふさお　明治44年8月10日～平成10年8月23日　日本通運専務　→97/99

伴 正利　ばん・まさとし　～昭和56年6月14日　東郷町議　→80/82

伴 正善　ばん・まさよし　昭和2年3月12日～平成20年2月3日　熊本県出納長　→06/08

坂 松蔵　ばん・まつぞう　大正11年3月17日～平成16年2月12日　大成建設副社長　→03/05

伴 元喜　ばん・もとよし　大正14年6月15日～平成2年3月19日　安田興業社長、安田生命保険専務　→88/90

坂 鐐三　ばん・りょうぞう　～平成3年12月31日　坂角総本舗会長　→91/93

半杭 幸雄　はんぐい・ゆきお　大正2年4月3日～平成6年9月5日　明治乳業常務　→94/96

坂西 利八郎　ばんざい・りはちろう　明治3年12月16日～昭和25年5月31日　陸軍中将　中国政府顧問、貴院議員（勅選）　→昭和（ばんさい・りはちろう）

半沢 啓二　はんざわ・けいじ　～昭和56年12月29日　北海道農材工業取締役、雪印乳業顧問　→80/82（半澤 啓二）

半沢 健次郎　はんざわ・けんじろう　明治39年12月10日～平成6年8月5日　弁護士　日弁連副会長、仙台弁護士会会長　→94/96

半沢 玉城　はんざわ・たまき　～昭和28年1月5日　外交時報社長　→昭和

半沢 信久　はんざわ・のぶひさ　大正10年3月27日～平成8年10月9日　日本専売公社（のち日本たばこ産業）理事　→97/99

半沢 秀郎　はんざわ・ひでお　～平成14年6月12日　東亜建設工業取締役　→00/02

半沢 良一　はんざわ・りょういち　大正9年10月4日～平成2年12月9日　館山市長　→88/90

判治 隆作　はんじ・りゅうさく　～平成8年7月16日　小池理化学工業社長　→94/96

番正 辰雄　ばんじょう・たつお　大正5年9月15日～平成1年4月16日　坂出市長　→88/90

半田 剛　はんだ・ごう　～昭和52年10月27日　神奈川相互銀行社長　→昭和

半田 孝海　はんだ・こうかい　明治19年6月28日～昭和49年9月17日　僧侶、平和運動家　善光寺名誉住主、長野県仏教会会長、日中友好協会初代会長　→昭和

半田 栄　はんだ・さかえ　大正6年1月2日～平成18年6月23日　電通常務　→06/08

半田 重雄　はんだ・しげお　～平成2年6月14日　（有）丸共印刷所社長　→88/90

半田 志保子　はんだ・しほこ　～平成9年7月14日　ミスズ常務　→97/99

半田 忠雄　はんだ・ただお　明治39年3月19日～昭和63年7月10日　大同酸素会長　→88/90

半田 哲一　はんだ・てついち　昭和2年3月10日～平成9年6月5日　大和ハウス工業専務、大和敷設社長　→97/99

半田 利晴　はんだ・としはる　大正13年8月27日～平成10年11月27日　ミスズ社長　→97/99

半田 博　はんだ・ひろし　昭和3年3月8日～平成11年3月23日　警察庁関東管区警察局長　→97/99

半田 実　はんだ・みのる　大正14年12月2日～平成4年3月9日　アサヒコーポレーション専務、久留米井筒屋常務　→91/93

半田 雄二　はんだ・ゆうじ　昭和23年～平成10年7月26日　司書　狛江市立中央図書館長　→97/99

半田 雄三　はんだ・ゆうぞう　昭和11年9月6日～平成13年9月9日　蛇の目ミシン工業常務　→00/02

半田 行雄　はんだ・ゆきお　大正4年3月18日～平成6年11月16日　丸尾カルシウム専務　→94/96

範多 竜太郎　はんた・りゅうたろう　～平成11年11月10日　貿易商　→昭和

万代 亀四郎　ばんだい・かめしろう　～昭和60年5月20日　山口醬油会長、山口市会議長　→83/87

万代 治雄　ばんだい・はるお　～昭和56年8月4日　日本自動車販売協会連合会副会長　→80/82（萬代 治雄）

萬代 誠　ばんだい・まこと　昭和12年3月4日～平成18年9月21日　日本食品化工副社長　→06/08

播戸 龍一　ばんど・りゅういち　明治45年5月5日～平成2年9月5日　愛林興業会長　→88/90

板東 文武　ばんどう・あやたけ　～昭和57年7月27日　元網走管内滝上町議会議長　→80/82

板東 一男　ばんどう・かずお　～平成17年1月3日　徳島県議　→03/05

坂東 国八　ばんどう・くにはち　安政3年1月～昭和11年12月　畜産家　→昭和

板東 敬二　ばんどう・けいじ　平成6年1月3日～平成6年8月30日　徳島県議（公明党）　→94/96

坂東 啓三　ばんどう・けいぞう　明治32年8月24日～平成3年1月29日　秩父石灰工業会長　→91/93

坂東 憲吾　ばんどう・けんご　大正2年9月11日～平成2年3月8日　共同酸素会長、住友金属和歌山製鉄所所長　→88/90

坂東 憲二郎　ばんどう・けんじろう　昭和10年9月13日～平成4年10月18日　武田産業社長　→91/93

坂東 幸太郎　ばんどう・こうたろう　明治14年4月～昭和49年10月20日　衆議院議員（民主党）、旭川市長　→昭和

板東 三郎　ばんどう・さぶろう　大正10年2月4日～平成22年1月31日　徳島県農協中央会会長　→09/11

坂東 舜一　ばんどう・しゅんいち　～昭和52年11月3日　日本工芸工業社長　→昭和

坂東 性純　ばんどう・しょうじゅん　昭和7年3月13日～平成16年1月18日　僧侶　報恩寺(真宗大谷派)住職、上野学園大学教授　→03/05

板東 荘次　ばんどう・そうじ　大正13年3月13日～平成13年11月9日　徳島県議(社会党)　→00/02

坂東 徹　ばんどう・とおる　大正14年2月13日～平成22年9月2日　旭川市長　→09/11

坂東 正一　ばんどう・まさかず　大正14年2月20日～平成2年12月12日　同盟副会長　→88/90

板東 松太朗　ばんどう・まつたろう　～平成1年3月17日　大阪音響(のちオンキョー)取締役　→88/90

坂東 禧策　ばんどう・よしひろ　～平成13年1月5日　久保田鉄工(のちクボタ)専務、クボタハウス社長　→00/02

坂東 依彦　ばんどう・よりひこ　明治41年12月10日～昭和62年10月6日　関西ペイント社長　→83/87

坂内 和夫　ばんない・かずお　～平成10年10月5日　皆生温泉観光社長　→97/99

坂内 善輔　ばんない・ぜんすけ　大正15年7月16日～平成1年7月9日　東京特殊電線専務　→88/90

伴内 徳司　ばんない・とくじ　明治31年12月2日～昭和42年3月12日　共立農機専務　→昭和

坂内 義雄　ばんない・よしお　明治24年7月3日～昭和35年11月26日　実業家　→昭和

般若 晋二　はんにゃ・しんじ　～昭和63年6月4日　般三鋳造所代表取締役社長　→88/90

般若 辰三　はんにゃ・たつぞう　～昭和60年12月13日　般若漆器店代表　→83/87

般若 長四郎　はんにゃ・ちょうしろう　～昭和60年10月24日　般長鋳造代表取締役社長　→83/87

盤若 冨美子　はんにゃ・ふみこ　大正17年12月18日～平成21年5月29日　ヤマトインターナショナル社長　→09/11

盤若 康次　はんにゃ・やすじ　昭和9年3月30日～平成2年9月11日　ヤマトインターナショナル社長　→88/90

般若 芳郎　はんにゃ・よしろう　～昭和61年12月15日　山善商会専務取締役　→83/87

坂野 惇子　ばんの・あつこ　大正7年4月11日～平成17年9月24日　ファミリア創業者　→03/05

坂野 兼通　ばんの・かねみち　文久3年12月～昭和6年8月12日　山口合資理事、山口銀行常務　→昭和(阪野 兼通 さかの・かねみち)

坂野 清夫　ばんの・きよお　明治40年7月7日～平成2年10月31日　九州耐火煉瓦取締役、甲南学園名誉理事　→88/90

坂野 国雄　ばんの・くにお　明治37年12月15日～平成5年1月22日　東邦ガス副社長、東邦液化燃料社長　→91/93

阪埜 淳吉　ばんの・じゅんきち　明治41年5月14日～昭和51年2月5日　弁護士　第二東京弁護士会副会長　→昭和

坂野 進　ばんの・すすむ　昭和5年5月21日～平成14年8月29日　東邦ガス監査役、東邦不動産社長　→00/02

坂野 忠弘　ばんの・ただひろ　～平成3年12月19日　テクノ菱和常務　→91/93

伴野 智彦　ばんの・ともひこ　～平成6年3月12日　ジャスコ常務　→94/96

伴野 二三男　ばんの・ふみお　明治37年1月16日～昭和61年3月19日　三重県議　→83/87

坂野 通夫　ばんの・みちお　大正5年9月30日～平成4年6月2日　ファミリア会長　→91/93

坂野 原敬　ばんの・もとよし　～昭和55年7月20日　中日新聞社秘書役、トウキョウ・アラビアンコンサルタンツ代表取締役　→80/82

番場 憲隆　ばんば・けんりゅう　～昭和55年8月9日　真言宗智山派大僧正　→80/82

番場 貢一　ばんば・こういち　大正14年11月16日～平成5年7月6日　銭高組副社長　→91/93

半場 五郎　はんば・ごろう　大正5年11月21日～平成3年4月5日　東京電気取締役　→91/93

馬場 武夫　ばんば・たけお　～昭和55年1月24日　アマテイ常務　→80/82

馬場 弘行　ばんば・ひろゆき　昭和9年7月9日～平成10年11月5日　東レ常務、東洋プラスチック精工会長　→97/99

半明 英夫　はんみょう・ひでお　昭和2年10月15日～平成3年9月17日　廿日市市長　→91/93

【ひ】

日合 才次郎　ひあい・さいじろう　～昭和63年7月4日　深曳漁業生産組合長、岩瀬漁業協同組合副組合長　→88/90

樋泉 昌之　ひいずみ・まさゆき　昭和13年1月20日～平成16年11月2日　飛島建設副社長　→03/05

日浦 享　ひうら・あつし　昭和9年11月9日～昭和57年9月2日　弁護士　愛知県最低賃金審議会委員、名古屋地裁調停委員　→80/82

日浦 晴三郎　ひうら・せいざぶろう　大正8年1月24日～平成18年10月22日　長岡市長　→06/08

日浦 頼光　ひうら・よりみつ　大正1年9月17日～平成18年8月8日　神戸製鋼所専務　→06/08

稗田 治　ひえだ・おさむ　明治42年7月12日～平成4年2月14日　日本建築センター会長、日本住宅公団理事、建設省住宅局長　→91/93

稗田 晃也　ひえだ・こうや　大正5年3月16日～平成11年12月19日　大阪鋼圧会長、全国コイルセンター工業組合理事長　→00/02s

稗田 正虎　ひえだ・まさとら　～昭和62年12月19日

国立身体障害者更生指導所所長，(医)白十字会弓張病院顧問　→83/87

比江森 正男　ひえもり・まさお　昭和3年11月28日〜昭和62年6月29日　高知ゴルフ俱楽部常務理事支配人，四国銀行取締役　→83/87

日置 克己　ひおき・かつみ　〜平成12年10月18日　鴻池組常務　→00/02

日置 即全　ひおき・そくぜん　明治31年〜昭和60年1月5日　僧侶　荒子観音寺住職　→83/87

日置 智康　ひおき・ちこう　〜昭和61年12月3日　僧侶　荒子観音寺26世住職　→83/87

日沖 憲郎　ひおき・のりお　明治36年7月2日〜平成5年4月8日　弁護士　日本大学名誉教授，東京地裁判事　→91/93

日置 春良　ひおき・はるひこ　明治29年4月25日〜昭和61年5月14日　神官　丹波太神宮司，神社本庁浄階特級職　→83/87

日置 政次郎　ひおき・まさじろう　〜平成9年1月21日　日本ギア工業常務　→97/99

日沖 益雄　ひおき・ますお　〜昭和61年7月31日　(社)日本経営協会理事　→83/87

比嘉 悦雄　ひが・えつお　大正4年11月10日〜平成12年7月31日　日本飲料会長，ジェーシー・フーズ会長　→00/02

比嘉 賀盛　ひが・がせい　〜昭和59年12月9日　(福)都島友の会専務理事　→83/87

比嘉 茂政　ひが・しげまさ　昭和11年12月22日〜平成22年10月29日　沖縄県副知事　→09/11

比嘉 秀平　ひが・しゅうへい　明治34年6月7日〜昭和31年10月25日　琉球政府行政主席(初代)，琉球民主党総裁　→昭和

比嘉 親一　ひが・しんいち　〜昭和62年6月27日　名護市選挙管理委員会委員長　→83/87

比嘉 敬　ひが・たかし　大正14年2月7日〜平成15年12月11日　沖縄タイムス社長，琉球朝日放送社長　→03/05

比嘉 武吉　ひが・たけよし　大正10年4月〜平成9年11月17日　沖縄県庁　→97/99

比嘉 昇　ひが・のぼる　昭和10年11月13日〜平成4年12月24日　浦添市長，沖縄県議　→91/93

比嘉 広　ひが・ひろし　大正14年6月26日〜平成19年1月31日　南洋土建社長，沖縄県建設業協会会長　→06/08

比嘉 博　ひが・ひろし　〜平成5年6月4日　沖縄タイムス常務　→91/93

比嘉 正子　ひが・まさこ　明治38年3月5日〜平成4年11月12日　関西主婦連合会会長　→91/93

比果 利一　ひが・りいち　〜昭和59年4月2日　島津金属精工社長，島津製作所資材部長　→83/87

樋貝 詮三　ひがい・せんぞう　明治23年4月3日〜昭和28年1月1日　政治家　衆院議長，国務相　→昭和

檜垣 栄治　ひがき・えいじ　〜平成17年10月15日　今治造船社長　→03/05

檜垣 修　ひがき・おさむ　大正6年10月〜平成9年3月31日　三和銀行副頭取　→97/99

檜垣 一彦　ひがき・かずひこ　昭和5年〜平成12年1月10日　ニチレキ常務　→00/02

菱垣 堅太　ひがき・けんた　明治29年12月11日〜平成2年7月22日　大同生命保険専務，合同石油(株)社長　→88/90

檜垣 茂　ひがき・しげる　昭和7年4月5日〜平成13年11月14日　ショーボンド建設社長　→00/02

桧垣 順造　ひがき・じゅんぞう　明治44年8月29日〜平成9年9月10日　電源開発専務，海外石油開発専務　→97/99

桧垣 正一　ひがき・しょういち　明治34年10月1日〜平成1年4月30日　今治造船会長　→88/90

桧垣 貴雄　ひがき・たかお　大正4年8月9日〜平成8年3月10日　淀川製鋼所常務　→94/96

檜垣 常治　ひがき・つねじ　大正13年7月16日〜平成19年6月17日　毎日新聞専務　→06/08

檜垣 達　ひがき・とおる　明治45年3月22日〜平成3年5月18日　日立金属取締役，東京精鍛工所社長　→91/93

檜垣 徳太郎　ひがき・とくたろう　大正5年10月31日〜平成18年10月15日　参院議員(自民党)，郵政相，農林事務次官　→06/08

檜垣 直右　ひがき・なおすけ　嘉永4年10月8日〜昭和4年7月26日　岡山県知事　→昭和

檜垣 仁兵　ひがき・にへい　大正12年3月5日〜平成3年4月4日　そごう商事専務，そごう常務　→91/93

檜垣 文昌　ひがき・ふみまさ　大正15年10月7日〜平成10年2月28日　今治造船会長　→97/99

檜垣 文市　ひがき・ぶんいち　明治33年1月30日〜昭和43年12月2日　実業家　安田火災海上保険社長　→昭和

桧垣 正司　ひがき・まさし　大正14年9月1日〜平成8年4月14日　日本造船工業会副会長，今治造船会長　→94/96

檜垣 正忠　ひがき・まさただ　大正6年7月29日〜平成8年1月21日　駐ガーナ大使　→94/96

檜垣 益人　ひがき・ますと　〜平成2年8月5日　日本原水爆被害者団体協議会代表委員　→88/90

檜垣 嘉男　ひがき・よしお　大正6年10月22日〜平成17年1月30日　読売新聞大阪本社専務　→03/05

樋掛 外松　ひかけ・そとまつ　大正2年4月22日〜昭和61年12月13日　大和紡績常務　→83/87

東 明　ひがし・あきら　〜平成16年3月5日　宮崎銀行常務　→03/05

東 功　ひがし・いさお　昭和14年8月24日〜平成16年2月6日　北海道新聞会長，日本新聞協会副会長　→03/05

東 勇　ひがし・いさむ　〜昭和58年1月9日　日本無線取締役総務部長　→83/87

東 勤　ひがし・いそし　大正7年7月13日〜平成9年10月12日　ダイキン工業専務，ダイキンプラント社長　→97/99

ひかし

東 乙彦　ひがし・おとひこ　~昭和11年10月13日
　陸軍中将　→昭和（あずま・おとひこ）

東 勝俊　ひがし・かつとし　大正14年9月22日~平成20年9月11日　西日本システム建設社長　→06/08

東 亮明　ひがし・すけあき　明治36年5月14日~昭和62年12月29日　弁護士　金沢地裁所長、青森地裁所長、東京高裁判事　→83/87

東 誠也　ひがし・せいや　大正10年10月2日~平成9年10月24日　日本板硝子常務　→97/99

東 武雄　ひがし・たけお　~昭和55年12月16日
　小松フォークリフト取締役・元常務　→80/82

東 忠男　ひがし・ただお　昭和6年12月27日~平成18年6月12日　沖電気工業副社長　→06/08

東 藤嗣　ひがし・とうじ　~平成10年12月19日
　茨木市立キリシタン遺物史料館長　→97/99

東 尚七　ひがし・なおしち　大正11年11月27日~昭和61年6月13日　三井金属鉱業常務　→83/87

東 博仁　ひがし・はくじん　明治32年4月6日~平成8年8月20日　西日本システム建設社長　→94/96

東 秀雄　ひがし・ひでお　~平成7年9月30日
　日東化学工業常務、三菱レイヨン取締役　→94/96

東 文子　ひがし・ふみこ　~平成16年4月18日
　ほのぼの地球家族代表　→03/05

東 正樹　ひがし・まさき　昭和22年6月11日~平成12年5月31日　サイエンティア社長　→00/02

東 光雄　ひがし・みつお　~昭和56年12月3日
　東京海上火災保険取締役、日本サルヴェージ社長　→80/82

東 峯雄　ひがし・みねお　明治42年8月20日~昭和61年7月11日　東建設代表取締役会長、東京都建設業協会理事　→83/87

東 守之　ひがし・もりゆき　昭和7年5月24日~平成10年6月15日　東京放送取締役　→97/99

東 弥徹　ひがし・やてつ　~平成1年3月12日
　三興銘材工業常務　→88/90

東 弥之助　ひがし・やのすけ　~昭和11年
　東アフリカ定住邦人1号　→昭和

東 義胤　ひがし・よしたね　~昭和57年4月12日
　日本鉄道運転協会名誉会長、元営団地下鉄専務理事　→80/82

東 良二　ひがし・りょうじ　~昭和62年7月29日
　福岡国際ホール常務取締役、西日本銀行公務部長　→83/87

東 令三郎　ひがし・れいざぶろう　明治26年7月9日~昭和43年6月26日　西日本相互銀行相談役、全国相互銀行協会会長　→昭和（あずま・れいざぶろう）

東尾 淡逸　ひがしお・たんいつ　~昭和57年12月18日
　増毛町（北海道）町長　→80/82

東垣内 雄次　ひがしがいとう・ゆうじ　明治44年5月1日~平成22年9月6日　リケン社長、日本興業銀行常務　→09/11

東川平 正雄　ひがしかびら・まさお　昭和2年10月3日~平成1年7月11日　石垣市白保公民館館長　新石垣空港反対派　→88/90

東川 正隆　ひがしがわ・まさたか　~昭和60年9月21日
　浅沼組三重営業所長　→83/87

東木 作次　ひがしき・さくじ　大正4年2月24日~平成2年7月30日　石川県議、民社党石川県連委員長　→88/90

東久世 秀雄　ひがしくぜ・ひでお　明治11年7月~昭和26年11月18日　男爵　貴院議員　→昭和

東久世 通忠　ひがしくぜ・みちただ　明治32年10月~昭和37年11月10日　貴院議員（伯爵）　→昭和

東久邇 成子　ひがしくに・しげこ　大正14年12月6日~昭和36年7月23日　皇族　昭和天皇第一皇女　→昭和

東久邇 聡子　ひがしくに・としこ　明治29年5月11日~昭和53年3月5日　皇族　明治天皇第九皇女　→昭和

東久邇 稔彦　ひがしくに・なるひこ　明治20年12月3日~平成2年1月20日　皇族、陸軍大将　首相　→88/90

東久邇 盛厚　ひがしくに・もりひろ　大正5年5月6日~昭和44年2月1日　皇族　帝都高速度交通営団監事　→昭和（ひがしくに・もりあつ）

東久邇 佳子　ひがしくに・よしこ　昭和2年11月11日~平成23年12月12日　東久邇家2代目当主・東久邇盛厚の妻　→09/11

東窪 栄造　ひがしくぼ・えいぞう　~昭和61年8月19日
　日立マクセル取締役　→83/87

東島 繁意　ひがしじま・しげい　~昭和58年3月22日
　丸谷化工機会長　→83/87

東島 駿治　ひがしじま・しゅんじ　大正10年11月27日~平成20年4月29日　会計検査院事務総局次長　→06/08

東島 信雄　ひがしじま・のぶお　明治41年12月10日~昭和60年9月25日　新興産業監査役　→83/87

東園 佐和子　ひがしその・さわこ　~平成13年7月2日
　皇族　学習院監事、常盤会会長　→00/02

東園 基文　ひがしその・もとふみ　明治44年1月28日~平成19年4月12日　子爵　宮内庁掌典長、神社本庁総理　→06/08

東園 基光　ひがしその・もとみつ　明治8年3月4日~昭和9年2月26日　子爵　富山県知事、東京府信用購買組合連合会理事長　→昭和

東田 和四　ひがしだ・かずし　大正13年3月26日~平成20年1月2日　久保田鉄工専務　→06/08

東田 耕一　ひがしだ・こういち　昭和12年7月28日~平成11年9月23日　芦屋市長　→97/99

東田 敏男　ひがしだ・としお　昭和7年12月25日~平成22年3月10日　鉄建建設専務　→09/11

東田 初夫　ひがしだ・はつお　大正8年1月2日~平成17年8月5日　日工社長　→03/05

東谷 敏雄　ひがしたに・としお　大正8年11月30日~平成22年4月10日　大阪教職員組合委員長　→09/11

東角井 光臣　ひがしつのい・みつおみ　~平成7年1月29

日　神官　氷川神社名誉宮司　→94/96

東出 誓一　ひがしで・せいいち　明治42年～平成9年7月　「涙のアディオス」の著者, 南米移民　→97/99

東野 正三　ひがしの・しょうぞう　大正3年4月30日～昭和63年10月21日　キング監査役　→88/90

東野 元貞　ひがしの・もとさだ　昭和12年5月23日～平成17年8月19日　三菱樹脂常務　→03/05

東伏見 周子　ひがしふしみ・かねこ　～昭和30年3月4日　東伏見宮依仁親王妃　～昭和（ひがしふしみ・ちかこ）

東村 長造　ひがしむら・ちょうぞう　大正3年4月25日～昭和63年9月26日　台糖取締役　→88/90

東山 薫　ひがしやま・かおる　昭和24年～昭和52年5月10日　学生活動家　→昭和

東山 諭　ひがしやま・さとし　大正7年10月15日～平成6年6月10日　クラレ専務　→94/96

東山 清忍　ひがしやま・せいにん　明治42年5月24日～昭和59年3月23日　高野山真言宗大僧正, 蓮花院住職　→83/87

東山 尚之　ひがしやま・なおゆき　大正10年11月3日～平成14年9月4日　九電工専務　→00/02

東山 正俊　ひがしやま・まさとし　～平成11年6月4日　連合大阪副会長　→97/99

東山 満寿一　ひがしやま・ますいち　～昭和62年3月12日　台湾田辺製薬社長　→83/87

日方 勇　ひかた・いさむ　明治39年1月17日～平成2年10月3日　神戸銀行（のち太陽神戸三井銀行）監査役　→88/90

日向野 一郎　ひがの・いちろう　大正1年12月13日～昭和60年6月20日　足尾町（栃木県）町長　→83/87

樋上 賀一　ひかみ・かいち　～昭和56年12月16日　鋼管建材相談役　→80/82

氷上 象二　ひかみ・しょうじ　明治38年2月23日～昭和61年10月21日　前田道路取締役　→83/87

樋上 新一　ひがみ・しんいち　明治40年6月25日～昭和55年1月7日　衆議院議員（公明党）　→80/82

樋川 清　ひかわ・きよし　大正11年～平成14年12月12日　旭光学工業（のちペンタックス）常務　→00/02

日川 善次郎　ひかわ・ぜんじろう　～平成2年6月13日　アイヌ民族文化伝承者　→88/90

比企 元　ひき・はじめ　明治31年6月8日～平成2年1月2日　日本鉄道施設協会会長　→88/90

引地 忠　ひきじ・ただし　昭和10年9月11日～平成14年9月　栃木県議（無所属）, 栃木県生協組合連合会長　→03/05s

疋田 昭　ひきだ・あきら　昭和5年10月3日～平成22年7月20日　九州電力副社長　→09/11

疋田 功　ひきた・いさお　大正14年3月10日～平成22年12月2日　鶴崎海陸運輸社長　→09/11

疋田 香澄　ひきた・かすみ　明治7年6月12日～平成8年9月11日　山九専務　→94/96

引田 軍平　ひきた・ぐんぺい　～昭和59年1月31日　三郷鍍金工業社長　→83/87

疋田 桂太郎　ひきだ・けいたろう　明治3年2月～昭和8年3月8日　実業家　化学工業協会専務理事　→昭和（ひきた・けいたろう）

疋田 周朗　ひきた・しゅうろう　昭和11年5月11日～平成17年9月24日　会計検査院院長　→03/05

疋田 徳重　ひきだ・とくじゅう　大正15年10月18日～平成15年5月7日　三和シヤッター工業専務　→03/05

疋田 敏男　ひきた・としお　明治35年5月～平成1年6月2日　衆院議員（自民党）　→88/90

疋田 昇　ひきだ・のぼる　大正4年4月27日～平成5年9月15日　産経新聞経理部次長, フジテレビギャラリー専務, フジサンケイアートセンター社長　→91/93

匹田 秀雄　ひきた・ひでお　明治35年1月19日～昭和22年2月12日　社会運動家, 弁護士　→昭和

疋田 裕美　ひきた・ひろみ　大正11年2月12日～昭和60年3月11日　京王重機整備社長, 京王帝都電鉄取締役　→83/87

疋田 遼太郎　ひきだ・りょうたろう　明治37年10月28日～昭和60年2月11日　豊田中央研究所取締役副所長　→83/87

引田 廉次　ひきだ・れんじ　～昭和61年2月2日　エヌ・テー・エヌ東洋ベアリング取締役　→83/87

引地 末治　ひきち・すえじ　明治45年3月5日～平成2年11月4日　亀屋万年堂会長　→88/90

曳地 正美　ひきち・まさみ　～平成18年1月31日　犯罪被害者の権利向上に努めたリンチ死事件の遺族　→06/08

引地 良一　ひきち・りょういち　昭和17年8月10日～平成23年4月30日　亀屋万年堂社長　→09/11

比企野 昭一　ひきの・しょういち　昭和2年5月8日～平成1年3月6日　東海コンクリート工業常務, 中部電力支配人飯田支社長　→88/90

引野 友義　ひきの・ともよし　明治42年8月14日～昭和60年2月11日　ミリカスポーツ振興相談役, 毎日放送専務　→83/87

樋口 至　ひぐち・いたる　～昭和56年3月21日　北海道農業共済組合連合会会長　→80/82

樋口 桜五　ひぐち・おうご　～昭和60年5月17日　岡本理研ゴム副社長, 日本ゴム協会会長　→83/87

樋口 修　ひぐち・おさむ　～平成8年4月24日　インドネシア福祉友の会理事長　→94/96

樋口 修　ひぐち・おさむ　大正12年1月5日～平成22年4月16日　高梁市長　→09/11

樋口 亀吉　ひぐち・かめきち　明治36年10月26日～昭和61年11月7日　東京都議, 墨田区（東京都）区議　→83/87

樋口 喜一郎　ひぐち・きいちろう　～平成4年2月23日　万年堂本店会長, 東京都食品健康保険組合理事長　→91/93

樋口 季一郎　ひぐち・きいちろう　明治21年8月20日～

昭和45年10月11日　陸軍中将　→昭和

樋口 甲子男　ひぐち・きねお　大正3年3月～平成5年9月14日　東京書籍常務　→91/93

樋口 清一　ひぐち・きよかず　～平成21年5月10日　乃村工芸社常務　→09/11

樋口 金治　ひぐち・きんじ　大正12年11月5日～平成17年1月29日　浅沼組常務　→03/05

樋口 捲三　ひぐち・けんぞう　大正12年9月6日～平成6年5月7日　ワンビシアーカイブズ会長　→94/96

樋口 定一　ひぐち・さだかず　大正15年1月29日～平成1年3月31日　証券日刊新聞社会長、三友産業会長、第一建設工業常務　→88/90

樋口 三郎　ひぐち・さぶろう　明治41年3月23日～平成1年11月15日　神鋼商事常務、日本銀行証券局長　→88/90

樋口 佐兵衛　ひぐち・さへえ　～昭和57年3月7日　京三製作所相談役　→80/82

樋口 治一　ひぐち・じいち　～昭和48年1月23日　大阪府公安委員長　→昭和

樋口 重雄　ひぐち・しげお　～昭和42年12月16日　日本鉱業協会副会長、元三井金属監査役　→昭和

樋口 潤一　ひぐち・じゅんいち　～平成19年2月12日　新潟観光コンベンション協会専務理事　→06/08

樋口 史郎　ひぐち・しろう　明治41年8月5日～平成6年5月19日　三井精機工業専務　→94/96

樋口 次郎　ひぐち・じろう　～昭和44年5月6日　日本電気取締役　→昭和

樋口 二郎　ひぐち・じろう　大正5年3月1日～昭和63年12月24日　アラビア石油専務　→88/90

樋口 新三郎　ひぐち・しんざぶろう　明治32年1月31日～昭和58年7月17日　新通社長、大阪広告業協会副理事長　→83/87

樋口 進　ひぐち・すすむ　昭和10年5月20日～平成9年7月9日　大和生命保険常務　→97/99

樋口 宗次　ひぐち・そうじ　大正11年1月4日～平成12年7月24日　寝屋川編物社長、北大阪商工会議所会頭　→00/02

樋口 宅三郎　ひぐち・たくさぶろう　～昭和57年4月14日　神奈川新聞社長、ラジオ日本取締役　→80/82

樋口 宅司　ひぐち・たくじ　～昭和62年3月2日　旭可鍛鉄常務　→83/87

樋口 武雄　ひぐち・たけお　～昭和56年4月7日　講談社広告局長　→80/82

樋口 武之助　ひぐち・たけのすけ　大正2年12月1日～平成3年11月8日　博多祇園山笠振興会長　→91/93

樋口 忠治　ひぐち・ただはる　明治40年10月20日～平成1年2月16日　三重県会議長　→88/90

樋口 辰一　ひぐち・たつじ　～平成2年10月3日　墨田区議（自民党）・区会議長　→88/90

樋口 太郎　ひぐち・たろう　大正11年1月2日～平成12年

5月29日　旭可鍛鉄常務　→00/02

樋口 周雄　ひぐち・ちかお　大正7年1月2日～平成7年5月8日　シロキ工業常務　→94/96

樋口 恒通　ひぐち・つねみち　明治23年5月26日～平成7年11月14日　弁護士　→94/96

樋口 禎一　ひぐち・ていいち　昭和3年12月9日～昭和61年9月26日　オーミケンシ取締役　→83/87

樋口 徹　ひぐち・とおる　～平成18年8月28日　和歌山県議　→06/08

樋口 敏夫　ひぐち・としお　大正14年1月8日～平成8年月15日　上毛新聞専務・編集局長　→94/96

樋口 俊長　ひぐち・としなが　大正6年3月13日～昭和59年4月19日　警察庁関東管区警察局公安部長　→83/87

樋口 豊三　ひぐち・とよぞう　明治41年12月23日～昭和55年6月4日　日本カメラ社長、日本写真協会理事　→80/82

樋口 直吉　ひぐち・なおきち　～昭和58年4月14日　札幌高検検事　→83/87

樋口 延夫　ひぐち・のぶお　～昭和63年1月28日　長良川鉄道常務取締役、岐阜県企画部参事　→88/90

樋口 順享　ひぐち・のぶゆき　昭和6年3月9日～平成13年5月22日　新通副社長　→00/02

樋口 典正　ひぐち・のりまさ　大正4年11月29日～昭和59年3月10日　パシフィックエンジニアリング社長、パスコ相談役・元副社長　→83/87

樋口 尚　ひぐち・ひさし　明治28年3月7日～昭和63年11月20日　金龍堂会長、金文会名誉会長　→88/90

樋口 仁　ひぐち・ひとし　～平成10年9月3日　金融監督庁検査部検査官　→97/99

樋口 寛　ひぐち・ひろお　明治35年3月18日～昭和63年11月14日　豊醤油社長　→88/90

樋口 弘雄　ひぐち・ひろお　～昭和61年12月20日　日本ユースホステル協会ペアレント会会長　→83/87

樋口 広　ひぐち・ひろし　～平成2年7月28日　福岡市議会副議長　→88/90

樋口 正喬　ひぐち・まさたか　大正15年2月11日～平成年11月2日　日本スピンドル製造社長　→91/93

樋口 正治　ひぐち・まさはる　大正9年1月13日～平成年4月13日　蝶理常務　→06/08

樋口 衛　ひぐち・まもる　大正14年12月9日～平成5年2月20日　新通会長　→91/93

樋口 満夫　ひぐち・みつお　明治44年4月20日～平成14年8月2日　三菱セメント専務　→00/02

樋口 実　ひぐち・みのる　～昭和52年3月14日　東京高速道路社長　→昭和

樋口 宗彦　ひぐち・むねひこ　昭和11年2月1日～平成5年1月9日　生命保険協会広報部長　→91/93

樋口 幸男　ひぐち・ゆきお　～平成21年12月30日　宮崎ダイシンキヤノン社長　→09/11

I　政治・経済・社会篇　　　　　　　　　　　　　　　　　　　　　　　　　　　　　ひさた

樋口 芳夫　ひぐち・よしお　〜昭和56年3月10日　仙台市助役　→80/82

樋口 芳包　ひぐち・よしかね　明治22年9月23日〜昭和61年8月27日　弁護士　日弁連副会長、海軍法務少将　→83/87

樋口 善典　ひぐち・よしのり　大正4年10月4日〜平成18年11月23日　共同印刷社長、第一勧業銀行常務　→06/08

樋口 六左衛門　ひぐち・ろくざえもん　〜昭和15年1月5日　日本動産火災取締役　→昭和

日暮 万男　ひぐらし・かずお　〜昭和55年5月14日　湯島天神宮司　→80/82（日暮 萬男）

日暮 誠鏡　ひぐらし・せいきょう　大正12年9月25日〜平成6年8月25日　日合商事社長、イラン化学開発常務、日本合成ゴム取締役　→94/96

日暮 武平　ひぐらし・ぶへい　〜昭和56年2月19日　服部時計店取締役　→80/82

日暮 義重　ひぐらし・よししげ　昭和3年3月28日〜平成17年7月6日　新日本証券常務　→03/05

髭右近 義雄　ひげうこん・よしお　〜昭和64年1月6日　加茂村（石川県）村長、志賀農協組合長　→88/90

肥後 彰　ひご・あきら　明治40年9月5日〜昭和62年12月3日　第百生命保険専務　→83/87

肥後 一郎　ひご・いちろう　明治44年7月6日〜平成10年3月2日　日本電気専務　→97/99

肥後 栄一　ひご・えいいち　大正10年3月30日〜平成14年2月25日　弘電社常務　→00/02

肥後 昭一　ひご・しょういち　昭和2年1月7日〜平成23年1月22日　会計検査院事務総局次長　→09/11

肥後 大介　ひご・だいすけ　大正元年9月1日〜昭和59年9月19日　大興電機製作所取締役相談役・元社長　→83/87

比護 晴堂　ひご・はるたか　昭和3年3月24日〜昭和63年10月9日　三和倉庫常務・大阪支社長　→88/90

肥後 本男　ひご・もとお　大正4年8月1日〜平成13年7月30日　日新電機常務　→00/02

彦坂 勇雄　ひこさか・いさお　大正2年9月3日〜平成13年1月22日　タクマ専務　→00/02

彦坂 彰一郎　ひこさか・しょういちろう　昭和9年6月2日〜平成1年11月17日　オーク取締役　→88/90

彦坂 竹男　ひこさか・たけお　明治38年7月21日〜昭和60年4月7日　一粒社社長　→83/87

彦坂 春吉　ひこさか・はるきち　〜昭和55年7月6日　国立淡路青年の家所長　→80/82

彦田 敬次郎　ひこた・けいじろう　昭和3年1月19日〜昭和62年2月17日　江戸川区（東京都）区会議長　→83/87

肥後橋 四郎　ひごばし・しろう　昭和58年7月4日　筑後市商工会議所会頭　→83/87

比佐 昌平　ひさ・しょうへい　明治17年3月〜昭和16年11月23日　衆院議員（翼賛議員同盟）　→昭和

久 達郎　ひさ・たつろう　明治43年7月25日〜平成7年9月15日　古河電工取締役、古河産業社長　→94/96

比佐 友香　ひさ・ともか　〜昭和41年11月11日　九州朝日放送取締役社長　→昭和

久井 恵之助　ひさい・けいのすけ　昭和9年5月12日〜平成23年11月15日　ニチロ社長　→09/11

久井 忠雄　ひさい・ただお　明治38年12月21日〜平成3年8月24日　関西大学理事長　→91/93

久井 四十一　ひさい・よそいち　明治41年12月1日〜昭和61年11月6日　大阪魚市場相談役　→83/87

久内 懃　ひさうち・つとむ　大正5年7月15日〜平成11年11月28日　日本化成社長、三菱化成工業副社長　→97/99

日坂 正雄　ひさか・まさお　〜昭和56年12月21日　テイエルブイ専務工場長　→80/82

久門 泰　ひさかど・ゆたか　昭和9年11月12日〜平成19年11月25日　松下政経塾初代塾頭、松下電器産業取締役　→06/08

久 威智　ひさし・たけとも　大正10年7月5日〜平成19年6月1日　ライオン専務　→06/08

久島 次郎　ひさじま・じろう　大正12年8月6日〜平成12年10月26日　住金物産副社長　→00/02

久島 精一　ひさじま・せいいち　〜昭和43年8月22日　住友金属常務　→昭和

久島 正　ひさじま・ただし　昭和7年11月26日〜平成17年2月26日　北見市長　→03/05

久島 辰雄　ひさじま・たつお　昭和13年1月22日　阪神電鉄支配人　→昭和

久末 貞雄　ひさすえ・さだお　〜昭和57年8月21日　若松信用金庫会長　→80/82

久末 鉄男　ひさすえ・てつお　大正5年8月10日〜平成4年4月27日　北海道振興会長　→91/93

久田 慶三　ひさだ・けいぞう　明治30年1月20日〜昭和58年7月29日　常滑市長　→83/87

久田 重次郎　ひさだ・しげじろう　明治45年4月15日〜平成10年2月15日　国税庁関東信越国税不服審判所長　→97/99

久田 成　ひさだ・しげる　昭和11年8月4日〜平成16年11月25日　内田洋行取締役　→03/05

久田 孝　ひさだ・たかし　昭和5年8月13日〜平成1年4月5日　内田洋行会長・社長　→88/90

久田 丈夫　ひさだ・たけお　〜昭和55年3月9日　日本油空圧協会事務局長　→80/82

久田 赳夫　ひさだ・たけお　昭和6年4月15日〜平成16年7月11日　日本勧業角丸証券専務　→03/05

久田 太郎　ひさだ・たろう　明治42年9月28日〜昭和40年1月5日　機械工学者　工業技術院名古屋工業技術試験所所長　→昭和

久田 鉄夫　ひさだ・てつお　〜昭和15年5月26日　原田積善会副会長　→昭和

久田 俊彦　ひさだ・としひこ　大正3年11月6日〜昭和63

久田 益太郎　ひさだ・ますたろう　～昭和18年11月10日
　原田積善会顧問　→昭和
久田 元夫　ひさだ・もとお　～平成5年5月7日
　厚生省大阪検疫所長,JR東海総合病院長　→91/93
久田 安弘　ひさだ・やすひろ　～平成23年7月25日
　漁師　遠洋マグロ漁船の名漁労長　→09/11
久武 啓祐　ひさたけ・けいすけ　～昭和62年12月23日
　水資源開発公団常務参与,建設大学校教務部長　→83/87
久津 明明　ひさつ・もとあき　～昭和62年11月27日
　(財)神戸国際観光協会常務理事　→83/87
久塚 清晴　ひさつか・きよはる　大正9年4月2日～平成3年2月8日　藤倉電線常務　→91/93
久恒 貞雄　ひさつね・さだお　明治3年4月～昭和25年5月10日　実業家,政治家　久恒鉱業社長,貴院議員(多額納税)　→昭和
久恒 連　ひさつね・むらじ　～昭和57年2月15日
　太平電業会長　→80/82
日佐戸 輝一　ひさと・てるかず　明治26年10月20日～昭和60年9月5日　弁護士　日本弁護士連合会理事　→83/87
久徳 敏治　ひさとく・としはる　昭和8年9月6日～平成19年4月27日　竹中工務店常務　→06/08
久冨 靖二　ひさとみ・せいじ　～昭和61年8月28日
　西広相談役経営企画室長　→83/87
久富 武夫　ひさとみ・たけお　明治38年7月12日～昭和62年12月3日　安田信託銀行相談役・元社長　→83/87
久富 幸雄　ひさとみ・ゆきお　大正9年10月3日～平成8年5月26日　三信建設工業社長　→94/96
久富 豊　ひさとみ・ゆたか　昭和6年6月22日～平成21年6月3日　中野組常務　→09/11
久留 健　ひさとめ・けん　昭和3年～平成4年11月29日
　日立金属取締役　→91/93
久留 弘三　ひさとめ・こうぞう　明治25年8月12日～昭和21年3月2日　社会運動家　→昭和
久留 義雄　ひさとめ・よしお　大正13年3月16日～平成20年11月8日　通商産業省東京通商産業局長　→06/08
久留 義蔵　ひさどめ・よしぞう　大正6年5月1日～平成2年5月4日　社会運動家　→88/90
久留 義恭　ひさとめ・よしやす　明治45年2月24日～昭和59年4月25日　日本自動販売サービス社長,新潟陸運局長　→83/87
久永 三郎　ひさなが・さぶろう　～昭和56年3月12日
　広島ガス副社長　→80/82
久永 茂　ひさなが・しげる　大正2年11月20日～平成13年12月10日　塩水港精糖社長　→00/02
久永 久夫　ひさなが・ひさお　～昭和61年2月23日
　(社)中小企業診断協会専務理事,元通産省四国通産局総務部長　→83/87
久永 光夫　ひさなが・みつお　大正13年3月26日～平成5

年7月16日　建設省建築研究所長,鹿島建設専務　→88/90

年6月8日　キミサワ常務　→91/93
久野 哲彦　ひさの・てつひこ　昭和33年3月27日～平成21年3月12日　ディーワンダーランド社長　→09/11
久野 哲朗　ひさの・てつろう　昭和4年11月25日～平成5年3月31日　世紀東急工業取締役　→91/93
久野 昌輝　ひさの・まさてる　大正7年7月2日～平成1年9月21日　テレビ西日本社長　→88/90
久野 昌信　ひさの・まさのぶ　大正4年8月24日～平成3年8月18日　東芝機械社長　→91/93
久野 賢　ひさの・まさる　明治44年6月16日～平成1年12月6日　三菱樹脂取締役　→88/90
久野 泰成　ひさの・やすなり　大正5年9月18日
　久野印刷社長,前福岡商工会議所副会頭　→80/82
久宮 祐子　ひさのみや・さちこ　昭和2年9月10日～昭和3年3月8日　昭和天皇第二皇女　→昭和(祐子内親王さちこないしんのう)
久松 公郎　ひさまつ・きみろう　～平成11年3月20日
　空将　航空自衛隊監察官　→97/99
久松 定秋　ひさまつ・さだあき　明治38年7月～昭和59年3月5日　興亜火災海上常務　→83/87
久松 定孝　ひさまつ・さだたか　～昭和49年11月20日
　侍従　→昭和
久松 定武　ひさまつ・さだたけ　明治32年4月29日～平成7年6月7日　愛媛県知事,参院議員(緑風会)　→94/96
久松 潤一郎　ひさまつ・じゅんいちろう　大正10年3月21日～昭和61年6月30日　ミロク製作所社長　→83/87
久松 信親　ひさまつ・のぶちか　昭和2年4月28日
　故大隈侯人杖　→昭和
久光 重平　ひさみつ・じゅうへい　大正12年1月15日～平成6年3月8日　日本共同証券財団常務理事,大蔵省造幣局長,電源開発専務理事　→94/96
久光 鷹士　ひさみつ・たかし　～昭和60年12月10日
　士別市議　→83/87
久満 光樹　ひさみつ・みつき　明治43年11月20日～昭和63年1月22日　日本光電工業取締役　→88/90
久宗 高　ひさむね・たかし　大正4年6月2日～平成2年8月18日　日本水産資源保護協会長,水産庁長官　→88/90
久村 定雄　ひさむら・さだお　明治42年3月16日～昭和59年10月7日　時事通信社取締役　→83/87
久本 三多　ひさもと・さんた　昭和21年3月～平成6年6月8日　葦書房社長　→94/96
久本 武志　ひさもと・たけし　昭和9年6月11日～平成10年9月11日　日本酸素常務　→97/99
久本 久次　ひさもと・ひさじ　～昭和57年9月30日
　岩見沢市議　→80/82
久本 翠　ひさもと・みどり　明治34年8月17日～平成2年1月12日　江戸川区会議員　→88/90
久本 礼三　ひさもと・れいぞう　明治33年4月16日～昭和63年11月21日　キッコーマン監査役　→88/90

久森 忠男　ひさもり・ただお　～昭和43年6月23日
広島球団常務　→昭和

久森 英洋　ひさもり・ひでひろ　～平成5年9月15日
ユニコン・ジャパン専務　→91/93

久山 泰三　ひさやま・たいぞう　～平成13年11月30日
チッソ専務　→00/02

久山 秀雄　ひさやま・ひでお　～昭和46年8月23日
国民協会事務局長　→昭和

土方 伊勢次　ひじかた・いせじ　～平成4年4月5日
石原産業取締役　→91/93

土方 一男　ひじかた・かずお　～昭和57年4月4日
福岡県旧朝倉郡金川村村長　→80/82

土方 雄志　ひじかた・かつゆき　安政3年8月～昭和6年4月24日　貴院議員(子爵)　→昭和(ひじかた・ゆうし)

土方 敬太　ひじかた・けいた　大正9年9月9日～平成4年12月28日　日ソ協会副会長　→91/93

土方 三郎　ひじかた・さぶろう　大正3年8月16日～平成14年9月19日　日東電工社長　→00/02

土方 鹿之助　ひじかた・しかのすけ　～昭和59年4月5日
日本電気常務　→83/87

土方 大弐　ひじかた・だいに　大正6年2月26日～平成6年2月28日　三重交通社長,近畿日本鉄道専務　→94/96

土方 武　ひじかた・たけし　大正4年3月18日～平成20年10月15日　住友化学工業社長,日本たばこ産業会長　→06/08

土方 佑　ひじかた・たすく　昭和10年3月7日～平成4年5月17日　土方歳三資料館館長,明産取締役　→91/93

土方 久徴　ひじかた・ひさあきら　明治3年9月14日～昭和17年8月25日　銀行家　日本銀行総裁,貴院議員(勅選)　→昭和

土方 秀俊　ひじかた・ひでとし　大正4年1月26日～平成7年1月19日　日本銀行検査部長,農林中央金庫理事　→94/96

土方 整　ひじかた・ひとし　昭和4年9月1日～平成20年7月1日　昭和シェル石油取締役　→06/08

土方 洋一　ひじかた・よういち　～昭和48年1月25日
東京都議　→昭和

土方 義之　ひじかた・よしゆき　大正9年1月24日～平成6年10月19日　竹中工務店常務　→94/96

土方 了峻　ひじかた・りょうしゅん　～平成10年1月2日
僧侶　正覚寺住職,浄土宗総本山知恩院顧問,京都府仏教連合会理事　→97/99

菱刈 隆　ひしかり・たか　明治4年11月16日～昭和27年7月31日　陸軍大将　→昭和(ひしかり・たかし)

菱川 進　ひしかわ・すすむ　昭和12年10月23日～平成12年8月21日　タムロン会長　→00/02

菱川 兵次郎　ひしかわ・ひょうじろう　～昭和55年6月9日　高砂市長　→80/82

菱川 万三郎　ひしかわ・まんざぶろう　明治21年9月1日～昭和48年1月13日　海軍中将　東京帝大教授　→昭和

菱木 照栄　ひしき・しょうえい　～平成5年8月13日
僧侶　大本山成田山名古屋別院大聖寺主監　→91/93

比志島 義輝　ひじしま・よしてる　弘化4年9月3日～昭和2年3月14日　陸軍中将　→昭和

菱田 一雄　ひしだ・かずお　大正15年11月24日～平成23年8月1日　菱田環境計画事務所所長,東京都環境保全局大気監視課長　→09/11

菱田 清嗣　ひしだ・きよつぐ　大正6年10月30日～平成8年8月2日　日本ガイシ専務　→94/96

菱田 茂　ひしだ・しげる　大正12年2月15日～平成17年1月29日　日本精鉱会長　→03/05

菱田 忠雄　ひしだ・ただお　大正4年9月10日～平成3年1月1日　日本金属工業常務　→91/93

菱田 正　ひしだ・ただし　大正3年10月3日～昭和61年3月24日　帝人製機常務,日本真空協会事務局長　→83/87

菱田 俊夫　ひしだ・としお　昭和56年10月18日
合資会社菱田屋代表社員,東海優良仏壇振興会会長　→80/82

菱田 稔　ひしだ・みのる　明治43年1月9日～平成4年4月24日　京都府議　→91/93

菱田 義尚　ひしだ・よしひさ　明治35年6月28日～平成3年2月21日　全国厚生農業協同組合連合会会長,岐阜県厚生農業協同組合連合会長　→91/93

菱沼 勇　ひしぬま・いさむ　明治31年7月17日～平成1年12月11日　商工省貿易局長官,海外貿易振興会(のち日本貿易振興会)副理事長　→88/90

菱沼 従尹　ひしぬま・しげかず　大正4年3月11日～平成7年11月9日　第百生命保険専務　→94/96

菱沼 恒浩　ひしぬま・つねひろ　昭和7年7月4日～平成2年6月16日　八百半デパート副会長　→88/90

菱沼 春雄　ひしぬま・はるお　大正12年4月17日～平成19年10月8日　東京証券取引所専務理事,日本証券決済社長　→06/08

菱野 貞次　ひしの・ていじ　明治31年6月13日～昭和15年4月17日　社会運動家　→昭和

菱谷 昭勇　ひしや・あきお　昭和3年1月17日～平成1年11月17日　横浜ステーションビル副社長,鉄道弘済会理事,千葉鉄道管理局長　→88/90

菱谷 清　ひしや・きよし　大正11年3月17日～平成8年1月31日　大洋漁業(のちマルハ)専務　→94/96

土屋 謙二　ひじや・けんじ　明治41年9月22日～平成17年11月7日　日本スピンドル製造専務　→03/05

菱山 芳造　ひしやま・よしぞう　～昭和61年5月8日
九州電力常務,電気ビル社長　→83/87

日詰 忍　ひずめ・しのぶ　～平成6年1月2日
広島県原水爆被害者団体協議会理事　→94/96

樋詰 誠明　ひずめ・のぶあき　大正2年11月19日～平成8年6月22日　中小企業庁長官,関西経済同友会代表幹事,大丸副社長　→94/96

日詰 豊作　ひづめ・ほうさく　大正9年2月25日〜昭和57年1月30日　自民党札幌連合会支部選対委員長, 元札幌市議, 日詰工業会長　→80/82

肥田 景之　ひだ・かげゆき　嘉永3年2月〜昭和7年4月　衆院議員（中央倶楽部）, 大東鉱業社長　→昭和

肥田 璋三郎　ひだ・しょうざぶろう　昭和8年4月5日〜平成22年9月24日　岡山県議（自民党）　→09/11

肥田 次郎　ひだ・じろう　明治39年9月〜昭和49年5月10日　衆院議員（社会党）　→昭和

日田 大三　ひた・だいぞう　〜昭和45年12月18日　出光興産常務　→昭和

肥田 琢司　ひだ・たくし　明治22年2月〜昭和38年5月6日　衆院議員（無所属倶楽部）　→昭和（ひだ・たくじ）

比田 正　ひだ・ただし　明治44年8月31日〜平成9年9月6日　日本テトラポッド（のちテトラ）社長, 運輸省港湾局長　→97/99

肥田 務　ひだ・つとむ　大正5年10月11日〜平成4年3月19日　日書連副会長, 金興堂社長, 熊本県書店商業組合理事長　→91/93

樋田 富治郎　ひだ・とみじろう　大正12年8月3日〜平成22年5月13日　長野原町（群馬県）町長　→09/11

肥田 実　ひだ・みのる　大正12年12月16日〜平成23年6月23日　新下田ドック社長　→09/11

日高 市蔵　ひだか・いちぞう　〜昭和56年9月4日　宮崎マツダ販売会長, 宮崎商工会議所副会頭　→80/82

日高 乙彦　ひだか・おとひこ　昭和7年4月3日〜平成8年6月27日　名古屋家裁部総括判事　→94/96

日高 一夫　ひだか・かずお　〜平成5年7月12日　ミネベア副社長　→91/93

日高 謹爾　ひだか・きんじ　明治10年3月9日〜昭和3年1月16日　海軍少将　→昭和

日高 邦雄　ひだか・くにお　大正9年2月25日〜平成7年3月12日　第一勧業銀行常務, 日比谷ビルディング社長　→94/96

日高 堅次郎　ひだか・けんじろう　〜平成5年2月26日　防衛庁技術研究本部開発官　→91/93

日高 健三　ひだか・けんぞう　大正14年8月3日〜平成1年7月16日　石原建設取締役　→88/90

日高 純一　ひだか・じゅんいち　昭和2年4月27日〜平成23年11月28日　宮崎県議（自民党）　→09/11

日高 準之介　ひだか・じゅんのすけ　大正5年1月29日〜平成12年3月20日　住友商事副社長, 石油資源開発社長　→00/02

日高 信六郎　ひだか・しんろくろう　明治26年4月10日〜昭和51年6月18日　外交官, 登山家　駐イタリア大使　→昭和

日高 清磨瑳　ひだか・せいまさ　〜昭和56年3月9日　宮崎日日新聞社社長　→80/82

日高 壮之丞　ひだか・そうのじょう　嘉永1年3月23日〜昭和7年7月24日　海軍大将, 男爵　→昭和（ひたか・そうのじょう）

日高 壮平　ひだか・そうへい　昭和16年3月6日〜平成16年7月28日　金融情報システムセンター理事長, 国税庁長官　→03/05

日高 巧　ひだか・たくみ　〜平成10年7月5日　三越常務　→97/99

日高 毅　ひだか・たけし　〜昭和55年7月17日　日産化学工業専務　→80/82

日高 為朝　ひだか・ためとも　〜昭和57年12月18日　大広商事社長, 元早大野球部マネジャー　→80/82

日高 近志　ひだか・ちかし　昭和2年10月29日〜平成19年12月28日　宮崎日日新聞専務　→06/08

日高 艶子　ひだか・つやこ　〜昭和47年6月30日　日高パーティー主宰者　→昭和

日高 輝　ひだか・てる　明治38年2月22日〜昭和62年9月25日　山一証券社長, 国際電信電話会長　→83/87

日高 敏夫　ひだか・としお　大正7年5月30日〜平成3年8月25日　弁護士　札幌高裁長官　→91/93

日高 敏彦　ひだか・としひこ　昭和19年〜昭和51年9月　日本赤軍活動家　→昭和

日高 友衛　ひだか・ともえ　明治32年7月20日〜昭和61年3月5日　塩水港精糖常務, 日曹信監査役　→83/87

日高 信子　ひだか・のぶこ　〜平成9年8月1日　夕張保険金放火殺人事件　→97/99

日高 広為　ひだか・ひろため　大正8年7月〜平成3年1月1日　参院議員（自民党）　→91/93

日高 文雄　ひだか・ふみお　大正8年〜平成18年8月8日　宮崎マツダ販売社長, 全国軽自動車協会連合副会長　→06/08

日高 政輝　ひだか・まさてる　〜平成2年8月26日　東北肥料（のちコープケミカル）専務　→88/90

日高 侯　ひだか・まさる　大正15年8月3日〜平成20年12月3日　宮崎銀行専務　→06/08

日高 護　ひだか・まもる　〜平成5年8月30日　警視庁能率管理課長　→91/93

日高 道博　ひだか・みちひろ　〜平成16年3月5日　東京都議（社会党）　→03/05

日高 悌　ひだか・やすし　〜昭和55年3月17日　芝川製紙社長　→80/82

日高 安政　ひだか・やすまさ　〜平成9年8月1日　日高工業社長　夕張保険金放火殺人事件死刑囚　→97/99

日高 泰由　ひだか・やすよし　〜昭和56年10月3日　松久企画専務　→80/82

日高 要次郎　ひだか・ようじろう　〜昭和46年12月26日　大審院部長判事　→昭和

日高 よし　ひだか・よし　〜平成2年3月3日　院内保育園園長　→88/90

日高 啓夫　ひだか・よしお　明治36年5月10日〜平成8年

5月1日　愛知県会副議長, 愛知県農業会議会長　→94/96

日高 美成　ひだか・よしなり　大正15年11月10日～平成6年9月3日　鹿児島県議(自民党)　→94/96

日高 良介　ひだか・りょうすけ　大正11年2月14日～平成4年11月25日　日本石油精製常務　→91/93

日高 令子　ひだか・れいこ　昭和15年8月9日～平成17年12月12日　北海道議(共産党)　→03/05

日高 礼四郎　ひだか・れいしろう　大正11年11月20日～平成11年12月28日　住友林業副社長　→00/02s

肥田木 克亮　ひだき・かつりょう　昭和4年12月31日～平成17年4月21日　康正産業社長　→03/87

常陸 壮吉　ひたち・そうきち　～昭和57年1月13日　東京都副知事　→80/82

常陸 昌晃　ひたち・まさあき　～昭和60年8月1日　極東警備保障常務, 八王子市助役　→83/87

日谷 周暎　ひたに・しゅうえい　大正7年～平成12年2月22日　僧侶　浄土真宗本願寺派宗会議員, 徳照寺(浄土宗本願寺派)住職　→00/02

櫃間 大　ひつま・ひろし　～平成6年3月27日　DAIコーポレーション社長　→94/96

秀島 敏　ひでしま・さとし　大正10年4月25日～平成11年10月28日　共和電業社長　→97/99

秀島 七三郎　ひでしま・しちさぶろう　～昭和42年10月5日　サンフランシスコ日米会長　→昭和

秀島 司馬三郎　ひでしま・しばさぶろう　～昭和56年4月5日　日中輸出入組合専務理事　→80/82

秀島 侃　ひでしま・ただし　大正4年4月1日～昭和58年2月3日　日東紡績専務　→83/87

秀島 正　ひでしま・ただし　大正4年3月1日～昭和63年9月27日　同和鉱業常務　→88/90

秀嶋 弘行　ひでしま・ひろゆき　大正12年3月14日～平成23年11月13日　RKB毎日放送副社長　→09/11

秀島 行雄　ひでしま・ゆきお　大正13年2月11日～平成7年8月23日　ブリヂストン専務　→94/96

秀島 義人　ひでしま・よしと　～昭和58年12月24日　三菱日本重工(のち三菱重工)専務　→83/87

秀瀬 日吉　ひでせ・ひよし　明治31年10月4日～昭和59年10月13日　郡山市長　→83/87

秀村 範一　ひでむら・はんいち　明治41年6月25日～平成4年10月20日　福岡銀行常務　→91/93

肥土 善六郎　ひど・ぜんろくろう　明治44年3月3日～平成2年6月18日　片倉チッカリン常務　→88/90

尾藤 昌平　びとう・しょうへい　昭和6年4月1日～平成18年12月24日　和歌山銀行社長　→06/08

尾藤 てる　びとう・てる　～平成20年3月27日　奥美濃の国道沿いに桜を植え続けた　→06/08

尾藤 操　びとう・みさお　大正1年9月8日～昭和60年10月16日　なずな学園(小規模授産施設)園長　→83/87

一言 善二郎　ひとこと・ぜんじろう　大正12年6月2日～平成23年10月6日　丸藤一言商店社長, 藤枝商工会議所会頭　→09/11

一杉 彰　ひとすぎ・あきら　～昭和62年5月13日　明通取締役　→83/87

一松 定吉　ひとつまつ・さだよし　明治8年3月18日～昭和48年6月8日　政治家, 司法官, 弁護士　衆院議員, 参院議員　→昭和

一松 隆明　ひとつまつ・たかあき　～昭和55年3月7日　クラレ取締役, 大阪合成品社長　→80/82

一松 政二　ひとつまつ・まさじ　明治26年9月～昭和49年3月15日　参院議員(自民党), 東京油脂社長　→昭和(ひとつまつ・せいじ)

一柳 喜一郎　ひとつやなぎ・きいちろう　～昭和58年2月15日　第一銀行取締役, 昭和石油常務　→83/87

一柳 恵俊　ひとつやなぎ・けいしゅん　～昭和25年8月25日　大僧正　→昭和

一柳 貞吉　ひとつやなぎ・さだきち　～昭和16年11月4日　王子製紙重役　→昭和

一柳 末幸　ひとつやなぎ・すえゆき　大正7年5月13日～平成20年12月2日　日本火災海上保険常務　→06/08

一柳 満喜子　ひとつやなぎ・まきこ　明治17年3月18日～昭和44年9月7日　近江兄弟社学園創立者, 近江兄弟会会長　→昭和(一柳 真喜子)

一松 寿　ひとまつ・ひさし　大正13年1月21日～平成7年1月14日　東京油脂工業社長, 日本こめ油工業組合副野事長　→94/96

人見 繁治　ひとみ・しげじ　～昭和63年4月16日　大恵ビル社長　→88/90

人見 捨蔵　ひとみ・すてぞう　明治34年9月28日～平成3年5月29日　東京都交通局長, 東京電力取締役　→91/93

人見 誠治　ひとみ・せいじ　明治31年1月12日～昭和53年1月16日　秋田魁新報社会長　→昭和

人見 孝　ひとみ・たかし　明治44年6月10日～平成3年11月18日　日本合成アルコール社長, 通商産業省官房審議官, 経済企画庁審議官　→91/93

人見 定次郎　ひとみ・ていじろう　～昭和61年5月31日　第九実栄証券(のち東京第二実栄証券)社長　→83/87

人見 亨　ひとみ・とおる　明治42年4月1日～昭和34年3月1日　社会運動家　→昭和

人見 利夫　ひとみ・としお　昭和6年9月15日～平成17年1月10日　弁護士　日本弁護士連合会副会長, 広島弁護士会会長　→03/05

人見 英郎　ひとみ・ひでお　大正15年1月22日～平成8年8月21日　ホテル鬼怒川御苑社長, 栃木県議(自民党)　→94/96

人見 宏　ひとみ・ひろし　大正5年1月20日～平成5年6月28日　駐タイ大使　→91/93

人見 冨士夫　ひとみ・ふじお　明治44年10月27日～昭和63年10月31日　田中組代表取締役会長　→88/90

人見 牧太　ひとみ・まきた　～昭和63年1月2日　関西電力常任監査役　→88/90

人見 与一　ひとみ・よいち　〜昭和29年1月19日
　陸軍中将　→昭和

人見 霊豊　ひとみ・れいほう　〜昭和61年1月14日
　高野山本山布教師医王山東寺第54世住職　→83/87

比内 竹太郎　ひない・たけたろう　明治35年2月13日〜昭和57年12月15日　北酒販会長，北海道卸売酒販組合顧問　→80/82

日向 精蔵　ひなた・せいぞう　明治44年10月19日〜平成18年5月14日　駐スウェーデン大使　→06/08

日向 俊昌　ひなた・としまさ　大正6年1月26日〜昭和58年1月5日　北海道信用漁業協同組合連合会専務理事，水産北海道協会代表取締役社長　→83/87

日向 睦夫　ひなた・むつお　昭和10年1月23日〜平成10年10月24日　ヘキスト合成副社長，日本合成化学工業取締役　→97/99

日向 美幸　ひなた・よしゆき　大正6年8月25日〜平成5年4月14日　東京都教育長　→91/93

日根野 要吉郎　ひねの・ようきちろう　嘉永5年12月15日〜昭和7年5月28日　宮中顧問官　→昭和

日野 市朗　ひの・いちろう　昭和9年2月17日〜平成15年7月6日　弁護士，衆議院議員（民主党），郵政相　→03/05

日野 和喜　ひの・かずよし　〜平成8年10月29日
　東京日の丸社長，日本遊技関連事業協会会長　→94/96

日野 勝次郎　ひの・かつじろう　明治39年6月10日〜平成7年5月7日　河北新報副会長　→94/96

日野 喜一郎　ひの・きいちろう　大正10年3月18日〜平成4年6月3日　森永乳業取締役　→91/93

日野 久三郎　ひの・きゅうざぶろう　大正9年5月2日〜平成17年8月7日　弁護士　→03/05

日野 恭一郎　ひの・きょういちろう　大正13年1月3日〜平成21年3月9日　古川商工会議所会頭　→09/11

日野 国朗　ひの・くにあき　慶応1年12月〜昭和32年12月8日　弁護士　衆議院議員（立憲国民党）　→昭和

日野 熊雄　ひの・くまお　〜昭和57年6月12日
　日本化薬取締役　→80/82

日野 熊蔵　ひの・くまぞう　明治11年6月9日〜昭和21年1月15日　陸軍人　航空先覚者　→昭和

日野 貞夫　ひの・さだお　明治41年3月30日〜平成10年7月21日　ミツバ創業者　→97/99

日野 西徳宝　ひの・せいとくほう　〜昭和42年4月2日
　尼僧法団副総裁　→昭和

樋野 忠樹　ひの・ただき　〜昭和38年11月29日
　海上保安庁警備救難監　→昭和

日野 哲男　ひの・てつお　大正6年11月17日〜平成4年8月13日　オーツタイヤ専務　→91/93

日野 光男　ひの・てるお　昭和10年1月7日〜平成14年10月19日　神鋼興産常務　→00/02

日野 徳寿　ひの・とくじゅ　〜昭和62年4月14日
　栗駒町（宮城県）町長，宮城県議　→83/87

日野 紀典　ひの・のりすけ　大正7年2月11日〜平成2年1月1日　全国民営肢体不自由児施設連絡協議会会長，(福)ユーカリ学園理事　→88/90

日野 博三　ひの・ひろぞう　〜昭和63年2月8日
　三井船舶監査役　→88/90

樋野 正二　ひの・まさじ　大正2年1月18日〜平成5年6月25日　松下電器産業副社長　→91/93

日野 正信　ひの・まさのぶ　大正15年3月18日〜平成13年11月10日　塩野義製薬専務　→00/02

日野 実喜男　ひの・みきお　大正8年〜平成6年11月26日
　日本酸素専務　→94/96

日野 光雄　ひの・みつお　明治34年3月3日〜昭和61年6月11日　大和運輸（のちヤマト運輸）副社長　→83/87

日野 三之　ひの・みつゆき　大正8年5月1日〜平成15年12月4日　日本テトラポッド常務　→03/05

日野 豊　ひの・ゆたか　明治42年12月3日〜平成11年3月7日　全国地域婦人団体連絡協議会会長　→97/99

日野 吉夫　ひの・よしお　明治34年11月10日〜昭和53年5月27日　社会運動家，政治家　衆院議員，社会党副委員長　→昭和

日野 芳夫　ひの・よしお　〜昭和61年2月26日
　前原南校区青少年育成指導員会会長　→83/87

日小田 正би　ひのおだ・まさかず　昭和2年2月9日〜平成6年3月22日　豊和銀行頭取　→94/96

桧 常太郎　ひのき・つねたろう　明治42年〜平成14年10月30日　桧書店会長　→00/02

樋下 一郎　ひのした・いちろう　大正10年6月12日〜平成19年4月12日　東京放送常務　→06/08

日谷 宇市　ひのたに・ういち　〜昭和6年4月25日
　弁護士，大阪市会議員　→昭和

日出 菊朗　ひので・きくお　大正9年3月〜平成18年2月9日　警察庁首席監察官，高知県警本部長，岐阜県警本部長　→06/08

日野西 義輝　ひのにし・よしてる　〜昭和58年6月15日
　日立ランプ常務　→83/87

日野原 善輔　ひのはら・ぜんすけ　明治10年3月12日〜昭和33年6月21日　牧師　→昭和

日野原 保　ひのはら・たもつ　明治41年5月2日〜平成11年11月20日　京浜急行電鉄副社長　→97/99

日原 寅雄　ひのはら・とらお　明治35年7月18日〜平成4年5月31日　大阪製糖（のち三井製糖）社長　→91/93

日野水 次郎　ひのみず・じろう　大正4年2月11日〜平成9年12月26日　三井製糖常務　→97/99

日原 正雄　ひはら・まさお　大正5年10月30日〜平成13年4月15日　警察庁刑事局長　→00/02

日比 翁助　ひび・おうすけ　万延1年6月26日〜昭和6年2月22日　実業家　三越呉服店会長　→昭和

日比 寛道　ひび・かんどう　明治44年11月3日〜平成9年3月26日　豊島区長　→97/99

日比 敬介　ひび・けいすけ　昭和5年1月10日〜平成12年

2月14日　博多大丸常務　→00/02

日比 憲一　ひび・けんいち　明治37年5月6日～昭和58年10月15日　アルナ工機会長, 元阪急電鉄取締役　→83/87

日比 重忠　ひび・しげただ　大正11年7月6日～平成6年2月15日　四日市倉庫 (のち日本トランスシティ) 常務　→94/96

日比 甚太郎　ひび・じんたろう　～昭和56年1月15日　日本バインド電線工業社長　→80/82

日比 辰三郎　ひび・たつさぶろう　～昭和55年8月3日　日章機械社長　→80/82

日比 文雄　ひび・ふみお　～昭和31年12月25日　大阪建物社長　→昭和

日比 康夫　ひび・やすお　昭和6年8月15日～平成3年3月23日　モンサント化成常務, 三菱モンサント化成 (のち三菱化成ポリテック) 取締役　→91/93

日比 安平　ひび・やすへい　～昭和58年11月1日　大林組取締役　→83/87

日比 義平　ひび・よしへい　明治42年1月5日～昭和63年3月14日　三岐鉄道会長　→88/90

日比野 一雄　ひびの・かずお　明治45年3月30日～昭和60年10月9日　中部熱錬研究所会長　→83/87

日比野 勝広　ひびの・かつひろ　～平成21年7月29日　沖縄戦に従軍し, 糸数壕で九死に一生を得た日本兵　→09/11

日比野 久和司　ひびの・くわじ　明治45年2月14日～平成1年6月8日　熊本国税局長　→88/90

日比野 健児　ひびの・けんじ　大正4年12月10日～昭和61年11月27日　不二企業取締役, 農林省九州農政局長　→83/87

日比野 七郎　ひびの・しちろう　明治41年3月9日～平成9年4月17日　東京都副知事, 東京都収用委員会会長　→97/99

日比野 襄　ひびの・じょう　～昭和45年12月20日　中央相互銀行相談役　→昭和

日比野 志朗　ひびの・しろう　大正3年12月1日～平成3年11月26日　不動建設取締役　→91/93

日比野 清一　ひびの・せいいち　～昭和61年7月24日　日比清会長　→83/87

日比野 惣次郎　ひびの・そうじろう　昭和62年1月5日　瀬戸市固定資産評価審査委員長, 瀬戸市社会福祉協議会会長　→83/87

日比野 恒次　ひびの・つねじ　明治36年7月11日～平成1年2月21日　電通社長　→88/90

日比野 哲二　ひびの・てつぞう　大正11年11月30日～平成4年11月16日　ニチメン会長　→91/93

日比野 利光　ひびの・としみつ　大正15年9月15日～平成8年10月20日　朝日メインテナンス工業会長, 中部ユニー社長　→94/96

日比野 民平　ひびの・みんぺい　明治25年11月～昭和9年9月3日　衆院議員 (民主党)　→昭和 (ひびの・たみへ

い)

日比野 元治　ひびの・もとじ　昭和2年8月20日～平成22年4月3日　戸田建設専務　→09/11

日比野 元義　ひびの・もとよし　昭和8年～昭和62年9月1日　山村硝子取締役東京支店長　→83/87

日比野 安　ひびの・やすし　大正5年10月11日～平成6年1月24日　日本郵船取締役　→94/96

日比野 寛　ひびの・ゆたか　慶応2年11月3日～昭和25年4月2日　衆議院議員 (憲政会)　マラソン王　→昭和 (ひびの・ひろし)

日比谷 三郎　ひびや・さぶろう　明治40年2月19日～昭和62年10月23日　日清紡績常務取締役, 東邦レーヨン専務取締役　→83/87

日比谷 平左衛門　ひびや・へいざえもん　～昭和52年11月11日　実業家　富士紡績会長, 東京繊維商品取引所理事長　→昭和

氷見 浅次郎　ひみ・あさじろう　～昭和62年5月18日　元・富山市中央農協理事　→83/87

氷見 松男　ひみ・まつお　～昭和56年12月8日　新興産業社長, 元江東区議会議長　→80/82

氷室 捷爾　ひむろ・しょうじ　明治38年11月22日～昭和63年9月11日　三井不動産相談役・元副社長　→88/90

氷室 紳三郎　ひむろ・しんざぶろう　大正8年11月2日～昭和59年4月7日　大成建設副社長　→83/87

氷室 民雄　ひむろ・たみお　昭和3年9月19日～平成13年1月2日　合同製鉄専務　→00/02

姫井 伊介　ひめい・いすけ　明治14年4月15日～昭和38年4月1日　参院議員 (社会党), 小野田市長　→昭和

姫井 良二　ひめい・りょうじ　大正14年8月19日～平成1年6月22日　岡山放送監査役　→88/90

姫嶋 紀久雄　ひめじま・きくお　昭和8年2月11日～昭和60年5月8日　日本航空電子工業取締役　→83/87

姫田 市松　ひめだ・いちまつ　～昭和55年4月2日　神栄石野証券相談役, 元姫田証券社長　→80/82

姫野 有義　ひめの・ありよし　大正13年1月16日～平成16年10月10日　大分銀行常務　→03/05

姫野 正　ひめの・ただし　大正1年8月23日～平成20年7月21日　姫野組社長, 徳島県建設業協会会長, 徳島県中小企業団体中央会会長　→06/08

姫野 政一　ひめの・まさいち　～昭和58年1月24日　西陣織工業組合副理事長　→83/87

姫野 雅義　ひめの・まさよし　～平成22年10月7日　司法書士　吉野川みんなの会代理事, 吉野川みんなの会代理事　→09/11

姫野 ゆき　ひめの・ゆき　大正5年2月14日～昭和56年4月13日　実業家　姫野精工所会長, 富山県婦人会会長, 全国地域婦人団体連絡協議会副会長　→80/82

姫野 良平　ひめの・りょうへい　大正6年～昭和57年5月7日　アドバンス大分会長　→80/82

姫本 敏雄　ひめもと・としお　大正14年3月29日～平成2

樋本 英夫　ひもと・ひでお　〜昭和55年5月26日
湯浅電池専務　→80/82

日森 隆泰　ひもり・たかやす　昭和5年11月5日〜平成9年4月30日　日比谷総合設備常務　→97/99

檜森 三男　ひもり・みつお　大正9年4月16日〜平成14年11月23日　札幌銀行専務　→00/02（桧森 三男）

肥谷 英男　ひや・ひでお　明治40年7月27日〜平成3年2月21日　東邦亜鉛社長、北洋水産（のちホウスイ）社長、伊藤忠商事常務　→91/93

百束 恭一　ひゃくそく・きょういち　大正11年5月5日〜平成3年8月30日　フジタ専務　→91/93

百武 源吾　ひゃくたけ・げんご　明治15年1月28日〜昭和51年1月15日　海軍大将　九州帝大総長　→昭和

百武 三郎　ひゃくたけ・さぶろう　明治5年4月28日〜昭和38年10月30日　海軍大将　侍従長、枢密顧問官　→昭和

百野 真一　ひゃくの・しんいち　昭和5年1月16日〜平成23年5月8日　宮崎トヨペット社長　→09/11

百野 恒四郎　びゃくの・つねしろう　大正14年5月25日〜昭和59年8月10日　住友商事専務　→83/87

白蓮社 瑞宏　びゃくれんしゃ・ずいこう　〜昭和6年1月29日　京都鹿ケ谷法然院住職　→昭和

桧山 高正　ひやま・たかまさ　〜昭和58年11月8日　福島県農協五連副会長　→83/87

桧山 豊彦　ひやま・とよひこ　明治39年11月21日〜昭和62年2月6日　東興商事会長　→83/87

樋山 寿　ひやま・ひさし　〜昭和63年1月11日　広島ネームプレート工業専務　→88/90

桧山 広　ひやま・ひろ　明治42年12月18日〜平成12年12月25日　丸紅会長　→00/02

檜山 実　ひやま・みのる　明治40年6月1日〜昭和57年12月18日　大日本製薬専務　→80/82

檜山 康夫　ひやま・やすお　大正13年9月18日〜平成2年5月11日　中電化工専務　→88/90

日向 和之　ひゅうが・かずゆき　昭和6年9月10日〜平成2年2月9日　新潟鉄工所専務　→88/90

日向 敏雄　ひゅうが・としお　〜昭和57年1月3日　住友金属工業顧問・前専務、住金埠頭会長　→80/82

日向 信治　ひゅうが・のぶじ　〜昭和57年7月9日　滋賀県警本部長、大阪総合警備社長　→80/82

日向 方斉　ひゅうが・ほうさい　明治39年2月24日〜平成5年2月16日　住友金属工業名誉会長、関西経済連合会名誉会長　→91/93

日向 利兵衛　ひゅうが・りへえ　〜昭和14年9月9日　東洋海上火災保険取締役　→昭和

兵藤 嘉門　ひょうどう・かもん　明治31年11月28日〜昭和60年5月2日　藤倉電線社長　→83/87

兵藤 賢二　ひょうどう・けんじ　大正15年2月22日〜平成14年6月25日　国際放映社長　→00/02

兵頭 進　ひょうどう・すすむ　昭和7年12月5日〜平成13年6月25日　弁護士　兵頭法律事務所所長　→00/02

俵藤 丈夫　ひょうどう・たけお　明治26年8月3日〜昭和39年5月21日　東宝舞台社長、東宝取締役　→昭和

兵藤 忠一　ひょうどう・ただいち　〜昭和63年9月19日　トヨタ家庭用機器中部販売相談役、日本住建会長　→88/90

兵頭 精　ひょうどう・ただし　明治32年(?)〜昭和55年4月23日　飛行家　日本の女性飛行家第1号　→80/82

兵頭 伝　ひょうどう・つたえ　大正13年10月23日〜平成20年11月13日　住友重機械工業副社長、日本人材マネジメント協会会長　→06/08

兵藤 鉄乗　ひょうどう・てつじょう　〜昭和43年12月13日　豪徳寺住職　→昭和

俵藤 照　ひょうどう・てる　〜昭和60年9月19日　佐賀錦織藤会会長、産経学園講師　→83/87

兵藤 英夫　ひょうどう・ひでお　大正4年10月22日〜平成7年9月26日　日本高周波鋼業常務　→94/96

平等 文成　びょうどう・ぶんせい　明治40年3月17日〜昭和45年12月12日　衆院議員（社会党）　→昭和（びょうどう・ふみなり）

兵頭 雅誉　ひょうどう・まさよ　安政5年1月〜昭和2年4月1日　陸軍中将　→昭和

日吉 恵蔵　ひよし・けいぞう　昭和11年10月1日〜平成21年12月10日　日本カーボン常務　→09/11

日吉 宗能　ひよし・しゅうのう　〜昭和63年12月12日　僧侶　瑞源寺（曹洞宗）25世中興東堂大和尚　→88/90

日吉 淳一　ひよし・じゅんいち　大正12年5月7日〜平成9年2月27日　東芝専務、東芝セラミックス社長　→97/99

日吉 テイ　ひよし・てい　〜昭和60年11月28日　世界平和協会副会長　→83/87

日吉 松仁　ひよし・まつじん　大正4年11月23日〜平成15年10月10日　ヒヨシ製作所創業者、大阪沖縄協会理事長、大阪沖縄県人会連合会名誉会長　→03/05

平井 昭好　ひらい・あきよし　昭和8年6月30日〜平成14年11月30日　関東自動車工業常務　→00/02

平井 章　ひらい・あきら　〜昭和45年8月2日　石川県知事、熊本県知事　→昭和

平井 栄一　ひらい・えいいち　〜昭和60年1月6日　日本車輌製造取締役　→83/87

平井 英二　ひらい・えいじ　〜昭和56年8月10日　松村組取締役　→80/82

平井 嘉一郎　ひらい・かいちろう　明治40年12月24日〜平成13年1月20日　ニチコン名誉会長　→00/02

平井 要　ひらい・かなめ　〜平成22年1月31日　薬害肝炎訴訟の原告　→09/11

平井 寛一郎　ひらい・かんいちろう　〜昭和53年1月23日　東北電力社長　→昭和

平井 喜久雄　ひらい・きくお　〜昭和46年1月27日　南満州鉄道副社長　→昭和

平井 喜八郎　ひらい・きはちろう　昭和2年10月20日～平成2年4月29日　日車エンジニアリング副社長, 日本車輌製造取締役　→88/90

平井 鏡太郎　ひらい・きょうたろう　昭和22年2月3日～平成21年12月14日　読売新聞東京本社事業局総務　→09/11

平井 熊蔵　ひらい・くまぞう　～昭和56年6月14日　初代筑後市商工会議所会頭　→80/82

平井 啓一　ひらい・けいいち　大正9年7月～昭和59年4月16日　防衛庁参事官, 東急観光顧問　→83/87

平井 顕一　ひらい・けんいち　大正14年2月10日～平成21年3月30日　平井工業社長　→09/11

平井 健吉　ひらい・けんきち　明治33年5月25日～平成5年9月11日　日本勧業銀行(のち第一勧業銀行)常務, 日本勧業証券(のち勧角証券)会長　→91/93

平井 玄恭　ひらい・げんきょう　大正8年1月2日～平成5年10月19日　僧侶　全生庵(臨済宗国泰寺派)住職　→91/93

平井 謙介　ひらい・けんすけ　大正13年12月4日～平成21年11月3日　九州商船社長　→09/11

平井 謙三　ひらい・けんぞう　大正15年7月21日～昭和60年9月20日　マツヤデンキ社長　→83/87

平井 健太　ひらい・けんた　明治34年10月7日～昭和56年12月17日　香川証券社長　→80/82

平井 興起　ひらい・こうき　～平成3年2月16日　北陸クレジットサービス社長　→91/93

平井 五郎　ひらい・ごろう　昭和15年9月28日～平成7年10月17日　鳥取県平和センター理事長　→94/96

平井 三郎　ひらい・さぶろう　大正12年11月7日～平成19年2月2日　広貫堂社長, 富山県薬業連合会名誉会長　→06/08

平井 滋二　ひらい・しげじ　大正5年5月26日～平成18年4月8日　四国電力社長　→06/08

平井 実造　ひらい・じつぞう　～昭和38年10月28日　東亜ペイント社長　→昭和

平井 舜郎　ひらい・しゅんろう　大正11年7月23日～平成5年11月28日　昭栄会長　→91/93

平井 昇一　ひらい・しょういち　昭和5年3月28日～平成4年5月22日　西日本システム建設常務　→91/93

平井 城一　ひらい・じょういち　大正11年12月15日～平成11年7月29日　香川県知事　→97/99

平井 正一郎　ひらい・しょういちろう　～昭和57年11月17日　日本生命保険元監査役　→80/82

平井 昌二　ひらい・しょうじ　～平成1年6月8日　平井工業会長　→88/90

平井 昭二　ひらい・しょうじ　～平成15年3月8日　家族亭専務　→03/05

平井 照二　ひらい・しょうじ　昭和5年10月23日～平成21年7月29日　ひら井社長, 全国料理業生活衛生同業組合連合会会長　→09/11

平井 昌蔵　ひらい・しょうぞう　～昭和63年4月7日　三原市長　→88/90

平井 二郎　ひらい・じろう　昭和8年3月19日～平成10年12月　弁護士, 弁理士　平井法律特許事務所長　→00/02s

平井 慎介　ひらい・しんすけ　昭和10年6月17日～平成9年6月14日　駐ナイジェリア大使　→97/99

平井 鮮一　ひらい・せんいち　明治43年12月15日～平成14年7月16日　サントリー常務　→00/02

平井 荘寿　ひらい・そうじゅ　～昭和59年7月5日　日本海エル・エヌ・ジー取締役業務部長, 元石油資源開発秋田鉱業所長　→83/87

平井 大助　ひらい・だいすけ　～昭和55年10月20日　ヒラ井電計機社長　→80/82

平井 卓　ひらい・たかし　大正12年6月17日～平成5年9月3日　月島食品工業相談役, 住友信託銀行取締役, 光洋精工専務　→91/93

平井 卓志　ひらい・たくし　昭和6年11月22日～平成21年7月16日　四国新聞社主, 西日本放送社長, 参院議員(自由党)　→09/11

平井 武臣　ひらい・たけおみ　大正5年10月28日～平成3年7月19日　不二家常務　→91/93

平井 環　ひらい・たまき　～昭和61年10月27日　新生電業相談役, 満鉄会理事, 日中善隣協会幹事　→83/87

平井 保　ひらい・たもつ　大正11年10月20日～平成8年9月14日　城北小野田レミコン会長, 八千代銀行取締役, 全国生コンクリート工業組合連合会会長　→94/96

平井 太朗　ひらい・たろう　明治38年6月30日～平成6年9月25日　西利会長, 京都商工会議所名誉議員　→94/96

平井 太郎　ひらい・たろう　明治38年7月17日～昭和48年12月4日　政治家, 実業家　参院議員(自民党), 郵政相, 四国新聞社長　→昭和

平井 勉　ひらい・つとむ　大正4年8月28日～平成2年4月5日　住友生命保険取締役　→88/90

平井 恒男　ひらい・つねお　～平成15年8月22日　日本通運常務　→03/05

平井 常次郎　ひらい・つねじろう　明治31年6月13日～平成1年11月12日　朝日放送社長　→88/90

平井 龍　ひらい・とおる　大正15年1月3日～平成20年2月17日　山口県知事　→06/08

平井 寿一　ひらい・としかず　～昭和56年4月25日　警察庁刑事局審議官　→80/82

平井 俊春　ひらい・としはる　～昭和62年10月15日　平井建設社長　→83/87

平井 利弘　ひらい・としひろ　大正12年1月5日～平成6年7月7日　大同酸素常務　→94/96

平井 富三郎　ひらい・とみさぶろう　明治39年12月13日～平成15年5月20日　新日本製鉄社長, 通産事務次官, 日本サッカー協会会長　→03/05

平井 儀男　ひらい・のりお　大正15年8月29日～平成10

年1月29日　御嵩町（岐阜県）町長　→97/99

平井 憲夫　ひらい・のりお　昭和13年～平成8年12月31日　原発被爆労働者救済センター代表　→94/96

平井 創　ひらい・はじむ　昭和13年1月24日～平成19年7月13日　王子製紙常務執行役員　→06/08

平井 始　ひらい・はじめ　～昭和56年2月26日　日本通信建設社長　→80/82

平井 初美　ひらい・はつみ　～平成5年1月8日　全国牛乳パックの再利用を考える連絡会（パック連）会長　→91/93

平井 春樹　ひらい・はるき　昭和7年3月27日～平成11年12月21日　岡山放送専務　→97/99

平井 久晴　ひらい・ひさはる　昭和14年6月24日～平成6年11月30日　英国クレイトス・グループ・ピーエルシー社長、島津製作所取締役　→94/96

平井 日出男　ひらい・ひでお　明治36年11月16日～平成3年11月30日　阪急百貨店副社長　→91/93

平井 広吉　ひらい・ひろきち　大正3年1月25日～平成16年3月19日　弁護士　静岡県弁護士会会長　→03/05

平井 宏　ひらい・ひろし　昭和6年11月21日～平成22年7月26日　日産ディーゼル販売常務　→09/11

平井 博也　ひらい・ひろや　昭和6年6月8日～平成2年3月21日　弁護士　日弁連副会長　→88/90

平井 文雄　ひらい・ふみお　～昭和57年11月4日　山陽新聞社常務・編集局長　→80/82

平井 平治　ひらい・へいじ　～昭和51年7月1日　帝国石油副社長　→昭和

平井 正夫　ひらい・まさお　明治34年～昭和57年1月18日　チタン工業社長　→80/82

平井 磨礎夫　ひらい・まさお　昭和7年5月16日～平成17年3月11日　日本エアシステム常務　→03/05

平井 正俊　ひらい・まさとし　大正6年3月27日～昭和62年6月23日　電気通信振興会理事長、郵政省東北電波監理局長　→83/87

平井 政之助　ひらい・まさのすけ　～昭和56年2月13日　住友生命常務　→80/82

平井 公喜　ひらい・まさのぶ　大正3年～平成8年10月27日　大阪製鎖造機常務　→94/96

平井 雅英　ひらい・まさひで　昭和11年11月27日～平成17年1月14日　ユニチカ社長　→03/05

平井 松美　ひらい・まつみ　昭和8年1月28日～平成17年12月10日　香川銀行常務　→03/05

平井 学　ひらい・まなぶ　大正4年8月5日～平成22年10月11日　建設省官房長　→09/11

平井 幹雄　ひらい・みきお　昭和6年1月7日～平成19年7月11日　肥後銀行常務　→06/08

平井 弥之助　ひらい・やのすけ　明治35年5月16日～昭和61年2月21日　東北電力副社長　→83/87

平井 幸義　ひらい・ゆきよし　大正7年1月7日～昭和62年4月2日　全国食肉環境衛生同業組合連合会会長　→83/87

平井 義男　ひらい・よしお　昭和11年3月4日～平成19年4月23日　逗子市長　→06/08

平井 義雄　ひらい・よしお　明治31年9月20日～昭和58年9月8日　寝屋川市長　→83/87

平井 好一　ひらい・よしかず　～平成3年4月29日　関西汽船社長　→91/93

平井 美人　ひらい・よしと　明治24年8月8日～昭和47年5月24日　社会運動家　→昭和

平井 令法　ひらい・りょうぶ　昭和6年1月9日～平成11年10月22日　仙台地検検事正　→97/99

平石 金次郎　ひらいし・きんじろう　明治43年2月27日～平成13年11月14日　岩塚製菓創業者、越路町（新潟県）町長　→00/02

平石 重信　ひらいし・しげのぶ　～平成1年3月11日　磯部町（三重県）町長　→88/90

平石 正一　ひらいし・しょういち　大正2年9月10日～平成6年3月30日　日本金属専務　→94/96

平石 尚　ひらいし・ひさし　大正14年4月17日～平成7年12月29日　中部自転車競技会会長　→94/96

平石 秀寿　ひらいし・ひでとし　明治41年12月5日～昭和59年7月19日　大成建設取締役　→83/87

平石 文雄　ひらいし・ふみお　明治45年7月20日～昭和63年2月11日　大蔵省印刷局研究所長、東京工芸大学教授　→88/90

平石 磨作太郎　ひらいし・まさたろう　大正10年10月9日～平成4年12月23日　衆院議員（公明党）　→91/93

平石 益明　ひらいし・ますあき　昭和9年10月19日～平成1年8月3日　トキコ取締役　→88/90

平石 益蔵　ひらいし・ますぞう　昭和8年1月14日～平成16年7月18日　ナショナル住宅産業監査役　→83/87

平泉 貞吉　ひらいずみ・ていきち　～昭和57年9月30日　高砂香料工業会長、日本香料協会会長　→80/82

平泉 三枝子　ひらいずみ・みえこ　昭和6年11月21日～平成10年6月11日　鹿島平和研究所常務理事　→97/99

平出 彬　ひらいで・あきら　明治43年5月20日～平成2年11月21日　国鉄常務理事　→88/90

平出 貞三　ひらいで・ていぞう　～昭和55年5月17日　電気庁長官　→80/82

平出 徳次　ひらいで・のりつぐ　～平成6年1月15日　双信電機取締役　→94/96

平出 禾　ひらいで・ひいず　明治39年10月17日～昭和55年7月21日　弁護士　東北学院大学教授、最高検察庁公判部長　→80/82

平出 英夫　ひらいで・ひでお　明治29年2月9日～昭和23年12月15日　海軍少将　→昭和

平岩 外四　ひらいわ・がいし　大正3年8月31日～平成19年5月22日　東京電力社長、日本経団連名誉会長　→06/08

平岩 国蔵　ひらいわ・くにぞう　明治44年8月19日～昭和63年10月11日　平和製パン社長　→88/90

平岩 次郎　ひらいわ・じろう　～昭和48年5月23日

中日スタヂアム社長　→昭和

平岩 新吾　ひらいわ・しんご　大正13年1月16日～平成16年8月9日　弁護士　平岩新吾法律事務所長　→03/05

平岩 利夫　ひらいわ・としお　昭和5年3月4日～平成13年10月15日　名古屋市助役　→00/02

平岩 肇　ひらいわ・はじめ　～昭和28年11月10日　日野ヂーゼル取締役　→昭和

平岩 広五　ひらいわ・ひろご　大正8年～昭和59年5月3日　東光電気常務　→83/87

平岩 正雄　ひらいわ・まさお　～昭和60年1月22日　光村図書出版社長,教科書公正取引協議会理事長　→83/87

平岩 勝　ひらいわ・まさる　昭和7年1月1日～平成4年10月8日　北陸電気工業取締役　→91/93

平岩 満雄　ひらいわ・みつお　明治40年5月22日～平成5年8月8日　神官　代々木八幡宮名誉宮司　→91/93

平岩 棟一　ひらいわ・むねいち　～昭和12年9月15日　陸軍少将　→昭和

平岩 愃保　ひらいわ・よしやす　安政3年12月17日～昭和8年7月26日　宣教師　日本メソヂスト教会監督,東洋英和学校総理　→昭和(ひらいわ・のぶやす)

平尾 馨　ひらお・かおる　～平成2年11月8日　帝人取締役　→88/90

平尾 勘市　ひらお・かんいち　明治38年6月18日～平成17年10月7日　善通寺市長　→03/05

平尾 源太夫　ひらお・げんだゆう　大正11年11月2日～平成22年1月1日　豊岡市長　→09/11

平尾 玄雄　ひらお・げんゆう　明治44年7月6日～昭和63年2月26日　板硝子協会専務理事　→88/90

平生 三郎　ひらお・さぶろう　昭和48年3月18日　東洋紡副社長　→昭和

平尾 茂雄　ひらお・しげお　～昭和57年9月8日　平尾鉛工業社長　→80/82

平尾 重信　ひらお・しげのぶ　大正5年7月18日～平成5年9月28日　ハザマ副社長　→91/93

平生 舜一　ひらお・しゅんいち　昭和6年7月16日～平成16年5月28日　竹中工務店副社長　→03/05

平尾 昌一　ひらお・しょういち　大正15年9月5日～平成14年2月15日　製鉄化学工業(のち住友精化)常務　→00/02

平尾 誠一　ひらお・せいいち　～昭和59年6月28日　東芝監査役,芝浦工機社長　→83/87

平尾 智之　ひらお・としゆき　昭和2年3月13日～平成4年1月17日　金吉証券社長,大和ビル管理取締役　→91/93

平尾 直次郎　ひらお・なおじろう　～昭和43年10月21日　近鉄常務取締役　→昭和

平生 釟三郎　ひらお・はちさぶろう　慶応2年5月22日～昭和20年10月27日　実業家,政治家,教育者　日本製鉄会長,貴院議員(勅選),文相　→昭和

平尾 宏　ひらお・ひろし　大正15年11月28日～平成1年9月12日　東京三菱電機商品販売会長　→88/90

平尾 政勝　ひらお・まさかつ　昭和18年6月3日～平成15年9月15日　三井海上火災保険常務　→03/05

平尾 賢　ひらお・まさる　昭和3年11月21日～平成21年8月25日　森永製菓常務　→09/11

平尾 勝　ひらお・まさる　大正9年5月27日～平成22年3月10日　ダイダン副社長　→09/11

平尾 元宏　ひらお・もとひろ　大正9年8月30日～平成9年6月25日　豊早製鋼社長,川鉄商事取締役　→97/99

平尾 靖　ひらお・やすし　～平成5年2月27日　法務省矯正研修所長　→91/93

平岡 市三　ひらおか・いちぞう　明治31年12月～昭和27年3月20日　参院議員(自由党)　→昭和

平岡 一美　ひらおか・いちよし　昭和15年4月7日～平成13年12月10日　徳島県議(自民党),平岡林業社長　→00/02

平岡 治　ひらおか・おさむ　昭和6年6月27日～平成20年8月11日　富士火災海上保険常務　→06/08

平岡 勝彦　ひらおか・かつひこ　～平成16年12月4日　広島交通社長　→03/05

平岡 清国　ひらおか・きよくに　～平成4年7月1日　東京高検検事　→91/93

平岡 喜代松　ひらおか・きよまつ　明治30年5月9日～昭和58年6月29日　平岡証券相談役・元社長・創業者　→83/87

平岡 吟舟　ひらおか・ぎんしゅう　安政3年8月19日～昭和19年5月6日　実業家,邦楽作曲家　汽車製造合名会社副社長,東明流創始者　→昭和

平岡 計太　ひらおか・けいた　～昭和56年8月19日　久留米ナショナル会長　→80/82

平岡 覚　ひらおか・さとる　明治44年10月16日～昭和61年5月23日　製鉄化学工業常務　→83/87

平岡 三郎　ひらおか・さぶろう　～昭和56年8月13日　日比谷総合設備専務　→80/82

平岡 茂　ひらおか・しげる　明治31年3月20日～昭和60年2月19日　ボーソー油脂相談役・元社長　→83/87

平岡 静人　ひらおか・しずと　明治27年8月24日～平成6年6月20日　僧侶　清風学園理事長,清風南海学園理事長・学園長,高野山真言宗大僧正　→94/96

平岡 定海　ひらおか・じょうかい　大正12年4月27日～平成23年11月26日　僧侶　東大寺第213世別当,華厳宗管長　→09/11

平岡 澄男　ひらおか・すみお　昭和8年5月30日～平成16年1月12日　三重県議(自民党)　→03/05

平岡 泰二　ひらおか・たいじ　～昭和56年1月20日　長野放送常務　→80/82

平岡 敞至　ひらおか・たかよし　昭和5年1月26日～平成2年9月2日　大洋漁業取締役,大洋球団監査役　→88/90

平岡 達三　ひらおか・たつぞう　～昭和58年8月29日

ひらおか　　　　　　　　　　　　　　　　　　　　　　　Ⅰ　政治・経済・社会篇

沖電気工業顧問，自民党京都府連参与　→83/87

平岡 忠次郎　ひらおか・ちゅうじろう　明治44年8月17日～平成1年6月20日　衆院議員（社会党）　→88/90

平岡 千之　ひらおか・ちゆき　昭和5年1月19日～平成8年1月9日　迎賓館館長　→94/96

平岡 輝久　ひらおか・てるひさ　大正4年3月31日～平成9年12月15日　積水化学工業常務　→97/99

平岡 敏男　ひらおか・としお　明治42年9月18日～昭和61年8月6日　毎日新聞社長　→83/87

平岡 敏光　ひらおか・としみつ　大正10年8月18日～昭和51年5月25日　野村証券専務　→昭和

平岡 利郎　ひらおか・としろう　大正11年9月1日～平成10年3月12日　平岡石油社長　→97/99

平岡 富蔵　ひらおか・とみぞう　～昭和56年1月2日　全国ダンボール工業組合連合会理事長　→80/82

平岡 豊助　ひらおか・とよすけ　大正12年3月30日～平成2年12月22日　帝石削井工業取締役，帝国石油常務　→88/90

平岡 昇　ひらおか・のぼる　昭和6年5月21日～平成15年1月18日　富山テレビ放送会長　→03/05

平岡 治夫　ひらおか・はるお　明治44年1月3日～平成12年4月4日　日本化薬常務　→00/02

平岡 広助　ひらおか・ひろすけ　明治44年10月18日～平成12年4月21日　コマツ副社長　→00/02

平岡 博敏　ひらおか・ひろとし　昭和3年9月30日～平成15年2月19日　古林紙工常務　→03/05

平岡 政数　ひらおか・まさかず　～昭和57年12月11日　日本専門店会連盟連合会副理事長　→80/82

平岡 正哉　ひらおか・まさや　～昭和36年4月5日　油谷重工会長　→昭和

平岡 正幸　ひらおか・まさゆき　昭和25年11月12日～平成21年2月18日　牧師　→09/11

平岡 万寿彦　ひらおか・ますひこ　明治40年9月15日～昭和63年11月14日　東洋信託銀行常務　→88/90

平岡 泰雄　ひらおか・やすお　～平成3年5月14日　平岡商事社長，三立電機会長　→91/93

平岡 義孝　ひらおか・よしたか　～昭和56年10月9日　梅林建設業務取締役　→80/82

平岡 亮二　ひらおか・りょうじ　～平成18年6月7日　ワッツ社長　→06/08

平岡 良蔵　ひらおか・りょうぞう　明治30年1月～昭和38年5月20日　衆議院議員（日本自由党）　→昭和

平賀 健太　ひらが・けんた　大正1年12月20日～平成16年2月18日　弁護士　東京高裁判事　→03/05

平賀 恒次郎　ひらが・こうじろう　明治44年12月30日　鐘紡常務　→昭和

平賀 敏　ひらが・さとし　安政6年8月13日～昭和6年1月14日　実業家　阪神急行電鉄社長　→昭和

平賀 周　ひらが・しゅう　明治15年7月～昭和32年9月14日　衆院議員（立憲政友会）　→昭和

平賀 潤二　ひらが・じゅんじ　明治40年4月1日～昭和55年10月19日　昭和電線電機社長　→80/82

平賀 毅　ひらが・つよし　～昭和25年12月21日　富士火災保険社長　→昭和

平賀 典男　ひらが・のりお　昭和3年12月10日～平成18年1月22日　平賀専務　→06/08

平賀 真　ひらが・まこと　～昭和60年9月8日　日本カメラ社長　→83/87

平賀 松治　ひらが・まつじ　～昭和60年4月12日　北海道交通社長　→83/87

平賀 庸二　ひらが・ようじ　大正11年11月13日～平成20年2月15日　昭和産業社長　→06/08

平賀 練吉　ひらが・れんきち　明治35年12月18日～昭和60年10月28日　ブラジル・パラ州トメアス産業組合顧問　ブラジル移民日本人の父　→83/87

平形 譲一　ひらかた・じょういち　大正14年3月30日～平成6年3月30日　間組専務　→94/96

平河 一夫　ひらかわ・かずお　～昭和55年9月19日　日動火災海上保険会長　→80/82

平川 健一郎　ひらかわ・けんいちろう　大正6年3月13日～平成1年6月19日　ブリヂストン顧問・元専務　→88/90

平川 剛喜　ひらかわ・ごうき　大正11年1月18日～平成22年9月19日　釧路新聞社長　→09/11

平川 幸蔵　ひらかわ・こうぞう　大正10年9月9日～平成10年5月17日　総理府恩給局長　→97/99

平川 昌三　ひらかわ・しょうぞう　明治43年6月1日～昭和58年10月15日　三次市長　→83/87

平川 誠四郎　ひらかわ・せいしろう　～平成5年4月5日　日本鉱業旧松尾鉱山被害者の会会長　→91/93

平川 誠夫　ひらかわ・せいふ　大正2年8月18日～平成年8月24日　リコー常務　→88/90

平川 善司　ひらかわ・ぜんじ　大正13年1月2日～平成6年12月30日　常磐興産常務　→94/96

平川 武治　ひらかわ・たけはる　昭和2年～平成8年2月13日　森尾電機専務　→94/96

平川 達男　ひらかわ・たつお　昭和12年11月17日～平成20年1月3日　リコー副社長　→06/08

平川 民郎　ひらかわ・たみろう　大正4年7月28日～平成4年6月5日　日本軽金属常務　→91/93

平川 亨　ひらかわ・とおる　～平成22年10月13日　昭和鉄工副社長　→09/11

平川 篤雄　ひらかわ・とくお　明治44年2月～平成8年6月29日　衆院議員（改進党）　→94/96

平川 博夫　ひらかわ・ひろお　大正13年1月27日～平成2年6月17日　日立エレベーターサービス社長　→88/90

平川 政古　ひらかわ・まさきち　～昭和61年6月13日　新得町（北海道）町議，北海道交通安全協会常任理事　→83/87

平川 正之　ひらかわ・まさゆき　昭和14年1月25日～平

成5年9月28日　大阪商船三井船舶取締役　→91/93

平川 正義　ひらかわ・まさよし　明治38年2月27日〜昭和56年5月26日　合資会社文明堂社長、横浜のれん会長　→80/82

平川 守　ひらかわ・まもる　明治41年3月15日〜昭和63年1月25日　農林事務次官、全国拓殖農業協同組合連合会会長　→88/90

平木 英一　ひらき・えいいち　昭和3年11月25日〜平成1年3月12日　サントリー常務、関西経済同友会幹事　→88/90

開 克敏　ひらき・かつとし　大正9年12月4日〜平成7年7月3日　九電工相談役、福岡商工会議所副会頭　→94/96

平木 桂　ひらき・かつら　昭和57年7月14日　農林漁業金融公庫監事　→80/82

平木 謙一郎　ひらき・けんいちろう　〜昭和50年8月12日　明電舎会長　→昭和

平木 三郎　ひらき・さぶろう　明治41年2月〜昭和57年11月27日　国際証券会長、元八千代証券社長　→80/82

平木 三蔵　ひらき・さんぞう　明治37年3月9日〜昭和63年5月3日　東邦生命保険専務　→88/90

平木 信二　ひらき・しんじ　明治43年10月5日〜昭和46年12月30日　リッカー創業者　→昭和

平木 新太郎　ひらき・しんたろう　〜昭和63年6月26日　東亜ペイント常務　→88/90

平木 隆夫　ひらき・たかお　大正10年7月3日〜平成5年3月21日　松尾電機社長　→91/93

平木 敏夫　ひらき・としお　昭和4年12月17日〜平成9年4月15日　川崎重工業常務　→97/99

平木 春男　ひらき・はるお　大正14年7月24日〜平成21年2月6日　香川県議（自民党）　→09/11

平木 寛　ひらき・ひろし　大正3年5月25日〜平成13年8月3日　阪神電気鉄道専務　→00/02

平木 勝　ひらき・まさる　昭和8年12月17日〜平成21年10月3日　ヒラキ創業者　→09/11

開 宗雄　ひらき・むねお　〜昭和61年10月3日　冨土土石工業代表取締役、冨土石油代表取締役、高岡消防団副団長　→83/87

開 致頼　ひらき・むねより　昭和6年10月15日〜平成15年2月19日　協和薬品会長　→03/05

平工 喜一　ひらく・きいち　明治25年2月10日〜昭和34年8月23日　農民運動家、衆院議員（社会党）　→昭和

平口 長太夫　ひらぐち・さたお　明治9年1月28日〜平成19年3月19日　静岡新聞取締役編集局次長　→06/08

平久保 正男　ひらくぼ・まさお　大正8年〜平成20年3月4日　英国日本人会会長　→06/08

平倉 武雄　ひらくら・たけお　明治42年12月9日〜平成6年4月4日　日本団体生命保険社長　→94/96

平子 岩吉　ひらこ・いわきち　明治39年6月28日〜平成5年6月5日　東ラ倉庫社長　→91/93

平子 健介　ひらこ・けんすけ　明治37年6月26日〜平成9

年6月1日　富士ホイスト工業社長・会長、山七平坂鋳造所社長　→97/99

平古 恒夫　ひらこ・つねお　昭和4年9月〜昭和63年3月31日　横浜迎賓館社長　→88/90

平佐 眷弼　ひらさ・けんすけ　明治3年1月3日〜昭和15年3月25日　陸軍騎兵大佐、男爵　→昭和（ひらさ・けんひつ）

平坂 力　ひらさか・りき　〜昭和38年5月20日　東洋歯車社長、元池貝鉄工所社長　→昭和

平沢 暁美　ひらさわ・あきよし　大正15年6月17日〜平成5年10月15日　都築電気副社長　→91/93

平沢 章　ひらさわ・あきら　大正12年3月10日〜平成19年10月21日　ユニチカ常務　→06/08

平沢 勇実　ひらさわ・いさみ　昭和12年10月17日〜平成14年7月6日　兵庫県議（自民党）　→00/02

平沢 栄一　ひらさわ・えいいち　明治41年9月21日〜昭和34年12月22日　社会運動家　→昭和

平沢 克彦　ひらさわ・かつひこ　大正8年3月26日〜昭和59年6月9日　戸田建設常務　→83/87

平沢 要　ひらさわ・かなめ　〜昭和32年5月25日　電気通信共済会長　→昭和

平沢 恭子　ひらさわ・きょうこ　明治31年6月4日〜昭和62年4月1日　相愛幼稚園名誉園長、キリスト教保育連盟副理事長、日本幼稚園連合会理事　→83/87

平沢 健次郎　ひらさわ・けんじろう　〜昭和58年4月23日　北海道食肉事業協同組合連合会専務理事　→83/87

平沢 貞通　ひらさわ・さだみち　明治25年2月18日〜昭和62年5月10日　テンペラ画家　帝銀事件の死刑囚　→83/87

平沢 孝幸　ひらさわ・たかゆき　昭和12年10月7日〜平成12年2月23日　東京特殊電線常務　→00/02

平沢 敬義　ひらさわ・たかよし　昭和22年3月22日〜平成16年12月8日　深浦町（青森県）町長　→03/05

平沢 達夫　ひらさわ・たつお　明治41年8月15日〜昭和62年4月30日　朝日酒造会長　→83/87

平沢 長吉　ひらさわ・ちょうきち　明治26年10月5日〜昭和35年6月14日　衆院議員（自民党）　→昭和

平沢 哲夫　ひらさわ・てつお　大正10年3月14日〜平成12年10月30日　東北電力常務、日本原燃副社長　→00/02

平沢 雅夫　ひらさわ・まさお　〜昭和61年5月22日　明治生命保険取締役　→83/87

平沢 雄二　ひらさわ・ゆうじ　昭和24年7月1日〜平成15年3月3日　大阪高裁判事　→03/05

平沢 嘉正　ひらさわ・よしまさ　〜昭和43年6月27日　日本石油常務　→昭和

平塩 五男　ひらしお・いつお　〜昭和55年12月5日　広島県議　→80/82

平島 栄　ひらしま・さかえ　大正11年12月24日〜平成16年3月19日　大林組常務、西松建設取締役相談役、海上埋立土砂建設協会会長　→03/05

平嶋 周次郎　ひらしま・しゅうじろう　昭和8年6月29日〜平成10年8月30日　宮崎日日新聞社長　→97/99

平島 堯　ひらしま・たかし　明治30年9月20日〜昭和61年9月3日　安田火災海上保険常務　→83/87

平島 徳二　ひらしま・とくじ　〜昭和58年2月3日　尼崎浪速信用金庫理事　→83/87

平島 敏夫　ひらしま・としお　明治24年11月4日〜昭和57年2月14日　参院議員(自民党)　→80/82

平島 俊朗　ひらしま・としろう　〜昭和40年2月24日　三井物産相談役・元会長　→昭和

平島 仁三郎　ひらしま・にさぶろう　大正10年6月5日〜平成6年4月2日　泉南市長　→94/96

平嶋 幹生　ひらしま・みきお　大正3年9月3日〜平成2年1月9日　大正海上火災保険常務　→88/90

平嶋 雄三郎　ひらしま・ゆうざぶろう　〜平成20年10月6日　ひらしま酒店代表、北九州酒仙の会事務局　→06/08

平瀬 実武　ひらせ・さねたけ　明治34年11月17日〜平成6年1月18日　鹿児島市長　→94/96

平世 将一　ひらせ・まさかず　明治29年11月3日〜昭和62年6月21日　富士製鉄(のち新日本製鉄)副社長　→83/87

平瀬 光宏　ひらせ・みつひろ　昭和11年4月1日〜平成17年10月10日　ほくさん取締役　→03/05

平瀬 三七雄　ひらせ・みなお　〜昭和2年4月18日　大阪貯蓄銀行頭取　→昭和

平田 秋夫　ひらた・あきお　大正3年9月17日〜平成22年9月28日　大正海上火災保険社長　→09/11

平田 旭　ひらた・あきら　昭和2年2月5日〜平成5年2月24日　チヨダウーテ副社長　→91/93

平田 一郎　ひらた・いちろう　〜昭和58年11月9日　朝明精工会長　→83/87

平田 市郎　ひらた・いちろう　昭和5年5月25日〜平成2年4月12日　北海道議(民社党)　→88/90

平田 英一郎　ひらた・えいいちろう　明治41年9月3日〜平成2年8月6日　日本紙パルプ商事会長　→88/90

平田 栄二　ひらた・えいじ　〜昭和46年6月9日　伯爵　松下正治・松下電器社長の実父　→昭和

平田 修　ひらた・おさむ　大正11年11月1日〜平成11年1月1日　朝日新聞大阪本社業務局次長、九州朝日放送専務　→97/99

平田 和男　ひらた・かずお　昭和2年6月28日〜昭和63年9月30日　日本毛織監査役　→88/90

平田 一義　ひらた・かずよし　明治42年9月28日〜平成8年7月10日　亀岡市長　→94/96

平田 勝雅　ひらた・かつまさ　大正6年10月1日〜平成16年3月29日　弁護士　元広島高裁判事　→03/05

平田 紀一　ひらた・きいち　明治19年3月17日〜昭和14年5月28日　群馬県知事、富山市長　→昭和

平田 喜悦　ひらた・きえつ　〜昭和62年10月11日　僧侶　高源院住職、曹洞宗富山県宗務所参事・副所長　→83/87

平田 公敏　ひらた・きみとし　昭和8年10月29日〜平成20年6月16日　税理士　平田事務所代表、日本税理士連合会会長　→06/08

平田 潔　ひらた・きよし　〜昭和55年9月25日　RKB毎日放送常務　→80/82

平田 清久　ひらた・きよひさ　大正9年6月24日〜平成17年10月31日　群馬県議(自民党)　→03/05

平田 九州男　ひらた・くすお　明治42年9月7日〜平成年10月26日　富士写真フイルム社長　→88/90

平田 敬一郎　ひらた・けいいちろう　明治41年9月5日〜平成4年5月22日　大蔵事務次官、日本開発銀行総裁　→91/93

平田 景三　ひらた・けいぞう　大正7年1月23日〜昭和61年8月30日　(社)アフリカ開発協会副会長、紅乙女酒造取締役、九州石油取締役　→83/87

平田 源一　ひらた・げんいち　大正2年2月21日〜平成7年9月10日　ブラザー工業社長　→94/96

平田 浩正　ひらた・こうせい　〜平成3年6月14日　バンコク海外新聞普及会社社長、バンコク泰文堂書店主　→91/93

平田 佐吉　ひらた・さきち　明治26年5月25日〜昭和62年5月25日　南京都信用金庫理事長　→83/87

平田 早苗　ひらた・さなえ　明治35年6月15日〜昭和59年11月6日　新潟県選挙管理委員会委員長、元新潟県議会議長　→83/87

平田 三郎　ひらた・さぶろう　〜昭和61年5月1日　名古屋機器製作所長、三菱重工取締役　→83/87

平田 三郎　ひらた・さぶろう　大正3年3月13日〜平成5年4月2日　百万両社長　→91/93

平田 次郎　ひらた・じろう　〜昭和57年9月5日　日平産業専務　→80/82

平田 真一　ひらた・しんいち　大正4年3月28日〜平成13年4月14日　日本サルベージ社長、東京海上火災常務　→00/02

平田 佐矩　ひらた・すけのり　明治28年9月25日〜昭和40年12月5日　実業家　四日市市長、平田製網社長　→昭和

平田 進　ひらた・すすむ　〜昭和57年2月25日　福岡県三井郡大刀洗町助役　→80/82

平田 精耕　ひらた・せいこう　大正13年8月26日〜平成20年1月9日　僧侶　臨済宗天龍寺派管長、天龍寺住職　→06/08

平田 善一　ひらた・ぜんいち　大正8年1月20日〜平成10年10月9日　宮地鉄工所常務　→97/99

平田 泰三郎　ひらた・たいさぶろう　〜昭和48年3月7日　新日本理化社長　→昭和

平田 泰造　ひらた・たいぞう　大正11年2月23日〜平成10年9月23日　大阪府議(公明党)　→97/99

平田 武志　ひらた・たけし　昭和12年12月13日〜平成2年6月7日　六甲バター常務　→88/90

平田 恒一　ひらた・つねいち　〜昭和57年3月30日

平田機工会長　→80/82

平田 禎次郎　ひらた・ていじろう　大正9年3月27日～平成10年3月26日　全国酒類卸売業協同組合理事長　→97/99

平田 哲夫　ひらた・てつお　～平成14年7月2日
商工組合中央金庫理事　→00/02

平田 鉄朗　ひらた・てつろう　～昭和61年5月5日
日本理器監査役　→83/87

平田 藤吉　ひらた・とうきち　大正10年10月28日～平成3年1月31日　衆院議員（共産党），共産党埼玉県名誉県委員長　→91/93

平田 篤次郎　ひらた・とくじろう　明治5年10月2日～昭和25年12月12日　芝浦製作所社長　→昭和

平田 富久　ひらた・とみひさ　大正12年3月3日～平成20年12月4日　チヨダウーテ会長　→06/08

平田 友男　ひらた・ともお　～昭和56年9月3日
登別漁業協同組合長理事　→80/82

平田 二吉　ひらた・にきち　大正12年6月14日～昭和62年6月23日　北海道銀行副頭取　→83/87

平田 信男　ひらた・のぶお　～平成5年12月10日
海上保安庁高知海上保安部長，東海大学教授　→91/93

平田 宣彦　ひらた・のぶひこ　昭和17年9月8日～平成11年12月18日　大分県議（無所属）　→97/99

平田 昇　ひらた・のぼる　明治18年12月1日～昭和33年5月9日　海軍中将　→昭和

平田 昇　ひらた・のぼる　大正2年11月19日～平成5年4月21日　三菱重工業常務　→91/93

平田 登　ひらた・のぼる　～昭和63年7月7日
兵庫相互銀行顧問　→88/90

平田 元　ひらた・はじめ　大正2年5月11日～平成16年2月1日　日航商事社長，日本航空常勤監査役　→03/05

平田 久市　ひらた・ひさいち　大正13年1月29日～平成5年3月18日　八幡浜市長，愛媛県議　→91/93

平田 ヒデ　ひらた・ひで　明治35年6月23日～昭和53年1月4日　衆院議員（社会党）　→昭和

平田 秀章　ひらた・ひであき　昭和4年11月8日～平成6年7月11日　日本債券信用銀行常務，イトーヨーカ堂常務　→94/96

平田 英夫　ひらた・ひでお　～平成6年1月10日
吉田工業常務　→94/96

平田 弘　ひらた・ひろし　大正4年6月16日～平成17年3月7日　日本ユニパック社長　→03/05

平田 裕海　ひらた・ひろみ　大正14年9月21日～平成12年8月19日　日本車輌製造専務　→00/02

平田 政次郎　ひらた・まさじろう　～昭和56年9月26日
日本撚糸会社副会長，旭光製絲会長　→80/82

平田 操　ひらた・みさお　～昭和60年3月8日
農業共済基金監事　→83/87

平田 元貞　ひらた・もとさだ　昭和9年8月16日～平成18年9月13日　藤和不動産専務　→06/08

平田 元治　ひらた・もとはる　大正11年2月16日～平成1年10月18日　厚木自動車部品常務　→88/90

平田 幸雄　ひらた・ゆきお　昭和5年8月24日～平成18年6月21日　ニチレイ専務　→06/08

平田 豊　ひらた・ゆたか　～平成6年5月29日
名乗り出たエイズ患者，エイズを考える会会長　→94/96

平田 陽一郎　ひらた・よういちろう　明治41年11月1日～昭和63年10月10日　愛媛新聞相談役，南海放送取締役相談役　→88/90

平田 良衛　ひらた・よしえ　明治34年12月12日～昭和51年6月29日　社会運動家　→昭和

平田 義男　ひらた・よしお　～平成6年10月23日
坂本北陸証券社長　→94/96

平田 吉太　ひらた・よした　大正3年1月～平成3年6月28日　富士電気化学社長　→91/93

平田 義信　ひらた・よしのぶ　～昭和60年10月2日
（株）竹田工務店資材課長　→83/87

平田 龍馬　ひらた・りゅうま　明治38年8月6日～平成6年12月9日　新日本製鉄副社長　→94/96

平谷 吾郎　ひらたに・ごろう　大正10年12月19日～平成10年5月8日　東洋シヤッター常務　→97/99

平谷 秀昭　ひらたに・ひであき　昭和12年11月9日～平成11年1月3日　アルン・エル・エヌ・ジー輸送副社長，日本開発銀行理事　→97/99

平塚 勝一　ひらつか・かついち　明治43年2月4日～昭和58年10月29日　所沢市長　→83/87

平塚 潔　ひらつか・きよし　明治45年1月14日～平成17年11月19日　味の素専務　→03/05

平塚 定二郎　ひらつか・さだじろう　安政6年7月13日～昭和16年2月18日　会計検査院第二部主管　→昭和（ひらつか・ていじろう）

平塚 俊一　ひらつか・しゅんいち　昭和8年8月21日～平成9年10月12日　新日本証券専務　→97/99

平塚 正一　ひらつか・しょういち　大正1年8月16日～昭和63年6月3日　滑川浦鉾製造（株）代表取締役社長　→88/90

平塚 真治郎　ひらつか・しんじろう　大正8年1月2日～平成9年11月1日　石巻市長　→97/99

平塚 泰蔵　ひらつか・たいぞう　明治34年5月28日～平成6年7月25日　九州電力副社長　→94/96

平塚 匡　ひらつか・ただす　大正15年1月17日～平成5年2月13日　本州製紙取締役，本州産業社長　→91/93

平塚 常次郎　ひらつか・つねじろう　明治14年11月9日～昭和49年4月4日　実業家，政治家　衆院議員（自民党），運輸相，日魯漁業創立者　→昭和

平塚 子之一　ひらつか・ねのいち　明治45年1月4日～昭和59年3月15日　弁護士　名古屋高検公安部長　→83/87

平塚 宏　ひらつか・ひろし　平成16年9月1日
陸将　陸上自衛隊東部方面総監　→03/05

平塚 広義　ひらつか・ひろよし　明治8年9月～昭和23年1月26日　内務官僚　栃木県知事、貴院議員　→昭和

平塚 正俊　ひらつか・まさとし　明治33年3月30日～昭和61年11月5日　住友金属工業副社長、東西振興社長、住友原子力工業社長　→83/87

平塚 保明　ひらつか・やすあき　明治40年2月15日～平成9年2月28日　通商産業省鉱山保安局長、金属鉱業事業団理事長　→97/99

平塚 饒　ひらつか・ゆたか　明治41年2月10日～平成7年5月21日　日本瓦斯化学工業（のち三菱ガス化学）専務　→94/96

平塚 らいてう　ひらつか・らいちょう　明治19年2月10日～昭和46年5月24日　婦人解放運動家、評論家　日本婦人団体連合会初代会長　→昭和

平辻 朝一　ひらつじ・あさかず　大正15年3月25日～昭和58年5月28日　朝日火災海上保険常務取締役　→83/87

平出 喜三郎　ひらで・きさぶろう　明治9年3月15日～昭和6年10月13日　衆院議員（立憲政友会）　→昭和（ひらいで・きさぶろう）

平手 勇治　ひらて・ゆうじ　～平成2年7月1日　東京地裁部総括判事　→88/90

平戸 興德　ひらと・おきのり　昭和4年3月6日～平成10年9月4日　電通恒産社長　→97/99

平戸 利男　ひらと・としお　大正5年12月12日～平成4年2月15日　北洋水産（のちホウスイ）常務　→91/93

平戸 広造　ひらと・ひろぞう　明治38年7月19日～昭和58年10月10日　協和銀行常任監査役　→83/87

平富 豊　ひらとみ・ゆたか　大正15年4月26日～平成6年9月25日　三陽商会常務　→94/96

平沼 騏一郎　ひらぬま・きいちろう　慶応3年9月28日～昭和27年8月22日　司法官、政治家　首相、枢密院議長、検事総長　→昭和

平沼 恭四郎　ひらぬま・きょうしろう　明治41年1月2日～平成3年11月29日　大協石油（のちコスモ石油）常務　→91/93

平沼 五郎　ひらぬま・ごろう　大正4年7月13日～昭和60年11月17日　古河アルミニウム工業相談役、(財)横浜市シルバー人材センター理事長　→83/87

平沼 七郎　ひらぬま・しちろう　明治43年6月23日～平成9年1月12日　キリンビール常務、キリンエコー社長、ホテル・ニューグランド取締役　→97/99

平沼 千春　ひらぬま・ちはる　大正1年8月7日～平成5年10月11日　平沼産業会長、水戸計測器会長、水戸理化ガラス会長　→91/93

平沼 弥太郎　ひらぬま・やたろう　明治25年6月12日～昭和60年8月12日　埼玉銀行頭取、参議院議員（自由党）　→83/87

平沼 亮三　ひらぬま・りょうぞう　明治12年2月25日～昭和34年2月13日　実業家、政治家、スポーツ功労者　横浜市長、衆院議員（立憲民政党）、日本体育協会名誉会長　→昭和

平野 明彦　ひらの・あきひこ　昭和10年2月9日～平成17年10月6日　北海道議（自民党）　→03/05

平野 晃　ひらの・あきら　～昭和59年3月11日　再開発コーディネーター協議会常務理事、東京都市再開発促進会理事、調査部長　→83/87

平野 晃　ひらの・あきら　大正11年1月15日～平成21年12月27日　空将　航空自衛隊幕僚長　→09/11

平野 昌　ひらの・あきら　大正4年10月14日～昭和62年10月12日　日本マリン会長、日本鉱業副社長　→83/87

平野 晃　ひらの・あきら　～昭和63年12月1日　社会党北海道連常任執行委員　→88/90

平野 勇　ひらの・いさむ　明治3年～昭和16年3月24日　海軍軍医中将　→昭和

平野 一三　ひらの・いちぞう　～昭和57年3月5日　札幌蕎麦業組合長、三河屋取締役　→80/82

平野 市太郎　ひらの・いちたろう　明治25年10月2日～昭和56年10月6日　農民運動家　衆院議員、日本社会党香川県本部委員長、香川県議　→80/82

平野 氏孝　ひらの・うじたか　～昭和60年12月23日　綿都美神社宮司　→83/87

平野 暎哉　ひらの・えいさい　昭和6年～平成18年1月12日　僧侶　即成院住職、真言宗泉涌寺派宗務総長　→06/08

平野 一雄　ひらの・かずお　大正12年4月16日～平成22年7月11日　大信販社長、三和銀行常務　→09/11

平野 勝二　ひらの・かつじ　～昭和60年11月11日　砺波市選挙管理委員長　→83/87

平野 喜八郎　ひらの・きはちろう　大正9年8月21日～平成22年10月24日　各務原市長　→09/11

平野 清　ひらの・きよし　～昭和47年1月30日　昭和産業社長　→昭和

平野 清　ひらの・きよし　昭和4年7月31日～平成14年5月18日　参院議員（自民党）、サラリーマン新党代表　→00/02

平野 喜治　ひらの・きよじ　明治44年8月31日～昭和62年12月9日　富士製作所会長、富士空調工業会長、空調工業会会長　→83/87

平野 欽也　ひらの・きんや　～昭和37年7月5日　日本開発機製造社長　→昭和

平野 金也　ひらの・きんや　大正7年11月5日～平成7年1月11日　アイカ工業専務　→94/96

平野 国松　ひらの・くにまつ　明治43年2月1日～平成2年5月10日　日本棒鋼社長、スカイアルミニウム副社長　→88/90

平野 桑四郎　ひらの・くわしろう　元治1年5月～昭和9年7月18日　衆院議員（政友会）　→昭和

平野 賢治　ひらの・けんじ　明治33年8月20日～昭和60年1月17日　豊橋善意銀行会長、豊橋商工会議所会頭　→83/87

平野 弘毅　ひらの・こうき　明治44年1月25日～平成8年1月4日　自動車電機工業社長　→94/96

平野 興二　ひらの・こうじ　昭和14年1月12日～平成13年1月7日　松田町（神奈川県）町長　→00/02

平野 五朗　ひらの・ごろう　大正1年12月12日～昭和63年4月17日　山形新聞副社長・庄内支社長　→88/90

平野 貞雄　ひらの・さだお　昭和4年2月22日～平成2年8月21日　日本精工専務　→88/90

平野 三郎　ひらの・さぶろう　明治45年3月23日～平成6年4月4日　岐阜県知事、衆院議員（自民党）　→94/96

平野 成子　ひらの・しげこ　明治32年5月～昭和63年12月15日　社会運動家　参院議員（社会党）　→88/90

平野 繁太郎　ひらの・しげたろう　明治24年11月27日～平成5年2月23日　静岡銀行頭取　→91/93

平野 茂　ひらの・しげる　大正11年5月10日～平成5年12月25日　長野県議（自民党）、平野建設会長　→91/93

平野 静雄　ひらの・しずお　大正8年10月22日～平成11年3月22日　東海パルプ専務　→97/99

平能 秀一　ひらの・しゅういち　大正13年4月7日～平成7年2月18日　三協アルミニウム工業常務　→94/96

平野 主一　ひらの・しゅういち　～平成7年3月29日　マルマス機械会長　→94/96

平野 順次　ひらの・じゅんじ　明治42年10月2日～平成2年9月13日　栗本鉄工所社長　→88/90

平野 小剣　ひらの・しょうけん　明治24年9月13日～昭和15年10月25日　部落解放運動家　全国水平社中央執行委員　→昭和

平野 正作　ひらの・しょうさく　大正1年8月31日～平成9年9月19日　広島高井証券（のち東洋証券）社長　→97/99

平野 二郎　ひらの・じろう　明治42年2月7日～平成2年6月11日　古河市長　→88/90

平野 二郎　ひらの・じろう　大正13年10月9日～平成7年12月10日　トーモク常務　→94/96

平野 二郎　ひらの・じろう　大正3年2月18日～平成16年12月30日　神戸製鋼所専務、神鋼ファウドラー社長　→03/05

平野 信治　ひらの・しんじ　～昭和62年6月11日　ボーイスカウト宮城県連盟長老　→83/87

平野 善治郎　ひらの・ぜんじろう　明治35年3月12日～平成6年12月21日　参院議員（民主党）、青森ガス会長　→94/96

平野 宗浄　ひらの・そうじょう　昭和3年7月2日～平成14年7月6日　僧侶　瑞巌寺住職、花園大学名誉教授　→00/02

平野 孝夫　ひらの・たかお　昭和3年1月2日～平成5年10月16日　西部瓦斯副社長　→91/93

平野 多吉　ひらの・たきち　～昭和55年12月8日　名古屋市議　→80/82

平野 武雄　ひらの・たけお　明治40年1月23日～昭和63年1月31日　中部飼料代表取締役会長　→88/90

平野 武　ひらの・たけし　大正5年2月11日～昭和62年10月27日　野崎産業専務　→83/87

平野 赳　ひらの・たけし　明治41年3月26日～昭和63年8月13日　日魯漁業社長　→88/90

平野 武光　ひらの・たけみつ　明治41年4月27日～平成15年2月14日　外海町（長崎県）町長　→03/05

平野 忠昭　ひらの・ただあき　昭和16年11月14日～平成22年2月21日　宇部産業専務、日本興業銀行取締役　→09/11

平野 太郎　ひらの・たろう　明治35年3月4日～昭和31年11月17日　毎日新聞専務　→88/90

平野 勤　ひらの・つとむ　昭和7年7月14日～平成10年12月26日　日本工作機械販売協会専務理事、九州東芝機械社長　→97/99

平野 力　ひらの・つとむ　明治44年8月10日～平成3年4月16日　東京帽子（のちオーベクス）専務　→91/93

平野 輝雄　ひらの・てるお　大正9年11月13日～平成10年8月1日　富士電気化学社長　→97/99

平野 藤吉　ひらの・とうきち　～昭和55年1月10日　大信電気工業会長　→80/82

平野 藤三　ひらの・とうぞう　～昭和42年9月10日　台湾銀行理事　～昭和

平野 亨　ひらの・とおる　昭和4年11月15日～平成12年12月4日　豊証券専務　→00/02

平野 篤二　ひらの・とくじ　～昭和59年12月14日　東芝セラミックス社長　→83/87

平野 斗作　ひらの・とさく　明治44年1月6日～昭和58年7月22日　秋川社会問題研究所長、フジミック社長、陸上自衛隊第10師団長　→83/87

平野 利　ひらの・とし　明治35年8月12日～平成2年7月21日　弁護士　千葉地裁検事局検事正　→88/90

平野 登美夫　ひらの・とみお　昭和30年8月20日　大日本印刷会長　→昭和

平野 富蔵　ひらの・とみぞう　明治37年3月4日～平成12年5月11日　弘前相互銀行常務　→00/02

平野 直憲　ひらの・なおのり　～昭和57年1月5日　多度神社宮司　→80/82

平野 楢夫　ひらの・ならお　明治40年11月26日～平成4年3月22日　奈良県議　→91/93

平野 仁二郎　ひらの・にんじろう　～昭和55年3月27日　全国青果小売商組合連合会会長　→80/82

平野 信義　ひらの・のぶよし　明治44年12月23日～平成14年2月18日　理研ビニル工業専務　→00/02

平野 林　ひらの・はやし　～昭和60年3月8日　平野鉄工社長、元大垣市鉄工協同組合副理事長　→83/87

平野 彦兵衛　ひらの・ひこべえ　～昭和56年2月24日　東洋キャリア工業社長、日本冷凍協会理事　→80/82

平野 英一　ひらの・ひでかず　明治36年2月18日～平成1年10月19日　東亜紡織取締役　→88/90

平野 秀三郎　ひらの・ひでざぶろう　大正15年10月7日～平成18年9月13日　秋田県人事委員会事務局長　→06/08

平野 秀次　ひらの・ひでつぐ　大正14年11月19日～平成6年10月18日　静岡県議（自民党）　→94/96

平野 鴻　ひらの・ひろし　大正5年5月5日～昭和58年12月24日　保谷硝子副社長,保谷レンズ社長　→83/87

平野 大成　ひらの・ひろしげ　明治45年1月7日～平成6年10月31日　日産車体常務　→94/96

平野 不二男　ひらの・ふじお　大正2年4月1日～昭和61年3月8日　安田生命監査役　→83/87

平野 史　ひらの・ふびき　大正2年3月1日～平成6年12月2日　日本電装社長　→94/96

平野 正市　ひらの・まさいち　～平成5年10月16日　テレビ長崎取締役,ケイティエヌソサイエティ専務　→91/93

平野 正雄　ひらの・まさお　大正11年6月25日～平成17年6月20日　郵政省電波監理局長　→03/05

平野 真佐子　ひらの・まさこ　～平成15年12月18日　ふきのとう会理事長,全国老人給食協力会代表　→03/05

平野 正祐　ひらの・まさすけ　明治40年～昭和60年12月6日　平安堂社長　→83/87

平野 勝　ひらの・まさる　昭和2年10月2日～昭和63年8月7日　サッポロビール専務　→88/90

平野 学　ひらの・まなぶ　明治31年6月28日～昭和40年7月19日　社会運動家　→昭和

平野 美貴子　ひらの・みきこ　明治42年～昭和56年9月29日　原爆詩「生ましめん哉」のモデル　→80/82

平野 三雄　ひらの・みつお　明治27年5月10日～昭和58年11月1日　豊年製油専務取締役　→83/87

平野 稔　ひらの・みのる　大正14年8月21日～平成23年12月21日　平安堂社長,信州コミュニケーションズ社長　→09/11

平野 宗典　ひらの・むねのり　大正14年1月23日～平成3年4月3日　千葉テレビ放送取締役,日本工業新聞千葉支局長　→91/93

平野 素邦　ひらの・もとくに　大正9年8月20日～平成13年7月14日　中日新聞参与,名古屋タイムズ社長　→00/02

平野 元弘　ひらの・もとひろ　昭和7年1月24日～平成22年12月8日　横浜銀行専務　→09/11

平野 泰正　ひらの・やすまさ　～昭和32年9月1日　芝浦製糖常務　→昭和

平野 幸雄　ひらの・ゆきお　明治44年9月15日～平成2年11月26日　北陸電気工事社長,北陸電力副社長　→88/90

平野 悠紀夫　ひらの・ゆきお　大正5年2月25日～平成4年10月5日　三ツ葉電機製作所取締役　→91/93

平野 洋子　ひらの・ようこ　昭和12年11月16日～平成22年2月7日　旅荘船越女将　→09/11

平野 与三郎　ひらの・よさぶろう　～昭和63年8月16日　猟師　→88/90

平野 義明　ひらの・よしあき　昭和5年12月14日～平成23年11月23日　海津町（岐阜県）町長　→09/11

平野 義礼　ひらの・よしのり　昭和9年5月22日～平成19年9月12日　東亜建設工業常務　→06/08

平野 力三　ひらの・りきぞう　明治31年11月5日～昭和56年12月17日　衆院議員,農相,日刊農業新聞社長　→80/82

平野 隆三　ひらの・りゅうぞう　大正6年5月29日～平成4年2月1日　大東京火災海上保険取締役,コウサン常務　→91/93

平野 竜法　ひらの・りゅうほう　～昭和49年3月11日　真言宗泉涌寺派管長　→昭和

平野 亮一郎　ひらの・りょういちろう　～昭和43年5月24日　勧業不動産常務　→昭和

平之 亮輔　ひらの・りょうすけ　大正9年2月23日　真言宗醍醐派管長　→昭和

平野 亮平　ひらの・りょうへい　～昭和40年2月11日　専売局長官,岩井産業副社長,塩業組合中央会長　→昭和

平場 安治　ひらば・やすはる　大正6年3月30日～平成14年6月27日　弁護士　京都大学名誉教授　→00/02

平林 克哉　ひらばやし・かつや　昭和13年5月5日～平成13年8月12日　東天紅社長　→00/02

平林 金之助　ひらばやし・きんのすけ　～昭和43年4月19日　関西テレビ常務取締役　→昭和

平林 庫造　ひらばやし・くらぞう　～昭和57年5月14日　伊東・富士屋ホテル会長,甲府市名誉市民　→80/82

平林 憲一　ひらばやし・けんいち　～昭和58年6月12日　旭電化工業社長　→83/87

平林 宏次　ひらばやし・こうじ　大正15年12月4日～平成4年12月9日　エフエム石川社長　→91/93

平林 太一　ひらばやし・たいち　明治30年1月6日～平成1年6月22日　参院議員（自由党）　→88/90

平林 剛　ひらばやし・たけし　大正10年10月10日～昭和58年2月9日　社会党書記長,衆院議員　→83/87

平林 忠雄　ひらばやし・ただお　明治42年3月26日～昭和54年3月4日　田辺製薬社長,日本応用酸素協会長　→昭和

平林 長元　ひらばやし・ながもと　～昭和9年8月5日　海軍中佐　→昭和

平林 弘　ひらばやし・ひろし　昭和10年9月15日～平成4年3月31日　イーグル工業副社長　→91/93

平林 雅男　ひらばやし・まさお　大正11年10月～昭和62年3月26日　函館どつく副社長　→83/87

平林 昌人　ひらばやし・まさと　大正3年3月1日～平成4年4月25日　安田生命保険監査役　→88/90

平林 通夫　ひらばやし・みちお　昭和19年2月21日～平成18年3月3日　IDEC常務執行役員　→06/08

平林 盛人　ひらばやし・もりと　明治20年～昭和44年5月21日　陸軍中将　松本市長　→昭和

平林 宥高　ひらばやし・ゆうこう　明治35年3月22日～昭和60年7月2日　真言宗豊山派第20世管長・総本山長谷寺第74世化主,元大正大学理事長　→83/87

I 政治・経済・社会篇　　　　　　　　　　　　　　　　　　　　　　　　　　　　　　　ひらみつ

平林 芳雄　ひらばやし・よしお　昭和2年2月1日～平成10年4月29日　住友電設常務　→97/99

平林 嘉次郎　ひらばやし・よしじろう　～平成6年1月20日　民社党本部会計監査・東京都連顧問　→94/96

平林 義次　ひらばやし・よしつぐ　～昭和43年9月12日　東映取締役　→昭和

平原 岩雄　ひらはら・いわお　大正2年3月24日～平成6年12月5日　住倉工業常務　→94/96

平原 英一　ひらはら・えいいち　明治35年8月17日～平成6年12月16日　鹿児島銀行副頭取　→94/96

平原 毅　ひらはら・つよし　大正9年10月25日～平成11年4月24日　駐英大使　→97/99

平原 定一郎　ひらはら・ていいちろう　大正8年10月10日～平成7年5月24日　鹿児島銀行専務　→94/96

平原 聰宏　ひらはら・としひろ　大正10年1月28日～平成7年9月22日　日本証券経済倶楽部副理事長・専務理事、平原証券社長　→94/96

平原 利幸　ひらはら・としゆき　～平成13年7月26日　広島県出納長　→00/02

平原 虎重　ひらばら・とらしげ　大正15年11月10日～平成20年9月4日　宮崎県議（自民党）　→06/08

平原 正明　ひらはら・まさはる　明治42年8月31日～昭和60年10月15日　東洋製缶監査役　→83/87

平原 米男　ひらはら・よねお　昭和9年7月21日～平成7年4月21日　五洋建設専務　→94/96

平間 幸助　ひらま・こうすけ　大正10年7月16日～平成8年5月4日　隼電気社長　→97/99s

平松 鍛士　ひらまつ・あずた　～昭和60年2月27日　旭可鍛鉄常務　→83/87

平松 充男　ひらまつ・あつのり　～昭和59年7月19日　弁護士　サンケイ行革法曹研究会会員　→83/87

平松 勇　ひらまつ・いさむ　明治36年6月7日～平成1年9月10日　弁護士　大審院検事　→83/87

平松 永　ひらまつ・えい　～昭和61年12月23日　新三菱重工業（のち三菱重工業）監査役　→83/87

平松 恵喜治　ひらまつ・えきじ　明治41年1月3日～平成6年5月11日　郵政省九州電波監理局長・四国電波監理局長　→94/96

平松 甲子雄　ひらまつ・かしお　大正9年1月7日～平成8年2月12日　農林水産省関東農政局長　→94/96

平松 和男　ひらまつ・かずお　昭和2年6月29日～平成1年7月14日　帝商社長、帝国繊維取締役　→88/90

平松 一道　ひらまつ・かずみち　大正5年8月17日～平成1年3月22日　扇屋社長、三好カントリー倶楽部競技委員長　→88/90

平松 嘉平　ひらまつ・かへい　明治38年7月19日～平成1年8月3日　月島機械専務　→88/90

平松 輝久男　ひらまつ・てるひさお　昭和6年6月7日～平成13年6月15日　日本スピンドル製造専務　→00/02

平松 敬市　ひらまつ・けいいち　昭和4年3月2日～平成3

年11月3日　平松製作所会長、名古屋建築工事金物協同組合理事長　→91/93

平松 栄　ひらまつ・さかえ　明治45年1月26日～昭和58年6月14日　イビデン顧問・元副社長　→83/87

平松 貞己　ひらまつ・さだみ　昭和20年6月13日～平成12年6月5日　中部積和不動産専務　→00/02

平松 重雄　ひらまつ・しげお　昭和9年3月20日～平成19年11月4日　国利民福の会会長、憲法改正同志会会長　→06/08

平松 茂禧　ひらまつ・しげき　明治45年5月15日～平成3年7月6日　オリエンタルビル社長、オリエンタル中村百貨店副社長　→91/93

平松 茂人　ひらまつ・しげと　～昭和63年10月31日　カサマツ常務取締役　→88/90

平松 遮那一郎　ひらまつ・しゃないちろう　～昭和5年6月14日　新潟新聞社長　→昭和（平松 遮那一郎）

平松 正三　ひらまつ・しょうぞう　大正3年11月9日～平成2年10月25日　丸紅監査役　→88/90

平松 末吉　ひらまつ・すえきち　～昭和19年1月7日　東京瓦斯顧問　→昭和

平松 誠一　ひらまつ・せいいち　天保12年3月27日～昭和6年8月13日　測量家　→昭和

平松 誠一　ひらまつ・せいいち　～昭和55年2月17日　吉祥寺ステーションセンター監査役、元会計検査院事務総局次長　→80/82

平松 保　ひらまつ・たもつ　大正9年12月20日～平成12年5月16日　国民金融公庫理事　→00/02

平松 朝太郎　ひらまつ・ちょうたろう　～昭和55年6月26日　愛知時計電機常務　→80/82

平松 治正　ひらまつ・はるまさ　～昭和62年9月2日　神東塗料常務　→83/87

平松 英男　ひらまつ・ひでお　大正13年6月11日～平成2年2月1日　ヒガシマル醤油専務　→88/90

平松 章生　ひらまつ・ふみお　～平成1年4月7日　鳴門市議・元市議会議長　→88/90

平松 正直　ひらまつ・まさなお　明治34年6月14日～昭和63年5月5日　日本ピストンリング社長　→88/90

平松 元吉　ひらまつ・もときち　～昭和60年9月4日　鐘紡顧問・元取締役　→83/87

平松 義雄　ひらまつ・よしお　～昭和61年9月20日　ライフストア相談役・元副社長、日本精蝋取締役　→83/87

平松 利平　ひらまつ・りへい　～平成1年6月15日　電設社長　→88/90

平松 良策　ひらまつ・りょうさく　～昭和56年9月3日　西松建設取締役　→80/82

平松 六郎　ひらまつ・ろくろう　～昭和4年12月12日　陸軍航空兵少尉　→昭和

平光 章三　ひらみつ・しょうぞう　昭和2年6月14日～昭和62年10月2日　東海ラジオ放送常務、御岳鈴蘭高原観光

ひらみね　　　　　　　　　　　　　　　　　　　　　　　　　Ⅰ　政治・経済・社会篇

開発取締役　→83/87

平峯　隆　ひらみね・たかし　～昭和57年8月25日
弁護士　大阪高裁判事　→80/82

平村　国光　ひらむら・くにみつ　昭和10年12月2日～平成22年8月14日　富山県議（自民党）　→09/11

平本　彰男　ひらもと・あきお　～平成19年12月16日
自治労神奈川県本部委員長　→06/08

平本　和也　ひらもと・かずや　大正11年7月5日～平成11年7月21日　住友石炭鉱業専務　→97/99

平元　徳宗　ひらもと・とくしゅう　～昭和5年10月2日
臨済宗妙心寺専門道場師家　→昭和

平本　弘冨美　ひらもと・ひろふみ　～平成18年5月
人工呼吸器をつけた子の親の会初代会長　→06/08

平本　政美　ひらもと・まさみ　大正11年7月27日～平成8年9月19日　神奈川県議（自民党）　→94/96

平本　充宏　ひらもと・みつひろ　大正7年3月26日～昭和59年4月19日　総理府恩給局次長　→83/87

平元　義雄　ひらもと・よしお　大正2年11月10日～平成8年9月22日　松村組常務　→94/96

平本　義則　ひらもと・よしのり　明治41年1月1日～平成6年8月15日　朝日生命保険常務　→94/96

平谷　久　ひらや・ひさし　～昭和58年10月8日
日本海水化工社長、東北鉄興社社長、元東洋曹達理事　→83/87

平柳　常雄　ひらやなぎ・つねお　明治41年10月24日～平成2年6月1日　共同通信社常務　→88/90

平山　秋夫　ひらやま・あきお　～平成2年6月29日
講談社総務局次長、第一紙業常務　→88/90

平山　秋子　ひらやま・あきこ　明治39年9月19日～平成16年1月27日　牧師　日本基督教団東京山手教会副牧師　→03/05

平山　市右衛門　ひらやま・いちえもん　～昭和57年5月23日　長崎新聞社専務　→80/82

平山　岩彦　ひらやま・いわひこ　慶応3年8月～昭和17年5月11日　衆院議員（民政党）　→昭和

平山　金輝　ひらやま・かねてる　明治38年10月15日～昭和61年12月31日　緑産業相談役　→83/87

平山　敬三　ひらやま・けいぞう　～昭和13年6月28日
興中公司取締役　→昭和

平山　謙三郎　ひらやま・けんざぶろう　～昭和44年12月24日　三菱電機顧問　→昭和

平山　浩三　ひらやま・こうじ　大正13年～平成1年5月15日　井上工業専務　→88/90

平山　三郎　ひらやま・さぶろう　～昭和61年7月
日本初のマージャン店を開業　→83/87

平山　三郎　ひらやま・さぶろう　大正8年2月5日～平成1年5月14日　三栄証券会長　→88/90

平山　成人　ひらやま・しげと　大正8年3月27日～平成1年8月15日　神埼郡農協組合長、佐賀県農協連絡協議会会

長　→88/90

平山　重正　ひらやま・しげまさ　～昭和56年11月3日
香取神宮宮司　→80/82

平山　繁之　ひらやま・しげゆき　大正7年7月24日～昭和63年3月9日　アサヒレキセイ会長　→88/90

平山　茂　ひらやま・しげる　昭和8年2月10日～平成9年4月11日　上組常務　→97/99

平山　静夫　ひらやま・しずお　～昭和57年9月29日
日本興業銀行取締役東京支店長　→80/82

平山　信一　ひらやま・しんいち　昭和8年2月11日～平成10年　弁護士　平山法律会計事務所所長　→00/02s

平山　慎英　ひらやま・しんえい　～昭和25年12月10日
日本公証人連合会会長　→昭和

平山　資次　ひらやま・すけつぐ　大正10年10月2日～平成16年12月25日　前田建設工業専務　→03/05

平山　孝　ひらやま・たかし　～昭和54年7月8日
運輸事務次官　→昭和

平山　威　ひらやま・たけし　～昭和48年3月18日
三井東圧会長　→昭和

平山　健　ひらやま・たけし　大正12年2月1日～平成6年7月26日　日本合成ゴム常務　→94/96

平山　武　ひらやま・たけし　昭和3年1月27日～昭和60年2月2日　日新製鋼常務取締役　→83/87

平山　忠篤　ひらやま・ただあつ　～平成16年3月8日
龍踊り保存会会長　→03/05

平山　為之助　ひらやま・ためのすけ　明治7年1月～昭和35年3月18日　政治家、実業家　衆議院議員（立憲政友会）、津軽鉄道社長　→昭和

平山　長　ひらやま・ちょう　明治42年1月28日～平成1年1月22日　弁護士　前橋地検検事正、最高検検事　→88/90

平山　継男　ひらやま・つぎお　～昭和55年3月5日
川村理化学研究所理事長、前大日本インキ化学工業専務　→80/82

平山　鶴市　ひらやま・つるいち　明治42年11月28日～平成5年7月20日　岡山県議　→91/93

平山　徹夫　ひらやま・てつお　明治40年9月3日～昭和59年11月13日　三菱製鋼専務　→83/87

平山　照次　ひらやま・てるじ　明治40年10月4日～平成16年3月14日　牧師　日本基督教団東京山手教会創立者　→03/05

平山　晃千　ひらやま・てるゆき　昭和22年6月8日～平成19年11月11日　平山建設会長　→06/08

平山　得爾郎　ひらやま・とくじろう　～昭和7年3月2日
歩兵第七聯隊附歩兵少佐　→昭和

平山　敏雄　ひらやま・としお　大正9年10月26日～平成17年4月27日　新潟日報社長　→03/05

平山　富久　ひらやま・とみひさ　昭和7年12月16日～平成6年1月24日　安藤建設取締役　→94/96

平山　寅次郎　ひらやま・とらじろう　～昭和12年12月23

I 政治・経済・社会篇　　　　　　　　　　　　　　　　　　　　　　　　　　　　ひろお

日　台湾製糖顧問　→昭和

平山 成信　ひらやま・なりのぶ　嘉永7年11月6日～昭和4年9月25日　官僚，男爵　枢密顧問官，貴院議員(勅選)，日本赤十字社社長　→昭和

平山 信隆　ひらやま・のぶたか　昭和7年12月10日～平成7年6月14日　東邦生命保険常務　→94/96

平山 登　ひらやま・のぼる　大正14年1月12日～平成10年5月22日　日本鋼管常務　→97/99

平山 博三　ひらやま・はくぞう　明治39年2月4日～平成2年1月6日　浜松市長　→88/90

平山 秀雄　ひらやま・ひでお　大正5年1月3日～平成3年11月29日　電波新聞社長，熊本朝日放送会長　→91/93

平山 秀親　ひらやま・ひでちか　昭和2年3月7日～平成14年6月6日　東京都教育長　→00/02

平山 広次　ひらやま・ひろつぐ　明治41年9月20日～平成5年12月11日　三菱重工業常務　→91/93

平山 復二郎　ひらやま・ふくじろう　～昭和37年1月19日　日本技術士会長　→昭和

平山 正義　ひらやま・まさよし　～昭和56年11月26日　都環境保全局自然保護部長　→80/82

平山 己之吉　ひらやま・みのきち　明治31年5月30日～昭和63年7月31日　小田急建設相談役　→88/90

平山 温　ひらやま・ゆたか　大正2年4月25日～平成20年6月7日　日本電信電話公社総務理事，協和電設社長　→06/08

平山 豊　ひらやま・ゆたか　昭和15年11月1日～平成18年3月29日　静岡新聞事業局第一事業部長　→06/08

平山 洋三郎　ひらやま・ようざぶろう　明治33年6月～昭和45年10月11日　貴院議員(男爵)　→昭和(ひらやま・ようざぶろう)

平山 亮太郎　ひらやま・りょうたろう　～昭和46年2月15日　野村不動産社長，野村証券副社長　→昭和

平葦 信行　ひらよし・のぶゆき　明治42年～昭和55年2月17日　社会運動家　→80/82

ピリヨン神父　ぴりよんしんぷ　～昭和7年4月1日　奈良カトリック教会主　→昭和

蛭川 平次郎　ひるかわ・へいじろう　～昭和56年3月16日　小柳証券会長　→80/82

昼田 弘三　ひるた・こうぞう　大正12年3月15日～平成5年3月29日　ヒルタ工業会長，水島機械金属工業団地組合理事長　→91/93

蛭田 主税　ひるた・ちから　大正7年8月16日～平成12年11月12日　マックス社長　→00/02

蛭田 利之　ひるた・としゆき　～昭和62年7月7日　東京写植協組相談役，F・A・T会長　→83/87

蛭田 義之　ひるた・よしゆき　～平成7年12月27日　ワイツー社長　→94/96

蛭薙 詮順　ひるなぎ・せんじゅん　～昭和27年11月21日　天台真盛宗管長　→昭和

比留間 暁　ひるま・あきら　～平成4年6月10日　全国神社保育団体連合会長，神社本庁参与　→91/93

比留間 一郎　ひるま・いちろう　～平成1年4月30日　武蔵村山市議会議長　→88/90

昼間 久平　ひるま・きゅうへい　明治44年7月7日～昭和58年8月17日　大宮精機会長，大宮商工会議所副会頭，埼玉工業人クラブ副会長　→83/87

昼間 光　ひるま・こう　大正6年4月29日～平成3年12月30日　晒菊社長，関東和晒同業組合会長　→91/93

蛭間 宗左衛門　ひるま・そうざえもん　～平成13年6月25日　(福)聖徳会理事長，行田園(知的障害者更生施設)園長　→00/02

比留間 敏夫　ひるま・としお　大正13年4月12日～昭和61年9月9日　昭和高分子常務　→83/87

昼間 仲右衛門　ひるま・なかうえもん　大正4年1月21日～平成9年1月18日　鳩ケ谷市長　→97/99

比留間 豊　ひるま・ゆたか　明治41年1月6日～平成14年1月26日　日本道路公団理事，間組常務　→00/02

鰭崎 轍　ひれざき・てつ　～昭和61年12月14日　東京少年鑑別所長　→83/87

広 慶太郎　ひろ・けいたろう　明治41年12月7日～平成10年10月8日　久保田鉄工(のちクボタ)社長　→97/99

弘 美知生　ひろ・みちお　～昭和57年4月13日　徳山曹達専務　→80/82

広井 淳　ひろい・あつし　大正13年6月4日～平成10年9月24日　弁護士　日本弁護士連合会副会長，北海道弁護士会連合会理事長，札幌弁護士会会長　→97/99

広井 昌一　ひろい・しょういち　～平成6年3月4日　マンダム常務　→94/96

広井 継之助　ひろい・つぎのすけ　明治42年10月12日～平成4年5月10日　新潟日報会長　→91/93

広井 一　ひろい・はじめ　慶応1年9月11日～昭和9年1月17日　北越新報社長，長岡銀行常務，新潟県議　→昭和

広井 義臣　ひろい・よしおみ　明治24年12月10日～平成1年11月9日　弁護士　第二東京弁護士会会長　→88/90

広石 幸八郎　ひろいし・こうはちろう　～昭和56年12月27日　大和ミシン製造社長　→80/82

広海 浩三　ひろうみ・こうぞう　大正7年8月4日～平成4年8月11日　広海汽船社長　→91/93

広海 二三郎　ひろうみ・にさぶろう　嘉永7年11月3日～昭和年1月28日　実業家　広海汽船社長，貴院議員(多額納税)　→昭和(ひろみ・にさぶろう)

広江 勲　ひろえ・いさお　大正11年1月24日～平成22年3月5日　丸紅副社長　→09/11

広江 恭造　ひろえ・きょうぞう　～昭和10年12月27日　大阪中央放送局長　→昭和

広江 時寛　ひろえ・ときひろ　大正4年10月4日～平成10年7月30日　ピー・エス・コンクリート専務　→97/99

広尾 彰　ひろお・あきら　～昭和16年12月9日　海軍大尉　→昭和

広岡 治　ひろおか・おさむ　大正6年2月23日〜平成4年3月9日　日本配合飼料常務　→91/93
広岡 恵三　ひろおか・けいぞう　〜昭和28年1月6日　大同生命社長　→昭和
広岡 啓之助　ひろおか・けいのすけ　大正12年3月10日〜平成8年7月20日　ヒラノテクシード専務　→94/96
広岡 見二　ひろおか・けんじ　〜平成2年6月19日　日本無線常務、日清紡取締役　→88/90
広岡 謙二　ひろおか・けんじ　明治34年1月27日〜平成7年6月30日　国防会議初代事務局長、警視総監　→94/96
広岡 秀嶺　ひろおか・しゅうれい　明治30年7月9日〜昭和60年4月30日　日本マイクロ写真会長　→83/87
広岡 償治　ひろおか・しょうじ　〜昭和62年8月13日　三田屋社長　→83/87
広岡 武　ひろおか・たけし　昭和12年6月30日〜平成19年1月14日　マルカキカイ副社長　→06/08
広岡 知彦　ひろおか・ともひこ　昭和16年6月14日〜平成7年11月5日　子どもの虐待防止センター代表　→94/96
広岡 寅治　ひろおか・とらじ　明治38年10月14日〜昭和63年10月1日　同和火炎海上保険名誉顧問、富久娘酒造社長　→88/90
広岡 伸次　ひろおか・のぶじ　明治42年6月16日〜平成5年9月21日　三菱重工業常務、三菱自動車工業常務　→91/93
広岡 松三郎　ひろおか・まつさぶろう　〜昭和46年11月1日　大同生命保険社長　→昭和
広川 昭年　ひろかわ・あきとし　昭和4年〜昭和62年9月7日　大成建設常務設計本部長　→83/87
広川 清英　ひろかわ・きよひで　昭和22年5月1日〜平成10年12月25日　弁護士　札幌弁護士会人権擁護委員会委員長・元副会長、広川法律事務所所長　→97/99
広川 憲　ひろかわ・けん　〜昭和43年11月2日　日東紡績相談役元社長　→昭和
広川 弘禅　ひろかわ・こうぜん　明治35年3月31日〜昭和42年1月7日　政治家　農相、衆院議員（自民党）　→昭和
広川 昌　ひろかわ・さかえ　昭和9年4月12日〜平成5年12月24日　ハニックス工業社長　→91/93
広川 修二　ひろかわ・しゅうじ　〜昭和61年1月11日　伊藤工業顧問、ロック建設顧問　→83/87
広川 十郎　ひろかわ・じゅうろう　大正3年〜平成21年3月12日　4丁目プラザ創業者　→09/11
広川 信造　ひろかわ・しんぞう　〜平成3年7月25日　田辺製薬監査役　→91/93
広川 太郎　ひろかわ・たろう　明治40年3月2日〜平成12年4月17日　奈良中央信用金庫理事長　→00/02
広川 仁四郎　ひろかわ・にしろう　〜昭和60年7月4日　丹青社専務　→83/87
広木 剛ш　ひろき・ごうぞう　大正9年9月17日〜昭和13年6月29日　明治機械社長　→00/02

広木 重喜　ひろき・しげき　大正15年10月15日〜平成23年11月15日　大阪高裁部総括判事　→09/11
広木 良次　ひろき・よしつぐ　昭和14年12月24日〜平成22年2月21日　愛知県議（公明党）　→09/11
広崎 誠利　ひろさき・しげとし　昭和12年12月20日〜平成14年1月19日　関西スーパーマーケット副社長　→00/02
広沢 章　ひろさわ・あきら　昭和2年7月1日〜平成7年9月28日　ダイドーリミテッド常務　→94/96
広沢 一夫　ひろさわ・かずお　明治40年1月1日〜平成1年1月30日　日本火災海上保険専務、共栄倉庫監査役　→91/93
広沢 金久　ひろさわ・かねひさ　大正13年8月20日〜平成11年10月14日　オークマ会長、東海銀行常務　→97/99
広沢 堯雄　ひろさわ・ぎょうゆう　〜平成9年4月5日　僧侶　八王子中学校長会会長、真言宗智山派大僧正　→97/99
広沢 謙次　ひろさわ・けんじ　明治44年9月2日〜平成1年7月13日　広沢製作所社長　→88/90
広沢 信三　ひろさわ・しんぞう　昭和4年4月25日〜昭和63年8月17日　広信代表取締役社長　→88/90
広沢 努　ひろさわ・つとむ　〜平成19年10月26日　平和運動家　→06/08
広沢 透　ひろさわ・とおる　大正13年7月14日〜平成4年5月17日　ベルテキスタイル社長、鐘紡取締役　→91/93
広沢 徳三郎　ひろさわ・とくさぶろう　大正6年2月2日〜平成18年12月23日　ニチアス常務　→06/08
広沢 敏夫　ひろさわ・としお　大正4年4月1日〜平成5年12月14日　ダイフク社長　→91/93
広沢 直樹　ひろさわ・なおき　昭和6年1月3日〜平成19年7月14日　衆院議員（公明党）　→06/08
広沢 道夫　ひろさわ・みちお　大正1年12月20日〜平成9年6月9日　ビオフェルミン製薬副社長　→97/99
広沢 参男　ひろさわ・みつお　大正1年12月6日〜平成2年1月5日　日本タンカー社長、日本マリン社長、日本鉱業石油業務部長　→88/90
広芝 義賢　ひろしば・よしかた　大正4年5月5日〜平成13年10月6日　奈良新聞会長　→00/02
広島 哲之助　ひろしま・てつのすけ　〜昭和56年10月24日　コクヨ取締役　→80/82
広島 通　ひろしま・とおる　明治44年8月16日〜昭和62年7月8日　国際電信電話会社取締役大阪支社長　→83/87
広嶋 敏雄　ひろしま・としお　大正6年5月2日〜昭和61年1月12日　公認会計士　広嶋公認会計士事務所所長　→83/87
弘嶋 義信　ひろしま・よしのぶ　昭和8年10月27日〜平成4年9月28日　安田生命保険常務　→91/93
広末 賢一　ひろすえ・けんいち　大正7年12月31日〜平成1年1月30日　福岡県副知事　→88/90
広瀬 家彦　ひろせ・いえひこ　大正11年4月8日〜昭和58年8月5日　交通遺児育成基金専務理事　→83/87

広瀬 栄一　ひろせ・えいいち　～昭和63年5月1日　陸上自衛隊北部方面総監　→88/90

広瀬 栄治郎　ひろせ・えいじろう　明治35年7月5日～平成5年1月7日　大阪ベアリング製造(のちダイベア)社長、光洋精工専務、住友信託銀行取締役　→91/93

広瀬 永造　ひろせ・えいぞう　～昭和26年1月7日　和歌山県知事　→昭和

広瀬 延二　ひろせ・えんじ　～平成4年6月29日　ヒロセ合金会長　→91/93

広瀬 興貞　ひろせ・おきさだ　昭和21年8月29日～平成10年4月30日　興銀証券常務　→97/99

広瀬 勝邦　ひろせ・かつくに　大正6年5月～昭和44年10月25日　衆院議員(民社党)　→昭和

広瀬 克繁　ひろせ・かつしげ　～昭和59年3月4日　富国生命保険相互会社取締役　→83/87

広瀬 勝美　ひろせ・かつみ　大正9年4月15日～平成7年7月4日　日本道路公団理事　→94/96

広瀬 亀松　ひろせ・かめまつ　大正7年4月22日～平成12年1月19日　萩国際観光ホテル楽天池会長　→00/02

広瀬 久三　ひろせ・きゅうぞう　明治44年3月16日～平成11年2月2日　第二精工舎専務　→97/99

広瀬 潔　ひろせ・きよし　大正15年7月5日～平成5年3月26日　日本基礎技術専務　→91/93

広瀬 経一　ひろせ・けいいち　明治29年3月7日～昭和61年2月18日　北海道拓殖銀行頭取　→83/87

広瀬 銈三　ひろせ・けいぞう　～昭和46年5月11日　ヒロセ電機社長　→昭和

広瀬 憲　ひろせ・けん　大正12年3月30日～平成3年7月20日　日中友好国民運動連絡会議事務局長　→91/93

弘世 現　ひろせ・げん　明治37年5月21日～平成8年1月10日　実業家　日本生命保険社長　→94/96

広瀬 健児　ひろせ・けんじ　大正15年3月15日～平成8年7月18日　トーカイ副社長　→94/96

広瀬 健治　ひろせ・けんじ　～昭和55年4月9日　日本パイロット協会名誉会員、元内海水先人会会長　→80/82

広瀬 顕三　ひろせ・けんぞう　明治36年11月18日～平成14年12月27日　阪急電鉄副社長　→03/05s

広瀬 謙而　ひろせ・けんじ　～昭和62年3月1日　花王石鹸取締役　→83/87

広瀬 健郎　ひろせ・けんろう　～昭和61年1月17日　林建設工業(株)取締役技術部長　→83/87

広瀬 五郎　ひろせ・ごろう　～平成4年4月15日　池田銀行取締役　→91/93

広瀬 節男　ひろせ・さだお　～平成9年3月19日　駐アフガニスタン大使　→97/99

広瀬 重義　ひろせ・しげよし　～昭和49年2月21日　大垣市長　→昭和

広瀬 治輔　ひろせ・じすけ　～昭和57年2月28日　甘木中央青果社長　→80/82

弘世 修　ひろせ・しゅう　大正4年9月28日～平成1年8月29日　大日本スクリーン製造常任監査役　→88/90

広瀬 祝二　ひろせ・しゅうじ　～昭和62年11月11日　富士洋紙店(のち日本紙パルプ商事)社長、寿紙業取締役相談役　→83/87

広瀬 俊吉　ひろせ・しゅんきち　明治33年9月18日～平成4年11月27日　目黒区長　→91/93

広瀬 駿二　ひろせ・しゅんじ　大正7年2月5日～平成18年3月1日　大蔵省証券局長　→06/08

広瀬 正一　ひろせ・しょういち　明治40年7月2日～昭和59年9月25日　泉殖社長　→83/87

弘世 正二郎　ひろせ・しょうじろう　～昭和13年1月31日　大阪府農工銀行頭取　→昭和

広瀬 庄太郎　ひろせ・しょうたろう　明治8年～昭和16年　森永製品販売社長　→昭和

広瀬 真一　ひろせ・しんいち　大正2年1月25日～昭和61年1月20日　日本通運会長　→83/87

広瀬 助一郎　ひろせ・すけいちろう　～昭和43年9月2日　阪神電鉄取締役　→昭和

弘世 助太郎　ひろせ・すけたろう　明治4年12月9日～昭和11年3月9日　実業家　日本生命保険社長　→昭和

広瀬 祐治　ひろせ・すけはる　明治43年12月9日～平成10年2月7日　日興証券常務　→97/99

広瀬 善順　ひろせ・ぜんじゅん　明治33年4月23日～昭和59年3月31日　尼僧　直指庵(京都・嵯峨野)庵主　→83/87

広瀬 惣一　ひろせ・そういち　明治43年11月23日～昭和61年4月25日　種清会長、全国菓子問屋組合連合会会長　→83/87

広瀬 泰三　ひろせ・たいぞう　大正7年3月10日～平成15年4月1日　キング会長　→03/05

広瀬 隆　ひろせ・たかし　昭和15年10月22日～平成13年6月15日　神鋼パンテック常務　→00/02

広瀬 太吉　ひろせ・たきち　明治34年2月17日～平成12年8月4日　広瀬無線電機会長　→00/02

広瀬 武雄　ひろせ・たけお　明治43年4月22日～平成7年9月23日　大阪製鎖造機専務　→94/96

広瀬 猛夫　ひろせ・たけお　明治40年12月22日～平成1年6月1日　広瀬味噌醸造所会長、世田谷区会議長　→88/90

広瀬 猛　ひろせ・たけし　明治15年1月5日～昭和9年7月17日　陸軍中将　陸軍大学校校長　→昭和

広瀬 猛　ひろせ・たけし　大正4年10月11日～昭和60年11月3日　旭化成工業専務　→83/87

広瀬 武久　ひろせ・たけひさ　大正8年5月1日～平成3年6月30日　日本坩堝社長　→91/93

広瀬 太次郎　ひろせ・たじろう　明治34年10月23日～平成10年4月5日　広瀬商会会長、白洋舎取締役　→97/99

広瀬 達夫　ひろせ・たつお　大正3年2月26日～平成14年5月24日　駐トルコ大使　→00/02

広瀬 為久　ひろせ・ためひさ　明治9年2月～昭和16年3月1日　衆院議員(立憲政友会)　→昭和

広瀬 太郎　ひろせ・たろう　～昭和55年12月28日　山下新日本汽船常任監査役,日正汽船常任監査役　→80/82

広瀬 千秋　ひろせ・ちあき　明治12年6月～昭和7年4月22日　実業家　大日本石油工業取締役,神戸商業会議所副会頭　→昭和

広瀬 哲男　ひろせ・てつお　大正14年8月9日～平成2年11月24日　TNCテレビ西日本参与・元常務　→88/90

広瀬 鉄弥　ひろせ・てつや　～昭和48年3月6日　甲風建設工業取締役　→昭和

広瀬 藤四郎　ひろせ・とうしろう　明治36年8月23日～平成3年8月27日　神崎製紙会長,日本ホッケー協会副会長　→91/93

広瀬 徳蔵　ひろせ・とくぞう　明治11年5月～昭和8年5月8日　弁護士　衆院議員(民政党)　→昭和

広瀬 俊樹　ひろせ・としき　昭和6年11月18日～平成20年4月15日　王子製紙常務　→06/08

広瀬 俊彦　ひろせ・としひこ　昭和10年6月8日～平成18年11月27日　東洋エンジニアリング社長　→06/08

広瀬 富雄　ひろせ・とみお　大正9年8月30日～平成5年3月24日　ゼネラル石油精製(のちゼネラル石油)取締役　→91/93

広瀬 友信　ひろせ・とものぶ　～昭和55年8月2日　弁護士　名古屋高裁判事　→80/82

広瀬 豊勝　ひろせ・とよかつ　大正2年10月20日～昭和63年4月12日　栄村(長野県)村長　→88/90

広瀬 豊作　ひろせ・とよさく　明治24年11月17日～昭和39年4月12日　大蔵官僚　蔵相,日野ヂーゼル工業会長　→昭和

広瀬 豊治　ひろせ・とよじ　～昭和61年9月26日　品川区(東京都)区議　→83/87

広瀬 侃一　ひろせ・なおかず　明治43年3月27日～平成62年1月25日　日本パルプ工業会長,広瀬パルプ工業代表取締役会長　→83/87

広瀬 信衛　ひろせ・のぶえ　明治40年10月6日～平成8年10月20日　日本エヤーブレーキ(のちナブコ)社長・会長,神戸製鋼所常務　→94/96

広瀬 信男　ひろせ・のぶお　大正11年2月5日～平成11年2月24日　日本プラスト名誉会長　→97/99

広瀬 春男　ひろせ・はるお　明治42年1月1日～平成5年2月1日　名古屋都ホテル社長　→91/93

広瀬 久重　ひろせ・ひさえ　～昭和47年12月21日　日銀理事　→昭和

広瀬 久　ひろせ・ひさし　昭和2年7月1日～平成8年9月18日　東洋製作所常務　→94/96

広瀬 久忠　ひろせ・ひさただ　明治22年1月22日～昭和49年5月22日　厚相,参院議員(自民党)　→昭和

広瀬 秀吉　ひろせ・ひでよし　大正7年2月2日～平成23年10月17日　衆院議員(社会党)　→09/11

広瀬 弘　ひろせ・ひろし　大正13年7月17日～平成1年3月16日　通信放送衛星機構理事長,郵政事務次官　→88/90

広瀬 福市　ひろせ・ふくいち　大正12年2月8日～平成9年10月24日　三菱電機副社長　→97/99

広瀬 夫佐子　ひろせ・ふさこ　大正3年11月19日～昭和56年5月19日　日本病院ボランティア協会長,大阪市教育委員　→80/82

広瀬 政雄　ひろせ・まさお　～昭和58年4月25日　社会党本部中央委員・浜松総支部書記長　→83/87

広瀬 正雄　ひろせ・まさお　明治39年7月3日～昭和55年12月3日　衆院議員(自民党),郵政相,日田市長　→80/82

広瀬 正己　ひろせ・まさみ　昭和12年2月1日～平成23年7月2日　SMK常務　→09/11

広瀬 正巳　ひろせ・まさみ　～平成5年7月28日　ユニチカ取締役　→91/93

弘瀬 勝　ひろせ・まさる　昭和15年1月1日～平成16年10月3日　土佐闘犬センター社長,日本ソフトボール協会長　→03/05

広瀬 守　ひろせ・まもる　大正10年～昭和58年4月1日　電気化学工業常務取締役　→83/87

広瀬 満正　ひろせ・みつまさ　安政6年12月18日～昭和3年12月5日　実業家　貴院議員(多額納税)　→昭和

広瀬 盛真　ひろせ・もりまさ　明治40年10月24日～平成1年2月10日　愛知県公害病患者の会連合会会長　→88/90

広瀬 安太郎　ひろせ・やすたろう　～昭和43年1月20日　ナショナル証券監査役　→昭和

広瀬 静水　ひろせ・やすみ　大正14年～平成19年1月17日　大本総長　→06/08

広瀬 幸雄　ひろせ・ゆきお　大正11年2月28日～平成10年8月24日　マイセア国際教育里親の会代表　→97/99

広瀬 幸雄　ひろせ・ゆきお　昭和18年4月14日～平成23年8月20日　朝日新聞常務,日本対がん協会理事長　→09/11

広瀬 要蔵　ひろせ・ようぞう　～昭和62年5月20日　日本車輛製造顧問・元専務　→83/87

広瀬 陽三　ひろせ・ようぞう　昭和4年1月27日～平成15年12月3日　川鉄コンテイナー専務　→03/05

広瀬 芳一　ひろせ・よしいち　大正9年1月27日～平成2年5月15日　栗田工業専務　→88/90

広瀬 与兵衛　ひろせ・よへえ　明治24年1月3日～昭和41年6月5日　参院議員(自由党)　→昭和

広瀬 竜太郎　ひろせ・りゅうたろう　明治35年9月30日～昭和62年1月31日　明光証券相談役,住友銀行常務　→83/87

広瀬 量一　ひろせ・りょういち　大正13年5月9日～平成14年4月12日　大東京火災海上保険専務　→00/02

広瀬 録夫　ひろせ・ろくお　大正5年5月10日～昭和63年4月4日　広文堂代表取締役,広文堂印刷(株)取締役,(株)エスピー取締役会長　→88/90

広瀬 和一郎　ひろせ・わいちろう　～昭和55年6月11日

日産建設会長　→80/82

広田　勲　ひろた・いさお　～昭和60年12月19日
昌運工業会長　→83/87

広田　一郎　ひろた・いちろう　大正3年12月23日～平成20年2月11日　前田建設工業専務　→06/08

広田　巌　ひろた・いわお　昭和12年6月30日～平成12年11月25日　横河電気常務　→00/02

広田　寛二　ひろた・かんじ　～昭和60年9月5日
民社党長野県連副委員長, 長野県議　→83/87

広田　喜一　ひろた・きいち　～昭和57年6月23日
兼松(兼松江商の前身)元取締役　→80/82

広田　清雄　ひろた・きよお　～昭和56年6月8日
旭電化工業取締役　→80/82

広田　国彦　ひろた・くにひこ　昭和5年3月18日～平成21年2月27日　静岡銀行常務, テレビ静岡副社長　→09/11

広田　孝一　ひろた・こういち　～昭和47年10月12日
電源開発技術顧問　→昭和

広田　耕一　ひろた・こういち　大正15年11月4日～昭和62年12月28日　広田工務店代表取締役社長, 福岡建設協力会副会長　→83/87

広田　弘毅　ひろた・こうき　明治11年2月14日～昭和23年12月23日　外交官, 政治家　首相, 外相　→昭和

広田　耕司　ひろた・こうじ　昭和11年9月29日～平成15年7月18日　日本経済新聞社友　→03/05

広田　定一　ひろた・さだいち　明治34年1月22日～昭和60年11月7日　洋菓子のヒロタ創業者　→83/87

弘田　実資　ひろた・さねよし　～昭和44年9月21日
三菱電機相談役　→昭和

広田　重道　ひろた・しげみち　明治40年4月29日～昭和57年4月27日　平和運動家　第五福竜丸平和協会専務理事, 第五福竜丸展示館館長　→80/82

広田　積　ひろた・しげる　大正2年10月1日～昭和62年1月5日　オランダ大使　→83/87

広田　重吉　ひろた・じゅうきち　～昭和55年4月8日
二水ナツレン会長　→80/82

広田　寿三郎　ひろた・じゅさぶろう　～平成14年
郷土史家　魚津歴史同好会会長　→03/05s

広田　新市　ひろた・しんいち　昭和12年7月3日～平成4年8月16日　前田金属工業取締役　→91/93

広田　晋一　ひろた・しんいち　～昭和28年7月6日
東京弁護士会長　→昭和

広田　進一　ひろた・しんいち　大正10年～昭和58年12月1日　広田証券社長　→83/87

広田　清一　ひろた・せいいち　～昭和60年4月3日
東京タンカー常務, 東京タンカーマリンサービス顧問　→83/87

広田　精一郎　ひろた・せいいちろう　明治38年1月25日～平成5年8月2日　東レ社長　→91/93

広田　宗　ひろた・そう　明治42年10月21日～昭和61年

11月29日　小田急電鉄会長, 日本民営鉄道協会会長　→83/87

広田　隆夫　ひろた・たかお　大正13年2月3日～平成7年10月13日　トーヨーカネツ専務　→94/96

広田　孝　ひろた・たかし　大正11年12月3日～平成12年5月16日　製鉄化学工業常務　→00/02

広田　孝之　ひろた・たかゆき　大正12年6月28日～平成17年12月17日　ヒロタ会長　→03/05

広田　武夫　ひろた・たけお　昭和11年5月28日～平成9年7月20日　兼松羊毛工業常務　→97/99

広田　藤衛　ひろた・とうえ　大正10年5月16日～平成62年2月17日　鳥取県議(自民党, 鳥取)　→83/87

広田　徳寿郎　ひろた・とくじゅろう　大正5年12月6日～平成16年11月15日　ニッパツ常務　→03/05

広田　敏男　ひろた・としお　明治43年3月28日～平成1年9月11日　鳥取市議・市会議長　→88/90

広田　豊太郎　ひろた・とよたろう　大正13年5月25日～平成11年12月8日　名工建設専務　→97/99

広田　直衛　ひろた・なおえ　昭和9年2月9日～平成2年11月30日　ニュー・トーキョー取締役　→88/90

広田　寿一　ひろた・ひさかず　明治32年5月7日～昭和59年1月15日　住友金属工業社長　→83/87

広田　英夫　ひろた・ひでお　昭和17年11月15日～平成21年2月8日　山口銀行専務　→09/11

広田　穂積　ひろた・ほずみ　～昭和56年4月1日
有恒社長, 元西日本相互銀行専務　→80/82

広田　稔　ひろた・みのる　昭和13年9月13日～平成2年9月4日　朝明精工会長　→88/90

広田　元男　ひろた・もとお　大正9年1月8日～平成15年2月3日　日本航空電子工業社長, NEC副社長　→03/05

広田　幸稔　ひろた・ゆきとし　大正14年12月2日～昭和63年4月14日　税理士　名古屋税理士会参与, 名古屋税理士協同組合常務理事　→88/90

広谷　龍夫　ひろたに・たつお　大正8年3月21日～平成7年5月16日　ひろや社長　→94/96

広谷　次大　ひろたに・つぐお　大人8年12月13日～平成年12月30日　陸将　陸上自衛隊富士学校校長　→94/96

広谷　宏　ひろたに・ひろし　～平成17年1月5日
合同製鉄常務　→03/05

広地　寿美雄　ひろち・すみお　昭和13年4月1日～平成16年3月6日　明治乳業常務　→03/05

広地　敏之　ひろち・としゆき　～平成15年8月13日
税理士　広地敏之税理士事務所長, 富山県税理士協同組合理事長　→03/05

弘津　次郎　ひろつ・じろう　～昭和59年2月4日
山口銀行頭取　→83/87

広津　俊直　ひろつ・としなお　昭和2年8月14日～平成5年5月12日　帝国ヒューム管専務　→91/93

広津　政二　ひろつ・まさじ　明治19年4月25日～昭和8年6月13日　実業家　共同証券専務, 内外投資社長　→昭和

広津　保之　ひろつ・やすゆき　明治39年9月26日～昭和62年4月30日　井筒屋専務取締役, 博多井筒屋社長　→83/87

広辻　三千太郎　ひろつじ・みちたろう　～昭和15年3月25日　陸軍軍医大佐　→昭和

弘中　協　ひろなか・かのう　～昭和55年5月18日　第一物産会長, 三井物産相談役　→80/82

弘中　堯巳　ひろなか・たかみ　昭和9年8月6日～平成9年9月23日　松下電工監査役・元常務　→97/99

広中　猛郎　ひろなか・たけろう　大正15年2月3日～平成21年7月9日　共栄火災海上保険常務　→09/11

弘中　伝二　ひろなか・でんじ　～昭和37年11月29日　西日本新聞社長　→昭和

広中　春治　ひろなか・はるじ　～平成3年6月9日　石狩支庁長　→91/93

弘中　佳夫　ひろなか・よしお　明治43年11月3日～平成1年10月12日　三井化学(のち三井東圧化学)常務　→88/90

弘中　柳三　ひろなか・りゅうぞう　明治34年8月30日～昭和41年8月4日　社会運動家　→昭和

広長　良一　ひろなが・りょういち　～昭和57年7月24日　銭高組社友　→80/82

広西　小一郎　ひろにし・こいちろう　明治38年12月1日～平成2年9月3日　札幌通運取締相談役　→88/90

広庭　学　ひろにわ・まなぶ　昭和5年3月15日～平成2年10月4日　太平洋興発常勤監査役　→88/90

広野　観山　ひろの・かんざん　～昭和53年9月9日　日蓮宗最高顧問　→昭和

広野　忠雄　ひろの・ただお　大正14年7月6日～平成14年6月9日　広野組会長　→00/02

広野　信衛　ひろの・のぶえ　大正13年11月6日～平成23年10月30日　東京計器社長　→09/11

広野　広道　ひろの・ひろみち　大正5年8月9日～平成1年3月9日　門前町(石川県)町長　→88/90

広野　房一　ひろの・ふさいち　～平成17年7月20日　伊方原発反対八西連絡協議会会長　→03/05

広野　行男　ひろの・ゆきお　大正5年7月2日～昭和58年8月24日　トーシキインテリア社長　→83/87

広野　寛　ひろの・ゆたか　大正10年10月4日～平成18年5月19日　滋賀銀行頭取　→06/08

広野　義雄　ひろの・よしお　大正2年9月23日～平成4年4月30日　京都府議(新政会)　→91/93

広野　義治　ひろの・よしはる　～昭和56年7月16日　北陸電気工業社長　→80/82

広橋　正子　ひろはし・まさこ　～昭和55年3月10日　西日本婦人懇話会顧問　→80/82

広橋　真光　ひろはし・まさみつ　～平成9年5月21日　東条英機首相秘書官, 千葉県知事　→97/99

広幡　忠隆　ひろはた・ただたか　～昭和36年4月12日　皇后宮大夫　→昭和

広幡　増弥　ひろはた・ますや　～昭和63年11月11日　海軍技術少将　→88/90

広原　幸一　ひろはら・こういち　～昭和55年5月　実業家(在日韓国人)　→80/82

広藤　強　ひろふじ・つよし　昭和14年9月6日～平成10年1月28日　連合鳥取会長　→97/99

広部　賢二　ひろべ・けんじ　～昭和60年7月24日　千代田火災海上保険専務　→83/87

広松　伝　ひろまつ・つたえ　昭和12年5月25日～平成14年5月15日　全国水環境交流会代表幹事　→00/02

広見　甲一　ひろみ・こういち　～昭和63年7月28日　三菱金属取締役　→88/90

広海　新兵衛　ひろみ・しんべえ　～昭和56年10月19日　聖和精密工機社長　→80/82(廣海　新兵衛)

広本　フサ　ひろもと・ふさ　明治19年～昭和56年9月26日　広島の原爆被爆者　→80/82

広本　昌巳　ひろもと・まさみ　昭和8年8月6日～平成5年2月9日　三菱農機常務　→91/93

広山　堯道　ひろやま・ぎょうどう　大正14年1月6日～平成18年3月2日　僧侶, 塩業研究家　広度寺(浄土宗)住職, 赤穂市立歴史博物館名誉館長, 赤穂市文化財保護審議会会長　→06/08

弘山　尚直　ひろやま・ひさなお　明治36年1月3日～平成2年3月5日　全国電気管理技術者協会顧問, 東京電機管理技術者協会顧問・元会長, 公営電気事業経営者会議理事　→88/90

広吉　誠之　ひろよし・せいし　明治41年8月8日～昭和61年4月29日　関東郵船運輸顧問・元副社長　→83/87

広脇　正徳　ひろわき・まさのり　昭和10年10月7日～平成11年7月1日　MRC情報システム社長, 三菱レイヨン常務　→97/99

広渡　哲　ひろわたり・とおる　～平成3年3月5日　川岸工業取締役総務部長・経理部長　→91/93

琵琶　忠志　びわ・ただし　昭和14年9月5日～平成14年2月16日　三井造船常務　→00/02

枇杷田　源介　びわた・げんすけ　～昭和39年1月27日　奈良地検検事正　→昭和

檜原　敏郎　ひわら・としろう　明治38年2月14日～昭和59年1月10日　近鉄百貨店相談役・元社長, 元近畿日本鉄道副社長　→83/87

閔　ビン　⇒ミン

【ふ】

風当　正夫　ふうとう・まさお　大正2年11月28日～平成12年4月27日　東京ガス常務　→00/02

布浦　賢作　ふうら・けんさく　昭和2年7月18日～平成17

年7月7日　山口銀行専務　→03/05

布浦 真作　ふうら・しんさく　明治28年4月17日～昭和60年2月27日　九州・山口経済連合会副会長、山口銀行取締役相談役　→83/87

笛木 松三郎　ふえき・まつさぶろう　明治42年10月13日～平成10年6月8日　群馬銀行常務　→97/99

不破勝 敏夫　ふえとう・としお　大正6年4月29日～平成15年3月24日　弁護士　徳山大学名誉学長、山口大学名誉教授　→03/05

深井 英五　ふかい・えいご　明治4年11月20日～昭和20年10月21日　日銀総裁、枢密顧問官　→昭和

深井 謹次郎　ふかい・きんじろう　明治40年4月20日～平成5年3月4日　日本光学工業(のちニコン)常務　→91/93

深井 貞雄　ふかい・さだお　昭和13年10月15日～平成19年3月27日　トキメック常務　→06/08

深井 茂之助　ふかい・しげのすけ　大正11年3月24日～平成18年1月14日　山加電業社長　→06/08

深井 重三郎　ふかい・じゅうざぶろう　明治41年1月8日～平成16年9月29日　岐阜県教育長　→03/05

深井 昌司　ふかい・しょうじ　昭和10年7月27日～平成4年12月31日　池田建設社長　→91/93

深井 誠吉　ふかい・せいきち　大正3年4月19日～平成6年3月27日　住友軽金属工業常務、日東金属工業(のち新日東金属)社長　→94/96

深井 大　ふかい・だい　～昭和36年8月6日　旺文社副社長　→昭和

深井 斌　ふかい・たけし　～昭和47年11月30日　池田建設会長　→昭和

深井 龍雄　ふかい・たつお　明治44年6月25日～平成2年5月10日　駐コロンビア大使　→昭和

深井 敏雄　ふかい・としお　大正6年9月10日～平成3年8月30日　新通プロテック社長、新通相談役　→91/93

深井 文蔵　ふかい・ぶんぞう　明治45年5月24日～平成16年3月22日　日本軽金属常務　→03/05

深井 誠　ふかい・まこと　昭和22年2月7日～平成11年1月19日　吉川市長　→97/99

深井 正男　ふかい・まさお　～昭和55年2月22日　弁護士　名古屋地裁所長　→80/82

深井 弥之助　ふかい・やのすけ　明治40年11月4日～平成6年8月5日　泉大津商工会議所会頭　→94/96

深井 弥平　ふかい・やへい　明治42年7月16日～平成7年3月18日　日本金属工業専務　→94/96

深井 善男　ふかい・よしお　～昭和55年10月7日　池貝鉄工常務　→80/82

深浦 正文　ふかうら・せいぶん　明治22年2月23日～昭和43年7月31日　本願寺寮頭、龍谷大学名誉教授　→昭和

深浦 智夫　ふかうら・ともお　昭和2年6月21日～平成20年9月19日　大洋漁業取締役　→06/08

深浦 弘　ふかうら・ひろし　大正9年3月26日～平成23年12月28日　紙弘社長、熊本空港CC理事長、熊本県ゴルフ協会会長　→09/11

深江 右京　ふかえ・うきょう　大正12年3月20日～平成23年3月7日　呉羽化学工業常務　→09/11

深江 七郎　ふかえ・しちろう　～平成5年6月12日　アスワン副社長　→91/93

深尾 一郎　ふかお・いちろう　昭和6年3月29日～昭和63年3月4日　日本経済新聞監査役、日経エス・ヴィ・ビー社長　→88/90

深尾 憲治　ふかお・けんじ　大正2年3月2日～昭和60年9月1日　三菱液化瓦斯顧問・元社長　→83/87

深尾 茂　ふかお・しげる　明治42年1月8日～昭和48年5月2日　永大産業創業者　→昭和

深尾 韶　ふかお・しょう　明治13年11月12日～昭和38年11月8日　社会運動家　ボーイスカウト日本連盟先達　→昭和

深尾 清吉　ふかお・せいきち　明治40年12月17日～昭和61年10月17日　宝幸水産社長　→83/87

深尾 泰三　ふかお・たいぞう　大正3年6月11日～平成18年5月25日　日本フイルコン社長　→06/08

深尾 恒　ふかお・ひさし　大正8年3月12日～平成1年4月1日　藤沢薬品工業取締役　→88/90

深尾 政美　ふかお・まさみ　～平成6年8月19日　オーツタイヤ常務　→94/96

深尾 学　ふかお・まなぶ　大正15年4月14日～平成9年10月11日　東海ラジオ放送会長　→97/99

深尾 雄四郎　ふかお・ゆうしろう　大正15年1月30日～平成8年6月24日　大同特殊鋼常務、理研製鋼社長　→94/96

深尾 隆太郎　ふかお・りゅうたろう　明治10年1月9日～昭和23年4月17日　実業家、男爵　日清汽船社長、貴院議員、日本サッカー協会会長　→昭和

深尾 良志　ふかお・りょうし　大正8年2月17日～平成10年2月1日　大日本電線(のち三菱電線工業)専務、三菱銀行(のち東京三菱銀行)取締役　→97/99

深貝 慈孝　ふかがい・じこう　昭和12年1月15日～平成13年10月13日　僧侶　仏教大学教授　→00/02

深川 明　ふかがわ・あきら　大正13年12月13日～平成21年7月11日　深川製磁社長　→09/11

深川 修吉　ふかがわ・しゅうきち　明治44年4月13日～平成13年7月24日　新日本無線社長　→00/02

深川 重弥　ふかがわ・じゅうや　大正7年1月4日～平成18年1月8日　日本テトラポッド社長　→06/08

深川 武　ふかがわ・たけし　明治33年6月10日～昭和37年1月5日　水平社運動指導者　→昭和

深川 正　ふかがわ・ただし　大正15年6月1日～昭和63年1月8日　陶磁研究家　香蘭社長、有田商工会議所副会頭、ニュービジネス協議会副会長　→88/90

深川 浩　ふかがわ・ひろし　～昭和61年1月25日　深川コンクリート工業代表　→83/87

深川 森武　ふかがわ・もりたけ　明治35年12月1日～平成1年2月10日　香蘭社社長　→88/90

ふかかわ　　　　　　　　　　　　　　　　　　　　　　　Ⅰ　政治・経済・社会篇

深川 芳夫　ふかがわ・よしお　〜平成14年5月10日
　山善専務　→00/02
深川 力男　ふかがわ・りきお　昭和2年3月18日〜平成1
　年12月22日　大日本紙業常務　→88/90
深川 良造　ふかがわ・りょうぞう　〜昭和60年11月30日
　博多にわか深川一家当主、深川工務店会長　→83/87
深喜 源治　ふかき・げんじ　〜平成3年9月26日
　博多港客船サービスセンター会長　→91/93
深木 正俊　ふかき・まさとし　明治30年3月9日〜昭和62
　年9月27日　全日本屋外広告業団体連合会会長、深木ネオ
　ン社長　→83/87
深沢 勲　ふかざわ・いさお　昭和2年2月14日〜平成22年
　8月5日　清水銀行常務　→09/11
深沢 今吉　ふかざわ・いまよし　大正7年10月7日〜平成
　10年6月2日　近畿日本ツーリスト専務、奥日光高原ホテ
　ル社長　→97/99
深沢 衛　ふかざわ・えもん　〜平成14年11月20日
　山梨県議　→00/02
深沢 キク江　ふかざわ・きくえ　〜平成7年12月14日
　川崎公害訴訟原告団長　→94/96
深沢 吉平　ふかざわ・きっぺい　明治18年8月15日〜昭
　和32年12月15日　衆院議員(日本進歩党)　→昭和(ふか
　ざわ・よしへい)
深沢 貞雄　ふかざわ・さだお　明治33年7月15日〜昭和
　59年8月31日　弁護士　日弁連理事　→83/87
深沢 貞裕　ふかざわ・さだひろ　〜昭和43年9月23日
　特殊技research工社長　→昭和
深沢 正作　ふかざわ・しょうさく　〜昭和56年5月15日
　藍沢証券専務　→80/82
深沢 新一郎　ふかざわ・しんいちろう　明治8年9月〜昭
　和9年9月1日　京城高等法院院長　→昭和
深沢 登　ふかざわ・すすむ　大正15年3月5日〜平成8年3
　月19日　共和会長　→94/96
深沢 千代子　ふかざわ・ちよこ　〜平成17年4月14日
　ミニヨン創業者　→03/05
深沢 寿彦　ふかざわ・としひこ　大正4年12月15日〜昭
　和60年4月21日　甲陽建設工業専務、京浜化工社長　→
　83/87
深沢 敏郎　ふかざわ・としろう　大正10年3月28日〜平
　成4年3月　社会経済国民会議専務理事、日本生産性本
　部常務理事　→88/90
深沢 朝幸　ふかざわ・ともゆき　昭和13年7月22日〜平
　成11年10月19日　コトブキ会長　→97/99
深沢 虎男　ふかざわ・とらお　〜昭和55年4月7日
　コトブキ相談役　→80/82
深沢 治老　ふかざわ・はるお　明治42年12月16日〜平成
　6年8月5日　アイセイ社長、全日本屋外広告物団体連合
　会会長　→94/96
深沢 宏紹　ふかざわ・ひろつぐ　昭和4年10月27日〜平
　成10年6月21日　北海アサノコンクリート会長、士別信用

金庫理事長、士別商工会議所会頭　→97/99
深沢 政和　ふかざわ・まさかず　昭和20年2月10日〜平
　成23年5月15日　ベスト電器社長　→09/11
深沢 松美　ふかざわ・まつみ　明治43年〜昭和51年6月
　21日　長野県議、松本市長　→昭和
深沢 双彦　ふかざわ・もろひこ　〜昭和45年8月27日
　陸軍中将　→昭和
深沢 保二郎　ふかざわ・やすじろう　大正7年2月28日〜
　平成18年4月4日　仙台地検検事正　→06/08
深沢 義守　ふかざわ・よしもり　明治38年10月1日〜昭
　和41年12月14日　農民運動家　→昭和
深代 守三郎　ふかしろ・もりさぶろう　〜昭和56年1月
　24日　(株)フカシロ代表取締役　→80/82
深瀬 倉次　ふかせ・くらじ　大正3年7月10日〜平成13
　年12月24日　秋田県議、秋田県森林組合連合会会長理事
　→00/02
深瀬 信千代　ふかせ・のぶちよ　〜昭和60年9月25日
　日本国連協会専務理事　→83/87
深瀬 幸重　ふかせ・ゆきしげ　大正13年〜平成14年11月
　9日　日本冶金工業常務　→00/02
深田 淳夫　ふかだ・あつお　大正11年9月29日〜平成22
　年12月10日　応用地質創業者　→09/11
深田 重直　ふかた・しげなお　〜平成4年4月27日
　福岡銀行取締役　→91/93
深田 篁一　ふかだ・たかかず　大正9年2月29日〜平成8
　年8月15日　大阪商船三井船舶専務　→94/96
深田 長治　ふかだ・ちょうじ　明治41年3月25日〜昭
　和51年4月3日　宗教家　円応教1代目教主　→昭和
深田 直哉　ふかだ・なおや　昭和8年6月11日〜平成3年8
　月16日　クロサキ常務　→91/93
深田 雅夫　ふかた・まさお　明治42年1月18日〜平成17
　年3月29日　国際電気常務　→03/05
深田 正治　ふかだ・まさはる　大正12年〜平成14年1月
　12日　滋賀報知新聞社長　→00/02
深津 嘉寿男　ふかつ・かずお　〜昭和55年8月28日
　伊藤忠紙パルプ販売会長、元伊藤忠商事専務　→80/82
深津 賢輔　ふかつ・けんすけ　昭和15年9月6日〜平成20
　年12月1日　本田技研工業専務、鈴鹿サーキットランド
　社長　→06/08
深津 俊三　ふかつ・しゅんぞう　昭和7年5月5日〜平成7
　年5月26日　明治製菓常務　→94/96
深津 純之助　ふかつ・じゅんのすけ　〜昭和63年3月25
　日　日本造形協会社長　→88/90
深津 武利　ふかつ・たけとし　大正8年8月11日〜平成16
　年11月13日　デンソー専務　→03/05
深津 玉一郎　ふかつ・たまいちろう　明治35年1月18日
　〜昭和51年2月22日　衆院議員(民自党)　→昭和(ふか
　ず・たまいちろう)
深津 文雄　ふかつ・ふみお　明治42年11月22日〜平成12
　年8月17日　牧師　かにた婦人の村創設者　→00/02

深野 昱子　ふかの・いくこ　大正3年10月23日〜平成1年6月11日　深野不動産代表取締役, 東京都議　→88/90

深野 修己　ふかの・おさみ　昭和17年3月7日〜平成17年12月1日　南日本新聞広告局長　→03/05

深野 憲一　ふかの・けんいち　〜昭和12年2月28日　日本電力事務取締役　→昭和

深野 茂治　ふかの・しげはる　〜平成9年2月21日　東急百貨店常務　→97/99

深堀 一郎　ふかほり・いちろう　〜平成9年11月16日　TOTO顧問・元常務　→97/99

深堀 一郎　ふかほり・いちろう　〜昭和57年10月26日　国鉄事業局次長　→80/82

深堀 勝一　ふかほり・かついち　昭和3年1月12日〜平成18年2月2日　長崎県被爆者手帳友の会会長　→06/08

深堀 邦博　ふかほり・くにひろ　昭和15年8月1日〜平成6年10月3日　福岡国税不服審判所長　→94/96

深堀 敬次　ふかほり・けいじ　〜平成6年12月21日　康和建設社長, 新菱建設(のち三菱建設)取締役　→94/96

深堀 佐市　ふかほり・さいち　昭和44年2月1日　東芝製鋼専務　→昭和

深堀 誠次　ふかほり・せいじ　大正13年9月4日〜平成14年12月21日　東亜ペイント専務　→00/02

深堀 仙右衛門　ふかほり・せんえもん　明治27年6月13日〜昭和60年6月21日　カトリック福岡教区長司教　→83/87

深堀 順久　ふかほり・としひさ　大正12年1月13日〜昭和61年8月9日　松村組常務, 住宅・都市整備公団東京支社副支社長　→83/87

深町 正勝　ふかまち・まさかつ　明治37年8月10日〜平成2年10月12日　牧師　日本基督教団静岡教会名誉牧師, 静岡英和学院理事長　→88/90

深松 幸吉　ふかまつ・こうきち　〜平成3年1月5日　長崎県教育委員長　→91/93

深松 進　ふかまつ・すすむ　〜昭和62年7月6日　(株)ふかまつ社長　→83/87

深見 和夫　ふかみ・かずお　明治44年7月25日〜平成2年9月12日　報知新聞社長　→88/90

深見 清　ふかみ・きよし　昭和4年1月15日〜平成18年4月5日　東レ専務, 蝶理副社長　→06/08

深見 慶一　ふかみ・けいいち　昭和13年4月29日〜平成7年3月26日　土地家屋調査士　札幌土地家屋調査士会長, 日本土地家屋調査士会連合会副会長　→94/96

深見 幸三郎　ふかみ・こうさぶろう　大正4年10月6日〜平成5年5月22日　ミロクツール社長　→91/93

深水 惣吉　ふかみ・そうきち　〜昭和57年5月24日　山陽電気鉄道取締役会長　→80/82

深見 日円　ふかみ・にちえん　明治2年〜昭和32年2月7日　身延山久遠寺法主　→昭和

深見 兵吉　ふかみ・ひょうきち　明治45年4月17日〜平成7年12月8日　成美堂出版社長　→94/96

深見 信　ふかみ・まこと　〜昭和56年12月17日　椿本興業取締役　→80/82

深見 芳一　ふかみ・よしいち　〜昭和57年6月27日　京都市老人クラブ連合会長, 近畿老人クラブ連絡協議会長　→80/82

深見 吉美　ふかみ・よしみ　〜平成3年7月20日　下山村(愛知県)村長　→91/93

深見 利一　ふかみ・りいち　〜平成7年5月30日　日本バイエルアグロケム専務, 農薬工業会会長　→94/96

深水 六郎　ふかみ・ろくろう　明治34年11月19日〜平成7年1月4日　熊本放送社長, 参院議員(自民党)　→94/96

深谷 篤　ふかや・あつし　大正12年1月25日〜平成11年5月19日　愛知県議(自民党)　→97/99

深谷 勝清　ふかや・かつよき　昭和8年8月25日〜平成13年6月17日　北海道放送会長　→00/02

深谷 二郎　ふかや・じろう　明治41年7月28日〜昭和59年12月24日　北海道炭砿汽船専務　→83/87

深谷 惣吉　ふかや・そうきち　〜昭和16年12月17日　海軍少将　→昭和

深谷 徳郎　ふかや・とくろう　〜昭和16年1月10日　天理教本部前総務部長　→昭和

深谷 俊明　ふかや・としあき　〜平成7年10月28日　日本交通技術専務, 日本水泳連盟常任理事　→94/96

深谷 俊忠　ふかや・としただ　大正14年3月20日〜平成17年12月30日　協和発酵工業常務　→03/05

深谷 日出子　ふかや・ひでこ　〜平成23年1月11日　原爆症認定集団訴訟近畿原告団の原告　→09/11

深谷 広　ふかや・ひろし　大正8年12月4日〜平成7年4月24日　関東銀行専務　→94/96

深谷 文平　ふかや・ぶんぺい　昭和55年10月11日　三重ホーロー取締役相談役・前社長　→80/82

深谷 善一　ふかや・よしかず　大正3年8月6日〜平成8年6月11日　東京生命保険副社長　→94/96

深谷 善和　ふかや・よしかず　昭和2年1月2日〜平成13年11月28日　天理教表統領　→00/02

深山 亀三郎　ふかやま・かめさぶろう　〜昭和4年8月14日　陸軍砲兵中佐　→昭和

深山 久三郎　ふかやま・きゅうざぶろう　明治44年1月16日〜平成3年1月14日　福島町(北海道)町長　→91/93

深山 栄　ふかやま・さかえ　大正7年3月23日〜平成16年11月12日　北日本新聞社長　→03/05

深山 新二郎　ふかやま・しんじろう　大正2年3月11日〜平成10年8月12日　日本重化学工業常務　→97/99

深山 武　ふかやま・たけし　明治42年〜平成8年4月15日　山梨県養士会名誉会長, 山梨県議　→94/96

深山 尚文　ふかやま・なおぶみ　明治34年〜平成1年4月13日　中央社社長　→88/90(ふかやま・ひさふみ)

布川 功　ふかわ・いさお　昭和6年12月2日〜平成22年3月

月24日　丸紅常務　→09/11

普川 茂保　ふかわ・しげやす　大正2年5月13日～平成7年5月30日　日本信託銀行社長, 三菱銀行常務　→94/96

布川 隆義　ふかわ・たかよし　大正10年7月21日～平成12年11月19日　ニコン副社長　→00/02

布川 隆美　ふかわ・たかよし　大正9年3月25日～平成12年11月29日　冨士ファニチア会長, 日本フネン会長, 四国商工会議所連合会副会長　→00/02

部川 鶴之輔　ぶかわ・つるのすけ　明治40年～平成12年1月15日　千島歯舞諸島居住者連盟理事・根室支部長　→00/02

普川 光男　ふかわ・みつお　昭和7年3月12日～平成18年6月2日　日清製油社長　→06/08

蕗沢 晴彦　ふきざわ・はるひこ　昭和8年3月28日～平成22年1月14日　日本製粉常務　→09/11

吹野 洋三　ふきの・ようぞう　～平成4年11月11日　倉一広告社社長　→91/93

蕗谷 一郎　ふきや・いちろう　昭和20年8月7日～平成14年9月14日　ハネックス常務　→00/02

福 文夫　ふく・ふみお　昭和2年8月6日～平成6年1月13日　河合楽器製作所取締役　→94/96

福井 愛子　ふくい・あいこ　～昭和62年2月25日　三鷹市井の頭婦人会長, 三鷹の福祉をすすめる婦人の会代表　→83/87

福井 勇　ふくい・いさむ　明治36年5月20日～平成18年8月14日　衆院議員(自民党)　→06/08

福井 儀作　ふくい・ぎさく　～昭和63年8月19日　三和金属工芸監査役　→88/90

福井 吉三郎　ふくい・きちさぶろう　～昭和48年8月16日　青木建設専務　→昭和

福井 清　ふくい・きよし　～昭和60年1月4日　岡田商船社長　→83/87

福井 国男　ふくい・くにお　～昭和46年3月11日　近鉄取締役　→昭和

福井 慶三　ふくい・けいぞう　明治33年10月1日～昭和62年12月24日　俳人, 毎日放送取締役, 日綿実業社長, オリエントリース社長　→83/87

福井 鍵造　ふくい・けんぞう　～昭和56年3月28日　名古屋市議会副議長　→80/82

福居 浩一　ふくい・こういち　大正10年～平成11年7月25日　国際技術振興協会理事　→97/99

福井 康順　ふくい・こうじゅん　明治31年4月27日～平成3年1月21日　僧侶, 中国哲学者　三十三間堂本坊妙法院門跡門主, 天台宗大僧正, 早稲田大学名誉教授　→91/93

福井 貞一　ふくい・さだかず　大正6年5月21日～平成12年4月10日　日本全薬工業社主　→00/02

福井 三郎　ふくい・さぶろう　安政4年5月5日～昭和10年12月7日　衆院議員(政友本党)　→昭和

福井 三郎　ふくい・さぶろう　昭和6年1月28日～平成1年2月2日　中日新聞東京本社製作工程管理委員会委員　→

福井 周蔵　ふくい・しゅうぞう　～平成6年12月24日　倉敷紡績(のちクラボウ)専務　→94/96

福井 正吉　ふくい・しょうきち　～昭和61年1月8日　日本ユースホステル協会顧問, 全日本学生ワンダーフォーゲル連盟顧問　→83/87

福井 庄次郎　ふくい・しょうじろう　大正14年2月24日～平成11年3月17日　ライオン事務器社長　→97/99

福井 二郎　ふくい・じろう　～昭和58年4月15日　日本キリスト教団池袋西教会名誉牧師　→83/87

福井 信吉　ふくい・しんきち　大正3年6月4日～昭和63年10月24日　下野新聞社長　→88/90

福井 新次　ふくい・しんじ　昭和5年3月9日～平成10年6月5日　奈良県議(政友会)　→97/99

福居 精一　ふくい・せいいち　明治34年11月12日～平成3年2月2日　旭川市会議長　→91/93

福井 孝一　ふくい・たかかず　～昭和59年2月6日　セコニック相談役・元専務　→83/87

福井 毅　ふくい・たけし　大正14年7月31日～平成12年3月8日　青木建設副社長　→00/02

福井 忠孝　ふくい・ただたか　大正7年5月17日～昭和62年7月18日　弁護士　日本弁護士連合会推薦委員　→83/87

福井 達雄　ふくい・たつお　大正14年3月27日～平成14年12月25日　東海テレビ放送常務　→00/02

福井 保　ふくい・たもつ　～昭和55年12月22日　ニチモウ株式会社顧問　→80/82

福井 近夫　ふくい・ちかお　明治30年4月1日～昭和57年4月29日　日本テレビ放送網社長　→80/82

福井 透　ふくい・とおる　～平成7年2月5日　住友ベークライト専務　→94/96

福井 敏規　ふくい・としき　大正12年1月1日～平成6年7月20日　福井酒造社長, 豊橋商工会議所副会頭　→94/96

福井 寿博　ふくい・としひろ　明治45年1月3日～平成2年5月6日　福岡流通倉庫協同組合理事長, 扶桑倉庫会長　→88/90

福井 久吉　ふくい・ひさよし　明治34年3月19日～平成5年4月14日　同和火災海上保険副社長　→91/93

福井 仁　ふくい・ひとし　～昭和39年6月2日　日本電工常務　→昭和

福井 弘　ふくい・ひろむ　大正5年12月18日～平成2年6月6日　中興工業副社長, 九州産業大学常務理事　→88/90

福井 弘　ふくい・ひろむ　昭和6年2月5日～平成18年10月11日　住友金属工業常務　→06/08

福井 政男　ふくい・まさお　明治45年4月10日～平成11年1月2日　三井石油(旧・三井液化ガス)相談役・元社長, 通商産業省鉱山局長　→97/99

福井 正志　ふくい・まさし　昭和8年4月6日～平成18年2月2日　福岡県信用農業協同組合連合会会長　→06/08

福井 又助　ふくい・またすけ　～昭和60年5月18日　米海軍横須賀基地艦船修理工場最高顧問　→83/87

福井 道二　ふくい・みちじ　明治34年5月22日～平成3年4月4日　福井漁網会長、日本漁網工業組合理事長、豊橋商工会議所副会頭　→91/93

福井 迪彦　ふくい・みちひこ　昭和7年11月15日～平成3年5月1日　名古屋高速道路公社副理事長　→91/93

福井 盛太　ふくい・もりた　明治18年7月14日～昭和40年12月27日　政治家、弁護士　検事総長、衆院議員（自民党）　→昭和

福井 靖人　ふくい・やすと　大正5年1月5日～平成1年9月20日　山加証券社長　→88/90

福井 祐司　ふくい・ゆうじ　明治41年8月6日～平成2年12月6日　日東精工相談役　→88/90

福井 義夫　ふくい・よしお　大正9年1月18日～平成9年1月22日　兵庫県議、芦屋市議　→97/99

福井 義敬　ふくい・よしのり　～昭和55年5月15日　福岡商工会議所運輸港湾貿易部会長、福岡市民の祭り振興会副会長　→80/82

福井 良三　ふくい・りょうぞう　昭和8年7月8日～平成14年10月24日　リヒトラブ常務　→00/02

福泉 龍男　ふくいずみ・たつお　大正9年3月13日～平成13年12月13日　台糖社長　→00/02

福内 大正　ふくうち・ひろまさ　大正1年8月27日～平成9年9月4日　運輸省港湾技術研究所所長　→97/99

福浦 雄飛　ふくうら・いさむ　昭和2年2月28日～平成16年3月14日　日本特殊陶業専務　→03/05

福恵 英善　ふくえ・えいぜん　平成5年2月2日　天台宗権大僧正、比叡山双厳院住職　→91/93

福恵 遵鴨　ふくえ・じゅんおう　～昭和27年4月3日　比叡山勧学長　→昭和

福岡 吉之助　ふくおか・きちのすけ　～昭和61年4月13日　菊葉電機商会代表取締役　→83/87

福岡 憲由　ふくおか・けんゆう　～昭和46年5月26日　日興証券社長　→昭和

福岡 幸一　ふくおか・こういち　昭和10年11月12日～平成9年1月22日　エヌシーガイドショップ社長、日本商店連盟理事長　→97/99

福岡 悟郎　ふくおか・ごろう　昭和3年7月18日～平成16年3月23日　共同印刷社長、第一勧業銀行常務　→03/05

福岡 成忠　ふくおか・しげただ　大正7年3月14日～平成16年9月7日　ニコン社長　→03/05

福岡 精道　ふくおか・しょうどう　大正1年8月7日～平成8年11月7日　清水寺（北法相宗）勧学局長、慈心院住職　→94/96

福岡 世徳　ふくおか・せいとく　嘉永1年10月15日～昭和2年1月30日　松江市初代市長、衆院議員（政友会）　→昭和（ふくおか・つぐのり）

福岡 宗也　ふくおか・そうや　昭和7年10月17日～平成12年4月11日　弁護士　衆院議員（民主党）　→00/02

福岡 貞三　ふくおか・ていぞう　大正15年8月23日～平成20年2月25日　ブラザー工業副社長　→06/08

福岡 博由　ふくおか・はくゆう　～昭和57年1月6日　関市長　→80/82

福岡 秀子　ふくおか・ひでこ　～昭和60年2月14日　愛知県更生保護婦人会長　→83/87

福岡 日出麿　ふくおか・ひでまろ　明治42年11月21日～平成2年10月5日　参院議員（自民党）　→88/90

福岡 博　ふくおか・ひろし　～平成18年2月6日　北朝鮮に拉致された日本人を救出する秋田の会・救う会秋田代表　→06/08

福岡 信　ふくおか・まこと　明治34年～昭和39年5月30日　東京出版販売専務　→昭和（ふくおか・しん）

福岡 正信　ふくおか・まさのぶ　大正2年2月2日～平成20年8月16日　自然農法提唱者　→06/08

福岡 政文　ふくおか・まさふみ　昭和6年3月24日～平成6年12月19日　佐賀日産自動車社長　→94/96

福岡 瑞記　ふくおか・みずき　明治9年4月9日～平成12年9月26日　埼玉新聞常務　→00/02

福岡 光雄　ふくおか・みつお　昭和4年4月4日～平成22年7月15日　東京都議（社会党）　→09/11

福岡 康夫　ふくおか・やすお　昭和6年11月28日～平成16年8月9日　衆院議員（公明党）、広島県議（公明党）　→03/05

福岡 陽道　ふくおか・ようどう　～昭和63年9月11日　東京銀行常任監査役、日本盲導犬協会常務理事　→88/90

福岡 義雄　ふくおか・よしお　～昭和58年5月11日　東京都軽印刷工業協同組合理事長　→83/87

福岡 善郎　ふくおか・よしお　大正13年～平成12年5月9日　ダイヘン専務　→00/02

福岡 義登　ふくおか・よしと　大正12年5月18日～平成13年3月25日　三次市長、衆院議員（社会党）　→00/02

福岡 美之　ふくおか・よしゆき　～平成5年9月29日　東京善意銀行常務理事　→91/93

福岡 芳郎　ふくおか・よしろう　昭和6年12月9日～平成5年7月17日　在パース総領事　→91/93

福岡 隆聖　ふくおか・りゅうしょう　～昭和56年7月16日　僧侶、梵語研究家　華厳宗新薬師寺住職　→80/82

福垣 真応　ふくがき・しんおう　明治4年～昭和3年5月27日　僧侶　西大寺管長　→昭和

福城 一士　ふくぎ・かずし　明治40年1月4日～昭和62年5月6日　広島クロード社長、広島広告協会理事長　→83/87

福崎 静雄　ふくさき・しずお　～昭和42年11月19日　枕崎市長　→昭和

福崎 俊輔　ふくさき・しゅんすけ　～昭和56年9月13日　宗像郡玄海町町議　→80/82

福崎 隆之助　ふくさき・りゅうのすけ　～平成20年8月28日　園池製作所専務　→06/08

福迫 操　ふくさこ・みさお　〜昭和63年5月17日
　九州電力理事、西日本空輸社長　→88/90

福沢 邦喜　ふくざわ・くによし　昭和3年1月13日〜平成7年7月22日　東海カーボン常務　→94/96

福沢 堅次　ふくざわ・けんじ　〜昭和46年6月2日
　三菱江戸川化学相談役　→昭和

福沢 憲典　ふくざわ・けんすけ　大正8年6月13日〜平成18年2月2日　第三相互銀行常務　→06/08

福沢 功一　ふくざわ・こういち　〜昭和48年9月6日
　全日本郵便切手普及協会理事長　→昭和

福沢 三郎　ふくざわ・さぶろう　明治40年6月28日〜昭和63年3月3日　日産千葉会長、千葉日産自動車社長　→88/90

福沢 常吉　ふくざわ・つねきち　〜昭和57年9月30日
　海軍少将　→80/82

福沢 政志　ふくざわ・まさし　大正3年11月13日〜平成16年11月15日　鹿島建設副社長　→03/05

福沢 桃介　ふくざわ・ももすけ　慶応4年6月25日〜昭和13年2月15日　実業家　大同電力社長、衆院議員　→昭和（ふくざわ・とうすけ）

福沢 泰江　ふくざわ・やすえ　明治4年9月30日〜昭和12年7月10日　赤穂村（長野県）村長、全国町村長会会長　→昭和

福沢 芳穂　ふくざわ・よしお　大正2年1月4日〜平成5年5月14日　青森県議会副議長　→91/93

福士 繁喜　ふくし・しげき　〜平成2年12月24日
　森田村助役、青森県議　→88/90

福士 寿夫　ふくし・としお　明治44年12月14日〜昭和56年6月15日　ホクセイアルミニウム副社長、日軽不動産社長　→80/82

福島 聡　ふくしま・あきら　〜昭和61年9月15日
　全郵政中国地本委員長　→83/87

福島 昌　ふくしま・あつし　昭和7年2月5日〜平成11年12月20日　カスミコンビニエンスネットワークス専務　→00/02s

福島 勲　ふくしま・いさお　昭和2年9月22日〜平成14年8月20日　川岸工業社長　→00/02

福島 五十男　ふくしま・いそお　〜昭和61年12月6日
　小倉玉屋常務取締役　→83/87

福島 一郎　ふくしま・いちろう　大正6年〜平成9年4月9日　日本農薬常務　→97/99

福島 逸雄　ふくしま・いつお　〜平成3年11月18日
　東京高裁判事、名古屋高裁総括判事　→91/93

福島 巌　ふくしま・いわお　明治41年8月6日〜昭和60年11月13日　鉄道車両工業社長　→83/87

福島 悦治　ふくしま・えつじ　大正7年11月20日〜平成2年2月14日　福岡県議（公明党）　→88/90

福島 克史　ふくしま・かつあき　〜平成6年12月13日
　土佐清水市長　→94/96

福島 義一　ふくしま・ぎいち　明治25年5月6日〜昭和45年2月21日　社会運動家　→昭和

福島 清喜　ふくしま・きよし　明治39年6月1日〜平成12年11月17日　安曇村（長野県）村長、中日スキー友の会常任委員　→00/02

福島 潔己　ふくしま・きよし　〜平成3年4月19日
　日本チバガイギー常務　→91/93

福嶋 欣一郎　ふくしま・きんいちろう　大正8年5月13日〜平成15年4月23日　勝山町（福岡県）町長　→03/05

福島 邦俊　ふくしま・くにとし　〜昭和56年7月20日
　新三工商事取締役　→80/82

福島 慶道　ふくしま・けいどう　昭和8年3月1日〜平成23年3月1日　僧侶　臨済宗東福寺派管長　→09/11

福嶋 健助　ふくしま・けんすけ　昭和7年9月22日〜平成19年9月8日　深谷市長　→06/08

福島 孝一　ふくしま・こういち　大正2年10月20日〜平成8年5月4日　宇部興産副社長　→94/96

福島 幸一　ふくしま・こういち　〜昭和42年3月28日
　十合食品社長、五十合取締役　→昭和

福島 弘次郎　ふくしま・こうじろう　〜昭和13年5月24日　三菱重工業取締役　→昭和

福島 定治　ふくしま・さだじ　大正2年2月1日〜平成14年1月25日　イーストンエレクトロニクス社長　→00/02

福島 定之　ふくしま・さだゆき　大正3年6月6日〜平成22年12月31日　三菱製鋼常務　→09/11

福島 幸夫　ふくしま・さちお　〜昭和58年2月13日
　弁護士　最高検検事　→83/87

福島 四雄三　ふくしま・しおぞう　〜昭和17年5月8日
　拓務省拓南局長　→昭和

福島 茂富　ふくしま・しげとみ　〜昭和25年2月15日
　精養軒社長　→昭和

福嶋 滋弥　ふくしま・しげや　大正15年2月13日〜平成20年12月5日　京都市議（自民党）　→06/08

福島 茂吉　ふくしま・しげよし　〜平成3年3月3日
　レシフェ（ブラジル）総領事　→91/93

福島 静子　ふくしま・しずこ　明治33年9月7日〜平成8年8月5日　精養軒会長　→94/96

福嶋 常吉　ふくしま・じょうきち　〜昭和42年10月25日
　大和紡績常務　→昭和

福島 穣作　ふくしま・じょうさく　大正14年9月27日〜平成13年5月7日　兵庫県議（自民党）、南淡町（兵庫県）町長　→00/02

福島 譲二　ふくしま・じょうじ　昭和2年3月31日〜平成12年2月25日　熊本県知事、衆院議員（自民党）、労相　→00/02

福島 晋二　ふくしま・しんじ　昭和6年9月13日〜平成14年2月26日　遠賀信用金庫理事長　→00/02

福島 新太郎　ふくしま・しんたろう　明治39年11月17日〜昭和58年5月8日　北海道議　→83/87

福島 せい　ふくしま・せい　〜平成10年5月24日
山形県議　→97/99

福島 公郎　ふくしま・ただお　昭和10年1月1日〜平成14
年10月8日　日鉄運輸社長、福岡県公安委員長　→00/02

福島 忠雄　ふくしま・ただお　大正15年12月6日〜平成
21年4月20日　長野県議（県政クラブ）　→09/11

福島 達男　ふくしま・たつお　昭和3年10月13日〜昭和
60年8月19日　第一火災海上保険専務　→83/87

福島 親比古　ふくしま・ちかひこ　大正8年1月9日〜平
成22年7月20日　大分瓦斯社長　→09/11

福島 忠治　ふくしま・ちゅうじ　明治39年7月6日〜昭和
60年3月6日　大宮製作所会長、埼玉工業人クラブ理事　→
83/87

福島 務　ふくしま・つとむ　昭和9年11月4日〜平成23年
8月13日　大府市長　→09/11

福島 昭一　ふくしま・てるかず　昭和2年2月27日〜平成
5年5月15日　大隈豊和機械常務　→91/93

福島 照隆　ふくしま・てるたか　〜昭和62年2月11日
富山県土地改良事業団体連合会常任理事　→83/87

福島 富夫　ふくしま・とみお　昭和38年3月25日
高松市議会議長　→昭和

福嶋 直喜　ふくしま・なおき　大正12年4月25日〜平成
16年7月13日　福岡市助役　→03/05

福島 尚武　ふくしま・なおたけ　明治35年8月16日〜平
成9年2月11日　弁護士　千葉地裁所長　→97/99

福島 日陽　ふくしま・にちよう　〜昭和56年11月30日
法華宗本門流大本山光長寺貫首・元管長　→80/82

福島 縫次郎　ふくしま・ぬいじろう　明治6年3月18日〜
昭和8年4月13日　鉄道庁鉄道技師、東京鉄道局工作課長
→昭和

福島 信夫　ふくしま・のぶお　大正12年1月10日〜平成
11年3月9日　福島工業創業者　→97/99

福島 信義　ふくしま・のぶよし　明治44年2月11日〜平
成15年5月4日　神官　明治神宮名誉宮司、神社本庁長老　
→03/05

福島 徳男　ふくしま・のりお　大正14年6月10日〜平成
12年7月12日　大丸専務　→00/02

福島 八郎　ふくしま・はちろう　明治38年1月17日〜平成
4年1月2日　三井物産副社長、三井リース社長　→91/93

福島 治夫　ふくしま・はるお　昭和7年3月14日〜平成16
年9月30日　日清製粉専務　→03/05

福島 半三郎　ふくしま・はんざぶろう　〜昭和58年6月
18日　北酒連参与・元取締役食品部長　→83/87

福嶋 久則　ふくしま・ひさのり　大正6年10月9日〜平成6
年8月8日　京都府議、木津町（京都府）町会議長　→94/96

福島 秀治　ふくしま・ひではる　〜平成2年1月2日
ハーモニカ演奏で老人ホームを慰問　→88/90

福島 弘　ふくしま・ひろし　明治44年12月20日〜昭和51
年5月25日　ヂーゼル機器社長　→昭和

福島 弘　ふくしま・ひろし　大正14年1月26日〜昭和62

年10月8日　湘南モノレール社長　→83/87

福島 弘　ふくしま・ひろむ　大正12年10月25日〜平成12
年1月9日　海上保安庁海上保安大学校校長　→00/02

福島 文朗　ふくしま・ふみあき　〜昭和61年5月5日
日濺化学工業社長　→83/87

福島 文右衛門　ふくしま・ぶんうえもん　明治40年6月
13日〜平成4年11月6日　鯖江市長　→91/93

福島 万亀男　ふくしま・まきお　大正2年6月1日〜平成6
年1月29日　呉羽化学工業取締役　→94/96

福島 正章　ふくしま・まさあき　大正5年12月12日〜平
成3年1月4日　東京帽子社長、第一銀行（のち第一勧業銀
行）取締役　→91/93

福島 政一　ふくしま・まさいち　〜平成2年3月17日
（福）希望の家理事長　→88/90

福島 正男　ふくしま・まさお　大正2年3月29日〜平成18
年4月24日　王子製紙専務　→06/08

福島 政吉　ふくしま・まさきち　大正14年10月3日〜
清水組常務取締役　→昭和

福島 幹久　ふくしま・みきひさ　昭和10年8月11日〜平
成13年6月22日　飛島建設専務　→00/02

福島 穣　ふくしま・みのる　大正6年3月26日〜平成8年
1月27日　日本アジア航空常務　→94/96

福島 安雄　ふくしま・やすお　〜昭和43年1月14日
全日本郵便切手普及協会長　→昭和

福島 保幸　ふくしま・やすゆき　〜昭和61年2月10日
グラフィカ取締役　→83/87

福嶋 悠峰　ふくしま・ゆうほう　明治39年2月22日〜昭
和58年7月5日　下野新聞社社長　→83/87

福島 幸雄　ふくしま・ゆきお　昭和11年5月6日〜平成14
年1月9日　精養軒会長　→00/02

福島 陽三　ふくしま・ようぞう　大正9年12月12日〜平
成12年6月8日　九州電力監査役、九州電気保安協会理事
長　→00/02

福島 美明　ふくしま・よしあき　昭和29年〜平成13年7
月19日　日本ビジネスクリエイト社長　→00/02

福島 嘉雄　ふくしま・よしお　明治38年8月2日〜昭和
62年9月4日　三興製作所社長、千代田化工建設常務　→
83/87

福島 芳直　ふくしま・よしなお　〜平成16年
ジー・サーチ取締役　→03/05

福島 力男　ふくしま・りきお　昭和2年9月18日〜平成16
年11月12日　青森県議（社会党）　→03/05

福島 量一　ふくしま・りょういち　大正15年11月3日〜
平成23年10月19日　国土事務次官　→09/11

福島 令二郎　ふくしま・れいじろう　大正14年〜平成9
年5月4日　東洋ゴム工業常務　→97/99

福寿 十喜　ふくじゅ・じゅうき　大正3年5月26日〜昭和
59年1月26日　川内市長　→83/87

福寿 仲次　ふくじゅ・なかつぐ　大正6年3月〜平成3年
2月13日　全国興行環境衛生同業組合連合会副会長　→

91/93

福添 徹　ふくぞえ・とおる　昭和2年2月19日～平成1年4月4日　阪九フェリー社長　→88/90

福田 昭典　ふくだ・あきのり　～平成23年5月15日　中国人強制連行を考える会事務局長　→09/11

福田 郁次郎　ふくだ・いくじろう　明治35年12月28日～昭和63年4月4日　新京成電鉄会長、関東鉄道会長　→88/90

福田 幾昌　ふくだ・いくまさ　大正3年11月2日～平成3年8月13日　バブコック日立社長　→91/93

福田 馬之助　ふくだ・うまのすけ　安政3年10月24日～昭和11年4月12日　海軍造船中将　→昭和

福田 栄一　ふくだ・えいいち　明治32年1月27日～昭和59年9月28日　弁護士　中国石門総領事　→83/87

福田 英助　ふくだ・えいすけ　明治13年10月30日～昭和30年6月22日　東京新聞創立者　→昭和

福田 修　ふくだ・おさむ　～昭和62年6月28日　博報堂人事局長　→83/87

福田 御文　ふくだ・おんぶん　大正14年5月18日～平成20年3月6日　北日本新聞金沢支社長、ふくおん代表　→06/08

福田 嘉一　ふくだ・かいち　明治42年7月24日～昭和61年4月8日　福田金属箔粉工業会長　→83/87

福田 薫　ふくだ・かおる　～昭和43年12月19日　日本教育テレビ前副社長　→昭和

福田 和彦　ふくだ・かずひこ　昭和9年8月17日～平成19年11月23日　新日本製鉄常務、日鉄商事社長　→06/08

福田 禾積　ふくだ・かずみ　大正12年9月7日～平成3年8月26日　椿本チエイン取締役　→91/93

福田 勝一　ふくだ・かついち　大正15年2月6日～平成15年8月14日　警視総監、内閣調査室長　→03/05

福田 勝記　ふくだ・かつき　～昭和61年7月31日　千代田生命取締役　→83/87

福田 克美　ふくた・かつみ　大正3年8月1日～昭和62年8月28日　日本ガイシ社長　→83/87

福田 克己　ふくだ・かつみ　明治43年5月10日～平成13年2月26日　トクヤマ社長　→00/02

福田 克美　ふくだ・かつみ　大正8年4月30日～平成6年1月23日　福田鉄工所会長、大阪機械卸業団地協同組合理事長　→94/96

福田 勘太郎　ふくだ・かんたろう　大正4年4月25日～平成2年9月23日　富山テレビ会長　→88/90

福田 きく　ふくだ・きく　～昭和62年8月7日　石動鉱業社長　→83/87

福田 吉三郎　ふくだ・きちさぶろう　～昭和58年1月25日　富士銀行監査役　→83/87

福田 甲子男　ふくだ・きねお　大正13年4月1日～平成4年8月17日　群馬県出納長　→83/87

福田 公威　ふくだ・きみたけ　～昭和55年4月25日　弁護士　大津弁護士会会長　→80/82

福田 堯頴　ふくだ・ぎょうえい　慶応3年9月16日～昭和29年11月17日　僧侶(天台宗)、仏教学者　大正大学学長　→昭和

福田 狂二　ふくだ・きょうじ　明治20年6月14日～昭和46年11月13日　社会運動家　→昭和

福田 恭助　ふくだ・きょうすけ　明治38年4月23日～昭和41年4月10日　東京新聞社長　→昭和

福田 清三郎　ふくだ・きよさぶろう　～昭和28年10月25日　日清製油社長　→昭和

福田 清　ふくだ・きよし　明治41年12月21日～昭和63年10月17日　江南市長　→88/90

福田 義郎　ふくだ・ぎろう　明治41年1月3日～昭和55年5月5日　高知新聞社主・社長　→80/82

福田 邦雄　ふくだ・くにお　～昭和57年3月24日　高知新聞社常務取締役、高知放送取締役　→80/82

福田 熊雄　ふくだ・くまお　～昭和60年10月23日　小郡市議・市会総務委員長　→83/87

福田 啓二　ふくだ・けいじ　明治23年12月1日～昭和39年3月23日　造船工学者、海軍造船中将　→昭和

福田 桂次郎　ふくだ・けいじろう　明治40年8月24日～平成7年2月7日　東京善意銀行理事　→94/96

福田 慶三　ふくだ・けいぞう　明治31年11月24日～昭和60年10月20日　日本理器社長　→83/87

福田 堅一郎　ふくだ・けんいちろう　明治29年12月6日～昭和62年10月18日　一吉証券相談役・元社長　→83/87

福田 健二　ふくだ・けんじ　大正9年5月15日～平成18年5月28日　日本金属社長　→06/08

福田 源平　ふくだ・げんぺい　大正6年4月25日～平成4年9月20日　北隆館書店社長　→91/93

福田 吾市郎　ふくだ・ごいちろう　明治42年3月31日～平成3年11月1日　恒陽社印刷所会長　→91/93

福田 耕作　ふくだ・こうさく　～昭和57年7月20日　中外製薬元専務　→80/82

福田 興次　ふくだ・こうじ　昭和20年11月15日～平成23年9月13日　福田農場ワイナリー社長　→09/11

福田 光二郎　ふくだ・こうじろう　昭和9年8月15日～平成2年2月12日　アステックアソシエイツ会長　→88/90

福田 耕太郎　ふくだ・こうたろう　明治33年8月21日～昭和58年11月21日　埼玉県地方労働委員会会長、司法研修所教官　→83/87

福田 五郎　ふくだ・ごろう　明治10年9月～昭和6年6月23日　衆院議員(民政党)　→昭和

福田 作三　ふくだ・さくぞう　大正9年7月4日～平成22年10月18日　群馬県議(自民党)　→09/11

福田 貞雄　ふくだ・さだお　大正2年6月12日～平成14年5月19日　スーパーバッグ会長　→09/11

福田 三郎　ふくだ・さぶろう　明治27年9月10日～昭和52年12月18日　上野動物園飼養課長　→昭和

福田 重清　ふくだ・しげきよ　明治22年4月～昭和39年7月19日　衆院議員(進歩党)、日立市長　→昭和

I　政治・経済・社会篇　　　　　　　　　　　　　　　　　　　　　　　　　　　　　　ふくた

福田 重治　ふくだ・しげじ　大正13年9月22日～平成5年1月6日　三井建設副社長　→91/93

福田 茂治　ふくだ・しげじ　大正5年7月2日～平成2年2月24日　大阪エアポートホテル社長　→88/90

福田 繁芳　ふくだ・しげよし　明治38年3月～昭和52年2月12日　衆院議員(自民党)　→昭和

福田 蔚　ふくだ・しげる　～昭和55年1月30日　イースタン・カー・ライナー専務取締役,日産プリンス海運取締役　→80/82

福田 繁　ふくだ・しげる　明治43年9月3日～平成9年6月26日　文部事務次官　→97/99

福田 実衍　ふくだ・じつえん　～昭和51年10月20日　延暦寺大僧正　→昭和

福田 秀穂　ふくだ・しゅうほ　～昭和2年8月24日　海軍機関中佐　海軍燃料通　→昭和

福田 正　ふくだ・しょう　大正1年11月23日～平成8年1月27日　大和化工材(のちヤマトインダストリー)副社長　→94/96

福田 穣　ふくだ・じょう　～昭和56年5月30日　アドブレーン社企画事業局長,山梨日日新聞社製作局長　→80/82

福田 正二　ふくだ・しょうじ　大正2年7月20日～平成11年10月13日　岩田屋専務　→97/99

福田 勝亮　ふくだ・しょうすけ　大正12年6月25日～平成20年5月10日　全国電機商業組合連合会会長　→06/08

福田 松平　ふくだ・しょうへい　～昭和56年9月2日　松斎陶苑会長,京都陶磁器商工協同組合理事長　→80/82

福田 四郎　ふくだ・しろう　～昭和43年5月31日　江口証券常務　→昭和

福田 二郎　ふくだ・じろう　～平成1年7月8日　福田勘産業顧問　→88/90

福田 真三郎　ふくだ・しんざぶろう　明治35年3月11日～昭和63年5月2日　福田人形店社長　→88/90

福田 清太郎　ふくだ・せいたろう　～昭和59年1月4日　三省堂取締役　→83/87

福田 関男　ふくだ・せきお　明治41年6月14日～昭和63年9月17日　弁護士　→88/90

福田 宗志　ふくだ・そうし　昭和16年8月25日～平成18年7月14日　メイホグループ創業者　→06/08

福田 泰三　ふくだ・たいぞう　～昭和39年10月26日　下関市長　→昭和

福田 多市　ふくだ・たいち　～昭和62年9月22日　江戸川区(東京都)区議　→83/87

福田 貴　ふくだ・たかし　～昭和59年4月17日　ベレン総領事　→83/87

福田 孝　ふくだ・たかし　大正5年12月25日～平成10年8月19日　フクダ電子会長　→97/99

福田 隆恭　ふくだ・たかやす　明治43年10月6日～昭和61年12月11日　稲畑産業専務　→83/87

福田 赳夫　ふくだ・たけお　明治38年1月14日～平成7年7月5日　政治家　首相,衆院議員(自民党)　→94/96

福田 武　ふくだ・たけし　昭和4年5月13日～昭和60年8月12日　浪速エンジニアリング社長　→83/87

福田 健彦　ふくだ・たけひこ　大正10年12月15日～平成11年4月30日　川崎重工業専務　→97/99

福田 正　ふくだ・ただし　大正2年2月26日～平成9年9月11日　協同商船社長　→97/99

福田 正　ふくだ・ただし　大正4年12月5日～平成21年10月16日　福田組社長　→09/11

福田 忠義　ふくだ・ただよし　昭和5年2月18日～平成11年7月19日　日教組委員長　→97/99

福田 辰昭　ふくだ・たつあき　昭和3年2月1日～平成6年10月27日　愛媛県議(社会党)　→94/96

福田 辰雄　ふくだ・たつお　大正5年5月6日～平成17年10月16日　大末建設専務　→03/05

福田 為一　ふくだ・ためかず　明治43年12月11日～平成4年2月13日　兵庫県議　→91/93

福田 神郎　ふくだ・たるお　明治41年11月3日～平成11年8月30日　富士写真フイルム副社長　→97/99

福田 太郎　ふくだ・たろう　大正5年～昭和51年6月10日　ジャパンPR社長　→昭和

福田 太郎　ふくだ・たろう　大正7年2月6日～平成9年1月15日　昭和電線電纜専務,東京芝浦電気関西支社長　→97/99

福田 親武　ふくだ・ちかたけ　～平成12年5月19日　第一勧業銀行常務　→00/02

福田 千里　ふくだ・ちさと　明治29年10月20日～平成4年12月26日　大和証券社長,日本証券業協会連合会会長　→91/93

福田 次男　ふくだ・つぎお　大正15年7月2日～平成2年3月19日　大洋漁業監査役,農林中央金庫監事　→88/90

福田 勉　ふくだ・つとむ　大正13年7月7日～昭和62年10月2日　日本理器会長　→83/87

福田 禎介　ふくだ・ていすけ　昭和10年1月16日～平成17年1月1日　アサヒビール常務　→03/05

福田 鉄雄　ふくだ・てつお　～昭和61年10月21日　北海道新聞旭川支社報道部次長(部長待遇)　→83/87

福田 輝信　ふくだ・てるのぶ　大正13年2月10日～平成14年2月12日　日産農林工業常務　→00/02

福田 統治　ふくだ・とうじ　大正8年5月6日～平成3年9月26日　フクダ電子副社長　→91/93

福田 藤楠　ふくだ・とうなん　～昭和60年9月22日　北海道副知事　→83/87

福田 篤泰　ふくだ・とくやす　明治39年10月13日～平成5年8月7日　衆院議員(自民党),郵政相　→91/93

福田 利子　ふくだ・としこ　大正9年～平成17年10月22日　松葉屋女将　→03/05

福田 利光　ふくだ・としみつ　明治45年7月6日～平成13年11月29日　西日本新聞相談役　→00/02

ふ

福田 敏之　ふくだ・としゆき　大正6年10月31日～平成18年4月27日　南日本放送社長,鹿児島県バレーボール協会会長　→06/08

福田 智之　ふくだ・ともゆき　昭和8年12月19日～平成6年8月6日　国連社副社長　→94/96

福田 虎亀　ふくだ・とらき　明治17年7月27日～昭和45年2月15日　衆院議員(国民同盟),山梨県知事,熊本市長　→昭和

福田 直次郎　ふくだ・なおじろう　明治41年10月28日～平成5年2月5日　福田屋百貨店社長　→91/93

福田 展徳　ふくだ・のぶあき　大正12年2月2日～平成2年1月19日　筑後市会議長　→88/90

福田 信雄　ふくだ・のぶお　昭和7年5月31日～平成19年9月6日　菱電商事常務　→06/08

福田 信行　ふくだ・のぶゆき　明治35年5月15日～平成10年10月16日　弁理士,技術士　福田特許事務所顧問,弁理士会会長　→97/99

福田 昇　ふくだ・のぼる　～平成2年7月20日　足利銀行専務　→88/90

福田 一　ふくだ・はじめ　明治35年4月1日～平成9年9月2日　自民党最高顧問,衆院議長　→97/99

福田 隼人　ふくだ・はやと　～平成4年4月1日　福田工芸会長,東京写真植字協同組合相談役　→91/93

福田 把栗　ふくだ・はりつ　慶応1年5月27日～昭和19年9月10日　僧侶,漢詩人,俳人　→昭和

福田 治胤　ふくだ・はるたね　～昭和42年6月1日　東横副社長　→昭和

福田 久男　ふくだ・ひさお　明治45年3月1日～平成10年5月9日　中央信託銀行社長　→97/99

福田 久雄　ふくだ・ひさお　明治38年1月3日～昭和59年2月16日　大阪商船三井船舶社長　→83/87

福田 英夫　ふくだ・ひでお　～昭和53年2月13日　内海造船社長　→昭和

福田 英雄　ふくだ・ひでお　明治44年12月25日～平成11年8月20日　フジテレビ副社長　→97/99

福田 英雄　ふくだ・ひでお　大正5年8月18日～平成14年2月24日　名工建設社長　→00/02

福田 秀男　ふくだ・ひでお　明治45年3月2日～平成8年2月28日　阪和銀行相談役　→94/96

福田 秀夫　ふくだ・ひでお　明治43年9月14日～昭和62年12月6日　鹿島建設副社長　→83/87

福田 英子　ふくだ・ひでこ　慶応1年10月5日～昭和2年5月2日　婦人解放運動家,自由民権運動家　→昭和

福田 宏一　ふくだ・ひろいち　大正3年1月23日～平成11年3月18日　参院議員(自民党)　→97/99

福田 博臣　ふくだ・ひろおみ　大正6年2月19日～昭和61年1月10日　東洋建設監査役　→83/87

福田 博　ふくだ・ひろし　大正7年3月17日～昭和63年4月3日　臼杵鉄工所管財人　→88/90

福田 裕　ふくだ・ひろし　昭和4年11月23日～平成11年6月13日　三井三池製作所社長,三井鉱山専務　→97/99

福田 洋　ふくだ・ひろし　昭和6年1月23日～平成22年8月8日　横浜ゴム常務　→09/11

福田 弘之　ふくだ・ひろゆき　昭和10年9月27日～平成6年7月31日　大陽酸素常務　→94/96

福田 博之　ふくだ・ひろゆき　昭和4年1月15日～平成14年9月6日　ジャパンメンテナンス会長,ニチイ副社長　→00/02

福田 扶佐子　ふくだ・ふさこ　～昭和63年4月16日　福田家(料亭)女将　→88/90

福田 平治　ふくだ・へいじ　慶応2年2月～昭和16年1月16日　社会事業家　(財)松江育児院主　→昭和

福田 正　ふくだ・まさ　～平成5年12月7日　(社)東京社会長　→91/93

福田 昌雄　ふくだ・まさお　明治35年6月10日～昭和62年4月19日　川研ファインケミカル社長,鉄興社常務　→83/87

福田 政雄　ふくだ・まさお　大正12年2月23日～平成10年2月11日　香川県議(自民党)　→97/99

福田 正一　ふくだ・まさかず　昭和1年12月27日～平成17年2月4日　久居市議(社民党)　→03/05

福田 政勝　ふくだ・まさかつ　明治39年3月24日～昭和8年10月29日　農民運動家　→昭和

福田 正治　ふくだ・まさじ　～平成13年4月28日　東洋ベアリング製造常務　→00/02

福田 雅太郎　ふくだ・まさたろう　慶応2年5月25日～昭和7年6月1日　陸軍大将　枢密顧問官　→昭和

福田 正俊　ふくだ・まさとし　明治36年3月28日～平成10年7月25日　牧師　日本基督教団信濃町教会名誉牧師,東京神学大学教授　→97/99

福田 正朝　ふくだ・まさとも　明治42年1月1日～昭和62年4月16日　中央毛織専務　→83/87

福田 政則　ふくだ・まさのり　大正14年9月13日～平成4年4月4日　長門市長　→91/93

福田 正彦　ふくだ・まさひこ　大正12年1月2日～平成13年4月29日　新見市長　→00/02

福田 勝　ふくだ・まさる　～昭和59年1月12日　駐英公使,アジア開発銀行理事　→83/87

福田 又一　ふくだ・またいち　元治1年8月10日～昭和14年1月25日　衆院議員(憲政会)　→昭和

福田 実　ふくだ・みのる　～昭和55年4月14日　東京芝浦食肉事業公社理事長,元東京都建設局次長　→80/82

福田 実　ふくだ・みのる　昭和23年5月15日～平成15年3月10日　福田組社長　→03/05

福田 実　ふくだ・みのる　大正8年4月9日～平成16年12月10日　神鋼電機常務　→03/05

福田 稔　ふくだ・みのる　大正5年7月22日～平成13年8月23日　日本ロボットリース社長　→00/02

福田 稔　ふくだ・みのる　昭和9年8月10日～平成14年4

月6日　東洋エンジニアリング常務,サンテック社長　→00/02

福田 三八一　ふくだ・みやいち　明治38年2月5日～昭和63年7月3日　福田印刷工業相談役,兵庫県印行組理事長　→88/90

福田 睦治　ふくだ・むつじ　～昭和39年5月7日　中央信託銀行常務　→昭和

福田 元次郎　ふくだ・もとじろう　大正4年10月18日～平成10年7月24日　北隆館社長　→97/99

福田 庸雄　ふくだ・やすお　～昭和40年7月15日　商工省鉱山・保険各局長　→昭和

福田 康　ふくだ・やすし　大正15年4月6日～平成10年12月19日　サミット常務　→97/99

福田 保朝　ふくだ・やすとも　大正2年2月19日～平成6年9月7日　朝日放送　→94/96

福田 勇一郎　ふくだ・ゆういちろう　明治36年6月22日～昭和42年12月3日　朝日新聞社代表取締役　→昭和

福田 祐作　ふくだ・ゆうさく　大正5年5月6日～平成18年5月9日　王子製紙専務,京都大学科学研究所助教授　→06/08

福田 裕　ふくだ・ゆたか　大正10年10月23日～平成5年1月23日　安田火災海上保険取締役　→91/93

福田 洋二　ふくだ・ようじ　昭和4年8月5日～平成14年7月23日　山陽百貨店会長　→00/02

福田 吉明　ふくだ・よしあき　大正10年9月26日～平成10年1月14日　若築建設常務　→97/99

福田 佳雄　ふくだ・よしお　～昭和42年8月27日　日建設計工務常務取締役　→昭和

福田 吉雄　ふくだ・よしお　大正4年5月31日～平成13年6月30日　スーパーバッグ副会長　→00/02

福田 好雄　ふくだ・よしお　明治39年7月22日～平成5年12月21日　ダイケンサッシ社長,住友ウォールシステム副社長　→91/93

福田 善孝　ふくだ・よしたか　～平成7年3月15日　昭和プラスチックス常務　→94/96

福囗 喜東　ふくだ・よしはる　明治38年5月26日～昭和58年7月15日　弁護士　衆院議員(自由党)　→83/87

福田 良治　ふくだ・よしはる　大正14年11月20日～昭和63年3月15日　小野田エンジニアリング常務　→88/90

福田 楽男　ふくだ・らくお　～昭和56年4月20日　福田交易会長　→80/82

福田 理三郎　ふくだ・りさぶろう　明治31年5月3日～昭和32年12月11日　社会運動家　→昭和

福田 了　ふくだ・りょう　～昭和13年3月16日　海軍軍医少将　→昭和

福田 良三　ふくだ・りょうぞう　～昭和55年3月26日　海軍中将　→80/82

福田 礼一郎　ふくだ・れいいちろう　昭和10年～平成14年2月3日　はつらつの里理事長　→00/02

福田 令寿　ふくだ・れいじゅ　～昭和48年8月7日　熊本市名誉市民　→昭和

福田 烈　ふくだ・れつ　～昭和42年8月29日　海軍技術中将　日本溶接協会顧問,日本工業経済連盟理事長　→昭和

福武 哲彦　ふくたけ・てつひこ　大正5年1月10日～昭和61年4月25日　福武書店社長　→83/87

福武 昇　ふくたけ・のぼる　～平成1年12月28日　関西電力顧問,京都市助役　→88/90

福谷 君貞　ふくたに・きみさだ　明治26年7月9日～昭和59年4月11日　サンケイ化学社長　→83/87

福谷 三郎兵衛　ふくたに・さぶろべえ　明治41年10月3日～平成8年12月18日　滋賀県議(自民党)　→94/96

福谷 玉樹　ふくたに・たまき　～昭和42年9月18日　北海道炭礦汽船常務,北星海運会長　→昭和

福谷 信良　ふくたに・のぶよし　昭和12年3月25日～昭和61年4月4日　コバル取締役　→83/87

福谷 博　ふくたに・ひろし　大正15年1月20日～平成8年11月4日　サンケイ化学会長　→94/96

福地 誠夫　ふくち・のぶお　明治37年2月14日～平成19年7月26日　海将　海上自衛隊横須賀地方総監　→06/08

福地 豊　ふくち・ゆたか　明治44年1月25日～昭和61年9月15日　日本共同証券財団理事長,日本開発銀行副総裁,日本銀行理事　→83/87

福地 嘉夫　ふくち・よしお　～昭和63年5月5日　東ソー理事,東北東ソー化学常務　→88/90

福地 義男　ふくち・よしお　昭和6年11月5日～平成1年6月8日　RKB毎日放送人事部主幹　→88/90

福地 義男　ふくち・よしお　明治39年5月13日～平成4年3月22日　青森県出納長,八戸市助役　→91/93

福富 靖　ふくとみ・おさむ　大正6年2月5日～平成8年6月13日　福岡銀行専務,高田工業所専務　→94/96

福富 海岳　ふくとみ・かいがく　～昭和62年11月4日　浄土宗長老,浄泰寺住職　→83/87

福富 薫　ふくとみ・かおる　大正4年12月13日～平成2年11月20日　森永製菓取締役　→88/90

福富 雪底　ふくとみ・せってい　大正10年9月23日～平成17年10月4日　僧侶　大徳寺520世住職,臨済宗大徳寺派管長　→03/05

福富 善三　ふくとみ・ぜんぞう　～昭和61年12月3日　フクトミスタジオ代表　→83/87

福富 恒樹　ふくとみ・つねき　～昭和55年3月19日　東京流通センター顧問,元東京都経済局長　→80/82

福富 伸康　ふくとみ・のぶやす　大正11年6月28日～平成23年9月19日　日本油脂専務　→09/11

福富 正孝　ふくとみ・まさたか　明治42年11月9日～平成5年1月3日　東洋アルミニウム副社長　→91/93

福富 正典　ふくとみ・まさのり　昭和3年6月2日～平成1年9月25日　和田八社長　→88/90

福留 徹　ふくとめ・あきら　大正11年6月28日～平成1年10月29日　日本鋼管取締役　→88/90

福留 繁　ふくとめ・しげる　明治24年2月1日～昭和46年2月6日　海軍中将　→昭和(ふくとめ・しげる)

福留 範昭　ふくどめ・のりあき　～平成22年5月5日　強制動員真相究明ネットワーク事務局長　→09/11

福留 福太郎　ふくどめ・ふくたろう　明治45年3月26日～平成17年8月17日　福留開発社長,高知県未帰還者等援護対策促進協議会会長　→03/05

福永 英二　ふくなが・えいじ　明治42年8月11日～平成14年11月18日　アフリカ協会理事長　→00/02

福永 和生　ふくなが・かずお　大正11年7月2日～平成7年1月9日　丸紅常務　→94/96

福永 一臣　ふくなが・かずおみ　明治40年5月11日～昭和57年8月30日　衆院議員(自民党)　→80/82

福永 一仁　ふくなが・かずひと　～昭和57年1月1日　相生市長　→80/82

福永 公一　ふくなが・きんいち　大正9年1月10日～平成2年2月2日　日本塩回送会長,日本専売公社総務理事　→88/90

福永 啓造　ふくなが・けいぞう　～昭和57年6月28日　福岡市博多区大浜公民館長,前大浜校区自治連会長　→80/82

福永 健司　ふくなが・けんじ　明治43年8月5日～昭和63年5月31日　政治家　衆院議員(自民党),運輸相　→88/90

福永 滋　ふくなが・しげる　昭和9年3月18日～平成17年5月25日　弁護士　名古屋弁護士会会長,日弁連副会長　→03/05

福永 次郎　ふくなが・じろう　明治45年1月2日～平成2年7月5日　日本ユニパック社長　→88/90

福永 節夫　ふくなが・せつお　昭和12年4月29日～平成17年2月20日　西日本プラント工業社長,九州電力常務　→03/05

福永 尊介　ふくなが・たかすけ　明治18年1月～昭和4年1月30日　千葉県知事,福井県知事　→昭和

福永 武雄　ふくなが・たけお　明治39年7月10日～平成7年8月3日　ブルドックソース会長　→94/96

福永 東煥　ふくなが・とうかん　～平成8年10月29日　福永社長　→94/96

福永 年久　ふくなが・としひさ　明治27年8月11日～昭和35年1月24日　実業家　住友石炭鉱業社長　→昭和

福永 絈夫　ふくなが・のぶお　大正14年2月27日～平成15年6月1日　弁護士　福永法律事務所長,広島弁護士会会長,日本弁護士連合会副会長　→03/05

福永 博　ふくなが・ひろし　昭和15年9月15日～平成2年8月31日　福助テクノ社長,福助常務　→88/90

福永 文之助　ふくなが・ふみのすけ　昭和14年4月15日　警醒社長　→昭和

福永 政雄　ふくなが・まさお　明治27年2月11日～昭和

63年11月13日　大阪屋社長　→88/90

福永 正美　ふくなが・まさよし　大正4年11月4日～平成7年1月30日　京成ホテル社長　→94/96

福中 希生　ふくなか・まれお　大正1年10月21日～昭和59年11月27日　三菱電機取締役　→83/87

福永 実　ふくなが・みのる　～昭和56年9月27日　日本電工専務　→80/82

福永 泰子　ふくなが・やすこ　大正7年3月～平成18年9月11日　女官　→06/08

福西 英一　ふくにし・えいいち　明治31年9月14日～平成1年10月1日　旭洋毛工業会長,日本トップメーキング協会副会長　→88/90

福西 和江　ふくにし・かずえ　～昭和62年6月25日　表山産業社長　→83/87

福西 清　ふくにし・きよし　～昭和42年12月25日　阪神電鉄社長　→昭和

福西 憲郎　ふくにし・けんろう　昭和14年4月24日～平成3年8月4日　名北工業社長　→91/93

福西 敬昌　ふくにし・よしまさ　～平成13年1月10日　奈良県議　→00/02

福原 勝之助　ふくはら・かつのすけ　～昭和30年4月26日　宝塚ホテル取締役　→昭和

福原 喜代　ふくはら・きよ　～昭和59年12月14日　喜代竜(料亭)女将　→83/87

福原 元一　ふくはら・げんいち　昭和2年2月23日～平成14年10月1日　通商産業省立地公害局長　→00/02

福原 耕一　ふくはら・こういち　～昭和56年7月12日　大阪府品質管理推進協議会会長,東亜高級継手バルブ製造社長　→80/82

福原 定吉　ふくはら・さだきち　～昭和55年4月24日　大曲市長　→80/82

福原 章成　ふくはら・しょうせい　～昭和57年1月14日　北海道議　→80/82

福原 信三　ふくはら・しんぞう　明治16年7月25日～昭和23年11月4日　実業家,写真家　資生堂社長,日本写真会初代会長　→昭和

福原 銭太郎　ふくはら・せんたろう　～昭和13年9月26日　陸軍中将　→昭和

福原 忠男　ふくはら・ただお　明治39年9月16日～平成7年9月10日　弁護士　→94/96

福原 勉　ふくはら・つとむ　～昭和61年8月4日　電通製版所社長　→83/87

福原 哲爾　ふくはら・てつじ　昭和9年7月17日～平成11年2月23日　大谷工業専務　→97/99

福原 信夫　ふくはら・のぶお　明治39年4月18日～平成1年1月18日　阪急百貨店取締役　→88/90

福原 信和　ふくはら・のぶかず　明治44年11月12日～平成6年9月27日　資生堂社長　→94/96

福原 信義　ふくはら・のぶよし　明治30年9月17日～昭

和33年12月15日　資生堂会長　→昭和

福原 英典　ふくはら・ひでのり　昭和19年4月8日～平成15年4月20日　マックスバリュ西日本社長　→03/05

福原 弘夫　ふくはら・ひろお　～昭和55年8月5日　東京矯正管区長　→80/82

福原 実　ふくはら・みのる　明治40年12月18日～平成8年3月15日　東急車両製造常務　→94/96

福原 由紀雄　ふくはら・ゆきお　～昭和61年12月21日　資生堂理事・元監査役, 福原興産専務　→83/87

福原 隆成　ふくはら・りゅうせい　～昭和6年3月20日　浄土宗総本山知恩院執事長　→昭和

福原 亮厳　ふくはら・りょうごん　明治42年8月15日～平成12年3月31日　僧侶　浄土真宗本願寺派観学, 大原野寺住職, 龍谷大学名誉教授　→00/02

福原 鐐二郎　ふくはら・りょうじろう　慶応4年6月25日～昭和7年1月17日　文部次官, 帝国美術院長, 学習院院長　→昭和

福原 蓮一　ふくはら・れんいち　昭和6年8月11日～平成21年5月12日　第一勧業銀行取締役　→09/11

福間 一郎　ふくま・いちろう　昭和3年3月3日～平成5年11月10日　三井生命保険専務　→91/93

福間 光超　ふくま・こうちょう　昭和8年2月17日～平成9年7月26日　僧侶　龍谷大学文学部教授, 正善寺住職　→97/99

福間 昌作　ふくま・しょうさく　明治37年12月14日～平成1年6月5日　弁護士　名古屋簡裁判事, 名古屋弁護士会監事　→88/90

福間 威　ふくま・たけし　大正13年2月24日～平成3年3月14日　日産火災海上保険専務　→09/11

福間 哲郎　ふくま・てつろう　昭和6年3月11日～昭和62年6月13日　日本冶金工業取締役　→83/87

福間 年勝　ふくま・としかつ　昭和12年4月23日～平成21年12月11日　三井物産副社長　→09/11

福間 知之　ふくま・ともゆき　昭和2年9月20日～平成12年1月7日　参院議員（社会党）　→00/02

福間 宣雄　ふくま・のぶお　昭和15年1月25日～平成14年9月2日　大豊工業社長, トヨタ自動車取締役　→00/02

福間 万助　ふくま・まんすけ　～平成1年1月16日　点訳奉仕者　→88/90

福間 雄一　ふくま・ゆういち　昭和3年9月21日～平成14年9月24日　日野自動車工業専務　→00/02

福水 達郎　ふくみず・たつろう　～昭和56年12月12日　衆院庶務部長　→80/82

福光 尚次　ふくみつ・しょうじ　大正11年8月5日～平成8年9月20日　阪急百貨店会長　→94/96

福光 外次郎　ふくみつ・そとじろう　～昭和30年2月4日　三井造船取締役　→昭和

福光 博　ふくみつ・ひろし　大正13年4月6日～平成16年10月17日　福光屋会長　→03/05

福村 治平　ふくむら・じへい　～昭和57年2月9日

福村 保　ふくむら・たもつ　明治43年8月18日～平成1年9月24日　福村出版会長, 教育図書出版会会長　→88/90

福本 敦郎　ふくもと・あつろう　大正10年9月28日～平成15年3月17日　丸紅副社長　→03/05

福本 逸夫　ふくもと・いつお　大正13年6月15日～平成16年7月20日　山口県議（自民党）　→03/05

福本 栄一　ふくもと・えいいち　～昭和61年2月18日　江東区（東京都）総務部長　→83/87

福本 栄治　ふくもと・えいじ　大正3年2月15日～平成13年3月30日　大同生命保険社長　→00/02

福本 五雄　ふくもと・かずお　～平成4年5月24日　キヤノンカメラ（のちキヤノン）取締役　→91/93

福本 和夫　ふくもと・かずお　明治27年7月4日～昭和58年11月16日　社会思想家　日本共産党中央委員会政治部長　→83/87

福本 亀治　ふくもと・かめじ　～昭和57年3月8日　第六方面軍憲兵隊司令官　→80/82

福本 清　ふくもと・きよし　明治39年6月4日～昭和61年6月14日　近畿車輛相談役・元副社長　→83/87

福元 清輝　ふくもと・きよてる　～昭和61年2月12日　鹿児島県副知事　→83/87

福本 邦雄　ふくもと・くにお　昭和2年1月5日～平成22年1月1日　フジ・インターナショナル・アート会長, 近畿放送社長　政界のフィクサー　→09/11

福本 健一　ふくもと・けんいち　昭和6年1月30日～平成8年10月11日　福本鉄工会長　→94/96

福本 十太郎　ふくもと・じゅうたろう　～昭和60年7月22日　三川内陶磁器工業協同組合理事長　→83/87

福本 俊作　ふくもと・しゅんさく　明治40年6月3日～平成7年7月9日　日本ラヂエーター（のちカルソニック）社長　→94/96

福本 善一　ふくもと・ぜんいち　昭和6年8月16日～平成15年9月12日　オリエンタル建設社長　→03/05

福本 武雄　ふくもと・たけお　～昭和55年2月12日　相生市長　→80/82

福本 常夫　ふくもと・つねお　～平成2年12月31日　大東製版工業（有）社長　→88/90

福元 登　ふくもと・のぼる　昭和5年7月10日～平成4年1月17日　東京相互銀行（のち東京相和銀行）常務　→91/93

福本 弥　ふくもと・ひさし　大正2年2月10日～平成2年1月20日　和歌山県議　→88/90

福本 正雄　ふくもと・まさお　大正5年7月21日～昭和55年10月3日　積水化成品工業社長　→80/82

福本 光雄　ふくもと・みつお　大正1年11月7日～平成7年7月19日　神鋼電機常務　→94/96

福本 元之助　ふくもと・もとのすけ　慶応2年8月26日～昭和12年10月27日　実業家　尼崎紡績社長　→昭和

福本 賀光　ふくもと・よしみつ　明治24年1月11日～昭和62年5月17日　（宗）神社本庁長老,多田神社名誉宮司　→83/87

福本 柳一　ふくもと・りゅういち　明治29年8月10日～平成3年2月1日　全日本空輸副社長　→91/93

福本 龍蔵　ふくもと・りゅうぞう　大正8年11月25日～平成17年11月25日　横田基地飛行差し止め訴訟団名誉団長　→03/05

福盛 佐一郎　ふくもり・さいちろう　明治41年3月3日～昭和11年4月6日　豊建商事会長,豊中商工会議所会頭　→97/99

福森 宗碩　ふくもり・そうせき　～昭和62年12月5日　僧侶,歌人　来光寺（大徳寺派）住職　→83/87

福森 哲雄　ふくもり・てつお　昭和6年10月14日～平成13年4月7日　丸紅常務　→00/02

福森 寿子　ふくもり・としこ　大正7年7月20日～平成15年9月4日　税理士　全国女性税理士連盟相談役　→03/05

福森 正直　ふくもり・まさなお　～平成7年7月16日　神戸地方海難審判庁長　→94/96

福屋 茂見　ふくや・しげみ　明治36年6月3日～平成4年12月22日　北海道酪農協会会長　→91/93

福屋 博臨　ふくや・ひろみ　昭和4年7月7日～昭和63年11月19日　住友建機専務,住友重機械工業取締役　→88/90

福谷 好和　ふくや・よしかず　昭和7年1月19日～平成8年4月4日　関電産業専務,関西電力監査役　→94/96

福山 旭　ふくやま・あきら　～昭和61年9月1日　北陸銀行本店業務部長　→83/87

福山 一正　ふくやま・かずまさ　明治42年12月18日～平成10年6月16日　住友重機械工業専務　→97/99

福山 郷太郎　ふくやま・ごうたろう　～昭和57年5月27日　串間市長　→80/82

福山 浩平　ふくやま・こうへい　昭和14年8月26日～平成20年7月12日　三井倉庫常務　→06/08

福山 栄　ふくやま・さかえ　～昭和55年6月13日　本州製紙専務,アラスカパルプ副社長　→80/82

福山 秀一　ふくやま・しゅういち　大正8年1月2日～平成8年8月4日　中央毛織社長　→94/96

福山 甚三郎（2代目）　ふくやま・じんざぶろう　明治16年7月24日～昭和49年7月30日　福山醸造社長　→昭和（山 甚三郎）

福山 善治郎　ふくやま・ぜんじろう　～昭和31年2月7日　東洋製鋼社長　→昭和

福山 卓爾　ふくやま・たくじ　大正13年5月27日～平成19年9月16日　福山醸造社長　→06/08

福山 達彦　ふくやま・たつひこ　大正11年2月13日～平成19年3月14日　ベル食品会長　→06/08

福山 敏子　ふくやま・としこ　昭和6年9月13日～平成2年2月24日　京都府議（共産党）　→88/90

福山 俊郎　ふくやま・としろう　大正9年6月20日～平成19年7月15日　福山コンサルタント社長　→06/08

福山 忍裳　ふくやま・にんしょう　～昭和47年10月22日　豊川稲荷住職　→昭和

福山 寿　ふくやま・ひさし　明治41年3月11日～平成1年9月4日　ブリヂストン常務　→88/90

福山 秀光　ふくやま・ひでみつ　昭和9年3月15日～平成21年8月25日　鹿児島県議（社民・無所属連合）　→09/11

福山 福之助　ふくやま・ふくのすけ　大正6年3月20日～平成7年3月16日　福山証券社長　→94/96

福山 正直　ふくやま・まさなお　大正3年8月7日～平成15年7月25日　風月フーズ会長　→03/05

福山 雅美　ふくやま・まさみ　大正1年10月29日～平成9年10月30日　三井造船専務,ミクニミーハナイト鋳造（株）社長,東洋タービン製造（株）会長　→97/99

福山 喜雄　ふくやま・よしお　～昭和42年8月31日　福山ピアノ社社長　→昭和

福山 芳太郎　ふくやま・よしたろう　大正5年6月21日～平成6年6月16日　田辺製薬専務　→94/96

福山 義久　ふくやま・よしひさ　大正8年4月2日～平成2年3月12日　センコー常務　→88/90

袋 光雄　ふくろ・みつお　明治39年9月17日～平成7年3月22日　宮城県議,宮城県農協中央会会長　→94/96

福渡 龍　ふくわたり・りょう　～平成2年11月5日　三菱レイヨン常務　→88/90

福家 守明　ふけ・しゅみょう　明治16年2月28日～昭和27年12月21日　僧侶　園城寺（三井寺）長吏　→昭和

福家 俊明　ふけ・しゅんみょう　大正11年8月28日～平成21年12月27日　僧侶　園城寺（三井寺）長吏,天台寺門宗管長　→09/11

福家 俊一　ふけ・としいち　明治45年3月3日～昭和62年4月17日　衆院議員（自民党）　→83/87

浮池 正基　ふけ・まさもと　大正1年8月11日～平成2年1月17日　水俣市長,熊本県医師会副会長　→88/90

更田 正彦　ふけた・まさひこ　大正2年7月6日～平成13年2月24日　日本光学工業副社長　→00/02

苻坂 毅　ふさか・つよし　大正14年7月6日～平成23年4月30日　神東塗料常務　→09/11

房野 夏明　ふさの・なつあき　昭和8年7月28日～平成10年1月13日　経団連専務理事　→97/99

総山 正雄　ふさやま・まさお　～平成9年3月7日　東海電線（のち住友電装）専務　→97/99

富士 亮　ふじ・あきら　昭和10年5月9日～平成18年3月24日　宮内庁侍従　→06/08

冨士 栄一　ふじ・えいいち　大正13年2月24日～昭和60年7月20日　宮地鉄工所副社長　→83/87

藤 剛三郎　ふじ・ごうざぶろう　～平成6年9月26日　日本油脂常務　→94/96

藤 光曜　ふじ・こうよう　～昭和57年7月27日　真宗出雲路派管長　→80/82

藤 三郎　ふじ・さぶろう　～昭和23年12月14日　第一電気社長　→昭和

I　政治・経済・社会篇

冨士　茂子　ふじ・しげこ　明治43年5月22日〜昭和54年11月15日　徳島ラジオ商殺し事件の冤罪被害者　→昭和

藤　秀瑋　ふじ・しゅうすい　明治18年1月17日〜昭和58年4月2日　僧侶　徳応寺(浄土真宗本願寺派)住職　→83/87

藤　樹林　ふじ・じゅりん　〜昭和62年3月23日　藤商店代表　→83/87

藤　都喜ェ門　ふじ・ときえもん　〜平成11年1月26日　藤絹織物社長　→97/99

冨士　晴之助　ふじ・はるのすけ　昭和9年9月8日〜平成21年11月1日　三菱マテリアル専務、三菱電線工業社長　→09/11

藤　浩　ふじ・ひろし　昭和3年7月15日〜平成11年2月22日　淡陽信用組合理事長、全国信用組合中央協会会長　→97/99

冨士　保夫　ふじ・やすお　昭和11年2月10日〜平成5年9月22日　くろがね工作所取締役　→91/93

冨士　豊　ふじ・ゆたか　明治40年10月1日〜平成4年2月20日　新和海運常務　→91/93

藤井　昭男　ふじい・あきお　大正10年〜平成6年10月14日　京都ダイカスト工業常務　→94/96

藤井　昭雄　ふじい・あきお　昭和7年4月30日〜平成6年1月17日　凸版印刷取締役　→94/96

藤井　秋太郎　ふじい・あきたろう　〜平成7年4月28日　広島県議　→94/96

藤井　昭　ふじい・あきら　〜昭和56年3月29日　日新電機商事取締役東都営業所長　→80/82

藤井　章　ふじい・あきら　明治45年1月1日〜平成6年1月1日　日本特殊陶業副社長　→94/96

藤井　明　ふじい・あきら　大正15年1月21日〜平成22年7月1日　マツダ副社長　→09/11

藤井　朝太　ふじい・あさた　〜昭和60年12月21日　大映常務　→83/87

藤井　新　ふじい・あらた　昭和34年2月16日〜平成16年1月27日　外務省太洋州局北東アジア課長　→03/05

藤井　伊右衛門　ふじい・いうえもん　明治23年〜昭和49年5月8日　長野市長、衆院議員　→昭和(ふじい・いえもん)

藤井　勇三　ふじい・いさみ　明治37年6月5日〜昭和62年9月30日　東海化学工業社長　→83/87

藤井　勇　ふじい・いさむ　明治44年8月16日〜昭和60年2月11日　埼玉マツダ社長、埼玉県自動車販売店協会副会長　→83/87

藤井　一郎　ふじい・いちろう　〜昭和41年2月10日　日本信託銀行副社長　→昭和

藤井　逸夫　ふじい・いつお　昭和10年1月10日〜平成7年2月15日　富士高圧フレキシブルホース社長　→94/96

藤井　稲造　ふじい・いなぞう　大正8年11月2日〜平成8年9月13日　コープケミカル社長　→94/96

藤井　巌　ふじい・いわお　明治31年7月10日〜平成1年

月28日　広島トヨタ自動車会長　→88/90

藤井　英一　ふじい・えいいち　〜昭和58年11月17日　ACR社長、福岡稲門会常任理事、福岡西ロータリークラブ理事　→83/87

藤井　英一　ふじい・えいいち　明治36年11月7日〜平成1年1月14日　京都市議会議長　→88/90

藤井　栄作　ふじい・えいさく　〜昭和60年11月1日　更生保護会(財)富山養得園理事長、元高岡警察署長、元富山地方検察庁副検事　→83/87

藤井　栄次　ふじい・えいじ　〜昭和56年4月21日　石川県農協中央会長　→80/82

藤井　恵照　ふじい・えしょう　明治11年〜昭和27年12月26日　両全会会長　→昭和(ふじい・けいしょう)

藤井　乙恵　ふじい・おとえ　〜昭和29年5月21日　東北肥料取締役　→昭和

藤井　一雄　ふじい・かずお　大正9年7月29日〜平成9年5月25日　東京高裁判事　→97/99

藤井　一雄　ふじい・かずお　大正15年3月13日〜平成21年5月4日　ジャックス社長　→09/11

藤井　一美　ふじい・かずみ　明治45年2月15日〜平成2年12月24日　陸上自衛隊第十一師団長　→88/90

藤井　勝美　ふじい・かつみ　〜平成8年5月11日　仙台市会議長　→94/96

藤井　勝志　ふじい・かつし　大正4年4月13日〜平成8年1月25日　衆院議員(自民党)　→94/96

藤井　桂　ふじい・かつら　大正4年〜平成10年11月9日　カンボウプラス常務　→97/99

藤井　カヨ　ふじい・かよ　明治21年3月12日〜平成11年8月6日　長寿日本2位(111歳)　→97/99

藤井　寛治　ふじい・かんじ　〜昭和58年1月25日　テレビ西日本営業局営業部長　→83/87

藤井　輝一　ふじい・きいち　〜昭和58年5月17日　田辺製薬取締役　→83/87

藤井　橘太郎　ふじい・きつたろう　大正10年5月21日〜平成23年10月12日　藤井組社長　→09/11

藤井　教海　ふじい・きょうかい　昭和4年11月6日〜平成17年4月8日　グンゼ産業常務　→03/05

藤井　澄　ふじい・きよし　昭和9年8月3日〜平成21年8月7日　トキメック専務　→09/11

藤井　義六　ふじい・ぎろく　明治44年5月4日〜昭和59年2月8日　石川島播磨重工副社長　→83/87

藤井　国男　ふじい・くにお　昭和13年3月21日〜平成10年9月17日　三晃金属工業常務　→97/99

藤井　啓一　ふじい・けいいち　慶応3年12月〜昭和28年6月18日　衆院議員(立憲民政党)　→昭和

藤井　敬一郎　ふじい・けいいちろう　大正1年8月28日〜昭和63年2月4日　関西汽船社長　→88/90

藤井　健　ふじい・けん　昭和26年7月30日〜平成19年10月14日　フィンテックグローバル会長　→06/08

ふしい

藤井 健二　ふじい・けんじ　大正7年1月25日〜昭和59年10月7日　万成証券会長　→83/87

藤井 健次郎　ふじい・けんじろう　明治42年11月25日〜昭和57年4月15日　旭紡績社長　→80/82

藤井 賢三　ふじい・けんぞう　昭和8年7月13日〜平成18年10月13日　近畿日本鉄道专務、三重交通会長　→06/08

藤居 謙三　ふじい・けんぞう　〜平成8年4月14日　弁護士　京都弁護士会副会長　→94/96

藤井 源蔵　ふじい・げんぞう　明治38年9月10日〜昭和57年2月10日　能美防災工業会長　→80/82

藤井 健太郎　ふじい・けんたろう　大正14年7月2日〜平成12年9月13日　会計検査院事務総長　→00/02

藤井 源太郎　ふじい・げんたろう　大正14年12月8日〜平成12年3月18日　関西電力専務、関電興業社長　→00/02

藤井 健也　ふじい・けんや　大正2年11月11日〜平成3年7月30日　東京製綱磐田製作所社長、東京製綱取締役　→91/93

藤井 五一郎　ふじい・ごいちろう　明治25年11月1日〜昭和44年10月29日　弁護士　公安調査庁初代長官　→昭和

藤井 耕一　ふじい・こういち　〜昭和62年7月17日　杉村倉庫取締役　→83/87

藤井 浩二　ふじい・こうじ　大正15年12月1日〜平成21年4月7日　小野田セメント副社長　→09/11

藤井 孝四郎　ふじい・こうしろう　〜昭和60年7月2日　弁護士　国際協力事業団顧問、宇宙開発事業団顧問　→83/87

藤井 弘三　ふじい・こうぞう　大正4年12月31日〜昭和62年9月4日　クラレ取締役　→83/87

藤井 晧三　ふじい・こうぞう　昭和7年8月1日〜平成9年1月14日　興和火災海上保険専務　→97/99

藤井 幸槌　ふじい・こうつち　文久4年1月5日〜昭和2年4月18日　陸軍中将　→昭和（ふじい・こうつい）

藤井 五郎　ふじい・ごろう　大正7年1月2日〜平成3年11月20日　不二家会長　→91/93

藤井 貞夫　ふじい・さだお　大正3年8月28日〜昭和60年12月27日　人事院総裁　→83/87

藤井 貞夫　ふじい・さだお　大正9年7月16日〜平成9年4月28日　松下電工会長　→97/99

藤井 貞雄　ふじい・さだお　〜昭和25年2月26日　配炭公団総裁　→昭和

藤井 真信　ふじい・さだのぶ　明治18年1月1日〜昭和10年1月31日　大蔵官僚　蔵相、大蔵省主計局長　→昭和（ふじい・まさのぶ）

藤井 三郎　ふじい・さぶろう　明治41年6月7日〜平成9年2月26日　森田ポンプ社長　→97/99

藤井 重雄　ふじい・しげお　大正10年〜平成10年　小学校教師　愛媛県橡尾山のブナ原生林を守る　→00/02s

藤井 繁夫　ふじい・しげお　大正8年1月7日〜平成昭和63年10月17日　富士特殊機工会長　→88/90

藤井 繁克　ふじい・しげかつ　大正15年1月28日〜平成23年6月17日　がまかつ創業者　→09/11

藤井 茂太　ふじい・しげた　万延1年9月〜昭和20年1月14日　陸軍中将　→昭和

藤井 重信　ふじい・しげのぶ　大正13年1月24日〜平成12年12月2日　日本特殊陶業常務　→00/02

藤井 茂博　ふじい・しげひろ　〜平成18年8月30日　電通パブリックリレーションズ社長、日本パブリックリレーションズ協会理事長　→06/08

藤井 繁　ふじい・しげる　昭和5年1月17日〜平成19年11月21日　山陽新聞常務生産技術開発室長　→06/08

藤井 茂　ふじい・しげる　大正14年9月19日〜平成18年2月3日　かおる堂会長、秋田いなふく米菓会長、秋田県中小企業団体中央会会長　→06/08

藤井 静光　ふじい・しずみつ　大正15年2月25日〜平成17年12月31日　大気社副社長　→03/05

藤井 実応　ふじい・じつおう　明治31年10月23日〜平成4年9月3日　僧侶　浄土門主、知恩院門跡、大僧正　→91/93

藤井 十三　ふじい・じゅうぞう　明治39年6月1日〜昭和63年6月15日　三和ビル代表取締役　→88/90

藤井 淳吉　ふじい・じゅんきち　大正5年12月4日〜昭和62年12月9日　三井倉庫常務取締役　→83/87

藤井 潤三　ふじい・じゅんぞう　昭和9年1月16日〜平成3年12月10日　タテホ化学工業常勤監査役、新平野炭酸瓦斯社長　→91/93

藤井 俊平　ふじい・しゅんぺい　昭和5年2月1日〜平成5年5月15日　東洋アルミニウム常務　→91/93

藤井 正一　ふじい・しょういち　昭和5年4月7日〜平成15年11月27日　兵庫県議（自民党）　→03/05

藤井 昌司　ふじい・しょうし　大正11年9月13日〜平成5年2月23日　興亜火災海上保険取締役　→91/93

藤井 司郎　ふじい・しろう　大正11年7月18日〜平成12年3月11日　大丸藤井社長　→00/02

藤井 四郎　ふじい・しろう　〜平成4年8月19日　総合広告代表取締役、中日新聞社友　→91/93

藤井 次郎　ふじい・じろう　大正9年〜平成7年8月30日　大阪スタヂアム興業常務　→94/96

藤井 次郎　ふじい・じろう　昭和12年1月4日〜平成12年3月20日　ダイエー常務、マルエツ社長　→00/02

藤井 二郎　ふじい・じろう　昭和5年11月9日〜平成22年10月14日　ノリタケカンパニーリミテド常務　→09/11

藤井 信　ふじい・しん　〜昭和56年1月23日　国立国会図書館専門調査委員　→80/82

藤井 真一郎　ふじい・しんいちろう　昭和15年7月12日〜平成7年8月18日　森田ポンプ社長　→94/96

藤井 信三郎　ふじい・しんざぶろう　昭和4年5月10日〜平成19年1月6日　アサヒビール常務　→06/08

藤井 甚七　ふじい・じんしち　明治42年11月21日〜平成5年10月3日　藤井呉服店社長、全国呉服専門店会連合会名誉会長　→91/93

藤井 真水　ふじい・しんすい　明治40年9月19日～平成3年8月8日　僧侶　明倫学園理事長、横浜増徳院主　→91/93

藤井 深造　ふじい・しんぞう　明治26年12月13日～昭和45年9月8日　三菱重工業初代社長　→昭和

藤井 奬　ふじい・すすむ　昭和11年5月17日～平成12年5月14日　香川銀行常務　→00/02

藤井 精一　ふじい・せいいち　大正3年4月28日～昭和63年1月11日　前橋市長　→88/90

藤井 誠一　ふじい・せいいち　明治45年4月29日～平成14年12月21日　新潟鉄工所専務　→00/02

藤井 誠一郎　ふじい・せいいちろう　大正15年6月6日～平成22年8月23日　明和産業常務　→09/11

藤井 清次　ふじい・せいじ　～平成2年9月20日　追分だんご本舗社長、オイワケ興産社長　→88/90

藤井 清治　ふじい・せいじ　～昭和29年5月15日　松竹取締役　→昭和

藤井 誠司　ふじい・せいじ　大正2年1月16日～平成9年10月4日　不二家社長　不二家のマスコットキャラクター・ペコちゃんの生みの親　→97/99

藤井 清七　ふじい・せいしち　明治38年1月13日～平成4年3月28日　刈谷通運会長、愛知県議　→91/93

藤井 誠治郎　ふじい・せいじろう　明治23年9月7日～昭和36年1月11日　出版人　大東館社長　→昭和

藤井 正也　ふじい・せいや　大正1年8月30日～平成4年8月14日　東光電気社長、尾張林業社長　→91/93

藤井 節子　ふじい・せつこ　～昭和63年2月19日　日本傷痍軍人妻の会会長　→88/90

藤井 専英　ふじい・せんえい　明治44年2月23日～平成18年12月2日　僧侶　正覚寺住職、岐阜大学名誉教授　→06/08

藤井 善七　ふじい・ぜんしち　大正9年5月9日～平成14年5月22日　丸池藤井会長、京都織物卸商業組合副理事長　→00/02

藤井 善助　ふじい・ぜんすけ　明治6年3月8日～昭和18年1月14日　実業家　衆院議員（国民党）、京都有鄰館長　→昭和

藤井 宗三郎　ふじい・そうざぶろう　～昭和57年10月28日　唐木細工連合会理事長　→80/82

藤井 崇治　ふじい・そうじ　明治27年7月1日～昭和50年3月18日　電源開発総裁　→昭和（ふじい・たかはる）

藤井 桑正　ふじい・そうしょう　大正9年9月9日～平成12年8月5日　朝日放送社長　→00/02

藤井 総四郎　ふじい・そうしろう　大正5年5月27日～平成22年12月17日　不二家社長　→09/11

藤井 孝　ふじい・たかし　明治43年1月28日～平成9年10月24日　日本鉱業（のちジャパンエナジー）常務　→97/99

藤井 卓　ふじい・たかし　～昭和62年8月1日　特殊機械製作所社長　→83/87

藤井 隆　ふじい・たかし　昭和9年8月1日～平成3年9月2日　関東精器取締役　→91/93

藤井 武雄　ふじい・たけお　大正6年11月25日～昭和63年1月31日　大洋漁業専務　→88/90

藤井 剛　ふじい・たけし　～昭和63年5月17日　新和海運専務、万野汽船社長　→88/90

藤井 武　ふじい・たけし　明治21年1月15日～昭和5年7月14日　キリスト教伝道者、聖書学者　→昭和

藤井 武　ふじい・たけし　昭和16年9月14日～平成23年8月5日　京都新聞取締役　→09/11

藤井 武志　ふじい・たけし　昭和7年～昭和63年1月13日　金商又一取締役、米国金商又一社長　→88/90

藤井 猛　ふじい・たけし　大正11年2月11日～平成18年2月13日　北海道議（自民党）　→06/08

藤井 武祐　ふじい・たけすけ　～昭和62年1月20日　正興商会監査役　→83/87

藤井 正　ふじい・ただし　～昭和28年7月11日　太平製糖社長　→昭和

藤井 立　ふじい・たつ　大正6年3月1日～平成7年12月26日　三菱地所副社長、三菱銀行常務　→94/96

藤井 龍雄　ふじい・たつお　昭和8年5月27日～平成16年2月10日　大陽酸素常務　→03/05

藤井 達也　ふじい・たつや　明治21年7月～昭和9年12月16日　衆院議員（政友会）　→昭和

藤井 達朗　ふじい・たつろう　大正9年6月27日～平成18年3月29日　住友信託銀行常務　→06/08

藤井 太朗　ふじい・たろう　～昭和45年5月4日　広島ホームテレビ専務　→昭和

藤井 恒一　ふじい・つねいち　明治43年11月25日～平成4年12月5日　藤井毛織社長　→91/93

藤井 恒男　ふじい・つねお　明治44年12月4日～昭和54年3月8日　テレビ朝日映像社長　→昭和

藤井 恒男　ふじい・つねお　昭和3年7月12日～平成3年9月28日　参院議員（民社党）　→91/93

藤井 定造　ふじい・ていぞう　～昭和62年4月2日　都城中央冷凍社長、都城市議　→83/87

藤井 哲夫　ふじい・てつお　明治37年1月2日～昭和42年6月2日　社会運動家　→昭和

藤井 哲夫　ふじい・てつお　昭和7年5月5日～平成3年2月21日　福井テレビ専務　→91/93

藤井 徹三　ふじい・てつぞう　昭和3年7月22日～平成10年8月24日　小月製鋼所社長　→97/99

藤井 照久　ふじい・てるひさ　昭和6年1月11日～平成3年6月9日　橘高社長　→91/93

藤井 暉久　ふじい・てるひさ　大正15年4月13日～平成16年11月19日　呉羽化学工業専務　→03/05

藤井 得三郎　ふじい・とくさぶろう　明治11年1月～昭和44年1月10日　実業家　竜角散社長　→昭和

藤井 得三郎　ふじい・とくさぶろう　明治34年1月1日～

ふしい　　　　　　　　　　　　　　　　　　　　　　　Ⅰ　政治・経済・社会篇

昭和59年12月13日　竜角散会長　→83/87

藤井 得三　ふじい・とくぞう　大正15年9月6日〜昭和56年8月10日　日本経営者団体連盟理事　→80/82

藤井 徳也　ふじい・とくや　明治41年7月20日〜平成11年4月24日　岩井産業副社長　→97/99

藤井 俊雄　ふじい・としお　明治44年5月22日〜平成2年1月7日　山形交通社長　→88/90

藤井 敏夫　ふじい・としお　大正15年5月31日〜平成11年1月6日　東京電力常務、常磐共同火力社長　→97/99

藤井 稔夫　ふじい・としお　昭和2年〜昭和61年10月20日　西芝電機取締役総務部長　→83/87

藤井 敏子　ふじい・としこ　〜昭和60年12月2日　藤井プラスチック監査役　→83/87

藤井 利次　ふじい・としつぐ　大正3年11月12日〜平成11年6月13日　アサヒビール名誉顧問　→97/99

藤井 俊彦　ふじい・としひこ　大正15年7月22日〜平成3年2月24日　東京高裁部総括判事　→91/93

藤井 年巳　ふじい・としみ　昭和4年2月24日〜平成9年11月6日　三京化成専務　→97/99

藤井 俊郎　ふじい・としろう　大正5年3月1日〜平成6年11月12日　不二越専務　→94/96

藤井 敏郎　ふじい・としろう　大正11年10月6日〜平成12年8月5日　山陰興発社長、山陰放送社長　→00/02

藤井 とみ子　ふじい・とみこ　〜昭和62年8月15日　藤井石油（株）取締役　→83/87

藤井 豊三　ふじい・とよぞう　昭和5年2月3日〜平成4年12月10日　山村硝子専務　→91/93

藤井 日光　ふじい・にちこう　明治42年2月11日〜平成18年9月21日　僧侶　日蓮宗管長、身延山久遠寺第91世法主　→06/08

藤井 日静　ふじい・にちじょう　明治12年10月1日〜昭和46年12月27日　僧侶　日蓮宗管長、身延山久遠寺第86世法主、大僧正　→昭和

藤井 日達　ふじい・にったつ　明治18年8月6日〜昭和60年1月9日　僧侶、平和運動家　日本山妙法寺山主　→83/87

藤井 信夫　ふじい・のぶお　〜昭和59年12月3日　札幌西ロータリークラブ会長、藤井台紙社長　→83/87

藤井 睦平　ふじい・のぶなり　大正8年1月11日〜平成4年7月17日　山口県農協中央会会長、全国共済農協連理事　→91/93

藤井 黎　ふじい・はじむ　昭和5年8月24日〜平成22年4月4日　仙台市長　→09/11

藤井 八郎　ふじい・はちろう　明治36年4月30日〜昭和51年6月20日　東洋建設社長　→昭和

藤井 八郎　ふじい・はちろう　大正12年1月5日〜平成7年2月10日　三井石油化学工業常務　→94/96

藤井 彦吉　ふじい・ひこきち　〜平成10年11月13日　日鉄商事副社長　→97/99

藤井 彦次郎　ふじい・ひこじろう　〜昭和26年3月8日

京都公安委長　→昭和

藤井 久　ふじい・ひさし　〜平成3年2月2日　日本水産取締役　→91/93

藤井 尚　ふじい・ひさし　〜昭和56年5月18日　日本輪送機社長　→80/82

藤井 英男　ふじい・ひでお　大正2年3月20日〜平成14年10月1日　弁護士　藤井法律事務所所長、日本弁護士連合会長　→00/02

藤井 英夫　ふじい・ひでお　大正6年5月19日〜昭和58年12月24日　東洋通信機監査役　→83/87

藤井 英雄　ふじい・ひでお　〜平成20年1月19日　富士ベークライト会長、菱陽電機会長　→06/08

藤井 秀雄　ふじい・ひでお　〜平成8年9月10日　久保田鉄工（のちクボタ）専務　→94/96

藤井 斉　ふじい・ひとし　明治37年8月3日〜昭和7年2月5日　海軍大尉　国家改造運動・王師会の指導者　→昭和

藤井 寛　ふじい・ひろし　昭和6年1月27日〜平成2年5月19日　（株）共同通信専務　→88/90

藤井 宏　ふじい・ひろし　昭和14年1月17日〜平成14年9月4日　三菱マテリアル常務　→00/02

藤井 広　ふじい・ひろし　〜昭和29年2月10日　東京高検検事　→昭和

藤井 博治　ふじい・ひろはる　〜昭和56年11月6日　日新製鋼常務　→80/82

藤井 二見　ふじい・ふたみ　大正9年1月11日〜平成6年12月12日　中国銀行専務　→94/96

藤居 平一　ふじい・へいいち　昭和2年2月25日〜平成8年4月17日　日本原水爆被害者団体協議会初代事務局長　→94/96

藤井 丙午　ふじい・へいご　明治39年2月23日〜昭和55年12月14日　実業家、政治家　参院議員（自民党）、新日本製鉄副社長　→80/82

藤井 平治　ふじい・へいじ　明治19年2月〜昭和49年4月20日　衆院議員（自由党）　→昭和

藤井 真　ふじい・まこと　昭和22年7月23日〜平成13年9月22日　山口県議（自民党）　→00/02

藤井 誠人　ふじい・まこと　昭和19年2月2日〜平成1年10月13日　大蔵省国際金融局金融業務課長　→88/90

藤井 政男　ふじい・まさお　明治44年〜昭和58年2月15日　旭化成工業取締役　→83/87

藤井 正男　ふじい・まさお　明治39年3月19日〜平成7年6月12日　衆院議員（国民協同党）　→94/96

藤井 正夫　ふじい・まさお　明治45年1月14日〜平成8年3月31日　高砂香料工業常務　→94/96

藤井 正治　ふじい・まさじ　〜昭和63年4月29日　富士丸取締役　→88/90

藤井 昌太　ふじい・まさた　大正13年8月31日〜平成13年11月16日　日本石油（のち日石三菱）常務　→00/02

藤井 昌典　ふじい・まさのり　昭和3年11月19日〜平成

23年10月7日　日本カーボン社長　→09/11

藤井 正治　ふじい・まさはる　大正4年～平成9年10月20日　三井鉱山取締役　→97/99

藤井 正美　ふじい・まさみ　大正2年11月22日～平成11年5月22日　ユーエスシー社長　→97/99

藤井 正也　ふじい・まさや　大正2年1月18日～平成2年9月9日　ニツカ光学社長、ヤシカ常務　→88/90

藤井 雅行　ふじい・まさゆき　昭和2年9月22日～平成21年2月18日　阪神電気鉄道専務　→09/11

藤井 真透　ふじい・ますき　明治22年1月7日～昭和38年9月19日　内務省土木試験所所長、日本大学理工学部教授、都城市長　→昭和

藤井 松太郎　ふじい・まつたろう　明治36年10月5日～昭和63年2月14日　国鉄総裁　→88/90

藤井 護　ふじい・まもる　明治42年3月23日～平成1年7月4日　殖産住宅相互相談役・元専務　→88/90

藤井 満彦　ふじい・みつひこ　～昭和42年4月11日　大同酸素会長　→昭和

藤井 光之　ふじい・みつゆき　大正2年7月5日～平成14年8月18日　鐘紡常務　→00/02

藤井 実　ふじい・みのる　大正10年11月7日～平成21年11月13日　オカモト専務　→09/11

藤井 御舟　ふじい・みふね　～昭和43年3月29日　日本軽金属顧問　→昭和

藤井 幸　ふじい・みゆき　明治38年～昭和57年12月15日　弁護士　日本文芸家協会顧問弁護士　→80/82（ふじい・こう）

藤井 睦雄　ふじい・むつを　大正11年8月4日～平成3年8月30日　浅沼組取締役　→91/93

藤井 ヤエ　ふじい・やえ　～平成1年6月25日　パイロット　日本婦人航空協会員　→88/90

藤井 約孝　ふじい・やくたか　～平成5年6月28日　不二越取締役　→91/93

藤井 康　ふじい・やすし　昭和6年6月22日～平成10年4月23日　毎日新聞取締役　→97/99

藤井 寧　ふじい・やすし　～昭和55年8月28日　(株)フジイ社長、福岡県宅建協博多支部財政部長　→80/82

藤井 保久　ふじい・やすひさ　～昭和48年10月10日　ダイハツ工業相談役　→昭和

藤井 康宏　ふじい・やすひろ　昭和15年10月11日～平成3年4月18日　ユアサ産業取締役　→91/93

藤井 勇見　ふじい・ゆうけん　明治40年1月3日～昭和46年10月5日　北日本新聞社代表取締役社長　→88/90

藤井 祐三　ふじい・ゆうぞう　大正13年12月2日～平成7年1月31日　東京電力相談役　→94/96

藤井 幸男　ふじい・ゆきお　大正10年4月8日～平成20年3月8日　ドンク名誉会長　→06/08

藤井 行雄　ふじい・ゆきお　大正6年11月19日～平成5年6月19日　日本鋼管(のちNKK)取締役、日本鋳鉄管社長

→91/93

藤井 洋三　ふじい・ようぞう　大正5年～平成3年4月10日　チッソ副社長　→91/93

藤井 嘉雄　ふじい・よしお　大正7年6月16日～平成16年12月11日　弁護士　岡山地検検事正　→03/05

藤井 義夫　ふじい・よしお　～昭和56年3月21日　富士紡績取締役　→80/82

藤井 吉男　ふじい・よしお　～昭和61年7月31日　西部商事代表取締役社長　→83/87

藤井 好雄　ふじい・よしお　明治42年10月15日～平成10年9月10日　東洋ベアリング製造常務　→97/99

藤井 芳郎　ふじい・よしお　大正6年5月20日～平成19年7月4日　三菱化成工業専務　→06/08

藤井 良男　ふじい・よしお　明治41年11月3日～平成16年2月22日　フジタ副社長　→03/05

藤井 義勝　ふじい・よしかつ　大正7年3月17日～昭和63年6月10日　札幌市アパート業協同組合理事長、藤井ビル創業者　→88/90

藤井 義高　ふじい・よしたか　～昭和63年8月30日　滋賀県議、武佐村村長　→88/90

藤井 敬人　ふじい・よしと　～平成14年4月16日　フジィックス副社長　→00/02

藤井 喜寿　ふじい・よしひさ　明治45年3月21日～昭和62年4月12日　山口信用金庫会長　→83/87

藤井 義郎　ふじい・よしろう　～昭和44年12月25日　中外製薬監査役　→昭和

藤井 与三治　ふじい・よそじ　大正14年2月3日～平成23年6月17日　ドラッグフジイ創業者　→09/11

藤井 龍心　ふじい・りゅうしん　明治36年7月21日～平成10年4月13日　僧侶　清和院住職、真言宗智山派管長　→97/99

藤井 隆然　ふじい・りゅうねん　明治21年6月9日～昭和56年1月4日　僧侶　時宗法主、時宗総本山遊行寺住職　→80/82

藤井 亮　ふじい・りょう　～昭和60年11月11日　福岡高裁判事　→83/87

藤井 亮一　ふじい・りょういち　大正7年9月9日～平成7年2月15日　九州電力常務　→94/96

藤井 了諦　ふじい・りょうたい　大正11年8月29日～平成18年8月27日　僧侶　福寿寺（真宗大谷派）住職、同朋大学文学部国文学科教授　→00/02

藤井 林右衛門　ふじい・りんえもん　明治18年11月16日～昭和43年1月28日　実業家　不二家創業者　→昭和

藤井 隣次　ふじい・りんじ　明治22年5月6日～昭和49年12月25日　昭和電線電纜社長　→昭和

藤家 経　ふじいえ・おさむ　大正3年12月30日～平成10年11月24日　九州郵船相談役・元社長　→97/99

藤井本 繁治　ふじいもと・しげじ　昭和7年2月22日～平成12年9月15日　新庄町（奈良県）町長　→00/02

藤浦 富太郎　ふじうら・とみたろう　～昭和55年4月21日

東京中央青果取締役会長,大恵信用金庫理事長 →80/82

藤江 章夫 ふじえ・あきお 嘉永7年4月18日～昭和3年11月16日 実業家 兵庫県議 →昭和

藤江 恭 ふじえ・きょう 大正7年8月13日～平成19年11月28日 栄町(千葉県)町長 →06/08

藤江 恵輔 ふじえ・けいすけ ～昭和44年2月27日 陸軍大将 →昭和

藤江 弘一 ふじえ・こういち 昭和5年1月25日～平成5年6月7日 参議院議員(自民党) →91/93

藤江 弘毅 ふじえ・こうき 大正12年1月25日～平成10年8月1日 江崎グリコ取締役 →97/99

藤江 治一 ふじえ・じいち 明治40年9月12日～昭和62年5月17日 名藤代表取締役会長,昭和区(名古屋市)区政協力委員 →83/87

藤江 信 ふじえ・しん ～昭和60年5月12日 北海道炭砿汽船副社長 →83/87

藤江 正泰 ふじえ・まさやす ～昭和62年5月16日 九州石炭鉱業懇話会会長 →83/87

藤枝 一雄 ふじえだ・かずお ～平成10年7月8日 舞台芸術学院専務理事 →97/99

藤枝 昭英 ふじえだ・しょうえい 明治42年12月7日～平成5年5月15日 日本陸上競技連盟名誉副会長 →91/93

藤枝 昭信 ふじえだ・しょうしん 明治40年2月～昭和39年1月13日 参院議員(社会党) →昭和(ふじえだ・あきのぶ)

藤枝 泉介 ふじえだ・せんすけ 明治40年12月3日～昭和46年6月6日 政治家,内務官僚 衆院副議長,自民党副幹事長 →昭和

藤枝 高士 ふじえだ・たかし 大正3年1月13日～昭和58年7月22日 経営コンサルタント マーケティング研究協会会長 →83/87

藤枝 千代 ふじえだ・ちよ ～平成6年7月13日 冨士屋ホテル取締役 →94/96

藤枝 哲郎 ふじえだ・てつろう ～昭和39年1月25日 大僧正,天台宗滋賀院門跡 →昭和

藤枝 弘文 ふじえだ・ひろふみ ～昭和56年11月25日 全国護国神社会副会長,北海道護国神社宮司 →80/82

藤枝 盈 ふじえだ・みつる 明治32年10月25日～平成17年10月4日 高等海難審判庁長官 →03/05

藤枝 嘉郎 ふじえだ・よしろう 昭和6年9月16日～平成11年2月7日 日産陸送社長 →97/99

藤尾 永悦 ふじお・えいえつ 大正9年7月13日～平成7年7月3日 岩手県議(自民党) →94/96

藤尾 津与次 ふじお・つよじ ～昭和57年5月20日 松下電器産業元専務 →80/82

藤尾 正行 ふじお・まさゆき 大正6年1月1日～平成18年10月22日 衆議院議員(自民党),文相,労相 →06/08

藤生 安太郎 ふじお・やすたろう 明治28年8月～昭和46年12月7日 衆院議員(日本自由党),(社)国政審議調査会理事長 →昭和

藤岡 英豪 ふじおか・えいごう 明治44年9月26日～昭和58年5月18日 福岡相互銀行取締役・監査役,福岡地所社長 →83/87

藤岡 義昭 ふじおか・ぎしょう 明治44年3月18日～平成11年1月23日 僧侶 浄土真宗本願寺派総長 →97/99

藤岡 清俊 ふじおか・きよとし 明治40年3月1日～昭和61年12月8日 日本発条名誉会長,ニスコ会長,日本自動車部品工業会名誉会長 →83/87

藤岡 賢一 ふじおか・けんいち 大正10年11月2日～平成8年12月20日 保土谷化学工業社長 →94/96

藤岡 健太郎 ふじおか・けんたろう ～昭和56年7月25日 京都書院代表取締役会長 →80/82

藤岡 三郎 ふじおか・さぶろう ～昭和62年9月24日 日本火災海上保険取締役 →83/87

藤岡 重司 ふじおか・しげじ ～平成13年10月1日 兵庫県中国帰国者自立研修センター所長 →00/02

藤岡 重弘 ふじおか・しげひろ 昭和11年2月12日～平成13年9月21日 加西市長 →00/02

藤岡 栄 ふじおか・しげる 昭和7年1月1日～平成6年7月26日 サンケイリビング新聞社顧問 →94/96

藤岡 淳吉 ふじおか・じゅんきち 明治35年6月28日～昭和50年5月7日 社会運動家,出版人 →昭和

藤岡 正右衛門 ふじおか・しょうえもん 明治24年～昭和5年7月2日 部落解放運動家 →昭和

藤岡 祥三 ふじおか・しょうぞう 大正12年1月28日～平成2年11月12日 部落解放運動家 全国部落解放運動連合会委員長,福岡市議(共産党) →88/90

藤岡 紫朗 ふじおか・しろう 明治32年12月18日 ロサンゼルス日本人会会長 →昭和(藤岡 紫郎)

藤岡 信吾 ふじおか・しんご ～昭和52年9月3日 三菱石油社長 →昭和

藤岡 忠治郎 ふじおか・ちゅうじろう 大正15年7月8日～平成1年1月19日 三野町(香川県)町長,三野町公民館長 →88/90

藤岡 勉 ふじおか・つとむ 昭和4年9月20日～平成7年7月26日 錦生建設社長,名張商工会議所会頭 →94/96

藤岡 恒夫 ふじおか・つねお 大正4年4月2日～平成9年3月22日 日本冷蔵(のちニチレイ)専務 →97/99

藤岡 長敏 ふじおか・ながとし 明治27年8月19日～昭和40年2月21日 兵庫県知事 →昭和

藤岡 兵一 ふじおか・ひょういち 明治18年～昭和32年1月5日 浜松市長,栃木県知事 →昭和(ふじおか・へいいち)

藤岡 文六 ふじおか・ぶんろく 明治25年3月15日～昭和31年3月6日 労働運動家 →昭和(ふじおか・ふみろく)

藤岡 万蔵 ふじおか・まんぞう ～昭和4年8月14日 陸軍少将 →昭和

藤岡 雄吾 ふじおか・ゆうご 明治44年4月25日～平成2年12月20日 キムラ電機取締役相談役・元社長 →88/90

藤音 晃祐　ふじおと・こうゆう　大正10年12月28日〜平成16年5月5日　僧侶　浄土真宗本願寺派総長、教尊寺住職、龍谷大学理事長　→03/05

藤音 得忍　ふじおと・とくにん　明治27年6月19日〜昭和47年2月29日　僧侶　浄土宗本願寺派総長、京都女子大学学長　→昭和

藤懸 末松　ふじかけ・すえまつ　〜昭和17年8月13日　翼賛会興亜局連絡部長　→昭和

藤掛 善蔵　ふじかけ・ぜんぞう　〜昭和47年4月17日　東京発動機社長　→昭和

藤掛 光人　ふじかけ・みつと　大正10年7月10日〜平成3年1月12日　サンリツ監査役・元常務　→91/93

藤川 一秋　ふじかわ・いっしゅう　大正3年9月14日〜平成4年8月17日　トピー工業社長、参院議員(自民党)　→91/93

藤川 一人　ふじかわ・かずと　〜平成20年11月8日　広島県原爆被害者団体協議会理事長　→06/08

藤川 一俊　ふじかわ・かずとし　昭和6年12月21日〜平成15年1月5日　佐伯建設工業副社長　→03/05

藤川 克昌　ふじかわ・かつまさ　昭和12年12月7日〜平成17年6月27日　杉村倉庫社長　→03/05

藤川 五郎　ふじかわ・ごろう　昭和3年6月27日〜昭和60年12月4日　日興国際投資顧問社長　→83/87

藤川 新二　ふじかわ・しんじ　明治43年2月5日〜平成1年1月24日　北国新聞社相談役　→88/90

藤川 魏也　ふじかわ・たかや　昭和7年11月3日〜平成18年3月15日　広島テレビ放送会長　→06/08

藤河 端　ふじかわ・ただし　明治44年8月6日〜昭和58年10月28日　拓銀インタナショナル・アジア・リミテッド顧問、北海道拓銀副頭取　→83/87

藤川 常夫　ふじかわ・つねお　大正14年10月14日〜平成5年9月12日　海将　富士電機顧問、海上自衛隊潜水艦隊司令官　→91/93

藤川 敏行　ふじかわ・としゆき　明治42年11月29日〜昭和63年7月1日　「カメラ」編集長、日本カメラ社長　→88/90

藤川 マキエ　ふじかわ・まきえ　〜昭和60年1月13日　(福)厚生協会理事長　→83/87

藤川 有作　ふじかわ・ゆうさく　〜昭和62年10月22日　ふじかわ取締役会長　→83/87

藤木 イキ　ふじき・いき　大正12年11月15日〜昭和57年10月3日　藤木訴訟の原告　→80/82

藤木 勲　ふじき・いさお　〜昭和60年10月15日　安田火災海上保険常任監査役、日本金属監査役　→83/87

藤樹 憲二　ふじき・けんじ　大正11年10月30日〜平成23年7月16日　長崎放送社長　→09/11

藤木 幸太郎　ふじき・こうたろう　〜昭和55年11月1日　藤木企業会長　→80/82

藤木 重雄　ふじき・しげお　大正14年1月6日〜平成6年11月27日　近畿日本ツーリスト常務　→94/96

藤木 俊三　ふじき・しゅんぞう　明治43年12月26日〜昭和59年4月2日　新日本製鉄副社長　→83/87

藤木 昌二　ふじき・しょうじ　大正13年1月12日〜昭和63年12月9日　岡山県議(自民党)　→88/90

藤木 四郎　ふじき・しろう　〜昭和61年1月4日　大阪セメント常務　→83/87

藤木 孝夫　ふじき・たかお　昭和6年9月20日〜平成1年6月3日　松下電子部品常務　→88/90

藤木 隆　ふじき・たかし　昭和7年10月1日〜平成3年8月12日　フジキ工芸産業会長　→91/93

藤木 竹雄　ふじき・たけお　明治38年2月2日〜平成10年4月19日　日本鉱業銀行常務、新日本製鉄副社長　→97/99

藤木 武雄　ふじき・たけお　大正14年3月11日〜昭和63年9月11日　三菱油化取締役　→88/90

藤木 忠明　ふじき・ただあき　大正9年10月28日〜平成7年6月24日　日本火炎海上保険常務　→94/96

藤木 経明　ふじき・つねあき　〜昭和55年7月4日　三菱化成工業取締役、菱化商事社長　→80/82

藤木 紀男　ふじき・のりお　昭和15年1月1日〜平成22年9月21日　静岡県出納長　→09/11

藤木 白鳳　ふじき・はくほう　大正10年7月28日〜平成1年11月23日　僧侶　龍谷大学教授、金剛院住職　→88/90

藤木 久夫　ふじき・ひさお　明治29年10月25日〜昭和59年12月18日　丸五ゴム工業代表取締役相談役　→83/87

藤木 弘　ふじき・ひろし　〜昭和63年9月27日　福岡スポーツセンター取締役　→88/90

藤木 文雄　ふじき・ふみお　〜平成6年5月1日　日本火災海上保険常務　→94/96

藤木 正一　ふじき・まさかず　昭和7年〜平成20年4月10日　日新火災海上保険常務　→06/08

伏木 政士　ふしき・まさし　〜昭和61年3月2日　伏木食品代表取締役　→83/87

藤木 光雄　ふじき・みつお　明治34年3月16日〜昭和61年8月15日　自民党事務局長　→83/87

藤木 満　ふじき・みつる　昭和14年9月2日〜平成11年7月14日　ワイドマン社長　→97/99

藤木 義郎　ふじき・よしろう　大正3年3月22日〜昭和63年3月2日　太平工業常務　→88/90

藤久保 三四郎　ふじくぼ・さんしろう　明治37年5月10日〜昭和58年6月2日　日立化成工業相談役・元社長　→83/87

藤倉 三郎　ふじくら・さぶろう　大正15年5月29日〜平成11年1月3日　アロン化成社長　→97/99

藤倉 武男　ふじくら・たけお　〜昭和46年11月11日　成田市長　→昭和

藤倉 恒雄　ふじくら・つねお　昭和5年7月10日〜平成13年4月17日　司祭　日本聖公会関東教区東松山聖ルカ教会司祭　→00/02

藤倉 正巳　ふじくら・まさみ　大正12年2月4日〜平成9

ふしくら　　　　　　　　　　　　　　　　　　　Ⅰ　政治・経済・社会篇

年　岩手県議(新進党),岩手県消防協会長　→97/99

藤倉 義正　ふじくら・よしまさ　大正7年11月10日～平成11年1月25日　阪急交通社常務　→97/99

藤阪 捨治郎　ふじさか・すてじろう　明治35年2月18日～昭和58年12月11日　銭高組専務　→83/87

藤阪 利為　ふじさか・としため　大正14年5月9日～平成19年2月2日　大林組副社長　→06/08

藤阪 修美　ふじさか・ながとみ　明治35年2月16日～平成12年5月23日　大阪ガス社長,日本ガス協会会長　→00/02

藤阪 和一　ふじさか・わいち　昭和2年6月5日～平成3年8月23日　日藤ポリゴン社長　→91/93

藤崎 昭博　ふじさき・あきはる　～平成9年3月31日　ハリマビステム常務　→97/99

藤崎 章　ふじさき・あきら　大正6年5月1日～平成19年9月13日　住友金属鉱山社長　→06/08

藤崎 岩雄　ふじさき・いわお　～昭和62年5月1日　武蔵野市老人クラブ連合会副会長　→83/87

藤崎 和弘　ふじさき・かずひろ　昭和19年3月18日～平成16年4月12日　マルタイ常務　→03/05

藤崎 慶次郎　ふじさき・けいじろう　昭和6年12月24日～平成15年9月10日　サンウエーブ工業専務　→03/05

藤崎 定　ふじさき・さだむ　大正2年5月3日～平成8年2月6日　トーホー創業者　→94/96

藤崎 三郎助　ふじさき・さぶろうすけ　大正6年10月2日～平成6年10月10日　藤崎会長　→94/96

藤崎 止戈夫　ふじさき・しかお　～昭和36年11月9日　日東発条社長　→昭和

藤崎 重太郎　ふじさき・じゅうたろう　～昭和61年11月25日　久留米市議　→83/87

藤崎 尚三　ふじさき・しょうぞう　大正8年10月12日～平成3年11月11日　日本住宅公団(のち住宅・都市整備公団)監事　→91/93

藤崎 信助　ふじさき・しんすけ　～昭和60年12月20日　千秋社常務取締役,利根コカコーラボトリング監査役　→83/87

富士崎 成一　ふじさき・せいいち　大正3年2月12日～平成9年12月12日　日新製鋼常務　→97/99

藤崎 誠弥　ふじさき・せいや　昭和6年9月4日～平成12年11月13日　キッコーマン監査役　→00/02

藤崎 信之　ふじさき・のぶゆき　～昭和29年1月8日　代議士　→昭和

藤崎 文造　ふじさき・ぶんぞう　明治35年4月～平成5年6月9日　弁護士　東京大学教授　→91/93

藤崎 真孝　ふじさき・まさたか　昭和17年11月25日～平成5年12月2日　オークネット会長　→91/93

藤崎 萬里　ふじさき・まさと　大正3年12月16日～平成18年10月6日　駐タイ大使,最高裁判事　→06/08

藤崎 道好　ふじさき・みちよし　大正6年3月20日～昭和56年9月4日　船員中央労働委員会委員,日本海事財団常

務理事　→80/82

藤里 慈亮　ふじさと・じりょう　大正4年12月17日～平成14年7月31日　僧侶　毛越寺貫主,天台宗大僧正　→00/02

藤沢 幾之輔　ふじさわ・いくのすけ　安政6年2月16日～昭和15年4月3日　政治家　衆院議長,商工相,貴院議員(勅選)　→昭和

藤沢 いし　ふじさわ・いし　明治7年～昭和56年1月23日　長寿女性7番目　→80/82

藤沢 乙三　ふじさわ・おとぞう　～昭和55年1月26日　ダウ・コーニング会社相談役・元社長　→80/82

藤沢 乙安　ふじさわ・おとやす　明治43年1月1日～平成12年3月　ぎょうせい名誉会長　→00/02

藤沢 和俊　ふじさわ・かずとし　昭和21年11月13日～平成22年4月9日　小田原エンジニアリング社長　→09/11

藤沢 和巳　ふじさわ・かずみ　大正14年3月3日～昭和63年2月26日　江崎グリコ監査役・元常務　→88/90

藤沢 克司　ふじさわ・かつじ　大正4年3月7日～平成14年9月30日　ミネベア副社長,かねもり社長　→00/02

藤沢 勘兵衛　ふじさわ・かんべえ　明治39年9月14日～平成5年10月3日　桜村(のちつくば市)村長,筑波学園病院理事長　→91/93

藤沢 清　ふじさわ・きよし　昭和8年5月3日～平成13年11月5日　奥村組専務　→00/02

藤沢 喜郎　ふじさわ・きろう　明治44年5月15日～平成7年8月28日　部落解放同盟中央本部副委員長　→94/96

藤沢 言雄　ふじさわ・ことお　大正6年1月1日～平成1年2月8日　警察庁九州管区警察局長,東京簡裁判事　→88/90

藤沢 しう子　ふじさわ・しうこ　～昭和2年3月15日　藤沢前商相母堂　→昭和

藤沢 繁三　ふじさわ・しげぞう　～昭和50年1月15日　陸軍中将　→昭和

藤沢 仁　ふじさわ・じん　～昭和45年7月2日　大成道路相談役　→昭和

藤沢 暹　ふじさわ・すすむ　昭和6年9月5日～平成13年7月20日　有楽土地社長,大成建設副社長　→00/02

藤沢 威雄　ふじさわ・たけお　昭和39年11月16日　日本ビテイ社長　→昭和

藤沢 武夫　ふじさわ・たけお　明治43年11月10日～昭和63年12月30日　本田技研工業最高顧問　→88/90

藤沢 武義　ふじさわ・たけよし　～昭和61年6月21日　キリスト教伝導者　求道社主宰　→83/87

藤沢 達郎　ふじさわ・たつお　大正13年12月3日～昭和60年8月28日　日新火災海上保険社長　→83/87

藤沢 渓男　ふじさわ・たにお　～昭和55年7月3日　岐阜市議　→80/82

藤沢 親雄　ふじさわ・ちかお　明治26年9月18日～昭和37年7月23日　国家主義者　日本大学教授　→昭和

藤沢 千芳　ふじさわ・ちよし　大正10年8月23日～平成

I 政治・経済・社会篇

12年3月13日　宮城県経済連会長, 岩出山町議　→00/02

藤沢 藤一　ふじさわ・とういち　明治35年4月12日～平成7年2月26日　藤沢会長, 横浜商工会議所副会頭　→94/96

藤沢 徹　ふじさわ・とおる　昭和4年5月11日～平成17年8月7日　立飛企業社長, 立川航空機社長　→03/05

藤沢 友吉　ふじさわ・ともきち　明治28年7月28日～昭和47年9月18日　実業家　藤沢薬品工業社長　→昭和

藤沢 友吉（1代目）　ふじさわ・ともきち　慶応2年3月5日～昭和7年4月17日　実業家　藤沢薬品工業創業者　→昭和（藤沢 友吉）

藤沢 信雄　ふじさわ・のぶお　～平成19年9月14日　空将　航空自衛隊飛行教育集団司令官　→06/08

藤沢 信郎　ふじさわ・のぶお　大正10年3月4日～昭和61年9月20日　日協運輸倉庫会長, 日商岩井専務　→83/87

藤沢 秀雄　ふじさわ・ひでお　明治41年1月17日～昭和59年4月20日　藤沢(貿易会社)社長　→83/87

藤沢 宏　ふじさわ・ひろし　昭和2年7月2日～平成6年2月8日　秋田商工会議所専務理事　→94/96

藤沢 博　ふじさわ・ひろし　昭和7年4月27日～平成17年12月3日　八十二銀行常務, 八十二リース社長　→03/05

藤沢 溥文　ふじさわ・ひろぶみ　昭和8年11月18日～平成14年1月16日　大成証券社長　→00/02

藤沢 穆　ふじさわ・ぼく　～昭和5年6月9日　協調会大阪支所長　→昭和

藤沢 正男　ふじさわ・まさお　大正3年5月23日～平成5年3月19日　田辺製薬専務・大阪研究所所長　→91/93

藤沢 正雄　ふじさわ・まさお　大正8年12月17日～平成5年3月1日　沖電気工業監査役　→91/93

藤沢 巳好　ふじさわ・みよし　明治40年4月18日～平成4年5月15日　青森銀行副頭取　→91/93

藤沢 保雄　ふじさわ・やすお　～平成20年9月17日　空将　→06/08

藤沢 義雄　ふじさわ・よしお　明治44年3月10日～昭和62年10月1日　藤沢製作所長, パン技術研究所理事長, 日本製パン製菓機械工業協同組合初代理事長　→83/87

藤沢 隆治郎　ふじさわ・りゅうじろう　明治42年～昭和62年3月11日　日本共産党長野県委員長　→83/87

藤島 昭　ふじしま・あきら　大正13年1月2日～平成22年11月21日　最高裁判事, 法務事務次官　→09/11

藤島 宇宙　ふじしま・うちゅう　大正8年2月28日～昭和60年5月20日　日本航空ホテル社長　→83/87

藤島 一夫　ふじしま・かずお　明治43年12月15日～平成13年12月6日　東芝機械副社長　→00/02

藤島 克己　ふじしま・かつみ　明治43年7月19日～昭和61年2月23日　NHKテクニカルサービス社長, 元NHK副会長　→83/87

藤島 克彦　ふじしま・かつひこ　～昭和60年8月12日　電通大阪支社クリエイティブディレクター・副理事　→83/87

藤島 亀太郎　ふじしま・かめたろう　～昭和50年2月2日　東芝機械社長　→昭和

藤嶋 清多　ふじしま・きよた　大正12年9月21日～平成23年6月16日　前橋市長　→09/11

藤島 茂　ふじしま・しげる　大正6年～昭和48年3月24日　近畿日本ツーリスト常務　→昭和

藤島 真平　ふじしま・しんぺい　明治41年7月15日～平成1年3月8日　全国厚生年金受給者団体連合会副会長　→88/90

藤島 壮太郎　ふじしま・そうたろう　明治39年4月4日～平成4年3月16日　九州電力常務　→91/93

藤島 利行　ふじしま・としゆき　大正15年6月10日～平成14年8月1日　浦和地裁所長　→00/02

藤島 利郎　ふじしま・としろう　～昭和55年7月10日　甲府家裁所長　→80/82

藤島 雅城　ふじしま・まさき　昭和8年～昭和63年3月4日　CBS・ソニーグループ常勤監査役　→88/90

藤代 権兵衛　ふじしろ・ごんべえ　～昭和62年3月19日　練馬区(東京都)区議会副議長　→83/87

藤代 七郎　ふじしろ・しちろう　大正3年9月27日～平成11年5月25日　船橋市長, 千葉県議　→97/99

藤代 泰三　ふじしろ・たいぞう　大正6年1月13日～平成20年12月5日　牧師　日本基督教団正教師, 同志社大学名誉教授　→09/11s

藤城 藤四郎　ふじしろ・とうしろう　明治40年6月18日～平成12年1月11日　渡辺鉄工社長　→00/02

藤城 冨士夫　ふじしろ・ふじお　昭和60年2月14日　青山学院常務理事, 元ドイツ三井物産社長　→83/87

藤城 又市　ふじしろ・またいち　～平成2年5月11日　藤城建設会長　→88/90

藤代 有二　ふじしろ・ゆうじ　大正13年3月20日～平成5年8月9日　東京機械製作所取締役　→91/93

藤末 尚　ふじすえ・しょう　大正4年5月13日～平成18年10月28日　住友セメント社長　→06/08

藤瀬 吉次　ふじせ・きちじ　～昭和63年3月25日　(社)日本塗装工業会本部顧問　→88/90

藤瀬 政次郎　ふじせ・まさじろう　慶応3年1月5日～昭和2年1月7日　実業家　三井物産常務, 東洋棉花社長　→昭和

藤関 信彦　ふじせき・のぶひこ　～昭和56年6月6日　開発電気会長, 元電源開発理事　→80/82

藤園 達　ふじその・いたる　昭和6年12月25日～平成17年12月20日　僧侶　百五銀行頭取, 西光寺住職　→03/05

藤田 彰男　ふじた・あきお　大正14年12月15日～平成9年9月18日　大阪ガス常務, 阪栄製作所社長　→97/99

藤田 昭夫　ふじた・あきお　昭和2年1月1日～平成10年9月9日　フジタ副社長　→97/99

藤田 昭　ふじた・あきら　昭和4年11月26日～平成4年1月27日　在中国大使館参事官　→91/93

藤田 彬　ふじた・あきら　昭和4年12月9日～平成16年10月17日　大和銀行頭取　→03/05

藤田 敦　ふじた・あつし　昭和8年7月20日～平成10年3月18日　テレ・プランニング・インターナショナル社長　→97/99

藤田 勇　ふじた・いさむ　大正3年8月18日～昭和61年11月17日　北海鋼業社長　→83/87

藤田 勇　ふじた・いさむ　大正2年3月6日～平成1年2月7日　北浜不動産相談役, 大和銀行監査役, 大阪中小企業投資育成会社常任監査役　→88/90

藤田 勇　ふじた・いさむ　大正8年9月1日～平成18年3月14日　会計検査院第三局長　→06/08

藤田 猪太郎　ふじた・いたろう　明治45年4月29日～平成7年6月7日　ダイビル専務　→94/96

藤田 一郎　ふじた・いちろう　～昭和24年9月19日　藤田組（フジタ）創業者　→昭和

藤田 一郎　ふじた・いちろう　～平成10年2月27日　香港日本人倶楽部事務局長, 三井物産香港支店長　→00/02s

藤田 怡与蔵　ふじた・いよぞう　大正6年11月2日～平成18年12月1日　パイロット　日本航空機長, 零戦搭乗員会代表世話人　→06/08

藤田 巌　ふじた・いわお　明治37年1月19日～昭和54年1月15日　大日本水産会会長, 水産庁長官　→昭和

藤田 卯一　ふじた・ういち　～平成3年12月4日　藤田組会長, 愛知県トラック協会常任理事　→91/93

藤田 栄助　ふじた・えいすけ　～昭和15年3月10日　駐ルーマニア公使　→昭和

藤田 修　ふじた・おさむ　昭和19年5月18日～平成11年3月30日　首都圏新都市鉄道専務, 建設省官房審議官　→97/99

藤田 治芽　ふじた・おさめ　明治32年～平成6年4月23日　日本基督教会大会議長　→94/96

藤田 价浩　ふじた・かいこう　大正13年5月31日～平成9年1月24日　僧侶　西芳寺（苔寺）貫主　→97/99

藤田 馨　ふじた・かおる　昭和2年1月5日～平成2年5月25日　西日本かなえ専務, 日本銀行取締役　→88/90

藤田 一暁　ふじた・かずあき　大正9年4月1日～平成3年5月16日　フジタ社長・会長　→91/93

藤田 勝夫　ふじた・かつお　～平成3年11月30日　（社）北方領土復帰期成同盟事務局長　→91/93

藤田 藤　ふじた・かつら　明治40年3月1日～平成9年3月22日　伊藤忠商事副社長, ダイエー会長　→97/99

藤田 桂夫　ふじた・かつらお　大正9年5月15日～平成21年10月1日　信越化学工業副社長　→09/11

藤田 亀太郎　ふじた・かめたろう　～昭和63年4月6日　江商（のち兼松江商）社長　→88/90

藤田 侃也　ふじた・かんや　昭和5年8月11日～昭和63年5月30日　協和上下水道設計専務, 帝国ヒューム管取締役　→88/90

藤田 紀一　ふじた・きいち　大正4年3月29日～平成14年8月2日　滋賀銀行常務　→00/02

藤田 義海　ふじた・ぎかい　～平成18年12月28日　僧侶　高野山真言宗大僧正, 明倫学園横浜清風高校理事長, 毎日新聞印刷局次長　→06/08

藤田 吉次郎　ふじた・きちじろう　～昭和62年11月4日　横浜食糧販売企業組合理事長　→83/87

藤田 京郎　ふじた・きょうろう　大正2年3月20日～平成4年2月23日　デルタ工業会長　→91/93

藤田 清　ふじた・きよし　昭和10年8月3日～平成22年8月31日　松建代表取締役, 白山商工会議所会頭　→09/11

藤田 圭一　ふじた・けいいち　大正13年8月21日～平成22年7月31日　間組専務, 東京理科大学教授　→09/11

藤田 敬一　ふじた・けいいち　明治37年8月1日～昭和62年11月9日　東洋化学産業社長　→83/87

藤田 啓二　ふじた・けいじ　昭和6年11月24日～平成8年5月22日　愛媛新聞社常務　→94/96

藤田 計次　ふじた・けいじ　明治37年～平成5年1月10日　栃木県会議長　→91/93

藤田 慶佐　ふじた・けいすけ　～平成20年12月1日　全国青果卸売協同組合連合会会長　→06/08

藤田 健一　ふじた・けんいち　明治42年2月5日～平成4年8月8日　室蘭信用金庫相談役, 室蘭商工会議所会頭　→91/93

藤田 憲一　ふじた・けんいち　昭和45年～平成18年10月12日　nci社長　→06/08

藤田 健次　ふじた・けんじ　大正4年1月7日～平成10年12月8日　富士通電機家電社長, 富士電機製造監査役　→97/99

藤田 健三　ふじた・けんぞう　大正9年8月19日～昭和60年12月15日　銭高組常務取締役　→83/87

藤田 健六　ふじた・けんろく　～昭和55年2月6日　海軍少将　大和製鋼取締役　→80/82

藤田 晃三郎　ふじた・こうざぶろう　～平成11年1月2日　共産党三重県委員会顧問, 海山町（三重県）町議　→97/99

藤田 公司　ふじた・こうじ　昭和16年10月1日～平成5年2月10日　アマダ取締役, ユー・エス・アマダ副社長　→91/93

藤田 耕治　ふじた・こうじ　大正6年2月11日～平成8年4月16日　日本陶業連盟会長, 岐阜県陶磁器工業協同組合連合会理事長・会長　→94/96

藤田 耕二　ふじた・こうじ　～昭和45年5月10日　第四銀行頭取　→昭和

藤田 鴻輔　ふじた・こうすけ　～昭和18年9月11日　陸軍中将　→昭和

藤田 耕雪　ふじた・こうせつ　明治13年12月～昭和10年9月18日　俳人, 実業家　藤田組副社長　→昭和（藤田 徳次郎　ふじた・とくじろう）

藤田 光幢　ふじた・こうどう　大正9年11月22日～平成17年11月6日　僧侶　高野山真言宗大僧正, 大円院院主　→03/05

藤田 公洋　ふじた・こうよう　昭和7年2月22日～平成4

年10月16日　トヨタ車体常務　→91/93

藤田 語朗　ふじた・ごろう　～昭和13年4月22日
冀東政府顧問　→昭和

藤田 定市　ふじた・さだいち　明治22年4月1日～昭和48年9月3日　フジタ工業会長、広島商工会議所会頭　→昭和（ふじた・ていいち）

藤田 幸夫　ふじた・さちお　明治31年2月9日～昭和61年4月30日　北海信用金庫会長　→83/87

藤田 三郎　ふじた・さぶろう　明治35年4月12日～平成2年1月2日　全国農協中央会長、高知農協五連会長　→88/90

藤田 三郎　ふじた・さぶろう　大正4年3月20日～平成22年9月11日　ヤヨイ食品社長、プリマハム副社長　→09/11

藤田 重男　ふじた・しげお　大正5年9月30日～平成9年8月17日　科研製薬常務　→97/99

藤田 茂　ふじた・しげる　明治22年～昭和55年4月11日　陸軍中将　中国帰還者連絡会会長　→80/82

藤田 茂　ふじた・しげる　明治32年2月15日～平成1年6月23日　品川白煉瓦社長　→88/90

藤田 順一　ふじた・じゅんいち　明治33年1月1日～昭和62年3月21日　興亜火災海上保険専務　→83/87

藤田 俊教　ふじた・しゅんきょう　大正9年12月18日～平成19年12月26日　僧侶　真言宗泉涌寺派宗務総長、今熊野観音寺名誉住職　→06/08

藤田 俊作　ふじた・しゅんさく　昭和5年12月2日～平成8年5月19日　サン・アロー化学社長、徳山曹達常務　→94/96

藤田 潤二　ふじた・じゅんじ　明治41年6月4日～平成6年5月26日　光洋精工常務　→94/96

藤田 昌次郎　ふじた・しょうじろう　大正4年7月27日～平成14年4月21日　鬼怒川ゴム工業社長　→00/02

藤田 四郎　ふじた・しろう　文久1年6月18日～昭和9年1月9日　貴院議員（勅選）、農商務省総務長官、日本火災保険社長　→昭和

藤田 信一　ふじた・しんいち　大正13年10月4日～昭和61年10月14日　フジタ製薬（動物医薬品メーカー）社長　→83/87

藤田 甚一　ふじた・じんいち　大正13年10月30日～平成2年10月8日　日産建設取締役　→88/90

藤田 慎一郎　ふじた・しんいちろう　～平成18年8月2日　セイコーエプソン業務執行役員常務　→06/08

藤田 慎二　ふじた・しんじ　～昭和43年12月16日　第一銀行常務　→昭和

藤田 末治　ふじた・すえじ　明治40年7月27日～昭和63年2月7日　コロナ社相談役・元社長　→88/90

藤田 晋　ふじた・すすむ　大正11年1月5日～平成20年6月15日　安藤建設社長　→06/08

藤田 進　ふじた・すすむ　大正2年2月10日～平成15年3月1日　労働運動家、政治家　総評議長、参議院議員（社会党）、大阪工大摂南大学総長・理事長　→03/05

藤田 スミ　ふじた・すみ　昭和8年4月3日～平成23年3月31日　衆院議員（共産党）　→09/11

藤田 清次　ふじた・せいじ　大正2年6月3日～平成3年4月2日　東鉄工所社長　→91/93

藤田 暹司　ふじた・せんじ　昭和13年1月13日～平成16年3月25日　豊田通商専務　→03/05

藤田 荘八　ふじた・そうはち　～平成19年11月25日　マルタイ専務　→06/08

藤田 宗平　ふじた・そうへい　昭和8年7月7日～平成3年8月8日　読売新聞制作局画像部長　→91/93

藤田 泰一郎　ふじた・たいいちろう　明治32年9月22日～昭和61年8月25日　マルタイ泰明堂会長　→83/87

藤田 隆一　ふじた・たかいち　明治45年5月12日～平成15年10月31日　住友化学工業専務、神東塗料社長　→97/99

藤田 孝子　ふじた・たかこ　明治36年2月24日～昭和57年8月23日　主婦連合会副会長、東京都議　→80/82

藤田 隆三郎　ふじた・たかさぶろう　～昭和5年12月27日　名古屋控訴院長　→昭和

藤田 隆正　ふじた・たかまさ　大正3年3月28日～平成19年9月20日　神鋼電機副社長　→06/08

藤田 たき　ふじた・たき　明治31年12月23日～平成5年1月4日　評論家　津田塾大学学長、労働省婦人少年局長　→91/93

藤田 卓一　ふじた・たくいち　昭和20年～平成14年7月12日　アイメックス社長　→00/02

藤田 武雄　ふじた・たけお　明治24年1月29日～昭和39年5月31日　大成建設社長　→昭和

藤田 武雄　ふじた・たけお　明治42年10月21日～平成6年6月29日　東洋紡常務　→91/93

藤田 毅　ふじた・たけし　昭和8年9月23日～平成21年11月6日　日産建設社長　→09/11

藤田 武　ふじた・たけし　明治45年3月28日～平成16年4月14日　協和発酵専務　→03/05

藤田 武成　ふじた・たけしげ　昭和16年8月2日～昭和63年2月14日　スタンレー電気取締役　→88/90

藤田 達夫　ふじた・たつお　～昭和58年4月25日　コロナ社代表取締役社長　→83/87

藤田 辰之丞　ふじた・たつのじょう　～昭和59年1月23日　大津地家裁所長　→83/87

藤田 辰之介　ふじた・たつのすけ　～昭和62年2月27日　北区（東京都）区議　→83/87

藤田 太郎　ふじた・たろう　明治41年9月1日～平成12年7月21日　弁護士　和歌山地検検事正、松山地検検事正　→00/02

藤田 近男　ふじた・ちかお　大正15年4月12日～平成17年2月6日　キユーピー社長　→03/05

藤田 親昌　ふじた・ちかまさ　～平成8年11月13日　評論家　中央公論編集長　→94/96

藤田 忠蔵　ふじた・ちゅうぞう　～昭和59年4月30日　岩屋取締役　→83/87

藤田 嗣章　ふじた・つぐあきら　嘉永7年1月～昭和16年

1月13日　陸軍軍医　陸軍軍医総監　→昭和（ふじた・つぐあき）

藤田 勉　ふじた・つとむ　大正13年9月29日〜平成12年11月8日　日本空調サービス常務　→00/02

藤田 力　ふじた・つとむ　大正5年1月9日〜昭和62年10月1日　三井信託銀行監査役, 東急ホテルチェーン常務　→83/87

藤田 剛　ふじた・つよし　〜昭和62年9月20日　弁護士　社会文化法律センター理事, 大阪スモン訴訟弁護団副団長　→83/87

藤田 貞一　ふじた・ていいち　〜昭和58年10月27日　八女市助役　→83/87

藤田 貞三　ふじた・ていぞう　大正10年11月19日〜平成5年6月5日　和泉電気副会長　→91/93

藤田 哲弥　ふじた・てつや　〜平成5年7月29日　製鉄化学工業（のち住友精化）常務　→91/93

藤田 輝雄　ふじた・てるお　〜昭和37年6月26日　藤田組社長　→昭和

藤田 田　ふじた・でん　大正15年3月13日〜平成16年4月21日　日本マクドナルド創業者　→03/05

藤田 藤太郎　ふじた・とうたろう　明治43年9月13日〜昭和51年5月2日　労働運動家, 政治家　総評議長, 参院議員（社会党）　→昭和

藤田 徳一　ふじた・とくいち　明治38年7月1日〜平成3年4月18日　下松市長　→91/93

藤田 東久夫　ふじた・とくお　昭和26年8月10日〜平成23年12月27日　サトー社長　→09/11

藤田 敏彦　ふじた・としろう　〜昭和12年1月29日　在サンパウロ総領事　→昭和

藤田 友蔵　ふじた・ともぞう　大正3年5月23日〜平成5年8月3日　日立エーアイシー社長, 日立化成工業専務　→91/93

藤田 尚徳　ふじた・なおのり　昭和11年4月3日〜平成11年8月6日　東京銀行常務, 加商専務　→97/99

藤田 直身　ふじた・なおみ　大正13年8月17日〜平成18年10月23日　ミノルタカメラ専務　→06/08

藤田 なか江　ふじた・なかえ　大正9年12月31日〜平成3年12月21日　霊友会会長補佐　→91/93

藤田 ノブ　ふじた・のぶ　〜平成15年6月22日　婦人運動家, 元・小学校教諭　→03/05

藤田 信男　ふじた・のぶお　大正14年7月3日〜平成6年2月18日　日本団体生命保険取締役, 日本団体生命保険投資顧問社長　→94/96

藤田 信雄　ふじた・のぶお　明治31年2月15日〜昭和58年11月12日　弘電社社長　→83/87

藤田 信雄　ふじた・のぶお　〜平成9年9月30日　第二次大戦中に米国本土を爆撃した唯一の日本人　→97/99

藤田 信正　ふじた・のぶまさ　大正7年9月18日〜昭和62年11月24日　東海パルプ取締役, 酒伊繊維工業副社長　→

83/87

藤田 典久　ふじた・のりひさ　昭和5年12月15日〜平成16年1月30日　山口県議（香山会）　→03/05

藤田 肇　ふじた・はじめ　大正11年5月1日〜平成8年1月22日　石川県漁業協同組合連合会会長, 全国漁業協同組合連合会副会長　→94/96

藤田 八郎　ふじた・はちろう　明治25年8月5日〜昭和51年7月6日　弁護士　最高裁判事　→昭和

藤田 美雄　ふじた・はるお　大正2年10月8日〜平成8年4月12日　小野田セメント専務　→83/87

藤田 寿　ふじた・ひさ　〜昭和55年8月15日　婦人運動家　婦人民主クラブ中央委員　→80/82

藤田 尚徳　ふじた・ひさのり　明治13年10月30日〜昭和45年7月23日　海軍大将　侍従長　→昭和

藤田 英雄　ふじた・ひでお　大正12年9月5日〜平成13年1月15日　三井建設専務　→00/02

藤田 秀雄　ふじた・ひでお　〜平成3年3月1日　三菱造船（のち三菱重工業）取締役　→91/93

藤田 秀朋　ふじた・ひでとも　大正9年8月22日〜平成17年1月11日　東予信用金庫会長, 新居浜商工会議所会頭　→06/08s

藤田 秀馬　ふじた・ひでま　大正11年9月1日〜平成18年5月5日　宮崎銀行常務　→06/08

藤田 斉　ふじた・ひとし　大正13年9月19日〜平成6年2月21日　大阪チタニウム製造（のち住友シチックス）常務　→94/96

藤田 広一　ふじた・ひろかず　大正13年3月18日〜昭和56年7月20日　スタンレー電気顧問, スタンレー商事社長　→80/82

藤田 寛　ふじた・ひろし　明治41年2月12日〜平成7年7月27日　中京相互銀行（のち中京銀行）専務　→94/96

藤田 博愛　ふじた・ひろなる　明治44年7月31日〜平成5年10月25日　栗本鉄工所常務　→91/93

藤田 文雄　ふじた・ふみお　明治41年12月14日〜昭和62年7月21日　東洋ゴム工業常務　→83/87

藤田 平太郎　ふじた・へいたろう　明治2年10月7日〜昭和15年2月23日　実業家, 男爵　藤田組社長, 貴院議員　→昭和

藤田 勉二　ふじた・べんじ　明治37年11月25日〜平成10年1月16日　倉敷紡績（のちクラボウ）社長　→97/99

藤田 真　ふじた・まこと　〜昭和55年3月26日　高周波熱錬相談役　→80/82

藤田 正明　ふじた・まさあき　大正11年1月3日〜平成8年5月27日　参院議員（自民党）　→94/96

藤田 正夫　ふじた・まさお　〜昭和46年1月26日　オルガノ会長, 元東洋曹達工業常務　→昭和

藤田 政輔　ふじた・まさすけ　〜昭和58年12月21日　チタン工業社長　→83/87

藤田 正喬　ふじた・まさたか　大正14年10月8日〜昭和62年3月25日　北越銀行監査役　→83/87

藤田 昌俊　ふじた・まさとし　～昭和58年7月5日
　日比谷総合設備理事・総合企画室企画部長　→83/87

藤田 政光　ふじた・まさみつ　大正6年7月31日～平成10年9月29日　丸大食品常務　→97/99

藤田 昌康　ふじた・まさやす　昭和9年2月20日～平成18年1月29日　大陽東洋酸素副社長　→06/08

藤田 満寿恵　ふじた・ますえ　大正11年9月22日～平成15年2月21日　棚倉町(福島県)町長　→03/05

藤田 満洲雄　ふじた・ますお　昭和8年2月1日～平成13年6月4日　中間市長　→00/02

藤田 松吉　ふじた・まつきち　大正7年12月2日～平成21年1月25日　タイで日本兵の遺骨収集を行った未帰還兵　→09/11

藤田 学　ふじた・まなぶ　～昭和59年5月23日
　日産化学工業小野田工場長　→83/87

藤田 万之助　ふじた・まんのすけ　大正1年11月22日～昭和59年7月15日　花巻市長　→83/87

藤田 美屋野　ふじた・みやの　～平成1年9月22日
　婦志多経営　→88/90

藤田 宗男　ふじた・むねお　昭和5年11月1日～平成9年7月5日　ナショナル証券常務　→97/99

藤田 胸太郎　ふじた・むねたろう　慶応3年2月～昭和2年2月20日　衆院議員(政友会)　→昭和

藤田 恵　ふじた・めぐみ　～平成7年6月15日
　全国電照菊産地協議会会長, 福岡県花き園芸組合連合会副会長　→94/96

藤田 孝昴　ふじた・やすあき　大正13年12月31日～平成19年1月11日　静岡県議(社会党)　→06/08

藤田 康雄　ふじた・やすお　大正15年5月3日～平成3年12月5日　瞬報社写真印刷社長　→91/93

藤田 安彦　ふじた・やすひこ　～平成21年5月16日
　なすび会長　→09/11

藤田 保平　ふじた・やすへい　明治35年4月30日～昭和56年1月4日　雪印乳業常務, 雪印食品社長　→80/82

藤田 勇一　ふじた・ゆういち　大正8年8月30日～平成14年1月23日　石川島播磨重工業常務　→00/02

藤田 祐賢　ふじた・ゆうけん　大正12年7月7日～平成20年1月11日　僧侶　慶応義塾大学名誉教授　→06/08

藤田 雄蔵　ふじた・ゆうぞう　～昭和14年2月1日
　陸軍航空兵中佐　→昭和

藤田 雄之助　ふじた・ゆうのすけ　昭和5年2月12日～平成21年8月16日　栃木県議(自民党)　→09/11

藤田 幸英　ふじた・ゆきひで　大正13年10月22日～平成22年12月19日　三重県議(自民党)　→09/11

藤田 義雄　ふじた・よしお　大正15年2月～平成15年1月8日　加納鉄鋼社長　→03/05

藤田 義郎　ふじた・よしお　大正6年3月29日～平成14年11月22日　日本製糖社長　→00/02

藤田 吉男　ふじた・よしお　明治43年9月20日～昭和62年12月5日　ハウス食品工業専務　→83/87

藤田 好生　ふじた・よしお　大正1年12月10日～平成2年12月22日　日新製鋼常務　→88/90

藤田 好雄　ふじた・よしお　大正7年2月16日～平成7年8月30日　センチュリー・リーシング・システム社長　→94/96

藤田 芳雄　ふじた・よしお　明治24年8月～昭和26年2月3日　参院議員(無所属)　→昭和

藤田 嘉彦　ふじた・よしひこ　昭和7年7月9日～平成2年12月7日　帝国石油取締役・技術研究所長　→88/90

藤田 義尚　ふじた・よしひさ　～昭和62年10月14日
　東京海上火災保険広報部次長　→83/87

藤田 芳英　ふじた・よしひで　～昭和55年12月12日
　サッポロビール取締役札幌工場長　→80/82

藤田 義光　ふじた・よしみつ　明治44年11月30日～昭和61年6月26日　衆院議員(自民党)　→83/87

藤田 義人　ふじた・よしひと　大正11年6月18日～平成21年4月19日　国鉄常務理事　→09/11

藤田 頼　ふじた・より　明治35年8月24日～昭和63年10月27日　大成火炎海上保険取締役　→88/90

藤田 隆一　ふじた・りゅういち　大正2年8月6日～平成2年1月12日　苫小牧商工会議所会頭　→88/90

藤田 亮禅　ふじた・りょうぜん　明治2年8月5日～平成1年5月28日　僧侶　高野山真言宗権大僧正, 聖徳院住職, 一言寺住職　→88/90

藤田 林太郎　ふじた・りんたろう　明治42年3月25日～平成2年4月4日　鐘紡専務　→88/90

藤田 若水　ふじた・わかみ　明治9年12月11日～昭和26年12月29日　弁護士　広島市長, 衆院議員(翼賛議員同盟)　→昭和(ふじた・じゃくすい)

藤武 喜助　ふじたけ・きすけ　～昭和9年12月20日
　鹿児島朝日新聞社長　→昭和

藤嶽 敬道　ふじたけ・きょうどう　～昭和60年8月31日
　絵解き説教師　敬善寺住職　→83/87

藤谷 清　ふじたに・きよし　昭和10年2月22日～平成2年4月6日　忠類村(北海道)村長　→88/90

藤谷 繁蔵　ふじたに・しげぞう　大正2年3月27日～昭和58年6月21日　アライド九州社長, ニチイ九州グループ事業本部長　→83/87

藤谷 浩　ふじたに・ひろし　大正5年7月9日～平成16年3月24日　千葉県議(自民党)　→03/05

藤谷 正志　ふじたに・まさし　大正5年1月1日～昭和61年9月23日　神戸ペイント相談役・元社長, 川崎汽船専務　→83/87

藤谷 勝　ふじたに・まさる　大正10年5月22日～平成6年10月12日　東鉄工業常務　→94/96

藤谷 良吉　ふじたに・りょうきち　大正5年1月24日～平成3年1月7日　住友不動産取締役　→91/93

藤塚 義秀　ふじつか・ぎしゅう　～昭和61年11月12日
　僧侶　通宝寺住職　→83/87

藤塚 新造　ふじつか・しんぞう　昭和12年9月16日～平

成21年2月4日　デサント専務　→09/11

藤塚 亮策　ふじつか・りょうさく　大正7年9月3日〜平成11年11月24日　三菱重工業常務　→97/99

藤綱 亮三　ふじつな・りょうぞう　大正11年10月17日〜昭和62年9月11日　神戸新聞社社長　→83/87

藤戸 謙吾　ふじと・けんご　昭和18年1月22日〜平成23年6月6日　高知新聞社社長　→09/11

藤戸 進　ふじと・すすむ　昭和3年7月5日〜平成16年9月18日　高知県議(自民党)、窪川町(高知県)町長　→03/05

藤永 三郎　ふじなが・さぶろう　〜昭和58年3月27日　海軍大佐　→83/87

藤仲 貞一　ふじなか・ていいち　昭和3年4月8日〜平成20年8月12日　沖縄開発事務次官、沖縄振興開発金融公庫理事長　→06/08

藤中 利彦　ふじなか・としひこ　〜昭和56年12月13日　プリマハム顧問　→80/82

藤永 幸治　ふじなが・ゆきはる　昭和5年7月11日〜平成13年5月5日　弁護士　東京高検検事長、帝京大学法学部法律学科教授　→00/02

藤波 彰　ふじなみ・あきら　昭和13年4月20日〜平成20年3月26日　八潮市長　→06/08

藤波 収　ふじなみ・おさむ　明治21年2月27日〜昭和47年10月18日　実業家　電源開発総裁、北海道電力社長　→昭和

藤波 孝生　ふじなみ・たかお　昭和7年12月3日〜平成19年10月28日　政治家、俳人　衆院議員(自民党)、内閣官房長官、労相　→06/08

藤波 剛　ふじなみ・たけし　大正3年1月25日〜平成2年10月28日　東和証券取締役相談役　→88/90

藤波 恒雄　ふじなみ・つねお　大正6年10月4日〜昭和63年4月8日　科学技術庁事務次官　→88/90

藤浪 のぶ　ふじなみ・のぶ　〜昭和49年1月31日　藤浪小道具会社相談役　→昭和

藤波 元régulier　ふじなみ・もとお　慶応2年10月21日〜昭和6年7月1日　司法官　大審院判事　→昭和

藤縄 郁三　ふじなわ・いくぞう　明治39年8月27日〜昭和56年1月30日　近畿日本鉄道副社長　→80/82

藤縄 重男　ふじなわ・しげお　大正3年9月27日〜平成6年1月7日　日興商会会長　→94/96

藤縄 則一　ふじなわ・のりかず　大正6年8月4日〜平成1年11月12日　ヨックモック社長　→88/90

藤沼 栄四郎　ふじぬま・えいしろう　明治14年8月21日〜昭和27年1月26日　労働運動家　→昭和

藤沼 庄平　ふじぬま・しょうへい　明治16年2月17日〜昭和37年1月2日　貴院議員(勅選)、衆院議員(政友会)、警視総監　→昭和

藤沼 虎雄　ふじぬま・とらお　大正10年8月29日〜平成23年1月17日　曙ブレーキ工業社長　→09/11

藤沼 正春　ふじぬま・まさはる　大正2年3月29日〜平成63年9月12日　日本重化学工業副社長　→88/90

藤沼 基利　ふじぬま・もととし　大正9年4月30日〜昭和59年11月20日　積水化学工業社長、関西経営者協会副会長、関西化学工業協会副会長　→83/87

藤沼 与一郎　ふじぬま・よいちろう　〜平成12年7月16日　中国残留孤児探親訪日会理事長　→00/02

藤沼 六郎　ふじぬま・ろくろう　大正8年10月7日〜平成2年6月25日　衆院商工委員会調査室長　→88/90

藤根 順衛　ふじね・じゅんえい　大正7年8月31日〜平成11年1月16日　岩手県議(自民党)　→00/02s

藤根井 和夫　ふじねい・かずお　大正8年10月11日〜平成4年11月3日　日本放送出版協会社長　→91/93

藤野 郷　ふじの・あきら　昭和11年12月15日〜平成16年2月2日　兵機海運社長　→03/05

藤野 一郎　ふじの・いちろう　〜平成3年3月28日　西川産業常務　→91/93

藤野 英一　ふじの・えいいち　大正6年1月30日〜平成6年11月10日　弁護士　東京高裁部総括判事　→94/96

藤野 克巳　ふじの・かつみ　大正11年3月14日〜平成1年10月23日　読売新聞大阪本社常務　→88/90

藤野 喜四郎　ふじの・きしろう　〜昭和55年11月10日　全国樺太連盟副会長・北海道支部連合会長　→80/82

藤野 淳　ふじの・きよし　明治43年9月5日〜平成14年2月9日　運輸省船舶局長　→00/02

藤野 玄澄　ふじの・げんちょう　〜昭和61年9月15日　僧侶　天台寺門宗宗機顧問、本院院住職　→83/87

藤野 浩一　ふじの・こういち　昭和7年9月7日〜平成13年1月21日　東陶機器常務　→00/02

藤野 貞雄　ふじの・さだお　昭和2年8月5日〜平成22年11月28日　北海道農協中央会長、ホクレン農協連合会長　→09/11

藤野 重夫　ふじの・しげお　明治36年1月24日〜昭和58年7月31日　北海道銀行頭取　→83/87

藤野 繁雄　ふじの・しげお　明治18年4月〜昭和49年3月17日　参院議員(自民党)　→昭和

藤野 重信　ふじの・しげのぶ　昭和51年7月4日　衆議院事務総長　→昭和

藤野 茂　ふじの・しげる　〜昭和63年7月22日　プラス・テク取締役　→88/90

藤野 淳介　ふじの・じゅんすけ　〜昭和56年4月5日　全日本ボウリング協会副会長　→80/82

藤野 正二　ふじの・しょうじ　〜平成3年6月6日　住金鋼管工事(のち住友金属プランテック)社長　→91/93

藤野 亮之　ふじの・すけゆき　〜平成3年11月24日　米村主人、元新橋演舞場監査役　→91/93

藤野 隆行　ふじの・たかゆき　昭和6年12月18日〜平成4年9月21日　南海電気鉄道取締役、住之江興業社長　→91/93

藤野 忠雄　ふじの・ただお　昭和16年2月27日〜平成23

年1月25日　コカ・コーラウエストジャパン副社長　→09/11

藤野　忠次郎　ふじの・ちゅうじろう　明治34年2月21日〜昭和60年7月23日　三菱商事社長　→83/87

藤野　ツキ　ふじの・つき　〜昭和43年2月24日　長寿・東京一　→昭和

藤野　昇　ふじの・のぼる　昭和5年4月9日〜平成13年5月5日　福岡空港ビルディング社長、日本航空取締役　→00/02

藤野　弘　ふじの・ひろし　大正10年〜昭和62年1月7日　伊藤忠不動産常務取締役　→83/87

藤野　弘　ふじの・ひろし　昭和2年1月2日〜平成17年7月12日　アリコジャパン代表　→03/05

藤野　洪春　ふじの・ひろはる　明治37年4月1日〜平成4年2月19日　朝日生命保険常務　→91/93

藤野　政彦　ふじの・まさひこ　昭和6年11月7日〜平成16年6月22日　武田薬品工業会長、東京大学大学院薬学系研究科教授　→03/05

藤野　恵　ふじの・めぐむ　明治27年4月16日〜昭和24年10月9日　文部次官　→昭和（ふじの・めぐみ）

藤野　恭久　ふじの・やすひさ　〜昭和45年1月4日　日比谷図書館長　→昭和

藤野　懿造　ふじの・よしぞう　〜昭和5年9月18日　三菱製紙常務　→昭和

藤野　良蔵　ふじの・りょうぞう　大正6年5月2日〜平成1年2月25日　藤野金属工業社長、日本金属プレス工業協会理事　→88/90

藤野　良太郎　ふじの・りょうたろう　昭和4年4月21日〜平成20年5月21日　天馬専務　→06/08

藤野　和三郎　ふじの・わさぶろう　明治43年12月12日〜昭和60年8月6日　スモカ歯磨社長　→83/87

藤野井　親仁　ふじのい・ちかひと　大正15年1月12日〜平成20年5月21日　徳島県教育長　→06/08

藤林　勇　ふじばやし・いさむ　明治33年3月29日〜昭和58年1月1日　藤林食糧興業社長、藤林水産会長　→83/87

藤林　益三　ふじばやし・えきぞう　明治40年8月26日〜平成19年4月24日　弁護士　最高裁長官、日本法律家協会名誉会長　→06/08

藤林　晃司　ふじばやし・こうじ　〜平成22年7月25日　山荘無量塔創業者　→09/11

藤林　広超　ふじばやし・こうちょう　〜昭和59年3月12日　西宗寺（真宗大谷派）住職、同志社大教授　→83/87

藤林　宏平　ふじばやし・こうへい　明治38年12月3日〜平成1年10月14日　東京光学機械（のちトプコン）取締役　→88/90

藤林　重高　ふじばやし・しげたか　明治34年3月28日〜昭和62年11月23日　ヤマトマネキン代表取締役会長、日本マネキンディスプレイ協同組合名誉顧問　→83/87

藤林　貞一　ふじばやし・ていいち　明治35年8月17日〜昭和60年10月29日　京都タワー会長、三和銀行監査役　→

83/87

藤原　清昭　ふじはら・きよあき　〜平成9年10月8日　広島銀行監査役、ひろぎんビジネスサービス社長　→97/99

藤原　周　ふじはら・しゅう　昭和8年10月14日〜平成16年12月18日　弁護士　高知県弁護士会会長　→03/05

藤原　徳悠　ふじはら・とくゆ　昭和3年〜平成12年8月12日　僧侶　光円寺住職、見真福祉会理事長　→00/02

伏原　宣足　ふしはら・のぶたる　弘化2年5月27日〜昭和5年2月19日　子爵　貴院議員　→昭和（ふしはら・せんそく）

藤原　和蔵　ふじはら・わぞう　〜平成2年9月3日　藤原電機産業会長　→88/90

藤平　謹一　ふじひら・きんいち　〜昭和4年10月27日　下野新聞社長　→昭和

藤平　正義　ふじひら・せいぎ　〜昭和60年10月15日（現地時間）　ホーワ機械社長　→83/87

藤平　寛　ふじひら・ひろし　大正7年3月19日〜平成8年3月22日　三菱鉱業セメント（のち三菱マテリアル）副社長　→94/96

藤間　修三　ふじま・しゅうぞう　大正4年9月24日〜昭和63年8月27日　東和電気工業社長　→88/90

藤間　睦夫　ふじま・むつお　大正12年3月21日〜平成13年11月27日　東洋建設専務　→00/02

不島　元節　ふしま・もとさだ　〜平成18年8月22日　海上保安大学校副校長、中国船舶職員養成会理事長　→06/08

藤前　東時　ふじまえ・とうじ　〜昭和59年1月27日　全日本仏教会副会長、超光寺住職　→83/87

藤巻　幸造　ふじまき・こうぞう　明治34年7月12日〜昭和62年5月3日　長野県教育委員長、長野県教組委員長　→83/87

藤巻　三郎　ふじまき・さぶろう　明治39年9月23日〜平成1年2月27日　弁護士　東京地裁判事、福岡地裁判事　→88/90

藤巻　清太郎　ふじまき・せいたろう　昭和5年2月1日〜昭和59年6月19日　警察職員生活共同組合専務理事、元皇宮警察本部長、元神奈川県警察部長　→83/87

藤巻　卓次　ふじまき・たくじ　明治32年4月19日〜平成2年8月3日　農業　安中公害闘争リーダー　→88/90

藤巻　千春　ふじまき・ちはる　〜昭和59年5月20日　東栄電機代表取締役専務　→83/87

藤牧　直　ふじまき・なおし　〜昭和55年3月22日　日本中継回線運営センター監事、前福島テレビ専務　→80/82

藤巻　正文　ふじまき・まさふみ　〜昭和43年3月28日　伏見稲荷大社名誉宮司　→昭和

藤松　重隆　ふじまつ・しげたか　大正12年10月2日〜平成20年7月30日　第一勧業銀行常務、日新建物社長　→06/08

ふしまつ

藤松 正憲　ふじまつ・まさのり　～平成9年7月29日
　足利銀行頭取　→97/99
藤丸 忠茂　ふじまる・ただしげ　昭和3年10月6日～平成13年10月15日　読売新聞西部本社常務　→00/02
藤丸 春男　ふじまる・はるお　昭和2年4月20日～平成4年3月1日　松井建設取締役　→91/93
伏見 格之助　ふしみ・かくのすけ　大正8年3月12日～平成19年7月2日　東大阪市長　→06/08
伏見 恭平　ふしみ・きょうへい　大正2年5月25日～平成7年1月2日　日本パーカライジング副社長　→94/96
伏見 占一　ふしみ・せんいち　～平成5年5月24日
　日産化学工業取締役　→91/93
伏見 常喜　ふしみ・つねよし　～昭和50年2月27日
　日立造船副社長　→昭和
伏見 朝子　ふしみ・ときこ　～昭和46年4月3日
　皇族　伏見宮博義王妃　→昭和（ふしみ・あさこ）
伏見 正保　ふしみ・まさやす　～昭和63年2月15日
　広島地裁所長　→88/90
伏見 正慶　ふしみ・まさよし　～昭和52年3月1日
　伊丹市長　→昭和
伏見 亮　ふしみ・りょう　大正3年10月18日～平成14年8月24日　コセキ社長、日本専門店会連盟理事長　→00/02
伏見宮 博恭　ふしみのみや・ひろやす　明治8年10月16日～昭和21年8月16日　海軍大将・元帥　→昭和
藤村 朗　ふじむら・あきら　明治20年11月25日～昭和38年7月17日　建築技師　三菱地所社長　→昭和
藤村 脩　ふじむら・おさむ　明治36年5月12日～昭和59年3月9日　飛島建設専務、飛栄産業社長　→83/87
藤村 一雄　ふじむら・かずお　～昭和59年11月3日
　（株）フジチク会長　→83/87
藤村 勝章　ふじむら・かつあき　大正11年2月24日～昭和61年2月12日　宇部時報常務取締役編集局長　→83/87
藤村 菊苗　ふじむら・きくなえ　昭和2年10月12日～平成13年9月21日　エフワン社長、三井物産取締役　→00/02
藤村 久喜　ふじむら・きゅうき　明治44年1月20日～平成1年10月15日　喜久盛酒造会社社長、日本酒造組合中央会監事、岩手県議　→88/90
藤村 邦苗　ふじむら・くになえ　昭和5年4月21日～平成13年12月14日　フジテレビ副社長、産経新聞取締役編集局長　→00/02
藤村 建支　ふじむら・けんし　～平成3年2月11日
　住友化学工業取締役技師長　→91/93
藤村 謙二　ふじむら・けんじ　～平成3年3月31日
　東京建物社長　→91/93
藤村 弘毅　ふじむら・こうき　大正7年8月18日～平成2年2月16日　北部太平洋まき網漁業協同組合連合会会長、水産庁次長　→88/90
藤村 孝次郎　ふじむら・こうじろう　大正4年12月16日～平成7年7月8日　名古屋食肉市場社長、名古屋食肉協議会会長、日本卸売市場協会理事　→94/96
藤村 早苗　ふじむら・さなえ　大正15年3月12日～昭和63年3月27日　東京投資顧問社長、東京証券専務、日興証券常務　→88/90
藤村 重任　ふじむら・しげと　明治36年～昭和46年7月4日　資源調査会委員、（財）林業経営研究所理事長　→昭和（ふじむら・しげとう）
藤村 七郎　ふじむら・しちろう　～昭和56年4月16日
　ニッポン食糧会長、全日本マカロニ協会会長　→80/82
藤村 俊次郎　ふじむら・しゅんじろう　大正14年8月～平成12年10月10日　交通タイムス社会長　→00/02
藤村 信治　ふじむら・しんじ　明治37年10月25日～昭和61年2月10日　ニチバン常務取締役　→83/87
藤村 清兵衛　ふじむら・せいべい　～昭和5年5月1日～平成17年5月3日　鳥取銀行副頭取　→03/05
藤村 理人　ふじむら・ただと　～昭和63年6月9日
　（株）高度技術開発研究所社長　→88/90
藤村 哲夫　ふじむら・てつお　昭和3年1月5日～平成16年4月19日　日本ガイシ専務　→03/05
藤村 敏一　ふじむら・としいち　～平成2年2月3日
　鳥取町（北海道）町長　→88/90
藤村 久生　ふじむら・ひさお　明治43年3月5日～平成1年11月8日　日本専売公社監事　→88/90
藤村 秀美　ふじむら・ひでみ　大正13年4月25日～平成2年9月22日　兵庫相互銀行（のち兵庫銀行）常務　→88/90
藤村 密憧　ふじむら・みつどう　～昭和24年4月14日
　真言宗初代管長　→昭和
藤村 恭　ふじむら・やすし　～昭和62年3月31日
　多聞興産社長　→83/87
藤村 雄太郎　ふじむら・ゆうたろう　大正12年3月27日～平成6年5月21日　岡山放送専務　→94/96
藤村 義明　ふじむら・よしあき　昭和6年3月22日～平成13年5月30日　ベスト電器常任監査役　→00/02
藤村 義朗　ふじむら・よしろう　明治3年12月4日～昭和8年11月27日　実業家、政治家、男爵　通信相、貴院議員、国際電話社長　→昭和
藤村 義朗　ふじむら・よしろう　明治40年2月24日～平成4年3月18日　ジュピターコーポレーション会長　→91/93
藤室 良輔　ふじむろ・りょうすけ　～昭和17年8月14日
　陸軍中将　→昭和
藤元 章雄　ふじもと・あきお　～昭和58年11月13日
　三菱重工業常務、東洋製作所社長　→83/87
藤本 昭雄　ふじもと・あきお　昭和5年1月25日～昭和63年7月14日　ニチレイ常勤監査役　→88/90
藤本 一郎　ふじもと・いちろう　明治42年1月21日～平成10年8月27日　川崎製系社長　→97/99
藤本 五男　ふじもと・いつお　大正4年11月30日～平成1年1月25日　東京証券取締役　→88/90

藤本 梅一　ふじもと・うめいち　～昭和39年11月7日　大審院判事　→昭和

藤本 一男　ふじもと・かずお　～昭和40年2月13日　安田火災副社長　→昭和

藤本 和夫　ふじもと・かずお　大正14年6月26日～平成20年9月14日　不二電機工業副社長　→06/08

藤本 勝喜　ふじもと・かつよし　大正4年3月15日～平成17年9月17日　神官　御舘山稲荷神社宮司，長崎県議　→03/05

藤本 勝満露　ふじもと・かつまろ　明治38年3月27日～昭和58年10月5日　東京シティエアターミナル会長，首都高速道路協会顧問，道路サービス株式会社社長　→83/87

藤本 克己　ふじもと・かつみ　～平成21年7月5日　高知県労働金庫理事長，全林野四国地方本部執行委員長　→09/11

藤本 亀信　ふじもと・かめのぶ　大正10年7月26日～平成3年4月1日　新亀製作所会長　→91/93

藤本 閑作　ふじもと・かんさく　慶応3年11月～昭和11年12月12日　貴院議員(多額)　→昭和

藤本 喜久雄　ふじもと・きくお　明治21年1月12日～昭和10年1月9日　海軍造船少将　→昭和

藤本 吉蔵　ふじもと・きちぞう　～昭和47年11月22日　古河産業社長　→昭和

藤本 喜代太　ふじもと・きよた　明治37年1月4日～平成12年9月2日　日本合成化学工業専務　→00/02

藤本 邦夫　ふじもと・くにお　～昭和39年9月10日　湯浅電池常務　→昭和

藤本 熊雄　ふじもと・くまお　明治44年～昭和59年10月25日　姫島村(大分県)村長　→83/87

藤本 慶治　ふじもと・けいじ　明治35年7月30日～平成5年11月22日　島津製作所常務　→91/93

藤本 敬三　ふじもと・けいぞう　昭和16年9月7日～平成11年8月5日　経営コンサルタント　ダイエー専務，セガ・エンタープライゼス副社長，CSK副社長　→97/99

藤本 謙治　ふじもと・けんじ　～昭和46年1月18日　十条製紙顧問　→昭和

藤本 幸邦　ふじもと・こうほう　明治43年8月29日～平成21年12月4日　僧侶　円福寺(曹洞宗)住職　→09/11

藤本 巨満夫　ふじもと・こまお　大正11年4月27日～平成2年8月20日　朝日新聞社取締役技術担当　→88/90

藤本 智　ふじもと・さとる　～昭和43年3月17日　国策パルプ専務　→昭和

藤本 三郎　ふじもと・さぶろう　明治38年12月6日～平成14年11月25日　三井物産副社長　→00/02

藤本 俊　ふじもと・しゅん　大正6年9月5日～平成13年4月6日　トヨタ車体社長　→00/02

藤元 順郎　ふじもと・じゅんろう　昭和23年3月11日～平成19年9月18日　コーアツ工業社長　→06/08

藤本 尚士　ふじもと・しょうじ　昭和8年9月20日～平成

10年12月10日　ミスタージョン専務　→97/99

藤本 真光　ふじもと・しんこう　～昭和17年7月29日　真言宗教学部長　→昭和

藤本 仁太郎　ふじもと・じんたろう　明治45年1月16日～昭和9年12月8日　社会運動家　→昭和

藤本 捨助　ふじもと・すてすけ　明治27年12月12日～昭和38年9月11日　衆院議員(自民党)　→昭和

藤本 精三　ふじもと・せいぞう　大正9年5月1日～平成23年7月21日　高知県出納長　→09/11

藤本 泰　ふじもと・たい　～昭和59年10月22日　横浜地方海難審判庁長　→83/87

藤本 隆士　ふじもと・たかし　昭和10年6月24日～平成1年5月16日　太陽投信委託常務　→88/90

藤本 武　ふじもと・たけし　明治44年5月23日～平成14年5月29日　月島機械常務　→00/02

藤本 武士　ふじもと・たけし　昭和6年4月1日～平成14年12月17日　モリテックスチール社長　→00/02

藤本 威宏　ふじもと・たけひろ　大正9年～昭和44年11月12日　イースタン交通社長　→昭和

藤本 忠生　ふじもと・ただお　昭和10年1月1日～平成15年4月12日　クボタ常務　→03/05

藤本 正　ふじもと・ただし　昭和8年1月6日～平成11年3月4日　弁護士　藤本正法律事務所長　→97/99

藤本 直　ふじもと・ただし　大正3年1月28日～昭和59年2月20日　日本産業航空社長，日本アマチュア飛行クラブ理事長，全日本航空事業連合会常任理事　→83/87

藤本 達雄　ふじもと・たつお　～昭和46年1月30日　藤本産業社長　→昭和

藤本 辰之助　ふじもと・たつのすけ　明治40年2月12日～平成3年10月6日　大同マルタ染工専務　→91/93

藤本 太郎　ふじもと・たろう　嘉永7年8月23日～昭和15年9月7日　陸軍中将　→昭和

藤本 長吉　ふじもと・ちょうきち　～昭和55年4月17日　藤丸デパート(帯広)常務取締役　→80/82

藤本 長蔵(2代目)　ふじもと・ちょうぞう　明治30年9月24日～平成2年7月14日　藤丸会長　→88/90

藤本 槙煕　ふじもと・つちひろ　昭和2年5月26日～平成18年7月14日　セイレイ工業社長　→06/08

藤本 勉　ふじもと・つとむ　昭和8年9月3日～平成11年1月30日　紀伊国屋書店専務　→97/99

藤本 輝夫　ふじもと・てるお　～昭和56年10月15日　日産生命相談役・元会長　→80/82

藤本 亨　ふじもと・とおる　大正14年12月19日～平成4年4月14日　長野放送副社長，フジテレビ取締役相談役　→91/93

藤本 亘　ふじもと・とおる　昭和17年4月6日～平成1年3月25日　弁護士　広島弁護士会副会長　→88/90

藤本 得　ふじもと・とく　明治45年4月1日～平成10年12月8日　中部電力副社長　→97/99

藤本 敏夫　ふじもと・としお　昭和19年1月～平成14年7月

月31日　社会運動家,自然農法家　鴨川自然生態農場代表理事長,地球納豆倶楽部代表,全国糖尿者連盟会長　→ 00/02

藤本　敏一　ふじもと・としかず　〜昭和61年5月5日
(株)北陸電気管理技術者協会藤本管理事務所代表　→ 83/87

藤本　豊三　ふじもと・とよぞう　明治36年2月6日〜平成2年11月12日　宇部興産副社長,宇部化学工業社長,富士車両社長　→88/90

藤本　虎喜　ふじもと・とらき　明治25年2月〜昭和56年11月11日　衆院議員(国民協同党)　→80/82

藤本　亀　ふじもと・ひさし　明治37年7月4日〜平成1年2月14日　山陽放送社長　→88/90

藤本　久野　ふじもと・ひさの　〜平成3年6月26日
米国政府から強制収容についての謝罪文と補償金の支払いを受けた最初の日系人　→91/93

藤本　秀二　ふじもと・ひでじ　明治34年11月21日〜平成2年1月31日　同和火災海上保険社長　→88/90

藤本　宏　ふじもと・ひろし　〜昭和60年3月8日
竹中土木顧問　→83/87

藤本　博　ふじもと・ひろし　大正3年11月28日〜平成5年3月14日　豊田紡織専務　→91/93

藤本　博光　ふじもと・ひろみつ　昭和2年6月15日〜平成11年2月17日　弁護士,弁理士　藤本特許法律事務所所長,第一東京弁護士会副会長,弁理士会副会長　→97/99

藤本　雅夫　ふじもと・まさお　大正7年11月16日〜平成9年3月10日　グンゼ産業専務　→97/99

藤本　正雄　ふじもと・まさお　明治43年9月30日〜平成11年11月17日　駐ボリビア大使　→97/99

藤本　正一　ふじもと・まさかず　大正7年7月15日〜平成4年11月12日　日本配合飼料取締役　→91/93

藤本　正利　ふじもと・まさとし　〜平成13年12月26日
小繋事件の農民支援者　→00/02

藤元　政信　ふじもと・まさのぶ　大正3年9月20日〜平成10年8月5日　武蔵野市長　→97/99

藤本　正徳　ふじもと・まさのり　〜平成2年6月23日
弁護士　日本弁護士連合会理事,福岡地裁判事　→88/90

藤本　正朗　ふじもと・まさみ　大正10年9月15日〜昭和61年2月11日　広島市議　→83/87

藤本　万次郎　ふじもと・まんじろう　明治31年2月20日〜昭和58年8月1日　日本水産物輸入協議会会長,下関中央魚市場社長　→83/87

藤本　倫夫　ふじもと・みちお　明治40年12月6日〜昭和58年6月19日　森永製菓取締役食品部長　→83/87

冨士本　泰　ふじもと・やすし　〜平成7年8月17日
TOTO常務　→94/96

藤本　勇治　ふじもと・ゆうじ　〜昭和60年2月18日　トモエ算盤社長　→83/87

藤本　好雄　ふじもと・よしお　明治40年9月6日〜平成1年11月3日　北海道警本部長　→88/90

藤本　善雄　ふじもと・よしお　大正13年2月5日〜昭和62年7月10日　藤丸社長,藤友ストア社長　→83/87

藤本　芳二　ふじもと・よしじ　〜昭和59年1月3日
蘇東興業社長　→83/87

藤本　義人　ふじもと・よしと　〜昭和62年6月26日
太洋海運取締役経理部長　→83/87

藤本　良市　ふじもと・りょういち　〜昭和60年10月23日
公認会計士　監査法人福岡センター会計事務所代表社員　→83/87

藤本　亮太　ふじもと・りょうた　大正12年1月9日〜平成13年3月7日　大正海上火災保険専務　→00/02

藤本　了法　ふじもと・りょうほう　大正3年4月8日〜平成13年4月26日　僧侶　西福寺住職,全国市立保育園連盟会長　→00/02

藤森　朝彦　ふじもり・あさひこ　大正14年8月23日〜平成18年8月27日　日本甜菜製糖常務　→06/08

藤森　教念　ふじもり・きょうねん　〜平成21年3月5日
僧侶　真宗大谷派宗議会議員　→09/11

藤森　謙一　ふじもり・けんいち　昭和11年5月10日〜平成19年8月26日　建設省近畿地方建設局企画部長,日本道路公団理事,清水建設専務　→06/08

藤森　賢三　ふじもり・けんぞう　〜昭和56年8月11日
品川電線会長,日経連常任理事　→80/82

藤森　弘禅　ふじもり・こうぜん　〜昭和59年12月20日
臨済宗方広寺派管長　→83/87

藤森　作次郎　ふじもり・さくじろう　〜昭和52年6月24日
芙蓉観光創設者,歌舞伎町商店街振興組合理事長　→昭和

藤森　睿　ふじもり・さとる　明治36年12月8日〜昭和59年8月30日　弘前市長　→83/87

藤森　繁　ふじもり・しげる　昭和11年3月6日〜平成8年3月2日　岡山県議(社会党)　→94/96

藤森　真司　ふじもり・しんじ　〜昭和56年7月4日
東京消防庁豊島消防署長　→80/82

藤森　善一　ふじもり・ぜんいち　〜昭和61年1月13日
(財)東厚生会理事長,身体障害者運動能力開発訓練センター所長　身障者ドライバー第1号　→83/87

藤森　長治　ふじもり・ちょうじ　明治41年1月8日〜昭和60年11月4日　新興産業専務,協和フィルター社長　→83/87

藤森　恒夫　ふじもり・つねお　昭和12年3月11日〜平成22年2月13日　日本軽金属常務　→09/11

藤森　鉄雄　ふじもり・てつお　大正8年7月16日〜平成23年11月7日　第一勧業銀行会長,東京メトロポリタンテレビジョン社長　→09/11

藤森　伝衛　ふじもり・でんえ　明治45年6月15日〜平成7年2月1日　竹屋会長　→94/96

藤森　俊彦　ふじもり・としひこ　大正4年5月22日〜平成5年7月21日　藤森工業相談役・元社長,日本ポリエチレン製品工業連合会会長　→91/93

藤森 俊郎　ふじもり・としろう　～昭和46年1月7日　警視庁交通局参事官　→昭和

藤森 秀雄　ふじもり・ひでお　～昭和60年8月28日　藤森輪業代表取締役社長、富山県自動車卸商業協同組合理事長　→83/87

藤森 浩　ふじもり・ひろし　昭和7年1月30日～平成21年2月3日　日本経済新聞監査役　→09/11

藤森 正男　ふじもり・まさお　大正3年12月2日～平成21年11月8日　太平洋興発社長　→09/11

藤森 正也　ふじもり・まさや　大正11年4月7日～昭和63年4月20日　片倉シルク(自転車製造)社長　→88/90

藤森 道夫　ふじもり・みちお　～昭和59年5月16日　京都信用金庫専務理事　→83/87

藤森 道彦　ふじもり・みちひこ　大正10年8月15日～平成17年4月3日　藤森工業副社長　→03/05

藤森 ムツエ　ふじもり・むつえ　大正2年～平成21年3月9日　フジモリペルー元大統領の母　→09/11

藤森 義巳　ふじもり・よしみ　大正15年1月24日～平成3年8月22日　税理士　北沢産業監査役　→91/93

藤じゃ 昂二　ふじゃ・こうじ　～昭和55年2月9日　南海電鉄元副社長　→80/82

藤谷 作太郎　ふじや・さくたろう　大正7年12月6日～平成11年8月14日　カネフジ漁業会長、日本鮭鱒漁業協同組合連合会長　→97/99

藤谷 省一　ふじや・せいいち　明治42年7月28日～平成3年10月20日　国民金融公庫理事、秋田信用金庫理事長　→91/93

藤谷 浩章　ふじや・ひろあき　大正11年6月11日～平成1年10月21日　東京相互銀行(のち東京相和銀行)専務　→88/90

藤谷 豊　ふじや・ゆたか　大正2年～平成6年2月22日　(社)ナショナル・トラストをすすめる全国の会会長,, 斜里町(北海道)町長　→94/96

藤安 辰次郎　ふじやす・たつじろう　文久2年3月～昭和6年3月2日　実業家　鹿児島紡績社長、鹿児島商業会議所副会頭、貴院議員　→昭和

藤山 愛一郎　ふじやま・あいいちろう　明治30年5月22日～昭和60年2月22日　政治家,実業家　衆院議員(自民党)、外相、日本国際貿易促進協会長　→83/87

藤山 和夫　ふじやま・かずお　～平成17年12月27日　九州経済調査会理事長　→03/05

藤山 健二　ふじやま・けんじ　昭和9年10月8日～平成23年11月16日　新川社長　→09/11

藤山 尚光　ふじやま・たかみつ　大正15年12月13日～平成7年7月16日　前東市長　→94/96

藤山 竹一　ふじやま・たけいち　明治18年～昭和5年2月12日　栃木県知事　→昭和

藤山 照彦　ふじやま・てるひこ　～昭和23年11月1日　日東化学工業社長　→昭和

藤山 楢一　ふじやま・ならいち　大正4年9月17日～平成6年5月5日　駐英大使　→94/96

藤山 美知　ふじやま・はるお　昭和11年4月14日～平成6年12月4日　日本精線常務　→94/96

藤山 秀雄　ふじやま・ひでお　～平成19年6月11日　インドネシア残留日本兵　→06/08

藤山 諭吉　ふじやま・ゆきち　～平成4年9月24日　日本パン技術研究所名誉所長　→91/93

藤山 洋吉　ふじやま・ようきち　大正1年8月25日～平成13年9月21日　中央競馬振興会長、日東化学工業副社長　→00/02

藤山 雷太　ふじやま・らいた　文久3年8月1日～昭和13年12月19日　実業家　大日本製糖社長、東京商業会議所会頭、貴院議員(勅選)　→昭和

武城 昭夫　ぶじょう・あきお　昭和2年4月13日～平成23年7月27日　信越化学工業常務　→09/11

藤吉 三郎　ふじよし・さぶろう　大正9年3月16日～平成15年11月1日　熊谷組常務　→03/05

藤吉 慈海　ふじよし・じかい　大正4年3月26日～平成5年2月28日　僧侶　花園大学名誉教授、大本山光明寺(浄土宗)110世法主　→91/93

藤吉 誠之　ふじよし・せいし　～平成8年1月5日　陸上自衛隊師団幕僚長　→94/96

藤吉 尊徳　ふじよし・たかのり　～昭和61年5月12日　柳川市議　→83/87

藤吉 次英　ふじよし・つぐひで　大正2年1月24日～昭和60年5月20日　東レ会長　→83/87

藤吉 直四郎　ふじよし・なおしろう　～昭和41年8月17日　海軍少将　マレー沖海戦の指揮者　→昭和

藤吉 信夫　ふじよし・のぶお　昭和8年11月26日～平成23年7月24日　天牛堺書店創業者　→09/11

藤吉 ハナ　ふじよし・はな　～昭和61年1月9日　柳川市東宮永婦人会顧問　→83/87

藤吉 日出男　ふじよし・ひでお　明治43年2月14日～平成1年3月18日　東京大学事務局長　→88/90

伏脇 松太郎　ふしわき・まつたろう　～昭和63年8月24日　永芳閣取締役会長、富山県議会議長　→88/90

藤原 章夫　ふじわら・あきお　大正11年10月26日～平成22年6月1日　フジワラテクノアート会長　→09/11

藤原 彰　ふじわら・あきら　昭和11年2月2日～平成12年2月14日　公証人　奈良地検検事正　→00/02

藤原 功　ふじわら・いさお　大正5年10月18日～平成7年8月24日　内田洋行専務　→94/96

藤原 一郎　ふじわら・いちろう　大正11年1月13日～平成12年7月18日　通産事務次官、電源開発社長　→00/02

藤原 岩市　ふじわら・いわいち　明治41年3月1日～昭和61年2月24日　陸将　陸上自衛隊第一師団長　→83/87

藤原 英三郎　ふじわら・えいざぶろう　～昭和24年11月5日　海軍中将　→昭和

藤原 覚眠　ふじわら・かくみん　～昭和44年2月27日　高野山権大僧正　→昭和

藤原 和人　ふじわら・かずひと　昭和13年1月8日～平成21年10月12日　十八銀行頭取、国土事務次官　→09/11

藤原 勝博　ふじわら・かつひろ　～平成17年11月23日　経団連常務理事　→03/05

藤原 克己　ふじわら・かつみ　大正6年12月15日～昭和60年11月1日　ユリヤ社長、新斎橋筋商店街理事、大阪洋装洋品組合理事　→83/87

藤原 勘一　ふじわら・かんいち　大正5年2月4日～昭和62年5月29日　愛媛県漁連会長、全漁連副会長、西外海村村長　→83/87

藤原 喜蔵　ふじわら・きぞう　～昭和31年4月29日　水沢市長　→昭和

藤原 吉備彦　ふじわら・きびひこ　大正7年12月20日～平成6年10月14日　広島高裁松江支部長　→94/96

藤原 儀平　ふじわら・ぎへい　大正1年10月28日～平成7年6月20日　ハザマ専務　→94/96

藤原 喜代間　ふじわら・きよま　～昭和55年2月2日　海軍少将　→80/82

藤原 銀次郎　ふじわら・ぎんじろう　明治2年6月17日～昭和35年3月17日　実業家、政治家　王子製紙社長、商工相、軍需相　→昭和

藤原 楠之助　ふじわら・くすのすけ　～昭和42年4月30日　大阪府公安委員、全国中小企業団体中央会会長　→昭和

藤原 邦晁　ふじわら・くにあき　大正10年11月11日～平成17年7月21日　藤原製麵会長　→03/05

藤原 熊雄　ふじわら・くまお　明治21年2月28日～昭和13年4月18日　社会運動家　→昭和

藤原 敬　ふじわら・けい　大正7年4月9日～平成4年10月15日　全日本航空事業連合会副会長、調布空港協議会会長、東邦航空社長　→91/93

藤原 慶三郎　ふじわら・けいざぶろう　大正10年10月10日～平成7年4月17日　天王町(秋田県)町長　→94/96

藤原 慶次郎　ふじわら・けいじろう　昭和3年5月30日～平成3年10月10日　北日本銀行常務　→91/93

藤原 敬次郎　ふじわら・けいじろう　昭和15年4月5日～平成3年8月14日　サンスター取締役　→91/93

藤原 健壱　ふじわら・けんいち　大正2年7月31日～平成10年2月14日　ハードグラス工業社長　→00/02s

藤原 紘一　ふじわら・こういち　昭和20年2月13日～昭和64年1月6日　防衛庁教育訓練局衛生課長　→88/90

藤原 幸章　ふじわら・こうしょう　～平成11年1月13日　僧侶　大谷大学名誉教授　→97/99

藤原 孝太　ふじわら・こうた　明治42年4月28日～平成15年1月13日　大蔵省北陸財務局長、全国信用金庫協会常務理事　→03/05

藤原 公平　ふじわら・こうへい　大正13年5月12日～平成15年9月7日　川崎設備工業専務　→03/05

藤原 貞夫　ふじわら・さだお　昭和10年1月16日～平成20年11月5日　藤田観光社長、同和鉱業専務　→06/08

藤原 幸雄　ふじわら・さちお　昭和6年1月13日～平成21年7月19日　フジ産業社長、ヴォイス・ミュージアム館長　→09/11

藤原 幸朗　ふじわら・さちろう　昭和4年11月27日～平成22年3月11日　埼玉県議(共産党)　→09/11

藤原 俊　ふじわら・さとし　～昭和61年12月9日　僧侶　真宗大谷派参務、法山寺住職　→83/87

藤原 三郎　ふじわら・さぶろう　大正14年12月17日～平成11年7月19日　兵庫県議(自民党)　→97/99

藤原 治一郎　ふじわら・じいちろう　昭和24年2月19日～平成8年7月7日　国際協力事業団鉱工業開発調査部長、日本貿易振興会ジャカルタセンター所長　→94/96

藤原 繁太郎　ふじわら・しげたろう　明治30年1月～昭和56年5月28日　衆院議員(社会党)　→80/82

藤原 茂盛　ふじわら・しげもり　昭和8年11月22日～平成16年4月26日　札幌銀行常務　→03/05

藤原 繁　ふじわら・しげる　～平成6年12月17日　日本測量協会専務理事　→94/96

藤原 茂　ふじわら・しげる　昭和3年7月1日～平成2年6月21日　第一工業製薬取締役業務本部長　→88/90

藤原 実雄　ふじわら・じつお　明治40年1月4日～昭和63年5月6日　京都銀行監査役、(学)成美学苑理事長　→88/90

藤原 重三　ふじわら・じゅうぞう　～平成6年3月28日　高等海難審判庁長官　→94/96

藤原 潤一　ふじわら・じゅんいち　大正14年7月5日～平成17年2月15日　古野電気副社長　→03/05

藤原 四郎　ふじわら・しろう　～昭和55年2月3日　日本セメント監査役　→80/82

藤原 滋郎　ふじわら・じろう　～昭和56年4月22日　同和鉱業取締役　→80/82

藤原 新太郎　ふじわら・しんたろう　～昭和46年5月11日　竹中工務店常務　→昭和

藤原 末作　ふじわら・すえさく　明治25年2月19日～昭和63年7月25日　弁護士　大阪高検事長　→88/90

藤原 淳　ふじわら・すなお　～昭和63年9月2日　岡三証券監査役　→88/90

藤原 節夫　ふじわら・せつお　明治39年11月～平成4年月17日　衆院議員(自民党)　→91/93

藤原 善敬　ふじわら・ぜんけい　～昭和59年5月18日　真宗山元派本山証誠寺24代法主　→83/87

藤原 聡一　ふじわら・そういち　昭和4年8月～昭和59年6月9日　大阪屋証券常務　→83/87

藤原 孝夫　ふじわら・たかお　明治29年11月20日～昭和58年5月8日　国立公園協会名誉会長、神奈川県知事　→83/87

藤原 武　ふじわら・たけし　大正11年～平成4年2月17日　日本道路建設業協会副会長　→91/93

藤原 猛　ふじわら・たけし　～昭和62年10月30日　兼松江商常務　→83/87

藤原 猛　ふじわら・たけし　～平成7年7月31日　京都市難聴者協会相談役,全国難聴者中途失聴者団体連合会事務局長　→94/96

藤原 正良　ふじわら・ただよし　昭和6年11月30日～平成9年1月19日　神官　神社庁評議会議長,岩手県神社庁長　→97/99

藤原 龍治　ふじわら・たつじ　大正5年12月16日～平成21年3月15日　サントリー常務,通産省官房調査統計部長　→09/11

藤原 長作　ふじわら・ちょうさく　大正1年12月13日～平成10年8月25日　農業,稲作指導家　→97/99

藤原 勉　ふじわら・つとむ　～昭和56年1月15日　東京都靴メーカー協会顧問　→80/82

藤原 経世　ふじわら・つねよ　昭和8年12月20日～平成18年3月30日　ニチロ専務　→06/08

藤原 輝男　ふじわら・てるお　大正5年8月29日～平成16年6月15日　関西電力専務　→03/05

藤原 公　ふじわら・とおる　大正6年～平成3年12月10日　東洋エンジニアリング常務　→91/93

藤原 徳治　ふじわら・とくじ　～昭和58年12月3日　国連社専務　→83/87

藤原 俊雄　ふじわら・としお　～昭和55年4月1日　ジャックス取締役　→80/82

藤原 利洋　ふじわら・としひろ　～平成10年7月24日　第一企画顧問・元常務　→97/99

藤原 冨男　ふじわら・とみお　大正15年1月22日～平成16年4月22日　大日本製薬社長　→03/05

藤原 豊次郎　ふじわら・とよじろう　明治32年1月12日～昭和54年12月8日　社会運動家,医師　衆院議員(社会党)　→昭和

藤原 信子　ふじわら・のぶこ　大正14年4月～昭和61年10月13日　金港堂監査役　→83/87

藤原 久夫　ふじわら・ひさお　～昭和60年5月6日　日興証券専務,日本証券社長　→83/87

藤原 久信　ふじわら・ひさのぶ　～昭和24年4月24日　日本交通公社監事　→昭和

藤原 弘　ふじわら・ひろし　～昭和62年6月11日　第一企画USAインコーポレイテッド社長　→83/87

藤原 福夫　ふじわら・ふくお　昭和11年2月1日～平成5年11月2日　炭労中央本部委員長　→91/93

藤原 政雄　ふじわら・まさお　大正7年10月20日～昭和58年12月4日　明治図書出版社長　→83/87

藤原 正一　ふじわら・まさかず　～昭和55年1月28日　天満屋常務　→80/82

藤原 正邦　ふじわら・まさくに　昭和10年～平成2年3月13日　日商岩井広報室副室長　→88/90

藤原 正人　ふじわら・まさと　～平成16年9月18日　槍ヶ岳山荘支配人　→03/05

藤原 正彦　ふじわら・まさひこ　大正1年12月4日～平成8年11月3日　日立ホームテック社長,日立熱器具社長　→94/96

藤原 正義　ふじわら・まさよし　昭和11年7月3日～平成23年5月17日　シーアイ化成社長,伊藤忠商事専務,塩ビ管継手協会会長　→09/11

藤原 道子　ふじわら・みちこ　明治33年5月26日～昭和58年4月26日　婦人運動家,政治家　参院議員　→83/87

藤原 実　ふじわら・みのる　明治38年7月8日～平成16年5月26日　三重テレビ社長,三重交通常務　→03/05

藤原 宗雄　ふじわら・むねお　大正5年11月3日～平成11年9月15日　東京建物常務　→97/99

藤原 盛宏　ふじわら・もりひろ　大正9年4月4日～昭和58年10月22日　共立副社長　→83/87

藤原 保明　ふじわら・やすとし　～昭和55年1月21日　(財)逓信退職者連盟会長,逓信省航空局長官　→80/82

藤原 靖利　ふじわら・やすとし　～平成13年4月29日　日本旅行常務　→00/02

藤原 猶雪　ふじわら・ゆうせつ　明治24年1月2日～昭和33年7月3日　僧侶(真宗大谷派),仏教学者　東洋大学学長　→昭和

藤原 裕喜子　ふじわら・ゆきこ　～平成11年9月20日　運輸省航海訓練所教官　→00/02s

藤原 豊　ふじわら・ゆたか　昭和3年3月29日～平成17年11月10日　日本鉱業常務　→03/05

藤原 嘉雄　ふじわら・よしお　大正2年11月30日～平成5年4月25日　専門新聞協会理事長,税務研究会会長　→91/93

藤原 吉男　ふじわら・よしお　明治35年～昭和61年9月10日　明治生命取締役　→83/87

藤原 好彦　ふじわら・よしひこ　大正12年6月9日～昭和63年3月2日　日本住宅金融監査役,北海道拓殖銀行専務　→88/90

藤原 由之　ふじわら・よしゆき　大正4年10月9日～昭和63年2月16日　三井石油開発常務,三井石油化学監査役　→88/90

藤原 米造　ふじわら・よねぞう　明治23年3月～昭和5年1月9日　衆院議員(第一控室)　→昭和

藤原 良一郎　ふじわら・りょういちろう　大正7年6月24日～平成21年4月5日　日本フエルト社長　→09/11

布施 章　ふせ・あきら　明治42年12月13日～平成14年3月2日　八日市場市長　→00/02

布施 喜一郎　ふせ・きいちろう　～昭和61年9月9日　北辰機材工業会長　→83/87

布施 慶助　ふせ・けいすけ　慶応1年4月～昭和8年2月21日　陸軍中将　→昭和

布施 健一　ふせ・けんいち　～平成7年5月7日　大阪中小企業投資育成会社専務　→94/96

布施 津三　ふせ・しんぞう　明治45年6月20日～平成16年12月8日　北越製紙社長　→03/05

布施 宗吉郎　ふせ・そうきちろう　～昭和63年5月19日

ふせ　税理士　近畿税理士会常務理事　→88/90

布施 健　ふせ・たけし　明治45年3月21日～昭和63年2月25日　弁護士　検事総長　→88/90

布勢 健士　ふせ・たけし　～昭和58年3月12日　九州電力常務　→83/87

布施 辰治　ふせ・たつじ　明治13年11月13日～昭和28年9月13日　弁護士,社会運動家　→昭和

布施 為松　ふせ・ためまつ　～平成6年6月6日　陸将　自衛隊阪神病院長　→94/96

布施 絢一　ふせ・とういち　大正1年11月23日～平成1年10月4日　(社)金融財政事情研究会理事長　→88/90

布施 徳治　ふせ・とくじ　～平成1年8月8日　札幌ステーションデパート社長　→88/90

布施 俊雄　ふせ・としお　昭和10年10月2日～昭和62年3月11日　三洋投信委託常務　→83/87

布施 宣利　ふせ・のぶとし　大正12年3月30日～平成15年4月20日　菱食社長　→03/05

布施 正視　ふせ・まさし　大正12年2月15日～平成13年5月12日　サンウエーブ工業専務　→00/02

布施 杜生　ふせ・もりお　大正3年5月25日～昭和19年2月4日　革命運動家　→昭和

布施 康正　ふせ・やすまさ　大正14年10月13日～平成20年4月3日　新潟県議(自民党)　→06/08

布施 芳男　ふせ・よしお　大正6年2月13日～昭和63年5月21日　カルピス食品工業取締役　→88/90

布施 義尚　ふせ・よしなお　～昭和51年5月30日　セイコー精機相談役・元社長　→昭和

布施 善郎　ふせ・よしろう　大正8年1月1日～昭和62年9月8日　大阪空港交通会社社長,日本航空顧問　→83/87

布施 六郎　ふせ・ろくろう　～昭和60年10月9日　東金市長　→83/87

二井 正次郎　ふたい・まさじろう　大正4年7月5日～平成5年6月16日　三菱モンサント化成(のち三菱化成)専務　→91/93

二角 英一　ふたかど・えいいち　昭和9年3月7日～平成4年6月6日　日本板硝子常務　→91/93

二神 正三　ふたがみ・しょうぞう　昭和21年7月13日～平成23年10月30日　高知県議(新21県政会)　→09/11

二神 二郎　ふたがみ・じろう　明治42年6月24日～昭和59年9月9日　宇徳運輸社長,三井物産大阪副支店長　→83/87

二神 元　ふたがみ・はじめ　大正11年6月1日～平成1年5月11日　二神組会長　→88/90

二上 兵治　ふたがみ・ひょうじ　明治11年2月25日～昭和20年11月19日　貴族議員(勅選),枢密顧問官　→昭和

二神 和吉　ふたがみ・わきち　昭和2年1月1日～平成21年8月4日　大成道路専務　→09/11

二川 武　ふたかわ・たけし　～平成4年8月11日　熊本地検検事正　→91/93

二川 輝隆　ふたがわ・てるたか　～昭和61年6月17日　(有)二川土木取締役社長,滑川有恒ライオンズクラブ会長　→83/87

双川 喜文　ふたがわ・よしふみ　明治42年8月11日～平成3年1月11日　弁護士　満州国司法官　→91/93

二木 一一　ふたぎ・かずいち　～昭和55年8月20日　ジャスコ相談役・元会長　→80/82

二木 かつみ　ふたぎ・かつみ　～平成12年12月11日　ジャスコ創業者,(財)二木育英会理事長　→00/02

二木 千年　ふたき・せんねん　～昭和3年3月10日　八幡市長　→昭和

二木 冨雄　ふたぎ・とみお　明治44年6月27日～平成8年3月9日　真柄建設副社長　→94/96

二口 栄蔵　ふたぐち・えいぞう　大正10年4月15日～昭和59年8月21日　北海道観光連盟専務理事,北海道人事委員会事務局長　→83/87

二口 源太郎　ふたくち・げんたろう　明治41年6月24日～平成5年10月20日　北陸電力常務,北陸電気保安協会理事長　→91/93

二口 五平　ふたくち・ごへい　～昭和60年10月21日　新湊市議　→83/87

二子石 官太郎　ふたごいし・かんたろう　～昭和17年9月26日　陸軍中将　→昭和

二木 一郎　ふたぎ・いちろう　大正13年4月1日～平成12年3月14日　高岳製作所会長,東京電力取締役　→00/02

二木 一夫　ふたつぎ・かずお　昭和22年11月14日～平成11年10月17日　二木ゴルフ社長　→97/99

二木 謙吾　ふたつぎ・けんご　明治30年1月1日～昭和58年12月22日　宇部学園創立者,参院議員(自民党)　→83/87

二木 源治　ふたつぎ・げんじ　大正7年11月30日～平成7年12月22日　二木創業者　→94/96

二木 治夫　ふたつぎ・はるお　昭和8年6月13日～平成19年11月27日　北陸銀行取締役,立山製紙社長　→06/08

二木 頼弘　ふたつき・よりひろ　～昭和62年7月21日　静岡保護観察所長　→83/87

二葉 江之助　ふたば・こうのすけ　明治39年9月29日～昭和64年1月5日　東武鉄道常務　→88/90

二葉 武四　ふたば・たけし　～昭和63年3月1日　光洋精工顧問,光洋自動機副社長　→88/90

二葉 宏夫　ふたば・ひろお　昭和9年9月6日～平成9年7月6日　弁護士　青森県弁護士会会長　→97/99

二橋 健次郎　ふたはし・けんじろう　大正6年12月9日～昭和58年2月20日　二橋社長,東京眼鏡卸協同組合理事長　→88/90

二又 和徳　ふたまた・かずのり　～平成16年7月23日　弁護士　→03/05

二又 駒四郎　ふたまた・こましろう　～昭和56年7月28日　全国自家用自動車共済協同組合連合会会長　→80/82

二又 茂登　ふたまた・しげと　～昭和58年6月19日
久留米運送社長, 万来屋物産会長　→83/87

二又 大栄　ふたまた・だいえい　昭和13年4月1日～平成22年4月8日　久留米運送社長　→09/11

二見 貴知雄　ふたみ・きちお　明治30年2月～昭和32年3月23日　東京銀行頭取, 日本銀行副総裁　→昭和

二見 甚郷　ふたみ・じんごう　明治21年10月16日～昭和43年11月17日　宮崎県知事, 参院議員(自民党), 衆院議員(政友会)　→昭和

二見 毅　ふたみ・たけし　～平成17年4月8日　アジア石油(のちコスモ石油)常務　→03/05

二見 敏雄　ふたみ・としお　明治38年～昭和42年9月15日　社会運動家　→昭和

二見 富雄　ふたみ・とみお　昭和2年12月27日～平成19年1月25日　日野自動車工業社長　→06/08

二見 直三　ふたみ・なおぞう　明治21年10月～昭和28年12月30日　滋賀県知事, 盛岡市長　→昭和

二村 謙三　ふたむら・けんぞう　大正1年10月12日～平成14年7月5日　三菱商事副社長　→00/02

二村 直　ふたむら・ただし　昭和5年4月7日～平成16年10月17日　大垣共立銀行取締役　→03/05

二村 龍男　ふたむら・たつお　大正6年1月1日～平成2年1月25日　日本興業銀行常務　→88/90

二村 寿夫　ふたむら・ひさお　大正6年7月15日～昭和59年10月21日　日本スピンドル製造常務　→83/87

二村 文夫　ふたむら・ふみお　大正10年3月31日～平成7年11月20日　日本化成常務　→94/96

二荒 芳忠　ふたら・よしただ　昭和5年9月30日～平成10年3月30日　東芝イーエムアイ音楽出版社長　→97/99

二荒 芳徳　ふたら・よしのり　明治19年10月26日～昭和42年4月21日　内務官僚, 伯爵・ボーイスカウト日本連盟総コミッショナー, 貴族議員(勅選)　→昭和

渕 通義　ふち・みちよし　明治43年11月～平成6年2月10日　衆院議員(民社党)　→94/96

淵江 朴聞　ふちえ・ぼくもん　～昭和14年9月29日　浄土宗西山禅林寺派管長　→昭和

渕上 栄一　ふちがみ・えいいち　大正3年1月18日～平成16年2月15日　ユニード創業者, 渕上育英会理事長　→03/05

淵上 辰雄　ふちがみ・たつお　大正5年3月16日～昭和63年2月12日　(財)日本食生活協会理事長, ヤクルト本社取締役　→88/90

渕上 尚志　ふちがみ・なおし　大正6年3月9日～昭和63年7月14日　ユニード常務　→88/90 (淵上 尚志)

淵上 浩　ふちがみ・ひろし　大正5年8月14日～平成9年9月10日　自動車部品工業常務　→97/99

淵上 博　ふちがみ・ひろし　～平成3年5月12日　防府市助役, 山口県選管委員長　→91/93

淵上 房太郎　ふちがみ・ふさたろう　明治26年6月～昭和51年2月28日　衆院議員(自民党)　→昭和

渕上 礼蔵　ふちがみ・れいぞう　大正15年4月18日～平成19年9月17日　ユニード専務　→06/08

渕沢 寛一郎　ふちざわ・かんいちろう　大正2年10月15日～平成10年11月27日　富士通専務　→97/99

渕沢 京三　ふちざわ・きょうぞう　昭和2年7月1日～平成23年10月1日　日本ギア工業社長　→09/11

淵田 寛一　ふちだ・かんいち　～平成15年5月30日　本鳥松経営, 川柳作家　→03/05

淵田 敬太　ふちた・けいた　大正12年11月23日～平成6年11月19日　三菱農機社長, キャタピラー三菱常務　→94/96

淵田 美津雄　ふちだ・みつお　明治35年～昭和51年5月30日　海軍大佐　真珠湾攻撃飛行隊長　→昭和 (ふちた・みつお)

淵野 修　ふちの・おさむ　明治39年2月1日～平成9年1月12日　東京ケーブルビジョン理事長, 日本ケーブルビジョン放送網社長, ラジオ関東常務　→97/99

淵野 平　ふちの・ひろし　昭和8年～平成2年8月20日　電通メディア開発局次長　→88/90

渕脇 政治　ふちわき・まさはる　～平成13年4月17日　日本通運専務　→00/02

武内 種次　ぶない・たねじ　大正3年10月12日～平成3年9月25日　千代田計装社長　→91/93

船井 正朗　ふない・まさみ　昭和4年8月30日～平成15年8月9日　朝日新聞常務　→03/05

府内 泰生　ふない・やすお　昭和2年1月2日～平成22年12月9日　シンニッタン社長　→09/11

船内 正一　ふなうち・しょういち　明治29年1月18日～昭和62年2月2日　弁護士　大阪高裁判事　→83/87

船尾 栄太郎　ふなお・えいたろう　明治5年10月1日～昭和4年10月28日　実業家　三井信託副社長　→昭和

船方 一　ふなかた・はじめ　明治45年5月30日～昭和32年8月17日　詩人, 社会運動家　→昭和 (舟方 一)

船城 英介　ふなき・えいすけ　大正11年7月25日～平成14年1月5日　積水化成品工業常務　→00/02

船木 長一郎　ふなき・ちょういちろう　大正4年8月20日～平成15年7月11日　佐呂間町(北海道)町長　→03/05

舟木 亨　ふなき・とおる　昭和8年1月3日～平成19年1月13日　日本精工専務　→06/08

舟木 良夫　ふなき・りょうふ　～昭和61年6月29日　舟木鉄工所代表　→83/87

舟木 亮甫　ふなき・りょうほ　～昭和63年7月28日　富山県民火災共済専務理事　→88/90

船口 暉子　ふなぐち・てるこ　～平成55年8月3日　全日本仏教婦人連盟事務局長, 京都女子大同窓会東京支部長　→80/82

船倉 貞一　ふなくら・さだかず　明治35年1月21日～昭和60年2月18日　大林道路副社長　→83/87

船越 一郎　ふなこし・いちろう　～平成5年8月10日

ふなこし

空将　横浜ゴム顧問,航空自衛隊輸送航空団司令　→91/93

舟越 栄一　ふなこし・えいいち　大正8年3月5日〜平成2年6月19日　宮田町(福岡県)町長　→88/90

舟越 梶四郎　ふなこし・かじしろう　〜昭和37年3月29日　三菱航空機会長　→昭和

船越 賢太郎　ふなこし・けんたろう　昭和2年5月13日〜平成14年5月16日　岩手県議(自民党)　→00/02

船越 繁市　ふなこし・しげいち　〜昭和62年8月9日　北陸瓦工業(有)代表取締役　→83/87

舟越 博　ふなこし・ひろし　大正11年4月24日〜平成7年11月20日　徳倉建設副社長　→94/96

船越 弘　ふなこし・ひろむ　明治40年5月〜昭和42年9月7日　衆院議員(自由党)　→昭和(ふなこし・ひろし)

船越 光輔　ふなこし・みつすけ　〜昭和56年10月24日　東京銀行常務　→80/82

船越 光之丞　ふなこし・みつのじょう　慶応3年2月21日〜昭和17年8月14日　外交官,男爵　貴院議員　→昭和

船越 康　ふなこし・やすし　昭和9年9月6日〜平成12年11月10日　ノースウエストホームズ社長　→00/02

船越 芳雄　ふなこし・よしお　昭和5年6月26日〜平成5年4月6日　松竹事業常務,歌舞伎座支配人　→91/93

船越 芳之助　ふなこし・よしのすけ　明治27年1月〜昭和28年4月4日　社会運動家　→昭和

船越 義房　ふなこし・よしふさ　明治37年2月4日〜平成6年1月30日　熊谷組専務　→94/96

舟越 龍　ふなこし・りゅう　〜昭和55年11月11日　帝国石油取締役,アラビア石油常務　→80/82

舩坂 公夫　ふなさか・きみお　昭和8年3月13日〜平成22年11月28日　チタン工業社長　→09/11

舟坂 勝　ふなさか・まさる　〜平成19年6月1日　全国自治会連合会長　→06/08

船坂 道夫　ふなさか・みちお　〜昭和50年4月27日　チタン工業会長　→昭和

舟崎 敬　ふなざき・たかし　昭和15年12月15日〜平成2年6月　シーコム副社長　→88/90

船迫 幹正　ふなさこ・みきまさ　昭和23年11月14日〜平成20年1月13日　エージービー専務　→06/08

船田 一雄　ふなだ・かずお　明治10年12月7日〜昭和25年4月18日　実業家　三菱本社理事長　→昭和

船田 中　ふなだ・なか　明治28年4月24日〜昭和54年4月12日　政治家　衆院議員,自民党副総裁　→昭和

舟田 久　ふなだ・ひさゆき　〜平成18年4月5日　気象庁主任予報官　→06/08

船田 譲　ふなだ・ゆずる　大正12年6月13日〜昭和60年8月10日　政治家　栃木県知事,参院議員(自民党),作新学院院長　→83/87

船谷 近夫　ふなたに・ちかお　大正8年10月20日〜平成10年12月6日　海上保安庁警備救難監,海上保安協会理事長　→97/99

船津 緩二　ふなつ・かんじ　〜昭和59年6月20日　阪急汽船社長　→83/87

舩津 重正　ふなつ・しげまさ　大正1年8月14日〜平成15年12月14日　日本通信建設社長　→03/05

船津 次郎　ふなつ・じろう　〜平成4年2月24日　ユニチカ専務　→91/93

船津 真一　ふなつ・しんいち　明治40年12月1日〜昭和60年10月24日　片倉工業社長,富士取締役　→83/87

舟津 喬　ふなつ・たかし　昭和2年5月20日〜平成15年6月5日　東急観光専務　→03/05

船津 武彦　ふなつ・たけひこ　明治44年4月6日〜平成15年12月25日　井筒屋専務,井筒屋産業社長　→03/05

舟津 良行　ふなつ・よしゆき　大正10年4月11日〜平成14年5月8日　航空評論家　全日本空輸専務　→00/02

船渡 真吉　ふなと・しんきち　昭和7年2月4日〜平成10年6月2日　十六銀行常務　→97/99

船渡 享向　ふなと・たかひさ　明治21年1月1日〜昭和20年12月13日　会計検査院第五局長　→06/08

船戸 初長　ふなと・はつなが　昭和3年4月30日〜平成5年3月12日　日本システムエンジニアリング社長　→91/93

船渡 仁　ふなと・まさし　大正3年3月27日〜平成2年5月25日　東芝機械副社長　→88/90

船戸 行雄　ふなと・ゆきお　昭和7年2月12日〜平成14年1月2日　岐阜県議(自民党)　→00/02

船渡川 平三郎　ふなとがわ・へいざぶろう　大正1年8月10日〜平成1年4月25日　日本ステンレス専務,住金ステンレス鋼管社長　→88/90

船野 四五六　ふなの・よごろく　〜平成5年7月14日　郵政省四国電波監理局長　→91/93

船橋 章　ふなはし・あきら　大正8年3月19日〜平成17年1月4日　富士通常務　→03/05

舟橋 一哉　ふなはし・いっさい　明治42年10月13日〜平成12年8月21日　僧侶　大谷大学名誉教授,蓮泉寺住職　→00/02

舟橋 一雄　ふなはし・かずお　明治38年11月10日〜昭和61年5月18日　名古屋鉄道相談役・元副社長,岐阜乗合自動車社長　→83/87

舟橋 喜市　ふなはし・きいち　大正3年〜平成10年5月日　在ブラジル北海道協会会長　→97/99

舟橋 邦雄　ふなはし・くにお　大正10年10月1日〜平成6年10月25日　大阪魚市場専務　→94/96

舟橋 栄　ふなはし・さかえ　明治23年9月15日〜昭和59年12月27日　大東紡織専務　→83/87

舟橋 重明　ふなはし・しげあき　昭和30年8月9日〜平成10年5月15日　フジパン社長　→97/99

舟橋 重則　ふなはし・しげのり　〜昭和63年11月16日　五郎丸振興報徳社社長　→88/90

船橋 茂　ふなはし・しげる　大正9年〜平成1年3月30日　平内町(青森県)町長　→88/90

船橋 秀一　ふなはし・しゅういち　明治30年1月15日〜

I 政治・経済・社会篇　　　　　　　　　　　　　　　　　　　　　　　　　　　　　　　　　　　ふりはた

昭和60年7月5日　国際観光旅館連盟本部参与, (株)か茂免社長　→83/87

舟橋 純　ふなはし・じゅん　昭和3年1月1日〜平成17年4月1日　東海テレビ事業社長　→03/05

舟橋 諄一　ふなはし・じゅんいち　明治33年5月31日〜平成8年11月21日　弁護士　九州大学名誉教授　→94/96

舟橋 孝夫　ふなはし・たかお　大正9年4月8日〜平成7年11月26日　松下電器産業常務　→94/96

舟橋 高次　ふなはし・たかじ　明治35年1月8日〜昭和61年6月3日　シヤチハタ工業会長　→83/87

船橋 忠司　ふなはし・ただし　昭和7年〜平成2年12月2日　浅川組常務　→88/90

舟橋 久男　ふなはし・ひさお　大正1年10月20日〜昭和62年11月20日　小牧市長　→83/87

舟橋 正夫　ふなはし・まさお　大正2年5月3日〜平成8年8月16日　古河電気工業社長　→94/96

舟橋 正雄　ふなはし・まさお　〜平成2年2月13日　瑞浪精機監査役　→88/90

舟橋 正輝　ふなはし・まさてる　大正14年1月21日〜平成21年4月16日　フジパングループ本社会長, フジパン社長　→09/11

船橋 正信　ふなばし・まさのぶ　〜昭和63年2月18日　三菱電機エンジニアリング常務　→88/90

船橋 求己　ふなはし・もとき　明治44年8月14日〜昭和59年2月4日　京都市長　→83/87

船原 儀　ふなはら・はかる　明治43年3月18日〜平成19年10月8日　神官　福岡県護国神社名誉宮司　→06/08

船曳 公彦　ふなびき・きみひこ　昭和56年4月28日　住友精密工業専務　→80/82

舟引 照夫　ふなびき・てるお　大正11年5月23日〜昭和58年5月4日　福知山信用金庫理事長, 関西相互銀行専務　→83/87

舩見 実生　ふなみ・じつお　昭和31年5月5日〜平成23年9月4日　フジテック専務執行役員　→09/11

船水 衛司　ふなみず・えいじ　大正6年2月24日〜昭和63年12月31日　牧師　東京神学大学名誉教授　→88/90

船本 坂男　ふなもと・さかお　明治39年2月20日〜平成12年1月31日　牧師　大阪女学院理事長, 日本キリスト教団大阪城北教会名誉牧師　→00/02

船本 洲治　ふなもと・しゅうじ　昭和20年〜昭和50年6月26日　新左翼活動家　→昭和

舟本 信光　ふなもと・のぶみつ　大正14年7月6日〜平成11年1月6日　大阪高裁判事　→昭和

船山 憲二　ふなやま・けんじ　昭和14年11月4日〜平成6年1月14日　三菱信託銀行常務　→94/96

船山 孝輔　ふなやま・こうすけ　〜平成10年3月2日　空港施設常務, 国際航業専務　→97/99

船山 庄一　ふなやま・しょういち　昭和10年8月28日〜平成15年12月8日　日本経済新聞常務　→03/05

舟山 正吉　ふなやま・しょうきち　明治38年2月1日〜平成8年9月20日　大蔵事務次官, 中小企業金融公庫総裁, 開成学園理事長　→94/96

船山 悌二　ふなやま・ていじ　明治42年9月28日〜平成10年6月4日　高砂鉄工社長　→97/99

船山 佳増　ふなやま・よしぞう　明治43年9月25日〜昭和63年4月19日　日亜商会会長, 日本板紙代理店連合会会長　→88/90

布野 信忠　ふの・のぶただ　大正7年8月17日〜平成17年10月5日　出雲市長　→03/05

布野 嘉雄　ふの・よしお　大正4年8月22日〜平成19年4月1日　住友不動産副社長　→06/08

布能 由雄　ふのう・よしお　明治35年4月4日〜昭和58年11月4日　トーヨーカネツ創業者　→83/87

父母 真澄　ふぼ・ますみ　〜昭和63年4月22日　三井金属鉱業監査役　→88/90

文入 宗義　ふみいり・むねよし　〜昭和42年5月25日　明治書院社長　→昭和

文木 裕二　ふみき・ゆうじ　昭和16年1月26日〜昭和63年11月10日　日本経済新聞システム本部開発部長　→88/90

文野 俊一　ふみの・しゅんいち　〜昭和34年11月16日　西条市(愛媛県)長　→昭和

文室 定次郎　ふむろ・さだじろう　大正6年3月23日〜平成4年8月13日　丸蚕商事社長, 滋賀県議会議長　→91/93

麓 邦明　ふもと・くにあき　〜平成8年8月30日　田中角栄元首相の秘書　→94/96

麓 新助　ふもと・しんすけ　〜昭和42年3月9日　因島市長　→昭和

麓 弥太雄　ふもと・やたお　大正10年9月24日〜昭和62年12月24日　十全産業会長, 明山産業常務　→83/87

冬木 太平　ふゆき・たへい　〜昭和60年7月10日　冬木工業会長　→83/87

冬柴 鉄三　ふゆしば・てつぞう　昭和11年6月29日〜平成23年12月5日　衆院議員(公明党), 国土交通相　→09/11

芙蓉 良順　ふよう・りょうじゅん　明治33年12月13日〜昭和58年8月17日　真言宗智山派管長, 大正大学学長　→83/87

降幡 喜平　ふりはた・きへい　〜平成12年12月23日　三菱自動車工業常務　→00/02

降旗 三郎　ふりはた・さぶろう　昭和10年3月19日〜平成18年10月23日　札幌テレビ放送専務　→06/08

降幡 隆雄　ふりはた・たかお　昭和5年9月13日〜平成16年5月13日　サンデン常務　→03/05

降旗 規男　ふりはた・のりお　昭和6年2月15日〜平成10年7月19日　新日本空調常務　→97/99

降旗 憲二郎　ふりはた・のりじろう　明治43年12月5日〜平成14年6月2日　三菱銀行常務　→00/02

降旗 三七男　ふりはた・みなお　明治37年〜昭和40年8月27日　東亜燃料社長, 日経連常務理事　→昭和

降井 利光　ふるい・としみつ　昭和19年3月19日～平成23年10月15日　日本毛織社長　→09/11

古井 喜実　ふるい・よしみ　明治36年1月4日～平成7年2月3日　衆院議員（自民党）　→94/96

古市 章　ふるいち・あきら　昭和28年3月27日～平成13年4月9日　特殊機化工業社長　→00/02

古市 活禅　ふるいち・かつぜん　～昭和45年7月8日　瑞聖寺住職, 元黄檗宗宗務総長　→昭和

古市 義秀　ふるいち・ぎしゅう　明治29年11月3日～昭和60年2月15日　天台真盛宗管長・総本山西教寺貫首　→83/87

古市 修次　ふるいち・しゅうじ　明治25年7月8日～昭和59年11月11日　特殊機化工業名誉会長, 日本硬質クローム工業会会長　→83/87

古市 正三　ふるいち・しょうぞう　大正3年1月2日～平成1年1月17日　敷島紡績常務, 敷島興産社員　→88/90

古市 正太郎　ふるいち・しょうたろう　大正2年6月5日～昭和63年4月21日　日本勧業角丸証券常務, 勧角エンタープライズ社長　→88/90

古市 四郎　ふるいち・しろう　～昭和59年5月19日　東陽園代表取締役, 元愛知県茶商工業組合連合会会長　→83/87

古市 二郎　ふるいち・じろう　大正7年3月31日～平成17年1月2日　東海電気工事常務　→03/05

古市 進　ふるいち・すすむ　～昭和38年11月1日　京城市長　→昭和

古市 竜雄　ふるいち・たつお　～昭和42年2月1日　海軍中将　東芝取締役　→昭和

古市 春彦　ふるいち・はるひこ　明治24年3月15日～昭和18年1月9日　社会運動家　→昭和

古市 平右衛門　ふるいち・へいうえもん　明治41年～昭和63年2月7日　セーレン常務　→88/90

古市 六三　ふるいち・ろくぞう　～昭和36年3月10日　倉敷鉱業会長　→昭和

古内 幸次郎　ふるうち・こうじろう　～平成1年6月23日　北海道新聞社社友・元工務局次長待遇　→88/90

古内 広雄　ふるうち・ひろお　明治40年10月～昭和47年11月5日　衆院議員（自民党）　→昭和

古内 広直　ふるうち・ひろなお　明治33年9月12日～昭和62年11月5日　岩沼市長　→83/87

古岡 勝　ふるおか・まさる　大正8年10月1日～平成17年9月30日　学習研究社副社長　→03/05

古垣内 瀬一　ふるがいち・せいち　大正10年3月27日～平成9年1月24日　大洋漁業（のちマルハ）専務　→97/99

古門 正人　ふるかど・まさと　大正1年11月18日～昭和61年12月1日　モトヤ常務　→83/87

古川 アキ　ふるかわ・あき　～平成5年9月2日　全国指定都市婦人団体連絡協議会理事　→91/93

古川 昭　ふるかわ・あきお　昭和9年12月12日～平成15年4月4日　第一商品会長　→03/05

古川 伊勢松　ふるかわ・いせまつ　大正5年～平成2年3月2日　六ケ所村（青森県）村長　→88/90

古川 岩太郎　ふるかわ・いわたろう　～昭和15年5月11日　陸軍少将　篠山町長　→昭和

古川 梅三郎　ふるかわ・うめさぶろう　明治38年2月7日～平成1年9月12日　大興電機製作所会長　→88/90

古川 数登　ふるかわ・かずと　大正10年8月10日～平成3年10月9日　留萌信金会長　→91/93

古川 勝巳　ふるかわ・かつみ　大正3年9月21日～昭和61年7月12日　日本ヘラルド映画社長　→83/87

古川 勝郎　ふるかわ・かつろう　大正4年1月1日～平成4年1月8日　内外社長, 内外ベルデリカ会長　→91/93

古川 喜一　ふるかわ・きいち　大正4年1月2日～平成1年1月11日　衆院議員（社会党）　→88/90

古川 潔　ふるかわ・きよし　大正10年7月18日～平成22年5月20日　日本勧業角丸証券常務　→09/11

布留川 清　ふるかわ・きよし　大正9年～平成15年1月29日　凸版印刷専務　→03/05

古川 清行　ふるかわ・きよゆき　～昭和42年7月26日　帝人常務　→昭和

古川 欣一　ふるかわ・きんいち　大正12年2月2日～平成6年12月8日　エクアドル日本人会会長　→94/96

布留川 桂　ふるかわ・けい　明治29年5月24日～昭和8年8月9日　社会運動家　→昭和

古川 健次　ふるかわ・けんじ　昭和18年11月17日～平成8年2月12日　井手町議, 全国町村議会議長会副会長, 近畿府県町村議会議長会会長　→94/96

古川 光造　ふるかわ・こうぞう　～昭和11年5月9日　鉄道省電気局長　→昭和

古川 浩造　ふるかわ・こうぞう　大正10年9月30日～平成5年3月7日　南都銀行副頭取　→91/93

古川 阪次郎　ふるかわ・さかじろう　安政5年11月4日～昭和16年3月2日　鉄道院副総裁　→昭和（ふるかわ・はんじろう）

古川 左京　ふるかわ・さきょう　～昭和45年3月7日　伊勢神宮少宮司　→昭和

古川 三十郎　ふるかわ・さんじゅうろう　～昭和56年3月9日　常滑市議　→80/82

古川 重臣　ふるかわ・しげはる　～昭和62年5月1日　北産運輸（株）取締役, 日本海冷凍（株）取締役, 羽二重豆腐（株）取締役　→83/87

古川 苞　ふるかわ・しげる　明治39年7月28日～昭和10年12月15日　社会運動家　→昭和

古川 静夫　ふるかわ・しずお　～昭和62年10月27日　弁護士　東京法務局長　→83/87

古河 従純　ふるかわ・じゅうじゅん　明治37年～昭和42年8月24日　古河林業社長, 古河鉱業社長　→昭和（ふるかわ・よりすみ）

古川 丈吉　ふるかわ・じょうきち　明治37年7月5日～平成6年1月5日　衆院議員（自民党）　→94/96

古川 庄二　ふるかわ・しょうじ　大正12年9月16日～平成11年10月18日　富士通ゼネラル社長　→97/99

布留川 信　ふるかわ・しん　明治31年2月5日～昭和63年12月10日　アナキスト系労働運動家　→88/90

古川 蔵一　ふるかわ・しんいち　～昭和31年2月13日　島原鉄道社長　→昭和

古川 鈊一郎　ふるかわ・しんいちろう　～昭和55年6月22日　大審院部長判事　→80/82

古河 新次郎　ふるかわ・しんじろう　～昭和2年1月17日　台中地方法院検察官長　→昭和

古川 進　ふるかわ・すすむ　大正2年8月19日～平成3年10月23日　大和銀行頭取　→91/93

古川 澄男　ふるかわ・すみお　～平成3年6月20日　プリンスホテル常務　→91/93

古川 清太郎　ふるかわ・せいたろう　大正6年10月24日～平成7年4月11日　三共常務　→94/96

古川 大航　ふるかわ・だいこう　明治4年5月10日～昭和43年10月26日　宗教家　臨済宗妙心寺派元管長、清見寺住職　→昭和

古川 泰龍　ふるかわ・たいりゅう　大正9年8月18日～平成12年8月25日　僧侶、死刑廃止運動家　シュバイツァー寺(独立寺院)住職　→03/05s

古川 喬雄　ふるかわ・たかお　大正2年3月1日～平成14年12月29日　古川製作所会長、日本包装機械工業会特別顧問　→03/05s

古川 堯道　ふるかわ・たかみち　～昭和36年4月17日　円覚寺管長　→昭和

古川 竹治　ふるかわ・たけじ　明治33年11月5日～平成6年12月5日　伊藤忠商事常務、三興製紙副社長　→94/96

古川 武治　ふるかわ・たけじ　～昭和58年2月18日　ペルー名誉領事、日本スペイン協会常務理事　→83/87

古川 忠司　ふるかわ・ただし　大正6年4月～昭和63年2月25日　立正佼成会理事、佼成出版社長、(株)大昌社長　→88/90

古川 為三郎　ふるかわ・ためさぶろう　明治23年1月18日～平成5年5月19日　日本ヘラルド映画名誉会長　→91/93

古川 長四郎　ふるかわ・ちょうしろう　大正15年7月8日～平成22年2月20日　佐渡汽船社長、古川海運社長　→09/11

古川 凡夫　ふるかわ・つねお　～平成1年10月25日　大昌産業社長　→88/90

古川 禎三郎　ふるかわ・ていざぶろう　～昭和19年6月28日　三井物産常務　→昭和

古川 貞次郎　ふるかわ・ていじろう　～昭和43年2月19日　京都新聞社常任監査役　→昭和

古川 鉄治郎　ふるかわ・てつじろう　明治11年～昭和15年1月19日　丸紅商店専務　→昭和

古川 伝一　ふるかわ・でんいち　明治39年4月23日～平成2年7月29日　古川電機製作所会長　→88/90

古川 寿夫　ふるかわ・としお　明治42年2月9日～平成6年7月17日　ナゴヤシッピング社長、名港海運取締役　→94/96

古川 俊雄　ふるかわ・としお　大正6年1月17日～平成5年8月31日　三菱化成取締役、川崎化成工業監査役　→91/93

古川 俊子　ふるかわ・としこ　～昭和59年6月2日　日本ヘラルド映画社取締役　→83/87

古川 富雄　ふるかわ・とみお　～昭和55年12月16日　日本鋼管継手社長　→80/82

古川 豊吉　ふるかわ・とよよし　～昭和60年5月21日　弁護士　東京弁護士会副会長　→83/87

古河 虎之助　ふるかわ・とらのすけ　明治20年1月1日～昭和15年3月30日　実業家、男爵　古河財閥3代目当主、古河鉱業社長　→昭和

古川 虎之助　ふるかわ・とらのすけ　～昭和63年11月27日　東海精機監査役　→90

古川 直和　ふるかわ・なおかず　～昭和58年1月19日　民社党北海道連合会委員長　→83/87

古川 尚志　ふるかわ・なおし　明治43年5月～平成5年5月24日　神鋼電機取締役　→91/93

古川 一　ふるかわ・はじめ　明治38年4月1日～平成1年6月21日　東海銀行取締役、渡玉毛織副社長　→88/90

古川 秀晴　ふるかわ・ひではる　～昭和62年11月13日　菱電エレベーター施設顧問　→83/87

古川 浩　ふるかわ・ひろし　～平成16年7月28日　陸将　陸上自衛隊富士学校長　→03/05

古川 寛美　ふるかわ・ひろみ　大正7年2月23日～平成3年4月3日　不動建設常務　→91/93

古河 正男　ふるかわ・まさお　～平成10年5月8日　グローリー工業取締役　→97/99

古川 雅穂　ふるかわ・まさお　～平成3年8月22日　丸和証券取締役　→91/93

古川 正夫　ふるかわ・まさお　～昭和61年12月1日　(株)モトヤ会長　→83/87

古川 雅敏　ふるかわ・まさとし　昭和5年7月17日～平成15年1月30日　ナ・デックス会長　→03/05

古川 末夫　ふるかわ・まつお　大正13年3月10日～平成13年12月19日　京葉精機社長　→00/02

古川 守　ふるかわ・まもる　～平成21年3月11日　出水市針原地区自治会長　針原土石流災害の復興に尽力した　→09/11

古川 三千子　ふるかわ・みちこ　～昭和63年8月17日　やまき副社長　→88/90

古川 みね　ふるかわ・みね　～平成3年1月17日　ナルビー社長　→91/93

古川 実　ふるかわ・みのる　～昭和46年11月30日　青森地家裁所長　→昭和

古川 実　ふるかわ・みのる　大正6年3月21日～昭和63年5月17日　宮城県食肉環境衛生同業組合理事長　→88/90

古川 靖晃　ふるかわ・やすあき　大正15年3月30日～平成15年2月15日　北海道議（自民党）　→03/05

古川 雄司　ふるかわ・ゆうじ　～平成5年9月20日　自由が丘南口商店会相談役、日本オートランドリー社長　→91/93

古川 雄三　ふるかわ・ゆうぞう　明治34年12月11日～平成1年6月28日　関西電力常任監査役、関西計器工業社長　→88/90

古河 幸雄　ふるかわ・ゆきお　～平成6年3月23日　川崎油工社長　→94/96

古川 義男　ふるかわ・よしお　大正11年4月15日～平成19年10月29日　三井不動産常務　→06/08

古川 吉嗣　ふるかわ・よしつぐ　明治41年8月6日～平成8年1月9日　九州電力取締役、九州高圧コンクリート工業社長　→94/96

古川 与六　ふるかわ・よろく　明治42年10月1日～昭和62年8月15日　美祢市長　→83/87

古川 良一　ふるかわ・りょういち　昭和5年～昭和60年8月17日　日新電機中部支社長　→83/87

古川 渉　ふるかわ・わたる　大正15年6月2日～平成3年10月1日　新潟県議（自民党）　→91/93

古木 隆蔵　ふるき・りゅうぞう　～昭和60年7月13日　日本中央競馬会常務理事、大蔵省造幣局長　→83/87

古坂 明詮　ふるさか・みょうせん　明治27年1月～昭和63年1月1日　曹洞宗大本山総持寺顧問、駒沢大学副学長　→88/90

古里 嘉範　ふるさと・よしのり　昭和18年4月29日～平成10年3月10日　大丸工業専務　→97/99

古沢 斐　ふるさわ・あやる　明治34年2月15日～昭和52年3月19日　社会運動家、弁護士　→昭和

古沢 梅信　ふるさわ・うめのぶ　～平成8年3月3日　東京ガス常務　→94/96

古沢 久次郎　ふるさわ・きゅうじろう　明治37年4月7日～昭和58年11月17日　弁護士　山形県弁護士会会長　→83/87

古沢 清久　ふるさわ・きよひさ　大正14年5月27日～平成11年3月21日　三井不動産常務　→97/99

古沢 公太郎　ふるさわ・こうたろう　大正15年4月26日～平成2年9月7日　読売新聞大阪本社取締役　→88/90

古沢 貞夫　ふるさわ・さだお　昭和10年1月2日～平成18年4月17日　カンロ副社長　→06/08

古沢 静　ふるさわ・しず　明治44年1月29日～平成9年1月31日　東海光学名誉会長　→97/99

古沢 収三　ふるさわ・しゅうぞう　明治43年10月3日～昭和和60年6月20日　日本無機化学工業社長　→83/87

古沢 潤一　ふるさわ・じゅんいち　明治40年11月6日～平成　日本銀行理事、日本輸出入銀行総裁　→昭和

古沢 長衛　ふるさわ・ちょうえい　大正3年9月18日～平成8年5月20日　石油連盟副会長　→94/96

古沢 俊一　ふるさわ・としかず　大正3年12月1日～昭和63年3月27日　鹿沼市長　→88/90

古沢 章利　ふるさわ・まさとし　昭和12年6月25日～平成2年3月14日　ダイア建設常務　→88/90

古沢 百合子　ふるさわ・ゆりこ　～平成12年1月7日　家庭生活研究会会長　鳩山一郎元首相の長女　→00/02

古島 晃　ふるしま・あきら　明治42年3月2日～平成5年4月2日　日本ゴルフ会社長　→91/93

古島 義英　ふるしま・よしひで　明治18年6月～昭和37年8月31日　衆院議員（自民党）　→昭和（こじま・よしひで）

古荘 健次郎　ふるしょう・けんじろう　明治23年2月～昭和23年2月6日　実業家　貴院議員（多額）　→昭和

古荘 四郎彦　ふるしょう・しろひこ　明治17年7月18日～昭和42年10月24日　千葉銀行頭取　千葉銀行事件　→昭和（ふるしょう・しろうひこ）

古性 直　ふるしょう・ただし　大正10年12月17日～平成12年8月21日　足立区長　→00/02

古庄 三六　ふるしょう・みろく　大正12年2月15日～平成3年9月16日　古庄工務店会長、岐阜県会議長（自民党）　→91/93

古荘 幹郎　ふるしょう・もとお　明治15年9月14日～昭和15年7月21日　陸軍大将　→昭和

古巣 学　ふるす・まなぶ　昭和10年1月18日～平成5年5月28日　長崎放送取締役　→91/93

古瀬 喜八郎　ふるせ・きはちろう　大正13年1月3日～平成9年10月1日　AIU保険会社常務　→97/99

古瀬 幸悦　ふるせ・こうえつ　明治42年7月31日～昭和62年2月2日　箱根登山鉄道会社代表取締役会長　→83/87

古瀬 甲子郎　ふるせ・こうしろう　～平成3年11月21日　アド電通東京社長　→91/93

古瀬 日宇　ふるせ・にちう　大正6年3月30日～平成15年9月2日　僧侶、元・アナウンサー　総本山妙満寺貫主、顕本法華宗管長　→03/05

古瀬 安俊　ふるせ・やすとし　～昭和24年9月1日　厚生団理事長　→昭和

古園 保　ふるぞの・たもつ　～平成10年2月18日　宮崎県議　→97/99

古田 喧一郎　ふるた・きいちろう　昭和10年4月1日～平成17年12月4日　大分県議（自民党）　→03/05

古田 吉六　ふるた・きちろく　～昭和63年4月24日　美文堂社長、北陸印刷社長　→88/90

古田 清輝　ふるた・きよてる　～昭和62年3月31日　紀之川鉄工所社長　→83/87

古田 敬三　ふるた・けいぞう　～平成9年8月23日　みやま書房社主　→97/99

古田 好　ふるた・このむ　大正4年5月5日～平成9年11月4日　岐阜県議（自民党）　→97/99

古田 俊之助　ふるた・しゅんのすけ　明治19年10月15

日～昭和28年3月23日　実業家　住友本社代表・総理事　→昭和

古田 四郎　ふるた・しろう　明治25年9月18日～昭和59年1月11日　扶桑相互銀行相談役・元社長, 住友銀行本店支配人　→83/87

古田 誠一郎　ふるた・せいいちろう　～平成4年12月3日　高槻市長, ボーイスカウト日本連盟先達　→91/93

古田 盛三　ふるた・せいぞう　～昭和55年3月4日　森永乳業参与　→80/82

古田 槌生　ふるた・つちお　～平成12年1月15日　兵庫県議　→00/02

古田 統三　ふるた・とうぞう　明治31年11月23日～平成1年8月19日　伊藤万常務　→88/90

古田 トミ　ふるた・とみ　～昭和62年4月11日　(株)古田建築取締役　→83/87

古田 英也　ふるた・ひでや　大正10年12月18日～平成19年11月23日　武田薬品工業常務　→06/08

古田 正武　ふるた・まさたけ　～昭和14年9月8日　司法省刑事局長　→昭和

古田 正則　ふるた・まさのり　大正9年～昭和62年2月19日　大本組副社長　→83/87

古田 正治　ふるた・まさはる　～平成1年4月6日　鮒五本店社長, 本所法人会理事　→88/90

古田 万吉　ふるた・まんきち　～平成4年2月1日　漁師　長良川最後の職漁師　→91/93

古田 稔　ふるた・みのる　大正10年8月11日～平成20年5月31日　秩父セメント副社長　→06/08

古田 泰彦　ふるた・やすひこ　明治44年5月9日～平成3年3月12日　池田物産副社長　→91/93

古田 祐吉　ふるた・ゆうきち　明治36年2月23日～昭和60年9月28日　大阪ガス専務　→83/87

古田 温　ふるた・ゆたか　大正6年11月24日～平成15年4月16日　三井物産副社長　→03/05

古田 豊　ふるた・ゆたか　昭和9年12月6日～平成9年9月26日　熊本県議(自民党)　→09/11

古舘 順太郎　ふるたち・じゅんたろう　大正10年10月16日～平成10年4月19日　ミサワセラミックケミカル社長　→97/99

古立 広　ふるたち・ひろし　明治44年7月19日～昭和59年12月28日　兼松江商専務　→83/87

古立 義雄　ふるたち・よしお　明治4年12月10日～平成5年10月28日　朝日新聞社監査役　→91/93

古舘 理三　ふるたち・りぞう　明治40年3月30日～平成4年8月5日　大崎電気工業専務　→91/93

古舘 一善　ふるたて・かずよし　～昭和61年3月6日　九州電機製造社長・元社長　→83/87

古舘 一造　ふるだて・かつぞう　昭和7年10月18日～平成20年11月12日　マルハ専務　→06/08

古立 てい　ふるたて・てい　～昭和6年3月14日

柳光亭(東京柳橋)女将　→昭和

古谷 金次郎　ふるたに・きんじろう　明治32年4月9日～平成3年12月8日　陸軍大佐　フォトグラビア社長　→91/93

古谷 勇一　ふるたに・ゆういち　大正11年6月26日～平成5年2月12日　古谷建工会長, 山口県議(社会党)　→91/93

古茶 実　ふるちゃ・みのる　～昭和37年3月13日　日本コークス販売社長　→昭和

古戸 一郎　ふると・いちろう　～昭和54年11月9日　読売新聞顧問　→昭和

古栃 一夫　ふるとち・かずお　昭和16年5月4日～平成22年5月10日　富山県議(自民党)　→09/11

古西 宗二　ふるにし・そうじ　～昭和55年7月3日　リッカー顧問　→80/82

古野 栄樹　ふるの・えいじゅ　昭和13年8月11日～昭和62年9月14日　KCC観光専務取締役　→83/87

古野 繁実　ふるの・しげみ　～昭和16年12月9日　海軍少佐　→昭和

古野 周蔵　ふるの・しゅうぞう　明治25年9月8日～昭和39年8月19日　社会運動家　→昭和

古野 卓　ふるの・たかし　平成2年8月9日～平成19年8月9日　三井造船専務　→06/08

古野 知祐　ふるの・ともすけ　昭和2年9月14日～平成17年4月4日　三菱マテリアル専務　→03/05

古橋 浦四郎　ふるはし・うらしろう　～平成5年7月4日　弁護士　最高検検事, 日本公証人連合会長　→91/93

古橋 一雄　ふるはし・かずお　明治44年9月12日～昭和63年7月9日　豊和工業専務　→88/90

古橋 了　ふるはし・さとる　昭和2年10月23日～平成3年3月29日　ホシデン社長, 八尾商工会議所副会頭　→91/93

古橋 真之　ふるはし・しんじ　昭和11年12月10日～平成16年3月30日　茨城県議(自民党)　→03/05

古橋 専平　ふるはし・せんぺい　大正5年7月6日～昭和61年10月28日　古河アルミニウム工業常務　→83/87

古橋 妙　ふるはし・たえ　明治42年4月21日～平成2年10月3日　星電器製造(のちホシデン)取締役　→88/90

古橋 利雄　ふるはし・としお　大正10年1月25日～平成7年5月22日　ハザマ機工(のち青山機工)社長, ハザマ取締役　→94/96

古橋 利夫　ふるはし・としお　昭和2年11月28日～平成3年12月6日　愛知県議会議員(自民党)　→91/93

古橋 義寿　ふるはし・よしじゅ　～昭和55年1月9日　海事補佐人　神戸地方海難審判庁長　→80/82

降旗 英弥　ふるはた・えいや　～昭和38年7月15日　住友銀行副頭取, 関西経済同友会代表幹事　→昭和　(降旗徳弥　ふりはた・とくや)

古畑 勝人　ふるはた・かつと　～平成7年9月24日　古賀オール社長　→94/96

古畑 泰作　ふるはた・たいさく　昭和3年11月～平成19年10月8日　警察庁四国管区警察局長　→06/08

古畑 高隆　ふるはた・たかし　～昭和58年8月18日　中央信託銀行監査役　→83/87

降旗 徳弥　ふるはた・とくや　明治31年9月18日～平成7年9月5日　衆院議員(自民党)、松本市長　→94/96

降旗 元太郎　ふるはた・もとたろう　元治1年5月～昭和6年9月15日　衆院議員(民政党)、信濃日報社長、帝国蚕糸取締役　→昭和(ふりはた・もとたろう)

古林 徹也　ふるばやし・てつや　昭和15年7月21日～平成19年12月7日　古林紙工社長　→06/08

古林 雅夫　ふるばやし・まさお　明治43年7月9日～昭和62年7月24日　古林紙工会長　→83/87

古海 厳潮　ふるみ・いずしお　慶応1年9月11日～昭和13年8月7日　陸軍中将　→昭和(ふるみ・げんちょう)

古海 宏一　ふるみ・こういち　大正14年3月30日～平成1年12月26日　黒崎窯業取締役　→88/90

古味 重雄　ふるみ・しげお　～昭和61年5月5日　三香園商店グループ(茶のり卸業)社長、アメ横問屋街連合会副会長　→83/87

古海 忠之　ふるみ・ただゆき　明治33年5月5日～昭和58年8月23日　満州国国務院総務庁次長・企画局長　→83/87

古海 正雄　ふるみ・まさお　～昭和62年5月9日　住宅金融公庫理事　→83/87

布留宮 晃　ふるみや・あきら　昭和5年5月31日～平成18年3月15日　三井石油化学工業常務　→06/08

古村 慎一　ふるむら・しんいち　～昭和40年3月8日　日本写真用品工業会長　→昭和

古村 誠一　ふるむら・せいいち　～昭和35年3月9日　三菱金属鉱業社長　→昭和

古元 謙一　ふるもと・けんいち　明治41年5月14日～平成13年6月20日　兵燃興業名誉会長、兵庫県燃料協会会長　→00/02

古本 次郎　ふるもと・じろう　大正9年2月20日～平成1年12月5日　旭硝子社長　→00/02

古谷 栄一　ふるや・えいいち　明治42年5月11日～平成10年11月25日　日野自動車工業常務、沢藤電機社長　→97/99

古屋 栄和　ふるや・えいわ　昭和7年9月8日～平成22年5月19日　山梨中央銀行常務　→09/11

古谷 和夫　ふるや・かずお　昭和2年8月13日～平成20年1月8日　千葉テレビ放送社長、千葉県企画部長　→06/08

古屋 菊男　ふるや・きくお　明治21年10月～昭和55年2月1日　医師　衆院議員(民主党)　→80/82

古谷 菊次　ふるや・きくじ　大正6年6月25日～平成9年6月18日　新潟地検検事正　→97/99

古谷 喜代次　ふるや・きよじ　昭和40年8月5日～平成63年11月25日　日本エヤーブレーキ常務　→88/90

降矢 敬雄　ふるや・けいお　大正10年10月7日～平成5年

年7月14日　参院議員(自民党)　→91/93

古谷 源吾　ふるや・げんご　大正3年4月25日～平成2年4月12日　運輸省四国海運局長、日本旅客船協会専務理事　→88/90

古谷 光司　ふるや・こうじ　大正13年2月21日～平成14年3月12日　行政管理庁関東管区行政監察局長　→00/02

古屋 貞雄　ふるや・さだお　明治22年12月20日～昭和51年1月4日　農民運動家、弁護士　衆院議員(社会党)　→昭和

古屋 重雄　ふるや・しげお　大正6年10月31日～平成1年4月3日　河口湖町(山梨県)町長　→88/90

古谷 重綱　ふるや・しげつな　～昭和42年6月13日　駐アルゼンチン公使　→昭和

古屋 茂　ふるや・しげる　大正4年4月24日～昭和61年11月18日　公認会計士　日本油脂監査役　→83/87

古家 実三　ふるや・じつぞう　明治23年3月18日～昭和41年12月26日　社会運動家　→昭和

古屋 志平　ふるや・しへい　明治37年1月18日～平成2年3月7日　フルヤベーカリー会長　→88/90

古谷 順　ふるや・じゅん　明治42年1月5日～平成1年5月27日　太陽生命保険専務　→88/90

古谷 淳一　ふるや・じゅんいち　～昭和61年1月7日　ファニーバッグ社長、南千住8丁目工業会会長・同町会副会長　→83/87

古屋 正伍　ふるや・しょうご　大正5年3月13日～平成年3月30日　石塚硝子常務　→91/93

古谷 真作　ふるや・しんさく　大正5年～平成11年2月2日　関東電化工業常務　→97/99

古谷 善亮　ふるや・ぜんすけ　明治33年1月29日～昭和58年4月26日　交通博物館長　→83/87

古谷 専蔵　ふるや・せんぞう　～昭和62年10月1日　桂興業相談役　→83/87

古屋 惣八　ふるや・そうはち　～昭和13年6月6日　松屋呉服店専務　→昭和

古谷 武徳　ふるや・たけのり　～平成2年10月18日　日清製油常務、マンズワイン社長、東京穀物商品取引所理事　→88/90

古谷 太郎　ふるや・たろう　大正10年12月18日～平成8年6月26日　東京都議、日野市長　→94/96

古屋 恒助　ふるや・つねすけ　明治29年2月13日～昭和60年11月3日　小金井製作所相談役・元社長　→83/87

古屋 哲男　ふるや・てつお　大正4年3月14日～平成21年11月27日　富国生命保険専務　→09/11

古屋 哲夫　ふるや・てつお　大正14年4月1日～昭和61年10月25日　海外新聞普及社長、朝日新聞専務取締役　→83/87

古屋 亨　ふるや・とおる　明治42年1月6日～平成3年6月20日　衆院議員(自民党)、自治相　→91/93

古屋 徳兵衛(2代目)　ふるや・とくべえ　明治11年3月19日～昭和11年3月5日　実業家　松屋百貨店社長　→昭

I 政治・経済・社会篇

和(古屋 徳兵衛)

古屋 徳兵衛(3代目)　ふるや・とくべえ　明治44年1月1日～平成4年11月7日　松屋社長　→91/93

古屋 冨一郎　ふるや・とみいちろう　明治43年10月7日～平成2年6月3日　アタープル松屋会長、松屋常務　→88/90

古谷 富雄　ふるや・とみお　大正15年1月19日～平成13年10月30日　富留屋菓子舗社長、全国菓子工業組合連合会相談役　→00/02

古谷 直輔　ふるや・なおすけ　～昭和62年8月30日　藤山海運社長、(医)積信会兵庫病院事務局長　→83/87

古屋 昇　ふるや・のぼる　昭和4年～平成15年4月30日　明電舎常務　→03/05

古谷 正男　ふるや・まさお　～昭和56年11月27日　日本ヒューム管取締役東京支店長　→80/82

古屋 雅裕　ふるや・まさひろ　明治41年12月13日～昭和58年7月2日　国際航業副社長　→83/87

古谷 正之　ふるや・まさゆき　大正2年7月23日～平成2年6月17日　旭電化工業副社長、日本ゼオン専務　→88/90

古谷 松雄　ふるや・まつお　～昭和61年12月5日　東京都経済活動推進協会副会長　→83/87

古谷 実　ふるや・みのる　大正15年1月22日～平成23年6月9日　鹿島建設専務　→09/11

古屋 始彦　ふるや・もとひこ　～平成10年4月10日　オリンパス光学工業常務　→97/99

古屋 能子　ふるや・よしこ　大正9年7月29日～昭和58年10月15日　反戦・市民運動家　→83/87

古屋 義之　ふるや・よしゆき　明治33年2月9日～平成3年2月2日　カトリック司教　京都教区長　→91/93

古藪 盛三　ふるやぶ・もりぞう　明治40年7月10日～平成10年1月13日　シャープ常務　→97/99

古山 石之助　ふるやま・いしのすけ　明治8年3月2日～昭和12年3月6日　機械技術者　日立製作所常務　→昭和

古山 勝也　ふるやま・かつや　大正5年3月28日～平成11年1月25日　電気興業専務　→97/99

古山 顯二　ふるやま・けんじ　大正10年2月14日～平成14年1月3日　京阪電気鉄道専務　→00/02

古山 春司郎　ふるやま・しゅんじろう　～昭和28年5月11日　台湾総督府高等法院検察長　→昭和

古山 忠之　ふるやま・ただゆき　大正7年2月28日～昭和59年3月17日　大電常務、大電商事社長　→83/87

古山 宏　ふるやま・ひろし　明治44年1月2日～平成7年10月29日　弁護士　東京高裁部総括判事、東京都地方労働委員会会長　→94/96

古山 博　ふるやま・ひろし　大正1年10月8日～平成21年11月11日　千葉銀行頭取　→09/11

古山 米理　ふるやま・よねり　明治43年12月15日～平成14年1月28日　千葉銀行専務　→00/02

不破 巌　ふわ・いわお　明治43年10月28日～平成2年10月18日　日本カーバイド工業社長　→88/90

不破 鋤治　ふわ・すきじ　～昭和61年7月2日　小牧市助役、小牧市商工会事務局長　→83/87

不破 祐俊　ふわ・すけとし　明治35年1月1日～平成7年3月16日　横浜高島屋常務、京王百貨店取締役　→94/96

不破 輝夫　ふわ・てるお　明治42年6月10日～平成16年9月3日　三菱自動車副社長、三菱重工業常務　→03/05

不破 直治　ふわ・なおじ　～昭和7年1月2日　騎兵第十聯隊附騎兵少佐　→昭和

分家 義八郎　ぶんけ・ぎはちろう　明治39年10月27日～昭和63年3月8日　富山県議(自民党)　→88/90

分校 太平　ぶんこう・たへい　大正9年10月20日～昭和62年7月9日　北陸原子力懇談会専務理事　→83/87

文伝 正夫　ぶんでん・まさお　明治34年5月8日～平成1年3月21日　中越パルプ工業副社長、三菱商事取締役　→88/90

豊 時房　ぶんの・ときふさ　明治43年9月11日～平成11年4月7日　三井建設社長、三井不動産専務　→97/99

【へ】

塀内 良治　へいうち・りょうじ　大正15年12月1日～平成4年6月11日　神明電機専務　→91/93

平敷 りつ子　へしき・りつこ　大正6年10月3日～平成22年10月25日　沖縄県退職教職員会婦人部長　→09/11

別川 悠紀夫　べつかわ・ゆきお　大正7年9月5日～昭和52年5月28日　衆院議員(自民党)　→昭和

戸次 創　べっき・はじめ　～昭和56年5月18日　研磨布紙協会会長、前光陽社社長　→80/82

戸次 正信　べっき・まさのぶ　～昭和56年8月5日　(株)丸松取締役福岡支店長　→80/82

別宮 貞俊　べっく・さだとし　明治26年2月18日～昭和33年9月18日　電気工学者、実業家　住友電工社長、東京工業大学教授　→昭和

別宮 晋一　べっく・しんいち　大正4年8月27日～平成4年5月23日　東洋曹達工業(のち東ソー)専務　→91/93

別所 梅之助　べっしょ・うめのすけ　明治4年12月12日～昭和20年3月1日　牧師,文筆家　青山学院教授　→昭和

別所 汪太郎　べっしょ・おうたろう　大正7年11月1日～平成10年9月18日　弁護士　大阪高検検事長　→97/99

別所 貫一　べっしょ・かんいち　～平成11年9月19日　神官　少彦名神社名誉宮司,大阪府神庁理事　→97/99

別所 喜一郎　べっしょ・きいちろう　明治23年3月4日～昭和49年11月28日　衆院議員(進歩党)、甲賀酒造社長　→昭和

別所 正太　べっしょ・しょうた　～昭和60年11月22日　恵庭市農協組合長理事　→83/87

別所 多喜雄　べっしょ・たきお　～平成1年11月22日　三重県出納長　→88/90

I　政治・経済・社会篇

別所 正夫　べっしょ・まさお　大正1年10月3日～昭和60年9月23日　銭高組常務　→83/87

別所 安次郎　べっしょ・やすじろう　～昭和53年7月26日　民鉄協専務理事　→昭和

別所 敬衷　べっしょ・よしただ　昭和3年10月3日～平成13年12月6日　凸版印刷副社長、トッパン・フォームズ常務　→00/02

別府 明朋　べっぷ・あきとも　～昭和43年1月16日　海軍少将　→昭和

別府 英一　べっぷ・えいいち　明治35年2月19日～昭和61年11月16日　月島機械副社長、荏原製作所常務　→83/87

別府 敏　べっぷ・さとし　大正5年3月20日～平成7年10月19日　住友軽金属工業常務、住友軽金属工業副社長、日本アルミニウム工業会長　→94/96

別府 滋樹　べっぷ・しげき　～平成5年12月11日　昭栄興業（のち昭光商取）社長　→91/93

別府 重鵬　べっぷ・しげたか　大正8年1月29日～昭和61年4月29日　近畿いすゞ自動車販売会長、いすゞ自動車専務　→83/87

別府 節弥　べっぷ・せつや　明治37年3月4日～平成4年5月17日　駐バチカン大使　→91/93

別府 総太郎　べっぷ・そうたろう　明治18年5月17日～昭和6年5月16日　栃木県知事、奈良県知事　→昭和

別府 信雄　べっぷ・のぶお　～昭和55年5月24日　竹葉亭社長、東京都食品健康保険組合理事　→80/82

別府 正夫　べっぷ・まさお　大正11年1月10日～平成11年12月31日　中小企業総合事業団副理事長、内閣法制局第四部長　→00/02s

別府 良三　べっぷ・りょうぞう　～昭和28年12月18日　昭和石油常務　→昭和

別役 道昌　べつやく・みちまさ　大正11年2月26日～平成23年7月30日　鐘紡副社長　→09/11

紅谷 英一　べにや・えいいち　昭和2年2月1日～平成6年10月24日　千葉銀行常務　→94/96

部谷 孝之　へや・たかゆき　大正11年7月10日～平成16年10月20日　衆院議員（民社党）　→03/05

部矢 忠雄　へや・ただお　昭和6年11月17日～平成1年10月16日　和歌山県議（自民党）　→88/90

戸来 憲治　へらい・けんじ　～平成10年4月22日　東北交通管制サービス社長　→97/99

辺見 栄之助　へんみ・えいのすけ　大正13年10月2日～平成3年5月22日　福島県文化センター館長、福島県教育長　→91/93

逸見 斧吉　へんみ・おのきち　明治10年12月18日～昭和15年7月27日　実業家　→昭和

辺見 和彦　へんみ・かずひこ　～平成11年4月18日　福島民友新聞取締役・論説委員長　→97/99

逸見 吉三　へんみ・きちぞう　明治36年4月17日～昭和56年3月6日　労働運動家、アナキスト　→80/82（へんみ・よしぞう）

逸見 治郎　へんみ・じろう　明治11年～昭和28年4月4日　発明家　→昭和

逸見 知哲　へんみ・ともあき　大正7年2月14日～平成2年5月2日　日本タイプライター常務　→88/90

逸見 諒　へんみ・りょう　大正13年12月29日～平成23年7月3日　大建工業副社長　→09/11

【ほ】

許 允道　ホ・ユンド　1924年8月10日～1985年9月9日　京王交通社長　→83/87（きょ・いんどう）

帆足 昭夫　ほあし・あきお　昭和10年6月21日～平成5年9月6日　弁護士　浜井産業監査役　→91/93

保芦 邦人　ほあし・くにひと　大正2年6月8日～平成1年10月20日　紀文創業者　→88/90

帆足 計　ほあし・けい　明治38年9月27日～平成1年2月3日　政治家　衆院議員（社会党）、参院議員（緑風会）　→88/90

帆足 万次郎　ほあし・まんじろう　～平成10年10月27日　西日本鉄道専務　→97/99

坊 秀男　ぼう・ひでお　明治37年6月25日～平成2年8月8日　衆院議員（自民党）、蔵相、厚相　→88/90

法貴 四郎　ほうき・しろう　大正1年8月4日～平成11年9月2日　住友電気工業専務、芝浦工業大学理事長　→97/99

法橋 久明　ほうきょう・ひさあき　昭和2年8月10日～平成3年10月9日　よみうりソフト会長、読売新聞大阪本社販売局総務　→91/93

法眼 晋作　ほうげん・しんさく　明治43年2月11日～平成11年7月24日　外交官、弁護士　外務事務次官、国際協力事業団総裁　→97/99

柞山 茂明　ほうさやま・しげあき　昭和6年～昭和62年10月26日　東北開発会社岩手セメント工場長　→83/87

保山 常吉　ほうざん・つねきち　明治38年11月1日～昭和60年1月23日　新東洋社長、東大阪商工会議所会頭　→83/87

保山 祐紀　ほうざん・ゆき　～平成10年8月19日　河庄双園社長　→97/99

傍士 薫　ほうじ・かおる　昭和3年3月28日～平成16年3月25日　最高裁大法廷首席書記官　→03/05

蓬茨 祖運　ほうじ・そうん　明治41年5月30日～昭和63年9月20日　僧侶　真宗大谷派参務、九州大谷短期大学学長　→88/90

宝珠山 幸郎　ほうしやま・さちお　昭和4年5月29日～平成18年6月21日　牧師　ルーテル学院大学理事長　→06/08

北条 磯五郎　ほうじょう・いそごろう　～昭和5年5月28日　検事　→昭和

北条 一郎　ほうじょう・いちろう　明治32年10月24日～平成3年1月21日　新京成電鉄社長、京成電鉄常務　→

91/93
北城 喜三郎　ほうじょう・きさぶろう　～昭和60年7月22日　神戸ハッカ社長　→83/87
北条 鉉三郎　ほうじょう・きみさぶろう　～昭和58年12月7日　愛知県議(社会党)　→83/87
北条 雋八　ほうじょう・しゅんぱち　明治24年5月～昭和49年5月30日　参院議員(公明党)　→昭和
坊上 忠雄　ほうじょう・ただお　～平成1年11月9日　四国電気協会事務局長　→88/90
坊城 俊良　ほうじょう・としなが　明治26年8月15日～昭和41年5月30日　伊勢神宮大宮司,皇太后宮大夫　→昭和(ぼうじょう・しゅんりょう)
坊城 俊賢　ほうじょう・としよし　明治30年2月～昭和59年6月5日　貴院議員(男爵)　→83/87
北条 富雄　ほうじょう・とみお　～平成1年1月26日　宮城県畜産農協連合会常務理事　→88/90
保正 信行　ほうしょう・のぶゆき　～昭和61年6月24日　保全会計事務所所長　→83/87
北条 秀一　ほうじょう・ひでいち　明治37年5月～平成4年8月23日　参院議員(緑風会),衆院議員(民社党)　→91/93
北条 浩　ほうじょう・ひろし　大正12年7月11日～昭和56年7月18日　創価学会会長,参院議員(公明党)　→80/82
北条 博　ほうじょう・ひろし　昭和3年9月7日～平成11年2月8日　河北新報監査役　→97/99
北条 文雄　ほうじょう・ふみお　～昭和63年3月16日　安全索道社長　→88/90
北条 隆司　ほうじょう・りゅうじ　大正15年11月14日～昭和63年9月6日　中部通信建設常務　→88/90
放生 隆造　ほうじょう・りゅうぞう　～昭和62年8月31日　マルホ薬品商事代表取締役　→83/87
宝角 正三郎　ほうずみ・せいざぶろう　大正15年2月1日～平成5年10月19日　ダイセル化学工業取締役　→91/93
宝蔵寺 久雄　ほうぞうじ・ひさお　～昭和15年2月26日　陸軍中将　→昭和
宝村 信雄　ほうそん・のぶお　～昭和47年8月15日　世界銀行開発局部長　→昭和
宝達 達二　ほうだつ・たつじ　～昭和63年6月4日　氷見伏木信用金庫専務理事　→88/90
方谷 浩明　ほうたに・こうめい　～平成7年11月30日　僧侶　臨済宗大徳寺派管長,崇福寺住職　→94/96
宝地戸 雄幸　ほうちど・ゆうこう　昭和7年1月21日～平成9年1月26日　高純度化学研究所社長　→97/99
朴木 立太　ほうのき・りゅうた　大正5年11月22日～昭和62年12月24日　ヂーゼル機器常務　→83/87
保谷 高範　ほうや・こうはん　昭和12年5月11日～平成18年8月27日　西東京市長　→06/08
法用 渉　ほうよう・わたる　昭和4年10月1日～平成9年10月24日　牧師　日本聖公会中部区主教,柳城学院理事長　→97/99

宝来 市松　ほうらい・いちまつ　明治14年11月3日～昭和31年6月22日　日本興行銀行第7代総裁　→昭和
朴木 実　ほおのき・みのる　大正11年6月8日～平成5年12月9日　キャプテンサービス社長,古河電工専務　→91/93
外間 完和　ほかま・かんわ　昭和2年9月22日～平成13年11月28日　公認会計士　外間公認会計士税理士事務所所長,名桜大学名誉教授　→00/02
外間 宏栄　ほかま・こうえい　～平成22年12月13日　対馬丸遭難者遺族会会長　→09/11
外間 正四郎　ほかま・せいしろう　昭和2年1月27日～平成19年10月5日　琉球新報常務・編集局長　→06/08
穂苅 一雄　ほかり・かずお　大正15年7月22日～平成11年12月16日　三共常務　→00/02s
穂苅 稔員　ほかり・としかず　～平成1年1月12日　千葉県子ども会育成連盟会長　→88/90
穂苅 幸雄　ほかり・ゆきお　昭和6年1月3日～平成9年1月27日　常盤堂雷おこし本舗会長　→97/99
朴　ボク　⇒パク
北荘 香也　ほくしょう・こうや　大正15年10月31日～平成4年8月24日　グランド開発社長,日本国土開発専務　→91/93
保倉 熊三郎　ほくら・くまさぶろう　～昭和19年6月1日　日鉄常務　→昭和
法華津 孝太　ほけつ・こうた　明治36年7月30日～昭和8年8月6日　山階鳥類研究所専務理事,極洋社長　→88/90
鉾田 昇　ほこた・のぼる　～平成7年12月14日　東京消防庁総務部長　→94/96
保泉 泉　ほさか・いずみ　昭和3年9月17日～平成2年4月6日　フタバ産業常勤監査役　→88/90
保坂 玉泉　ほさか・ぎょくせん　明治20年5月15日～昭和39年8月28日　僧侶(曹洞宗),仏教学者　駒沢大学総長　→昭和
保坂 清志　ほさか・きよし　大正10年6月24日～平成7年3月23日　エバーグリーンジャパン会長,丸紅取締役　→94/96
穂坂 周一郎　ほさか・しゅういちろう　昭和6年11月15日～平成2年2月20日　桂川町(福岡県)町長　→88/90
保坂 正七　ほさか・しょうしち　明治34年～昭和50年2月27日　関東自動車社長,宇都宮商工会議所会頭　→昭和(ほさか・せいしち)
保坂 正蔵　ほさか・しょうぞう　～昭和61年10月14日　東鷹栖町(北海道)町長　→83/87
保坂 庄八　ほさか・しょうはち　～昭和58年1月26日　福岡市議,社会党福岡市支部委員長　→83/87
保阪 四郎　ほさか・しろう　～昭和64年1月1日　能美防災工業取締役　→88/90
保坂 卓男　ほさか・たかお　昭和12年8月24日～平成9年2月17日　日本坩堝常務,アジア耐火社長　→97/99
保坂 孝行　ほさか・たかゆき　～昭和55年12月19日

ほさか　　　　　　　　　　　　　　　　　　　　　　　　　　　Ⅰ　政治・経済・社会篇

山梨放送監査役　→80/82

保坂 龍次郎　ほさか・りゅうじろう　〜昭和60年6月30日　小西六写真工業相談役・元専務　→83/87

保坂 敏彦　ほさか・としひこ　大正12年12月21日〜平成12年3月9日　中小企業金融公庫理事　→00/02

保坂 広治　ほさか・ひろじ　〜昭和62年8月3日　南カリフォルニア福岡県人会（米国）会長　→83/87

保坂 誠　ほさか・まこと　明治43年10月28日〜平成8年6月14日　東京ドーム社長　→94/96

保坂 政夫　ほさか・まさお　大正12年8月11日〜平成3年2月5日　東北電力常務　→91/93

保坂 松五郎　ほさか・まつごろう　〜平成5年9月29日　ほさかや社長　→91/93

星 一男　ほし・かずお　〜平成3年2月6日　海軍大佐　→91/93

星 一成　ほし・かずなり　〜平成14年4月22日　星医療酸器会長　→00/02

星 勝夫　ほし・かつお　昭和5年5月18日〜平成11年1月19日　星社長　→97/99

保志 潔之　ほし・きよゆき　明治43年6月28日〜平成10年1月4日　鳳花仏壇工業会長、会津若松商工会議所副会頭　→97/99

保志 順平　ほし・じゅんぺい　大正14年9月22日〜平成5年1月7日　興亜火災海上保険常務　→91/93

星 白　ほし・しろし　〜平成4年10月1日　安田生命保険監査役　→91/93

星 長治　ほし・ちょうじ　大正9年2月10日〜平成6年1月14日　参院議員（自民党）　→94/96

星 勤　ほし・つとむ　〜平成11年3月28日　日本電設工業常務　→97/99

星 哲郎　ほし・てつろう　大正12年12月13日〜平成16年10月18日　日本石油常務　→03/05

星 一　ほし・はじめ　明治6年12月25日〜昭和26年1月19日　実業家、政治家　星製薬創業者、参院議員（国民民主党）、衆院議員（政友会）　→昭和

星 一　ほし・はじめ　大正14年12月25日〜平成4年5月14日　城東信用金庫会長　→91/93

星 文七　ほし・ぶんしち　〜昭和52年12月16日　駐コロンビア大使　→昭和

保志 平内　ほし・へいない　〜昭和39年9月3日　日本通運専務　→昭和

星 正雄　ほし・まさお　昭和12年1月2日〜平成17年5月4日　日本トムソン専務　→03/05

星 三枝子　ほし・みえこ　昭和24年1月1日〜平成4年9月8日　東京スモン訴訟の原告　→91/93

星 保太郎　ほし・やすたろう　大正4年6月15日〜平成7年8月30日　日鉄鉱業専務　→94/96

星 芳造　ほし・よしぞう　〜平成9年10月7日　合鉄商事常務　→97/99

星 龍治　ほし・りゅうじ　〜昭和62年3月13日　山元町（宮城県）町長　→83/87

星 廉平　ほし・れんぺい　明治19年1月〜昭和42年6月23日　衆院議員（立憲政友会）　→昭和

星井 庫助　ほしい・しょうすけ　大正8年11月13日〜平成23年3月25日　遠州製作社長　→09/11

星井 真澄　ほしい・ますみ　〜昭和55年11月7日　愛国戦線同盟会長、牢人会代表　→80/82

星加 要　ほしか・かなめ　明治42年7月11日〜平成1年5月28日　労働運動家　→88/90

星加 茂実　ほしか・しげみ　大正11年7月14日〜平成20年1月25日　愛媛県議（自民党）　→06/08

星加 清吉　ほしか・せいきち　明治41年4月21日〜平成1年4月24日　中部原材料代表取締役会長、名古屋西ライオンズクラブ会長　→88/90

星加 正幸　ほしか・まさゆき　大正7年2月20日〜平成10年6月22日　住友重機械工業常務　→97/99

星川 今太郎　ほしかわ・いまたろう　大正4年9月17日〜昭和59年9月30日　丸住製紙社長、東予電子計算センター社長会理事　→83/87

星川 清　ほしかわ・きよし　〜平成8年1月9日　山形県議　→94/96

星川 剛　ほしかわ・つよし　大正15年12月16日〜平成22年7月21日　尾花沢市長　→09/11

星川 一　ほしかわ・はじめ　〜昭和60年2月25日　名糖産業取締役　→83/87

星川 正美　ほしかわ・まさみ　大正8年〜昭和60年2月1日　在ウジュンパンダン総領事　→83/87

星川 康次　ほしかわ・やすじ　〜平成17年10月7日　中埜酢店（のちミツカングループ本社）専務理事　→03/05

星川 良雄　ほしかわ・よしお　明治25年4月〜昭和59年10月26日　有斐閣専務取締役　→83/87

星隈 又一　ほしくま・またいち　明治44年5月14日〜平成13年1月27日　台糖常務　→00/02

星子 敏雄　ほしこ・としお　明治38年11月9日〜平成7年7月13日　熊本市長　→94/96

星沢 津一　ほしざわ・しんいち　大正9年11月7日〜昭和63年9月29日　関西ペイント常務　→88/90

星沢 正　ほしざわ・ただし　大正3年4月19日〜平成15年5月23日　東京法令出版会長　→03/05

星島 季四郎　ほしじま・きしろう　〜平成2年7月12日　合同新聞社（のち山陽新聞社）取締役企画局長　→88/90

星島 義兵衛　ほしじま・ぎへえ　明治18年12月17日〜昭和43年7月25日　実業家　岡山商工会議所初代会頭　→昭和

星島 謹一郎　ほしじま・きんいちろう　安政6年6月15日〜昭和17年2月2日　貴院議員（多額納税）、星島銀行頭取　→昭和

星島 二郎　ほしじま・にろう　明治20年11月6日〜昭和55年1月3日　政治家　衆議院議長、衆院議員（自民党）　→

1098　「現代物故者事典」総索引（昭和元年〜平成23年）

80/82

星島　睦雄　ほしじま・むつお　大正2年2月11日～昭和61年8月15日　岡山放送取締役，岡山電気軌道取締役　→83/87

星住　や寿の　ほしずみ・やすの　明治37年10月1日～平成13年8月17日　兵庫県連合婦人会長　→00/02

星田　隆彰　ほしだ・たかあき　大正14年5月28日～平成21年5月18日　石塚硝子常務　→09/11

星田　守　ほしだ・まもる　大正12年12月16日～平成16年10月17日　警察庁近畿管区警察局長　→03/05

干田　芳像　ほしだ・よしぞう　明治41年2月21日～平成2年10月3日　スエヒロレストランシステム会長，スエヒロ芳隆社長　→88/90

保科　三郎　ほしな・さぶろう　昭和3年～平成18年6月24日　富士通ゼネラル常務　→06/08

保科　善四郎　ほしな・ぜんしろう　明治24年3月8日～平成3年12月24日　海軍中将　衆議院議員(自民党)　→91/93

保科　武子　ほしな・たけこ　明治23年3月28日～昭和52年3月18日　宮内庁女官長　→昭和

保科　栄男　ほしな・ひでお　～昭和62年2月22日　宮城県ころ柿出荷協同組合組合長　→83/87

保科　実　ほしな・みのる　～平成7年8月31日　全国小売酒販組合中央会専務理事　→94/96

星野　篤功　ほしの・あつのり　昭和11年4月24日～平成21年12月29日　東京都議(自民党)　→09/11

星野　有司　ほしの・ありじ　昭和9年2月11日～平成4年2月14日　大洋漁業常務　→91/93

星野　巌　ほしの・いわお　大正12年11月15日～平成14年4月21日　光村図書出版社長　→00/02

星野　栄次郎　ほしの・えいじろう　～昭和56年4月13日　中央区議会議員副議長　→80/82

星野　鍵太郎　ほしの・かぎたろう　明治36年4月10日～昭和59年5月11日　岐阜車体工業会長　→83/87

星野　嘉助(3代目)　ほしの・かすけ　明治38年～昭和57年12月1日　日本野鳥の会中央委員，ホテル星野温泉会長　→80/82(星野　嘉助)

星野　一彦　ほしの・かずひこ　～昭和61年2月14日　住吉神社(小樽)宮司，北海道神社庁顧問　→83/87

星野　一也　ほしの・かずや　昭和62年8月24日　(財)大河内記念会理事，理研重工業常務　→83/87

星野　勝治　ほしの・かつじ　昭和60年9月24日　星野冷凍施設工業所代表取締役　→83/87

星野　金重　ほしの・かねしげ　明治34年7月6日～平成1年3月14日　昭和電線電纜専務　→88/90

星野　京一　ほしの・きょういち　～昭和56年6月23日　南北社(広告代理店)常務　→80/82

星野　喜代治　ほしの・きよじ　明治26年11月11日～昭和54年10月14日　日本不動産銀行頭取　→昭和

星野　謹吾　ほしの・きんご　大正15年8月5日～平成15年

9月6日　埼玉県議(自民党)　→03/05

星野　金吾　ほしの・きんご　文久3年11月～昭和8年5月29日　陸軍中将　→昭和

星野　恵治　ほしの・けいじ　～平成16年12月22日　山古志村(新潟県)水道係職員　→03/05

星野　健児　ほしの・けんじ　明治39年7月18日～平成2年12月8日　日本生命保険常務　→88/90

星野　健三　ほしの・けんぞう　大正6年8月8日～平成10年3月31日　北海道議(社会党)　→97/99

星野　元豊　ほしの・げんぼう　明治42年1月22日～平成13年5月24日　僧侶　大黒寺(真宗本願寺派)住職，龍谷大学名誉教授　→00/02

星野　光多　ほしの・こうた　～昭和7年7月8日　キリスト教牧師の先達　→昭和

星野　孝平　ほしの・こうへい　明治43年1月24日～平成2年11月21日　東レ常務　→88/90

星野　茂雄　ほしの・しげお　～昭和46年6月26日　日本特殊陶業社長　→昭和

星野　茂樹　ほしの・しげき　～昭和49年1月10日　熊谷組顧問　→昭和

星野　重弘　ほしの・しげひろ　大正5年7月18日～昭和61年5月10日　テレビ埼玉社長　→83/87

星野　錫　ほしの・しゃく　安政1年12月26日～昭和13年11月10日　実業家　東京印刷社長　→昭和

星野　重次　ほしの・じゅうじ　明治28年7月5日～平成1年8月1日　参院議員(自民党)　→83/87

星野　正一　ほしの・しょういち　大正9年6月9日～昭和62年1月7日　四国製紙専務取締役　→83/87

星野　庄三郎　ほしの・しょうざぶろう　慶応3年4月～昭和6年1月22日　陸軍中将　→昭和

星野　丈之助　ほしの・じょうのすけ　～昭和63年12月21日　輪島漆器資料館長　→88/90

星野　誠一　ほしの・せいいち　大正10年5月24日～平成63年2月29日　高島町(長崎県)町長　→88/90

星野　誠三　ほしの・せいぞう　～平成7年11月18日　三ツ星ベルト常務　→94/96

星野　大造　ほしの・だいぞう　大正5年2月24日～平成11年3月27日　日本輸出入銀行副総裁　→97/99

星野　高夫　ほしの・たかお　～昭和61年5月22日　北見東京電波取締役工場長　→83/87

星野　隆輝　ほしの・たかてる　明治34年7月8日～昭和63年4月28日　日本交通公社協定旅館連盟会長，(株)日本交通公社取締役，木更津温泉ホテル社長　→88/90

星野　孝俊　ほしの・たかとし　大正13年11月30日～平成7年6月5日　住宅都市整備公団理事，青森県副知事，東洋投信会長　→94/96

星野　威夫　ほしの・たけお　～昭和42年1月11日　藤沢薬品工業取締役　→昭和

星野　正　ほしの・ただし　～昭和48年5月9日

ほしの　　　　　　　　　　　　　　　　　　　　　　Ⅰ　政治・経済・社会篇

十字屋専務　→昭和

星野　貞　ほしの・ただし　大正8年4月25日～平成1年11月9日　日商岩井専務、宇部興産顧問　→88/90

星野　民雄　ほしの・たみお　明治35年～昭和60年6月28日　弁護士　広島弁護士会長、日弁連副会長　→83/87

星野　直翁　ほしの・ちょくおう　～昭和12年1月18日　黄檗宗管長　→昭和

星野　力　ほしの・つとむ　明治39年12月2日～平成6年3月11日　参院議員（共産党）　→94/96

星野　恒雄　ほしの・つねお　大正6年11月22日～昭和62年11月29日　四国電力常任監査役　→83/87

星野　鉄次郎　ほしの・てつじろう　昭和7年7月14日～昭和63年9月9日　静岡県警本部長　→88/90

星野　亨　ほしの・とおる　昭和15年1月15日～平成23年4月8日　昭和電線電機専務　→09/11

星野　徳美　ほしの・とくみ　昭和3年7月15日～平成19年2月25日　秋田県総務部長　→06/08

星野　俊亮　ほしの・としあき　大正11年～平成9年4月6日　日本石油化学取締役、日石合樹製品（のち日石プラスト）社長　→97/99

星野　利一　ほしの・としかず　昭和11年9月14日～平成14年11月25日　大成建設常務　→00/02

星野　直市　ほしの・なおいち　大正15年7月～平成13年5月15日　山口県警本部長　→00/02

星野　直樹　ほしの・なおき　明治25年4月10日～昭和53年5月29日　官僚、政治家　内閣書記官長、貴院議員（勅選）、満州国総務長官　→昭和

星野　仁十郎　ほしの・にじゅうろう　明治41年3月16日～昭和61年7月22日　日光市長、日本スケート連盟参与　→83/87

星野　憲夫　ほしの・のりお　～昭和62年7月4日　銀住山善教寺第16代目住職、富山県立養護学校副校長　→83/87

星野　寿夫　ほしの・ひさお　～平成4年11月15日　報知新聞大阪本社代表　→91/93

星野　仁　ほしの・ひとし　～平成23年3月9日　文真堂書店創業者　→09/11

星野　宏　ほしの・ひろし　大正15年5月9日～平成3年11月1日　片倉チッカリン取締役　→91/93

星野　博嶺　ほしの・ひろみね　～平成3年7月12日　大野ベロー社長　→91/93

星野　文一　ほしの・ぶんいち　大正13年6月23日～平成4年9月3日　日産ディーゼル北海道販売社長　→91/93

星野　平寿　ほしの・へいじゅ　大正13年4月14日～平成17年5月2日　小金井市長　→03/05

星野　誠　ほしの・まこと　～昭和63年5月18日　花王石鹸（のち花王）取締役　→88/90

星野　正男　ほしの・まさお　～平成10年12月29日　ジャパンライン（のちナビックスライン）常務　→97/99

星野　正則　ほしの・まさのり　～昭和58年4月12日　東京都板橋区議会議長　→83/87

星野　正之　ほしの・まさゆき　～昭和60年7月13日　津島税務署長　→83/87

星野　益一郎　ほしの・ますいちろう　明治43年6月17日～昭和61年5月6日　オリエンタル社長　→83/87

星野　真澄　ほしの・ますみ　大正3年11月4日～昭和61年6月2日　旭鉄工所会長、旭製作所会長・創業者、北海道綜合鉄工協同組合理事長　→83/87

星野　又右衛門（7代目）　ほしの・またえもん　昭和4年8月17日～平成16年2月5日　星野又右衛門商店会長、上尾法人会会長、上尾商工会議所会頭　→03/05

星野　幹雄　ほしの・みきお　～昭和62年11月8日　日本製版戸田工場副工場長　→83/87

星野　弥三郎　ほしの・やさぶろう　～昭和61年12月20日　川島織物専務　→83/87

星野　泰次　ほしの・やすじ　～昭和61年4月16日　大野ベロー工業社長　→83/87

星野　靖之助　ほしの・やすのすけ　明治32年1月1日～昭和63年10月8日　大分放送会長、衆院議員（無所属倶楽部）　→88/90

星野　和行　ほしの・やすゆき　大正12年4月29日～平成18年7月1日　日本金属専務　→06/08

星野　唯三　ほしの・ゆいぞう　～昭和42年1月7日　日清製粉会社顧問、元取締役社長　→昭和

星野　宥厳　ほしの・ゆうげん　～昭和43年8月13日　真言宗豊山派　→昭和

星野　義雄　ほしの・よしお　大正13年1月12日～平成18年5月25日　東京都議（公明党）　→97/99

星野　頼孝　ほしの・よりたか　～昭和58年7月5日　大国魂神社（東京府中市）名誉宮司、清瀬市文化財保護審議会会長　→83/87

星野　亮勝　ほしの・りょうしょう　明治39年～平成11年6月25日　国分寺名誉住職、国分寺市長　→97/99

皇昇　羑　ほしのぼり・すすむ　～昭和55年7月28日　真宗大谷派の南米本願寺開教監督兼ブラジル別院南米本願寺輪番　→80/82

星谷　安久利　ほしや・あぐり　明治37年1月12日～平成5年5月9日　東京建設関係団体連合会長、日本鳶工業連合会長　→91/93

星谷　慶縁　ほしや・けいえん　～昭和47年8月19日　真宗大谷派宗務総長　→昭和

星谷　美江子　ほしや・みえこ　～平成22年6月16日　日本美術商事社長　→09/11

星山　昌雄　ほしやま・まさお　～昭和60年9月30日　中央企画センター副社長　→83/87

保津　章平　ほず・しょうへい　大正2年11月24日～平成5年8月5日　伊藤忠商事常務、伊藤忠製糖会長　→91/93

保住　健次　ほずみ・けんじ　昭和6年1月2日～平成9年2

月10日　全日本空輸常務　→97/99

穂積 重道　ほづみ・しげみち　大正10年5月10日～平成14年9月28日　宮内庁侍従,青森県警本部長　→00/02

穂積 七郎　ほづみ・しちろう　明治37年9月30日～平成7年12月10日　衆院議員(社会党)　→94/96

穂積 真六郎　ほづみ・しんろくろう　明治22年6月30日～昭和45年5月23日　実業家,政治家　参院議員(緑風会),京城商工会議所会頭　→昭和

穂積 始　ほづみ・はじめ　昭和11年2月5日～平成21年4月15日　弁護士　群馬弁護士会会長　→09/11

細 敬正　ほそ・としまさ　昭和10年12月17日～平成20年2月27日　マックス常務　→06/08

細井 栄　ほそい・さかえ　大正13年11月8日～平成19年2月14日　大阪セメント専務　→06/08

細井 昌次郎　ほそい・しょうじろう　昭和3年10月7日～平成12年3月28日　巴川製紙所社長　→00/02

細井 宗一　ほそい・そういち　大正7年1月2日～平成8年12月26日　労働運動家　国労本部中央委員　→94/96

細井 俤　ほそい・つよし　明治37年10月23日～昭和62年10月18日　同和火災海上保険社長　→83/87

細井 徳次郎　ほそい・とくじろう　～昭和50年6月5日　明治製菓社長　→昭和

細井 日達　ほそい・にったつ　明治35年4月15日～昭和54年　日蓮正宗総本山第六十六世法主　→昭和

細井 美水　ほそい・びすい　～昭和14年12月21日　宮内省侍医寮薬剤課長　→昭和

細井 稔　ほそい・みのる　大正2年3月31日～平成2年3月17日　帝国臓器製薬常務　→88/90

細井 宥司　ほそい・ゆうじ　大正2年6月7日～平成5年11月2日　東京都議(共産党)　→91/93

細井 友晋　ほそい・ゆうしん　明治39年8月1日～平成2年12月3日　僧侶　立本寺(日蓮宗)75代目貫首,京都原水協筆頭代表理事　→88/90

細江 経　ほそえ・おさむ　～昭和56年6月26日　俳人　日本レイヨン副社長　→80/82

細江 賢三　ほそえ・けんぞう　大正5年1月18日～平成12年4月25日　滋賀県会副議長　→00/02

細江 尚也　ほそえ・なおや　大正13年3月19日～平成15年10月19日　岐阜県副知事　→03/05

細江 秀雄　ほそえ・ひでお　明治43年9月27日～平成5年2月24日　大阪家裁所長,大阪高裁判事　→91/93

細尾 秀正　ほそお・ひでまさ　昭和3年11月3日～平成8年11月23日　カンセイ専務　→94/96

細貝 幸也　ほそかい・ゆきなり　大正15年11月7日～平成21年11月30日　新潟県議(自民党)　→09/11

細貝 義雄　ほそがい・よしお　大正4年3月11日～平成5年7月27日　第一屋製パン創業者　→91/93

細萱 戊四郎　ほそがや・ぼしろう　明治21年～昭和39年2月8日　海軍中将　南洋庁長官　→昭和(細萱 戊子郎　ほそかや・ぼしろう)

細川 明彦　ほそかわ・あきひこ　昭和2年3月6日～平成12年4月30日　ホソカワミクロン副社長　→00/02

細川 興治　ほそかわ・おきはる　明治23年7月～昭和52年8月16日　貴院議員(子爵)　→昭和(ほそかわ・こうじ)

細川 小弥太　ほそかわ・こやた　大正14年6月1日～平成9年7月4日　三菱地所副社長　→97/99

細川 了　ほそかわ・さとる　昭和8年2月11日～平成16年5月12日　日本スピンドル製造常務　→03/05

細川 重一　ほそかわ・じゅういち　大正14年～平成9年4月18日　日本電気システム建設常務　→97/99

細川 順治　ほそかわ・じゅんじ　～昭和60年8月12日　證券新報社社長　→83/87

細川 史朗　ほそかわ・しろう　昭和26年6月9日～平成4年3月29日　弁護士　細川史朗法律事務所所長　→91/93

細川 甚兵衛　ほそかわ・じんべえ　～平成5年3月2日　京都府議　→91/93

細川 泉一郎　ほそかわ・せんいちろう　明治41年8月22日～平成12年5月1日　技師　国鉄常務理事,日本車輌製造副社長　→00/02

細川 泉三郎　ほそかわ・せんざぶろう　大正15年5月12日～平成4年11月10日　三菱金属(のち三菱マテリアル)常務　→91/93

細川 崇円　ほそかわ・そうえん　明治28年12月1日～昭和12年12月22日　社会運動家,僧侶　→昭和

細川 外次郎　ほそかわ・そとじろう　明治42年5月19日～昭和63年2月28日　ほそかわ代表取締役社長　→88/90

細川 健彦　ほそかわ・たけひこ　昭和12年2月10日～平成20年3月7日　九州朝日放送副社長　→06/08

細川 立興　ほそかわ・たつおき　昭和4年8月～平成34年1月11日　貴院議員(子爵)　→昭和(ほそかわ・たておき)

細川 彰彦　ほそかわ・てるひこ　昭和2年～平成11年12月20日　日本航空監査役,日航商事社長　→00/02s

細川 俊三　ほそかわ・としぞう　大正9年1月12日～平成21年10月17日　池田銀行会長,大蔵省名古屋税関長　→09/11

細川 豊彦　ほそかわ・とよひこ　～昭和17年2月12日　陸軍少将　→昭和

細川 直知　ほそかわ・なおのり　明治42年12月8日～昭和62年1月16日　陸軍第三軍参謀,男爵　→83/87

細川 八郎　ほそかわ・はちろう　明治40年10月28日～平成3年2月2日　目黒雅叙園会長　→91/93

細川 春彦　ほそかわ・はるひこ　～平成10年12月29日　読売新聞社編集局参与　→97/99

細川 秀雄　ほそかわ・ひでお　明治44年11月10日～平成5年12月3日　小糸製作所取締役,小糸工業取締役　→91/93

細川 弘司　ほそかわ・ひろし　明治43年11月28日～平成1年6月16日　関東天然瓦斯開発社長,三井東圧化学常務　→88/90

細川 正成　ほそかわ・まさなり　大正1年11月15日～平成

ほそかわ　　　　　　　　　　　　　　　　　　　　　　　　　　Ⅰ　政治・経済・社会篇

4年11月2日　大阪変圧器(のちダイヘン)専務　→91/93

細川 政之輔　ほそかわ・まさのすけ　大正3年1月4日～平成4年9月26日　京都市議(社会党)　→91/93

細川 正義　ほそかわ・まさよし　明治45年2月6日～平成13年5月28日　長崎銀行常務　→00/02

細川 益男　ほそかわ・ますお　大正13年11月29日～平成22年3月31日　ホソカワミクロン社長　→09/11

細川 八十八　ほそかわ・やそはち　明治35年5月～昭和48年1月18日　衆院議員(民主党)　→昭和

細川 祐葆　ほそかわ・ゆうほ　明治40年6月3日～平成3年12月3日　僧侶　宗仙寺(曹洞宗)住職　→91/93

細川 義男　ほそかわ・よしお　～平成4年5月17日　志登茂川水害訴訟原告団長　→91/93

細川 悦利　ほそかわ・よしとし　大正15年10月20日～平成23年11月8日　日本電気専務　→09/11

細川 由松　ほそかわ・よしまつ　～平成3年12月13日　目黒雅叙園会長、全国納税貯蓄組合連合会会長　→91/93

細川 錬一　ほそかわ・れんいち　～昭和47年3月31日　大阪厚生信金理事長　→昭和

細木 繁郎　ほそき・しげお　大正10年8月21日～平成22年1月6日　新日本製鉄副社長　→09/11

細木 茂樹　ほそき・しげき　昭和11年6月13日～平成13年4月21日　日本基礎技術副会長　→00/02

細木 繁　ほそき・しげる　～昭和12年7月29日　陸軍歩兵大佐・通州特務機関長　→昭和

細木 善一郎　ほそぎ・ぜんいちろう　大正3年8月3日～平成15年4月25日　高知県議(自民党)　→03/05

細木 忠義　ほそぎ・ただよし　大正10年1月30日～平成21年4月30日　高知県漁業協同組合連合会会長　→09/11

細木 歳男　ほそぎ・としお　明治45年1月17日～平成5年5月12日　弁護士　日弁連副会長、高知弁護士会長　→91/93

細越 健　ほそごえ・たけし　～昭和43年3月23日　東北パルプ顧問　→昭和

細越 赫一郎　ほそこし・かくいちろう　大正12年1月5日～平成4年4月1日　松下電子工業副社長　→91/93

細迫 兼光　ほそさこ・かねみつ　明治29年11月28日～昭和47年2月11日　政治家, 弁護士　衆院議員(社会党)　→昭和

細田 栄蔵　ほそだ・えいぞう　明治26年1月12日～昭和39年2月13日　実業家, 政治家　衆院議員(民主自由党), 飯島商工会議所会頭　→昭和

細田 一雄　ほそだ・かずお　明治40年1月1日～昭和60年4月19日　山梨中央銀行会長、元甲府商工会議所会頭、元全国地方銀行協会評議会議長　→83/87

細田 克一　ほそだ・かついち　～昭和51年4月7日　岡本工作機械製作所社長　→昭和

細田 義安　ほそだ・ぎあん　明治36年3月～昭和37年9月28日　衆院議員(自民党), 東京都財政局長　→昭和(ほそだ・よしやす)

細田 吉蔵　ほそだ・きちぞう　明治45年5月2日～平成19年2月11日　政治家　衆院議員(自民党), 運輸相, 運輸省官房長　→06/08

細田 吉郎　ほそだ・きちろう　大正4年12月6日～平成11年10月20日　日東タイヤ社長　→97/99

細田 喜代司　ほそだ・きよじ　大正14年6月29日～平成15年12月5日　エルナー社長　→03/05

細田 茂　ほそだ・しげる　大正7年2月21日～平成13年4月28日　細田工務店創業者　→00/02

細田 晋　ほそだ・すすむ　明治42年5月22日～平成21年2月7日　横浜ゴム専務　→09/11

細田 武夫　ほそだ・たけお　明治35年11月29日～平成4年4月29日　日清製粉副社長　→91/93

細田 忠治郎　ほそだ・ちゅうじろう　明治14年7月～昭和43年6月10日　衆院議員(民主党)　→昭和(ほそだ・ただじろう)

細田 綱吉　ほそだ・つなきち　明治33年7月20日～昭和34年4月5日　衆院議員　→昭和

細田 徳寿　ほそだ・とくじゅ　明治37年～平成3年3月25日　大分県知事　→91/93

細田 敏郎　ほそだ・としろう　大正12年10月19日～平成12年11月7日　前田建設工業常務　→00/02

細沼 末男　ほそぬま・すえお　～平成5年10月10日　日本伸管常務　→91/93

細野 晃　ほその・あきら　昭和8年7月18日～平成8年5月25日　豊田中央研究所取締役副所長　→94/96

細野 菊造　ほその・きくぞう　大正4年11月9日～平成5年1月4日　高崎製紙専務　→91/93

細野 軍治　ほその・ぐんじ　明治28年5月5日～昭和44年4月28日　弁護士　青山学院大学教授　→昭和

細野 幸三郎　ほその・こうざぶろう　昭和15年9月13日～平成5年4月1日　東海染工常務　→91/93

細野 忠夫　ほその・ただお　明治43年10月25日～平成4年12月5日　東亜ペイント常務　→91/93

細野 直　ほその・なおし　昭和2年3月9日～平成1年4月17日　アメリカ屋靴店相談役・元副社長　→88/90

細野 長良　ほその・ながよし　明治16年1月7日～昭和25年1月1日　裁判官　大審院院長　→昭和(ほその・ちょうりょう)

細野 弘夫　ほその・ひろお　大正4年10月16日～平成8年7月18日　弘正堂図書販売会長　→94/96

細野 正光　ほその・まさみつ　大正10年8月4日～昭和63年4月27日　大日コンクリート工業専務　→88/90

細野 三千雄　ほその・みちを　明治30年3月22日～昭和30年6月25日　労働運動家, 弁護士, 政治家　衆院議員(社会党), 立教大学教授, 社会党秋田県連委員長　→昭和

細野 道彦　ほその・みちひこ　大正3年12月18日～平成16年3月11日　日本電気専務　→03/05

細野 幸雄　ほその・ゆきお　～平成4年1月26日　仙台高裁総括部長判事　→91/93

Ⅰ　政治・経済・社会篇　　　　　　　　　　　　　　　　　　　　　　　　　　　　　　　　　　　　　　　ほつた

細羽　実　　ほそば・みのる　　～平成5年2月20日
　東邦生命保険取締役　　→91/93

細見　淳　　ほそみ・きよし　　昭和8年8月12日～平成15年12月30日　カヤバ工業社長　　→03/05

細見　卓　　ほそみ・たかし　　大正9年4月24日～平成21年9月16日　大蔵省財務官　　→09/11

細見　達蔵　ほそみ・たつぞう　～昭和39年3月4日
　兵庫県議　　→昭和

細見　義男　ほそみ・よしお　　～平成8年7月23日
　月桂冠副社長　　→94/96

細谷　明宏　ほそや・あきひろ　昭和7年9月11日～平成20年3月28日　富士電機常務　　→06/08

細谷　英吉　ほそや・えいきち　明治43年11月11日～平成7年6月14日　ツムラ相談役　　→94/96

細谷　喜一　ほそや・きいち　　明治37年4月23日～昭和55年11月3日　内閣官房副長官　　→80/82

細谷　清　　ほそや・きよし　　大正4年4月22日～平成22年3月23日　コンフェクショナリーコトブキ創業者　　→09/11

細谷　淨　　ほそや・きよし　　～平成3年1月12日
　北海タイムス社常務　　→91/93

細矢　国治　ほそや・くにじ　　～平成13年6月27日
　旺文社常務　　→00/02

細谷　健治　ほそや・けんじ　　～昭和62年7月10日
　宮城県出納長　　→83/87

細谷　貞明　ほそや・さだあき　昭和14年12月30日～平成7年6月22日　日本銀行調査統計局参事　　→94/96

細谷　信三郎　ほそや・しんざぶろう　～昭和45年11月18日　海軍中将　横須賀海軍工廠長　　→昭和

細谷　壮一　ほそや・そういち　大正14年11月24日～平成13年11月21日　内外編物常務　　→00/02

細谷　武男　ほそや・たけお　　昭和8年11月1日～平成9年5月23日　茨城県議（自民党）　　→97/99

細谷　辰馬　ほそや・たつま　　昭和8年8月7日～平成9年6月1日　三進企画社長　　→97/99

細谷　千秋　ほそや・ちあき　　昭和2年9月7日～平成4年7月28日　森永乳業取締役　　→91/93

細谷　徹之助　ほそや・てつのすけ　大正4年12月5日～昭和63年12月5日　芦別市長　　→88/90

細谷　哲郎　ほそや・てつろう　大正3年2月19日～平成7年1月6日　関電工副社長, 日本鉄塔協会専務理事　　→94/96

細谷　友三　ほそや・ともぞう　大正8年11月20日～平成12年9月21日　東急エージェンシー副社長　　→00/02

細谷　治嘉　ほそや・はるよし　大正1年9月21日～平成9年1月19日　衆院議員（社会党）　　→97/99

細谷　広介　ほそや・ひろすけ　大正3年3月5日～平成10年5月25日　極洋副社長　　→97/99

細谷　政義　ほそや・まさよし　大正15年3月11日～平成2年10月10日　ユニオン化成社長, 明電舎常務　　→88/90

細谷　松太　ほそや・まつた　　明治33年5月31日～平成2年8月13日　労働運動家　新産別中央執行委員　　→88/90

細谷　洋一　ほそや・よういち　昭和7年2月28日～平成8年2月14日　日本工業新聞社長　　→94/96

細谷　由夫　ほそや・よしお　　明治36年12月15日～昭和59年2月5日　日産化学工業取締役　　→83/87

細谷　芳郎　ほそや・よしろう　明治42年7月8日～平成6年9月12日　弁護士　日本弁護士連合会副会長, 東北弁護士連合会会長　　→94/96

細谷　隆介　ほそや・りゅうすけ　明治32年7月31日～昭和61年3月29日　小田急百貨店顧問, 小田急電鉄専務, 元経済同友会幹事　　→83/87

細矢　礼二　ほそや・れいじ　　大正13年11月27日～平成23年2月3日　双葉電子工業社長　　→09/11

細山田　諭吉郎　ほそやまだ・ゆきちろう　～平成1年6月6日　大丸鋲螺製作所社長　　→88/90

穂高　良寿　ほたか・りょうじゅ　～昭和59年8月24日
　山本科学工具研究社専務　　→83/87

保立　旻　　ほたて・あきら　　大正5年8月10日～平成12年5月30日　小金井市長　　→00/02

保立　公彦　ほたて・きみひこ　昭和4年12月8日～平成11年1月3日　日興証券副社長, 借成証券社長　　→97/99

保立　俊恵　ほたて・しゅんけい　～昭和24年1月4日
　高尾山薬王寺住職　　→昭和

保立　昭三郎　ほたて・しょうざぶろう　昭和2年1月29日～平成12年7月3日　トーモク常務　　→00/02

保谷　千代松　ほたに・ちよまつ　～昭和47年6月22日
　日本ハムソーセージ工協組理事長　　→昭和

法性　宥鑁　ほっしょう・ゆうばん　万延1年～昭和4年11月10日　僧侶　真言宗泉涌寺派管長　　→昭和（法性宥畯 ほうしょう・ゆうしゅん）

堀田　伊太郎　ほった・いたろう　～昭和6年4月29日
　浅田飴本舗主　　→昭和

堀田　一郎　ほった・いちろう　大正14年5月20日～平成21年1月2日　中日新聞副社長, 中部日本ビルディング社長　　→09/11

堀田　雄　　ほった・かずお　人正10年10月9日～昭和59年5月18日　山特工業社長, 山陽特殊製鋼専務　　→83/87

堀田　勝夫　ほった・かつお　昭和10年3月10日～平成12年10月9日　奥村組専務　　→00/02

堀田　勝二　ほった・かつじ　大正11年8月5日～平成13年11月12日　弁護士　公安審査委員会委員長　　→00/02

堀田　圭　　ほった・けい　　大正11年3月23日～平成2年10月12日　小田急不動産取締役　　→88/90

堀田　敬爾　ほった・けいじ　　～平成8年3月4日
　日本鋼管ビル管理社長　　→94/96

堀田　広海　ほった・こうかい　～昭和62年1月5日
　僧侶　道成寺住職　　→83/87

堀田　重男　ほった・しげお　昭和6年8月16日～平成23年12月26日　日興証券専務　　→09/11

発田　秀一　ほった・しゅういち　～昭和62年7月15日

「現代物故者事典」総索引（昭和元年～平成23年）　　**1103**

発田商店代表 →83/87

堀田 庄三 ほった・しょうぞう 明治32年1月23日〜平成2年12月18日 住友銀行相談役名誉会長 →88/90

堀田 章三 ほった・しょうぞう 明治41年1月17日〜昭和63年8月18日 東北三菱自動車販売社長、北海道三菱自動車販売社長 →88/90

堀田 真快 ほった・しんかい 〜昭和59年1月1日 高野山真言宗管長、明泉院住職 →83/87

堀田 輔治 ほった・すけじ 大正3年8月5日〜昭和60年3月17日 戸田建設専務取締役 →83/87

堀田 馨一 ほった・せいいち 明治21年3月19日〜昭和12年4月8日 社会運動家 →昭和

堀田 善二 ほった・ぜんじ 大正5年1月2日〜平成2年8月9日 電源開発理事 →88/90

堀田 泰治 ほった・たいじ 〜平成2年9月29日 毎日フォトサービス社長 →88/90

堀田 健男 ほった・たけお 明治36年2月23日〜昭和41年11月28日 静岡県知事 →昭和

堀田 武之助 ほった・たけのすけ 大正3年11月9日〜平成6年11月3日 カナデン専務 →94/96

堀田 輝雄 ほった・てるお 大正13年10月11日〜平成16年6月16日 伊藤忠商事副会長 →03/05

堀田 利男 ほった・としお 昭和3年5月4日〜平成6年5月6日 日本スピンドル製造監査役・元常務 →94/96

堀田 俊允 ほった・としのぶ 昭和7年5月6日〜平成12年7月15日 日本経済社社長、日本経済新聞社常務 →00/02

堀田 斉 ほった・ひとし 明治31年11月20日〜平成2年1月5日 東京ラヂエーター製造社長、いすゞ自動車監査役 →88/90

堀田 広誉 ほった・ひろよ 〜昭和45年4月24日 三菱金属工業取締役 →昭和

堀田 正昭 ほった・まさあき 明治16年7月1日〜昭和35年7月25日 外交官 →昭和

堀田 昌郎 ほった・まさお 昭和3年2月9日〜平成23年4月21日 中部日本放送社長 →09/11

堀田 政吉 ほった・まさきち 〜昭和58年8月11日 江別市消防長、江別市及び三郡医師会事務局長、江別市遺族会会長 →83/87

堀田 政孝 ほった・まさたか 大正6年2月〜昭和46年12月20日 衆院議員(自民党) →昭和

堀田 正恒 ほった・まさつね 明治20年10月21日〜昭和26年3月16日 政治家 貴院議員(伯爵) →昭和

堀田 正朝 ほった・まさとも 〜昭和59年4月14日 日鉄金コンサルタント社長 →83/87

堀田 正治 ほった・まさはる 〜平成1年6月17日 佐倉産業代表取締役 →88/90

堀田 正久 ほった・まさひさ 大正4年1月4日〜平成15年1月13日 佐倉市長 堀田家12代目当主 →03/05

堀田 守一 ほった・もりいち 明治35年〜平成1年6月26日 ホッタ設備工業会長、愛知県空調衛生工業協同組合副理事長 →88/90

堀田 康司 ほった・やすし 昭和6年1月19日〜平成12年1月18日 三菱商事副社長 →00/02

堀田 雄康 ほった・ゆうこう 昭和6年8月11日〜昭和63年7月 カトリック司祭 聖アントニオ神学院教授、清泉女子大学文学部教授 →88/90

堀田 雄三 ほった・ゆうぞう 昭和17年5月2日〜平成18年11月21日 大阪府議(自民党) →06/08

堀田 幸孝 ほった・ゆきのり 大正6年4月29日〜平成9年6月27日 旭電化工業取締役、鹿島電解専務 →97/99

堀田 善男 ほった・よしお 〜昭和55年3月10日 全国初のPCB認定患者 →80/82

堀田 良平 ほった・りょうへい 大正2年6月20日〜平成1年3月30日 ホッタ社長 →88/90

保手浜 謙吉 ほてはま・けんきち 〜平成2年2月21日 保手浜精器製作所社長 →88/90

程島 定一 ほどじま・さだしち 大正8年10月2日〜平成7年1月11日 相模ハム社長 →94/96

保母 道雄 ほぼ・みちお 〜昭和56年4月12日 三和銀行専務 →80/82

保前 精一 ほまえ・せいいち 〜昭和46年2月10日 京浜急行電鉄顧問、京浜百貨店会長 →昭和

保屋野 重一 ほやの・しげかず 明治44年1月19日〜昭和61年6月24日 長野県信用組合会長 →83/87

洞 五郎 ほら・ごろう 〜昭和56年1月18日 ホラヤ商店社長、前若松商店街連合会長 →80/82

保良 せき ほら・せき 明治26年5月15日〜昭和55年10月6日 厚生省看護課長 →80/82

堀 明夫 ほり・あきお 〜昭和58年3月24日 三井金属鉱業監査役 →83/87

堀 昭弘 ほり・あきひろ 昭和19年10月8日〜平成23年3月3日 日医工副社長 →09/11

堀 郁朗 ほり・いくろう 大正12年9月3日〜平成13年1月13日 弁護士 岐阜県弁護士会会長 →00/02

堀 勇 ほり・いさむ 大正3年11月26日〜昭和58年9月21日 阪神高速道路公団監事 →83/87

堀 一郎 ほり・いちろう 明治44年8月30日〜平成5年5月11日 東京電力副社長 →97/99

堀 栄一 ほり・えいいち 慶応2年7月2日〜昭和3年12月6日 大審院判事 →昭和

堀 栄一 ほり・えいいち 昭和2年2月19日〜平成21年5月22日 三井物産副社長 →09/11

堀 栄三 ほり・えいぞう 大正2年〜平成7年6月5日 防衛庁総幕第二幕僚室長、西吉野村(奈良県)村長 →94/96

堀 一夫 ほり・かずお 〜昭和31年5月24日 大阪特殊鋼取締役 →昭和

I 政治・経済・社会篇　　　　　　　　　　　　　　　　　　　　　　　　　　　　　ほり

堀 久作　ほり・きゅうさく　明治33年7月8日～昭和49年11月14日　実業家、映画製作者　日活社長、江ノ島振興社長　→昭和

堀 清彦　ほり・きよひこ　大正5年3月24日～平成4年5月6日　大和証券副社長、大和土地建物社長　→91/93

堀 啓作　ほり・けいさく　大正6年1月～平成8年12月9日　三菱重工業常務　→94/96

堀 啓次郎　ほり・けいじろう　慶応3年1月3日～昭和19年10月8日　実業家　大阪商船社長、阪神電鉄社長、貴族議員(勅選)　→昭和

堀 啓三　ほり・けいぞう　～昭和59年12月26日　小西六写真工業取締役　→83/87

堀 健　ほり・けん　明治45年6月14日～平成4年7月19日　ホリケン会長、京都商工会議所監事　→91/93

堀 健治　ほり・けんじ　明治40年2月13日～平成1年5月19日　高岡市長　→88/90

堀 謙二　ほり・けんじ　大正2年9月14日～平成9年8月18日　ユニチカ監査役、寺田紡績社長　→97/99

堀 健次郎　ほり・けんじろう　大正11年1月3日～平成16年11月8日　日鉄ドラム副社長　→03/05

堀 健三　ほり・けんぞう　大正2年4月11日～平成1年5月12日　新家工業専務　→88/90

堀 謙三　ほり・けんぞう　大正12年3月9日～平成14年10月5日　長野県連合青果相談役、上田商工会議所会頭　→00/02

堀 公一　ほり・こういち　～昭和19年3月24日　外務省調査官・前情報局部長　→昭和

堀 貞夫　ほり・さだお　大正3年12月8日～平成8年10月8日　東洋情報システム社長　→94/96

堀 貞雄　ほり・さだお　大正12年6月25日～平成10年12月21日　ホリ会長　→97/99

保利 茂　ほり・しげる　明治34年12月20日～昭和54年3月4日　政治家　衆院議員、内閣官房長官、建設相　→昭和

堀 茂　ほり・しげる　大正14年2月8日～平成8年11月1日　神奈川県議(公明党)　→94/96

堀 重三　ほり・じゅうぞう　～平成5年4月28日　鐘紡常務　→91/93

堀 重平　ほり・じゅうへい　～平成3年6月16日　北海道議　→91/93

堀 順一　ほり・じゅんいち　～平成12年10月21日　羽島市長　→00/02

堀 尚治　ほり・しょうじ　～昭和44年1月3日　日興証券取締役　→昭和

堀 司郎　ほり・じろう　昭和11年11月30日～平成20年12月31日　厚木ナイロン工業副社長　→06/08

堀 新　ほり・しん　明治16年7月8日～昭和44年6月26日　実業家　関西電力会長　→昭和

堀 信一　ほり・しんいち　～昭和32年3月17日　味の素常務　→昭和

堀 末治　ほり・すえじ　明治19年9月～昭和51年10月16日　参院議員(自民党)　→昭和

堀 助男　ほり・すけお　大正5年2月17日～平成4年7月25日　行橋市長　→91/93

堀 清一　ほり・せいいち　～昭和55年4月29日　岐阜市会議員、元議長　→80/82

堀 清一郎　ほり・せいいちろう　～昭和44年4月11日　東亜広告専務　→昭和

堀 正由　ほり・せいゆう　～昭和45年1月9日　救心製薬会長　→昭和

堀 泰助　ほり・たいすけ　大正11年2月15日～平成18年10月8日　救心製薬会長　→06/08

堀 隆次　ほり・たかじ　～昭和55年2月2日　警視庁捜査一課警部補　→80/82

堀 高義　ほり・たかよし　明治36年3月16日～平成4年6月17日　産経新聞社専務　→91/93

堀 琢磨　ほり・たくま　～昭和49年9月3日　日産建設会長　→昭和

堀 威夫　ほり・たけお　明治32年2月21日～昭和60年11月23日　大阪市助役、阪神外貿埠頭公団理事長　→83/87

堀 丈夫　ほり・たけお　～昭和27年4月4日　陸軍中将　→昭和

堀 武男　ほり・たけお　大正2年5月～平成9年10月8日　日本プレスコンクリート社長　→97/99

堀 武夫　ほり・たけお　大正6年8月27日～平成22年1月27日　運輸事務次官、山下汽船社長、日本貨物航空社長　→09/11

堀 武定　ほり・たけさだ　大正5年2月20日～平成14年2月11日　住友建設副会長　→00/02

堀 武　ほり・たけし　～昭和62年2月19日　台糖取締役　→83/87

堀 武芳　ほり・たけよし　明治31年11月10日～昭和43年10月15日　日本勧業銀行頭取　→昭和

堀 忠雄　ほり・ただお　大正7年～昭和51年12月4日　長野県議、日本スケート連盟副会長　→昭和

堀 忠嗣　ほり・ただつぐ　～昭和39年4月5日　大阪高検検事長　→昭和

堀 忠義　ほり・ただよし　昭和20年7月3日～平成19年5月4日　東京製綱専務　→06/08

堀 辰雄　ほり・たつお　大正5年3月17日～平成1年7月10日　東北電力副社長　→88/90

堀 龍雄　ほり・たつお　大正2年9月8日～平成3年4月27日　日本コンサルティングエンジニヤ協会会長、東光コンサルタンツ社長　→91/93

堀 種治　ほり・たねはる　明治38年7月15日～平成9年4月5日　日本トランスシティ社長　→97/99

堀 太郎　ほり・たろう　大正6年12月25日～平成7年11月17日　十八銀行相談役　→94/96

堀 努　ほり・つとむ　大正6年1月5日～平成6年7月20日

日本軽金属専務　→94/96
堀　貞　ほり・てい　〜昭和2年7月27日
　共保生命副社長　→昭和
堀　悌吉　ほり・ていきち　明治16年8月16日〜昭和34年5月12日　海軍中将　→昭和
堀　貞治　ほり・ていじ　〜平成5年11月10日
　送電線建設技術研究会相談役，日本鉄塔協会相談役　→91/93
堀　藤吉郎　ほり・とうきちろう　明治34年〜平成1年1月27日　郷土史家　別府市観光協会専務理事　→88/90
堀　豁　ほり・とおる　明治35年2月20日〜平成8年1月12日　東北電力社長　→94/96
保里　敏夫　ほり・としお　昭和2年3月30日〜平成20年7月8日　三菱油化専務　→06/08
堀　倶夫　ほり・ともお　〜平成7年8月26日
　東海ゴム工業常務　→94/96
堀　朋近　ほり・ともちか　〜昭和28年1月24日
　旭化成会長，新日本化学社長　→昭和
堀　直治　ほり・なおはる　明治42年12月1日〜平成9年5月24日　大林組常務，水資源開発公団理事　→97/99
堀　二作　ほり・にさく　嘉永2年〜昭和14年1月11日
　高岡市長，富山県会議長　→昭和
堀　信夫　ほり・のぶお　昭和5年8月3日〜平成16年3月4日　広島銀行常務　→03/05
堀　秀夫　ほり・ひでお　大正6年1月15日〜平成14年3月24日　労働事務次官，雇用振興協会名誉会長　→00/02
堀　等　ほり・ひとし　〜平成3年1月16日
　豊友商事専務　→91/93
堀　寛　ほり・ひろし　大正13年9月11日〜平成22年9月12日　北海道銀行頭取　→09/11
堀　均　ほり・ひろし　昭和25年6月14日〜平成22年5月17日　ホリ社長　→09/11
堀　博　ほり・ひろし　明治41年8月22日〜平成2年3月30日　在レシフェ総領事　→88/90
堀　博　ほり・ひろし　昭和12年3月26日〜平成7年3月25日　コロナ工業社長　→94/96
堀　深　ほり・ふかし　明治40年4月17日〜昭和61年10月10日　旭ダウ会長　→83/87
堀　文平　ほり・ぶんぺい　明治15年2月10日〜昭和33年1月1日　実業家　富士瓦斯紡績社長　→昭和
堀　信　ほり・まこと　昭和44年2月25日〜平成19年4月1日　志津屋創業者・名誉会長　→06/08
堀　昌雄　ほり・まさお　大正5年12月7日〜平成9年8月29日　衆院議員(社会党)　→97/99
堀　政夫　ほり・まさお　大正14年1月15日〜平成2年10月25日　住吉連合会会長　→88/90
堀　昌二　ほり・まさじ　大正10年9月1日〜昭和63年10月5日　新日本ヘリコプター社長　→88/90
堀　正典　ほり・まさのり　大正4年11月1日〜平成17年8月20日　日本勧業銀行常務　→03/05
堀　雅彦　ほり・まさひこ　昭和6年7月27日〜昭和63年5月29日　日活社長　→88/90
堀　正巳　ほり・まさみ　昭和12年5月12日〜平成12年2月22日　救心製薬社長，救心商事会長，ホリ企画会長　→00/02
堀　正道　ほり・まさみち　〜昭和56年7月3日
　東海放送会館社長，前東海テレビ放送専務　→80/82
堀　真寿三郎　ほり・ますさぶろう　〜昭和60年10月26日
　富山県書友会師範，第一薬品取締役工場長　→83/87
保利　真直　ほり・まなお　万延1年11月10日〜昭和4年12月6日　陸軍軍医監　→昭和(ほり・まさなお)
堀　美輪治　ほり・みわじ　〜昭和61年10月2日
　品川区議　→83/87
堀　宗一　ほり・むねかず　明治44年10月26日〜平成1年11月17日　東海鋼業社長　→88/90
堀　泰明　ほり・やすあき　〜平成7年7月4日
　堀技術士事務所所長，濃備産業社長　→94/96
堀　泰夫　ほり・やすお　明治41年12月13日〜昭和61年2月12日　三泰貿易社長，そごう取締役　→83/87(堀 康夫)
堀　夷　ほり・やすし　〜平成2年8月26日
　(財)防衛技術協会顧問，防衛庁技術研究本部長　→88/90
堀　康　ほり・やすし　明治44年8月19日〜昭和59年7月24日　RKB毎日放送副社長　→83/87
堀　雄一　ほり・ゆういち　〜平成2年9月6日
　協和電設監査役　→88/90
堀　義雄　ほり・よしお　明治31年10月1日〜昭和58年3月3日　本州製紙副社長　→83/87
堀　四志男　ほり・よしお　大正9年12月2日〜平成10年11月25日　NHK文化センター顧問，NHK専務理事・放送総局長　→97/99
堀　嘉道　ほり・よしみち　昭和4年1月4日〜平成11年10月22日　産業基盤整備基金参事，蝶理常務　→97/99
堀　禄助　ほり・ろくすけ　明治41年11月1日〜平成5年6月15日　アツギ創業者　→91/93
堀合　吉郎　ほりあい・きちろう　大正2年11月20日〜昭和62年1月19日　岩手県副知事　→83/87
堀井　克人　ほりい・かつひと　昭和13年3月13日〜平成22年1月16日　読売新聞大阪本社広告局長　→09/11
堀居　左門　ほりい・さもん　〜平成4年10月23日
　東北電機製造取締役　→91/93
堀井　末男　ほりい・すえお　大正11年9月1日〜平成9年5月7日　住友建設副社長　→97/99
堀井　澄次　ほりい・すみじ　大正2年〜平成4年4月19日
　浅沼組常勤監査役　→91/93
堀井　善司　ほりい・ぜんじ　大正13年1月13日〜平成22年9月8日　日鉄鉱業専務　→09/11
堀井　嵩洋　ほりい・たかひろ　昭和7年6月14日〜平成11年9月13日　大阪日刊スポーツ新聞専務，朝日新聞名古屋

I 政治・経済・社会篇　　　　　　　　　　　　　　　　　　　　　　　　　　　　　　　　　　　　ほりうち

本社制作局長　→97/99

堀居 太郎　ほりい・たろう　〜昭和60年7月20日
志村化工社長、マキ製作所社長　→83/87

堀井 利勝　ほりい・としかつ　明治44年1月18日〜昭和
50年3月29日　労働運動家　総評議長　→昭和

堀井 昇　ほりい・のぼる　大正12年3月20日〜平成16年1
月14日　飛鳥建設副社長　→03/05

堀井 正一　ほりい・まさいち　大正3年3月7日〜平成9年
9月8日　堀井電熱社長　→97/99

堀井 洋介　ほりい・ようすけ　昭和10年9月2日〜平成17
年9月26日　山陽コカ・コーラセールス社長　→03/05

堀井 隆水　ほりい・りゅうすい　昭和14年2月〜平成19
年8月5日　僧侶　石龕寺（真言宗）住職、兵庫県人権教育
研究協議会会長　→06/08

堀池 巌　ほりいけ・いわお　昭和8年1月30日〜平成16年
4月20日　テレビ静岡専務　→03/05

堀池 茂　ほりいけ・しげる　大正10年1月2日〜平成18年
10月3日　静岡スバル自動車専務　→06/08

堀池 睦雄　ほりいけ・むつお　明治40年11月3日〜平成
10年4月5日　寿三色最中本舗会長　→97/99

堀内 旭　ほりうち・あさひ　〜平成2年6月18日
陸軍少将　→88/90

堀内 到　ほりうち・いたる　〜昭和22年12月21日
参議院議員　→昭和

堀内 伊太郎　ほりうち・いたろう　慶応4年1月27日〜昭
和6年4月29日　実業家　→昭和（堀内 槐堂 ほりうち・か
いどう）

堀内 伊太郎　ほりうち・いたろう　〜昭和47年12月8日
浅田飴本舗社長　→昭和

堀内 悦夫　ほりうち・えつお　明治37年11月25日〜昭和
45年12月19日　新潟放送社長、新潟日報専務　→昭和

堀内 悦造　ほりうち・えつぞう　大正10年7月13日〜昭
和63年11月17日　堀内カラー社長　→88/90

堀内 一雄　ほりうち・かずお　明治26年9月13日〜昭和
60年12月11日　衆院議員（自民党）、富士急行社長　→
83/87

堀内 一光　ほりうち・かずみつ　昭和11年10月19日〜昭
和63年10月8日　瑞穂スプリング製作所社長　→88/90

堀内 寛治　ほりうち・かんじ　〜昭和44年6月30日
オーツタイヤ社長、日本自動車タイヤ協会会長　→昭和

堀内 寛仁　ほりうち・かんじん　明治45年3月13日〜平
成9年4月20日　僧侶　大野寺住職、高野山大学名誉教授
→97/99

堀内 キン　ほりうち・きん　明治35年〜平成4年8月21日
福音寮理事長　→91/93

堀内 軍平　ほりうち・ぐんぺい　〜平成3年7月21日
共同通信社編集連絡部長　→91/93

堀内 奎三郎　ほりうち・けいざぶろう　大正15年9月15
日〜平成16年1月25日　北日本新聞相談役　→03/05

堀内 啓二　ほりうち・けいじ　大正9年10月26日〜平

成6年4月30日　日野自動社販売専務　→94/96

堀内 鏗市　ほりうち・こういち　大正3年2月13日〜昭和
58年2月20日　万常紙店相談役・元専務　→83/87

堀内 公次　ほりうち・こうじ　明治44年3月23日〜平成7
年4月22日　東芝セラミックス専務　→94/96

堀内 佐太郎　ほりうち・さたろう　〜昭和32年6月21日
塩野義製薬常務　→昭和

堀内 三郎　ほりうち・さぶろう　明治2年12月〜昭和8年
12月20日　海軍中将　→昭和

堀内 三郎　ほりうち・さぶろう　昭和4年3月27日〜平成
22年9月26日　富山県議（自民党）　→09/11

堀内 滋彦　ほりうち・しげひこ　昭和27年5月25日〜平
成7年6月24日　浅田飴社長　→94/96

堀内 茂　ほりうち・しげる　昭和4年7月19日〜平成22年
3月8日　後楽園スタヂアム常務　→09/11

堀内 秀太郎　ほりうち・しゅうたろう　〜昭和16年6月1
日　九州送電専務、長崎県知事　→昭和

堀内 淳一郎　ほりうち・じゅんいちろう　〜昭和61年1月
15日　ニチバン監査役、ニチバンプラスト社長　→83/87

堀内 祥永　ほりうち・しょうえい　〜平成13年12月13日
僧侶　秋篠寺住職　→00/02

堀内 末男　ほりうち・すえお　大正8年5月20日〜平成4
年6月4日　集英社社長　→91/93

堀内 侃　ほりうち・すなお　昭和11年12月24日〜平成
24年10月17日　電通副社長　→09/11

堀内 清一　ほりうち・せいいち　明治33年3月6日〜昭和
61年2月12日　中央信用金庫会長　→83/87

堀内 健　ほりうち・たけし　昭和5年9月29日〜平成5年9
月12日　平和生命保険常務　→91/93

堀内 達夫　ほりうち・たつお　昭和3年〜平成4年4月14
日　麦書房主　→91/93

堀内 辰之助　ほりうち・たつのすけ　大正5年4月9日〜
平成13年1月29日　東洋製缶専務　→00/02

堀内 辰巳　ほりうち・たつみ　大正3年11月9日〜平成7
年1月22日　上組常務　→94/96

堀内 達也　ほりうち・たつや　大正8年6月4日〜平成15
年3月30日　明電舎常務　→03/05

堀内 干城　ほりうち・たてき　明治22年3月7日〜昭和28
年5月17日　外交官　駐華全権公使　→昭和

堀内 長栄　ほりうち・ちょうえい　明治20年7月6日〜昭
和36年1月19日　労働運動家　日本海員組合組合長　→
昭和

堀内 勉　ほりうち・つとむ　大正15年1月28日〜平成1年
8月12日　アスク監査役　→88/90

堀内 弟助　ほりうち・ていすけ　〜昭和30年1月12日
北電副社長　→昭和

堀内 照子　ほりうち・てるこ　〜昭和55年11月1日
世界救世教参与・元関東地区副本部長　→80/82

堀内 俊夫　ほりうち・としお　大正7年2月16日〜平成21
年10月26日　参院議員（自民党）、環境庁長官　→09/11

「現代物故者事典」総索引（昭和元年〜平成23年）　　1107

堀内 敏堯　ほりうち・としたか　〜昭和56年6月28日　明治鉱業専務　→80/82

堀内 俊彦　ほりうち・としひこ　大正15年〜平成13年8月16日　住友不動産常務,住友不動産販売専務　→00/02

堀内 俊宏　ほりうち・としひろ　昭和5年11月27日〜平成10年6月19日　二見書房社長　→97/99

堀内 利政　ほりうち・としまさ　大正11年12月16日〜昭和62年10月9日　俳人　山本海苔店常務　→83/87

堀内 昇　ほりうち・のぼる　〜昭和60年6月19日　富士吉田市長,全国市長会副会長　→83/87

堀内 弘明　ほりうち・ひろあき　昭和3年4月8日〜平成14年3月5日　日本合成化学工業常務　→00/02

堀内 博　ほりうち・ひろし　昭和12年9月25日〜平成14年10月20日　日刊工業新聞大阪支社出版部長　→00/02

堀内 藤武　ほりうち・ふじたけ　〜平成2年8月15日　日鉄汽船(のち新和海運)監査役　→88/90

堀内 文次郎　ほりうち・ぶんじろう　文久3年9月17日〜昭和17年3月14日　陸軍中将　日本スキー界の草分け　→昭和

堀内 平八郎　ほりうち・へいはちろう　大正4年8月8日〜平成9年7月4日　浜松ホトニクス創業者　→97/99

堀内 正揚　ほりうち・まさあき　〜平成7年2月12日　龍東木材社長　→94/96

堀内 森夫　ほりうち・もりお　昭和3年8月20日〜平成8年8月14日　松竹専務　→94/96

堀内 八重野　ほりうち・やえの　〜昭和41年11月28日　全国未亡人団体協議会会長　→昭和

堀内 泰吉　ほりうち・やすきち　〜昭和28年1月30日　日新火災重役　→昭和

堀内 安　ほりうち・やすし　明治44年10月18日〜平成10年10月20日　富士電機工事社長　→97/99

堀内 洋之助　ほりうち・ようのすけ　〜昭和55年9月17日　一成証券会長　→80/82

堀内 良平　ほりうち・りょうへい　明治3年11月3日〜昭和19年7月4日　実業家,政治家　富士山麓鉄道社長,衆院議員(民政党)　→昭和

堀内 六郎　ほりうち・ろくろう　明治45年5月4日〜平成3年12月17日　日瑞基金理事,国民金融公庫理事　→91/93

堀江 英一　ほりえ・えいいち　昭和4年5月18日〜平成10年1月17日　埼玉県議(自民党)　→97/99

堀江 和子　ほりえ・かずこ　平成2年〜平成19年9月　旧樺太に抑留された朝鮮半島出身者の帰国に尽力　→06/08

堀江 克之　ほりえ・かつゆき　昭和19年3月23日〜平成22年1月28日　生化学工業常務　→09/11

堀江 謙敏　ほりえ・かねとし　大正8年3月30日〜昭和59年5月4日　滝上工業監査役　→83/87

堀江 三郎　ほりえ・さぶろう　明治42年1月20日〜平成2年3月26日　日本火災海上保険常務　→88/90

堀江 薫雄　ほりえ・しげお　明治36年1月28日〜平成12年8月27日　東京銀行頭取　→00/02

堀江 重栄　ほりえ・しげよし　大正15年3月30日〜昭和63年5月18日　日本鋼管専務,アドケムコ社長　→88/90

堀江 静男　ほりえ・しずお　大正9年3月21日〜平成9年4月4日　静岡県議(自民党)　→97/99

堀江 実蔵　ほりえ・じつぞう　明治36年4月〜昭和61年1月9日　衆院議員(労農党)　→83/87

堀江 順策　ほりえ・じゅんさく　明治42年7月10日〜平成3年8月18日　昭和ゴム常務　→91/93

堀江 正三郎　ほりえ・しょうざぶろう　明治2年1月〜昭和19年10月9日　衆院議員(政友会)　→昭和

堀江 四郎　ほりえ・しろう　〜平成8年6月24日　ワキタ商会会長　→94/96

堀江 二郎　ほりえ・じろう　〜昭和58年3月9日　ガス事業新聞社社長　→83/87

堀江 侃　ほりえ・すなお　昭和11年12月18日〜平成19年10月9日　伊勢原市長,総務庁関東管区行政監察局長　→06/08

堀江 清一　ほりえ・せいいち　明治43年12月2日〜平成2年3月25日　石油荷役会長　→88/90

堀江 専一郎　ほりえ・せんいちろう　〜昭和14年6月25日　弁護士　→昭和

堀江 勉　ほりえ・つとむ　大正13年5月20日〜平成15年1月3日　大同特殊鋼副社長　→03/05

堀江 達　ほりえ・とおる　昭和14年8月17日〜昭和63年11月28日　郵政省大臣官房参事官　→88/90

堀江 利幸　ほりえ・としゆき　昭和17年6月29日〜昭和62年8月20日　ぺんてる社長　→83/87

堀江 朝光　ほりえ・ともみつ　明治45年1月15日〜平成4年8月11日　東映監査役　→91/93

堀江 夏彦　ほりえ・なつひこ　大正8年8月1日〜平成6年7月6日　三井プレコン副社長　→94/96

堀江 彦蔵　ほりえ・ひこぞう　明治38年9月20日〜平成6年6月14日　社会運動家　社会党青森県連書記長　→94/96

堀恵 弘　ほりえ・ひろし　大正10年3月2日〜平成3年7月10日　理研鋼機(のちトーヨコ理研)取締役　→91/93

堀江 不器雄　ほりえ・ふきお　〜昭和58年7月14日　興亜石油常務　→83/87

堀江 文彦　ほりえ・ふみひこ　〜平成10年8月5日　海将　海上自衛隊舞鶴地方総監　→97/99

堀江 雅晴　ほりえ・まさはる　〜平成9年1月26日　宣伝プロモーター　ポンプ代表　→97/99

堀江 実　ほりえ・みのる　昭和8年3月15日〜平成18年10月8日　エイケン工業創業者　→06/08

堀江 康生　ほりえ・やすお　明治13年10月11日〜平成12年4月2日　東武百貨店専務　→00/02

堀江 雄　ほりえ・ゆう　昭和2年8月31日〜平成3年12月23日　明治屋食品工場専務,元,麒麟麦酒取締役　→91/93

I 政治・経済・社会篇　　ほりくち

堀江 幸夫　ほりえ・ゆきお　明治44年10月1日～平成22年11月30日　ぺんてる創業者　→09/11

堀江 義雄　ほりえ・よしお　大正2年9月30日～平成19年10月19日　大日日本電線常務　→06/08

堀江 美雄　ほりえ・よしお　昭和5年5月1日～平成7年8月18日　熊本朝日放送専務　→94/96

堀江 龍一　ほりえ・りゅういち　昭和20年2月8日～平成23年7月11日　静岡県議（無所属）　→09/11

堀尾 喜一　ほりお・きいち　明治32年5月18日～昭和62年9月26日　日東紡績常務　→83/87

堀尾 公一　ほりお・こういち　大正15年6月17日～平成13年12月6日　住倉工業社長　→00/02

堀岡 吉次　ほりおか・きちじ　明治45年6月22日～平成3年2月1日　富山県副知事、厚生省医務局次長　→91/93

堀岡 正家　ほりおか・まさいえ　～昭和56年10月23日　通信省電気試験所長　→80/82

堀川 恵つ　ほりかわ・えつ　～平成4年1月9日　三重県議、みどり自由学園園長　→91/93

堀川 和洋　ほりかわ・かずひろ　昭和17年7月8日～平成16年8月4日　姫路市長　→03/05

堀川 吉蔵　ほりかわ・きちぞう　明治38年10月15日～昭和60年4月8日　堀川産業会長　→83/87

堀川 恭平　ほりかわ・きょうへい　明治27年5月～昭和45年9月29日　衆議院議員（自民党）　→昭和

堀川 慶治郎　ほりかわ・けいじろう　明治38年1月30日～平成2年11月23日　三井生命保険監査役　→88/90

堀川 浩洋　ほりかわ・こうよう　昭和8年5月18日～平成22年2月27日　四国フェリー社長　→09/11

堀川 虎楠　ほりかわ・こなん　～平成5年1月10日　芝浦精糖（のち三井製糖）専務、三井物産監査役　→91/93

堀川 清弘　ほりかわ・せいこう　明治38年10月21日～昭和20年11月21日　農民運動家　→昭和

堀川 清治　ほりかわ・せいじ　明治35年4月18日～平成1年9月1日　古川組取締役　→88/90

堀川 孝夫　ほりかわ・たかお　昭和6年3月24日～平成11年11月22日　秋田銀行頭取　→97/99

堀川 隆雄　ほりかわ・たかお　明治25年12月8日～平成5年2月28日　大東ポリマー工業専務　→91/93

堀川 武雄　ほりかわ・たけお　～平成3年2月18日　西日本銀行監査役　→91/93

堀川 照雄　ほりかわ・てるお　大正7年2月5日～平成15年7月14日　丸一鋼管名誉会長　→03/05

堀川 富太郎　ほりかわ・とみたろう　大正5年8月3日～平成9年2月16日　住友建設社長　→97/99

堀川 豊弘　ほりかわ・とよひろ　～昭和61年12月24日　九州電気工事常務取締役　→83/87

堀川 則之　ほりかわ・のりゆき　昭和2年6月30日～平成23年6月16日　四国フェリー会長　→09/11

堀川 春彦　ほりかわ・はるひこ　大正14年3月24日～平成7年3月12日　農林水産省農林水産技術会議事務局長、農林中央金庫理事　→94/96

堀川 正通　ほりかわ・まさみち　昭和2年9月3日～平成5年8月26日　福岡県議（自民党）、堀川バス社長　→91/93

堀川 義一　ほりかわ・よしいち　～昭和60年10月4日　近畿地方更生保護委員会委員長　→83/87

堀川 嘉夫　ほりかわ・よしお　明治26年1月7日～昭和56年8月9日　弁護士　日本弁護士連合会副会長、近畿弁護士連合会理事長　→80/82

堀川 美哉　ほりかわ・よしや　明治16年5月17日～昭和38年6月22日　津市長、衆院議員（政友会）　→昭和（ほりかわ・よしなり）

堀木 鎌三　ほりき・けんぞう　明治31年3月17日～昭和49年4月13日　運輸官僚、政治家　厚相、参院議員（自民党）　→昭和

堀木 常助　ほりき・じょうすけ　～昭和10年2月25日　第七師団法務部長　→昭和

堀木 専三　ほりき・せんぞう　～昭和60年8月16日　稲沢市植木生産振興会会長、愛知県緑化木生産者団体協議会同会長兼同尾張支部長　→83/87

堀木 博　ほりき・ひろし　大正4年1月13日～平成22年3月12日　四日市倉庫社長、四日市商工会議所会頭　→09/11

堀木 フミ子　ほりき・ふみこ　大正8年～昭和61年1月16日　マッサージ師　堀木訴訟原告　→83/87

堀切 真一郎　ほりきり・しんいちろう　大正3年8月11日～昭和62年3月3日　弁護士　日弁連理事、福島県弁護士会長　→83/87

堀切 善次郎　ほりきり・ぜんじろう　明治17年9月2日～昭和54年11月1日　内務官僚　貴院議員（勅選）、内相、内閣書記官長　→昭和

堀切 善兵衛　ほりきり・ぜんべえ　明治15年5月4日～昭和21年11月25日　政治家　衆院議長、貴院議員（勅選）、駐伊大使　→昭和

堀切 治雄　ほりきり・はるお　大正3年6月22日～平成10年11月19日　日本鋼管常務　→97/99

堀切 尚喜　ほりきり・ひさよし　昭和9年8月25日～平成18年6月8日　住友不動産常務　→06/08

堀口 昭雄　ほりぐち・あきお　昭和16年8月14日～平成21年3月2日　栃木県出納長　→09/11

堀口 彰　ほりぐち・あきら　大正5年4月14日～平成5年7月16日　大同鋼板常務　→91/93

堀口 勇　ほりぐち・いさむ　大正15年11月20日～平成12年7月28日　牧師　日本基督教団酒々井伝道所牧師　→00/02

堀口 九万一　ほりぐち・くまいち　元治2年1月28日～昭和20年10月30日　外交官、随筆家　駐ルーマニア公使　→昭和

堀口 定良　ほりぐち・さだよし　～昭和56年4月　早大総長室調査役主事　→80/82

堀口 藤一　ほりぐち・とういち　昭和5年11月29日～平成16年10月9日　大阪証券金融社長　→03/05

堀口 俊彦　ほりぐち・としひこ　昭和20年5月27日〜平成17年1月22日　ライオン常務　→03/05

堀口 斗　ほりぐち・はかる　〜昭和47年1月23日　豊和工業常務　→昭和

堀口 春蔵　ほりぐち・はるぞう　明治43年5月10日〜平成10年12月9日　高松地検検事正　→97/99

堀口 英雄　ほりぐち・ひでお　〜昭和55年8月27日　グンゼ産業常務　→80/82

堀口 光夫　ほりぐち・みつお　〜平成2年1月17日　日本クラブ専務理事　→88/90

堀口 幸雄　ほりぐち・ゆきお　〜平成8年7月4日　妹背牛町(北海道)町長　→94/96

堀口 善嗣　ほりぐち・よしつぐ　大正2年11月5日〜平成21年10月22日　東亜紡織社長　→09/11

堀口 渡　ほりぐち・わたる　大正2年4月28日〜平成6年10月23日　三菱金属(のち三菱マテリアル)専務　→94/96

堀家 邦男　ほりけ・くにお　〜昭和58年11月27日　サンシャイン国際水族館館長　→83/87

堀家 重俊　ほりけ・しげとし　大正5年3月30日〜平成10年1月11日　丸亀市長　→97/99

堀家 嘉郎　ほりけ・よしろう　大正8年1月30日〜平成7年2月12日　弁護士　中央選挙管理委員会委員長　→94/96

堀越 昭　ほりこし・あきら　大正12年2月9日〜平成4年7月12日　西部石油副社長　→91/93

堀越 一三　ほりこし・いちぞう　〜昭和61年10月1日　国鉄鉄道技術研究所第二部長、芝浦製作所顧問　→83/87

堀越 一三　ほりこし・いちぞう　明治30年4月5日〜平成3年3月17日　北海製縫社長　→91/93

堀越 一彦　ほりこし・いちひこ　昭和7年3月10日〜平成14年6月7日　読売新聞総合技術開発室長　→00/02

堀越 うめの　ほりこし・うめの　〜平成14年12月6日　霞月楼女将　→00/02

堀越 健　ほりこし・けん　昭和10年2月28日〜平成23年1月18日　厚木ナイロン工業常務　→09/11

堀越 二郎　ほりこし・じろう　明治36年6月22日〜昭和57年1月11日　航空機設計者、航空評論家　三菱重工業名古屋航空機製作所技師長　→80/82

堀越 善重郎　ほりこし・ぜんじゅうろう　文久3年5月3日〜昭和11年4月24日　実業家　→昭和

堀越 孝　ほりこし・たかし　〜昭和56年12月26日　世田谷区衛生部長　→80/82

堀越 隆　ほりこし・たかし　昭和4年7月9日〜平成5年6月24日　SMC取締役　→91/93

堀越 禎三　ほりこし・ていぞう　明治31年12月13日〜昭和62年6月24日　日本ウジミナス社長、東京ケーブルビジョン会長、経団連副会長　→83/87

堀越 鉄蔵　ほりこし・てつぞう　〜昭和24年7月4日　日銀理事　→昭和

堀越 創　ほりこし・はじむ　〜昭和60年2月16日

堀越商会(絹織物輸出)商会主　→83/87

堀越 尚　ほりこし・ひさし　昭和4年11月26日〜平成22年8月7日　日本勧業角丸証券専務　→09/11

堀越 洋一　ほりこし・よういち　昭和17年〜昭和61年6月27日　日本テクニカルサービス社長,日本ソフトウェア産業協会理事長　→83/87

堀越 善雄　ほりこし・よしお　大正7年11月10日〜平成22年12月31日　丸文社長　→09/11

堀越 芳太郎　ほりこし・よしたろう　〜昭和4年10月9日　海軍大尉　→昭和

堀込 聡夫　ほりこみ・としお　大正9年6月26日〜平成16年9月20日　不二サッシ社長　→03/05

堀籠 紀一　ほりごめ・きいち　〜昭和62年5月5日　石巻市町内会連合会長　→83/87

堀込 敬司　ほりごめ・けいじ　大正7年9月18日〜平成7年10月10日　群馬県議(社会党)　→94/96

堀籠 俊男　ほりごめ・としお　大正7年10月11日〜昭和61年8月10日　日本石油常勤監査役,日本海石油常勤監査役　→83/87

堀崎 昭生　ほりさき・あきお　〜昭和60年10月10日　東京商工会議所理事　→83/87

堀崎 繁喜　ほりさき・しげき　〜昭和39年12月29日　警視庁捜査一課長　→昭和

堀杉 良一　ほりすぎ・りょういち　〜昭和61年4月25日　日本観業銀行監査役　→83/87

堀添 勝身　ほりぞえ・かつみ　昭和14年7月21日〜平成22年3月24日　ユースワーカー能力開発協会理事長　→09/11

堀田 一治　ほりた・いちじ　昭和11年11月13日〜平成23年7月15日　佐賀県議(自民党)　→09/11

堀田 三五郎　ほりた・さんごろう　大正4年2月16日〜平成23年1月28日　立山町(富山県)町長　→09/11

堀田 俊彦　ほりた・としひこ　〜昭和62年10月6日　堀田ブロック代表　→83/87

堀田 肇　ほりた・はじむ　大正11年12月1日〜平成23年5月9日　不二越専務　→09/11

堀田 政治郎　ほりた・まさじろう　〜平成1年12月2日　ホリタ相談役　→88/90

堀友 頼一　ほりとも・よりいち　大正9年7月10日〜平成9年7月11日　広島県議(自民党)　→97/99

堀野 欣哉　ほりの・きんや　昭和8年11月16日〜平成23年5月27日　キンシ正宗社長,京都府酒造組合連合会会長　→09/11

堀野 豊夫　ほりの・とよお　大正7年1月3日〜平成8年7月9日　全国厚生農業協同組合連合会会長　→94/96

堀埜 豊一　ほりの・とよかず　〜昭和49年2月23日　氷見市長　→昭和

堀野 豊人　ほりの・とよんど　昭和5年9月1日〜昭和58年3月10日　プリマハム専務取締役　→83/87

I 政治・経済・社会篇　　　　　　　　　　　　　　　　　　　　　　　　　　　　　　　　　　　ほんしよう

堀之内 朗　ほりのうち・あきら　昭和28年〜平成12年
　(株)日本興業銀行証券業務部証券投資調査室長　→03/05s

堀内 謙介　ほりのうち・けんすけ　明治19年3月30日〜昭和54年11月1日　駐米大使　→昭和(ほりうち・けんすけ)

堀之内 久男　ほりのうち・ひさお　大正13年11月10日〜平成22年3月31日　衆院議員(自民党)、郵政相、農水相　→09/11

堀之内 斎　ほりのうち・ひとし　明治43年11月14日〜平成5年8月25日　日本アレフ会長　→91/93

堀之内 みど里　ほりのうち・みどり　〜平成21年1月2日　雲助店主　→09/11

堀場 一雄　ほりば・かずお　明治33年2月1日〜昭和28年10月21日　陸軍大佐　→昭和

堀場 義晃　ほりば・よしてる　大正2年6月9日〜平成2年12月23日　名古屋クラウンホテル(株)社長、堀場産業社長　→88/90

堀端 弘士　ほりばた・ひろし　明治41年12月15日〜平成5年2月13日　弁護士　名古屋地裁総括判事、名古屋高裁金沢支部判事　→91/93

堀部 甲子夫　ほりべ・きしお　大正13年1月14日〜平成23年9月6日　第三銀行専務　→09/11

堀部 清　ほりべ・きよし　大正7年11月7日〜平成12年8月9日　自治大学校長、福島県副知事　→00/02

堀部 四郎　ほりべ・しろう　大正12年10月9日〜平成4年6月3日　関市長　→91/93

堀部 進　ほりべ・すすむ　大正2年8月28日〜平成3年3月28日　弁護士　名古屋弁護士会副会長　→91/93

堀部 浅　ほりべ・せん　〜昭和47年10月23日　弁護士　→昭和

堀部 彦次郎　ほりべ・ひこじろう　万延1年3月18日〜昭和58年8月30日　実業家　宇和島運輸社長、衆院議員　→昭和

堀部 正臣　ほりべ・まさおみ　〜平成11年8月21日　黒川ドリーム会事務局長　→97/99

堀部 義雄　ほりべ・よしお　〜平成6年1月12日　不二越常務　→94/96

堀部 良克　ほりべ・よしかつ　〜昭和56年6月22日　協和醱酵取締役医薬営業部長　→80/82

堀本 崇　ほりもと・たかし　昭和42年〜平成18年11月10日　アジア子供教育基金代表　→06/08

堀本 俊和　ほりもと・としかず　昭和7年7月8日〜平成11年10月31日　志村化工常務　→97/99

堀本 宜良　ほりもと・よしざね　明治33年〜昭和53年6月27日　参院議員(自民党)　→昭和

堀山 修一　ほりやま・しゅういち　昭和16年12月12日〜平成17年2月13日　ピープル社長　→03/05

堀山 美智雄　ほりやま・みちお　〜平成3年8月30日　大阪高検検事　→91/93

洪 呂杓　ホン・ヨピョ　昭和5年4月9日〜平成22年10月27日　生野コリアンタウンの発展に尽くした　→09/11

本位田 昇　ほんいでん・のぼる　〜昭和51年5月21日　最高検検事　→昭和

本川 八郎　ほんかわ・はちろう　大正8年6月26日〜平成10年4月4日　太平洋クラブ社長、平和相互銀行取締役　→97/99

本行 基資　ほんぎょう・もとし　大正14年12月28日〜平成11年11月20日　岡田商事会長　→97/99

本家 三郎　ほんけ・さぶろう　明治43年1月2日〜昭和63年3月5日　音更町(北海道)町長　→88/90

本郷 かまと　ほんごう・かまと　明治20年9月16日〜平成15年10月31日　世界最高齢者(116歳)　→03/05

本郷 公威　ほんごう・こうい　大正15年〜平成3年3月31日　衆院議員(社会党)　→91/93

本郷 三郎　ほんごう・さぶろう　〜平成6年6月9日　滋賀県議　→94/96

本郷 公　ほんごう・ただし　明治43年6月23日〜平成6年6月16日　クラボウ専務、日本バレーボール協会副会長　→94/96

本郷 亭十郎　ほんごう・ていじゅうろう　〜昭和55年12月29日　石塚証券社長　→80/82

本郷 照次　ほんごう・てるつぐ　昭和4年4月25日〜平成6年10月30日　武田薬品工業副社長　→94/96

本郷 寿次　ほんごう・ひさじ　〜昭和58年1月6日　日本機械輸出組合専務理事　→83/87

本郷 房太郎　ほんごう・ふさたろう　安政7年1月24日〜昭和6年3月20日　陸軍大将　大日本武徳会会長　→昭和

本郷 富士子　ほんごう・ふじこ　明治44年2月〜平成9年11月4日　尾崎記念財団常務理事、総合労働研究所会長　→97/99

本郷 文男　ほんごう・ふみお　大正10年3月18日〜昭和62年9月3日　東京都下水道局長　→83/87

本郷 文男　ほんごう・ふみお　大正8年7月21日〜平成10年5月31日　松本商工会議所専務理事　→97/99

本郷 万蔵　ほんごう・まんぞう　大正8年1月9日〜平成2年　富士端子工業社長　→88/90

本江 由春　ほんごう・よしはる　昭和6年1月25日〜昭和61年9月30日　共栄火災海上保険相互会社取締役　→83/87

本迫 年浩　ほんさこ・としひろ　大正10年3月25日〜平成8年8月4日　近畿日本鉄道常務、都ホテル東京社長　→94/96

本沢 昭治　ほんざわ・しょうじ　昭和3年12月1日〜平成16年5月29日　茨城県議(自民党)　→03/05

品治 通雄　ほんじ・みちお　大正6年9月10日〜平成5年6月7日　森下仁丹専務、仁丹食品社長　→91/93

本庄 季郎　ほんじょう・きろう　明治34年8月6日〜平成2年4月21日　三菱重工顧問　→88/90

本庄 金次郎　ほんじょう・きんじろう　大正4年12月2日〜平成14年3月22日　高周波熱錬専務　→00/02

「現代物故者事典」総索引(昭和元年〜平成23年)　　1111

本荘 堅宏　ほんじょう・けんこう　文久3年〜昭和9年12月20日　大陸浪人　→昭和

本庄 成郎　ほんじょう・しげお　大正15年〜平成16年7月7日　豊年製油専務　→03/05

本庄 繁　ほんじょう・しげる　明治9年5月10日〜昭和20年11月20日　陸軍大将　枢密顧問官　→昭和

本荘 秀一　ほんじょう・しゅういち　明治32年12月18日〜昭和60年2月5日　運輸省第2港湾建設部長、りんかい建設副社長　→83/87

本荘 健男　ほんじょう・たけお　大正4年12月27日〜昭和61年1月1日　住友金属工業相談役、日本鋳鍛鋼会会長　→83/87

本庄 武仁　ほんじょう・たけしげ　〜平成3年3月6日　石原産業取締役　→91/93

本荘 太彦　ほんじょう・たひこ　明治40年6月30日〜平成8年10月11日　塩野義製薬常務　→94/96

本庄 務　ほんじょう・つとむ　〜平成13年4月12日　警察庁九州管区警察局長　→00/02

本庄 波衛　ほんじょう・なみえ　万延1年11月20日〜昭和3年10月6日　事業家　→昭和

本庄 正夫　ほんじょう・まさお　大正1年8月16日〜平成4年6月28日　蝶理副社長　→91/93

本庄 正則　ほんじょう・まさのり　昭和9年4月25日〜平成14年7月22日　伊藤園創業者　→00/02

本庄 愈　ほんじょう・まさる　昭和10年5月24日〜平成13年1月5日　三星堂（のちクラヤ三星堂）副社長　→00/02

本庄 光夫　ほんじょう・みつお　大正13年9月22日〜平成11年8月5日　朝日工業社専務　→97/99

本庄 三之　ほんじょう・みつゆき　大正6年8月14日〜平成2年2月26日　宇徳運輸相談役　→88/90

本陣 三郎　ほんじん・さぶろう　大正13年12月26日〜平成15年4月9日　日本銀行考査役、北国銀行副頭取　→03/05

本陣 甚一　ほんじん・じんいち　明治37年1月5日〜平成20年1月29日　北国銀行頭取　→06/08

本多 晶　ほんだ・あきら　〜平成12年12月20日　日本精糖専務　→00/02

本多 一郎　ほんだ・いちろう　〜平成23年5月18日　海将　防衛庁技術研究本部技術開発官　→09/11

本多 市郎　ほんだ・いちろう　明治28年11月〜昭和34年4月5日　参院議員（自民党）、衆院議員（無所属）　→昭和

本多 宇喜久郎　ほんだ・うきくろう　〜昭和55年1月13日　本多酸素社長　→80/82

本田 栄吉　ほんだ・えいきち　〜昭和62年8月4日　西松建設取締役　→83/87

本田 英作　ほんだ・えいさく　明治18年4月〜昭和23年10月4日　衆院議員（自由党）　→昭和

本多 栄二　ほんだ・えいじ　大正8年8月1日〜平成22年7月24日　正栄食品工業社長　→09/11

本田 治　ほんだ・おさむ　〜平成6年10月15日　日石伊藤忠社長　→94/96

本多 嘉一郎　ほんだ・かいちろう　〜昭和55年5月15日　調布市長　→80/82

本多 一雄　ほんだ・かずお　大正2年10月20日〜昭和61年11月5日　全東栄信用組合会長、東京都信用組合協会会長　→83/87

本田 一雄　ほんだ・かずお　〜昭和60年11月22日　明治薬研監査役、喜八食品監査役　→83/87

本田 和男　ほんだ・かずお　昭和2年4月6日〜平成1年2月1日　浜銀総合研究所社長、横浜銀行専務　→88/90

本多 和也　ほんだ・かずや　大正5年〜平成1年12月2日　東食取締役　→88/90

本多 勝一　ほんだ・かついち　〜昭和43年11月14日　日本光学常務　→昭和

本多 貫一　ほんだ・かんいち　大正6年10月3日〜平成18年5月30日　西尾市長　→06/08

本田 義英　ほんだ・ぎえい　明治21年8月10日〜昭和28年7月29日　僧侶（日蓮宗）、仏教学者　京都帝大教授、宝塔寺住職　→昭和

本田 菊太郎　ほんだ・きくたろう　〜昭和31年10月27日　オーエム紡機社長　→昭和

本多 久吉　ほんだ・きゅうきち　明治41年5月6日〜昭和59年1月12日　サントリー常務　→83/87

本多 浄道　ほんだ・きよみ　昭和2年12月7日〜平成21年12月10日　僧侶　宗慶寺（浄土宗）住職、青山学院大学教授　→09/11

本多 熊太郎　ほんだ・くまたろう　明治7年12月8日〜昭和23年12月18日　外交官、外交評論家　駐華大使　→昭和

本田 啓吉　ほんだ・けいきち　大正13年10月25日〜平成18年4月13日　市民運動家　水俣病を告発する会代表　→06/08

本多 敬虔　ほんだ・けいけん　〜平成6年6月27日　僧侶　真宗大谷派宗議会議長、龍泉寺住職　→94/96

本田 啓昌　ほんだ・けいしょう　大正9年8月23日〜平成13年1月18日　弁護士　最高検検事　→00/02

本多 敬介　ほんだ・けいすけ　昭和4年11月11日〜平成9年1月12日　本多電子会長　→97/99

本多 恵隆　ほんだ・けいりゅう　〜昭和19年5月18日　西本願寺派執行長　→昭和

誉田 玄光　ほんだ・げんこう　〜平成23年10月13日　僧侶　延暦寺副執行管理部長、真乗院住職　→09/11

本多 賢純　ほんだ・けんじゅん　〜平成4年1月31日　僧侶　真宗大谷派宗務顧問、全日本仏教会理事　→91/93

誉田 玄昭　ほんだ・げんしょう　大正4年6月4日〜平成11年12月11日　僧侶　天台宗探題大僧正、延暦寺法蔓院（天台宗）住職、毘沙門堂門跡　→97/99

本田 恒　ほんだ・こう　〜昭和38年12月27日　聯合紙器社長　→昭和

本多 鋼治　ほんだ・こうじ　明治26年12月〜昭和39年12

I 政治・経済・社会篇　　　　　　　　　　　　　　　　　　　　ほんた

月6日　衆院議員(進歩党)　→昭和

本田 弘慈　ほんだ・こうじ　明治45年3月31日〜平成14年4月6日　牧師　日本福音クルセード主幹　→00/02

本田 茂　ほんだ・しげる　大正10年2月20日〜平成21年2月21日　ハザマ社長　→09/11

本多 主馬　ほんだ・しゅめ　明治6年9月6日〜昭和13年2月3日　僧侶　大谷大学学長、専修寺住職、天台宗僧正　→昭和

本田 淳一郎　ほんだ・じゅんいちろう　大正15年12月15日〜昭和62年5月2日　新興産業取締役　→83/87

本田 舜二　ほんだ・しゅんじ　〜昭和61年4月10日　日本シスコン会長　→83/87

本田 順太郎　ほんだ・じゅんたろう　大正12年10月21日〜平成16年12月19日　久保田鉄工所常務　→03/05

本多 淳亮　ほんだ・じゅんりょう　大正14年1月20日〜平成13年8月9日　弁護士　大阪市立大学名誉教授　→00/02

本多 正一　ほんだ・しょういち　大正5年12月26日〜平成19年3月25日　正栄食品工業社長　→06/08

本田 正一　ほんだ・しょういち　大正5年7月21日〜昭和62年5月3日　魚津市議　→83/87

本多 次郎　ほんだ・じろう　〜平成12年1月13日　イビデン会長　→00/02

本田 仁三郎　ほんだ・じんざぶろう　大正1年9月30日〜平成8年2月8日　メルシャン常務　→94/96

本多 助太郎　ほんだ・すけたろう　明治30年〜昭和46年12月5日　信濃毎日新聞副社長　→昭和

本田 清一　ほんだ・せいじ　〜昭和58年11月21日　安田火災海上保険常任監査役　→83/87

本田 宗一郎　ほんだ・そういちろう　明治39年11月17日〜平成3年8月5日　実業家　本田技研工業創業者　→91/93

本多 惣助　ほんだ・そうすけ　〜昭和56年1月14日　東福製粉常務　→80/82

本田 隆昭　ほんだ・たかあき　昭和2年4月1日〜平成14年10月15日　新日本海新聞副社長　→00/02

本田 多賀雄　ほんだ・たかお　昭和8年8月17日〜平成12年3月22日　弁護士　本田法律事務所長、神戸弁護士会会長、上組監査役　→00/02

本多 卓禾　ほんだ・たくほ　昭和11年6月22日〜平成18年7月25日　弁護士　神戸弁護士会副会長　→06/08

本多 武雄　ほんだ・たけお　大正5年10月15日〜平成12年11月4日　警察庁関東管区警察局長　→00/02

本田 勇男　ほんだ・たけお　〜昭和42年7月20日　アイルランド政府名誉領事、菱栄(株)社長　→昭和

本多 丈人　ほんだ・たけと　大正9年3月31日〜平成5年10月13日　浅沼組常務　→91/93

本田 桓康　ほんだ・たけやす　明治43年11月27日〜平成5年10月20日　プレス工業社長　→91/93

本多 忠夫　ほんだ・ただお　〜昭和3年12月13日

海軍軍医総監　→昭和

本田 忠男　ほんだ・ただお　昭和3年8月9日〜平成6年12月24日　全国農業協同組合連合会理事、石川県農協中央会会長　→94/96

本田 正　ほんだ・ただし　大正14年5月5日〜平成7年8月15日　防衛医学振興会理事、防衛庁衛生局長　→94/96

本多 竜雄　ほんだ・たつお　〜昭和42年12月4日　厚生省人口問題研究所・人口政策部長　→昭和

本多 愛男　ほんだ・ちかお　大正14年7月9日〜平成18年6月7日　座間市長　→06/08

本田 親男　ほんだ・ちかお　明治32年11月21日〜昭和55年7月30日　毎日新聞社長、毎日放送会長　→80/82

本田 千之　ほんだ・ちゆき　大正14年12月13日〜平成15年4月27日　神戸製鋼所専務　→03/05

本多 恒之　ほんだ・つねゆき　文久2年4月〜昭和9年2月4日　弁護士　衆院議員(民政党)　→昭和

本多 鶴明　ほんだ・つるあき　〜昭和61年3月31日　中日新聞社監査役、北陸中日新聞代表取締役　→83/87

本多 貞次郎　ほんだ・ていじろう　安政5年1月7日〜昭和12年2月26日　実業家、政治家　京ामา電鉄創業者、衆院議員(政友会)　→昭和(本田 貞次郎)

本田 伝喜　ほんだ・でんき　〜昭和42年7月28日　日本福音ルーテル東京教会牧師　→昭和

本多 時三　ほんだ・ときぞう　大正13年3月25日〜平成4年1月12日　日本スピンドル製造専務　→91/93

本多 敏明　ほんだ・としあき　明治41年11月10日〜平成4年4月7日　本多電機会長　→91/93

本田 俊夫　ほんだ・としお　〜昭和63年10月7日　本田興産専務　→88/90

本多 敏樹　ほんだ・とし　〜昭和43年2月8日　岡崎市長　→昭和

本多 利春　ほんだ・としはる　大正2年12月27日〜昭和62年9月25日　住友商事取締役　→83/87

本田 寿郎　ほんだ・としろう　昭和3年2月3日〜平成1年8月26日　近江開発社長、オーミケンシ取締役　→88/90

本田 富三郎　ほんだ・とみさぶろう　昭和5年1月11日〜平成5年11月12日　東亜紡織常務　→91/93

本田 知夫　ほんだ・ともゆき　明治40年2月15日〜昭和59年6月16日　大阪電気暖房常務　→83/87

本田 寅雄　ほんだ・とらお　大正3年2月3日〜平成13年9月28日　マルホン食品社長　→00/02

本田 直一　ほんだ・なおいち　明治24年7月28日〜平成6年7月2日　浦和市長　→94/96

本多 直彦　ほんだ・なおひこ　大正11年9月29日〜平成14年5月29日　天竜市長　→00/02

本多 日生　ほんだ・にっしょう　慶応3年3月13日〜昭和6年3月16日　僧侶　日蓮宗管長　→昭和(ほんだ・にっせい)

本多 延嘉　ほんだ・のぶよし　昭和9年2月6日〜昭和50年3月14日　革命運動家　革共同中核派書記長　→昭和

本田 光　ほんだ・ひかる　大正10年6月6日～平成12年9月19日　東急車輛製造副社長　→00/02

本多 英男　ほんだ・ひでお　明治45年1月1日～平成17年4月8日　大日本印刷専務　→03/05

本多 秀夫　ほんだ・ひでお　大正13年12月3日～平成10年10月23日　旭ダイヤモンド工業常務　→97/99

本多 秀雄　ほんだ・ひでお　大正13年8月1日～平成6年8月17日　中越合金鋳工会長　→94/96

本田 英美　ほんだ・ひでみ　昭和3年3月30日～平成17年8月2日　日野自動車工業常務　→03/05

本多 博明　ほんだ・ひろあき　明治41年1月27日～昭和62年1月14日　真柄建設取締役, 日本道路公団参与　→83/87

本多 弘男　ほんだ・ひろお　昭和18年9月20日～平成20年6月6日　ぷらっとホーム社長　→06/08

本田 博　ほんだ・ひろし　～平成17年1月26日　三ツ矢ベンディング（のちアサヒ飲料）社長　→03/05

本多 博　ほんだ・ひろし　昭和6年1月24日～平成23年5月10日　信越化学工業取締役　→09/11

本田 弘敏　ほんだ・ひろとし　明治31年9月22日～昭和56年10月18日　東京ガス社長　→80/82

本多 丕道　ほんだ・ひろみち　大正5年5月11日～平成2年8月5日　警視総監　→88/90

本田 文男　ほんだ・ふみお　～昭和55年4月19日　京三製作所常務　→80/82

本田 文彦　ほんだ・ふみひこ　大正5年1月11日～平成13年12月30日　日産車体社長, 日産自動車専務　→00/02

本多 文泰　ほんだ・ふみやす　～平成14年8月1日　加藤産業常務　→00/02

本田 弁二郎　ほんだ・べんじろう　～平成4年12月1日　本田技研工業名誉顧問　→91/93

本多 政材　ほんだ・まさき　明治22年5月17日～昭和39年7月17日　陸軍中将　→昭和

本多 政樹　ほんだ・まさき　明治18年7月～昭和33年1月25日　貴院議員（男爵）　→昭和

本多 正直　ほんだ・まさなお　～昭和52年5月5日　横浜十番館社長　→昭和

本多 正道　ほんだ・まさみち　昭和4年3月9日～平成19年7月5日　不二越社長　→06/08

本田 昌幸　ほんだ・まさゆき　～平成1年9月1日　伊王島じん肺訴訟原告団副団長　→88/90

本田 正義　ほんだ・まさよし　大正2年1月8日～平成7年12月30日　弁護士　福岡高検検事長, 東洋大学法学部教授　→94/96

本田 勝　ほんだ・まさる　昭和6年8月19日～平成14年1月27日　東映シーエム社長, 東映取締役　→00/02

本田 松治　ほんだ・まつじ　昭和39年5月19日　三菱商事常務　→昭和

本多 玄忠　ほんだ・みちただ　～昭和55年9月26日　霞興産社長　→80/82

本田 実　ほんだ・みのる　大正8年12月3日～平成7年1月22日　三菱液化ガス常務　→94/96

本多 安司　ほんだ・やすじ　～昭和55年9月15日　本多製作所社長　→80/82

本多 康虎　ほんだ・やすとら　元治1年6月～昭和4年7月7日　子爵　→昭和

本田 祐治　ほんだ・ゆうじ　大正7年6月9日～平成5年1月2日　弘電社専務　→91/93

本多 侑三　ほんだ・ゆうぞう　昭和15年10月6日～平成19年6月25日　ナブコ社長　→06/08

本多 行也　ほんだ・ゆくや　大正15年7月17日～平成12年3月29日　国税庁高松国税局長　→00/02

本田 与一　ほんだ・よいち　～平成6年2月14日　東通（のち丸紅）常務　→94/96

本多 芳夫　ほんだ・よしお　明治43年～昭和63年4月7日　横浜冷凍相談役・元常務　→88/90

本田 義夫　ほんだ・よしお　大正7年10月28日～平成4年11月14日　サンケイ印刷（のちサンケイ総合印刷）社長, フジテレビ専務　→91/93

本田 由雄　ほんだ・よしお　明治34年12月10日～昭和59年12月24日　弁護士　上組監査役　→83/87

本多 芳太郎　ほんだ・よしたろう　明治33年～昭和58年1月25日　芸艸堂社長　→83/87

本多 義成　ほんだ・よしなり　明治4年9月～昭和27年4月12日　衆院議員（翼賛議員同盟）　→昭和

本田 義信　ほんだ・よしのぶ　大正13年10月～昭和62年11月14日　春日市社会福祉協議会会長, 春日市議　→83/87

誉田 義道　ほんだ・よしみち　大正9年3月15日～平成2年3月25日　東京家裁調停委員, 函館ドック（のち函館どっく）社長　→88/90

本田 敬之　ほんだ・よしゆき　～昭和45年3月1日　東洋端子社長　→昭和

本田 陸朗　ほんだ・りくろう　昭和3年10月10日～平成10年1月8日　九電工専務　→97/99

本多 里平　ほんだ・りへい　～昭和25年8月26日　横浜油脂社長　→昭和

本田 利平　ほんだ・りへい　明治42年11月9日～平成18年11月2日　電気化学工業常務　→06/08

本田 隆一　ほんだ・りゅういち　～昭和58年8月4日　ユニチカ常務　→83/87

本多 立太郎　ほんだ・りゅうたろう　大正3年2月27日～平成22年5月27日　戦争体験の語り部　→09/11

本田 良　ほんだ・りょう　昭和16年1月2日～平成19年8月26日　ディナーサービスグループ創業者　→06/08

本出 壮太郎　ほんで・そうたろう　昭和24年3月30日～平成22年10月4日　フジコピアン常務　→09/11

本渡 乾夫　ほんど・たかお　大正11年4月19日～平成16年9月25日　弁護士　荒川区監査委員　→03/05

本藤 恒松　ほんどう・つねまつ　明治28年2月13日～昭和

58年3月19日　社会運動家, 政治家　衆院議員　→83/87

本藤 虎之助　ほんどう・とらのすけ　〜昭和62年8月15日　全国納豆組合連合会副会長　→83/87

本堂 正巳　ほんどう・まさみ　大正7年4月1日〜平成7年12月31日　札幌パークホテル取締役　→94/96

本名 善兵衛　ほんな・ぜんべえ　昭和6年7月20日〜平成22年3月14日　薄皮饅頭柏屋社長　→09/11

本名 武　ほんな・たけし　明治44年10月10日〜平成6年4月12日　衆院議員(自民党)　→94/96

本名 文任　ほんな・ふみとう　〜昭和43年4月20日　防衛庁衛生監　→昭和

本坊 蔵吉　ほんぼう・くらきち　明治42年2月3日〜平成15年3月9日　本坊酒造会長, 薩摩酒造会長　→03/05

本坊 時雄　ほんぼう・ときお　明治45年1月31日〜平成8年12月18日　本坊商店会長, 南九州ファミリーマート会長, 本坊酒造副会長　→94/96

本坊 豊吉　ほんぼう・とよきち　明治38年8月1日〜平成4年1月6日　鹿児島放送会長, 本坊酒造取締役相談役　→91/93

本坊 松吉　ほんぼう・まつきち　明治42年3月31日〜昭和59年9月12日　本坊酒造副社長　→83/87

本坊 美義　ほんぼう・みよし　〜昭和56年11月8日　本坊酒造会長, 薩摩酒造会長, 日本澱粉会長　→80/82

本坊 龍吉　ほんぼう・りゅうきち　大正4年12月3日〜平成20年6月17日　本坊酒造社長　→06/08

本間 石治　ほんま・いしじ　大正13年8月31日〜平成2年6月13日　北海道紙工業材料(株)社長, 写真廃液処理工業(株)会長　→88/90

本間 石太郎　ほんま・いしたろう　明治34年7月13日〜昭和61年11月9日　本間組会長, 新潟第一高校理事長　→83/87

本間 一夫　ほんま・かずお　大正4年10月7日〜平成15年8月1日　日本点字図書館創設者　→03/05

本間 金吉　ほんま・かねきち　大正7年3月31日〜平成2年11月9日　古久根建設常務　→88/90

本間 嘉平　ほんま・かへい　明治34年6月17日〜平成5年1月16日　大成建設社長　→91/93

本間 喜一　ほんま・きいち　〜昭和43年2月26日　大昭和製紙取締役　→昭和

本間 儀左衛門　ほんま・ぎざえもん　大正13年8月12日〜平成17年5月13日　ホテル萬国屋社長　→03/05

本間 喜代人　ほんま・きよと　大正13年2月15日〜平成12年12月24日　日本共産党北海道委員会名誉役員, 北海道議(共産党)　→00/02

本間 憲一郎　ほんま・けんいちろう　明治22年12月24日〜昭和34年9月19日　国家主義者　→昭和

本間 幸一　ほんま・こういち　大正11年12月1日〜平成23年5月30日　越後交通専務, 田中角栄衆院議員秘書　田中角栄首相の後援会・越山会育ての親　→09/11

本間 光曹　ほんま・こうそう　〜昭和61年3月8日

千代田中央ケーブルネットワーク管理室長　→83/87

本間 光太郎　ほんま・こうたろう　大正15年7月7日〜平成7年2月7日　協栄生命保険常務　→94/96

本間 重三　ほんま・しげぞう　〜昭和39年11月4日　酒田市長　→昭和

本間 繁良　ほんま・しげよし　大正10年6月〜昭和60年5月10日　東京都建設局理事　→83/87

本間 茂　ほんま・しげる　昭和3年12月18日〜平成21年1月20日　本間組社長　→09/11

本間 俊一　ほんま・しゅんいち　大正1年11月〜昭和33年8月20日　衆院議員(自民党)　→昭和

本間 俊平　ほんま・しゅんぺい　明治6年8月15日〜昭和23年8月13日　信徒伝道者, 社会事業家　→昭和

本間 次郎　ほんま・じろう　〜昭和55年4月22日　札幌大同印刷社長, 元十勝管内広尾町長　→80/82

本間 次郎　ほんま・じろう　明治39年3月6日〜昭和59年8月12日　三井船舶常務, 三井航空サービス会長　→83/87

本間 精　ほんま・せい　明治28年8月〜昭和23年9月1日　岡山県知事　→昭和

本間 誠一　ほんま・せいいち　明治41年12月1日〜昭和63年4月25日　本間興業社長, ホテル層雲社長　→88/90

本間 善次郎　ほんま・ぜんじろう　大正1年9月1日〜平成14年1月16日　羽後銀行常務　→00/02

本間 大吉　ほんま・だいきち　大正2年2月13日〜昭和60年2月2日　弁護士　日弁連副会長, 広島弁護士会会長　→83/87

本間 泰次　ほんま・たいじ　大正12年7月5日〜平成14年2月27日　増毛町(北海道)町長　→00/02

本間 大弼　ほんま・だいすけ　昭和10年〜平成4年9月24日　東京書籍取締役　→91/93

本間 輝　ほんま・たかし　〜昭和55年6月24日　竹中工務店役員補佐・元九州支店長　→80/82

本間 充　ほんま・たかし　〜昭和62年8月14日　飯野海運常務　→83/87

本間 崇　ほんま・たかし　昭和10年2月1日〜平成15年11月3日　弁護士, 弁理士　→03/05

本間 隆　ほんま・たかし　明治29年7月31日〜平成4年6月6日　北海道放送社長　→91/93

本間 丈久　ほんま・たけひさ　〜平成1年1月23日　まるとも本間専務　→88/90

本間 忠世　ほんま・ただよ　昭和15年7月9日〜平成12年9月20日　日本債券信用銀行社長, 日本銀行理事　→00/02

本間 保　ほんま・たもつ　昭和11年12月14日〜平成15年9月20日　オホーツク水族館長　→03/05

本間 太郎　ほんま・たろう　〜昭和2年7月17日　石川県警察部長　→昭和

本間 忠吾　ほんま・ちゅうご　明治35年7月7日〜昭和18年12月28日　農民運動家　→昭和

本間 長吾　ほんま・ちょうご　〜昭和63年5月25日

ほんま　　　　　　　　　　　　　　　　　　　　　　　　　　Ⅰ　政治・経済・社会篇

旅館業　全国精神障害者家族会連合会（全家連）理事長　→88/90
本間　胹治　ほんま・ていじ　～昭和44年12月1日　日本タイプライター会長　→昭和
本間　徹弥　ほんま・てつや　～昭和63年12月13日　弁護士　→88/90
本間　徳平　ほんま・とくへい　～昭和59年3月29日　中部電力監査役、東海電気工事専務　→83/87
本間　利章　ほんま・としあき　～昭和56年3月28日　(株)ミキモト社長　→80/82
本間　利雄　ほんま・としお　明治10年3月3日～昭和45年2月2日　山梨県知事　→昭和
本間　敏幸　ほんま・としゆき　～昭和60年5月21日　苫小牧市議（自民クラブ）　→83/87
本間　信道　ほんま・のぶみち　明治40年12月1日～平成8年4月21日　産経広告社社長　→94/96
本間　八郎　ほんま・はちろう　大正15年5月16日～平成23年7月29日　涌谷町（宮城県）町長　→09/11
本間　久雄　ほんま・ひさお　昭和10年12月3日～平成5年9月17日　日立情報システムズ取締役　→91/93
本間　英明　ほんま・ひであき　昭和4年3月26日～平成3年1月25日　共和コンクリート工業会長　→91/93
本間　英一郎　ほんま・ひでいちろう　嘉永6年12月17日～昭和2年10月29日　鉄道技術者　→昭和
本間　秀夫　ほんま・ひでお　昭和17年7月30日～平成21年3月19日　アサヒペン副社長　→09/11
本間　英剛　ほんま・ひでたか　昭和7年11月10日～平成14年6月14日　加商監査役　→00/02
本間　博　ほんま・ひろし　明治43年9月2日～昭和59年3月12日　日立製作所監査役・元副社長　→83/87
本間　平作　ほんま・へいさく　明治34年12月25日～平成60年1月6日　東北製作所会長　→83/87
本間　正雄　ほんま・まさお　明治39年8月8日～昭和63年9月3日　仙台市社会事業協会長、東北学院理事　→88/90
本間　正利　ほんま・まさとし　大正12年2月14日～平成1年5月29日　山口県漁連会長　→88/90
本間　正直　ほんま・まさなお　昭和2年5月6日～平成2年3月22日　釧路市会議長　→88/90
本間　雅晴　ほんま・まさはる　明治20年11月27日～昭和21年4月3日　陸軍中将　→昭和
本間　光弥　ほんま・みつや　明治9年9月26日～昭和4年7月31日　実業家　本間家8代当主　→昭和
本間　泰武　ほんま・やすたけ　昭和2年10月9日～昭和62年12月6日　テック電子取締役社長室長、警視庁科学捜査研究所長　→83/87
本間　祐次　ほんま・ゆうじ　大正8年7月20日～平成8年11月27日　ダイビル常務　→94/96
本間　祐介　ほんま・ゆうすけ　明治40年4月9日～昭和58年9月2日　本間美術館長、山形新聞取締役　→83/87

本間　良雄　ほんま・よしお　～昭和57年11月3日　レナウン会長、日本アパレル産業協会理事長　→80/82
本間　良孝　ほんま・よしたか　～平成1年10月27日　夕張市会議長　→88/90
本間　吉信　ほんま・よしのぶ　昭和5年9月17日～平成2年9月13日　合同酒精取締役マーケティング部長　→88/90
本間　吉彦　ほんま・よしひこ　～昭和55年6月13日　万有製薬相談役　→80/82
本間　公麻呂　ほんま・よしまろ　明治42年6月13日～昭和63年8月14日　花王石鹸（のち花王）取締役　→88/90
本間　良一　ほんま・りょういち　明治40年9月19日～昭和61年8月27日　富士化工機製作所会長　→83/87
本間　良三郎　ほんま・りょうざぶろう　明治39年3月8日～平成1年7月25日　日産建設取締役　→88/90
本領　信治郎　ほんりょう・しんじろう　明治36年10月8日～昭和46年7月24日　改進党中央常任委員、衆院議員（無所属倶楽部）　→昭和
本霊　禅山　ほんれい・ぜんざん　～昭和56年6月5日　融通念仏宗総本山大念仏寺第61世管長　→80/82

【ま】

米谷　美久　まいたに・よしひさ　昭和8年1月8日～平成21年7月30日　オリンパス光学工業常務　→09/11
米谷　隆三　まいたに・りゅうぞう　明治32年2月11日～昭和33年5月3日　弁護士　成蹊大学教授、東京商科大学教授　→昭和（よねたに・りゅうぞう）
米谷　淳　まいや・きよし　大正10年7月30日～平成15年9月22日　マイヤ会長　→03/05
米谷　雅彦　まいや・まさひこ　昭和17年2月8日～平成23年1月15日　ホテルオークラ常務　→09/11
前　弘登　まえ・ひろと　昭和10年9月5日～平成18年4月5日　広文本社会長　→06/08
前　盛人　まえ・もりと　大正3年11月20日～平成3年5月9日　広島交通社長　→91/93
前尾　繁三郎　まえお・しげさぶろう　明治38年12月10日～昭和56年7月23日　政治家　衆院議員、自民党最高顧問　→80/82
前岡　実　まえおか・みのる　大正2年1月2日～昭和63年6月27日　塚本総業副社長、日新興業社長　→88/90
前川　一男　まえかわ・かずお　大正11年11月28日～平成7年10月22日　同盟書記長、電力労連会長　→94/96
前川　喜作　まえかわ・きさく　明治28年5月15日～昭和61年7月19日　前川報恩会会長、前川製作所会長　→83/87
前川　清　まえかわ・きよし　大正10年11月5日～平成19年3月19日　参院事務総長　→06/08
前川　清治　まえかわ・きよはる　昭和9年1月28日～平成20年4月25日　作家　川崎市議、みのり会理事長　→

前鹿川 金三　まえかわ・きんぞう　明治45年3月23日～平成16年11月14日　弁護士　那覇家裁所長　→03/05

前川 憲一　まえかわ・けんいち　大正10年3月17日～平成9年4月11日　岩井証券会長　→97/99

前川 正一　まえかわ・しょういち　明治31年2月1日～昭和24年7月11日　農民運動家　衆院議員(社会党)、日農香川県連会長　→昭和

前川 精一　まえかわ・せいいち　大正10年4月20日～平成2年3月5日　公認会計士　小野測器監査役、前川・西海会計事務所長、横浜地裁民事調停委員　→88/90

前川 善三郎　まえかわ・ぜんざぶろう　～昭和6年11月25日　実業家　湖東銀行頭取　→昭和(まえかわ・ぜんさぶろう)

前川 大道　まえかわ・だいどう　～昭和61年5月7日　臨済宗東福寺派管長、承天寺住職　→83/87

前川 堯　まえかわ・たかし　昭和7年5月13日～平成5年12月10日　天理市長、奈良県議(自民党)　→91/93

前川 忠夫　まえかわ・ただお　明治42年2月1日～昭和63年6月25日　香川県知事、香川大学学長　→88/90

前川 旦　まえかわ・たん　昭和5年3月10日～昭和61年5月11日　衆院議員(社会党)　→83/87

前川 透　まえかわ・とおる　～昭和30年8月5日　大阪地裁判事　→昭和

前川 朋衛　まえかわ・ともえ　～平成10年9月24日　富良野信金専務理事、富良野しんきんビジネスサービス社長　→97/99

前川 伸　まえかわ・のぶ　大正11年8月18日～平成20年6月6日　東レ副社長　→06/08

前川 春雄　まえかわ・はるお　明治44年2月6日～平成1年9月22日　国際電信電話会長、日本銀行総裁　→88/90

前川 日出夫　まえかわ・ひでお　昭和13年10月10日～平成17年3月18日　シチズン時計専務　→03/05

前河 宏昌　まえかわ・ひろまさ　昭和3年5月13日～平成3年10月17日　中外炉工業社長　→91/93

前川 昌　まえかわ・まさお　～平成5年5月15日　日本自動車工業会業務課参事　→91/93

前川 正通　まえがわ・まさみち　～昭和62年9月28日　天理教教会本部員・元表統領室長　→83/87

前川 元信　まえかわ・もとのぶ　大正11年1月24日～平成15年10月26日　前川元組社長、福井県建設業連合会会長　→03/05

前川 泰広　まえかわ・やすひろ　～平成19年5月5日　東芝電機製造常務　→06/08

前川 吉生　まえかわ・よしお　～平成6年9月4日　大広専務　→94/96

前川 義二　まえかわ・よしじ　～昭和61年2月28日　清和鉄工会長　→83/87

前川 良三　まえかわ・りょうぞう　大正3年10月31日～昭和58年10月19日　太平工業専務　→83/87

前口 庄衛　まえぐち・しょうえい　明治39年7月11日～昭和63年1月12日　富士工器会長、(財)日本LPガス供給機器工業会会長　→88/90

前座 良明　まえざ・よしあき　～平成21年11月11日　長野県原爆被害者の会　→09/11

前崎 正吉　まえさき・しょうきち　～昭和62年1月8日　昭和印刷取締役相談役　→83/87

前崎 怒夫　まえざき・よしお　明治35年10月11日～昭和58年6月28日　第一物産常務　→83/87

前迫 猪平　まえさこ・いへい　大正2年11月2日～昭和61年4月29日　民社党京都府連顧問、京都市議　→83/87

前沢 一夫　まえざわ・かずお　大正13年8月13日～平成19年9月19日　太陽神戸銀行副頭取、盟和産業社長　→06/08

前沢 慶治　まえざわ・けいじ　明治36年12月6日～平成2年11月20日　前沢工業会長　→88/90

前沢 幸次郎　まえざわ・こうじろう　大正25年11月23日　大阪地裁所長　→昭和

前沢 誠吾　まえざわ・せいご　大正8年1月12日～昭和61年2月3日　前沢化成工業社長　→83/87

前沢 大資　まえざわ・だいすけ　明治44年9月30日～平成2年9月28日　三井東圧化学常務　→88/90

前沢 泰三　まえざわ・たいぞう　～昭和57年1月25日　東京タワー出版常務、タワー観光常務　→80/82

前沢 健則　まえざわ・たけのり　大正15年9月21日～平成18年5月8日　朝日新聞専務　→06/08

前沢 忠成　まえざわ・ただなり　～昭和58年12月29日　広島高裁長官　→83/87

前澤 智恵子　まえざわ・ちえこ　昭和7年9月1日～平成16年8月14日　東京家裁調停委員　→06/08s

前沢 利成　まえざわ・としなり　明治39年11月3日～昭和60年9月9日　川崎重工業顧問・元専務　→83/87

前沢 長重　まえざわ・ながしげ　～平成2年10月3日　陸軍少将　→88/90

前島 克郎　まえじま・かつろう　大正9年3月23日～平成9年7月30日　日本ばし大増社長、日本惣菜協会名誉会長　→97/99

前島 昌治　まえじま・しょうじ　～昭和56年6月7日　テレビ静岡専務取締役、富士エンジニアプロダクション監査役　→80/82

前島 平　まえじま・たいら　慶応2年～昭和8年8月15日　実業家　東部電力副社長　→昭和

前島 為司　まえしま・ためし　明治43年6月20日～昭和62年2月12日　前島建設会長、四谷文化服飾専門学校理事長・学校長、工学院大学理事長　→83/87

前嶋 申孝　まえじま・のぶたか　～昭和56年4月14日　東洋紡績常務、東洋紡ペットコード社長　→80/82

前嶋 秀雄　まえじま・ひでお　大正10年7月16日～昭和

まえしま　　　　　　　　　　　　　　　　　　　　　　　Ⅰ　政治・経済・社会篇

58年1月9日　東海ホンダモーター社長、静岡県軽自動車協会会長　→83/87

前島 秀行　まえじま・ひでゆき　昭和16年6月27日～平成12年2月10日　衆院議員(社民党)　→00/02

前島 正雄　まえじま・まさお　～昭和56年12月27日　全国出光会会長　→80/82

前島 本次　まえじま・もとじ　～昭和61年7月19日　日本汽船監査役・元常務　→83/87

前島 義雄　まえじま・よしお　大正9年8月19日～昭和62年11月25日　三和大栄電気興業監査役　→83/87

前島 善福　まえしま・よしとみ　昭和13年2月20日～平成23年2月21日　アルプスワイン社長、山梨県ワイン酒造組合会長　→09/11

真栄城 玄明　まえしろ・げんめい　明治31年7月6日～昭和56年12月7日　沖縄県貿易協会長、那覇商工会議所副会頭　→80/82

真栄城 玄裕　まえしろ・げんゆう　昭和2年3月23日～昭和59年11月25日　沖縄タイムス代表取締役専務　→83/87

真栄城 徳信　まえしろ・とくまつ　明治45年6月10日～平成1年1月28日　沖縄信販会長、平良市長　→88/90

前園 辰三　まえぞの・たつぞう　昭和3年5月29日～平成9年7月11日　ホウスイ専務　→97/99

前田 亮　まえだ・あきら　昭和10年10月3日～平成18年2月5日　スポーツニッポン新聞大阪本社常務　→06/08

前田 郁　まえだ・いく　明治22年2月4日～昭和40年3月30日　衆議院議員(自民党)、東京観光バス社長　→昭和

前田 勇　まえだ・いさむ　大正8年5月3日～平成4年2月25日　山陽相互銀行(のちトマト銀行)社長　→91/93

前田 一郎　まえだ・いちろう　大正4年7月1日～平成6年3月12日　大阪商船三井船舶副社長　→94/96

前田 逸生　まえだ・いつお　昭和2年2月4日～平成6年2月11日　日本石油精製取締役、日石エンジニアリング社長、新潟工事顧問　→94/96

前田 巌　まえだ・いわお　明治39年3月30日～昭和61年8月19日　前田製管会長、酒田商工会議所会頭、山形県会議長　→83/87

前田 岩夫　まえだ・いわお　～昭和58年5月7日　国際空港事業社長　→83/87

前田 栄雄　まえだ・えいお　明治40年3月25日～平成5年11月1日　前田テックス会長　→91/93

前田 英二　まえだ・えいじ　昭和11年2月25日～平成23年1月28日　東北電力常務、コアネット社長　→09/11

前田 栄之助　まえだ・えいのすけ　明治24年6月27日～昭和52年8月1日　社会運動家　衆院議員　→昭和

前田 恵学　まえだ・えがく　大正15年11月29日～平成22年10月31日　僧侶　愛知学院大学名誉教授、速念寺住職　→09/11

前田 亦夫　まえだ・えきお　大正12年5月1日～平成15年7月4日　弁護士　広島家裁所長、中央学院大学法学部教授　→03/05

前田 修身　まえだ・おさみ　昭和18年8月19日～平成15年2月24日　サンユウ常務　→03/05

前田 治　まえだ・おさむ　～昭和15年5月21日　陸軍中将　→昭和

前田 覚郎　まえだ・かくろう　大正2年7月1日～平成4年4月17日　大阪高裁部総括判事、山口家裁所長　→91/93

前田 一雄　まえだ・かずお　昭和23年11月18日～平成23年6月29日　プルデンシャル・ホールディング・オブ・ジャパン社長　→09/11

前田 和雄　まえだ・かずお　大正8年2月13日～平成21年10月7日　三井造船社長　→09/11

前田 一博　まえだ・かずひろ　明治44年10月16日～平成6年5月12日　チッソ専務　→94/96

前田 和三　まえだ・かずみ　昭和16年10月21日～平成13年5月27日　三菱自動車工業上級執行役員社長補佐　→00/02

前田 佳都男　まえだ・かつお　明治43年11月24日～昭和53年1月4日　参院議員(自民党)、科学技術庁長官　→昭和

前田 勝二　まえだ・かつじ　～平成5年11月14日　日本郵船取締役　→91/93

前田 克己　まえだ・かつみ　～昭和56年12月26日　殖産住相談役・元社長　→80/82

前田 勝也　まえだ・かつや　～昭和56年12月23日　神官　北海道神宮司、北海道神社庁長　→80/82

前田 周男　まえだ・かねお　大正5年1月26日～平成9年12月8日　ヤンマー農機副社長　→97/99

前田 完一　まえだ・かんいち　大正11年12月6日～平成5年3月25日　三精輸送機社長　→91/93

前田 完治　まえだ・かんじ　～平成8年11月24日　前田製作所社長　→94/96

前田 完治　まえだ・かんじ　昭和9年7月19日～平成23年3月29日　三修社社長、日本電子出版協会初代会長　→09/11

前田 菊雄　まえだ・きくお　～平成9年10月11日　日本ステンレス(のち住友金属工業)副社長　→97/99

前田 吉太郎　まえだ・きちたろう　明治37年12月7日～昭和62年7月12日　塩野義製薬取締役　→83/87

前田 清二　まえだ・きよつぐ　昭和57年8月13日　日本スピンドル製造取締役　→80/82

前田 潔巳　まえだ・きよみ　明治35年7月23日～平成2年1月25日　東洋経済新報社専務　→88/90

前田 公三　まえだ・きんぞう　～昭和62年2月15日　ニッツー代表取締役　→83/87

前田 金之丞　まえだ・きんのじょう　～平成3年11月8日　神官　熊野神社宮司　→91/93

前田 楠信　まえだ・くすのぶ　～昭和62年3月1日　伏虎金属工業会長　→83/87

前田 邦男　まえだ・くにお　昭和8年3月1日～平成23年2月27日　せとうち銀行頭取、もみじホールディングス社長　→09/11

前田 国重　まえだ・くにしげ　～平成22年11月15日　創価学会副会長　→09/11

前田 国盟　まえだ・くにちか　大正9年1月7日～平成12年6月15日　住友商事取締役,住商オートリース社長　→00/02

前田 恵一　まえだ・けいいち　～昭和55年2月22日　長瀬産業常務・名古屋支店長　→80/82

前田 恵子　まえだ・けいこ　～平成18年3月27日　尼崎市のクボタ旧神崎工場周辺のアスベスト被害を初めて告発した　→06/08

前田 慶四郎　まえだ・けいしろう　明治45年3月30日～平成5年12月6日　税理士　日本税理士会連合会相談役　→91/93

前田 敬二郎　まえだ・けいじろう　昭和6年6月21日～平成1年12月30日　近畿日本ツーリスト取締役関西営業本部長　→88/90

前田 敬三　まえだ・けいぞう　大正11年1月7日～平成11年9月20日　前田製菓会長、前田クラッカー会長　→97/99

前田 建一　まえだ・けんいち　明治36年3月6日～昭和45年8月31日　グライダー製作者　日本航空協会常任理事　→昭和

前田 研一　まえだ・けんいち　大正9年11月8日～平成14年2月5日　九州山口経済連合会参与　→00/02

前田 源一郎　まえだ・げんいちろう　～平成4年1月24日　マエゴン会長、名古屋商工会議所参与、日本ニット卸商業組合連合会元理事長　→91/93

前田 憲義　まえだ・けんぎ　昭和5年6月28日～平成4年2月18日　福岡県議（自民党）　→91/93

前田 源吾　まえだ・げんご　明治45年1月2日～平成18年8月13日　愛東運輸会長、愛知県トラック協会名誉会長　→06/08

前田 憲作　まえだ・けんさく　大正2年10月19日～平成17年11月10日　駐イラン大使　→03/05

前田 健治　まえだ・けんじ　昭和14年9月29日～平成18年6月16日　警視総監　→06/08

前田 賢次　まえだ・けんじ　明治29年4月16日～昭和61年2月13日　東京市総務局長、東京都経済活動推進協会専務理事　→83/87

前田 康一　まえだ・こういち　～平成4年4月18日　日本ロストワックス社長　→91/93

前田 幸作　まえだ・こうさく　明治28年4月～昭和62年9月19日　衆院議員（第二控室）、博多東亜倶楽部支配人　→83/87

前田 幸作　まえだ・こうさく　～昭和63年9月21日　前田宝石商会社長　→88/90

前田 幸蔵　まえだ・こうぞう　明治40年3月2日～昭和61年2月13日　日本税理士会連合会会長　→83/87

前田 幸之助　まえだ・こうのすけ　～昭和57年11月9日　大阪高検検事　→80/82

前田 晃文　まえだ・こうぶん　～昭和57年8月31日　最高裁大法廷首席書記官　→80/82

前田 佐一　まえだ・さいち　昭和10年2月12日～平成4年8月20日　京都市議（自民党）　→91/93

前田 策郎　まえだ・さくろう　～平成15年6月27日　新興産業常務　→03/05

前田 定一　まえだ・さだいち　昭和6年3月2日～平成14年2月18日　徳島県労働組合評議会議長　→00/02

前田 貞雄　まえだ・さだお　～昭和56年3月31日　武蔵野市議会議員　→80/82

前田 貞治　まえだ・さだはる　昭和6年12月16日～平成11年4月18日　熊本県議（自民党）　→97/99

前田 治一郎　まえだ・じいちろう　明治44年5月9日～平成3年12月1日　弁護士　大阪高裁判事　→91/93

前田 治一郎　まえだ・じいちろう　明治44年2月19日～平成8年12月1日　衆院議員（自民党）　→94/96

前田 重信　まえだ・しげのぶ　～昭和48年1月22日　サンケイ新聞社常務　→昭和

前田 七之進　まえだ・しちのしん　明治34年10月20日～平成1年1月16日　富士電機社長　→88/90

前田 実吾　まえだ・じつご　大正14年6月20日～昭和62年12月1日　上新電機常任監査役　→83/87

前田 重吉　まえだ・じゅうきち　～昭和62年9月21日　川重三陽工業社長、川崎車輌（のち川崎重工業）取締役　→83/87

前田 周次郎　まえだ・しゅうじろう　大正5年9月18日～平成13年6月20日　東急レクリエーション副社長　→00/02

前田 純一　まえだ・じゅんいち　昭和14年1月19日～平成14年1月19日　豊田合成常務　→00/02

前田 順弘　まえだ・じゅんこう　昭和7年6月7日～平成11年1月19日　アイシン・エィ・ダブリュ副社長　→97/99

前田 尉太郎　まえだ・じょうたろう　明治44年7月25日～平成1年2月11日　増毛（北海道）町長　→88/90

前田 四郎　まえだ・しろう　大正4年9月27日～平成12年6月21日　三菱総合研究所専務　→00/02

前田 志良　まえだ・しろう　大正2年3月21日～平成6年6月17日　日本車輌製造常務　→94/96

前田 甚雄　まえだ・じんお　～平成3年6月13日　全国缶工業会連合会会長、丸進産商社長　→91/93

前田 信吾　まえだ・しんご　～平成10年12月5日　三修社副社長　→97/99

前田 信治　まえだ・しんじ　大正15年5月27日～平成11年9月28日　前田建設工業会長　→97/99

前田 勝　まえだ・すぐる　大正5年2月22日～平成16年8月19日　セーレン副社長　→03/05

前田 朴　まえだ・すなお　明治44年3月20日～昭和63年8月

月23日　近畿教誨師連盟理事長,大阪信愛女学院短期大学教授　→88/90

前田 廉　まえだ・すなお　明治40年11月7日〜平成1年7月9日　時事通信社監査役　→88/90

前田 善蔵　まえだ・ぜんぞう　〜昭和55年3月23日　大阪府内水面漁場管理委員会会長代理,全日本釣団体協議会理事　→80/82

前田 宗信　まえだ・そうしん　大正2年2月12日〜平成5年9月12日　沖縄タイムス副社長　→91/93

前田 隆一　まえだ・たかかず　明治40年〜平成12年11月14日　大阪書籍社長　→00/02

前田 孝子　まえだ・たかこ　〜平成3年3月18日　バーのママ　まえだ店主　→91/93

前田 たけ　まえだ・たけ　安政1年〜昭和13年6月6日　婦人運動家　愛国婦人会創立者　→昭和

前田 武男　まえだ・たけお　〜昭和52年5月21日　キヤノン社長　→昭和

前田 武夫　まえだ・たけお　明治44年7月23日〜平成11年2月2日　王子製紙常務　→97/99

前田 武　まえだ・たけし　〜平成4年5月3日　武蔵野書院社長　→91/93

前田 竹虎　まえだ・たけとら　大正7年5月29日〜平成9年11月30日　エポック会長　→97/99

前田 武彦　まえだ・たけひこ　大正7年4月8日〜平成5年11月8日　東洋経済新報社取締役　→91/93

前田 忠夫　まえだ・ただお　〜平成1年2月23日　日刊スポーツ事業社事業部長,日刊スポーツ新聞社企画部次長　→88/90

前田 直雄　まえだ・ただお　昭和3年9月4日〜平成12年3月24日　前田建設工業副社長　→00/02

前田 忠一　まえだ・ただかず　明治43年4月28日〜平成8年7月28日　丸栄社長　→94/96

前田 維　まえだ・ただし　〜平成17年10月2日　維雅幸育会設立者　→03/05

前田 忠之　まえだ・ただゆき　大正15年11月4日〜平成4年6月2日　センチュリーメディカル取締役相談役,伊藤忠商事取締役　→91/93

前田 辰之助　まえだ・たつのすけ　〜昭和30年6月17日　和歌山鉄道社長　→昭和

前田 種男　まえだ・たねお　明治35年12月9日〜昭和31年10月31日　労働運動家　衆院議員　→昭和

前田 多門　まえだ・たもん　明治17年5月11日〜昭和37年6月4日　政治家　公明選挙連盟理事長,文相,貴院議員(勅選)　→昭和

前田 太郎　まえだ・たろう　〜平成4年5月14日　前田工機研究所社長　→91/93

前田 忠次　まえだ・ちゅうじ　明治42年2月25日〜昭和59年8月29日　鹿島建設取締役相談役,日本土木工業協会会長　→83/87

前田 長八　まえだ・ちょうはち　明治36年1月1日〜昭和59年5月21日　東海テレビ放送専務,東海ラジオ放送専務　→83/87

前田 勉　まえだ・つとむ　〜昭和55年7月23日　三和銀行専務　→80/82

前田 常一　まえだ・つねいち　大正13年5月16日〜平成23年12月7日　三洋化成工業社長　→09/11

前田 恒子　まえだ・つねこ　大正15年6月25日〜昭和63年4月21日　日本乳業協議会事務局長,デーリィ・ジャパン社長　→88/90

前田 鉄三　まえだ・てつぞう　明治33年2月5日〜平成7年11月21日　三井物産副社長　→94/96

前田 哲郎　まえだ・てつろう　〜昭和29年4月19日　日本アルミ社長　→昭和

前田 徳水　まえだ・とくすい　〜昭和14年3月18日　西本願寺宗議会上首,満州国開教総長　→昭和

前田 利明　まえだ・としあき　大正9年1月2日〜平成17年2月8日　弁護士　大阪府警本部長　→03/05

前田 紀興　まえだ・としおき　〜昭和57年9月15日　富士紡績元取締役　→80/82

前田 利一　まえだ・としかず　大正10年7月7日〜平成14年12月12日　駐韓大使　→00/02

前田 利定　まえだ・としさだ　明治7年12月10日〜昭和19年10月2日　政治家,実業家　通信相,貴院議員(子爵)　→昭和

前田 利建　まえだ・としたつ　明治41年3月17日〜平成1年9月19日　宮内庁式部官,貴族院議員　→88/90

前田 利直　まえだ・としなお　〜昭和62年11月30日　大阪府印工組参与・元組理事長　→83/87

前田 利為　まえだ・としなり　明治18年6月5日〜昭和17年9月5日　陸軍大将,侯爵　→昭和

前田 利信　まえだ・としのぶ　大正5年3月3日〜平成21年12月19日　宮内庁掌典次長　→09/11

前田 敏彦　まえだ・としひこ　昭和5年6月12日〜平成22年3月2日　西日本銀行常務　→09/11

前田 利栄　まえだ・としひで　〜平成1年7月19日　三井石油化学工業理事　→88/90

前田 利見　まえだ・としみ　明治42年10月31日〜昭和62年12月5日　東京建設工事社長,東京都環境衛生協会長　→83/87

前田 敏満　まえだ・としみつ　〜昭和59年12月20日　西日本新聞熊本県西日本会長,水俣市民生委員　→83/87

前田 富男　まえだ・とみお　昭和9年3月27日〜昭和62年9月22日　ブラザー軒代表取締役　→83/87

前田 富夫　まえだ・とみお　大正15年12月6日〜平成17年9月18日　大阪放送社長,関西テレビ放送副社長,日本電波塔会長・社長　→03/05

前田 富次郎　まえだ・とみじろう　〜昭和60年8月9日　大阪放送社長,産経新聞社専務　→83/87

I 政治・経済・社会篇　　　　　　　　　　　　　　　　　　　　　　　　　　　まえた

前田 豊司　まえだ・とよし　大正5年3月20日～平成1年1月19日　西肥自動車学校社長、長崎県議、鹿町町（長崎県）町長　→88/90

前田 豊治　まえだ・とよじ　明治41年11月27日～平成6年12月7日　東洋通信機常務　→94/96

前田 豊次郎　まえだ・とよじろう　～昭和59年6月7日　弘文堂常務　→83/87

前田 虎雄　まえだ・とらお　明治25年4月25日～昭和28年3月21日　国家主義者　大東塾顧問　→昭和

前田 寅次郎　まえだ・とらじろう　明治44年1月8日～平成8年6月3日　東海ラジオ放送常務　→94/96

前田 直義　まえだ・なおよし　大正12年2月14日～平成17年11月29日　シンキ社長、姫路情報学院理事長　→03/05

前田 禹夫　まえだ・のぶお　大正15年5月17日～昭和61年4月24日　京都近鉄百貨店取締役　→83/87

前田 修孝　まえだ・のぶたか　昭和14年4月18日～平成21年11月29日　日本金属工業常務　→09/11

真栄田 登　まえだ・のぼる　大正11年1月6日～昭和62年10月30日　那覇空港ターミナル代表取締役専務　→83/87

前田 一　まえだ・はじめ　明治28年3月25日～昭和53年5月2日　日経連専務理事　→昭和

前田 春雄　まえだ・はるお　～平成2年1月16日　八木商店取締役　→88/90

前田 彦太郎　まえだ・ひこたろう　～昭和59年1月4日　青木建設常勤監査役　→83/87

前田 久雄　まえだ・ひさお　～昭和42年11月14日　東光社長　→昭和

前田 久吉　まえだ・ひさきち　明治26年4月22日～昭和61年5月4日　新聞人、政治家　産経新聞創業者、参院議員（自民党）　→83/87

前田 寿　まえだ・ひさし　大正11年1月5日～平成19年2月16日　広島県議（社会党）　→06/08

前田 秀夫　まえだ・ひでお　昭和58年9月20日　大阪府中小企業設備合理化協会理事長、大阪府商工経済研究所長　→83/87

前田 英宣　まえだ・ひでのぶ　大正14年～平成4年3月3日　片倉工業取締役　→91/93

前田 秀実　まえだ・ひでみ　～昭和13年6月26日　大阪瓦斯専務　→昭和

前田 仁　まえだ・ひとし　昭和4年2月17日～平成20年3月11日　豊和開発会長　サヌカイト石で楽器を製作した　→06/08

前田 博和　まえだ・ひろかず　昭和3年2月16日～平成3年4月1日　住電エンジニアリング専務、住友電気工業取締役　→91/93

前田 滉　まえだ・ひろし　昭和6年8月1日～平成3年12月12日　東洋エンジニアリング取締役・駐中国総代表　→91/93

前田 武一　まえだ・ぶいち　大正2年7月11日～平成7年7月7日　ノリタケカンパニー専務　→94/96

前田 房之助　まえだ・ふさのすけ　明治17年9月15日～昭和40年2月18日　衆院議員（自民党）　→昭和

前田 文雄　まえだ・ふみお　大正15年10月10日～平成8年7月23日　東和銀行会長　→94/96

前田 政雄　まえだ・まさお　明治40年12月7日～平成1年5月27日　豊和産業専務　→88/90

前田 政雄　まえだ・まさお　昭和7年1月25日～平成7年3月20日　大同メタル工業社長　→94/96

前田 正男　まえだ・まさお　大正2年7月10日～平成20年2月12日　衆院議員（自民党）、科学技術庁長官　→06/08

前田 正　まえだ・まさし　大正10年10月7日～平成6年1月7日　栄研化学常務　→94/96

前田 正紀　まえだ・まさのり　大正3年～平成4年7月9日　新潟鉄工所取締役　→91/93

前田 正徳　まえだ・まさのり　～昭和57年7月26日　杷木町議会議員、杷木町商工会長　→80/82

前田 政八　まえだ・まさはち　明治7年3月～昭和40年1月21日　衆院議員（政友会）、佐賀県治山治水協会会長　→昭和（まえだ・せいはち）

前田 雅彦　まえだ・まさひこ　大正4年2月12日～平成1年2月18日　朝日麦酒取締役　→88/90

前田 正彦　まえだ・まさひこ　昭和6年8月6日～平成17年1月23日　インテック副社長　→03/05

前田 正実　まえだ・まさみ　～昭和28年7月8日　比島派遣軍参謀長　→昭和

前田 正道　まえだ・まさみち　大正13年4月10日～昭和61年1月2日　内閣法制局第一部長　→83/87

前田 昌之　まえだ・まさゆき　大正4年5月25日～平成9年6月7日　神鋼商事専務　→97/99

前田 正義　まえだ・まさよし　平成6年7月15日　住友化学工業取締役　→昭和

前田 正義　まえだ・まさよし　大正5年7月26日～平成10年8月25日　日新製鋼副社長　→97/99

前田 勝　まえだ・まさる　明治40年9月9日～平成15年1月1日　紀陽銀行頭取　→03/05

前田 勝　まえだ・まさる　昭和5年10月13日～平成20年3月3日　北海道警函館方面部長　→06/08

前田 優　まえだ・まさる　大正13年8月26日～平成23年2月9日　海将　防衛庁海上幕僚長　→09/11

前田 増三　まえだ・ますぞう　～昭和56年1月16日　蛇の目ミシン工業相談役・元社長　→80/82

前田 又兵衞　まえだ・またべえ　明治42年10月25日～平成5年5月9日　前田建設工業名誉会長、前田道路名誉会長　→91/93

前田 松五郎　まえだ・まつごろう　大正7年9月27日～平成7年1月5日　三井物産副社長　→94/96

前田 充明　まえだ・みつあき　明治42年11月17日～平成15年7月4日　文部省体育局長、城西大学名誉教授、国際武道大学名誉教授　→03/05

前田 三男　まえだ・みつお　大正13年10月5日～平成5年

2月23日　青木建設常務,德倉建設常務　→91/93

前田 三雄　まえだ・みつお　昭和11年1月4日～平成15年1月18日　ユアサ商事常務　→03/05

前田 光子　まえだ・みつこ　明治45年3月21日～昭和58年4月18日　前田一歩園園主　→83/87

前田 光宏　まえだ・みつひろ　昭和12年3月28日～平成9年1月18日　日通商事常務　→97/99

前田 光嘉　まえだ・みつよし　大正5年9月6日～平成21年4月13日　建設事務次官,日本道路公団総裁　→09/11

前田 実　まえだ・みのる　明治36年5月4日～昭和58年11月15日　秋田銀行頭取　→83/87

前田 穣　まえだ・みのる　～昭和30年6月28日　参院議員　→昭和

前田 稔　まえだ・みのる　～昭和62年10月24日　国際通信社専務,サンケイ新聞社広告局第4部次長　→83/87

前田 稔　まえだ・みのる　大正6年3月15日～平成1年6月30日　有恒薬品工業社長　→88/90

前田 稔　まえだ・みのる　大正13年10月31日～平成3年3月7日　まるせ社長,全国生コンクリート卸協同組合連合会会長,広島地区生コンクリート卸商協同組合理事長　→91/93

前田 稔　まえだ・みのる　昭和20年5月15日～平成21年10月21日　陸将　防衛庁技術研究本部技術開発官　→09/11

前田 稔　まえだ・みのる　昭和8年11月21日～平成21年12月1日　大正製薬常務　→09/11

前田 宗雄　まえだ・むねお　～昭和63年8月6日　川崎重工業取締役　→88/90

前田 牧郎　まえだ・もくろう　～昭和62年8月13日　最高裁大法廷首席書記官　→83/87

前田 元正　まえだ・もとまさ　大正1年8月25日～平成8年11月15日　阪根産業(のち東洋物産)社長・会長　→94/96

前田 盛高　まえだ・もりたか　～昭和57年6月13日　共栄火災海上保険社長　→80/82

前田 盛幸　まえだ・もりゆき　昭和5年10月16日～平成20年8月19日　前田証券社長　→06/08

前田 保勇　まえだ・やすお　～昭和43年4月21日　大阪化学繊維取引所理事長,元東洋棉花社長　→昭和(まえだ・ほゆう)

前田 八束　まえだ・やつか　大正1年8月12日～平成19年5月17日　青森県に永住帰国した中国残留孤児の日本語指導や生活指導に尽力　→06/08

前田 雄二　まえだ・ゆうじ　明治44年12月8日～昭和59年10月20日　日本プレスセンター専務,日本新聞協会参与,山人会会長　→83/87

前田 幸夫　まえだ・ゆきお　明治43年10月13日～平成18年7月7日　島田理化工業社長　→06/08

前田 行雄　まえだ・ゆきお　昭和5年11月8日～平成4年

12月25日　富士火災海上保険取締役　→91/93

前田 陽吉　まえだ・ようきち　大正2年12月22日～平成20年8月16日　科学技術庁振興局長　→06/08

前田 容七　まえだ・ようしち　～昭和61年6月18日　太洋建物会長,富山ビジネスホテル会長　→83/87

前田 洋三　まえだ・ようぞう　～平成3年5月4日　日本ロストワックス会長　→91/93

前田 義雄　まえだ・よしお　明治42年2月3日～平成4年10月17日　前田シェルサービス会長,前田金型製造所会長,前田精密工業所会長　→91/93

前田 義雄　まえだ・よしお　明治39年4月～平成8年11月30日　衆院議員(自民党)　→94/96

前田 秀郎　まえだ・よしお　～昭和62年8月31日　日新火災海上保険会長　→83/87

前田 貴和　まえだ・よしかず　昭和12年1月20日～昭和63年4月30日　日本エーエム社長　→88/90

前田 善春　まえだ・よしはる　～昭和59年1月16日　三菱金属常務　→83/87

前田 由美　まえだ・よしみ　～平成13年9月3日　全国トンネルじん肺補償請求団副団長　→00/02

前田 米蔵　まえだ・よねぞう　明治15年2月17日～昭和29年3月18日　政治家　衆院議員(自由党)　→昭和

前田 利一　まえだ・りいち　明治29年2月2日～昭和63年11月1日　日産自動車常務,国際自動車技術会連合会会長　→88/90

前田 力男　まえだ・りきお　～平成11年12月11日　長崎県議　→00/02s

前田 隆之助　まえだ・りゅうのすけ　大正12年10月25日～平成14年4月23日　筑紫ガス会長　→00/02

前田 林治　まえだ・りんじ　明治35年1月16日～昭和63年10月15日　東邦ガス常務,岡崎ガス社長　→88/90

前谷 重夫　まえたに・しげお　明治41年10月16日～平成15年10月26日　興亜火災海上保険社長,水産庁長官　→03/05

前波 進　まえなみ・すすむ　昭和10年4月8日～平成16年3月22日　東日本銀行常務　→03/05

前野 脩　まえの・おさむ　～昭和62年2月4日　サガテレビ報道制作局長　→83/87

前野 和夫　まえの・かずお　昭和9年4月17日～平成8年12月26日　エフエム名古屋専務,名鉄エージェンシー専務　→94/96

前野 慶太郎　まえの・けいたろう　明治41年1月27日～平成10年6月15日　あめりか屋会長,大阪商工会議所名誉議員　→97/99

前野 茂　まえの・しげる　明治32年1月27日～昭和63年5月26日　旧満州国司法次長,日本公証人連合会会長　→88/90

前野 順作　まえの・じゅんさく　大正10年9月4日～昭和61年11月26日　オーエス副社長　→83/87

前納 善四郎　まえの・ぜんしろう　明治36年6月12日～昭和12年11月6日　社会運動家　→昭和

前野 徹　まえの・とおる　大正15年1月9日～平成19年2月8日　東急エージェンシー社長、中国社会科学院アジア太平洋研究所名誉教授・日本研究所名誉教授　→06/08

前野 留治郎　まえの・とめじろう　～昭和58年7月25日　小樽市議　→83/87

前野 直定　まえの・なおさだ　明治44年1月21日～昭和46年7月24日　四国銀行頭取　→昭和

前野 正久　まえの・まさひさ　～昭和39年1月10日　森永乳業取締役・中央研究所長　→昭和

前野 道三　まえの・みちぞう　大正1年10月26日～平成15年8月21日　川崎製鉄専務　→03/05

前野 穣　まえの・みのる　明治39年7月30日～昭和61年6月16日　三晃建設(本社・札幌)会長、北海道出納長　→83/87

前之園 喜一郎　まえのその・きいちろう　明治23年12月～昭和46年2月17日　弁護士　参院議員（民主党）　→昭和

前原 一治　まえはら・かずはる　～昭和43年1月15日　桐生市長　→昭和

前原 貞雄　まえはら・さだお　明治41年4月1日～平成6年10月25日　群馬県議、館林市会議長　→94/96

前原 達一　まえはら・たついち　明治29年3月30日～平成6年8月20日　岩崎電気社長、三菱電機取締役　→94/96

前原 秀木　まえはら・ひでき　昭和10年5月27日～平成5年11月19日　日本鋼管常務　→91/93

前原 宏行　まえはら・ひろゆき　～昭和9年5月21日　陸軍少将　→昭和

前原 正夫　まえはら・まさお　明治37年8月20日～昭和59年12月29日　高島屋常務　→昭和

前原 丸一　まえはら・まるいち　大正6年9月22日～平成22年10月14日　東京放送副社長　→09/11

前東 計男　まえひがし・かずお　明治29年6月1日～平成1年9月11日　東亜電波工業最高顧問・元社長　→88/90

前堀 政幸　まえほり・まさゆき　明治38年1月3日～平成16年3月4日　弁護士　京都弁護士会会長　→03/05

前間 重幸　まえま・しげゆき　大正9年5月1日～平成20年8月28日　長崎県議（自民党）　→06/08

前山 宏平　まえやま・こうへい　～昭和46年3月20日　大和生命保険社長　→昭和

前山 敏雄　まえやま・としお　～昭和50年1月10日　三国鋼帯製造社長　→昭和

前山 久吉　まえやま・ひさきち　明治5年10月7日～昭和12年7月31日　実業家　浜松銀行頭取　→昭和

真貝 貫一　まがい・かんいち　～昭和42年4月1日　九州鋼弦コンクリート会社社長、元福岡商工会議所会頭　→昭和

間片 一郎　まがた・いちろう　～昭和62年3月1日　(有)古城ビル商事役員　→83/87

間賀田 耕吾　まがた・こうご　～平成8年1月20日　税理士　日本税理士会連合会副会長、中国税理士会会長　→94/96

真壁 喜三郎　まかべ・きさぶろう　明治35年9月20日～昭和62年12月2日　麒麟麦酒副社長　→83/87

真壁 忠利　まかべ・ただとし　～平成20年5月14日　連合神奈川会長　→06/08

真壁 廉平　まかべ・れんぺい　大正8年7月24日～平成13年4月22日　ニコン常務　→00/02

真神 峻巌　まがみ・しゅんがん　明治44年11月18日～平成1年8月23日　僧侶　臨済宗建仁寺派宗会議長・元宗務総長　→88/90

真柄 要助　まがら・ようすけ　明治37年9月13日～昭和60年7月12日　真柄建設会長　→83/87

曲渕 喜和太　まがりふち・きわた　明治39年8月24日～平成16年4月11日　日本商事社長　→03/05

槙 哲　まき・あきら　慶応2年11月10日～昭和14年5月30日　実業家　→昭和

牧 員生　まき・かずお　～平成14年7月27日　三井化学工業(のち三井化学)常務　→00/02

牧 清雄　まき・きよお　大正2年7月20日～昭和61年4月8日　島田屋本店会長、島田屋食品販売社長　→83/87

槙 計作　まき・けいさく　大正5年5月12日～平成15年11月5日　岩塚製菓創業者　→03/05

牧 五郎　まき・ごろう　明治36年1月7日～昭和61年5月19日　(社)日本雑誌広告協会相談役、協同広告社長　→83/87

真木 重昭　まき・しげあき　昭和3年1月3日～平成15年8月2日　NOK副社長　→03/05

牧 重昂　まき・しげたか　明治41年3月12日～平成6年4月23日　極洋相談役・元社長　→94/96

槙 重博　まき・しげひろ　明治44年1月2日～平成6年12月10日　弁護士　上智大学法学部教授　→94/96

万 清三郎　まき・せいざぶろう　大正2年3月14日～昭和60年12月26日　バンポー工業会長　→83/87

牧 隆寿　まき・たかなが　昭和11年4月8日～平成12年3月3日　全国町村議会議長会事務総長、沖縄開発庁事務次官　→00/02

牧 朴真　まき・たねおみ　嘉永2年3月29日～昭和9年4月29日　衆院議員、青森県知事　→昭和（まき・ぼくしん）

牧 恒夫　まき・つねお　明治35年10月29日～平成6年10月4日　牧製本印刷相談役、全日本製本工業組合連合会顧問　→94/96

牧 常康　まき・つねやす　～昭和57年12月21日　日本工業新聞社取締役　→80/82

真木 哲英　まき・てつえい　～平成4年6月4日　僧侶　浄土真宗本願寺派中央仏教学院事務局長、正願寺住職　→91/93

牧 知己　まき・ともみ　大正13年5月15日～昭和61年4月28日　横浜乳業社長、森永乳業取締役　→83/87

まき

牧 直次　まき・なおつぐ　〜平成15年2月15日　京都銀行常務　→03/05

牧 楢雄　まき・ならお　〜昭和40年3月3日　九州石油監査役、元鉱山統制会理事長　→昭和

牧 彦次郎　まき・ひこじろう　〜昭和26年11月28日　日本製粉重役　→昭和

牧 秀司　まき・ひでし　〜平成1年2月1日　パシフィック・リサーチ・センター社長　→88/90

牧 冬彦　まき・ふゆひこ　大正11年12月2日〜平成18年12月25日　神戸製鋼所社長、神戸商工会議所会頭　→06/08

牧 誠　まき・まこと　大正1年10月23日〜昭和62年6月8日　九州建設機械販売会長　→83/87

真木 正雄　まき・まさお　明治41年7月17日〜平成4年12月18日　国際電気社長　→91/93

牧 三俊　まき・みつとし　〜昭和62年4月25日　京都府印工組相談役　→83/87

牧 康治　まき・やすはる　大正9年4月28日〜平成18年2月15日　荏原インフィルコ会長　→06/08

牧 泰久　まき・やすひさ　大正9年3月7日〜平成5年11月9日　千代田火災海上保険取締役　→91/93

牧 養一　まき・よういち　昭和5年10月19日〜平成19年6月21日　エフエム秋田社長　→06/08

牧 良夫　まき・よしお　〜昭和56年9月17日　福岡県中小企業従業員福祉協会理事長　→80/82

槇 吉雄　まき・よしお　〜昭和62年10月31日　北海道議(社会党)　→83/87

牧 力夫　まき・りきお　大正11年6月23日〜平成20年1月22日　アタカ工業社長　→06/08

真木 了一　まき・りょういち　明治34年4月14日〜昭和61年8月25日　ナショナル証券専務　→83/87

牧内 栄蔵　まきうち・えいぞう　大正9年12月18日〜平成7年9月25日　クラボウ社長　→94/96

牧内 正志　まきうち・まさし　大正12年2月12日〜平成16年10月17日　日本軽金属副社長　→03/05

牧浦 愛司　まきうら・あいじ　明治29年9月20日〜平成1年1月28日　旭硝子常務　→88/90

牧浦 寿幸　まきうら・としゆき　〜昭和55年6月23日　銭高組副社長　→80/82

牧浦 隆太郎　まきうら・りゅうたろう　大正5年12月17日〜平成9年8月17日　東芝常務、日本ニュクリア・フュエル社長　→97/99

槇枝 元文　まきえだ・もとふみ　大正10年3月4日〜平成22年12月4日　日教組委員長、総評議長、日中技能者交流センター理事長　→09/11

槇尾 栄　まきお・さかえ　明治28年3月14日〜昭和55年9月17日　新神戸電機顧問　→80/82(槇尾 榮)

牧尾 良海　まきお・りょうかい　大正2年8月31日〜平成7年2月4日　僧侶　東光院(真言智山派)住職、大正大学名誉教授　→94/96

牧口 常三郎　まきぐち・つねさぶろう　明治4年6月6日〜昭和19年11月18日　宗教家、教育思想家、地理学者　創価学会創設者　→昭和

牧口 義矩　まきぐち・よしのり　明治9年12月〜昭和32年4月1日　衆議院議員(憲政会)　→昭和

牧窪 秀吉　まきくぼ・しゅうきち　〜昭和27年9月6日　鹿屋市長　→昭和

巻坂 林之助　まきさか・りんのすけ　〜昭和27年12月3日　松戸市長　→昭和

巻下 乙四郎　まきした・おとしろう　大正8年12月18日〜平成12年2月18日　日本道路副社長　→00/02

牧瀬 善毅　まきせ・よしたけ　昭和4年12月13日〜平成23年6月4日　三菱重工業副社長　→09/11

牧園 五郎次　まきぞの・ごろうじ　〜平成19年10月30日　全日本港湾労働組合九州地方本部副執行委員長、博多港湾労働組合協議会議長　→06/08

牧田 覚三郎　まきた・かくさぶろう　〜昭和39年5月31日　海軍中将　→昭和

牧田 和之　まきた・かずゆき　大正7年2月25日〜平成3年10月8日　イサム塗料常務　→91/93

牧田 鉎市　まきた・しょういち　明治37年3月14日〜平成16年4月7日　わかもと製薬名誉会長、日本ゼトック名誉会長　→03/05

牧田 祥平　まきた・しょうへい　〜昭和52年7月20日　日本カーバイド工業社長　→昭和

牧田 甚一　まきた・じんいち　明治25年2月27日〜昭和61年11月12日　熊谷組会長　→83/87

牧田 荘次郎　まきた・そうじろう　大正4年1月13日〜平成1年2月24日　熊谷組顧問・元専務　→88/90

牧田 環　まきた・たまき　明治4年7月20日〜昭和18年7月6日　実業家　三井合名理事　→昭和

槙田 久生　まきた・ひさお　明治42年12月13日〜平成4年4月24日　日本鋼管社長　→88/90

蒔田 浩　まきた・ひろし　大正9年10月21日〜平成6年11月23日　岐阜市長　→94/96

蒔田 広靖　まきた・ひろやす　大正2年8月23日〜平成13年7月8日　日本海テレビ常務　→00/02

牧田 太　まきだ・ふとし　明治4年12月5日〜昭和12年7月27日　陸軍軍医総監　→昭和

牧田 穣　まきた・みのる　大正4年8月1日〜平成6年10月27日　住金物産常務　→94/96

牧田 弥太郎　まきた・やたろう　〜昭和43年3月20日　弁護士　→昭和

牧田 胖　まきた・ゆたか　明治9年1月23日〜平成4年3月23日　ソントン食品工業社長　→91/93

牧田 与一郎　まきた・よいちろう　明治36年1月15日〜昭和46年12月7日　三菱重工業社長　→昭和

牧主 重利　まきぬし・しげとし　〜平成2年7月25日　大島新聞社常務　→88/90

牧野 愛吉　まきの・あいきち　明治40年〜昭和3年5月

社会運動家　→昭和

牧野 明　まきの・あきら　～平成2年9月29日
名古屋市小規模事業金融公社監事、名古屋市東区長　→88/90

牧野 幾久男　まきの・いくお　～昭和27年10月12日
東京船舶社長　→昭和

牧野 いさ子　まきの・いさこ　～昭和5年12月12日
大審院長牧野菊之助氏夫人　→昭和

槇野 勇　まきの・いさむ　大正6年4月18日～平成6年11月2日　警視総監　→94/96

牧野 一三九　まきの・いっさく　明治34年3月21日～平成7年9月30日　ニチメン常務　→94/96

牧野 和郎　まきの・かずお　昭和4年9月28日～平成13年3月23日　マキノ会長　→00/02

牧野 克夫　まきの・かつお　昭和8年10月2日～平成19年11月28日　佐藤工業専務　→06/08

牧野 亀治郎　まきの・かめじろう　明治32年1月2日～昭和60年3月21日　明治生命社長　→83/87

牧野 寛索　まきの・かんさく　明治35年1月～昭和38年9月22日　衆院議員(自民党)　→昭和

牧野 菊之助　まきの・きくのすけ　慶応2年12月21日～昭和11年12月24日　司法官　大審院長　→昭和

牧野 吉郎　まきの・きちろう　昭和7年1月5日～平成10年3月12日　ニッコクトラスト会長　→97/99

牧野 清人　まきの・きよひと　文久2年～平成11年9月2日　陸軍中将　→昭和

牧野 元　まきの・げん　～昭和45年3月31日
大阪商船専務　→昭和

牧野 源太郎　まきの・げんたろう　～昭和29年6月12日
福知山市長　→昭和

牧野 宏策　まきの・こうさく　～昭和24年6月17日
大阪商船専務　→昭和

牧野 耕二　まきの・こうじ　大正3年3月7日～平成15年4月17日　住友信託銀行社長、関西経済同友会代表幹事　→03/05

牧野 耕三　まきの・こうぞう　大正4年7月26日～昭和63年8月28日　住友海上火災保険専務　→88/90

牧野 耕三　まきの・こうぞう　～平成9年9月13日
エイバム社長　→97/99

牧野 権一　まきの・ごんいち　明治33年9月21日～平成11年11月9日　ニッコクトラスト創業者　→97/99

牧野 三郎　まきの・さぶろう　～昭和16年12月8日
海軍中佐　→昭和

牧野 志げ子　まきの・しげこ　大正10年1月5日～平成14年9月13日　高砂殿グループ会長　→00/02

牧野 茂　まきの・しげる　明治35年2月9日～平成8年8月30日　牧野技術士事務所所長、(財)舟艇協会名誉会長　→94/96

牧野 賤男　まきの・しずお　明治8年2月～昭和18年12月

30日　衆院議員(翼賛政治会)　→昭和

牧野 修二　まきの・しゅうじ　明治38年～昭和39年3月25日　アナキスト　→昭和

牧野 寿太郎　まきの・じゅたろう　明治41年2月22日～平成6年8月19日　弁護士　日本弁護士連合会副会長　→94/96

牧野 昇三　まきの・しょうぞう　～昭和59年7月6日
河北新報社専務、電通ラジオテレビ局長　→83/87

牧野 新二　まきの・しんじ　明治44年2月21日～平成9年8月26日　アイセロ化学会長　→97/99

牧野 進　まきの・すすむ　大正4年1月10日～平成3年9月14日　弁護士　仙台高裁判事　→91/93

牧野 純子　まきの・すみこ　明治33年～平成2年10月1日
宮内庁東宮女官長　→88/90

牧野 誠一　まきの・せいいち　～昭和56年3月28日
藤和不動産社長　→80/82

牧野 体山　まきの・たいざん　～昭和62年10月8日
僧侶　長楽寺(時宗)住職　→83/87

牧野 大輔　まきの・だいすけ　昭和17年1月16日～平成15年6月5日　日立化成工業副社長　→03/05

牧野 隆史　まきの・たかふみ　昭和12年2月13日～平成21年6月2日　愛媛新聞社長　→09/11

牧野 隆守　まきの・たかもり　大正15年1月14日～平成20年1月11日　衆院議員(自民党)、労相　→06/08

牧野 太吉　まきの・たきち　～昭和60年11月7日
牧野屋呉服店店主　→83/87

牧野 武治　まきの・たけはる　昭和3年2月21日～昭和59年7月28日　東洋オペレーションサービス社長、三和銀行取締役　→87/89

牧野 忠篤　まきの・ただあつ　明治3年10月12日～昭和10年4月11日　貴院議員(子爵)、長岡市長　→昭和

牧野 忠夫　まきの・ただお　～昭和58年10月5日
日本食肉協議会副会長　→83/87

牧野 達郎　まきの・たつお　昭和2年6月24日～昭和63年10月20日　牧野鉄工会長、愛知県鉄工連合会副会長　→88/90

牧野 保　まきの・たもつ　大正15年12月12日～平成8年6月30日　大日本土木専務　→94/96

牧野 太郎　まきの・たろう　～昭和13年1月15日
不動貯金銀行常務　→昭和

牧野 津多夫　まきの・つたお　明治44年4月15日～平成4年11月12日　清水建設社長　→91/93

牧野 常造　まきの・つねぞう　明治36年1月21日～平成15年4月24日　牧野フライス製作所創業者　→03/05

牧野 歳雄　まきの・としお　～昭和61年4月24日
牧野自動車工業代表　→83/87

牧野 利雅　まきの・としまさ　昭和10年11月28日～平成20年5月3日　住友重機械工業副社長　→06/08

牧野 俊之　まきの・としゆき　明治30年1月11日～昭和

63年12月26日　日本石油精製常務　→88/90

牧野 虎次　まきの・とらじ　明治4年7月3日～昭和39年2月1日　牧師, 社会事業家　同志社総長　→昭和

牧野 伸顕　まきの・のぶあき　文久1年10月22日～昭和24年1月25日　政治家, 伯爵　内大臣, 宮内相, 外相　→昭和

牧野 伸和　まきの・のぶかず　大正10年7月3日～平成11年12月5日　日東化学工業副社長　→97/99

牧野 亘宏　まきの・のぶひろ　昭和15年10月26日～平成11年6月5日　アイセロ化学会長　→97/99

牧野 伸通　まきの・のぶみち　～昭和31年2月7日　宮内庁式部官　→昭和

牧野 日出一　まきの・ひでいち　～昭和42年11月8日　牧野フライス製作所取締役　→昭和

牧野 洋　まきの・ひろし　昭和11年2月5日～平成9年4月24日　鹿島常務　→97/99

牧野 文　まきの・ふみ　明治44年11月13日～昭和61年9月22日　(株)牧野商店代表取締役　→83/87

牧野 二三郎　まきの・ふみお　明治7年11月30日～平成4年7月21日　マキノ副社長　→91/93

牧野 平五郎　まきの・へいごろう　元治1年8月1日～昭和3年5月10日　実業家, 政治家　衆院議員, 富山市長　→昭和

牧野 平章　まきの・へいしょう　昭和2年11月4日～平成5年2月23日　北陸電力取締役　→91/93

牧野 正男　まきの・まさお　～平成11年1月17日　名古屋手をつなぐ育成会理事長　→97/99

牧野 正雄　まきの・まさお　～昭和63年11月15日　太田村(富山県)村長　→88/90

牧野 正臣　まきの・まさおみ　～昭和13年3月22日　陸軍少将　→昭和

牧野 仁勝　まきの・まさかつ　大正12年～平成11年11月8日　三菱倉庫専務　→97/99

牧野 正士　まきの・まさし　明治42年3月16日～平成4年1月29日　石川島播磨重工業専務　→91/93

牧野 充兵　まきの・みつへい　～昭和61年2月3日　宮城交通取締役, 観光バス常務　→83/87

牧野 充　まきの・みつる　～昭和43年12月25日　大丸大阪店長　→昭和

牧野 元次郎　まきの・もとじろう　明治7年2月17日～昭和18年12月7日　不動貯金銀行頭取　→昭和

牧野 靖彦　まきの・やすひこ　大正5年5月21日～平成4年7月2日　千代田紙業取締役　→91/93

牧野 雄一　まきの・ゆういち　大正3年4月10日～平成21年7月28日　東京芝浦電気常務　→09/11

牧野 又三郎　まきの・ゆうさぶろう　明治41年1月18日～平成2年1月24日　日本電気副社長, 住友銀行常務　→88/90

牧野 豊　まきの・ゆたか　～平成13年12月11日　静岡国際交流協会事務局長　→00/02

I　政治・経済・社会篇

牧野 喜広　まきの・よしひろ　大正14年8月8日～平成10年11月24日　大和生命保険常務　→97/99

牧野 良美　まきの・よしみ　～昭和60年11月19日　北陸発電工事工事部副部長兼技術課長　→83/87

牧野 良三　まきの・りょうぞう　明治18年5月26日～昭和36年6月1日　政治家　法相, 衆院議員(自民党)　→昭和

牧野内 育二　まきのうち・いくじ　大正9年2月12日～昭和63年12月22日　神奈川県経営診断士協会監事　→88/90

槙場 弘映　まきば・こうえい　大正11年11月17日～平成8年7月29日　僧侶　奥之院住職, 四天王寺国際仏教大学学長, 四天王寺(和宗)管長　→94/96

巻幡 静彦　まきはた・しずひこ　～昭和57年7月26日　三愛石油会長　→80/82

牧原 源一郎　まきはら・げんいちろう　明治30年4月14日～昭和61年8月3日　衆院議員(進歩党)　→83/87

牧原 孝治　まきはら・こうじ　昭和2年4月9日～平成7年10月1日　アシックス物流社長, センコー常務　→94/96

牧原 孝雄　まきはら・たかお　昭和4年12月11日～平成9年1月18日　ダイエー副社長　→83/87

槙原 秀夫　まきはら・ひでお　大正14年3月30日～平成18年10月1日　海将　海上自衛隊県地方総監　→06/08

牧原 安太郎　まきはら・やすたろう　大正11年5月4日～平成4年1月12日　カネヤ製綱相談役, 中部繊維ロープ工業協同組合理事長　→91/93

巻渕 正　まきぶち・ただし　昭和6年6月5日～平成2年8月23日　前沢工業専務　→88/90

牧村 薫　まきむら・かおる　大正14年11月6日～平成13年1月14日　第三相互銀行常務　→00/02

牧村 捨一　まきむら・すてかず　～平成6年3月1日　牧村製作所会長　→94/96

牧村 武次　まきむら・たけつぐ　大正9年3月27日～昭和63年12月5日　シンコー製作所社長　→88/90

牧村 利勝　まきむら・としかつ　～昭和57年6月19日　間組取締役　→80/82

牧本 典雄　まきもと・のりお　昭和3年7月7日～昭和63年3月28日　牧本楽器社長, 全国邦楽器商工業組合連合会会長　→88/90

真喜屋 実男　まきや・さねお　～昭和55年3月9日　沖縄電力社長, 元沖縄県弁護士会長　→80/82

真喜屋 武　まきや・たけし　～平成22年6月24日　那覇市議, 沖縄医療生活協同組合初代理事長　→09/11

牧山 公郎　まきやま・きみお　大正2年2月9日～平成5年11月11日　第一生命保険社長　→91/93

牧山 正彦　まきやま・まさひこ　昭和43年3月21日～平成12年1月4日　呉羽化学工業常務　→00/02

幕 俊　まく・たかし　大正14年4月30日～平成15年12月10日　吉原製油社長, 住友商事専務　→03/05

幕内 鉄男　まくうち・てつお　明治43年8月13日～平成4年

I 政治・経済・社会篇　　まさき

年8月31日　日本無線社長　→91/93

馬郡 保　まごおり・たもつ　大正11年8月18日～平成16年6月8日　馬郡喜商店会長, 佐世保市社会福祉協議会会長　→03/05

馬郡 道生　まごおり・みちお　～平成22年12月15日　陸将　陸上自衛隊東部方面総監　→09/11

孫工 芳太郎　まごく・よしたろう　大正14年6月1日～平成9年3月17日　東レ副社長　→97/99

馬越 旺輔　まこし・おうすけ　～昭和55年3月31日　弁護士　二松学舎大学顧問　→80/82

馬越 幸次郎　まごし・こうじろう　明治6年7月1日～昭和10年3月18日　実業家　大日本麦酒取締役　→昭和

馬越 省三　まごし・しょうぞう　昭和5年1月13日～平成3年5月1日　ナビックスライン社長　→91/93

孫田 秋義　まごた・あきよし　大正4年8月24日～平成3年8月30日　東京いすゞ自動車専務　→91/93

正 吉男　まさ・よしお　昭和10年4月11日～平成16年5月30日　タイセイグループ創業者, 鹿児島県遊技業協同組合理事長　→03/05

正井 省三　まさい・しょうぞう　～昭和53年5月27日　日本原子力産業会議相談役　→昭和

正井 透　まさい・とおる　大正4年3月11日～平成1年5月14日　関西電力取締役, 関西電気保安協会専務理事　→88/90

政池 仁　まさいけ・じん　明治33年11月～昭和60年4月3日　キリスト教伝道者　→83/87

正岡 章　まさおか・あきら　昭和5年11月5日～昭和62年12月5日　中国放送常務　→83/87

正岡 吉三郎　まさおか・きちさぶろう　明治44年11月6日～平成13年4月5日　滋賀県議, 大津市議　→00/02

正岡 延　まさおか・すすむ　～平成7年1月11日　岡山県警本部長, 警察庁東北管区警察局長　→94/96

政岡 温　まさおか・のどか　大正6年5月15日～昭和58年3月3日　船場産業取締役, 新光製糖社長　→83/87

正垣 伸雄　まさがき・のぶお　大正11年2月12日～平成17年5月17日　住友ゴム工業副社長　→03/05

柾木 一策　まさき・いっさく　大正13年3月8日～平成8年7月　茅ケ崎市長　→94/96

真崎 今一郎　まさき・いまいちろう　～昭和54年11月23日　全国農協連会長　→昭和

真崎 勝次　まさき・かつじ　明治17年12月22日～昭和41年10月15日　海軍少将, 政治家　衆院議員(自民党)　→昭和

正木 清　まさき・きよし　明治33年5月30日～昭和36年4月12日　政治家, 社会運動家　衆院議員(社会党)　→昭和

正木 敬造　まさき・けいぞう　大正5年3月15日～平成8年6月27日　西広社長, 西日本新聞社社友　→94/96

正木 健吉　まさき・けんきち　～昭和58年1月26日　浅草の祭りの演出家　→83/87

正木 鉦　まさき・こう　明治41年3月23日～平成10年8月11日　山陽百貨店社長, 三陽電気鉄道専務　→97/99

真崎 巨勢郎　まさき・こせろう　大正4年9月21日～昭和63年7月23日　日立プラント建設専務　→88/90

真崎 貞夫　まさき・さだお　大正12年5月5日～平成13年6月14日　毎日放送常務　→00/02

正置 悟　まさき・さとる　昭和9年10月30日～平成4年8月25日　コクヨ取締役　→91/93

正木 茂雄　まさき・しげお　大正2年4月19日～昭和63年8月12日　三菱電機取締役, 菱電商事会長　→88/90

真崎 甚三郎　まさき・じんざぶろう　明治9年11月27日～昭和31年8月31日　陸軍大将　→昭和

正木 武雄　まさき・たけお　～昭和52年10月5日　呉造船会長　→昭和

間崎 竜夫　まさき・たつお　明治25年1月24日～昭和59年6月23日　日本電池専務　→83/87

正木 千冬　まさき・ちふゆ　明治36年12月10日～昭和57年4月6日　鎌倉市長, 国学院大学教授　→80/82

正木 長次　まさき・ちょうじ　～平成3年1月25日　北区小型運送社長　→91/93

政木 藤吉　まさき・とうきち　大正4年3月22日～平成2年3月7日　山三商事社長　→88/90

間崎 徳助　まさき・とくすけ　～平成3年3月16日　上松商事会長　→91/93

真崎 寅二郎　まさき・とらじろう　～平成7年10月19日　地域振興整備公団九州支部長　→94/96

真崎 長年　まさき・ながとし　明治28年11月～昭和40年11月3日　佐賀県知事　→昭和 (まざき・ながとし)

正木 光　まさき・ひかる　大正12年12月6日～平成2年3月12日　小松フォークリフト常務　→88/90

真崎 秀樹　まさき・ひでき　明治41年4月1日～平成13年11月14日　官内庁御用掛　→00/02

正木 ひろし　まさき・ひろし　明治29年9月29日～昭和50年12月6日　弁護士　→昭和

柾木 平吾　まさき・へいご　明治38年1月18日～平成7年10月18日　ワコール常務　→94/96

正木 正巳　まさき・まさみ　明治44年2月4日～平成1年3月14日　東武百貨店会長　→88/90

真崎 宗次　まさき・むねつぐ　～昭和59年3月3日　函館護国神社宮司　→83/87

正木 基之　まさき・もとゆき　～平成4年10月7日　西日本冷凍空調厚生年金基金理事長, 近畿冷凍空調工業会専務理事　→91/93

正木 康雄　まさき・やすお　～平成4年10月28日　大和総研取締役　→91/93

真崎 康郎　まさき・やすろう　～平成11年10月7日　空将　→97/99

正木 良明　まさき・よしあき　大正14年3月16日～平成9年6月9日　政治家　衆院議員(公明党)　→97/99

正木 良信　まさき・よしのぶ　大正11年8月10日～平成8年

正木 義太　まさき・よしもと　明治4年10月25日〜昭和9年10月29日　海軍中将　→昭和(まさき・よした)

正木 良一　まさき・りょういち　〜昭和61年9月9日　三菱電機常務, 電気学会会長　→83/87

真砂 岩夫　まさご・いわお　〜平成16年7月11日　太陽インキ製造常務　→03/05

真砂 宏　まさご・ひろし　大正13年6月9日〜昭和58年9月26日　湯浅電池取締役　→83/87

政田 嘉明　まさだ・よしあき　大正3年4月1日〜平成8年9月11日　鴻池組副社長, 鴻池建設代表　→94/96

政友 隆三　まさとも・りゅうぞう　大正5年8月27日〜平成5年1月11日　住友特殊金属常務　→91/93

正直 研一郎　まさなお・けんいちろう　明治43年12月1日〜平成2年1月2日　明電舎取締役　→88/90

真砂野 昭　まさの・あきら　大正6年8月25日〜平成5年9月28日　きんでん専務　→91/93

正橋 正一　まさはし・しょういち　大正15年8月9日〜昭和18年8月28日　富山市長　→06/08

正橋 良之　まさはし・よしゆき　大正11年4月20日〜平成14年6月4日　三協アルミニウム工業副社長　→00/02

正見 真隆　まさみ・しんりゅう　〜平成17年2月23日　僧侶　天台宗大僧正　→03/05

政光 修一　まさみつ・しゅういち　大正10年9月21日〜平成5年11月30日　大分合同新聞社取締役編集局長, 別府大学短期大学部教授　→91/93

正光 信一　まさみつ・しんいち　明治37年11月7日〜昭和63年5月19日　日東石膏社長, 日本陶器専務, ノリタケカンパニーリミテド顧問　→88/90

正宗 猪早夫　まさむね・いさお　大正11年9月28日　日本興業銀行頭取　→97/99

正宗 千香子　まさむね・ちかこ　〜昭和55年3月14日　仙台市主婦連合会会長　→80/82

正村 健三　まさむら・けんぞう　大正4年3月14日〜平成7年1月17日　ニチメン常務　→94/96

正村 俊雄　まさむら・としお　大正14年11月4日〜平成10年9月5日　中央証券専務　→97/99

正本 秀雄　まさもと・ひでお　大正6年2月11日〜平成22年4月17日　僧侶　武蔵嶺(大分県)町長　→09/11

正森 成二　まさもり・せいじ　昭和2年1月19日〜平成18年10月18日　弁護士　衆院議員(共産党)　→06/08

間沢 むめ　まざわ・むめ　明治35年3月29日〜平成5年4月25日　東芝印刷社長　→91/93

真塩 昇嗣　ましお・しょうじ　〜平成16年5月8日　テンカラット取締役, ポニーキャニオン常務　→03/05

真境名 弘　ましきな・ひろし　大正14年4月23日〜平成17年7月23日　沖縄タイムス取締役論説委員長　→03/05

益子 太一　ましこ・たいち　大正12年11月28日〜平成6年12月4日　茨城県議(社会党)　→94/96

猿子 留三郎　ましこ・とめさぶろう　〜昭和56年10月21日　釧路市議会副議長(自民)　→80/82

猿子 英雄　ましこ・ひでお　〜昭和58年2月12日　猿子鉄工所社長, 新潟鉄工業協同組合理事　→83/87

益子 昌祐　ましこ・まさすけ　大正6年8月30日〜平成11年3月23日　アイガ電子工業社長　→97/99

増子 正利　ましこ・まさとし　〜昭和62年4月10日　イーストエデュケーショナル社長, NHKプロデューサー　→83/87

増子 正宏　ましこ・まさひろ　大正3年4月23日〜平成17年12月24日　人事院事務総長　→03/05

益田 兼利　ました・かねとし　大正2年9月17日〜昭和48年7月24日　陸上自衛隊東部方面総監　→昭和

増野 恒夫　ましの・つねお　大正8年11月21日〜平成17年2月4日　日本無線常務　→03/05

真島 一男　まじま・かずお　昭和7年10月28日〜平成13年11月22日　参院議員(自民党)　→00/02

馬島 僴　まじま・かん　明治26年1月3日〜昭和44年10月5日　医師　産児調節運動の先駆者　→昭和

満嶌 啓二　まじま・けいじ　大正5年8月20日〜平成18年3月15日　日綿実業副社長　→06/08

真島 健三郎　ましま・けんぶろう　明治6年3月20日〜昭和16年2月16日　海軍省建築局長　→昭和

真島 公三郎　ましま・こうざぶろう　大正9年4月19日〜平成21年9月19日　三井金属社長　→09/11

真嶋 康祐　まじま・こうゆう　昭和13年3月3日〜平成17年11月9日　僧侶　天台宗大僧正, 延暦寺副執行, 乗実院住職　→03/05

馬島 尚平　まじま・しょうへい　昭和9年11月7日〜平成23年6月13日　クボタ常務　→09/11

間島 大治郎　まじま・だいじろう　明治44年5月11日〜昭和58年1月26日　ニッポン・レンタカーサービス会長, 運輸省観光局長　→83/87

馬島 卓　まじま・たかし　大正12年8月27日〜平成12年7月7日　大成建設専務, 日産建設社長　→00/02

真島 毅夫　ましま・たけお　〜昭和47年2月29日　大阪商工会議所専務理事　→昭和

真島 健　ましま・たけし　大正12年12月12日〜平成13年4月13日　日本エアシステム社長, 海上保安庁長官　→00/02

間島 辰亥　まじま・たつい　〜昭和23年10月24日　日本セメント重役　→昭和

間嶋 恒夫　ましま・つねお　昭和5年9月22日〜平成11年6月14日　百十四銀行専務　→97/99

真島 鉄柱　まじま・てっちゅう　大正7年10月30日〜平成23年9月24日　アロカ社長　→09/11

真島 信夫　まじま・のぶお　〜平成8年12月3日　西松建設専務, ボーゾー油脂社長　→94/96

間島 博　まじま・ひろし　大正9年6月17日〜平成12年12月17日　厚木自動車部品社長, 日産自動車常務　→00/02

馬島 丕更　まじま・ひろし　昭和9年9月3日〜平成18年8月

I　政治・経済・社会篇　　　　　　　　　　　　　　　　　　　　　　　　　　　　　　　　　　　　ますた

月20日　中部日本放送専務　→06/08
真島 正志　まじま・まさし　〜平成9年8月2日
　播磨化成工業(のちハリマ化成)専務　→97/99
真島 泰峨　まじま・やすたか　大正8年1月23日〜平成5年1月8日　豊島区会議長　→91/93
真島 行雄　まじま・ゆきお　大正4年9月18日〜平成4年9月17日　京都製作所社長　→91/93
間下 貞章　ましも・さだあき　〜平成5年3月10日
　日本鋳鉄管取締役　→91/93
真下 玄永　ましも・はるなが　大正5年1月29日〜平成5年4月8日　群馬県森林組合連合会長、群馬県会議長(自民党)　→91/93
真下 正一　ましも・まさかず　大正7年3月26日〜平成15年4月26日　大泉町(群馬県)町長、群馬県教育委員長　→03/05
桝 好一　ます・こういち　昭和7年1月7日〜平成2年4月22日　ソニーマグネスケール常務　→88/90
増井 慶太郎　ますい・けいたろう　明治16年12月27日〜昭和52年6月28日　静岡茶市場社長、衆院議員(国協党)　→昭和
桝井 幸男　ますい・さちお　大正4年8月18日〜平成12年7月29日　東洋物産社長　→00/02
増井 正次郎　ますい・しょうじろう　〜平成7年4月12日
　警察庁関東管区警察局長　→94/96
増井 正　ますい・ただし　昭和8年11月2日〜平成15年2月27日　駐ザンビア大使　→03/05
増井 輝次　ますい・てるじ　昭和2年7月23日〜平成23年12月14日　日本信託銀行専務　→09/11
増井 了　ますい・とおる　〜昭和62年2月23日
　東鳩東京製菓常務　→83/87
増井 敏夫　ますい・としお　明治35年10月16日〜昭和55年1月4日　浅野スレート相談役・元社長　→80/82
升井 登女尾　ますい・とめを　大正3年8月23日〜平成3年3月27日　日本母親大会連絡会事務局長　→94/96
増井 秀雄　ますい・ひでお　大正2年3月21日〜平成7年7月5日　日産化学工業専務、日星産業社長　→94/96
桝井 冨士弥　ますい・ふじや　大正9年9月27日〜平成3年10月29日　昭和電線電纜取締役　→91/93
桝井 正之　ますい・まさゆき　〜昭和58年3月25日
　横浜輸送常務　→83/87
増栄 尚志　ますえ・たかし　大正12年〜平成1年3月6日
　安治川鉄工常務、川崎重工野球部監督　→88/90
増江 達哉　ますえ・たつや　昭和6年〜平成3年12月18日
　熊本工業大学教授　→91/93
増尾 一彦　ますお・かずひこ　昭和5年7月6日〜平成2年12月8日　愛知トヨタ自動車常務　→88/90
増岡 一郎　ますおか・いちろう　昭和2年10月22日〜平成9年9月2日　衆院事務局秘書課議長公邸長　→97/99
増岡 康治　ますおか・こうじ　大正13年8月18日〜平成8年12月2日　参院議員(自民党)　→94/96

増岡 重昂　ますおか・しげたか　昭和10年2月27日　増岡組会長　→97/99
増岡 正三　ますおか・しょうぞう　大正3年6月7日〜平成12年8月31日　伊達市長　→00/02
増岡 哲雄　ますおか・てつお　大正9年6月12日〜昭和63年6月18日　鉄鋼ビルディング会長　→88/90
増岡 登作　ますおか・とうさく　〜昭和44年10月14日
　鉄鋼ビル社長　→昭和
増岡 博之　ますおか・ひろゆき　大正12年2月3日〜平成23年7月24日　衆院議員(自民党)、厚相　→09/11
升方 逸男　ますかた・いつお　大正6年11月20日〜平成20年9月1日　三光機械工業社長　→06/08
舛潟 喜一郎　ますがた・きいちろう　〜平成10年4月24日　千島歯舞諸島居住者連盟名誉顧問、根室市議　北方領土登記訴訟原告　→97/99
升川 貴志栄　ますかわ・きしえ　明治31年〜昭和51年9月20日　原水爆禁止広島母の会会長　→昭和
増川 修治　ますかわ・しゅうじ　大正10年3月16日〜平成6年10月27日　松井建設専務　→94/96
増川 義正　ますかわ・よしまさ　大正11年1月4日〜平成2年2月12日　日本定航保全専務、大蔵省南九州財務局長　→88/90
増川 涼三　ますかわ・りょうぞう　大正6年3月28日〜平成5年8月21日　運輸省鉄道監督局長　→91/93
馬杉 得三　ますぎ・とくぞう　〜昭和55年12月16日
　東レ常務　→80/82
増木 増吉　ますき・ますきち　〜昭和60年2月6日
　東高ハウス取締役　→83/87
増子 甫　ますこ・はじめ　大正4年4月1日〜平成1年10月23日　北海道経営者協会専務理事　→88/90
益子 勇作　ますこ・ゆうさく　明治44年9月4日〜平成17年10月28日　日本冶金工業専務　→03/05
益子 美明　ますこ・よしあき　大正14年3月10日〜平成20年10月5日　住金金属工業専務　→06/08
増沢 譲太郎　ますざわ・じょうたろう　大正11年9月15日〜平成12年8月29日　気象庁長官　→00/02
増島 徳　ますじま・とく　〜昭和40年6月21日
　飯能市長　→昭和
増島 三樹男　ますじま・みきお　大正1年10月12日〜平成21年8月2日　NEC専務、アンリツ会長　→09/11
増島 六一郎　ますじま・ろくいちろう　安政4年6月17日〜昭和23年11月13日　弁護士、法学者　英吉利法律学校初代校長　→昭和
増田 顕邦　ますだ・あきくに　明治37年3月17日〜昭和40年9月26日　日刊工業新聞社長　→昭和
益田 宣　ますだ・あきら　大正2年〜平成12年2月3日
　三菱伸銅常務　→00/02
増田 明　ますだ・あきら　明治45年6月1日〜平成13年7月4日　福助常務　→00/02
益田 篤士　ますだ・あつし　〜昭和57年4月6日

防衛庁施設学校長 →80/82

増田 温 ますだ・あつし 大正14年10月4日～平成20年12月17日 三菱銀行専務 →06/08

桝田 市太郎 ますだ・いちたろう 昭和2年12月10日～平成17年1月3日 山口県議(自民党) →03/05

増田 英一 ますだ・えいいち ～昭和60年4月3日 小野田セメント専務 →83/87

益田 栄次 ますだ・えいじ ～昭和62年8月14日 国分監査役 →83/87

増田 栄司 ますだ・えいじ 昭和9年9月17日～平成19年7月7日 千葉県議(自民党) →06/08

増田 乙三郎 ますだ・おとさぶろう ～昭和12年12月23日 海軍少将 →昭和

増田 一麿 ますだ・かずまろ 大正12年9月12日～平成4年9月4日 日刊工業新聞社副社長 →91/93

益田 克信 ますだ・かつのぶ ～昭和39年4月3日 台糖ファイザー社長 →昭和

益田 克幸 ますだ・かつゆき 昭和5年1月28日～平成11年9月19日 商業開発社長、ベスト・インターナショナル総支配人 →97/99

増田 甲子七 ますだ・かねしち 明治31年10月4日～昭和60年12月21日 政治家、弁護士 衆院議員(自民党)、防衛庁長官 →昭和

増田 貫一 ますだ・かんいち 明治41年1月16日～昭和50年12月4日 社会運動家 →昭和

増田 完五 ますだ・かんご 明治41年2月21日～平成1年4月26日 東亜合成化学工業取締役相談役 →88/90

増田 義一 ますだ・ぎいち 明治2年10月21日～昭和24年4月27日 出版人 実業之日本社創業者、衆院議員(日本進歩党) →昭和

増田 喜三郎 ますだ・きさぶろう 明治38年12月30日～平成3年6月18日 野沢屋(横浜松坂屋)社長、横浜銀行常務 →91/93

桝田 喜実 ますだ・きじつ ～昭和62年10月17日 不二越運輸取締役 →83/87

増田 吉郎 ますだ・きちろう 明治37年6月3日～平成17年1月22日 宮崎銀行頭取 →03/05

増田 喜代蔵 ますだ・きよぞう 明治30年6月25日～昭和63年11月7日 天理教郡山大教会役員、奈良県公安委員 →88/90

増田 金一 ますだ・きんいち 明治35年8月27日～昭和58年11月10日 南海電気鉄道相談役・元副社長 →83/87

増田 庫造 ますだ・くらぞう 明治38年2月27日～平成1年8月14日 ときわ相互銀行(のち東日本銀行)社長 →88/90

増田 桂一 ますだ・けいいち 昭和9年6月6日～平成16年11月19日 峰山町(京都府)町長 →03/05

桝田 圭児 ますだ・けいじ 昭和7年2月26日～平成22年10月9日 公認会計士 日本公認会計士協会副会長 →09/11

増田 健 ますだ・けん 昭和7年9月6日～平成20年6月19日 八日市場市長 →06/08

増田 健一 ますだ・けんいち ～平成20年9月22日 増田屋本店会長、富士宮商工会議所会頭 →06/08

増田 健次 ますだ・けんじ 明治43年8月29日～昭和58年6月29日 野村証券副社長 →83/87

益田 乾次郎 ますだ・けんじろう 明治31年3月20日～平成8年3月2日 ダイフク相談役、大福機工(のちダイフク)会長 →94/96

増田 賢三 ますだ・けんぞう 大正6年8月1日～平成9年11月1日 大和重工専務 →97/99

増田 孝三郎 ますだ・こうざぶろう 大正3年1月2日～平成8年5月9日 吾嬬製鋼所(のちトーマ・スチール)専務 →94/96

益田 幸治 ますだ・こうじ 明治44年2月2日～平成11年9月26日 共栄火災海上保険常務 →97/99

増田 幸次 ますだ・こうじ 昭和15年2月9日～平成18年7月11日 小川町(埼玉県)町長 →06/08

増田 幸次郎 ますだ・こうじろう 明治43年12月6日～平成2年10月9日 弁護士 大阪高裁判事 →88/90

増田 耕三 ますだ・こうぞう 大正7年6月27日～平成1年8月1日 豊前商工会議所専務理事、(株)増田ホームリビングセンター会長 →88/90

桝田 孝平 ますだ・こうへい 大正13年2月10日～平成17年8月7日 キッコーマン常務 →03/05

増田 小三郎 ますだ・こさぶろう ～昭和61年5月8日 伊勢屋会長 →83/87

増田 五郎 ますだ・ごろう 大正15年2月23日～平成2年9月24日 三学出版社長、産経新聞出版局営業部長 →88/90

増田 五郎 ますだ・ごろう ～平成4年8月4日 麻生鉱業常務 →91/93

増田 栄 ますだ・さかえ ～昭和38年11月12日 自由文教人連盟理事長 →昭和

増田 盛 ますだ・さかり 大正2年4月11日～平成3年9月23日 参院議員(自民党) →91/93

増田 敏 ますだ・さとし 大正6年1月1日～平成6年3月10日 昭和アルミニウム常務 →94/96

益田 三郎 ますだ・さぶろう 文久3年7月7日～昭和 大陸浪人、志士 →昭和

増田 茂 ますだ・しげる ～昭和38年8月5日 静岡市長 →昭和

升田 重蔵 ますだ・じゅうぞう 昭和9年11月6日～平成13年10月5日 寿都町(北海道)町長 →00/02

増田 俊 ますだ・しゅん ～昭和42年11月11日 日本造船常務 →昭和

増田 掌 ますだ・しょう ～平成2年9月22日 京都簡裁判事 →88/90

増田 正一 ますだ・しょういち ～平成3年9月11日

高等海難審判庁首席審判官　→91/93

増田　正一　ますだ・しょういち　明治45年1月1日～平成11年5月5日　日本鰹鮪漁業協同組合連合会会長　→97/99

益田　昭一郎　ますだ・しょういちろう　昭和5年1月7日～平成16年6月14日　ダイフク社長　→03/05

増田　昇二　ますだ・しょうじ　明治25年2月20日～昭和57年11月18日　木下産商社長、三菱商事常務　→80/82

益田　照平　ますだ・しょうへい　大正13年8月3日～平成3年7月2日　積水化成品工業社長　→91/93

増田　志郎　ますだ・しろう　～平成7年2月4日　鈴与常務、静岡石油輸送社長　→94/96

増田　次郎　ますだ・じろう　慶応4年2月26日～昭和26年1月14日　実業家　日本発送電初代総裁、衆院議員　→昭和

増田　次郎　ますだ・じろう　大正2年11月3日～平成14年5月10日　阪急電鉄専務　→00/02

増田　生一　ますだ・せいいち　明治44年10月1日～平成3年4月11日　不二越常務　→91/93

増田　正敬　ますだ・せいけい　大正7年11月17日～平成3年6月27日　長野県議（自民党）　→91/93

増田　善　ますだ・ぜん　明治37年1月8日～平成5年4月1日　出雲産業会長　→91/93

増田　タカ　ますだ・たか　～昭和56年11月15日　ますだ女将　→80/82

益田　孝　ますだ・たかし　嘉永1年10月17日～昭和13年12月28日　実業家、茶人、男爵　三井物産初代社長、三井合名会社理事長　→昭和

増田　隆　ますだ・たかし　昭和7年2月14日～平成13年3月7日　北海道テレコムセンター専務、北海道新聞釧路支社長　→00/02

益田　孝信　ますだ・たかのぶ　～昭和62年4月22日　芝本産業取締役　→83/87

升田　武雄　ますだ・たけお　大正4年3月7日～平成3年4月17日　ラジオ関西社長　→91/93

増田　武男　ますだ・たけお　明治42年3月8日～平成1年9月11日　同和火災海上保検取締役、東京衡機製造所監査役　→88/90

増田　猛次　ますだ・たけし　大正5年11月1日～平成18年3月30日　伊藤忠商事副社長、伊藤忠燃料会長　→06/08

増田　通二　ますだ・つうじ　大正15年4月27日～平成19年6月21日　パルコ社長　→06/08

増田　耕　ますだ・つとむ　大正10年5月15日～平成1年11月27日　西日本プラント工業取締役相談役・元社長、九州電力常務　→88/90

増田　貞郎　ますだ・ていじろう　明治41年～昭和14年　社会運動家　→昭和

益田　哲夫　ますだ・てつお　大正2年9月13日～昭和39年7月10日　労働運動家　全自動車労組委員長　→昭和

増田　輝男　ますだ・てるお　～平成19年3月19日　刑事　→06/08

増田　照雄　ますだ・てるお　～昭和60年8月12日　清原取締役東京支店長　→83/87

増田　伝助　ますだ・でんすけ　～平成3年4月4日　栃木県警足利署長　→91/93

増田　利男　ますだ・としお　昭和5年1月1日～平成15年7月9日　蛇の目ミシン工業専務　→03/05

増田　寿郎　ますだ・としろう　明治40年10月26日～平成14年7月5日　朝日新聞専務　→00/02

益田　智信　ますだ・とものぶ　明治39年6月15日～平成2年6月23日　三友エージェンシー会長　→88/90

増田　友治　ますだ・ともはる　明治44年10月21日～昭和60年5月24日　大分共同火力常務　→83/87

増田　長雄　ますだ・ながお　明治44年2月28日～平成1年10月8日　河浦町（熊本県）町長　→88/90

増田　日遠　ますだ・にちおん　明治26年9月26日～昭和44年4月29日　僧侶　日蓮宗管長、大僧正　→昭和

増田　日継　ますだ・にっけい　～昭和27年11月1日　本門法華宗元管長　→昭和

増田　延男　ますだ・のぶお　明治30年4月10日～平成1年12月28日　増田屋食料品店社長、静岡県議会議員　→88/90

増田　一　ますだ・はじめ　大正11年2月22日～平成18年10月13日　前田道路常務　→06/08

桝田　光　ますだ・ひかる　明治42年3月15日～平成12年1月24日　弁護士　第一東京弁護士会副会長、法政大学教授　→00/02

増田　久　ますだ・ひさし　大正8年6月15日～平成11年4月13日　農林省畜産局長　→97/99

増田　英昭　ますだ・ひであき　～平成2年8月29日　講演家　→88/90

増田　英男　ますだ・ひでお　大正3年8月6日～昭和60年7月1日　実業之日本社監査役、明治薬科大学教授　→83/87

増田　英夫　ますだ・ひでお　明治44年6月20日～平成4年3月22日　熊本県議、熊本県剣道連盟会長　→91/93

増田　秀雄　ますだ・ひでお　大正9年9月8日～昭和63年9月30日　モルテン社長　→88/90

増田　秀吉　ますだ・ひできち　～昭和55年?2月24日　黒部川電力社長、前北陸電力常務　→80/82

増田　秀次郎　ますだ・ひでじろう　大正14年1月12日～昭和61年7月24日　日産建設顧問・元常務取締役　→83/87

益田　寛　ますだ・ひろし　昭和2年1月8日～平成1年5月15日　駐リベリア大使　→88/90

増田　裕治　ますだ・ひろはる　大正13年2月16日～平成6年3月18日　住友精化会長　→94/96

益田　博文　ますだ・ひろふみ　～昭和57年1月3日　松本鋳造鉄工所社長、元淀川製鋼所専務　→80/82

増田　正昭　ますだ・まさあき　平成6年1月12日～平成8年1月8日　広島市議（自民党）　→94/96

増田　正雄　ますだ・まさお　大正14年1月12日～平成13年6月26日　愛媛県議（民社党）　→00/02

増田　匡　ますだ・まさじ　～昭和55年9月29日

日本出版販売常務・顧問　→80/82

増田 正俊　ますだ・まさとし　明治45年1月2日〜平成10年3月29日　三菱商事副社長,菱光倉庫社長　→97/99

増田 多　ますだ・まさる　〜昭和63年7月1日　増田医科器械店社長　→88/90

増田 松造　ますだ・まつぞう　〜昭和48年7月11日　豊平製鋼会長　→昭和

増田 盈　ますだ・みつる　大正2年7月3日〜昭和63年2月23日　東亜薬品工業会長　→88/90

益田 実　ますだ・みのる　昭和8年2月7日〜平成19年9月11日　新日本証券専務　→06/08

増田 元一　ますだ・もといち　大正1年10月30日〜平成8年2月5日　KDD社長　→94/96

増田 雅夫　ますだ・やすお　昭和4年8月5日〜平成13年8月1日　愛知県議(自民党)　→00/02

増田 恭孝　ますだ・やすたか　〜平成4年3月3日　T&K・TOKA社長　→91/93

増田 泰文　ますだ・やすふみ　大正14年5月23日〜平成4年11月25日　三愛石油常勤監査役　→91/93

増田 要次郎　ますだ・ようじろう　明治33年12月20日〜平成1年2月1日　弁護士　PTA全国協議会会長,日本弁護士連合会理事　→88/90

益田 洋介　ますだ・ようすけ　昭和21年4月27日〜平成23年2月15日　参院議員(公明党)　→09/11

増田 庸三　ますだ・ようぞう　〜昭和60年11月23日　東亜ペイント専務　→83/87

増田 義雄　ますだ・よしお　明治29年5月24日〜昭和62年7月17日　セッツ会長　→83/87

増田 義彦　ますだ・よしひこ　明治41年3月8日〜平成14年3月13日　実業之日本社社長　→00/02

増田 孔洋　ますだ・よしひろ　昭和16年6月1日〜平成23年2月26日　鈴与副社長　→09/11

増田 美保　ますだ・よしやす　明治41年6月7日〜平成9年1月22日　防衛大学校教授　→97/99

増田 嘉良　ますだ・よしやす　大正9年2月17日〜平成16年2月22日　増田製粉所社長　→03/05

増田 連也　ますだ・れんや　明治25年12月〜昭和40年8月22日　衆院議員(改進党)　→昭和

益田 六十郎　ますだ・ろくじゅうろう　〜昭和61年6月3日　光村原色版印刷相談役・元副社長　→83/87

桝谷 好一　ますたに・こういち　明治35年8月3日〜昭和60年8月10日　大気社取締役　→83/87

益谷 秀次　ますたに・しゅうじ　明治21年1月17日〜昭和48年8月18日　政治家,弁護士　衆院議員,副総理,衆院議員(自民党)　→昭和

増谷 武夫　ますたに・たけお　大正15年2月17日〜平成9年8月9日　日本火災海上保険副社長　→97/99

舛谷 敏之助　ますたに・としのすけ　明治36年4月24日〜昭和61年4月5日　東洋ゴム工業専務　→83/87

桝谷 寅吉　ますたに・とらきち　明治11年11月〜昭和28年12月15日　衆院議員(立憲民政党)　→昭和

桝谷 英哉　ますたに・ひでや　大正14年6月25日〜平成12年12月　クリス・コーポレーション代表取締役　→00/02

桝谷 広　ますたに・ひろし　大正10年9月25日〜平成14年12月16日　北海道警本部長　→00/02

舛冨 圭一　ますとみ・けいいち　〜昭和57年12月25日　日本共産党中央幹部会委員・山口県委員会委員長　→80/82

益富 鷲介　ますとみ・つたき　〜昭和41年11月9日　社会事業家　→昭和

増永 元也　ますなが・げんや　明治14年10月〜昭和31年7月5日　鉄道省電気局長,衆院議員(翼賛議員同盟)　→昭和(ますなが・もとや)

升永 貞幸　ますなが・さだゆき　昭和7年8月19日〜平成23年10月2日　海将　海上自衛隊需給統制隊司令　→09/11

増永 治作　ますなが・じさく　〜昭和57年6月15日　北海道警旭川方面本部長　→80/82

増永 忠彦　ますなが・ただひこ　大正7年8月28日〜昭和60年8月12日　大洋漁業常務　→83/87

増永 勇二　ますなが・ゆうじ　大正5年4月〜昭和55年1月29日　有信堂高文社社長　→80/82

増野 一吉　ますの・かずよし　〜平成2年6月2日　本庄市長　→88/90

益野 力一　ますの・りきいち　明治44年10月9日〜昭和57年9月28日　日産農林工業前社長　→80/82

増原 恵吉　ますはら・けいきち　明治36年1月13日〜昭和60年10月11日　参院議員(自民党),防衛庁長官　→83/87

増原 彰造　ますはら・しょうぞう　大正9年6月14日〜昭和63年5月15日　湧永興農社長　→88/90

増原 操　ますはら・みさお　〜昭和49年6月21日　全国一般労組同盟会長　→昭和

増渕 賢治　ますぶち・けんじ　〜平成6年9月25日　日経マス通信社長,日本経済社顧問　→94/96

増淵 彰一　ますぶち・しょういち　〜昭和45年11月16日　スタンレー電気常務　→昭和

増見 久吉　ますみ・ひさきち　明治37年12月18日〜平成4年12月1日　兵庫銀行監査役　→91/93

益邑 健　ますむら・たけし　明治40年1月24日〜平成6年12月5日　大同生命保険社長　→94/96

増村 外喜雄　ますむら・ときお　〜平成3年7月19日　光芸出版社長　→91/93

升村 善尚　ますむら・よしなお　昭和4年2月10日〜平成11年11月12日　小松建設工業専務,コマツ取締役　→97/99

馬詰 駿太郎　ますめ・しゅんたろう　〜昭和8年8月10日　日本飛行倶楽部常務理事　→昭和

増茂 昌夫　ますも・まさお　明治41年5月28日〜平成17

年10月29日　南西航空社長　→03/05

桝本 卯平　ますもと・うへい　明治6年～昭和6年4月10日　造船技師　第1回国際労働会議労働代表　→昭和

桝本 健一　ますもと・けんいち　～昭和63年9月6日　清光堂社長,京都洛中ライオンズクラブ会長　→88/90

増本 甲吉　ますもと・こうきち　～平成3年3月14日　岐阜県知事　→91/93

桝本 庄司　ますもと・しょうじ　昭和3年2月12日～昭和61年7月18日　桝本海運産業社長　→83/87

升本 二郎　ますもと・じろう　～昭和61年7月15日　東レ取締役　→83/87

増本 大吉　ますもと・だいきち　～昭和49年12月16日　神鋼電機顧問　→昭和

舛本 武夫　ますもと・たけお　大正3年12月30日～平成1年5月5日　三井鉱山常務　→88/90

升本 達夫　ますもと・たつお　昭和3年9月26日～平成10年4月2日　建設省都市局長,地域振興整備公団副総裁　→97/99

増本 亨　ますもと・とおる　昭和34年8月3日～平成21年3月19日　佐賀県議(県民ネットワーク)　→09/11

益本 利之　ますもと・としゆき　～平成2年1月11日　東銀リース顧問　→88/90

増本 幹夫　ますもと・みきお　大正8年2月22日～平成11年3月27日　松戸精工社長,ダイジエット工業専務　→97/99

増森 万一　ますもり・まんいち　～平成7年6月8日　出光興産常務　→94/96

舛谷 富勝　ますや・とみかつ　～昭和63年9月25日　弁護士　札幌弁護士会副会長　→88/90

増山 明　ますやま・あきら　昭和19年7月4日～平成16年8月14日　商人上座専務執行役員　→03/05

増山 義三郎　ますやま・ぎさぶろう　大正9年9月8日～平成19年3月15日　星和電機社長　→06/08

増山 顕珠　ますやま・けんじゅ　明治20年10月27日～昭和44年3月19日　僧侶(浄土真宗本願寺派)　龍谷大学学長,京都女子大学学長　→昭和

増山 作次郎　ますやま・さくじろう　大正12年1月1日～平成11年5月24日　桐生信用金庫会長　→97/99

増山 佐兵衛　ますやま・さへえ　明治37年1月7日～平成15年1月13日　富山大理石工業会長　→03/05

増山 成夫　ますやま・しげお　明治42年11月26日～昭和59年3月20日　日本レイヨン副社長,日本エステル社長　→83/87

益山 誠一　ますやま・せいいち　昭和8年1月4日～平成10年1月20日　大阪スタヂアム興業常務　→97/99

増山 孝明　ますやま・たかあき　昭和5年12月17日～平成15年4月10日　スズキ副社長　→03/05

増山 直太郎　ますやま・なおたろう　明治40年2月27日～昭和41年5月19日　農民運動家　→昭和

升山 悦久　ますやま・のぶひさ　明治32年9月13日～平成5年11月8日　太陽生命保険専務　→91/93

増山 彦太郎　ますやま・ひこたろう　大正5年7月20日～平成1年1月10日　大昭和製紙相談役・元専務　→88/90

増山 博　ますやま・ひろし　～昭和62年9月1日　ヘラルド・ネルソン・ゼネラル・マネジャー,日本ヘラルド映画宣伝部長　→83/87

増山 正男　ますやま・まさお　大正10年3月2日～昭和61年8月7日　西松建設常務　→83/87

増山 瑞比古　ますやま・みずひこ　昭和10年3月28日～平成23年3月2日　フジスタッフ創業者　→09/11

増山 道保　ますやま・みちほ　大正13年11月21日～平成11年9月14日　宇都宮市長　→97/99

間瀬 勘作　ませ・かんさく　明治18年～平成1年5月14日　渥美町(愛知県)町長　→88/90

間瀬 喜久治　ませ・きくじ　昭和40年5月14日　東洋棉花専務　→昭和

間瀬 喜好　ませ・きよし　大正4年8月12日～平成6年3月12日　日立電線副社長　→94/96

馬瀬 金太郎　ませ・きんたろう　明治30年7月4日～昭和59年6月2日　在ベルリン総領事　→83/87

間瀬 孝次郎　ませ・こうじろう　明治41年11月16日～平成13年1月19日　京浜急行電鉄専務　→00/02

馬瀬 清亮　ませ・せいすけ　大正5年8月31日～平成5年12月18日　北陸銀行会長　→91/93

間瀬 富弥　ませ・とみや　～平成6年10月9日　不二製作所会長　→94/96

間瀬 延幸　ませ・のぶゆき　昭和11年1月25日～平成3年11月11日　住宅・都市整備公団理事　→91/93

間瀬 一　ませ・はじめ　～昭和48年2月16日　日本機械輸出組合専務理事　→昭和

又賀 清一　またが・せいいち　大正3年2月21日～平成16年11月14日　山陰中央新報社長　→03/05

俣木 国義　またき・くによし　大正2年6月25日～平成8年10月24日　ユアサ産業(のちユアサ商事)社長,東京銀行頭取秘役　→94/96

又木 武一　またき・たけいち　明治45年1月23日～昭和58年11月2日　日本油脂取締役　→83/87

真館 貞造　まち・ていぞう　嘉永7年3月～昭和6年11月9日　衆院議員(立憲同志会)　→昭和(まだて・ていぞう)

馬立 竜雄　まだて・たつお　大正2年3月12日～平成1年6月23日　報知新聞社常務　→88/90

馬立 豊　まだて・ゆたか　～昭和48年1月20日　第一広告社会長　→昭和

俣野 栄一　またの・えいいち　～昭和57年9月23日　日産建設顧問・元常務取締役　→80/82

股野 景親　またの・かげちか　昭和10年1月16日～平成19年7月17日　駐スウェーデン大使　→06/08

俣野 源次郎　またの・げんじろう　大正5年2月8日～平

成2年3月14日　京都市会副議長（社会党）　→88/90

俣野 健輔　またの・けんすけ　明治27年1月8日～昭和59年10月24日　飯野海運名誉会長　→83/87

又野 末春　またの・すえはる　大正12年～平成21年1月17日　鹿児島県ツル保護会ツル保護監視員　→09/11

又野 弘　またの・ひろむ　～昭和56年9月23日　日置町（山口県）町長　→80/82

俣野 操　またの・みさお　～平成4年3月9日　京都府経済連会長　→91/93

又吉 康広　またよし・やすひろ　昭和6年4月19日～昭和63年12月8日　沖縄テレビ放送社長　→88/90

班目 広一　まだらめ・こういち　～昭和39年5月9日　古河アルミニウム工業副社長　→昭和

斑目 三郎　まだらめ・さぶろう　～昭和61年4月15日　古河鉱業取締役、早川運輸会長　→83/87

斑目 日仏　まだらめ・にちふつ　～昭和29年10月17日　僧侶　古義真言宗高野山派大僧正、天зい管長、宗教懇話会理事　→昭和

町 四郎　まち・しろう　明治42年12月16日～昭和61年11月1日　弁護士　大阪高検刑事部長、大阪公証人会会長　→83/87

町 弥一　まち・やいち　明治45年4月14日～平成18年4月27日　日佐町（徳島県）町長、徳島県社会福祉協議会事務局長　→06/08

町居 孝義　まちい・たかよし　～平成16年8月21日　川崎汽船常務　→03/05

町井 久之　まちい・ひさゆき　～平成14年9月14日　実業家　東亜相互企業社長　→00/02

町井 正登　まちい・まさと　大正12年5月8日～平成18年10月17日　舞鶴市長　→06/08

町尻 量光　まちじり・かずみつ　大正7年12月25日～平成2年1月23日　キングレコード会長　→88/90

町尻 量基　まちじり・かずもと　明治21年3月30日～昭和20年12月12日　陸軍中将　→昭和

町田 勲　まちだ・いさお　明治44年8月25日～平成7年5月16日　日本相互証券会長、山一証券投資信託販売（のち太平洋証券）取締役　→94/96

町田 勇　まちだ・いさむ　大正15年9月5日～平成17年1月29日　日研化学常務　→03/05

町田 一郎　まちだ・いちろう　明治35年8月11日～平成4年1月16日　三菱銀行常務、三菱経済研究所副理事長　→91/93

町田 栄次郎　まちだ・えいじろう　大正3年8月24日～平成16年4月28日　三井物産副社長、東レ副社長　→03/05

町田 叡光　まちだ・えいみつ　～平成7年2月8日　羽幌炭砿鉄道社長　→94/96

町田 一男　まちだ・かずお　～昭和38年3月20日　東洋ゴム工業会長　→昭和

町田 一正　まちだ・かずまさ　明治43年11月6日～昭和

町田 業太　まちだ・ぎょうた　明治44年4月27日～平成5年8月18日　兼松江商社長　→91/93

町田 金重　まちだ・きんじゅう　昭和3年～昭和59年7月24日　日立化成工業理事・無機事業部次長　→83/87

町田 経宇　まちだ・けいう　慶応1年9月3日～昭和14年1月10日　陸軍大将　→昭和

町田 敬二　まちだ・けいじ　明治29年8月15日～平成2年3月12日　陸軍大佐　→88/90

町田 健次　まちだ・けんじ　明治43年1月31日～平成7年1月17日　弁護士　東京高裁判事　→94/96

町田 佐一　まちだ・さいち　明治41年7月21日～昭和61年4月1日　狭山市長　→83/87

町田 定夫　まちだ・さだお　大正15年9月4日～平成5年12月18日　三菱建設専務　→91/93

町田 潤一　まちだ・じゅんいち　昭和14年11月15日～平成15年6月19日　狭山市長　→03/05

町田 四郎　まちだ・しろう　明治38年12月9日～平成10年10月11日　垂水市長　→97/99

町田 信治　まちだ・しんじ　明治33年9月13日～昭和49年1月24日　東洋リノリューム会長　→昭和

町田 真也　まちだ・しんや　～昭和56年12月25日　北海道住宅供給公社専務理事　→80/82

町田 全治　まちだ・ぜんじ　～昭和45年12月27日　日経不動産常務　→昭和

町田 惣一郎　まちだ・そういちろう　明治37年2月10日～昭和39年3月14日　農民運動家　→昭和

町田 充　まちだ・たかし　～昭和57年10月29日　建設省計画局長　→80/82

町田 辰次郎　まちだ・たつじろう　～昭和50年6月15日　国際電線社長　→昭和

町田 保　まちだ・たもつ　昭和42年10月12日　日本交通技術取締役　→昭和

町田 旦龍　まちだ・たんりょう　安政5年12月26日～昭和12年1月22日　医師　衆議院議員（政友会）　→昭和（町田 日籠　まちだ・にちろう）

町田 智元　まちだ・ちげん　大正1年11月13日～平成1年8月27日　僧侶　円浄宗管長、廬山寺住職　→88/90

町田 忠治　まちだ・ちゅうじ　文久3年3月30日～昭和21年11月12日　政治家、実業家　衆院議員（民政党）、農相、商工相　→昭和

町田 忠次郎　まちだ・ちゅうじろう　～平成12年2月3日　空将　航空自衛隊防衛部副部長　→00/02

町田 智英　まちだ・ともひで　～昭和58年5月5日　昌運工作所取締役東京支店長　→83/87

町田 増夫　まちだ・ますお　～平成6年3月7日　小諸市長　→94/96

町田 衛　まちだ・まもる　大正15年2月26日～平成9年8月27日　日本ゼオン常務、ニッポン・ゼオン・オブ・アメリカ社長　→97/99

Ⅰ　政治・経済・社会篇　　　　　　　　　　　　　　　　　　　　　　　　　　　　　　　まつい

町田 幹子　まちだ・みきこ　〜平成12年4月11日
旧満州国皇帝溥儀の実弟溥傑の義妹　→00/02

町田 充　まちだ・みつる　昭和24年6月14日〜平成21年11月9日　みずほ銀行副頭取,芙蓉総合リース社長　→09/11

町田 穣　まちだ・みのる　明治37年4月14日〜平成7年1月1日　日本パルプ専務　→94/96

町田 稔　まちだ・みのる　明治43年7月20日〜昭和58年10月7日　首都圏不燃建築公社名誉会長,建設省計画局長　→83/87

町田 宗夫　まちだ・むねお　大正5年8月20日〜平成21年11月15日　僧侶　神昌寺住職,曹洞宗宗務総長,全日本仏教会理事長　→09/11

町田 茂重　まちだ・もじゅう　明治39年12月5日〜昭和60年4月1日　三幸交通代表取締役会長　→83/87

町田 守一　まちだ・もりいち　〜昭和60年8月16日　山本屋総本家会長　→83/87

町田 守正　まちだ・もりまさ　大正12年1月16日〜平成22年10月3日　高知県議(自民党),土佐山田町(高知県)町長　→09/11

町田 幸久　まちだ・ゆきひさ　大正2年10月10日〜平成18年11月18日　足利市長　→06/08

町田 義夫　まちだ・よしお　〜昭和7年3月2日　東洋リノリューム取締役兼支配人　→昭和

町田 義雄　まちだ・よしお　大正6年11月4日〜平成2年5月11日　日本光電工業監査役,渋川製作所社長　→88/90

町田 善一　まちだ・よしかず　〜平成19年3月9日　山本屋総本家社長　→06/08

町田 美治　まちだ・よしはる　昭和2年1月1日〜平成17年8月2日　東急建設常務,東京都建設局長　→03/05

町田 与助　まちだ・よすけ　大正13年4月9日〜平成5年1月19日　神奈川県議(自民党),三浦市会議長　→91/93

町田 和信　まちだ・わしん　昭和9年12月26日〜平成19年10月26日　登山家　長野市議,長野県自然保護連盟会長　→06/08

待鳥 喜久太　まちどり・きくた　明治43年1月14日〜平成2年11月17日　協和ビル社長,大濠花壇会長,福岡文化連盟理事　→88/90

待鳥 啓三　まちどり・けいぞう　昭和4年10月5日〜平成10年8月14日　太陽生命保険社長　→97/99

待鳥 初民　まちどり・はつたみ　大正15年2月20日〜平成3年10月19日　トーホー創業者　→91/93

待鳥 恵　まちどり・めぐみ　大正15年7月12日〜平成4年9月20日　日教組副委員長　→91/93

町永 三郎　まちなが・さぶろう　〜昭和41年9月1日　神戸製鋼所社長,尼崎製鉄社長　→昭和

町野 昭三　まちの・しょうぞう　昭和15年4月28日〜平成15年7月20日　日産車体専務　→03/05

町野 武馬　まちの・たけま　明治8年11月16日〜昭和43年1月10日　陸軍大佐　衆議院議員(無所属)　→昭和

町野 俊夫　まちの・としお　大正4年11月5日〜平成7年10月28日　タカキ社長　→94/96

町村 一郎　まちむら・いちろう　〜昭和62年3月18日　町村機械製作所社長　→83/87

町村 金五　まちむら・きんご　明治33年8月16日〜平成4年12月14日　参議院議員(自民党),衆院議員,自治相　→91/93

町村 鉄雄　まちむら・てつお　大正6年9月8日〜平成4年6月10日　住銀リース会長　→91/93

町村 泰男　まちむら・やすお　〜昭和44年4月10日　小松製作所常務　→昭和

町村 敬貴　まちむら・よしたか　明治15年12月20日〜昭和44年8月12日　参院議員,町村牧場主　→昭和(まちむら・けいき)

松 定次郎　まつ・さだじろう　大正1年9月25日〜昭和62年8月9日　松定商事代表　→83/87

松 俊一　まつ・しゅんいち　大正7年4月2日〜平成3年1月31日　ダイエー常務,伊藤忠商事取締役　→91/93

松井 昭徳　まつい・あきのり　昭和2年4月1日〜平成19年5月13日　口演童話家　全国童話人協会副会長　→06/08

松井 明　まつい・あきら　明治41年1月6日〜平成6年4月29日　外交官　駐フランス大使　→94/96

松井 篤　まつい・あつし　大正7年2月24日〜平成11年1月3日　佐鳥電機専務　→97/99

松井 郁一　まつい・いくいち　明治38年11月23日〜昭和61年4月2日　東邦亜鉛社長　→83/87

松井 勲　まつい・いさお　大正7年5月8日〜平成10年5月17日　名鉄観光サービス社長,愛知県高野連審判委員長　→97/99

松井 伊作　まつい・いさく　明治36年10月2日〜昭和60年11月13日　愛三工業社長・会長　→83/87

松井 伊助　まつい・いすけ　〜昭和6年8月23日　大阪株式界の長老　→昭和

松井 一郎　まつい・いちろう　大正2年2月23日〜昭和58年11月13日　日本化学陶業監査役・元専務　→83/87

松井 一郎　まつい・いちろう　〜平成5年11月12日　静岡県議　→91/93

松井 一郎　まつい・いちろう　大正11年1月4日〜平成12年6月13日　トヨタ車体専務　→00/02

松井 一郎　まつい・いちろう　明治43年12月6日〜平成18年2月16日　弁護士　郵政省郵務局長,NHK専務理事　→06/08

松井 巌　まつい・いわお　昭和19年2月16日〜平成12年11月19日　ザ・トーカイ常務　→00/02

松井 石根　まつい・いわね　明治11年7月27日〜昭和23年12月23日　陸軍大将　→昭和

松井 栄一　まつい・えいいち　〜昭和60年12月7日　元国鉄富山駅長・同高岡駅長　→83/87

松井 栄堯　まつい・えいぎょう　〜昭和10年3月9日　台南州知事　→昭和

「現代物故者事典」総索引(昭和元年〜平成23年)　　1135

松井 悦郎　まつい・えつろう　〜昭和43年2月8日
　三洋電機監査役　→昭和

松井 円戒　まつい・えんかい　大正3年3月20日〜昭和62年8月24日　僧侶　高野山倉敷別院主監・大僧正, 地蔵院住職　→83/87

松井 息風　まつい・おきかぜ　大正3年6月6日〜平成11年8月27日　神官　若宮八幡宮宮司　→97/99

松井 収　まつい・おさむ　大正4年10月1日〜昭和58年7月5日　帝国通信工業監査役　→83/87

松井 修　まつい・おさむ　昭和5年4月23日〜平成3年3月3日　垂井町(岐阜県)町長　→91/93

松井 薫　まつい・かおる　大正13年12月13日〜平成1年8月12日　大阪高裁部総括判事　→88/90

松井 薫　まつい・かおる　大正15年5月15日〜平成5年6月8日　ニチモウ社長　→91/93

松井 角平　まつい・かくへい　明治30年1月7日〜昭和57年4月15日　松井建設会長　→80/82

松井 一雄　まつい・かずお　〜昭和56年4月29日
　JIMA電通顧問　→80/82

松井 和義　まつい・かずよし　〜昭和25年7月18日
　弁護士　司法省行刑局長　→昭和

松井 貫一　まつい・かんいち　〜昭和61年5月2日
　陸軍少将　→83/87

松井 貫之　まつい・かんし　明治41年7月30日〜平成5年1月17日　新日本紡績社長　→91/93

松居 菊千代　まつい・きくちよ　明治42年12月18日〜平成6年1月18日　旭テック取締役　→94/96

松居 喜三郎　まつい・きさぶろう　明治43年1月2日〜平成3年9月13日　共栄火災海上保険専務　→91/93

松井 喜八　まつい・きはち　〜昭和61年8月30日
　高栄建設会長　→83/87

松井 清　まつい・きよし　大正3年7月23日〜平成13年3月20日　野村町(愛媛県)町長, 愛媛県蚕糸農業同組合連合会会長　→00/02

松井 軍治　まつい・ぐんじ　昭和8年2月18日〜平成22年10月1日　中電工常務　→09/11

松井 慶四郎　まつい・けいしろう　慶応4年3月5日〜昭和21年6月4日　外交官　男爵　外相, 貴院議員(勅選)　→昭和

松為 啓進　まつい・けいしん　大正13年10月24日〜平成4年4月16日　東京計器(のちトキメック)専務　→91/93

松井 敬造　まつい・けいぞう　明治41年8月11日
　日本銀行計理局長, 群馬銀行頭取　→昭和

松井 計郎　まつい・けいろう　〜昭和61年4月22日
　浦和市長　→83/87

松井 健二　まつい・けんじ　大正9年5月12日〜平成7年9月19日　太洋海運社長　→94/96

松井 元淳　まつい・げんじゅん　文久2年8月13日〜昭和6年8月17日　奈良市長　→昭和

松井 健蔵　まつい・けんぞう　明治43年1月1日〜平成3年10月27日　富士重工業取締役, 富士ロビン社長　→91/93

松井 憲三　まつい・けんぞう　明治28年11月29日〜昭和46年12月6日　登山ガイド　→昭和

松井 小右衛門　まつい・こえもん　明治14年〜昭和6年　事業家　→昭和

松井 五郎　まつい・ごろう　大正9年6月23日〜平成10年7月10日　戸田工業社長　→97/99

松井 佐七郎　まつい・さしちろう　大正2年11月8日〜成13年5月4日　駐ナイジェリア大使　→00/02

松井 佐知夫　まつい・さちお　〜昭和61年4月19日
　亀井堂総本店社長, 全国せんべい協会理事　→83/87

松井 三郎　まつい・さぶろう　昭和2年8月〜平成17年7月29日　警察庁関東管区警察局長　→03/05

松井 重雄　まつい・しげお　〜昭和61年1月24日
　モトヤマ社長, 大阪科学機器協会副会長　→83/87

松井 繁雄　まつい・しげお　〜昭和57年1月25日
　美津濃相談役・元専務　→80/82

松井 茂雄　まつい・しげお　〜平成6年1月5日
　岡崎エネルギー供給公社社長, みどりや社長　→94/96

松井 滋郎　まつい・しげじろう　明治39年1月10日〜昭和51年6月7日　社会運動家　→昭和

松井 秀　まつい・しげる　〜昭和55年6月1日
　三重県志摩郡志摩町長　→80/82

松井 茂　まつい・しげる　慶応2年9月27日〜昭和20年9月9日　内務官僚　貴院議員　→昭和

松井 茂　まつい・しげる　〜昭和55年4月20日
　日本エレクトロニクスシステムズ顧問, 毎日放送技術局長　→80/82

松井 静郎　まつい・しずろう　明治41年6月23日〜平成9年12月18日　ロッテ副社長, ロッテ球団社長　→97/99

松井 修一郎　まつい・しゅういちろう　明治34年12月29日〜昭和59年2月11日　大同信用金庫会長　→83/87

松居 修造　まつい・しゅうぞう　大正1年12月10日〜昭和60年12月19日　名古屋三越会長, 松安産業会長　→83/87

松居 修徳　まつい・しゅうとく　〜昭和3年6月18日
　閑院宮附所長　→昭和

松井 昌次　まつい・しょうじ　〜平成14年1月18日
　弁護士　予防接種禍大阪集団訴訟原告弁護団長　→00/02

松居 庄七　まつい・しょうしち　〜昭和30年9月24日
　名古屋市中村百貨店会長　→昭和

松居 四郎　まつい・しろう　明治30年5月19日〜平成1年6月19日　呉羽紡績専務, 呉羽化学工業専務　→88/90

松居 真一郎　まつい・しんいちろう　大正7年2月22日〜平成16年2月7日　松居社長, 博多人形卸商組合会長　→03/05

松井 新二郎　まつい・しんじろう　大正3年12月28日〜平成7年3月31日　日本盲人職能開発センター理事長　→94/96

松井 真造　まつい・しんぞう　明治39年1月5日〜平成7年4月4日　名糖会長　→94/96

松井 捨次郎　まつい・すてじろう　〜昭和46年7月21日　三井物産相談役　→昭和

松井 清作　まつい・せいさく　〜昭和61年10月15日　松井組代表, 滑川市浴場組合長　→83/87

松井 清次　まつい・せいじ　大正4年6月28日〜平成6年6月9日　明治製革(のちメルクス)社長　→94/96

松井 清助　まつい・せいすけ　明治11年11月23日〜昭和7年2月25日　陸軍歩兵大佐　満蒙建国運動殉難者　→昭和

松井 善太郎　まつい・ぜんたろう　〜昭和56年2月12日　検事正　→80/82

松井 善之助　まつい・ぜんのすけ　大正15年2月1日〜平成8年11月1日　昭和電線電機社長　→94/96

松井 隆　まつい・たかし　昭和10年12月15日〜平成12年2月25日　九州石油専務　→00/02

松井 孝介　まつい・たかすけ　昭和9年8月12日〜平成2年2月1日　全日本空輸取締役　→88/90

松井 琢磨　まつい・たくま　〜昭和56年1月9日　リケン前社長　→80/82

松井 太久郎　まつい・たくろう　明治20年12月3日〜昭和44年6月10日　陸軍中将　→昭和

松井 武　まつい・たけし　大正7年5月10日〜平成14年9月22日　松井証券社長　→00/02

松居 毅　まつい・たけし　昭和6年3月16日〜平成21年11月30日　ダイキン工業副社長　→09/11

松井 公孝　まつい・ただゆき　〜昭和61年4月13日　富山県畜産試験場長　→83/87

松井 達夫　まつい・たつお　大正5年3月20日〜平成4年10月24日　共同石油専務　→91/93

松井 厨　まつい・ちゅう　〜昭和26年10月14日　厚生省東北地区駐在防疫官　帝銀事件　→昭和

松井 恒子　まつい・つねこ　〜昭和57年1月3日　日教組社会保障福祉局長, 愛知県教員組合婦人部長　→80/82

松井 常弥　まつい・つねや　〜平成8年11月9日　日東証券(のち三洋証券)専務　→94/96

松井 貞太郎　まつい・ていたろう　明治17年1月〜昭和27年9月3日　奈良市長, 貴院議員(多額)　→昭和(まつい・さだたろう)

松井 哲郎　まつい・てつろう　昭和3年5月16日〜昭和63年9月2日　市川毛織商事副社長　→88/90

松井 俊雄　まつい・としお　大正6年11月10日〜昭和60年7月11日　昭和コンクリート工業常務, 岐阜県商工労働部長　→83/87

松井 敏夫　まつい・としお　昭和5年6月5日〜平成9年6月8日　東海興業常務　→97/99

松井 敏治　まつい・としじ　〜昭和63年7月3日　利根工業所社長, 前橋機械金属工業協同組合専務理事　→88/90

松井 憲紀　まつい・としのり　明治42年2月11日〜平成7年11月15日　明星学園理事長, 横河電機会長　→94/96

松井 敏之　まつい・としゆき　〜昭和10年8月28日　男爵　→昭和

松居 敏郎　まつい・としろう　大正5年2月22日〜平成21年10月27日　塚本商事社長　→09/11

松井 友正　まつい・ともまさ　大正6年3月25日〜平成15年10月2日　キヤノン常務　→03/05

松井 豊明　まつい・とよあき　大正9年8月8日〜昭和60年11月2日　東京製綱磐田製作所監査役, 元東京製綱専務　→83/87

松井 豊吉　まつい・とよきち　明治28年2月〜昭和34年1月23日　衆院議員(自由党)　→昭和

松井 豊道　まつい・とよみち　昭和2年6月14日〜昭和61年1月31日　神奈川ゼロックス販売社長　→83/87

松井 直信　まつい・なおのぶ　〜平成6年3月12日　日本通運取締役, 備後通運副社長　→94/96

松井 直行　まつい・なおゆき　大正6年5月8日〜平成7年3月31日　大阪証券取引所理事長　→94/96

松井 日宏　まつい・にちこう　〜昭和60年6月29日　法華宗本門流大本山本能寺127世貫首　→83/87

松井 信史朗　まつい・のぶしろう　明治45年3月29日〜平成11年4月12日　公益社会長, 全日本葬祭業協同組合連合会名誉会長　→97/99

松井 則次　まつい・のりじ　〜平成3年11月27日　田原町(愛知県)町長　→91/93

松井 春生　まつい・はるお　明治24年5月12日〜昭和41年10月1日　官僚　東京都長官, 貴院議員　→昭和

松井 治之　まつい・はるし　昭和3年5月10日〜平成3年3月22日　愛知県議(自民党)　→91/93

松井 治二　まつい・はるじ　明治34年2月6日〜平成5年9月23日　京都酒造組合理事長　→91/93

松井 久生　まつい・ひさお　昭和14年5月7日〜平成17年4月26日　住友不動産専務　→03/05

松井 久吉　まつい・ひさきち　大正2年3月22日〜平成4年3月6日　部落解放運動家　部落解放同盟中央執行委員長　→91/93

松井 英夫　まつい・ひでお　大正11年3月20日〜昭和59年8月11日　豊年製油常勤監査役　→83/87

松井 兵三郎　まつい・ひょうざぶろう　明治7年6月〜昭和12年9月20日　陸軍中将　→昭和

松井 兵蔵　まつい・ひょうぞう　〜昭和61年3月27日　北陸防水工業取締役会長, 北日本新聞社社友　→83/87

松井 弘清　まつい・ひろきよ　〜昭和55年8月14日　深川商工会議所会頭, 北海道中小企業労務改善集団連合会会長　→80/82

松井 不朽　まつい・ふきゅう　〜昭和57年12月4日　金剛石社社長　→80/82

松井 房治郎　まつい・ふさじろう　明治14年7月23日〜

昭和12年12月10日　官僚,実業家　→昭和

松井 文太郎　まつい・ぶんたろう　慶応4年8月～昭和8年9月2日　衆院議員(立憲民政党),福井商工会議所会頭　→昭和

松井 誠　まつい・まこと　大正1年10月～昭和47年11月10日　弁護士　衆院議員,参院議員(社会党)　→昭和

松井 雅郎　まつい・まさお　大正12年2月20日～平成21年5月22日　ナブコ専務　→09/11

松井 政和　まつい・まさかず　昭和2年3月15日～平成13年1月8日　ラジオ関西専務　→09/11

松井 政吉　まつい・まさきち　明治39年3月27日～平成5年9月19日　社会運動家　衆院議員(社会党)　→91/93

松井 正州　まつい・まさくに　昭和13年6月16日～平成21年3月7日　鹿島取締役,熊谷組専務　→09/11

松井 護　まつい・まもる　大正9年1月23日～平成1年11月24日　テレビ長崎専務　→88/90

松井 満広　まつい・みつひろ　昭和15年12月24日～平成14年11月8日　大阪府水道企業管理者　→00/02

松井 満　まつい・みつる　大正11年9月2日～平成19年3月14日　旭電化工業社長　→06/08

松井 実　まつい・みのる　明治36年10月13日～昭和61年6月8日　三建設備工業代表取締役会長　→83/87

松井 睦　まつい・むつみ　大正9年10月5日～昭和60年6月13日　弘電社社長　→83/87

松居 宗俊　まつい・むねとし　～昭和55年11月9日　日本農芸化学会専務理事,元三共株式会社常務　→80/82

松井 命　まつい・めい　～昭和45年9月29日　陸軍中将　日野重工業社長　→昭和

松井 康浩　まつい・やすひろ　大正11年6月18日～平成20年6月5日　弁護士　日本弁護士連合会事務総長,原水爆禁止日本協議会代表理事　→06/08

松井 康博　まつい・やすひろ　昭和4年12月2日～平成19年11月16日　十条製紙専務　→06/08

松井 弥之助　まつい・やのすけ　大正7年7月5日～平成10年5月21日　タキロン社長　→97/99

松井 幸義　まつい・ゆきよし　大正5年3月23日～昭和63年5月12日　網走市会議長　→88/90

松井 義男　まつい・よしお　明治39年4月1日～昭和58年2月26日　ダイワ精工創業者　→83/87

松井 義子　まつい・よしこ　昭和3年～平成10年12月15日　韓国の原爆被害者を救援する市民の会会長　→97/99

松井 米太郎　まつい・よねたろう　明治2年4月13日～昭和21年10月16日　日本聖公会東京地区第2代主教　→昭和

松居 鑰造　まつい・らいぞう　大正3年1月11日～昭和62年10月17日　清滝観光代表取締役　→83/87

松家 健一　まついえ・けんいち　大正12年7月17日～昭和61年3月12日　弁理士　特許技監　→83/87

松家 賢二　まついえ・けんじ　明治40年10月26日～平成1年12月26日　河北新報社専務　→88/90

松石 俊男　まついし・としお　大正5年3月15日～昭和62年6月7日　全国赤帽軽自動車運送協同組合連合会会長　→83/87

松内 則信　まつうち・のりのぶ　～昭和28年2月12日　毎日取締役　→昭和

松浦 陽恵　まつうら・あきよし　明治42年1月1日～平成5年4月12日　宇宙開発事業団理事長　→91/93

松浦 昭　まつうら・あきら　昭和4年10月5日～平成8年3月18日　衆院議員(新生党)　→94/96

松浦 功　まつうら・いさお　～昭和57年7月29日　鴻池組専務　→80/82

松浦 功　まつうら・いさお　大正12年4月24日～平成14年12月28日　参院議員(自民党),法相　→00/02

松浦 一郎　まつうら・いちろう　明治43年～昭和63年9月28日　日本オーディオ協会理事　→88/90

松浦 巌　まつうら・いわお　大正10年9月～昭和55年11月28日　兼松江商社長　→80/82

松浦 永次郎　まつうら・えいじろう　～昭和51年11月5日　海軍中将　→昭和

松浦 英文　まつうら・えいぶん　明治40年～平成7年　僧侶　大本山総持寺僧堂布教部長,鶴見女子大学教授　→97/99s

松浦 一成　まつうら・かずなり　～昭和60年3月8日　竹田印刷取締役製造副本部長　→83/87

松浦 カツ　まつうら・かつ　～昭和62年2月9日　(社)美深育成園理事長　→83/87

松浦 兼三郎　まつうら・かねさぶろう　～昭和43年12月20日　住友信託銀行常務　→昭和

松浦 寛威　まつうら・かんい　慶応2年11月28日～昭和3年12月9日　陸軍中将　→昭和

松浦 清春　まつうら・きよはる　～平成15年9月2日　連合総合労働局長　→03/05

松浦 研治　まつうら・けんじ　昭和4年11月30日～平成12年8月31日　ユニバーサル証券社長　→00/02

松浦 光清　まつうら・こうせい　～昭和51年9月2日　陸軍軍医中将　→昭和

松浦 五兵衛　まつうら・ごへえ　明治3年9月～昭和6年3月12日　政治家,実業家　衆院副議長(政友会),政友本党幹事長　→昭和

松浦 次一　まつうら・じいち　明治40年11月10日～平成4年7月9日　日立電線専務　→91/93

松浦 滋　まつうら・しげる　昭和3年5月24日～昭和61年3月31日　野崎産業常務　→83/87

松浦 繁　まつうら・しげる　昭和18年10月29日～平成21年11月8日　仙台高裁部総括判事　→06/08

松浦 周太郎　まつうら・しゅうたろう　明治29年5月2日～昭和55年6月8日　政治家　衆院議員,運輸相　→80/82

松浦 淳六郎　まつうら・じゅんろくろう　～昭和19年2月12日　陸軍中将　賀陽宮別当　→昭和

松浦 昭一　まつうら・しょういち　〜昭和63年6月20日　カナダ大使館商務官　→88/90

松浦 正輔　まつうら・しょうすけ　大正15年5月17日〜平成20年12月26日　野村証券副社長, 野村総合研究所会長　→06/08

松浦 正三　まつうら・しょうぞう　大正3年1月26日〜平成6年12月28日　帝国ピストンリング社長, 富士銀行取締役　→94/96

松浦 勝道　まつうら・しょうどう　〜昭和61年2月4日　金地院住職, 元臨済宗南禅寺派宗務総長　→83/87

松浦 進一　まつうら・しんいち　〜平成5年11月16日　三菱金属鉱業（のち三菱マテリアル）監査役　→91/93

松浦 清一　まつうら・せいいち　明治35年12月1日〜昭和59年8月17日　参院議員（民社党）　→83/87

松浦 宗三郎　まつうら・そうざぶろう　〜昭和12年12月10日　帝国鉄道協会長　→昭和

松浦 高雄　まつうら・たかお　大正10年11月8日〜平成17年4月12日　小糸製作所社長　→03/05

松浦 崇　まつうら・たかし　昭和4年6月14日〜平成9年9月19日　鬼怒川ゴム工業社長, 日産自動車専務　→97/99

松浦 隆行　まつうら・たかゆき　明治44年12月26日〜平成8年7月18日　川鉄鋼板社長, 川崎製鉄取締役　→94/96

松浦 孝義　まつうら・たかよし　明治33年10月19日〜昭和59年12月21日　日立電線相談役, 経団連常任理事, 日立製作所副社長　→83/87

松浦 毅　まつうら・たけし　昭和7年〜平成7年8月1日　ミヨシ油脂常務　→94/96

松浦 健　まつうら・たけし　大正10年2月25日〜平成17年9月3日　日本電池専務　→03/05

松浦 武二郎　まつうら・たけじろう　明治39年9月25日〜平成2年9月6日　弁護士, 京都弁護士会長　→88/90

松浦 規　まつうら・ただし　〜平成6年1月22日　長崎県議　→94/96

松浦 達也　まつうら・たつや　大正6年2月18日〜平成17年3月8日　日本舗道社長, 日本石油副社長　→03/05

松浦 次義　まつうら・つぎよし　〜昭和63年4月9日　小松製作所取締役　→88/90

松浦 東介　まつうら・とうすけ　明治40年4月〜昭和39年3月6日　衆院議員（自民党）　→昭和

松浦 敏男　まつうら・としお　大正3年12月9日〜平成3年3月31日　松浦機械製作所社長　→91/93

松浦 利二　まつうら・としじ　大正4年2月10日〜平成20年1月17日　日本無線専務　→06/08

松浦 元　まつうら・はじめ　昭和5年9月25日〜平成4年12月13日　日本プリンテクス常務　→91/93

松浦 久一　まつうら・ひさいち　〜平成2年2月28日　松浦高圧機械製作所相談役　→88/90

松浦 久数　まつうら・ひさかず　〜昭和61年9月10日　美光堂代表取締役社長, 富山フジカラー代表取締役会長,

富山県カメラ商組合相談役　→83/87

松浦 弥親　まつうら・ひさちか　〜昭和60年5月19日　北海道放送事業局事業部長　→83/87

松浦 秀雄　まつうら・ひでお　明治43年7月19日〜昭和62年12月20日　ミズノ副社長, 日本スキー工業協同組合相談役　→83/87

松浦 秀之　まつうら・ひでゆき　大正8年8月15日〜平成11年2月22日　朝日学生新聞社社長　→97/99

松浦 弘和　まつうら・ひろかず　昭和13年11月30日〜平成23年8月30日　親和銀行頭取, 九州親和ホールディングス社長　→09/11

松浦 泰　まつうら・ひろし　大正15年9月22日〜平成10年6月8日　ティー・ビー・シー開発社長, 東北放送専務　→97/99

松浦 博　まつうら・ひろし　平成12年10月24日〜平成3年3月10日　飛島建設取締役　→91/93

松浦 洋　まつうら・ひろし　昭和7年4月14日〜平成18年7月16日　星光PMC会長　→06/08

松浦 博道　まつうら・ひろみち　大正15年5月23日〜平成13年8月9日　名鉄運輸専務　→00/02

松浦 福三郎　まつうら・ふくさぶろう　明治33年11月11日〜平成2年1月1日　（社）日本ベーカー協会会長　→88/90

松浦 文一郎　まつうら・ぶんいちろう　大正9年7月7日〜平成20年1月28日　鶴見曹達社長　→06/08

松浦 政雄　まつうら・まさお　明治42年〜昭和54年10月27日　日東興業会長　→昭和

松浦 森一　まつうら・もりかず　大正10年5月17日〜平成3年6月5日　映機工業副社長　→91/93

松浦 泰治　まつうら・やすはる　昭和6年12月18日〜平成17年3月25日　阿波銀行専務, 徳島経済同友会代表幹事　→03/05

松浦 融海　まつうら・ゆうかい　〜昭和44年1月29日　壬生寺貫主　→昭和

松浦 勇太郎　まつうら・ゆうたろう　明治36年3月1日〜昭和63年12月2日　奈良県同和教育推進協議会常任顧問, 全国同和教育研究協議会副委員長　→88/90

松浦 義雄　まつうら・よしお　大正4年12月28日〜平成6年10月22日　日東興業社長　→94/96

松浦 義信　まつうら・よしのぶ　大正6年12月20日〜平成1年2月1日　北海道会議長（自民党）　→88/90

松浦 嘉彦　まつうら・よしひこ　大正7年4月21日〜平成16年3月27日　日本通運専務　→03/05

松浦 良三　まつうら・りょうぞう　〜昭和57年3月17日　フジモト代表取締役会長　→80/82

松江 澄　まつえ・きよし　大正8年5月17日〜平成17年1月15日　広島県議, 広島県原水禁常任理事　→03/05

松江 晃三　まつえ・こうぞう　〜昭和61年8月11日　松阪証券会長　→83/87

松江 忠二　まつえ・ちゅうじ　〜昭和59年1月11日

まつえ　　　　　　　　　　　　　　　　　　　　　　　　　　Ⅰ　政治・経済・社会篇

住友海上火災保険監査役　→83/87

末永　俊治　まつえ・としはる　明治43年1月27日～昭和58年1月14日　昭和海運相談役・元社長　→83/87

松栄　直勝　まつえ・なおかつ　昭和14年～昭和59年11月20日　トラック運転手　ポルノ税関検査訴訟原告　→83/87

松江　憲樹　まつえ・のりき　～昭和56年12月23日　青森放送監査役　→80/82

松江　春次　まつえ・はるじ　明治9年1月15日～昭和29年11月29日　南洋興発社長　砂糖王　→昭和（まつえ・しゅんじ）

松江　正之　まつえ・まさゆき　～昭和61年9月1日　高岡市国民年金委員連合協議会会長　→83/87

松江　光信　まつえ・みつのぶ　昭和5年6月24日～平成1年5月30日　名古屋ターミナルビル社長　→88/90

松枝　美久　まつえだ・とみひさ　大正5年10月22日～昭和57年12月7日　南日本放送社長　→80/82

松枝　昇　まつえだ・のぼる　昭和8年4月26日～平成12年5月28日　新光商事常務　→00/02

松枝　正門　まつえだ・まさかど　昭和3年12月24日～平成13年4月11日　三菱石油（のち日石三菱）副社長　→00/02

松尾　叡　まつお・あきら　昭和4年10月16日～平成14年1月7日　長崎県信用保証協会会長,長崎県副知事　→00/02

松尾　巌　まつお・いわお　明治37年～昭和58年7月13日　東京地家裁八王子支部長,独協大学法学部長　→83/87

松尾　梅雄　まつお・うめお　明治38年9月4日～平成10年3月12日　鹿島専務　→97/99

松尾　英一　まつお・えいいち　明治45年3月8日～平成8年7月21日　南海毛糸紡績社長,丸紅取締役　→94/96

松尾　治　まつお・おさむ　大正6年11月5日～平成13年9月10日　三楽オーシャン常務　→00/02

松尾　和孝　まつお・かずたか　大正2年7月14日～平成6年1月31日　松尾橋梁社長　→94/96

松尾　和人　まつお・かずと　昭和7年3月5日～平成2年2月4日　佐賀県議（自民党）　→88/90

松尾　金三　まつお・かねみ　～昭和58年7月18日　ロイヤル監査役　→83/87

松尾　喜八郎　まつお・きはちろう　大正3年6月17日～平成2年7月27日　東京都議（公明党）　→88/90

松尾　恭一郎　まつお・きょういちろう　大正13年12月4日～昭和63年7月24日　会計検査院事務総長　→88/90

松尾　喬三　まつお・きょうぞう　明治44年9月12日～昭和59年8月2日　住友金属鉱山常務　→83/87

松尾　潔　まつお・きよし　～平成5年10月13日　佐世保重工業常務　→91/93

松尾　潔　まつお・きよし　大正13年～平成16年10月25日　三菱電機取締役　→03/05

松尾　金蔵　まつお・きんぞう　明治45年1月1日～平成14年3月19日　日本鋼管会長,通産事務次官　→00/02

松尾　国三　まつお・くにぞう　明治32年6月8日～昭和59年1月1日　興行師　雅叙園観光社長,日本ドリーム観光社長　→83/87

松尾　邦彦　まつお・くにひこ　昭和10年8月9日～平成23年8月28日　中小企業庁長官,国際石油開発社長　→09/11

松尾　国松　まつお・くにまつ　明治7年7月29日～昭和33年1月17日　岐阜市長,貴院議員（勅選）　→昭和

松尾　圭太郎　まつお・けいたろう　明治45年2月22日～平成5年7月23日　松尾橋梁会長　→91/93

松尾　健　まつお・けん　昭和7年10月3日～平成13年5月5日　青森商工会議所常務理事,青森観光協会常務理事　→00/02

松尾　賢一郎　まつお・けんいちろう　大正4年2月12日～平成9年10月7日　京都府副知事　→97/99

松尾　好一　まつお・こういち　大正12年4月20日～平成19年12月16日　日本ヒューム専務　→06/08

松尾　剛健　まつお・ごうけん　昭和18年4月8日～平成11年4月1日　福岡県議（自民党）,北九州CATV会長　→97/99

松尾　孝次　まつお・こうじ　昭和10年8月13日～平成12年11月28日　日新商事社長　→00/02

松尾　孝平　まつお・こうへい　～昭和61年9月21日　西南女学院監事,久山療育園（重症心身障害児施設）理事　→83/87

松尾　吾策　まつお・ごさく　明治36年1月6日～昭和63年6月16日　岐阜市長　→88/90

松尾　茂樹　まつお・しげき　明治35年～昭和18年3月7日　社会運動家　→昭和

松尾　滋吉　まつお・しげきち　明治38年7月17日～昭和63年3月14日　島原温泉観光社長,島原鉄道社長　→88/90

松尾　静磨　まつお・しずま　明治36年2月17日～昭和47年12月31日　実業家　日本航空初代社長,航空保安庁初代長官　→昭和

松尾　寂静　まつお・じゃくせい　～昭和55年2月8日　福岡市選挙管理委員会委員長　→80/82

松尾　寿一　まつお・じゅいち　大正12年1月20日～平成10年7月19日　日立造船顧問,建設省九州地方建設局長　→97/99

松尾　主三　まつお・しゅぞう　～平成4年3月2日　福岡高裁刑事首席書記官,大牟田簡裁判事　→91/93

松尾　潤一　まつお・じゅんいち　明治40年3月30日～平成8年9月24日　京阪電気鉄道常務　→94/96

松尾　潤二　まつお・じゅんじ　大正3年7月5日～平成3年10月13日　積水ハウス常務,積水化学工業常務　→91/93

松尾　順一　まつお・じゅんいち　大正14年4月5日～平成11年6月19日　ブリヂストンタイヤ常務　→97/99

松尾　準蔵　まつお・じゅんぞう　明治38年3月27日～昭和62年7月13日　日本黒鉛相談役・元社長　→83/87

松尾　淳平　まつお・じゅんぺい　昭和9年10月13日～平成10年12月11日　新明和工業常務　→97/99

松尾 昇三　まつお・しょうぞう　大正5年3月4日～平成13年10月15日　東洋電機社長　→00/02

松尾 庄平　まつお・しょうへい　～平成15年3月8日　住友商事取締役　→03/05

松尾 四郎　まつお・しろう　明治16年5月～昭和33年7月17日　衆院議員(翼賛議員同盟)　→昭和

松尾 四郎　まつお・しろう　明治37年4月6日～平成9年11月27日　北九州市助役　→97/99

松尾 新一　まつお・しんいち　明治35年7月16日～昭和61年10月25日　陸軍軍人　東京ピアノ工業社長　→83/87

松尾 晋一　まつお・しんいち　明治38年5月28日～昭和61年1月31日　弁護士　神戸弁護士会会長　→83/87

松尾 進　まつお・すすむ　大正13年7月11日～昭和59年12月31日　(財)日本海事広報協会常務理事、運輸省東海海運局長　→83/87

松尾 惣五郎　まつお・そうごろう　～昭和56年2月17日　能古農協組合長　→80/82

松尾 泰一郎　まつお・たいちろう　明治43年6月7日～平成13年12月17日　丸紅社長、通商産業省通商局長　→00/02

松尾 太年　まつお・たいねん　～昭和55年3月19日　僧侶　臨済宗円覚寺派管長　→80/82

松尾 高一　まつお・たかいち　明治21年7月5日～昭和48年5月19日　尼崎信用金庫創立者、尼崎商工会議所会頭　→昭和(まつお・こういち)

松尾 隆男　まつお・たかお　～昭和57年1月21日　駐ザンビア大使　→80/82

松尾 喬　まつお・たかし　～昭和56年2月5日　日本勧業角丸証券元専務　→80/82

松尾 喬　まつお・たかし　大正4年2月16日～昭和58年6月21日　総評副議長、全国金属委員長　→83/87

松尾 喬　まつお・たかし　昭和9年4月1日～平成17年10月7日　伊賀窯業常務、三重県サッカー協会会長　→03/05

松尾 孝　まつお・たかし　明治31年10月23日～昭和62年10月19日　東京機械製作所常務　→83/87

松尾 孝　まつお・たかし　明治45年7月15日～平成15年10月28日　カルビー創業者　→03/05

松尾 隆　まつお・たかし　大正2年7月4日～平成1年4月19日　大同鋼板相談役・元社長　→88/90

松尾 貴久　まつお・たかひさ　～平成15年9月17日　九州ミャンマー友好協会専務理事、ママさんマイホーム研究会代表　→03/05

松尾 卓郎　まつお・たくろう　大正4年10月9日～平成2年12月22日　宇部興産副社長、三和銀行常務　→88/90

松尾 武夫　まつお・たけお　～昭和61年3月27日　松尾印刷資材(株)社長　→83/87

松生 武　まつお・たけし　大正14年～平成12年10月16日　日本バルカー工業常務　→00/02

松尾 武　まつお・たけし　大正3年12月30日～平成14年3月8日　北九州市議(自民党)、黒崎そごう社長　→00/02

松尾 正　まつお・ただし　大正12年3月30日～昭和63年8月20日　伏見桃山城取締役、近鉄興業専務　→88/90

松尾 太郎　まつお・たろう　大正8年5月24日～昭和62年2月8日　静岡銀行取締役　→83/87

松尾 忠二郎　まつお・ちゅうじろう　～昭和28年10月24日　播磨造船社長　→昭和

松尾 司　まつお・つかさ　～昭和62年5月6日　福岡高検検事　→83/87

松尾 次雄　まつお・つぐお　大正14年5月14日～平成12年8月21日　東洋マリン・サービス社長、新和海運常務　→00/02

松尾 励　まつお・つとむ　～平成4年10月20日　大洋専務、西広取締役、西日本新聞社広告局部付部長　→91/93

松尾 禎一郎　まつお・ていいちろう　～昭和58年9月29日　大阪市議会議長、全国市議会議長会会長　→83/87

松尾 哲男　まつお・てつお　昭和2年8月18日～平成15年4月21日　千歳電気工業社長　→03/05

松尾 哲夫　まつお・てつお　大正5年2月3日～平成15年1月17日　段谷産業常務　→03/05

松尾 徹人　まつお・てつと　昭和22年1月19日～平成23年7月28日　高知市長　→09/11

松尾 伝蔵　まつお・でんぞう　～昭和11年2月26日　陸軍歩兵大佐　→昭和

松尾 徳義　まつお・とくよし　～平成1年5月5日　島原市長　→88/90

松尾 トシ子　まつお・としこ　明治40年7月14日～平成5年6月3日　衆院議員(民社党)　→91/93

松尾 俊次　まつお・としつぐ　～平成3年2月9日　日本専売公社(のち日本たばこ産業)監事、日本通運監査役　→91/93

松尾 図南男　まつお・となお　～昭和59年1月1日　全国商店街連合会副会長　→83/87

松尾 虎夫　まつお・とらお　大正6年3月20日～平成4年7月14日　九州銀行常務　→91/93

松尾 直義　まつお・なおよし　明治33年8月6日～昭和10年6月6日　労働運動家　→昭和

松尾 直良　まつお・なおよし　昭和5年7月17日～平成15年5月28日　大蔵省関税局長　→03/05

松尾 信資　まつお・のぶすけ　明治39年12月14日～平成3年10月28日　愛知県副知事、名城大学理事長　→91/93

松尾 信人　まつお・のぶと　明治38年4月9日～平成2年9月19日　衆院議員(公明党)　→88/90

松生 光　まつお・ひかる　大正6年7月6日～平成5年3月18日　東京建物取締役　→91/93

松尾 英男　まつお・ひでお　大正7年8月30日～平成10年4月3日　東急不動産社長　→97/99

松尾 均　まつお・ひとし　～平成3年6月25日　西日本新聞広告社取締役・総務部長、西広参与部長　→91/93

まつお　　　　　　　　　　　　　　　　　　　　　　　　　　　　　　Ⅰ　政治・経済・社会篇

松尾 潤　まつお・ひろし　大正3年1月8日〜平成2年9月10日　田辺製薬取締役　→88/90

松尾 博茂　まつお・ひろしげ　明治42年6月19日〜平成6年6月22日　大日本土木副社長, 日本道路公団理事　→94/96

松尾 文雄　まつお・ふみお　明治40年2月9日〜昭和60年5月1日　松尾建設名誉会長　→83/87

松尾 正夫　まつお・まさお　明治39年12月15日〜平成12年5月25日　松尾電機社長　→00/02

松尾 政治　まつお・まさじ　大正7年3月20日〜平成17年2月15日　マツオ会長　→03/05

松尾 昌敏　まつお・まさとし　大正12年8月27日〜平成22年10月18日　十条製紙専務　→09/11

松尾 正信　まつお・まさのぶ　〜平成15年6月27日　全日本同和会名誉会長　→03/05

松尾 政徳　まつお・まさのり　昭和22年2月6日〜平成10年1月3日　マツオ社長　→97/99

松尾 正吉　まつお・まさよし　大正4年2月11日〜平成9年4月12日　衆院議員(公明党)　→97/99

松尾 まつ枝　まつお・まつえ　〜昭和55年1月24日　"軍神"松尾中佐の母　→80/82

松尾 松良　まつお・まつよし　〜昭和61年2月18日　福岡県原爆被害者団体協議会長, 福岡県原爆被害者相談所長, 福岡市原爆被害者の会会長　→83/87

松尾 造酒蔵　まつお・みきぞう　〜昭和60年1月20日　日本基督教団鎌倉雪ノ下教会名誉牧師, 横須賀学院理事長　→83/87

松尾 道子　まつお・みちこ　昭和26年〜平成5年6月4日　弁護士　→91/93

松尾 三徳　まつお・みつのり　昭和4年10月25日〜昭和58年10月8日　東京田辺製薬取締役外国部長　→83/87

松尾 満　まつお・みつる　〜昭和57年8月16日　西鉄不動産代表取締役, 西鉄労組委員長　→80/82

松尾 実　まつお・みのる　〜昭和55年3月13日　海軍少将　→80/82

松尾 元治　まつお・もとはる　大正5年10月30日〜平成16年3月25日　小田急電鉄副社長　→03/05

松尾 守治　まつお・もりはる　〜昭和48年8月19日　下関市長　→昭和

松尾 良風　まつお・よしかぜ　昭和21年9月2日〜平成22年7月12日　弁護士, 仙台弁護士会会長　→09/11

松尾 義人　まつお・よしと　〜昭和41年10月31日　日本特殊陶業社長　→昭和

松尾 義人　まつお・よしと　大正6年10月1日〜平成3年6月14日　松尾建設会長　→91/93

松尾 嘉文　まつお・よしふみ　大正9年7月7日〜平成9年12月16日　花月園観光名誉会長　→97/99

松尾 良吉　まつお・りょうきち　大正14年11月25日〜平成4年10月1日　花月園観光専務　→91/93

松尾 亮平　まつお・りょうへい　明治34年11月23日〜昭和46年10月30日　日刊スポーツ新聞大阪本社社長, 朝日新聞大阪本社編集局長　→昭和

松尾 倫太郎　まつお・りんたろう　明治36年8月18日〜昭和62年6月14日　公認会計士, 税理士(監)朝日新和会計社相談役　→83/87

松岡 明　まつおか・あきら　〜昭和60年6月2日　八代市長　→83/87

松岡 明　まつおか・あきら　大正5年4月27日〜平成2年4月13日　富士急行顧問・元取締役, 表富士グリーン観光社長　→88/90

松岡 朗　まつおか・あきら　〜昭和57年3月1日　共栄取締役相談役　→80/82

松岡 朝　まつおか・あさ　〜昭和55年10月16日　日本ユニセフ協会専務理事　→80/82

松岡 功　まつおか・いさお　大正10年7月7日〜平成21年6月9日　福岡県議(社会党)　→09/11

松岡 勇雄　まつおか・いさお　明治42年10月13日〜昭和61年4月18日　日本精工取締役　→83/87

松岡 栄治　まつおか・えいじ　〜平成2年9月26日　神官　成海神社宮司, 愛知県神社庁参与　→88/90

松岡 栄八　まつおか・えいはち　昭和5年3月25日〜平成3年3月19日　藤和不動産取締役　→91/93

松岡 修　まつおか・おさむ　大正15年1月25日〜平成8年10月17日　千葉興業銀行頭取　→94/96

松岡 薫　まつおか・かおる　〜平成3年12月14日　三菱アセテート(のち三菱レイヨン)常務　→91/93

松岡 且也　まつおか・かつや　大正12年3月26日〜平成13年4月2日　四国新聞取締役編集局長　→00/02

松岡 嘉兵衛　まつおか・かへえ　明治36年6月5日〜平成1年7月31日　衆院議員(自民党)　→88/90

松岡 行覚　まつおか・ぎょうかく　〜昭和59年3月18日　浄土宗最長老, 西方寺元住職　→83/87

松岡 清　まつおか・きよし　〜昭和60年8月22日　(財)台湾協会理事長, 元法務省公安審査委員会事務局長, 元川崎製鉄顧問　→83/87

松岡 敬　まつおか・けい　〜昭和45年1月22日　日本ヒューム管会長　→昭和

松岡 啓一　まつおか・けいいち　明治30年8月28日〜平成3年5月15日　(医)樹光会大村病院理事長, 日綿実業(のちニチメン)常務, 日華油脂社長　→91/93

松岡 謙一郎　まつおか・けんいちろう　大正3年6月13日〜平成6年12月23日　テレビ朝日副社長, サンテレフォト社長　→94/96

松岡 孝吉　まつおか・こうきち　〜昭和57年12月29日　宮崎日日新聞取締役　→80/82

松岡 孝平　まつおか・こうへい　〜平成10年9月11日　松岡カッター製作所相談役　→97/99

松岡 コト　まつおか・こと　〜平成22年7月30日

101歳で全国戦没者追悼記念式に参列した →09/11

松岡 駒吉 まつおか・こまきち 明治21年4月8日〜昭和33年8月14日 労働運動家,政治家 衆院議長(社会党),総同盟会長 →昭和

松岡 貞雄 まつおか・さだお 大正4年6月14日〜平成20年2月3日 東邦ガス副社長 →06/08

松岡 三郎 まつおか・さぶろう 〜昭和46年6月4日 山口県光市長 →昭和

松岡 式治 まつおか・しきじ 〜昭和62年8月20日 木曽福島町(長野県)町議会議長,信毎会連合会顧問 →83/87

松岡 茂夫 まつおか・しげお 大正10年〜平成4年4月13日 東洋紡取締役 →91/93

松岡 滋次 まつおか・しげじ 〜平成9年7月13日 京都府食肉環境衛生同業組合理事長,京都府食肉事業協同組合連合会会長 →97/99

松岡 茂 まつおか・しげる 〜昭和38年12月19日 日経連常任理事,岐阜乗合自動車社長 →昭和

松岡 十郎 まつおか・じゅうろう 明治43年3月1日〜昭和58年6月27日 山田市長 →83/87

松岡 重朗 まつおか・じゅうろう 明治40年2月18日〜昭和63年8月12日 山下新日本汽船常務 →88/90

松岡 俊吉 まつおか・じゅんきち 大正10年3月17日〜平成17年7月8日 三井造船副社長 →03/05

松岡 潤吉 まつおか・じゅんきち 〜昭和26年9月7日 松岡汽船社長 →昭和

松岡 醇三 まつおか・じゅんぞう 〜昭和55年8月23日 クラウンレコード元編成部長 →80/82

松岡 正二 まつおか・しょうじ 明治45年1月2日〜昭和58年4月3日 神奈川県議・元県議会議長 →83/87

松岡 震三 まつおか・しんぞう 大正12年9月15日〜平成22年12月16日 住友金属工業専務 →09/11

松岡 清次郎 まつおか・せいじろう 明治27年1月8日〜平成1年3月20日 実業家 松岡美術館館長 →88/90

松岡 政保 まつおか・せいほ 明治30年9月18日〜平成1年4月7日 琉球政府主席,沖縄電力社長 →88/90

松岡 孝夫 まつおか・たかお 明治38年4月19日〜昭和62年6月15日 丸芝会長 →83/87

松岡 崇雄 まつおか・たかお 大正14年2月14日〜平成5年1月23日 東ソー常務 →91/93

松岡 武雄 まつおか・たけお 明治39年10月18日〜昭和60年12月14日 日産特販顧問,元東京日産自動車販売社長 →83/87

松岡 武司 まつおか・たけし 〜昭和60年9月18日 松岡熔工社長 →83/87

松岡 忠雄 まつおか・ただお 〜昭和63年7月19日 道applied工業所取締役工事部長 →88/90

松岡 儀 まつおか・ただし 〜平成3年1月5日 読売テレビ放送専務,野村証券京都支店長,よみうり文化センター社長 →91/93

松岡 辰雄 まつおか・たつお 明治37年5月15日〜昭和30年8月23日 社会運動家,歌人 →昭和

松岡 辰郎 まつおか・たつろう 〜昭和49年8月12日 東宝社長,松岡汽船社長 →昭和

松岡 照夫 まつおか・てるお 大正11年11月16日〜平成10年12月6日 大成建設専務 →97/99

松岡 藤吉 まつおか・とうきち 〜昭和39年3月2日 ニューヨーク日系人会長 →昭和

松岡 利勝 まつおか・としかつ 昭和20年2月25日〜平成19年5月28日 衆院議員(自民党),農水相 →06/08

松岡 俊三 まつおか・としぞう 明治13年7月〜昭和30年2月16日 衆院議員(自由党) →昭和(まつおか・しゅんぞう)

松岡 望 まつおか・のぞむ 大正12年3月3日〜昭和58年10月11日 星電器製造監査役 →83/87

松岡 信夫 まつおか・のぶお 昭和7年1月29日〜平成5年6月21日 市民運動家 市民エネルギー研究所代表 →91/93

松岡 運 まつおか・はこぶ 明治28年5月〜昭和38年11月20日 衆院議員(民主党) →昭和(まつおか・うん)

松岡 二十世 まつおか・はたよ 明治34年2月15日〜昭和23年2月9日 社会運動家 →昭和

松岡 英夫 まつおか・ひでお 大正10年8月15日〜平成3年11月18日 長野県信用組合理事長,全国信用組合中央協会常任理事 →91/93

松岡 秀男 まつおか・ひでお 昭和2年8月19日〜平成1年8月24日 日鉄建材工業専務 →88/90

松岡 英澄 まつおか・ひですみ 大正5年10月25日〜平成12年7月25日 朝日石綿工業専務 →00/02

松岡 秀矩 まつおか・ひでのり 昭和3年〜平成7年8月6日 住友金属工業取締役,住金溶接工業社長 →94/96

松岡 弘子 まつおか・ひろこ 〜平成17年10月27日 得月楼代表社員 →03/05

松岡 浩 まつおか・ひろし 大正3年11月4日〜平成1年7月29日 住友海上火災保険取締役 →88/90

松岡 弘 まつおか・ひろむ 大正11年2月27日〜平成13年6月2日 吉田ハム会長 →00/02

松岡 文七郎 まつおか・ぶんしちろう 〜昭和32年1月23日 松本市長 →昭和

松岡 平市 まつおか・へいいち 明治34年5月21日〜昭和55年3月25日 参院議員 →80/82

松岡 鉾治 まつおか・ほこじ 〜昭和9年12月8日 豊橋連隊区司令官大佐 →昭和

松岡 正雄 まつおか・まさお 大正2年11月10日〜平成9年3月23日 山武ハネウエル社長 →97/99

松岡 正治 まつおか・まさじ 〜昭和63年10月8日 凸版印刷常務,東京書籍専務 →88/90

松岡 正爾 まつおか・まさちか 〜昭和56年5月3日

まつおか　　　　　　　　　　　　　　　　　　　　　　Ⅰ　政治・経済・社会篇

日本製鋼所常務取締役　→80/82

松岡　正行　まつおか・まさゆき　昭和4年1月4日～平成4年5月15日　麻生セメント監査役・元常務　→91/93

松岡　増吉　まつおか・ますきち　明治43年3月18日～平成5年10月18日　東宝副社長　→91/93

松岡　松平　まつおか・まつへい　明治37年12月25日～昭和50年3月1日　弁護士　衆院議員(自民党)　→昭和

松岡　光臣　まつおか・みつおみ　大正8年4月10日～昭和63年6月19日　中商事(株)取締役社長　→88/90

松岡　満　まつおか・みつる　～昭和62年3月18日　田川市議　→83/87

松岡　元重　まつおか・もとしげ　大正10年5月4日～平成11年12月1日　十条板紙専務　→00/02s

松岡　靖晃　まつおか・やすあき　昭和8年8月8日～平成8年6月9日　日本コロムビア理事　→94/96

松岡　康弘　まつおか・やすひろ　大正10年6月2日～昭和61年12月24日　駐ニカラグア大使　→83/87

松岡　泰洪　まつおか・やすひろ　昭和22年2月17日～平成23年12月6日　弁護士　高知弁護士会会長　→09/11

松岡　靖光　まつおか・やすみつ　昭和14年4月1日～平成14年4月2日　弁護士　中央学院大学教授,東京高裁判事　→00/02

松岡　幸男　まつおか・ゆきお　～昭和56年10月29日　山口地検検事正　→80/82

松岡　幸雄　まつおか・ゆきお　～平成9年12月　静山社社長,日本ALS協会事務局長　→00/02s

松岡　洋右　まつおか・ようすけ　明治13年3月4日～昭和21年6月27日　外交官,政治家　外相,衆院議員(政友会),満鉄総裁　→昭和

松岡　良明　まつおか・よしあき　大正8年10月18日～平成7年1月10日　山陽新聞社長　→94/96

松岡　由三郎　まつおか・よしさぶろう　～昭和14年6月2日　庶民金庫理事長　→昭和

松岡　義正　まつおか・よしまさ　～昭和14年8月25日　大審院部長　→昭和(まつおか・ぎせい)

松岡　利三郎　まつおか・りさぶろう　明治39年7月2日～平成2年2月12日　兵庫銀行顧問,高松相互銀行(のち兵庫銀行)監査役　→88/90

松岡　隆二　まつおか・りゅうじ　～昭和63年12月9日　マツオカ代表取締役会長　→88/90

松岡　良吉　まつおか・りょうきち　明治43年10月25日～昭和63年10月22日　中部鋼鈑専務　→88/90

松ケ下　信一　まつがした・しんいち　～昭和57年12月18日　東亜建設工業取締役　→80/82

松方　巌　まつかた・いわお　文久2年4月6日～昭和17年8月9日　十五銀行頭取,貴院議員(公爵)　→昭和

松方　乙彦　まつかた・おとひこ　明治13年1月9日～昭和27年10月15日　日活社長　→昭和

松方　康　まつかた・こう　昭和8年3月27日～平成23年1月27日　三井海上火災保険社長　→09/11

松方　幸次郎　まつかた・こうじろう　慶応1年12月1日～昭和25年6月24日　実業家,政治家,美術収集家　川崎造船所社長,衆院議員(日本進歩党)　→昭和

松方　五郎　まつかた・ごろう　～昭和31年2月29日　日野ヂーゼル前社長　→昭和

松方　権次　まつかた・ごんじ　大正3年2月15日～平成1年4月1日　札幌テレビ放送専務　→88/90

松形　祐堯　まつかた・すけたか　大正7年2月26日～平成19年8月23日　宮崎県知事,林野庁長官　→06/08

松方　為子　まつかた・ためこ　～平成3年10月19日　聖ドミニコ会東京修道院院長,聖ドミニコ学園理事長　→91/93

松方　登　まつかた・のぼる　昭和10年2月4日～平成1年2月4日　不二音響社長　→88/90

松方　正雄　まつかた・まさお　慶応4年5月7日～昭和17年3月25日　渡辺銀行頭取　→昭和

松方　正信　まつかた・まさのぶ　明治40年8月13日～平成7年1月1日　日野自動車工業社長,日野自動車販売会長　→94/96

松形　良正　まつかた・よしまさ　大正12年1月19日～平成21年12月13日　えびの市長　→09/11

松川　英市　まつかわ・えいいち　～平成14年8月18日　名工建設常務　→00/02

松川　修　まつかわ・おさむ　昭和2年～平成15年10月10日　オーエム製作所常務　→03/05

松川　嘉太郎　まつかわ・かたろう　明治23年7月2日～昭和57年8月27日　北海道中央バス社長　→80/82

松川　嘉平　まつかわ・かへい　～昭和47年3月18日　弁護士　→昭和

松川　恭佐　まつかわ・きょうすけ　明治25年～昭和55年12月11日　林業技師　日本林業技術協会理事　→80/82

松川　サク　まつかわ・さく　明治25年3月19日～昭和61年11月29日　相模ゴム工業会長　→83/87

松川　重一　まつかわ・しげいち　～平成21年5月1日　ニューヨーク沖縄県人会創設者　→09/11

松川　昌蔵　まつかわ・しょうぞう　明治25年2月～昭和48年4月23日　衆院議員(日本自由党)　→昭和

松川　誠治　まつかわ・せいじ　大正2年7月15日～平成13年3月21日　三井鉱山常務　→00/02

松川　泰三　まつかわ・たいぞう　明治44年10月15日～昭和61年10月28日　武田薬品工業顧問,和光純薬工業会長　→83/87

松川　達夫　まつかわ・たつお　明治32年1月13日～平成7年3月13日　日本科学冶金会長,大阪大学名誉教授　→94/96

松川　保　まつかわ・たもつ　明治33年2月7日～平成3年9月23日　日本ランコ社長　→91/93

松川　常七　まつかわ・つねしち　～昭和56年12月1日　尼崎商工会議所副会頭,松川工器社長　→80/82

松川　敏胤　まつかわ・としたね　安政6年11月9日～昭和

3年3月7日　陸軍大将　→昭和

松川 道哉　まつかわ・みちや　大正13年12月22日〜平成12年11月16日　大蔵省財務官, 日興リサーチセンター代表取締役　→00/02

松川 明敬　まつかわ・めいけい　昭和2年6月25日〜平成5年8月23日　愛知県議(自民党)　→91/93

松川 保夫　まつかわ・やすお　大正13年3月26日〜平成15年6月28日　日本科学冶金社長　→03/05

松川 圭男　まつかわ・よしお　〜平成3年6月4日　金属鉱業事業団資源情報センター所長　→91/93

松川 義一　まつかわ・よしかず　大正12年2月27日〜平成17年12月9日　南海電機鉄道常務　→03/05

松川 義秀　まつかわ・よしひで　大正5年9月13日〜昭和60年5月27日　(社)大阪倶楽部専務理事, 吉原製油常務　→83/87

松木 浅次　まつき・あさじ　〜平成8年8月14日　割烹松浅本店店主　→94/96

松木 巌　まつき・いわお　大正14年7月20日〜平成17年1月1日　日本金属工業専務　→03/05

松木 幹一郎　まつき・かんいちろう　明治5年2月2日〜昭和14年6月14日　実業家　台湾電力社長, 山下合名総理事　→昭和

松木 清　まつき・きよし　明治35年7月12日〜平成3年9月17日　安田生命保険副社長　→91/93

松木 謙三　まつき・けんぞう　明治38年10月8日〜平成2年8月18日　高崎製紙副社長　→88/90

松木 宏一郎　まつき・こういちろう　昭和11年8月13日〜平成18年11月20日　三洋電機常務　→昭和

松木 晃一郎　まつき・こういちろう　大正14年12月28日〜平成20年11月7日　三井東圧化学副社長　→06/08

松木 浩二　まつき・こうじ　大正2年1月7日〜平成2年6月14日　三ツ星ベルト会長, 三和銀行常務, 丸善石油化学副社長　→88/90

松木 孝正　まつき・こうせい　明治43年9月29日〜平成12年3月8日　京三製作所常務　→00/02

松木 貞幹　まつき・さだき　〜平成6年2月3日　安川電機常務　→94/96

松木 治三郎　まつき・じさぶろう　明治39年2月21日〜平成6年5月24日　牧師　関西学院大学名誉教授, 日本基督教団塚口教会名誉牧師, 日本新約学会名誉会長　→94/96

松木 正二　まつき・しょうじ　大正2年8月16日〜平成8年1月8日　東都水産専務　→94/96

松木 武　まつき・たけし　大正8年4月11日〜平成6年9月24日　弁護士　大分県弁護士会会長　→94/96

松木 侠　まつき・たもつ　明治31年3月9日〜昭和37年7月11日　満州大同学院院長, 鶴岡市長　→昭和(まつき・きょう)

松木 利安　まつき・としやす　〜昭和57年12月25日　札幌全日空ホテル前社長　→80/82

松木 直亮　まつき・なおすけ　明治9年11月5日〜昭和15年5月22日　陸軍大将　→昭和

松木 信治　まつき・のぶじ　昭和4年3月31日〜平成13年5月22日　相鉄ローゼン副社長, 横浜地下街社長　→00/02

松木 寿　まつき・ひさし　〜平成5年8月23日　アタカ工業常務　→91/93

松木 英雄　まつき・ひでお　〜昭和61年9月28日　松木酒店店主, 氷見自動車学校理事長　→83/87

松木 秀喜　まつき・ひでき　大正10年12月10日〜平成22年10月22日　北海道建設新聞創業者　→09/11

松木 弘志　まつき・ひろし　昭和9年12月20日〜平成5年2月12日　三井物産取締役　→91/93

松木 弘　まつき・ひろむ　明治12年4月〜昭和42年10月15日　弁護士　衆院議員(自由党)　→昭和(まつき・ひろし)

松木 政七　まつき・まさしち　〜平成10年8月16日　ポーラ化粧品本舗相談役・元専務　→97/99

松木 勝　まつき・まさる　昭和6年9月2日〜平成1年3月30日　加卜吉商事専務　→88/90

松代 通世　まつき・みちよ　〜昭和57年10月19日　日本埠頭倉庫取締役会長　→80/82

松木 靖皓　まつき・やすあき　大正10年〜昭和62年8月3日　山一証券監査役　→83/87

松樹 亮渓　まつき・りょうけい　明治24年5月3日〜昭和63年10月20日　浜益村(北海道)村長　→88/90

松清 達　まつきよ・とおる　〜昭和63年4月16日　日本コロムビア取締役, コロムビア音響工業社長　→88/90

松口 昭二　まつぐち・しょうじ　昭和2年2月17日〜平成59年6月27日　大都工業常務　→83/87

松隈 隆　まつくま・たかし　〜昭和61年7月14日　九州互光センター社長　→83/87

松隈 秀雄　まつくま・ひでお　明治29年6月10日〜平成1年9月30日　大蔵事務次官, 日本専売公社総裁　→88/90

松倉 綾子　まつくら・あやこ　〜平成5年3月27日　東洋興業取締役会長　→91/93

松倉 喜十　まつぐら・きじゅつ　大正3年11月18日〜平成2年12月4日　全国飲食業環境衛生同業組合連合会副会長, 神奈川県飲食業環境衛生同業組合理事長　→88/90

松倉 賢治　まつくら・けんじ　〜昭和56年6月24日　日本即席スープ協会副会長, 富士食品工業社長　→80/82

松倉 淳　まつくら・じゅん　昭和8年1月24日〜平成5年2月25日　武田仙台不動産社長　→91/93

松倉 紹英　まつくら・じょうえい　明治41年9月11日〜昭和58年7月19日　僧侶　竜安寺(臨済宗妙心寺派)住職　→83/87(まつくら・しょうえい)

松倉 秀夫　まつくら・ひでお　〜昭和62年3月11日　釧路地方気象台長　→83/87

松倉 元紘　まつくら・もとひろ　昭和13年〜平成11年7月17日　伊藤忠商事常務　→97/99

松越 留次郎　まつこし・とめじろう　〜昭和60年9月18

日 　松越呉服店店主　→83/87

松坂 清　まつさか・きよし　大正6年4月13日〜平成18年3月28日　弁護士 仙台弁護士会会長,宮城県選挙管理委員長　→06/08

松坂 敬太郎　まつさか・けいたろう　昭和21年1月9日〜平成23年6月29日　ヒロボー社長,府中商工会議所会頭　→09/11

松坂 佐一　まつさか・さいち　明治31年11月13日〜平成12年3月11日　弁護士,法学者 名古屋大学名誉教授　→00/02

松阪 隆次　まつさか・たかつぐ　大正10年7月20日〜平成15年8月　神奈川県渉外部長　→03/05

松阪 広一　まつさか・ひろかず　大正6年6月11日〜平成19年6月19日　住友金属工業常務,住友精義工業副社長　→06/08

松坂 博　まつさか・ひろし　〜昭和63年3月13日　秋田魁新報社監査役　→88/90

松坂 宏　まつさか・ひろし　昭和3年7月18日〜平成19年3月2日　松栄不動産社長　→06/08

松阪 広政　まつさか・ひろまさ　明治17年3月25日〜昭和35年1月5日　弁護士 検事総長,法相　→昭和

松坂 有佑　まつさか・ゆうすけ　大正12年4月5日〜平成1年8月22日　ユー・アンド・アイ・マツザカ社長　→88/90

松坂 雪春　まつさか・ゆきはる　昭和11年3月12日〜平成16年5月12日　山梨県出納長　→03/05

松坂 美登　まつさか・よしのり　大正9年1月31日〜平成11年5月6日　ヒロボー会長　→97/99

松崎 明　まつざき・あきら　昭和11年2月3日〜平成22年12月9日　労働運動家　JR東労組会長　→09/11

松崎 皎　まつざき・あきら　大正4年6月24日〜平成8年12月25日　富士急行副社長　→94/96

松崎 朝治　まつざき・あさじ　明治36年9月〜昭和39年3月31日　衆院議員(自由党),埼玉繊維工業社長　→昭和　(まつざき・ちょうじ)

松崎 勇　まつざき・いさむ　大正8年1月3日〜平成8年10月14日　ジオマテック会長　→94/96

松崎 栄治　まつざき・えいじ　〜昭和57年3月5日　協同組合札幌総合卸センター理事長　→80/82

松崎 和明　まつざき・かずあき　昭和2年2月13日〜平成14年6月16日　日発販売社長,日本発条副社長　→00/02

松崎 一雄　まつざき・かずお　明治34年8月11日〜平成12年4月1日　森永製菓副社長　→00/02

松崎 国雄　まつざき・くにお　明治38年8月28日〜平成6年2月14日　松崎照明社長　→94/96

松崎 久馬次　まつざき・くまじ　明治40年10月14日〜昭和23年12月2日　社会運動家　→昭和

松崎 健吉　まつざき・けんきち　明治37年11月12日〜昭和63年2月18日　全国中小企業共済財団理事,造幣庁長官　→88/90

松崎 貞聡　まつざき・さだとし　明治44年5月13日〜平成1年9月24日　京都中央信用金庫常任相談役　→88/90

松崎 四波生　まつざき・しばお　大正11年11月8日〜平成1年10月23日　日本合成ゴム常務　→88/90

全先 正二　まっさき・しょうじ　〜平成13年10月7日　三井造船専務　→00/02

松崎 捷二　まつざき・しょうじ　明治37年2月15日〜平成10年1月8日　森永製菓常務　→97/99

松崎 司郎　まつざき・しろう　大正15年1月13日〜昭和63年12月24日　北陸電機製造社長,北陸電力取締役　→88/90

松崎 四郎　まつざき・しろう　〜昭和57年6月8日　聖路加国際病院常務理事,元台糖専務　→80/82

松崎 四郎　まつざき・しろう　明治44年11月2日〜平成3年1月22日　エヌ・デー・シー社長,日産自動車取締役　→91/93

松崎 進　まつざき・すすむ　明治42年9月30日〜昭和60年1月11日　日本冷蔵副社長　→83/87

松崎 純生　まつざき・すみお　明治39年11月6日〜平成15年2月5日　海将 海上自衛隊舞鶴地方総監　→03/05

松崎 勢太郎　まつざき・せいたろう　〜昭和27年4月23日　大阪証券金融社長　→昭和

松崎 沢二　まつざき・たくじ　大正6年2月9日〜平成16年1月22日　芝浦製作所専務　→03/05

松崎 武俊　まつざき・たけとし　大正9年6月〜昭和54年11月　刑事,被差別部落史研究家　→昭和

松崎 龍夫　まつざき・たつお　大正15年2月16日〜平成6年12月19日　北茨城市長　→94/96

松崎 保　まつざき・たもつ　大正4年3月30日〜平成12年5月27日　森永製菓副社長　→00/02

松崎 恒雄　まつざき・つねお　明治6年2月19日〜平成21年12月25日　グンゼ special相談役　→09/11

松崎 貞治郎　まつざき・ていじろう　〜昭和60年10月5日　中外鉱業常務,帝国石油常務,(財)文化放送協会常務理事　→83/87

松崎 錠三　まつざき・ていぞう　明治41年2月14日〜平成3年4月9日　旭硝子専務　→91/93

松崎 敏彦　まつざき・としひこ　明治44年10月9日〜平成3年11月14日　東京いすゞ自動車常務,東京都自動車整備振興会長,新東京いすゞモーター副社長　→91/93

松崎 俊久　まつざき・としひさ　昭和5年2月23日〜平成16年5月24日　参院議員(民主党),琉球大学医学部教授　→03/05

松崎 従成　まつざき・ともなり　大正9年8月31日〜昭和63年3月8日　辰口町(石川県)町長　→88/90

松崎 浜子　まつざき・はまこ　大正2年9月29日〜平成19年9月28日　社会運動家 新日本婦人の会中央常任委員　→09/11

松崎 半三郎　まつざき・はんざぶろう　明治7年9月14日〜昭和36年11月4日　実業家　森永製菓社長　→昭和

松崎 久　まつざき・ひさし　〜昭和62年11月6日

建設同盟副委員長, 東海興業労組中央執行委員長　→83/87

松崎 久　まつざき・ひさし　昭和2年～平成10年7月9日　小田急建設常務　→97/99

松崎 広　まつざき・ひろし　昭和19年1月22日～平成23年2月14日　ホテルニューグランド社長, 横浜銀行専務　→09/11

松崎 浩　まつざき・ひろし　明治44年10月14日～昭和61年4月23日　日興証券常務　→83/87

松崎 浩　まつざき・ひろし　昭和8年～平成19年6月19日　日本冶金工業常務, 日本精線常務　→06/08

松崎 芳伸　まつざき・ほうしん　大正2年3月22日～平成9年11月6日　日経連専務理事　→97/99

松崎 匡男　まつざき・まさお　昭和12年4月6日～平成22年3月1日　帝人副社長　→09/11

松崎 正恩　まつざき・まさよ　大正6年～平成17年6月30日　東洋建設常務　→03/05

松崎 正臣　まつざき・まさおみ　～昭和45年4月13日　日本冶金常務　→昭和

松崎 実　まつざき・みのる　大正7年11月26日～平成15年2月18日　東京証券取引所常任監査　→03/05

松崎 友一　まつざき・ゆういち　昭和33年3月22日　日本水産専務　→昭和

松崎 幸雄　まつざき・ゆきお　昭和3年12月14日～平成2年6月17日　福井県議(自民党)　→88/90

松崎 陽　まつざき・よう　～昭和56年8月3日　日本モンゴル協会会長, 日本光電工業社長　→80/82

松崎 陽一　まつざき・よういち　～昭和14年10月23日　北海道庁経済部長　→昭和

松崎 義雄　まつざき・よしお　大正13年1月5日～平成6年10月31日　北海道議(自民党)　→94/96

松崎 隆一　まつざき・りゅういち　～平成4年10月28日　日本水産常勤監査役　→91/93

松崎 了介　まつざき・りょうすけ　～昭和60年7月2日　(財)北方領土復帰期成同盟副会長　→83/87

松酒 重雄　まつさけ・しげお　明治43年3月24日～平成6年4月25日　東洋曹達工業(のち東ソー)専務　→94/96

松沢 一夫　まつざわ・かずお　昭和7年10月2日～平成17年11月21日　ナガホリ専務　→03/05

松沢 兼人　まつざわ・けんじん　明治31年1月10日～昭和59年7月1日　社会運動家, 政治家　参議員(社会党), 関西学院大学教授　→83/87

松沢 謙三　まつざわ・けんぞう　～昭和46年8月4日　高砂鉄工取締役　→昭和

松沢 智　まつざわ・さとし　昭和2年10月11日～平成15年4月6日　弁護士　東京地裁判事, 日本大学法学部教授　→03/05

松沢 正太郎　まつざわ・しょうたろう　～平成19年5月16日　東京青雲会初代事務局長　→06/08

松沢 助次郎　まつざわ・すけじろう　～昭和57年8月5日　山一証券副社長　→80/82

松沢 清次郎　まつざわ・せいじろう　明治12年2月～昭和12年7月3日　実業家　貴院議員(多額納税)　→昭和

松沢 卓二　まつざわ・たくじ　大正2年7月17日～平成9年9月8日　富士銀行頭取　→97/99

松沢 武重　まつざわ・たけしげ　大正5年1月8日～昭和63年7月21日　松沢書店社長　→88/90

松沢 辰男　まつざわ・たつお　大正5年2月9日～平成8年2月3日　協和発酵工業常務　→94/96

松沢 竜雄　まつざわ・たつお　～昭和45年1月25日　弁護士　元極東軍事裁判弁護人　→昭和

松沢 太郎　まつざわ・たろう　大正1年12月26日～平成19年3月11日　飯田市長　→06/08

松沢 常三郎　まつざわ・つねさぶろう　～昭和60年10月29日　太洋社常務　→83/87

松沢 恒久　まつざわ・つねひさ　大正13年3月13日～平成10年2月2日　白馬館会長, 長野県議(県政クラブ)　→97/99

松沢 俊昭　まつざわ・としあき　昭和2年10月30日～昭和60年11月10日　農民運動家　衆院議員(社会党), 全日本農民組合連合会(全日農)会長　→83/87

松沢 秀雄　まつざわ・ひでお　大正7年4月18日～平成11年8月31日　朝日新聞大阪本社編集局長, サンテレビ会長　→97/99

松沢 政基　まつざわ・まさき　大正15年7月22日～平成8年8月26日　根室漁協組合長, 全国さんま漁業協会会長, 松沢漁業(株)社長　→97/99

松沢 万蔵　まつざわ・まんぞう　明治37年8月16日～昭和63年7月2日　同和鉱業常務, 藤田観光名誉顧問　→88/90

松沢 三男　まつざわ・みつお　大正11年7月8日～昭和62年6月28日　理研電線常務　→83/87

松沢 睦　まつざわ・むつみ　昭和5年9月15日～平成21年9月7日　群馬県議(自民党)　→09/11

松沢 泰雄　まつざわ・やすお　昭和2年7月18日～平成9年3月23日　文化放送取締役　→97/99

松沢 靖介　まつざわ・やすすけ　～昭和34年6月8日　参院議員(社会党)　→昭和

松沢 雄蔵　まつざわ・ゆうぞう　明治43年12月3日～昭和58年6月12日　衆院議員(自民党), 行政管理庁長官　→83/87

松沢 与吉　まつざわ・よきち　明治42年6月23日～平成9年4月20日　日本カーリット社長　→97/99

松沢 録太郎　まつざわ・ろくたろう　明治37年2月20日～昭和62年6月6日　水晶堂眼鏡店会長, 宮城県眼鏡協会会長　→83/87

松沢 六郎　まつざわ・ろくろう　～昭和48年7月30日　富山県会議長　→昭和

松下 信　まつした・あきら　～昭和59年11月9日　湯浅電池監査役　→83/87

松下 依彩央　まつした・いさお　～平成22年5月22日

まつした　　　　　　　　　　　　　　　　　　　　　　　　　Ⅰ　政治・経済・社会篇

シーボン名誉会長　→09/11

松下 功　まつした・いさお　大正9年7月14日～平成18年8月15日　愛媛新聞社長　→06/08

松下 壱雄　まつした・いつお　明治33年10月8日～昭和62年5月23日　三菱化工機相談役, 三菱重工業副社長　→83/87

松下 逸雄　まつした・いつお　大正7年3月1日～平成12年12月29日　長野県議(自民党)　→00/02

松下 卯一郎　まつした・ういちろう　昭和9年6月8日～平成8年4月5日　大丸松下食品社長　→94/96

松下 奥三郎　まつした・おくさぶろう　明治16年～昭和10年7月19日　実業家　→昭和

松下 薫　まつした・かおる　～昭和48年9月30日　海軍中将　→昭和

松下 一永　まつした・かずのり　～昭和60年1月1日　警視庁刑事部兼防犯部参事官, 日本道路交通情報センター東京事務所長　→83/87

松下 兼武　まつした・かねたけ　大正3年8月17日～平成13年1月19日　鹿児島県議(社会党)　→00/02

松下 兼備　まつした・かねとも　昭和7年5月4日～平成5年9月11日　鹿児島銀行常務　→91/93

松下 寛治　まつした・かんじ　大正12年10月8日～平成22年11月8日　グローリー工業社長　→09/11

松下 正　まつした・きみ　～平成18年1月10日　高松宮付侍女長　→06/08

松下 邦治郎　まつした・くにじろう　大正6年7月30日～平成3年2月26日　熊谷組常務　→91/93

松下 源太郎　まつした・げんたろう　～昭和61年5月15日　日ソ協会苫小牧支部長, サハリン州経済貿易視察団員　→83/87

松下 磊　まつした・こいし　明治41年11月25日～平成2年3月27日　飛島建設取締役　→88/90

松下 浩三　まつした・こうぞう　明治43年9月13日～平成9年1月8日　東京海上火災保険社長　→97/99

松下 幸之助　まつした・こうのすけ　明治27年11月27日～平成1年4月27日　実業家　松下電器産業創業者　→88/90

松下 駒吉　まつした・こまきち　～平成12年3月9日　兵庫県議, 兵庫県選挙管理委員会委員　→00/02

松下 権一　まつした・ごんいち　大正1年10月22日～平成13年4月28日　日本火災海上保険専務　→00/02

松下 省二　まつした・しょうじ　明治39年2月3日～平成7年11月16日　三越常務, 小田急百貨店社長　→94/96

松下 二郎　まつした・じろう　大正8年12月7日～平成10年3月29日　福徳銀行専務　→97/99

松下 真　まつした・しん　明治37年9月20日～昭和61年11月1日　松屋コーヒー本店社長, 全国たばこ販売協同組合連合会副社長　→83/87

松下 清吉　まつした・せいきち　明治43年1月21日～平成11年7月30日　大日本電線常務　→83/87

松下 孝夫　まつした・たかお　大正8年3月6日～昭和62年9月21日　ダイエー取締役,(社)日本ショッピングセンター協会専務理事　→83/87

松下 東治郎　まつした・とうじろう　～昭和19年5月19日　海軍中将　→昭和

松下 利男　まつした・としお　明治32年3月16日～昭和63年7月13日　北海道拓殖銀行副頭取, 北海道空港社長　→88/90

松下 寅吉　まつした・とらきち　～昭和37年5月29日　光洋精工会長　→昭和

松下 信泰　まつした・のぶやす　明治42年6月15日～平成14年9月8日　三菱商事常務, 明和産業常務　→00/02

松下 典臣　まつした・のりおみ　大正4年11月14日～平成11年4月13日　東洋信託銀行常務　→97/99

松下 林　まつした・はやし　～平成6年9月16日　京都府議　→94/96

松下 晴郎　まつした・はるお　大正4年11月22日～平成11年6月1日　全日本空輸専務, 札幌全日空ホテル会長　→97/99

松下 彦一　まつした・ひこいち　明治45年3月20日～平成8年11月7日　日本火災海上保険副社長　→94/96

松下 尚　まつした・ひさし　昭和7年7月7日～平成20年2月11日　オーナンバ社長　→06/08

松下 久太　まつした・ひさた　明治40年6月22日～昭和63年8月8日　丸久金属商会相談役　→88/90

松下 久彦　まつした・ひさひこ　～昭和61年12月9日　硫黄島協会副会長　→83/87

松下 一　まつした・ひとし　～昭和61年4月12日　愛媛県知事　→83/87

松下 宏　まつした・ひろし　大正13年10月11日～平成12年3月10日　東洋信託銀行社長　→00/02

松下 冨士雄　まつした・ふじお　大正15年1月1日～平成23年12月20日　巴コーポレーション会長　→09/11

松下 正寿　まつした・まさとし　明治34年4月14日～昭和61年12月24日　弁護士　立教大学総長, 参院議員(民社党)　→83/87

松下 勝　まつした・まさる　～昭和63年3月3日　JR東日本旅客鉄道労組(東鉄労)高崎地方本部委員長　→88/90

松下 光広　まつした・みつひろ　～昭和57年2月9日　大南公司会長　→80/82

松下 実　まつした・みのる　～平成10年10月8日　香川県議　→97/99

松下 宗之　まつした・むねゆき　昭和8年2月15日～平成11年2月9日　朝日新聞社長　→97/99

松下 むめの　まつした・むめの　明治29年3月3日～平成5年9月5日　実業家・松下幸之助の妻　→91/93

松下 元昭　まつした・もとあき　昭和14年3月25日～昭和58年10月18日　労働省労政局労働法規課長　→83/87

松下 芳雄　まつした・よしお　〜昭和63年12月28日
　松下徽章会長,全東京記章商工協同組合理事長　→88/90

松下 芳文　まつした・よしふみ　大正1年9月29日〜平成9年2月4日　鹿児島県議(自民党)　→97/99

松下 与平　まつした・よへい　〜昭和61年4月3日
　松下酒類卸会長　→83/87

松島 格太郎　まつしま・かくたろう　〜昭和47年11月22日　福井放送取締役　→昭和

松島 一男　まつしま・かずお　大正10年9月25日〜昭和62年1月18日　山武ハネウエル常務　→83/87

松島 一正　まつしま・かずまさ　〜平成21年5月14日
　鹿児島県ツル保護会ツル保護監視員　→09/11

松嶋 喜作　まつしま・きさく　明治24年10月7日〜昭和52年2月17日　実業家,政治家　富士航空社長,参院副議長,日本興業銀行理事　→昭和

松島 廉　まつしま・きよし　〜平成5年11月29日
　新日本製鉄取締役　→91/93

松島 清重　まつしま・きよしげ　明治34年12月1日〜平成2年2月2日　大阪セメント会長　→88/90

松島 源　まつしま・げん　〜平成3年12月22日
　伊良湖シーサイドゴルフ倶楽部副社長・常務理事・総支配人　→91/93

松嶋 健寿　まつしま・けんじゅ　大正3年12月9日〜平成7年3月26日　不二窯業会長,全国タイル業協会顧問・元会長　→94/96

松島 五郎　まつしま・ごろう　大正8年7月12日〜平成11年4月27日　消防庁長官　→97/99

松嶋 鹿夫　まつしま・しかお　明治21年1月16日〜昭和43年11月28日　外務次官,貴院議員(勅選)　→昭和(松島 鹿夫)

松島 茂雄　まつしま・しげお　〜昭和47年3月25日
　南極観測ふじ艦長　→昭和

松島 七兵衛　まつしま・しちべえ　明治35年12月4日〜昭和60年2月1日　京都マツダ会長,真宗大谷派宗務顧問　→83/87

松島 準吉　まつしま・じゅんきち　-昭和33年2月25日
　野村銀行社長　→昭和

松島 順正　まつしま・じゅんせい　明治36年8月20日〜平成5年5月1日　宮内庁正倉院事務所保存課長　→91/93

松島 二郎　まつしま・じろう　大正2年1月15日〜昭和62年8月25日　日正汽船社長,日本鉱業会社理事　→83/87

松島 孝道　まつしま・たかみち　〜昭和59年2月9日
　全郵政委員長　→83/87

松島 武夫　まつしま・たけお　明治39年11月8日〜平成18年4月29日　山之内製薬社長　→06/08

松島 龍夫　まつしま・たつお　〜平成17年11月23日
　空将　航空自衛隊　→03/05

松島 照郎　まつしま・てるお　〜平成1年2月19日
　東海技術センター専務理事　→88/90

松島 徳三郎　まつしま・とくさぶろう　〜昭和57年2月13日　写真印刷会長　→80/82

松島 聡行　まつしま・としゆき　大正12年9月10日〜昭和58年4月3日　丸善石油監査役　→83/87

松島 直治　まつしま・なおじ　〜昭和61年9月28日
　松島建設工業代表取締役社長　→83/87

松島 肇　まつしま・はじめ　〜昭和36年4月15日
　駐ポーランド公使　→昭和

松島 肇　まつしま・はじめ　〜昭和44年2月7日
　衆院議員　→昭和

松島 英夫　まつしま・ひでお　大正8年5月9日〜平成15年7月7日　三井造船副社長　→03/05

松島 秀雄　まつしま・ひでお　〜昭和59年4月12日
　松島機械研究所取締役会長　→83/87

松島 博　まつしま・ひろし　大正2年10月6日〜平成6年12月3日　神官　八雲神社宮司,三重大学教授　→94/96

松島 正　まつしま・まさし　昭和7年5月15日〜平成22年6月5日　報知新聞常務　→09/11

松島 正儀　まつしま・まさのり　明治37年8月15日〜平成9年4月3日　東京育成園理事長　→97/99

松島 政義　まつしま・まさよし　〜昭和57年12月29日
　弁護士　日本弁護士連合会常務理事　→80/82

松島 正義　まつしま・まさよし　明治33年12月25日〜平成2年1月9日　タツタ電線常務　→88/90

松島 翠　まつしま・みどり　昭和18年3月28日〜平成10年7月6日　福井新聞取締役論説委員長　→00/02s

松島 綾　まつしま・やすし　明治39年11月3日〜平成14年2月21日　広島県議　→00/02

松島 安正　まつしま・やすまさ　〜昭和56年3月4日
　世田谷区保護司会副会長　→80/82

松島 勇平　まつしま・ゆうへい　大正13年12月12日〜平成14年6月7日　三立製菓社長　→00/02

松代 松之助　まつしろ・まつのすけ　〜昭和23年4月23日　放送協理事　→昭和

松代 龍平　まつしろ・りゅうへい　大正9年2月23日〜平成11年5月6日　ニュートーキョー専務　→97/99

松津 光威　まつず・みつい　昭和14年6月5日〜平成16年8月12日　駐パナマ大使　→03/05

松薗 勉　まつぞの・つとむ　〜平成23年10月31日
　陸将　→09/11

松園 直巳　まつぞの・なおみ　大正11年7月15日〜平成23年12月9日　ヤクルト本社副会長,ヤクルト球団オーナー　→09/11

松園 尚巳　まつぞの・ひさみ　大正11年7月15日〜平成6年12月15日　ヤクルト本社名誉会長,ヤクルト球団名誉会長　→94/96

松園 英子　まつぞの・ふさこ　〜平成3年5月20日
　宮内庁女官　→91/93

松田 彰　まつだ・あきら　大正9年3月30日〜平成3年9月

月22日　ユアテック取締役相談役、東北電力副社長　→91/93

松田 章　まつだ・あきら　昭和10年1月2日〜平成9年2月9日　不動建設常務　→97/99

松田 明　まつだ・あきら　昭和4年5月23日〜昭和62年3月4日　日本化薬取締役　→83/87

松田 伊三雄　まつだ・いさお　明治29年〜昭和47年6月23日　三越社長　→昭和

松田 勲　まつだ・いさお　大正4年9月3日〜平成12年8月29日　明電舎専務　→00/02

松田 戌雄　まつだ・いぬお　〜昭和45年2月25日　東京電気専務　→昭和

松田 岩坪　まつだ・いわお　〜昭和56年6月19日　名古屋市議　→80/82

松田 丑之助　まつだ・うしのすけ　〜昭和38年2月7日　油糧配給公団総裁　→昭和

松田 栄治郎　まつだ・えいじろう　〜昭和57年1月6日　松田ポンプ製作所会長　→80/82

松田 芳　まつだ・かおる　大正7年10月12日〜平成15年2月5日　宮崎信用金庫会長　→03/05

松田 一隆　まつだ・かずたか　〜昭和44年10月29日　商工組合中央金庫監事、国民金融公庫理事　→昭和

松田 和光　まつだ・かずてる　昭和3年4月11日〜平成7年3月13日　資生堂副社長　→94/96

松田 勝三　まつだ・かつぞう　明治40年〜平成7年9月20日　米子市文化協議会会長　→94/96

松田 勝郎　まつだ・かつろう　明治38年4月8日〜平成2年2月9日　西部石油社長、日本興業銀行常務　→88/90

松田 カメ　まつだ・かめ　〜平成7年2月23日　嘉手納基地爆音訴訟原告　→97/99s

松田 喜一　まつだ・きいち　明治32年2月20日〜昭和40年2月8日　部落解放運動家　→昭和

松田 恭次　まつだ・きょうじ　大正11年12月2日〜平成8年8月29日　日本ユニパック（のち日本ユニシス）常務、日本ユニシス顧問　→94/96

松田 郷二　まつだ・きょうじ　明治45年7月29日〜平成10年4月30日　石油資源開発常務　→97/99

松田 喬平　まつだ・きょうへい　〜昭和57年1月10日　ビックカメラ会長　→80/82

松田 澄　まつだ・きよし　昭和4年3月11日〜昭和61年9月8日　大正相互銀行副社長　→83/87

松田 金之助　まつだ・きんのすけ　明治35年11月9日〜平成1年5月9日　東海貿易公社、全日本薬種商協会顧問、日本医薬品卸業連合会長　→88/90

松田 国三　まつだ・くにぞう　〜昭和10年7月22日　陸軍少将　→昭和

松田 奎吾　まつだ・けいご　大正12年7月13日〜昭和62年5月12日　弁護士　慶応義塾評議員、関東愛媛県人会副会長　→83/87

松田 恵作　まつだ・けいさく　〜昭和62年9月21日　(有)松田薬品代表、岐阜県配置医薬品協議会東濃支部長　→83/87

松田 京司　まつだ・けいじ　昭和18年4月26日〜平成19年12月14日　日本銀行経営管理局長　→06/08

松田 賢一　まつだ・けんいち　大正13年2月9日〜平成4年5月25日　会計検査院第二局長、大阪国際空港周辺整備機構監事　→91/93

松田 権二　まつだ・けんじ　〜平成10年6月24日　滋賀県会副議長　→97/99

松田 源治　まつだ・げんじ　明治8年10月4日〜昭和11年2月1日　政治家　文相、拓務相、衆議副議長　→昭和

松田 巻平　まつだ・けんぺい　〜昭和17年2月2日　陸軍中将　→昭和

松田 皞一　まつだ・こういち　大正11年10月8日〜平成19年11月18日　長崎自動車社長、長崎国際テレビ会長、長崎商工会議所会頭　→06/08

松田 耕坪　まつだ・こうへい　〜平成1年4月20日　(株)松田会長　→88/90

松田 耕平　まつだ・こうへい　大正11年1月28日〜平成14年7月10日　広島東洋カープ社長、東洋工業社長　→00/02

松田 栄　まつだ・さかえ　〜昭和57年3月12日　日本甜菜製糖会社取締役技術部長・顧問　→80/82

松田 三九男　まつだ・さくお　〜平成11年6月3日　池田銀行常務　→97/99

松田 貞治郎　まつだ・さだじろう　〜昭和16年1月5日　三菱鋼材会長　→昭和

松田 貞芳　まつだ・さだよし　明治39年9月26日〜平成10年10月4日　日本製粉常務　→97/99

松田 滋夫　まつだ・しげお　大正1年11月15日〜平成4年2月11日　協邦通商社長、日ソ経済委員会常任委員、日中経済委員会常任理事　→91/93

松田 方雄　まつだ・しげお　〜昭和59年6月12日　日立金属監査役　→83/87

松田 重一　まつだ・しげかず　大正2年12月18日〜昭和59年1月26日　丸善石油専務、日立造船理事　→83/87

松田 重俊　まつだ・しげし　大正14年5月27日〜平成2年3月13日　東邦生命保険専務、東邦ビル管理会長　→88/90

松田 繁次　まつだ・しげじ　〜昭和42年9月11日　日本水産元取締役　→昭和

松田 茂　まつだ・しげる　大正4年3月25日〜平成5年9月16日　全国ボタン工業会連合会長、三島ボタン会社社長　→91/93

松田 修一　まつだ・しゅういち　明治39年9月13日〜昭和48年11月22日　東亜燃料工業常任監査役　→昭和

松田 重次郎　まつだ・じゅうじろう　明治8年8月6日〜昭和27年3月9日　東洋工業創業者　→昭和

松田 修三　まつだ・しゅうぞう　〜昭和62年3月18日

カルカッタ総領事　→83/87

松田 重三　まつだ・じゅうそう　〜昭和55年10月14日
篠栗町長(福岡県)　→80/82

松田 春翠(2代目)　まつだ・しゅんすい　大正14年〜
昭和62年8月8日　活動弁士　マツダ映画社長　→83/87

松田 庄一　まつだ・しょういち　〜昭和47年10月14日
東急サービス常務　→昭和

松田 照応　まつだ・しょうおう　明治36年3月25日〜昭和61年10月7日　大本山成田山新勝寺貫首　→83/87

松田 正司　まつだ・しょうじ　大正15年9月26日〜昭和63年8月3日　フジタ工業常務　→88/90

松田 紹典　まつだ・じょうてん　昭和3年11月7日〜平成13年6月19日　僧侶　聖和学園理事長、大龍寺住職　→00/02

松田 二郎　まつだ・じろう　明治40年6月9日〜昭和63年1月3日　小野田セメント副社長　→88/90

松田 二郎　まつだ・じろう　明治33年7月30日〜昭和63年4月3日　最高裁判事　→88/90

松田 仁　まつだ・じん　〜平成9年6月7日
東都よみうり新聞社長、読売新聞平井サービスセンター所長、東都読売会会長　→97/99

松田 信四郎　まつだ・しんしろう　明治35年11月13日〜昭和51年1月5日　白牡丹社長　→昭和

松田 新太郎　まつだ・しんたろう　明治40年12月7日〜昭和61年10月1日　千代田火災海上保険常務　→83/87

松田 真平　まつだ・しんぺい　大正14年5月10日〜平成6年4月18日　静岡県議(自民党)　→94/96

松田 禅格　まつだ・ぜんかく　〜昭和59年3月4日
南禅寺塔頭・金地院第25世住職　→83/87

松田 壮三郎　まつだ・そうざぶろう　明治28年6月22日〜平成3年3月11日　両備バス会長、岡山電気軌道会長、岡山県議　→91/93

松田 武　まつだ・たけし　明治44年3月2日〜昭和59年11月16日　日本加工製紙会長、十条製紙専務　→83/87

松田 武　まつだ・たけし　明治39年8月3日〜昭和63年9月4日　宇部興産副社長、航空自衛隊航空幕僚長　→88/90

松田 竹千代　まつだ・たけちよ　明治21年2月2日〜昭和55年12月1日　政治家　衆院議長(自民党)　→80/82

松田 武久　まつだ・たけひさ　大正8年2月27日〜平成12年6月27日　日本陶器専務　→00/02

松田 忠雄　まつだ・ただお　大正6年8月18日〜平成10年3月24日　三菱商事副社長、三菱石油副会長　→97/99

松田 正　まつだ・ただし　〜昭和57年7月19日
厚生省年金局長　→80/82

松田 辰雄　まつだ・たつお　明治34年〜昭和17年10月18日　社会運動家　→昭和

松田 樹也　まつだ・たつや　昭和3年8月22日〜平成1年1月25日　日本酸素常務　→88/90

松田 多三郎　まつだ・たみさぶろう　〜昭和46年7月26日

山之内製薬取締役　→昭和

松田 太郎　まつだ・たろう　〜昭和44年6月7日
日本合成ゴム社長　→昭和

松田 千秋　まつだ・ちあき　明治29年9月29日〜平成7年11月6日　海軍少将　戦艦大和艦長　→94/96

松田 長左衛門　まつだ・ちょうざえもん　明治28年9月17日〜昭和21年3月22日　労働運動家　→昭和

松田 調太郎　まつだ・ちょうたろう　明治7年3月7日　輜重兵第五大隊附輜重兵中佐　→昭和

松田 常雄　まつだ・つねお　明治37年12月8日〜平成1年5月27日　時事通信社編集局次長・政治部長　→88/90

松田 恒次　まつだ・つねじ　明治28年11月24日〜昭和45年11月15日　東洋工業社長　→昭和

松田 定一　まつだ・ていいち　〜昭和41年3月24日
大信相互銀行社長　→昭和

松田 悌四郎　まつだ・ていしろう　〜昭和29年12月9日
大和銀行常務　→昭和

松田 鉄蔵　まつだ・てつぞう　明治33年12月〜昭和49年10月30日　衆院議員(自民党)　→昭和

松田 鉄也　まつだ・てつや　大正8年4月〜平成18年10月6日　国鉄資材局長、セメントターミナル副社長　→06/08

松田 輝雄　まつだ・てるお　大正15年3月27日〜平成9年3月12日　資生堂専務　→97/99

松田 俊雄　まつだ・としお　〜昭和34年8月30日
天台寺門宗管長　→昭和

松田 寿郎　まつだ・としろう　大正5年12月22日〜平成8年1月8日　農林省統計調査部長、大豆供給安定協会会長　→94/96

松田 富雄　まつだ・とみお　〜昭和60年10月9日
般若野土地改良区理事長　→83/87

松田 富哲　まつだ・とみさと　〜昭和61年10月24日
松田製作所会長　→83/87

松田 朝一　まつだ・ともいち　明治43年6月5日〜平成3年1月5日　サンデン交通社長　→91/93

松田 豊市　まつだ・とよいち　大正2年9月8日〜平成1年1月9日　センコー常務　→88/90

松田 豊三郎　まつだ・とよさぶろう　昭和2年11月3日〜平成11年6月21日　建設省建設大学校長、立体駐車場整備社長　→97/99

松田 暢夫　まつだ・のぶお　〜平成1年10月3日
東京都水道局技監　→88/90

松田 範次　まつだ・のりつぐ　〜平成5年3月29日
日立建機取締役　→91/93

松田 範房　まつだ・のりふさ　〜昭和30年7月7日
東洋高圧会長　→昭和

松田 治彦　まつだ・はるひこ　明治35年12月18日〜平成3年1月12日　東邦石油副社長、中部電力取締役　→91/93

松田 晴男　まつだ・はるみ　大正3年3月18日〜昭和63年11月29日　共産党長野県委員会顧問、長野県議　→88/90

松田 ひさ子　まつだ・ひさこ　～昭和7年2月15日
拓相松田源治氏夫人　→昭和

松田 久輝　まつだ・ひさてる　大正8年1月18日～平成9年3月31日　道北羽幌生コン工業社長、全国生コンクリート工業組合連合会副会長　→97/99

松田 英男　まつだ・ひでお　～昭和57年4月13日
福岡市水産加工公社理事長　→80/82

松田 英一　まつだ・ひでかず　大正2年3月5日～平成12年4月30日　郵政省電気通信監理官　→00/02

松田 秀康　まつだ・ひでやす　大正6年12月16日～平成17年8月3日　京阪電気鉄道常務、琵琶湖ホテル社長、京都ロイヤルホテル社長　→03/05

松田 広一　まつだ・ひろいち　大正12年12月1日～平成21年11月29日　北海道水産ビル社長、北海道信用漁業協同組合連合会会長、白老町(北海道)町議　→09/11

松田 洋　まつだ・ひろし　昭和10年4月23日～平成15年7月20日　松田産業会長　→03/05

松田 文雄　まつだ・ふみお　～昭和55年7月18日
百五銀行常務　→80/82

松田 文蔵　まつだ・ぶんぞう　明治44年4月20日～昭和62年7月20日　国民相互銀行社長　→83/87

松田 平次郎　まつだ・へいじろう　大正5年12月31日～平成9年6月27日　毎日新聞社社友　→97/99

松田 正雄　まつだ・まさお　～昭和45年2月11日
アラスカパルプ社長　→昭和

松田 正一　まつだ・まさかず　明治17年12月～昭和47年7月20日　衆院議員(民主自由党)　→昭和 (まつだ・しょういち)

松田 正二　まつだ・まさじ　大正3年5月23日～平成21年5月24日　大倉工業創業者、丸亀商工会議所会頭　→09/11

松田 政太郎　まつだ・まさたろう　～昭和62年4月5日
三好カントリー倶楽部副理事長、中日新聞社客員　→83/87

松田 正綱　まつだ・まさつな　～平成1年3月9日
日ソ交流協会理事　→88/90

松田 正彦　まつだ・まさひこ　大正9年11月29日～昭和61年12月24日　筑紫野市長　→83/87

松田 正巳　まつだ・まさみ　大正2年3月31日～平成3年6月28日　福岡県経営者協会専務理事、福岡県地方労働委員会事務局長　→91/93

松田 正行　まつだ・まさゆき　～昭和59年1月13日
西川家代表取締役　→83/87

松田 瑞穂　まつだ・みずほ　大正10年～平成10年8月13日　吉野家ディー・アンド・シー社長　→97/99

松田 道明　まつだ・みちあき　昭和10年2月26日～昭和63年3月3日　東京銀行参事役　→88/90

松田 通弘　まつだ・みちひろ　大正7年10月10日～平成18年11月9日　伊予銀行常務　→06/08

松田 通世　まつだ・みちよ　～昭和35年12月3日
日本油槽船社長　→昭和

松田 密玄　まつだ・みつげん　～昭和57年9月23日
日本保育協会副会長、十善戒寺住職　→80/82

松田 基　まつだ・もとい　大正10年1月1日～平成10年12月24日　両備バス会長　→97/99

松田 八重子　まつだ・やえこ　明治39年10月8日～昭和47年4月19日　社会事業家　(福)乳児保護協会会長　→昭和

松田 康志　まつだ・やすし　大正7年7月8日～昭和58年2月3日　日新火災海上保険取締役　→83/87

松田 保久　まつだ・やすひさ　～平成3年10月26日
コニカ取締役　→91/93

松田 勇造　まつだ・ゆうぞう　～昭和41年7月
巡査殺し事件:元杉並・高井戸署巡査　→昭和

松田 幸男　まつだ・ゆきお　大正10年8月29日～平成13年7月15日　長崎県議(民社党)　→00/02

松田 慶雄　まつだ・よしお　～昭和43年6月18日
興亜火災海上専務　→昭和

松田 善雄　まつだ・よしお　昭和3年2月10日～平成19年12月14日　中央自動車工業副社長　→06/08

松田 芳夫　まつだ・よしお　大正13年5月27日～平成21年10月26日　加ト吉社長、四国銀行取締役　→09/11

松田 由雄　まつだ・よしお　大正3年3月8日～平成4年12月15日　松田食品会長　→91/93

松田 芳子　まつだ・よしこ　大正6年～昭和31年
松田組親分　→昭和

松田 吉治　まつだ・よしはる　～昭和58年4月14日
三島市長　→83/87

松田 義久　まつだ・よしひさ　～昭和42年11月11日
東北電力取締役　→昭和

松田 義朗　まつだ・よしろう　～平成5年1月18日
ポリプラスチックス専務　→91/93

松田 良吉　まつだ・りょうきち　大正2年11月5日～平成12年3月3日　杉並区長　→00/02

松田 良祐　まつだ・りょうすけ　昭和7年3月31日～平成7年4月15日　松尾建設専務　→94/96

松田 令輔　まつだ・れいすけ　明治33年4月22日～昭和59年4月13日　東急エージェンシー社長、北海道東北開発公庫総裁　→83/87

松平 勇雄　まつだいら・いさお　明治40年6月14日～平成18年4月1日　福島県知事、参院議員(自民党)、行政管理庁長官　→06/08

松平 一郎　まつだいら・いちろう　明治40年11月15日～平成4年12月24日　東京銀行会長　→91/93

松平 潔　まつだいら・きよし　大正7年12月13日～昭和61年11月22日　宮内庁式部副長　→83/87

松平 康東　まつだいら・こうとう　明治36年2月5日～平成6年5月4日　駐インド大使　→94/96

松平 重義　まつだいら・しげよし　～昭和62年7月6日
光文社印刷所社長　→83/87

松平 忠諒　まつだいら・ただあき　～昭和9年11月18日　子爵　→昭和

松平 正　まつだいら・ただし　大正9年5月7日～平成14年11月5日　自動車鋳物常務　→00/02

松平 精　まつだいら・ただし　明治43年1月15日～平成12年8月4日　国鉄鉄道技術研究所所長, 石川島播磨重工業常務　→00/02

松平 忠晃　まつだいら・ただてる　大正3年3月8日～平成15年9月1日　埼玉銀行会長, 日本銀行国債局長　→03/05

松平 忠敏　まつだいら・ただとし　大正13年1月22日～平成11年5月31日　清水建設専務　→88/90

松平 忠久　まつだいら・ただひさ　明治37年2月11日～平成3年10月27日　衆院議員(社会党)　→91/93

松平 忠寿　まつだいら・ただひさ　明治15年～昭和57年7月7日　子爵　貴院議員　→80/82

松平 千代子　まつだいら・ちよこ　～昭和2年1月6日　松平頼寿伯母堂　→昭和

松平 恒雄　まつだいら・つねお　明治10年4月17日～昭和24年11月14日　外交官, 政治家　参院議長, 宮内相　→昭和

松平 直亮　まつだいら・なおあき　慶応1年9月10日～昭和15年10月7日　伯爵　松江藩主, 貴院議員　→昭和

松平 直国　まつだいら・なおくに　～昭和63年8月17日　松平家14代当主　→88/90

松平 直徳　まつだいら・なおのり　明治2年7月23日～昭和6年12月24日　子爵　貴院議員　→昭和

松平 直方　まつだいら・なおひら　明治2年5月9日～昭和14年7月30日　子爵　貴院議員　→昭和

松平 直之　まつだいら・なおゆき　文久1年7月27日～昭和7年4月11日　伯爵　貴院議員　→昭和

松平 永芳　まつだいら・ながよし　大正4年3月21日～平成17年7月10日　海軍少佐, 靖国神社宮司, 福井市立郷土歴史博物館館長　→03/05

松平 信子　まつだいら・のぶこ　明治19年7月～昭和44年5月8日　女官　常磐会会長, 東宮職参与　→昭和

松平 信孝　まつだいら・のぶたか　～昭和45年2月21日　ブリヂストンタイヤ副社長　→昭和

松平 乗承　まつだいら・のりつぐ　嘉永4年12月8日～昭和4年7月13日　子爵　貴院議員, 日本赤十字社副社長　→昭和

松平 乗光　まつだいら・のりみつ　～昭和56年6月9日　日本製鋼所顧問, 元三井銀行常任監査役　→80/82

松平 恒　まつだいら・ひさし　昭和13年5月11日～平成4年10月21日　電通映像事業局ケーブルテレビ事業部部長　→91/93

松平 英人　まつだいら・ひでと　大正12年10月14日～平成11年10月17日　兼松江商副社長　→97/99

松平 博　まつだいら・ひろし　大正11年3月5日～平成11年3月30日　司法書士　大阪府議(社会党)　→97/99

松平 弘久　まつだいら・ひろひさ　昭和9年4月29日～平成19年9月20日　第一勧業銀行常務, 東京ベンチャーキャピタル社長　→06/08

松平 文夫　まつだいら・ふみお　～昭和60年12月18日　滑川市人権擁護委員, 滑川市傷痍軍人会長　→83/87

松平 保男　まつだいら・やすお　明治11年12月6日～昭和19年1月19日　海軍少将, 子爵　貴院議員　→昭和

松平 康邦　まつだいら・やすくに　明治32年2月20日～平成2年3月26日　日本テニス協会顧問, 三井不動産常任監査役　→88/90

松平 康昌　まつだいら・やすまさ　明治26年11月12日～昭和32年1月4日　宮内庁式部官長, 明治大学教授　→昭和

松平 義明　まつだいら・よしあき　～平成10年9月7日　子爵　美濃高須松平家第16代当主　→97/99

松平 慶雄　まつだいら・よしお　～昭和62年12月22日　東京都浜離宮恩賜庭園管理所長　→83/87

松平 慶民　まつだいら・よしたみ　明治15年3月13日～昭和23年7月18日　子爵　宮内府長官, 宮内大臣　→昭和

松平 頼和　まつだいら・よりかず　明治15年7月18日～　子爵　→昭和

松平 頼寿　まつだいら・よりなが　明治7年12月10日～昭和19年9月13日　伯爵　貴院議長, 大東文化学院総長　→昭和

松竹 常人　まつたけ・つねと　～昭和58年7月9日　福岡県筑後市議　→83/87

松舘 弘　まつだて・ひろし　昭和2年12月24日～平成3年8月7日　新西洋証券社長　→91/93

松谷 健一　まつたに・けんいち　明治43年3月23日～平成13年5月29日　大成道路社長, 大成建設副社長　→00/02

松谷 健一郎　まつたに・けんいちろう　大正7年1月1日～平成14年10月23日　中国電力社長, 中国経済連合会会長　→00/02

松谷 五郎左衛門　まつたに・ごろうざえもん　～昭和42年5月13日　大曲市長　→昭和

松谷 茂雄　まつたに・しげお　昭和4年4月2日～平成8年9月30日　日本火災海上保険専務　→94/96

松谷 孝一　まつたに・たかゆき　大正10年9月20日～平成5年5月12日　クラボウ監査役　→91/93

松谷 忠蔵　まつたに・ちゅうぞう　大正13年5月30日～平成2年10月2日　朝日広告取締役　→88/90

松谷 甫　まつたに・はじめ　昭和5年10月27日～平成15年9月18日　NTN常務　→03/05

松谷 洋　まつたに・ひろし　～平成18年6月23日　毎日新聞中部本社編集局長, 毎日ビルディング常務中部本社代表　→06/08

松谷 正雄　まつたに・まさお　～平成15年12月2日　マニー社長　→03/05

松谷 義範　まつたに・よしのり　明治44年4月3日～平成8年7月6日　東邦薬品会長　→94/96

松谷 与二郎　まつたに・よじろう　明治13年6月4日～昭和12年3月17日　弁護士　衆院議員(無所属)　→昭和

松戸 節三　まつど・せつぞう　大正3年4月22日〜平成11年2月7日　日本体育協会評議員,千葉県体育協会会長　→97/99

松堂 リカルド　まつどう・りかるど　〜平成18年4月9日　在アルゼンチン沖縄県人連合会理事　→06/08

松任谷 健太郎　まつとうや・けんたろう　〜昭和55年9月30日　農林省参事官　→80/82

松友 孟　まつとも・つとむ　大正2年12月5日〜平成15年9月23日　愛媛県副知事　→03/05

松永 啓　まつなが・あきら　〜平成3年4月23日　十条製紙取締役　→91/93

松永 一郎　まつなが・いちろう　明治39年11月15日〜平成5年5月13日　農林水産省北陸農政局長,佐藤工業常務　→91/93

松永 栄一　まつなが・えいいち　明治32年7月22日〜平成13年9月24日　三信電気創業者　→00/02

松永 英二朗　まつなが・えいじろう　大正4年12月26日〜平成1年12月8日　アイシン精機専務,アイシン化工社長　→88/90

松永 勝夫　まつなが・かつお　〜昭和55年4月29日　日本放送出版協会大阪支店長　→80/82

松永 亀三郎　まつなが・かめさぶろう　大正4年3月2日〜平成9年9月29日　中部空港調査会理事長,中部電力会長　→97/99

松永 金次郎　まつなが・きんじろう　大正11年8月13日〜平成4年3月26日　松永種苗社長,愛知県江南商工会議所会頭　→91/93

松永 金太郎　まつなが・きんたろう　〜昭和56年8月23日　寺岡製作所前会長　→80/82

松永 国松　まつなが・くにまつ　昭和16年8月30日〜平成17年8月17日　全日本女子プロレス興業社長　→03/05

松永 行一　まつなが・こういち　明治36年10月30日〜昭和62年2月23日　本山振興相談役・元社長　→83/87

松永 幸四郎　まつなが・こうしろう　明治43年2月23日〜平成5年2月6日　福岡市議(社会党)・副議長　→91/93

松永 茂　まつなが・しげる　大正15年7月15日〜平成2年8月31日　富士ゼロックス常勤監査役　→88/90

松永 昌　まつなが・しょう　昭和7年12月18日〜平成20年4月9日　鈴与副社長　→06/08

松永 祥甫　まつなが・しょうすけ　明治44年4月15日〜平成21年1月27日　山口県教育委員長　→09/11

松永 清一　まつなが・せいいち　大正15年6月15日〜平成4年11月9日　静岡県議(自民党)　→91/93

松永 精一郎　まつなが・せいいちろう　大正2年11月17日〜平成14年5月6日　芦屋市長　→00/02

松永 清蔵　まつなが・せいぞう　大正4年12月8日〜平成15年8月3日　岐阜県議(自民党)　→03/05

松永 武吉　まつなが・たけきち　〜昭和11年1月15日　日本学生航空連盟会長　→昭和

松永 タセ　まつなが・たせ　明治17年5月11日〜平成10年11月18日　長寿日本一(114歳)　→97/99

松永 忠二　まつなが・ちゅうじ　明治41年9月16日〜平成5年2月7日　参院議員(社会党)　→91/93

松永 力　まつなが・つとむ　〜平成5年5月18日　陸将　陸上自衛隊東部方面総監,三井造船顧問　→91/93

松永 常一　まつなが・つねいち　大正9年9月21日〜平成11年6月14日　山口県副知事　→97/99

松永 照正　まつなが・てるまさ　昭和2年〜平成20年1月27日　長崎国際文化会館館長　→06/08

松永 東　まつなが・とう　明治20年10月15日〜昭和43年1月22日　政治家,弁護士　衆議院議員,文相,衆院議員(自民党)　→昭和

松永 藤博　まつなが・とうはく　明治41年4月8日〜平成8年2月14日　中央相互銀行(のち愛知銀行)常務　→94/96

松永 寿雄　まつなが・としお　明治21年1月15日〜昭和30年12月21日　海軍少将　衆院議員(無所属倶楽部)　→昭和

松永 俊国　まつなが・としくに　〜平成14年9月22日　全日本女子プロレス興業社長　→00/02

松永 直吉　まつなが・なおきち　〜昭和39年7月28日　駐オーストリア公使　→昭和(まつなが・おおきち)

松永 信雄　まつなが・のぶお　大正12年1月16日〜平成23年12月1日　外交官　駐米大使,外務事務次官　→09/11

松永 登　まつなが・のぼる　〜昭和59年5月31日　信光寺住職,教誨師連盟事務局長　→83/87

松永 初平　まつなが・はつへい　〜昭和63年1月17日　弁護士　日弁連理事　→88/90

松永 春雄　まつなが・はるお　大正2年5月12日〜平成8年12月26日　日本電気常務　→94/96

松永 久男　まつなが・ひさお　大正9年3月26日〜平成4年10月8日　東京銀行専務　→91/93

松永 亀　まつなが・ひさし　大正11年11月22日〜平成12年6月22日　大昭和製紙専務　→00/02

松永 久　まつなが・ひさし　昭和12年3月12日〜平成17年2月4日　山陽特殊製鋼常務　→03/05

松永 寿　まつなが・ひさし　大正3年8月19日〜平成11年9月5日　ジャパンライン(のち商船三井)会長　→97/99

松永 久次郎　まつなが・ひさじろう　昭和5年3月7日〜平成18年6月2日　カトリック司教　カトリック福岡教区長　→06/08

松永 広次　まつなが・ひろじ　昭和4年10月20日〜平成16年4月9日　静岡県議(無所属)　→03/05

松永 仏骨　まつなが・ぶっこつ　明治31年3月〜昭和31年5月5日　衆院議員(自由党)　→昭和

松永 文二　まつなが・ぶんじ　〜平成11年12月28日　日本ペイント常務　→00/02s

松永 誠　まつなが・まこと　〜平成12年9月3日　エンジニア　日立コンシューマプロダクツ社長　→00/02

松永 正男　まつなが・まさお　大正7年7月1日〜平成14

I 政治・経済・社会篇　　　　　　　　　　　　　　　　　まつの

年10月8日　労働事務次官　→00/02

松永　正義　まつなが・まさよし　昭和12年9月28日～平成2年7月11日　サンクス社長　→88/90

松永　益男　まつなが・ますお　大正15年2月10日～平成4年10月30日　栗本鉄工所専務　→91/93

松永　又雄　まつなが・またお　大正2年12月26日～平成1年6月16日　鏡町(熊本県)町長　→88/90

松永　又茂　まつなが・またしげ　～昭和56年1月22日　名古屋放送代表取締役副社長　→80/82

松永　満男　まつなが・みつお　大正14年5月12日～平成4年1月1日　読売テレビ放送常務　→91/93

松永　幹　まつなが・もとき　～昭和56年7月7日　日本製紙連合会理事長, 通産省札幌通産局長　→80/82

松永　弥三郎　まつなが・やさぶろう　～昭和56年11月21日　東神楽村議会議長, 東神楽町名誉町民　→80/82

松永　安左ヱ門　まつなが・やすざえもん　明治8年12月1日～昭和46年6月16日　実業家　電力中央研究所理事長, 東邦電力社長　(松永　安左ヱ門)

松永　安太郎　まつなが・やすたろう　明治43年5月23日～平成2年12月29日　サンケン電気社長　→88/90

松永　陽之助　まつなが・ようのすけ　～昭和59年7月31日　日本冶金工業常務, (財)本多記念会会長　→83/87

松永　義雄　まつなが・よしお　明治24年7月15日～昭和30年4月14日　政治家, 弁護士　衆院議員(社会党), 参院議員(社会党)　→昭和

松永　芳雄　まつなが・よしお　～昭和62年9月27日　北礪組取締役会長　→83/87

松永　義正　まつなが・よしまさ　大正4年2月11日～平成7年11月4日　日本軽金属名誉会長　→94/96

松永　亮一　まつなが・りょういち　大正15年9月15日～昭和61年7月4日　第一勧銀ハウジングセンター専務　→83/87

松永　緑郎　まつなが・ろくろう　大正10年9月～平成17年5月22日　埼玉県副知事　→03/05

松梨　茂樹　まつなし・しげき　～平成2年8月20日　第一工業製薬取締役　→88/90

松波　金弥　まつなみ・きんや　大正4年9月15日～平成4年5月30日　三晃社社長　→03/05

松濤　弘道　まつなみ・こうどう　昭和8年3月24日～平成22年12月29日　僧侶　近龍寺(浄土宗)住職, 上野学園大学国際文化学部教授　→09/11

松波　重久　まつなみ・しげひさ　～平成10年10月13日　デリシー産業会長, ラオックス副社長　→97/99

松波　重文　まつなみ・しげぶみ　明治40年6月15日～平成5年11月28日　コマツ専務　→91/93

松浪　進一郎　まつなみ・しんいちろう　大正15年3月7日～昭和62年8月14日　三菱製紙専務　→83/87

松波　泰造　まつなみ・たいぞう　大正3年8月2日～平成11年7月12日　宇部興産副社長　→97/99

松波　鉄治　まつなみ・てつじ　～昭和62年6月15日

三晃ビルディング専務, 三晃社常務　→83/87

松波　十一　まつなみ・といち　～昭和42年7月12日　弁護士　→昭和

松波　直秀　まつなみ・なおひで　明治34年4月5日～平成12年6月14日　荏原製作所社長　→00/02

松波　夏子　まつなみ・なつこ　～平成13年7月31日　松波総合病院理事　ハクチョウおばさんとして親しまれた　→00/02

松波　治宣　まつなみ・はるのり　～昭和55年11月20日　岐阜ギヤー工業取締役営業部長　→80/82

松波　松太郎　まつなみ・まつたろう　～昭和61年3月3日　大田区議　→83/87

松波　光俊　まつなみ・みつとし　～平成9年4月11日　新内外綿常務　→97/99

松縄　嶽治　まつなわ・たけはる　昭和4年1月10日～平成21年8月25日　松井建設常務　→09/11

松根　宗一　まつね・そういち　明治30年4月3日～昭和62年8月7日　大同特殊鋼相談役　→83/87

松野　明　まつの・あきら　明治39年3月14日～昭和58年2月23日　関東電化工業専務　→83/87

松野　篤志　まつの・あつし　昭和15年3月6日～平成19年10月11日　日本配合飼料常務　→06/08

松野　喜芳　まつの・きよし　明治40年3月25日～平成5年7月11日　三菱商事専務　→91/93

松野　清秀　まつの・きよひで　～昭和56年3月5日　海上保安庁警備救難監　→80/82

松野　孝一　まつの・こういち　明治38年3月25日～昭和42年7月29日　参院議員　→昭和

松野　幸吉　まつの・こうきち　明治39年3月28日～平成1年1月30日　日本ビクター社長　→88/90

松野　定行　まつの・さだゆき　昭和7年3月5日～平成3年4月23日　日立造船常務　→91/93

松野　茂雄　まつの・しげお　大正3年5月20日～昭和59年1月19日　三菱モンサント化成常務　→83/87

松野　武一　まつの・たけいち　～昭和40年2月27日　日立製作所社長, 日本機械学会長　→昭和

松野　忠光　まつの・ただみつ　～昭和61年2月1日　日産プリンス東京販売会社常務取締役　→83/87

松野　竜雄　まつの・たつお　～昭和16年5月23日　三和銀行前専務　→昭和

松野　鶴平　まつの・つるへい　明治16年12月22日～昭和37年10月18日　政治家　参院議員, 衆院議員, 鉄道相　→昭和

松野　鉄次郎　まつの・てつじろう　～平成16年5月20日　名古屋市議(社会学)　→03/05

松野　光成　まつの・てるしげ　～昭和61年3月14日　日本中央地所常務, 元東海銀行関西総務部業務課長代理　→83/87

松野　輝彦　まつの・てるひこ　明治44年9月23日～平成9年

「現代物故者事典」総索引(昭和元年～平成23年)　1155

松野　利男　まつの・としお　昭和9年3月4日～平成4年12月12日　中日新聞名古屋本社広告局次長　→91/93

松野　友　まつの・とも　明治45年7月7日～平成9年7月21日　穂積町（岐阜県）町長　→97/99

松野　直司　まつの・なおじ　大正4年8月10日～平成2年9月17日　日建開発副社長　→88/90

松野　春樹　まつの・はるき　昭和12年1月24日～平成20年7月3日　郵政事務次官、日本電信電話副社長　→06/08

松野　彦　まつの・ひこ　明治44年12月7日～昭和62年5月2日　中山鋼業副社長　→83/87

松野　文造　まつの・ぶんぞう　～昭和62年6月21日　京都貿易協会専務理事　→83/87

松野　誠　まつの・まこと　大正6年1月24日～平成18年11月20日　月島機械常務　→06/08

松野　幸昭　まつの・ゆきあき　昭和19年3月28日～平成15年6月25日　岐阜県議（自民党）　→03/05

松野　幸泰　まつの・ゆきやす　明治41年10月13日～平成18年5月22日　衆院議員（自民党）、国土庁長官、北海道開発庁長官　→06/08

松野　豊　まつの・ゆたか　大正9年7月30日～平成15年1月26日　山口県議（自民党）　→03/05

松野　頼三　まつの・らいぞう　大正6年2月12日～平成18年5月10日　政治家　衆院議員（自民党）、防衛庁長官　→06/08

松野　良助　まつの・りょうすけ　大正3年3月23日～平成15年12月3日　日本テルペン化学社長、電気化学工業監査役　→03/05

松野尾　繁雄　まつのお・しげお　明治36年2月22日～平成3年9月26日　福岡製紙（のち本州製紙）社長　→91/93

松延　繁次　まつのぶ・しげじ　明治26年6月20日～昭和18年(?)　運動家　→昭和

松延　茂　まつのぶ・しげる　大正13年7月18日～平成5年1月29日　福岡県中央信用組合理事長、福岡県企画開発部長　→91/93

松延　七郎　まつのぶ・しちろう　明治36年5月7日～昭和38年12月31日　社会運動家　→昭和

松信　泰輔　まつのぶ・たいすけ　大正5年4月20日～平成20年2月11日　有隣堂社長　→06/08

松信　隆也　まつのぶ・たかや　大正10年1月14日～平成1年4月20日　有隣堂副社長　→88/90

松延　敬雄　まつのべ・よしお　明治40年2月3日～平成2年7月11日　三井銀行常任監査役、佐々木硝子（株）取締、佐々木オーエンズ硝子（株）専務　→88/90

松葉　恭助　まつば・きょうすけ　～昭和16年7月21日　藤本ビル証券会長　→昭和

松葉　清継　まつば・きよつぐ　明治37年1月13日～昭和52年6月1日　労働運動家　→昭和

松葉　清一　まつば・せいいち　～昭和60年3月7日　ポッカコーポレーション監査役　→83/87

松葉　登起男　まつば・ときお　大正4年3月10日～平成2年4月26日　大正海上火災保険常務　→88/90

松橋　久左衛門　まつはし・きゅうざえもん　～昭和45年11月30日　長野市長　→昭和

松橋　忠光　まつはし・ただみつ　大正13年11月30日～平成10年12月11日　警察庁警視監　→97/99

松橋　藤吉　まつはし・とうきち　明治40年11月12日～平成3年6月2日　秋田県副知事　→91/93

松橋　里やう　まつはし・りやう　～昭和63年2月15日　松橋看護婦家政婦紹介所取締役会長　→88/90

松葉谷　誠一　まつばや・せいいち　明治44年12月9日～昭和60年12月30日　三井東圧化学相談役・元社長　→83/87

松林　章　まつばやし・あきら　～昭和41年11月8日　小西六写真工業相談役・元同社社長　→昭和

松林　重太　まつばやし・しげた　～平成10年8月4日　松林金属社長　→97/99

松林　卓也　まつばやし・たくや　昭和8年1月17日～平成4年3月11日　大成建設取締役　→91/93

松林　武男　まつばやし・たけお　大正15年～平成12年3月20日　若築建設常務　→00/02

松林　勤　まつばやし・つとむ　大正13年12月27日～平成2年9月14日　キングレコード社長　→88/90

松林　敏夫　まつばやし・としお　～昭和60年10月10日　富士重工業専務、第一鍛造社長　→83/87

松林　義幸　まつばやし・よしゆき　大正8年1月5日～昭和58年4月25日　横浜市助役、横浜川崎曳船社長　→83/87

松原　明　まつばら・あきら　大正14年8月16日～平成2年6月10日　日東紡績常務　→03/05

松原　功　まつばら・いさお　昭和2年8月22日～平成10年7月1日　協和発酵工業取締役、協和メデックス会長　→97/99

松原　貫　まつばら・いずる　明治30年7月1日～平成6年1月12日　中国銀行常務、セイレイ工業社長　→94/96

松原　一郎　まつばら・いちろう　大正5年10月11日～昭和61年8月31日　田辺製薬社長　→83/87

松原　一郎　まつばら・いちろう　～平成7年11月20日　理学電機専務　→94/96

松原　一郎　まつばら・いちろう　明治44年6月10日～平成7年12月2日　昭和電工専務　→94/96

松原　英郎　まつばら・えいろう　昭和5年12月7日～平成19年1月19日　飯盛町（長崎県）町長　→06/08

松原　一男　まつばら・かずお　大正7年3月17日～平成14年1月9日　鳥取県議（自民党）　→00/02

松原　一夫　まつばら・かずお　明治40年～平成2年8月15日　淀川製鋼所常務　→88/90

松原　和男　まつばら・かずお　～平成16年3月16日　東洋物産常務　→03/05

松原　喜七　まつばら・きしち　大正3年12月6日～昭和62

年8月6日　岐阜県議（自民党,岐阜市）　→83/87

松原　喜之次　まつばら・きのじ　明治28年2月〜昭和46年11月13日　衆院議員(社会党)　→昭和

松原　邦弘　まつばら・くにひろ　昭和19年7月10日〜平成22年2月10日　古河電気工業常務,岡野電線社長　→09/11

松原　啓吉　まつばら・けいきち　〜平成7年4月18日　マツバラ会長,各務原市長　→94/96

松原　定治　まつばら・さだじ　明治44年7月10日〜平成7年6月18日　尾張旭市長　→94/96

松原　三郎　まつばら・さぶろう　〜昭和63年10月12日　松原呉服店取締役社長　→88/90

松原　茂夫　まつばら・しげお　〜昭和55年11月23日　クラレショップ専務,元クラレ取締役　→80/82

松原　茂　まつばら・しげる　大正3年3月16日〜昭和60年5月27日　大同酸素取締役,大同商事社長　→83/87

松原　茂　まつばら・しげる　大正14年7月23日〜平成4年12月16日　北区議長　→91/93

松原　静　まつばら・しずか　明治40年8月4日〜昭和58年9月29日　建勲神社宮司,国際運命学会会長　→83/87

松原　至文　まつばら・しぶん　明治17年10月29日〜昭和20年9月10日　宗教家,評論家　→昭和

松原　準一　まつばら・じゅんいち　〜昭和30年2月3日　興業銀行常務　→昭和

松原　深諦　まつばら・しんてい　〜昭和6年12月22日　西本願寺顧問　→昭和

松原　奨　まつばら・すすむ　昭和2年1月26日〜平成15年1月3日　鹿島道路副社長　→03/05

松原　進　まつばら・すすむ　大正12年8月26日〜平成14年1月10日　駐スイス大使　→00/02

松原　誠一　まつばら・せいいち　大正12年1月4日〜平成12年5月5日　郵政省北陸郵政局長　→00/02

松原　泰道　まつばら・たいどう　明治40年11月23日〜平成21年7月29日　僧侶　龍源寺（臨済宗）住職,南無の会会長　→09/11

松原　孝信　まつばら・たかのぶ　〜昭和62年2月28日　富山メディカル代表　→83/87

松原　毅　まつばら・たけし　昭和15年2月21日〜平成7年7月23日　クラレ常務　→94/96

松原　健　まつばら・たけし　昭和8年9月19日〜平成7年12月23日　昭和高分子専務　→94/96

松原　直雄　まつばら・ただお　明治42年11月28日〜昭和60年3月5日　国立国会図書館専門調査官　→83/87

松原　正　まつばら・ただし　〜平成3年7月12日　国民金融公庫監事　→91/93

松原　完　まつばら・たもつ　大正9年12月13日〜平成4年11月20日　ロイネ会長,伊藤忠商事理事　→88/90

松原　太郎　まつばら・たろう　明治29年10月29日〜昭和61年2月22日　雪印乳業相談役,元雪印種苗社長　→

83/87

松原　長三　まつばら・ちょうぞう　明治34年12月17日〜昭和61年5月25日　協和銀行常任監査役　→83/87

松原　恒雄　まつばら・つねお　〜平成21年12月14日　全国抑留者補償協議会理事　→09/11

松原　恒太郎　まつばら・つねたろう　大正4年1月7日〜平成4年10月3日　大同マルタ染工専務　→91/93

松原　鶴雄　まつばら・つるお　昭和13年5月2日〜平成19年1月18日　福井銀行副頭取　→06/08

松原　貞次　まつばら・ていじ　〜平成1年9月6日　かねвоⅠ会長　→88/90

松原　哲明　まつばら・てつみょう　昭和14年11月3日〜平成22年6月6日　僧侶　龍源寺（臨済宗）住職　→09/11

松原　徹郎　まつばら・てつろう　大正7年11月30日〜平成12年8月2日　いすゞ自動車常務　→00/02

松原　徳蔵　まつばら・とくぞう　〜平成4年7月3日　松原写真製版所会長　→91/93

松原　利夫　まつはら・としお　昭和6年2月19日〜昭和63年3月16日　松原牛乳社長　→88/90

松原　信恭　まつばら・のぶやす　大正13年5月26日〜平成21年1月28日　加越能鉄道社長　→09/11

松原　範幸　まつばら・のりゆき　昭和14年4月1日〜平成23年3月16日　日本コンクリート工業社長　→09/11

松原　治世　まつばら・はるよ　昭和5年10月30日〜平成14年4月4日　共同石油専務,ジャパン石油開発会長　→00/02

松原　久人　まつばら・ひさと　明治31年9月15日〜昭和58年8月29日　厚生団（財団法人）顧問,兵庫県内政部長　→83/87

松原　秀治　まつばら・ひでじ　明治35年8月〜昭和59年12月3日　フランス領事,ザイール代理大使,白百合女子大学教授　→83/87

松原　寛　まつばら・ひろし　明治41年12月12日〜平成14年11月20日　鹿島石油会長,共同石油会長　→00/02

松原　博　まつばら・ひろし　大正10年2月25日〜平成2年10月3日　北海タイムス社総務局長,静修短期大学教授　→88/90

松原　博　まつばら・ひろし　昭和16年10月26日〜平成21年7月8日　昭和電工専務　→09/11

松原　熙　まつばら・ひろし　大正11年9月25日〜昭和60年4月15日　アメリカン・インターナショナル・アンダーライタース（AIU）社長　→83/87

松原　宏長　まつばら・ひろなが　昭和17年10月12日〜平成17年8月24日　住友電気工業常務　→03/05

松原　武七　まつばら・ぶしち　昭和44年4月24日〜昭和60年3月10日　京福電鉄取締役,早大ラグビー部主将　→83/87

松原　正晃　まつばら・まさあき　〜平成5年11月24日　弁護士　中央大学助教授　→91/93

松原　政一　まつばら・まさいち　大正2年11月14日〜平成

松原 正巳　まつばら・まさみ　〜昭和63年3月22日
ナカダ薬品専務取締役　→88/90

松原 正行　まつばら・まさゆき　昭和5年9月22日〜平成22年10月1日　木曽路創業者　→09/11

松原 三夫　まつばら・みつお　明治39年3月6日〜昭和17年7月31日　社会運動家　→昭和

松原 実　まつばら・みのる　大正6年10月8日〜平成8年12月29日　植木組会長　→94/96

松原 美義　まつばら・みよし　大正5年1月2日〜平成9年6月18日　第一電工社長　→97/99

松原 基夫　まつばら・もとお　昭和4年10月16日〜平成15年11月22日　愛知製鋼常務　→03/05

松原 保治　まつばら・やすじ　〜昭和56年9月17日　日本ステンレス元常務　→80/82

松原 安太郎　まつばら・やすたろう　明治25年〜昭和36年12月5日　ブラジル移民開拓者　→昭和

松原 美治　まつばら・よしはる　大正11年11月8日〜平成13年8月27日　かね貞会長　→00/02

松原 与三松　まつばら・よそまつ　明治28年12月15日〜昭和50年4月29日　日立造船会長、関西経営者協会長　→昭和

松原 龍　まつばら・りょう　〜平成14年8月18日　東芝プラント建設社長、東芝取締役　→00/02

松久 虎之助　まつひさ・とらのすけ　〜昭和43年10月30日　明治製菓常務　→昭和

松藤 英吉　まつふじ・えいきち　〜昭和62年9月4日　弁護士　→83/87

松藤 悟　まつふじ・さとる　昭和4年3月28日〜平成23年11月12日　松藤商事社長、長崎商工会議所会頭　→09/11

松藤 秀雄　まつふじ・ひでお　〜昭和39年11月19日　電力中央研究所理事　→昭和

松藤 渉　まつふじ・わたる　明治38年3月23日〜平成4年3月17日　松藤商事代表、長崎県中小企業団体中央会長　→91/93

松前 仰　まつまえ・あおぐ　昭和10年8月11日〜平成18年6月5日　衆院議員（社会党）、北海道東海大学学長　→06/08

松前 重義　まつまえ・しげよし　明治34年10月24日〜平成3年8月25日　教育家、政治家、電気通信工学者　東海大学総長・理事長、国際武道大学長、衆院議員（社会党）　→91/93

松前 未曽雄　まつまえ・みぞお　明治37年9月1日〜昭和60年11月4日　全日空常務、航空自衛隊航空総司令官　→83/87

松丸 和男　まつまる・かずお　昭和2年2月4日〜平成19年3月26日　市川毛織社長　→06/08

松丸 武一　まつまる・たけいち　昭和12年8月14日〜平成15年9月28日　秋田テレビ社長　→03/05

松丸 六一　まつまる・ろくじ　昭和6年10月1日〜平成

松原 正巳の次ページ

松実 喜代太　まつみ・きよた　慶応2年11月〜昭和28年5月2日　衆院議員（立憲政友会）　→昭和

松見 貞七　まつみ・さだしち　〜昭和61年7月29日　松貞社長、福岡蒲鉾水産加工業協同組合会長、全国水産煉製品協会理事　→83/87

松見 三郎　まつみ・さぶろう　〜昭和57年3月25日　中日本建設コンサルタント会長、名古屋市水道局長　→80/82

松見 大八　まつみ・だいはち　〜昭和2年2月24日　在米国成功者　→昭和

松宮 一也　まつみや・かずや　〜昭和47年9月17日　吉田国際教育基金専務　→昭和

松宮 久一　まつみや・きゅういち　明治33年2月16日〜昭和39年1月28日　労働運動家　→昭和

松宮 節郎　まつみや・せつろう　〜昭和52年6月12日　サントリー常務　→昭和

松宮 隆　まつみや・たかし　〜昭和46年11月27日　国税審査会会長代理、元日本税理士会連合会長　→昭和

松宮 卓爾　まつみや・たくじ　〜昭和61年4月27日　エム・セテック取締役会長　→83/87

松宮 龍起　まつみや・たつき　〜平成5年4月14日　新日本出版社顧問・元社長　→91/93

松宮 利明　まつみや・としあき　昭和5年4月6日〜平成7年8月13日　十三信用金庫理事長　→94/96

松宮 資男　まつみや・としお　昭和2年1月16日〜平成年11月8日　長浜市長　→00/02

松宮 敏彦　まつみや・としひこ　昭和6年4月23日〜平成16年2月7日　共同通信専務理事　→03/05

松宮 倫夫　まつみや・みちお　昭和7年3月6日〜平成13年5月26日　富士火災海上保険副社長　→00/02

松宮 康夫　まつみや・やすお　大正4年11月14日〜平成7年7月12日　東宝貿易創業者　→94/96

松宮 保夫　まつみや・やすお　大正9年3月8日〜昭和56年3月13日　北海道新聞常務　→80/82

松宮 亮一　まつみや・りょういち　明治38年3月25日〜平成4年4月19日　森田ポンプ専務　→91/93

松村 章　まつむら・あきら　〜平成16年7月25日　山口県議　→03/05

松村 浅吉　まつむら・あさきち　〜昭和40年2月19日　伊藤忠商事専務　→昭和

松村 篤彦　まつむら・あつひこ　大正7年12月25日〜平成4年9月1日　竹中工務店常務　→91/93

松村 アヤメ　まつむら・あやめ　〜昭和55年11月12日　松前屋社長、松前昆布工業社長　→80/82

松村 有吉　まつむら・ありよし　昭和18年12月22日〜平成21年2月20日　モロゾフ副社長　→09/11

松村 栄三　まつむら・えいぞう　明治41年11月1日〜平成

成10年8月17日　そごう専務　→97/99

松村 益二　まつむら・えきじ　大正2年10月21日～昭和59年3月4日　四国放送社長　→83/87

松村 介石　まつむら・かいせき　安政6年10月16日～昭和14年11月29日　宗教家 道会創始者　→昭和

松村 勝治郎　まつむら・かつじろう　～昭和43年10月3日　農政調査会顧問　→昭和

松村 勝俊　まつむら・かつとし　明治30年3月22日～昭和63年3月15日　弁護士 名古屋家裁所長　→88/90

松村 克己　まつむら・かつみ　明治41年4月1日～平成3年2月18日　牧師 関西学院大学名誉教授,日本基督教団京都西田町教会名誉牧師　→91/93

松村 亀夫　まつむら・かめお　大正5年11月18日～平成10年3月21日　日本軽金属常務　→97/99

松村 菊勇　まつむら・きくお　明治7年10月23日～昭和16年4月4日　海軍中将　→昭和（まつむら・きくゆう）

松村 菊馬　まつむら・きくま　～昭和62年9月20日　高知市議会議長　→83/87

松村 清行　まつむら・きよゆき　大正15年6月7日～平成10年4月26日　大日本インキ化学工業専務　→97/99

松村 清之　まつむら・きよゆき　大正5年12月21日～昭和63年2月4日　消防庁長官　→88/90

松村 敬一　まつむら・けいいち　～昭和41年8月3日　日産自動車常務　→昭和

松村 圭造　まつむら・けいぞう　～平成8年9月12日　不二越専務　→94/96

松村 謙三　まつむら・けんぞう　明治16年1月24日～昭和46年8月21日　政治家 衆院議員（自民党）,農相,文相　→昭和

松村 光三　まつむら・こうぞう　明治15年12月～昭和37年6月3日　衆院議員（自由党）　→昭和

松村 滉太郎　まつむら・こたろう　～昭和56年7月19日　三井石油化学工業常務　→80/82

松村 作弥　まつむら・さくや　大正7年8月9日～平成10年5月5日　楢崎産業常務　→97/99

松村 禎夫　まつむら・さだお　昭和9年1月27日～平成8年8月9日　曙ブレーキ工業副社長　→94/96

松村 賢　まつむら・さとし　昭和7年2月10日～平成10年4月20日　富士石油副社長　→97/99

松村 秀一　まつむら・しゅういち　大正4年12月5日～平成2年9月28日　牧師 日本バプテスト連盟理事長,世界バプテスト連盟副総裁　→88/90

松村 秀逸　まつむら・しゅういつ　明治33年3月1日～昭和37年9月7日　陸軍少将,政治家 参院議員（自民党）　→昭和

松村 修己　まつむら・しゅうき　明治15年～昭和12年2月6日　陸軍中将　→昭和

松村 秋水　まつむら・しゅうすい　大正8年11月2日～平成19年5月12日　丸松物産会長 メンマの名付け親　→06/08

松村 純一　まつむら・じゅんいち　明治4年7月～昭和10年4月17日　海軍中将　→昭和

松村 準平　まつむら・じゅんぺい　昭和9年3月30日～平成20年11月27日　福岡放送社長,熊本県民テレビ社長　→06/08

松村 司郎　まつむら・しろう　大正13年12月28日～平成6年9月8日　三菱ガス化学専務　→94/96

松村 真一郎　まつむら・しんいちろう　明治13年1月2日～昭和38年6月2日　政治家 参院議員（緑風会）　→昭和

松村 信治郎　まつむら・しんじろう　大正1年8月22日～平成6年12月6日　丸善石油（のちコスモ石油）取締役,松村石油社長　→94/96

松村 善蔵　まつむら・ぜんぞう　明治19年5月1日～昭和36年9月25日　丸善石油創立者　→昭和

松村 喬　まつむら・たかし　大正14年11月17日～平成14年12月17日　日本カーリット専務　→00/02

松村 雄　まつむら・たけし　～平成7年9月18日　スモン訴訟東京地裁原告団団長,神奈川スモンの会会長　→94/96

松村 唯彦　まつむら・ただひこ　昭和15年2月24日～平成12年7月20日　カンポウプラス専務　→00/02

松村 龍雄　まつむら・たつお　慶応4年2月3日～昭和7年7月18日　海軍中将　→昭和

松村 仲之助　まつむら・ちゅうのすけ　大正12年10月16日～平成9年12月11日　弁護士 鹿児島県選管委員長　→97/99

松村 典　まつむら・つかさ　大正4年10月12日～昭和63年12月13日　日商岩井副社長　→88/90

松村 鶴喜　まつむら・つるき　～昭和56年8月19日　福博食品工業代表取締役社長　→80/82

松村 貞三　まつむら・ていぞう　～昭和40年6月17日　ラサ工業副社長　→昭和

松村 哲昭　まつむら・てつあき　昭和2年2月7日～平成14年12月10日　大成火災海上保険社長　→00/02

松村 俊雄　まつむら・としお　昭和59年4月12日　東宝取締役　→83/87

松村 敏夫　まつむら・としお　大正14年8月3日～平成17年10月28日　三菱化工機専務　→03/05

松村 楢一郎　まつむら・ならいちろう　～昭和56年2月1日　東洋紡績常務　→80/82

松村 信雄　まつむら・のぶお　明治45年3月17日～平成1年7月27日　日本航空常勤顧問　→88/90

松村 信喬　まつむら・のぶたか　大正4年9月16日～平成14年11月8日　日本コロムビア社長　→00/02

松村 英弥　まつむら・ひでや　大正6年4月28日～平成9年10月4日　エムテックスマツムラ会長　→97/99

松村 均　まつむら・ひとし　明治22年6月30日～平成2年10月20日　三菱銀行常務,三菱伸銅取締役　→88/90

松村 博　まつむら・ひろかず　明治43年12月16日～平成3年5月6日　日本バックグラウンドミュージック協会

会長, 東洋ビー・ジー・エム社長　→91/93

松村 弘　まつむら・ひろし　～平成5年4月5日
陸軍少将　→91/93

松村 武治　まつむら・ぶへいじ　～昭和61年2月18日
越谷市商工会長　→83/87

松村 文甫　まつむら・ぶんすけ　明治44年4月9日～平成7年12月9日　九州郵船相談役・元社長　→94/96

松村 正夫　まつむら・まさお　～昭和62年5月11日
イセト紙工専務　→83/87

松村 正直　まつむら・まさなお　明治44年2月20日～平成21年7月18日　三菱倉庫社長　→09/11

松村 万寿衛　まつむら・ますえい　大正15年5月8日～昭和62年7月4日　サンシャインシティ常務、西友常務、東京新聞政治部記者　→83/87

松村 道祥　まつむら・みちよし　～昭和63年6月18日
日東製粉社長、三菱銀行監査役　→88/90

松村 満雄　まつむら・みつお　～平成9年5月5日
シャープ常務、東邦レーヨン常務、日本ラグビーフットボール協会顧問　→97/99

松村 光磨　まつむら・みつま　明治27年1月8日～昭和45年4月10日　内務官僚、弁護士　東京府知事、広島県知事　→昭和・こうま

松村 実　まつむら・みのる　大正2年11月12日～平成1年6月28日　沖縄タイムス社長　→88/90

松村 元成　まつむら・もとなり　～昭和56年9月26日
日本製鋼所顧問・元常務　→80/82

松村 守夫　まつむら・もりお　明治43年12月9日～平成1年10月6日　住友重機械工業常務　→88/90

松村 雄吉　まつむら・ゆうきち　～昭和47年7月30日
松村組会長　→昭和

松村 雄二　まつむら・ゆうじ　明治36年3月9日～平成1年12月13日　松村組会長　→88/90

松村 義晴　まつむら・よしはる　～昭和58年8月31日
天理教会本部内統領室長　→83/87

松村 好久　まつむら・よしひさ　大正13年12月18日～平成5年11月3日　立川ブラインド工業取締役　→91/93

松村 義公　まつむら・よしまさ　～昭和55年6月10日
大阪窯業耐火煉瓦監査役・元専務　→80/82

松村 好之　まつむら・よしゆき　～昭和56年8月13日
ハンセン病患者　→80/82

松村 米蔵　まつむら・よねぞう　～昭和63年12月30日
松村建工代表取締役社長　→88/90

松村 竜一　まつむら・りゅういち　～昭和55年6月13日
松村書店社長　→80/82

松室 致　まつむろ・いたす　嘉永5年1月2日～昭和6年2月16日　司法官, 政治家　司法相, 検事総長, 貴院議員(勅選)　→昭和

松室 肇　まつむろ・はじめ　昭和5年12月18日～平成10年12月6日　日新火災海上保険会長　→97/99

松本 昭夫　まつもと・あきお　昭和11年10月10日～平成20年8月11日　長野運送社長　→06/08

松本 明重　まつもと・あきしげ　大正3年6月25日～平成2年2月22日　民族運動家, 宗教家, 文筆家　日本民主同志会会長, 祇園すゑひろ会長　→88/90

松本 晃　まつもと・あきら　大正3年3月1日～平成4年5月3日　山崎製パン専務　→91/93

松本 昭　まつもと・あきら　～平成3年7月5日
朝日新聞東京サービスセンター社長, ASA町田販売社長, 朝日新聞社友　→91/93

松本 烈　まつもと・あきら　～昭和47年4月28日
国鉄監査委　→昭和

松本 朝次郎　まつもと・あさじろう　大正14年1月16日～平成12年4月23日　古河電気工業常務　→00/02

松本 敦　まつもと・あつし　～平成2年5月31日
相互石油社長　→88/90

松本 勲　まつもと・いさお　大正3年3月20日～平成4年10月6日　栃木県酪農協連会長　→91/93

松本 勇　まつもと・いさむ　大正9年3月15日～昭和61年4月26日　広島町商工会(北海道)会長, 北海道議　→83/87

松本 一郎　まつもと・いちろう　明治33年3月15日～昭和43年10月26日　衆院議員(自民党)　→昭和

松本 一郎　まつもと・いちろう　明治33年1月26日～平成4年11月24日　新日本汽船社長　→91/93

松本 一郎　まつもと・いちろう　大正11年4月20日～平成14年2月19日　金方堂松本工業会長　→00/02

松本 伊之吉　まつもと・いのきち　～平成3年4月25日
海軍技術中将　→91/93

松本 巌　まつもと・いわお　昭和6年1月29日～昭和58年6月11日　警察庁科学警察研究所部付主任研究官　→83/87

松本 巌　まつもと・いわお　昭和14年5月17日～平成8年1月16日　興人常務　→94/96

松本 栄一　まつもと・えいいち　～昭和56年7月12日
弁護士　船橋市長, 日本弁護士連合会副会長　→80/82

松本 英一　まつもと・えいいち　大正10年1月5日～平成6年7月19日　参院議員(社会党), 松本組社長　→94/96

松本 英一　まつもと・えいいち　昭和3年8月7日～平成22年4月26日　東京銀行副頭取　→09/11

松本 栄治　まつもと・えいじ　明治33年12月4日～平成3年4月20日　関西電力専務　→91/93

松本 栄治　まつもと・えいじ　大正13年9月20日～平成11年11月24日　大末建設専務　→00/02s

松本 英二　まつもと・えいじ　昭和11年10月8日～平成22年10月22日　帝国石油副社長　→09/11

松本 栄蔵　まつもと・えいぞう　明治44年5月12日～昭和63年12月8日　日鉄鉱業社長　→88/90

松本 悦雄　まつもと・えつお　～平成15年3月20日
サッポロライオン常務　→03/05

松本 攻　まつもと・おさむ　大正12年6月16日～平成20

年12月14日　福岡シティ銀行会長　→06/08

松本 鎮　まつもと・おさむ　〜平成1年10月29日
愛媛新聞社専務　→88/90

松本 学　まつもと・がく　明治19年12月28日〜昭和49年3月27日　世界貿易センター会長、貴院議員、内務省警保局長　→昭和

松本 和　まつもと・かず　昭和3年2月20日〜平成10年8月24日　栃木県議(無所属)　→97/99

松本 員枝　まつもと・かずえ　明治32年9月26日〜平成6年8月31日　女性運動家　婦人民主新聞大阪支局長　→94/96

松本 一三　まつもと・かずみ　明治40年8月27日〜昭和63年6月1日　日本共産党中央委員　→88/90

松本 勝夫　まつもと・かつお　〜平成5年2月5日
鹿児島地家裁所長、東京高裁部総括判事　→91/93

松本 克彦　まつもと・かつひこ　昭和9年6月5日〜平成14年8月25日　海将　海上自衛隊地方総監部呉地方総監　→00/02

松本 克己　まつもと・かつみ　昭和4年2月28日〜平成2年4月24日　清水製薬専務、武田薬品工業取締役　→88/90

松本 鼎　まつもと・かなえ　安政3年1月〜昭和3年1月20日　陸軍中将　→昭和

松本 金久　まつもと・かねひさ　〜平成10年1月12日
税理士　日本税理士会連合会副会長、東北税理士会会長　→97/99

松本 嘉八　まつもと・かはち　大正4年4月13日〜昭和57年1月14日　金沢名鉄丸越百貨店社長　→80/82

松本 亀太郎　まつもと・かめたろう　〜昭和32年4月13日　朝日乾電池社長　→昭和

松本 寛一　まつもと・かんいち　〜昭和55年1月22日
日本聖公会主教、大阪聖パウロ教会名誉牧師　→80/82

松本 喜十郎　まつもと・きじゅうろう　明治40年6月27日〜昭和62年4月20日　郵政省北陸電波監理局長　→83/87

松本 喜太郎　まつもと・きたろう　明治36年5月8日〜昭和58年5月2日　大和産業設立者、海軍技術大佐　戦艦大和の設計者　→83/87

松本 橘次　まつもと・きつじ　〜昭和58年6月25日
日本経済広告社社長　→83/87

松本 公夫　まつもと・きみお　〜昭和62年7月2日
オカダ工業常務　→83/87

松本 恭一　まつもと・きょういち　明治39年9月9日〜昭和63年12月4日　丸久取締役　→88/90

松本 恭輔　まつもと・きょうすけ　大正15年9月21日〜平成17年9月4日　百十四銀行頭取　→03/05

松本 清男　まつもと・きよお　明治41年11月5日〜平成10年11月20日　全国信用協同組合連合会理事長　→97/99

松本 清一　まつもと・きよかず　大正12年7月21日〜平成3年11月27日　中部冷熱社長、中部電力常任監査役　→91/93

松本 清　まつもと・きよし　明治42年4月24日〜昭和48年5月21日　松戸市長、マツモトキヨシ創業者　→昭和

松本 清　まつもと・きよし　大正4年5月14日〜昭和63年11月6日　久保田鉄工取締役、丸誠重工業副社長　→88/90

松本 清　まつもと・きよし　大正7年7月26日〜平成1年3月4日　第一学習社社長　→88/90

松本 金吾　まつもと・きんご　〜昭和57年3月11日
中部復建会社社長、元名古屋市建設局長　→80/82

松本 錦治　まつもと・きんじ　〜平成2年1月28日
カトリック中央協議会総務部長　→88/90

松本 金也　まつもと・きんや　大正8年5月17日〜平成20年7月14日　岩田屋取締役、サニー社長　→06/08

松本 国雄　まつもと・くにお　明治37年11月24日〜昭和62年8月10日　新潟コンバーター顧問・元社長、新潟鉄工所副社長　→83/87

松本 邦次　まつもと・くにじ　大正5年4月16日〜昭和60年2月24日　PHP研究所参与、松下電器産業教育訓練センター所長　→83/87

松本 熊市　まつもと・くまいち　〜昭和57年3月23日
三菱鉱業セメント取締役人事部長　→80/82

松本 君平　まつもと・くんぺい　明治3年4月〜昭和19年7月28日　政治家、ジャーナリスト　衆院議員(政友会)　→昭和

松本 計一　まつもと・けいいち　大正3年9月8日〜平成15年1月13日　和歌山県議(自民党)　→03/05

松本 圭剛　まつもと・けいごう　昭和2年2月26日〜平成18年12月22日　住友精化専務　→06/08

松本 啓二　まつもと・けいじ　昭和15年9月27日〜平成20年11月8日　弁護士　森・浜田松本法律事務所特別顧問　→06/08

松本 圭三　まつもと・けいぞう　〜昭和46年9月5日
高松高裁長官　→昭和

松本 賢一　まつもと・けんいち　明治36年11月26日〜平成2年11月26日　参院議員(社会党)　→88/90

松本 源一　まつもと・げんいち　〜平成3年10月31日
和歌山県議　→91/93

松本 源一郎　まつもと・げんいちろう　〜昭和13年5月13日　明治鉱業取締役　→昭和

松本 健二　まつもと・けんじ　明治40年〜昭和55年5月19日　労働運動家　→80/82

松本 賢二　まつもと・けんじ　〜平成3年8月17日
東京田辺製薬取締役　→91/93

松本 健次郎　まつもと・けんじろう　明治3年10月4日〜昭和38年10月17日　実業家　明治鉱業社長、黒崎窯業創業者、貴院議員(勅選)　→昭和

松本 源次郎　まつもと・げんじろう　〜昭和63年3月15日　宗像建設協会会長　→88/90

松本 剛　まつもと・ごう　昭和13年12月6日〜平成21年7月21日　弁護士　→09/11

松本 幸一　まつもと・こういち　〜昭和60年6月6日

伊達市議　→83/87

松本 幸市　まつもと・こういち　明治41年3月10日～昭和51年6月16日　小野田セメント社長　→昭和

松本 剛吉　まつもと・ごうきち　文久2年8月8日～昭和4年3月5日　貴院議員（勅選）, 衆院議員（憲政党）　→昭和

松本 孝作　まつもと・こうさく　昭和10年7月25日～平成12年3月27日　ツルカメコーポレーション社長　→00/02

松本 幸治　まつもと・こうじ　～昭和61年12月23日　東京銀行取締役, 江商常務, 大王製紙専務　→83/87

松本 浩二　まつもと・こうじ　大正7年3月19日～昭和58年5月18日　古河鉱業監査役, 古河三水会書記長　→83/87

松本 弘造　まつもと・こうぞう　～昭和30年5月26日　王子製紙副社長　→昭和

松本 浩三　まつもと・こうぞう　明治27年1月21日～昭和58年7月14日　昭和産業相談役・元社長　→83/87

松本 杢蔵　まつもと・こうぞう　～昭和11年2月21日　九州水電社長　→昭和

松本 晃平　まつもと・こうへい　～平成3年8月13日　弁護士　仙台高裁判事　→91/93

松本 五郎　まつもと・ごろう　～昭和56年12月28日　東洋紡績監査役　→80/82

松本 伍郎　まつもと・ごろう　明治42年3月14日～平成4年8月1日　兵庫県出納長　→91/93

松本 栄　まつもと・さかえ　明治43年1月10日～平成2年6月28日　藤倉化成社長　→09/11

松本 作衛　まつもと・さくえ　大正13年9月14日～平成19年8月29日　農林事務次官　→06/08

松本 定　まつもと・さだむ　～平成11年10月20日　住友石炭鉱業専務　→97/99

松本 幸輝久　まつもと・さちひく　～平成7年12月12日　日本テレビ放送網専務　→94/96

松本 左登志　まつもと・さとし　昭和5年5月5日～平成9年3月25日　日立プラント建設常務　→97/99

松本 三郎　まつもと・さぶろう　明治41年9月9日～昭和53年3月25日　旭光学工業社長　→昭和

松本 三郎　まつもと・さぶろう　大正7年10月22日～平成4年9月13日　松早石油社長　→91/93

松本 三郎　まつもと・さぶろう　明治30年5月9日～平成8年11月14日　松下電子工業会長, 住友銀行専務　→94/96

松本 治一郎　まつもと・じいちろう　明治20年6月18日～昭和41年11月22日　部落解放運動家, 政治家　部落解放同盟初代委員長, 参院副議長　→昭和

松本 成朋　まつもと・しげあき　昭和19年2月12日～平成16年11月14日　岡部専務　→03/05

松本 重男　まつもと・しげお　明治36年7月16日～平成12年9月11日　藤倉ゴム工業会長　→00/02

松本 重雄　まつもと・しげお　明治41年4月15日～平成4年11月14日　日本銀行理事　→91/93

松本 重造　まつもと・しげぞう　明治43年4月21日～平

成2年3月3日　長岡ホテル会長, 伊豆長岡町（静岡県）町長　→88/90

松本 繁実　まつもと・しげみ　～昭和55年7月15日　新東海運取締役会長　→80/82

松本 成美　まつもと・しげよし　～平成21年10月22日　釧路アイヌ文化懇話会会長　→09/11

松元 茂　まつもと・しげる　大正13年7月17日～平成21年7月3日　山形屋社長　→09/11

松本 繁　まつもと・しげる　～昭和55年2月8日　東京都足立区役所福祉部長　→80/82

松本 茂　まつもと・しげる　大正7年12月6日～平成22年7月14日　経済企画庁水資源局長, 紀陽銀行専務　→09/11

松本 治七　まつもと・じしち　～昭和57年2月21日　松本組会長　→80/82

松本 七郎　まつもと・しちろう　～昭和60年6月2日　長岡信用金庫理事長, 美の川酒造会長　→83/87

松本 七郎　まつもと・しちろう　明治44年11月15日～平成2年5月15日　衆院議員（社会党）　→88/90

松本 実道　まつもと・じつどう　明治37年5月22日～平成11年9月4日　僧侶　宝山寺貫主, 西大寺長老, 真言律宗管長　→97/99

松本 至博　まつもと・しはく　～昭和60年6月2日　太平洋工業常務, 中央化学工業社長　→83/87

松本 修治　まつもと・しゅうじ　～平成19年9月7日　松本引越センター社長　→06/08

松本 修二　まつもと・しゅうじ　大正1年10月28日～昭和61年1月14日　秋田商工会議所会頭, 秋田県商工会議所連合会会長　→83/87

松本 十郎　まつもと・じゅうろう　大正7年5月22日～平成23年11月21日　衆院議員（自民党）, 防衛庁長官　→09/11

松本 俊一　まつもと・しゅんいち　昭和16年12月14日～平成13年3月13日　富士ソフトABC会長　→00/02

松本 順一　まつもと・じゅんいち　昭和22年9月25日～平成23年5月20日　三井物産副社長　→09/11

松本 順吉　まつもと・じゅんきち　～昭和29年5月15日　住友本社理事　→昭和

松本 準三　まつもと・じゅんぞう　～昭和63年3月5日　九州朝日放送専務, 朝日新聞大阪本社資材部長　→88/90

松本 正一　まつもと・しょういち　明治37年1月1日～平成1年6月26日　神戸市会議長　→88/90

松本 勝馨　まつもと・しょうけい　大正14年6月27日～平成9年10月20日　弁護士　大分地検検事正　→97/99

松本 昇作　まつもと・しょうさく　明治35年9月3日～昭和60年1月5日　東海テレビ放送常務　→83/87

松本 昇二　まつもと・しょうじ　昭和5年2月6日～平成15年7月24日　愛媛県議, 松本建設社長　→03/05

松本 譲治　まつもと・じょうじ　昭和6年7月31日～平成8年4月2日　日清製粉取締役, 日清製紙社長　→94/96

松本 昇典　まつもと・しょうてん　〜昭和60年10月17日　浄土真宗本願寺派元総務, 全国教誨師連盟副会長　→83/87

松本 恕平　まつもと・じょへい　〜昭和32年6月25日　江口証券取締役　→昭和

松本 司朗　まつもと・しろう　大正6年12月23日〜平成11年5月20日　黄桜酒造社長　→97/99

松本 四郎　まつもと・しろう　昭和8年6月10日〜平成1年4月25日　香川銀行取締役　→88/90

松元 次郎　まつもと・じろう　〜昭和46年8月20日　三井銀行常任監査役　→昭和

松本 次郎　まつもと・じろう　大正15年2月14日〜平成2年7月29日　新歌舞伎座社長　→88/90

松本 新　まつもと・しん　〜昭和32年8月12日　東海鋼業社長　→昭和

松本 慎一　まつもと・しんいち　明治34年11月8日〜昭和22年11月26日　労働運動家, 評論家　全日本印刷出版労働組合書記長　→昭和

松本 真一　まつもと・しんいち　明治25年11月〜昭和52年8月8日　衆院議員(社会革新党)　→昭和

松本 真一　まつもと・しんいち　明治8年4月29日〜平成16年6月3日　オリオンズ観光社長　→03/05

松本 新一郎　まつもと・しんいちろう　明治42年8月28日〜平成3年11月18日　和歌山県議(共産党)　→91/93

松本 真吾　まつもと・しんご　〜平成3年5月5日　第一化成名誉会長　→91/93

松本 新太　まつもと・しんた　〜昭和23年4月21日　藤倉電線社長　→昭和

松本 新太郎　まつもと・しんたろう　〜昭和11年11月6日　麒麟麦酒取締役　→昭和

松本 真一　まつもと・しんぺい　明治11年5月〜昭和46年5月29日　衆院議員(立憲政友会), 貴族議員(多額)　→昭和

松本 進　まつもと・すすむ　明治44年10月24日〜昭和58年1月28日　徳島市観光協会モラエス館館長, 四国放送制作次長　→83/87

松本 進　まつもと・すすむ　大正8年11月9日〜平成8年11月25日　松本商事会長　→94/96

松元 須美　まつもと・すみ　〜平成17年11月16日　白梅同窓会会長　→03/05

松本 純雄　まつもと・すみお　〜平成5年2月4日　日本火災海上保険常務　→91/93

松本 精一　まつもと・せいいち　〜昭和41年12月1日　和歌山化学工業社長, 元住友金属工業専務　→昭和

松本 生喜　まつもと・せいき　明治40年4月24日〜平成9年10月15日　富士写真フイルム副社長　→97/99

松本 誠я　まつもと・せいじ　〜平成10年1月5日　フットワークエクスプレス専務　→97/99

松本 静　まつもと・せいし　〜昭和27年7月18日　大阪高裁長官　→昭和

松本 成文　まつもと・せいぶん　明治40年10月1日〜平成16年12月7日　日本パイプ製造専務　→03/05

松本 誠也　まつもと・せいや　昭和4年2月27日〜平成11年5月1日　パイオニア会長　→97/99

松本 節太郎　まつもと・せつたろう　大正10年1月31日〜平成10年6月23日　愛媛県農協中央会会長　→97/99

松本 宗　まつもと・そう　明治34年4月4日〜昭和62年5月3日　日本毛織監査役　→83/87

松本 大　まつもと・だい　大正7年9月2日〜平成11年1月10日　第二精工舎常務　→97/99

松本 太六　まつもと・だいろく　昭和6年1月2日〜平成1年9月2日　宮崎銀行常務　→88/90

松本 隆志　まつもと・たかし　明治17年8月18日〜平成13年3月1日　三菱マテリアル常務執行役員　→00/02

松本 尊人　まつもと・たかと　〜昭和57年5月23日　部落解放同盟飯塚市協議会書記長　→80/82

松本 高光　まつもと・たかみつ　大正15年3月4日〜平成19年3月18日　江島屋社長　→06/08

松本 孝之　まつもと・たかゆき　大正8年9月20日〜平成14年4月9日　上新電機社長　→00/02

松本 滝蔵　まつもと・たきぞう　明治34年3月2日〜昭和33年11月2日　衆院議員　→昭和

松本 卓夫　まつもと・たくお　〜昭和61年11月28日　ワールドフレンドシップセンター顧問, 広島女学院院長　→83/87

松本 武雄　まつもと・たけお　明治41年10月16日〜昭和63年2月17日　大丸常任監査役　→88/90

松本 竹志　まつもと・たけし　〜昭和59年12月14日　三喜電興会長　→83/87

松本 武　まつもと・たけし　明治37年2月20日〜昭和63年9月11日　全国在外財産所有者連盟総本部会長, (社)引揚者団体全国連合会理事, 内外商会社長　→88/90

松本 武裕　まつもと・たけひろ　〜平成6年1月31日　弁護士　東京高検検事長　→94/96

松本 武政　まつもと・たけまさ　明治44年〜昭和60年7月16日　三光汽船専務　→83/87

松本 武也　まつもと・たけや　明治40年〜昭和59年7月9日　霊友会副会長, 明法学院常任理事　→83/87

松元 忠雄　まつもと・ただお　昭和3年1月20日〜平成8年11月18日　三井信託銀行取締役, 三井三池製作所副社長　→94/96

松本 忠夫　まつもと・ただお　大正4年2月22日〜平成20年7月16日　第一勧業銀行常務　→06/08

松本 忠雄　まつもと・ただお　明治20年7月〜昭和22年7月4日　日本タイムス社長, 衆院議員(無所属倶楽部)　→昭和

松本 正　まつもと・ただし　大正10年12月19日〜平成12年12月3日　群馬銀行常務　→00/02

松本 忠　まつもと・ただし　大正8年9月20日〜平成16年

5月7日　小野田セメント常務　→03/05

松本 精二　まつもと・ただつぐ　大正12年10月26日〜昭和63年4月21日　北海道熱供給公社参与, 北海道労働部長　→88/90

松本 忠信　まつもと・ただのぶ　明治41年11月11日〜平成11年10月18日　不二鉄工所創業者　→97/99

松本 達雄　まつもと・たつお　〜昭和47年5月23日　ホテル・ニューオータニ常務　→昭和

松本 辰馬　まつもと・たつま　〜平成2年5月10日　毎日広告社専務　→88/90

松本 健幹　まつもと・たてき　大正11年3月24日〜平成5年10月12日　大蔵省印刷局長, 西武信用金庫理事長　→91/93

松本 端三　まつもと・たんぞう　〜昭和62年7月2日　大竹信用金庫理事, 大竹市議会副議長　→83/87

松本 智惠博　まつもと・ちえひろ　昭和6年11月23日〜平成21年2月13日　四国電力常務　→09/11

松本 睦　まつもと・ちか　〜平成1年4月11日　霊友会会長補佐第七支部長　→88/90

松本 千歳　まつもと・ちとし　〜昭和61年10月15日　農林中央金庫常任監事　→83/87

松本 忠市　まつもと・ちゅういち　明治33年8月3日〜昭和52年10月11日　農民運動家　→昭和

松本 忠助　まつもと・ちゅうすけ　大正12年12月19日〜昭和年5月26日　衆院議員(公明党)　→83/87

松本 千代　まつもと・ちよ　明治41年12月14日〜平成10年11月19日　パイオニア相談役　→97/99

松本 彊　まつもと・つとむ　〜昭和63年1月20日　警察庁東北管区警察局長　→88/90

松本 勤　まつもと・つとむ　昭和3年10月7日〜平成4年1月10日　中国企業専務　→91/93

松本 勉　まつもと・つとむ　大正15年2月13日〜昭和61年10月3日　ユース・ワーク研究所主宰　→83/87

松本 勉　まつもと・つとむ　昭和6年〜平成22年1月19日　水俣病市民会議事務局長　→09/11

松本 雅夫　まつもと・つねお　〜昭和64年1月6日　岩見沢市議, 北海道グリーンランド社長　→88/90

松本 恒治　まつもと・つねはる　昭和7年11月16日〜平成21年6月15日　群馬県議(公明党)　→09/11

松本 強　まつもと・つよし　〜昭和55年12月28日　陸軍少佐　→80/82

松本 鼎一　まつもと・ていいち　〜昭和61年12月7日　貴族院議員, 日産ディーゼル工業専務　→83/87

松本 照一　まつもと・てるいち　大正12年3月10日〜昭和64年1月2日　新和光投信委託会長, 和光証券副社長　→88/90

松本 昭郎　まつもと・てるお　大正4年5月18日〜昭和62年6月8日　三菱重工業取締役　→83/87

松本 得一　まつもと・とくいち　〜昭和59年1月29日　大分瓦斯会長　→83/87

松本 得三　まつもと・とくぞう　大正4年〜昭和56年7月10日　朝日新聞大阪編集局次長, 横浜市参与　→80/82

松本 登三郎　まつもと・とさぶろう　昭和5年6月5日〜昭和62年4月25日　ジャックス取締役検査部長　→83/87

松本 俊雄　まつもと・としお　明治44年7月28日〜昭和62年8月22日　南海建設社長　→83/87

松本 利雄　まつもと・としお　明治42年3月27日〜平成3年5月7日　大正海上火災保険(三井海上火災保険)常務　→91/93

松本 利雄　まつもと・としお　明治41年4月20日〜平成12年11月5日　埼玉県信用金庫理事長　→00/02

松本 敏郎　まつもと・としろう　大正10年7月17日〜平成4年8月6日　ダイワスチール社長　→91/93

松本 留吉　まつもと・とめきち　明治1年11月28日〜昭和13年3月24日　藤倉電線創業者　→昭和

松本 知秋　まつもと・ともあき　〜昭和39年8月27日　名古屋鉄道常務　→昭和

松本 朝明　まつもと・ともあき　〜昭和46年8月23日　三井金属鉱業取締役　→昭和

松本 知衛　まつもと・ともえ　〜昭和56年4月25日　中央信託銀行専務　→80/82

松本 知則　まつもと・とものり　昭和9年2月10日〜平成15年6月14日　朝日新聞専務, 九州朝日放送社長　→03/05

松本 友行　まつもと・ともゆき　〜昭和55年4月18日　林兼造船取締役総務部長　→80/82

松本 豊秋　まつもと・とよあき　大正10年〜昭和56年8月22日　苓北火電に反対する町民の会会長　→80/82

松本 豊三　まつもと・とよぞう　〜昭和43年5月29日　電通調査役　→昭和

松本 寅次郎　まつもと・とらじろう　〜昭和59年1月28日　合化労連副委員長　→83/87

松本 虎之助　まつもと・とらのすけ　昭和5年5月17日〜平成12年1月11日　浦島海苔会長, 玉名市長　→00/02

松本 直欣　まつもと・なおよし　大正11年1月18日〜平成11年4月21日　舞鶴倉庫社長　→97/99

松本 鍋次　まつもと・なべじ　〜昭和62年10月18日　東京都連合日経広顧問　→83/87

松本 日善　まつもと・にちぜん　〜平成7年2月27日　僧侶　日蓮宗本山池上大坊本行寺貫首(48代目)　→94/96

松本 望　まつもと・のぞむ　明治38年5月2日〜昭和63年7月15日　パイオニア創業者　→88/90

松本 信男　まつもと・のぶお　昭和7年8月2日〜平成4年12月20日　三洋ノッズル製作所社長　→91/93

松本 延昌　まつもと・のぶまさ　昭和6年3月31日〜平成7年7月23日　フジテレビジョン監査役　→94/96

松本 演之　まつもと・のぶゆき　大正14年3月17日〜平成23年8月21日　松本組社長, 函館商工会議所会頭, 函館

市議　→09/11

松本 昇　まつもと・のぼる　明治19年5月27日～昭和29年6月9日　実業家, 政治家　資生堂社長, 参院議員(自由党)　→昭和

松本 則栄　まつもと・のりえ　～昭和39年3月31日　毎日新聞社取締役　→昭和

松本 一　まつもと・はじめ　大正4年1月2日～平成10年1月16日　岡山市長　→97/99

松本 元　まつもと・はじめ　明治30年5月14日～平成2年12月25日　東京生命保険相談役, 埼玉県人会会長　→88/90

松本 春野　まつもと・はるの　明治44年3月5日～平成3年9月6日　大松産業取締役　→91/93

松本 久男　まつもと・ひさお　～昭和58年4月8日　羽曳野市長　→83/87

松本 久森　まつもと・ひさもり　明治35年12月18日～昭和59年7月8日　テレビ信州取締役　→83/87

松本 久吉　まつもと・ひさよし　～昭和57年12月13日　いわき商工会議所副会頭, 湯本信用組合理事長　→80/82

松本 秀夫　まつもと・ひでお　明治36年7月10日～昭和63年3月23日　日清製粉副社長　→88/90

松本 秀俊　まつもと・ひでとし　明治38年3月17日～平成10年9月15日　鐘紡取締役, 鐘紡記念病院院長　→97/99

松元 秀之　まつもと・ひでゆき　大正4年5月8日～平成10年3月17日　兵庫県警本部長　→97/99

松本 響　まつもと・ひびき　大正13年2月20日～昭和57年3月9日　北海道議　→80/82

松本 広　まつもと・ひろし　大正8年3月26日～平成7年6月23日　中央自動車工業副社長　→94/96

松本 博　まつもと・ひろし　明治40年2月1日～昭和56年11月7日　白洋舎監査役　→80/82

松本 博　まつもと・ひろし　～昭和60年10月11日　松本建具店代表, 協同組合富山木工団地副理事長　→83/87

松本 博　まつもと・ひろし　～昭和61年1月29日　大和銀行監査役　→83/87

松本 博　まつもと・ひろし　～昭和62年2月2日　八重洲興業取締役九州支社長　→83/87

松本 博　まつもと・ひろし　昭和14年3月20日～平成18年4月17日　TOTO常務, 北九州空港振興協議会常務理事　→06/08

松本 広治　まつもと・ひろじ　明治37年10月3日～平成1年4月14日　冨士レンヂ工業会長, 反核産業人の会代表　→88/90

松本 浩典　まつもと・ひろのり　～平成22年3月18日　浦島海苔社長　→09/11

松本 弘道　まつもと・ひろみち　大正5年8月25日～昭和59年3月20日　埼玉銀行取締役, 日研化学常務　→83/87

松本 福男　まつもと・ふくお　明治45年3月27日～平成3年12月30日　東光電気工事会長, 日経連常任理事　→91/93

松本 富士秀　まつもと・ふじひで　明治34年1月5日～昭和58年11月17日　日本勧業銀行監査役　→83/87

松本 文雄　まつもと・ふみお　大正3年2月2日～平成2年1月4日　大分県教育委員長, 竹田市教育委員長　→88/90

松本 文忠　まつもと・ふみただ　明治44年8月11日～平成4年5月8日　製鉄化学工業専務　→91/93

松本 文次　まつもと・ぶんじ　明治44年7月7日～平成15年4月8日　芝浦製作所社長　→03/05

松本 孫右衛門　まつもと・まごえもん　明治6年1月～昭和23年9月6日　衆院議員(立憲政友会)　→昭和

松元 正男　まつもと・まさお　～昭和60年5月8日　日本鋼管監査役　→83/87

松本 正男　まつもと・まさお　大正4年9月20日～平成5年10月25日　松下電器産業常務　→91/93

松本 正夫　まつもと・まさお　～昭和62年3月31日　西部硫酸販売副社長　→83/87

松本 正雄　まつもと・まさお　大正6年6月1日～昭和61年10月20日　小矢部市長　→83/87

松本 正雄　まつもと・まさお　明治34年12月6日～平成8年1月4日　弁護士　最高裁判事, 第二東京弁護士会会長　→94/96

松本 誠夫　まつもと・まさお　大正10年10月30日～昭和60年7月27日　日本サーボ常務　→83/87

松本 正　まつもと・まさし　大正8年10月～平成1年1月25日　東京都同和事業促進協会理事長, 東京都総務局理事　→88/90

松本 政二　まつもと・まさじ　～昭和63年3月5日　松本土建取締役会長　→88/90

松本 昌親　まつもと・まさちか　大正15年12月24日～平成16年2月22日　神官　諏訪大社宮司　→03/05

松本 政之助　まつもと・まさのすけ　大正年1月14日～平成8年4月3日　山種物産社長　→94/96

松本 正平　まつもと・まさひら　大正10年2月22日～平成2年4月4日　東京高検検事, 仙台法務局長　→88/90

松本 雅史　まつもじ・まさふみ　昭和23年10月18日～平成22年10月23日　シャープ副社長　→09/11

松本 正光　まつもと・まさみつ　大正9年8月29日～平成2年12月6日　大阪鉄道倉庫社長, 杉村倉庫副社長　→88/90

松元 守　まつもと・まもる　大正15年12月11日～平成9年1月23日　郵政省関東電波監理局長, 松下電送副社長　→97/99

松本 幹生　まつもと・みきお　昭和3年4月29日～平成17年7月1日　ハザマ社長　→03/05

松本 操　まつもと・みさお　大正11年9月24日～平成10年10月11日　空港情報通信社長, 新東京国際空港公団副総裁　→97/99

松本 通雄　まつもと・みちお　～昭和45年5月1日　製鉄化学取締役　→昭和

まつもと

松本 道男　まつもと・みちお　～昭和59年11月18日　日産化学工業取締役　→83/87

松本 道夫　まつもと・みちお　昭和7年6月11日～昭和60年12月30日　泉北高島屋常務　→83/87

松本 光夫　まつもと・みつお　～昭和57年6月23日　大分県林業水産部長　→80/82

松本 光雄　まつもと・みつお　明治44年3月19日～平成22年5月18日　宇部興産専務, 宇部商工会議所会頭　→09/11

松本 稔　まつもと・みのる　～昭和56年8月23日　大川市議会議員　→80/82

松本 稔　まつもと・みのる　昭和13年6月5日～平成14年10月22日　品川燃料 (のちシナネン) 常務　→00/02

松本 三喜　まつもと・みよし　大正11年6月14日～平成2年5月16日　ミノルタカメラ常務　→88/90

松本 元治　まつもと・もとじ　明治40年11月3日～平成3年11月5日　松風観光社長　→91/93

松本 元博　まつもと・もとひろ　昭和13年6月10日～平成23年6月24日　博報堂副社長　→09/11

松本 守雄　まつもと・もりお　大正4年7月4日～昭和51年5月28日　林野庁長官　→昭和

松本 盛夫　まつもと・もりお　大正4年12月11日～平成18年12月12日　読売新聞中部本社代表　→06/08

松本 康夫　まつもと・やすお　大正13年2月22日～平成5年5月24日　ダイセル化学工業専務　→91/93

松本 悌　まつもと・やすし　明治44年12月8日～昭和62年8月19日　山陽国策パルプ常任監査役　→83/87

松本 弥功　まつもと・やすなり　～平成13年10月21日　ロイヤルホテル常務　→00/02

松本 雄吉　まつもと・ゆうきち　～昭和55年11月27日　三菱商事副社長　→80/82

松本 勇治　まつもと・ゆうじ　～昭和57年8月21日　松本銀行常務　自民党衆議院議員松本十郎氏の父　→80/82

松本 雄三　まつもと・ゆうぞう　昭和2年8月31日～平成2年8月29日　ユニチカ取締役　→88/90

松本 祐太郎　まつもと・ゆうたろう　大正9年1月31日～平成10年2月13日　新日鉄化学専務　→97/99

松本 幸男　まつもと・ゆきお　大正15年3月28日～昭和58年11月28日　衆議院議員 (社会党)　→83/87

松本 幸夫　まつもと・ゆきお　大正15年9月2日～平成5年8月10日　NHK専務理事　→91/93

松本 譲　まつもと・ゆずる　昭和4年5月14日～平成14年12月7日　不二サッシ常務　→00/02

松本 寛　まつもと・ゆたか　昭和12年8月5日～平成19年5月28日　テレビ新広島社長　→06/08

松本 粲　まつもと・ゆたか　～平成2年7月30日　三越監査役　→88/90

松本 洋一　まつもと・よういち　昭和5年4月3日～平成3年10月21日　弁護士　→91/93

松本 容二　まつもと・ようじ　～平成21年11月11日　連合北海道会長代行　→09/11

松本 嘉雄　まつもと・よしお　大正1年8月2日～平成6年12月16日　十条製紙 (のち日本製紙) 専務　→94/96

松本 良男　まつもと・よしお　大正10年4月～平成7年8月　陸軍軍人　→94/96

松本 義一　まつもと・よしかず　大正3年5月3日～平成14年6月10日　千葉興業銀行常務　→00/02

松本 善寿　まつもと・よしじ　大正3年3月1日～平成12年1月4日　税理士　衆議院議員 (民自党)　→00/02

松本 善高　まつもと・よしたか　明治40年6月9日～平成1年3月3日　摂津板紙 (のちセッツ) 専務　第1回選抜中等学校野球大会優勝投手　→88/90

松本 芳人　まつもと・よし　大正10年5月15日～昭和58年9月21日　山陰中央テレビ取締役, 島根県公安委員長　→83/87

松本 芳晴　まつもと・よしはる　大正6年7月10日～平成11年4月23日　内閣広報室室長　→97/99

松本 義郎　まつもと・よしろう　～昭和57年9月28日　旭光学工業会社常務　→80/82

松本 剛郎　まつもと・よしろう　大正9年2月15日～昭和63年4月26日　大中物産副社長, 都市ロードサービス社長, 建設省道路局日本道路公団監理官　→88/90

松本 米二郎　まつもと・よねじろう　～平成23年11月15日　陸将　→09/11

松本 理　まつもと・りさく　明治40年2月15日～昭和63年6月15日　福徳銀行創業者　→88/90

松本 隆信　まつもと・りゅうしん　大正15年3月11日～平成5年2月16日　僧侶　慶応義塾大学名誉教授, 徳正寺住職　→91/93

松本 了吉　まつもと・りょうきち　明治33年3月17日～平成2年10月12日　大成火災海上保険名誉顧問・元社長　→88/90

松本 良吉　まつもと・りょうきち　～昭和58年6月28日　日本紙パルプ商事会長　→83/87

松本 龍二　まつもと・りょうじ　大正2年8月31日～平成11年6月17日　産経新聞社長, ニッポン放送副社長　→97/99

松本 良諄　まつもと・りょうじゅん　大正8年9月3日～平成20年10月29日　シキボウ社長　→06/08

松本 良祐　まつもと・りょうすけ　明治45年7月26日～平成10年1月26日　日本エクス・クロン会長, 博報堂会長, 警察大学校教頭　→97/99

松本 亮太郎　まつもと・りょうたろう　明治40年4月27日～平成2年11月25日　歌人　→88/90

松本 林一郎　まつもと・りんいちろう　～平成5年10月14日　三井銀行 (のちさくら銀行) 常任監査役　→91/93

松本 礼二　まつもと・れいじ　昭和4年6月15日～昭和61年12月26日　新左翼運動家　共産同議長　→83/87

松本 六太郎　まつもと・ろくたろう　明治22年2月～昭和27年2月8日　衆院議員 (農民協同党)　→昭和

松森 慶三　まつもり・けいぞう　大正14年5月13日～平成23年10月11日　丸紅常務、ネットワーク情報サービス社長　→09/11

松谷 勝　まつや・かつ　～平成4年3月8日
尾道市長　→91/93

松谷 浩一　まつや・こういち　昭和9年1月9日～平成22年4月3日　ユニチカ専務　→09/11

松谷 祥三郎　まつや・しょうざぶろう　昭和14年8月21日～平成15年4月16日　山形新聞常務　→03/05

松谷 冨士麿　まつや・ふじまろ　～昭和57年9月9日
北海道新聞社友・元旭川支社長　→80/82

松矢 要治郎　まつや・ようじろう　大正3年2月20日～平成2年12月14日　神奈川県議　→88/90

松山 彬　まつやま・あきら　明治45年1月24日～平成7年9月3日　東亜燃料工業社長　→94/96

松山 篤　まつやま・あつし　明治39年7月25日～平成5年3月5日　松山会長、日本農業機械工業会顧問、長野県議　→91/93

松山 勲　まつやま・いさお　明治45年2月25日～昭和58年3月18日　新東京いすゞモーター会長　→83/87

松山 攻　まつやま・いさむ　～昭和62年8月1日
福岡市土木局管理部長　→83/87

松山 賢太郎　まつやま・けんたろう　～平成17年6月26日　加世田市長　→03/05

松山 茂　まつやま・しげる　明治14年7月14日～昭和12年12月29日　海軍中将　→昭和

松山 祖元　まつやま・そげん　～昭和55年3月23日
竜音寺住職、曹洞宗権大教師　→80/82

松山 外吉　まつやま・そときち　明治34年9月18日～平成12年8月30日　北国銀行専務、大蔵省北陸財務局長　→00/02

松山 喬　まつやま・たかし　大正11年11月15日～平成2年6月2日　日新火災海上保険常務　→88/90

松山 隆　まつやま・たかし　昭和5年5月3日～平成3年11月25日　富山化学工業専務　→91/93

松山 隆茂　まつやま・たかしげ　大正3年4月28日～平成7年8月6日　日産ディーゼル工業社長　→94/96

松山 高吉　まつやま・たかよし　弘化3年12月10日～昭和10年1月4日　牧師、聖書翻訳家　→昭和（まつやま・こうきち）

松山 忠二郎　まつやま・ちゅうじろう　明治2年12月12日～昭和17年8月16日　満州日報社長　→昭和

松山 常次郎　まつやま・つねじろう　明治17年3月21日～昭和36年6月15日　政治家　衆院議員（日本自由党）　→昭和

松山 徹　まつやま・とおる　昭和7年9月4日～平成17年12月21日　松山会長　→06/08s

松山 二三郎　まつやま・にさぶろう　明治14年10月10日～平成3年4月3日　男性長寿日本一　→91/93

松山 信雄　まつやま・のぶお　大正13年2月3日～平成13年7月22日　東急建設副社長　→00/02

松山 晴彦　まつやま・はるお　大正6年12月17日～平成16年5月4日　興亜火災海上保険常務　→03/05

松山 治亮　まつやま・はるすけ　～昭和61年8月30日
日清紡績常務　→83/87

松山 萬密　まつやま・ばんみつ　明治41年8月28日～平成15年5月6日　僧侶　臨済宗妙心寺派管長　→03/05

松山 英夫　まつやま・ひでお　明治39年3月27日～昭和61年4月11日　大映専務　→83/87

松山 正雄　まつやま・まさお　大正6年9月30日～平成18年5月22日　東栄社長　→06/08

松山 光成　まつやま・みつなり　大正10年6月16日～昭和60年9月1日　秋田製錬社長、同和鉱業常務　→83/87

松山 光治　まつやま・みつはる　昭和11年1月2日～平成12年8月13日　野菜供給安定基金理事長、農林水産省農産園芸局長　→00/02

松山 緑　まつやま・みどり　明治39年2月10日～平成17年3月23日　藤田観光社長、東海汽船社長　→03/05

松山 茂助　まつやま・もすけ　明治23年12月2日～昭和48年6月25日　サッポロビール社長　→昭和

松山 泰　まつやま・ゆたか　明治43年8月5日～昭和60年10月17日　石川島播磨重工業取締役、石川島造船化工機社長　→83/87

松山 義雄　まつやま・よしお　明治36年3月～昭和33年10月25日　衆院議員（自民）　→昭和

松山 義雄　まつやま・よしお　明治16年8月15日～平成22年11月12日　伊藤忠食品常務　→09/11

松山 芳治　まつやま・よしはる　～平成4年7月21日
東芝タンガロイ取締役　→91/93

松山 良朔　まつやま・りょうさく　明治7年10月～昭和5年7月8日　陸軍中将　→昭和

松雪 幸三郎　まつゆき・こうざぶろう　～平成2年10月2日　新内外綿社長　→88/90

松由 善吉　まつよし・ぜんきち　～昭和62年6月14日
フジテレビ千葉支局長　→83/87

松浦 厚　まつら・あつし　元治1年6月3日～昭和9年5月1日　伯爵　貴院議員　→昭和（まつうら・あつし）

松浦 董子　まつら・ただこ　明治41年7月～平成1年1月22日　皇太后陛下の義姉　→88/90

松羅 豊民　まつら・とよたみ　大正14年6月23日～昭和61年6月25日　市川毛織常務　→83/87

万里小路 通房　までのこうじ・みちふさ　嘉永1年5月27日～昭和7年3月4日　伯爵　侍従　→昭和

満所 清吾　まどころ・せいご　大正13年10月26日～平成13年6月9日　小田急電鉄専務　→00/02

的野 紀久生　まとの・きくお　～昭和62年12月7日
北海道警警視、池田署長　→83/87

的野 権太郎　まとの・ごんたろう　～昭和55年3月1日
宇部興産常任監査役　→80/82

的野 種城　まとの・たねき　明治40年5月22日～平成1年

4月21日　ブルドックソース社長　→88/90

真殿 益造　まどの・ますぞう　〜昭和45年5月11日
ジャパン・マリンサービス相談役　→昭和

的場 皎　まとば・あきら　大正8年11月28日〜平成13年8月15日　ニュージェック社長、送電線建設技術研究会最高技術顧問　→00/02

的場 恭三　まとば・きょうぞう　大正5年7月16日〜昭和58年3月23日　ハクキンカイロ社長　→83/87

的場 金右エ門　まとば・きんえもん　明治25年9月〜昭和52年4月4日　衆院議員(国協党)　→昭和

的場 敬三　まとば・けいぞう　大正2年1月2日〜平成13年11月28日　福井銀行常務　→00/02

的場 小六　まとば・ころく　〜平成5年11月14日
グンゼ常務　→91/93

的場 幸雄　まとば・さちお　明治32年3月23日〜昭和62年9月28日　冶金学者、富士製鉄中央研究所長、東北大学名誉教授　→83/87

的場 鹿五郎　まとば・しかごろう　明治42年7月25日〜平成7年4月11日　和歌山県議会副議長(社会党)　→94/96

的場 茂　まとば・しげる　明治36年8月1日〜昭和63年4月8日　豊島区議、東京都議　→88/90

的場 俊雄　まとば・としお　大正10年7月23日〜平成2年11月27日　日工広告社社長　→88/90

的場 久巳　まとば・ひさみ　昭和4年7月1日〜平成2年10月12日　大陽酸素常務　→88/90

的場 正明　まとば・まさあき　〜平成4年6月22日
桃山城社長　→91/93

的場 明司　まとば・みょうじ　昭和23年〜平成20年6月9日　ホテル高州園社長、輪島市観光協会会長　→06/08

的矢 正輝　まとや・まさてる　大正5年2月4日〜昭和61年1月31日　山一土地建物社長、山一証券常務　→83/87

間仲 武彦　まなか・たけひこ　〜平成3年9月23日
日本ビジネスコンピューター取締役　→91/93

砂子 剛　まなご・こう　〜平成4年7月10日
砂子商店社長、奈良女子大学植物学教室助手　→91/93

真鍋 修　まなべ・おさむ　〜平成7年2月12日
四国ガス専務　→94/96

真鍋 和久　まなべ・かずひさ　昭和9年11月28日〜平成8年2月6日　後楽園スタヂアム(のち東京ドーム)常務　→94/96

真鍋 勝　まなべ・かつ　明治14年12月20日〜昭和38年6月7日　衆院議員(自由党)　→昭和(まなべ・まさる)

真鍋 勝紀　まなべ・かつき　昭和15年1月31日〜平成19年6月5日　シグマ創業者　→06/08

真鍋 儀十　まなべ・ぎじゅう　明治24年9月16日〜昭和57年4月29日　政治家、俳人、芭蕉研究家　衆院議員(自民党)　→80/82

真鍋 圭作　まなべ・けいさく　昭和6年8月17日〜平成16年2月14日　キリンビール社長　→03/05

真鍋 五郎　まなべ・ごろう　大正7年2月22日〜平成21年3月1日　バレオ会長　→09/11

真鍋 純哲　まなべ・じゅんてつ　昭和7年5月7日〜平成13年7月1日　福岡市収入役、福岡ブルックス社長　→00/02

真鍋 信一　まなべ・しんいち　〜平成19年10月18日
真鍋商事社長　→06/08

真鍋 誠次郎　まなべ・せいじろう　昭和2年11月11日〜平成23年5月20日　大正海上火災保険専務　→09/11

真鍋 孝　まなべ・たかし　昭和4年〜平成8年1月14日
九州セルラー電話社長　→94/96

真鍋 武雄　まなべ・たけお　〜昭和38年2月21日
日本建機社長　→昭和

真鍋 武雄　まなべ・たけお　昭和9年7月25日〜平成12年9月14日　日本精工取締役　→00/02

真鍋 忠雄　まなべ・ただお　大正7年1月25日〜平成22年4月22日　池田町(徳島県)町長、マナベ商事会長、阿波池田商工会議所会頭　→09/11

真鍋 正　まなべ・ただし　昭和6年9月14日〜平成6年4月30日　ナムコ副会長　→94/96

真鍋 正一　まなべ・まさかず　〜平成13年10月17日
弁護士　大阪弁護士会副会長　→00/02

真鍋 政喜　まなべ・まさき　〜昭和63年4月10日
福岡県議(公明党)　→88/90

真鍋 勝　まなべ・まさる　大正11年1月6日〜平成17年8月18日　善通寺市長　→03/05

真鍋 三彦　まなべ・みつひこ　大正8年3月14日〜平成10年8月9日　宇宙開発事業団監事、コスモテック会長　→97/99

真鍋 八千代　まなべ・やちよ　〜昭和50年8月5日
後楽園スタヂアム会長　→昭和

真鍋 善雄　まなべ・よしお　明治35年8月10日〜平成2年6月28日　百十四銀行常務　→88/90

真鍋 義秀　まなべ・よしひで　〜昭和55年4月26日
川西農協組合長、北海道農協乳業取締役会長、元帯広市議会議長　→80/82

真部 善美　まなべ・よしみ　大正11年1月4日〜平成20年9月11日　香川県議(自民党)　→06/08

真鍋 頼一　まなべ・よりいち　明治20年5月7日〜昭和46年11月19日　牧師　青山学院理事長　→昭和

間庭 賢爾　まにわ・けんじ　〜平成4年3月21日
海上保安大学校長、第三管区海上保安本部長　→91/93

間庭 末吉　まにわ・すえきち　明治31年4月18日〜昭和13年3月2日　社会運動家　→昭和

間庭 平太郎　まにわ・へいたろう　大正9年12月16日〜平成1年7月31日　全国製麺協同組合連合会長　→88/90

間庭 政次郎　まにわ・まさじろう　大正6年3月30日〜平成10年2月6日　大洋漁業(のちマルハ)常務　→97/99

間庭 往雄　まにわ・ゆきお　〜昭和56年11月21日
福山証券相談役・元社長　→80/82

真野 市太郎　まの・いちたろう　明治36年8月31日～昭和59年1月10日　トンボ楽器製作所会長、全日本ハーモニカ連盟会長　→83/87

真野 英一　まの・えいいち　明治42年6月12日～昭和60年10月16日　東京高裁判事　→83/87

真野 恵澂　まの・えちょう　～平成8年3月23日　僧侶、歴史作家　相応寺貫主　→94/96

真野 勝一　まの・かついち　明治39年5月10日～平成3年11月8日　三洋電機監査役　→91/93

真野 正三　まの・しょうぞう　大正3年1月30日～昭和64年1月5日　ジューキ会長、東京重機工業専務　→88/90

真野 鈴雄　まの・すずお　明治40年2月28日～昭和63年4月19日　マノモク会長　→88/90

真野 毅　まの・つよし　明治21年6月9日～昭和61年8月28日　弁護士　最高裁判事　→83/87

真野 冨男　まの・とみお　～昭和57年4月12日　福助取締役、四国フクスケ社長　→80/82

間野 延太郎　まの・のぶたろう　明治36年2月1日～平成1年8月23日　大同製鋼不動産相談役、大同製鋼（のち大同特殊鋼）取締役　→88/90

真野 富士夫　まの・ふじお　大正5年1月6日～平成3年3月31日　電通常務　→91/93

間野 誠　まの・まこと　昭和5年9月30日～平成8年11月23日　名古屋市土地利用審査会長、名古屋市計画局長　→94/96

真野 芳雄　まの・よしお　大正4年7月9日～平成21年2月6日　ニッキ工業会長、沼津市議　→09/11

馬橋 隆二　まばし・りゅうじ　大正7年8月31日～平成12年5月16日　弁護士　大宮市長　→00/02

馬原 正道　まはら・まさみち　大正7年1月5日～昭和7年1月8日　旭硝子専務　→94/96

馬淵 鋭太郎　まぶち・えいたろう　慶応3年1月18日～昭和18年9月13日　京都府知事、京都市長　→昭和

馬淵 勝彦　まぶち・かつひこ　～平成4年6月2日　キリンビール監査役　→91/93

馬渕 寛一　まぶち・かんいち　大正14年～平成2年6月4日　マブチモーター相談役　→88/90

馬渕 健一　まぶち・けんいち　大正11年11月13日～平成17年7月16日　マブチモーター創業者　→03/05

馬渕 新一　まぶち・しんいち　～昭和62年9月18日　川鋼物産（のち川鉄商事）社長　→83/87

馬淵 威雄　まぶち・たけお　明治38年10月1日～昭和63年9月20日　フジテレビ取締役、東宝会長　→88/90

馬淵 武臣　まぶち・たけおみ　大正15年9月15日～平成20年6月15日　岐阜県議（民社党）　→03/05

馬淵 辰郎　まぶち・たつろう　大正5年6月20日～平成7年9月28日　三菱石油社長　→94/96

間淵 直一　まぶち・なおぞう　大正12年4月12日～平成19年1月2日　ソニー常務、防衛庁装備局長、東京工業品取引所理事長　→06/08

馬淵 晴之　まぶち・はるゆき　昭和4年2月1日～平成16年6月8日　駐ウルグアイ大使　→03/05

馬渕 フミ　まぶち・ふみ　大正5年4月5日～昭和62年5月21日　馬渕商事社長　→83/87

真船 清蔵　まふね・せいぞう　明治43年1月2日～平成13年8月14日　東邦レーヨン社長　→00/02

間部 彰　まべ・あきら　～昭和19年6月19日　農業技術協会長　→昭和

真実井 房子　まみい・ふさこ　～平成20年4月30日　広島原爆の語り部　→06/08

馬宮 謙一郎　まみや・けんいちろう　大正7年9月25日～平成5年4月3日　三芳菊酒造会長、徳島県教育委員長　→91/93

間宮 精一　まみや・せいいち　明治32年1月17日～昭和64年11月6日　カメラの改良・開発技術者　マミヤ光機取締役技師長　→88/90

間宮 清治　まみや・せいじ　～昭和56年2月9日　安田自動車総合センター社長、安田火災海上保険常務　→80/82

間宮 達男　まみや・たつお　昭和3年6月8日～昭和63年7月21日　前田建設工業取締役　→88/90

間宮 保　まみや・たもつ　～昭和60年8月17日　旭川市議・同市監査委員　→83/87

間見谷 喜昭　まみや・よしあき　～平成20年10月26日　旭川アイヌ協議会会長　→06/08

真宗 末一　まむね・すえいち　～昭和60年2月10日　墨田区（東京都）区議　→83/87

豆原 寛　まめはら・ひろし　昭和8年4月16日～平成3年1月17日　進展実業社長、伊藤忠商事取締役　→91/93

真柳 敬　まやなぎ・けい　昭和2年11月20日～平成23年10月27日　三菱化成工業常務、日本錬水社長　→09/11

真山 峻　まやま・たかし　～平成11年5月2日　ビジョンテック代表取締役、フジテレビ関西支社長　→97/99

黛 克己　まゆずみ・かつみ　～昭和61年3月14日　久米島製糖会長　→83/87

黛 千尋　まゆずみ・ちひろ　～昭和59年2月23日　ドッドウェル・エンド・カンパニー・リミテッド東京総支配人　→83/87

黛 三喜男　まゆずみ・みきお　～昭和57年11月27日　三菱化工機取締役　→80/82

真弓 慧光　まゆみ・えこう　明治22年～昭和59年1月3日　顕正寺（浄土真宗）住職、高田学苑長　→83/87

丸 才司　まる・さいじ　～昭和26年10月14日　福岡高検検事長　→昭和

丸 正巳　まる・まさみ　大正6年7月22日～平成18年3月14日　日新製鋼専務　→06/08

丸井 昭男　まるい・あきお　～昭和62年8月15日

まるい　　　　　　　　　　　　　　　　　　　　　　　　　　Ｉ　政治・経済・社会篇

僧侶　愛知県人権擁護委員連合会副会長, (私)青松保育園長, 神竜寺住職　→83/87

丸井　旭　まるい・あきら　〜昭和26年5月3日
明治生命取締役　→昭和

丸居　幹一　まるい・かんいち　大正6年6月13日〜平成20年5月18日　運輸省船員局長, エアーニッポン会長　→06/08

円井　潔　まるい・きよし　〜平成1年4月4日
山陰合同銀行専務　→88/90

丸井　彪　まるい・たけし　昭和6年2月16日〜平成18年1月14日　青森県議(自民党)　→06/08

円井　正夫　まるい・まさお　明治41年5月2日〜昭和60年5月30日　弁護士　大阪地裁判事　→83/87

丸井　芳雄　まるい・よしお　大正9年6月25日〜平成5年1月19日　十条製紙常務　→91/93

丸市　幸雄　まるいち・ゆきお　大正13年1月3日〜平成4年12月4日　山形ウエルマート会長, ジャスコ取締役　→91/93

丸尾　一夫　まるお・かずお　〜平成5年12月10日
神戸新聞社監査役　→91/93

丸尾　和夫　まるお・かずお　大正13年4月7日〜平成16年4月29日　国鉄常務理事, 鉄道弘済会理事　→03/05

丸尾　儀兵衛　まるお・ぎへえ　〜昭和43年11月15日
明石市長　→昭和

丸尾　俊介　まるお・しゅんすけ　大正15年11月28日〜平成20年9月26日　牧師　日本基督教団下落合教会牧師　→09/11s

丸尾　信一　まるお・しんいち　〜昭和40年5月7日
大洋漁業副社長　→昭和

丸尾　末吉　まるお・すえきち　明治38年4月17日〜昭和62年2月6日　丸尾カルシウム監査役, 豊国産業会長　→83/87

丸尾　卓志　まるお・たくし　大正2年2月17日〜平成6年4月30日　新日本検定協会会長, 日本郵船常務　→94/96

丸尾　毅　まるお・たけし　〜平成8年6月12日
人事院任用局長, 日本貿易振興会理事　→94/96

丸尾　忠　まるお・ただし　昭和11年11月1日〜平成21年9月4日　九州電力常務　→09/11

丸尾　寿彦　まるお・としひこ　大正9年10月21日〜平成16年9月16日　富士ロビン専務　→03/05

丸尾　信雄　まるお・のぶお　大正2年12月19日〜平成16年4月8日　丸尾カルシウム社長　→03/05

丸尾　宏　まるお・ひろし　大正6年5月1日〜昭和59年10月30日　建通新聞社社長　→83/87

丸尾　文六　まるお・ぶんろく　〜平成5年5月15日
光文社常務　→91/93

丸尾　勝　まるお・まさる　〜昭和41年10月19日
空知炭礦社長, 元北取締役　→昭和

丸尾　元俰　まるお・もとじ　大正11年1月28日〜平成6年12月26日　松下通信工業専務　→94/96

円尾　豊　まるお・ゆたか　大正7年11月13日〜平成5年3月20日　日本農産工業常務　→91/93

丸尾　善昭　まるお・よしあき　昭和7年12月10日〜平成4年12月2日　丸尾カルシウム常務　→91/93

丸岡　修　まるおか・おさむ　昭和25年〜平成23年5月29日　日本赤軍活動家　→09/11

丸岡　敏邦　まるおか・としくに　大正10年1月25日〜平成1年2月19日　徳島県人事委員長　→88/90

丸岡　美耶子　まるおか・みやこ　〜平成1年11月9日
能楽書林会長　→88/90

丸亀　勉　まるがめ・つとむ　大正3年3月28日〜平成10年6月22日　フジタ常務　→97/99

丸亀　秀雄　まるがめ・ひでお　〜昭和58年5月15日
全漁連副会長, 長崎県漁連会長　→83/87

丸川　和久　まるかわ・かずひさ　昭和20年10月11日〜平成21年1月12日　東洋エンヂニアリング副社長　→09/11

丸川　博　まるかわ・ひろし　大正12年1月26日〜平成12年4月6日　川崎化成工業社長, 三菱化成工業常務　→00/02

丸川　良平　まるかわ・りょうへい　明治41年12月9日〜平成6年3月13日　日本化学工業専務　→94/96

円子　賢次　まるこ・けんじ　〜平成11年11月18日
サハリン残留の元日本兵　→00/02s

丸子　斎　まるこ・ひとし　〜昭和60年6月6日
北海道公安委員長　→83/87

丸杉　篤三　まるすぎ・とくぞう　大正6年7月24日〜平成5年10月10日　紀州製紙専務　→91/93

丸田　幸栄　まるた・こうえい　〜昭和56年6月6日
塩化ビニール工業協会専務理事　→80/82

丸田　茂　まるた・しげる　明治36年2月16日〜平成6年8月13日　日興証券専務, 日興証券投資信託販売(のち東京証券)社長　→94/96

丸田　文雄　まるた・ふみお　〜昭和62年7月22日
空将　大本営参謀　→83/87

丸田　芳郎　まるた・よしお　大正3年12月16日〜平成18年5月30日　花王社長　→06/08

丸田　隆一　まるた・りゅういち　〜平成11年1月20日
大同特殊鋼常務　→97/99

丸谷　勝太郎　まるたに・かつたろう　〜昭和63年12月14日　広海汽船専務　→88/90

丸谷　喜市　まるたに・きいち　明治40年7月8日〜平成11年2月4日　神戸港はしけ運送事業協同組合理事長, 神鋼海運会長　→97/99

丸谷　紀芳　まるたに・きよし　大正6年2月11日〜平成22年6月30日　丸一鋼管専務　→09/11

丸谷　英徳　まるたに・ひでのり　明治45年4月19日〜昭和60年6月24日　阪急交通社社長, 元阪急電鉄常務　→83/87

丸谷　正夫　まるたに・まさお　大正14年8月1日〜昭和61

I　政治・経済・社会篇　　　　　　　　　　　　　　　　　　　　　　　　　　　　　　　　まるやま

年5月26日　三菱製鋼専務　→83/87

丸谷 嘉典　まるたに・よしのり　大正4年9月12日～昭和62年5月28日　阪急タクシー社長　→83/87

丸地 安次　まるち・やすじ　明治41年9月17日～平成13年12月2日　三菱地所副社長　→00/02

丸橋 清三郎　まるはし・せいざぶろう　大正12年5月14日～平成3年6月9日　大曹商事社長,大阪曹達(のちダイソー)常務　→91/93

丸林 豊　まるばやし・ゆたか　～昭和55年8月24日　大同製鋼常務,日本鍛工社長　→80/82

丸茂 重貞　まるも・しげさだ　大正5年5月29日～昭和57年7月23日　環境庁長官,参院議員(自民党)　→80/82

丸茂 平造　まるも・へいぞう　明治42年8月31日～平成19年11月5日　マルモ会長,甲府商工会議所会頭　→06/08

丸茂 彌太郎　まるも・やたろう　～昭和56年12月9日　群馬精工顧問　→80/82

丸茂 芳寿　まるも・よしひさ　大正9年7月2日～平成8年7月9日　三共専務,三協乳業社長　→94/96

丸本 正一　まるもと・しょういち　大正8年12月13日～昭和59年12月12日　筑前織物代表取締役　→83/87

丸本 優　まるもと・まさる　昭和12年8月6日～平成22年6月19日　ハリマ紙器印刷工業創業者,加西商工会議所頭　→09/11

丸物 彰　まるもの・あきら　大正2年7月2日～平成5年2月28日　弁護士,静岡地検検事正　→91/93

丸森 隆吾　まるもり・りゅうご　昭和10年11月12日～平成23年7月12日　SRAホールディングス会長,SRA会長　→09/11

丸谷 茂雄　まるや・しげお　大正2年4月25日～平成12年7月10日　殖産相互銀行専務　→00/02

丸山 昭　まるやま・あきら　～昭和55年3月29日　住友海上火災保険取締役人事部長　→80/82

丸山 勲　まるやま・いさお　昭和4年2月11日～平成1年1月16日　利根コカ・コーラボトリング代表取締役常務　→88/90

丸山 功　まるやま・いさお　昭和18年6月26日　平成23年10月21日　電通副社長　→09/11

丸山 勇　まるやま・いさむ　大正15年7月3日～昭和60年7月1日　衆院議員(公明党)　→83/87

丸山 五男　まるやま・いつお　～昭和55年4月9日　日本パイプ製造元社長,住友金属工業元常務　→80/82

丸山 巌　まるやま・いわお　昭和11年11月12日～平成2年7月12日　東京都製本工業組合副理事長,(株)丸山製本所社長,文京製本(株)社長　→88/90

丸山 栄一　まるやま・えいいち　昭和7年3月30日～平成3年12月29日　日本フエルト取締役　→91/93

丸山 雄重　まるやま・おしげ　大正12年1月19日～平成7年3月17日　東京都議(自民党)　→94/96

丸山 一男　まるやま・かずお　～昭和61年11月12日　東京都海洋環境保全協会専務理事,共同通信社総務局次

長　　→83/87

丸山 一也　まるやま・かずや　大正6年10月16日～平成5年6月4日　ダイワ精工監査役　→91/93

丸山 勝治　まるやま・かつじ　～平成5年1月26日　千早メリヤス会長　→91/93

丸山 完　まるやま・かん　大正15年6月2日～平成9年4月28日　秋田県副知事　→97/99

丸山 喜左エ門　まるやま・きざえもん　大正13年3月28日～平成7年1月14日　東京高裁判事　→94/96

丸山 喜三　まるやま・きぞう　昭和9年2月12日～平成17年10月1日　ヨロズ専務　→03/05

丸山 恵三　まるやま・けいぞう　昭和16年12月17日～平成15年12月21日　日本触媒専務　→03/05

丸山 賢三郎　まるやま・けんざぶろう　大正4年3月31日～昭和63年4月23日　中国電機製造相談役　→88/90

丸山 源八　まるやま・げんぱち　～昭和51年9月18日　最高検検事　→昭和

丸山 幸一　まるやま・こういち　明治45年4月3日～平成13年8月27日　蛇の目ミシン工業副社長　→00/02

丸山 紘一　まるやま・こういち　昭和15年6月8日～平成16年8月31日　日立製作所常務　→03/05

丸山 幸治　まるやま・こうじ　明治43年2月18日～昭和62年12月28日　通信信用組合組合長　→83/87

丸山 広省　まるやま・こうしょう　～昭和63年4月6日　丸山製作所社長　→88/90

丸山 五郎　まるやま・ごろう　明治5年5月～昭和38年6月20日　衆院議員(立憲民政党)　→昭和

丸山 茂樹　まるやま・しげき　昭和19年3月23日～平成8年6月20日　マルヤマ社長,日本はきもの博物館理事長・館長　→94/96

丸山 修治　まるやま・しゅうじ　～昭和61年9月17日　レーザーテック技術顧問,東京光学機械常務　→83/87

丸山 重助　まるやま・じゅうすけ　明治34年12月18日～平成1年3月26日　信越化学工業取締役　→88/90

丸山 俊一　まるやま・しゅんいち　大正8年9月4日～平成6年1月20日　大林組常務　→94/96

丸山 省三　まるやま・しょうぞう　明治17年9月9日　滋賀県議(自民党),滋賀運送社長　→03/05

丸山 高満　まるやま・たかみつ　昭和7年8月26日～平成1年2月11日　福岡大学経済学部教授　→88/90

丸山 武夫　まるやま・たけお　大正9年1月18日～平成20年2月5日　名古屋高裁判事　→06/08

丸山 武　まるやま・たけし　大正10年11月25日～平成10年12月28日　日本広告社社長　→97/99

丸山 武　まるやま・たけし　昭和8年12月18日～平成20年3月5日　東日本ガス社長　→06/08

丸山 武治　まるやま・たけし　～昭和48年3月12日　岩原産業常務　→昭和

丸山 倧　まるやま・ただし　明治41年7月19日～平成2年

まるやま

10月6日　調達庁(のち防衛施設庁)長官,駐パナマ大使　→88/90

丸山　保　まるやま・たもつ　昭和9年5月6日〜平成8年1月16日　新潟県議(自民党)　→94/96

丸山　太郎　まるやま・たろう　〜昭和56年7月2日　長野県松本市農業構造改善推進協議会委員　→80/82

丸山　ちよ　まるやま・ちよ　明治20年5月27日〜昭和42年4月11日　社会事業家　→昭和

丸山　通一　まるやま・つういち　明治2年8月25日〜昭和13年1月7日　牧師,教育家　→昭和

丸山　宰　まるやま・つかさ　大正12年11月18日〜平成22年8月9日　ライト工業社長　→09/11

丸山　鶴吉　まるやま・つるきち　明治16年9月27日〜昭和31年2月20日　官僚,政治家　貴院議員(勅選),警視総監　→昭和

丸山　哲二　まるやま・てつじ　〜昭和55年5月16日　王子製紙専務,王子ティッシュ販売社長　→80/82

丸山　照雄　まるやま・てるお　昭和7年4月27日〜平成23年6月13日　僧侶,宗教評論家　→09/11

円山　田作　まるやま・でんさく　〜昭和57年4月8日　弁護士　日本弁護士連合会長　→80/82

丸山　徳三郎　まるやま・とくさぶろう　明治27年4月18日〜昭和58年9月2日　小松製作所副社長,住友銀行専務　→83/87

丸山　徳次　まるやま・とくじ　〜昭和57年6月19日　朝日工業社取締役　→80/82

丸山　富正　まるやま・とみまさ　昭和12年1月8日〜平成5年12月18日　丸山金属会長　→91/93

丸山　豊次郎　まるやま・とよじろう　明治38年9月6日〜昭和63年5月26日　ブルドックソース社長　→88/90

丸山　尚政　まるやま・なおまさ　大正11年4月6日〜平成15年5月14日　十日町市長　→03/05

丸山　秀喜　まるやま・ひでき　〜平成14年3月24日　スルガ銀行常務(執行役員)　→00/02

丸山　英弥　まるやま・ひでや　昭和26年3月16日　明治生命会長　→昭和

丸山　博巳　まるやま・ひろみ　昭和14年〜平成18年　レック・アール・ディ社長　→06/08

丸山　文雄　まるやま・ふみお　〜昭和44年7月31日　日本蚕糸事業団理事長　→昭和

丸山　弁三郎　まるやま・べんざぶろう　明治12年2月〜昭和32年7月3日　衆院議員(同交会)　→昭和

丸山　正　まるやま・まさし　昭和7年8月11日〜平成20年9月4日　日本ピグメント常務　→06/08

丸山　正武　まるやま・まさたけ　大正2年10月17日〜昭和62年5月11日　オルガノ創業者,東京セントラル美術館館長　→83/87

丸山　松治　まるやま・まつじ　明治30年3月6日〜昭和61年11月23日　中央物産会長　→88/90

丸山　満　まるやま・みつる　昭和5年2月21日〜平成4年4月1日　センチュリリサーチセンタ専務　→91/93

丸山　康雄　まるやま・やすお　大正15年2月26日〜平成6年6月25日　労働運動家　連合参与,自治労委員長,ILO理事　→94/96

丸山　泰男　まるやま・やすお　大正5年9月30日〜平成3年12月28日　共同石油専務　→91/93

丸山　安彦　まるやま・やすひこ　昭和2年3月28日〜平成21年4月14日　サンケイリビング新聞社専務　→09/11

丸山　幸夫　まるやま・ゆきお　大正12年8月6日〜平成25年5月22日　日本カーボン常務　→09/11

丸山　芳雄　まるやま・よしお　明治32年5月26日〜平成元年3月8日　新明和工業監査役　→88/90

円山　由次郎　まるやま・よしじろう　大正9年3月2日〜平成15年9月14日　タクマ専務　→03/05

丸山　吉高　まるやま・よしたか　大正3年8月4日〜昭和63年6月22日　カトリック司祭　高野教会主任,カトリック京都司教総代理　→88/90

丸山　善久　まるやま・よしひさ　昭和6年2月15日〜平成16年6月30日　日本毛織常勤監査役　→03/05

丸山　良仁　まるやま・よしひと　大正15年9月21日〜平成18年11月11日　建設事務次官,住宅都市整備公団総裁　→06/08

丸山　良平　まるやま・りょうへい　昭和4年8月14日〜平成19年9月17日　大林道路専務　→06/08

丸山　録郎　まるやま・ろくろう　大正12年2月16日〜平成19年12月3日　ブリヂストン専務　→06/08

馬渡　一真　まわたり・かずまさ　大正12年11月17日〜平成19年4月18日　国鉄副総裁,日本テレコム社長　→06/08

馬渡　力　まわたり・つとむ　〜昭和62年8月31日　(社)日本印刷技術協会副会長　→83/87

万歳　規矩楼　まんざい・きくろう　〜平成3年2月3日　弁護士　大阪高裁長官　→91/93

万田　斎　まんだ・いつき　明治41年5月18日〜平成4年11月23日　月島機械副社長,荏原製作所常務　→91/93

万田　五郎　まんだ・ごろう　明治38年2月25日〜平成6年5月1日　衆院議員(社会党),日立市長　→94/96

萬田　勇助　まんた・ゆうすけ　明治38年〜昭和60年6月6日　東京都議,立川商工会議所会頭　→83/87(万田勇助)

万代　勝昭　まんだい・かつあき　昭和3年10月27日〜平成19年7月29日　日立電線専務　→06/08

万代　順四郎　まんだい・じゅんしろう　明治16年6月25日〜昭和34年3月28日　帝国銀行頭取　→昭和(ばんだい・じゅんしろう)

万代　恒雄　まんだい・つねお　昭和4年12月29日〜平成6年　牧師　日本福音宣教会主幹　→97/99s

万代　淑郎　まんだい・よしろう　明治44年9月11日〜昭和61年1月19日　三建産業代表取締役会長　→83/87

万仲　余所治　まんちゅう・よそじ　明治31年12月10日〜

昭和46年7月2日　雇用促進事業団理事長　→昭和（ばんちゅう・よそじ）

万野 ハツ　まんの・はつ　〜昭和45年4月18日
小松島商工会議所会頭　→昭和

【み】

三井 道郎　みい・みちろう　安政5年7月2日〜昭和15年1月4日　司祭, 正教神学者, ロシア語学者　日本ハリストス正教会東京ニコライ堂長司祭　→昭和（みつい・みちお）

三池 信　みいけ・まこと　明治34年1月21日〜昭和63年2月20日　参院議員（自民党）, 郵政相　→88/90

三井田 治郎　みいだ・じろう　〜平成4年4月16日
日本火災海上保険常任監査役　→91/93

見市 公子　みいち・きみこ　〜平成3年12月3日
日本産業カウンセラー協会理事長　→91/93

三浦 章男　みうら・あきお　〜平成22年11月29日
岩木山を考える会事務局長　→09/11

三浦 昭　みうら・あきら　昭和4年5月5日〜平成11年11月3日　ヨロズ社長　→97/99

三浦 明　みうら・あきら　大正10年10月13日〜平成18年2月19日　東京精密社長　→06/08

三浦 篤　みうら・あつし　〜昭和48年5月29日
帝室林野局長官　→昭和

三浦 逸平　みうら・いっぺい　明治3年1月〜昭和11年11月12日　衆院議員（立憲同志会）　→昭和

三浦 覚一　みうら・かくいち　明治3年5月〜昭和5年1月30日　衆院議員（政友会）　→昭和

三浦 楫夫　みうら・かじお　昭和7年2月27日〜平成11年4月13日　東海興業更生管財人, 三機工業常務　→97/99

三浦 和一　みうら・かずいち　明治27年3月20日〜昭和62年9月26日　駐ペルー大使　→83/87

三浦 和雄　みうら・かずお　明治44年8月10日〜昭和62年11月2日　愛知県議（自民党, 名古屋市緑区）　→83/87

三浦 一繁　みうら・かずしげ　大正14年2月14日〜平成9年4月11日　和歌山放送専務　→97/99

三浦 一紀　みうら・かずのり　大正15年10月20日〜平成9年12月12日　日本毛織常務　→97/99

三浦 数平　みうら・かずへい　明治4年1月〜昭和4年9月7日　弁護士　衆院議員（政友会）, 大分市長　→昭和

三浦 和義　みうら・かずよし　昭和22年7月27日〜平成20年10月11日　フルハムロード社長　→06/08

三浦 勝利　みうら・かつとし　昭和12年10月10日〜平成17年12月13日　中国新聞広告局管理部長　→03/05

三浦 克巳　みうら・かつみ　大正6年10月13日〜平成2年1月27日　弁護士　仙台高裁判事　→88/90

三浦 亀雄　みうら・かめお　明治45年7月24日〜平成11年8月26日　日本冷蔵常務　→97/99

三浦 亀吉　みうら・かめきち　明治34年12月23日〜平成4年3月21日　三浦工業所社長　→91/93

三浦 義一　みうら・ぎいち　明治31年2月27日〜昭和46年4月10日　国家主義者, 歌人　全日本愛国者団体会議最高顧問, 大東塾顧問　→昭和

三浦 義薫　みうら・ぎくん　明治34年8月29日〜平成5年8月30日　延暦寺一山仏乗院住職, 天台宗大僧正　→91/93

三浦 甲子二　みうら・きねじ　大正13年6月20日〜昭和60年5月10日　テレビ朝日専務　→83/87

三浦 一雄　みうら・くにお　明治28年4月22日〜昭和38年1月30日　政治家　農相, 衆院議員（自民党）　→昭和

三浦 邦夫　みうら・くにお　大正14年12月3日〜平成11年4月28日　鹿島石油専務　→97/99

三浦 訓平　みうら・くんぺい　〜昭和61年9月14日
日立金属取締役　→83/87

三浦 計治　みうら・けいじ　昭和13年9月5日〜平成10年7月5日　中小企業総合研究機構理事長, 通商産業省調査統計部長　→97/99

三浦 健　みうら・けん　〜平成7年2月10日
電通関西支社参事　→94/96

三浦 賢策　みうら・けんさく　昭和8年4月5日〜平成8年2月11日　三浦建設工業会長　→94/96

三浦 幸一　みうら・こういち　昭和17年8月10日〜平成12年3月26日　北海道マルチメディア協会副会長, テクノバ社長　→00/02

三浦 定平　みうら・さだへい　明治38年9月6日〜平成4年10月12日　昭和海運常務　→91/93

三浦 成夫　みうら・しげお　大正9年6月18日〜平成7年9月26日　十条製紙（のち日本製紙）副社長, 十条板紙社長, 十条キンバリー社長　→94/96

三浦 重俊　みうら・しげとし　明治42年6月15日〜昭和62年8月20日　兼松江商取締役　→83/87

三浦 重春　みうら・しげはる　大正6年1月1日〜昭和61年4月27日　税理士　東京都議（自民党）　→83/87

三浦 静雄　みうら・しずお　〜平成3年9月29日
海上保安庁首席監察官　→91/93

三浦 重周　みうら・じゅうしゅう　昭和24年〜平成17年12月10日　右翼思想家　重遠社代表, 三島由紀夫研究会事務局長　→03/05

三浦 秀文　みうら・しゅうぶん　明治40年4月3日〜昭和60年2月23日　中日新聞社長　→83/87

三浦 秀宥　みうら・しゅうゆう　大正10年2月28日〜平成2年9月27日　遍照寺（高野山真言宗）住職　→88/90

三浦 峻　みうら・しゅん　昭和7年1月8日〜平成13年9月2日　沢藤電機副社長　→00/02

三浦 俊良　みうら・しゅんりょう　大正2年〜平成22年6月24日　僧侶　東寺塔頭宝菩提院住職, 洛南高（京都府）校長　→09/11

三浦 省三　みうら・しょうぞう　〜昭和5年1月29日
海軍大佐　→昭和

みうら

三浦 承天　みうら・しょうてん　～昭和33年2月12日
臨済宗妙心寺管長　→昭和

三浦 次郎　みうら・じろう　～昭和46年7月14日
東電常任監査役　→昭和

三浦 次郎　みうら・じろう　～昭和57年12月24日
日本火災海上保険常務　→80/82

三浦 二郎　みうら・じろう　大正14年2月25日～平成8年12月28日　樽前自然教育研究所主宰、北海道自然保護協会副会長　→94/96

三浦 慎一郎　みうら・しんいちろう　～昭和38年3月9日
三井物産常務　→昭和

三浦 寿美男　みうら・すみお　昭和21年4月22日～平成17年10月9日　北海道新聞出版局長、エフエム北海道常務　→03/05

三浦 清太郎　みうら・せいたろう　～昭和61年7月4日
全国水産業協同組合共済会会長、兵庫県漁業協同組合連合会会長　→83/87

三浦 大治郎　みうら・だいじろう　大正4年12月27日～平成21年6月17日　住友セメント副社長　→09/11

三浦 隆夫　みうら・たかお　明治43年5月9日～平成3年1月4日　ツガミ取締役　→91/93

三浦 隆雄　みうら・たかお　大正9年3月20日～平成12年8月26日　サンコー会長、北海道中小企業家同友会代表理事　→00/02

三浦 崇　みうら・たかし　大正14年～昭和61年11月27日
五洋建設取締役建築本部長　→83/87

三浦 隆　みうら・たかし　昭和5年7月26日～平成23年8月23日　衆院議員（民社党）、桐蔭学園横浜大学名誉教授　→09/11

三浦 隆彦　みうら・たかひこ　大正11年11月11日～平成14年5月3日　第一工業製薬社長　→00/02

三浦 武男　みうら・たけお　～昭和47年8月15日
読売新聞社専務　→昭和

三浦 正　みうら・ただし　明治39年10月19日～昭和57年10月27日　有朋堂社長　→80/82

三浦 達夫　みうら・たつお　昭和9年3月13日～昭和63年12月26日　豊田紡織常務　→88/90

三浦 辰信　みうら・たつお　昭和33年11月12日～平成1年3月17日　参院議員、林野庁長官　→88/90

三浦 太郎　みうら・たろう　昭和3年10月28日～平成15年1月22日　橿原市長　→03/05

三浦 次男　みうら・つぐお　～昭和63年5月4日
NLP空港建設に反対する会会長　→88/90

三浦 懋　みうら・つとむ　明治32年11月26日～平成5年5月1日　島津製作所会長　→91/93

三浦 晧功　みうら・てるかつ　昭和15年6月30日～平成18年5月28日　昭和シェル石油専務　→06/08

三浦 伝六（4代目）　みうら・でんろく　大正4年5月28日～平成2年2月16日　三伝商事社長、秋田商工会議所会頭　→88/90（三浦 伝六）

三浦 道海　みうら・どうかい　～昭和46年4月12日
三井寺円満院門跡、大僧正　→昭和

三浦 東八　みうら・とうはち　明治37年12月3日～平成3年9月24日　三浦印刷会長　→91/93

三浦 道明　みうら・どうみょう　昭和9年11月9日～平成16年9月26日　僧侶　三井寺円満院第56世門跡、大津絵美術館館長　→03/05

三浦 得一郎　みうら・とくいちろう　安政3年3月～昭和9年3月14日　衆院議員（憲政会）　→昭和

三浦 俊夫　みうら・としお　昭和21年5月15日～平成13年12月2日　シード社長　→00/02

三浦 利夫　みうら・としお　大正15年8月13日～平成1年10月2日　三井金属鉱業監査役　→88/90

三浦 利夫　みうら・としお　大正9年8月5日～平成19年4月7日　ひめや会長、日本きもの連盟会長　→06/08

美浦 敏三　みうら・としぞう　～昭和26年12月4日
東洋紡績常務　→昭和

三浦 敏正　みうら・としまさ　～昭和61年5月9日
昭和電工塩尻工場粉じん公害訴訟原告団長・同工場公害・職業病被害者同盟会長　→83/87

三浦 友長　みうら・ともなが　明治45年4月25日～平成4年6月24日　日本石油化学常務　→91/93

三浦 倫義　みうら・ともよし　～昭和57年3月12日
日立製作所日立研究所　→80/82

三浦 虎雄　みうら・とらお　明治16年5月～昭和32年1月14日　衆院議員（無所属倶楽部）、延岡市長　→昭和

三浦 寅吉　みうら・とらきち　～昭和31年6月30日
士別市長　→昭和

三浦 寅之助　みうら・とらのすけ　明治32年6月18日～昭和48年7月5日　衆院議員（自由党）　→昭和（三浦 虎之助）

三浦 尚信　みうら・なおのぶ　昭和13年1月29日～平成14年10月11日　三浦印刷専務　→00/02

三浦 敬男　みうら・のりお　昭和11年2月12日～平成11年3月15日　三洋電機取締役　→97/99

三浦 範男　みうら・のりお　大正9年8月18日～平成2年8月26日　北海タイムス代表取締役　→88/90

三浦 八郎　みうら・はちろう　明治39年1月5日～平成10年3月17日　東京都議　→97/99

三浦 八水　みうら・はっすい　昭和5年1月23日～平成8年10月22日　参院議員（自民党）、熊本県議、熊本県果実農協連会長　→94/96

三浦 春紀　みうら・はるき　～平成10年12月27日
朝日新聞千里販売会社社長、ASA池田所長　→97/99

三浦 春信　みうら・はるのぶ　～昭和57年3月13日
桜製作所会長　→80/82

三浦 秀夫　みうら・ひでお　～平成5年7月1日
中央開発取締役　→91/93

三浦 秀雄　みうら・ひでお　～平成11年1月25日

I 政治・経済・社会篇

中国電気工事(のち中電工)常務 →97/99

三浦 宏 みうら・ひろし 大正3年9月4日～昭和59年6月1日 岐阜ガス社長、岐阜液化燃料会長、愛知県軟式庭球連盟会長 →83/87

三浦 弘 みうら・ひろし 大正14年11月12日～平成15年10月27日 日本清酒社長 →03/05

三浦 浩 みうら・ひろし ～昭和47年2月17日 日本発条専務 →昭和

三浦 浩 みうら・ひろし 大正14年11月15日～平成3年7月12日 第一中央汽船常務、泉住泉社長 →91/93

三浦 広治 みうら・ひろじ ～昭和56年11月21日 日商岩井副社長 →80/82

三浦 文夫 みうら・ふみお ～昭和61年10月17日 駐ペルー大使 →83/87

三浦 文次郎 みうら・ぶんじろう 明治40年12月25日～平成8年4月17日 高田機工副社長 →94/96

三浦 万亀男 みうら・まきお 大正5年1月8日～平成6年9月17日 三浦事務所会長、ボイラ・クレーン安全協会会長 →94/96

三浦 正顕 みうら・まさあき 昭和17年10月28日～平成10年12月8日 国民金融公庫理事、国税庁次長 →97/99

三浦 政市 みうら・まさいち ～昭和61年8月1日 東海銀行検査部検査役 →83/87

三浦 正樹 みうら・まさき ～昭和41年6月21日 日本紙業会長 →昭和

三浦 政美 みうら・まさみ ～昭和58年3月29日 北海道建具工業協同組合連合会理事長、札木工作所社長 →83/87

三浦 正行 みうら・まさゆき 大正13年4月15日～平成6年4月13日 京急不動産常務、京急ハウジング社長 →94/96

三浦 正義 みうら・まさよし 明治43年2月8日～平成7年4月23日 日本商店連盟名誉顧問 →94/96

三浦 益次郎 みうら・ますじろう ～昭和57年12月25日 熱海市観光協会長、熱海ホテル社長 →80/82

三浦 道雄 みうら・みちお 大正7年11月12日～平成5年10月6日 南部バス会長、青森県議(自民党) →91/93

三浦 道義 みうら・みちよし 大正8年1月27日～平成15年9月4日 第三銀行会長 →03/05

三浦 ミツ みうら・みつ 明治21年12月20日～昭和43年10月21日 伝道師、社会事業家 愛隣館館長 →昭和

三浦 貢 みうら・みつぎ 明治41年5月24日～平成4年2月12日 ミウラ化学装置取締役名誉会長・元社長 →91/93

三浦 安俊 みうら・やすとし 大正6年7月30日～平成21年12月11日 テレビ宮崎副社長、都城市議 →09/11

三浦 安良 みうら・やすよし ～平成11年12月30日 三浦機工社長 →97/99

三浦 雄一 みうら・ゆういち 大正12年2月13日～平成11年5月15日 五戸町(青森県)町長、南部バス社長、青森

県議(自民党) →97/99

三浦 義秋 みうら・よしあき 明治23年9月8日～昭和28年12月23日 駐メキシコ公使 →昭和

三浦 義男 みうら・よしお 明治28年1月8日～昭和40年2月8日 宮城県知事、参院議員(自民党) →昭和

三浦 義男 みうら・よしお 明治37年3月9日～平成11年1月31日 山形県知事、衆院法制局長、労働保険審査会会長 →97/99

三浦 禎雄 みうら・よしお ～平成5年5月27日 富士写真フイルム常務 →91/93

三浦 良一 みうら・よしかず ～平成18年4月20日 北九州コカ・コーラボトリング(のちコカ・コーラウエストジャパン)専務 →06/08

三浦 良隆 みうら・よしたか 昭和19年8月27日～平成11年5月21日 大分県議(自民党) →97/99

三浦 仁正 みうら・よしただ 大正12年2月3日～平成22年4月28日 富士銀行常務、昭和電工副社長 →09/11

三浦 芳太郎 みうら・よしたろう 昭和7年1月4日～平成9年8月16日 日本ケミファ常務 →97/99

三浦 義道 みうら・よしみち 大正15年10月2日 生命保険協会専務理事 →昭和

三浦 兆志 みうら・よしゆき 大正11年2月1日～平成12年7月13日 栗田出版販売会長 →00/02

三浦 雷太郎 みうら・らいたろう 明治40年5月3日～昭和43年10月23日 農民運動家 →昭和

三浦 良治 みうら・りょうじ ～平成8年3月15日 全東栄信用組合専務理事 →94/96

三重野 荊山 みえの・けいざん ～昭和61年11月12日 僧侶 臨済宗大徳寺派宗務総長 →83/87

三重野 健二 みえの・けんじ 昭和2年10月1日～平成3年12月10日 ジャパンライン常務 →91/93

三尾 恵一 みお・けいいち 昭和2年4月29日～昭和63年8月22日 日本電気ホームエレクトロニクス取締役 →88/90

見掛 道夫 みかけ・みちお 大正10年7月7日-平成22年4月15日 阪神電気鉄道副社長、阪神球団社長 →09/11

三笠 三郎 みかさ・さぶろう 明治45年7月14日～平成7年9月21日 弁護士 名古屋高検総務部長、東海公証人会長 →94/96

三ケ尻 利嘉 みかじり・としか 昭和12年9月3日～平成16年11月9日 新日本証券副社長 →03/05

三ケ月 章 みかづき・あきら 大正10年6月20日～平成22年11月14日 民法学者 東京大学名誉教授、法相 →09/11

見角 彰義 みかど・あきよし ～昭和61年2月9日 富山市下水道課浄化センター場長 →83/87

三門 博信 みかど・ひろのぶ 大正9年10月8日～平成23年4月7日 三菱化工機常務 →09/11

御巫 清尚 みかなぎ・きよひさ 大正10年1月13日～平成10年5月19日 駐韓国大使 →97/99

三上 勇　みかみ・いさむ　大正6年3月14日～平成13年2月10日　北海道議（自民党）　→00/02

三神 栄昇　みかみ・えいしょう　～平成3年5月17日　僧侶　真言宗智山派大僧正　→91/93

三上 修　みかみ・おさむ　明治40年1月2日～平成2年2月23日　弁護士　大阪高裁部総括判事　→88/90

三上 和幸　みかみ・かずゆき　昭和9年5月9日～平成22年8月14日　警察庁九州管区警察局長　→09/11

三上 久美子　みかみ・くみこ　～平成19年10月14日　ウィメンズネット青森理事長　→06/08

三上 馨一　みかみ・けいいち　明治44年11月18日～平成14年9月7日　古川市長　→00/02

三上 謙一郎　みかみ・けんいちろう　～平成14年12月10日　鉱脈社相談役　→00/02

三上 作夫　みかみ・さくお　～平成8年7月24日　海将　自衛艦隊司令官　→94/96

三上 七郎　みかみ・しちろう　～昭和63年9月4日　大平起業社長、新日本製鐵東京製造所副所長　→88/90

三上 誠一　みかみ・せいいち　大正3年8月3日～平成14年11月18日　丹後陸海交通社長　→00/02

三上 孝夫　みかみ・たかお　～平成2年7月1日　（福）衆善会乳児院長　→88/90

三上 孝　みかみ・たかし　～平成14年5月3日　江別市議　→00/02

三上 卓　みかみ・たく　明治38年3月22日～昭和46年10月25日　国家主義者、海軍中尉　5.15事件の海軍将校リーダー　→昭和

三上 武夫　みかみ・たけお　大正15年8月27日～昭和59年4月17日　伊藤万専務　→83/87

三上 辰喜　みかみ・たつき　大正10年8月9日～平成21年9月16日　日本能率協会会長　→09/11

三上 恒男　みかみ・つねお　～昭和61年11月8日　アペックス社長　→83/87

三上 鉄次郎　みかみ・てつじろう　大正2年8月13日～平成12年10月9日　三洋証券会長、野村証券副社長　→00/02

三上 徳次郎　みがみ・とくじろう　明治29年11月20日～昭和25年8月14日　農民運動家　→昭和

三上 信子　みかみ・のぶこ　昭和13年9月9日～平成22年5月24日　京都府議（社会党）　→09/11

三上 登　みかみ・のぼる　大正5年12月20日～平成10年8月29日　ノボル鋼鉄会長、全日本特殊鋼販売組合連合会理事長　→97/99

三上 治夫　みかみ・はるお　～平成1年5月29日　東京生命保険常務、日本保険医学会会長　→88/90

三神 尚生　みかみ・ひさお　明治42年9月20日～昭和59年10月13日　三井物産電器販売社長　→83/87

三上 英夫　みかみ・ひでお　明治23年6月24日～昭和57年11月6日　大東京火災海上保険社長　→80/82

三上 英雄　みかみ・ひでお　明治26年3月29日～昭和58年8月17日　弁護士　衆院議員（立憲政友会）　→83/87

三上 弘道　みかみ・ひろみち　～昭和61年10月22日　泉陽興業会社専務、朝日新聞社社友　→83/87

三上 益弘　みかみ・ますひろ　～昭和61年6月24日　静岡谷島屋社長　→83/87

三上 希次　みかみ・まれつぐ　～平成13年11月18日　青秋林道に反対する連絡協議会会長　→00/02

三上 勇一　みかみ・ゆういち　昭和15年7月11日～平成16年12月27日　大成ロテック常務　→03/05

三上 良臣　みかみ・よしおみ　明治43年7月15日～平成5年8月8日　三井物産取締役、東洋エンジニアリング副社長　→91/93

三瓶 博資　みかめ・ひろすけ　大正3年6月11日～平成12年12月21日　シロキ工業常務　→00/02

三瓶 勇治　みかめ・ゆうじ　大正5年8月7日～平成3年1月6日　中外石油社長、日本車両製造監査役　→91/93

美甘 謙一　みかも・けんいち　大正15年9月3日～昭和62年8月22日　アングル工業社長、大阪ニット卸商業組合理事長　→83/87

三賀森 勝　みかもり・まさる　大正8年2月19日～平成12年11月2日　三隅町（島根県）町長　→00/02

美川 英二　みかわ・えいじ　昭和8年8月17日～平成11年6月19日　横河電機社長　→97/99

三川 軍一　みかわ・ぐんいち　～昭和56年12月25日　海軍中将　→80/82

三河 定男　みかわ・さだお　明治41年12月15日～昭和60年2月15日　日本ステンレス相談役・元社長、元住友金属工業専務　→83/87

三河 住市　みかわ・すみいち　大正4年12月～平成5年9月5日　徳島県副知事　→91/93

三河 達明　みかわ・たつあき　昭和21年11月5日～平成17年12月3日　CHINTAI社長　→03/05

三木 秋義　みき・あきよし　～平成1年5月17日　商工省化学局長、小野田メセント取締役　→88/90

三鬼 彰　みき・あきら　大正10年2月16日～平成12年6月22日　新日本製鉄社長、日経連副会長　→00/02

三樹 彰　みき・あきら　大正3年7月10日～平成14年5月25日　明治書院会長　→00/02

三木 淳夫　みき・あつお　昭和10年8月7日～平成18年10月4日　山一証券社長　→06/08

三木 猪太郎　みき・いたろう　明治3年6月29日～昭和9年1月7日　司法官　東京控訴院検事長　→昭和

三木 栄三　みき・えいぞう　～平成7年2月7日　日本鋳鍛会常務理事　→94/96

三木 勝夫　みき・かつお　昭和2年10月20日～平成16年7月29日　北海道議（自民党）　→03/05

三木 兼吉　みき・かねきち　大正8年3月1日～平成19年12月25日　羽生市長　→06/08

I　政治・経済・社会篇　　　　　　　　　　　　　　　　　　　　　　　　　　　みき

三樹　樹三　みき・きぞう　明治28年1月～昭和23年12月15日　島根県知事　→昭和

三木　清　みき・きよし　昭和7年1月1日～平成17年12月1日　福岡県議（自民党）　→03/05

三木　今二　みき・きんじ　明治35年7月3日～平成2年5月6日　弁護士　京都地検次席検事　→88/90

三木　邦男　みき・くにお　明治43年11月24日～昭和57年4月11日　日本フクラ会長、バイエルジャパン会長　→80/82

三木　一美　みき・くによし　大正12年6月20日～平成2年2月23日　大日本土木取締役　→88/90

三木　慶一　みき・けいいち　大正5年10月22日～平成2年3月1日　オカモト常務　→88/90

三木　啓司　みき・けいじ　昭和6年7月29日～平成9年9月10日　コープこうべ理事、兵庫エフエムラジオ取締役　→97/99

三木　敬司　みき・けいじ　～昭和57年2月11日　日本鉄鋼連盟大阪事務所調査部担当部長、関西大口電気使用者協議会事務局長　→80/82

三木　健次　みき・けんじ　昭和2年1月21日～平成17年11月1日　三共生興副社長　→03/05

三木　孝造　みき・こうぞう　～昭和57年12月13日　武田薬品工業副社長、日本臨床社相談役　→80/82

三木　繁一　みき・しげいち　大正15年2月23日～平成7年7月30日　川鉄商事常務、川鉄ライフ副社長、川崎実業（のち川鉄リース）専務　→94/96

三木　茂夫　みき・しげお　昭和15年1月30日～平成9年8月20日　三共生興副社長　→97/99

三木　茂夫　みき・しげお　大正6年3月18日～平成11年1月4日　森永製菓常務　→97/99

三木　茂　みき・しげる　明治43年7月21日～平成11年2月10日　北日本電線会長　→97/99

三樹　静枝　みき・しずえ　～昭和63年3月26日　留学生寮経営者　→88/90

三木　静次郎　みき・しずじろう　明治26年2月5日～昭和11年8月11日　部落解放運動家、農民運動家　岡山県水平社執行委員長、全国水平社中央委員・副議長　→昭和

三木　恂一　みき・じゅんいち　昭和16年5月3日～平成14年2月8日　松村組専務　→00/02

三木　春逸　みき・しゅんいつ　明治34年5月2日～平成5年2月11日　ミヨシ油脂会長　→91/93

御木　順次　みき・じゅんじ　～平成3年11月15日　大日本紡績（のちユニチカ）常勤監査役　→91/93

三木　正二　みき・しょうじ　昭和6年～昭和61年5月4日　日和産業取締役、東食関西支部副支社長　→83/87

三木　治朗　みき・じろう　明治18年4月16日～昭和38年7月18日　労働運動家、政治家　参院副議長（社会党）　→昭和

三木　真一　みき・しんいち　大正13年10月15日～平成17年3月30日　兵庫県副知事、兵庫県福祉協議会会長　→

三木　申三　みき・しんぞう　昭和3年10月4日～平成22年10月26日　徳島県知事　→09/11

三木　助九郎　みき・すけくろう　～昭和38年1月1日　大同生命社長　→昭和

三木　誠一　みき・せいいち　明治38年7月5日～平成1年5月7日　全国石油協会副会長　→88/90

三樹　創作　みき・そうさく　昭和16年5月9日～平成9年7月6日　キングレコード専務、講談社取締役、「少年マガジン」編集長　→97/99

三樹　退三　みき・たいぞう　～昭和16年2月5日　明治書院社長　→昭和

三木　喬生　みき・たかお　大正12年12月18日～平成18年7月29日　スポーツニッポン新聞大阪本社社長　→06/08

三木　孝一　みき・たかかず　大正15年3月5日～平成22年4月25日　昭和化学工業専務　→09/11

三鬼　隆　みき・たかし　明治25年1月14日～昭和27年4月9日　実業家、財界人　八幡製鉄社長　→昭和

三木　隆　みき・たかし　～昭和56年9月8日　高圧ガス工業社長　→80/82

三木　崧年　みき・たかとし　昭和6年4月2日～昭和62年5月8日　不動建設常務　→83/87

三木　滝蔵　みき・たきぞう　～昭和56年4月10日　三共生興創業者、神戸生糸取引所理事長　→80/82

三木　武夫　みき・たけお　明治40年3月17日～昭和63年11月14日　政治家　衆議院議員（自民党）、首相　→88/90

三木　武　みき・たけし　大正14年9月17日～平成3年5月20日　三共生興社長　→91/93

三木　忠雄　みき・ただお　昭和10年5月14日～平成17年2月27日　参院議員（公明党）　→03/05

三木　正　みき・ただし　明治39年6月8日～昭和60年5月1日　交通文化振興財団会長、元交通博物館長、元国鉄理事　→83/87

三木　忠彦　みき・ただひこ　昭和26年1月26日　三菱電機取締役　→昭和

三木　竜彦　みき・たつひこ　昭和49年3月30日　東京製鋼相談役、元社長　→昭和

三木　哲持　みき・てつじ　明治31年8月12日～昭和59年8月17日　倉敷紡績社長　→83/87

三木　常緑　みき・ときり　明治44年11月1日～平成6年3月11日　日鍛バルブ社長　→94/96

御木　徳近　みき・とくちか　明治33年4月8日～昭和58年2月2日　宗教家　PL教団2代目教主　→83/87

御木　徳一　みき・とくはる　明治4年1月27日～昭和13年7月6日　宗教家　ひとのみち教団初代教祖　→昭和（みき・とくいち）

三木　俊治　みき・としじ　昭和7年1月29日～平成21年11月24日　阿波製紙社長、徳島市長　→09/11

三木　友輔　みき・ともすけ　大正12年3月20日～平成1年

6月18日　日本内航海運組合総連合会会長、三洋海運社
→88/90

三木 春雄　みき・はるお　～平成6年8月15日
小田急電鉄専務、運輸省新潟陸運局長　→94/96

三樹 秀夫　みき・ひでお　大正12年3月5日～平成12年1月3日　衆院常任委員会専門員　→00/02

三樹 敬　みき・ひろし　大正4年8月30日～昭和63年3月4日　住友軽金属工業専務、住軽アルミ箔社長　→88/90

三木 武吉　みき・ぶきち　明治17年8月15日～昭和31年7月4日　政治家　衆院議員（民主党）　→昭和

三木 正隆　みき・まさたか　大正5年10月20日～平成2年8月29日　日本冶金工業専務　→88/90

三木 充　みき・みつる　大正7年9月3日～平成11年1月22日　ミヨシ油脂常務　→97/99

三木 康弘　みき・やすひろ　昭和7年6月23日～平成13年4月29日　神戸新聞取締役論説委員長　→00/02

三木 康博　みき・やすひろ　昭和16年12月29日～平成16年5月11日　山口県議（公明党）　→03/05

三木 行治　みき・ゆきはる　明治36年5月1日～昭和39年9月21日　政治家、医師　岡山県知事　→昭和

三木 与吉郎　みき・よきちろう　明治35年12月21日～昭和56年5月27日　参院議員、三幸産業会長　→80/82

三木 与吉郎（12代目）　みき・よきちろう　明治8年11月27日～昭和13年6月23日　実業家、政治家　三木商店社長、衆院議員、貴院議員（多額納税）　→昭和（三木 与吉郎）

三木 喜夫　みき・よしお　明治42年8月～昭和50年5月12日　衆院議員（社会党）　→昭和

三木 与志夫　みき・よしお　大正12年4月2日～平成6年5月16日　東京都競馬社長　→94/96

三木 良雄　みき・よしお　明治41年7月21日～平成4年6月19日　弁護士　大阪高裁判事　→91/93

三樹 良知　みき・よしとも　～昭和31年1月27日
明治書院前社長　→昭和

三木 義成　みき・よしなり　昭和7年11月20日～平成5年
大阪府議（自民党）　→91/93

三木 珍治　みき・よしはる　大正2年12月30日～平成12年7月28日　三木プーリ会長　→00/02

三木 良英　みき・よしひで　明治20年～昭和45年2月28日　陸軍軍医中将　→昭和

三木 美昌　みき・よしまさ　昭和10年4月26日～平成5年11月18日　山九取締役　→91/93

三木 龍平　みき・りゅうへい　～平成7年5月15日
東洋紡取締役、呉羽紡績常務　→94/96

三木 良一　みき・りょういち　大正10年12月23日～平成3年7月8日　神戸新聞相談役　→91/93

右田 政夫　みぎた・まさお　明治40年～平成8年7月29日　弁護士、釣り師　日本渓魚会名誉会長　→94/96

御木本 幸吉　みきもと・こうきち　安政5年1月25日～昭和29年9月21日　実業家、真珠養殖家　ミキモト創業者、

貴院議員（多額）　→昭和

御木本 美隆　みきもと・よしたか　大正7年8月5日～平成8年1月15日　ミキモト会長　→94/96

御器谷 鉄三　みきや・てつぞう　～平成2年9月18日
日東工器相談役・元専務　→88/90

美口 光男　みぐち・みつお　大正15年7月1日～平成15年5月9日　大分県議（共産党）　→03/05

三国 泰路　みくに・たいじ　～平成3年3月20日
TAKシステムズ社長、竹中工務店取締役　→91/93

三国 直福　みくに・なおとみ　明治26年7月12日～平成2年6月2日　陸軍中将　→88/90

三国 良雄　みくに・よしお　～昭和63年7月31日
日本冷蔵（のちニチレイ）常務　→88/90

三国 嘉克　みくに・よしかつ　昭和8年9月23日～平成8年7月21日　丸井専務　→94/96

三熊 文雄　みくま・ふみお　明治41年2月28日～平成15年5月22日　NHK専務理事・技師長　→03/05

御厨 宏治　みくりや・こうじ　昭和5年10月25日～平成19年1月5日　兼松江商常務　→06/08

御厨 大尚　みくりや・だいしょう　～平成2年10月28日　妙法寺（日蓮宗）住職、福岡市仏教会会長、黒門川を護る会会長　→88/90

三厨 正　みくりや・ただし　～昭和55年10月14日
中外海事新報社長、元日本経済新聞記者　→80/82

御厨 規三　みくりや・のりぞう　～昭和16年8月20日
佐世保市長、東京市社会局長　→昭和

三毛 一到　みけ・かずゆき　大正6年7月8日～昭和62年3月23日　第一中央汽船取締役、扶桑船舶副社長　→83/87

三毛 菊次郎　みけ・きくじろう　大正7年6月3日
日本鉱業社長　→昭和

御子柴 博見　みこしば・ひろみ　明治40年12月22日～平成17年11月24日　東京都副知事　→03/05

神子田 康彦　みこだ・やすひこ　大正7年7月16日～平成14年10月27日　日本光学工業常務　→00/02

神子高 鉄雄　みこたか・てつお　大正9年1月3日～昭和60年10月15日　大福院住職　→83/87

見座 勝夫　みざ・かつお　大正6年10月7日～平成18年5月5日　紀州製紙副社長　→06/08

美佐 不二夫　みさ・ふじお　～昭和60年9月7日
日本共産党新川地区委員会委員長　→83/87

三阪 八朗　みさか・はちろう　大正10年2月25日～平成19年1月4日　藤沢薬品工業副社長　→06/08

三崎 茂夫　みさき・しげお　～昭和55年1月19日
いすゞ自動車常務　→80/82

三崎 省三　みさき・しょうぞう　慶応3年7月～昭和42年2月23日　実業家　阪神電鉄専務　→昭和

三崎 友一　みさき・ともいち　～昭和60年12月5日
九州鉱山社長　→83/87

三崎 英雄　みさき・ひでお　～昭和55年2月24日

I 政治・経済・社会篇　　　　　　　　　　　　　　　　　　　　　　　　　　　　　　みしま

鹿島石油常任監査役　→80/82

美崎 由雄　みさき・よしお　大正12年11月14日～平成10年9月30日　佐伯建設工業常務　→97/99

三崎 嘉郎　みさき・よしろう　～昭和55年1月7日　東洋不動産社長, 三和銀行常務　→80/82

見里 春　みさと・はる　明治31年1月8日～昭和63年12月20日　東京ひめゆり同窓会会長　→88/90

三沢 寛一　みさわ・かんいち　明治15年9月1日～昭和43年7月15日　札幌市長, 島根県知事　→昭和

三沢 功博　みさわ・こうはく　明治43年2月16日～平成10年6月22日　伊那市長　→97/99

三沢 醇三　みさわ・じゅんぞう　昭和8年6月13日～平成3年3月31日　新日軽取締役・大阪支店長　→91/93

三沢 治郎　みさわ・じろう　明治36年12月15日～平成2年3月30日　弁護士　長野県弁護士会長, 名古屋高検検事　→88/90

三沢 二郎　みさわ・じろう　明治39年2月1日～平成11年7月3日　ミサワホーム社長　→97/99

三沢 卓三郎　みさわ・たくさぶろう　～昭和56年4月21日　南信日日新聞社長, 信濃毎日新聞社取締役　→80/82

三沢 健　みさわ・たけし　昭和9年9月16日～平成19年10月31日　ほくさん副社長　→06/08

三沢 千春　みさわ・ちはる　昭和8年4月23日～平成6年10月23日　セコニック常務　→94/96

三沢 篤四郎　みさわ・とくしろう　昭和5年6月22日～平成14年9月27日　朝日広告社会長　→00/02

三沢 信之　みさわ・のぶゆき　大正2年1月10日～平成2年4月13日　大正海上火災保険専務　→88/90

三沢 準　みさわ・ひとし　～平成15年6月4日　南箕輪村(長野県)村長　→03/05

三沢 誠　みさわ・まこと　昭和3年2月11日～平成21年1月3日　日本無線常務　→09/11

三沢 政雄　みさわ・まさお　大正13年6月18日～平成6年7月28日　北海道農業協同組合中央会会長　→94/96

三沢 勝　みさわ・まさる　昭和41年5月10日～平成15年1月7日　日本勧業銀行常務　→03/05

御宿 和男　みしく・かずお　昭和7年12月7日～平成2年9月8日　弁護士　静岡県弁護士会会長　→88/90

三品 鼎　みしな・かなえ　大正13年12月22日～平成21年4月11日　小学館専務　→09/11

三科 浩一　みしな・こういち　昭和3年10月17日～平成20年10月28日　東海汽船常務　→06/08

三科 洵一　みしな・じゅんいち　明治41年5月15日～平成4年3月28日　日本生命保険取締役　→91/93

三品 博　みしな・ひろし　大正14年6月21日～平成2年8月28日　三品物産専務　→88/90

三科 美野　みしな・みの　大正6年9月2日～平成19年8月24日　山梨県教育委員長, 西東興業会長　→06/08

三柴 元　みしば・げん　昭和19年5月16日～平成23年11月2日　ラックホールディングス会長　→09/11

三柴 定夫　みしば・さだお　大正7年5月16日～平成12年10月13日　宝幸水産副社長　→00/02

三島 淳男　みしま・あつお　大正10年9月22日～平成21年4月12日　加茂町(岡山県)町長　→09/11

三島 海雲　みしま・かいうん　明治11年7月2日～昭和49年12月28日　実業家　カルピス食品創業者　→昭和

三島 かほる　みしま・かおる　～昭和62年6月9日　仙台YWCA理事長　→83/87

三島 一夫　みしま・かずお　～平成22年3月15日　倉敷市教育長　→09/11

三島 克騰　みしま・かつとう　～昭和57年6月5日　カルピス食品工業元専務　→80/82

三島 京治　みしま・きょうじ　～昭和58年3月17日　北海道立中央農試場長　→83/87

三島 金一　みしま・きんいち　～昭和61年12月4日　バンドー化学取締役　→83/87

三島 慶三　みしま・けいぞう　大正4年11月10日～昭和60年9月3日　青木建設相談役・元副社長　→83/87

三島 健二　みしま・けんじ　大正12年2月20日～平成20年2月10日　住友信託銀行常務　→06/08

三島 弘毅　みしま・こうき　明治39年11月11日～昭和63年11月28日　東芝セラミックス常務　→88/90

三島 恒三郎　みしま・こうざぶろう　～昭和5年8月15日　釧路地方検査正　→昭和

三島 琴　みしま・こと　明治31年11月19日～昭和61年8月4日　三島食品社長, バンビー食品相談役・元社長　→83/87

三嶋 栄　みしま・さかえ　明治43年7月6日～平成20年8月4日　王子製紙会長　→06/08

三島 重人　みしま・しげと　明治42年2月27日～平成21年8月9日　筑邦銀行頭取, 久留米商工会議所会頭　→09/11

三島 四郎　みしま・しろう　～昭和26年5月20日　三菱製紙常務　→昭和

三島 進　みしま・すすむ　～昭和55年1月1日　岡崎工業顧問　→80/82

三島 純　みしま・すみ　明治34年8月～平成19年3月2日　ガールスカウト日本連盟会長　→06/08

三嶋 隆雄　みしま・たかお　大正5年～平成2年2月16日　日本通運取締役　→91/93

三島 保　みしま・たもつ　明治36年5月5日～昭和62年6月6日　弁護士　仙台弁護士会副会長　→83/87

三島 保　みしま・たもつ　～昭和63年10月2日　射水建設興業常務取締役　→88/90

三島 虎好　みしま・とらよし　大正2年1月16日～平成18年8月4日　逗子市長　→06/08

三島 伯之　みしま・はくし　大正13年12月7日～平成23年12月5日　山陽新聞常務　→09/11

三島 文　みしま・ふみ　昭和4年1月5日～平成17年12月10日　広島魚市場社長　→03/05

「現代物故者事典」総索引(昭和元年～平成23年)　1179

三島 正秋　みしま・まさあき　〜昭和44年3月23日　ダイキン工業常務　→昭和

見嶋 正憲　みしま・まさのり　大正14年7月24日〜平成3年12月24日　北海道文化放送副社長　→91/93

三島 正治　みしま・まさはる　昭和4年5月3日〜平成6年1月29日　陸将　→94/96

三島 康玄　みしま・みちはる　〜昭和60年8月12日　セントラル硝子取締役　→83/87

三島 通陽　みしま・みちはる　明治30年1月1日〜昭和40年4月20日　政治家, 小説家　ボーイスカウト日本連盟創設者, 参院議員(緑風会)　→昭和

三島 安久　みしま・やすひさ　〜昭和57年10月31日　日本総鎮守大山祇神社宮司　→80/82

三島 幸雄　みしま・ゆきお　昭和10年1月21日〜平成2年1月4日　中央発条常務　→88/90

三代 敏夫　みしろ・としお　〜昭和59年4月11日　島津製作所取締役　→83/87

三代 嘉道　みしろ・よしみち　〜昭和60年6月16日　ミツミ電機常務　→83/87

三栖 正二三　みす・まさふみ　大正2年11月30日〜平成17年4月13日　日立製作所副社長　→03/05

水穴 再喜　みずあな・さいき　大正15年3月7日〜平成5年6月26日　群馬県立図書館長　→91/93

水洗 節哉　みずあらい・せつや　〜平成5年12月15日　日本ハイビジョン専務, NHK大阪放送局副局長　→91/93

水井 寅三郎　みずい・とらさぶろう　大正3年12月21日〜平成5年6月4日　山形テレビ会長　→91/93

水出 久雄　みずいで・ひさお　明治44年1月18日〜平成7年9月4日　北海道相互銀行会長　→94/96

水尾 寂暁　みずお・じゃっきょう　明治10年1月25日〜昭和17年7月31日　僧侶　善光寺大勧進　→昭和(みずお・じゃくぎょう)

水尾 真寂　みずお・しんじゃく　〜平成4年7月22日　僧侶　天台宗大僧正・元教学部長　→91/93

水岡 薫　みずおか・かおる　昭和3年6月5日〜平成14年11月29日　僧侶　北海道議(自民党)　→00/02

水利 康　みずかが・やすし　〜昭和57年8月3日　東京光学機械顧問・前常務　→80/82

水垣 憲一郎　みずがき・けんいちろう　明治34年4月1日〜平成3年3月19日　大阪銀行頭取, 住友銀行常務　→91/93

水兼 隆一　みずかね・たかいち　明治39年9月21日〜昭和63年12月16日　カネタシャツ取締役, 元社長　→88/90

水上 明　みずかみ・あきら　大正13年7月30日〜平成4年4月30日　三井物産常務　→91/93

水上 喜太郎　みずかみ・きたろう　大正13年7月23日〜平成15年10月19日　昭和薬品会長, 昭和不動産社長　→03/05

水上 元一郎　みずかみ・げんいちろう　昭和2年8月3日〜平成1年4月29日　テレビ静岡常務　→88/90

水上 健也　みずかみ・けんや　大正15年2月28日〜平成21年6月20日　読売新聞グループ本社代表取締役議長　→09/11

水上 繁男　みずかみ・しげお　大正11年〜平成10年1月14日　大倉電気常務　→97/99

水上 隆博　みずかみ・たかひろ　大正3年5月1日〜平成6年4月21日　精養軒取締役, 富国生命保険常務　→94/96

水上 武幸　みずかみ・たけゆき　〜昭和51年7月21日　農林省農技研病理昆虫部長　→昭和

水上 達三　みずかみ・たつぞう　明治36年10月15日〜平成1年6月16日　実業家　日本貿易会名誉会長, 三井物産社長　→88/90

水上 長次郎　みずかみ・ちょうじろう　安政4年12月〜昭和11年4月3日　司法官　大阪控訴院長, 貴院議員(勅選)　→昭和

水上 徳五郎　みずかみ・とくごろう　大正3年3月15日〜平成11年2月10日　日立電線会長　→97/99

水上 尚信　みずかみ・ひさのぶ　〜昭和32年8月27日　松江地裁所長　→昭和

水上 房吉　みずかみ・ふさきち　〜平成14年3月15日　水上房吉商店会長, 全国茶商工業協同組合連合会理事長　→00/02

水上 三雄　みずかみ・みつお　〜昭和62年6月4日　能崎物産常務取締役　→83/87

水上 良夫　みずかみ・よしお　昭和6年〜昭和61年12月24日　清水建設北陸支店長　→83/87

水上 芳美　みずかみ・よしお　大正10年2月17日〜平成18年3月20日　長谷工コーポレーション社長　→06/08

水上 六蔵　みずかみ・ろくぞう　大正12年2月6日〜平成3年12月7日　東神楽町(北海道)町長　→91/93

水谷 恒夫　みずがや・つねお　大正7年2月1日〜平成14年5月4日　東北計器工業社長, 東北電力常任監査役　→00/02

水川 武司　みずかわ・たけし　昭和16年5月29日〜平成21年9月2日　弁護士　岡山弁護士会会長　→09/11

水川 弘夫　みずかわ・ひろお　明治42年10月28日〜平成11年9月6日　京三製作所常務　→97/99

水木 章　みずき・あきら　大正5年3月23日〜昭和60年12月29日　竹中工務店常務　→83/87

水木 泰　みずき・たい　大正9年4月25日〜平成19年9月29日　伊藤忠商事専務　→06/08

三杉 忠雄　みすぎ・ただお　昭和19年4月15日〜平成14年3月28日　グルメ杵屋副社長　→00/02

水木 英夫　みずき・ひでお　大正9年2月28日〜平成16年11月19日　光市長　→03/05

水木 猷　みずき・ゆう　昭和7年2月25日〜昭和61年11月27日　エヌ・テー・エヌ東洋ベアリング常務　→83/87

水木 豊　みずき・ゆたか　大正13年5月17日〜平成5年2月4日　クラボウ取締役　→91/93

I　政治・経済・社会篇　　　　　　　　　　　　　　　　　　　　　みすた

水口 清　みずぐち・きよし　昭和7年3月11日～平成10年10月14日　文京区議（自民党）、五月印刷工業社長　→97/99

水口 栄　みずぐち・さかえ　～昭和59年7月14日　旭川市森林組合理事長　→83/87

水口 竹次郎　みずぐち・たけじろう　～平成7年2月9日　立山科学工業会長　→94/96

水口 忠司　みずぐち・ただし　～平成8年6月18日　三和総合研究所常務　→94/96

水口 勉　みずぐち・つとむ　～平成7年10月14日　大正海上火災保険（のち三井海上火災保険）常務　→94/96

水口 尚之　みずぐち・まさゆき　昭和12年10月6日～平成22年3月8日　MIEコーポレーション社長　→09/11

水口 好己　みずぐち・よしみ　昭和10年5月19日～平成14年12月5日　ほくさん（のちエア・ウォーター）専務　→00/02

水久保 甚作　みずくぼ・じんさく　明治17年6月～昭和48年3月20日　衆院議員（立憲政友会）、参院議員（自由党）　→昭和

水倉 庄市　みずくら・しょういち　大正15年9月1日～平成19年12月3日　新潟県議（自民党）　→06/08

水越 厳　みずこし・いわお　大正15年2月24日～平成1年3月10日　第一紙工業（株）社長、東京都製本工業組合理事・総務委員長　→88/90

水腰 英太郎　みずこし・えいたろう　大正3年～平成19年1月22日　細入村（富山県）村長　→06/08

水越 貫一　みずこし・かんいち　明治44年11月9日～昭和60年7月26日　東海電気工事会長、元中部電力副社長　→83/87

水越 二郎　みずこし・じろう　昭和6年11月14日～平成20年10月26日　東洋ガスメーター社長　→06/08

水越 孝　みずこし・たかし　大正15年7月8日～平成20年6月14日　東洋ガスメーター会長　→06/08

水越 達雄　みずこし・たつお　明治44年1月1日～平成6年6月12日　常磐共同火力社長、東京電力常務　→94/96

水越 哲郎　みずこし・てつろう　昭和7年3月8日～平成3年3月26日　全国労働者共済生活協同組合連合会専務理事　→91/93

水越 裕志　みずこし・ひろし　～昭和61年12月24日　千葉地検松戸支部検事　→83/87

水崎 幸蔵　みずさき・こうぞう　明治29年10月21日～平成1年1月19日　弁護士　福岡県弁護士会副会長　→88/90

水崎 嘉人　みずさき・よしと　昭和2年8月23日～平成4年11月20日　弁護士　水崎法律事務所長　→91/93

水沢 謙一　みずさわ・けんじ　明治40年6月13日～昭和53年11月20日　実業家　東京海上火災保険会長　→昭和

水沢 武人　みずさわ・たけと　～昭和62年5月11日　中野簡裁判事、福島地家裁いわき支部長　→83/87

水沢 耶奈　みずさわ・やな　明治38年10月13日～昭和61年1月15日　女性運動家　婦人民主クラブ書記長　→昭和

水品 政雄　みずしな・まさお　明治41年9月27日～昭和59年3月13日　（財）日本海事協会名誉会長、石川島播磨重工業副社長　→83/87

水島 健三　みずしま・けんぞう　明治39年8月30日～昭和59年5月25日　ほくさん社長　→83/87

水島 重雄　みずしま・しげお　～昭和57年10月17日　パレスホテル常任監査役　→80/82

水島 茂　みずしま・しげる　大正1年8月11日～昭和59年5月15日　三菱商事取締役　→83/87

水島 純　みずしま・じゅん　～昭和6年9月7日　白虎隊勇士　→昭和

水島 隆　みずしま・たかし　～平成19年8月3日　日鉄鉱業常務　→06/08

水島 忠夫　みずしま・ただお　大正12年4月29日～平成4年2月16日　ニッタン常務　→91/93

水嶋 篤次　みずしま・とくじ　～昭和54年10月2日　大成建設社長　→昭和

水島 友太郎　みずしま・ともたろう　昭和3年11月29日～平成11年8月20日　正興電機製作所常務　→97/99

水島 彦一郎　みずしま・ひこいちろう　～昭和28年2月13日　舞鶴市長　→昭和

水島 秀雄　みずしま・ひでお　大正9年2月22日～平成19年5月3日　神奈川県出納長、神奈川県信用保証協会会長　→06/08

水島 昌一　みずしま・まさかず　大正15年～平成21年11月10日　東京駅長　→09/11

水島 密之亮　みずしま・みつのすけ　明治32年6月16日～昭和57年2月22日　弁護士　大阪市立大学法学部教授　→80/82

水島 裕　みずしま・ゆたか　昭和8年9月22日～平成20年5月7日　参院議員（自民党）、東京慈恵会医科大学DDS研究所所長、聖マリアンナ医科大学名誉教授　→06/08

水瀬 冨雄　みなせ・とみお　大正14年10月1日～昭和60年11月6日　水瀬製革所社長、兵庫県皮革産業協同組合連合会長　→83/87

水田 和夫　みずた・かずお　昭和3年1月22日～平成7年11月4日　中央ビルト工業社長　→94/96

水田 恭三　みずた・きょうぞう　大正3年5月27日～平成11年2月14日　秩父セメント副社長　→97/99

水田 金一　みずた・きんいち　～平成5年5月26日　小野田セメント監査役　→91/93

水田 啓　みずた・けい　昭和11年1月26日～昭和62年8月28日　楢崎産業代表取締役社長、楢崎造船社長　→83/87

水田 権作　みずた・ごんさく　大正14年2月10日～平成6年8月24日　富士ピーエス社長　→94/96

水田 定実　みずた・さだみ　～平成21年12月20日　安芸市議、太平館企主　→09/11

水田 隆亮　みずた・たかあき　昭和9年1月2日～平成12年10月30日　物流副社長　→00/02

水田 正　みずた・ただし　～昭和49年10月21日　楢崎造船社長　→昭和

水田 辰男　みずた・たつお　明治36年11月15日～昭和61年6月6日　佐賀県議（自民党），日本消防協会副会長　→83/87

水田 晃大　みずた・てるひろ　昭和4年7月10日～平成9年12月17日　広島銀行専務　→97/99

水田 利雄　みずた・としお　大正2年5月13日～平成9年10月30日　安宅産業副社長　→97/99

水田 直己　みずた・なおき　明治45年6月2日～昭和62年7月2日　岡山製紙社長，全日本紙管原紙工業組合理事長　→83/87

水田 直昌　みずた・なおまさ　明治30年2月14日～昭和60年1月10日　学習院監事　→83/87

水田 誠　みずた・まこと　明治38年12月3日～平成1年9月3日　郵政省松山郵政局長，衆議院通信調査室長　→88/90

水田 政吉　みずた・まさきち　明治6年7月17日～昭和35年8月9日　日本石油社長　→昭和

水田 正登　みずた・まさと　～昭和62年6月4日　水田自動車工業代表取締役，久留米市消防団長　→83/87

水田 三喜男　みずた・みきお　明治38年4月13日～昭和51年12月22日　政治家　衆院議員（自民党），蔵相，通産相　→昭和

水田 稔　みずた・みのる　昭和8年3月15日～昭和63年12月2日　通産省産業政策局消費経済課消費者相談室長　→88/90

水田 泰　みずた・やすし　大正9年2月8日～昭和63年6月8日　楢崎製作所社長　→88/90

水谷 淳　みずたに・あつし　～平成18年4月28日　スポーツニッポン新聞東京本社取締役，日本音楽事業者協会専務理事　→06/08

水谷 巌　みずたに・いわお　昭和8年8月17日～昭和62年7月21日　永餅屋老舗会社社長　→83/87

水谷 卯吉　みずたに・うきち　～昭和55年6月22日　呉造船所社長　→80/82

水谷 音松　みずたに・おとまつ　明治34年2月1日～平成4年9月2日　水谷銘木店会長　→91/93

水谷 景房　みずたに・かげふさ　明治38年4月20日～昭和63年5月28日　（株）水谷商会代表取締役社長　→88/90

水谷 和二　みずたに・かずじ　昭和2年3月5日～平成4年6月20日　中北薬品取締役　→91/93

水谷 勝二　みずたに・かつじ　明治38年5月27日～平成3年5月22日　氷川丸船長，氷川丸マリンタワー専務　→91/93

水谷 教章　みずたに・きょうしょう　昭和51年11月2日　三千院門跡　→昭和

水谷 清久　みずたに・きよひさ　大正4年6月27日～平成12年1月25日　三油商会会長，全国石油協会副会長　→00/02

水谷 景一郎　みずたに・けいいちろう　～平成1年2月21日　水谷商会常務　→88/90

水谷 幸一　みずたに・こういち　明治36年10月24日～平成9年10月13日　大東紡織社長　→97/99

水谷 砕壺　みずたに・さいこ　明治36年10月24日～昭和42年10月3日　俳人　関西タール製品社長，大阪瓦斯取締役　→昭和（水谷 勢二 みずたに・せいじ）

水谷 定一　みずたに・さだいち　明治42年6月5日～平成4年6月13日　東洋繊維工業協業組合代表理事　→91/93

水谷 定治郎　みずたに・さだじろう　～昭和45年6月23日　東海銀行監査役　→昭和

水谷 省三　みずたに・しょうぞう　明治43年2月15日～昭和61年4月4日　弁護士　名古屋弁護士会副会長，中日よろず相談所法律担当相談員　→83/87

水谷 新左衛門　みずたに・しんざえもん　大正14年8月17日～平成10年4月11日　総本家貝新会長　→97/99

水谷 信三　みずたに・しんぞう　～昭和58年2月10日　東海銀行取締役，中央信託銀行取締役　→83/87

水谷 新之助　みずたに・しんのすけ　明治36年1月10日～平成4年1月27日　総本家新之助貝新会長　→91/93

水谷 諦俊　みずたに・たいしゅん　大正5年11月10日～平成5年2月6日　僧侶　日蓮宗大本山・本圀寺貫首　→91/93

水谷 隆司　みずたに・たかし　大正15年3月30日～平成22年10月1日　協栄産業社長　→09/11

水谷 隆浩　みずたに・たかひろ　昭和7年3月31日～平成1年2月14日　伊藤忠建材専務　→88/90

水谷 太郎　みずたに・たろう　大正2年3月26日～昭和59年6月21日　東海ゴム工業専務　→83/87

水谷 千万吉　みずたに・ちまきち　～昭和17年8月22日　海軍機関中将　→昭和

水谷 長三郎　みずたに・ちょうざぶろう　明治30年11月4日～昭和35年12月17日　政治家，弁護士　衆議院議員（民社党），商工相　→昭和

水谷 力　みずたに・つとむ　大正15年1月19日～平成6年8月6日　参議院議員（自民党）　→94/96

水谷 典昭　みずたに・てんしょう　昭和3年8月1日～平成63年3月9日　三重県会議員（自民党，桑名市）　→88/90

水谷 富吉　みずたに・とみきち　大正14年8月25日～平成17年2月24日　千代田火災海上保険専務　→03/05

水谷 友明　みずたに・ともあき　大正14年9月6日～平成15年7月29日　ハザマ副社長　→03/05

水谷 登代七　みずたに・とよしち　～昭和61年2月27日　国民金融公庫理事　→83/87

水谷 日昇　みずたに・にっしょう　～昭和32年10月14日　日蓮正宗総本山大石寺前管長　→昭和

水谷 昇　みずたに・のぼる　明治29年5月23日～昭和63年7月31日　衆院議員（自由党），桑名市長　→88/90

水谷 英明　みずたに・ひであき　昭和18年6月11日～平成2年7月4日　大蔵省証券局業務課長　→88/90

水谷 秀澄　みずたに・ひですみ　大正2年9月14日～平成

I 政治・経済・社会篇

1年8月3日　海将　海上自衛隊佐世保地方総監　→88/90

水谷 弘　みずたに・ひろし　昭和17年10月11日～平成20年9月11日　衆院議員(公明党)　→06/08

水谷 博純　みずたに・ひろずみ　～昭和61年7月16日　ミズタニバルブ工業社長　→83/87

水谷 冨士男　みずたに・ふじお　～昭和61年6月16日　犬山市議　→83/87

水谷 文彦　みずたに・ふみひこ　～昭和61年12月10日　津島市議・市議会議長　→83/87

水谷 当起　みずたに・まさおき　明治29年1月21日～昭和60年5月8日　帝都高速度交通営団理事　→83/87

水谷 当称　みずたに・まさかね　明治43年4月19日～平成21年8月29日　生化学工業社長　→09/11

水谷 正史　みずたに・まさし　昭和16年6月15日～平成20年4月10日　メタルワン社長　→06/08

水谷 正俊　みずたに・まさとし　大正10年8月18日～平成3年9月20日　三重県議(自民党)　→91/93

水谷 満　みずたに・みつる　明治44年5月7日～昭和59年6月1日　愛知県議(自民党),水谷病院理事長　→83/87

水谷 保和　みずたに・やすかず　昭和9年1月23日～昭和10年11月15日　日本専売公社理事　→97/99

水谷 安平　みずたに・やすへい　～平成7年2月4日　トヨタ車体専務　→94/96

水谷 有竹庵　みずたに・ゆうちくあん　明治2年～昭和9年　実業家　→昭和

水谷 諭吉　みずたに・ゆきち　大正2年5月20日～平成12年12月9日　鹿島建設専務　→00/02

水谷 豊　みずたに・ゆたか　大正2年6月8日～平成3年11月25日　日本コンタクトレンズ会長,日本コンタクトレンズ研究所会長　→91/93

水谷 喜治　みずたに・よしはる　大正5年3月20日～昭和61年12月18日　桑名市長,三重県市長会長　→83/87

水谷 叔彦　みずたに・よしひこ　～昭和22年12月21日　日本製鋼社長　→昭和

水谷 佳久　みずたに・よしひさ　大正5年3月12日～平成1年3月1日　日本冶金工業常務　→88/90

水谷 隆毅　みずたに・りゅうき　昭和57年3月28日　多度志村(北海道)村長　→80/82

水谷 竜三　みずたに・りょうぞう　～平成10年5月5日　日協商事(のち日商岩井)社長　→97/99

水民 護郎　みずたみ・ごろう　大正10年12月30日～平成20年5月3日　三井物産副社長　→06/08

水溜 猛　みずため・たけし　明治41年9月8日～昭和59年1月2日　大和証券専務,中の出証券社長　→83/87

水溜 好雄　みずため・よしお　～昭和60年11月2日　パチンコ昭和センター社長　→83/87

水鳥 信人　みずとり・のぶと　～昭和40年12月22日　ジャパンライン社長　→昭和

水永 毅六　みずなが・きろく　大正2年7月30日～平成13

年7月28日　千葉製粉社長　→00/02

水永 毅　みずなが・つよし　～昭和44年7月29日　日本フェルト専務　→昭和

水梨 岩太郎　みずなし・いわたろう　～昭和14年9月19日　日華協信公司社長　→昭和

水沼 熊　みずぬま・くま　明治35年4月10日～昭和51年12月30日　社会運動家　→昭和

水沼 辰夫　みずぬま・たつお　明治25年4月25日～昭和40年4月15日　労働運動家　→昭和

水沼 徳一郎　みずぬま・とくいちろう　大正12年10月12日～昭和59年7月31日　北海道議(自民党)　→83/87

水沼 宏　みずぬま・ひろし　～平成13年7月11日　弁護士　→00/02

水野 明人　みずの・あきと　～平成4年5月6日　センチュリー・リーシング・システム取締役,センチュリー・スタッフ専務　→91/93

水野 勲　みずの・いさお　大正3年8月10日～平成17年2月19日　新日本製鉄副社長,北九州国際研修協会理事長　→03/05

水野 伊太郎　みずの・いたろう　～昭和39年3月26日　駐タイ公使　→昭和

水野 一郎　みずの・いちろう　大正6年8月27日～昭和61年6月12日　本州製紙常務,日本チップ貿易副社長　→83/87

水野 宇右衛門　みずの・うえもん　～昭和7年1月15日　名古屋文化の尽瘁者　→昭和

水野 英蔵　みずの・えいぞう　～昭和61年8月28日　東海銀行検査役　→83/87

水野 沖三　みずの・おきぞう　明治43年6月30日～平成18年9月4日　土岐市長　→06/08

水野 薫　みずの・かおる　～昭和50年10月3日　豊前市長　→昭和

水野 一夫　みずの・かずお　明治33年4月11日～平成6年8月28日　宇部興産社長　→94/96

水野 勝邦　みずの・かつくに　明治37年6月27日～昭和63年1月12日　貴族院議員,立正大学名誉教授　→88/90

水野 克正　みずの・かつまさ　昭和15年2月24日～平成14年12月10日　レナウン副社長　→00/02

水野 喜平　みずの・きへい　～昭和63年7月8日　富山運輸社長,北陸機器輸送社長　→88/90

水野 鏡治　みずの・きょうじ　昭和6年4月1日～平成11年10月11日　ショーワ副社長　→97/99

水野 清　みずの・きよし　明治40年12月21日～平成1年9月5日　伊奈製陶(のちINAX)常務　→88/90

水野 金一　みずの・きんいち　～昭和57年12月17日　中部証券代行顧問,元名古屋証券業協会副会長　→80/82

水野 賢治　みずの・けんじ　昭和55年3月25日　古河鉱業取締役,大成火災海上保険常務　→80/82

水野 健次郎　みずの・けんじろう　大正2年10月7日～平

「現代物故者事典」総索引(昭和元年～平成23年)　**1183**

水野 耕一　みずの・こういち　〜平成3年4月8日
東山植物園長　→91/93

水野 好路　みずの・こうじ　昭和5年4月17日〜平成10年6月9日　十和田市長　→97/99

水野 耕三　みずの・こうぞう　昭和3年7月12日〜平成20年7月23日　三井金属鉱業専務　→06/08

水野 五郎　みずの・ごろう　大正2年2月10日〜平成4年7月17日　大東紡織常務　→91/93

水野 佐吉　みずの・さきち　明治36年6月24日〜平成1年3月15日　山水電気取締役　→88/90

水野 貞一　みずの・さだいち　〜平成6年1月27日
伊奈製陶(のちINAX)常務　→94/96

水野 節比古　みずの・さだひこ　大正9年9月2日〜平成6年4月25日　全国通運連盟理事長、東京陸運局長　→94/96

水野 成夫　みずの・しげお　明治32年11月13日〜昭和47年5月4日　実業家、財界人、新聞経営者、社会運動家、翻訳家　フジテレビ社長、サンケイ新聞社長、国策パルプ社長　→昭和

水野 重任　みずの・しげとう　大正3年11月3日〜平成14年3月14日　熊本放送社長　→00/02

水野 成　みずの・しげる　明治43年10月29日〜昭和20年3月22日　社会運動家、編集者　→昭和

水野 シヅ　みずの・しず　大正1年10月5日〜平成5年1月1日　静岡県議(社会党)　→91/93

水野 秀禅　みずの・しゅうぜん　〜昭和61年2月11日
普賢寺東堂　→83/87

水野 脩之介　みずの・しゅうのすけ　〜平成13年12月5日　ダイワボウ常務　→00/02

水野 鐘一　みずの・しょういち　明治37年5月20日〜平成4年5月17日　愛知県副知事、名古屋放送専務　→91/93

水野 甚市　みずの・じんいち　〜昭和61年5月21日
水甚会長　→83/87

水野 甚次郎　みずの・じんじろう　明治14年3月2日〜昭和33年8月12日　呉市長、水野組会長、貴院議員(多額納税)　→昭和

水野 伸太郎　みずの・しんたろう　昭和13年12月17日〜平成14年12月8日　コマツソフト社長　→00/02

水野 新平　みずの・しんぺい　昭和31年6月26日〜平成23年12月1日　ホーユー社長、クラシエホールディングス代表取締役、日本ヘアカラー工業会会長　→09/11

水野 清一　みずの・せいいち　昭和31年2月16日〜昭和60年1月14日　東京駐車場社長、全日本駐車協会顧問　→83/87

水野 宗治　みずの・そうじ　〜平成1年3月5日
丸善石油化学取締役　→88/90

水野 惣平　みずの・そうへい　大正12年9月6日〜昭和58年2月12日　アラビア石油会長　→83/87

水野 丈夫　みずの・たけお　大正5年7月11日〜昭和60年12月19日　興亜火災海上保険監査役　→83/87

水野 武夫　みずの・たけお　〜昭和55年11月14日
日本鉄鋼連盟統計担当部長　→80/82

水野 武雄　みずの・たけお　〜昭和55年8月11日
玉井商船常務　→80/82

水野 武之　みずの・たけゆき　大正7年1月6日〜平成12年12月23日　日本電設工業副社長　→00/02

水野 唯一郎　みずの・ただいちろう　明治44年11月12日〜平成2年10月13日　弁護士　警察庁中国管区警察局長、愛知県指定自動車教習所協会長　→88/90

水野 忠夫　みずの・ただお　明治45年6月21日〜昭和51年3月6日　三井製糖社長　→昭和

水野 忠晴　みずの・ただはる　大正13年3月20日〜平成9年4月26日　田辺市長　→97/99

水野 達夫　みずの・たつお　大正4年1月4日〜平成13年4月15日　山之内製薬常務　→00/02

水野 民也　みずの・たみや　昭和10年3月31日〜平成17年7月12日　星が丘グループ会長　→03/05

水野 千代男　みずの・ちよお　大正15年9月3日〜平成5年11月29日　愛知県議　→91/93

水野 貞一郎　みずの・ていいちろう　〜昭和58年2月21日　日本オートマチックマシン社長　→83/87

水野 哲太郎　みずの・てつたろう　明治41年5月11日〜昭和63年9月13日　五洋建設会長　→88/90

水野 東太郎　みずの・とうたろう　〜昭和55年5月10日
弁護士　日弁連会長、明治大学理事長　→80/82

水野 時雄　みずの・ときお　〜昭和56年6月24日
三井造船顧問　→80/82

水野 時二　みずの・ときじ　〜昭和60年12月20日
丸和商事代表、広田校下自治振興会副会長　→83/87

水野 俊夫　みずの・としお　大正9年2月11日〜平成14年9月29日　ミズノ常務　→00/02

水野 利勝　みずの・としかつ　〜平成6年11月2日
日本無線専務　→94/96

水野 敏行　みずの・としゆき　明治31年8月30日〜昭和62年1月5日　電気化学工業社長　→83/87

水野 智彦　みずの・ともひこ　明治24年2月5日〜平成9年12月11日　日本特殊陶業社長　→97/99

水野 直　みずの・なおし　明治12年1月5日〜昭和4年4月30日　貴院議員(子爵)　→昭和

水野 直治　みずの・なおはる　昭和18年3月18日〜平成20年1月22日　日本ガイシ専務　→06/08

水野 陳好　みずの・のぶよし　明治28年〜平成3年6月29日　十和田市長　→91/93

水野 昇　みずの・のぼる　〜昭和46年1月14日
東京地検特捜部副部長　→昭和

水野 昇　みずの・のぼる　〜平成1年2月1日
多治見市議会議長　→88/90

水野 梅暁　みずの・ばいぎょう　明治10年〜昭和24年　僧侶(曹洞宗)　→昭和

水野 久男　みずの・ひさお　明治37年11月25日〜昭和60年2月12日　東京電力相談役・元社長　→83/87

水野 英利　みずの・ひでとし　〜平成14年7月17日　埼玉県議　→00/02

水野 宏　みずの・ひろし　大正14年3月15日〜平成5年3月27日　いずみステンレス社長　→91/93

水野 博　みずの・ひろし　〜昭和61年6月24日　ミズノ造花代表、日本民謡協会富山県事務局長、民謡呉地会長　→83/87

水野 富士雄　みずの・ふじお　大正10年7月27日〜昭和60年8月13日　小松フォークリフト社長　→83/87

水野 孫七　みずの・まごしち　大正3年11月11日〜平成6年5月26日　不二越専務　→94/96

水野 誠　みずの・まこと　〜昭和61年8月5日　愛知県建築士事務所協会専務理事　→83/87

水野 誠　みずの・まこと　大正6年12月9日〜平成7年10月14日　三菱自動車工業副社長　→94/96

水野 誠　みずの・まこと　明治43年2月7日〜平成11年9月17日　日本金属工業常務　→94/96

水野 亮　みずの・まこと　大正4年8月5日〜平成7年5月23日　神崎製紙（のち新王子製紙）専務　→94/96

水野 正次　みずの・まさつぐ　大正1年11月3日〜平成18年8月27日　三菱電機副社長　→06/08

水野 正巳　みずの・まさみ　〜昭和11年9月29日　有馬町（兵庫県）町長　→昭和

水野 正光　みずの・まさみつ　昭和5年10月10日〜平成8年8月31日　新日本印刷社長　→94/96

水野 政育　みずの・まさやす　昭和7年8月20日〜平成16年11月27日　フジッコ常務　→03/05

水野 正幸　みずの・まさゆき　昭和15年1月1日〜平成21年1月16日　ホクト創業者　→09/11

水野 暢美　みずの・まさよし　大正9年9月27日〜平成3年10月15日　千代田紙業常務　→91/93

水野 勝　みずの・まさる　〜昭和63年9月3日　ユナイテッド航空会社北太平洋地区副社長補佐　→88/90

水野 益夫　みずの・ますお　〜昭和59年12月24日　丸松製陶社長、全国モザイクタイル工業組合副理事長　→83/87

水野 松之助　みずの・まつのすけ　〜昭和62年5月22日　富山県薬業懸場取引業組合長　→83/87

水野 衛夫　みずの・もりお　明治44年2月10日〜昭和62年3月22日　安田生命保険社長　→83/87

水野 泰行　みずの・やすゆき　明治45年6月17日〜平成2年7月18日　郵船航空サービス顧問、郵船航空サービス社長、日本郵船常務　→88/90

水野 裕二郎　みずの・ゆうじろう　〜昭和62年7月6日　三菱鉱業セメント参与、崎戸製塩社長　→83/87

水野 幸男　みずの・ゆきお　昭和4年7月16日〜平成15年1月24日　NECインフロンティア会長、NEC副社長→03/05

水野 庸太郎　みずの・ようたろう　大正2年8月11日〜平成4年5月25日　神戸製鋼所監査役　→91/93

水野 凱雄　みずの・よしお　〜平成10年4月14日　ナカノ常務　→97/99

水野 勝郎　みずの・よしお　昭和5年12月12日〜平成14年10月22日　朝日名古屋カルチャーセンター社長　→00/02

水野 嘉友　みずの・よしとも　〜昭和48年2月23日　オーミケンシ社長　→昭和

水野 良直　みずの・よしなお　大正6年8月29日〜平成1年10月24日　入洲建設会長、高尾梅郷協会会長　→88/90

水野 義春　みずの・よしはる　〜昭和61年7月22日　東春ダイハツ社長、尾張旭市議　→83/87

水野 利八　みずの・りはち　明治17年5月15日〜昭和45年3月9日　ミズノ創業者　→昭和

水野 龍　みずの・りょう　安政6年11月〜昭和26年8月20日　ブラジル移民の父　→昭和（水野 竜 みずの・りゅう）

水野 了仙　みずの・りょうせん　〜昭和63年8月31日　僧侶　回向院住職、荒川区体育協会副会長　→88/90

水野 錬太郎　みずの・れんたろう　慶応4年1月10日〜昭和24年11月25日　内務官僚、政治家　文相、内相、貴院議員（勅選）　→昭和

水野 渡　みずの・わたり　大正10年7月16日〜平成11年8月31日　東京電力副社長　→97/99

水ノ上 禎男　みずのうえ・さだお　昭和9年4月28日〜平成22年3月31日　池田糖化工業社長　→09/11

水之江 国義　みずのえ・くによし　明治44年2月2日〜平成11年3月16日　弁護士　水之江法律事務所長、福岡高検検事　→97/99

水生 宥啓　みずのお・ゆうけい　明治43年6月28日〜平成1年6月19日　僧侶　真言宗大僧正、長楽寺住職　→88/90

水橋 藤作　みずはし・とうさく　〜昭和33年8月11日　労働政務次官　→昭和

水原 明　みずはら・あきら　明治41年9月6日〜平成5年3月6日　土地家屋調査士、司法書士　全国土地家屋調査士会副会長、名古屋司法書士会副会長　→91/93

水原 尭栄　みずはら・ぎょうえい　明治23年1月10日〜昭和40年9月25日　僧侶（真言宗）、文化史家　高野山真言宗管長　→昭和

水原 博　みずはら・ひろし　〜昭和49年11月12日　近鉄専務　→昭和

水原 義重　みずはら・よししげ　〜昭和43年8月13日　陸軍中将　→昭和

水平 豊彦　みずひら・とよひこ　昭和7年1月3日〜昭和61年6月18日　衆院議員（自民党）、内閣官房副長官　→83/87

水平 美枝　みずひら・よしえ　昭和9年9月12日〜平成20年12月23日　名古屋市議　→06/08

水穂 薫　みずほ・かおる　〜昭和56年12月17日
久保田鉄工取締役　→80/82

瑞穂 春海　みずほ・しゅんかい　明治44年3月22日〜平成7年6月19日　僧侶、映画監督　蓮華院住職　→94/96

水馬 克久　みずま・かつひさ　大正13年5月14日〜平成6年11月8日　高周波熱錬社長　→94/96

水間 重雄　みずま・しげお　〜平成23年12月20日
宮交タクシー社長　→09/11

水間 豊治　みずま・とよはる　大正6年7月11日〜昭和60年7月14日　大日本製薬専務　→83/87

水間 秀雄　みずま・ひでお　大正3年9月21日〜平成4年4月3日　関西ペイント常務　→91/93

水間 正一郎　みずま・まさいちろう　〜昭和56年4月15日　日本電子元常務、日本レーザー社長　→80/82

水馬 義輝　みずま・よしてる　大正8年3月15日〜平成8年2月19日　みづま工房社長　→94/96

水牧 茂一郎　みずまき・もいちろう　〜昭和42年9月4日
北海道副知事、全日本火災共済協組連合会会長　→昭和

水町 勝破　みずまち・かつき　〜昭和61年3月7日
航空自衛隊北部航空方面隊司令官　→83/87

水町 潔　みずまち・きよし　大正2年〜昭和60年5月10日
東京セロファン紙社長、三井デュポンフロロケミカル社長　→83/87

水町 邦彦　みずまち・くにひこ　明治45年6月28日〜平成4年10月25日　日本国土開発取締役　→91/93

水町 裟裟六　みずまち・けさろく　元治1年3月11日〜昭和9年7月10日　枢密顧問官　→昭和

水町 静夫　みずまち・しずお　明治44年3月1日〜昭和58年4月4日　筑後市収入役　→83/87

水町 元　みずまち・はじめ　〜昭和11年11月18日
海軍少将　→昭和

水町 雄吉　みずまち・ゆうきち　大正13年〜平成11年11月17日　小倉興産専務　→97/99

三隅 嘉寿夫　みすみ・かずお　〜昭和60年9月25日
経営コンサルタント　三隅経営相談所主幹　→83/87

三角 桂次郎　みすみ・けいじろう　昭和7年2月1日〜平成21年10月11日　Misumi会長　→09/11

三隅 隆任　みすみ・たかとう　〜昭和56年8月19日
九州電力監査役、熊本県人事委員会委員　→80/82

三角 拓平　みすみ・たくへい　大正6年9月25日〜昭和60年12月17日　日本専売公社総務理事　→83/87

三隅 ただ　みすみ・ただし　明治12年8月〜昭和10年2月24日　弁護士　東京府議　→昭和

三角 嘉裕　みすみ・よしひろ　大正8年11月15日〜平成17年11月12日　岩手県警本部長、山口県警本部長　→03/05

水村 一郎　みずむら・いちろう　大正14年1月3日〜平成14年5月8日　東京都議(自民党)　→00/02

水村 仁平　みずむら・じんぺい　大正3年12月27日〜平成5年2月19日　入間市長　→91/93

水村 善太郎　みずむら・ぜんたろう　〜昭和42年6月20日
埼玉県公安委員、元東大教授、埼玉県教育委員長　→昭和

水元 孝夫　みずもと・たかお　〜平成2年12月14日
本別町(北海道)町長　→88/90

水元 尚也　みずもと・たかや　昭和21年7月3日〜平成19年8月13日　オホーツクビール社長、水元建設社長　→06/08

水本 唯一　みずもと・ただひと　〜平成2年9月21日
福岡証券信用常務　→88/90

水元 忠一　みずもと・ちゅういち　〜昭和61年7月13日
トヨタオート兵庫会長　→83/87

水本 日穏　みずもと・にちおん　〜平成2年9月1日
僧侶　本成寺(法華宗陣門流総本山)83世貫首　→88/90

水本 破魔登　みずもと・はまと　大正13年3月15日〜平成17年2月5日　川崎汽船常務　→03/05

水本 正夫　みずもと・まさお　大正13年5月15日〜昭和58年9月7日　鶴居村(北海道)収入役　→83/87

水本 光任　みずもと・みつと　大正3年12月30日〜平成3年11月16日　サンパウロ新聞社会長　→91/93

三瀬 昌明　みせ・まさあき　明治37年9月11日〜昭和61年7月7日　東神倉庫社長　→83/87

溝内 俊夫　みぞうち・としお　〜平成16年8月23日
トーア工業専務　→03/05

溝江 彰　みぞえ・あきら　昭和5年5月22日〜昭和61年2月21日　北海道農地開発部長、中山組専務取締役　→83/87

溝江 三治　みぞえ・さんじ　〜昭和57年1月4日
福岡県教育長　→80/82

溝江 義人　みぞえ・よしと　〜昭和57年9月29日
三井生命保険元常務　→80/82

三十尾 茂　みそお・しげる　大正9年10月3日〜平成18年3月20日　日本ゼオン常務　→06/08

溝上 鉎　みぞかみ・けい　〜昭和55年3月20日　NHK副会長　→80/82

溝上 賢治　みぞがみ・けんじ　〜平成7年12月23日
広告通信社社長　→94/96

溝上 正男　みぞかみ・まさお　大正2年3月1日〜平成2年11月18日　長野県議(社会党)　→03/05

溝上 泰人　みぞかみ・やすと　昭和9年8月1日〜平成14年10月18日　台糖常務　→00/02

溝口 敦　みぞぐち・あつし　大正9年1月20日〜平成18年2月13日　極洋常務　→06/08

溝口 勇夫　みぞぐち・いさお　明治42年11月11日〜昭和63年11月24日　九州朝日放送顧問・元専務　→88/90

溝口 壹雄　みぞぐち・かずお　〜昭和57年5月20日
甲府市議会議長、全国市議会議長会副会長　→80/82

溝口 喜方　みぞぐち・きほう　明治31年〜昭和53年4月10日　日本調停協会連合初代理事長、高松高裁長官　→昭和

溝口 憲吉　みぞぐち・けんきち　明治40年〜平成2年5月9日　千代田化工建設常務　→88/90

I　政治・経済・社会篇　　　　　　　　　　　　　　　　　　　　　　　　　みた

溝口 三郎　みぞぐち・さぶろう　明治26年11月26日〜昭和37年9月10日　農林行政官,農業土木学者　→昭和

溝口 静男　みぞぐち・しずお　〜昭和61年2月20日　筑紫野警察署長　→83/87

溝口 周次　みぞぐち・しゅうじ　明治37年2月7日〜昭和61年3月13日　住友海上火災保険相談役・元社長　→83/87

溝口 新次　みぞぐち・しんじ　大正2年7月1日〜昭和62年8月28日　山陽国策パルプ専務,四国製紙会長　→83/87

溝口 捨丸　みぞぐち・すてまる　〜昭和58年6月16日　溝口鉄工所社長　→83/87

溝口 製次　みぞぐち・せいじ　〜平成23年9月7日　ハンセン病国家賠償請求訴訟第一次提訴の原告　→09/11

溝口 正　みぞぐち・ただし　大正15年11月20日〜昭和61年5月14日　新日鉄化学取締役,堺スラグ工業社長　→83/87

溝口 肇　みぞぐち・ただし　昭和3年11月6日〜平成18年11月8日　大阪信用金庫理事長　→06/08

溝口 敏子　みぞぐち・としこ　明治8年〜昭和27年　婦人運動家　婦人矯風会会長　→昭和

溝口 富茂　みぞぐち・とみしげ　明治3年6月18日〜平成9年5月1日　田辺製薬専務　→97/99

溝口 智司　みぞぐち・ともじ　〜昭和57年2月27日　海将　→80/82

溝口 直亮　みぞぐち・なおよし　明治11年4月11日〜昭和26年12月14日　陸軍少将,伯爵　貴院議員(勅選)　→昭和(みぞぐち・なおすけ)

溝口 信男　みぞぐち・のぶお　明治42年4月16日〜昭和62年7月28日　久保田鉄工常務　→83/87

溝口 昇　みぞぐち・のぼる　大正13年〜平成5年12月18日　新日本証券専務　→91/93

溝口 昌弘　みぞぐち・まさひろ　〜平成9年7月1日　陸将　陸上自衛隊幹部学校長　→97/99

溝口 保治　みぞぐち・やすじ　大正10年3月30日〜平成21年3月1日　静岡銀行常務　→09/11

溝口 義雄　みぞぐち・よしお　大正1年10月16日〜平成12年12月7日　伊藤忠商事副社長　→00/02

溝口 芳治　みぞぐち・よしはる　大正12年1月1日〜平成15年4月1日　大阪セメント専務　→03/05

溝口 龍太郎　みぞぐち・りょうたろう　大正5年3月10日〜平成2年8月20日　日立金属副社長　→88/90

溝尻 明　みぞじり・あきら　〜平成4年9月22日　溝尻光学工業所社長　→91/93

溝尻 けん　みぞじり・けん　大正9年9月15日〜平成2年11月3日　溝尻光学工業所取締役　→88/90

溝田 主一　みぞた・しゅいち　〜昭和58年9月2日　大津漁業顧問　→83/87

溝田 澄人　みぞた・すみと　〜昭和46年11月27日　日本税理士会連合会長　→昭和

溝田 利主　みぞた・としかず　昭和14年12月20日〜平成23年7月2日　司法書士　愛媛県司法書士会会長　→09/11

溝手 武夫　みぞて・たけお　大正2年8月25日〜昭和62年1月22日　倉敷紡績監査役　→83/87

溝手 敏雄　みぞて・としお　〜平成1年1月25日　共益ристиание運常務,電源開発会社審議役　→88/90

溝畑 純一　みぞはた・じゅんいち　明治42年10月1日〜昭和63年5月6日　ニチアス常務　→88/90

溝畑 義也　みぞはた・よしや　明治42年1月15日〜昭和63年3月14日　大和紡績常務　→88/90

溝渕 竹夫　みぞぶち・たけお　〜平成3年12月1日　香川県議　→91/93

溝淵 増巳　みぞぶち・ますみ　明治33年11月28日〜昭和59年1月17日　弁護士　高知県知事　→83/87

溝淵 松太郎　みぞぶち・まつたろう　明治19年1月6日〜昭和29年8月28日　農民運動家　→昭和

溝渕 良樹　みぞぶち・よしき　昭和13年7月18日〜平成14年9月26日　太平洋セメント専務　→00/02

溝部 五郎　みぞべ・ごろう　明治35年7月30日〜平成4年2月26日　パレスホテル社長,富士銀行常務　→91/93

溝呂木 金太郎　みぞろぎ・きんたろう　明治35年11月4日〜昭和59年8月18日　長野計器製作所名誉会長,日本圧力計工業組合理事長　→83/87

三田 周　みた・いたる　大正4年11月26日〜平成6年12月12日　参天製薬会長　→94/96

味田 市郎　みた・いちろう　昭和5年2月3日〜平成20年11月21日　山形県商工会連合会会長　→06/08

三田 寿雄　みた・かずお　〜昭和43年6月7日　三菱倉庫常務　→昭和

三田 一也　みた・かずや　明治31年10月13日〜平成10年6月3日　日本海事検定協会名誉会長,海上保安庁警備救難監　→97/99

三田 勝茂　みた・かつしげ　大正13年4月6日〜平成19年7月28日　日立製作所社長　→06/08

箕田 貫一　みた・かんいち　明治31年1月6日〜昭和58年1月13日　栗本鉄工所社長　→83/87

三田 経治　みた・けいじ　昭和9年7月15日〜平成11年1月12日　横浜ゴム常務　→97/99

三田 賢治　みた・けんじ　明治44年3月19日〜平成3年8月10日　三田証券会長,日本証券業協会理事　→91/93

三田 広一　みた・こういち　明治30年1月15日〜平成2年2月9日　日本通運常務　→88/90

三田 三郎　みた・さぶろう　明治28年1月12日〜平成1年5月15日　三井造船監査役　→88/90

味田 順三郎　みた・じゅんさぶろう　明治36年11月18日〜平成4年9月21日　阿波銀行頭取　→昭和

三田 彰久　みた・しょうきゅう　大正2年2月1日〜昭和63年3月18日　参天製薬会長　→88/90

三田 忠英　みた・ただひで　大正15年10月28日〜平成6年1月2日　東京都議(共産党)　→94/96

三田 民雄　みた・たみお　〜昭和40年2月2日
中部電力副社長　→昭和

三田 庸子　みた・つねこ　明治37年2月1日〜平成1年4月21日　和歌山刑務所長、東京婦人補導院長　→88/90

三田 利子　みた・としこ　大正10年1月1日〜平成4年2月4日　浜田家女将　→91/93

見田 昌夫　みた・まさお　大正5年1月4日〜昭和62年11月5日　見田工作会長　→83/87

三田 政吉　みた・まさきち　明治43年12月12日〜平成18年1月25日　明治座会長　→06/08

三田 安則　みた・やすのり　〜平成23年4月27日
南極観測船宗谷乗組員　→09/11

御田 良清　みた・よしきよ　大正13年〜平成8年2月25日
神官　太宰府天満宮文化研究所名誉館長、太宰府天満宮権宮司　→94/96

三田 良蔵　みた・よしぞう　〜昭和45年6月2日
参天製薬会長　→昭和

三田 義正　みた・よしまさ　文久1年4月21日〜昭和10年12月31日　三田商店創業者、貴院議員（多額）　→昭和

三田 了一　みた・りょういち　明治25年12月19日〜昭和58年5月29日　宗教家　イスラム教徒の長老　→83/87

見立 進　みたて・すすむ　〜昭和62年2月10日
行橋市議　→83/87

三谷 一夫　みたに・かずお　昭和4年7月31日〜平成1年8月31日　日新製鋼参与　→88/90

三谷 一二　みたに・かずじ　〜昭和40年10月26日
福山商工会議所顧問、元三菱鉱業会長　→昭和

三谷 寛治　みたに・かんじ　大正7年1月11日〜昭和62年5月26日　大日本スクリーン製造代表取締役専務　→83/87

三谷 幸太郎　みたに・こうたろう　〜昭和56年6月5日
留萌管内初山別村議会議長、北海道村議会議長会副会長　→80/82

三谷 作太郎　みたに・さくたろう　明治43年1月22日〜昭和59年9月26日　三谷伸銅取締役相談役・元社長　→83/87

三谷 貞夫　みたに・さだお　〜平成2年9月22日
関名軽金属工業常務　→88/90

三谷 三資　みたに・さんし　明治36年9月15日〜昭和62年7月30日　日本ハードボード工業副社長、住友銀行取締役　→83/87

三谷 正蔵　みたに・しょうぞう　〜昭和56年5月19日
三菱化工機元常務、三桂製紙元社長　→80/82

三谷 二郎　みたに・じろう　大正7年9月5日〜昭和60年3月25日　ダイキン元常務　→83/87

三谷 進三　みたに・しんぞう　大正7年5月2日〜平成12年1月17日　三谷産業会長、ニッコー名誉会長　→00/02

三谷 末次郎　みたに・すえじろう　明治5年11月〜昭和10年3月4日　実業家　奉天商業会議所会頭　→昭和

三谷 進　みたに・すすむ　〜昭和37年7月4日
敦賀セメント社長　→昭和

三谷 誠一　みたに・せいいち　大正6年12月31日〜昭和60年11月1日　札幌市議　→83/87

三谷 誠一　みたに・せいいち　昭和4年3月12日〜平成22年12月4日　三菱銀行国際財団事務理事　→09/11

三谷 孝　みたに・たかし　昭和2年2月17日〜平成9年2月9日　三井倉庫専務　→97/99

三谷 隆信　みたに・たかのぶ　明治25年6月7日〜昭和60年1月13日　外交官　昭和天皇侍従長、駐フランス大使　→83/87

三谷 武司　みたに・たけし　〜平成2年11月12日
大阪高裁判事　→88/90

三谷 民子　みたに・たみこ　明治6年2月16日〜昭和20年4月1日　キリスト者,女子教育家　女子学院校長　→昭和

三谷 登　みたに・のぼる　大正11年3月30日〜平成22年5月15日　高知放送専務、暮らしの情報社代表取締役　→09/11

三谷 軌秀　みたに・のりひで　安政5年1月5日〜昭和9年3月8日　衆院議員(政友会)、大阪土地社長　→昭和

三谷 博二　みたに・はくじ　〜平成3年6月21日
野村証券監査役　→91/93

三谷 久男　みたに・ひさお　〜平成9年9月19日
大阪府会議長　→97/99

三谷 秀一　みたに・ひでいち　大正7年4月12日〜平成5年5月27日　住友電設常務　→91/93

三谷 秀治　みたに・ひでじ　大正4年8月5日〜平成11年10月20日　衆院議員(共産党)　→97/99

三谷 広信　みたに・ひろのぶ　大正8年4月28日〜昭和62年5月10日　野村貿易会長、大和銀行専務　→83/87

三谷 深　みたに・ふかし　明治40年3月6日〜平成10年8月10日　安田生命保険常務、トピー工業監査役　→97/99

三谷 文二　みたに・ぶんじ　〜平成9年8月1日
サッポロライオン常務　→97/99

三谷 文太郎　みたに・ぶんたろう　明治31年7月1日〜昭和19年9月21日　労働運動家　→昭和

三谷 政敏　みたに・まさとし　昭和13年9月7日〜平成18年4月6日　敦賀セメント社長　→06/08

三谷 祇賀　みたに・まさのり　明治28年1月29日〜昭和59年1月22日　三重県善意銀行会長、三重テレビ放送相談役、津・中日会館取締役　→83/87

三谷 光雄　みたに・みつお　大正8年4月20日〜平成12年2月28日　神奈川県議(自民党)　→00/02

三谷 光雄　みたに・みつお　大正3年10月18日〜平成12年5月30日　ボーソー油脂常務、北海道大学工学部助教授　→00/02

三谷 安治　みたに・やすはる　昭和11年3月20日〜平成23年6月21日　丸善工業社長、坂出商工会議所会頭、香川経済同友会代表幹事　→09/11

三谷 恭正　みたに・やすまさ　昭和12年12月7日〜平成

三谷 雄一郎　みたに・ゆういちろう　～昭和59年11月16日　三菱石油取締役、日東商船社長　→83/87

三谷 義男　みたに・よしお　明治33年12月3日～昭和58年10月14日　三菱電機相談役・元副社長　→83/87

三谷 与司夫　みたに・よしお　大正12年8月21日～平成4年3月3日　電通印刷（のち電通アクティス）社長　→91/93

三谷 隆一　みたに・りゅういち　～平成4年6月28日　セコニック社長　→91/93

三田部 治　みたべ・おさむ　昭和2年10月28日～平成4年11月14日　常陽銀行常務　→91/93

海琳 昭徳　みたま・あきのり　昭和16年9月18日～平成14年5月22日　ソキア社長　→00/02

三田村 三之助　みたむら・さんのすけ　～昭和37年7月3日　福井相互銀行会長　→昭和

三田村 俊一　みたむら・しゅんいち　明治40年3月23日～昭和59年7月24日　福井相互銀行会長　→83/87

三田村 庄一　みたむら・しょういち　昭和10年12月26日～平成20年9月2日　サカイオーベックス社長　→06/08

三田村 四郎　みたむら・しろう　明治29年8月25日～昭和39年6月20日　労働運動家　民主労働者協会会長　→昭和

三田村 甚三郎　みたむら・じんざぶろう　慶応3年10月～昭和9年2月13日　実業家、政治家　衆院議員　→昭和

御田村 卓司　みたむら・たかし　昭和13年10月4日～平成20年8月6日　明治生命保険常務　→06/08

三田村 武夫　みたむら・たけお　明治32年6月11日～昭和39年11月24日　衆議院議員（自民党）　→昭和

三田村 利治　みたむら・としはる　明治44年9月7日～平成1年2月10日　日興証券取締役、日興証券投信委託常務、日興不動産社長　→88/90

見田村 弘　みたむら・ひろし　大正6年6月4日～平成10年4月8日　全国商店街振興組合連合会理事長　→97/99

三田村 福三郎　みたむら・ふくさぶろう　大正10年11月7日～平成20年1月5日　京写製作所常務　→06/08

三田村 史雄　みたむら・ふみお　大正9年2月25日～平成1年1月30日　ダイセル化学工業専務、大日本プラスチックス社長　→88/90

三田村 正武　みたむら・まさたけ　昭和10年1月9日～平成16年9月23日　本州化学工業専務　→03/05

三田村 増雄　みたむら・ますお　昭和55年11月9日　南加北海道人会長　→80/82

三田村 保武　みたむら・やすたけ　～昭和39年6月8日　ビー・エス・コンクリート社長　→昭和

御手洗 修　みたらい・おさむ　明治31年～昭和46年4月22日　三井銀行副社長　→昭和

御手洗 進　みたらい・すすむ　～平成7年4月18日　公認会計士　クーパー・アンド・ライブランド社（米国）代表社員　→94/96

御手洗 毅　みたらい・たけし　明治34年3月11日～昭和59年10月12日　キヤノン創業者　→83/87

御手洗 肇　みたらい・はじめ　昭和13年10月5日～平成7年8月31日　キヤノン社長　→94/96

御手洗 正彦　みたらい・まさひこ　～平成19年5月11日　NHK情報ネットワーク専務、NHK大阪放送局長　→06/08

道重 茂男　みち・しげお　明治43年7月2日～昭和63年10月14日　留萌市議　→88/90

道井 ヲト　みちい・おと　明治4年7月17日～昭和57年1月10日　女性の長寿日本一　→80/82

道家 和雄　みちいえ・かずお　～昭和63年11月25日　日本発明振興協会理事、事務局長　→88/90

道重 信教　みちしげ・しんきょう　安政3年3月4日～昭和9年1月29日　僧侶　増上寺法主、浄土宗大僧正　→昭和

道中 政一　みちなか・せいいち　～昭和57年4月29日　オリムピック釣具販売会長、大阪漁具会長　→80/82

道広 一実　みちひろ・かずみ　大正12年9月19日～平成8年10月31日　大阪市助役、大阪マーチャンダイズマート代表会長　→94/96

道盛 恵之助　みちもり・けいのすけ　～昭和57年10月1日　大阪能率協会事務局長　→80/82

三津 正四郎　みつ・しょうしろう　大正4年5月2日～平成19年8月10日　兼松江商副社長　→06/08

見津 毅　みつ・たけし　～平成7年3月19日　人権活動家　社会新報記者　→94/96

三津 武　みつ・たけし　明治32年3月20日～昭和62年10月20日　ミズノ取締役総務部長　→83/87

三井 明　みつい・あきら　明治42年8月25日～平成17年11月30日　弁護士　東京高裁部総括判事　→03/05

三井 脩　みつい・おさむ　大正12年3月15日～平成4年8月11日　（財）日本道路交通情報センター理事長、警察庁長官　→

光吉 吉治　みつい・きちじ　～昭和59年6月10日　日本パイロット協会会長　→83/87

三井 啓策　みつい・けいさく　～平成12年2月6日　日本瓦斯化学工業（のち三菱ガス化学）常務　→00/02

三井 弘三　みつい・こうぞう　大正3年10月3日　日本陶業連盟専務理事、日本陶磁器工業協同組合連合会専務理事　→91/93

満井 佐吉　みつい・さきち　明治26年5月5日～昭和42年2月16日　陸軍中佐　衆議院議員　→昭和

三井 新一　みつい・しんいち　昭和10年12月12日～平成12年12月18日　富士通ゼネラル専務　→00/02

三ツ井 新次郎　みつい・しんじろう　～昭和55年1月16日　北陸電力顧問、元副社長　→80/82

三井 清一郎　みつい・せいいちろう　慶応3年6月～昭和24年11月30日　陸軍主計中将　貴族議員（勅選）　→昭和

三ツ井 政治　みつい・せいじ　昭和2年6月7日～平成3年9月19日　弁護士　（医）社団創産会長、旭川弁護士会長

→91/93

三井 高昶　みつい・たかあきら　明治44年8月16日～昭和60年5月29日　三井五丁目家第2代当主, 三井信託銀行監査役, 聖ミカエル学院院長　→83/87

三井 高周　みつい・たかかね　～平成22年1月19日　松阪三井家第11代当主　→09/11

三井 高精　みつい・たかきよ　明治14年7月17日～昭和45年10月1日　実業家　三井室町家第11代当主, 三井物産取締役　→昭和 (みつい・こうせい)

三井 崇　みつい・たかし　大正6年4月9日～平成12年2月29日　日本製粉専務　→00/02

三井 高維　みつい・たかすみ　明治34年4月22日～昭和54年7月29日　三井報恩会理事長, 啓明学園理事長　→昭和

三井 高寔　みつい・たかただ　～昭和63年1月8日　三井造船監査役　→88/90

三井 高修　みつい・たかなが　明治25年2月28日～昭和37年2月11日　実業家　三井小石川家第9代当主, 三井化学工業会長　→昭和

三井 高遂　みつい・たかなる　明治29年3月14日～昭和61年2月22日　実業家, 鳥類研究家　三井新町家第10代当主　→83/87

三井 高徳　みつい・たかのり　明治7年11月16日～昭和12年1月7日　実業家　三井南家第9代当主, 三井合名監査役　→昭和 (三井 寿太郎 みつい・じゅたろう)

三井 高陽　みつい・たかはる　明治33年7月10日～昭和58年5月19日　実業家, 交通史研究家　三井南家第10代当主, 三井船舶初代社長, 女子美術大学理事長　→83/87

三井 高寛　みつい・たかひろ　明治44年10月14日～昭和18年12月19日　実業家　三井伊皿子家第8代当主, 三井物産社長　→昭和 (三井 元之助 みつい・げんのすけ)

三井 高実　みつい・たかみつ　～平成13年6月22日　三井新町家第11代当主, 北泉学園理事長　→00/02

三井 高泰　みつい・たかやす　明治8年1月13日～昭和21年12月15日　実業家　三井松坂北家第8代当主, 三井物産社長　→昭和 (三井 守之助 みつい・もりのすけ)

三井 達彦　みつい・たつひこ　昭和9年11月7日～平成19年12月1日　神東塗料専務　→06/08

三井 輝彦　みつい・てるひこ　～昭和48年5月3日　大阪新聞社常務　→昭和

三井 敏正　みつい・としまさ　大正5年3月18日～平成1年12月14日　新キャタピラー三菱相談役　→88/90

三井 宣雄　みつい・のぶお　大正8年12月19日～平成3年1月10日　平和相互銀行専務　→91/93

光井 円陸　みつい・のぶひろ　昭和10年11月20日～平成3年4月9日　山陽信用組合理事長, 兵庫県信用組合常務　→91/93

三井 八郎右衛門 (15代目)　みつい・はちろうえもん　安政4年1月14日～昭和24年2月9日　実業家, 男爵　三井総領家第10代当主, 三井合名会社社長　→昭和 (三井 高棟 みつい・たかみね)

三井 八郎右衛門 (16代目)　みつい・はちろうえもん　明治28年8月3日～平成4年11月13日　実業家　三井総領家第11代当主, 三井不動産名誉相談役, 三井本社社長　→91/93

三井 英雄　みつい・ひでお　大正3年8月3日～昭和61年10月11日　日研化学常務取締役　→83/87

三井 啓光　みつい・ひろみつ　昭和8年3月11日～平成20年11月4日　山形県議 (公明党)　→06/08

三井 弁蔵　みつい・べんぞう　明治20年12月7日～昭和16年5月21日　実業家　三井本村町家2代当主, 三井物産取締役　→昭和

三井 正子　みつい・まさこ　明治43年3月24日～平成7年7月9日　常磐会理事長　→94/96

三井 再男　みつい・またお　明治34年11月16日～平成1年5月13日　キヤノン常務　→88/90

三井 康秀　みつい・やすひで　明治37年11月5日～平成2年7月18日　伊勢新聞社長　→88/90

三井 安弥　みつい・やすや　～昭和61年7月28日　宮内庁管理部長・侍従　→83/87

三井 孝昭　みつい・よしあき　大正10年2月8日～平成20年7月10日　三井ハイテック創業者　→06/08

三石 重行　みついし・しげゆき　大正4年7月24日～平成10年4月30日　高知県議 (自民党)　→97/99

光石 士郎　みつい・しろう　明治38年3月4日～昭和62年11月24日　弁護士　日本経済新聞社友・元監査役　→83/87

三石 満　みついし・みつる　～昭和62年4月19日　千曲バス常務取締役　→83/87

三石 玲子　みついし・れいこ　昭和28年1月16日～平成15年7月4日　マーケティングコンサルタント　M&M研究所代表　→03/05

満尾 叶　みつお・かなえ　明治28年12月20日～昭和60年3月2日　弁護士　関東弁護士連合会理事長　→83/87

満尾 君亮　みつお・きみすけ　明治34年9月5日～平成6年8月3日　衆院議員 (民主自由党)　→94/96

光尾 芳人　みつお・よしと　～昭和58年11月19日　萩市長　→83/87

三岡 健次郎　みつおか・けんじろう　大正1年8月1日～平成21年9月19日　陸軍少佐, 陸将　中国帰国者援護事業協力会長　→09/11

光岡 照夫　みつおか・てるお　昭和4年7月26日～平成23年7月11日　マツダ専務　→09/11

光岡 慶直　みつおか・よしなお　大正12年8月18日～平成7年10月4日　岐阜県会議長 (自民党)　→94/96

光川 恵治　みつかわ・けいじ　～平成9年1月22日　大正海上火災保険 (のち三井海上火災保険) 専務　→97/99

見次 貢祐　みつぎ・こうすけ　～昭和57年11月21日　伊藤忠商事常務　→80/82

三樹 博　みつぎ・ひろし　昭和8年7月15日～平成8年2月10日　日向市長　→94/96

参木 録郎　みつぎ・ろくろう　明治11年5月10日～昭和

10年1月1日　実業家　東京ガス社長　→昭和（みつき・ろくろう）

光沢 章　みつざわ・あきら　大正12年7月5日～平成12年12月15日　富士通常務　→00/02

光島 光三郎　みつしま・みつさぶろう　明治39年2月27日～平成9年11月9日　日本スピンドル製造社長, 住友重機械工業常務　→97/99

三塚 博　みつづか・ひろし　昭和2年8月1日～平成16年4月25日　衆院議員（自民党）, 蔵相　→03/05

満田 寛一　みつだ・かんいち　明治9年8月10日～昭和17年5月3日　大審院判事　→昭和（まんだ・かんいち）

光田 顕司　みつだ・けんじ　明治36年12月7日～昭和63年8月21日　神戸新聞社社長, デイリースポーツ社社長　→88/90

満田 清四郎　みつた・せいしろう　明治30年3月10日～昭和58年1月5日　弁護士　→83/87

満田 武　みつだ・たけし　明治40年1月12日～昭和59年5月5日　三井鉱山監査役　→83/87

満田 久康　みつだ・ひさやす　大正11年3月29日～平成12年3月25日　日本伸銅専務　→00/02

密田 博孝　みつだ・ひろたか　明治40年7月22日～平成6年10月10日　コスモ石油名誉会長, 石油連盟会長　→94/96

光田 福多　みつだ・ふくた　～昭和62年9月11日　西日本相互銀行（のち西日本銀行）常務取締役　→83/87

満田 文彦　みつだ・ふみひこ　明治44年2月25日～平成12年12月18日　東京高裁部総括判事　→00/02

光田 善孝　みつだ・よしたか　明治41年1月2日～平成1年6月27日　東京放送社長室顧問・元常務　→88/90

満武 勝夫　みつたけ・かつお　～昭和62年1月31日　野田町（鹿児島県）町長　→83/87

光武 隆次　みつたけ・たかじ　～平成1年3月3日　秀工社会長　→88/90

光武 武男　みつたけ・たけお　～昭和63年12月12日　九州三菱自動車販売常務, 三菱銀行博多支店長　→88/90

光武 便一　みつたけ・びんいち　～昭和56年3月25日　ノームー製作所常務　→80/82

三ツ谷 光男　みつたに・みつお　～昭和59年9月11日　公明党政策審議会副会長　→83/87

三土 忠造　みつち・ちゅうぞう　明治4年6月25日～昭和23年4月1日　衆院議員（立憲政友会）, 内相　→昭和

光藤 亀吉　みつどう・かめきち　～昭和15年1月2日　岡山瓦斯社長　→昭和（みつふじ・かめきち）

光藤 俊雄　みつどう・としお　大正3年3月4日～平成1年11月8日　住友化学工業顧問, ニュージーランド大使　→88/90

光富 総介　みつとみ・そうすけ　大正9年9月28日～平成18年12月11日　関東電化工業常務　→06/08

光永 孝一　みつなが・こういち　大正10年3月28日～昭和62年8月25日　西日本開発相談役, 玄海ゴルフ場社長　→83/87

光永 澄道　みつなが・ちょうどう　昭和10年～平成17年11月30日　僧侶　延暦寺大阿闍梨, 天台宗大僧正　→03/05

光永 貞三　みつなが・ていぞう　～昭和28年11月7日　電通相談役　→昭和

光永 一三男　みつなが・ひさお　～昭和63年9月16日　日本橋梁社長　→88/90

光永 仁義　みつなが・ひとよし　昭和20年11月1日～平成17年7月　慧光総代表　→06/08s

光永 星郎　みつなが・ほしろう　慶応2年7月26日～昭和20年2月20日　実業家, 政治家　電通創業者, 貴院議員（勅選）　→昭和

光成 一志　みつなり・かずし　～平成5年2月8日　日本撚糸工業組合連合会理事長, 備後撚糸社長　→91/93

三成 利男　みつなり・としお　大正5年2月21日～平成4年4月7日　日本の松の緑を守る会理事長　→91/93

三成 順子　みつなり・よりこ　大正12年～昭和60年5月13日　松枯れ防止運動推進者　→83/87

満野 清水　みつの・きよみ　～昭和61年5月13日　修道士　灯台の聖母トラピスト大修道院院長　→83/87

三野 研太郎　みつの・けんたろう　～平成9年5月12日　弁護士　第二次厚木基地騒音公害訴訟弁護団長　→97/99

満野 孜朗　みつの・しろう　大正4年6月3日～昭和62年10月28日　ミツノ社長　→83/87

三ツ野 真三郎　みつの・まさぶろう　大正14年1月26日～平成22年12月19日　北国新聞専務・主筆　→09/11

光延 丈喜夫　みつのぶ・たけきお　大正3年10月24日～平成4年6月5日　新光電気工業相談役　→91/93

光法 堯義　みつのり・たかよし　～昭和46年1月5日　帝国ピストンリング専務　→昭和

三橋 勲　みつはし・いさお　明治40年3月12日～昭和59年1月17日　旭川ガス社長, 旭川経営者協会長　→83/87

三橋 勤　みつはし・いそし　大正13年11月27日～平成16年3月20日　千葉信用金庫理事長　→03/05

三橋 和治　みつはし・かずじ　大正1年7月30日～平成9年4月1日　東光電気常務　→97/99

三ツ橋 克己　みつはし・かつみ　大正12年12月6日～平成7年2月28日　共栄火災海上保険専務　→94/96

三橋 儀郎　みつはし・ぎろう　～平成5年4月13日　青森県議　→91/93

三橋 孝次郎　みつはし・こうじろう　昭和5年1月24日～平成13年4月17日　ミツハシ名誉会長　→00/02

三橋 幸三　みつはし・こうぞう　～昭和58年11月12日　新日本証券顧問, 元山叶証券社長　→83/87

三橋 三郎　みつはし・さぶろう　～平成14年12月21日　弁護士　千葉川崎製鉄公害訴訟初代弁護士団長, 千葉県

みつはし　　　　　　　　　　　　　　　　　　　　　　　　　　Ⅰ　政治・経済・社会篇

弁護士会会長　→00/02

三橋 三之助　みつはし・さんのすけ　明治40年8月24日～平成11年9月8日　東京テアトル社長　→97/99

三橋 四郎次（2代目）　みつはし・しろうじ　明治12年～昭和30年3月22日　衆院議員（憲政本党）　→昭和（三橋 四郎次 みはし・しろうじ）

三橋 信一　みつはし・しんいち　大正9年3月27日～平成12年12月14日　建設省住宅局長、地域振興整備公団副総裁　→00/02

三橋 信三　みつはし・しんぞう　～昭和26年3月7日　三菱倉庫社長、三菱本社理事　→昭和（みはし・しんぞう）

三橋 進　みつはし・すすむ　昭和15年9月29日～平成4年10月29日　東急不動産取締役　→91/93

三橋 猛雄　みつはし・たけお　明治36年5月1日～昭和61年3月12日　明治堂書店代表社員、東京古書籍商協組理事長　→83/87

三橋 敏男　みつはし・としお　大正13年2月25日～平成3年7月6日　富里町（千葉県）町長　→91/93

三橋 則雄　みつはし・のりお　～昭和57年10月7日　総理府恩給局長　→80/82

三橋 八次郎　みつはし・はちじろう　明治31年10月～昭和59年12月27日　参院議員（社会党）　→83/87

三橋 博　みつはし・ひろし　大正11年1月9日～平成3年8月30日　ツムラ常務、北海道大学名誉教授　→91/93

三橋 祐太郎　みつはし・ゆうたろう　明治36年10月23日～平成2年10月25日　阪神電気鉄道相談役、阪神不動産相談役　→88/90

三橋 幸男　みつはし・ゆきお　～昭和51年1月21日　私鉄総連委員長　→昭和（みはし・ゆきお）

三ツ林 幸三　みつばやし・こうぞう　明治26年9月～昭和52年5月13日　政治家　衆院議員（日本自由党）　→昭和

三ツ林 隆志　みつばやし・たかし　昭和28年7月5日～平成22年8月2日　衆院議員（自民党）　→09/11

三林 忠ュ 　みつばやし・ちゅうえい　～昭和57年5月7日　ヤマモリ食品工業社長、全国醤油醸造協同組合理事　→80/82

三ツ林 弥太郎　みつばやし・やたろう　大正7年11月22日～平成15年8月18日　衆院議員（自民党）、科学技術庁長官　→03/05

水原 徳至　みつはら・よしのり　大正7年3月22日～昭和60年2月2日　日電東芝情報システム顧問・元常務　→83/87

光藤 有典　みつふじ・ありすけ　大正2年1月1日～平成4年6月22日　トーメン専務　→91/93

三堀 巌　みつほり・いわお　明治31年2月1日～昭和62年2月14日　天竜川漁業協同組合長、長野県漁業協組連合会長　→83/87

三間 安市　みつま・やすいち　～昭和49年2月7日　アブダビ石油社長、共同石油社長　→昭和

三巻 秋子　みつまき・あきこ　明治40年～平成5年10月

日　消費者運動家　消費科学センター理事長、消費科学連合会名誉会長、主婦連合会副会長　→91/93

三巻 一郎　みつまき・いちろう　～昭和62年1月23日　日本光学工業常務取締役　→83/87

光松 靖起　みつまつ・やすき　昭和3年4月11日～平成10年9月27日　中部抵抗器会長、稲沢商工会議所会頭　→97/99

光宗 開真　みつむね・かいしん　大正12年3月27日～平成9年4月2日　愛媛県副知事　→97/99

光村 甚助　みつむら・じんすけ　明治38年2月20日～平成4年3月23日　参院議員（社会党）　→91/93

光村 利之　みつむら・としゆき　～昭和46年2月22日　光村印刷会長　→昭和

三ツ本 常彦　みつもと・つねひこ　明治43年5月5日～平成11年6月3日　新日本証券社長、日本興業銀行常務　→97/99

三盛 洲洋　みつもり・くにひろ　～平成15年4月2日　創価学会副会長・沖縄総長　→03/05

三ツ森 英寿　みつもり・ひでとし　大正15年4月15日～平成1年11月30日　保土谷化学取締役　→88/90

三森 良二郎　みつもり・りょうじろう　明治39年6月24日～平成7年12月25日　日本共同証券財団理事長　→94/96

密門 弘範　みつもん・こうはん　～平成20年7月7日　僧侶　久米寺貫首　→09/11s

密門 成範　みつもん・せいはん　大正6年5月31日～平成18年3月29日　僧侶　阿弥陀寺住職　→09/11s

三矢 国夫　みつや・くにお　大正7年3月19日～平成6年1月21日　三菱商事取締役　→94/96

三矢 隆夫　みつや・たかお　大正13年8月30日～平成4年11月3日　小田急百貨店社長　→91/93

光谷 堯　みつや・たかし　～昭和57年9月3日　小野田セメント専務　→80/82

三ツ谷 敏明　みつや・としあき　昭和16年7月21日～平成23年6月18日　富士機械製造副社長　→09/11

三屋 秀明　みつや・ひであき　昭和19年8月19日～平成22年8月16日　宝実常務　→09/11

三矢 正城　みつや・まさき　大正1年8月25日～昭和58年12月3日　安田生命副社長、オーバル機器工業監査役　→83/87

光安 勝美　みつやす・かつみ　～昭和62年6月26日　読売新聞社工務局参与・社友　→83/87

光安 国蔵　みつやす・くにぞう　～昭和57年10月13日　西広社長　→80/82

光安 愛友　みつやす・ちかとも　大正15年4月1日～平成23年2月25日　沖電線社長　→09/11

三露 嘉郎　みつゆ・よしろう　大正14年10月14日～平成23年9月8日　兵庫県副知事　→09/11

光行 紘二　みつゆき・こうじ　昭和15年10月～平成5年9月13日　学陽書房社長　→91/93

1192　「現代物故者事典」総索引（昭和元年～平成23年）

光行 次郎　みつゆき・じろう　明治6年1月20日〜昭和20年8月6日　検事総長,貴院議員(勅選)　→昭和

光行 康郎　みつゆき・やすお　〜昭和58年10月25日　船橋そごう副社長　→83/87

水戸 春造　みと・はるぞう　〜昭和40年10月26日　海軍中将　宇品造船社長　→昭和

三戸 寿　みと・ひさし　〜昭和42年5月17日　海軍少将　→昭和

水戸 正美　みと・まさみ　明治45年3月1日〜昭和55年6月15日　福岡県議　→80/82

三戸 康正　みと・やすまさ　〜昭和26年12月8日　小野田セメント常務　→昭和

見当 邦雄　みとう・くにお　大正3年12月1日〜昭和60年2月15日　フタバ食品社長,宇都宮商工会議所副会頭　→83/87

水戸部 勝美　みとべ・かつみ　〜昭和61年1月30日　北海道青少年福祉協会事務局長,元札幌中央道税事務所長　→83/87

三苫 欽英　みとま・きんえい　〜昭和55年10月9日　福岡県議　→80/82

三苫 茂　みとま・しげる　明治31年7月21日〜昭和56年6月9日　五番館相談役　→80/82

三苫 仕　みとま・つこう　〜昭和57年3月27日　鹿島建設専務　→80/82

三苫 義人　みとま・よしと　〜平成2年10月14日　福岡県信用保証協会常務理事　→88/90

見冨 茂五郎　みとみ・しげたろう　大正11年5月10日〜平成20年10月10日　丸紅常務　→06/08

三富 晴雄　みとみ・はるお　大正12年10月11日〜平成1年2月10日　赤城村(群馬県)村長　→88/90

三富 和　みとみ・ひとし　明治3年10月21日〜平成3年10月19日　東海興業専務大阪支店長　→91/93

三富 弥太郎　みとみ・やたろう　明治42年7月10日〜昭和59年8月11日　鹿島建設常務取締役　→83/87

三富 啓亘　みとみ・よしのぶ　大正7年1月2日〜平成19年12月27日　日本NCR社長　→06/08

三留 教義　みとめ・のりよし　明治43年5月10日〜平成18年1月29日　ユニチカ専務　→06/08

御友 重信　みとも・しげのぶ　大正3年7月22日〜昭和61年12月15日　丸万証券相談役・元社長,東海銀行専務　→83/87

緑川 袈裟男　みどりかわ・けさお　昭和14年3月8日〜平成13年6月2日　ビー・エス常務　→00/02

緑川 大二郎　みどりかわ・だいじろう　大正2年4月1日〜平成12年7月2日　北秋会長,全国木材組合連合会会長,大館商工会議所会頭　→00/02

緑川 正　みどりかわ・ただし　〜平成2年6月10日　日本観光通訳協会理事・元副会長　→88/90

翠川 鉄雄　みどりかわ・てつお　大正6年10月31日〜平成7年7月23日　日本興業銀行常務　→94/96

緑川 亨　みどりかわ・とおる　大正12年11月8日〜平成21年7月20日　岩波書店社長　→09/11

緑川 宏美　みどりかわ・ひろみ　大正4年1月2日〜昭和63年7月18日　共同石油常務　→88/90(緑川 宏美)

翠川 良雄　みどりかわ・よしお　大正7年1月〜平成15年1月24日　三井銀行取締役,山種証券副社長　→03/05

美土路 昌一　みどろ・ますいち　明治19年7月16日〜昭和48年5月11日　朝日新聞社社長,全日本空輸創立者　→昭和

皆岡 秀雄　みなおか・ひでお　〜昭和45年10月10日　日生球場営業部次長　→昭和

三永 恭平　みなが・きょうへい　大正9年11月13日〜平成22年5月12日　牧師　東京神学大学牧会心理学講師　→09/11

南小柿 正光　みながき・まさみつ　〜平成10年5月26日　北海道新聞社友　→97/99

南方 俊三　みなかた・しゅんぞう　昭和11年4月18日〜平成5年2月15日　稲畑産業専務　→91/93

南方 福蔵　みなかた・ふくぞう　〜昭和60年9月2日　住友電設常務　→83/87

水上 浩躬　みなかみ・ひろちか　文久1年7月7日〜昭和7年3月26日　神戸市長　→昭和(みずかみ・ひろみ)

皆川 郁夫　みながわ・いくお　〜昭和62年8月16日　国際貿易促進協会相談役　→83/87

南川 郁治　みながわ・いくはる　明治45年1月30日〜平成9年12月18日　共栄火災海上保険専務　→97/99

皆川 岩雄　みながわ・いわお　大正8年2月18日〜平成22年1月5日　千葉県議(自民党)　→09/11

皆川 圭一郎　みながわ・けいいちろう　昭和27年8月21日〜平成18年6月15日　鎌ケ谷市長　→06/08

皆川 順　みながわ・じゅん　明治42年5月16日〜昭和63年12月29日　日本紡績協会理事　→88/90

皆川 信一　みながわ・しんいち　大正14年2月24日〜平成20年10月30日　エフエスケー専務　→06/08

皆川 槙二　みながわ・しんじ　〜平成21年2月18日　講談社フェーマススクールズ社長,講談社取締役　→09/11

皆川 多気夫　みながわ・たきお　大正5年7月31日〜平成18年7月26日　十条製紙専務,日伯紙パルプ資源開発社長　→06/08

皆川 辰雄　みながわ・たつお　大正5年2月10日〜昭和63年9月3日　京葉瓦斯顧問、元取締役　→88/90

皆川 利男　みながわ・としお　〜昭和49年6月10日　日東電気工業社長　→昭和

皆川 延利　みながわ・のぶとし　〜昭和60年11月2日　海軍大佐　愛知水交会会長　→83/87

皆川 治広　みながわ・はるひろ　明治8年3月7日〜昭和33年3月7日　司法官僚,弁護士　→昭和

皆河 博　みながわ・ひろし　昭和3年1月10日〜昭和61年

9月17日　日産相互サービス社長，日産生命保険理事　→83/87

皆川 広宗　みながわ・ひろむね　大正8年3月29日～平成9年9月2日　三菱商事副社長　→97/99

皆川 迪夫　みながわ・みちお　大正9年2月5日～平成22年10月12日　総理府総務副長官　→09/11

皆川 ヨ子　みながわ・よね　明治26年1月4日～平成19年8月13日　世界最高齢者(114歳)　→06/08

皆川 利吉　みながわ・りきち　明治26年7月3日～昭和47年12月28日　労働運動家　→昭和

皆川 良二　みながわ・りょうじ　大正2年12月12日～平成17年4月16日　加茂市長　→03/05

水口 敬三　みなくち・けいぞう　大正8年4月20日～平成11年12月12日　東亜バルブ専務，東亜エンジニアリング会長　→00/02s

水口 宏三　みなくち・こうぞう　大正3年7月21日～昭和48年3月1日　社会運動家，政治家　参院議員(社会党)，全農林委員長　→昭和

南口 重太郎　みなぐち・しげたろう　～昭和25年12月18日　帝蓄工業社長　→昭和

水口 達　みなくち・とおる　明治22年5月9日～昭和60年9月21日　水口物産会長，第一製線代表取締役，元東京商工会議所副会頭　→83/87

南口 豊治　みなぐち・とよはる　～昭和46年12月16日　テイチク社長　→昭和

水口 一　みなくち・ひとし　昭和2年10月18日～平成22年12月29日　四国電力常務，四国情報通信ネットワーク社長　→09/11

水口 義清　みなくち・よしきよ　～昭和5年4月11日　浜口首相令兄　→昭和

水無瀬 忠清　みなせ・ただきよ　大正6年3月18日～平成10年11月27日　阪急百貨店副社長　→97/99

水無瀬 忠政　みなせ・ただまさ　～昭和38年1月15日　子爵　貴院議員　→昭和

湊 和夫　みなと・かずお　昭和18年12月27日～平成14年10月11日　自治省税務局長　→00/02

湊 清　みなと・きよし　～昭和56年5月27日　新井組取締役，元兵庫県出納長　→80/82

湊 慶譲　みなと・けいじょう　～昭和57年10月19日　海軍少将　→80/82

湊 健一　みなと・けんいち　大正11年4月28日～平成15年9月10日　神鋼電機会長　→03/05

湊 謙正　みなと・けんせい　大正9年5月2日～平成5年5月18日　ミナト医科学社長，大阪電気通信大学客員教授　→91/93

湊 才次郎　みなと・さいじろう　明治23年5月28日～昭和58年5月16日　東洋通信機社長　→83/87

湊 佐和吉　みなと・さわきち　～昭和60年9月21日　東京都庁教育新聞連盟会長　→83/87

湊 静男　みなと・しずお　明治39年4月27日～昭和58年

3月4日　神鋼電機相談役・元社長，神戸製鋼所常務　→83/87

湊 清太　みなと・せいた　昭和7年11月1日～平成17年4月8日　カキダ会長　→03/05

湊 徹郎　みなと・てつろう　大正8年11月24日～昭和52年7月19日　衆院議員(自民党)　→昭和

湊 仁　みなと・ひとし　～平成4年11月6日　乃村工芸社常勤監査役　→91/93

湊 葆州　みなと・ほうじゅう　明治45年7月14日～平成18年7月24日　僧侶　臨済宗建仁寺派管長　→06/08

港 光重　みなと・みつしげ　大正12年6月9日～平成12年12月12日　小野薬品工業常務　→00/02

湊 守篤　みなと・もりあつ　明治41年11月9日～昭和47年8月21日　日興リサーチセンター社長　→昭和

湊谷 昭二　みなとや・しょうじ　昭和2年4月25日～平成22年5月12日　西海企業グループ代表取締役　→09/11

三鍋 庄治　みなべ・しょうじ　～昭和62年8月9日　富山信用金庫検査部副検査役　→83/87

三辺 長治　みなべ・ちょうじ　明治19年12月23日～昭和33年4月27日　大阪府知事　→昭和(さんべ・ちょうじ)

三鍋 義三　みなべ・よしぞう　明治31年1月～昭和36年8月14日　衆院議員(社会党)　→昭和

南 勇　みなみ・いさむ　～昭和61年1月15日　日中物産会長　→83/87

南 五雄　みなみ・いつお　大正8年9月24日～平成4年10月28日　大和証券投資信託社長，大和証券副社長　→91/93

南 逸郎　みなみ・いつろう　昭和10年7月30日～平成12年1月9日　弁護士　南逸郎法律事務所所長，日本弁護士連合会副会長，大阪弁護士会会長　→00/02

南 梅吉　みなみ・うめきち　明治10年5月10日～昭和22年10月24日　部落解放運動家　全国水平社初代委員長　→昭和

南 景樹　みなみ・かげき　明治42年7月20日～平成2年1月8日　大阪造船所社長，日本造船工業会副会長　→88/90

南 一枝　みなみ・かずえ　～昭和46年8月9日　日立造船取締役　→昭和

南 和男　みなみ・かずお　～平成10年4月19日　日本ガスケット常務　→97/99

南 一清　みなみ・かずきよ　大正13年3月16日～平成18年10月28日　弁理士　日本弁理士会副会長　→06/08

南 勘二　みなみ・かんじ　明治36年9月15日～昭和63年10月27日　亀屋みなみチェーン会長　→88/90

南 莞爾　みなみ・かんじ　～昭和15年5月17日　東京火災取締役会長　→昭和

南 喜一　みなみ・きいち　明治26年2月19日～昭和45年1月30日　社会運動家　日本国策パルプ工業社長　→昭和

南 九馬夫　みなみ・くまお　明治40年11月16日～平成10年2月26日　日本合成化学工業専務　→97/99

南 熊三郎　みなみ・くまさぶろう　～平成12年1月5日

I 政治・経済・社会篇　　　　　　　　　　　　　　　　　　　　　　　　　　　　みなみ

新潟水俣病被害者の会会長　→00/02

南 敬太郎　みなみ・けいたろう　大正10年3月3日～平成13年2月6日　高砂鉄工社長　→00/02

南 健一　みなみ・けんいち　～平成22年7月29日　ニチメン・日商岩井ホールディングス取締役専務執行役員　→09/11

南 幸治　みなみ・こうじ　明治41年2月13日～平成5年6月24日　大成建設社長　→91/93

南 三郎　みなみ・さぶろう　昭和14年8月31日～昭和59年8月8日　大阪地裁判事、大阪高裁判事職務代行　→83/87

南 三郎　みなみ・さぶろう　大正2年11月30日～平成16年3月17日　三重交通常務　→03/05

南 重男　みなみ・しげお　大正13年7月12日～平成7年1月4日　五ツ木書房会長　→94/96

南 俊一　みなみ・しゅんいち　明治27年4月9日～昭和58年9月9日　大和建物相談役・元社長、大和紡績専務　→83/87

南 純一　みなみ・じゅんいち　大正15年2月9日～平成3年12月28日　日清食品常務　→91/93

南 隼三郎　みなみ・じゅんざぶろう　明治40年9月30日～昭和62年10月2日　タクマ副社長　→83/87

南 俊二　みなみ・しゅんじ　明治15年9月28日～昭和36年12月29日　大阪造船所社長　→昭和

南 順二　みなみ・じゅんじ　昭和3年8月20日～平成14年6月10日　北海タイムス社長　→00/02

南 正治　みなみ・しょうじ　大正1年12月9日～平成10年1月3日　日本パイプ製造副社長　→97/99

南 次郎　みなみ・じろう　明治7年8月10日～昭和30年12月5日　陸軍大将　陸相、枢密顧問官　→昭和

南 次郎　みなみ・じろう　昭和9年6月14日～平成22年8月1日　岩合産業専務　→09/11

南 慎一郎　みなみ・しんいちろう　～昭和40年8月17日　高岡市長　→昭和

南 進吉　みなみ・しんきち　明治30年9月4日～平成2年2月24日　三井物産相談役、東邦チタニウム専務　→88/90

南 助松　みなみ・すけまつ　明治6年8月10日～昭和39年10月15日　労働運動家　→昭和

南 大作　みなみ・だいさく　大正9年1月20日～平成11年5月16日　ミナミ社長　→97/99

皆美 享衛　みなみ・たかえ　大正10年9月25日～平成11年6月24日　文化放送専務　→97/99

南 他喜男　みなみ・たきお　～平成7年　庭師　→97/99s

皆見 武夫　みなみ・たけお　明治42年4月19日～昭和60年10月13日　京都近鉄百貨店常務　→83/87

皆美 健夫　みなみ・たけお　大正15年3月27日～平成22年1月4日　玉造皆美社長、松江商工会議所会頭　→09/11

美並 竹次　みなみ・たけじ　明治41年3月1日～昭和63年12月26日　大阪市信用金庫会長、全国杉の子会連合会会長　→88/90

南 忠弘　みなみ・ただひろ　大正15年12月1日～平成9年12月1日　トーメン専務　→97/99

南 ツギヱ　みなみ・つぎえ　大正2年～平成20年2月18日　女性運動家　鹿児島県地域女性団体連絡協議会会長　→06/08

南 ツ子　みなみ・つね　明治35年6月8日～平成5年5月18日　ミナミ会長　→91/93

南 丁巳知　みなみ・ていち　大正6年2月1日～平成7年12月14日　共同石油（のちジャパンエナジー）専務　→94/96

南 鼎三　みなみ・ていぞう　明治14年5月～昭和18年9月3日　衆院議員　→昭和

南 俊雄　みなみ・としお　大正12年10月7日～平成12年3月8日　共栄火災海上保険常務　→00/02

南 直治郎　みなみ・なおじろう　～昭和57年3月25日　日本スチールウール会長　→80/82

南 久之　みなみ・ひさゆき　明治38年1月21日～昭和58年4月15日　南鉄工所社長　→83/87

南 秀雄　みなみ・ひでお　大正5年6月6日～平成6年4月11日　東海ゴム工業常務　→94/96

南 弘　みなみ・ひろし　明治2年10月10日～昭和21年2月8日　政治家　貴院議員（勅選）、通信相、枢密顧問官　→昭和

南 正一　みなみ・まさかず　～平成17年7月7日　日本鋪道（のちNIPPOコーポレーション）常務　→03/05

南 政次郎　みなみ・まさじろう　～昭和56年10月17日　根上工作所会長、日見製作所会長　→80/82

南 政忠　みなみ・まさただ　大正12年4月6日～平成7年2月13日　根上工作所会長　→94/96

南 正守　みなみ・まさもり　明治40年11月16日～昭和63年11月6日　高津装飾美術社長　→88/90

南 正義　みなみ・まさよし　明治45年4月18日～平成20年4月12日　中日新聞参与、東海ラジオ放送社長　→06/08

南 操　みなみ・みさお　～平成6年12月5日　千代田火災海上保険会長　→94/96

南 盛雄　みなみ・もりお　～平成3年12月3日　大阪証券金融常務　→91/93

南 保一　みなみ・やすいち　～昭和12年2月27日　清交社常務理事　→昭和

南 保夫　みなみ・やすお　明治44年8月28日～平成6年1月4日　大洋製鋼会長　→94/96

南 保信　みなみ・やすのぶ　昭和3年3月15日～平成16年5月23日　月島機械常務　→03/05

南 欽晶　みなみ・よしあき　昭和17年3月16日～平成12年5月5日　きんでん常務　→00/02

南 義夫　みなみ・よしお　明治41年8月12日～平成16年12月10日　大日本紡績常務　→03/05

南 義雄　みなみ・よしお　～昭和57年5月22日　日本勤労者住宅協会常任理事　→80/82

「現代物故者事典」総索引（昭和元年～平成23年）　　1195

南 好雄　みなみ・よしお　明治37年1月29日～昭和55年9月4日　運輸相、衆院議員(自民党)　→80/82
南 利三郎　みなみ・りさぶろう　大正6年8月17日～平成3年2月19日　東洋フイッテング社長　→91/93
南 竜一　みなみ・りゅういち　昭和3年1月2日～平成3年5月7日　真柄建設常務　→91/93
南 良太郎　みなみ・りょうたろう　昭和6年9月15日～平成19年3月25日　多木化学専務　→06/08
南 良平　みなみ・りょうへい　昭和4年10月26日～平成15年7月13日　熊本日日新聞常務　→03/05
南 緑八郎　みなみ・ろくはちろう　大正12年9月7日～平成14年11月22日　新潟日報社長　→00/02
南川 泉　みなみかわ・いずみ　～昭和61年9月12日　飯塚市人権擁護委員　→83/87
南川 順一　みなみかわ・じゅんいち　大正15年7月23日～平成19年6月10日　三井不動産専務　→06/08
南川 昌一　みなみかわ・しょういち　～昭和63年1月24日　博多由岐屋社長、西南学院大学ラグビー部監督、福岡高ラグビー部監督　→88/90
南崎 孝雄　みなみざき・たかお　昭和6年2月22日～平成19年6月6日　三共常務　→06/08
南沢 正二　みなみざわ・しょうじ　昭和2年～昭和61年9月17日　北越工業常務　→83/87
南地 庫治　みなみじ・くらじ　大正14年6月29日～平成4年4月18日　丸紅取締役　→91/93
南谷 恵澄　みなみたに・えちょう　明治36年3月18日～昭和60年5月29日　総本山四天王寺副住職　→83/87
南谷 三男　みなみたに・みつお　大正14年11月15日～平成19年12月19日　東海バネ工業社長　→83/87
南出 一雄　みなみで・かずお　明治37年1月1日～平成5年2月9日　弁護士　日弁連副会長　→91/93
南出 国男　みなみで・くにお　大正12年7月13日～平成1年5月28日　共同石油専務　→88/90
南出 秀憲　みなみで・ひでのり　～平成16年8月28日　石川テレビ放送常務　→03/05
南村 政春　みなみむら・まさはる　大正6年2月20日～平成13年9月24日　びわ湖放送常務　→00/02
南谷 光男　みなみや・みつお　昭和4年6月9日～平成18年2月1日　八戸テレビ放送社長　→06/08
南山 育長　みなみやま・いくちょう　～平成11年12月6日　サンウエーブ工業専務　→00/02s
源 孝強　みなもと・こうきょう　明治39年4月26日～平成4年6月21日　京都府議　→91/93
源 初太郎　みなもと・はつたろう　明治40年4月22日～平成1年2月10日　源社長　→88/90
源 ゆき子　みなもと・ゆきこ　明治37年6月13日～平成8年6月7日　ひめゆり同窓会会長、沖縄婦人有権者同盟会長　→94/96
源 義一　みなもと・よしかず　～平成12年1月13日　司法書士　日本司法書士会連合会名誉会長　→00/02
源 芳一　みなもと・よしかず　大正2年12月14日～平成6年9月17日　日興証券常務　→94/96
峯 一郎　みね・いちろう　明治43年6月17日～平成10年6月11日　大末建設常務　→97/99
峰 逸馬　みね・いつま　昭和7年10月4日～平成12年4月25日　最高検検事、富山地検検事正　→00/02
峰 貫一　みね・かんいち　明治43年7月8日～平成14年8月24日　峰製作所会長、東京産業人クラブ常任理事　→00/02
三根 大八　みね・だいはち　大正4年4月23日～平成11年12月12日　日本鉱業常務　→00/02s
峯 竹千代　みね・たけちよ　～平成7年　犬印本舗社長　→97/99s
嶺 次男　みね・つぐお　明治45年1月11日～平成2年7月31日　新日本製鉄副社長　→88/90
峰 弘　みね・ひろし　～昭和58年7月23日　福岡県議　→83/87
三根 広二　みね・ひろじ　大正8年1月12日～昭和63年7月11日　筒中プラスチック工業社長　→88/90
嶺井 百合子　みねい・ゆりこ　～平成11年10月16日　沖縄女師一高女ひめゆり同窓会会長、ひめゆり平和祈念資料館館長　→97/99
峰尾 清見　みねお・きよみ　大正10年1月19日～平成13年2月22日　日本ギア工業常務　→00/02
峯尾 恭人　みねお・やすんど　大正7年3月23日～平成11年12月8日　神奈川県議(自民党)　→97/99
峯川 佐吉　みねかわ・さきち　～昭和39年7月5日　関東市議会議長会長　→昭和
峯川 三郎　みねかわ・さぶろう　大正14年5月10日～平成15年4月25日　旭化成工業(のち旭化成)専務　→03/05
峰木 茂　みねき・しげる　～昭和2年8月2日　海軍中佐　→昭和
峰岸 応哉　みねぎし・おうさい　～昭和60年2月4日　曹洞宗大本山永平寺副監院、元東北福祉大学副学長　→83/87
峯岸 久三郎　みねぎし・きゅうざぶろう　大正14年12月28日～平成6年3月8日　キッコーマン専務　→94/96
嶺岸 二郎　みねぎし・じろう　大正5年6月20日～平成11年11月15日　産電工業社長　→88/90
峰岸 辰三　みねぎし・たつぞう　～昭和56年3月28日　学校図書株式会社社長、元図書印刷株式会社専務　→80/82
峰岸 俊雄　みねぎし・としお　明治41年12月8日～昭和62年12月11日　第一銀行(のち第一勧業銀行)副頭取　→83/87
峰岸 甲　みねぎし・まさる　～昭和57年7月31日　安藤建設会長　→80/82
峰沢 忠雄　みねざわ・ただお　大正14年2月12日～昭和62年10月6日　峰沢鋼機社長　→83/87
峯重 嘉一　みねしげ・かいち　明治28年4月20日～平成3

年7月21日　峯重燃料工業社長　→91/93

峯島 達夫　みねしま・たつお　昭和3年6月26日～平成2年2月13日　丸八倉庫社長　→88/90

峰島 茂兵衛　みねしま・もへえ　～昭和57年11月13日　丸八倉庫相談役　→80/82

峰永 了作　みねなが・りょうさく　大正3年2月16日～昭和60年5月7日　日中経済協会常務理事、元関西経済同友会常任幹事　→83/87

峰野 宗悦　みねの・そうえつ　～昭和29年2月10日　臨済宗総管長　→昭和

嶺藤 亮　みねふじ・りょう　～平成2年8月15日　僧侶　真宗大谷派宗務総長、改観寺住職　→88/90

峯廻 幸夫　みねまわり・ゆきお　大正15年11月18日～平成9年7月7日　北海道中央バス取締役相談役　→97/99

峯村 修　みねむら・おさむ　大正4年3月31日～平成3年11月2日　日立精機取締役　→91/93

峰村 清次郎　みねむら・せいじろう　～昭和59年1月3日　町田ギヤー製作所取締役　→83/87

峯村 忠　みねむら・ただし　～昭和61年2月4日　住宅金融公庫情報管理室長　→83/87

峰村 治信　みねむら・はるのぶ　大正12年7月14日～昭和63年1月13日　兵庫相互銀行常務　→88/90

峰村 正燦　みねむら・まさきら　大正2年9月3日～平成9年8月12日　日貿社長、横浜蚕糸絹業振興議会会長、横浜生糸取引所理事　→97/99

峯元 清次　みねもと・きよじ　大正8年7月9日～平成19年4月30日　東京都議（民主クラブ）、八丈島町（東京都）町長　→06/08

三根谷 実蔵　みねや・じつぞう　～昭和51年7月23日　弁護士　東京弁護士会長　→昭和

峯山 冨美　みねやま・ふみ　大正3年6月8日～平成22年12月28日　小樽運河を守る会会長　→09/11

三野 昭男　みの・あきお　昭和10年7月2日～平成9年9月21日　ブリヂストン専務　→97/99

三野 明彦　みの・あきひこ　大正2年2月23日～平成4年4月14日　三菱地所副社長　→91/93

三野 和雄　みの・かずお　大正8年7月22日～平成3年4月24日　雪印乳業専務　→91/93

蓑 憲作　みの・けんさく　大正3年1月30日～平成9年6月21日　富山県会議長、北日本新聞社副社長、富山エフエム放送取締役　→97/99

三野 定　みの・さだむ　大正7年6月29日～平成13年11月29日　住友建設会長、建設省近畿地方建設局長　→00/02

三野 重和　みの・しげかず　大正12年10月20日～平成15年12月19日　クボタ社長　→03/05

美野 順二郎　みの・じゅんじろう　～昭和56年6月23日　住友倉庫社長　→80/82

三野 敬之　みの・たかゆき　昭和7年5月19日～平成15年2月19日　三井造船常務　→03/05

見野 忠嗣　みの・ただつぐ　昭和14年1月15日～平成23年4月26日　エア・ウォーター副社長　→09/11

三野 秀雄　みの・ひでお　昭和2年1月17日～平成20年5月8日　東邦ガス副社長　→06/08

三野 博　みの・ひろし　大正10年11月21日～平成6年4月8日　百十四銀行頭取　→94/96

美濃 政市　みの・まさいち　明治45年1月7日～昭和63年9月28日　衆議院議員、北海道幕別町農協組合長　→88/90

美濃 真人　みの・まひと　大正11年7月9日～平成17年10月12日　竹菱電機社長　→03/05

美濃 勇一　みの・ゆういち　～昭和57年8月18日　北日本航空常務　日本の航空界草分けのパイロット　→80/82

御影池 達雄　みのいけ・たつお　～昭和44年4月17日　関東州長官　→昭和（みかげいけ・たつお）

箕浦 嘉一　みのうら・かいち　～昭和60年5月18日　名鉄局印刷名誉会長　→83/87

箕浦 勝弘　みのうら・かつひろ　大正10年1月14日～平成16年11月1日　三重銀行常務　→03/05

箕浦 勝人　みのうら・かつんど　嘉永7年2月15日～昭和4年8月30日　政治家　通信相、衆院副議長、衆院議員（憲政会）　→昭和

箕浦 多一　みのうら・たいち　明治24年7月31日～昭和50年1月8日　日産自動車社長　→昭和

箕浦 雅治　みのうら・まさはる　大正5年11月30日～昭和60年5月26日　中央発條社長　→83/87

箕浦 良忠　みのうら・よしただ　昭和3年2月4日～平成5年11月16日　ニッコー常務　→91/93

箕岡 一史　みのおか・かずし　～平成7年4月1日　エース総合リース社長、日産ディーゼル販売顧問　→94/96

美野川 慶一　みのかわ・けいいち　昭和2年8月8日～平成20年12月13日　三井不動産専務　→06/08

蓑島 岩吉　みのしま・いわきち　～昭和60年10月22日　三信運輸会長　→83/87

簔島 清人　みのしま・きよひと　大正12年12月1日～平成15年5月27日　帝国ホテル専務　→03/05

簔島 安雄　みのしま・やすお　～平成7年6月23日　山之内製薬常務　→94/96

蓑田 和夫　みのだ・かずお　昭和15年1月15日～平成11年12月30日　共栄タンカー専務　→00/02s

蓑田 勝亮　みのだ・かつすけ　大正15年8月22日～平成20年1月26日　日本水産社長　→06/08

蓑田 五郎　みのだ・ごろう　～昭和55年1月21日　石炭鉱害事業団理事、元福岡通産局鉱害部長　→80/82

箕田 正一　みのだ・しょういち　～昭和55年6月18日　大審院判事　→80/82

蓑田 不二夫　みのだ・ふじお　明治27年7月24日～昭和59年3月17日　在サイゴン総領事、鹿島平和研究所長　→83/87

蓑田 又男　みのだ・またお　大正5年11月27日～平成13

年2月4日　光洋精工副社長　→00/02

蓑田 胸喜　みのだ・むねき　明治27年1月26日〜昭和21年1月30日　国家主義者　原理日本社主宰　→昭和

簔原 辰雄　みのはら・たつお　昭和3年1月22日〜昭和62年10月13日　九州大栄陸運社長、九州海陸運送協同組合理事長　→83/87

美濃部 薫一　みのべ・くんいち　大正13年6月〜平成9年7月3日　僧侶　美濃部学園理事長、東京本願寺（真宗大谷派）浅草門跡）執務長　→97/99

美濃部 浩一　みのべ・こういち　明治45年3月12日〜平成1年10月28日　海将　海上自衛隊海上幕僚監部衛生部長　→88/90

美濃部 佐兵衛　みのべ・さへえ　大正4年2月8日〜平成8年8月30日　日本漁網船具（のちニチモウ）専務　→94/96

美濃部 正　みのべ・ただし　大正4年7月〜平成9年6月12日　空将　航空自衛隊幹部候補生学校校長　→97/99

美濃部 洋次　みのべ・ようじ　明治33年11月1日〜昭和28年2月28日　日本評論社新社長、商工省機械局長　→昭和

簔洞 雅章　みのほら・まさあき　〜昭和56年1月8日　愛知日野自動車取締役　→80/82

三野村 清一郎　みのむら・せいいちろう　明治36年11月〜平成6年6月2日　三井不動産常務　→94/96

御法川 直三郎　みのりかわ・なおさぶろう　安政3年7月13日〜昭和5年9月11日　御法川式製糸機発明者　→昭和

御法川 英文　みのりかわ・ひでふみ　昭和11年4月3日〜平成15年4月24日　衆議院議員（自民党）　→03/05

箕浦 甲子夫　みのら・かしお　〜平成12年1月9日　前橋簡裁判事　→00/02

蓑輪 健二郎　みのわ・けんじろう　大正6年3月13日〜昭和58年1月21日　三菱重工業顧問、海洋架橋調査会理事長、本州四国連絡橋公団副総裁　→83/87

箕輪 正治　みのわ・しょうじ　明治42年1月3日〜平成9年9月1日　トーモク専務、北海製缶専務　→97/99

箕輪 円　みのわ・まどか　明治44年5月15日〜平成9年2月15日　京王帝都電鉄社長　→97/99

三橋 誠　みはし・まこと　明治40年1月16日〜平成2年10月20日　全農会長、日本バスケットボール協会会長　→88/90

三浜 和雄　みはま・かずお　明治38年12月31日〜平成1年1月30日　住金鋼材工業社長　→88/90

三浜 善俊　みはま・よしとし　大正2年〜平成7年6月16日　ウツエバルブ取締役相談役、栗村製作所専務　→94/96

三原 朝雄　みはら・あさお　明治42年8月20日〜平成13年9月7日　衆議院議員（自民党）、総務庁長官、防衛庁長官　→00/02

三原 克己　みはら・かつみ　昭和10年4月3日〜平成15年12月14日　北海タイムス社社長　→03/05

三原 源治　みはら・げんじ　〜昭和57年10月3日　ワシントン州シアトル日系人会名誉会長　→80/82

三原 重男　みはら・しげお　大正10年5月26日〜昭和63年4月13日　住銀ファイナンス社長、関西相互銀行専務　→88/90

三原 修二　みはら・しゅうじ　〜昭和59年2月7日　陸軍少将　内地鉄道司令官　→83/87

三原 荘衛　みはら・しょうえい　大正12年〜平成14年11月28日　日本郵船専務　→00/02

三原 二郎　みはら・じろう　〜昭和56年8月16日　三菱鉱業常務　→80/82

三原 スヱ　みはら・すえ　明治36年〜昭和61年7月8日　福祉事業家　（財）瀬戸青少年会館理事長、丸亀少女の家院長　→83/87

三原 辰次　みはら・たつじ　慶応4年8月〜昭和5年11月11日　陸軍中将　→昭和

三原 弘　みはら・ひろし　大正11年12月23日〜平成10年1月9日　昭和産業専務　→97/99

御原 福平　みはら・ふくへい　〜昭和42年5月30日　小阪結核予防研究会常務理事、名古屋飛行学校創設者　→昭和

三原 道也　みはら・みちや　〜昭和55年2月14日　弁護士　日弁連副会長　→80/82

三原 善昭　みはら・よしあき　昭和2年1月2日〜平成10年6月3日　住友倉庫専務、住倉興産社長　→97/99

水原 義昭　みはら・よしあき　昭和3年12月4日〜昭和61年10月27日　プラス・テク専務、アラスカパルプ常務　→83/87

三春 重雄　みはる・しげお　明治42年3月29日〜平成8年1月8日　宮議県議、社会党宮城県本部委員長　→94/96

美平 晴道　みひら・せいどう　〜昭和55年11月24日　希望社社長、児童憲章愛の会理事長　→80/82

壬生 喜幸　みぶ・きこう　〜平成17年1月13日　南カリフォルニア高知県人会会長　→03/05

壬生 台舜　みぶ・たいしゅん　大正2年9月24日〜平成14年6月13日　僧侶　浅草寺（聖観音宗務本山）貫首、大正大学名誉教授　→00/02

壬生 武　みぶ・たけし　大正4年9月5日〜平成6年7月4日　中部計器工業社長、中部電力取締役　→94/96

壬生 基義　みぶ・もとよし　明治6年6月15日〜昭和11年10月27日　陸軍少将、伯爵　→昭和

壬生 雄舜　みぶ・ゆうしゅん　〜昭和25年3月10日　妙法院門跡　→昭和

三淵 乾太郎　みぶち・けんたろう　明治39年12月3日〜昭和60年8月22日　弁護士　浦和地家裁所長　→83/87

三淵 震三郎　みぶち・しんざぶろう　明治44年4月11日〜平成1年3月20日　大東京火災海上保険専務　→88/90

三淵 忠彦　みぶち・ただひこ　明治13年3月5日〜昭和25年7月14日　最高裁初代長官　→昭和

三淵 嘉子　みぶち・よしこ　大正3年11月13日〜昭和59年5月28日　弁護士　横浜家裁所長　→83/87

三船 祥二郎　みふね・しょうじろう　〜平成4年7月29日

クラレ監査役　→91/93
三船 芳郎　みふね・よしろう　大正10年11月14日〜平成9年1月27日　三進工業会長　→97/99
三保 幹太郎　みほ・かんたろう　〜昭和22年12月12日　日産社々長　→昭和
三堀 参郎　みほり・さぶろう　明治39年4月17日〜平成3年10月12日　農林省食品局長,食料品配給公団総裁　→91/93
三堀 稔雄　みほり・としお　大正4年1月5日〜平成8年3月8日　大末建設専務　→94/96
三堀 博　みほり・ひろし　明治40年11月17日〜昭和62年4月17日　弁護士　三堀法律事務所所長　→91/93
美馬 郁夫　みま・いくお　大正2年7月6日〜平成4年8月18日　全国公営住宅共済会顧問,建設省計画局長　→91/93
美馬 儀一郎　みま・ぎいちろう　慶応3年3月3日〜昭和14年8月19日　阿波商業銀行取,貴院議員(多額)　→昭和
美馬 儀一郎　みま・ぎいちろう　明治44年11月14日〜平成21年4月6日　阿波銀行取　→09/11
美馬 健士　みま・けんし　昭和5年10月11日〜平成9年5月19日　京都新聞平安販売所所長,京都新聞折込サービスセンター社長　→97/99
三間 修助　みま・しゅうすけ　大正8年2月27日〜平成19年2月13日　日本鉱業副社長　→06/08
美馬 健男　みま・たてお　大正6年7月14日〜平成2年9月1日　高知県議(自民党),高知県建設業連合会長　→88/90
三間 直正　みま・なおまさ　明治40年1月10日〜平成5年12月27日　東芝機械専務　→91/93
美馬 与次次　みま・よじ　大正4年5月16日〜平成11年2月12日　京都府議(自民党)　→97/99
美馬 隆一　みま・りゅういち　明治43年1月2日〜昭和63年3月19日　ペガサスミシン製造会長,日本工業ミシン協会顧問・元会長　→88/90
御牧 日勤　みまき・にちごん　〜平成8年6月17日　僧侶　本門仏立宗21世講中,円妙寺住職　→94/96
三牧 年　みまき・みのる　大正15年7月7日〜平成6年12月8日　丸久会長　→94/96
三増 修　みまし・おさむ　昭和8年4月16日〜平成10年4月4日　全国自動車交通労働組合連合会委員長　→97/99
三升 正直　みます・まさなお　大正12年12月11日〜平成23年6月21日　塩釜市長　→09/11
三股 繁　みまた・しげる　明治40年3月25日〜平成15年10月6日　武蔵野銀行専務　→03/05
三又 正三　みまた・しょうぞう　大正12年3月19日〜平成17年12月11日　大分銀行常務　→03/05
三松 潔　みまつ・きよし　大正10年3月24日〜平成8年11月15日　アロン化成常務　→94/96
三松 武夫　みまつ・たけお　明治9年〜昭和9年5月26日　山口県知事,新潟県知事　→昭和 (みつまつ・たけお)
耳野 宏　みみの・ひろし　大正4年8月15日〜平成3年10月6日　三井東圧化学専務　→91/93

三村 郁夫　みむら・いくお　〜昭和57年7月5日　津山商工会議所専務理事　→80/82
三村 勇　みむら・いさむ　明治45年7月10日〜平成4年7月2日　茨城県会議長(自民党)　→91/93
味村 治　みむら・おさむ　大正13年2月7日〜平成15年7月25日　弁護士　最高裁判事,内閣法制局長官　→03/05
三村 一雄　みむら・かずお　〜平成4年11月4日　京三電線副社長　→91/93
三村 和義　みむら・かずよし　〜昭和27年4月1日　大日本紡績社長　→昭和
三村 起一　みむら・きいち　明治20年8月15日〜昭和47年1月28日　住友鉱業社長　→昭和
三村 滋　みむら・しげる　〜昭和63年6月24日　日本検査常務　→88/90
三村 実徳　みむら・じっとく　大正14年9月27日〜平成18年8月24日　山陽新聞常務　→06/08
三村 誠三　みむら・せいぞう　〜昭和57年3月1日　東京電力常務　→80/82
三村 泰右　みむら・たいすけ　〜平成3年4月25日　青森県議　→91/93
三村 忠雄　みむら・ただお　〜昭和56年11月8日　三村鉄工,高松重機,綿工業各社長　→80/82
三村 義　みむら・ただし　大正7年11月2日〜昭和62年2月4日　宮田工業専務　→83/87
三村 恒夫　みむら・つねお　明治42年2月22日〜平成4年7月7日　明治製糖専務　→91/93
味村 亨　みむら・とおる　明治32年4月24日〜昭和61年8月15日　南海電気鉄道社友,日本触媒化学工業専務　→83/87
三村 直憲　みむら・なおのり　〜昭和48年9月3日　江商副社長　→昭和
三村 長年　みむら・ながとし　大正10年11月7日〜平成3年4月18日　長崎県副知事　→91/93
三村 操　みむら・みさお　〜昭和57年5月31日　京三電線社長　→80/82
三村 嘉寛　みむら・よしひろ　大正4年2月9日〜平成22年11月2日　金谷工業社長,岡山県中小企業団体中央会長　→09/11
三村 令二郎　みむら・れいじろう　〜昭和55年12月26日　日本海員掖済会顧問・前会長　→80/82
三室 恒彦　みむろ・つねひこ　〜昭和61年10月19日　毎日新聞社整理本部長,本阪本社印刷局長　→83/87
三室 正義　みむろ・まさよし　〜昭和55年2月12日　三室製作所社長　→80/82
三室戸 敬光　みむろど・ゆきみつ　明治6年5月18日〜昭和31年10月31日　子爵　貴院議員,宮中顧問官,東京高等音楽院院長　→昭和
美本 龍彦　みもと・たつひこ　昭和22年3月15日〜平成

20年8月25日　椿本チエイン社長　→06/08

三森 衛　みもり・まもる　大正14年2月4日～昭和59年9月23日　日本重化学工業監査役　→83/87

宮 憲一　みや・けんいち　大正4年2月4日～平成16年4月8日　KDD副社長　→03/05

宮 弘一　みや・こういち　大正14年4月12日～平成10年6月3日　北越製紙専務　→97/99

宮 栄　みや・さかえ　明治23年9月29日～昭和60年3月26日　美濃窯業専務　→83/87

宮 福次郎　みや・ふくじろう　明治36年3月29日～平成5年5月5日　岩手日報社社長、岩手県公安委員長　→91/93

宮 正夫　みや・まさお　昭和9年9月22日～平成6年6月16日　クラヤ薬品専務　→94/96

宮 正美　みや・まさみ　昭和3年9月16日～平成2年4月25日　ネポン常務　→88/90

見矢 洋一　みや・よういち　大正3年7月2日～平成2年11月10日　資生堂専務　→88/90

宮 礼二　みや・れいじ　昭和11年10月20日～平成5年7月4日　三木証券常務　→91/93

宮井 一雄　みやい・かずお　～昭和63年8月22日　島根新聞社（のち山陰中央新報社）常務取締役　→88/90

宮井 進一　みやい・しんいち　明治33年2月12日～昭和42年3月30日　社会運動家　→昭和

宮井 仁之助　みやい・じんのすけ　大正10年10月22日～平成14年5月15日　社会経済生産性本部理事長、シェル石油副社長　→00/02

宮井 忠夫　みやい・ただお　～昭和62年7月11日　宮城県ハイヤータクシー交通共済協同組合理事長　→83/87

宮井 哲雄　みやい・てつお　～昭和34年4月17日　瑞浪精機社長　→88/90

宮池 稔　みやいけ・みのる　大正6年2月2日～平成3年2月2日　明治生命監査役　→91/93

宮入 潔　みやいり・きよし　大正3年1月26日～平成16年12月22日　豊田通商社長　→03/05

宮入 俊光　みやいり・しゅんこう　～昭和61年10月22日　僧侶　港区（東京都）区議、栄閑院住職　→83/87

宮入 正則　みやいり・まさのり　大正13年5月21日～平成19年　宮入会長、東京ニット御商組理事長　→06/08

宮内 彰　みやうち・あきら　大正11年3月3日～平成5年8月14日　長瀬産業専務　→91/93

宮内 章　みやうち・あきら　大正15年3月10日～平成9年8月27日　飛島建設副社長　→97/99

宮内 巌　みやうち・いわお　明治39年11月13日～昭和62年10月5日　西武鉄道副社長　→83/87

宮裡 顕秀　みやうち・けんしゅう　～平成4年3月30日　僧侶　臨済宗妙心寺派宗務総長　→91/93

宮内 栄　みやうち・さかえ　大正15年2月2日～平成20年3月20日　日本電子専務　→06/08

宮内 三郎　みやうち・さぶろう　～昭和47年3月13日

千葉市長　→昭和

宮内 重次郎　みやうち・じゅうじろう　明治45年4月7日～平成6年6月27日　日本鋳鍛鋼会専務理事、日本粉末冶金工業会専務理事　→94/96

宮内 春市　みやうち・しゅんいち　明治43年3月26日～平成6年3月31日　神姫バス専務　→94/96

宮内 潤一　みやうち・じゅんいち　大正1年10月11日～平成4年4月20日　建設経済研究所専務、建設省中部地方建設局長、日本道路公団理事　→91/93

宮内 定次郎　みやうち・ていじろう　～昭和43年4月27日　足利銀行専務　→昭和

宮内 俊之　みやうち・としゆき　明治42年11月26日～平成4年3月21日　伊藤忠商事専務、アラビア石油副社長　→91/93

宮内 宏之　みやうち・ひろゆき　大正15年10月26日～平成10年10月12日　住友海上火災保険専務　→97/99

宮内 勝　みやうち・まさる　明治37年9月23日～平成10年3月11日　東洋オーチス・エレベータ社長　→97/99

宮内 康夫　みやうち・やすお　大正10年11月21日～平成21年11月15日　日立製作所副社長　→09/11

宮内 安則　みやうち・やすのり　～平成15年7月19日　山九常務　→03/05

宮内 泰之　みやうち・やすゆき　大正7年1月13日～平成12年4月29日　京都府議（共産党）　→00/02

宮内 義正　みやうち・よしまさ　～平成23年11月29日　宮内イヨカン発見者　→09/11

宮内 麟一　みやうち・りんいち　大正3年5月15日～平成10年4月22日　横河電機常務　→97/99

宮内 弥　みやうち・わたる　～昭和61年4月28日　全国知事会事務局長、愛媛県副知事　→83/87

宮尾 明　みやお・あきら　昭和10年12月7日～平成2年2月2日　会計検査院官房審議官　→88/90

宮尾 葆　みやお・しげる　明治28年8月2日～昭和60年1月17日　日立製作所取締役　→88/90

宮尾 倭央　みやお・しずお　大正9年7月28日～平成5年1月20日　日本化学産業専務　→91/93

宮尾 舜治　みやお・しゅんじ　慶応4年1月8日～昭和12年4月3日　貴院議員（勅選）、帝都復興院副総裁　→昭和

宮尾 昇治　みやお・しょうじ　～昭和63年8月18日　新潟県警豊栄警察署長　→88/90

宮尾 隆喜　みやお・たかき　～平成7年2月13日　日洋産業専務　→94/96

宮尾 英雄　みやお・ひでお　明治36年1月20日～平成3年12月21日　日本長期信用銀行副頭取、日本勧業角丸証券（のち勧角証券）会長　→91/93

宮尾 雅夫　みやお・まさお　～平成19年12月11日　自動車新聞社長　→06/08

宮尾 嘉誠　みやお・よしまさ　大正1年12月12日～昭和59年12月27日　第一中央汽船専務取締役　→83/87

宮尾 和一良　みやお・わいちろう　昭和2年10月29日～

I　政治・経済・社会篇　　　　　　　　　　　　　　　　　　　　　　　　　　　　　　　　　みやかわ

平成19年2月3日　信濃毎日新聞専務　→06/08

宮岡 義一　みやおか・ぎいち　明治43年1月19日～平成5年9月13日　埼玉県議　→91/93

宮岡 公夫　みやおか・きみお　大正11年12月8日～平成10年1月25日　日本郵船社長　→97/99

宮岡 恒次郎　みやおか・つねじろう　～昭和18年12月18日　駐米大使館参事官　→昭和

宮岡 寿雄　みやおか・としお　昭和5年1月1日～平成12年5月6日　松江市長　→00/02

宮岡 直記　みやおか・なおき　～昭和5年8月14日　海軍中将　→昭和（富岡 直記 とみおか・なおき）

宮岡 政雄　みやおか・まさお　大正2年7月2日～昭和57年8月8日　農民　砂川町基地拡張反対同盟代表　→80/82

宮岡 良逸　みやおか・よしいつ　～昭和63年12月16日　東邦印刷社長、茨城県印刷調整組合理事長　→88/90

宮垣 貞雄　みやがき・さだお　明治43年12月1日～平成21年10月17日　但馬信用金庫会長、豊岡商工会議所会頭　→09/11

宮垣 実三　みやがき・じつぞう　明治40年10月21日～平成2年2月3日　豊和産業（のち大隅豊和機械）社長、日経連理事　→88/90

宮方 義三　みやかた・よしぞう　大正7年2月1日～昭和63年9月5日　桐生機械常務　→88/90

宮上 種勇　みやかみ・たねゆう　～平成11年2月16日　滋賀県議　→97/99

宮川 以三夫　みやがわ・いさお　大正8年10月10日～平成1年7月23日　レッキス工業社長　→88/90

宮川 一貫　みやかわ・いっかん　明治18年1月～昭和19年3月25日　衆院議員（立憲政友会）　→昭和（みやがわ・いっかん）

宮川 伊与雄　みやがわ・いよお　～昭和45年2月2日　和光堂社長　→昭和

宮川 岸雄　みやがわ・きしお　明治44年12月22日～平成18年12月6日　郵政省電波監理局長　→06/08

宮川 京子　みやがわ・きょうこ　～昭和62年3月3日　櫛田神社十七社宮司　→83/87

宮川 清久　みやがわ・きよひさ　～昭和55年6月3日　山一証券投資信託販売社長　→80/82

宮川 国生　みやがわ・くにお　大正9年1月3日～平成9年8月22日　大蔵省造幣局長、九州銀行会長　→97/99

宮川 敬一郎　みやがわ・けいいちろう　大正6年6月13日～平成5年12月31日　三菱自動車工業取締役　→91/93

宮川 浩平　みやがわ・こうへい　明治39年1月4日～平成3年3月11日　オリエンタル酵母工業専務　→91/93

宮川 三郎　みやかわ・さぶろう　明治29年1月25日～昭和59年12月27日　東洋経済新報社長　→83/87

宮川 茂雄　みやかわ・しげお　大正2年8月15日～平成20年1月9日　小野田セメント専務、東海運社長　→06/08

宮川 滋夫　みやがわ・しげお　～平成5年5月2日　日立金属常務　→91/93

宮川 尚三　みやかわ・しょうぞう　～昭和60年9月25日　マンパワージャパン経営統括マネジャー　→83/87

宮川 四郎　みやがわ・しろう　明治44年11月15日～平成4年9月2日　宮川化成工業会長　→91/93

宮川 新一郎　みやがわ・しんいちろう　～昭和40年10月13日　日本住宅公団副総裁、元住宅金融公庫副総裁　→昭和

宮川 宗徳　みやがわ・そうとく　～昭和38年1月18日　伊勢神宮奉賛会理事長　→昭和

宮川 多慶男　みやがわ・たけお　～昭和63年4月9日　水上安全法・救急法指導員　土佐市立土佐南中学校校長　→88/90

宮川 竹馬　みやがわ・たけま　明治20年4月18日～昭和39年8月27日　四国電力初代社長　→昭和

水谷川 忠麿　みやがわ・ただまろ　明治35年8月27日～昭和36年5月20日　貴院議員、春日大社宮司、男爵　→昭和（水谷川 忠麿 みずたにがわ・ただまろ）

宮川 種一郎　みやがわ・たねいちろう　大正1年9月13日～平成7年9月29日　弁護士　大阪高裁長官　→94/96

宮川 経輝　みやがわ・つねてる　安政4年1月17日～昭和11年2月2日　牧師　日本組合基督教会大阪教会名誉牧師　→昭和

宮川 哲夫　みやがわ・てつお　明治43年9月13日～平成1年2月11日　原鶴温泉観光ホテル小野屋会長　→88/90

宮川 俊雄　みやがわ・としお　明治44年3月11日～平成1年1月8日　浅野スレート専務　→88/90

宮川 富次郎　みやがわ・とみじろう　～昭和10年1月2日　大阪市産業部長　→昭和

宮川 豊市　みやがわ・とよいち　大正11年9月15日～平成6年3月16日　全国モザイクタイル工業組合副理事長、カネキ製陶所会長　→94/96

宮川 典文　みやがわ・のりふみ　～昭和55年4月7日　日本発明振興会理事　→80/82

宮川 初男　みやがわ・はつお　～平成14年4月16日　高知トンネルじん肺補償請求団長　→00/02

宮川 久　みやがわ・ひさし　昭和10年9月13日～平成16年2月5日　住商リース取締役　→03/05

宮川 英子　みやがわ・ひでこ　～昭和63年8月17日　全国更生保護婦人連盟会長　→88/90

宮川 房夫　みやがわ・ふさお　～平成10年2月20日　（社）勤労厚生協会会長　→97/99

宮川 典子　みやがわ・ふみこ　大正13年11月18日～昭和61年3月7日　レッキス工業社長　→83/87

宮川 富美子　みやがわ・ふみこ　～平成2年5月6日　孫文の遺児　→88/90

宮川 正明　みやかわ・まさあき　大正10年11月17日～平成1年4月25日　フジタ工業監査役　→88/90

宮川 政純　みやがわ・まさずみ　～昭和56年11月15日

宮川 三雄　みやがわ・みつお　〜昭和61年11月7日
日本合成ゴム会社元常任監査役　→80/82
NHK会友・元ヨーロッパ総局長　→83/87

宮川 巳之助　みやがわ・みのすけ　〜昭和30年5月24日
東海汽船取締役　→昭和

宮川 睦男　みやがわ・むつお　大正5年11月3日〜昭和54年3月17日　労働運動家　三井三池労組組合長, 日本社会党熊本本部書記長　→昭和

宮川 吉也　みやかわ・よしなり　〜平成3年3月6日
三和シヤッター工業常務　→91/93

宮川 芳之　みやかわ・よしゆき　大正6年1月1日〜平成4年3月30日　日魯漁業(のちニチロ)専務　→91/93

三宅川 隆三　みやがわ・りゅうぞう　明治43年8月1日〜平成4年9月29日　三菱製鋼常務　→91/93

宮川 礼太郎　みやがわ・れいたろう　〜昭和58年6月9日
名古屋市小売市場連合会長, 全国小売市場総連合会副会長　→83/87

宮城 章子　みやぎ・あきこ　〜昭和62年11月16日
翠麗・フローレンス社長　→83/87

宮城 音五郎　みやぎ・おとごろう　明治16年8月3日〜昭和42年9月14日　機械工学者　東北工業大学初代学長, 東北大学名誉教授, 宮城県知事　→昭和

宮城 寛雄　みやぎ・かんゆう　〜昭和63年3月16日
立法院議員内政委員長　→88/90

宮城 京一　みやぎ・きょういち　昭和7年3月31日〜平成20年6月17日　弁護士　那覇地裁判事, 沖縄国際大学教授　→06/08

宮木 思雲　みやき・しうん　大正7年3月12日〜平成11年4月13日　中国新聞社常務　→97/99

宮城 嗣吉　みやぎ・しきち　〜平成13年6月3日
沖縄映画興業社長　→00/02

宮城 松成　みやぎ・しょうせい　1914年6月10日〜2007年6月23日　ブラジル沖縄文化センター顧問, ラジオ・ニッケイ会長　→06/08

宮城 仁四郎　みやぎ・じんしろう　明治35年1月10日〜平成9年12月20日　実業家　琉天会社長, リュエン社長　→00/02s

宮城 正吉　みやぎ・せいきち　昭和12年12月8日〜平成23年2月5日　沖縄県経営者協会専務理事　→09/11

宮城 清徳　みやぎ・せいとく　大正7年8月20日〜平成21年4月13日　サン印刷社長, 沖縄ブラジル協会会長　→09/11

宮城 孝治　みやぎ・たかはる　明治31年11月24日〜昭和60年2月22日　共栄火災海上保険相互会社相談役・元社長, 農協愛友会長, 日伯中央協会副会長　→83/87

宮城 竹三郎　みやぎ・たけさぶろう　〜昭和60年8月18日　宮城不動産会長　→83/87

宮城 タマヨ　みやぎ・たまよ　明治25年2月1日〜昭和35年11月19日　政治家, 社会教育家　参院議員(緑風会)　→昭和

宮城 長五郎　みやぎ・ちょうごろう　明治11年9月5日〜昭和17年6月25日　検察官　司法相, 貴院議員(勅選)　→昭和

宮木 敏夫　みやき・としお　昭和10年6月29日〜平成10年7月8日　交通タイムス社社長　→97/99

宮城 敏夫　みやぎ・としお　〜昭和47年5月3日
宇治平等院長老　→昭和

宮城 直文　みやぎ・なおふみ　大正5年3月4日〜平成2年3月16日　琉球生命保険社長　→88/90

宮木 広次　みやき・ひろじ　明治35年6月8日〜平成8年7月1日　秩父セメント(のち秩父小野田)専務　→94/96

宮城 実　みやぎ・みのる　〜昭和27年9月6日
大審院判事　→昭和

宮木 宗彦　みやき・むねひこ　〜昭和56年4月15日
三菱油化取締役　→80/82

宮城 安理　みやぎ・やすまさ　昭和5年8月11日〜平成8年2月29日　弁護士　→94/96

宮城 豊　みやぎ・ゆたか　大正14年11月30日〜平成18年12月27日　沖縄県経営者協会顧問　→06/08

宮岸 栄次　みやぎし・えいじ　大正4年2月7日〜平成1年6月9日　中日ドラゴンズ常務, 中日新聞総合研究室長　→88/90

宮岸 十次郎　みやぎし・じゅうじろう　明治23年12月2日〜昭和27年6月16日　労働運動家　→昭和

宮城島 由定　みやぎしま・よしさだ　大正11年6月9日〜平成1年6月4日　鈴与専務, 静岡観光汽船社長　→88/90

宮北 三七郎　みやきた・さんしちろう　大正2年3月15日〜平成2年1月10日　北海道土地改良事業団体連合会長, 北海道畜産会長, 北海道議　→88/90

宮口 久太郎　みやぐち・きゅうたろう　〜昭和60年12月22日　宮口建設(株)取締役会長, 元細入村(富山県)村長　→83/87

宮口 逞　みやぐち・たくま　昭和11年3月20日〜平成3年11月27日　アシナトランジット社長　→91/93

宮口 善行　みやぐち・よしゆき　〜昭和61年9月11日
西戸崎開発監査役　→83/87

宮国 英勇　みやくに・ひでお　昭和11年11月6日〜平成15年12月6日　公認会計士　→03/05

三宅 彰　みやけ・あきら　昭和7年3月20日〜平成21年3月21日　中電工副社長　→09/11

三宅 勇　みやけ・いさむ　明治27年12月8日〜昭和59年7月21日　麒麟麦酒常務　→83/87

三宅 英慶　みやけ・えいけい　〜昭和7年8月20日
華厳宗管長大僧正, 奈良東大寺住職　→昭和

三宅 一夫　みやけ・かずお　明治37年7月16日〜平成2年3月21日　弁護士　→88/90

三宅 兼松　みやけ・かねまつ　明治40年8月27日〜平成3年6月13日　中部経済新聞相談役　→91/93

三宅 喜四郎　みやけ・きしろう　〜平成6年10月26日　香川県議　→94/96

三宅 喜二郎　みやけ・きじろう　〜平成13年8月27日
駐スウェーデン大使　→00/02

三宅 喜兵衛　みやけ・きへえ　〜昭和6年5月16日
阿波水力電気社長　→昭和

三宅 恭一　みやけ・きょういち　〜昭和57年2月5日
北京日本大使館領事,茨城キリスト教大学教授　→80/82

宮家 教誉　みやけ・きょうよ　明治31年5月13日〜平成3年10月21日　僧侶　修験道管長,五流尊滝院(修験道)住職　→91/93

三宅 三郎　みやけ・さぶろう　明治35年4月9日〜平成1年11月5日　(社)日本緬羊協会会長　→88/90

三宅 次吉　みやけ・じきち　〜昭和61年2月5日
東福岡信用組合理事長,莒崎宮責任役員　→83/87

三宅 重夫　みやけ・しげお　大正7年5月1日〜平成23年12月1日　明智セラミックス社長,日本大正村名誉会長　→09/11

三宅 重光　みやけ・しげみつ　明治44年2月27日〜平成8年9月7日　東海銀行頭取,JR東海会長　→94/96

三宅 茂　みやけ・しげる　大正4年11月19日〜昭和55年7月4日　大日本スクリーン製造専務　→80/82

三宅 修一　みやけ・しゅういち　〜昭和60年2月18日
警視庁第8方面本部長　→83/87

三宅 秋一　みやけ・しゅういち　〜平成12年11月23日
共同酸素(のちエア・ウォーター)専務　→00/02

三宅 順　みやけ・じゅん　〜昭和57年10月8日
服部紙商事社長　→80/82

三宅 正一　みやけ・しょういち　明治33年10月30日〜昭和57年5月23日　衆院副議長,日本社会党副委員長　→80/82

三宅 省三　みやけ・しょうぞう　昭和9年1月29日〜平成12年10月17日　弁護士　→00/02

三宅 正太郎　みやけ・しょうたろう　明治20年6月27日〜昭和24年3月4日　弁護士,劇評家,随筆家　大阪控訴院院長,貴院議員(勅選)　→昭和

三宅 季二　みやけ・すえじ　大正2年3月21日〜平成3年10月4日　鳳不動産社長,大阪市収入役,鴻池組専務　→91/93

三宅 助弥　みやけ・すけや　〜昭和60年10月19日
三伸商事会長,三輪商事会長　→83/87

三宅 静一郎　みやけ・せいいちろう　〜昭和43年9月10日　塩野義製薬取締役　→昭和

三宅 静太郎　みやけ・せいたろう　明治41年8月2日〜昭和59年11月26日　川田工業相談役,阪神高速道路公団理事　→83/87

三宅 清兵衛　みやけ・せいべえ　〜昭和39年11月3日
千福(清酒)社長　→昭和

三宅 清兵衛　みやけ・せいべえ　昭和6年8月20日〜平成12年7月18日　三宅本店社長　→00/02

三宅 孝明　みやけ・たかあき　昭和16年9月14日〜平成17年9月8日　西日本銀行常務　→03/05

三宅 孝夫　みやけ・たかお　明治40年2月21日〜平成5年5月11日　小糸工業専務　→91/93

三宅 隆一　みやけ・たかかず　明治26年8月25日〜平成1年5月1日　互光商事会長　→88/90

三宅 隆　みやけ・たかし　大正11年6月3日〜平成9年8月3日　東邦液化燃料社長　→97/99

三宅 隆　みやけ・たかし　昭和4年3月31日〜平成21年9月13日　東洋紡専務　→09/11

三宅 隆良　みやけ・たかよし　〜平成8年11月20日
三宅工業会長　→94/96

三宅 威男　みやけ・たけお　〜昭和56年10月7日
日鉄鉱業名誉顧問,元専務　→80/82

三宅 猛之　みやけ・たけし　大正13年1月23日〜昭和60年7月9日　三宅家具産業社長　→83/87

三宅 猛郎　みやけ・たけしろう　大正6年〜平成5年5月26日　戸田工業取締役　→91/93

三宅 忠久　みやけ・ただひさ　〜平成6年5月19日
全国清涼飲料工業会専務理事　→94/96

三宅 龍雄　みやけ・たつお　〜平成18年3月28日
宗教家　金光教泉尾教会長,世界宗教者平和会議名誉会長　→06/08

三宅 保　みやけ・たもつ　〜平成19年1月30日
東洋電機社長　→06/08

三宅 恒夫　みやけ・つねお　大正4年7月30日〜平成13年2月18日　神崎製紙(のち王子製紙)会長　→00/02

三宅 徳三郎　みやけ・とくさぶろう　明治32年12月3日〜昭和57年4月10日　高松市長,香川県医師会長　→80/82

三宅 歳雄　みやけ・としお　明治36年〜平成11年8月31日　金光教泉尾教会長,世界宗教者平和会議名誉会長　→97/99

三宅 俊夫　みやけ・としお　〜昭和58年6月26日
毎日新聞社社友,スポーツニッポン開発会社顧問　→83/87

三宅 俊雄　みやけ・としお　〜昭和46年2月8日
陸軍中将　日本遺族会顧問　→昭和

三宅 敏彦　みやけ・としひこ　〜昭和60年10月18日
三永会長　→83/87

三宅 友平　みやけ・ともへい　明治38年3月28日〜昭和58年6月14日　大阪銀行顧問,大阪府中小企業信用保証協会理事長　→83/87

三宅 具哉　みやけ・ともや　明治42年9月10日〜平成19年10月31日　姫路信用金庫会長　→06/08

三宅 豊三郎　みやけ・とよさぶろう　明治38年2月4日〜昭和63年4月27日　中国銀行専務　→88/90

三宅 東洋彦　みやけ・とよひこ　〜昭和62年12月19日
河北新報社社友　→83/87

三宅 直方　みやけ・なおかた　昭和7年6月5日〜平成3年7月29日　日新常務　→91/93

三宅 直道　みやけ・なおみち　〜昭和57年11月30日

日本通運常務　→80/82

三宅 二一郎　みやけ・にいちろう　明治36年2月1日〜平成1年1月12日　ニチレイ副社長　→88/90

三宅 磐　みやけ・ばん　明治9年6月8日〜昭和10年5月23日　社会運動家　横浜貿易新報社長、衆議院議員（民政党）→昭和

三宅 宏かず　みやけ・ひろかず　昭和30年6月4日〜平成21年7月15日　中日新聞名古屋本社販売局次長　→09/11

三宅 寛　みやけ・ひろし　大正10年12月2日〜平成6年11月30日　TBSビジョン社長、東京放送制作局長　→94/96

三宅 博治　みやけ・ひろじ　昭和3年7月2日〜平成12年11月2日　信越ポリマー副社長　→00/02

三宅 弘文　みやけ・ひろふみ　大正10年11月13日〜平成6年6月20日　日本環境衛生センター理事長　→94/96

三宅 富士郎　みやけ・ふじろう　明治36年8月5日〜昭和63年11月17日　弁護士　東京高裁総括判事　→88/90

三宅 文雄　みやけ・ふみお　明治44年3月18日〜平成5年1月14日　東洋紡常務　→91/93

三宅 政一　みやけ・まさいち　大正12年4月16日〜昭和63年9月25日　東京都議（公明党）　→88/90

三宅 正男　みやけ・まさお　大正6年9月22日〜昭和57年6月19日　沖電気工業会長　→80/82

三宅 正雄　みやけ・まさお　明治42年10月2日〜平成11年8月10日　弁護士　東京高裁総括判事　→97/99

三宅 正直　みやけ・まさなお　大正2年11月8日〜平成5年11月11日　群馬県議（自民党）　→91/93

三宅 正治　みやけ・まさはる　大正8年4月15日〜昭和10年7月14日　藤倉電線常務、第一電子工業社長　→83/87

三宅 正熙　みやけ・まさひろ　大正6年2月13日〜平成12年6月17日　湯浅電池（のちユアサコーポレーション）副会長　→00/02

三宅 正也　みやけ・まさや　大正11年5月14日〜平成11年7月5日　朝日新聞取締役　→97/99

三宅 光治　みやけ・みつはる　明治14年5月22日〜昭和20年10月21日　陸軍中将　満州国協和会中央本部長、関東軍参謀長　→昭和

三宅 泰男　みやけ・やすお　大正13年9月24日〜平成22年5月29日　川崎重工業副社長　→09/11

三宅 八嵩士　みやけ・やすし　〜昭和58年10月27日　鹿島道路取締役工務第二部長　→83/87

三宅 勇司　みやけ・ゆうじ　〜平成14年7月15日　千葉興業銀行常務　→00/02

三宅 幸夫　みやけ・ゆきお　大正9年12月16日〜昭和63年2月25日　中東経済研究所理事長、特許庁長官　→88/90

三宅 芳雄　みやけ・よしお　大正4年1月3日〜平成6年8月2日　日産建設専務　→94/96

三宅 義造　みやけ・よしぞう　大正7年1月28日〜平成16年1月31日　岩ům産業常務　→03/05

三宅 芳郎　みやけ・よしろう　昭和55年8月5日　広島高裁判事　→80/82

三宅川 百太郎　みやけがわ・ももたろう　〜昭和27年4月27日　三菱商事社長　→昭和

宮古 啓三郎　みやこ・けいざぶろう　慶応2年4月〜昭和15年4月9日　衆院議員（立憲政友会）　→昭和

都沢 哲男　みやこざわ・てつお　明治44年10月18日〜昭和62年3月27日　東京生命取締役　→83/87

宮越 邦成　みやこし・くにしげ　大正4年1月18日〜昭和61年2月21日　東鉄工業常務　→83/87

宮腰 庄太郎　みやこし・しょうたろう　明治39年10月8日〜昭和47年4月4日　労働運動家　→昭和

宮腰 富雄　みやこし・とみお　大正14年3月5日〜昭和46年10月23日　スワール取締役会長　→88/90

宮越 万寿男　みやこし・ますお　〜昭和59年11月29日　ユニセフ会長　→83/87

宮腰 裕吉　みやこし・ゆうきち　大正14年4月1日〜平成8年3月26日　イワクラ社長　→94/96

宮腰 洋逸　みやこし・よういつ　昭和10年2月9日〜平成15年5月5日　能代市長　→03/05

宮越 龍一　みやこし・りゅういち　〜昭和58年6月1日　関西熱化学取締役　→83/87

宮坂 愛三　みやさか・あいぞう　〜平成4年8月4日　片倉工業取締役　→91/93

宮阪 勝吉　みやさか・かつきち　明治41年4月16日〜平成1年1月31日　サーモ社長、日本ポリオレフィンフィルム工業組合理事長　→88/90

宮坂 菊夫　みやさか・きくお　昭和9年11月3日〜平成22年5月7日　片倉チッカリン副社長　→09/11

宮坂 清通　みやさか・きよみち　大正3年〜昭和60年10月8日　郷土史家　八剣神社宮司　→83/87

宮坂 国人　みやさか・くにと　明治23年7月15日〜昭和52年3月21日　南米銀行創始者　ブラジル移民事業の先駆　→昭和

宮坂 作太郎　みやさか・さくたろう　大正2年9月17日〜平成5年12月4日　相鉄ローゼン専務、横浜精養軒社長　→91/93

宮坂 完孝　みやさか・さだたか　明治42年12月15日〜平成8年11月13日　参議院事務総長、国立国会図書館長　→94/96

宮坂 順三　みやさか・じゅんぞう　〜平成11年11月14日　宮坂醸造社長　→97/99

宮坂 近　みやさか・ちかし　大正15年3月4日〜平成18年7月12日　小西六写真工業取締役、コニカメディカル社長　→06/08

宮坂 博　みやさか・ひろし　大正9年9月11日〜平成16年8月4日　弘電社常務　→03/05

宮坂 文一　みやさか・ぶんいち　大正5年3月31日〜平成19年9月16日　宮坂建設工業会長　→06/08

宮坂 満喜三　みやさか・まきぞう　〜昭和47年9月9日　日本板硝子会長　→昭和

宮坂 昌仁　みやさか・まさと　明治36年10月13日〜平

11年1月13日　サスナカ社長　→97/99

宮坂 勝　みやさか・まさる　明治33年3月21日～平成2年10月6日　宮坂醸造相談役　→88/90

宮坂 保清　みやさか・やすきよ　大正5年3月28日～昭和56年5月22日　日本公認会計士協会会長　→80/82

宮坂 宥勝　みやさか・ゆうしょう　大正10年5月20日～平成23年1月11日　僧侶,歌人,書家　名古屋大学名誉教授,智積院化主,真言宗智山派管長　→09/11

宮崎 晃　みやざき・あきら　明治33年11月1日～昭和52年4月12日　アナキスト　→昭和

宮崎 晃　みやざき・あきら　大正14年2月19日～平成3年5月30日　宮崎製陶社長,愛知県陶磁器工業協同組合理事長　→91/93

宮崎 昭　みやざき・あきら　昭和4年7月27日～平成16年10月1日　日本水産副社長　→03/05

宮崎 章　みやざき・あきら　明治38年2月15日～昭和63年8月9日　駐トルコ大使　→88/90

宮崎 明　みやざき・あきら　大正12年10月19日～平成15年9月20日　鹿島社長　→03/05

宮崎 伊助　みやざき・いすけ　～昭和49年6月9日　アメリカ屋靴店社長　→昭和

宮崎 泉　みやざき・いずみ　～平成12年7月17日　キグナス石油専務　→00/02

宮崎 宇一郎　みやざき・ういちろう　明治44年8月21日～平成11年11月15日　栃木相互銀行社長　→97/99

宮崎 栄作　みやざき・えいさく　明治45年2月17日～平成13年9月24日　よつ葉乳業社長　→00/02

宮崎 奕保　みやざき・えきほ　明治34年11月25日～平成20年11月5日　僧侶　永平寺(曹洞宗)貫主　→06/08

宮崎 道　みやざき・おさむ　昭和60年4月26日　理研電線社長,古河電気工業常務　→83/87

宮崎 薫　みやざき・かおる　大正15年7月30日～平成19年7月12日　山口県議　→06/08

宮崎 輝　みやざき・かがやき　明治42年4月19日～平成4年4月17日　実業家　旭化成工業会長,旭リサーチセンター社長,日経連常任理事　→91/93

宮崎 一雄　みやざき・かずお　明治37年2月17日～昭和56年10月17日　日本長期信用銀行頭取　→80/82

宮崎 一雄　みやざき・かずお　大正8年11月13日～平成5年4月3日　北海道拓殖銀行常任監査役　→91/93

宮崎 勝次　みやざき・かつじ　大正3年1月2日～平成5年3月18日　東洋ラジエーター常務　→91/93

宮崎 要　みやざき・かなめ　明治40年12月5日～平成9年6月11日　伊予銀行専務　→97/99

宮崎 金吉　みやざき・かねきち　～昭和61年9月19日　小金井市議　→83/87

宮崎 基一　みやざき・きいち　～昭和55年3月1日　三井不動産専務　→80/82

宮崎 菊治　みやざき・きくじ　明治35年8月28日～昭和27年3月21日　社会運動家　→昭和

宮崎 清　みやざき・きよし　明治27年～昭和45年1月5日　三井物産社長,日本ユニパック会長　→昭和

宮崎 清　みやざき・きよし　～平成10年5月15日　千葉県議　→97/99

宮崎 邦次　みやざき・くにじ　昭和5年1月15日～平成9年6月29日　第一勧業銀行頭取　→97/99

宮崎 啓一　みやざき・けいいち　大正9年10月7日～平成18年6月13日　長野地家裁所長　→06/08

宮崎 敬一　みやざき・けいいち　昭和10年11月16日～平成20年2月14日　日本火災海上保険常務　→06/08

宮崎 敬介　みやざき・けいすけ　慶応3年11月17日～昭和3年10月17日　実業家　大阪電灯社長　→昭和

宮崎 憲之　みやざき・けんし　～平成21年3月28日　僧侶　弘誓寺(浄土真宗本願寺派)住職,千代田女学園理事長　→09/11

宮崎 謙三　みやざき・けんぞう　～昭和57年8月25日　川崎重工業元常務,元川重商事社長　→80/82

宮崎 乾朗　みやざき・けんろう　昭和6年～平成12年10月11日　弁護士　日弁連民事介入暴力対策委員長　→00/02

宮崎 梧一　みやざき・ごいち　大正3年5月5日～平成15年7月14日　弁護士　最高裁判事　→03/05

宮崎 幸一　みやざき・こういち　昭和6年4月27日～平成20年6月2日　朝日新聞取締役　→06/08

宮崎 孝吉　みやざき・こうきち　～昭和61年10月21日　(有)宮崎喜市商店代表取締役　→83/87

宮崎 光太郎　みやざき・こうたろう　明治43年10月25日～平成17年10月21日　三楽オーシャン副社長　→03/05

宮崎 顧平　みやざき・こへい　昭和61年8月17日　北海道製缶顧問,元常務取締役　→83/87

宮崎 駒吉　みやざき・こまきち　～昭和55年2月8日　三菱電機元社長,三菱化工機元社長　→80/82

宮崎 剛　みやざき・こわし　～昭和55年12月8日　地方団体関係団体職員共済組合監事,自治省官房参事官　→80/82

宮崎 作次　みやざき・さくし　明治44年8月6日～平成11年1月23日　静岡県議,焼津市助役　→97/99

宮崎 定一　みやざき・さだかず　明治38年11月27日～平成5年8月4日　三井造船取締役　→91/93

宮崎 三郎　みやざき・さぶろう　～平成2年1月1日　宮崎電気工事社長　→88/90

宮崎 重男　みやざき・しげお　大正1年10月28日～昭和61年3月5日　椿本精工顧問・元会長　→83/87

宮崎 繁三郎　みやざき・しげさぶろう　明治25年1月4日～昭和40年8月30日　陸軍中将　→昭和

宮崎 重信　みやざき・しげのぶ　昭和3年9月26日～平成19年10月16日　内田洋行会長　→06/08

宮崎 茂　みやざき・しげる　大正4年11月5日～平成6年7月26日　佐賀県議(社会党)　→94/96

宮崎 静　みやざき・しずか　明治40年9月1日～平成18年

9月4日　トーエネック常務　→06/08

宮崎 周一　みやざき・しゅういち　明治28年2月6日〜昭和44年10月16日　陸軍中将　→昭和

宮崎 舜市　みやざき・しゅんいち　明治40年9月1日〜平成18年11月7日　陸将　陸上自衛隊北部方面総監　→06/08

宮崎 俊一郎　みやざき・しゅんいちろう　〜昭和60年9月10日　山田水産取締役　→83/87

宮崎 俊介　みやざき・しゅんすけ　昭和4年1月29日〜平成9年2月26日　田崎真珠専務　→97/99

宮崎 正一　みやざき・しょういち　〜昭和63年5月20日　深川市長　→88/90

宮崎 庄次　みやざき・しょうじ　〜昭和59年11月27日　宮崎鋼圧社長、日本喉摘者団体連合会「銀鈴会」副会長　→83/87

宮崎 昭二　みやざき・しょうじ　〜昭和62年6月1日　北陸エレコン代表取締役社長　→83/87

宮崎 昭二　みやざき・しょうじ　昭和2年7月4日〜平成10年2月3日　川田工業副会長　→97/99

宮崎 譲二　みやざき・じょうじ　昭和24年11月〜平成8年5月8日　自立生活を送った身体障害者　→97/99s

宮崎 仁　みやざき・じん　大正9年5月21日〜平成11年3月30日　経済企画庁事務次官、アラビア石油社長　→97/99

宮崎 晋一　みやざき・しんいち　明治7年1月12日〜昭和4年2月8日　司法官　大審院検事　→昭和

宮崎 進策　みやざき・しんさく　大正10年1月10日〜昭和61年1月8日　滑川市長　→83/87

宮崎 甚左　みやざき・じんすけ　〜昭和49年9月11日　東京文明堂創始者　→昭和

宮崎 卓　みやざき・すぐる　大正13年10月16日〜平成5年5月28日　住江織物専務　→91/93

宮崎 嵩晋　みやざき・すすむ　明治44年9月12日〜平成16年3月6日　(福)真生会理事長　→97/99

宮崎 清三郎　みやざき・せいざぶろう　明治35年7月21日〜平成4年9月10日　宮崎精鋼会長、日本磨棒鋼工業組合理事長　→91/93

宮崎 静二　みやざき・せいじ　大正6年9月3日〜平成18年3月31日　セントラル硝子専務　→06/08

宮崎 誠次郎　みやざき・せいじろう　昭和9年10月28日〜平成4年9月30日　トヨタレンタリース熊本社長　→91/93

宮崎 誠之介　みやざき・せいのすけ　大正15年1月18日〜平成15年6月12日　菱電商事社長　→03/05

宮崎 世民　みやざき・せいみん　明治34年10月17日〜昭和60年8月19日　社会運動家　日中友好協会全国本部理事長　→83/87

宮崎 誠也　みやざき・せいや　大正9年6月18日〜平成20年2月13日　三菱銀行専務、ニコン副社長　→06/08

宮崎 善吾　みやざき・ぜんご　大正6年4月17日〜平成18年12月13日　佐賀県副知事　→06/08

宮崎 善重　みやざき・ぜんじゅう　〜昭和60年11月24日　宮崎(株)社長　→83/87

宮崎 総一郎　みやざき・そういちろう　昭和21年2月13日〜平成20年4月25日　ティラド会長　→06/08

宮崎 太一　みやざき・たいち　明治35年2月1日〜昭和29年10月2日　厚生事務次官　→昭和

宮崎 隆夫　みやざき・たかお　大正11年4月3日〜平成2年4月17日　公害等調整委員会事務局長　→88/90

宮崎 貴　みやざき・たかし　大正10年11月28日〜平成6年7月4日　中之条町農協(群馬県)組合長、全農副会長、群馬県農協六連会長　→94/96

宮崎 孝　みやざき・たかし　昭和5年4月13日〜平成15年12月16日　ニチメン専務　→03/05

宮崎 高四　みやざき・たかし　明治25年4月〜昭和7年5月18日　実業家　新阪堺電鉄社長、衆院議員(民政党)　→昭和

宮崎 卓司　みやざき・たくじ　大正7年3月26日〜平成7年9月18日　大東製機社長、大東紡織常務　→94/96

宮崎 武男　みやざき・たけお　明治37年1月30日〜昭和63年6月22日　新幸産業会長、広島ステーションホテル社長、宝塚ホテル専務・総支配人　→88/90

宮崎 武　みやざき・たけし　昭和9年8月3日〜平成18年7月8日　中日総合サービス専務　→06/08

宮崎 武　みやざき・たけし　明治4年10月1日〜平成18年8月26日　新日本製鉄副社長、新日鉄化学会長　→06/08

宮崎 武幸　みやざき・たけゆき　昭和6年10月27日〜平成15年7月4日　農林水産省中国四国農政局長　→03/05

宮崎 忠夫　みやざき・ただお　明治42年5月25日〜昭和62年6月30日　島原市長　→83/87

宮崎 辰雄　みやざき・たつお　明治44年9月3日〜平成12年2月22日　神戸市長　→00/02

宮崎 立巳　みやざき・たつみ　大正11年3月21日〜昭和60年4月22日　九州石油常務取締役販売部長　→83/87

宮崎 建樹　みやざき・たてき　昭和10年5月17日〜平成22年12月　へんろみち保存協力会代表　→09/11

宮崎 民蔵　みやざき・たみぞう　慶応1年5月20日〜昭和3年8月15日　社会運動家　土地問題の先駆者　→昭和

宮崎 太郎　みやざき・たろう　明治39年11月27日〜昭和63年7月28日　社会運動家　筑豊炭鉱遺跡研究会長、日本石炭坑夫労組初代主事、福岡県議　→88/90

宮崎 忠次　みやざき・ちゅうじ　大正8年11月13日〜平成7年12月7日　有楽土地常務　→94/96

宮崎 次男　みやざき・つぎお　〜平成3年5月11日　日本ゼオン常務　→91/93

宮崎 強司　みやざき・つよし　昭和7年1月17日〜平成5年9月21日　福岡県議(公明党)　→91/93

宮崎 哲郎　みやざき・てつろう　大正4年3月31日〜平成13年2月1日　日本鋼管専務、東京シヤリング会長　→00/02

宮崎 十一　みやざき・といち　明治42年3月27日〜昭和59年4月19日　ミノルタカメラ監査役、神戸電鉄取締役、

太陽神戸銀行副頭取　→83/87

宮崎　徹　みやざき・とおる　～平成8年7月13日
福岡銀行常務　→94/96

宮崎　時春　みやざき・ときはる　明治33年11月20日～平成4年9月27日　福岡県選管委員長、小倉市助役　→91/93

宮崎　敏夫　みやざき・としお　～昭和62年1月8日
富山化学工業常務　→83/87

宮崎　敏夫　みやざき・としお　大正11年12月22日～平成10年9月26日　大本組常務　→97/99

宮崎　敏治郎　みやざき・としじろう　～昭和48年10月6日　大和銀行監査役　→昭和

宮崎　俊則　みやざき・としのり　～昭和57年11月15日
宮崎精鋼社長、中部磨棒鋼組合理事長　→80/82

宮崎　敏郎　みやざき・としろう　～昭和57年8月11日
日本能率協会常任顧問　→80/82

宮崎　富次郎　みやざき・とみじろう　～昭和45年3月20日　東洋ラジエーター社長　→昭和

宮崎　直二　みやざき・なおじ　明治23年3月22日～平成2年12月29日　弁護士　→88/90

宮崎　楢義　みやざき・ならよし　大正6年8月24日～平成9年7月6日　牛乳石鹸共進社長　→97/99

宮崎　忍勝　みやざき・にんしょう　大正11年10月19日～平成15年6月13日　僧侶　般若院（真言宗）住職　→03/05

宮崎　乗雄　みやざき・のりお　～昭和40年10月6日
浄土真宗本願寺派総長　→昭和

宮崎　紀子　みやざき・のりこ　大正13年2月11日～平成4年2月29日　新星堂会長　→91/93

宮崎　一　みやざき・はじめ　明治19年11月～昭和26年10月10日　弁護士　衆院議員（日本進歩党）　→昭和

宮崎　元　みやざき・はじめ　～昭和60年2月1日
近海郵船専務　→83/87

宮崎　彦一郎　みやざき・ひこいちろう　～昭和42年10月10日　日本貿易会副会長、丸紅飯田元会長　→昭和

宮崎　久夫　みやざき・ひさお　昭和3年9月21日～平成12年2月21日　日本農業新聞常務理事　→00/02

宮崎　英男　みやざき・ひでお　大正10年3月1日～平成1年7月19日　宏和エンジニアリング社長、青木建設常務　→88/90

宮崎　英夫　みやざき・ひでお　明治42年1月11日～平成22年3月29日　岩倉建設社長　→09/11

宮崎　博文　みやざき・ひろふみ　昭和2年11月13日～平成15年1月31日　清水銀行会長　→03/05

宮崎　弘道　みやざき・ひろみち　大正10年7月25日～平成13年9月18日　駐西ドイツ大使　→00/02

宮嵜　文男　みやざき・ふみお　昭和7年3月11日～平成4年5月16日　陸上自衛隊十三師団長　→91/93

宮崎　正雄　みやざき・まさお　明治35年1月1日～昭和62年12月31日　東京文明堂会長　→83/87

宮崎　正雄　みやざき・まさお　明治40年6月13日～平成6年3月13日　参院議員（自民党）、日本海新聞社長　→94/96

宮崎　雅志　みやざき・まさし　～昭和28年10月21日
黒竜堂本舗社長　→昭和

宮崎　正次　みやざき・まさつぐ　大正11年5月19日～平成1年5月8日　橋本フォーミング工業監査役　→88/90

宮崎　正守　みやざき・まさもり　大正7年2月3日～昭和58年11月21日　新星堂社長、山手レコード小売商組合組合長　→83/87

宮崎　正之　みやざき・まさゆき　～平成10年10月4日
衆議院国際平和協力等に関する特別委員会調査室長　→97/99

宮崎　松次郎　みやざき・まつじろう　明治8年12月～昭和11年2月12日　衆院議員（立憲民政党）　→昭和

宮崎　三枝子　みやざき・みえこ　昭和16年～平成20年3月20日　ホワイトのママ　→06/08

宮崎　通之助　みやざき・みちのすけ　明治13年8月6日～昭和39年9月17日　愛媛県知事、静岡市長　→昭和

宮崎　道治　みやざき・みちはる　大正7年10月4日～昭和61年11月6日　藤沢薬品工業常務　→83/87

宮崎　光男　みやざき・みつお　～昭和33年9月25日
読売新聞社友、鎌倉市監査委員　→昭和

宮崎　茂一　みやざき・もいち　大正6年2月15日～平成16年2月16日　衆院議員（自民党）、科学技術庁長官　→03/05

宮崎　守一　みやざき・もりいち　昭和5年12月4日～平成13年1月27日　ライオンフーズ会長、浦和商工会議所副会頭　→00/02

宮崎　八百一郎　みやざき・やおいちろう　大正8年5月19日～平成18年12月4日　新日本製鉄副社長　→06/08

宮崎　安男　みやざき・やすお　大正9年2月16日
広島県原水爆禁止日本国民会議代表委員・事務局長　→06/08

宮崎　雄一　みやざき・ゆういち　明治38年10月2日～平成12年2月20日　川上塗料社長　→00/02

宮崎　諭古　みやざき・ゆきち　大正10年～平成11年3月15日　日本ガイシ専務　→97/99

宮崎　要一　みやざき・よういち　昭和14年5月5日～平成14年10月28日　大日本塗料常務　→00/02

宮崎　芳明　みやざき・よしあき　大正7年3月21日～平成12年5月1日　キグナス石油会長、中央信託銀行取締役　→00/02

宮崎　義勝　みやざき・よしかつ　大正4年11月24日～昭和62年4月12日　中央コンクリート社長　→83/87

宮崎　芳久　みやざき・よしひさ　昭和12年12月25日～平成5年3月11日　三和金属箔粉社長　→91/93

宮崎　吉保　みやざき・よしやす　大正3年2月15日～平成10年11月28日　神官　神社本庁長老、結城神社名誉宮司　→97/99

宮崎　芳郎　みやざき・よしろう　明治33年12月8日～平

4年4月21日　唐津新聞社会長、唐津市会議長　→91/93

宮崎 龍介　みやざき・りゅうすけ　明治25年11月2日～昭和46年1月23日　社会運動家、弁護士　→昭和

宮崎 龍介　みやざき・りゅうすけ　昭和6年10月16日～平成1年2月4日　アメリカ屋靴店社長、福家書店社長　→88/90

宮崎 良二　みやざき・りょうじ　明治33年12月21日～平成2年2月22日　新潟鉄工所常務　→88/90

宮崎 礼五　みやざき・れいご　大正4年11月15日～平成1年4月11日　宮本本店会長、四日市市商工会議所理事　→88/90

宮崎 令二　みやざき・れいじ　～昭和59年1月16日　陸軍士官学校教授　→83/87

宮崎 六郎　みやざき・ろくろう　大正3年4月1日～平成11年1月28日　山形県議（自民党）　→00/02s

宮里 悦　みやさと・えつ　明治38年4月15日～平成6年1月9日　沖縄県婦人連合会会長　→94/96

宮里 欣也　みやさと・きんや　大正12年12月11日～平成14年6月9日　大丸和社長　→00/02

宮里 辰彦　みやさと・たつひこ　大正6年1月20日～平成5年12月14日　リウボウインダストリー社長　→91/93

宮里 松正　みやさと・まつしょう　昭和2年11月3日～平成15年10月26日　衆院議員（自民党）、沖縄県副知事　→03/05

宮里 光雄　みやさと・みつお　～平成23年9月18日　全国ハンセン病療養所入所者協議会会長　→09/11

宮沢 伊勢五郎　みやざわ・いせごろう　～昭和7年5月14日　西田飛行研究所主任　→昭和

宮沢 栄子　みやざわ・えいこ　大正12年11月24日～平成18年3月6日　山梨県議（政心会）　→06/08

宮沢 庚子生　みやざわ・かねお　～昭和59年12月18日　埼玉銀行取締役　→83/87

宮沢 喜一　みやざわ・きいち　大正8年10月8日～平成19年6月28日　政治家　衆院議員（自民党）、首相、自民党総裁　→06/08

宮沢 広治　みやざわ・こうじ　～昭和6年6月20日　陸軍航空兵少佐　→昭和

宮沢 小五郎　みやざわ・こごろう　～昭和33年5月7日　大和建設社長　→昭和

宮沢 才吉　みやざわ・さいきち　明治25年5月～昭和31年5月11日　衆院議員（民主党）　→昭和

宮沢 才典　みやざわ・さいすけ　大正11年2月1日～平成17年11月19日　橋爪商事会長　→03/05

宮沢 茂美　みやざわ・しげよし　大正9年1月30日～平成2年11月30日　京王百貨店常務　→88/90

宮沢 史郎　みやざわ・しろう　明治37年9月20日～平成12年4月5日　宮沢商店社長、岩手県公安委員会委員長、花巻商工会議所会頭　→00/02

宮沢 説音　みやざわ・せついん　～昭和3年3月8日　浄土宗大本山百万遍法主　→昭和

宮沢 孝治　みやざわ・たかはる　大正6年～平成10年2月1日　東京光学機械（のちトプコン）常務　→97/99

宮沢 忠雄　みやざわ・ただお　～平成15年7月13日　北海道議　→03/05

宮沢 胤勇　みやざわ・たねお　明治20年12月15日～昭和41年6月2日　政治家、実業家　運輸相、衆院議員（自民党）、明治製革社長　→昭和

宮沢 長治　みやざわ・ちょうじ　明治2年8月～昭和7年2月16日　衆院議員（立憲政友会）　→昭和

宮沢 次雄　みやざわ・つぎお　昭和2年11月28日～平成11年2月19日　長野県議（社民党）　→97/99

宮沢 強　みやざわ・つよし　大正13年3月31日～平成3年11月22日　第一証券常務　→91/93

宮沢 鉄蔵　みやざわ・てつぞう　大正6年12月20日～平成8年2月3日　住友電気工業副社長、通産省通商局長　→94/96

宮沢 俊夫　みやざわ・としお　昭和8年6月9日～平成13年2月1日　八十二銀行常務　→00/02

宮沢 春文　みやざわ・はるふみ　～昭和9年11月13日　香取神宮宮司　→昭和

宮沢 博　みやざわ・ひろし　昭和9年2月23日～平成17年11月7日　埼玉県議（自民党）　→03/05

宮沢 弘愛　みやざわ・ひろよし　昭和8年～平成7年3月8日　PRコンサルタント　PRP社長　→94/96

宮沢 正介　みやざわ・まさすけ　～平成6年8月28日　海将　海上自衛隊航空集団司令官　→94/96

宮沢 正安　みやざわ・まさやす　昭和6年5月5日～平成18年7月1日　日本バイリーン常務　→06/08

宮沢 増三郎　みやざわ・ますぶろう　明治39年1月23日～平成11年11月14日　弁護士　長野県弁護士会長、長野電鉄社長　→97/99

宮沢 裕　みやざわ・ゆたか　明治17年1月～昭和38年5月23日　衆院議員（日本進歩党）　→昭和（みやざわ・ゆう）

宮沢 義衛　みやざわ・よしえ　明治33年8月～昭和63年4月7日　日之出汽船専務　→88/90

宮沢 良雄　みやざわ・よしお　大正3年7月22日～平成18年5月16日　東京都議（公明党）　→06/08

宮沢 吉弘　みやざわ・よしひろ　～昭和56年11月6日　三菱建設副社長、元海外鉄道技術協力協会常務理事　→80/82

宮地 勇　みやじ・いさむ　大正15年3月15日～平成9年4月24日　福岡シティ銀行常務　→97/99

宮地 栄治郎　みやじ・えいじろう　明治19年3月22日～昭和42年4月28日　宮地鉄工所創業者　→昭和

宮地 吟三　みやじ・ぎんぞう　明治41年7月26日～平成3年1月5日　久保田鉄工（のちクボタ）副社長、日本農業機械工業会会長　→91/93

宮地 健次郎　みやじ・けんじろう　明治43年11月4日～昭和62年7月24日　日本鉄道車両工業会会長、国鉄技師長　→87/

宮地 憲三　みやじ・けんぞう　～昭和40年3月19日

弁護士　日本弁護士連合会副会長　→昭和
宮地　こう子　みやじ・こうこ　大正5年12月～昭和55年12月　宮地鉄工所宮地武夫社長夫人　→80/82
宮地　貞辰　みやじ・さだとき　文久1年7月3日～昭和12年12月26日　海軍少将　→昭和（みやじ・さだたつ）
宮地　次吉　みやじ・じきち　～昭和62年11月9日　おだけやスポーツ代表取締役　→83/87
宮地　佑典　みやじ・すけのり　昭和8年6月27日～平成14年1月31日　東京証券専務　→00/02
宮地　武夫　みやじ・たけお　明治43年9月4日～平成12年3月25日　宮地鉄工所社長　→00/02
宮地　武雄　みやじ・たけお　～昭和57年7月18日　愛知機械工業元常務　→80/82
宮地　武雄　みやじ・たけお　明治44年12月5日～平成9年3月12日　池上通信機常務　→97/99
宮地　輝威　みやじ・てるい　明治38年3月20日～平成21年11月1日　東京光学機械社長　→09/11
宮路　年雄　みやじ・としお　昭和3年8月20日～平成10年5月9日　城南電機社長　→97/99
宮治　年春　みやじ・としはる　～昭和57年6月17日　三楽オーシャン元副社長　→80/82
宮地　豊彦　みやじ・とよひこ　～昭和56年1月19日　東邦レーヨン専務　→80/82
宮　明義　みやした・あきよし　明治42年7月15日～平成4年10月6日　最高検刑事部長　→91/93
宮　昭　みやした・あきら　～平成17年7月19日　ペルー三菱商事社長　→03/05
宮下　東　みやした・あずま　大正10年4月17日～平成3年10月22日　電算専務、東京12チャンネル放送業務局長　→91/93
宮下　勇　みやした・いさむ　～昭和60年3月1日　朝日高速印刷会長　→83/87
宮下　一朗　みやした・いちろう　～平成11年10月7日　第二精工舎（のちセイコーインスツルメンツ）常務　→97/99
宮下　一郎　みやした・いちろう　明治40年1月4日～平成5年8月31日　香川県会議長　→91/93
宮下　格之助　みやした・かくのすけ　明治36年10月15日～昭和61年8月24日　日立金属特別顧問・元副社長　→83/87
宮下　和夫　みやした・かずお　大正9年8月14日～平成15年1月3日　三井建設専務　→03/05
宮下　喜市　みやした・きいち　明治44年10月23日～昭和61年9月8日　上田商工会議所会頭、宮下組社長　→83/87
宮下　佐久雄　みやした・さくお　明治42年11月10日～平成2年4月11日　明治乳業取締役　→88/90
宮下　貞雄　みやした・さだお　昭和38年5月10日～昭和60年2月16日　日信工業（ブレーキ装置メーカー）会長　→83/87

宮下　悟　みやした・さとる　～昭和61年8月11日　愛知産業社長　→83/87
宮下　俊二　みやした・しゅんじ　明治40年2月18日～平成11年6月8日　日本高周波鋼業社長、神戸精鋼所取締役　→97/99
宮下　正一　みやした・しょういち　大正15年3月4日～平成16年9月19日　石川県議（自民党）　→03/05
宮下　竹次郎　みやした・たけじろう　明治36年4月10日～昭和61年12月15日　東洋火災海上保険専務　→83/87
宮下　為治　みやした・ためじ　～昭和39年7月17日　大和毛織会長　→昭和
宮下　土義　みやした・つちよし　大正1年8月9日～平成5年11月30日　麻績村（長野県）村長　→91/93
宮下　鉄巳　みやした・てつみ　昭和2年7月27日～平成13年10月12日　国税庁東京国税局長、ダイエーオーエムシー会長　→00/02
宮下　寿雄　みやした・としお　～平成1年6月8日　北海道開発局建設部長　→88/90
宮下　知一郎　みやした・ともいちろう　～昭和56年9月25日　東京都社会福祉協議会副会長、東京都名誉都民　→80/82
宮下　直雄　みやした・なおお　～昭和46年5月24日　養命酒製造相談役・元会長　→昭和
宮下　武一郎　みやした・ぶいちろう　～昭和38年10月日　明治商事会長　→昭和
宮下　正樹　みやした・まさき　大正6年11月1日～平成15年1月14日　日本サーボ常務　→03/05
宮下　稔　みやした・みのる　大正13年1月12日～平成19年8月11日　京阪電気鉄道社長　→06/08
宮下　祐吉　みやした・ゆうきち　昭和5年5月27日～平成21年5月20日　鐘紡専務　→09/11
宮下　与吉　みやした・よきち　明治29年5月20日～昭和59年10月19日　北国新聞社顧問・元社長、北陸放送取締役　→83/87
宮下　芳雄　みやした・よしお　昭和8年6月7日～平成9年2月11日　NKK取締役　→97/99
宮下　良雄　みやした・よしお　～平成12年8月23日　川崎公害訴訟原告団長　→00/02
宮下　義信　みやした・よしのぶ　大正7年8月1日～平成7年9月13日　長野県議（自由党政会）　→94/96
宮嶋　勲　みやじま・いさお　昭和9年1月14日～平成6年11月4日　毎日新聞常務・東京本社代表　→94/96
宮島　要　みやじま・かなめ　～昭和63年6月26日　長野地方事務所長　→88/90
宮島　兼弘　みやじま・かねひろ　～昭和59年12月8日　鹿屋市議会議長　→83/87
宮島　金次郎　みやじま・きんじろう　明治44年10月5日～平成10年1月23日　永谷園本舗（のち永谷園）常務　→97/99

みやしま　　　　　　　　　　　　　　　　　　　　　　　　　　　Ⅰ　政治・経済・社会篇

宮島　貞利　みやじま・さだとし　〜昭和59年12月27日　トヨペットサービスセンター社長,(社)日本自動車車体工業会理事　→83/87

宮島　静男　みやじま・しずお　明治42年10月31日〜平成1年12月25日　真田町(長野県)町長　→88/90

宮嶋　資夫　みやじま・すけお　明治19年8月1日〜昭和26年2月19日　アナキスト,小説家　→昭和

宮島　進　みやじま・すすむ　昭和13年5月10日〜平成3年3月22日　東和織物監査役　→91/93

宮嶋　清次郎　みやじま・せいじろう　明治12年1月20日〜昭和38年9月6日　実業家　日清紡績社長　→昭和(宮島清次郎)

宮島　善司　みやじま・ぜんし　大正11年7月14日〜平成11年11月21日　メルクス専務　→97/99

宮島　剛　みやじま・たけし　大正14年9月19日〜平成18年4月3日　佐賀市長,厚生省官房長　→06/08

宮嶋　利雄　みやじま・としお　昭和5年9月26日〜平成19年3月31日　帝人専務　→06/08

宮嶋　豊明　みやじま・とよあき　昭和3年3月19日〜平成21年10月25日　佐藤工業副社長　→09/11

宮嶋　八弥　みやじま・はちや　大正4年5月24日〜平成6年4月13日　西武化学工業(のち朝日工業)副社長,農林中央金庫理事　→94/96

宮嶋　治男　みやじま・はるお　明治44年9月28日〜平成4年10月12日　佐藤工業副社長　→91/93

宮島　博信　みやじま・ひろのぶ　明治39年12月12日〜昭和62年11月15日　宮島酒造社長,唐津ガス会長　→83/87

宮尻　敏夫　みやじり・としお　大正4年6月26日〜平成14年10月24日　湯浅金物専務　→00/02

宮代　彰　みやしろ・あきら　昭和27年2月8日〜昭和52年12月15日　日本金属工業会長　→昭和

宮代　長次　みやしろ・ちょうじ　明治43年5月19日〜平成7年8月24日　平塚建設会館代表取締役,平塚市議　→94/96

美安　利一　みやす・りいち　明治31年12月18日〜昭和59年1月25日　宇部化学工業相談役・元社長　→83/87

宮瀬　洋一　みやせ・よういち　大正14年8月19日〜平成9年3月29日　弁護士　総理府公害等調査委員　→97/99

宮宗　靖　みやそう・やすし　昭和6年3月8日〜平成12年12月17日　中国ジェイアールバス社長　→00/02

宮副　丈助　みやぞえ・じょうすけ　〜昭和57年4月4日　福岡市議会副議長　→80/82

宮副　新一　みやぞえ・しんいち　明治42年10月22日〜平成7年2月7日　佐賀共栄銀行(のち佐賀共栄銀行)社長　→94/96

宮副　武次　みやぞえ・たけじ　〜昭和59年11月10日　セブンツーセブン化粧品会長　→83/87

宮副　信隆　みやぞえ・のぶたか　昭和14年3月16日〜平成18年8月5日　石油連盟常務理事　→06/08

宮副　彦四郎　みやぞえ・ひこしろう　明治41年8月22日

〜平成4年5月26日　ライオン歯磨(のちライオン)専務　→91/93

宮副　英俊　みやぞえ・ひでとし　昭和10年9月2日〜平成11年6月8日　十八ソフトウエア社長,十八銀行常務　→97/99

宮園　幸郎　みやぞの・ゆきお　昭和19年9月1日〜平成19年3月2日　鳥越製粉常務　→06/08

宮田　一松　みやた・いちまつ　明治41年3月21日〜昭和61年5月2日　宮政瓦工業会長　→83/87

宮田　一郎　みやた・いちろう　大正14年2月25日〜平成14年10月12日　兼松江商常務　→00/02

宮田　栄助　みやた・えいすけ　元治1年9月16日〜昭和6年9月9日　実業家　→昭和

宮田　栄太郎　みやた・えいたろう　〜昭和25年10月8日　宮田製作所社長　→昭和

宮田　一雄　みやた・かずお　大正14年9月28日〜昭和63年9月22日　税理士　北陸税理士会専務理事　→88/90

宮田　豁也　みやた・かつや　〜昭和52年7月26日　三菱アルミ会長　→昭和

宮田　菊一　みやた・きくいち　明治35年11月27日〜昭和59年7月27日　全日本家具商業組合会長　→83/87

宮田　清高　みやた・きよたか　昭和10年10月25日〜平成9年8月17日　東海高熱工業常務　→97/99

宮田　欣一　みやた・きんいち　大正7年9月21日〜平成2年10月6日　大田区議(自民党)　→91/93

宮田　耕三　みやた・こうぞう　昭和4年5月25日〜平成17年3月18日　山崎製パン常務　→03/05

宮田　貞光　みやた・さだみつ　大正5年5月21日〜平成60年11月18日　第一勧業信用組合理事長　→83/87

宮田　早苗　みやた・さなえ　大正8年6月12日〜平成23年1月27日　衆院議員(民社党)　→09/11

宮田　三郎　みやた・さぶろう　明治39年6月30日〜昭和63年1月23日　三井道路代表取締役副社長,三井建設札幌支店長　→88/90

宮田　繁太郎　みやた・しげたろう　〜昭和56年3月10日　エレバム真空管会長　→80/82

宮田　重文　みやた・しげふみ　明治31年3月〜昭和48年12月6日　常陸太田市長,参院議員(自民党)　→昭和

宮田　茂　みやた・しげる　〜昭和63年1月1日　全国化学一般労組同盟書記長,大阪ガス労組副委員長　→88/90

宮田　秀介　みやた・しゅうすけ　〜昭和55年2月13日　九州電力常務　→80/82

宮田　尚一　みやた・しょういち　明治43年9月7日〜平成13年12月21日　オリンパス光学工業専務　→00/02

宮田　正一　みやた・しょういち　昭和62年2月22日　宮田薬品製粉所代表,堀川体協会長　→83/87

宮田　正一　みやた・しょういち　〜平成9年5月13日　大和銀行取締役,東洋繊維(のちトスコ)専務　→97/99

宮田　笑内　みやた・しょうない　〜昭和40年5月18日

福井県知事　→昭和

宮田　治郎　みやた・じろう　明治33年6月10日～平成1年6月10日　片倉工業専務　→88/90

宮田　治郎　みやた・じろう　昭和13年～平成2年7月10日　富山富士通社長　→88/90

宮田　諶啓　みやた・じんけい　大正4年10月11日～昭和62年12月22日　僧侶　日光山輪王寺責任役員・大僧正　→83/87

宮田　諶静　みやた・じんせい　～昭和42年10月17日　大僧正、日光輪王寺護光院前住職　→昭和

宮田　次基男　みやた・すきお　昭和8年3月12日～平成3年4月3日　タツタ電線常務　→91/93

宮田　隆　みやた・たかし　昭和4年6月25日～平成18年2月6日　函館ヤクルト販売会長、ヤクルト副社長、はこだてわいん会長　→06/08

宮田　堯友　みやた・たかとも　～平成3年9月24日　山口県農業共済組合連合会会長　→91/93

宮田　高治　みやた・たかはる　大正7年7月19日～昭和63年12月26日　ジャパンライン専務　→88/90

宮田　武義　みやた・たけよし　明治24年12月14日～平成4年11月10日　山水楼社主　→91/93

宮田　忠雄　みやた・ただお　大正5年2月22日～昭和61年9月16日　名古屋鉄道常務、名鉄不動産社長　→83/87

宮田　為益　みやた・ためます　明治34年～昭和30年7月2日　岩手県知事　→昭和

宮田　官　みやた・つかさ　～平成4年5月12日　松任市長　→91/93

宮田　鶴松　みやた・つるまつ　大正3年12月16日～平成18年5月29日　帝国臓器製薬常務　→06/08

宮田　輝　みやた・てる　大正10年12月25日～平成2年7月15日　参院議員(自民党)、NHKアナウンサー　→88/90

宮田　東珉　みやた・とうみん　～昭和39年5月21日　臨済宗建長寺派管長　→昭和

宮田　トカ　みやた・とか　明治5年1月21日～昭和57年3月27日　女性の長寿日本一　→80/82

宮田　敏夫　みやた・としお　～平成14年10月9日　宮田工業社長　→00/02

宮田　敏雄　みやた・としお　～昭和59年10月6日　日本蘭友会会長、嵐山堂宮田医院院長　→83/87

宮田　虎雄　みやた・とらお　明治37年1月1日～平成7年10月7日　佐賀市長　→94/96

宮田　直志　みやた・なおし　大正1年10月5日～平成5年9月30日　国民金融公庫理事　→91/93

宮田　央　みやた・なかば　～昭和47年11月6日　フジ製糖社長　→昭和

宮田　信夫　みやた・のぶお　大正2年3月20日～平成16年4月10日　弁護士　福岡高裁長官　→03/05

宮田　暢三　みやた・のぶぞう　大正9年7月13日～平成10年10月21日　アロン化成社長　→97/99

宮田　昇　みやた・のぼる　昭和6年1月1日～平成18年11月20日　ライオン専務　→06/08

宮田　一　みやた・はじめ　～昭和57年7月6日　海軍少将　→80/82

宮田　一　みやた・はじめ　～昭和60年3月9日　大阪変圧器常務　→83/87

宮田　春男　みやた・はるお　明治42年1月29日～平成13年9月26日　日本陶器副社長　→00/02

宮田　秀男　みやた・ひでお　大正15年3月6日～平成5年11月27日　金城製糖社長、愛知県議(社会党)　→91/93

宮田　英彦　みやた・ひでひこ　昭和6年1月3日～昭和61年11月17日　中野組常勤監査役　→83/87

宮田　弘記　みやた・ひろし　大正13年1月24日～平成4年1月18日　西日本新聞常務　→91/93

宮田　浩　みやた・ひろし　昭和16年8月29日～平成23年10月14日　日本金属工業社長　→09/11

宮田　福三　みやた・ふくぞう　明治45年7月1日～昭和58年6月13日　関東銀行専務、関友商事社長　→83/87

宮田　福松　みやた・ふくまつ　～昭和60年5月19日　川崎公害裁判原告団副団長・第2次訴訟代表、川崎公害病友の会常任幹事　→83/87

宮田　藤臣　みやた・ふじみ　大正2年3月～平成1年7月21日　長崎県教育会会長、長崎県教育長　→88/90

宮田　誠　みやた・まこと　～昭和57年11月27日　北海道札幌盲学校長　→80/82

宮田　正明　みやた・まさあき　明治41年3月20日～平成1年1月14日　広島ホームテレビ相談役・元会長、広島銀行専務　→88/90

宮田　雅夫　みやた・まさお　大正9年8月23日～平成10年12月24日　日産ディーゼル工業専務　→97/99

宮田　正男　みやた・まさお　～昭和39年2月23日　三菱地所副社長　→昭和

宮田　正彦　みやた・まさひこ　大正1年11月4日～平成7年10月8日　宮工業常務　→94/96

宮田　益雄　みやた・ますお　～昭和55年1月20日　清水建設元常務　→80/82

宮田　又三郎　みやた・またさぶろう　～昭和60年8月9日　福岡スポーツセンター取締役、西日本鉄道常務　→83/87

宮田　松太郎　みやた・まつたろう　～昭和55年1月19日　協和銀行専務　→80/82

宮田　光雄　みやた・みつお　明治11年11月25日～昭和31年3月8日　貴院議員(勅選)、衆院議員(庚申倶楽部)　→昭和

宮田　光秀　みやた・みつひで　明治43年10月8日～平成2年10月5日　弁護士　日本弁護士連合会会長　→88/90

宮田　守夫　みやた・もりお　大正15年1月11日～平成23年8月9日　埼玉県議(自民党)　→09/11

宮田　康久　みやた・やすひさ　～昭和55年3月8日　トヨペットサービスセンター会長　→80/82

みやた　　　　　　　　　　　　　　　　　　　　　　　　　　Ⅰ　政務・経済・社会篇

宮田　裕　みやた・ゆう　〜昭和46年1月18日
　大成建設取締役　→昭和
宮田　勇太　みやた・ゆうた　〜昭和12年1月22日
　陸軍少将　→昭和
宮田　洋一　みやた・よういち　昭和17年1月30日〜平成18年3月12日　日鉄鋼板専務　→06/08
宮田　泰治　みやた・よしはる　〜平成11年5月26日
　空将　→97/99
宮武　一夫　みやたけ・かずお　大正3年9月20日〜平成21年10月10日　第一製薬社長　→09/11
宮武　和雄　みやたけ・かずお　大正2年6月27日〜平成10年8月22日　東京海上火災保険副社長　→97/99
宮武　和海　みやたけ・かずみ　大正4年1月20日〜平成13年10月11日　黒崎窯業(のち黒崎播磨)常務　→00/02
宮武　晋一　みやたけ・しんいち　明治37年6月2日〜昭和62年3月1日　アジア航測監査役　→83/87
宮武　進　みやたけ・すすむ　大正12年2月3日〜平成2年3月8日　初田製作所専務　→88/90
宮武　清一　みやたけ・せいいち　〜昭和63年2月12日
　登別市会議長　→88/90
宮武　隆　みやたけ・たかし　大正11年11月7日〜平成16年4月23日　愛媛銀行会長　→03/05
宮竹　常吉　みやたけ・つねきち　明治39年1月7日〜昭和61年3月22日　全国商工連合会副会長，宮崎県知事　→83/87
宮武　徳次郎　みやたけ・とくじろう　明治39年1月3日〜平成1年8月23日　大日本製薬社長　→88/90
宮武　徳平　みやたけ・とくへい　〜昭和57年9月24日
　士別町議　→80/82
宮竹　宣昭　みやたけ・のぶあき　〜平成1年6月19日
　オーヤマ照明常務　→88/90
宮武　恵　みやたけ・めぐみ　〜平成7年3月30日
　三菱化成(のち三菱化学)取締役，菱化農資社長　→94/96
宮武　康夫　みやたけ・やすお　大正5年8月10日〜平成18年12月26日　安田火災海上保険社長　→06/08
宮谷　忠良　みやたに・ただよし　大正9年3月12日〜昭和61年11月8日　テレビせとうち取締役技術局長，四国郵政局長　→83/87
宮谷　法含　みやたに・ほうがん　〜昭和37年1月1日
　東本願寺前宗務総長　→昭和
宮地　亨吉　みやち・きょうきち　大正10年6月9日〜平成2年4月23日　警察庁九州管区警察局長　→88/90
宮地　清隆　みやち・きよたか　昭和12年5月27日〜平成9年10月3日　マツダ取締役　→97/99
宮地　進吾　みやち・しんご　昭和5年5月24日〜平成12年6月15日　日本プレスセンター専務，日本新聞協会総務部長　→00/02
宮地　仁　みやち・ひとし　大正15年12月7日〜平成19年2月7日　共同通信常務理事　→06/08

宮地　通彦　みやち・みちひこ　〜平成8年8月13日
　三井銀行(のちさくら銀行)常務　→94/96
宮近　憲次　みやちか・けんじ　〜昭和55年1月31日
　直方市議，九州市議会議長会理事　→80/82
宮塚　隆義　みやつか・たかよし　大正12年3月8日〜平成22年6月3日　フジタ専務　→09/11
宮塚　猛夫　みやつか・たけお　昭和12年10月23日〜平成12年6月16日　テクノマテリアル社長，フジタ専務　→00/02
宮寺　敏雄　みやでら・としお　〜昭和43年8月1日
　掛斐川電気会長　→昭和
宮道　大五　みやどう・だいご　大正1年9月25日〜平成8年2月24日　三和銀行相談役　→94/96
宮永　清　みやなが・きよし　明治43年9月15日〜平成7年11月14日　全国海苔問屋協同組合連合会会長，東食監査役　→94/96
宮永　スエキク　みやなが・すえきく　明治17年4月7日〜平成10年6月20日　長寿日本一　→97/99
宮永　正　みやなが・ただし　〜平成14年8月9日
　荒川化学工業常務　→00/02
宮永　正巳　みやなが・まさみ　昭和4年8月5日〜平成19年9月21日　日興信用金庫理事長　→06/08
宮西　健治　みやにし・けんじ　大正8年12月16日〜平成15年1月22日　椿本チエイン専務　→03/05
宮西　惟喬　みやにし・これたか　明治36年8月6日〜平成1年2月25日　神官　日枝神社名誉宮司，国学院大学理事　→88/90
宮西　清一　みやにし・せいいち　大正4年9月10日〜昭和63年9月6日　日光商事社長　→88/90
宮西　惟助　みやにし・ただすけ　〜平成14年6月15日
　官幣大社日枝神社宮司　→昭和(みやにし・いすけ)
宮野　嘉吉　みやの・かきち　明治36年5月12日〜昭和56年8月13日　由仁町(北海道)町長　→80/82
宮野　啓三　みやの・けいぞう　大正7年6月18日〜平成12年8月21日　日本無線常務，アロカ専務　→00/02
宮野　重弘　みやの・しげひろ　昭和9年1月13日〜平成1年9月5日　協和銀行常務　→88/90
宮野　省三　みやの・しょうぞう　明治29年9月〜昭和47年12月6日　埼玉県知事　→昭和
宮野　昇太郎　みやの・しょうたろう　大正12年2月27日〜平成7年8月8日　関西経済連合会専務理事　→94/96
宮野　弘孝　みやの・ひろたか　明治45年5月8日〜平成11年8月19日　日本化薬常務　→97/99
宮野　正年　みやの・まさとし　〜昭和55年8月20日
　陸軍中将　→80/82
宮野　守　みやの・まもる　明治37年9月13日〜平成4年5月4日　阪急不動産社長　→91/93
宮ノ下　文雄　みやのした・ふみお　明治40年3月20日〜昭和14年7月24日　社会運動家　→昭和

I　政治・経済・社会篇

宮之原　貞光　みやのはら・さだみつ　大正6年10月4日～昭和58年10月29日　参院議員（社会党）、日教組委員長　→83/87

宮橋　一夫　みやはし・かずお　～昭和59年1月22日　神奈川県警警備部長　→83/87

宮幡　靖　みやはた・やすし　明治33年8月～昭和34年5月13日　衆院議員（自由党）　→昭和

宮林　朝春　みやばやし・ともはる　明治39年2月8日～昭和60年3月24日　日興信用金庫理事長　→83/87

宮林　正信　みやばやし・まさのぶ　明治2年8月22日～平成4年10月15日　関東電化工業専務　→91/93

宮原　旭　みやはら・あさひ　明治37年5月～昭和58年12月10日　日本ハングライディング連盟会長、貴院議員（男爵）　→83/87

宮原　栄吉　みやはら・えいきち　明治45年1月23日～平成11年10月26日　青木村（長野県）村長　→97/99

宮原　一夫　みやはら・かずお　～昭和55年5月18日　松浦市長　→80/82

宮原　和雄　みやはら・かずお　昭和5年～平成11年11月1日　仙道工業会長　→97/99

宮原　万寿　みやはら・かずひさ　～平成5年11月27日　江商（のち兼松）取締役　→91/93

宮原　漢二　みやはら・かんじ　明治43年1月3日～平成10年8月5日　横浜トヨペット名誉会長　→97/99

宮原　国雄　みやはら・くにお　～昭和46年8月26日　陸軍中将　→昭和

宮原　幸三郎　みやはら・こうざぶろう　文久2年12月～昭和9年8月31日　衆院議員（民政党）　→昭和

宮原　耕三　みやはら・こうぞう　～昭和61年2月2日　東亜特殊電機テレコム事業部長、元パスコ社長　→83/87

宮原　繁　みやはら・しげる　大正4年2月25日～平成9年4月20日　東武鉄道常務　→97/99

宮原　周治　みやはら・ちかはる　昭和4年5月6日～昭和63年10月10日　戦没学徒記念若人の広場理事長、動く学徒援護会理事長　→88/90

宮原　司　みやはら・つかさ　～昭和62年11月29日　太陽造型会長　→83/87

宮原　勉　みやはら・つとむ　昭和7年11月20日～平成17年12月30日　横浜トヨペット会長、トヨタオート神奈川会長　→03/05

宮原　常夫　みやはら・つねお　大正2年2月9日～平成14年11月20日　富士写真フイルム専務　→00/02

宮原　貞治　みやはら・ていじ　～昭和55年2月28日　山口県原爆被害者団体協議会副会長　→80/82

宮原　敏夫　みやはら・としお　大正2年5月18日～昭和62年7月1日　合同出版代表取締役会長　→83/87

宮原　肇　みやはら・はじめ　大正14年12月6日～平成8年8月13日　東海汽船副社長　→00/02

宮原　英雄　みやはら・ひでお　明治32年11月3日～昭和

58年1月1日　大成建設相談役　→83/87

宮原　正徳　みやはら・まさのり　大正9年2月27日～平成20年12月29日　鹿児島県副知事　→06/08

宮原　実　みやはら・みのる　～平成10年9月19日　通天閣観光専務　→97/99

宮原　幸雄　みやはら・ゆきお　大正6年2月25日～平成4年1月11日　三潴町（福岡県）町長、福岡県議　→91/93

宮原　義雄　みやはら・よしお　～昭和63年9月22日　光文堂社長　→88/90

宮原　義久　みやはら・よしひさ　明治44年2月25日～平成15年9月8日　岡山県議　→03/05

宮原　渉　みやはら・わたる　～昭和57年3月30日　大林組専務　→80/82

宮久　貞義　みやひさ・さだよし　大正2年12月20日～平成1年4月24日　日本精工常務、エヌエスケー・アタゴ社長　→88/90

宮袋　虎雄　みやぶくろ・とらお　明治41年11月19日～平成5年4月10日　日本紙業社長　→91/93

宮藤　泰広　みやふじ・やすひろ　昭和2年1月30日～平成3年2月25日　八重洲商工相談役・元社長、商工組合中央金庫理事　→91/93

宮部　一郎　みやべ・いちろう　明治21年12月22日～平成2年10月3日　家の光協会会長　→88/90

宮部　新一　みやべ・しんいち　～昭和57年9月18日　愛知県米菓工業協同組合理事長　→80/82

宮部　晋　みやべ・すすむ　明治45年4月15日～平成3年7月4日　美濃窯業顧問、美州興産社長　→91/93

宮部　良雄　みやべ・よしお　～昭和58年12月31日　武蔵野銀行常務　→83/87

宮部　亮信　みやべ・りょうしん　明治42年5月4日～平成12年2月2日　僧侶　上野輪王寺（天台宗）門跡、寛永寺住職　→00/02

深山　和圀　みやま・かずくに　大正7年4月26日～平成5年2月15日　北海道議（自民党）　→91/93

深山　荘吉　みやま・しょうきち　-昭和03年2月22日　菱電商事社長　→88/90

宮間　満寿雄　みやま・ますお　大正13年4月8日～平成6年5月15日　松戸市長　→94/96

美山　要蔵　みやま・ようぞう　明治34年6月14日～昭和62年7月31日　陸軍大佐　厚生省引揚援護局次長、千鳥ケ淵戦没者墓苑奉仕会理事長　→83/87

宮前　進　みやまえ・すすむ　明治26年6月～昭和47年2月16日　衆院議員（民主党）　→昭和

宮前　武　みやまえ・たけし　～平成3年3月9日　三池合成工業（のち三井東圧化学）社長、三井石油化学工業取締役　→91/93

宮丸　貞三　みやまる・ていぞう　大正15年8月30日～平成15年5月13日　RKB毎日放送専務　→03/05

宮向　国平　みやむき・くにへい　明治14年11月7日～昭

和26年9月26日　農民運動家　→昭和

宮村 勝一　みやむら・かつお　大正3年4月8日～昭和62年1月25日　松屋代表取締役会長　→83/87

宮村 吉蔵　みやむら・きちぞう　～昭和27年4月26日　松屋取締役会長　→昭和

宮村 慎一　みやむら・しんいち　大正11年2月16日～平成18年1月19日　戸田建設副社長　→06/08

宮村 清一　みやむら・せいいち　明治42年11月7日～平成1年5月3日　東亜合成化学工業副社長　→88/90

宮村 大八　みやむら・だいはち　～昭和59年10月7日　宮村鉄工所取締役会長　→83/87

宮村 武夫　みやむら・たけお　大正12年2月26日～平成2年8月25日　沖電気工業専務　→88/90

宮村 達郎　みやむら・たつろう　大正15年2月22日～平成15年2月17日　静岡ガス社長　→03/05

宮村 久治　みやむら・ひさじ　大正12年～平成13年12月29日　公認会計士　中央監査法人京都事務所名誉所長　→00/02

宮村 又七　みやむら・またしち　～昭和61年11月11日　呉造船所取締役　→83/87

宮村 又八　みやむら・またはち　明治21年11月3日～昭和36年2月12日　部落解放運動家　→昭和

宮村 祐二　みやむら・ゆうじ　～平成4年5月26日　得意の手品でボランティア活動　→91/93

宮村 芳雄　みやむら・よしお　大正5年4月19日～昭和59年5月22日　カネボウ薬品社長、鐘紡副社長　→83/87

宮村 勲　みやむら・いさお　昭和4年11月22日～平成23年2月7日　埼玉新聞事業社社長　→09/11

宮本 勇　みやもと・いさむ　～平成3年5月4日　日本加工製紙専務、三井生命保険監査役　→91/93

宮本 勇　みやもと・いさむ　大正12年11月9日～平成23年10月14日　山種産業取締役、アサヒトラスト社長　→09/11

宮本 一乗　みやもと・いちじょう　大正10年8月16日～平成3年7月15日　僧侶　比叡山延暦寺阿弥陀堂大導師、延暦寺円頓坊住職　→91/93

宮本 イツ子　みやもと・いつこ　～昭和61年11月17日　料亭三光園社長　→83/87

宮本 岩男　みやもと・いわお　昭和21年8月26日～平成20年7月5日　神戸製鋼所常務執行役員　→06/08

宮本 卯一　みやもと・ういち　昭和2年2月23日～平成2年3月14日　明光証券取締役　→88/90

宮本 うめ　みやもと・うめ　～平成1年3月9日　宮本商店会長　→88/90

宮本 梅太郎　みやもと・うめたろう　大正10年2月5日～平成16年9月21日　香川県議(公明党)　→03/05

宮本 英一　みやもと・えいいち　～昭和59年6月5日　江商専務　→83/87

宮本 英一郎　みやもと・えいいちろう　～平成8年12月13日　宮本書店会長、太洋共栄会会長、関東太洋会会長　→97/99s

宮本 英治朗　みやもと・えいじろう　昭和3年1月1日～昭和60年10月26日　今川証券専務、元大和証券取締役　→83/87

宮本 栄之助　みやもと・えいのすけ　～昭和55年9月17日　宮本製作所社長、協和製作所社長　→80/82

宮本 一三　みやもと・かずみ　明治34年9月1日～昭和62年1月10日　伊勢丹専務　→83/87

宮本 吉右衛門　みやもと・きちえもん　嘉永5年11月～昭和8年9月18日　実業家　第四十三銀行頭取　→昭和

宮本 彊一　みやもと・きょういち　大正5年3月21日～平成3年3月27日　丸善石油(のちコスモ石油)取締役　→91/93

宮本 清一　みやもと・きよかず　～昭和61年5月28日　陸軍少将　→83/87

宮本 邦彦　みやもと・くにひこ　明治32年9月6日～昭和59年4月24日　参議院議員(自由党)、宮本地質コンサルタント社長　→83/87

宮本 邦彦　みやもと・くにひこ　昭和28年2月～平成19年2月12日　警察官　警視庁板橋署巡査部長　→06/08

宮本 邦弘　みやもと・くにひろ　～平成13年8月1日　ブラジル大分県人会名誉会長　→00/02

宮本 庫次　みやもと・くらじ　～平成7年9月8日　宮本工機社長　→94/96

宮本 恵一　みやもと・けいいち　大正14年10月25日～平成11年9月7日　地産トーカン社長、ヒラボウ社長　→97/99

宮本 憲一　みやもと・けんいち　昭和7年10月3日～平成5年3月21日　大分県議(公明党)　→91/93

宮本 賢治　みやもと・けんじ　～昭和60年8月30日　志賀野メッキ代表取締役社長　→83/87

宮本 顕治　みやもと・けんじ　明治41年10月17日～平成19年7月18日　政治家、評論家　日本共産党議長、参院議員　→06/08

宮本 彦仙　みやもと・げんせん　明治35年6月16日～昭和63年12月13日　弁護士　千葉地検検事正　→88/90

宮本 健三　みやもと・けんぞう　～昭和56年1月12日　フジタ工業元監査役　→80/82

宮本 健三　みやもと・けんぞう　～昭和57年4月19日　(株)キングジム社長、東京文具工業連盟常任理事　→80/82

宮本 晧次　みやもと・こうじ　大正14年10月9日～昭和59年1月4日　総理府統計局調査部長　→83/87

宮本 鉱十郎　みやもと・こうじゅうろう　明治40年3月19日～平成19年4月10日　日本スピンドル製造常務　→06/08

宮本 浩三　みやもと・こうぞう　大正10年12月14日～平成23年12月11日　キングジム社長　→09/11

宮本 駒一　みやもと・こまいち　昭和15年7月13日～平

宮本 駒夫　みやもと・こまお　大正3年1月21日～昭和58年12月18日　日動火災海上会長　→83/87

宮本 定吉　みやもと・さだきち　大正13年6月28日～平成10年8月24日　東亜合成常務，川崎有機社長　→97/99

宮本 茂業　みやもと・しげなり　～昭和38年9月20日　東芝取締役　→昭和

宮本 重則　みやもと・しげのり　大正13年9月11日～平成2年2月7日　カネボウホームプロダクツ販売社長，鐘紡専務　→88/90

宮元 静雄　みやもと・しずお　～平成12年9月23日　日本インドネシア友好団体協議会名誉会長　→00/02

宮本 淳四郎　みやもと・じゅんしろう　～昭和59年3月13日　キッコーマン監査役　→83/87

宮本 匠一　みやもと・しょういち　～昭和62年6月11日　砺波市農協常務理事　→83/87

宮本 昌次　みやもと・しょうじ　明治33年2月10日～昭和61年1月22日　（株）宮本工業所会長　→83/87

宮本 仁二　みやもと・じんじ　昭和5年3月13日～平成13年1月11日　学習研究社副社長　→00/02

宮本 信之助　みやもと・しんのすけ　明治44年8月29日～平成7年12月2日　牧師　東京女子大学名誉教授　→94/96

宮本 清治　みやもと・せいじ　大正13年～昭和61年10月31日　真理（みち）の友教会教祖　→83/87

宮本 武夫　みやもと・たけお　明治37年～平成5年1月30日　郵政事務次官，東北工業大学理事長　→91/93

宮本 武之輔　みやもと・たけのすけ　明治25年1月5日～昭和16年12月24日　企画院次長，東京帝国大学工学部教授　→昭和

宮本 武徳　みやもと・たけのり　明治38年10月12日～平成10年9月28日　ニチモウ社長　→97/99

宮本 保　みやもと・たもつ　明治29年2月9日～平成11年11月15日　仙建工業社長　→97/99

宮本 経夫　みやもと・つねお　大正14年4月25日～昭和56年5月3日　小田急商事専務取締役　→80/82

宮本 登喜子　みやもと・ときこ　～昭和61年2月13日　名古屋家裁調停委員　→83/87

宮本 敏行　みやもと・としゆき　明治43年11月24日～平成2年4月26日　（財）日本万歩クラブ専務理事　→88/90

宮本 十三四　みやもと・とみよ　明治43年12月8日～平成2年10月19日　近江屋興業社長　→88/90

宮本 直道　みやもと・なおみち　昭和6年3月1日～平成60年12月22日　北九州市議　→83/87

宮本 信太郎　みやもと・のぶたろう　明治45年1月10日～平成23年11月3日　中央公論社常務，日本雑誌広告協会委員長　→09/11

宮本 昇　みやもと・のぼる　大正9年1月21日～昭和58年2月2日　日本製粉取締役　→83/87

宮本 伯夫　みやもと・はくお　明治41年11月15日～平成4年11月29日　川崎製鉄常務　→91/93

宮本 彦治　みやもと・ひこはる　大正9年5月6日～平成1年10月31日　紀州協同産業社長，和歌山県倉庫協会会長　→88/90

宮本 長　みやもと・ひさし　明治40年8月17日～平成3年1月17日　岡山県議　→91/93

宮元 秀雄　みやもと・ひでお　～昭和56年5月15日　第一中央汽船元専務　→80/82

宮本 英夫　みやもと・ひでお　～昭和58年1月6日　朝日新聞社取締役　→83/87

宮本 英雄　みやもと・ひでお　～平成16年3月8日　山喜副会長　→03/05

宮本 ひで乃　みやもと・ひでの　～平成8年1月11日　キングジム会長　→94/96

宮元 博　みやもと・ひろし　～昭和63年4月11日　石川県農業共済連副会長　→88/90

宮本 弘　みやもと・ひろし　大正14年6月20日～平成4年11月20日　中川町（北海道）町長　→91/93

宮本 文男　みやもと・ふみお　～昭和63年5月31日　日本社会党大牟田総支部書記長，三池炭鉱労働組合執行委員　→88/90

宮本 文哲　みやもと・ぶんてつ　～昭和57年5月2日　大本山善導寺法主，浄土宗大僧正　→80/82

宮本 正男　みやもと・まさお　～平成1年9月11日　宮本ピーナッツ本舗社長，名古屋中村ライオンズクラブ会長　→88/90

宮本 正夫　みやもと・まさお　明治44年4月15日～平成12年10月21日　広島市議（自民党）　→00/02

宮本 正雄　みやもと・まさお　～昭和38年9月11日　三井鉱山顧問　→昭和

宮本 政春　みやもと・まさはる　～昭和55年4月15日　全国遊技業協同組合連合会理事長　→80/82

宮本 益夫　みやもと・ますお　明治43年4月2日～平成10年3月25日　日本鉱業専務　→97/99

宮本 増蔵　みやもと・ますぞう　～昭和42年10月24日　弁護士　大阪高検検事長　→昭和

宮本 三寿雄　みやもと・みすお　明治40年4月1日～平成3年5月30日　鴻池組専務，鳳不動産社長　→91/93

宮本 ミツ　みやもと・みつ　明治33年4月14日～昭和59年2月28日　宗教家　妙智会教祖　→83/87

宮本 光夫　みやもと・みつお　明治40年8月9日～昭和44年9月18日　労働運動家　→昭和

宮本 光雄　みやもと・みつお　昭和18年～平成7年7月6日　弁護士　→94/96

宮本 基　みやもと・もとい　～昭和55年3月2日　弁護士　名古屋地方調停協会連合会理事長　→80/82

宮本 森三　みやもと・もりぞう　昭和5年11月6日～平成4年11月19日　広島県議（自民党）　→91/93

宮本 泰雄 みやもと・やすお 大正15年8月22日～平成3年2月14日 東急エージェンシー常務 →91/93

宮本 保孝 みやもと・やすたか 昭和5年3月18日～平成18年2月27日 大蔵省理財局長,信金中央金庫理事長 →06/08

宮本 泰行 みやもと・やすゆき 昭和6年8月16日～平成5年1月1日 アルパイン監査役,アルプス電気取締役 →91/93

宮本 譲 みやもと・ゆずる 大正14年2月27日～平成9年11月18日 静岡県議(自民党),静岡県農協中央会副会長 →97/99

宮本 寛 みやもと・ゆたか ～昭和62年5月7日 如水興産常務 →83/87

宮元 義雄 みやもと・よしお 大正11年1月20日～平成20年7月12日 日南市長 →06/08

宮本 義男 みやもと・よしお ～昭和46年2月16日 毎日新聞社取締役,スポーツ日本東京本社社長 →昭和

宮本 義勝 みやもと・よしかつ 大正6年7月16日～昭和57年1月2日 北海道会議長,宮本商店社長 →80/82

宮本 義介 みやもと・よしすけ 昭和10年11月13日～平成6年9月21日 日清製粉常務 →94/96

宮本 善史 みやもと・よしふみ 大正3年11月9日～平成20年6月20日 三洋電機専務 →06/08

宮本 義郎 みやもと・よしろう 大正11年3月10日～昭和59年8月26日 姫路商工会議所副会頭,宮本産業社長 →83/87

宮本 芳郎 みやもと・よしろう 明治39年5月5日～平成63年9月4日 ギンビス取締役社主 →88/90

宮本 来治 みやもと・らいじ ～昭和48年1月3日 日本甜菜製糖社長 →昭和

宮本 量太 みやもと・りょうた ～昭和57年12月21日 宮本歯車製作所代表取締役 →80/82

宮森 和夫 みやもり・かずお 明治35年9月17日～昭和63年1月9日 コスモ石油顧問,石油連盟顧問 →88/90

宮森 要 みやもり・かなめ ～昭和55年8月21日 日本でただ一人の特殊な血液の持ち主,元放射線技師 →80/82

宮森 進 みやもり・すすむ 昭和5年4月20日～平成8年4月28日 神奈川県副知事 →94/96

宮山 栄二 みややま・えいじ 昭和7年2月27日～平成15年12月20日 三機工業常務 →03/05

宮山 義彦 みややま・よしひこ ～平成8年6月17日 エムディケー会長 →94/96

宮良 長修 みやら・おさむ ～平成17年2月18日 八重山日報社長 →03/05

宮良 長義 みやら・ちょうぎ 明治37年12月25日～平成20年3月6日 社会運動家 沖縄県議(沖縄社会大衆党) →06/08

宮良 長欣 みやら・ちょうきん ～平成16年1月7日 八重山日報社長 →03/05

宮良 徹二 みやら・てつじ ～平成16年12月21日 沖縄国際海洋博覧会沖縄初代館長 →03/05

宮脇 朝男 みやわき・あさお 大正1年12月3日～昭和53年5月2日 農協運動家 全国農業協同組合中央会(全中)会長 →昭和

宮脇 一郎 みやわき・いちろう 大正11年11月12日～平成4年11月29日 ミヤック会長,堺商工会議所副会頭 →91/93

宮脇 梅吉 みやわき・うめきち 明治16年9月12日～昭和16年1月12日 新潟県知事 →昭和

宮脇 英一 みやわき・えいいち ～昭和62年5月14日 トーモク取締役,北洋交易社長 →83/87

宮脇 音次 みやわき・おとじ ～昭和45年10月22日 台湾製糖専務 →昭和

宮脇 參三 みやわき・さんぞう 明治32年12月16日～平成9年10月19日 北日本電線相談役・元社長,仙台商工会議所会頭,東北経済連合会副会長 →97/99

宮脇 新兵衞 みやわき・しんべえ 大正11年3月2日～平成10年9月3日 宮脇売扇庵社長,京都扇子団扇商工協同組合理事長 →97/99

宮脇 先 みやわき・すすむ 明治25年12月29日～昭和55年1月11日 伊方鉄道社長 →80/82

宮脇 辰雄 みやわき・たつお 大正5年12月2日～平成8年6月15日 高知地裁家裁所長 →94/96

宮脇 長吉 みやわき・ちょうきち 明治13年2月5日～昭和28年2月16日 政治家 衆院議員(同交会) →昭和

宮脇 長定 みやわき・ながさだ 大正4年9月30日～平成2年3月23日 日本経済調査協議会専務理事・事務局長 →88/90

宮脇 瑛侑 みやわき・ひでゆき 昭和13年1月23日～平成8年9月9日 ニッパツ専務 →94/96

宮脇 潤 みやわき・ひろし ～平成4年4月29日 大成建設常務 →91/93

宮脇 保雄 みやわき・やすお 大正11年3月30日～平成14年6月21日 美濃窯業専務 →00/02

宮脇 幸彦 みやわき・よしひこ 大正10年1月24日～平成6年5月10日 弁護士 学習院大学法学部教授・学部長 →94/96

宮脇 米子 みやわき・よねこ 明治39年～平成7年1月30日 料亭女将 藍亭会長 →94/96

宮脇 良一 みやわき・りょういち 大正12年12月28日～平成2年2月13日 東海日日新聞社長 →88/90

宮脇 倫 みやわき・りん ～昭和38年3月28日 埼玉県知事 →昭和

三代 一就 みよ・かずなり ～平成6年5月28日 海軍大佐,軍事評論家 →94/96

名井 方 みょうい・ただし 昭和10年10月26日～平成20年9月25日 日本ペイント副社長 →06/08

明瓧 外治　みょうがん・そとじ　〜昭和63年1月5日
真相の街社社主, 日本新創造社長　→88/90

明関 チヨヱ　みょうぜき・ちよえ　〜昭和55年6月21日
マルトモ花かつを株式会社会長　→80/82

明礼 輝三郎　みょうれい・てるさぶろう　明治28年1月
〜昭和29年12月16日　衆院議員 (自由党) →昭和

三代川 清造　みよかわ・せいぞう　大正4年2月13日〜平成4年10月1日　日本専売公社理事　→91/93

三好 章　みよし・あきら　昭和4年11月4日〜平成16年8月14日　福山市長　→03/05

三好 伊平次　みよし・いへいじ　明治6年12月20日〜昭和44年1月8日　部落改善融和運動家　→昭和

三好 栄次　みよし・えいじ　大正8年4月3日〜平成5年14日　関東特殊製鋼副社長　→91/93

三好 甲子郎　みよし・かしろう　〜平成1年6月17日
岐阜整染 (のち岐セン) 副社長　→88/90

三善 勝哉　みよし・かつや　昭和12年4月3日〜平成16年6月24日　弁護士　北朝鮮に拉致された日本人を救出する東京の会事務局長　→03/05

三好 義一　みよし・ぎいち　昭和2年7月2日〜平成22年12月30日　リンテック常務　→09/11

三好 久太郎　みよし・きゅうたろう　明治5年1月〜昭和9年12月11日　日本染料取締役　→昭和

三好 喜敬　みよし・きよし　明治32年5月15日〜平成1年9月27日　弁護士　京都地方簡易保険局長　→88/90

三善 清胤　みよし・きよたね　〜昭和55年7月13日
関東乗合自動車社長　→80/82

三吉 公介　みよし・こうすけ　昭和5年10月19日〜平成22年6月7日　カンロ社長　→09/11

三好 浩介　みよし・こうすけ　昭和2年5月13日〜平成15年4月26日　東芝常務　→03/05

三好 重夫　みよし・しげお　明治31年3月9日〜昭和57年1月18日　公営企業金融公庫総裁　→80/82

三由 茂人　みよし・しげと　〜平成3年9月16日
日本精工取締役　→91/93

三好 重道　みよし・しげみち　〜昭和17年5月28日
三菱石油社長　→昭和

三好 駿一　みよし・しゅんいち　大正15年4月1日〜平成22年5月6日　豊和工業取締役　→09/11

三好 四郎　みよし・しろう　昭和12年4月29日〜昭和60年5月19日　角栄建設取締役　→83/87

三好 四郎　みよし・しろう　明治44年6月24日〜昭和61年7月13日　三菱製鋼取締役　→83/87

三好 信一　みよし・しんいち　大正3年4月19日〜昭和56年5月22日　渡島管内尻岸内町長　→80/82

三善 信一　みよし・しんいち　明治45年3月9日〜平成16年3月19日　リコー会長　→03/05

三善 信二　みよし・しんじ　大正10年1月30日〜昭和54年3月7日　参院議員 (自民党) →昭和

三好 静一郎　みよし・せいいちろう　〜昭和59年7月5日
民成紡績常務, 岐阜紡績社長　→83/87

三由 清二　みよし・せいじ　明治40年6月13日〜昭和60年2月1日　松下電子工業会長　→83/87

三好 壮市　みよし・そういち　明治41年10月19日〜平成5年7月23日　広島県議 (公明党) →91/93

三吉 武夫　みよし・たけお　明治44年5月25日〜昭和58年1月16日　宇治電ビルディング副社長, 関西電力支配人　→83/87

三好 武夫　みよし・たけお　明治40年2月27日〜昭和61年5月26日　安田火災海上保険社長　→83/87

三好 近江　みよし・ちかえ　明治33年5月20日〜平成3年12月14日　軍艦陸奥会名誉会長　→91/93

三好 竹勇　みよし・ちくゆう　明治35年4月13日〜昭和62年11月25日　衆院議員 (民主党), 北海道水産会会長, 白老漁協会長　→83/87

三好 勉　みよし・つとむ　昭和5年3月11日〜平成19年4月3日　三好不動産会長　→06/08

三芳 哲二　みよし・てつじ　昭和2年10月12日〜平成12年12月9日　三ツ星ベルト副社長　→00/02

三好 時憲　みよし・ときのり　大正14年4月8日〜昭和62年6月24日　愛媛県信用保証協会長, 愛媛県出納長　→83/87

三好 徳三郎　みよし・とくさぶろう　〜昭和14年4月3日
台湾総督府評議会員　→昭和

三好 徳松　みよし・とくまつ　明治3年5月〜昭和6年8月13日　衆院議員 (立憲政友会) →昭和

三好 俊夫　みよし・としお　大正10年10月22日〜平成12年6月29日　松下電工名誉会長, 日経連副会長　→00/02

三好 冨夫　みよし・とみお　明治41年10月3日〜平成14年8月23日　スワニー会長, 日本手袋工業組合理事長　→03/05s

三善 信房　みよし・のぶふさ　明治15年5月〜昭和40年4月4日　衆院議員 (日本進歩党) →昭和

三好 一　みよし・はじめ　〜昭和56年8月19日
日中友好協会副理事長　→80/82

三好 治義　みよし・はるよし　大正15年11月15日〜平成8年11月18日　図書印刷常務　→94/96

三好 秀穂　みよし・ひでほ　〜平成21年9月11日
ヘリコプター整備士　→09/11

三好 英次　みよし・ひでやき　明治18年8月〜昭和31年2月14日　衆院議員 (無所属), 参院議員 (無所属) →昭和

三好 等　みよし・ひとし　大正15年6月1日〜平成12年3月10日　シネマサンシャイン社長　→00/02

三好 寛　みよし・ひろし　昭和9年9月1日〜平成10年6月23日　三好不動産社長　→97/99

三好 博　みよし・ひろし　昭和11年9月7日〜平成11年1月6日　国際土地建物社長, 国証証券専務　→97/99

三好 正夫　みよし・まさお　大正12年9月17日〜平成16年8月22日　山口県議 (自民党) →03/05

三好 昌孝　みよし・まさたか　大正5年2月11日〜平成12

年6月18日　日刊工業新聞常務　→00/02

三好 松吉　みよし・まつきち　～昭和55年10月16日
電業社機械製作所元社長　→80/82

三好 万次　みよし・まんじ　～昭和42年7月30日
近鉄相談役・元会長　→昭和

三好 道矢　みよし・みちや　明治40年12月28日～平成2年5月26日　三友ビル社長　→88/90

三好 基之　みよし・もとゆき　大正7年11月6日～平成1年12月30日　産経新聞常務、西友ストア社長　→88/90

三好 保男　みよし・やすお　大正5年5月2日～平成16年6月7日　弁理士　三好内外国特許事務所名誉会長　→03/05

三好 康之　みよし・やすゆき　～昭和1年11月6日
陸軍少将　→88/90

三好 幸男　みよし・ゆきお　～昭和57年10月31日
第一建設工業会長　→80/82

三芳 陽　みよし・よう　昭和15年9月6日～平成10年8月23日　日本酸素常務　→97/99

三好 義太郎　みよし・よしたろう　明治43年3月10日～平成11年9月23日　芝浦製作所社長　→97/99

見義 義俊　みよし・よしとし　～昭和60年8月22日
十劫山正覚寺第25世住職　→83/87

三好 米男　みよし・よねお　明治43年5月2日～昭和57年1月3日　全国種苗協同組合協議会会長、神奈川県議　→80/82

三好 龍一郎　みよし・りゅういちろう　昭和3年6月29日～平成18年12月29日　伊藤忠商事常務、伊藤忠製糖社長　→06/08

三吉野 源三　みよしの・げんぞう　～昭和61年11月12日
九州ホスピタルサービス社長　→83/87

三輪 章　みわ・あきら　昭和7年7月20日～平成14年9月3日　泉鋳造社長　→00/02

三輪 市太郎　みわ・いちたろう　慶応3年4月～昭和5年2月8日　衆院議員（政友会）　→昭和

三輪 梅松　みわ・うめまつ　～昭和63年6月16日
三輪運動工業会長、関学野球部OB会会長、関西学生野球連盟理事長　→88/90

美和 映二郎　みわ・えいじろう　～昭和55年8月30日
米子瓦斯社長　→80/82

三輪 数雄　みわ・かずお　～昭和61年1月14日
犬山市消防長　→83/87

三輪 克明　みわ・かつあき　昭和16年3月26日～平成19年5月15日　武蔵野銀行頭取　→06/08

三輪 勝治　みわ・かつじ　昭和32年8月9日
大垣市長　→昭和

三輪 潔　みわ・きよし　昭和13年1月17日～平成16年5月17日　森尾電機会長　→03/05

三輪 潔　みわ・きよし　昭和9年1月13日～平成19年7月31日　北陸電力常務　→06/08

三輪 金一　みわ・きんいち　明治32年4月25日～平成6年11月13日　日本ピグメント社長　→94/96

三輪 邦太郎　みわ・くにたろう　大正3年10月2日～昭和58年2月11日　吉原製油取締役、日本大豆製油社長　→83/87

三輪 謙次郎　みわ・けんじろう　～昭和26年2月7日
川崎汽船取締　→昭和

三輪 孝平　みわ・こうへい　明治40年9月10日～平成1年2月15日　産経新聞取締役大阪本社総務局長　→88/90

三輪 小十郎　みわ・こじゅうろう　～昭和38年7月18日
大和証券会長　→昭和

三輪 貞治　みわ・さだはる　大正2年9月～昭和63年1月31日　参院議員（社会党）　→88/90

三輪 寿壮　みわ・じゅそう　明治27年12月15日～昭和31年11月14日　政治家、弁護士、社会運動家　衆院議員（社会党）、日本労農党書記長　→昭和

三輪 正治　みわ・しょうじ　大正2年1月16日～平成5年6月4日　日本石油化学社長、日本石油洗剤社長、日本合成樹脂社長　→91/93

三輪 真吉　みわ・しんきち　～昭和48年10月28日
東洋電機製造社長　→昭和

三輪 精一　みわ・せいいち　明治35年8月～昭和39年6月14日　衆院議員（自民党）　→昭和（三和 精一）

三輪 善海　みわ・ぜんかい　～昭和62年7月9日
相生市議会議員、浄土真宗本願寺派宗会議員　→83/87

三輪 善兵衛　みわ・ぜんべえ　～昭和55年4月15日
ミツワ本舗相談役、歌舞伎座取締役　→80/82

三輪 善兵衛（2代目）　みわ・ぜんべえ　明治4年5月11日～昭和14年5月8日　丸見屋社長　→昭和（三輪 善兵衛）

三輪 善兵衛（4代目）　みわ・ぜんべえ　大正9年6月8日～平成12年2月17日　ミツワ石鹸社長　→00/02

三輪 外次郎　みわ・そとじろう　～昭和41年2月15日
関東電気工事会長　→昭和

三輪 大作　みわ・だいさく　明治39年6月6日～平成11年9月17日　浜松ホトニクス会長　→97/99

三輪 大三　みわ・だいぞう　～昭和60年9月25日
読売新聞編集局次長、読売スタジオ取締役会長　→83/87

三輪 鷹　みわ・たかい　～昭和61年9月23日
安田火災海上保険常務　→83/87

三輪 親光　みわ・ちかみつ　大正7年6月30日～平成14年7月28日　川崎製鉄専務、川崎鋼板社長　→00/02

三輪 常次郎　みわ・つねじろう　明治19年5月～昭和38年10月14日　興和紡績社長、名古屋商工会議所会頭　→昭和

三輪 信一　みわ・のぶいち　大正4年2月17日～平成13年4月13日　日管社長、静岡県経営者協会会長　→00/02

三輪 等　みわ・ひとし　明治42年3月22日～昭和64年1月5日　中京相互銀行常務、名古屋市経済局長　→88/90

三和 普　みわ・ひろし　明治43年1月20日～平成6年10月

19日　新和海運社長, 日本郵船常務　→94/96

三和　熙　みわ・ひろし　大正6年7月23日～平成13年11月14日　川鉄商事社長　→00/02

三輪　正夫　みわ・まさお　～平成4年8月28日　西部ガス取締役　→91/93

三輪　正信　みわ・まさのぶ　大正11年1月2日～昭和57年6月21日　全関西ケーブルテレビジョン社長　→80/82

三輪　正巳　みわ・まさみ　～平成9年12月28日　三菱江戸川化学(のち三菱ガス化学)専務　→97/99

三輪　正義　みわ・まさよし　～平成11年1月17日　丸久製菓社長, タキヒョー常務　→97/99

三輪　通郎　みわ・みちろう　昭和6年8月28日～平成18年3月16日　不二越専務　→06/08

三輪　恭夫　みわ・やすお　大正15年11月16日～平成5年10月26日　三ツ星ベルト常務　→91/93

三輪　有三　みわ・ゆうぞう　大正4年11月6日～昭和62年2月20日　大成建設常務　→83/87

三輪　義明　みわ・よしあき　～昭和5年12月22日　茨城県警察部長　→昭和

三輪　義明　みわ・よしあき　明治39年9月22日～昭和60年11月2日　日野自動車販売常務　→83/87

三輪　吉郎　みわ・よしお　昭和5年9月7日～平成23年7月7日　三輪運輸工業社長　→09/11

三輪　善雄　みわ・よしお　大正9年6月8日～平成12年2月17日　ミツワ石鹸社長　→03/05s

三輪　良雄　みわ・よしお　大正2年8月6日～平成15年8月16日　弁護士　防衛庁事務次官, 警察庁警備局長　→03/05

三輪　至孝　みわ・よしたか　昭和14年7月4日～平成17年6月20日　トウアバルブグループ本社常務　→03/05

三輪　良吉　みわ・りょうきち　大正6年11月29日～平成10年8月26日　尾張精機常務　→97/99

三輪　亮明　みわ・りょうみょう　～昭和61年5月15日　永観堂法主　→83/87

三和田　大士　みわた・おおし　大正4年11月16日～昭和62年10月28日　弁護士　名古屋高裁部総括判事　→83/87

関　泳徹　ミン・ヨンヒ　～昭和10年12月30日　子爵　→昭和(関　永徴　みん・えいちょう)

【む】

向井　巌　むかい・いわお　安政5年～昭和11年1月15日　司法官　平壌控訴院検事長　→昭和

向井　英一　むかい・えいいち　昭和4年10月4日～平成2年9月22日　アイシン化工監査役　→88/90

向　吉次郎　むかい・きちじろう　～昭和61年6月22日　三進運送役員　→83/87

向井　清之　むかい・きよし　大正11年9月30日～平成23年12月7日　兼松江商専務　→09/11

向井　圭次郎　むかい・けいじろう　明治41年1月10日～平成1年9月14日　三楽取締役　→88/90

向井　佐歳　むかい・さとし　～昭和63年2月18日　広島県議, 広島県社会福祉協議会長　→88/90

向井　重陽　むかい・しげきよ　大正7年10月9日～平成17年6月28日　三菱銀行副頭取, 伊勢丹会長　→03/05

向井　繁人　むかい・しげと　明治35年11月20日～昭和57年3月20日　永宝商会会長,(社)全国モーターボート競走会連合会副会長　→80/82

向井　繁治　むかい・しげはる　～平成5年5月26日　帝国産業(のちテザック)取締役　→91/93

向井　繁正　むかい・しげまさ　明治31年12月15日～平成4年5月29日　東京応化工業社長　→91/93

向井　俊二　むかい・しゅんじ　～平成3年6月26日　大正海上火災保険(のち三井海上火災保険)常務　→91/93

向井　穣　むかい・じょう　昭和8年11月24日～平成18年12月5日　長瀬産業常務　→06/08

向井　昭治　むかい・しょうじ　～平成18年12月9日　在ブラジル原爆被爆者協会副会長　→06/08

向井　誠四郎　むかい・せいしろう　大正9年9月3日～平成1年12月23日　中央信託銀行取締役　→88/90

向井　忠晴　むかい・ただはる　明治18年1月26日～昭和57年12月19日　実業家　蔵相, 三井物産会長, ゼネラル石油顧問　→80/82

向井　忠一　むかい・ちゅういち　大正7年3月5日～昭和61年7月30日　片倉工業常務　→83/87

向井　哲吉　むかい・てつきち　元治1年～昭和19年8月3日　製鉄技師　八幡製鉄所製鋼材部鋳鋼科長　→昭和

向井　哲次郎　むかい・てつじろう　大正7年10月7日～平成10年5月20日　横浜家裁所長　→97/99

向井　長年　むかい・ながとし　明治43年11月6日～昭和55年6月23日　民社党副委員長, 衆院議員　→80/82

向井　元　むかい・はじめ　大正1年11月16日～昭和58年10月28日　塩野義製薬専務　→83/87

向井　久助　むかい・ひさとも　大正3年3月24日～平成3年11月1日　橋本市長, 和歌山県米(株)会長　→91/93

向井　弘　むかい・ひろし　大正10年9月3日～平成19年2月15日　奈良県議　→06/08

向井　博義　むかい・ひろよし　大正3年3月24日～平成21年1月8日　ミノルタカメラ常務　→09/11

向井　美治雄　むかい・みちお　昭和6年3月12日～平成23年1月30日　東洋建設常務　→09/11

向井　弥一　むかい・やいち　～昭和16年11月14日　海軍中将　→昭和

向井　弥寿夫　むかい・やすお　～平成2年8月18日　イセト紙工監査役　→88/90

向井　諒一　むかい・りょういち　～平成4年3月3日

むかいかわ　　　　　　　　　　　　　　　　　　　　　　　　　Ⅰ　政治・経済・社会篇

向井石油会長,京都府石油協同組合理事長　→91/93

向川 武夫　むかいがわ・たけお　大正11年2月10日～平成6年1月18日　札幌市議　→94/96

向出 修一　むかいで・しゅういち　～平成20年12月14日　STVラジオ社長　→06/08

向坊 正徳　むかいぼう・まさのり　大正5年1月15日～平成2年9月7日　飯塚井筒屋社長,井筒屋専務　→88/90

向山 一人　むかいやま・かずと　大正3年2月10日～平成7年12月21日　KOA会長,衆議院議員(自民党),参院議員　→94/96

向山 忠清　むかいやま・ただきよ　～昭和62年10月25日　向山代表取締役社長　→83/87

向山 哲夫　むかいやま・てつお　～平成5年5月12日　筑摩書房取締役営業部長　→91/93

向山 友一　むかいやま・ともかず　大正12年2月5日～昭和60年1月28日　興亜電工監査役　→83/87

向山 光雄　むかいやま・みつお　大正10年6月10日～平成11年9月4日　三菱化成(のち三菱化学)常務　→97/99

向山 泰　むかいやま・やすし　大正15年7月9日～平成7年5月17日　ニチレイ専務　→94/96

向江 璋悦　むかえ・てるよし　明治43年2月19日～昭和55年3月25日　弁護士　中大法法会会長　→80/82

向江 久夫　むかえ・ひさお　大正11年7月14日～平成18年10月18日　足利銀行頭取　→06/08

迎里 竹志　むかえさと・たけし　昭和8年～平成19年7月11日　国立療養所沖縄愛楽園自治会長　→06/08

向笠 金吾　むかさ・きんご　～昭和53年1月27日　川崎車両会長　→昭和

向笠 正二　むかさ・まさじ　大正12年3月23日～平成14年5月21日　富士写真光機社長　→00/02

六笠 六郎　むかさ・ろくろう　明治43年1月6日～平成1年10月6日　住友銀行常務　→88/90

麦島 与　むぎしま・あたう　明治38年7月10日～平成6年10月18日　花王石鹸(のち花王)取締役,工学院大学名誉教授　→94/96

麦島 昭平　むぎしま・しょうへい　昭和33年9月11日～平成20年5月16日　ギターを手に,骨髄バンク運動に取り組んだ　→06/08

麦屋 弥生　むぎや・やよい　昭和35年～平成20年6月15日　観光コンサルタント　→06/08

武儀山 邦雄　むぎやま・くにお　～昭和62年7月14日　武儀チェーン社長　→83/87

武儀山 昌昇　むぎやま・しょうしょう　～昭和61年7月21日　秋田屋酒店会長,名古屋小売酒組合理事長　→83/87

椋田 知雄　むくだ・ともお　大正12年3月14日～平成20年7月20日　僧侶　京都市議(自民党),真宗大谷派宗会議員,光懸寺住職　→06/08

椋梨 実　むくなし・みのる　大正2年3月27日～平成9年7月30日　宇部興産専務　→97/99

椋本 伊三郎　むくもと・いさぶろう　大正8年6月26日～平成14年11月28日　駐ウルグアイ大使　→00/02

椋本 昇二　むくもと・しょうじ　～平成4年7月1日　グルメ杵屋監査役　→91/93

椋本 彦之　むくもと・ひこゆき　昭和10年11月24日～平成20年6月24日　グルメ杵屋会長,大阪初芝学園理事長　→06/08

椋本 竜海　むくもと・りょうかい　明治2年8月5日～昭和25年1月16日　僧侶　真言宗泉涌寺派管長　→昭和

椋本 和三郎　むくもと・わさぶろう　～昭和63年6月21日　住軽金属商事社長,住友金属工業専務,嶋海製陶社長　→88/90

六車 正之　むぐるま・まさゆき　大正12年3月22日～平成11年1月19日　興和工業所会長　→97/99

向坂 一弥　むこうざか・いちや　昭和7年1月30日～昭和62年10月29日　雪印乳業常務　→83/87

向島 孝秋　むこうじま・たかあき　大正9年8月25日～昭和60年4月16日　清隆産業会長,元神奈川県議(自民党)　→83/87

向島 秀峰　むこうじま・ひでたか　大正12年1月3日～昭和63年3月3日　公認会計士　中央会計事務所代表社員　→88/90

向瀬 貫三郎　むこうせ・かんざぶろう　～昭和55年2月17日　礼文町(北海道)町長　→80/82

向田 金一　むこうだ・きんいち　～平成28年5月5日　海軍協会副会長　→昭和

向山 定孝　むこうやま・さだたか　大正1年10月13日～平成17年12月19日　東レ副社長　→03/05

向山 禎一　むこうやま・ていいち　～昭和46年11月5日　明治商事会長,東京砂糖取引所理事長　→昭和

向山 均　むこうやま・ひとし　～昭和53年7月5日　海軍技術中将　→昭和

向瀬 内匠　むこせ・たくみ　～平成13年3月8日　神戸製鋼所専務　→00/02

向山 平八郎　むこやま・へいはちろう　昭和12年7月2日～平成12年10月19日　クラボウ常務　→00/02

撫佐 和夫　むさ・かずお　大正25年9月3日～平成19年8月26日　TOA常務　→06/08

武蔵 寿雄　むさし・としお　～昭和61年4月7日　原鉄運送会社社長,元国鉄東京駅長　→83/87

武者小路 公久　むしゃこうじ・きんひさ　大正10年8月29日～昭和63年11月18日　旭硝子監査役　→88/90

武者小路 公共　むしゃのこうじ・きんとも　明治15年8月29日～昭和37年4月21日　外交官,随筆家　駐ドイツ大使,日独協会会長　→昭和

牟田 鑑治　むた・かんじ　昭和4年4月15日～昭和62年12月6日　相鉄住宅ローン取締役福岡支店長　→83/87

牟田 直　むた・なおし　昭和2年3月1日～平成3年4月21日　大倉紙パルプ商事社長・会長　→91/93

牟田 弘国　むた・ひろくに　明治43年8月29日～昭和62

年6月29日　防衛庁統合幕僚会議議長　→83/87

務台　則夫　むたい・のりお　昭和31年1月26日～平成20年1月27日　松井証券副社長　→06/08

務台　光雄　むたい・みつお　明治29年6月6日～平成3年4月30日　読売新聞代表取締役名誉会長　→91/93

牟田口　道夫　むたぐち・みちお　大正7年3月31日～平成9年1月13日　サハリン石油開発協力社長，科学技術庁官房長　→97/99

牟田口　衛邦　むたぐち・もりくに　大正6年11月26日～平成9年12月21日　住友ベークライト常務　→97/99

牟田口　廉也　むたぐち・れんや　明治21年10月7日～昭和41年8月2日　陸軍中将　→昭和

陸奥　広吉　むつ・ひろきち　明治2年3月～昭和17年11月19日　外交官，伯爵　→昭和

陸奥　陽之助　むつ・ようのすけ　明治40年1月14日～平成14年10月30日　インタナショナル映画社長，陸奥ブリテッシュ・テレビション会長　→00/02

六岡　周三　むつおか・しゅうぞう　～昭和51年3月21日　石川島播磨重工業会長　→昭和

六岡　芳雄　むつおか・よしお　大正12年3月29日～平成19年4月3日　兵庫県議（自民党）　→06/08

六鹿　貞一　むつが・ていいち　明治34年4月19日～平成4年2月16日　弁護士　太平洋工業監査役　→91/93

武藤　晃　むとう・あきら　～昭和55年6月23日　厚生省医療専門官，南極越冬隊長　→80/82

武藤　章　むとう・あきら　明治25年12月5日～昭和23年12月23日　陸軍中将　→昭和

武藤　郁巳　むとう・いくみ　大正13年8月23日～平成8年7月5日　住友石炭鉱業常務　→94/96

武藤　勇　むとう・いさむ　～昭和55年10月27日　日本航空常務　→80/82

武藤　糸治　むとう・いとじ　明治36年5月1日～昭和45年12月23日　鐘紡社長　→昭和（武藤　絲治）

武藤　稲太郎　むとう・いねたろう　～昭和29年10月19日　海軍中将　→昭和

武藤　嘉一　むとう・かいち　明治30年2月20日～昭和43年7月23日　衆院議員（自由党），武藤醸造社長，旭紡績社長　→昭和

武藤　和雄　むとう・かずお　大正7年12月18日～平成12年4月17日　川崎製鉄専務　→00/02

武藤　一民　むとう・かずたみ　大正11年11月2日～平成15年9月20日　共同印刷常務　→83/87

武藤　勝彦　むとう・かつひこ　昭和41年8月16日　日本道路公団顧問，元国土地理院長　→昭和

武藤　嘉文　むとう・かぶん　大正15年11月18日～平成21年11月4日　衆院議員（自民党），外相，通産相　→09/11

武藤　嘉門　むとう・かもん　明治3年5月～昭和38年8月11日　政治家　衆院議員，岐阜県知事　→昭和

武藤　喜一郎　むとう・きいちろう　慶応4年5月～昭和18年12月14日　陸軍獣医総監　→昭和

武藤　釛七郎　むとう・きゅうしちろう　～平成6年1月2日　スズキ取締役　→94/96

武藤　清晏　むとう・きよはる　昭和5年8月4日～平成22年12月10日　信濃毎日新聞代表取締役専務松本本社代表　→09/11

武藤　金吉　むとう・きんきち　慶応2年5月15日～昭和3年4月22日　実業家，政治家　衆院議員（政友会），帝国蚕糸重役　→昭和

武藤　謙二郎　むとう・けんじろう　～昭和48年4月20日　日本長期信用銀行常務　→昭和

武藤　宏一　むとう・こういち　～昭和57年1月24日　第五福竜丸保存の父　→80/82

武藤　幸一　むとう・こういち　明治43年2月15日～昭和58年11月14日　日産建設専務　→83/87

武藤　孝之介　むとう・こうのすけ　大正4年8月28日～昭和60年3月30日　大阪ガス専務　→83/87

武藤　貞雄　むとう・さだお　大正15年5月13日～平成10年11月12日　日中旅行社長　→97/99

武藤　山治　むとう・さんじ　慶応3年3月1日～昭和9年3月10日　実業家，政治家　鐘淵紡績社長，衆院議員　→昭和

武藤　山治　むとう・さんじ　大正14年7月8日～平成13年5月29日　政治家　衆院議員（社会党）　→00/02

武藤　重遠　むとう・しげとお　昭和22年～平成16年3月27日　カッシーナ・イクスシー社長　→03/05

武藤　秀三　むとう・しゅうぞう　～昭和47年11月9日　三菱養和会顧問　→昭和

武藤　松次　むとう・しょうじ　～昭和19年6月1日　三菱本社常務理事　→昭和

武藤　正三　むとう・しょうぞう　～昭和40年3月27日　キングレコード相談役・元社長　→昭和

武藤　鉦八郎　むとう・しょうはちろう　大正3年1月1日～昭和59年4月15日　武藤鉦製薬社長　→83/87

武藤　清一　むとう・せいいち　～昭和62年3月14日　日本鋼管参与，日本バスケットボール協会理事,（株）武藤構造力学研究所代表取締役　→83/87

武藤　誠一郎　むとう・せいいちろう　明治40年3月17日～平成3年4月6日　松坂屋写真商事会長　→91/93

武藤　良允　むとう・たかみつ　昭和16年9月28日～平成20年2月1日　セイコー常務　→06/08

武藤　武夫　むとう・たけお　明治43年9月21日～平成1年8月25日　間組取締役　→88/90

武藤　武雄　むとう・たけお　大正5年3月20日～昭和53年10月20日　労働運動家，政治家　総評初代議長，衆院議員（社会党）　→昭和

武藤　健　むとう・たけし　明治26年11月28日～昭和49年12月18日　牧師　→昭和

武藤　武治　むとう・たけはる　～昭和61年2月4日　御木本真珠会社専務　→83/87

武藤　忠敏　むとう・ただとし　明治43年5月21日～昭和58年1月2日　鋼管ドラム社長，日本鋼管取締役　→83/87

むとう

武藤 忠之　むとう・ただゆき　大正9年12月10日～平成9年2月13日　イワクラゴールデンホーム社長　→97/99

武藤 達也　むとう・たつや　昭和10年5月10日～平成14年8月3日　三菱電機常務　→00/02

武藤 太利三　むとう・たりぞう　～昭和11年12月5日　陸軍軍医少将　→昭和

武藤 千秋　むとう・ちあき　明治41年10月29日～平成3年8月18日　栗本鉄工所専務　→91/93

武藤 常介　むとう・つねすけ　明治23年3月～昭和38年8月6日　衆院議員(民主党)、参院議員(自民党)　→昭和(むとう・じょうすけ)

武藤 悌三　むとう・ていぞう　大正1年8月1日～平成19年10月26日　国鉄東京電気工事局長、日本電設工業常務　→06/08

武藤 徳郎　むとう・とくろう　明治39年11月26日～昭和61年11月14日　河北新報社社友・元専務、河北仙販取締役社長　→83/87

武藤 利昭　むとう・としあき　昭和2年7月24日～平成10年12月20日　駐ソ大使　→97/99

武藤 直世　むとう・なおよ　昭和2年9月1日～昭和60年11月14日　伊藤忠商事参与、香港コスモス社長　→83/87

武藤 信一　むとう・のぶかず　昭和20年7月20日～平成22年1月6日　伊勢丹社長、三越伊勢丹ホールディングス会長　→09/11

武藤 信義　むとう・のぶよし　慶応4年7月15日～昭和8年7月28日　陸軍大将、元帥、男爵　関東軍司令官　→昭和

武藤 信義　むとう・のぶよし　昭和9年5月11日～平成4年10月3日　ムトウ会長　→94/96

武藤 登　むとう・のぼる　～昭和60年9月9日　藤村ニット常務　→83/87

武藤 範秀　むとう・のりひで　～昭和17年3月18日　大僧正智山派前管長　→昭和

武藤 英光　むとう・ひでみつ　昭和10年1月23日～昭和60年9月2日　宮城県議(自民党)　→83/87

武藤 博　むとう・ひろし　明治44年8月21日～昭和60年3月8日　昭和産He相談役・元社長　→83/87

武藤 文雄　むとう・ふみお　明治41年7月13日～平成17年12月12日　佐藤工業副社長、警察庁近畿管区警察局長　→03/05

武藤 政一郎　むとう・まさいちろう　～昭和62年11月3日　日本生産性本部常務理事　→83/87

武藤 正夫　むとう・まさお　～昭和48年5月15日　日本長期信用銀行取締　→昭和

武藤 斉男　むとう・まさお　昭和11年3月22日～平成5年9月2日　西部石油常勤監査役　→91/93

武藤 松一　むとう・まついち　～平成2年10月27日　武電機名誉会長　→88/90

武藤 光雄　むとう・みつお　大正4年10月17日～平成7年8月3日　日本化成常務　→94/96

武藤 三徳　むとう・みつのり　大正2年1月3日～昭和47年10月25日　読売新聞常務、巨人軍会長　→昭和

武藤 保之助　むとう・やすのすけ　大正2年9月7日～平成15年2月25日　所沢市長　→03/05

武藤 泰丸　むとう・やすまる　昭和2年12月27日～平成23年1月15日　弁護士　横浜弁護士会会長　→09/11

武藤 幸雄　むとう・ゆきお　明治45年7月8日～平成17年11月21日　太平興業社長　→03/05

武藤 行雄　むとう・ゆきお　昭和7年5月3日～平成4年3月8日　住友信託銀行取締役　→91/93

武藤 与市　むとう・よいち　明治13年1月20日～昭和41年12月24日　日本コロムビア社長　→昭和

武藤 庸之助　むとう・ようのすけ　大正15年7月3日～平成15年8月13日　ユニー社長　→03/05

武藤 義雄　むとう・よしお　～昭和49年4月12日　日本ユネスコ国内委事務局長　→昭和

武藤 義一　むとう・よしかず　昭和17年2月5日～昭和63年5月12日　武藤電機社長、神奈川工業人クラブ監事　→88/90

武藤 嘉彦　むとう・よしひこ　大正15年3月24日～昭和63年5月3日　菊川会長　→88/90

武藤 竜吉　むとう・りゅうきち　大正15年11月27日～平成9年9月12日　ムトウ会長　→97/99

武藤 六三郎　むとう・ろくさぶろう　明治41年3月22日～平成2年2月28日　弁護士　武藤弁理士事務所長、岐阜県議、日本獣医師会副会長　→88/90

棟方 健太郎　むなかた・けんたろう　～昭和62年7月23日　鹿部村(北海道)村長　→83/87

宗像 大三路　むなかた・だいざぶろ　昭和4年7月28日～平成23年10月15日　クラリオン専務　→09/11

宗像 達雄　むなかた・たつお　明治42年4月27日～平成4年8月22日　住友軽金属工業副社長、日本アルミニウム工業(のち日本アルミ)会長　→91/93

宗像 辰美　むなかた・たつみ　～昭和55年6月27日　宗像大社宮司　→80/82

棟方 敏郎　むなかた・としろう　～昭和62年10月30日　北海道連合海区漁業調整委員会会長、網走市会議長　→83/87

宗像 棟子　むなかた・なみこ　～平成4年7月14日　日本子どもを守る会常任理事　→91/93

宗像 英雄　むなかた・ひでお　～平成8年6月　南北海道自然保護協会会長,函館植物研究会会長　→97/99s

棟方 文雄　むなかた・ふみお　明治44年9月25日～昭和63年3月18日　牧師　日本基督教団西宮教会牧師、同志社大学神学部教授　→88/90

宗像 洋三　むなかた・ようぞう　～昭和59年4月21日　サッポロビール常務　→83/87

宗像 善俊　むなかた・よしとし　大正15年9月10日～平成22年6月3日　中小企業庁次長、大阪府副知事　→09/11

宗沢 修郎　むねざわ・しゅうろう　昭和11年12月25日～平成20年1月3日　西松建設社長　→06/08

宗重 章　むねしげ・あきら　大正12年12月10日～平成7年4月11日　三井物産常務　→94/96

宗田 好宏　むねた・よしひろ　昭和9年2月15日～平成7年1月11日　多木化学常務　→94/96

宗高 秀直　むねたか・ひでなお　昭和6年3月19日～平成11年10月18日　ジャパンエナジー常務　→97/99

宗村 完治　むねむら・かんじ　昭和8年～昭和58年3月25日　平田紡績社長　→83/87

宗村 佐信　むねむら・すけのぶ　明治37年6月3日～昭和50年8月29日　平田紡績会長　→昭和（そうむら・すけのぶ）

宗雪 新之助　むねゆき・しんのすけ　～昭和16年3月1日　海軍少将　→昭和（そうせつ・しんのすけ）

村 教三　むら・きょうぞう　明治37年4月1日～平成10年6月18日　弁護士　専修大学教授,国立国会図書館専門調査員　→97/99

村 金七郎　むら・きんしちろう　大正8年11月10日～平成16年1月27日　村佐商事社長,石川県商工会連合会会長　→03/05

村 善造　むら・ぜんぞう　大正11年3月18日～昭和61年12月12日　労働金庫連合会常務理事　→83/87

村 治夫　むら・はるお　明治43年10月13日～平成7年2月6日　日経映画専務　→94/96

村合 正夫　むらあい・まさお　明治43年3月10日～平成3年12月29日　日本経済新聞社取締役大阪支社長,海外新聞普及社長　→91/93

村井 勇夫　むらい・いさお　大正12年5月4日～平成11年12月9日　フジクラ専務　→00/02s

村井 栄太郎　むらい・えいたろう　～平成10年10月6日　空将　防衛庁技術研究本部技術開発官　→97/99

村井 小之助　むらい・おのすけ　明治26年7月1日～昭和47年1月13日　労働運動家　→昭和

村井 一夫　むらい・かずお　～昭和63年9月1日　広島県議　→88/90

村井 清人　むらい・きよと　昭和23年1月4日～平成18年7月10日　大分銀行専務　→06/08

村井 国彦　むらい・くにひこ　大正9年1月29日～昭和61年10月21日　中央相互銀行監査役,国税庁徴収部長　→83/87

村井 倉松　むらい・くらまつ　明治21年1月10日～昭和28年10月23日　八戸市長　→昭和

村井 啓三郎　むらい・けいざぶろう　大正3年8月4日～昭和62年7月3日　三重証券（のち大洋証券）社長　→83/87

村井 健作　むらい・けんさく　～昭和61年9月29日　元・富山市農協理事　→83/87

村井 健児　むらい・けんじ　明治45年2月5日～平成1年9月6日　日本火災海上保険専務　→88/90

村井 孝一　むらい・こういち　大正1年11月13日～平成5年9月11日　新日本理化社長　→91/93

村井 幸吉　むらい・こうきち　明治45年4月21日～平成14年2月28日　桃川コーポレーション会長,桃川名誉会長

→00/02

村井 五郎　むらい・ごろう　～昭和48年10月23日　村井銀行副頭取　→昭和

村井 貞之助　むらい・さだのすけ　～昭和16年12月3日　満州製糸会長　→昭和

村井 三郎　むらい・さぶろう　～昭和57年12月15日　オリザ油化社長,元日本こめ油工業同組合副理事長　→80/82

村井 茂雄　むらい・しげお　～昭和46年10月5日　東京瓦斯副社長　→昭和

村井 七郎　むらい・しちろう　大正6年4月13日～平成6年2月21日　三和銀行副頭取,大蔵省国際金融局長　→94/96

村井 順　むらい・じゅん　明治42年2月5日～昭和63年1月12日　綜合警備保障会長,内閣調査室長　→88/90

村井 淳一　むらい・じゅんいち　大正10年9月17日～平成12年1月17日　アンリツ専務　→00/02

村井 潤三　むらい・じゅんぞう　大正7年～昭和60年5月21日　更栄証券会長,東証正会員協会副会長　→83/87

村井 順三　むらい・じゅんぞう　～昭和63年10月26日　鳥羽相談役　→88/90

村井 澄也　むらい・すみや　～平成8年2月21日　名古屋ゴム（のち豊田合成）常務　→94/96

村井 大吉　むらい・だいきち　明治40年1月7日～平成1年12月10日　東京都議（自民党）　→88/90

村井 隆　むらい・たかし　昭和9年3月29日～平成4年5月5日　中日電光ニュース社取締役　→91/93

村井 武一　むらい・たけいち　大正8年8月23日～平成17年6月18日　庄川町（富山県）町長　→03/05

村井 武雄　むらい・たけお　明治41年9月16日～平成4年3月11日　興亜火災海上保険副社長　→91/93

村井 勉　むらい・つとむ　大正7年3月31日～平成20年10月30日　住友銀行副頭取,東洋工業副社長,アサヒビール社長　→06/08

村井 貞一　むらい・ていいち　明治44年3月27日～平成7年8月20日　東亜電波工業社長　→94/96

村井 尚三郎　むらい・なおさぶろう　～昭和62年7月19日　大成火災海上保険取締役　→83/87

村井 八郎　むらい・はちろう　明治19年12月～昭和45年10月11日　衆院議員（民主党）,福島県知事　→昭和

村井 八郎　むらい・はちろう　明治35年8月16日～平成5年4月17日　日東工業会長　→91/93

村井 久男　むらい・ひさお　明治42年9月18日～平成2年9月13日　北海道農民総連盟委員長　→88/90

村井 秀夫　むらい・ひでお　昭和33年～平成7年4月24日　オウム真理教幹部　→94/96

村井 秀雄　むらい・ひでお　～昭和60年11月27日　村井モータース代表　→83/87

村井 秀雄　むらい・ひでお　大正7年12月18日～平成9年3月3日　三菱金属（のち三菱マテリアル）常務　→97/99

むらい

村井 兵部　むらい・ひょうぶ　昭和4年3月20日〜平成17年5月11日　山村硝子副社長　→03/05

村井 弘幹　むらい・ひろき　大正15年3月21日〜昭和63年5月24日　リビング住販専務,サンケイ新聞社経理局長,サンケイリビング新聞社取締役経理局長　→88/90

村井 真雄　むらい・まさお　文久3年11月7日〜昭和7年2月5日　実業家　〜昭和

村井 峯二　むらい・みねじ　〜平成5年11月6日　東海学園理事・事務局長,名古屋市東区運営委員長　→91/93

村井 実　むらい・みのる　大正13年2月28日〜平成7年3月28日　横浜ゴム取締役,浜ゴム不動産社長　→94/96

村井 源久　むらい・もとひさ　大正5年7月1日〜昭和63年10月11日　直方鉄工協同組合顧問,協和鉄工所社長　→88/90

村井 弥太郎　むらい・やたろう　大正2年8月4日〜平成18年1月6日　中央倉庫社長　→06/08

村井 勇之助　むらい・ゆうのすけ　明治45年6月25日〜平成7年6月1日　ダイハツディーゼル社長,ダイハツ工業常務　→94/96

村井 幸夫　むらい・ゆきお　〜昭和60年12月19日　北陸電力黒部発変電管理所副所長　→83/87

村井 幸雄　むらい・ゆきお　〜平成8年9月28日　ベルデ・リーオ温根湯温泉クリニック事務長　→94/96

村井 幸也　むらい・ゆきや　昭和2年9月19日〜平成8年8月27日　勧角総合研究所社長　→94/96

村井 与吉　むらい・よきち　明治43年1月6日〜平成12年10月18日　合同酒精専務　→00/02

村井 由直　むらい・よしなお　大正3年12月20日〜平成22年4月3日　帝人製機専務　→09/11

村居 嘉郎　むらい・よしろう　〜平成7年12月1日　神鋼興産専務　→94/96

村内 村雄　むらうち・むらお　明治45年3月15日〜平成5年5月27日　ムラウチ会長　→91/93

村上 克巳　むらお・かつみ　〜平成23年4月2日　ライト工業専務　→09/11

村尾 啓一　むらお・けいいち　昭和11年4月16日〜平成15年5月10日　大和銀行専務　→03/05

村尾 薩男　むらお・さつお　明治35年8月25日〜昭和45年1月5日　社会運動家　〜昭和

村尾 重雄　むらお・しげお　明治34年10月7日〜平成1年11月10日　労働運動家　参院議員(民社党),同盟副会長　→88/90

村尾 俊一　むらお・しゅんいち　〜昭和60年12月3日　ニセック・シュルンベルジェ社長,元東芝EMI専務　→83/87

村尾 昭男　むらお・てるお　昭和2年3月15日〜平成5年5月3日　上組専務　→91/93

村尾 伝之助　むらお・でんのすけ　昭和5年10月9日〜平成15年12月22日　広島ガス会長　→03/05

村尾 時之助　むらお・ときのすけ　明治36年10月30日〜昭和59年6月14日　東洋工業顧問　→83/87

村尾 博　むらお・ひろし　昭和2年3月23日〜平成22年11月27日　南海電気鉄道常務　→09/11

村岡 愛　むらおか・あい　明治38年4月21日〜昭和59年10月13日　ナリス化粧品会長　→83/87

村岡 央麻　むらおか・あさ　昭和7年8月8日〜平成23年4月4日　村岡屋社長　→09/11

村岡 朝太　むらおか・あさた　明治42年1月21日〜平成2年3月17日　ホーユー相談役・元専務　→88/90

村岡 有尚　むらおか・ありなお　昭和16年11月24日〜平成7年3月5日　ナリス化粧品社長　→94/96

村岡 英二　むらおか・えいじ　大正1年11月28日〜平成1年2月5日　三日月町(佐賀県)町長,佐賀県土地改良事業団体連合会会長　→88/90

村岡 嘉六　むらおか・かろく　明治17年6月16日〜昭和51年8月4日　大隈鉄工所会長　→昭和

村岡 潔　むらおか・きよし　明治32年5月27日〜昭和59年2月25日　第一中央汽船専務　→83/87

村岡 空　むらおか・くう　昭和10年7月8日〜平成17年3月16日　僧侶,詩人　光明寺(真言宗)住職　→03/05

村岡 慶二　むらおか・けいじ　大正11年2月20日〜平成14年1月19日　エースコック創業者　→00/02

村岡 栄　むらおか・さかえ　大正14年11月16日〜昭和63年7月16日　村岡屋社長　→88/90

村岡 重俊　むらおか・しげとし　〜昭和61年10月20日　日本製鋼所常務　→83/87

村岡 四郎　むらおか・しろう　〜昭和50年5月28日　京阪電鉄社長,読売テレビ取締役　〜昭和

村岡 信一　むらおか・しんいち　〜昭和57年1月21日　村岡ゴム工業会長　→80/82

村岡 代介　むらおか・だいすけ　大正10年7月19日〜平成8年2月14日　福岡放送常務　→94/96

村岡 武夫　むらおか・たけお　〜平成3年10月28日　金沢地裁所長　→91/93

村岡 忠明　むらおか・ただあき　大正14年8月1日〜平成21年11月8日　松井建設常務　→09/11

村岡 長太郎　むらおか・ちょうたろう　明治4年11月〜昭和5年8月19日　陸軍中将　〜昭和

村岡 俊男　むらおか・としお　大正15年5月19日〜平成10年5月20日　日本ヒューレット・パッカード副社長　→97/99

村岡 智勝　むらおか・ともかつ　明治34年12月11日〜昭和61年11月5日　日研化学常務　→83/87

村岡 信雄　むらおか・のぶお　大正3年10月15日〜昭和62年4月13日　大東京火災海上保険取締役　→83/87

村岡 実　むらおか・みのる　昭和4年10月3日〜平成1年6月　ホテル・サンガーデン千葉副社長,第一ホテル常務　→91/93

村岡 元一　むらおか・もといち　大正15年12月4日〜平

成3年1月16日　村岡ゴム会長、市川商工会議所会頭　→91/93

村岡 安夫　むらおか・やすお　明治44年3月5日～昭和62年6月17日　村岡総本舗社長、全国銘産菓子工業協同組合副理事長　→83/87

村賀 忠男　むらが・ただお　昭和2年2月28日～平成9年5月　ベルマン代表取締役、ジャパン・フットケア協会代表　→97/99

村垣 龍男　むらがき・たつお　大正6年5月30日～昭和61年11月30日　和歌山商工会議所会頭、丸正百貨店社長　→83/87

村樫 源太郎　むらかし・げんたろう　昭和20年2月7日～平成18年6月15日　鉄建建設執行役員　→06/08

村形 庸雄　むらかた・つねお　～昭和55年9月8日　関東自動車工業監査役　→80/82

村形 友治　むらかた・ともはる　明治44年7月～昭和44年7月2日　陸上自衛隊衛生監　→昭和

村上 明雄　むらかみ・あきお　大正13年10月21日～平成6年1月14日　弁護士　高松地裁所長　→94/96

村上 旭　むらかみ・あきら　昭和5年3月12日～平成15年2月10日　兵庫県議（社会党）　→03/05

村上 昭　むらかみ・あきら　大正6年5月8日～平成16年1月14日　住友生命保険専務　→03/05

村上 明　むらかみ・あきら　昭和9年7月11日～平成18年9月6日　帝国通信工業会長　→06/08

村上 淳　むらかみ・あつし　昭和13年4月18日～平成7年8月17日　大阪車輌工業社長　→94/96

村上 アヤメ　むらかみ・あやめ　明治44年3月25日～平成21年3月30日　バスガイド　日本初の女性バスガイド　→09/11

村上 勲　むらかみ・いさお　～昭和62年8月1日　日墨協会会長　→83/87

村上 勲　むらかみ・いさお　昭和6年7月7日～平成15年1月23日　力建社長　→03/05

村上 勇　むらかみ・いさお　～昭和56年1月3日　大心堂雷おこし社長　→80/82

村上 勇夫　むらかみ・いさお　明治41年4月15日～昭和62年10月25日　日立金属桑名工場長、瓢バルブ工業社長　→83/87

村上 勇　むらかみ・いさむ　～昭和58年7月28日　大阪車輌工業会長、栗本建設工業会長、栗本鉄工所常務　→83/87

村上 勇　むらかみ・いさむ　明治35年4月7日～平成3年1月28日　衆院議員（自民党）、郵政相、建設相　→91/93

村上 巌　むらかみ・いわお　大正12年9月5日～昭和18年1月8日　毎日新聞取締役西部本社代表、テレビ埼玉社長　→06/08

村上 栄一　むらかみ・えいいち　昭和24年1月24日～平成22年1月4日　川崎汽船専務　→09/11

村上 永一　むらかみ・えいいち　大正4年4月16日～平成

村上 英一郎　むらかみ・えいいちろう　～昭和62年3月6日　サンケイリビング新聞社大阪営業局事業担当、サンケイ新聞社中部総局長　→83/87

村上 英司　むらかみ・えいじ　昭和3年6月9日～昭和61年5月8日　牧師　日本基督教団秋南教会牧師　→83/87

村上 悦雄　むらかみ・えつお　大正8年10月11日～平成8年2月15日　名古屋高裁判事　→94/96

村上 薫　むらかみ・かおる　大正6年11月～昭和57年11月7日　ライオンズクラブ国際協会会長　アイバンク（眼球銀行）運動推進者　→82

村上 格一　むらかみ・かくいち　文久2年11月1日～昭和2年11月15日　海軍大将　海相　→昭和

村上 勝衛　むらかみ・かつえ　～昭和60年9月2日　日本消防協会副会長、宮城県消防協会名誉会長　→83/87

村上 勝義　むらかみ・かつよし　～昭和61年2月3日　国策パルプ工業常務、リコー常務　→83/87

村上 鼎　むらかみ・かなえ　～昭和59年6月3日　三菱モンサント化成常務、菱化温室農芸社長　→83/87

村上 幹二　むらかみ・かんじ　明治31年6月5日～平成1年11月25日　興亜火災海上保険常務　→88/90

村上 祺一　むらかみ・きいち　～昭和59年5月4日　日本水産専務、共和油脂工業社長　→83/87

村上 義一　むらかみ・ぎいち　明治18年11月10日～昭和49年11月20日　運輸官僚、実業家、政治家　運輸相、参院議員（同志会）、貴院議員（勅選）　→昭和

村上 義温　むらかみ・ぎおん　～昭和29年10月20日　駐ペルー公使　→昭和

村上 喜照　むらかみ・きしょう　～昭和62年1月20日　僧侶　白藤山西養寺第16世住職　→83/87

村上 喜造　むらかみ・きぞう　大正7年10月3日～昭和61年8月25日　神鋼電機顧問、元常務　→83/87

村上 公男　むらかみ・きみお　昭和11年12月22日～平成17年10月22日　日本開発銀行理事　→03/05

村上 王俊　むらかみ・さみとし　人正4年4月7日～昭和63年9月21日　白光会長　→88/90

村上 恭一　むらかみ・きょういち　明治16年8月31日～昭和28年12月21日　貴院議員（勅選）　→昭和

村上 清　むらかみ・きよし　明治8年2月2日～昭和10年12月31日　高知市長　→昭和

村上 欣一　むらかみ・きんいち　大正4年11月23日～昭和61年11月29日　飯野海運取締役　→83/87

村上 欣一　むらかみ・きんいち　～平成1年10月22日　行橋市収入役、行橋市議　→88/90

村上 邦夫　むらかみ・くにお　～昭和60年1月14日　日本赤十字社振興部長　→83/87

村上 国吉　むらかみ・くにきち　明治9年1月～昭和32年12月13日　衆院議員（日本進歩党）　→昭和（むらかみ・くによし）

村上 国治　むらかみ・くにじ　大正11年～平成6年11月3日　日本共産党札幌地区委員長　白鳥事件　→94/96

村上 国平　むらかみ・くにへい　～昭和46年10月31日　扶桑興業社長, 日本陸上競技連盟審議員　→昭和

村上 啓作　むらかみ・けいさく　明治22年6月16日～昭和23年9月17日　陸軍中将　→昭和

村上 啓次　むらかみ・けいじ　明治37年11月24日～平成3年10月4日　ヂーゼル機器(のちゼクセル)社長　→91/93

村上 敬次郎　むらかみ・けいじろう　嘉永6年9月4日～昭和4年2月15日　海軍主計総監, 男爵　貴院議員　→昭和

村上 恵三　むらかみ・けいぞう　昭和9年1月19日～平成15年8月19日　岩手県議(自由党), 北星社長　→03/05

村上 健　むらかみ・けん　～昭和53年2月11日　警視庁刑事部長　→昭和

村上 源一　むらかみ・げんいち　大正5年9月6日～平成20年12月30日　大正海上火災保険常務　→06/08

村上 元吾　むらかみ・げんご　明治34年3月9日～昭和63年10月8日　阪急百貨店副社長　→88/90

村上 兼次　むらかみ・けんじ　明治38年3月16日～昭和62年9月23日　第一生命保険副社長　→83/87

村上 賢亮　むらかみ・けんりょう　～昭和57年6月17日　僧侶　太宰府安楽寺住職, 自民党福岡県連総務　→80/82

村上 公一　むらかみ・こういち　昭和7年～平成15年11月27日　能島村上水軍資料館顧問　能島村上家第36代当主　→03/05

村上 公孝　むらかみ・こうこう　～昭和47年8月1日　日本貿易振興理事長　→昭和

村上 幸之　むらかみ・こうし　昭和5年4月23日～昭和63年6月28日　オリンパス光学工業常務　→88/90

村上 宏二　むらかみ・こうじ　昭和9年12月24日～平成8年3月16日　山本化成社長　→97/99s

村上 巧児　むらかみ・こうじ　明治12年～昭和38年10月21日　西日本鉄道初代社長, 貴族院議員　→昭和

村上 鎬助　むらかみ・こうすけ　大正4年10月21日～平成3年2月15日　埼玉県信用金庫理事長, 埼玉県信用金協会長　→91/93

村上 康蔵　むらかみ・こうぞう　～昭和58年4月26日　三井リース事業取締役大阪支店長　→83/87

村上 孝太郎　むらかみ・こうたろう　大正5年6月29日～昭和46年9月8日　参院議員(自民党)　→昭和

村上 幸平　むらかみ・こうへい　昭和40年2月19日　日本経済新聞会長　→昭和

村上 公亮　むらかみ・こうりょう　～昭和17年5月2日　陸軍少将　→昭和

村上 好　むらかみ・このむ　～昭和62年2月23日　(福)東京玉葉会会長, 郵政省貯金局長　→83/87

村上 定雄　むらかみ・さだお　大正12年1月23日～平成3年1月30日　三菱油化エンジニアリング社長, 三菱油化専

村上 惺　むらかみ・さとし　大正14年11月19日～平成7年11月15日　三洋電機専務　→94/96

村上 三郎　むらかみ・さぶろう　明治44年11月24日～平成6年9月16日　神鋼商事常務　→94/96

村上 三助　むらかみ・さんすけ　～昭和61年4月18日　飯塚市議　→83/87

村上 参三　むらかみ・さんぞう　～昭和55年3月5日　村上精機工作所会長　→80/82

村上 慈海　むらかみ・じかい　明治35年5月11日～昭和60年8月12日　鹿苑寺(金閣寺)住職　→83/87

村上 茂治　むらかみ・しげじ　～昭和60年6月29日　千歳市議　→83/87

村上 茂利　むらかみ・しげとし　大正7年11月9日～平成1年11月20日　衆院議員(自民党), 労働事務次官　→88/90

村上 茂　むらかみ・しげる　大正8年～平成17年5月11日　隠れキリシタン最高指導者　→03/05

村上 七蔵　むらかみ・しちぞう　～平成6年10月25日　ムラカミ会長　→94/96

村上 七郎　むらかみ・しちろう　大正8年9月14日～平成19年9月18日　フジテレビ専務, 関西テレビ社長　→06/08

村上 庄一　むらかみ・しょういち　～平成9年2月10日　北海道議, 湧別町長　→97/99

村上 彰一　むらかみ・しょういち　昭和15年10月20日～平成9年10月24日　殖産住宅相互常務　→97/99

村上 省一　むらかみ・しょういち　～平成5年12月16日　日立電線アメリカ社長　→91/93

村上 祥一郎　むらかみ・しょういちろう　～昭和49年6月19日　新三菱重工業専務　→昭和

村上 正二郎　むらかみ・しょうじろう　明治36年1月19日～昭和58年4月10日　神栄社長　→83/87

村上 慎一　むらかみ・しんいち　大正9年2月7日～平成7年5月23日　月星化成会長　→94/96

村上 信二郎　むらかみ・しんじろう　大正7年11月～昭和47年8月26日　衆院議員(自民党)　→昭和

村上 進仁　むらかみ・しんじん　～昭和58年6月6日　興医会社長　→83/87

村上 直　むらかみ・すなお　大正15年4月7日～平成1年12月16日　弁護士　第一東京弁護士会副会長, 日弁連常務理事　→88/90

村上 誠一郎　むらかみ・せいいちろう　大正4年3月4日～平成18年1月29日　東武鉄道副社長　→06/08

村上 正二　むらかみ・せいじ　～昭和61年10月3日　ハナエモリ社相談役, 警察共済組合理事　→83/87

村上 清治　むらかみ・せいじ　明治28年3月～昭和30年10月13日　衆院議員(自由党)　→昭和

村上 聖治　むらかみ・せいじ　大正15年2月5日～昭和62年

年10月9日　蝶理取締役　→83/87

村上 摂郎　むらかみ・せつろう　～昭和56年11月18日
住友生命常務　→80/82

村上 速水　むらかみ・そくすい　大正8年1月20日～平成12年3月14日　僧侶　永照寺住職、龍谷大学名誉教授　→00/02

村上 孝　むらかみ・たかし　～平成4年12月27日
千葉ショッピングセンター社長、千葉市収入役　→91/93

村上 喬登　むらかみ・たかのり　～昭和56年8月9日
連合印刷工芸社長、元サンケイ新聞大阪本社記事審査部長　→80/82

村上 多喜雄　むらかみ・たきお　明治42年～昭和15年5月21日　社会運動家　→昭和

村上 卓三　むらかみ・たくぞう　～昭和51年7月20日
宇部興産専務　→昭和

村上 竹夫　むらかみ・たけお　～昭和63年2月18日
海軍少将　→88/90

村上 武雄　むらかみ・たけお　大正8年9月21日～昭和56年7月1日　東京瓦斯社長　→80/82

村上 武久　むらかみ・たけひさ　明治40年11月2日～平成10年9月30日　安川電機副社長　→97/99

村上 忠直　むらかみ・ただなお　大正10年～平成14年4月19日　大林組常務　→00/02

村上 忠敬　むらかみ・ただよし　明治40年7月23日～昭和60年2月11日　核兵器禁止平和建設広島県民会議議長、広島大学名誉教授　→83/87

村上 辰雄　むらかみ・たつお　～平成3年2月1日
河北新報社東京支社長、東北放送常務　→91/93

村上 保　むらかみ・たもつ　～平成3年3月7日
堀内伊太郎商店常務　→91/93

村上 太郎　むらかみ・たろう　明治42年5月16日～平成4年12月21日　大日本電線（のち三菱電線工業）取締役　→91/93

村上 長槌　むらかみ・ちょうつい　明治27年10月10日～昭和61年6月21日　日立電線専務、日立製作所取締役、東洋向銅所社長　→83/87

村上 長平　むらかみ・ちょうへい　大正13年3月2日～平成7年1月2日　広島銀行専務　→94/96

村上 恒治　むらかみ・つねじ　大正6年8月12日～平成7年6月10日　住友不動産専務　→94/96

村上 面幸　むらかみ・つらゆき　明治42年10月21日～平成15年11月4日　愛媛相互銀行専務　→03/05

村上 哲男　むらかみ・てつお　明治38年8月7日～平成4年7月30日　日立造船専務　→91/93

村上 鉄石　むらかみ・てっせき　明治38年12月6日～昭和59年1月15日　日本団体生命保険副社長　→83/87

村上 藤太　むらかみ・とうた　明治36年11月6日～平成1年4月12日　王子製紙専務、藤原科学財団監事　→88/90

村上 藤太郎　むらかみ・とうたろう　明治28年2月～平

成16年7月30日　男性長寿日本一　→03/05

村上 透　むらかみ・とおる　～昭和41年8月6日
九州石油副社長　→昭和

村上 トク　むらかみ・とく　～平成3年1月28日
佐世保市婦人団体連絡協議会長、長崎県議　→91/93

村上 敏夫　むらかみ・としお　昭和8年6月16日～平成6年12月15日　ルシアン常務　→94/96

村上 富之助　むらかみ・とみのすけ　大正6年3月1日～平成4年9月18日　遠軽信用金庫会長　→91/93

村上 朝一　むらかみ・ともかず　明治39年5月25日～昭和62年2月13日　弁護士　最高裁長官（第6代）　→83/87

村上 虎夫　むらかみ・とらお　～平成4年2月1日
日本水産常務　→91/93

村上 尚文　むらかみ・なおふみ　昭和3年9月17日～平成12年12月25日　弁護士　帝京大学法学部法律学科教授、広島高検検事長　→00/02

村上 日宣　むらかみ・にっせん　～昭和42年4月19日
法華宗権大僧正、別院本妙寺住職　→昭和

村上 二郎　むらかみ・にろう　～平成8年3月3日
日本エステル社長、日本レイヨン（のちユニチカ）専務　→94/96

村上 彝明　むらかみ・のりあき　明治43年9月14日～平成5年2月24日　北海道議（自民党）　→91/93

村上 憲夫　むらかみ・のりお　大正5年3月13日～平成14年12月2日　昭和電工常務　→00/02

村上 徳之　むらかみ・のりゆき　明治44年8月26日～平成4年5月5日　読売新聞取締役　→91/93

村上 一　むらかみ・はじめ　～昭和55年8月15日
国際空港上屋社長、元大蔵省為替局長　→80/82

村上 八郎　むらかみ・はちろう　大正4年9月13日～平成11年8月30日　扶桑薬品工業常務　→97/99

村上 初太郎　むらかみ・はつたろう　～平成4年10月2日
住友林業取締役　→91/93

村上 春蔵　むらかみ・はるぞう　明治38年4月30日～平成7年4月22日　参院議員（自民党）、人分養魚会長　→94/96

村上 久　むらかみ・ひさし　～昭和62年12月20日
精工舎監査役　→83/87

村上 久　むらかみ・ひさし　明治38年6月20日～平成3年5月9日　日本ヒューム管専務　→91/93

村上 秀男　むらかみ・ひでお　昭和12年～平成20年4月14日　隠岐国分寺蓮華会舞保存会会長　→06/08

村上 英隆　むらかみ・ひでたか　昭和4年4月14日～平成15年7月11日　大豊建設会長　→03/05

村上 宏　むらかみ・ひろし　昭和4年1月30日～平成2年1月7日　住友電設専務　→88/90

村上 弘　むらかみ・ひろし　昭和9年1月14日～平成3年8月17日　第一生命抵当証券社長　→91/93

村上 弘　むらかみ・ひろし　昭和9年2月20日～平成6年7月

月25日　毎日新聞東京本社読者室委員　→94/96

村上　博信　むらかみ・ひろのぶ　昭和24年11月11日～平成22年6月27日　東京高裁判事　→09/11

村上　博巳　むらかみ・ひろみ　大正12年4月30日～平成7年3月30日　弁護士、広島高裁判事　→94/96

村上　弘　むらかみ・ひろむ　大正10年9月24日～平成19年3月22日　衆院議員（共産党）　→06/08

村上　文祥　むらかみ・ぶんしょう　昭和7年10月29日～平成11年4月17日　荏原副社長　→97/99

村上　平八郎　むらかみ・へいはちろう　大正12年4月1日～平成8年2月5日　東邦アセチレン社長　→94/96

村上　正夫　むらかみ・まさお　明治41年4月11日～昭和61年3月27日　旭硝子専務　→83/87

村上　正雄　むらかみ・まさお　大正9年1月4日～平成16年5月25日　伊藤忠商事常務　→03/05

村上　将之　むらかみ・まさゆき　昭和8年6月18日～平成6年11月4日　東急カード社長、東京急行電鉄常勤監査役　→94/96

村上　正幸　むらかみ・まさゆき　大正3年2月23日～平成17年4月1日　電業社機械製作所社長　→03/05

村上　松夫　むらかみ・まつお　大正12年3月30日～昭和64年1月1日　日本ホイスト社長　→88/90

村上　幹弥　むらかみ・みきや　昭和4年4月18日～平成2年8月29日　商船三井客船社長　→88/90

村上　光男　むらかみ・みつお　大正12年10月9日～平成18年8月18日　名鉄運輸社長　→06/08

村上　光春　むらかみ・みつはる　大正12年2月24日～平成14年12月29日　鹿島建設副社長　→00/02

村上　民瑞　むらかみ・みんずい　～昭和55年2月26日　建中寺前住職（尾張徳川家ぼだい寺）　→80/82

村上　望城　むらかみ・もちき　明治38年11月8日～昭和58年5月2日　熊本放送顧問　→83/87

村上　素男　むらかみ・もとお　大正3年8月6日～平成16年5月11日　東京都民銀行頭取、日本銀行政策委員　→03/05

村上　元吉　むらかみ・もときち　明治11年10月～昭和16年11月8日　衆院議員（翼賛議員同盟）　→昭和（むらかみ・げんきち）

村上　守人　むらかみ・もりと　大正10年2月15日～平成13年8月4日　村上製作所会長　→00/02

村上　安男　むらかみ・やすお　大正14年2月13日～平成12年3月12日　静清信用金庫会長　→00/02

村上　保富　むらかみ・やすとみ　～平成9年9月29日　東京消防庁消防学校校長　→97/99

村上　八十弌　むらかみ・やそいち　大正3年9月25日～平成17年4月11日　大門町（富山県）町議、庄東タイムス創業者　→06/08s

村上　雄司　むらかみ・ゆうじ　昭和13年5月31日～平成16年4月7日　イワキ常務　→03/05

村上　勇次郎　むらかみ・ゆうじろう　明治41年5月8日～平成1年2月5日　日本航空常務　→88/90

村上　由　むらかみ・ゆかり　明治34年4月25日～昭和48年9月29日　社会運動家　日本共産党中央監査委員長　→昭和

村上　幸治　むらかみ・ゆきはる　～平成15年6月3日　熊本県酪農業協同組合連合会会長　→03/05

村上　豊　むらかみ・ゆたか　大正13年12月18日～平成5年5月16日　安田信託銀行取締役　→91/93

村上　豊　むらかみ・ゆたか　大正4年11月7日～平成21年8月21日　カンロ社長　→09/11

村上　陽一郎　むらかみ・よういちろう　～平成15年1月3日　国立マンション訴訟原告団長　→03/05

村上　庸吉　むらかみ・ようきち　慶応4年4月～昭和3年2月23日　実業家　→昭和

村上　洋二　むらかみ・ようじ　昭和7年6月22日～平成5年6月29日　光ビジネスフォーム社長　→91/93

村上　悦昭　むらかみ・よしあき　昭和2年1月20日～平成3年1月2日　中国電力副社長　→91/93

村上　義雄　むらかみ・よしお　～昭和61年8月16日　西日本新聞宮田通信員、宮田ライオンズクラブ会長　→83/87

村上　義雄　むらかみ・よしお　～平成5年4月15日　第一銀行（のち第一勧業銀行）取締役　→91/93

村上　義雄　むらかみ・よしお　昭和11年～平成6年8月8日　サウディ石油化学社長　→94/96

村上　美豊　むらかみ・よしとよ　～昭和57年4月20日　瀬戸製作所社長、全九州銑鉄鋳物工業組理事長、日本鋳物工業会副会長　→80/82

村上　好信　むらかみ・よしのぶ　～平成6年3月15日　読売新聞社地方部長、報知新聞社取締役　→94/96

村上　善文　むらかみ・よしふみ　大正14年4月1日～昭和62年7月14日　西日本鉄道常務　→83/87

村上　義之　むらかみ・よしゆき　大正9年4月2日～昭和63年10月17日　三井生命取締役　→88/90

村上　義之　むらかみ・よしゆき　大正10年6月5日～平成15年12月24日　山九専務　→03/05

村上　米一　むらかみ・よねいち　明治41年10月17日～昭和60年1月5日　井筒屋監査役、福岡スポーツセンター社長　→83/87

村上　律蔵　むらかみ・りつぞう　～平成5年7月25日　読売広告社相談役　→91/93

村上　隆吉　むらかみ・りゅうきち　明治10年3月7日～昭和9年12月15日　男爵、官僚　農商務省水産局長　→昭和

村上　隆太郎　むらかみ・りゅうたろう　～昭和43年5月14日　日産車体工機社長　→昭和

村上　竜太郎　むらかみ・りゅうたろう　明治25年1月4日～昭和39年7月31日　農山漁村文化協会会長　→昭和

村上　龍平　むらかみ・りゅうへい　大正5年2月10日～昭和63年5月20日　神鋼電機専務　→88/90

村川　皓一　むらかわ・こういち　昭和11年10月10日～平成8年8月21日　相模ハム専務　→94/96

Ⅰ　政治・経済・社会篇　　　　　　　　　　　　　　　　　　　　　　　　　　　　　　　　むらせ

村川 重郎　むらかわ・しげお　〜昭和48年7月30日
　北興化学工業副社長　→昭和

村川 泰助　むらかわ・たいすけ　〜昭和62年7月14日
　ヤバネスポーツ相談役・元社長　→83/87

村川 美佐雄　むらかわ・みさお　明治40年10月24日〜平成12年1月20日　日興証券副社長、東京証券社長　→00/02

村川 謙雄　むらかわ・よしお　明治30年8月14日〜昭和56年7月28日　会計検査院事務総局次長　→80/82

村木 栄一　むらき・えいいち　昭和3年7月2日〜平成1年8月8日　ムラキ社長、村木貿易社長、日本時計輸入協会副理事長　→88/90

村木 栄太郎　むらき・えいたろう　明治37年2月20日〜平成10年2月23日　ムラキ社長　→97/99

村木 一正　むらき・かずまさ　昭和5年6月12日〜平成5年3月12日　日本新聞インキ取締役、朝日新聞東京本社芝浦総局長　→91/93

村木 源二郎　むらき・げんじろう　〜平成20年4月23日
　倉敷公害訴訟原告団長　→06/08

村木 純一　むらき・じゅんいち　明治37年8月24日〜平成9年12月12日　三菱倉庫会長　→97/99

村木 信一郎　むらき・しんいちろう　大正3年2月12日〜平成7年3月10日　野母商船グループ会長、日本旅客船協会会長　→94/96

村木 杉太郎　むらき・すぎたろう　大正8年4月12日〜平成7年1月19日　陸将　防衛庁統合幕僚会議事務局長、防衛庁統合幕僚学校長　→94/96

村木 盛司　むらき・せいじ　〜平成12年7月9日
　新潟総合テレビ常務　→00/02

村木 武夫　むらき・たけお　昭和43年2月22日
　日本科学技術振興財団専務理事　→昭和

村木 武二　むらき・たけじ　〜昭和57年11月1日
　ムラキ部品会長、東京都自動車用品卸売協同組合理事長　→80/82

村木 達夫　むらき・たつお　〜昭和56年1月25日
　弁護士　仙台家裁所長　→80/82

村木 俊昭　むらき・としあき　昭和17年1月3日〜平成19年10月29日　太平工業専務　→06/08

村木 友次　むらき・ともつぐ　昭和7年6月27日〜平成7年1月25日　神奈川県評議長　→94/96

村木 肇　むらき・はじめ　大正10年1月5日〜平成12年2月18日　興人社長　→00/02

村木 由夫　むらき・よしお　大正1年10月30日〜昭和60年11月17日　日立化成工業常務　→83/87

村岸 清彦　むらぎし・きよひこ　明治22年9月2日〜昭和36年10月9日　牧師　日本基督教団参事　→昭和

村岸 徳雄　むらぎし・とくお　大正3年2月22日〜昭和59年9月18日　丸紅取締役　→83/87

村岸 博三　むらぎし・ひろぞう　〜昭和46年4月10日
　丸紅常務　→昭和

村口 年典　むらぐち・としのり　昭和3年1月17日〜平成11年5月29日　なかやしき会長、ホクザイ社長　→97/99

村口 正男　むらぐち・まさお　〜昭和57年4月21日
　ビルソム日石顧問　→80/82

村越 一雄　むらこし・かずお　大正2年9月13日〜平成12年10月14日　ムラコシ会長、ムラコシ精工会長　→00/02

村越 武雄　むらこし・たけお　〜昭和63年2月29日
　東京弘報社社長　→88/90

村越 信行　むらこし・のぶゆき　明治45年1月22日〜昭和63年7月20日　シェル石油常務　→88/90

村社 宏　むらこそ・ひろし　明治42年〜昭和18年7月8日
　社会運動家　→昭和

村沢 滋　むらさわ・しげる　昭和3年1月5日〜平成23年12月17日　エイ・エス・ティ社長　→09/11

村沢 忠四郎　むらさわ・ちゅうしろう　〜昭和61年8月4日
　極東薬品取締役　→83/87

村沢 はるゐ　むらさわ・はるい　〜昭和62年1月14日
　部落解放同盟富山支部長・富山県連準備会執行委員　→83/87

村沢 牧　むらさわ・まき　大正13年8月1日〜平成11年9月8日　参院議員(社民党)　→97/99

村沢 好郎　むらさわ・よしろう　大正12年8月20日〜平成8年7月12日　トーエネック常務　→94/96

村沢 竜二　むらさわ・りゅうじ　明治37年2月6日〜平成1年3月20日　高岳製作所取締役　→88/90

村重 敏夫　むらしげ・としお　〜昭和56年12月16日
　村重製作所社長　→80/82

村下 武司　むらした・たけじ　大正15年8月4日〜昭和63年10月25日　弁護士　第二東京弁護士会副会長、日弁連理事　→88/90

村島 喜代　むらしま・きよ　明治25年10月〜昭和57年3月11日　衆院議員(民主党)　→80/82

村島 茂雄　むらしま・しげお　〜昭和57年1月8日
　東都銀行取締役審査部長　→80/82

村嶋 忠一　むらしま・ちゅういち　大正5年2月12日〜平成17年10月27日　大和高田市長　→03/05

村嶋 俊男　むらしま・としお　明治44年12月18日〜平成2年3月18日　センコー常務　→88/90

村瀬 逸三　むらせ・いつぞう　〜昭和49年10月4日
　大正海上火災社長　→昭和

村瀬 勝幸　むらせ・かつゆき　〜昭和46年7月21日
　住友金属工業専務　→昭和

村瀬 清　むらせ・きよし　明治37年〜昭和41年4月27日
　千代田区長、首都圏不燃建築公社社長　→昭和

村勢 楠太郎　むらせ・くすたろう　大正11年7月29日〜平成8年3月11日　第一生命保険専務　→94/96

村瀬 国雄　むらせ・くにお　〜昭和55年4月20日
　名古屋プレイガイド協会会長　→80/82

村瀬 国雄　むらせ・くにお　大正8年7月9日〜平成1年5月

「現代物故者事典」総索引(昭和元年〜平成23年)　　1229

月29日　豊栄工業社長, 旭可鍛鉄専務　→88/90

村瀬 玄妙　むらせ・げんみょう　大正2年1月17日～昭和63年2月13日　僧侶　緑樹院住職, 黄檗宗管長　→88/90

村瀬 光太郎　むらせ・こうたろう　～昭和57年12月20日　大阪鞄材会社会長, サンケイ新聞社専務取締役・サンケイスポーツ新聞社会長・東川一郎氏の義父　→80/82

村瀬 貞男　むらせ・さだお　大正7年～昭和60年4月11日　木村化工機常務　→83/87

村瀬 賛一　むらせ・さんいち　大正6年10月4日～昭和59年2月15日　昭和コンクリート工業社長　→83/87

村瀬 茂　むらせ・しげる　～昭和62年3月23日　サンケイ総合印刷製作第一部参事

村瀬 鎮雄　むらせ・しずお　昭和7年6月18日～平成19年10月14日　弁護士　名古屋弁護士会副会長, 日本弁護士連合会理事　→06/08

村瀬 春一　むらせ・しゅんいち　明治31年3月1日～昭和61年2月23日　村瀬米穀株式会社社長, 全国米穀商組合連合会長, 湘南女子学園理事長　→83/87

村瀬 真平　むらせ・しんぺい　明治43年6月12日～昭和59年10月8日　伊藤忠商事取締役　→83/87

村瀬 末一　むらせ・すえいち　～昭和28年3月24日　北恵那鉄道社長　→昭和

村瀬 清次　むらせ・せいじ　明治35年～昭和4年1月19日　社会運動家　→昭和

村瀬 惣一　むらせ・そういち　～平成17年3月15日　長良川河口堰訴訟原告　→03/05

村瀬 武男　むらせ・たけお　明治12年5月～昭和34年2月3日　衆院議員（進歩党）, 今治市長　→昭和

村瀬 千秋　むらせ・ちあき　～平成4年2月19日　品川燃料（のちシナネン）常務　→91/93

村瀬 伝一郎　むらせ・でんいちろう　明治36年6月4日～昭和58年10月14日　ワシノ機械会長　→83/87

村瀬 利直　むらせ・としなお　大正5年1月1日～平成11年12月11日　兼松江商会長, 東京銀行副頭取　→97/99

村瀬 稔之　むらせ・としゆき　～平成12年5月23日　菊師　→00/02

村瀬 冨治　むらせ・とみじ　明治42年10月13日～平成10年11月2日　名古屋市会副議長　→97/99

村瀬 直養　むらせ・なおかい　大正8年10月12日～昭和43年8月8日　官僚, 政治家, 弁護士　法制局長官, 貴院議員（勅選）, 商工組合中央金庫理事長　→昭和

村瀬 房市　むらせ・ふさいち　昭和59年5月18日　丸八証券専務　→83/87

村瀬 正一　むらせ・まさかず　大正1年11月18日～昭和63年11月18日　日本サーボ取締役　→88/90

村瀬 正信　むらせ・まさのぶ　大正1年9月19日～平成18年3月31日　住友銀行専務　→06/08

村瀬 迪彦　むらせ・みちひこ　昭和6年8月9日～昭和63年2月9日　菱油タンカー社長　→88/90

村瀬 充宏　むらせ・みつひろ　～平成7年8月13日　三重興産社長　→94/96

村瀬 泰敏　むらせ・やすとし　大正5年9月15日～平成14年10月28日　アブダビ石油社長, 日本興業銀行取締役　→00/02

村瀬 泰弘　むらせ・やすひろ　昭和8年12月22日～平成7年3月20日　帝人理事　→94/96

村瀬 庸二郎　むらせ・ようじろう　～昭和42年4月9日　名古屋証券取引所理事長　→昭和

村田 昭博　むらた・あきひろ　～昭和59年9月1日　村田合同（家具商）社長　→83/87

村田 彰　むらた・あきら　～昭和59年11月2日　西日本新聞社社友・元同社東京支社長　→83/87

村田 昭　むらた・あきら　大正10年3月25日～平成18年2月3日　村田製作所創業者　→06/08

村田 章　むらた・あきら　大正5年7月11日～平成8年12月8日　佐世保重工業社長　→94/96

村田 篤　むらた・あつし　～平成11年1月21日　日刊スポーツ新聞社取締役編集局長　→97/99

村田 伍　むらた・あつむ　～平成1年1月19日　ライナー化工機専務　→88/90

村田 郁夫　むらた・いくお　～昭和56年1月31日　北海道土木部技監　→80/82

村田 勇　むらた・いさむ　大正3年8月3日～平成11年4月4日　村田金属工業会長, アクトリームラタ会長　→97/99

村田 一郎　むらた・いちろう　昭和21年9月19日～平成23年9月28日　村田発条社長　→09/11

邑田 一郎　むらた・いちろう　明治42年5月20日～昭和63年10月5日　高知県議会副議長, 高知県高校PTA連合会長, 高知県ハンドボール協会長　→88/90

村田 巌　むらた・いわお　明治36年11月3日～昭和63年8月14日　関東特殊製鋼専務, 富士製鉄（のち新日本製鉄）取締役　→88/90

村田 栄一　むらた・えいいち　大正5年4月1日～平成16年10月19日　キリンビール常務　→03/05

村田 栄司　むらた・えいじ　昭和10年12月19日～平成20年8月16日　中国塗料常務　→06/08

村田 収　むらた・おさむ　大正13年2月6日～平成4年7月2日　興亜火災海上保険取締役　→91/93

村田 理　むらた・おさむ　大正4年5月25日～平成1年12月7日　飯田町紙流通センター社長, 国鉄監察局長　→88/90

村田 清　むらた・きよし　～昭和61年8月31日　(株)総合企画代表取締役　→83/87

村田 清次　むらた・きよつぐ　～昭和56年9月11日　綿久寝具社長, 日本病院寝具協会前理事長　→80/82

村田 敬次郎　むらた・けいじろう　大正13年2月12日～平成15年4月2日　衆院議員（自民党）, 通産相, 自治相　→03/05

村田 孝一　むらた・こういち　～昭和60年6月30日
札幌青果物組合綜合卸売市場代表理事　→83/87

村田 五郎　むらた・ごろう　明治32年4月11日～昭和57年3月24日　国民協会会長、群馬県知事　→80/82

村田 柴太　むらた・さいた　大正15年2月21日～平成14年9月30日　大迫町長、岩手県議(自由党)、エーデルワイン社長　→00/02

村田 作次郎　むらた・さくじろう　明治37年2月4日～平成3年5月9日　村田機械精機工業会長　→91/93

村田 三郎　むらた・さぶろう　～昭和56年9月16日
新潟市長　→80/82

村田 重治　むらた・しげはる　文久1年9月23日～昭和17年3月5日　林野行政官　→昭和

村田 繁　むらた・しげる　～昭和33年3月11日
総理府土地調整委員会事務局長　→昭和

村田 繁　むらた・しげる　昭和10年7月30日～平成9年12月2日　ショーワ常務　→97/99

村田 茂　むらた・しげる　昭和4年1月31日～平成2年5月11日　富士銀行常務　→88/90

村田 七郎　むらた・しちろう　～昭和60年8月3日
中国塗料常務　→83/87

村田 穣治　むらた・じょうじ　大正13年4月1日～昭和63年4月1日　ダイヘン常勤監査役　→88/90

村田 省蔵　むらた・しょうぞう　明治11年9月6日～昭和32年3月15日　実業家、政治家　逓信相、鉄道相、日本国際貿易振興協会会長　→昭和

村田 四郎　むらた・しろう　明治20年9月2日～昭和46年2月7日　牧師、神学者　明治学院学院長　→昭和

村田 四郎　むらた・しろう　大正8年10月1日～平成1年3月28日　宇部興産専務　→88/90

村田 新一　むらた・しんいち　明治45年1月19日～平成5年4月22日　近江八幡商工会議所会頭、近新会長　→91/93

村田 真司　むらた・しんじ　明治45年1月2日～平成18年1月11日　東北電力副社長　→06/08

村田 季雄　むらた・すえお　～昭和58年7月1日
又一(のち金商又一)専務取締役　→83/87

村田 清逸　むらた・せいつ　大正2年9月3日～昭和63年11月13日　中国電力取締役、五日市町(広島県)町長　→88/90

村田 政二　むらた・せいじ　大正12年5月12日～平成20年11月13日　大和紡績常務　→06/08

村田 仙右衛門　むらた・せんうえもん　大正9年1月31日～平成20年9月25日　角仙合同会長、伊勢商工会議所会頭　→06/08

村田 武雄　むらた・たけお　～昭和63年6月25日
江商(のち兼松江商)取締役　→88/90

村田 正　むらた・ただし　大正3年12月15日～平成1年1月23日　建築家　村田相互設計事務所代表取締役　→88/90

村田 長兵衛　むらた・ちょうべえ　大正2年2月10日～平成4年3月17日　眼鏡舗村田長兵衛商店社長、中央区選挙管理委員長　→91/93

村田 千代松　むらた・ちよまつ　明治36年10月15日～平成1年5月25日　村田洋白商店社長　→88/90

村田 勉　むらた・つとむ　明治42年6月3日～平成12年1月30日　日本油脂社長　→00/02

村田 禎三　むらた・ていぞう　～昭和56年9月4日
東京都保谷市議会議長　→80/82

村田 徹　むらた・てつり　昭和14年3月12日～平成14年5月12日　エスケイケイ会長　→00/02

村田 東平　むらた・とうへい　大正5年4月1日～平成5年12月24日　日本レース社長　→91/93

村田 利雄　むらた・としお　明治37年11月4日～平成2年9月13日　弁護士　日弁連副会長　→88/90

村田 豊雄　むらた・とよお　明治43年8月7日～平成1年9月1日　トーメン常務　→88/90

村田 尚武　むらた・なおたけ　昭和8年2月19日～平成17年11月22日　中日新聞東海本社営業局長　→03/05

村田 信夫　むらた・のぶお　～昭和63年10月1日
長谷川工務店(のち長谷工コーポレーション)取締役　→88/90

村田 春雄　むらた・はるお　～昭和57年10月14日
世界貿易センタービルディング顧問、日本開発銀行理事　→80/82

村田 治美　むらた・はるみ　大正13年6月18日～平成22年6月27日　弁護士　甲南大学名誉教授、奈良産業大学名誉教授　→09/11

村田 恒　むらた・ひさし　明治43年11月2日～平成10年11月14日　日本貿易振興会理事長、三井物産副社長　→97/99

村田 久人　むらた・ひさと　明治42年5月22日～昭和60年6月14日　旭電化工業取締役、アデカ・アーガス化学社長　→83/87

村田 秀三　むらた・ひでぞう　大正10年5月4日～昭和60年1月5日　参議院議員(社会党)　→83/87

村田 英麿　むらた・ひでまろ　大正3年8月18日～平成16年3月29日　信越化学工業常務、信越ポリマ　社長　→03/05

村田 広明　むらた・ひろあき　～昭和62年9月20日
神官　白鳥神社宮司　→83/87

村田 浩　むらた・ひろし　大正4年3月10日～平成12年4月28日　日本原子力産業会議副会長、科学技術庁原子力局長　→00/02

村田 福次郎　むらた・ふくじろう　明治42年2月11日～昭和63年5月9日　読売新聞社社友、TBS映画社社長　→88/90

村田 房之助　むらた・ふさのすけ　明治6年12月～昭和7年5月22日　実業家　安田銀行常任監査役　→昭和

村田 正夫　むらた・まさお　～昭和57年6月2日
松竹取締役関西支社長、京都映画常務　→80/82

村田 正雄　むらた・まさお　大正3年3月24日～昭和63年

むらた　　　　　　　　　　　　　　　　　　　　　　　　Ⅰ　政治・経済・社会篇

5月10日　ボーイスカウト日本連盟総コミッショナー，日本伸銅専務　→88/90

村田 正人　むらた・まさと　～昭和45年7月16日
東洋紡常務　→昭和

村田 方人　むらた・まさと　大正13年9月14日～昭和61年8月22日　安田信託銀行取締役　→83/87

村田 実　むらた・みのる　～平成4年3月24日
全国障害者解放運動連絡会　→91/93

村田 稔　むらた・みのる　大正12年4月6日～平成9年3月19日　住江織物専務　→97/99

村田 宗樹　むらた・むねき　昭和34年12月1日～平成20年8月10日　税理士　神戸学院大学法学部教授　→09/11s

村田 宗隆　むらた・むねたか　～平成3年7月19日
日本繊維輸入組合常務理事　→91/93

村田 宗忠　むらた・むねただ　明治42年8月26日～昭和62年6月9日　野村証券相談役，証券広報センター理事長　→83/87

村田 衛弘　むらた・もりひろ　昭和8年～平成16年5月2日　積水化成品工業常務　→03/05

村田 弥四郎　むらた・やしろう　～平成9年3月5日
大阪府議　→97/99

村田 康雄　むらた・やすお　～昭和62年9月7日
日産チェリー埼玉販売社長　→83/87

村田 安太郎　むらた・やすたろう　明治40年1月9日～昭和63年3月1日　東邦電機工業会長　→88/90

村田 養文　むらた・やすふみ　～昭和63年7月20日
広島銀行取締役　→88/90

村田 八千穂　むらた・やちほ　～昭和55年8月22日
弁護士　賞勲局総裁　→80/82

村田 雄平　むらた・ゆうへい　大正12年9月5日～平成14年9月22日　北海道議（自民党）　→00/02

村田 与市郎　むらた・よいちろう　～昭和62年8月3日
西本願寺参与，比叡神社氏子総代　→83/87

村田 洋介　むらた・ようすけ　昭和10年11月15日～平成16年10月5日　ナイガイ常務　→03/05

村田 可朗　むらた・よしあき　明治33年2月15日～平成1年9月15日　広島商工会議所会頭，中国電力副社長　→88/90

村田 善明　むらた・よしあき　昭和9年2月4日～平成15年12月2日　弁護士　大阪家裁判事　→03/05

村田 義夫　むらた・よしお　～昭和41年5月6日
宇部化学工業社長　→昭和

村田 義夫　むらた・よしお　明治42年10月17日～昭和58年12月16日　三菱原子力工業社長　→83/87

村田 義夫　むらた・よしお　明治36年11月2日～平成10年2月22日　川崎重工業専務，石原造船所会長　→97/99

村田 芳三　むらた・よしぞう　大正3年1月25日～平成2年7月26日　京都度量会長　→88/90

村田 由蔵　むらた・よしぞう　～昭和14年12月25日

日清紡績常務　→昭和

村田 利之助　むらた・りのすけ　～昭和56年5月13日
江商監査役　→80/82

村田 隆次　むらた・りゅうじ　大正12年4月26日～平成10年7月9日　安藤建設専務　→97/99

村田 亮一　むらた・りょういち　大正8年2月23日～平成21年12月16日　熊本県議　→09/11

村田 良平　むらた・りょうへい　昭和4年11月2日～平成22年3月18日　駐米大使，外務事務次官　→09/11

村谷 信　むらたに・しん　昭和11年12月12日～平成17年3月13日　フジッコ常務　→03/05

村谷 正隆　むらたに・まさたか　大正9年5月5日～平成10年9月14日　村上水軍研究家　福岡県議，ニシラク相談役　→97/99

村谷 昌弘　むらたに・まさひろ　大正10年5月30日～平成13年9月8日　日本盲人会連合名誉会長，日本盲人福祉会理事長　→00/02

村地 成治　むらち・しげはる　大正3年7月17日～昭和63年9月17日　大阪商船三井船舶顧問，新栄船舶社長　→88/90

村地 信夫　むらち・のぶお　明治22年12月～昭和16年10月22日　滋賀県知事，秋田市長　→昭和

村津 亮吉　むらつ・りょうきち　大正9年1月2日～平成10年11月5日　内外硝子工業会長，内外精機工業会長　→97/99

村手 熊治郎　むらて・くまじろう　～平成4年6月27日
西濃運輸取締役　→91/93

村冨 芳雄　むらどみ・よしお　～平成5年10月22日
安川電機製作所（のち安川電機）副社長　→91/93

村中 音市　むらなか・おといち　～昭和58年9月14日
日本新聞販売協会副会長，サンケイ新聞販売評議員会長　→83/87

村中 清一　むらなか・せいいち　大正3年7月20日～昭和62年5月30日　村中手芸社長　→83/87

村中 孝次　むらなか・たかじ　明治36年10月3日～昭和12年8月19日　陸軍大尉　→昭和

村中 俊明　むらなか・としはる　大正3年4月～平成4年7月27日　厚生省公衆衛生局長　→91/93

村永 幸男　むらなが・ゆきお　昭和2年～平成14年11月5日　アルテック社長　→00/02

村中 百合子　むらなか・ゆりこ　大正10年～昭和60年9月28日　市民運動家　→83/87

村中 嘉直　むらなか・よしなお　大正10年6月21日～昭和63年8月14日　大倉商事社長　→88/90

村西 経三　むらにし・けいぞう　明治38年7月22日～昭和61年8月6日　大建工業会長，日本繊維板工業会会長　→83/87

村主 州弘　むらぬし・くにひろ　～平成13年11月9日
大和生命保険常務　→00/02

村主 好啓　むらぬし・よしひろ　～昭和56年3月31日

大阪府選管委員長 →80/82

村野 憲司 むらの・けんじ 昭和8年11月1日～平成8年9月5日 日本シリカ工業社長, 東ソー理事 →94/96

村野 辰雄 むらの・たつお 明治40年5月18日～平成4年12月16日 三和銀行頭取 →91/93

村野 常右衛門 むらの・つねえもん 安政6年7月25日～昭和2年7月30日 政治家, 実業家 衆院議員(政友会), 貴院議員(勅選), 横浜倉庫社長 →昭和

村野 勝 むらの・まさる ～昭和60年5月3日 岡野バルブ製造常務 →83/87

村野 豊 むらの・ゆたか 大正2年2月22日～昭和62年9月2日 京浜急行電鉄顧問・元常務 →83/87

村野 喜英 むらの・よしひで 大正5年6月15日～平成21年10月4日 奈良県議(自民党) →09/11

村林 保彦 むらばやし・やすひこ 大正8年1月1日～昭和61年11月4日 警察庁科学警察研究所総務部長, 中部公安調査局長 →83/87

村林 隆平 むらばやし・りゅうへい 明治42年10月10日～昭和60年7月17日 富士電機取締役 →83/87

村松 愛蔵 むらまつ・あいぞう 安政4年3月2日～昭和14年4月11日 政治家, 自由民権運動家 衆院議員(立憲政友会) →昭和

村松 明 むらまつ・あきら ～昭和61年5月20日 静岡第一テレビ浜松支社長 →83/87

村松 巌 むらまつ・いわお 大正15年1月1日～平成22年3月11日 七十七銀行頭取, 仙台商工会議所会頭 →09/11

村松 英一 むらまつ・えいいち 大正8年8月12日～平成23年1月8日 静岡県柑橘農業協同組合連合会会長 →09/11

村松 一男 むらまつ・かずお 大正2年1月21日～平成12年12月11日 日本道路常務 →00/02

村松 一夫 むらまつ・かずお 大正10年12月2日～昭和60年4月4日 東芝メディカル専務 →83/87

村松 亀一郎 むらまつ・かめいちろう 嘉永6年1月5日～昭和3年9月22日 政治家, 自由民権運動家 衆院議員(民政党) →昭和

村松 勘之助 むらまつ・かんのすけ ～昭和61年3月23日 村松会計事務所長, 名古屋税理士会顧問参与・元副会長 →83/87

邑松 久太郎 むらまつ・きゅうたろう 大正3年4月15日～平成2年3月14日 矢崎総業専務 →88/90

村松 金治 むらまつ・きんじ 大正10年5月28日～平成11年10月3日 童心社社長, 日本書籍出版協会相談役 →97/99

村松 源一 むらまつ・げんいち ～昭和62年3月4日 警友総合病院事務局長, 神奈川県警刑事部長 →83/87

村松 庫一郎 むらまつ・こいちろう 大正11年1月11日～平成3年5月23日 大井川鉄道副社長 →91/93

村松 孝市 むらまつ・こういち 明治43年3月11日～昭和61年7月10日 扶桑興業社長 →83/87

村松 幸円 むらまつ・こうえん 明治36年5月15日～平成2年8月27日 新潟鉄道局長, 鉄道弘済会理事, 南海電気鉄道取締役 →88/90

村松 恵 むらまつ・さとし 昭和15年4月20日～平成16年2月24日 イメージスタジオ・イチマルキュウ社長, 東急エージェンシー常務 →03/05

村松 真吾 むらまつ・しんご 明治20年12月12日～昭和15年4月4日 農民運動家 →昭和

村松 武美 むらまつ・たけよし ～昭和13年9月10日 新潟市長 →昭和

村松 保 むらまつ・たもつ ～平成13年11月19日 日本高周波鋼業常務 →00/02

村松 太郎 むらまつ・たろう 大正4年12月18日～平成16年10月15日 三井物産常務 →03/05

村松 恒一郎 むらまつ・つねいちろう 元治1年4月～昭和15年6月5日 衆院議員(立憲民政党) →昭和(むらまつ・こういちろう)

村松 常雄 むらまつ・つねお 大正15年10月15日～平成19年4月15日 福島民友新聞副社長 →06/08

村松 庸夫 むらまつ・つねお 昭和2年7月31日～平成17年4月17日 牧師 羊ケ丘キリスト教会在宅出張礼拝ミッション →06/08s

村松 悌二郎 むらまつ・ていじろう ～昭和61年6月27日 東京都教育庁人事部職員課長 →83/87

村松 藤太郎 むらまつ・とうたろう ～平成5年6月15日 村松風送設備工業会長 →91/93

村松 俊夫 むらまつ・としゆき 明治35年2月20日～昭和62年2月20日 弁護士 東京高裁部総括判事 →83/87

村松 敏雄 むらまつ・としお 大正4年1月15日～平成7年5月2日 近畿車輛社長 →94/96

村松 寿久 むらまつ・としひさ 大正9年9月5日～平成14年3月17日 三菱樹脂社長 →00/02

村松 直衛 むらまつ・なおえ ～平成16年10月17日 柳屋本店会長, 富士冷会長, 日本鰹節協会会長 →03/05

村松 寿 むらまつ・ひさし 大正9年2月7日～平成9年6月8日 車輌競技公益資金記念財団理事長 →97/99

村松 久義 むらまつ・ひさよし 明治29年7月25日～昭和47年5月12日 参院議員(自民党) →昭和

村松 文雄 むらまつ・ふみお 大正8年10月27日～平成12年12月15日 東芝セラミックス社長 →00/02

村松 幸雄 むらまつ・ゆきお 明治42年3月30日～平成7年6月23日 アンリツ常務 →94/96

村松 吉太郎 むらまつ・よしたろう ～昭和7年1月14日 東京キリスト青年会理事, 新聞研究所顧問 禁酒運動の先駆者 →昭和

村本 晃 むらもと・あきら ～昭和56年2月19日 岐阜県弁護士会弁護士, 元名古屋高裁判事 →80/82

村本 一生 むらもと・かずい 大正3年3月27日～昭和60年1月8日 軍隊内で兵役を拒否したキリスト者 →83/87

村本 勝彦 むらもと・かつひこ 昭和6年2月17日～平

むらもと

村本 三郎　むらもと・さぶろう　〜平成22年4月10日
北海道議　→09/11

村本 周三　むらもと・しゅうぞう　大正4年2月8日〜平成23年11月27日　第一勧業銀行頭取, 日本銀行政策委員　→09/11

村元 宗次　むらもと・そうじ　〜平成4年9月20日
村元工作所副社長　→91/93

村元 尚一　むらもと・たかいち　〜昭和56年11月16日
弁護士　名古屋地裁判事　→80/82

村本 照茂　むらもと・てるしげ　昭和8年3月30日〜平成20年12月30日　高田工業所常務　→06/08

村本 信幸　むらもと・のぶゆき　昭和11年1月22日〜平成22年4月12日　広栄化学工業社長, 住友精化専務　→09/11

村本 誠　むらもと・まこと　〜昭和57年12月10日
旭化成工業監査役・元副社長　→80/82

村元 政雄　むらもと・まさお　明治40年〜昭和61年2月4日　丸和食品会長　→83/87

村本 政信　むらもと・まさのぶ　〜平成13年1月19日
北海道議　→00/02

村本 実　むらもと・みのる　大正9年5月22日〜平成8年10月27日　三和興業会長, 全国生コンクリート卸協同組合連合会会長　→94/96

邑本 義一　むらもと・よしかず　大正4年5月1日〜平成16年3月23日　ジェネック取締役相談役, 邑本興産社長　→03/05

紫安 新九郎　むらやす・しんくろう　明治6年8月〜昭和27年7月8日　衆院議員(日本自由党)　→昭和(しあん・しんくろう)

村山 彬　むらやま・あきら　大正2年4月7日〜平成10年4月28日　住友金属鉱山常務　→97/99

村山 巌　むらやま・いわお　大正6年2月24日〜平成4年8月6日　本州製紙取締役　→91/93

村山 馨　むらやま・かおる　大正12年3月31日〜平成20年12月22日　エヌ・テー・エヌ東洋ベアリング専務　→06/08

村山 一馬　むらやま・かずま　〜昭和61年3月16日
陸軍大佐　→83/87

村山 喜一　むらやま・きいち　大正10年7月21日〜平成8年8月16日　衆院議員(社会党)　→94/96

村山 喜一郎　むらやま・きいちろう　明治5年8月〜昭和42年2月28日　衆院議員(民政党)　→昭和

村山 義平　むらやま・ぎへい　明治38年11月19日〜平成1年9月19日　山形新聞会長　→88/90

村山 邦佳　むらやま・くにいえ　昭和21年12月12日〜平成7年9月16日　南海日日新聞会長　→94/96

村山 圭介　むらやま・けいすけ　大正11年9月6日〜平成9年11月24日　三共常務　→97/99

村山 光一　むらやま・こういち　〜平成12年7月9日

フジテレビ国際文化交換協会専務理事　→00/02

村山 作造　むらやま・さくぞう　明治40年2月1日〜平成6年3月30日　九州朝日放送顧問, 西日本新聞社編集局次長　→94/96

村山 了　むらやま・さとる　昭和7年6月27日〜平成3年9月4日　関西テレビ放送制作局ゼネラルプロデューサー　→91/93

村山 三郎　むらやま・さぶろう　〜昭和57年7月2日
ロングセラーズ(出版社)社長　→80/82

村山 正一　むらやま・しょういち　昭和10年〜昭和62年2月23日　東急建設取締役　→83/87

村山 正司　むらやま・しょうじ　大正5年4月26日〜平成21年10月12日　津南町(新潟県)町長, 新潟県農協中央会会長　→09/11

村山 正治　むらやま・しょうじ　明治41年11月19日〜平成1年9月14日　(株)ムラヤマ会長, 東京屋外装飾施設連盟理事長　→88/90

村山 新一　むらやま・しんいち　大正5年10月27日〜昭和63年5月4日　住友ベークライト取締役　→88/90

村山 助雄　むらやま・すけお　明治44年2月4日〜平成2年9月24日　福岡県議(社会党)　→88/90

村山 政光　むらやま・せいこう　大正13年9月25日〜平成20年2月10日　松之山町(新潟県)町長, 新潟第一酒造会長　→06/08

村山 高　むらやま・たかし　〜平成7年8月19日
日本紡績協会専務理事　→94/96

村山 威士　むらやま・たけし　明治18年1月4日〜昭和47年9月5日　日本油脂社長　→昭和

村山 達雄　むらやま・たつお　大正4年2月8日〜平成22年5月20日　衆院議員(自民党), 蔵相, 厚生相　→09/11

村山 屯　むらやま・たむろ　〜昭和57年11月6日
大本組相談役　→80/82

村山 務　むらやま・つとむ　昭和7年7月1日〜平成3年10月3日　日本証券業協会常務理事　→91/93

村山 輝雄　むらやま・てるお　〜昭和56年2月25日
東京高検検事　→80/82

村山 藤四郎　むらやま・とうしろう　明治32年7月6日〜昭和29年1月14日　社会運動家　→昭和

村山 徳雄　むらやま・とくお　〜昭和59年2月5日
テレビ東京総務部長　→83/87

村山 俊男　むらやま・としお　大正10年3月25日〜平成4年1月18日　ネイチャージャパン社長, 日本出版貿易社長　→91/93

村山 友子　むらやま・ともこ　〜平成15年8月8日
高知県連合婦人会会長　→03/05

村山 長挙　むらやま・ながたか　明治27年3月16日〜昭和52年8月7日　朝日新聞社主　→昭和

村山 ひで　むらやま・ひで　明治41年10月1日〜平成13年3月10日　市民運動家, 文筆家　東根市議　→00/02

村山 秀雄　むらやま・ひでお　～平成2年11月7日
八重山毎日新聞会長　→88/90

村山 弘次　むらやま・ひろじ　昭和8年5月28日～平成2年4月19日　ムラヤマ副社長　→88/90

村山 房夫　むらやま・ふさお　昭和8年2月11日～平成21年9月24日　空将　航空自衛隊術科教育本部長　→09/11

村山 文雄　むらやま・ふみお　大正7年9月6日～平成6年11月18日　村山鋼材社長　→94/96

村山 万寿子　むらやま・ますこ　～昭和16年12月1日
村山長氏母堂　→昭和

村山 益敏　むらやま・ますみ　～昭和60年9月3日
東海電気工事社長　→83/87

村山 松雄　むらやま・まつお　大正9年4月7日～平成13年2月14日　文部事務次官、東京国立博物館館長　→00/02

村山 美喜　むらやま・みき　大正14年3月13日～平成2年10月8日　南海日日新聞会長　→88/90

村山 三雄　むらやま・みつお　～平成22年5月7日
村山組会長　→09/11

村山 有　むらやま・ゆう　～昭和43年12月31日
ボーイスカウト東京副連盟長　→昭和

村山 勇一郎　むらやま・ゆういちろう　明治44年5月18日～平成2年10月17日　新潟市議・元市会議長　→88/90

村山 祐太郎　むらやま・ゆうたろう　明治38年9月10日～平成2年9月15日　鈴木金属工業名誉顧問、カナモジカイ理事　→88/90

村山 義雄　むらやま・よしお　大正3年3月23日～平成17年1月11日　熊本市議、熊本県議　→03/05

村山 芳子　むらやま・よしこ　～平成13年8月21日
筋萎縮性側索硬化症患者代筆投票訴訟報告　→00/02

村山 芳太郎　むらやま・よしたろう　明治38年10月26日～昭和52年5月18日　農民運動家　→昭和

村山 義弘　むらやま・よしひろ　昭和7年3月26日～平成12年12月14日　新潟日報専務　→00/02

村山 竜蔵　むらやま・りゅうぞう　～昭和62年9月6日
ヤマト運輸専務　→83/87

村山 柳太郎　むらやま・りゅうたろう　大正6年2月1日～平成15年3月24日　日本舗道常務　→03/05

村山 龍平　むらやま・りょうへい　嘉永3年4月3日～昭和8年11月24日　新聞人　朝日新聞創業者、衆院議員、貴院議員（勅選）　→昭和（むらやま・りょうへい）

室 修　むろ・おさむ　大正7年4月22日～平成4年6月16日　日本エヤーブレーキ（のちナブコ）監査役　→91/93

室 久吉　むろ・きゅうきち　大正2年3月3日～平成2年11月7日　登別市会議長　→88/90

室 清　むろ・きよし　明治44年9月7日～平成5年7月25日　明治生命保険常務　→91/93

室 馨造　むろ・けいぞう　明治21年9月20日～昭和45年5月20日　放射線装置製作技術者　→昭和

室 楢彦　むろ・ならひこ　昭和4年3月28日～平成17年6月月11日　ムロコーポレーション社長　→03/05

室 秀夫　むろ・ひでお　～昭和46年4月6日
三菱商事取締役　→昭和

室 博　むろ・ひろし　大正13年11月16日～平成8年9月19日　NTN常務　→94/96

室 政太郎　むろ・まさたろう　～昭和57年3月14日
室清証券社長　→80/82

室 三夫　むろ・みつお　明治40年7月14日～平成7年5月13日　タカラスタンダード常務　→94/96

室井 正　むろい・ただし　～昭和57年3月15日
東洋化学取締役　→80/82

室井 禎吉　むろい・ていきち　昭和5年4月9日～平成18年6月10日　新潟県人事委員会事務局長　→06/08

室井 則泰　むろい・のりやす　大正12年1月7日～昭和59年9月30日　川崎重工顧問、元常務　→83/87

室井 正基　むろい・まさもと　明治40年8月7日～平成10年9月24日　千代田化工建設専務　→97/99

室生 貞信　むろお・ていしん　明治36年4月29日～平成2年4月4日　僧侶　円明寺住職、天台宗布教師大僧正　→88/90

室城 庸之　むろき・つねゆき　大正15年3月15日～平成6年8月21日　久保田鉄工常務、警察大学校校長　→94/96

室腰 史朗　むろこし・しろう　～昭和63年7月2日
東洋産業専務取締役　→88/90

室坂 庄三　むろさか・しょうぞう　～昭和62年9月29日
富山銀行検査部長　→83/87

室崎 昭　むろさき・あきら　～昭和59年3月18日
フジクリーン工業東京支店長　→83/87

室崎 勝造　むろさき・かつぞう　明治30年4月10日～平成2年3月7日　島根県議　→88/90

室崎 勝聡　むろさき・かつとし　昭和5年9月18日～平成20年11月14日　日野自動車工業副社長　→06/08

室住 春男　むろずみ・はるお　大正15年3月31日～平成11年3月23日　殖産住宅相互社長　→97/99

室田 佳介　むろた・かすけ　～平成4年7月5日
メディアグループ代表、はなさかや食品社長　→91/93

室田 潔　むろた・きよし　～昭和63年6月14日
ムロタ代表取締役社長　→88/90

室田 直忠　むろた・なおただ　大正12年12月13日～平成1年8月14日　群馬県会議員（自民党）　→88/90

室田 義文　むろた・よしあや　弘化4年9月19日～昭和13年9月5日　貴院議員（勅選）　→昭和（むろた・よしぶみ）

室谷 喜作　むろたに・きさく　明治37年12月20日～平成5年2月27日　京都市議（自民党）・議長、室谷染色工業社長　→91/93

室谷 秀　むろたに・ひで　～平成1年5月9日
一條（赤坂の料亭）女将　→88/90

室谷 光義　むろたに・みつよし　～平成7年11月19日
伏見信用金庫専務理事　→94/96

むろつ

室津 哲三　むろつ・てつぞう　明治35年～昭和44年6月5日　青森商工会議所会頭　→昭和
室橋 昭　むろはし・あきら　昭和4年8月1日～平成23年3月27日　江東区長　→09/11
室橋 正男　むろはし・まさお　大正3年9月20日～平成13年8月23日　日清製粉常務　→00/02
室原 純　むろはら・じゅん　明治34年6月17日～昭和58年12月20日　チタン工業取締役　→83/87
室原 知幸　むろはら・ともゆき　明治32年9月10日～昭和45年6月29日　住民運動家　蜂ノ巣城主　→昭和
室原 陽二　むろはら・ようじ　昭和5年7月14日～平成19年12月15日　原子力船むつ船長、海難審判庁横浜地方海難審判理事所理事官　→06/08
室伏 清　むろふし・きよし　大正4年9月25日～平成13年5月26日　日本アビオニクス社長　→00/02
室伏 秀男　むろふし・ひでお　大正15年10月3日～平成5年5月11日　ヨシケイ開発相談役　→91/93
室伏 良三　むろふし・りょうぞう　大正10年4月30日～平成1年12月27日　丸紅常務　→88/90
室伏 章郎　むろぶせ・ふみろう　大正14年4月1日～平成23年10月6日　日経BP社長　→09/11
室星 務　むろほし・つとむ　～平成3年3月12日　日立エーアイシー常務　→91/93
室町 公藤　むろまち・きんとう　～昭和40年12月13日　平安神宮宮司、元宮内庁掌典長　→昭和
室本 誠之助　むろもと・せいのすけ　大正5年4月27日～平成10年6月24日　東鉄工業常務　→97/99
室谷 邦夷　むろや・くにい　明治30年12月15日～昭和47年4月30日　北海道放送社長　→昭和
室谷 健三　むろや・けんぞう　大正10年1月12日～平成2年6月8日　不二越取締役　→88/90
室屋 浩一郎　むろや・こういちろう　～平成7年10月17日　日本中央競馬会常務　→94/96
室屋 清次　むろや・せいじ　大正8年8月13日～平成7年2月25日　間組（のちハザマ）常務　→94/96
室谷 文司　むろや・ぶんじ　大正9年12月26日～平成8年7月4日　日本商工会議所常務理事　→94/96

【め】

明路 和雄　めいじ・かずお　昭和10年10月23日～平成6年9月1日　筒中プラスチック工業常務　→94/96
妻鹿 健次郎　めが・けんじろう　昭和11年8月16日～平成23年9月9日　当矢印刷会長　→09/11
目加田 栄蔵　めかた・えいぞう　大正2年11月～平成9年9月25日　三井物産常務　→97/99
目加田 融　めかだ・とおる　昭和15年4月26日～平成14年5月11日　日本特殊塗料社長　→00/02
目黒 清雄　めぐろ・きよお　～昭和43年9月13日　建設省局長　→昭和
目黒 潔　めぐろ・きよし　明治28年8月27日～昭和58年11月5日　大山阿夫利神社本庁名誉宮司　→83/87
目黒 孝作　めぐろ・こうさく　～平成2年10月19日　松竹専務　→88/90
目黒 修一　めぐろ・しゅういち　大正11年2月2日～平成20年12月27日　神官　大山阿夫利神社宮司　→06/08
目黒 甚七　めぐろ・じんしち　慶応3年12月12日～昭和27年3月7日　目黒書店創立者　→昭和
目黒 絶海　めぐろ・ぜっかい　明治41年6月5日～平成2年5月13日　僧侶　臨済宗法燈派管長、興国寺住職　→88/90
目黒 太郎　めぐろ・たろう　明治42年4月21日～平成11年7月10日　弁護士　高松高裁部統括判事　→97/99
目黒 礼吾　めぐろ・れいご　～昭和59年5月21日　大日本インキ化学工業監査役　→83/87
目崎 マツ　めさき・まつ　明治8年1月28日～昭和56年2月5日　中国地方最高齢者　→80/82
妻鳥 循雄　めとり・のぶお　～昭和37年6月16日　パラマウント映画副社長　→昭和（つまどり、たてお）
目良 篤　めら・あつし　～昭和48年5月19日　富士ディーゼル会長　→昭和
目良 恒　めら・こう　～昭和19年1月10日　川崎造船所重役　→昭和
米良 辰巳　めら・たつみ　～平成12年9月11日　城山鐘寸（第6代目）　→00/02
毛受 信雄　めんじょう・のぶお　明治31年12月13日～昭和51年6月5日　弁護士　日弁連副会長　→昭和（もず・のぶお）
免出 陳　めんで・のぶる　～昭和55年7月4日　住友重機械工業顧問・元同社取締役　→80/82

【も】

茂泉 等　もいずみ・ひとし　昭和4年11月23日～平成16年10月4日　三井鉱山常務　→03/05
望戸 隆志　もうこ・たかし　～昭和61年1月29日　大竹市議　→83/87
毛内 靖胤　もうない・やすたね　明治13年3月1日～昭和11年1月16日　陸軍中将　→昭和（もない・のぶたね）
毛利 昭子　もうり・あきこ　大正7年～平成22年6月26日　市民運動家　→09/11
毛利 昭　もうり・あきら　昭和4年1月5日～平成6年9月28日　五島育英会専務理事　→94/96
毛利 敦子　もうり・あつこ　～平成4年4月22日　日教組中央執行委員・政治部長　→91/93
毛利 一雄　もうり・かずお　大正11年9月12日～昭和61

年12月5日　アンダーソン・毛利・ラビノウィッツ法律事務所シニアパートナー　→83/87

毛利　要　もうり・かなめ　〜昭和56年12月15日
埼玉製鋼社長　→80/82

毛利　圭太郎　もうり・けいたろう　大正4年9月29日〜平成21年5月19日　気象庁長官　→09/11

毛利　康平　もうり・こうへい　大正12年5月20日〜平成13年11月4日　兼松江商副会長、兼松エレクトロニクス社長　→00/02

毛利　柴庵　もうり・さいあん　明治4年9月28日〜昭和13年12月10日　僧侶、ジャーナリスト、政治家　高山寺（真言宗）住職、和歌山県議、「牟婁新報」主筆　→昭和

毛利　定男　もうり・さだお　〜昭和49年7月4日
品川白煉瓦顧問　→昭和

毛利　三郎　もうり・さぶろう　〜昭和57年8月1日
岐阜県議　→80/82

毛利　晢雄　もうり・せつお　昭和5年12月20日〜平成8年12月18日　田辺製薬常務　→94/96

毛利　惣之　もうり・そうし　〜昭和61年4月13日
日本パイプ製造専務、住友金属工業取締役　→83/87

毛利　高根　もうり・たかね　大正14年9月8日〜平成20年10月5日　口之津町（長崎県）町長　→06/08

毛利　高衡　もうり・たかのり　慶応2年12月5日〜昭和14年6月12日　子爵、速記教育者　貴院議員、毛利式速記学校長　→昭和

毛利　博一　もうり・ひろかず　〜昭和57年12月10日
世田谷区名誉区民　→80/82

毛利　博之　もうり・ひろゆき　昭和4年1月8日〜平成7年11月15日　三菱重工業取締役　→94/96

毛利　正登　もうり・まさと　大正2年3月25日〜昭和59年12月28日　大阪変圧器常務　→83/87

毛利　元昭　もうり・もとあきら　元治2年2月〜昭和13年9月24日　貴院議員（公爵）　→昭和（もうり・もとあき）

毛利　元秀　もうり・もとひで　〜昭和17年5月30日
子爵　旧徳山藩主　→昭和

毛利　基宏　もうり・もとひろ　大正8年1月21日〜平成13年4月16日　農林水産省北陸農政局長　→00/02

毛利　元道　もうり・もとみち　明治36年6月〜昭和51年1月22日　貴院議員（公爵）　→昭和

毛利　元靖　もうり・もとやす　明治41年9月5日〜昭和36年9月18日　山口放送会長　→昭和

毛利　与一　もうり・よいち　明治34年4月15日〜昭和57年1月30日　弁護士　大阪弁護士会会長　→80/82

毛利　庸一　もうり・よういち　大正13年3月24日〜平成14年10月11日　東光社長　→00/02

毛利　陽一　もうり・よういち　大正5年1月10日〜昭和59年1月27日　自動車電機工業取締役　→83/87

毛利　義明　もうり・よしあき　大正7年11月22日〜平成14年11月27日　大洋漁業常務　→00/02

毛利　善彦　もうり・よしひこ　〜昭和60年10月12日
富山市農林部農政共済課主査　→83/87

毛利　与治郎　もうり・よじろう　〜昭和61年3月14日
（有）小泉鉱泉取締役会長　→83/87

最上　務　もがみ・つとむ　明治41年4月17日〜平成2年11月16日　精工舎社長　→88/90

最上　暢雄　もがみ・のぶお　〜平成12年8月31日
海将　海上自衛隊第一術科学校長　→00/02

最上　英子　もがみ・ひでこ　明治35年12月19日〜昭和41年10月16日　衆議院議員（民主党）、参議院議員（自民党）、自民党婦人局長　→昭和（もがみ・えいこ）

最上　義広　もがみ・よしひろ　明治33年4月5日〜昭和63年6月28日　秋田銀行頭取、角間川町長　→88/90

藻川　淳二　もがわ・じゅんじ　明治37年8月13日〜昭和59年4月27日　神戸銀行（のち太陽神戸銀行）常務　→83/87

茂木　昭　もぎ・あきら　昭和2年6月2日〜平成14年8月25日　ビー・エス社長、三菱鉱業取締役　→00/02

茂木　克己　もぎ・かつみ　大正4年3月1日〜平成17年4月26日　キッコーマン社長　→03/05

茂木　清典　もぎ・きよすけ　〜平成5年3月25日
茂木薬品商会会長　→91/93

茂木　金蔵　もぎ・きんぞう　〜昭和48年1月19日
三和銀行監査役　→昭和

茂木　啓三郎　もぎ・けいざぶろう　明治32年8月5日〜平成5年8月16日　キッコーマン会長　→91/93

茂木　健三郎　もぎ・けんざぶろう　明治20年6月20日〜平成17年4月28日　キッコーマン常務　→03/05

茂木　佐吉　もぎ・さきち　〜昭和57年12月6日
千代倉時計店社長、野田商工会議所副会頭　→80/82

茂木　佐平治（10代目）　もぎ・さへいじ　大正3年9月28日〜平成2年6月5日　利根コカ・コーラボトリング社長、キッコーマン社長　→88/90

茂木　七郎右衛門（6代目）　もぎ・しちろうえもん　安政7年2月24日〜昭和4年4月19日　実業家　野田醤油社長　→昭和（茂木　七郎右衛門）

茂木　七郎治　もぎ・しちろうじ　明治31年9月12日〜平成5年1月1日　キッコーマン監査役　→91/93

茂木　新七　もぎ・しんしち　大正3年5月21日〜平成16年7月26日　ヒゲタ醤油社長　→03/05

茂木　誠陸　もぎ・せいろく　明治38年12月3日〜平成11年6月10日　公認会計士、税理士　日本公認会計士協会東京会会長　→97/99

茂木　惣兵衛（3代目）　もぎ・そうべえ　明治26年3月24日〜昭和10年4月16日　実業家　茂木銀行頭取、茂木合名会社社長　→昭和（茂木　惣兵衛）

茂木　隆　もぎ・たかし　昭和9年1月26日〜平成15年9月20日　バンダイ社長　→03/05

茂木　建巳　もぎ・たけみ　昭和15年3月3日〜平成13年11月27日　日本石油ガス常務　→00/02

茂木　千佳史　もぎ・ちかし　大正15年3月25日〜平成10年9月20日　松竹副社長　→97/99

茂木 房五郎　もぎ・ふさごろう　～昭和48年2月17日　キッコーマン醬油社長　→昭和

茂木 房五郎　もぎ・ふさごろう　大正8年4月19日～平成1年4月30日　利根コカ・コーラボトリング取締役, キッコーマン監査役　→88/90

茂木 不二夫　もぎ・ふじお　明治44年11月3日～昭和62年6月26日　丸山製作所専務　→83/87

茂木 政　もぎ・まさ　明治40年4月28日～平成8年9月13日　朝日新聞取締役論説主幹　→94/96

茂木 正利　もぎ・まさとし　明治40年2月6日～昭和59年12月4日　キッコーマン取締役　→83/87

茂木 良三　もぎ・りょうぞう　大正13年3月15日～平成13年2月21日　駐ハンガリー大使　→00/02

茂木 隣一　もぎ・りんいち　～昭和57年8月23日　マンズワイン株式会社常務取締役　→80/82

杢代 多摩治　もくだい・たまじ　昭和11年1月24日～平成6年8月13日　フランスベッド常務　→94/96

門司 親徳　もじ・ちかのり　大正6年12月9日～平成20年8月16日　丸三証券社長　→06/08

門司 亮　もじ・りょう　明治30年12月27日～平成5年6月1日　衆院議員（民社党）　→91/93

茂田 友一　もだ・ゆういち　明治38年4月10日～平成18年3月2日　茂田石油グループ創業者会長　→06/08

茂田井 教亨　もたい・きょうこう　明治37年10月12日～平成12年5月11日　僧侶　立正大学名誉教授　→00/02

畳 晧一　もたい・こういち　大正9年2月18日～平成4年9月10日　モタイ・ショーワ社長　→91/93

餅 道夫　もち・みちお　昭和6年5月24日～平成7年12月8日　宮城県議（公明党）　→94/96

持木 豊　もちき・ゆたか　大正4年12月15日～平成10年7月7日　埼玉銀行常務　→97/99

望月 昭　もちづき・あきら　昭和16年6月1日～平成16年3月29日　ラックランド社長　→03/05

望月 章　もちづき・あきら　昭和4年3月10日～平成2年12月2日　文化シヤッター副社長　→88/90

望月 惇　もちづき・あつし　昭和10年2月24日～平成14年3月12日　TDF会長　→00/02

望月 郁夫　もちづき・いくお　～昭和61年3月12日　山一証券浜松支店長　→83/87

望月 乙彦　もちづき・おとひこ　～昭和57年3月24日　日本精工前会長, 元東京家庭裁判所参調会会長　→80/82

望月 カズ　もちづき・かず　昭和2年～昭和58年11月12日　福祉活動家　韓国孤児の母　→83/87

望月 和夫　もちづき・かずお　大正13年4月4日～平成14年9月6日　日本コロムビア社長　→00/02

望月 勝次　もちづき・かつじ　昭和3年10月1日～昭和57年7月30日　東亜燃料工業取締役　→83/87

望月 克巳　もちづき・かつみ　昭和6年11月6日～平成3年10月20日　読売新聞大阪本社販売局総務　→91/93

望月 要　もちづき・かなめ　明治35年10月3日～昭和56年6月1日　川崎商工会議所会頭, 日本鋼管顧問　→80/82

望月 歓厚　もちづき・かんこう　明治14年8月12日～昭和42年11月28日　僧侶, 仏教学者　立正大学学長　→昭和

望月 喜多司　もちづき・きたし　明治30年12月4日～昭和60年11月15日　クミアイ化学工業創業者, 小島村（静岡県）村長　→83/87

望月 邦夫　もちづき・くにお　大正7年2月27日～平成2年3月5日　水資源開発公団総裁, 参院議員（自民党）　→88/90

望月 軍四郎　もちづき・ぐんしろう　明治12年8月15日～昭和15年2月1日　実業家　→昭和

望月 継治　もちづき・けいじ　大正6年6月19日～平成5年12月5日　神田精養軒社長　→91/93

望月 圭介　もちづき・けいすけ　慶応3年2月27日～昭和16年1月1日　政治家　通信相, 内相, 衆院議員　→昭和

望月 健一　もちづき・けんいち　大正9年～平成8年12月16日　国士舘大学教授　→94/96

望月 源治　もちづき・げんじ　明治35年4月11日～昭和36年10月12日　労働運動家　→昭和

望月 賢三　もちづき・けんぞう　大正11年9月14日～平成17年4月3日　東海パルプ常務　→03/05

望月 晃一　もちづき・こういち　明治40年10月21日～昭和58年4月22日　秩父セメント専務　→83/87

望月 幸吉　もちづき・こうきち　～昭和46年2月4日　森永製菓常任監査役　→昭和

望月 宏二　もちづき・こうじ　～平成9年8月25日　極楽寺住職　朝日新聞大阪本社校閲部長　→97/99（もちづき・こうじ）

望月 小太郎　もちづき・こたろう　慶応1年11月15日～昭和2年5月19日　政治家　衆院議員（新党倶楽部）, 英文通信社社長　→昭和

望月 小太郎　もちづき・こたろう　明治44年3月16日～平成18年1月13日　望月建設社長, 大阪府議　→06/08

望月 権平　もちづき・ごんべい　明治2年～昭和10年6月19日　大陸浪人　→昭和

望月 覚　もちづき・さとる　昭和10年9月20日～平成23年5月11日　静岡新聞工務局写真制作部長　→09/11

望月 了　もちづき・さとる　昭和2年3月30日～昭和63年11月12日　明星食品取締役, ユニスター取締役社長　→88/90

望月 三郎　もちづき・さぶろう　昭和4年11月24日～平成11年10月31日　高年齢者雇用開発協会理事長, 労働省労働基準局長　→97/99（もちづき・さぶろう）

望月 重信　もちづき・しげのぶ　明治27年6月25日～昭和63年10月10日　日本ステンレス社長, 住友金属工業常務　→88/90

望月 成　もちづき・しげる　大正15年1月16日～平成8年5月18日　高岳製作所常務　→94/96

望月 鎮雄　もちづき・しずお　昭和16年1月28日～平成16年9月2日　気象庁次長　→03/05

望月 静　もちづき・しずか　～昭和59年3月17日

Ⅰ 政治・経済・社会篇　　　　　　　　　　　　　　　　　　　　　　　　　　　　　もちた

望月 秀一　もちずき・しゅういち　昭和8年10月22日～平成18年1月9日　佐賀県警本部長　→06/08

望月 純一郎　もちずき・じゅんいちろう　大正14年～平成5年3月31日　西村食品工業取締役　→91/93

望月 昭二　もちずき・しょうじ　昭和2年11月30日～平成8年1月28日　黒田精工取締役,クロダインターナショナル社長　→94/96

望月 至郎　もちずき・しろう　昭和6年6月～昭和58年2月21日　クミアイ化学工業社長,イハラケミカル工業社長　→83/87

望月 辰太郎　もちずき・しんたろう　明治32年7月8日～昭和41年2月5日　部落解放運動家　→昭和

望月 孝　もちずき・たかし　～昭和42年1月2日　角丸証券社長　→昭和

望月 孝　もちずき・たかし　～平成12年3月29日　武藤工業専務　→00/02

望月 卓　もちずき・たかし　大正12年4月1日～平成9年2月9日　日本ガイシ常務　→97/99（もちづき・たかし）

望月 武義　もちずき・たけよし　～平成9年1月28日　公認会計士　日本税理士会連合会副会長　→97/99（もちづき・たけよし）

望月 玉三　もちずき・たまぞう　大正2年10月3日～平成10年6月24日　勧角証券（日本勧業角丸証券）名誉相談役・元会長　→97/99（もちづき・たまぞう）

望月 長司　もちずき・ちょうじ　大正15年4月18日～平成11年5月25日　大昭製薬会長,滋賀県議（自民党）　→97/99（もちづき・ちょうじ）

望月 綱政　もちずき・つなまさ　大正13年1月17日～平成7年9月23日　第一勧業銀行常務　→94/96

望月 哲太郎　もちずき・てつたろう　大正14年3月28日～昭和17年6月15日　文部省社会教育局長　→03/05

望月 照夫　もちずき・てるお　昭和12年6月11日～平成5年8月4日　西武自動車販売社長　→91/93

望月 寿夫　もちずき・としお　～昭和57年9月9日　三永紙業会長　→80/82

望月 俊夫　もちずき・としお　～平成1年9月14日　電源開発常務　→88/90

望月 直彦　もちずき・なおひこ　昭和15年5月17日～平成15年10月3日　明治生命保険常務　→03/05

望月 仲太郎　もちずき・なかたろう　明治42年2月15日～平成5年8月10日　丸仲鉄工所会長　→91/93

望月 日康　もちずき・にちこう　～平成21年5月9日　僧侶　蓮光寺住職　→09/11

望月 日滋　もちずき・にちじ　明治34年12月25日～昭和57年2月1日　僧侶　日蓮宗総本山身延山久遠寺法主,日蓮宗管長,題経寺住職　→80/82

望月 日雄　もちずき・にちゆう　～昭和49年4月20日　久遠寺法主　→昭和

在石門総領事　→83/87

望月 日謙　もちずき・にっけん　～昭和18年9月23日　日蓮宗大僧正　→昭和

望月 初幾　もちずき・はつき　大正11年4月16日～平成14年7月30日　勧角証券常務　→00/02

望月 秀雄　もちずき・ひでお　明治38年12月8日～平成4年3月21日　兵庫県議（自民党）　→91/93

望月 孫三郎　もちずき・まごさぶろう　昭和3年7月15日～平成1年3月28日　三菱油化常任監査役　→88/90

望月 正直　もちずき・まさなお　昭和4年4月26日～平成21年4月17日　関電工副社長　→09/11

望月 政治　もちずき・まさはる　明治18年11月10日～平成2年3月15日　日本出版貿易相談役　→88/90

望月 勝　もちずき・まさる　～昭和57年6月3日　中部電力取締役,中電興業社長　→80/82

望月 護　もちずき・まもる　昭和17年～平成15年3月1日　ダイレック常務　→03/05

望月 幹男　もちずき・みきお　大正12年12月22日～昭和61年12月24日　千代田電算サービス（株）取締役社長　→83/87

望月 保男　もちずき・やすお　大正14年3月23日～平成20年1月10日　ヤマト食品会長　→06/08

望月 泰親　もちずき・やすちか　～平成6年12月13日　首都圏不燃建築公社理事　→94/96

望月 裕　もちずき・ゆたか　昭和24年4月26日～平成18年7月19日　静岡鉄工所社長　→06/08

望月 百合子　もちずき・ゆりこ　明治33年9月5日～平成13年6月9日　女性解放運動家,文芸評論家,翻訳家,歌人　→00/02

望月 由郎　もちずき・よしろう　昭和8年8月28日～平成11年2月1日　滋賀県議（自民党）　→97/99（もちづき・よしろう）

望月 龍太郎　もちずき・りゅうたろう　慶応1年～昭和9年1月25日　大陸浪人　→昭和

望月 良孝　もちずき・りょうこう　昭和8年7月23日～平成15年4月29日　ファナック常務　→03/05

望田 寧三郎　もちだ・うさぶろう　大正12年4月22日～平成15年6月23日　八日市市長　→03/05

持田 勝郎　もちだ・かつろう　大正11年2月19日～平成23年4月3日　持田製薬専務　→09/11

持田 謙一　もちだ・けんいち　大正14年2月9日～平成11年6月1日　埼玉県議（自民党）　→97/99

持田 賢示　もちだ・けんし　～昭和23年8月20日　毎日新聞社取締役　→昭和

持田 三郎　もちだ・さぶろう　大正12年5月10日～平成10年3月3日　ハザマ専務　→97/99

持田 高良　もちだ・たかよし　大正4年3月23日～平成12年11月4日　埼玉銀行専務　→00/02

持田 健　もちだ・たけし　～平成14年10月25日　ジャパンエコー社長　→00/02

持田 寿一　もちだ・としいち　昭和28年12月～平成10年

1239

8月14日　河内音頭研究家　→97/99
持田 信夫　もちだ・のぶお　大正6年8月30日～昭和61年6月19日　持田製薬会長,持田記念医学薬学振興財団理事長　→83/87
持田 政巳　もちだ・まさみ　昭和22年4月11日～平成19年1月29日　山陰中央新報常務　→06/08
持田 勇吉　もちだ・ゆうきち　明治45年3月5日～平成14年10月14日　三菱自動車工業副社長　→00/02
持田 豊　もちだ・ゆたか　昭和3年～平成14年5月15日　日本鉄道建設公団海峡線部長　→00/02
持田 良吉　もちだ・りょうきち　明治20年9月11日～昭和46年3月18日　持田製薬創業者　→昭和
持永 哲志　もちなが・てつじ　昭和35年7月26日～平成20年8月6日　経済産業省技術振興課長　→06/08
持山 和子　もちやま・かずこ　～平成13年1月14日　協和コンサルタンツ副社長　→00/02
茂木 朝雄　もてぎ・あさお　大正9年～平成13年12月17日　日立化成工業専務　→00/02
茂木 勇　もてぎ・いさむ　～昭和55年11月9日　海上保安庁下田海上保安部長　→80/82
茂出木 市蔵　もでぎ・いちぞう　～平成2年10月12日　新田交通社長,足立区議・区会副議長　→88/90
茂木 和男　もてぎ・かずお　昭和2年12月5日～平成14年8月14日　山武ハネウエル副社長　→00/02
茂木 通　もてぎ・とおる　大正7年11月16日～平成6年6月4日　北海道相互銀行(のち札幌銀行)常務　→94/96
茂手木 知貞　もてぎ・ともさだ　昭和43年1月23日　横浜埠頭相談役　→昭和
茂木 直信　もてぎ・なおのぶ　大正11年7月7日～昭和61年2月21日　日本経済新聞社常務　→83/87
毛戸 勝治　もと・かつじ　～昭和32年12月26日　東洋ゴム取締役　→昭和
本井 進　もとい・すすむ　昭和7年3月13日～昭和63年2月28日　神戸サンケイ新聞社長　→88/90
本井 巽　もとい・たつみ　大正4年6月30日～平成11年4月22日　弁護士　熊本家裁所長　→97/99
元井 秀雄　もとい・ひでお　～昭和61年9月22日　(社)名古屋民間保育園連盟会長　→83/87
基 政七　もとい・まさしち　明治36年～昭和61年3月9日　労働運動家　参院議員(民社党)　→83/87
元石 一郎　もといし・いちろう　明治41年5月20日～平成4年6月7日　中京コカ・コーラボトリング専務　→91/93
本石 了　もといし・おわり　～昭和56年9月21日　保護司　両筑セメント協同組合長　→80/82
本江 茂　もとえ・しげる　～昭和63年11月11日　本江機械工業代表　→88/90
本居 勇　もとおり・いさむ　大正15年4月18日～昭和62年1月25日　三交興業代表取締役,三重交通専務　→83/87
本木 嘉次男　もとき・かじお　～昭和60年10月8日

宮城県印刷工業組合刈田伊具地区支部長　→83/87
本木 欣一　もとき・きんいち　昭和5年8月2日～平成14年12月23日　埼玉県議(自民党)　→00/02
元木 精一郎　もとき・せいいちろう　大正12年11月14日～平成13年6月15日　藤和不動産副社長　→00/02
本木 鉄三郎　もとき・てつさぶろう　大正9年10月14日～平成8年8月8日　日比谷総合設備常務　→94/96
本木 信仁　もとき・のぶひと　大正14年2月19日～平成17年1月25日　長野県議(自民党)　→03/05
本木 正義　もとき・まさよし　昭和6年8月30日～平成4年9月27日　トプコン社長　→00/02
元崎 信一　もとざき・しんいち　明治44年11月15日～平成11年12月13日　味の素常務　→00/02s
本崎 信義　もとざき・のぶよし　大正15年～平成15年3月31日　宮崎信販相談役,宮崎銀行専務　→03/05
元島 博　もとじま・ひろし　大正6年8月10日～平成7年12月14日　アジア航測会長　→94/96
本島 寛　もとじま・ひろし　明治37年8月22日～昭和58年12月2日　東京都教育長　→83/87
本島 百合子　もとじま・ゆりこ　明治40年8月3日～昭和47年5月21日　衆院議員(民社党)　→昭和
元田 きく子　もとだ・きくこ　～昭和2年1月8日　代議士元田肇夫人　→昭和
元田 亨吉　もとだ・こうきち　明治3年12月～昭和6年3月18日　陸軍少将,男爵　→昭和(もとだ・きょうきち)
元田 作之進　もとだ・さくのしん　文久2年2月22日～昭和3年4月16日　牧師,教育者　日本聖公会東京教区主教,立教大学初代学長　→昭和
元田 三衛　もとだ・さんえ　～平成6年9月12日　ニコン常務　→94/96
元田 猛　もとだ・たけし　大正15年7月30日～平成7年12月27日　広島市議(自民党)　→94/96
元田 肇　もとだ・はじめ　安政5年1月15日～昭和13年10月1日　政治家　衆院議員,逓信相,鉄道相　→昭和
本館 輝夫　もとだて・てるお　～昭和59年1月24日　新光商事常務　→83/87
本館 福雄　もとだて・ふくお　大正10年4月17日～昭和62年2月5日　共同印刷機材(株)社長　→83/87
本永 寛昭　もとなが・かんしょう　昭和3年12月2日～平成19年9月4日　弁護士　沖縄弁護士会会長　→06/08
元仲 辰郎　もとなか・たつろう　明治24年4月17日～昭和50年2月11日　高山市長　→昭和
元永 友助　もとなが・ともすけ　～昭和55年3月7日　日興石油社長　→80/82
元中 弘次　もとなか・ひろゆき　昭和3年12月10日～平成16年9月5日　トーア紡社長　→03/05
本野 久子　もとの・ひさこ　明治1年9月19日～昭和22年12月12日　愛国婦人会会長　→昭和
元信 堯　もとのぶ・たかし　昭和19年7月30日～平成11年7月15日　衆院議員(社会党)　→97/99

本橋 兼義　もとはし・かねよし　〜昭和63年4月13日　渋谷区会議長　→88/90

元橋 源三郎　もとはし・げんざぶろう　〜昭和62年3月8日　扶桑相談役　→83/87

本橋 浩一　もとはし・こういち　昭和5年4月12日〜平成22年10月26日　日本アニメーション社長　→09/11

本橋 俊男　もとはし・としお　大正4年2月14日〜平成9年12月9日　埼玉県会副議長　→97/99

本橋 豊八　もとはし・とよはち　〜平成2年1月3日　最高検察庁事務局長　→88/90

本橋 信夫　もとはし・のぶお　昭和2年1月4日〜平成8年5月6日　厚生省官房審議官　→94/96

本橋 信吉　もとはし・のぶよし　明治36年9月17日〜平成3年2月17日　藤倉電線常勤監査役　→91/93

本橋 元　もとはし・もと　昭和3年4月25日〜平成19年4月28日　全国農業協同組合連合会会長、茨城県議(自民党)　→06/08

本橋 吉雄　もとはし・よしお　大正14年3月9日〜平成17年11月30日　中央信託銀行副社長　→03/05

本林 勝海　もとばやし・かつみ　昭和6年12月4日〜平成2年11月29日　日本能率協会コンサルティング常務　→88/90

本林 理郎　もとばやし・まさお　昭和11年3月25日〜平成23年8月11日　日本アイ・ビー・エム副社長　→09/11

本林 譲　もとばやし・ゆずる　明治42年3月31日〜平成4年4月17日　弁護士　最高裁判事　→91/93

元原 利一　もとはら・りいち　明治32年10月15日〜平成5年9月26日　兵庫県議　→91/93

本松 茂晴　もとまつ・しげはる　〜昭和61年4月26日　全国医薬品小売商業組合連合会副会長、福岡県薬事審議会委員　→83/87

本松 拓治　もとまつ・たくじ　昭和20年7月20日〜平成20年12月1日　ニッタン常務　→06/08

元松 隼男　もとまつ・はやお　大正11年4月15日〜昭和63年4月5日　リョーサン監査役　→88/90

本松 光次郎　もとまつ・みつじろう　大正12年2月5日〜平成12年3月21日　スーパー大栄会長　→00/02

本宮 章太郎　もとみや・しょうたろう　〜昭和57年10月31日　北海道議　→80/82

本村 旭　もとむら・あきら　昭和10年9月4日〜平成15年1月22日　ニチレキ社長　→03/05

元村 東　もとむら・あずま　大正13年8月2日〜平成15年5月7日　極東貿易常務　→03/05

本村 和喜　もとむら・かずき　昭和10年11月12日〜平成3年8月17日　参院議員(自民党)　→91/93

本村 金蔵　もとむら・きんぞう　明治42年〜昭和63年5月9日　中野組取締役

本村 静一　もとむら・せいいち　大正13年11月2日〜昭和62年2月25日　ライオン参与、ライオン歯科衛生研究所常務理事　→83/87

本村 精三　もとむら・せいぞう　〜昭和51年2月8日　三井造船会長　→昭和

本村 善太郎　もとむら・ぜんたろう　〜昭和45年6月23日　最高裁判事　→昭和

本村 辰義　もとむら・たつよし　大正7年12月25日〜平成13年7月2日　福岡県菓子協同組合理事長　→00/02

本村 哲郎　もとむら・てつろう　大正11年7月19日〜平成1年12月13日　京浜急行電鉄監査役　→88/90

本村 哲郎　もとむら・てつろう　大正6年11月9日〜平成22年12月31日　海将　海上自衛隊自衛艦隊司令官　→09/11

元村 敏夫　もとむら・としお　〜昭和55年1月31日　日本勧業銀行取締役　→80/82

本村 俊夫　もとむら・としお　〜昭和56年9月12日　浅沼組取締役・大阪本店副本店長　→80/82

本村 二正　もとむら・にせい　大正2年〜平成14年1月1日　三井建設専務　→00/02

本村 寿　もとむら・ひさし　〜平成2年12月26日　大川市教育長　→88/90

本村 三光　もとむら・みつてる　大正7年2月13日〜平成5年12月8日　コマツ専務　→91/93

本村 由松　もとむら・よしまつ　〜昭和63年4月27日　本村訴訟の原告　→88/90

本村 芳行　もとむら・よしゆき　昭和20年12月21日〜平成17年8月27日　国連大使　→03/05

本持 博司　もともち・ひろし　大正13年4月22日〜平成16年8月6日　久保田鉄工常務　→03/05

本盛 茂　もともり・しげる　大正13年3月8日〜平成14年10月20日　沖縄県議　→00/02

元屋 彦史　もとや・ひこし　〜平成7年10月18日　奈良県立民俗博物館館長　→94/96

本安 固志　もとやす・かたし　大正4年4月17日〜平成15年9月5日　三井生命保険常務　→03/05

木山 茂貞　もとやま・しげさだ　明治35年11月27日〜昭和53年2月27日　労働運動家　→昭和

本山 修策　もとやま・しゅうさく　明治39年3月13日〜平成1年3月19日　日本瓦斯社長、島根県副知事　→88/90

本山 俊治　もとやま・しゅんじ　大正6年2月2日〜平成3年8月11日　中国電力副社長　→91/93

本山 昌太郎　もとやま・しょうたろう　〜昭和56年6月10日　武雄市長、本山商店社長　→80/82

本山 剛　もとやま・つよし　昭和6年3月5日〜平成13年7月7日　北都銀行副会長、秋田相互銀行頭取　→00/02

本山 亨　もとやま・とおる　大正1年8月11日〜平成14年4月2日　弁護士　最高裁判事　→00/02

元山 春光　もとやま・はるみつ　大正12年1月26日〜平成23年3月17日　鹿児島県議(自民党)　→09/11

元山 久雄　もとやま・ひさお　〜平成7年11月10日

本山 英世　もとやま・ひでよ　大正14年8月27日～平成17年11月22日　キリンビール社長　→03/05

本山 文平　もとやま・ぶんぺい　～昭和55年9月13日　大分県知事、熊本県知事　→80/82

本山 政雄　もとやま・まさお　明治43年10月10日～平成21年5月11日　名古屋市長、名古屋大学名誉教授　→09/11

本山 正則　もとやま・まさのり　～昭和57年12月20日　岡野バルブ製造常務　→80/82

本山 実　もとやま・みのる　大正13年～平成9年12月3日　玉井商船常務　→97/99

本山 良太郎　もとやま・りょうたろう　大正8年4月17日～平成2年7月17日　東京スポーツ新聞社長　→88/90

本吉 英一　もとよし・えいいち　～平成17年5月13日　ヤンマーディーゼル（のちヤンマー）専務　→03/05

本吉 忠栄　もとよし・ちゅうえい　明治30年1月26日～昭和62年12月12日　立山酒造顧問　→83/87

本吉 敏男　もとよし・としお　大正12年11月12日～平成23年9月5日　婦人画報社社長　→09/11

本吉 二六　もとよし・にろく　大正4年8月23日～平成15年8月19日　羽咋市長　→03/05

本吉 信雄　もとよし・のぶお　明治29年1月24日～昭和62年7月11日　婦人画報社会長　→83/87

元山 勇太郎　もとよし・ゆうたろう　昭和45年12月21日　大末プレハブ会長　～昭和

元良 勇　もとら・いさむ　大正5年2月9日～平成12年5月14日　東京放送常務　→00/02

物部 長鉾　もののべ・ながほこ　明治25年12月26日～昭和42年2月26日　陸軍中将　近衛師団長　→昭和

茂原 祥三　もはら・しょうぞう　明治36年11月3日～平成5年4月4日　宝塚音楽学校監事、阪急電鉄専務、阪急交通社会長　→91/93

籾山 章道　もみやま・あきみち　昭和9年1月22日～平成15年4月13日　三菱鉛筆常務　→03/05

粟山 明　もみやま・あきら　大正10年1月23日～平成18年9月21日　衆院議員（自民党）　→06/08

粟山 秀　もみやま・ひで　明治40年12月13日～平成8年5月18日　衆院議員（自民党）　→94/96

粟山 博　もみやま・ひろし　明治17年10月2日～昭和34年9月20日　衆院議員（自民党）→昭和（あわやま・ひろし）

籾山 森男　もみやま・もりお　～平成1年2月3日　熊谷市議会議長、埼玉県柔道連盟理事長　→88/90

桃井 観城　ももい・かんじょう　明治40年1月13日～平成9年6月16日　僧侶　西光寺住職、法華宗興隆学林教授　→97/99

桃井 鉎次　ももい・けいじ　大正3年2月9日～平成12年2月3日　弁護士　横浜弁護士会会長　→00/02

百海 政一　ももうみ・せいいち　～昭和61年6月30日

（宗）世界救世教参与　→83/87

桃木 健治　ももき・けんじ　大正5年9月9日～平成10年4月30日　住友ベークライト常務　→97/99

百木 茂雄　ももき・しげお　大正4年12月19日～平成6年1月4日　東陶機器（TOTO）常務　→94/96

百木 春夫　ももき・はるお　大正13年4月26日～平成16年1月23日　大倉陶園社長　→03/05

百崎 辰雄　ももさき・たつお　明治37年6月14日～平成6年5月19日　ビオフェルミン製薬社長、神戸薬科大学会長　→94/96

百崎 平三　ももさき・へいぞう　大正12年4月30日～平成19年11月26日　日本鋼管常務　→06/08

桃沢 白吉　ももざわ・しろきち　明治36年8月10日～昭和61年11月16日　ベニヤ社長　→83/87

桃沢 全司　ももざわ・ぜんじ　～昭和50年1月11日　福岡高検検事長　→昭和

桃沢 国勝　ももざわ・まさかつ　明治39年4月18日～平成1年1月12日　全国果樹研究連合会顧問　→88/90

百瀬 章夫　ももせ・あきお　昭和4年7月31日～平成9年6月12日　小松リフト常務　→97/99

百瀬 渭　ももせ・きよし　大正14年8月1日～平成21年12月26日　警察庁東北管区警察局長　→09/11

百瀬 けさ　ももせ・けさ　～平成3年8月7日　文精社会長、御茶の水書房社長　新聞少年を長年励ます　→91/93

百瀬 俊次　ももせ・しゅんじ　大正9年9月20日～平成13年6月19日　住友不動産常務、住友不動産販売副社長　→00/02

百瀬 庄次　ももせ・しょうじ　～昭和62年5月15日　松本市議（社会党）　→83/87

百瀬 晋六　ももせ・しんろく　大正8年2月20日～平成9年1月21日　富士重工業取締役　→97/99

百瀬 結　ももせ・ひとし　明治30年11月1日～昭和57年12月24日　エフエム東京取締役、日本ビクター社長　→80/82

百瀬 正信　ももせ・まさのぶ　～昭和61年2月22日　西松建設常務取締役関西支店長　→83/87

桃田 一郎　ももた・いちろう　昭和5年3月26日～平成16年3月17日　NOK常務　→03/05

百田 貞次　ももた・さだじ　明治16年5月21日～昭和39年12月6日　芝浦製作所会長　→昭和

百田 正弘　ももた・まさひろ　大正1年11月8日～平成13年9月3日　労働省職業安定局長　→00/02

百田 諒吉　ももた・りょうきち　明治44年7月6日～平成6年11月22日　住友金属鉱山専務　→94/96

百武 亥次郎　ももたけ・いじろう　～昭和62年7月19日　栃木県出納長、栃木新聞社長　→83/87

桃谷 嘉四郎　ももたに・かしろう　明治34年12月20日～昭和58年12月7日　桃谷順天館会長　→83/87

桃谷 幹次郎　ももたに・かんじろう　～昭和13年5月10

日　桃谷順天堂常務　→昭和

桃谷 こう　ももたに・こう　～昭和2年6月27日
桃谷順天堂主順一母堂　→昭和

桃谷 順一　ももたに・じゅんいち　明治20年～昭和60年3月25日　桃谷順天館社長　→83/87

桃谷 政次郎　ももたに・まさじろう　文久3年9月～昭和5年9月12日　実業家　桃谷順天館創始者　→昭和（桃谷政治郎）

桃井 行樹　もものい・ぎょうじゅ　～昭和62年2月10日　僧侶　聞名寺住職　→83/87

桃井 直幹　もものい・なおみき　明治21年～昭和46年4月2日　陸軍軍医中将　→昭和

桃山 虔一　ももやま・けんいち　明治42年～平成2年12月21日　朝鮮王族　→88/90

森 明長　もり・あきなが　～平成11年10月22日　モリ工業社長　→97/99

森 章彦　もり・あきひこ　大正2年10月18日～平成4年5月8日　森永製菓副社長　→91/93

森 亮人　もり・あきひと　昭和12年11月24日～平成9年1月22日　伊藤忠商事専務　→97/99

森 晃　もり・あきら　大正11年9月8日～平成10年8月2日　オーナミ社長　→97/99

森 昭　もり・あきら　大正9年5月3日～平成23年6月12日　ライオン副社長　→09/11

森 章　もり・あきら　明治40年12月12日～平成3年11月10日　沖電気工業社長　→91/93

森 淳　もり・あつし　大正12年1月25日～昭和63年6月2日　万世鋼機取締役会長　→88/90

森 綾子　もり・あやこ　昭和22年～平成23年2月22日　宝塚NPOセンター専務理事　→09/11

森 勇　もり・いさむ　明治37年5月21日～昭和55年11月3日　名古屋電気会長、愛知県副知事　→80/82

森 勇　もり・いさむ　明治35年12月12日～昭和61年12月26日　大和銀行専務、紀州製紙副社長　→83/87

森 市兵衛　もり・いちべえ　明治35年11月25日～昭和61年10月17日　モリイチ取締役相談役・元社長　→83/87

森 一郎　もり・いちろう　明治42年12月11日～昭和60年1月12日　佐賀県副知事　→83/87

森 一郎　もり・いちろう　大正5年4月11日～平成13年10月18日　千歳電気工業常務　→00/02

森 厳夫　もり・いつお　明治43年8月30日～平成10年1月14日　運輸省船員局局長、ジャパンライン（のちナビックスライン）常務　→97/99

森 卯一郎　もり・ういちろう　明治31年9月13日～昭和60年11月14日　(株)ニュー・トーキョー代表取締役会長　→83/87

森 栄一　もり・えいいち　明治28年6月1日～昭和41年11月4日　労働運動家　→昭和

森 英吉　もり・えいきち　明治22年11月20日～昭和23年11月24日　農民運動家　→昭和

森 修　もり・おさむ　昭和24年1月1日～平成21年3月2日　三井物産常務　→09/11

森 馨　もり・かおる　～昭和61年11月29日　三井生命保険取締役　→83/87

森 薫　もり・かおる　明治37年4月24日～昭和61年9月18日　阪急電鉄社長　→83/87

森 恪　もり・かく　明治15年12月28日～昭和7年12月11日　政治家、実業家　衆院議員、政友会幹事長、内閣書記官長　→昭和

森 和夫　もり・かずお　大正5年4月1日～平成23年7月14日　東洋水産創業者　→09/11

森 和雄　もり・かずお　～平成3年8月18日　札幌市議（自民党）　→91/93

森 和人　もり・かずと　大正8年9月5日～平成11年1月11日　航空士　全日空空輸監査役　→97/99

森 一成　もり・かずなり　大正9年1月1日～平成11年11月28日　モリリン社長　→00/02s

森 勝före　もり・かつえ　明治23年4月6日～平成1年5月24日　大阪商船船長　→88/90

森 勝治　もり・かつじ　大正4年10月11日～平成12年8月1日　参院議員（社会党）　→00/02

森 勝彦　もり・かつひこ　昭和5年1月20日～平成5年8月27日　五洋建設取締役　→91/93

森 勝吉　もり・かつよし　明治44年6月～昭和59年1月1日　小糸工業社長　→83/87

森 兼道　もり・かねみち　明治20年12月～昭和56年1月29日　衆院議員（立憲民政党）　→80/82

森 貫一　もり・かんいち　明治23年9月8日～昭和61年7月15日　第一製薬顧問・元常務、第一地所社長、森乳業社長　→83/87

森 寛恭　もり・かんきょう　～昭和56年1月28日　高野山普賢院住職　→80/82

森 寛紹　もり・かんしょう　明治32年5月31日～平成6年12月26日　僧侶　金剛峯寺第406世座主、宝厳寺住職、高野山真言宗管長　→94/96

森 喜一　もり・さいち　明治42年6月19日～昭和62年9月22日　山之内製薬専務　→83/87

森 規矩夫　もり・きくお　～昭和45年10月23日　三菱化成社長　→昭和

森 喜久造　もり・きくぞう　大正15年11月28日～平成7年11月10日　シキボウ専務　→94/96

森 儀三郎　もり・ぎさぶろう　大正6年10月18日～平成23年10月13日　ミズノ専務　→09/11

森 喜平　もり・きへい　～平成4年8月7日　シチズン時計取締役　→91/93

森 饗一　もり・きょういち　昭和3年11月16日～平成22年9月6日　三郷町（奈良県）町長　→09/11

森 清　もり・きよし　～昭和13年1月3日　子爵、元貴族院議員　→昭和

森 清　もり・きよし　大正4年10月8日～昭和43年6月9日

もり　　　　　　　　　　　　　　　　　　　　　　　　　　　　Ⅰ　政治・経済・社会篇

　　衆院議員(自民党)、昭和火薬社長　→昭和
森　清　もり・きよし　～平成13年11月7日
　　南九州関税会連合会名誉会長、森楽器会長　→00/02
森　清　もり・きよし　大正14年5月6日～平成20年6月24日　衆院議員(自民党)　→06/08
森　清治　もり・きよはる　～昭和50年5月29日
　　小野田セメント社長　→昭和
森　清秀　もり・きよひで　～平成6年8月29日
　　(宗)大本本部長　→94/96
森　清光　もり・きよみつ　～平成10年5月1日
　　室蘭市会議長　→97/99
森　欣吾　もり・きんご　大正6年8月31日～昭和63年12月19日　福井県出納長、金沢医科大学副理事長　→88/90
森　熊三　もり・くまぞう　～昭和32年2月19日
　　興業銀行監査役　→昭和
森　啓　もり・けい　～平成12年11月6日
　　公園通りの生活と環境を守る会代表　→00/02
森　敬　もり・けい　明治39年11月16日～昭和58年2月5日　交通遺児育英会理事　→83/87
森　圭助　もり・けいすけ　～平成6年1月16日
　　合同製鉄取締役　→94/96
森　圭三　もり・けいぞう　大正9年～平成14年12月28日　名糖産業専務　→03/05s
森　健　もり・けん　昭和9年3月9日～平成22年6月16日　王子製紙専務　→09/11
森　賢　もり・けん　明治45年6月17日～平成8年10月16日　森生活設計研究所社長、ハナエ・モリ・グループ会長　→94/96
森　源　もり・げん　～平成7年5月24日
　　島田事件対策協議会事務局長　→94/96
森　源一　もり・げんいち　大正12年5月19日～昭和63年6月16日　日本専売公社監事、東京加工紙専務　→88/90
森　健吾　もり・けんご　昭和6年1月11日～平成14年4月15日　中央商事社長　→00/02
森　賢吾　もり・けんご　明治8年9月1日～昭和9年1月19日　貴院議員(勅選)、大蔵省海外駐箚財務官　→昭和
森　堅次　もり・けんじ　明治43年2月4日～昭和59年8月19日　森ゼンマイ鋼業会長　→83/87
森　憲司　もり・けんじ　明治9年5月15日～平成22年3月20日　ジーエルサイエンス社長　→09/11
森　宏一　もり・こういち　昭和5年3月14日～平成12年2月15日　川崎市議(無所属)　→00/02
森　孝慶　もり・こうけい　～昭和62年4月2日
　　僧侶　清水寺塔頭延命院住職、清水寺執事長　→83/87
森　厚治　もり・こうじ　昭和13年11月2日～平成23年7月21日　衆院法制局第二部長　→09/11
森　幸治　もり・こうじ　明治28年11月8日～昭和61年3月17日　森組会長　→83/87

森　幸造　もり・こうぞう　～昭和56年3月22日
　　日本アスベスト元常務　→80/82
森　広蔵　もり・こうぞう　明治6年2月24日～昭和19年1月12日　安田銀行副頭取　→昭和
森　幸太郎　もり・こうたろう　明治22年7月20日～昭和39年2月4日　農相、衆議院議員(自民党)、滋賀県知事　→昭和
森　駒雄　もり・こまお　大正15年6月9日～平成2年6月15日　新宮町(福岡県)町長　→88/90
森　五郎　もり・ごろう　～平成11年9月23日
　　森製作所会長、日本サハリン同胞交流協会会長　→97/99
森　佐一郎　もり・さいちろう　明治43年12月19日～平成13年3月6日　東芝常務、東芝エンジニアリング会長　→00/02
森　栄　もり・さかえ　～昭和6年3月4日
　　岡山地方裁判所長　→昭和
森　栄　もり・さかえ　～昭和50年3月19日
　　三井化学工業社長　→昭和
森　昌　もり・さかえ　明治39年5月17日～昭和58年11月14日　九州石油監査役　→83/87
森　佐久次　もり・さくじ　大正8年4月1日～昭和63年12月22日　森佐社長　→88/90
森　敏　もり・さとし　昭和9年5月25日～平成5年8月8日　中部電力取締役　→91/93
森　暁　もり・さとる　明治40年6月19日～昭和57年2月12日　昭和電工社長、衆院議員　→80/82
森　三郎　もり・さぶろう　大正10年7月29日～平成23年5月23日　福田組専務　→09/11
森　重夫　もり・しげお　～昭和56年1月19日
　　日東タイヤ副社長　→80/82
森　茂生　もり・しげお　慶応1年5月25日～昭和4年8月22日　衆院議員(政友会)、桑名商業銀行頭取　→昭和
森　重固　もり・しげかた　大正6年1月29日～平成1年3月1日　日本鉱業取締役　→88/90
森　茂喜　もり・しげき　明治43年3月27日～平成1年11月19日　根上町(石川県)町長　→88/90
森　繁吉　もり・しげきち　～平成9年9月5日
　　宮津市議　→97/99
森　茂二郎　もり・しげじろう　大正5年6月16日～昭和59年2月28日　小野田エンジニアリング社長、小野田セメント専務　→83/87
森　成太郎　もり・しげたろう　明治40年8月18日～昭和61年11月1日　ライオン歯磨(のちライオン)常務　→83/87
森　重広　もり・しげひろ　大正14年1月2日～平成22年6月15日　宝交通社長　→09/11
森　重儀　もり・しげよし　明治34年1月2日～平成1年2月2日　宝交通会長　→88/90
森　滋　もり・しげる　～昭和58年4月26日
　　大日本紡績副社長　→83/87
森　滋　もり・しげる　昭和12年10月25日～平成12年2月

17日　日本合成ゴム常務　→00/02

森 繁　もり・しげる　大正5年7月13日～昭和63年10月31日　協和発酵工業副社長　→88/90

森 茂　もり・しげる　明治9年～昭和3年5月12日　大陸浪人　東亜同文書院教授　→昭和

森 茂　もり・しげる　～昭和60年1月19日　弁護士　京都弁護士会副会長、亀岡署長　→83/87

森 茂　もり・しげる　昭和3年11月12日～昭和60年2月18日　野村証券副社長　→83/87

森 茂　もり・しげる　～昭和61年5月23日　奥村組常務　→83/87

森 茂　もり・しげる　大正10年3月14日～平成12年10月24日　川崎重工業常務、国鉄常務理事　→00/02

森 茂　もり・しげる　大正9年5月6日～平成14年5月10日　京王百貨店社長、京王帝都電鉄専務　→00/02

森 茂　もり・しげる　大正14年12月18日～平成19年6月20日　森精機製作所会長　→06/08

森 静男　もり・しずお　大正1年9月25日～平成1年1月28日　東レ取締役、東洋メタライジング社長　→88/90

森 静雄　もり・しずお　～平成10年9月3日　平和を考える老人の集い代表　→97/99

森 質郎　もり・しちろう　～昭和60年9月3日　元秋田郵便局長　→83/87

森 実二　もり・じつじ　大正12年12月18日～平成16年7月17日　大林道路社長　→03/05

森 周三　もり・しゅうぞう　大正4年2月3日～平成5年5月8日　神鋼電機常務、神鋼車輌販売社長　→94/96

森 守太郎　もり・まもたろう　～平成1年2月2日　日本興業銀行参与役、大同鋼板監査役　→88/90

森 舜一　もり・しゅんいち　～昭和57年9月10日　ダイセル化学工業取締役　→80/82

森 潤二　もり・じゅんじ　～昭和60年10月22日　久海山普存寺第17世住職　→83/87

森 順次　もり・じゅんじ　明治41年9月7日～平成9年8月27日　弁護士　滋賀大学名誉教授　→97/99

森 準次郎　もり・じゅんじろう　～昭和63年3月5日　グンゼ常務　→88/90

森 純造　もり・じゅんぞう　大正4年8月22日～平成15年2月8日　駐グアテマラ大使　→03/05

森 俊六郎　もり・しゅんろくろう　～昭和32年3月19日　台湾銀行副頭取　→昭和

森 庄治　もり・しょうじ　～昭和28年1月27日　東洋レーヨン取締役　→昭和

森 章二　もり・しょうじ　昭和18年～平成22年4月8日　障害者福祉活動家　山鳩の会代表　→09/11

森 四郎　もり・しろう　明治36年9月30日～昭和59年4月1日　日本鋼管取締役、横浜ヨット協会長　→83/87

森 審一　もり・しんいち　昭和4年11月18日～平成1年12月30日　千葉県出納長　→88/90

森 新次　もり・しんじ　～昭和42年2月15日　帝国人絹社長・会長　→昭和

森 新治郎　もり・しんじろう　～昭和56年8月27日　森電機社長　→80/82

森 新太郎　もり・しんたろう　明治40年5月28日～昭和62年4月25日　ニュートーキョー創業者　→83/87

森 杉夫　もり・すぎお　大正3年1月15日～平成10年10月31日　北海信用金庫会長　→97/99

森 晋　もり・すすむ　明治41年8月24日～平成12年5月23日　全国購買農業協同組合連合会常務、組合貿易社長　→00/02

森 誠一　もり・せいいち　～平成5年1月14日　全国弁護士協同組合連合会事務局長　→91/93

森 清吉　もり・せいきち　昭和5年6月29日～平成17年12月2日　大和物流社長　→03/05

森 省二　もり・せいじ　昭和3年1月18日～平成10年6月26日　日新製鋼副社長　→97/99

森 整治　もり・せいじ　大正13年2月16日～平成8年10月26日　東京穀物商品取引所理事長、水産庁長官　→94/96

森 清治　もり・せいじ　～昭和57年8月10日　旭川地方労働組合会議議長　→80/82

森 勢七　もり・せいしち　～昭和61年3月1日　千代田区神田公園地区連合町会長　→83/87

森 清三　もり・せいぞう　大正14年10月8日～平成14年5月13日　三共生興副社長　→00/02

森 正則　もり・せいそく　明治5年4月～昭和11年1月2日　衆院議員(政友会)、小樽商業会議所会頭　→昭和(もり・まさのり)

森 征太郎　もり・せいたろう　昭和15年12月17日～平成18年11月7日　山喜専務　→06/08

森 清八　もり・せいはち　～昭和57年9月2日　自由民主党千歳支部幹事長　→80/82

森 鉎太郎　もり・せきたろう　明治42年7月8日～平成1年9月21日　一宮市長　→88/90

森 惣一　もり・そういち　大正14年8月28日～平成14年1月11日　阪急交通社社長、阪急電鉄専務　→00/02

森 宗作　もり・そうさく　昭和4年3月2日～平成4年2月17日　日本たばこ産業専務　→91/93

森 宗秋　もり・そうしゅう　～昭和61年3月14日　僧侶　大徳寺塔頭玉林院住職、臨済宗大徳寺派宗務総長　→83/87

森 諦円　もり・たいえん　明治34年5月27日～平成2年7月30日　僧侶　大僧正、仁和寺最高顧問・第41世門跡、覚城院(別格本山)第57世住職　→88/90

森 泰吉郎　もり・たいきちろう　明治37年3月1日～平成5年1月30日　森ビル創業者、横浜市立大学教授　→91/93

森 孝顕　もり・たかあき　大正15年3月13日～平成23年6月12日　海上保安庁警備救難監　→09/11

森 高一　もり・たかいち　昭和14年9月12日～平成7年12月22日　荒井製作所社長　→94/96

森 隆雄　もり・たかお　大正13年8月16日～平成3年10月1日　間組副社長　→91/93

森 尭夫　もり・たかお　大正6年4月5日～平成5年2月3日　日本公園緑地協会会長　→91/93

森 喬　もり・たかし　明治28年11月29日～平成1年8月21日　弁護士　ハンガリー公使　→88/90

森 卓明　もり・たくみょう　～昭和62年10月24日　速記者　近畿速記士連盟顧問、京都速記士連盟顧問　→83/87

森 武雄　もり・たけお　大正1年9月24日～平成1年4月28日　東海パルプ常務　→88/90

森 武雄　もり・たけお　明治38年6月24日～平成12年12月3日　福岡県議　→00/02

森 武　もり・たけし　～平成6年7月5日　海上保安庁司海上保安部長、宗谷(南極観測船)船長　→94/96

森 武志　もり・たけし　昭和20年1月18日～平成10年8月26日　タトル・モリ・エイジェンシー社長　→97/99

森 赳　もり・たけし　明治27年4月5日～昭和20年8月14日　陸軍中将　→昭和

森 武臣　もり・たけとみ　明治35年8月9日～昭和46年3月23日　富国生命保険社長　→昭和(もり・たけおみ)

森 武幸　もり・たけゆき　昭和24年～平成15年3月5日　オリンパス光学工業執行役員　→03/05

森 太元　もり・たげん　～昭和30年7月28日　日鉄汽船取締役　→昭和

森 多次郎　もり・たじろう　明治38年10月26日～平成8年1月2日　東北銀行副頭取　→94/96

森 糾明　もり・ただあき　大正4年12月22日～平成3年1月30日　石川島播磨重工業取締役　→91/93

森 忠重　もり・ただしげ　昭和2年4月21日～平成6年3月9日　森製作所会長　→94/96

森 達平　もり・たつへい　～昭和55年7月5日　東京螺子製作所専務　→80/82

森 誓夫　もり・ちかお　明治44年3月31日～平成13年1月23日　共同石油社長、石油資源開発社長　→00/02

森 長英　もり・ちょうえい　～昭和52年9月23日　丸紅会長　→昭和

森 千代子　もり・ちよこ　～平成22年12月2日　愛媛県母子寡婦福祉連合会会長　→09/11

森 二三　もり・つぐぞう　～平成6年8月17日　鴻池銀行検査役　→昭和

森 綱郎　もり・つなお　大正13年2月8日～平成21年3月13日　弁護士　東京高裁部総括判事　→09/11

森 恒夫　もり・つねお　昭和19年12月6日～昭和48年1月1日　連合赤軍最高幹部　→昭和

森 恒夫　もり・つねお　大正14年12月6日～平成11年11月8日　日本工営副会長、東京電力取締役　→97/99

森 恒太郎　もり・つねたろう　元治1年8月13日～昭和9年4月7日　道後湯之町(愛媛県温泉郡)町長、余土村(愛媛県温泉郡)村長　盲目の地方政治家　→昭和

森 槙　もり・てい　～昭和59年4月4日　福島高専名誉教授、茨城大工学部教授　→83/87

森 哲雄　もり・てつお　～平成1年7月2日　浄土宗総本山知恩院顧問、華頂学園理事、華頂女子高校長　→88/90

森 てる　もり・てる　～昭和62年8月27日　氷見縫製代表取締役　→83/87

森 輝　もり・てる　～昭和56年8月7日　昭和電工取締役、千葉県文化財保護協会会長　→80/82

森 伝　もり・でん　～昭和61年5月1日　東京都議　→83/87

森 東一郎　もり・とういちろう　明治34年5月22日～平成1年3月3日　三菱製紙取締役　→88/90

森 俊雄　もり・としお　～昭和48年7月11日　西日本相互銀行社長　→昭和

森 利雄　もり・としお　大正12年3月4日～昭和58年11月1日　日本製麻取締役黄麻営業部長　→83/87

森 敏捷　もり・としかつ　昭和16年12月8日～平成13年4月4日　北海道議(民主党)　→00/02

森 利典　もり・としのり　大正5年11月1日～平成6年1月4日　東洋証券社長　→94/96

森 俊人　もり・としひと　昭和8年12月10日～昭和60年4月23日　ニュー・トーキョー取締役総合企画部長　→83/87

森 利博　もり・としひろ　～平成23年4月7日　エイチアンドエフ常務　→09/11

森 富久　もり・とみひさ　昭和7年9月12日～平成17年10月14日　川崎重工業常務　→03/05

森 友市　もり・ともいち　昭和56年4月22日　石狩町議　→80/82

森 登守　もり・ともり　明治36年4月28日～昭和39年8月6日　労働運動家　→昭和

森 直兄　もり・なおえ　大正10年12月16日～昭和62年4月16日　稲城市長　→83/87

森 直樹　もり・なおき　昭和5年10月23日～平成12年11月23日　近鉄百貨店副社長　→00/02

森 直次　もり・なおじ　～昭和27年4月9日　自由党事務局長　→昭和

森 直之　もり・なおゆき　～昭和56年3月12日　大垣市長　→80/82

森 長則　もり・ながのり　～昭和62年10月22日　丸和商会代表　→83/87

森 信夫　もり・のぶお　明治34年3月4日～平成2年1月29日　新明和工業取締役　→88/90

森 矗一　もり・のぶかず　昭和12年1月5日～平成5年7月4日　ジャパンインベストメント社長, 日本冶金工業常務　→91/93

森 矗昶　もり・のぶてる　明治17年10月21日～昭和16年3月1日　実業家, 政治家　森コンツェルン創始者, 昭和電工社長, 衆院議員（政友会）　→昭和

森 延敏　もり・のぶとし　～平成22年6月30日　森化工紙代表取締役, 静岡県商工会連合会会長　→09/11

森 信之　もり・のぶゆき　～昭和56年11月10日　三和シャッター工業専務　→80/82

森 信義　もり・のぶよし　昭和4年8月14日～平成15年11月23日　愛媛銀行頭取　→03/05

森 則雄　もり・のりお　～昭和61年1月5日　各務原市議, カトリック名古屋教区難民救済委員　→83/87

森 基　もり・はじめ　昭和2年10月24日～平成9年9月24日　松坂屋専務　→97/99

森 肇　もり・はじめ　元治1年6月～昭和2年1月23日　衆院議員（中央倶楽部）　→昭和

森 春一　もり・はるいち　明治44年4月23日～平成6年3月4日　山種証券常務　→94/96

森 春一　もり・はるいち　明治37年6月10日～平成6年9月26日　北海道議（自民党）　→94/96

森 治樹　もり・はるき　明治44年1月26日～昭和63年8月18日　外務事務次官　→88/90

森 治樹　もり・はるき　明治33年5月3日～平成6年11月4日　資生堂社長　→94/96

森 治良　もり・はるよし　昭和5年1月2日～平成9年9月18日　長崎県議（自民党）　→97/99

森 半次郎　もり・はんじろう　明治27年4月1日～昭和57年3月5日　若松社長　→80/82

森 久男　もり・ひさお　明治43年～平成7年12月13日　三菱自動車販売（のち三菱自動車工業）常務　→94/96

森 寿五郎　もり・ひさごろう　明治24年3月20日～昭和58年1月8日　関西電力副社長, 丸善石油社長　→83/87

森 英男　もり・ひでお　明治44年～昭和55年4月15日　農林省園芸試験場長　→80/82

森 英雄　もり・ひでお　大正14年4月1日～平成13年5月10日　住友化学工業社長, 大阪商工会議所副会頭　→00/02

森 秀臣　もり・ひでおみ　昭和31年9月24日　日活常務　→昭和

森 秀子　もり・ひでこ　昭和8年9月14日～平成5年5月4日　神奈川県議（社会党）　→91/93

森 秀次　もり・ひでじ　～平成16年10月10日　北陸航測会長　→03/05

森 秀太郎　もり・ひでたろう　大正3年11月2日～平成18年7月18日　トヨタ自動車工業副社長, 中央発条会長　→06/08

森 秀太郎　もり・ひでたろう　昭和2年1月26日～平成20年2月16日　ダイワ精工社長　→06/08

森 英敏　もり・ひでとし　昭和3年11月8日～平成12年6月14日　シーエフプランニング社長, セントラルファイナンス常務　→00/02

森 秀弘　もり・ひでひろ　大正4年4月13日～昭和58年10月15日　大阪商船三井船舶専務取締役　→83/87

森 日向　もり・ひゅうが　～昭和62年12月9日　七尾市農協長　→83/87

森 兵三郎　もり・ひょうざぶろう　～昭和55年2月13日　福岡市議, 香椎町（福岡県）町長　→80/82

森 広三郎　もり・ひろさぶろう　明治3年11月～昭和14年7月13日　貴院議員（多額）　→昭和（もり・こうざぶろう）

森 広三郎　もり・ひろさぶろう　明治26年12月9日～昭和48年4月22日　東洋レーヨン社長　→昭和

森 弘　もり・ひろし　大正14年3月20日～平成6年6月2日　興和常務　→94/96

森 洪　もり・ひろし　～昭和58年1月21日　日本自動車工業会参与　→83/87

森 博　もり・ひろし　大正13年～平成4年1月16日　東洋証券監査役　→91/93

森 博　もり・ひろし　大正11年12月20日～平成16年10月13日　同和火災海上保険専務　→03/05

森 裕　もり・ひろし　昭和2年2月24日～平成5年4月11日　川鉄甲南スチールセンター相談役・元社長　→91/93

森 弘之　もり・ひろゆき　昭和12年4月21日～平成10年5月6日　僧侶　立教大学教授, 加納院住職　→97/99

森 藤雄　もり・ふじお　昭和4年3月11日～平成17年4月26日　古賀市長　→03/05

森 冨士雄　もり・ふじお　～平成13年8月19日　リョーサン社長　→00/02

森 武助　もり・ぶすけ　明治40年7月4日～平成6年10月16日　天辻鋼球製作所会長　→94/96

森 フミエ　もり・ふみえ　大正5年3月5日～平成20年1月10日　三森屋会長　→06/08

森 フミエ　もり・ふみえ　～平成4年6月26日　五十一カ石本舗会長　→91/93

森 二三夫　もり・ふみお　～昭和59年10月3日　三井石油化学工業常務　→83/87

森 文雄　もり・ふみお　～昭和57年2月18日　キクチメガネ社長, 協同組合オールジャパンメガネチェーン理事長　→80/82

森 文彦　もり・ふみひこ　大正3年6月5日～昭和59年2月27日　昭和電工副社長　→83/87

森 平兵衛　もり・へいべえ　明治7年2月～昭和27年5月2日　大阪商工会議所会頭, 貴院議員（多額）　→昭和

森 弁次郎　もり・べんじろう　～昭和14年2月13日　朝鮮郵船社長　→昭和

森 芳俊　もり・ほうしゅん　～昭和59年5月21日　全国養護施設協議会顧問,（福）光明会・杉並学園理事長

→83/87

森 マサヱ　もり・まさえ　〜平成10年4月23日
香川県議　→97/99

森 正男　もり・まさお　大正5年3月29日〜昭和62年5月17日　日本真珠振興会長　→83/87

森 正人　もり・まさと　昭和17年10月10日〜平成21年2月18日　岡山県議(自民党)　→09/11

森 正年　もり・まさとし　大正7年6月25日〜平成13年7月28日　北海道商工観光部長, 小樽商工信用組合理事長　→00/02

森 正之　もり・まさゆき　〜平成1年2月9日
生駒小さな親切の会奈良県本部副会長　→88/90

森 益蔵　もり・ますぞう　〜昭和44年6月26日
大日本製薬相談役　→昭和

森 松治郎　もり・まつじろう　〜昭和55年9月14日
そごう商事常務取締役　→80/82

森 樹男　もり・みきお　〜昭和57年8月16日
栄和ストア社長, 丸栄取締役　→80/82

森 三樹二　もり・みきじ　明治36年6月〜昭和33年12月1日　衆院議員(社会党)　→昭和

森 光明　もり・みつあき　大正12年3月29日〜平成4年1月11日　オリエンタルランド社長　→91/93

森 光久　もり・みつひさ　〜平成2年4月29日
第一共栄証券社長　→88/90

森 実　もり・みのる　〜昭和42年11月7日
藤沢薬品取締役　→昭和

森 実　もり・みのる　大正4年6月19日〜平成7年2月14日　和歌山県議　→94/96

森 連　もり・むらじ　明治9年1月〜昭和12年7月23日　陸軍中将　→昭和 (もり・つらぬ)

森 基　もり・もとい　大正3年4月25日〜平成8年10月21日　大東京火災海上保険常務, 興豊産業社長　→94/96

森 元雄　もり・もとお　大正5年11月11日〜昭和61年9月26日　モリイチ会長　→83/87

森 元邦　もり・もとくに　大正15年12月9日〜平成21年12月19日　オハラ社長　→09/11

森 元治郎　もり・もとじろう　明治40年2月24日〜平成11年5月14日　参院議員(社会党), 首相秘書官　→97/99

森 元寛　もり・もとひろ　〜平成14年8月24日
税理士　日本税理士会連合会副会長　→00/02

森 元芳　もり・もとよし　明治43年4月1日〜平成11年4月10日　三菱化成(のち三菱化学)常務, 川崎化成社長　→97/99

森 康　もり・やすし　昭和2年1月16日〜平成9年5月7日
ダイダン専務　→97/99

森 康　もり・やすし　昭和2年1月29日〜平成14年1月15日　森民酒造店社長, 宮城県議(自民党)　→00/02

森 安太郎　もり・やすたろう　大正10年11月6日〜平成1年10月25日　毎日新聞社社友・元本社常務　→88/90

森 泰啓　もり・やすひろ　大正4年5月21日〜昭和61年8月16日　日鉄鉱業常務　→83/87

森 八三一　もり・やそいち　明治32年8月31日〜平成2年6月9日　参院副議長(自民党)　→88/90

森 弥太郎　もり・やたろう　〜平成16年1月21日
愛知県議, 高浜町(愛知県)町長　→03/05

森 祐喜　もり・ゆうき　昭和39年10月15日〜平成23年7月25日　石川県議(自民党)　→09/11

森 勇吉　もり・ゆうきち　明治45年1月20日〜昭和61年9月26日　ダイヘン常務, ダイヘン厚生事業団社長　→83/87

森 幸男　もり・ゆきお　昭和7年3月26日〜平成19年11月19日　森精機製作所社長　→06/08

森 由己雄　もり・ゆきお　明治25年9月〜昭和30年8月6日　衆院議員(国協党)　→昭和 (森由己雄 もりよし・おとお)

森 譲　もり・ゆずる　〜平成2年2月13日
牧師　日本聖公会京都教区主教　→88/90

森 豊　もり・ゆたか　明治43年7月13日〜平成6年9月28日　大日本塗料専務　→94/96

森 義夫　もり・よしお　昭和9年3月10日〜平成19年6月22日　鹿児島県議(自民党)　→06/08

森 美夫　もり・よしお　〜昭和57年8月31日
第百土地社長, 千葉セントラルゴルフクラブ社長　→80/82

森 芳雄　もり・よしお　大正5年12月8日〜平成3年3月21日　吉忠専務, 吉忠マネキン社長, 日本マネキンディスプレイ商工組合理事長　→88/90

森 良雄　もり・よしお　大正8年5月17日〜平成4年10月17日　京都市議会副議長　→91/93

森 美徳　もり・よしのり　大正7年1月22日〜昭和60年10月5日　井関農機会長, 日本勧業銀行常務　→83/87

森 義晴　もり・よしはる　大正9年2月16日〜平成11年9月9日　日立精機副社長　→97/99

森 美秀　もり・よしひで　大正8年8月8日〜昭和63年5月15日　衆院議員(自民党), 環境庁長官　→88/90

森 喜弘　もり・よしひろ　大正8年11月22日〜昭和63年10月30日　(医)愛精会長, 森喜化学工業社長　→88/90

森 善文　もり・よしぶみ　〜昭和59年11月1日
日本開発銀行秘書役　→83/87

森 義視　もり・よしみ　大正6年6月6日〜昭和52年3月8日　衆院議員(社会党)　→昭和

森 義郎　もり・よしろう　明治42年7月18日〜平成5年12月12日　日本撚糸工業組合連合会理事長, 愛知県文化協会連合会会長, モリリン専務　→91/93

森 米次郎　もり・よねじろう　〜昭和57年9月25日
三菱造船常務, 佐世保重工社長　→80/82

森 利一　もり・りいち　大正7年9月15日〜平成7年12月2日　和歌山県議(社会党)　→94/96

森 利兵衛　もり・りへい　明治43年8月25日〜平成13年3月12日　キムラヤ食品会長, 日本パン協同組合連合会

長　→00/02

森 龍介　もり・りゅうすけ　大正11年10月7日～昭和62年11月21日　第一紡績常務取締役　→83/87

森 龍三　もり・りゅうぞう　大正12年7月15日～平成13年1月15日　アイカ工業会長　→00/02

森 良玄　もり・りょうげん　明治40年12月25日～昭和53年6月10日　労働運動家　→昭和

森 良作　もり・りょうさく　～昭和46年7月14日　弁護士，第二東京弁護士会長　→昭和

森 良三郎　もり・りょうざぶろう　昭和9年1月27日～昭和61年5月20日　日立家電販売取締役海外営業本部長　→83/87

森 林平　もり・りんぺい　大正10年4月21日～平成17年3月4日　森精機製作所創業者　→03/05

森 連　もり・れん　昭和8年10月10日～平成10年11月14日　バンダイ専務,セガ・エンタープライゼス専務　→97/99

森 禄郎　もり・ろくろう　～平成7年5月23日　昭和化成品（のち日本工機）専務　→94/96

森 和一　もり・わいち　～平成4年3月24日　日本酒類（のち協和発酵）会長　→91/93

盛合 毅六　もりあい・きろく　昭和2年2月15日～平成9年6月30日　東北銀行監査役・専務　→97/99

森井 英治　もりい・えいじ　～昭和63年10月4日　弁護士，大阪高検検事　→88/90

森井 英二　もりい・えいじ　明治36年1月6日～平成1年6月27日　名糖産業専務　→88/90

森井 一雄　もりい・かずお　～昭和62年2月28日　（株）森井工務所取締役会長　→83/87

森井 庄内　もりい・しょうない　～昭和57年10月31日　日本タルク取締役相談役・元社長　→80/82

森井 節雄　もりい・せつお　～昭和63年4月5日　（財）簡保加入者サービス協会監事，郵政省資材部長　→88/90

森井 忠弘　もりい・ただひろ　大正13年8月22日～平成23年6月23日　金江商事社長　→09/11

森井 忠義　もりい・ただよし　～昭和61年8月17日　元・自民党新川支部幹事長，元・上市町（富山県）町議　→83/87

森井 忠良　もりい・ちゅうりょう　昭和4年7月25日～平成23年4月23日　衆院議員（民主党），厚相　→09/11

森居 勤　もりい・つとむ　昭和5年2月18日～昭和58年1月4日　札幌市人事委員会事務局長　→83/87

森井 英章　もりい・ひであき　大正13年2月2日～平成12年2月4日　モリイ会長　→00/02

盛井 了道　もりい・りょうどう　大正4年6月1日～平成10年10月23日　僧侶，黄檗宗宗務総長　→97/99

森居 亘　もりい・わたる　～平成5年1月18日　船井総合研究所監査役　→91/93

森泉 章　もりいずみ・あきら　昭和3年9月24日～平成19年1月26日　弁護士，青山学院大学名誉教授　→06/08

守内 庄蔵　もりうち・しょうぞう　～昭和62年10月21日　室山野用水土地改良区理事長，東部土地改良区理事長　→83/87

森内 盛治　もりうち・せいじ　～昭和61年4月29日　有恒社長　→83/87

森内 豊四　もりうち・とよし　大正14年8月3日～平成22年6月26日　日本経済新聞東京本社広告局総務　→09/11

森内 福弥　もりうち・ふくや　大正5年8月28日～平成11年2月7日　山陽特殊製鋼常務　→97/99

守江 治夫　もりえ・はるお　～昭和57年3月10日　（株）日本科学技術研修所常務取締役　→80/82

森尾 俊樹　もりお・としき　～昭和56年6月21日　森尾電機会長　→80/82

森尾 昇　もりお・のぼる　昭和3年1月2日～平成18年6月7日　全道労協議長，北海道労働金庫理事長　→06/08

森尾 礼介　もりお・れいすけ　昭和43年10月31日～平成63年11月25日　安芸市森林組合長，高知県議　→88/90

森岡 薫　もりおか・かおる　昭和10年4月20日～平成12年6月20日　西武百貨店専務，西洋環境開発会長　→00/02

森丘 覚平　もりおか・かくへい　明治7年5月～昭和2年12月1日　衆議院議員（民政党）　→昭和

森岡 和雄　もりおか・かずお　昭和2年5月4日～平成2年1月21日　関工メンテナンスサービス会長　→88/90

森岡 喜一　もりおか・きいち　大正8年12月18日～平成3年3月1日　加茂町（京都府）町長　→91/93

森丘 金太郎　もりおか・きんたろう　昭和2年7月24日～平成22年4月6日　富山県出納長　→09/11

森岡 茂　もりおか・しげる　～昭和58年9月2日　日立汽船取締役　→83/87

森岡 秀次　もりおか・しゅうじ　～昭和60年4月25日　榊原観光開発社長，大日本ゴルフ観光社長　→83/87

森岡 二朗　もりおか・じろう　明治19年5月1日～昭和25年12月20日　貴院議員，日本野球連盟初代会長　→昭和

森岡 清治　もりおか・せいじ　～昭和63年5月9日　辰巳屋会長，辰巳屋自動車会長　→88/90

森岡 敵　もりおか・たかし　～昭和56年5月8日　自治事務次官　→80/82

守岡 多仲　もりおか・たちゅう　～昭和11年4月1日　三井物産常務　→昭和

森岡 辰男　もりおか・たつお　明治37年8月25日～昭和52年2月11日　労働運動家，和歌山県議（社会党）　→昭和

森岡 俊男　もりおか・としお　～昭和54年10月29日　関西電力社長　→昭和

森丘 秀雄　もりおか・ひでお　大正9年2月23日～平成2年7月24日　毎日新聞東京本社審議室長・西部本社編集局長　→88/90

森岡 弘　もりおか・ひろし　大正14年3月22日～平成12

年10月9日　日成ビルド工業創業者,北陸朝日放送社長　→00/02

森岡 まさ子　もりおか・まさこ　明治43年3月20日〜平成20年5月13日　自然の森MGユースホステル創設者　→06/08

森丘 正唯　もりおか・まさただ　明治13年3月23日〜昭和42年9月10日　北日本新聞社長,富山県議,富山県農協中央会初代会長　→昭和

森岡 三八　もりおか・みつや　〜昭和55年6月3日　弁護士　→80/82

森岡 光義　もりおか・みつよし　明治41年3月15日〜平成17年10月25日　弁護士　熊本家裁判事,熊本県議　→03/05

森岡 稔　もりおか・みのる　大正8年2月7日〜平成9年12月21日　伊藤忠商事常務,伊藤忠倉庫社長　→97/99

森岡 守成　もりおか・もりしげ　明治2年8月9日〜昭和20年4月28日　陸軍大将　→昭和

森岡 行直　もりおか・ゆきなお　大正13年10月1日〜平成18年9月10日　弥栄町(京都府)町長　→06/08

森岡 善暁　もりおか・よしあき　〜昭和48年8月28日　真言宗泉涌寺派宗務総長　→昭和

森岡 義雄　もりおか・よしお　大正9年2月27日〜平成11年10月25日　バンドー化学常務　→97/99

森岡 嘉彦　もりおか・よしひこ　明治40年12月11日〜昭和6年10月24日　労働運動家　→昭和

盛岡 隆一　もりおか・りゅういち　昭和5年2月16日〜平成19年12月22日　日本経済新聞常務　→06/08

森加 重登　もりか・しげと　〜昭和57年8月19日　広島地裁所長　→80/82

森垣 脩　もりがき・おさむ　昭和2年11月24日〜昭和59年2月9日　日鉄溶接工業常務　→83/87

森垣 亀一郎　もりがき・きいちろう　明治7年3月22日〜昭和9年1月23日　土木技術者　神戸市土木部長　→昭和

森垣 勉　もりがき・つとむ　〜平成7年4月22日　川崎重工取締役　→94/96

森垣 治雄　もりがき・はるお　明治37年2月23日〜平成4年5月19日　東京インキ社長　→91/93

森上 研二　もりかみ・けんじ　〜平成4年3月9日　シヤチハタ工業常務　→91/93

森上 斎五郎　もりがみ・せいごろう　〜昭和25年2月16日　武生市長　→昭和

森上 武行　もりがみ・たけゆき　昭和7年5月23日〜昭和63年9月2日　時事通信業務局総務　→88/90

森川 昭雄　もりかわ・あきお　昭和7年9月3日〜平成13年1月9日　三重県日中友好協会理事長,自治省三重県本部中央執行委員長,三重県労働組合協議会議長　→00/02

森川 音三郎　もりかわ・おとさぶろう　〜昭和39年5月28日　名古屋商工会議所専務理事　→昭和

森川 覚　もりかわ・かくぞう　〜昭和49年12月9日　日本能率協会長　→昭和

森川 義三郎　もりかわ・ぎさぶろう　〜昭和62年5月7日　毎日新聞社名誉職員,元東京本社広告校閲課長　→83/87

森川 清　もりかわ・きよし　明治40年7月1日〜昭和59年1月1日　日揮副社長,東京工業大名誉教授　→83/87

森川 欽一　もりかわ・きんいち　〜昭和59年10月13日　滝定取締役・財経部門統括部長　→83/87

森川 金寿　もりかわ・きんじゅ　大正2年4月19日〜平成18年10月16日　弁護士　横浜事件再審公判弁護団長,自由人権協会代表理事　→06/08

森川 敬介　もりかわ・けいすけ　大正10年5月14日〜平成2年6月12日　センコー社長　→88/90

森川 謙三郎　もりかわ・けんざぶろう　〜昭和60年8月30日　住友倉庫専務　→83/87

森川 幸吉　もりかわ・こうきち　明治42年2月2日〜昭和57年2月27日　社会福祉家　関文グループ会長　→80/82

盛川 光範　もりかわ・こうはん　〜昭和61年10月21日　僧侶　西楽寺住職,高野山真言宗議会議長・総務部長　→83/87

森川 三郎　もりかわ・さぶろう　〜昭和55年12月29日　通信省航空局初代航空官,日本航空整備協会副会長　→80/82

森川 繁喜　もりかわ・しげき　明治45年2月26日〜平成11年2月15日　竹原市長　→97/99

森川 繁　もりかわ・しげる　大正10年5月18日〜平成14年6月9日　安田火災海上保険常務　→00/02

森川 淳治　もりかわ・じゅんじ　昭和2年4月28日〜平成2年2月20日　ダイニック専務　→88/90

森川 昶　もりかわ・しょう　昭和7年4月9日〜平成7年2月18日　台糖常務　→94/96

森川 次郎　もりかわ・じろう　大正14年6月15日〜平成1年8月25日　小牧市議,小牧市味岡農協組合長　→88/90

森川 清次　もりかわ・せいじ　〜平成14年1月2日　東京都議(公明党)　→00/02

森川 仙太　もりかわ・せんた　明治28年10月16日〜昭和56年12月27日　キング化学会長,衆院議員(日本進歩党),有田市長　→80/82

森川 惣助　もりかわ・そうすけ　明治35年2月11日〜平成5年8月28日　日本科学機器団体連合会長,ヤマト科学会長　→91/93

森川 武門　もりかわ・たけかど　〜平成3年9月12日　全国農協中央会常務理事,農協労働問題研究所長　→91/93

森川 智徳　もりかわ・ちとく　明治13年9月17日〜昭和45年9月24日　僧侶　龍谷大学名誉教授　→昭和

森川 哲治　もりかわ・てつじ　昭和23年4月26日〜平成19年9月26日　アルメタックス常務　→06/08

森川 照夫　もりかわ・てるお　大正7年10月2日〜昭和62年6月10日　西松建設監査役　→83/87

森川 敏雄　もりかわ・としお　〜昭和56年6月29日　芦森工業取締役　→80/82

森川 富雄　もりかわ・とみお　大正13年5月24日～平成22年6月26日　名古屋市議　→09/11

森川 昇　もりかわ・のぼる　昭和4年11月5日～平成5年3月19日　共和レザー専務　→91/93

森川 久　もりかわ・ひさし　昭和5年7月24日～平成1年2月25日　鐘淵化学工業常務　→88/90

森川 寿　もりかわ・ひさし　～昭和56年9月8日　森川産業会長,千曲技研工業社長,本城工業社長　→80/82

森川 英雄　もりかわ・ひでお　大正5年9月23日～平成4年3月8日　京都府選管委員長　→91/93

森川 洋　もりかわ・ひろし　～平成2年6月28日　名古屋銀行常務　→88/90

森川 洋　もりかわ・ひろし　大正14年11月22日～平成7年3月23日　三菱電機常務　→94/96

森川 不二男　もりかわ・ふじお　～昭和61年7月1日　葛飾区（東京都）区議　→83/87

森川 正知　もりかわ・まさとも　～昭和57年1月5日　日商岩井取締役　→80/82

森川 光康　もりかわ・みつやす　大正4年10月25日～平成10年10月29日　三楽オーシャン専務　→97/99

森川 守三　もりかわ・もりみつ　～昭和57年5月11日　森川商事社長　→80/82

森川 祐二　もりかわ・ゆうじ　大正11年11月7日～平成8年1月22日　三井建設専務　→94/96

森川 義彦　もりかわ・よしひこ　～昭和57年1月16日　三井化学工業取締役　→80/82

森北 常雄　もりきた・つねお　明治40年5月20日～平成3年11月8日　森北出版会長　→91/93

森口 旻　もりぐち・あきら　昭和4年9月15日～平成18年10月15日　鹿児島県議（自民党）,全国農業協同組合連合会会長　→06/08

森口 邦彦　もりぐち・くにひこ　～昭和61年2月19日　海上保安庁福岡海上保安本部長　→83/87

森口 五郎　もりぐち・ごろう　大正9年7月16日～平成4年1月26日　味の浜藤社長　→91/93

森口 正治郎　もりぐち・しょうじろう　大正11年9月24日～平成1年9月6日　東海理化電機製作所取締役　→88/90

森口 新一　もりぐち・しんいち　明治33年1月21日～昭和48年11月12日　労働運動家　→昭和

森口 清蔵　もりぐち・せいぞう　昭和18年11月21日～平成17年6月6日　日立粉末冶金副社長　→03/05

森口 二三　もりぐち・にぞう　～昭和55年10月13日　味の浜藤会長　→80/82

森口 昇　もりぐち・のぼる　明治32年1月15日～昭和58年8月29日　浜井産業顧問,日本工作機械工業会副会長　→83/87

森口 肇　もりぐち・はじめ　大正3年10月16日～平成13年1月18日　スポーツニッポン新聞大阪本社社長　→00/02

森口 秀芳　もりぐち・ひでよし　～昭和62年11月22日

共栄建設工業（株）代表取締役社長　→83/87

森久保 虎吉　もりくぼ・とらきち　大正1年11月25日～昭和55年5月24日　神奈川県副知事　→80/82

森崎 晟　もりさき・あきら　～昭和55年10月10日　中山製鋼所前社長　→80/82

森崎 紀美枝　もりさき・きみえ　～昭和60年9月1日　紀美乃家女将　→83/87

森崎 源吉　もりさき・げんきち　明治31年（？）～昭和6年7月30日　農民運動家　→昭和

森崎 猛　もりさき・たけし　大正9年7月20日～平成8年4月26日　旭川地検検事正　→94/96

森崎 延一　もりさき・のぶかず　明治45年1月3日～昭和59年7月8日　大同メタル工業社長,日本自動車部品工業会理事　→83/87

森崎 秀夫　もりさき・ひでお　～昭和61年7月18日　大阪市朝日会会長　→83/87

森崎 実　もりさき・みのる　明治39年3月31日～昭和56年3月19日　ビデオ・リサーチ元社長　→80/82

森定 慈紹　もりさだ・じしょう　大正13年3月3日～昭和63年6月8日　僧侶,俳人　三千院第60世門主　→88/90

森定 慈芳　もりさだ・じほう　平成22年9月21日　僧侶　華蔵院住職,比叡山延暦寺（天台宗総本山）執行　→09/11

森定 進　もりさだ・すすむ　昭和5年11月29日～平成16年3月8日　東都生活協同組合理事長,日本生活協同組合連合会副会長　→03/05

森定 春枝　もりさだ・はるえ　明治44年5月16日～平成12年6月29日　京都主婦の会会長,京都消費者団体連合会会長　→00/02

森実 悟　もりざね・さとる　～平成18年5月24日　警察官僚　→06/08

森沢 勇　もりさわ・いさむ　明治40年～昭和59年5月11日　間組副社長　→83/87

森沢 清　もりさわ・きよし　明治34年8月11日～平成4年8月3日　東京放送常務　→91/93

森沢 正夫　もりさわ・まさお　大正12年1月1日～平成10年3月9日　OKK専務　→97/99

森沢 義夫　もりさわ・よしお　大正7年7月12日～平成12年12月5日　日本曹達会長,日本興業銀行常務,三和倉庫社長　→00/02

森繁 泉　もりしげ・いずみ　昭和16年1月7日～平成11年1月23日　賀茂カントリークラブ社長　→97/99

森重 友雄　もりしげ・ともお　～平成3年9月27日　ビーエーエスエフジャパン常務　→91/93

森重 洋二　もりしげ・ようじ　昭和16年6月16日～平成12年5月16日　尼信ビジネス・サービス常務,尼崎信用金庫理事　→00/02

森下 勇　もりした・いさむ　～平成18年11月26日　理想科学工業専務　→06/08

もりした　　　　　　　　　　　　　　　　　　　　　　　　　Ⅰ　政治・経済・社会篇

森下　到　もりした・いたる　大正4年1月10日～平成16年3月28日　京都府議　→03/05

森下　一男　もりした・かずお　明治43年1月22日～平成8年4月21日　横浜市会議長　→94/96

森下　国雄　もりした・くにお　明治29年6月20日～昭和50年5月7日　衆院議員(自民党)　→昭和

森下　孝　もりした・こう　大正3年6月9日～平成11年12月28日　衆院議員(民主自由党)、モリシタ産業社長　→00/02s

森下　耕吉　もりした・こうきち　大正7年9月3日～平成3年5月23日　東京いすゞ自動車常務　→91/93

森下　貞雄　もりした・さだお　昭和2年1月23日～平成12年2月2日　全国一般労働組合中央本部中央執行委員長、兵庫県議　→00/02

森下　三郎　もりした・さぶろう　～平成2年7月19日　全国石油商業組合連合会副会長　→88/90

森下　昭司　もりした・しょうじ　昭和2年2月21日～平成5年5月15日　参院議員(社会党)　→91/93

森下　泰　もりした・たい　大正10年12月21日～昭和62年11月14日　森下仁丹社長、参議院議員(自民党)　→83/87

森下　卓也　もりした・たくや　大正5年1月9日～平成6年3月29日　阪急電鉄専務　→94/96

森下　竹一　もりした・たけいち　～昭和11年10月11日　陸軍少将　→昭和

森下　龍男　もりした・たつお　～平成23年12月14日　佐佳枝亭社長、福井県麺類業生活衛生同業組合理事長　→09/11

森下　長一　もりした・ちょういち　～昭和56年9月9日　森下林業会長　→80/82

森下　敏邦　もりした・としくに　昭和6年10月10日～平成11年2月1日　日興証券常務　→97/99

森下　豊城　もりした・とよき　昭和4年5月25日～平成7年1月5日　奈良県議　→94/96

森下　直人　もりした・なおと　昭和35年6月10日～平成15年1月9日　ドリームステージエンターテインメント社長　→03/05

森下　春一　もりした・はるいち　～平成6年8月27日　富士スピードウェイ代表取締役、毎日新聞社事業本部長　→94/96

森下　博　もりした・ひろし　明治2年11月3日～昭和18年3月20日　実業家　森下仁丹創業者　→昭和

森下　弘　もりした・ひろむ　明治36年10月25日～平成2年1月17日　日本新薬会長、関西経済連合会副会長　→88/90

森下　政一　もりした・まさかず　明治28年3月～昭和32年3月5日　参院議員(社会党)　→昭和(もりした・せいいち)

森下　通伯　もりした・みちたけ　大正2年4月12日～平成14年9月16日　森下仁丹副社長　→00/02

森下　裕　もりした・ゆたか　明治40年9月1日～昭和63年

4月13日　梅沢常任相談役・元会長　→88/90

森島　逸男　もりしま・いつお　大正8年10月14日～平成2年2月16日　(財)海難審判協会専務理事兼事務局長　→88/90

守島　伍郎　もりしま・ごろう　明治24年5月23日～昭和45年6月4日　政治家、外交官、弁護士　衆院議員(民主自由党)、駐ソ公使　→昭和

森島　収二　もりしま・しゅうじ　昭和16年11月18日～昭和62年12月4日　初寿司社長　→83/87

森島　武夫　もりしま・たけお　～昭和56年2月4日　昭和建物管理社長、元名古屋相互銀行常務　→80/82

森島　千代子　もりしま・ちよこ　～昭和55年9月4日　国道43号線道路裁判原告団長　→80/82

森島　九十九　もりしま・つくも　～昭和59年2月22日　初寿司代表取締役社長、元日味食街理事長、元岐阜名鉄コーナー会会長　→83/87

森嶋　東三　もりしま・とうぞう　大正9年1月8日～昭和59年6月7日　新大協和石油化学社長、東洋曹達工業社長　→83/87

森島　豊人　もりしま・とよと　～昭和43年3月30日　三井建設副社長　→昭和

森島　正視　もりしま・まさみ　～平成14年12月30日　愛知県議　→03/05s

盛島　明秀　もりしま・めいしゅう　～昭和57年11月14日　平良市長　→80/82

森島　守人　もりしま・もりと　明治29年2月16日～昭和50年2月17日　外交官、政治家　衆院議員(社会党)、駐ポルトガル公使、在ニューヨーク総領事　→昭和

森島　豊　もりしま・ゆたか　～平成21年8月17日　ユタカ精肉店主　→09/11

森尻　暁二　もりじり・ぎょうじ　大正12年1月15日～平成4年6月3日　鉄建建設常務　→91/93

守住　有信　もりずみ・ゆうしん　大正13年8月11日～平成11年11月14日　参院議員(自民党)　→97/99

森瀬　和男　もりせ・かずお　昭和7年3月31日～平成20年7月14日　ダイダン常務　→06/08

森園　市二　もりその・いちじ　大正6年～平成17年12月12日　静岡県茶業試験場研究主幹　→03/05

森園　正彦　もりその・まさひこ　大正14年1月26日～平成22年3月9日　ソニー副社長　→09/11

森園　幹生　もりその・みきお　昭和5年6月22日～昭和61年10月12日　ツノダ自転車取締役管理部長　→83/87

森田　秋男　もりた・あきお　明治36年9月20日～昭和59年1月3日　東海倉庫社長、一宮商工会議所会頭　→83/87

森田　秋夫　もりた・あきお　明治44年12月5日～平成1年3月30日　倉敷紡績(のちクラボウ)専務　→88/90

盛田　昭夫　もりた・あきお　大正10年1月26日～平成11年10月3日　実業家　ソニー創業者　→97/99

森田　明弘　もりた・あきひろ　昭和17年6月26日～平成10年6月20日　森田鉄工所会長　→97/99

森田 綾子　もりた・あやこ　大正14年4月4日〜平成21年7月13日　在ブラジル原爆被爆者協会事務局長　→09/11

森田 勇　もりた・いさむ　〜昭和57年10月3日　共同通信社連絡局総務, 共同文化事業社取締役　→80/82

森田 至　もりた・いたる　大正4年2月15日〜平成1年8月6日　新明和工業顧問・元副社長　→88/90

森田 一郎　もりた・いちろう　〜昭和54年1月2日　日本コンクリート工業会長　→昭和

森田 稲穂　もりた・いなほ　〜昭和62年11月18日　浦ノ内村(高知県)村長, 須崎市議会議長　→83/87

森田 栄一　もりた・えいいち　〜平成1年12月2日　トーエイ工業会長, トウチュウ相談役　→88/90

森田 角三郎　もりた・かくさぶろう　明治31年1月10日〜昭和58年5月23日　埼玉銀行常務　→83/87

森田 和家　もりた・かずいえ　大正15年1月1日〜平成17年9月15日　キリンビール常務　→03/05

森田 一市　もりた・かずいち　〜昭和61年6月22日　多治見市議　→83/87

森田 和雄　もりた・かずお　大正8年7月14日〜平成4年11月4日　日本バイリーン常務　→91/93

森田 和彦　もりた・かずひこ　大正14年6月4日〜昭和60年9月21日　弁護士　名古屋弁護士会長　→83/87

森田 勝次　もりた・かつじ　大正3年7月20日〜昭和63年9月18日　中越パルプ工業常務　→88/90

森田 勝治　もりた・かつじ　昭和16年1月31日〜平成18年3月20日　テレビ和歌山社長　→06/08

森田 勝彦　もりた・かつひこ　〜昭和55年6月28日　千葉日産自動車会長　→80/82

森田 喜市郎　もりた・きじろう　〜平成7年1月16日　長谷川工務店(のち長谷工コーポレーション)常務　→94/96

森田 喜美男　もりた・きみお　明治44年11月28日〜平成14年7月30日　日野市長　→00/02

盛田 久左衛門　もりた・きゅうざえもん　〜昭和39年7月31日　ソニ 相談役　→昭和

森田 喜代八　もりた・きよはち　〜昭和42年9月12日　森田汽船相談役　→昭和

森田 欽二　もりた・きんじ　大正6年12月11日〜昭和54年4月13日　衆院議員(自民党)　→昭和

森田 国男　もりた・くにお　〜昭和62年10月15日　行橋市議, 行橋市教育委員長　→83/87

森田 景一　もりた・けいいち　昭和3年4月28日〜平成13年1月3日　衆院議員(公明党)　→00/02

盛田 慶吉　もりた・けいきち　大正13年1月30日〜平成21年3月28日　敷島製パン社長　→09/11

森田 恵三郎　もりた・けいざぶろう　〜昭和47年5月21日　日鉄鉱業社長　→昭和

森田 啓次　もりた・けいじ　大正11年7月12日〜平成5年3月1日　東洋水産専務　→91/93

守田 敬太郎　もりた・けいたろう　〜平成13年3月22日　守田治兵衛商店社長, 東芝首席技監　→00/02

森田 顕一　もりた・けんいち　〜昭和57年10月11日　ポリドール顧問・前社長　→80/82

森田 謙一郎　もりた・けんいちろう　大正3年2月17日〜平成19年1月8日　住友金属工業専務, 第一中央汽船社長　→06/08

森田 健三　もりた・けんぞう　昭和9年6月14日〜平成13年4月13日　セントラル警備保障創業者・名誉会長　→00/02

森田 康　もりた・こう　大正13年11月30日〜平成10年8月26日　日本経済新聞社長　→97/99

森田 幸平　もりた・こうへい　大正15年1月2日〜平成16年2月11日　静岡銀行取締役, テレビ静岡専務　→03/05

盛田 五郎　もりた・ごろう　大正4年5月24日〜平成7年7月14日　鳥取県議　→94/96

森田 さだ　もりた・さだ　〜平成5年10月18日　モリタアンドカンパニー監査役　→91/93

森田 三郎　もりた・さぶろう　慶応3年10月〜昭和8年11月7日　弁護士, 実業家　→昭和

森田 三之丞　もりた・さんのじょう　明治44年8月29日〜平成11年4月5日　神奈川県議, 川崎市議　→97/99

森田 重雄　もりた・しげお　昭和16年10月26日〜平成10年9月24日　群馬県議(自民党)　→97/99

森田 茂吉　もりた・しげきち　〜昭和37年2月13日　大日本セルロイド社長　→昭和

森田 茂作　もりた・しげさく　〜昭和42年3月7日　富山紡績社長　→昭和

森田 重成　もりた・しげなり　大正10年1月9日〜平成7年3月23日　ザ・パック社長　→94/96

森田 茂之助　もりた・しげのすけ　〜昭和57年4月14日　日本光学工業元専務　→80/82

森田 茂治　もりた・しげはる　明治42年11月20日〜平成1年12月4日　栗本鉄工所専務　→88/90

森田 繁之　もりた・しげゆき　〜昭和63年12月2日　パルスエンジニアリング常務　→88/90

森田 茂　もりた・しげる　明治5年8月17日〜平成7年11月30日　衆院議長, 京都市長　→昭和

森田 茂　もりた・しげる　大正5年3月29日〜昭和59年2月25日　名鉄ストアー社長　→83/87

森田 茂　もりた・しげる　大正5年2月13日〜平成2年3月14日　徳島新聞社長　→88/90

森田 重次郎　もりた・じゅうじろう　明治23年5月25日〜昭和63年5月12日　弁護士　衆院議員(自民党)　→88/90

森田 重郎　もりた・じゅうろう　大正11年4月14日〜平成2年9月18日　参院議員(自民党)　→88/90

森田 象一　もりた・しょういち　〜昭和31年2月8日　大津市長　→昭和

森田 正一　もりた・しょういち　昭和18年3月26日～平成11年6月19日　国分寺市議・議長、南商事代表取締役　→97/99

森田 昭次郎　もりた・しょうじろう　～平成15年　(有)人事試験技術研究所顧問　→03/05

森田 昭造　もりた・しょうぞう　昭和3年6月19日～平成5年4月29日　島田理化工業常務　→91/93

森田 二郎　もりた・じろう　明治40年7月17日～平成7年5月1日　モリタ社長　→94/96

森田 真一　もりた・しんいち　～昭和62年8月19日　共栄機工(株)代表取締役社長　→83/87

森田 新蔵　もりた・しんぞう　～昭和36年3月17日　民間航空草分け　→昭和

森田 新太郎　もりた・しんたろう　大正13年2月11日～平成14年4月5日　浅草観光連盟会長、浅草神社筆頭総代　→00/02

守田 直　もりた・すなお　明治41年2月20日～平成10年5月12日　司法研修所所長　→97/99

森田 スミエ　もりた・すみえ　～平成4年1月22日　シャボン玉石けん会長　→91/93

森田 清五郎　もりた・せいごろう　明治30年11月27日～昭和49年8月23日　労働運動家　→昭和

森田 善作　もりた・ぜんさく　大正3年5月6日～昭和63年5月14日　日本パックスメタル会長　→88/90

森田 宗一　もりた・そういち　大正4年6月5日～平成19年2月7日　弁護士、俳人　東京家裁判事、東京家政大学教授　→06/08

森田 孝雄　もりた・たかお　昭和4年1月31日～平成22年10月19日　福岡シティ銀行副頭取　→09/11

森田 孝　もりた・たかし　明治38年6月17日～昭和61年12月17日　弁護士　愛知学院大教授　→83/87

森田 武雄　もりた・たけお　大正15年2月2日～平成6年7月6日　太平常務　→94/96

守田 武　もりた・たけし　大正9年6月25日～昭和63年12月4日　段谷産業監査役　→88/90

森田 武　もりた・たけし　昭和5年10月22日～平成21年10月27日　大丸専務　→09/11

盛田 正　もりた・ただし　昭和5年4月10日～平成23年11月16日　モリタ創業者　→09/11

森田 唯介　もりた・ただすけ　昭和12年9月19日～平成11年11月1日　モリタ社長　→97/99

森田 太郎　もりた・たろう　～平成9年1月14日　古річ鉱業(のち古河機械金属)常務　→97/99

森田 親三　もりた・ちかぞう　～昭和60年4月25日　陸軍主計中将　陸軍省経理局長　→83/87

森田 千賀三　もりた・ちがぞう　大正3年10月28日～平成11年8月12日　東洋信託銀行常務　→97/99

森田 忠平　もりた・ちゅうへい　～昭和62年10月27日　(有)富山県義肢製作所社長、富山県傷痍軍人会名誉会長　→83/87

森田 長次郎　もりた・ちょうじろう　大正8年1月3日～平成3年5月16日　大協会長、青梅織物産地卸商業協同組合理事長　→91/93

森田 哲郎　もりた・てつろう　大正9年5月15日～昭和63年9月29日　教育技術研究所社長、全国木材組合連合会常務理事　→88/90

森田 登次　もりた・とうじ　大正3年10月19日～平成3年9月16日　芦森工業常務　→91/93

守田 亨生　もりた・とおる　～平成6年4月28日　福岡銀行常務、福銀リース社長　→94/96

森田 得男　もりた・とくお　～昭和44年3月25日　住友銀行常務　→昭和

森田 得三　もりた・とくぞう　大正4年2月12日～平成14年6月12日　丸紅常務　→00/02

森田 徳政　もりた・とくまさ　大正2年2月12日～平成4年2月5日　富山県議(社会党)　→91/93

森田 俊夫　もりた・としお　大正6年1月3日～平成22年1月9日　トヨタ自動車副社長、光洋精工社長　→09/11

森田 利一　もりた・としかず　明治41年1月1日～平成2年7月24日　加地鉄工所社長　→88/90

森田 利次　もりた・としつぐ　明治35年3月10日～昭和59年5月26日　四国電力顧問、元常務　→83/87

森田 利治　もりた・としはる　大正13年8月1日～平成7年10月11日　国分工業会長、ニチアス監査役　→94/96

森田 豊次郎　もりた・とよじろう　～昭和22年10月10日　東京高裁判事　→昭和

森田 豊寿　もりた・とよひさ　明治28年2月～昭和37年1月6日　衆院議員(日本自由党)、参院議員(自民党)　→昭和

森田 寅雄　もりた・とらお　明治44年11月20日～平成10年10月31日　京都府宅地建物取引業協会会長　→97/99

森田 寅男　もりた・とらお　～昭和54年6月3日　原研副理事長　→昭和(もりた・たけお)

森田 稔夫　もりた・のりお　昭和12年6月30日～平成3年7月8日　五所川原市長　→91/93

守田 肇　もりた・はじめ　大正7年5月8日～昭和62年7月19日　湖西市長　→83/87

守田 彦三郎　もりた・ひこさぶろう　～平成14年9月12日　福岡銀行常務　→00/02

森田 久雄　もりた・ひさお　大正15年6月17日～平成16年6月7日　北海道炭鉱離職者雇用援護協会理事長、炭労委員長　→03/05

森田 久　もりた・ひさし　明治23年2月17日～昭和46年1月8日　満州国通信社長、朝日新聞記者　→昭和

森田 英男　もりた・ひでお　大正14年12月19日～平成15年8月5日　長崎県議(社会党)　→03/05

森田 博清　もりた・ひろきよ　昭和17年1月5日～平成13年7月4日　河西工業常務　→00/02

森田 寛　もりた・ひろし　大正13年5月2日～昭和61年5月31日　瀬戸内海環境保全協会事務局長　→83/87

森田 宏　もりた・ひろし　昭和2年3月12日～昭和62年5月18日　紀陽銀行常務取締役　→83/87

森田 晧　もりた・ひろし　昭和5年6月23日～平成9年2月3日　バブコック日立専務　→97/99

森田 弘　もりた・ひろむ　明治41年5月24日～平成1年1月10日　森田鉄工所会長　→88/90

森田 裕之　もりた・ひろゆき　昭和7年9月21日～平成21年10月21日　愛知県議（自民党）　→09/11

森田 福男　もりた・ふくお　大正11年2月18日～平成17年10月4日　モリタ名誉会長、日本歯科商工協会初代会長　→03/05

守田 福松　もりた・ふくまつ　〜昭和7年3月9日　奉天日本人居留民会長　→昭和

守田 文也　もりた・ふみや　〜昭和55年5月12日　三井農林取締役　→80/82

森田 誠　もりた・まこと　昭和24年11月23日～平成2年7月1日　早稲田大学商学部教授　→88/90

森田 正喜　もりた・まさき　明治40年11月26日～昭和44年10月28日　社会運動家　→昭和

森田 昌司　もりた・まさし　〜昭和6年4月20日　鹿児島県多額納税者　→昭和

森田 昌孝　もりた・まさたか　大正15年3月～平成12年12月25日　新潟県警本部長　→00/02

森田 雅太郎　もりた・まさたろう　昭和10年6月10日～平成18年8月5日　日本火災海上保険常務　→06/08

森田 正俊　もりた・まさとし　大正7年2月8日～平成4年7月16日　豊田中央研究所監査役、日本学術会議会員　→91/93

森田 正実　もりた・まさみ　〜昭和63年7月13日　二葉熱科学研究所社長、東京大学漕艇部顧問　→88/90

森田 政幸　もりた・まさゆき　昭和12年1月12日～平成10年6月14日　百十四銀行常務　→97/99

森田 政義　もりた・まさよし　明治17年9月～昭和14年3月21日　衆院議員（立憲政友会）　→昭和

森田 正義　もりた・まさよし　明治40年12月～平成16年12月2日　衆院議員（無所属倶楽部）、岩舟町（栃木県）町長　→03/05

森田 勝　もりた・まさる　昭和20年6月8日～平成15年9月24日　出光興産常務　→03/05

守田 松二　もりた・まつじ　大正11年1月7日～平成15年6月25日　日本化成専務　→03/05

森田 円　もりた・まどか　〜昭和56年9月　精薄者措置費の流用容疑者：「上横山保育会」理事長　→80/82

森田 美栄博　もりた・みえひろ　昭和18年2月27日～平成15年9月25日　ダイハツ工業専務　→03/05

森田 三喜男　もりた・みきお　〜昭和42年10月7日　防衛庁装備局長　→昭和

盛田 三喜雄　もりた・みきお　〜平成3年3月30日　社会党青森県本部顧問、青森県労働金庫顧問、青森県教組委員長　→91/93

守田 道輔　もりた・みちすけ　明治27年11月7日～昭和57年10月28日　農民運動家　衆院議員（社会党）　→80/82

守田 道隆　もりた・みちたか　〜昭和45年11月26日　八幡市長　→昭和

森田 光徳　もりた・みつのり　昭和6年7月15日～平成19年9月17日　シャボン玉石けん社長　→06/08

森田 実　もりた・みのる　〜昭和58年5月22日　電気興業常務　→83/87

森田 実　もりた・みのる　大正14年3月10日～平成5年11月14日　日産証券常務　→91/93

森田 稔　もりた・みのる　大正12年8月26日～昭和60年8月3日　松下電器産業専務・生産技術本部長　→83/87

森田 稔　もりた・みのる　昭和12年10月9日～平成12年7月6日　新キャタピラー三菱常務　→00/02

森田 茂一郎　もりた・もいちろう　〜昭和59年9月7日　富山紡績会長　→83/87

森田 孟松　もりた・もうしょう　〜平成16年12月18日　沖縄県議　→03/05

森田 雄二　もりた・ゆうじ　昭和12年3月1日～平成6年6月8日　内閣情報調査室長　→94/96

守田 雪雄　もりた・ゆきお　明治33年5月1日～平成7年5月10日　遠州信用金庫相談役会長　→94/96

森田 行正　もりた・ゆきまさ　昭和10年1月26日～平成2年1月5日　郵政省官房長・首席監察官　→88/90

森田 豊　もりた・ゆたか　昭和18年10月19日～平成21年12月14日　住友信託銀行社長　→09/11

森田 豊　もりた・ゆたか　昭和14年3月12日～平成23年12月28日　日本特殊陶業副社長　→09/11

森田 義衛　もりた・よしえ　明治36年11月29日～昭和57年10月24日　参院議員（自民党）　→80/82

守田 義雄　もりた・よしお　大正9年8月26日～平成15年12月15日　三菱商事副社長，三菱自動車工業相談役　→03/05

森田 吉雄　もりた・よしお　〜平成7年6月5日　もち吉創業者　→94/96

森田 美喬　もりた・よしたか　明治39年9月1日～平成6年8月2日　トウチュウ名誉会長　→94/96

森田 嘉矩　もりた・よしのり　昭和5年5月8日～平成8年12月2日　松井建設副社長，富士銀行常務　→94/96

森田 嘉平　もりた・よしひら　〜平成6年10月31日　篤志解剖全国連合会会長　→94/96

森田 隆児　もりた・りゅうじ　大正15年11月6日～平成1年12月10日　森田歯車社長　→88/90

森田 良輔　もりた・りょうすけ　〜昭和63年5月16日　富山トヨペット取締役車輌部長、富山県自動車販売協会常務理事　→88/90

森田 良三　もりた・りょうぞう　昭和9年8月22日～平成11年6月30日　丸八倉庫社長　→97/99

委員長　→91/93

もりたき　　　　　　　　　　　　　　　　　　　　　　　Ⅰ　政治・経済・社会篇

森滝 市郎　もりたき・いちろう　明治34年4月28日～平成6年1月25日　原水禁運動家,倫理学者　原水爆禁止日本国民会議議長,広島県被団協理事長,広島大学名誉教授　→94/96

森滝 しげ　もりたき・しげ　～平成17年5月30日　原水禁運動家　原水爆禁止広島母の会　→03/05

森滝 義美　もりたき・よしみ　～昭和61年11月9日　三次市議　→83/87

森竹 政雄　もりたけ・まさお　～昭和57年12月15日　三燿社長　→80/82

森谷 武繁　もりたに・たけしげ　～平成3年6月7日　森永乳業取締役　→91/93

森近 美治　もりちか・よしはる　昭和6年～昭和63年2月17日　高砂熱学工業取締役　→88/90

森寺 俊幸　もりてら・としゆき　昭和28年12月9日～平成21年11月17日　三菱倉庫常務　→09/11

森戸 多右衛門　もりと・たえもん　～昭和60年10月22日　常陽リース常務　→83/87

森戸 秀明　もりと・ひであき　昭和26年9月23日～平成23年1月29日　兼松常務　→09/11

盛一 銀二郎　もりとき・ぎんじろう　～昭和56年9月27日　日弁連理事,金沢弁護士会会長　→80/82

森友 進　もりとも・すすむ　～平成1年4月28日　大阪府議　→88/90

森友 忠生　もりとも・ただお　昭和5年1月13日～平成14年7月22日　マリンワールド海の中道館長,到津遊園園長　→00/02

森友 徳松　もりとも・とくまつ　～昭和56年4月23日　福岡市議会議員　→80/82

守友 友範　もりとも・とものり　大正8年9月16日～昭和60年10月5日　七尾市長　→83/87

森永 伊三郎　もりなが・いさぶろう　～昭和59年2月14日　西日本新聞広告社長崎取締役　→83/87

森長 英三郎　もりなが・えいざぶろう　明治39年1月10日～昭和58年6月1日　弁護士　→83/87

森永 国彦　もりなが・くにひこ　昭和10年2月9日～平成1年5月26日　ヤマハ発動機取締役　→88/90

森中 小二郎　もりなか・こじろう　大正3年8月10日～平成7年6月8日　東北金属工業(のちトーキン)専務　→94/96

森永 茂生　もりなが・しげお　～平成3年9月13日　井筒屋取締役　→91/93

森長 省吾　もりなが・せいご　大正10年9月12日～平成4年10月26日　西部電機専務　→91/93

盛永 宗興　もりなが・そうこう　大正14年8月2日～平成7年6月12日　僧侶　竜安寺塔頭大珠院(臨済宗妙心寺派)住職,花園大学学長　→94/96

森永 太一郎　もりなが・たいちろう　慶応1年6月17日～昭和12年1月24日　実業家　森永製菓創業者　→昭和

森永 太平　もりなが・たへい　明治33年3月25日～昭和58年3月6日　森永製菓会長　→83/87

森永 為隆　もりなが・ためたか　昭和15年11月5日～平成12年6月14日　日新製糖会長　→00/02

森永 為貴　もりなが・ためよし　明治44年2月1日～平成10年4月10日　日新製糖会長　→97/99

守永 保　もりなが・たもつ　昭和5年10月28日～平成14年9月1日　柏井紙業社長,兼松江商常務　→00/02

森永 恒範　もりなが・つねのり　大正3年3月15日～平成6年4月5日　佐賀県会副議長　→94/96

森永 貞一郎　もりなが・ていいちろう　明治43年9月9日～昭和61年5月30日　日本銀行総裁,東京証券取引所理事長,大蔵事務次官　→83/87

森中 豊治　もりなか・とよじ　～昭和62年1月18日　鳥取市長　→83/87

森永 範興　もりなが・のりおき　昭和17年2月11日～平成13年10月10日　NTTドコモ副社長　→00/02

森永 宏　もりなが・ひろし　～昭和60年5月6日　東海工業常務　→83/87

森永 大　もりなが・ひろし　大正14年12月27日～平成7年3月18日　歌志内市長　→94/96

守永 平助　もりなが・へいすけ　～昭和2年4月11日　小倉市長　→昭和

森永 正男　もりなが・まさお　～平成14年12月19日　空将　→00/02

森永 正彦　もりなが・まさひこ　明治45年1月15日～昭和63年7月31日　海将　海上自衛隊幹部学校校長　→88/90

森中 守義　もりなか・もりよし　大正8年10月24日～平成9年10月1日　衆院議員(社会党),参院議員　→97/99

守永 義輔　もりなが・よしすけ　～平成5年10月15日　興人専務　→91/93

守中 隆璋　もりなか・りゅうしょう　明治37年2月17日～昭和61年4月25日　僧侶　西山浄土宗管長・総本山光明寺法主,福岡県仏教会副会長　→83/87

森野 亥紀　もりの・いとし　～昭和56年11月16日　インシナー工業取締役　→80/82

森野 要　もりの・かなめ　～昭和63年4月17日　名糖産業常務　→88/90

森野 光晴　もりの・みつはる　昭和2年2月21日～平成23年8月8日　大阪市議(自民党)　→09/11

森野 芳雄　もりの・よしお　明治40年3月1日～平成5年9月25日　インシナー工業会長,インシナー商事会長　→91/93

森鼻 武芳　もりはな・たけよし　大正4年9月9日～平成10年10月6日　北海道銀行頭取　→97/99

森林 幸男　もりばやし・ゆきお　昭和2年5月15日～平成1年12月19日　参天製薬取締役　→88/90

森原 圭二　もりはら・けいじ　～平成5年9月15日　中部日本放送常務　→91/93

I　政治・経済・社会篇　　　　　　　　　　　　　　　　　　　　もりもと

森原 元夫　もりはら・もとお　明治37年8月5日〜平成7年2月20日　極洋社長、大和銀行専務　→94/96

森広 冬一　もりひろ・とういち　〜昭和63年5月3日　岐阜県警察学校校長　→88/90

森広 俊雄　もりひろ・としお　〜昭和47年8月9日　東京電気監査役　→昭和

森広 利成　もりひろ・としなり　昭和20年5月29日〜平成15年4月13日　フジタ専務　→03/05

守弘 寛　もりひろ・ひろし　明治44年3月24日〜平成16年11月7日　丸紅副社長　→03/05

森部 清蔵　もりべ・きよぞう　明治31年〜昭和56年4月14日　博多総鎮守櫛田神社名誉総代　博多の祭りの生き字引　→80/82

森部 隆　もりべ・たかし　明治27年5月27日〜昭和40年4月10日　島根県知事　→昭和

森部 一　もりべ・はじめ　大正15年4月16日〜平成3年1月6日　ミツミ電機創業者　→91/93

森部 日出雄　もりべ・ひでお　昭和13年7月11日〜平成11年9月17日　ミツミ電機専務　→97/99

森部 誠　もりべ・まこと　昭和2年1月15日〜平成23年2月18日　東海パルプ常務　→09/11

守部 政喜　もりべ・まさき　大正4年9月1日〜昭和63年7月2日　名古屋テレビ社長　→88/90

守部 保明　もりべ・やすあき　明治40年8月1日〜昭和61年8月15日　上新電機専務　→83/87

森部 隆輔　もりべ・りゅうすけ　明治24年1月〜昭和53年8月6日　衆議院議員（日本進歩党）、参議院議員（自民党）　→昭和

森政 逸郎　もりまさ・いつろう　大正12年3月2日〜平成4年6月8日　日清製粉取締役　→91/93

森松 定男　もりまつ・さだお　明治42年7月2日〜平成6年11月18日　北洋相互銀行（のち北洋銀行）副社長　→94/96

森松 長光　もりまつ・ちょうこう　大正3年10月27日〜平成3年6月6日　森松産業社長　→91/93

森見 徳治　もりみ・とくじ　大正11年4月29日〜平成15年3月16日　ミニストップ社長、蝶理常務　→03/05

森光 猛夫　もりみつ・たけお　昭和18年〜平成5年6月8日　宮田工業常務、航空自衛隊第31飛行隊長　→91/93

森光 兎恵　もりみつ・ときえ　〜平成20年9月5日　保母　高知県保母会初代会長　→06/08

守光 登　もりみつ・のぼる　大正6年7月2日〜平成8年3月1日　日本団体生命保険専務　→94/96

森村 勇　もりむら・いさむ　〜昭和55年3月23日　全日空社長、日本特殊陶業相談役　→80/82

森村 市左衛門　もりむら・いちざえもん　明治6年〜昭和37年7月5日　実業家、男爵　森村商事会長、森村学園創始者、日本ゴルフ協会初代会長　→昭和

森村 国夫　もりむら・くにお　大正8年2月16日〜平成22年11月15日　エバラ食品工業創業者　→09/11

森村 定二　もりむら・さだじ　〜昭和57年3月4日　富士重工業元常務　→80/82

森村 二郎　もりむら・じろう　〜平成7年11月23日　大阪証券金融常務　→94/96

森村 太華雄　もりむら・たかお　大正10年〜平成13年1月16日　森村商事会長、日本特殊陶業取締役　→00/02

森村 太郎　もりむら・たろう　明治41年8月7日〜平成7年5月14日　岡谷鋼機常務　→94/96

森本 昭平　もりもと・あきひら　〜昭和60年8月26日　竹中工務店九州支店営業部副部長　→83/87

森本 伊助　もりもと・いすけ　昭和29年2月25日　海南市長　→昭和

森本 一郎　もりもと・いちろう　大正5年3月30日〜平成2年9月7日　三菱化成副社長　→88/90

森本 梅雄　もりもと・うめお　明治36年10月26日〜平成2年3月27日　近畿相互銀行（のち近畿銀行）専務　→88/90

森本 修　もりもと・おさむ　大正8年1月1日〜平成10年9月28日　農林事務次官、農林中央金庫理事長　→97/99

森本 一雄　もりもと・かずお　〜昭和13年11月7日　敦賀市長　→昭和

森本 一正　もりもと・かつまさ　明治45年2月18日〜昭和61年8月28日　三菱倉庫顧問・元会長　→83/87

盛本 完　もりもと・かん　〜昭和30年11月17日　宮崎県知事　→昭和

森本 貫一　もりもと・かんいち　〜昭和54年9月26日　旧三菱化成社長　→昭和

森本 貫一　もりもと・かんいち　明治21年6月1日〜昭和60年11月9日　ユシロ化学工業会長　→83/87

森本 寛三郎　もりもと・かんざぶろう　明治25年12月13日〜昭和59年11月12日　武田薬品工業相談役・元会長　→83/87

森本 寛美　もりもと・かんび　明治37年3月5日〜平成2年4月1日　弁護士　中外炉工業監査役、国鉄監察役　→88/90

森本 義一　もりもと・ぎいち　〜昭和19年2月21日　陸軍少将　陸軍司政長官　→昭和

森本 孝順　もりもと・きょうじゅん　明治35年11月17日〜平成7年6月19日　僧侶　律宗管長、唐招提寺第81世長老、講御堂寺住職　→94/96

森本 潔　もりもと・きよし　〜昭和41年3月5日　国民休暇村協会理事長、元厚生省官房長　→昭和

森本 清　もりもと・きよし　明治45年6月8日〜平成5年1月21日　東亜特殊電機（のちTOA）監査役　→91/93

森本 清　もりもと・きよし　明治41年3月31日〜平成9年3月17日　台糖常務　→97/99

森本 慶三　もりもと・けいぞう　明治8年3月10日〜昭和39年12月5日　キリスト教伝道者、社会事業家　津山基督教図書館創設者　→昭和

森本 健一　もりもと・けんいち　大正10年10月9日～平成20年1月31日　大阪証券金融専務　→06/08

森本 賢吉　もりもと・けんきち　明治43年12月～平成13年7月　陸軍憲兵准尉　「憲兵物語」の著者　→03/05s

森本 建作　もりもと・けんさく　昭和4年7月3日～平成6年3月14日　TBSビジョン社長,東京放送常務　→94/96

森本 健太郎　もりもと・けんたろう　大正11年4月8日～昭和58年6月19日　クミアイ化学工業常務　→83/87

森本 光太郎　もりもと・こうたろう　～昭和31年2月10日　太平洋炭鉱社長　→昭和

森本 康之亮　もりもと・こうのすけ　～昭和59年1月26日　大阪自動機製作所社長,日本包装機械工業会副会長　→83/87

森本 佐一　もりもと・さいち　明治43年12月17日～平成1年8月19日　東洋紡専務　→88/90

森本 栄　もりもと・さかえ　大正3年11月24日～平成19年1月7日　岩谷産業副社長　→06/08

森本 教　もりもと・さとる　～昭和56年11月3日　(社)名古屋タイムズ社監事・東京支社長　→80/82

森本 三郎　もりもと・さぶろう　大正4年11月5日～平成3年4月19日　竹中工務店常務　→91/93

森本 三郎　もりもと・さぶろう　明治40年12月17日～平成3年9月21日　奈良市議　→91/93

森本 重武　もりもと・しげたけ　明治40年7月17日～昭和59年12月21日　テレビ朝日常務取締役,エレクトロニクス協議会専務理事　→83/87

森本 繁　もりもと・しげる　～平成1年5月13日　関西国際空港ビルディング常務　→88/90

森本 準一　もりもと・じゅんいち　～昭和48年2月6日　日本エヤーブレーキ相談役　→昭和

森本 彰二　もりもと・しょうじ　大正14年2月6日～平成16年3月2日　住友精化社長　→03/05

森本 昌三　もりもと・しょうぞう　昭和5年10月18日～平成18年11月6日　コニシ会長　→06/08

森本 正三　もりもと・しょうぞう　大正3年6月10日～平成14年3月1日　税理士　兵庫県議(自民党),神戸税務署長　→00/02

森本 省念　もりもと・しょうねん　～昭和59年1月23日　(財)長岡禅塾塾長　→83/87

森本 至郎　もりもと・しろう　大正15年9月5日～平成14年8月1日　武田薬品工業常務　→00/02

森本 慎一　もりもと・しんいち　昭和2年3月17日～平成23年7月27日　熊本県茶商業協同組合理事長　→09/11

森本 信光　もりもと・しんこう　～平成5年8月10日　僧侶　万福寺塔頭信光院住職,全日本煎茶道連盟事務局長　→91/93

森本 甚兵衛(12代目)　もりもと・じんべえ　～昭和58年9月12日　西宮酒造社長　→83/87

森本 甚兵衛(13代目)　もりもと・じんべえ　大正5年3月27日～平成21年12月6日　日本盛社長　→09/11

森本 是一郎　もりもと・ぜいちろう　明治2年8月～昭和39年5月21日　衆院議員(新政会)　→昭和(もりもと・これいちろう)

森本 積善　もりもと・せきぜん　～昭和51年5月25日　森本組会長　→昭和

森本 宗一郎　もりもと・そういちろう　大正3年9月22日～平成18年4月12日　十八銀行専務　→06/08

森本 泰次　もりもと・たいじ　昭和2年5月23日～平成10年10月13日　日本製紙連合会副理事長　→97/99

森本 孝敏　もりもと・たかとし　昭和17年4月9日～平成19年10月13日　岐セン社長　→06/08

森本 孝之　もりもと・たかゆき　大正12年3月16日～平成21年7月26日　四日市倉庫常務　→09/11

森本 巧　もりもと・たくみ　明治43年4月28日～平成19年3月7日　宮崎銀行常務　→06/08

森本 武夫　もりもと・たけお　～平成3年5月29日　イスラミックフォーラム主宰,ムスリム教会会長　→91/93

森本 武　もりもと・たけし　大正11年4月23日～昭和55年4月20日　キヨイ鋼業社長,トーメン常務　→80/82

森本 忠史　もりもと・ただし　大正7年1月11日～平成14年6月16日　東日本放送副社長,文化放送常務　→00/02

森本 太真夫　もりもと・たまお　明治42年1月23日～平成2年12月27日　東京放送社長室顧問・元専務　→88/90

森本 禎二　もりもと・ていじ　昭和5年11月28日～平成6年6月23日　森本倉庫会長,三宮ビル管理会長　→94/96

森本 徹磨　もりもと・てつま　昭和17年8月1日～平成18年3月5日　岡山県議(民主党),連合岡山会長　→06/08

森本 亨　もりもと・とおる　明治28年10月21日～昭和62年1月25日　広島相互銀行会長,全国相銀協会顧問　→83/87

森本 俊夫　もりもと・としお　大正5年1月8日～平成1年5月15日　保土谷化学工業社長　→88/90

森本 敏男　もりもと・としお　明治39年11月7日～平成16年5月5日　神奈川新聞社長　→03/05

森本 利雄　もりもと・としお　大正12年7月8日～平成4年11月18日　椿本メイフラン相談役　→91/93

森本 年元　もりもと・としもと　大正2年1月1日～平成11年6月4日　中央電気工業専務　→97/99

森本 冨美　もりもと・とみよし　大正9年1月12日～平成11年4月19日　住友海上火災保険専務　→97/99

森本 信雄　もりもと・のぶお　～平成1年2月11日　北海道ウタリ協会副理事長,穂別町(北海道)町議　→88/90

森本 寿夫　もりもと・ひさお　明治44年4月3日～平成11年5月12日　福星社長　→97/99

森本 秀勇　もりもと・ひでお　大正3年4月15日～平成12年10月25日　CKD専務　→00/02

森本 博　もりもと・ひろし　大正10年1月27日～昭和60年5月7日　大阪電気暖房取締役　→83/87

森本 富士雄　もりもと・ふじお　明治25年～昭和18年

I 政治・経済・社会篇　　もりや

社会運動家,弁護士　日本大学教授　→昭和

森本 光男　もりもと・みつお　大正15年5月27日〜平成11年6月15日　森本組会長　→97/99

森本 八洲夫　もりもと・やすお　〜昭和55年3月2日　百五銀行常務　→80/82

森本 泰正　もりもと・やすまさ　大正9年1月13日〜平成7年1月17日　ダイワ精工常務　→94/96

森本 嘉夫　もりもと・よしお　大正2年8月17日〜昭和62年12月6日　森本組常務　→83/87

森本 吉雄　もりもと・よしお　大正4年4月3日〜平成16年11月6日　もりもと会長　→03/05

森本 善勝　もりもと・よしかつ　〜平成9年5月18日　名古屋地検刑事部検事,名古屋地検半田支部長　→97/99

森本 留平治　もりもと・るへいじ　昭和2年9月4日〜平成20年8月28日　百五銀行常務　→06/08

守屋 明男　もりや・あきお　大正3年11月26日〜昭和59年5月6日　東京計器常務,東京計器販売社長　→83/87

守屋 一郎　もりや・いちろう　〜昭和57年6月20日　大田区議　→80/82

守谷 英太郎　もりや・えいたろう　〜昭和61年1月12日　警察庁関東管区警察局長　→83/87

守屋 栄夫　もりや・えいふ　明治17年11月〜昭和48年2月1日　塩釜市長,衆院議員(日本進歩党)　→昭和(もりや・しげお)

守屋 治　もりや・おさむ　明治44年10月7日〜昭和60年7月10日　北方領土問題対策協会専務理事　→83/87

守屋 治　もりや・おさむ　昭和5年9月2日〜平成3年11月13日　川崎信用金庫常務　→91/93

守屋 学治　もりや・がくじ　明治40年6月1日〜平成2年7月24日　三菱重工業社長　→88/90

守屋 学而　もりや・がくじ　明治37年2月4日〜昭和60年4月9日　東京生命保険副社長　→83/87

守屋 兼義　もりや・かねよし　昭和2年6月24日〜昭和60年5月25日　日本郵船常務・ロンドン支店長　→83/87

守屋 清　もりや・きよし　大正9年〜平成21年4月8日　倉敷民芸館館長　→09/11

守屋 九二夫　もりや・くにお　大正12年5月3日〜平成9年9月28日　東京証券会館社長,日本証券業協会副会長　→97/99

守屋 源次郎　もりや・げんじろう　〜平成14年10月30日　茨城県知事　→昭和

守屋 健太郎　もりや・けんたろう　大正10年9月29日〜昭和60年4月7日　第一ビルディング取締役,第一生命専務　→83/87

森谷 元郎　もりや・げんろう　大正2年1月1日〜昭和63年4月24日　徳陽相互銀行常務　→88/90

守屋 公平　もりや・こうへい　〜平成7年7月13日　日本海事協会常務理事　→94/96

守屋 此助　もりや・このすけ　文久2年5月6日〜昭和6年6月9日　衆院議員(国民党),神中鉄道社長,平沼製材所長　→昭和

守屋 吾平　もりや・ごへい　慶応2年11月6日〜昭和4年4月8日　実業家　→昭和

守屋 重義　もりや・しげよし　明治26年10月18日〜昭和61年1月15日　川崎製鉄専務　→83/87

森谷 茲　もりや・しげる　昭和8年9月28日〜平成23年8月18日　佐藤商事専務　→09/11

守屋 正一　もりや・しょういち　〜昭和61年10月6日　安田火災海上保険常務　→83/87

守屋 末人　もりや・すえと　明治32年7月25日〜平成5年4月23日　守谷組会長,福岡県建設協力会会長　→91/93

守屋 専助　もりや・せんすけ　明治33年4月10日〜昭和60年12月7日　日本石油取締役,日本加工油社長　→83/87

守屋 健郎　もりや・たけろう　昭和6年1月4日〜平成17年3月23日　読売メディアセンター常務　→03/05

守屋 辰蔵　もりや・たつぞう　〜昭和62年3月21日　全国クリーニング環境衛生同業組合連合会会長　→83/87

守屋 徹　もりや・とおる　昭和8年〜平成4年5月26日　日本航空文化事業センター社長　→91/93

守屋 時郎　もりや・ときろう　明治40年9月21日〜平成13年6月14日　大東京火災海上保険社長　→00/02

守屋 篤太郎　もりや・とくたろう　大正4年〜平成4年6月14日　朝日放送取締役　→91/93

守谷 俊朗　もりや・としろう　〜平成20年1月10日　ジャルセールス副社長　→06/08

守谷 洋　もりや・ひろし　昭和9年1月1日〜平成2年12月5日　報知新聞大阪本社広告局長　→88/90

守谷 正亮　もりや・まさあき　〜昭和39年1月17日　藤永田造船専務　→昭和

守谷 正毅　もりや・まさき　〜昭和47年5月30日　守谷商会長　→昭和

守谷 正恒　もりや・まさつね　昭和10年12月20日〜平成12年6月28日　時事通信社出版局長　→00/02

守谷 正寿　もりや・まさとし　大正1年8月31日〜平成8年7月31日　守谷商会会長　→94/90

守谷 正信　もりや・まさのぶ　昭和16年6月16日〜平成16年7月6日　アイセロ化学常務　→03/05

守屋 雅文　もりや・まさふみ　昭和14年10月28日〜平成23年2月6日　ミヨシ油脂常務　→09/11

森谷 松雄　もりや・まつお　大正7年7月15日〜平成16年10月5日　読売新聞大阪本社取締役広告局長　→03/05

守屋 光雄　もりや・みつお　昭和5年10月29日〜平成14年2月27日　岩手日報常務　→昭和

守屋 光春　もりや・みつはる　明治37年2月1日〜昭和63年1月26日　伏見稲荷大社名誉宮司,葉山町(神奈川県)町長　→88/90

守谷 祐光　もりや・ゆうこう　大正4年1月26日〜平成13年8月14日　河北新報常務　→00/02

守谷 吉栄　もりや・よしえ　〜平成3年10月11日

東亜鍛工所会長、新井工業会長、名古屋市消防団連合会長　→91/93

守屋 喜一　もりや・よしかず　大正14年5月13日～平成19年11月25日　明治製菓常務、明治機械社長　→06/08

守屋 美孝　もりや・よしたか　～昭和57年2月22日　弁護士　東京地裁判事　→80/82

守屋 義之　もりや・よしゆき　～昭和13年1月20日　広島電気社長　→昭和

守屋 林司　もりや・りんじ　昭和25年1月22日～平成23年8月9日　日本経済新聞常務執行役員　→09/11

守安 清　もりやす・きよし　～昭和48年8月1日　東京12チャンネル理事　→昭和

森安 節雄　もりやす・さだお　大正8年3月22日～平成9年8月2日　栃木ケ丘ゴルフ倶楽部(株)会長、武蔵野銀行副頭取　→97/99

森安 茂雄　もりやす・しげお　大正5年9月13日～昭和59年7月7日　三菱化工機常務　→83/87

森安 忠　もりやす・ただし　明治40年10月10日～昭和62年10月25日　広島護国神社宮司　→83/87

守安 虎治　もりやす・とらじ　～昭和45年1月2日　三機工業常務　→昭和

森安 昇　もりやす・のぼる　昭和5年4月29日～平成12年9月8日　豊橋丸栄社長　→00/02

森安 英章　もりやす・ひであき　昭和40年1月17日～平成2年10月6日　神戸製鋼所専務、日本高周波鋼業社長　→88/90

盛山 昭雄　もりやま・あきお　昭和10年9月25日～平成11年2月1日　名村造船所専務　→97/99

森山 晃　もりやま・あきら　～平成6年3月29日　海将　海上自衛隊需給統制隊司令　→94/96

森山 鋭一　もりやま・えいいち　明治27年12月17日～昭和31年6月9日　弁護士　貴院議員(勅選)、法制局長官　→昭和

森山 馨　もりやま・かおる　明治37年7月28日～昭和61年1月12日　モリメン会長　→83/87

守山 一夫　もりやま・かずお　～平成14年1月16日　セイコー電子工業(のちセイコーインスツルメンツ)専務　→00/02

森山 可知　もりやま・かち　昭和9年9月20日　旭倉庫取締役　→昭和

森山 克己　もりやま・かつみ　大正6年3月21日～平成18年6月7日　大和紡績社長　→06/08

森山 歓渓　もりやま・かんけい　～昭和30年2月19日　臨済宗管長　→昭和

森山 喜六　もりやま・きろく　明治32年3月10日～平成3年11月26日　弁護士　日本弁護士連合会副会長、広島弁護士会会長　→91/93

森山 金一　もりやま・きんいち　大正7年3月9日～平成18年6月15日　島根県議(自民党)、出雲ガス社長　→06/08

森山 欽司　もりやま・きんじ　大正6年1月10日～昭和62年5月2日　衆院議員(自民党)、運輸相　→83/87

森山 慶三郎　もりやま・けいざぶろう　明治3年～昭和19年5月24日　海軍中将　→昭和

森山 甲雄　もりやま・こうゆう　明治45年3月1日～昭和63年9月18日　岩崎書店社長　→88/90

森山 吾郎　もりやま・ごろう　～平成19年11月17日　釧路信用金庫理事長　→06/08

森山 諭　もりやま・さとし　明治41年2月14日～平成8年7月22日　牧師　日本イエス・キリスト教団荻窪栄光教会名誉牧師　→94/96

森山 繁樹　もりやま・しげき　明治41年～昭和62年5月6日　出雲市長　→83/87

森山 実太郎　もりやま・じつたろう　～昭和56年4月13日　世界救世教相談役　→80/82

森山 重吉　もりやま・じゅうきち　大正7年10月1日～平成7年10月10日　モリメン取締役相談役・元会長　→94/96

森山 淳吾　もりやま・じゅんご　昭和6年11月27日～平成21年2月24日　電気化学工業専務、東洋化学社長　→09/11

森山 彰一　もりやま・しょういち　大正2年11月23日～昭和61年6月18日　科学技術と経済の会専務理事　→83/87

森山 信吾　もりやま・しんご　大正15年11月2日～昭和62年12月9日　京セラ(株)副会長、第二電電(株)社長　→83/87

森山 喬　もりやま・たかし　明治35年6月15日～昭和59年5月24日　電通専務　→83/87

森山 鎚夏　もりやま・つちや　～昭和55年6月21日　全国伸鉄工業組合理事長、山陽金属工業社長　→80/82

森山 敏郎　もりやま・としろう　～平成10年8月28日　林野庁管理課監査室長　→97/99

森山 尚男　もりやま・ひさお　大正15年3月24日～平成5年10月5日　陸将　防衛庁技術研究本部技術開発官　→91/93

森山 武市郎　もりやま・ぶいちろう　明治24年2月28日～昭和23年2月29日　司法省保護局長　→昭和(もりやま・たけいちろう)

森山 正夫　もりやま・まさお　大正13年4月1日～平成6年2月17日　森山製作所会長　→94/96

森山 雅司　もりやま・まさじ　大正9年5月28日～昭和62年3月28日　千代田(株)社長　→83/87

守山 又三　もりやま・またぞう　明治2年3月～昭和15年5月19日　衆院議員(立憲同志会)　→昭和

森山 満治　もりやま・みつはる　大正10年12月5日～昭和61年7月31日　高田機工会長　→83/87

森山 芳樹　もりやま・よしき　大正14年～平成7年2月2日　川崎近海汽船常務　→94/96

森山 義三　もりやま・よしぞう　～昭和56年1月9日　大和銀行取締役　→80/82

I　政治・経済・社会篇　　　　　　　　　　　　　　　　　　　　　　　　　　もろさわ

守山 義隆　もりやま・よしたか　明治41年6月11日～平成3年11月24日　東京都民銀行専務　→91/93

守山 良順　もりやま・りょうじゅん　明治35年1月21日～平成5年1月31日　僧侶 聖観音宗総本山浅草寺貫首　→91/93

森吉 要　もりよし・かなめ　明治40年10月1日～昭和63年11月26日　カナリヤ社長　→88/90

森吉 恒夫　もりよし・つねお　大正12年8月9日～平成4年6月18日　同和鉱業取締役,日東金属鉱山社長　→91/93

森吉 徳雄　もりよし・とくお　昭和13年6月17日～平成19年11月28日　弁護士　徳島弁護士会会長　→06/08

森吉 陽彦　もりよし・ようひこ　昭和6年9月25日～平成9年7月2日　アスク会長　→97/99

森脇 斌夫　もりわき・あやお　大正3年10月9日～平成3年12月2日　日立建機常務　→91/93

森脇 郁美　もりわき・いくみ　大正13年9月4日～昭和62年1月20日　公証人　東京地検検事　→83/87

森脇 圭一郎　もりわき・けいいちろう　～昭和56年1月9日　森永製菓元専務,森永醸造元社長　→80/82

森脇 慶一郎　もりわき・けいいちろう　明治32年4月8日～昭和63年8月25日　京都相互銀行社長　→88/90

森脇 甚一　もりわき・じんいち　明治32年3月25日～昭和47年6月23日　労働運動家　→昭和

森脇 孝　もりわき・たかし　大正8年10月7日～昭和63年5月15日　弁護士　高松高検検事,日本弁護士連合会理事　→88/90

森脇 龍也　もりわき・たつや　～昭和59年11月9日　北海道糖業取締役　→83/87

森脇 篤太郎　もりわき・とくたろう　～昭和57年6月2日　兼松専務　→80/82

森脇 晴記　もりわき・はるき　昭和30年7月1日～平成14年6月23日　総務省総合通信基盤局電波部基幹通信課長　→00/02

森脇 文夫　もりわき・ふみお　大正11年7月3日～平成19年9月1日　神戸市議（公明党）　→06/08

森脇 将光　もりわき・まさみつ　明治33年1月17日～平成3年6月2日　吹原産業社長　→91/93

守分 巌　もりわけ・いわお　明治31年6月10日～昭和55年12月24日　東芝鋼管社長　→80/82

守分 勉　もりわけ・つとむ　大正5年4月19日～平成12年8月16日　中国銀行頭取,岡山経済研究所名誉理事長,吉備路文学館理事長　→00/02

森分 哲男　もりわけ・てつお　昭和9年9月11日～平成10年2月12日　タクマ専務　→97/99

守分 十　もりわけ・ひさし　明治23年5月10日～昭和52年1月22日　中国銀行頭取　→昭和

モルガン 雪　もるがん・ゆき　明治14年8月7日～昭和38年5月18日　アメリカの財閥夫人となった元祇園の芸妓　→昭和

茂呂 喜平　もろ・きへい　昭和4年10月1日～平成4年11月4日　藤井産業社長　→91/93

茂呂 敬志朗　もろ・けいしろう　大正7年9月26日～平成13年6月28日　日本鋼管継手社長,日本鋼管監査役　→00/02

茂呂 五六　もろ・ごろく　～昭和39年1月14日　日飛モータース重役　→昭和

茂呂 一　もろ・はじめ　大正13年9月4日～平成11年9月8日　大都魚類専務　→97/99

諸井 貫一　もろい・かんいち　明治29年1月11日～昭和43年5月21日　実業家　秩父セメント社長　→昭和

諸井 虔　もろい・けん　昭和3年4月23日～平成18年12月29日　秩父セメント社長,日経連副会長　→06/08

諸井 恒平　もろい・つねへい　文久2年5月5日～昭和16年2月14日　実業家　秩父セメント創業者　→昭和

諸井 六郎　もろい・ろくろう　明治5年1月～昭和15年5月7日　外交官　駐アルゼンチン公使　→昭和

諸石 勝　もろいし・まさる　大正8年12月9日～昭和58年6月8日　太平工業取締役　→83/87

諸江 辰男　もろえ・たつお　大正5年1月6日～平成9年11月11日　高砂香料工業副社長　→97/99

師尾 直邦　もろお・なおくに　大正12年1月27日～平成2年10月30日　（株）モロオ社長　→88/90

師岡 栄一　もろおか・えいいち　明治38年2月～平成3年2月28日　衆院議員（社会党）　→91/93

師岡 健四郎　もろおか・けんしろう　明治42年8月25日～平成7年5月9日　弁護士　住宅金融公庫総裁,建設省住宅局長　→94/96

諸岡 晃治　もろおか・こうじ　大正13年8月3日～平成22年11月6日　東北リコー社長　→09/11

師岡 千代子　もろおか・ちよこ　明治8年4月26日～昭和35年2月26日　幸徳秋水の元妻　→昭和

師岡 敏朗　もろおか・としろう　大正12年8月31日～平成3年9月3日　日本団体生命保険取締役　→91/93

師岡 正孝　もろおか・まさたか　明治31年11月22日～昭和61年1月5日　東京都信用農業協同組合連合会会長,農林中金理事　→83/87

諸岡 優　もろおか・ゆう　昭和8年2月27日～平成2年6月1日　三愛取締役・経営管理本部長　→88/90

師岡 義一　もろおか・よしかず　～昭和57年3月27日　甘木市土地開発公社事務局長　→80/82

諸葛 義夫　もろくず・よしお　明治42年8月16日～昭和58年8月21日　住友海上火災保険社長　→83/87

諸隈 一弥　もろくま・かずや　大正15年11月3日～平成11年11月29日　西部ガス専務　→97/99

諸隈 嘉一　もろくま・よしかず　昭和6年7月1日～平成9年12月21日　日本旅行社長　→97/99

師崎 正夫　もろざき・まさお　大正7年3月20日～平成6年2月28日　ホーネンコーポレーション社長　→94/96

諸沢 幸蔵　もろさわ・こうぞう　～昭和60年2月21日　ネッスル日本取締役,日高乳業社長　→83/87

諸沢 忠治　もろさわ・ちゅうじ　～昭和30年4月11日

電電公社四国電気通信局長　→昭和

諸島 三郎　もろしま・さぶろう　明治40年3月28日～平成11年9月24日　十三信用金庫理事長　→97/99

両角 克治　もろずみ・かつじ　明治37年8月8日～昭和62年11月22日　釧路瓦斯会社長, 丸三鶴屋会長　→83/87

両角 業作　もろずみ・ぎょうさく　～昭和38年9月15日　陸軍中将　→昭和

両角 靖二　もろずみ・せいじ　昭和6年6月5日～平成22年7月2日　釧路ガス社長, 釧路商工会議所会頭　→09/11

諸田 幸一　もろた・こういち　明治36年4月15日～昭和61年7月30日　群馬銀行相談役・元頭取　→83/87

諸田 達男　もろた・たつお　昭和5年12月11日～平成8年6月10日　大阪府議（共産党, 枚方市）　→97/99s

諸田 敏朗　もろた・としろう　昭和21年1月9日～平成22年9月6日　会計検査院事務総局次長　→09/11

諸谷 義武　もろたに・よしたけ　明治40年1月17日～平成14年4月16日　長崎市長　→00/02

諸戸 精文　もろと・きよふみ　明治45年2月6日～平成10年1月4日　諸戸林業社長　→97/99

諸戸 清之助　もろと・せいのすけ　～昭和58年4月12日　富士ディーゼル常務　→83/87

諸戸 民和　もろと・たみかず　大正3年5月30日～昭和57年9月2日　諸戸林産会長　→80/82

諸戸 鉄男　もろと・てつお　大正5年4月3日～平成1年8月23日　諸戸林産社長, 東京海上火災保険専務　→88/90

諸戸 正夫　もろと・まさお　～平成4年4月5日　北海道穀物商品取引所専務理事　→91/93

諸富 春太　もろとみ・はるた　明治41年1月5日～平成10年12月7日　新日本証券会長, 農林中央金庫理事　→97/99

諸永 直　もろなが・ただし　～昭和60年6月5日　行政管理庁行政監察局長　→83/87

諸橋 久太郎　もろはし・きゅうたろう　明治26年5月～昭和48年2月12日　実業家　平市長, 貴院議員（多額納税）　→昭和

諸橋 賢三　もろはし・けんぞう　大正15年6月8日～平成14年10月25日　エスビー食品専務　→00/02

諸橋 隆典　もろはし・たかすけ　～平成6年11月18日　常磐専務　→94/96

諸橋 廷蔵　もろはし・ていぞう　昭和9年7月28日～平成15年2月23日　ゼビオ創業者　→03/05

諸橋 鉄二郎　もろはし・てつじろう　大正15年7月10日～平成1年11月5日　諸橋金物社長, いわき商工会議所会頭　→88/90

諸橋 襄　もろはし・のぼる　明治32年12月10日～平成1年1月18日　弁護士　帝京大学法学部教授・学部長　→97/99

諸橋 英宣　もろはし・ひでのぶ　～昭和62年11月16日　北陸電気通信監理局電波部長　→83/87

諸橋 元三郎　もろはし・もとさぶろう　～平成1年11月5日　諸橋金物会長, 三猿文庫館主　→88/90

諸藤 繁　もろふじ・しげる　～平成21年3月1日　福岡県議　→09/11

諸見里 浩　もろみざと・ひろし　大正8年～平成9年3月8日　ニコン常務　→97/99

門司 恵行　もんじ・しげゆき　明治43年9月29日～平成4年6月2日　弁護士　仙台高検検事長　→91/93

門司 堯　もんじ・たかし　昭和2年1月23日～平成2年2月16日　古河アルミニウム工業常務　→88/90

門司 正信　もんじ・まさのぶ　～昭和57年11月7日　岡崎工業顧問, 元副社長, 元商工組合中央金庫理事　→80/82

門前 貢　もんぜん・みつぎ　大正7年5月29日～平成12年11月12日　森永乳業社長　→00/02

門田 重武　もんでん・しげたけ　～昭和63年2月17日　NHK監事　→88/90

門田 強　もんでん・つとむ　昭和7年5月27日～平成17年11月25日　三井物産常務, 日本アマゾンアルミニウム社長　→03/05

門田 英郎　もんでん・ひでお　昭和5年1月8日～平成21年7月1日　総務事務次官　→09/11

門伝 昌彦　もんでん・まさひこ　大正10年2月4日～平成5年11月16日　宮城テレビ放送顧問・元取締役営業局長　→91/93

門田 実　もんでん・みのる　明治37年10月1日～平成9年2月19日　弁護士　仙台高裁判事　→97/99

門馬 公道　もんま・こうどう　大正3年11月23日～平成4年4月8日　陸将　防衛庁陸上幕僚監部衛生監　→91/93

門馬 重義　もんま・しげよし　大正9年10月4日～平成17年6月21日　宮城県議（自民党）　→03/05

門間 春吉　もんま・はるきち　昭和5年3月14日～昭和61年6月27日　弁護士　宮城県地方労働委員会会長, 日本弁護士連合会副会長　→83/87

門馬 久直　もんま・ひさなお　大正13年5月28日～平成4年5月18日　日光ペン代表取締役　→88/90

門馬 宙　もんま・ひろし　大正8年7月13日～平成4年5月17日　安田火災海上取締役　→91/93

門間 弘道　もんま・ひろみち　昭和8年10月18日～平成2年12月8日　東芝タンガロイ専務　→88/90

【や】

屋井 先蔵　やい・せんぞう　文久3年12月5日～昭和2年6月　発明家, 実業家　屋井乾電池の発明者　→昭和

矢板 東一郎　やいた・とういちろう　～平成4年5月6日　全日本印刷工業組合連合会会長　→91/93

八重 フサ　やえ・ふさ　大正10年3月10日～平成19年4月28日　アイヌ文化伝承者　→06/08

八重樫 三治　やえがし・さんじ　～平成19年8月28日　富士高齢登拝者番付の最高齢者　→06/08

八重樫 守　やえがし・まもる　大正11年2月20日～昭和62年6月23日　テクノアートリサーチ社長　→83/87

八重樫 芳夫　やえがし・よしお　昭和6年1月31日～平成4年12月28日　トックベアリング社長　→91/93

八重樫 利康　やえがし・りやす　明治27年7月～昭和57年10月5日　衆議院議員(自由党)　→80/82

八重柏 正英　やえがしわ・まさひで　大正6年10月11日～平成5年4月18日　小田急建設専務,小田急電鉄取締役　→91/93

矢尾 喜三郎　やお・きさぶろう　明治34年9月28日～昭和50年6月21日　労働運動家　衆議院議員　→昭和

八尾 吉弥　やお・きちや　～平成7年1月17日　日本商事副社長　→94/96

八尾 敬次郎　やお・けいじろう　明治32年7月15日～昭和42年3月31日　八欧電機社長　→昭和

八尾 澄雄　やお・すみお　大正10年10月13日～平成2年5月5日　栗本鉄工所専務　→88/90

矢追 日聖　やおい・にっしょう　明治44年12月23日～平成8年2月9日　宗教家,社会福祉事業家　大倭教教祖,(福)大倭安宿苑　→94/96

矢追 秀彦　やおい・ひでひこ　昭和8年12月8日～平成21年12月12日　衆院議員(公明党)　→09/11

八百板 正　やおいた・ただし　明治38年4月12日～平成16年4月23日　政治家,農民運動家　衆議院議員,参議院議員(社会党),全日農名誉会長　→03/05

矢飼 督之　やがい・とくゆき　昭和49年6月26日　日本精蠟社長　→昭和

矢ケ崎 正平　やがさき・しょうへい　～昭和60年1月4日　品川区(東京都)選挙管理委員　→83/87

矢ケ崎 節三　やがさき・せつぞう　～昭和57年1月18日　陸軍少将　→80/82

矢ケ崎 孝美　やがさき・たかみ　昭和8年3月14日～平成4年7月20日　東鉄工業常務　→91/93

矢ケ崎 博　やがさき・ひろし　～昭和55年9月3日　京や(三味線製造販売店)社長　→80/82

家形 秀夫　やかた・ひでお　大正6年1月28日～平成8年12月18日　日立マクセル常務　→94/96

八神 幸助(3代目)　やがみ・こうすけ　明治34年12月6日～平成2年1月23日　八神商事会長,八神製作所会長　→88/90

八神 順一　やがみ・じゅんいち　大正5年9月19日～平成16年3月15日　ヤガミ会長　→03/05

矢上 昭次郎　やがみ・しょうじろう　～平成1年5月10日　熊本県議　→88/90

矢亀 勝俊　やかめ・かつとし　明治38年1月～平成1年1月16日　長野県地理学会長　→88/90

矢川 敬一　やがわ・けいいち　大正15年5月7日～平成14年11月7日　九州耐火煉瓦会長　→00/02

八木 秋子　やぎ・あきこ　明治28年9月6日～昭和58年4月30日　婦人運動家　→83/87

八木 昭　やぎ・あきら　昭和2年12月5日～平成6年4月18日　八木工業社長,群馬産業人クラブ副会長　→94/96

八木 功　やぎ・いさお　昭和12年12月9日～平成21年2月21日　宮城県副知事　→09/11

八木 一郎　やぎ・いちろう　明治34年7月23日～平成2年2月25日　参院議員(自民党),衆院議員(自民党)　→88/90

八木 栄一　やぎ・えいいち　大正8年10月18日～平成17年5月27日　垂水市長,鹿児島県議　→03/05

八木 英蔵　やぎ・えいぞう　大正3年2月23日～平成4年9月22日　積文館書店会長　→91/93

八木 一男　やぎ・かずお　明治44年6月7日～昭和51年6月11日　衆院議員(社会党)　→昭和

矢木 久太郎　やぎ・きゅうたろう　～昭和28年9月30日　大日本麦酒重役　→昭和

八木 清　やぎ・きよし　明治40年4月10日～平成9年3月21日　日本ボーイスカウト京都連盟副連盟長　→97/99

八木 金二郎　やぎ・きんじろう　大正2年4月19日～平成11年3月22日　旭市長　→97/99

八木 邦夫　やぎ・くにお　昭和9年8月25日～昭和63年10月17日　ニッポン放送プロジェクト常務,夕刊フジ常務　→88/90

八木 国太郎　やぎ・くにたろう　～平成9年6月28日　丸八工業会長,熊谷組取締役　→97/99

八木 邦継　やぎ・くにつぐ　～平成5年4月23日　神奈川県議,横浜スカイビル取締役　→91/93

八木 熊吉　やぎ・くまきち　大正14年1月22日～平成22年9月18日　フクビ化学工業創業者　→09/11

八木 幸吉　やぎ・こうきち　明治28年2月～昭和51年7月26日　衆院議員(第一控室),参院議員(第十七控室)　→昭和

八木 孝二　やぎ・こうじ　大正4年10月6日～平成11年6月22日　山陽特殊製鋼専務　→97/99

八木 宏二　やぎ・こうじ　昭和6年4月1日～平成2年4月19日　中部日本放送理事,CBC興産社長　→88/90

八木 厚八郎　やぎ・こうはちろう　平成17年7月31日　ビジョン常務　→03/05

八木 重成　やぎ・しげなり　明治40年12月26日～平成10年10月26日　日本酸素専務　→97/99

八木 茂也　やぎ・しげや　大正7年11月3日～平成4年6月7日　映機工業社長　→91/93

八木 省三　やぎ・しょうぞう　明治29年2月17日～昭和60年4月3日　三菱化工機取締役　→83/87

八木 紫朗　やぎ・しろう　昭和4年6月19日～平成23年7月13日　朝日放送専務　→09/11

八木 進一　やぎ・しんいち　大正13年2月25日～平成21年6月20日　滋賀県議(労四)　→09/11

八木 澄雄　やぎ・すみお　～昭和56年6月10日　日本コロムビア常務　→80/82

八木 誠二　やぎ・せいじ　昭和8年7月12日～平成11年2

八木 節男　やぎ・せつお　～昭和58年11月12日　東邦チタニウム専務　→83/87

八木 善祐　やぎ・ぜんゆう　～昭和59年6月13日　浄土宗総本山知恩院顧問会長、昌福寺住職　→83/87

八木 宗十郎　やぎ・そうじゅうろう　明治32年9月7日～昭和56年2月5日　ちまきや社長、衆院議員　→80/82

八木 太三　やぎ・たいぞう　昭和3年1月23日～平成17年12月2日　八木石油店会長、鹿児島県石油商業組合理事長　→03/05

八木 忠雄　やぎ・ただお　明治45年4月18日～平成21年10月30日　大気社副会長　→09/11

八木 正　やぎ・ただし　大正1年9月17日～平成17年4月16日　和歌山県議　→03/05

八木 忠三　やぎ・ちゅうぞう　明治42年11月22日～平成4年11月11日　八木商店会長、愛知油脂卸協同組合理事長　→91/93

八木 勉　やぎ・つとむ　明治43年6月24日～平成2年10月19日　月島機械専務　→88/90

八木 弦三　やぎ・つるぞう　明治32年10月17日～平成8年5月17日　八木通商会長、日本繊維輸入組合理事長　→94/96

八木 貞二　やぎ・ていじ　昭和3年6月14日～平成21年12月7日　宮内庁侍従次長　→09/11

八木 哲夫　やぎ・てつお　昭和2年1月28日～平成10年9月10日　厚生年金事業振興団理事長、厚生事務次官　→97/99

八木 徹雄　やぎ・てつお　大正5年1月31日～昭和46年7月4日　衆院議員（自民党）、内閣総理副長官　→昭和

八木 輝　やぎ・てる　大正7年8月18日～平成3年10月28日　日本郵船副社長　→91/93

八木 輝雄　やぎ・てるお　～昭和62年7月2日　社会党京都府本部副委員長、亀岡市議　→83/87

八木 敏夫　やぎ・としお　大正6年2月17日～平成5年4月6日　日商岩井監査役　→91/93

八木 俊治　やぎ・としはる　～昭和55年5月9日　関東礦油社長、元昭和石油常務　→80/82

八木 利真　やぎ・としまさ　大正3年1月19日～平成8年8月19日　国鉄常務理事　→94/96

八木 俊道　やぎ・としみち　昭和10年5月27日～平成18年9月19日　総務事務次官　→06/08

八木 敏行　やぎ・としゆき　昭和3年7月17日～平成11年11月4日　シニアライフ振興財団理事長、神奈川県副知事　→97/99

八木 信彦　やぎ・のぶひこ　明治39年12月9日～昭和59年9月2日　住友信託銀行常任監査役　→83/87

八木 昇　やぎ・のぼる　大正10年12月14日～平成17年4月26日　衆院議員（社会党）　→03/05

八木 春雄　やぎ・はるお　～平成14年7月13日　陸軍情報参謀　→00/02

矢木 治人　やぎ・はるんど　～昭和60年10月27日　アイシン労組中央執行委員長　→83/87

八木 秀次　やぎ・ひでつぐ　明治19年1月28日～昭和51年1月19日　電気通信工学者　大阪大学総長、八木アンテナ社長、参院議員（緑風会）　→昭和

八木 弘心　やぎ・ひろむね　昭和4年2月19日～平成2年12月30日　静岡県議（自民党）　→88/90

八木 不二夫　やぎ・ふじお　～平成8年3月20日　ダイセル化学工業専務　→94/96

八木 雅夫　やぎ・まさお　～平成14年12月15日　群馬銀行専務　→00/02

八木 昌夫　やぎ・まさお　大正11年11月15日～昭和61年7月31日　京都近鉄百貨店取締役　→83/87

八木 正男　やぎ・まさお　大正2年3月4日～平成19年5月20日　駐インドネシア大使、駐ハンガリー大使、駐イラク大使　→06/08

八木 正夫　やぎ・まさお　大正1年12月29日～昭和58年4月8日　第一銀行常務、日比谷ビルディング社長　→83/87

八木 正夫　やぎ・まさお　昭和7年9月14日～平成19年9月26日　国鉄監査委員会委員　→06/08

八木 泰吉　やぎ・やすきち　明治35年10月10日～昭和59年4月17日　八木商店社長　→83/87

八木 靖浩　やぎ・やすひろ　大正9年2月15日～平成7年2月15日　川崎製鉄会長　→94/96

八木 勇平　やぎ・ゆうへい　明治45年3月30日～平成13年1月4日　東急建設会長、世紀工業会長、東京急行電鉄取締役　→00/02

八木 裕　やぎ・ゆたか　明治32年1月2日～平成5年1月15日　別府化学工業（のち住友精化）常務　→91/93

矢木 豊　やぎ・ゆたか　～昭和57年4月5日　三井倉庫常務　→80/82

八木 与三郎　やぎ・よさぶろう　元治2年1月7日～昭和10年12月23日　八木商店社長　→昭和

八木 慶雄　やぎ・よしお　昭和62年8月31日　宮城県企業振興協会専務理事　→83/87

八木 良夫　やぎ・よしお　明治44年12月13日～平成8年9月13日　新明和工業会長、日立製作所副社長　→94/96

八木 義次　やぎ・よしつぐ　～平成11年4月14日　富士火災海上保険常務　→97/99

八木 芳信　やぎ・よしのぶ　明治36年11月14日～平成5年6月5日　帝国産業（のちテザック）会長、三重県知事　→91/93

八木 米次　やぎ・よねじ　大正2年5月17日～平成4年12月5日　西宮市長　→91/93

八木 隆太郎　やぎ・りゅうたろう　大正9年11月18日～平成8年10月26日　タキロン社長　→94/96

八木 林作　やぎ・りんさく　～昭和49年6月11日　島根県知事　→昭和

柳浦 精一　やぎうら・せいいち　～昭和42年11月7日

僧侶　西山浄土宗管長　→昭和

八木岡　滋　やぎおか・しげる　昭和12年5月12日～平成8年1月24日　三菱マテリアル取締役　→94/96

八木沢　善八　やぎさわ・ぜんぱち　～昭和56年12月22日　鬼怒川温泉あさやホテル会長，元栃木県藤原町長　→80/82

八木沢　俊雄　やぎさわ・としお　明治38年7月20日～昭和59年4月21日　日本ビクター音楽産業取締役相談役　→83/87

八木沢　久男　やぎさわ・ひさお　大正12年6月20日～昭和61年11月1日　本州化学工業取締役相談役　→83/87

柳下　一郎　やぎした・いちろう　～平成21年3月24日　青い鳥絵本の家店主　→09/11

柳下　兵治　やぎした・ひょうじ　明治44年2月25日～平成10年1月4日　東洋紡常務，芝川社長　→97/99

柳下　福三郎　やぎした・ふくさぶろう　大正11年10月13日～平成19年2月5日　神奈川県議（公明党）　→06/08

柳下　昌男　やぎした・まさお　～昭和44年10月21日　原子力研理事　→昭和

柳沼　右内　やぎぬま・うない　明治45年7月26日～平成7年11月18日　柳沼プレス工業会長　→94/96

柳沼　忠　やぎぬま・ただし　～昭和60年12月23日　富国生命保険監査役　→83/87

八木橋　宏純　やぎはし・ひろずみ　昭和18年3月18日～平成23年1月8日　八木橋社長，熊谷商工会議所副会頭　→09/11

八木原　正三　やぎはら・しょうぞう　～平成3年2月3日　三菱金属鉱業（のち三菱マテリアル）取締役　→91/93

柳生　淳蔵　やぎゅう・じゅんぞう　大正9年9月8日～平成5年6月29日　新阪急ホテル常務　→91/93

柳生　迪　やぎゅう・すすむ　大正3年8月6日～昭和60年8月15日　コロナ電気社長，勝田商工会議所副会頭，茨城工業人クラブ幹事　→83/87

柳生　種治良　やぎゅう・たねじろう　～昭和59年6月26日　久保田鉄工取締役　→83/87

柳生　俊久　やぎゅう・としなか　慶応3年3月・昭和16年2月5日　陸軍大佐，子爵　貴院議員　→昭和（やぎゅう・としひさ）

夜久　達治　やく・たつじ　～平成5年12月23日　郡是製糸（のちグンゼ）取締役　→91/93

薬師川　秀三郎　やくしがわ・ひでさぶろう　～昭和63年1月12日　高島屋取締役　→88/90

薬師司　和寿　やくしじ・かずとし　大正4年7月14日～昭和61年10月12日　大分県中小企業団体中央会長，米庄石灰工業会長　→83/87

薬師寺　克一　やくしじ・かついち　昭和8年2月15日～平成16年3月7日　目黒区長　→03/05

薬師寺　清司　やくしじ・きよし　大正4年～平成13年11月16日　愛媛県参与，愛媛県立果樹試験場長　→00/02

薬師寺　志光　やくしじ・しこう　明治22年4月9日～昭和59年7月23日　弁護士，法政大学名誉教授　→83/87

薬師寺　尊正　やくしじ・たかまさ　～昭和60年12月8日　弁護士　目黒区法曹会（東京都）会長　→83/87

薬師寺　章男　やくしじ・ゆきお　大正8年12月6日～平成6年12月4日　井関農機常務　→94/96

薬師神　岩太郎　やくしじん・いわたろう　明治22年2月～昭和28年8月27日　衆院議員（自由党）　→昭和（やくしがみ・いわたろう）

薬師神　利晴　やくしじん・としはる　～平成13年9月9日　海将　海上自衛隊呉地方総監　→00/02

矢口　洪一　やぐち・こういち　大正9年2月20日～平成18年7月25日　最高裁長官　→06/08

矢口　幸次　やぐち・こうじ　～昭和58年11月4日　桜村（茨城県）村長　→83/87

矢口　錝一郎　やぐち・そういちろう　明治44年5月9日～平成8年9月23日　東京船舶社長，日本郵船取締役　→94/96

谷口　武雄　やぐち・たけお　明治40年8月25日～昭和63年10月24日　衆院議員（国民協同党）　→88/90

矢口　治秀　やぐち・はるひで　昭和6年～平成3年9月1日　中央スバル自動車監査役　→91/93

矢口　三芳　やぐち・みよし　大正6年8月10日～平成5年11月16日　オリンパス光学工業取締役　→91/93

矢口　麓蔵　やぐち・ろくぞう　～平成2年8月13日　駐キューバ大使　→88/90

弥久保　清　やくぼ・きよし　～平成9年8月19日　コロナ常務　→97/99

役山　礼子　やくやま・れいこ　昭和2年1月25日～昭和62年3月25日　日本リウマチ友の会理事長　→83/87

矢倉　一郎　やぐら・いちろう　～昭和45年5月28日　総理府恩給局長　→昭和

矢倉　甚兵衛　やぐら・じんべえ　大正3年7月24日～昭和62年7月20日　日本林業同友会副会長，日本林業経営者協会理事　→83/87

矢倉　林三　やぐら・りんぞう　～昭和62年8月23日　日商（のち日商岩井）常務　→83/87

矢後　一郎　やご・いちろう　～昭和63年2月14日　高岡牛乳商工業協同組合相談役　→88/90

野吾　繁夫　やご・しげお　～昭和60年10月28日　クロバー薬品商会代表　→83/87

家後　修二郎　やご・しゅうじろう　明治41年10月30日～昭和58年8月7日　北海タングステン工業会長，東邦金属会長　→83/87

矢後　利秋　やご・としあき　明治35年1月14日～昭和7年5月23日　労働運動家　→昭和

八子　幸男　やこ・ゆきお　昭和14年6月4日～平成22年10月26日　安田信託銀行専務　→09/11

矢後　嘉蔵　やごう・かぞう　明治33年9月25日～昭和59年3月24日　労働運動家，政治家　全日農富山県連合会会

長, 衆院議員（社会党） →83/87

谷古宇 甚三郎　やこう・じんざぶろう　昭和2年4月25日
～平成17年12月1日　埼玉県議　→03/05

矢越 幸穂　やごし・ゆきほ　～平成3年7月11日
ボイラクレーン安全協会顧問　→91/93

矢坂 啓一　やさか・けいいち　～平成8年11月12日
東京ガス専務　→94/96

八坂 善一郎　やさか・ぜんいちろう　明治28年1月23日
～昭和55年8月29日　衆議院議員（民主党），杵築市長　→80/82

八坂 允　やさか・まこと　昭和12年5月1日～平成17年9月13日　朝日新聞取締役　→03/05

矢崎 勲　やざき・いさお　大正12年8月30日～平成9年11月7日　大昭和製紙副社長　→97/99

矢崎 一郎　やざき・いちろう　明治45年2月7日～平成11年4月16日　ソーダニッカ社長　→97/99

矢崎 市朗　やざき・いちろう　昭和4年6月15日～平成13年3月30日　農林水産省東北農政局長　→00/02

矢崎 健哉　やざき・けんや　大正12年1月16日～平成15年1月19日　北越メタル専務　→03/05

矢崎 貞美　やざき・さだみ　～昭和49年8月27日
矢崎総業社長　→昭和

矢崎 千里　やざき・せんり　明治38年1月10日～平成3年3月26日　理研ビタミン社長　→91/93

矢崎 摠治　やざき・そうじ　～昭和39年9月1日　帝国化工監査役　→昭和

矢崎 孝　やざき・たかし　～昭和62年5月3日
矢崎芸能社長　→83/87

矢崎 貞次　やざき・ていじ　大正10年3月8日～平成8年1月15日　大東信用金庫会長　→94/96

矢崎 照子　やざき・てるこ　～昭和60年6月30日
矢崎総業取締役　→83/87

矢崎 信義　やざき・のぶよし　～平成19年12月1日
北沢バルブ常務　→06/08

矢崎 憲正　やざき・のりまさ　大正2年5月4日～平成16年1月13日　弁護士，広島高裁長官，東洋大学教授　→03/05

矢崎 久雄　やざき・ひさお　大正5年7月8日～平成19年4月12日　税理士，矢崎会計事務所長，全国納税貯蓄組合連合会名誉会長，練馬区議　→06/08

矢崎 等　やざき・ひとし　昭和9年10月15日～平成10年12月1日　キッツ副会長　→97/99

矢崎 正治　やざき・まさはる　明治38年9月23日～平成7年1月1日　大衆書房代表取締役会長，岐阜県書店組合理事長　→94/96

矢崎 宗人　やざき・むねと　大正5年7月24日～平成3年1月5日　三興製紙社長　→91/93

矢崎 元一　やざき・もとかず　昭和14年4月1日～平成18年2月28日　日化化薬常務　→06/08

矢崎 寧　やざき・やすゆき　～昭和60年10月30日

日本出版社社長　→83/87

矢崎 芳実　やざき・よしみ　大正1年10月20日～平成5年3月28日　矢崎化工会長　→91/93

八里 陞一　やさと・しょういち　昭和7年5月8日～平成18年1月27日　日本酸素常務　→06/08

矢沢 昭夫　やざわ・あきお　昭和9年9月3日～平成18年11月3日　東映常務　→06/08

矢沢 恒雄　やざわ・つねお　明治44年11月29日～平成6年5月17日　加須市長　→94/96

矢沢 英明　やざわ・ひであき　大正3年5月～平成5年9月17日　ダルトン会長，日本科学機器団体連合会長　→91/93

矢沢 英雄　やざわ・ひでお　大正7年7月23日～平成17年2月4日　ダルトン社長　→03/05

矢沢 弘之　やざわ・ひろゆき　昭和7年7月18日～昭和63年5月10日　イーグル工業取締役　→88/90

矢沢 光弘　やざわ・みつひろ　昭和6年11月3日～平成2年9月25日　関電工取締役　→88/90

谷治 利貞　やじ・としさだ　明治40年4月28日～平成12年10月3日　三進製作所社長，新潟三進製作所会長　→00/02

安士 正男　やし・まさお　大正2年3月20日～平成8年1月12日　日本化学工業常務　→94/96

屋敷 定雄　やしき・さだお　大正3年7月～昭和57年10月15日　前田金属工業社長　→80/82

屋敷 仙之輔　やしき・せんのすけ　～昭和60年1月1日
帝国石油社長　→83/87

谷敷 寛　やしき・ひろし　大正6年11月17日～平成21年5月1日　科学技術庁振興局長，日揮副社長，中小企業信用保険公庫総裁　→09/11

矢下 治蔵　やした・じぞう　～昭和46年4月19日
日本停車場社長　→昭和

矢柴 信雄　やしば・のぶお　明治42年3月10日～平成15年2月6日　神奈川県副知事　→03/05

矢島 敦夫　やじま・あつお　昭和14年1月10日～平成23年9月2日　日本鋼管副社長　→09/11

矢島 一郎　やじま・いちろう　～平成1年7月25日
(株)アキヤマ機械東日本サービスセンター社長　→88/90

矢島 英一　やじま・えいいち　大正4年9月25日～平成10年2月10日　明治機械専務　→97/99

矢島 清文　やじま・きよぶみ　大正2年9月21日～平成2年3月12日　神官　日光東照宮相談役・元権宮司　→88/90

矢島 均平　やじま・きんへい　昭和5年8月31日～平成17年9月6日　旭光学工業常務　→03/05

矢島 栄　やじま・さかえ　明治43年7月26日～昭和63年5月21日　朝日生命保険常務　→88/90

矢島 貞雄　やじま・さだお　大正12年3月10日～平成13年11月18日　信濃毎日新聞社長　→00/02

八島 三郎　やしま・さぶろう　～平成8年4月9日
佐賀地裁所長，広島地裁所長　→94/96

八嶋 三郎　やしま・さぶろう　～昭和43年6月3日

住宅金融公庫副総裁　→昭和

矢島 三郎　やじま・さぶろう　明治34年3月1日～平成2年1月29日　東洋棉花(のちトーメン)常務　→88/90

矢嶋 三策　やじま・さんさく　大正10年3月1日～平成20年10月26日　大阪商船三井船舶常務　→06/08

八島 舜一　やしま・しゅんいち　大正14年6月10日～平成3年12月7日　東邦チタニウム会長　→91/93

矢島 四朗　やじま・しろう　昭和5年9月25日～平成4年3月12日　大成建設取締役　→91/93

八嶋 進作　やしま・しんさく　明治40年11月21日～昭和63年2月22日　京王百貨店会長,高島屋常務　→88/90

矢島 末吉　やじま・すえきち　～昭和61年3月20日　日本火災海上保険常務　→83/87

矢島 せい子　やじま・せいこ　明治36年4月6日～昭和63年11月24日　障害者運動家　国民の足を守る中央会議会長,日本子どもを守る会副会長,障害者の生活と権利を守る全国連絡協議会会長　→88/90

矢島 武久　やじま・たけひさ　明治45年3月10日～平成2年6月22日　埼玉銀行専務,武州商事社長　→88/90

矢島 トキ　やじま・とき　明治35年～昭和60年3月19日　よし田(そば屋)女将　→83/87

矢嶋 浪江　やじま・なみえ　～平成2年9月27日　北海道民生委員連盟会長　→88/90

矢島 房次　やじま・ふさじ　明治38年2月23日～平成4年8月27日　第十実栄証券社長　→91/93

谷島 文雄　やじま・ふみお　～平成3年6月11日　東急建設専務　→91/93

矢島 文雄　やじま・ふみお　～昭和59年8月16日　サントリー大阪広報室長　→83/87

矢島 誠　やじま・まこと　～平成23年2月5日　ソーシャル・エコロジー・プロジェクト社長　→09/11

矢島 政吉　やじま・まさよし　大正8年11月30日～平成14年11月15日　昭和ゴム社長　→00/02

矢嶋 三義　やじま・みよし　明治44年11月16日～平成8年4月19日　参院議員(社会党)　→94/96

矢島 八洲夫　やじま・やすお　明治33年3月28日～昭和58年9月2日　朝日新聞社総務顧問,こどもの国協会理事　→83/87

谷島 勇作　やじま・ゆうさく　大正7年11月20日～平成5年3月3日　東急建設常任顧問　→83/87

八島 佑自　やしま・ゆうじ　昭和7年11月13日～平成4年11月4日　北海道新聞社長室企画委員　→91/93

矢島 寛　やじま・ゆたか　明治11年1月21日～平成6年6月20日　理想科学工業取締役　→88/90

矢島 好信　やじま・よしのぶ　大正6年5月27日～平成4年10月23日　大阪高裁判事　→88/90

八代 治　やしろ・おさむ　大正14年11月～平成3年11月6日　東芝物流相談役　→91/93

矢代 乙吉　やしろ・おときち　明治36年10月26日～平成1年9月9日　ヨシノヤ靴店会長,東京靴協会副会長　→88/90

八代 欽一　やしろ・きんいち　大正13年1月7日～平成3年5月19日　牧師　八代学院理事長・学長　→91/93

家城 宏一　やしろ・こういち　大正13年3月30日～平成13年12月3日　日本カーリット常務　→00/02

八代 崇　やしろ・たかし　昭和6年7月16日～平成9年3月12日　日本聖公会主座主教　→97/99

矢代 寿夫　やしろ・としお　明治42年12月23日～昭和58年5月23日　岡本理研ゴム副社長　→83/87

矢代 利則　やしろ・としのり　昭和2年2月2日～平成1年2月15日　弁護士　大阪高裁判事　→88/90

屋代 春雄　やしろ・はるお　大正3年3月1日～平成3年2月24日　最高検検事,鹿児島地検検事正　→91/93

屋代 治三郎　やしろ・はるさぶろう　大正6年4月10日～昭和59年3月16日　住友商事監査役・元副社長　→83/87

八代 斌助　やしろ・ひんすけ　明治33年3月3日～昭和45年10月10日　キリスト教伝道者　日本聖公会主教　→昭和

屋代 文太郎　やしろ・ぶんたろう　明治42年10月27日～昭和63年5月14日　宮城県会議長,やしろ商事社長　→88/90

八代 祐太郎　やしろ・ゆうたろう　慶応3年4月29日～昭和32年9月30日　実業家　敷島紡績社長　→昭和

屋代 芳郎　やしろ・よしろう　大正5年3月11日～平成1年9月27日　中央信託銀行常務　→88/90

八代 六郎　やしろ・ろくろう　安政7年1月3日～昭和5年6月30日　海軍大将,男爵　海相,枢密顧問官　→昭和

安 一郎　やす・いちろう　～平成3年6月14日　茨城県議　→91/93

矢頭 憲治　やず・けんじ　大正6年1月18日～平成4年2月27日　オリエンタルランド常務　→91/93

安 弘一郎　やす・こういちろう　明治45年2月7日～昭和61年7月17日　十字屋証券会長　→83/87

安 繁　やす・しげる　大正13年9月20日～平成19年12月25日　弁護士　沖縄弁護士会会長　→06/08

野洲 質　やす・ただし　昭和11年～昭和61年2月27日　小泉産業取締役財務本部長　→83/87

安 得三　やす・とくぞう　明治35年5月25日～平成5年7月22日　富士ランド会長,三井生命保険副社長　→91/93

矢津 則之　やず・のりゆき　昭和2年12月5日～平成21年3月3日　森永製菓常務　→09/11

谷津 真　やず・まこと　明治39年10月1日～平成5年3月17日　住友セメント常務,住友商事常務,住友機械工業(のち住友重機械工業)取締役　→91/93

安 昌克　やす・まさかつ　昭和11年5月1日～平成6年1月6日　鹿島取締役　→94/96

安井 朗　やすい・あきら　大正11年3月18日～平成11年10月24日　昭栄会長　→97/99

安井 一六　やすい・いちろく　～昭和60年5月7日　共和産業会長　→83/87

安井 英二　やすい・えいじ　明治23年9月18日〜昭和57年1月9日　文相、内相、貴院議員（勅選）　→80/82

安井 栄三　やすい・えいぞう　〜昭和40年4月3日　広島・仙台高検検事長　→昭和

安井 永三　やすい・えいぞう　大正6年10月7日〜平成1年1月26日　リンナイ監査役・元取締役　→88/90

安井 義一　やすい・ぎいち　大正6年1月1日〜平成6年7月27日　ブラザー工業専務、ブラザー販売監査役、日精工業取締役　→94/96

安居 喜造　やすい・きぞう　明治32年12月2日〜昭和58年9月30日　国鉄監査委員長、経団連顧問、東レ会長　→83/87

安井 金次郎　やすい・きんじろう　明治44年4月4日〜平成2年7月24日　安井製作所社長　→88/90

安井 桂三郎　やすい・けいざぶろう　〜平成1年12月29日　朝日新聞社常務　→88/90

安井 敬三　やすい・けいぞう　昭和20年10月25日〜平成5年11月3日　ブラザー工業取締役　→91/93

安井 謙　やすい・けん　明治44年3月22日〜昭和61年3月10日　参院議員（自民党）　→83/87

安井 玄純　やすい・げんじゅん　大正6年7月18日〜平成5年3月12日　僧侶　真言宗泉涌寺派宗務総長　→91/93

安井 健三　やすい・けんぞう　明治43年9月21日〜平成3年2月25日　ミヨシ油脂常務　→91/93

安居 香山　やすい・こうざん　大正10年7月24日〜平成1年7月20日　僧侶　大正大学学長　→88/90

安井 宰示　やすい・さいじ　大正10年3月23日〜平成5年11月18日　福助取締役　→91/93

安井 三郎　やすい・さぶろう　〜昭和56年4月6日　雪印食品副社長　→80/82

安井 実一　やすい・じついち　明治41年8月6日〜平成3年9月1日　ブラザー工業取締役相談役　→91/93

安井 駿二　やすい・しゅんじ　〜昭和60年4月17日　宮商事代表取締役　→83/87

安井 治郎　やすい・じろう　大正3年3月22日〜平成2年9月20日　安井家具会長、全国家具組合連合会会長　→88/90

安井 進一　やすい・しんいち　〜昭和55年12月11日　（社）産業公害防止協会中部支部事務局長、元名古屋通産局商工部次長　→80/82

安井 延　やすい・すすむ　昭和13年8月22日〜平成17年3月4日　名古屋市議（民主党）　→03/05

安井 誠一郎　やすい・せいいちろう　明治24年3月11日〜昭和37年1月19日　東京都知事、衆院議員（自民党）　→昭和

安井 清二　やすい・せいじ　〜平成8年5月15日　安井製作所専務　→94/96

安井 善之助　やすい・ぜんのすけ　〜昭和62年4月3日　朝日新聞社旧友・元名古屋支社社会部長　→83/87

安井 荘次郎　やすい・そうじろう　〜昭和3年10月30日　飛行家　二等飛行士　→昭和（やすい・しょうじろう）

安井 大吉　やすい・だいきち　明治24年2月〜昭和43年8月17日　衆院議員（自民党）　→昭和

安井 武二　やすい・たけじ　〜昭和28年10月2日　岡山県農工頭取　→昭和

安井 正　やすい・ただし　〜昭和2年3月4日　大阪名望家　→昭和

安井 正　やすい・ただし　大正8年12月14日〜平成17年8月21日　三菱信託銀行社長　→03/05

安井 辰男　やすい・たつお　〜昭和55年11月14日　三井西日本埠頭社長、元三井鉱山取締役　→80/82

安居 勤　やすい・つとむ　明治40年9月21日〜昭和63年4月2日　日本毛織取締役、尾西毛糸紡績社長　→88/90

安井 常義　やすい・つねよし　明治42年1月3日〜平成12年10月10日　神奈川県副知事　→00/02

安井 藤治　やすい・とうじ　明治18年10月11日〜昭和45年7月9日　陸軍中将　国務相　→昭和

安井 友七　やすい・ともしち　〜昭和37年3月11日　ブラザー精密工業社長　→昭和

安井 知正　やすい・ともまさ　昭和6年11月10日〜平成11年3月13日　ブラザー工業副社長　→97/99

安井 博恵　やすい・はくえ　〜平成15年2月12日　北海道出納長　→03/05

安井 治雄　やすい・はるお　昭和7年2月11日〜平成15年10月30日　ユニー社長　→03/05

安井 久　やすい・ひさし　〜昭和56年6月23日　公安調査庁近畿公安調査局長　→80/82

保井 寿　やすい・ひさし　〜昭和57年3月22日　山下新日本汽船常務　→80/82

安井 博和　やすい・ひろかず　昭和10年12月2日〜平成14年4月14日　兵庫県但馬長寿の郷名誉総長　→00/02

安井 熙　やすい・ひろし　昭和7年6月19日〜平成7年10月4日　産興取締役　→94/96

安井 誠　やすい・まこと　大正15年5月19日〜平成9年3月11日　東邦生命保険会長、大蔵省証券局長　→97/99

安井 昌徳　やすい・まさのり　昭和2年2月18日〜平成23年3月3日　東亜電波工業社長　→09/11

安井 正己　やすい・まさみ　〜平成4年2月14日　気象庁次長、第五管区海上保安本部長　→91/93

安井 正幸　やすい・まさゆき　大正13年4月1日〜平成6年11月16日　日中友好協会顧問、東方書店会長　→94/96

安井 正義　やすい・まさよし　明治37年4月5日〜平成2年8月23日　ブラザー工業社長　→88/90

安井 優　やすい・まさる　〜昭和56年1月5日　宮崎県議会議員（社会党）　→80/82

安井 通夫　やすい・みちお　〜昭和58年3月31日　三井銀行監査役　→83/87

安井 道弥　やすい・みちや　大正12年10月27日〜昭和60

年12月27日　古林紙工監査役・元常務　→83/87

安井 光雄　やすい・みつお　昭和4年10月25日～平成4年12月14日　カトリック司祭　上智大学法学部法律学科教授、日本カトリック教会仙台司教区司祭　→91/93

安井 保門　やすい・やすかど　～平成6年1月3日　海軍大佐　旧海軍広島原爆調査団長　→94/96

安井 康晴　やすい・やすはる　大正4年1月13日～平成6年5月23日　富士機械製造会長　→94/96

安井 之雄　やすい・ゆきお　明治42年3月15日～平成10年8月3日　キューピー醸造会長、日本発明振興協会監事　→97/99

安井 洋一　やすい・よういち　昭和8年6月15日～平成13年10月1日　イトマン専務、永昌不動産社長　→00/02

安井 快之　やすい・よしゆき　明治41年8月12日～平成4年9月30日　大和銀行専務、野村貿易社長　→91/93

安井 竜馬　やすい・りゅうま　昭和9年～平成6年3月19日　大阪屋取締役　→94/96

安江 達　やすえ・いたる　～平成13年9月5日　東芝精機（のち芝浦メカトロニクス）常務　→00/02

安江 一馬　やすえ・かずま　明治40年1月14日～昭和61年11月11日　商工中金理事、ヤンマーディーゼル取締役　→83/87

安江 幹　やすえ・もとい　昭和4年6月29日～平成19年9月21日　大同特殊鋼会長　→06/08

安江 保蔵　やすえ・やすぞう　～昭和55年1月3日　大熱海国際ゴルフ社長、東海銀行監査役　→80/82

安江 理一　やすえ・りいち　大正10年12月12日～昭和62年4月21日　高砂鉄工常務　→83/87

安江 力三　やすえ・りきぞう　～昭和56年10月12日　日本発条副社長、日本リクライニングシート会社副社長　→80/82

安岡 健　やすおか・けん　昭和8年8月14日～平成16年12月4日　日本農薬常務　→03/05

安岡 三四郎　やすおか・さんしろう　大正8年5月1日～昭和59年1月22日　弁護士　高知県教育長、高知県交通社長　→83/87

保岡 武久　やすおか・たけひさ　明治35年11月25日～昭和58年2月7日　衆議院議員（自民党）　→83/87

安岡 哲三　やすおか・てつぞう　明治41年3月31日～平成12年2月2日　京都新聞専務　→00/02

安岡 一　やすおか・はじめ　明治42年8月18日～平成13年4月23日　高知県議（自民党）、高知県漁連会長　→00/02

安岡 裕幸　やすおか・ひろゆき　昭和19年5月24日～平成23年6月20日　NHK理事、郵政省貯金局長　→09/11

安岡 正明　やすおか・まさあき　大正15年12月7日～平成15年3月25日　長野銀行社長　→03/05

安岡 正豊　やすおか・まさとよ　～昭和63年8月7日　安岡圧延ロール機工業会長　→88/90

安岡 満彦　やすおか・みつひこ　大正9年5月5日～平成14年7月16日　最高裁判事　→00/02

安岡 保一　やすおか・やすいち　大正15年4月15日～平成3年5月10日　万有製薬監査役　→91/93

安川 敬一郎　やすかわ・けいいちろう　嘉永2年4月17日～昭和9年11月30日　実業家、政治家、男爵　安川財閥創立者、衆議院議員、貴院議員　→昭和

安川 敬二　やすかわ・けいじ　大正5年1月22日～平成21年7月10日　安川電機製作所社長　→09/11

安川 栄　やすかわ・さかえ　～平成13年11月14日　公害問題研究家　→00/02

安川 七郎　やすかわ・しちろう　大正6年11月21日～平成20年4月11日　国税庁長官、日本債券信用銀行頭取　→06/08

安川 清三郎　やすかわ・せいざぶろう　明治10年9月～昭和11年2月16日　実業家、男爵　明治鉱業社長、安川電機製作所創立者　→昭和

安川 第五郎　やすかわ・だいごろう　明治19年6月2日～昭和51年6月25日　実業家、財界人　安川電機製作所立者　→昭和

安川 壮　やすかわ・たけし　大正3年2月16日～平成12年6月17日　駐米大使　→00/02

安川 久一　やすかわ・ひさかず　明治45年3月30日～平成12年11月17日　大峰工業会長　→00/02

安川 寛　やすかわ・ひろし　明治36年1月12日～平成11年2月18日　安川電機名誉会長、北九州商工会議所名誉会頭　→97/99

安川 洋　やすかわ・ひろし　大正3年9月28日～平成6年11月10日　松下電器産業副社長　→94/96

安川 雄之助　やすかわ・ゆうのすけ　明治3年4月4日～昭和19年2月13日　実業家　三井物産筆頭常務、東レ会長　→昭和

保川 遜　やすかわ・ゆずる　大正4年3月6日～平成9年12月11日　会計検査院事務総局次長　→97/99

安川 義夫　やすかわ・よしお　大正11年6月24日～平成11年9月29日　新潟工事社長、新潟鉄工所取締役　→97/99

八杉 正二　やすぎ・しょうじ　大正2年2月21日～平成10年6月4日　共同石油副社長　→97/99

八杉 直　やすぎ・なおし　～昭和25年6月22日　三菱銀行常務　→昭和

安口 吉三郎　やすぐち・きちさぶろう　～昭和58年10月27日　日清製粉取締役、日清ハム社長　→83/87

安国 幸左衛門　やすくに・こうざえもん　～昭和24年5月12日　神戸市公安委員　→昭和

安雲 毅　やすくも・たけし　大正10年5月15日～平成21年7月10日　新川会長　→09/11

安蔵 弥輔　やすくら・やすけ　～昭和38年1月20日　東電会長　→昭和

安河内 麻雄　やすこうち・あさお　大正5年5月23日～平成7年12月31日　鉄建建設常務　→94/96

安河内 麻吉　やすこうち・あさきち　明治6年4月15日～昭和2年7月15日　広島県知事、内務次官　→昭和

安河池 鹿男　やすこうち・しかお　～平成5年11月27日　イトーキ常務　→91/93

安沢 禎三良　やすざわ・ていざぶろう　～昭和61年1月17日　市田常務, イズミヤ常務　→83/87

安嶋 高行　やすじま・たかゆき　明治25年1月12日～昭和44年6月12日　労働運動家　→昭和

安嶋 外喜雄　やすじま・ときお　～昭和55年11月18日　リコー光学顧問, 元リコー取締役　→80/82

安住 清　やすずみ・きよし　大正7年8月28日～平成15年1月16日　東急車輛製造社長　→03/05

安田 伊左衛門　やすだ・いざえもん　明治5年7月～昭和33年5月18日　日本中央競馬会理事長, 衆院議員(憲政会), 貴院議員(勅選)　→昭和

安田 力　やすだ・いさお　明治7年3月19日～昭和37年10月1日　僧侶, 教育者　真宗大谷派宗務総長, 東海同朋大学初代学長　→昭和

安田 梅吉　やすだ・うめきち　明治41年1月30日～平成8年12月10日　大日本土木名誉会長　→94/96

安田 叡　やすだ・えい　～昭和62年6月16日　弁護士　自由法曹団常任幹事　→83/87

保田 英一　やすだ・えいいち　明治36年9月28日～平成11年6月16日　大阪商船三井船舶副社長　→97/99

安田 勝平　やすだ・かつひら　昭和7年8月16日～平成16年2月1日　岩手県警本部長　→03/05

安田 兼人　やすだ・かねと　～昭和14年9月6日　陸軍騎兵大佐　→昭和

安田 義一　やすだ・ぎいち　～昭和51年3月24日　片倉工業社長　→昭和

安田 幾久男　やすだ・きくお　明治33年4月7日～昭和53年2月19日　日本軽金属社長　→昭和

安田 清　やすだ・きよし　明治39年5月6日～平成5年12月26日　東日本建設業保証顧問, 調達庁(のち防衛施設庁)長官　→91/93

安田 貴六　やすだ・きろく　大正1年10月21日～昭和59年10月9日　衆院議員(自民党)　→83/87

安田 欣一　やすだ・きんいち　大正6年8月31日～平成11年1月21日　三菱製紙専務　→97/99

安田 銀治　やすだ・ぎんじ　昭和7年～平成1年12月3日　ギンジコーポレーション社長, カジノ・アラジンホテル(米国)オーナー　→88/90

安田 楠雄　やすだ・くすお　明治36年2月14日～平成7年11月30日　安田銀行(のち富士銀行)取締役, 千葉興業銀行取締役　→94/96

保田 虔　やすだ・けん　～昭和62年4月2日　日本精鉱会長, 日本鉱業監査役　→83/87

安田 謙治　やすだ・けんじ　大正5年3月～昭和62年6月1日　駐コートジボアール大使　→83/87

安田 源太郎　やすだ・げんたろう　昭和5年1月1日～平成1年12月27日　東亜ペイント専務　→88/90

安田 孝次郎　やすだ・こうじろう　～平成15年3月6日　大丸監査役　→昭和

安田 貞栄　やすだ・さだえ　大正6年12月15日～平成1年11月20日　境港市長　→88/90

安田 貞雄　やすだ・さだお　～平成6年5月9日　安田建設会長　→94/96

安田 三郎　やすだ・さぶろう　～昭和40年1月11日　中滝製薬常務　→昭和

安田 茂男　やすだ・しげお　～昭和57年11月28日　安田火災海上保険元取締役　→80/82

保田 重貞　やすだ・しげさだ　～昭和55年2月6日　国際電信電話(KDD)秘書室付(前社長室付)参与　→80/82

保田 修三　やすだ・しゅうぞう　昭和2年5月21日～平成6年2月2日　衆院議員(社会党)　→94/96

保田 醇一　やすだ・じゅんいち　明治41年12月4日～平成15年4月28日　日本輸送機専務　→03/05

保田 俊一郎　やすだ・しゅんいちろう　～昭和55年8月16日　松原市長　→80/82

安田 純吉　やすだ・じゅんきち　～昭和57年12月14日　住友海上火災保険取締役　→80/82

安田 丈一　やすだ・じょういち　明治44年12月4日～昭和58年1月18日　伊勢丹監査役　→83/87

安田 四郎　やすだ・しろう　昭和10年8月31日～平成2年9月26日　ユニ・チャーム取締役　→88/90

安田 志郎　やすだ・しろう　大正15年6月21日～平成元年7月31日　読売新聞北陸支社長　→09/11

保田 四郎　やすだ・しろう　大正11年2月24日～平成1年8月13日　北海道さんま漁業協会会長理事, 全国さんま漁業調整組合副理事長　→88/90

安田 次郎　やすだ・じろう　明治8年10月23日～昭和24年11月20日　台湾銀行頭取　→昭和

安田 誠一　やすだ・せいいち　明治29年10月30日～昭和58年9月17日　日本建築材料協会理事長　→83/87

安田 誠三　やすだ・せいぞう　明治36年10月1日～昭和60年6月13日　大日本農会会長, 農林水産奨励会会長　→83/87

安田 善一郎　やすだ・ぜんいちろう　～昭和43年4月5日　食糧庁長官　→昭和

安田 善五郎　やすだ・ぜんごろう　～昭和38年1月10日　安田銀行頭取　→昭和

安田 善三郎　やすだ・ぜんざぶろう　明治3年10月15日～昭和5年1月9日　実業家　安田財閥総帥, 貴院議員　→昭和

安田 善四郎　やすだ・ぜんしろう　～昭和12年10月8日　安田保善社理事　→昭和

安田 善次郎(2代目)　やすだ・ぜんじろう　明治12年3月7日～昭和11年11月23日　実業家　安田保善社総長, 安田銀行頭取　→昭和

保田 宗治郎　やすだ・そうじろう　～昭和32年8月16日　日産化学副社長　→昭和

安田 大蔵　やすた・だいぞう　大正4年11月5日～平成15年4月16日　東京銀行専務　→03/05

安田 隆明　やすた・たかあき　大正5年9月17日～平成21年7月20日　参院議員（自民党）,科学技術庁長官,石川県副知事　→09/11

安田 隆　やすだ・たかし　昭和7年10月15日～平成11年8月9日　福田組副社長　→97/99

安田 武夫　やすだ・たけお　大正3年11月15日～平成2年10月24日　安田信託銀行常務　→88/90

安田 武雄　やすだ・たけお　～昭和39年3月23日　陸軍中将　→昭和

安田 武雄　やすだ・たけお　大正1年12月26日～平成3年12月8日　阪急百貨店常勤監査役,阪急共栄物産専務　→91/93

保田 立男　やすだ・たつお　明治43年9月～昭和58年2月7日　高等海難審判庁長官,海難審判協会理事　→83/87

安田 継男　やすだ・つぎお　明治40年12月14日～平成9年7月28日　東京生命保険常務　→97/99

安田 月二　やすだ・つきじ　大正12年7月2日～平成4年2月14日　村田製作所常務　→91/93

安田 恒造　やすだ・つねぞう　大正5年9月13日～平成3年4月25日　東海土地建物相談役,大日本土木常務　→91/93

安田 銕之助　やすだ・てつのすけ　明治22年12月24日～昭和24年3月19日　陸軍中佐,国家主義運動家　→昭和

安田 敏夫　やすだ・としお　大正7年9月15日～昭和63年2月23日　安田電機暖房相談役・元社長,大垣ライオンズクラブ会長　→88/90

安田 敏雄　やすだ・としお　明治42年8月～昭和52年9月27日　参院議員（社会党）　→昭和

安田 敏雄　やすだ・としお　～平成10年1月24日　オール日本スーパーマーケット協会専務理事　→97/99

保田 敏郎　やすだ・としお　～昭和56年6月18日　日本エラストラン前社長　→80/82

安田 敏文　やすだ・としふみ　～昭和57年5月26日　福岡証券取引所専務理事　→80/82

安田 富次　やすだ・とみじ　～平成5年3月28日　久保田鉄工（のちクボタ）取締役　→91/93

保田 二吉　やすだ・にきち　明治34年1月11日～平成2年6月7日　広島合同貯蓄銀行（のち広島銀行）取締役　→88/90

安田 登　やすだ・のぼる　昭和5年8月20日～平成12年1月28日　近鉄不動産専務　→00/02

安田 一　やすだ・はじめ　明治40年4月14日～平成3年3月26日　実業家　安田生命保険取締役会長,安田銀行会長　→91/93

安田 甫　やすだ・はじめ　昭和9年2月4日～平成17年1月30日　米常商事社長　→03/05

保田 八郎　やすだ・はちろう　～昭和60年9月22日　保田鉄工所社長　→83/87

安田 久子　やすだ・ひさこ　大正2年9月15日～昭和63年10月28日　たい家社長　→88/90

安田 弘　やすだ・ひろし　大正13年5月11日～平成16年1月15日　弁護士　九州国際大学理事長,安田法律事務所長,福岡県弁護士会会長　→03/05

安田 博　やすだ・ひろし　大正3年9月26日～昭和56年4月22日　大阪ガス社長　→80/82

安田 博　やすだ・ひろし　～平成23年6月9日　城南信用金庫常務理事　→09/11

安田 誠　やすだ・まこと　昭和25年1月7日～平成6年4月25日　新潟県議（社会党）　→94/96

安田 正夫　やすだ・まさお　～平成6年4月20日　興和紡績専務　→94/96

安田 正　やすだ・まさし　大正2年11月5日～平成5年3月4日　石原産業副社長　→91/93

安田 柾　やすだ・まさし　～昭和24年3月22日　大連汽船社長　→昭和（やすだ・まさ）

安田 正治　やすだ・まさはる　大正14年3月3日～平成11年2月8日　大平正芳首相秘書,伊東正義首相臨時代理秘書官　→97/99

安田 昌弘　やすだ・まさひろ　昭和11年8月19日～昭和63年11月17日　春本鉄工所取締役　→88/90

安田 正義　やすだ・まさよし　～昭和47年11月20日　北海道拓銀常務　→昭和

安田 昌　やすだ・まさる　明治12年12月～昭和6年10月27日　明治製糖常務　→昭和（やすだ・しょう）

安田 幹太　やすだ・みきた　明治33年1月2日～昭和62年5月16日　弁護士　衆院議員（社会党）,八幡大学学長　→83/87

安田 道夫　やすだ・みちお　大正10年2月10日～平成9年8月14日　札幌高検検事長　→09/11

安田 道直　やすだ・みちなお　明治43年7月21日～平成5年1月28日　弁護士　福岡地検検事正　→91/93

安田 美代造　やすだ・みよぞう　～昭和12年3月2日　高山商工会議所副会頭　→昭和

安田 宗次　やすだ・むねつぐ　明治37年6月28日～昭和58年8月25日　弁護士　武蔵野証券常務　→83/87

安田 基隆　やすだ・もとたか　大正9年～平成11年6月27日　医師　安田病院院長　→97/99

安田 安次郎　やすだ・やすじろう　明治41年6月15日～平成10年2月18日　NKK専務,東伸製鋼（のちトーア・スチール）社長　→97/99

安田 安之　やすだ・やすゆき　昭和22年～昭和47年5月30日　日本赤軍の活動家　→昭和

安田 優　やすだ・ゆたか　明治45年2月～昭和11年7月12日　陸軍砲兵少尉　二・二六事件の反乱将校の一人　→昭和

安田 良雄　やすだ・よしお　大正15年1月7日～平成16年9月6日　共同印刷専務　→03/05

安田 義守　やすだ・よしもり　～平成10年8月14日

やすた　　　　　　　　　　　　　　　　　　　　　　　　Ⅰ　政治・経済・社会篇

トリオ・ジャパン副会長　→97/99

安田 理貴子　やすだ・りきこ　明治42年〜昭和62年7月5日　社会運動家　→83/87

安田 理深　やすだ・りじん　明治33年〜昭和57年2月19日　僧侶(真宗大谷派)　相応学舎主幹,大谷大学教授　→80/82

安武 晃　やすたけ・あきら　〜昭和56年10月27日　ジャパンライン元副社長　→80/82

安武 勇男　やすたけ・いさお　〜昭和61年7月24日　西日本高圧瓦斯社長,大分アセチレン社長,玄海アセチレン社長　→83/87

安竹 一郎　やすたけ・いちろう　大正8年2月28日〜平成12年6月26日　朝日新聞監査役,大阪日刊スポーツ新聞社長　→00/02

安武 一夫　やすたけ・かずお　〜昭和55年3月7日　農林省福岡統計調査事務所長　→80/82

安武 国雄　やすたけ・くにお　明治41年5月15日〜平成2年3月28日　ブリヂストン取締役　→88/90

安武 生司　やすたけ・しょうじ　昭和7年4月29日〜平成15年4月24日　積水化学工業常務　→03/05

安武 敏夫　やすたけ・としお　大正12年9月28日〜平成14年4月29日　弁護士　龍谷大学名誉教授　→00/02

安谷 白雲　やすたに・はくうん　明治18年1月〜昭和48年3月28日　僧侶　三宝教団管長　→昭和

安近 勲治　やすちか・くんじ　明治41年9月14日〜平成4年2月6日　セントラル硝子常務　→91/93

安冨 栄一　やすとみ・えいいち　明治42年10月22日〜平成7年6月24日　第一セメント社長　→94/96

安冨 敬作　やすとみ・けいさく　明治37年5月5日〜昭和63年1月29日　弁護士　日本弁護士連合会副会長,関西大学顧問　→88/90

安冨 重文　やすとみ・しげふみ　昭和6年6月12日〜平成21年9月14日　鹿島建設専務　→09/11

安冨 毅　やすとみ・たけし　〜昭和55年4月19日　日本工営取締役　→80/82

保智 平八郎　やすとも・へいはちろう　〜昭和61年2月8日　日本郷友連盟常務理事　→83/87

安友 義明　やすとも・よしあき　大正10年5月25日〜平成15年3月25日　北海道共済農業協同組合連合会長　→03/05

安那 潔　やすな・きよし　大正6年7月15日〜昭和62年10月31日　伊藤万取締役　→83/87

安永 一雄　やすなが・かずお　明治42年1月1日〜平成11年4月23日　日本開発銀行理事,日本合成ゴム常務,日本原子力発電社長　→97/99

安永 和民　やすなが・かずたみ　大正5年1月19日〜平成1年7月21日　新日鉄化学工業社長　→88/90

安永 沢太　やすなが・さわた　明治29年3月8日〜平成7年7月24日　弁護士　佐賀県会議長　→94/96

安中 太吾　やすなか・たいご　〜昭和55年7月7日

北海道警捜査一課長　→80/82

安永 渡平　やすなが・とへい　〜昭和40年4月11日　八幡化学工業社長　→昭和

安永 豊人　やすなが・とよと　大正1年8月25日〜昭和63年11月2日　川上塗料社長,日本レザー工業社長　→88/90

安永 信行　やすなが・のぶゆき　昭和8年12月1日〜平成11年7月2日　日本冶金工業常務　→97/99

安永 英雄　やすなが・ひでお　大正9年2月21日〜平成15年6月8日　参院議員(社会党)　→03/05

安永 雅彦　やすなが・まさひこ　昭和19年5月18日〜平成18年6月29日　安永社長　→06/08

安永 稔　やすなが・みのる　大正7年4月8日〜平成14年5月5日　海将　海上自衛隊横須賀地方総監　→00/02

安永 宗明　やすなが・むねあき　明治29年11月5日〜平成3年7月13日　理化電機工業会長　→91/93

安永 祐一　やすなが・ゆういち　大正6年11月6日〜平成11年2月6日　安永会長　→97/99

安浪 栄基　やすなみ・えいき　明治44年10月8日〜平成6年9月7日　福岡放送　→94/96

安成 元三郎　やすなり・げんざぶろう　大正6年5月17日〜平成2年8月25日　水産経済新聞社長　→88/90

安野 実　やすの・みのる　昭和18年3月7日〜平成14年10月21日　島根県議(自民党),島根西いすゞモーター代表取締役　→00/02

安延 多計夫　やすのぶ・たけお　明治35年12月3日〜昭和60年1月13日　海軍大佐　→83/87

安場 忠雄　やすば・ただお　明治43年3月13日〜昭和58年4月11日　東洋ゴム工業常務　→83/87

安場 保穂　やすば・やすお　〜昭和51年5月6日　海軍中将　→昭和

安場 保国　やすば・やすくに　〜昭和38年9月12日　山陽パルプ副社長　→昭和

安原 仁兵衛　やすはら・にへえ　明治7年10月〜昭和6年8月6日　衆院議員(政友会)　→昭和(やすはら・じんべえ)

安原 美穂　やすはら・よしほ　大正8年1月2日〜平成9年3月20日　弁護士　国際研修協力機構理事長,検事総長　→97/99

安原 米四郎　やすはら・よねしろう　〜平成2年11月26日　全国銀行協会連合会事務局長,東京銀行会事務局長　→88/90

安平 鹿一　やすひら・しかいち　明治35年1月3日〜昭和42年1月17日　衆院議員(社会党)　→昭和

安平 政吉　やすひら・まさきち　明治28年9月29日〜昭和51年5月20日　弁護士　→昭和

安昼 正二　やすひる・しょうじ　昭和6年1月2日〜平成1年5月1日　ヒラボウ取締役,地産専務　→88/90

安広 伴一郎　やすひろ・ともいちろう　安政6年10月13日〜昭和26年5月27日　官僚　満鉄総裁,枢密顧問官,法制局長官　→昭和

I　政治・経済・社会篇　　　　　　　　　　　　　　　　　　　　　　　　　　　　　　　　やた

安福 数夫　やすふく・かずお　大正10年12月31日～平成2年3月21日　（社）漁業情報サービスセンター会長，水産庁次長　→88/90

安福 武之助　やすふく・たけのすけ　明治45年4月25日～平成10年1月17日　福寿酒造会長　→97/99

安福 正憲　やすふく・まさのり　昭和5年1月15日～昭和62年3月23日　サングルト社長，サンスター常務　→83/87

安間 哲男　やすま・てつお　昭和9年10月20日～平成15年8月19日　ヤスマ会長　→03/05

安間 洋一　やすま・よういち　明治17年9月7日～平成20年7月7日　アルプス物流社長　→06/08

安増 武雄　やすます・たけお　～昭和62年6月9日　福岡市議　→83/87

安増 武子　やすます・たけこ　～平成20年5月10日　東京大空襲記念 "平和のひろば" をつくる会代表　→06/08

安松 九一　やすまつ・くいち　明治22年3月16日～昭和46年11月2日　農民運動家　→昭和

安松 正三　やすまつ・しょうぞう　大正4年6月17日～平成10年6月27日　日本精工常務　→97/99

安松 延二　やすまつ・のぶじ　～昭和38年12月7日　因島市長　→昭和

矢住 清亮　やずみ・きよすけ　明治33年1月1日～平成1年5月31日　日東缶詰会長，日本農産缶詰工業組合理事長　→88/90

八角 三郎　やすみ・さぶろう　明治13年12月19日～昭和40年1月20日　海軍中将　衆院議員（政友会）　→昭和

安村 和雄　やすむら・かずお　明治43年10月7日～平成9年9月15日　東京高裁長官　→94/96

安村 勝明　やすむら・かつあき　大正5年4月6日～平成11年8月24日　日本酸素常務　→97/99

安村 慶次郎　やすむら・けいじろう　～平成2年2月11日　日立クレジット監査役　→88/90

安村 志朗　やすむら・しろう　大正11年12月22日～平成21年2月3日　士幌町農協（北海道）組合長　→09/11

安村 豊喜　やすむら・とよき　明治45年1月4日－平成3年3月11日　福岡県議，フクト会長　→03/05

安村 鴻　やすむら・ひとし　大正11年4月8日～平成18年2月23日　ダイハツ工業副社長　→06/08

安村 浩　やすむら・ひろし　～平成9年5月1日　キュウ・フォト・インターナショナル代表取締役　→97/99

安村 正人　やすむら・まさと　明治26年4月13日～昭和56年7月27日　萩市長　→80/82

安村 正信　やすむら・まさのぶ　大正1年～平成16年8月12日　キョクトウ創業者　→03/05

安村 義俊　やすむら・よしとし　大正1年9月25日～平成3年2月2日　山九専務　→91/93

安本 明治郎　やすもと・あけじろう　～昭和14年11月15日　三機工業社長　→昭和

安本 和夫　やすもと・かずお　明治43年11月7日～平成1年7月7日　トーメン社長　→88/90

安本 浩三　やすもと・こうぞう　明治41年4月12日～平成6年4月29日　大映副社長　→94/96

安本 太準　やすもと・たいじゅん　明治32年11月19日～平成2年2月13日　曹洞宗大本山永平寺顧問，万福寺住職，駒沢学園理事　→88/90

安元 忠男　やすもと・ただお　～昭和56年7月2日　久留米市教育長　→80/82

安元 司　やすもと・つかさ　明治44年12月9日～平成6年12月22日　九電工社長　→94/96

安元 年彦　やすもと・としひこ　明治42年6月1日～平成7年4月9日　関西電力常務，関電産業社長　→94/96

安本 雄三　やすもと・ゆうぞう　～平成11年7月27日　伏見信用金庫常務理事　→97/99

保本 幸宏　やすもと・よしひろ　昭和13年5月22日～平成5年5月24日　富士電機冷機常勤監査役　→91/93

安森 永一　やすもり・えいいち　大正3年4月2日～昭和62年6月8日　大永紙通商会長　→83/87

安盛 寿一　やすもり・としかず　大正13年4月28日～平成14年11月11日　大林組常務　→00/02

安吉 信治　やすよし・しんじ　大正11年2月17日～平成12年2月8日　北陸電力常務，日本海コンクリート工業社長　→00/02

安好 匠　やすよし・たくみ　大正15年8月11日～平成12年6月8日　神戸市収入役　→00/02

保良 光彦　やすら・みつひこ　昭和9年9月10日～平成15年1月10日　警察庁中国管区警察局長，長野県警本部長　→03/05

安楽岡 清造　やすらおか・せいぞう　～昭和57年5月15日　サッポロビール取締役　→80/82

安楽岡 洋二　やすらおか・ようじ　昭和8年1月31日～平成2年12月16日　新日軽専務　→88/90

八十島 健二　やそじま・けんじ　大正4年6月17日～平成9年9月15日　竹中工務店副社長　→97/99

八十島 耕作　やそじま・こうさく　明治32年9月7日～平成1年1月27日　三菱電線工業専務　→88/90

八十島 孝　やそじま・たかし　大正3年10月31日～昭和62年2月2日　八十島プロシード会長　→83/87

八十島 親義　やそしま・ちかよし　明治40年11月25日～平成2年6月11日　渋沢倉庫名誉会長，第一銀行常務　→88/90

八十島 満晴　やそしま・みつはる　～平成5年10月28日　日本火災海上保険監査役　→91/93

矢田 彰　やた・あきら　大正15年3月28日～平成6年5月3日　全日本労働同盟国民運動局長　→94/96

矢田 明　やだ・あきら　昭和2年9月18日～昭和53年5月5日　気象技術者　気象庁気象衛星室長　→昭和

谷田 一郎　やだ・いちろう　～平成3年3月2日　大一黄銅社長　→91/93

I 政治・経済・社会篇

矢田 七太郎　やだ・しちたろう　明治12年12月4日〜昭和32年3月1日　駐スイス大使、東亜同文書院大学学長　→昭和

矢田 正一　やだ・しょういち　大正11年12月22日〜平成14年5月14日　弁護士　日本弁護士連合会副会長、島根県選挙管理委員長　→00/02

矢田 精一　やだ・せいいち　昭和7年1月29日〜平成15年1月22日　協和醱酵副社長　→03/05

矢田 績　やだ・せき　萬延1年〜昭和15年3月25日　実業家　→昭和

矢田 達朗　やだ・たつろう　大正15年7月6日〜平成1年10月21日　評論家　産経新聞社販売局第三部長・横浜総局長　→88/90

矢田 恒久　やだ・つねひさ　明治36年8月13日〜平成3年12月27日　第一生命保険会長・社長　→91/93

矢田 長之助　やだ・ながのすけ　〜昭和15年11月27日　公使　日泰協会理事長　→昭和

矢田 英夫　やだ・ひでお　明治33年6月28日〜昭和60年11月9日　暁信用組合会長、東京都議、中央区(東京都)区議　→83/87

矢田 不二郎　やだ・ふじろう　〜昭和56年1月29日　大和生命社長　→80/82

矢田 平祐　やだ・へいすけ　大正14年12月〜昭和58年10月　自動車整備工場経営コンサルタント　丸紅モータース社長室付次長、東京自動車整備振興会経営委員　→83/87

谷田 由雄　やだ・よしお　明治33年5月14日〜昭和60年4月24日　東京ガイシ社長　→83/87

矢田 義男　やだ・よしお　大正9年5月6日〜平成8年12月7日　チタン工業社長　→94/96

矢田 義一　やだ・よしかず　昭和2年5月5日〜平成14年9月27日　太陽生命保険常務　→00/02

矢田 りう　やだ・りう　〜昭和5年2月1日　富山屋女将　→昭和

矢田貝 俊也　やたがい・しゅんや　大正9年8月16日〜平成15年9月30日　中電工社長、中国電力常務　→03/05

八谷 泰造　やたがい・たいぞう　明治39年12月14日〜昭和45年3月23日　実業家、化学技術者　日本触媒化学工業創業者　→昭和

八谷 徳三郎　やたがい・とくさぶろう　〜昭和57年4月14日　山下新日本汽船元常務　→80/82

八谷 政行　やたがい・まさゆき　〜昭和61年12月19日　メヂカルフレンド社相談役, 人物往来社社長　→83/87

八谷 芳裕　やたがい・よしひろ　大正3年1月1日〜平成8年5月27日　通産省鉱山保安局長、石炭鉱業合理化事業団副理事長　→94/96

谷田沢 正治　やたざわ・まさはる　大正14年9月11日〜平成18年11月11日　建設技術研究所会長　→06/08

弥谷 醇平　やたに・じゅんぺい　〜昭和47年6月4日　ニッカウ井スキー社長　→昭和

矢田部 章　やたべ・あきら　〜昭和48年7月15日　日本硝子社長　→昭和

谷田部 栄嗣　やたべ・たかあき　〜平成6年4月8日　東芝多摩川工場長、岩手東芝エレクトロニクス社長　→94/96

矢田部 俊彦　やたべ・としひこ　大正11年7月2日〜平成12年5月13日　OCC社長　→00/02

谷田部 友雄　やたべ・ともお　大正10年5月24日〜昭和63年5月16日　常陽銀行常務　→88/90

矢田部 良造　やたべ・りょうぞう　〜昭和12年12月8日　鉄道省経理局長　→昭和

矢地 広三　やち・こうぞう　大正10年7月3日〜平成18年3月19日　清水町(北海道)町長　→06/08

谷内 信雄　やち・のぶお　大正4年8月6日〜平成16年10月17日　厚真町(北海道)町長　→03/05

谷内 文雄　やち・ふみお　昭和12年8月29日〜平成22年8月26日　弁護士　福井弁護士会会長　→09/11

谷内田 進　やちだ・すすむ　〜昭和62年9月23日　千島歯舞諸島居住者連盟理事長、羅臼町(北海道)町長　→83/87

谷津 憲作　やつ・けんさく　明治16年10月〜平成4年7月24日　在米日系人の最高齢者　→91/93

谷井 正次郎　やつい・しょうじろう　〜昭和60年12月2日　芦森工業専務　→83/87

谷井 篤三　やつい・とくぞう　大正9年7月11日〜平成6年4月30日　能美防災会長　→94/96

八尾 甚吾　やつお・じんご　〜昭和63年11月7日　富中石油取締役　→88/90

八尾 高重　やつお・たかしげ　大正6年1月22日〜平成23年6月15日　婦中町(富山県)町長　→09/11

八塚 茂治　やつか・しげはる　明治42年〜平成12年5月5日　三菱電機副社長、三菱銀行常務　→00/02

矢次 一夫　やつぎ・かずお　明治32年7月5日〜昭和58年3月22日　労働運動家、政治家　国策研究会代表常任理事　→83/87

矢次 安久　やつぎ・やすひさ　明治40年3月30日〜平成13年2月1日　黒崎窯業専務　→00/02

八代 則彦　やつしろ・のりひこ　明治5年9月10日〜昭和31年7月7日　住友銀行会長　→昭和(やしろ・のりひこ)

八代 秀蔵　やつしろ・ひでぞう　大正9年8月30日〜平成9年5月23日　トックベアリング会長　→97/99

八塚 正三　やつづか・しょうそう　大正8年3月15日〜昭和63年7月13日　八塚商店福田合金所代表、八塚金属商事代表取締役社長　→88/90

八浪 嘉一　やつなみ・かいち　〜昭和60年10月27日　大阪銀行常務　→83/87

八並 武治　やつなみ・たけじ　明治10年12月4日〜昭和22年7月10日　衆院議員(民政党)　→昭和

八並 達雄　やつなみ・たつお　明治34年11月〜昭和56年6月5日　衆院議員(民主党)　→80/82

八並 太郎　やつなみ・たろう　〜昭和47年11月3日

東洋ファイバー社長　→昭和

八林 茂樹　やつばやし・しげき　大正2年～平成5年11月17日　東京光学機械(のちトプコン)常務　→91/93

八星 篤英　やつぼし・あつひで　～昭和9年12月20日　堺商工会議所顧問　→昭和

矢動丸 宏　やどうまる・ひろし　大正2年3月2日～平成11年8月7日　市民運動家、作家　佐世保19日市民の会代表　→97/99

弥富 啓之助　やとみ・けいのすけ　大正15年8月10日～平成12年12月19日　人院院総裁、衆議院事務総長　→00/02

弥富 武　やとみ・たけし　～昭和50年5月28日　東京建物社長　→昭和

弥富 徹　やとみ・とおる　昭和9年1月19日～平成4年7月13日　シーコム社長　→91/93

矢富 衛　やとみ・まもる　大正5年～平成10年3月26日　大阪チタニウム製造常務　→97/99

柳井 勇夫　やない・いさお　大正9年12月18日～平成11年9月13日　山口県議(自民党)　→97/99

柳井 至　やない・いたる　大正12年12月23日～平成9年4月30日　戸田建設副社長　→97/99

楊井 翁輔　やない・おうすけ　大正7年7月26日～昭和60年12月21日　東洋通信機取締役　→83/87

柳井 清澄　やない・きよずみ　大正5年5月18日～平成18年11月30日　プレス工業社長　→06/08

柳井 邦一　やない・くにいち　明治42年3月14日～平成14年8月20日　日本バルカー工業専務　→00/02

柳井 敬三　やない・けいぞう　明治43年1月2日～平成8年12月12日　鐘紡専務　→94/96

梁井 淳二　やない・じゅんじ　明治30年5月～昭和63年1月20日　衆議院議員(民主自由党)　→88/90

箭内 正五郎　やない・しょうごろう　明治37年1月7日～平成1年1月25日　福島民報社編集局長、全国はかり工業会長　→88/90

柳井 征也　やない・せいや　昭和12年9月10日～平成9年6月11日　東京相和銀行常務　→97/99

柳内 宗次　やない・そうじ　大正3年7月28日～平成13年2月12日　新栄堂書店会長　→00/02

矢内 忠志　やない・ただし　大正6年1月23日～平成4年5月5日　小柳証券(のち太平洋証券)副会長　→91/93

柳井 信司　やない・のぶし　～平成6年11月22日　協和銀行(のちあさひ銀行)監査役、ササキ日東企業監査役、川鉄機材工業専務　→94/96

柳井 恒夫　やない・ひさお　明治28年11月6日～昭和56年7月21日　外交官、弁護士　外務省条約局長　→80/82

柳井 等　やない・ひとし　大正8年7月28日～平成11年2月6日　ファーストリテイリング社長　→97/99

柳井 優　やない・まさる　明治35年6月5日～平成3年1月18日　東京ドーム取締役、日本勧業銀行副頭取　→91/93

矢内 保夫　やない・やすお　～昭和55年4月8日　パシフィック・コンサルタンツ顧問　→80/82

柳井 寧治　やない・やすはる　大正8年1月4日～平成3年3月29日　岡山県議(自民党)、成羽町商工会長　→91/93

楊井 勇三　やない・ゆうぞう　～昭和39年11月22日　沖電気社長　→昭和

矢内 豊　やない・ゆたか　大正9年2月27日～平成20年3月18日　三国コカ・コーラボトリング副社長　→06/08

柳井 豊　やない・ゆたか　明治42年10月12日～平成11年3月28日　三井生命保険常務　→97/99

柳浦 嘉紀　やなうら・よしき　昭和5年～昭和63年3月20日　北海道電力取締役道央支店長　→88/90

柳岡 秋夫　やなおか・あきお　大正11年10月12日～平成20年8月11日　参院議員(社会党)　→06/08

弥永 清　やなが・きよし　昭和4年1月2日～平成14年8月19日　西久大運輸倉庫会長、全国通運連盟副会長　→00/02

弥永 操　やなが・みさお　明治43年1月27日～昭和59年12月17日　トーエイ工業会長、エバ電子会長　→83/87

谷中 光雄　やなか・みつお　～昭和61年1月29日　栃木県中小企業団体中央会専務理事　→83/87

柳ケ瀬 宗左衛門　やながせ・そうざえもん　大正3年8月21日～平成4年3月8日　日本工営常務　→91/93

柳川 勲　やながわ・いさお　昭和10年～平成3年7月5日　クラボウ取締役　→91/93

柳川 覚治　やながわ・かくじ　大正15年4月24日～平成16年6月26日　参議院議員(自民党)　→03/05

柳川 勝二　やながわ・かつじ　～昭和14年1月9日　大審院部長　→昭和(やなかわ・かつじ)

柳川 了　やながわ・さとる　～昭和56年7月22日　ユニオン光学会長　→80/82

柳川 三郎　やながわ・さぶろう　明治39年3月18日～平成1年8月4日　安田火災海上保険常務　→88/90

柳川 周平　やながわ・しゅうへい　～昭和55年11月19日　日刊工業広告社顧問　→80/82

梁川 襄児　やながわ・じょうじ　～平成10年8月31日　日本コカ・コーラ副社長　→97/99

柳川 宗左衛門　やながわ・そうざえもん　明治28年7月～昭和53年11月8日　衆院議員(日本進歩党)、参院議員(緑風会)　→昭和

柳川 魏志　やながわ・たかし　～平成3年12月11日　亜細亜民族同盟名誉会長、柳川組組長　→91/93

柳川 武雄　やながわ・たけお　～平成1年3月5日　大阪工機監査役　→88/90

柳川 忠雄　やながわ・ただお　～昭和56年3月29日　タイガー魔法瓶工業常務　→80/82

柳川 正　やながわ・ただし　～平成9年12月31日　日産社副社長　→97/99

柳川 太郎　やながわ・たろう　明治41年10月1日～昭和60年8月11日　図書印刷社長,凸版印刷専務　→83/87

柳川 利昭　やながわ・としあき　～昭和57年10月27日

やなかわ　　　　　　　　　　　　　　　　　　　　　Ⅰ　政治・経済・社会篇

中国税理士会事務局長　→80/82

柳川 俊一　やながわ・としかず　昭和2年1月2日～平成19年3月16日　東京高裁部総括判事　→06/08

柳川 久雄　やながわ・ひさお　～昭和59年12月21日　全国樺太連盟会長　→83/87

柳川 平助　やながわ・へいすけ　明治12年10月2日～昭和20年1月22日　陸軍中将　司法相　→昭和

柳川 真佐夫　やながわ・まさお　～昭和61年4月15日　弁護士　東京高裁部総括判事　→83/87

柳川 正雄　やながわ・まさお　大正10年11月10日～平成8年7月23日　北陸電力常務, 北陸電気保安協会理事長　→94/96

柳川 昌勝　やながわ・まさかつ　～昭和46年1月4日　弁護士　東京高裁長官　→昭和

柳川 正美　やながわ・まさみ　大正9年2月7日～平成10年8月18日　鴻池組専務　→97/99

柳川 真文　やながわ・まふみ　明治36年3月21日～昭和60年12月6日　大阪高検検事長　→83/87

柳川 宗成　やながわ・むねなり　～昭和60年10月7日　陸軍大尉　インドネシア祖国防衛義勇軍教官　→83/87

柳 市三郎　やなぎ・いちさぶろう　～平成16年6月27日　福井テレビ放送常務　→03/05

柳 栄太郎　やなぎ・えいたろう　～平成1年2月15日　和歌山県議　→88/90

柳 音松　やなぎ・おとまつ　～昭和58年5月1日　武蔵野鉄工所会長　→83/87

柳 謙吾　やなぎ・けんご　～昭和61年4月12日　小郡市教育長　→83/87

柳 定男　やなぎ・さだお　昭和9年9月25日～平成11年6月27日　新潟県議（無所属）　→97/99

柳 繁成　やなぎ・しげなり　大正15年2月9日～平成15年12月5日　勝村建設専務　→03/05

柳 茂行　やなぎ・しげゆき　明治33年8月14日～昭和60年11月1日　有楽通信社相談役・元社長　→83/87

柳 茂　やなぎ・しげる　明治41年3月21日～昭和60年10月26日　東急車輛製造専務　→83/87

柳 荘太郎　やなぎ・そうたろう　～昭和13年11月21日　第一火災海上保険社長　→昭和

柳 太一　やなぎ・たいち　～昭和63年1月18日　豊寿園（特養老人ホーム）理事長, 厚田村（北海道）村長　→88/90

柳 武　やなぎ・たけし　～昭和46年6月6日　日本製鋼所社長　→昭和

柳 辰雄　やなぎ・たつお　明治45年6月5日～平成23年2月28日　菊姫合資会社無限責任社員会長　→09/11

柳 つる　やなぎ・つる　明治36年9月6日～平成2年2月24日　社会運動家　→88/90

柳 登　やなぎ・のぼる　～平成1年10月30日

税理士　島津興業監査役, 東京税理士会副会長　→88/90

柳 満珠雄　やなぎ・ますお　明治33年6月22日～昭和58年6月25日　三井銀行参与・元社長　→83/87

柳沢 厚　やなぎさわ・あつし　大正3年2月17日～昭和59年12月16日　海難審判協会理事長, 高等海難審判庁長官　→83/87

柳沢 勲　やなぎさわ・いさお　大正6年5月26日～平成15年12月21日　長野県議（県政会）, 篠ノ井市長　→03/05

柳沢 一郎　やなぎさわ・いちろう　大正6年8月3日～平成4年2月14日　柳沢印刷所所長, 長野県印刷工業組合顧問　→91/93

柳沢 一誠　やなぎさわ・いっせい　大正8年12月20日～平成21年6月13日　東亜建設工業専務　→09/11

柳沢 英蔵　やなぎさわ・えいぞう　明治40年10月22日～昭和59年8月22日　東北財務局長, 日本航空機製造取締役　→83/87

柳沢 喜四郎　やなぎさわ・きしろう　大正7年7月7日～平成6年7月23日　日本化学産業社長　→94/96

柳沢 キミ子　やなぎさわ・きみこ　～平成6年4月19日　ロイヤルフラワー名誉会長　→94/96

柳沢 鉱一　やなぎさわ・こういち　～昭和46年7月4日　横浜銀行頭取　→昭和

柳沢 五郎　やなぎさわ・ごろう　～昭和48年1月22日　京急観光社長　→昭和

柳沢 三郎　やなぎさわ・さぶろう　大正3年2月2日～昭和55年2月11日　日本化学産業社長　→80/82

柳沢 七郎　やなぎさわ・しちろう　～昭和53年1月25日　住友金属社長　→昭和

柳沢 隆夫　やなぎさわ・たかお　大正6年7月1日～平成11年1月5日　日清製粉常務　→97/99

柳沢 武文　やなぎさわ・たけふみ　～平成10年10月7日　埼玉県議　→97/99

柳沢 正　やなぎさわ・ただし　～平成10年2月24日　写真弘社会長　→97/99

柳沢 長治　やなぎさわ・ちょうじ　大正15年2月1日～平成22年12月17日　自治省行政局長, 新潟県副知事　→09/11

柳沢 鶴雄　やなぎさわ・つるお　明治36年5月5日～平成2年4月3日　国光カーボン工業会長　→88/90

柳沢 徹　やなぎさわ・とおる　大正9年4月23日～平成20年3月23日　住友精密工業専務　→06/08

柳沢 時介　やなぎさわ・ときすけ　～昭和60年2月22日　自動車部品工業専務　→83/87

柳沢 二郎　やなぎさわ・にろう　～昭和55年7月17日　日本化学産業会長　→80/82

柳沢 徳忠　やなぎさわ・のりただ　安政1年閏7月～昭和11年1月26日　子爵　旧三日市藩主　→昭和（やなぎさわ・とくただ）

柳沢 晴夫　やなぎさわ・はるお　大正12年9月6日～平成15年2月8日　片倉工業社長　→03/05

1276　「現代物故者事典」総索引（昭和元年～平成23年）

I　政治・経済・社会篇

柳沢　宏　やなぎさわ・ひろし　昭和4年12月9日〜平成7年4月17日　群馬県出納長　→94/96

柳沢　博　やなぎさわ・ひろし　大正8年10月25日〜平成19年1月10日　日本電設工業専務　→06/08

柳沢　正昭　やなぎさわ・まさあき　大正9年1月15日〜平成10年3月7日　呉羽化学工業専務、工業技術院技術参事官　→97/99

柳沢　正義　やなぎさわ・まさよし　大正2年1月3日〜平成3年11月26日　大和証券常務、大和土地建物社長　→91/93

柳沢　勝　やなぎさわ・まさる　昭和17年7月7日〜平成19年11月21日　魚長食品社長　→06/08

柳沢　元忠　やなぎさわ・もとただ　明治42年5月24日〜平成9年9月20日　多摩三菱ふそう自動車販売社長、立教学院常務理事　→97/99

柳沢　康雄　やなぎさわ・やすお　昭和13年10月3日〜平成20年5月14日　東京新聞総務局付局次長、入間市博物館館長　→06/08

柳沢　保太郎　やなぎさわ・やすたろう　明治18年2月9日〜昭和40年3月13日　グレラン製薬創業者　→昭和

柳沢　佳夫　やなぎさわ・よしお　大正9年10月31日〜平成6年9月4日　アスク専務　→94/96

柳沢　義男　やなぎさわ・よしお　昭和40年8月1日〜平成2年12月2日　弁護士　中央大学法学部名誉教授、衆院議員（自由党）　→88/90

柳沢　米吉　やなぎさわ・よねきち　明治36年9月12日〜平成7年1月31日　海上保安庁長官、三洋テクノマリン最高顧問　→94/96

柳沢　良一　やなぎさわ・りょういち　大正12年11月23日〜平成7年12月1日　電通常務　→94/96

柳沢　錬造　やなぎさわ・れんぞう　大正8年1月21日〜平成19年6月10日　参院議員（民社党）　→06/08

柳島　正雄　やなぎしま・まさお　大正5年1月23日〜平成8年5月19日　三光合成専務　→94/96

柳田　勇　やなぎた・いさむ　〜昭和62年12月21日　安田火災海上保険常務　→83/87

柳田　勇　やなぎた・いさむ　大正12年3月16日〜昭和16年9月23日　石川県教育委員長　→03/05

柳田　栄次　やなぎた・えいじ　明治41年2月28日〜平成10年12月30日　公認会計士、税理士　柳田栄次公認会計士事務所長、日本公認会計士協会副会長、日本公認会計士協会近畿会会長　→97/99

柳田　兼義　やなぎだ・かねよし　明治42年10月12日〜平成13年4月8日　羽田ヒューム管常務　→00/02

柳田　光太郎　やなぎだ・こうたろう　〜昭和60年11月23日　根室市議　→83/87

柳田　公太郎　やなぎだ・こうたろう　〜昭和57年12月24日　国立市商工会議所、都商工会連合会副会長　→80/82

柳田　宏明　やなぎた・こうめい　大正8年11月18日〜平成23年2月7日　僧侶　極楽寺第12世住職、全国民生委員児童委員連合会会長　→09/11

柳田　茂雄　やなぎだ・しげお　〜昭和56年9月1日　日産サニー水戸販売代表取締役　→80/82

柳田　周蔵　やなぎだ・しゅうぞう　〜昭和63年2月3日　神鋼鋼材運輸会長、中等学校野球審判委員　→88/90

柳田　静二　やなぎだ・せいじ　〜昭和57年6月28日　北都製薬取締役社長、北都商事取締役社長、元北海道薬事審議委員　→80/82

柳田　誠二郎　やなぎた・せいじろう　明治26年9月2日〜平成5年11月18日　日本航空社長、日本銀行副総裁　→91/93

柳田　暹暎　やなぎだ・せんえい　大正6年7月9日〜平成12年11月10日　僧侶、歌人　園城寺妙厳院住職、天台寺門宗大僧正、京都文化短期大学教授　→00/02

柳田　暹暉　やなぎだ・せんけい　〜昭和8年4月30日　天台宗寺門派管長　→昭和

柳田　宗一郎　やなぎだ・そういちろう　明治22年5月〜昭和8年6月18日　衆院議員（民政党）　→昭和

柳田　直躬　やなぎだ・なおみ　大正9年8月24日〜平成15年2月22日　高圧ガス社長　→03/05

柳田　八郎　やなぎだ・はちろう　大正9年8月13日〜平成13年9月22日　丸屋グループ会長　→00/02

柳田　秀一　やなぎだ・ひでかず　明治38年5月〜昭和53年4月4日　衆院議員（社会党）　→昭和（やなぎだ・しゅういち）

柳田　盈文　やなぎだ・みつふみ　大正9年4月18日〜平成3年2月10日　東急建設副会長　→91/93

柳田　元茂　やなぎだ・もとしげ　大正11年12月3日〜平成21年7月5日　佐藤工業専務　→09/11

柳田　桃太郎　やなぎだ・ももたろう　明治40年2月13日〜平成16年8月8日　参院議員（自民党）、門司市長　→03/05

柳田　慶夫　やなぎだ・よしお　大正3年4月23日〜平成5年3月29日　日産火災海上保険専務　→91/93

柳田　良作　やなぎだ・りょうさく　〜昭和43年11月9日　日本タイプ専務　→昭和

柳平　正　やなぎだいら・ただし　〜昭和57年4月20日　タカラ工業会長、狭山ゴルフクラブ元理事長　→80/82

柳館　栄　やなぎだて・さかえ　昭和8年6月25日〜平成2年12月15日　警察庁中国管区警察局長　→88/90

柳谷　中　やなぎたに・ただし　昭和13年2月18日〜平成12年9月6日　鳥取県議（自民党）　→00/02

柳原　旭山　やなぎはら・きょくざん　〜昭和61年10月24日　僧侶　本柳寺住職　→83/87

柳原　控七郎　やなぎはら・こうしちろう　明治39年12月28日〜平成6年1月26日　弁護士　三菱セメント（のち三菱マテリアル）取締役　→94/96

柳原　貞次郎　やなぎはら・さだじろう　明治19年6月26日〜昭和48年9月12日　日本聖公会大阪教区主教　→昭和（やなぎわら・ていじろう）

柳原　三郎　やなぎはら・さぶろう　大正3年7月3日〜平

成2年1月25日　衆院議員（民主党）　→88/90

柳原　敏一　やなぎはら・としいち　〜昭和57年6月28日
大村市長　→80/82

柳原　豊三郎　やなぎはら・とよさぶろう　〜昭和15年12月1日　堺商議会頭　→昭和

柳原　節義　やなぎはら・のりよし　明治36年2月3日〜平成1年9月18日　相模鉄道副社長,相鉄建設社長　→88/90

柳原　正之　やなぎはら・まさゆき　明治40年1月2日〜平成1年10月28日　長野市長　→88/90

柳原　芳史　やなぎはら・よしふみ　大正9年11月30日〜平成19年3月21日　伊予銀行常務　→06/08

柳原　六郎　やなぎはら・ろくろう　〜昭和57年12月31日　丸栄副社長　→80/82

柳町　尚毅　やなぎまち・しょうき　〜平成7年5月12日　国土計画協会常務理事,経済企画庁官房調査官　→94/96

柳町　政之助　やなぎまち・まさのすけ　明治25年6月20日〜昭和60年2月21日　高砂熱学工業相談役・元社長　→83/87

柳村　兼見　やなぎむら・かねみ　大正7年1月20日〜昭和63年8月16日　岩手県農業会議長,滝沢村長　→88/90

柳本　佐朝　やなぎもと・すけとも　大正9年11月25日〜平成23年2月17日　東洋鋼鈑専務　→09/11

柳本　輝雄　やなぎもと・てるお　〜平成23年3月14日　ダイナック常務　→09/11

柳本　春三　やなぎもと・はるぞう　〜平成3年12月30日　柳本製作所会長　→91/93

柳本　美雄　やなぎもと・よしお　明治45年3月26日〜昭和38年2月4日　労働運動家　総評常任幹事　→昭和

柳谷　謙太郎　やなぎや・けんたろう　〜昭和14年6月19日　勧銀副総裁　→昭和（やなぎたに・けんたろう）

柳屋　行　やなぎや・こう　明治41年4月7日〜平成1年8月6日　ヤナコーグループ会長,渋谷ライオンズクラブ会長　→88/90

柳谷　正一　やなぎや・しょういち　大正13年2月15日〜平成23年3月12日　北海道議（公明党）　→09/11

柳谷　清三郎　やなぎや・せいざぶろう　明治33年10月1日〜昭和59年3月19日　衆院議員（自民党）,能代市長　→83/87

柳谷　哲朗　やなぎや・てつろう　昭和13年5月27日〜平成13年6月7日　芝浦メカトロニクス専務　→00/02

柳原　愛子　やなぎわら・なるこ　安政2年4月16日〜昭和18年10月16日　大正天皇生母,皇太后宮典侍　→昭和（やなぎはら・なるこ）

柳下　良二　やなした・りょうじ　明治44年6月16日〜平成7年9月14日　日本モンゴル協会会長　→97/99

安並　正道　やなすみ・まさみち　明治33年4月8日〜平成3年9月9日　神劒商社長,神戸製鋼所専務　→91/93

柳瀬　英治　やなせ・えいじ　大正8年11月23日〜平成5年11月20日　熊谷組顧問・監査役　→91/93

柳瀬　孝吉　やなせ・こうきち　大正12年2月18日〜平成

13年9月22日　全国生活衛生営業指導センター理事長,環境庁企画調整局長　→00/02

梁瀬　滋　やなせ・しげる　大正10年7月2日〜昭和63年1月3日　佐々木硝子常務　→88/90

柳瀬　省吾　やなせ・しょうご　〜昭和48年12月6日　日本郵船副社長　→昭和

梁瀬　次郎　やなせ・じろう　大正5年6月28日〜平成20年3月13日　ヤナセ社長,日本自動車輸入組合理事長　→06/08

梁瀬　健　やなせ・たけし　〜平成5年2月19日　日本自動車輸入組合理事・事務局長　→91/93

柳瀬　珠郎　やなせ・たまろう　大正5年10月24日〜平成19年7月12日　近畿日本鉄道副社長　→06/08

梁瀬　長太郎　やなせ・ちょうたろう　明治12年12月15日〜昭和31年6月11日　実業家　ヤナセ創業者　→昭和

柳瀬　綱夫　やなせ・つなお　大正9年7月〜昭和63年2月7日　嘉穂無線社長　→88/90

柳瀬　富男　やなせ・とみお　大正3年9月23日〜昭和63年5月19日　三洋電機貿易専務,住友銀行取締役　→88/90

柳瀬　友彦　やなせ・ともひこ　昭和11年12月27日〜平成18年1月21日　駐ネパール大使　→06/08

柳瀬　永孝　やなせ・のりたか　昭和9年7月1日〜平成1年4月21日　日本毛織取締役　→88/90

柳瀬　芳意　やなせ・よしい　明治41年10月15日〜平成13年1月8日　牧師　静思社代表　→03/05s

簗田　欽次郎　やなだ・きゅうじろう　〜昭和29年11月13日　日本経済新聞社長　→昭和

簗田　健　やなだ・けん　昭和9年7月23日〜昭和63年1月20日　クミアイ化学工業常務　→88/90

梁取　隆　やなどり・たかし　昭和5年10月23日〜平成23年1月24日　新潟県議（自民党）　→09/11

箭浪　光雄　やなみ・みつお　昭和4年2月14日〜平成7年6月4日　千島歯舞諸島居住者連盟理事長　→94/96

矢野　彰　やの・あきら　大正6年5月17日〜平成2年5月1日　共同石油専務　→88/90

矢野　浅吉　やの・あさきち　〜昭和55年6月2日　福岡県朝倉郡三輪町商工会長　→80/82

矢野　伊吉　やの・いきち　明治44年5月11日〜昭和58年3月18日　弁護士　財田川事件　→83/87

矢野　勇　やの・いさむ　〜平成3年4月16日　京都リビング新聞社会長　→91/93

矢野　一郎　やの・いちろう　明治32年2月7日〜平成7年4月17日　第一生命保険社長　→94/96

矢野　猪之八　やの・いのはち　慶応1年11月9日〜昭和3年3月29日　弁護士　台湾覆審法院部長,徳島市長　→昭和

矢野　巌　やの・いわお　大正4年11月5日〜平成20年6月1日　東洋鋼鈑専務　→06/08

矢野　栄作　やの・えいさく　大正6年11月22日〜昭和60年12月16日　カイハツ生コンクリート社長　→83/87

矢野　治　やの・おさむ　大正15年9月30日〜昭和62年9月

21日　三陽商会監査役　→83/87

矢野 和友　やの・かずとも　～平成20年12月4日
　徳島県議（社会党）　→06/08

矢野 喜平太　やの・きへいた　～平成23年3月8日
　玉の井酒造社長　→09/11

矢野 清　やの・きよし　昭和4年2月10日～平成8年1月11日　海外新聞普及最高顧問　→94/96

矢野 国松　やの・くにまつ　～昭和56年8月12日
　福岡県洋服組合連合会理事長　→80/82

矢野 慶太郎　やの・けいたろう　明治14年3月～昭和11年2月23日　実業家　→昭和

矢野 憲一　やの・けんいち　昭和7年1月27日～平成20年6月18日　日本精工副社長　→06/08

箟 源一郎　やの・げんいちろう　大正11年10月4日～平成9年10月5日　大阪機工常務　→97/99

矢野 鉉吉　やの・げんきち　慶応3年1月～昭和30年4月14日　衆院議員（政友会）　→昭和

矢野 健太郎　やの・けんたろう　～昭和60年2月1日
　太平洋石炭監査役　→83/87

矢野 健之助　やの・けんのすけ　～平成1年10月23日
　舞鶴市議・市会議長　→88/90

矢野 耕治　やの・こうじ　～昭和29年5月16日
　同和鉱業顧問　→昭和

矢野 智　やの・さとし　昭和2年9月25日～平成3年7月30日　瀬戸市議・市会議長　→91/93

矢野 三郎　やの・さぶろう　明治38年1月30日～平成8年8月4日　ブリヂストン常務　→94/96

矢野 志加三　やの・しかぞう　～昭和41年1月24日
　海軍中将　→昭和

矢野 茂男　やの・しげお　～昭和56年1月1日
　加地鉄工所会長、丸紅元専務　→80/82

矢野 茂　やの・しげる　大正2年12月29日～平成2年7月7日　大倉商事取締役　→88/90

矢野 鎮雄　やの・しずお　大正1年8月26日～平成13年12月20日　石川島播磨重工副社長　→00/02

矢野 俊一　やの・しゅんいち　～昭和58年7月28日
　朝日カルチャーセンター常務、元朝日新聞西部本社企画部長　→83/87

矢野 純一　やの・じゅんいち　～平成14年12月22日
　大洋ホエールズ（のち横浜ベイスターズ）代表、セントラル野球連盟顧問　→00/02

矢野 松三郎　やの・しょうざぶろう　～昭和48年2月20日　日工会長　→昭和

矢野 庄太郎　やの・しょうたろう　明治19年1月10日～昭和24年6月21日　蔵相、衆院議員（民主党）　→昭和

矢野 庄巳　やの・しょうみ　大正8年2月28日～昭和59年2月24日　勝光山鉱業社長　→83/87

矢野 省六　やの・しょうろく　～昭和60年3月26日
　（有）はげ天会長　→83/87

矢野 次郎　やの・じろう　大正10年2月3日～平成17年2月4日　三和銀行常務　→03/05

矢野 二郎　やの・じろう　明治36年10月10日～平成6年10月20日　日本長期信用銀行専務　→94/96

矢野 慎一　やの・しんいち　大正7年8月8日～平成14年5月25日　白洋舎専務　→00/02

矢野 信吉　やの・しんきち　明治43年7月20日～平成7年9月23日　大成機工社長　→94/96

矢野 誠一　やの・せいいち　～昭和46年12月27日
　郷友連監事　→昭和

矢野 善助　やの・ぜんすけ　大正12年3月21日～昭和60年6月18日　九州建設機械販売社長　→83/87

矢野 外生　やの・そとお　明治43年2月3日～平成2年11月1日　日新製糖常務　→88/90

矢野 巍　やの・たかし　大正7年～平成11年7月28日
　三菱重工業常務　→97/99

矢野 武男　やの・たけお　昭和5年8月28日～平成3年7月30日　三重県議（連合）　→91/93

矢野 剛　やの・たけし　大正13年8月27日～平成8年5月15日　石川島播磨重工業専務　→94/96

矢野 武　やの・たけし　～昭和55年8月17日
　矢野内外国特許事務所長　→80/82

矢野 斉士　やの・ただし　～昭和56年6月21日
　福岡県議　→80/82

矢野 端　やの・ただし　昭和3年2月22日～平成15年6月7日　本州製紙副社長　→03/05

矢野 忠徳　やの・ただのり　昭和5年1月2日～平成14年11月14日　宝酒造常務　→00/02

矢野 次海　やの・つぐみ　大正14年1月11日～平成13年7月14日　高田工業所副社長　→00/02

矢野 典夫　やの・つねお　大正4年1月24日～昭和62年7月20日　朝日生命保険取締役　→83/87

矢野 恒太　やの・つねた　慶応1年12月2日～昭和26年9月23日　実業家　第一生命保険創業者　→昭和

矢野 恒信　やの・つねのぶ　明治40年10月18日～平成20年10月21日　新湊漁協組合長　→06/08

矢野 俊明　やの・としあき　昭和6年10月6日～平成14年1月22日　矢作建設工業常務　→00/02

矢野 智雄　やの・ともお　大正9年3月1日～平成15年8月9日　経済企画庁事務次官　→03/05

矢野 友三郎　やの・ともさぶろう　大正11年11月16日～平成1年10月19日　昭和電工常務　→88/90

矢野 トヨコ　やの・とよこ　～平成20年10月18日
　油症医療恒久救済対策協議相談役　カネミ油症患者の救済運動に尽力　→06/08

矢野 二郎　やの・にろう　大正11年1月19日～昭和62年11月13日　宮津市長　→83/87

矢野 登　やの・のぼる　明治36年8月25日～平成5年4月17日　参院議員（自民党）　→91/93

矢野 機　やの・はかる　～平成4年2月10日

やの

陸軍中将　→91/93

矢野 範二　やの・はんじ　明治40年12月14日～平成12年2月27日　弁護士　日本金属社長　→00/02

矢野 弘明　やの・ひろあき　～平成20年6月29日　宮崎県インドネシア友好協会会長　→06/08

矢野 弘　やの・ひろし　大正15年10月7日～昭和63年12月11日　三笠温泉土地専務　→88/90

矢野 博　やの・ひろし　大正3年3月17日～平成9年8月30日　ときわ相互銀行（のち東日本銀行）社長　→97/99

矢野 博敬　やの・ひろよし　大正3年10月26日～昭和60年10月30日　帝人常務　→83/87

矢野 雅雄　やの・まさお　～昭和57年9月29日　三機工業元副社長　→80/82

矢野 政男　やの・まさお　明治31年12月～昭和43年10月11日　東野鉄道社長、衆院議員（民主党）　→昭和

矢野 正雄　やの・まさお　～昭和61年8月4日　三和写真製版社長　→83/87

矢野 正人　やの・まさと　～平成13年10月8日　神鋼興産専務　→00/02

矢野 正信　やの・まさのぶ　昭和19年2月9日～平成20年9月16日　親和銀行常務　→06/08

矢野 正治　やの・まさはる　大正13年2月21日～平成2年8月15日　佐賀県議（自民党）、鹿島市長　→88/90

矢野 正巳　やの・まさみ　明治39年3月9日～昭和62年12月　富士電機専務、川崎重工業取締役　→83/87

矢野 正之　やの・まさゆき　～昭和56年12月29日　ツノダ自転車専務、東海銀行監査役　→80/82

矢野 衛　やの・まもる　大正11年～平成12年1月20日　カヤバ工業常務　→00/02

矢野 充　やの・みつる　～昭和55年10月20日　伊勢半本店理事　→80/82

矢野 明三　やの・めいぞう　昭和6年5月20日～平成14年5月8日　栗原工業副社長　→00/02

矢野 元昭　やの・もとあき　昭和15年9月14日～平成15年10月23日　愛媛新聞専務　→03/05

矢野 泰男　やの・やすお　～昭和55年9月19日　駐ラオス大使　→80/82

矢野 康　やの・やすし　大正10年8月31日～平成6年9月23日　函館市長　→94/96

矢野 康太郎　やの・やすたろう　大正3年2月18日～昭和59年9月26日　矢野新商事社長　→83/87

矢野 泰之　やの・やすゆき　～平成11年5月6日　松永市長、福山市松永支所長　→97/99

矢埜 与一　やの・よいち　大正12年3月13日～平成9年7月18日　伊丹市長　→97/99

矢野 洋一郎　やの・よういちろう　昭和13年9月9日～平成18年5月13日　青木建設社長、建設省中部地方建設局長　→06/08

矢野 義雄　やの・よしお　～昭和61年11月13日　松村組監査役　→83/87

矢野 良臣　やの・よしおみ　明治42年3月14日～昭和60年12月2日　丸善石油化学社長　→83/87

矢野 芳吉　やの・よしきち　～昭和57年10月11日　住友海上火災保険元取締役　→80/82

矢野 義馬　やの・よしま　～昭和49年9月11日　日本中央競馬会理事　→昭和

矢野 龍太郎　やの・りゅうたろう　～平成1年1月11日　日本ガスケット工業取締役　→88/90

矢野 良三郎　やの・りょうざぶろう　大正5年5月19日～平成3年1月1日　宇徳運輸社長、三井物産取締役　→91/93

矢野間 梧郎　やのま・ごろう　昭和16年3月9日～昭和62年7月5日　佐田建設常務　→83/87

八馬 芳郎　やば・よしろう　大正7年9月1日～平成4年1月20日　東急建設副社長、東急工建社長　→91/93

矢作 重雄　やはぎ・しげお　明治44年11月7日～平成1年4月21日　水産電子協会会長、極洋専務　→88/90

矢作 十郎　やはぎ・じゅうろう　～平成9年3月7日　空将　航空自衛隊術科教育本部長　→97/99

矢萩 信二郎　やはぎ・しんじろう　～昭和37年3月20日　国華酒造社長　→昭和

矢萩 民彦　やはぎ・たみひこ　～平成4年4月7日　日本イットリウム取締役　→91/93

谷萩 那華雄　やはぎ・なかお　明治28年8月9日～昭和24年7月8日　陸軍少将　→昭和

矢作 元治　やはぎ・もとじ　大正2年1月10日～平成13年1月10日　埼玉県議（自民党）　→00/02

矢萩 雍昌　やはぎ・やすまさ　昭和5年8月8日～平成20年1月26日　東芝専務　→06/08

矢萩 よ志い　やはぎ・よしい　～昭和61年2月21日　矢萩運輸社長　→83/87

矢橋 謙一郎　やばし・けんいちろう　昭和4年12月13日～平成13年3月21日　関ケ原石材社長　→00/02

矢橋 五郎　やばし・ごろう　明治36年10月8日～昭和57年1月10日　関ケ原石材会長　→80/82

矢橋 龍太郎　やばし・りゅうたろう　大正15年9月18日～平成13年7月7日　矢橋工業会長、岐阜県経済同友会常任幹事　→00/02

矢橋 亮吉　やばし・りょうきち　明治31年1月19日～平成4年7月18日　矢橋大理石名誉会長　→91/93

矢幡 源三　やはた・げんぞう　明治37年10月19日～平成13年1月29日　島津製作所常務　→00/02

八幡 正　やはた・ただし　明治40年4月1日～平成3年5月18日　岩手銀行常務　→91/93

矢幡 治美　やはた・はるみ　明治45年1月5日～平成5年10月1日　ムラおこし運動家　大山町（大分県）町長、大山町農協組合長　→91/93

八幡 和三郎　やはた・わさぶろう　昭和9年7月12日～平成22年2月6日　東海カーボン専務　→09/11

八原 博通　やはら・ひろみち　明治35年10月2日～昭和56年5月7日　陸軍大佐　陸軍第32軍高級参謀　→80/82

八原 昌元　やはら・まさもと　大正7年4月25日～平成16年4月13日　明星食品社長　→03/05

八尋 勲　やひろ・いさお　～昭和62年6月30日　福岡市博多区選挙管理委員会委員長、福岡市議　→83/87

八尋 巌　やひろ・いわお　～昭和62年12月5日　福岡西myaku友会会長、御陵興産社長　→83/87

八尋 武彦　やひろ・たけひこ　～昭和63年11月10日　博多大丸監査役　→88/90

八尋 徹夫　やひろ・てつお　大正14年1月31日～昭和62年10月24日　三井鉱山常務　→83/87

八尋 俊邦　やひろ・としくに　大正4年2月1日～平成13年10月27日　三井物産社長　→00/02

八尋 仭　やひろ・はげむ　大正8年2月10日～平成3年4月18日　潁田町（福岡県）町長　→91/93

八尋 正也　やひろ・まさや　～昭和61年1月9日　日本テレビ放送網報道部長、福岡放送社長　→83/87

藪 光竜　やぶ・こうりゅう　～平成1年6月29日　金剛峯寺（高野山真言宗）企画室長　→88/90

藪 庄午　やぶ・しょうご　～平成5年1月13日　北海道教育委員会スポーツ課長　→91/93

屋部 博　やぶ・ひろし　大正10年11月14日～平成19年5月31日　沖縄県副知事　→06/08

藪内 治　やぶうち・おさむ　～昭和62年1月12日　元・滑川電報電話局長　→83/87

藪内 正一　やぶうち・しょういち　～昭和56年11月9日　札幌市議・副議長　→80/82

藪内 仁　やぶうち・ひとし　昭和7年7月4日～昭和63年2月10日　四国新聞取締役　→88/90

矢吹 勇雄　やぶき・いさお　明治37年10月25日～平成7年5月5日　天一会長　→94/96

矢吹 修　やぶき・おさむ　大正2年1月20日～平成11年1月25日　クラレ専務　→97/99

矢吹 規矩夫　やぶき・きくお　大正4年11月5日～平成6年11月6日　岡山県貨物運送社長　→94/96

矢吹 昭一　やぶき・しょういち　昭和2年5月31日～平成13年5月6日　大成火災海上保険常務　→00/02

矢吹 省三　やぶき・しょうぞう　明治16年7月23日～昭和25年12月27日　男爵　貴院議員　→昭和（やぶき・せいぞう）

矢吹 忠夫　やぶき・ただお　大正3年4月25日～平成9年2月27日　関東電化工業社長、日本ゼオン副社長　→97/99

矢吹 輝夫　やぶき・てるお　大正15年1月17日～平成18年3月4日　弁護士　→06/08

矢吹 敏一　やぶき・としいち　大正15年7月13日～平成19年10月9日　ユアテック顧問　→08/10

矢吹 友一　やぶき・ともいち　昭和9年～平成1年3月3日　台糖ファイザー取締役　→88/90

矢吹 隼太　やぶき・はやた　～平成4年1月22日　クラレ常務　→91/93

藪越 甲平　やぶこし・こうへい　大正4年5月11日～平成11年8月29日　東洋通信機専務　→97/99

八武崎 昌久　やぶさき・まさひさ　～昭和60年12月15日　江戸川区（東京都）区会議長　→83/87

藪下 和久　やぶした・かずひさ　～平成13年1月10日　神戸地検検事　→00/02

藪田 岩松　やぶた・いわまつ　安政3年1月18日～昭和2年6月27日　安田銀行支配人、東京建物社長　→昭和

藪田 為三　やぶた・ためぞう　明治27年2月25日～昭和61年8月20日　東洋紡副社長、日本エクスラン工業社長　→83/87

藪田 保　やぶた・たもつ　明治45年～平成10年1月11日　高周波熟錬常務　→97/99

藪田 東三　やぶた・とうぞう　大正5年6月16日～昭和61年8月3日　愛知製鋼会長　→83/87

藪田 弘　やぶた・ひろし　昭和10年11月1日～平成1年1月13日　朝日住建専務　→88/90

藪谷 虎芳　やぶたに・とらよし　～昭和34年8月2日　日本運輸倉庫社長　→昭和

藪本 忠一　やぶもと・ただいち　明治45年5月15日～平成4年3月20日　牧師　東京聖愛教会牧師、明治大学名誉教授・元工学部長　→91/93

藪本 寛　やぶもと・ひろし　大正11年3月19日～昭和63年4月30日　藪本鉄鋼会長　→88/90

藪本 明隆　やぶもと・めいりゅう　明治32年8月28日～昭和61年4月9日　僧侶　高野山東根院住職、元高野山法印　→83/87

矢部 健一　やべ・けんいち　大正10年1月24日～平成18年3月1日　東宝専務、東京楽天地社長　→06/08

矢部 謙次郎　やべ・けんじろう　～昭和37年3月7日　日本芸能連盟社長　→昭和

矢部 讓五郎　やべ・じょうごろう　～昭和7年2月5日　海軍少佐　→昭和

矢部 隆治　やべ・たかじ　明治41年1月13日～昭和55年6月3日　府中市長　→80/82

矢部 知恵夫　やべ・ちえお　大正9年11月8日～昭和60年10月5日　敦賀市長　→83/87

矢部 忠治　やべ・ちゅうじ　～昭和40年12月23日　住友アルミニューム社長　→昭和

矢部 広武　やべ・ひろたけ　～平成23年12月16日　陸将　→09/11

矢部 文治　やべ・ぶんじ　大正15年2月26日～平成11年3月14日　創元社会長　→97/99

谷部 平太郎　やべ・へいたろう　大正7年6月24日～平成22年2月9日　日本ピストンリング専務　→09/11

矢部 正信　やべ・まさのぶ　大正3年1月1日〜平成17年5月25日　新和海運常務、運輸省東海海運局長　→03/05

矢部 満　やべ・みつる　明治42年11月21日〜平成5年4月6日　日立製作所常務　→91/93

矢部 睦夫　やべ・むつお　大正6年1月22日〜平成9年1月27日　北陸電力常務、富山共同火力発電社長　→97/99

山 健策　やま・けんさく　大正11年3月31日〜平成5年6月25日　テレビ西日本常務　→91/93

山 幸夫　やま・ゆきお　昭和9年11月28日〜平成6年1月11日　全国厚生農業協同組合連合会専務理事　→94/96

山井 健一　やまい・けんいち　〜昭和62年7月14日　(有)山井商店専務取締役　→83/87

山井 龍三郎　やまい・たつさぶろう　〜平成3年6月6日　栃尾市長　→91/93

山内 章光　やまうち・あきみつ　〜昭和47年5月19日　日本酒造組中央会常務　〜昭和

山内 勇夫　やまうち・いさお　大正8年10月14日〜昭和61年4月22日　本地陶業社長、瀬戸商工会議所副会頭、日本陶磁器意匠センター副理事長　→83/87

山内 一郎　やまうち・いちろう　大正13年2月22日〜平成6年8月6日　日野車体工業会長　→94/96

山内 一雄　やまうち・かずお　昭和11年1月20日〜平成1年5月12日　交通労連（全国交通運輸労働組合総連合）書記長　→88/90

山内 和夫　やまうち・かずお　大正15年3月28日〜平成22年4月10日　阿久比町（愛知県）町長　→09/11

山内 和彦　やまうち・かずひこ　大正11年1月21日〜昭和62年7月20日　宮内庁式部副長　→83/87

山内 嘉兵衛　やまうち・かへえ　〜昭和59年12月24日　山内書店店主　→83/87

山内 揆一　やまうち・きいち　〜昭和12年9月6日　大審院判事　→昭和

山内 堯文　やまうち・ぎょうぶん　大正4年1月14日〜平成12年11月14日　久慈市長　→00/02

山内 敬一　やまうち・けいいち　昭和2年5月31日〜平成7年9月12日　千ية電気工業専務　→94/96

山内 康司　やまうち・こうじ　大正2年11月25日〜平成9年12月15日　沖縄銀行会長　→97/99

山内 耕助　やまうち・こうすけ　〜昭和56年4月19日　菱和コンクリート工業会長　→80/82

山内 孝平　やまうち・こうへい　〜昭和38年4月24日　日清製粉常務　→昭和

山内 公猷　やまうち・こうゆう　明治45年1月15日〜昭和53年11月12日　運輸事務次官　→昭和

山内 聖　やまうち・さとし　昭和12年10月18日〜平成23年6月16日　ロイヤル専務、ロイヤル食品社長　→09/11

山内 左内　やまうち・さない　〜昭和56年3月27日　大阪ガス常務　→80/82

山内 繁雄　やまうち・しげお　明治40年6月12日〜平成20年3月1日　弁護士　奈良地検検事正　→06/08

山内 静材　やまうち・しずもと　大正6年2月〜平成17年10月12日　土佐山内家18代当主・山内豊秋の弟　→03/05

山内 純吉　やまうち・じゅんきち　明治44年3月9日〜平成16年9月17日　朝日新聞常務　→03/05

山内 俊平　やまうち・しゅんぺい　明治36年11月〜平成7年1月3日　日立造船取締役、大阪府立大学教授　→94/96

山内 錠平　やまうち・じょうへい　昭和12年2月17日〜昭和58年10月24日　愛知県議　→83/87

山内 史朗　やまうち・しろう　〜昭和61年2月23日　志野陶石取締役　→83/87

山内 末男　やまうち・すえお　大正10年3月7日〜平成20年10月29日　RKB毎日放送専務　→06/08

山内 進　やまうち・すすむ　昭和4年6月13日〜平成5年1月11日　愛知県議（自民党）　→91/93

山内 静吾　やまうち・せいご　〜昭和18年12月31日　日本銀行副総裁　→昭和

山内 大介　やまうち・だいすけ　大正14年2月26日〜昭和62年12月22日　毎日新聞代表取締役社長　→83/87

山内 尊洲　やまうち・たかし　昭和16年1月1日〜平成17年9月18日　八雲町（北海道）町長　→03/05

山内 隆博　やまうち・たかひろ　大正4年3月3日〜平成2年10月6日　大和証券社長　→88/90

山内 忠　やまうち・ただし　〜平成14年12月19日　岐阜県議、岐阜県労働組合評議会副議長　→00/02

山内 達二　やまうち・たつじ　明治40年7月1日〜昭和61年12月14日　山内神仏具店代表取締役社長　→83/87

山内 忠吉　やまうち・ちゅうきち　〜平成11年11月　弁護士　横浜弁護士会会長　→00/02s

山内 忠次郎　やまうち・ちゅうじろう　〜昭和57年1月20日　テレビ熊本取締役　→80/82

山内 勉　やまうち・つとむ　大正13年4月10日〜平成18年5月25日　祖父江町（愛知県）町長　→06/08

山内 鉄吉　やまうち・てつきち　昭和31年1月15日〜昭和7年3月29日　労働運動家　→昭和

山内 照雄　やまうち・てるお　〜昭和58年12月6日　ユースエンジニアリング会長　→83/87

山内 照典　やまうち・てるのり　〜昭和62年10月13日　神官　地主神社宮司　→83/87

山内 藤市　やまうち・とういち　明治39年9月16日〜平成3年10月4日　四国放送社長　→91/93

山内 透　やまうち・とおる　大正14年11月11日〜平成21年4月5日　トヨタ紡織常務　→09/11

山内 俊夫　やまうち・としお　〜平成1年10月8日　日本ユニシス・サプライ社長　→88/90

山内 利之　やまうち・としゆき　〜平成9年9月4日　全日空取締役、全日空ビルディング常務、日本航空協会理事　→97/99

山内 富基　やまうち・とみき　〜昭和55年2月2日
　東洋化学相談役・前社長　→80/82

山内 冨之助　やまうち・とみのすけ　〜昭和55年8月11日　秩父セメント顧問・元副社長　→80/82

山内 友緒　やまうち・ともお　大正5年12月10日〜昭和63年1月16日　恵電会長，名古屋サウスライオンズクラブ会長　→88/90

山内 友記　やまうち・ともき　〜昭和56年10月25日
　大洋デパート常務　→80/82

山内 豊秋　やまうち・とよあき　明治45年6月19日〜平成15年9月29日　山内家第18代目当主，山内興業会長　→03/05

山内 豊景　やまうち・とよかげ　明治8年9月20日〜昭和32年1月5日　侯爵　貴院議員　→昭和

山内 直元　やまうち・なおもと　〜昭和45年3月9日
　NETテレビ社長　→昭和

山内 浪雄　やまうち・なみお　〜昭和46年8月18日
　ツバメコート社長　→昭和

山内 俶　やまうち・はじめ　〜昭和56年9月11日
　東北電力常務　→80/82

山内 春芳　やまうち・はるよし　明治42年3月11日〜平成10年6月14日　佐呂間町（北海道）町議　→97/99

山内 宏　やまうち・ひろし　大正2年5月3日〜平成23年11月22日　北海道拓殖銀行頭取　→09/11

山内 広　やまうち・ひろし　明治40年9月〜昭和49年5月21日　衆院議員（社会党）　→昭和

山内 広志　やまうち・ひろし　大正12年1月10日〜昭和55年12月27日　大日日本電線常務　→80/82

山内 弘　やまうち・ひろし　昭和4年2月22日〜平成18年6月30日　衆院議員（社会党）　→06/08

山内 弘　やまうち・ひろし　昭和9年〜平成23年8月24日
　青函連絡船船長　→09/11

山内 浩　やまうち・ひろし　〜平成5年9月26日
　名鉄海上観光船常務　→91/93

山内 博　やまうち・ひろし　昭和2年2月4日〜平成19年11月8日　岐阜銀行常務　→06/08

山内 文雄　やまうち・ふみお　〜平成19年10月4日
　アジア石油常務　→06/08

山内 信　やまうち・まこと　〜平成7年9月3日
　東邦理化工業社長　→94/96

山内 政秋　やまうち・まさあき　〜昭和58年11月21日
　警視庁交通部理事官・警視　→83/87

山内 理司　やまうち・まさじ　〜昭和57年9月12日
　北海専門店会理事長　→80/82

山内 貢　やまうち・みつぐ　〜昭和41年4月5日
　敷島紡績社長　→昭和

山内 保一　やまうち・やすかず　〜昭和56年6月15日
　白洋舎常務　→80/82

山内 保次　やまうち・やすじ　〜昭和50年11月10日
　動物愛護協会理事長　→昭和

山内 譲　やまうち・ゆずる　明治38年2月18日〜平成10年10月6日　勝山市長　→97/99

山内 豊　やまうち・ゆたか　〜昭和58年4月27日
　中日新聞本社印刷局印刷部次長　→83/87

山内 善郎　やまうち・よしろう　大正3年3月15日〜平成12年12月7日　青森県副知事　→00/02

山浦 一郎　やまうら・いちろう　〜昭和59年12月5日
　光洋貿易副社長　→83/87

山浦 俊治　やまうら・しゅんじ　大正15年〜平成6年12月31日　小羊学園（重度精神薄弱児施設）理事長　→94/96

山浦 千秋　やまうら・ちあき　〜昭和39年5月31日
　三菱銀行取締役　→昭和

山浦 恒延　やまうら・つねのぶ　大正15年8月17日〜平成9年12月20日　横浜松坂屋社長　→97/99

山浦 弘　やまうら・ひろむ　大正14年7月28日〜平成14年8月28日　東京相和銀行副会長　→00/02

山浦 正夫　やまうら・まさお　大正4年3月4日〜平成12年8月15日　湯浅電池専務　→00/02

山浦 勇次郎　やまうら・ゆうじろう　〜昭和63年7月14日　大牟田市議会議長　→88/90

山尾 忠治　やまお・ただはる　〜昭和35年11月16日
　内外ビル社長　→昭和

山尾 忠一　やまお・ちゅういち　明治44年12月11日〜平成2年3月4日　住友銀行常務，住友軽金属工業副会長，日本アルミニウム工業会長　→88/90

山岡 哲　やまおか・あきら　大正15年〜昭和60年11月7日　東京産業取締役名古屋支店長　→83/87

山岡 市郎　やまおか・いちろう　〜平成4年11月21日
　東急百貨店常務　→91/93

山岡 景範　やまおか・かげのり　明治21年8月22日〜昭和58年1月22日　日本電池社長，京都商工会議所会頭　→83/87

山岡 一男　やまおか・かずお　大正15年3月〜昭和57年8月10日　国土事務次官　→80/82

山岡 憲一　やまおか・けんいち　明治32年3月23日〜平成7年11月27日　ジューキ社長　→94/96

山岡 謙蔵　やまおか・けんぞう　大正15年9月5日〜平成2年9月14日　衆院議員（自民党）　→88/90

山岡 浩二郎　やまおか・こうじろう　大正7年1月3日〜平成13年1月29日　神崎高級工機製作所会長・社長，ヤンマーディーゼル専務，ヤンマーサッカー部長・総監督　→00/02

山岡 重厚　やまおか・しげあつ　明治15年11月17日〜昭和29年3月27日　陸軍中将　→昭和

山岡 重孝　やまおか・しげたか　明治34年1月25日〜昭和60年5月25日　読売新聞社副社長　→83/87

山岡 順太郎　やまおか・じゅんたろう　慶応2年9月18日〜昭和3年11月26日　実業家　大阪商業会議所会頭　→

山岡 清吉　やまおか・せいきち　〜昭和55年10月20日　東洋農機鉄工会長、元尼崎商工会議所副会頭　→80/82

山岡 静三郎　やまおか・せいざぶろう　大正5年7月27日〜平成20年12月14日　住友化学工業常務　→06/08

山岡 武夫　やまおか・たけお　明治38年4月1日〜平成6年1月22日　日新電機取締役　→94/96

山岡 赳夫　やまおか・たけお　明治34年9月24日〜平成6年11月5日　イトーキ社長　→94/96

山岡 健　やまおか・たけし　昭和31年〜平成10年5月　牧師　青山学院大学国際政治経済学部助教授　→97/99

山岡 武　やまおか・たけし　〜昭和57年5月13日　旧日本製鉄元常務　→80/82

山岡 保　やまおか・たもつ　〜平成11年10月11日　気象庁札幌管区気象台長、関西気象協会理事長　→97/99

山岡 直記　やまおか・なおき　元治2年2月2日〜昭和2年3月4日　子爵　式部官　→昭和

山岡 博次　やまおか・はくじ　大正5年3月28日〜平成2年3月30日　昌運工作所会長、ヤンマー農機監査役　→88/90

山岡 久修　やまおか・ひさのぶ　昭和18年8月2日〜平成5年7月18日　西武百貨店取締役、西武北陸社長　→91/93

山岡 寛章　やまおか・ひろあき　〜昭和57年3月27日　全国公共図書館協議会理事　→80/82

山岡 孫吉　やまおか・まごきち　明治21年3月22日〜昭和37年3月8日　実業家　ヤンマー創業者　→昭和

山岡 政朝　やまおか・まさとも　明治37年7月16日〜昭和63年10月14日　三菱樹脂社長　→88/90

山岡 万之助　やまおか・まんのすけ　明治9年4月11日〜昭和43年6月22日　司法官僚　日本大学総長、貴院議員（勅選）　→昭和

山岡 康人　やまおか・やすと　〜昭和38年10月24日　ヤンマーディーゼル社長　→昭和

山岡 八十二郎　やまおか・やそじろう　〜昭和61年8月9日　武蔵府中法人会顧問、調布市商工会会長　→83/87

山岡 良男　やまおか・よしお　明治45年4月1日〜平成4年12月13日　ホテルパーク会長　→91/93

山岡 利平　やまおか・りへい　明治43年2月26日〜平成17年9月3日　諏訪信用金庫会長、岡谷商工会議所会頭　→03/05

山岡 錬太郎　やまおか・れんたろう　大正12年1月31日〜平成19年5月14日　日本輸送機社長　→06/08

山賀 一弘　やまが・かずひろ　〜平成6年4月28日　日本タッチ協会副会長　→94/96

山鹿 泰治　やまが・たいじ　明治25年6月26日〜昭和45年12月6日　アナキスト、エスペランティスト　→昭和

山鹿 光世　やまが・てるよ　明治42年3月22日〜昭和61年2月23日　平戸市長　→83/87

山我 徳一　やまが・とくいち　明治38年11月15日〜昭和50年8月13日　労働運動家　→昭和

山鹿 旗之進　やまが・はたのしん　安政7年1月25日〜昭和29年4月1日　牧師　→昭和

山賀 勝　やまが・まさる　昭和4年6月19日〜平成11年4月27日　小松建設工業社長　→97/99

山県 有信　やまがた・ありのぶ　〜昭和49年7月22日　矢板市長　→昭和

山県 有光　やまがた・ありみつ　〜昭和57年8月16日　内外交易会長　山県有朋の養孫　→80/82

山県 伊三郎　やまがた・いさぶろう　安政4年12月23日〜昭和2年9月24日　公爵　通信相、内務次官、三重県知事　→昭和

山形 一郎　やまがた・いちろう　大正12年〜平成8年7月27日　アイワ常務　→94/96

山形 栄治　やまがた・えいじ　大正9年10月22日〜平成13年1月21日　九州石油会社特別顧問、新日本製鉄副社長、資源エネルギー庁長官　→00/02

山県 勝見　やまがた・かつみ　明治35年2月28日〜昭和51年10月29日　実業家,政治家　興亜火災海上保険会長、厚相,参院議員（自民党）　→昭和

山形 清　やまがた・きよし　明治26年9月10日〜平成3年2月23日　駐パキスタン大使　→91/93

山県 謙三　やまがた・けんぞう　大正4年8月30日〜平成8年8月12日　オリエントファイナンス（のちオリエントコーポレーション）社長　→94/96

山形 左卿　やまがた・さきょう　〜昭和59年2月16日　総理府青少年対策本部参事官　→83/87

山県 三郎　やまがた・さぶろう　〜昭和41年10月1日　台湾総督府内務局長、栃木県知事　→昭和

山県 四郎　やまがた・しろう　明治35年12月26日〜平成1年8月2日　三菱金属会長、三菱原子燃料社長　→88/90

山県 治郎　やまがた・じろう　明治14年1月6日〜昭和11年1月9日　神奈川県知事、兵庫県知事　→昭和

山県 新作　やまがた・しんさく　大正6年11月20日〜平成6年11月15日　日新製鋼参与、ステンレス鋼板社長　→94/96

山形 晋　やまがた・すすむ　明治31年12月21日〜昭和56年2月21日　塩水港精糖副社長、日本精糖工業会長、日本ゴルフ協会副会長　→80/82

山県 正郷　やまがた・せいごう　明治24年2月15日〜昭和20年3月17日　海軍中将　→昭和

山県 孝雄　やまがた・たかお　明治40年11月27日〜平成5年7月2日　呉羽化学工業専務　→91/93

山県 隆子　やまがた・たかこ　昭和6年5月12日　故山県伊三郎公未亡人　→昭和

山県 武光　やまがた・たけみつ　〜昭和14年8月29日　陸軍歩兵大佐　→昭和

山県 恒生　やまがた・つねひろ　昭和8年6月25日〜平成15年12月31日　ナイガイ社長　→03/05

山形 伝助　やまがた・でんすけ　〜昭和61年7月25日

I　政治・経済・社会篇　　　　　　　　　　　　　　　　　　　　　　やまかわ

田川市国保運営協議会、田川市民生児童委員会長　→83/87

山県 敏夫　やまがた・としお　明治38年2月19日～平成6年5月8日　三菱電機常務　→94/96

山形 延雄　やまがた・のぶお　大正6年5月11日～平成20年2月7日　三菱地所副社長　→06/08

山形 信康　やまがた・のぶやす　大正12年6月10日～平成15年10月28日　西部ガス常務　→03/05

山県 晴毅　やまがた・はるたか　～平成15年5月10日　富士電機工事常務　→03/05

山片 平右衛門　やまかた・へいうえもん　～昭和55年11月23日　白鶴酒造常務　→80/82

山形 法湛　やまがた・ほうたん　昭和16年1月19日～平成11年8月19日　僧侶　理性院（比叡山天台宗）住職、延暦寺副執行　→97/99

山形 瑞夫　やまがた・みずお　昭和61年10月5日　キンセキ取締役電子材料事業部長　→83/87

山形 要助　やまがた・ようすけ　明治6年2月～昭和9年12月13日　土木技術者　矢作水力電気常務

山形 亮一郎　やまがた・りょういちろう　大正5年8月22日～平成9年8月14日　キヤノン常務　→97/99

山神 輝　やまがみ・あきら　昭和8年11月28日～平成2年1月9日　開成町（神奈川県）町長　→88/90

山上 益朗　やまがみ・えきろう　昭和4年2月1日～平成15年12月10日　弁護士　→03/05

山上 戒全　やまがみ・かいぜん　～昭和22年12月19日　融通念仏宗管長　→昭和

山上 淳　やまがみ・きよし　～昭和61年1月18日　第一製薬常務　→83/87

山上 正尊　やまがみ・せいそん　明治23年～昭和44年　真宗大谷派　→昭和

山上 曹源　やまがみ・そうげん　明治11年10月12日～昭和32年3月21日　僧侶（曹洞宗）、仏教学者　駒沢大学学長　→昭和

山上 孝史　やまがみ・たかし　大正13年5月8日～平成19年9月6日　運輸省鉄道監督局長、空港施設社長　→06/08

山上 武雄　やまがみ・たけお　明治14年8月12日～昭和18年4月16日　農民運動家　全農統制委員長、社会大衆党中央委員　→昭和

山上 貞　やまがみ・ただし　～昭和57年10月11日　テレビ神奈川相談役、元神奈川新聞常務取締役　→80/82

山上 民也　やまがみ・たみや　大正3年1月6日～平成21年5月4日　大分信用金庫理事長　→09/11

山上 英夫　やまがみ・ひでお　明治45年2月25日～平成18年3月7日　神官　祢総本宮貴船神社宮司　→88/90

山川 幾蔵　やまかわ・いくぞう　～昭和58年10月28日　国光電業会長　→83/87

山川 和夫　やまかわ・かずお　～平成20年6月18日　日本腎臓移植ネットワーク理事長　→06/08

山川 一広　やまかわ・かずひろ　昭和27年7月11日～平

成21年3月6日　北海道銀行常務執行役員　→09/11

山川 義一　やまかわ・ぎいち　～昭和63年8月23日　創価学会副会長、聖教新聞社専務理事　→88/90

山川 国蔵　やまかわ・くにぞう　～平成5年10月2日　東京都議（社会党）　→91/93

山川 鹿三郎　やまかわ・しかさぶろう　～昭和15年12月29日　航空局航空官　→昭和

山川 茂夫　やまかわ・しげお　大正4年2月26日～平成2年5月30日　阪急百貨店会長　→88/90

山川 滋　やまかわ・しげる　明治40年8月27日～昭和62年8月20日　警察庁関東管区警察局長　→83/87

山川 七郎　やまかわ・しちろう　～昭和59年4月9日　山川ラタン会長　→83/87

山川 俊介　やまかわ・しゅんすけ　明治43年1月5日～平成17年2月18日　伊藤忠商事常務　→03/05

山川 瑞三　やまかわ・ずいぞう　～昭和8年1月1日　国民新聞社社長　～昭和（やまかわ・みずぞう）

山川 善三郎　やまかわ・ぜんざぶろう　大正11年12月20日～平成3年12月11日　京都府議（公明党）　→91/93

山川 宗英　やまかわ・そうえい　～平成16年2月17日　大衆金融公庫総裁　→03/05

山川 宗彬　やまかわ・そうひん　明治23年～昭和20年8月10日　労働運動家　→昭和

山河 尊護　やまかわ・そんご　～平成2年7月5日　僧侶　神宮寺住職　→88/90

山川 隆雄　やまかわ・たかお　明治40年10月26日～平成8年1月23日　ユサコ会長　→94/96

山川 健　やまかわ・たける　明治25年10月18日～昭和19年2月22日　官僚、男爵　貴院議員、文部省社会教育局長　→昭和

山川 忠良　やまかわ・ただよし　明治4年9月22日～平成4年5月8日　松井建設常務　→91/93

山川 智応　やまかわ・ちおう　明治12年3月16日～昭和31年6月2日　僧侶（日蓮宗）、仏教学者　→昭和

山川 常七　やまかわ・つねしち　明治38年4月2日～昭和61年8月20日　山川会長、京都商工会議所副会頭　→83/87

山川 豊次　やまかわ・とよつぐ　～昭和55年4月8日　神官　静岡浅間神社宮司　→80/82

山川 憲男　やまかわ・のりお　昭和3年3月13日～平成3年6月23日　HOYA常勤監査役　→91/93

山川 久明　やまかわ・ひさあき　大正14年5月25日～平成11年7月7日　山川組社長、旭川商工会議所会頭、旭川大学理事長　→03/05

山川 尚典　やまかわ・ひさのり　大正4年10月24日～平成12年10月12日　鉄建建設副社長、日本道路公団理事　→00/02

山川 博　やまかわ・ひろし　～平成14年1月10日　日信電子サービス社長　→00/02

山川 操　やまかわ・みさお　〜昭和5年3月19日
　女官　→昭和

山川 保男　やまかわ・やすお　〜昭和45年12月11日
　弁護士　第一東京弁護士会副会長　→昭和

山川 義明　やまかわ・よしあき　大正9年11月2日〜平成3年6月16日　熊谷組常務　→91/93

山川 義夫　やまかわ・よしお　明治44年3月31日〜平成5年12月14日　山川工業所会長　→91/93

山川 頼三郎　やまかわ・よりさぶろう　明治6年7月〜昭和31年12月19日　衆院議員(翼賛議員同盟)　→昭和(やまかわ・らいざぶろう)

山川 良一　やまかわ・りょういち　明治24年6月5日〜昭和57年8月19日　身延山鉄道社長, 三井鉱山社長, 参院議員(緑風会)　→80/82

矢牧 章　やまき・あきら　〜昭和57年8月28日
　海軍少将　→80/82

山木 弘一　やまき・こういち　大正12年11月3日〜平成16年2月26日　北羽新報会長　→03/05

八巻 二郎　やまき・じろう　〜昭和60年8月19日
　通信協会東北地方本部長　→83/87

山木 武夫　やまき・たけお　明治26年4月〜昭和58年10月11日　衆院議員(無所属)　→83/87

八巻 艶子　やまき・つやこ　〜平成22年3月4日
　JR小岩駅前で60年以上にわたって宝くじを販売した　→09/11

八巻 直躬　やまき・なおみ　大正1年10月10日〜平成10年8月23日　三菱電機専務　→97/99

山木 寛　やまき・ひろし　昭和3年8月11日〜平成6年5月7日　京都家裁所長　→94/96

山岸 晃　やまぎし・あきら　明治42年〜平成9年1月18日
　藤沢薬品工業取締役　→97/99

山岸 晟　やまぎし・あきら　明治37年8月16日〜平成3年5月4日　(株)三秀舎会長, 東印工組相談役　→91/93

山岸 新　やまぎし・あらた　昭和8年4月1日〜平成20年5月13日　東洋精糖専務　→06/08

山岸 一雄　やまぎし・かずお　明治41年1月11日〜平成7年1月21日　東洋製缶専務　→94/96

山岸 憲市　やまぎし・けんいち　大正13年3月15日〜平成4年11月11日　岩手日日新聞社長　→91/93

山岸 幸一　やまぎし・こういち　〜昭和62年3月27日
　(有)山岸木材代表取締役　→83/87

山岸 光治　やまぎし・こうじ　〜昭和55年7月9日
　長野県議会副議長　→80/82

山岸 高明　やまぎし・こうめい　昭和4年10月23日〜平成22年12月21日　八十二銀行副頭取　→09/11

山岸 栄　やまぎし・さかえ　〜昭和55年12月10日
　三井農林乳業社長　→80/82

山岸 定男　やまぎし・さだお　〜平成11年7月21日
　関東電化工業常務　→97/99

山岸 重春　やまぎし・しげはる　〜昭和61年1月13日
　山岸ライト工業(株)社長, 昭栄ライト工業(株)代表取締役社長　→83/87

山岸 信治　やまぎし・しんじ　明治33年10月14日〜平成8年3月18日　不二越常務　→94/96

山岸 信三　やまぎし・しんぞう　明治40年4月19日〜平成7年3月2日　三井物産常務　→94/96

山岸 健　やまぎし・たけし　昭和13年7月20日〜平成15年3月4日　岩手日日新聞社長　→03/05

山岸 太計芳　やまぎし・たけよし　〜昭和60年11月13日
　般若野土地改良区理事長　→83/87

山岸 輝二　やまぎし・てるじ　〜昭和55年3月8日
　名古屋市岡崎署警務課長　→80/82

山岸 敏夫　やまぎし・としお　明治43年12月13日〜昭和62年12月13日　新潟県議(自民党)　→83/87

山岸 寿武　やまぎし・としたけ　〜平成5年4月14日
　日本ペプシコーラ・マーケティング統括副本部長　→91/93

山岸 とみ子　やまぎし・とみこ　〜平成23年11月13日
　福井県更生保護婦人連盟会長　→09/11

山岸 元　やまぎし・はじめ　〜昭和62年6月24日
　長野県軍人恩給連盟会長　→83/87

山岸 春男　やまぎし・はるお　大正12年3月22日〜平成16年12月10日　明倫舎専務　→03/05

山岸 久雄　やまぎし・ひさお　大正5年3月21日〜平成8年1月25日　東急車輛製造専務, 大森ターミナルビル社長　→94/96

山岸 守永　やまぎし・ひとし　〜昭和57年3月1日
　東洋埠頭常務　→80/82

山岸 福次郎　やまぎし・ふくじろう　大正2年3月5日〜平成9年1月15日　三洋工業創業者　→97/99

山岸 巳代蔵　やまぎし・みよぞう　明治34年8月12日〜昭和36年5月3日　社会思想家, 農業運動家　山岸会創始者　→昭和

山岸 与作　やまぎし・よさく　〜昭和55年12月10日
　留萌市議　→80/82

山岸 義太　やまぎし・よした　〜昭和57年4月13日
　昭和石油常務　→80/82

山喜多 四郎寿　やまきた・しろうじゅ　〜昭和61年2月1日　直方ロータリークラブ会長　→83/87

山喜多 丈行　やまきた・たけゆき　昭和3年1月14日〜平成23年2月7日　古河機械金属専務　→09/11

山北 為太郎　やまきた・ためたろう　明治32年11月16日〜昭和62年3月1日　全国防犯協会連合会副会長, 大阪府防犯協会連合会会長　→83/87

山北 弘志　やまきた・ひろし　昭和9年2月18日〜平成6年10月1日　大中証券専務　→94/96

山北 博司　やまきた・ひろし　昭和6年11月30日〜平成21年6月10日　報知新聞社長　→09/11

I 政治・経済・社会篇　　　　　　　　　　　　　　　　　　　　　　　　　　やまくち

山北　正恒　やまきた・まさつね　〜昭和56年1月11日
　九州電材会長　→80/82

山際　俊夫　やまぎわ・としお　昭和6年7月26日〜昭和48
　年4月16日　実業家　ヤマギワ電気会長　→昭和

山際　真人　やまぎわ・まさと　昭和23年5月26日〜平成
　23年1月20日　池田銀行常務　→09/11

山際　正道　やまぎわ・まさみち　明治34年6月12日〜昭
　和50年3月16日　大蔵官僚，銀行家　日銀総裁，大蔵事務
　次官　→昭和

山際　雄作　やまぎわ・ゆうさく　昭和9年4月25日〜平成
　8年3月18日　関西テレビ制作局長，関西テレビアートセ
　ンター社長　→94/96

山際　愛次郎　やまぎわ・あいじろう　明治27年7月14日
　〜昭和51年9月24日　カトリック大司教　→昭和

山口　彰夫　やまぐち・あきお　〜昭和57年6月18日
　巴工業社長　→80/82

山口　明　やまぐち・あきら　大正11年6月10日〜平成19
　年9月11日　日本ケミファ社長　→06/08

山口　淳　やまぐち・あつし　昭和7年4月18日〜平成6年2
　月12日　トヨタ車体取締役，豊田機工常務　→94/96

山口　惇　やまぐち・あつし　昭和5年10月6日〜平成8年6
　月1日　日清製油専務　→94/96

山口　伊左衛門　やまぐち・いざえもん　明治44年7月4日
　〜平成1年11月27日　弁護士　→88/90

山口　勲　やまぐち・いさお　〜昭和57年10月18日
　世界救世教参与　→80/82

山口　勇　やまぐち・いさむ　大正10年9月11日〜平成18
　年2月5日　朝日信用金庫会長，全国信用金庫連合会会長
　→06/08

山口　一太郎　やまぐち・いちたろう　明治33年9月10日
　〜昭和36年2月22日　陸軍大尉，右翼運動家　→昭和

山口　一門　やまぐち・いちもん　昭和7年2月20日〜平成
　23年1月24日　日本文化厚生農協連合会会長，茨城県農協
　中央会副会長　→09/11

山口　愛　やまぐち・いとし　昭和8年1月6日〜平成5年4
　月22日　大都工業取締役　→91/93

山口　巌　やまぐち・いわお　大正4年3月5日〜平成18年7
　月15日　フジタ副社長　→06/08

山口　栄一　やまぐち・えいいち　明治45年2月15日〜平
　成23年4月19日　帝国臓器製薬社長　→09/11

山口　英一　やまぐち・えいいち　〜平成21年1月21日
　テクノ菱和常務　→09/11

山口　英吉　やまぐち・えいきち　明治44年7月27日〜昭
　和62年12月30日　丸石自転車社長　→83/87

山口　鋭之助　やまぐち・えいのすけ　文久2年〜昭和20
　年3月4日　宮中顧問官　→昭和

山口　円道　やまぐち・えんどう　明治42年8月2日〜平成
　19年7月29日　僧侶　曼殊院門主　→06/08

山口　興一　やまぐち・おきかず　明治42年8月13日〜平
　成20年12月31日　関西テレビ放送社長，阪急電鉄副社長
　→06/08

山口　嘉七　やまぐち・かしち　明治30年1月12日〜昭和58
　年3月11日　日本勧業銀行（のち第一勧銀）理事　→83/87

山口　一夫　やまぐち・かずお　〜昭和59年1月25日
　大分地検検事正，熊本地検検事正　→83/87

山口　一夫　やまぐち・かずお　明治43年10月9日〜平成
　10年4月1日　行政管理事務次官　→97/99

山口　和男　やまぐち・かずお　大正14年8月7日〜昭和60
　年3月31日　大協石油常務，通産省名古屋通産局長，科学
　技術庁振興局長　→83/87

山口　和夫　やまぐち・かずお　明治45年1月8日〜平成7
　年9月2日　山和証券会長　→94/96

山口　和雄　やまぐち・かずお　〜平成7年8月20日
　国鉄施設局長，日本交通技術相談役　→94/96

山口　一彦　やまぐち・かずひこ　昭和7年5月12日〜平成
　18年11月18日　リコーエレメックス専務　→06/08

山口　和彦　やまぐち・かずひこ　明治26年12月15日〜平
　成23年6月12日　勝浦市長　→09/11

山口　勝　やまぐち・かつ　文久2年〜昭和13年10月4日
　陸軍中将　→昭和（やまぐち・まさる）

山口　勝雄　やまぐち・かつお　明治34年7月4日〜平成6
　年9月24日　リズム時計工業常務　→94/96

山口　勝清　やまぐち・かつきよ　明治38年1月7日〜昭和
　20年8月6日　アナキスト　→昭和

山口　勝太郎　やまぐち・かつたろう　明治37年2月21日
　〜平成5年8月2日　三井埠頭会長　→91/93

山口　勝寿　やまぐち・かつとし　〜昭和48年7月2日
　日本ビクター参与　→昭和

山口　勝美　やまぐち・かつみ　昭和3年2月8日〜平成9年
　10月17日　協栄産業副社長　→97/99

山口　勝巳　やまぐち・かつみ　〜平成2年7月7日
　日本紙業取締役　→88/90

山口　亀鶴　やまぐち・かめつる　〜昭和49年12月3日
　大洋デパート社長　→昭和

山口　嘉六　やまぐち・かろく　大正11年12月17日〜平成
　13年4月7日　三井物産常務　→00/02

山口　勘一　やまぐち・かんいち　明治33年〜昭和30年2
　月20日　農民運動家　→昭和

山口　勘蔵　やまぐち・かんぞう　大正11年4月17日〜平
　成17年6月4日　講談社副社長　→03/05

山口　喜一　やまぐち・きいち　明治14年11月22日〜昭和
　44年5月22日　北海タイムス社長　→昭和

山口　義一　やまぐち・ぎいち　明治21年1月20日〜昭和
　10年4月15日　衆院議員（政友会）　→昭和

山口　義一郎　やまぐち・ぎいちろう　大正6年10月24日
　〜平成10年8月4日　同和鉱業監査役，岡三証券常務　→
　97/99

山口　喜久一郎　やまぐち・きくいちろう　明治29年5月
　11日〜昭和56年5月6日　政治家　衆院議長　→80/82

「現代物故者事典」総索引（昭和元年〜平成23年）　**1287**

やまくち　　　　　　　　　　　　　　　　　　　　　　　　Ⅰ　政治・経済・社会篇

山口 喜三郎　やまぐち・きさぶろう　明治7年1月30日～昭和22年8月16日　実業家　東京芝浦電気初代社長　→昭和

山口 吉郎兵衛　やまぐち・きちろべえ　明治16年4月～昭和26年10月2日　銀行家　日本生命社長　→昭和

山口 喜八郎　やまぐち・きはちろう　大正6年～平成16年7月16日　山口楼3代目主人　→03/05

山口 君子　やまぐち・きみこ　～平成20年2月24日　名古屋おやこセンター専務理事,世界劇場会議名古屋事務局次長　→06/08

山口 公典　やまぐち・きみのり　昭和15年12月14日～平成7年6月30日　小野測器取締役　→94/96

山口 久像　やまぐち・きゅうぞう　明治32年10月10日～昭和63年2月25日　横浜スタジアム社長,大洋球団取締役　→88/90

山口 欽一　やまぐち・きんいち　大正6年9月8日～昭和62年11月12日　国鉄常務理事,日立電子副社長　→83/87

山口 金作　やまぐち・きんさく　明治9年～昭和41年　牧師　→昭和

山口 国雄　やまぐち・くにお　大正10年1月15日～平成14年3月22日　川崎汽船常務　→00/02

山口 馨一郎　やまぐち・けいいちろう　～昭和7年1月　陸軍々属　→昭和

山口 慶三　やまぐち・けいぞう　～昭和45年4月26日　藤田組相談役　→昭和

山口 賢一　やまぐち・けんいち　大正13年10月25日～平成22年3月25日　中日新聞副社長　→09/11

山口 健吉　やまぐち・けんきち　大正4年9月4日～平成11年11月23日　日本合成化学工業副社長　→97/99

山口 堅吉　やまぐち・けんきち　～昭和40年2月17日　三菱銀行常務　→昭和

山口 元吉　やまぐち・げんきち　～昭和59年7月22日　ホテルグランドパレス取締役　→83/87

山口 健治　やまぐち・けんじ　昭和4年5月14日～平成16年11月11日　日立造船常務　→03/05

山口 健二　やまぐち・けんじ　～平成11年6月12日　社会運動家　→97/99

山口 憲次　やまぐち・けんじ　明治45年2月15日～平成2年7月24日　小田急百貨店常務　→88/90

山口 玄洞　やまぐち・げんどう　文久3年10月10日～昭和12年1月9日　実業家　貴院議員　→昭和

山口 光一　やまぐち・こういち　昭和4年11月18日～平成20年9月14日　参院議員（自民党）　→06/08

山口 好一　やまぐち・こういち　明治36年11月～昭和44年3月19日　衆院議員（自民党）　→昭和

山口 光円　やまぐち・こうえん　明治24年3月16日～昭和47年6月16日　僧侶,仏教学者　叡山学院名誉教授　→昭和

山口 晃岳　やまぐち・こうがく　～昭和55年10月23日　天台宗東北大本山中尊寺執事長　→80/82

山口 公久　やまぐち・こうきゅう　昭和3年1月11日～平成23年11月26日　矢板市長　→09/11

山口 耕俊　やまぐち・こうしゅん　～昭和50年3月28日　真言宗高野山大僧正　→昭和

山口 光三　やまぐち・こうぞう　～昭和56年2月23日　福島県副知事　→80/82

山口 幸三　やまぐち・こうぞう　～平成4年2月1日　東京銀行監査役　→91/93

山口 耕三　やまぐち・こうぞう　大正1年9月27日～平成3年12月12日　丸石自転車監査役,太洋商会社長　→91/93

山口 宏沢　やまぐち・こうたく　明治3年5月17日～昭和3年1月5日　国家主義者　→昭和

山口 幸之助　やまぐち・こうのすけ　～昭和57年10月20日　豊島区議会議員　→80/82

山口 吾郎　やまぐち・ごろう　～昭和55年9月7日　不二建設社長　→80/82

山口 栄　やまぐち・さかえ　～昭和47年11月19日　警視庁警護課長　→昭和

山口 貞弥　やまぐち・さだや　～昭和58年9月29日　毎栄実業社長　→83/87

山口 三郎　やまぐち・さぶろう　～昭和57年8月22日　有機合成薬品工業社長　→80/82

山口 重雄　やまぐち・しげお　～昭和57年1月12日　横浜銀行常務　→80/82

山口 繁夫　やまぐち・しげお　明治37年9月28日～昭和58年6月18日　森永乳業取締役,ゼリア新薬工業専務取締役　→83/87

山口 繁夫　やまぐち・しげお　大正4年10月30日～平成3年4月23日　東京建設業協会専務理事　→91/93

山口 茂夫　やまぐち・しげお　大正9年2月15日～平成11年10月2日　国鉄常務理事,池袋ターミナルビル社長　→97/99

山口 茂夫　やまぐち・しげお　明治44年1月15日～平成17年5月10日　三重県議（社会党）　→03/05

山口 成人　やまぐち・しげと　～昭和58年10月27日　理研計器監査役,元科学技術庁無機材質研究所長　→83/87

山口 重彦　やまぐち・しげひこ　明治27年9月～昭和40年10月19日　参院議員（日本社会党）,山口自転車社長　→昭和

山口 重良　やまぐち・しげよし　～平成10年6月23日　住友精密工業常務　→97/99

山口 茂　やまぐち・しげる　大正13年1月5日～平成12年12月2日　笠間市長　→00/02

山口 茂　やまぐち・しげる　大正13年11月12日～平成17年12月10日　埼玉県議（県政々）　→03/05

山口 周吉　やまぐち・しゅうきち　大正1年10月18日～昭和61年12月12日　弁護士　大阪弁護士会副会長　→83/87

I 政治・経済・社会篇　　　　　　　　　　　　　　　　　　　　　やまくち

山口 十八　やまぐち・じゅうはち　明治11年10月〜昭和12年1月30日　陸軍少将, 子爵　→昭和 (やまぐち・とはち)

山口 俊一　やまぐち・しゅんいち　万延1年12月〜昭和8年10月1日　衆院議員 (民政党)　→昭和

山口 峻三　やまぐち・しゅんぞう　〜平成4年7月15日　喜多方市長　→91/93

山口 順太郎　やまぐち・じゅんたろう　大正2年8月22日〜平成16年2月6日　北越メタル社長, 日本石油取締役　→03/05

山口 彰市　やまぐち・しょういち　大正15年2月3日〜平成16年1月27日　東急百貨店常務　→03/05

山口 正憲　やまぐち・しょういん　大正11年1月6日〜平成9年5月13日　東京都議 (公明党)　→97/99

山口 正三九　やまぐち・しょうさく　大正3年9月11日〜平成1年12月13日　土肥町 (静岡県) 町長, 静岡県議　→88/90

山口 正次郎　やまぐち・しょうじろう　大正2年2月28日〜平成13年1月12日　北区区議　→00/02

山口 丈太郎　やまぐち・じょうたろう　明治42年4月16日〜平成3年2月5日　衆院議員 (社会党)　→91/93

山口 庄之助　やまぐち・しょうのすけ　明治35年3月1日〜昭和53年9月18日　社会運動家　→昭和

山口 次郎　やまぐち・じろう　〜昭和58年11月25日　兵庫製紙会長, 太陽神戸銀行監査役　→83/87

山口 治郎　やまぐち・じろう　大正8年6月13日〜平成20年2月7日　行田市長　→06/08

山口 新一郎　やまぐち・しんいちろう　昭和2年11月25日〜昭和59年6月18日　厚生省年金局長　→83/87

山口 心作　やまぐち・しんさく　明治37年10月15日〜平成10年9月19日　新和海運副社長　→97/99

山口 真志郎　やまぐち・しんしろう　〜平成9年12月7日　財界九州社社長　→97/99

山口 森三　やまぐち・しんぞう　明治40年8月15日〜平成14年2月23日　藤枝市長　→00/02

山口 新太郎　やまぐち・しんたろう　〜昭和55年12月3日　山口医療器相談役・前社長　→80/82

山口 進太郎　やまぐち・しんたろう　明治40年3月10日〜昭和63年11月15日　弁護士　→88/90

山口 末吉　やまぐち・すえきち　明治40年6月20日〜平成15年1月27日　日本製粉社長　→03/05

山口 澄夫　やまぐち・すみお　大正9年9月2日〜平成2年7月20日　茨城県議 (公明党)　→88/90

山口 純隆　やまぐち・すみたか　明治42年9月14日〜昭和63年9月23日　僧侶　真言宗智山派大僧正, 密蔵院住職, 埼玉県農協中央会会長　→88/90

山口 澄久　やまぐち・すみひさ　昭和4年2月27日〜平成6年7月17日　吉井町 (長崎県) 町長　→94/96

山口 精二　やまぐち・せいじ　〜平成15年9月17日　山口久乗会長　→03/05

山口 節三　やまぐち・せつぞう　大正5年1月29日〜平成14年1月20日　東海テレビ放送常務　→00/02

山口 善助　やまぐち・ぜんすけ　明治27年1月29日〜平成3年9月24日　朝日広告社社長　→91/93

山口 善造　やまぐち・ぜんぞう　大正2年4月27日〜平成15年8月19日　工芸作家　山口特殊電線社長, 滋賀県公安委員長　→03/05

山口 外吉　やまぐち・そときち　大正10年1月1日〜平成13年1月24日　共和工業所会長　→00/02

山口 大痴　やまぐち・だいち　〜昭和60年12月15日　僧侶　臨済宗大徳寺派・興臨院住職　→83/87

山口 大平　やまぐち・だいへい　〜昭和61年4月7日　(財) 山口同仁会会長　→83/87

山口 高一郎　やまぐち・たかいちろう　大正12年6月18日〜平成3年3月19日　喜多方軽金属社長　→91/93

山口 隆喜　やまぐち・たかき　明治41年7月8日〜平成21年12月14日　労働運動家　→09/11

山口 孝　やまぐち・たかし　明治35年7月22日〜平成8年7月26日　大阪相互銀行 (のちなにわ銀行) 社長　→94/96

山口 隆　やまぐち・たかし　大正3年8月17日〜平成4年10月19日　名古屋市議会副議長　→91/93

山口 隆　やまぐち・たかし　〜平成5年5月3日　大和食品工業専務　→91/93

山口 隆二　やまぐち・たかじ　〜昭和58年9月23日　宮内庁式部官　→83/87

山口 喬蔵　やまぐち・たかぞう　〜平成3年4月17日　足立区長, 中野区長　→91/93

山口 拓治　やまぐち・たくじ　昭和16年10月13日〜平成22年3月27日　日本信託銀行常務　→09/11

山口 卓三　やまぐち・たくぞう　大正6年10月〜平成4年6月15日　正食協会会長　→91/93

山口 武氏　やまぐち・たけし　〜平成3年3月19日　北海道穀物商品取引所取引員協会長, カネツ商事取締役　→91/93

山口 武利　やまぐち・たけとし　明治38年5月19日〜平成5年3月11日　神奈川県議 (自民党)　→91/93

山口 武信　やまぐち・たけのぶ　〜昭和47年1月8日　今市市長　→昭和

山口 剛彦　やまぐち・たけひこ　昭和16年12月30日〜平成20年11月17日　厚生事務次官　→06/08

山口 武彦　やまぐち・たけひこ　明治2年7月2日〜昭和37年7月11日　実業家　山武創業者　→昭和

山口 武秀　やまぐち・たけひで　明治4年1月13日〜平成4年8月23日　農民運動家　常東農民組合委員長　→91/93

山口 武光　やまぐち・たけみつ　大正4年5月7日〜平成8年12月24日　北海道新聞常務　→94/96

山口 健児　やまぐち・たける　明治38年〜平成7年6月30日　日本農産工業常務　→94/96

山口 正　やまぐち・ただし　〜昭和57年5月8日

やまくち

大阪オフセット印刷社長　→80/82

山口 正　やまぐち・ただし　大正10年7月26日～平成19年12月7日　カルソニック社長　→06/08

山口 正　やまぐち・ただし　昭和26年1月14日～平成21年3月11日　井筒屋専務　→09/11

山口 唯次　やまぐち・ただじ　明治38年6月12日～昭和62年9月17日　豊橋商工会議所相談役　→83/87

山口 忠慶　やまぐち・ただよし　～平成13年10月14日　テクノ菱和専務　→00/02

山口 竜夫　やまぐち・たつお　大正5年11月29日～平成8年4月29日　日本専売公社総務理事、日本通運監査役、大阪フィルター工業社長　→94/96

山口 龍雄　やまぐち・たつお　大正5年8月11日～平成8年3月27日　東京シヤリング相談役　→94/96

山口 辰弥　やまぐち・たつや　安政3年11月20日～昭和2年4月9日　海軍造船総監　→昭和

山口 太兵衛　やまぐち・たへえ　慶応2年9月～昭和9年12月10日　実業家　→昭和

山口 保　やまぐち・たもつ　～平成7年9月5日　田中精密機工業常務、ホンダ自販タナカ専務　→94/96

山口 保　やまぐち・たもつ　～平成11年1月18日　イーグル工業社長,NOK専務　→97/99

山口 多聞　やまぐち・たもん　明治25年8月17日～昭和17年6月5日　海軍中将　→昭和

山口 太郎　やまぐち・たろう　～平成3年6月10日　社会党中央本部農漁民局長　→91/93

山口 忠五郎　やまぐち・ちゅうごろう　明治15年1月～昭和30年10月8日　衆院議員(進歩党)　→昭和

山口 嗣二　やまぐち・つぐじ　昭和14年5月10日～平成15年2月22日　日本郵船専務　→03/05

山口 伝　やまぐち・つたえ　明治37年1月5日～昭和56年5月22日　海上保安庁長官　→80/82(山口 條)

山口 彊　やまぐち・つとむ　大正5年3月16日～平成22年1月4日　広島と長崎でそれぞれ直接被爆した"二重被爆者"　→09/11

山口 勉　やまぐち・つとむ　大正9年3月10日～平成10年5月22日　三和交通社長、丸イ山口商会会長　→97/99

山口 常次郎　やまぐち・つねじろう　明治35年1月3日～昭和18年5月10日　労働運動家　→昭和

山口 恒則　やまぐち・つねのり　明治41年3月11日～平成6年8月12日　四国電力会長　→94/96

山口 悌治　やまぐち・ていじ　～昭和53年7月16日　生長の家理事長　→昭和

山口 哲男　やまぐち・てつお　大正3年9月30日～平成4年1月16日　堺化学工業常務　→91/93

山口 哲雄　やまぐち・てつお　大正13年5月21日～平成4年6月19日　笹の川酒造社長、福島県酒造協同組合理事長　→91/93

山口 徹　やまぐち・てつ　～昭和56年9月21日

東洋ガラス監査役　→80/82

山口 哲四郎　やまぐち・てつしろう　大正3年6月8日～平成8年11月5日　安田信託銀行常務　→94/96

山口 哲三　やまぐち・てつぞう　～昭和57年4月12日　全国青果物商業協同組合連合会会長　→80/82

山口 秋男　やまぐち・ときお　～昭和59年12月17日　(株)西川取締役　→83/87

山口 トク　やまぐち・とく　明治11年2月7日～昭和61年7月4日　全国で3番目の長寿者,北海道一の長寿者　→83/87

山口 敏明　やまぐち・としあき　昭和3年9月16日～平成12年1月3日　東ソー会長　→00/02

山口 利秋　やまぐち・としあき　～昭和61年4月6日　山口木型製作所社長,大洋エンジニアリング取締役社長　→83/87

山口 敏宣　やまぐち・としのぶ　昭和2年3月26日～平成22年11月8日　長崎県議(公明党)　→09/11

山口 敏治　やまぐち・としはる　昭和24年3月20日～平成19年10月21日　大和製缶専務　→06/08

山口 利彦　やまぐち・としひこ　明治34年11月7日～昭和59年9月2日　山武ハネウエル名誉会長,山武商会会長　→83/87

山口 年博　やまぐち・としひろ　昭和11年～平成3年12月9日　東京シヤリング取締役・福山営業所長　→91/93

山口 俊郎　やまぐち・としろう　昭和24年11月26日～平成23年12月1日　宮崎日日新聞取締役論説委員長　→09/11

山口 留芳　やまぐち・とめよし　大正4年9月3日～平成11年18日　古林紙工常務　→91/93

山口 豊雄　やまぐち・とよお　大正1年9月17日～平成12年7月26日　長野信用金庫理事長　→00/02

山口 寅治良　やまぐち・とらじろう　大正3年2月7日～昭和60年5月10日　京阪電気鉄道副社長　→83/87

山口 直彦　やまぐち・なおひこ　大正8年2月17日～昭和60年12月30日　三共スポーツ社長,元全国運動用品商工団体連合会理事長　→83/87

山口 直政　やまぐち・なおまさ　～昭和55年5月21日　神戸製鋼所顧問・元取締役　→80/82

山口 中　やまぐち・なか　～昭和56年7月8日　富島運輸社長,富島商事会長　→80/82

山口 二三　やまぐち・にぞう　～昭和43年3月5日　航空幕僚監部防衛部長　→昭和

山口 信男　やまぐち・のぶお　明治35年11月10日～平成3年5月27日　日本陶器(のちノリタケカンパニーリミテッド)副社長　→91/93

山口 信男　やまぐち・のぶお　大正3年10月23日～平成2年11月29日　大建工業専務　→91/93

山口 信夫　やまぐち・のぶお　大正13年12月23日～平成22年9月14日　旭化成会長,日本商工会議所会頭　→09/11

1290　「現代物故者事典」総索引(昭和元年～平成23年)

I 政治・経済・社会篇　　　　　　　　　　　　　　　　　　　　　　　　　　　　　　　　やまくち

山口 信助　やまぐち・のぶすけ　～昭和61年6月7日
海軍中将　→83/87

山口 信之　やまぐち・のぶゆき　大正9年4月10日～昭和58年6月2日　鈴木シャッター工業会長、日本シャッター工業会会長　→83/87

山口 信義　やまぐち・のぶよし　明治37年5月15日～平成7年8月2日　東洋曹達工業（のち東ソー）副社長　→94/96

山口 昇　やまぐち・のぼる　明治29年4月5日～昭和51年3月20日　愛知トヨタ自動車会長　→昭和

山口 襄　やまぐち・のぼる　明治40年11月11日～平成14年9月29日　東芝常務　→00/02

山口 典子　やまぐち・のりこ　～昭和62年3月27日
野村生涯教育センター専務理事　→83/87

山口 一　やまぐち・はじめ　昭和11年5月20日～平成12年1月31日　第四銀行常務　→00/02

山口 開生　やまぐち・はるお　大正14年6月5日～平成20年12月30日　日本電信電話社長　→06/08

山口 春吉　やまぐち・はるきち　昭和57年2月28日
三島商工会議所会頭、明治食品工業社長　→80/82

山口 半兵衛　やまぐち・はんべえ　～昭和4年9月3日
東洋リノリユーム常務　→昭和

山口 喜雄　やまぐち・ひさお　明治42年10月28日～平成5年7月25日　結核予防会常任理事、警察庁近畿管区警察局長　→91/93

山口 久雄　やまぐち・ひさお　大正6年1月1日～平成4年5月27日　興和紡績常務　→91/93

山口 久　やまぐち・ひさし　昭和9年3月17日～平成7年10月22日　中部銀行専務　→94/96

山口 秀市　やまぐち・ひでいち　大正12年1月22日～平成13年3月20日　ヤマト陶磁器会長　→00/02

山口 秀男　やまぐち・ひでお　明治34年8月10日～平成5年7月31日　安田火災海上保険副社長、日本損害保険協会専務理事　→91/93

山口 秀和　やまぐち・ひでかず　大正8年4月1日～平成16年4月30日　山口児童文化研究所長　サンタクロースに扮し慰問活動を続けた　→03/05

山口 英樹　やまぐち・ひでき　大正15年3月6日～平成18年5月1日　三菱アルミニウム常務　→06/08

山口 秀治　やまぐち・ひでじ　大正6年2月25日～平成11年11月3日　鹿児島県経営者協会顧問、鹿児島県副知事　→97/99

山口 広　やまぐち・ひろし　～平成6年1月2日
日本ダイナースクラブ専務　→94/96

山口 博　やまぐち・ひろし　大正3年3月20日～昭和61年7月25日　三井造船取締役　→83/87

山口 広次　やまぐち・ひろじ　大正6年5月13日～平成15年8月26日　宮内庁東宮侍従長、駐レバノン大使　→03/05

山口 弘達　やまぐち・ひろよし　万延1年3月23日～昭和7年7月11日　貴院議員（子爵）　→昭和

山口 冨貴造　やまぐち・ふきぞう　大正4年8月26日～平成17年10月20日　つばめ自動車創業者　→03/05

山口 総男　やまぐち・ふさお　明治38年5月19日～昭和60年12月27日　三菱商事専務　→83/87

山口 房五郎　やまぐち・ふさごろう　～昭和8年2月28日
大阪市会議長　→昭和

山口 文吾　やまぐち・ぶんご　大正2年11月20日～昭和61年12月5日　広島ガス相談役・元社長　→83/87

山口 馬城次　やまぐち・まきじ　明治25年～昭和62年6月17日　宇佐市長　→83/87

山口 孫一　やまぐち・まごいち　～昭和45年10月31日
紀陽銀行頭取　→昭和

山口 正一郎　やまぐち・まさいちろう　大正1年9月5日～平成6年1月18日　キッコーマン取締役　→94/96

山口 政雄　やまぐち・まさお　明治40年11月20日～昭和56年7月4日　救ライ活動家、消費生活運動家　オリジン電気商事会長、灘神戸生活協同組合名誉理事　→80/82

山口 政雄　やまぐち・まさお　大正7年3月30日～平成13年1月8日　三共三興常務　→00/02

山口 正夫　やまぐち・まさお　大正2年2月27日～平成6年4月7日　フマキラー専務　→94/96

山口 正夫　やまぐち・まさお　大正6年2月21日～平成18年10月13日　大正海上火災保険専務　→06/08

山口 正起　やまぐち・まさき　大正13年1月27日～平成23年3月21日　シンクレイヤ創業者　→09/11

山口 政二　やまぐち・まさじ　明治20年8月～昭和2年2月23日　政治家、弁護士　衆院議員（新正倶楽部）　→昭和・せいじ

山口 真人　やまぐち・まさと　昭和7年4月13日～平成23年12月28日　北海道議（自民党）　→09/11

山口 正直　やまぐち・まさなお　大正1年11月23日～平成20年3月23日　砂川市長　→06/08

山口 政之助　やまぐち・まさのすけ　昭和4年11月5日～平成7年11月9日　大船渡市議、東京都議　→94/96

山口 正信　やまぐち・まさのぶ　大正12年5月28日～平成23年4月15日　平林禅寺の自然と文化を守る会会長　→09/11

山口 勝　やまぐち・まさる　～昭和58年3月8日
堺市長　→83/87

山口 真澄　やまぐち・ますみ　～昭和49年8月15日
海軍中将　→昭和

山口 マツ　やまぐち・まつ　明治20年～昭和51年
シンガポールの"からゆきさん"　→昭和

山口 真弘　やまぐち・みちひろ　大正13年3月17日～平成18年8月7日　第一勧業銀行監査役、京都新聞監査役　→06/08

山口 光男　やまぐち・みつお　大正12年1月2日～平成5年5月3日　三菱化成常務　→91/93

山口 三津男　やまぐち・みつお　大正7年7月8日～平成4年5月27日　グラフテック会長　→91/93

山口 光秀　やまぐち・みつひで　昭和2年9月16日～平成

「現代物故者事典」総索引（昭和元年～平成23年）　　**1291**

16年7月26日　大蔵事務次官,日本輸出入銀行総裁,東京証券取引所理事長　→03/05

山口　光朗　やまぐち・みつろう　明治37年1月20日～平成5年12月28日　佐賀県議　→91/93

山口　酉　やまぐち・みのる　明治42年1月3日～平成4年8月31日　弁護士　行政管理庁事務次官　→91/93

山口　稔　やまぐち・みのる　～平成8年4月12日　横浜ゴム専務　→94/96

山口　美代子　やまぐち・みよこ　～平成6年8月18日　長崎原爆被災者協議会副会長　→94/96

山口　宗樹　やまぐち・むねき　大正6年12月24日～平成20年7月11日　大日本塗料常務　→06/08

山口　元二　やまぐち・もとじ　大正1年10月2日～平成8年9月4日　北陸鉄道社長　→94/96

山口　泰弘　やまぐち・やすひろ　～昭和60年1月19日　川崎重工常務,同志社校友会会長　→83/87

山口　泰弘　やまぐち・やすひろ　大正6年6月3日～平成9年12月1日　大阪市議(自民党)　→97/99

山口　保身　やまぐち・やすみ　～平成12年4月6日　農水省中国四国農政局長　→00/02

山口　八十八(2代目)　やまぐち・やそはち　明治7年8月12日～昭和38年9月3日　実業家　帝国臓器製薬創業者　→昭和(山口八十八)

山口　弥太郎　やまぐち・やたろう　大正8年12月9日～平成15年1月6日　内田洋行専務　→03/05

山口　弥生　やまぐち・やよい　昭和30年～平成15年11月18日　三洋マネージメント社長　→03/05

山口　友作　やまぐち・ゆうさく　～昭和47年12月15日　オリエンタル写真工業社長　→昭和

山口　悠介　やまぐち・ゆうすけ　昭和9年3月26日～平成11年8月31日　弁護士　札幌高検検事長　→97/99

山口　有三　やまぐち・ゆうぞう　大正14年～平成8年6月9日　豊和工業常務　→94/96

山口　幸郎　やまぐち・ゆきお　～昭和55年11月10日　中央信託銀行取締役　→80/82

山口　由喜政　やまぐち・ゆきまさ　明治44年12月1日～平成6年1月25日　日本国土開発専務　→94/96

山口　幸由　やまぐち・ゆきよし　明治44年1月19日～平成4年5月30日　愛知トヨタ自動車常務　→91/93

山口　熊野　やまぐち・ゆや　元治1年11月11日～昭和25年6月24日　衆院議員(政友本党)　→昭和(やまぐち・くまの)

山口　洋一　やまぐち・よういち　大正12年12月8日～平成10年6月6日　大日本印刷専務　→97/99

山口　義男　やまぐち・よしお　～昭和52年9月11日　大阪酸素工業会長　→昭和

山口　義夫　やまぐち・よしお　明治44年2月25日～平成17年8月29日　日立運輸東京モノレール社長　→03/05

山口　吉雄　やまぐち・よしお　大正8年6月24日～平成11年10月29日　安田信託銀行社長　→97/99

山口　好男　やまぐち・よしお　～平成12年12月27日　ケーヨー専務　→00/02

山口　芳雄　やまぐち・よしお　大正2年10月7日～平成17年12月22日　キリンビール副社長　→03/05

山口　良定　やまぐち・よしさだ　大正6年5月10日～平成4年10月15日　ラサ工業相談役・元社長　→91/93

山口　吉孝　やまぐち・よしたか　明治42年7月1日～昭和62年1月23日　名古屋袋物商工協同組合理事長,エリット社長　→83/87

山口　良忠　やまぐち・よしただ　大正2年1月11日～昭和22年10月11日　東京地裁判事　ヤミ米を拒否して栄養失調死した裁判官　→昭和

山口　吉暉　やまぐち・よしてる　大正10年7月27日～平成18年7月15日　勝浦市長　→06/08

山口　義範　やまぐち・よしのり　大正15年11月3日～平成14年9月15日　長崎県議(自民党)　→00/02

山口　吉久　やまぐち・よしひさ　大正14年1月15日～平成21年9月1日　山口シネマ社長　→09/11

山口　由美　やまぐち・よしみ　明治37年8月2日～平成5年2月2日　神東塗料社長,住友化学工業常務　→91/93

山口　義光　やまぐち・よしみつ　明治37年5月7日～昭和62年1月29日　関西莫大小常任相談役,モリリン専務　→83/87

山口　良哉　やまぐち・よしや　～昭和39年11月2日　三菱電機副社長　→昭和

山口　利吉　やまぐち・りきち　明治38年9月23日～昭和48年7月25日　日東化学工業副社長　→昭和

山口　律雄　やまぐち・りつお　～平成9年1月7日　埼玉県議,八基村(埼玉県)村長　→97/99

山口　隆一　やまぐち・りゅういち　明治38年11月13日～昭和59年10月1日　協和銀行常務,小野田セメント監査役　→83/87

山口　隆三　やまぐち・りゅうぞう　～昭和47年1月3日　三共常務　→昭和

山口　林三　やまぐち・りんぞう　大正8年1月15日～平成6年2月4日　日経印刷社長,日本経済新聞社友　→94/96

山口　玲一郎　やまぐち・れいいちろう　～昭和55年3月31日　相模鋳造専務　→80/82

山口　六平　やまぐち・ろくへい　～昭和61年9月21日　商工省石炭庁生産局長,日鉄鉱業常務　→83/87

山口　六郎　やまぐち・ろくろう　～昭和38年5月1日　富士屋ホテル代表取締役　→昭和

山口　六郎次　やまぐち・ろくろうじ　明治29年7月21日～昭和36年11月28日　衆院議員(自民党)　→昭和

山隈　康　やまくま・やすし　明治2年5月15日～昭和28年5月10日　熊本市長,貴族議員(多額納税)　→昭和

山倉　一水　やまくら・かずみ　～昭和62年3月5日　石川島播磨重工業取締役　→83/87

山倉 盛彦　やまくら・もりひこ　明治44年～平成19年8月19日　神官、作家　白山神社宮司　→06/08

山倉 由三　やまくら・よしぞう　～平成14年12月10日　千葉県議　→00/02

山越 永之助　やまこし・えいのすけ　～昭和57年7月5日　明治機械会長　→80/82

山越 完吾　やまこし・かんご　大正7年4月1日～平成12年11月8日　花王専務　→00/02

山越 仁也　やまこし・じんや　～平成20年6月2日　僧侶　鑁阿寺住職、真言宗大日派管長　→09/11s

山越 忠雄　やまこし・ただお　～昭和63年4月28日　日本油脂専務　→88/90

山越 唯雄　やまこし・ただお　～平成1年11月23日　富山県教職員組合委員長　→88/90

山越 忍済　やまこし・にんさい　～昭和58年11月18日　真言宗大日派総本山ばん阿寺住職　→83/87

山越 道三　やまこし・みちぞう　～昭和48年12月7日　国土計画協会理事　→昭和

山越 豊　やまこし・ゆたか　～平成7年1月31日　中央公論社専務　→94/96

山崎 愛三　やまざき・あいぞう　～昭和55年1月21日　保安工業株式会社相談役・前社長　→80/82

山崎 晃嗣　やまざき・あきつぐ　大正12年10月～昭和24年11月24日　光クラブ社長　光クラブ事件　→昭和

山崎 晃　やまざき・あきら　大正10年11月27日～平成3年12月26日　日ソ一専務　→94/96

山崎 麻吉　やまざき・あさきち　～昭和47年4月5日　ライオン歯磨相談役　→昭和

山崎 浅次郎　やまざき・あさじろう　～昭和63年8月2日　山信商会専務、総信商事専務　→88/90

山崎 郁夫　やまざき・いくお　～昭和61年9月27日　ゼネラル石油常務　→83/87

山崎 勲　やまざき・いさお　大正6年3月12日～平成11年10月31日　関西銀行社長、住友銀行常務　→97/99

山崎 男　やまざき・いさむ　大正7年6月27日～昭和61年8月31日　雪印物産社長、(学)酪農学園理事、雪印乳業社長　→83/87

山崎 市太郎　やまざき・いちたろう　～平成10年11月25日　三重県議　→97/99

山崎 一郎　やまざき・いちろう　昭和3年5月12日～平成5年7月26日　アンリツ常勤監査役　→91/93

山崎 亥年生　やまざき・いねお　明治44年2月14日～平成5年3月9日　近畿日本ツーリスト常務　→91/93

山崎 巌　やまざき・いわお　明治27年9月16日～昭和43年6月26日　内務官僚、政治家　衆院議員(自民党)、自治相　→昭和

山崎 岩男　やまざき・いわお　明治34年1月～昭和39年11月23日　衆院議員(自由党)、青森県知事　→昭和

山崎 岩雄　やまざき・いわお　～平成6年11月26日　上毛電気鉄道社長　→94/96

山崎 潮　やまざき・うしお　昭和19年4月3日～平成18年5月16日　千葉地裁所長　→06/08

山崎 梅雄　やまざき・うめお　大正10年3月14日～平成2年8月10日　京葉ベンド鋼管社長　→88/90

山崎 英吉　やまざき・えいきち　～平成3年8月9日　東京海上火災保険取締役　→91/93

山崎 栄二　やまざき・えいじ　明治28年12月8日～昭和63年5月20日　金冠堂創業者　→88/90

山崎 英治　やまざき・えいじ　～平成4年4月8日　伊奈製陶(のちINAX)常務　→91/93

山崎 栄次郎　やまざき・えいじろう　明治44年4月17日～昭和62年2月3日　墨田区長　→83/87

山崎 益洲　やまざき・えきじゅう　明治15年11月3日～昭和36年12月31日　僧侶　臨済宗仏通寺派管長　→昭和

山崎 薫　やまざき・かおる　～昭和55年7月28日　弁護士　大阪高裁判事　→80/82

山崎 嘉七　やまざき・かしち　明治25年7月8日～昭和63年4月11日　崎玉銀行頭取、亀屋(和菓子製造)会長　→88/90

山崎 主計　やまざき・かずえ　明治11年2月21日　宇治川電気常務　→昭和

山崎 一雄　やまざき・かずお　明治29年5月9日～昭和52年11月21日　社会運動家　→昭和

山崎 一雄　やまざき・かずお　大正4年3月13日～平成20年6月30日　弁護士　京都弁護士会会長　→06/08

山崎 量雄　やまざき・かずお　～平成8年10月24日　ムーンバット常務　→94/96

山崎 和男　やまざき・かずお　大正3年10月3日～平成12年1月6日　日本ピストンリング常務　→00/02

山崎 和夫　やまざき・かずお　明治32年10月2日～平成3年3月2日　東陽倉庫副社長、中部流通センター社長　→91/93

山崎 和弘　やまざき・かずひろ　昭和21年6月8日～平成23年11月1日　電業社機械製作所常務　→09/11

山崎 一保　やまざき・かずやす　～昭和19年3月21日　東洋棉花会長　→昭和

山崎 勝二　やまざき・かつじ　大正3年5月19日～平成7年6月1日　静岡県議(自民党)　→94/96

山崎 亀吉　やまざき・かめきち　明治3年1月～昭和19年7月14日　実業家　シチズン創業者、貴院議員(多額納税)、大東亜産業経済合理事長　→昭和(やまざき・かめよし)

山崎 寛司　やまざき・かんじ　大正14年11月16日～平成3年1月22日　日本セメント常務　→91/93

山崎 規一　やまざき・きいち　明治39年9月22日～昭和60年6月22日　千代田機械貿易相談役・元社長　→83/87

山崎 喜作　やまざき・きさく　明治23年4月15日～昭和60年2月12日　ポプラテニスクラブ会長、東京庭球協会名

誉会長　→83/87

山崎 喜七　やまざき・きしち　昭和2年10月1日～平成5年5月1日　三浦屋社長, 全国給食物資販売協同組合連合会会長　→91/93

山崎 季四郎　やまざき・きしろう　～昭和58年11月1日　東映常務　→83/87

山崎 甲子士　やまざき・きねお　大正10年1月1日～平成9年4月17日　太田昭和監査法人理事長　→97/99

山崎 喜之助　やまざき・きのすけ　明治35年1月4日～昭和59年11月22日　大洋漁業専務　→83/87

山崎 匡輔　やまざき・きょうすけ　明治21年2月9日～昭和38年8月8日　文部次官, 成城大学学長　→昭和

山崎 清嗣　やまざき・きよし　～昭和62年1月15日　三菱高島砿労組書記長　→83/87

山崎 金之介　やまざき・きんのすけ　明治45年7月9日～平成5年1月2日　弁護士　日本公証人連合会副会長, 名古屋高検総務部長, 津地検次席検事　→91/93

山崎 金松　やまざき・きんまつ　大正4年3月1日～昭和58年2月25日　セーレン常務　→83/87

山崎 圭次　やまざき・けいじ　明治45年5月19日～平成9年4月17日　自然保護運動家　山崎技研名誉会長　→97/99

山崎 恵造　やまざき・けいぞう　昭和4年6月22日～平成4年10月17日　日本航空機エンジン協会専務理事　→91/93

山崎 今朝弥　やまざき・けさや　明治10年9月15日～昭和29年7月29日　弁護士, 評論家　→昭和

山崎 賢一　やまざき・けんいち　昭和3年1月13日～昭和62年10月12日　弁護士　明治大学法学部教授　→83/87

山崎 賢二　やまざき・けんじ　昭和4年5月5日～平成12年3月21日　桐原書店会長　→00/02

山崎 釟二　やまざき・けんじ　明治35年9月19日～昭和33年1月31日　農民運動家, 政治家　全農静岡県連執行委員長, 衆議院議員(第一控室)　→昭和(やまさき・けんじ)

山崎 元次郎　やまざき・げんじろう　～昭和5年5月17日　山口銀行取締役　→昭和

山崎 権三　やまざき・けんぞう　～昭和45年4月7日　岩手県信漁連会長　→昭和

山崎 幸一　やまざき・こういち　～昭和61年3月10日　春華堂・うなぎパイ本舗社長　→83/87

山崎 幸一郎　やまざき・こういちろう　明治33年10月2日～昭和58年8月17日　東京銀行常務　→83/87

山崎 耕司　やまざき・こうじ　昭和5年3月30日～平成12年12月26日　長瀬産業専務　→09/11

山崎 浩平　やまざき・こうへい　昭和13年4月17日～平成9年7月20日　九州石油常務　→97/99

山崎 小五郎　やまざき・こごろう　明治38年11月10日～昭和51年8月2日　運輸事務次官　→昭和

山崎 五一　やまざき・ごいち　～昭和48年11月13日　共栄タンカー取締役　→昭和

山崎 五郎　やまざき・ごろう　大正2年9月8日～昭和51年4月6日　参院議員(自民党)　→昭和

山崎 定彦　やまざき・さだひこ　～昭和56年9月24日　小倉屋昆布店社長　→80/82

山崎 四男六　やまざき・しおろく　慶応4年9月4日～昭和3年8月31日　日本銀行監事, 大蔵省理財局長　→昭和

山崎 茂雄　やまざき・しげお　～昭和60年8月24日　日立メディコ北部営業本部長　→83/87

山崎 茂樹　やまざき・しげき　明治42年5月25日～平成9年5月30日　岩城硝子社長　→97/99

山崎 繁喜　やまざき・しげき　～平成13年10月1日　諫早湾干拓推進住民協議会会長　→00/02

山崎 次作　やまざき・じさく　～昭和62年3月22日　北陸歯車製作所代表　→83/87

山崎 修二　やまざき・しゅうじ　大正6年9月27日～平成21年2月10日　石川県出納長　→09/11

山崎 純　やまざき・じゅん　昭和3年9月22日～昭和60年7月27日　ワコール常務　→83/87

山崎 俊一　やまざき・しゅんいち　昭和6年10月21日～平成11年1月23日　国労委員長　→97/99

山崎 昭見　やまざき・しょうけん　明治40年7月～平成元年8月11日　僧侶　龍谷大学教授　→88/90

山崎 正三郎　やまざき・しょうざぶろう　大正1年8月15日～平成12年2月10日　金子産業会長　→00/02

山崎 治郎　やまざき・じろう　～昭和55年6月30日　山口相互銀行副社長　→80/82

山崎 至朗　やまざき・しろう　昭和8年1月24日～平成20年4月9日　エスビー食品社長　→06/08

山崎 進一　やまざき・しんいち　昭和5年10月12日～平成19年5月29日　森林開発公団理事　→06/08

山崎 真侠郎　やまざき・しんいちろう　明治39年4月23日～平成2年3月27日　東映取締役京都撮影所長　→88/90

山崎 進　やまざき・すすむ　～昭和59年2月1日　富士電気化学取締役　→83/87

山崎 誠一　やまざき・せいいち　大正4年9月25日～平成11年4月4日　鐘紡常務　→97/99

山崎 誠三　やまざき・せいぞう　昭和2年2月14日～平成23年11月21日　辰巳倉庫社長　→09/11

山崎 清太郎　やまざき・せいたろう　～平成5年8月5日　千葉県議　→91/93

山崎 宗次郎　やまざき・そうじろう　大正8年3月12日～平成16年10月29日　京都機械工具社長　→03/05

山崎 大耕　やまざき・たいこう　明治8年9月5日～昭和41年2月7日　僧侶　臨済宗相国寺派管長, 相国寺住職　→昭和

山崎 泰助　やまざき・たいすけ　明治41年2月18日～昭和63年1月20日　中国塗料監査役, 広島運送会長　→88/90

山崎 高明　やまざき・たかあき　大正14年12月13日～平成10年10月4日　丹波町(京都府)町長　→97/99

I 政治・経済・社会篇　　　　　　　　　　　　　　　　　　　やまさき

山崎 恭雄　やまざき・たかお　昭和9年11月21日〜平成1年5月6日　大倉電気常務　→88/90

山崎 孝雄　やまざき・たかお　大正10年11月1日〜昭和63年8月4日　本州製紙取締役,三興製紙専務　→88/90

山崎 貴志　やまざき・たかし　〜平成4年3月20日　衆院秘書協議会会長　→91/93

山崎 孝　やまざき・たかし　〜昭和56年10月31日　日本コロムビア常務　→80/82

山崎 高　やまざき・たかし　明治41年10月5日〜平成13年6月16日　衆院事務総長,会計検査院長　→00/02

山崎 山　やまざき・たかし　大正2年12月20日〜平成14年6月11日　日本航空常務　→00/02

山崎 隆士　やまざき・たかし　昭和12年1月20日〜平成17年11月13日　尾家産業常務　→03/05

山崎 魏　やまざき・たかし　大正14年11月23日〜平成7年6月6日　中部電力副社長　→94/96

山崎 隆之　やまざき・たかゆき　昭和11年1月7日〜平成9年3月12日　中国新聞監査役　→97/99

山崎 敬義　やまざき・たかよし　〜平成2年10月13日　弁護士　日本公証人連合会副会長　→88/90

山崎 卓三　やまざき・たくぞう　大正5年3月7日〜平成1年10月15日　積水ハウス副社長　→88/90

山崎 武昭　やまざき・たけあき　〜平成12年1月26日　電通ヤング・アンド・ルビカム専務　→00/02

山崎 丈夫　やまざき・たけお　〜昭和26年9月18日　十六銀行頭取　→昭和

山崎 武雄　やまざき・たけお　〜昭和62年3月18日　川島総業相談役・元社長　→83/87

山崎 武三郎　やまさき・たけさぶろう　昭和7年9月14日〜平成15年7月9日　弁護士　衆院議員(自民党)　→03/05

山崎 武　やまさき・たけし　〜昭和57年3月25日　小倉屋昆布店専務　→80/82

山崎 武史　やまざき・たけし　昭和6年11月28日〜平成11年11月22日　日本たばこ産業常勤監査役　→97/99

山崎 健　やまざき・たけし　昭和10年9月20日〜平成4年10月3日　グンゼ産業常務　→91/93

山崎 猛　やまざき・たけし　明治19年6月15日〜昭和32年12月27日　政治家　衆院議員,内相,運輸相　→昭和

山崎 武二　やまざき・たけじ　明治27年9月6日〜昭和63年8月24日　住友化学工業常務,広栄化学工業社長　→88/90

山崎 武司郎　やまざき・たけしろう　昭和12年2月19日〜平成20年11月13日　KSK社長　→06/08

山崎 武彦　やまざき・たけひこ　昭和46年12月9日　東京電力常務　→昭和

山崎 岳麿　やまざき・たけまろ　大正12年6月8日〜平成22年11月2日　荒川化学工業常務　→09/11

山崎 佐　やまざき・たすく　明治21年7月5日〜昭和42年7月30日　弁護士,医事法制学者　日本弁護士連合会会長　→昭和

山崎 忠雄　やまざき・ただお　昭和13年1月3日〜平成4年6月10日　住友電装常務　→91/93

山崎 忠雄　やまざき・ただお　大正13年5月8日〜平成11年9月30日　ライト工業常務　→97/99

山崎 タツヱ　やまさき・たつえ　〜昭和63年8月3日　山崎組常務,山崎高等技術専門校校長　→88/90

山崎 達夫　やまざき・たつお　大正13年8月10日〜昭和62年3月18日　福助監査役　→83/87

山崎 辰雄　やまざき・たつお　昭和10年12月1日〜平成21年1月4日　弁護士　→09/11

山崎 竜男　やまざき・たつお　大正11年5月5日〜平成21年8月15日　参院議員(自民党),環境庁長官　→09/11

山崎 竜夫　やまざき・たつお　〜昭和55年10月9日　エスケービー工業社長,元商工組合中央金庫理事　→80/82

山崎 達二　やまざき・たつじ　〜昭和57年7月4日　月寒デパート(札幌)社長,(財)全国郵便切手売捌協会副会長　→80/82

山崎 達三　やまざき・たつぞう　大正7年3月〜昭和59年10月15日　消防総監　→83/87

山崎 達之輔　やまざき・たつのすけ　明治13年6月19日〜昭和23年3月15日　政治家　衆院議員,農相　→昭和

山崎 種二　やまざき・たねじ　明治26年12月8日〜昭和58年8月10日　山種証券創業者　→83/87

山崎 太満司　やまざき・たまじ　明治41年1月5日〜昭和61年11月27日　北越製紙専務　→83/87

山崎 為男　やまざき・ためお　大正13年2月3日〜平成23年10月11日　井口村(富山県)村長　→09/11

山崎 親郎　やまざき・ちかお　昭和6年11月19日〜平成7年8月12日　日本団体生命保険常務　→94/96

山崎 忠兵衛　やまざき・ちゅうべい　明治38年5月3日〜平成4年8月22日　福島県教育委員長　→91/93

山崎 務　やまざき・つとむ　昭和3年8月28日〜昭和61年4月1日　日本火災海上保険常務　→83/87

山崎 常古　やまざき・つねさち　明治24年1月15日〜昭和36年1月5日　労働運動家　衆院議員(社会党)　→昭和

山崎 恒幸　やまざき・つねゆき　大正5年3月30日〜昭和63年10月23日　弁護士　札幌地検検事正　→88/90

山崎 貞一　やまざき・ていいち　明治42年8月5日〜平成10年11月20日　TDK会長　→97/99

山崎 貞吉　やまざき・ていきち　昭和5年11月3日〜平成22年12月21日　アスク常務　→09/11

山崎 哲夫　やまざき・てつお　大正13年10月18日〜平成12年11月26日　山口県農業協同組合中央会会長　→00/02

山崎 輝治　やまざき・てるじ　大正7年2月7日〜平成1年3月15日　タキロン常務　→88/90

山崎 照幸　やまざき・てるゆき　昭和3年12月8日〜平成23年9月15日　ヤマザキマザック社長　→09/11

山崎 亨　やまざき・とおる　〜平成5年6月9日　中部テレコミュニケーション常務　→91/93

山崎 徹　やまざき・とおる　〜昭和62年2月7日　(株)山崎商店専務取締役　→83/87

山嵜 得三郎　やまざき・とくさぶろう　大正11年4月27日〜平成20年12月24日　滋賀県議(自民党)　→06/08

山崎 徳弘　やまざき・とくひろ　昭和7年1月2日〜昭和63年6月25日　キーパー社長、ダストキーパー社長　→88/90

山崎 篤光　やまざき・とくみつ　昭和6年2月8日〜平成22年9月20日　静岡県議(民社党)　→09/11

山崎 釧秋　やまざき・としあき　明治34年8月20日〜平成2年5月8日　富士ピー・エス・コンクリート会長、日本タングステン社長　→88/90

山崎 敏明　やまざき・としあき　〜平成15年12月20日　太陽石油副社長　→03/05

山崎 敏夫　やまざき・としお　大正11年8月13日〜平成12年6月7日　駐英大使　→00/02

山崎 利彦　やまざき・としひこ　〜昭和62年9月10日　農水省果樹試験場栽培第二研究室長　→83/87

山崎 智男　やまざき・ともお　昭和5年8月27日〜平成16年8月4日　弁護士　青森県弁護士会会長　→03/05

山崎 友則　やまざき・とものり　明治31年12月7日〜昭和38年3月19日　社会運動家　→昭和

山崎 豊定　やまざき・とよさだ　明治31年9月14日〜昭和39年10月18日　農民運動家　→昭和

山崎 豊治　やまざき・とよじ　明治43年3月12日〜平成2年2月8日　小田急不動産専務　→88/90

山崎 虎雄　やまざき・とらお　明治42年7月4日〜昭和58年9月17日　超音波工業社長　→83/87

山崎 直三　やまざき・なおかず　大正8年11月14日〜昭和57年12月26日　新興産業社長、元東洋紡取締役　→80/82

山崎 延吉　やまざき・のぶよし　明治6年6月26日〜昭和29年7月19日　農業教育家、農政家　帝国農会副会長、愛知県立農林学校長、衆院議員(第一控室)　→昭和

山崎 昇　やまざき・のぼる　大正11年6月28日〜平成19年4月29日　参院議員(社会党)　→06/08

山崎 則男　やまざき・のりお　昭和14年9月14日〜平成19年8月18日　トーアミ常務　→06/08

山崎 一　やまざき・はじめ　大正2年8月17日〜平成4年6月18日　理研ピストンリング(のちリケン)専務　→91/93

山崎 初男　やまざき・はつお　大正5年1月20日〜昭和58年3月10日　安芸市長　→83/87

山崎 春栄　やまざき・はるえ　昭和44年5月13日〜昭和58年5月20日　エスビー食品会長　→83/87

山崎 春枝　やまざき・はるえ　〜昭和57年10月14日　金冠堂専務取締役　→80/82

山崎 晴巳　やまざき・はるみ　〜平成4年3月25日　アヅマ会長　→91/93

山崎 久雄　やまざき・ひさお　大正13年9月21日〜平成20年9月11日　長野県議(共産党)　→06/08

山崎 恒　やまざき・ひさし　明治34年7月1日〜昭和58年12月17日　参院議員(改進党)　→83/87

山崎 秀爾　やまざき・ひでじ　〜昭和60年11月27日　朝日新聞社友、九州朝日放送取締役　→83/87

山崎 博昭　やまざき・ひろあき　昭和23年11月12日〜昭和42年10月8日　反戦運動家　羽田デモで死亡した京大生　→昭和

山崎 完　やまざき・ひろし　大正3年4月28日〜平成15年3月2日　住友林業社長　→03/05

山崎 寛　やまざき・ひろし　〜昭和60年1月31日　神奈川簡裁判事　→83/87

山崎 弘氏　やまざき・ひろし　大正4年6月9日〜昭和60年11月1日　ヤマサキセイキ社長、大阪機械工具商連協同組合副理事長　→83/87

山崎 浩　やまざき・ひろし　大正14年8月15日〜平成14年7月1日　五洋建設専務　→00/02

山崎 博志　やまざき・ひろし　昭和16年1月17日〜平成21年11月22日　日本金属専務　→09/11

山崎 広宣　やまざき・ひろのぶ　大正13年8月23日〜平成14年6月13日　鉄建建設専務　→00/02

山崎 博信　やまざき・ひろのぶ　〜昭和39年3月1日　湯浅電池常務　→昭和

山崎 皓秀　やまざき・ひろひで　〜昭和55年1月18日　伊藤忠商事常勤顧問　→80/82

山崎 博通　やまざき・ひろみち　〜昭和58年1月4日　杉原縫製工業取締役　→83/87

山崎 文雄　やまざき・ふみを　明治37年12月25日〜平成11年1月2日　帝国ヒューム管社長　→97/99

山崎 文治　やまざき・ぶんじ　明治43年3月2日〜昭和63年12月22日　資本市場振興財団専務理事、日本銀行証券局長　→88/90

山崎 平次　やまざき・へいじ　〜昭和31年8月24日　宇治市長　→昭和

山崎 平八郎　やまざき・へいはちろう　明治44年12月16日〜平成1年1月11日　衆院議員(自民党)、国土庁長官　→88/90

山崎 平八郎　やまざき・へいはちろう　〜昭和58年1月11日　三井生命保険常務　→83/87

山崎 正男　やまざき・まさお　明治38年2月9日〜平成1年1月9日　鳥取県警本部長　→88/90

山崎 真男　やまざき・まさお　昭和12年7月22日〜平成14年5月5日　日本たばこ産業副社長　→00/02

山崎 雅一　やまざき・まさかず　大正13年2月18日〜平成21年4月7日　サニーマート名誉会長、高知食糧会長　→09/11

山崎 政吉　やまざき・まさきち　大正6年6月17日〜平成10年12月25日　大和通信社長　→97/99

山崎 正隆　やまざき・まさたか　昭和6年11月24日〜平

成14年12月24日　北海道議（自民党）　→00/02

山崎 正友　やまざき・まさとも　昭和11年～平成20年12月29日　弁護士　創価学会顧問弁護士　→06/08

山崎 正彦　やまざき・まさひこ　昭和4年4月25日～昭和63年12月11日　高知県議　→88/90

山崎 真秀　やまざき・まさひで　昭和5年9月25日～平成19年6月14日　国分寺市長、静岡大学人文学部教授　→06/08

山崎 松太郎　やまざき・まつたろう　大正3年8月3日～昭和63年12月8日　富士電機取締役　→88/90

山崎 幹雄　やまざき・みきお　大正8年12月11日～平成4年6月11日　和歌山県議（民社党）　→91/93

山崎 操　やまざき・みさお　大正12年2月17日～昭和56年11月14日　ハンブルク総領事　→80/82

山崎 三男　やまざき・みつお　～昭和61年6月29日　北区（東京都）区議　→83/87

山崎 充豊　やまざき・みつとよ　昭和18年4月1日～平成17年10月25日　積水ハウス常務　→03/05

山崎 峯次郎　やまざき・みねじろう　明治36年6月11日～昭和49年11月4日　エスビー食品創業者　→昭和

山崎 稔　やまざき・みのる　～平成6年9月15日　MBS企画常務　→94/96

山崎 実　やまざき・みのる　昭和10年9月21日～平成3年2月3日　田村電機製作所取締役　→91/93

山崎 宮市　やまざき・みやいち　～昭和55年7月1日　西部瓦斯取締役相談役　→80/82

山崎 胸一　やまざき・むねかず　明治29年3月2日～昭和63年9月6日　四国瓦斯相談役・元会長　→88/90

山崎 宗正　やまざき・むねまさ　～昭和61年8月21日　三笑楽酒造取締役社長　→83/87

山崎 茂吉　やまざき・もきち　～平成8年8月27日　憲政記念館館長　→94/96

山崎 始男　やまざき・もとお　明治38年3月18日～昭和58年10月9日　衆院議員（社会党）　→83/87

山崎 元幹　やまざき・もとき　明治22年7月7日～昭和46年1月24日　満鉄総裁　→昭和（やまざき・もとみき）

山崎 基宏　やまざき・もとひろ　昭和16年3月3日～平成7年7月8日　公安調査庁関東公安調査局長　→94/96

山崎 門一郎　やまざき・もんいちろう　大正9年8月11日～平成14年11月7日　岩手県議（自民党）、浪板観光ホテル社長　→00/02

山崎 泰　やまざき・やすし　大正14年1月7日～平成11年3月25日　東京ソワール専務　→97/99

山崎 勇吉　やまざき・ゆうきち　明治43年4月27日～昭和60年3月12日　塩水港精糖相談役・元社長、元大洋漁業常務　→83/87

山崎 勇治郎　やまざき・ゆうじろう　～昭和60年8月7日　住友商事専務　→83/87

山崎 雄三　やまざき・ゆうぞう　昭和16年7月24日～昭和63年1月12日　山崎情報産業専務　→88/90

山崎 豊　やまざき・ゆたか　大正15年～平成10年4月17日　東京産業常務　→97/99

山崎 与吉　やまざき・よきち　～平成13年9月26日　男山会長　→00/02

山崎 与三郎　やまざき・よさぶろう　～昭和61年12月5日　呉西第一運送社長　→83/87

山磯 良明　やまざき・よしあき　昭和12年1月6日～平成4年4月5日　日本濾過装置社長　→91/93

山崎 善雄　やまざき・よしお　大正9年8月28日～平成1年4月8日　住友金属工業専務、共同酸素社長　→88/90

山崎 善雄　やまざき・よしお　明治35年3月13日～平成8年5月17日　古河電気工業副社長　→94/96

山崎 義一　やまざき・よしかず　～昭和59年3月3日　全国飼料工業協同組合理事長　→83/87

山崎 善一　やまざき・よしかず　大正8年10月8日～平成11年11月24日　日本郵船常務、海洋興業社長　→97/99

山崎 淑子　やまざき・よしこ　大正4年6月15日～平成18年5月3日　ゾルゲ事件スパイの妻　→06/08

山崎 嘉太郎　やまざき・よしたろう　～昭和40年3月5日　山崎帝国堂会長　→昭和

山崎 義人　やまざき・よしと　大正4年9月11日～平成15年4月17日　鐘紡常務　→03/05

山崎 嘉彦　やまざき・よしひこ　大正6年7月6日～昭和60年11月3日　亀屋代表取締役社長、全日本洋菓子工業会常任理事　→83/87

山崎 良彦　やまざき・よしひこ　大正14年6月14日～平成12年11月30日　三菱製紙専務　→00/02

山崎 義正　やまざき・よしまさ　～昭和46年12月29日　アルプス電気常務　→昭和

山崎 隆造　やまざき・りゅうぞう　～昭和55年5月14日　日産自動車専務、通産省通商局長　→80/82

山崎 龍之介　やまざき・りゅうのすけ　昭和3年5月3日～平成元年6月14日　セントラル硝子常務　→03/05

山崎 林太郎　やまざき・りんたろう　～昭和19年5月24日　東京市助役　→昭和

山崎 林兵衛　やまざき・りんぺい　明治41年5月31日～昭和63年11月29日　山崎精密プレス工作所社長　→88/90

山崎 冷子　やまざき・れいこ　大正14年～平成15年1月7日　男山代表取締役　→03/05

山崎 廉太　やまざき・れんた　～平成21年1月　拡張型心筋症で亡くなった小学生　→09/11

山崎 六哉　やまざき・ろくや　大正5年7月18日～平成13年8月12日　シチズン時計社長　→00/02

山崎 わごへ　やまざき・わごへ　～平成11年6月4日　ホテル玉の湯会長、松本市議　→97/99

山里 八重子　やまざと・やえこ　大正13年～平成13年7月25日　沖縄県精神障害者福祉連合会会長　→00/02

山沢 為造　やまざわ・ためぞう　～昭和11年7月20日　天理教最高幹部大教正　→昭和

山沢 篤実　やまざわ・とくみ　大正4年9月8日〜昭和58年10月30日　三豊製作所副社長　→83/87

山沢 秀信　やまざわ・ひでのぶ　〜平成23年11月11日　天理教内統領　→09/11

山沢 諒太郎　やまざわ・りょうたろう　明治32年10月28日〜昭和62年2月28日　柏市長　→83/87

山路 章　やまじ・あきら　〜昭和45年6月18日　駐ブルガリア公使　→昭和

山地 一寿　やまじ・かずとし　〜平成5年9月5日　家族計画国際協力財団理事長、毎日新聞人口問題調査会委員　→91/93

山路 一善　やまじ・かずよし　明治3年3月13日〜昭和38年3月13日　海軍中将　→昭和

山路 敬三　やまじ・けいぞう　昭和2年12月26日〜平成15年12月26日　日本テトラパック会長、キヤノン名誉顧問　→03/05

山路 賢吉　やまじ・けんきち　大正13年10月31日〜平成12年7月29日　日立電線専務、日立アロイ社長　→00/02

山地 三平　やまじ・さんぺい　大正8年9月26日〜平成8年12月13日　太平洋海運社長　→94/96

山路 鎮夫　やまじ・しずお　〜昭和61年9月6日　日仏会館顧問・元理事長　→83/87

山道 襄一　やまじ・じょういち　明治15年3月15日〜昭和16年5月11日　衆議院議員（民政党）　→昭和

山路 昭平　やまじ・しょうへい　昭和2年8月7日〜平成23年5月25日　産経新聞専務、岡山放送社長　→09/11

山地 進　やまじ・すすむ　大正14年5月12日〜平成17年5月27日　日本航空社長、総務庁事務次官　→03/05

山路 澄子　やまじ・すみこ　〜平成13年11月20日　鹿児島県婦人会会長　→00/02

山地 土佐太郎　やまじ・とさたろう　明治11年12月26日〜昭和33年2月2日　実業家　極洋創業者、貴院議員　→昭和（やまち・とさたろう）

山地 八郎　やまじ・はちろう　明治41年10月1日〜平成11年6月9日　川崎製鉄専務、資源庁長官　→97/99

山路 秀男　やまじ・ひでお　〜昭和56年8月30日　陸軍中将　→80/82

山路 秀則　やまじ・ひでのり　昭和6年11月27日〜平成21年12月22日　山路組社長　競走馬ナリタブライアンの馬主　→09/11

山路 誠　やまじ・まこと　明治38年12月22日〜昭和61年11月12日　日本勧業銀行（のち第一勧業銀行）取締役、日本サッカー協会常務理事　→83/87

山地 祥晧　やまじ・よしつぐ　昭和10年2月27日〜平成4年6月23日　栗本鉄工所監査役　→91/93

山路 頼光　やまじ・よりみつ　〜昭和58年2月11日　日本司法書士会連合会相談役、兵庫県司法書士連合会名誉会長　→83/87

山路 隆二郎　やまじ・りゅうじろう　昭和2年3月28日〜平成2年6月27日　日立電線販売社長、日立電線専務　→88/90

山敷 捨多郎　やましき・すてたろう　〜昭和60年8月10日　加乃素本舗社長・相談役　→83/87

山敷 駿　やましき・たかし　昭和8年2月9日〜平成4年9月23日　旭化成工業常務　→91/93

山下 昭夫　やました・あきお　〜平成3年4月6日　日本ユニセフ協会専務理事　→91/93

山下 彰啓　やました・あきひろ　昭和15年9月4日〜平成12年8月8日　神戸市助役　→00/02

山下 朝一　やました・あさいち　明治38年2月20日〜昭和62年6月27日　弁護士　大阪高裁判官　→83/87

山下 中　やました・あたる　〜平成11年11月6日　協和銀行（のちあさひ銀行）常務　→97/99

山下 敦　やました・あつし　昭和6年12月4日〜平成7年5月12日　偕成証券常務、日興証券取締役　→94/96

山下 伊三郎　やました・いさぶろう　大正7年3月4日〜平成8年4月12日　豊田合成常務　→94/96

山下 勇　やました・いさむ　明治44年2月15日〜平成6年5月6日　JR東日本最高顧問、三井造船社長　→94/96

山下 市郎　やました・いちろう　〜昭和57年7月11日　旭硝子取締役　→80/82

山下 栄二　やました・えいじ　明治34年10月14日〜平成2年1月9日　労働運動家　衆院議員（民社党）　→88/90

山下 興家　やました・おきいえ　明治14年4月30日〜昭和35年6月20日　人事院人事官　→昭和

山下 修　やました・おさむ　昭和9年4月19日〜平成10年6月10日　長野朝日放送取締役　→97/99

山下 開作　やました・かいさく　大正10年1月1日〜平成6年4月12日　東京証券取引所常務理事、日本証券決済常務　→94/96

山下 嘉一　やました・かいち　明治45年1月3日〜平成8年4月15日　長崎ヤクルト会長・元本社常務　→94/96

山下 薫　やました・かおる　昭和4年6月27日〜平成17年10月17日　東京高裁総括判事、駿河台大学名誉教授　→03/05

山下 覚次郎　やました・かくじろう　〜昭和2年4月25日　静岡地方裁判所検事正　→昭和

山下 和夫　やました・かずお　昭和3年8月7日〜平成8年5月25日　宮内庁東宮侍従長　→94/96

山下 和司　やました・かずし　〜平成7年1月9日　（財）中部科学技術センター専務理事、通産省中部近畿鉱山保安監督部長　→94/96

山下 一二　やました・かずじ　〜平成15年8月28日　三池炭鉱新労働組合組合長　→03/05

山下 勝治　やました・かつじ　〜昭和55年9月3日　新和貿易社長、日本自転車輸出組合前理事長　→80/82

山下 亀作　やました・かめさく　〜昭和62年6月9日　西日本相互銀行（のち西日本銀行）取締役　→83/87

山下 亀三郎　やました・かめさぶろう　慶応3年4月9日〜昭和19年12月13日　実業家　山下汽船創業者　→昭和

山下 幹司　やました・かんじ　明治27年3月23日〜昭和40年5月23日　鵜匠　→昭和

山下 元利　やました・がんり　大正10年2月22日〜平成6年3月14日　衆院議員(自民党)、防衛庁長官　→94/96

山下 喜一　やました・きいち　大正5年7月1日〜平成23年12月25日　大阪市議(自民党)　→09/11

山下 義信　やました・ぎしん　明治27年3月21日〜平成1年7月30日　僧侶　童心寺(浄土真宗)住職、衆院議員(社会党)　→88/90

山下 吉郎　やました・きちろう　〜昭和62年9月19日　名古屋西税務署長、トヨタ自動車販売監査役　→83/87

山下 強哉　やました・きょうえい　〜昭和46年5月4日　朝日麦酒常任顧問　→昭和

山下 清実　やました・きよみ　大正2年8月14日〜昭和57年5月10日　沖縄石油精製会長　→80/82

山下 清行　やました・きよゆき　大正11年6月21日〜昭和63年8月2日　山下和洋紙店社長　→88/90

山下 九一　やました・くいち　〜昭和59年5月2日　佐賀県鳥栖福祉事務所福祉主事　→83/87

山下 楠太郎　やました・くすたろう　〜昭和57年11月28日　疑似餌の考案者　→80/82

山下 啓輔　やました・けいすけ　明治40年9月5日〜平成9年5月5日　三井セメント会長　→97/99

山下 謙一　やました・けんいち　明治18年1月〜昭和26年6月27日　熊本県知事　→昭和

山下 健悟　やました・けんご　昭和15年1月8日〜平成21年5月13日　川崎重工業常務　→09/11

山下 顕光　やました・けんこう　〜平成10年2月20日　僧侶　曹洞宗北米開教総監　→97/99

山下 憲次郎　やました・けんじろう　〜昭和56年9月30日　箱根湯本ホテル社長、東海交通代表取締役社長　→80/82

山下 堅造　やました・けんぞう　大正3年7月31日〜平成6年1月13日　日本車輌製造専務　→94/96

山下 建三　やました・けんぞう　〜昭和63年4月8日　警察庁警視正、長谷川工務店取締役　→88/90

山下 源太郎　やました・げんたろう　文久3年7月13日〜昭和6年2月18日　海軍大将、男爵　→昭和

山下 現有　やました・げんゆう　天保8年8月29日〜昭和9年4月11日　僧侶　浄土宗管長、知恩院門跡　→昭和(やました・げんう)

山下 浩一　やました・こういち　昭和4年6月8日〜昭和63年7月4日　若築建設取締役　→88/90

山下 豪一　やました・ごういち　昭和18年12月1日〜平成2年11月6日　山下鉄工社長　→88/90

山下 耕作　やました・こうさく　昭和8年12月7日〜平成13年5月1日　東芝機械常務　→00/02

山下 耕作　やました・こうさく　昭和4年4月29日〜平成13年12月7日　アタカ工業常務　→00/02

山下 幸次郎　やました・こうじろう　昭和9年8月26日〜平成4年12月1日　日本レース常務　→91/93

山下 策雄　やました・さくお　〜昭和60年10月13日　北海道議(社会党)　→83/87

山下 幸男　やました・さちお　〜平成22年1月11日　高知県鰹鮪漁協組合長　→09/11

山下 三郎　やました・さぶろう　〜昭和56年3月26日　山下株式会社社長　→80/82

山下 三郎　やました・さぶろう　明治41年4月25日〜平成11年7月13日　山下新日本汽船社長　→97/99

山下 重明　やました・しげあき　大正6年7月21日〜平成4年3月21日　駐チリ大使　→91/93

山下 重之　やました・しげゆき　〜平成14年3月17日　山下書店社長　→00/02

山下 静夫　やました・しずお　大正5年5月20日〜平成5年5月16日　オッペン化粧品会長　→91/93

山下 実夫　やました・じつお　昭和6年1月16日〜昭和60年4月20日　関西テレビ放送調査開発室長　→83/87

山下 順　やました・じゅん　昭和15年7月26日〜平成10年10月11日　山下洋服店社長　→97/99

山下 昇意智　やました・しょういち　昭和8年3月22日〜昭和63年6月20日　須崎市助役　→88/90

山下 正一郎　やました・しょういちろう　昭和3年〜平成10年2月18日　静岡銀行常務　→97/99

山下 昇治　やました・しょうじ　昭和2年1月1日〜昭和61年1月25日　日本海工専務　→83/87

山下 丈二　やました・じょうじ　〜昭和61年7月6日　毎栄実業社長、パレスサイドビルディング監査役　→83/87

山下 樵曹　やました・しょうそう　〜昭和46年2月12日　三井物産常務　→昭和

山下 伸六　やました・しんろく　大正2年3月27日〜平成15年2月15日　日本鋼管副社長　→03/05

山下 精一　やました・せいいち　明治40年1月1日〜平成4年7月19日　三菱電機副社長　→91/93

山下 静一　やました・せいいち　明治42年1月2日〜平成13年3月25日　経済同友会終身幹事、21世紀文化学術財団常務理事、日本野鳥の会名誉会長　→00/02

山下 善治　やました・ぜんじ　大正8年12月1日〜平成11年6月8日　九電工常務　→97/99

山下 善平　やました・ぜんぺい　〜昭和61年12月20日　宮内庁式部職ウ匠　→83/87

山下 存行　やました・ぞんぎょう　〜昭和58年12月16日　僧侶　全国更生保護女連盟副会長、全国教誨師連盟副理事長　→83/87

山下 泰一　やました・たいいち　昭和5年4月16日〜平成16年12月27日　ヤマシタ創業者　→03/05

山下 尊夫　やました・たかお　〜昭和62年8月3日　(株)りんどう常務取締役、運輸相秘書　→83/87

山下 俊　やました・たかし　昭和8年8月6日〜平成11年6月

やました　　　　　　　　　　　　　　　　　　　　　　　　　　Ⅰ　政治・経済・社会篇

山下　　　やました・　　　月27日　日立電線商事社長、日立電線常務　→97/99
山下　隆　やました・たかし　～昭和48年5月28日
　PL教団財務部顧問　→昭和
山下　隆　やました・たかし　～平成4年3月26日
　西建社長　→91/93
山下　孝之　やました・たかゆき　昭和18年～平成13年7月23日　弁護士　オムロン監査役　→00/02
山下　武勝　やました・たけかつ　大正6年7月10日～平成9年7月28日　菱成産業(のち三菱化学物流)会長、九州鉄道貨物取扱協会会長　→97/99
山下　毅　やました・たけし　大正6年8月11日～平成9年12月29日　三京化成専務　→97/99
山下　健　やました・たけし　大正7年1月17日～平成5年5月15日　関電工取締役　→91/93
山下　武利　やました・たけとし　～平成12年4月6日　防衛庁経理局長、駐米特命全権公使、大蔵省管財局長　→00/02
山下　武徳　やました・たけのり　大正10年7月1日～平成7年7月24日　山下石油社長　→94/96
山下　忠雄　やました・ただお　大正13年9月7日～昭和59年11月1日　道新通信(道新スポーツ)代表取締役専務　→83/87
山下　辰雄　やました・たつお　明治42年1月17日～平成2年5月18日　弘電社副社長　→88/90
山下　谷次　やました・たにじ　明治5年2月～昭和11年6月5日　衆院議員(立憲政友会)　→昭和
山下　為美　やました・ためよし　～昭和63年1月28日　三菱レイヨン専務、三菱アセテート取締役　→88/90
山下　保　やました・たもつ　昭和11年9月18日～平成7年10月21日　日東工業専務　→94/96
山下　太郎　やました・たろう　～昭和31年2月24日　山口市長　→昭和
山下　太郎　やました・たろう　明治22年4月24日～昭和42年6月9日　実業家　アラビア石油創業者　→昭和
山下　太郎　やました・たろう　～昭和45年2月26日　山下汽船社長　→昭和
山下　知二郎　やました・ちじろう　～昭和61年11月9日　国際電気社長　→83/87
山下　勉　やました・つとむ　大正10年6月25日～昭和5年5月7日　西川ゴム工業副社長　→88/90
山下　力　やました・つとむ　大正9年3月22日～平成9年1月28日　加賀市長　→97/99
山下　ツ子　やました・つね　明治32年1月～昭和62年7月12日　衆院議員(社会党)　→83/87
山下　程次郎　やました・ていじろう　～平成23年2月7日　福井県信漁連会長　→09/11
山下　禎三　やました・ていぞう　大正1年9月17日～平成1年7月31日　神奈川電気常務　→88/90
山下　禎造　やました・ていぞう　大正11年5月10日～平成12年8月2日　警察大学校長、福岡県警本部長　→00/02

山下　輝政　やました・てるまさ　～平成9年7月21日
　東宝東和副社長　→97/99
山下　登二　やました・とうじ　～昭和62年11月14日
　山下和洋紙店取締役会長　→83/87
山下　利雄　やました・としお　大正10年2月25日～昭和61年6月8日　(社)日本モンゴル協会理事、(社)日本食鳥協会副会長　→83/87
山下　奉文　やました・ともゆき　明治18年11月8日～昭和21年2月23日　陸軍大将　→昭和
山下　仁三郎　やました・にさぶろう　～昭和47年5月10日　加賀市長　→昭和
山下　登　やました・のぼる　明治42年10月5日～昭和56年10月28日　三重県議　→80/82
山下　春江　やました・はるえ　明治34年8月9日～昭和60年3月19日　衆院議員(自民党)　→83/87
山下　治之　やました・はるゆき　明治43年10月4日～平成5年12月4日　九州相互銀行(のち九州銀行)社長　→91/93
山下　萬里　やました・ばんり　大正13年6月12日～平成16年1月18日　牧師　日本基督教団東所沢協会名誉牧師　→03/05
山下　ひさ　やました・ひさ　～昭和45年8月10日
　山下奉文氏未亡人　→昭和
山下　秀明　やました・ひであき　明治43年1月1日～平成7年5月7日　旭硝子社長　→94/96
山下　博明　やました・ひろあき　～昭和55年5月27日
　東京湾水先区水先人会会長、日本海洋社会長　→80/82
山下　浩男　やました・ひろお　大正7年2月21日～平成8年10月22日　日之出汽船常務　→94/96
山下　弘　やました・ひろし　大正14年4月24日～平成22年9月21日　旭ダンケ社長　→09/11
山下　博　やました・ひろし　～昭和56年6月19日
　日専連本部相談役、山下洋服店社長　→80/82
山下　博　やました・ひろし　昭和3年8月10日～平成16年7月15日　きんでん専務・中部支社長　→03/05
山下　裕　やました・ひろし　～昭和7年2月9日
　陸軍航空兵大尉　→昭和
山下　博典　やました・ひろすけ　大正5年8月13日～平成12年12月3日　リコー副社長、コニカ副社長　→00/02
山下　博三　やました・ひろみ　～平成15年1月24日～平成22年3月5日　広島相互銀行専務　→09/11
山下　広蔵　やました・ひろぞう　大正10年2月27日～平成1年12月14日　ライオン商事社長　→88/90
山下　広登　やました・ひろと　明治36年3月31日～昭和60年2月3日　日田市議・市会副議長、日田商工会議所会頭　→83/87
山下　寛久　やました・ひろひさ　～平成23年12月13日　特定失踪者・山下春夫さんの兄　→09/11
山下　弘文　やました・ひろふみ　昭和9年～平成12年7月

21日　自然保護運動家　エコロジカル・プランニング研究所代表，日本湿地ネットワーク代表，諫早干潟緊急救済本部代表　→00/02

山下 博幸　やました・ひろゆき　～昭和60年2月21日
　山下鉄工社長　→83/87

山下 平一　やました・へいいち　～昭和57年11月24日
　全国米穀商組連合会常務理事，国立国会図書館管理部長　→80/82

山下 平兵衛　やました・へいべえ　～昭和49年11月26日
　キノエネ醬油社長　→昭和

山下 誠　やました・まこと　～平成14年9月13日
　長崎伝統芸能振興会常任理事・運営副委員長　→00/02

山下 政一　やました・まさいち　昭和3年～平成19年3月2日　名古屋NGOセンター理事長　→06/08

山下 雅夫　やました・まさお　～昭和60年11月19日
　海上自衛隊横須賀地方総監　→83/87

山下 真澄　やました・ますみ　～平成10年8月12日
　町屋金属工業常務　→97/99

山下 又男　やました・またお　大正3年3月15日～平成14年3月18日　ヤクルト本社副会長　→00/02

山下 守　やました・まもる　明治45年2月28日～平成1年10月9日　レジン工業社長　→88/90

山下 稔　やました・みのる　大正12年8月14日～昭和5年3月27日　自治省官房審議官　→91/93

山下 元朗　やました・もとお　昭和16年12月16日～平成17年1月29日　鬼怒川ゴム工業専務　→03/05

山下 康博　やました・やすひろ　昭和10年2月26日～平成8年2月22日　熊本ホテルキャッスル社長　→94/96

山下 康之　やました・やすゆき　昭和9年7月5日～昭和63年12月17日　コスモ石油取締役　→88/90

山下 裕一　やました・ゆういち　大正14年11月20日～平成8年5月29日　楢崎産業常務　→94/96

山下 幸弘　やました・ゆきひろ　～昭和52年11月6日
　右翼団体天照義団代表　→昭和

山下 要治　やました・ようじ　大正13年2月1日～平成3年9月23日　日昭産業専務　→91/93

山下 芳夫　やました・よしお　～平成20年5月27日
　JA静岡経済連合，JA遠州中央会会長　→06/08

山下 好清　やました・よしきよ　～昭和59年9月3日
　お菓子のコトブキ専務　→83/87

山下 良博　やました・よしひろ　昭和3年3月30日～平成23年1月11日　京都市議（公明党）　→09/11

山下 義昌　やました・よしまさ　～昭和62年1月4日
　北海道新聞工務局印刷部長　→83/87

山下 亮一　やました・りょういち　～平成7年6月19日
　新興産業専務　→94/96

山下 亮輔　やました・りょうすけ　～昭和56年11月1日
　千島歯舞諸島居住者連盟理事長　北方領土返還運動　→80/82

山科 朝雄　やましな・あさお　昭和5年7月10日～平成23年12月15日　山形県議（自民党）　→09/11

山科 正一　やましな・しょういち　大正12年1月16日～昭和62年1月30日　伊藤喜工作所専務　→83/87

山科 樵作　やましな・しょうさく　～昭和40年10月21日
　三共顧問，東京薬科大理事　→昭和

山階 清弘　やましな・せいこう　大正13年2月23日～平成6年10月20日　僧侶　不動院住職　→94/96

山階 武彦　やましな・たけひこ　明治31年2月13日～昭和62年8月10日　皇族，海軍少佐　貴族議員　→83/87

山科 直治　やましな・なおはる　大正7年2月22日～平成9年10月28日　バンダイ創業者　→97/99

山科 元　やましな・はじめ　明治45年1月3日～平成4年12月25日　三菱銀行専務　→91/93

山科 善彦　やましな・よしひこ　大正11年～昭和62年9月13日　いすゞ特装開発社長，いすゞ自動車大型車生産研究本部副本部長兼栃木製造所長　→83/87

山科 礼蔵　やましな・れいぞう　文久4年1月～昭和5年8月24日　実業家　衆院議員（憲政本党）　→昭和

山階宮 常子　やましなのみや・ひさこ　明治7年2月7日～昭和13年2月26日　山階宮菊麿王妃　→昭和（菊麿王妃常子 きくまろおうひさこ）

山代 勝守　やましろ・かつもり　～昭和61年1月25日
　海軍大佐　厚生省舞鶴地方復員残務処理部長　→83/87

山城 清　やましろ・きよし　大正7年11月27日～平成3年8月18日　桜島埠頭社長　→91/93

山城 孝昭　やましろ・たかあき　～昭和58年4月30日
　三井信託銀行取締役，トーソイ取締役　→83/87

山城 辰夫　やましろ・たつお　～昭和63年5月28日
　協業組合自動車団地車検センター理事長　→88/90

山城 長弘　やましろ・ながひろ　～昭和46年1月25日
　琉球立法院議員（社会大衆党）　→昭和

山城 春雄　やましろ・はるお　～平成21年2月12日
　造園家　北米沖縄県人会会長　→09/11

山代 宗徳　やましろ・むねのり　～昭和50年7月11日
　スポーツニッポン新聞西部本社代表　→83/87

山城 安次郎　やましろ・やすじろう　明治44年10月6日～平成7年1月16日　沖縄テレビ放送社長　→94/96

山城 彬成　やましろ・よしなり　大正12年2月7日～平成8年2月6日　日本鋼管会長，経団連常務理事　→94/96

山代 吉宗　やましろ・よしむね　明治34年7月7日～昭和20年1月14日　労働運動家　→昭和

山城 龍　やましろ・りゅう　大正5年11月26日～平成1年6月13日　大阪中国帰国者センター副理事　→88/90

山津 善衛　やまず・ぜんえい　～昭和57年8月19日
　アルジェリア・パラグアイ・ペルー各大使　→80/82

山菅 良子　やますげ・りょうこ　～平成17年4月3日
　浜新女将　→03/05

山住 有巧　やますみ・ありよし　昭和11年3月14日～平

山住 克己　やすずみ・かつみ　明治31年10月11日〜昭和61年2月19日　新日本証券相談役, 大蔵省理財局長　→83/87

山瀬 太郎　やませ・たろう　〜昭和44年7月22日　日綿実業常務　→昭和

山瀬 治美　やませ・はるみ　大正13年10月22日〜平成18年7月7日　浅野スレート専務　→06/08

山瀬 博　やませ・ひろし　大正10年11月13日〜平成21年1月19日　徳島県農協中央会会長, 全国厚生農業協同組合連合会会長　→09/11

山瀬 正則　やませ・まさのり　〜昭和44年11月5日　大東証券社長　→昭和

山添 寛治　やまぞえ・かんじ　〜昭和42年11月29日　ビルマ会会長　→昭和

山添 辰男　やまぞえ・たつお　明治42年8月29日〜昭和60年11月25日　九州電気工事副社長　→83/87

山添 直　やまぞえ・なおし　明治38年10月28日〜平成5年5月1日　小田急不動産社長, 小田急電鉄専務, 箱根登山鉄道専務　→91/93

山添 利作　やまぞえ・りさく　明治36年2月14日〜昭和54年7月7日　農林事務次官, 農林漁業金融公庫総裁　→昭和

山田 明浦　やまだ・あきうら　昭和6年3月27日〜平成17年3月3日　リコー取締役　→03/05

山田 昭久　やまだ・あきひさ　昭和2年9月16日〜平成8年8月15日　ユニバーサル証券専務　→94/96

山田 秋穂　やまだ・あきほ　大正11年9月28日〜平成13年6月27日　東和織物社長　→00/02

山田 昭元　やまだ・あきもと　昭和1年12月27日〜平成2年7月28日　読売テレビ放送専務　→88/90

山田 明吉　やまだ・あきよし　大正4年2月21日〜平成6年11月25日　帝都高速度交通営団総裁, 国鉄副総裁　→94/96

山田 嗣　やまだ・あきら　昭和20年1月25日〜平成2年2月27日　二十一世紀企画社長, ヒューマンサイエンス社長　→88/90

山田 昭　やまだ・あきら　明治45年3月〜昭和60年1月2日　愛知県出納長　→83/87

山田 明　やまだ・あきら　明治41年7月27日〜平成1年7月10日　大徳証券会長　→88/90

山田 晃　やまだ・あきら　明治17年11月12日〜昭和48年2月12日　ダイキン工業創業者　→昭和 (山田 晃)

山田 朝彦　やまだ・あさひこ　〜昭和39年8月30日　協立汽船社長　→昭和

山田 淳　やまだ・あつし　昭和56年1月7日　海上自衛隊潜水医学実験隊司令　→80/82

山田 穆　やまだ・あつし　昭和13年10月16日　日本棉花副社長　→昭和

山田 幾敏　やまだ・いくとし　昭和3年2月23日〜平成7年8月23日　九州電力取締役　→94/96

山田 勲　やまだ・いさお　〜昭和63年7月7日　北海道議　→88/90

山田 功男　やまだ・いさお　昭和3年〜平成4年11月11日　千葉県商工会議所連合会事務局長　→91/93

山田 勇雄　やまだ・いさお　〜平成14年8月24日　やまりん会長　→00/02

山田 勇　やまだ・いさむ　〜昭和57年9月22日　トーメン専務　→80/82

山田 勇　やまだ・いさむ　〜昭和62年12月28日　昭和電工取締役, 昭和炭酸副社長　→83/87

山田 勇　やまだ・いさむ　〜平成4年2月18日　津山証券社長　→91/93

山田 一衛　やまだ・いちえ　大正11年1月5日〜平成21年2月16日　中日新聞副社長　→09/11

山田 一光　やまだ・いちこう　大正2年〜平成15年9月10日　僧侶　日蓮宗大本山妙顕寺貫首, 本土寺住職　→03/05

山田 市三郎　やまだ・いちさぶろう　明治34年3月21日〜昭和60年6月18日　中京相互銀行会長　→83/87

山田 市太郎　やまだ・いちたろう　〜平成7年4月13日　長崎原爆遺族会会長　→94/96

山田 市平　やまだ・いちへい　〜昭和42年1月8日　弁護士　名古屋家裁所長　→昭和

山田 一郎　やまだ・いちろう　〜昭和55年4月26日　日本金属常任専務　→80/82

山田 一郎　やまだ・いちろう　〜昭和62年5月28日　トーメン監査役, セントラルリース常務取締役　→83/87

山田 市郎兵衛　やまだ・いちろべえ　嘉永4年5月〜昭和3年7月27日　実業家　→昭和

山田 巌男　やまだ・いわお　大正5年11月28日〜平成4年6月16日　マルヤス工業会長, 日本セキソー工業会長　→91/93

山田 営一　やまだ・えいいち　〜昭和62年8月30日　全国食糧事業協同組合連合会相談役, 名古屋食糧販売協同組合理事長　→83/87

山田 栄一　やまだ・えいいち　明治41年5月10日〜平成1年1月10日　シチズン時計社長　→94/96

山田 英二　やまだ・えいじ　明治39年11月24日〜昭和62年2月9日　福島県商工会議所連合会長, 山田百貨店社長　→83/87

山田 英二　やまだ・えいじ　〜昭和63年3月24日　京都府物産協会副会長, 文の助茶屋社長　→88/90

山田 永俊　やまだ・えいしゅん　明治5年10月〜昭和31年9月24日　衆院議員 (政友本党)　→昭和 (やまだ・ながとし)

山田 栄三　やまだ・えいぞう　〜昭和58年2月21日　菱和社長, 日本レヂボン製砥取締役　→83/87

山田 栄三　やまだ・えいぞう　大正10年〜平成6年6月21

日　石油公団理事,日本カリンガス代表取締役　→94/96

山田　恵諦　やまだ・えたい　明治28年12月1日〜平成6年2月22日　僧侶　天台座主253世,延暦寺(天台宗総本山比叡山)住職　→94/96

山田　治　やまだ・おさむ　大正6年3月6日〜昭和63年5月4日　山田写真製版(株)社長　→88/90

山田　治　やまだ・おさむ　昭和13年8月31日〜平成16年12月13日　東洋証券社長　→03/05

山田　敏　やまだ・おさむ　慶応1年8月19日〜昭和16年12月23日　帝国農会長,貴院議員(多額)　→昭和(やまだ・れん)

山田　乙三　やまだ・おとぞう　明治14年11月6日〜昭和40年7月18日　陸軍大将　関東軍総司令官　→昭和

山田　開男　やまだ・かいだん　大正12年4月22日〜平成2年11月22日　一宮名鉄百貨店副社長　→88/90

山田　馨　やまだ・かおる　〜平成21年11月14日　姫路薪能奉賛会会長　→09/11

山田　一男　やまだ・かずお　〜平成10年11月30日　本庄市長　→97/99

山田　一雄　やまだ・かずお　〜昭和40年1月25日　精興社社長　→昭和

山田　一雄　やまだ・かずお　大正10年1月10日〜昭和59年9月21日　三菱化工機常務　→83/87

山田　和夫　やまだ・かずお　〜昭和58年8月16日　埼玉県警浦和西署長・警視　→83/87

山田　和郎　やまだ・かずお　大正7年9月11日〜平成4年6月25日　大同酸素社長　→91/93

山田　一喜　やまだ・かずき　〜平成5年9月6日　弁護士　熊本県弁護士会会長　→91/93

山田　和郎　やまだ・かずろう　〜昭和56年10月13日　鹿児島県土木部長　→80/82

山田　勝男　やまだ・かつお　大正10年2月1日〜平成6年7月2日　矢作建設工業創業者　→94/96

山田　勝次　やまだ・かつじ　大正7年10月15日〜昭和62年7月28日　日本ゼオン常務　→83/87

山田　勝次　やまだ・かつじ　大正4年1月4日〜平成7年1月18日　東陶機器社長　→88/90

山田　勝四郎　やまだ・かつしろう　〜昭和25年1月29日　清水市長　→昭和

山田　勝人　やまだ・かつと　明治40年12月18日〜平成5年11月20日　日本硝子社長,日本冶金工業専務　→91/93

山田　克彦　やまだ・かつひこ　大正1年10月1日〜昭和60年3月2日　広島ホームテレビ社長　→83/87

山田　勝久　やまだ・かつひさ　大正12年11月9日〜昭和59年1月9日　中野市長　→83/87

山田　勝久　やまだ・かつひさ　昭和6年10月14日〜平成18年1月16日　防衛庁装備局長,川崎重工業常務　→06/08

山田　克穂　やまだ・かつほ　昭和3年8月21日〜平成20年12月25日　鹿児島県教育長　→06/08

山田　勝麿　やまだ・かつまろ　〜昭和44年2月17日　島津製作所監査役　→昭和(山田　勝磨　やまだ・かつま)

山田　克己　やまだ・かつみ　昭和4年7月7日〜平成12年9月28日　津島市長　→00/02

山田　勝之　やまだ・かつゆき　〜昭和61年6月17日　徳間書店書籍販売部次長　→83/87

山田　克吉　やまだ・かつよし　〜昭和12年11月14日　王子製紙庶務課長　→昭和

山田　兼雄　やまだ・かねお　明治35年4月7日〜昭和63年9月1日　千代田工建設専務　→88/90

山田　亀一　やまだ・かめいち　明治35年1月25日〜平成3年4月5日　大牟田市長　→91/93

山田　毅一　やまだ・きいち　明治20年1月〜昭和28年4月15日　衆議院議員(立憲民政党)　→昭和

山田　毅一　やまだ・きいち　大正5年11月1日〜平成2年7月27日　鐘紡副社長　→88/90

山田　喜一郎　やまだ・きいちろう　〜昭和57年8月17日　農林水産省構造改善局農政部長　→80/82

山田　菊　やまだ・きく　明治11年4月7日〜昭和62年7月14日　全国で3番目の長寿者　→83/87

山田　菊男　やまだ・きくお　平成3年1月3日〜平成16年12月14日　三菱石油社長　→03/05

山田　紀作　やまだ・きさく　〜平成1年4月16日　カルピス食品工業取締役研究所長,日本食品工業学会副会長　→88/90

山田　喜志夫　やまだ・きしお　大正7年1月15日〜平成19年7月11日　三井不動産専務　→06/08

山田　岸松　やまだ・きしまつ　明治42年12月25日〜平成2年9月23日　兵庫県漁連会長　→88/90

山田　喜蔵　やまだ・きぞう　昭和14年5月12日　陸軍少将　→昭和

山田　義道　やまだ・ぎどう　明治39年6月10日〜昭和59年4月8日　曹洞宗宗務総長・同宗大本山永平寺顧問,盤脚院住職　→83/87

山田　久一　やまだ・きゅういち　明治29年6月13日〜平成1年1月30日　鐘紡副社長　→88/90

山田　恭一　やまだ・きょういち　平成3年3月31日〜平成22年7月2日　そごう社長　→09/11

山田　恭二　やまだ・きょうじ　大正10年1月16日〜平成12年2月28日　鐘淵化学工業専務　→00/02

山田　匡蔵　やまだ・きょうぞう　明治40年3月18日〜平成1年9月13日　三宝教団管長,(財)東京顕微鏡院理事長　→88/90

山田　清　やまだ・きよし　〜昭和40年6月27日　富国火災海上副社長　→昭和

山田　清　やまだ・きよし　〜昭和60年8月8日　山田屋社長,元宮城県糀業小売組合連合会副理事長　→83/87

山田　輝郎　やまだ・きろう　明治27年11月16日〜昭和57年4月17日　ロート製薬会長,山田スイミングクラブ設立

者　→80/82

山田 欽一　やまだ・きんいち　大正10年7月11日～平成14年3月26日　フジタ工業常務　→00/02

山田 邦男　やまだ・くにお　昭和4年6月12日～昭和63年6月12日　中部電力常務　→88/90

山田 邦夫　やまだ・くにお　明治34年12月28日～平成6年1月19日　信越放送相談役、長野県信濃美術館初代館長　→94/96

山田 国太郎　やまだ・くにたろう　～昭和59年6月13日　陸軍中将　愛知県郷友連盟会長　→83/87

山田 熊男　やまだ・くまお　～昭和40年8月3日　三機工業会長、日経連常任理事　→昭和

山田 桂　やまだ・けい　昭和5年6月29日～平成5年9月28日　岐阜県議(社会党)　→91/93

山田 恵一　やまだ・けいいち　明治6年11月～昭和5年12月13日　実業家　貴院議員(多額納税)　→昭和

山田 敬三郎　やまだ・けいざぶろう　明治42年11月8日～平成16年6月21日　三菱商事副会長、経済同友会終身幹事　→03/05

山田 敬治　やまだ・けいじ　大正13年2月11日～平成4年5月5日　港区長　→91/93

山田 敬二　やまだ・けいじ　大正5年8月19日～平成10年1月29日　小田急電鉄取締役、小田急建材(のち小田急建材ベストン)社長　→97/99

山田 敬亮　やまだ・けいすけ　～昭和19年4月4日　日産前社長　→昭和

山田 啓三　やまだ・けいぞう　～昭和63年9月25日　山田写真製版所会長、全日本写真製版工業組合理事　→88/90

山田 圭一　やまだ・けいぞう　明治34年1月24日～平成4年6月2日　東海銀行取締役　→91/93

山田 堅一　やまだ・けんいち　昭和7年5月11日～平成3年6月22日　フレクトフソー会長　→91/93

山田 憲一　やまだ・けんいち　明治38年8月21日～昭和62年9月15日　寿堂紙製品工業会長　→83/87

山田 源一　やまだ・げんいち　大正14年12月30日～昭和62年6月22日　名古屋市議　→83/87

山田 顕五　やまだ・けんご　大正5年4月8日～平成20年7月4日　山形屋会長、日本酒造組合中央会長　→06/08

山田 源次　やまだ・げんじ　明治37年1月27日～平成4年11月2日　日本漆器協同組合連合会理事長　→91/93

山田 健助　やまだ・けんすけ　明治43年3月31日～昭和51年9月20日　労働運動家　→昭和

山田 健三　やまだ・けんぞう　～昭和12年8月14日　陸軍中将　→昭和

山田 健太郎　やまだ・けんたろう　～昭和55年8月4日　東京美術倶楽部社長　→80/82

山田 光一　やまだ・こういち　昭和7年8月22日～平成10年8月5日　日本製箔常務　→97/99

山田 公一　やまだ・こういち　大正10年3月20日～平成

10年5月28日　住友石炭鉱業社長　→97/99

山田 公一　やまだ・こういち　昭和16年4月11日～平成14年8月26日　東京高裁判事　→00/02

山田 孝一　やまだ・こういち　大正14年2月12日～平成11年10月21日　松坂屋常務　→97/99

山田 晃一郎　やまだ・こういちろう　大正11年1月6日～平成1年8月12日　北海道さけ・ます増殖事業協会専務理事、北海道領土復帰促進北方漁業対策本部長、宗谷支庁長　→88/90

山田 浩二　やまだ・こうじ　昭和4年3月29日～昭和62年7月31日　東奥日報取締役紙面審査委員長　→83/87

山田 耕之助　やまだ・こうのすけ　大正10年10月27日～平成14年11月25日　名鉄百貨店専務、金沢名鉄丸越百貨店社長　→00/02

山田 浩蔵　やまだ・こうぞう　大正11年8月14日～平成19年12月10日　日本鋼管副社長　→06/08

山田 剛太　やまだ・ごうた　大正14年11月29日～平成8年1月5日　大阪商船三井船舶取締役、三井近海汽船社長　→94/96

山田 康太郎　やまだ・こうたろう　～平成4年7月21日　川崎工機会長　→91/93

山田 鉱道　やまだ・こうどう　～平成7年2月5日　多聞酒造常務　→94/96

山田 弘之助　やまだ・こうのすけ　大正15年2月23日～平成2年3月24日　弁護士　上智大学助教授、第一東京弁護士会副会長　→88/90

山田 孝野次郎　やまだ・このじろう　明治39年2月25日～昭和6年3月9日　部落解放運動家　→昭和(やまだ・こうのじろう)

山田 駒吉　やまだ・こまきち　～昭和56年4月26日　山田機械工業会長　→80/82

山田 才市　やまだ・さいいち　～昭和61年6月23日　山田製作所代表　→83/87

山田 佐永一郎　やまだ・さえいちろう　明治41年3月25日～平成3年9月23日　平取町(北海道)町長　→91/93

山田 盛　やまだ・さかん　明治34年4月2日～平成8年3月8日　弁護士　横浜弁護士会会長　→94/96

山田 作之助　やまだ・さくのすけ　明治29年4月22日～平成7年5月20日　弁護士　神戸弁護士会会長、最高裁判事　→94/96

山田 作松　やまだ・さくまつ　明治28年～昭和3年12月31日　アナキスト　→昭和

山田 桜　やまだ・さくら　明治32年3月27日～平成4年月4日　ロンシール工業専務　→91/93

山田 貞雄　やまだ・さだお　～昭和48年6月19日　明治製糖社長　→昭和

山田 定輝　やまだ・さだてる　大正9年～平成13年8月27日　三菱電機取締役、三菱スペース・ソフトウェア社長　→00/02

山田 定良　やまだ・さだよし　～昭和63年6月7日

I　政治・経済・社会篇　　　やまた

研良社社長　→88/90

山田　知　やまだ・さとる　昭和9年2月9日～平成23年4月5日　西宮市長　→09/11

山田　三郎　やまだ・さぶろう　～平成8年6月9日　部落解放同盟新潟県連合会委員長　→94/96

山田　三郎　やまだ・さぶろう　昭和2年3月7日～平成22年2月19日　富士見市長　→09/11

山田　三郎太　やまだ・さぶろうた　明治35年11月29日～昭和42年9月12日　凸版印刷社長　→昭和

山田　治右衛門　やまだ・じうえもん　～昭和30年2月27日　八日市市長　→昭和

山田　滋夫　やまだ・しげお　大正11年1月5日～平成15年10月30日　北海道生活協同組合連合会会長　→03/05

山田　重雄　やまだ・しげお　大正7年4月25日～平成2年5月28日　弁護士　ミツウロコ監査役、山田重雄法律事務所長　→88/90

山田　繁尾　やまだ・しげお　明治42年11月5日～平成3年8月3日　山田ドビー社長　→91/93

山田　茂樹　やまだ・しげき　昭和2年4月13日～平成18年7月21日　石原産業常務　→06/08

山田　繁吉　やまだ・しげきち　～平成3年12月14日　平壌市長　→91/93

山田　重則　やまだ・しげのり　大正15年11月4日～平成14年11月10日　徳島市議、全国自由同和会会長　→00/02

山田　重久　やまだ・しげひさ　～平成9年11月9日　郵政大学校校長、中央郵政研修所所長　→97/99

山田　重迪　やまだ・しげみち　大正5年3月17日～平成4年2月15日　ホテル阪神会長、阪神百貨店取締役　→91/93

山田　重行　やまだ・しげゆき　昭和3年5月27日～平成2年7月15日　日本飛行機監査役　→88/90

山田　滋　やまだ・しげる　大正12年9月26日～平成14年2月3日　沖縄開発事務次官　→00/02

山田　静男　やまだ・しずお　昭和9年12月25日～昭和63年5月23日　アイシス社長　→88/90

山田　珠一　やまだ・じゅいち　元治2年1月15日～昭和9年4月17日　衆院議員（憲政会）、熊本市長　→昭和（やまだ・たまかず）

山田　修作　やまだ・しゅうさく　明治18年11月14日～昭和39年11月21日　品川燃料社長　→昭和

山田　秀三　やまだ・しゅうぞう　昭和2年11月2日～昭和63年1月10日　石川県トラック協会長、北陸貨物運輸社長　→88/90

山田　淳治　やまだ・じゅんじ　大正8年6月23日～平成10年5月29日　駐東ドイツ大使　→97/99

山田　潤二　やまだ・じゅんじ　明治18年3月12日～昭和36年12月2日　毎日新聞専務、毎日球団社長　→昭和

山田　順治　やまだ・じゅんじ　大正元年9月14日～平成16年9月21日　日本セメント常務　→03/05

山田　俊介　やまだ・しゅんすけ　～昭和44年7月1日　逗子市長　→昭和

山田　俊三　やまだ・しゅんぞう　～昭和56年4月5日　日本電池取締役　→80/82

山田　潤三　やまだ・じゅんぞう　～昭和55年7月12日　日本信販常務　→80/82

山田　順三　やまだ・じゅんぞう　明治44年3月9日～昭和58年1月30日　日本新聞インキ常務、ニッシン化学代表取締役、毎日新聞社終身名誉職員　→83/87

山田　璋　やまだ・しょう　～昭和60年7月9日　弁護士　日弁連副会長、第二東京弁護士会会長　→83/87

山田　襄　やまだ・じょう　大正6年10月28日～平成5年10月9日　牧師　日本聖公会東京教区主教、立教学院理事　→91/93

山田　昇一郎　やまだ・しょういちろう　～昭和55年6月29日　元林背牛町議会議長、元道商工会連合会会長、妹背牛町名誉町民　→80/82

山田　松華　やまだ・しょうか　大正10年11月9日～平成17年3月12日　日本通運副社長　→03/05

山田　正吉　やまだ・しょうきち　明治40年7月4日～昭和62年4月24日　YS磁器管製作所会長、瀬戸商工会議所会頭　→83/87

山田　定憲　やまだ・じょうけい　～平成12年2月20日　僧侶　天台宗望擬講大僧正、太山寺住職　→00/02

山田　正五郎　やまだ・しょうごろう　大正1年10月8日～昭和63年11月29日　山田化学工業社長、西部染料工業協同組合理事　→88/90

山田　昌作　やまだ・しょうさく　明治23年3月29日～昭和38年2月25日　実業家　北陸電力社長　→昭和

山田　正二　やまだ・しょうじ　大正2年1月1日～昭和61年11月13日　読売新聞社総務局長、報知印刷社長、旅行読売出版社長　→83/87

山田　庄助　やまだ・しょうすけ　明治34年1月5日～平成2年7月2日　宝船冷蔵会長　→88/90

山田　昇平　やまだ・しょうへい　昭和2年11月29日～平成8年4月5日　大須ういろ本店会長　→94/96

山田　四郎　やまだ・しろう　明治1年11月28日～昭和7年12月4日　陸軍中将　→昭和

山田　四郎　やまだ・しろう　明治40年4月16日～平成6年10月26日　墨田区社会福祉協議会長、墨田区長　→94/96

山田　四郎　やまだ・しろう　～平成9年6月19日　関東精器（のちカンセイ）常務　→97/99

山田　思郎　やまだ・しろう　明治40年8月21日～昭和61年5月26日　弁護士　熊本地裁判事、福岡地裁判事　→83/87

山田　治郎　やまだ・じろう　～昭和48年9月21日　大阪セメント相談役　→昭和

山田　新三郎　やまだ・しんざぶろう　明治40年6月30日～平成2年4月1日　大林組副社長　→88/90

山田　新十郎　やまだ・しんじゅうろう　昭和55年6月2日　鉄道省運輸局長、日本交通協会名誉会長　→80/82

山田　末治　やまだ・すえはる　大正4年10月20日～昭和

62年6月8日　塚本総業監査役、札幌国税局長　→83/87

山田 佐久　やまだ・すけひさ　～昭和15年2月12日
海軍造船中将　→昭和

山田 精一　やまだ・せいいち　明治41年6月19日～平成3年2月13日　公正取引委員会委員長　→91/93

山田 精吾　やまだ・せいご　昭和5年3月18日～平成8年2月10日　労働運動家　連合事務局長　→94/96

山田 清作　やまだ・せいさく　大正11年11月7日～平成7年9月13日　静岡県議（自民党）　→94/96

山田 誠三　やまだ・せいぞう　大正9年11月9日～平成5年5月25日　日本アルミニウム工業（のち日本アルミ）常務　→91/93

山田 清之亮　やまだ・せいのすけ　～昭和58年9月9日
全日本食品社長、日本ボランタリー・チェーン協会副会長　→83/87

山田 節男　やまだ・せつお　明治31年12月26日～昭和50年1月8日　広島市長、参院議員（民社党）　→昭和

山田 善治　やまだ・ぜんじ　～昭和60年12月1日
(福)福寿園理事長　→83/87

山田 宗一　やまだ・そういち　大正9年11月1日～平成15年12月14日　久栄繊維代表、石川県議（自民党）　→03/05

山田 惣市　やまだ・そういち　明治43年5月15日～平成4年11月15日　伊予銀行常務　→91/93

山田 惣一郎　やまだ・そういちろう　～昭和58年7月26日　山田紙業会長　→83/87

山田 荘介　やまだ・そうすけ　昭和18年6月30日～平成10年6月7日　名古屋市議（公明）　→97/99

山田 総太郎　やまだ・そうたろう　大正8年7月22日～平成9年7月31日　昭和海運社長　→97/99

山田 鎗之助　やまだ・そうのすけ　～昭和56年10月1日
中部日本ビルディング専務　→80/82

山田 宗敏　やまだ・そうびん　大正9年～平成20年3月25日　僧侶　臨済宗大徳寺派宗務総長　→06/08

山田 泰一郎　やまだ・たいいちろう　～昭和57年6月13日　東海銀行検査役　→80/82

山田 泰吉　やまだ・たいきち　明治34年～昭和63年9月15日　赤坂ミカド経営　→88/90

山田 泰司　やまだ・たいし　大正9年～平成15年11月1日　田中角栄衆院議員秘書　→03/05

山田 泰三　やまだ・たいぞう　大正9年11月1日～平成10年8月10日　石川県公安委員長、加賀商工会議所会頭　→97/99

山田 太市　やまだ・たいち　大正4年7月22日～平成3年7月30日　大倉商事副社長　→91/93

山田 隆昭　やまだ・たかあき　昭和2年1月13日～平成23年10月2日　三菱重工業副社長、ロケットシステム社長　→09/11

山田 隆史　やまだ・たかし　昭和8年11月10日～平成23年10月10日　クラヤ三星堂社長　→09/11

山田 多賀治　やまだ・たかじ　～平成6年12月19日

大穂工業社長　→94/96

山田 隆禧　やまだ・たかよし　～昭和61年2月17日
明興金属工業会長　→83/87

山田 武一　やまだ・たけいち　明治41年10月8日～平成7年10月20日　滋賀県議、草津市会議長　→94/96

山田 丈夫　やまだ・たけお　明治37年3月31日～昭和46年1月19日　弁護士　岐阜日日新聞創立者　→昭和

山田 竹雄　やまだ・たけお　大正5年12月28日～平成2年10月17日　同和火災海上保険取締役　→88/90

山田 武男　やまだ・たけお　明治45年3月30日～平成3年12月2日　関東特殊製鋼専務　→91/93

山田 武夫　やまだ・たけお　～平成10年12月10日
京栄社社長　→97/99

山田 武雄　やまだ・たけお　～昭和62年3月7日
へき地振興財団顧問、自治医科大学顧問、島根県知事　→83/87

山田 武雄　やまだ・たけお　明治43年10月2日～平成7年11月10日　タケオ電陶会長　→94/96

山田 武雄　やまだ・たけお　大正14年5月28日～平成9年2月6日　鐘紡専務　→97/99

山田 武司　やまだ・たけし　昭和14年11月23日～平成20年5月23日　SHINPO社長　→06/08

山田 竹治　やまだ・たけじ　明治18年3月～昭和35年2月15日　衆院議員（日本進歩党）　→昭和（やまだ・たけはる）

山田 建彦　やまだ・たけひこ　～平成9年12月7日
厚木ナイロン工業専務、厚木ナイロン商事社長　→97/99

山田 武久　やまだ・たけひさ　大正8年12月7日～平成3年12月27日　三井金属取締役　→91/93

山田 武光　やまだ・たけみつ　昭和9年～平成3年11月21日　自治労委員長、連合副会長　→91/93

山田 太三郎　やまだ・たさぶろう　大正2年5月8日～平成17年9月27日　原子力委員会委員、工業技術院電気試験所長　→03/05

山田 忠男　やまだ・ただお　大正9年5月16日～平成7年12月20日　東京製綱専務　→94/96

山田 直　やまだ・ただし　～平成19年3月29日
インテージ常務　→06/08

山田 忠義　やまだ・ただよし　明治42年1月10日～平成11年11月6日　世界貿易センター理事長、八幡製鉄専務　→97/99

山田 辰尾　やまだ・たつお　昭和3年1月12日～平成8年8月12日　名古屋市議（自民党）　→94/96

山田 辰雄　やまだ・たつお　明治44年5月11日～昭和63年12月25日　マックス社長　→88/90

山田 龍男　やまだ・たつお　昭和3年1月18日～平成20年7月22日　新日本製鉄副社長、太平工業社長　→06/08

山田 龍三　やまだ・たつぞう　明治43年7月15日～平成13年11月25日　住江織物常務　→00/02

山田 竜人　やまだ・たつと　～昭和59年4月12日　東亜国内航空取締役、海上自衛隊大湊地方総監　→83/87

山田 龍乗　やまだ・たつのり　明治38年3月8日～昭和63年9月9日　ダイキン工業副社長　→88/90

山田 多摩夫　やまだ・たまお　大正7年7月25日～平成16年5月10日　山田工業社長　→03/05

山田 為吉　やまだ・ためきち　～昭和55年3月28日　広島村長、同美深町長、同豊平町長　→80/82

山田 爲治　やまだ・ためじ　大正4年1月26日～平成4年1月11日　第一鍛造社長、富士重工業専務　→91/93

山田 為次郎　やまだ・ためじろう　～昭和61年9月5日　元・婦中町（富山県）町議・町会議長、婦負森林組合（富山県）理事　→83/87

山田 為栄　やまだ・ためひで　～昭和12年6月4日　日本勧業銀行理事　→昭和

山田 保　やまだ・たもつ　昭和4年3月25日～平成5年2月3日　川崎市議（社会党）　→91/93

山田 太郎　やまだ・たろう　大正7年3月24日～平成14年12月23日　衆院議員（公明党）　→00/02

山田 務名　やまだ・ちかあき　大正3年8月29日～平成18年5月2日　石原産業常務　→06/08

山田 近之助　やまだ・ちかのすけ　～平成5年11月1日　弁護士、神戸地裁所長　→91/93

山田 長吉　やまだ・ちょうきち　大正6年2月17日～平成1年12月18日　札幌市議（自民党）　→88/90

山田 長三郎　やまだ・ちょうざぶろう　～昭和10年10月5日　陸軍省軍務局兵務課長　→昭和

山田 長司　やまだ・ちょうじ　明治41年3月～昭和47年3月2日　衆院議員（社会党）　→昭和

山田 耕　やまだ・つとむ　大正5年1月2日～平成23年2月7日　石川県肢体障害者福祉協会会長　→09/11

山田 常夫　やまだ・つねお　大正3年9月25日～平成3年1月7日　千代田化工建設常務　→91/93

山田 恒三　やまだ・つねぞう　～昭和56年12月9日　全国段ボール工業組合連合会理事長　→80/82

山田 常道　やまだ・つねみち　昭和5年11月24日～昭和60年12月8日　青ヶ島村（東京都）村長　→83/87

山田 徹一　やまだ・てついち　大正10年3月12日～平成9年2月28日　参院議員（公明党）　→97/99

山田 徹二　やまだ・てつじ　昭和14年5月13日～平成14年12月28日　大豊建設専務　→03/05s

山田 哲三　やまだ・てつぞう　明治39年6月29日～平成5年3月13日　大日日本電線（のち三菱電線工業）専務　→91/93

山田 哲三　やまだ・てつぞう　昭和4年8月6日～平成13年11月15日　カノークス社長　→00/02

山田 鉄之助　やまだ・てつのすけ　～昭和39年6月29日　オリエント時計社長、元専売局長官　→昭和

山田 輝夫　やまだ・てるお　大正7年3月30日～昭和60年6月30日　富士製作所社長　→83/87

山田 照夫　やまだ・てるお　昭和3年11月5日～平成23年10月28日　荒川化学工業常務　→09/11

山田 晃睦　やまだ・てるよし　昭和9年4月16日～平成18年10月30日　栗沢町（北海道）町長　→06/08

山田 伝助　やまだ・でんすけ　明治45年1月10日～昭和61年12月22日　福井県農協五連会長、全国農協中央会理事　→83/87

山田 達　やまだ・とおる　明治38年3月15日～平成12年3月22日　北電副社長　→00/02

山田 時雄　やまだ・ときお　大正5年2月3日～平成13年5月20日　阪神相互銀行社長　→00/02

山田 徳兵衛（11代目）　やまだ・とくべえ　昭和14年7月6日～平成21年4月27日　吉徳社長、日本人形協会会長　→09/11

山田 徳郎　やまだ・とくろう　明治41年12月28日～平成7年9月14日　サンワテクノス社長　→94/96

山田 俊夫　やまだ・としお　昭和3年2月20日～平成12年7月8日　岡山県議（自民党）　→00/02

山田 利男　やまだ・としお　大正7年11月26日～平成4年7月7日　住友建設取締役　→91/93

山田 利雄　やまだ・としお　大正15年5月3日～昭和59年11月24日　日本加工製紙常務　→83/87

山田 利雄　やまだ・としお　大正13年1月1日～平成4年12月4日　東濃鉄道社長　→91/93

山田 利吉　やまだ・としきち　大正8年3月20日～平成5年4月21日　誠商会社長、味覚糖専務　→91/93

山田 利記　やまだ・としのり　～昭和39年1月16日　東洋紡績和テキスタイル・エンジニアリング常務　→昭和

山田 俊彦　やまだ・としひこ　大正11年3月19日～平成8年7月13日　日本郵船副社長　→94/96

山田 敏美　やまだ・としみ　～昭和61年5月1日　（社）富山県建設業協会経理課長、建設業労働災害防止協会富山県支部業務課長　→83/87

山田 敏行　やまだ・としゆき　大正15年2月7日～平成12年5月16日　尾西毛糸紡績社長　→00/02

山田 敏之　やまだ・としゆき　～昭和56年4月16日　朝日新聞社航空部次長、日本航空技術協会理事　→80/82

山田 富夫　やまだ・とみお　大正12年12月23日～昭和64年1月1日　山富グループ総師　→88/90

山田 富子　やまだ・とみこ　明治41年7月25日～昭和63年11月2日　ヤマダ会長　→88/90

山田 富治　やまだ・とみじ　～昭和55年10月22日　日本銀行横浜事務所長　→80/82

山田 富也　やまだ・とみや　昭和27年4月4日～平成22年9月21日　ありのまま舎専務理事　→09/11

山田 友七　やまだ・ともしち　～昭和57年1月6日　後楽園スタヂアム専務取締役営業本部長、後楽園ロコモティヴ社長　→80/82

山田 知之　やまだ・ともゆき　大正4年1月4日～平成10

年6月27日　第一中央汽船社友・元社長　→97/99
山田　智善　やまだ・ともよし　～昭和12年3月30日
天台宗真盛派管長　→昭和
山田　外与子　やまだ・とよこ　～平成20年5月7日
筋ジストロフィー患者らの支援者　→06/08
山田　豊三郎　やまだ・とよさぶろう　大正11年10月13日～平成21年7月18日　大津市長　→09/11
山田　虎次郎　やまだ・とらじろう　～昭和30年3月23日
紀陽銀行頭取　→昭和
山田　寅三　やまだ・とらぞう　明治35年～昭和57年11月5日　青森県議会議長　→80/82
山田　真之助　やまだ・なおのすけ　大正7年1月24日～平成12年11月18日　滋賀県商店街連盟連合会長、全日本商店街連盟連合副会長　→00/02
山田　直美　やまだ・なおみ　昭和2年10月6日～平成2年2月6日　西日本興産社長、福岡商工会議所理財部会長　→88/90
山田　直矢　やまだ・なおや　安政7年3月11日～昭和14年1月9日　三井鉱山専務理事　→昭和
山田　仲秋　やまだ・なかあき　明治44年1月5日～平成2年11月22日　鐘紡顧問・元副社長　→88/90
山田　仁三朗　やまだ・にさぶろう　大正5年7月26日～平成11年8月28日　大日本塗料社長　→97/99
山田　日真　やまだ・にっしん　明治7年7月19日～昭和41年11月21日　僧侶　日蓮宗管長　→昭和
山田　忍三　やまだ・にんぞう　明治18年～昭和41年12月25日　蛇の目ミシン工業社長、白木屋社長　→昭和
山田　慶雄　やまだ・のぶお　明治27年2月20日～昭和60年4月22日　俳人　アサカ研工業名誉会長　→83/87
山田　伸男　やまだ・のぶお　昭和12年10月27日～平成6年11月28日　弁護士　日本弁護士連合会常務理事　→94/96
山田　伸雄　やまだ・のぶお　大正8年6月2日～平成16年6月21日　日揮会長　→03/05
山田　信雄　やまだ・のぶお　昭和4年8月17日～平成15年5月30日　日立マクセル副社長　→03/05
山田　信治　やまだ・のぶじ　～平成7年1月14日
大阪魚市場副社長　→94/96
山田　信幸　やまだ・のぶゆき　～昭和63年6月15日
寺崎工業取締役富山本店長　→88/90
山田　登　やまだ・のぼる　～昭和55年3月3日
全国農協連副会長　→80/82
山田　紀夫　やまだ・のりお　大正8年10月17日～昭和58年8月11日　愛知県議　→83/87
山田　肇　やまだ・はじめ　明治38年10月17日～平成14年6月7日　岐阜県議　→00/02
山田　元　やまだ・はじめ　～平成6年5月19日
松屋常務　→94/96
山田　春　やまだ・はじめ　大正4年3月5日～平成16年8月16日　三菱銀行頭取　→03/05

山田　耻目　やまだ・はじめ　大正11年1月8日～昭和63年4月18日　衆院議員（社会党）、国労書記長　→88/90
山田　春雄　やまだ・はるお　大正2年5月21日～平成5年12月20日　西濃運輸専務　→91/93
山田　半蔵　やまだ・はんぞう　明治26年5月10日～昭和56年9月18日　弁護士　第一東京弁護士会副会長　→80/82
山田　秀　やまだ・ひいず　大正13年4月10日～平成10年11月15日　フジ自動車工業代表取締役、中部地区自動車車体整備協同組合連絡協議会会長　→97/99
山田　彦八　やまだ・ひこはち　安政2年2月29日～昭和17年1月28日　海軍中将　→昭和
山田　彦兵衛　やまだ・ひこべえ　～昭和6年3月7日
不易糊工業社長　→昭和
山田　彦弥　やまだ・ひこや　昭和7年～平成11年10月31日　新潮社常務　→97/99
山田　久雄　やまだ・ひさお　大正9年3月4日～平成4年11月16日　日本鋼管常務　→91/93
山田　久　やまだ・ひさし　～昭和62年11月6日
共政会（暴力団）会長　→83/87
山田　久太郎　やまだ・ひさたろう　～昭和7年5月6日
高岡新報社長　→昭和
山田　尚人　やまだ・ひさと　昭和14年1月15日～平成15年9月14日　東亜建設工業専務、運輸省第二港湾建設局長　→03/05
山田　久就　やまだ・ひさなり　明治40年1月13日～昭和62年12月15日　衆院議員（自民党）、環境庁長官、外務事務次官　→83/87
山田　秀夫　やまだ・ひでお　～昭和60年9月16日
アポロ自動車工業監査役、仙台トヨペット会長　→83/87
山田　秀夫　やまだ・ひでお　昭和7年2月3日～平成11年9月28日　長野放送常務　→97/99
山田　秀雄　やまだ・ひでお　～昭和59年9月9日
千代田生命保険相互会社監査役　→83/87
山田　秀雄　やまだ・ひでお　明治44年1月5日～平成7年12月2日　石川島播磨重工業常務　→94/96
山田　日出男　やまだ・ひでお　大正4年5月19日～平成7年5月17日　オリムピック釣具（のちマミヤ・オーピー）常務　→94/96
山田　日出男　やまだ・ひでお　明治44年12月1日～昭和62年10月14日　第一セメント専務、日本セメント取締役　→83/87
山田　英暉　やまだ・ひでき　～昭和59年4月21日
東芝第二国際事業部長　→83/87
山田　秀介　やまだ・ひですけ　明治45年2月9日～平成9年8月7日　東京急行電鉄専務、日本実業団陸上競技連合名誉会長　→97/99
山田　秀丸　やまだ・ひでまる　昭和20年1月27日～平成22年11月3日　ニレコ社長　→09/11
山田　一二三　やまだ・ひふみ　昭和5年2月11日～平成18年4月30日　山之内製薬常務　→06/08

山田 広明　やまだ・ひろあき　～昭和61年8月14日
放影研コンピュータセンター原簿記録課長　→83/87

山田 博吉　やまだ・ひろきち　大正3年3月31日～平成4年2月5日　山田屋商店社長, 長崎商議所会頭　→91/93

山田 宏　やまだ・ひろし　～昭和56年5月1日
大和銀行常任監査役　→80/82

山田 宏　やまだ・ひろし　昭和13年3月18日～平成23年2月1日　山田石油社長, 下松商工会議所会頭　→09/11

山田 広　やまだ・ひろし　昭和20年8月24日～昭和63年9月8日　日本国際問題研究所研究調整部長, 外務省原子力課長　→88/90

山田 弘　やまだ・ひろし　～昭和43年11月4日
少年鑑別所長　→昭和

山田 弘　やまだ・ひろし　昭和22年12月13日～平成20年2月24日　弁護士　名古屋弁護士会副会長　→06/08

山田 浩　やまだ・ひろし　昭和9年1月5日～平成4年8月29日　巴組鉄工所取締役　→91/93

山田 坦　やまだ・ひろし　大正15年1月5日～平成7年10月16日　ダイキン工業常任監査役　→94/96

山田 洋　やまだ・ひろし　～昭和43年1月9日
味の素会長　→昭和

山田 広次　やまだ・ひろじ　明治37年4月27日～平成7年1月2日　白銅会長　→94/96

山田 広助　やまだ・ひろすけ　大正6年10月29日～平成19年9月15日　ヤクルト本社専務　→06/08

山田 弘美　やまだ・ひろみ　～昭和62年1月6日
帝人製機取締役　→83/87

山田 弘倫　やまだ・ひろみち　明治2年3月11日～昭和30年4月6日　陸軍軍医中将　→昭和

山田 復之助　やまだ・ふくのすけ　明治13年12月9日～昭和39年6月18日　昭和鉱業会長　→昭和

山田 不二彦　やまだ・ふじひこ　大正6年5月2日～平成18年10月11日　日本軽金属常務　→06/08

山田 文夫　やまだ・ふみお　大正9年6月16日～平成9年1月18日　ニスカ会長　→97/99

山田 文雄　やまだ・ふみお　～昭和53年8月16日
東京都副知事　→昭和

山田 文次　やまだ・ぶんじ　明治30年5月4日～昭和63年6月7日　山田工業相談役　→88/90

山田 文昭　やまだ・ぶんしょう　明治10年12月9日～昭和8年4月18日　僧侶　真宗大学教授, 正福寺(真宗大谷派)住職　→昭和

山田 平吉　やまだ・へいきち　～昭和60年9月13日
日本洗浄協会相談役, 元理事長　→83/87

山田 平八　やまだ・へいはち　～昭和55年4月14日
広告代理業　全国新聞通信社社長　→80/82

山田 真喜栄　やまだ・まきえ　大正14年11月19日～平成1年8月15日　伊原高圧継手工業副社長　→88/90

山田 信　やまだ・まこと　大正9年9月5日～平成16年3月7日　ダイワボウ常務　→03/05

山田 政明　やまだ・まさあき　明治31年12月16日～平成10年12月7日　中京相互銀行専務　→97/99

山田 正昭　やまだ・まさあき　昭和8年10月7日～平成8年5月13日　名工建設常務　→94/96

山田 正明　やまだ・まさあき　昭和13年10月27日～昭和62年10月24日　川口化学工業社長　→83/87

山田 政一　やまだ・まさいち　明治41年10月26日～昭和62年2月27日　石川テレビ放送会長, 中日新聞相談役　→83/87

山田 正男　やまだ・まさお　大正5年6月18日～平成20年5月24日　山田ドビー会長　→06/08

山田 正夫　やまだ・まさお　昭和3年9月1日～平成4年10月1日　ブリヂストン取締役　→91/93

山田 正雄　やまだ・まさお　～平成6年2月13日
中京医薬品会長, 愛知県配置家庭薬協会名誉会長　→94/96

山田 正雄　やまだ・まさお　大正1年11月6日～平成18年2月8日　陸将　陸上自衛隊幕僚長, デンケイ社長, コアデジタル社長　→06/08

山田 将資　やまだ・まさし　～平成2年11月22日
愛知県地方労働組合評議会議長　→88/90

山田 正次郎　やまだ・まさじろう　大正2年3月13日～平成21年7月15日　八日市市長　→09/11

山田 正典　やまだ・まさすけ　～平成11年1月20日
広栄化学工業常務　→97/99

山田 正武　やまだ・まさたけ　明治44年4月1日～平成9年2月25日　弁護士　金沢地裁所長　→97/99

山田 正典　やまだ・まさのり　大正5年4月25日～昭和63年4月26日　第一塗工取締役会長, 中日文化センター彫金教室講師　→88/90

山田 正彦　やまだ・まさひこ　大正3年1月17日～平成3年11月25日　実業家　三協精機製作所名誉会長, 日本スケート連盟会長　→91/93

山田 正久　やまだ・まさひさ　～昭和47年5月10日
北陸銀行会長　→昭和

山田 正三　やまだ・まさみ　大正4年11月24日～平成5年1月21日　広島県議　→91/93

山田 正水　やまだ・まさみ　明治45年7月28日～平成6年6月7日　川口化学工業会長, 山田化成会長　→94/96

山田 正巳　やまだ・まさみ　大正11年3月19日～平成21年1月14日　ノリタケ・カンパニーリミテド常務　→09/11

山田 正幸　やまだ・まさゆき　明治38年11月16日～平成6年4月27日　日本化薬専務　→94/96

山田 晶義　やまだ・まさよし　昭和8年3月31日～平成22年11月22日　パルコ社長　→09/11

山田 松義　やまだ・まつよし　大正3年8月1日～昭和59年7月1日　(株)キング社長　→83/87

山田 学　やまだ・まなぶ　昭和5年12月21日～平成14年1月21日　ハザマ専務　→00/02

山田 万兵衛　やまだ・まんべえ　大正2年～昭和63年3月

10日　片倉チッカリン常務　→88/90

山田 幹人　やまた・みきと　昭和4年6月28日〜平成5年11月6日　佐賀共栄銀行頭取　→91/93

山田 瑞夫　やまだ・みずお　明治43年1月9日〜平成4年6月12日　仙台高裁部総括判事, 福島地裁所長　→91/93

山田 道兄　やまだ・みちえ　明治13年9月〜昭和11年8月27日　衆議院議員（立憲民政党）, 民友社社長　→昭和（やまだ・どうけい）

山田 道雄　やまだ・みちお　大正5年3月1日〜平成5年1月12日　日本鮭鱒漁業協同組合連合会会長, 山田水産工業会長　→91/93

山田 光男　やまだ・みつお　〜昭和63年9月7日　長野県信連専務理事　→88/90

山田 見次　やまだ・みつぎ　昭和3年1月2日〜平成6年9月3日　三重県議（社会党）　→94/96

山田 貢　やまだ・みつぎ　大正3年10月24日〜平成6年6月15日　原町市長, 福島県議　→94/96

山田 光成　やまだ・みつなり　明治40年4月22日〜昭和62年3月24日　日本信販創業者　→83/87

山田 実　やまだ・みのる　大正9年12月31日〜平成16年10月14日　日通工社長　→03/05

山田 稔　やまだ・みのる　大正10年7月23日〜平成7年5月1日　ダイキン工業会長　→94/96

山田 無文　やまだ・むもん　明治33年7月16日〜昭和63年12月24日　僧侶　花園大学名誉学長, 禅文化研究所所長, 臨済宗妙心寺派管長　→88/90

山田 元　やまだ・もと　昭和3年7月8日〜平成9年1月5日　稲城市長　→97/99

山田 元治　やまだ・もとじ　〜昭和55年1月16日　山田組社長　→80/82

山田 基三　やまだ・もとぞう　大正12年11月25日〜平成18年4月3日　関西ペイント社長　→06/08

山田 積昭　やまだ・もりあき　〜平成13年7月22日　陸将　陸上自衛隊富士学校校長　→00/02

山田 守十郎　やまだ・もりじゅうろう　明治39年9月23日〜昭和62年10月22日　三菱金属取締役経理部長, 大手興産社長　→83/87

山田 弥一　やまだ・やいち　明治39年4月〜昭和53年8月5日　衆議院議員（自民党）　→昭和

山田 靖男　やまだ・やすお　昭和13年4月26日〜平成13年9月25日　秋田県議（県民クラブ）　→00/02

山田 安邦　やまだ・やすくに　大正15年12月24日〜平成15年3月31日　ロート製薬会長　→03/05

山田 安次　やまだ・やすじ　明治45年2月25日〜平成10年10月3日　小林洋行相談役, 志board化工専務　→97/99

山田 康太郎　やまだ・やすたろう　明治17年12月1日〜昭和59年11月5日　日本軽金属社長　→83/87

山田 康彦　やまだ・やすひこ　〜昭和42年4月6日　東宮侍従長　→昭和

山田 保　やまだ・やすまさ　大正2年1月12日〜平成14

年11月21日　三井金属鉱業副社長　→00/02

山田 酉吉　やまだ・ゆうきち　大正5年5月25日〜昭和62年4月1日　味覚糖代表取締役会長, 全国飴菓子工業協同組合相談役　→83/87

山田 雄吉　やまだ・ゆうきち　明治35年7月28日〜平成9年3月16日　日本軽金属常務　→97/99

山田 勇三郎　やまだ・ゆうざぶろう　明治35年1月5日〜昭和62年1月1日　高松臨港倉庫社長　→83/87

山田 雄二良　やまだ・ゆうじろう　〜昭和57年3月4日　日産火災海上保険常務　→80/82

山田 幸雄　やまだ・ゆきお　大正13年2月18日〜平成5年3月21日　富士電機常務　→91/93

山田 幸雄　やまだ・ゆきお　大正8年3月3日〜平成7年7月5日　小郡市長, 福岡県議　→94/96

山田 豊　やまだ・ゆたか　大正2年7月24日〜平成4年5月4日　中日ドラゴンズ取締役, 中日新聞社友　→91/93

山田 豊　やまだ・ゆたか　大正4年10月16日〜平成5年5月17日　大日本土木常務　→91/93

山田 胖　やまだ・ゆたか　〜昭和39年1月12日　奥多摩工業社長　→昭和

山田 陽一　やまだ・よういち　大正10年2月16日〜昭和59年7月8日　西日本新聞社東京支社長　→83/87

山田 陽一　やまだ・よういち　大正2年11月29日〜平成19年1月29日　太陽生命保険専務　→06/08

山田 義明　やまだ・よしあき　大正13年12月6日〜昭和61年10月1日　江綿代表取締役会長　→83/87

山田 義夫　やまだ・よしお　〜昭和37年4月12日　弁護士　→昭和

山田 義勇　やまだ・よしお　〜昭和46年2月15日　三井金属鉱業顧問, 元海外資源開発社長　→昭和

山田 与志夫　やまだ・よしお　昭和18年4月9日〜平成15年10月13日　セーレン常務　→03/05

山田 義孝　やまだ・よしたか　大正5年11月30日〜平成19年9月13日　田辺製薬常務　→06/08

山田 喜次　やまだ・よしつぐ　〜平成5年1月3日　塩野義製薬取締役　→91/93

山田 善照　やまだ・よしてる　大正15年6月15日〜平成19年6月24日　海将　海上自衛隊海上幕僚副長　→06/08

山田 義人　やまだ・よしと　明治43年3月24日〜平成10年11月1日　山田商会会長　→97/99

山田 義信　やまだ・よしのぶ　明治42年9月6日〜昭和62年4月14日　九築工業代表取締役会長　→83/87

山田 芳治　やまだ・よしはる　大正13年10月5日〜平成1年12月31日　衆院議員（社会党）, 京都府副知事　→88/90

山田 良秀　やまだ・よしひで　〜昭和53年1月7日　航空局長官　→昭和

山田 誼衡　やまだ・よしひろ　明治42年3月15日〜平成4年2月28日　日本紙運輸倉庫会長, 十条製紙副社長, 十条板紙会長　→91/93

山田 義見　やまだ・よしみ　明治32年1月13日〜平成3年5月3日　大蔵事務次官、会計検査院院長、資本市場振興財団理事長　→91/93

山田 芳美　やまだ・よしみ　昭和5年8月24日〜平成10年5月12日　勝村建設常務　→97/99

山田 良水　やまだ・よしみ　文久1年12月15日〜昭和3年1月3日　陸軍中将　→昭和（やまだ・よしみず）

山田 義光　やまだ・よしみつ　大正9年6月18日〜平成15年8月12日　弁護士、山田法律事務所長、名古屋高裁判事　→03/05

山田 義郎　やまだ・よしろう　明治43年11月10日〜平成8年8月14日　東京消防庁消防総監　→94/96

山田 仂雄　やまだ・りきお　大正5年2月28日〜平成13年10月29日　リズム時計工業常務　→00/02

山田 利吉郎　やまだ・りきちろう　明治43年3月22日〜平成3年9月8日　宇部貿易社長、日商岩井取締役　→91/93

山田 陸槌　やまだ・りくつい　〜昭和15年2月10日　陸軍中将　第五師団長　→昭和

山田 隆一　やまだ・りゅういち　〜昭和57年7月19日　東京商工会議所総務部調査役　→80/82

山田 龍一　やまだ・りょういち　大正5年1月15日〜平成18年10月22日　黒崎窯業専務、福岡県相撲連盟名誉会長　→06/08

山田 良造　やまだ・りょうぞう　大正15年4月21日〜平成19年10月29日　玉泉堂酒造会長、岐阜県商工会連合会会長、岐阜県議　→06/08

山田 良太郎　やまだ・りょうたろう　明治42年7月13日〜平成4年2月3日　東京厚生信用組合理事長、三菱地所顧問、東京都主税局長　→91/93

山田 良之助　やまだ・りょうのすけ　明治5年2月10日〜昭和12年2月12日　陸軍中将　→昭和

山田 旅三　やまだ・りょぞう　明治38年1月4日〜平成10年8月17日　共栄タンカー会長、日本郵船常務　→97/99

山田 錬一　やまだ・れんいち　〜平成7年6月22日　全日本宗教用具協同組合名誉会長、山田屋総本店社長　→94/96

山田 廉平　やまだ・れんぺい　〜平成1年3月8日　山田織布社長、西尾商工会議所副会頭　→88/90

山田 六郎　やまだ・ろくろう　明治6年3月〜昭和27年6月7日　衆議院議員（進歩党）　→昭和

山田 六郎　やまだ・ろくろう　明治38年6月3日〜昭和58年10月27日　くいだおれ創業者、兵庫県議　→83/87

山田 わか　やまだ・わか　明治12年12月1日〜昭和32年9月6日　婦人運動家、評論家　→昭和

山高 克郎　やまたか・かつろう　大正3年8月12日〜昭和58年8月15日　東洋染色工業会長、東洋紡績取締役　→83/87

山高 しげり　やまたか・しげり　明治32年1月5日〜昭和52年11月13日　婦人運動家　参院議員、全国地域婦団体連絡協議会長　→昭和

山高 茂　やまたか・しげる　大正9年1月22日〜昭和62年9月11日　鹿島道路常任顧問・元専務、日本道路公団広島建設局長　→83/87

山田島 実次　やまだじま・じつじ　大正9年3月26日〜平成11年7月30日　西華産業社長　→97/99

山達 民安　やまたつ・たみやす　〜昭和61年6月29日　富山地裁・家裁調停委員　→83/87

山谷 一雄　やまたに・かずお　明治45年1月16日〜昭和60年8月21日　高島屋常務　→83/87

山近 寛　やまちか・ゆたか　大正9年11月5日〜平成16年4月29日　長崎信用金庫理事長、長崎県信用保証協会会長　→03/05

山出 敬二　やまで・けいじ　大正11年3月3日〜平成10年6月9日　アーキヤマデ会長　→97/99

山手 重好　やまて・しげよし　〜昭和48年12月25日　日本油脂顧問　→昭和

山手 満男　やまて・みつお　大正2年1月20日〜昭和48年4月17日　労相、衆院議員（自民党）　→昭和

山戸 徹　やまど・あきら　大正9年11月9日〜平成11年5月16日　駐ノルウェー大使　→97/99

大和 巌　やまと・いわお　昭和19年7月27日〜昭和63年4月6日　フレンドリー取締役　→88/90

倭 周蔵　やまと・しゅうぞう　明治44年11月5日〜平成20年8月11日　三井精機工業専務　→06/08

大和 二郎　やまと・じろう　〜昭和55年2月12日　鹿児島銀行元常務　→80/82

大和 忠三　やまと・ただみ　明治44年11月22日〜昭和60年6月4日　宇土市長　→83/87

大和 哲郎　やまと・てつろう　〜平成19年5月2日　つばめ自動車会長　→06/08

山戸 利生　やまと・としお　〜昭和55年5月6日　国立国会図書館主任専門調査員　→80/82

大和 肇　やまと・はじめ　昭和5年2月21日〜平成5年4月22日　ナショナル証券常務　→91/93

山戸 松男　やまと・まつお　大正7年4月14日〜昭和63年6月15日　東京急行電鉄常務、東急鯱バス社長　→88/90

大和 幹明　やまと・もとあき　〜昭和61年7月21日　稚内信用金庫常勤理事　→83/87

大和 与一　やまと・よいち　明治41年12月3日〜昭和63年4月29日　参院議員（社会党）　→88/90

大和屋 常喜　やまとや・つねき　大正3年11月26日〜平成13年11月18日　大日本インキ化学工業常務　→00/02

大和屋 弘喜　やまとや・ひろき　明治44年8月16日〜平成7年4月11日　日本バイリーン社長　→94/96

山鳥 正一郎　やまどり・しょういちろう　大正2年7月28日〜昭和63年12月24日　川崎重工業取締役　→88/90

山名 明　やまな・あきら　〜昭和63年10月29日　長野県電気工事協力会会長　→88/90

山名 栄一　やまな・えいいち　明治43年9月12日〜平成

11年3月31日　スタンレー電気常務　→97/99

山名 二郎　やまな・じろう　昭和7年8月18日～平成20年11月22日　大和証券副社長　→06/08

山名 隆輝　やまな・たかてる　～昭和43年1月30日　東京地検検事　→昭和

山名 庸夫　やまな・つねお　大正7年10月15日～昭和61年1月31日　ダイキン工業監査役　→83/87

山名 信雄　やまな・のぶお　～昭和57年3月20日　三信社取締役社長　→80/82

山名 広　やまな・ひろし　大正3年5月2日～平成19年10月8日　菱和設備社長　→06/08

山名 酒喜男　やまな・みきお　～昭和57年5月15日　不二サッシ監査役、元会計検査院事務総局次長　→80/82

山名 義鶴　やまな・よしつる　明治24年9月17日～昭和42年2月26日　社会運動家　→昭和

山中 昭　やまなか・あきら　昭和10年12月14日～平成20年2月18日　中国新聞常務　→06/08

山中 勇　やまなか・いさむ　～昭和12年3月7日　十五銀行取締役　→昭和

山中 一朗　やまなか・いちろう　明治42年7月8日～昭和60年1月4日　大蔵省印刷局長、タイガー計算器社長　→83/87

山中 一郎　やまなか・いちろう　明治39年3月1日～昭和44年11月25日　椿本チエイン社長　→昭和

山中 一郎　やまなか・いちろう　昭和9年6月12日～平成12年6月18日　大和投資顧問会長、日本証券投資顧問業協会会長、大和証券副社長　→00/02

山中 英三　やまなか・えいぞう　～昭和48年2月28日　日立造船副社長　→昭和

山中 かく　やまなか・かく　明治27年12月11日～平成20年4月5日　長寿日本一（113歳）　→06/08

山中 一生　やまなか・かずお　大正13年1月18日～平成13年6月13日　日商岩井副社長　→00/02

山中 和雄　やまなか・かずお　昭和2年9月10日～平成15年6月24日　岩谷産業常務　→03/05

山中 一毅　やまなか・かずき　大正8年10月5日～平成9年7月28日　三菱製鋼副社長　→97/99

山中 鐄　やまなか・かん　大正11年1月20日～平成11年9月26日　東武百貨店社長　→97/99

山中 紀三　やまなか・きぞう　昭和38年2月13日～平成4年9月9日　日本損害保険代理業協会名誉会長　→91/93

山中 共古　やまなか・きょうこ　嘉永3年11月3日～昭和3年12月10日　牧師、考古学者、民俗学者　青山学院図書館館長　→昭和

山中 国夫　やまなか・くにお　明治43年2月9日～平成3年7月20日　日本化薬常務　→91/93

山中 邦紀　やまなか・くにき　昭和8年3月1日～平成13年1月3日　弁護士　衆院議員（社会党）、岩手県弁護士会長　→00/02

山中 健二　やまなか・けんぞう　大正8年10月8日～平成

5年10月5日　下松市長　→91/93

山中 孝助　やまなか・こうすけ　昭和6年4月14日～平成16年7月13日　福岡県議（自民党）　→03/05

山中 吾郎　やまなか・ごろう　明治43年7月23日～昭和58年6月2日　衆院議員（社会党）　→83/87

山中 貞則　やまなか・さだのり　大正10年7月9日～平成16年2月20日　衆院議員（自民党）、通産相、防衛庁長官　→03/05

山中 鹿太郎　やまなか・しかたろう　～昭和23年9月16日　関西ペイント社長　→昭和

山中 重治　やまなか・しげはる　明治40年3月4日～平成7年9月3日　日本団体生命保険社長　→94/96

山中 滋　やまなか・しげる　～昭和62年10月4日　あかつき保育園長、西区保育園連合会長　→83/87

山中 柴吉　やまなか・しばきち　明治5年～昭和16年6月21日　海軍中将　→昭和

山中 俊一　やまなか・しゅんいち　～平成2年6月24日　茨城県議、上妻村（茨城県）村長　→88/90

山中 庄一　やまなか・しょういち　～平成10年4月7日　名古屋製酪会長　→97/99

山中 昭一　やまなか・しょういち　昭和4年9月5日～平成15年4月6日　三興製作所（のち新興ブランテック）常務　→03/05

山中 章三郎　やまなか・しょうざぶろう　昭和10年1月14日～平成17年2月21日　三井物産常務　→03/05

山中 正造　やまなか・しょうぞう　明治42年3月10日～平成6年1月14日　スズキ取締役　→94/96

山中 次郎　やまなか・じろう　明治37年9月12日～昭和63年8月11日　京都山中商会社長　→88/90

山中 清一郎　やまなか・せいいちろう　大正5年10月13日～平成14年12月11日　三井信託銀行社長　→03/05s

山中 大吉　やまなか・だいきち　明治30年8月3日～平成6年1月11日　弁護士　熊本県議、熊本県弁護士会会長　→94/96

山中 泰輔　やまなか・たいすけ　明治32年～昭和61年12月15日　小山市長　→83/87

山中 卓　やまなか・たかし　昭和2年8月31日～平成16年1月11日　横河電機社長　→03/05

山中 隆文　やまなか・たかふみ　明治42年10月3日～平成7年6月18日　弁護士　大阪弁護士会副会長　→94/96

山中 威　やまなか・たけし　昭和7年4月17日～平成2年6月7日　タカラブネ監査役　→88/90

山中 忠雄　やまなか・ただお　明治23年～昭和57年12月29日　交通博物館長　→80/82

山中 淳　やまなか・ただし　大正8年1月5日～平成16年4月26日　江田島町（広島県）町長　→03/05

山中 唯司　やまなか・ただし　～昭和56年11月7日　弁護士　福岡県弁護士会会長　→80/82

山中 恒一　やまなか・つねかず　大正11年7月5日～平成11年1月11日　弘電社常務　→97/99

山中 募　やまなか・つのる　〜昭和61年2月28日
　豊前市議　→83/87

山中 徳二　やまなか・とくじ　明治37年4月4日〜平成3年8月9日　行政管理庁事務次官　→91/93

山中 俊夫　やまなか・としお　大正3年9月6日〜平成16年6月4日　駐ノルウェー大使　→03/05

山中 寿二　やまなか・としじ　〜平成18年2月23日
　極東開発工業専務　→06/08

山中 聡裕　やまなか・としひろ　大正2年12月7日〜平成14年3月5日　阪急共栄物産社長　→00/02

山中 朋二郎　やまなか・ともじろう　明治22年〜昭和61年2月14日　海軍中将、幼児教育家　→83/87

山中 直隆　やまなか・なおたか　〜昭和46年3月19日
　昭和起重機製作所社長　→昭和

山中 忍海　やまなか・にんかい　〜昭和54年2月6日
　天台宗宗務総長　→昭和

山中 一　やまなか・はじめ　大正2年5月25日〜平成3年11月11日　吉田製作所会長　→91/93

山中 晴雄　やまなか・はるお　明治40年4月1日〜平成7年12月3日　三井船舶(のち大阪商船三井船舶)常務、三井ライン興業(のち商船三井興業)社長　→94/96

山中 久男　やまなか・ひさお　〜昭和42年10月10日
　オリエント時計取締役　→昭和

山中 宏　やまなか・ひろし　大正2年3月2日〜平成20年1月31日　明治生命保険社長　→06/08

山中 浩　やまなか・ひろし　昭和42年4月13日〜平成1年4月23日　日本電気精器常務　→88/90

山中 日露史　やまなか・ひろし　明治39年2月14日〜昭和46年5月20日　弁護士　衆院議員(社会党)　→昭和

山中 福治郎　やまなか・ふくじろう　大正12年4月9日〜昭和58年6月4日　中日新聞取締役　→83/87

山中 正夫　やまなか・まさお　明治34年4月14日〜平1年2月3日　三菱鉱業セメント相談役　→88/90

山中 政弘　やまなか・まさひろ　昭和16年12月2日〜平成23年6月11日　二菱地所業務執行役員　→09/11

山中 充　やまなか・みつる　大正14年4月24日〜昭和61年4月12日　電源開発専務　→83/87

山中 実　やまなか・みのる　昭和4年11月13日〜平成16年6月14日　楢崎産業専務　→00/02

山中 康雄　やまなか・やすお　明治41年10月2日〜平成10年11月5日　弁護士　愛知大学名誉教授　→97/99

山中 泰男　やまなか・やすお　大正1年8月11日〜平成2年5月8日　ナショナル・ベンディング会長、日東化学工業取締役　→88/90

山中 幸博　やまなか・ゆきひろ　昭和6年9月5日〜平成5年11月24日　ブリヂストンスポーツ社長　→91/93

山中 要作　やまなか・ようさく　明治42年12月6日〜平成15年12月13日　埼玉県副知事　→03/05

山中 禄男　やまなか・よしお　大正2年2月6日〜平成16年2月1日　大阪セメント専務　→03/05

山中 義一　やまなか・よしかず　〜昭和49年5月25日
　漁業共済基金理事長　→昭和

山中 義貞　やまなか・よしさだ　明治30年3月5日〜昭和61年2月2日　南海放送相談役、衆院議員(進歩党)　→83/87

山中 義教　やまなか・よしのり　明治29年8月1日〜平成1年10月10日　新日本コンピュータシステム会長、(財)交通遺児育英会理事、全共済農業協同組合連合会専務理事　→88/90

山中 錬治　やまなか・れんじ　〜昭和32年8月9日
　帝蚕倉庫社長　→昭和

山梨 勝之進　やまなし・かつのしん　明治10年7月26日〜昭和42年12月17日　海軍大将　学習院院長　→昭和

山梨 半造　やまなし・はんぞう　元治1年3月1日〜昭和19年7月2日　陸軍大将　陸相　→昭和

山梨 稔　やまなし・みのる　明治38年12月14日〜平成2年12月22日　東映シーエム社長　→88/90

山西 喜一郎　やまにし・きいちろう　明治45年3月31日〜昭和63年3月24日　春日鋼業会長　→88/90

山西 喜平次　やまにし・きへいじ　昭和4年2月14日〜平成8年4月18日　加卜吉常務　→94/96

山西 きよ　やまにし・きよ　明治42年9月15日〜平成8年1月7日　小川町(茨城県)町長　→94/96

山西 鹿太郎　やまにし・しかたろう　〜昭和61年5月7日
　山西社長　→83/87

山西 恒雄　やまにし・つねお　〜昭和39年11月4日
　国際善隣倶楽部理事長、元北支開発副総裁　→昭和

山西 偉也　やまにし・ひでや　〜昭和63年12月6日
　木村コーヒー店取締役、国税庁金沢国税不服審判所長　→88/90

山西 由之　やまにし・よしゆき　大正11年10月1日〜昭和61年3月22日　東京放送社長　→83/87

山根 昭美　やまね・あきよし　昭和3年11月18日〜平成10年11月5日　氷温研究所社長　→97/99

山根 篤　やまね・あつし　〜昭和57年1月1日
　弁護士　東北学院理事長　→80/82

山根 治　やまね・おさむ　大正8年3月30日〜平成4年2月17日　最高検察庁公安部長　→91/93

山根 オヨ　やまね・およ　〜平成13年7月8日
　やま여女将　→00/02

山根 計夫　やまね・かずお　〜昭和56年6月15日
　やまね(料亭)会長　→80/82

山根 嘉郎　やまね・かろう　明治35年12月2日〜平成11年7月22日　毎日新聞中部本社編集局長、毎日名古屋会社長　→97/99

山根 寛作　やまね・かんさく　明治38年9月17日〜昭和63年9月9日　中国電力常任相談役　→88/90

山根 銀一　やまね・ぎんいち　明治35年3月8日〜昭和60年2月15日　日本工業倶楽部常任理事、日本団体生命保険監査役、東京都警察懇話会副会長　→83/87

山根 貞与　やまね・さだよ　〜平成5年10月24日
　大成火災海上保険取締役　→91/93

山根 重次　やまね・しげじ　明治39年9月1日〜平成5年1月31日　福井エフエム放送取締役, 郵政省通信博物館長, 郵政省四国電波監理局長　→91/93

山根 滋　やまね・しげる　大正14年6月30日〜昭和61年2月15日　協同クレジットサービス社長, 元北海道漁連副会長　→83/87

山根 静寿　やまね・しずとし　〜昭和49年10月14日
　最高検検事　→昭和

山根 実造　やまね・じつぞう　明治43年4月25日〜平成5年9月5日　航空ニュース社会長, 航空振興財団専務理事　→91/93

山根 真治郎　やまね・しんじろう　〜昭和27年7月10日
　東京新聞理事　→昭和

山根 侑　やまね・すすむ　〜平成1年5月29日
　海洋技術開発社長　→88/90

山根 喬　やまね・たかし　昭和5年2月21日〜平成12年7月26日　弁護士　山根法律事務所所長, 日弁連副会長, 札幌弁護士会会長　→00/02

山根 卓三　やまね・たくぞう　明治41年8月3日〜平成6年6月19日　酔心山根本店社長　→94/96

山根 健男　やまね・たけお　明治29年3月〜昭和43年7月1日　貴院議員(男爵)　→昭和

山根 武亮　やまね・たけすけ　嘉永6年2月15日〜昭和3年4月4日　陸軍中将, 男爵　貴院議員　→昭和

山根 正　やまね・ただし　大正4年6月12日〜平成12年2月20日　弁護士　広島高検事長, 札幌高検事長　→00/02

山根 東明　やまね・とうめい　明治41年1月12日〜平成5年12月21日　関門商品取引所理事長　→91/93

山根 徹　やまね・とおる　〜昭和60年5月10日
　税理士　東京税理士協同組合副理事長　→83/87

山根 年弘　やまね・としひろ　〜平成3年8月21日
　ジェイアール九州エージェンシー常務　→91/93

山根 豊次　やまね・とよじ　大正12年10月19日〜平成6年6月3日　東京ムービー新社副社長, 国際放映社長　→94/96

山根 春衛　やまね・はるえ　明治30年4月3日〜昭和56年2月25日　大正海上火災保険社長　→80/82

山根 弘毅　やまね・ひろたけ　〜昭和46年3月8日
　弁護士　大審院判事　→昭和

山根 房一　やまね・ふさいち　〜昭和63年7月9日
　全国同和教育研究協議会委員長　→88/90

山根 真樹生　やまね・まきお　大正13年8月14日〜平成20年9月3日　新日本製鐵副社長　→06/08

山根 昌一　やまね・まさこ　〜平成5年9月14日
　市民運動家　松本大本営を考える会代表　→91/93

山根 守　やまね・まもる　昭和3年8月23日〜平成7年10月23日　福岡県議(社会党)　→94/96

山根 通正　やまね・みちまさ　昭和3年3月7日〜平成13年10月4日　東ソー副社長　→00/02

山根 可弌　やまね・よしいち　明治32年12月20日〜平成1年9月19日　牧師　日本ホーリネス教団池ノ上キリスト教会名誉牧師　→88/90

山根 義逸　やまね・よしいつ　明治31年1月2日〜平成1年1月28日　月島機械顧問, 三和銀行常務　→88/90

山根 良夫　やまね・よしお　昭和6年6月20日〜平成20年1月19日　大成火災海上保険専務　→06/08

山根 良人　やまね・よしと　〜平成7年8月2日
　ラオス王国政府軍陸軍大佐　→94/96

山根 義紘　やまね・よしひろ　昭和20年3月13日〜平成20年8月2日　日本テレビ取締役, 日テレ7社長　→06/08

山根 令一　やまね・れいいち　大正14年11月10日〜平成9年5月10日　ニッカウヰスキー専務　→97/99

山根木 宏　やまねぎ・こう　昭和7年4月30日〜昭和61年4月29日　伊藤万取締役　→83/87

山野 昭典　やまの・あきのり　昭和3年〜平成11年2月1日　大阪児童文化協会会長　→97/99

山野 和子　やまの・かずこ　〜平成15年9月27日
　女性と労働21代表, 総評婦人局長　→03/05

山野 健二　やまの・けんじ　昭和20年7月30日〜平成19年11月13日　ユアサ・フナショク専務　→06/08

山野 幸吉　やまの・こうきち　大正5年3月10日〜平成10年7月8日　沖縄・北方対策庁長官　→97/99

山野 幸之助　やまの・こうのすけ　大正2年11月5日〜平成10年8月7日　ユアサ・フナショク社長　→97/99

山野 治一　やまの・じいち　明治40年12月10日〜平成3年11月23日　山野美容商事社長, 山野学苑理事長　→91/93

山野 善次　やまの・ぜんじ　明治41年1月3日〜平成3年11月22日　若築建設常務　→91/93

山野 忠彦　やまの・ただひこ　明治33年〜平成10年9月25日　樹医　日本樹木保護協会名誉会長　→97/99

山野 種松　やまの・たねまつ　明治39年3月26日〜平成7年12月23日　レンゴー社長・会長　→94/96

山野 信行　やまの・のぶゆき　大正14年3月24日〜昭和62年1月2日　清水建設取締役人事本部長　→83/87

山野 速男　やまの・はやお　大正7年5月19日〜平成12年1月10日　ユニチカ副社長, 三和銀行常務　→00/02

山野 寿子　やまの・ひさこ　昭和21年〜平成22年9月11日　ビューティトップヤマノ副会長　→09/11

山野 政太郎　やまの・まさたろう　〜昭和44年3月29日　山野楽器店会長　→昭和

山野 大　やまの・まさる　昭和6年1月24日〜平成11年2月6日　三洋電機副会長, 関西経済同友会代表幹事　→97/99

山野 喜則　やまの・よしのり　昭和15年1月1日〜平成17年1月2日　東急観光専務　→03/05

山野 善郎　やまの・よしろう　昭和17年5月2日〜平成12年

山野井 延雄　やまのい・のぶお　昭和3年～平成6年1月7日　関西汽船取締役　→94/96

山井 浩　やまのい・ひろし　～昭和57年12月23日　福岡高検検事長　→80/82

山之上 吉盛　やまのうえ・よしもり　明治43年10月5日～昭和63年7月24日　プリマハム専務　→88/90

山内 昭郎　やまのうち・あきろう　昭和10年9月5日～平成5年11月21日　寺田紡績社長　→91/93

山内 一郎　やまのうち・いちろう　大正2年2月15日～平成17年3月6日　参院議員（自民党）、郵政相　→03/05

山内 悦道　やまのうち・えつどう　大正10年3月9日～平成9年8月22日　宇徳運輸専務　→97/99

山内 長人　やまのうち・おさひと　嘉永3年9月9日～昭和6年7月11日　陸軍中将、男爵　貴院議員　→昭和

山内 甲子雄　やまのうち・かしお　～昭和57年7月30日　弁護士　名古屋弁護士会副会長　→80/82

山之内 一男　やまのうち・かずお　大正15年4月28日～平成5年4月24日　南日本新聞専務　→91/93

山之内 一次　やまのうち・かずじ　慶応2年11月6日～昭和7年12月21日　貴院議員（勅選）、鉄道相、内閣書記官長　→昭和（やまのうち・かずつぐ）

山内 健二　やまのうち・けんじ　明治32年12月11日～昭和44年7月1日　実業家　山之内製薬創業者　→昭和

山之内 幸一　やまのうち・こういち　明治43年11月3日～平成13年1月25日　菱電商事社長　→00/02

山内 聡　やまのうち・さとし　～昭和56年8月31日　旧北日本製紙社長、元本州製紙副社長　→80/82

山内 茂　やまのうち・しげる　～平成4年4月21日　有楽土地元常任監査役　→91/93

山之内 秀一郎　やまのうち・しゅういちろう　昭和8年7月10日～平成20年8月8日　JR東日本会長、宇宙航空研究開発機構理事長　→06/08

山野内 四郎　やまのうち・しろう　～昭和55年1月8日　日本ゲージ会長、水城高校理事長　→80/82

山内 進　やまのうち・すすむ　大正8年6月10日～平成3年4月4日　青森県信用農協連会長、青森県公安委員長　→91/93

山内 敕靖　やまのうち・ただやす　大正7年3月～昭和58年8月28日　広島ガス会長　→83/87

山内 敏夫　やまのうち・としお　大正10年2月10日～平成9年1月3日　間組（のちハザマ）副社長　→97/99

山内 豊徳　やまのうち・とよのり　昭和12年1月9日～平成2年12月5日　環境庁企画調整局長　→88/90

山井 豊之　やまのい・とよゆき　昭和9年4月14日～昭和61年12月7日　日本珈琲販売共同機構社長　→83/87

山内 直美　やまのうち・なおみ　～昭和58年7月21日　赤城国際カントリークラブ社長　→83/87

山内 肇　やまのうち・はじめ　明治37年6月13日～平成元年1月14日　アラビア石油常務　→97/99

山内 英麿　やまのうち・ひでまろ　～昭和60年8月16日　徳山曹達取締役・監査役　→83/87

山内 広　やまのうち・ひろし　～昭和59年5月15日　マスプロ電工専務　→83/87

山内 弘文　やまのうち・ひろふみ　～平成8年2月26日　徳島新聞社専務理事　→94/96

山内 正朋　やまのうち・まさとも　大正3年8月3日～平成12年6月29日　十八銀行常務　→00/02

山之内 三紀子　やまのうち・みきこ　昭和23年8月3日～平成20年2月2日　弁護士　山之内法律事務所所長　→06/08

山内 緑　やまのうち・みどり　大正14年6月23日～昭和61年1月14日　長銀経営研究所社長、元日本長期信用銀行常務　→83/87

山之口 初義　やまのぐち・はつよし　～平成2年9月21日　長谷川工務店（のち長谷工コーポレーション）専務　→88/90

山之口 安秀　やまのくち・やすひで　～平成13年10月18日　鹿児島市長　→00/02

山野田 重治　やまのだ・しげじ　明治36年10月5日～昭和60年3月8日　大正生命保険社長　→83/87

山入端 清次　やまのは・せいじ　昭和7年5月15日～平成11年1月12日　アド・スタッフ社長　→97/99

山野辺 シズヨ　やまのべ・しずよ　～平成9年6月9日　相撲茶屋・十七番藤しま家経営者　→00/02s

山野辺 登一　やまのべ・といち　大正9年1月15日～昭和61年3月24日　山登機械工業会長、山登サッシ工業会長、山登興産会長　→83/87

山野辺 義卿　やまのべ・よしのり　昭和2年8月1日～平成5年10月27日　大成ロテック専務　→91/93

山羽 幸助　やまは・こうすけ　明治42年10月15日～昭和62年9月28日　全国共済農協連合会長、三重県農協中央会名誉会長　→83/87

山橋 敬一郎　やまはし・けいいちろう　大正14年2月6日～平成4年4月1日　小田原市長　→91/93

山端 英雄　やまはし・ひでお　昭和11年9月17日～平成11年12月23日　竹中工務店常務　→00/02s

山畑 秀雄　やまはた・ひでお　明治36年8月15日～昭和63年11月4日　大阪吃音矯正協会長　→88/90

山花 貞夫　やまはな・さだお　昭和11年2月26日～平成11年7月14日　衆院議員（民主党）、日本社会党委員長　→97/99

山花 秀雄　やまはな・ひでお　明治37年3月22日～昭和62年2月8日　労働運動家、政治家　衆院議員（社会党）、社会党副委員長　→83/87

山原 健二郎　やまはら・けんじろう　大正9年8月11日～平成16年3月8日　衆院議員（共産党）　→03/05

山吹 清史　やまぶき・きよふみ　昭和4年1月2日～平成3年8月12日　住友石炭鉱業取締役　→91/93

山辺 習学　やまべ・しゅうがく　明治15年11月25日～昭

やまへ　　　　　　　　　　　　　　　　　　　　　　　　　　Ⅰ　政治・経済・社会篇

和19年9月12日　僧侶,仏教学者　大谷大学教授　→昭和

山辺 卓郎　やまべ・たくろう　大正3年1月8日～平成14年6月3日　ニチアス社長　→00/02

山辺 亨　やまべ・とおる　大正4年8月8日～平成5年5月18日　日鉄化学工業(のち新日鉄化学)社長　→91/93

山辺 知春　やまべ・ともはる　～昭和11年11月21日　宮中顧問官　→昭和

山辺 仁文　やまべ・ひとふみ　大正9年9月19日～昭和58年11月21日　東芝機械取締役　→83/87

山辺 万亀夫　やまべ・まきお　～昭和61年3月25日　帝人取締役　→83/87

山部 松雄　やまべ・まつお　明治38年4月18日～昭和62年5月1日　山部印刷会長,広島県印工組理事長　→83/87

山枡 儀重　やますえ・のりしげ　明治22年4月～昭和12年12月25日　衆院議員(民政党)　→昭和(やますえ・ぎじゅう)

山丸 武雄　やままる・たけお　大正3年3月16日～平成6年3月22日　アイヌ民族博物館名誉会長,白老町(北海道)町議　→94/96

山宮 藤吉　やまみや・とうきち　文久2年3月～昭和8年1月4日　衆院議員(立憲民政党)　→昭和(さんぐう・とうきち)

山村 栄一　やまむら・えいいち　昭和6年8月15日～平成18年6月15日　戸田建設専務,三菱銀行取締役　→06/08

山村 英治　やまむら・えいじ　昭和6年7月16日～平成9年9月27日　日本経済新聞大阪本社製作局長　→97/99

山村 英太郎　やまむら・えいたろう　～昭和28年6月5日　鳥取市長　→昭和

山村 鉄男　やまむら・かねお　明治35年10月5日～昭和47年1月28日　日本銀行理事　→昭和(やまむら・てつお)

山村 桂子　やまむら・けいこ　～平成13年11月5日　ヤコブ病訴訟原告　→00/02

山村 慶次　やまむら・けいじ　大正4年1月22日～平成15年11月28日　山形県議(社会党)　→03/05

山村 謙二郎　やまむら・けんじろう　大正7年7月16日～平成15年9月15日　日商岩井副社長　→03/05

山村 康六　やまむら・こうろく　大正10年10月3日～平成8年11月16日　芦屋市長　→94/96

山村 佐一郎　やまむら・さいちろう　大正9年～平成6年6月14日　木村化工機専務　→94/96

山村 栄　やまむら・さかえ　～昭和60年2月18日　富士紡績取締役　→83/87

山村 定吉　やまむら・さだきち　～昭和63年7月28日　北陸郵政局調査官　→88/90

山村 滋　やまむら・しげる　～平成10年12月31日　ダイワボウ情報システム会長,大和紡績常務　→97/99

山村 茂　やまむら・しげる　～昭和49年10月29日　山村硝子会長　→昭和

山村 庄之助　やまむら・しょうのすけ　明治22年2月1日

～昭和34年3月18日　衆院議員(自民党),大阪府副知事　→昭和

山村 新治郎(10代目)　やまむら・しんじろう　明治41年3月2日～昭和39年10月2日　衆院議員(自民党),行政管理庁長官　→昭和(山村 新治郎)

山村 新治郎(11代目)　やまむら・しんじろう　昭和8年4月28日～平成4年4月12日　政治家　衆院議員(自民党),運輸相,農相　→91/93

山村 専三　やまむら・せんぞう　明治27年2月1日～昭和51年3月23日　秋木工業社長　→昭和

山村 隆男　やまむら・たかお　～昭和61年7月29日　東京電力南横浜火力発電所長　→83/87

山村 武　やまむら・たけし　昭和4年1月29日～平成13年10月30日　日本山村硝子会長　→00/02

山邑 太三郎　やまむら・たさぶろう　明治13年2月～昭和3年2月28日　実業家　衆院議員(無所属),山邑酒造代表　→昭和(山邑 多三郎)

山村 貞蔵　やまむら・ていぞう　明治41年1月5日～昭和63年9月11日　日本電池専務,東日本ジーエス販売社長　→88/90

山村 徳治　やまむら・とくじ　～昭和59年6月24日　オリエント時計社長,紀長伸銅所常務　→83/87

山村 徳太郎　やまむら・とくたろう　大正15年9月5日～昭和61年1月2日　山村硝子社長　→83/87

山村 敏雄　やまむら・としお　～昭和62年9月25日　高知市議　→83/87

山村 利男　やまむら・としお　昭和21年8月21日～平成22年1月1日　静岡県議(自民党)　→09/11

山村 利夫　やまむら・としお　大正1年10月8日～平成1年12月16日　関東電化工業常務　→88/90

山村 豊次郎　やまむら・とよじろう　明治2年3月16日～昭和13年9月13日　衆院議員(政友会),宇和島市初代市長,宇和島鉄道社長　→昭和

山村 登　やまむら・のぼる　明治45年1月1日～平成3年3月23日　清水建設専務　→91/93

山村 久　やまむら・ひさし　明治32年4月25日～昭和63年12月28日　医師　山村病院長,東京都議会議長(自民党)　→88/90

山村 秀雄　やまむら・ひでお　明治38年8月10日～昭和58年12月20日　日本銀行監事,日本信用調査相談役　→83/87

山村 秀幸　やまむら・ひでゆき　大正8年7月15日～平成19年7月31日　小田急電鉄副社長　→06/08

山村 豹平　やまむら・ひょうへい　明治32年4月22日～昭和63年11月7日　万兵会長　→88/90

山村 浩　やまむら・ひろし　昭和16年～平成12年2月3日　ニッセイ基礎研究所常務　→00/02

山村 正昭　やまむら・まさあき　昭和2年9月22日～平成18年12月20日　大昭和製紙副社長　→06/08

山村 実　やまむら・みのる　明治34年2月25日～平成1年

1316　「現代物故者事典」総索引(昭和元年～平成23年)

1月28日　小松製作所取締役　→88/90

山村 実　やまむら・みのる　大正5年8月21日～平成5年6月7日　福島梱包会長　→91/93

山村 実　やまむら・みのる　大正6年1月2日～平成6年12月14日　千葉県議（社会党）　→94/96

山邑 美保子　やまむら・みほこ　明治41年7月22日～平成11年9月8日　桜正宗社長　→97/99

山村 豊　やまむら・ゆたか　～昭和46年8月27日　旭硝子取締役　→昭和

山村 嘉治　やまむら・よしはる　明治44年11月22日～平成4年6月30日　東洋電機通信工業（のち東電機）常務　→91/93

山邑 励二　やまむら・れいじ　明治34年1月26日～昭和60年4月30日　鹿島建設専務　→83/87

山室 軍平　やまむろ・ぐんぺい　明治5年8月20日～昭和15年3月13日　社会事業家、キリスト教伝道者　救世軍中将、日本救世軍創立者　→昭和

山室 仁作　やまむろ・じんさく　～昭和57年1月25日　全国製紙原料商工組合連合会理事長、古紙再生促進センター副理事長　→80/82

山室 尊　やまむろ・たかし　大正1年12月22日～平成7年8月23日　佐伯建設工業常務　→94/96

山室 胤　やまむろ・たね　明治37年9月22日～平成1年1月18日　北海道繊維製品卸商連合会会長、山室繊維会長、山室土木社長　→88/90

山室 民子　やまむろ・たみこ　明治33年9月18日～昭和56年11月14日　救世軍活動家、キリスト教教育者　国際基督教大学評議員、東京女子大学理事、救世軍大佐補　→80/82

山室 直樹　やまむろ・なおき　～昭和25年12月12日　日発理事　→昭和

山室 夏子　やまむろ・なつこ　～昭和62年8月1日　（有）やまむろ取締役　→83/87

山室 弘　やまむろ・ひろし　昭和8年～平成4年10月13日　三井石油取締役　→91/93

山室 武甫　やまむろ・ぶほ　～昭和55年6月23日　救世軍軍友　→80/82

山室 宗武　やまむろ・むねたけ　～昭和38年10月31日　陸軍中将　陸軍士官学校長　→昭和

山室 宗文　やまむろ・むねふみ　明治13年10月～昭和25年6月28日　三菱信託社長　→昭和

山室 隆一　やまむろ・りゅういち　～昭和61年8月3日　園芸家　→83/87

山本 あき　やまもと・あき　～平成4年8月7日　大丸衣裳店総本店監査役　→91/93

山本 秋　やまもと・あき　明治37年5月12日～平成1年11月11日　社会運動家　→88/90

山本 明司　やまもと・あきし　大正12年10月20日～平成11年12月25日　高知県議（自民党）　→97/99

山本 秋造　やまもと・あきぞう　大正6年11月3日～平成10年3月6日　滋賀県議　→97/99

山本 昭長　やまもと・あきなが　昭和3年6月18日～平成17年3月7日　山梨県議（自民党）　→03/05

山本 晃　やまもと・あきら　昭和8年3月11日～平成13年6月5日　神戸信用金庫理事長　→00/02

山本 徹　やまもと・あきら　昭和3年6月2日～平成15年2月23日　エフエム東京常務　→03/05

山本 哲　やまもと・あきら　昭和31年2月20日～平成21年12月20日　エース証券常務　→09/11

山本 彬　やまもと・あきら　明治42年2月18日～昭和61年10月23日　帝国産業副社長　→83/87

山本 明　やまもと・あきら　大正9年6月12日～平成7年3月21日　静岡県副知事、岐阜県副知事、自治大学校長　→94/96

山本 朗　やまもと・あきら　大正8年8月20日～平成10年1月11日　中国新聞会長　→97/99

山本 浅吾　やまもと・あさご　～昭和63年6月29日　三井金山常務　→88/90

山本 浅治郎　やまもと・あさじろう　～平成4年7月24日　内田洋行専務　→91/93

山本 浅太郎　やまもと・あさたろう　～昭和45年2月2日　社会保険診療報酬支払基金理事長　→昭和

山本 惇　やまもと・あつし　大正14年2月19日～平成22年4月26日　間組専務　→09/11

山本 新　やまもと・あらた　明治45年5月9日～平成11年1月26日　弁護士　福岡高検刑事部長、西日本短期大学副学長　→97/99

山本 郁雄　やまもと・いくお　昭和9年6月24日～平成20年7月10日　国際商業出版社長　→09/11s

山本 幾雄　やまもと・いくお　大正13年4月15日～平成2年2月23日　巴バルブ社長　→88/90

山本 勲　やまもと・いさお　～昭和55年12月11日　赤井電機常務、三菱銀行参事役　→80/82

山本 勲　やまもと・いさお　～平成10年3月30日　中国高圧コンクリート工業専務　→97/99

山本 勇雄　やまもと・いさお　大正11年7月3日～平成16年9月25日　アラビア石油副社長　→03/05

山元 伊佐久　やまもと・いさく　大正15年4月8日～平成8年7月5日　日本船主協会理事、運輸省船員局長　→94/96

山本 伊三郎　やまもと・いさぶろう　明治39年1月～昭和46年7月8日　参院議員（社会党）　→昭和

山本 諫　やまもと・いさむ　～平成8年5月12日　弁護士　高松高検次席検事　→94/96

山本 石樹　やまもと・いしき　明治32年～昭和57年6月16日　弁護士　九州地方更生保護委員会委員長　→80/82

山本 厳雄　やまもと・いずお　～昭和57年1月12日　福江市長　→80/82

山本 五十六　やまもと・いそろく　明治17年4月4日～昭和18年4月18日　海軍大将・元帥　連合艦隊司令長官

やまもと

→昭和

山本 市英　やまもと・いちえい　明治24年1月〜昭和44年9月25日　衆院議員(政友会)　→昭和

山本 市造　やまもと・いちぞう　明治41年12月13日〜平成8年9月7日　品川燃料社長　→94/96

山本 市太郎　やまもと・いちたろう　〜昭和62年7月3日　山市組代表　→83/87

山本 一郎　やまもと・いちろう　〜昭和56年5月10日　三井金属鉱業取締役・大阪支店長　→80/82

山本 市朗　やまもと・いちろう　明治43年〜平成6年8月4日　技師　→94/96

山本 巌　やまもと・いわお　大正9年8月20日〜昭和61年7月6日　(株)リコー常任監査役　→83/87

山本 巌　やまもと・いわお　大正9年2月15日〜平成9年4月9日　奥村組常務　→97/99

山本 巌　やまもと・いわお　大正8年3月21日〜平成10年1月9日　森本組専務　→97/99

山本 巌　やまもと・いわお　大正6年1月1日〜平成17年8月16日　富士見工業会長,全国バーク堆肥工業会会長　→03/05

山本 岩雄　やまもと・いわお　〜昭和56年11月24日　宮内庁侍従職事務主管　→80/82

山本 岩雄　やまもと・いわお　明治39年3月19日〜昭和60年11月19日　山本工業会長　→83/87

山本 岩雄　やまもと・いわお　大正2年8月12日〜平成11年8月9日　ミツウロコ常務　→97/99

山本 磐彦　やまもと・いわひこ　〜昭和44年11月10日　東海汽船社長　→昭和

山本 丑之助　やまもと・うしのすけ　〜昭和51年2月8日　海軍主計中将　→昭和

山本 英一　やまもと・えいいち　〜昭和55年12月11日　北海道議,旭川商工会議所副会頭　→80/82

山本 英一　やまもと・えいいち　昭和7年3月2日〜平成15年9月14日　陸将　陸上自衛隊富士学校長　→03/05

山本 英輔　やまもと・えいすけ　明治9年5月15日〜昭和37年7月27日　海軍大将　→昭和

山本 栄則　やまもと・えいそく　大正11年4月15日〜平成13年4月2日　弁護士　東京弁護士会会長,日弁連副会長　→00/02

山本 宰　やまもと・おさむ　昭和12年6月15日〜平成23年7月12日　高圧ガス工業社長　→09/11

山本 修　やまもと・おさむ　大正11年5月30日〜平成11年12月26日　月島機械常務　→97/99

山本 納　やまもと・おさむ　大正14年4月27日〜昭和59年10月22日　トウカイポンプ製作所社長　→83/87

山本 海徳　やまもと・かいとく　昭和15年6月24日〜平成8年8月18日　海外経済協力基金理事　→97/99

山本 快竜　やまもと・かいりゅう　明治26年3月31日〜昭和23年7月14日　僧侶,仏教学者　大正大学教授　→昭和

山本 薫　やまもと・かおる　〜平成7年11月4日

大末建設常務　→94/96

山本 覚　やまもと・かく　明治42年8月25日〜平成14年2月24日　山陽特殊製鋼相談役,神戸銀行監査役　→00/02

山本 計市　やまもと・かずいち　〜平成5年9月21日　伊藤忠商事常務　→91/93

山本 一男　やまもと・かずお　明治43年2月2日〜昭和63年3月25日　日本酸素常務　→88/90

山本 和夫　やまもと・かずお　大正14年9月26日〜昭和62年4月25日　北興化学工業監査役　→83/87

山本 和郎　やまもと・かずお　昭和6年2月12日〜平成20年8月26日　広島テレビ放送社長,読売新聞ニューメディア本部長　→06/08

山本 万次　やまもと・かずとし　昭和13年1月26日〜平成7年4月13日　大阪府議(社会党)　→94/96

山本 一弥　やまもと・かずや　〜昭和62年8月6日　三晶社長　→83/87

山本 嘉三　やまもと・かぞう　〜平成2年8月24日　光洋精工取締役　→88/90

山本 勝　やまもと・かつ　明治43年8月2日〜昭和59年10月6日　山勝真珠会長　→83/87

山本 勝一　やまもと・かついち　昭和7年7月4日〜平成5年3月18日　伊勢丹常務　→91/93

山本 勝一　やまもと・かついち　大正8年4月11日〜平成8年8月4日　柏誠社長,全国商店街振興組合連合会理事長,愛知県商店街振興組合連合会理事長　→94/96

山本 克四郎　やまもと・かつしろう　大正9年4月30日〜平成10年12月15日　関東特殊製鋼専務　→97/99

山本 勝孝　やまもと・かつたか　大正5年6月6日〜平成3年4月9日　むさしのカード会長,武蔵野銀行頭取　→91/93

山本 勝隆　やまもと・かつたか　明治43年4月17日〜平成2年12月4日　僧侶　浄土宗西山深草派管長・誓願寺100世法主　→88/90

山本 克忠　やまもと・かつただ　明治40年4月6日〜平成6年12月12日　新宿区長　→94/96

山本 勝太郎　やまもと・かつたろう　大正3年2月27日〜平成6年5月6日　三重県議　→94/96

山本 勝利　やまもと・かつとし　〜昭和56年5月30日　安田火災海上保険常任監査役　→80/82

山本 克彦　やまもと・かつひこ　大正13年7月14日〜昭和61年8月18日　東洋鋼鈑専務　→83/87

山本 勝弘　やまもと・かつひろ　昭和6年3月7日〜平成13年9月4日　藤田観光専務　→00/02

山本 克己　やまもと・かつみ　昭和3年3月5日〜平成12年10月28日　北九州コカ・コーラボトリング社長,福岡県サッカー協会会長　→00/02

山本 勝美　やまもと・かつみ　昭和4年9月16日〜平成21年5月28日　ヤマト醤油味噌会長,金沢経済同友会代表幹事　→09/11

山本 金男　やまもと・かねお　〜昭和56年11月10日

山本商会取締役相談役　→80/82

山本 和　やまもと・かのう　明治42年11月28日～平成7年3月8日　牧師　日本基督教団白鷺教会名誉牧師、玉川大学教授、関東学院大学教授　→94/96

山本 亀次　やまもと・かめじ　大正1年8月23日～平成10年4月28日　大末建設副社長　→97/99

山本 寛太郎　やまもと・かんたろう　大正7年9月17日～平成6年6月10日　広島県議（自民党）　→94/96

山本 喜一　やまもと・きいち　大正10年1月11日～平成8年3月3日　大木建設専務　→94/96

山本 菊子　やまもと・きくこ　昭和4年11月9日～平成17年12月15日　牧師　仙台広瀬河畔教会牧師　→06/08s

山本 規矩也　やまもと・きくや　昭和12年8月17日～平成4年11月21日　ダイフク取締役　→91/93

山本 岸一　やまもと・きしいち　大正5年12月20日～平成14年7月27日　明治製菓副社長　→00/02

山本 基三　やまもと・きぞう　昭和3年5月1日～平成3年2月5日　ミネベア取締役、ダイワ精工常務　→91/93

山本 吉兵衛　やまもと・きちべえ　大正7年4月7日～昭和59年10月12日　資生堂社長、東京化粧品工業会相談役　→83/87

山本 喜八郎　やまもと・きはちろう　～昭和62年10月25日　山栄製作所代表　→83/87

山本 公子　やまもと・きみこ　～平成14年1月9日　国際女子留学生センター館長　→00/02

山元 清朗　やまもと・きよあき　昭和11年11月3日～平成7年5月29日　読売広告社常務　→94/96

山本 堯　やまもと・ぎょう　大正13年11月24日～平成4年12月1日　平和運動家　岐阜大学名誉教授　→00/02

山本 恭之介　やまもと・きょうのすけ　大正9年9月12日～昭和63年7月8日　テレビ西日本監査役、西日本新聞社友　→88/90

山本 清雄　やまもと・きよお　～平成5年9月6日　山発産業社長　→91/93

川本 礫勝　やまもと・きよかつ　大正8年～平成13年7月9日　陸上自衛隊調査学校副校長　→00/02

山本 喜誉司　やまもと・きよし　～昭和38年7月31日　日伯中央協会副会長　→昭和

山本 清　やまもと・きよし　大正3年11月20日～平成5年1月10日　三和銀行常務　→91/93

山本 清　やまもと・きよし　大正15年1月17日～平成8年2月27日　日本石油常務　→94/96

山本 幾代治　やまもと・きよじ　明治41年3月21日～平成12年3月10日　大和紡績常務　→00/02

山本 清嗣　やまもと・きよつぐ　明治33年2月26日～昭和58年1月25日　北陸放送相談役　→83/87

山本 金市　やまもと・きんいち　大正3年7月22日～平成12年8月14日　静岡県議、掛川スーパー社長　→00/02

山本 謹吾　やまもと・きんご　明治35年7月12日～昭和62年2月27日　東京高裁長官　→83/87

山本 勤也　やまもと・きんや　大正10年4月19日～平成19年6月21日　西伊豆町（静岡県）町長　→06/08

山本 空外　やまもと・くうがい　～平成13年8月7日　僧侶　知恩院長老、法蓮寺住職、広島大学名誉教授　→00/02

山本 国次　やまもと・くにじ　～昭和57年8月9日　朝日新聞社監査役、朝日ビルディング専務　→80/82

山本 邦治郎　やまもと・くにじろう　～平成4年5月28日　佐伯建設工業取締役　→91/93

山元 国三　やまもと・くにぞう　明治32年8月10日～昭和38年7月10日　読売広告社社長　→昭和

山元 邦良　やまもと・くによし　～昭和56年7月5日　佐呂間町議会議長　→80/82

山本 熊一　やまもと・くまいち　明治22年4月8日～昭和38年1月17日　外交官　外務次官　→昭和

山本 熊之助　やまもと・くまのすけ　～昭和7年5月8日　ハワイ日本人協会理事長　→昭和

山本 敬一郎　やまもと・けいちろう　大正11年9月21日～平成18年11月28日　福岡中央銀行頭取　→06/08

山本 敬三郎　やまもと・けいざぶろう　大正2年8月17日～平成18年5月6日　静岡県知事、参院議員（自民党）　→06/08

山本 銈二　やまもと・けいじ　～平成12年6月14日　三菱自動車販売（のち三菱自動車工業）常務　→00/02

山本 啓四郎　やまもと・けいしろう　大正9年6月6日～平成2年11月23日　東邦レーヨン監査役、日清紡績会長・元社長　→88/90

山本 恵造　やまもと・けいぞう　大正10年12月2日～平成18年7月23日　山本海苔店社長　→

山元 啓太郎　やまもと・けいたろう　昭和7年4月14日～平成1年7月23日　五洋建設取締役　→88/90

山本 恵明　やまもと・けいめい　大正4年8月27日～平成7年6月4日　トヨタ自動車工業（のちトヨタ自動車）専務　→94/96

山本 健　やまもと・けん　昭和2年4月10日～平成20年4月8日　松下鈴木専務　→06/08

山本 健一　やまもと・けんいち　大正14年3月～昭和57年2月4日　山口組（広域暴力団）若頭、山健組組長　→80/82

山本 憲一　やまもと・けんいち　明治40年5月11日～昭和60年2月5日　三井生命保険常務　→83/87

山本 研一　やまもと・けんいち　昭和14年12月18日～平成21年12月18日　北海道新聞取締役、エフエム北海道社長　→09/11

山本 謙一　やまもと・けんいち　～昭和26年6月27日　徳島県知事、熊本県知事　→昭和

山本 健吉　やまもと・けんきち　大正10年10月15日～平成6年4月19日　ミドリ十字専務、太陽神戸（のちさくら）銀行取締役　→94/96

山本 源左衛門　やまもと・げんざえもん　明治39年10月16日～昭和62年10月26日　東京海上火災保険会長　→

83/87

山本 源三郎　やまもと・げんざぶろう　〜昭和11年9月26日　四国銀行常務取締役　→昭和

山本 健治　やまもと・けんじ　〜昭和59年6月23日　ダイクレ社長、呉市体育協会会長　→83/87

山本 健治　やまもと・けんじ　明治42年9月18日〜平成13年11月6日　山本光学相談役名誉会長　→00/02

山本 健二　やまもと・けんじ　大正1年10月4日〜平成5年11月12日　培風館会長　→91/93

山本 憲二　やまもと・けんじ　大正3年〜平成7年10月26日　木村化工機専務　→94/96

山本 源次郎　やまもと・げんじろう　明治27年5月1日〜昭和25年2月28日　農民運動家　→昭和

山本 憲介　やまもと・けんすけ　〜昭和27年3月1日　極東物産会長　→昭和

山本 健三　やまもと・けんぞう　〜平成12年11月18日　弁護士　→00/02

山本 懸蔵　やまもと・けんぞう　明治28年2月20日〜昭和14年3月10日　労働運動家,社会運動家　コミンテルン（共産主義第三インターナショナル）日本共産党代表　→昭和

山本 賢太郎　やまもと・けんたろう　昭和5年12月19日〜平成22年8月17日　東京都議（自民党）　→09/11

山本 源兵衛　やまもと・げんべえ　大正13年5月14日〜平成2年12月19日　山本本家社長　→88/90

山本 玄峰　やまもと・げんぽう　慶応2年1月28日〜昭和36年6月3日　僧侶　臨済宗妙心寺派管長　→昭和

山本 幸一　やまもと・こういち　〜平成7年6月26日　新幹線運転士　→94/96

山本 幸一　やまもと・こういち　明治43年2月20日〜平成8年2月17日　衆院議員（社会党）　→94/96

山本 孝円　やまもと・こうえん　大正11年〜平成23年2月14日　僧侶　総本山西教寺貫首,天台真盛宗管長　→09/11

山元 孝吉　やまもと・こうきち　明治39年7月〜平成8年11月21日　僧侶　記恩寺住職,大阪医科大学医学部教授　→94/96

山本 康二　やまもと・こうじ　大正4年6月16日〜平成9年3月31日　一村産業社長　→97/99

山本 光照　やまもと・こうしょう　〜昭和60年9月17日　天台寺門宗第六代管長、正覚院住職　→83/87

山本 厚三　やまもと・こうぞう　明治14年5月〜昭和25年1月18日　衆院議員（日本進歩党）　→昭和

山本 幸造　やまもと・こうぞう　明治41年11月〜平成9年8月1日　釧路市会議長、スタンダード石油社長　→97/99

山本 五郎　やまもと・ごろう　大正1年11月29日〜平成14年11月15日　千葉製粉社長　→昭和

山本 権兵衛　やまもと・ごんべえ　嘉永5年10月15日〜昭和8年12月8日　海軍大将,政治家,伯爵　首相、海相　→昭和（やまもと・ごんのひょうえ）

山本 栄　やまもと・さかえ　大正6年9月14日〜昭和63年4月1日　東和光器製作所社長、日本単眼望遠鏡工業会理事長　→88/90

山本 佐治郎　やまもと・さじろう　〜平成6年10月7日　ヤマゲ取締役相談役・元会長　→94/96

山本 定男　やまもと・さだお　〜昭和59年3月8日　千代田生命保険常務　→83/87

山本 定蔵　やまもと・さだぞう　大正1年11月29日〜平成3年1月17日　トヨタ自販社長　→91/93

山本 定治　やまもと・さだはる　〜平成4年8月4日　住友軽金属工業常務　→91/93

山本 幸雄　やまもと・さちお　明治44年2月26日〜平成19年2月6日　衆院議員（自民党）,自治相　→06/08

山本 智久　やまもと・さとひさ　昭和13年1月29日〜平成14年8月8日　静岡県議（自民党）　→00/02

山本 悟　やまもと・さとる　大正14年7月14日〜平成18年12月17日　官内庁侍従長　→06/08

山本 早苗　やまもと・さなえ　大正13年11月24日〜平成12年3月10日　芝浦製作所常務　→昭和

山本 実彦　やまもと・さねひこ　明治18年1月5日〜昭和27年7月1日　出版人,政治家　改造社創業者,東京毎日新聞社長,衆議院議員（民政党）　→昭和

山本 三郎　やまもと・さぶろう　〜昭和32年12月21日　兼松副社長　→昭和

山本 三郎　やまもと・さぶろう　〜昭和38年6月19日　四日市市議会議長　→昭和

山本 三郎　やまもと・さぶろう　明治42年11月17日〜平成9年10月15日　建設事務次官,水資源開発公団総裁　→97/99

山本 三和人　やまもと・さわひと　明治41年1月2日〜平成12年9月9日　牧師,反戦運動家　日本基督教団ロゴス教会名誉牧師、ロゴス英語学校理事長　→00/02

山本 芝鶴　やまもと・しかく　明治43年〜平成2年7月13日　地崎工業常務　→88/90

山本 重雄　やまもと・しげお　昭和8年10月19日〜平成5年4月3日　日製産業常務　→91/93

山本 重雄　やまもと・しげお　明治42年2月18日〜平成14年3月3日　指月電機製作所創業者　→00/02

山本 茂雄　やまもと・しげお　〜平成5年5月30日　日本コーンスターチ協会専務理事　→91/93

山本 重樹　やまもと・しげき　昭和7年1月1日〜平成19年4月5日　徳島新聞社理事　→06/08

山本 重信　やまもと・しげのぶ　大正5年3月28日〜平成20年7月3日　通産事務次官,日野自動車会長、トヨタ自動車副会長　→06/08

山本 重徳　やまもと・しげのり　明治42年4月7日〜昭和61年11月10日　敷島興産相談役,敷島紡績専務　→83/87

山本 重彦　やまもと・しげひこ　明治21年8月13日〜昭和11年1月23日　東洋出版社社長　→昭和

山本 繁善　やまもと・しげよし　明治33年4月1日〜昭和29年(?)　労働運動家　→昭和

山本 滋　やまもと・しげる　大正3年12月15日〜平成3年8月5日　穂波町(福岡県)町長　→91/93

山本 茂　やまもと・しげる　〜昭和57年2月9日　中小企業信用保険公庫総裁　→80/82

山本 茂　やまもと・しげる　大正14年3月21日〜平成3年12月25日　東京高裁判事　→91/93

山本 茂　やまもと・しげる　明治45年3月14日〜平成13年1月23日　アンリツ常務　→00/02

山本 茂　やまもと・しげる　大正8年9月20日〜平成17年9月4日　弁護士　福岡高裁判事, 久留米大学法学部教授　→03/05

山本 茂　やまもと・しげる　昭和3年11月15日〜平成18年1月16日　中国新聞常務　→06/08

山本 茂　やまもと・しげる　〜平成20年7月14日　日本ヘレンケラー財団理事長　→06/08

山本 林　やまもと・しげる　明治44年8月3日〜平成7年9月15日　安田倉庫社長, 富士銀行取締役　→94/96

山本 茂良　やまもと・しげろう　昭和5年9月19日〜昭和63年1月2日　アサヒファミリーニュース社社長, 大阪日刊スポーツ新聞取締役　→88/90

山本 慈昭　やまもと・じしょう　明治35年1月25日〜平成2年2月15日　社会福祉家, 僧侶　日中友好手をつなぐ会会長, 長岳寺(天台宗)住職　→88/90

山本 実一　やまもと・じついち　明治23年5月6日〜昭和33年9月17日　中国新聞社長　→昭和

山本 周市　やまもと・しゅういち　明治44年6月16日〜昭和60年4月29日　稚内市会議長　→83/87

山本 秀順　やまもと・しゅうじゅん　〜平成8年2月4日　僧侶　高尾山薬王院貫首　→94/96

山本 俊一　やまもと・しゅんいち　明治43年4月27日〜平成20年2月27日　培風館社長　→06/08

山本 準一　やまもと・じゅんいち　〜昭和15年4月12日　陸軍少将　→昭和

山本 純一　やまもと・じゅんいち　〜平成8年5月19日　山本エンジニアリング社長　→94/96

山本 俊二　やまもと・しゅんじ　〜昭和61年12月18日　三重県議　→83/87

山本 舜正　やまもと・しゅんしょう　〜昭和61年10月20日　僧侶　行学院日叡聖人, 本陽寺第26世住職　→83/87

山本 淳正　やまもと・じゅんせい　昭和8年〜平成17年1月4日　海猿オーナー　「太陽の季節」のモデル　→03/05

山本 潤造　やまもと・じゅんぞう　大正12年2月13日〜平成6年7月29日　徳島市長　→94/96

山本 昇　やまもと・しょう　〜平成17年11月28日　南国市議　→06/08s

山本 庄一　やまもと・しょういち　〜昭和45年5月7日　大垣市長　→昭和

山本 正一　やまもと・しょういち　明治34年4月〜昭和54年9月17日　鎌倉市長, 衆院議員(自民党)　→昭和

山本 正一　やまもと・しょういち　〜昭和59年10月26日　山本鉄工所社長　→83/87

山本 正作　やまもと・しょうさく　大正3年8月11日〜平成13年10月25日　明治生命保険常務　→00/02

山本 静山　やまもと・じょうざん　大正5年1月8日〜平成7年4月12日　尼僧, 華道家　山村御流家元, 円照寺住職　→94/96

山本 昌二　やまもと・しょうじ　大正15年7月11日〜昭和60年8月7日　滋賀県警本部長, 警察庁中国管区学校長　→83/87

山本 譲次　やまもと・じょうじ　明治43年〜昭和59年10月5日　三幸実業社長　→83/87

山本 庄二郎　やまもと・しょうじろう　大正12年2月18日〜平成23年11月7日　岩手銀行常務　→09/11

山本 庄三　やまもと・しょうぞう　大正12年12月30日〜平成12年11月5日　千早赤阪村(大阪府)村長　→00/02

山本 昇造　やまもと・しょうぞう　明治43年11月8日〜平成7年6月17日　鳥取県会議長(自民党)　→94/96

山本 省三　やまもと・しょうぞう　大正3年3月30日〜平成5年3月20日　雪印乳業副社長, 農林中央金庫専務理事　→91/93

山本 正三　やまもと・しょうぞう　大正11年11月1日〜平成8年6月29日　全日本空輸専務, 全日空ビルディング社長　→94/96

山本 正三　やまもと・しょうぞう　大正1年11月5日〜平成9年11月13日　小川建設監査役, 千代田化工建設常務　→97/99

山本 条太郎　やまもと・じょうたろう　慶応3年10月11日〜昭和11年3月25日　実業家, 政治家　三井物産常務, 衆院議員(政友会), 満鉄総裁　→昭和

山本 正平　やまもと・しょうへい　明治42年1月1日〜昭和62年4月13日　山本シーリング工業社長, 東京商工会議所品川支部会長　→83/87

山本 正平　やまもと・しょうへい　大正8年11月3日〜平成12年3月6日　山本製作所会長, 札幌機械センター協同組合最高顧問　→00/02

山本 二郎　やまもと・じろう　〜昭和60年4月29日　(財)がん研究振興財団常務理事, 厚生省精神衛生課長　→83/87

山本 二郎　やまもと・じろう　昭和3年1月26日〜昭和63年5月14日　古林紙工取締役　→88/90

山本 二郎　やまもと・じろう　昭和4年11月9日〜平成13年5月7日　日本石油精製社長　→00/02

山本 仁　やまもと・じん　〜昭和57年9月19日　イーグル工業常任監査役　→80/82

山本 信一　やまもと・しんいち　大正13年5月14日〜平成6年10月6日　人事院公平局長　→94/96

山本 信吾　やまもと・しんご　明治39年4月18日〜平成7年1月20日　小糸工業社長, 小糸製作所代表取締役　→

94/96

山本 辰吾　やまもと・しんご　昭和3年3月5日〜昭和62年2月19日　岩手放送常務　→83/87

山本 信爾　やまもと・しんじ　〜昭和57年12月27日　小樽倉庫会社社長,小樽市公平委員長　→80/82

山本 信次郎　やまもと・しんじろう　明治10年12月22日〜昭和17年2月28日　海軍少将　→昭和

山本 真次郎　やまもと・しんじろう　〜平成4年7月24日　ミノルタカメラ副社長,神戸銀行(のちさくら銀行)常務　→91/93

山本 真之助　やまもと・しんのすけ　明治39年10月20日〜平成13年11月19日　日立金属常務　→00/02

山本 慎平　やまもと・しんぺい　明治9年1月〜昭和23年5月21日　衆院議員(政友会)

山本 末男　やまもと・すえお　大正2年1月2日〜平成18年7月2日　大末建設社長,松原商工会議所会頭　→06/08

山本 スガキ　やまもと・すがき　〜昭和63年11月18日　福岡金文堂会長　→88/90

山本 杉　やまもと・すぎ　明治35年8月19日〜平成7年9月9日　参院議員(自民党),全日本仏教婦人連盟会長　→94/96

山本 祐一　やまもと・すけいち　〜昭和61年4月29日　映画「貝がらの詩」のモデル　→83/87

山本 捨三　やまもと・すてぞう　明治35年4月14日〜昭和55年5月18日　大阪府会議長(民政党)　→80/82

山本 住次郎　やまもと・すみじろう　〜平成4年2月7日　愛知県議　→91/93

山本 省一　やまもと・せいいち　大正3年〜昭和53年9月13日　東奥日報社長　→昭和

山本 誠一　やまもと・せいいち　明治32年〜昭和6年　労働運動家　→昭和

山本 清三郎　やまもと・せいざぶろう　明治9年11月〜昭和8年11月30日　衆院議員(政友本党)　→昭和

山本 征仁　やまもと・せいじ　〜昭和63年4月2日　パーク観光会長　→88/90

山本 政治　やまもと・せいじ　〜昭和7年6月29日　陸軍航空兵少佐　→昭和

山本 清二郎　やまもと・せいじろう　明治43年7月30日〜平成7年12月12日　弁護士　大阪高検事長,中央大学理事　→94/96

山本 節男　やまもと・せつお　明治39年8月6日〜昭和63年2月9日　北海道放送常務取締役　→88/90

山本 説田　やまもと・せつでん　〜平成5年8月10日　仏教情報センター代表　→91/93

山本 鮮一　やまもと・せんいち　〜昭和56年6月30日　日本税理士会連合会理事,税制審議会専門委員　→80/82

山本 千吉郎　やまもと・せんきちろう　大正5年11月8日〜平成14年6月17日　中京テレビ放送副社長,郵政省東海電波監理局長　→00/02

山本 宣治　やまもと・せんじ　明治22年5月28日〜昭和4年3月5日　社会主義運動家,生物学者　衆院議員(第一控室会),労農党京都府連委員長　→昭和

山本 善次　やまもと・ぜんじ　明治28年10月27日〜平成1年4月24日　北陸電力副社長　→88/90

山本 善太郎　やまもと・ぜんたろう　〜平成9年1月3日　中部善意銀行常務理事,大丸衣裳店総本店会長　→97/99

山本 壮一郎　やまもと・そういちろう　大正8年6月15日〜平成13年1月18日　地方分権推進委員会委員,宮城県知事　→00/02

山本 宗三郎　やまもと・そうざぶろう　大正5年9月2日〜平成1年5月9日　品川燃料専務　→88/90

山本 宗二　やまもと・そうじ　〜昭和46年10月7日　東急百貨店副社長　→昭和

山本 惣治　やまもと・そうじ　明治21年10月25日〜昭和37年4月21日　実業家　日産自動車社長,富士自動車社長　→昭和

山本 総助　やまもと・そうすけ　昭和2年10月27日〜平成7年9月20日　枝打師　世界一の木登り名人　→94/96

山本 惣太　やまもと・そうた　明治41年7月29日〜平成6年1月31日　山本製作所会長　→94/96

山本 泰蔵　やまもと・たいぞう　大正3年9月5日〜昭和63年10月15日　トヨタカローラ京都会長　→88/90

山本 多市　やまもと・たいち　明治36年〜昭和60年10月7日　国税庁仙台国税局長,東北開発会社理事　→83/87

山本 太一　やまもと・たいち　昭和6年3月31日〜平成6年2月4日　三輪そうめん山本社長　→94/96

山本 孝夫　やまもと・たかお　大正7年8月29日〜平成12年9月3日　武豊町(愛知県)町長　→00/02

山本 高雄　やまもと・たかお　明治40年7月18日〜平成13年5月2日　大末建設常務,日連常任理事　→00/02

山本 孝　やまもと・たかし　〜昭和40年5月8日　大阪化成会社社長　→昭和

山本 孝　やまもと・たかし　昭和12年〜平成12年2月21日　丸紅ソリューション相談役　→00/02

山本 孝　やまもと・たかし　明治41年11月14日〜平成12年5月26日　住友銀行常務,ロイヤルホテル社長　→00/02

山本 孝史　やまもと・たかし　昭和24年7月7日〜平成19年12月22日　参院議員(民主党)　→06/08

山本 卓　やまもと・たかし　昭和4年11月8日〜平成22年8月1日　高知県副知事　→09/11

山本 孝次　やまもと・たかつぐ　大正7年10月5日〜平成22年5月15日　日本製粉副社長　→09/11

山本 孝徳　やまもと・たかのり　大正15年10月1日〜平成18年6月21日　大同特殊鋼副社長　→06/08

山本 孝弘　やまもと・たかひろ　〜平成3年5月14日　ハナテン会長　→91/93

山本 貴通　やまもと・たかみち　昭和33年4月23日〜平成20年5月12日　ホテイフーズコーポレーション社長　→06/08

山本 貴之　やまもと・たかゆき　昭和22年6月16日〜平成23年4月20日　山九専務　→09/11

山本 高行　やまもと・たかゆき　明治40年2月28日〜昭和36年5月17日　通産事務次官,富士製鉄副社長　→昭和

山本 隆賀　やまもと・たかよし　大正8年11月21日〜平成7年8月3日　山本鉄工所社長　→94/96

山本 滝之助　やまもと・たきのすけ　明治6年11月15日〜昭和6年10月26日　地方青年団運動指導者,教育家　→昭和

山本 卓男　やまもと・たくお　大正9年12月30日〜平成8年3月7日　日本曹達常務,三和倉庫社長　→94/96

山本 拓二　やまもと・たくじ　大正12年3月14日〜平成5年12月4日　日新電機専務　→91/93

山本 武夫　やまもと・たけお　〜昭和19年1月28日　日華輸船副社長　→昭和

山本 武夫　やまもと・たけお　昭和3年4月27日〜平成20年11月5日　パイオニア副社長　→06/08

山本 武雄　やまもと・たけお　明治38年〜昭和56年4月29日　釧路市長　→80/82

山本 猛夫　やまもと・たけお　明治36年6月12日〜平成1年7月26日　衆院議員(自民党)　→88/90

山本 猛夫　やまもと・たけお　大正10年3月5日〜平成3年6月16日　山善創業者　→91/93

山本 武　やまもと・たけし　〜昭和59年4月18日　大阪高裁判事　→83/85

山本 武　やまもと・たけし　大正11年11月〜平成1年12月31日　(財)東京都弘済会理事,東京都地方労働委員会事務局長　→88/90

山本 武司　やまもと・たけし　昭和10年12月10日〜平成12年12月8日　小糸製作所専務　→00/02

山本 雄　やまもと・たけし　〜昭和4年8月14日　陸軍航空兵大尉　→昭和

山本 竹司　やまもと・たけし　明治36年1月2日〜昭和58年10月18日　山形テレビ社長,山形市会議長　→83/85

山本 竹治　やまもと・たけじ　大正2年9月30日〜平成21年12月10日　三菱化工機常務　→09/11

山本 武治　やまもと・たけじ　大正14年5月25日〜平成3年12月22日　メーキュー会長,日本給食サービス協会副会長　→91/93

山本 武則　やまもと・たけのり　大正9年3月10日〜平成1年11月5日　山善常務　→88/90

山本 多助　やまもと・たすけ　明治37年7月5日〜平成2年2月13日　アイヌの長老　北海道ウタリ協会初代理事長　→91/93

山本 忠昭　やまもと・ただあき　昭和4年11月8日〜平成8年3月16日　ニコン常務　→94/96

山本 忠明　やまもと・ただあき　昭和9年1月5日〜平成9年3月5日　立石電機(のちオムロン)常務　→97/99

山本 忠雄　やまもと・ただお　明治38年12月24日〜昭和59年8月6日　上野市長,上野信用金庫理事長　→83/85

山本 忠雄　やまもと・ただお　大正9年5月15日〜平成22年12月20日　住友セメント専務　→09/11

山本 格一　やまもと・ただかず　昭和7年10月15日〜平成23年4月11日　松下電器産業専務　→09/11

山本 忠一　やまもと・ただかず　〜昭和47年3月31日　日本パルプ工業顧問　→昭和

山本 唯三郎　やまもと・ただざぶろう　明治6年11月8日〜昭和2年4月17日　実業家　→昭和

山本 正　やまもと・ただし　〜平成3年5月3日　電通大阪支社ラジオテレビ局長　→91/93

山本 正　やまもと・ただし　〜平成7年4月6日　茨城県会副議長,東鉄建設取締役　→94/96

山本 正　やまもと・ただし　大正15年10月5日〜平成21年6月4日　十条製紙専務　→09/11

山本 忠秀　やまもと・ただひで　文久2年11月17日〜昭和11年10月9日　土佐農工銀行頭取,貴院議員(多額)　→昭和

山本 忠通　やまもと・ただみち　〜平成8年10月14日　肥後総合リース専務　→94/96

山本 忠道　やまもと・ただみち　大正14年12月18日〜平成18年9月23日　弘果弘前中央青果会長,青森県スキー連盟会長　→06/08

山本 忠幸　やまもと・ただゆき　昭和6年4月23日〜平成1年8月5日　RKB毎日放送技師長室技師長　→88/90

山本 忠義　やまもと・ただよし　大正10年6月3日〜平成14年8月16日　弁護士　日本弁護士連合会会長　→00/02

山本 達雄　やまもと・たつお　安政3年3月3日〜昭和22年11月12日　政治家,実業家,男爵　蔵相,内相,農商務相　→昭和

山本 達雄　やまもと・たつお　明治44年7月7日〜平成11年12月6日　札幌テレビ会長　→97/99

山本 達雄　やまもと・たつお　昭和2年3月26日〜平成17年6月5日　明光証券専務　→03/05

山本 龍雄　やまもと・たつお　〜平成4年4月10日　公認会計士　日本公認会計士協会副会長　→91/93

山本 龍雄　やまもと・たつお　明治15年9月6日〜平成19年9月29日　凸版印刷専務　→06/08

山本 達司　やまもと・たつじ　大正5年11月23日〜平成12年3月6日　館林市長　→00/02

山本 達治郎　やまもと・たつじろう　〜平成4年10月12日　道新サービスセンター社長　→91/93

山本 達彦　やまもと・たつひこ　昭和4年1月12日〜平成23年2月22日　日本農産工業専務　→09/11

山本 建城　やまもと・たてき　昭和7年3月5日〜平成5年1月19日　高知銀行常務　→91/93

山本 多仁雄　やまもと・たにお　明治34年8月20日〜昭和60年10月7日　山本扛重機会長,全日本機械工具商連合会会長,元東京都機械工具商協同組合理事長　→83/85

山本 種一　やまもと・たねいち　〜平成8年1月2日　全国修学旅行研究協会理事長　→94/96

山本 玉城　やまもと・たまき　〜昭和60年2月24日
大倉酒造常務　→83/87

山本 民雄　やまもと・たみお　大正11年9月21日〜平成4年4月11日　共栄タンカー専務　→91/93

山本 為三郎　やまもと・ためさぶろう　明治26年4月24日〜昭和41年2月4日　実業家　朝日麦酒社長、東京交響楽団理事長　→昭和

山本 保　やまもと・たもつ　〜昭和56年7月22日
三豊コロナ社長、元三豊製作所副社長　→80/82

山本 保　やまもと・たもつ　大正11年8月15日〜昭和63年1月25日　岡山県議（自民党、浅口）　→88/90

山本 保　やまもと・たもつ　明治44年1月16日〜平成7年9月6日　紀陽銀行常務　→94/96

山本 保　やまもと・たもつ　昭和5年12月24日〜平成10年9月17日　エフエムジャパン常務、西武百貨店顧問　→97/99

山本 太郎　やまもと・たろう　大正14年6月25日〜昭和59年12月4日　日本団体生命保険常務　→83/87

山本 太郎　やまもと・たろう　〜平成3年7月2日
西日本鉄道理事、九州ラグビー協会役員資格審査委員　→91/93

山本 千枝子　やまもと・ちえこ　明治35年4月〜平成5年4月2日　世田谷区議（社会党）、アジア文化の会常務理事　→91/93

山本 親雄　やまもと・ちかお　明治29年10月13日〜昭和55年11月4日　海軍少将　→80/82

山本 宙蔵　やまもと・ちゅうぞう　明治41年〜昭和60年2月23日　台糖取締役　→83/87

山本 忠平　やまもと・ちゅうへい　昭和15年2月1日〜平成10年7月30日　日本ビクター常務　→97/99

山本 長次　やまもと・ちょうじ　昭和38年6月18日〜平成5年11月2日　弁護士　東京高裁判事　→91/93

山本 二夫　やまもと・つぐお　昭和11年5月16日〜平成19年6月19日　日本配合飼料専務　→06/08

山元 勉　やまもと・つとむ　昭和7年8月5日〜平成22年1月4日　衆院議員（民社党）　→09/11

山本 勉　やまもと・つとむ　〜昭和56年6月19日
古河電池社長　→80/82

山本 経勝　やまもと・つねかつ　明治37年11月〜昭和33年7月8日　参院議員（社会党）　→昭和（やまもと・のりかつ）

山本 剛　やまもと・つよし　〜昭和60年3月26日
日之出汽船監査役　→83/87

山本 悌二郎　やまもと・ていじろう　明治3年1月10日〜昭和12年12月14日　農相、衆議院議員（政友会）、台湾製糖常務　→昭和

山本 鉦次郎　やまもと・ていじろう　〜昭和55年9月9日
山本海苔店副社長　→80/82

山本 哲二　やまもと・てつじ　大正4年1月2日〜昭和63年2月27日　小西六写真工業取締役　→88/90

山本 哲夫　やまもと・てつお　大正10年12月13日〜平成2年12月16日　三重県経済農協連会長、青山町（三重県）農協組合長　→88/90

山本 哲夫　やまもと・てつお　昭和10年10月13日〜平成9年4月3日　日本電工専務　→97/99

山本 哲夫　やまもと・てつお　大正2年2月4日〜平成11年1月16日　昭和鉄工社長　→97/99

山本 鉄男　やまもと・てつお　大正9年10月1日〜平成12年9月3日　千葉県議（新生党）　→00/02

山本 鉄造　やまもと・てつぞう　昭和36年10月23日〜平成16年10月23日　山口県議（自民党）　→03/05

山本 鉄太郎　やまもと・てつたろう　〜昭和56年8月26日
ロゴス文化会館会長、元鳥取商工会議所会頭　→80/82

山本 鉄彦　やまもと・てつひこ　昭和2年1月26日〜平成22年4月4日　昭和機械社長、津島商工会議所会頭　→09/11

山本 照英　やまもと・てるえい　昭和3年3月20日〜平成14年12月4日　福井山本創業者、福井県観光連盟会長　→00/02

山本 照夫　やまもと・てるお　明治40年4月3日〜昭和62年8月16日　埼玉銀行常務、平凡社専務　→83/87

山本 藤助（3代目）　やまもと・とうすけ　明治36年12月13日〜昭和39年12月16日　プレス工業創業者、帝塚山学院理事長　→昭和（山本 藤助）

山本 登喜子　やまもと・ときこ　〜昭和8年3月30日
山本権兵衛伯夫人　→昭和

山本 徳源　やまもと・とくげん　昭和2年12月13日〜平成7年12月2日　ワーナー・パイオニア社長　→94/96

山本 徳治郎　やまもと・とくじろう　大正6年4月10日〜平成3年7月19日　山本海苔店会長、全国海苔問屋協同組合連合会長　→91/93

山本 徳助　やまもと・とくすけ　明治32年3月28日〜昭和59年2月28日　千代田生命保険監査役、日之出汽船常務　→83/87

山本 十九三　やまもと・とくぞう　明治29年8月21日〜平成1年6月4日　神奈川県会議長　→88/90

山本 俊夫　やまもと・としお　昭和5年9月1日〜平成16年2月13日　同和火災海上保険副社長　→03/05

山本 敏雄　やまもと・としお　〜昭和46年11月4日
水戸市長　→昭和

山本 敏雄　やまもと・としお　明治37年〜平成1年9月6日　玉川上水自然道を歩く会会長、日本産業社社長　→88/90

山本 敏和　やまもと・としかず　昭和3年10月7日〜平成4年8月9日　第一工業製薬常務　→91/93

山本 利樹　やまもと・としき　昭和20年1月25日〜平成23年6月21日　日本金属専務　→09/11

山本 利寿　やまもと・としなが　明治29年11月3日〜平成3年12月28日　衆院議員（民主党）、参院議員（自民党）　→91/93

山本 利幸　やまもと・としゆき　〜昭和62年9月14日
山本食品工業（株）監査役　→83/87

山本 俊朗　やまもと・としろう　昭和16年〜昭和62年7月5日　山九専務, 日本ウジミナス監査役　→83/87

山本 敏郎　やまもと・としろう　大正5年7月9日〜平成22年3月3日　昭和アルミニウム社長　→09/11

山本 富夫　やまもと・とみお　昭和4年10月30日〜昭和60年10月4日　長崎屋常務, 土浦京成百貨店会長　→83/87

山本 富雄　やまもと・とみお　昭和3年11月5日〜平成7年3月16日　参院議員(自民党), 農水相　→94/96

山本 留次　やまもと・とめじ　明治5年9月28日〜昭和27年9月28日　博進社社長, 博文館総支配人　→昭和

山本 友一　やまもと・ともいち　明治38年4月10日〜平成6年12月28日　宇和島市長, 衆院議員　→94/96

山本 虎雄　やまもと・とらお　〜昭和2年3月7日　鉄道省福知山運輸事務所長　→昭和

山本 虎之介　やまもと・とらのすけ　〜昭和7年2月13日　歩兵第四十八聯隊中隊長歩兵少佐　→昭和

山本 直枝　やまもと・なおえ　〜平成16年7月17日　小松女将　→03/05

山本 直彦　やまもと・なおひこ　昭和17年6月1日〜平成18年10月12日　京都府議(自民党)　→06/08

山本 直秀　やまもと・なおひで　〜昭和63年6月28日　トーメン取締役　→88/90

山本 長昭　やまもと・ながあき　昭和3年10月7日〜平成17年6月19日　海外技術者研修協会理事長　→03/05

山本 仁三　やまもと・にぞう　明治36年9月23日〜平成6年5月7日　知多市長　→94/96

山本 忍梁　やまもと・にんりょう　〜昭和31年12月3日　真言宗東寺派管長　→昭和

山本 信晃　やまもと・のぶあき　〜平成19年10月17日　労働運動家　全港湾労組日本海地本委員長　→06/08

山本 信枝　やまもと・のぶえ　明治44年1月8日〜昭和63年6月12日　婦人運動家　→88/90

山本 信公　やまもと・のぶたか　明治41年1月8日〜昭和62年7月17日　住友金属工業取締役, 共同酸素会長　→83/87

山本 信嗣　やまもと・のぶつぐ　〜昭和57年2月17日　全国平安閣連合会社(結婚式場)社長　→80/82

山本 昇　やまもと・のぼる　〜平成4年12月15日　関電工常務　→91/93

山本 昇　やまもと・のぼる　大正15年10月4日〜平成7年5月7日　伊予銀行専務　→94/96

山本 登　やまもと・のぼる　大正15年3月17日〜平成20年12月23日　日本ガイシ専務　→06/08

山本 法明　やまもと・のりあき　大正12年7月1日〜平成3年9月2日　弁護士　名古屋弁護士会副会長　→91/93

山本 教雄　やまもと・のりお　〜平成10年2月24日　長野県自然保護検討会議委員　→97/99

山本 一　やまもと・はじめ　大正9年6月10日〜平成8年12月2日　和歌山県議(自民党)　→94/96

山本 浜一　やまもと・はまいち　〜平成4年7月21日　神戸発動機常務　→91/93

山本 治雄　やまもと・はるお　〜平成8年1月10日　弁護士　吹田市長　→94/96

山本 春雄　やまもと・はるお　大正14年2月23日〜昭和61年3月21日　福助専務　→83/87

山本 春樹　やまもと・はるき　昭和6年1月23日〜平成2年10月10日　日立家電販売専務　→88/90

山本 晴次　やまもと・はるじ　〜昭和63年8月12日　三菱石油研究部長, 燃料協会会長　→88/90

山本 久男　やまもと・ひさお　大正2年7月8日〜昭和63年2月28日　山久家具グループ会長　→88/90

山本 久夫　やまもと・ひさお　大正13年3月29日〜昭和61年3月12日　(学)神戸森学園理事長, 元住友化学取締役　→83/87

山本 久雄　やまもと・ひさお　明治32年4月〜平成6年4月29日　60年間えん罪を訴え続けた山本老事件の受刑者　→94/96

山本 寿　やまもと・ひさし　大正2年4月16日〜平成3年11月28日　明治屋専務, 日本洋酒輸入協会理事長　→91/93

山本 久繁　やまもと・ひさしげ　〜昭和59年9月27日　東洋高圧工業専務　→83/87

山本 秀明　やまもと・ひであき　〜平成6年12月20日　富士食品工業常務　→94/96

山本 英雄　やまもと・ひでお　〜昭和26年11月26日　日綿実業常務　→昭和

山本 秀夫　やまもと・ひでお　大正2年5月16日〜平成2年6月27日　マルホ社長　→88/90

山本 秀雄　やまもと・ひでお　大正4年6月19日〜平成6年1月24日　関西汽船社長, 大阪商船三井船舶取締役　→94/96

山本 英一　やまもと・ひでかず　大正5年12月21日〜平成8年10月4日　クリナップ常務　→94/96

山本 秀祐　やまもと・ひですけ　〜昭和56年10月27日　冨士工業所会長　→80/82

山本 秀煌　やまもと・ひでてる　安政4年10月30日〜昭和18年11月21日　牧師, 神学者　明治学院神学部教授　→昭和

山本 仁　やまもと・ひとし　〜平成18年6月23日　モエレ沼公園園長　→06/08

山本 平　やまもと・ひとし　昭和7年6月10日〜平成19年5月19日　エーザイ専務　→06/08

山本 広明　やまもと・ひろあき　昭和23年10月1日〜平成23年6月26日　高知県議(自民党)　→09/11

山本 博章　やまもと・ひろあき　大正12年4月23日〜平成8年6月11日　文藝春秋専務　→94/96

山本 博一　やまもと・ひろいち　大正7年6月29日〜平成12年5月13日　林業　山東町(滋賀県)町長　→00/02

山本 博男　やまもと・ひろお　〜昭和57年8月12日

神戸貿易協会副会長, 山本商店社長　→80/82

山本 寛開　やまもと・ひろし　大正9年6月20日～平成6年6月4日　愛知県議(自民党)　→94/96

山本 宏　やまもと・ひろし　大正8年1月14日～平成11年9月25日　新潟鉄工所専務　→97/99

山本 広　やまもと・ひろし　大正12年2月15日～平成5年8月27日　山広組(暴力団)組長　→91/93

山本 広　やまもと・ひろし　昭和3年1月2日～平成16年8月2日　大日本印刷常務　→03/05

山本 広氏　やまもと・ひろし　～昭和55年9月8日　三協商事会社専務取締役　→80/82

山本 弘　やまもと・ひろし　大正9年12月15日～昭和58年12月5日　全国町村会事務総長, 消防庁次長　→83/87

山本 浩　やまもと・ひろし　大正10年8月21日～平成8年4月12日　小田急建設常務　→94/96

山本 浩　やまもと・ひろし　大正11年6月24日～平成18年10月11日　山洋電気社長　→06/08

山本 浩司　やまもと・ひろし　昭和2年～平成22年2月22日　バーテンダー　サン・ニコラ経営　→09/11

山本 伸　やまもと・ひろし　～平成7年4月24日　三井鉱山興発社長　→94/96

山本 坦　やまもと・ひろし　昭和5年5月19日～平成16年10月17日　名古屋銀行常務　→03/05

山本 博　やまもと・ひろし　～昭和57年11月28日　銭高組常務　→80/82

山本 博　やまもと・ひろし　大正12年3月19日～昭和62年12月2日　香川県議(民社党), 民社党香川県連委員長　→83/87

山本 博　やまもと・ひろし　明治43年11月5日～平成3年8月21日　雪印乳業常務, 東京雪印販売社長　→91/93

山本 博　やまもと・ひろし　明治45年6月28日～平成4年8月23日　富士パルプ社長　→91/93

山本 洋　やまもと・ひろし　大正12年9月29日～平成3年6月19日　人事院関東事務局長　→91/93

山本 博繁　やまもと・ひろしげ　大正13年3月14日～平成5年5月27日　兵庫県脳卒中連合協議会会長　→91/93

山本 博章　やまもと・ひろのり　昭和14年10月20日～平成9年8月4日　タチエス専務　→97/99

山本 博通　やまもと・ひろみち　平成13年5月28日　愛媛県議　→00/02

山本 弘　やまもと・ひろむ　明治38年12月6日～昭和61年5月4日　住友信託銀行相談役名誉顧問・元社長　→83/87

山本 弘　やまもと・ひろむ　大正5年6月27日～平成5年2月28日　富士重工業副社長　→91/93

山本 博康　やまもと・ひろやす　明治29年3月15日～昭和60年11月8日　田山会長, 全国商品取引員協会連合会会長　→83/87

山本 弘之　やまもと・ひろゆき　～平成2年10月1日　山陽製鋼(のち山陽特殊製鋼)専務　→88/90

山本 裕之　やまもと・ひろゆき　昭和17年9月15日～平成18年5月4日　みなと銀行専務　→06/08

山本 福一　やまもと・ふくいち　大正10年12月12日～平成19年3月30日　ゼネラル常務　→06/08

山本 福三　やまもと・ふくぞう　～昭和37年2月15日　川崎航空機常務　→昭和

山本 福平　やまもと・ふくへい　大正11年1月26日～昭和63年12月26日　日東興業取締役　→88/90

山本 仏骨　やまもと・ぶっこつ　明治43年8月15日～平成3年2月6日　龍谷大学文学部教授, 定専坊住職(浄土真宗本願寺派)　→91/93

山本 文雄　やまもと・ふみお　～昭和39年4月9日　野村証券常務　→昭和

山本 文雄　やまもと・ふみお　大正2年8月3日～平成1年5月26日　春日村(愛知県)村長　→88/90

山元 芙美子　やまもと・ふみこ　大正5年8月20日～平成23年6月17日　沖縄県更生保護婦人会連盟会長　→09/11

山本 文彦　やまもと・ふみひこ　大正9年12月3日～平成14年8月11日　日本通運副社長　→00/02

山本 平三郎　やまもと・へいざぶろう　明治8年3月～昭和6年1月31日　衆院議員(民政党)　→昭和(やまもと・へいざぶろう)

山本 米治　やまもと・べいじ　～昭和60年11月8日　毎日新聞社出版局参事, プロ野球毎日オリオンズ営業部長　→83/87

山本 平助　やまもと・へいすけ　～昭和55年3月18日　きしや製作所(医療器具)会長　→80/82

山本 平八郎　やまもと・へいはちろう　明治39年11月17日～平成2年8月22日　キャバレー経営者　山本観光会長　→88/90

山本 平八郎　やまもと・へいはちろう　大正10年3月6日～平成19年10月6日　富士信用金庫会長, 富士商工会議所副会頭　→06/08

山本 まき子　やまもと・まきこ　大正9年4月8日～平成10年7月2日　総評婦人対策部長　→97/99

山本 誠　やまもと・まこと　大正11年8月3日～平成10年5月21日　東急不動産常務　→97/99

山本 マサ　やまもと・まさ　～昭和63年12月6日　明治神宮崇敬婦人会副会長　→88/90

山本 正明　やまもと・まさあき　大正14年2月14日～平成3年3月16日　献興社長, 九州朝日放送常務　→91/93

山本 正明　やまもと・まさあき　大正元年10月12日～平成9年7月17日　沖電気工業社長　→97/99

山本 政一　やまもと・まさいち　～平成16年3月9日　南カリフォルニア高知県人会会長　→03/05

山本 雅生　やまもと・まさお　昭和7年7月19日～平成10年11月20日　山陽新聞編集局長, 林原総合研究所取締役　→97/99

山本 真夫　やまもと・まさお　明治39年12月8日～平成2年12月7日　静岡県議　→88/90

山本 政夫　やまもと・まさお　大正9年6月20日～平成19年1月30日　山本海苔店副会長　→06/08

山本 正男　やまもと・まさお　大正8年6月25日～平成19年8月7日　弁護士　名古屋弁護士会会長　→06/08

山本 正司　やまもと・まさし　大正7年2月23日～平成2年7月31日　日本電信電話公社(のちNTT)総務理事、電気通信共済会会長　→88/90

山本 正志　やまもと・まさし　明治31年9月16日～昭和56年2月18日　大和銀行取締役、北興化学工業社長　→80/82

山本 政次　やまもと・まさじ　明治39年4月15日～平成11年2月28日　宝酒造会長　→97/99

山本 政輔　やまもと・まさすけ　明治43年11月19日～平成10年8月24日　三興製紙常務　→97/99

山本 正三　やまもと・まさぞう　大正3年1月25日～平成1年9月24日　内藤証券会長、山一証券取締役　→88/90

山本 昌典　やまもと・まさのり　昭和11年2月11日～平成4年9月29日　新日本国土工業社長　→91/93

山本 正治　やまもと・まさはる　昭和11年7月8日～平成15年5月3日　兵庫県議(自民党)、村松社長　→03/05

山本 正彦　やまもと・まさひこ　～昭和46年9月30日　日本郵船副社長　→昭和

山本 政弘　やまもと・まさひろ　大正7年9月16日～平成17年8月11日　衆院議員(社会党)　→03/05

山本 匡房　やまもと・まさふさ　～平成6年3月18日　日本パイプ製造専務　→94/96

山本 正房　やまもと・まさふさ　明治31年8月30日～昭和46年3月5日　中国新聞社長、広島球団代表　→昭和

山本 昌史　やまもと・まさふみ　昭和7年2月23日　～　山本写真館代表、日本アルバム写真家協会会長、高岡市末広町商店街振興組合理事　→83/87

山本 正美　やまもと・まさみ　明治39年9月28日～平成6年9月19日　社会運動家　労働運動研究所理事、日本共産党中央委員長　→97/99s

山本 正巳　やまもと・まさみ　大正14年8月2日～平成6年4月19日　東証コンピュータシステム社長　→94/96

山本 正躬　やまもと・まさみ　大正3年12月25日～平成1年9月21日　井上工業社長　→88/90

山本 雅己　やまもと・まさゆき　～平成9年2月21日　アメリカ矢崎会長、EWD L・L・C会長、エルコム・インク会長　→97/99

山元 正義　やまもと・まさよし　～昭和50年4月15日　南日本放送社長　→昭和

山本 正義　やまもと・まさよし　明治41年4月11日～平成1年7月10日　三洋電機近畿販売会長、全国電機卸商組合連合会副会長　→88/90

山本 正敬　やまもと・まさよし　大正8年1月9日～平成20年5月4日　西日本相互銀行専務　→06/08

山本 正淑　やまもと・まさよし　大正5年6月15日～平成21年9月5日　厚生事務次官　→09/11

山本 勝　やまもと・まさる　昭和14年9月5日～平成13年10月11日　東京電力副社長　→00/02

山本 松男　やまもと・まつお　大正9年1月25日～平成8年11月14日　弁護士　日本弁護士連合会副会長　→94/96

山本 松治郎　やまもと・まつじろう　～昭和56年3月22日　自民党福岡県連事務局長　→80/82

山本 松代　やまもと・まつよ　明治42年2月7日～平成11年8月10日　農林省生活改善課長、中京女子大学教授　→97/99

山本 守　やまもと・まもる　大正9年11月23日～平成2年6月24日　気象庁次長、日本気象協会理事長　→88/90

山本 幹男　やまもと・みきお　～平成2年9月3日　ダイセキ副社長　→88/90

山本 美喜男　やまもと・みきお　～平成3年9月5日　山本工務店会長、福岡県管工事業協同組合連合会副会長　→91/93

山本 幹之助　やまもと・みきのすけ　～昭和19年5月7日　海軍技術中将　→昭和

山本 幹彦　やまもと・みきひこ　～昭和57年12月10日　岐阜県企画部長　→80/82

山元 迪夫　やまもと・みちお　大正14年4月27日～平成17年11月15日　技研興業常務　→03/05

山本 道夫　やまもと・みちお　明治41年2月15日～平成6年11月1日　日本生命保険副社長　→94/96

山本 道雄　やまもと・みちお　明治41年10月10日～平成5年3月9日　丸愛商会会長、丸愛土地会長　→91/93

山本 道一　やまもと・みちかず　明治39年10月13日～平成5年7月16日　神田土地建物会長、全国宅地造成連合会理事長、日本宅地造成協会理事長　→91/93

山本 満男　やまもと・みつお　大正13年6月25日～平成9年6月18日　水戸信用金庫理事長、茨城県副知事　→97/99

山本 光利　やまもと・みつとし　～昭和57年2月26日　総合警備保障専務、徳島県警本部長、関東管区警察局総務部長　→80/82

山本 光春　やまもと・みつはる　明治38年4月26日～昭和63年2月24日　下野新聞取締役、毎日新聞社長　→88/90

山元 峯生　やまもと・みねお　昭和20年7月22日～平成22年1月28日　全日本空輸社長　→09/11

山本 実　やまもと・みのる　～昭和60年10月27日　山本農機社長　→83/87

山元 ミヨ　やまもと・みよ　明治45年7月3日～平成16年6月22日　北海道議　→03/05

山本 六男　やまもと・むつお　大正15年8月9日～平成5年3月12日　リース事業協会常務理事、国税庁金沢国税局長　→91/93

山本 茂一郎　やまもと・もいちろう　明治31年10月8日～昭和53年5月13日　陸軍少将　参院議員(自民党)　→昭和(やまもと・しげいちろう)

山本 茂吉　やまもと・もきち　～昭和59年9月13日　安田火災海上保険取締役　→83/87

山本 茂三郎　やまもと・もさぶろう　〜平成5年6月6日　弁護士　→91/93

山本 基宗　やまもと・もとむね　大正7年4月6日〜昭和62年8月6日　アサヒ装設会長　→83/87

山元 安雄　やまもと・やすお　〜昭和57年3月9日　三井信託銀行取締役, 東京協和トヨペット会長　→80/82

山本 安男　やまもと・やすお　昭和4年10月25日〜平成18年8月3日　いすゞ自動車常務　→06/08

山本 康夫　やまもと・やすお　〜平成4年12月28日　大津簡裁判事　→91/93

山本 泰夫　やまもと・やすお　〜平成9年3月12日　シベリア珪肺全国連絡協議会事務局局長　→97/99

山本 保夫　やまもと・やすお　〜平成12年1月18日　明治製菓常務　→00/02

山本 康和　やまもと・やすかず　大正13年11月〜平成14年12月19日　ヤクルト本社監査役　→00/02

山本 靖　やまもと・やすし　昭和8年7月21日〜平成15年5月13日　熊本県議 (自民党)　→03/05

山本 安彦　やまもと・やすひこ　大正13年11月4日〜平成8年1月18日　大東京火災海上保険専務, 大東京損害調査社長　→94/96

山本 康久　やまもと・やすひさ　大正6年4月18日〜平成10年7月21日　鹿島専務　→97/99

山本 泰久　やまもと・やすひさ　昭和22年5月7日〜平成18年11月6日　大興電子通信社長　→06/08

山本 康浩　やまもと・やすひろ　大正14年7月1日〜昭和61年9月28日　宇部化学工業常務　→83/87

山本 保義　やまもと・やすよし　大正4年5月10日〜平成3年11月8日　鹿島建設監査役, 鹿島美術財団専務理事　→91/93

山本 安郎　やまもと・やすろう　〜平成14年1月8日　洲本市長　→00/02

山本 弥之助　やまもと・やのすけ　明治40年6月27日〜昭和61年4月11日　盛岡市長, 衆院議員　→83/87

山本 勇一　やまもと・ゆういち　大正8年1月1日〜平成1年10月4日　日本電気フィールドサービス社長　→88/90

山本 祐久　やまもと・ゆうきゅう　大正8年4月24日〜昭和61年8月19日　川崎汽船監査役　→83/87

山本 雄二　やまもと・ゆうじ　大正6年11月1日〜平成9年11月4日　極東開発工業社長　→97/99

山本 勇二郎　やまもと・ゆうじろう　大正15年8月19日〜平成2年5月3日　都市交通問題調査会常務理事, 鳥取県警本部長　→88/90

山本 勇助　やまもと・ゆうすけ　〜昭和26年9月8日　神岡鉱業副社長　→昭和

山本 裕亮　やまもと・ゆうすけ　昭和5年2月2日〜平成11年10月30日　エレクトロニック・ライブラリー常務　→97/99

山本 有造　やまもと・ゆうぞう　大正15年10月29日〜平成18年2月12日　海南市長　→06/08

山本 幸男　やまもと・ゆきお　昭和12年7月22日〜昭和60年8月12日　ミサワホーム専務　→83/87

山本 幸男　やまもと・ゆきお　大正10年10月30日〜平成20年11月9日　兵庫県議 (自民党)　→06/08

山本 幸雄　やまもと・ゆきお　昭和11年3月16日〜平成16年3月14日　宇徳運輸副社長　→03/05

山本 行隆　やまもと・ゆきたか　大正12年8月1日〜平成14年8月1日　神官 椿大神社宮司 (第96代)　→00/02

山本 寛　やまもと・ゆたか　〜平成4年7月20日　東芝設備機器監査役　→91/93

山本 優　やまもと・ゆたか　明治38年3月1日〜平成5年4月8日　国鉄大阪鉄道管理局長　→91/93

山本 庸一　やまもと・よういち　明治42年1月19日〜昭和62年12月23日　雪印乳業社長, 日本乳製品協会長　→83/87

山本 陽治　やまもと・ようじ　大正7年10月23日〜平成16年3月22日　日綿実業常務　→03/05

山本 与三郎　やまもと・よさぶろう　明治33年3月8日〜昭和59年11月14日　釜屋会長　→83/87

山本 佳夫　やまもと・よしお　〜平成2年9月21日　台糖ファイザー (ファイザー製薬) 常務　→88/90

山本 喜雄　やまもと・よしお　明治37年10月8日〜昭和63年10月31日　第一銀行取締役　→88/90

山本 義夫　やまもと・よしお　〜昭和61年3月1日　国鉄千葉鉄道管理局長　→83/87

山本 義雄　やまもと・よしお　〜昭和55年11月4日　日本税理士会連合会長, 大阪合同税理士会長　→80/82

山本 芳雄　やまもと・よしお　大正2年9月24日〜平成11年2月11日　豊川市長　→97/99

山本 良雄　やまもと・よしお　大正4年5月28日〜平成8年3月4日　フィンランド大使　→94/96

山本 由三　やまもと・よしぞう　明治43年8月26日〜平成4年2月25日　京浜産業会長　→91/93

山本 義隆　やまもと・よしたか　大正3年12月15日〜平成5年8月31日　福岡県会議長 (自民党)　→91/93

山本 義武　やまもと・よしたけ　〜昭和57年12月8日　東洋工業専務　→80/82

山本 嘉長　やまもと・よしなが　〜昭和62年3月21日　全日本紳士服組合連合会名誉会長, 全国古物商組合防犯協力会連合会会長　→83/87

山本 宜正　やまもと・よしまさ　大正12年5月25日〜平成12年7月1日　環境庁大気保全局長　→00/02

山本 義政　やまもと・よしまさ　〜昭和55年11月16日　兵庫相互銀行取締役相談役, 全国相互銀行協会顧問　→80/82

山本 義光　やまもと・よしみつ　〜昭和57年1月26日　東京都建設局企画部参事　→80/82

山本 嘉康　やまもと・よしやす　昭和5年12月8日〜平成20年6月1日　興亜火災海上保険常務　→06/08

山本 米治　やまもと・よねじ　明治35年2月5日〜平成5年11月30日　参院議員（自民党）　→91/93

山本 利一　やまもと・りいち　〜昭和57年5月27日　幸福相互銀行監査役　→80/82

山本 力蔵　やまもと・りきぞう　明治40年10月6日〜昭和58年10月9日　新東京国際空港公団副総裁、ちば醤油会長　→83/87

山本 利三郎　やまもと・りさぶろう　明治32年4月25日〜昭和57年5月30日　小田急電鉄顧問　→80/82

山本 利平　やまもと・りへい　明治36年12月20日〜昭和61年8月19日　部落解放運動家　全国部落解放運動連合会副委員長、山口県議　→83/87

山本 竜四郎　やまもと・りゅうしろう　昭和3年3月12日〜平成4年2月22日　メルクス取締役　→91/93

山本 隆太郎　やまもと・りゅうたろう　大正13年〜平成22年2月19日　印刷研究家　印刷学会出版部代表取締役　→09/11

山本 龍馬　やまもと・りゅうま　〜昭和60年12月20日　ヘラルドフーヅ常務　→83/87

山本 良一　やまもと・りょういち　大正5年5月20日〜平成20年6月8日　日本冷蔵常務　→08/10

山本 良勝　やまもと・りょうしょう　大正4年3月27日〜平成11年11月27日　佐藤工業副会長　→97/99

山本 麟　やまもと・りん　〜昭和47年10月2日　ゼネラルフーヅ取締役　→昭和

山本 林作　やまもと・りんさく　昭和11年11月25日〜平成19年11月24日　中島町（石川県）町長　→06/08

山本 連城　やまもと・れんじょう　明治39年1月25日〜昭和60年2月28日　根室商工会議所会頭、根室市議　→83/87

山本 緑哉　やまもと・ろくや　昭和5年6月15日〜平成12年12月23日　平和不動産常務　→00/02s

山森 亀之助　やまもり・かめのすけ　〜昭和62年8月25日　海軍少将　→83/87

山守 信一　やまもり・しんいち　昭和33年4月18日〜平成16年12月9日　兵庫県議（公明党）　→03/05

山森 節男　やまもり・せつお　昭和11年4月29日〜平成20年7月13日　NTN常務　→06/08

山森 隆　やまもり・たかし　安政5年9月24日〜昭和4年12月13日　金沢市長、衆院議員（政友会）　→昭和

山盛 浩　やまもり・ひろし　昭和8年2月20日〜平成17年11月16日　住友精密工業専務　→03/05

山森 鑛一　やまもり・よういち　〜昭和58年4月7日　横井機械工作所社長　→83/87

山森 利二郎　やまもり・りじろう　昭和8年11月10日〜平成16年10月8日　共和レザー常務　→03/05

山家 勇　やまや・いさみ　大正13年10月14日〜平成12年7月27日　北海道議（社会党）　→00/02

山谷 幸之助　やまや・こうのすけ　明治44年11月26日〜平成17年1月25日　王子製紙専務　→03/05

山谷 達男　やまや・たつお　大正8年9月4日〜平成13年3月2日　富士通ゼネラル常務　→00/02

山屋 他人　やまや・たにん　慶応2年3月4日〜昭和15年9月10日　海軍大将　→昭和

山屋 八万雄　やまや・やまお　〜昭和57年9月10日　東京都議、自民党江東支部長　→80/82

山吉 双一　やまよし・そういち　大正6年1月30日〜平成6年12月14日　成和産業会長　→94/96

山良 誠四郎　やまりょう・せいしろう　〜昭和61年7月6日　丸福石油産業専務取締役　→83/87

山脇 明　やまわき・あきら　大正12年2月28日〜平成20年6月16日　東邦ガス常務　→06/08

山脇 逸次　やまわき・いつじ　〜昭和57年11月23日　西部ガス取締役、西部ガスプロパン常務　→80/82

山脇 延吉　やまわき・えんきち　明治8年2月7日〜昭和16年4月26日　農政運動指導者　帝国議会副会長、兵庫県議、神戸有馬電気鉄道社長　→昭和

山脇 清志　やまわき・きよし　昭和11年5月5日〜平成8年12月6日　ヤマエ久野常務　→94/96

山脇 清治　やまわき・きよじ　大正5年11月26日〜平成14年5月23日　読売新聞経理局総務・経理部長、読売旅行専務　→00/02

山脇 重次　やまわき・しげつぐ　〜平成17年8月9日　泉州電業常務　→03/05

山脇 正次　やまわき・しょうじ　〜昭和45年8月24日　西部瓦斯相談役、RKB毎日放送相談役　→昭和

山脇 敏弘　やまわき・としひろ　昭和15年1月17日〜平成14年1月30日　日野自動車専務　→00/02

山脇 閤　やまわき・ひろし　大正12年1月1日〜平成23年7月17日　京都府議（民主党）　→09/11

山脇 正勝　やまわき・まさかつ　大正7年3月25日〜平成12年12月8日　日新電機社長、住友電気工業専務　→00/02

山脇 正隆　やまわき・まさたか　明治19年3月2日〜昭和49年4月21日　陸軍大将　偕行社会長　→昭和

山脇 正文　やまわき・まさふみ　大正13年3月11日〜平成19年1月22日　フォスター電機副社長　→06/08

山脇 義勇　やまわき・よしとし　明治33年11月3日〜昭和62年7月14日　ダイセル化学工業社長　→83/87

山分 一郎　やまわけ・いちろう　〜昭和55年7月21日　愛知県農林部長　→80/82

谷村 貞治　やむら・ていじ　明治29年3月〜昭和43年4月20日　実業家　参院議員（自民党）　→昭和（たにむら・ていじ）

矢村 秀雄　やむら・ひでお　明治44年8月29日〜平成9年4月7日　住友化学工業副社長　→97/99

谷村 昌子　やむら・まさこ　明治34年8月3日〜昭和59年8月2日　みちのくコカ・コーラボトリング代表取締役社長　→83/87

矢持 辰三　やもち・たつぞう　大正11年〜平成12年7月

27日　天理教校専修科主任　→00/02
家本 潔　やもと・きよし　〜平成16年1月18日
　日野自動車工業(のち日野自動車)副社長　→03/05
矢本 五郎　やもと・ごろう　明治41年8月9日〜昭和63年1月19日　東京健物常務　→88/90
矢守 勝人　やもり・かつんど　大正14年10月12日〜平成13年6月13日　京都ダイカスト工業社長　→00/02
矢守 裕　やもり・ひろし　大正14年12月6日〜昭和63年3月14日　同興紡績社長　→88/90
矢山 康夫　ややま・やすお　明治44年7月8日〜昭和63年7月26日　三菱重工業取締役、大阪酸素工業取締役　→88/90
屋良 朝男　やら・あさお　昭和20年12月19日〜平成19年11月21日　琉球新報取締役印刷局長　→06/08
屋良 朝苗　やら・ちょうびょう　明治35年12月13日〜平成9年2月14日　沖縄県知事　→97/99
鎗居 恒夫　やりい・つねお　明治40年4月21日〜平成4年12月29日　明治生命副社長　→91/93
鎌田 春男　やりた・はるお　〜昭和63年5月21日
　日清紡績取締役　→88/90
鎗水 景一　やりみず・けいいち　昭和13年8月28日〜平成21年1月23日　エムテックスマツムラ社長　→09/11
八幡 一郎　やわた・いちろう　大正13年3月12日〜平成21年7月2日　スミダコーポレーション創業者　→09/11
八幡 次郎　やわた・じろう　明治42年4月1日〜平成5年12月15日　九州朝日放送社長、朝日新聞編集局長　→91/93
八幡 藤次郎　やわた・とうじろう　〜昭和42年2月15日
　興亜火災海上保険常務　→昭和
山家 和己　やんべ・かずこ　大正4年2月24日〜平成5年8月10日　日本母親大会実行委員長　→91/93
山家 辰吉　やんべ・しんきち　〜平成4年7月13日
　トーキン監査役　→91/93

【ゆ】

湯浅 猪平　ゆあさ・いへい　明治44年4月23日〜昭和61年6月16日　日本触媒化学工業専務　→83/87
湯浅 巌　ゆあさ・いわお　〜昭和42年11月18日
　イチジク製薬社長、第一信用金庫理事長　→昭和
湯浅 勝太郎　ゆあさ・かつたろう　〜昭和62年9月18日
　近畿町村議会議長会会長　→83/87
湯浅 恭三　ゆあさ・きょうぞう　明治32年4月14日〜平成9年8月3日　弁護士、弁理士　湯浅法律特許事務所長、国際基督教大学理事長　→97/99
湯浅 倉平　ゆあさ・くらへい　明治7年2月1日〜昭和15年12月24日　内大臣、宮内大臣、貴族議員(勅選)　→昭和
湯浅 賢太郎　ゆあさ・けんたろう　明治37年6月10日〜平成7年8月20日　ゼニヤ会長　→94/96

湯浅 高明　ゆあさ・こうみょう　〜平成23年11月29日
　僧侶　真言宗泉涌寺派宗務総長　→09/11
湯浅 三郎　ゆあさ・さぶろう　明治38年9月30日〜昭和59年12月16日　月島機械常務　→83/87
湯浅 重光　ゆあさ・しげみつ　〜昭和57年6月11日
　北海道同盟副会長、函館市議(民社党)　→80/82
湯浅 静男　ゆあさ・しずお　昭和6年8月10日〜平成19年1月11日　永谷園常務　→06/08
湯浅 修治　ゆあさ・しゅうじ　大正9年〜平成5年1月21日　三井金属鉱業取締役　→91/93
湯浅 治郎　ゆあさ・じろう　嘉永3年10月21日〜昭和7年6月7日　キリスト教社会運動家、政治家　群馬県会議長　→昭和
湯浅 誠也　ゆあさ・せいや　明治45年1月17日〜平成6年12月13日　東邦レーヨン社長、日清紡常務　→94/96
湯浅 忠男　ゆあさ・ただお　大正10年7月20日〜平成15年6月30日　群馬銀行専務、群馬テレビ社長　→03/05
湯浅 貞　ゆあさ・ただし　大正10年2月25日〜平成6年4月4日　前田建設工業専務　→94/96
湯浅 篤一　ゆあさ・とくいち　〜平成8年11月29日
　三井鉱山常務　→94/96
湯浅 友三郎　ゆあさ・ともさぶろう　大正3年9月1日〜昭和62年1月10日　三和信用金庫会長、住友生命保険副社長　→83/87
湯浅 宏　ゆあさ・ひろし　昭和3年12月24日〜平成12年4月25日　京都府議(新政会)　→00/02
湯浅 浩　ゆあさ・ひろし　昭和12年10月20日〜平成21年2月18日　日野自動車社長　→09/11
湯浅 英　ゆあさ・ふさ　大正13年4月23日〜平成19年4月4日　読売新聞西部本社常務　→06/08
湯浅 正治　ゆあさ・まさじ　昭和11年7月17日〜平成13年4月25日　日本経済新聞社友　→00/02
湯浅 晃　ゆあさ・みつる　昭和4年7月3日〜平成18年1月31日　京都総評議長、京都教職員組合委員長　→06/08
湯浅 佑一　ゆあさ・ゆういち　明治39年12月17日〜平成6年4月17日　ユアサコーポレーション会長、ユアサ商事会長　→94/96
湯浅 陽道　ゆあさ・ようどう　明治44年2月18日〜平成6年9月5日　湯浅金物(のちユアサ商事)専務　→94/96
湯浅 義雄　ゆあさ・よしお　昭和6年11月11日〜平成4年3月20日　昭和飛行機工業監査役　→91/93
由井 敢　ゆい・いさむ　明治37年3月20日〜昭和60年5月16日　住友電気工業副社長、大阪ダイヤモンド工業会長　→83/87
油井 一二　ゆい・いちじ　明治42年10月30日〜平成4年7月21日　美術年鑑社会長、新美術新聞社社長　→91/93
油井 賢太郎　ゆい・けんたろう　明治39年3月12日〜昭和59年7月23日　参院議員(自由党)　→83/87
由井 健之助　ゆい・けんのすけ　〜昭和55年8月16日
　弁護士　広島高裁判事　→80/82

油井 修治　ゆい・しゅうじ　明治20年8月26日～昭和27年12月30日　農民運動家　→昭和

油井 清治　ゆい・せいじ　～平成22年10月10日　全国腎臓病協議会会長　→09/11

由比 忠之進　ゆい・ちゅうのしん　明治27年10月11日～昭和42年11月12日　エスペランティスト、平和運動家　→昭和

油井 徳蔵　ゆい・とくぞう　明治3年8月～昭和38年7月22日　貴院議員（多額）、福島商工会議所会頭　→昭和

油井 一　ゆい・はじめ　大正4年3月31日～平成16年9月3日　空将　コマツ常務　→03/05

由比 万二郎　ゆい・まんじろう　大正3年11月19日～平成1年4月26日　帝国石油常務、アジア掘削社長　→88/90

由比 盛靖　ゆい・もりやす　～昭和56年9月24日　帝人パピリオ元会長　→80/82

由宇 喜三雄　ゆう・きみお　明治44年1月30日～平成1年10月21日　新日本海新聞取締役相談役　→88/90

結城 卯一　ゆうき・ういち　明治37年3月20日～昭和58年2月3日　油研工業創業者　→83/87

結城 貫之助　ゆうき・かんのすけ　明治34年7月5日～平成6年11月9日　油研工業社長　→94/96

結城 吉之助　ゆうき・きちのすけ　明治43年7月5日～平成15年12月17日　村山市長、山形県議（自民党）　→03/05

由木 康　ゆうき・こう　明治29年4月16日～昭和60年1月27日　牧師　日本基督教団東中野教会名誉牧師　→83/87

結城 重一　ゆうき・しげかず　大正14年10月10日～平成21年12月2日　油研工業社長　→09/11

結城 醇造　ゆうき・じゅんぞう　大正11年2月4日～平成8年12月28日　三菱電線工業社長、三菱金属副社長　→94/96

結城 庄司　ゆうき・しょうじ　昭和13年～昭和58年9月3日　アイヌ解放同盟代表　→83/87

結城 司郎次　ゆうき・しろうじ　明治34年3月7日～昭和43年11月20日　駐トルコ大使　→昭和

結城 隆雄　ゆうき・たかお　明治45年3月22日　昭和03年8月20日　近畿車両専務　→88/90

結城 武夫　ゆうき・たけお　昭和8年3月30日～昭和63年4月26日　結城商会代表取締役社長　→88/90

結城 鉄雄　ゆうき・てつお　～昭和46年6月18日　ダイセル相談役・元同社長　→昭和

結城 豊太郎　ゆうき・とよたろう　明治10年5月24日～昭和26年8月1日　銀行家　日本銀行総裁、蔵相、日本興業銀行総裁　→昭和

結城 正旺　ゆうき・まさお　～昭和56年12月11日　福岡県議　→80/82

結城 正光　ゆうき・まさみつ　昭和8年6月20日～平成7年1月7日　日本舗道常務　→94/96

結城 貢　ゆうき・みつぐ　～昭和55年11月10日　荏原製作所顧問　→80/82

結城 宗雄　ゆうき・むねお　昭和5年3月2日～平成5年6月7日　油研工業取締役　→91/93

結城 安次　ゆうき・やすじ　明治17年10月～昭和52年3月4日　参院議員（緑風会）　→昭和

結城 義人　ゆうき・よしと　大正8年4月15日～平成2年12月3日　弁護士　大蔵省造幣局長　→88/90

結城 了悟　ゆうき・りょうご　大正11年10月17日～平成20年11月17日　カトリック神父　日本二十六聖人記念館館長　→06/08

結城 令聞　ゆうき・れいもん　明治35年4月2日～平成4年8月2日　僧侶　東京大学名誉教授　→91/93

遊伽 暉子　ゆうどう・てるこ　～昭和61年9月9日　（株）ユニオンランチ会長　→83/87

瑜伽 教如　ゆが・きょうにょ　弘化4年7月12日～大正3年12月20日　声明家（新義真言宗智山派）、僧侶　大僧正　→昭和（教如　きょうにょ）

湯川 昭久　ゆかわ・あきひさ　昭和3年9月4日～昭和60年8月12日　住銀総合リース副社長、住友銀行常務　→83/87

湯河 勇　ゆかわ・いさむ　明治37年12月12日～昭和62年2月17日　日本郵船常務、岡田商船社長　→83/87

湯川 和夫　ゆかわ・かずお　明治44年6月5日～平成3年4月3日　弁護士　広島地検検事正　→91/93

湯川 寛吉　ゆかわ・かんきち　慶応4年5月24日～昭和6年8月23日　住友合資総理事、貴院議員　→昭和

湯川 茂　ゆかわ・しげる　～昭和63年1月19日　金光教玉水教会長、金光教教老　→88/90

湯川 修司　ゆかわ・しゅうじ　昭和12年3月25日～平成5年4月21日　東京日産自動車販売取締役　→91/93

湯川 周次郎　ゆかわ・しゅうじろう　～平成1年2月8日　御坊市長　→88/90

湯川 忠夫　ゆかわ・ただお　明治42年3月22日～平成6年8月9日　住友不動産専務　→94/96

湯川 多美雄　ゆかわ・たみお　～平成13年2月24日　黒田電気副社長　→00/02

湯川 昇　ゆかわ・のぼる　～昭和32年8月1日　藤田組専務　→昭和

湯川 和　ゆかわ・ひとし　大正5年11月24日～平成17年9月17日　日本銀行理事　→03/05

湯川 宏　ゆかわ・ひろし　大正7年3月9日～昭和61年9月26日　衆院議員（自民党）　→83/87

湯川 正夫　ゆかわ・まさお　明治36年12月24日～昭和44年10月5日　八幡製鉄副社長　→昭和

湯川 正幸　ゆかわ・まさゆき　大正13年6月28日～平成13年7月18日　興亜火災海上保険専務　→00/02

湯川 松次郎　ゆかわ・まつじろう　～昭和46年4月22日　弘文社社長　→昭和

湯河 元臣　ゆかわ・もとおみ　慶応1年11月24日～昭和7年9月25日　逓信次官　→昭和

湯河 元威　ゆかわ・もとたけ　明治30年5月18日～昭

33年8月8日　農商務次官，農林中央金庫理事長　→昭和（湯川　元威）

湯川　盛夫　ゆかわ・もりお　明治41年2月23日〜昭和63年3月16日　宮内庁式部官長，駐英大使　→88/90

湯川　康平　ゆかわ・やすひら　大正3年1月14日〜平成13年4月7日　軍人　日本中小企業団体連盟常任理事，日韓貿易協会専務理事　→00/02

湯川　龍二　ゆかわ・りゅうじ　大正5年7月14日〜平成22年1月19日　日本電設工業社長，国鉄常務理事　→09/11

湯川　龍暢　ゆかわ・りゅうちょう　大正5年4月24日〜平成7年8月19日　僧侶　大阪明浄女子短期大学名誉教授，常徳寺住職　→94/96

湯木　昭二朗　ゆき・しょうじろう　〜平成20年4月26日　東京吉兆社長　→06/08

雪入　益見　ゆきいり・ますみ　〜平成4年12月26日　弁護士　東京地裁調停委員，日本民主法律家協会理事長　→91/93

雪沢　千代治　ゆきざわ・ちよじ　明治22年4月1日〜昭和45年2月20日　京都府知事，愛媛県知事，衆院議員（自由党）　→昭和（ゆきざわ・ちよはる）

幸重　義孝　ゆきしげ・よしたか　昭和8年3月10日〜昭和61年6月4日　同盟政策室長　→83/87

幸田　秀一　ゆきた・ひでいち　明治30年5月3日〜昭和62年1月2日　幸田電機製作所会長，全国工場団地協同組合連合会会長，配電盤茨城団地協同組合理事長　→83/87

行友　威彦　ゆきとも・たけひこ　〜平成7年12月6日　日本農薬社長　→94/96

行縄　実　ゆきなわ・みのる　〜平成4年7月10日　千葉銀行取締役　→91/93

行平　次雄　ゆきひら・つぎお　昭和6年8月19日〜平成22年4月1日　山一証券社長　→09/11

行広　守　ゆきひろ・まもる　明治42年8月1日〜平成9年8月4日　広島県同栄社共済農協連合会会長　→97/99

行弘　桃太郎　ゆきひろ・ももたろう　大正7年4月1日〜昭和63年4月20日　メルテックス監査役　→88/90

行正　茂　ゆきまさ・しげる　大正13年1月11日〜平成11年1月26日　安川情報システム社長　→97/99

行村　治男　ゆきむら・はるお　昭和11年10月11日〜平成12年6月17日　滋賀銀行常務　→00/02

行本　昌一　ゆきもと・まさじ　昭和4年3月14日〜平成13年2月17日　日建工学会長　→00/02

行森　孝男　ゆきもり・たかお　昭和57年9月16日　大阪水素工業専務　→80/82

雪山　隆弘　ゆきやま・たかひろ　〜平成2年9月17日　僧侶　白髪山善巧寺副住職，夕刊フジ報道部記者　→88/90

遊行上人　ゆぎょうしょうにん　〜昭和4年10月29日　時宗管長　→昭和

湯口　嘉多治　ゆぐち・かたじ　〜平成4年10月30日　ミツウロコ会長　→91/93

湧口　茂輝　ゆぐち・しげてる　明治45年7月25日〜平成10年10月21日　日本経済新聞社客員，元取締役西部支社代表　→97/99

湯口　俊一　ゆぐち・としかず　大正8年1月〜平成10年1月19日　日立造船副社長　→97/99

湯口　廉平　ゆぐち・れんぺい　昭和4年8月11日〜平成20年3月9日　サッポロビール常務　→06/08

弓削　努　ゆげ・つとむ　大正11年10月13日〜昭和61年9月2日　刈谷製作所社長，トヨタ車体常務　→83/87

弓削　森勝　ゆげ・もりかつ　〜昭和62年2月23日　鐘紡専務　→83/87

弓削　靖　ゆげ・やすし　明治29年1月13日〜昭和62年10月26日　いすゞ自動車最高顧問，元社長　→83/87

弓削田　靖彦　ゆげた・やすひこ　明治15年10月11日〜平成6年5月17日　ニチイ常務，国土庁官房審議官　→94/96

遊佐　皓　ゆさ・あきら　〜平成14年2月16日　農林中央金庫専務理事　→00/02

遊佐　幸平　ゆさ・こうへい　明治16年7月25日〜昭和年11月25日　陸軍軍人，馬術家　→昭和

遊佐　志治磨　ゆさ・しじま　〜昭和44年8月1日　北海道開発庁事務次官　→昭和

遊佐　上治　ゆさ・じょうじ　〜平成11年9月23日　太陽石油会長　→97/99

遊佐　敏彦　ゆさ・としひこ　〜昭和45年6月24日　鉄道弘済会理事　→昭和

湯崎　稔　ゆざき・みのる　昭和6年5月1日〜昭和59年6月11日　原水禁運動家　広島大学教授　→83/87

湯沢　弘一　ゆざわ・こういち　〜昭和55年1月28日　（株）三荒相談役，元建設省営繕局管理課長　→80/82

湯沢　重直　ゆざわ・しげなお　昭和5年8月30日〜平成18年7月9日　金沢信用金庫理事長　→06/08

湯沢　信治　ゆざわ・のぶはる　大正9年2月19日〜平成6年9月18日　神奈川県副知事　→94/96

湯沢　登　ゆざわ・のぼる　昭和4年2月10日〜平成17年1月29日　富士重工業取締役　→03/05

湯沢　三千男　ゆざわ・みちお　明治21年5月20日〜昭和38年2月21日　参院議員（自民党），貴院議員（勅選），内相　→昭和

湯沢　光行　ゆざわ・みつゆき　〜昭和58年8月22日　国民懇話会（社）理事長　→83/87

湯沢　芳朗　ゆざわ・よしろう　大正11年3月28日〜平成6年8月3日　明治時計社長，東洋プライウッド副社長　→94/96

湯下　謙三郎　ゆした・けんざぶろう　〜平成3年3月18日　本州製紙取締役　→91/93

柚口　篤　ゆずぐち・あつし　昭和10年1月3日〜平成7年1月31日　ユズ編集工房社長，日本電子出版協会専務理事　→94/96

杠　文吉　ゆずりは・ぶんきち　明治44年4月1日〜平成13年

年12月15日　科学技術庁科学審議官, 日本科学技術情報センター常務理事　→00/02

湯田 倉治　ゆだ・くらじ　大正9年1月28日〜平成18年2月15日　北海道議　→06/08

遊田 多聞　ゆだ・たもん　〜昭和54年9月14日
弁護士　日弁連副会長　→昭和

油田 晴男　ゆだ・はるお　大正8年9月23日〜平成5年5月3日　日清紡常務　→91/93

湯田 正香　ゆだ・まさか　〜平成22年2月18日
JA鹿児島県共済連合会, JA鹿児島県厚生連会長　→09/11

豊 永光　ゆたか・えいこう　大正5年10月3日〜平成13年7月12日　衆院議員(自民党), 名瀬市長　→00/02

湯谷 逸平　ゆたに・いっぺい　〜昭和44年4月29日
不二サッシ常務　→昭和

湯谷 外喜男　ゆたに・ときお　〜平成5年10月18日
名工建設取締役　→91/93

湯谷 俊美　ゆたに・としみ　明治35年12月10日〜昭和63年5月15日　三菱銀行取締役, 日本信託銀行専務取締役　→88/90

由谷 義治　ゆたに・よしはる　明治21年3月11日〜昭和33年10月8日　衆院議員(日本進歩党), 鳥取電機製造社長　→昭和

湯地 謹爾郎　ゆち・きんじろう　明治37年8月25日〜昭和63年6月10日　大蔵省印刷局長, 日本航空ホテル会長　→88/90

湯地 幸平　ゆち・こうへい　明治3年4月2日〜昭和6年8月10日　貴院議員(勅選), 内務省警保局長　→昭和

湯地 定朗　ゆち・さだあきら　大正6年11月1日〜平成14年4月14日　品川白煉瓦専務　→00/02

湯地 定監　ゆち・さだのり　嘉永2年10月8日〜昭和2年1月29日　海軍機関中将　貴院議員(勅選)　→昭和(ゆち・さだおさ)

湯地 定基　ゆち・さだもと　天保14年9月4日〜昭和3年2月10日　元老院議員, 貴院議員(勅選)　→昭和(湯地 治左衛門 ゆち・じざえもん)

湯地 秀生　ゆち・ひでお　〜昭和15年4月25日
海軍中将　→昭和

湯藤 博　ゆとう・ひろし　昭和10年3月3日〜平成12年8月23日　東急ストア社長　→00/02

湯藤 実則　ゆとう・みのり　明治37年1月3日〜平成1年8月24日　日本不動産銀行会長　→88/90

湯野川 孝夫　ゆのかわ・よしお　昭和14年4月3日〜平成15年11月27日　豊田工機社長　→03/05

柚木 周平　ゆのき・しゅうへい　〜昭和11年11月25日
松島事件の名予審判事　→昭和

柚原 完蔵　ゆのはら・かんぞう　〜昭和15年12月6日
陸軍中将　→昭和

湯目 正雄　ゆのめ・まさお　大正9年10月18日〜昭和63年7月27日　北海道経済連合会理事・事務局長代理　→88/90

弓波 瑞明　ゆば・ずいみょう　慶応3年4月〜昭和6年1月25日　僧侶　龍谷大学学長, 浄土真宗本願寺派執行　→昭和(ゆなみ・ずいめい)

弓場 藤一　ゆば・とういち　〜昭和57年3月2日
日立造船取締役・向島工場長　→80/82

油橋 重遠　ゆはし・しげとう　〜昭和61年2月7日
在ヘルシンキ総領事, 駐ソ大使館書記官　→83/87

油原 恭八　ゆはら・きょうはち　〜昭和58年10月8日
ソニー商事社長, ソニーファイナンス社長　→83/87

弓原 健次郎　ゆはら・けんじろう　大正9年4月26日〜昭和59年5月3日　住友特殊金属専務　→83/87

柚原 弘　ゆはら・ひろし　明治35年11月22日〜平成9年2月5日　東海電気工事(のちトーエネック)副社長　→97/99

湯原 正毅　ゆはら・まさたけ　大正4年10月5日〜平成1年11月22日　油谷重工社長　→88/90

弓倉 礼一　ゆみくら・れいいち　昭和4年1月2日〜平成21年8月20日　旭化成工業社長　→09/11

弓野 謙二郎　ゆみの・けんじろう　大正9年10月18日〜平成2年1月9日　小松製作所副社長　→88/90

湯本 育代　ゆもと・いくよ　大正3年5月27日
(宗)世界救世教参与　→91/93

湯本 紀一　ゆもと・きいち　昭和16年2月11日〜平成13年3月16日　エヌオーケー常務　→00/02

湯本 仁　ゆもと・しのぶ　大正2年11月12日〜平成4年6月2日　日窒工業(のちニッチツ)副社長　→91/93

湯本 善太郎　ゆもと・ぜんたろう　安政2年8月25日〜昭和8年1月26日　実業家　陸軍主計総監　→昭和

湯本 大蔵　ゆもと・だいぞう　昭和4年5月8日〜平成12年7月23日　ウシオ電機社長　→00/02

湯本 秀太郎　ゆもと・ひでたろう　大正11年5月27日〜昭和59年7月14日　東海銀行監査役, 大同特殊鋼常務　→83/87

湯本 正男　ゆもと・まさお　〜平成14年7月13日
栄研化学専務　→00/02

湯本 良治　ゆもと・りょうじ　〜平成4年3月31日
湯浅電池専務　→91/93

熊野 清樹　ゆや・きよき　〜昭和46年9月18日
日本バプテスト連盟理事長　→昭和(くまの・きよき)

湯山 勇　ゆやま・いさむ　明治45年1月18日〜昭和59年6月16日　衆院議員(社会党)　→83/87

湯山 親久　ゆやま・ちかひさ　大正4年6月29日〜平成5年7月19日　大成建設副社長　→91/93

湯山 利　ゆやま・とし　大正6年8月28日〜平成13年9月8日　静岡県議(社会党)　→00/02

由良 浅次郎　ゆら・あさじろう　明治11年1月17日〜昭和39年3月14日　実業家　和歌山新聞社会長　→昭和

由良 省三　ゆら・しょうぞう　大正2年〜平成7年11月18日　三菱化成(のち三菱化学)常務　→94/96

ゆら

由良 章三　ゆら・しょうぞう　大正3年3月30日〜平成11年10月14日　本州化学工業副社長　→97/99

由良 陽太郎　ゆら・ようたろう　大正9年9月23日〜昭和61年11月1日　グンゼ産業監査役　→83/87

油利 正雄　ゆり・まさお　明治31年8月20日〜平成2年1月18日　大正海上火災保険常務　→88/90

由利 裕三　ゆり・ゆうぞう　大正13年1月25日〜平成5年11月19日　金十証券社長　→91/93

由利 良夫　ゆり・よしお　明治45年3月31日〜昭和61年9月10日　デンコー社長、国際電気副社長　→83/87

万木 仙　ゆるぎ・せん　明治40年2月20日〜昭和52年2月1日　東京国際貿易センター社長　→昭和

免 利幸　ゆるし・としゆき　昭和15年8月14日〜平成19年7月15日　TCM専務　→06/08

尹 東鉉　ユン・トンヒョン　〜平成16年1月26日　韓国・朝鮮人元BC級戦犯による補償請求裁判原告　→03/05

【よ】

楊 清渓　よう・せいけい　〜昭和9年11月3日　二等飛行士　→昭和

八日市屋 二三雄　ようかいちや・ふみお　〜平成6年12月30日　生長の家長老　→94/96

要明 英一　ようめい・えいいち　〜昭和63年1月2日　要明漆芸社長　→88/90

与賀田 辰雄　よがた・たつお　明治35年1月27日〜昭和61年1月7日　東京書籍相談役、凸版印刷相談役、元(社)教科書協会会長　→83/87

四方 義治　よかた・よしはる　大正4年9月8日〜昭和63年3月26日　四方組社長、富山湾建設社長、新湊市会議長　→88/90

余川 伝吉　よかわ・でんきち　〜昭和61年1月29日　余川工業会長　→83/87

与川 享　よかわ・とおる　大正9年6月14日〜昭和60年1月11日　新京成電鉄常務　→83/87

与儀 達敏　よぎ・たつとし　〜昭和40年2月25日　南海漁業社長、元琉球立法院長　→昭和

与倉 潔美　よくら・きよみ　明治35年2月17日〜平成15年1月18日　中国電気工事専務　→03/05

余湖 一郎　よご・いちろう　大正11年6月20日〜平成17年4月1日　海上保安庁第四管区海上保安本部長　→03/05

余語 翠巌　よご・すいがん　大正1年9月9日〜平成8年12月21日　僧侶　曹洞宗大本山総持寺副貫主、最乗寺(曹洞宗大雄山)住職　→94/96

余語 泰三　よご・たいぞう　明治36年2月4日〜昭和62年2月17日　小西六写真工業常務　→83/87

与語 淑子　よご・としこ　昭和40年5月3日〜平成22年5月

月2日　みその亭おかみ　→09/11

横井 昭　よこい・あきら　昭和2年3月28日〜平成23年7月26日　NHK副会長　→09/11

横井 明　よこい・あきら　昭和10年8月9日〜平成20年1月21日　トヨタ自動車副社長、豊田自動織機会長　→06/08

横井 公　よこい・いさお　大正7年2月13日〜平成8年1月18日　昭和薬品社長　→94/96

横井 泉　よこい・いずみ　大正5年12月21日〜昭和63年9月15日　本耶馬渓町(大分県)町長　→88/90

横井 克己　よこい・かつみ　大正9年2月14日〜平成12年6月24日　松下冷機社長、松下電器産業取締役、鳥取県警本部長　→00/02

横井 北海雄　よこい・きみお　明治36年2月27日〜平成3年8月14日　名古屋市会副議長(民社党)　→91/93

横井 清　よこい・きよし　大正14年4月13日〜平成3年9月9日　ゼット副社長　→91/93

横井 邦彦　よこい・くにひこ　昭和17年7月1日〜平成20年10月　ホテルニュージャパン副社長　→09/11s

横井 軍平　よこい・ぐんぺい　昭和16年9月〜平成9年10月4日　コト社長、任天堂製造本部開発第1部長　ゲームウォッチ、ゲームボーイの開発者　→97/99

横井 敬郎　よこい・けいろう　大正4年8月23日〜平成9年2月24日　横浜ゴム常務　→97/99

横井 呉鉞　よこい・ごうえい　昭和56年8月3日　三河三弘法根本霊場弘法山遍照院住職、大僧正　→80/82

横井 広太郎　よこい・こうたろう　明治43年8月15日〜昭和47年6月3日　名古屋精糖創設者、名糖産業会長　昭和(よこい・ひろたろう)

横井 茂孝　よこい・しげたか　〜昭和60年12月3日　千草屋商事代表取締役社長　→83/87

横井 茂文　よこい・しげふみ　〜昭和55年8月23日　住友金属鉱山副社長　→80/82

横井 重松　よこい・しげまつ　明治43年11月30日〜昭和62年10月26日　ヨコイピーナッツ社長、全国落花生卸商工組合理事長、愛知県煎豆落花生商工組合理事長　→83/87

横井 七之助　よこい・しちのすけ　明治40年7月7日〜平成9年5月8日　北海道マツダ販売会長、北海道柔道連盟会長　→97/99

横井 庄一　よこい・しょういち　大正4年3月31日〜平成9年9月22日　28年間グアム島潜伏の元日本兵　→97/99

横井 鈔三　よこい・しょうぞう　大正9年9月19日〜平成13年10月27日　豊田通商専務　→00/02

横井 庄太郎　よこい・しょうたろう　明治43年10月15日〜平成8年8月14日　三井不動産常務　→94/96

横井 信一　よこい・しんいち　昭和15年8月13日〜平成14年9月4日　田村電機製作所専務　→00/02

横井 真雄　よこい・しんゆう　大正8年4月〜平成5年8月1日　僧侶　東京学芸大学名誉教授、妙蔵寺住職　→91/93

横井 誠郎　よこい・せいろう　昭和6年〜平成10年7月27日　リケン常務　→97/99

1334 「現代物故者事典」総索引(昭和元年〜平成23年)

横井 千市　よこい・せんいち　〜昭和6年5月28日
陸軍航空兵中尉　→昭和

横井 大三　よこい・だいぞう　大正3年6月11日〜平成18年7月22日　弁護士，最高裁判事，名古屋高検検事長　→06/08

横井 龍雄　よこい・たつお　大正9年12月9日〜平成21年8月25日　中部日本放送専務　→09/11

横井 太郎　よこい・たろう　明治32年6月17日〜昭和56年10月10日　参議院議員(自民党)　→80/82

横井 恒治郎　よこい・つねじろう　〜昭和30年3月30日　名古屋市議　→昭和

横井 時雄　よこい・ときお　安政4年10月17日〜昭和2年9月13日　牧師，教育家，ジャーナリスト，政治家　衆院議員(政友会)，同志社社長・校長　→昭和

横井 時常　よこい・ときひさ　明治39年2月19日〜平成10年1月27日　近江神宮名誉宮司　→97/99

横井 利彦　よこい・としひこ　大正15年6月18日〜平成10年5月21日　丸万証券専務　→97/99

横井 直興　よこい・なおおき　〜昭和6年8月26日　広島県警察部長　→昭和

横井 直　よこい・なおし　大正5年10月22日〜平成8年12月21日　関東電化工業常務，森下弁柄工業会長　→94/96

横井 信義　よこい・のぶよし　明治40年7月26日　日製産業社長　→昭和

横井 初夫　よこい・はつお　大正13年11月7日〜平成18年5月4日　日研化学常務　→06/08

横井 春見　よこい・はるみ　〜昭和56年7月28日　山二証券会長　→80/82

横井 秀雄　よこい・ひでお　大正7年5月31日〜平成5年5月15日　自動火災海上保険監査役　→91/93

横井 英樹　よこい・ひでき　大正2年7月1日〜平成10年11月30日　ホテルニュージャパン社長　→97/99

横井 昌明　よこい・まさあき　大正13年2月16日〜平成2年9月28日　日本電設工業取締役，国鉄副技師長　→88/90

横井 政吉　よこい・まさきち　〜昭和56年8月12日　福島県議　→80/82

横井 正美　よこい・まさみ　大正11年8月12日〜平成12年2月11日　国税庁次長　→00/02

横井 松平　よこい・まつへい　大正9年5月3日〜昭和58年7月8日　豊田通商常務　→83/87

横井 光郎　よこい・みつお　昭和5年5月7日〜平成12年7月31日　森永乳業常務　→00/02

余合 成夫　よごう・しげお　大正10年1月11日〜平成8年9月30日　愛知時計電機会長　→94/96

余合 俊一　よごう・しゅんいち　明治41年10月30日〜平成4年10月16日　名古屋鉄道副社長，名鉄観光サービス社長　→91/93

横内 巌　よこうち・いわお　〜平成17年12月2日　ハンセン病差別を訴えた元患者　→03/05

横内 音彦　よこうち・おとひこ　〜昭和56年8月17日　(社)ボイラ・クレーン安全協会専務理事　→80/82

横内 敬一　よこうち・けいいち　大正13年7月3日〜平成11年7月2日　リーガルコーポレーション社長　→97/99

横内 清一　よこうち・せいいち　〜昭和61年12月23日　三菱瓦斯化学監査役　→83/87

横内 八郎　よこうち・はちろう　大正3年2月22日〜昭和62年7月24日　ダイセル化学工業取締役　→83/87

横内 宏　よこうち・ひろし　大正11年〜昭和63年1月22日　昭和電工常務　→88/90

横内 元市　よこうち・もといち　〜昭和64年1月1日　日本輸送機常務　→88/90

横内 芳則　よこうち・よしのり　〜昭和61年2月13日　横内建設常務　→83/87

横内 澪　よこうち・れい　昭和3年〜平成11年8月25日　東レ常務　→97/99

横江 清　よこえ・きよし　大正9年10月27日〜平成15年10月7日　北日本新聞論説委員長　→03/05

横江 建造　よこえ・けんぞう　大正6年8月1日〜平成7年5月14日　伊藤忠燃料専務　→94/96

横江 透　よこえ・とおる　明治37年11月6日〜平成3年4月18日　飯野海運常務　→91/93

横江 信秀　よこえ・のぶひで　明治38年1月25日〜昭和61年1月29日　石川県農協連会長，石川テレビ放送副社長　→83/87

横江 文幹　よこえ・ふもと　〜平成3年7月6日　松山地家裁所長　→91/93

横尾 和伸　よこお・かずのぶ　昭和24年9月22日〜平成10年4月1日　参議院議員(公明)　→97/99

横尾 和敬　よこお・かずよし　大正8年11月20日〜平成11年1月14日　日鉄不動産社長，ジャパンデベロプメント社長　→97/99

横尾 勝馬　よこお・かつま　〜平成7年1月7日　日本通運常務　→94/96

横尾 健一　よこお・けんいち　大正11年8月21日〜平成1年9月10日　日本無線専務，アロカ監査役　→88/90

横尾 健一　よこお・けんいち　昭和8年8月30日〜平成6年1月14日　大東銀行常務　→94/96

横尾 定視　よこお・さだみ　大正11年12月12日〜平成4年10月30日　神姫バス社長　→91/93

横尾 竜　よこお・しげみ　明治16年7月21日〜昭和32年1月7日　通産相，参院議員(民主自由党)，播磨造船社長　→昭和

横尾 誠吾　よこお・せいご　明治44年7月5日〜昭和62年1月27日　鹿島建設専務　→83/87

横尾 秀夫　よこお・ひでお　〜昭和58年4月14日　長崎市議会議長　→83/87

横尾 正二　よこお・まさじ　大正2年1月2日〜昭和62年10月6日　佐賀県議(自民党，佐賀市)，佐賀県食糧社長　→

横尾　正敏　よこお・まさとし　昭和3年2月3日〜平成20年2月29日　沖電気工業常務　→06/08

横尾　昌典　よこお・まさのり　昭和9年9月29日〜平成12年5月22日　長瀬産業常務　→00/02

横大路　虎彦　よこおおじ・とらひこ　昭和4年3月26日〜平成23年4月16日　松竹常務　→09/11

横川　止知　よこかわ・しち　明治45年5月1日〜平成1年6月5日　相模鉄道常務　→88/90

横川　重次　よこかわ・じゅうじ　明治27年11月9日〜昭和39年9月11日　衆院議員(自民党)　→昭和(よこかわ・しげじ)

横河　正三　よこがわ・しょうぞう　大正3年8月31日〜平成17年12月26日　横河電機社長　→03/05

横河　時介　よこがわ・ときすけ　明治29年4月9日〜昭和49年8月23日　横河電機製作所会長　→昭和

横川　敏雄　よこがわ・としお　大正2年9月23日〜平成6年5月1日　札幌高裁長官　→94/96

横川　信夫　よこがわ・のぶお　明治34年8月〜昭和50年11月10日　栃木県知事、参院議員(自民党)　→昭和

横川　陽五郎　よこがわ・ようごろう　明治37年3月7日〜平成14年8月31日　公証人　最高検検事　→00/02

横河　淑子　よこがわ・よしこ　〜平成1年3月31日　日米婦人協会副会長　→88/90

横川　嘉範　よこかわ・よしのり　昭和3年〜平成22年6月9日　東京都原爆被害者団体協議会会長　→09/11

横倉　喜一郎　よこくら・きいちろう　大正6年3月16日〜昭和60年11月24日　大阪府議(自民党、西)　→83/87

横倉　信之助　よこくら・のぶのすけ　明治36年10月29日〜昭和63年10月16日　佐久間製菓会長　→88/90

横倉　良夫　よこくら・よしお　明治40年11月9日〜昭和60年9月9日　栃木県中小企業団体中央会会長、宇都宮商工会議所副会頭、横倉商店社長　→83/87

横崎　二郎　よこざき・じろう　〜昭和18年9月11日　陸軍少佐　→昭和

横沢　新二郎　よこざわ・しんじろう　大正12年3月5日〜平成18年6月3日　山洋電気社長　→06/08

横沢　高雄　よこざわ・たかお　大正10年2月12日〜平成8年5月10日　リンタツ社長　→94/96

横沢　朝松　よこざわ・ともまつ　〜昭和43年7月10日　淀橋清運社長　→昭和

横沢　仁　よこざわ・まさし　〜昭和57年2月11日　名古屋国税局徴収部長、国進洋行監査役　→80/82

横嶋　則之　よこじま・のりゆき　〜平成13年10月23日　ルシアン常務　→00/02

横須賀　与四郎　よこすか・よしろう　大正11年5月15日〜平成9年11月24日　全国水産加工業協同組合連合会会長　→97/99

横瀬　清　よこせ・きよし　〜昭和55年5月9日　長崎日日新聞社取締役会長　→80/82

横瀬　庄次　よこせ・しょうじ　昭和12年1月8日〜平成18年1月26日　文部省生涯学習局長、新国立劇場運営財団常務理事　→06/08

横瀬　正義　よこせ・まさよし　〜昭和56年4月13日　日本金型工業会専務理事　→80/82

横関　政一　よこぜき・まさいち　明治40年12月10日〜平成10年12月8日　中央区長　→97/99

横田　愛三郎　よこた・あいさぶろう　明治26年4月15日〜昭和59年7月5日　山下汽船社長　→83/87

横田　昭夫　よこた・あきお　昭和16年11月24日〜平成20年2月12日　行田市長　→06/08

横田　絢子　よこた・あやこ　〜昭和62年7月4日　広島県連合婦人会会長　→83/87

横田　勲　よこた・いさお　昭和5年9月10日〜平成14年12月29日　牧師　日本基督教団大泉教会牧師　→03/05s

横田　礒治　よこた・いそじ　〜平成3年9月9日　和泉市長　→91/93

横田　市治　よこた・いちじ　昭和59年10月5日　日刊基督教通信社主幹　→83/87

横田　栄一　よこた・えいいち　大正14年6月25日〜平成14年1月22日　茨城県議(自民党)　→00/02

横田　栄治　よこた・えいじ　〜昭和56年3月16日　日魯毛皮監査役、元日魯漁業取締役　→80/82

横田　収　よこた・おさむ　大正11年9月22日〜昭和58年5月17日　イビデンエンジニアリング社長、イビデン電設工業社長　→83/87

横田　克巳　よこた・かつみ　〜平成4年3月4日　河北新報社取締役　→91/93

横田　勝行　よこた・かつゆき　昭和4年5月16日〜平成11年6月　ヨコタコーポレーション社長、徳島県経営者協会会長　→97/99

横田　桂　よこた・かつら　〜昭和57年12月23日　日清製油専務、播津製油専務　→80/82

横田　邦章　よこた・くにあき　大正7年3月17日〜昭和63年1月19日　大阪減速機製作所社長、大阪中小企業投資育成会社専務、中小企業金融公庫理事　→88/90

横田　憲介　よこた・けんすけ　大正9年5月11日〜平成11年3月8日　西山合名会長、トヨタビスタ高知会長　→97/99

横田　幸一　よこた・こういち　昭和7年4月27日〜昭和60年11月15日　横田精工専務　→83/87

横田　孝史　よこた・こうし　安政3年7月〜明治9年12月5日　衆院議員(憲政会)　→昭和(よこた・たかし)

横田　耕二　よこた・こうじ　大正14年3月1日〜平成18年9月7日　日東電気工業常務　→06/08

横田　郷助　よこた・ごうすけ　明治13年9月23日〜昭和6年10月11日　官僚　南洋庁長官　→昭和

横田　貞郎　よこた・さだお　明治41年5月23日〜平成5年12月29日　東レ常務　→91/93

横田 繁　よこた・しげる　～平成8年6月2日
サンウエーブ工業副社長　→94/96

横田 茂　よこた・しげる　大正4年3月31日～平成16年11月3日　神官，俳人　神社本庁長老，宝登山神社名誉宮司　→03/05

横田 忍　よこた・しのぶ　～昭和31年2月12日
豊橋市長　→昭和

横田 正造　よこた・しょうぞう　～平成22年11月12日
純心会代表　→09/11

横田 二郎　よこた・じろう　大正12年1月10日～平成16年6月26日　東京急行電鉄社長　→03/05

横田 甚太郎　よこた・じんたろう　明治40年3月16日～平成15年5月3日　社会運動家　衆院議員（共産党）　→03/05

横田 晴治　よこた・せいじ　昭和2年9月13日～平成5年5月3日　関西年金福祉協会理事長，年金福祉協会全国協議会会長　→91/93

横田 清蔵　よこた・せいぞう　明治19年4月～昭和39年6月11日　衆院議員（自由党）　→昭和

横田 静дивよこた・せいぞう　明治37年4月29日～昭和62年9月22日　弁護士　日弁連副会長　→83/87

横田 仙一　よこた・せんいち　昭和17年10月3日～平成6年10月4日　横田機械社長　→94/96

横田 仙太郎　よこた・せんたろう　～昭和61年3月4日
横田機械会長　→83/87

横田 善八郎　よこた・ぜんはちろう　明治33年10月1日～昭和63年9月7日　横善商店会長，塩釜地区機船漁業協組組合長　→88/90

横田 孝郎　よこた・たかお　昭和5年7月7日～平成4年12月13日　毎日新聞西部開発毎日オリコミ社長，毎日新聞取締役　→91/93

横田 郁　よこた・たかし　明治42年1月31日～昭和59年6月9日　第一勧業銀行初代頭取　→83/87

横田 隆　よこた・たかし　大正13年12月3日～平成23年6月8日　フジテレビ常務，テレビ熊本会長　→09/11

横田 工　よこた・たくみ　大正15年～平成11年11月4日
原爆資料保存会会長　→97/99

横田 武夫　よこた・たけお　明治37年4月8日～平成4年5月10日　朝日新聞社代表取締役，日本教育テレビ（のち全国朝日放送）社長　→91/93

横田 威　よこた・たけし　昭和8年10月21日～平成19年10月17日　コマツ専務　→06/08

横田 忠夫　よこた・ただお　明治33年5月15日～昭和15年10月3日　社会運動家　→昭和

横田 正　よこた・ただし　大正4年8月6日～平成13年2月14日　富士通ゼネラル社長　→00/02

横田 忠　よこた・ただし　～昭和31年2月12日
豊橋市長　→昭和

横田 辰三　よこた・たつぞう　明治42年6月10日～平成11年3月26日　マンテン創立　→97/99

横田 球生　よこた・たまお　昭和4年10月18日～平成14年11月6日　共同通信常務　→00/02

横田 千秋　よこた・ちあき　明治19年10月21日～昭和60年7月12日　日立製作所顧問・元常務　→83/87

横田 忠一郎　よこた・ちゅういちろう　明治35年2月10日～昭和63年6月5日　井上工業専務　→88/90

横田 勉　よこた・つとむ　大正8年4月1日～昭和61年1月25日　中央区社会福祉協議会（東京都）会長　→83/87

横田 藤太郎　よこた・とうたろう　大正15年2月12日～昭和63年12月28日　伊藤忠商事専務　→88/90

横田 友治郎　よこた・ともじろう　大正14年8月15日～平成1年1月12日　長野市会議長，長野電鉄参与　→88/90

横田 豊一　よこた・とよいち　～昭和30年8月7日
日航常務　→昭和

横田 豊一郎　よこた・とよいちろう　～昭和55年5月26日　陸軍中将　→80/82

横田 長光　よこた・ながみつ　～平成9年10月11日
北海道副知事　→97/99

横田 信夫　よこた・のぶお　明治43年4月13日～昭和53年5月12日　富士重工業社長　→昭和

横田 徳正　よこた・のりまさ　大正6年～平成4年10月24日　千代田紙業監査役　→91/93

横田 範之　よこた・のりゆき　大正11年3月12日～平成13年8月6日　ダイソー社長　→00/02

横田 一　よこた・はじめ　大正7年9月22日～平成4年1月4日　高知新聞社取締役，高知放送常務　→91/93

横田 初次郎　よこた・はつじろう　明治36年2月28日～平成2年8月15日　福岡県会議長（自民党）　→88/90

横田 春夫　よこた・はるお　大正9年1月15日～昭和62年6月11日　東洋羽毛工業社長　→83/87

横田 英男　よこた・ひでお　大正6年4月13日～平成15年7月21日　東京電力常任監査役　→03/05

横田 英彦　よこた・ひでひこ　大正7年5月19日～平成17年5月7日　東海ゴム工業副社長　→00/02

横田 弘臣　よこた・ひろおみ　昭和2年12月12日～平成11年7月20日　三信建設工業常務　→97/99

横田 弘　よこた・ひろし　大正5年11月18日～平成3年12月25日　駐スペイン大使　→91/93

横田 誠　よこた・まこと　大正5年10月20日～昭和60年5月31日　山陰中央テレビジョン放送取締役相談役，元関西テレビ放送常務　→83/87

横田 昌生　よこた・まさお　明治42年8月18日～平成10年4月18日　住金物産常務　→97/99

横田 昌子　よこた・まさこ　～平成22年2月10日
自治体問題研究所副理事長　→09/11

横田 政次　よこた・まさつぐ　大正3年10月24日～平成16年6月26日　東京都副知事　→03/05

横田 正人　よこた・まさと　～昭和55年8月12日
熊本県副知事　→80/82

横田 正俊　よこた・まさとし　明治32年1月11日～昭和59

横田 正文　よこた・まさふみ　昭和13年7月5日～平成20年9月3日　山梨中央銀行常務　→06/08

横田 万寿之助　よこた・ますのすけ　～昭和3年1月21日　実業家　→昭和

横田 松雄　よこた・まつお　～昭和57年7月24日　早良町(福岡県)町長　→80/82

横田 松寿　よこた・まつひさ　大正15年9月24日～平成7年10月7日　東京都高齢者事業振興財団常任理事　→94/96

横田 美枝　よこた・みえ　～平成20年3月　昭和区ボランティア連絡協議会会長　→06/08

横田 幹郎　よこた・みきお　昭和14年～昭和62年11月19日　ダンインテリア社長　→83/87

横田 光雄　よこた・みつお　大正6年7月20日～平成7年1月26日　三井生命保険常務　→94/96

横田 実　よこた・みのる　明治27年2月11日～昭和50年1月27日　産業経済新聞副社長　→昭和

横田 幸　よこた・みゆき　～昭和56年2月15日　福岡市西区北崎公民館長　→80/82

横田 宗典　よこた・むねのり　大正12年10月20日～平成2年1月7日　福島民報専務　→88/90

横田 康生　よこた・やすお　大正14年9月15日～昭和61年11月29日　富士ゼロックスオフィスサプライ社長　→83/87

横田 陽吉　よこた・ようきち　大正13年11月15日～平成7年12月7日　厚生省年金局長　→94/96

横田 芳郎　よこた・よしろう　～昭和47年4月12日　丸の内ホテル常務　→昭和

横田 米三郎　よこた・よねさぶろう　～昭和58年3月20日　古河電気工業常務,古河産業社長,銀栄商事専務　→83/87

横田 頼璋　よこた・よりあき　昭和2年1月25日～昭和58年2月5日　東京日産自動車販売常務　→83/87

横田 礼三　よこた・れいぞう　～昭和56年4月13日　淀川製鋼所常務　→80/82

横田 六郎　よこた・ろくろう　大正9年4月19日～昭和62年11月4日　成東インキ製造(株)社長　→83/87

横田地 巴　よこたじ・ともえ　～昭和43年1月24日　日地出版相談役　→昭和

横田地 庸一郎　よこたち・よういちろう　～昭和57年4月22日　サッポロ共栄会長,サッポロビール元宣伝部長　→80/82

横谷 暢広　よこたに・のぶひろ　～平成9年2月7日　光洋精工監査役,光洋電子工業社長　→97/99

横地 さだゑ　よこち・さだえ　明治37年9月6日～平成8年6月25日　愛知県議　→94/96

横地 秋二　よこち・しゅうじ　明治38年9月18日～平成8年1月21日　弁護士　→94/96

横地 節男　よこち・せつお　大正5年2月22日～平成16年3月17日　島津製作所社長　→03/05

横地 治男　よこち・はるお　明治45年3月10日～平成19年3月28日　講道学舎創設者,ダイニッカ社長　→06/08

横手 征夫　よこて・いくお　昭和14年1月2日～平成6年2月27日　横手館社長　福田赳夫元首相の秘書　→94/96

横手 賢一　よこて・けんいち　～昭和55年12月9日　伊香保町(群馬県)町長　→80/82

横手 幸助　よこて・こうすけ　昭和6年3月24日～平成13年11月15日　あさひ銀行会長,協和銀行頭取　→00/02

横手 義徳　よこて・よしのり　～昭和61年2月19日　ニッコー監査役,元兵庫県地方労働委員会使用者委員　→83/87

横浜 建吉　よこはま・けんきち　～昭和53年2月27日　アルゼンチン移住先駆者　→昭和

横浜 茂雄　よこはま・しげお　大正3年2月28日～平成12年7月10日　横浜鋼業創業者　→00/02

横浜 博　よこはま・ひろし　大正14年4月10日～平成4年11月13日　島田理化工業監査役　→91/93

横堀 正一　よこぼり・まさかず　昭和9年～平成20年1月14日　新社会党中央本部書記長,千葉高等学校教職員組合書記長　→06/08

横巻 茂雄　よこまき・しげお　～昭和5年5月6日　陸軍省軍務局徴募課長　→昭和

横幕 胤行　よこまく・たねゆき　大正2年6月20日～平成13年2月26日　弁護士　名古屋地検検事正,芦屋大学副学長　→00/02

横溝 準之助　よこみぞ・じゅんのすけ　大正3年3月10日～平成20年9月3日　弁護士　横浜地検検事正　→06/08

横溝 光暉　よこみぞ・みつてる　明治30年4月12日～昭和60年1月16日　内務官僚　岡山県知事,熊本県知事　→83/87

横溝 克己　よこみぞ・よしみ　大正13年5月12日～平成2年2月23日　参議院議員(税金党),早稲田大学理工学部工業経営学科教授　→88/90

横路 節雄　よこみち・せつお　明治44年1月2日～昭和42年6月14日　衆院議員(社会党)　→昭和

横道 唯人　よこみち・ただと　昭和6年4月8日～平成8年11月22日　新日本証券取締役,新日本証券調査センター常務　→94/96

横光 吉規　よこみつ・よしき　～昭和40年3月11日　浜松市長　→昭和

横村 繁　よこむら・しげる　～昭和55年3月14日　極洋捕鯨取締役　→80/82

横村 米太郎　よこむら・よねたろう　～昭和17年4月10日　大審院部長　→昭和

横森 光太郎　よこもり・こうたろう　大正11年8月3日～昭和63年10月21日　京三電線常務　→88/90

横矢 勲　よこや・いさお　明治36年7月4日～昭和61年2月25日　ビップフジモト会長　→83/87

I 政治・経済・社会篇　　　　　　　　　　　　　　　　　　　　　　　　　　　　　　　　　　　　よこやま

横谷 隆行　よこや・たかゆき　～平成11年5月25日　日本競馬施設社長,日本中央競馬会（JRA）常務理事　→97/99

横山 彰　よこやま・あきら　明治39年8月16日～昭和63年9月19日　東亜建設工業副社長　→88/90

横山 章　よこやま・あきら　明治7年1月～昭和13年4月14日　金沢商業会議所会頭,貴院議員（多額）,衆院議員　→昭和

横山 一郎　よこやま・いちろう　～平成5年7月28日　海軍少将　→91/93

横山 一平　よこやま・いっぺい　文久3年5月28日～昭和7年6月10日　実業家,政治家　東洋捕鯨社長,衆院議員（政友会）　→昭和

横山 偉和夫　よこやま・いわお　明治38年2月5日～平成1年11月14日　農林省北海道農業試験場次長　→88/90

横山 巌　よこやま・いわお　～昭和56年12月1日　風月堂会長　→80/82

横山 英一　よこやま・えいいち　昭和9年10月9日～平成14年4月15日　中央教育審議会委員,日教組委員長　→00/02

横山 栄二　よこやま・えいじ　明治44年1月5日～平成11年12月14日　三菱商事常務,三菱自動車販売会長　→00/02s

横山 華久郎　よこやま・かくろう　大正10年11月4日～平成12年7月4日　久月会長,日本人形協会名誉会長　→00/02

横山 和夫　よこやま・かずお　大正3年10月2日～平成11年5月13日　横須賀市長　→97/99

横山 一彦　よこやま・かずひこ　昭和14年1月4日～昭和63年2月14日　東洋証券取締役東海地区会・名古屋支店長　→88/90

横山 勝太郎　よこやま・かつたろう　明治10年11月15日～昭和6年5月12日　弁護士　衆議院議員（民政党）　→昭和

横山 勝義　よこやま・かつよし　大正5年2月11日～昭和63年6月7日　川崎重工業常務,交通機械協会会長　→88/90

横山 キク　よこやま・きく　～昭和57年12月11日　杉乃井ホテル副社長　→80/82

横山 喜三　よこやま・きぞう　～昭和55年11月3日　横山製作所会長　→80/82

横山 公雄　よこやま・きみお　～昭和38年7月26日　日本工業会長　→昭和

横山 清　よこやま・きよし　昭和5年6月16日～昭和63年12月26日　京浜精機製作所副社長　→88/90

横山 清松　よこやま・きよまつ　～昭和55年2月21日　グンゼ社長　→80/82

横山 欽一　よこやま・きんいち　昭和4年7月14日～平成16年12月23日　三菱銀行専務　→03/05

横山 金吾　よこやま・きんご　明治35年9月1日～昭和60年5月9日　伊藤忠商事常務,伊藤忠航空整備社長　→83/87

横山 金三郎　よこやま・きんざぶろう　明治41年10月13日～昭和60年8月27日　東洋鋼鈑相談役・元社長　→83/87

横山 国美　よこやま・くによし　大正2年5月5日～平成12年5月25日　第一中央汽船専務　→00/02

横山 けい　よこやま・けい　大正2年～平成15年5月15日　旅館経営　江差横山家当主　→03/05

横山 啓一　よこやま・けいいち　～平成11年11月10日　暮しの手帖社代表取締役　→97/99

横山 軒　よこやま・けん　明治40年7月31日～平成2年5月16日　三井東圧化学監査役　→88/90

横山 健一　よこやま・けんいち　大正3年9月21日～平成8年4月9日　横浜市議（自民党）　→94/96

横山 健一　よこやま・けんいち　昭和8年1月2日～平成18年1月29日　中部日本放送会長　→06/08

横山 健一　よこやま・けんいち　昭和7年2月2日～平成23年3月11日　リンテック副社長　→09/11

横山 健治　よこやま・けんじ　大正5年1月2日～平成12年6月4日　トーメン副社長　→00/02

横山 賢二　よこやま・けんじ　大正12年4月27日～平成20年1月26日　テレビ朝日副社長,日本ケーブルテレビジョン（JCTV）社長　→06/08

横山 亨吉　よこやま・こうきち　～平成3年12月2日　正興運輸倉庫（のち正興）会長,住友化学工業監査役　→91/93

横山 五郎　よこやま・ごろう　大正5年～平成10年6月9日　風月堂経営者　→97/99

横山 理子　よこやま・さとこ　昭和2年6月21日～昭和64年2月20日　多摩川の自然を守る会代表　→88/90

横山 三郎　よこやま・さぶろう　明治44年7月20日～平成11年4月20日　日本トランスシティ常務　→97/99

横山 繁蔵　よこやま・しげぞう　～平成2年7月15日　（医）十全会相談役　→88/90

横山 重遠　よこやま・しげとお　明治30年4月16日～昭和59年12月29日　（社）東京都モーターボート競走会幹事,NHK理事　→83/87（よこやま・しげとう）

横山 薫範　よこやま・しげのり　大正6年～昭和16年12月9日　海軍士官　海軍特務少尉　→昭和

横山 茂　よこやま・しげる　明治40年9月10日～昭和63年1月15日　横山製薬会長　→88/90

横山 治助　よこやま・じすけ　明治42年1月5日～平成4年8月17日　肥後銀行頭取　→91/93

横山 寿一郎　よこやま・じゅいちろう　昭和2年1月21日～平成16年12月21日　ユアサ産業社長　→03/05

横山 周一　よこやま・しゅういち　大正10年11月30日～平成10年9月17日　九州電力常務,大分共同火力社長　→97/99

横山 修一　よこやま・しゅういち　大正11年1月7日～平成6年10月24日　同和火災海上保険専務　→94/96

「現代物故者事典」総索引（昭和元年～平成23年）　　　　1339

横山 準蔵　よこやま・じゅんぞう　～昭和39年6月22日　東武百貨店専務　→昭和

横山 庄栄　よこやま・しょうえい　昭和10年7月23日～平成12年3月24日　日本エタノール社長、三菱化学常務　→00/02

横山 定雄　よこやま・じょうお　～昭和57年1月23日　真言宗大覚寺派54世管長、大覚寺門跡、華道嵯峨御流総裁　→80/82

横山 正三　よこやま・しょうぞう　大正3年3月6日～平成20年10月24日　群馬信用組合理事長　→06/08

横山 四郎右衛門　よこやま・しろうえもん　明治14年1月19日～昭和40年5月13日　北日本新聞社長　→昭和

横山 真治郎　よこやま・しんじろう　昭和5年8月10日～平成12年2月2日　トヨタエルアンドエフ大阪会長　→00/02

横山 甚三　よこやま・じんぞう　～平成5年11月15日　東洋鋼鈑常務　→91/93

横山 助成　よこやま・すけなり　明治17年1月1日～昭和38年3月27日　東京府知事、警視総監、貴院議員(勅選)　→昭和

横山 禅一　よこやま・ぜんいち　大正11年1月27日～平成12年1月20日　海上保安大学校長、海上保安庁第二管区海上保安本部長　→00/02

横山 宗一　よこやま・そういち　大正3年11月30日～昭和60年6月18日　東京銀行相談役・元頭取　→83/87

横山 宗延　よこやま・そうえん　明治29年1月12日～昭和60年10月7日　相馬市長　→83/87

横山 祖道　よこやま・そどう　明治40年～昭和55年6月16日　僧侶　→80/82

横山 孝雄　よこやま・たかお　大正7年8月17日～昭和59年4月7日　長崎県議　→83/87

横山 高輝　よこやま・たかてる　～平成4年3月16日　日通不動産常務　→91/93

横山 隆俊　よこやま・たかとし　明治9年9月25日～昭和8年12月19日　実業家、男爵　貴院議員　→昭和

横山 隆徳　よこやま・たかのり　大正11年9月1日～平成7年12月31日　弁護士　茨城県弁護士会長、茨城県人事委員長　→94/96

横山 隆正　よこやま・たかまさ　大正2年1月19日～平成3年10月1日　いすゞ自動車取締役　→91/93

横山 太喜夫　よこやま・たきお　～昭和44年11月11日　群馬銀行会長　→昭和

横山 卓三　よこやま・たくぞう　昭和2年8月7日～平成14年2月6日　JA福島五連副会長　→00/02

横山 達雄　よこやま・たつお　～平成5年7月18日　聖八王子病院理事長　→91/93

横山 龍雄　よこやま・たつお　大正5年1月3日～平成9年12月8日　高知市長　→97/99

横山 保　よこやま・たもつ　～昭和56年4月10日　横山製粉会長、横山食品取締役　→80/82

横山 次義　よこやま・つぎよし　～昭和60年11月15日　富山県厚生年金福祉協会高岡支部長　→83/87

横山 勉　よこやま・つとむ　大正13年11月4日～平成17年6月22日　岐阜県副知事　→03/05

横山 勉　よこやま・つとむ　明治42年12月25日～平成19年12月19日　伊達市長　→06/08

横山 健　よこやま・つよし　～昭和61年7月15日　大河原税務署長、横手税務署長　→83/87

横山 悌次　よこやま・ていじ　大正8年～平成5年1月2日　三菱地所専務　→91/93

横山 定助　よこやま・ていすけ　～昭和14年12月4日　栃木市長　→昭和

横山 徳三郎　よこやま・とくさぶろう　～平成1年12月15日　(社)朝日福祉協理事長、愛知県社会福祉協議会副会長　→88/90

横山 利秋　よこやま・としあき　大正6年10月10日～昭和63年11月1日　日ソ親善協会理事長、衆院議員(社会党)、国労書記長　→88/90

横山 俊郎　よこやま・としお　大正12年9月25日～平成14年7月22日　兵庫県総務部長　→00/02

横山 敏郎　よこやま・としお　明治32年12月19日～平成1年9月21日　大阪トヨタ自動車会長　→88/90

横山 富治　よこやま・とみじ　明治34年5月28日～昭和52年9月10日　労働運動家　→昭和

横山 豊秋　よこやま・とよあき　大正10年9月24日～平成23年9月27日　日本石油輸送社長　→09/11

横山 信毅　よこやま・のぶたけ　～昭和8年5月17日　大倉土木専務取締役　→昭和

横山 登　よこやま・のぼる　明治42年4月18日～平成1年6月29日　岐阜銀行取締役、愛知銀行取締役　→88/90

横山 初子　よこやま・はつこ　～平成11年1月22日　ウエルカムハウス日本代表　"原爆乙女"の世話役　→97/99

横山 秀　よこやま・ひで　明治32年6月4日～昭和59年2月25日　日本マイカ会長　→83/87

横山 英之　よこやま・ひでゆき　大正9年11月19日～平成18年1月2日　久保田鉄工副社長　→06/08

横山 宏明　よこやま・ひろあき　昭和11年12月30日～平成23年4月30日　三井不動産販売社長　→09/11

横山 浩樹　よこやま・ひろき　大正10年1月1日～平成5年11月18日　飛島建設副社長　→91/93

横山 弘輝　よこやま・ひろき　昭和16年3月31日～平成14年2月8日　東邦アセチレン専務　→00/02

横山 寛人　よこやま・ひろと　明治40年4月9日～平成11年4月29日　本渡市長、本渡中学校校長　→97/99

横山 福市　よこやま・ふくいち　大正10年6月15日～昭和61年6月8日　中野組会長　→83/87

横山 誠　よこやま・まこと　～昭和57年2月23日　(株)京三製作所元常任監査役　→80/82

横山 正明　よこやま・まさあき　～昭和41年　穂別村（北海道）村長　→昭和

横山 正夫　よこやま・まさお　～昭和62年9月2日　防衛大学校山岳会登攀隊長、陸上自衛隊幹部学校研究部所属　→83/87

横山 正夫　よこやま・まさお　～昭和63年6月16日　日本製粉常務、オーマイ社長　→88/90

横山 正一　よこやま・まさかず　大正1年8月18日～昭和62年1月23日　弁護士　第一東京弁護士会副会長、日弁連理事　→83/87

横山 真人　よこやま・まさと　昭和17年10月14日～平成20年2月25日　富山県議（社民党）　→06/08

横山 正治　よこやま・まさはる　大正8年～昭和16年12月9日　海軍少佐　岩田豊雄の小説「海軍」のモデル　→昭和

横山 正元　よこやま・まさもと　大正1年11月13日～昭和60年6月14日　鹿児島県議（自民党、川内）、川内市長　→83/87

横山 雅行　よこやま・まさゆき　昭和2年7月11日～平成8年2月9日　山一証券常務　→94/96

横山 正幸　よこやま・まさゆき　明治25年3月15日～昭和53年2月21日　ベトナム和平特派大使　→昭和

横山 復三郎　よこやま・またさぶろう　明治34年4月25日～昭和61年11月23日　三和銀行常務、帝人監査役　→83/87

横山 通明　よこやま・みちあき　昭和7年2月1日～平成1年9月24日　横山製薬社長　→88/90

横山 通夫　よこやま・みちお　明治33年1月25日～昭和58年5月12日　中部電力相談役　→83/87

横山 実　よこやま・みのる　昭和36年11月5日～平成4年8月14日　青森市長、青森テレビ社長　→昭和

横山 実　よこやま・みのる　明治42年8月4日～昭和63年1月12日　大阪教育図書会長、日本書籍出版協会理事　→88/90

横山 宗男　よこやま・むねお　昭和6年～平成12年6月27日　大井町（静岡県）町長　→00/02

横山 森雄　よこやま・もりお　大正15年5月7日～平成9年9月2日　神奈川産業人クラブ会長　→97/99

横山 康雄　よこやま・やすお　大正1年10月1日～平成10年9月7日　日新火災海上保険常務　→97/99

横山 康　よこやま・やすし　昭和23年8月2日～平成17年5月1日　イーストンエレクトロニクス常務　→03/05

横山 祐吉　よこやま・ゆうきち　明治38年1月2日～昭和53年1月26日　青少年運動家、日本ユースホステル協会名誉会長　→昭和

横山 勇元　よこやま・ゆうげん　～昭和27年4月22日　西部軍司令官　→昭和

横山 幸生　よこやま・ゆきお　明治40年10月10日～平成2年7月8日　日本貿易振興会監事　→88/90

横山 幸夫　よこやま・ゆきお　大正12年3月29日～平成15年4月27日　香川県議（社会党）　→03/05

横山 義男　よこやま・よしお　～昭和58年6月5日　大京観光相談役・元専務　→83/87

横山 淑夫　よこやま・よしお　大正9年1月2日～平成17年6月17日　カルピス食品工業社長　→03/05

横山 義則　よこやま・よしのり　大正12年10月24日～平成16年12月11日　安田火災海上保険専務　→03/05

横山 能久　よこやま・よしひさ　大正5年2月20日～昭和59年10月25日　日産自動車副社長　→83/87

横山 由文　よこやま・よしふみ　～昭和40年3月14日　新阪急ホテル常務　→昭和

横山 竜一　よこやま・りゅういち　明治36年9月14日～平成3年3月5日　太平洋火災海上保険社長、日本相互銀行（のち太陽神戸三井銀行）専務　→91/93

横山 隆治　よこやま・りゅうじ　～平成20年6月15日　荒川化学工業常務　→06/08

横山 良一　よこやま・りょういち　大正2年3月6日～平成7年2月5日　北日本印刷社長、北日本放送取締役相談役　→94/96

横山 渉　よこやま・わたる　大正10年12月2日～平成16年6月21日　土佐清水商工会議所会頭　→03/05

与謝野 健　よさの・けん　大正5年3月12日～平成3年5月26日　住友金属工業副社長、住金物流会長　→91/93

与謝野 秀　よさの・しげる　明治37年7月7日～昭和46年1月25日　外交官　駐イタリア大使、東京五輪組織委員会事務総長　→昭和

吉井 晃　よしい・あきら　明治34年7月11日～昭和61年8月23日　弁護士　日本弁護士連合会副会長、東京弁護士会会長　→83/87

吉井 勇　よしい・いさむ　昭和4年1月4日～平成5年12月7日　広島建設工業常務　→91/93

吉井 一次　よしい・いちじ　～昭和60年12月1日　吉井代表取締役　→83/87

吉井 修　よしい・おさむ　～昭和59年11月16日　ブラジル北海道協会会長　→83/87

吉井 和男　よしい・かずお　大正13年8月8日～平成23年11月19日　安川電機製作所副社長　→09/11

芳井 一夫　よしい・かずお　～平成14年2月6日　海軍技術少将　前畑造船会長　→00/02

吉井 一良　よしい・かずよし　大正4年8月25日～平成13年4月26日　石川県議（自民党）、石川県漁協連会長　→00/02

吉井 勝重　よしい・かつしげ　大正6年1月5日～昭和59年3月1日　横須賀信用金庫理事長　→83/87

吉井 金作　よしい・きんさく　～昭和57年7月18日　小島鉄工所監査役　→80/82

吉井 幸蔵　よしい・こうぞう　安政2年10月4日～昭和2年10月7日　海軍軍人、伯爵　貴院議員　→昭和

吉井 重雄　よしい・しげお　明治44年11月11日～平成

よしい

19年11月25日　住友金属工業副社長,住友精密工業社長　→06/08

吉井　滋　よしい・しげる　大正11年6月28日～平成19年1月23日　花月園観光常務,後楽園球場支配人　→06/08

吉井　泰次　よしい・たいじ　明治41年11月22日～平成13年10月4日　豊年製油社長,富士銀行常務　→00/02

吉井　卓　よしい・たかし　明治41年9月15日～平成10年9月21日　椿本興業専務　→97/99

吉井　武繁　よしい・たけしげ　～昭和62年1月6日　陸将　陸上自衛隊第五師団長　→83/87

吉井　匡明　よしい・ただあき　昭和9年5月17日～昭和63年12月25日　産経新聞東京本社媒体企画室長,行念寺住職　→88/90

吉井　公人　よしい・ただと　明治43年1月2日～平成4年5月5日　山口県議　→91/93

吉井　忠亮　よしい・ちゅうりょう　大正10年1月2日～平成6年7月30日　秋田県公安委員長,秋田県体育協会理事長　→94/96

吉井　友武　よしい・ともたけ　～昭和58年12月21日　ニチメン監査役,泉ທ銀行専務　→83/87

吉井　隆　よしい・のぼる　明治44年11月17日～平成19年7月2日　ソニー専務　→06/08

吉井　日吉　よしい・ひよし　大正13年11月1日～平成7年2月14日　福徳相互銀行常務,東洋テック社長　→94/96

吉井　弘　よしい・ひろし　昭和20年12月21日～平成19年1月18日　住友軽金属工業常務　→06/08

吉井　浩　よしい・ひろし　昭和2年9月15日～平成5年3月6日　鉄道弘済会理事長,国鉄常務理事　→91/93

好井　宏海　よしい・ひろみ　大正2年3月31日～昭和59年12月25日　国鉄常務理事,川崎ステーションビル社長　→83/87

吉井　文吉　よしい・ぶんきち　明治39年7月28日～平成17年7月19日　神奈川県出納長　→03/05

吉井　政吉　よしい・まさきち　明治43年8月22日～平成20年7月23日　静岡銀行取締役,焼津信用金庫会長,焼津商工会議所会頭　→06/08

吉居　増男　よしい・ますお　～昭和62年2月17日　川口化学工業専務　→83/87

吉井　幸夫　よしい・ゆきお　～昭和51年10月12日　セントラル硝子社長　→昭和

吉井　良隆　よしい・よしたか　大正10年11月26日～平成17年9月25日　神官　西宮神社宮司,皇学館大学文学部教授　→03/05

吉井　良地　よしい・よしただ　明治27年11月1日～昭和62年10月8日　神官　神社本庁長老,西宮神社名誉宮司　→83/87

吉井　良尚　よしい・よしひさ　～昭和55年11月18日　西宮神社前名誉宮司　→80/82

吉井　省己　よしい・よしみ　明治35年12月4日～平成4年3月31日　弁護士　新潟地裁判事　→91/93

吉家　英夫　よしいえ・ひでお　大正3年1月3日～平成14年8月18日　住友金属工業専務　→00/02

吉家　光夫　よしいえ・みつお　明治45年4月10日～昭和61年1月12日　建築技師　大成建設専務　→83/87

吉池　清　よしいけ・きよし　大正14年～平成23年11月12日　社会保険労務士　埼玉県社会保険労務士会会長　→09/11

吉池　治郎　よしいけ・じろう　～平成2年11月17日　日本紙パルプ商事監査役　→88/90

吉植　悟　よしうえ・さとる　～昭和39年12月8日　経企庁経済研究所長　→昭和

吉浦　浄真　よしうら・じょうしん　大正8年4月6日～平成12年1月9日　新潟県副知事,地方自治情報センター理事長　→00/02

吉浦　忠治　よしうら・ちゅうじ　大正15年7月16日～平成12年12月15日　衆院議員(公明党)　→00/02

吉江　石之助　よしえ・いしのすけ　慶応3年6月～昭和10年3月8日　陸軍中将　→昭和

吉江　勝保　よしえ・かつやす　明治33年4月～昭和45年9月17日　衆院議員(自由党),参院議員(自民党)　→昭和

吉江　恵昭　よしえ・けいしょう　～昭和56年11月28日　社会福祉事業振興会理事　→80/82

吉江　誠一　よしえ・せいいち　明治44年1月29日～平成12年5月17日　陸将　防衛庁陸上幕僚長　→00/02

吉江　経夫　よしえ・つねお　～平成4年10月17日　日本証券業協会常務理事　→91/93

吉江　洋　よしえ・ひろし　昭和5年9月17日～平成15年10月31日　三洋電機専務　→03/05

吉枝　信朗　よしえだ・しんろう　昭和9年7月31日～平成18年8月23日　富山県教育長　→06/08

由雄　元太郎　よしお・げんたろう　明治2年10月～昭和4年10月19日　貴院議員(多額)　→昭和(由尾元太郎 ゆお・げんたろう)

吉尾　直純　よしお・なおずみ　～平成13年7月15日　法務省四国少年院院長,四国学院大学教授　→00/02

吉岡　昭子　よしおか・あきこ　昭和13年10月8日～昭和58年12月24日　人事院給与局研究課長　→83/87

吉岡　晃　よしおか・あきら　～昭和52年7月11日　八海事件被告　→昭和

吉岡　章　よしおか・あきら　大正4年11月25日～平成11年10月9日　駐ノルウェー大使　→97/99

吉岡　一郎　よしおか・いちろう　大正7年11月13日～昭和59年10月4日　駐チェコスロバキア大使　→83/87

吉岡　英一　よしおか・えいいち　大正4年7月13日～平成11年8月22日　国税庁長官,日本開発銀行総裁　→97/99

吉岡　一夫　よしおか・かずお　大正1年11月24日～平成3年9月25日　カンボウプラス社長,朝日加工社長,大和紡績常務　→91/93

吉岡　一雄　よしおか・かずお　大正15年2月18日～昭和59年8月18日　全交運議長　→83/87

I 政治・経済・社会篇　よしおか

吉岡 喜一　よしおか・きいち　明治34年5月31日～平成1年12月30日　チッソ社長　水俣病事件　→88/90

吉岡 喜平　よしおか・きへい　～平成15年11月16日　虎ノ門書房社長　→03/05

吉岡 清栄　よしおか・きよえ　大正7年5月9日～平成9年5月29日　滝川市長　→97/99

吉岡 清　よしおか・きよし　大正4年12月10日～昭和60年6月12日　東洋運搬機取締役　→83/87

吉岡 金四郎　よしおか・きんしろう　大正3年10月20日～平成22年2月26日　狛江市長　→09/11

吉岡 邦夫　よしおか・くにお　昭和8年5月9日～平成5年4月23日　オルガノ常勤監査役　→91/93

吉岡 憲作　よしおか・けんさく　大正8年9月13日～昭和64年1月3日　佐use建設常務取締役　→88/90

吉岡 顕作　よしおか・けんさく　明治5年～昭和3年6月26日　陸軍中将　→昭和

吉岡 幸一　よしおか・こういち　明治36年3月22日～平成1年1月25日　東京銀行常務、日本銀行計理局長、豊年製油会長　→88/90

吉岡 鉱太郎　よしおか・こうたろう　～昭和55年2月15日　呉羽ゴム工業元社長　→80/82

吉岡 栄　よしおか・さかえ　明治39年6月19日～平成2年6月30日　日東紡績常務　→88/90

吉岡 貞吉　よしおか・さだきち　～昭和11年5月27日　日本鉛管製造所取締役　→昭和

吉岡 定美　よしおか・さだよし　明治44年7月25日～昭和59年1月17日　東京テアトル相談役・元社長　→83/87

吉岡 重三郎　よしおか・しげさぶろう　～昭和49年3月22日　東京テアトル会長　→昭和

吉岡 繁　よしおか・しげる　昭和9年7月21日～平成10年12月14日　大阪銀行常務　→97/99

吉岡 茂　よしおか・しげる　昭和13年1月22日～平成9年2月14日　福山通運常務　→97/99

吉岡 重三　よしおか・じゅうぞう　～平成2年2月28日　埼玉県議　→88/90

吉岡 順人郎　よしおか・じゅんたろう　大正3年4月16日～昭和63年6月10日　東京消防庁総務部長　→88/90

吉岡 二朗　よしおか・じろう　～平成12年8月9日　鉄道会館取締役、JR東日本取締役東京駅長　→00/02

吉岡 甚一郎　よしおか・じんいちろう　～平成6年6月19日　ニューナゴヤ観光会長、全国社交環境衛生同業組合連合会副会長　→94/96

吉岡 順　よしおか・すなお　明治45年3月20日～平成2年4月22日　池貝鉄工常務　→88/90

吉岡 善一　よしおか・ぜんいち　大正5年8月25日～平成3年10月12日　公認会計士　新電機監査役　→91/93

吉岡 善三郎　よしおか・ぜんざぶろう　明治44年9月11日～昭和59年3月5日　晴海船舶社長、新海運常任監査役　→83/87

吉岡 武　よしおか・たけお　～昭和58年10月12日　水戸工業協同組合事務局長　→83/87

吉岡 太十郎　よしおか・たじゅうろう　～昭和62年11月7日　新日本宗教団体連合会常任理事、祖神道教団会長　→83/87

吉岡 忠一　よしおか・ただかず　明治41年5月14日～平成12年9月5日　吉岡興業会長　→00/02

吉岡 格　よしおか・ただし　大正5年8月11日～平成2年1月19日　帝国石油会長　→88/90

吉岡 忠　よしおか・ただし　大正8年2月6日～昭和63年6月4日　日本電子工業振興協会専務理事　→88/90

吉岡 辰次郎　よしおか・たつじろう　昭和3年12月19日～平成8年7月13日　オリエントコーポレーション副会長　→94/96

吉岡 千代三　よしおか・ちよぞう　明治44年11月3日～平成4年11月18日　インドネシア石油社長、通産省軽工業局長　→91/93

吉岡 勉　よしおか・つとむ　～平成4年2月2日　富士紡績常務　→91/93

吉岡 照義　よしおか・てるよし　明治30年3月3日～昭和58年10月26日　ニューエンパイヤモーター会長　→83/87

吉岡 徳次　よしおか・とくじ　大正6年3月23日～平成17年2月16日　総評副議長　→03/05

吉岡 俊男　よしおか・としお　明治42年6月18日～平成10年11月27日　日本原子力発電副社長　→97/99

吉岡 俊夫　よしおか・としお　大正3年6月11日～平成1年10月29日　駐バチカン大使、駐シリア大使　→88/90

吉岡 豊樹　よしおか・とよき　大正14年2月17日～平成13年1月16日　斐川町（島根県）町長　→00/02

吉岡 述直　よしおか・のぶなお　～平成9年5月14日　大津地検検事正　→97/99

吉岡 範武　よしおか・のりたけ　～昭和44年7月15日　駐バチカン大使　→昭和

吉岡 八郎　よしおか・はちろう　昭和5年9月12日～平成14年10月13日　ユアサ商事副社長　→00/02

吉岡 初子　よしおか・はつこ　明治9年10月14日～平成17年4月21日　主婦連合会会長　→03/05

吉岡 範策　よしおか・はんさく　明治2年5月～昭和5年3月19日　海軍中将　→昭和

吉岡 久雄　よしおか・ひさお　大正8年6月13日～平成13年3月2日　ダイハツディーゼル常務　→00/02

吉岡 秀男　よしおか・ひでお　明治35年3月28日～平成7年5月8日　日本毛織常務　→94/96

吉岡 秀治　よしおか・ひではる　～平成3年5月22日　運輸省近畿運輸局鉄道部調整官　→91/93

吉岡 典男　よしおか・ふみお　昭和3年10月4日～平成12年9月20日　不二サッシ専務　→00/02

吉岡 文平　よしおか・ぶんぺい　大正9年8月5日～平成19年7月2日　電通副社長　→06/08

吉岡 平市郎　よしおか・へいいちろう　～昭和60年11月

30日　富山市蜷川自治振興会副会長　→83/87

吉岡　誠　よしおか・まこと　明治39年9月12日～平成3年2月11日　岩手県副知事、盛岡市長　→91/93

吉岡　政雄　よしおか・まさお　～昭和58年2月8日
市川商工会議所会頭、大信建設社長　→83/87

吉岡　正典　よしおか・まさつね　大正4年12月10日～平成5年1月1日　広島ホームテレビ専務、東京12チャンネル編成局次長　→91/93

吉岡　正人　よしおか・まさと　～昭和27年10月
傷痍軍人　初の100万円宝くじに当選　→昭和

吉岡　行雄　よしおか・ゆきお　昭和5年10月3日～平成10年12月9日　ダイダン専務　→97/99

吉岡　芳男　よしおか・よしお　～平成22年11月16日
出版時事社長　→09/11

吉岡　芳雄　よしおか・よしお　大正9年2月23日～平成2年3月11日　日本紙業取締役　→88/90

吉岡　由吉　よしおか・よしきち　明治44年3月26日～平成11年11月8日　石川県議　→97/99

吉岡　吉典　よしおか・よしのり　昭和3年5月16日～平成21年7月14日　参院議員（共産党）　→09/11

吉岡　龍太郎　よしおか・りゅうたろう　昭和10年～平成12年　総会屋　→00/02

吉賀　玄二郎　よしが・げんじろう　明治43年6月15日～平成6年8月18日　東芝タンガロイ常務　→94/96

吉開　治平　よしかい・じへい　大正12年1月13日～平成19年8月23日　北興化学工業専務　→06/08

吉兼　政秀　よしかね・まさひで　～昭和60年3月15日
全日本司厨士協会編集部長、元オリンパス光学工業取締役　→83/87

吉川　亮夫　よしかわ・あきお　明治19年7月～昭和29年11月2日　衆院議員（無所属倶楽部）　→昭和

吉川　日朋　よしかわ・あきとも　大正4年1月1日～平成13年11月28日　日立製作所専務　→00/02

吉川　郁夫　よしかわ・いくお　昭和18年11月17日～平成15年6月8日　トーヨーサッシ常務　→03/05

吉川　為久蔵　よしかわ・いくぞう　明治4年4月4日～昭和17年5月11日　海軍軍医中尉　→昭和

芳川　郁三　よしかわ・いくぞう　明治38年10月22日～平成1年2月5日　奈良県議　→88/90

吉川　育太郎　よしかわ・いくたろう　大正3年3月31日～平成5年7月12日　日刊工業新聞最高顧問・元社長、全国法人会総連合会長　→91/93

吉川　五美　よしかわ・いつみ　大正6年5月5日～昭和63年7月12日　中国新聞社顧問　→88/90

吉川　英吉　よしかわ・えいきち　～平成8年1月13日
日本化薬常務　→94/96

吉川　栄二　よしかわ・えいじ　昭和8年1月1日～平成2年5月19日　吉川紙商事（株）副社長、（株）宝洋監査　→88/90

吉川　悦加　よしかわ・えつろう　大正11年12月24日～

成15年9月11日　チッソ専務　→03/05

吉川　一昭　よしかわ・かずあき　昭和4年11月26日～平成15年11月27日　NOK常務　→03/05

吉川　一雄　よしかわ・かずお　明治43年7月7日～平成5年2月16日　奈良県議（自民党）　→91/93

吉川　和男　よしかわ・かずお　昭和4年11月1日～昭和62年1月20日　ミクロ技術研究所社長　→83/87

吉川　和雄　よしかわ・かずお　大正9年4月29日～平成3年3月24日　製鉄化学工業（のち住友精化）専務　→91/93

吉川　和邦　よしかわ・かずくに　昭和5年5月17日～平成3年　田辺製薬専務　→91/93

吉川　兼光　よしかわ・かねみつ　明治35年10月27日～昭和48年3月31日　衆院議員（民社党）　→昭和

吉川　寛吾　よしかわ・かんご　大正11年8月30日～平成6年2月18日　大阪高裁判事　→94/96

芳川　寛治　よしかわ・かんじ　～昭和31年9月29日
伯爵　→昭和

吉川　喜一　よしかわ・きいち　明治43年3月26日～昭和63年10月6日　日本ゼオン取締役、山陽モノマー社長　→88/90

吉川　喜一　よしかわ・きいち　大正11年1月31日～平成4年4月7日　池田銀行取締役　→91/93

吉川　喜一　よしかわ・きいち　大正3年8月27日～平成9年12月31日　YKK副社長　→97/99

吉川　恭平　よしかわ・きょうへい　昭和5年2月26日～平成5年10月7日　泉амар産社長、関西銀行常務　→91/93

吉河　清　よしかわ・きよし　明治33年～昭和56年12月11日　三井化学工業取締役　→80/82

吉川　啓示　よしかわ・けいじ　～平成18年1月3日
警察官、日本画家　→06/08

吉川　圭三　よしかわ・けいぞう　明治40年7月7日～平成12年11月29日　吉川弘文館会長　→00/02

吉川　健一　よしかわ・けんいち　明治43年6月5日～平成2年10月24日　（株）吉川印刷工業所会長、京都府印工組相談役　→88/90

吉川　浩次　よしかわ・こうじ　～平成8年4月14日
新潟県議、新潟県体育協会副会長　→94/96

吉川　耕三　よしかわ・こうぞう　大正15年7月12日～平成1年12月18日　中部原材料社長、全日本包装資材連合会副会長　→88/90

吉川　孝之進　よしかわ・こうのしん　明治36年9月15日～平成1年1月15日　大王製紙副社長　→88/90

吉川　小左衛門　よしかわ・こざえもん　～昭和61年4月28日　砺波市遺族会副会長　→83/87

吉川　小三郎　よしかわ・こさぶろう　～昭和58年8月28日　日産汽船副社長　→83/87

吉川　五郎　よしかわ・ごろう　明治35年10月18日～平成2年12月28日　丸紅常務、加地鉄工所社長、日伸製鋼社長　→88/90

吉川　貞雄　よしかわ・さだお　～昭和56年3月22日

野村貿易社長　→80/82

吉川 定　よしかわ・さだめ　大正1年9月4日～平成14年8月8日　東洋工業常務　→00/02

吉川 三郎　よしかわ・さぶろう　～昭和55年12月26日　農林漁業金融公庫理事　→80/82

好川 三郎　よしかわ・さぶろう　～昭和58年4月4日　橿原市長　→83/87

吉川 恵章　よしかわ・しげあき　大正13年3月4日～平成17年10月24日　三井金属鉱業常務　→03/05

吉川 繁男　よしかわ・しげお　～平成18年5月11日　農業　瓢湖のハクチョウおじさん　→06/08

吉川 重蔵　よしかわ・しげぞう　明治41年4月15日～平成4年10月29日　イスラエル大使　→91/93

吉川 繁　よしかわ・しげる　～昭和61年12月3日　内外インキ製造(株)代表取締役社長　→83/87

吉川 静男　よしかわ・しずお　大正15年11月14日～平成3年6月29日　吉川工業会長　→91/93

芳川 周二　よしかわ・しゅうじ　明治36年8月25日～平成4年3月3日　明光証券社長　→91/93

吉川 昇二郎　よしかわ・しょうじろう　～昭和15年2月17日　大阪営林局経営部長　→昭和

吉川 治右衛門　よしかわ・じもん　明治38年11月9日～昭和62年3月28日　滋賀県製薬相談役,滋賀県信用組合会長　→83/87

吉川 四郎　よしかわ・しろう　明治37年3月22日～昭和60年10月6日　京都西川相談役,西川ローズ社長　→83/87

吉川 真吉　よしかわ・しんきち　明治39年2月10日～昭和63年8月10日　三井不動産取締役,三井建設常務　→88/90

芳川 真二　よしかわ・しんじ　昭和10年11月18日～平成9年6月6日　川鉄商事取締役,トーセン会長　→97/99

吉川 信蔵　よしかわ・しんぞう　明治33年11月17日～昭和59年9月17日　伊藤忠商事常務　→83/87

吉川 真郎　よしかわ・しんろう　明治37年10月10日～昭和62年6月8日　日本生命保険専務,ヒガシ運送サービス社長　→83/87

吉川 末次郎　よしかわ・すえじろう　明治25年12月1日～昭和51年11月20日　参院議員(社会党)　→昭和

吉川 晋　よしかわ・すすむ　昭和43年1月18日　六興出版社社長　→昭和

吉川 進　よしかわ・すすむ　～昭和55年1月10日　神戸風月堂社長,全国和菓子協会副会長　→80/82

吉川 進　よしかわ・すすむ　大正5年1月10日～平成10年5月5日　森組専務　→97/99

吉川 清一　よしかわ・せいいち　明治35年10月23日～平成2年9月20日　清水建設相談役　→88/90

吉川 正高　よしかわ・せいこう　大正2年11月24日～平成4年12月31日　愛知県議(社会党・民社党)　→91/93

吉川 善左衛門　よしかわ・ぜんざえもん　明治42年3月30日～昭和55年2月25日　(株)ゼネラル相談役・元社長　→80/82

吉川 総一郎　よしかわ・そういちろう　明治38年9月17日～平成6年5月18日　東京海上火災保険常務,東亜火災海上再保険社長　→94/96

吉川 隆之　よしかわ・たかゆき　昭和6年3月23日～平成20年4月7日　ノリタケカンパニーリミテド常務　→06/08

吉川 剛夫　よしかわ・たけお　大正8年7月6日～平成9年3月31日　大林組常務　→97/99

吉川 武夫　よしかわ・たけお　明治45年4月27日～平成11年6月8日　ヤンマーディーゼル専務　→97/99

吉川 猛夫　よしかわ・たけお　明治45年3月7日～平成5年2月20日　海軍少尉　→91/93

吉川 竹蔵　よしかわ・たけぞう　～昭和61年1月21日　中央区(東京都)区議,元銀座連合町会長　→83/87

吉川 太兵衛　よしかわ・たへえ　～昭和58年2月6日　東京吉川商店社長　→83/87

吉川 太郎　よしかわ・たろう　大正11年1月8日～平成11年3月7日　協和醗酵工業副社長　→97/99

吉川 智慧丸　よしかわ・ちえまる　～昭和38年3月4日　日銀政策委員　→昭和

吉川 長次郎　よしかわ・ちょうじろう　明治44年11月17日～平成5年4月23日　日本セメント専務　→91/93

吉川 勉　よしかわ・つとむ　昭和14年5月13日～平成17年12月24日　滋賀県教育長,滋賀県体育協会理事長　→03/05

吉川 徳夫　よしかわ・とくお　～平成3年2月22日　三菱重工業取締役　→91/93

好川 徳太郎　よしかわ・とくたろう　～昭和57年5月10日　中部日本放送常務　→80/82

吉川 十四男　よしかわ・としお　～昭和30年8月1日　民成紡績社長　→昭和

吉川 利昌　よしかわ・としまさ　～平成2年4月16日　浦幌町(北海道)町長　→88/90

吉川 八郎　よしかわ・はちろう　大正10年4月20日～平成19年10月4日　山陽国策パルプ取締役　→06/08

吉川 治男　よしかわ・はるお　～平成3年8月20日　日本産業カウンセラー協会理事長　→91/93

由川 恒　よしかわ・ひさし　昭和7年12月16日～平成5年12月15日　共和レザー専務　→91/93

吉川 秀一　よしかわ・ひでかず　大正10年7月19日～平成1年10月1日　タカラスタンダード会長,タカラベルモント社長　→88/90

吉川 秀一　よしかわ・ひでかつ　明治39年6月15日～昭和62年1月27日　吉川葬儀社社長,へいあん互助会長,平安閣会長　→83/87

吉川 秀信　よしかわ・ひでのぶ　明治32年9月26日～昭和58年10月21日　タカラベルモント会長,タカラスタンダード取締役相談役・元社長　→83/87

吉川　博　よしかわ・ひろし　大正12年5月18日〜平成20年7月2日　参院議員(自民党)　→06/08

吉川　弘　よしかわ・ひろむ　大正14年6月22日〜平成12年11月15日　東洋建設専務　→00/02

吉川　藤雄　よしかわ・ふじお　大正3年2月1日〜平成1年6月14日　長野県議, 上郷町(長野県)町長　→88/90

吉川　平一　よしかわ・へいいち　明治39年4月3日〜昭和61年12月30日　新潟タクシー社長, 新潟市議　→83/87

吉川　正明　よしかわ・まさあき　明治40年8月16日〜平成1年11月1日　大同生命保険常務　→88/90

吉川　正男　よしかわ・まさお　大正6年2月8日〜平成9年8月18日　神鋼鋼線工業常務　→97/99

吉川　正雄　よしかわ・まさお　〜昭和45年8月19日　東洋製缶相談役・元社長　→昭和

吉川　正次　よしかわ・まさつぐ　〜昭和48年6月7日　千葉地検検事正　→昭和

吉川　幹夫　よしかわ・みきお　大正12年7月17日〜平成20年12月30日　東芝セラミックス常務　→06/08

吉河　光貞　よしかわ・みつさだ　明治40年1月16日〜昭和63年4月17日　弁護士, 広島高検社長　→88/90

吉川　守圀　よしかわ・もりくに　明治16年2月18日〜昭和14年8月24日　社会運動家　→昭和

吉川　雄輔　よしかわ・ゆうすけ　〜昭和30年1月23日　富士製鋼社長　→昭和

吉川　幸雄　よしかわ・ゆきお　昭和6年11月2日〜平成1年12月21日　進角テック取締役　→88/90

吉川　由己夫　よしかわ・ゆきお　明治43年3月21日〜平成5年10月4日　弁護士, 東京高裁判事　→91/93

吉川　洋司　よしかわ・ようじ　昭和15年8月15日〜平成17年1月19日　トーメン常務　→03/05

吉川　要次郎　よしかわ・ようじろう　〜平成3年4月18日　奈良県議　→91/93

吉川　良秋　よしかわ・よしあき　大正7年8月13日〜平成8年11月15日　三井金属鉱業副社長　→94/96

吉川　義雄　よしかわ・よしお　〜昭和57年4月23日　日本鉱業取締役　→80/82

吉川　美雄　よしかわ・よしお　大正11年8月26日〜平成8年3月2日　静岡第一テレビ副社長　→94/96

吉川　禎一　よしかわ・よしかず　昭和8年6月9日〜平成9年11月5日　アルメタックス専務　→97/99

吉川　芳郎　よしかわ・よしろう　大正15年10月16日〜平成3年8月11日　福岡地検検事正　→91/93

吉川　律城　よしかわ・りつじょう　〜平成4年10月23日　僧侶　真言宗東寺派管長　→91/93

好木　卓蔵　よしき・たくぞう　大正13年2月1日〜昭和61年10月3日　大放放送常務　→83/87

吉岐　益人　よしき・ますお　〜昭和59年6月17日　陸軍軍医少将　→83/87

吉木　豊　よしき・ゆたか　大正6年10月25日〜平成21年9月8日　徳倉建設副社長　→09/11

吉口　桂堂　よしぐち・けいどう　〜昭和62年12月27日　僧侶　瑞峰院住職, 臨済宗大徳寺派宗務総長　→83/87

吉国　一郎　よしくに・いちろう　大正5年9月2日〜平成23年9月2日　内閣法制局長官, プロ野球コミッショナー　→09/11

吉国　二郎　よしくに・じろう　大正8年6月11日〜平成9年9月5日　横浜銀行頭取, 大蔵事務次官　→97/99

吉倉　前誠　よしくら・ぜんかい　〜昭和60年5月28日　日蓮聖人銅像主管　→83/87

吉越　盛次　よしこし・もりつぐ　大正5年6月7日〜昭和60年11月21日　鹿島建設顧問・元常務　→83/87

吉阪　俊蔵　よしさか・しゅんぞう　明治22年9月10日〜昭和33年7月14日　商工組合中央金庫理事長, 国際労働機関(ILO)帝国事務所長　→昭和

芳坂　則行　よしさか・のりゆき　大正15年4月1日〜平成2年10月16日　山口県議(共産党, 下関)　→83/87

吉崎　巌　よしざき・いわお　〜昭和56年7月20日　空将　航空自衛隊幹部学校長, ダイキン工業顧問　→80/82

吉崎　巌　よしざき・いわお　大正12年11月1日〜平成4年10月13日　日貿出版社社長　→91/93

吉崎　修　よしざき・おさむ　大正14年3月12日〜平成21年6月16日　芦森工業専務　→09/11

吉崎　和雄　よしざき・かずお　大正8年3月9日〜平成7年1月20日　服部セイコー専務　→94/96

吉崎　鴻造　よしざき・こうぞう　大正2年3月26日〜平成19年1月9日　東洋鋼鈑社長　→06/08

吉崎　彰二　よしざき・しょうじ　〜昭和61年8月23日　大和銀行事務集中センター主任　→83/87

吉崎　貞一　よしざき・ていいち　大正13年5月8日〜平成17年11月28日　滋賀県出納長, びわ湖放送社長　→03/05

吉崎　徹　よしざき・とおる　大正14年11月20日〜平成8年3月4日　日本海洋掘削社長　→94/96

吉崎　秀　よしざき・ひいず　大正4年1月23日〜平成3年4月30日　トビー工業会長　→91/93

吉崎　芳雄　よしざき・よしお　〜昭和62年5月23日　全国厚生農協連合会専務理事　→83/87

吉沢　廉　よしざわ・きよし　明治42年12月17日〜平成4年6月16日　吉沢材木店会長, 小山商工会議所会頭　→91/93

吉沢　国男　よしざわ・くにお　明治36年5月29日〜昭和61年12月13日　日本車輌製造相談役　→83/87

芳沢　謙吉　よしざわ・けんきち　明治7年1月24日〜昭和40年1月5日　外交官　外相, 貴族議員(勅選)　→昭和

吉沢　悟　よしざわ・さとる　大正5年〜昭和58年10月1日　ケイラインエージェンシー社長　→83/87

吉沢　重之　よしざわ・しげゆき　大正13年5月16日〜昭和59年12月27日　日本工営副社長　→83/87

吉沢　淳一　よしざわ・じゅんいち　昭和4年1月19日〜平成2年5月5日　東急車輛製造常務　→88/90

吉沢 丈作　よしざわ・じょうさく　～昭和30年7月19日　日清製油相談役　→昭和

吉沢 四朗　よしざわ・しろう　明治41年5月14日～平成4年9月26日　東急車輛製造専務　→91/93

吉沢 四郎　よしざわ・しろう　～平成6年2月28日　茨城経済社社長,常陽ニューズ社社長,水戸市議　→94/96

吉沢 新作　よしざわ・しんさく　～昭和55年2月27日　近畿相互銀行相談役・元社長　→80/82

吉沢 末蔵　よしざわ・すえぞう　～平成6年1月15日　清水建設取締役　→94/96

芳沢 すが子　よしざわ・すがこ　～昭和2年1月27日　芳沢謙吉母堂　→昭和

吉沢 清次郎　よしざわ・せいじろう　明治26年2月6日～昭和53年4月2日　外交官　駐インド大使　→昭和

吉沢 武雄　よしざわ・たけお　明治37年10月17日～昭和61年3月6日　電電公社理事,日本通信サービス社長　→83/87

吉沢 彪　よしざわ・たけし　昭和12年9月14日～平成20年9月1日　いすゞ自動車常務　→06/08

吉沢 洸　よしざわ・たけし　大正1年10月26日～平成9年12月8日　NTN社長,日本銀行理事　→97/99

吉沢 孟次　よしざわ・たけつぐ　～昭和56年11月13日　電電公社愛知電気通信部長　→80/82

吉沢 時男　よしざわ・ときお　大正14年1月25日～平成10年4月18日　福田組専務　→97/99

吉沢 利夫　よしざわ・としお　大正15年3月5日～平成6年3月3日　日本銀行営業局長　→94/96

吉沢 仁太郎　よしざわ・にたろう　明治23年12月～昭和31年10月24日　衆院議員(民主党)　→昭和

吉沢 雄捷　よしざわ・はるかつ　大正4年11月1日～平成5年1月9日　日本不動産銀行(のち日本債券信用銀行)取締役,大成プレハブ常務　→91/93

吉沢 兵左　よしざわ・ひょうざ　大正15年6月29日～平成23年1月17日　吉沢石灰工業名誉会長,日本石灰協会会長　→09/11

吉沢 広司　よしざわ・ひろし　明治37年9月8日～平成3年7月26日　三菱商事専務　→91/93

吉沢 真澄　よしざわ・ますみ　昭和27年10月27日～平成22年6月21日　白根市議　→09/11

吉沢 幹夫　よしざわ・みきお　大正9年8月24日～平成9年3月8日　吉沢ビジネス・マシンズ会長　→97/99

吉沢 明　よしざわ・めい　昭和2年12月27日～平成20年8月27日　ひまわり乳業社長　→06/08

吉沢 茂渡司　よしざわ・もとじ　大正4年2月6日～平成1年3月12日　日本コロムビア常務　→88/90

吉沢 弥吾　よしざわ・やご　～昭和42年7月28日　農林省横浜生糸検査所長　→昭和

吉沢 義雄　よしざわ・よしお　明治34年7月21日～昭和59年3月16日　日本火災海上保険専務　→83/87

吉沢 由五郎　よしざわ・よしごろう　～昭和60年7月29日　大阪商船三井船舶監査役　→83/87

吉島 義子　よしじま・よしこ　大正4年8月16日～平成3年6月10日　吉島敷物会長　→91/93

吉津 丈夫　よしず・たけお　明治44年4月6日～平成6年8月5日　日本カーリット専務　→94/96

吉津 度　よしず・わたる　明治11年1月～昭和31年6月30日　衆院議員(政友会)　→昭和

吉塚 茂　よしづか・しげる　明治43年11月11日～平成12年5月23日　三菱建設常務　→00/02

吉塚 輝雄　よしづか・てるお　昭和3年3月4日～平成8年3月20日　福岡県議(自民党)　→94/96

吉塚 敏郎　よしづか・としろう　～昭和57年12月3日　住友化学工業常任監査役　→80/82

吉住 岩蔵　よしずみ・いわぞう　～昭和45年11月19日　大津商工会議所会頭,大津信金理事長　→昭和

吉住 重行　よしずみ・しげゆき　大正12年2月4日～平成16年6月20日　長崎県議(自民党)　→03/05

吉住 留五郎　よしずみ・とめごろう　明治44年2月9日～昭和22年8月10日　海軍特務機関員　インドネシア独立闘争に参加　→昭和

妙泉 宣正　よしずみ・のぶまさ　明治36年11月7日～昭和63年9月2日　日清紡常務　→88/90

吉栖 弘　よしずみ・ひろし　明治38年2月20日～昭和61年3月28日　(株)吉弘商会会長　→83/87

吉住 博行　よしずみ・ひろゆき　昭和6年6月15日～平成3年1月22日　小野田セメント常務　→91/93

吉角 誠　よしずみ・まこと　～昭和56年5月　障害者:元かやの木作業所勤務　→80/82

吉住 良輔　よしずみ・りょうすけ　～昭和38年2月18日　陸軍中将　→昭和

吉積 礼三　よしずみ・れいぞう　大正15年5月21日～平成15年11月28日　東洋建設副社長　→03/05

吉瀬 維哉　よしせ・しげや　大正11年7月4日～平成15年12月22日　大蔵事務次官,日本開発銀行総裁　→03/05

吉田 昭夫　よしだ・あきお　～平成11年3月31日　弁護士　→97/99

吉田 明男　よした・あきお　大正2年2月6日～平成1年7月25日　川崎設備工業取締役相談役　→88/90

吉田 昭年　よしだ・あきとし　昭和2年2月25日～昭和62年2月3日　東芝メディカル社長　→83/87

吉田 昭彦　よしだ・あきひこ　～昭和57年9月4日　明治生命保険取締役　→80/82

吉田 明弘　よしだ・あきひろ　～昭和61年3月1日　福岡市博多区旅館組合長　→83/87

吉田 昭　よしだ・あきら　昭和10年5月19日～平成22年2月21日　熊本家裁所長　→09/11

吉田 明　よしだ・あきら　大正13年2月22日～平成21年2月1日　部落解放同盟京都府連合会委員長,京都府商工会

よした　　　　　　　　　　　　　　　　　　　Ⅰ　政治・経済・社会篇

連合会会長　→09/11

吉田　篤司　よしだ・あつし　昭和9年9月3日～平成18年6月1日　三井金属専務　→06/08

吉田　安　よしだ・あん　明治23年2月～昭和50年3月5日　衆院議員(日本民主党)　→昭和(よしだ・やすし)

吉田　勲　よしだ・いさお　大正4年11月18日～平成8年10月12日　吉田鉄工所会長、前橋機械金属工業協同組合理事長　→94/96

吉田　建勲雄　よしだ・いさお　大正15年2月4日～平成10年7月28日　テレビ山口社長、宇部興産専務　→97/99

吉田　功　よしだ・いさお　大正12年2月23日～平成17年9月7日　花巻市長　→03/05

吉田　伊三郎　よしだ・いさぶろう　明治11年1月21日～昭和8年4月23日　外交官　→昭和

吉田　勇　よしだ・いさむ　～昭和59年7月1日　上組綿花運送常務　→83/87

吉田　石松　よしだ・いしまつ　明治12年5月10日～昭和38年12月1日　吉田がんくつ王事件の被告　→昭和

吉田　磯吉　よしだ・いそきち　慶応3年5月～昭和11年1月17日　衆院議員(立憲民政党)　→昭和

吉田　一太郎　よしだ・いちたろう　明治33年5月13日～平成1年6月14日　吉田ビルヂング会長、吉田興産会長　→88/90

吉田　一郎　よしだ・いちろう　～昭和55年1月25日　日本万国博覧会協会迎賓館長、関西大学評議員　→80/82

吉田　一郎　よしだ・いちろう　明治19年4月16日～昭和57年1月29日　保土谷化学工業社長　→80/82

吉田　一郎　よしだ・いちろう　大正3年11月15日～平成3年12月16日　札幌市会議長(自民党)　→91/93

吉田　逸郎　よしだ・いつお　明治43年2月1日～平成13年7月21日　松坂市長　→00/02

吉田　稲次郎　よしだ・いなじろう　大正2年5月25日～平成9年1月21日　日本気化器製作所社長　→97/99

吉田　岩吉　よしだ・いわきち　～昭和61年8月1日　吉田シャーリング代表　→83/87

吉田　巌信　よしだ・いわのぶ　大正12年～平成3年8月28日　僧侶　美唄市議　→91/93

吉田　丑蔵　よしだ・うしぞう　～昭和56年2月6日　磯谷村村長　→80/82

吉田　卯之吉　よしだ・うのきち　～昭和31年5月14日　南海電鉄常務　→昭和

吉田　卯之松　よしだ・うのまつ　～昭和57年8月26日　大成道路常務、青木建設常務　→80/82

吉田　栄一　よしだ・えいいち　～昭和59年1月17日　大日本製糖取締役　→83/87

吉田　英治　よしだ・えいじ　大正15年1月2日～平成11年9月13日　岩見沢市議、北海道議(社会党)　→97/99

吉田　英二　よしだ・えいじ　大正11年～昭和58年2月5日　ムトウ(衣料カタログ販売)常務　→83/87

吉田　永豊　よしだ・えいほう　～昭和62年2月8日　日本ウーロン茶センター代表取締役　→83/87

吉田　鉞太郎　よしだ・えつたろう　～昭和55年7月15日　海難審判理事所長　→80/82

吉田　円助　よしだ・えんすけ　明治22年12月20日～昭和46年4月15日　福井新聞社長、酒生村村長　→昭和

吉田　会喜　よしだ・かいき　～昭和58年3月13日　会喜産業会長　→83/87

吉田　嘉一郎　よしだ・かいちろう　～昭和44年1月6日　いすゞ自動車取締役　→昭和

吉田　確太　よしだ・かくた　明治35年3月17日～昭和51年3月1日　電源開発総裁、東京電力副社長　→昭和

吉田　景猷　よしだ・かげあき　昭和8年9月3日～平成1年5月15日　旭電化工業取締役　→88/90

吉田　一栄　よしだ・かずえ　～昭和55年2月16日　広島毎日広告社社長　→80/82

吉田　一夫　よしだ・かずお　昭和2年6月14日～平成21年11月17日　福井新聞専務　→09/11

吉田　一雄　よしだ・かずお　～平成18年10月8日　東海大学船舶管理室長・名誉顧問　→06/08

吉田　和夫　よしだ・かずお　明治44年1月2日～昭和61年2月26日　(株)岩井計算センター社長、日商岩井副社長　→83/87

吉田　和雄　よしだ・かずお　大正7年11月25日～平成9年9月20日　全国農協中央会常務理事　→97/99

吉田　勍夫　よしだ・かつお　大正12年1月5日～平成19年2月13日　山形放送社長　→06/08

吉田　勝二　よしだ・かつじ　～平成22年4月1日　長崎原爆の語り部　→09/11

吉田　勝治郎　よしだ・かつじろう　～平成5年11月17日　住友石炭鉱業取締役、関東特殊製鋼取締役　→91/93

吉田　勝亮　よしだ・かつすけ　大正12年3月24日～昭和61年4月12日　九州電力常務　→83/87

吉田　勝太郎　よしだ・かつたろう　明治16年4月5日～昭和45年10月22日　岐阜県知事、四日市市長　→昭和

吉田　勝之助　よしだ・かつのすけ　昭和16年8月9日～昭和63年3月21日　吉田鉄工所社長　→88/90

吉田　克己　よしだ・かつみ　～昭和57年4月17日　日産化学工業取締役　→80/82

吉田　鋹　よしだ・かなえ　明治40年11月21日～平成3年8月5日　吉田興業会長、北陸吉田興業会長、全国ビルメンテナンス協会副会長　→91/93

吉田　要　よしだ・かなめ　大正6年12月12日～平成2年11月3日　トーヨーカネツ取締役　→88/90

吉田　要　よしだ・かなめ　明治9年9月7日～平成10年9月29日　民主音楽協会代表理事　→97/99

吉田　兼治　よしだ・かねじ　明治36年8月26日～昭和46年6月19日　社会運動家　→昭和

吉田　兼孝　よしだ・かねたか　昭和13年3月12日～平成

12年5月14日　東京三菱銀行常務　→00/02

吉田 金忠　よしだ・かねただ　大正9年8月16日〜平成23年1月19日　男鹿市長　→09/11

吉田 亀太郎　よしだ・かめたろう　明治30年3月22日〜昭和61年7月6日　音羽電機工業会長、長谷川電機工業社長　→83/87

吉田 喜市　よしだ・きいち　大正9年11月29日〜平成22年2月13日　日本道路公団技師長、飛島建設副社長　→09/11

吉田 貴一　よしだ・きいち　昭和5年1月24日〜平成23年11月27日　パイオニア専務、ミュージックチャンネル社長　→09/11

吉田 喜右ヱ門　よしだ・きうえもん　〜昭和62年12月29日　日立造船取締役、福井機械社長　→83/87

吉田 喜久夫　よしだ・きくお　大正10年10月25日〜平成15年5月25日　駐フィジー大使　→03/05

吉田 喜三郎　よしだ・きさぶろう　明治32年2月15日〜昭和59年10月3日　平和不動産常務　→83/87

吉田 久松　よしだ・きゅうまつ　明治38年5月1日〜平成6年6月9日　吉田工業会長　→94/96

吉田 恭一　よしだ・きょういち　大正14年1月21日〜平成7年11月21日　有機合成薬品工業取締役相談役　→94/96

吉田 共佑　よしだ・きょうすけ　昭和8年3月14日〜平成21年8月27日　日本公社債研究所社長、日本経済新聞編集委員　→09/11

吉田 清風　よしだ・きよかぜ　明治12年5月〜昭和12年11月27日　子爵　貴院議員　→昭和（よしだ・せいふう）

吉田 喜代志　よしだ・きよし　〜平成15年1月8日　岩手農民大学副学長、岩手県農民運動連合会執行委員長　→03/05

吉田 潔　よしだ・きよし　大正15年〜昭和58年7月24日　第一中央汽船常務　→83/87

吉田 清　よしだ・きよし　昭和5年1月16日〜平成6年1月24日　弁護士　吉田法律事務所長、名古屋弁護士会会長　→94/96

吉田 清　よしだ・きよし　明治43年12月4日〜平成12年9月12日　公認会計士　石油資源開発常務　→00/02

吉田 清　よしだ・きよし　大正9年4月〜平成18年1月26日　東京美術倶楽部社長、赤坂水戸幸社長　→06/08

吉田 清志　よしだ・きよし　大正14年7月18日〜平成2年4月22日　全国競馬労働組合中央執行委員長　→88/90

吉田 聖　よしだ・きよし　大正12年9月26日〜平成19年3月29日　テレビ山口取締役報道制作局長　→06/08

吉田 聖　よしだ・きよし　大正15年11月19日〜平成19年4月22日　カトリック司祭　南山大学人文学部教授　→06/08

吉田 廉　よしだ・きよし　大正15年8月22日〜平成23年6月15日　富士宮市長　→09/11

吉田 清格　よしだ・きよただ　〜昭和44年6月4日　日本加工製紙社長　→昭和

吉田 清信　よしだ・きよのぶ　〜昭和44年9月18日

東洋インキ専務　→昭和

吉田 清実　よしだ・きよみ　大正12年8月2日〜平成20年7月8日　朝日新聞取締役　→09/11s

吉田 欣子　よしだ・きんこ　昭和8年8月8日〜平成11年2月24日　弁護士　大妻女子大学教授　→97/99

吉田 金次郎　よしだ・きんじろう　〜平成4年3月4日　鹿部村（北海道）村長　→91/93

吉田 金太郎　よしだ・きんたろう　〜昭和60年9月4日　赤軍派活動家　日航機よど号ハイジャック事件の赤軍派メンバー　→83/87

吉田 国夫　よしだ・くにお　大正10年10月12日〜平成2年7月2日　シーケーディ会長　→88/90

吉田 邦一　よしだ・くにかず　明治43年8月22日〜平成1年5月17日　参天製薬専務　→88/90

吉田 軍治　よしだ・ぐんじ　〜平成5年4月23日　九段建築設計事務所社長　→91/93

吉田 啓一　よしだ・けいいち　昭和12年11月20日〜平成17年3月31日　川崎近海汽船会長　→03/05

吉田 桂一郎　よしだ・けいいちろう　大正10年6月10日〜平成13年2月25日　ヨシダキネン会長、日本クロス圧延会長　→00/02

吉田 慶治　よしだ・けいじ　大正4年9月19日〜平成10年8月1日　神港魚類社長　→97/99

吉田 敬助　よしだ・けいすけ　明治41年1月6日〜昭和62年9月27日　阪神相互銀行副社長　→83/87

吉田 圭三　よしだ・けいぞう　大正10年5月12日〜昭和58年8月15日　フドウ研進専務、不動建設常務　→83/87

吉田 圭蔵　よしだ・けいぞう　〜昭和57年8月15日　金沢市助役、北陸鉄道社長　→80/82

吉田 敬太郎　よしだ・けいたろう　明治32年5月〜昭和63年7月28日　若松市長、衆議院議員（無所属）、バプテスト連盟牧師　→88/90

吉田 研一　よしだ・けんいち　大正5年1月7日〜平成6年6月22日　日本文教出版会長　→94/96

吉田 謙一　よしだ・けんいち　明治42年〜平成1年5月24日　大ова道路常務　→88/90

吉田 賢一　よしだ・けんいち　明治27年11月15日〜昭和57年6月11日　弁護士　衆院議員,民社党本部顧問　→80/82

吉田 健一郎　よしだ・けんいちろう　大正2年2月25日〜平成3年1月2日　駐ニュージーランド大使　→91/93

吉田 源応　よしだ・げんおう　嘉永2年6月10日〜昭和2年7月25日　僧侶, 社会事業家　天台座主、四天王寺管主　→昭和

吉田 賢吉　よしだ・けんきち　〜昭和44年1月22日　衆院外務委員会調査室長, 元ポルトガル大使　→昭和

吉田 憲二　よしだ・けんじ　〜平成1年10月24日　稚内市議・市会議長　→88/90

吉田 源治郎　よしだ・げんじろう　〜昭和59年1月8日

キリスト教社会運動家,牧師　→83/87

吉田 孝一　よしだ・こういち　〜昭和30年4月2日
　文部省調査局長　→昭和

吉田 弘一　よしだ・こういち　明治45年7月8日〜平成6年7月2日　愛知電機会長,中部電力副社長　→94/96

吉田 紘一　よしだ・こういち　昭和15年10月30日〜平成17年10月2日　住友生命保険社長　→03/05

吉田 宏岳　よしだ・こうがく　昭和2年3月22日〜平成18年1月9日　僧侶　八事山興正寺住職,日本介護福祉士養成施設協会副会長,愛知新城大谷短期大学教授　→06/08

吉田 孝吉　よしだ・こうきち　〜昭和57年6月17日
　岩手銀行会長　→80/82

吉田 公二　よしだ・こうじ　大正15年6月2日〜平成17年5月15日　日本下水道事業団理事長　→03/05

吉田 銅十郎　よしだ・こうじゅうろう　明治20年12月12日〜昭和16年7月28日　社会運動家　→昭和

吉田 浩象　よしだ・こうしょう　〜昭和64年1月6日
　日鉄鉱業専務　→88/90

吉田 耿介　よしだ・こうすけ　昭和17年11月18日〜平成16年12月30日　福井新聞社長　→03/05

吉田 幸文　よしだ・こうぶん　〜昭和63年5月8日
　(株)寿屋専務　→88/90

吉田 幸平　よしだ・こうへい　大正10年1月4日〜昭和62年1月19日　高見沢電機製作所常務　→83/87

吉田 浩明　よしだ・こうめい　〜昭和56年1月29日
　北九州市議・議長,全国市議会議長会会長　→80/82

吉田 悟堂　よしだ・ごどう　〜昭和42年8月28日
　日光社寺国宝修理彩色主任監督　→昭和

吉田 駒一　よしだ・こまぞう　明治43年4月10日〜平成3年12月9日　協同飼料社長　→91/93

吉田 秀　よしだ・さかり　昭和4年2月27日〜平成14年2月10日　岩手県議(自由党)　→00/02

吉田 佐四郎　よしだ・さしろう　大正4年3月1日〜平成23年5月8日　ライオン副社長　→09/11

吉田 節夫　よしだ・さだお　昭和5年1月2日〜平成17年1月7日　キッコーマン専務　→03/05

吉田 定雄　よしだ・さだお　〜昭和55年12月21日
　三菱銀行元常務　→80/82

吉田 禎男　よしだ・さだお　〜昭和59年1月6日
　サンケイ新聞社取締役,大阪新聞社取締役,サンケイビル監査役　→83/87

吉田 定次郎　よしだ・さだじろう　〜昭和61年9月11日
　北海道議　→83/87

吉田 智　よしだ・さとし　大正15年2月1日〜平成17年2月9日　日本油脂常務　→03/05

吉田 三郎　よしだ・さぶろう　〜昭和60年12月7日
　富士電工(株)代表取締役社長　→83/87

吉田 三郎　よしだ・さぶろう　明治40年6月21日〜昭和62年5月13日　日本化学工業協会常任理事　→83/87

吉田 三市郎　よしだ・さんいちろう　〜昭和28年1月6日
　弁護士　自由法曹団団長　→昭和

吉田 嗣延　よしだ・しえん　明治43年8月5日〜平成1年5月10日　沖縄協会専務理事　→88/90

吉田 重雄　よしだ・しげお　〜平成13年11月29日
　吉田牧場社長,北海道胆振軽種馬農業協同組合長　→00/02

吉田 茂雄　よしだ・しげお　大正2年2月2日〜昭和63年10月1日　深川製磁取締役　→88/90

吉田 茂雄　よしだ・しげお　明治33年9月6日〜平成10年6月2日　呉羽紡績専務,富山紡績会長　→97/99

吉田 重一　よしだ・しげかず　昭和13年2月13日〜平成15年10月21日　勝village建設常務　→03/05

吉田 茂三郎　よしだ・しげざぶろう　〜昭和30年4月29日　東亜石油副社長　→昭和

吉田 重延　よしだ・しげのぶ　明治42年2月14日〜平成1年8月7日　衆院議員(自民党)　→88/90

吉田 茂　よしだ・しげる　明治18年9月2日〜昭和29年9月　厚相,貴院議員(勅選),内閣調査局長官　→昭和

吉田 茂　よしだ・しげる　明治11年9月22日〜昭和42年10月20日　政治家,外交官　首相,自由党総裁,駐英大使　→昭和

吉田 茂　よしだ・しげる　〜昭和60年12月19日
　バブコック日立専務　→83/87

吉田 茂　よしだ・しげる　大正2年2月17日〜平成1年3月21日　ワダカルシウム製薬社長　→88/90

吉田 静江　よしだ・しずえ　大正7年8月17日〜平成9年7月22日　消費科学センター理事長　→97/99

吉田 静雄　よしだ・しずお　大正4年4月13日〜昭和59年3月11日　浜北市長　→83/87

吉田 閑　よしだ・しずか　〜昭和56年3月7日
　日本弁護士協同組合理事長　→80/82

吉田 実雄　よしだ・じつお　〜昭和60年7月25日
　墨田区(東京都)区議(共産党)　→83/87

吉田 秀映　よしだ・しゅうえい　明治37年8月6日〜昭和61年6月25日　四天王寺(和宗総本山)副住職,(学)四天王寺学園副理事長学監　→83/87

吉田 秀英　よしだ・しゅうえい　〜昭和61年4月18日
　東京都議　→83/87

吉田 重十郎　よしだ・じゅうじゅうろう　〜昭和63年2月12日　京南運送社長,大崎交通安全協会副会長　→88/90

吉田 俊一　よしだ・しゅんいち　昭和11年1月25日〜平成10年11月14日　総務庁東北管区行政監察局長　→97/99

吉田 俊二　よしだ・しゅんじ　〜平成3年6月18日
　吉田不動産社長,柏ローンテニスクラブ代表　→91/93

吉田 俊三　よしだ・しゅんぞう　〜昭和61年11月1日
　小西六写真工業取締役　→83/87

吉田 俊誉　よしだ・しゅんよ　大正10年3月〜平成18年10月12日　僧侶　長谷寺化主,真言宗豊山派管長　→06/08

吉田 彰一　よしだ・しょういち　〜昭和46年2月2日

北陸放送常務　→昭和

吉田 正一　よしだ・しょういち　〜昭和57年11月20日
日本原子力発電副社長、中部電力顧問　→80/82

吉田 正一　よしだ・しょういち　〜昭和63年3月4日
警察庁東北管区警察局長　→88/90

吉田 證司　よしだ・しょうじ　〜昭和61年3月22日
墨田区(東京都)京一曳舟町会長　→83/87

吉田 省三　よしだ・しょうぞう　明治34年6月〜昭和26年8月16日　衆院議員(自由党)　→昭和

吉田 章三　よしだ・しょうぞう　明治41年4月22日〜平成5年2月5日　昭和電工常務　→91/93

吉田 正三　よしだ・しょうぞう　大正15年7月19日〜平成8年12月19日　鴻池組常務　→94/96

吉田 庄太　よしだ・しょうた　〜昭和43年1月31日
電通常務　→昭和

吉田 昌平　よしだ・しょうへい　大正10年12月14日〜平成22年10月12日　吉田産業社長、青森朝日放送社長、八戸商工会議所会頭　→09/11

吉田 四郎　よしだ・しろう　明治43年9月27日〜平成9年12月18日　旭硝子常務　→97/99

吉田 次郎　よしだ・じろう　〜昭和59年7月17日
中央更生保護審査会委員　→83/87

吉田 愼　よしだ・しん　明治20年4月15日〜昭和40年6月12日　陸軍中将　満州電信電話総裁　→昭和

吉田 信一　よしだ・しんいち　〜昭和56年12月2日
千歳市議　→80/82

吉田 真一　よしだ・しんいち　〜昭和40年5月3日
住友信託銀行会長　→昭和

吉田 末男　よしだ・すえお　明治44年3月22日〜平成5年5月11日　長野県議(社会党)　→91/93

吉田 進　よしだ・すすむ　明治44年1月20日〜平成4年3月17日　大和証券副社長　→91/93

吉田 進　よしだ・すすむ　大正12年5月30日〜平成13年2月2日　アイワ名誉会長、ソニー副社長　→00/02

吉田 澄　よしだ・すみ　〜昭和59年2月19日
ガール・スカウト日本連盟会長　→83/87

吉田 角一　よしだ・すみかず　大正5年6月18日〜平成12年11月8日　大同生命保険専務、三和銀行取締役　→00/02

吉田 政治　よしだ・せいじ　〜昭和41年6月19日
東京日産自動車販売会長　→昭和

吉田 清治　よしだ・せいじ　大正14年10月28日〜平成6年9月11日　富山県議(自民党)　→94/96

吉田 清治　よしだ・せいじ　昭和7年8月20日〜平成18年1月27日　九州電力副社長　→06/08

吉田 清二　よしだ・せいじ　〜昭和38年8月9日
大日本蚕糸会会頭　→昭和

吉田 成寿　よしだ・せいじゅ　〜平成1年1月10日
足立町(のち志木市)町長　→88/90

吉田 清太郎　よしだ・せいたろう　文久3年7月1日〜昭和25年1月22日　千駄木教会牧師　→昭和(よしだ・きよたろう)

吉田 善一　よしだ・ぜんいち　〜平成5年1月31日
社台牧場会長　→91/93

吉田 千九郎　よしだ・せんくろう　〜平成5年5月25日
四日市市長　→91/93

吉田 善吾　よしだ・ぜんご　明治18年2月4日〜昭和41年11月14日　海軍大将　海相　→昭和

吉田 善治　よしだ・ぜんじ　大正8年11月7日〜平成11年12月24日　東洋クロス社長　→97/99

吉田 善三　よしだ・ぜんぞう　大正15年5月1日〜平成1年7月15日　第一電工取締役　→88/90

吉田 善哉　よしだ・ぜんや　大正10年5月3日〜平成5年8月13日　社台ファーム社長　→91/93

吉田 千恵　よしだ・せんり　〜平成9年6月20日
雪印乳業常務、雪印食品社長　→97/99

吉田 荘太郎　よしだ・そうたろう　明治38年4月17日〜平成1年7月29日　三井物産取締役　→91/93

吉田 泰一郎　よしだ・たいいちろう　明治43年9月7日〜平成13年7月29日　大和郡山市長　→00/02

吉田 大吉　よしだ・だいきち　大正3年11月15日〜平成7年3月21日　コニカ常務　→94/96

吉田 大介　よしだ・だいすけ　大正11年11月30日〜平成15年5月6日　三井松島産業社長　→03/05

吉田 高章　よしだ・たかあき　昭和3年2月4日〜平成8年1月12日　ブルボン社長　→94/96

吉田 孝雄　よしだ・たかお　〜昭和54年1月24日
富士重工社長　→昭和

吉田 敬　よしだ・たかし　昭和37年5月13日〜平成22年10月7日　ワーナーミュージック・ジャパン社長・CEO　→09/11

吉田 隆　よしだ・たかし　〜昭和56年3月1日
大日本水産会常務理事　→80/82

吉田 隆　よしだ・たかし　大正8年1月26日〜昭和59年9月23日　日本気化器製作所常務　→83/87

吉田 隆周　よしだ・たかちか　平成4年1月11日〜昭和61年5月1日　大豊建設副社長　→83/87

吉田 貴次　よしだ・たかつぐ　〜平成1年12月20日
吉田産業会長　→88/90

吉田 隆久　よしだ・たかひさ　昭和5年1月19日〜平成21年2月13日　YKK副社長　→09/11

吉田 耕　よしだ・たがやす　〜平成6年3月26日
共同カイテック相談役・元会長　→94/96

吉田 他吉　よしだ・たきち　〜昭和48年10月2日
石川テレビ取締役　→昭和

吉田 太吉郎　よしだ・たきちろう　〜昭和43年4月20日
関東管区警察局総務部長　→昭和

吉田 卓司　よしだ・たくじ　昭和15年5月18日〜平成11

よした

年7月8日　関東電子会長, 丸紅取締役　→97/99

吉田 巧　よしだ・たくみ　～昭和62年3月9日
宮城県労働衛生医学協会環境測定部長　→83/87

吉田 威雄　よしだ・たけお　明治42年5月21日～昭和62年2月21日　弁護士　内閣官房賞勲部長　→83/87

吉田 健男　よしだ・たけお　～平成3年3月13日
豊和工業取締役　→91/93

吉田 武夫　よしだ・たけお　～昭和26年12月21日
ライオン歯磨常務　→昭和

吉田 武夫　よしだ・たけお　～平成2年5月10日
港区助役　→88/90

吉田 武雄　よしだ・たけお　大正2年6月15日～平成13年9月12日　大日本木材防腐社長　→00/02

吉田 武三郎　よしだ・たけさぶろう　明治41年1月3日～昭和63年3月25日　墨田区会議長,(株)吉武会長　→88/90

吉田 猛　よしだ・たけし　明治45年5月16日～平成1年10月21日　丸吉グループ会長　→88/90

吉田 猛　よしだ・たけし　大正3年7月27日～平成10年10月12日　丸栄専務　→97/99

吉田 武俊　よしだ・たけとし　明治41年1月22日～昭和62年9月2日　日立家電販売社長　→83/87

吉田 武彦　よしだ・たけひこ　～昭和55年1月21日
三菱電機監査役　→80/82

吉田 武彦　よしだ・たけひこ　大正9年4月1日～平成8年5月12日　東海大学理学部化学科教授, 横浜ゴム常務　→94/96

吉田 武久　よしだ・たけひさ　明治39年5月3日～平成3年6月7日　神宮　神社本庁長老, 賀茂神社名誉宮司, 鳥取県神社庁長　→91/93

吉田 太三郎　よしだ・たさぶろう　～昭和60年12月7日
朝日新聞社監査役　→83/87

吉田 忠夫　よしだ・ただお　昭和10年9月5日～平成18年12月12日　上砂川町(北海道)町長　→06/08

吉田 忠雄　よしだ・ただお　明治41年9月19日～平成5年7月3日　吉田工業社長　→91/93

吉田 正　よしだ・ただし　明治29年10月20日～昭和44年8月19日　協同乳業創業者, 衆院議員(社会党)　→昭和

吉田 忠　よしだ・ただし　明治41年7月2日～平成11年7月9日　吉忠名誉会長　→97/99

吉田 忠志　よしだ・ただし　大正11年8月7日～平成21年8月22日　鳴門市長　→09/11

吉田 只次　よしだ・ただじ　大正10年12月4日～昭和38年8月23日　社会運動家　→昭和

吉田 忠正　よしだ・ただまさ　大正12年6月27日～平成11年10月22日　日産自動車常務, 日放社長　→97/99

吉田 忠好　よしだ・ただよし　～昭和57年7月15日
留萌管内遠別町議会議長　→80/82

吉田 達男　よしだ・たつお　昭和10年7月5日～平成10年

1月16日　参院議員(社会党), 岩美町(鳥取県)町長　→97/99

吉田 達男　よしだ・たつお　大正15年4月16日～平成12年8月18日　地域振興整備公団監事　→00/02

吉田 竜雄　よしだ・たつお　～昭和61年11月7日
新日本産業社長　→83/87

吉田 達郎　よしだ・たつろう　昭和4年9月6日～平成14年7月8日　共同通信取締役　→00/02

吉田 民次郎　よしだ・たみじろう　～昭和57年9月27日
尾西毛工副理事長, 吉尾毛織・吉田紡績会長　→80/82

吉田 為次　よしだ・ためじ　～昭和55年11月8日
三井化学工業常務　→80/82

吉田 保　よしだ・たもつ　大正14年11月18日～平成5年9月5日　山口県議　→91/93

吉田 太郎　よしだ・たろう　明治43年9月5日～昭和62年6月12日　弁護士　住友不動産監査役, 平和生命取締役　→83/87

吉田 丹一郎　よしだ・たんいちろう　～昭和48年8月25日　国連協会常任理事　→昭和

吉田 恒夫　よしだ・ちかお　大正12年1月21日～平成22年4月6日　石油資源開発常務　→09/11

吉田 忠一　よしだ・ちゅういち　～昭和62年8月4日
西広福岡営業局付部長, 西広社友会会長, 太宰府市榎寺区老人クラブ梅香会会長　→83/87

吉田 忠一　よしだ・ちゅういち　～平成5年10月22日
鳥取県知事, アジア石油常務, 共同石油常務　→91/93

吉田 忠三郎　よしだ・ちゅうざぶろう　明治32年8月5日～平成1年9月12日　川崎鶴見臨港バス専務　→88/90

吉田 忠三郎　よしだ・ちゅうざぶろう　大正6年8月4日～平成6年8月18日　労働運動家, 政治家　参院議員(社会党), 国労委員長　→94/96

吉田 直大　よしだ・ちょくだい　明治40年2月1日～昭和60年9月30日　国際航業相談役, 大電会長, 元ブリヂストン常務　→83/87

吉田 智朗　よしだ・ちろう　明治41年5月12日～平成15年4月13日　神官　湊川神社名誉宮司, 神社本庁長老　→03/05

吉田 嗣義　よしだ・つぐよし　大正7年～平成9年6月17日　(福)任運理事長　→97/99

吉田 勤　よしだ・つとむ　～昭和58年11月27日
弁護士　第一東京弁護士会副会長　→83/87

吉田 力　よしだ・つとむ　大正5年12月18日～平成6年1月24日　佐世保重工業常務　→94/96

吉田 恒夫　よしだ・つねお　大正5年10月9日～平成15年11月20日　明治乳業副社長　→03/05

吉田 恒臣　よしだ・つねおみ　～昭和44年11月16日
資生堂顧問　→昭和

吉田 常次郎　よしだ・つねじろう　明治24年1月18日～昭和55年4月12日　大審院判事　→80/82

吉田 恒美　よしだ・つねみ　～昭和57年4月17日

古河電気工業取締役　→80/82

吉田　剛　よしだ・つよし　大正3年7月4日～昭和62年2月25日　（財）日本立地センター顧問、東京通産局長　→83/87

吉田　都留太　よしだ・つるた　～平成21年6月23日　山梨県議　→09/11

吉田　貞吉　よしだ・ていきち　～昭和29年7月18日　住友化学社長　→昭和

吉田　定七　よしだ・ていしち　～昭和37年3月9日　日本伸銅前社長　→昭和

吉田　悌二郎　よしだ・ていじろう　明治36年3月24日～平成6年2月2日　日本原子力発電常務、麻布研修センター理事長、通商産業調査会会長　→94/96

吉田　哲夫　よしだ・てつお　大正15年5月25日～平成16年9月2日　日本フェンオール社長　→03/05

吉田　徹男　よしだ・てつお　明治45年2月20日～昭和60年10月30日　在インドネシア・メダン領事　→83/87

吉田　哲也　よしだ・てつや　大正11年9月29日～平成3年3月7日　筑邦銀行会長　→91/93

吉田　哲龍　よしだ・てつりゅう　～昭和60年11月1日　永森山常念寺第20世住職、志貴野幼稚園園長　→83/87

吉田　哲郎　よしだ・てつろう　明治40年2月19日～平成3年9月8日　東洋電機製造会長、三和銀行常務　→91/93

吉田　徹郎　よしだ・てつろう　大正5年1月1日～平成22年10月17日　住友化学工業常務　→09/11

吉田　輝雄　よしだ・てるお　～昭和61年8月5日　若松文化協会副会長　→83/87

吉田　照男　よしだ・てるお　～平成1年10月26日　丸和社長　→88/90

吉田　洞介　よしだ・とうすけ　明治36年8月15日～昭和63年3月1日　大阪証券金融社長、大阪財務局長　→88/90

吉田　道稔　よしだ・どうねん　大正2年～平成4年3月22日　僧侶　大正大学理事長、滝泉寺（目黒不動尊）貫主、天台宗宗機顧問　→91/93

吉田　亨　よしだ・とおる　昭和4年7月23日～平成9年10月8日　伊藤忠燃料会長　→97/99

吉田　透　よしだ・とおる　明治41年9月23日～平成6年3月7日　ハッピー化学工業会長　→94/96

吉田　得三　よしだ・とくぞう　明治41年12月14日～昭和59年3月4日　高槻市長　→83/87

吉田　敏明　よしだ・としあき　～昭和63年8月26日　警視庁生活経済課理事官　→88/90

吉田　俊男　よしだ・としお　大正2年11月11日～平成3年9月14日　山の上ホテル社長　→91/93

吉田　俊夫　よしだ・としお　～昭和63年1月1日　官界北陸通信社長　→88/90

吉田　俊雄　よしだ・としお　大正12年2月9日～平成10年2月6日　福花園種苗会長　→97/99

吉田　俊雄　よしだ・としお　明治42年5月7日～昭和18年12月　海軍中佐　→06/08

吉田　敏男　よしだ・としお　大正15年7月4日～平成9年7月1日　TXN九州会長　→97/99

吉田　利男　よしだ・としお　昭和6年9月21日～昭和61年9月3日　高砂香料工業取締役・東京研究所長　→83/87

吉田　利夫　よしだ・としお　明治39年10月10日～平成5年4月19日　品川化工会長　→91/93

吉田　寿隆　よしだ・としたか　大正9年6月15日～平成15年6月14日　帝人常務　→03/05

吉田　富三郎　よしだ・とみさぶろう　明治33年4月18日～昭和59年8月2日　東海銀行取締役、大和製缶副社長　→83/87

吉田　鞆明　よしだ・ともあき　明治21年12月～昭和30年9月20日　衆院議員（政友会）　→昭和（吉田　鞆作　よしだ・ともさく）

吉田　朝次郎　よしだ・ともじろう　～平成1年11月29日　名工建設社長　→88/90

由田　友太郎　よしだ・ともたろう　～昭和61年1月17日　由田商店店主、元富山市議　→83/87

吉田　豊信　よしだ・とよのぶ　明治44年4月30日～昭和59年7月21日　姫路市長　→83/87

吉田　豊彦　よしだ・とよひこ　明治6年12月1日～昭和26年1月10日　陸軍大将　→昭和

吉田　豊彦　よしだ・とよひこ　昭和3年4月27日～平成1年5月11日　ホテル百万石社長　→88/90

吉田　豊彦　よしだ・とよひこ　昭和4年11月10日～平成14年2月4日　兵庫県議（公明党）　→00/02

吉田　名保美　よしだ・なおみ　大正15年～昭和62年8月3日　吉田名保美事務所社長　→83/87

吉田　長雄　よしだ・ながお　大正11年10月31日～平成16年1月22日　駐スイス大使　→03/05

吉田　良雄　よしだ・ながお　昭和9年10月21日～平成16年1月21日　群馬銀行常務　→03/05

吉田　長俊　よしだ・ながとし　昭和9年2月18日～平成21年4月7日　加登長総本店社長　→09/11

吉田　長敬　よしだ・ながよし　慶応2年1月～昭和6年3月20日　実業家　→昭和

吉田　信夫　よしだ・のぶお　昭和6年6月16日～昭和63年6月3日　春日石油（株）代表取締役　→88/90

吉田　信邦　よしだ・のぶくに　大正1年9月14日～平成5年12月3日　日本不動産研究所名誉顧問、北海道東北開発公庫総裁、日本銀行政策委員　→91/93

吉田　信孝　よしだ・のぶたか　明治44年3月28日～平成2年8月4日　弁護士　東京高裁部総括判事、佐賀地・家裁所長、鹿児島地・家裁所長　→88/90

吉田　信行　よしだ・のぶゆき　大正7年2月8日～平成18年3月28日　旭光学工業専務　→06/08

吉田　昇　よしだ・のぼる　昭和9年5月5日～平成13年9月22日　会津交通グループ社長　→00/02

吉田　昇　よしだ・のぼる　昭和23年2月27日～平成17年7月18日　三栄コーポレーション常務　→03/05

「現代物故者事典」総索引（昭和元年～平成23年）　　**1353**

よした

吉田 登　よしだ・のぼる　大正5年11月11日〜平成11年7月15日　丸和会長　→97/99

吉田 典夫　よしだ・のりお　昭和4年〜平成1年3月28日　旭化成建築設計社長　→88/90

吉田 一　よしだ・はじめ　明治25年8月8日〜昭和41年9月17日　労働運動家　→昭和

吉田 肇　よしだ・はじめ　〜昭和54年5月27日　福岡高裁長官　→昭和

吉田 八三　よしだ・はちぞう　〜昭和60年12月9日　大阪機工社長　→83/87

吉田 八郎　よしだ・はちろう　〜昭和62年5月19日　資生堂名古屋販売専務　→83/87

吉田 初次郎　よしだ・はつじろう　〜昭和40年11月28日　大東紡前会長　→昭和

吉田 治雄　よしだ・はるお　昭和10年4月6日〜平成7年10月17日　テレビ朝日常務　→94/96

吉田 晴二　よしだ・はるじ　明治40年10月10日〜平成7年3月16日　大蔵省印刷局長、公正取引委員会委員　→94/96

吉田 春三　よしだ・はるぞう　〜平成4年7月17日　中央機工会長　→91/93

吉田 春敏　よしだ・はるとし　大正3年5月3日〜平成7年5月18日　リッカー社長　→94/96

吉田 春彦　よしだ・はるひこ　昭和2年4月15日〜平成1年11月14日　博報堂取締役　→88/90

吉田 晴保　よしだ・はるやす　大正14年2月5日〜平成21年1月3日　栃木県議(社会党)　→09/11

吉田 寿雄　よしだ・ひさお　大正10年8月19日〜平成2年10月8日　大妻学院常任理事、文部省大学局審議官　→88/90

吉田 久子　よしだ・ひさこ　大正14年3月17日〜平成13年2月23日　吉宗会長　→00/02

吉田 久　よしだ・ひさし　明治17年8月21日〜昭和46年9月20日　大審院部長判事、貴院議員(勅選)、中央大学名誉教授　→昭和

吉田 久　よしだ・ひさし　大正5年7月1日〜平成3年9月7日　夕張市長　→91/93

吉田 久博　よしだ・ひさひろ　〜昭和57年6月13日　日本伸銅会長　→80/82

吉田 久政　よしだ・ひさまさ　〜平成42年3月25日　吉田工業副社長　→昭和

吉田 秀尾　よしだ・ひでお　明治40年〜平成23年12月27日　女性運動家　ふるさとねっと吉田塾主宰　→09/11

吉田 秀雄　よしだ・ひでお　〜昭和28年8月21日　英国大使館顧問　→昭和

吉田 秀雄　よしだ・ひでお　明治36年11月9日〜昭和38年1月27日　広告経営者　電通社長　→昭和

吉田 秀次郎　よしだ・ひでじろう　大正6年9月17日〜平成8年12月15日　中国塗料専務　→94/96

吉田 秀弥　よしだ・ひでや　〜昭和30年11月16日　京成電鉄会長　→昭和

吉田 一　よしだ・ひとし　大正14年8月23日〜平成9年2月18日　読売テレビ放送専務　→97/99

吉田 弘明　よしだ・ひろあき　大正13年12月21日〜昭和61年7月22日　国際観光振興会理事　→83/87

吉田 広吉　よしだ・ひろきち　大正8年11月6日〜平成10年6月4日　群馬県議(自民党)　→97/99

吉田 寛　よしだ・ひろし　明治39年8月6日〜昭和19年3月17日　社会運動家　→昭和

吉田 宏　よしだ・ひろし　昭和11年3月27日〜平成12年5月16日　日本伸銅社長　→00/02

吉田 広　よしだ・ひろし　昭和2年11月1日〜平成3年10月10日　全日本錦鯉振興会理事長　→91/93

吉田 弘　よしだ・ひろし　昭和16年7月4日〜平成19年7月26日　福島県議(自民党)　→06/08

吉田 弘　よしだ・ひろし　昭和14年〜平成20年2月17日　ザ・ウィンザーホテルズインターナショナル顧問　→06/08

吉田 浩　よしだ・ひろし　明治45年3月20日〜平成3年10月9日　川崎製鉄副社長　→91/93

吉田 浩　よしだ・ひろし　昭和6年3月22日〜平成19年8月10日　古河総合設備社長、古河電気工業取締役　→06/08

吉田 博　よしだ・ひろし　〜昭和63年5月16日　(株)水交社常務取締役、北海道労働部長　→88/90

吉田 博士　よしだ・ひろし　〜昭和62年5月5日　ヨシダ社長　→83/87

吉田 博文　よしだ・ひろぶみ　〜平成13年5月27日　関東地区ろうあ団体連合会副理事長、東京都聴覚障害者連盟副理事長　→00/02

吉田 浩哉　よしだ・ひろや　〜昭和60年6月24日　関東電気通信局長、中央電気通信学園長　→83/87

吉田 博保　よしだ・ひろやす　大正3年〜平成13年11月26日　三井金属鉱業常務　→00/02

吉田 博義　よしだ・ひろよし　大正11年7月31日〜昭和59年12月10日　山鹿商工会議所顧問、(資)吉田酒造場代表社員、西日本新聞社秘書役　→83/87

吉田 冨士雄　よしだ・ふじお　大正13年7月5日〜平成2年7月28日　サントリー副社長、大蔵省関税局長　→88/90

吉田 文剛　よしだ・ふみかた　昭和6年11月3日〜平成12年3月22日　公正取引委員会事務局長　→00/02

吉田 文彦　よしだ・ふみひこ　大正9年8月5日〜平成16年6月8日　キッコーマン常務　→03/05

吉田 平太郎　よしだ・へいたろう　慶応3年9月23日〜昭和9年6月20日　陸軍中将　→昭和

吉田 法晴　よしだ・ほうせい　明治41年3月13日〜昭和56年1月19日　参院議員(社会党)、衆院議員、北九州市長　→80/82 (よしだ・みちはる)

吉田 誠　よしだ・まこと　昭和2年1月2日〜平成1年7月14日　兼松エレクトロニクス顧問、元常勤監査役　→88/90

吉田 誠　よしだ・まこと　明治41年2月19日～平成2年12月1日　日本曹達常務,帝国ダイカスト工業社長　→88/90

吉田 正朗　よしだ・まさあき　～平成9年12月2日　三菱重工工作機械常務　→97/99

吉田 政一　よしだ・まさいち　昭和3年12月8日～平成13年10月20日　北海道議(自民党)　→00/02

吉田 政雄　よしだ・まさお　明治37年1月8日～昭和63年11月12日　亀田市長　→88/90

吉田 正雄　よしだ・まさお　～昭和59年7月5日　弁護士　大阪高裁判事,徳島地検検事正　→83/87

吉田 正雄　よしだ・まさお　明治33年6月30日～平成5年1月9日　旭川トヨペット代表取締役会長,旭川方面公安委員長　→91/93

吉田 正雄　よしだ・まさお　大正12年3月25日～平成21年1月16日　衆議院議員(社会党)　→09/11

吉田 正勝　よしだ・まさかつ　明治44年2月5日～昭和61年1月25日　大分共同火力相談役,九州電力常務　→83/87

吉田 真幸　よしだ・まさき　昭和9年11月11日～平成20年11月7日　野村証券副社長,日本合同ファイナンス社長　→06/08

吉田 正樹　よしだ・まさき　大正14年2月3日～平成5年2月6日　三菱油化社長　→91/93

吉田 政五郎　よしだ・まさごろう　～昭和57年5月25日　日本カーリット専務　→80/82

吉田 正次　よしだ・まさつぐ　～平成8年11月26日　日本軽金属常務　→94/96

吉田 正輝　よしだ・まさてる　昭和7年3月26日～平成23年2月7日　大蔵省銀行局長,日本銀行理事,兵庫銀行頭取　→09/11

吉田 正人　よしだ・まさと　大正15年3月13日～平成2年8月11日　福井県会議長(自民党)　→88/90

吉田 正直　よしだ・まさなお　明治36年7月30日～昭和59年9月19日　島津製作所専務　→83/87

吉田 正信　よしだ・まさのぶ　～昭和49年11月16日　河合製薬会長　→昭和

古田 雅彦　よしだ・まさひこ　昭和16年8月21日～平成18年11月17日　三菱製紙専務　→06/08

吉田 正文　よしだ・まさふみ　大正14年5月16日～昭和58年12月11日　大和工業監査役,しらさぎ社長　→83/87

吉田 正実　よしだ・まさみ　～昭和56年12月9日　日鉄鉱業名誉顧問　→80/82

吉田 正弥　よしだ・まさや　大正10年～平成12年4月13日　多木化学専務　→00/02

吉田 増郎　よしだ・ますじろう　～昭和17年3月14日　海軍中将　→昭和

吉田 益三　よしだ・ますぞう　明治28年8月21日～昭和42年2月11日　国家主義運動家　→昭和

吉田 又次郎　よしだ・またじろう　明治43年12月15日～平成7年5月19日　第一屋製パン専務　→94/96

吉田 又彦　よしだ・またひこ　明治45年1月8日～平成1

年7月17日　肥後銀行常務,宝興業社長　→88/90

吉田 松樹　よしだ・まつき　明治32年10月30日～昭和61年11月3日　吉田養魚場会長,日本観賞魚振興会名誉会長　→83/87

吉田 松太郎　よしだ・まつたろう　明治33年6月17日～平成7年1月28日　オリエンタル酵母工業常務　→94/96

吉田 学　よしだ・まなぶ　昭和2年2月24日～平成23年6月7日　海将　防衛庁海上幕僚長　→09/11

吉田 衛　よしだ・まもる　大正2年～平成6年10月30日　ちぐさマスター　→94/96

吉田 希夫　よしだ・まれお　大正6年10月4日～平成9年2月18日　近江兄弟社社長　→97/99

吉田 万次　よしだ・まんじ　～昭和33年12月21日　参院議員(無所属)　→昭和

吉田 瑞雄　よしだ・みずお　昭和9年1月27日～平成7年7月26日　千葉三越社長　→94/96

吉田 貢　よしだ・みつぐ　大正4年12月1日～昭和63年6月24日　大成火災海上保険監査役　→88/90

吉田 光治　よしだ・みつじ　～平成23年3月5日　東和薬品専務　→09/11

吉田 光太郎　よしだ・みつたろう　明治38年3月16日～昭和60年10月25日　東亜道路工業専務　→83/87

吉田 満晴　よしだ・みつはる　大正14年2月14日～昭和61年4月16日　折衝建設社長　→83/87

吉田 満穂　よしだ・みつほ　大正6年11月22日～平成21年7月7日　牧師　日本キリスト教団高知教会牧師　→09/11

吉田 三七雄　よしだ・みなお　明治44年6月22日～平成3年8月11日　朝日放送取締役　→91/93

吉田 実　よしだ・みのる　明治35年6月19日～昭和56年9月27日　日新製鋼社長　→80/82

吉田 実　よしだ・みのる　明治43年3月19日～昭和57年11月16日　参議院議員(自民党),富山県知事　→80/82

吉田 実　よしだ・みのる　大正14年5月29日～平成11年10月11日　大阪ガス常務　→97/99

吉田 実　よしだ・みのる　昭和2年8月9日～平成13年7月12日　郵政省首席監察官,松下通信工業専務　→00/02

吉田 実　よしだ・みのる　大正13年7月29日～平成22年1月28日　いすゞ自動車専務　→09/11

吉田 登　よしだ・みのる　大正1年12月5日～昭和62年3月10日　関西電力技術最高顧問,動力炉核燃料開発事業団理事長　→83/87

吉田 稔　よしだ・みのる　～昭和62年3月6日　J&J(株)総合チーフ　→83/87

吉田 稔　よしだ・みのる　～平成2年12月11日　島根県警本部長,中部管区警察局公安部長　→88/90

吉田 稔　よしだ・みのる　大正6年8月11日～平成7年1月18日　アイワ取締役　→94/96

吉田 稔　よしだ・みのる　大正6年11月5日～平成12年9月1日　東京放送社長,TBSブリタニカ社長　→00/02

吉田 茂一　よしだ・もいち　〜昭和62年4月4日
　吉田実業社長　→83/87

吉田 百亮　よしだ・ももすけ　〜昭和60年8月26日
　古野電気取締役　→83/87

吉田 守夫　よしだ・もりお　大正14年2月17日〜平成13年7月16日　フジ社長　→00/02

吉田 安一　よしだ・やすいち　〜昭和55年9月22日
　電気化学専務、成瀬証券社長　→80/82

吉田 保雄　よしだ・やすお　昭和8年12月1日〜平成18年4月27日　キヤノン販売専務　→06/08

吉田 弥助　よしだ・やすけ　〜昭和60年12月18日
　日赤福岡県支部事務部長　→83/87

吉田 恭　よしだ・やすし　大正8年5月11日〜平成11年4月27日　新潟日報専務　→97/99

吉田 泰規　よしだ・やすのり　大正15年11月15日〜昭和63年9月17日　全国医薬品小売商業連合会副会長、愛知県薬業協同組合理事長　→88/90

吉田 保之　よしだ・やすゆき　〜平成17年11月2日
　弁護士　→03/05

吉田 雄市　よしだ・ゆういち　明治44年1月11日〜平成10年9月29日　東和薬品創業者　→97/99

吉田 雄次郎　よしだ・ゆうじろう　大正14年11月15日〜平成2年12月8日　第一物流社長、第一製薬取締役　→88/90

吉田 雄二郎　よしだ・ゆうじろう　大正3年9月9日〜平成11年11月22日　東京銀行常務　→97/99

吉田 裕信　よしだ・ゆうしん　昭和4年12月18日〜平成10年12月3日　僧侶　仁和寺（真言宗御室派総本山）46世門跡・御室派管長　→97/99

吉田 勇蔵　よしだ・ゆうぞう　〜昭和53年2月1日
　南日本新聞社長　→昭和

吉田 雄三　よしだ・ゆうぞう　大正5年8月8日〜平成4年1月25日　山陰合同銀行相談役　→91/93

吉田 幸雄　よしだ・ゆきお　〜昭和56年9月29日
　西部リトレッドセンター社長、防府商工会議所副会頭　→80/82

吉田 雪子　よしだ・ゆきこ　〜昭和16年10月
　吉田茂元首相の妻　→昭和

吉田 行範　よしだ・ゆきのり　大正2年1月1日〜平成12年6月26日　NHK交響楽団理事長,NHK専務理事　→00/02

吉田 之久　よしだ・ゆきひさ　大正15年12月4日〜平成15年3月24日　衆院議員（民社党）、参院議員（民主党）　→03/05

吉田 豊　よしだ・ゆたか　〜昭和55年5月22日
　最高裁判事　→80/82

吉田 豊　よしだ・ゆたか　大正3年3月13日〜平成15年10月18日　旭電化工業社長　→03/05

吉田 裕　よしだ・ゆたか　平成14年10月30日〜平成8年1月8日　橋本市農協組合長、和歌山県農協中央会会長　→

吉田 陽吉　よしだ・ようきち　大正5年12月15日〜平成3年11月6日　東芝専務　→91/93

吉田 要作　よしだ・ようさく　嘉永3年12月11日〜昭和2年12月16日　外交官　鹿鳴館館長　→昭和

吉田 要治　よしだ・ようじ　〜平成8年6月14日
　ホクレン会長　→94/96

吉田 羊治郎　よしだ・ようじろう　明治4年2月〜昭和14年11月11日　衆院議員（正交倶楽部）　→昭和

吉田 要三　よしだ・ようぞう　明治39年7月21日〜昭和63年12月29日　鉄道機器会長、日本経営者団体連盟常任理事　→88/90

吉田 義明　よしだ・よしあき　明治44年11月9日〜平成12年11月24日　小松建設工業社長、コマツ常務　→00/02

吉田 嘉雄　よしだ・よしお　明治39年3月17日
　北海道炭礦汽船会長　→昭和

吉田 義男　よしだ・よしお　昭和3年8月21日〜平成22年9月21日　新建築社社長　→09/11

吉田 義雄　よしだ・よしお　〜昭和55年5月2日
　朝日新聞尾張町専売所長、元朝日新聞販売株式会社社長　→80/82

吉田 義雄　よしだ・よしお　〜昭和58年5月1日
　大阪機工監査役、元大和銀行専務　→83/87

吉田 良雄　よしだ・よしお　〜昭和48年6月17日
　富士興産社長　→昭和

吉田 芳和　よしだ・よしかず　昭和5年10月26日〜平成19年5月25日　滋賀銀行専務　→06/08

吉田 芳二郎　よしだ・よしじろう　大正12年〜平成13年5月9日　バーテンダー　吉田バー経営　→00/02

吉田 節武　よしだ・よしたけ　〜昭和44年7月16日
　駐バチカン大使　→昭和

吉田 義輝　よしだ・よしてる　〜昭和18年12月22日
　富国徴兵保険社長　→昭和

吉田 義人　よしだ・よしと　〜昭和37年2月26日
　新三菱重工業社長　→昭和

吉田 良直　よしだ・よしなお　〜昭和42年7月3日
　日本放送出版協会副社長　→昭和

吉田 吉平　よしだ・よしへい　明治43年9月25日〜昭和62年7月20日　新潟県議,日本野球連盟新潟県支部長　→83/87

吉田 義正　よしだ・よしまさ　大正13年3月10日〜平成8年10月25日　岩手県議（新進党）　→94/96

吉田 従教　よしだ・よりのり　大正3年10月30日〜平成13年11月8日　日本合成ゴム専務　→00/02

吉田 隆吾　よしだ・りゅうご　大正13年9月8日〜平成6年6月17日　第一セメント社長　→94/96

吉田 龍作　よしだ・りゅうさく　明治37年1月15日〜平成1年8月17日　近畿日本鉄道常務、名古屋都ホテル社長　→88/90

I 政治・経済・社会篇

吉田 鐐一　よしだ・りょういち　～平成9年1月8日
　エフアイテイ社長　→97/99

吉田 良作　よしだ・りょうさく　～昭和61年3月3日
　府中市（東京都）市議　→83/87

吉田 礼次郎　よしだ・れいじろう　～昭和43年1月13日
　東京官書普及会社長　→昭和

吉田 六郎　よしだ・ろくろう　大正5年8月29日～平成9年3月28日　東亜火災海上保険常務、安田火災海上保険取締役　→97/99

吉田 六郎　よしだ・ろくろう　大正11年4月23日～平成22年7月25日　大阪府警本部長、日本電設工業専務　→09/11

吉田 弥　よしだ・わたる　～昭和49年1月10日
　福井新聞社長　→昭和

吉鷹 常男　よしたか・つねお　大正13年8月24日～平成15年11月16日　日本トランスシティ常務、四日市海運社長　→03/05

吉高 八郎治　よしたか・はちろうじ　～昭和55年2月28日　日本重化学工業常務　→80/82

吉竹 宇三　よしたけ・うぞう　～昭和64年1月2日
　電通映画社常務　→88/90

吉武 恵市　よしたけ・えいち　明治36年2月25日～昭和63年2月3日　政治家　参院議員（自民党）、衆院議員、厚相　→88/90

吉武 公夫　よしたけ・きみお　～昭和55年11月17日
　新潟県土木部長　→80/82

吉武 健　よしたけ・けん　明治30年8月24日～平成1年4月17日　京洋電化工業監査、東亜合成化学工業社長　→88/90

吉武 定治　よしたけ・さだじ　明治42年1月1日～平成4年3月1日　段谷産業常務　→91/93

吉武 春二　よしたけ・しゅんじ　～昭和60年2月9日
　東芝専務　→83/87

吉武 武　よしたけ・たけし　明治36年7月1日～平成3年9月26日　江崎グリコ副社長　→91/93

吉武 辰雄　よしたけ・たつお　～昭和60年7月17日
　警視庁防犯部長　→83/87

吉武 敏一　よしたけ・としかず　大正3年11月30日～昭和63年11月6日　陸将　陸上自衛隊施設学校長、防衛大学校教授　→88/90

吉武 智士　よしたけ・のりと　昭和6年～昭和60年11月26日　ファナック取締役、ファナックエンジニアリング社長　→83/87

吉武 久賀　よしたけ・ひさよし　明治40年4月9日～平成2年12月13日　トピー工業常務、ミネベア取締役　→88/90

吉武 広次　よしたけ・ひろし　明治44年5月15日～平成9年1月29日　横浜ゴム社長　→97/99

吉武 素二　よしたけ・もとじ　明治44年1月28日～平成11年2月14日　気象庁長官　→97/99

吉竹 与秀　よしたけ・よしひで　明治44年5月7日～平成8年1月28日　燃料油脂新聞社社長　→94/96

吉谷 一次　よしたに・いちじ　明治30年～平成2年3月23日　函館市長　→88/90

吉渓 純三　よしたに・じゅんぞう　～昭和55年8月21日　サンケイ新聞販売顧問、大阪連合サンケイ会会長代行、三原市傷痍軍人会長　→80/82

吉谷 忠右衛門　よしたに・ちゅうえもん　～昭和57年5月9日　吉谷機械製作所取締役会長　→80/82

吉種 進太郎　よしたね・しんたろう　明治34年10月9日～平成2年11月30日　吉種商店会長、船橋商工会議所会頭　→88/90

吉次 鹿蔵　よしつぐ・しかぞう　～昭和43年6月16日　福岡証券取引所理事長　→昭和

吉嗣 茂雄　よしつぐ・しげお　～昭和55年9月19日　石穴稲荷神社宮司　→80/82

吉次 隆俊　よしつぐ・たかとし　～昭和57年3月4日　オリエント貿易株式会社社長　→80/82

吉次 利二　よしつぐ・としじ　明治36年5月17日～昭和61年1月17日　東急車輛製造社長、白木金属工業社長　→83/87

吉嗣 康雄　よしつぐ・やすお　～昭和60年12月2日　太宰府天満宮参事、地禄神社（大野城市）宮司　→83/87

善塔 佳一　よしとう・けいいち　～昭和43年6月10日　山下新日本汽船常務　→昭和

吉利 一雄　よしとし・かずお　大正3年8月26日～平成4年10月17日　塩野義製薬会長　→91/93

吉利 正義　よしとし・まさよし　大正13年5月13日～平成18年5月5日　凸版印刷副社長　→06/08

吉富 修　よしとみ・おさむ　～昭和57年11月17日　三池港運社長　→80/82

吉富 勝次　よしとみ・かつじ　明治40年3月29日～平成10年2月12日　親和銀行専務　→97/99

吉富 幸助　よしとみ・こうすけ　～昭和57年12月12日　日本遭族会副会長　→80/82

吉富 庄祐　よしとみ・しょうすけ　～昭和18年9月11日　陸軍中将　→昭和

吉富 泰三郎　よしとみ・たいざぶろう　明治44年8月31日～平成6年2月5日　東京ガス常務　→94/96

吉富 二男　よしとみ・つぐお　～平成2年1月19日　愛知県議　→88/90

吉富 敏夫　よしとみ・としお　大正13年8月29日～平成15年7月12日　山九常務　→03/05

吉富 睿　よしとみ・ふかし　～昭和58年5月18日　若松署次長　→83/87

吉富 六石　よしとみ・むつし　昭和6年1月1日～平成7年10月31日　税理士　名古屋税理士会副会長　→94/96

吉永 和男　よしなが・かずお　昭和2年6月23日～平成22年11月17日　長崎県議（自民党）　→09/11

よしなか　　　　　　　　　　　　　　　　　　　　　Ⅰ　政治・経済・社会篇

吉永 源一　よしなが・げんいち　～昭和60年11月7日
　吉永鉄工所社長,東洋ホイスト会長　→83/87
吉永 源三郎　よしなが・げんざぶろう　～平成12年1月3
　日　日本カブトガニを守る会副会長　→00/02
吉永 健三　よしなが・けんぞう　昭和29年7月24日～平
　成21年2月16日　鹿児島銀行常務　→09/11
吉永 浩三　よしなが・こうぞう　昭和2年12月17日～平
　成16年1月1日　国際ホテル高知社長,四国医療サービス
　社長　→03/05
良永 貞雄　よしなが・さだお　～昭和56年1月10日
　筑後信用金庫相談役　→80/82
吉永 治市　よしなが・じいち　大正2年10月12日～平成
　12年4月4日　衆院議員(自民党)　→00/02
吉永 茂　よしなが・しげる　大正3年7月26日～昭和59年
　7月16日　山口県議会議長　→83/87
吉永 武男　よしなが・たけお　～昭和53年5月1日
　日本火災海上会長　→昭和
吉永 太郎　よしなが・たろう　大正13年11月22日～昭和
　58年6月11日　佐伯建設工業監査役　→83/87
吉永 日晴　よしなが・にっせい　～平成18年10月17日
　僧侶　顕本法華宗管長,妙満寺貫首　→06/08
吉永 秀夫　よしなが・ひでお　大正11年1月1日～平成16
　年4月23日　高知新聞取締役・主筆　→03/05
吉永 普二雄　よしなが・ふじお　～平成2年1月16日
　弁護士　→88/90
吉永 正量　よしなが・まさかず　大正13年3月27日～平
　成4年5月9日　ヤンマーディーゼル専務　→91/93
吉永 正次郎　よしなが・まさじろう　大正8年11月16日
　～平成7年8月28日　ヨシナガ会長　→94/96
吉長 正好　よしなが・まさよし　昭和40年10月29日
　弁護士　日本弁護士連合会副会長　→昭和
吉永 優　よしなが・まさる　大正6年11月1日～平成3年6
　月19日　熊本県民テレビ取締役,八代商工会議所名誉会
　頭　→91/93
吉永 通雄　よしなが・みちお　大正6年4月29日～昭和61
　年9月6日　吉永プリンス社長　→83/87
吉永 光夫　よしなが・みつお　～平成14年5月3日
　弁護士　東京第二弁護士会副会長　→00/02
芳中 実　よしなか・みのる　昭和5年11月23日～平成16
　年1月6日　松下電子部品社長　→03/05
芳仲 和太郎　よしなか・わたろう　～昭和58年11月4日
　陸軍中将　→83/87
吉成 吾郎　よしなり・ごろう　明治45年3月28日～平成
　11年3月3日　東芝エンジニアリング社長　→97/99
吉成 武　よしなり・たけし　大正7年1月24日～平成3年8
　月24日　大成建設常務　→91/93
吉成 知加子　よしなり・ちかこ　昭和61年8月6日
　(財)野村生涯教育センター理事　→83/87
吉根 正治郎　よしね・まさじろう　～平成8年8月29日

帯広カムイトウウポポ保存会会長　→94/96
吉野 彰　よしの・あきら　大正15年3月22日～平成9年5
　月5日　広島県議(社会党)　→97/99
吉野 幾重　よしの・いくえ　大正5年11月26日～平成16
　年7月16日　吉野木材社長,福島県外材輸入協同組合理事
　長　→03/05
吉野 郁男　よしの・いくお　昭和11年～昭和62年4月7日
　不二家取締役　→83/87
吉野 伊豆人　よしの・いずと　～昭和55年11月30日
　朝日イブニングニュース社顧問　→80/82
吉野 一郎　よしの・いちろう　明治40年11月3日～平成6
　年7月17日　吉野工業会長　→94/96
吉野 一誠　よしの・いっせい　大正9年6月3日～平成7年
　1月22日　鬼怒川ゴム工業社長　→94/96
吉野 岳三　よしの・がくぞう　明治30年11月28日～昭和
　59年3月27日　日興証券社長　→83/87
吉野 一夫　よしの・かずお　明治45年1月28日～平成8
　年11月11日　東洋運搬機取締役　→88/90
吉野 一雄　よしの・かずお　昭和9年2月1日～平成7年1
　月11日　保安工業常務　→94/96
吉野 勝四郎　よしの・かつしろう　～昭和60年12月30日
　富山県鳶土工業共同組合顧問　→83/87
吉野 恭二　よしの・きょうじ　大正7年3月21日～平成15
　年6月28日　三菱伸銅会長　→03/05
吉野 きん　よしの・きん　明治36年3月8日～平成3年3月
　22日　霊友会会長補佐　→91/93
吉野 公治　よしの・きんじ　大正3年9月4日～平成8年8
　月3日　三井信託銀行副社長　→94/96
吉野 健次郎　よしの・けんじろう　大正9年1月9日～平
　成8年6月19日　大林組副社長　→94/96
吉野 衡　よしの・こう　大正1年11月24日～昭和61年8月
　21日　旭硝子顧問,日本経営者団体連盟常任理事,ILO理
　事　→83/87
吉野 孝一　よしの・こういち　明治20年9月18日～昭和
　49年2月27日　日本団体生命保険社長　→昭和
吉野 準一　よしの・じゅんいち　昭和19年9月30日～平
　成16年1月9日　山一証券副社長,太平洋証券社長　→03/05
吉野 信次　よしの・しんじ　明治21年9月17日～昭和46
　年5月9日　運輸相,参院議員(自民党),貴院議員(勅選)
　→昭和
吉野 仁太郎　よしの・じんたろう　明治34年6月13日～
　平成2年9月24日　霊友会(在家主義仏教集団)副会長　→
　88/90
吉野 善三郎　よしの・ぜんざぶろう　明治44年1月25日
　～昭和63年11月23日　ブロニカカメラ創業者　→88/90
吉野 辰三郎　よしの・たつさぶろう　大正8年10月22日
　～平成14年9月19日　高知県漁業協同組合連合会長　→
　00/02
芳野 世経　よしの・つぐつね　嘉永2年11月～昭和2年6
　月20日　衆院議員(無所属)　→昭和(芳野 正経 よしの・
　せいきょう)

吉野 晃司　よしの・てるじ　大正12年5月6日～平成13年5月11日　札幌市議(自民党)，全国市議会議長会会長　→00/02

吉野 伝治　よしの・でんじ　～昭和15年2月3日　東武鉄道社長　→昭和

吉野 通　よしの・とおる　昭和5年6月17日～平成22年12月2日　王子製紙副社長　→09/11

吉野 俊彦　よしの・としひこ　大正4年7月4日～平成17年8月12日　評論家　山一証券経済研究所理事長，日本銀行理事　→03/05

吉野 友巳　よしの・ともみ　大正9年7月27日～平成8年12月1日　広島テレビ会長　→94/96（吉野 友己）

吉野 直樹　よしの・なおき　昭和4年7月15日～平成14年4月6日　日魯漁業常務　→00/02

吉野 弘泰　よしの・ひろやす　～昭和58年1月22日　丸泰産業社長　→83/87

吉野 平八郎　よしの・へいはちろう　～昭和62年6月10日　日本舗道九州支店参事　→83/87

吉野 平八郎　よしの・へいはちろう　大正4年8月2日～平成20年1月4日　東武百貨店社長，独協学園理事長　→06/08

吉野 正治　よしの・まさじ　～平成7年11月2日　東急百貨店取締役，東急ストア専務　→94/96

吉野 衛　よしの・まもる　昭和6年1月1日～平成16年11月2日　東京高裁部総括判事　→03/05

吉野 道夫　よしの・みちお　大正10年2月6日～平成2年12月7日　弁護士　ケンウッド相談役，日本銀行監事　→88/90

芳野 宗雄　よしの・むねお　大正2年3月8日～平成7年4月13日　マルヨシ会長，全国月賦百貨店組合連合会相談役　→94/96

吉野 安利　よしの・やすとし　大正6年1月26日～昭和61年7月11日　太平洋工業顧問，元専務　→83/87

吉野 弥太郎　よしの・やたろう　大正2年8月～平成9年12月2日　吉野工業社長　→97/99

吉野 雄二　よしの・ゆうじ　～昭和63年5月25日　(株)吉野工業代表取締役　→88/90

吉野 幸男　よしの・ゆきお　昭和6年1月29日～平成13年4月12日　蛇の目ミシン工業専務　→00/02

吉野 吉夫　よしの・よしお　大正7年12月4日～平成1年11月30日　海鉢興業社長　→88/90

吉葉 謙吉　よしば・けんきち　明治40年4月1日～平成7年2月24日　吉葉シャフト会長　→94/96

吉羽 忍　よしば・しのぶ　～平成5年12月3日　大成火災海上保険取締役　→91/93

吉橋 伊佐男　よしはし・いさお　明治43年12月15日～平成10年1月1日　横浜冷凍会長　→97/99

吉橋 戒三　よしはし・かいぞう　明治39年～平成1年1月17日　陸上自衛隊幹部学校長　→88/90

吉橋 七郎　よしはし・しちろう　昭和7年5月25日～平成12年1月22日　千葉興業銀行専務　→00/02

吉橋 鐸美　よしはし・たくみ　明治38年1月28日～昭和61年6月16日　東京信用金庫理事長，名古屋証券取引所理事長　→83/87

吉橋 敏雄　よしはし・としお　～昭和50年10月7日　公安調査庁長官　→昭和

吉浜 照訓　よしはま・しょうくん　～平成22年1月30日　那覇爬龍船振興会会長　→09/11

吉浜 照治　よしはま・しょうじ　大正15年1月15日～平成23年8月24日　神奈川県議(社会党)　→09/11

吉浜 智改　よしはま・ちかい　明治18年9月2日～昭和32年11月18日　久米島農業会会長，具志川村(沖縄県島尻郡)村長　久米島虐殺事件の記録者　→昭和

吉浜 正浩　よしはま・まさひろ　昭和6年10月8日～平成4年8月22日　日動興業社長　→91/93

吉原 一真　よしはら・かずま　大正5年1月1日～平成4年10月29日　総理府賞勲局長，三重県副知事　→91/93

吉原 一美　よしはら・かずみ　大正2年12月3日～平成2年10月28日　中国バス社長　→88/90

吉原 矩　よしはら・かね　～昭和59年8月8日　陸軍中将　→83/87

吉原 敬一　よしはら・けいいち　～昭和57年3月20日　三陽商会会長　→80/82

吉原 謙二郎　よしはら・けんじろう　大正2年2月10日～昭和60年3月18日　岡村製作所創業者　→83/87

吉原 幸一　よしはら・こういち　～平成5年12月4日　日特金属工業(のち住友重機械工業)常務　→91/93

吉原 定男　よしはら・さだお　大正7年6月4日～昭和63年9月1日　桃屋常任監査役　→88/90

吉原 定次郎　よしはら・さだじろう　～昭和29年12月18日　吉原製油社長　→昭和

吉原 貞敏　よしはら・さだとし　明治42年5月3日～平成7年9月17日　東京鉄鋼社長　→94/96

吉原 三郎　よしはら・さぶろう　大正10年8月10日～平成20年2月3日　千葉興業銀行頭取，千葉県経営者協会長　→06/08

吉原 自覚　よしはら・じかく　明治19年8月16日～平成2年3月30日　僧侶　常行院住職，浄土宗大僧正，大正大学教授　→88/90

吉原 俊一　よしはら・しゅんいち　～昭和62年2月9日　江戸川区青少年委員会(東京都)会長，江戸川区少年団体連合会(東京都)相談役　→83/87

吉原 昇三　よしはら・しょうぞう　～昭和32年8月23日　太平洋海運取締役　→昭和

吉原 新吉　よしはら・しんきち　～昭和8年7月27日　輜重兵第二大隊長輜重兵大佐　→昭和

吉原 真隆　よしはら・しんりゅう　～昭和32年7月24日　甲府善光寺住職　→昭和

吉原 隆信　よしはら・たかのぶ　大正5年11月2日～昭和62年4月29日　東芝アメリカ社長，東芝エレクトロニッ

よしはら　　　　　　　　　　　　　　　　　　　　　　　　　　Ｉ　政治・経済・社会篇

ク・システムズ社長　→83/87

吉原 拓二　よしはら・たくじ　大正15年1月30日～平成9年8月23日　昭和ゴム常務　→97/99

吉原 鉄治　よしはら・てつじ　明治42年11月15日～平成10年10月8日　千葉県議(自民党)　→97/99

吉原 稔人　よしはら・としと　昭和5年1月11日～平成1年7月23日　藤化成社長、日本歯材社長　→88/90

吉原 信之　よしはら・のぶゆき　大正5年11月6日～平成19年3月15日　三陽商会創業者　→06/08

吉原 弘泰　よしはら・ひろやす　昭和8年12月8日～平成5年8月31日　昭和飛行機工業常務　→91/93

吉原 文雄　よしはら・ふみお　大正11年9月11日～昭和62年8月9日　奥村組取締役建築営業部長　→83/87

吉原 政智　よしはら・まさとも　明治29年10月23日～昭和63年11月14日　パレスホテル名誉会長、東京会館取締役相談役　→88/90

吉原 正久　よしはら・まさひさ　大正4年2月21日～平成15年6月18日　吉原建設会長　→03/05

吉原 真人　よしはら・まひと　～昭和62年7月21日　僧侶　浄土宗山梨教区長、定額山善光寺第70世住職　→83/87

吉原 充　よしはら・みつる　～平成12年6月13日　東京高裁が国の賠償責任を認めた予防接種禍集団訴訟の原告の一人　→00/02

吉原 矢之助　よしはら・やのすけ　～昭和56年9月15日　西日本新聞広告社佐世保社長　→80/82

吉原 祐太郎　よしはら・ゆうたろう　万延1年8月～昭和11年3月2日　衆院議員(政友本党)　→昭和

吉原 好明　よしはら・よしあき　昭和5年3月20日～平成9年2月7日　テレビ長崎専務　→97/99

吉原 義男　よしはら・よしお　明治41年9月23日～昭和59年11月12日　豊和相互銀行会長　→83/87

吉久 勝美　よしひさ・かつみ　大正11年6月29日～平成18年7月30日　文化庁次長、福岡県副知事　→06/08

吉弘 茂義　よしひろ・しげよし　～昭和15年1月16日　関西日報社長　→昭和

吉弘 基彦　よしひろ・もとひこ　～昭和42年7月21日　弁護士　大審院検事　→昭和

吉房 英夫　よしふさ・ひでお　大正12年3月31日～平成3年3月16日　ニチレイ専務、昭和炭酸副社長　→91/93

吉藤 幸朔　よしふじ・こうさく　明治42年9月26日～平成7年3月11日　特許コンサルタント、弁理士　発明協会工業所有権国際協力研修センター名誉所長　→94/96

吉堀 慶一郎　よしほり・けいいちろう　大正10年3月29日～平成15年12月14日　袖ケ浦市長　→03/05

吉政 重保　よしまさ・しげやす　明治45年5月11日～平成4年10月29日　東京郵政局長　→91/93

吉益 敬一　よします・けいいち　昭和9年1月17日～平成10年12月18日　吉益総本店社長　→97/99

吉町 節　よしまち・みさお　～平成10年3月12日

佐賀県教職員組合婦人部長、佐賀市議　→97/99

吉松 氏吉　よしまつ・うじきち　明治38年3月5日～平成9年5月14日　東京電力取締役　→97/99

吉松 喜三　よしまつ・きぞう　～昭和60年6月26日　陸軍大佐　靖国神社慰霊植樹会会長　→83/87

吉松 喬　よしまつ・たかし　明治30年5月25日～昭和62年9月17日　参院議員　→83/87

吉松 繞　よしまつ・たけし　～平成3年11月5日　吉松建設社長、粕屋郡建設協力会会長　→91/93

吉松 亭三郎　よしまつ・ていざぶろう　～昭和55年3月20日　日本債券信用銀行副頭取、第一勧業銀行常務　→80/82

吉松 茂太郎　よしまつ・もたろう　安政6年1月7日～昭和10年1月2日　海軍大将　→昭和

吉松 芳美　よしまつ・よしみ　～昭和60年6月17日　諏訪神社名誉宮司　→83/87

吉丸 清武　よしまる・きよたけ　～昭和14年7月3日　陸軍少将　→昭和

吉丸 清治　よしまる・きよはる　大正11年2月11日～平成16年5月10日　川崎製鉄専務　→03/05

吉丸 秀雄　よしまる・ひでお　～昭和61年8月11日　吉丸仏具本店取締役会長　→83/87

吉見 輝　よしみ・あきら　安政3年～昭和11年10月11日　群馬県知事　→昭和(よしみ・てる)

吉見 巌　よしみ・いわお　～昭和49年12月26日　ラサ工業社長　→昭和

吉見 幸三郎　よしみ・こうざぶろう　大正7年1月20日～平成8年4月29日　ローム常務　→94/96

吉見 新作　よしみ・しんさく　昭和4年1月11日～平成14年12月8日　HOYA常務　→00/02

吉見 泰二　よしみ・たいじ　～昭和55年11月6日　昭和鉱業社長、東京キワニスクラブ専務理事　→80/82

吉見 竹司　よしみ・たけし　～平成17年2月13日　住友軽金属工業常務　→03/05

吉見 辰吉　よしみ・たつきち　～昭和63年1月18日　呉羽紡績(のち東洋紡)常務　→88/90

吉見 敏夫　よしみ・としお　～昭和40年5月25日　本州製紙専務　→昭和

吉見 広行　よしみ・ひろゆき　～昭和55年3月27日　ウツミ屋証券社長、日本証券業協会理事　→80/82

吉水 通　よしみず・とおる　大正5年7月27日～平成4年2月9日　ボリビア大使　→91/93

吉水 秀夫　よしみず・ひでお　大正15年11月23日～平成3年6月28日　ユシロ化学工業専務　→91/93

由水 政次　よしみつ・まさじ　明治40年3月10日～昭和16年11月24日　北越製紙会長　→昭和

吉光 久　よしみつ・ひさし　大正6年1月8日～平成8年10月24日　日本合成ゴム社長、中小企業庁長官　→94/96

吉宗 龍二　よしむね・たつじ　大正5年2月29日〜昭和60年10月18日　中央紡績社長、クラレ取締役　→83/87

吉村 晃　よしむら・あきら　大正12年4月12日〜平成22年8月5日　宝酒造常務　→09/11

吉村 明　よしむら・あきら　明治41年8月10日〜平成9年2月28日　ダイキン工業常務　→97/99

吉村 幾蔵　よしむら・いくぞう　明治42年〜平成7年8月19日　ハザマ専務　→94/96

吉村 勲人　よしむら・いさと　昭和19年6月19日〜平成16年4月14日　帝国ホテル社長　→03/05

吉村 勇　よしむら・いさむ　明治40年6月1日〜平成3年4月24日　報国水産(のちホウスイ)会長、日本水産専務　→91/93

吉村 伊助　よしむら・いすけ　明治6年1月23日〜昭和3年3月15日　実業家　衆議院議員(政友会)　→昭和

吉村 一郎　よしむら・いちろう　〜昭和55年10月8日　熊本放送取締役相談役・前社長　→80/82

吉村 市郎　よしむら・いちろう　〜昭和40年10月24日　陸軍軍医中将　→昭和

吉村 英一　よしむら・えいいち　昭和11年11月30日〜平成19年2月10日　東京銀行専務　→06/08

吉村 音次郎　よしむら・おとじろう　明治40年6月5日〜昭和62年9月25日　丸物(のち京都近鉄百貨店)常務　→83/87

吉村 格思　よしむら・かくし　昭和2年4月29日〜平成11年1月9日　大和紡績取締役　→97/99

吉村 一雄　よしむら・かずお　大正11年4月1日〜平成8年10月6日　国際労働機関事務局長補、テレジャパンインターナショナル副社長　→94/96

吉村 寿雄　よしむら・かずお　明治39年〜昭和61年1月1日　富士ゼロックス相談役・元会長　→83/87

吉村 和夫　よしむら・かずお　大正6年4月18日〜平成15年8月20日　山形市長　→03/05

吉村 克巳　よしむら・かつみ　明治44年1月27日〜平成5年2月9日　昭和飛行機工業専務　→91/93

吉村 勘兵衛　よしむら・かんべえ　大正5年3月14日〜平成1年11月8日　日本長期信用銀行頭取　→88/90

吉村 仁男　よしむら・きみお　〜昭和59年3月1日　空将補　航空幕僚監部人事教育部長　→83/87

吉村 謹之助　よしむら・きんのすけ　大正13年11月3日〜平成22年11月16日　日本鋼管専務　→09/11

吉村 慶元　よしむら・けいげん　昭和6年3月18日〜平成18年9月30日　アステム最高顧問、キョーエイ薬品会長　→06/08

吉村 啓二郎　よしむら・けいじろう　大正6年9月27日〜平成2年6月16日　日商岩井監査役、日協商事社長　→88/90

吉村 健吉　よしむら・けんきち　〜昭和48年12月11日　味の素常務　→昭和

吉村 謙之助　よしむら・けんのすけ　大正9年3月6日〜昭和60年8月12日　光洋商事副社長　→83/87

吉村 耕朔　よしむら・こうさく　大正15年2月1日〜平成13年1月26日　リノール油脂社長、三菱商事取締役　→00/02

吉村 孝三郎　よしむら・こうざぶろう　明治43年11月6日〜平成7年11月18日　日本バナナ加工商工組合連合会会長　→94/96

吉村 浩二　よしむら・こうじ　昭和15年1月26日〜平成23年7月5日　金高堂書店社長　→09/11

吉村 弘之助　よしむら・こうのすけ　〜昭和56年12月27日　大同倉庫会長、北海道倉庫業連合会会長　→80/82

吉村 午良　よしむら・ごろう　大正15年2月13日〜平成19年5月7日　長野県知事　→06/08

吉村 栄　よしむら・さかえ　〜昭和57年8月27日　吉村模型鉄道館長、港北生活環境整備社長　→80/82

吉村 三郎　よしむら・さぶろう　大正6年1月29日〜平成2年2月26日　近畿相互銀行(のち近畿銀行)専務、大和銀行取締役　→88/90

吉村 繁雄　よしむら・しげお　大正15年1月3日〜平成19年2月14日　朝日放送副社長　→06/08

吉村 茂夫　よしむら・しげお　大正7年5月10日〜平成21年12月9日　南海電気鉄道社長、南海ホークスオーナー　→09/11

吉村 重喜　よしむら・しげき　〜昭和56年12月21日　コーヤク社長、日本医薬卸業連合会副会長　→80/82

吉村 茂　よしむら・しげる　〜昭和25年9月21日　南海電鉄社長　→昭和

吉村 シズヱ　よしむら・しずえ　明治40年〜平成8年10月10日　児童福祉事業家　豊島神愛館名誉館長　→94/96

吉村 駿太郎　よしむら・しゅんたろう　明治28年9月6日〜昭和62年3月10日　新火災海上保険監査役　→83/87

吉村 鍫一　よしむら・しょういち　〜昭和47年8月7日　荏原製作所副社長　→昭和

吉村 四郎　よしむら・しろう　大正4年10月31日〜平成3年2月16日　横浜銀行相談役・元副頭取　→91/93

吉村 次郎　よしむら・じろう　明治43年11月4日〜昭和59年6月10日　苫小牧港開発社長　→83/87

吉村 真一　よしむら・しんいち　大正8年2月12日〜平成8年9月7日　四国銀行会長　→94/96

吉村 仁一　よしむら・じんいち　昭和6年1月31日〜平成12年10月8日　岡三証券常務　→00/02

吉村 進　よしむら・すすむ　大正4年10月16日〜平成12年6月20日　旭精機工業社長　→00/02

吉村 成一　よしむら・せいいち　〜昭和37年8月18日　横浜銀行頭取　→昭和

吉村 清治　よしむら・せいじ　〜昭和29年3月18日　日本ステンレス会長　→昭和

吉村 清三　よしむら・せいぞう　明治41年3月21日〜平成21年12月3日　関西電力社長　→09/11

吉村 善太郎　よしむら・ぜんたろう　〜平成19年11月15

よしむら

日　京都外国語大学附属図書館副館長　→06/08

吉村 荘司　よしむら・そうじ　大正3年4月20日～平成8年2月18日　奥村組専務　→94/96

吉村 毅　よしむら・たけし　～昭和61年2月27日　日本通信工業国内営業部情報機器営業推進部長　→83/87

吉村 武嘉　よしむら・たけよし　昭和16年8月18日～平成11年3月17日　大同生命保険常務　→97/99

芳村 忠明　よしむら・ただあき　明治30年7月27日～昭和60年5月9日　神習教第2代管長　→83/87

吉村 忠雄　よしむら・ただお　大正13年8月15日～昭和60年9月28日　山九専務取締役財務本部長　→83/87

吉村 正　よしむら・ただし　大正8年8月10日～平成14年10月6日　大祥建設名誉会長　→00/02

吉村 力　よしむら・ちから　～昭和46年1月22日　三井東圧化学常務　→昭和

吉村 長市　よしむら・ちょういち　～昭和63年4月6日　森町(北海道)町長　→88/90

吉村 長策　よしむら・ちょうさく　万延1年3月18日～昭和3年11月22日　海軍技師、土木技術者　→昭和

吉村 恒雄　よしむら・つねお　昭和8年1月4日～平成21年8月4日　ユアサ商事専務　→09/11

吉村 常助　よしむら・つねすけ　明治39年7月20日～昭和57年12月28日　日本酒造組合中央会長、瑞鷹酒造会長　→80/82

吉村 鉄雄　よしむら・てつお　大正11年12月24日～平成22年4月20日　大阪府議(自民党)　→09/11

吉村 哲三　よしむら・てつぞう　大正20年3月10日～昭和42年3月1日　佐賀県知事、鳥取市長、鳥取銀行頭取　→昭和

吉村 鉄之助　よしむら・てつのすけ　安政5年8月1日～昭和12年8月28日　実業家　衆院議員(政友本党)、江若鉄道社長　→昭和

吉村 伝次郎　よしむら・でんじろう　明治44年8月27日～昭和60年11月29日　ミツウマ社長　→83/87

吉村 登喜夫　よしむら・ときお　大正7年6月12日～昭和61年5月4日　山陽国策パルプ専務　→83/87

吉村 俊夫　よしむら・としお　～昭和39年2月4日　ライオン油脂取締役　→昭和

吉村 利文　よしむら・としふみ　大正15年2月16日～平成21年6月6日　川鉄商事専務　→09/11

吉村 知彦　よしむら・ともひこ　～昭和63年2月19日　松下電工取締役　→88/90

吉村 直行　よしむら・なおゆき　～昭和62年10月14日　小堀住研顧問　→83/87

吉村 直之　よしむら・なおゆき　明治35年4月25日～昭和58年4月16日　福井県議　→83/87

吉村 昇　よしむら・のぼる　昭和2年10月27日～平成9年7月9日　東邦レーヨン常務　→97/99

吉村 範寿　よしむら・のりかず　～昭和61年2月22日　サンケイ出版会長　→83/87

吉村 範真　よしむら・のりちか　昭和2年9月26日～昭和57年2月26日　福岡県会議長(自民党)　→80/82

吉村 一　よしむら・はじめ　大正14年2月8日～昭和57年7月29日　塩水港精糖常務　→80/82

吉村 春子　よしむら・はるこ　～平成9年2月20日　兵庫県議、伊丹市議　→97/99

吉村 半之丞　よしむら・はんのじょう　～昭和61年2月14日　亀井神道流総本部西日本吟道会会長宗家　→83/87

吉村 恒　よしむら・ひさし　大正14年11月3日～平成19年5月11日　佐藤工業専務　→06/08

吉村 英夫　よしむら・ひでお　大正15年7月16日～平成8年12月26日　栗本鉄鋼所常務　→94/96

吉村 英喜　よしむら・ひでき　～平成1年4月25日　川崎鉄鋼板専務　→88/90

吉村 仁　よしむら・ひとし　昭和5年9月27日～昭和61年10月23日　厚生事務次官　→83/87

吉村 広吉　よしむら・ひろきち　明治38年12月4日～昭和61年9月15日　仙台信用金庫会長、吉村広商会長　→83/87

吉村 博　よしむら・ひろし　明治44年4月1日～昭和58年4月14日　帯広市長　→83/87

吉村 章雄　よしむら・ふみお　大正13年7月11日～平成7年6月3日　日本テレコム専務　→94/96

吉村 二三雄　よしむら・ふみお　～平成4年3月2日　日鉄鉱業取締役　→91/93

吉村 平造　よしむら・へいぞう　～昭和10年7月23日　広島市長　→昭和

吉村 孫三郎　よしむら・まごさぶろう　明治17年5月1日～平成1年8月4日　吉村紡績会長、日本国際貿易促進協会相談役　→88/90

吉村 真事　よしむら・まこと　昭和3年3月31日～平成16年1月8日　参院議員(自民党)　→03/05

吉村 正夫　よしむら・まさお　明治40年3月15日～平成10年3月1日　朝日新聞社友、金田機械製作所会長　→97/99

吉村 政吉　よしむら・まさきち　～昭和55年2月24日　興亜火災海上保険副社長　→80/82

吉村 正輝　よしむら・まさてる　明治38年10月30日～平成1年10月2日　千代田生命監査役　→88/90

吉村 正利　よしむら・まさとし　明治28年10月25日～昭和56年6月15日　三洋化成工業社長　→80/82

吉村 正道　よしむら・まさみち　～平成5年3月11日　弁護士　広島高裁長官　→91/93

吉村 益次(2代目)　よしむら・ますじ　大正13年1月1日～平成11年8月7日　吉村薬品社長、大分商工会議所会頭　→97/99

吉村 又三郎　よしむら・またさぶろう　大正2年8月31日～平成26年6月17日　イラク大使　→88/90

吉村 万治郎　よしむら・まんじろう　明治19年3月22日～昭和44年5月23日　実業家　古河鉱業社長、富士電気製造社長　→昭和(吉村 万次郎)

I　政治・経済・社会篇

よしやま

吉村 通雄　よしむら・みちお　大正11年11月13日～平成13年8月7日　宝幸水産専務　→00/02

吉村 充弘　よしむら・みつひろ　昭和9年4月12日～平成5年7月12日　東邦ガス取締役　→91/93

吉村 巳之助　よしむら・みのすけ　大正6年1月31日～平成5年3月2日　上毛撚糸社長　→91/93

吉村 稔　よしむら・みのる　昭和31年～平成22年3月13日　コトブキ・トレーディング代表、国際協力事業団職員　→09/11

吉村 宮一　よしむら・みやいち　明治39年12月1日～平成3年1月31日　和歌山県漁協連会長、串本漁協（和歌山県）組合長　→91/93

吉村 恭雄　よしむら・やすお　昭和9年2月7日～平成1年11月23日　鹿児島県議（自民党）　→88/90

吉村 安太郎　よしむら・やすたろう　明治37年12月21日～平成7年6月17日　武蔵野銀行専務　→94/96

吉村 有二　よしむら・ゆうじ　大正3年6月25日～昭和58年3月27日　東洋建設会長　→83/87

吉村 雄治　よしむら・ゆうじ　昭和2年3月20日～平成14年12月17日　轟組社長、高知県経営者協会会長　→00/02

吉村 行雄　よしむら・ゆきお　～昭和58年12月10日　三栄精機製作所社長　→83/87

吉村 靫生　よしむら・ゆきえ　大正12年～平成15年9月8日　大阪自彊館理事長、日本社会福祉士会会長　→03/05

吉村 義雄　よしむら・よしお　大正14年～平成23年5月4日　リキ・エンタープライズ副社長　プロレスラー・力道山の秘書　→09/11

吉村 吉雄　よしむら・よしお　大正4年10月7日～平成9年9月9日　衆議院議員（社会党）　→97/99

吉村 義城　よしむら・よしくに　大正2年5月3日～昭和61年10月7日　日本勧業銀行取締役、新潟鉄工所専務、ニイガタ・メーソンネーラン社長　→83/87

吉村 米三郎　よしむら・よねさぶろう　大正13年10月5日～昭和60年7月14日　高島屋取締役　→83/87

吉持 俊太郎　よしもち・しゅんたろう　大正3年8月21日～昭和61年1月22日　三菱製鋼取締役　→83/87

吉本 伊信　よしもと・いしん　大正5年～昭和63年8月1日　僧侶　→88/90

吉本 恭一　よしもと・きょういち　明治44年1月3日～平成2年8月4日　神戸港沿岸荷役業会常任相談役、神菱港運会長　→88/90

吉本 清　よしもと・きよし　明治28年6月20日～昭和58年7月31日　江崎グリコ監査役　→83/87

吉本 熊夫　よしもと・くまお　～昭和34年9月19日　日本碍子社長　→昭和

義始 繁人　よしもと・しげと　～昭和57年11月28日　山口県選挙管理委員会委員長　→80/82

吉本 正太郎　よしもと・しょうたろう　大正3年1月1日～平成15年9月17日　日本紙パルプ商事副社長　→03/05

吉本 真二　よしもと・しんじ　明治42年7月17日～平成8年2月26日　国立国会図書館専門調査員、中小企業金融公庫監事　→94/96

吉本 祐一　よしもと・すけいち　明治36年9月24日～平成2年1月2日　中国電力常任監査役　→88/90

好本 巧　よしもと・たくみ　大正9年1月7日～平成14年12月9日　日本電信電話公社総務理事　→00/02

吉本 辰生　よしもと・たつお　昭和4年3月23日～平成13年7月12日　なかむらポリエチレン会長　→00/02

吉本 達行　よしもと・たつゆき　大正13年12月15日～昭和61年3月27日　国際証券専務　→83/87

吉本 貞一　よしもと・ていいち　明治20年3月23日～昭和20年9月14日　陸軍大将　→昭和

吉元 利彦　よしもと・としひこ　大正13年11月13日～平成7年10月26日　神戸製鋼所専務　→94/96

吉本 博一　よしもと・ひろかず　昭和4年4月1日～平成7年3月4日　阪和興業副社長　→94/96

吉本 弘　よしもと・ひろし　～昭和55年9月15日　中津大神宮宮司　→80/82

吉本 弘次　よしもと・ひろつぐ　大正1年12月24日～平成2年11月13日　西日本鉄道相談役　→88/90

吉本 真佐雄　よしもと・まさお　昭和2年3月12日～平成22年8月21日　中越パルプ工業社長　→09/11

由元 正男　よしもと・まさお　大正2年2月3日～平成10年5月5日　福岡海運会長　→97/99

吉本 実　よしもと・みのる　大正12年8月5日～平成20年4月2日　労働事務次官　→06/08

吉本 登　よしもと・みのる　大正2年7月3日～平成14年4月19日　弁護士　日本弁護士連合会常務理事、神戸弁護士会会長　→00/02

吉本 康朗　よしもと・やすお　昭和10年5月21日～平成4年4月9日　川島織物常務　→91/93

吉本 泰男　よしもと・やすお　大正7年7月29日～平成19年8月6日　神戸市議（社会党）　→06/08

由本 洋太郎　よしもと・ようたろう　明治37年8月31日～平成6年3月16日　住友化学工業専務、住友ベークライト専務　→94/96

吉本 隆一　よしもと・りゅういち　明治33年3月22日～昭和19年2月　労働運動家　→昭和

吉本 麟太郎　よしもと・りんたろう　明治31年9月6日～平成2年3月22日　明治乳業専務　→88/90

吉森 洋二　よしもり・ようじ　昭和8年10月16日～昭和62年2月11日　日本ダイレクトマーケティング協会理事、日本フローラルアート代表取締役　→83/87

吉屋 亘男　よしや・のぶお　大正8年11月22日～平成23年3月31日　岩田屋専務　→09/11

吉安 登　よしやす・のぼる　大正12年5月1日～平成14年8月27日　西日本新聞常務　→00/02

芳山 茂宏　よしやま・しげひろ　大正15年10月2日～平成10年11月6日　商工中金名誉総代　→97/99

吉山 秀子　よしやま・ひでこ　昭和20年1月31日～　長崎原爆遺族会理事　長崎原爆の語り部　→06/08

「現代物故者事典」総索引（昭和元年～平成23年）　**1363**

よしやま　　　　　　　　　　　　　　　　　　　　　　　　Ⅰ　政治・経済・社会篇

吉山 博吉　よしやま・ひろきち　明治44年12月1日～平成19年5月2日　日立製作所社長　→06/08

吉山 文雄　よしやま・ふみお　昭和8年9月11日～平成13年5月24日　関西国際空港ビルディング社長、関西電力取締役　→00/02

吉原 福二郎　よしわら・ふくじろう　大正14年2月26日～平成14年11月4日　セイコー電子工業常務　→00/02

依田 勇雄　よだ・いさお　明治44年1月10日～平成5年8月9日　佐久市長、佐久漁協組合長　→91/93

余田 恵三　よだ・えぞう　～昭和56年5月24日　早良郡内野村村長　→80/82（餘田 恵三）

依田 銈次郎　よだ・けいじろう　万延1年7月～昭和8年9月28日　内務官僚、弁護士　群馬県知事、長野県知事、山形県知事　→昭和

依田 耕一　よだ・こういち　明治21年8月14日～昭和46年7月10日　ナイガイ創業者　→昭和

依田 収一　よだ・しゅういち　～昭和60年5月9日　名鉄百貨店常務、名古屋鉄道取締役　→83/87

依田 駿作　よだ・しゅんさく　昭和2年2月24日～平成17年4月13日　牧師　日本基督教団横浜上原教会正教師　→06/08s

余田 四郎　よだ・しろう　～平成12年11月21日　海将　海上自衛隊訓練指導隊群指令　→00/02

依田 心一　よだ・しんいち　明治44年3月31日～平成8年2月20日　日本ポリウレタン工業専務　→94/96

依田 赳夫　よだ・たけお　明治41年3月3日～平成9年6月26日　三菱ガス化学副社長、エイ・ジイ・インターナショナル・ケミカル社長　→97/99

依田 忠一　よだ・ただいち　～昭和31年8月5日　南郭銀行頭取　→昭和

依田 司　よだ・つかさ　昭和10年5月18日～平成14年6月17日　日精樹脂工業会長　→00/02

余田 綱司　よだ・つなじ　～昭和61年5月3日　長野県食品衛生協会長　→83/87

依田 駸　よだ・はやし　～昭和57年3月19日　エスビー食品常務　→80/82

依田 寿夫　よだ・ひさお　大正11年8月24日～平成10年2月15日　菱食副社長　→97/99

依田 寿子　よだ・ひさこ　大正7年（?）～昭和54年7月22日　遺産40億を残して急死した山林王　→昭和

依田 寿太郎　よだ・ひさたろう　明治37年3月17日～平成11年9月12日　朝日生命保険常務　→97/99

依田 博　よだ・ひろし　～平成5年2月13日　東洋通信機常務、日本電波工業専務　→91/93

余田 弁三　よだ・べんぞう　～平成23年2月2日　鳶余田組代表、日本鳶工業連合会副会長　→09/11

依田 正人　よだ・まさと　昭和15年1月1日～平成8年2月4日　エスビー食品常務　→94/96

依田 実　よだ・みのる　昭和5年7月25日～平成22年11月

29日　衆院議員（新自由クラブ）　→09/11

依田 登　よだ・みのる　大正10年10月26日～平成4年2月22日　法務省名古屋矯正管区長　→91/93

依田 征雄　よだ・ゆきお　大正11年10月12日～平成3年6月28日　よだ社長、東京問屋連盟総代　→91/93

依田 米秋　よだ・よねあき　～平成4年12月13日　教育プロダクションキャッシュ社長　→91/93

四井 正昭　よつい・まさあき　昭和2年2月2日～平成8年4月10日　宇佐市長　→94/96

四居 八洲男　よつい・やすお　～昭和60年6月21日　大信販監査役　→83/87

代継 三治　よつぎ・さんじ　明治32年12月10日～昭和62年2月11日　ヨツギ社長　→83/87

四本 潔　よつもと・きよし　明治41年9月29日～昭和56年4月14日　川崎重工業会長　→80/82

四本 茂　よつもと・しげる　大正11年11月27日～平成21年12月28日　宮崎県教育長　→09/11

四元 正憲　よつもと・まさのり　大正7年10月30日～平成1年12月6日　税理士　日本税理士会連合会相談役・元専務理事　→88/90

四元 義隆　よつもと・よしたか　明治41年3月8日～平成16年6月28日　国家主義者　三幸建設工業社長　→03/05

四ツ谷 巌　よつや・いわお　大正11年2月9日～平成5年6月27日　最高裁判事　→91/93

四柳 修　よつやなぎ・おさむ　昭和2年11月1日～平成4年1月26日　日本アイ・ビー・エム顧問、国土庁地方振興局長、徳島県副知事　→91/93

四ツ柳 高茂　よつやなぎ・こうも　明治41年9月4日～平成8年3月20日　北海道電力社長　→94/96

四柳 慎　よつやなぎ・しん　～平成4年8月18日　千葉銀行取締役　→91/93

四柳 泰晶　よつやなぎ・やすまさ　昭和15年9月28日～昭和61年9月12日　北陸電力労組富山県支部委員長、富山県労働者消費生活協同組合理事長、富山地方同盟副会長　→83/87

米内 一郎　よない・いちろう　明治37年7月16日～昭和42年2月25日　社会運動家　→昭和

米内 光政　よない・みつまさ　明治13年3月2日～昭和23年4月20日　海軍大将、政治家　首相、海相　→昭和

米内山 義一郎　よないやま・ぎいちろう　明治42年11月4日～平成4年10月5日　衆院議員（社会党）　→91/93

代永 久寿　よなが・ひさとし　大正7年11月15日～昭和60年8月23日　通産省四国通産局長、鹿島塩ビモノマー副社長　→83/87

代長 又雄　よなが・またお　明治45年1月15日～平成15年4月9日　山梨県議　→03/05

米子 岩三郎　よなこ・いわさぶろう　大正8年6月15日～昭和63年10月20日　北海総集協同組合理事長　→88/90

米 忠一　よね・ちゅういち　昭和6年11月1日～平成18年5月22日　時事通信専務　→06/08

米井 三郎　よねい・さぶろう　～昭和7年1月9日　騎兵第二十七聯隊附騎兵少佐　→昭和

米井 薫甫　よねい・のぶとし　大正14年1月10日～平成14年10月23日　鳥取県議（社会党）　→00/02

米井 栄一　よねい・ひでかず　大正13年～平成15年1月3日　住商リース常務　→03/05

米岡 豊　よねおか・ゆたか　昭和11年12月8日～平成1年10月15日　福井県議（自民党）　→88/90

米川 忠吉　よねかわ・ただよし　昭和7年10月1日～平成23年9月16日　防衛庁航空幕僚長　→09/11

米城 正三郎　よねき・しょうざぶろう　大正3年2月13日～昭和62年1月14日　米城本店取締役社長、古川市議会副議長　→83/87

米津 政賢　よねきづ・まさただ　明治16年3月～昭和16年8月19日　子爵　貴院議員　→昭和（よねず・せいけん）

米窪 満亮　よねくぼ・みつすけ　明治21年9月16日～昭和26年1月16日　労働運動家,政治家,小説家　労相,衆院議員（社会党）,日本海員組合副会長　→昭和

米倉 猪之吉　よねくら・いのきち　明治27年4月18日～昭和37年（?）　労働運動家　→昭和

米倉 亀三郎　よねくら・かめさぶろう　～平成1年8月21日　米倉製作所社長　→88/90

米倉 清　よねくら・きよし　明治41年4月25日～平成5年3月20日　ミイレー会長　→91/93

米倉 清族　よねくら・きよつぐ　文久3年1月12日～昭和6年10月26日　鉱業家　→昭和

米倉 毅行　よねくら・きわき　～昭和61年10月4日　福岡県評事務局次長　→83/87

米倉 国輔　よねくら・くにすけ　大正14年5月24日～平成18年4月14日　三井物産専務　→06/08

米倉 圭子　よねくら・けいこ　昭和9年～平成10年5月21日　米倉商店社長　→97/99

米倉 智　よねくら・さとる　昭和5年10月13日～平成16年10月10日　河芸町（三重県）町長　→03/05

米倉 清一　よねくら・せいいち　大正2年3月17日～平成1年7月24日　日本ケミカルシューズ工業組合相談役・元理事長　→88/90

米倉 昌久　よねくら・まさひさ　昭和9年2月13日～平成18年8月4日　日本レヂボン会長　→06/08

米倉 昌達　よねくら・まさよし　明治19年7月～昭和12年2月17日　子爵,薬学者　貴院議員,日本医科大学教授　→昭和

米倉 豊　よねくら・ゆたか　大正8年9月23日～平成19年10月2日　三菱石油副社長　→06/08

米倉 龍也　よねくら・りゅうや　明治18年8月6日～昭和55年10月24日　衆院議員（国民協同党）,参院議員（緑風会）,全国農協中央会長　→80/82（米倉 竜也）

米里 紋吉　よねさと・もんきち　～昭和11年4月19日　上海商工会議所会頭　→昭和

米沢 一喜　よねざわ・かずよし　昭和21年7月21日～平成11年10月9日　北海道議（自民党）　→97/99

米沢 吉次郎　よねざわ・きちじろう　～昭和11年4月21日　五十六銀行頭取　→昭和

米沢 熊之進　よねざわ・くまのしん　～昭和15年1月22日　万年社専務取締役　→昭和

米沢 源左衛門　よねざわ・げんざえもん　～昭和55年8月25日　日本海テレビ監査役,鳥取瓦斯取締役　→80/82

米沢 耕一　よねざわ・こういち　～昭和62年4月3日　日本ラン協会顧問　→83/87

米沢 孝治　よねざわ・こうじ　～昭和60年2月11日　三菱倉庫顧問・元副社長　→83/87

米沢 滋　よねざわ・しげる　明治44年2月1日～平成11年5月2日　日本電信電話公社総裁　→97/99

米沢 俊一　よねざわ・しゅんいち　明治31年11月8日～平成3年10月6日　日東金属工業（のち新日東金属）社長、住友銀行取締役　→91/93

米沢 祥一郎　よねざわ・しょういちろう　昭和15年12月4日～平成20年10月20日　三井松島産業社長　→06/08

米沢 末雄　よねざわ・すえお　～昭和61年1月9日　東洋紡績取締役　→83/87

米沢 遅　よねざわ・すすむ　～昭和57年2月3日　日産建設顧問・元専務　→80/82

米沢 捨義　よねざわ・すてよし　大正8年10月29日～平成1年12月5日　兵庫県議（自民党）　→88/90

米沢 精二　よねざわ・せいじ　大正12年9月11日～平成4年2月16日　日本電池取締役　→91/93

米沢 成彬　よねざわ・せいひん　昭和4年2月6日～昭和63年6月4日　商工組合中央金庫調査部長　→88/90

米沢 節　よねざわ・せつ　昭和19年11月3日～平成8年　奈良県議（自民党）、竜の子霊園理事長　→97/99s

米沢 外秋　よねざわ・そとあき　大正14年9月9日～平成13年1月10日　米沢電気工事会長,全日本電気工事業工業組合連合会会長,石川県議（自民党）　→00/02

米沢 保　よねざわ・たもつ　昭和5年9月2日～平成8年8月3日　弁護士　名古屋弁護士会副会長　→94/96

米沢 利久　よねざわ・としひさ　大正8年10月9日～平成21年12月15日　石川県議（無所属）　→09/11

米沢 直治　よねざわ・なおじ　明治45年5月31日～平成3年12月10日　呉羽化学工業常務　→91/93

米沢 治千代　よねざわ・はるちよ　～平成2年12月17日　神戸製鋼所顧問,神鋼商事顧問　→88/90

米沢 弘和　よねざわ・ひろかず　昭和8年8月5日～平成11年1月22日　三重交通専務　→97/99

米沢 政一　よねざわ・まさいち　～昭和63年9月1日　米沢工業取締役会長　→88/90

米沢 正和　よねざわ・まさかず　昭和2年3月25日～平成22年4月17日　東京都議（自民党）　→09/11

米沢 允晴　よねざわ・まさはる　昭和11年～平成8年3月26日　山一証券国際企画部長　→94/96

米沢 又太郎　よねざわ・またたろう　～昭和61年11月29日　米沢商会代表取締役,富山県消防協会評議員,伏木消防団長　→83/87

米沢 幸男　よねざわ・ゆきお　大正9年8月29日～昭和59年2月28日　有楽土地専務　→83/87

米沢 幸雄　よねざわ・ゆきお　明治36年11月29日～昭和59年8月14日　金商又一会長,三菱商事常務　→83/87

米沢 与三七　よねざわ・よそしち　明治12年8月～昭和41年5月9日　NHK技術研究所長,逓信省工務局長　→昭和

米重 克　よねしげ・まさる　大正8年3月6日～昭和60年7月31日　神鋼商事取締役　→83/87

米須 秀栄　よねす・しゅうえい　大正12年12月21日～平成10年7月15日　旭化成工業専務　→97/99

米津 正一　よねず・まさいち　～平成6年3月6日　パインミシン製造(のちシンガー日鋼)社長,日本製鋼所常務　→94/96

米世 三省　よのせ・さんせい　昭和8年1月3日～平成7年11月26日　YUASA常務　→94/96

米田 昭　よねだ・あきら　昭和5年6月25日～平成12年9月3日　弁護士　帝京大学教授,仙台高検事長　→00/02

米田 昭　よねだ・あきら　昭和2年7月30日～平成20年6月29日　金工家　北陸銅器製作所社長　→06/08

米田 勲　よねだ・いさお　大正3年3月～昭和40年7月15日　参院議員(社会党)　→昭和(よねだ・いさお)

米田 市太郎　よねだ・いちたろう　明治43年8月15日～昭和61年9月30日　扇雀飴本舗社長,奈良市教育委員長　→83/87

米田 一郎　よねだ・いちろう　大正14年～平成9年12月28日　桜井市議,桜井市教育委員会委員長　→97/99

米田 稲次郎　よねだ・いねじろう　大正12年10月27日～平成22年12月17日　極東開発工業社長　→09/11

米田 修　よねだ・おさむ　昭和6年3月29日～平成13年2月9日　松村組常務　→00/02

米田 一男　よねだ・かずお　明治39年7月10日～平成7年10月5日　日本製紙特別顧問,山陽国策パルプ会長,国策パルプ工業社長　→94/96

米田 多良　よねだ・かずよし　～昭和63年1月4日　北国新聞大阪支社長　→88/90

米田 元治　よねだ・げんじ　昭和6年5月1日～平成21年12月5日　太平電業社長　→09/11

米田 憲正　よねだ・けんせい　大正3年12月12日～平成15年12月27日　金剛薬品グループ創業者　→03/05

米田 健二　よねだ・けんぞう　明治37年1月13日～昭和46年6月20日　久保田鉄工社長,大阪商工会議所副会頭　→昭和

米田 光村　よねだ・こうそん　～平成5年12月10日　東洋実業創業者　→91/93

米田 定雄　よねだ・さだお　明治35年2月15日～平成9年6月24日　米田工具製作所社長　→97/99

米田 繁三　よねだ・しげぞう　明治38年12月3日～平成11年6月20日　野崎産業社長　→97/99

米田 茂　よねだ・しげる　大正5年12月5日～平成2年5月31日　大和観光会長　→88/90

米田 茂　よねだ・しげる　大正10年6月17日～平成12年10月16日　長崎相互銀行社長　→00/02

米田 十郎　よねだ・じゅうろう　大正13年6月27日～平成4年1月26日　広島市議(社会党)　→91/93

米田 寿吉　よねだ・じゅきち　大正10年3月1日～平成17年3月27日　富山銀行頭取　→03/05

米田 正式　よねだ・しょういち　明治36年1月29日～平成6年3月9日　弁護士　日本弁護士連合会副会長,愛媛弁護士会長　→94/96

米田 隆　よねだ・たかし　昭和2年12月16日～平成17年9月9日　エーザイ常務　→03/05

米田 忠雄　よねだ・ただお　大正6年4月7日～昭和59年7月14日　千歳市長,北海道議　→83/87

米田 為次　よねだ・ためつぐ　明治36年12月25日～平成2年5月22日　弁護士　東京弁護士会会長,日本弁護士連合会副会長　→88/90

米田 輝雄　よねだ・てるお　大正8年9月2日～平成9年6月12日　国際電信電話常務　→97/99

米田 東吾　よねだ・とうご　大正4年5月7日～平成8年11月22日　衆院議員(社会党)　→94/96

米田 歳太郎　よねだ・としたろう　～昭和55年4月16日　佐藤工業顧問　→80/82

米田 富　よねだ・とみ　明治34年2月3日～昭和63年5月4日　部落解放同盟中央本部顧問,全国水平社執行委員　→88/90

米田 奈良吉　よねだ・ならきち　～昭和13年12月16日　通信協会会長,元通信次官　→昭和

米田 範真　よねだ・はんしん　～昭和55年10月13日　天台宗大僧正,三徳山三仏寺住職　→80/82

米田 富士雄　よねだ・ふじお　～昭和52年3月30日　海運振興会長　→昭和

米田 正利　よねだ・まさとし　～平成7年5月6日　長崎県被爆者手帳友の会副会長　→94/96

米田 正文　よねだ・まさふみ　明治37年8月14日～昭和59年6月20日　参院議員(自民党),全国治水期成同盟会長　→83/87

米田 円　よねだ・まどか　～平成3年9月5日　読売新聞小金井サービスセンター所長,読売七日会会長,日本新聞販売協会会長　→91/93

米田 万作　よねだ・まんさく　大正14年12月14日～昭和60年　大阪府議(府民ク,吹田),大阪市バスケットボール連盟理事長　→83/87

米多 求　よねだ・もとむ　～昭和62年6月8日　日刊スポーツ新聞社編集局整理本部連絡部漢テレ課長　→83/87

米田 之雄　よねだ・ゆきお　～昭和47年11月4日　札幌高検事長　→昭和

米田 豊　よねだ・ゆたか　〜平成1年7月4日
　弁護士、公認会計士　→88/90

米田 豊　よねだ・ゆたか　昭和19年12月10日〜平成8年
　千葉県議（自民党）　→97/99s

米田 陽一　よねだ・よういち　大正14年11月16日〜平成
　3年1月17日　三菱農機常務　→91/93

米田 義昭　よねだ・よしあき　〜昭和56年11月3日
　神戸地検検事　→80/82

米田 義雄　よねだ・よしお　〜平成4年3月28日
　日亜鋼業社長　→91/93

米田 義貞　よねだ・よしさだ　〜昭和62年4月11日
　富士住宅（株）代表取締役社長、富山県中小建設業協同組
　合理事　→83/87

米田 嘉弘　よねだ・よしひろ　昭和13年〜昭和60年9月7
　日　在エチオピア日本大使館1等書記官　→83/87

米谷 修二　よねたに・しゅうじ　明治44年6月29日〜平
　成17年4月7日　川崎重工業専務　→03/05

米谷 保　よねたに・たもつ　〜昭和58年10月30日
　直方市水道局長　→83/87

米津 稜威雄　よねつ・いつお　昭和2年5月11日〜平成15
　年1月15日　弁護士　→03/05

米永 碩男　よねなが・せきお　〜平成3年6月2日
　北海道被爆者協会副会長　→91/93

米野 操　よねの・みさお　〜昭和57年4月27日
　弁護士　大阪高検検事　→80/82

米花 徳太郎　よねはな・とくたろう　〜昭和56年5月22
　日　飯野海運専務　→80/82

米原 昶　よねはら・いたる　明治42年2月7日〜昭和57年
　5月31日　衆院議員（共産党）　→80/82

米原 一良　よねはら・いちりょう　〜昭和48年11月6日
　森永醸造社長　→昭和

米原 於菟男　よねはら・おとお　慶応1年10月〜昭和6年
　8月8日　衆院議員（政友会）　→昭和（米原 於菟 よねは
　ら・おと）

米原 勝美　よねはら・かつみ　明治40年12月23日〜平成
　3年2月28日　勝美印刷（株）会長、日本軽印刷工業会顧問、
　東軽工顧問　→91/93

米原 賢士　よねはら・けんし　昭和13年5月23日〜平成
　14年1月10日　熊本県議（自民党）　→00/02

米原 昌一　よねはら・しょういち　〜昭和61年8月29日
　ヨネハラ印刷工業代表取締役、ヨネハラ印刷代表取締役
　→83/87

米原 章三　よねはら・しょうぞう　明治16年11月〜昭和
　42年10月19日　日丸自動車会長、貴院議員（多額）　→
　昭和

米原 龍也　よねはら・たつや　明治40年7月2日〜平成2
　年5月19日　藤倉ゴム工業取締役　→88/90

米原 令敏　よねはら・のりとし　大正8年1月11日〜平成
　7年6月30日　日本マリンテクノ社長　→94/96

米原 光郎　よねはら・みつろう　〜平成6年5月3日
　陸将補　陸上自衛隊調査学校長　→94/96

米原 穣　よねはら・みのる　明治40年9月21日〜平成6年
　8月9日　日本海テレビ社長　→94/96

米丸 一夫　よねまる・かずお　明治41年8月4日〜昭和62
　年1月28日　横河電機常務　→83/87

米光 稔　よねみつ・みのる　大正9年1月30日〜昭和62年
　12月8日　岸商事社長　→83/87

米村 一介　よねむら・かずすけ　昭和10年1月12日〜昭
　和61年12月27日　サンケイ総合印刷電算技術部長、日本
　新聞協会技術開発専門研究グループ委員　→83/87

米村 邦敏　よねむら・くにとし　昭和8年7月17日〜昭和
　57年9月4日　北海道議、全林野北見地本委員長　→80/82

米村 貞雄　よねむら・さだお　〜昭和33年5月30日
　昭和電工専務　→昭和

米村 末喜　よねむら・すえよし　〜昭和16年12月27日
　海軍中将　→昭和

米村 長太郎　よねむら・ちょうたろう　明治20年5月11
　日〜昭和34年11月13日　社会運動家　→昭和

米村 哲朗　よねむら・てつろう　〜平成2年10月4日
　自立塾代表　→88/90

米村 正照　よねむら・まさてる　〜昭和59年11月13日
　竹中土木常務　→83/87

米村 壮宏　よねむら・まさひろ　〜昭和61年11月3日
　朝日新聞社取締役　→83/87

米村 又男　よねむら・またお　明治29年3月10日〜昭和
　62年6月24日　京阪電鉄監査役　→83/87

米持 幸四郎　よねもち・こうしろう　明治45年6月17日
　〜昭和59年5月21日　安田生命保険常務　→83/87

米本 清　よねもと・きよし　明治40年7月26日〜平成1年
　3月12日　弁護士　津地裁四日市支部長、三重弁護士会長
　→88/90

米本 昇　よねもと・のぼる　昭和20年5月25日〜平成22
　年2月21日　産経新聞生産流通局長　→09/11

米本 正　よねもと・まさし　明治41年5月13日〜平7年
　2月9日　丸一証券取締役相談役　→94/96

米本 貢　よねもと・みつぐ　昭和5年3月22日〜平成10年
　2月14日　公認会計士　日本事業承継コンサルタント協
　会副理事長　→97/99

米谷 四郎　よねや・しろう　〜平成18年6月29日
　板金工　婦女暴行強盗殺人の再審裁判で無罪となる　→
　06/08

米谷 勇蔵　よねや・ゆうぞう　〜昭和55年4月4日
　東奥広告社社長、東奥日報社常務　→80/82

米山 彰　よねやま・あきら　〜平成16年3月27日
　シーボルトの5代目子孫　→03/05

米山 市郎　よねやま・いちろう　大正3年3月9日〜平成7
　年3月20日　ヨネヤマ会長　川崎サケ子の会会長　→
　94/96

米山 梅吉　よねやま・うめきち　慶応4年2月4日〜昭和21年4月28日　三井信託社長　→昭和

米山 栄三　よねやま・えいぞう　大正15年3月26日〜昭和58年12月31日　札幌副都心開発公社常勤監査役　→83/87

米山 金作　よねやま・きんさく　大正15年3月1日〜昭和56年11月19日　社会党札幌市議会議員会長　→80/82

米山 三郎　よねやま・さぶろう　大正6年6月21日〜平成5年3月9日　寿陸運社長　→91/93

米山 茂人　よねやま・しげと　大正5年2月19日〜平成18年1月2日　ハマネツグループ会長　→06/08

米山 清一　よねやま・せいいち　大正13年4月23日〜平成19年10月22日　ホクリヨウ会長　→06/08

米山 高秋　よねやま・たかあき　〜昭和56年9月28日　安田火災海上保険取締役　→80/82

米山 卓　よねやま・たかし　大正15年12月3日〜平成15年9月11日　ナカノコーポレーション社長　→03/05

米山 隆義　よねやま・たかよし　昭和5年10月29日〜平成21年10月10日　ヨネックス会長　→09/11

米山 武政　よねやま・たけまさ　昭和2年8月9日〜平成22年5月6日　アサヒビール副社長、大蔵省関税局長　→09/11

米山 辰五郎　よねやま・たつごろう　大正5年5月1日〜平成1年11月21日　磐田化学工業取締役相談役・元社長　→88/90

米山 揚城　よねやま・たてき　昭和14年1月3日〜平成4年9月13日　駐アラブ首長国連邦大使　→91/93

米山 保　よねやま・たもつ　大正4年3月21日〜昭和59年8月9日　読売新聞大阪本社専務取締役・社長補佐　→83/87

米山 保　よねやま・たもつ　〜平成2年12月30日　朝日新聞航空部長　→88/90

米山 恒治　よねやま・つねはる　明治37年12月〜昭和41年6月5日　衆院議員(自民党)、鹿児島食販連会長　→昭和(よねやま・こうじ)

米山 治城　よねやま・はるき　昭和11年5月30日〜平成19年3月11日　日鉄商事常務　→06/08

米山 文子　よねやま・ふみこ　明治35年4月25日〜平成10年1月2日　衆院議員　→97/99

米山 正夫　よねやま・まさお　大正2年5月27日〜平成6年10月2日　伊那信用金庫会長　→94/96

米山 実　よねやま・みのる　大正10年6月8日〜昭和63年6月21日　国際電信電話取締役　→88/90

米山 豊　よねやま・ゆたか　昭和7年1月1日〜平成5年4月19日　東京産業常務　→91/93

米山 美雄　よねやま・よしお　明治36年11月23日〜昭和62年5月19日　三井生命保険相談役・元社長　→83/87

米山 喜春　よねやま・よしはる　昭和5年〜平成7年9月14日　川奈ホテル副社長　→94/96

米山 利一　よねやま・りいち　大正13年1月24日〜平成17年6月1日　日本インター常務　→03/05

余水 清　よみず・きよし　〜昭和62年7月12日　東印工組新宿支部長、東京平版相談役　→83/87

読谷山 昭　よみたに・あきら　昭和4年9月27日〜平成22年5月19日　旭化成工業社長　→09/11

読山 長助　よみやま・ちょうすけ　大正12年6月10日〜平成13年4月17日　税理士　読山税務会計事務所所長、日本税理士会連合会副会長　→00/02

四方 敬之助　よも・けいのすけ　明治40年7月30日〜平成1年4月4日　宝酒造常務　→88/90

四方 順三　よも・じゅんぞう　大正2年4月23日〜平成14年5月22日　宝酒造会長　→00/02

四方 誠一　よも・せいいち　大正15年〜昭和61年9月4日　宝酒造京都支店長　→83/87

蓬田 武　よもぎだ・たけし　明治35年1月27日〜平成3年12月27日　弁護士　東京弁護士会副会長、自由法曹団幹事長　→91/93

四方田 潤二　よもた・じゅんじ　大正4年1月3日〜平成1年8月18日　黒崎窯業取締役　→88/90

与良 エ　よら・あいち　明治41年1月1日〜昭和43年4月11日　中日新聞社長　→昭和

与良 松三郎　よら・まつさぶろう　明治5年3月23日〜昭和13年10月17日　名古屋新聞社長　→昭和

頼 富美夫　より・ふみお　〜昭和56年9月2日　空将　フジ・コーワ工業顧問　→80/82

依岡 顕知　よりおか・あきとも　大正5年11月27日〜平成1年10月16日　政治家秘書　→88/90

依岡 健一郎　よりおか・けんいちろう　明治45年3月26日〜昭和60年4月28日　共同通信社常務理事　→83/87

寄田 春夫　よりた・はるお　明治30年1月7日〜昭和13年8月7日　労働運動家　→昭和

従野 武邦　よりの・たけくに　昭和5年9月12日〜平成17年7月11日　第一建設工業社長　→03/05

従野 哲吾　よりの・てつご　昭和12年1月4日〜平成10年5月28日　光ител精工専務　→97/99

依藤 義登　よりふじ・よしと　〜昭和55年10月18日　東京鉄道局工事部長、千歳電気工業社長　→80/82

依光 好秋　よりみつ・よしあき　明治27年8月29日〜昭和43年1月10日　衆院議員　→昭和

万井 憲三　よろい・けんぞう　〜昭和48年6月3日　三井石油化学監査役　→昭和

万 幸一　よろづ・こういち　昭和3年3月7日〜昭和60年9月20日　トーメン取締役　→83/87

万 繁　よろず・しげる　〜昭和62年2月20日　バンコ(株)会長　→83/87

万 次郎　よろず・じろう　明治39年6月20日〜昭和58年11月15日　呉羽化学工業社長　→83/87

萬 寿一　よろず・としかず　明治6年4月28日〜平成13年7月22日　江ノ島電鉄社長、小田急電鉄常務　→00/02

万 直ср　よろず・なおじ　明治35年1月5日〜昭和48年12月12日　日本経済新聞社長、日本新聞協会会長　→昭和

万屋 佐之　よろずや・さの　明治43年10月20日～昭和60年7月8日　北海道鰹鮪漁協組合長,根室市会議長　→83/87

【ら】

頼 新　らい・あらた　明治40年2月20日～平成21年4月14日　第一軽銀社長　→09/11

頼 千元　らい・ちもと　昭和7年8月1日～平成9年8月4日　鴻池組常務　→97/99

来 豊平　らい・とよへい　大正3年7月3日～平成11年10月29日　国鉄副技師長,東邦電気工業社長　→00/02s

来丸 忠雄　らいまる・ただお　～昭和61年4月4日　北陸プレス工業会長　→83/87

ラサール，エノミヤ　Lassalle, H.M.Enomiya　明治31年11月11日～平成2年7月7日　カトリック神父　イエズス会司祭,エリザベス音楽大学名誉教授,上智大学教授　→88/90

【り】

李 リ ⇒イ

李 方子　り・まさこ　1901年11月4日～1989年4月30日　社会福祉事業家　朝鮮李王朝皇太子・李垠の妃　→88/90

力石 鉄之助　りきいし・てつのすけ　～昭和63年10月5日　丸井今井取締役　→88/90

力石 寿武　りきいし・としたけ　～昭和36年6月3日　東食社長　→昭和

力示 健蔵　りきじ・けんぞう　昭和3年5月8日～平成22年9月19日　富山市議　→09/11

力徳 修　りきとく・おさむ　～昭和54年8月13日　私鉄総連委員長　→昭和

力富 阡蔵　りきとみ・せんぞう　明治36年11月28日～昭和60年4月4日　(株)黎明書房取締役社長　→83/87

力久 辰斎　りきひさ・たつさい　明治39年10月28日～昭和52年9月29日　宗教家　善隣教祖　→昭和

力丸 定　りきまる・てい　～昭和56年11月19日　亀の井バス前会長　→80/82

力身 誠一郎　りきみ・せいいちろう　大正9年12月15日～昭和63年1月29日　中ang無線電機監査役,住友信託銀行取締役　→88/90

力身 俊男　りきみ・としお　昭和5年2月2日～平成4年4月18日　日本エレクトロセンサリデバイス社長,シンポ工業取締役　→91/93

陸田 外一　りくた・そとかず　大正5年12月19日～平成3年11月1日　日本フローセル会長　→91/93

利田 忠信　りた・ただのぶ　～昭和62年1月6日　利田忠信設計室代表　→83/87

李家 勝二　りのいえ・かつじ　明治39年8月17日～平成4年2月17日　三井物産常務　→91/93

李家 孝　りのいえ・たかし　明治28年3月25日～昭和53年2月18日　三菱製鋼会長,三菱鋼材会長　→昭和

李家 隆介　りのいえ・たかすけ　慶応2年8月22日～昭和8年7月23日　静岡県知事,長崎県知事　→昭和

李家 健　りのいえ・たけし　～昭和58年6月26日　白木屋常務　→83/87

龍 栄一郎　りゅう・えいいちろう　～昭和56年9月15日　経営コンサルタント　春日市教育委員長　→80/82

龍 敬一郎　りゅう・けいいちろう　大正10年4月28日～平成7年2月17日　アールディエス会長　→94/96

龍 智恵子　りゅう・ちえこ　明治32年11月18日～昭和57年6月7日　脳性マヒ児を守る会理事長　→80/82

龍 年光　りゅう・としみつ　大正10年10月10日～平成19年3月25日　東京都議(公明党)　→06/08

笠 保之　りゅう・やすゆき　～平成3年2月27日　大電監査役　→91/93

龍 義利　りゅう・よしとし　～平成2年9月10日　龍保険事務所社長,日本損害保険代理業協会副会長　→88/90

流郷 冨夫　りゅうごう・とみお　大正10年7月25日～平成13年11月19日　ミズノ常務　→00/02

竜神 厚　りゅうじん・あつし　明治36年2月1日～平成3年8月28日　日綿実業(のちニチメン)取締役　→91/93

龍池 密雄　りゅうち・みつおう　天保14年～昭和9年3月4日　僧侶　金剛峰寺座主,真言宗高野派管長　→昭和（りゅうち・みつゆう）

龍頭 誠一　りゅうとう・せいいち　大正8年4月30日～平成21年10月3日　熊本製粉社長　→09/11

龍頭 文吉郎　りゅうとう・ぶんきちろう　明治40年8月26日～昭和62年10月30日　ブリヂストン副社長,久留米商工会議所会頭　→83/87

竜野 喜一郎　りゅうの・きいちろう　明治35年9月27日～昭和56年5月29日　衆院議員(民主自由党),大川市長　→80/82

亮木 徳太郎　りょうき・とくたろう　～昭和55年11月29日　日綿実業取締役　→80/82

領家 倫夫　りょうけ・のりお　昭和17年12月28日～平成23年2月6日　いすゞ自動車常務　→09/11

林 献堂　りん・けんどう　光緒7年10月22日～昭和31年9月8日　実業家,民族運動家　貴院議員　→昭和（はやし・けんどう）

林 同春　りん・どうしゅん　大正14年7月2日～平成21年11月19日　神戸華僑総会名誉会長,神戸中華同文学校名誉理事長　→09/11

【る】

ルース 利子　るーす・としこ　昭和20年〜昭和62年12月18日　難民ボランティア　→83/87

瑠璃垣 馨　るりがき・かおる　大正11年9月28日〜平成4年4月9日　西部日刊スポーツ新聞社社長、朝日新聞西部本社編集局次長　→91/93

【れ】

冷泉 弘　れいぜい・ひろし　明治38年10月12日〜平成6年3月30日　日本ユニバック(のち日本ユニシス)専務　→94/96

冷泉院 禧子　れいぜいいん・よしこ　〜昭和5年4月5日　井伊大老息女　→昭和

暦本 行雄　れきもと・いくお　昭和10年8月4日〜昭和61年4月3日　テレビ岩手常務取締役総務局長　→83/87

【ろ】

六鹿 健治　ろくしか・けんじ　明治39年12月28日〜平成10年1月7日　六鹿証券(のち東京証券)会長　→97/99

六鹿 正彦　ろくしか・まさひこ　大正2年2月10日〜昭和62年10月27日　六鹿証券(のち東京証券)常務　→83/87

六島 誠之助　ろくしま・せいのすけ　〜昭和29年5月28日　尼崎市長　→昭和

六車 脩　ろくしゃ・おさむ　〜昭和28年9月28日　大映野球KK社長　→昭和

六車 謙二　ろくしゃ・けんじ　〜平成1年6月4日　大映常務取締役　→88/90

六条 照伝尼　ろくじょう・しょうでんに　〜昭和35年8月18日　大僧正、中宮寺門跡　→昭和

六反園 文雄　ろくたんぞの・ふみお　〜平成14年10月11日　陸将　→00/02

六戸 満　ろくのへ・みつる　大正12年7月1日〜平成9年5月31日　三菱電線工業専務　→97/99

六村 弘　ろくむら・ひろし　昭和4年1月3日〜平成2年7月7日　日本銀行監事　→88/90

六本 正男　ろくもと・まさお　〜昭和61年7月27日　川崎汽船取締役　→83/87

六角 三郎　ろっかく・さぶろう　〜昭和25年3月23日　日立造船社長　→昭和

ロッキー青木　ろっきーあおき　昭和13年10月9日〜平成20年7月10日　実業家　ベニハナオーナー　→06/08

六百田 一美　ろっぴゃくだ・かずみ　大正4年6月15日〜平成10年6月28日　マツダ専務　→97/99

六本木 敏　ろっぽんぎ・さとし　昭和5年5月1日〜平成17年9月12日　労働運動家　国労中央執行委員長　→03/05

【わ】

和井 武一　わい・たけいち　〜平成19年3月5日　サンパウロ日伯援護協会名誉会長　→06/08

和歌 宏允　わか・ひろみつ　昭和10年3月19日〜平成14年3月24日　伊達商工会議所会頭　→00/02

若井 一郎　わかい・いちろう　大正12年4月20日〜平成22年6月20日　太陽誘電副社長　→09/11

和頴 通夫　わがい・みちお　大正6年2月11日〜平成14年1月28日　白浜町(千葉県)町長　→00/02

若泉 新一　わかいずみ・しんいち　〜昭和32年12月12日　鯖江市長　→昭和

若泉 ひな汝　わかいずみ・ひなお　昭和5年8月13日〜昭和60年6月23日　弁護士　→83/87

若江 則忠　わかえ・のりただ　大正2年9月21日〜平成1年1月20日　林野庁指導部長、日本林業土木社長、林業土木施設研究所理事長　→97/99

若尾 幾造(2代目)　わかお・いくぞう　安政4年12月8日〜昭和3年4月29日　実業家、政治家　衆議院議員(立憲政友会)、貴院議員(多額)　→昭和(若尾 幾造)

若尾 幾太郎　わかお・いくたろう　〜昭和13年12月23日　若尾合名代表社員　→昭和

若尾 金之亟　わかお・きんのじょう　大正9年10月2日〜平成18年7月4日　日本フエルト常務　→06/08

若尾 謹之助　わかお・きんのすけ　明治15年10月24日〜昭和8年1月25日　実業家　若尾銀行頭取、貴院議員　→昭和

若尾 鴻太郎　わかお・こうたろう　〜昭和28年4月10日　立花興業、三引商事社長　→昭和

若尾 周　わかお・しゅう　明治43年4月3日〜平成5年10月5日　朝日住建会長、同和火災海上保険取締役　→91/93

若尾 璋八　わかお・しょうはち　明治6年7月27日〜昭和18年1月10日　実業家、政治家　東京電燈社長、衆院議員(立憲政友会)、貴院議員(勅選)　→昭和

若尾 善太郎　わかお・ぜんたろう　明治41年3月18日〜昭和61年5月7日　小湊鉄道会長、京成電鉄常務　→83/87

若尾 孝志　わかお・たかし　大正12年7月21日〜昭和62年11月19日　佐藤工業顧問、金沢国税不服審判所部長審判官　→83/87

若尾 祐三　わかお・ゆうぞう　明治44年1月1日〜平成11年5月7日　相模鉄道社長　→97/99

若王子 信行　わかおうじ・のぶゆき　昭和8年8月10日〜平成1年2月8日　三井物産札幌支店長　三井物産支店長誘拐事件　→88/90

若麻績 倍雄　わかおみ・ばいゆう　～平成21年3月8日　僧侶　正智坊住職, 善光寺事務局長　→09/11

若麻績 好美　わかおみ・よしみ　昭和5年4月15日～平成16年9月1日　僧侶　善光寺事務局長, 徳行坊住職　→03/05

若木 裕夫　わかき・ひろお　大正15年11月20日～平成11年4月22日　静岡第一テレビ専務　→97/99

若狭 得治　わかさ・とくじ　大正3年11月19日～平成17年12月27日　全日本空輸社長, 運輸事務次官　→03/05

若狭 半吉　わかさ・はんきち　～昭和63年6月9日　若狭薬品相談役　→88/90

若狭 守　わかさ・まもる　大正14年4月12日～平成8年7月26日　寿都町(北海道)町長　→94/96

若沢 敏　わかざわ・さとし　大正15年11月10日～平成16年4月1日　東京ガス常務　→03/05

若島 邦穂　わかしま・くにほ　大正3年3月15日～昭和63年12月1日　島原商工会議所会頭　→88/90

若島 文作　わかしま・ぶんさく　明治34年2月15日～昭和63年12月26日　魚津土建工業取締役会長　→88/90

若杉 和広　わかすぎ・かずひろ　昭和15年11月22日～平成22年11月1日　週刊レキオ社社長　→09/11

若杉 要　わかすぎ・かなめ　明治16年7月9日～昭和18年12月9日　外交官　→昭和

若杉 熊太郎　わかすぎ・くまたろう　明治44年11月25日～昭和39年11月16日　労働運動家　→昭和

若杉 元喜　わかすぎ・げんき　大正8年1月8日～平成16年6月10日　新潟市長　→昭和

若杉 健太郎　わかすぎ・けんたろう　大正8年8月4日～平成13年8月1日　新出光会長　→00/02

若杉 繁喜　わかすぎ・しげき　大正12年10月15日～平成20年5月24日　矢祭村(福岡県)村長　→06/08

若杉 末雪　わかすぎ・すえゆき　明治36年2月22日～昭和48年5月10日　三井物産社長　→昭和(わかすぎ・まつゆき)

若杉 高俊　わかすぎ・たかとし　昭和10年12月8日～平成20年3月30日　大阪商船三井船舶副社長　→06/08

若杉 雄三　わかすぎ・ゆうぞう　～平成2年7月20日　東京産業常務　→88/90

若杉 竜平　わかすぎ・りゅうへい　大正15年1月1日～昭和61年12月29日　三興製作所監査役　→83/87

若曽根 方志　わかそね・まさし　大正8年2月6日～平成15年8月26日　宮崎日日新聞社長　→03/05

若田 等海　わかた・とうかい　～昭和60年6月17日　満願寺住職, 高野山真言宗大僧正　→83/87

若竹 義勝　わかたけ・よしかつ　大正2年2月8日～昭和63年5月16日　南海電気鉄道専務　→88/90

若槻 彬　わかつき・あきら　大正4年9月29日～平成23年7月17日　四国電力常務　→09/11

若槻 菊枝　わかつき・きくえ　～平成22年3月2日　バー・ノアノア経営　水俣病患者の支援に取り組む　→09/11

若槻 貞雄　わかつき・さだお　～平成4年8月2日　清水銀行監査役, 清水倉庫社長　→91/93

若月 定之助　わかつき・さだのすけ　明治36年8月16日～平成3年12月12日　郡山商工会議所会頭　→91/93

若月 孝　わかつき・たかし　～昭和62年7月20日　ワカツキ取締役　→83/87

若月 雅裕　わかつき・まさひろ　昭和12年2月15日～平成20年8月29日　北海道教職員組合委員長　→06/08

若槻 坦雄　わかつき・やすお　大正10年12月10日～昭和63年4月30日　カネボウホームプロダクツ販売相談役, 鐘紡専務　→88/90

若槻 礼次郎　わかつき・れいじろう　慶応2年2月5日～昭和24年11月20日　政治家, 男爵　首相, 民政党総裁, 大蔵次官　→昭和

我妻 貞一　わがつま・ていいち　明治44年7月22日～平成4年8月27日　八幡製鉄(のち新日本製鉄)常務, 日鉄溶接工業社長　→91/93

我妻 龍二　わがつま・りゅうじ　大正6年10月15日～平成17年9月24日　宮城県共済農協連合会会長　→03/05

若菜 金次郎　わかな・きんじろう　～平成5年2月22日　国際電気監査役　→91/93

若菜 三良　わかな・さぶろう　～昭和38年11月9日　十合社長　→昭和

若菜 正　わかな・ただし　大正14年12月12日～平成14年5月10日　集英社社長　→00/02

若鍋 正彦　わかなべ・まさひこ　～平成7年5月23日　北海道新聞社東京支社広告局長　→94/96

若林 市太郎　わかばやし・いちたろう　～平成2年10月7日　奈良県議(社会党)　→88/90

若林 栄三　わかばやし・えいぞう　～平成13年1月28日　東邦レーヨン常務　→00/02

若林 香　わかばやし・かおる　大正14年12月6日～平成17年10月27日　能美防災専務　→03/05

若林 勝市　わかばやし・かついち　明治39年9月7日～平成3年4月9日　大阪府会議長　→91/93

若林 克重　わかばやし・かつしげ　昭和5年1月11日～昭和60年10月27日　冨士高工業社長　→83/87

若林 吉郎　わかばやし・きちろう　～昭和59年2月13日　大日本印刷取締役　→83/87

若林 金次郎　わかばやし・きんじろう　大正11年3月26日～昭和62年6月18日　若林株式会社社長, 日本スカーフ協会副会長　→83/87

若林 啓之助　わかばやし・けいのすけ　大正12年5月17日～平成22年3月13日　若林商店社長　→09/11

若林 源蔵　わかばやし・げんぞう　～昭和43年9月12日　日本生命専務　→昭和

若林 健之助　わかばやし・けんのすけ　明治7年6月～昭和6年10月1日　千葉地裁検事正　→昭和

若林 弘一　わかばやし・こういち　大正12年9月29日～

わかはやし　　　　　　　　　　　　　　　　　　　　　Ⅰ　政治・経済・社会篇

平成5年2月8日　大同コンクリート工業社長　→91/93

若林　光造　　わかばやし・こうぞう　　〜昭和55年2月6日
若林会長、東京都洋ガサ・ショール商工協同組合理事長　→80/82

若林　三郎　　わかばやし・さぶろう　　明治28年10月21日〜昭和3年3月1日　社会運動家、弁護士　→昭和

若林　三郎　　わかばやし・さぶろう　　明治45年3月14日〜平成1年1月28日　ボルゲン電機会長　→88/90

若林　繁雄　　わかばやし・しげお　　〜昭和55年6月13日
十條製紙常務　→80/82

若林　滋　　わかばやし・しげる　　〜昭和58年11月14日
耐火物技術協会名誉会長、丸紅顧問　→83/87

若林　次郎　　わかばやし・じろう　　〜昭和61年5月18日
北海道議（社会党）　→83/87

若林　新一郎　　わかばやし・しんいちろう　　〜平成1年12月4日　東邦レーヨン取締役　→88/90

若林　卓弥　　わかばやし・たくや　　明治35年11月23日〜昭和63年9月8日　三菱商事常務、日本食品化工社長　→88/90

若林　孟夫　　わかばやし・たけお　　〜平成4年2月16日
若林原色写真工芸社長、東写協組顧問　→91/93

若林　忠夫　　わかばやし・ただお　　大正5年10月21日〜平成2年4月22日　全日本板金工業組合連合会理事長、日本建築板金協会会長　→88/90

若林　正　　わかばやし・ただし　　〜昭和55年9月24日
神鋼商事常務　→80/82

若林　辰郎　　わかばやし・たつお　　大正5年6月27日〜平成10年5月31日　三菱油化専務　→97/99

若林　忠一　　わかばやし・ちゅういち　　明治36年4月1日〜昭和52年5月28日　社会運動家　→昭和

若林　彊　　わかばやし・つとむ　　明治42年1月14日〜昭和58年10月19日　東北電力会長、東北経済連合会会長　→83/87

若林　輝雄　　わかばやし・てるお　　大正12年8月11日〜平成23年3月25日　住友商事専務　→09/11

若林　輝彦　　わかばやし・てるひこ　　昭和10年3月25日〜平成13年1月3日　小松フォークリフト常務　→00/02

若林　展二郎　　わかばやし・てんじろう　　明治40年1月29日〜昭和58年2月19日　東邦レーヨン社長　→83/87

若林　寿雄　　わかばやし・としお　　昭和37年11月26日
三井三池鉱業所長　→昭和

若林　俊夫　　わかばやし・としお　　昭和9年7月2日〜平成19年4月5日　東急エージェンシー副会長　→06/08

若林　利次　　わかばやし・としじ　　昭和3年3月16日〜平成15年11月8日　三井物産監査役　→03/05

若林　豊樹　　わかばやし・とよしげ　　大正15年6月22日〜平成18年6月13日　住友生命保険副社長　→06/08

若林　豊平　　わかばやし・とよへい　　〜昭和1年4月8日
宮城県議　→88/90

若林　法雄　　わかばやし・のりお　　大正10年8月5日〜平成18年4月14日　野村不動産社長　→06/08

若林　治男　　わかばやし・はるお　　大正8年3月9日〜平成3年12月30日　大洋航空会長、新中央航空会長、全日本航空事業連合会副会長　→91/93

若林　久雄　　わかばやし・ひさお　　昭和4年5月26日〜平成15年6月12日　長野県総務部長　→03/05

若林　秀雄　　わかばやし・ひでお　　〜昭和7年4月4日〜平成21年7月25日　アートコーヒー創業者　→09/11

若林　広吉　　わかばやし・ひろきち　　大正7年2月18日〜平成1年4月1日　太陽信用金庫会長　→88/90

若林　熙　　わかばやし・ひろし　　大正8年10月7日〜平成年12月23日　朝鮮自主的統一支持日本委員会事務局長、朝鮮の平和と統一のための国際連絡委員会副委員長、鎌倉市議　→00/02

若林　正夫　　わかばやし・まさお　　〜平成16年2月2日
若林仏具製作所会長、京都府仏具協同組合理事長　→03/05

若林　正武　　わかばやし・まさたけ　　大正2年1月8日〜昭和59年8月22日　参院議員（自民党）　→83/87

若林　峯嘉　　わかばやし・みねよし　　明治35年2月7日〜平成3年6月9日　安田信託銀行取締役　→91/93

若林　康夫　　わかばやし・やすお　　大正15年2月17日〜平成19年10月28日　コニカ専務　→06/08

若林　保四　　わかばやし・やすよ　　昭和63年6月28日
寿海会代表取締役会長　→88/90

若林　与左衛門　　わかばやし・よざえもん　　〜昭和10年3月5日　若林合名代表　→昭和

若林　良明　　わかばやし・よしあき　　大正6年9月12日〜平成13年3月26日　日野自動車副社長　→00/02

若林　義孝　　わかばやし・よしたか　　明治33年5月30日〜昭和56年5月17日　箕面市長、衆院議員　→80/82

若林　義治　　わかばやし・よしはる　　大正8年2月12日〜平成7年1月21日　日本テレビ常勤監査役　→94/96

若林　賚蔵　　わかばやし・らいぞう　　慶応1年11月28日〜昭和16年11月27日　貴院議員（勅選）、京都府知事　→昭和

若林　良一　　わかばやし・りょういち　　〜昭和61年2月12日　日本原子力事業取締役　→83/87

若原　堯　　わかはら・たかし　　大正10年9月6日〜昭和61年9月1日　小松製作所取締役　→83/87

若原　竹次　　わかはら・たけじ　　〜昭和44年8月5日
若原電線社長　→昭和

若原　秀啓　　わかはら・ひでひろ　　大正15年8月22日〜平成15年1月24日　阪急バス社長　→03/05

若原　泰之　　わかはら・やすゆき　　大正15年2月26日〜平成17年8月8日　朝日生命保険社長　→03/05

若原　譲　　わかはら・ゆずる　　〜平成2年8月2日
全国菓子工業組合連合会理事長　→88/90

若松　和衛　　わかまつ・かずえ　　昭和5年12月24日〜平成11年11月30日　ダイトーケミックス会長　→00/02s

若松　久剛　　わかまつ・きゅうごう　　大正3年1月25日〜平

成18年12月15日　愛知県議（自民党）　→06/08

若松 貞一　わかまつ・さだいち　大正8年4月1日～平成22年9月20日　東京都議（自民党）　→09/11

若松 修一　わかまつ・しゅういち　～平成2年12月9日　電子システム（株）社長　→88/90

若松 忠夫　わかまつ・ただお　～昭和63年7月28日　金沢包装取締役総務部長　→88/90

若松 只一　わかまつ・ただかず　明治26年3月8日～昭和34年11月17日　陸軍中将　陸軍次官　→昭和

若松 貞次　わかまつ・ていじ　昭和7年1月23日～平成16年6月7日　河北新報専務　→03/05

若松 東治郎　わかまつ・とうじろう　～昭和56年10月19日　若松水産社長、全国漁業無線協会道支部連合会会長　→80/82

若松 齢　わかまつ・とし　明治34年～昭和47年　社会主義運動家　→昭和

若松 虎雄　わかまつ・とらお　明治23年1月～昭和24年9月24日　衆院議員（民自党）　→昭和

若松 信重　わかまつ・のぶしげ　大正14年1月1日～平成17年7月27日　東海テレビ放送社長　→03/05

若松 守　わかまつ・まもる　大正2年3月25日～昭和61年4月2日　日本ビクター常務　→83/87

若見 二郎太　わかみ・じろうた　～昭和46年9月20日　電気化学工業常務　→昭和

若見 虎治　わかみ・とらじ　慶応2年5月25日～昭和10年2月12日　陸軍中将　→昭和

若宮 乙二郎　わかみや・おつじろう　大正11年11月25日～平成2年7月14日　森村産業取締役　→88/90

若宮 周信　わかみや・かねのぶ　大正3年5月21日～平成10年1月9日　ナカノコーポレーション常務　→97/99

若宮 貞夫　わかみや・さだお　明治8年1月5日～昭和21年9月8日　衆院議員（同交会）、通信次官　→昭和

若宮 正則　わかみや・まさのり　～平成2年11月14日　日本赤軍活動家　→88/90

若元 敏雄　わかもと・としお　昭和3年4月12日～昭和59年6月1日　国鉄本社情報システム部長、東京高架常務締役　→83/87

和歌森 玉枝　わかもり・たまえ　～平成8年5月19日　消費者運動家、歌人　→94/96

若柳 和男　わかやなぎ・かずお　大正8年7月7日～平成7年12月9日　日本テトラポッド（のちテトラ）専務　→94/96

若山 晃　わかやま・あきら　～昭和61年5月5日　海上自衛隊横須賀地区病院長　→83/87

若山 修　わかやま・おさむ　大正13年9月12日～平成18年9月22日　青森銀行頭取　→06/08

若山 茂　わかやま・しげる　～平成10年7月26日　ダイフク常務、兼松取締役　→97/99

若山 資雄　わかやま・すけお　明治33年9月9日～平成4年12月5日　弁護士　名古屋弁護士会副会長、岐阜地裁部総括判事　→91/93

若山 徳次郎（3代目）　わかやま・とくじろう　大正6年3月15日～平成22年5月14日　五島軒社長　→09/11

若山 備弘　わかやま・ともひろ　大正15年11月27日～平成6年10月10日　美濃清商工社長、都市木材協同組合理事長　→94/96

若山 麓　わかやま・ふもと　明治33年11月4日～平成9年4月23日　ロイヤルホテル常務　→97/99

若山 文三　わかやま・ぶんぞう　～昭和61年8月30日　文明堂日本橋店専務取締役　→83/87

若山 保宣　わかやま・やすのり　昭和22年10月31日～平成16年6月7日　弁護士　→03/05

若山 好雄　わかやま・よしお　明治44年1月3日～平成12年11月23日　香川県議、琴平参宮電鉄常務　→00/02

脇 嘉市郎　わき・かいちろう　～昭和56年6月27日　中部経済新聞社取締役　→80/82

脇 一敏　わき・かずとし　大正10年7月17日～平成1年12月28日　北海道新聞常務　→88/90

脇 茂　わき・しげる　大正4年8月24日～昭和60年7月29日　安田火災海上保険常務　→83/87

脇 晋　わき・すすむ　大正14年11月4日～昭和61年11月14日　兼房刃物工業取締役技術部長　→83/87

和気 辰夫　わき・たつお　～平成22年8月12日　高原山の自然を守る会会長　→09/11

脇 常治　わき・つねはる　大正2年6月13日～平成8年6月22日　新和海運副社長　→94/96

脇 鉄一　わき・てついち　明治29年～昭和48年6月2日　別府市長　→昭和

脇 望　わき・のぞむ　昭和5年12月6日～平成22年6月16日　三井物産取締役　→09/11

脇 信男　わき・のぶお　大正8年9月1日～平成9年12月12日　高松市長　→97/99

和気 信行　わき・のぶゆき　～昭和59年2月1日　和気産業会長　→83/87

脇 肇　わき・はじめ　～昭和49年11月21日　日東商船副社長　→昭和

和気 博史　わき・ひろし　昭和7年8月12日～昭和62年1月24日　和気産業会長　→83/87

和気 与吉　わき・よきち　大正7年6月12日～平成3年8月6日　共同通信社編集総局総務、共同通信施設常務　→91/93

和喜 義生　わき・よしお　昭和3年6月11日～平成3年6月9日　日甲新聞社長、水口衛生社長　→91/93

脇川 豊　わきかわ・ゆたか　大正14年1月25日～平成12年11月24日　関西ペイント常務　→00/02

脇坂 一平　わきさか・いっぺい　昭和14年12月7日～平成10年6月7日　神戸新聞社長　→97/99

脇阪 栄一　わきさか・えいいち　～平成8年2月1日

阪神百貨店副社長　→94/96

脇坂 悦男　わきさか・えつお　昭和9年11月25日～平成22年12月7日　阪急百貨店代表取締役専務　→09/11

脇坂 光次　わきさか・こうじ　明治40年1月25日～平成5年7月16日　僧侶　山梨大学教授、妙心寺塔頭　→91/93

脇坂 泰彦　わきさか・やすひこ　明治44年8月20日～平成6年10月18日　丸善石油（のちコスモ石油）専務　→94/96

脇坂 雄治　わきさか・ゆうじ　明治22年2月～昭和60年2月25日　名古屋地裁所長、愛知大学名誉教授　→83/87

脇園 隆春　わきその・たかはる　昭和9年3月19日～平成16年11月12日　南日本新聞制作局長　→03/05

脇園 信重　わきその・のぶしげ　昭和6年3月16日～平成5年7月20日　鹿児島銀行専務　→91/93

脇田 忠　わきた・あつし　明治42年7月12日～平成13年6月11日　弁護士　東京高裁判事、東洋大学法学部教授　→00/02

脇田 暢秋　わきた・のぶあき　～平成12年6月7日　タキヒヨー副社長　→00/02

脇田 久勝　わきた・ひさかつ　～昭和57年6月11日　弁護士　東京弁護士会常議員　→80/82

脇田 英彦　わきた・ひでひこ　明治43年11月14日～昭和17年4月8日　教育労働運動家　→昭和

脇田 稔　わきた・みのる　明治42年7月26日～平成14年1月7日　南日本新聞社長　→00/02

脇田 芳未　わきた・よしみ　大正8年6月11日～平成12年6月20日　井村屋製菓社長　→00/02

脇田 代子郎　わきた・よしろう　明治45年4月8日～平成10年4月6日　三菱化成専務、三菱モンサント化成社長　→97/99

脇谷 剛　わきたに・ごう　昭和11年2月24日～平成17年1月25日　出光興産副社長　→03/05

脇野 辰夫　わきの・たつお　～昭和57年7月12日　王子ティシュ販売社長　→80/82

脇村 礼次郎　わきむら・れいじろう　明治37年2月21日～昭和63年1月8日　三菱銀行取締役　→88/90

脇本 清　わきもと・きよし　昭和4年8月24日～平成8年12月8日　東洋埠頭社長　→94/96

脇元 正　わきもと・ただし　大正1年12月11日～平成5年2月22日　小林市長、宮崎県議　→91/93

脇屋 寿夫　わきや・としお　～昭和42年2月19日　東京高裁判事　→昭和

脇屋 長可　わきや・ながよし　昭和5年5月13日～平成7年10月29日　別府市長、大分県議　→94/96

脇屋 豊　わきや・ゆたか　～昭和61年4月14日　脇屋商会社長　→83/87

脇屋 義夫　わきや・よしお　～昭和58年3月26日　最高検事務局長　→83/87

脇山 梅治　わきやま・うめじ　大正12年1月26日～平成

21年5月26日　北洋建設創業者　→09/11

脇山 勘助　わきやま・かんすけ　～昭和60年10月26日　長崎電気軌道社長、長崎商工会議所会頭　→83/87

脇山 立哉　わきやま・たつや　昭和4年4月12日～平成2年9月18日　日本電通建設取締役　→88/90

和久 英雄　わく・ひでお　明治41年3月25日～平成1年2月4日　中部電力取締役　→88/90

和久 幸男　わく・ゆきお　明治42年2月8日～平成5年3月21日　福島民友新聞社長　→91/93

和久井 宗次　わくい・そうじ　～昭和42年10月11日　日本弁理士会長　→昭和

涌井 紀夫　わくい・のりお　昭和17年2月11日～平成21年12月17日　最高裁判事　→09/11

涌井 安太郎　わくい・やすたろう　明治42年～平成8年7月19日　コープこうべ名誉理事　→94/96

湧川 善三郎　わくがわ・ぜんざぶろう　大正3年2月18日～平成17年7月26日　沖縄瓦斯会長　→03/05

和久田 弘一　わくだ・こういち　明治42年10月18日～平成2年6月12日　浜松鉄工機械工業協同組合理事長、城北機業会長　→88/90

和久田 鉄雄　わくだ・てつお　明治37年2月25日～平成4年4月26日　弁護士　大分県知事、広島県副知事　→88/90

涌田 英宏　わくだ・ひでひろ　昭和12年1月11日～平成19年4月3日　日本写真印刷常務　→06/08

湧永 満之　わくなが・まんじ　明治43年9月10日～平成4年8月9日　湧永製薬創業者　→91/93

和久利 幾之助　わくり・いくのすけ　明治30年～昭和6年11日　社会運動家　→昭和

和栗 五平　わぐり・ごへい　～平成8年2月20日　全国喫茶業環境衛生同業組合連合会副会長　→94/96

和気 正芳　わけ・まさよし　～昭和57年3月9日　和気耐火工業社長　→80/82

分須 巨二郎　わけす・なおじろう　大正7年8月16日～平成3年7月4日　日本経済新聞社社友　→91/93

和気家 昭男　わけや・あきお　昭和62年6月15日　東一証券取締役　→83/87

和光 章　わこう・あきら　明治39年1月7日～平成1年8月22日　関電工常務　→88/90

若生 金郎　わこう・かなお　大正6年9月17日～平成18年5月27日　若生工業社長、全国建設業協同組合連合会会長　→06/08

和合 亀之助　わごう・かめのすけ　～昭和57年7月6日　橋本商工会議所専務理事　→80/82

和合 正治　わごう・しょうじ　大正6年2月27日～平成16年3月7日　松本市長　→03/05

和光 政雄　わこう・まさお　明治40年11月29日～平成4年5月14日　大月信用金庫会長、全国信用金庫協会理事　→91/93

若生 幸広　わこう・ゆきひろ　昭和8年3月10日～昭和61年8月27日　東北金属工業取締役　→83/87

和佐 寿一　わさ・としかず　～平成22年7月11日
日本軽金属常務執行役員　→09/11

和崎 ハル　わざき・はる　明治18年10月1日～昭和27年12月30日　衆院議員　→昭和

和崎 嘉之　わざき・よしゆき　～昭和45年1月31日
国連協会関西本部理事長　→昭和

和沢 義剛　わざわ・よしたけ　～平成7年3月9日
日本教育旅行社長　→94/96

鷲尾 勘解治　わしお・かげはる　明治14年5月10日～昭和56年4月13日　住友本社常務理事　→80/82

鷲尾 嘉兵　わしお・かへい　昭和2年4月3日～平成4年5月1日　アマダ常務　→91/93

鷲尾 久蔵　わしお・きゅうぞう　～昭和59年4月24日
農林省茶業試験場長、宮城県立農業短期大学学長　→83/87

鷲尾 弘賢　わしお・こうけん　明治42年2月3日～平成1年11月25日　安田火災海上保険監査役　→88/90

鷲尾 光遍　わしお・こうへん　～昭和42年11月14日
真言宗山科派管長、石山寺座主　→昭和

鷲尾 三郎　わしお・さぶろう　大正12年6月26日～平成20年10月3日　秋田魁新報専務編集局長　→06/08

鷲尾 晋隆　わしお・しんりゅう　～平成4年11月2日
僧侶　東大寺学園理事長、華厳宗権大僧正　→91/93

鷲尾 儻三　わしお・せんぞう　～昭和40年5月28日　大阪商工会議所会頭　→昭和

鷲尾 貞之助　わしお・ていのすけ　～平成1年12月13日
第二共栄証券社長　→88/90

鷲尾 利三　わしお・としみ　大正14年1月1日～平成6年8月9日　広島県議(自民党)　→94/96

鷲尾 彦三郎　わしお・ひこさぶろう　明治38年2月13日～平成1年2月9日　神戸銀行常務　→88/90

鷲尾 寛明　わしお・ひろあき　昭和4年4月24日～平成18年11月1日　JSP常務　→06/08

鷲尾 貢　わしお・みつぐ　大正4年1月1日～平成4年6月28日　春秋社社長　→91/93

鷲尾 宥三　わしお・ゆうぞう　明治35年4月24日－昭和59年7月5日　帝国ピストンリング社長　→83/87

鷲尾 隆輝　わしお・りゅうき　大正6年12月17日～平成16年10月15日　僧侶　東寺真言宗管長、石山寺第51世座主、東寺長者　→03/05

鷲尾 隆慶　わしお・りゅうけい　～昭和31年10月25日
東大寺長老　→昭和

和食 富雄　わじき・とみお　大正15年11月17日～平成7年7月17日　安芸市長　→88/90

鷲崎 啓三郎　わしざき・けいざぶろう　大正14年8月24日～昭和20年2月16日　十八銀行常務　→06/08

鷲沢 与四記　わしざわ・よしじ　明治16年8月～昭和31年10月1日　衆院議員(国民同盟)、神奈川県公安委員長　→昭和

鷲津 秋子　わしず・あきこ　～昭和63年3月6日

大須薬品社長　→88/90

鷲巣 憲之助　わしず・けんのすけ　明治40年4月15日～平成4年7月9日　静岡銀行常務　→91/93

鷲頭 忠　わしず・ただし　～昭和59年11月19日
横須賀兼三崎簡裁判事　→83/87

鷲頭 正哉　わしず・まさや　大正9年8月14日～平成5年7月23日　日本石油輸送監査役　→91/93

鷲頭 康義　わしず・やすよし　昭和9年10月2日～平成8年1月12日　九州国立博物館設置促進財団事務局次長、連合福岡事務局長　→94/96

鷲田 彰　わしだ・あきら　～昭和59年12月11日
荒井製作所相談役・元常務　→83/87

鷲田 勇　わしだ・いさむ　明治38年5月25日～昭和59年7月1日　帝人製糸社長、帝人専務取締役　→83/87

鷲野 栄一　わしの・えいいち　～昭和56年4月18日
愛知県海部郡八開村村長　→80/82

鷲野 決　わしの・さだむ　明治45年4月～昭和58年4月23日　第一実業顧問　→83/87

鷲野 米太郎　わしの・よねたろう　明治16年7月12日～昭和12年4月5日　衆院議員(立憲政友会)　→昭和

鷲巣 昌　わしのす・さかえ　～昭和57年11月30日
三菱地所元専務　→80/82

和島 岩吉　わじま・いわきち　明治38年8月5日～平成2年5月13日　弁護士　和島法律事務所所長　→88/90

倭島 英二　わじま・えいじ　～昭和57年4月6日
駐アラブ連合共和国大使　→80/82

和嶋 茂男　わじま・しげお　大正15年3月13日～平成11年11月29日　荘内証券会長　→97/99

和島 為太郎　わじま・ためたろう　～平成1年6月13日
全国部落解放運動連合会大阪府連顧問　→88/90

鷲見 京一　わしみ・きょういち　明治40年6月20日～昭和51年12月17日　社会運動家　→昭和

鷲見 定信　わしみ・さだのぶ　昭和20年2月19日～平成22年2月19日　僧侶　梅雲寺住職、大正大学教授　→09/11

鷲見 三郎　わしみ・さぶろう　～昭和43年2月25日
川崎航空機工業常務取締役　→昭和

鷲見 利久　わしみ・としひさ　昭和2年7月21日～平成22年7月28日　日本ガイシ専務　→09/11

鷲峰 本賢　わしみね・ほんけん　～平成16年6月4日
僧侶　高野山真言宗大僧正、金剛峯寺第505世寺務検校執行法印、増福院住職　→03/05

鷲山 奉善　わしやま・ともよし　昭和18年7月8日～平成3年4月28日　鷲山精電工業会長　→91/93

鷲山 林蔵　わしやま・りんぞう　大正15年3月27日～平成18年9月20日　牧師　日本基督教団横浜指路教会牧師、日本基督教団福音主義教会連合議長、東京神学大学常務理事　→06/08

早稲田 柳右衛門　わせだ・りゅうえもん　明治33年2月25日～昭和59年4月15日　衆院議員(自民党)　→83/87

和田 昭夫　わだ・あきお　昭和5年～昭和60年1月12日　三菱化成工業常務取締役・水島工場長　→83/87

和田 勇　わだ・いさむ　明治44年9月1日～昭和60年4月2日　東洋ゴム工業取締役　→83/87

和田 一郎　わだ・いちろう　大正3年2月25日～平成18年12月16日　三井不動産常務　→06/08

和田 巌　わだ・いわお　～昭和50年5月4日　三菱電機常務　→昭和

和田 巌夫　わだ・いわお　大正5年5月17日～昭和62年10月29日　ニチメン専務、豊国不動産社長　→83/87

和田 栄一　わだ・えいいち　明治41年10月30日～平成2年8月25日　日新製鋼副社長　→88/90

和田 英次　わだ・えいじ　～昭和63年2月13日　愛知県林業公社常務理事　→88/90

和田 栄太郎　わだ・えいたろう　～昭和58年6月5日　全国拓殖農協連合会顧問　→83/87

和田 収　わだ・おさむ　明治45年1月27日～平成14年7月3日　明治生命保険副社長　→00/02

和田 乙彦　わだ・おとひこ　大正5年8月22日～平成21年3月10日　三菱商事常務　→09/11

和田 薫　わだ・かおる　～昭和43年2月13日　京阪神急行電鉄会長　→昭和

和田 角平　わだ・かくへい　大正15年11月2日～平成12年11月5日　セントラル硝子社長、日本精線社長　→00/02

和田 一夫　わだ・かずお　昭和62年10月24日　日本中国友好協会会長、(医)健友会名誉理事長　→83/87

和田 一成　わだ・かずしげ　昭和2年11月22日～平成14年8月22日　兵庫県議(民社党)　→00/02

和田 一仁　わだ・かずひと　大正13年7月30日～平成22年12月8日　衆院議員(民社党)　→昭和

和田 カツ　わだ・かつ　明治39年12月6日～平成5年4月28日　ヤオハンジャパン最高顧問　→91/93

和田 克己　わだ・かつみ　明治45年5月31日～平成3年7月22日　山口県副知事　→91/93

和田 勝之　わだ・かつゆき　大正15年10月10日～昭和60年2月18日　北海道議(自民党、札幌市西)　→83/87

和田 和　わだ・かのう　昭和12年11月26日～昭和63年1月14日　昭和シェル石油取締役　→88/90

和田 亀吉　わだ・かめきち　明治39年3月24日～平成63年7月29日　黒崎窯業社長、八幡製鉄常務　→88/90

和田 于一　わだ・かんいち　～昭和14年1月31日　大審院判事　→昭和

和田 完一　わだ・かんじ　明治29年6月12日～昭和43年8月13日　丸善石油社長　→昭和

和田 寛次郎　わだ・かんじろう　大正11年5月27日～平成4年7月3日　和田寛食料工業社長、青森県経営者協会長　→91/93

和田 久一　わだ・きゅういち　～平成2年7月16日　東海パルプ取締役　→88/90

和田 久太郎　わだ・きゅうたろう　明治26年2月6日～昭和3年2月20日　無政府主義者、俳人　→昭和

和田 清隆　わだ・きよたか　明治44年10月21日～昭和63年12月8日　岩倉組土建取締役副会長　→88/90

和田 欣之介　わだ・きんのすけ　大正7年5月16日～平成22年5月11日　春陽堂書店社長　→09/11

和田 邦康　わだ・くにやす　～昭和62年2月20日　弁護士、青森地・家裁所長　→83/87

和田 敬久　わだ・けいきゅう　～平成5年1月27日　全日本中国旅行会長　→91/93

和田 慶治　わだ・けいじ　～昭和56年4月10日　青山貿易社長、元ダイハツ自動車販売副社長　→80/82

和田 愿　わだ・げん　大正6年10月29日～平成15年3月17日　中部電力常務　→03/05

和田 賢助　わだ・けんすけ　～昭和14年10月20日　海軍中将　→昭和

和田 晃一　わだ・こういち　昭和5年6月1日～平成13年3月2日　サンケイ新聞写真ニュースセンター社長、日本工業新聞常勤監査役　→00/02

和田 耕作　わだ・こうさく　明治40年1月18日～平成18年7月4日　衆院議員(民社党)　→06/08

和田 孝次　わだ・こうじ　～昭和14年9月27日　陸軍少将　→昭和

和田 耕正　わだ・こうしょう　大正4年6月14日～平成4年9月12日　真宗大谷派宗務顧問　→91/93

和田 光太　わだ・こうた　大正4年8月10日～平成2年6月1日　日魯漁業(のちニチロ)常務　→88/90

和田 五郎　わだ・ごろう　明治43年11月10日～平成1年5月30日　味の素常務　→88/90

和田 貞実　わだ・さだみ　昭和7年～平成11年6月29日　日米関係コンサルタント、米国ソニー副社長　→97/99

和田 三郎　わだ・さぶろう　～昭和62年11月11日　大垣ガス社長　→83/87

和田 重　わだ・しげ　大正3年11月1日～昭和59年1月26日　大成建設常務　→83/87

和田 滋郎　わだ・しげお　大正13年1月3日～平成5年7月13日　清水建設取締役　→91/93

和田 重雄　わだ・しげお　明治43年3月13日～平成12年3月27日　東京航空計器社長、東京計器製作所副社長　→00/02

和田 茂雄　わだ・しげお　大正7年9月18日～昭和62年5月22日　日本水路協会審議役、日本海運副社長、エヌティーエス顧問　→83/87

和田 重暢　わだ・しげのぶ　明治43年4月9日～平成1年2月11日　東芝常務　→88/90

和田 茂　わだ・しげる　昭和4年5月9日～平成16年1月17日　学習研究社常務　→03/05

和田 四三四　わだ・しさし　明治43年4月12日～昭和17年8月13日　社会運動家　→昭和

和田　信夫　わだ・しのぶ　明治19年10月～昭和15年8月17日　大阪朝日新聞取締役　→昭和

和田　周作　わだ・しゅうさく　大正4年6月12日～平成15年4月9日　駐ポルトガル大使　→03/05

和田　秀次郎　わだ・しゅうじろう　～昭和47年9月10日　日本銀行証券局長　→昭和

和田　準一　わだ・じゅんいち　明治41年1月26日～昭和63年11月14日　スポーツニッポン新聞東京本社社長、毎日新聞取締役　→88/90

和田　淳一郎　わだ・じゅんいちろう　大正11年5月26日～平成23年3月19日　静岡県議（自民党）　→09/11

和田　諄一郎　わだ・じゅんいちろう　大正2年10月4日　東京損害保険代理業協会副会長、安田火災海上保険全国専属代理店会理事長　→88/90

和田　俊三　わだ・しゅんぞう　～平成5年8月22日　北海道警函館方面本部長、北海道公営企業管理者　→91/93

和田　正一郎　わだ・しょういちろう　明治42年4月25日～平成4年11月6日　パイロット社長　→91/93

和田　性海　わだ・しょうかい　明治12年8月2日～昭和37年3月9日　僧侶　高野山真言宗管長、高野山大学学長　→昭和

和田　穰太郎　わだ・じょうたろう　大正10年11月7日～平成18年11月29日　三菱倉庫社長　→06/08

和田　正八郎　わだ・しょうはちろう　大正8年11月21日～平成5年8月28日　精研会長　→91/93

和田　二郎　わだ・じろう　～昭和55年2月9日　近藤記念海事財団理事長、元日本郵船常務　→80/82

和田　進　わだ・すすむ　昭和5年1月24日～平成16年5月25日　読売新聞制作局参与　→03/05

和田　誠一　わだ・せいいち　大正5年11月5日～昭和61年4月23日　最高裁判事　→83/87

和田　正義　わだ・せいぎ　昭和7年6月5日～平成10年7月22日　山崎製パン常務　→97/99

和田　誠次　わだ・せいじ　大正3年11月1日～平成2年8月3日　神奈川県議（社会党）、神奈川県運営委員長　→88/90

和田　節治　わだ・せつじ　～昭和49年2月2日　パイロット万年筆社長　→昭和

和田　善四郎　わだ・ぜんしろう　大正5年7月20日～平成9年2月8日　播州信用金庫理事長　→97/99

和田　大円　わだ・だいえん　～昭和7年6月5日　僧侶　真言宗山階派管長大僧正　→昭和

和田　泰三　わだ・たいぞう　～昭和60年10月10日　富山県議　→83/87

和田　太一　わだ・たいち　大正4年5月7日～平成4年1月12日　松村組取締役　→91/93

和田　隆　わだ・たかし　大正8年2月15日～平成10年9月29日　巴川製紙所常務　→97/99

和田　威雄　わだ・たけお　大正2年8月7日～平成6年1月27日　ハザマ常務　→94/96

和田　他圭作　わだ・たけさく　大正2年4月18日～平成23

年7月16日　小松製作所副社長　→09/11

和田　武二　わだ・たけじ　大正3年10月16日～昭和63年12月17日　和田金属工業会長、富士精密製作所社長　→88/90

和田　武彦　わだ・たけひこ　～昭和58年7月22日　日本紙業常務　→83/87

和田　武彦　わだ・たけひこ　大正14年8月17日～昭和59年6月22日　国際証券理事、光亜証券取締役　→83/87

和田　忠夫　わだ・ただお　大正10年5月31日～平成3年1月30日　産経新聞大阪本社編集局長、サンケイリビング新聞会長　→91/93

和田　太郎　わだ・たろう　明治34年1月25日～平成6年12月19日　淀川製鋼所常務　→94/96

和田　努　わだ・つとむ　大正7年1月5日～平成18年11月5日　日本光学工業常務　→06/08

和田　力　わだ・つとむ　大正7年1月19日～平成8年1月2日　駐イラン大使　→94/96

和田　恒和　わだ・つねかず　昭和6年～平成20年7月16日　東芝タンガロイ常務　→06/08

和田　恒輔　わだ・つねすけ　明治20年11月3日～昭和54年12月2日　富士通社長　→昭和（わだ・こうすけ）

和田　貞一　わだ・ていいち　明治37年12月19日～平成10年5月18日　王子製紙副社長　→97/99

和田　鉄夫　わだ・てつお　明治44年1月2日～平成5年9月19日　石巻新聞社長、宮城県議（自民党）　→91/93

和田　憲夫　わだ・としお　明治44年10月13日～昭和63年12月15日　日本化学繊維協会常務理事、大阪化学繊維会館専務　→88/90

和田　敏夫　わだ・としお　～平成11年10月21日　郵政省北海道郵政監察局長、通信博物館館長　→97/99

和田　敏雄　わだ・としお　昭和61年9月21日　昌和工業取締役　→83/87

和田　利男　わだ・としお　大正9年10月7日～平成12年1月25日　ミヨシ油脂常務　→00/02

和田　敏信　わだ・としのぶ　大正10年1月21日～平成18年11月14日　通商産業事務次官、石油公団総裁　→06/08

和田　利彦　わだ・としひこ　明治18年～昭和42年12月31日　春陽堂社長　→昭和

和田　共弘　わだ・ともひろ　大正11年8月1日～平成6年4月25日　シンボリ牧場社長、日本中央競馬会運営審議会委員　→94/96

和田　直行　わだ・なおゆき　昭和17年11月28日～平成18年10月4日　前沢工業専務　→06/08

和田　信純　わだ・のぶずみ　明治33年11月1日～昭和62年5月13日　三和銀行取締役、山下汽船専務　→83/87

和田　延二　わだ・のぶはる　明治45年4月19日～平成8年9月21日　丸全昭和運輸常務　→94/96

和田　農夫也　わだ・のぶや　大正8年3月5日～平成17年1月10日　興亜火災海上保険社長　→03/05

和田　信義　わだ・のぶよし　明治25年9月24日～昭和18

わた　　　　　　　　　　　　　　　　　　　　　　　　　Ⅰ　政治・経済・社会篇

和田　　　　　年6月8日　社会運動家　→昭和

和田 春江　わだ・はるえ　～昭和55年8月5日
　東北一の長寿者　→80/82

和田 春生　わだ・はるお　大正8年3月15日～平成11年10月17日　政治評論家, 放送ジャーナリスト　衆院議員（民社党）, 参院議員, 全労会議書記長　→97/99

和田 彦雄　わだ・ひこお　～平成15年9月6日
　カルビー専務　→03/05

和田 彦次郎　わだ・ひこじろう　安政6年6月12日～昭和14年7月12日　衆院議員（無所属）, 貴院議員（勅選）→昭和

和田 英夫　わだ・ひでお　～平成6年2月22日
　間組（のちハザマ）監査役　→94/96

和田 秀吉　わだ・ひできち　～昭和60年10月21日
　総理府特別地域連絡局第二課長　→83/87

和田 秀豊　わだ・ひでとよ　嘉永7年1月24日～昭和21年7月27日　牧師, 社会事業家　同愛訓盲学校校長　→昭和（わだ・しゅうほう）

和田 栄央　わだ・ひでなか　～昭和57年8月6日
　日本ヴィクトリック社長　→80/82

和田 秀正　わだ・ひでまさ　昭和8年5月23日～平成7年9月23日　北海道新聞販売次長　→94/96

和田 秀麿呂　わだ・ひでまろ　明治41年6月9日～昭和61年1月24日　昭和石油取締役　→83/87

和田 均　わだ・ひとし　昭和21年11月22日～平成21年6月22日　青柳社長　→09/11

和田 博雄　わだ・ひろお　明治36年2月17日～昭和42年3月4日　政治家, 俳人　社会党副委員長, 参院議員　→昭和

和田 広　わだ・ひろし　～昭和48年10月22日
　三井金属鉱業常務　→昭和

和田 博　わだ・ひろし　昭和8年1月16日～平成11年2月13日　函館地検検事正　→97/99

和田 博純　わだ・ひろずみ　昭和7年6月9日～平成23年7月27日　日立造船副社長　→09/11

和田 広弥　わだ・ひろや　大正10年10月1日～平成14年2月23日　山形県議（県政ク）　→00/02

和田 不二男　わだ・ふじお　～昭和13年3月6日
　恩賜京都博物館長　→昭和

和田 文夫　わだ・ふみお　～昭和56年9月19日
　北陸電力副社長　→80/82

和田 平兵衛　わだ・へいべえ　大正1年9月28日～平成2年2月9日　和田化学工業社長　→88/90

和田 真梶　わだ・まかじ　明治35年7月20日～昭和59年9月15日　第一銀行常務　→83/87

和田 正明　わだ・まさあき　昭和62年2月9日
　ナゴヤハウジングセンター副社長, 積水ハウス中部営業部次長兼東営業所所長　→83/87

和田 正明　わだ・まさあき　大正5年10月5日～平成4年4月25日　農林省農地局長　→91/93

和田 昌雄　わだ・まさお　～昭和4年6月10日
　航空兵中佐　→昭和

和田 正次　わだ・まさじ　大正10年1月20日～平成10年2月15日　新家工業常務　→97/99

和田 昌博　わだ・まさひろ　明治40年8月5日～昭和58年4月12日　関西電力副社長, 大阪科学技術センター会長, 関西電気保安協会理事長　→83/87

和田 正義　わだ・まさよし　明治32年7月6日～平成8年1月28日　東京海上火災保険専務　→94/96

和田 益雄　わだ・ますお　大正4年2月1日～平成11年1月1日　三菱ガス化学専務　→97/99

和田 満洲男　わだ・ますお　大正3年5月1日～平成12年8月23日　瑞光会長　→00/02

和田 松雄　わだ・まつお　～昭和58年12月27日
　田川市議　→83/87

和田 操　わだ・みさお　明治24年11月3日～昭和50年1月26日　社会運動家　→昭和

和田 操　わだ・みさお　～昭和56年11月19日
　海軍中将　→80/82

和田 迪雄　わだ・みちお　昭和5年2月7日～平成9年5月26日　新潟証券取引所理事長, 和田商会会長, 貝印石油会長　→97/99

和田 満治　わだ・みつはる　昭和7年1月26日～平成3年12月13日　イズミヤ社長　→91/93

和田 光正　わだ・みつまさ　昭和13年7月18日～平成10年4月18日　ヤオハンジャパン社長　→97/99

和田 美代枝　わだ・みよえ　～昭和58年5月20日
　主婦連合会副会長　→83/87

和田 元夫　わだ・もとお　大正14年6月27日～平成1年2月12日　日本加工製紙取締役　→88/90

和田 盛哉　わだ・もりや　～平成17年2月4日
　陸上自衛隊西部方面総監　→03/05

和田 八重吉　わだ・やえきち　～平成5年9月27日
　東方貿易社長　→91/93

和田 泰生　わだ・やすお　～平成22年8月26日
　読売新聞西部本社常務　→09/11

和田 保信　わだ・やすのぶ　～平成15年12月21日
　御所市長　→03/05

和田 康宏　わだ・やすひろ　昭和32年2月～平成8年　サウンドトラック・リスナーズ コミュニケーションズ（SLC）社長　→97/99s

和田 有玄　わだ・ゆうげん　大正11年6月11日～平成15年10月2日　僧侶　金剛峯寺（高野山真言宗総本山）座主, 高野山真言宗管長　→03/05

和田 祐之介　わだ・ゆうのすけ　明治38年2月15日～平成9年1月6日　祐月会長, 水戸市長　→97/99

和田 洋一　わだ・よういち　昭和11年1月18日～平成11年8月10日　三才ブックス社長　→97/99

和田 義晶　わだ・よしあき　大正2年5月28日～平成2年8月

1378　「現代物故者事典」総索引（昭和元年～平成23年）

月23日　栄研器材取締役相談役, 栄研化学常務　→88/90

和田 義一　わだ・よしかず　大正9年12月23日～平成2年7月18日　菱光証券専務　→88/90

和田 義孝　わだ・よしたか　大正8年10月23日～昭和59年9月9日　共和水産社長, 全国巻き網漁業協会副会長　→83/87

和田 義太郎　わだ・よしたろう　～昭和56年10月8日　鹿屋市議　和田勉氏（NHKディレクター）の父　→80/82

和田 慶治　わだ・よしはる　昭和5年6月4日～昭和63年8月3日　カルピス食品工業取締役　→88/90

和田 喜弘　わだ・よしひろ　昭和9年8月8日～平成18年9月29日　富山化学工業専務　→06/08

和田 吉弥　わだ・よしや　明治38年1月4日～平成4年10月22日　山梨日日新聞社社長　→91/93

和田 義文　わだ・よしふみ　大正16年8月2日～平成9年8月4日　運輸省総務審議官　→97/99

和田 義之　わだ・よしゆき　大正8年9月12日～平成12年12月2日　市光工業専務　→00/02

和田 龍幸　わだ・りゅうこう　昭和12年11月3日～平成19年11月27日　日本経済団体連合会事務総長　→06/08

和田 龍児　わだ・りゅうじ　昭和9年9月27日～平成21年2月1日　豊田工機専務, 摂南大学工学部教授　→09/11

和田 良一　わだ・りょういち　昭和10年1月5日～昭和60年5月1日　ヴィーヴル社長　→83/87

和田 良一　わだ・りょういち　大正10年4月17日～平成2年10月7日　弁護士　第一東京弁護士会会長　→88/90

和田 良一　わだ・りょういち　昭和3年10月23日～平成6年7月22日　サノヤスヒシノ明昌常務, サノヤス産業社長　→94/96

和田 良平　わだ・りょうへい　～昭和38年9月27日　弁護士　名古屋控訴院検事長　→昭和

和田 六郎　わだ・ろくろう　～昭和60年10月3日　三菱化工機常務　→83/87

和田 和一　わだ・わいち　明治34年4月14日～昭和60年4月30日　国産金属工業相談役　→83/87

渡井 常蔵　わたい・つねぞう　明治36年3月10日～平成3年10月23日　富士製粉専務　→91/93

渡井 英夫　わたい・ひでお　昭和5年10月5日～平成11年11月5日　富士製粉専務　→97/99

渡島 栄春　わたしま・よしはる　昭和3年8月10日～平成16年10月26日　佐賀県議（自民党）　→03/05

渡瀬 完三　わたせ・かんぞう　明治33年2月2日～平成5年7月4日　光興業（のち昭和通船）社長　→91/93

渡瀬 順勝　わたせ・じゅんしょう　～昭和60年9月28日　救世観音宗宗務長・総本山総三井寺護国院執事長　→83/87

渡瀬 憲明　わたせ・のりあき　大正14年10月8日～平成10年8月1日　衆院議員（自民党）　→97/99

渡瀬 亮輔　わたせ・りょうすけ　明治33年7月20日～昭和53年1月14日　毎日新聞主筆　→昭和（渡瀬 良輔）

綿谷 勝治　わたたに・かつじ　大正15年2月6日～平成3年11月29日　北ప精麦社長, 大和精米社長, 奈良県議　→91/93

綿谷 新之助　わたたに・しんのすけ　明治25年～昭和36年　朝日連峯開発社長, 朝霞製作所社長　→昭和

綿谷 康彦　わたたに・やすひこ　大正13年8月31日～昭和61年12月26日　朝霞伸管工業社長　→83/87

渡辺 昭男　わたなべ・あきお　～昭和58年5月15日　弘文堂社長　→83/87

渡辺 昭夫　わたなべ・あきお　～昭和60年8月12日　大和紡績取締役　→83/87

渡辺 明夫　わたなべ・あきお　～昭和56年12月9日　ジャパンメディアサービス会長, 元毎日新聞大阪本社営業局次長, 元スポーツニッポン新聞東京本社取締役　→80/82

渡辺 昭則　わたなべ・あきのり　昭和6年12月6日～平成22年3月17日　沖電気工業常務　→09/11

渡辺 顕麿　わたなべ・あきまろ　昭和6年11月9日～平成8年12月9日　僧侶, 指揮者　東京荒川少年少女合唱隊主宰・常任指揮者, 宝樹寺住職　→94/96

渡部 顕康　わたべ・あきやす　～昭和48年2月22日　日本消防協会副会長　→昭和

渡辺 明愛　わたなべ・あきよし　大正3年12月16日～昭和62年5月22日　新東工業専務　→83/87

渡部 明　わたなべ・あきら　昭和4年2月2日～平成23年11月8日　弁護士　京都府議（自民党）　→09/11

渡辺 光　わたなべ・あきら　明治32年6月18日～昭和59年12月10日　富国生命常務, 三京企業社長　→83/87

渡辺 晃　わたなべ・あきら　昭和28年11月3日～平成17年9月26日　新潟県警本部長　→03/05

渡辺 昭　わたなべ・あきら　明治34年12月25日～平成17年7月23日　伯爵　貴院議員, ボイスカウト日本連盟総長　→03/05

渡辺 章　わたなべ・あきら　嘉永4年2月～昭和9年5月27日　陸軍中将, 男爵　→昭和

渡辺 章　わたなべ・あきら　～平成21年8月12日　日本たばこ産業常務　→09/11

渡辺 明　わたなべ・あきら　明治14年1月18日～平成15年2月10日　沖縄開発事務次官　→03/05

渡辺 亮　わたなべ・あきら　明治39年1月26日～平成5年12月27日　朝日生命保険副社長　→91/93

渡辺 厚　わたなべ・あつし　明治45年1月1日～平成12年4月17日　日本自動車販売協会連合会会長　→00/02

渡辺 綾男　わたなべ・あやお　～昭和63年2月17日　三菱鋼材（のち三菱製鋼）常務　→88/90

渡部 勇雄　わたべ・いさお　～昭和58年8月8日　北海道議（社会党）　→83/87

渡辺 功　わたなべ・いさお　～昭和63年1月8日　日本火災海上保険監査役　→88/90

渡辺 功　わたなべ・いさお　昭和9年1月21日〜平成16年3月15日　自治省税務局長, 岡山県副知事, 東京経済大学教授　→03/05

渡辺 伊三郎　わたなべ・いさぶろう　明治28年2月6日〜平成4年3月29日　日揮常務, 触媒化成工業社長　→91/93

渡部 勇　わたなべ・いさみ　〜平成5年3月1日　ニッチツ監査役　→91/93

渡辺 勇　わたなべ・いさむ　明治38年4月16日〜平成11年5月24日　富士火災海上保険社長　→97/99

渡辺 勇　わたなべ・いさむ　昭和2年3月2日〜平成20年8月6日　新潟県議(社会党)　→06/08

渡辺 伊助　わたなべ・いすけ　大正13年8月26日〜平成2年12月9日　駐留軍労働福祉財団理事長, 防衛施設庁長官　→88/90

渡辺 泉　わたなべ・いずみ　昭和6年4月10日〜平成6年1月2日　丸八証券常務　→94/96

渡辺 至　わたなべ・いたる　〜平成6年3月27日　万年社専務　→94/96

渡辺 一太郎　わたなべ・いちたろう　明治42年4月6日〜平成3年1月22日　参院議員(自民党)　→91/93

渡部 一郎　わたなべ・いちろう　明治36年3月28日〜平成7年12月3日　日本クロス工業(のちダイニック)社長　→94/96

渡辺 一郎　わたなべ・いちろう　大正13年1月15日〜昭和59年2月22日　日東精工常務　→83/87

渡辺 逸亀　わたなべ・いつき　明治41年5月5日〜平成9年6月4日　東京証券取引所専務理事, 証券投資信託協会会長　→97/99

渡辺 逸郎　わたなべ・いつろう　明治34年9月5日〜平成3年7月16日　日本板硝子社長　→91/93

渡辺 伊之輔　わたなべ・いのすけ　〜昭和45年9月12日　はとバス社長　→昭和

渡部 巌　わたなべ・いわお　明治38年5月23日〜平成2年3月17日　東武鉄道常務, 東武宇都宮百貨店社長　→88/90

渡部 巌　わたなべ・いわお　大正5年2月11日〜平成3年5月22日　西濃運輸取締役, 西濃エキスプレス社長　→91/93

渡部 栄一　わたなべ・えいいち　明治40年1月20日〜平成3年4月11日　伊藤忠商事取締役　→91/93

渡辺 栄一　わたなべ・えいいち　大正7年10月11日〜平成9年6月16日　衆院議員(自民党), 建設相　→97/99

渡辺 英一　わたなべ・えいいち　大正7年3月11日〜平成5年3月15日　チッソエンジニアリング会長　→91/93

渡辺 英一　わたなべ・えいいち　平成17年3月17日　海将　防衛庁技術本部技術開発官　→03/05

渡部 英一郎　わたなべ・えいいちろう　大正11年10月20日〜平成9年7月19日　同和鉱業常務, 秋田製錬社長　→97/99

渡辺 栄吉　わたなべ・えいきち　昭和3年1月1日〜平成10年9月4日　理工産業社長　→97/99

渡辺 栄三郎　わたなべ・えいざぶろう　明治27年7月26日〜昭和62年10月9日　御代桜醸造社長, 加茂自家用自動車組合理事長, 太田町議　→83/87

渡辺 瑩二　わたなべ・えいじ　昭和10年8月9日〜平成14年7月31日　サノヤス・ヒシノ明昌専務　→00/02

渡辺 栄蔵　わたなべ・えいぞう　明治31年3月3日〜昭和61年1月4日　水俣病第一次訴訟原告団長, 水俣病患者家庭相互会初代会長　→83/87

渡辺 英三　わたなべ・えいぞう　明治38年7月27日〜昭和59年11月23日　松坂屋副社長, エルモ社名誉会長　→83/87

渡辺 興安　わたなべ・おきやす　明治11年10月17日〜平成8年2月21日　弁護士　→94/96

渡辺 修　わたなべ・おさむ　安政6年12月10日〜昭和7年10月15日　政治家, 実業家　衆院議員(政友本党), 松山電気軌道社長, 宇和水力電気社長　→昭和

渡辺 修　わたなべ・おさむ　昭和2年11月15日〜平成14年9月8日　フジテレビ常務, 産経新聞外信部長　→00/02

渡辺 理　わたなべ・おさむ　大正5年8月4日〜昭和51年4月24日　共和電業創業者　→昭和

渡辺 脩　わたなべ・おさむ　明治37年12月1日〜平成10年5月21日　愛知銀行相談役名誉会長　→97/99

渡辺 海旭　わたなべ・かいぎょく　明治5年1月15日〜昭和8年1月26日　僧侶, 仏教学者, 社会事業教育家　大正大学教授　→昭和

渡辺 海蔵　わたなべ・かいぞう　明治44年3月10日〜平成3年7月5日　広島バス社長　→91/93

渡辺 偕年　わたなべ・かいねん　昭和5年7月4日〜平成22年2月5日　国鉄鉄道技術研究所長　→09/11

渡辺 数英　わたなべ・かずえい　明治43年4月9日〜昭和63年5月17日　警察庁四国管区警察局長　→88/90

渡部 一雄　わたなべ・かずお　〜平成17年9月5日　四国労働金庫理事長　→03/05

渡部 和雄　わたなべ・かずお　昭和2年7月1日〜平成4年11月20日　浜中町(北海道)町長　→91/93

渡辺 一男　わたなべ・かずお　明治41年6月25日〜平成6年6月13日　日本無線常務, 大倉商事取締役　→91/93

渡辺 一夫　わたなべ・かずお　昭和6年11月19日〜平成6年6月6日　博報堂常務　→94/96

渡辺 一夫　わたなべ・かずお　大正9年3月9日〜平成9年11月29日　新潟県農業共済組合連合会会長　→97/99

渡辺 一夫　わたなべ・かずお　昭和2年12月11日〜平成21年2月12日　曙金属工業会長　→09/11

渡辺 一夫　わたなべ・かずお　〜平成21年9月10日　神官　箭弓稲荷神社名誉宮司, 神社本庁参与　→09/11

渡辺 一雄　わたなべ・かずお　昭和13年〜昭和63年5月28日　新潟サンケイ広告社長, 新潟放送番組審議委員　→88/90

渡辺 一雄　わたなべ・かずお　大正6年12月19日〜平成12年10月31日　新湊市長　→00/02

渡辺 万男　わたなべ・かずお　大正13年7月15日〜昭和

63年5月28日　富士吉田市長　→88/90

渡辺 一司　わたなべ・かずし　大正13年～平成5年4月5日　光洋精工取締役　→91/93

渡辺 和徳　わたなべ・かずのり　昭和3年9月30日～昭和58年6月10日　東京ゼノン社長,ウシオ電機顧問　→83/87

渡辺 和美　わたなべ・かずみ　大正13年2月12日～昭和63年11月25日　大崎電気工業社長　→88/90

渡辺 和幸　わたなべ・かずゆき　昭和3年12月13日～昭和60年10月6日　興銀情報開発センター監査役,元日本興業銀行監査役　→83/87

渡辺 勝市　わたなべ・かついち　～平成3年2月19日　世界救世教相談役・元代表役員　→91/93

渡辺 勝三郎　わたなべ・かつさぶろう　明治5年1月4日～昭和15年9月24日　宮中顧問官　→昭和

渡辺 勝三郎　わたなべ・かつさぶろう　～昭和57年1月3日　神田通信工業社長　→80/82

渡辺 勝蔵　わたなべ・かつぞう　明治43年10月14日～昭和63年8月21日　東武ブックス社長,東武工芸社長　→88/90

渡辺 勝彦　わたなべ・かつひこ　明治37年5月20日～平成3年9月15日　ノリタケカンパニーリミテド副社長　→91/93

渡辺 克弥　わたなべ・かつや　昭和13年3月26日～平成22年11月18日　三井海上火災保険副社長　→09/11

渡辺 要　わたなべ・かなめ　明治36年10月22日～平成1年12月6日　弁護士,静岡地検検事正　→88/90

渡部 兼雄　わたなべ・かねお　明治33年2月1日～平成13年10月7日　四国電力副社長　→00/02

渡辺 金男　わたなべ・かねお　大正8年11月21日～平成16年4月10日　山梨県議　→03/05

渡辺 嘉兵衛　わたなべ・かへえ　～昭和42年3月8日　大分地裁所長　→昭和

渡辺 勘一　わたなべ・かんいち　大正14年7月5日～平成4年7月19日　北海道新聞事業局長,道新文化事業社常務　→91/93

渡辺 勘吉　わたなべ・かんきち　明治43年1月～昭和63年10月31日　参院議員(社会党)　→88/90

渡辺 喜一　わたなべ・きいち　明治33年11月13日～昭和63年6月1日　日興毛織会長,日本毛織工業協会相談役　→88/90

渡辺 喜市　わたなべ・きいち　～昭和27年2月10日　旭ガラス社長　→昭和

渡辺 義貫　わたなべ・ぎかん　～昭和59年3月8日　真言宗御室派別格本山・三谷寺住職　→83/87

渡辺 喜久雄　わたなべ・きくお　大正10年1月27日～平成5年6月19日　北海道新聞社長　→91/93

渡辺 喜久造　わたなべ・きくぞう　明治37年11月15日～昭和40年8月28日　公正取引委員会委員長　→昭和

渡辺 喜三郎　わたなべ・きさぶろう　明治27年～昭和40

渡部 喜十郎　わたなべ・きじゅうろう　明治35年3月20日～平成16年10月11日　弁護士　日本弁護士連合会長,東京弁護士会会長　→03/05

渡辺 喜助　わたなべ・きすけ　～平成4年12月27日　大成火災海上保険取締役　→91/93

渡辺 義介　わたなべ・ぎすけ　明治21年4月12日～昭和31年1月6日　八幡製鉄社長　→昭和

渡辺 競　わたなべ・きそう　昭和2年12月30日～昭和61年2月8日　福岡朝日ビル常務,元朝日新聞西部本社営業局長　→83/87

渡辺 吉造　わたなべ・きちぞう　～平成3年10月8日　安田火災海上保険取締役　→91/93

渡辺 喜八郎　わたなべ・きはちろう　大正11年2月10日～平成18年11月26日　東江運輸代表,東京都トラック協会常任理事,東京都馬主会副会長理事　→06/08

渡辺 喜美江　わたなべ・きみえ　明治39年6月25日～平成15年7月28日　農民婦人運動家　北富士忍草母の会会長　→03/05

渡辺 清種　わたなべ・きよかず　昭和13年6月22日～平成17年10月22日　日鉄商事専務　→03/05

渡辺 潔　わたなべ・きよし　～平成2年1月9日　判例時報社長　→88/90

渡辺 清　わたなべ・きよし　明治40年8月3日～平成2年2月7日　警視庁防犯部長,青森県警本部長　→88/90

渡辺 靖　わたなべ・きよし　～昭和62年10月17日　日本広告社常務取締役　→83/87

渡辺 金三　わたなべ・きんぞう　明治40年4月10日～昭和61年11月3日　渡辺紙工業社長,渡辺製袋社長　→83/87

渡辺 金之助　わたなべ・きんのすけ　～昭和61年12月10日　磐城セメント(のち住友セメント)常務　→83/87

渡辺 国夫　わたなべ・くにお　大正7年7月17日～平成19年5月1日　山梨県議　→06/08

渡辺 国雄　わたなべ・くにお　大正4年2月17日～平成3年12月10日　カインドウェア会長　→91/93

渡辺 倉三　わたなべ・くらぞう　明治42年7月29日～平成6年3月22日　大丸専務　→94/96

渡辺 軍六　わたなべ・ぐんろく　昭和26年11月16日　朝日信託常務　→昭和

渡辺 恵一　わたなべ・けいいち　大正12年7月～昭和59年3月3日　新生電業社長,国鉄監察局長　→83/87

渡辺 桂吉　わたなべ・けいきち　～昭和62年7月1日　新湊市総務部長　→83/87

渡辺 桂二　わたなべ・けいじ　大正7年9月30日～平成2年10月6日　水戸家裁所長　→88/90

渡辺 啓二郎　わたなべ・けいじろう　～昭和62年8月29日　マルカン商事監査役,仙台五城ライオンズクラブ会長　→83/87

渡部 敬太郎　わたなべ・けいたろう　昭和2年1月15日～平成9年11月26日　防衛庁統合幕僚会議議長　→97/99

渡辺 月正　わたなべ・げつしょう　～昭和59年11月9日　大本山永平寺名古屋別院の後堂・一心寺住職　→83/87

渡辺 健　わたなべ・けん　明治27年7月～昭和27年3月31日　衆院議員（進歩党）→昭和（わたなべ・たけし）

渡辺 憲　わたなべ・けん　昭和19年9月17日～平成10年8月11日　サコス社長　→97/99

渡辺 権　わたなべ・けん　～昭和63年3月30日　常陽銀行取締役　→88/90

渡辺 玄　わたなべ・げん　～昭和62年6月19日　三菱倉庫取締役　→83/87

渡辺 憲一　わたなべ・けんいち　昭和4年1月5日～平成11年5月9日　昭和電工副社長、スカイアルミニウム社長　→97/99

渡辺 健一郎　わたなべ・けんいちろう　明治40年11月5日～平成7年4月22日　岩沼市長　→94/96

渡辺 謙吾　わたなべ・けんご　昭和40年12月9日　日産火災海上常務　→昭和

渡辺 健三郎　わたなべ・けんざぶろう　～昭和62年9月8日　塩釜鮮魚卸協同組合理事長　→83/87

渡辺 源三郎　わたなべ・げんざぶろう　～昭和61年10月28日　増田農協組合（宮城県）組合長　→83/87

渡部 兼治　わたなべ・けんじ　明治39年11月20日～平成8年7月21日　日本石油輸送社長　→94/96

渡辺 健二　わたなべ・けんじ　明治45年4月20日～平成4年8月11日　グラフテック創立者　→91/93

渡辺 健二郎　わたなべ・けんじろう　大正12年8月3日～平成13年9月26日　横浜植木会長、横浜貿易協会会長　→00/02

渡辺 謙輔　わたなべ・けんすけ　大正15年2月6日～平成22年3月5日　トウベ社長、古河鉱業専務　→09/11

渡辺 賢介　わたなべ・けんすけ　～昭和24年3月12日　三菱重工重役　→昭和

渡辺 健三　わたなべ・けんぞう　大正8年11月15日～平成23年3月5日　北越銀行頭取、長岡商工会議所会頭　→09/11

渡辺 憲三　わたなべ・けんぞう　～昭和57年5月29日　三井石炭鉱業副社長　→80/82

渡辺 謙造　わたなべ・けんぞう　～昭和43年12月5日　日本ペイント常務　→昭和

渡辺 玄宗　わたなべ・げんしゅう　～昭和38年12月9日　曹洞宗大本山総持寺貫首　→昭和

渡辺 源蔵　わたなべ・げんぞう　大正3年9月5日～平成19年10月21日　朝霞市長　→06/08

渡辺 健之助　わたなべ・けんのすけ　明治40年6月15日～平成7年10月11日　東中毛織会長、日本毛織物等工業組合連合会副理事長、名古屋毛織工業共同組合理事長　→94/96

渡辺 広一　わたなべ・こういち　～平成7年5月12日　サウンドマン社長　→94/96

渡辺 航一　わたなべ・こういち　～昭和57年9月12日　日本軽金属取締役　→80/82

渡辺 浩二　わたなべ・こうじ　昭和3年7月14日～平成21年5月9日　中央化学創業者　→09/11

渡辺 剛二　わたなべ・ごうじ　明治19年9月24日～昭和34年7月11日　宇部興産会長　→昭和

渡辺 孝四郎　わたなべ・こうしろう　大正4年6月18日～平成11年12月28日　渡辺不動産会長、日本調理師会会長　→97/99

渡辺 鉱助　わたなべ・こうすけ　大正10年12月16日～平成2年2月12日　七十七銀行監査役　→88/90

渡辺 紘三　わたなべ・こうぞう　昭和17年1月28日～平成19年9月16日　衆院議員（自民党）→06/08

渡辺 耕造　わたなべ・こうぞう　～平成19年　埼玉県農林総合研究センター研究員　→09/11s

渡辺 行蔵　わたなべ・こうぞう　平成6年7月31日～平成17年4月6日　東武百貨店専務　→03/05

渡辺 広太郎　わたなべ・こうたろう　～昭和14年2月1日　陸軍少将　→昭和

渡辺 浩太郎　わたなべ・こうたろう　明治37年2月17日～平成6年11月28日　新潟市長　→94/96

渡辺 幸之助　わたなべ・こうのすけ　大正9年2月11日～平成4年3月14日　日本エクスラン工業社長　→91/93

渡辺 幸平　わたなべ・こうへい　～昭和58年2月6日　護王神社（京都）宮司　→83/87

渡辺 五郎　わたなべ・ごろう　大正15年4月3日～平成20年2月25日　農林水産事務次官、日本中央競馬会理事長　→06/08

渡辺 栄　わたなべ・さかえ　明治39年6月6日～昭和59年12月9日　日産自動車取締役　→83/87

渡辺 坂雄　わたなべ・さかお　～昭和57年7月23日　渡辺造船社長　→80/82

渡辺 佐助　わたなべ・さすけ　～昭和30年2月11日　青森銀行頭取　→昭和

渡辺 定雄　わたなべ・さだお　～昭和60年8月11日　昭和インク工業会長　→83/87

渡辺 定敏　わたなべ・さだとし　～平成12年5月26日　昭和国産工業社長　→昭和

渡部 定義　わたなべ・さだよし　～平成3年7月24日　警視庁麹町署長　→91/93

渡辺 幸男　わたなべ・さちお　大正8年12月19日～平成8年5月27日　関東銀行頭取　→94/96

渡部 敏　わたなべ・さとし　～昭和60年11月2日　旭有機材工業常務　→83/87

渡辺 智　わたなべ・さとし　大正11年1月15日～平成23年12月6日　福井県副知事　→09/11

渡辺 三郎　わたなべ・さぶろう　明治13年12月2日～昭和26年1月8日　日本特殊鋼創業者、貴院議員　→昭和

渡辺 三郎　わたなべ・さぶろう　～平成7年10月7日

オーミケンシ労働組合初代組合長　→94/96

渡辺 三郎　わたなべ・さぶろう　大正3年5月2日〜平成8年6月24日　トーヨー工業会長　→94/96

渡辺 三郎　わたなべ・さぶろう　大正2年1月31日〜平成12年7月24日　船橋市長　→00/02

渡辺 三郎　わたなべ・さぶろう　大正8年11月27日〜平成14年8月20日　自動車鋳物社長　→00/02

渡辺 三郎　わたなべ・さぶろう　明治43年7月4日〜平成14年8月30日　苫小牧信用金庫相談役、北海道信用金庫協会会長　→00/02

渡辺 三郎　わたなべ・さぶろう　大正15年12月23日〜平成15年2月14日　衆院議員（社会党）　→03/05

渡辺 三郎　わたなべ・さぶろう　大正10年12月15日〜平成16年12月15日　ビクター音楽産業社長、日本レコード協会会長　→03/05

渡辺 治右衛門　わたなべ・じえもん　明治4年12月28日〜昭和5年1月4日　銀行家　東京渡辺銀行頭取　→昭和

渡辺 茂男　わたなべ・しげお　〜平成2年10月4日　渡辺鉄工社長　→88/90

渡辺 茂男　わたなべ・しげお　大正2年3月20日〜平成11年12月6日　日本通運常務　→00/02s

渡部 茂志　わたなべ・しげし　大正10年7月26日〜平成5年9月8日　富士通取締役　→91/93

渡辺 茂政　わたなべ・しげまさ　〜平成14年4月3日　陸将　陸上自衛隊幹部学校副校長　→00/02

渡辺 重良　わたなべ・しげよし　〜昭和61年12月30日　中津市助役　→83/87

渡部 茂　わたなべ・しげる　昭和11年7月1日〜平成10年9月28日　山三ふじや社長、千歳商工会議所会頭　→97/99

渡辺 茂　わたなべ・しげる　〜昭和59年3月8日　東洋高砂乾電池社長　→83/87

渡辺 茂　わたなべ・しげる　〜平成1年1月13日　名古屋臨海鉄道監査役　→88/90

渡辺 茂　わたなべ・しげる　昭和5年〜平成21年11月20日　熊本県釣り団体協議会会長　→09/11

渡辺 葆　わたなべ・しげる　〜平成4年12月9日　東京高裁判事、前橋地裁所長　→91/93

渡辺 清夫　わたなべ・しずお　〜昭和60年1月7日　リコーシステム開発社長　→83/87

渡部 七郎　わたなべ・しちろう　明治35年11月30日〜平成2年12月5日　伊予銀行顧問・元会長　→88/90

渡辺 七郎　わたなべ・しちろう　明治18年4月〜昭和8年4月26日　子爵　貴院議員　→昭和

渡部 信乃　わたなべ・しの　〜昭和59年1月21日　鐘紡取締役　→83/87

渡辺 忍　わたなべ・しのぶ　〜昭和30年1月28日　中央日韓協会顧問　→昭和

渡辺 忍　わたなべ・しのぶ　昭和2年10月29日〜昭和58年4月2日　日本専売公社管理調整本部調査役　→83/87

渡辺 周一　わたなべ・しゅういち　昭和17年〜平成16年9月16日　柏書房社長　→03/05

渡辺 重一　わたなべ・じゅういち　〜昭和61年11月5日　渡彦毛織会長　→83/87

渡辺 周次　わたなべ・しゅうじ　大正15年1月30日〜平成11年3月18日　東北食糧会長、山形県米穀協会会長　→97/99

渡辺 修自　わたなべ・しゅうじ　昭和4年3月23日〜平成18年8月13日　日本道路公団副総裁、建設省道路局長　→06/08

渡辺 十輔　わたなべ・じゅうすけ　〜昭和13年3月19日　日産自動車専務　→昭和

渡辺 周蔵　わたなべ・しゅうぞう　大正10年9月18日〜平成2年2月10日　ダイアチップ工業社長　→88/90

渡辺 秀雄　わたなべ・しゅうゆう　明治38年3月2日〜平成2年4月20日　僧侶　曹洞宗権大教正、永沢寺住職　→88/90

渡辺 十郎　わたなべ・じゅうろう　昭和2年2月21日〜昭和63年1月28日　日本製鋼所顧問　→88/90

渡辺 淳　わたなべ・じゅん　大正2年7月13日〜平成7年4月2日　日本債券信用銀行頭取　→94/96

渡部 俊一　わたなべ・しゅんいち　〜昭和62年1月31日　登米郡法人会長、迫町観光協会（宮城県）会長　→83/87

渡辺 駿一郎　わたなべ・しゅんいちろう　大正6年5月2日〜平成8年8月27日　新明和工業常務　→94/96

渡辺 俊輔　わたなべ・しゅんすけ　明治38年〜平成14年7月　公認会計士　明治学院大学助教授　→03/05s

渡辺 順平　わたなべ・じゅんぺい　〜昭和51年6月28日　山之内製薬会長　→昭和

渡部 正一　わたなべ・しょういち　大正3年2月5日〜平成12年10月17日　秋田県議　→00/02

渡辺 省一　わたなべ・しょういち　昭和5年4月21日〜平成12年9月29日　衆院議員（自民党）、科学技術庁長官　→00/02

渡辺 鉦一　わたなべ・しょういち　大正14年2月8日〜平成14年4月29日　フジクリーン工業会長　→00/02

渡辺 鐘一　わたなべ・しょういち　大正15年1月2日〜平成5年4月16日　サンシャインシティ専務　→91/93

渡辺 庄一郎　わたなべ・しょういちろう　〜昭和56年11月20日　鐘紡常務　→80/82

渡辺 正一郎　わたなべ・しょういちろう　〜平成10年10月10日　郵政省東海電波監理局（のち東海電気通信管理局）長　→97/99

渡辺 省吾　わたなべ・しょうご　大正4年8月31日〜平成19年5月22日　日興証券社長、日本証券業協会会長　→06/08

渡辺 尚爾　わたなべ・しょうじ　〜平成2年12月16日　浄土真宗本願寺派布教部長　→88/90

渡辺 昇司　わたなべ・しょうじ　明治40年9月25日〜平成2年12月18日　千葉県議　→88/90

渡辺 正二　わたなべ・しょうじ　〜昭和61年4月10日

わたなへ　　　　　　　　　　　　　　　　　　　　　　　　　Ⅰ　政治・経済・社会篇

神戸旅客船協会会長、早駒運輸社長　→83/87

渡辺 正治郎　わたなべ・しょうじろう　大正3年1月7日〜平成15年9月18日　公認会計士、税理士　日本公認会計士協会北海道会会長　→03/05

渡辺 省三　わたなべ・しょうぞう　〜平成5年6月26日　日東製網監査役　→91/93

渡辺 省三　わたなべ・しょうぞう　大正14年10月26日〜平成7年1月8日　東京ラヂエーター製造社長　→94/96

渡辺 省三　わたなべ・しょうぞう　〜昭和40年2月13日　三井生命社長　→昭和

渡辺 省三　わたなべ・しょうぞう　大正11年11月21日〜平成22年5月27日　日本鋼管専務　→09/11

渡辺 省三　わたなべ・しょうぞう　昭和11年9月6日〜平成23年10月11日　神鋼電機専務　→09/11

渡辺 正三　わたなべ・しょうぞう　大正3年1月20日〜平成1年11月11日　大阪府議　→88/90

渡辺 錠太郎　わたなべ・じょうたろう　明治7年4月16日〜昭和11年2月26日　陸軍大将　→昭和

渡辺 司郎　わたなべ・しろう　昭和3年4月9日〜平成16年12月11日　産経新聞専務　→03/05

渡辺 史朗　わたなべ・しろう　昭和6年1月1日〜平成3年9月8日　東邦生命保険常務　→91/93

渡辺 四郎　わたなべ・しろう　〜昭和6年6月7日　海軍少佐　→昭和

渡辺 四郎　わたなべ・しろう　〜昭和55年11月6日　東急車輛製造顧問　→80/82

渡辺 四郎　わたなべ・しろう　昭和4年7月29日〜平成19年12月24日　参院議員（社民党）　→06/08

渡辺 次郎　わたなべ・じろう　明治34年2月15日〜昭和60年7月24日　大日本電線副社長　→83/87

渡辺 二郎　わたなべ・じろう　〜昭和46年5月1日　函館ドック相談役・元社長　→昭和

渡部 信　わたなべ・しん　〜昭和48年12月13日　日仏協会理事　→昭和

渡部 伸　わたなべ・しん　昭和15年2月20日〜平成14年3月25日　駐アルジェリア大使　→00/02

渡辺 信　わたなべ・しん　明治44年9月12日〜平成2年1月10日　東京電力常務　→88/90

渡辺 晋　わたなべ・しん　昭和2年3月2日〜昭和62年1月31日　プロデューサー　渡辺プロダクション社長　→83/87

渡辺 甚吉　わたなべ・じんきち　明治39年12月〜昭和47年5月25日　参院議員（緑風会）　→昭和

渡辺 新作　わたなべ・しんさく　大正13年11月20日〜平成18年12月18日　静岡県議（自民党）　→06/08

渡部 甚三郎　わたなべ・じんざぶろう　〜昭和56年5月19日　元網走管内常呂町議会議員　→80/82

渡辺 慎介　わたなべ・しんすけ　大正4年6月27日〜平成8年1月6日　日活アドエイジェンシー会長、日興産業相談役　→94/96

渡部 新八　わたなべ・しんぱち　〜昭和55年4月29日　アイシン精機相談役　→80/82

渡辺 真平　わたなべ・しんぺい　〜昭和40年3月4日　日本信託銀行顧問、元三菱銀行常務　→昭和

渡辺 末治　わたなべ・すえじ　〜平成4年1月21日　テクノ菱和専務　→91/93

渡辺 末次郎　わたなべ・すえじろう　明治38年9月12日〜昭和59年12月8日　矢作産業取締役会長、愛知軟式野球連盟名誉会長　→83/87

渡辺 鈴雄　わたなべ・すずお　明治41年7月30日〜平成5年2月9日　兼房会長、日本機械鋸刃物工業会理事長　→91/93

渡部 進　わたなべ・すすむ　明治34年5月6日〜平成1年12月10日　鐘淵化学工業取締役　→88/90

渡辺 進　わたなべ・すすむ　〜平成7年7月21日　三菱製紙専務　→94/96

渡辺 進　わたなべ・すすむ　明治40年5月23日〜平成8年4月7日　弁護士　高松高裁判事　→94/96

渡辺 捨雄　わたなべ・すてお　明治35年11月8日〜昭和63年12月19日　愛知県副知事、名城大学理事長　→88/90

渡辺 正　わたなべ・せい　〜平成6年1月23日　空将　航空自衛隊航空総隊司令官　→94/96

渡辺 清市郎　わたなべ・せいいちろう　明治44年10月1日〜昭和63年4月17日　帝人会長　→88/90

渡辺 誠毅　わたなべ・せいき　大正3年12月12日〜平成19年2月11日　朝日新聞社長、森林文化協会理事長、横綱審議委員会委員長　→06/08

渡辺 静三郎　わたなべ・せいざぶろう　明治36年12月15日〜平成4年7月18日　菱電商事取締役　→91/93

渡辺 清治　わたなべ・せいじ　〜昭和61年11月25日　丸八富山青果食品市場取締役　→83/87

渡辺 聖二　わたなべ・せいじ　明治40年12月25日〜平成12年5月7日　三菱重工業副社長　→00/02

渡辺 精二郎　わたなべ・せいじろう　昭和3年2月2日〜昭和60年10月3日　紙与産業副社長　→83/87

渡辺 精三　わたなべ・せいぞう　〜平成42年2月16日　九州朝日放送取締役　→昭和

渡辺 静波　わたなべ・せいは　大正1年11月6日〜平成16年6月15日　僧侶　玉栄寺住職、浄土真宗本願寺派総長　→03/05

渡辺 正美　わたなべ・せいび　大正8年1月3日〜平成4年7月18日　新和海運副社長　→91/93

渡辺 善一郎　わたなべ・ぜんいちろう　大正5年9月2日〜平成16年10月4日　毎日新聞常務大阪本社代表、青山学院大学教授　→03/05

渡部 善九郎　わたなべ・ぜんくろう　〜昭和59年9月20日　初代柏屋農協組合長・同理事　→83/87

渡辺 全孝　わたなべ・ぜんこう　〜昭和56年4月12日　渡辺工業会長、柏機械金属工業協同組合理事長　→80/82

渡辺 善寿　わたなべ・ぜんじゅ　明治35年1月1日～昭和33年10月16日　社会運動家　→昭和

渡辺 善十郎　わたなべ・ぜんじゅうろう　～昭和42年9月7日　丸水証券会長、丸水渡辺商会社長　→昭和

渡辺 善太郎　わたなべ・ぜんたろう　～昭和55年10月27日　小樽市議　→80/82

渡辺 壮作　わたなべ・そうさく　大正11年7月7日～平成5年6月17日　三井金属常務　→91/93

渡辺 惣蔵　わたなべ・そうぞう　明治40年1月15日～昭和60年1月25日　政治家、社会運動家　衆院議員、社会党北海道連書記長　→83/87

渡辺 泰策　わたなべ・たいさく　昭和4年5月5日～平成16年4月1日　スバル興業会長　→03/05

渡辺 泰城　わたなべ・たいじょう　～昭和59年9月16日　浄土宗長泉院前住職、現代彫刻美術館名誉館長　→83/87

渡辺 泰助　わたなべ・たいすけ　大正7年8月10日～昭和60年5月3日　丸屋醸造会長、青森銀行頭取　→83/87

渡辺 孝章　わたなべ・たかあき　大正4年1月7日～平成9年10月19日　三菱金属鉱業（のち三菱マテリアル）取締役、動力炉核燃料開発事業団理事　→97/99

渡辺 剛彰　わたなべ・たかあき　昭和2年～平成8年11月15日　弁護士、吟道家　（社）日本吟道学院総裁　→94/96

渡部 孝男　わたなべ・たかお　大正11年1月16日～平成12年9月1日　常陽銀行常務　→00/02

渡辺 孝　わたなべ・たかし　～昭和60年9月16日　千代田区（東京都）区議（公明党）　→83/87

渡辺 孝　わたなべ・たかし　～昭和63年3月16日　小杉町（富山県）町長　→88/90

渡辺 節　わたなべ・たかし　昭和13年12月11日～平成10年11月7日　三井倉庫常務　→97/99

渡辺 隆　わたなべ・たかし　大正8年3月25日～昭和56年9月10日　鎌倉市長　→80/82

渡辺 孝友　わたなべ・たかとも　大正5年5月22日～昭和61年12月17日　国際証券取締役顧問、日本開発銀行総裁、日本銀行理事　→83/87

渡辺 孝弥　わたなべ・たかや　～昭和60年4月2日　三井金属鉱業常務　→83/87

渡辺 孝行　わたなべ・たかゆき　昭和8年12月20日～平成4年9月7日　日本中央競馬会理事　→91/93

渡辺 武男　わたなべ・たけお　大正15年3月15日～平成4年5月18日　進和テック取締役最高顧問・創業者　→91/93

渡辺 武夫　わたなべ・たけお　明治42年8月2日～昭和59年8月9日　三菱石油相談役・元社長　→83/87

渡辺 武雄　わたなべ・たけお　～平成4年8月23日　三井銀行（のちさくら銀行）取締役、千代田火災海上保険取締役　→91/93

渡辺 毅　わたなべ・たけし　大正7年1月10日～平成1年1月28日　東芝タンガロイ常務　→88/90

渡辺 武　わたなべ・たけし　大正3年8月31日～平成5年11月9日　岩手日報社長　→91/93

渡辺 武　わたなべ・たけし　大正4年3月24日～平成17年10月4日　参院議員（共産党）　→03/05

渡辺 武　わたなべ・たけし　大正13年2月6日～平成20年11月5日　愛媛県議（自民党）　→09/11s

渡辺 武　わたなべ・たけし　～平成20年12月30日　小山信用金庫理事長、小山商工会議所会頭　→06/08

渡辺 武　わたなべ・たけし　明治39年2月15日～平成22年8月23日　銀行家　大蔵省財務官、アジア開発銀行総裁　→09/11

渡辺 武志　わたなべ・たけし　～昭和63年2月11日　新渡建設代表　→88/90

渡辺 雄　わたなべ・たけし　～平成7年3月13日　山口家裁所長　→94/96

渡辺 孟次　わたなべ・たけじ　大正2年7月12日～平成17年4月2日　共同通信社長　→03/05

渡辺 武次郎　わたなべ・たけじろう　明治27年10月20日～平成9年12月4日　三菱地所社長　→97/99

渡辺 武三　わたなべ・たけぞう　大正11年10月10日～昭和57年4月23日　衆院議員（民社党）　→80/82

渡辺 武穂　わたなべ・たけほ　大正3年11月22日～平成10年3月4日　日通工会長、日本電気専務　→97/99

渡辺 扶　わたなべ・たすく　～昭和40年1月14日　燃料協会参与、日本動力協会顧問　→昭和

渡辺 忠男　わたなべ・ただお　昭和10年1月30日～平成16年2月11日　福島県人事委員会委員長　→03/05

渡辺 忠雄　わたなべ・ただお　～昭和55年5月6日　弁護士、広島市長　→80/82

渡辺 忠雄　わたなべ・ただお　明治31年9月3日～平成17年4月3日　三和銀行頭取、UFJ銀行名誉会長　→03/05

渡部 正　わたなべ・ただし　大正10年6月8日～平成20年4月28日　中国電力副社長　→06/08

渡辺 義　わたなべ・ただし　大正12年11月1日～平成13年10月10日　日東精工社長　→00/02

渡辺 正　わたなべ・ただし　～昭和60年10月25日　仙台松屋食品会長、元宮城県製パン協同組合理事長　→83/87

渡辺 忠　わたなべ・ただし　昭和10年4月29日～平成21年3月19日　関西ペイント専務　→09/11

渡辺 格　わたなべ・ただす　昭和5年9月13日～平成15年4月7日　ニッカウキスキー副社長　→03/05

渡辺 忠信　わたなべ・ただのぶ　大正7年12月7日～平成20年2月14日　中国新聞取締役総務局長　→06/08

渡辺 忠之　わたなべ・ただゆき　大正10年3月5日～昭和58年7月2日　東京高裁判事　→83/87

渡辺 忠義　わたなべ・ただよし　大正11年2月23日～平成13年4月13日　渡辺組社長　→00/02

渡辺 辰衛　わたなべ・たつえい　～昭和57年5月28日　浜頓別村（北海道）村長　→80/82

渡辺 辰生　わたなべ・たつお　大正12年1月11日～平成20年9月14日　建設省近畿地方建設局長、日本国土開発副会長　→06/08

渡辺 辰男　わたなべ・たつお　昭和3年3月25日～平成17年10月21日　富山県議(自民党)、高岡地方交通社長　→03/05

渡辺 辰雄　わたなべ・たつお　昭和3年2月23日～平成17年10月17日　大阪放送社長　→06/08s

渡辺 龍朗　わたなべ・たつお　昭和3年6月1日～平成2年8月3日　テレビ愛知常務　→88/90

渡辺 達吉　わたなべ・たつきち　明治44年4月7日～平成16年4月27日　オリエンタルカーペット社長　→03/05

渡辺 辰吉　わたなべ・たつきち　～平成9年9月12日　旭川家裁所長　→97/99

渡辺 達三　わたなべ・たつぞう　明治39年4月17日～平成5年8月26日　船橋屋会長、協和信用金庫会長　→91/93

渡辺 達也　わたなべ・たつや　昭和61年3月21日　樺太豊原通信局長、日本郵便通送常務　→83/87

渡辺 辰弥　わたなべ・たつや　昭和56年8月10日　トヨタ自動車販売取締役、ダイハツ自動車販売常務　→80/82

渡辺 多満　わたなべ・たま　安政5年3月5日～昭和13年10月26日　社会事業家　→昭和(渡辺 玉子 わたなべ・たまこ)

渡辺 任　わたなべ・たもつ　～昭和55年10月2日　飯塚市議　→80/82

渡辺 多門　わたなべ・たもん　大正2年5月6日～平成8年4月20日　千葉県議　→94/96

渡辺 太郎　わたなべ・たろう　～昭和44年5月30日　日産火災海上保険会長　→昭和

渡辺 男二郎　わたなべ・だんじろう　～昭和55年11月20日　宮城県知事　→80/82

渡辺 千里　わたなべ・ちさと　明治43年8月29日～平成2年6月11日　トビー工業常務　→88/90

渡辺 千冬　わたなべ・ちふゆ　明治9年5月1日～昭和15年4月18日　政治家、実業家、子爵　法相、貴院議員　→昭和

渡辺 忠治　わたなべ・ちゅうじ　～平成8年11月16日　房日日日新聞社代表取締役　→94/96

渡辺 忠治　わたなべ・ちゅうじ　～平成20年5月7日　綜研化学専務　→06/08

渡辺 てう　わたなべ・ちょう　明治11年1月22日～昭和20年7月28日　労働運動家　→昭和

渡辺 長福　わたなべ・ちょうふく　大正6年9月20日～平成14年2月13日　岩手県議(社会党)、岩手県生活協同組合連合会長　→00/02

渡辺 千代三郎　わたなべ・ちよさぶろう　慶応1年8月～昭和11年4月5日　実業家　南海鉄道社長、貴院議員(勅選)　→昭和

渡辺 司　わたなべ・つかさ　～平成23年8月31日　長崎原爆の語り部　→09/11

渡辺 次夫　わたなべ・つぎお　昭和7年9月6日～平成23年11月14日　タイヘイ社長　→09/11

渡辺 二夫　わたなべ・つぎお　昭和7年5月1日～平成16年10月25日　千葉県議(自民党)　→03/05

渡辺 彊　わたなべ・つとむ　明治42年4月20日～平成4年2月25日　三井化学工業(のち三井東圧化学)副社長、三井銀行(のち太陽神戸三井銀行)常務　→91/93

渡辺 励　わたなべ・つとむ　昭和3年10月12日～平成21年4月27日　十条製紙専務　→09/11

渡辺 綱雄　わたなべ・つなお　明治30年1月22日～昭和58年10月3日　弁護士　博報堂監査役　→83/87

渡辺 綱次　わたなべ・つなじ　～昭和55年1月30日　全国市議会議長会副会長　→80/82

渡辺 恒三郎　わたなべ・つねさぶろう　大正10年10月5日～平成12年11月24日　オリンパス光学工業専務　→00/02

渡辺 恒久　わたなべ・つねひさ　大正8年3月21日～平成9年10月28日　新日本製鉄副社長、日鉄ライフ社長　→97/99

渡辺 常正　わたなべ・つねまさ　～昭和50年5月26日　日本アスベスト社長　→昭和

渡辺 常世　わたなべ・つねよ　～昭和47年10月18日　三条市長　→昭和

渡辺 定五　わたなべ・ていご　～昭和56年1月31日　日油技研工業社長、日本油脂専務取締役　→80/82

渡辺 貞次　わたなべ・ていじ　～昭和60年9月20日　中部経済新聞中津川東販売店主、元中津川市議、元中津川ロータリークラブ会長　→83/87

渡辺 哲夫　わたなべ・てつお　昭和2年8月2日～平成21年8月5日　旭化成工業専務　→09/11

渡辺 哲幹　わたなべ・てっかん　～昭和42年11月13日　九州朝日放送相談役、朝日新聞社友　→昭和

渡部 哲治　わたなべ・てつじ　昭和6年4月25日～平成11年5月20日　渡敬会長、横手商工会議所会頭、横手卸センター理事長　→97/99

渡辺 銕蔵　わたなべ・てつぞう　明治18年10月14日～昭和55年4月5日　東宝社長、東京帝国大学経済学部教授、衆院議員(民政党)　→80/82

渡辺 哲也　わたなべ・てつや　大正12年1月21日～平成3年9月27日　九州電力社長　→91/93

渡辺 輝　わたなべ・てる　昭和7年3月31日～平成11月8日　産経新聞開発社長　→91/93

渡辺 輝雄　わたなべ・てるお　明治39年11月1日～昭和59年4月7日　新明和工業顧問、元副社長　→83/87

渡部 東一　わたなべ・とういち　明治37年10月27日～平成6年3月29日　山形しあわせ銀行顧問、元常務　→94/96

渡辺 藤一　わたなべ・とういち　～昭和61年5月29日　新潟県軽自動車協会専務理事　→83/87

渡辺 藤吉　わたなべ・とうきち　昭和7年10月19日～平成1年9月12日　渡辺藤吉本店副社長　→88/90

渡辺 藤次　わたなべ・とうじ　～昭和58年4月3日　丸彦渡辺建設社長　→83/87

渡辺 藤次　わたなべ・とうじ　大正6年7月5日～平成16年9月29日　三重県議　→03/05

渡辺 藤十郎　わたなべ・とうじゅうろう　大正15年6月15日～平成21年10月2日　新潟県社会福祉協議会会長　→09/11

渡辺 刀水　わたなべ・とうすい　明治7年7月27日～昭和40年5月23日　陸軍中将,日本史学者　→昭和（渡辺 金造 わたなべ・きんぞう）

渡辺 東太郎　わたなべ・とうたろう　大正6年4月17日～平成7年3月19日　第一生命保険専務　→94/96

渡部 融　わたなべ・とおる　～昭和62年2月3日　映画産業団体連合会事務局長　→83/87

渡辺 暢　わたなべ・とおる　安政5年4月8日～昭和14年5月24日　朝鮮高等法院院長,貴院議員（勅選）　→昭和（わたなべ・のぶ）

渡辺 徹　わたなべ・とおる　昭和11年10月18日～平成12年8月17日　エイチイーシー専務　→00/02

渡部 時也　わたなべ・ときや　明治44年10月19日～平成5年12月3日　中部電力副社長　→91/93

渡部 徳　わたなべ・とく　～平成1年1月14日　東北劇場経営者　→88/90

渡辺 得男　わたなべ・とくお　～昭和29年10月25日　朝日麦酒顧問　→昭和

渡辺 徳三郎　わたなべ・とくさぶろう　～昭和26年12月1日　日本化工重役　→昭和

渡辺 徳次　わたなべ・とくじ　～昭和60年3月17日　松島炭鉱取締役　→83/87

渡辺 徳二　わたなべ・とくじ　大正5年9月23日～平成22年8月27日　三菱瓦斯化学専務,城西大学学長　→09/11

渡辺 得次郎　わたなべ・とくじろう　～昭和14年9月3日　大阪紙器社長　→昭和

渡辺 利昭　わたなべ・としあき　昭和18年6月9日～平成16年7月29日　埼玉県議（自民党）　→03/05

渡辺 利亥　わたなべ・としい　～平成3年1月24日　陸上自衛隊第十三師団長　→91/93

渡辺 寿男　わたなべ・としお　大正10年4月11日～平成20年11月19日　山陽電気鉄道社長　→06/08

渡辺 俊夫　わたなべ・としお　昭和18年8月1日～平成16年5月19日　駐アルゼンチン大使　→03/05

渡辺 俊雄　わたなべ・としお　明治43年2月10日～昭和61年6月19日　北九州市議　→83/87

渡辺 敏雄　わたなべ・としお　～昭和43年11月5日　宇部興産専務　→昭和

渡辺 俊蔵　わたなべ・としぞう　～昭和40年6月15日　島藤建設工業社長　→昭和

渡辺 敏三　わたなべ・としぞう　明治34年3月27日～平成12年4月23日　東武鉄道副社長　→00/02

渡辺 俊彦　わたなべ・としひこ　昭和12年8月9日～平成11年1月14日　神戸製鋼所取締役　→97/99

渡辺 斌衡　わたなべ・としひで　～昭和41年4月10日　日本電気会長　→昭和

渡辺 敏郎　わたなべ・としろう　大正11年2月26日～平成2年4月10日　弁護士　北海道教育委員会委員,日本弁護士連合会副会長　→88/90

渡辺 富夫　わたなべ・とみお　大正4年9月18日～平成10年10月11日　ニチイ専務　→97/99

渡辺 とみ・マルガリータ　わたなべ・とみまるがりーた　明治33年10月25日～平成8年3月12日　救済会会長　→94/96

渡辺 留吉　わたなべ・とめきち　明治33年5月1日～昭和63年6月17日　森本組専務　→88/90

渡部 知直　わたなべ・ともなお　～昭和45年10月10日　日本郵船常務　→昭和

渡辺 知博　わたなべ・ともひろ　昭和7年7月21日～平成16年7月5日　熊本県議（自民党）　→03/05

渡部 豊夫　わたなべ・とよお　昭和13年5月2日～平成17年10月10日　牧師　日本ホーリネス教団柏キリスト教会牧師　→06/08s

渡辺 豊松　わたなべ・とよまつ　明治39年5月5日～平成10年11月30日　米子髙島屋社長　→97/99

渡辺 酉蔵　わたなべ・とりぞう　大正10年3月7日～平成3年10月11日　弁護士　中央マンション社長,順天学園理事長,日本高層住宅協会理事　→91/93

渡部 直明　わたなべ・なおあき　昭和37年～平成12年6月　オレンジソフト代表取締役　→00/02

渡辺 尚次　わたなべ・なおじ　大正3年7月10日～平成6年5月14日　全日空相談役・元副社長　→94/96

渡辺 直治郎　わたなべ・なおじろう　大正6年4月11日～平成15年8月9日　三菱製紙社長　→03/05

渡辺 長純　わたなべ・ながずみ　～昭和57年3月10日　江刺市長　→80/82

渡辺 央　わたなべ・なかば　明治37年12月1日～昭和63年7月12日　高岳製作所副社長　→88/90

渡辺 永光　わたなべ・ながみつ　～昭和63年7月4日　神官　川口神社宮司　→88/90

渡辺 仁三　わたなべ・にぞう　～平成22年3月9日　全国抑留者補償協議会副会長　→09/11

渡辺 日晧　わたなべ・にちこう　～昭和62年2月21日　僧侶　大本山中山法華経寺（日蓮宗）貫首,日蓮宗総合財団理事長　→83/87

渡辺 信男　わたなべ・のぶお　～昭和55年8月7日　弁護士　滋賀弁護士会長　→80/82

渡辺 延次　わたなべ・のぶじ　～平成10年9月27日　大王製紙専務,大昭和製紙取締役　→97/99

渡辺 信弘　わたなべ・のぶひろ　昭和4年8月4日～平成7年4月6日　東食常務　→94/96
渡辺 信義　わたなべ・のぶよし　～昭和57年5月4日　海将　海上自衛隊幹部学校長　→80/82
渡部 登　わたなべ・のぼる　明治29年8月16日～平成2年1月9日　パラグアイ名誉総領事,駐パラグアイ公使,神奈川大学教授　→88/90
渡辺 昇　わたなべ・のぼる　大正7年2月1日～昭和60年8月27日　安田火災海上保険取締役　→83/87
渡辺 登　わたなべ・のぼる　～平成2年10月10日　同和火災海上保険取締役　→88/90
渡辺 襄　わたなべ・のぼる　大正15年5月6日～平成19年6月16日　毎日新聞社長　→06/08
渡辺 則幸　わたなべ・のりゆき　大正9年10月23日～平成10年8月29日　三菱鉱業セメント常務　→97/99
渡辺 楳雄　わたなべ・ばいゆう　明治26年2月9日～昭和53年4月18日　僧侶,仏教学者　鶴見大学学長　→昭和
渡部 一　わたなべ・はじめ　大正4年2月11日～平成10年9月24日　野崎産業副社長　→97/99
渡辺 一　わたなべ・はじめ　明治39年11月3日～昭和57年11月9日　三光純薬会長　→80/82
渡辺 紀　わたなべ・はじめ　大正14年11月28日～平成22年5月3日　宮崎県議(自民党)　→09/11
渡辺 源　わたなべ・はじめ　～平成16年11月22日　ソネック常務　→03/05
渡辺 始　わたなべ・はじめ　明治36年9月15日～平成14年4月7日　東和グローブ会長,東和コーポレーション名誉会長,日本ゴム・ビニール手袋工業会副会長　→00/02
渡辺 肇　わたなべ・はじめ　～昭和57年1月19日　(社)日本犬保存会理事長兼審査員　→80/82
渡辺 肇　わたなべ・はじめ　～平成11年5月6日　東武ブックス社長　→97/99
渡辺 長谷雄　わたなべ・はせお　明治42年9月2日～平成14年3月8日　日本鋼管常務　→00/02
渡辺 八右衛門　わたなべ・はちえもん　明治40年1月7日～昭和60年3月7日　芝信用金庫顧問・元理事長　→83/87
渡辺 八左衛門　わたなべ・はちざえもん　～平成3年5月26日　弁護士　→91/93
渡辺 八郎　わたなべ・はちろう　昭和5年3月27日～平成15年5月6日　ハックキミサワ専務　→03/05
渡辺 春男　わたなべ・はるお　昭和5年6月11日～平成2年6月5日　ゼンチク取締役　→88/90
渡辺 春香　わたなべ・はるか　明治44年4月28日～平成11年9月27日　農林中央金庫理事,日本ハム専務　→97/99
渡辺 治彦　わたなべ・はるひこ　～昭和40年1月17日　渡玉毛織社長,日本毛織工業協会長　→昭和
渡辺 晴郎　わたなべ・はるろう　昭和5年11月15日～平成20年7月29日　丸紅副社長　→06/08
渡辺 彦太郎　わたなべ・ひこたろう　～昭和56年12月4日　丸彦渡辺建設会長　→80/82
渡辺 彦太郎　わたなべ・ひこたろう　大正14年9月18日～平成17年11月18日　富士市長,静岡県議　→03/05
渡辺 尚　わたなべ・ひさし　～昭和5年10月12日　神戸又新日報社長　→昭和
渡辺 寿次郎　わたなべ・ひさじろう　明治34年2月21日～昭和63年1月7日　公認会計士　センチュリー(監)代表社員,三和銀行常任監査役,日立造船常任監査役　→88/90
渡部 久人　わたなべ・ひさと　～昭和61年5月20日　エス・アイ・シー会長　→83/87
渡辺 秀一　わたなべ・ひでいち　明治35年12月29日～平成2年11月24日　郵政省郵務局次長　→88/90
渡辺 秀男　わたなべ・ひでお　昭和2年～昭和58年8月15日　新日本製鉄顧問　→83/87
渡辺 秀夫　わたなべ・ひでお　昭和5年11月17日～平成9年6月10日　カルピス食品工業常務　→97/99
渡辺 秀夫　わたなべ・ひでお　昭和17年7月10日～平成12年4月5日　東ソー取締役,東ソー・ハイテック社長　→00/02
渡辺 秀雄　わたなべ・ひでお　大正2年12月12日～平成10年12月1日　東急観光社長　→97/99
渡辺 日出男　わたなべ・ひでお　明治29年1月10日～昭和60年8月6日　トキワ工業会長　→83/87
渡辺 秀茂　わたなべ・ひでしげ　昭和17年1月20日～平成14年8月25日　サンケイスポーツ代表,産経新聞常務　→00/02
渡辺 等　わたなべ・ひとし　大正10年6月1日～昭和59年10月22日　旭化成工業取締役　→83/87
渡辺 寛　わたなべ・ひろし　大正13年5月9日～平成6年4月　四国電波監理局長　→94/96
渡辺 宏　わたなべ・ひろし　～昭和42年11月24日　東京家裁調停員,神奈川県知事　→昭和
渡辺 宏　わたなべ・ひろし　昭和11年3月20日～平成4年7月26日　東和コーポレーション社長　→91/93
渡辺 宏　わたなべ・ひろし　大正12年12月12日～平成14年3月23日　東京放送副社長　→00/02
渡辺 宏　わたなべ・ひろし　大正12年10月3日～平成17年9月27日　東京ガス社長　→03/05
渡辺 宏　わたなべ・ひろし　大正10年1月24日～平成18年2月17日　山形県警本部長,警察大学術科教養部長　→06/08
渡辺 宏　わたなべ・ひろし　昭和2年8月18日～平成19年7月17日　日立マクセル社長,日立製作所副社長　→06/08
渡辺 宏　わたなべ・ひろし　昭和8年6月11日～平成23年10月26日　鈴与常務　→09/11
渡辺 広　わたなべ・ひろし　～昭和45年2月4日　大阪屋証券社長　→昭和
渡辺 広　わたなべ・ひろし　大正15年10月9日～昭和62年10月16日　日本マーケティング協会常任理事,凸版印刷(株)取締役　→83/87

渡辺 弘　わたなべ・ひろし　昭和2年2月2日～平成5年3月14日　中国銀行常勤監査役,中銀カード社長　→91/93

渡辺 浩　わたなべ・ひろし　～昭和58年10月3日　日本船舶輸出組合専務理事　→83/87

渡辺 浩　わたなべ・ひろし　～昭和62年9月20日　北海道議　→83/87

渡辺 博　わたなべ・ひろし　～昭和51年11月7日　宇治市長　→昭和

渡辺 博　わたなべ・ひろし　～昭和55年2月17日　都南多摩新都市開発本部次長　→80/82

渡辺 博　わたなべ・ひろし　大正10年1月18日～平成2年9月19日　フーセンウサギ会長　→88/90

渡辺 博　わたなべ・ひろし　明治40年6月24日～平成7年1月16日　協和発酵専務　→94/96

渡辺 洋　わたなべ・ひろし　～平成9年1月18日　陸軍中将　→97/99

渡辺 宏延　わたなべ・ひろのぶ　昭和9年11月6日～平成23年5月1日　日動生命保険常務　→09/11

渡辺 浩充　わたなべ・ひろみつ　昭和13年4月28日～昭和62年5月15日　中国残留婦国者協会理事長　→83/87

渡辺 広康　わたなべ・ひろやす　昭和9年5月2日～平成16年1月11日　東京佐川急便社長　→03/05

渡辺 弘之　わたなべ・ひろゆき　～平成4年8月26日　フジクリーン工業専務　→91/93

渡辺 浩之　わたなべ・ひろゆき　大正14年7月17日～平成15年10月14日　阿南市長　→03/05

渡辺 敏　わたなべ・びん　明治35年3月10日～昭和63年4月24日　原町市長　→88/90

渡辺 福三郎　わたなべ・ふくさぶろう　安政2年1月18日～昭和19年5月10日　実業家　渡辺銀行頭取,貴院議員　→昭和

渡辺 福太郎　わたなべ・ふくたろう　大正10年1月2日～平成22年10月10日　静岡市教育長,静岡県体育協会副会長　→09/11

渡辺 藤雄　わたなべ・ふじお　～昭和59年11月3日　渡辺鉄工所専務　→83/87

渡辺 藤雄　わたなべ・ふじお　明治37年3月15日～昭和61年9月30日　東洋企業社長,三和不動産常務,東洋不動産社長　→83/87

渡辺 富士雄　わたなべ・ふじお　～平成11年9月8日　タムロン社長　→97/99

渡辺 藤正　わたなべ・ふじまさ　大正2年5月30日～平成11年2月22日　我孫子市長　→97/99

渡辺 文夫　わたなべ・ふみお　大正14年1月21日～平成10年11月27日　サッポロビール専務　→97/99

渡辺 文雄　わたなべ・ふみお　大正8年2月17日～平成18年2月17日　オリンパス光学工業常務　→06/08

渡辺 文麿　わたなべ・ふみまろ　昭和9年3月11日～平成2年3月7日　僧侶　愛知学院大学教授,浄土真宗本願寺派司教　→88/90

渡辺 文一　わたなべ・ぶんいち　～昭和63年5月11日　国際通信社専務　→88/90

渡辺 文七(2代目)　わたなべ・ぶんしち　明治4年8月12日～昭和5年1月9日　実業家　帝国蚕糸組合専務理事,横浜市議　→昭和(渡辺 文七)

渡辺 文治郎　わたなべ・ぶんじろう　明治29年12月12日～平成1年4月15日　山一証券取締役,内外徳田証券取締役　→88/90

渡辺 文政　わたなべ・ぶんせい　～昭和57年1月1日　東京都議(社会党)　→80/82

渡辺 文正　わたなべ・ぶんせい　大正11年1月27日～平成17年7月10日　岩手県教育委員長　→03/05

渡辺 文蔵　わたなべ・ぶんぞう　明治40年5月20日～平成14年11月4日　味の素社長　→00/02

渡辺 文郎　わたなべ・ぶんろう　大正1年9月27日～平成8年6月2日　大阪証券代行(のちだいこう証券ビジネス)会長　→94/96

渡部 平治郎　わたなべ・へいじろう　明治7年4月14日～昭和26年3月31日　農民運動家　→昭和

渡辺 誉　わたなべ・ほまれ　昭和15年7月28日～平成19年1月28日　東洋エクステリア社長　→06/08

渡辺 実　わたなべ・まこと　大正8年～平成2年7月14日　石原産業取締役　→88/90

渡辺 真　わたなべ・まこと　～平成7年8月18日　読売新聞大阪本社社友・元広告局次長,報知新聞取締役　→94/96

渡辺 誠　わたなべ・まこと　明治36年2月22日～昭和61年9月23日　海外鉱物資源開発社長,資源エネルギー庁次長,商工省石炭庁生産局長　→83/87

渡辺 誠　わたなべ・まこと　大正3年7月28日～平成2年12月25日　富士火災海上保険副社長　→88/90

渡辺 誠　わたなべ・まこと　大正15年11月9日～平成3年4月17日　日本電信電話公社厚木電気通信研究所長　→91/93

渡辺 政秋　わたなべ・まさあき　～平成22年4月1日　胎児性水俣病の初認定患者の一人　→09/11

渡部 誠夫　わたなべ・まさお　大正6年11月19日～平成12年9月30日　税理士　日本税理士会連合会副会長,東北税理士会会長　→00/02

渡辺 雅夫　わたなべ・まさお　大正15年3月3日～平成18年4月30日　名糖産業常務　→06/08

渡辺 昌夫　わたなべ・まさお　大正13年3月2日～平成15年1月13日　横浜ゴム常務　→03/05

渡辺 昌雄　わたなべ・まさお　～昭和63年6月22日　金門堂社長　→88/90

渡辺 正夫　わたなべ・まさお　大正3年3月18日～平成1年2月1日　日本ヒューム管専務　→88/90

渡辺 正夫　わたなべ・まさお　大正4年2月1日～平成5年11月26日　富士紡績常務　→91/93

渡辺 正夫　わたなべ・まさお　大正12年12月3日～平成8年7月19日　一保堂茶舗会長　→94/96

渡辺 正夫　わたなべ・まさお　大正1年11月1日～平成14年11月6日　東京海上火災保険常務　→00/02

渡辺 正雄　わたなべ・まさお　明治31年12月4日～昭和55年8月10日　日本カーバイト工業社長　→80/82

渡辺 正雄　わたなべ・まさお　大正13年7月12日～昭和63年12月21日　電通常務　→88/90

渡辺 正雄　わたなべ・まさお　大正5年10月7日～平成10年9月9日　三菱レイヨン常務、日東化学工業常務　→97/99

渡辺 政一　わたなべ・まさかず　昭和18年6月5日～平成3年12月22日　野村証券取締役　→91/93

渡辺 正清　わたなべ・まさきよ　慶応2年9月～昭和3年9月3日　衆院議員（立憲民政党）　→昭和

渡辺 正治　わたなべ・まさじ　大正2年6月19日～平成8年11月29日　丹青社社長　→94/96

渡辺 正人　わたなべ・まさと　大正12年1月12日～平成2年9月12日　筑紫野市会議長　→88/90

渡辺 正人　わたなべ・まさと　昭和11年5月25日～平成9年5月　福岡市交通局交通事業管理者　→97/99

渡辺 正敏　わたなべ・まさとし　大正13年7月23日～平成5年4月16日　日本電設工業取締役　→91/93

渡辺 政之輔　わたなべ・まさのすけ　明治32年9月7日～昭和3年10月6日　労働運動家　日本共産党中央委員長　→昭和

渡辺 正信　わたなべ・まさのぶ　大正15年6月21日～平成4年11月15日　日本無線専務　→91/93

渡辺 正治　わたなべ・まさはる　大正6年8月1日～平成22年3月26日　日本パーカライジング副社長　→09/11

渡辺 正広　わたなべ・まさひろ　大正4年2月28日～平成18年4月13日　日本洋書販売配給創業者　→06/08

渡辺 真良　わたなべ・まさよし　大正2年12月22日～平成15年8月29日　ゼット創業者　→03/05

渡辺 秀　わたなべ・まさる　～平成14年1月23日　ダイヘン常務　→00/02

渡辺 勝　わたなべ・まさる　明治45年3月2日～平成1年3月12日　川崎重工業常務　→88/90

渡辺 勝　わたなべ・まさる　明治37年10月26日～平成5年12月9日　毎日新聞社常務　→91/93

渡部 正郎　わたなべ・まさろう　大正8年6月17日～平成9年4月14日　弁護士　衆院議員（自民党）、内閣調査室長　→97/99

渡辺 政人　わたなべ・まさんど　明治25年12月3日～昭和50年2月27日　日本鋼管社長　→昭和

渡辺 倍夫　わたなべ・ますお　～平成19年7月4日　中国国民救援会徳島県本部会長　徳島ラジオ商殺し事件の再審無罪裁判支援に尽力した　→06/08

渡辺 益太郎　わたなべ・ますたろう　明治45年3月17日～平成2年8月16日　日本石油取締役　→88/90

渡辺 松子　わたなべ・まつこ　～平成8年12月12日　東京YWCA総幹事、東京YWCA駿河台女学院院長　94/96

渡辺 学　わたなべ・まなぶ　～昭和59年5月30日　昭和海運専務　→83/87

渡辺 衛　わたなべ・まもる　明治43年7月4日～平成3年12月16日　弁護士　渡辺法律事務所所長、千葉地検検事正　→91/93

渡辺 忠　わたなべ・まもる　明治44年4月12日～平成8年7月28日　東洋シャッター社長　→94/96

渡辺 万太郎　わたなべ・まんたろう　～昭和56年9月5日　芦屋市長　→80/82

渡辺 水太郎　わたなべ・みずたろう　～昭和30年2月5日　日本郵船副社長　→昭和

渡辺 瑞美　わたなべ・みずよし　～昭和55年4月1日　秋田県知事　→80/82

渡辺 道夫　わたなべ・みちお　昭和2年10月15日～平成17年9月4日　渡辺藤吉本店会長　→03/05

渡辺 美智雄　わたなべ・みちお　大正12年7月28日～平成7年9月15日　政治家　衆院議員（自民党）、副総理、外相　→94/96

渡部 通子　わたなべ・みちこ　昭和7年4月5日～平成22年12月23日　衆院議員（公明党）、参院議員　→09/11

渡辺 道子　わたなべ・みちこ　大正4年3月25日～平成22年1月23日　弁護士　日本婦人法律家協会会長、日本YWCA理事長　→09/11

渡辺 道三郎　わたなべ・みちさぶろう　明治39年12月27日～平成4年4月11日　大日本インキ化学工業副社長　→91/93

渡辺 道太郎　わたなべ・みちたろう　～昭和30年2月26日　日本郵船重役　→昭和

渡辺 光男　わたなべ・みつお　～昭和59年7月12日　五味鋳工所取締役総務部長　→83/87

渡辺 弥幸　わたなべ・みつゆき　～昭和39年10月27日　日産生命顧問、元朝鮮殖産銀行副頭取、日立製作所常務　→昭和（わたなべ・やこう）

渡辺 実　わたなべ・みのる　～昭和61年6月29日　自転車産業振興協会監査役　→83/87

渡辺 実　わたなべ・みのる　～平成4年3月31日　壱番館洋服店会長、コージアトリエ会長　→91/93

渡辺 実　わたなべ・みのる　～平成8年1月19日　埼玉県警本部長　→94/96

渡辺 実　わたなべ・みのる　明治41年11月～平成14年6月28日　八幡学園園長　→00/02

渡辺 稔　わたなべ・みのる　昭和10年10月23日～平成2年12月10日　日本経済新聞東京本社印刷局工程管理室次長　→03/05

渡辺 宗男　わたなべ・むねお　大正12年5月19日～平成13年1月10日　山本硝子専務　→00/02

渡辺 明造　わたなべ・めいぞう　～昭和60年10月1日

協和銀行専務　→83/87

渡辺 素子　わたなべ・もとこ　昭和13年11月28日～平成10年11月22日　千葉県議（共産党）　→97/99

渡辺 本治　わたなべ・もとじ　明治34年4月～昭和36年3月14日　衆院議員（自民党）　→昭和

渡部 保夫　わたなべ・やすお　昭和4年10月27日～平成19年4月12日　弁護士　札幌高裁判事，北海道大学法学部教授　→06/08

渡辺 泰邦　わたなべ・やすくに　明治24年8月～昭和24年10月5日　衆議院議員（社会党）　→昭和

渡辺 安三郎　わたなべ・やすさぶろう　明治44年8月17日～平成7年11月20日　愛知県議，豊橋市議　→94/96

渡辺 康　わたなべ・やすし　大正8年10月10日～昭和60年9月25日　東京銀行頭取　→83/87

渡辺 康次　わたなべ・やすじ　大正7年4月1日～平成17年11月27日　オカモト副社長　→03/05

渡辺 安太郎　わたなべ・やすたろう　～昭和38年12月15日　大和証券会長　→昭和

渡辺 安敏　わたなべ・やすとし　昭和2年2月17日～平成6年7月15日　東海銀行常務　→94/96

渡辺 泰敏　わたなべ・やすはる　明治37年9月8日～平成3年3月13日　弁護士　仙台地裁所長　→91/93

渡辺 泰秀　わたなべ・やすひで　明治39年3月28日～平成4年6月11日　東京コスモス電機社長　→91/93

渡辺 保元　わたなべ・やすもと　昭和14年12月20日～平成4年12月18日　進和テック社長　→91/93

渡辺 弥蔵　わたなべ・やぞう　大正6年12月11日～平成15年9月2日　渡辺物産会長　→03/05

渡辺 八十吉　わたなべ・やそきち　～昭和44年9月6日　芝信用金庫会長　→昭和

渡辺 雄吉　わたなべ・ゆうきち　大正9年1月20日～平成13年1月21日　塩水港精糖常務　→00/02

渡辺 有作　わたなべ・ゆうさく　～平成9年2月17日　日本酒類販売常務　→97/99

渡辺 祐策　わたなべ・ゆうさく　元治1年6月16日～昭和9年7月20日　実業家，政治家　宇部セメント社長，衆院議員（政友会）　→昭和

渡辺 雄二　わたなべ・ゆうじ　昭和8年12月12日～平成11年12月7日　渡辺鉄工社長　→00/02s

渡部 行雄　わたなべ・ゆきお　大正14年1月27日～平成9年9月16日　衆院議員（社会党）　→97/99

渡辺 行夫　わたなべ・ゆきお　～平成3年6月23日　北海道相互銀行（のち札幌銀行）専務　→91/93

渡辺 行雄　わたなべ・ゆきお　大正6年11月6日～平成8年4月1日　倉敷市長，岡山県議（自民党）　→94/96

渡辺 行太郎　わたなべ・ゆきたろう　～昭和12年11月23日　和歌山市長　→昭和

渡辺 水哉　わたなべ・ゆきちか　嘉永5年～昭和2年6月13日　陸軍少将，教育家　→昭和（わたなべ・みずや）

渡辺 幸弘　わたなべ・ゆきひろ　昭和22年4月5日～平成23年10月9日　プリンスホテル社長，西武ホールディングス取締役　→09/11

渡辺 豊　わたなべ・ゆたか　～昭和60年11月2日　サンケイ新聞大阪本社事業局長　→83/87

渡辺 豊　わたなべ・ゆたか　大正5年6月28日～平成3年2月9日　石原工業顧問，前田建設工業常務，建設省九州地方建設局長　→91/93

渡辺 与一　わたなべ・よいち　明治43年11月18日～昭和63年4月19日　愛知県輸出ミシン工業協同組合理事長，愛知水交会副会長　→88/90

渡辺 洋一　わたなべ・よういち　～平成2年10月21日　ラサ工業取締役　→88/90

渡辺 陽一　わたなべ・よういち　～昭和58年9月16日　在イラク大使館公使　→83/87

渡辺 遙　わたなべ・ようぞう　明治35年12月4日～昭和60年2月28日　瑞浪市長　→83/87

渡辺 要平　わたなべ・ようへい　～平成4年4月10日　日本原燃サービス専務　→91/93

渡辺 義　わたなべ・よし　～昭和55年7月7日　読売新聞大阪・西部両本社総務部長，テレビ長崎常務　→80/82

渡辺 義男　わたなべ・よしお　明治43年3月1日～平成9年7月8日　山喜常務　→97/99

渡辺 義郎　わたなべ・よしお　明治5年9月24日～昭和30年12月31日　東海銀行会長，愛知銀行頭取　→昭和

渡辺 好雄　わたなべ・よしお　～昭和42年9月15日　東芝タンガロイ社長　→昭和

渡辺 好雄　わたなべ・よしお　大正11年2月15日～平成15年1月9日　川崎市議（無所属）　→03/05

渡辺 叔夫　わたなべ・よしお　大正11年8月21日～平成15年1月28日　日本ビクター専務　→03/05

渡辺 芳男　わたなべ・よしお　大正8年8月24日～平成7年6月15日　衆院議員（社会党）　→94/96

渡辺 芳夫　わたなべ・よしお　明治41年2月28日～昭和62年7月22日　栃尾市長　→83/87

渡辺 芳夫　わたなべ・よしお　大正2年12月12日～平成5年3月14日　三井鉱山取締役　→91/93

渡辺 芳夫　わたなべ・よしお　昭和4年9月20日～平成20年8月7日　北越銀行常務　→06/08

渡辺 芳雄　わたなべ・よしお　～昭和56年11月2日　丸国証券会長・元社長　→80/82

渡辺 良夫　わたなべ・よしお　明治38年10月29日～昭和39年11月4日　厚相，衆議院議員（自民党）　→昭和

渡辺 良夫　わたなべ・よしお　昭和2年3月8日～平成17年5月2日　弁護士　→03/05

渡辺 嘉香　わたなべ・よしか　～平成7年1月15日　小野田セメント（のち秩父小野田）常務　→94/96

渡辺 由司　わたなべ・よしじ　大正9年4月6日～平成5年4月25日　旧同盟副会長，旧鉄道労働組合組合長　→91/93

渡部 吉隆　わたなべ・よしたか　大正5年12月14日～平成7年9月10日　弁護士　東洋大学教授　→94/96

渡部 善信　わたなべ・よしのぶ　明治39年3月1日～平成16年10月25日　弁護士　大阪高検検事長　→03/05

渡辺 義信　わたなべ・よしのぶ　大正2年7月20日～平成10年5月22日　名古屋市会副議長　→97/99

渡辺 芳信　わたなべ・よしのぶ　大正14年3月27日～平成1年1月8日　東京法務局所属公証人、旭川地検検事正　→88/90

渡辺 吉治　わたなべ・よしはる　～昭和61年5月9日　空知神社名誉総代、美唄清掃社代表取締役社長、美唄市議　→83/87

渡辺 義彦　わたなべ・よしひこ　～平成15年9月5日　司法書士　岐阜県司法書士会会長　→03/05

渡辺 嘉久　わたなべ・よしひさ　大正13年12月27日～平成17年10月9日　笠岡市長　→03/05

渡辺 義弘　わたなべ・よしひろ　～昭和63年4月26日　カジマビジョン取締役　→88/90

渡辺 義博　わたなべ・よしひろ　昭和2年11月27日～平成11年1月23日　日本郵船常務　→97/99

渡辺 佳英　わたなべ・よしふさ　大正4年6月1日～平成5年4月28日　東京工業品取引所理事長、中小企業金融公庫総裁　→91/93

渡辺 喜司　わたなべ・よしまさ　大正5年6月22日～昭和63年8月19日　渡辺技研社長、福島工業人クラブ監事　→88/90

渡辺 善侃　わたなべ・よしみ　昭和8年～平成1年3月12日　浅川組取締役　→88/90

渡辺 敬之　わたなべ・よしゆき　昭和9年5月13日～平成13年7月29日　アイフル会長、岩手県副知事、大蔵省関東財務局長　→00/02

渡辺 礼之　わたなべ・よしゆき　明治44年11月22日～平成15年6月30日　桂川電機会長　→03/05

渡辺 与八　わたなべ・よはち　～昭和60年2月7日　江別市農業委員　→83/87

渡辺 利右衛門　わたなべ・りえもん　明治36年2月19日～昭和39年11月1日　労働運動家　→昭和

渡辺 柳治　わたなべ・りゅうじ　～昭和61年3月10日　日立建機常務、中央商事社長　→83/87

渡辺 竜介　わたなべ・りゅうすけ　大正5年4月23日～平成4年3月31日　日産建設専務　→91/93

渡辺 良一　わたなべ・りょういち　～昭和60年3月27日　日立メタルプレシジョン取締役　→83/87

渡辺 良一　わたなべ・りょういち　大正2年4月28日～昭和62年2月20日　昭和海運監査役、東京タンカー社長　→83/87

渡辺 亮介　わたなべ・りょうすけ　大正9年12月27日～平成22年7月23日　高知県中国帰国者自立研修センター所長　→09/11

渡辺 諒助　わたなべ・りょうすけ　明治41年12月6日～

渡辺 良造　わたなべ・りょうぞう　昭和4年1月17日～平成21年12月28日　宝酒造常務　→09/11

渡辺 林吉　わたなべ・りんきち　明治42年6月19日～昭和60年11月19日　渡喜社長、渡辺合名会社社長　→83/87

渡辺 礼一　わたなべ・れいいち　昭和3年12月19日～平成6年12月17日　武蔵村山市長　→94/96

渡辺 鈴次郎　わたなべ・れいじろう　～昭和60年7月13日　中部相互銀行社長　→83/87

渡辺 朗　わたなべ・ろう　大正14年7月23日～平成4年2月3日　沼津市長、衆院議員(民社党)、東海大学教授　→91/93

渡辺 和歌子　わたなべ・わかこ　大正6年1月5日～平成1年10月20日　北海道議(社会党)、北海道日中友好協会理事　→88/90

綿貫 栄吉　わたぬき・えいきち　明治41年8月25日～平成6年9月20日　第一製薬専務　→94/96

綿貫 謹一　わたぬき・きんいち　～昭和53年10月28日　会計検査院事務総長　→昭和

綿貫 佐民　わたぬき・さみん　明治29年4月25日～昭和25年9月7日　実業家　トナミ運輸創業者、衆院議員(日本自由党)　→昭和(わたぬき・すけたみ)

四月朔日 丈次　わたぬき・じょうじ　～昭和61年12月8日　宇奈月通運取締役相談役　→83/87

綿貫 専太郎　わたぬき・せんたろう　明治41年1月1日～平成8年6月11日　千葉相互銀行(のち京葉銀行)社長　→94/96

綿貫 隆久　わたぬき・たかひさ　～昭和63年8月1日　東京軽印刷工業会副会長　→88/90

綿貫 斗　わたぬき・はかる　～昭和57年10月18日　テレビ熊本監査役　→80/82

渡貫 光則　わたぬき・みつのり　～平成1年8月6日　マルトキ社長　→88/90

綿貫 保一　わたぬき・やすいち　～平成1年11月11日　太平工業常務　→88/90

綿野 吉二　わたの・きちじ　万延1年12月28日～昭和9年1月　陶業家　日魯実業会社社長　→昭和

綿野 脩三　わたの・しゅうぞう　～昭和62年12月12日　東洋経済新報社長　→83/87

綿引 伊好　わたびき・いこう　明治41年12月25日～昭和40年10月27日　社会運動家　→昭和

綿引 邦夫　わたびき・くにのぶ　明治28年3月25日～昭和50年12月3日　労働運動家　→昭和

綿引 敬之輔　わたひき・けいのすけ　大正10年1月11日～平成3年2月22日　伊勢基本社名誉会長、ジャスコ副社長　→91/93

綿引 末男　わたひき・すえお　～平成3年6月15日　弁護士　富山地家裁所長　→91/93

綿引 捨蔵　わたびき・すてぞう　明治37年4月16日〜平成6年10月31日　千代田化工建設副社長、三菱商事専務　→94/96

綿引 弘　わたびき・ひろし　大正9年3月28日〜平成8年6月11日　日本ケミコン会長　→94/96

渡部 勇　わたべ・いさむ　明治43年11月5日〜平成4年4月18日　東京商工会議所常務理事　→91/93

渡部 覚之進　わたべ・かくのしん　〜昭和57年6月12日　大門鋳造所社長　→80/82

渡部 和嗣　わたべ・かずし　〜平成21年11月13日　鈴与商事常務　→09/11

渡部 吉蔵　わたべ・きちぞう　〜平成1年4月23日　日本平和印刷会長　→88/90

渡部 治一　わたべ・じいち　〜昭和62年12月11日　日本自動車整備振興会理事　→83/87

渡部 重美　わたべ・しげみ　〜昭和57年9月19日　江戸川区議（新自由クラブ）　→80/82

渡部 泰助　わたべ・たいすけ　大正5年1月31日〜平成10年4月21日　三菱電機常務　→97/99

渡部 恒　わたべ・ひさし　昭和7年7月26日〜平成10年2月27日　呉羽化学工業専務　→97/99

渡部 フジ　わたべ・ふじ　〜平成15年10月3日　ワタベウェディング創業者　→03/05

渡部 吉昭　わたべ・よしあき　昭和6年9月9日〜平成17年6月12日　宇徳運輸副社長　→03/05

渡部 好之　わたべ・よしゆき　昭和3年10月29日〜平成14年1月27日　愛媛県教育長　→00/02

綿森 力　わたもり・つとむ　大正3年1月20日〜平成14年2月2日　日立製作所副社長、新エネルギー総合開発機構理事長　→00/02

和田山 善之　わだやま・よしゆき　昭和6年1月4日〜平成21年8月16日　丸運常務、タツタ電線常務　→09/11

渡会 秋高　わたらい・あきたか　明治45年〜昭和21年4月2日　教育労働運動家　→昭和

渡会 英夫　わたらい・ひでお　昭和11年3月30日〜平成7年6月20日　鴻池組常務、日本銀行京都支店長　→94/96

渡会 隆蔵　わたらい・りゅうぞう　〜昭和55年12月20日　日本緬羊協会副会長　→80/82

渡 孝児　わたり・こうじ　明治41年5月27日〜平成10年10月14日　丸果室蘭青果相談役・元社長　→97/99

亘 四郎　わたり・しろう　明治32年11月〜昭和52年4月4日　衆院議員、参院議員（自民党）　→昭和

渡 久雄　わたり・ひさお　〜昭和14年1月1日　陸軍中将　→昭和

亘理 正彦　わたり・まさひこ　〜平成3年11月12日　宮城県会副議長　→91/93

渡 正監　わたり・まさみ　明治30年9月5日〜昭和28年2月7日　内務官僚、蝶類研究家　→昭和（わたり・せいかん）

渡 善子　わたり・よしこ　〜平成8年4月24日　婦人之友社社長　→94/96

和知 金寿　わち・きんじゅ　昭和4年11月19日〜平成3年8月7日　中国帰国孤児定着促進センター次長、厚生省援護局中国孤児等対策室長　→91/93

和智 午郎　わち・ごろう　大正7年5月5日〜平成12年4月15日　西部ガス社長、九経連副会長　→00/02

和智 昂　わち・たかし　明治21年2月11日〜平成1年2月7日　弁護士　九州弁護士連合会理事長　→88/90

和知 鷹二　わち・たかじ　明治26年2月1日〜昭和53年10月30日　陸軍中将　→昭和

和智 恒蔵　わち・つねぞう　明治33年7月24日〜平成2年2月　海軍大佐　硫黄島協会会長　→88/90

和智 豊虎　わち・とよとら　〜昭和62年12月23日　ダイセル化学工業取締役　→83/87

和智 龍一　わち・りょういち　〜昭和57年1月25日　弁護士　福岡県弁護士会長　→80/82

輪違 俊和　わちがい・としかず　〜平成1年9月29日　関西輪違機械販売社長　→88/90

和辻 春樹　わつじ・はるき　明治24年〜昭和27年8月24日　造船技師、科学評論家　京都市長、観光日本社長　→昭和

和出 徳一　わで・とくいち　大正11年5月30日〜平成17年1月27日　愛知県議（共産党）　→03/05

和藤 一男　わとう・かずお　昭和5年4月19日〜平成19年1月4日　名進海運専務　→06/08

和藤 政平　わとう・まさひら　大正13年8月19日〜平成12年1月20日　弁護士　中日よろず相談所相談員、三重弁護士会会長　→00/02

和波 豊一　わなみ・とよかず　〜昭和50年1月2日　海軍中将　→昭和

和爾 俊二郎　わに・しゅんじろう　明治35年8月〜昭和43年7月12日　衆院議員（自民党）　→昭和（わじ・しゅんじろう）

和仁 達美　わに・たつみ　大正4年9月15日〜昭和61年10月8日　清水建設社友・元専務、国鉄副技師長　→83/87

和仁 貞吉　わに・ていきち　明治3年5月12日〜昭和12年12月3日　大審院院長　→昭和

鰐川 義雄　わにかわ・よしお　大正2年5月8日〜平成3年4月20日　ミツウロコ専務　→91/93

鰐淵 俊之　わにぶち・としゆき　昭和11年11月1日〜平成17年3月28日　衆院議員（自由党）、釧路市長　→03/05

和根崎 喜一郎　わねざき・きいちろう　昭和2年11月22日〜平成5年1月31日　雪印食品社長　→91/93

和野内 昭吾　わのうち・しょうご　昭和5年1月25日〜平成7年9月6日　日動火災海上保険専務　→94/96

和平 千治　わひら・せんじ　〜平成7年3月25日　北海道議　→94/96

藁科 義清　わらしな・よしきよ　大正6年9月10日〜平成14年5月23日　和歌山県議（自民党）　→00/02

割石 官市　わりいし・かんいち　〜平成11年11月12日

日立建機常務　→97/99

割田 満　わりた・みつる　昭和19年7月5日〜平成17年10月11日　八十二銀行常務　→03/05

わ

「現代物故者事典」総索引(昭和元年〜平成23年)
Ⅰ 政治・経済・社会篇

2012年10月25日　第1刷発行

発　行　者／大高利夫
編集・発行／日外アソシエーツ株式会社
　　　　　　〒143-8550 東京都大田区大森北 1-23-8 第3下川ビル
　　　　　　電話 (03)3763-5241(代表)　FAX(03)3764-0845
　　　　　　URL http://www.nichigai.co.jp/
発　売　元／株式会社紀伊國屋書店
　　　　　　〒163-8636 東京都新宿区新宿 3-17-7
　　　　　　電話 (03)3354-0131(代表)
　　　　　　ホールセール部(営業)　電話 (03)6910-0519

　　　　　　電算漢字処理／日外アソシエーツ株式会社
　　　　　　印刷・製本／株式会社平河工業社

不許複製・禁無断転載　　　　　　《中性紙三菱クリームエレガ使用》
〈落丁・乱丁本はお取り替えいたします〉
ISBN978-4-8169-2383-8　　Printed in Japan,2012

本書はディジタルデータでご利用いただくことが
できます。詳細はお問い合わせください。

「現代物故者事典」総索引（昭和元年～平成23年）
Ⅰ 政治・経済・社会篇
A5・1,410頁　定価19,950円（本体19,000円）　2012.10刊
Ⅱ 学術・文芸・芸術篇
A5・1,200頁　定価19,950円（本体19,000円）　2012.11刊行予定

昭和以降の物故者を網羅した「物故者事典」シリーズ11冊の日本人総索引。全国的な著名人だけでなく、地方で活躍した人物まで幅広く収録。

郷土ゆかりの人物総覧
―データブック・出身県別3万人
A5・1,100頁　定価14,910円（本体14,200円）　2011.1刊

都道府県ごとに出生・出身・ゆかりのある人物を一覧できるツール。日本史上の人物から現代の政治家、研究者、作家、芸術家、スポーツ選手、芸能人まで幅広く収録。あの有名人の出身地は？　といった検索が可能な「人名索引」付き。

現代外国人名録2012
B5・1,320頁　定価50,400円（本体48,000円）　2012.1刊

政治家、経営者、学者、芸術家、スポーツ選手など、21世紀の世界各国・各界で活躍中の人物10,455人を収録。職業、肩書、国籍、生年月日、学歴、受賞歴など詳細なプロフィールがわかる。2008年以降の世界の動きに対応した最新データを掲載。アルファベットから引ける「人名索引（欧文）」付き。

日本著者名・人名典拠録
新訂増補第3版―75万人収録
B5・4分冊　定価99,750円（本体95,000円）　2012.5刊

明治以降の著名人、昭和元年から平成23年までに刊行された図書の著者、および現在活躍中の人物75万人を収録、漢字表記・人名読みを確認できる国内最大規模の人名典拠録。各人物には生(没)年・職業・肩書、別名、著書・出版者・出版年などを記載。姓名の漢字画数から引ける別冊索引付き。

データベースカンパニー
日外アソシエーツ
〒143-8550　東京都大田区大森北1-23-8
TEL.(03)3763-5241　FAX.(03)3764-0845　http://www.nichigai.co.jp/